Amtliches Handbuch

Abgabenordnung (AO)

mit
Anwendungserlass zur
Abgabenordnung (AEAO),
Finanzgerichtsordnung (FGO)
und weiteren Gesetzen

2023

Stand: 1. Januar 2023

Herausgegeben vom Bundesministerium der Finanzen

Empfohlene Zitierweisen:

Regelungen des **Anwendungserlasses zur Abgabenordnung** sind wie folgt zu zitieren: „AEAO zu § ..., Nr. ...“ oder „Nr. … des AEAO zu § …“.

Andere Verwaltungsanweisungen (BMF-Schreiben, gleichlautende Ländererlasse) werden unter Angabe von Herausgeber und Datum sowie Aktenzeichen oder Fundstelle im Bundessteuerblatt Teil I (BStBl I) zitiert.

Druck: *CPI books, Leck*

Vertrieb Printmedien:

Richard Boorberg Verlag GmbH & Co KG
Stuttgart · München · Hannover · Berlin · Weimar · Dresden
ISBN 978-3-415-07329-6

Erich Schmidt Verlag GmbH & Co. KG, Berlin
www.ESV.info
ISBN 978-3-503-21185-2

NWB Verlag GmbH & Co. KG, Herne
SBN 978-3-482-68932-1

Stollfuß Medien GmbH & Co. KG
ISBN 978-3-08-362323-6

§	Abgabenordnung (AO)	Seite

Einführungsgesetz zur Abgabenordnung

Artikel 97 - Übergangsvorschriften

§	Abgabenordnung (AO)	Seite

Anhänge:

Gesetze, Verordnungen und allgemeine Verwaltungsvorschriften:

BMF-Schreiben und gleichlautende Ländererlasse:

Abgabenordnung (AO)

in der Fassung der Bekanntmachung vom 1.10.2002
(BGBl. 2002 I S. 3866; ber. BGBl. 2003 I S. 61 = BStBl 2002 I S. 1056),
zuletzt geändert durch Artikel 4 des Gesetzes vom 20.12.2022
(BGBl. I S. 2730)

Änderungen der AO

Nr.	Änderndes Gesetz	Datum	Fundstelle	§§	Inkrafttreten
1	Adoptionsgesetz	02.07.1976	BGBl. I S. 1749; BStBl I S. 406	15	01.01.1977
2	Viertes Gesetz zur Änderung der Pfändungsfreigrenzen	28.02.1978	BGBl. I S. 333 BStBl I S. 92	314	01.04.1978
3	Strafverfahrensänderungsgesetz 1979	05.10.1978	BGBl. I S. 1645 BStBl I S. 420	391, 400	01.01.1979
4	Gesetz zur Änderung des Kraftfahrzeugsteuergesetzes	22.12.1978	BGBl. I S. 2063 BStBl I 1979 S. 65	150	01.06.1979
5	Gesetz zur Änderung zwangsvollstreckungsrechtlicher Vorschriften	01.02.1979	BGBl. I S. 127 BStBl I S. 112	284	01.07.1979
6	Gesetz zur Neufassung des Umsatzsteuergesetzes und zur Änderung anderer Gesetze	26.11.1979	BGBl. I S. 1953 BStBl I S. 654	53, 68, 141, 149	01.01.1980
7	Gesetz zur Änderung der Abgabenordnung und des Einkommensteuergesetzes	25.06.1980	BGBl. I S. 731 BStBl I S. 395	52, 58, 68	29.06.1980
8	Gesetz zur Neuregelung der Einkommensbesteuerung der Land- und Forstwirtschaft	25.06.1980	BGBl. I S. 732 BStBl I S. 400	141	29.06.1980
9	Steuerentlastungsgesetz 1981	16.08.1980	BGBl. I S. 1381 BStBl I S. 534	31	22.08.1980
10	*Gesetz zur Änderung und Vereinfachung des Einkommensteuergesetzes und anderer Gesetze*[1]	*18.08.1980*	*BGBl. I S. 1537 BStBl I S. 581*		
11	Gesetz zur Änderung des Einkommensteuergesetzes, des Körperschaftsteuergesetzes und anderer Gesetze	20.08.1980	BGBl. I S. 1545 BStBl I S. 589	46, 155, 162, 287	29.08.1980
12	Siebentes Gesetz zur Änderung des Bundesausbildungsförderungsgesetzes	13.07.1981	BGBl. I S. 625 BStBl I S. 532	150	01.08.1981
13	Gesetz zur Neuordnung des Betäubungsmittelrechts	28.07.1981	BGBl. I S. 681	391	01.01.1982
14	Gesetz zur Bekämpfung der illegalen Beschäftigung	15.12.1981	BGBl. I S. 1390 BStBl I 1982 S. 288	31a	01.01.1982
15	2. Haushaltsstrukturgesetz	22.12.1981	BGBl. I S. 1523 BStBl I 1982 S. 235	175	01.01.1982
16	Gesetz zur Änderung des Parteiengesetzes und anderer Gesetze	22.12.1983	BGBl. I S. 1577 BStBl I 1984 S. 7	52, 55, 415	01.01.1984
17	Steuerentlastungsgesetz 1984	22.12.1983	BGBl. I S. 1583 BStBl I 1984 S. 14	180	29.12.1983
18	Bilanzrichtlinien-Gesetz	19.12.1985	BGBl. I S. 2355 BStBl I S. 704	141, 145, 147	01.01.1986

[1] Artikel 2 des Gesetzes zur Änderung und Vereinfachung des Einkommensteuergesetzes und anderer Gesetze vom 18.8.1980 (BGBl. I S. 1537) ist durch Artikel 5 des Steuerbereinigungsgesetzes 1986 vom 19.12.1985 (BGBl. I. S. 2436) rückwirkend gestrichen worden.

Nr.	Änderndes Gesetz	Datum	Fundstelle	§§	Inkrafttreten
19	Steuerbereinigungsgesetz 1986	19.12.1985	BGBl. I S. 2436 BStBl I S. 735	6, 19, 30 Abs. 6, 58, 93a, 117, 150, 152, 180 Abs. 2	25.12.1985
				67, 67a, 68, 155, 183 Abs. 3 und 4, 184 Abs. 1	01.01.1986
				30 Abs. 2, 61, 69, 105, 111, 116, 122, 123, 138, 141, 144, 160, 165, 167, 171, 172, 173, 174, 179, 180 Abs. 3 und 5, 181, 182, 183 Abs. 3, 184 Abs. 3, 185, 196, 204, 207, 226, 237, 309, 332, 334, 339, 349, 361, 365	01.01.1987
20	Strafverfahrensänderungsgesetz 1987	27.01.1987	BGBl. I S. 475	406	01.04.1987
21	Steuerreformgesetz 1990	25.07.1988	BGBl. I S. 1093 BStBl I S. 224	30a, 167, 233a, 235, 236, 237, 239, 241	03.08.1988
22	Vereinsförderungsgesetz	18.12.1989	BGBl. I S. 2212 BStBl I S. 499	51, 52 Abs. 2, 58, 64, 67a, 68	23.12.1989
23	Wohnungsbauförderungsgesetz	22.12.1989	BGBl. I S. 2408 BStBl I S. 505	233a Abs. 2	30.12.1989
24	Einigungsvertrag i.V.m. Einigungsvertragsgesetz	23.09.1990	BGBl. II S. 885, 968; BStBl I S. 654, 666	52 Abs. 2, 263	29.09.1990
25	Betreuungsgesetz	12.09.1990	BGBl. I S. 2002 BStBl I S. 622	79, 81, 171 Abs. 11	01.01.1992
26	Sechstes Überleitungsgesetz	25.09.1990	BGBl. I S. 2106, 2153; BStBl I S. 644	6 Abs. 2, 347 Abs. 2, 349 Abs. 3	03.10.1990
27	Kultur- und Stiftungsförderungsgesetz	13.12.1990	BGBl. I S. 2775 BStBl I 1991 S. 51	47, 63 Abs. 4, 224a	22.12.1990
28	Rechtspflege-Vereinfachungsgesetz	17.12.1990	BGBl. I S. 2847 BStBl I 1991 S. 3	284 Abs. 8, 334 Abs. 2	01.04.1991
29	Steueränderungsgesetz 1992	25.02.1992	BGBl. I S. 297 BStBl I S. 146	366	29.02.1992
30	Gesetz zur Änderung des Finanzverwaltungsgesetzes und anderer Gesetze	07.07.1992	BGBl. I S. 1222 BStBl I S. 441	6	15.07.1992
31	Umsatzsteuer-Binnenmarktgesetz	25.08.1992	BGBl. I S. 1548 BStBl I S. 552	370 Abs. 6 Satz 4	02.09.1992
				21, 370 Abs. 6 Satz 2 und 3 und Abs. 7, 372, 379	01.01.1993
32	FGO-Änderungsgesetz	21.12.1992	BGBl. I S. 2109 BStBl I 1993 S. 90	171 Abs. 3, 361 Abs. 5	01.01.1993
33	Drittes Gesetz zur Änderung des Steuerbeamten-Ausbildungsgesetzes	21.12.1992	BGBl. I S. 2118 BStBl I 1993 S. 40	374 Abs. 2, 378 Abs. 1, 379 Abs. 1	01.01.1993
34	Verbrauchsteuer-Binnenmarktgesetz	21.12.1992	BGBl. I S. 2150 BStBl I 1993 S. 96	76 Abs. 2, 209 Abs. 1, 210 Abs. 1, 2, 3, 370 Abs. 6	01.01.1993
35	Gesetz zur Umsetzung des Föderalen Konsolidierungsprogramms	23.06.1993	BGBl. I S. 944 BStBl I S. 510	240 Abs. 3	27.06.1993
36	Missbrauchsbekämpfungs- und Steuerbereinigungsgesetz	21.12.1993	BGBl. I S. 2310 BStBl I 1994 S. 50	6 Abs. 2, 21 Abs. 1, 30, 31 Abs. 3, 31a, 58, 61 Abs. 3, 88a,	30.12.1993

Nr.	Änderndes Gesetz	Datum	Fundstelle	§§	Inkrafttreten
				93a Abs. 1, 111 Abs. 4, 117, 139 Abs. 2, 141 Abs. 1, 150 Abs. 6, 152 Abs. 5, 156 Abs. 1, 163 Abs. 2, 165, 167 Abs. 1, 170, 171, 173 Abs. 1, 175a, 176 Abs. 1, 177, 178 Abs. 3, 180, 181, 183 Abs. 2, 212 Abs. 1, 220 Abs. 2, 222, 224, 227 Abs. 2, 229 Abs. 1, 233a, 234, 235 Abs. 3, 236 Abs. 5, 237 Abs. 5, 239, 240 Abs. 1, 241 Abs. 1, 249 Abs. 2, 273 Abs. 1, 280, 284, 339 Abs. 4, 344, 354 Abs. 1a, 362 Abs. 1a, 370 Abs. 6, 382 Abs. 4, 387 Abs. 2	
37	Kostenrechtsänderungsgesetz 1994	24.06.1994	BGBl. I S. 1325 BStBl I S. 383	339 Abs. 4	01.07.1994
38	Gesetz zur Änderung des Rechtspflegergesetzes und anderer Gesetze	24.06.1994	BGBl. I S. 1374 BStBl I S. 382	30 Abs. 3	01.07.1994
39	Grenzpendlergesetz	24.06.1994	BGBl. I S. 1395 BStBl I S. 440	233a Abs. 2, 382 Abs. 1, 126 Abs. 2, 3, 132, 172 Abs. 1, 183 Abs. 1, 237 Abs. 1, 2, 239 Abs. 1, 347, 348, 349, 350, 352, 353, 354 Abs. 1, 1a, 355, 356 Abs. 1, 2, 357, 358, 359, 360 Abs. 1, 4, 5, 361 Abs. 1, 4, 362 Abs. 1, 1a, 2, 363, 364, 364a, 364b, 365 Abs. 1, 3, 366, 367 Abs. 2, 368	01.07.1994 01.01.1996
40	Gesetz zur Änderung von Vorschriften über das Schuldnerverzeichnis	15.07.1994	BGBl. I S. 1566 BStBl I S. 540	284 Abs. 6, 7	24.07.1994/01.01.1995
41	Drittes Durchführungsgesetz/EWG zum VAG	21.07.1994	BGBl. I S. 1630 BStBl I S. 742	244	29.07.1994
42	Postneuordnungsgesetz	14.09.1994	BGBl. I S. 2325 BStBl I 1995 S. 256	93a Abs. 2, 105 Abs. 1, 111 Abs. 3, 224 Abs. 3	01.01.1995
43	Jahressteuergesetz 1996	11.10.1995	BGBl. I S. 1250 BStBl I S. 438	19, 23, 30, 37, 149,182, 382 237	21.10.1995 01.01.1996
44	Jahressteuer-Ergänzungsgesetz 1996	18.12.1995	BGBl. I S. 1959 BStBl I S. 786	6, 386	01.01.1996
45	Jahressteuergesetz 1997	20.12.1996	BGBl. I S. 2049 BStBl I S. 1523	67 Abs. 1, 68, 141 Abs. 1, 171 Abs. 10, 233 a, 361 Abs. 2	28.12.1996

Nr.	Änderndes Gesetz	Datum	Fundstelle	§§	Inkrafttreten
46	2. Zwangsvollstreckungsnovelle	17.12.1997	BGBl. I S. 3039, 1998 I S. 583; BStBl I 1998 S. 3	284, 287, 313, 315	01.01.1999
47	Sechstes Gesetz zur Reform des Strafrechts	26.01.1998	BGBl. I S. 164	31a	01.04.1998
48	Gesetz über die Briefe des psychologischen Psychotherapeuten und des Kinder- und Jugendlichenpsychotherapeuten, zur Änderung des Fünften Buches Sozialgesetzbuch und anderer Gesetze	16.06.1998	BGBl. I S. 1311 BStBl I S. 936	102	01.01.1999
49	Gesetz zur Datenermittlung für den Verteilungsschlüssel des Gemeindeanteils am Umsatzsteueraufkommen und zur Änderung steuerlicher Vorschriften	23.06.1998	BGBl. I S. 1496 BStBl I S. 873	171, 240	27.06.1998
50	EG-Finanzschutzgesetz	10.09.1998	BGBl. II S. 2322 BStBl I S. 1220	370	22.09.1998
51	Steueränderungsgesetz 1998	19.12.1998	BGBl. I S. 3816 BStBl I 1999 S. 117	147	24.12.1998
52	Gesetz zur Änderung des Einführungsgesetzes zur Insolvenzordnung und anderer Gesetze	19.12.1998	BGBl. I S. 3836 BStBl I 1999 S. 118	75, 171, 231, 251, 266, 282, 284	01.01.1999
53	Steuerbereinigungsgesetz 1999	22.12.1999	BGBl. I S. 2601 BStBl I 2000 S. 13	31a, 55, 68, 122, 149, 152, 155, 170, 171, 172, 180, 182, 183, 191, 231, 233a, 238, 240, 251, 284, 312, 329, 339, 340	30.12.1999
54	Gesetz zur Änderung von Vorschriften über die Tätigkeit der Steuerberater	24.06.2000	BGBl. I S. 874 BStBl I S. 1162	80, 348	01.07.2000
55	Gesetz zur weiteren steuerlichen Förderung von Stiftungen	14.07.2000	BGBl. I S. 1034 BStBl I S. 1192	55, 58	26.07.2000
56	Steuersenkungsgesetz	23.10.2000	BGBl. I S. 1433 BStBl I S. 1428	146, 147, 200	27.10.2000
57	Steuer-Euroglättungsgesetz (beachte dazu auch lfd. Nrn. 63 und 64)	19.12.2000	BGBl. I S. 1790 BStBl I 2001 S. 3	64, 67a, 115, 141, 152, 156, 238, 239, 240, 275, 329, 339, 341, 343, 344, 378, 379, 380, 381, 382, 383	01.01.2002
58	Gesetz zur Änderung des Investitionszulagengesetzes 1999	20.12.2000	BGBl. I S. 1850 BStBl I 2001 S. 27	58, 64, 68	28.12.2000
59	Gesetz zur Neuordnung des Gerichtsvollzieherkostenrechts	19.04.2001	BGBl. I S. 623 BStBl I S. 255	339, 340, 343, Anlage	01.05.2001
60	Zustellungs-Reformgesetz	25.06.2001	BGBl. I S. 1206 BStBl I S. 491	289	01.07.2002
61	Altersvermögensgesetz	26.06.2001	BGBl. I S. 1310 BStBl I S. 420	6	01.01.2002
62	Zivilprozessreformgesetz	27.07.2001	BGBl. I S. 1887 BStBl I S. 546	284, 326, 334	01.01.2002
63	Gesetz zur Eindämmung illegaler Betätigung im Baugewerbe	30.08.2001	BGBl. I S. 2267 BStBl I S. 602	20a, 21, 380	07.09.2001
				380	01.01.2002

Nr.	Änderndes Gesetz	Datum	Fundstelle	§§	Inkrafttreten
64	Steueränderungsgesetz 2001	20.12.2001	BGBl. I S. 3794 BStBl 2002 I S. 4	Artikel 8: 244	 01.07.2001
				1, 3, 21, 22, 23, 30, 42, 76, 126, 150, 152, 156, 167, 169, 170, 172, 178, 180, 209, 211, 212, 214, 215, 223, 353, 370, 373, 374, 375, 379, 382	23.12.2001
				6	01.01.2002
				Artikel 35 Nr. 7: 340, 343, Anlage	 01.01.2002
65	Unternehmenssteuerfortentwicklungsgesetz	20.12.2001	BGBl. I S. 3858 BStBl 2002 I S. 35	138 Abs. 2, 3	01.01.2002
66	Steuerverkürzungsbekämpfungsgesetz	19.12.2001	BGBl. I S. 3922 BStBl 2002 I S. 32	117, 370a	28.12.2001
67	Viertes Finanzmarktförderungsgesetz	21.06.2002	BGBl. I S. 2010 BStBl I S. 814	31b	01.07.2002
68	Fünftes Gesetz zur Änderung des Steuerbeamten-Ausbildungsgesetzes und zur Änderung von Steuergesetzen	23.07.2002	BGBl. I S. 2715 BStBl I S. 714	23, 219, 233, 370a	27.07.2002
69	Gesetz zur Erleichterung der Bekämpfung von illegaler Beschäftigung und Schwarzarbeit	23.07.2002	BGBl. I S. 2787 BStBl I S. 816	31, 31a	01.08.2002
70	Zollfahndungsneuregelungsgesetz	16.08.2002	BGBl. I S. 3202 BStBl I S. 818	6	24.08.2002
71	Drittes Gesetz zur Änderung verwaltungsverfahrensrechtlicher Vorschriften	21.08.2002	BGBl. I S. 3322 BStBl I S. 820	80, 87, 87a, 93, 119, 121, 122, 123, 125, 129, 150, 224a, 244, 309, 324, 356, 366	28.08.2002
72	Zweites Gesetz für moderne Dienstleistungen am Arbeitsmarkt	23.12.2002	BGBl. I S. 4621 BStBl I 2003 S. 3	6	01.01.2003
73	Steuervergünstigungsabbaugesetz	16.05.2003	BGBl. I S. 660 BStBl I S. 321	3, 90, 138, 162 21	21.05.2003 01.07.2003
74	Kleinunternehmerförderungsgesetz	31.07.2003	BGBl. I S. 1550 BStBl I S. 398	141	01.01.2003
75	Steueränderungsgesetz 2003	15.12.2003	BGBl. I S. 2645 BStBl I S. 710	139a - 139d, 144, 147, 167, 178, 231, 240, 251	20.12.2003
				27, 138	01.01.2004
76	Drittes Gesetz für moderne Dienstleistungen am Arbeitsmarkt	23.12.2003	BGBl. I S. 2848 BStBl I 2004 S. 114	31	01.01.2004
77	Gesetz zur Förderung der Steuerehrlichkeit	23.12.2003	BGBl. I S. 2928 BStBl I 2004 S. 22	93, 93b	01.04.2005
78	Viertes Gesetz für moderne Dienstleistungen am Arbeitsmarkt	24.12.2003	BGBl. I S. 2954 BStBl I 2004 S. 116	53	01.01.2005
79	Gesetz zur Einordnung des Sozialhilferechts in das Sozialgesetzbuch	27.12.2003	BGBl. I S. 3022 BStBl I 2004 S. 118	53	01.01.2005
80	Gesetz zur Förderung der Ausbildung und Beschäftigung schwerbehinderter Menschen	23.04.2004	BGBl. I S. 606 BStBl I 2004 S. 474	68	01.05.2004
81	Kostenrechtsmodernisierungsgesetz	05.05.2004	BGBl. I S. 718 BStBl I 2004 S. 486	87, 107, 405	01.07.2004

Nr.	Änderndes Gesetz	Datum	Fundstelle	§§	Inkrafttreten
82	Gesetz zur Änderung der Abgabenordnung und weiterer Gesetze	21.07.2004	BGBl. I S. 1753	58	27.07.2004
83	1. Justizmodernisierungsgesetz	24.08.2004	BGBl. I S. 2198	392, 397, 399, 404	01.09.2004
84	Gesetz zur Organisationsreform in der gesetzlichen Rentenversicherung	09.12.2004	BGBl. I S. 3242 BStBl I S. 1156	6	01.10.2005
85	Richtlinien-Umsetzungsgesetz	09.12.2004	BGBl. I S. 3310 BStBl I S. 1158	20a, 31, 139b, 139c, 175, 318, 383a	16.12.2004
				337, 339, 340, 341, 342, 344, Anlage zu § 339	01.01.2005
86	Justizkommunikationsgesetz	22.03.2005	BGBl. I S. 837 BStBl I S. 602	360	01.04.2005
87	Gesetz zur Umbenennung des Bundesgrenzschutzes in Bundespolizei	21.06.2005	BGBl. I S. 1818 BStBl I S. 854	134	01.07.2005
88	Gesetz zur Novellierung des Verwaltungszustellungsgesetzes	12.08.2005	BGBl. I S. 2354 BStBl I S. 855	169, 216, 394	01.02.2006
89	Gesetz zur Neuorganisation der Bundesfinanzverwaltung und zur Schaffung eines Refinanzierungsregisters	22.09.2005	BGBl. I S. 2809	6, 93, 93b, 139a, 139b, 139c, 386	01.01.2006
90	Gesetz zur Eindämmung missbräuchlicher Steuergestaltungen	28.04.2006	BGBl. S.1095 BStBl I S.353	379	06.05.2006
91	Steueränderungsgesetz 2007	19.07.2006	BGBl. I S. 1652 BStBl I S. 432	55	01.01.2007
92	Erstes Gesetz zum Abbau bürokratischer Hemmnisse insbesondere in der mittelständischen Wirtschaft	22.08.2006	BGBl. I S. 1970 BStBl I S. 486	141	26.08.2006
93	Föderalismusreform-Begleitgesetz	5.9.2006	BGBl. I S. 2098 BStBl I S. 506	89, 116	12.09.2006
94	Jahressteuergesetz 2007	13.12.2006	BGBl. I S. 2878 BStBl I 2007 S. 28	3, 6, 19, 62, 67, 87a, 89, 139b, 139d, 172, 178a, 224, 348, 367	19.12.2006
				58, 64, 67, 68, 138, 15, 162, 238, 240	01.01.2007
95	Gesetz zur Änderung des Passgesetzes und weiterer Vorschriften	20.07.2007	BGBl. I S. 1566	§ 139b	01.11.2007
96	Unternehmensteuerreformgesetz 2008	14.08.2007	BGBl. I S. 1912 BStBl I S. 630	90, 93 Abs. 8, 93b, 102,	18.08.2007
				93 Abs. 7, 162 Abs. 2 Satz 2	01.01.2009
97	Zweites Gesetz zum Abbau bürokratischer Hemmnisse insbesondere in der mittelständischen Wirtschaft	07.09.2007	BGBl. I S. 2246	§ 141	14.09.2007
98	Gesetz zur weiteren Stärkung des bürgerschaftlichen Engagements	10.10.2007	BGBl. I S. 2332	52, 58, 61, 64, 67a	01.01.2007
99	Zweites Gesetz zur Änderung des Finanzverwaltungsgesetzes und anderer Gesetze	13.12.2007	BGBl. I S. 2897 BStBl 2008 I S. 298	6, 244	01.01.2008
100	Jahressteuergesetz 2008	20.12.2007	BGBl. I S. 3150 BStBl 2008 I S. 218	26, 42, 116, 139b, 178, 393	29.12.2007

Nr.	Änderndes Gesetz	Datum	Fundstelle	§§	Inkrafttreten
101	Gesetz zur Neuregelung der Telekommunikationsüberwachung und anderer verdeckter Ermittlungsmaßnahmen sowie zur Umsetzung der Richtlinie 2006/24/EG	21.12.2007	BGBl. I S. 3198 BStBl 2008 I S. 305	370, 370a, 373, 374	01.01.2008
102	Achtes Gesetz zur Änderung des Steuerberatungsgesetzes	8.4.2008	BGBl. I S. 666 BStBl I S. 544	80, 348	12.4.2008
103	Gesetz zur Ergänzung der Bekämpfung der Geldwäsche und der Terrorismusfinanzierung	13.8.2008	BGBl. I S. 1690 BStBl I S. 922	31b	21.8.2008
104	Gesetz zur Modernisierung des GmbH-Rechts und zur Bekämpfung vom Missbräuchen	23.10.2008	BGBl. I S. 2026	191	1.11.2008
105	Gesetz zur Reform des Verfahrens in Familiensachen und in Angelegenheiten der freiwilligen Gerichtsbarkeit	17.12.2008	BGBl. I S. 2586 BStBl 2009 I S. 4	81	1.9.2009
106	Jahressteuergesetz 2009	19.12.2008	BGBl. I S. 2794 BStBl 2009 I S. 74	3, 93a, 146, 278, 376	25.12.2008
				19, 51, 60, 62, 285, 289, 291, Anlage zu § 60	1.1.2009
107	Gesetz zur Modernisierung und Entbürokratisierung des Steuerverfahrens	20.12.2008	BGBl. I S. 2850 BStBl 2009 I S. 124	18, 88, 138, 150, 165, 181, 363	1.1.2009
108	Gesetz zur Fortführung der Gesetzeslage 2006 bei der Entfernungspauschale	20.4.2009	BGBl. I S. 774 BStBl I S. 536	55	24.4.2009
109	Gesetz zur Modernisierung des Bilanzrechts	25.5.2009	BGBl. I S. 1102	141	29.5.2009
110	Gesetz zur Reform des Kontopfändungsschutzes	7.7.2009	BGBl. I S. 1707 BStBl I S. 872	309, 314, 316	1.7.2010
				309, 316	1.1.2012
111	Gesetz zur Reform der Sachaufklärung in der Zwangsvollstreckung	29.7.2009	BGBl. I S. 2258 BStBl I S. 878	284, 326, 334	1.1.2013
112	Gesetz zur Bekämpfung der Steuerhinterziehung	29.7.2009	BGBl. I S 2302 BStBl I S. 826	90, 147a, 162, 193	1.8.2009
113	Gesetz über die Internetversteigerung in der Zwangsvollstreckung und zur Änderung anderer Gesetze	30.7.2009	BGBl. I S. 2474 BStBl I S. 871	296, 298, 299, 301, 341	5.8.2009
114	Jahressteuergesetz 2010	8.12.2010	BGBl. I S. 1768 BStBl I S. 1394	2, 3, 31b, 55, 58, 146, 170, 289, 299, 370, 379	14.12.2010
115	Zweites Gesetz zur erbrechtlichen Gleichstellung nichtehelicher Kinder, zur Änderung der Zivilprozessordnung und der Abgabenordnung	12.4.2011	BGBl. I S. 615	314	16.4.2011
116	Gesetz zur Verbesserung der Bekämpfung der Geldwäsche und Steuerhinterziehung	28.4.2011	BGBl. I S. 676 BStBl I S 495	371, 378, 398a	3.5.2011
117	Steuervereinfachungsgesetz 2011	1.11.2011	BGBl. I S. 2131 BStBl. I S. 986	87a, 89, 138, 149, 150, 233a	5.11.2011
				93, 270,273,279	1.1.2012

Nr.	Änderndes Gesetz	Datum	Fundstelle	§§	Inkrafttreten
118	Gesetz zur Umsetzung der Beitreibungsrichtlinie sowie zur Änderung steuerlicher Vorschriften	7.12.2011	BGBl. I S. 2592 BStBl I S. 1171	370	14.12.11
119	Gesetz zur Optimierung der Geldwäscheprävention	22.12.2011	BGBl. I S. 2959 BStBl 2012 I S. 3	31b	29.12.2011
120	Gesetz zur Änderung von Vorschriften über Verkündung und Bekanntmachungen sowie der Zivilprozessordnung, des Gesetzes betreffend die Einführung der Zivilprozessordnung und der Abgabenordnung	22.12.2011	BGBl. I S. 3044	360 284	1.4.2012 1.1.2013
121	Gesetz über die Vereinfachung des Austauschs von Informationen und Erkenntnissen zwischen den Strafverfolgungsbehörden der Mitgliedstaaten der Europäischen Union	21.7.2012	BGBl. I S. 1566	117a, 117b	26.7.2012
122	Gesetz zur Stärkung des Ehrenamtes	21.3.2013	BGBl. I S. 556 BStBl I S. 339	53, 55, 67a 60a, 62, 63 55, 58, 62	1.1.2013 29.3.2013 1.1.2014
123	Gesetz zur Fortentwicklung des Meldewesens	3.5.2013	BGBl. I S. 1084	139b	1.5.2015
124	Gesetz zur Umsetzung des Amtshilferichtlinie sowie zur Änderung steuerlicher Vorschriften	26.6.2013	BGBl. I S. 1809 BStBl I S. 802	117 1, 6, 30, 87a, 88, 89, 90, 97, 107, 139, 141, 150, 152, 156, 165, 171, 172, 200, 208, 224, 259, 275, 288, 337, 363, 367, 379, 382, 53, 68	1.1.2013 30.6.2013 1.1.2014
125	Gesetz zur Förderung der elektronischen Verwaltung sowie zur Änderung weiterer Vorschriften	25.7.2013	BGBl. I S. 2749 BStBl I S. 926	30, 87a, 119, 357 87a	1.8.2013 1.7.2014
126	Gesetz zur Strukturreform des Gebührenrechts des Bundes	7.8.2013	BGBl. I S. 3154	178, 412	15.8.2013
127	Gesetz zur Anpassung des Investmentsteuergesetzes und anderer Gesetze an das AIFM-Umsetzungsgesetz	18.12.2013	BGBl. I S. 4318 BStBl 2014 I S. 2	117c, 379	24.12.2013
128	Gesetz zur Anpassung steuerlicher Regelungen an die Rechtsprechung des Bundesverfassungsgerichts	18.7.2014	BGBl. I S. 104 BStBl I S. 1062	15, 19, 122, 147a, 183, 263, 271	24.7.2014
129	Gesetz zur Anpassung des nationalen Steuerrechts an den Beitritt Kroatiens zur EU und zur Änderung weiterer steuerlicher Vorschriften	25.7.2014	BGBl. I S. 1266 BStBl I S. 1126	22a, 31b, 63, 379, 382	31.7.2014
130	Gesetz zur Änderung des Gesetzes zur Fortentwicklung des Meldewesens	20.11.2014	BGBl. I S. 1738	§ 139b	1.11.2015

Nr.	Änderndes Gesetz	Datum	Fundstelle	§§	Inkrafttreten
131	Gesetz zur Änderung der Abgabenordnung und des Einführungsgesetzes zur Abgabenordnung	22.12.2014	BGBl I S. 2415 BStBl 2015 I S. 55	164, 170, 371, 374, 378, 398a,	1.1.2015
132	Gesetz zur Anpassung der Abgabenordnung an den Zollkodex der Union und zur Änderung weiterer steuerlicher Vorschriften	22.12.2014	BGBl. I S. 2417 BStBl 2015 I S. 58	31b, 139a, 139b, 139c, 171, 178, 180, 184, 218, 223, 315, 339, 340, 341, 344,	31.12.2014
				3, 23, 147, 169, 172, 214, 251, 374, 375	1.5.2016
133	Bürokratieentlastungsgesetz	28.7.2015	BGBl. I S 1400	141	1.1.2016
134	Steueränderungsgesetz 2015	2.11.2015	BGBl. I S. 1834 BStBl I S. 846	6, 123, 139c, 249	6. 11.2015
135	Gesetz zur Bekämpfung der Korruption	20.11.2015	BGBl. I S. 2025	370	26.11.2015
136	Gesetz zur Neuorganisation der Zollverwaltung	3.12.2015	BGBl. I S. 2178	6, 244, 387	1.1.2016
137	Gesetz zur Modernisierung des Besteuerungsverfahrens	18.7.2016	BGBl. I S. 1679 BStBl I S. 694	29a, 81, 88b, 89, 154	23.7.2016
				3,18,21, 71,72a, 80, 80a, 87a, 87,b, 87c, 87d, 87e, 88, 89, 93a, 93c, 93d, 109, 117c, 122, 122a, 134, 135, 136, 138, 149, 150, 151, 152, 155, 156, 157, 163, 165, 169, 171, 173, 175, 175b, 180, 181, 182, 184, 196, 203a, 239, 261, 269, 279, 357, 366, 383b,	1.1.2017
138	Neuntes Gesetz zur Änderung des Zweiten Buches Sozialgesetzbuch – Rechtsvereinfachung – sowie zur vorübergehenden Aussetzung der Insolvenzantragspflicht	26.7.2016	BGBl. I S. 1824	68	1.8.2016
139	Gesetz zur Umsetzung der Änderungen der EU-Amtshilferichtlinie und von weiteren Maßnahmen gegen Gewinnkürzungen und -verlagerungen	20.12.2016	BGBl. I S. 3000	90, 117c, 138a, 162, 379	24.12.2016
				2, 68, 117c	1.1.2017
140	Gesetz zum Schutz vor Manipulationen an digitalen Grundaufzeichnungen	22.12.2016	BGBl. I S. 3152	146, 146a, 146b, 147, 379,	29.12.2016
141	Gesetz zur Stärkung der Teilhabe und Selbstbestimmung von Menschen mit Behinderungen	23.12.2016	BGBl. I S. 3234	68	1.1.2018
142	Gesetz zur Auflösung der Bundesmonopolverwaltung für Branntwein und zur Änderung weiterer Gesetze (Branntweinmonopolverwaltung-Auflösungsgesetz)	10.3.2017	BGBl. I S. 420	6	1.1.2019

Nr.	Änderndes Gesetz	Datum	Fundstelle	§§	Inkrafttreten
143	Gesetz zur Reform der strafrechtlichen Vermögensabschöpfung	13.4.2017	BGBl. I S. 872	401, 406	1.7.2017
144	Gesetz zur Bekämpfung der Steuerumgehung und zur Änderung weiterer steuerlicher Vorschriften (Steuerumgehungsbekämpfungsgesetz)	23.6.2017	BGBl. I S. 1682 BStBl. I S. 865	30a, 93, 93b, 117c, 138, 138b, 138c, 139b, 147a, 154, 170, 175b, 228, 231, 370, 371, 376, 379,	25.6.2017
145	Gesetz zur Umsetzung der Vierten EU-Geldwäscherichtlinie, zur Ausführung der EU-Geldtransferverordnung und zur Neuorganisation der Zentralstelle für Finanztransaktionsuntersuchungen	23.6.2017	BGBl. I S. 1822 BStBl I S. 1158	31b, 93, 138b, 154	26.6.2017
146	Gesetz zur Verbesserung der Sachaufklärung in der Verwaltungsvollstreckung	30.6.2017	BGBl. I S. 2094	93	6.1.2017
147	Zweites Gesetz zur Entlastung insbesondere der mittelständischen Wirtschaft von Bürokratie (Zweites Bürokratieentlastungsgesetz)	30.7.2017	BGBl. I S. 2143 BStBl I S. 890	147	1.1.2017
148	Gesetz zur Änderung des Bundesversorgungsgesetzes und anderer Vorschriften	17.7.2017	BGBl. I S. 2541 BStBl I S. 1208	1, 2a, 6, 7, 29b, 29c, 30, 31, 31a, 31b, 31c, 32a, 32b, 32c, 32d, 32e, 32f, 32g, 32h, 32i, 32j, 72a, 87c, 88, 88a, 93, 93b, 93c, 103, 239b, 139c, 377, 383a, 384a	25.5.2018
149	Gesetz zur Durchführung der Verordnung (EU) Nr. 910/2014 des Europäischen Parlaments und des Rates vom 23.7.2014 über elektronische Identifizierung und Vertrauensdienste für elektronische Transaktionen im Binnenmarkt und zur Aufhebung der Richtlinie 1999/93/EG (eIDAS-Durchführungsgesetz)	18.7.2017	BGBl. I S. 2745	87a	29.7.2017
150	Gesetz zur Vermeidung von Umsatzsteuerausfällen beim Handel mit Waren im Internet und zur Änderung weiterer steuerlicher Vorschriften	11.12.2018	BGBl. I S. 2338 BStBl I S. 1377	67a	1.1.2021
151	Gesetz zur Umsetzung des Gesetzes zur Einführung des Rechts auf Eheschließung für Personen gleichen Geschlechts	18.12.2018	BGBl. I S. 2639	15	22.12.2018
152	Gesetz gegen illegale Beschäftigung und Sozialleistungsmissbrauch	11.7.2019	BGBl. I S. 1066 BStBl I S. 814	93	18.7.2019
153	Gesetz zur Reform der Psychotherapeutenausbildung	15.11.2019	BGBl. I S. 1604	102	1.9.2020
154	Zweites Gesetz zur Anpassung des Datenschutzrechts an die Verordnung (EU) 2016/679 und zur Umsetzung der Richtlinie (EU) 2016/680 (Zweites Datenschutz-	20.11.2019	BGBl. I S. 1626 BStBl I S. 1308	2a, 27, 30, 31, 31a, 31b, 32a, 32f, 82, 93, 93a, 108, 119, 128, 210, 211, 216, 361, 364	26.11.2019

Nr.	Änderndes Gesetz	Datum	Fundstelle	§§	Inkrafttreten
	Anpassungs- und Umsetzungsgesetz EU)			93	1.1.2020
155	Gesetz zur Umsetzung der Richtlinie (EU) 2016/680 im Strafverfahren sowie zur Anpassung datenschutzrechtlicher Bestimmungen an die Verordnung (EU) 2016/679	20.11.2019	BGBl. I S. 1724	334	26.11.2019
156	Drittes Gesetz zur Entlastung insbesondere der mittelständischen Wirtschaft von Bürokratie (Drittes Bürokratieentlastungsgesetz)	22.11.2019	BGBl. I S. 1746 BStBl I S. 1313	138, 147	1.1.2020
157	Gesetz zur Reform des Grundsteuer- und Bewertungsrechts (Grundsteuer-Reformgesetz)	26.11.2019	BGBl. I S. 1794 BStBl I S. 1319	180, 181, 182, 183 141, 180, 182, 183	1.1.2022 1.1.2025
158	Gesetz zur weiteren steuerlichen Förderung der Elektromobilität und zur Änderung weiterer steuerlicher Vorschriften	12.12.2019	BGBl. I S. 2451 BStBl 2020 I S. 17	30, 73, 80, 87a, 109, 117d, 138a, 141, 144, 149, 152, 171, 208, 244, 254, 404	18.12.2019
159	Gesetz zur Umsetzung der Änderungsrichtlinie zur Vierten EU-Geldwäscherichtlinie	12.12.2019	BGBl. I S. 2602 BStBl 2020 I S. 119	154	1.1.2020
160	Gesetz zur Einführung einer Pflicht zur Mitteilung grenzüberschreitender Steuergestaltungen	21.12.2019	BGBl. I S. 2875 BStBl 2020 I S. 127	102, 138c, 138e, 138f, 138g, 138h, 138i, 138j, 138k, 379	1.1.2020
161	Elfte Zuständigkeitsanpassungsverordnung (ZustAnpV 11)	19.6.2020	BGBl I S.1328	146	27.6.2020
162	Zweites Corona-Steuerhilfegesetz (CoronaStHG 2)	29.6.2020	BGBl. I S. 1512 BStBl I S. 563	375a, 376	1.7.2020
163	Grundrentengesetz (GrRentG)	12.8.2020	BGBl. I S. 1879 BStBl 2021 I S. 4	93, 139b	1.1.2021
164	Pfändungsschutzkonto-Fortentwicklungsgesetz (PKoFoG)	22.11.2020	BGBl. I S. 2466	295, 309, 314, 316, 318, 319	1.12.2021
165	Gesetz zur Digitalisierung von Verwaltungsverfahren bei der Gewährung von Familienleistungen (FamLeistDigitG)	3.12.2020	BGBl.I S. 2668 BStBl I S. 1350	122a, 139b, 139c	10.12.2020
166	Gesetz zur Stärkung der Sicherheit im Pass-, Ausweis- und ausländerrechtlichen Dokumentenwesen (DokuWeSiStärkG)	3.12.2020	BGBl. I S. 2744 BStBl I S. 1352	87a	12.12.2020
167	Gesetz über die Umwandlung des Informationstechnikzentrums Bund in eine nichtrechtsfähige Anstalt des öffentlichen Rechts und zur Änderung weiterer Vorschriften (ITZBundG/uaÄndG)	7.12.2020	BGBl. I S. 2756 BStBl I S. 1353	6	1.1.2021
168	Jahressteuergesetz 2020 (JStG 2020)	21.12.2020	BGBl. I S. 3096 BStBl 2021 I S. 6	1, 3, 19, 27, 31, 32c, 32i, 52, 55, 57, 58, 58a, 60a, 64, 68, 93, 93a, 138, 138a, 146, 152, 171, 184, 208a,	29.12.2020

Nr.	Änderndes Gesetz	Datum	Fundstelle	§§	Inkrafttreten
				231, 366, 375, 376	
				60b	1.1.2024
169	Gesetz Digitale Rentenübersicht (DigRentÜG)	11.2.2021	BGBl. I S. 154	139b	18.2.2021
170	Registermodernisierungsgesetz (RegMoG)	28.3.2021	BGBl. I S. 591	139a, 139b	
171	Gesetz zur Reform des Vormundschafts- und Betreuungsrechts (BtRRefG)	4.5.2021	BGBl. I S. 882	79, 171	1.1.2023
172	Gesetz zur Verbesserung des Schutzes von Gerichtsvollziehern vor Gewalt sowie zur Änderung weiterer zwangsvollstreckungsrechtlicher Vorschriften und zur Änderung des Infektionsschutzgesetzes (GVGewSchVerb/uaÄndG)	7.5.2021	BGBl. I S. 850	93, 249, 284, 295, 339	1.1.2022
173	Abzugsteuerentlastungsmodernisierungsgesetz (AbzStEntModG)	2.6.2021	BGBl. I S. 1259 BStBl I. S. 787	3, 88c, 89a, 141, 152, 175a, 178a, 251, 354	9.6.2021
174	Finanzmarktintegritätsstärkungsgesetz (FISG)	3.6.2021	BGBl. I S. 1534 BStBl I S. 807	31b	1.7.2021
175	Gesetz zur Abwehr von Steuervermeidung und unfairem Steuerwettbewerb und zur Änderung weiterer Gesetze (StAbwGuaVorschrÄndG)	25.6.2021	BGBl. I S. 2056	3, 90, 147, 162, 193	1.7.2021
176	Transparenzregister- und Finanzinformationsgesetz	25.6.2021	BGBl. I S. 2083	60a	1.8.2021
177	Gesetz zur Modernisierung des notariellen Berufsrechts und zur Änderung weiterer Vorschriften (NotModuaÄndG)	25.6.2021	BGBl. I S. 2154	95	1.8.2021
178	Gesetz zum Ausbau des elektronischen Rechtsverkehrs mit den Gerichten und zur Änderung weiterer Vorschriften (ERVGerAusb/uaÄndG)	5.10.2021	BGBl. I S. 4607	339, 340, 341	1.11.2021
179	Zweites Gesetz zur Änderung der Abgabenordnung und des Einführungsgesetzes zur Abgabenordnung (AO1977/AOEG1977ÄndG 2)	12.7.2022	BGBl. I S. 1142	138e, 138h, 233, 233a, 128, 239,	22.7.2022
180	Jahressteuergesetz 2022 (JStG 2022)	16.12.2022	BGBl. I S. 2294 BStBl 2023 I S. 7	30, 31a, 32i, 89a, 93, 122, 139b, 150, 162, 188, 191, 224, 229, 230, 249, 251, 371, 398	21.12.2022
				139b	

181	Gesetz zur Umsetzung der Richtlinie (EU) 2021/514 des Rates vom 22. März 2021 zur Änderung der Richtlinie 2011/16/EU über die Zusammenarbeit der Verwaltungsbehörden im Bereich der Besteuerung und zur Modernisierung des Steuerverfahrensrechts (EURL2021/514UmsG)	20.12.2022	BGBl. I S. 2730 BStBl 2023 I S. 82	3, 18, 87a, 90, 93, 138a, 138f, 146, 147, 147a, 147b, 153, 158, 162, 171, 180, 181, 197, 199, 200, 200a, 201, 202, 203, 204, 211, 379 142, 146	1.1.2023 1.1.2025

Anwendungserlass zur Abgabenordnung (AEAO)

BMF-Schreiben vom 31.1.2014 (BStBl I S. 290), zuletzt geändert durch das BMF-Schreiben vom 23.1.2023 (BStBl I S. 184)

Erster Teil – Einleitende Vorschriften

Erster Abschnitt – Anwendungsbereich

§ 1 Anwendungsbereich (S 0100)

(1) [1]Dieses Gesetz gilt für alle Steuern einschließlich der Steuervergütungen, die durch Bundesrecht oder Recht der Europäischen Union geregelt sind, soweit sie durch Bundesfinanzbehörden oder durch Landesfinanzbehörden verwaltet werden. [2]Es ist nur vorbehaltlich des Rechts der Europäischen Union anwendbar.

(2) Für die Realsteuern gelten, soweit ihre Verwaltung den Gemeinden übertragen worden ist, die folgenden Vorschriften dieses Gesetzes entsprechend:

1. **die Vorschriften des Ersten, Zweiten, Vierten, Sechsten und Siebten Abschnitts des Ersten Teils (Anwendungsbereich; Steuerliche Begriffsbestimmungen; Datenverarbeitung und Steuergeheimnis; Betroffenenrechte; Datenschutzaufsicht, Gerichtlicher Rechtsschutz in datenschutzrechtlichen Angelegenheiten),**
2. **die Vorschriften des Zweiten Teils (Steuerschuldrecht),**
3. **die Vorschriften des Dritten Teils mit Ausnahme der §§ 82 bis 84 (Allgemeine Verfahrensvorschriften),**
4. **die Vorschriften des Vierten Teils (Durchführung der Besteuerung),**
5. **die Vorschriften des Fünften Teils (Erhebungsverfahren),**
6. **§ 249 Absatz 2 Satz 2,**
7. **die §§ 351 und 361 Abs. 1 Satz 2 und Abs. 3,**
8. **die Vorschriften des Achten Teils (Straf- und Bußgeldvorschriften, Straf- und Bußgeldverfahren).**

(3) [1]Auf steuerliche Nebenleistungen sind die Vorschriften dieses Gesetzes vorbehaltlich des Rechts der Europäischen Union sinngemäß anwendbar. [2]Der Dritte bis Sechste Abschnitt des Vierten Teils gilt jedoch nur, soweit dies besonders bestimmt wird.

AEAO zu § 1 - Anwendungsbereich:

1. Der Anwendungsbereich beschränkt sich auf die Steuern einschließlich der Steuervergütungen. Die AO gilt auch für Steuererstattungen; diese sind als Umkehr der Steuerentrichtung bereits durch den Begriff der Steuer in den Anwendungsbereich mit einbezogen (§ 37 Abs. 1 AO).
2. Für die von den Finanzbehörden verwalteten, durch Bundesrecht geregelten übrigen öffentlich-rechtlichen Abgaben, Prämien und Zulagen wird die Geltung der AO durch die jeweiligen Rechtsvorschriften bestimmt. Dies gilt insbesondere für die Wohnungsbauprämien, Eigenheimzulagen, Arbeitnehmer-Sparzulagen und die Investitionszulagen.

3. Die Vorschriften der AO sind grundsätzlich sinngemäß auch auf die steuerlichen Nebenleistungen (§ 3 Abs. 4 AO) anzuwenden. Ausgenommen sind die Bestimmungen über die Festsetzung, Außenprüfung, Steuerfahndung und Steueraufsicht in besonderen Fällen (§§ 155 bis 217 AO), soweit sie nicht ausdrücklich für anwendbar erklärt worden sind (§ 155 Abs. 3 Satz 2, § 156 Abs. 2 AO).

4. Die AO ist auch für die Angelegenheiten anzuwenden, die nicht unmittelbar der Besteuerung dienen, aber aufgrund der Verwaltungskompetenz für diese Steuern in den Zuständigkeitsbereich der Finanzbehörden fallen (z. B. Erteilung von Bescheinigungen in Steuersachen, Ausstellung von Einkommensbescheinigungen für nichtsteuerliche Zwecke).

5. Wegen der Anwendung der AO bei der Leistung von Rechts- oder Amtshilfe wird auf die §§ 111 ff. AO hingewiesen.

§ 2 Vorrang völkerrechtlicher Vereinbarungen (S 0101)

(1) Verträge mit anderen Staaten im Sinne des Artikels 59 Abs. 2 Satz 1 des Grundgesetzes über die Besteuerung gehen, soweit sie unmittelbar anwendbares innerstaatliches Recht geworden sind, den Steuergesetzen vor.

(2) [1]Das Bundesministerium der Finanzen wird ermächtigt, zur Sicherung der Gleichmäßigkeit der Besteuerung und zur Vermeidung einer Doppelbesteuerung oder doppelten Nichtbesteuerung mit Zustimmung des Bundesrates Rechtsverordnungen zur Umsetzung von Konsultationsvereinbarungen zu erlassen. [2]Konsultationsvereinbarungen nach Satz 1 sind einvernehmliche Vereinbarungen der zuständigen Behörden der Vertragsstaaten eines Doppelbesteuerungsabkommens mit dem Ziel, Einzelheiten der Durchführung eines solchen Abkommens zu regeln, insbesondere Schwierigkeiten oder Zweifel, die bei der Auslegung oder Anwendung des jeweiligen Abkommens bestehen, zu beseitigen.

(3) Das Bundesministerium der Finanzen wird ermächtigt, durch Rechtsverordnung mit Zustimmung des Bundesrates Vorschriften zu erlassen, die

1. **Einkünfte oder Vermögen oder Teile davon bestimmen, für die die Bundesrepublik Deutschland in Anwendung der Bestimmung eines Abkommens zur Vermeidung der Doppelbesteuerung auf Grund einer auf diplomatischem Weg erfolgten Notifizierung eine Steueranrechnung vornimmt, und**

2. **in den Anwendungsbereich der Bestimmungen über den öffentlichen Dienst eines Abkommens zur Vermeidung der Doppelbesteuerung diejenigen Körperschaften und Einrichtungen einbeziehen, die auf Grund einer in diesem Abkommen vorgesehenen Vereinbarung zwischen den zuständigen Behörden bestimmt worden sind.**

§ 2a Anwendungsbereich der Vorschriften über die Verarbeitung personenbezogener Daten (S 0102)

(1) [1]Die Vorschriften dieses Gesetzes und der Steuergesetze über die Verarbeitung personenbezogener Daten im Anwendungsbereich dieses Gesetzes gelten bei der Verarbeitung personenbezogener Daten durch Finanzbehörden (§ 6 Absatz 2), andere öffentliche Stellen (§ 6 Absatz 1a bis 1c) und nicht-öffentliche Stellen (§ 6 Absatz 1d und 1e). [2]Das Bundesdatenschutzgesetz oder andere Datenschutzvorschriften des Bundes sowie entsprechende Landesgesetze gelten für Finanzbehörden nur, soweit dies in diesem Gesetz oder den Steuergesetzen bestimmt ist.

(2) [1]Die datenschutzrechtlichen Regelungen dieses Gesetzes gelten auch für Daten, die die Finanzbehörden im Rahmen ihrer Aufgaben bei der Überwachung des grenzüberschreitenden Warenverkehrs verarbeiten. [2]Die Daten gelten als im Rahmen eines Verfahrens in Steuersachen verarbeitet.

(3) Die Vorschriften dieses Gesetzes und der Steuergesetze über die Verarbeitung personenbezogener Daten finden keine Anwendung, soweit das Recht der Europäischen Union, im Besonderen die Verordnung (EU) 2016/679 des Europäischen Parlaments und des Rates vom 27. April 2016 zum Schutz natürlicher Personen bei der Verarbeitung personenbezogener Daten, zum freien Datenverkehr und zur Aufhebung der Richtlinie 95/46/EG (Datenschutz-Grundverordnung) (ABl. L 119 vom 4.5.2016, S. 1; L 314 vom 22.11.2016, S. 72; L 127 vom 23.5.2018, S. 2) in der jeweils geltenden Fassung unmittelbar oder nach Absatz 5 entsprechend gilt.

(4) Für die Verarbeitung personenbezogener Daten zum Zweck der Verhütung, Ermittlung, Aufdeckung, Verfolgung oder Ahndung von Steuerstraftaten oder Steuerordnungswidrigkeiten gelten die Vorschriften des Ersten und des Dritten Teils des Bundesdatenschutzgesetzes, soweit gesetzlich nichts anderes bestimmt ist.

(5) Soweit nichts anderes bestimmt ist, gelten die Vorschriften der Verordnung (EU) 2016/679, dieses Gesetzes und der Steuergesetze über die Verarbeitung personenbezogener Daten natürlicher Personen entsprechend für Informationen, die sich beziehen auf identifizierte oder identifizierbare

1. verstorbene natürliche Personen oder

2. Körperschaften, rechtsfähige oder nicht rechtsfähige Personenvereinigungen oder Vermögensmassen.

Zweiter Abschnitt – Steuerliche Begriffsbestimmungen

§ 3 Steuern, steuerliche Nebenleistungen (S 0110)

(1) Steuern sind Geldleistungen, die nicht eine Gegenleistung für eine besondere Leistung darstellen und von einem öffentlich-rechtlichen Gemeinwesen zur Erzielung von Einnahmen allen auferlegt werden, bei denen der Tatbestand zutrifft, an den das Gesetz die Leistungspflicht knüpft; die Erzielung von Einnahmen kann Nebenzweck sein.

(2) Realsteuern sind die Grundsteuer und die Gewerbesteuer.

(3) [1]Einfuhr- und Ausfuhrabgaben nach Artikel 5 Nummer 20 und 21 des Zollkodex der Union sind Steuern im Sinne dieses Gesetzes. [2]Zollkodex der Union bezeichnet die Verordnung (EU) Nr. 952/2013 des Europäischen Parlaments und des Rates vom 9. Oktober 2013 zur Festlegung des Zollkodex der Union (ABl. L 269 vom 10.10.2013, S. 1, L 287, S. 90) in der jeweils geltenden Fassung.

(4) Steuerliche Nebenleistungen sind

1. Verzögerungsgelder nach § 146 Absatz 2c,
2. Verspätungszuschläge nach § 152,
3. Zuschläge nach § 162 Absatz 4 und 4a,

3a. Mitwirkungsverzögerungsgelder nach § 200a Absatz 2 und Zuschläge zum Mitwirkungsverzögerungsgeld nach § 200a Absatz 3,[1]

4. Zinsen nach den §§ 233 bis 237 sowie Zinsen nach den Steuergesetzen, auf die die §§ 238 und 239 anzuwenden sind, sowie Zinsen, die über die §§ 233 bis 237 und die Steuergesetze hinaus nach dem Recht der Europäischen Union auf zu erstattende Steuern zu leisten sind,
5. Säumniszuschläge nach § 240,
6. Zwangsgelder nach § 329,
7. Kosten nach den §§ 89, 89a Absatz 7 sowie den §§ 178 und 337 bis 345,
8. Zinsen auf Einfuhr- und Ausfuhrabgaben nach Artikel 5 Nummer 20 und 21 des Zollkodex der Union,
9. Verspätungsgelder nach § 22a Absatz 5 des Einkommensteuergesetzes und
10. Kosten nach § 10 Absatz 5 und § 11 Absatz 7 des Plattformen-Steuertransparenzgesetzes.

(5) [1]Das Aufkommen der Zinsen auf Einfuhr und Ausfuhrabgaben nach Artikel 5 Nummer 20 und 21 des Zollkodex der Union steht dem Bund zu. [2]Das Aufkommen der übrigen Zinsen steht den jeweils steuerberechtigten Körperschaften zu.

---

[1] Zur Anwendung des § 3 Abs. 4 Nr. 3a AO siehe Artikel 97 § 37 EGAO

[3]Das Aufkommen der Kosten im Sinne des § 89 steht jeweils der Körperschaft zu, deren Behörde für die Erteilung der verbindlichen Auskunft zuständig ist. [4]Das Aufkommen der Kosten im Sinne des § 89a Absatz 7 steht dem Bund und dem jeweils betroffenen Land je zur Hälfte zu. [5]Das Aufkommen der Kosten nach § 10 Absatz 5 und § 11 Absatz 7 des Plattformen-Steuertransparenzgesetzes steht dem Bund zu. [6]Die übrigen steuerlichen Nebenleistungen fließen den verwaltenden Körperschaften zu.

AEAO zu § 3 - Steuern, steuerliche Nebenleistungen:

Steuerliche Nebenleistungen sind keine Steuern. Sie sind in § 3 Abs. 4 AO abschließend aufgezählt. Wegen der Anwendung der AO auf steuerliche Nebenleistungen wird auf § 1 AO hingewiesen.

§ 4 Gesetz (S 0111)

Gesetz ist jede Rechtsnorm.

AEAO zu § 4 - Gesetz:

1. **Rechtsnorm**

Rechtsnormen i. S. d. § 4 AO sind insbesondere Gesetze des Bundes und der Länder und kommunale Satzungen. § 4 AO umfasst aber auch unmittelbar anzuwendende Vorschriften der EU (insbesondere Verordnungen und Durchführungsbestimmungen) sowie ausländische Gesetze (vgl. BFH-Urteil vom 20.4.2021, IV R 3/20, BFH/NV S. 1256).

2. **Auslegung der Steuergesetze**

Steuergesetze sind anhand des Wortlauts, des Zusammenhangs, in welchem die Vorschrift steht, des Zweckes des Gesetzes und der Materialien sowie der Entstehungsgeschichte auszulegen. Sämtliche Methoden ergänzen sich. Der Wille des Gesetzgebers muss dabei im Gesetz selbst hinreichend Ausdruck gefunden haben.

Die Finanzbehörden sind nicht befugt, von sich aus im Gesetz nicht vorgesehene Steuerermäßigungsvorschriften zu schaffen oder einen genau umrissenen Tatbestand aufgrund eigener Wertvorstellungen auszuweiten. Eine vom Wortlaut der Rechtsnorm abweichende Auslegung kann nur ausnahmsweise in Betracht kommen; nämlich dann, wenn die auf den Wortlaut abgestellte Auslegung zu einem sinnwidrigen Ergebnis führen würde (vgl. u. a. BFH-Urteil vom 16.12.1986, VIII R 375/83, BStBl 1987 II S. 366).

3. **Wirtschaftliche Betrachtungsweise**

Bei der Auslegung von Steuergesetzen gilt grundsätzlich die wirtschaftliche Betrachtungsweise. Knüpft eine steuerrechtliche Norm an eine zivilrechtliche Gestaltung an, ist die Auslegung der steuerrechtlichen Bestimmung daher weder zwingend an dem Vertragstyp auszurichten, der der von den Parteien gewählten Bezeichnung entspricht, noch wird sie notwendigerweise von der zivilrechtlichen Qualifikation des Rechtsgeschäfts beeinflusst. Auch gilt keine

Vermutung, ein dem Zivilrecht entlehntes Tatbestandsmerkmal einer Steuerrechtsnorm sei im Sinne des zivilrechtlichen Verständnisses zu interpretieren (vgl. BVerfG-Beschluss vom 27.12.1991, 2 BvR 72/90, BStBl II 1992 S. 212). Die wirtschaftliche Betrachtungsweise fordert vielmehr die an den spezifischen Regelungszielen einer steuerrechtlichen Regelung und deren eigengesetzlicher Terminologie auszurichtende Beurteilung, ob der bewirkte wirtschaftliche Erfolg einen Steuertatbestand erfüllt. Sie rechtfertigt es daher, einen bestimmten Sachverhalt unter die einschlägige Steuernorm zu subsumieren und dabei erforderlichenfalls auch die äußere zivilrechtliche Gestaltung als nicht wesentlich zu bewerten (vgl. BVerfG-Beschluss vom 26.3.1969, 1 BvR 512/66, BStBl II S. 331).

4. **Treu und Glauben im Steuerrecht**

Der Grundsatz von Treu und Glauben, wonach jeder auf die berechtigten Belange des anderen Teils angemessen Rücksicht zu nehmen hat und sich zu seinem früheren Verhalten nicht in Widerspruch setzen darf, ist auch im Steuerrecht anzuwenden. Zu einer Verdrängung geltenden Rechts durch den Grundsatz von Treu und Glauben kann es nur in besonders gelagerten Fällen kommen, in denen das Vertrauen des Steuerpflichtigen in ein bestimmtes Verhalten der Verwaltung nach allgemeinem Rechtsgefühl in einem so hohen Maß schutzwürdig ist, dass demgegenüber die Grundsätze der Gesetzmäßigkeit der Verwaltung zurücktreten müssen (BFH-Urteil vom 5.9.2000, IX R 33/97, BStBl II S. 676). Dieser Grundsatz wirkt allerdings nur innerhalb eines konkreten Steuerrechtsverhältnisses und erfordert daher eine Identität der Rechtssubjekte (vgl. BFH-Urteil vom 5.5.1993, X R 111/91, BStBl II S. 817).

Der Grundsatz von Treu und Glauben bringt keine Steueransprüche zum Entstehen oder zum Erlöschen, sondern kann allenfalls verhindern, dass eine Forderung oder ein Recht geltend gemacht werden kann. Ein treuwidriges Verhalten kann daher nicht dazu führen, Steuerrechtsfolgen zu begründen oder zu verneinen, die materiell-rechtlich nicht oder - z. B. wegen Eintritts der Festsetzungsverjährung und dem damit verbundenen Erlöschen eines Anspruchs nach § 47 AO - nicht mehr bestehen (vgl. BFH-Urteil vom 8.8.2013, III R 3/13, BStBl II 2014 S. 576 m. w. N.).

§ 5 Ermessen (S 0111)

Ist die Finanzbehörde ermächtigt, nach ihrem Ermessen zu handeln, hat sie ihr Ermessen entsprechend dem Zweck der Ermächtigung auszuüben und die gesetzlichen Grenzen des Ermessens einzuhalten.

AEAO zu § 5 - Ermessen:

1. Bei der Ausübung des Ermessens sind nicht nur die in einzelnen gesetzlichen Bestimmungen vorgeschriebenen Voraussetzungen, sondern auch die Grundsätze der Gleichmäßigkeit der Besteuerung, der Verhältnismäßigkeit der Mittel, der Erforderlichkeit, der Zumutbarkeit, der Billigkeit und von Treu und Glauben sowie das Willkürverbot und das Übermaßverbot zu beachten. Verwaltungsvorschriften, die die Ausübung des Ermessens regeln, sind für die Finanzbehörden bindend.

2. Wegen der Begründung von Ermessensentscheidungen wird auf § 121 AO, wegen der Rücknahme und des Widerrufs auf §§ 130 und 131 AO hingewiesen.

§ 6 Behörden, öffentliche und nicht-öffentliche Stellen, Finanzbehörden (S 0112)

(1) Behörde ist jede öffentliche Stelle, die Aufgaben der öffentlichen Verwaltung wahrnimmt.

(1a) Öffentliche Stellen des Bundes sind die Behörden, die Organe der Rechtspflege und andere öffentlich-rechtlich organisierte Einrichtungen des Bundes, der bundesunmittelbaren Körperschaften, der Anstalten und Stiftungen des öffentlichen Rechts sowie deren Vereinigungen ungeachtet ihrer Rechtsform.

(1b) Öffentliche Stellen der Länder sind die Behörden, die Organe der Rechtspflege und andere öffentlich-rechtlich organisierte Einrichtungen eines Landes, einer Gemeinde, eines Gemeindeverbandes oder sonstiger der Aufsicht des Landes unterstehender juristischer Personen des öffentlichen Rechts sowie deren Vereinigungen ungeachtet ihrer Rechtsform.

(1c) [1]Vereinigungen des privaten Rechts von öffentlichen Stellen des Bundes und der Länder, die Aufgaben der öffentlichen Verwaltung wahrnehmen, gelten ungeachtet der Beteiligung nicht-öffentlicher Stellen als öffentliche Stellen des Bundes, wenn

1. sie über den Bereich eines Landes hinaus tätig werden oder

2. dem Bund die absolute Mehrheit der Anteile gehört oder die absolute Mehrheit der Stimmen zusteht.

[2]Anderenfalls gelten sie als öffentliche Stellen der Länder.

(1d) [1]Nicht-öffentliche Stellen sind natürliche und juristische Personen, Gesellschaften und andere Personenvereinigungen des privaten Rechts, soweit sie nicht unter die Absätze 1a bis 1c fallen. [2]Nimmt eine nicht-öffentliche Stelle hoheitliche Aufgaben der öffentlichen Verwaltung wahr, ist sie insoweit öffentliche Stelle im Sinne dieses Gesetzes.

(1e) Öffentliche Stellen des Bundes oder der Länder gelten als nicht-öffentliche Stellen im Sinne dieses Gesetzes, soweit sie als öffentlich- rechtliche Unternehmen am Wettbewerb teilnehmen.

(2) Finanzbehörden im Sinne dieses Gesetzes sind die folgenden im Gesetz über die Finanzverwaltung genannten Bundes- und Landesfinanzbehörden:

1. das Bundesministerium der Finanzen und die für die Finanzverwaltung zuständigen obersten Landesbehörden als oberste Behörden,

2. das Bundeszentralamt für Steuern, das Informationstechnikzentrum Bund und die Generalzolldirektion als Bundesoberbehörden,

3. **Rechenzentren sowie Landesfinanzbehörden, denen durch eine Rechtsverordnung nach § 17 Absatz 2 Satz 3 Nummer 3 des Finanzverwaltungsgesetzes die landesweite Zuständigkeit für Kassengeschäfte und das Erhebungsverfahren einschließlich der Vollstreckung übertragen worden ist, als Landesoberbehörden,**

4. **die Oberfinanzdirektionen als Mittelbehörden,**

4a. **die nach dem Finanzverwaltungsgesetz oder nach Landesrecht an Stelle einer Oberfinanzdirektion eingerichteten Landesfinanzbehörden,**

5. **die Hauptzollämter einschließlich ihrer Dienststellen, die Zollfahndungsämter, die Finanzämter und die besonderen Landesfinanzbehörden als örtliche Behörden,**

6. **Familienkassen,**

7. **die zentrale Stelle im Sinne des § 81 des Einkommensteuergesetzes und**

8. **die Deutsche Rentenversicherung Knappschaft-Bahn-See (§ 40a Abs. 6 des Einkommensteuergesetzes).**

§ 7 Amtsträger (S 0113)

Amtsträger ist, wer nach deutschem Recht

1. **Beamter oder Richter (§ 11 Abs. 1 Nr. 3 des Strafgesetzbuchs) ist,**

2. **in einem sonstigen öffentlich-rechtlichen Amtsverhältnis steht oder**

3. **sonst dazu bestellt ist, bei einer Behörde oder bei einer sonstigen öffentlichen Stelle oder in deren Auftrag Aufgaben der öffentlichen Verwaltung wahrzunehmen.**

AEAO zu § 7 - Amtsträger:

1. Der Begriff des Amtsträgers ist u. a. im Zusammenhang mit dem Steuergeheimnis (§ 30 AO), der Haftungsbeschränkung (§ 32 AO), der Ausschließung und Ablehnung von Personen in einem Verwaltungsverfahren (§§ 82 ff. AO) und bei der Selbstanzeige (§ 371 Abs. 2 AO) von Bedeutung. Die Bestimmung entspricht § 11 Abs. 1 Nrn. 2 und 3 StGB.

2. Die in § 7 Nrn. 1 und 2 AO genannten Personen sind ohne Rücksicht auf Art und Inhalt der ausgeübten Tätigkeit Amtsträger.

3. Die in § 7 Nr. 3 AO aufgeführten Personen sind nur Amtsträger, soweit sie Aufgaben der öffentlichen Verwaltung wahrnehmen. Das sind Aufgaben, bei deren Erledigung Angelegenheiten der Gemeinwesen und ihrer Mitglieder unmittelbar gebietend, verbietend, entscheidend oder sonst wie handelnd innerhalb der gesetzlichen Grenzen wahrgenommen werden. Unter § 7 Nr. 3 AO fallen insbesondere Verwaltungsangestellte (z. B. Angestellte im Außenprüfungsdienst), soweit sie nicht lediglich als Hilfskräfte bei öffentlichen Aufgaben mitwirken (z. B. Registratur- und Schreibkräfte).

AEAO vor §§ 8, 9 - Wohnsitz, gewöhnlicher Aufenthalt:

1. Die Begriffe des Wohnsitzes (§ 8 AO) bzw. des gewöhnlichen Aufenthalts (§ 9 AO) haben insbesondere Bedeutung für die persönliche Steuerpflicht natürlicher Personen (vgl. zu § 1 EStG, § 2 ErbStG) oder für familienbezogene Entlastungen (z. B. Realsplitting nach § 10 Abs. 1a Nr. 1 EStG). Sie sind auch maßgeblich, wenn die Familienkassen in eigener Zuständigkeit und ohne Bindung an die Beurteilung des Finanzamts im Besteuerungsverfahren die Voraussetzungen des Kindergeldanspruchs nach § 62 Abs. 1 Nr. 1 bzw. § 63 Abs. 1 EStG prüfen (vgl. u. a. BFH-Urteil vom 20.3.2013, XI R 37/11, BStBl 2014 II S. 831).

2. Die Begriffe des Wohnsitzes bzw. des gewöhnlichen Aufenthalts stellen allein auf die tatsächlichen Verhältnisse ab (BFH-Urteil vom 10.11.1978, VI R 127/76, BStBl 1979 II S. 335).

   Zwischenstaatliche Vereinbarungen enthalten dagegen z. T. hiervon abweichende Fiktionen, die den, an die tatsächlichen Verhältnisse anknüpfenden allgemeinen Regelungen der §§ 8 und 9 AO vorgehen (z. B. Art. 13 des Protokolls (Nr. 7) über die Vorrechte und Befreiungen der Europäischen Union vom 26.10.2012, Amtsblatt der Europäischen Union C 326 S. 266; Artikel X des NATO-Truppenstatuts i. V. m. Art. 68 Abs. 4, Art. 73 des Zusatzabkommens zum NATO-Truppenstatut; Wiener Übereinkommen vom 18.4.1961 über diplomatische Beziehungen (WÜD, BGBl. 1964 II S. 957) und vom 24.4.1963 über konsularische Beziehungen [WÜK, BGBl. 1969 II S. 1585]); vgl. hierzu AEAO zu § 8, Nrn. 8 und 9. Andere Abkommen enthalten persönliche Steuerbefreiungen.

   Für deutsche Auslandsbedienstete gilt hinsichtlich der Frage der unbeschränkten Steuerpflicht die Sonderregelung des § 1 Abs. 2 EStG.

   Als unbeschränkt steuerpflichtig können auch solche natürlichen Personen behandelt werden, die die Kriterien des § 1 Abs. 3 EStG erfüllen. Damit ist teilweise auch die Höhe der Einkünfte Anknüpfungskriterium für den Umfang der Steuerpflicht (§ 1 Abs. 3 Sätze 2 bis 4 EStG).

   Der Begriff der Ansässigkeit i. S. d. DBA ist allein auf deren Anwendung (insbesondere hinsichtlich der Abkommensberechtigung und der Zuteilung der Besteuerungsrechte) beschränkt und hat keine Auswirkung auf die persönliche Steuerpflicht. Die deutsche unbeschränkte Steuerpflicht besteht daher auch dann, wenn der Steuerpflichtige je eine Wohnung bzw. einen gewöhnlichen Aufenthalt im Inland und im Ausland hat und nach dem anzuwendenden DBA im ausländischen Vertragsstaat ansässig ist (vgl. BFH-Urteil vom 4.6.1975, I R 250/73, BStBl II S. 708).

3. Auch wenn ein Steuerpflichtiger im Inland keinen Wohnsitz mehr hat, kann er hier noch seinen gewöhnlichen Aufenthalt haben.

§ 8 Wohnsitz (S 0114)

Einen Wohnsitz hat jemand dort, wo er eine Wohnung unter Umständen innehat, die darauf schließen lassen, dass er die Wohnung beibehalten und benutzen wird.

AEAO zu § 8 - Wohnsitz:

Inhaltsübersicht

1. Allgemeines

1.1 Nach § 8 AO hat eine natürliche Person einen Wohnsitz dort, wo sie eine Wohnung unter Umständen innehat, die darauf schließen lassen, dass sie die Wohnung beibehalten und benutzen wird. Ob im Einzelfall eine solche Benutzung vorliegt, ist unter Würdigung der Gesamtumstände nach den Verhältnissen des jeweiligen Veranlagungszeitraums oder Anspruchszeitraums zu beurteilen; die tatsächliche Entwicklung der Verhältnisse in den Folgejahren ist nur zu berücksichtigen, soweit ihr Indizwirkung für die Feststellung der tatsächlichen Verhältnisse im zurückliegenden Zeitraum zukommt (vgl. BFH-Urteil vom 23.6.2015, III R 38/14, BStBl 2016 II S. 102).

1.2 Die bloße Absicht, einen Wohnsitz zu begründen oder aufzugeben, bzw. die An- und Abmeldung bei der Ordnungsbehörde entfalten allein keine unmittelbare steuerliche Wirkung (BFH-Urteil vom 14.11.1969, III R 95/68, BStBl 1970 II S. 153). Hat der Steuerpflichtige eine Wohnung inne, die nach objektiven Maßstäben dauerhaft genutzt und beibehalten werden soll, kommt einem etwaigen Willen des Steuerpflichtigen, an diesem Platz keinen Wohnsitz begründen oder beibehalten zu wollen, keine Bedeutung zu (vgl. BFH-Urteil vom 23.11.1988, II R 139/87, BStBl 1989 II S. 182). Maßgeblich sind alleine die tatsächlichen Lebensverhältnisse; völkerrechtliche Vereinbarungen, insbesondere des Konsularrechts, stehen der Annahme eines Wohnsitzes gem. § 8 AO im Inland daher nicht entgegen (BFH-Urteil vom 8.8.2013, VI R 45/12, BStBl 2014 II S. 836). Die An- und Abmeldung bei der Ordnungsbehörde können im Allgemeinen als Indizien dafür angesehen werden, dass der Steuerpflichtige seinen Wohnsitz unter der von ihm angegebenen Anschrift begründet bzw. aufgegeben hat.

1.3 Ein Steuerpflichtiger kann gleichzeitig mehrere Wohnungen und mehrere Wohnsitze i. S. d. § 8 AO haben. Diese können im Inland und/oder Ausland gelegen sein. Zur Begründung eines steuerlichen Wohnsitzes im Inland ist nicht Voraussetzung, dass sich dort auch der Mittelpunkt der Lebensinteressen befindet oder dass der Steuerpflichtige von dort aus seiner täglichen Arbeit nachgeht (BFH-Urteile vom 19.3.1997, I R 69/96, BStBl II S. 447, und vom 18.12.2013, III R 44/12, BStBl 2015 II S. 143). Für die Annahme eines Wohnsitzes auf Grund einer Zweit- bzw. Nebenwohnung ist es nicht erforderlich, dass diese der Erstwohnung hinsichtlich Größe und Ausstattung gleichrangig ist. Es ist dem begrenzten Zweck Rechnung zu tragen, dem die Zweitbzw. Nebenwohnung dient.

2. Wohnung

Mit Wohnung sind stationäre Räumlichkeiten gemeint, die - mindestens im Sinne einer bescheidenen Bleibe - für den Steuerpflichtigen auf Dauer zum Wohnen geeignet sind. Weil „Bewohnen" mehr ist als „Aufenthalt" oder „Übernachtung", erfüllt eine nur kurzfristige, lediglich vorübergehende oder eine notdürftige Unterbringungsmöglichkeit den Wohnungsbegriff nicht. Nicht erforderlich ist eine abgeschlossene Wohnung mit Küche und separater Waschgelegenheit i. S. d. Bewertungsrechts bzw. dass das zur Wohnung gehörende Bad in den Wohnbereich integriert ist. In rechtlicher Hinsicht reicht es aus, wenn die Wohnung mit einfachsten Mitteln ausgestattet ist. Darauf, ob die Ausstattungsgegenstände vom Vermieter gestellt oder vom Mieter selbst beschafft worden sind, kommt es nicht an (BFH-Urteil vom 14.11.1969, III R 95/68, BStBl 1970 II S. 153).

3. Innehaben der Wohnung

Der Steuerpflichtige muss die Wohnung innehaben. Danach muss die Wohnung in objektiver Hinsicht dem Steuerpflichtigen jederzeit (wann immer er es wünscht), als Bleibe zur Verfügung stehen. An der objektiven Eignung fehlt es bei sog. Standby-Wohnungen oder -Zimmern, wenn auf Grund von Vereinbarungen oder Absprachen zwischen den Wohnungsnutzern die Nutzungsmöglichkeit des Steuerpflichtigen derart beschränkt ist, dass er die Wohnung oder das Zimmer nicht jederzeit für einen Wohnaufenthalt nutzen kann (BFH-Urteil vom 13.11.2013, I R 38/13, BFH/NV 2014 S. 1046).

4. Nutzung zu Wohnzwecken

4.1 Die Nutzung muss zu Wohnzwecken erfolgen. Die Wohnnutzung muss weder regelmäßig noch über eine längere Zeit erfolgen; erforderlich ist aber eine Nutzung, die über bloße Besuche, kurzfristige Ferienaufenthalte bzw. unregelmäßige kurze Aufenthalte zu Erholungszwecken oder zu Verwaltungszwecken hinausgeht (vgl. BFH-Urteil vom 10.4.2013, I R 50/12, BFH/NV S. 1909). Die ausschließliche Nutzung als Betriebsstätte, Büro, Ladengeschäft, Warenlager o.Ä. stellt keine Nutzung zu Wohnzwecken dar (vgl. u. a. BFH-Urteil vom 8.5.2014, III R 21/12, BStBl 2015 II S. 135). Es ist nicht erforderlich, dass der Steuerpflichtige sich während einer Mindestzahl von Tagen oder Wochen im Jahr zu Wohnzwecken in der Wohnung aufhält (BFH-Urteil vom 19.3.1997, I R 69/96, BStBl II S. 447). Eine Nutzung zu Wohnzwecken kann - insbesondere in Arbeitnehmer-Entsende-Fällen - auch vorliegen, wenn der Steuerpflichtige eine Wohnung innerhalb eines Kalenderjahrs nicht nutzt.

4.2 Es muss nach dem Gesamtbild der Verhältnisse wahrscheinlich sein, dass der Steuerpflichtige die Nutzung der Wohnung zu Wohnzwecken auch in Zukunft fortsetzen wird. Hierin kommt u. a. ein Zeitmoment zum Ausdruck, Anhaltspunkte können aber auch Ausstattung und Einrichtung sein.

4.2.1 Als Anhaltspunkt zur Bestimmung des Zeitmoments kann auf den in § 9 Satz 2 AO normierte Sechsmonatszeitraum zurückgegriffen werden (BFH-Urteil vom 8.5.2014, III R 21/12, BStBl 2015 II S. 135). Dieser Sechsmonatszeitraum kann auch jahresübergreifend sein.

4.2.2 Wer eine Wohnung von vornherein in der Absicht nimmt, sie nur vorübergehend (für bis zu sechs Monate) beizubehalten und zu benutzen, begründet dort keinen Wohnsitz (BFH-Urteil vom 30.8.1989, I R 215/85, BStBl II S. 956). Entscheidend ist jedoch die Absicht des Steuerpflichtigen. Im Einzelfall kann daher auch ein tatsächlicher Aufenthalt von bis zu sechs Monaten als ein nicht nur vorübergehender anzusehen sein. Dann muss sich jedoch die ursprüngliche Absicht auf einen längeren Aufenthalt bezogen haben (BFH-Urteil vom 30.8.1989, I R 215/85, a.a.O.).

5. Familienwohnsitz

5.1 Die Frage des Wohnsitzes ist für jede Person gesondert zu prüfen (BFH-Urteil vom 7.4.2011, III R 77/09, BFH/NV S. 1351).

5.2 Ein Ehegatte/Lebenspartner, der nicht dauernd getrennt lebt, hat seinen Wohnsitz grundsätzlich dort, wo seine Familie lebt (BFH-Urteil vom 6.2.1985, I R 23/82, BStBl II S. 331). Diese Vermutung gilt regelmäßig unabhängig davon, welche räumliche Entfernung zwischen den Ehegatten/Lebenspartnern besteht. Deshalb ist eine inländische Wohnung, die von einem Ehegatten/Lebenspartner gelegentlich zu Wohnzwecken genutzt wird, auch dann ein Wohnsitz, wenn er sich zeitlich überwiegend im Ausland aufhält.

5.3 Wer sich - auch in regelmäßigen Abständen - in der Wohnung eines Angehörigen oder eines Bekannten aufhält, begründet dort keinen Wohnsitz (BFH-Urteil vom 24.10.1969, IV 290/64, BStBl 1970 II S. 109), sofern es nicht wie im Fall einer Familienwohnung oder der Wohnung einer Wohngemeinschaft gleichzeitig die eigene Wohnung ist.

5.4 Minderjährige Kinder teilen grundsätzlich den Wohnsitz ihrer Eltern, weil sie über die Haushaltszugehörigkeit eine abgeleitete Nutzungsmöglichkeit besitzen und damit regelmäßig zugleich die elterliche Wohnung i. S. d. § 8 AO innehaben.

6. Wohnsitz bei Aufenthalt in einem anderen Staat

Wer einen Wohnsitz im Ausland begründet, hat auch im Inland einen Wohnsitz i. S. v. § 8 AO, sofern er die inländische Wohnung weiterhin unter Umständen innehat, die darauf schließen lassen, sie beibehalten und benutzen zu wollen (vgl. BFH-Urteil vom 19.3.1997, I R 69/96, BStBl II S. 447).

Das Innehaben der inländischen Wohnung kann nach den Umständen des Einzelfalles auch dann anzunehmen sein, wenn der Steuerpflichtige sie während eines Auslandsaufenthalts vorübergehend (bis zu sechs Monaten) vermietet oder untervermietet, um sie alsbald nach Rückkehr im Inland wieder zu benutzen. Zur Zuständigkeit in diesen Fällen siehe § 19 Abs. 1 Satz 2 AO.

Wird die inländische Wohnung zur bloßen Vermögensverwaltung zurückgelassen, endet der Wohnsitz mit dem Wegzug. Bloße Vermögensverwaltung liegt z. B. vor, wenn ein ins Ausland versetzter Steuerpflichtiger bzw. ein im Ausland lebender Steuerpflichtiger seine Wohnung/sein Haus verkaufen oder langfristig vermieten will und dies in absehbarer Zeit auch tatsächlich verwirklicht.

6.1 Auslandsaufenthalt eines Arbeitnehmers

6.1.1 Bei einem ins Ausland versetzten Arbeitnehmer ist ein inländischer Wohnsitz widerlegbar zu vermuten, wenn er seine Wohnung im Inland beibehält, deren Benutzung ihm weiterhin möglich ist und die nach ihrer Ausstattung jederzeit als Bleibe dienen kann (BFH-Urteil vom 17.5.1995, I R 8/94, BStBl 1996 II S. 2). Ist ein Arbeitnehmer z. B. im Rahmen einer Entsendung im Ausland tätig und wird er von seiner Familie begleitet, so ist ein inländischer Familienwohnsitz i. S. d. § 8 AO weiterhin anzunehmen, wenn dieser über die Dauer der Entsendung beibehalten werden soll und nach objektiven Maßstäben jederzeit durch die Familie zu Wohnzwecken genutzt werden kann.

6.1.2 Entscheidend ist, ob objektiv erkennbare Umstände dafür sprechen, dass der Steuerpflichtige die Wohnung für Zwecke des eigenen Wohnens beibehält. Nach der Lebenserfahrung spricht es für die Beibehaltung eines inländischen Wohnsitzes i. S. d. § 8 AO, wenn jemand eine Wohnung, die er vor einem Auslandsaufenthalt als einzige ständig nutzte, während desselben unverändert und in einem ständig nutzungsbereiten Zustand beibehält und zu Wohnzwecken nutzt oder nutzen kann (vgl. Nr. 4.1 des AEAO zu § 8). Von Bedeutung kann dabei auch sein, ob der Steuerpflichtige nach Beendigung des Auslandsaufenthalts mit hoher Wahrscheinlichkeit die Wohnung wieder ständig nutzen wird (BFH-Urteil vom 19.3.1997, I R 69/96, BStBl II S. 447). Insoweit handelt es sich um eine Sachverhaltsvermutung, die vom Steuerpflichtigen widerlegt werden kann; ihm obliegt insoweit die Feststellungslast (vgl. BFH-Urteil vom 17.5.1995, I R 8/94, BStBl 1996 II S. 2).

6.1.3 Für die Beurteilung, ob die einen ins Ausland entsendeten Arbeitnehmer begleitenden (Familien)Angehörigen ihren inländischen Wohnsitz beibehalten oder aufgegeben haben, gelten grundsätzlich (Hinweis insbesondere auf Nrn. 5.2 und 5.4 des AEAO zu § 8) dieselben Maßstäbe.

6.1.4 Nach einem auf Dauer angelegten Wegzug der Familie ins Ausland führt das Vorhalten einer eigenen Wohnung allein nicht zur Begründung bzw. Beibehaltung eines inländischen Wohnsitzes, wenn die Wohnung nur kurzzeitig zu Urlaubs- oder Besuchszwecken (vgl. Nr. 4.1 des AEAO zu § 8) genutzt wird (vgl. BFH-Urteil vom 26.1.2001, VI R 89/00, BFH/NV S. 1018).

Das Gleiche gilt für eine Wohnung, die unentgeltlich von Dritten (z. B. Eltern) zur Verfügung gestellt wird (vgl. BFH-Urteil vom 12.1.2001, VI R 64/98, BFH/NV S. 1231).

6.2 Auslandsaufenthalt eines Kindes

6.2.1 Ein minderjähriges Kind, das sich zusammen mit seinen Eltern im Ausland aufhält und bereits vor deren Ausreise mit seinen Eltern einen gemeinsamen Wohnsitz im Inland hatte, behält diesen grundsätzlich bei, wenn auch die Eltern ihren Wohnsitz im Inland beibehalten. Wird ein Kind im Ausland geboren, begründet es ausnahmsweise einen Wohnsitz im Inland bzw. teilt den inländischen (Familien-) Wohnsitz bereits ab seiner Geburt, sofern sich die Mutter nur kurzfristig, lediglich vorübergehend zum Zeitpunkt der Geburt bzw. zur Entbindung im Ausland aufgehalten hat und das Kind alsbald bzw. innerhalb angemessener Zeit nach Deutschland gebracht wird. Kann das Kind den Wohnsitz der Eltern im Inland indes aus tatsächlichen oder rechtlichen Gründen nicht nur kurzfristig nicht aufsuchen, kann es dort (zunächst) auch keinen eigenen Wohnsitz begründen. Ein im Ausland lebender Angehöriger kann im Inland grundsätzlich keinen Wohnsitz begründen, ohne sich hier aufgehalten zu haben (BFH-Urteil vom 7.4.2011, III R 77/09, BFH/NV S. 1351).

6.2.2 Hält sich das Kind im Ausland auf, reicht es für die Annahme eines (inländischen) Wohnsitzes nicht aus, wenn die elterliche Wohnung dem Kind weiterhin zur Verfügung steht. Es muss eine Beziehung zur elterlichen Wohnung vorhanden sein, die über die allein durch das Familienverhältnis begründete Beziehung hinausgeht und erkennen lässt, dass das Kind die elterliche Wohnung nach wie vor auch als seine eigene betrachtet (BFH-Urteil vom 17.3.1961, VI 185/60 U, BStBl III S. 298) und sie innehat, um sie als solche zu nutzen (BFH-Urteil vom 25.9.2014, III R 10/14, BStBl 2015 II S. 655). Anderenfalls behält das Kind seinen inländischen Wohnsitz bei den Eltern nicht bei, sondern gibt ihn zunächst auf und begründet ihn bei einer späteren Rückkehr wieder neu.

6.2.3 Die Beurteilung hängt von einer Vielzahl von Faktoren ab. So sind neben der Dauer des Auslandsaufenthalts insbesondere das Alter des Kindes, die Unterbringung im Ausland und im Elternhaus, der Zweck des Auslandsaufenthalts, die Häufigkeit und die Dauer der Aufenthalte bei den Eltern sowie die persönlichen Beziehungen des Kindes am Wohnort der Eltern und im Ausland ausschlaggebend. Die Feststellung einer Rückkehrabsicht sagt grundsätzlich nichts darüber aus, ob der inländische Wohnsitz während des vorübergehenden Auslandsaufenthalts beibehalten oder aber aufgegeben und nach der Rückkehr neu begründet wird (vgl. BFH-Urteile vom 23.11.2000, VI R 165/99 und VI R 107/99, BStBl 2001 II S. 279 und 294).

6.2.4 Kein ausschlaggebendes Kriterium ist regelmäßig die Herkunft der Eltern oder die des Kindes. Aus den familiären und kulturellen Umständen am Aufenthaltsort können sich jedoch Hinweise für das Entstehen neuer Beziehungen und die Lockerung der bisher bestehenden Bindungen ergeben, z. B. bei einem mehrjährigen Schulbesuch im Ausland, für den das Kind vor Ort bei Verwandten untergebracht ist (vgl. BFH-Urteile vom 23.11.2000, VI R 165/99 und VI R 107/99, BStBl 2001 II S. 279 und 294, und vom 23.6.2015, III R 38/14, BStBl 2016 II S. 102).

6.2.5 Der Inlandswohnsitz wird nur dann beibehalten, wenn das Kind entweder seinen Lebensmittelpunkt weiterhin am bisherigen Wohnort hat (keine Wohnsitzbegründung am Ort des Auslandsaufenthalts) oder es zwar keinen einheitlichen Lebensmittelpunkt mehr hat, aber nunmehr über zwei Schwerpunkte der Lebensverhältnisse (zwei Wohnsitze) verfügt, von denen einer am bisherigen Wohnort liegt (BFH-Urteil vom 23.11.2000, VI R 107/99, BStBl 2001 II S. 294).

6.2.6 Bei Kindern, die sich von vornherein in einem begrenzten Zeitraum von bis zu einem Jahr im Ausland aufhalten, ist grundsätzlich davon auszugehen, dass der inländische Wohnsitz beibehalten wird, so dass Inlandsaufenthalte für die Beibehaltung des Wohnsitzes nicht erforderlich sind. Wird die Absicht zur Rückkehr innerhalb eines Jahres aufgegeben, so kann in diesem Moment eine Aufgabe des Wohnsitzes erfolgen (BFH-Urteil vom 25.9.2014, III R 10/14, BStBl 2015 II S. 655).

6.2.7 Kinder, die sich länger als ein Jahr ins Ausland begeben, behalten ihren Wohnsitz in der inländischen elterlichen Wohnung nur bei, wenn sie diese in ausbildungsfreien Zeiten zumindest überwiegend nutzen. Eine Aufenthaltsdauer von jährlich fünf Monaten in der Wohnung der Eltern genügt jedenfalls, um einen inländischen Wohnsitz beizubehalten, sie ist aber dafür nicht stets erforderlich (BFH-Urteil vom 28.4.2010, III R 52/09, BStBl II S. 1013). Durch die Eltern-Kind-Beziehung begründete Besuche - d. h. kurzzeitige Besuche und sonstige Aufenthalte zu Urlaubs- oder familiären Zwecken, die keinem Aufenthalt mit Wohncharakter gleichkommen und daher nicht „zwischenzeitliches Wohnen“ in der elterlichen Wohnung bedeuten - reichen nicht aus, um den inländischen Wohnsitz des Kindes beizubehalten oder einen solchen zu begründen. Keinen Wohncharakter haben nach der Lebenserfahrung kurzzeitige Aufenthalte von zwei bis drei Wochen im Jahr (BFH-Urteil vom 25.9.2014, III R 10/14, BStBl 2015 II S. 655).

6.2.8 Die Dauer der Inlandsaufenthalte vor dem Beginn oder nach dem Ende der Schul-, Hochschul- oder Berufsausbildung bleibt außer Betracht. Fehlende finanzielle Mittel für Heimreisen des Kindes können die fehlenden Inlandsaufenthalte in den ausbildungsfreien Zeiten nicht kompensieren (BFH-Urteil vom 25.9.2014, III R 10/14, BStBl 2015 II S. 655). Hält sich ein Kind nicht nur vorübergehend zum Schulbesuch im Ausland auf, führen besuchsweise Aufenthalte in der elterlichen Wohnung auch dann nicht zur Beibehaltung des inländischen Wohnsitzes, wenn die Rückkehr des Kindes nach Deutschland nach Erreichen des Schulabschlusses beabsichtigt ist (BFH-Urteil vom 23.11.2000, VI R 165/99, BStBl 2001 II S. 279).

7. **NATO-Truppenstatut**

Hält sich ein Mitglied einer Truppe oder des zivilen Gefolges des Entsendungsstaates „nur in dieser Eigenschaft“ i. S. d. Art. X des NATO-Truppenstatuts bzw. dessen Angehörige nach Art. 68 Abs. 4 des Zusatzabkommens zum NATO-Truppenstatut im Inland auf, wird das Fehlen des inländischen steuerrechtlichen Wohnsitzes oder gewöhnlichen Aufenthalts fingiert, wenn anhand der Lebensumstände aus Sicht des jeweiligen Besteuerungszeitraums festgestellt werden kann, dass die betreffende Person in dem maßgeblichen Zeitraum fest entschlossen war, nach Beendigung des Dienstes in den Ausgangs- oder in ihren Heimatstaat zurückzukehren (BFH-Urteil vom 9.11.2005, I R 47/04, BStBl 2006 II S. 374). Voraussetzung dafür ist eine gewisse zeitliche Fixierung im Hinblick auf die Rückkehr nach der Beendigung des Dienstes. Die Rückkehr muss in einer gewissen zeitlichen Nähe zur Beendigung des Dienstes stehen. Ferner setzt die Fiktion voraus, dass die betreffende Person nicht vor Aufnahme ihrer Tätigkeit einen Wohnsitz oder gewöhnlichen Aufenthalt im Inland begründet hat und sich nicht auch aus anderen Gründen im Inland aufhält.

8. **Wiener Übereinkommen über diplomatische Beziehungen und über konsularische Beziehungen**

Die völkerrechtlich verbindlichen Regelungen des Wiener Übereinkommens vom 18.4.1961 über diplomatische Beziehungen (WÜD, BGBl. 1964 II S. 957) bzw. des vom 24.4.1963 über konsularische Beziehungen (WÜK, BGBl. 1969 II S. 1585) tragen dem Gedanken der Exterritorialität von Diplomaten und der ihnen gleichgestellten Personen Rechnung.

Diplomaten einer ausländischen Mission und Konsularbeamte einer ausländischen konsularischen Vertretung haben nach dem WÜD bzw. dem WÜK kraft völkerrechtlicher Fiktion im Inland keinen Wohnsitz und sind demnach von innerstaatlichen Steuern befreit, sofern sie nicht die deutsche Staatsangehörigkeit haben oder nach den Sonderregelungen des WÜD bzw. WÜK im Inland ständig ansässig sind. Private Einkünfte, deren Quelle sich im Inland (Empfangsstaat) befindet, sind von der Steuerbefreiung ausgenommen und führen zu einer beschränkten Einkommensteuerpflicht. Gleiches gilt für die zum Haushalt des Diplomaten oder Konsularbeamten gehörenden Familienmitglieder sowie Mitglieder des Verwaltungs- und des technischen Personals ausländischer Missionen und ausländischer konsularischer Vertretungen.

9. **Protokoll (Nr. 7) über die Vorrechte und Befreiungen der Europäischen Union (EU)**

Hält sich eine Person zur Ausübung ihrer Amtstätigkeit im Dienste der EU im Hoheitsgebiet eines anderen Mitgliedstaates auf als dem, in dem sie vor Dienstantritt ihren steuerlichen Wohnsitz hatte, werden sie und ihr nicht berufstätiger Ehegatte/Lebenspartner in beiden genannten Staaten so behandelt, als hätten sie ihren früheren Wohnsitz beibehalten (Art. 13 des Protokolls (Nr. 7) über die Vorrechte und Befreiungen der Europäischen Union vom 26.10.2012, Amtsblatt der Europäischen Union C 326 S. 266). Gleiches gilt für gilt für die Kinder, die unter der Aufsicht der in diesem Artikel bezeichneten Personen stehen und von ihnen unterhalten werden.

§ 9 Gewöhnlicher Aufenthalt (S 0114)

[1]Den gewöhnlichen Aufenthalt hat jemand dort, wo er sich unter Umständen aufhält, die erkennen lassen, dass er an diesem Ort oder in diesem Gebiet nicht nur vorübergehend verweilt. [2]Als gewöhnlicher Aufenthalt im Geltungsbereich dieses Gesetzes ist stets und von Beginn an ein zeitlich zusammenhängender Aufenthalt von mehr als sechs Monaten Dauer anzusehen; kurzfristige Unterbrechungen bleiben unberücksichtigt. [3]Satz 2 gilt nicht, wenn der Aufenthalt ausschließlich zu Besuchs-, Erholungs-, Kur- oder ähnlichen privaten Zwecken genommen wird und nicht länger als ein Jahr dauert.

AEAO zu § 9 - Gewöhnlicher Aufenthalt:

1. Sofern nicht die besonderen Voraussetzungen des § 9 Satz 3 AO vorliegen, wird an den inländischen Aufenthalt während eines zusammenhängenden Zeitraums von mehr als sechs Monaten die unwiderlegbare Vermutung für das Vorhandensein eines gewöhnlichen Aufenthalts geknüpft. Der Begriff „gewöhnlich" ist gleichbedeutend mit „dauernd". „Dauernd" erfordert keine ununterbrochene Anwesenheit, sondern ist im Sinne von „nicht nur vorübergehend" zu verstehen (BFH-Urteil vom 30.8.1989, I R 215/85, BStBl II S. 956). Bei Unterbrechungen der Anwesenheit kommt es darauf an, ob noch ein einheitlicher Aufenthalt oder mehrere getrennte Aufenthalte anzunehmen sind. Ein einheitlicher Aufenthalt ist gegeben, wenn der Aufenthalt nach den Verhältnissen fortgesetzt werden sollte und die Unterbrechung nur kurzfristig ist. Als kurzfristige Unterbrechung kommen in Betracht Familienheimfahrten, Jahresurlaub, längerer Heimaturlaub, Kur und Erholung, aber auch geschäftliche Reisen. Der Tatbestand des gewöhnlichen Aufenthalts kann bei einem weniger als sechs Monate dauernden Aufenthalt verwirklicht werden, wenn Inlandsaufenthalte nacheinander folgen, die sachlich miteinander verbunden sind, und der Steuerpflichtige von vornherein beabsichtigt, nicht nur vorübergehend im Inland zu verweilen (BFH-Urteile vom 27.7.1962, VI 156/59 U, BStBl III S. 429, und vom 3.8.1977, I R 210/75, BStBl 1978 II S. 118).

2. Der gewöhnliche Aufenthalt im Inland ist zu verneinen, wenn der Steuerpflichtige unter Benutzung einer im Ausland gelegenen Wohnung lediglich seine Tätigkeit im Inland ausübt (BFH-Urteil vom 25.5.1988, I R 225/82, BStBl II S. 944). Grenzgänger haben ihren gewöhnlichen Aufenthalt grundsätzlich im Wohnsitzstaat (BFH-Urteile vom 10.5.1989, I R 50/85, BStBl II S. 755, und vom 10.7.1996, I R 4/96, BStBl 1997 II S. 15). Dasselbe gilt für Unternehmer/Freiberufler, die regelmäßig jeweils nach Geschäftsschluss zu ihrer Familienwohnung im Ausland zurückkehren (BFH-Urteil vom 6.2.1985, I R 23/82, BStBl II S. 331). Wer allerdings regelmäßig an Arbeitstagen am Arbeits-/Geschäftsort im Inland übernachtet und sich nur am Wochenende bzw. an Feiertagen und im Urlaub zu seiner Wohnung im Ausland begibt, hat an dem inländischen Arbeits-/Geschäftsort jedenfalls seinen gewöhnlichen Aufenthalt.

3. Der gewöhnliche Aufenthalt kann nicht gleichzeitig an mehreren Orten bestehen. Bei fortdauerndem Schwerpunktaufenthalt im Ausland begründen kurzfristige Aufenthalte im Inland, z. B. Geschäfts-, Dienstreisen, Schulungen, keinen gewöhnlichen Aufenthalt im Inland. Umgekehrt führen kurzfristige Auslandsaufenthalte bei fortdauerndem Schwerpunktaufenthalt im Inland nicht zur Aufgabe eines gewöhnlichen Aufenthalts im Inland.

4. Der gewöhnliche Aufenthalt im Inland ist aufgegeben, wenn der Steuerpflichtige zusammenhängend mehr als sechs Monate im Ausland lebt, es sei denn, dass besondere Umstände darauf schließen lassen, dass die Beziehungen zum Inland bestehen bleiben. Entscheidend ist dabei, ob der Steuerpflichtige den persönlichen und geschäftlichen Lebensmittelpunkt ins Ausland verlegt hat und ob er seinen Willen, in den Geltungsbereich dieses Gesetzes zurückzukehren, endgültig aufgegeben hat (BFH-Urteil vom 27.7.1962, VI 156/59 U, BStBl III S. 429). Als Kriterien dafür können die familiären, beruflichen und gesellschaftlichen Bindungen herangezogen werden (z. B. Wohnung der Familienangehörigen im Inland, Sitz des Gewerbebetriebs im Inland). Hält sich der Steuerpflichtige zusammenhängend länger als ein Jahr im Ausland auf, ist grundsätzlich eine Aufgabe des gewöhnlichen Aufenthalts im Inland anzunehmen.

§ 10 Geschäftsleitung (S 0115)

Geschäftsleitung ist der Mittelpunkt der geschäftlichen Oberleitung.

§ 11 Sitz (S 0115)

Den Sitz hat eine Körperschaft, Personenvereinigung oder Vermögensmasse an dem Ort, der durch Gesetz, Gesellschaftsvertrag, Satzung, Stiftungsgeschäft oder dergleichen bestimmt ist.

§ 12 Betriebstätte (S 0115)

[1]Betriebstätte ist jede feste Geschäftseinrichtung oder Anlage, die der Tätigkeit eines Unternehmens dient. [2]Als Betriebstätten sind insbesondere anzusehen:

1. **die Stätte der Geschäftsleitung,**
2. **Zweigniederlassungen,**
3. **Geschäftsstellen,**
4. **Fabrikations- oder Werkstätten,**
5. **Warenlager,**
6. **Ein- oder Verkaufsstellen,**
7. **Bergwerke, Steinbrüche oder andere stehende, örtlich fortschreitende oder schwimmende Stätten der Gewinnung von Bodenschätzen,**
8. **Bauausführungen oder Montagen, auch örtlich fortschreitende oder schwimmende, wenn**

a) die einzelne Bauausführung oder Montage oder

b) eine von mehreren zeitlich nebeneinander bestehenden Bauausführungen oder Montagen oder

c) mehrere ohne Unterbrechung aufeinander folgende Bauausführungen oder Montagen

länger als sechs Monate dauern.

AEAO zu § 12 - Betriebstätte:

1. Die Begriffsbestimmung gilt auch für die freiberufliche Tätigkeit und Steuerpflichtige mit Einkünften aus Land- und Forstwirtschaft.

2. Auch nicht sichtbare, unterirdisch verlaufende Rohrleitungen (Pipelines) sind feste Geschäftseinrichtungen i. S. d. § 12 Satz 1 AO und damit Betriebstätten (BFH-Urteil vom 30.10.1996, II R 12/92, BStBl 1997 II S. 12). Zu den Betriebstätten zählen auch bewegliche Geschäftseinrichtungen mit vorübergehend festem Standort (z. B. fahrbare Verkaufsstätten mit wechselndem Standplatz).

3. Stätten der Erkundung von Bodenschätzen (z. B. Versuchsbohrungen) sind als Betriebstätten anzusehen, wenn die Voraussetzungen des § 12 Nr. 8 AO erfüllt sind.

4. Soweit die Steuergesetze (insbes. EStG und GewStG) den Begriff „Betriebsstätte" verwenden, ohne ihn selbst abweichend von § 12 AO zu definieren (wie etwa § 41 Abs. 2 EStG), bestimmt sich dieser Begriff grundsätzlich nicht nach der Definition eines einschlägigen DBA, sondern nach innerstaatlichem Recht (vgl. BFH-Urteil vom 20.7.2016, I R 50/15, BStBl 2017 II S. 230). DBA legen lediglich fest, in welchem Umfang eine nach innerstaatlichem Recht - unter Berücksichtigung des § 12 AO - bestehende Steuerpflicht entfallen soll. Eine in einem DBA vorgenommene, von § 12 AO abweichende Definition des Begriffs „Betriebsstätte" ist daher nur im Rahmen dieses DBA anwendbar, sofern im innerstaatlichen Recht nichts anderes bestimmt ist.

§ 13 Ständiger Vertreter **(S 0115)**

[1]Ständiger Vertreter ist eine Person, die nachhaltig die Geschäfte eines Unternehmens besorgt und dabei dessen Sachweisungen unterliegt. [2]Ständiger Vertreter ist insbesondere eine Person, die für ein Unternehmen nachhaltig

1. Verträge abschließt oder vermittelt oder Aufträge einholt oder

2. einen Bestand von Gütern oder Waren unterhält und davon Auslieferungen vornimmt.

§ 14 Wirtschaftlicher Geschäftsbetrieb (S 0116)

[1]Ein wirtschaftlicher Geschäftsbetrieb ist eine selbständige nachhaltige Tätigkeit, durch die Einnahmen oder andere wirtschaftliche Vorteile erzielt werden und die über den Rahmen einer Vermögensverwaltung hinausgeht. [2]Die Absicht, Gewinn zu erzielen, ist nicht erforderlich. [3]Eine Vermögensverwaltung liegt in der Regel vor, wenn Vermögen genutzt, zum Beispiel Kapitalvermögen verzinslich angelegt oder unbewegliches Vermögen vermietet oder verpachtet wird.

§ 15 Angehörige (S 0117)

(1) Angehörige sind:

1. der Verlobte,
2. der Ehegatte oder Lebenspartner,
3. Verwandte und Verschwägerte gerader Linie,
4. Geschwister,
5. Kinder der Geschwister,
6. Ehegatten oder Lebenspartner der Geschwister und Geschwister der Ehegatten oder Lebenspartner,
7. Geschwister der Eltern,
8. Personen, die durch ein auf längere Dauer angelegtes Pflegeverhältnis mit häuslicher Gemeinschaft wie Eltern und Kind miteinander verbunden sind (Pflegeeltern und Pflegekinder).

(2) Angehörige sind die in Absatz 1 aufgeführten Personen auch dann, wenn

1. in den Fällen der Nummern 2, 3 und 6 die die Beziehung begründende Ehe oder Lebenspartnerschaft nicht mehr besteht;
2. in den Fällen der Nummern 3 bis 7 die Verwandtschaft oder Schwägerschaft durch Annahme als Kind erloschen ist;
3. im Fall der Nummer 8 die häusliche Gemeinschaft nicht mehr besteht, sofern die Personen weiterhin wie Eltern und Kind miteinander verbunden sind.

AEAO zu § 15 - Angehörige:

1. Dem Angehörigenbegriff kommt überwiegend verfahrensrechtliche Bedeutung zu. Für das materielle Recht können die Einzelsteuergesetze abweichende Regelungen treffen.
2. § 15 Abs. 1 Nr. 1 AO (Verlobte) setzt ein wirksames Eheversprechen voraus.

Eine Ehe ist im Besteuerungsverfahren nur dann nach § 15 Abs. 1 Nr. 2 AO zu berücksichtigen, wenn sie entweder nach deutschem Recht wirksam geschlossen wurde oder bei im Ausland geschlossener Ehe in Deutschland anzuerkennen ist (vgl. BFH-Beschluss vom 27.11.2018, V B 72/18, BFH/NV 2019 S. 202). Für Lebenspartnerschaften gilt dies entsprechend. Die materiell-rechtliche Beurteilung des Vorliegens einer Ehe oder einer Lebenspartnerschaft nach den Einzelsteuergesetzen bleibt hierdurch unberührt (vgl. Nr. 1 Satz 2).

3. Zu den Geschwistern i. S. d. § 15 Abs. 1 Nr. 4 AO gehören auch die Halbgeschwister. Das sind die Geschwister, die einen Elternteil gemeinsam haben; darunter fallen jedoch nicht die mit in eine Ehe oder Lebenspartnerschaft gebrachten Kinder, die keinen Elternteil gemeinsam haben.

4. Das Angehörigenverhältnis i. S. d. § 15 Abs. 1 Nr. 5 AO besteht lediglich zu den Kindern der Geschwister (Neffen oder Nichten), nicht jedoch zwischen den Kindern der Geschwister untereinander (z.B. Vettern oder Cousinen).

5. Die Ehegatten bzw. Lebenspartner mehrerer Geschwister sind im Verhältnis zueinander keine Angehörigen i. S. d. § 15 Abs. 1 Nr. 6 AO. Dasselbe gilt für Geschwister der Ehegatten bzw. Lebenspartner.

6. Für die Annahme eines Pflegeverhältnisses gem. § 15 Abs. 1 Nr. 8 AO ist nicht erforderlich, dass das Kind außerhalb der Pflege und Obhut seiner leiblichen Eltern steht. Ein Pflegeverhältnis kann z. B. auch zwischen einem Mann und einem Kind begründet werden, wenn der Mann mit der leiblichen Mutter des Kindes und diesem in häuslicher Gemeinschaft lebt. Die Unterhaltsgewährung ist nicht Merkmal dieses Pflegekinderbegriffes. Soweit Bestimmungen in Einzelsteuergesetzen auch daran anknüpfen, müssen dort besondere Regelungen getroffen sein.

7. Durch die Annahme als Kind erhält ein Kind die volle rechtliche Stellung eines ehelichen Kindes des oder der Annehmenden. Damit wird auch die Angehörigeneigenschaft zwischen dem Kind und den Angehörigen des oder der Annehmenden nach Maßgabe des § 15 Abs. 1 AO begründet. Dieser Grundsatz gilt entsprechend bei ähnlichen familienrechtlichen Rechtsbeziehungen ausländischen Rechts (Adoption).

8. Für die in § 15 Abs. 2 AO genannten Personen bleibt die Angehörigeneigenschaft auch dann bestehen, wenn die Beziehung, die ursprünglich die Angehörigeneigenschaft begründete, nicht mehr besteht; lediglich bei Verlobten erlischt die Angehörigeneigenschaft mit Aufhebung des Verlöbnisses.

Dritter Abschnitt – Zuständigkeit der Finanzbehörden

§ 16 Sachliche Zuständigkeit (S 0120)

Die sachliche Zuständigkeit der Finanzbehörden richtet sich, soweit nichts anderes bestimmt ist, nach dem Gesetz über die Finanzverwaltung.

AEAO zu § 16 - Sachliche Zuständigkeit:

1. Die sachliche Zuständigkeit betrifft den einer Behörde dem Gegenstand und der Art nach durch Gesetz zugewiesenem Aufgabenbereich. Neben dem Aufgabenkreis, der durch das FVG bestimmt wird, ergeben sich für die Finanzbehörden auch Aufgabenzuweisungen aus der AO (z. B. §§ 208, 249, 386 AO) und anderen Gesetzen (z.B. StBerG, InvZulG, EigZulG).
2. Im Rahmen des föderativen Aufbaus der Bundesrepublik ist die verbandsmäßige Zuständigkeit als besondere Art der sachlichen Zuständigkeit zu beachten. Nach der Rechtsprechung des BFH ist jedoch bei den nicht gebietsgebundenen Steuern (z. B. Einkommensteuer) die Verwaltungskompetenz nicht auf die Finanzämter des verbandsmäßig zuständigen Bundeslandes beschränkt. Das Wohnsitzfinanzamt ist für die Besteuerung nach dem Einkommen auch für Besteuerungszeiträume zuständig, in denen der Steuerpflichtige in einem anderen Bundesland wohnte (BFH-Urteile vom 29.10.1970, IV R 247/69, BStBl 1971 II S. 151, und vom 23.11.1972, VIII R 42/67, BStBl 1973 II S. 198).
3. Wegen der Rücknahme eines Verwaltungsakts einer sachlich unzuständigen Behörde wird auf § 130 Abs. 2 Nr. 1 AO hingewiesen.

§ 17 Örtliche Zuständigkeit (S 0120)

Die örtliche Zuständigkeit richtet sich, soweit nichts anderes bestimmt ist, nach den folgenden Vorschriften.

AEAO zu § 17 - Örtliche Zuständigkeit:

1. Für die örtliche Zuständigkeit gilt der Grundsatz der Gesamtzuständigkeit, d. h. die Zuständigkeit umfasst grundsätzlich alle Verwaltungstätigkeiten der Finanzbehörde, die sich aus dem gesamten Besteuerungsverfahren ergeben (Festsetzung, Rechtsbehelfsverfahren, Erhebung und Vollstreckung), vgl. BFH-Urteile vom 19.3.2019, VII R 27/17, BStBl 2020 II S. 31, und vom 25.2.2021, III R 36/19, BStBl II S. 712.
2. Zur mehrfachen örtlichen Zuständigkeit Hinweis auf §§ 25 und 28 AO. Neben den Vorschriften im Dritten Abschnitt bestehen Sonderregelungen über die örtliche Zuständigkeit z. B. in den §§ 195, 367, 388 AO sowie in Einzelsteuergesetzen.
3. Wegen der Folgen der Verletzung von Vorschriften über die örtliche Zuständigkeit Hinweis auf § 125 Abs. 3 Nr. 1 und § 127 AO.

§ 18 Gesonderte Feststellungen (S 0121)

(1) [1]Für die gesonderten Feststellungen nach § 180 ist örtlich zuständig:

1. bei Betrieben der Land- und Forstwirtschaft, bei Grundstücken, Betriebsgrundstücken und Mineralgewinnungsrechten das Finanzamt, in dessen

Bezirk der Betrieb, das Grundstück, das Betriebsgrundstück, das Mineralgewinnungsrecht oder, wenn sich der Betrieb, das Grundstück, das Betriebsgrundstück oder das Mineralgewinnungsrecht auf die Bezirke mehrerer Finanzämter erstreckt, der wertvollste Teil liegt (Lagefinanzamt),

2. bei gewerblichen Betrieben mit Geschäftsleitung im Geltungsbereich dieses Gesetzes das Finanzamt, in dessen Bezirk sich die Geschäftsleitung befindet, bei gewerblichen Betrieben ohne Geschäftsleitung im Geltungsbereich dieses Gesetzes das Finanzamt, in dessen Bezirk eine Betriebstätte - bei mehreren Betriebstätten die wirtschaftlich bedeutendste - unterhalten wird (Betriebsfinanzamt),

3. bei Einkünften aus selbständiger Arbeit das Finanzamt, von dessen Bezirk aus die Tätigkeit vorwiegend ausgeübt wird,

4. bei einer Beteiligung mehrerer Personen an Einkünften, die keine Einkünfte aus Land- und Forstwirtschaft, aus Gewerbebetrieb oder aus selbständiger Arbeit sind und die nach § 180 Absatz 1 Satz 1 Nummer 2 Buchstabe a gesondert festgestellt werden,

a) das Finanzamt, von dessen Bezirk die Verwaltung dieser Einkünfte ausgeht, oder

b) das Finanzamt, in dessen Bezirk sich der wertvollste Teil des Vermögens, aus dem die gemeinsamen Einkünfte fließen, befindet, wenn die Verwaltung dieser Einkünfte im Geltungsbereich dieses Gesetzes nicht feststellbar ist.

[2]Dies gilt entsprechend bei einer gesonderten Feststellung nach § 180 Absatz 1 Satz 1 Nummer 3 oder § 180 Absatz 2,

5. in den Fällen des § 180 Absatz 1a das Finanzamt, das für den Bescheid örtlich zuständig ist, für den der Teilabschlussbescheid unmittelbar Bindungswirkung entfaltet.[1]

(2) [1]Ist eine gesonderte Feststellung mehreren Steuerpflichtigen gegenüber vorzunehmen und lässt sich nach Absatz 1 die örtliche Zuständigkeit nicht bestimmen, so ist jedes Finanzamt örtlich zuständig, das nach den §§ 19 oder 20 für die Steuern vom Einkommen und Vermögen eines Steuerpflichtigen zuständig ist, dem ein Anteil an dem Gegenstand der Feststellung zuzurechnen ist. [2]Soweit dieses Finanzamt auf Grund einer Verordnung nach § 17 Abs. 2 Satz 3 und 4 des Finanzverwaltungsgesetzes sachlich nicht für die gesonderte Feststellung zuständig ist, tritt an seine Stelle das sachlich zuständige Finanzamt.

[1] Zur Anwendung des § 18 Abs. 1 Nr. 5 AO siehe Artikel 97 § 37 EGAO

AEAO zu § 18 - Gesonderte Feststellung:

1. Die Zuständigkeitsvorschriften des § 18 Abs. 1 Nrn. 1 bis 3 AO gelten für die Feststellung von Einheitswerten oder Grundsteuerwerten und Einkünften aus Land- und Forstwirtschaft, aus Gewerbebetrieb oder aus selbständiger Arbeit. Bei den Einkünften gilt dies sowohl in den Fällen der Beteiligung mehrerer Personen (§ 180 Abs. 1 Satz 1 Nr. 2 Buchstabe a AO) wie auch in den Fällen, in denen der Betriebsort, Ort der Geschäftsleitung bzw. Ort der Tätigkeit und der Wohnsitz nach den Verhältnissen zum Schluss des Gewinnermittlungszeitraums auseinander fallen (§ 180 Abs. 1 Satz 1 Nr. 2 Buchstabe b AO; vgl. auch AEAO zu § 180, Nr. 2.1). Wegen der gesonderten Feststellung bei Zuständigkeit mehrerer Finanzämter in einer Gemeinde vgl. AEAO zu § 19, Nr. 3.

2. Die Regelung nach § 18 Abs. 1 Satz 1 Nr. 4 AO bestimmt eine abweichende Zuständigkeit für die gesonderte Feststellung der Einkünfte aus Vermietung und Verpachtung oder aus Kapitalvermögen; i. d. R. ist nicht das Lagefinanzamt, sondern das Finanzamt zuständig, von dessen Bezirk die Verwaltung ausgeht. Entsprechendes regelt § 18 Abs. 1 Satz 1 Nr. 4 AO für die Feststellung von sonstigem Vermögen, von Schulden und sonstigen Abzügen (§ 180 Abs. 1 Satz 1 Nr. 3 AO) und für die Durchführung von Feststellungen bei Bauherrengemeinschaften usw. (V zu § 180 Abs. 2 AO).

3. Aus Vereinfachungsgründen kann das Finanzamt bei der gesonderten Feststellung der Einkünfte aus Vermietung und Verpachtung aus nur einem Grundstück davon ausgehen, dass die Verwaltung dieser Einkünfte von dem Ort ausgeht, in dem das Grundstück liegt, es sei denn, die Steuerpflichtigen legen etwas anderes dar.

4. Wird von der gesonderten Feststellung nach § 180 Abs. 3 AO abgesehen (z.B. Fälle geringer Bedeutung), verbleibt es bei der für die Einzelsteuern getroffenen Zuständigkeitsregelung.

5. Die Regelung in § 18 Abs. 2 AO hat insbesondere Bedeutung für die gesonderte Feststellung von ausländischen Einkünften, an denen mehrere im Inland steuerpflichtige Personen beteiligt sind. Auf § 25 AO wird hingewiesen.

6. Zur Bestimmung der örtlichen Zuständigkeit für die gesonderte und einheitliche Feststellung von Einkünften ausländischer Personengesellschaften, an denen inländische Gesellschafter beteiligt sind, ist zu prüfen, ob ein Anknüpfungsmerkmal i. S. d. § 18 Abs. 1 AO gegeben ist. Ist dies der Fall, ist das dort genannte Finanzamt zuständig. Fehlt dagegen ein solches Anknüpfungsmerkmal, gilt nach § 25 AO i. V. m. § 18 Abs. 2 AO Folgendes:

   a) Ist für alle inländischen Beteiligten ein gemeinsamer Treuhänder oder eine andere die Interessen der inländischen Beteiligten vertretende Person bestellt, ist das Finanzamt zuständig, in dessen Bezirk der Treuhänder oder die andere Person ansässig ist. Sowohl eine Bevollmächtigung i. S. d. § 80 AO als auch eine Empfangsbevollmächtigung i. S. d. § 183 AO reichen für sich allein für die Annahme einer die Interessen der inländischen Beteiligten vertretenden Person i. S. d. Satzes 1 nicht aus. Bei späterer Änderung der Treuhand- oder Vertretungsverhältnisse tritt ein Zuständigkeitswechsel nicht ein, solange mindestens ein Beteiligter durch den bisherigen Treuhänder oder Vertreter vertreten bleibt.

b) Ist eine Bestimmung der Zuständigkeit nach Buchstabe a nicht möglich, ist das Finanzamt zuständig, in dessen Bezirk die Beteiligten mit den höchsten Anteilen ansässig sind. Hierbei sind nur unmittelbare Beteiligungsverhältnisse zu berücksichtigen. Bei Änderung der Beteiligungsverhältnisse tritt ein Zuständigkeitswechsel nicht ein, solange mindestens ein Beteiligter im Bezirk des Finanzamts ansässig ist.

c) Lässt sich im Einzelfall die örtliche Zuständigkeit weder nach Buchstabe a) noch nach Buchstabe b) bestimmen, kann die gemeinsame fachlich zuständige Aufsichtsbehörde festlegen, welches der Finanzämter, in deren Bezirk mindestens ein Beteiligter ansässig ist, zuständig ist. Fehlt eine gemeinsame Aufsichtsbehörde, so treffen die fachlich zuständigen Aufsichtsbehörden die Entscheidung gemeinsam.

d) Wenn sich mehrere Finanzämter nach den Buchstaben a) und b) für zuständig oder für unzuständig halten oder wenn die Zuständigkeit nach den Buchstaben a) und b) aus anderen Gründen zweifelhaft ist oder eine Entscheidung nach Buchstabe c) nicht getroffen werden kann, entscheidet das BZSt (§ 181 Abs. 1 Satz 1 AO i. V. m. § 5 Abs. 1 Nr. 7 FVG).

§ 19 Steuern vom Einkommen und Vermögen natürlicher Personen (S 0122)

(1) [1]Für die Besteuerung natürlicher Personen nach dem Einkommen und Vermögen ist das Finanzamt örtlich zuständig, in dessen Bezirk der Steuerpflichtige seinen Wohnsitz oder in Ermangelung eines Wohnsitzes seinen gewöhnlichen Aufenthalt hat (Wohnsitzfinanzamt). [2]Bei mehrfachem Wohnsitz im Geltungsbereich des Gesetzes ist der Wohnsitz maßgebend, an dem sich der Steuerpflichtige vorwiegend aufhält; bei mehrfachem Wohnsitz eines verheirateten oder in Lebenspartnerschaft lebenden Steuerpflichtigen, der von seinem Ehegatten oder Lebenspartner nicht dauernd getrennt lebt, ist der Wohnsitz maßgebend, an dem sich die Familie vorwiegend aufhält. [3]Für die nach § 1 Abs. 2 des Einkommensteuergesetzes und nach § 1 Abs. 2 des Vermögensteuergesetzes unbeschränkt steuerpflichtigen Personen ist das Finanzamt örtlich zuständig, in dessen Bezirk sich die zahlende öffentliche Kasse befindet; das Gleiche gilt in den Fällen des § 1 Abs. 3 des Einkommensteuergesetzes bei Personen, die die Voraussetzungen des § 1 Abs. 2 Satz 1 Nr. 1 und 2 des Einkommensteuergesetzes erfüllen, und in den Fällen des § 1a Abs. 2 des Einkommensteuergesetzes.

(2) [1]Liegen die Voraussetzungen des Absatzes 1 nicht vor, so ist das Finanzamt örtlich zuständig, in dessen Bezirk sich das Vermögen des Steuerpflichtigen und, wenn dies für mehrere Finanzämter zutrifft, in dessen Bezirk sich der wertvollste Teil des Vermögens befindet. [2]Hat der Steuerpflichtige kein Vermögen im Geltungsbereich des Gesetzes, so ist das Finanzamt örtlich zuständig, in dessen Bezirk die Tätigkeit im Geltungsbereich des Gesetzes vorwiegend ausgeübt oder verwertet wird oder worden ist. [3]Hat ein Steuerpflichtiger seinen Wohnsitz oder gewöhnlichen Aufenthalt im Geltungsbereich des Gesetzes aufgegeben und erzielt er im Jahr des Wegzugs keine Einkünfte im Sinne des § 49 des Einkommensteuergesetzes, ist das Finanzamt örtlich zuständig, das nach den Verhältnissen vor dem Wegzug zuletzt örtlich zuständig war.

(3) [1]Gehören zum Bereich der Wohnsitzgemeinde mehrere Finanzämter und übt ein Steuerpflichtiger mit Einkünften aus Land- und Forstwirtschaft, Gewerbebetrieb oder freiberuflicher Tätigkeit diese Tätigkeit innerhalb der Wohnsitzgemeinde, aber im Bezirk eines anderen Finanzamts als dem des Wohnsitzfinanzamts aus, so ist abweichend von Absatz 1 jenes Finanzamt zuständig, wenn es nach § 18 Abs. 1 Nr. 1, 2 oder 3 für eine gesonderte Feststellung dieser Einkünfte zuständig wäre. [2]Einkünfte aus Gewinnanteilen sind bei Anwendung des Satzes 1 nur dann zu berücksichtigen, wenn sie die einzigen Einkünfte des Steuerpflichtigen im Sinne des Satzes 1 sind.

(4) Steuerpflichtige, die zusammen zu veranlagen sind oder zusammen veranlagt werden können, sind bei Anwendung des Absatzes 3 so zu behandeln, als seien ihre Einkünfte von einem Steuerpflichtigen bezogen worden.

(5) [1]Durch Rechtsverordnung der Landesregierung kann bestimmt werden, dass als Wohnsitzgemeinde im Sinne des Absatzes 3 ein Gebiet gilt, das mehrere Gemeinden umfasst, soweit dies mit Rücksicht auf die Wirtschafts- oder Verkehrs-

verhältnisse, den Aufbau der Verwaltungsbehörden oder andere örtliche Bedürfnisse zweckmäßig erscheint. [2]Die Landesregierung kann die Ermächtigung auf die für die Finanzverwaltung zuständige oberste Landesbehörde übertragen.

(6) [1]Das Bundesministerium der Finanzen kann zur Sicherstellung der Besteuerung von Personen, die nach § 1 Abs. 4 des Einkommensteuergesetzes beschränkt steuerpflichtig sind und Einkünfte im Sinne von § 49 Abs. 1 Nr. 7 und 10 des Einkommensteuergesetzes beziehen, durch Rechtsverordnung mit Zustimmung des Bundesrates einer Finanzbehörde die örtliche Zuständigkeit für den Geltungsbereich des Gesetzes übertragen. [2]Satz 1 gilt auch in den Fällen, in denen ein Antrag nach § 1 Abs. 3 des Einkommensteuergesetzes gestellt wird.

AEAO zu § 19 - Steuern vom Einkommen und Vermögen natürlicher Personen:

1. Bei verheirateten, nicht dauernd getrennt lebenden Steuerpflichtigen ist bei mehrfachem Wohnsitz im Inland das Finanzamt des Aufenthalts der Familie für die Besteuerung nach dem Einkommen und Vermögen zuständig; Gleiches gilt für Lebenspartner. Insoweit sind für die Bestimmung der örtlichen Zuständigkeit die Kinder in die Betrachtung einzubeziehen.

2. Nach § 19 Abs. 3 AO ist das Lage-, Betriebs- oder Tätigkeitsfinanzamt auch für die persönlichen Steuern vom Einkommen und Vermögen zuständig, wenn ein Steuerpflichtiger in einer Gemeinde (Stadt) mit mehreren Finanzämtern einen land- und forstwirtschaftlichen oder gewerblichen Betrieb unterhält bzw. eine freiberufliche Tätigkeit ausübt. In diesen Fällen ist keine gesonderte Feststellung durchzuführen (§ 180 Abs. 1 Satz 1 Nr. 2 Buchstabe b AO); für Gewinnermittlungszeiträume vor Verlegung des Betriebs in den Bezirk des für die Einkommensteuer zuständigen Finanzamtes oder des Wohnsitzes in den Bezirk des Betriebsfinanzamtes siehe aber AEAO zu § 180, Nr. 2.1.

3. Wenn der Steuerpflichtige außerhalb des Bezirks seines Wohnsitzfinanz-amtes, aber in den Bezirken mehrerer Finanzämter derselben Wohnsitzgemeinde, Einkünfte aus Land- und Forstwirtschaft, Gewerbebetrieb oder freiberuflicher Tätigkeit erzielt, können nach § 19 Abs. 3 AO mehrere Finanzämter zuständig sein. In diesen Fällen ist nach § 25 AO zu verfahren. Gesonderte Feststellungen sind dann nur von den Finanzämtern vorzunehmen, die den Steuerpflichtigen nicht zur Einkommensteuer veranlagen (§ 180 Abs. 1 Satz 1 Nr. 2 Buchstabe b AO).

4. Zuständigkeitsregelungen enthalten auch § 20a AO i. V. m. der ArbZustBauV sowie die Einzelsteuergesetze und das FVG.

5. Das Vermögen i. S. d. § 19 Abs. 2 Satz 1 AO bestimmt sich nach § 121 BewG, aber abweichend von § 121 Nr. 4 BewG unabhängig von der Höhe der prozentualen Beteiligung an der inländischen Kapitalgesellschaft. Im Fall der Beteiligung an einer Grundbesitz verwaltenden Personengesellschaft ist für die Bestimmung der örtlichen Zuständigkeit die Belegenheit des Grundstücks maßgebend. Handelt es sich bei der Grundbesitz verwaltenden Personengesellschaft um eine gewerblich geprägte Personengesellschaft i. S. d. § 15 Abs. 3 Nr. 2 EStG, so richtet sich die örtliche Zuständigkeit für den beschränkt steuerpflichtigen Beteiligten in analoger Anwendung des § 18 Abs. 1 Satz 1 Nr. 2 AO nach dem Ort der Geschäftsleitung dieser Personengesellschaft.

Einkommensteuer-Zuständigkeitsverordnung (EStZustV)
vom 2.1.2009 (BGBl. I S. 3), zuletzt geändert durch Artikel 3 der Verordnung vom 11.12.2012 (BGBl. I S. 2637)

§ 1 - Örtliche Zuständigkeit

Für die Besteuerung nach dem Einkommen von Personen, die nach § 1 Abs. 4 des Einkommensteuergesetzes beschränkt einkommensteuerpflichtig sind und ausschließlich mit Einkünften im Sinne des § 49 Abs. 1 Nr. 7 und 10 des Einkommensteuergesetzes zu veranlagen sind, ist das Finanzamt Neubrandenburg örtlich zuständig. Das Finanzamt Neubrandenburg ist ebenfalls zuständig in den Fällen des § 19 Abs. 6 Satz 2 der Abgabenordnung.

§ 2 - Anwendungszeitraum

Diese Verordnung ist erstmals für den Veranlagungszeitraum 2005 anzuwenden.

§ 3 - Inkrafttreten

Diese Verordnung tritt mit Wirkung vom 1. Januar 2009 in Kraft.

§ 20 Steuern vom Einkommen und Vermögen der Körperschaften, Personenvereinigungen, Vermögensmassen (S 0122)

(1) Für die Besteuerung von Körperschaften, Personenvereinigungen und Vermögensmassen nach dem Einkommen und Vermögen ist das Finanzamt örtlich zuständig, in dessen Bezirk sich die Geschäftsleitung befindet.

(2) Befindet sich die Geschäftsleitung nicht im Geltungsbereich des Gesetzes oder lässt sich der Ort der Geschäftsleitung nicht feststellen, so ist das Finanzamt örtlich zuständig, in dessen Bezirk die Steuerpflichtige ihren Sitz hat.

(3) Ist weder die Geschäftsleitung noch der Sitz im Geltungsbereich des Gesetzes, so ist das Finanzamt örtlich zuständig, in dessen Bezirk sich Vermögen der Steuerpflichtigen und, wenn dies für mehrere Finanzämter zutrifft, das Finanzamt, in dessen Bezirk sich der wertvollste Teil des Vermögens befindet.

(4) Befindet sich weder die Geschäftsleitung noch der Sitz noch Vermögen der Steuerpflichtigen im Geltungsbereich des Gesetzes, so ist das Finanzamt örtlich zuständig, in dessen Bezirk die Tätigkeit im Geltungsbereich des Gesetzes vorwiegend ausgeübt oder verwertet wird oder worden ist.

AEAO zu § 20 - Steuern vom Einkommen und Vermögen der Körperschaften, Personenvereinigungen, Vermögensmassen

In den Fällen des § 20 Abs. 3 AO gilt Nr. 5 des AEAO zu § 19 entsprechend.

§ 20a Steuern vom Einkommen bei Bauleistungen (S 0122)

(1) [1]Abweichend von §§ 19 und 20 ist für die Besteuerung von Unternehmen, die Bauleistungen im Sinne von § 48 Abs. 1 Satz 3 des Einkommensteuergesetzes erbringen, das Finanzamt zuständig, das für die Besteuerung der entsprechenden Umsätze nach § 21 Abs. 1 zuständig ist, wenn der Unternehmer seinen Wohnsitz oder das Unternehmen seine Geschäftsleitung oder seinen Sitz außerhalb des Geltungsbereiches des Gesetzes hat. [2]Das gilt auch abweichend von den §§ 38 bis 42f des Einkommensteuergesetzes beim Steuerabzug vom Arbeitslohn.

(2) [1]Für die Verwaltung der Lohnsteuer in den Fällen der Arbeitnehmerüberlassung durch ausländische Verleiher nach § 38 Abs. 1 Satz 1 Nr. 2 des Einkommensteuergesetzes ist das Finanzamt zuständig, das für die Besteuerung der entsprechenden Umsätze nach § 21 Abs. 1 zuständig ist. [2]Satz 1 gilt nur, wenn die überlassene Person im Baugewerbe eingesetzt ist.

(3) Für die Besteuerung von Personen, die von Unternehmen im Sinne des Absatzes 1 oder 2 im Inland beschäftigt werden, kann abweichend von § 19 das Bundesministerium der Finanzen durch Rechtsverordnung mit Zustimmung des Bundesrates die örtliche Zuständigkeit einem Finanzamt für den Geltungsbereich des Gesetzes übertragen.

AEAO zu § 20a - Steuern vom Einkommen bei Bauleistungen:

1. Liegen die Voraussetzungen des § 20a Abs. 1 Satz 1 AO vor, beschränkt sich die Zuständigkeit nicht auf den Steuerabzug nach §§ 48 ff. EStG und auf Umsätze aus Bauleistungen; sie erfasst die gesamte Besteuerung des Einkommens des Unternehmers (Einkommensteuer, Körperschaftsteuer). Das nach § 20a Abs.1 Satz 1 AO zuständige Finanzamt ist auch für die Umsatzsteuer (§ 21 Abs. 1 Satz 2 AO) und die Realsteuern (§ 22 Abs. 1 Satz 2 AO) zuständig. Siehe auch Rz. 100 des BMF-Schreiben vom 27.12.2002, BStBl I S. 1399.

2. Zur Vermeidung eines erschwerten Verwaltungsvollzugs ist im Regelfall eine von der zentralen Zuständigkeit nach § 20a Abs. 1 und 2, § 21 Abs. 1 Satz 2 und § 22 Abs. 1 Satz 2 AO abweichende Zuständigkeitsvereinbarung nach § 27 AO mit dem ortsnahen Finanzamt herbeizuführen, wenn
   - das Unternehmen nur gelegentlich Bauleistungen i. S. v. § 48 Abs. 1 Satz 3 EStG erbringt,
   - das Unternehmen Bauleistungen i. S. v. § 48 Abs. 1 Satz 3 EStG erbringt, die im Verhältnis zum Gesamtumsatz nur von untergeordneter Bedeutung sind, oder
   - eine zentrale Zuständigkeit weder für den Steuerpflichtigen noch für die Finanzbehörden zweckmäßig ist.

Arbeitnehmer-Zuständigkeitsverordnung-Bau (ArbZustBauV)
vom 30.8.2001 (BGBl. I S. 2267, 2269, BStBl I S. 602, 605), geändert durch Artikel 62b des Gesetzes vom 8.5.2008 (BGBl. I S. 810)

§ 1

Für die Einkommensteuer des Arbeitnehmers, der von einem Unternehmer im Sinne des § 20a Abs. 1 oder 2 der Abgabenordnung im Inland beschäftigt ist und der seinen Wohnsitz im Ausland hat, ist das in § 1 Abs. 1 oder 2 der Umsatzsteuerzuständigkeitsverordnung für seinen Wohnsitzstaat genannte Finanzamt zuständig. Hat der Arbeitnehmer eines in der Republik Polen ansässigen Unternehmens im Sinne des § 20a Abs. 1 oder 2 der Abgabenordnung seinen Wohnsitz in der Republik Polen, ist für seine Einkommensteuer abweichend von Satz 1 das Finanzamt zuständig, das für seinen Arbeitgeber zuständig ist.

§ 2

Diese Verordnung tritt am 7. September 2001 in Kraft.

§ 21 Umsatzsteuer (S 0123)

(1) [1]Für die Umsatzsteuer mit Ausnahme der Einfuhrumsatzsteuer ist das Finanzamt zuständig, von dessen Bezirk aus der Unternehmer sein Unternehmen im Geltungsbereich des Gesetzes ganz oder vorwiegend betreibt. [2]Das Bundesministerium der Finanzen kann zur Sicherstellung der Besteuerung durch Rechtsverordnung mit Zustimmung des Bundesrates für Unternehmer, die Wohnsitz, Sitz oder Geschäftsleitung außerhalb des Geltungsbereiches dieses Gesetzes haben, die örtliche Zuständigkeit einer Finanzbehörde für den Geltungsbereich des Gesetzes übertragen.

(2) Für die Umsatzsteuer von Personen, die keine Unternehmer sind, ist das Finanzamt zuständig, das nach § 19 oder § 20 auch für die Besteuerung nach dem Einkommen zuständig ist; in den Fällen des § 180 Absatz 1 Satz 1 Nummer 2 Buchstabe a ist das Finanzamt für die Umsatzsteuer zuständig, das nach § 18 auch für die gesonderte Feststellung zuständig ist.

AEAO zu § 21 – Umsatzsteuer:

Die zentrale Zuständigkeit nach § 21 Abs. 1 Satz 2 AO gilt bereits dann, wenn auch nur ein Anknüpfungspunkt der gesetzlichen Kriterien Wohnsitz, Sitz oder Geschäftsleitung im Ausland gegeben ist. § 21 Abs. 1 Satz 2 AO hat daher Vorrang vor § 21 Abs. 1 Satz 1 AO.

Die zentrale Zuständigkeit nach § 21 Abs. 1 Satz 2 AO i. V. m. der UStZustV ist insbesondere in den Fällen von Bedeutung, in denen ein Unternehmen vom Ausland aus betrieben wird und der Unternehmer im Inland nicht einkommen- oder körperschaftsteuerpflichtig ist. Sie ist aber auch zu beachten, wenn der Unternehmer im Inland auch zur Einkommen- oder Körperschaftsteuer zu veranlagen ist.

Ein Auseinanderfallen der örtlichen Zuständigkeiten für die Ertrags- und Umsatzbesteuerung kann allerdings zu einem erschwerten Verwaltungsvollzug führen, z. B. bei Kapitalgesellschaften mit statutarischem Sitz im Ausland und Geschäftsleitung im Inland. Betroffen sind beispielsweise Fälle, in denen ein bisher im Inland ansässiges

Unternehmen in eine britische „private company limited by shares“ (Limited) umgewandelt wird oder eine Limited neu gegründet wird, die lediglich ihren statutarischen Sitz in Großbritannien hat, aber allein oder überwiegend im Inland unternehmerisch tätig und unbeschränkt körperschaftsteuerpflichtig ist. In diesen Fällen ist im Regelfall eine Zuständigkeitsvereinbarung nach § 27 AO herbeizuführen, nach der das für die Ertragsbesteuerung zuständige ortsnahe Finanzamt auch für die Umsatzsteuer zuständig wird (vgl. auch AEAO zu § 27, Nr. 3).

Umsatzsteuerzuständigkeitsverordnung (UStZustV)
vom 20.12.2001 (BGBl. I S. 3794), zuletzt geändert durch Art. 2 der Verordnung vom 19.12.2022 (BGBl. I S. 2432)

§ 1

(1) [1]Für die Umsatzsteuer der Unternehmer im Sinne des § 21 Abs. 1 Satz 2 der Abgabenordnung sind folgende Finanzämter örtlich zuständig:

1. das Finanzamt Trier für im Königreich Belgien ansässige Unternehmer,
2. das Finanzamt Neuwied für in der Republik Bulgarien ansässige Unternehmer,
3. das Finanzamt Flensburg für im Königreich Dänemark ansässige Unternehmer,
4. das Finanzamt Rostock für in der Republik Estland ansässige Unternehmer,
5. das Finanzamt Bremen für in der Republik Finnland ansässige Unternehmer,
6. das Finanzamt Offenburg für in der Französischen Republik und im Fürstentum Monaco ansässige Unternehmer,
7. das Finanzamt Hannover-Nord für im Vereinigten Königreich Großbritannien und Nordirland sowie auf der Insel Man ansässige Unternehmer,
8. das Finanzamt Berlin Neukölln für in der Griechischen Republik ansässige Unternehmer,
9. das Finanzamt Hamburg-Nord für in der Republik Irland ansässige Unternehmer,
10. das Finanzamt München für in der Italienischen Republik ansässige Unternehmer,
11. das Finanzamt Kassel für in der Republik Kroatien ansässige Unternehmer,
12. das Finanzamt Bremen für in der Republik Lettland ansässige Unternehmer,
13. das Finanzamt Konstanz für im Fürstentum Liechtenstein ansässige Unternehmer,
14. das Finanzamt Mühlhausen für in der Republik Litauen ansässige Unternehmer,
15. das Finanzamt Saarbrücken Am Stadtgraben für im Großherzogtum Luxemburg ansässige Unternehmer,

16. das Finanzamt Berlin Neukölln für in der Republik Nordmazedonien ansässige Unternehmer,
17. das Finanzamt Kleve für im Königreich der Niederlande ansässige Unternehmer,
18. das Finanzamt Bremen für im Königreich Norwegen ansässige Unternehmer,
19. das Finanzamt München für in der Republik Österreich ansässige Unternehmer,
20. für in der Republik Polen ansässige Unternehmer
    a) das Finanzamt Hameln, wenn der Nachname oder der Firmenname des Unternehmers mit den Buchstaben A bis G beginnt;
    b) das Finanzamt Oranienburg, wenn der Nachname oder der Firmenname des Unternehmers mit den Anfangsbuchstaben H bis Ł beginnt;
    c) das Finanzamt Cottbus, wenn der Nachname oder der Firmenname des Unternehmers mit den Anfangsbuchstaben M bis R beginnt;
    d) das Finanzamt Nördlingen, wenn der Nachname oder der Firmenname des Unternehmers mit den Anfangsbuchstaben S bis Ż beginnt;
    e) ungeachtet der Regelungen in den Buchstaben a bis d das Finanzamt Cottbus für alle Unternehmer, auf die das Verfahren nach § 18 Absatz 4e, § 18j oder § 18k des Umsatzsteuergesetzes anzuwenden ist,
21. das Finanzamt Kassel für in der Portugiesischen Republik ansässige Unternehmer,
22. das Finanzamt Chemnitz-Süd für in Rumänien ansässige Unternehmer,
23. das Finanzamt Magdeburg für in der Russischen Föderation ansässige Unternehmer,
24. das Finanzamt Hamburg-Nord für im Königreich Schweden ansässige Unternehmer,
25. das Finanzamt Konstanz für in der Schweizerischen Eidgenossenschaft ansässige Unternehmer,
26. das Finanzamt Chemnitz-Süd für in der Slowakischen Republik ansässige Unternehmer,
27. das Finanzamt Kassel für im Königreich Spanien ansässige Unternehmer,
28. das Finanzamt Oranienburg für in der Republik Slowenien ansässige Unternehmer,
29. das Finanzamt Chemnitz-Süd für in der Tschechischen Republik ansässige Unternehmer,
30. das Finanzamt Dortmund-Unna für in der Republik Türkei ansässige Unternehmer,
31. das Finanzamt Magdeburg für in der Ukraine ansässige Unternehmer,

32. das Zentralfinanzamt Nürnberg für in der Republik Ungarn ansässige Unternehmer,

33. das Finanzamt Magdeburg für in der Republik Weißrußland ansässige Unternehmer,

34. das Finanzamt Bonn-Innenstadt für in den Vereinigten Staaten von Amerika ansässige Unternehmer.

[2]Die örtliche Zuständigkeit nach Satz 1 gilt für die Außengebiete, Überseegebiete und Selbstverwaltungsgebiete der in Satz 1 genannten Staaten entsprechend.

(2) Für die Umsatzsteuer der Unternehmer im Sinne des § 21 Abs. 1 Satz 2 der Abgabenordnung, die nicht von Absatz 1 erfasst werden, ist das Finanzamt Berlin Neukölln zuständig.

(2a) Abweichend von den Absätzen 1 und 2 ist für die Unternehmer, die von § 18 Abs. 4c des Umsatzsteuergesetzes Gebrauch machen, das Bundeszentralamt für Steuern zuständig.

(2b) Für die Unternehmer mit Sitz außerhalb des Gemeinschaftsgebiets (§ 1 Absatz 2a des Umsatzsteuergesetzes), die im Gemeinschaftsgebiet weder ihre Geschäftsleitung noch eine umsatzsteuerliche Betriebsstätte haben und die in einem anderen Mitgliedstaat der Europäischen Union die Teilnahme an dem Verfahren im Sinne des § 18j des Umsatzsteuergesetzes angezeigt haben, sind die Absätze 1 und 2 für Zwecke der Durchführung des Verfahrens im Sinne des § 18j des Umsatzsteuergesetzes mit der Maßgabe anzuwenden, dass der Unternehmer in dem Mitgliedstaat als ansässig zu behandeln ist, in dem die Teilnahme angezeigt wurde.

(3) Die örtliche Zuständigkeit nach § 61 Absatz 1 Satz 1 und § 61a Absatz 1 der Umsatzsteuer-Durchführungsverordnung für die Vergütung der abziehbaren Vorsteuerbeträge an im Ausland ansässige Unternehmer bleibt unberührt.

§ 2

Diese Verordnung tritt am Tage nach ihrer Verkündung[1] in Kraft.

---

[1] Verkündung der UStZustV erfolgte am 22.12.2001.

§ 22 Realsteuern (S 0123)

(1) [1]Für die Festsetzung und Zerlegung der Steuermessbeträge ist bei der Grundsteuer das Lagefinanzamt (§ 18 Abs. 1 Nr. 1) und bei der Gewerbesteuer das Betriebsfinanzamt (§ 18 Abs. 1 Nr. 2) örtlich zuständig. [2]Abweichend von Satz 1 ist für die Festsetzung und Zerlegung der Gewerbesteuermessbeträge bei Unternehmen, die Bauleistungen im Sinne von § 48 Abs. 1 Satz 3 des Einkommensteuergesetzes erbringen, das Finanzamt zuständig, das für die Besteuerung der entsprechenden Umsätze nach § 21 Abs. 1 zuständig ist, wenn der Unternehmer seinen Wohnsitz oder das Unternehmen seine Geschäftsleitung oder seinen Sitz außerhalb des Geltungsbereiches des Gesetzes hat.

(2) [1]Soweit die Festsetzung, Erhebung und Beitreibung von Realsteuern den Finanzämtern obliegt, ist dafür das Finanzamt örtlich zuständig, zu dessen Bezirk die hebeberechtigte Gemeinde gehört. [2]Gehört eine hebeberechtigte Gemeinde zu den Bezirken mehrerer Finanzämter, so ist von diesen Finanzämtern das Finanzamt örtlich zuständig, das nach Absatz 1 zuständig ist oder zuständig wäre, wenn im Geltungsbereich dieses Gesetzes nur die in der hebeberechtigten Gemeinde liegenden Teile des Betriebs, des Grundstücks oder des Betriebsgrundstücks vorhanden wären.

(3) Absatz 2 gilt sinngemäß, soweit einem Land nach Artikel 106 Abs. 6 Satz 3 des Grundgesetzes das Aufkommen der Realsteuern zusteht.

§ 22a Zuständigkeit auf dem Festlandsockel oder an der ausschließlichen Wirtschaftszone

Die Zuständigkeit der Finanzbehörden der Länder nach den §§ 18 bis 22 oder nach den Steuergesetzen im Bereich des der Bundesrepublik Deutschland zustehenden Anteils an dem Festlandsockel und an der ausschließlichen Wirtschaftszone richtet sich nach dem Äquidistanzprinzip.

§ 23 Einfuhr- und Ausfuhrabgaben und Verbrauchsteuern (S 0124)

(1) Für die Einfuhr- und Ausfuhrabgaben nach Artikel 5 Nummer 20 und 21 des Zollkodex der Union und Verbrauchsteuern ist das Hauptzollamt örtlich zuständig, in dessen Bezirk der Tatbestand verwirklicht wird, an den das Gesetz die Steuer knüpft.

(2) [1]Örtlich zuständig ist ferner das Hauptzollamt, von dessen Bezirk aus der Steuerpflichtige sein Unternehmen betreibt. [2]Wird das Unternehmen von einem nicht zum Geltungsbereich des Gesetzes gehörenden Ort aus betrieben, so ist das Hauptzollamt zuständig, in dessen Bezirk der Unternehmer seine Umsätze im Geltungsbereich des Gesetzes ganz oder vorwiegend bewirkt.

(3) Werden Einfuhr- und Ausfuhrabgaben nach Artikel 5 Nummer 20 und 21 des Zollkodex der Union und Verbrauchsteuern im Zusammenhang mit einer Steuerstraftat oder einer Steuerordnungswidrigkeit geschuldet, so ist auch das

Hauptzollamt örtlich zuständig, das für die Strafsache oder die Bußgeldsache zuständig ist.

§ 24 Ersatzzuständigkeit (S 0125)

Ergibt sich die örtliche Zuständigkeit nicht aus anderen Vorschriften, so ist die Finanzbehörde zuständig, in deren Bezirk der Anlass für die Amtshandlung hervortritt.

AEAO zu § 24 - Ersatzzuständigkeit:

1. Für den Fall, dass sich die Zuständigkeit nicht aus den anderen Vorschriften ableiten lässt, ist die Finanzbehörde zuständig, in deren Bezirk objektiv ein Anlass für eine Amtshandlung besteht. Abgesehen von der Zuständigkeit für Maßnahmen zur Aufdeckung unbekannter Steuerfälle (§ 208 Abs. 1 Nr. 3 AO) ist hiernach auch die Zuständigkeit für den Erlass von Haftungsbescheiden (§§ 191, 192 AO) zu bestimmen. Wegen des Sachzusammenhangs ist mithin i. d. R. das Finanzamt des Steuerpflichtigen gleichzeitig für die Heranziehung des Haftenden örtlich zuständig.
2. Kann die örtliche Zuständigkeit nicht sofort einwandfrei geklärt werden, ist bei unaufschiebbaren Maßnahmen die Zuständigkeit auf § 29 AO zu stützen.

§ 25 Mehrfache örtliche Zuständigkeit (S 0126)

[1]Sind mehrere Finanzbehörden zuständig, so entscheidet die Finanzbehörde, die zuerst mit der Sache befasst worden ist, es sei denn, die zuständigen Finanzbehörden einigen sich auf eine andere zuständige Finanzbehörde oder die gemeinsame fachlich zuständige Aufsichtsbehörde bestimmt, dass eine andere örtlich zuständige Finanzbehörde zu entscheiden hat. [2]Fehlt eine gemeinsame Aufsichtsbehörde, so treffen die fachlich zuständigen Aufsichtsbehörden die Entscheidung gemeinsam.

AEAO zu § 25 - Mehrfache örtliche Zuständigkeit:

Einigen sich bei mehrfacher örtlicher Zuständigkeit die Finanzbehörden auf eine der örtlich zuständigen Finanzbehörden, so handelt es sich hierbei nicht um eine Zuständigkeitsvereinbarung i. S. d. § 27 AO. Der Zustimmung des Betroffenen bedarf es nicht.

§ 26 Zuständigkeitswechsel (S 0127)

[1]Geht die örtliche Zuständigkeit durch eine Veränderung der sie begründenden Umstände von einer Finanzbehörde auf eine andere Finanzbehörde über, so tritt der Wechsel der Zuständigkeit in dem Zeitpunkt ein, in dem eine der beiden Finanzbehörden hiervon erfährt. [2]Die bisher zuständige Finanzbehörde kann ein Verwaltungsverfahren fortführen, wenn dies unter Wahrung der Interessen der Beteiligten der einfachen und zweckmäßigen Durchführung des Verfahrens dient und die nunmehr zuständige Finanzbehörde zustimmt. [3]Ein Zuständigkeitswechsel nach Satz 1 tritt so lange nicht ein, wie

1. **über einen Insolvenzantrag noch nicht entschieden wurde,**
2. **ein eröffnetes Insolvenzverfahren noch nicht aufgehoben wurde oder**
3. **sich eine Personengesellschaft oder eine juristische Person in Liquidation befindet.**

AEAO zu § 26 - Zuständigkeitswechsel:

1. Der Steuerpflichtige kann sich auf den Zuständigkeitswechsel nicht berufen, solange keine der beiden beteiligten Finanzbehörden von den die Zuständigkeit verändernden Tatsachen Kenntnis erlangt hat. Wegen der Bedeutung der Zuständigkeit für die Steuerberechtigung ist die Kenntnis über die Umstände, die die Zuständigkeit ändern, mit Angabe des Datums aktenkundig zu machen und unverzüglich der anderen Finanzbehörde mitzuteilen.

2. Die Fortführung eines bereits begonnenen Verwaltungsverfahrens durch das bisher zuständige Finanzamt ist zulässig, wenn das Finanzamt, dessen Zuständigkeit durch die veränderten Umstände begründet wird, zustimmt. Der Steuerpflichtige soll gehört werden; er ist von der Fortführung des Verwaltungsverfahrens zu benachrichtigen.

3. Bei Verlegung des Wohnsitzes in den Bezirk eines anderen Finanzamtes unter gleichzeitiger Betriebsaufgabe sind von dem bisher für Personensteuern und Betriebssteuern zuständigen Finanzamt nur die Personensteuerakten abzugeben. Das bisher zuständige Finanzamt ermittelt im Wege der Amtshilfe den Gewinn aus der Zeit bis zur Betriebsaufgabe und teilt ihn dem neuen Wohnsitzfinanzamt mit.

   Für die Betriebsteuern bleibt grundsätzlich das Betriebsfinanzamt zuständig, auch hinsichtlich der Erhebung und etwaigen Vollstreckung. Rückstände sind erforderlichenfalls im Wege der Amtshilfe beizutreiben. Ausnahmsweise kommt eine Zuständigkeitsvereinbarung nach § 27 AO in Betracht, wenn sich dies als zweckmäßig erweist.

4. Zu den Auswirkungen eines Zuständigkeitswechsels auf das Rechtsbehelfsverfahren vgl. AEAO zu § 367, Nr. 1 und BMF-Schreiben vom 10.10.1995, BStBl I S. 664[1]

5. Zur Behandlung von Steuerzahlungen an eine aufgrund eines Zuständigkeitswechsels nicht mehr zuständige Finanzkasse vgl. AEAO zu § 224, Nr. 3.

§ 27 Zuständigkeitsvereinbarung (S 0128)

[1]Im Einvernehmen mit der Finanzbehörde, die nach den Vorschriften der Steuergesetze örtlich zuständig ist, kann eine andere Finanzbehörde die Besteuerung übernehmen, wenn die betroffene Person zustimmt. [2]Eine der Finanzbehörden nach Satz 1 kann die betroffene Person auffordern, innerhalb einer angemessenen Frist die Zustimmung zu erklären. [3]Die Zustimmung gilt als erteilt, wenn die betroffene Person nicht innerhalb dieser Frist widerspricht. [4]Die betroffene Person ist auf die Wirkung ihres Schweigens ausdrücklich hinzuweisen.

AEAO zu § 27 - Zuständigkeitsvereinbarung:

1. Durch Vereinbarung zwischen den Finanzbehörden kann auch außer in den Fällen des § 26 Satz 2 AO die Zuständigkeit einer an sich nicht zuständigen Finanzbehörde begründet werden; Voraussetzung für diese Zuständigkeitsbegründung ist die Zustimmung des Betroffenen. Das Zustimmungserfordernis ist eingefügt, um der Verfassungsbestimmung des Art. 101 Abs. 1 Satz 2 GG zu genügen, weil an die Zuständigkeit der Finanzbehörde die Zuständigkeit des Finanzgerichts anknüpft.

2. Eine bestimmte Form ist für die Zustimmung des Betroffenen nicht vorgeschrieben. Die Zustimmung ist bedingungsfeindlich und kann nur mit Wirkung für die Zukunft widerrufen werden.

3. Eine Zuständigkeitsvereinbarung ist insbesondere in den Fällen herbeizuführen, in denen eine zentrale Zuständigkeit nach § 21 Abs. 1 Satz 2 AO i. V. m. der UStZustV weder für den Steuerpflichtigen noch für die Finanzbehörden zweckmäßig ist.

   Eine Zuständigkeitsvereinbarung, nach der das für die Ertragsbesteuerung zuständige Finanzamt auch für die Umsatzsteuer zuständig wird, ist hiernach regelmäßig herbeizuführen z. B.

   a) bei Steuerpflichtigen, die ihr Unternehmen als Einzelunternehmer aus schließlich oder überwiegend im Inland betreiben und sowohl im Inland als auch im Ausland einen Wohnsitz haben;

   b) bei Kapitalgesellschaften mit statutarischem Sitz im Ausland und Geschäftsleitung im Inland, die allein oder überwiegend im Inland unternehmerisch tätig sind (vgl. AEAO zu § 21).

4. Zur Zuständigkeitsvereinbarung bei Unternehmen, die Bauleistungen i. S. v. § 48 Abs. 1 Satz 3 EStG erbringen, vgl. AEAO zu § 20a, Nr. 2.

---

[1] Im Anhang 74 abgedruckt.

§ 28 Zuständigkeitsstreit (S 0129)

(1) [1]Die gemeinsame fachlich zuständige Aufsichtsbehörde entscheidet über die örtliche Zuständigkeit, wenn sich mehrere Finanzbehörden für zuständig oder für unzuständig halten oder wenn die Zuständigkeit aus anderen Gründen zweifelhaft ist. [2]§ 25 Satz 2 gilt entsprechend.

(2) § 5 Abs. 1 Nr. 7 des Gesetzes über die Finanzverwaltung bleibt unberührt.

§ 29 Gefahr im Verzug (S 0129)

[1]Bei Gefahr im Verzug ist für unaufschiebbare Maßnahmen jede Finanzbehörde örtlich zuständig, in deren Bezirk der Anlass für die Amtshandlung hervortritt. [2]Die sonst örtlich zuständige Behörde ist unverzüglich zu unterrichten.

§ 29a Unterstützung des örtlich zuständigen Finanzamts auf Anweisung der vorgesetzten Finanzbehörde (S 0129-a)

[1]Die oberste Landesfinanzbehörde oder die von ihr beauftragte Landesfinanzbehörde kann zur Gewährleistung eines zeitnahen und gleichmäßigen Vollzugs der Steuergesetze anordnen, dass das örtlich zuständige Finanzamt ganz oder teilweise bei der Erfüllung seiner Aufgaben in Besteuerungsverfahren durch ein anderes Finanzamt unterstützt wird. [2]Das unterstützende Finanzamt handelt im Namen des örtlich zuständigen Finanzamts; das Verwaltungshandeln des unterstützenden Finanzamts ist dem örtlich zuständigen Finanzamt zuzurechnen.

Vierter Abschnitt – Verarbeitung geschützter Daten und Steuergeheimnis

§ 29b Verarbeitung personenbezogener Daten durch Finanzbehörden (S 0102)

(1) Die Verarbeitung personenbezogener Daten durch eine Finanzbehörde ist zulässig, wenn sie zur Erfüllung der ihr obliegenden Aufgabe oder in Ausübung öffentlicher Gewalt, die ihr übertragen wurde, erforderlich ist.

(2) [1]Abweichend von Artikel 9 Absatz 1 der Verordnung (EU) 2016/679 ist die Verarbeitung besonderer Kategorien personenbezogener Daten im Sinne des Artikels 9 Absatz 1 der Verordnung (EU) 2016/679 durch eine Finanzbehörde zulässig, soweit die Verarbeitung aus Gründen eines erheblichen öffentlichen Interesses erforderlich ist und soweit die Interessen des Verantwortlichen an der Datenverarbeitung die Interessen der betroffenen Person überwiegen. [2]Die Finanzbehörde hat in diesem Fall angemessene und spezifische Maßnahmen zur Wahrung der Interessen der betroffenen Person vorzusehen; § 22 Absatz 2 Satz 2 des Bundesdatenschutzgesetzes ist entsprechend anzuwenden.

§ 29c Verarbeitung personenbezogener Daten durch Finanzbehörden zu anderen Zwecken (S 0102)

(1) [1]Die Verarbeitung personenbezogener Daten zu einem anderen Zweck als zu demjenigen, zu dem die Daten von einer Finanzbehörde erhoben oder erfasst wurden (Weiterverarbeitung), durch Finanzbehörden im Rahmen ihrer Aufgabenerfüllung ist zulässig, wenn

1. sie einem Verwaltungsverfahren, einem Rechnungsprüfungsverfahren oder einem gerichtlichen Verfahren in Steuersachen, einem Strafverfahren wegen einer Steuerstraftat oder einem Bußgeldverfahren wegen einer Steuerordnungswidrigkeit dient,

2. die gesetzlichen Voraussetzungen vorliegen, die nach § 30 Absatz 4 oder 5 eine Offenbarung der Daten zulassen würden, oder zu prüfen ist, ob diese Voraussetzungen vorliegen,

3. offensichtlich ist, dass die Weiterverarbeitung im Interesse der betroffenen Person liegt und kein Grund zu der Annahme besteht, dass sie in Kenntnis des anderen Zwecks ihre Einwilligung verweigern würde,

4. sie für die Entwicklung, Überprüfung oder Änderung automatisierter Verfahren der Finanzbehörden erforderlich ist, weil

a) unveränderte Daten benötigt werden oder

b) eine Anonymisierung oder Pseudonymisierung der Daten nicht oder nur mit unverhältnismäßigem Aufwand möglich ist.

[2]Die Nutzung personenbezogener Daten ist dabei insbesondere erforderlich, wenn personenbezogene Daten aus mehreren verschiedenen Dateisystemen eindeutig miteinander verknüpft werden sollen und die Schaffung

geeigneter Testfälle nicht oder nur mit unverhältnismäßigem Aufwand möglich ist,

5. sie für die Gesetzesfolgenabschätzung erforderlich ist, weil

   a) unveränderte Daten benötigt werden oder

   b) eine Anonymisierung oder Pseudonymisierung der Daten nicht oder nur mit unverhältnismäßigem Aufwand möglich ist,

   oder

6. sie für die Wahrnehmung von Aufsichts-, Steuerungs- und Disziplinarbefugnissen der Finanzbehörde erforderlich ist. Das gilt auch für die Veränderung oder Nutzung personenbezogener Daten zu Ausbildungs- und Prüfungszwecken durch die Finanzbehörde, soweit nicht überwiegende schutzwürdige Interessen der betroffenen Person entgegenstehen.

[2]In den Fällen von Satz 1 Nummer 4 dürfen die Daten ausschließlich für Zwecke der Entwicklung, Überprüfung oder Änderung automatisierter Verfahren verarbeitet werden und müssen innerhalb eines Jahres nach Beendigung dieser Maßnahmen gelöscht werden. [3]In den Fällen von Satz 1 Nummer 6 dürfen die Daten nur durch Personen verarbeitet werden, die nach § 30 zur Wahrung des Steuergeheimnisses verpflichtet sind.

(2) Die Weiterverarbeitung besonderer Kategorien personenbezogener Daten im Sinne des Artikels 9 Absatz 1 der Verordnung (EU) 2016/679 ist zulässig, wenn die Voraussetzungen des Absatzes 1 und ein Ausnahmetatbestand nach Artikel 9 Absatz 2 der Verordnung (EU) 2016/679 oder nach § 29b Absatz 2 vorliegen.

§ 30 Steuergeheimnis (S 0130)

(1) Amtsträger haben das Steuergeheimnis zu wahren.

(2) Ein Amtsträger verletzt das Steuergeheimnis, wenn er

1. personenbezogene Daten eines anderen, die ihm

   a) in einem Verwaltungsverfahren, einem Rechnungsprüfungsverfahren oder einem gerichtlichen Verfahren in Steuersachen,

   b) in einem Strafverfahren wegen einer Steuerstraftat oder einem Bußgeldverfahren wegen einer Steuerordnungswidrigkeit,

   c) im Rahmen einer Weiterverarbeitung nach § 29c Absatz 1 Satz 1 Nummer 4, 5 oder 6 oder aus anderem dienstlichen Anlass, insbesondere durch Mitteilung einer Finanzbehörde oder durch die gesetzlich vorgeschriebene Vorlage eines Steuerbescheids oder einer Bescheinigung über die bei der Besteuerung getroffenen Feststellungen,

   bekannt geworden sind, oder

2. ein fremdes Betriebs- oder Geschäftsgeheimnis, das ihm in einem der in Nummer 1 genannten Verfahren bekannt geworden ist,

(geschützte Daten) unbefugt offenbart oder verwertet oder

3. geschützte Daten im automatisierten Verfahren unbefugt abruft, wenn sie für eines der in Nummer 1 genannten Verfahren in einem automationsgestützten Dateisystem gespeichert sind.

(3) Den Amtsträgern stehen gleich

1. die für den öffentlichen Dienst besonders Verpflichteten (§ 11 Abs. 1 Nr. 4 des Strafgesetzbuchs),

1a. die in § 193 Abs. 2 des Gerichtsverfassungsgesetzes genannten Personen,

2. amtlich zugezogene Sachverständige,

3. die Träger von Ämtern der Kirchen und anderen Religionsgemeinschaften, die Körperschaften des öffentlichen Rechts sind.

(4) Die Offenbarung oder Verwertung geschützter Daten ist zulässig, soweit

1. sie der Durchführung eines Verfahrens im Sinne des Absatzes 2 Nr. 1 Buchstaben a und b dient,

1a. sie einer Verarbeitung durch Finanzbehörden nach Maßgabe des § 29c Absatz 1 Satz 1 Nummer 4 oder 6 dient,

1b. sie der Durchführung eines Bußgeldverfahrens nach Artikel 83 der Verordnung (EU) 2016/679 im Anwendungsbereich dieses Gesetzes dient,

2. sie durch Bundesgesetz ausdrücklich zugelassen ist,

2a. sie durch Recht der Europäischen Union vorgeschrieben oder zugelassen ist,

2b. sie der Erfüllung der gesetzlichen Aufgaben des Statistischen Bundesamtes oder für die Erfüllung von Bundesgesetzen durch die Statistischen Landesämter dient,

2c. sie der Gesetzesfolgenabschätzung dient und die Voraussetzungen für eine Weiterverarbeitung nach § 29c Absatz 1 Satz 1 Nummer 5 vorliegen,

2d. sie der Sicherung, Nutzung und wissenschaftlichen Verwertung von Archivgut der Finanzbehörden durch das Bundesarchiv nach Maßgabe des Bundesarchivgesetzes oder durch das zuständige Landes- oder Kommunalarchiv nach Maßgabe des einschlägigen Landesgesetzes oder der einschlägigen kommunalen Satzung dient, sofern die Beachtung der Vorgaben der §§ 6 und 10 bis 14 des Bundesarchivgesetzes im Landesrecht oder in der kommunalen Satzung sichergestellt ist,

3. die betroffene Person zustimmt,

4. sie der Durchführung eines Strafverfahrens wegen einer Tat dient, die keine Steuerstraftat ist, und die Kenntnisse

   a) in einem Verfahren wegen einer Steuerstraftat oder Steuerordnungswidrigkeit erlangt worden sind; dies gilt jedoch nicht für solche Tatsachen, die der Steuerpflichtige in Unkenntnis der Einleitung des Strafverfahrens oder des Bußgeldverfahrens offenbart hat oder die bereits vor Einleitung des Strafverfahrens oder des Bußgeldverfahrens im Besteuerungsverfahren bekannt geworden sind, oder

b) ohne Bestehen einer steuerlichen Verpflichtung oder unter Verzicht auf ein Auskunftsverweigerungsrecht erlangt worden sind,

5. für sie ein zwingendes öffentliches Interesse besteht; ein zwingendes öffentliches Interesse ist namentlich gegeben, wenn

a) die Offenbarung erforderlich ist zur Abwehr erheblicher Nachteile für das Gemeinwohl oder einer Gefahr für die öffentliche Sicherheit, die Verteidigung oder die nationale Sicherheit oder zur Verhütung oder Verfolgung von Verbrechen und vorsätzlichen schweren Vergehen gegen Leib und Leben oder gegen den Staat und seine Einrichtungen,

b) Wirtschaftsstraftaten verfolgt werden oder verfolgt werden sollen, die nach ihrer Begehungsweise oder wegen des Umfangs des durch sie verursachten Schadens geeignet sind, die wirtschaftliche Ordnung erheblich zu stören oder das Vertrauen der Allgemeinheit auf die Redlichkeit des geschäftlichen Verkehrs oder auf die ordnungsgemäße Arbeit der Behörden und der öffentlichen Einrichtungen erheblich zu erschüttern, oder

c) die Offenbarung erforderlich ist zur Richtigstellung in der Öffentlichkeit verbreiteter unwahrer Tatsachen, die geeignet sind, das Vertrauen in die Verwaltung erheblich zu erschüttern; die Entscheidung trifft die zuständige oberste Finanzbehörde im Einvernehmen mit dem Bundesministerium der Finanzen; vor der Richtigstellung soll der Steuerpflichtige gehört werden.

(5) Vorsätzlich falsche Angaben der betroffenen Person dürfen den Strafverfolgungsbehörden gegenüber offenbart werden.

(6) [1]Der Abruf geschützter Daten, die für eines der in Absatz 2 Nummer 1 genannten Verfahren in einem automationsgestützten Dateisystem gespeichert sind, ist nur zulässig, soweit er der Durchführung eines Verfahrens im Sinne des Absatzes 2 Nummer 1 Buchstabe a und b oder der zulässigen Übermittlung geschützter Daten durch eine Finanzbehörde an die betroffene Person oder Dritte dient. [2]Zur Wahrung des Steuergeheimnisses kann das Bundesministerium der Finanzen durch Rechtsverordnung mit Zustimmung des Bundesrates bestimmen, welche technischen und organisatorischen Maßnahmen gegen den unbefugten Abruf von Daten zu treffen sind. [3]Insbesondere kann es nähere Regelungen treffen über die Art der Daten, deren Abruf zulässig ist, sowie über den Kreis der Amtsträger, die zum Abruf solcher Daten berechtigt sind. [4]Die Rechtsverordnung bedarf nicht der Zustimmung des Bundesrates, soweit sie die Kraftfahrzeugsteuer, die Luftverkehrsteuer, die Versicherungsteuer sowie Einfuhr- und Ausfuhrabgaben und Verbrauchsteuern, mit Ausnahme der Biersteuer, betrifft.

(7) Werden dem Steuergeheimnis unterliegende Daten durch einen Amtsträger oder diesem nach Absatz 3 gleichgestellte Personen nach Maßgabe des § 87a Absatz 4 oder 7 über De-Mail-Dienste im Sinne des § 1 des De-Mail-Gesetzes versendet, liegt keine unbefugte Offenbarung, Verwertung und kein unbefugter

Abruf von dem Steuergeheimnis unterliegenden Daten vor, wenn beim Versenden eine kurzzeitige automatisierte Entschlüsselung durch den akkreditierten Diensteanbieter zum Zweck der Überprüfung auf Schadsoftware und zum Zweck der Weiterleitung an den Adressaten der De-Mail-Nachricht stattfindet.

(8) Die Einrichtung eines automatisierten Verfahrens, das den Abgleich geschützter Daten innerhalb einer Finanzbehörde oder zwischen verschiedenen Finanzbehörden ermöglicht, ist zulässig, soweit die Weiterverarbeitung oder Offenbarung dieser Daten zulässig und dieses Verfahren unter Berücksichtigung der schutzwürdigen Interessen der betroffenen Person und der Aufgaben der beteiligten Finanzbehörden angemessen ist.

(9) Die Finanzbehörden dürfen sich bei der Verarbeitung geschützter Daten nur dann eines Auftragsverarbeiters im Sinne von Artikel 4 Nummer 8 der Verordnung (EU) 2016/679 bedienen, wenn diese Daten ausschließlich durch Personen verarbeitet werden, die zur Wahrung des Steuergeheimnisses verpflichtet sind.

(10) Die Offenbarung besonderer Kategorien personenbezogener Daten im Sinne des Artikels 9 Absatz 1 der Verordnung (EU) 2016/679 durch Finanzbehörden an öffentliche oder nicht-öffentliche Stellen ist zulässig, wenn die Voraussetzungen der Absätze 4 oder 5 und ein Ausnahmetatbestand nach Artikel 9 Absatz 2 der Verordnung (EU) 2016/679 oder nach § 31c vorliegen.

(11) [1]Wurden geschützte Daten

1. einer Person, die nicht zur Wahrung des Steuergeheimnisses verpflichtet ist,

2. einer öffentlichen Stelle, die keine Finanzbehörde ist, oder

3. einer nicht-öffentlichen Stelle

nach den Absätzen 4 oder 5 offenbart, darf der Empfänger diese Daten nur zu dem Zweck speichern, verändern, nutzen oder übermitteln, zu dem sie ihm offenbart worden sind. [2]Die Pflicht eines Amtsträgers oder einer ihm nach Absatz 3 gleichgestellten Person, dem oder der die geschützten Daten durch die Offenbarung bekannt geworden sind, zur Wahrung des Steuergeheimnisses bleibt unberührt.

Verordnung über den automatisierten Abruf von Steuerdaten (Steuerdaten-Abrufverordnung - StDAV)
vom 13.10.2005 (BGBl. I S. 3021), geändert durch Art. 3 der Verordnung vom 12.7.2017 (BGBl. I S. 2360)

Auf Grund des § 30 Abs. 6 Satz 2 und 3 der Abgabenordnung in der Fassung der Bekanntmachung vom 1. Oktober 2002 (BGBl. I S. 3866, 2003 I S. 61) verordnet das Bundesministerium der Finanzen:

§ 1 Anwendungsbereich

(1) Diese Verordnung regelt den automatisierten Abruf von nach § 30 der Abgabenordnung geschützten Daten (Abrufverfahren), die für eines der in § 30 Absatz 2 Nummer 1 der Abgabenordnung genannten Verfahren in einem automationsgestützten Dateisystem gespeichert sind.

(2) Diese Verordnung gilt nicht für Abrufverfahren, die Verbrauchsteuern und Verbrauchsteuervergütungen oder Ein- und Ausfuhrabgaben nach Artikel 5 Nummer 20 und 21 des Zollkodex der Union betreffen. Zollkodex der Union ist die Verordnung gemäß § 3 Absatz 3 der Abgabenordnung.

§ 2 Maßnahmen zur Wahrung des Steuergeheimnisses

(1) Es sind angemessene organisatorische und dem jeweiligen Stand der Technik entsprechende technische Vorkehrungen zur Wahrung des Steuergeheimnisses zu treffen. Hierzu zählen insbesondere Maßnahmen, die sicherstellen, dass

1. Unbefugten der Zutritt zu Datenverarbeitungsanlagen, mit denen die in § 1 Satz 1 bezeichneten Daten abgerufen werden können, verwehrt wird (Zutrittskontrolle),
2. Datenverarbeitungssysteme nicht unbefugt zum Abruf genutzt werden können (Zugangskontrolle),
3. die zur Benutzung eines Datenverarbeitungssystems zum Datenabruf Befugten ausschließlich auf die ihrer Zugriffsbefugnis unterliegenden Daten zugreifen können und dass die Daten während des Abrufs nicht unbefugt gelesen oder kopiert werden können (Zugriffskontrolle),
4. überprüft und festgestellt werden kann, wer personenbezogene Daten abrufen darf oder abgerufen hat (Weitergabekontrolle).

(2) Abrufverfahren zur Übermittlung von Daten an Empfänger außerhalb der für die Speicherung verantwortlichen Stelle sollen nur eingerichtet werden, wenn es wegen der Vielzahl der Übermittlungen oder wegen ihrer besonderen Eilbedürftigkeit unter Berücksichtigung der schutzwürdigen Interessen der Betroffenen angemessen ist.

§ 3 Erteilung der Abrufbefugnis

Die Erteilung einer Abrufbefugnis kommt in Betracht bei

1. Amtsträgern (§ 7 der Abgabenordnung) oder gleichgestellten Personen (§ 30 Abs. 3 der Abgabenordnung), die in einem Verwaltungsverfahren, einem Rechnungsprüfungsverfahren oder gerichtlichen Verfahren in Steuersachen,

in einem Strafverfahren wegen einer Steuerstraftat oder einem Bußgeldverfahren wegen einer Steuerordnungswidrigkeit tätig sind,

2. Amtsträgern oder gleichgestellten Personen, soweit die Abrufbefugnis zur Wahrnehmung der Dienst- und Fachaufsicht erforderlich ist,
3. Amtsträgern oder gleichgestellten Personen, soweit die Abrufbefugnis erforderlich ist zur zulässigen Offenbarung geschützter Daten nach § 30 Absatz 4 oder Absatz 5 der Abgabenordnung,
4. Amtsträgern oder gleichgestellten Personen, die mit der Entwicklung oder Betreuung automatisierter Verfahren oder der dabei eingesetzten technischen Einrichtungen befasst sind, in denen die in § 1 bezeichneten Daten verarbeitet werden, wenn der Abruf allein der Beseitigung von Fehlern oder der Kontrolle der ordnungsgemäßen Arbeitsweise der Verfahren oder der technischen Einrichtungen dient und dies nicht mit vertretbarem Aufwand durch Zugriff auf anonymisierte oder pseudonymisierte Daten erreicht werden kann,
5. Amtsträgern der Zollverwaltung oder gleichgestellten Personen, soweit die Abrufbefugnis für die Festsetzung oder Erhebung der Einfuhrumsatzsteuer erforderlich ist und die Daten beim Bundeszentralamt für Steuern gespeichert sind,
6. Amtsträgern der Gemeinden, soweit sie in einem Realsteuerverfahren in Ausübung der nach § 21 des Finanzverwaltungsgesetzes den Gemeinden zustehenden Rechte tätig sind.

§ 4 Umfang der Abrufbefugnis

(1) Die Abrufbefugnis ist auf die Daten oder die Arten von Daten zu beschränken, die zur Erledigung der jeweiligen Aufgabe erforderlich sind. Hiervon darf nur abgesehen werden, wenn der Aufwand für eine Beschränkung auf bestimmte Daten oder Arten von Daten unter Berücksichtigung der schutzwürdigen Interessen der Betroffenen außer Verhältnis zu dem angestrebten Zweck steht.

(2) Die Abrufbefugnis ist zu befristen, wenn der Verwendungszweck zeitlich begrenzt ist. Sie ist unverzüglich zu widerrufen, wenn der Anlass für ihre Erteilung weggefallen ist.

§ 5 Prüfung der Abrufbefugnis

(1) Die Abrufbefugnis ist automatisiert zu prüfen

1. bei jedem Aufbau einer Verbindung anhand eines Identifizierungsschlüssel (Benutzerkennung) und eines geheim zu haltenden Passwortes oder sonst zum hinreichend sicheren Nachweis von Benutzeridentität und Authentizität geeigneter Verfahren,
2. bei jedem Abruf anhand eines Verzeichnisses über den Umfang der dem Abrufenden eingeräumten Abrufbefugnis.

Benutzerkennungen und Passwörter sind nach höchstens fünf aufeinander folgenden Fehlversuchen zum Aufbau einer Verbindung zu sperren.

(2) Die Passwörter nach Absatz 1 Satz 1 Nr. 1 sind spätestens nach 90 Tagen, bei Kenntnisnahme durch andere Personen unverzüglich, zu ändern.

(3) Werden zur Authentifizierung automatisiert lesbare Ausweiskarten verwendet, so sind deren Bestand, Ausgabe und Einzug nachzuweisen und zu überwachen. Abhanden gekommene Ausweiskarten sind unverzüglich zu sperren. Der Inhaber darf die Ausweiskarte nicht weitergeben. Er hat sie unter Verschluss aufzubewahren, wenn er sie nicht zum Datenabruf verwendet.

§ 6 Aufzeichnung der Abrufe

(1) Abrufe und Abrufversuche sind zur Prüfung der Zulässigkeit der Abrufe automatisiert aufzuzeichnen. Die Aufzeichnungen umfassen mindestens die Benutzerkennung, das Datum, die Uhrzeit sowie die sonstigen zur Prüfung der Zulässigkeit der Abrufe erforderlichen Daten.

(2) Die Aufzeichnungspflicht entfällt, soweit die Abrufbefugnis durch technische Maßnahmen auf die Daten oder Arten von Daten beschränkt worden ist, die zur Erledigung der jeweiligen Aufgabe erforderlich sind. Unbeschadet des Satzes 1 können Aufzeichnungen anlassbezogen durchgeführt werden.

(3) Die Aufzeichnungen dürfen nur zur Prüfung der Zulässigkeit der Abrufe verwendet werden.

(4) Die Aufzeichnungen sind zwei Jahre aufzubewahren und danach unverzüglich zu löschen.

§ 7 Prüfung der Zulässigkeit der Abrufe

Anhand der Aufzeichnungen ist zeitnah und in angemessenem Umfang zu prüfen, ob der Abruf nach § 30 Abs. 6 Satz 1 der Abgabenordnung und nach dieser Verordnung zulässig war. Unbeschadet des Satzes 1 können aufgezeichnete Abrufe anlassbezogen geprüft werden.

§ 8 Ergänzende Regelungen und Verfahrensdokumentation

Bei Einrichtung eines Abrufverfahrens sind von den beteiligten Stellen zu regeln und in einer für sachverständige Dritte verständlichen Weise zu dokumentieren

1. Anlass, Zweck und beteiligte Stellen des Abrufverfahrens,
2. die notwendigen technischen Voraussetzungen und die verwendeten Programme,
3. die zum Abruf bereitgehaltenen Daten,
4. auf welche Weise und zu welchem Zeitpunkt die verantwortlichen Stellen über die Abrufbefugnis anderer Behörden zu unterrichten sind,
5. die Gruppen der zum Abruf berechtigten Personen (§ 3) und der Umfang der Abrufbefugnisse (§ 4),
6. die protokollierende Stelle,
7. die zur Identifizierung, Authentisierung und Verschlüsselung verwendeten Verfahren,
8. die für die Vergabe und Verwaltung von Benutzerkennungen, Passwörtern und Ausweiskarten sowie die für die Prüfung der aufgezeichneten Abrufe und Stichproben zuständigen Stellen,

9. Art und Umfang der Maßnahmen zur nachträglichen Überprüfung eingeräumter Abrufbefugnisse sowie die Frist zur Aufbewahrung der revisionsfähigen Unterlagen,
10. die Einzelheiten des Prüfungsverfahrens nach § 7,
11. das Verfahren zur Erprobung und zur Qualitätssicherung der Programme vor dem Einsatz,
12. die Fristen, nach deren Ablauf Daten zum Abruf durch Abrufberechtigte außerhalb der für die Speicherung verantwortlichen Stelle nicht mehr für einen Datenabruf bereitgehalten werden dürfen,
13. die sonstigen zur Wahrung der schutzwürdigen Belange der Betroffenen sowie zur Gewährleistung von Datenschutz und Datensicherheit getroffenen technischen und organisatorischen Maßnahmen.

Die Verfahrensdokumentation ist fortlaufend zu aktualisieren. Sie ist mindestens zwei Jahre über das Ende des Verfahrenseinsatzes hinaus aufzubewahren.

§ 9 Abrufe durch den Steuerpflichtigen

Für Verfahren, die dem Steuerpflichtigen (§ 33 der Abgabenordnung) den Abruf ihn betreffender personenbezogener Daten ermöglichen, gelten die §§ 1 bis 8 entsprechend. Satz 1 ist auch anzuwenden, wenn anstelle des Steuerpflichtigen seinem gesetzlichen Vertreter, Vermögensverwalter, Verfügungsberechtigten, Bevollmächtigten oder Beistand eine Abrufberechtigung erteilt wird.

§ 10 (weggefallen)

§ 11 Inkrafttreten

Diese Verordnung tritt am Tag nach der Verkündung in Kraft.

AEAO zu § 30 - Steuergeheimnis:

Inhaltsübersicht

1. Gegenstand des Steuergeheimnisses

1.1 Durch das Steuergeheimnis werden alle Informationen geschützt, die einem Amtsträger oder einer ihm gleichgestellten Person in einem der in § 30 Abs. 2 Nr. 1 Buchstabe a bis c AO genannten Verfahren über identifizierte oder identifizierbare

- (lebende oder verstorbene) natürliche Personen sowie
- Körperschaften, rechtsfähige oder nicht rechtsfähige Personenvereinigungen oder Vermögensmassen

bekannt geworden sind. Es ist unerheblich, ob diese Informationen für die Besteuerung relevant sind oder nicht.

Eine (lebende) natürliche Person gilt als identifizierbar, wenn sie mit vorhandenen oder zugänglichen Mitteln direkt oder indirekt, insbesondere mittels Zuordnung zu einer Kennung wie einem Namen, zu einer Kennnummer, zu Standortdaten, zu einer Online-Kennung oder zu einem oder mehreren besonderen Merkmalen, die Ausdruck der physischen, physiologischen, genetischen, psychischen, wirtschaftlichen, kulturellen oder sozialen Identität dieser Person sind, bestimmt werden kann (vgl. Art. 4 Nr. 1 DSGVO). Entsprechendes gilt nach § 2a Abs. 5 AO für Verstorbene sowie für Körperschaften, rechtsfähige oder nicht rechtsfähige Personenvereinigungen oder Vermögensmassen.

Wurden solche personenbezogenen Daten so weit anonymisiert, dass die betroffene Person nicht oder nicht mehr identifiziert werden kann, unterliegen sie nicht mehr dem Steuergeheimnis (Ausnahme: Betriebs- und Geschäftsgeheimnisse; siehe Nr. 1.5 des AEAO zu § 30).

Einer Pseudonymisierung unterzogene personenbezogene Daten unterliegen solange dem Steuergeheimnis, wie sie durch Heranziehung zusätzlicher Informationen einer identifizierten oder identifizierbaren Person zugeordnet werden könnten.

1.2 Das Steuergeheimnis erstreckt sich auf die gesamten persönlichen, wirtschaftlichen, rechtlichen, öffentlichen und privaten Verhältnisse einer natürlichen oder juristischen Person (personenbezogene Daten). Hierzu zählen auch das Verwaltungsverfahren selbst, die Art der Beteiligung am Verwaltungsverfahren und die Maßnahmen, die vom Beteiligten getroffen wurden. So unterliegt z. B. auch dem Steuergeheimnis, ob und bei welcher Finanzbehörde ein Beteiligter steuerlich geführt wird, ob ein Steuerfahndungsverfahren oder eine Außenprüfung stattgefunden hat, wer für einen Beteiligten im Verfahren aufgetreten ist und welche Anträge gestellt worden sind.

1.3 Zum geschützten Personenkreis gehören nicht nur die Steuerpflichtigen (§ 33 AO), sondern auch andere Personen, Körperschaften, rechtsfähige oder nicht rechtsfähige Personenvereinigungen oder Vermögensmassen, deren personenbezogene Daten einem Amtsträger oder einer ihm gleichgestellten Person in einem der in § 30 Abs. 2 Nr. 1 AO genannten Verfahren bekannt geworden sind.

Ob diese Personen in einem derartigen Verfahren mitwirkungs- oder auskunftspflichtig sind oder ihre Angaben ohne rechtliche Verpflichtung abgegeben haben, ist für die Zuordnung zum geschützten Personenkreis unerheblich (BFH-Urteil vom 8.2.1994, VII R 88/92, BStBl II S. 552). Gesetzliche Informationspflichten eines Dritten gegenüber dem Steuerpflichtigen über eine diesen betreffende Mitteilung an die Finanzbehörden (z. B. nach § 93c Abs. 1 Nr. 3 AO) bleiben unberührt.

Zur Information des Steuerpflichtigen über ein Auskunftsersuchen gegenüber Dritten vgl. AEAO zu § 93, Nr. 1.2.7.

1.4 Dem Steuergeheimnis unterliegt auch die Identität eines Anzeigeerstatters (vgl. BFH-Beschluss vom 7.12.2006, V B 163/05, BStBl 2007 II S. 275 m. w. N.). Nach § 30 Abs. 4 Nr. 4 Buchstabe b und Abs. 5 AO kann allerdings eine Durchbrechung des Steuergeheimnisses zulässig und in besonders gelagerten Einzelfällen sogar geboten sein (vgl. AEAO zu § 30, Nr. 13).

1.5 Dem Steuergeheimnis unterliegen nach § 30 Abs. 2 Nr. 2 AO auch nicht personenbezogene (d. h. anonymisierte oder pseudonymisierte) Betriebs- und Geschäftsgeheimnisse.

1.6 Ein Amtsträger (bzw. eine ihm gleichgestellte Person) verletzt das Steuergeheimnis, wenn er nach § 30 Abs. 2 Nr. 1 oder 2 AO geschützte Daten unbefugt offenbart oder verwertet. Er verletzt das Steuergeheimnis außerdem, wenn er nach § 30 Abs. 2 Nr. 1 oder 2 AO geschützte und für ein Verfahren i. S. d. § 30 Abs. 2 Nr. 1 AO gespeicherte Daten im automatisierten Verfahren unbefugt abruft (§ 30 Abs. 2 Nr. 3 AO).

2. Verpflichteter Personenkreis

2.1 Das Steuergeheimnis haben Amtsträger und die in § 30 Abs. 3 AO genannten Personen zu wahren.

2.2 Amtsträger sind die in § 7 AO abschließend aufgeführten Personen.

2.3 Den Amtsträgern sind nach § 30 Abs. 3 AO gleichgestellt u. a. die für den öffentlichen Dienst besonders Verpflichteten. Nach § 11 Abs. 1 Nr. 4 StGB ist dies, wer, ohne Amtsträger zu sein, bei einer Behörde oder bei einer sonstigen Stelle, die Aufgaben der öffentlichen Verwaltung wahrnimmt, oder bei einem Verband oder sonstigen Zusammenschluss, Betrieb oder Unternehmen, die für eine Behörde oder für eine sonstige Stelle Aufgaben der öffentlichen Verwaltung ausführen, beschäftigt oder für sie tätig und auf die gewissenhafte Erfüllung seiner Obliegenheiten aufgrund eines Gesetzes förmlich verpflichtet ist. Rechtsgrundlage für die Verpflichtung ist das VerpflG. Für eine Verpflichtung kommen z. B. Schreib- und Registraturkräfte, ferner Mitarbeiter in Rechenzentren sowie Unternehmer und deren Mitarbeiter, die Hilfstätigkeiten für die öffentliche Verwaltung erbringen (z. B. Datenerfassung, Versendung von Erklärungsvordrucken), in Betracht.

2.4 Sachverständige stehen Amtsträgern nur dann gleich, wenn sie von einer Behörde oder einem Gericht hinzugezogen werden.

3. Offenbarung oder Verwertung geschützter Daten

3.1 Die Absätze 4 und 5 des § 30 AO erlauben die Offenbarung oder Verwertung der in § 30 Abs. 2 AO geschützten Daten.

3.2 Offenbaren i. S. d. § 30 AO ist eine Form des Offenlegens geschützter Daten i. S. d. Art. 4 Nr. 2 DSGVO, umfasst aber - anders als die Offenlegung - auch die Übermittlung, Verbreitung und andere Formen der Bereitstellung gegenüber anderen Amtsträgern oder gleichgestellten Personen derselben Finanzbehörde.

„Offenbarung“ ist jedes ausdrückliche oder konkludente Verhalten, auf Grund dessen nach § 30 Abs. 2 AO geschützte Daten einem Dritten bekannt werden können. Eine Offenbarung kann sich aus mündlichen, schriftlichen oder elektronischen Erklärungen, aber auch aus anderen Handlungen (z. B. Gewährung von Akteneinsicht, Kopfnicken usw.) oder Unterlassungen ergeben.

Im Fall der Bereitstellung von Daten zum Abruf erfolgt die Offenbarung erst mit tatsächlichem Zugriff auf die Daten. Werden zum Abruf bereitgestellte Daten von der verantwortlichen Finanzbehörde vor der Einsichtnahme oder dem Abruf wieder gelöscht oder der Abruf in anderer Weise ausgeschlossen, ist keine Offenbarung erfolgt. Entsprechendes gilt bei der Bereitstellung von Akten zur Einsichtnahme.

3.3 Der Gesamtrechtsnachfolger (z. B. der Erbe nach § 1922 BGB) tritt in die rechtliche Stellung des Rechtsvorgängers ein (§ 45 Abs. 1 Satz 1 AO) und ist damit kein Dritter. Die Auskünfte, die dem Rechtsvorgänger erteilt werden durften, dürfen auch dem Rechtsnachfolger erteilt werden.

Sind in einem Erbfall mehrere Erben vorhanden, so ist jeder Einzelne Gesamtrechtsnachfolger des Erblassers. Zur Auskunftserteilung bedarf es nicht der Zustimmung der übrigen Miterben. Der auskunftssuchende Erbe hat sich erforderlichenfalls durch Erbschein auszuweisen.

Vermächtnisnehmer, Pflichtteilsberechtigte sowie Erbersatzanspruchsberechtigte sind keine Gesamtrechtsnachfolger und daher Dritte. Der Auskunftsanspruch des Pflichtteilsberechtigten gegen den Erben nach § 2314 BGB hebt das Steuergeheimnis nicht auf.

3.4 Eine Offenbarung liegt nicht vor, wenn sich ein Dritter unbefugt Zugang zu den Daten verschafft hat. In diesem Fall liegt aber gleichwohl eine Verletzung des Schutzes personenbezogener Daten i. S. d. Art. 33 und 34 DSGVO vor (vgl. zu den Rechtsfolgen nach der DSGVO Nr. 3.8 des AEAO zu § 30).

3.5 Eine Offenbarung liegt außerdem nicht vor, wenn der Amtsträger (oder die ihm gleichgestellte Person) personenbezogene Daten, die er selbst für Zwecke eines bestimmten Verwaltungsverfahrens in Steuersachen erhoben hat, für ein anderes von ihm geführtes Verfahren i. S. d. § 30 Abs. 4 Nr. 1 AO verarbeitet (zulässige Weiterverarbeitung nach § 29c Abs. 1 Satz 1 Nr. 1 AO).

3.6 Unter „Verwertung“ ist jede Verwendung in der Absicht, aus der Nutzung der geschützten Daten für sich oder andere Vorteile ziehen zu wollen, zu verstehen. Eine unbefugte Verwertung personenbezogener Daten eines anderen oder eines fremden Betriebs- oder Geschäftsgeheimnisses liegt vor, wenn die zu Grunde liegenden Informationen in irgendeiner Weise ohne rechtfertigenden Grund genutzt werden.

3.7 Die Finanzbehörde ist, sofern eine der in § 30 Abs. 4 und 5 AO genannten Voraussetzungen vorliegt, zur Offenbarung befugt, jedoch nicht verpflichtet. Es gelten die Grundsätze des § 5 AO. Bei der Entscheidung, ob dem Steuergeheimnis unterliegende Verhältnisse offenbart werden sollen, ist zu berücksichtigen, dass das Steuergeheimnis auch dazu dient, die Beteiligten am Besteuerungsverfahren zu wahrheitsgemäßen Angaben zu veranlassen. Ist die Befugnis zur Offenbarung nach § 30 AO gegeben und besteht gleichzeitig ein Auskunftsanspruch, der für sich allein das Steuergeheimnis nicht durchbricht, z. B. § 161 StPO, so ist die Finanzbehörde zur Auskunftserteilung verpflichtet.

3.8 Eine unbefugte Offenbarung oder Verwertung nach § 30 Abs. 2 Nr. 1 AO geschützter Daten stellt eine Verletzung des Schutzes personenbezogener Daten nach Art. 4 Nr. 12 DSGVO dar und löst ggf. die Mitteilungspflicht gegenüber der Datenschutzaufsicht nach Art. 33 DSGVO, ggf. auch die Benachrichtigungspflicht gegenüber der betroffenen Person nach Art. 34 DSGVO aus. § 355 Abs. 3 StGB bleibt hiervon unberührt.

3.9 Wurden geschützte Daten

- einer Person, die nicht zur Wahrung des Steuergeheimnisses verpflichtet ist,
- einer öffentlichen Stelle, die keine Finanzbehörde ist, oder
- einer nicht-öffentlichen Stelle

befugt offenbart, darf der Empfänger diese Daten nur zu dem Zweck speichern, verändern, nutzen oder übermitteln, zu dem sie ihm offenbart worden sind (§ 30 Abs. 11 Satz 1 AO). Ein Verstoß gegen diese Verarbeitungsbeschränkung kann - soweit er nicht bereits nach dem StGB strafbar ist - als Verstoß gegen die DSGVO geahndet werden und die Rechtsfolgen des Art. 82 DSGVO auslösen

4. Offenbarung oder Verwertung zur Durchführung eines steuerlichen Verfahrens (§ 30 Abs. 4 Nr. 1 AO)

4.1 § 30 Abs. 4 Nr. 1 AO lässt eine Offenbarung zur Durchführung eines steuerlichen Verwaltungsverfahrens, eines steuerlichen Straf- oder Bußgeldverfahrens, eines gerichtlichen Verfahrens in Steuersachen oder eines Rechnungsprüfungsverfahrens in Steuersachen zu.

Es genügt, dass das Offenbaren für die Einleitung oder den Fortgang dieses Verfahrens nützlich sein könnte. Die Zulässigkeit ist nicht auf die Mitteilung von Tatsachen zwischen Finanzbehörden beschränkt (z. B. Mitteilungen zwischen Zollbehörden und Steuerbehörden, zwischen Finanzämtern und übergeordneten Finanzbehörden). Zulässig ist auch die Mitteilung an andere Behörden, soweit sie unmittelbar der Durchführung eines der oben genannten Verfahren dient, z. B. Mitteilungen an die Denkmalschutzbehörden im Bescheinigungsverfahren nach § 7i EStG.

Sofern Verwaltungsgerichte Verfahren in Steuersachen (insbesondere Realsteuersachen, Kirchensteuersachen) zu entscheiden haben, besteht eine Offenbarungsbefugnis wie gegenüber Finanzgerichten.

Bei verwaltungsgerichtlichen Streitigkeiten in anderen als steuerlichen Verfahren dürfen die Finanzbehörden den Gerichten Auskünfte nur dann erteilen, wenn die Offenbarung nach § 30 Abs. 4 Nr. 2 bis 5 AO zugelassen ist.

4.2 Auskünfte darüber, ob eine Körperschaft wegen Verfolgung gemeinnütziger, mildtätiger oder kirchlicher Zwecke steuerbegünstigt ist oder nicht, sind dem Spender nur dann zu erteilen, wenn

- er im Besteuerungsverfahren die Berücksichtigung der geleisteten Spende beantragt (§ 30 Abs. 4 Nr. 1 i. V. m. Abs. 2 Nr. 1 Buchstabe a AO),

- die Körperschaft ihm den Tatsachen entsprechend mitgeteilt hat, dass sie zur Entgegennahme steuerlich abzugsfähiger Spenden berechtigt ist,

  oder

- die Körperschaft wahrheitswidrig behauptet, sie sei zur Entgegennahme steuerlich abzugsfähiger Spenden berechtigt (§ 30 Abs. 4 Nr. 1 i. V. m. Abs. 2 Nr. 1 Buchstabe a AO, vgl. AEAO zu § 85 AO); die Richtigstellung kann öffentlich erfolgen, wenn die Körperschaft ihre wahrheitswidrige Behauptung öffentlich verbreitet.

Ansonsten ist der Spender bei Anfragen stets an die Körperschaft zu verweisen, sofern keine Zustimmung der Körperschaft zur Auskunftserteilung vorliegt.

4.3 Wird eine beantragte Steuerermäßigung, die von Einkommens- oder Vermögensverhältnissen Dritter abhängt (z. B. nach §§ 32, 33a EStG), abgelehnt, weil die Einkünfte und Bezüge bzw. das Vermögen gesetzliche Betragsgrenzen übersteigen, ist dies dem Steuerpflichtigen ohne Angabe des genauen Betrags mitzuteilen. Wird ein derartiger Ermäßigungsantrag im Hinblick auf die eigenen Einkünfte und Bezüge oder das Vermögen des Dritten teilweise abgelehnt, so darf dem Steuerpflichtigen die Höhe dieser Beträge mitgeteilt werden.

4.4 Bei der Schätzung von Besteuerungsgrundlagen sind ggf. die für Vergleichsbetriebe geführten Steuerakten dem Finanzgericht vorzulegen, damit das Finanzgericht überprüfen kann, ob gegen die Zahlen der Vergleichsbetriebe Bedenken bestehen. Da der Steuerpflichtige jedoch gem. § 78 FGO das Recht hat, die dem Finanzgericht vorgelegten Akten einzusehen, hat die Vorlage an das Finanzgericht stets in anonymisierter Form zu erfolgen (vgl. BFH-Urteil vom 18.12.1984, VIII R 195/82, BStBl 1986 II S. 226). Das Finanzgericht darf die Verwertung der vom Finanzamt eingebrachten anonymisierten Daten über Vergleichsbetriebe nicht schon im Grundsatz ablehnen (vgl. BFH-Urteil vom 17.10.2001, I R 103/00, BStBl 2004 II S. 171).

4.5 Zur Auskunftserteilung bei Betriebsübernahme im Hinblick auf die Haftung vgl. AEAO zu § 75, Nr. 6.

4.6 Anträge auf Erteilung von Auskünften über die Besteuerung Dritter bei der Anwendung drittschützender Normen (u. a. §§ 64 bis 68 AO und § 2 Abs. 3 UStG) sind zur Vorbereitung einer Konkurrentenklage grundsätzlich zulässig (vgl. BFH-Urteil vom 5.10.2006, VII R 24/03, BStBl 2007 II S. 243). Ein solcher Auskunftsanspruch setzt allerdings voraus, dass der Steuerpflichtige substantiiert und glaubhaft darlegt, durch die unzutreffende Besteuerung des Konkurrenten konkret feststellbare und spürbare Wettbewerbsnachteile zu erleiden und deshalb gegen die Steuerbehörde mit Aussicht auf Erfolg ein subjektives öffentliches Recht auf steuerlichen Drittschutz geltend machen zu können. Die Auskünfte sind auf das für die Rechtsverfolgung notwendige Maß zu beschränken. In der Auskunft dürfen deshalb nur Angaben über die Art und Weise der Besteuerung der für die Konkurrenzsituation relevanten Umsätze der fraglichen öffentlichen Einrichtung gemacht werden, nicht aber über die Höhe dieser Umsätze und der hierauf festgesetzten Steuer. Der betroffene Dritte soll gehört werden.

4.7 Gerichtliche Verfahren im Vollstreckungsverfahren

4.7.1 Im Rahmen einer Drittwiderspruchsklage (§ 262 AO) darf die Vollstreckungsbehörde (§ 249 Abs. 1 Satz 3 AO) im Prozess geschützte Daten des Vollstreckungsschuldners und anderer Personen nach § 30 Abs. 4 Nr. 1 AO offenbaren, soweit dies der Durchsetzung der Steueransprüche gegen den Vollstreckungsschuldner dient.

4.7.2 Der Drittschuldner (vgl. § 309 AO) ist befugt, Einwendungen gegen die Art und Weise der Zwangsvollstreckung, wozu auch die Geltendmachung der Unpfändbarkeit von Forderungen (vgl. § 319 AO) gehört, mit der Anfechtungsklage nach § 40 Abs. 1 FGO geltend zu machen. Im finanzgerichtlichen Verfahren darf die Vollstreckungsbehörde die geschützten Daten des Vollstreckungsschuldners und anderer Personen nach § 30 Abs. 4 Nr. 1 AO offenbaren, soweit dies der Durchführung des finanzgerichtlichen Verfahrens dient.

4.7.3 Leistet der Drittschuldner (vgl. § 309 AO) nicht, kann die Vollstreckungsbehörde zivilgerichtlich gegen ihn vorgehen. Dabei ist dem Vollstreckungsschuldner der Streit zu verkünden (§ 316 Abs. 3 AO i. V. m. § 841 ZPO). Die Klage gegen den Drittschuldner dient der Durchsetzung der Steueransprüche gegen den Vollstreckungsschuldner. Die Vollstreckungsbehörde darf daher im Prozess geschützte Daten des Vollstreckungsschuldners, des Drittschuldners und anderer Personen nach § 30 Abs. 4 Nr. 1 AO offenbaren, soweit dies der Durchsetzung der Steueransprüche dient.

4.8 § 30 Abs. 4 Nr. 1 AO lässt auch eine Verwertung zur Durchführung eines der in § 30 Abs. 4 Nr. 1 Buchstabe a oder b AO genannten Verfahren zu. Ein allgemeines gesetzliches Verwertungsverbot für Tatsachen, die unter Verletzung von Verfahrensvorschriften ermittelt wurden, besteht im Besteuerungsverfahren nicht. Ein Verwertungsverbot, das auch nicht durch zulässige, erneute Ermittlungsmaßnahmen geheilt werden kann, kommt als Folge einer fehlerhaften Maßnahme nur ausnahmsweise in Betracht, wenn die zur Fehlerhaftigkeit der Ermittlungsmaßnahme führenden Verfahrensverstöße schwerwiegend waren oder bewusst oder willkürlich begangen wurden (vgl. z. B. BVerfG-Beschluss vom 2.7.2009, 2 BvR 2225/08, NJW S. 3225; BFH-Urteile vom 4.10.2006, VIII R 53/04, BStBl II 2007 S. 227, und vom 4.12.2012, VIII R 5/10, BStBl II 2014 S. 220, jeweils m. w. N.).

5. Offenbarung zur Wahrnehmung von Aufsichts-, Steuerungs- und Disziplinarbefugnissen der Finanzbehörde sowie zu Ausbildungs- und Prüfungszwecken (§ 30 Abs. 4 Nr. 1a 2. Alternative AO)

5.1 Nach § 30 Abs. 2 AO geschützte Daten dürfen den jeweils zuständigen Stellen offenbart werden, soweit dies zur Wahrnehmung von Aufsichts-, Steuerungs- und Disziplinarbefugnissen der Finanzbehörde erforderlich ist (§ 29c Abs. 1 Satz 1 Nr. 6 Satz 1 AO).

Hiernach sind Mitteilungen an Disziplinarstellen der Finanzverwaltung zur Durchführung dienstrechtlicher Maßnahmen bei Angehörigen der Finanzverwaltung zulässig.

Eine Offenbarung soll allerdings nur erfolgen, wenn die mitteilende Stelle zur Überzeugung gelangt ist, dass ein schweres Dienstvergehen vorliegt, der Sachverhalt mithin nach ihrer Auffassung geeignet erscheint, eine im Disziplinarverfahren zu verhängende Maßnahme von Gewicht, d. h. grundsätzlich eine Zurückstufung oder die Entfernung aus dem Dienst, zu tragen (vgl. BVerfG-Beschluss vom 6.5.2008, 2 BvR 336/07, NJW S. 3489).

Ein relevanter Verstoß gegen Dienstpflichten kann auch darin liegen, dass das in Rede stehende Delikt das Ansehen und die Funktionsfähigkeit des Beamtentums nachhaltig schädigen könnte (BVerwG-Beschluss vom 5.3.2010, 2 B 22/09, NJW S. 2229). Eine Offenbarung ist regelmäßig geboten, wenn eine Steuerhinterziehung durch Beamte der Finanzverwaltung begangen und von weiteren Delikten, insbesondere von geschäftsmäßiger Hilfeleistung in Steuersachen, begleitet wird, die über einen längeren Zeitraum begangen wurden (vgl. BVerwG-Beschluss vom 5.3.2010, a. a. O.). Vgl. im Übrigen auch Nr. 11.8 des AEAO zu § 30 sowie das BMF-Schreiben vom 12.1.2018, BStBl I S. S.201, geändert durch das BMF-Schreiben vom 13.1.2023, BStBl I S. 182[1].

5.2 Nach § 30 Abs. 2 AO geschützte Daten dürfen den jeweils zuständigen Stellen offenbart werden, wenn dies der Veränderung oder Nutzung personenbezogener Daten zu Ausbildungs- und Prüfungszwecken durch die Finanzbehörde dient, soweit nicht überwiegende schutzwürdige Interessen der betroffenen Person entgegenstehen (§ 29c Abs. 1 Satz 1 Nr. 6 Satz 2 AO).

5.3 Nach § 30 Abs. 2 AO geschützte Daten dürfen in den vorgenannten Fällen nur durch Personen verarbeitet werden, die zur Wahrung des Steuergeheimnisses verpflichtet sind (§ 29c Abs. 1 Satz 3 i. V. m. § 30 Abs. 1 und 3 AO)

6. Offenbarung zur Durchführung eines Bußgeldverfahrens nach Art. 83 DSGVO (§ 30 Abs. 4 Nr. 1b AO)

Nach § 30 Abs. 2 AO geschützte Daten dürfen den für die Durchführung eines Bußgeldverfahrens nach der DSGVO zuständigen Datenschutzaufsichtsbehörden nur offenbart werden, wenn das Bußgeldverfahren die Verarbeitung personenbezogener Daten im Anwendungsbereich der AO betrifft.

7. Gesetzlich zugelassene Offenbarung (§ 30 Abs. 4 Nr. 2 AO)

Auf § 30 Abs. 4 Nr. 2 AO kann eine Offenbarung nur gestützt werden, wenn die Befugnis zum Offenbaren in einem Bundesgesetz ausdrücklich enthalten ist. Eine Regelung in einem Landesgesetz oder einer Kommunalsatzung oder eine Bestimmung über die allgemeine Pflicht zur Amtshilfe genügt nicht. Die Befugnis kann in der AO selbst (z. B. § 31 AO), in anderen Steuergesetzen des Bundes oder in außersteuerlichen Vorschriften des Bundes enthalten sein.

[1] Im Anhang 47 abgedruckt.

Zu den außersteuerlichen Vorschriften gehören insbesondere:[1]

- § 5 Abs. 3 des Gesetzes über den Abbau der Fehlsubventionierung im Wohnungswesen;
- § 236 Abs. 1 und § 379 Abs. 2 des Gesetzes über Verfahren in Familiensachen und in Angelegenheiten der freiwilligen Gerichtsbarkeit;
- § 88 Abs. 3 des Aufenthaltsgesetzes;
- § 197 Abs. 2 Satz 2 des Baugesetzbuches;
- § 49 des Beamtenstatusgesetzes und § 115 des Bundesbeamtengesetzes;
- § 16 Abs. 3 Satz 1 Nr. 2 und Abs. 4 des Bundesdatenschutzgesetzes;
- § 39 des Erdölbevorratungsgesetzes;
- § 17 Satz 2 des Gesetzes über das gerichtliche Verfahren in Landwirtschaftssachen;
- § 14 Abs. 4 und § 153a Abs. 1 Satz 2 der Gewerbeordnung;
- § 3 Abs. 5 des Güterkraftverkehrsgesetzes;
- § 8 Abs. 2 des Gesetzes über das Kreditwesen;
- § 6 Abs. 2 des Bundesmeldegesetzes;
- § 25 Abs. 3 des Personenbeförderungsgesetzes;
- § 7 Abs. 2 des Gesetzes über die Preisstatistik;
- § 27 Abs. 1 Satz 2 des Gesetzes zur Regelung offener Vermögensfragen;
- § 21 Abs. 4 SGB X;
- § 5 Abs. 2 bis 5 und §§ 10, 10a des Steuerberatungsgesetzes;
- § 2a Abs. 1, § 2b Abs. 1, § 4 Abs. 4, § 6 Abs. 1 und 2 und § 9 Abs. 1 bis 3 des Gesetzes über Steuerstatistiken;
- § 492 Abs. 3 StPO i. V. m. §§ 385, 399 AO;
- § 27 Abs. 5 des Unterhaltssicherungsgesetzes;
- § 3a der Verfahrensordnung für Höfesachen;
- § 32 Abs. 4 und § 35 Abs. 4 des Wohnraumförderungsgesetzes und § 2 des Wohnungsbindungsgesetzes;
- § 2 des Verwaltungsdatenverwendungsgesetzes;

[1] Im Anhang 1 abgedruckt.

- § 36 Abs. 2 der Bundesrechtsanwaltsordnung;
- § 18 Abs. 3a des Bundesverfassungsschutzgesetzes (vgl. auch § 51 Abs. 3 Satz 3 AO);
- § 6 Abs. 1 und 4 des Bundesarchivgesetzes;
- § 36a Abs. 3 der Wirtschaftsprüferordnung;
- § 64a Abs. 2 der Bundesnotarordnung[1];
- § 34 Abs. 2 der Patentanwaltsordnung;
- § 54 Abs. 1 Satz 4 des Gerichtskostengesetzes;
- § 40 Abs. 6 und § 46 Abs. 3 des Gerichts- und Notarkostengesetzes;
- § 6 Abs. 5 des Unterhaltsvorschussgesetzes;
- § 12 Abs. 5 Satz 4 des Sicherheitsüberprüfungsgesetzes;
- § 42 Abs. 2 des Geldwäschegesetzes (GwG);
- § 9 Abs. 2 des Gesetzes zur vorläufigen Regelung des Rechts der Industrie- und Handelskammern;
- § 32a Staatsangehörigkeitsgesetz;
- § 4 Abs. 1 Satz 2 Wettbewerbsregistergesetz.

8. Europarechtlich vorgeschriebene oder zugelassene Offenbarung (§ 30 Abs. 4 Nr. 2a AO)

§ 30 Abs. 4 Nr. 2a AO gestattet eine Offenbarung geschützter Daten, soweit diese Offenbarung durch unmittelbar geltendes Recht der EU (Verordnungen, **Durchführungsbestimmungen und sonstiges, unmittelbar geltendes Recht)** zugelassen oder sogar vorgeschrieben ist. Dabei ist es nicht erforderlich, dass die Durchbrechung des Steuergeheimnisses ausdrücklich bezeichnet wird.

Beispiele:

Fordert die EU-Kommission in einem beihilferechtlichen Prüfungsverfahren von Finanzbehörden Informationen über bestimmte Steuerfälle an, sind ihr diese nach der EU-Beihilfeverfahrensordnung mitzuteilen.

Soweit den Finanzbehörden im Besteuerungsverfahren Erkenntnisse über Verstöße gegen europäische Embargo-Verordnungen bekannt werden, haben sie diese den für die Verfolgung derartiger Verstöße zuständigen Behörden mitzuteilen.

EU-Richtlinien und Beschlüsse im Rahmen der gemeinsamen Außen- und Sicherheitspolitik (sogenannte GASP-Beschlüsse) stellen kein unmittelbar geltendes EU-Recht dar. Damit die dort enthaltenen Regelungen wirksam werden, müssen sie zuvor entweder in unmittelbar geltendes Recht der EU

[1] Jetzt § 64d BNotO

oder in nationales Recht umgesetzt werden. Bei Umsetzung in unmittelbar geltendes EU-Recht kommt eine Offenbarungsbefugnis nach § 30 Abs. 4 Nr. 2a AO in Betracht. Bei Umsetzung im Außenwirtschaftsgesetz und der Außenwirtschaftsverordnung ergibt sich die Offenbarungsbefugnis aus § 30 Abs. 4 Nr. 1 AO, da die Überwachung des grenzüberschreitenden Warenverkehrs nach § 2a Abs. 2 Satz 2 AO als Verfahren in Steuersachen gilt. Bei anderweitiger Umsetzung in nationales Recht kann sich eine Offenbarungsbefugnis aus § 30 Abs. 4 Nr. 2 oder Nr. 5 AO ergeben.

9. Offenbarung bei Zustimmung des Betroffenen (§ 30 Abs. 4 Nr. 3 AO)

Nach § 30 Abs. 4 Nr. 3 AO ist die Offenbarung zulässig, soweit der Betroffene zustimmt. Betroffener ist nicht nur der Verfahrensbeteiligte selbst, sondern auch jeder Andere, dessen personenbezogene Daten durch § 30 AO geschützt werden (z. B. Geschäftsführer, Geschäftspartner, Arbeitnehmer, Empfänger von Zahlungen und anderen Vorteilen). Sind mehrere Personen betroffen, so müssen alle ihre Zustimmung zur Offenbarung eines Sachverhalts erteilen. Stimmen einzelne Personen nicht zu, so dürfen die geschützten Verhältnisse derjenigen, die ihre Zustimmung nicht erteilt haben, nicht offenbart werden.

10. Offenbarung zur Durchführung eines außersteuerlichen Strafverfahrens (§ 30 Abs. 4 Nr. 4 AO)

10.1 Gem. § 30 Abs. 4 Nr. 4 Buchstabe a AO dürfen im Steuerstrafverfahren oder Steuerordnungswidrigkeitsverfahren gewonnene Erkenntnisse über außersteuerliche Straftaten an Gerichte und Strafverfolgungsbehörden für Zwecke der Strafverfolgung weitergeleitet werden. Die Finanzbehörden können daher z. B. die Staatsanwaltschaft auch über sog. Zufallsfunde unterrichten. Voraussetzung ist jedoch stets, dass die Erkenntnisse im steuerlichen Straf- oder Bußgeldverfahren selbst gewonnen wurden. Kenntnisse, die bereits vorher in einem anderen Verfahren (z. B. Veranlagungs-, Außenprüfungs- oder Vollstreckungsverfahren) erlangt wurden, dürfen den Strafverfolgungsbehörden gegenüber nicht offenbart werden. Sind die Tatsachen von dem Steuerpflichtigen (§ 33 AO) selbst oder der für ihn handelnden Person (§ 200 Abs. 1 AO) der Finanzbehörde mitgeteilt worden, ist die Weitergabe zur Strafverfolgung wegen nichtsteuerlicher Straftaten nur zulässig, wenn der Steuerpflichtige zum Zeitpunkt der Abgabe der Mitteilung an die Finanzbehörde die Einleitung des steuerlichen Straf- oder Bußgeldverfahrens gekannt hat, es sei denn, einer der in § 30 Abs. 4 Nr. 5 oder Abs. 5 AO geregelten Fälle läge vor.

10.2 Gem. § 30 Abs. 4 Nr. 4 Buchstabe b AO ist eine Offenbarung von Kenntnissen zur Durchführung eines Strafverfahrens wegen einer nichtsteuerlichen Straftat uneingeschränkt zulässig, wenn die Tatsachen der Finanzbehörde ohne Bestehen einer steuerlichen Verpflichtung oder unter Verzicht auf ein Auskunftsverweigerungsrecht bekannt geworden sind. Tatsachen sind der Finanzbehörde ohne Bestehen einer steuerlichen Verpflichtung bekannt geworden, wenn die Auskunftsperson nicht zuvor durch die Finanzbehörde zur Erteilung einer Auskunft aufgefordert worden ist. Ein Verzicht auf ein Auskunftsverweigerungsrecht (siehe §§ 101 ff. AO) kann nur angenommen werden, wenn dem Berechtigten sein Auskunftsverweigerungsrecht bekannt war; dies setzt in den Fällen des § 101 AO eine Belehrung voraus.

11. Offenbarung aus zwingendem öffentlichen Interesse (§ 30 Abs. 4 Nr. 5 AO)

11.1 Eine Offenbarung ist gem. § 30 Abs. 4 Nr. 5 AO zulässig, soweit für sie ein zwingendes öffentliches Interesse besteht.

Liegt ein zwingendes öffentliches Interesse vor, macht es für die Zulässigkeit der Offenbarung keinen Unterschied, ob die Finanzbehörde aufgrund eigener Erkenntnisse von Amts wegen die zuständige Behörde informiert oder ob die zuständige Behörde unter Schilderung der Umstände, die das Vorliegen eines zwingenden öffentlichen Interesses begründen, die Finanzbehörde um Auskunft ersucht.

11.2 § 30 Abs. 4 Nr. 5 AO enthält eine beispielhafte Aufzählung von Fällen, in denen ein zwingendes öffentliches Interesse zu bejahen ist.

11.2.1 Ein zwingendes öffentliches Interesse ist nach § 30 Abs. 4 Nr. 5 Buchstabe a AO insbesondere gegeben, wenn die Offenbarung erforderlich ist

- zur **Abwehr** erheblicher Nachteile für das Gemeinwohl oder einer Gefahr für die öffentliche Sicherheit, die Verteidigung oder die nationale Sicherheit oder
- zur **Verhütung oder Verfolgung** von Verbrechen und vorsätzlichen schweren Vergehen gegen Leib und Leben oder gegen den Staat und seine Einrichtungen.

Verbrechen i. S. d. § 30 Abs. 4 Nr. 5 Buchstabe a AO sind alle Straftaten, die im Mindestmaß mit Freiheitsstrafe von einem Jahr oder darüber bedroht sind (§ 12 Abs. 1 StGB).

Als vorsätzliche schwere Vergehen gegen Leib und Leben oder gegen den Staat und seine Einrichtungen kommen nur solche Vergehen in Betracht, die eine schwerwiegende Rechtsverletzung darstellen und dementsprechend mit Freiheitsstrafe bedroht sind.

11.2.2 Unter den Begriff der Wirtschaftsstraftat i. S. d. § 30 Abs. 4 Nr. 5 Buchstabe b AO fallen Straftaten nicht schon deswegen, weil sie nach § 74c GVG zur Zuständigkeit des Landgerichts gehören. Es ist vielmehr in jedem Einzelfall unter Abwägung der Interessen zu prüfen, ob die besonderen Voraussetzungen des § 30 Abs. 4 Nr. 5 Buchstabe b AO gegeben sind.

11.2.3 § 30 Abs. 4 Nr. 5 Buchstabe c AO gestattet die Offenbarung zur Richtigstellung unwahrer Tatsachen, die geeignet sind, das Vertrauen in die Verwaltung erheblich zu erschüttern. Diese Offenbarungsbefugnis begründet ein Abwehrrecht der Verwaltung und dient damit nicht dem Aufklärungsinteresse der Öffentlichkeit. Die Verwaltung selbst hat zu entscheiden, ob und in welchem Umfang sie richtig stellen will. Sie hat dabei den Grundsatz der Verhältnismäßigkeit zu wahren und sich auf die zur Richtigstellung erforderliche Offenbarung zu beschränken. Eine Offenbarung zur Richtigstellung in der Öffentlichkeit verbreiteter unwahrer Tatsachen gem. § 30 Abs. 4 Nr. 5 Buchstabe c AO kommt nur im Ausnahmefall in Betracht.

11.3 Bei anderen als den in § 30 Abs. 4 Nr. 5 AO genannten Sachverhalten ist ein zwingendes öffentliches Interesse nur gegeben, wenn sie in ihrer Bedeutung einem dieser Fälle vergleichbar sind.

11.4 Die Gewerbebehörden können bei Vorliegen eines zwingenden öffentlichen Interesses für Zwecke eines Gewerbeuntersagungsverfahrens über die Verletzung steuerlicher Pflichten unterrichtet werden, die mit der Ausübung des Gewerbes, das untersagt werden soll, im Zusammenhang stehen (vgl. im Einzelnen BMF-Schreiben vom 19.12.2013, BStBl 2014 I S. 19)[1].

11.5 Zur Wahrung des Steuergeheimnisses gegenüber Parlamenten bzw. einem Untersuchungsausschuss des Deutschen Bundestages vgl. BMF-Schreiben vom 13.5.1987[2].

11.6 § 6 des SubvG, wonach Behörden von Bund und Ländern Tatsachen, die sie dienstlich erfahren, und die den Verdacht eines Subventionsbetrugs (§ 264 StGB) begründen, den Strafverfolgungsbehörden mitzuteilen haben, stellt keine Ermächtigungsvorschrift i. S. d. § 30 Abs. 4 Nr. 2 AO dar. Anzeigen an Strafverfolgungsbehörden wegen des Verdachts eines Subventionsbetrugs sind daher nur zulässig, wenn ein zwingendes öffentliches Interesse an der Offenbarung besteht (§ 30 Abs. 4 Nr. 5 Buchstabe b AO) oder die Voraussetzungen des § 30 Abs. 5 AO vorliegen (vgl. AEAO zu § 30, Nr. 12). Betrifft der Subventionsbetrug allerdings Investitionszulagen, so sind entsprechende Tatsachen wie bei Steuerstraftaten den Bußgeld- und Strafsachenstellen zu melden (vgl. § 14 InvZulG 2010 i. V. m. § 30 Abs. 4 Nr. 1 AO).

Nach § 31a AO besteht daneben eine Offenbarungsbefugnis gegenüber den für die Bewilligung, Gewährung, Rückforderung, Erstattung, Weitergewährung oder für das Belassen einer Subvention zuständigen Behörden und Gerichten; vgl. im Einzelnen AEAO zu § 31a, Nr. 4.3.

11.7 Die Weitergabe von Informationen über Verstöße gegen die Umweltschutzbestimmungen kommt insbesondere in Betracht, wenn daran ein zwingendes öffentliches Interesse nach § 30 Abs. 4 Nr. 5 AO besteht. Dies ist nicht nur zur Verfolgung der in § 30 Abs. 4 Nr. 5 Buchstaben a und b AO genannten Straftaten gegeben, sondern auch zur Verfolgung anderer Straftaten, die wegen ihrer Schwere und ihrer Auswirkungen auf die Allgemeinheit den genannten Regeltatbeständen entsprechen.

Bei Verdacht eines besonders schweren Falles einer Umweltstraftat i. S. d. § 330 StGB oder einer schweren Gefährdung durch Freisetzung von Giften i. S. d. § 330a StGB ist ein zwingendes öffentliches Interesse für eine Offenbarung zu bejahen. Keine Offenbarungsbefugnis besteht, wenn lediglich der abstrakte Gefährdungstatbestand einer Umweltstraftat wie etwa § 325 StGB (Luftverunreinigung), § 325a StGB (Verursachen von Lärm, Erschütterungen und nichtionisierenden Strahlen) bzw. § 326 StGB (umweltgefährdende Abfallbeseitigung) erfüllt ist.

---

[1] Im Anhang 44 abgedruckt.
[2] Im Anhang 45 abgedruckt.

Kann die Finanzbehörde nicht beurteilen, ob die vorgenannten Voraussetzungen für eine Weitergabe erfüllt sind, hat sie zunächst unter Anonymisierung des Sachverhalts eine sachkundige Stelle zur Klärung einzuschalten.

Soweit Verstöße gegen Umweltschutzbestimmungen steuerliche Auswirkungen haben, z. B. für die Anerkennung einer Teilwertabschreibung, ergibt sich die Befugnis zur Weitergabe aus § 30 Abs. 4 Nr. 1 AO, sofern die Weitergabe zur Durchführung des Besteuerungsverfahrens erforderlich ist. Sieht die Finanzbehörde die Notwendigkeit, Angaben des Steuerpflichtigen, z. B. über schadstoffbelastete Wirtschaftsgüter, zu überprüfen, kann sie den Sachverhalt einer zuständigen Fachbehörde offenbaren. Die Finanzbehörde hat dabei zu prüfen, ob es ausreicht, den Sachverhalt der Fachbehörde in anonymisierter Form vorzutragen. Ist die Offenbarung der Identität des Steuerpflichtigen erforderlich, soll sie die Fachbehörde darauf hinweisen, dass die Angaben des Steuerpflichtigen nach § 30 Abs. 2 Nr. 1 Buchstabe c AO weiterhin dem Steuergeheimnis unterliegen.

Die Weitergabe von Erkenntnissen über Verstöße gegen Umweltschutzbestimmungen kann gleichzeitig auf mehrere Offenbarungsgründe gestützt werden. Eine Weitergabe von Erkenntnissen unter dem Gesichtspunkt des zwingenden öffentlichen Interesses ist deshalb auch dann zulässig, wenn der gleiche Sachverhalt bereits nach § 30 Abs. 4 Nr. 1 AO offenbart worden ist. Die Weitergabe von Informationen über Verstöße gegen die Umweltschutzbestimmungen kann nicht auf das UIG gestützt werden.

11.8 Zu Mitteilungen an Disziplinarstellen zur Durchführung dienstrechtlicher Maßnahmen bei Beamten und Richtern in anderen als den in Nr. 5.1 des AEAO zu § 30 genannten Fällen vgl. BMF-Schreiben vom 12.1.2018, BStBl I S 201, geändert durch das BMF-Schreiben vom 13.1.2022, BStBl I S. 182[1].

Die Regelungen in Nr. 5.1 des AEAO zu § 30 und im vorgenannten BMF-Schreiben sind bei vergleichbaren Verfehlungen sonstiger Angehöriger der Finanzverwaltung (Bedienstete, die nicht Beamte sind) entsprechend anzuwenden, soweit dies zur Ergreifung vergleichbarer arbeitsrechtlicher Maßnahmen (z. B. Abmahnung, Kündigung) führen kann. Eine Steuerhinterziehung in erheblicher Höhe ist bei einem hoheitlich tätigen Bediensteten einer Finanzbehörde, der nicht Beamter ist, als wichtiger Grund zur fristlosen Kündigung an sich auch dann geeignet, wenn der Bedienstete die Hinterziehung gem. § 371 AO selbst angezeigt hat (vgl. BAG-Urteile vom 21.6.2001, 2 AZR 325/00, HFR 2003 S. 183, und vom 10.9.2009, 2 AZR 257/08, juris).

11.9 Die Finanzbehörden sind verpflichtet, den für die Bekämpfung terroristischer Aktivitäten zuständigen Stellen die nach § 30 AO geschützten Verhältnisse auf deren Ersuchen mitzuteilen. Für die Mitteilungen an die genannten Stellen besteht in diesen Fällen ein zwingendes öffentliches Interesse i. S. d. § 30 Abs. 4 Nr. 5 AO.

Die ersuchenden Stellen haben in ihrem Ersuchen zu versichern, dass die erbetenen Daten für Ermittlungen und Aufklärungsarbeiten im Zusammenhang mit der Bekämpfung des Terrorismus erforderlich sind. Eine bestimmte

[1] Im Anhang 47 abgedruckt.

Form für die Auskunftsersuchen und die Erteilung der Auskünfte ist nicht erforderlich. Bei Zweifeln an der Identität des Auskunftsersuchenden haben sich die Finanzbehörden vor Auskunftserteilung über die Identität des Auskunftsersuchenden auf geeignete Weise zu vergewissern.

Zur Mitteilungspflicht zur Bekämpfung der Geldwäsche und der Terrorismusfinanzierung vgl. § 31b AO. Zur Rückmeldung über die abschließende Verwendung der von der FIU bereitgestellten Informationen und über die Ergebnisse der Maßnahmen, die auf Grundlage dieser Informationen durchgeführt wurden vgl. § 42 Abs. 2 GwG.

11.10 Werden strafrechtlich geschützte Individualrechtsgüter eines Amtsträgers oder einer gleichgestellten Person i. S. d. § 30 Abs. 3 AO verletzt, ist die Durchbrechung des Steuergeheimnisses gem. § 30 Abs. 4 Nr. 5 AO zulässig, soweit dies für die Verfolgung des Delikts erforderlich ist. In Betracht kommen hierbei insbesondere:

- falsche Verdächtigung (§ 164 StGB),
- Beleidigung (§ 185 StGB),
- üble Nachrede (§ 186 StGB),
- Verleumdung (§ 187 StGB),
- Körperverletzung (§§ 223, 224, 229 StGB),
- Freiheitsberaubung (§ 239 StGB),
- Nötigung (§ 240 StGB),
- Bedrohung (§ 241 StGB).

11.11 § 30 Abs. 4 Nr. 5 AO gestattet die Offenbarung der Verhältnisse eines anderen zur Verfolgung von

- Widerstand gegen Vollstreckungsbeamte (§ 113 Abs. 1 StGB),
- tätlicher Angriff auf Vollstreckungsbeamte (§ 114 StGB),
- Verstrickungsbrüchen (§ 136 Abs. 1 StGB),
- Siegelbrüchen (§ 136 Abs. 2 StGB) oder
- Vereitelung der Vollstreckung (§ 288 StGB)

im Besteuerungsverfahren durch die Finanzbehörden gegenüber Gerichten oder Strafverfolgungsbehörden. Das zwingende öffentliche Interesse an der Offenbarung folgt daraus, dass sich die strafrechtlich relevanten Handlungen gegen die Gesetzmäßigkeit des Steuerverfahrens als Ganzes - Steuererhebung und Steuerverstrickung - richten.

11.12 Liegen den Finanzbehörden Erkenntnisse zu Insolvenzstraftaten i. S. d. §§ 283 bis 283c StGB oder zu Insolvenzverschleppungsstraftaten (§ 15a InsO) vor, die sie im Besteuerungsverfahren erlangt haben, so ist eine Offenbarung dieser Erkenntnisse an die Strafverfolgungsbehörden nach § 30 Abs. 4 Nr. 5 AO zulässig.

11.13 Liegen den Finanzbehörden Anhaltspunkte zu Misshandlungen von Kindern i. S. d. § 223 StGB, zu Misshandlungen von Schutzbefohlenen i. S. d. § 225 StGB oder zur gröblichen Verletzung der Fürsorge- oder Erziehungspflicht i. S. d. § 171 StGB vor, die sie im Besteuerungs- bzw. Steuerstrafverfahren erlangt haben, ist eine Offenbarung dieser Kenntnisse an die Sozialbehörden bzw. Strafverfolgungsbehörden nach § 30 Abs. 4 Nr. 5 zulässig.

12. Offenbarung vorsätzlich falscher Angaben (§ 30 Abs. 5 AO)

Die Unterrichtung der Strafverfolgungsbehörden über vorsätzlich falsche Angaben des Betroffenen gem. § 30 Abs. 5 AO darf nur erfolgen, wenn nach Auffassung der Finanzbehörde durch die falschen Angaben ein Straftatbestand verwirklicht worden ist; die Durchführung eines Strafverfahrens wegen dieser Tat ist nicht Voraussetzung für die Zulässigkeit der Offenbarung. Der Finanzbehörde obliegt die Prüfung, ob der Betroffene, sowohl in objektiver als auch in subjektiver Hinsicht, einen Straftatbestand verwirklicht hat (BFH-Urteil vom 8.2.1994, VII R 88/92, BStBl II S. 552). § 30 Abs. 5 AO lässt eine Offenbarung nur gegenüber den Strafverfolgungsbehörden zu.

13. Auskunft über Anzeigeerstatter

13.1 Durch das Steuergeheimnis wird auch der Name eines Anzeigeerstatters geschützt, wenn die Anzeige eines der in § 30 Abs. 2 Nr. 1 Buchstabe a und b AO genannten Verfahrens auslöst oder innerhalb eines solchen Verfahrens erstattet oder ausgewertet wird. Was für die Offenbarung des Namens des Anzeigeerstatters gilt, muss in entsprechender Weise auch für die wortgetreue Offenbarung des Inhalts der Anzeige gelten. Häufig wird man nämlich aus dem Inhalt einer Anzeige, sei es aus einer bestimmten Wortwahl oder aus dem Gebrauch einzelner Formulierungen, sei es aus stilistischen oder grammatikalischen Eigenheiten, aus der Schrift oder aus der Strukturierung des gesamten Textes, mit einiger Wahrscheinlichkeit Rückschlüsse auf den Verfasser der Anzeige ziehen können (vgl. BFH-Beschluss vom 28.12.2006, VII B 44/03, BFH/NV 2007 S. 853).

13.2 Hat der Anzeigeerstatter allerdings vorsätzlich falsche Angaben gemacht, kann die Finanzbehörde dies gem. § 30 Abs. 5 AO den Strafverfolgungsbehörden mitteilen. Das Gleiche gilt gem. § 30 Abs. 4 Nr. 4 Buchstabe b AO, wenn die Anzeige ohne Bestehen einer steuerlichen Verpflichtung erstattet worden ist und die Unterrichtung der Strafverfolgungsbehörden der Durchführung eines Strafverfahrens wegen einer Tat dient, die keine Steuerstraftat ist (vgl. AEAO zu § 30, Nr. 10.2).

13.3 Grundsätzlich besteht nur eine Befugnis, aber keine Verpflichtung der Finanzbehörde zu einer Unterrichtung der Strafverfolgungsbehörden. Im Hinblick auf den Persönlichkeitsschutz des Verdächtigten kann sich die Offenbarungsbefugnis im Einzelfall in eine Verpflichtung zur Unterrichtung der Strafverfolgungsbehörden verdichten, wenn der Anzeigeerstatter nach Auffassung der Finanzbehörde durch vorsätzlich falsche Angaben Straftatbestände wie z. B. des § 164 StGB (falsche Verdächtigung) verwirklicht hat (vgl. u. a. BFH-Urteil vom 8.2.1994, VII R 88/92, BStBl II S. 552).

13.4 Eine Verpflichtung zur Auskunftserteilung besteht auch, wenn die Voraussetzungen für eine Offenbarung nach § 30 Abs. 5 oder § 30 Abs. 4 Nr. 4 Buchstabe b AO gegeben sind und die Strafverfolgungsbehörde um Namensnennung aufgrund einer Strafanzeige des Steuerpflichtigen gegen Unbekannt im Ermittlungsverfahren nach § 161 StPO ersucht. Dem betroffenen Steuerpflichtigen selbst ist in diesen Fällen keine Auskunft über die Identität des Anzeigeerstatters zu erteilen; insbesondere § 30 Abs. 5 AO lässt eine Offenbarung nur gegenüber den Strafverfolgungsbehörden zu.

13.5 Auch im Fall eines Auskunftsersuchens der Strafverfolgungsbehörde nach § 161 StPO ist die Finanzbehörde in den Fällen des § 30 Abs. 5 AO nur zur Auskunftserteilung berechtigt, wenn sie nach eigener Überprüfung der Auffassung ist, dass der Anzeigeerstatter vorsätzlich falsche Angaben gemacht hat. In diesem Fall ist die Finanzbehörde zur Auskunftserteilung an die Strafverfolgungsbehörde verpflichtet.

13.6 Beantragt der betroffene Steuerpflichtige selbst bei der Finanzbehörde Auskunft über die Identität eines Anzeigeerstatters und liegen die Voraussetzungen des § 30 Abs. 4 Nr. 4 Buchstabe b AO vor, sind im Rahmen der Ermessensentscheidung das allgemeine Persönlichkeitsrecht des Steuerpflichtigen gegen das allgemeine Persönlichkeitsrecht des Anzeigeerstatters und den Zweck des Steuergeheimnisses - die möglichst vollständige Erschließung der Steuerquellen - abzuwägen. Dem Informantenschutz und dem Zweck des Steuergeheimnisses kommt dabei ein höheres Gewicht als dem Persönlichkeitsrecht des Steuerpflichtigen zu, wenn sich die vertraulich mitgeteilten Informationen im Wesentlichen als zutreffend erweisen und zu Steuernachforderungen führen (vgl. BFH-Beschluss vom 7.12.2006, V B 163/05, BStBl 2007 II S. 275 m. w. N.) oder wenn sich bei einer Vielzahl von Angaben zumindest einige als steuerrechtlich bedeutsam erweisen, wobei diese im Verhältnis zu den anderen nicht völlig unmaßgeblich sein dürfen (vgl. BFH-Urteil vom 8.2.1994, VII R 88/92, BStBl II S. 552).

14. Abruf geschützter Daten (§ 30 Abs. 6 AO)

14.1 Der Abruf geschützter Daten durch andere Personen als die betroffene Person (vgl. § 9 Satz 1 StDAV) oder die in § 9 Satz 2 StDAV genannten Personen ist nur zulässig, soweit er bei Durchführung eines der in § 30 Abs. 2 Nr. 1 AO genannten Verfahren der Wahrnehmung einer dienstlich zugewiesenen Aufgabe dient.

Das Interesse des geschützten Personenkreises (vgl. Nr. 1.3 des AEAO zu § 30), gegen eine Verletzung des Schutzes personenbezogener Daten durch einen unzulässigen Datenabruf geschützt zu werden, ist mit dem dienstlichen Interesse, die Daten schnell und barrierefrei ermitteln zu können, in Einklang zu bringen. Hierbei muss sich die Möglichkeit, die Daten bei der originär zuständigen Stelle im Mitteilungswege zu erheben, beispielsweise aufgrund der Häufigkeit entsprechender Anlässe und des hiermit verbundenen Mehraufwandes als unverhältnismäßig erweisen.

Nach § 2 Abs. 1 Satz 1 StDAV sind angemessene organisatorische und dem jeweiligen Stand der Technik entsprechende Vorkehrungen zum Schutz des Steuergeheimnisses zu treffen. § 4 Abs. 1 Satz 1 StDAV enthält das Gebot, den Zugriff durch technische Sicherungsmaßnahmen auf den für diese Aufgaben erforderlichen Umfang zu beschränken, soweit das hierzu eingesetzte Verfahren dies zulässt.

14.2 Kann der Zugriff aus technischen Gründen nicht auf eine den dienstlichen Erfordernissen entsprechende Datenmenge beschränkt werden (vgl. § 4 Abs. 1 Satz 2 StDAV), sind die Abrufe nach Maßgabe des § 6 Abs. 1 Satz 1 StDAV aufzuzeichnen, um die Zulässigkeit der Abrufe zeitnah und in angemessenem Umfang überprüfen zu können. Zur Unterstützung der Überprüfung kann ein Begründungszwang für den Abruf angeordnet werden. Die Überprüfung hat die Stelle, der die abrufende Person angehört, in eigener Zuständigkeit wahrzunehmen.

§ 30a (weggefallen)

§ 31 Mitteilung von Besteuerungsgrundlagen (S 0131)

(1) [1]Die Finanzbehörden sind verpflichtet, Besteuerungsgrundlagen, Steuermessbeträge und Steuerbeträge an Körperschaften des öffentlichen Rechts einschließlich der Religionsgemeinschaften, die Körperschaften des öffentlichen Rechts sind, zur Festsetzung von solchen Abgaben mitzuteilen, die an diese Besteuerungsgrundlagen, Steuermessbeträge oder Steuerbeträge anknüpfen. [2]Die Mitteilungspflicht besteht nicht, soweit deren Erfüllung mit einem unverhältnismäßigen Aufwand verbunden wäre. [3]Die Finanzbehörden dürfen Körperschaften des öffentlichen Rechts auf Ersuchen Namen und Anschriften ihrer Mitglieder, die dem Grunde nach zur Entrichtung von Abgaben im Sinne des Satzes 1 verpflichtet sind, sowie die von der Finanzbehörde für die Körperschaft festgesetzten Abgaben übermitteln, soweit die Kenntnis dieser Daten zur Erfüllung von in der Zuständigkeit der Körperschaft liegenden öffentlichen Aufgaben erforderlich ist und überwiegende schutzwürdige Interessen der betroffenen Person nicht entgegenstehen.

(2) [1]Die Finanzbehörden sind verpflichtet, die nach § 30 Absatz 2 Nummer 1 geschützten personenbezogenen Daten der betroffenen Person den Trägern der gesetzlichen Sozialversicherung, der Bundesagentur für Arbeit und der Künstlersozialkasse mitzuteilen, soweit die Kenntnis dieser Verhältnisse für die Feststellung der Versicherungspflicht oder die Festsetzung von Beiträgen einschließlich der Künstlersozialabgabe erforderlich ist oder die betroffene Person einen Antrag auf Mitteilung stellt. [2]Die Mitteilungspflicht besteht nicht, soweit deren Erfüllung mit einem unverhältnismäßigen Aufwand verbunden wäre.

(3) Die für die Verwaltung der Grundsteuer zuständigen Behörden sind berechtigt, die nach § 30 geschützten Namen und Anschriften von Grundstückseigentümern, die bei der Verwaltung der Grundsteuer bekannt geworden sind, zur Verwaltung anderer Abgaben sowie zur Erfüllung sonstiger öffentlicher Aufgaben zu verwenden oder den hierfür zuständigen Gerichten, Behörden oder juristischen Personen des öffentlichen Rechts auf Ersuchen mitzuteilen, soweit nicht überwiegende schutzwürdige Interessen der betroffenen Person entgegenstehen.

AEAO zu § 31 - Mitteilung von Besteuerungsgrundlagen:

1. Die Finanzbehörden sind nach § 31 Abs. 2 AO zur Offenbarung gegenüber der Bundesagentur für Arbeit, der Künstlersozialkasse und den Trägern der gesetzlichen Sozialversicherung verpflichtet, soweit die Angaben für die Feststellung der Versicherungspflicht oder die Festsetzung von Beiträgen benötigt werden. Erfolgt die Mitteilung auf Anfrage, haben die Träger der Sozialversicherung, die Bundesagentur für Arbeit und die Künstlersozialkasse dies in der Anfrage zu versichern.

2. Sozialleistungsträger i. S. d. § 31 Abs. 2 AO sind gem. § 12 SGB I die in §§ 18 bis 29 SGB I genannten Körperschaften, Anstalten und Behörden, die entsprechende Dienst-, Sach- und Geldleistungen gewähren. Hierzu gehören z. B. neben den Agenturen für Arbeit und den sonstigen Dienststellen der Bundesagentur für Arbeit die gesetzlichen Krankenkassen (Orts-, Betriebs-

und Innungskrankenkassen, landwirtschaftliche Krankenkassen, die Deutsche Rentenversicherung Knappschaft-Bahn-See und die Ersatzkassen) sowie hinsichtlich der allgemeinen gesetzlichen Rentenversicherung die Regionalträger der deutschen Rentenversicherung, die Deutsche Rentenversicherung Bund und die Deutsche Rentenversicherung Knappschaft-Bahn-See, hinsichtlich der knappschaftlichen Rentenversicherung die Deutsche Rentenversicherung Knappschaft-Bahn-See und hinsichtlich der Alterssicherung der Landwirte die landwirtschaftlichen Alterskassen.

Nicht zu den Sozialleistungsträgern i. S. d. § 31 Abs. 2 AO gehören private Krankenversicherungen und die Träger der berufständischen Versorgungsleistungen (z. B. Ärzte-, Rechtsanwalts- und Architekten-Versorgungswerke).

Eine ständig aktualisierte Liste der auskunftsberechtigten Krankenkassen kann unter http://www.gkv-spitzenverband.de eingesehen werden.

3. Auskünfte gegenüber Krankenkassen bei freiwillig Versicherten

3.1 Freiwillig Versicherte, die hauptberuflich selbständig erwerbstätig sind

Die Finanzbehörden sind gegenüber den gesetzlichen Krankenkassen hinsichtlich freiwillig Versicherter, die hauptberuflich selbständig erwerbstätig sind, grundsätzlich nicht nach § 31 Abs. 2 AO auskunftspflichtig. Da bei diesem Personenkreis die Beitragsbemessungsgrenze als beitragspflichtige Einnahme gilt, ist die Krankenkasse grundsätzlich nicht verpflichtet, die sozialversicherungsrelevanten Verhältnisse zu ermitteln.

Der freiwillig Versicherte kann allerdings eine Beitragsreduzierung erreichen, wenn er geringere Einnahmen nachweist (§ 240 Abs. 1 Satz 3 SGB V). Die aus dem zuletzt vorgelegten Einkommensteuerbescheid abgeleitete Beitragsbemessung bleibt dann bis zur Erteilung des nächsten Einkommensteuerbescheids maßgebend. Erklärt ein freiwillig Versicherter seiner Krankenkasse in derartigen Fällen auf Nachfrage, ihm sei seit mehr als 18 Monaten kein Steuerbescheid zugegangen, ist der Krankenkasse auf Ersuchen mitzuteilen, ob innerhalb dieses Zeitraums ein Steuerbescheid erteilt wurde (unabhängig davon, welchen Veranlagungszeitraum er betrifft); bejahendenfalls ist auch dessen Datum und das jeweilige Veranlagungsjahr mitzuteilen.

3.2 Andere freiwillig Versicherte

3.2.1 Rechtslage bis einschließlich Veranlagungszeitraum 2014

Bei anderen freiwillig Versicherten ist die Krankenkasse verpflichtet, die sozialversicherungsrelevanten Verhältnisse zu ermitteln. Kommt der Versicherte seiner Mitwirkungspflicht nicht nach, kann die Krankenkasse die Finanzbehörden in diesen Fällen um Auskunft ersuchen. Die nach § 31 Abs. 2 AO zulässige Auskunft ist auf die zur Beitragsfestsetzung unbedingt notwendigen Angaben zu beschränken (insbesondere Höhe einzelner Einkünfte oder Summe der Einkünfte).

3.2.2 **Rechtslage ab Veranlagungszeitraum 2015**

Auch bei anderen freiwillig Versicherten ist die Beitragsbemessungsgrenze als beitragspflichtige Einnahme anzusetzen, sofern und solange Mitglieder Nachweise über ihre Einnahmen auf Verlangen der Krankenkasse nicht vorlegen (§ 240 Abs. 1 Satz 2 2. Halbsatz SGB V). Nr. 3.1 gilt in diesen Fällen entsprechend.

3.3 Die Krankenkassen haben in ihren Ersuchen darzulegen, welches Versicherungsverhältnis besteht und für welchen Zeitraum die Auskunft erteilt werden soll (vgl. AEAO zu § 31, Nrn. 3.1, 3.2.1 oder 3.2.2).

4. Bei Anfragen der Rentenversicherungsträger an die Finanzämter auf Mitteilung von Besteuerungsgrundlagen nach § 31 Abs. 2 Satz 1 AO in Fällen der einkommensgerechten Beitragszahlung von versicherungspflichtigen Selbständigen (§ 165 SGB VI) ist von der Erforderlichkeit der Auskunft auszugehen, wenn der Rentenversicherungsträger im Vordruck für Auskunftsersuchen an die Finanzämter versichert, dass eigene Ermittlungsversuche im Umfang der gestellten Anfrage beim Versicherten (u. a. Aufforderung zur Vorlage des letzten Einkommensteuerbescheids und Erinnerung hieran) erfolglos geblieben sind.

§ 31a Mitteilungen zur Bekämpfung der illegalen Beschäftigung und des Leistungsmissbrauchs (S 0132)

(1) [1]Die Offenbarung der nach § 30 geschützten Daten der betroffenen Person ist zulässig, soweit sie

1. für die Durchführung eines Strafverfahrens, eines Bußgeldverfahrens oder eines anderen gerichtlichen oder Verwaltungsverfahrens mit dem Ziel

a) der Bekämpfung von illegaler Beschäftigung oder Schwarzarbeit oder

b) der Entscheidung

aa) über Erteilung, Rücknahme oder Widerruf einer Erlaubnis nach dem Arbeitnehmerüberlassungsgesetz oder

bb) über Bewilligung, Gewährung, Rückforderung, Erstattung, Weitergewährung oder Belassen einer Leistung aus öffentlichen Mitteln

oder

2. für die Geltendmachung eines Anspruchs auf Rückgewähr einer Leistung aus öffentlichen Mitteln

erforderlich ist. [2]In den Fällen von Satz 1 Nummer 1 Buchstabe b Doppelbuchstabe bb oder Nummer 2 ist die Offenbarung auf Ersuchen der zuständigen Stellen auch zulässig, soweit sie für die Durchführung eines Strafverfahrens wegen einer zu Unrecht erlangten Leistung aus öffentlichen Mitteln erforderlich ist.

(2) [1]Die Finanzbehörden sind in den Fällen des Absatzes 1 verpflichtet, der zuständigen Stelle die jeweils benötigten Tatsachen mitzuteilen. [2]In den Fällen des Absatzes 1 Nr. 1 Buchstabe b und Nr. 2 erfolgt die Mitteilung auch auf Antrag der betroffenen Person. [3]Die Mitteilungspflicht nach den Sätzen 1 und 2 besteht nicht, soweit deren Erfüllung mit einem unverhältnismäßigen Aufwand verbunden wäre.

AEAO zu § 31a - Mitteilungen zur Bekämpfung der illegalen Beschäftigung und des Leistungsmissbrauchs:

1. Allgemeines

Die Offenbarung erfolgt aufgrund einer Anfrage der für die in § 31a AO genannten Verfahren zuständigen Stellen. Die zuständigen Stellen haben in der Anfrage zu versichern, dass die Offenbarung der Verhältnisse für ein Verfahren i. S. d. § 31a Abs. 1 AO erforderlich ist.

Die Offenbarung erfolgt von Amts wegen, wenn die Finanzbehörden über konkrete Informationen verfügen, die für die zuständigen Stellen für ein Verfahren nach § 31a Abs. 1 AO erforderlich sind. Es genügt die Möglichkeit, dass die konkreten Tatsachen für die Durchführung eines Verfahrens nach § 31a Abs. 1 AO erforderlich sind, ein konkreter Tatverdacht im strafprozessualen Sinne ist nicht notwendig. Vorsorgliche Mitteilungen sind nicht vorzunehmen.

Die Mitteilungspflicht der Finanzbehörden bezieht sich nur auf die konkret vorhandenen Anhaltspunkte, sie sind nicht zu zusätzlichen Ermittlungen verpflichtet. Die Mitteilungspflicht des § 31a AO gilt nur gegenüber den jeweils zuständigen Stellen und schließt nicht die Befugnis zur Gewährung von Akteneinsicht oder die Übersendung von Akten ein.

Eine Mitteilungspflicht besteht nicht, soweit deren Erfüllung mit einem unverhältnismäßigen Aufwand verbunden wäre (§ 31a Abs. 2 Satz 3 AO). Ein unverhältnismäßiger Aufwand liegt i. d. R. dann vor, wenn der zur Erfüllung der Mitteilungspflicht erforderliche sachliche, personelle oder zeitliche Aufwand erkennbar außer Verhältnis zum angestrebten Erfolg der Mitteilung steht.

Der Begriff „Betroffener" in § 31a AO ist derselbe wie in § 30 AO. Danach ist Betroffener nicht nur der Beteiligte des Verfahrens, zu dessen Durchführung die Mitteilung erfolgen soll, sondern auch jeder Andere, dessen personenbezogene Daten durch § 30 AO geschützt werden (z. B. Geschäftsführer, Geschäftspartner, Arbeitnehmer, Empfänger von Zahlungen und/oder anderen Vorteilen).

2. Bekämpfung von illegaler Beschäftigung oder Schwarzarbeit (§ 31a Abs. 1 Nr. 1 Buchstabe a AO)

2.1 Illegale Beschäftigung

Illegale Beschäftigung liegt u. a. dann vor, wenn Ausländer ohne eine erforderliche Genehmigung arbeiten oder beschäftigt werden (illegale Arbeitnehmerbeschäftigung, z. B. § 404 Abs. 1, Abs. 2 Nrn. 3, 4, 20 und 26 SGB III, §§ 15, 15a, 16 Abs. 1 Nr. 2 AÜG, §§ 10, 10a und 11 SchwarzArbG) oder Arbeitnehmer von einem Arbeitgeber an einen Dritten gewerbsmäßig zur Arbeitsleistung überlassen werden, obwohl eine erforderliche Erlaubnis nach dem AÜG nicht vorliegt oder die Überlassung gesetzlich nicht gestattet ist (unerlaubte Arbeitnehmerüberlassung, z. B. § 16 Abs. 1 Nrn. 1, 1a, 1b, 2a und 7b AÜG, § 23 Abs. 1 Nr. 1 und Abs. 2 AEntG, § 21 Abs. 1 Nr. 1 und Abs. 2 MiLoG).

2.2 Schwarzarbeit

Nach § 1 Abs. 2 SchwarzArbG leistet Schwarzarbeit, wer Dienst- oder Werkleistungen erbringt oder ausführen lässt und dabei

1. als Arbeitgeber, Unternehmer oder versicherungspflichtiger Selbstständiger seine sich auf Grund der Dienst- oder Werkleistungen ergebenden sozialversicherungsrechtlichen Melde-, Beitrags- oder Aufzeichnungspflichten nicht erfüllt,
2. als Steuerpflichtiger seine sich auf Grund der Dienst- oder Werkleistungen ergebenden steuerlichen Pflichten nicht erfüllt,
3. als Empfänger von Sozialleistungen seine sich auf Grund der Dienst- oder Werkleistungen ergebenden Mitteilungspflichten gegenüber dem Sozialleistungsträger nicht erfüllt,
4. als Erbringer von Dienst- oder Werkleistungen seiner sich daraus ergebenden Verpflichtung zur Anzeige vom Beginn des selbstständigen Betriebes eines stehenden Gewerbes (§ 14 der Gewerbeordnung) nicht nachgekommen ist oder die erforderliche Reisegewerbekarte (§ 55 der Gewerbeordnung) nicht erworben hat,
5. als Erbringer von Dienst- oder Werkleistungen ein zulassungspflichtiges Handwerk als stehendes Gewerbe selbstständig betreibt, ohne in der Handwerksrolle eingetragen zu sein (§ 1 der Handwerksordnung).

2.3 Zuständige Stellen

Zuständig für die Prüfung und Bekämpfung von illegaler Beschäftigung nach Nr. 2.1 des AEAO zu § 31a und Schwarzarbeit nach Nr. 2.2 lfd. Nr. 1 und 2 des AEAO zu § 31a sind die Behörden der Zollverwaltung, Arbeitsbereich Finanzkontrolle Schwarzarbeit (FKS). Die FKS prüft auch, ob Verstöße gegen Mitteilungspflichten nach Nr. 2.2 lfd. Nr. 3 des AEAO zu § 31a vorliegen, sofern diese Mitteilungspflichten Sozialleistungen nach dem SGB II, dem SGB III oder Leistungen nach dem Altersteilzeitgesetz betreffen; für Sozialleistungen nach dem SGB I sind die jeweiligen Leistungs- bzw. Subventionsgeber zuständig (vgl. AEAO zu § 31a, Nr. 4.2). Für die Verfolgung und Ahndung von Verstößen gegen die in Nr. 2.2 lfd. Nr. 4 und 5 des AEAO zu § 31a aufgeführten Pflichten sind die nach Landesrecht zuständigen Behörden zuständig (§ 2 Abs. 3 SchwarzArbG). Die Prüfung der Erfüllung steuerlicher Pflichten obliegt gem. § 2 Abs. 2 Satz 1 SchwarzArbG weiterhin den Landesfinanzbehörden. Die FKS ist gem. § 2 Abs. 2 Satz 2 SchwarzArbG zur Mitwirkung an diesen Prüfungen berechtigt. Unabhängig davon prüft die FKS gem. § 2 Abs. 1 Satz 2 SchwarzArbG zur Erfüllung ihrer Mitteilungspflichten nach § 6 Abs. 1 Satz

1 i. V. m. Abs. 4 Nr. 4 SchwarzArbG, ob Anhaltspunkte dafür bestehen, dass steuerlichen Pflichten aus Dienst- und Werkleistungen nicht nachgekommen wurde. Gemäß § 2 Abs. 1 Nr. 6 SchwarzArbG i. V. m. § 21 Abs. 1 Nr. 9 MiLoG, § 23 Abs. 1 Nr. 1 AentG sowie § 16 Abs. 1 Nr. 7b AÜG führt die FKS auch Ordnungswidrigkeitenverfahren wegen Verstößen gegen die Verpflichtung zur Entrichtung des Mindestlohnes. Ergeben sich bei der Prüfung der FKS Anhaltspunkte für Verstöße gegen die Steuergesetze, so unterrichtet die FKS hierüber die zuständigen Finanzbehörden (§ 6 Abs. 4 Nr. 4 SchwarzArbG). Zur Durchführung des SchwarzArbG führt die FKS eine zentrale Prüfungs- und Ermittlungsdatenbank (§ 16 SchwarzArbG). Den Landesfinanzbehörden wird auf Ersuchen Auskunft aus der zentralen Datenbank erteilt zur Durchführung eines Steuerstraf- oder Steuerordnungswidrigkeitenverfahrens und für die Besteuerung, soweit sie im Zusammenhang mit der Erbringung oder der Vortäuschung der Erbringung von Dienst- oder Werkleistungen steht (§ 17 Abs. 1 Nr. 4 SchwarzArbG). Soweit durch eine Auskunft die Gefährdung des Untersuchungszwecks eines Ermittlungsverfahrens zu besorgen ist, kann die für dieses Verfahren zuständige Behörde der Zollverwaltung oder die zuständige Staatsanwaltschaft anordnen, dass hierzu keine Auskunft erteilt werden darf (§ 17 Abs. 1 Satz 2 SchwarzArbG). § 478 Abs. 1 Satz 1 und 2 StPO findet Anwendung, wenn die Daten Verfahren betreffen, die zu einem Strafverfahren geführt haben (§ 17 Abs. 1 Satz 3 SchwarzArbG).

2.4 Mitteilungen

Verfügt die Finanzbehörde über Informationen, die die FKS oder die nach Landesrecht zuständigen Behörden für die Erfüllung ihrer Aufgaben zur Bekämpfung illegaler Beschäftigung und Schwarzarbeit benötigen, hat sie diese mitzuteilen. Hierzu zählen auch Verstöße gegen die Verpflichtung zur Gewährung der Arbeitsbedingungen i. S. d. § 20 MiLoG, § 8 i. V. m. § 5 Satz 1 Nr. 1 bis 3 AEntG sowie § 8 Abs. 5 AÜG. Anhaltspunkte für einen möglichen Verstoß reichen für eine Mitteilung aus. Ein unverhältnismäßiger Aufwand i. S. d. § 31a Abs. 2 Satz 3 AO liegt bei den Mitteilungen an die FKS im Regelfall nicht vor.

2.5 Verfahren FKS

Sowohl die Hauptzollämter als auch die Landesfinanzbehörden haben so genannte „Partnerstellen" für die Zusammenarbeit der FKS mit den Finanzbehörden eingerichtet. Mitteilungen sind daher nicht direkt an die FKS zu richten, sondern der jeweils örtlichen „Partnerstelle Steuer" zu übermitteln. Diese leitet die Mitteilungen dann an die jeweils örtliche „Partnerstelle FKS" weiter. In begründeten Einzelfällen sind ausnahmsweise auch direkte Kontakte zwischen den Stellen der FKS und den Finanzämtern möglich. Hierüber sind die örtlichen Partnerstellen zeitnah zu unterrichten.

3. Entscheidung über Arbeitnehmerüberlassung (§ 31a Abs. 1 Nr. 1 Buchstabe b Doppelbuchstabe aa AO)

3.1 Arbeitnehmerüberlassung

Nach § 1 Abs. 1 AÜG ist eine Erlaubnis erforderlich, wenn ein Arbeitgeber (Verleiher) einem Dritten (Entleiher) Arbeitnehmer (Leiharbeitnehmer) gewerbsmäßig zur Arbeitsleistung überlassen will, ohne dass damit eine Arbeitsvermittlung nach § 1 Abs. 2 AÜG und i. S. d. §§ 35 ff. SGB III betrieben wird. Die gewerbsmäßige Arbeitnehmerüberlassung in Betrieben des Baugewerbes für Arbeiten, die üblicherweise von Arbeitern verrichtet werden, ist zwischen Betrieben des Baugewerbes gestattet, wenn diese Betriebe von denselben Rahmen- und Sozialkassentarifverträgen oder von deren Allgemeinverbindlichkeiten erfasst werden; ansonsten ist sie unzulässig (§ 1b AÜG).

Die Erlaubnis zur Arbeitnehmerüberlassung hängt nach den Vorschriften des AÜG u. a. von der Zuverlässigkeit des Verleihers ab. Diese Erlaubnis kann aus den in §§ 3, 4 und 5 AÜG aufgeführten Gründen versagt, zurückgenommen oder widerrufen werden. Die Zuverlässigkeitsprüfung durch die Arbeitsbehörde hat sich dabei auch auf das steuerliche Verhalten - insbesondere die Einhaltung der Vorschriften über die Einbehaltung und Abführung der Lohnsteuer - zu erstrecken (§ 3 Abs. 1 Nr. 1 AÜG).

3.2 Zuständige Stellen

Zuständig für die Durchführung des AÜG ist die Bundesagentur für Arbeit (§ 17 AÜG).

3.3 Mitteilungen

Die Finanzbehörden unterrichten die zuständigen Dienststellen der Bundesagentur für Arbeit von Amts wegen über jede Verletzung steuerlicher Pflichten eines Arbeitnehmerverleihers, die mit der Ausübung seiner gewerblichen Tätigkeit im Zusammenhang steht, es sei denn, es handelt sich um Pflichtverletzungen, die nach ihrem betragsmäßigen Umfang und ihrer Bedeutung als geringfügig anzusehen sind.

Solche Pflichtverletzungen, die nach ihrem betragsmäßigen Umfang und ihrer Bedeutung als geringfügig anzusehen sind, sind jedoch auf Anfrage den Dienststellen der Bundesagentur für Arbeit mitzuteilen, wenn in der Anfrage von ihnen bescheinigt wird, dass die Informationen für ein nach § 31a Abs. 1 Nr. 1 Buchstabe b Doppelbuchstabe aa AO genanntes Verfahren erforderlich sind.

Zu den mitzuteilenden Tatsachen gehören z. B.:

- die Nichtanmeldung von Lohnsteuer,
- die verspätete Abgabe von Lohnsteuer-Anmeldungen,
- die verspätete Abführung oder Nichtabführung der einbehaltenen Steuerabzugsbeträge,
- bestehende Steuerrückstände, soweit diese durch die gewerbliche Tätigkeit ausgelöst wurden,
- erhebliche Nachforderungen aus Lohnsteuer-Außenprüfungen,
- wirtschaftliche Leistungsunfähigkeit.

Mitteilungen an Strafverfolgungsbehörden oder Offenbarungen in einem Strafverfahren wegen strafrechtlicher Verfehlungen im Falle der Arbeitnehmerüberlassung gestattet § 31a Abs. 1 Nr. 1 Buchstabe b Doppelbuchstabe aa AO nicht.

3.4 Verfahren

Damit die Finanzbehörden zwischen unerlaubter Arbeitnehmerüberlassung (vgl. AEAO zu § 31a, Nr. 2.1) und genehmigter Arbeitnehmerüberlassung unterscheiden und überprüfen können, ob ein Verleiher seinen steuerlichen Pflichten nachkommt, unterrichten die Dienststellen der Bundesagentur für Arbeit die Finanzbehörden von Amts wegen über die Erteilung, Versagung, Verlängerung, Rücknahme und den Widerruf sowie das Erlöschen der Erlaubnis zur gewerbsmäßigen Arbeitnehmerüberlassung. Die Dienststellen der Bundesagentur für Arbeit unterrichten die Finanzbehörden ferner über jeden Antrag eines Unternehmers mit Sitz im Ausland auf Erteilung einer Erlaubnis nach dem AÜG, über Anfragen von Unternehmen mit Sitz im Ausland, ob ihre im Inland beabsichtigte Tätigkeit erlaubnispflichtig sei, und über Anfragen inländischer Unternehmer, ob einem bestimmten ausländischen Unternehmen eine Erlaubnis nach dem AÜG erteilt wurde.

4. Entscheidung über Leistungen aus öffentlichen Mitteln (§ 31a Abs. 1 Nr. 1 Buchstabe b Doppelbuchstabe bb AO)

4.1 Leistungen aus öffentlichen Mitteln

Unter dem Begriff „Leistungen aus öffentlichen Mitteln“ sind alle Leistungen der öffentlichen Hand zu verstehen. Insbesondere fallen darunter Sozialleistungen und Subventionen.

4.1.1 Sozialleistungen

Sozialleistungen sind gem. § 11 SGB I die im SGB I vorgesehenen Dienst-, Sach- und Geldleistungen. Hierzu zählen die in §§ 18 bis 29 SGB I und die in § 68 SGB I aufgezählten Leistungen. Sozialleistungen sind danach z. B. die Leistungen der Agenturen für Arbeit, der gesetzlichen Krankenkassen, der gesetzlichen Rentenversicherungsträger, der Sozialämter und der Unterhaltsvorschussbehörden.

4.1.2 Subventionen

Subventionen sind gem. § 1 Abs. 1 SubvG i. V. m. § 264 Abs. 7 StGB Leistungen, die aus öffentlichen Mitteln nach Bundes- oder Landesrecht oder nach dem Recht der Europäischen Union an Betriebe oder Unternehmen wenigstens zum Teil ohne marktübliche Gegenleistung gewährt werden und der Förderung der Wirtschaft dienen sollen.

Leistungsgrundlage für die Gewährung von Subventionen sind das Recht von Bund, Ländern (zugleich auch Gemeinden) oder der Europäischen Union, wobei es sich nicht um ein Gesetz handeln muss, sondern auch auf Gesetz beruhende Haushaltsansätze genügen. Anhaltspunkte dafür, dass es sich bei der Zuwendung (Förderung) um eine Subvention handelt, ergeben sich regelmäßig aus den Antragsunterlagen oder aus dem Bewilligungsbescheid.

4.2 Zuständige Stellen

Mitteilungen sind an die jeweilig zuständigen Leistungs- bzw. Subventionsgeber zu richten, die für die Entscheidung über die Bewilligung, Gewährung, Rückforderung, Erstattung, Weitergewährung oder das Belassen der Leistung aus öffentlichen Mitteln zuständig sind.

4.3 Mitteilungen

Liegt eine Anfrage der Bewilligungsbehörde nicht vor, müssen sich konkrete Anhaltspunkte aus der Buchführung, den Aufzeichnungen oder den Unterlagen des Steuerpflichtigen ergeben (z. B. ein entsprechender Bewilligungsbescheid bei einer Außenprüfung). Vorsorgliche Mitteilungen aufgrund bloßer Vermutungen sind nicht vorzunehmen.

Von Amts wegen hat eine Offenbarung insbesondere zu erfolgen, wenn konkrete Anhaltspunkte es möglich erscheinen lassen, dass

- aufgrund eines Verwaltungsakts Sozialleistungen zu Unrecht in Anspruch genommen werden oder genommen wurden oder
- Sozialleistungen zu erstatten sind oder
- Tatsachen subventionserheblich i. S. d. § 264 Abs. 9 StGB sind. Subventionserheblich sind auch Tatsachen, die sich auf die Förderung nach der Gemeinschaftsaufgabe „Verbesserung der regionalen Wirtschaftsstruktur" (GA Förderung) beziehen.

Es genügt die Möglichkeit, dass die gewährten Subventionen oder Sozialleistungen zurückgefordert werden können. Ein konkreter Tatverdacht im strafprozessualen Sinne (z. B. Subventionsbetrug) ist nicht erforderlich. Es ist nicht Aufgabe des Finanzamts, zur Feststellung von Leistungsmissbräuchen über die Überprüfung steuerlicher Sachverhalte hinausgehende oder zusätzliche Ermittlungen vorzunehmen.

Die Entscheidung, ob tatsächlich ein Leistungsmissbrauch vorliegt, trifft die informierte Stelle

Mitteilungen an Strafverfolgungsbehörden oder Offenbarungen in einem Strafverfahren wegen strafrechtlicher Verfehlungen im Falle des Leistungsmissbrauchs gestattet § 31a Abs. 1 Nr. 1 Buchstabe b Doppelbuchstabe bb AO nicht.

5. Rückgewähr einer Leistung aus öffentlichen Mitteln (§ 31a Abs. 1 Satz 1 Nr. 2 AO)

Die Offenbarung ist zulässig, wenn sie für die Geltendmachung eines Anspruchs auf Rückgewähr einer Forderung aus öffentlichen Mitteln erforderlich ist. Hierunter ist sowohl die Durchsetzung, insbesondere die Vollstreckung, von nach § 31a Abs. 1 Satz 1 Nr. 1 Buchstabe b Doppelbuchstabe bb AO bereits festgesetzten Rückforderungen von Leistungen aus öffentlichen Mitteln, z. B. durch die für die Vollstreckung zuständigen Hauptzollämter, als auch die privatrechtliche Rückabwicklung von Leistungen oder Subventionen aus öffentlichen Mitteln durch die zuständigen Stellen zu verstehen. Eine

Offenbarung ist insbesondere auch zulässig für die Rückforderung von Zahlungen der gesetzlichen Krankenkassen und Ersatzkassen gegenüber Ärzten, Zahnärzten, Apothekern und Krankenhäusern auf Grund von Abrechnungsbetrügereien.

Eine Offenbarung ist ebenfalls zulässig, wenn sie für die Entscheidung der zuständigen Stelle erforderlich ist, ob ein Anspruch auf Rückgewähr einer Leistung aus öffentlichen Mitteln geltend gemacht oder nicht mehr weiterverfolgt werden soll. In diesem Fall hat die zuständige Stelle zu versichern, dass der Anspruchsgegner zuvor zu seinen wirtschaftlichen Verhältnissen befragt wurde und die für die Entscheidung erforderlichen Erkenntnisse auch auf andere zumutbare Weise nicht erlangt werden konnten.

Die Mitteilungen erfolgen im Regelfall nur aufgrund einer Anfrage der zuständigen Stelle bzw. auf Anfrage des Betroffenen. Die Mitteilungen sind an die für die Vollstreckung zuständigen Stellen bzw. an die für die Rückgewährung der Leistung aus öffentlichen Mitteln zuständigen Stellen (z. B. Sozialleistungsträger, Gewährer von Fördermitteln oder Subventionsgeber) zu richten.

§ 31b Mitteilungen zur Bekämpfung der Geldwäsche und der Terrorismusfinanzierung (S 0133)

(1) Die Offenbarung der nach § 30 geschützten Daten der betroffenen Person an die jeweils zuständige Stelle ist auch ohne Ersuchen zulässig, soweit sie einem der folgenden Zwecke dient:

1. der Durchführung eines Strafverfahrens wegen Geldwäsche oder Terrorismusfinanzierung nach 1 Absatz 1 und 2 des Geldwäschegesetzes,
2. der Verhinderung, Aufdeckung und Bekämpfung von Geldwäsche oder Terrorismusfinanzierung nach § 1 Absatz 1 und 2 des Geldwäschegesetzes,
3. der Durchführung eines Bußgeldverfahrens nach § 56 des Geldwäschegesetzes gegen Verpflichtete nach § 2 Absatz 1 Nummer 13 bis 16 des Geldwäschegesetzes,
4. dem Treffen von Maßnahmen und Anordnungen nach § 51 Absatz 2 des Geldwäschegesetzes gegenüber Verpflichteten nach § 2 Absatz 1 Nummer 13 bis 16 des Geldwäschegesetzes oder
5. der Wahrnehmung von Aufgaben nach § 28 Absatz 1 des Geldwäschegesetzes durch die Zentralstelle für Finanztransaktionsuntersuchungen.

(2) [1]Die Finanzbehörden haben der Zentralstelle für Finanztransaktionsuntersuchungen unverzüglich Sachverhalte unabhängig von deren Höhe mitzuteilen, wenn Tatsachen vorliegen, die darauf hindeuten, dass

1. es sich bei Vermögensgegenständen, die mit dem mitzuteilenden Sachverhalt im Zusammenhang stehen, um den Gegenstand einer Straftat nach § 261 des Strafgesetzbuchs handelt oder
2. die Vermögensgegenstände im Zusammenhang mit Terrorismusfinanzierung stehen.

[2]Mitteilungen an die Zentralstelle für Finanztransaktionsuntersuchungen sind durch elektronische Datenübermittlung zu erstatten; hierbei ist ein sicheres Verfahren zu verwenden, das die Vertraulichkeit und Integrität des Datensatzes gewährleistet. [3]Im Fall einer Störung der Datenübertragung ist ausnahmsweise eine Mitteilung auf dem Postweg möglich. [4]§ 45 Absatz 3 und 4 des Geldwäschegesetzes gilt entsprechend.

(2a) Die Finanzbehörden übermitteln der Zentralstelle für Finanztransaktionsuntersuchungen folgende Daten nach Maßgabe des § 31 Absatz 5 des Geldwäschegesetzes im automatisierten Verfahren, soweit dies zur Wahrnehmung der Aufgaben der Zentralstelle für Finanztransaktionsuntersuchungen nach § 28 Absatz 1 Satz 2 Nummer 2 des Geldwäschegesetzes erforderlich ist:

1. beim Bundeszentralamt für Steuern die nach § 5 Absatz 1 Nummer 13 des Finanzverwaltungsgesetzes vorgehaltenen Daten,
2. bei den Landesfinanzbehörden die zu einem Steuerpflichtigen gespeicherten Grundinformationen, die die Steuernummer, die Gewerbekennzahl, die Grund- und Zusatzkennbuchstaben, die Bankverbindung, die vergebene

Umsatzsteuer-Identifikationsnummer sowie das zuständige Finanzamt umfassen.

(2b) [1]Wird von der Verordnungsermächtigung des § 22a des Grunderwerbsteuergesetzes zur elektronischen Übermittlung der Anzeige im Sinne des § 18 des Grunderwerbsteuergesetzes Gebrauch gemacht, übermitteln die Landesfinanzbehörden die dort eingegangenen Datensätze nach Maßgabe des § 31 Absatz 5a des Geldwäschegesetzes der Zentralstelle für Finanztransaktionsuntersuchungen zur Wahrnehmung ihrer Aufgaben nach § 28 Absatz 1 Satz 2 Nummer 2 des Geldwäschegesetzes im automatisierten Verfahren. [2]Absatz 2 Satz 2 gilt entsprechend.

(3) Die Finanzbehörden haben der zuständigen Verwaltungsbehörde unverzüglich solche Tatsachen mitzuteilen, die darauf schließen lassen, dass

1. **ein Verpflichteter nach § 2 Absatz 1 Nummer 13 bis 16 des Geldwäschegesetzes eine Ordnungswidrigkeit nach § 56 des Geldwäschegesetzes begangen hat oder begeht oder**
2. **die Voraussetzungen für das Treffen von Maßnahmen und Anordnungen nach § 51 Absatz 2 des Geldwäschegesetzes gegenüber Verpflichteten nach § 2 Absatz 1 Nummer 13 bis 16 des Geldwäschegesetzes gegeben sind.**

(4) § 47 Absatz 3 des Geldwäschegesetzes gilt entsprechend.

AEAO zu § 31b - Mitteilungen zur Bekämpfung der Geldwäsche und der Terrorismusfinanzierung:

1. Offenbarungsbefugnis nach § 31b Abs. 1 AO

1.1 Die Finanzbehörden dürfen in den in § 31b Abs. 1 AO genannten Fällen den jeweils zuständigen Stellen die erforderlichen Auskünfte erteilen (Offenbarungsbefugnis). Liegt ein begründetes Auskunftsersuchen der jeweils zuständigen Stelle vor, ist ihr Auskunft zu erteilen (Offenbarungspflicht). Die ersuchende Stelle hat zu versichern, dass die erbetenen Daten den in § 31b Abs. 1 Nrn. 1 bis 5 AO genannten Zwecken dienen.

1.2 Die Zentralstelle für Finanztransaktionsuntersuchungen (FIU) hat nach § 28 Abs. 1 GwG die Aufgabe der Erhebung und Analyse von Informationen im Zusammenhang mit Geldwäsche oder Terrorismusfinanzierung und der Weitergabe dieser Informationen an die zuständigen inländischen öffentlichen Stellen zum Zwecke der Aufklärung, Verhinderung oder Verfolgung solcher Taten.

Im Hinblick auf § 31b Abs. 1 Nr. 5 AO sind insbesondere folgende Aufgaben der FIU von Bedeutung:

- die Entgegennahme und Sammlung von Meldungen nach dem GwG und Mitteilungen nach § 31b AO,
- die Durchführung von operativen Analysen einschließlich der Bewertung von Meldungen und sonstigen Informationen,

- die Übermittlung der sie betreffenden Ergebnisse dieser operativen Analyse und zusätzlicher relevanter Informationen an die zuständigen inländischen öffentlichen Stellen,
- die Durchführung von strategischen Analysen und Erstellung von Berichten aufgrund dieser Analysen,
- der Informationsaustausch und die Koordinierung mit inländischen Aufsichtsbehörden,
- die Zusammenarbeit und der Informationsaustausch mit zentralen Meldestellen anderer Staaten,
- die Untersagung von Transaktionen und die Anordnung von sonstigen Sofortmaßnahmen,
- der Austausch mit den Verpflichteten sowie mit den inländischen Aufsichtsbehörden und für die Aufklärung, Verhinderung oder Verfolgung der Geldwäsche und der Terrorismusfinanzierung zuständigen inländischen öffentlichen Stellen insbesondere über entsprechende Typologien und Methoden.

2. Mitteilungspflicht nach § 31b Abs. 2 AO

2.1 Sind der Finanzbehörde Tatsachen bekannt geworden, die darauf hindeuten, dass es sich bei Vermögenswerten, die mit einer Transaktion oder Geschäftsbeziehung im Zusammenhang stehen, um den Gegenstand einer Straftat nach § 261 StGB (Geldwäsche) handelt oder dass die Vermögenswerte im Zusammenhang mit Terrorismusfinanzierung stehen, hat sie diese unverzüglich der FIU auf dem hierfür eingerichteten einheitlichen Meldeweg elektronisch über das hierzu eingerichtete Verfahren mitzuteilen.

2.2 Den Finanzbehörden obliegt die Prüfung im Einzelfall, ob ein mitteilungspflichtiger Sachverhalt i. S. d. § 31b Abs. 2 AO vorliegt (Beurteilungsspielraum).

Die der Finanzverwaltung vorliegenden Anhaltspunkte müssen nicht die Schwelle eines strafrechtlichen Anfangsverdachtes erreichen. Hinsichtlich der Frage, ob es sich bei Vermögensgegenständen um den Gegenstand einer Straftat handelt oder diese im Zusammenhang mit Terrorismusfinanzierung stehen, obliegt der Finanzbehörde weder in tatsächlicher noch in rechtlicher Hinsicht eine eingehende strafrechtliche (Vor-) Prüfung.

Soweit es sich bei der potentiellen Geldwäschevortat um eine Steuerhinterziehung handelt, ist zu beachten, dass ein geldwäschetauglicher Vermögensgegenstand daraus nur entsteht, wenn es sich um einen Fall einer Steuervergütung oder -erstattung handelt.

3. Mitteilungspflicht nach § 31b Abs. 3 AO

3.1 Tatsachen, die auf eine Ordnungswidrigkeit i. S. d. § 56 Abs. 1 GwG durch einen Verpflichteten i. S. d. § 2 Abs. 1 Nrn. 13 bis 16 GwG schließen lassen, sind der zuständigen Verwaltungsbehörde nach § 31b Abs. 3 Nr. 1 AO unverzüglich mitzuteilen (zur zuständigen Verwaltungsbehörde siehe § 56 Abs. 5 GwG).

Mitzuteilen sind nur solche Tatsachen, die der Finanzbehörde im Rahmen des Besteuerungsverfahrens, eines Strafverfahrens wegen einer Steuerstraftat oder eines Bußgeldverfahrens wegen einer Steuerordnungswidrigkeit und mithilfe der dort geltenden Ermittlungsbefugnisse bekannt geworden sind. Der konkrete Sachverhalt ist dabei nach allgemeinen Erfahrungen und beruflichem Erfahrungswissen unter dem Blickwinkel seiner Ungewöhnlichkeit und Auffälligkeit im jeweiligen geschäftlichen Kontext zu würdigen. Die Mitteilung entsprechender Tatsachen setzt keinen Anfangsverdacht i. S. v. § 46 Abs. 1 OWiG i. V. m. § 152 Abs. 2 StPO voraus. Es reicht aus, dass eine Ordnungswidrigkeit aufgrund dieser Erfahrungen nahe liegt.

Es ist nicht zu prüfen, ob eine mögliche Ordnungswidrigkeit i. S. d. § 56 Abs. 1 GwG im Zeitpunkt der beabsichtigten Mitteilung bereits verjährt sein könnte (vgl. den zu § 4 Abs. 5 Nr. 10 Satz 3 EStG ergangenen BFH-Beschluss vom 14.7.2008, VII B 92/08, BStBl II S. 850).

3.2. Tatsachen, die darauf schließen lassen, dass die Voraussetzungen für das Treffen von Maßnahmen und Anordnungen nach § 51 Abs. 2 GwG gegenüber Verpflichteten i. S. d. § 2 Abs. 1 Nrn. 13 bis 16 GwG gegeben sind, sind der zuständigen Aufsichtsbehörde nach § 31b Abs. 3 Nr. 2 AO unverzüglich mitzuteilen (zur zuständigen Aufsichtsbehörde siehe § 50 GwG). Nr. 3.1 Abs. 2 des AEAO zu § 31b gilt entsprechend; die Anhaltspunkte müssen es als hinreichend sicher erscheinen lassen, dass aufsichtsrechtliche Maßnahmen geboten sind.

Beispiele für gebotene aufsichtsrechtliche Maßnahmen:

- Gewerbeuntersagung nach § 51 Abs. 5 GwG,
- Anordnung zur Schaffung interner Sicherungsmaßnahmen und/oder die Bestellung eines Geldwäschebeauftragten etwa bei Güterhändlern nach §§ 6 und 7 GwG oder
- Anordnung und Durchführung von Prüfungen zur Einhaltung der gesetzlichen Anforderungen.

4. Verbot der Informationsweitergabe

4.1 Soweit nichts anderes bestimmt ist, dürfen Finanzbehörden, die Kenntnis von einer nach § 43 Abs. 1 GwG abgegebenen Meldung eines Verpflichteten erlangt haben, diese Informationen nach § 47 Abs. 3 Satz 1 GwG nicht weitergeben an

- den Vertragspartner des Verpflichteten,
- den Auftraggeber der Transaktion,
- den wirtschaftlich Berechtigten,
- eine Person, die von einer der vorgenannten Personen als Vertreter oder Bote eingesetzt worden ist, und
- den Rechtsbeistand, der von einer der vorgenannten Personen mandatiert worden ist.

Eine Weitergabe dieser Informationen an diese Personen ist nur zulässig, wenn die FIU vorher ihr Einverständnis erklärt hat (§ 47 Abs. 3 Satz 2 GwG).

4.2 Gleiches gilt hinsichtlich der Mitteilungen der Finanzbehörden an die FIU nach § 31b Abs. 1 Nr. 5 oder Abs. 2 AO (§ 31b Abs. 4 AO) sowie für Meldungen an andere Stellen nach § 31b Abs. 1 oder 3 AO.

4.3 Dessen ungeachtet dürfen Mitteilungen und Aufzeichnungen nach § 32 Abs. 6 GwG für Besteuerungsverfahren und Strafverfahren wegen Steuerstraftaten verwendet werden. Hierbei ist möglichst sicherzustellen, dass der Zweck des durch die Strafverfolgungsbehörden eingeleiteten Ermittlungsverfahrens wegen außersteuerlicher Straftaten nicht gefährdet wird. Eine Gefährdung des Ermittlungsverfahrens ist insbesondere nicht anzunehmen, wenn die Strafverfolgungsbehörde ihr Verfahren bereits nach § 170 Abs. 2 StPO eingestellt hat, die Verfahrenseinleitung dem Betroffenen bereits bekannt ist oder bereits Anklage erhoben wurde. Im Zweifel ist eine Abstimmung mit der zuständigen Strafverfolgungsbehörde vorzunehmen.

5. Rückmeldungen der Finanzämter an die FIU

Hat die FIU einer Finanzbehörde einen Sachverhalt mitgeteilt, hat die Finanzbehörde die FIU nach § 42 Abs. 2 Satz 1 GwG über die abschließende Verwendung der bereitgestellten Informationen und über die Ergebnisse der Maßnahmen, die auf Grundlage der von der FIU bereitgestellten Informationen durchgeführt wurden, zu informieren. Das Steuergeheimnis steht dem nicht entgegen (§ 42 Abs. 2 Satz 2 GwG).

§ 31c Verarbeitung besonderer Kategorien personenbezogener Daten durch Finanzbehörden zu statistischen Zwecken (S 0134)

(1) [1]Abweichend von Artikel 9 Absatz 1 der Verordnung (EU) 2016/679 ist die Verarbeitung besonderer Kategorien personenbezogener Daten im Sinne des Artikels 9 Absatz 1 der Verordnung (EU) 2016/679 durch Finanzbehörden auch ohne Einwilligung der betroffenen Person für statistische Zwecke zulässig, wenn die Verarbeitung zu diesen Zwecken erforderlich ist und die Interessen des Verantwortlichen an der Verarbeitung die Interessen der betroffenen Person an einem Ausschluss der Verarbeitung erheblich überwiegen. [2]Der Verantwortliche sieht angemessene und spezifische Maßnahmen zur Wahrung der Interessen der betroffenen Person vor; § 22 Absatz 2 Satz 2 des Bundesdatenschutzgesetzes gilt entsprechend.

(2) Die in den Artikeln 15, 16, 18 und 21 der Verordnung (EU) 2016/679 vorgesehenen Rechte der betroffenen Person sind insoweit beschränkt, als diese Rechte voraussichtlich die Verwirklichung der Statistikzwecke unmöglich machen oder ernsthaft beinträchtigen und die Beschränkung für die Erfüllung der Statistikzwecke notwendig ist.

(3) [1]Ergänzend zu den in § 22 Absatz 2 Satz 2 des Bundesdatenschutzgesetzes genannten Maßnahmen sind zu statistischen Zwecken verarbeitete besondere Kategorien personenbezogener Daten im Sinne des Artikels 9 Absatz 1 der Verordnung (EU) 2016/679 zu pseudonymisieren oder anonymisieren, sobald dies nach dem Statistikzweck möglich ist, es sei denn, berechtigte Interessen der betroffenen Person stehen dem entgegen. [2]Bis dahin sind die Merkmale gesondert zu speichern, mit denen Einzelangaben über persönliche oder sachliche Verhältnisse einer bestimmten oder bestimmbaren Person zugeordnet werden können. [3]Sie dürfen mit den Einzelangaben nur zusammengeführt werden, soweit der Statistikzweck dies erfordert.

Fünfter Abschnitt – Haftungsbeschränkung für Amtsträger

§ 32 Haftungsbeschränkung für Amtsträger (S 0140)

Wird infolge der Amts- oder Dienstpflichtverletzung eines Amtsträgers

1. eine Steuer oder eine steuerliche Nebenleistung nicht, zu niedrig oder zu spät festgesetzt, erhoben oder beigetrieben oder

2. eine Steuererstattung oder Steuervergütung zu Unrecht gewährt oder

3. eine Besteuerungsgrundlage oder eine Steuerbeteiligung nicht, zu niedrig oder zu spät festgesetzt,

so kann er nur in Anspruch genommen werden, wenn die Amts- oder Dienstpflichtverletzung mit einer Strafe bedroht ist.

AEAO zu § 32 - Haftungsbeschränkung für Amtsträger:

Die Vorschrift enthält keine selbständige Haftungsgrundlage; sie schränkt vielmehr die sich aus anderen Bestimmungen ergebende Haftung für Amtsträger ein. Disziplinarmaßnahmen sind keine Strafen i. S. d. Vorschrift.

Sechster Abschnitt – Rechte der betroffenen Person

§ 32a Informationspflicht der Finanzbehörde bei Erhebung personenbezogener Daten bei betroffenen Personen (S 0141)

(1) Die Pflicht der Finanzbehörde zur Information der betroffenen Person gemäß Artikel 13 Absatz 3 der Verordnung (EU) 2016/679 besteht ergänzend zu der in Artikel 13 Absatz 4 der Verordnung (EU) 2016/679 genannten Ausnahme dann nicht, wenn die Erteilung der Information über die beabsichtigte Weiterverarbeitung oder Offenbarung

1. die ordnungsgemäße Erfüllung der in der Zuständigkeit der Finanzbehörden liegenden Aufgaben im Sinne des Artikels 23 Absatz 1 Buchstabe d bis h der Verordnung (EU) 2016/679 gefährden würde und die Interessen der Finanzbehörden an der Nichterteilung der Information die Interessen der betroffenen Person überwiegen,

2. die öffentliche Sicherheit oder Ordnung gefährden oder sonst dem Wohl des Bundes oder eines Landes Nachteile bereiten würde und die Interessen der Finanzbehörde an der Nichterteilung der Information die Interessen der betroffenen Person überwiegen,

3. den Rechtsträger der Finanzbehörde in der Geltendmachung, Ausübung oder Verteidigung zivilrechtlicher Ansprüche oder in der der Verteidigung gegen ihn geltend gemachter zivilrechtlicher Ansprüche im Sinne des Artikels 23 Absatz 1 Buchstabe j der Verordnung (EU) 2016/679 beeinträchtigen würde und die Finanzbehörde nach dem Zivilrecht nicht zur Information verpflichtet ist, oder

4. eine vertrauliche Offenbarung geschützter Daten gegenüber öffentlichen Stellen gefährden würde.

(2) Die ordnungsgemäße Erfüllung der in der Zuständigkeit der Finanzbehörden liegenden Aufgaben im Sinne des Artikels 23 Absatz 1 Buchstabe d bis h der Verordnung (EU) 2016/679 wird insbesondere gefährdet, wenn die Erteilung der Information

1. die betroffene Person oder Dritte in die Lage versetzen könnte,
   a) steuerlich bedeutsame Sachverhalte zu verschleiern,
   b) steuerlich bedeutsame Spuren zu verwischen oder
   c) Art und Umfang der Erfüllung steuerlicher Mitwirkungspflichten auf den Kenntnisstand der Finanzbehörden einzustellen,

oder

2. Rückschlüsse auf die Ausgestaltung automationsgestützter Risikomanagementsysteme oder geplante Kontroll- oder Prüfungsmaßnahmen zulassen

und damit die Aufdeckung steuerlich bedeutsamer Sachverhalte wesentlich erschwert würde.

(3) Unterbleibt eine Information der betroffenen Person nach Maßgabe von Absatz 1, ergreift die Finanzbehörde geeignete Maßnahmen zum Schutz der berechtigten Interessen der betroffenen Person.

(4) Unterbleibt die Benachrichtigung in den Fällen des Absatzes 1 wegen eines vorübergehenden Hinderungsgrundes, kommt die Finanzbehörde der Informationspflicht unter Berücksichtigung der spezifischen Umstände der Verarbeitung innerhalb einer angemessenen Frist nach Fortfall des Hinderungsgrundes, spätestens jedoch innerhalb von zwei Wochen, nach.

(5) Bezieht sich die Informationserteilung auf die Übermittlung personenbezogener Daten durch Finanzbehörden an Verfassungsschutzbehörden, den Bundesnachrichtendienst, den Militärischen Abschirmdienst und, soweit die Sicherheit des Bundes berührt wird, andere Behörden des Bundesministeriums der Verteidigung, ist sie nur mit Zustimmung dieser Stellen zulässig.

§ 32b Informationspflicht der Finanzbehörde, wenn personenbezogene Daten nicht bei der betroffenen Person erhoben wurden (S 0141)

(1) [1]Die Pflicht der Finanzbehörde zur Information der betroffenen Person gemäß Artikel 14 Absatz 1, 2 und 4 der Verordnung (EU) 2016/679 besteht ergänzend zu den in Artikel 14 Absatz 5 der Verordnung (EU) 2016/679 und § 31c Absatz 2 genannten Ausnahmen nicht,

1. soweit die Erteilung der Information
   a) die ordnungsgemäße Erfüllung der in der Zuständigkeit der Finanzbehörden oder anderer öffentlicher Stellen liegenden Aufgaben im Sinne

des Artikel 23 Absatz 1 Buchstabe d bis h der Verordnung (EU) 2016/679 gefährden würde oder

b) die öffentliche Sicherheit oder Ordnung gefährden oder sonst dem Wohl des Bundes oder eines Landes Nachteile bereiten würde

oder

2. wenn die Daten, ihre Herkunft, ihre Empfänger oder die Tatsache ihrer Verarbeitung nach § 30 oder einer anderen Rechtsvorschrift oder ihrem Wesen nach, insbesondere wegen überwiegender berechtigter Interessen eines Dritten im Sinne des Artikel 23 Absatz 1 Buchstabe i der Verordnung (EU) 2016/679, geheim gehalten werden müssen

und deswegen das Interesse der betroffenen Person an der Informationserteilung zurücktreten muss. [2]§ 32a Absatz 2 gilt entsprechend.

(2) Bezieht sich die Informationserteilung auf die Übermittlung personenbezogener Daten durch Finanzbehörden an Verfassungsschutzbehörden, den Bundesnachrichtendienst, den Militärischen Abschirmdienst und, soweit die Sicherheit des Bundes berührt wird, andere Behörden des Bundesministeriums der Verteidigung, ist sie nur mit Zustimmung dieser Stellen zulässig.

(3) Unterbleibt eine Information der betroffenen Person nach Maßgabe der Absätze 1 oder 2, ergreift die Finanzbehörde geeignete Maßnahmen zum Schutz der berechtigten Interessen der betroffenen Person.

§ 32c Auskunftsrecht der betroffenen Person (S 0141)

(1) Das Recht auf Auskunft der betroffenen Person gegenüber einer Finanzbehörde gemäß Artikel 15 der Verordnung (EU) 2016/679 besteht nicht, soweit

1. die betroffene Person nach § 32a Absatz 1 oder nach § 32b Absatz 1 oder 2 nicht zu informieren ist,

2. die Auskunftserteilung den Rechtsträger der Finanzbehörde in der Geltendmachung, Ausübung oder Verteidigung zivilrechtlicher Ansprüche oder in der Verteidigung gegen ihn geltend gemachter zivilrechtlicher Ansprüche im Sinne des Artikels 23 Absatz 1 Buchstabe j der Verordnung (EU) 2016/679 beeinträchtigen würde; Auskunftspflichten der Finanzbehörde nach dem Zivilrecht bleiben unberührt,

3. die personenbezogenen Daten

a) nur deshalb gespeichert sind, weil sie auf Grund gesetzlicher Aufbewahrungsvorschriften nicht gelöscht werden dürfen, oder

b) ausschließlich Zwecken der Datensicherung oder der Datenschutzkontrolle dienen

und die Auskunftserteilung einen unverhältnismäßigen Aufwand erfordern würde sowie eine Verarbeitung zu anderen Zwecken durch geeignete technische und organisatorische Maßnahmen ausgeschlossen ist.

(2) Die betroffene Person soll in dem Antrag auf Auskunft gemäß Artikel 15 der Verordnung (EU) 2016/679 die Art der personenbezogenen Daten, über die Auskunft erteilt werden soll, näher bezeichnen.

(3) Sind die personenbezogenen Daten weder automatisiert noch in nicht automatisierten Dateisystemen gespeichert, wird die Auskunft nur erteilt, soweit die betroffene Person Angaben macht, die das Auffinden der Daten ermöglichen, und der für die Erteilung der Auskunft erforderliche Aufwand nicht außer Verhältnis zu dem von der betroffenen Person geltend gemachten Informationsinteresse steht.

(4) [1]Die Ablehnung der Auskunftserteilung ist gegenüber der betroffenen Person zu begründen, soweit nicht durch die Mitteilung der tatsächlichen und rechtlichen Gründe, auf die die Entscheidung gestützt wird, der mit der Auskunftsverweigerung verfolgte Zweck gefährdet würde. [2]Die zum Zweck der Auskunftserteilung an die betroffene Person und zu deren Vorbereitung gespeicherten Daten dürfen nur für diesen Zweck sowie für Zwecke der Datenschutzkontrolle verarbeitet werden; für andere Zwecke ist die Verarbeitung nach Maßgabe des Artikels 18 der Verordnung (EU) 2016/679 einzuschränken.

(5) [1]Soweit der betroffenen Person durch eine Finanzbehörde keine Auskunft erteilt wird, ist sie auf Verlangen der betroffenen Person der oder dem Bundesbeauftragten für den Datenschutz und die Informationsfreiheit zu erteilen, soweit nicht die jeweils zuständige oberste Finanzbehörde im Einzelfall feststellt, dass dadurch die Sicherheit des Bundes oder eines Landes gefährdet würde. [2]Die Mitteilung der oder des Bundesbeauftragten für den Datenschutz und die Informationsfreiheit an die betroffene Person über das Ergebnis der datenschutzrechtlichen Prüfung darf keine Rückschlüsse auf den Erkenntnisstand der Finanzbehörde zulassen, sofern diese nicht einer weitergehenden Auskunft zustimmt.

§ 32d Form der Information oder Auskunftserteilung (S 0141)

(1) Soweit Artikel 12 bis 15 der Verordnung (EU) 2016/679 keine Regelungen enthalten, bestimmt die Finanzbehörde das Verfahren, insbesondere die Form der Information oder der Auskunftserteilung, nach pflichtgemäßem Ermessen.

(2) Die Finanzbehörde kann ihre Pflicht zur Information der betroffenen Person gemäß Artikel 13 oder 14 der Verordnung (EU) 2016/679 auch durch Bereitstellung der Informationen in der Öffentlichkeit erfüllen, soweit dadurch keine personenbezogenen Daten veröffentlicht werden.

(3) Übermittelt die Finanzbehörde der betroffenen Person die Informationen über die Erhebung oder Verarbeitung personenbezogener Daten nach Artikel 13 oder 14 der Verordnung (EU) 2016/679 elektronisch oder erteilt sie der betroffenen Person die Auskunft nach Artikel 15 der Verordnung (EU) 2016/679 elektronisch, ist § 87a Absatz 7 oder 8 entsprechend anzuwenden.

§ 32e Verhältnis zu anderen Auskunfts- und Informationszugangsansprüchen (S 0141)

[1]Soweit die betroffene Person oder ein Dritter nach dem Informationsfreiheitsgesetz vom 5. September 2005 (BGBl. I S. 2722) in der jeweils geltenden Fassung oder nach entsprechenden Gesetzen der Länder gegenüber der Finanzbehörde ein Anspruch auf Informationszugang hat, gelten die Artikel 12 bis 15 der Verordnung (EU) 2016/679 in Verbindung mit den §§ 32a bis 32d entsprechend. [2]Weitergehende Informationsansprüche über steuerliche Daten sind insoweit ausgeschlossen. [3]§ 30 Absatz 4 Nummer 2 ist insoweit nicht anzuwenden.

§ 32f Recht auf Berichtigung und Löschung, Widerspruchsrecht (S 0141)

(1) [1]Wird die Richtigkeit personenbezogener Daten von der betroffenen Person bestritten und lässt sich weder die Richtigkeit noch die Unrichtigkeit der Daten feststellen, gilt ergänzend zu Artikel 18 Absatz 1 Buchstabe a der Verordnung (EU) 2016/679, dass dies keine Einschränkung der Verarbeitung bewirkt, soweit die Daten einem Verwaltungsakt zugrunde liegen, der nicht mehr aufgehoben, geändert oder berichtigt werden kann. [2]Die ungeklärte Sachlage ist in geeigneter Weise festzuhalten. [3]Die bestrittenen Daten dürfen nur mit einem Hinweis hierauf verarbeitet werden.

(2) [1]Ist eine Löschung im Falle nicht automatisierter Datenverarbeitung wegen der besonderen Art der Speicherung nicht oder nur mit unverhältnismäßig hohem Aufwand möglich und ist das Interesse der betroffenen Person an der Löschung als gering anzusehen, besteht das Recht der betroffenen Person auf und die Pflicht der Finanzbehörde zur Löschung personenbezogener Daten gemäß Artikel 17 Absatz 1 der Verordnung (EU) 2016/679 ergänzend zu den in Artikel 17 Absatz 3 der Verordnung (EU) 2016/679 genannten Ausnahmen nicht. [2]In diesem Fall tritt an die Stelle einer Löschung die Einschränkung der Verarbeitung gemäß Artikel 18 der Verordnung (EU) 2016/679. [3]Die Sätze 1 und 2 finden keine Anwendung, wenn die personenbezogenen Daten unrechtmäßig verarbeitet wurden.

(3) [1]Ergänzend zu Artikel 18 Absatz 1 Buchstabe b und c der Verordnung (EU) 2016/679 gilt Absatz 2 Satz 1 und 2 entsprechend im Fall des Artikels 17 Absatz 1 Buchstabe a und d der Verordnung (EU) 2016/679, solange und soweit die Finanzbehörde Grund zu der Annahme hat, dass durch eine Löschung schutzwürdige Interessen der betroffenen Person beeinträchtigt würden. [2]Die Finanzbehörde unterrichtet die betroffene Person über die Einschränkung der Verarbeitung, sofern sich die Unterrichtung nicht als unmöglich erweist oder einen unverhältnismäßigen Aufwand erfordern würde.

(4) Ergänzend zu Artikel 17 Absatz 3 Buchstabe b der Verordnung (EU) 2016/679 gilt Absatz 2 entsprechend im Fall des Artikels 17 Absatz 1 Buchstabe a der Verordnung (EU) 2016/679, wenn einer Löschung vertragliche Aufbewahrungsfristen entgegenstehen.

(5) Das Recht auf Widerspruch gemäß Artikel 21 Absatz 1 der Verordnung (EU) 2016/679 gegenüber einer Finanzbehörde besteht nicht, soweit an der Verarbeitung ein zwingendes öffentliches Interesse besteht, das die Interessen der betroffenen Person überwiegt, oder eine Rechtsvorschrift zur Verarbeitung verpflichtet.

Siebter Abschnitt – Datenschutzaufsicht, Gerichtlicher Rechtsschutz in datenschutzrechtlichen Angelegenheiten

§ 32g Datenschutzbeauftragte der Finanzbehörden (S 0142)

Für die von Finanzbehörden gemäß Artikel 37 der Verordnung (EU) 2016/679 zu benennenden Datenschutzbeauftragten gelten § 5 Absatz 2 bis 5 sowie die §§ 6 und 7 des Bundesdatenschutzgesetzes entsprechend.

§ 32h Datenschutzrechtliche Aufsicht, Datenschutz-Folgenabschätzung (S 0142)

(1) [1]Die oder der Bundesbeauftragte für den Datenschutz und die Informationsfreiheit nach § 8 des Bundesdatenschutzgesetzes ist zuständig für die Aufsicht über die Finanzbehörden hinsichtlich der Verarbeitung personenbezogener Daten im Anwendungsbereich dieses Gesetzes. [2]Die §§ 13 bis 16 des Bundesdatenschutzgesetzes gelten entsprechend.

(2) [1]Entwickelt eine Finanzbehörde automatisierte Verfahren zur Verarbeitung personenbezogener Daten im Anwendungsbereich dieses Gesetzes für Finanzbehörden anderer Länder oder des Bundes, obliegt ihr zugleich die Datenschutz-Folgenabschätzung nach Artikel 35 der Verordnung (EU) 2016/679. [2]Soweit die Verfahren von den Finanzbehörden der Länder und des Bundes im Hinblick auf die datenschutzrelevanten Funktionen unverändert übernommen werden, gilt die Datenschutz-Folgenabschätzung auch für die übernehmenden Finanzbehörden.

(3) Durch Landesgesetz kann bestimmt werden, dass die oder der Bundesbeauftragte für den Datenschutz und die Informationsfreiheit für die Aufsicht über die Verarbeitung personenbezogener Daten im Rahmen landesrechtlicher oder kommunaler Steuergesetze zuständig ist, soweit die Datenverarbeitung auf bundesgesetzlich geregelten Besteuerungsgrundlagen oder auf bundeseinheitlichen Festlegungen beruht und die mit der Aufgabenübertragung verbundenen Verwaltungskosten der oder des Bundesbeauftragten für den Datenschutz und die Informationsfreiheit vom jeweiligen Land getragen werden.

§ 32i Gerichtlicher Rechtsschutz (S 0143)

(1) [1]Für Streitigkeiten über Rechte gemäß Artikel 78 Absatz 1 und 2 der Verordnung (EU) 2016/679 hinsichtlich der Verarbeitung nach § 30 geschützter Daten zwischen einer betroffenen öffentlichen Stelle gemäß § 6 Absatz 1 bis 1c und Absatz 2 oder ihres Rechtsträgers, einer betroffenen nicht-öffentlichen Stelle gemäß § 6 Absatz 1d und 1e oder einer betroffenen Person und der zuständigen Aufsichtsbehörde des Bundes oder eines Landes ist der Finanzrechtsweg gegeben. [2]Satz 1 gilt nicht in den Fällen des § 2a Absatz 4.

(2) [1]Für Klagen der betroffenen Person hinsichtlich der Verarbeitung personenbezogener Daten gegen Finanzbehörden oder gegen deren Auftragsverarbeiter wegen eines Verstoßes gegen datenschutzrechtliche Bestimmungen im Anwendungsbereich der Verordnung (EU) 2016/679 oder der darin enthaltenen Rechte der betroffenen Person ist der Finanzrechtsweg gegeben. [2]Der Finanzrechtsweg ist auch gegeben für Auskunfts- und Informationszugangsansprüche, deren Umfang nach § 32e begrenzt wird.

(3) [1]Hat die nach dem Bundesdatenschutzgesetz oder nach dem Landesrecht für die Aufsicht über andere öffentliche Stellen oder nicht-öffentliche Stellen zuständige Aufsichtsbehörde einen rechtsverbindlichen Beschluss erlassen, der eine Mitwirkungspflicht einer anderen öffentlichen Stelle oder einer nicht-öffentlichen Stelle gegenüber Finanzbehörden nach diesem Gesetz oder den Steuergesetzen ganz oder teilweise verneint, kann die zuständige Finanzbehörde auf Feststellung des Bestehens einer Mitwirkungspflicht klagen. [2]Die Stelle, deren Pflicht zur Mitwirkung die Finanzbehörde geltend macht, ist beizuladen.

(4) Die Finanzgerichtsordnung ist in den Fällen der Absätze 1 bis 3 nach Maßgabe der Absätze 5 bis 10 anzuwenden.

(5) [1]Für Verfahren nach Absatz 1 Satz 1 und Absatz 3 ist das Finanzgericht örtlich zuständig, in dessen Bezirk die jeweils zuständige Aufsichtsbehörde ihren Sitz hat. [2]Für Verfahren nach Absatz 2 ist das Finanzgericht örtlich zuständig, in dessen Bezirk die beklagte Finanzbehörde ihren Sitz oder der beklagte Auftragsverarbeiter seinen Sitz hat; § 38 Absatz 3 der Finanzgerichtsordnung gilt entsprechend.

(6) Beteiligte eines Verfahrens nach Absatz 1 Satz 1 sind

1. die öffentliche oder nicht-öffentliche Stelle oder die betroffene Person als Klägerin oder Antragstellerin,
2. die zuständige Aufsichtsbehörde des Bundes oder eines Landes als Beklagte oder Antragsgegnerin,
3. der nach § 60 der Finanzgerichtsordnung Beigeladene sowie
4. die oberste Bundes- oder Landesfinanzbehörde, die dem Verfahren nach § 122 Absatz 2 der Finanzgerichtsordnung beigetreten ist.

(7) Beteiligte eines Verfahrens nach Absatz 2 sind

1. die betroffene Person oder die um Auskunft oder Informationszugang ersuchende Person als Klägerin oder Antragstellerin,
2. die Finanzbehörde oder der Auftragsverarbeiter als Beklagte oder Antragsgegnerin,
3. der nach § 60 der Finanzgerichtsordnung Beigeladene sowie
4. die oberste Bundes- oder Landesfinanzbehörde, die dem Verfahren nach § 122 Absatz 2 der Finanzgerichtsordnung beigetreten ist.

(8) Beteiligte eines Verfahrens nach Absatz 3 sind

1. die zuständige Finanzbehörde als Klägerin oder Antragstellerin,

2. die Aufsichtsbehörde des Bundes oder eines Landes, die den rechtsverbindlichen Beschluss erlassen hat, als Beklagte oder Antragsgegnerin,

3. die Stelle, deren Pflicht zur Mitwirkung die Finanzbehörde geltend macht, als Beigeladene und

4. die oberste Bundes- oder Landesfinanzbehörde, die dem Verfahren nach § 122 Absatz 2 der Finanzgerichtsordnung beigetreten ist.

(9) [1]Ein Vorverfahren findet nicht statt. [2]Dies gilt nicht für Verfahren nach Absatz 2 Satz 2.

(10) [1]In Verfahren nach Absatz 1 Satz 1 haben eine Klage oder ein Antrag aufschiebende Wirkung. [2]Die zuständige Aufsichtsbehörde darf gegenüber einer Finanzbehörde, deren Rechtsträger oder deren Auftragsverarbeiter nicht die sofortige Vollziehung anordnen.

§ 32j Antrag auf gerichtliche Entscheidung bei angenommener Rechtswidrigkeit eines Angemessenheitsbeschlusses der Europäischen Kommission (S 0143)

Hält der oder die Bundesbeauftragte für den Datenschutz und die Informationsfreiheit oder eine nach Landesrecht für die Kontrolle des Datenschutzes zuständige Stelle einen Angemessenheitsbeschluss der Europäischen Kommission, auf dessen Gültigkeit es bei der Entscheidung über die Beschwerde einer betroffenen Person hinsichtlich der Verarbeitung personenbezogener Daten ankommt, für rechtswidrig, so gilt § 21 des Bundesdatenschutzgesetzes.

Zweiter Teil – Steuerschuldrecht

Erster Abschnitt – Steuerpflichtiger

§ 33 Steuerpflichtiger (S 0150)

(1) Steuerpflichtiger ist, wer eine Steuer schuldet, für eine Steuer haftet, eine Steuer für Rechnung eines Dritten einzubehalten und abzuführen hat, wer eine Steuererklärung abzugeben, Sicherheit zu leisten, Bücher und Aufzeichnungen zu führen oder andere ihm durch die Steuergesetze auferlegte Verpflichtungen zu erfüllen hat.

(2) Steuerpflichtiger ist nicht, wer in einer fremden Steuersache Auskunft zu erteilen, Urkunden vorzulegen, ein Sachverständigengutachten zu erstatten oder das Betreten von Grundstücken, Geschäfts- und Betriebsräumen zu gestatten hat.

AEAO zu § 33 - Steuerpflichtiger:

1. Zu den Pflichten, die nach § 33 Abs. 1 AO den Steuerpflichtigen auferlegt werden, gehören: Eine Steuer als Steuerschuldner, Haftender oder für Rechnung eines anderen (§ 43 AO) zu entrichten, die Verpflichtung zur Abgabe

einer Steuererklärung (§ 149 AO), zur Mitwirkung und Auskunft in eigener Steuersache (§§ 90, 93, 200 AO), zur Führung von Büchern und Aufzeichnungen (§§ 140 ff. AO), zur ordnungsgemäßen Kontenführung (§ 154 AO) oder zur Sicherheitsleistung (§ 241 AO).

2. Nicht unter den Begriff des Steuerpflichtigen fällt (§ 33 Abs. 2 AO), wer in einer für ihn fremden Steuersache tätig wird oder werden soll. Das sind neben Bevollmächtigten und Beiständen (§§ 80, 123, 183 AO) diejenigen, die Auskunft zu erteilen (§ 93 AO), Urkunden (§ 97 AO) oder Wertsachen (§ 100 AO) vorzulegen, Sachverständigengutachten zu erstatten (§ 96 AO) oder das Betreten von Grundstücken oder Räumen zu gestatten (§ 99 AO) oder Steuern aufgrund vertraglicher Verpflichtung zu entrichten haben (§ 192 AO).

3. Unter Steuergesetzen sind alle Gesetze zu verstehen, die steuerrechtliche Vorschriften enthalten, auch wenn diese nur einen Teil des Gesetzes umfassen.

§ 34 Pflichten der gesetzlichen Vertreter und der Vermögensverwalter

(S 0151)

(1) [1]Die gesetzlichen Vertreter natürlicher und juristischer Personen und die Geschäftsführer von nicht rechtsfähigen Personenvereinigungen und Vermögensmassen haben deren steuerliche Pflichten zu erfüllen. [2]Sie haben insbesondere dafür zu sorgen, dass die Steuern aus den Mitteln entrichtet werden, die sie verwalten.

(2) [1]Soweit nicht rechtsfähige Personenvereinigungen ohne Geschäftsführer sind, haben die Mitglieder oder Gesellschafter die Pflichten im Sinne des Absatzes 1 zu erfüllen. [2]Die Finanzbehörde kann sich an jedes Mitglied oder jeden Gesellschafter halten. [3]Für nicht rechtsfähige Vermögensmassen gelten die Sätze 1 und 2 mit der Maßgabe, dass diejenigen, denen das Vermögen zusteht, die steuerlichen Pflichten zu erfüllen haben.

(3) Steht eine Vermögensverwaltung anderen Personen als den Eigentümern des Vermögens oder deren gesetzlichen Vertretern zu, so haben die Vermögensverwalter die in Absatz 1 bezeichneten Pflichten, soweit ihre Verwaltung reicht.

AEAO zu § 34 - Pflichten der gesetzlichen Vertreter und der Vermögensverwalter:

1. Die gesetzlichen Vertreter natürlicher und juristischer Personen, die Geschäftsführer nichtrechtsfähiger Personenvereinigungen oder Vermögensmassen (§ 34 Abs. 1 AO) sowie die Vermögensverwalter im Rahmen ihrer Verwaltungsbefugnis (§ 34 Abs. 3 AO) treten in ein unmittelbares Pflichtenverhältnis zur Finanzbehörde. Sie haben alle Pflichten zu erfüllen. die den von ihnen Vertretenen auferlegt sind. Dazu gehören z. B. die Buchführungs-, Erklärungs-, Mitwirkungs- oder Auskunftspflichten (§§ 140 ff., 90, 93 AO), die Verpflichtung, Steuern zu zahlen und die Vollstreckung in dieses Vermögen zu dulden (§ 77 AO).

2. Hat eine nichtrechtsfähige Personenvereinigung oder Vermögensmasse keinen Geschäftsführer, so kann sich die Finanzbehörde unmittelbar an jedes

Mitglied oder an jeden Gesellschafter halten, ohne dass vorher in jedem Fall eine Aufforderung zur Bestellung von Bevollmächtigten ergehen muss. Die Finanzbehörde kann auch mehrere Mitglieder (Gesellschafter) zugleich zur Pflichterfüllung auffordern.

3. Hat eine GmbH keinen Geschäftsführer (führungslose GmbH) und befindet sie sich nicht in Liquidation oder im Insolvenzverfahren, wird die Gesellschaft für den Fall, dass ihr gegenüber Willenserklärungen abgegeben oder Schriftstücke zugestellt werden, nach § 35 Abs. 1 GmbHG durch die Gesellschafter vertreten. Hat eine AG keinen Vorstand (führungslose AG) und befindet sie sich nicht in Liquidation oder im Insolvenzverfahren, wird die Gesellschaft für den Fall, dass ihr gegenüber Willenserklärungen abgegeben oder Schriftstücke zugestellt werden, nach § 78 Abs. 1 AktG durch den Aufsichtsrat vertreten. Diese Vertretung gilt auch für die Bekanntgabe von Steuerverwaltungsakten (vgl. AEAO zu § 122, Nr. 2.8.1).

Die besonderen Vertreter einer führungslosen GmbH oder AG sind allerdings nur Passivvertreter und dürfen grundsätzlich keine aktiven Handlungen vornehmen. Daher liegt keine umfassende gesetzliche Vertretung der Gesellschaft i. S. d. § 34 Abs. 1 AO vor. Sobald aktive Handlungen der Gesellschaft - wie z. B. die Begleichung einer Steuerschuld - erforderlich sind, müssen die besonderen Vertreter einen Geschäftsführer bzw. Vorstand bestellen. Gegebenenfalls kann die Finanzbehörde beim Registergericht auch die Bestellung eines Notgeschäftsführers beantragen. Von dieser Möglichkeit sollte aber nur Gebrauch gemacht werden, wenn kein Verfügungsberechtigter i. S. d. § 35 AO vorhanden ist (vgl. AEAO zu § 35, Nr. 1), die Gesellschaft nicht vermögenslos ist und auch künftig Steuerverwaltungsakte gegenüber der Gesellschaft zu vollziehen sind. Das Amt des Notgeschäftsführers endet mit der Bestellung des ordentlichen Geschäftsführers, der Erledigung der dem Notgeschäftsführer zugewiesenen Aufgabe oder mit der Abberufung durch das bestellende Gericht. Zur Inanspruchnahme des bisherigen Geschäftsführers als Haftungsschuldner vgl. AEAO zu § 69.

4. Wegen der steuerlichen Pflichten des Insolvenzverwalters und des „starken" vorläufigen Insolvenzverwalters, wenn dem Schuldner ein allgemeines Verfügungsverbot auferlegt worden ist (§ 22 Abs. 1 InsO), vgl. AEAO zu § 34, Nr. 1. Wegen der verfahrensrechtlichen Stellung des Insolvenzverwalters vgl. im Übrigen AEAO zu § 251, Nr. 4.2.

§ 35 Pflichten des Verfügungsberechtigten (S 0152)

Wer als Verfügungsberechtigter im eigenen oder fremden Namen auftritt, hat die Pflichten eines gesetzlichen Vertreters (§ 34 Abs. 1), soweit er sie rechtlich und tatsächlich erfüllen kann.

AEAO zu § 35 - Pflichten des Verfügungsberechtigten:

1. Tatsächlich verfügungsberechtigt ist derjenige, der wirtschaftlich über Mittel, die einem anderen gehören, verfügen kann. Dies kann auch der Alleingesellschafter einer GmbH ohne Geschäftsführer sein (BFH-Urteil vom 27.11.1990, VII R 20/89, BStBl 1991 II S. 284; vgl. AEAO zu § 34, Nr. 3).

2. Rechtlich ist zur Erfüllung von Pflichten in der Lage, wer im Außenverhältnis rechtswirksam handeln kann. Auf etwaige Beschränkungen im Innenverhältnis (Auftrag, Vollmacht) kommt es nicht an. Bevollmächtigte werden von dieser Bestimmung nur betroffen, wenn sie tatsächlich und rechtlich verfügungsberechtigt sind.

3. Der Sicherungsnehmer einer Sicherungsübereignung oder Sicherungsabtretung ist grundsätzlich kein Verfügungsberechtigter i. S. d. Vorschrift, da er im Regelfall zur Verwertung des Sicherungsgutes lediglich zum Zweck seiner Befriedigung befugt und insoweit einem Pfandrechtsgläubiger vergleichbar ist. Im Einzelfall kann jedoch die Rechtsstellung des Sicherungsnehmers weitergehen, wenn er sich z. B. eigene Mitsprache- oder Verfügungsrechte im Betrieb des Sicherungsgebers vorbehalten hat, so dass er auch wirtschaftlich über die Mittel des Sicherungsgebers verfügen kann. Das kann dann der Fall sein, wenn sich ein Gläubiger zur Sicherstellung seiner Ansprüche die gesamten Kundenforderungen mit dem Recht zur Einziehung abtreten lässt und aus diesen Forderungen nur diejenigen Mittel frei gibt, die er zur Unternehmensfortführung des Sicherungsgebers für erforderlich hält.

§ 36 Erlöschen der Vertretungsmacht (S 0153)

Das Erlöschen der Vertretungsmacht oder der Verfügungsmacht lässt die nach den §§ 34 und 35 entstandenen Pflichten unberührt, soweit diese den Zeitraum betreffen, in dem die Vertretungsmacht oder Verfügungsmacht bestanden hat und soweit der Verpflichtete sie erfüllen kann.

AEAO zu § 36 - Erlöschen der Vertretungsmacht:

Auch nach dem Erlöschen der Vertretungs- oder Verfügungsmacht, gleichgültig worauf dies beruht, hat der gesetzliche Vertreter, Vermögensverwalter oder Verfügungsberechtigte die nach §§ 34 und 35 AO bestehenden Pflichten zu erfüllen, soweit sie vor dem Erlöschen entstanden sind und er zur Erfüllung noch in der Lage ist. Daraus ergibt sich u. a., dass sich der zur Auskunft für einen Beteiligten Verpflichtete nach dem Erlöschen der Vertretungs- oder Verfügungsmacht nicht auf ein evtl. Auskunftsverweigerungsrecht (§§ 101, 103, 104 AO) berufen kann. Auch entsteht kein Entschädigungsanspruch (§ 107 AO).

Zweiter Abschnitt – Steuerschuldverhältnis

§ 37 Ansprüche aus dem Steuerschuldverhältnis (S 0160)

(1) Ansprüche aus dem Steuerschuldverhältnis sind der Steueranspruch, der Steuervergütungsanspruch, der Haftungsanspruch, der Anspruch auf eine steuerliche Nebenleistung, der Erstattungsanspruch nach Absatz 2 sowie die in Einzelsteuergesetzen geregelten Steuererstattungsansprüche.

(2) [1]Ist eine Steuer, eine Steuervergütung, ein Haftungsbetrag oder eine steuerliche Nebenleistung ohne rechtlichen Grund gezahlt oder zurückgezahlt worden, so hat derjenige, auf dessen Rechnung die Zahlung bewirkt worden ist, an den Leistungsempfänger einen Anspruch auf Erstattung des gezahlten oder zurückgezahlten Betrags. [2]Dies gilt auch dann, wenn der rechtliche Grund für die Zahlung oder Rückzahlung später wegfällt. [3]Im Fall der Abtretung, Verpfändung oder Pfändung richtet sich der Anspruch auch gegen den Abtretenden, Verpfänder oder Pfändungsschuldner.

AEAO zu § 37 - Ansprüche aus dem Steuerschuldverhältnis:

Inhaltsübersicht

1. Ansprüche aus dem Steuerschuldverhältnis (§ 37 Abs. 1 AO)

§ 37 Abs. 1 AO enthält eine abschließende Aufzählung der Ansprüche aus dem Steuerschuldverhältnis. Die Ansprüche aus Strafen und Geldbußen gehören nicht zu den Ansprüchen aus dem Steuerschuldverhältnis.

2. Erstattungsanspruch nach § 37 Abs. 2 AO

§ 37 Abs. 2 AO enthält eine allgemeine Umschreibung des öffentlich-rechtlichen Erstattungsanspruchs, der einem Steuerpflichtigen oder Steuergläubiger dadurch erwächst, dass eine Leistung aus dem Steuerschuldverhältnis ohne rechtlichen Grund erfolgt ist oder der Grund hierfür später wegfällt. Eine Zahlung ist ohne rechtlichen Grund geleistet, wenn sie den materiell-rechtlichen Anspruch übersteigt (BFH-Urteile vom 6.2.1996, VII R 50/95, BStBl 1997 II S. 112, und vom 15.10.1997, II R 56/94, BStBl II S. 796). § 37 Abs. 2 Satz 1 AO gilt sowohl für den Erstattungsanspruch des Steuerpflichtigen gegen das Finanzamt als auch für den umgekehrten Fall der Rückforderung einer an den Steuerpflichtigen oder einen Dritten rechtsgrundlos geleisteten Steuererstattung durch das Finanzamt (vgl. BFH-Urteil vom 22.3.2011, VII R 42/10, BStBl II S. 607).

Ein nach materiellem Recht bestehender Erstattungsanspruch kann allerdings nur durchgesetzt werden, wenn ein entgegenstehender Verwaltungsakt i. S. d. § 218 Abs. 1 AO aufgehoben oder geändert worden ist; maßgebend ist bei mehrfacher Änderung der letzte Verwaltungsakt (BFH-Urteil vom 6.2.1996, VII R 50/95, a. a. O.). Im Übrigen vgl. AEAO zu § 218.

2.1 Rückforderungsanspruch des Finanzamts

Schuldner eines abgabenrechtlichen Rückforderungsanspruchs (Erstattungsverpflichteter) ist derjenige, zu dessen Gunsten erkennbar die Zahlung geleistet wurde (Leistungsempfänger), die zurückverlangt wird. In der Regel ist dies derjenige, demgegenüber die Finanzbehörde ihre - vermeintliche oder tatsächlich bestehende - abgabenrechtliche Verpflichtung erfüllen will.

Der Empfänger der Steuererstattung oder Steuervergütung (Zahlungsempfänger) ist aber nicht in allen Fällen auch der Leistungsempfänger.

War ein Dritter tatsächlicher Empfänger einer Zahlung, ist er dann nicht Leistungsempfänger, wenn er lediglich als Zahlstelle, unmittelbarer Vertreter oder Bote für den Erstattungsberechtigten (vgl. AEAO zu § 37, Nr. 2.2) aufgetreten bzw. von diesem benannt worden ist oder das Finanzamt an ihn aufgrund einer Zahlungsanweisung des Erstattungsberechtigten eine Steuererstattung ausgezahlt hat (BFH-Urteil vom 6.12.1988, VII R 206/83, BStBl 1989 II S. 223). Denn in einem solchen Fall will das Finanzamt erkennbar nicht mit befreiender Wirkung zu dessen Gunsten leisten, sondern es erbringt seine Leistung mit dem Willen, eine Forderung des steuerlichen Rechtsinhabers zu erfüllen (vgl. BFH-Urteil vom 22.8.1980, VI R 102/77, BStBl 1981 II S. 44). Mithin ist nicht der Zahlungsempfänger, sondern der nach materiellem Steuerrecht Erstattungsberechtigte als Leistungsempfänger i. S. d. § 37 Abs. 2 AO anzusehen (BFH-Beschluss vom 8.4.1986, VII B 128/85, BStBl II S. 511).

Ungeachtet des Willens des Finanzamts, an den Rechtsinhaber der Erstattungsforderung eine Leistung zu erbringen, ist aber der tatsächliche Empfänger der Zahlung des Finanzamts in folgenden Fällen Leistungsempfänger und Schuldner des Rückforderungsanspruchs, weil insoweit keine Leistung mit befreiender Wirkung gegenüber dem Erstattungsberechtigten erfolgt ist:

- Ein vermeintlicher Bote, Vertreter oder Bevollmächtigter nimmt Erstattungszahlungen des Finanzamts entgegen, obwohl keine Weisung oder Vollmacht des Erstattungsberechtigten besteht (vgl. BFH-Beschluss vom 27.4.1998, VII B 296/97, BStBl II S. 499).
- Das Finanzamt nimmt an einen am Steuerschuldverhältnis nicht beteiligten Dritten eine Zahlung in der irrigen Annahme vor, er sei von dem Erstattungsberechtigten ermächtigt, für diesen Zahlungen entgegenzunehmen, in Wahrheit besteht jedoch eine diesbezügliche Rechtsbeziehung zwischen dem Zahlungsempfänger und dem Erstattungsberechtigten nicht.
- Das Finanzamt leistet ohne rechtlichen Grund an einen Dritten, weil es sich beispielsweise über die Person des Erstattungsberechtigten irrt oder den Erstattungsbetrag auf ein Bankkonto überweist, dessen Inhaber nicht der Erstattungsberechtigte, sondern der Dritte ist.

Hat das Finanzamt eine Überweisung an das vom Steuerpflichtigen benannte Konto bei dem von ihm genannten Kreditinstitut gerichtet, ist der Steuerpflichtige Leistungsempfänger und damit im Fall einer Rückforderung Rückgewährschuldner.

Dabei ist unbeachtlich, wie das Kreditinstitut mit dem in Empfang genommenen Betrag verfahren ist (vgl. BFH-Urteil vom 18.9.2012, VII R 53/11, BStBl 2013 II S. 270).

Ein Kreditinstitut ist nämlich auch dann nur Zahlstelle und nicht Leistungsempfänger i. S. d. § 37 Abs. 2 AO, wenn es den vom Finanzamt an den Steuerpflichtigen überwiesenen Betrag auf ein bereits gekündigtes, aber noch nicht abgerechnetes Girokonto des Steuerpflichtigen oder ein internes Zwischenkonto verbucht und nach Rechnungsabschluss an den früheren Kontoinhaber bzw. dessen Insolvenzverwalter ausgezahlt oder den Überweisungsbetrag mit einem fortbestehenden Schuldensaldo auf dem betreffenden Konto verrechnet hat.

Das Kreditinstitut ist auch dann nicht zur Rückzahlung des vom Finanzamt überwiesenen Betrages verpflichtet, wenn der Steuerpflichtige dem Finanzamt für die Überweisung ein anderes Konto benannt hatte (vgl. BFH-Urteile vom 10.11.2009, VII R 6/09, BStBl 2010 II S. 255, und vom 22.11.2011, VII R 27/11, BStBl 2012 II S. 167). Die Zahlung auf das unzutreffende Konto hat gegenüber dem Steuerpflichtigen zwar - anders, als wenn der Steuerpflichtige dem Finanzamt eine Kontoänderung nicht mitgeteilt hat (BFH-Urteil vom 10.11.1987, VII R 171/84, BStBl 1988 II S. 41) - unmittelbar keine Erfüllungswirkung. Das Finanzamt kann aber mit seinem Rückforderungsanspruch nach § 37 Abs. 2 Satz 1 AO (gegen den Steuerpflichtigen als Leistungsempfänger) gegen den Anspruch auf erneute Zahlung aufrechnen und letzteren somit zum Erlöschen bringen.

Zur Rückforderung von während des laufenden Insolvenzverfahrens ohne rechtlichen Grund an den Insolvenzverwalter ausbezahlten Ansprüchen aus dem Steuerschuldverhältnis siehe Nr. 14 des AEAO zu § 251.

2.2 Erstattungsanspruch des Steuerpflichtigen

2.2.1 Allgemeines

Erstattungsberechtigter ist derjenige, auf dessen Rechnung die Zahlung geleistet worden ist, auch wenn tatsächlich ein Dritter die Zahlung geleistet hat. Es kommt nicht darauf an, von wem oder mit wessen Mitteln gezahlt worden ist. Maßgeblich ist vielmehr, wessen Steuerschuld nach dem Willen des Zahlenden, wie er im Zeitpunkt der Zahlung dem Finanzamt erkennbar hervorgetreten ist, getilgt werden sollte (BFH-Urteil vom 30.9.2008, VII R 18/08, BStBl 2009 II S. 38 m. w. N.). Den Finanzbehörden wird damit nicht zugemutet, im Einzelfall die zivilrechtlichen Beziehungen zwischen dem Steuerschuldner und einem zahlenden Dritten daraufhin zu überprüfen, wer von ihnen - im Innenverhältnis - auf die zu erstattenden Beträge materiell-rechtlich einen Anspruch hat (BFH-Urteil vom 25.7.1989, VII R 118/87, BStBl 1990 II S. 41)

2.2.2 Erstattungsanspruch bei Gesamtschuldnern

Personen, die gem. § 44 AO Gesamtschuldner sind, sind nicht Gesamtgläubiger eines Erstattungsanspruchs nach § 37 Abs. 2 AO (BFH-Urteil vom 19.10.1982, VII R 55/80, BStBl 1983 II S. 162). Erstattungsberechtigter ist der Gesamtschuldner, auf dessen Rechnung die Zahlung erfolgt ist.

Lässt sich aus den dem Finanzamt bei Zahlung erkennbaren Umständen nicht entnehmen, wessen Steuerschuld der zahlende Gesamtschuldner begleichen wollte, ist grundsätzlich davon auszugehen, dass der Gesamtschuldner nur seine eigene Steuerschuld tilgen wollte (vgl. BFH-Urteil vom 18.2.1997, VII R 117/95, BFH/NV S. 482,

m. w. N.). Ist eine Zahlung aber erkennbar für gemeinsame Rechnung der Gesamtschuldner geleistet worden, so sind diese grundsätzlich nach Köpfen erstattungsberechtigt.

2.3 Erstattungsanspruch bei der Einkommensteuer

Zu Besonderheiten bei Bestimmung des Einkommensteuer-Erstattungsanspruchs - insbesondere bei Ehegatten oder Lebenspartnern - vgl. BMF-Schreiben vom 14.1.2015, BStBl I S. 83.[1]

§ 38 Entstehung der Ansprüche aus dem Steuerschuldverhältnis (S 0161)

Die Ansprüche aus dem Steuerschuldverhältnis entstehen, sobald der Tatbestand verwirklicht ist, an den das Gesetz die Leistungspflicht knüpft.

AEAO zu § 38 - Entstehung der Ansprüche aus dem Steuerschuldverhältnis:

1. Der Steueranspruch entsteht in dem Zeitpunkt, in dem der Tatbestand verwirklicht wird, an den das Gesetz eine bestimmte Leistungspflicht knüpft, soweit nicht im Gesetz eine abweichende Regelung getroffen worden ist (z. B. § 36 Abs. 1 EStG, § 30 KStG, § 13 Abs. 1 UStG, § 18 GewStG, § 9 Abs. 2 GrStG, § 9 ErbStG). Das gilt nicht nur für den Steueranspruch, sondern auch für den Steuervergütungsanspruch und den Steuererstattungsanspruch (z. B. zur Lohnsteuer vgl. AEAO zu § 46, Nr. 1). Der auf einem Verlustrücktrag nach § 10d Abs. 1 EStG beruhende Erstattungsanspruch entsteht erst mit Ablauf des Veranlagungszeitraums, in dem der Verlust entstanden ist (BFH-Urteil vom 6.6.2000, VII R 104/98, BStBl II S. 491). Der Erstattungsanspruch nach § 37 Abs. 2 AO entsteht in dem Zeitpunkt, in dem die den materiell-rechtlichen Anspruch aus dem Steuerschuldverhältnis übersteigende Leistung erbracht wurde oder der rechtliche Grund für die Leistung entfallen ist.

2. Von der Entstehung der Ansprüche aus dem Steuerschuldverhältnis zu unterscheiden sind
   - die Festsetzung durch Steuerbescheid (§§ 155 ff. AO),
   - die Fälligkeit (§ 220 AO) sowie
   - die Verwirklichung im Erhebungsverfahren (§§ 218 ff. AO).

[1] Im Anhang 48 abgedruckt

§ 39 Zurechnung (S 0162)

(1) Wirtschaftsgüter sind dem Eigentümer zuzurechnen.

(2) Abweichend von Absatz 1 gelten die folgenden Vorschriften:

1. **[1]Übt ein anderer als der Eigentümer die tatsächliche Herrschaft über ein Wirtschaftsgut in der Weise aus, dass er den Eigentümer im Regelfall für die gewöhnliche Nutzungsdauer von der Einwirkung auf das Wirtschaftsgut wirtschaftlich ausschließen kann, so ist ihm das Wirtschaftsgut zuzurechnen. [2]Bei Treuhandverhältnissen sind die Wirtschaftsgüter dem Treugeber, beim Sicherungseigentum dem Sicherungsgeber und beim Eigenbesitz dem Eigenbesitzer zuzurechnen.**
2. **Wirtschaftsgüter, die mehreren zur gesamten Hand zustehen, werden den Beteiligten anteilig zugerechnet, soweit eine getrennte Zurechnung für die Besteuerung erforderlich ist.**

AEAO zu § 39 - Zurechnung:

1. § 39 Abs. 2 Nr. 1 Satz 1 AO definiert den Begriff des wirtschaftlichen Eigentums i. S. d. Rechtsprechung des BFH (z. B. BFH-Urteile vom 12.9.1991, III R 233/90, BStBl 1992 II S. 182, und vom 11.6.1997, XI R 77/96, BStBl II S. 774), insbesondere zur ertragsteuerlichen Behandlung von Leasing-Verträgen. Beispiele für die Anwendung des Grundsatzes des § 39 Abs. 2 Nr. 1 Satz 1 AO enthält Satz 2. Der landwirtschaftliche Pächter ist grundsätzlich nicht als wirtschaftlicher Eigentümer zu behandeln.
2. Für die anteilige Zurechnung von Wirtschaftsgütern, die mehreren zur gesamten Hand zustehen, sind die jeweiligen Steuergesetze sowie die allgemeinen gesetzlichen und vertraglichen Regelungen maßgebend. Eine Ermittlung der Anteile erfolgt nur, soweit eine getrennte Zurechnung für die Besteuerung erforderlich ist.

§ 40 Gesetz- oder sittenwidriges Handeln (S 0163)

Für die Besteuerung ist es unerheblich, ob ein Verhalten, das den Tatbestand eines Steuergesetzes ganz oder zum Teil erfüllt, gegen ein gesetzliches Gebot oder Verbot oder gegen die guten Sitten verstößt.

§ 41 Unwirksame Rechtsgeschäfte (S 0163)

(1) [1]Ist ein Rechtsgeschäft unwirksam oder wird es unwirksam, so ist dies für die Besteuerung unerheblich, soweit und solange die Beteiligten das wirtschaftliche Ergebnis dieses Rechtsgeschäfts gleichwohl eintreten und bestehen lassen. [2]Dies gilt nicht, soweit sich aus den Steuergesetzen etwas anderes ergibt.

(2) [1]Scheingeschäfte und Scheinhandlungen sind für die Besteuerung unerheblich. [2]Wird durch ein Scheingeschäft ein anderes Rechtsgeschäft verdeckt, so ist das verdeckte Rechtsgeschäft für die Besteuerung maßgebend.

AEAO zu § 41 - Unwirksame Rechtsgeschäfte:

1. Ein unwirksames oder anfechtbares Rechtsgeschäft ist für Zwecke der Besteuerung als gültig zu behandeln, soweit die Beteiligten das wirtschaftliche Ergebnis bestehen lassen. Soweit ausnahmsweise die rückwirkende Aufhebung eines vollzogenen Vertrages steuerlich zu berücksichtigen ist, wird auf die in Einzelsteuergesetzen geregelten Besonderheiten (z. B. § 17 UStG) hingewiesen; zur verfahrensmäßigen Abwicklung Hinweis auf § 175 Abs. 1 Satz 1 Nr. 2 AO.

2. Nach § 41 Abs. 2 AO sind z. B. Scheinarbeitsverhältnisse zwischen Ehegatten/Lebenspartnern oder die Begründung eines Scheinwohnsitzes für die Besteuerung ohne Bedeutung.

3. Beteiligter ist nicht der Beteiligte i. S. d. § 78 AO, sondern der am Vertrag Beteiligte.

§ 42 Missbrauch von rechtlichen Gestaltungsmöglichkeiten (S 0164)

(1) [1]Durch Missbrauch von Gestaltungsmöglichkeiten des Rechts kann das Steuergesetz nicht umgangen werden. [2]Ist der Tatbestand einer Regelung in einem Einzelsteuergesetz erfüllt, die der Verhinderung von Steuerumgehungen dient, so bestimmen sich die Rechtsfolgen nach jener Vorschrift. [3]Anderenfalls entsteht der Steueranspruch beim Vorliegen eines Missbrauchs im Sinne des Absatzes 2 so, wie er bei einer den wirtschaftlichen Vorgängen angemessenen rechtlichen Gestaltung entsteht.

(2) [1]Ein Missbrauch liegt vor, wenn eine unangemessene rechtliche Gestaltung gewählt wird, die beim Steuerpflichtigen oder einem Dritten im Vergleich zu einer angemessenen Gestaltung zu einem gesetzlich nicht vorgesehenen Steuervorteil führt. [2]Dies gilt nicht, wenn der Steuerpflichtige für die gewählte Gestaltung außersteuerliche Gründe nachweist, die nach dem Gesamtbild der Verhältnisse beachtlich sind.

AEAO zu § 42 - Missbrauch von rechtlichen Gestaltungsmöglichkeiten:

1. Bei Anwendung des § 42 Abs. 1 Satz 2 AO ist zunächst zu prüfen, ob das im Einzelfall anzuwendende Einzelsteuergesetz für den vorliegenden Sachverhalt eine Regelung enthält, die der Verhinderung von Steuerumgehungen dient. Ob eine Regelung in einem Einzelsteuergesetz der Verhinderung der Steuerumgehung dient, ist nach dem Wortlaut der Regelung und dem Sinnzusammenhang, nach der systematischen Stellung im Gesetz sowie nach der Entstehungsgeschichte der Regelung zu beurteilen.

   Liegt danach eine Regelung vor, die der Verhinderung von Steuerumgehungen dient, gilt Folgendes:

   - Ist der Tatbestand der Regelung erfüllt, bestimmen sich die Rechtsfolgen allein nach dieser Vorschrift, nicht nach § 42 Abs. 1 Satz 3 i. V. m. Abs. 2 AO. In diesem Fall ist unerheblich, ob auch die Voraussetzungen des § 42 Abs. 2 AO vorliegen.

- Ist der Tatbestand der Regelung dagegen nicht erfüllt, ist in einem weiteren Schritt zu prüfen, ob ein Missbrauch i. S. d. § 42 Abs. 2 AO vorliegt. Allein das Vorliegen einer einzelgesetzlichen Regelung, die der Verhinderung von Steuerumgehungen dient, schließt die Anwendbarkeit des § 42 Abs. 1 Satz 3 i. V. m. Abs. 2 AO damit nicht aus.

2. Sofern ein Missbrauch i. S. d. § 42 Abs. 2 AO vorliegt, entsteht der Steueranspruch bei allen vom Sachverhalt Betroffenen so, wie er bei einer den wirtschaftlichen Vorgängen angemessenen rechtlichen Gestaltung entsteht (§ 42 Abs. 1 Satz 3 AO).

2.1 Ein Missbrauch i. S. d. § 42 Abs. 2 AO liegt vor, wenn

- eine rechtliche Gestaltung gewählt wird, die den wirtschaftlichen Vorgängen nicht angemessen ist,
- die gewählte Gestaltung beim Steuerpflichtigen oder einem Dritten im Vergleich zu einer angemessenen Gestaltung zu einem Steuervorteil führt,
- dieser Steuervorteil gesetzlich nicht vorgesehen ist und
- der Steuerpflichtige für die von ihm gewählte Gestaltung keine außersteuerlichen Gründe nachweist, die nach dem Gesamtbild der Verhältnisse beachtlich sind.

2.2 Ob eine rechtliche Gestaltung unangemessen ist, ist für jede Steuerart gesondert nach den Wertungen des Gesetzgebers, die den jeweiligen maßgeblichen steuerrechtlichen Vorschriften zugrunde liegen, zu beurteilen. Das Bestreben, Steuern zu sparen, macht für sich allein eine Gestaltung noch nicht unangemessen. Eine Gestaltung ist aber insbesondere dann auf ihre Angemessenheit zu prüfen, wenn sie ohne Berücksichtigung der beabsichtigten steuerlichen Effekte unwirtschaftlich, umständlich, kompliziert, schwerfällig, gekünstelt, überflüssig, ineffektiv oder widersinnig erscheint. Die Ungewöhnlichkeit einer Gestaltung begründet allein noch keine Unangemessenheit.

Indizien für die Unangemessenheit einer Gestaltung sind zum Beispiel:

- die Gestaltung wäre von einem verständigen Dritten in Anbetracht des wirtschaftlichen Sachverhalts und der wirtschaftlichen Zielsetzung ohne den Steuervorteil nicht gewählt worden;
- die Vor- oder Zwischenschaltung von Angehörigen oder anderen nahe stehenden Personen oder Gesellschaften war rein steuerlich motiviert;
- die Verlagerung oder Übertragung von Einkünften oder Wirtschaftsgütern auf andere Rechtsträger war rein steuerlich motiviert.

Bei einer grenzüberschreitenden Gestaltung ist nach der Rechtsprechung des EuGH (vgl. z. B. Urteil vom 12.9.2006, Rs. C-196/04, EuGHE I S. 7995) Unangemessenheit insbesondere dann anzunehmen, wenn die gewählte Gestaltung rein künstlich ist und nur dazu dient, die Steuerentstehung im Inland zu umgehen.

2.3 Bei der Prüfung, ob die gewählte Gestaltung zu Steuervorteilen führt, sind die steuerlichen Auswirkungen der gewählten Gestaltung mit der hypothetischen steuerlichen Auswirkung einer angemessenen Gestaltung zu vergleichen. Dabei sind auch solche Steuervorteile zu berücksichtigen, die nicht beim handelnden Steuerpflichtigen selbst, sondern bei Dritten eintreten. Dritte i. S. d. § 42 Abs. 2 Satz 1 AO sind nur solche Personen, die in einer gewissen Nähe zum Steuerpflichtigen stehen. Dies ist insbesondere dann anzunehmen, wenn die Beteiligten Angehörige des Steuerpflichtigen i. S. d. § 15 AO oder persönlich oder wirtschaftlich mit ihm verbunden sind (z. B. nahe stehende Personen i. S. v. H 8.5 KStH 2015 oder § 1 Abs. 2 AStG).

2.4 Der in § 42 Abs. 2 AO verwendete Begriff des „gesetzlich nicht vorgesehenen Steuervorteils" ist nicht deckungsgleich mit dem „nicht gerechtfertigten Steuervorteil" i. S. d. § 370 Abs. 1 AO. Steuervorteile i. S. d. § 42 Abs. 2 AO sind daher nicht nur Steuervergütungen oder Steuererstattungen, sondern auch geringere Steueransprüche.

2.5 Der durch die gewählte Gestaltung begründete Steuervorteil ist insbesondere dann gesetzlich vorgesehen, wenn der Tatbestand einer Norm erfüllt ist, mit der der Gesetzgeber ein bestimmtes Verhalten durch steuerliche Anreize fördern wollte.

2.6 § 42 Abs. 2 Satz 2 AO eröffnet dem Steuerpflichtigen die Möglichkeit, die bei Vorliegen des Tatbestands des § 42 Abs. 2 Satz 1 AO begründete Annahme eines Missbrauchs durch Nachweis außersteuerlicher Gründe zu entkräften. Die vom Steuerpflichtigen nachgewiesenen außersteuerlichen Gründe müssen allerdings nach dem Gesamtbild der Verhältnisse beachtlich sein. Sind die nachgewiesenen außersteuerlichen Gründe nach dem Gesamtbild der Verhältnisse im Vergleich zum Ausmaß der Unangemessenheit der Gestaltung und den vom Gesetzgeber nicht vorgesehenen Steuervorteilen nicht wesentlich oder sogar nur von untergeordneter Bedeutung, sind sie nicht beachtlich. In diesem Fall bleibt es bei der Annahme eines Missbrauchs nach § 42 Abs. 2 Satz 1 AO.

2.7 Die - nur für Körperschaften geltenden - Mindeststandards der Richtlinie (EU) 2016/1164 vom 12.7.2016 (ABl. L 193 vom 19.7.2016, S. 1-14) werden durch § 42 AO national erfüllt.

3. Ein Missbrauch von rechtlichen Gestaltungsmöglichkeiten nach § 42 AO ist als solcher nicht strafbar. Eine leichtfertige Steuerverkürzung oder eine Steuerhinterziehung kann aber vorliegen, wenn der Steuerpflichtige pflichtwidrig unrichtige oder unvollständige Angaben macht, um das Vorliegen einer Steuerumgehung zu verschleiern.

4. § 42 AO in der Fassung des Jahressteuergesetzes 2008 ist ab dem 1.1.2008 für Kalenderjahre, die nach dem 31.12.2007 beginnen, anzuwenden. Für Kalenderjahre, die vor dem 1.1.2008 liegen, ist § 42 AO in der am 28.12.2007 geltenden Fassung weiterhin anzuwenden.

§ 43 Steuerschuldner, Steuervergütungsgläubiger (S 0165)

[1]Die Steuergesetze bestimmen, wer Steuerschuldner oder Gläubiger einer Steuervergütung ist. [2]Sie bestimmen auch, ob ein Dritter die Steuer für Rechnung des Steuerschuldners zu entrichten hat.

§ 44 Gesamtschuldner (S 0165)

(1) [1]Personen, die nebeneinander dieselbe Leistung aus dem Steuerschuldverhältnis schulden oder für sie haften oder die zusammen zu einer Steuer zu veranlagen sind, sind Gesamtschuldner. [2]Soweit nichts anderes bestimmt ist, schuldet jeder Gesamtschuldner die gesamte Leistung.

(2) [1]Die Erfüllung durch einen Gesamtschuldner wirkt auch für die übrigen Schuldner. [2]Das Gleiche gilt für die Aufrechnung und für eine geleistete Sicherheit. [3]Andere Tatsachen wirken nur für und gegen den Gesamtschuldner, in dessen Person sie eintreten. [4]Die Vorschriften der §§ 268 bis 280 über die Beschränkung der Vollstreckung in den Fällen der Zusammenveranlagung bleiben unberührt.

AEAO zu § 44 - Gesamtschuldner:

Zur Steuerfestsetzung bei Gesamtschuldnern wird auf § 122 Abs. 6 und 7 AO, § 155 Abs. 3 AO hingewiesen, zur Inanspruchnahme eines Haftungsschuldners auf § 219 AO, wegen der Vollstreckung gegen Gesamtschuldner auf § 342 Abs. 2 AO, wegen einer Beschränkung der Vollstreckung in den Fällen der Zusammenveranlagung auf §§ 268 bis 280 AO, wegen der Erstattung an Gesamtschuldner vgl. AEAO zu § 37, Nr. 2.2.2 und 2.3.

§ 45 Gesamtrechtsnachfolge (S 0165)

(1) [1]Bei Gesamtrechtsnachfolge gehen die Forderungen und Schulden aus dem Steuerschuldverhältnis auf den Rechtsnachfolger über. [2]Dies gilt jedoch bei der Erbfolge nicht für Zwangsgelder.

(2) [1]Erben haben für die aus dem Nachlass zu entrichtenden Schulden nach den Vorschriften des bürgerlichen Rechts über die Haftung des Erben für Nachlassverbindlichkeiten einzustehen. [2]Vorschriften, durch die eine steuerrechtliche Haftung der Erben begründet wird, bleiben unberührt.

AEAO zu § 45 – Gesamtrechtsnachfolge:

1. Ob eine Gesamtrechtsnachfolge (der gesetzlich angeordnete Übergang des Vermögens) i. S. d. § 45 Abs. 1 AO vorliegt, ist grundsätzlich nach dem Zivilrecht zu beurteilen. Eine Gesamtrechtsnachfolge i. S. d. § 45 Abs. 1 liegt daher beispielsweise vor in Fällen der Erbfolge (§ 1922 Abs. 1 BGB), der Anwachsung des Anteils am Gesellschaftsvermögen bei Ausscheiden eines Gesellschafters (§ 738 Abs. 1 Satz 1 BGB; BFH-Urteile vom 28.4.1965, II 9/62 U, BStBl III S. 422, und vom 18.9.1980, V R 175/74, BStBl 1981 II S. 293), der Verschmelzung von Gesellschaften (§ 1 Abs. 1 Nr. 1, §§ 2 ff. UmwG) und der Vermögensübertragung im Wege der Vollübertragung (§ 1 Abs. 1 Nr. 3, § 174 Abs. 1, §§ 175, 176, 178, 180 ff. UmwG). Abweichend von der zivilrechtlichen Betrachtung gilt aber in den vorgenannten Fällen der Anwachsung, der Verschmelzung und der Vermögensübertragung im Wege der Vollübertragung § 45 Abs. 1 AO nicht in Bezug auf die gesonderte und einheitliche Feststellung von Besteuerungsgrundlagen; zur Pflicht, eine Außenprüfung als Gesamtrechtsnachfolger zu dulden, vgl. aber AEAO zu § 197, Nr. 5.7.3.

2. Ungeachtet der Anwendung der §§ 15, 16 und 20 ff. UmwStG liegt eine Gesamtrechtsnachfolge i. S. d. § 45 Abs. 1 AO nicht vor in Fällen einer Abspaltung oder Ausgliederung (§ 1 Abs. 1 Nr. 2, §§ 123 ff. UmwG; BFH-Urteile vom 7.8.2002, I R 99/00, BStBl 2003 II S. 835, und vom 5.11.2009, IV R 29/08, HFR 2010, S. 233) sowie einer Vermögensübertragung im Wege der Teilübertragung (§ 1 Abs. 1 Nr. 3, § 174 Abs. 2, §§ 175, 177, 179, 184 ff., 189 UmwG). In den Fällen einer Aufspaltung (§ 1 Abs. 1 Nr. 2, § 123 Abs. 1 UmwG) ist jedoch § 45 Abs. 1 AO sinngemäß anzuwenden; dies gilt nicht in Bezug auf die gesonderte und einheitliche Feststellung von Besteuerungsgrundlagen.

3 Eine formwechselnde Umwandlung (§ 1 Abs. 1 Nr. 4, §§ 190 ff. UmwG) führt grundsätzlich nicht zu einer Gesamtrechtsnachfolge i. S. d. § 45 Abs. 1 AO, da lediglich ein Wechsel der Rechtsform eines Rechtsträgers unter Wahrung seiner rechtlichen Identität vorliegt (§ 202 Abs. 1 Nr. 1 UmwG). Ändert sich aber durch den Formwechsel das Steuersubjekt (z. B. in Fällen der Umwandlung einer Personengesellschaft in eine Kapitalgesellschaft oder der Umwandlung einer Kapitalgesellschaft in eine Personengesellschaft), ist § 45 Abs. 1 AO sinngemäß anzuwenden.

4. Zur Bekanntgabe von Steuerverwaltungsakten in Fällen einer Gesamtrechtsnachfolge sowie bei Abspaltung, Ausgliederung oder Vermögensübertragung im Wege der Teilübertragung vgl. AEAO zu § 122, Nrn. 2.12, 2.15 und 2.16 sowie AEAO zu § 197, Nrn. 8 und 9. Zu den ertragsteuerlichen Auswirkungen einer Umwandlung oder Einbringung vgl. BMF-Schreiben vom 11.11.2011, BStBl I S. 1314.

§ 46 Abtretung, Verpfändung, Pfändung (S 0166)

(1) Ansprüche auf Erstattung von Steuern, Haftungsbeträgen, steuerlichen Nebenleistungen und auf Steuervergütungen können abgetreten, verpfändet und gepfändet werden.

(2) Die Abtretung wird jedoch erst wirksam, wenn sie der Gläubiger in der nach Absatz 3 vorgeschriebenen Form der zuständigen Finanzbehörde nach Entstehung des Anspruchs anzeigt.

(3) [1]Die Abtretung ist der zuständigen Finanzbehörde unter Angabe des Abtretenden, des Abtretungsempfängers sowie der Art und Höhe des abgetretenen Anspruchs und des Abtretungsgrundes auf einem amtlich vorgeschriebenen Vordruck anzuzeigen. [2]Die Anzeige ist vom Abtretenden und vom Abtretungsempfänger zu unterschreiben.

(4) [1]Der geschäftsmäßige Erwerb von Erstattungs- oder Vergütungsansprüchen zum Zweck der Einziehung oder sonstigen Verwertung auf eigene Rechnung ist nicht zulässig. [2]Dies gilt nicht für die Fälle der Sicherungsabtretung. [3]Zum geschäftsmäßigen Erwerb und zur geschäftsmäßigen Einziehung der zur Sicherung abgetretenen Ansprüche sind nur Unternehmen befugt, denen das Betreiben von Bankgeschäften erlaubt ist.

(5) Wird der Finanzbehörde die Abtretung angezeigt, so müssen Abtretender und Abtretungsempfänger der Finanzbehörde gegenüber die angezeigte Abtretung gegen sich gelten lassen, auch wenn sie nicht erfolgt oder nicht wirksam oder wegen Verstoßes gegen Absatz 4 nichtig ist.

(6) [1]Ein Pfändungs- und Überweisungsbeschluss oder eine Pfändungs- und Einziehungsverfügung dürfen nicht erlassen werden, bevor der Anspruch entstanden ist. [2]Ein entgegen diesem Verbot erwirkter Pfändungs- und Überweisungsbeschluss oder erwirkte Pfändungs- und Einziehungsverfügung sind nichtig. [3]Die Vorschriften der Absätze 2 bis 5 sind auf die Verpfändung sinngemäß anzuwenden.

(7) Bei Pfändung eines Erstattungs- oder Vergütungsanspruchs gilt die Finanzbehörde, die über den Anspruch entschieden oder zu entscheiden hat, als Drittschuldner im Sinne der §§ 829, 845 der Zivilprozessordnung.

AEAO zu § 46 - Abtretung, Verpfändung, Pfändung:

1. Der Gläubiger kann die Abtretung oder Verpfändung der zuständigen Finanzbehörde wirksam nur nach Entstehung des Anspruchs anzeigen. Die Anzeige wirkt nicht auf den Zeitpunkt des Abtretungs- oder Verpfändungsvertrages zurück. Vor Entstehung des Steueranspruchs sind Pfändungen wirkungslos; sie werden auch nicht mit Entstehung des Anspruchs wirksam. Da z. B. der

Einkommensteuererstattungsanspruch aus überzahlter Lohnsteuer grundsätzlich mit Ablauf des für die Steuerfestsetzung maßgebenden Erhebungszeitraums entsteht (§ 38 AO i. V. m. § 36 Abs. 1 EStG), sind während des betreffenden Erhebungszeitraums (bis 31.12.) angezeigte Lohnsteuer-Abtretungen bzw. Verpfändungen oder ausgebrachte Pfändungen wirkungslos. Ein auf einem Verlustrücktrag nach § 10d Abs. 1 EStG beruhender Erstattungsanspruch ist nur dann wirksam abgetreten, gepfändet oder verpfändet, wenn die Abtretung, Verpfändung oder Pfändung erst nach Ablauf des Verlustentstehungsjahres angezeigt bzw. ausgebracht worden ist (vgl. AEAO zu § 38, Nr. 1 Satz 3). Der Anspruch auf Erstattungszinsen nach § 233a AO entsteht erst, wenn eine Steuerfestsetzung zu einer Steuererstattung führt und die übrigen Voraussetzungen des § 233a AO in diesem Zeitpunkt erfüllt sind. Eine vor der Steuerfestsetzung angezeigte Abtretung des Anspruchs auf Erstattungszinsen ist unwirksam (BFH-Urteil vom 14.5.2002, VII R 6/01, BStBl II S. 677).

2. Der geschäftsmäßige Erwerb und die geschäftsmäßige Einziehung von Erstattungs- oder Vergütungsansprüchen ist nach § 46 Abs. 4 AO nur bei Sicherungsabtretungen und dabei auch nur Bankunternehmen gestattet (BFH-Urteil vom 23.10.1985, VII R 196/82, BStBl 1986 II S. 124).

2.1 Geschäftsmäßig i. S. v. § 46 Abs. 4 AO handelt, wer die Tätigkeit - Erwerb von Erstattungs- oder Vergütungsansprüchen - selbständig und in Wiederholungsabsicht ausübt. Dafür getroffene organisatorische Vorkehrungen indizieren die Wiederholungsabsicht, sie sind indes für deren Annahme keine notwendige Voraussetzung (vgl. BFH-Urteil vom 13.10.1994, VII R 3/94, BFH/NV 1995 S. 473). Eine entscheidende Rolle bei der Beurteilung der Geschäftsmäßigkeit kann die Zahl der Erwerbsfälle und der Zeitraum ihres Vorkommens spielen.

Allgemeine Festlegungen oder Beurteilungsmaßstäbe lassen sich hierzu aber nicht aufstellen; insoweit kommt es immer auf die Verhältnisse des Einzelfalls an (vgl. u. a. BFH-Urteile vom 13.10.1994, VII R 3/94, a.a.O., und vom 4.2.2005, VII R 54/04, BStBl II 2006 S. 348, jeweils m. w. N.). Für die Annahme der Geschäftsmäßigkeit reicht es indes nicht aus, dass die - vereinzelte - Abtretung im Rahmen eines Handelsgeschäfts vorgenommen wurde.

2.2 Die Abtretung eines Erstattungs- oder Vergütungsanspruchs erfolgt nur dann zur bloßen Sicherung, wenn für beide Beteiligten der Sicherungszweck im Vordergrund steht. Eine Sicherungsabtretung ist daher grundsätzlich dadurch gekennzeichnet, dass der Abtretungsempfänger die Forderung nicht behalten darf. Er soll sie nur vorübergehend für den Abtretenden als Sicherheit für einen Anspruch gegen den Abtretenden innehaben.

Deshalb kann eine Sicherungsabtretung regelmäßig nur dann vorliegen, wenn der Inhaber des Pfandrechts bei Fälligkeit seines Anspruchs zunächst versuchen muss, Befriedigung aus seinem Anspruch selbst zu suchen. Erst wenn dies nicht gelingt, darf er auf die Sicherheit zurückgreifen. Eine Abtretung zur Sicherung ist dagegen nicht gegeben, wenn der Abtretende seine Einwirkungsmöglichkeiten auf die abgetretene Forderung weitgehend aufgibt (vgl. BFH-Urteil vom 3.2.1984, VII R 72/82, BStBl II S. 411).

Haben Abtretender und Abtretungsempfänger eine direkte Begleichung der Forderung des Abtretungsempfängers durch die Finanzbehörde vereinbart, liegt eine Sicherungsabtretung nur vor, wenn der Sicherungszweck in einem solchen Maß überwiegt, dass andere Beweggründe für die gewählte rechtliche Gestaltung ausscheiden. Die gesamten Umstände des Einzelfalles, unter denen die Geschäftsbeziehung begründet worden ist, sind für die Beurteilung heranzuziehen (vgl. BFH-Urteil vom 21.2.1989, VII R 7/86, BFH/NV S. 555 m. w. N.).

2.3 Eine Sicherungsabtretung liegt nicht vor, wenn der Abtretende den Abtretungsempfänger ermächtigt hat, einen Steuerberater oder Lohnsteuerhilfeverein mit der Einlegung von Rechtsbehelfen zu beauftragen und den Anspruch gegen den Steuerberater bzw. Lohnsteuerhilfeverein auf Herausgabe der Steuerunterlagen an den Abtretungsempfänger ebenfalls abgetreten hat (vgl. BFH-Urteil vom 21.2.1989, VII R 7/86, a.a.O.). Gegen eine Sicherungsabtretung kann z. B. auch sprechen, dass der Abtretende im Zeitpunkt der Abtretung arbeitslos ist und der Abtretungsempfänger nicht mit einer Zahlung des Abtretenden aus anderen Mitteln rechnen kann.

Eine Sicherungsabtretung liegt auch dann nicht vor, wenn die der Abtretung zugrunde liegende Geschäftsbeziehung zwischen einem Steuerpflichtigen und einem Kreditinstitut nur zum Zweck der Kreditgewährung begründet wurde und das Kreditinstitut die Erstattungsbeträge aufgrund des Darlehensvertrages nach Eingang der Beträge ohne Einwirkungsmöglichkeit des Steuerpflichtigen verrechnen und auf diese Weise das Darlehen tilgen darf. In diesen Fällen liegt eine Abtretung bzw. Verpfändung erfüllungshalber vor.

2.4 Auskünfte darüber, inwieweit einem Unternehmen das Betreiben von Bankgeschäften nach § 32 Abs. 1 KWG erlaubt worden ist, können bei der Bundesanstalt für Finanzdienstleistungsaufsicht (BAFin) oder auch bei der Deutschen Bundesbank und ihren Hauptverwaltungen eingeholt werden.

2.5 Verstöße gegen § 46 Abs. 4 AO können als Steuerordnungswidrigkeit geahndet werden (§ 383 AO).

3. Auch bei einem Verstoß gegen § 46 Abs. 4 Satz 1 AO oder bei sonstiger Unwirksamkeit des der Abtretung oder Verpfändung zugrunde liegenden Rechtsgeschäfts kann die Finanzbehörde nach erfolgter Anzeige mit befreiender Wirkung an den Abtretungsempfänger zahlen, soweit nicht Rechte anderer Gläubiger entgegenstehen.

4. Mit der wirksam angezeigten Abtretung oder Verpfändung (bzw. ausgebrachten Pfändung) geht nicht die gesamte Rechtsstellung des Steuerpflichtigen über (BFH-Urteile vom 21.3.1975, VI R 238/71, BStBl II S. 669, vom 15.5.1975, V R 84/70, BStBl 1976 II S. 41, vom 25.4.1978, VII R 2/75, BStBl II S. 465, und vom 27.1.1993, II S 10/92, BFH/NV S. 350). Übertragen wird nur der Zahlungsanspruch. Auch nach einer Abtretung, Pfändung oder Verpfändung ist der Steuerbescheid nur dem Steuerpflichtigen bekannt zu geben. Der neue Gläubiger des Erstattungsanspruchs kann nicht den Steuerbescheid anfechten. Dem neuen Gläubiger des Erstattungsanspruchs muss nur mitgeteilt werden, ob und ggf. in welcher Höhe sich aus der Veranlagung

ein Erstattungsanspruch ergeben hat und ob und ggf. in welcher Höhe aufgrund der Abtretung, Pfändung oder Verpfändung an ihn zu leisten ist. Über Streitigkeiten hierüber ist durch Verwaltungsakt nach § 218 Abs. 2 AO zu entscheiden. Der neue Gläubiger des Erstattungsanspruchs ist nicht befugt, einen Antrag auf Einkommensteuerveranlagung gem. § 46 Abs. 2 Nr. 8 EStG zu stellen (vgl. BFH-Urteil vom 18.8.1998, VII R 114/97, BStBl 1999 II S. 84). Die vorstehenden Sätze gelten entsprechend für Fälle einer Überleitung von Steuererstattungsansprüchen gem. § 93 SGB XII. Für die Überleitung von Steuererstattungsansprüchen nach dem Asylbewerberleistungsgesetz ist § 93 SGB XII entsprechend anzuwenden (§ 7 Abs. 4 AsylbLG). Für Fälle des Übergangs von Steuererstattungsansprüchen im Wege des gesetzlichen Forderungsübergangs im Rahmen der Leistungen zur Grundsicherung für Arbeitsuchende nach § 33 SGB II gelten die vorstehenden Sätze entsprechend. Dieser Antrag ist ein von den Rechtswirkungen des § 46 AO nicht erfasstes höchstpersönliches steuerliches Gestaltungsrecht.

5. Fehlt in der Abtretungsanzeige, nach der die Erstattungsansprüche aus der Zusammenveranlagung abgetreten worden sind, die Unterschrift eines Ehegatten oder Lebenspartners, so wird dadurch die Wirksamkeit der Abtretung des Anspruchs, soweit er auf den Ehegatten bzw. Lebenspartner entfällt, der die Anzeige unterschrieben hat, nicht berührt (BFH-Urteil vom 13.3.1997, VII R 39/96, BStBl II S. 522). Zum Erstattungsanspruch bei zusammenveranlagten Ehegatten oder Lebenspartnern vgl. AEAO zu § 37, Nr. 2.

6. Für die Anzeige der Abtretung oder Verpfändung eines Erstattungs- oder Vergütungsanspruches wird der in der Anlage abgedruckte Vordruck bestimmt.

7. Die auf einem vollständig ausgefüllten amtlichen Vordruck erklärte, vom Abtretenden und vom Abtretungsempfänger jeweils eigenhändig unterschriebene Abtretungsanzeige kann der zuständigen Finanzbehörde auch per Telefax übermittelt werden (vgl. BFH-Urteil vom 8.6.2010, VII R 39/09, BStBl II S. 839). Dies gilt entsprechend, wenn eine Abtretungsanzeige i. S. d. Satzes 1 eingescannt per E Mail übermittelt wird. Die Anzeige der Abtretung wird wirksam, sobald die Kenntnisnahme durch die Finanzbehörde möglich und nach der Verkehrsanschauung zu erwarten ist (§ 130 Abs. 1 Satz 1 BGB). Dies bedeutet: Eintritt der Wirksamkeit bei Übermittlung

   - während der üblichen Dienststunden der Finanzbehörde im Zeitpunkt der vollständigen Übermittlung;
   - außerhalb der üblichen Dienststunden der Finanzbehörde zum Zeitpunkt des Dienstbeginns am nächsten Arbeitstag.

Anlage zum AEAO zu § 46:

ACHTUNG **Beachten Sie unbedingt die Hinweise in Abschnitt V. des Formulars!** **Zutreffendes bitte ankreuzen bzw. leserlich ausfüllen!**	**Eingangsstempel**
Finanzamt	**Raum für Bearbeitungsvermerke**

☐ **Abtretungsanzeige** ☐ **Verpfändungsanzeige**

I. Abtretende(r) / Verpfänder(in)

Familienname bzw. Firma (bei Gesellschaften)	Vorname	Geburtsdatum
	Steuernummer	
Ehegatte/Lebenspartner: Familienname	Vorname	Geburtsdatum
Anschrift(en)		

II. Abtretungsempfänger(in) / Pfandgläubiger(in)

Name / Firma und Anschrift

III. Anzeige

Folgender Erstattungs- bzw. Vergütungsanspruch ist abgetreten / verpfändet worden:

1. Bezeichnung des Anspruchs:

☐ Einkommensteuer-Veranlagung	Für Kalenderjahr ______	☐ Umsatzsteuerfestsetzung	für Kalenderjahr ______
☐ ______	Für Zeitraum ______	☐ Umsatzsteuervoranmeldung	für Monat bzw. Quartal / Jahr ______
☐ ______	Für Kalenderjahr ______		
☐ ______			

2. Umfang der Abtretung bzw. Verpfändung:

☐ **VOLL**-Abtretung / Verpfändung

Hinweis: Die Vollabtretung umfasst auch Erstattungsansprüche aufgrund künftiger Änderungen der Steuerfestsetzung(en), die nicht auf Verlustrückträgen (§ 10d EStG) oder rückwirkenden Ereignissen (§ 175 AO) aus Zeiträumen nach Eingang der Abtretungsanzeige / Verpfändungsanzeige bei der Finanzbehörde beruhen.

☐ **TEIL**-Abtretung / Verpfändung in Höhe von ______ Euro

3. Grund der Abtretung / Verpfändung: ______

(kurze stichwortartige Kennzeichnung des der Abtretung zugrunde liegenden schuldrechtlichen Lebenssachverhaltes)

4. a) Es handelt sich um eine Sicherungsabtretung oder Verpfändung als Sicherheit:

☐ Ja ☐ Nein

b) Die Abtretung / Verpfändung erfolgte geschäftsmäßig:

☐ Ja ☐ Nein

Abtretungsanzeige BMF 07/2015

Seite 2

5. **Der Abtretungsempfänger / Pfandgläubiger ist ein Unternehmen, dem das Betreiben von Bankgeschäften erlaubt ist:**

☐ Ja ☐ Nein

IV. Überweisung / Verrechnung

Der abgetretene / verpfändete Betrag soll ausgezahlt werden durch:

☐ **Überweisung** auf Konto **IBAN** (International Bank Account Number, Internationale Kontonummer) **BIC** (Business Identifier Code: Internationale Bankleitzahl)

Geldinstitut (Zweigstelle) und Ort

Kontoinhaber, wenn abweichend von Abschnitt II

☐ **Verrechnung** mit Steuerschulden des / der Abtretungsempfängers(in) / Pfandgläubigers(in)

beim Finanzamt ______ Steuernummer ______

Steuerart ______ Zeitraum ______

(für genauere Anweisungen bitte einen gesonderten Verrechnungsantrag beifügen!)

V. Wichtige Hinweise

Unterschreiben Sie bitte kein Formular, das nicht ausgefüllt ist oder dessen Inhalt Sie nicht verstehen!

Prüfen Sie bitte sorgfältig, ob sich eine Abtretung für Sie überhaupt lohnt! Denn das Finanzamt bemüht sich, Erstattungs- und Vergütungsansprüche schnell zu bearbeiten.

Vergleichen Sie nach Erhalt des Steuerbescheids den Erstattungsbetrag mit dem Betrag, den Sie gegebenenfalls im Wege der Vorfinanzierung erhalten haben.

Denken Sie daran, dass die Abtretung aus unterschiedlichen Gründen unwirksam sein kann, dass das Finanzamt dies aber nicht zu prüfen braucht! Der geschäftsmäßige Erwerb von Steuererstattungsansprüchen ist nur Kreditinstituten (Banken und Sparkassen) im Rahmen von Sicherungsabtretungen gestattet. Die Abtretung an andere Unternehmen und Privatpersonen ist nur zulässig, wenn diese nicht geschäftsmäßig handeln. Haben Sie z.B. Ihren Anspruch an eine Privatperson abgetreten, die den Erwerb von Steuererstattungsansprüchen geschäftsmäßig betreibt, dann ist die Abtretung unwirksam. Hat aber das Finanzamt den Erstattungsbetrag bereits an den / die von Ihnen angegebenen neuen Gläubiger ausgezahlt, dann kann es nicht mehr in Anspruch genommen werden, das heißt: Sie haben selbst dann keinen Anspruch mehr gegen das Finanzamt auf den Erstattungsanspruch, wenn die Abtretung nicht wirksam ist.

Abtretungen / Verpfändungen können gem. § 46 Abs. 2 AO dem Finanzamt erst dann wirksam angezeigt werden, wenn der abgetretene / verpfändete Erstattungsanspruch entstanden ist. Der Erstattungsanspruch entsteht nicht vor Ablauf des Besteuerungszeitraums (bei der Einkommensteuer / Lohnsteuer: grundsätzlich Kalenderjahr; bei der Umsatzsteuer: Monat, Kalendervierteljahr bzw. Kalenderjahr).

Die Anzeige ist an das für die Besteuerung des / der Abtretenden / Verpfändenden zuständige Finanzamt zu richten. So ist z.B. für den Erstattungsanspruch aus der Einkommensteuer-Veranlagung das Finanzamt zuständig, in dessen Bereich der / die Abtretende / Verpfändende seinen / ihren Wohnsitz hat.

Bitte beachten Sie, dass neben den beteiligten Personen bzw. Gesellschaften auch der abgetretene / verpfändete Erstattungsanspruch für die Finanzbehörde zweifelsfrei erkennbar sein muss. Die Angaben in Abschnitt III. der Anzeige dienen dazu, die gewünschte Abtretung / Verpfändung schnell und problemlos ohne weitere Rückfragen erledigen zu können!

Die Abtretungs- / Verpfändungsanzeige ist sowohl von dem / der Abtretenden / Verpfändenden als auch von dem / der Abtretungsempfänger(in) / Pfandgläubiger(in) zu unterschreiben. Dies gilt z.B. auch, wenn der / die zeichnungsberechtigte Vertreter(in) einer abtretenden juristischen Person (z.B. GmbH) oder sonstigen Gesellschaft und der / die Abtretungsempfänger(in) / Pfandgläubiger(in) personengleich sind (2 Unterschriften).

VI. Unterschriften

1. Abtretende(r) / Verpfänder(in) lt. Abschnitt I. – Persönliche Unterschrift –

Ort, Datum

______ ______

(Werden bei der **Einkommensteuer-Zusammenveranlagung** die Ansprüche beider Ehegatten/Lebenspartner abgetreten, ist unbedingt erforderlich, dass **beide Ehegatten/Lebenspartner** persönlich unterschreiben.)

2. Abtretungsempfänger(in) / Pfandgläubiger(in) lt. Abschnitt II. – Unterschrift unbedingt erforderlich –

Ort, Datum

______ ______

§ 47 Erlöschen (S 0167)

Ansprüche aus dem Steuerschuldverhältnis erlöschen insbesondere durch Zahlung (§§ 224, 224a, 225), Aufrechnung (§ 226), Erlass (§§ 163, 227), Verjährung (§§ 169 bis 171, §§ 228 bis 232), ferner durch Eintritt der Bedingung bei auflösend bedingten Ansprüchen.

AEAO zu § 47 - Erlöschen:

Außer in den aufgezählten Fällen können entstandene Ansprüche aus dem Steuerschuldverhältnis auch auf andere Weise erlöschen, z. B. bei Zwangsgeldern durch Erbfolge (§ 45 Abs. 1 AO) oder durch Verzicht auf Erstattung (§ 37 Abs. 2 AO).

§ 48 Leistung durch Dritte, Haftung Dritter (S 0167)

(1) Leistungen aus dem Steuerschuldverhältnis gegenüber der Finanzbehörde können auch durch Dritte bewirkt werden.

(2) Dritte können sich vertraglich verpflichten, für Leistungen im Sinne des Absatzes 1 einzustehen.

AEAO zu § 48 - Leistung durch Dritte, Haftung Dritter:

Die Vorschrift eröffnet die Möglichkeit, dass alle Leistungen aus dem Steuerschuldverhältnis (§ 37 AO) gegenüber der Finanzbehörde auch durch Dritte bewirkt werden oder sich Dritte hierzu vertraglich verpflichten können. Der Steuerpflichtige wird in diesen Fällen von seiner eigenen Leistungspflicht nicht befreit. Derartige rechtsgeschäftliche Verpflichtungsgeschäfte (z. B. Bürgschaft, Schuldversprechen oder kumulative Schuldübernahme) können auf einem Vertrag zwischen Steuergläubiger und Schuldübernehmer oder auf einem Vertrag zwischen Steuerschuldner und Übernehmer zugunsten des Steuergläubigers beruhen. In beiden Fällen sind die sich hieraus ergebenden Ansprüche der Finanzbehörde privatrechtlicher, nicht öffentlich-rechtlicher Natur und können gem. § 192 AO nur nach den Vorschriften des bürgerlichen Rechts durchgesetzt werden. Diese Vorschriften gelten auch für steuerliche Nebenleistungen (§ 3 Abs. 4 AO).

§ 49 Verschollenheit (S 0168)

Bei Verschollenheit gilt für die Besteuerung der Tag als Todestag, mit dessen Ablauf der Beschluss über die Todeserklärung des Verschollenen rechtskräftig wird.

§ 50 Erlöschen und Unbedingtwerden der Verbrauchsteuer, Übergang der bedingten Verbrauchsteuerschuld (S 0169)

(1) Werden nach den Verbrauchsteuergesetzen Steuervergünstigungen unter der Bedingung gewährt, dass verbrauchsteuerpflichtige Waren einer besonderen Zweckbestimmung zugeführt werden, so erlischt die Steuer nach Maßgabe der Vergünstigung ganz oder teilweise, wenn die Bedingung eintritt oder wenn die Waren untergehen, ohne dass vorher die Steuer unbedingt geworden ist.

(2) Die bedingte Steuerschuld geht jeweils auf den berechtigten Erwerber über, wenn die Waren vom Steuerschuldner vor Eintritt der Bedingung im Rahmen der vorgesehenen Zweckbestimmung an ihn weitergegeben werden.

(3) [1]Die Steuer wird unbedingt,

1. **wenn die Waren entgegen der vorgesehenen Zweckbestimmung verwendet werden oder ihr nicht mehr zugeführt werden können. [2]Kann der Verbleib der Waren nicht festgestellt werden, so gelten sie als nicht der vorgesehenen Zweckbestimmung zugeführt, wenn der Begünstigte nicht nachweist, dass sie ihr zugeführt worden sind,**

2. **in sonstigen gesetzlich bestimmten Fällen.**

Dritter Abschnitt – Steuerbegünstigte Zwecke

§ 51 Allgemeines (S 0170)

(1) [1]Gewährt das Gesetz eine Steuervergünstigung, weil eine Körperschaft ausschließlich und unmittelbar gemeinnützige, mildtätige oder kirchliche Zwecke (steuerbegünstigte Zwecke) verfolgt, so gelten die folgenden Vorschriften. [2]Unter Körperschaften sind die Körperschaften, Personenvereinigungen und Vermögensmassen im Sinne des Körperschaftsteuergesetzes zu verstehen. [3]Funktionale Untergliederungen (Abteilungen) von Körperschaften gelten nicht als selbstständige Steuersubjekte.

(2) Werden die steuerbegünstigten Zwecke im Ausland verwirklicht, setzt die Steuervergünstigung voraus, dass natürliche Personen, die ihren Wohnsitz oder ihren gewöhnlichen Aufenthalt im Geltungsbereich dieses Gesetzes haben, gefördert werden oder die Tätigkeit der Körperschaft neben der Verwirklichung der steuerbegünstigten Zwecke auch zum Ansehen der Bundesrepublik Deutschland im Ausland beitragen kann.

(3) [1]Eine Steuervergünstigung setzt zudem voraus, dass die Körperschaft nach ihrer Satzung und bei ihrer tatsächlichen Geschäftsführung keine Bestrebungen im Sinne des § 4 des Bundesverfassungsschutzgesetzes fördert und dem Gedanken der Völkerverständigung nicht zuwiderhandelt. [2]Bei Körperschaften, die im Verfassungsschutzbericht des Bundes oder eines Landes als extremistische Organisation aufgeführt sind, ist widerlegbar davon auszugehen, dass die Voraussetzungen des Satzes 1 nicht erfüllt sind. [3]Die Finanzbehörde teilt Tatsachen, die den Verdacht von Bestrebungen im Sinne des § 4 des Bundesverfassungsschutzgesetzes oder des Zuwiderhandelns gegen den Gedanken der Völkerverständigung begründen, der Verfassungsschutzbehörde mit.

AEAO zu § 51 - Allgemeines:

Zu § 51 Abs. 1 AO:

1. Unter Körperschaften i. S. d. § 51 AO, für die eine Steuervergünstigung in Betracht kommen kann, sind Körperschaften, Personenvereinigungen und Vermögensmassen i. S. d. KStG zu verstehen. Dazu gehören auch die juristischen Personen des öffentlichen Rechts mit ihren Betrieben gewerblicher Art (§ 1 Abs. 1 Nr. 6, § 4 KStG), nicht aber die juristischen Personen des öffentlichen Rechts als solche.

2. Regionale Untergliederungen (Landes-, Bezirks-, Ortsverbände) von Großvereinen sind als nichtrechtsfähige Vereine (§ 1 Abs. 1 Nr. 5 KStG) selbständige Steuersubjekte i. S. d. Körperschaftsteuerrechts, wenn sie

   a) über eigene satzungsmäßige Organe (Vorstand, Mitgliederversammlung) verfügen und über diese auf Dauer nach außen im eigenen Namen auftreten und

   b) eine eigene Kassenführung haben.

Die selbständigen regionalen Untergliederungen können nur dann als gemeinnützig behandelt werden, wenn sie eine eigene Satzung haben, die den gemeinnützigkeitsrechtlichen Anforderungen entspricht. Zweck, Aufgaben und Organisation der Untergliederungen können sich auch aus der Satzung des Hauptvereins ergeben.

3. Über die Befreiung von der Körperschaftsteuer nach § 5 Abs. 1 Nr. 9 KStG wegen Förderung steuerbegünstigter Zwecke ist stets für einen bestimmten Veranlagungszeitraum zu entscheiden (Grundsatz der Abschnittsbesteuerung). Eine Körperschaft kann nur dann nach dieser Vorschrift von der Körperschaftsteuer befreit werden, wenn sie in dem zu beurteilenden Veranlagungszeitraum alle Voraussetzungen für die Steuerbegünstigung erfüllt. Die spätere Erfüllung einer der Voraussetzungen für die Steuerbegünstigung kann nicht auf frühere, abgelaufene Veranlagungszeiträume zurückwirken.

4. Wird eine bisher steuerpflichtige Körperschaft nach § 5 Abs. 1 Nr. 9 KStG von der Körperschaftsteuer befreit, ist eine Schlussbesteuerung nach § 13 KStG durchzuführen.

5. Für die Steuerbegünstigung einer Körperschaft reichen Betätigungen aus, mit denen die Verwirklichung der steuerbegünstigten Satzungszwecke nur vorbereitet wird. Die Tätigkeiten müssen ernsthaft auf die Erfüllung eines steuerbegünstigten satzungsmäßigen Zwecks gerichtet sein. Die bloße Absicht, zu einem ungewissen Zeitpunkt einen der Satzungszwecke zu verwirklichen, genügt nicht (BFH-Urteil vom 23.7.2003, I R 29/02, BStBl II S. 930).

6. Die Körperschaftsteuerbefreiung einer Körperschaft, die nach ihrer Satzung steuerbegünstigte Zwecke verfolgt, endet, wenn die eigentliche steuerbegünstigte Tätigkeit eingestellt und über das Vermögen der Körperschaft das Konkurs- oder Insolvenzverfahren eröffnet wird (BFH-Urteil vom 16.5.2007, I R 14/06, BStBl II S. 808).

Die unbeschränkte Körperschaftsteuerpflicht einer Stiftung von Todes wegen beginnt, unabhängig vom Zeitpunkt der zivilrechtlichen Anerkennung, bereits mit dem Tode des Stifters. Die Ausdehnung einer solchen Rückwirkungsfiktion auf die Steuerbegünstigung nach §§ 51 ff. AO kommt aber nicht in Betracht (BFH-Urteil vom 6.6.2019, V R 50/17, BStBl II S. 782). Eine Steuerbegünstigung ab dem Beginn der unbeschränkten Steuerpflicht ist damit nur möglich, falls zum Zeitpunkt des Todes des Stifters eine ordnungsgemäße Satzung vorliegt.

Zu § 51 Abs. 2 AO:

7. Verwirklicht die Körperschaft ihre förderungswürdigen Zwecke nur außerhalb von Deutschland, setzt die Steuerbegünstigung - neben den sonstigen Voraussetzungen der §§ 51 ff. AO - zusätzlich den so genannten Inlandsbezug nach § 51 Abs. 2 AO voraus. Dieser liegt zum einen vor, wenn natürliche Personen, die ihren Wohnsitz oder ihren gewöhnlichen Aufenthalt im Inland haben, gefördert werden. Auf die Staatsangehörigkeit der natürlichen Personen kommt es dabei nicht an.

Falls durch die Tätigkeit im Ausland keine im Inland lebenden Personen gefördert werden, ist ein Inlandsbezug gegeben, wenn die Tätigkeit der Körperschaft neben der Verwirklichung der steuerbegünstigten Zwecke auch zur Verbesserung des Ansehens Deutschlands im Ausland beitragen kann. Dabei bedarf es keiner spürbaren oder messbaren Auswirkung auf das Ansehen Deutschlands im Ausland. Bei im Inland ansässigen Körperschaften ist der mögliche Beitrag zum Ansehen Deutschlands im Ausland - ohne besonderen Nachweis - bereits dadurch erfüllt, dass sie sich personell, finanziell, planend, schöpferisch oder anderweitig an der Förderung gemeinnütziger und mildtätiger Zwecke im Ausland beteiligen (Indizwirkung). Der Feststellung der positiven Kenntnis aller im Ausland Begünstigten oder aller Mitwirkenden von der Beteiligung deutscher Organisationen bedarf es dabei nicht.

Ausländische Körperschaften können den Inlandsbezug ebenfalls erfüllen, beispielsweise indem sie ihre steuerbegünstigten Zwecke zum Teil auch in Deutschland verwirklichen oder - soweit sie nur im Ausland tätig sind - auch im Inland lebende natürliche Personen fördern, selbst wenn die Personen sich zu diesem Zweck im Ausland aufhalten. Bei der Tatbestandsalternative des möglichen Ansehensbeitrags zugunsten Deutschlands entfällt zwar bei ausländischen Körperschaften die Indizwirkung, die Erfüllung dieser Tatbestandsalternative durch ausländische Einrichtungen ist aber nicht grundsätzlich ausgeschlossen.

Der nach § 51 Abs. 2 AO bei Auslandsaktivitäten zusätzlich geforderte Inlandsbezug wirkt sich nicht auf die Auslegung der weiteren, für die Anerkennung der Gemeinnützigkeit notwendigen Voraussetzungen aus. Deren Vorliegen ist weiterhin unabhängig von der Frage, ob die Tätigkeit im In- oder Ausland ausgeübt wird, zu prüfen. Der Inlandsbezug hat somit insbesondere keine Auswirkung auf Inhalt und Umfang der in den §§ 52 bis 53 AO beschriebenen förderungswürdigen Zwecke. Daher können beispielsweise kirchliche Zwecke weiterhin nur zugunsten inländischer Religionsgemeinschaften, die Körperschaften des öffentlichen Rechts sind, verfolgt werden; andererseits kann die Förderung der Religion nach § 52 Abs. 2 Satz 1 Nr. 2 AO wie bisher auch im Ausland erfolgen; auch kann wie bisher z. B. eine hilflose Person im Ausland unterstützt werden (§ 53 Nr. 1 AO).

Mit der Prüfung des Inlandsbezugs selbst ist keine zusätzliche inhaltliche Prüfung der Tätigkeit der Körperschaft verbunden. Das heißt, es ist weder ein weiteres Mal zu ermitteln, ob die Körperschaft gemeinnützige oder mildtätige Zwecke i. S. d. §§ 52 und 53 AO fördert, noch kommt es darauf an, ob die Tätigkeit mit den im Ausland geltenden Wertvorstellungen übereinstimmt und somit nach ausländischen Maßstäben ein Beitrag zum Ansehen Deutschlands geleistet werden kann. Falls die Verfolgung der in den §§ 52 und 53 AO genannten förderungswürdigen Zwecke zu bejahen ist, ist daher davon auszugehen, dass eine solche Tätigkeit dem Ansehen Deutschlands im Ausland nicht entgegensteht.

Zu § 51 Abs. 3 AO:

8. Der Ausschluss so genannter extremistischer Körperschaften von der Steuerbegünstigung ist in § 51 Abs. 3 AO gesetzlich geregelt.

9. Die Ergänzung des § 51 AO soll klarstellen, dass eine Körperschaft nur dann als steuerbegünstigt behandelt werden kann, wenn sie weder nach ihrer Satzung und ihrer tatsächlichen Geschäftsführung Bestrebungen i. S. d. § 4 des BVerfSchG verfolgt noch dem Gedanken der Völkerverständigung zuwiderhandelt. § 4 BVerfSchG ist im Zusammenhang mit § 3 BVerfSchG zu lesen, der die Aufgaben der Verfassungsschutzbehörden des Bundes und der Länder und die Voraussetzungen für ein Tätigwerden des Verfassungsschutzes festlegt. Die Aufgabe besteht in der Sammlung und Auswertung von Informationen über die in § 3 Abs. 1 BVerfSchG erwähnten verfassungsfeindlichen Bestrebungen, die § 4 BVerfSchG zum Teil definiert. So beinhaltet § 4 BVerfSchG im ersten Absatz eine Legaldefinition von Bestrebungen

a) gegen den Bestand des Bundes oder eines Landes

b) gegen die Sicherheit des Bundes oder eines Landes

c) gegen die freiheitliche demokratische Grundordnung.

Im zweiten Absatz des § 4 BVerfSchG werden die grundlegenden Prinzipien der freiheitlichen demokratischen Grundordnung aufgeführt.

Gem. § 51 Abs. 3 Satz 1 AO ist eine Steuervergünstigung auch ausgeschlossen, wenn die Körperschaft dem Gedanken der Völkerverständigung zuwiderhandelt. Diese Regelung nimmt Bezug auf § 3 Abs. 1 Nr. 4 BVerfSchG, der wiederum auf Artikel 9 Abs. 2 GG (gegen den Gedanken der Völkerverständigung gerichtete Bestrebungen) sowie Artikel 26 Abs. 1 GG (Störung des friedlichen Zusammenlebens der Völker) verweist. Im Rahmen des § 51 Abs. 3 Satz 1 AO sind die Leistungen einer Körperschaft für das Gemeinwohl nicht im Wege einer Gesamtschau gegen Anhaltspunkte für eine verfassungsfeindliche tatsächliche Geschäftsführung abzuwägen (BFH-Urteil vom 14.3.2018, V R 36/16, BStBl II S. 422).

10. Der Tatbestand des § 51 Abs. 3 Satz 2 AO ist nur bei solchen Organisationen erfüllt, die im Verfassungsschutzbericht des Bundes oder eines Landes für den zu beurteilenden Veranlagungszeitraum ausdrücklich als extremistisch eingestuft werden (BFH-Urteil vom 11.4.2012, I R 11/11, BStBl 2013 II S. 146). Die Widerlegung der Vermutung erfordert den vollen Beweis des Gegenteils; eine Erschütterung ist nicht ausreichend (BFH-Urteil vom 14.3.2018, V R 36/16, BStBl II S. 422). Hat das Finanzamt die Körperschaft bisher als steuerbegünstigt behandelt und wird später ein Verfassungsschutzbericht veröffentlicht, in dem die Körperschaft als extremistisch aufgeführt wird, kommt ggf. eine Änderung nach § 173 Abs. 1 Nr. 1 AO in Betracht.

11. Bei Organisationen, die nicht unter § 51 Abs. 3 Satz 2 AO fallen, ist eine Prüfung nach § 51 Abs. 3 Satz 1 AO vorzunehmen (vgl. Nr. 9 des AEAO zu § 51). Insbesondere eine Erwähnung als „Verdachtsfall" oder eine nur beiläufige Erwähnung im Verfassungsschutzbericht, aber auch sonstige Erkenntnisse bieten im Einzelfall Anlass zu weitergehenden Ermittlungen der Finanzbehörde, z. B. auch durch Nachfragen bei den Verfassungsschutzbehörden.

12. Die Finanzbehörden sind befugt und verpflichtet, den Verfassungsschutzbehörden Tatsachen i. S. d. § 51 Abs. 3 Satz 3 AO unabhängig davon mitzuteilen, welchen Besteuerungszeitraum diese Tatsachen betreffen.

§ 52 Gemeinnützige Zwecke (S 0171)

(1) [1]Eine Körperschaft verfolgt gemeinnützige Zwecke, wenn ihre Tätigkeit darauf gerichtet ist, die Allgemeinheit auf materiellem, geistigem oder sittlichem Gebiet selbstlos zu fördern. [2]Eine Förderung der Allgemeinheit ist nicht gegeben, wenn der Kreis der Personen, dem die Förderung zugute kommt, fest abgeschlossen ist, zum Beispiel Zugehörigkeit zu einer Familie oder zur Belegschaft eines Unternehmens, oder infolge seiner Abgrenzung, insbesondere nach räumlichen oder beruflichen Merkmalen, dauernd nur klein sein kann. [3]Eine Förderung der Allgemeinheit liegt nicht allein deswegen vor, weil eine Körperschaft ihre Mittel einer Körperschaft des öffentlichen Rechts zuführt.

(2) [1]Unter den Voraussetzungen des Absatzes 1 sind als Förderung der Allgemeinheit anzuerkennen:

1. **die Förderung von Wissenschaft und Forschung;**
2. **die Förderung der Religion;**
3. **die Förderung des öffentlichen Gesundheitswesens und der öffentlichen Gesundheitspflege, insbesondere die Verhütung und Bekämpfung von übertragbaren Krankheiten, auch durch Krankenhäuser im Sinne des § 67, und von Tierseuchen;**
4. **die Förderung der Jugend- und Altenhilfe;**
5. **die Förderung von Kunst und Kultur;**
6. **die Förderung des Denkmalschutzes und der Denkmalpflege;**
7. **die Förderung der Erziehung, Volks- und Berufsbildung einschließlich der Studentenhilfe;**
8. **die Förderung des Naturschutzes und der Landschaftspflege im Sinne des Bundesnaturschutzgesetzes und der Naturschutzgesetze der Länder, des Umweltschutzes, einschließlich des Klimaschutzes, des Küstenschutzes und des Hochwasserschutzes;**
9. **die Förderung des Wohlfahrtswesens, insbesondere der Zwecke der amtlich anerkannten Verbände der freien Wohlfahrtspflege (§ 23 der Umsatzsteuer-Durchführungsverordnung), ihrer Unterverbände und ihrer angeschlossenen Einrichtungen und Anstalten;**
10. **die Förderung der Hilfe für politisch, rassistisch oder religiös Verfolgte, für Flüchtlinge, Vertriebene, Aussiedler, Spätaussiedler, Kriegsopfer, Kriegshinterbliebene, Kriegsbeschädigte und Kriegsgefangene, Zivilbeschädigte und Behinderte sowie Hilfe für Opfer von Straftaten; Förderung des Andenkens an Verfolgte, Kriegs- und Katastrophenopfer; Förderung des Suchdienstes für Vermisste, Förderung der Hilfe für Menschen, die auf Grund ihrer geschlechtlichen Identität oder ihrer geschlechtlichen Orientierung diskriminiert werden;**
11. **die Förderung der Rettung aus Lebensgefahr;**

12. **die Förderung des Feuer-, Arbeits-, Katastrophen- und Zivilschutzes sowie der Unfallverhütung;**

13. **die Förderung internationaler Gesinnung, der Toleranz auf allen Gebieten der Kultur und des Völkerverständigungsgedankens;**

14. **die Förderung des Tierschutzes;**

15. **die Förderung der Entwicklungszusammenarbeit;**

16. **die Förderung von Verbraucherberatung und Verbraucherschutz;**

17. **die Förderung der Fürsorge für Strafgefangene und ehemalige Strafgefangene;**

18. **die Förderung der Gleichberechtigung von Frauen und Männern;**

19. **die Förderung des Schutzes von Ehe und Familie;**

20. **die Förderung der Kriminalprävention;**

21. **die Förderung des Sports (Schach gilt als Sport);**

22. **die Förderung der Heimatpflege, Heimatkunde und der Ortsverschönerung;**

23. **die Förderung der Tierzucht, der Pflanzenzucht, der Kleingärtnerei, des traditionellen Brauchtums einschließlich des Karnevals, der Fastnacht und des Faschings, der Soldaten- und Reservistenbetreuung, des Amateurfunkens, des Freifunks, des Modellflugs und des Hundesports;**

24. **die allgemeine Förderung des demokratischen Staatswesens im Geltungsbereich dieses Gesetzes; hierzu gehören nicht Bestrebungen, die nur bestimmte Einzelinteressen staatsbürgerlicher Art verfolgen oder die auf den kommunalpolitischen Bereich beschränkt sind;**

25. **die Förderung des bürgerschaftlichen Engagements zugunsten gemeinnütziger, mildtätiger und kirchlicher Zwecke;**

26. **die Förderung der Unterhaltung und Pflege von Friedhöfen und die Förderung der Unterhaltung von Gedenkstätten für nichtbestattungspflichtige Kinder und Föten.**

^{2}Sofern der von der Körperschaft verfolgte Zweck nicht unter Satz 1 fällt, aber die Allgemeinheit auf materiellem, geistigem oder sittlichem Gebiet entsprechend selbstlos gefördert wird, kann dieser Zweck für gemeinnützig erklärt werden. ^{3}Die obersten Finanzbehörden der Länder haben jeweils eine Finanzbehörde im Sinne des Finanzverwaltungsgesetzes zu bestimmen, die für Entscheidungen nach Satz 2 zuständig ist.

AEAO zu § 52 - Gemeinnützige Zwecke:

1. Die Gemeinnützigkeit einer Körperschaft setzt voraus, dass ihre Tätigkeit der Allgemeinheit zugutekommt (§ 52 Abs. 1 Satz 1 AO). Dies ist nicht gegeben, wenn der Kreis der geförderten Personen infolge seiner Abgrenzung, insbesondere nach räumlichen oder beruflichen Merkmalen, dauernd nur klein sein kann (§ 52 Abs. 1 Satz 2 AO). Hierzu gilt Folgendes:

1.1 Allgemeines

Ein Verein, dessen Tätigkeit in erster Linie seinen Mitgliedern zugutekommt (insbesondere Sportvereine und Vereine, die in § 52 Abs. 2 Satz 1 Nr. 23 AO genannte Freizeitbetätigungen fördern), fördert nicht die Allgemeinheit, wenn er den Kreis der Mitglieder durch hohe Aufnahmegebühren oder Mitgliedsbeiträge (einschließlich Mitgliedsumlagen) klein hält.

Bei einem Verein, dessen Tätigkeit in erster Linie seinen Mitgliedern zugutekommt, ist eine Förderung der Allgemeinheit i. S. d. § 52 Abs. 1 AO anzunehmen, wenn

a) die Mitgliedsbeiträge und Mitgliedsumlagen zusammen im Durchschnitt 1.023 € je Mitglied und Jahr und

b) die Aufnahmegebühren für die im Jahr aufgenommenen Mitglieder im Durchschnitt 1.534 € nicht übersteigen.

1.2 Investitionsumlage

Es ist unschädlich für die Gemeinnützigkeit eines Vereins, dessen Tätigkeit in erster Linie seinen Mitgliedern zugutekommt, wenn der Verein neben den o.a. Aufnahmegebühren und Mitgliedsbeiträgen (einschließlich sonstiger Mitgliedsumlagen) zusätzlich eine Investitionsumlage nach folgender Maßgabe erhebt:

Die Investitionsumlage darf höchstens 5.113 € innerhalb von zehn Jahren je Mitglied betragen. Die Mitglieder müssen die Möglichkeit haben, die Zahlung der Umlage auf bis zu zehn Jahresraten zu verteilen. Die Umlage darf nur für die Finanzierung konkreter Investitionsvorhaben verlangt werden. Unschädlich ist neben der zeitnahen Verwendung der Mittel für Investitionen auch die Ansparung für künftige Investitionsvorhaben im Rahmen von nach § 62 Abs. 1 Nr. 1 AO zulässigen Rücklagen und die Verwendung für die Tilgung von Darlehen, die für die Finanzierung von Investitionen aufgenommen worden sind. Die Erhebung von Investitionsumlagen kann auf neu eintretende Mitglieder (und ggf. nachzahlende Jugendliche, vgl. Nr. 1.3.1.2 des AEAO zu § 52) beschränkt werden.

Investitionsumlagen sind keine steuerlich abziehbaren Spenden.

1.3 Durchschnittsberechnung

Der durchschnittliche Mitgliedsbeitrag und die durchschnittliche Aufnahmegebühr sind aus dem Verhältnis der zu berücksichtigenden Leistungen der Mitglieder zu der Zahl der zu berücksichtigenden Mitglieder zu errechnen.

1.3.1 Zu berücksichtigende Leistungen der Mitglieder

1.3.1.1 Grundsatz

Zu den maßgeblichen Aufnahmegebühren bzw. Mitgliedsbeiträgen gehören alle Geld- und geldwerten Leistungen, die ein Bürger aufwenden muss, um in den Verein aufgenommen zu werden bzw. in ihm verbleiben zu können. Umlagen, die von den Mitgliedern erhoben werden, sind mit Ausnahme zulässiger Investitionsumlagen (vgl. Nr. 1.2 des AEAO zu § 52) bei der Berechnung der durchschnittlichen Aufnahmegebühren oder Mitgliedsbeiträge zu berücksichtigen.

1.3.1.2 Sonderentgelte und Nachzahlungen

So genannte Spielgeldvorauszahlungen, die im Zusammenhang mit der Aufnahme in den Verein zu entrichten sind, gehören zu den maßgeblichen Aufnahmegebühren. Sonderumlagen und Zusatzentgelte, die Mitglieder z. B. unter der Bezeichnung Jahresplatzbenutzungsgebühren zahlen müssen, sind bei der Durchschnittsberechnung als zusätzliche Mitgliedsbeiträge zu berücksichtigen.

Wenn jugendliche Mitglieder, die zunächst zu günstigeren Konditionen in den Verein aufgenommen worden sind, bei Erreichen einer Altersgrenze Aufnahmegebühren nach zu entrichten haben, sind diese im Jahr der Zahlung bei der Berechnung der durchschnittlichen Aufnahmegebühr zu erfassen.

1.3.1.3 Auswärtige Mitglieder

Mitgliedsbeiträge und Aufnahmegebühren, die auswärtige Mitglieder an andere gleichartige Vereine entrichten, sind nicht in die Durchschnittsberechnungen einzubeziehen. Dies gilt auch dann, wenn die Mitgliedschaft in dem anderen Verein Voraussetzung für die Aufnahme als auswärtiges Mitglied oder die Spielberechtigung in der vereinseigenen Sportanlage ist

1.3.1.4 Juristische Personen und Unternehmen in anderer Rechtsform

Leistungen, die juristische Personen und Unternehmen in anderer Rechtsform für die Erlangung und den Erhalt der eigenen Mitgliedschaft in einem Verein aufwenden (so genannte Firmenmitgliedschaften), sind bei den Durchschnittsberechnungen nicht zu berücksichtigen (vgl. Nr. 1.3.2 des AEAO zu § 52).

1.3.1.5 Darlehen

Darlehen, die Mitglieder dem Verein im Zusammenhang mit ihrer Aufnahme in den Verein gewähren, sind nicht als zusätzliche Aufnahmegebühren zu erfassen. Wird das Darlehen zinslos oder zu einem günstigeren Zinssatz, als er auf dem Kapitalmarkt üblich ist, gewährt, ist der jährliche Zinsverzicht als zusätzlicher Mitgliedsbeitrag zu berücksichtigen.

Diese Grundsätze gelten auch, wenn Mitgliedsbeiträge oder Mitgliedsumlagen (einschließlich Investitionsumlagen) als Darlehen geleistet werden.

1.3.1.6 Beteiligung an Gesellschaften

Kosten für den zur Erlangung der Spielberechtigung notwendigen Erwerb von Geschäftsanteilen an einer Gesellschaft, die neben dem Verein besteht und die die Sportanlagen errichtet oder betreibt, sind mit Ausnahme des Agios nicht als zusätzliche Aufnahmegebühren zu erfassen.

Ein Sportverein kann aber mangels Unmittelbarkeit dann nicht als gemeinnützig behandelt werden, wenn die Mitglieder die Sportanlagen des Vereins nur bei Erwerb einer Nutzungsberechtigung von einer neben dem Verein bestehenden Gesellschaft nutzen dürfen.

1.3.1.7 Spenden

Wenn Bürger im Zusammenhang mit der Aufnahme in einen Sportverein als Spenden bezeichnete Zahlungen an den Verein leisten, ist zu prüfen, ob es sich dabei um freiwillige unentgeltliche Zuwendungen, d.h. um Spenden, oder um Sonderzahlungen handelt, zu deren Leistung die neu eintretenden Mitglieder verpflichtet sind.

Sonderzahlungen sind in die Berechnung der durchschnittlichen Aufnahmegebühr einzubeziehen. Dies gilt auch, wenn kein durch die Satzung oder durch Beschluss der Mitgliederversammlung festgelegter Rechtsanspruch des Vereins besteht, die Aufnahme in den Verein aber faktisch von der Leistung einer Sonderzahlung abhängt.

Eine faktische Verpflichtung ist regelmäßig anzunehmen, wenn mehr als 75 % der neu eingetretenen Mitglieder neben der Aufnahmegebühr eine gleich oder ähnlich hohe Sonderzahlung leisten. Dabei bleiben passive oder fördernde, jugendliche und auswärtige Mitglieder sowie Firmenmitgliedschaften außer Betracht. Für die Beurteilung der Frage, ob die Sonderzahlungen der neu aufgenommenen Mitglieder gleich oder ähnlich hoch sind, sind die von dem Mitglied innerhalb von drei Jahren nach seinem Aufnahmeantrag oder, wenn zwischen dem Aufnahmeantrag und der Aufnahme in den Verein ein ungewöhnlich langer Zeitraum liegt, nach seiner Aufnahme geleisteten Sonderzahlungen, soweit es sich dabei nicht um von allen Mitgliedern erhobene Umlagen handelt, zusammenzurechnen.

Die 75%-Grenze ist eine widerlegbare Vermutung für das Vorliegen von Pflichtzahlungen. Maßgeblich sind die tatsächlichen Verhältnisse des Einzelfalls. Sonderzahlungen sind deshalb auch dann als zusätzliche Aufnahmegebühren zu behandeln, wenn sie zwar von weniger als 75 % der neu eingetretenen Mitglieder geleistet werden, diese Mitglieder aber nach den Umständen des Einzelfalls zu den Zahlungen nachweisbar verpflichtet sind.

Die vorstehenden Grundsätze einschließlich der 75%-Grenze gelten für die Abgrenzung zwischen echten Spenden und Mitgliedsumlagen entsprechend. Pflichtzahlungen sind in diesem Fall in die Berechnung des durchschnittlichen Mitgliedsbeitrags einzubeziehen.

Nicht bei der Durchschnittsberechnung der Aufnahmegebühren und Mitgliedsbeiträge zu berücksichtigen sind Pflichteinzahlungen in eine zulässige Investitionsumlage (vgl. Nr. 1.2 des AEAO zu § 52).

Für Leistungen, bei denen es sich um Pflichtzahlungen (z. B. Aufnahmegebühren, Mitgliedsbeiträge, Ablösezahlungen für Arbeitsleistungen und Umlagen einschließlich Investitionsumlagen) handelt, dürfen keine Zuwendungsbestätigungen i. S. d. § 50 EStDV ausgestellt werden.

1.3.2 Zu berücksichtigende Mitglieder

Bei der Berechnung des durchschnittlichen Mitgliedsbeitrags ist als Divisor die Zahl der Personen anzusetzen, die im Veranlagungszeitraum (Kalenderjahr) Mitglieder des Vereins waren. Dabei sind auch die Mitglieder zu berücksichtigen, die im Laufe des Jahres aus dem Verein ausgetreten oder in ihn aufgenommen worden sind. Voraussetzung ist, dass eine Dauermitgliedschaft bestanden hat bzw. die Mitgliedschaft auf Dauer angelegt ist.

Divisor bei der Berechnung der durchschnittlichen Aufnahmegebühr ist die Zahl der Personen, die in dem Veranlagungszeitraum auf Dauer neu in den Verein aufgenommen worden sind. Bei den Berechnungen sind grundsätzlich auch die fördernden oder passiven, jugendlichen und auswärtigen Mitglieder zu berücksichtigen. Unter auswärtigen Mitgliedern sind regelmäßig Mitglieder zu verstehen, die ihren Wohnsitz außerhalb des Einzugsgebiets des Vereins haben und/oder bereits ordentliches Mitglied in einem gleichartigen anderen Sportverein sind und die deshalb keine oder geringere Mitgliedsbeiträge oder Aufnahmegebühren zu zahlen haben. Nicht zu erfassen sind juristische Personen oder Firmen in anderer Rechtsform sowie die natürlichen Personen, die infolge der Mitgliedschaft dieser Organisationen Zugang zu dem Verein haben.

Die nicht aktiven Mitglieder sind nicht zu berücksichtigen, wenn der Verein ihre Einbeziehung in die Durchschnittsberechnung missbräuchlich ausnutzt. Dies ist z. B. anzunehmen, wenn die Zahl der nicht aktiven Mitglieder ungewöhnlich hoch ist oder festgestellt wird, dass im Hinblick auf die Durchschnittsberechnung gezielt nicht aktive Mitglieder beitragsfrei oder gegen geringe Beiträge aufgenommen worden sind. Entsprechendes gilt für die Einbeziehung auswärtiger Mitglieder in die Durchschnittsberechnung.

Gemeinnützige Zwecke

2. Bei § 52 Abs. 2 AO handelt es sich grundsätzlich um eine abschließende Aufzählung gemeinnütziger Zwecke. Die Allgemeinheit kann allerdings auch durch die Verfolgung von Zwecken, die hinsichtlich der Merkmale, die ihre steuerrechtliche Förderung rechtfertigen, mit den in § 52 Abs. 2 AO aufgeführten Zwecken identisch sind, gefördert werden.

2.1 Jugendliche i. S. d. § 52 Abs. 2 Satz 1 Nr. 4 AO bzw. des § 68 Nr. 1 Buchstabe b AO sind alle Personen vor Vollendung des 27. Lebensjahres.

2.2 Die Förderung von Kunst und Kultur umfasst die Bereiche der Musik, der Literatur, der darstellenden und bildenden Kunst und schließt die Förderung von kulturellen Einrichtungen, wie Theater und Museen, sowie von kulturellen Veranstaltungen, wie Konzerte und Kunstausstellungen, ein. Zur Förderung von Kunst und Kultur gehört auch die Förderung der Pflege und Erhaltung von Kulturwerten. Kulturwerte sind Gegenstände von künstlerischer und sonstiger kultureller Bedeutung, Kunstsammlungen und künstlerische Nachlässe, Bibliotheken, Archive sowie andere vergleichbare Einrichtungen. Das Vorführen von Filmen allein ist noch keine gemeinnützige Tätigkeit. Die Gemeinnützigkeit kommunaler Kinos ist jedoch zu bejahen, wenn bestimmte zusätzliche Kriterien erfüllt sind. Hierzu zählt, ob ein kommunaler Kinoverein öffentliche Zuschüsse erhält, ob er in die gesamte Kulturarbeit der Kommune integriert ist, ob sich das Programm inhaltlich, konzeptionell und formal von etwa vorhandenen gewerblichen Kinos am Ort unterscheidet, ob die Filme in bestimmten Sachzusammenhängen gezeigt und ob sie inhaltlich aufbereitet werden, z. B. durch begleitende Vorträge. Dabei reicht es aus, wenn ein kommunaler Kinoverein einige der genannten Kriterien erfüllt. Auf die künstlerische Qualität der einzelnen gezeigten Filme kommt es nicht an.

2.3 Die Förderung der Denkmalpflege bezieht sich auf die Erhaltung und Wiederherstellung von Bau- und Bodendenkmälern, die nach den jeweiligen landesrechtlichen Vorschriften anerkannt sind. Die Anerkennung ist durch eine Bescheinigung der zuständigen Stelle nachzuweisen.

2.4 Vereine, deren satzungsmäßiger Zweck die Förderung der nichtgewerblichen Fischerei ist (Anglervereine), können unter dem Gesichtspunkt der Förderung des Naturschutzes und der Landschaftspflege als gemeinnützig i. S. d. § 52 AO anerkannt werden. Ihre Tätigkeit ist im Wesentlichen auf die einheitliche Ausrichtung und Vertretung der Mitgliederinteressen bei der Hege und Pflege des Fischbestandes in den Gewässern in Verbindung mit Maßnahmen zum Schutz und zur Reinhaltung dieser Gewässer, sowie die Erhaltung der Schönheit und Ursprünglichkeit der Gewässer i. S. d. Naturschutzes und der Landschaftspflege gerichtet. Wettfischveranstaltungen sind grundsätzlich als nicht mit dem Tierschutzgesetz und mit der Gemeinnützigkeit vereinbar anzusehen.

Fischen und Angeln bedarf in jedem Fall einer besonderen Genehmigung, für private Gewässer der des Eigentümers, für öffentliche Gewässer der der zuständigen öffentlichen Körperschaft (z. B. Gemeinde). Der Verkauf von Angelkarten durch Vereine an Vereinsmitglieder wird im Rahmen eines steuerbegünstigten wirtschaftlichen Geschäftsbetriebs (= Zweckbetrieb) durchgeführt. Der Verkauf von Angelkarten an Nichtmitglieder hingegen stellt einen steuerpflichtigen wirtschaftlichen Geschäftsbetrieb dar.

2.5 Zur Förderung des Andenkens an Verfolgte, Kriegs- und Katastrophenopfer gehört auch die Errichtung von Ehrenmalen und Gedenkstätten.

Zur Förderung der Tier- bzw. Pflanzenzucht gehört auch die Förderung der Erhaltung vom Aussterben bedrohter Nutztierrassen und Nutzpflanzen.

Körperschaften, die nationale Minderheiten und Volksgruppen sowie die nachfolgenden Regionalsprachen fördern, können gemeinnützige Zwecke i. S. v. § 52 AO verfolgen. Die Förderung des Einsatzes für nationale Minderheiten im Sinne des durch Deutschland ratifizierten Rahmenabkommens zum Schutz nationaler Minderheiten und die Förderung des Einsatzes für die gem. der von Deutschland ratifizierten Charta der Regional- und Minderheitensprachen geschützten Sprachen sind - je nach Betätigung im Einzelnen - Förderung von Kunst und Kultur, Förderung der Heimatpflege und Heimatkunde oder Förderung des traditionellen Brauchtums. Bei den nach der Charta geschützten Sprachen handelt es sich um die Regionalsprache Niederdeutsch sowie die Minderheitensprachen Dänisch, Friesisch, Sorbisch und das Romanes der deutschen Sinti und Roma.

Für die Gemeinnützigkeit eines Vertriebenenverbands ist es unschädlich, wenn er nach seiner Satzung allgemein - im Sinne einer Wiederherstellung der allgemeinen Gerechtigkeit - auch Zwecke wie „Wiedergutmachung des Vertreibungsunrechts“ oder „Rückgabe des konfiszierten Vermögens auf der Basis eines gerechten Ausgleichs“ fördert. Bei derartigen Formulierungen in der Satzung kann angenommen werden, dass sich der Verband bei seiner Betätigung im Rahmen des gemeinnützigen Zwecks „Fürsorge für Vertriebene“ hält und die Verfolgung individueller Rechtsansprüche der Mitglieder nicht Satzungszweck ist.

Zu beanstanden sind jedoch Formulierungen, die nach Satzungszweck z. B. mit „Anspruch der Volksgruppen und der einzelnen Landsleute auf Rückerstattung des geraubten Vermögens und die sich daraus ergebenden Entschädigungsansprüche zu vertreten“ definieren. Vertriebenenverbände mit diesem oder einem ähnlich formulierten Satzungszweck können nicht als gemeinnützig behandelt werden, weil sie gegen die Gebote der Ausschließlichkeit (§ 56 AO) und der Selbstlosigkeit (§ 55 AO) verstoßen.

Satzungszwecke wie „Wiedervereinigung mit den Vertreibungsgebieten“ oder „Eingliederung der Vertreibungsgebiete“ sind ebenfalls schädlich für die Gemeinnützigkeit eines Vertriebenenverbandes. Die Verfolgung dieser Ziele ist keine Förderung der Allgemeinheit, weil solche Bestrebungen im Widerspruch zu den völkerrechtlich verbindlichen Verträgen der Bundesrepublik Deutschland mit ihren östlichen Nachbarstaaten und zum Grundgesetz stehen (vgl. BFH-Beschluss vom 16.10.1991, I B 16/91, BFH/NV 1992 S. 505).

2.6 Zur Förderung der Ortsverschönerung gehören u. a. auch grundlegende Maßnahmen der Landschafts-, Heimat-, und Denkmalpflege sowie des Naturschutzes zur Verbesserung der örtlichen Lebensqualität (z. B. Unterhaltung von öffentlichen Parkanlagen und Lehrpfaden zur Regionalgeschichte). Aspekte der Wirtschafts- und Tourismusförderung fallen nicht darunter.

2.7 Der Begriff Freifunk bezieht sich auf die nichtkommerzielle Förderung der Einrichtung und Unterhaltung von Kommunikationsnetzwerken, die der Allgemeinheit offenstehen. Die Weitergabe oder Verwendung der Nutzerdaten für gewerbliche Zwecke fällt nicht unter den Begriff des steuerlich begünstigten Freifunks.

2.8 Unter dem Begriff „bürgerschaftliches Engagement“ versteht man eine freiwillige, nicht auf das Erzielen eines persönlichen materiellen Gewinns gerichtete, auf die Förderung der Allgemeinheit hin orientierte, kooperative Tätigkeit. Die Anerkennung der Förderung des bürgerschaftlichen Engagements zugunsten gemeinnütziger, mildtätiger und kirchlicher Zwecke dient der Hervorhebung der Bedeutung, die ehrenamtlicher Einsatz für unsere Gesellschaft hat. Eine Erweiterung der gemeinnützigen Zwecke ist damit nicht verbunden.

2.9 Soweit eine Körperschaft die Friedhofsverwaltung, einschließlich der Pflege und Unterhaltung des Friedhofsgeländes und seiner Baulichkeiten, selbstlos, ausschließlich und unmittelbar wahrnimmt, kann dies als Förderung der Allgemeinheit im Sinne des § 52 AO eingeordnet werden.

Dazu können auch die Aufgaben des Bestattungswesens zählen, wie etwa der Bestattungsvorgang, die Grabfundamentierung, das Vorhalten aller erforderlichen Einrichtungen und Vorrichtungen sowie die notwendigerweise anfallenden Dienstleistungen wie Wächterdienste, Sargaufbewahrung, Sargtransportdienste im Friedhofsbereich, Totengeleit, Kranzannahme, Graben der Gruft und ähnliche Leistungen. Weiterhin sind auch die Tätigkeiten umfasst, die kraft Herkommens oder allgemeiner Übung allein von der Friedhofsverwaltung erbracht oder allgemein als ein unverzichtbarer Bestandteil einer würdigen Bestattung angesehen werden, wie z. B. Läuten der Glocken, übliche Ausschmückung des ausgehobenen Grabes oder musikalische Umrahmung der Trauerfeier.

Der Zweck umfasst auch die Unterhaltung von Gedenkstätten für sogenannte „Sternenkinder", die nach dem jeweiligen Landesbestattungsgesetz nicht bestattet werden können, als einen Ort der Trauer für die betroffene Familie. Die seelsorgerische Betreuung der Angehörigen ist wie bisher als Förderung mildtätiger Zwecke gemäß § 53 AO anzusehen.

2.10 Durch § 52 Abs. 2 Satz 2 AO wird die Möglichkeit eröffnet, Zwecke auch dann als gemeinnützig anzuerkennen, wenn diese nicht unter den Katalog des § 52 Abs. 2 Satz 1 AO fallen. Die Anerkennung der Gemeinnützigkeit solcher gesellschaftlicher Zwecke wird bundeseinheitlich abgestimmt. Satz 2 gilt auch für den Fall, dass die zuständige Finanzbehörde den Antrag ablehnen möchte, es sei denn es ergibt sich aus anderen, nicht aus der Regelung des § 52 Abs. 2 Satz 2 AO resultierenden Gründen, dass der Antragsteller die Voraussetzungen der Gemeinnützigkeit nicht erfüllt.

2.11 Folgende Zwecke wurden als vergleichbare Zwecke i. S. d. § 52 Abs.2 Satz 2 AO anerkannt:

- Turnierbridge nach dem Regelwerk der World Bridge Federation (BFH-Urteil vom 9.2.2017, V R 70/14, BStBl II S. 1106).

3. Internetvereine können wegen Förderung der Volksbildung als gemeinnützig anerkannt werden, sofern ihr Zweck nicht der Förderung der (privat betriebenen) Datenkommunikation durch Zurverfügungstellung von Zugängen zu Kommunikationsnetzwerken sowie durch den Aufbau, die Förderung und den Unterhalt entsprechender Netze zur privaten und geschäftlichen Nutzung durch die Mitglieder oder andere Personen dient. Zur steuerbegünstigten Förderung des Freifunks vgl. Nr. 2.7 des AEAO zu § 52.

Freiwilligenagenturen sind Körperschaften, die Menschen für freiwilliges, unentgeltliches Engagement bei steuerbegünstigten Körperschaften oder Körperschaften des öffentlichen Rechts qualifizieren und ihnen die entsprechenden Tätigkeiten vermitteln. Sie treten auch unter anderen Bezeichnungen auf, z. B. Freiwilligenzentren oder Ehrenamtsbörsen. Freiwilligenagenturen können regelmäßig wegen der Förderung der Bildung (§ 52 Abs. 2 Satz 1 Nr. 7 AO) als gemeinnützig behandelt werden, weil das Schwergewicht ihrer Tätigkeit in der Aus- und Weiterbildung der Freiwilligen liegt. Die Vermittlung der Freiwilligen in das gewünschte Betätigungsfeld ist lediglich Endpunkt und Abschluss eines Qualifizierungsprozesses, nicht jedoch der vorrangige und überwiegende Tätigkeitsbereich. Erhält eine Freiwilligenagentur im Zusammenhang mit der Vermittlung von Freiwilligen ein Entgelt für ihre Leistungen, liegt ein wirtschaftlicher Geschäftsbetrieb i. S. d. § 14 AO vor, der sowohl die Ausbildungsleistung als auch die Vermittlung umfasst. Der wirtschaftliche Geschäftsbetrieb ist als Zweckbetrieb (§ 65 AO) zu behandeln, weil das Entgelt für die Gesamtleistung - mit Schwergewicht bei der Ausbildung - gezahlt wird.

4. Erfinderclubs verfolgen in der Regel die Förderung von Bildung nach § 52 Abs. 2 Satz 1 Nr. 7 AO. Eine Anerkennung der Gemeinnützigkeit wegen der Förderung der Forschung nach § 52 Abs. 2 Satz 1 Nr. 1 AO ist nur dann möglich, wenn der Verein selbst forscht (Gebot der Unmittelbarkeit, § 57 AO).

Nicht gemeinnützig ist die Förderung einer eigenen gewerblichen Tätigkeit oder die Förderung der gewerblichen Tätigkeit der Mitglieder. Es ist entscheidend, dass es sich bei dem Verein nicht lediglich um einen Zusammenschluss von Personen handelt, die durch Erfindungen, Patente und ihre Verwertung persönliche Einkünfte erzielen wollen. Die für die Gemeinnützigkeit geforderte Selbstlosigkeit eines Erfindervereins schließt zwar ein gewisses Eigeninteresse der Mitglieder an der Vereinstätigkeit nicht aus, allerdings verstößt die Verfolgung von vorwiegend eigenwirtschaftlichen Interessen gegen das Gebot der Selbstlosigkeit nach § 55 Abs. 1 AO. An der gebotenen Selbstlosigkeit fehlt es, wenn der Verein nach seiner Satzung die Patentierung und Verwertung von Erfindungen seiner Mitglieder fördert, sie also bei einer im Grundsatz gewerblichen Tätigkeit unterstützt. Dies gilt auch, wenn der Verein die Patente für seine Mitglieder anmeldet und hält. Unschädlich ist die allgemeine Information der Mitglieder, z. B. durch Lehrveranstaltungen oder Merkblätter zum Patentrecht.

Bei einem Verein, der selbst forscht, ist es unschädlich für die Steuerbegünstigung, wenn er Forschungsergebnisse zum Patent anmeldet. Er muss die Forschungsergebnisse aber veröffentlichen und damit der Allgemeinheit zugänglich machen. Erlegt die Satzung den Mitgliedern eine Geheimhaltungsverpflichtung auf, ist dies ein Indiz dafür, dass nicht die Allgemeinheit, sondern (nur oder in erster Linie) die Mitglieder gefördert werden sollen.

Eine gemeinnützigkeitskonforme Zweckverwirklichung kann beispielhaft durch folgende Maßnahmen erfolgen:

- Förderung des Wissens über den Zusammenhang zwischen Erfindungen, Schutzrechten und Innovationen,
- Förderung des Erfahrungsaustausches im Zusammenhang mit Erfindungen, Innovationen und Patenten sowie
- Öffentlichkeitsarbeit; Durchführung von Veranstaltungen, Fortbildungsmaßnahmen, Vorhaben, Projekten, die den satzungsmäßigen Zwecken (und nicht nur Einzelnen) dienen.

5. Der Träger einer Privatschule fördert mit dem Schulbetrieb nicht die Allgemeinheit, wenn die Höhe der Schulgebühren auch unter Berücksichtigung eines Stipendienangebots zur Folge hat, dass die Schülerschaft sich nicht mehr als Ausschnitt der Allgemeinheit darstellt (BFH-Beschluss vom 26.5.2021, V R 31/19, BStBl S. 835)

Bei Körperschaften, die Privatschulen betreiben oder unterstützen, ist zwischen Ersatzschulen und Ergänzungsschulen zu unterscheiden. Die Förderung der Allgemeinheit ist bei Ersatzschulen stets anzunehmen, weil die zuständigen Landesbehörden die Errichtung und den Betrieb einer Ersatzschule nur dann genehmigen dürfen, wenn eine Sonderung der Schüler nach den Besitzverhältnissen der Eltern nicht gefördert wird (Art. 7 Abs. 4 Satz 3

GG und die Privatschulgesetze der Länder). Bei Ergänzungsschulen kann eine Förderung der Allgemeinheit dann angenommen werden, wenn in der Satzung der Körperschaft festgelegt ist, dass bei mindestens 25 % der Schüler keine Sonderung nach den Besitzverhältnissen der Eltern i. S. d. Art. 7 Abs. 4 Satz 3 GG und der Privatschulgesetze der Länder vorgenommen werden darf.

6. Nachbarschaftshilfevereine, Tauschringe und ähnliche Körperschaften, deren Mitglieder kleinere Dienstleistungen verschiedenster Art gegenüber anderen Vereinsmitgliedern erbringen (z. B. kleinere Reparaturen, Hausputz, Kochen, Kinderbetreuung, Nachhilfeunterricht, häusliche Pflege) sind grundsätzlich nicht gemeinnützig, weil regelmäßig durch die gegenseitige Unterstützung in erster Linie eigenwirtschaftliche Interessen ihrer Mitglieder gefördert werden und damit gegen den Grundsatz der Selbstlosigkeit (§ 55 Abs. 1 AO) verstoßen wird. Solche Körperschaften können jedoch gemeinnützig sein, wenn sich ihre Tätigkeit darauf beschränkt, alte und hilfebedürftige Menschen in Verrichtungen des täglichen Lebens zu unterstützen und damit die Altenhilfe gefördert bzw. mildtätige Zwecke (§ 53 AO) verfolgt werden. Soweit sich der Zweck der Körperschaften zusätzlich auf die Erteilung von Nachhilfeunterricht und Kinderbetreuung erstreckt, können sie auch wegen Förderung der Jugendhilfe anerkannt werden. Voraussetzung für die Anerkennung der Gemeinnützigkeit solcher Körperschaften ist, dass die aktiven Mitglieder ihre Dienstleistungen als Hilfspersonen der Körperschaft (§ 57 Abs. 1 Satz 2 AO) ausüben.

   Vereine, deren Zweck die Förderung esoterischer Heilslehren ist, z. B. Reiki-Vereine, können nicht wegen Förderung des öffentlichen Gesundheitswesens oder der öffentlichen Gesundheitspflege als gemeinnützig anerkannt werden.

7. Ein wesentliches Element des Sports (§ 52 Abs. 2 Satz 1 Nr. 21 AO) ist die körperliche Ertüchtigung. Motorsport fällt unter den Begriff des Sports (BFH-Urteil vom 29.10.1997, I R 13/97, BStBl 1998 II S. 9), ebenso Ballonfahren. Dagegen sind Skat (BFH-Urteil vom 17.2.2000, I R 108, 109/98, BFH/NV S. 1071), Bridge, Gospiel, Gotcha, Paintball, und Tipp-Kick kein Sport i. S. d. Gemeinnützigkeitsrechts. Dies gilt auch für Amateurfunk, Modellflug und Hundesport, die jedoch eigenständige gemeinnützige Zwecke sind (§ 52 Abs. 2 Satz 1 Nr. 23 AO). Schützenvereine können auch dann als gemeinnützig anerkannt werden, wenn sie nach ihrer Satzung neben dem Schießsport (als Hauptzweck) auch das Schützenbrauchtum (vgl. Nr. 12 des AEAO zu § 52) fördern. Die Durchführung von volksfestartigen Schützenfesten ist kein gemeinnütziger Zweck.

   Die Förderung des IPSC-Schießens (International Practical Shooting Confederation - IPSC) kann gemeinnützig sein (BFH-Urteil vom 27.9.2018, V R 8/16, BStBl II 2019, S. 790). Es ist dabei aber in jedem Einzelfall zu prüfen, ob nach dem konkret vorliegenden Sachverhalt bei Veranstaltungen des betreffenden IPSC-Vereins oder bei Wettkämpfen, zu denen der Verein seine Mitglieder entsendet, das Schießen auf Menschen simuliert wird, bzw. die beim IPSC-Schießen aufgebauten Szenarien als „Häuserkampf" mit der Imitation eines Schusses auf Menschen interpretiert werden müssen. Liegt ein derartiger Sachverhalt vor, ist dem betreffenden IPSC-Verein der Status der Gemeinnützigkeit zu versagen bzw. abzuerkennen.

8. Die Förderung des bezahlten Sports ist kein gemeinnütziger Zweck, weil dadurch eigenwirtschaftliche Zwecke der bezahlten Sportler gefördert werden. Sie ist aber unter bestimmten Voraussetzungen unschädlich für die Gemeinnützigkeit eines Sportvereins (s. § 58 Nr. 8 AO und § 67a AO).

9. Aus dem Begriff der politischen Bildung von § 52 Abs. 2 Nr. 7 AO (Förderung der Volksbildung) und Nr. 24 AO (allgemeine Förderung des demokratischen Staatswesens) ergibt sich kein eigenständiger steuerbegünstigter Zweck der Einflussnahme auf die politische Willensbildung und auf die Gestaltung der öffentlichen Meinung in beliebigen Politikbereichen im Sinne eines „allgemeinpolitischen Mandats“ (BFH-Urteil vom 10.1.2019, V R 60/17, BStBl II S. 301 und BFH-Beschluss vom 10.12.2020, V R 14/20, BStBl 2021 II S. 739; Nr. 16 des AEAO zu § 52).

Eine steuerbegünstigte allgemeine Förderung des demokratischen Staatswesens ist nur dann gegeben, wenn sich die Körperschaft umfassend mit den demokratischen Grundprinzipien befasst und diese objektiv und neutral würdigt (BFH-Beschluss vom 18.8.2021, V B 25/21 (AdV), BStBl II S. 931). Ist hingegen Zweck der Körperschaft die politische Bildung, der es auf der Grundlage der Normen und Vorstellungen einer rechtsstaatlichen Demokratie um die Schaffung und Förderung politischer Wahrnehmungsfähigkeit und politischen Verantwortungsbewusstseins in geistiger Offenheit geht, liegt Volksbildung vor. Diese muss nicht nur in theoretischer Unterweisung bestehen, sie kann auch durch den Aufruf zu konkreter Handlung ergänzt werden. Politische Bildung ist nicht förderbar, wenn sie eingesetzt wird, um die politische Willensbildung und die öffentliche Meinung im Sinne eigener Auffassungen zu beeinflussen, z. B. durch einseitige Agitation oder unkritische Indoktrination (BFH-Urteile vom 23.9.1999, XI R 63/98, BStBl 2000 II S. 200 und vom 10.1.2019, V R 60/17, BStBl II S. 301).

10. Die Förderung von Freizeitaktivitäten außerhalb des Bereichs des Sports ist nur dann als Förderung der Allgemeinheit anzuerkennen, wenn die Freizeitaktivitäten hinsichtlich der Merkmale, die ihre steuerrechtliche Förderung rechtfertigen, mit den im Katalog des § 52 Abs. 2 Satz 1Nr. 23 AO genannten Freizeitgestaltungen identisch sind. Es reicht nicht aus, dass die Freizeitgestaltung sinnvoll und einer der in § 52 Abs. 2 Satz 1 Nr. 23 AO genannten ähnlich ist (BFH-Urteil vom 14.9.1994, I R 153/93, BStBl 1995 II S. 499). Die Förderung des Baus und Betriebs von Schiffs-, Auto-, Eisenbahn- und Drachenflugmodellen ist identisch im vorstehenden Sinne mit der Förderung des Modellflugs, die Förderung des CB-Funkens mit der Förderung des Amateurfunkens. Diese Zwecke sind deshalb als gemeinnützig anzuerkennen. Nicht identisch im vorstehenden Sinne mit den in § 52 Abs. 2 Satz 1 Nr. 23 AO genannten Freizeitaktivitäten und deshalb nicht als eigenständige gemeinnützige Zwecke anzuerkennen sind z. B. die Förderung des Amateurfilmens und -fotografierens, des Kochens, von Brett- und Kartenspielen und des Sammelns von Gegenständen, wie Briefmarken, Münzen und Autogrammkarten, sowie die Tätigkeit von Reise- und Touristik-, Sauna-, Geselligkeits-, Kosme-

tik-, und Oldtimer-Vereinen. Bei Vereinen, die das Amateurfilmen und -fotografieren fördern, und bei Oldtimer-Vereinen kann aber eine Steuerbegünstigung wegen der Förderung von Kunst oder (technischer) Kultur in Betracht kommen.

11. Obst- und Gartenbauvereine fördern i. d. R. die Pflanzenzucht i. S. d. § 52 Abs. 2 Satz 1 Nr. 23 AO. Die Förderung der Bonsaikunst ist Pflanzenzucht, die Förderung der Aquarien- und Terrarienkunde ist Tierzucht i. S. d. Vorschrift.

12. Historische Schützenbruderschaften können wegen der Förderung der Brauchtumspflege (vgl. Nr. 7 des AEAO zu § 52), Freizeitwinzervereine wegen der Förderung der Heimatpflege, die Teil der Brauchtumspflege ist, als gemeinnützig behandelt werden. Dies gilt auch für Junggesellen- und Burschenvereine, die das traditionelle Brauchtum einer bestimmten Region fördern, z. B. durch das Setzen von Maibäumen (Maiclubs). Die besondere Nennung des traditionellen Brauchtums als gemeinnütziger Zweck in § 52 Abs. 2 Satz 1 Nr. 23 AO bedeutet jedoch keine allgemeine Ausweitung des Brauchtumsbegriffs i. S. d. Gemeinnützigkeitsrechts. Studentische Verbindungen, z. B. Burschenschaften, ähnliche Vereinigungen, z. B. Landjugendvereine, Country- und Westernvereine und Vereine, deren Hauptzweck die Veranstaltung von örtlichen Volksfesten (z. B. Kirmes, Kärwa, Schützenfest) ist, sind deshalb i. d. R. nicht gemeinnützig.

13. Bei Tier- und Pflanzenzuchtvereinen, Freizeitwinzervereinen sowie Junggesellen- oder Burschenvereinen ist besonders auf die Selbstlosigkeit (§ 55 AO) und die Ausschließlichkeit (§ 56 AO) zu achten. Eine Körperschaft ist z. B. nicht selbstlos tätig, wenn sie in erster Linie eigenwirtschaftliche Zwecke ihrer Mitglieder fördert. Sie verstößt z. B. gegen das Gebot der Ausschließlichkeit, wenn die Durchführung von Festveranstaltungen (z. B. Winzerfest, Maiball) Satzungszweck ist. Bei der Prüfung der tatsächlichen Geschäftsführung von Freizeitwinzer, Junggesellen- und Burschenvereinen ist außerdem besonders darauf zu achten, dass die Förderung der Geselligkeit nicht im Vordergrund der Vereinstätigkeit steht.

14. Soldaten- und Reservistenvereine verfolgen i. d. R. gemeinnützige Zwecke i. S. d. § 52 Abs. 2 Satz 1 Nr. 23 AO, wenn sie aktive und ehemalige Wehrdienstleistende, Zeit- und Berufssoldaten betreuen, z. B. über mit dem Soldatsein zusammenhängende Fragen beraten, Möglichkeiten zu sinnvoller Freizeitgestaltung bieten oder beim Übergang in das Zivilleben helfen. Die Pflege der Tradition durch Soldaten- und Reservistenvereine ist weder steuerbegünstigte Brauchtumspflege noch Betreuung von Soldaten und Reservisten i. S. d. § 52 Abs. 2 Satz 1 Nr. 23 AO. Die Förderung der Kameradschaft kann neben einem steuerbegünstigten Zweck als Vereinszweck genannt werden, wenn sich aus der Satzung ergibt, dass damit lediglich eine Verbundenheit der Vereinsmitglieder angestrebt wird, die aus der gemeinnützigen Vereinstätigkeit folgt (BFH-Urteil vom 11.3.1999, V R 57, 58/96, BStBl II S. 331).

15. Einrichtungen, die mit ihrer Tätigkeit auf die Erholung arbeitender Menschen ausgerichtet sind (z. B. der Betrieb von Freizeiteinrichtungen wie Campingplätze oder Bootsverleihe), können nicht als gemeinnützig anerkannt werden,

es sei denn, dass das Gewähren von Erholung einem besonders schutzwürdigen Personenkreis (z. B. Kranken oder der Jugend) zugutekommt oder in einer bestimmten Art und Weise (z. B. auf sportlicher Grundlage) vorgenommen wird (BFH-Urteile vom 22.11.1972, I R 21/71, BStBl 1973 II S. 251, und vom 30.9.1981, III R 2/80, BStBl 1982 II S. 148). Wegen Erholungsheimen wird auf § 68 Nr. 1 Buchstabe a AO hingewiesen.

16. Politik kein eigenständiger steuerbegünstigter Zweck

Politische Zwecke (Beeinflussung der politischen Meinungs- und Willensbildung, Gestaltung der öffentlichen Meinung oder Förderung politischer Parteien) zählen nicht zu den gemeinnützigen Zwecken i. S. d. § 52 AO (BFH-Urteil vom 10.1.2019, V R 60/17, BStBl II S. 301 und BFH-Beschlüsse vom 10.12.2020, V R 14/20, BStBl 2021 II S. 739 und vom 18.8.2021, V B 25/21 (AdV), BStBl II S. 931). Parteipolitische Betätigung ist immer unvereinbar mit der Gemeinnützigkeit (BFH-Urteil vom 20.3.2017, X R 13/15, BStBl II S. 1110).

Politische Betätigung als Mittel zur Verwirklichung satzungsmäßiger steuerbegünstigter Zwecke

Es ist einer steuerbegünstigten Körperschaft gleichwohl gestattet, auf die politische Meinungs- und Willensbildung und die Gestaltung der öffentlichen Meinung Einfluss zu nehmen, wenn dies der Verfolgung ihrer steuerbegünstigten Zwecke dient und parteipolitisch neutral bleibt (BFH-Urteile vom 29.8.1984, I R 203/81, BStBl II S. 844; vom 23.11.1988, I R 11/88, BStBl 1989 II S. 391; vom 20.3.2017, X R 13/15, BStBl II S. 1110; vom 10.1.2019, V R 60/17, BStBl II S. 301; BFH-Beschlüsse vom 10.12.2020, V R 14/20, BStBl 2021 II S. 739 und vom 18.8.2021, V B 25/21 (AdV), a. a. O.).

Die Beschäftigung mit politischen Vorgängen muss im Rahmen dessen liegen, was das Eintreten für die steuerbegünstigten Zwecke und deren Verwirklichung erfordert. Zur Förderung der Allgemeinheit gehört die kritische öffentliche Information und Diskussion dann, wenn ein nach § 52 Abs. 2 AO begünstigtes Anliegen der Öffentlichkeit und auch Politikern nahegebracht werden soll (BFH-Urteil vom 10.1.2019, V R 60/17, BStBl II, S. 301; siehe aber zur Förderung der Volksbildung und der allgemeinen Förderung des demokratischen Staatswesens Nr. 9 des AEAO zu § 52). Unschädlich sind danach etwa die Einbringung von Fachwissen auf Aufforderung in parlamentarischen Verfahren oder gelegentliche Stellungnahmen zu tagespolitischen Themen im Rahmen der steuerbegünstigten Satzungszwecke. Eine derart dienende und damit ergänzende Einwirkung muss aber gegenüber der unmittelbaren Förderung des steuerbegünstigten Zwecks in den Hintergrund treten. Bei Verfolgung der eigenen satzungsmäßigen Zwecke darf die Tagespolitik nicht im Mittelpunkt der Tätigkeit der Körperschaft stehen.

Politische Betätigung außerhalb der satzungsmäßigen steuerbegünstigten Zwecke

In Anwendung des Verhältnismäßigkeitsprinzips (vgl. Nr. 6 des AEAO zu § 63) ist es nicht zu beanstanden, wenn eine steuerbegünstigte Körperschaft außerhalb ihrer Satzungszwecke vereinzelt zu tagespolitischen Themen Stellung nimmt (z. B. ein Aufruf eines Sportvereins für Klimaschutz oder gegen Rassismus).

§ 53 Mildtätige Zwecke (S 0172)

[1]Eine Körperschaft verfolgt mildtätige Zwecke, wenn ihre Tätigkeit darauf gerichtet ist, Personen selbstlos zu unterstützen,

1. **die infolge ihres körperlichen, geistigen oder seelischen Zustands auf die Hilfe anderer angewiesen sind oder**

2. **deren Bezüge nicht höher sind als das Vierfache des Regelsatzes der Sozialhilfe im Sinne des § 28 des Zwölften Buches Sozialgesetzbuch; beim Alleinstehenden oder Alleinerziehenden tritt an die Stelle des Vierfachen das Fünffache des Regelsatzes. [2]Dies gilt nicht für Personen, deren Vermögen zur nachhaltigen Verbesserung ihres Unterhalts ausreicht und denen zugemutet werden kann, es dafür zu verwenden. [3]Bei Personen, deren wirtschaftliche Lage aus besonderen Gründen zu einer Notlage geworden ist, dürfen die Bezüge oder das Vermögen die genannten Grenzen übersteigen. [4]Bezüge im Sinne dieser Vorschrift sind**

   a) **Einkünfte im Sinne des § 2 Abs. 1 des Einkommensteuergesetzes und**

   b) **andere zur Bestreitung des Unterhalts bestimmte oder geeignete Bezüge,**

   aller Haushaltsangehörigen. [5]Zu berücksichtigen sind auch gezahlte und empfangene Unterhaltsleistungen. [6]Die wirtschaftliche Hilfebedürftigkeit im vorstehenden Sinne ist bei Empfängern von Leistungen nach dem Zweiten oder Zwölften Buch Sozialgesetzbuch, des Wohngeldgesetzes, bei Empfängern von Leistungen nach § 27a des Bundesversorgungsgesetzes oder nach § 6a des Bundeskindergeldgesetzes als nachgewiesen anzusehen. [7]Die Körperschaft kann den Nachweis mit Hilfe des jeweiligen Leistungsbescheids, der für den Unterstützungszeitraum maßgeblich ist, oder mit Hilfe der Bestätigung des Sozialleistungsträgers führen. [8]Auf Antrag der Körperschaft kann auf einen Nachweis der wirtschaftlichen Hilfebedürftigkeit verzichtet werden, wenn auf Grund der besonderen Art der gewährten Unterstützungsleistung sichergestellt ist, dass nur wirtschaftlich hilfebedürftige Personen im vorstehenden Sinne unterstützt werden; für den Bescheid über den Nachweisverzicht gilt § 60a Absatz 3 bis 5 entsprechend.

AEAO zu § 53 - Mildtätige Zwecke:

1. Der Begriff "mildtätige Zwecke" umfasst auch die Unterstützung von Personen, die wegen ihres seelischen Zustands hilfebedürftig sind. Das hat beispielsweise für die Telefonseelsorge Bedeutung.

2. Völlige Unentgeltlichkeit der mildtätigen Zuwendung wird nicht verlangt. Die mildtätige Zuwendung darf nur nicht des Entgelts wegen erfolgen.

3. Eine Körperschaft, zu deren Satzungszwecken die Unterstützung von hilfebedürftigen Verwandten der Mitglieder, Gesellschafter, Genossen oder Stifter gehört, kann nicht als steuerbegünstigt anerkannt werden. Bei einer derartigen Körperschaft steht nicht die Förderung mildtätiger Zwecke, sondern die

Förderung der Verwandtschaft im Vordergrund. Ihre Tätigkeit ist deshalb nicht, wie es § 53 AO verlangt, auf die selbstlose Unterstützung hilfebedürftiger Personen gerichtet. Dem steht bei Stiftungen § 58 Nr. 6 AO nicht entgegen. Diese Vorschrift ist lediglich eine Ausnahme von dem Gebot der Selbstlosigkeit (§ 55 AO), begründet aber keinen eigenständigen gemeinnützigen Zweck. Bei der tatsächlichen Geschäftsführung ist die Unterstützung von hilfebedürftigen Angehörigen grundsätzlich nicht schädlich für die Steuerbegünstigung. Die Verwandtschaft darf jedoch kein Kriterium für die Förderleistungen der Körperschaft sein.

4. Hilfen nach § 53 Nr. 1 AO (Unterstützung von Personen, die infolge ihres körperlichen, geistigen oder seelischen Zustands auf die Hilfe anderer angewiesen sind) dürfen ohne Rücksicht auf die wirtschaftliche Unterstützungsbedürftigkeit gewährt werden. Bei der Beurteilung der Bedürftigkeit i. S. d. § 53 Nr. 1 AO kommt es nicht darauf an, dass die Hilfebedürftigkeit dauernd oder für längere Zeit besteht. Hilfeleistungen wie beispielsweise "Essen auf Rädern" können daher steuerbegünstigt durchgeführt werden. Bei Personen, die das 75. Lebensjahr vollendet haben, kann körperliche Hilfebedürftigkeit ohne weitere Nachprüfung angenommen werden.

5. § 53 Nr. 2 AO legt die Grenzen der wirtschaftlichen Hilfebedürftigkeit fest. Danach können ohne Verlust der Steuerbegünstigung Personen unterstützt werden, deren Bezüge das Vierfache, beim Alleinstehenden oder Alleinerziehenden das Fünffache des Regelsatzes der Sozialhilfe i. S. d. § 28 SGB XII (jeweilige Regelbedarfsstufe) nicht übersteigen. Etwaige Mehrbedarfszuschläge zum Regelsatz sind nicht zu berücksichtigen. Leistungen für die Unterkunft werden nicht gesondert berücksichtigt. Für die Begriffe "Einkünfte" und "Bezüge" sind die Ausführungen in R 33a.1 EStR maßgeblich.

6. Zu den Bezügen i. S. d. § 53 Nr. 2 AO zählen neben den Einkünften i. S. d. § 2 Abs. 1 EStG auch alle anderen für die Bestreitung des Unterhalts bestimmten oder geeigneten Bezüge aller Haushaltsangehörigen. Hierunter fallen auch solche Einnahmen, die im Rahmen der steuerlichen Einkünfteermittlung nicht erfasst werden, also sowohl nicht steuerbare als auch für steuerfrei erklärte Einnahmen (BFH-Urteil vom 2.8.1974, VI R 148/71, BStBl 1975 II S. 139). Gezahlte und empfangene Unterhaltsleistungen sind bei der Einkommensberechnung zu berücksichtigen.

   Bei der Beurteilung der wirtschaftlichen Hilfebedürftigkeit von unverheirateten minderjährigen Schwangeren und minderjährigen Müttern, die ihr leibliches Kind bis zur Vollendung seines 6. Lebensjahres betreuen, und die dem Haushalt ihrer Eltern oder eines Elternteils angehören, sind die Bezüge und das Vermögen der Eltern oder des Elternteils nicht zu berücksichtigen.

7. Bei Renten zählt der über den von § 53 Nr. 2 Buchstabe a AO erfassten Anteil hinausgehende Teil der Rente zu den Bezügen i. S. d. § 53 Nr. 2 Satz 4 Buchstabe b AO.

8. Bei der Feststellung der Bezüge i. S. d. § 53 Nr. 2 Satz 4 Buchstabe b AO sind aus Vereinfachungsgründen insgesamt 180 € im Kalenderjahr abzuzie-

hen, wenn nicht höhere Aufwendungen, die in wirtschaftlichem Zusammenhang mit den entsprechenden Einnahmen stehen, nachgewiesen oder glaubhaft gemacht werden.

9. Als Vermögen, das zur nachhaltigen Verbesserung des Unterhalts ausreicht und dessen Verwendung für den Unterhalt zugemutet werden kann (§ 53 Nr. 2 Satz 2 AO), ist in der Regel ein Vermögen mit einem gemeinen Wert (Verkehrswert) von mehr als 15.500 € anzusehen. Dabei bleiben außer Ansatz:

- Vermögensgegenstände, deren Veräußerung offensichtlich eine Verschleuderung bedeuten würde oder die einen besonderen Wert, z. B. Erinnerungswert, für die unterstützte Person haben oder zu seinem Hausrat gehören
- ein angemessenes Hausgrundstück i. S. d. § 90 Abs. 2 Nr. 8 SGB XII, das die unterstützte Person allein oder zusammen mit Angehörigen, denen es nach dem Tod der unterstützten Person weiter als Wohnraum dienen soll, bewohnt.

Die Grenze bezieht sich auch bei einem Mehrpersonenhaushalt auf jede unterstützte Person. H 33a.1 (Geringes Vermögen - „Schonvermögen") EStH gilt entsprechend.

10. Erbringt eine Körperschaft ihre Leistungen an wirtschaftlich hilfebedürftige Personen, muss sie anhand ihrer Unterlagen nachweisen können, dass die Höhe der Einkünfte und Bezüge sowie das Vermögen der unterstützten Personen die Grenzen des § 53 Nr. 2 AO nicht übersteigen. Eine Erklärung, in der von der unterstützten Person nur das Unterschreiten der Grenzen des § 53 Nr. 2 AO mitgeteilt wird, reicht allein nicht aus. Eine Berechnung der maßgeblichen Einkünfte und Bezüge sowie eine Berechnung des Vermögens sind stets beizufügen.

11. Auf diesen Nachweis ist zu verzichten, wenn die Leistungsempfänger Leistungen nach dem SGB II, SGB XII, WoGG, § 27a BVG oder nach § 6a BKGG beziehen. Bei Beantragung dieser Sozialleistungen prüft die zuständige Sozialbehörde sowohl die Vermögens- als auch die Einkommensverhältnisse der antragstellenden Personen. Verfügen sie über ausreichend finanzielle Mittel (Einkommen oder einzusetzendes Vermögen), dann werden die beantragten Leistungen nicht bewilligt.

Es ist also ausreichend, wenn Empfänger der in § 53 Nr. 2 Satz 6 AO benannten Leistungen ihren für den Empfangszeitraum maßgeblichen Leistungsbescheid oder eine Bescheinigung des Sozialleistungsträgers über den Leistungsbezug bei der Körperschaft einreichen. Die Körperschaft hat eine Ablichtung des Bescheids oder der Bestätigung aufzubewahren.

12. Beantragt eine Körperschaft die Befreiung von der Nachweispflicht nach § 53 Nr. 2 Satz 8 AO, muss sie nachweisen, dass aufgrund ihrer besonderen Art der gewährten Unterstützungsleistung sichergestellt ist, dass nur wirtschaftlich hilfebedürftige Personen unterstützt werden.

Auf die Nachweisführung kann verzichtet werden, wenn aufgrund der Art der Unterstützungsleistungen typischerweise davon auszugehen ist, dass nur bedürftige Menschen unterstützt werden. Hierbei sind die besonderen Gegebenheiten vor Ort sowie Inhalte und Bewerbungen des konkreten Leistungsangebotes zu berücksichtigen. Im Regelfall müssen Kleiderkammern, Suppenküchen, Obdachlosenasyle und die sogenannten Tafeln keine Nachweise erbringen.

Dagegen reicht die pauschale Behauptung, dass die Leistungen sowieso nur von Hilfebedürftigen in Anspruch genommen werden, nicht aus. Werden z. B. bei einem Sozialkaufhaus Leistungen an jeden erbracht, der sie in Anspruch nehmen möchte, dann kommt eine Befreiung nicht in Betracht.

Der Bescheid über den Nachweisverzicht kann befristet ergehen oder mit anderen Nebenbestimmungen (§ 120 AO) versehen werden. Treten Änderungen im rechtlichen oder tatsächlichen Bereich ein, dann gelten die Absätze 3 bis 5 des § 60a AO entsprechend. Dies gilt auch bei materiell-rechtlich fehlerhaften Bescheiden (vgl. Nrn. 6 bis 8 des AEAO zu § 60a).

§ 54 Kirchliche Zwecke (S 0173)

(1) Eine Körperschaft verfolgt kirchliche Zwecke, wenn ihre Tätigkeit darauf gerichtet ist, eine Religionsgemeinschaft, die Körperschaft des öffentlichen Rechts ist, selbstlos zu fördern.

(2) Zu diesen Zwecken gehören insbesondere die Errichtung, Ausschmückung und Unterhaltung von Gotteshäusern und kirchlichen Gemeindehäusern, die Abhaltung von Gottesdiensten, die Ausbildung von Geistlichen, die Erteilung von Religionsunterricht, die Beerdigung und die Pflege des Andenkens der Toten, ferner die Verwaltung des Kirchenvermögens, die Besoldung der Geistlichen, Kirchenbeamten und Kirchendiener, die Alters- und Behindertenversorgung für diese Personen und die Versorgung ihrer Witwen und Waisen.

AEAO zu § 54 - Kirchliche Zwecke:

Ein kirchlicher Zweck liegt nur vor, wenn die Tätigkeit darauf gerichtet ist, eine Religionsgemeinschaft des öffentlichen Rechts zu fördern. Bei Religionsgemeinschaften, die nicht Körperschaften des öffentlichen Rechts sind, kann wegen Förderung der Religion eine Anerkennung als gemeinnützige Körperschaft in Betracht kommen.

§ 55 Selbstlosigkeit (S 0174)

(1) Eine Förderung oder Unterstützung geschieht selbstlos, wenn dadurch nicht in erster Linie eigenwirtschaftliche Zwecke - zum Beispiel gewerbliche Zwecke oder sonstige Erwerbszwecke - verfolgt werden und wenn die folgenden Voraussetzungen gegeben sind:

1. [1]Mittel der Körperschaft dürfen nur für die satzungsmäßigen Zwecke verwendet werden. [2]Die Mitglieder oder Gesellschafter (Mitglieder im Sinne dieser Vorschriften) dürfen keine Gewinnanteile und in ihrer Eigenschaft als Mitglieder auch keine sonstigen Zuwendungen aus Mitteln der Körperschaft erhalten. [3]Die Körperschaft darf ihre Mittel weder für die unmittelbare noch für die mittelbare Unterstützung oder Förderung politischer Parteien verwenden.

2. Die Mitglieder dürfen bei ihrem Ausscheiden oder bei Auflösung oder Aufhebung der Körperschaft nicht mehr als ihre eingezahlten Kapitalanteile und den gemeinen Wert ihrer geleisteten Sacheinlagen zurückerhalten.

3. Die Körperschaft darf keine Person durch Ausgaben, die dem Zweck der Körperschaft fremd sind, oder durch unverhältnismäßig hohe Vergütungen begünstigen.

4. [1]Bei Auflösung oder Aufhebung der Körperschaft oder bei Wegfall ihres bisherigen Zwecks darf das Vermögen der Körperschaft, soweit es die eingezahlten Kapitalanteile der Mitglieder und den gemeinen Wert der von den Mitgliedern geleisteten Sacheinlagen übersteigt, nur für steuerbegünstigte Zwecke verwendet werden (Grundsatz der Vermögensbindung). [2]Diese Voraussetzung ist auch erfüllt, wenn das Vermögen einer anderen steuerbegünstigten Körperschaft oder einer juristischen Person des öffentlichen Rechts für steuerbegünstigte Zwecke übertragen werden soll.

5. [1]Die Körperschaft muss ihre Mittel vorbehaltlich des § 62 grundsätzlich zeitnah für ihre steuerbegünstigten satzungsmäßigen Zwecke verwenden. [2]Verwendung in diesem Sinne ist auch die Verwendung der Mittel für die Anschaffung oder Herstellung von Vermögensgegenständen, die satzungsmäßigen Zwecken dienen. [3]Eine zeitnahe Mittelverwendung ist gegeben, wenn die Mittel spätestens in den auf den Zufluss folgenden zwei Kalender- oder Wirtschaftsjahren für die steuerbegünstigten satzungsmäßigen Zwecke verwendet werden. [4]Satz 1 gilt nicht für Körperschaften mit jährlichen Einnahmen von nicht mehr als 45 000 Euro.

(2) Bei der Ermittlung des gemeinen Werts (Absatz 1 Nr. 2 und 4) kommt es auf die Verhältnisse zu dem Zeitpunkt an, in dem die Sacheinlagen geleistet worden sind.

(3) Die Vorschriften, die die Mitglieder der Körperschaft betreffen (Absatz 1 Nr. 1, 2 und 4), gelten bei Stiftungen für die Stifter und ihre Erben, bei Betrieben gewerblicher Art von juristischen Personen des öffentlichen Rechts für die Körperschaft sinngemäß, jedoch mit der Maßgabe, dass bei Wirtschaftsgütern, die nach § 6 Absatz 1 Nummer 4 Satz 4 des Einkommensteuergesetzes aus einem

Betriebsvermögen zum Buchwert entnommen worden sind, an die Stelle des gemeinen Werts der Buchwert der Entnahme tritt.

AEAO zu § 55 - Selbstlosigkeit:

Zu § 55 Abs. 1 Nr. 1 AO:

1. Eine Körperschaft handelt selbstlos, wenn sie weder selbst noch zugunsten ihrer Mitglieder eigenwirtschaftliche Zwecke verfolgt. Ist die Tätigkeit einer Körperschaft in erster Linie auf Mehrung ihres eigenen Vermögens gerichtet, so handelt sie nicht selbstlos. Eine Körperschaft verfolgt z. B. in erster Linie eigenwirtschaftliche Zwecke, wenn sie ausschließlich durch Darlehen ihrer Gründungsmitglieder finanziert ist und dieses Fremdkapital satzungsgemäß tilgen und verzinsen muss (BFH-Urteile vom 13.12.1978, I R 39/78, BStBl 1979 II S. 482, vom 26.4.1989, I R 209/85, BStBl II S. 670, und vom 28.6.1989, I R 86/85, BStBl 1990 II S. 550).

2. Eine Eigengesellschaft einer juristischen Person des öffentlichen Rechts kann nach § 5 Abs. 1 Nr. 9 KStG und § 3 Nr. 6 Satz 1 GewStG steuerbegünstigt sein. Das gilt auch, soweit sie in die Erfüllung hoheitlicher Pflichtaufgaben der Trägerkörperschaft (z. B. Durchführung des bodengebundenen Rettungsdiensts) eingebunden ist. Sie verfolgt keine vordergründig eigennützigen Interessen ihres Gesellschafters.

   Eine Steuerbegünstigung der Eigengesellschaft kommt aber grundsätzlich nur in Betracht, wenn die von ihr erbrachten Leistungen angemessen vergütet werden. Maßstab ist die Höhe des Entgelts, das von einem ordentlichen und gewissenhaften Geschäftsleiter auch mit einem Nichtgesellschafter als Auftraggeber vereinbart worden wäre. Dazu muss das Entgelt regelmäßig die Kosten ausgleichen und einen marktüblichen Gewinnaufschlag beinhalten (BFH-Urteil vom 27.11.2013, I R 17/12, BStBl 2016 II S. 68). Bei steuerbegünstigten Einrichtungen ist aufgrund der fehlenden Gewinnorientierung die Erhebung eines Gewinnaufschlags in der Regel nicht marktüblich. Dies gilt nicht für Leistungen der steuerbegünstigten Einrichtung aus einem steuerpflichtigen wirtschaftlichen Geschäftsbetrieb (§ 64 AO).

3. Nach § 55 Abs. 1 AO dürfen sämtliche Mittel der Körperschaft nur für die satzungsmäßigen Zwecke verwendet werden (Ausnahmen siehe § 58 AO). Auch der Gewinn aus dem Zweckbetrieb und aus dem steuerpflichtigen wirtschaftlichen Geschäftsbetrieb (§ 64 Abs. 2 AO) sowie der Überschuss aus der Vermögensverwaltung dürfen nur für die satzungsmäßigen Zwecke verwendet werden. Dies schließt die Bildung von Rücklagen im wirtschaftlichen Geschäftsbetrieb und im Bereich der Vermögensverwaltung nicht aus.

4. Es ist grundsätzlich nicht zulässig, Mittel des ideellen Bereichs (insbesondere Mitgliedsbeiträge, Spenden, Zuschüsse, Rücklagen), Gewinne aus Zweckbetrieben, Erträge aus der Vermögensverwaltung und das entsprechende Vermögen für einen steuerpflichtigen wirtschaftlichen Geschäftsbetrieb zu verwenden, z. B. zum Ausgleich eines Verlustes. Für das Vorliegen eines Verlustes ist das Ergebnis des einheitlichen steuerpflichtigen wirtschaftlichen Geschäftsbetriebs (§ 64 Abs. 2 AO) maßgeblich. Eine Verwendung von Mitteln

des ideellen Bereichs für den Ausgleich des Verlustes eines einzelnen wirtschaftlichen Geschäftsbetriebs liegt deshalb nicht vor, soweit der Verlust bereits im Entstehungsjahr mit Gewinnen anderer steuerpflichtiger wirtschaftlicher Geschäftsbetriebe verrechnet werden kann. Verbleibt danach ein Verlust, ist keine Verwendung von Mitteln des ideellen Bereichs für dessen Ausgleich anzunehmen, wenn dem ideellen Bereich in den sechs vorangegangenen Jahren Gewinne des einheitlichen steuerpflichtigen wirtschaftlichen Geschäftsbetriebs in mindestens gleicher Höhe zugeführt worden sind. Insoweit ist der Verlustausgleich im Entstehungsjahr als Rückgabe früherer, durch das Gemeinnützigkeitsrecht vorgeschriebener Gewinnabführungen anzusehen.

5. Ein nach ertragsteuerlichen Grundsätzen ermittelter Verlust eines steuerpflichtigen wirtschaftlichen Geschäftsbetriebs ist unschädlich für die Steuerbegünstigung der Körperschaft, wenn er ausschließlich durch die Berücksichtigung von anteiligen Abschreibungen auf gemischt genutzte Wirtschaftsgüter entstanden ist und wenn die folgenden Voraussetzungen erfüllt sind:

- Das Wirtschaftsgut wurde für den ideellen Bereich angeschafft oder hergestellt und wird nur zur besseren Kapazitätsauslastung und Mittelbeschaffung teil- oder zeitweise für den steuerpflichtigen wirtschaftlichen Geschäftsbetrieb genutzt. Die Körperschaft darf nicht schon im Hinblick auf eine zeit- oder teilweise Nutzung für den steuerpflichtigen wirtschaftlichen Geschäftsbetrieb ein größeres Wirtschaftsgut angeschafft oder hergestellt haben, als es für die ideelle Tätigkeit notwendig war.
- Die Körperschaft verlangt für die Leistungen des steuerpflichtigen wirtschaftlichen Geschäftsbetriebs marktübliche Preise.
- Der steuerpflichtige wirtschaftliche Geschäftsbetrieb bildet keinen eigenständigen Sektor eines Gebäudes (z. B. Gaststättenbetrieb in einer Sporthalle).

Diese Grundsätze gelten entsprechend für die Berücksichtigung anderer gemischter Aufwendungen (z. B. zeitweiser Einsatz von Personal des ideellen Bereichs in einem steuerpflichtigen wirtschaftlichen Geschäftsbetrieb) bei der gemeinnützigkeitsrechtlichen Beurteilung von Verlusten.

6. Der Ausgleich des Verlustes eines steuerpflichtigen wirtschaftlichen Geschäftsbetriebs mit Mitteln des ideellen Bereichs ist außerdem unschädlich für die Steuerbegünstigung, wenn

- der Verlust auf einer Fehlkalkulation beruht,
- die Körperschaft innerhalb von zwölf Monaten nach Ende des Wirtschaftsjahres, in dem der Verlust entstanden ist, dem ideellen Tätigkeitsbereich wieder Mittel in entsprechender Höhe zuführt und
- die zugeführten Mittel nicht aus Zweckbetrieben, aus dem Bereich der steuerbegünstigten Vermögensverwaltung, aus Beiträgen oder

aus anderen Zuwendungen, die zur Förderung der steuerbegünstigten Zwecke der Körperschaft bestimmt sind, stammen (BFH-Urteil vom 13.11.1996, I R 152/93, BStBl 1998 II S. 711).

Die Zuführungen zum ideellen Bereich können demnach aus dem Gewinn des (einheitlichen) steuerpflichtigen wirtschaftlichen Geschäftsbetriebs, der in dem Wirtschaftsjahr nach der Entstehung des Verlustes erzielt wird, geleistet werden. Außerdem dürfen für den Ausgleich des Verlustes Umlagen und Zuschüsse, die dafür bestimmt sind, verwendet werden. Derartige Zuwendungen sind jedoch keine steuerbegünstigten Spenden.

7. Eine für die Steuerbegünstigung schädliche Verwendung von Mitteln für den Ausgleich von Verlusten des steuerpflichtigen wirtschaftlichen Geschäftsbetriebs liegt auch dann nicht vor, wenn dem Betrieb die erforderlichen Mittel durch die Aufnahme eines betrieblichen Darlehens zugeführt werden oder bereits in dem Betrieb verwendete ideelle Mittel mittels eines Darlehens, das dem Betrieb zugeordnet wird, innerhalb der Frist von zwölf Monaten nach dem Ende des Verlustentstehungsjahres an den ideellen Bereich der Körperschaft zurückgegeben werden. Voraussetzung für die Unschädlichkeit ist, dass Tilgung und Zinsen für das Darlehen ausschließlich aus Mitteln des steuerpflichtigen wirtschaftlichen Geschäftsbetriebs geleistet werden.

Die Belastung von Vermögen des ideellen Bereichs mit einer Sicherheit für ein betriebliches Darlehen (z. B. Grundschuld auf einer Sporthalle) führt grundsätzlich zu keiner anderen Beurteilung. Die Eintragung einer Grundschuld bedeutet noch keine Verwendung des belasteten Vermögens für den steuerpflichtigen wirtschaftlichen Geschäftsbetrieb.

8. Steuerbegünstigte Körperschaften unterhalten steuerpflichtige wirtschaftliche Geschäftsbetriebe regelmäßig nur, um dadurch zusätzliche Mittel für die Verwirklichung der steuerbegünstigten Zwecke zu beschaffen. Es kann deshalb unterstellt werden, dass etwaige Verluste bei Betrieben, die schon längere Zeit bestehen, auf einer Fehlkalkulation beruhen. Bei dem Aufbau eines neuen Betriebs ist eine Verwendung von Mitteln des ideellen Bereichs für den Ausgleich von Verlusten auch dann unschädlich für die Steuerbegünstigung, wenn mit Anlaufverlusten zu rechnen war. Auch in diesem Fall muss die Körperschaft aber i. d. R. innerhalb von drei Jahren nach dem Ende des Entstehungsjahres des Verlustes dem ideellen Bereich wieder Mittel, die gemeinnützigkeitsunschädlich dafür verwendet werden dürfen, zuführen.

9. Die Regelungen in den Nrn. 4 bis 8 des AEAO zu § 55 gelten entsprechend für die Vermögensverwaltung.

10 Veräußert ein steuerpflichtiger Anteilseigner seine Anteile an einer steuerbegünstigten Kapitalgesellschaft an einen steuerbegünstigten Erwerber liegt regelmäßig eine Mittelfehlverwendung im Sinne des § 55 Abs. 1 Nr. 1 AO vor, wenn der Veräußerungspreis über dem Wert der eingezahlten Kapitalanteile und dem gemeinen Wert der Sacheinlagen der Anteile liegt (vgl. BFH-Beschluss vom 12.10.2010, I R 59/09, BStBl 2012 II S. 226).

11. Mitglieder dürfen keine Zuwendungen aus Mitteln der Körperschaft erhalten. Dies gilt nicht, soweit es sich um Annehmlichkeiten handelt, wie sie im Rahmen der Betreuung von Mitgliedern allgemein üblich und nach allgemeiner Verkehrsauffassung als angemessen anzusehen sind.

12. Keine Zuwendung i. S. d. § 55 Abs. 1 Nr. 1 AO liegt vor, wenn der Leistung der Körperschaft eine Gegenleistung des Empfängers gegenübersteht (z. B. bei Kauf-, Dienst- und Werkverträgen) und die Werte von Leistung und Gegenleistung nach wirtschaftlichen Grundsätzen gegeneinander abgewogen sind.

13. Ist einer Körperschaft zugewendetes Vermögen mit vor der Übertragung wirksam begründeten Ansprüchen (z. B. Nießbrauch, Grund- oder Rentenschulden, Vermächtnisse aufgrund testamentarischer Bestimmungen des Zuwendenden) belastet, deren Erfüllung durch die Körperschaft keine nach wirtschaftlichen Grundsätzen abgewogene Gegenleistung für die Übertragung des Vermögens darstellt, mindern die Ansprüche das übertragene Vermögen bereits im Zeitpunkt des Übergangs. Wirtschaftlich betrachtet wird der Körperschaft nur das nach der Erfüllung der Ansprüche verbleibende Vermögen zugewendet. Die Erfüllung der Ansprüche aus dem zugewendeten Vermögen ist deshalb keine Zuwendung i. S. d. § 55 Abs. 1 Nr. 1 AO. Dies gilt auch, wenn die Körperschaft die Ansprüche aus ihrem anderen zulässigen Vermögen einschließlich der Rücklage nach § 62 Abs. 1 Nr. 3 AO erfüllt.

14. Soweit die vorhandenen flüssigen Vermögensmittel nicht für die Erfüllung der Ansprüche ausreichen, darf die Körperschaft dafür auch Erträge verwenden. Ihr müssen jedoch ausreichende Mittel für die Verwirklichung ihrer steuerbegünstigten Zwecke verbleiben. Diese Voraussetzung ist als erfüllt anzusehen, wenn für die Erfüllung der Verbindlichkeiten höchstens ein Drittel des Einkommens der Körperschaft verwendet wird. Die Ein-Drittel-Grenze umfasst bei Rentenverpflichtungen nicht nur die über den Barwert hinausgehenden, sondern die gesamten Zahlungen. Sie bezieht sich auf den Veranlagungszeitraum.

15. § 58 Nr. 6 AO enthält eine Ausnahmeregelung zu § 55 Abs. 1 Nr. 1 AO für Stiftungen. Diese ist nur anzuwenden, wenn eine Stiftung Leistungen erbringt, die dem Grunde nach gegen § 55 Abs. 1 Nr. 1 AO verstoßen, also z. B. freiwillige Zuwendungen an den in § 58 Nr. 6 AO genannten Personenkreis leistet oder für die Erfüllung von Ansprüchen dieses Personenkreises aus der Übertragung von Vermögen nicht das belastete oder anderes zulässiges Vermögen, sondern Erträge einsetzt. Im Unterschied zu anderen Körperschaften kann eine Stiftung unter den Voraussetzungen des § 58 Nr. 6 AO auch dann einen Teil ihres Einkommens für die Erfüllung solcher Ansprüche verwenden, wenn ihr dafür ausreichende flüssige Vermögensmittel zur Verfügung stehen. Der Grundsatz, dass der wesentliche Teil des Einkommens für die Verwirklichung der steuerbegünstigten Zwecke verbleiben muss, gilt aber auch für Stiftungen. Daraus folgt, dass eine Stiftung insgesamt höchstens ein Drittel ihres Einkommens für unter § 58 Nr. 6 AO fallende Leistungen und für die Erfüllung von anderen durch die Übertragung von belastetem Vermögen begründeten Ansprüchen verwenden darf. Das dem entgegenstehende BFH-

Urteil vom 21.1.1998, II R 16/95, BStBl II S. 758 ist insoweit über den entschiedenen Einzelfall hinaus nicht anzuwenden

16. Die Vergabe von Darlehen aus Mitteln, die zeitnah für die steuerbegünstigten Zwecke zu verwenden sind, ist unschädlich für die Gemeinnützigkeit, wenn die Körperschaft damit selbst unmittelbar ihre steuerbegünstigten satzungsmäßigen Zwecke verwirklicht. Dies kann z. B. der Fall sein, wenn die Körperschaft im Rahmen ihrer jeweiligen steuerbegünstigten Zwecke Darlehen im Zusammenhang mit einer Schuldnerberatung zur Ablösung von Bankschulden, Darlehen an Nachwuchskünstler für die Anschaffung von Instrumenten oder Stipendien für eine wissenschaftliche Ausbildung teilweise als Darlehen vergibt. Voraussetzung ist, dass sich die Darlehensvergabe von einer gewerbsmäßigen Kreditvergabe dadurch unterscheidet, dass sie zu günstigeren Bedingungen erfolgt als zu den allgemeinen Bedingungen am Kapitalmarkt (z. B. Zinslosigkeit, Zinsverbilligung).

Die Vergabe von Darlehen aus zeitnah für die steuerbegünstigten Zwecke zu verwendenden Mitteln an andere steuerbegünstigte Körperschaften ist im Rahmen des § 58 Nrn. 1 AO zulässig (mittelbare Zweckverwirklichung), wenn die andere Körperschaft die darlehensweise erhaltenen Mittel unmittelbar für steuerbegünstigte Zwecke innerhalb der für eine zeitnahe Mittelverwendung vorgeschriebenen Frist verwendet.

Darlehen, die zur unmittelbaren Verwirklichung der steuerbegünstigten Zwecke vergeben werden, sind im Rechnungswesen entsprechend kenntlich zu machen. Es muss sichergestellt und für die Finanzbehörde nachprüfbar sein, dass die Rückflüsse, d.h. Tilgung und Zinsen, wieder zeitnah für die steuerbegünstigten Zwecke verwendet werden.

17. Aus Mitteln, die nicht dem Gebot der zeitnahen Mittelverwendung unterliegen (Vermögen einschließlich der zulässigen Zuführungen und der zulässig gebildeten Rücklagen), darf die Körperschaft Darlehen nach folgender Maßgabe vergeben:

Die Zinsen müssen sich in dem auf dem Kapitalmarkt üblichen Rahmen halten, es sei denn, der Verzicht auf die üblichen Zinsen ist eine nach den Vorschriften des Gemeinnützigkeitsrechts und der Satzung der Körperschaft zulässige Zuwendung (z. B. Darlehen an eine ebenfalls steuerbegünstigte Mitgliedsorganisation oder eine hilfebedürftige Person). Bei Darlehen an Arbeitnehmer aus dem Vermögen kann der (teilweise) Verzicht auf eine übliche Verzinsung als Bestandteil des Arbeitslohns angesehen werden, wenn dieser insgesamt, also einschließlich des Zinsvorteils, angemessen ist und der Zinsverzicht auch von der Körperschaft als Arbeitslohn behandelt wird (z. B. Abführung von Lohnsteuer und Sozialversicherungsbeiträgen).

Maßnahmen, für die eine Rücklage nach § 62 Abs. 1 Nr. 1 AO gebildet worden ist, dürfen sich durch die Gewährung von Darlehen nicht verzögern.

18. Die Vergabe von Darlehen ist als solche kein steuerbegünstigter Zweck. Sie darf deshalb nicht Satzungszweck einer steuerbegünstigten Körperschaft sein. Es ist jedoch unschädlich für die Steuerbegünstigung, wenn die Vergabe

von zinsgünstigen oder zinslosen Darlehen nicht als Zweck, sondern als Mittel zur Verwirklichung des steuerbegünstigten Zwecks in der Satzung der Körperschaft aufgeführt ist.

19. Eine Körperschaft kann nicht als steuerbegünstigt behandelt werden, wenn ihre Ausgaben für die allgemeine Verwaltung einschließlich der Werbung um Spenden einen angemessenen Rahmen übersteigen (§ 55 Abs. 1 Nrn. 1 und 3 AO). Dieser Rahmen ist in jedem Fall überschritten, wenn eine Körperschaft, die sich weitgehend durch Geldspenden finanziert, diese - nach einer Aufbauphase - überwiegend zur Bestreitung von Ausgaben für Verwaltung und Spendenwerbung statt für die Verwirklichung der steuerbegünstigten satzungsmäßigen Zwecke verwendet (BFH-Beschluss vom 23.9.1998, I B 82/98, BStBl 2000 II S. 320). Die Verwaltungsausgaben einschließlich Spendenwerbung sind bei der Ermittlung der Anteile ins Verhältnis zu den gesamten vereinnahmten Mitteln (Spenden, Mitgliedsbeiträge, Zuschüsse, Gewinne aus wirtschaftlichen Geschäftsbetrieben usw.) zu setzen.

Für die Frage der Angemessenheit der Verwaltungsausgaben kommt es entscheidend auf die Umstände des jeweiligen Einzelfalls an. Eine für die Steuerbegünstigung schädliche Mittelverwendung kann deshalb auch schon dann vorliegen, wenn der prozentuale Anteil der Verwaltungsausgaben einschließlich der Spendenwerbung deutlich geringer als 50 % ist.

20. Während der Gründungs- oder Aufbauphase einer Körperschaft kann auch eine überwiegende Verwendung der Mittel für Verwaltungsausgaben und Spendenwerbung unschädlich für die Steuerbegünstigung sein. Die Dauer der Gründungs- oder Aufbauphase, während der dies möglich ist, hängt von den Verhältnissen des Einzelfalls ab.

Der in dem BFH-Beschluss vom 23.9.1998, I B 82/98, BStBl 2000 II S. 320 zugestandene Zeitraum von vier Jahren für die Aufbauphase, in der höhere anteilige Ausgaben für Verwaltung und Spendenwerbung zulässig sind, ist durch die Besonderheiten des entschiedenen Falles begründet (insbesondere zweite Aufbauphase nach Aberkennung der Steuerbegünstigung). Er ist deshalb als Obergrenze zu verstehen. I. d. R. ist von einer kürzeren Aufbauphase auszugehen.

21. Die Steuerbegünstigung ist auch dann zu versagen, wenn das Verhältnis der Verwaltungsausgaben zu den Ausgaben für die steuerbegünstigten Zwecke zwar insgesamt nicht zu beanstanden, eine einzelne Verwaltungsausgabe (z. B. das Gehalt des Geschäftsführers oder der Aufwand für die Mitglieder- und Spendenwerbung) aber nicht angemessen ist (§ 55 Abs. 1 Nr. 3 AO).

22. Bei den Kosten für die Beschäftigung eines Geschäftsführers handelt es sich grundsätzlich um Verwaltungsausgaben. Eine Zuordnung dieser Kosten zu der steuerbegünstigten Tätigkeit ist nur insoweit möglich, als der Geschäftsführer unmittelbar bei steuerbegünstigten Projekten mitarbeitet. Entsprechendes gilt für die Zuordnung von Reisekosten.

23. Eine Unternehmergesellschaft i. S. d. § 5a Abs. 1 GmbHG ist gesetzlich verpflichtet, von ihrem um einen Verlustvortrag aus dem Vorjahr geminderten

Jahresüberschuss bis zum Erreichen des Stammkapitals von 25.000 € mindestens 25 % in eine gesetzliche Rücklage einzustellen (§ 5a Abs. 3 GmbHG). Mit der Bildung dieser Rücklage verstößt die Unternehmergesellschaft grundsätzlich nicht gegen das Gebot der zeitnahen Mittelverwendung.

Zu § 55 Abs. 1 Nr. 2 und 4 AO:

24. Die in § 55 Abs. 1 Nr. 2 und 4 AO genannten Sacheinlagen sind Einlagen i. S. d. Handelsrechts, für die dem Mitglied Gesellschaftsrechte eingeräumt worden sind. Insoweit sind also nur Kapitalgesellschaften, nicht aber Vereine angesprochen. Unentgeltlich zur Verfügung gestellte Vermögensgegenstände, für die keine Gesellschaftsrechte eingeräumt sind (Leihgaben, Sachspenden), fallen nicht unter § 55 Abs. 1 Nr. 2 und 4 AO. Soweit Kapitalanteile und Sacheinlagen von der Vermögensbindung ausgenommen werden, kann von dem Gesellschafter nicht die Spendenbegünstigung des § 10b EStG (§ 9 Abs. 1 Nr. 2 KStG) in Anspruch genommen werden. Eingezahlte Kapitalanteile i. S. d. § 55 Abs. 1 Nr. 2 und 4 AO liegen nicht vor, soweit für die Kapitalerhöhung Gesellschaftsmittel verwendet wurden (z. B. nach § 57c GmbHG).

Zu § 55 Abs. 1 Nr. 3 AO:

25. Bei Vorstandsmitgliedern von Vereinen sind Tätigkeitsvergütungen gemeinnützigkeitsrechtlich nur zulässig, wenn eine entsprechende Satzungsregelung besteht. Zu Einzelheiten bei Zahlungen an den Vorstand steuerbegünstigter Vereine siehe BMF-Schreiben vom 21.11.2014, BStBl I S. 1581.

Diese Regelung gilt für Stiftungen entsprechend.

Zur Feststellung von Mittelfehlverwendungen i. S. v. § 55 Abs. 1 Nr. 3 AO durch überhöhte Vergütungen an den Geschäftsführer einer gemeinnützigen Körperschaft ist ein Fremdvergleich anzustellen. Dabei sind die Grundsätze der vGA zu berücksichtigen. "Unverhältnismäßig" in § 55 Abs. 1 Nr. 3 AO hat im Grundsatz dieselbe Bedeutung wie „unangemessen" im Bereich der vGA gemäß § 8 Abs. 3 Satz 2 KStG. Zur Feststellung einer vGA durch überhöhte Vergütungen eines Gesellschafter-Geschäftsführers kann die Vergütung entweder mit den Entgelten verglichen werden, die Geschäftsführer oder Arbeitnehmer des betreffenden Unternehmens beziehen (interner Fremdvergleich) oder mit den Entgelten, die unter gleichen Bedingungen an Fremdgeschäftsführer anderer Unternehmen gezahlt werden (externer Fremdvergleich). Maßstab des externen Fremdvergleichs können dabei auch die für vergleichbare Tätigkeiten von Wirtschaftsunternehmen gewährten Vergütungen sein.

Da nicht nur ein bestimmtes Gehalt als „angemessen" angesehen werden kann, sondern der Bereich des Angemessenen sich auf eine gewisse Bandbreite erstreckt, sind unangemessen nur diejenigen Bezüge, die den oberen Rand dieser Bandbreite übersteigen. Eine nur geringfügige Überschreitung der Angemessenheitsgrenze begründet noch keine vGA; diese liegt erst bei einem „krassen Missverhältnis" der Gesamtvergütung vor. Dies ist jedenfalls dann anzunehmen, wenn die Angemessenheitsgrenze um mehr als 20 % überschritten wird (BFH-Urteil vom 12.3.2020, V R 5/17, BStBl 2021 II S. 55).

Zu § 55 Abs. 1 Nr. 4 AO:

26. Eine wesentliche Voraussetzung für die Annahme der Selbstlosigkeit bildet der Grundsatz der Vermögensbindung für steuerbegünstigte Zwecke im Falle der Beendigung des Bestehens der Körperschaft oder des Wegfalles des bisherigen Zwecks (§ 55 Abs. 1 Nr. 4 AO).

Hiermit soll verhindert werden, dass gemeinnützigkeitsrechtlich gebundenes Vermögen später zu nicht begünstigten Zwecken verwendet wird. Die satzungsmäßigen Anforderungen an die Vermögensbindung sind in § 61 AO geregelt.

Das Vermögen einer Körperschaft, das vor dem Eintritt in die Steuerbegünstigung nach §§ 51 ff. AO angesammelt wurde, unterliegt ebenso der Vermögensbindung des § 55 Abs. 1 Nr. 4 AO wie das Vermögen, welches seit dem Eintritt in die Steuerbegünstigung gebildet wurde.

27. Eine Körperschaft ist nur dann steuerbegünstigt i. S. d. § 55 Abs. 1 Nr. 4 Satz 2 AO, wenn sie nach § 5 Abs. 1 Nr. 9 KStG von der Körperschaftsteuer befreit ist. Als Empfänger des Vermögens der Körperschaft kommen neben inländischen Körperschaften auch die in § 5 Abs. 2 Nr. 2 KStG aufgeführten Körperschaften in Betracht.

Zu § 55 Abs. 1 Nr. 5 AO:

28. Die Körperschaft muss ihre Mittel grundsätzlich zeitnah für ihre steuerbegünstigten satzungsmäßigen Zwecke verwenden. Verwendung in diesem Sinne ist auch die Verwendung der Mittel für die Anschaffung oder Herstellung von Vermögensgegenständen, die satzungsmäßigen Zwecken dienen (z. B. Bau eines Altenheims, Kauf von Sportgeräten oder medizinischen Geräten).

Die Bildung von Rücklagen ist nur unter den Voraussetzungen des § 62 AO zulässig. Davon unberührt bleiben Rücklagen in einem steuerpflichtigen wirtschaftlichen Geschäftsbetrieb und Rücklagen im Bereich der Vermögensverwaltung (vgl. Nr. 3 des AEAO zu § 55).

29. Eine zeitnahe Mittelverwendung ist gegeben, wenn die Mittel spätestens in den auf den Zufluss folgenden zwei Kalender- oder Wirtschaftsjahren für die steuerbegünstigten satzungsmäßigen Zwecke verwendet werden. Am Ende des Kalender- oder Wirtschaftsjahrs noch vorhandene Mittel müssen in der Bilanz oder Vermögensaufstellung der Körperschaft zulässigerweise dem Vermögen oder einer zulässigen Rücklage zugeordnet oder als im zurückliegenden Jahr zugeflossene Mittel, die in den folgenden zwei Jahren für die steuerbegünstigten Zwecke zu verwenden sind, ausgewiesen sein. Soweit Mittel nicht schon im Jahr des Zuflusses für die steuerbegünstigten Zwecke verwendet oder zulässigerweise dem Vermögen zugeführt werden, ist ihre zeitnahe Verwendung nachzuweisen, zweckmäßigerweise durch eine Nebenrechnung (Mittelverwendungsrechnung). Der Zweck des Grundsatzes der zeitnahen Mittelverwendung gebietet es, dass bei der Nachprüfung der Mittelverwendung nicht auf die einzelne Zuwendung abzustellen ist, sondern auf die Gesamtheit aller zeitnah zu verwendenden Zuwendungen und sonstigen

Einnahmen bzw. Vermögenswerte der Körperschaft (Saldobetrachtung bzw. Globalbetrachtung; BFH-Urteil vom 20.3.2017, X R 13/15, BStBl II S. 1110).

30. Die Pflicht zur zeitnahen Mittelverwendung besteht nicht für Körperschaften mit jährlichen Einnahmen von nicht mehr als 45.000 €.

Einnahmen im Sinne der Norm sind alle Vermögensmehrungen, die der Körperschaft zufließen. Es gilt das Zuflussprinzip nach § 11 EStG. Dazu zählen die Einnahmen des ideellen Bereichs sowie die Bruttoeinnahmen der Vermögensverwaltung, des Zweckbetriebs und des steuerpflichtigen wirtschaftlichen Geschäftsbetriebs. Zu den Einnahmen in diesem Sinne gehören auch solche Zuflüsse, die grundsätzlich nicht der zeitnahen Mittelverwendung unterliegen, z. B. Zuwendungen in das Vermögen der Körperschaft (§ 62 Abs. 3 AO). Nicht zu den Einnahmen in diesem Sinne gehören solche Mittel, für die die Pflicht zur zeitnahen Mittelverwendung, z. B. wegen eines Sphärenwechsels, grundsätzlich wiederauflebt, ohne dass der Körperschaft insoweit Mittel zufließen.

Die Verpflichtung zur Verwendung für satzungsmäßige steuerbegünstigte Zwecke nach § 55 Abs. 1 Nr. 1 Satz 1 AO bleibt unberührt.

31. In dem Veranlagungszeitraum, in dem die Einnahmen einer Körperschaft unter der 45.000 €-Grenze bleiben, ist für sämtliche vorhandene Mittel die Pflicht zur zeitnahen Mittelverwendung ausgesetzt. Bei Überschreiten dieser Grenze unterliegen die in den Jahren des Unterschreitens angesammelten und die übrigen, zu diesem Zeitpunkt noch vorhandenen Mittel, nicht dem Gebot der zeitnahen Mittelverwendung.

32. Nicht dem Gebot der zeitnahen Mittelverwendung unterliegt das Vermögen der Körperschaften, auch soweit es durch Umschichtungen innerhalb des Bereichs der Vermögensverwaltung entstanden ist (z. B. Verkauf eines zum Vermögen gehörenden Grundstücks einschließlich des den Buchwert übersteigenden Teils des Preises). Außerdem kann eine Körperschaft die in § 62 Abs. 3 und 4 AO bezeichneten Mittel ohne für die Gemeinnützigkeit schädliche Folgen ihrem Vermögen zuführen.

Werden Vermögensgegenstände veräußert, die satzungsmäßigen Zwecken dienen und aus zeitnah zu verwendenden Mitteln angeschafft worden sind, sind die Veräußerungserlöse zeitnah i. S. d. § 55 Abs. 1 Nr. 5 AO zu verwenden. Werden derartige Vermögensgegenstände in den Bereich der Vermögensverwaltung oder in den steuerpflichtigen wirtschaftlichen Geschäftsbetrieb überführt, lebt die Pflicht zur zeitnahen Mittelverwendung in Höhe des Verkehrswerts dieser Vermögensgegenstände wieder auf.

Zu § 55 Abs. 2 AO:

33. Wertsteigerungen bleiben für steuerbegünstigte Zwecke gebunden. Bei der Rückgabe des Wirtschaftsguts selbst hat der Empfänger die Differenz in Geld auszugleichen.

Zu § 55 Abs. 3 AO:

34. Die Regelung, nach der sich die Vermögensbindung nicht auf die eingezahlten Kapitalanteile der Mitglieder und den gemeinen Wert der von den Mitgliedern geleisteten Sacheinlagen erstreckt, gilt bei Stiftungen für die Stifter und ihre Erben sinngemäß (§ 55 Abs. 3 erster Halbsatz AO). Es ist also zulässig, das Stiftungskapital und die Zustiftungen von der Vermögensbindung auszunehmen und im Falle des Erlöschens der Stiftung an den Stifter oder seine Erben zurückfallen zu lassen. Für solche Stiftungen und Zustiftungen kann aber vom Stifter nicht die Spendenvergünstigung nach § 10b EStG (§ 9 Abs. 1 Nr. 2 KStG) in Anspruch genommen werden.

35. Die Vorschrift des § 55 Abs. 3 zweiter Halbsatz AO, die sich nur auf Stiftungen und Körperschaften des öffentlichen Rechts bezieht, berücksichtigt die Regelung im EStG, wonach die Entnahme eines Wirtschaftsgutes mit dem Buchwert angesetzt werden kann, wenn das Wirtschaftsgut den in § 6 Abs. 1 Nr. 4 Satz 4 EStG genannten Körperschaften unentgeltlich überlassen wird. Dies hat zur Folge, dass der Zuwendende bei der Aufhebung der Stiftung nicht den gemeinen Wert der Zuwendung, sondern nur den dem ursprünglichen Buchwert entsprechenden Betrag zurückerhält. Stille Reserven und Wertsteigerungen bleiben hiernach für steuerbegünstigte Zwecke gebunden. Bei Rückgabe des Wirtschaftsgutes selbst hat der Empfänger die Differenz in Geld auszugleichen.

§ 56 Ausschließlichkeit (S 0175)

Ausschließlichkeit liegt vor, wenn eine Körperschaft nur ihre steuerbegünstigten satzungsmäßigen Zwecke verfolgt.

AEAO zu § 56 - Ausschließlichkeit:

1. Das Ausschließlichkeitsgebot des § 56 AO besagt, dass eine Körperschaft nicht steuerbegünstigt ist, wenn sie neben ihrer steuerbegünstigten Zielsetzung weitere Zwecke verfolgt und diese Zwecke nicht steuerbegünstigt sind. Im Zusammenhang mit der Vermögensverwaltung und wirtschaftlichen Geschäftsbetrieben, die Nicht-Zweckbetriebe sind, folgt daraus, dass deren Unterhaltung der Steuerbegünstigung einer Körperschaft entgegensteht, wenn sie in der Gesamtschau zum Selbstzweck wird und in diesem Sinne neben die Verfolgung des steuerbegünstigten Zwecks der Körperschaft tritt. Die Vermögensverwaltung sowie die Unterhaltung eines Nicht-Zweckbetriebs sind gemeinnützigkeitsrechtlich nur dann unschädlich, wenn sie um des steuerbegünstigten Zwecks willen erfolgen, indem sie z. B. der Beschaffung von Mitteln zur Erfüllung der steuerbegünstigten Aufgabe dienen. Ist die Vermögensverwaltung bzw. der wirtschaftliche Geschäftsbetrieb dagegen nicht dem steuerbegünstigten Zweck untergeordnet, sondern ein davon losgelöster Zweck oder gar Hauptzweck der Betätigung der Körperschaft, so scheitert deren Steuerbegünstigung an § 56 AO. In einem solchen Fall kann die Betätigung der Körperschaft nicht in einen steuerfreien und in einen steuerpflichtigen Teil aufgeteilt werden; vielmehr ist dann die Körperschaft insgesamt als steuerpflichtig zu behandeln. Bei steuerbegünstigten Körperschaften, insbesondere Förderkörperschaften, die sich in ihrer tatsächlichen Geschäftsführung an die in ihrer Satzung enthaltene Pflicht zur Verwendung sämtlicher Mittel für die satzungsmäßigen Zwecke halten, ist das Ausschließlichkeitsgebot selbst dann erfüllt, wenn sie sich vollständig aus Mitteln eines steuerpflichtigen wirtschaftlichen Geschäftsbetriebs oder aus der Vermögensverwaltung finanzieren. Auf das BFH-Urteil vom 4.4.2007, I R 76/05, BStBl II S. 631, wird hingewiesen.

2. Eine Körperschaft darf mehrere steuerbegünstigte Zwecke nebeneinander verfolgen, ohne dass dadurch die Ausschließlichkeit verletzt wird. Die verwirklichten steuerbegünstigten Zwecke müssen jedoch sämtlich satzungsmäßige Zwecke sein. Will demnach eine Körperschaft steuerbegünstigte Zwecke, die nicht in die Satzung aufgenommen sind, fördern, so ist eine Satzungsänderung erforderlich, die den Erfordernissen des § 60 AO entsprechen muss.

§ 57 Unmittelbarkeit (S 0176)

(1) [1]Eine Körperschaft verfolgt unmittelbar ihre steuerbegünstigten satzungsmäßigen Zwecke, wenn sie selbst diese Zwecke verwirklicht. [2]Das kann auch durch Hilfspersonen geschehen, wenn nach den Umständen des Falls, insbesondere nach den rechtlichen und tatsächlichen Beziehungen, die zwischen der Körperschaft und der Hilfsperson bestehen, das Wirken der Hilfsperson wie eigenes Wirken der Körperschaft anzusehen ist.

(2) Eine Körperschaft, in der steuerbegünstigte Körperschaften zusammengefasst sind, wird einer Körperschaft, die unmittelbar steuerbegünstigte Zwecke verfolgt, gleichgestellt.

(3) [1]Eine Körperschaft verfolgt ihre steuerbegünstigten Zwecke auch dann unmittelbar im Sinne des Absatzes 1 Satz 1, wenn sie satzungsgemäß durch planmäßiges Zusammenwirken mit mindestens einer weiteren Körperschaft, die im Übrigen die Voraussetzungen der §§ 51 bis 68 erfüllt, einen steuerbegünstigten Zweck verwirklicht. [2]Die §§ 14 sowie 65 bis 68 sind mit der Maßgabe anzuwenden, dass für das Vorliegen der Eigenschaft als Zweckbetrieb bei der jeweiligen Körperschaft die Tätigkeiten der nach Satz 1 zusammenwirkenden Körperschaften zusammenzufassen sind.

(4) Eine Körperschaft verfolgt ihre steuerbegünstigten Zwecke auch dann unmittelbar im Sinne des Absatzes 1 Satz 1, wenn sie ausschließlich Anteile an steuerbegünstigten Kapitalgesellschaften hält und verwaltet.

AEAO zu § 57 - Unmittelbarkeit:

Zu § 57 Abs. 1 AO:

1. Die Vorschrift stellt in Absatz 1 klar, dass die Körperschaft die steuerbegünstigten satzungsmäßigen Zwecke selbst verwirklichen muss, damit Unmittelbarkeit gegeben ist (wegen der Ausnahmen Hinweis auf § 58 AO).

2. Das Gebot der Unmittelbarkeit ist gem. § 57 Abs. 1 Satz 2 AO auch dann erfüllt, wenn sich die steuerbegünstigte Körperschaft einer Hilfsperson bedient. Hierfür ist es erforderlich, dass nach den Umständen des Falles, insbesondere nach den rechtlichen und tatsächlichen Beziehungen, die zwischen der Körperschaft und der Hilfsperson bestehen, das Wirken der Hilfsperson wie eigenes Wirken der Körperschaft anzusehen ist, d.h. die Hilfsperson nach den Weisungen der Körperschaft einen konkreten Auftrag ausführt. Hilfsperson kann eine natürliche Person, Personenvereinigung oder juristische Person sein. Die Körperschaft hat durch Vorlage entsprechender Vereinbarungen nachzuweisen, dass sie den Inhalt und den Umfang der Tätigkeit der Hilfsperson im Innenverhältnis bestimmen kann. Die Tätigkeit der Hilfsperson muss den Satzungsbestimmungen der Körperschaft entsprechen. Diese hat nachzuweisen, dass sie die Hilfsperson überwacht. Die weisungsgemäße Verwendung der Mittel ist von ihr sicherzustellen.

   Die Steuerbegünstigung einer Körperschaft, die nur über eine Hilfsperson das Merkmal der Unmittelbarkeit erfüllt (§ 57 Abs. 1 Satz 2 AO), ist unabhängig davon zu gewähren, wie die Hilfsperson gemeinnützigkeitsrechtlich behandelt wird.

Die Steuerbegünstigung einer Hilfsperson ist nicht ausgeschlossen, wenn die Körperschaft mit ihrer Hilfspersonentätigkeit nicht nur die steuerbegünstigte Tätigkeit einer anderen Körperschaft unterstützt, sondern zugleich eigene steuerbegünstigte Satzungszwecke verfolgt und ihren Beitrag im Außenverhältnis selbstständig und eigenverantwortlich erbringt.

Zu § 57 Abs. 2 AO:

3. Ein Zusammenschluss i. S. d. § 57 Abs. 2 AO ist gegeben, wenn die Einrichtung ausschließlich allgemeine, aus der Tätigkeit und Aufgabenstellung der Mitgliederkörperschaften erwachsene Interessen wahrnimmt. Nach § 57 Abs. 2 AO wird eine Körperschaft, in der steuerbegünstigte Körperschaften zusammengefasst sind, einer Körperschaft gleichgestellt, die unmittelbar steuerbegünstigte Zwecke verfolgt. Voraussetzung ist, dass jede der zusammengefassten Körperschaften sämtliche Voraussetzungen für die Steuerbegünstigung erfüllt. Verfolgt eine solche Körperschaft selbst unmittelbar steuerbegünstigte Zwecke, ist die bloße Mitgliedschaft einer nicht steuerbegünstigten Organisation für die Steuerbegünstigung unschädlich. Die Körperschaft darf die nicht steuerbegünstigte Organisation aber nicht mit Rat und Tat fördern (z. B. Zuweisung von Mitteln, Rechtsberatung).

Zu § 57 Abs. 3 AO:

4. Das planmäßige Zusammenwirken mit mindestens einer weiteren Körperschaft, die im Übrigen die Voraussetzungen der §§ 51 bis 68 AO erfüllt, ist ein Fall der unmittelbaren Zweckverwirklichung. Körperschaften können damit steuerbegünstigt arbeitsteilig vorgehen, um gemeinsam einen steuerbegünstigten Zweck zu verfolgen. Wenn mehrere Körperschaften, die außer dem Unmittelbarkeitsgrundsatz alle Voraussetzungen der §§ 51 bis 68 AO erfüllen, satzungsgemäß durch planmäßiges Zusammenwirken einen gemeinnützigen Zweck verfolgen, ist das Kriterium der Unmittelbarkeit für alle beteiligten Körperschaften erfüllt.

5. Planmäßiges Zusammenwirken bedeutet das gemeinsame, inhaltlich aufeinander abgestimmte und koordinierte Wirken von zwei oder mehreren steuerbegünstigten Körperschaften, um einen ihrer steuerbegünstigten Satzungszwecke zu verwirklichen.

   Zusammenwirken umfasst alle Tätigkeiten, die geeignet sind, die Verwirklichung der eigenen satzungsmäßigen Zwecke in Kooperation mit einer anderen Körperschaft zu erfüllen. Hierzu können neben Dienstleistungen und Warenlieferungen auch Nutzungsüberlassungen gehören. Ein planmäßiges Zusammenwirken liegt z. B. vor, wenn ein Krankenhaus eine zum Zweckbetrieb i. S. d. § 67 AO gehörende Wäscherei auf eine GmbH ausgliedert und die Wäscherei weiterhin Leistungen an das Krankenhaus erbringt.

   § 57 Abs. 3 AO erfordert nicht den Leistungsaustausch zwischen zwei Körperschaften, sondern ein „satzungsmäßiges planmäßiges Zusammenwirken". Dieses Zusammenwirken kann auch in der Weise erfolgen, dass mehrere Körperschaften unterschiedliche Leistungselemente an einen selbst nicht steuerbegünstigten Dritten erbringen, wenn diese Leistungselemente durch ihr Zusammenwirken in die Förderung eines gemeinsamen steuerbegünstigten Zwecks münden.

6. Die Anforderung an den eigenen Beitrag einer Körperschaft besteht darin, dass sie selbst arbeitsteilig zur Verwirklichung der steuerbegünstigten Zwecke beitragen muss. Eine bloße Vergabe von Aufträgen für ein Projekt, ohne Eigenleistung in diesem Projekt selbst, ist beispielsweise nicht ausreichend.

   Das planmäßige Zusammenwirken erfordert keine Wiederholungsabsicht und keine finanzielle Eingliederung, so dass auch Kooperationen zwischen gesellschafts- oder verbandsrechtlich nicht verbundenen Körperschaften möglich sind.

7. Ein planmäßiges Zusammenwirken kann auch mit steuerbegünstigten Betrieben gewerblicher Art juristischer Personen des öffentlichen Rechts erfolgen, nicht aber mit juristischen Personen des öffentlichen Rechts als solchen.

8. Das Zusammenwirken mit anderen Körperschaften zur Verwirklichung des eigenen steuerbegünstigten Satzungszwecks muss in der Satzung als Art der Zweckverwirklichung festgehalten sein. Die Körperschaften, mit denen kooperiert wird, und die Art und Weise der Kooperation müssen in den Satzungen der Beteiligten bezeichnet werden.

   Bei mehreren Kooperationspartnern genügt es, wenn diese anhand der Satzung konkret nachvollziehbar sind, beispielsweise bei einer Kooperation innerhalb eines Konzern- oder Unternehmensverbundes durch Bezeichnung des Konzerns oder des Unternehmensverbundes. Eine namentliche Benennung der einzelnen Kooperationspartner muss sich dann aus einer Aufstellung ergeben, die der Finanzverwaltung bei Beginn der Kooperation und bei Änderung der Kooperationspartner zusätzlich zur Satzung vorzulegen ist.

9. Das planmäßige Zusammenwirken kann bereits vor der zivilrechtlichen Wirksamkeit (in der Regel Registereintragung oder Anerkennung/Genehmigung) bei den kooperierenden Körperschaften erfolgen, wenn darüber ein wirksamer Organbeschluss vorliegt, das Verfahren zum Eintritt der zivilrechtlichen Wirksamkeit eingeleitet wurde und diese später auch eintritt. Die zivilrechtliche Wirksamkeit muss aber grundsätzlich zumindest bei der Körperschaft vorliegen, die sich auf § 57 Absatz 3 AO beruft. Bei Neugründungsfällen siehe Nr. 4 des AEAO zu § 60a.

10. Eine Körperschaft, die sich auf § 57 Abs. 3 AO beruft, darf darauf vertrauen, dass die Körperschaft, mit der sie zusammenwirkt, steuerbegünstigt nach § 5 Abs. 1 Nr. 9 KStG ist, wenn sie sich deren Satzung und einen der in § 58a Abs. 2 AO genannten Nachweise hat vorlegen lassen. § 58a Abs. 3 Nr. 1 AO ist entsprechend anzuwenden.

11. Leistungen, die in Verwirklichung des gemeinsamen Zwecks im Rahmen eines wirtschaftlichen Geschäftsbetriebs erfolgen, werden innerhalb eines Zweckbetriebs erbracht, wenn die gesetzlichen Voraussetzungen der

§§ 65 ff. AO erfüllt sind. Für die Prüfung der Voraussetzungen des Zweckbetriebs im Sinne der §§ 65 ff. AO sind die aufgrund des planmäßigen Zusammenwirkens ausgeübten Tätigkeiten aller beteiligten Körperschaften in ihrer Gesamtheit zu beurteilen. Wenn aufgrund des planmäßigen Zusammenwirkens ein Tatbestand der §§ 65 ff. AO erfüllt ist, dann ist diese zweckbetriebliche Beurteilung für alle beteiligten Körperschaften maßgeblich.

Für die Erbringung von Leistungen außerhalb des gemeinsamen steuerbegünstigten Zwecks gelten die allgemeinen Regelungen, sodass beispielsweise Leistungen an steuerpflichtige Dritte weiterhin regelmäßig einen steuerpflichtigen wirtschaftlichen Geschäftsbetrieb begründen.

Ausschlaggebend für die gemeinnützigkeitsrechtliche Beurteilung ist der Charakter der Tätigkeiten aller beteiligten Körperschaften. Eine isolierende Betrachtung darf nicht vorgenommen werden.

Tätigkeiten werden damit dann noch in Verwirklichung des gemeinsamen steuerbegünstigten Zwecks erbracht, wenn diese auch dem steuerbegünstigten Bereich (Zweckbetrieb oder ideelle Tätigkeit) zugeordnet werden könnten, wenn sie alle von einer Körperschaft ausgeübt worden wären. Begünstigt können z. B. gemeinschaftliche Serviceleistungen, wie Buchhaltung oder Beschaffungsstellen sowie Nutzungsüberlassungen und Vermietungen sein.

12. Die beim planmäßigen Zusammenwirken im Zweckbetrieb oder im ideellen Bereich eingesetzten Wirtschaftsgüter (z. B. Grundstücke) sind auch bei den zusammenwirkenden Körperschaften dem Zweckbetrieb bzw. dem ideellen Bereich zuzuordnen. Sie können deshalb mit zeitnah zu verwendenden Mitteln finanziert werden. Eine Körperschaft darf insoweit zeitnah zu verwendende Mittel auch für die Finanzierung von Wirtschaftsgütern verwenden, die sie einer anderen steuerbegünstigten Körperschaft in einer Kooperation nach § 57 Abs. 3 AO zur Nutzung überlässt oder im Zusammenwirken mit einer anderen gemeinnützigen Körperschaft einsetzt. Beteiligungen an anderen kooperierenden steuerbegünstigten Körperschaften sind dem ideellen Bereich zuzuordnen (vgl. Nr. 14 des AEAO zu § 57 Abs. 4 AO).

Zu § 57 Abs. 4 AO

13. Nach Absatz 4 wird durch das Halten und Verwalten von Anteilen an steuerbegünstigten Kapitalgesellschaften der Grundsatz der Unmittelbarkeit erfüllt (Holdingstrukturen). Dabei genügt auch die Beteiligung an nur einer steuerbegünstigten Kapitalgesellschaft. Eine Mindestbeteiligungsquote ist nicht erforderlich. Das schließt aber nicht aus, dass eine solche steuerbegünstigte Holdinggesellschaft auch Anteile an steuerpflichtigen Kapitalgesellschaften halten kann. Die übrigen Voraussetzungen der §§ 51 ff. AO (insbesondere Grundsätze der Selbstlosigkeit und der Ausschließlichkeit, §§ 55, 56 AO) müssen dennoch vorliegen.

14. Eine Beteiligung, die nach § 57 Abs. 4 AO zur unmittelbaren Verfolgung der eigenen steuerbegünstigten Zwecke an einer steuerbegünstigten Kapitalgesellschaft gehalten und verwaltet wird, ist dem ideellen Bereich zuzuordnen, wenn die steuerbegünstigten Zwecke der gehaltenen Beteiligungsgesell-

schaft in den eigenen steuerbegünstigten Zwecken enthalten sind. Die Einnahmen aus dieser Beteiligung sind dann keine Einnahmen der Vermögensverwaltung, sondern Einnahmen im ideellen Bereich.

15. Bei den Anteilen an den steuerbegünstigten Kapitalgesellschaften handelt es sich um sogenanntes nutzungsgebundenes Vermögen (§ 55 Abs. 1 Nr. 5 Satz 2 AO). Damit wird der Einsatz zeitnah zu verwendender Mittel ermöglicht. Die Ausgliederung von Zweckbetrieben auf eine steuerbegünstigte Kapitalgesellschaft, bei der die übertragende Körperschaft als Gegenleistung Anteile an der übernehmenden Kapitalgesellschaft erhält und die Beteiligung bei der übertragenden Körperschaft dem ideellen Bereich zugeordnet wird, führt damit nicht zu einem Wiederaufleben der Pflicht zur zeitnahen Mittelverwendung.

16. Soweit eine Holdinggesellschaft entgeltliche Leistungen, wie z. B. Buchführung, gegenüber den Kapitalgesellschaften ausführt, an denen sie beteiligt ist, sind diese Leistungen grundsätzlich als steuerpflichtiger wirtschaftlicher Geschäftsbetrieb zu qualifizieren. Die Möglichkeit der steuerbegünstigten Leistungserbringung innerhalb einer Kooperation nach § 57 Abs. 3 AO oder einer Dienstleistungserbringung, Nutzungsüberlassung oder Warenlieferung nach § 58 Nr. 1 AO bleibt davon unberührt.

§ 58 Steuerlich unschädliche Betätigungen (S 0177)

Die Steuervergünstigung wird nicht dadurch ausgeschlossen, dass

1. **eine Körperschaft einer anderen Körperschaft oder einer juristischen Person des öffentlichen Rechts Mittel für die Verwirklichung steuerbegünstigter Zwecke zuwendet. [2]Mittel sind sämtliche Vermögenswerte der Körperschaft. [3]Die Zuwendung von Mitteln an eine beschränkt oder unbeschränkt steuerpflichtige Körperschaft des privaten Rechts setzt voraus, dass diese selbst steuerbegünstigt ist. [4]Beabsichtigt die Körperschaft, als einzige Art der Zweckverwirklichung Mittel anderen Körperschaften oder juristischen Personen des öffentlichen Rechts zuzuwenden, ist die Mittelweitergabe als Art der Zweckverwirklichung in der Satzung zu benennen,**
2. **(weggefallen)**
3. **eine Körperschaft ihre Überschüsse der Einnahmen über die Ausgaben aus der Vermögensverwaltung, ihre Gewinne aus den wirtschaftlichen Geschäftsbetrieben ganz oder teilweise und darüber hinaus höchstens 15 Prozent ihrer sonstigen nach § 55 Absatz 1 Nummer 5 zeitnah zu verwendenden Mittel einer anderen steuerbegünstigten Körperschaft oder einer juristischen Person des öffentlichen Rechts zur Vermögensausstattung zuwendet. [2]Die aus den Vermögenserträgen zu verwirklichenden steuerbegünstigten Zwecke müssen den steuerbegünstigten satzungsmäßigen Zwecken der zuwendenden Körperschaft entsprechen. [3]Die nach dieser Nummer zugewandten Mittel und deren Erträge dürfen nicht für weitere Mittelweitergaben im Sinne des ersten Satzes verwendet werden,**
4. **eine Körperschaft ihre Arbeitskräfte anderen Personen, Unternehmen, Einrichtungen oder einer juristischen Person des öffentlichen Rechts für steuerbegünstigte Zwecke zur Verfügung stellt,**
5. **eine Körperschaft ihr gehörende Räume einer anderen, ebenfalls steuerbegünstigten Körperschaft oder einer juristischen Person des öffentlichen Rechts zur Nutzung zu steuerbegünstigten Zwecken überlässt,**
6. **eine Stiftung einen Teil, jedoch höchstens ein Drittel ihres Einkommens dazu verwendet, um in angemessener Weise den Stifter und seine nächsten Angehörigen zu unterhalten, ihre Gräber zu pflegen und ihr Andenken zu ehren,**
7. **eine Körperschaft gesellige Zusammenkünfte veranstaltet, die im Vergleich zu ihrer steuerbegünstigten Tätigkeit von untergeordneter Bedeutung sind,**
8. **ein Sportverein neben dem unbezahlten auch den bezahlten Sport fördert,**
9. **eine von einer Gebietskörperschaft errichtete Stiftung zur Erfüllung ihrer steuerbegünstigten Zwecke Zuschüsse an Wirtschaftsunternehmen vergibt,**

10. eine Körperschaft Mittel zum Erwerb von Gesellschaftsrechten zur Erhaltung der prozentualen Beteiligung an Kapitalgesellschaften im Jahr des Zuflusses verwendet. [2]Dieser Erwerb mindert die Höhe der Rücklage nach § 62 Absatz 1 Nummer 3.

AEAO zu § 58 - Steuerlich unschädliche Betätigungen:

Zu § 58 Nr. 1 AO:

1. Diese Ausnahmeregelung ermöglicht es, Körperschaften als steuerbegünstigt anzuerkennen, die andere Körperschaften durch die vollständige oder teilweise Weitergabe bzw. Zuwendung eigener Mittel fördern. Mittel sind nicht nur Bar- oder Buchgeld, sondern auch alle anderen Vermögenswerte. Auch Nutzungsüberlassungen, Warenlieferungen und die Erbringung von Dienstleistungen unterfallen dem Begriff der Mittel. Sind diese Gegenstand einer Kooperation nach § 57 Abs. 3 AO, richtet sich deren Behandlung nach § 57 Abs. 3 AO.

2. Als Mittelempfänger kommen in Betracht

   - inländische steuerbegünstigte Körperschaften,
   - in § 5 Abs. 2 Nr. 2 KStG aufgeführte Körperschaften (beschränkt steuerpflichtige Körperschaften aus EU/EWR-Staaten),
   - inländische und ausländische juristische Personen des öffentlichen Rechts,
   - ausländische Körperschaften, die nicht beschränkt steuerpflichtig sind, bei denen die spätere Verwendung der Mittel für steuerbegünstigte Zwecke ausreichend nachgewiesen wird, und
   - beschränkt steuerpflichtige Körperschaften aus Nicht-EU/EWR-Staaten, bei denen die spätere Verwendung der Mittel für steuerbegünstigte Zwecke ausreichend nachgewiesen wird.

3. Bei der Mittelzuwendung handelt es sich um eine Art der Zweckverwirklichung und nicht um einen eigenständigen steuerbegünstigten Zweck. Der steuerbegünstigte Zweck ist in der Satzung weiterhin separat anzugeben. Ist die einzige Art der Zweckverwirklichung die Weitergabe von Mitteln an andere Körperschaften oder juristische Personen des öffentlichen Rechts, muss dies in der Satzung benannt sein (Förderkörperschaft). Es ist nicht erforderlich, die Körperschaften, an die Mittel weitergegeben werden sollen, in der Satzung aufzuführen.

   Eine steuerbegünstigte Körperschaft, die einen Satzungszweck unmittelbar verfolgt und einen weiteren Satzungszweck ausschließlich durch Mittelweitergabe verwirklicht, muss sowohl die unmittelbare Zweckverfolgung als auch die Mittelweitergabe in der Satzung abbilden. Beispielsweise muss eine steuerbegünstigte Körperschaft, die satzungsmäßig die Zwecke Sport und Kultur fördert, aber nur den Zweck Sport unmittelbar und den Zweck Kultur durch Mittelweitergabe verwirklicht, auch die Förderung des Zwecks Kultur durch Mittelweitergabe als Art der Zweckverwirklichung in ihre Satzung aufnehmen.

Verwirklicht hingegen eine steuerbegünstigte Körperschaft einen Zweck sowohl unmittelbar als auch durch Mittelweitergabe, ist eine Satzungsklausel zur Mittelweitergabe nicht erforderlich. Beispielsweise muss eine steuerbegünstigte Körperschaft, die satzungsmäßig den Zweck Sport unmittelbar fördert und Mittel an eine andere steuerbegünstigte Körperschaft zur Förderung dieses Zwecks weitergibt, die Mittelweitergabe als Art der Zweckverwirklichung nicht in die Satzung aufnehmen.

Die Zwecke der hingebenden und empfangenden Körperschaft müssen im Übrigen nicht identisch sein. Das bedeutet, dass beispielsweise eine steuerbegünstigte Körperschaft, die satzungsmäßig unmittelbar nur den Zweck Sport fördert, auch Mittel an eine andere steuerbegünstigte Körperschaft, die beispielsweise den Zweck Kultur fördert, weitergeben darf, ohne diesen Zweck und die Mittelweitergabe in ihre Satzung aufnehmen zu müssen.

4. Ausschüttungen und sonstige Zuwendungen einer steuerbegünstigten Körperschaft sind abweichend von § 55 Abs. 1 Nr. 1 Satz 2 AO unschädlich, wenn die Gesellschafter oder Mitglieder als Begünstigte ausschließlich steuerbegünstigte Körperschaften sind. Entsprechendes gilt für Ausschüttungen und sonstige Zuwendungen an juristische Personen des öffentlichen Rechts, die die Mittel für steuerbegünstigte Zwecke verwenden. Zwar ist bei einer Weiterleitung (auch in Form einer verhinderten Vermögensmehrung) an eine juristische Person des öffentlichen Rechts das Tatbestandsmerkmal „zur Verwendung zu steuerbegünstigten Zwecken“ nicht erfüllt, wenn die Mittel dem Gesamthaushalt der juristischen Person des öffentlichen Rechts zugutekommen und die juristische Person des öffentlichen Rechts neben den steuerbegünstigten Zwecken auch noch andere Zwecke verfolgt (BFH-Urteil vom 27.11.2013, I R 17/12, BStBl 2016 II S. 68). Dies ist jedoch unschädlich, wenn die Mittel nachweislich für steuerbegünstigte Zwecke verwendet werden.

5. Die Verwendung der zugewendeten Mittel hat i. S. d. § 55 Abs. 1 Nr. 5 AO zu erfolgen. Wird dagegen verstoßen, liegt eine Mittelfehlverwendung bei der Empfängerkörperschaft vor.

6. Nicht zeitnah zu verwendende Mittel der Geberkörperschaft (z. B. freie Rücklage) unterliegen jedoch auch bei der Empfängerkörperschaft nicht dem Gebot der zeitnahen Mittelverwendung.

7. Werden unentgeltlich oder lediglich gegen Kostenübernahme Nutzungen überlassen, Waren geliefert oder Dienstleistungen erbracht und diese Nutzungen, Warenlieferungen und Dienstleistungen bei der Empfängerkörperschaft dem steuerbegünstigten Bereich zugeordnet, sind diese bei der Geberkörperschaft dem ideellen Bereich bzw. dem Zweckbetrieb zuzuordnen. Folglich können die eingesetzten Vermögensgegenstände aus zeitnah zu verwendenden Mitteln finanziert werden.

   Werden Nutzungsüberlassungen, Warenlieferungen oder Dienstleistungen gegen einen die entstandenen Kosten übersteigenden Betrag erbracht, sind diese grundsätzlich dem steuerpflichtigen wirtschaftlichen Geschäftsbetrieb bzw. der Vermögensverwaltung zuzuordnen und können damit nicht aus zeitnah zu verwendenden Mitteln finanziert werden. In diesem Fall findet § 58 Nr. 1 AO keine Anwendung.

Zu § 58 Nr. 3 AO:

8. Die Weitergabe der Gewinne aus wirtschaftlichen Geschäftsbetrieben (einschließlich Zweckbetriebe), der Überschüsse aus der Vermögensverwaltung sowie höchstens 15 % der sonstigen zeitnah zu verwendenden Mittel zur Vermögensausstattung einer anderen Körperschaft ist unschädlich. Maßgebend für die Ermittlung dieser Grenzen sind die Verhältnisse des vorangegangenen Kalender- oder Wirtschaftsjahres.

Folgende Voraussetzungen müssen erfüllt sein:

- Bei der Empfängerkörperschaft handelt es sich um eine steuerbegünstigte Körperschaft oder eine juristische Person des öffentlichen Rechts.
- Die aus den Vermögenserträgen zu verwirklichenden steuerbegünstigten Zwecke der Empfängerkörperschaft müssen übereinstimmen mit den steuerbegünstigten satzungsmäßigen Zwecken der gebenden Körperschaft. Der mit den weitergegebenen Mitteln verfolgte Zweck muss sowohl von der Geber- als auch von der Empfängerkörperschaft gefördert werden. Beide Körperschaften können daneben aber auch noch weitere Zwecke fördern.
- Die zugewandten Mittel und deren Erträge dürfen nicht für weitere Mittelweitergaben nach § 58 Nr. 3 AO zur Vermögensausstattung verwendet werden.
- Die zugewandten Mittel und Erträge unterliegen bei der Empfängerkörperschaft der steuerbegünstigten Mittelverwendungspflicht. Erfolgt eine Verwendung für andere Zwecke, liegt eine Mittelfehlverwendung bei der Empfängerkörperschaft vor.

In diesem Sinne ist auch die Vermögensausstattung einer steuerbegünstigten Kapitalgesellschaft (z. B. gGmbH), die denselben steuerbegünstigten Zweck verfolgt, durch die Hingabe von Kapital bei Neugründung oder im Rahmen einer Kapitalerhöhung erlaubt, nicht aber der Erwerb von Anteilen an einer bereits bestehenden Körperschaft. In den Fällen des § 57 Abs. 4 AO, siehe Nrn. 14 und 15 des AEAO zu § 57 Abs. 4.

Zu § 58 Nr. 4 AO:

9. Eine steuerlich unschädliche Betätigung liegt auch dann vor, wenn nicht nur Arbeitskräfte, sondern zugleich Arbeitsmittel (z. B. Krankenwagen) zur Verfügung gestellt werden.

Zu § 58 Nr. 5 AO:

10. Zu den „Räumen“ i. S. d. § 58 Nr. 5 AO gehören beispielsweise auch Sportstätten, Sportanlagen und Freibäder.

Zu § 58 Nr. 6 AO:

11. Eine Stiftung darf einen Teil ihres Einkommens - höchstens ein Drittel - dazu verwenden, die Gräber des Stifters und seiner nächsten Angehörigen zu pflegen und deren Andenken zu ehren. In diesem Rahmen ist auch gestattet, dem Stifter und seinen nächsten Angehörigen Unterhalt zu gewähren.

    Unter Einkommen ist die Summe der Einkünfte aus den einzelnen Einkunftsarten des § 2 Abs. 1 EStG zu verstehen, unabhängig davon, ob die Einkünfte steuerpflichtig sind oder nicht. Positive und negative Einkünfte sind zu saldieren. Die Verlustverrechnungsbeschränkungen des EStG sind dabei mit Ausnahme der des § 15a EStG unbeachtlich.

    Bei der Ermittlung der Einkünfte sind von den Einnahmen die damit zusammenhängenden Aufwendungen einschließlich der Abschreibungsbeträge abzuziehen.

    Zur steuerrechtlichen Beurteilung von Ausgaben für die Erfüllung von Verbindlichkeiten, die durch die Übertragung von belastetem Vermögen begründet worden sind, wird auf die Nrn. 12 bis 14 des AEAO zu § 55 hingewiesen.

12. Der Begriff des nächsten Angehörigen ist enger als der Begriff des Angehörigen nach § 15 AO. Er umfasst:

    - Ehegatten und Lebenspartner,
    - Eltern, Großeltern, Kinder, Enkel (auch falls durch Adoption verbunden),
    - Geschwister,
    - Pflegeeltern, Pflegekinder.

13. Unterhalt, Grabpflege und Ehrung des Andenkens müssen sich in angemessenem Rahmen halten. Damit ist neben der relativen Grenze von einem Drittel des Einkommens eine gewisse absolute Grenze festgelegt. Maßstab für die Angemessenheit des Unterhalts ist der Lebensstandard des Zuwendungsempfängers. Leistungen mit Ausschüttungscharakter, z. B. in Höhe eines Prozentsatzes der Erträge, sind unzulässig.

14. § 58 Nr. 6 AO enthält lediglich eine Ausnahmeregelung zu § 55 Abs. 1 Nr. 1 AO für Stiftungen (vgl. Nr. 15 des AEAO zu § 55), begründet jedoch keinen eigenständigen steuerbegünstigten Zweck. Eine Stiftung, zu deren Satzungszwecken die Unterstützung von hilfebedürftigen Verwandten des Stifters gehört, kann daher nicht unter Hinweis auf § 58 Nr. 6 AO als steuerbegünstigt behandelt werden.

Zu § 58 Nr. 7 AO:

15. Gesellige Zusammenkünfte, die im Vergleich zur steuerbegünstigten Tätigkeit nicht von untergeordneter Bedeutung sind, schließen die Steuervergünstigung aus.

Zu § 58 Nr. 9:

16. Diese Ausnahmeregelung ermöglicht es den ausschließlich von einer oder mehreren Gebietskörperschaften errichteten rechtsfähigen und nichtrechtsfähigen Stiftungen, die Erfüllung ihrer steuerbegünstigten Zwecke mittelbar durch Zuschüsse an Wirtschaftsunternehmen zu verwirklichen. Diese mittelbare Zweckverwirklichung muss in der Satzung festgelegt sein. Die Verwendung der Zuschüsse für steuerbegünstigte Satzungszwecke muss nachgewiesen werden.

Zu § 58 Nr. 10 AO:

17. Die Verwendung von Mitteln zum Erwerb von Gesellschaftsrechten zur Erhaltung der prozentualen Beteiligung an Kapitalgesellschaften schließt die Steuervergünstigungen nicht aus (§ 58 Nr. 10 AO). Die Herkunft der Mittel ist dabei ohne Bedeutung. § 58 Nr. 10 AO ist nicht auf den erstmaligen Erwerb von Anteilen an Kapitalgesellschaften anzuwenden. Hierfür können u. a. freie Rücklagen nach § 62 Abs. 1 Nr. 3 AO eingesetzt werden.

Die Höchstgrenze für die Zuführung zu der freien Rücklage vermindert sich um den Betrag, den die Körperschaft zum Erwerb von Gesellschaftsrechten zur Erhaltung der prozentualen Beteiligung an Kapitalgesellschaften ausgibt oder bereitstellt. Übersteigt der für die Erhaltung der Beteiligungsquote verwendete oder bereitgestellte Betrag die Höchstgrenze, ist auch in den Folgejahren eine Zuführung zu der freien Rücklage erst wieder möglich, wenn die für eine freie Rücklage verwendbaren Mittel insgesamt die für die Erhaltung der Beteiligungsquote verwendeten oder bereitgestellten Mittel übersteigen.

Beispiel:

Die Körperschaft erzielt im Jahr 01 folgende Überschüsse bzw. vereinnahmt folgende Mittel i. S. d. des § 55 Abs. 1 Nr. 5 AO:

Überschuss Vermögensverwaltung:	21.000 €
Mittel i. S. d. § 55 Abs. 1 Nr. 5 AO:	30.000 €

Im Jahr 01 werden 2.500 € für den Erwerb von Anteilen zum Erhalt der prozentualen Beteiligung eingesetzt.

Ermittlung der freien Rücklage im Jahr 01 unter Beachtung des § 62 Abs. 1 Nr. 3 AO

		Freie Rücklage
Überschuss Vermögensverwaltung	21.000 €	7.000 €
Mittel i. S. d. § 55 Abs. 1 Nr. 5 AO	30.000 €	3.000 €
Gesamt		10.000 €

Der Höchstbetrag für die freie Rücklage im Jahr 01 i. H. v. 10.000 € ist um die Mittel zu kürzen, die für den Erwerb der Anteile zum Erhalt der prozentualen Beteiligung eingesetzt wurden.

Im Jahr 01 kann eine freie Rücklage demnach nur in Höhe von 7.500 € gebildet werden.

Zu § 58 Nr. 2 bis 10 AO:

18. Die in § 58 Nrn. 3 bis 8 AO genannten Ausnahmetatbestände können auch ohne entsprechende Satzungsbestimmung verwirklicht werden. Entgeltliche Tätigkeiten nach § 58 Nr. 4, 5 oder 7 AO begründen einen steuerpflichtigen wirtschaftlichen Geschäftsbetrieb oder Vermögensverwaltung (z. B. Raumüberlassung), sofern kein Fall des § 58 Nr. 1 AO (vgl. Nr. 7 des AEAO zu § 58 Nr. 1) oder des § 57 Abs. 3 AO vorliegt. Bei den Regelungen des § 58 Nr. 6 und 9 AO kommt es jeweils nicht auf die Bezeichnung der Körperschaft als Stiftung, sondern auf die tatsächliche Rechtsform an. Dabei ist es unmaßgeblich, ob es sich um eine rechtsfähige oder nichtrechtsfähige Stiftung handelt.

§ 58a Vertrauensschutz bei Mittelweitergaben (S 0177-a)

(1) Wendet eine steuerbegünstigte Körperschaft Mittel einer anderen Körperschaft zu, darf sie unter den Voraussetzungen des Absatzes 2 darauf vertrauen, dass die empfangende Körperschaft

1. nach § 5 Absatz 1 Nummer 9 des Körperschaftsteuergesetzes im Zeitpunkt der Zuwendung steuerbegünstigt ist und

2. die Zuwendung für steuerbegünstigte Zwecke verwendet.

(2) Das Vertrauen der zuwendenden Körperschaft nach Absatz 1 ist nur schutzwürdig, wenn sich die zuwendende Körperschaft zum Zeitpunkt der Zuwendung die Steuerbegünstigung der empfangenden Körperschaft nach § 5 Absatz 1 Nummer 9 des Körperschaftsteuergesetzes hat nachweisen lassen durch eine Ausfertigung

1. der Anlage zum Körperschaftsteuerbescheid, deren Datum nicht länger als fünf Jahre zurückliegt oder

2. des Freistellungsbescheids, dessen Datum nicht länger als fünf Jahre zurückliegt oder

3. des Bescheids über die Feststellung der Einhaltung der satzungsmäßigen Voraussetzungen nach § 60a Absatz 1, dessen Datum nicht länger als drei Jahre zurückliegt, wenn der empfangenden Körperschaft bisher kein Freistellungsbescheid oder keine Anlage zum Körperschaftsteuerbescheid erteilt wurde.

(3) Absatz 1 ist nicht anzuwenden, wenn

1. der zuwendenden Körperschaft die Unrichtigkeit eines Verwaltungsakts nach Absatz 2 bekannt ist oder infolge grober Fahrlässigkeit nicht bekannt war oder

2. die zuwendende Körperschaft eine Verwendung für nicht steuerbegünstigte Zwecke durch die empfangende Körperschaft veranlasst hat.

AEAO zu § 58a – Vertrauensschutz bei Mittelweitergaben:

1. Die Vertrauensschutzregelung gilt für alle Mittelzuwendungen einer steuerbegünstigten Körperschaft an andere, ebenfalls steuerbegünstigte Körperschaften. Sie ist auch auf die Übertragung von Mitteln auf Grundlage der Vermögensbindungsklausel des § 55 Abs. 1 Nr. 4 Satz 2 AO anwendbar.

2. Bei Zuwendungen an juristische Personen des öffentlichen Rechts für die Verwirklichung steuerbegünstigter Zwecke gilt - unabhängig von § 58a AO - stets der Vertrauensschutz, weil die Verwaltung nach Art. 20 Abs. 3 des Grundgesetzes an Gesetz und Recht gebunden ist, so dass Zuwendende darauf vertrauen dürfen, dass eine juristische Person des öffentlichen Rechts die zugewendeten Mittel entsprechend ihrer Bestimmung für steuerbegünstigte Zwecke verwendet.

3. Ausreichend für den Nachweis des geschützten Vertrauens im Sinne des § 58a Abs. 2 AO ist eine (elektronische) Kopie der in Nr. 1 bis 3 genannten Unterlagen.

§ 59 Voraussetzung der Steuervergünstigung (S 0178)

Die Steuervergünstigung wird gewährt, wenn sich aus der Satzung, dem Stiftungsgeschäft oder der sonstigen Verfassung (Satzung im Sinne dieser Vorschriften) ergibt, welchen Zweck die Körperschaft verfolgt, dass dieser Zweck den Anforderungen der §§ 52 bis 55 entspricht und dass er ausschließlich und unmittelbar verfolgt wird; die tatsächliche Geschäftsführung muss diesen Satzungsbestimmungen entsprechen.

AEAO zu § 59 - Voraussetzung der Steuervergünstigung:

1. Die Vorschrift bestimmt u. a., dass die Steuervergünstigung nur gewährt wird, wenn ein steuerbegünstigter Zweck (§§ 52 bis 54 AO), die Selbstlosigkeit (§ 55 AO) und die ausschließliche und unmittelbare Zweckverfolgung (§§ 56, 57 AO) durch die Körperschaft aus der Satzung direkt hervorgehen. Eine weitere satzungsmäßige Voraussetzung in diesem Sinn ist die in § 61 AO geforderte Vermögensbindung. Das Unterhalten wirtschaftlicher Geschäftsbetriebe (§ 14 Satz 1 und 2 AO und § 64 AO), die keine Zweckbetriebe (§§ 65 bis 68 AO) sind, und die Vermögensverwaltung (§ 14 Satz 3 AO) dürfen nicht Satzungszweck sein. Die Erlaubnis zur Unterhaltung eines Nicht-Zweckbetriebs und die Vermögensverwaltung in der Satzung können zulässig sein (BFH-Urteil vom 18.12.2002, I R 15/02, BStBl 2003 II S. 384). Bei Körperschaften, die ausschließlich Mittel anderen Körperschaften oder juristischen Personen des öffentlichen Rechts zuwenden (§ 58 Nr. 1 Satz 4 AO), kann in der Satzung auf das Gebot der Unmittelbarkeit verzichtet werden.

2. Bei mehreren Betrieben gewerblicher Art einer juristischen Person des öffentlichen Rechts ist für jeden Betrieb gewerblicher Art eine eigene Satzung erforderlich.

3. Ein besonderes Anerkennungsverfahren ist im steuerlichen Gemeinnützigkeitsrecht nicht vorgesehen. Ob eine Körperschaft steuerbegünstigt ist, entscheidet das Finanzamt im Veranlagungsverfahren durch Steuerbescheid (ggf. Freistellungsbescheid). Die Steuerbefreiung soll spätestens alle drei Jahre überprüft werden. Der erste Prüfungszeitraum bei neu gegründeten steuerbegünstigten Körperschaften soll im Regelfall mindestens sechs Monate aber maximal 18 Monate betragen. Für im zweiten Halbjahr neu gegründete Körperschaften liegt somit ein jahresübergreifender Prüfungszeitraum vor. Bei der Überprüfung hat das Finanzamt von Amts wegen die tatsächlichen und rechtlichen Verhältnisse zu ermitteln, die für die Steuerpflicht und für die Bemessung der Steuer wesentlich sind. Eine Körperschaft, bei der nach dem Ergebnis dieser Prüfung die gesetzlichen Voraussetzungen für die steuerliche Behandlung als steuerbegünstigte Körperschaft vorliegen, muss deshalb auch als solche behandelt werden, und zwar ohne Rücksicht darauf, ob ein entsprechender Antrag gestellt worden ist oder nicht. Ein Verzicht auf die Behandlung als steuerbegünstigte Körperschaft ist somit für das Steuerrecht unbeachtlich.

4. Wird bei einer Körperschaft, die bereits nach § 5 Abs. 1 Nr. 9 KStG steuerbefreit war, im Rahmen der Veranlagung festgestellt, dass die Satzung nicht den

Anforderungen des Gemeinnützigkeitsrechts genügt, dürfen aus Vertrauensschutzgründen hieraus keine nachteiligen Folgerungen für die Vergangenheit gezogen werden. Die Körperschaft ist trotz der fehlerhaften Satzung für abgelaufene Veranlagungszeiträume und für das Kalenderjahr, in dem die Satzung beanstandet wird, als steuerbegünstigt zu behandeln. Dies gilt nicht, wenn bei der tatsächlichen Geschäftsführung gegen Vorschriften des Gemeinnützigkeitsrechts verstoßen wurde.

Die Vertreter der Körperschaft sind aufzufordern, die zu beanstandenden Teile der Satzung so zu ändern, dass die Körperschaft die satzungsmäßigen Voraussetzungen für die Steuervergünstigung erfüllt. Hierfür ist eine angemessene Frist zu setzen. Vereinen soll dabei in der Regel eine Beschlussfassung in der nächsten ordentlichen Mitgliederversammlung ermöglicht werden. Wird die Satzung innerhalb der gesetzten Frist entsprechend den Vorgaben des Finanzamts geändert, ist die Steuervergünstigung für das der Beanstandung der Satzung folgende Kalenderjahr auch dann anzuerkennen, wenn zu Beginn des Kalenderjahres noch keine ausreichende Satzung vorgelegen hat.

Die vorstehenden Grundsätze gelten nicht, wenn die Körperschaft die Satzung geändert hat und eine geänderte Satzungsvorschrift zu beanstanden ist. In diesen Fällen fehlt es an einer Grundlage für die Gewährung von Vertrauensschutz.

§ 60 Anforderungen an die Satzung (S 0179)

(1) [1]Die Satzungszwecke und die Art ihrer Verwirklichung müssen so genau bestimmt sein, dass auf Grund der Satzung geprüft werden kann, ob die satzungsmäßigen Voraussetzungen für Steuervergünstigungen gegeben sind. [2]Die Satzung muss die in der Anlage 1 bezeichneten Festlegungen enthalten.

(2) Die Satzung muss den vorgeschriebenen Erfordernissen bei der Körperschaftsteuer und bei der Gewerbesteuer während des ganzen Veranlagungs- oder Bemessungszeitraums, bei den anderen Steuern im Zeitpunkt der Entstehung der Steuer entsprechen.

Anlage 1 (zu § 60)

Mustersatzung

für Vereine, Stiftungen, Betriebe gewerblicher Art von juristischen Personen des öffentlichen Rechts, geistliche Genossenschaften und Kapitalgesellschaften

(nur aus steuerlichen Gründen notwendige Bestimmungen)

§ 1

Der - Die .... Körperschaft
mit Sitz in ....
verfolgt ausschließlich und unmittelbar - gemeinnützige - mildtätige - kirchliche - Zwecke (nicht verfolgte Zwecke streichen) im Sinne des Abschnitts „Steuerbegünstigte Zwecke" der Abgabenordnung.

Zweck des Vereins ist ....

....

....

(z. B. die Förderung von Wissenschaft und Forschung, Jugend- und Altenhilfe, Erziehung, Volks- und Berufsbildung, Kunst und Kultur, Landschaftspflege, Umweltschutz, des öffentlichen Gesundheitswesens, des Sports, Unterstützung hilfsbedürftiger Personen).

Der Satzungszweck wird verwirklicht insbesondere durch

....

(z. B. Durchführung wissenschaftlicher Veranstaltungen und Forschungsvorhaben, Vergabe von Forschungsaufträgen, Unterhaltung einer Schule, einer Erziehungsberatungsstelle, Pflege von Kunstsammlungen, Pflege des Liedgutes und des Chorgesanges, Errichtung von Naturschutzgebieten, Unterhaltung eines Kindergartens, Kinder-, Jugendheimes, Unterhaltung eines Altenheimes, eines Erholungsheimes, Bekämpfung des Drogenmissbrauchs, des Lärms, Förderung sportlicher Übungen und Leistungen).

§ 2

Die Körperschaft ist selbstlos tätig; sie verfolgt nicht in erster Linie eigenwirtschaftliche Zwecke.

§ 3

Mittel der Körperschaft dürfen nur für die satzungsmäßigen Zwecke verwendet werden. Die Mitglieder erhalten keine Zuwendungen aus Mitteln der Körperschaft.

§ 4

Es darf keine Person durch Ausgaben, die dem Zweck der Körperschaft fremd sind, oder durch unverhältnismäßig hohe Vergütungen begünstigt werden.

§ 5

Bei Auflösung oder Aufhebung der Körperschaft oder bei Wegfall steuerbegünstigter Zwecke fällt das Vermögen der Körperschaft

1. an - den - die - das -

   ....

   (Bezeichnung einer juristischen Person des öffentlichen Rechts oder einer anderen steuerbegünstigten Körperschaft), – der – die – das – es unmittelbar und ausschließlich für gemeinnützige, mildtätige oder kirchliche Zwecke zu verwenden hat.

oder

2. an eine juristische Person des öffentlichen Rechts oder eine andere steuerbegünstigte Körperschaft zwecks Verwendung für

   ....

   ....

   (Angabe eines bestimmten gemeinnützigen, mildtätigen oder kirchlichen Zwecks, z. B. Förderung von Wissenschaft und Forschung, Erziehung, Volks- und Berufsbildung, der Unterstützung von Personen, die im Sinne von § 53 der Abgabenordnung wegen

   ....

   bedürftig sind, Unterhaltung des Gotteshauses in

   ....).

Weitere Hinweise

Bei **Betrieben gewerblicher Art von juristischen Personen des öffentlichen Rechts, bei den von einer juristischen Person des öffentlichen Rechts verwalteten unselbständigen Stiftungen und bei geistlichen Genossenschaften** (Orden, Kongregationen) ist folgende Bestimmung aufzunehmen:

§ 3 Abs. 2:

„Der - die - das - ....

erhält bei Auflösung oder Aufhebung der Körperschaft oder bei Wegfall steuerbegünstigter Zwecke nicht mehr als – seine – ihre – eingezahlten Kapitalanteile und den gemeinen Wert seiner – ihrer – geleisteten Sacheinlagen zurück.“

Bei **Stiftungen** ist diese Bestimmung nur erforderlich, wenn die Satzung dem Stifter einen Anspruch auf Rückgewähr von Vermögen einräumt. Fehlt die Regelung, wird das eingebrachte Vermögen wie das übrige Vermögen behandelt.
Bei **Kapitalgesellschaften** sind folgende ergänzende Bestimmungen in die Satzung aufzunehmen:

1. § 3 Abs. 1 Satz 2:
„Die Gesellschafter dürfen keine Gewinnanteile und auch keine sonstigen Zuwendungen aus Mitteln der Körperschaft erhalten."
2. § 3 Abs. 2:
„Sie erhalten bei ihrem Ausscheiden oder bei Auflösung der Körperschaft oder bei Wegfall steuerbegünstigter Zwecke nicht mehr als ihre eingezahlten Kapitalanteile und den gemeinen Wert ihrer geleisteten Sacheinlagen zurück."
3. § 5:
„Bei Auflösung der Körperschaft oder bei Wegfall steuerbegünstigter Zwecke fällt das Vermögen der Körperschaft, soweit es die eingezahlten Kapitalanteile der Gesellschafter und den gemeinen Wert der von den Gesellschaftern geleisteten Sacheinlagen übersteigt, ..."

§ 3 Abs. 2 und der Satzteil „soweit es die eingezahlten Kapitalanteile der Gesellschafter und den gemeinen Wert der von den Gesellschaftern geleisteten Sacheinlagen übersteigt," in § 5 sind nur erforderlich, wenn die Satzung einen Anspruch auf Rückgewähr von Vermögen einräumt.

AEAO zu § 60 - Anforderungen an die Satzung:

1. Die Satzung muss so präzise gefasst sein, dass aus ihr unmittelbar entnommen werden kann, ob die Voraussetzungen der Steuerbegünstigung vorliegen (formelle Satzungsmäßigkeit). Die bloße Bezugnahme auf Satzungen oder andere Regelungen Dritter genügt nicht (BFH-Urteil vom 19.4.1989, I R 3/88, BStBl II S. 595).

2. Die Satzung muss die in der Mustersatzung bezeichneten Festlegungen enthalten, soweit sie für die jeweilige Körperschaft im Einzelfall einschlägig sind.

   Unter anderem sind in folgenden Fällen Abweichungen vom Wortlaut der Mustersatzung möglich:

   a) Bei Förderkörperschaften (§ 58 Nr. 1 Satz 4 AO) kann entgegen § 1 der Mustersatzung auf das Gebot der Unmittelbarkeit verzichtet werden (vgl. Nr. 1 des AEAO zu § 59).

   b) Insbesondere bei Stiftungen ist der in § 3 der Mustersatzung verwendete Begriff „Mitglieder" durch eine andere geeignete Formulierung zu ersetzen (vgl. § 55 Abs. 3 AO).

   c) Körperschaften, deren Gesellschafter oder Mitglieder steuerbegünstigte Körperschaften sind und/oder juristische Personen des öffentlichen Rechts, die die Mittel für steuerbegünstigte Zwecke verwenden, können auf die Regelung in § 3 Satz 2 der Mustersatzung verzichten.

   d) § 5 der Mustersatzung kann in Satzungen von Vereinen ohne die Formulierung „Aufhebung" verwendet werden.

Derselbe Aufbau und dieselbe Reihenfolge der Bestimmungen wie in der Mustersatzung werden nicht verlangt.

3. Die Bestimmung, dass die Satzung die in der Mustersatzung bezeichneten Festlegungen enthalten muss (§ 60 Abs. 1 Satz 2 AO), gilt für Körperschaften, die nach dem 31.12.2008 gegründet werden oder die ihre Satzung mit Wirkung nach diesem Zeitpunkt ändern. Die Satzung einer Körperschaft, die bereits vor dem 1.1.2009 bestanden hat, braucht nicht allein zur Anpassung an die Festlegungen in der Mustersatzung geändert zu werden.

4. Eine Satzung braucht nicht allein deswegen geändert zu werden, weil in ihr auf Vorschriften des StAnpG oder der GemV verwiesen oder das Wort „selbstlos" nicht verwandt wird.

5. Ordensgemeinschaften haben eine den Ordensstatuten entsprechende zusätzliche Erklärung nach dem Muster der Anlage zu Nr. 5 des AEAO zu § 60 abzugeben, die die zuständigen Organe der Orden bindet.

6. Die tatsächliche Geschäftsführung (vgl. § 63 AO) muss mit der Satzung übereinstimmen.

7. Die satzungsmäßigen Voraussetzungen für die Anerkennung der Steuerbegünstigung müssen

   - bei der Körperschaftsteuer vom Beginn bis zum Ende des Veranlagungszeitraums,
   - bei der Gewerbesteuer vom Beginn bis zum Ende des Erhebungszeitraums,
   - bei der Grundsteuer zum Beginn des Kalenderjahres, für das über die Steuerpflicht zu entscheiden ist (§ 9 Abs. 2 GrStG),
   - bei der Umsatzsteuer zu den sich aus § 13 Abs. 1 UStG ergebenden Zeitpunkten,
   - bei der Erbschaftsteuer zu den sich aus § 9 ErbStG ergebenden Zeitpunkten

   erfüllt sein.

8. Wird bei Neugründungsfällen die Feststellung nach § 60a AO abgelehnt und wird im gleichen Veranlagungszeitraum eine Satzung vorgelegt, die den gemeinnützigkeitsrechtlichen Bestimmungen genügt, kann die Steuerbegünstigung erst ab dem darauffolgenden Veranlagungszeitraum gewährt werden. Dies gilt nicht, wenn die Körperschaft in der Zwischenzeit keine nach außen gerichteten Tätigkeiten entfaltet und keine Mittelverwendung stattgefunden hat.

   Bei Körperschaften, die bereits vor Beginn des laufenden Veranlagungszeitraums existierten und erstmalig die Steuerbegünstigung oder die Feststellung nach § 60a AO beantragen, kann die Steuerbegünstigung erst ab dem darauffolgenden Veranlagungszeitraum gewährt werden.

9. Eine steuerbegünstigte Körperschaft, deren Satzung bereits vor dem 29.12.2020 bestanden hat, braucht diese nicht allein aufgrund der neuen Regelungen in § 52 Abs. 2 Nr. 8, 10, 22, 23 und 26 AO und § 58 Nr. 1 AO zu ändern, wenn die bisherige satzungsgemäße steuerbegünstigte Tätigkeit weiterhin in gleichem Umfang durchgeführt wird.

Anlage zu Nr. 5 des AEAO zu § 60

Muster einer Erklärung der Ordensgemeinschaften

1. Der - Die ....
   (Bezeichnung der Ordensgemeinschaft)
   mit dem Sitz in ....
   ist eine anerkannte Ordensgemeinschaft der Katholischen Kirche.

2. Der - Die ....
   verfolgt ausschließlich und unmittelbar kirchliche, gemeinnützige oder mildtätige Zwecke, und
   zwar insbesondere durch
   ....

3. Überschüsse aus der Tätigkeit der Ordensgemeinschaft werden nur für die satzungsmäßigen Zwecke verwendet. Den Mitgliedern stehen keine Anteile an den Überschüssen zu. Ferner erhalten die Mitglieder weder während der Zeit ihrer Zugehörigkeit zu der Ordensgemeinschaft noch im Fall ihres Ausscheidens noch bei Auflösung oder Aufhebung der Ordensgemeinschaft irgendwelche Zuwendungen oder Vermögensvorteile aus deren Mitteln. Es darf keine Person durch Ausgaben, die den Zwecken der Ordensgemeinschaft fremd sind, oder durch unverhältnismäßig hohe Vergütungen begünstigt werden.

4. Der - Die ....
   wird vertreten durch ....

....
(Ort) (Datum)

....
(Unterschrift des Ordensobern)

§ 60a Feststellung der satzungsmäßigen Voraussetzungen (S 0179)

(1) [1]Die Einhaltung der satzungsmäßigen Voraussetzungen nach den §§ 51, 59, 60 und 61 wird gesondert festgestellt. [2]Die Feststellung der Satzungsmäßigkeit ist für die Besteuerung der Körperschaft und der Steuerpflichtigen, die Zuwendungen in Form von Spenden und Mitgliedsbeiträgen an die Körperschaft erbringen, bindend.

(2) Die Feststellung der Satzungsmäßigkeit erfolgt

1. auf Antrag der Körperschaft oder

2. von Amts wegen bei der Veranlagung zur Körperschaftsteuer, wenn bisher noch keine Feststellung erfolgt ist.

(3) Die Bindungswirkung der Feststellung entfällt ab dem Zeitpunkt, in dem die Rechtsvorschriften, auf denen die Feststellung beruht, aufgehoben oder geändert werden.

(4) Tritt bei den für die Feststellung erheblichen Verhältnissen eine Änderung ein, ist die Feststellung mit Wirkung vom Zeitpunkt der Änderung der Verhältnisse aufzuheben.

(5) [1]Materielle Fehler im Feststellungsbescheid über die Satzungsmäßigkeit können mit Wirkung ab dem Kalenderjahr beseitigt werden, das auf die Bekanntgabe der Aufhebung der Feststellung folgt. [2]§ 176 gilt entsprechend, außer es sind Kalenderjahre zu ändern, die nach der Verkündung der maßgeblichen Entscheidung eines obersten Gerichtshofes des Bundes beginnen.

(6) [1]Liegen bis zum Zeitpunkt des Erlasses des erstmaligen Körperschaftsteuerbescheids oder Freistellungsbescheids bereits Erkenntnisse vor, dass die tatsächliche Geschäftsführung gegen die satzungsmäßigen Voraussetzungen verstößt, ist die Feststellung der Einhaltung der satzungsmäßigen Voraussetzungen nach Absatz 1 Satz 1 abzulehnen. [2]Satz 1 gilt entsprechend für die Aufhebung bestehender Feststellungen nach § 60a.

(7) [1]Auf Anfrage der registerführenden Stelle nach § 18 Absatz 2 des Geldwäschegesetzes kann das für die Feststellung nach Absatz 1 zuständige Finanzamt der registerführenden Stelle bestätigen, dass eine Vereinigung, die einen Antrag nach § 24 Absatz 1 Satz 2 des Geldwäschegesetzes gestellt hat, die nach den §§ 52 bis 54 der Abgabenordnung steuerbegünstigten Zwecke verfolgt. [2]Hierzu hat die registerführende Stelle dem zuständigen Finanzamt zu bestätigen, dass das Einverständnis der Vereinigung auf Auskunftserteilung nach § 24 Absatz 1 Satz 3 des Geldwäschegesetzes vorliegt.

AEAO zu § 60a - Feststellung der satzungsmäßigen Voraussetzungen:

1. Die gesonderte Feststellung der satzungsmäßigen Voraussetzungen nach § 60a AO“ ersetzt hat nicht unter dem Vorbehalt der Nachprüfung (§ 164 AO) zu erfolgen.

Zu § 60a Abs. 1 AO:

2. Hält die Satzung einer Körperschaft die satzungsmäßigen Voraussetzungen nach den §§ 51, 59, 60 und 61 AO ein, wird dies durch einen Bescheid gesondert festgestellt. Diese Feststellung der Satzungsmäßigkeit ist für die Besteuerung der Körperschaft und der Steuerpflichtigen, die Zuwendungen in Form von Spenden und Mitgliedsbeiträgen an die Körperschaft erbringen, bindend.

   Die Voraussetzungen für die Feststellungen nach § 60a AO liegen auch dann vor, wenn die Körperschaft bereits vor dem 1.1.2009 bestand und daher eine Anpassung an die Mustersatzung (Anlage 1 zu § 60 AO) bisher nicht vornehmen musste (Art. 97 § 1 f EGAO, siehe auch Nr. 3 des AEAO zu § 60).

3. Das Verfahren nach § 60a AO ist ein Annexverfahren zur Körperschaftsteuerveranlagung. Eine Feststellung nach § 60a AO ist für Körperschaften ausgeschlossen, die weder unbeschränkt i. S. d. § 1 KStG noch beschränkt i. S. d. § 2 KStG steuerpflichtig sind.

4. Die Feststellung der satzungsmäßigen Voraussetzungen in Neugründungsfällen kann bereits vor einer Registereintragung oder einer Anerkennung/Genehmigung der Körperschaft erfolgen, sofern zu diesem Zeitpunkt bereits eine Körperschaftsteuerpflicht besteht.

   Eine Feststellung darf erst nach einem wirksamen Organbeschluss, beispielsweise über die Satzung, erfolgen.

Zu § 60a Abs. 2 AO:

5. Die Feststellung erfolgt auf Antrag der Körperschaft oder von Amts wegen bei der Veranlagung zur Körperschaftsteuer, wenn bisher noch keine Feststellung erfolgt ist.

Zu § 60a Abs. 3 AO:

6. Werden die Vorschriften, auf denen die Feststellung beruht, aufgehoben oder geändert, dann entfällt die Bindungswirkung des Feststellungsbescheids ab diesem Zeitpunkt.

Zu § 60a Abs. 4 AO:

7. Treten bei den Verhältnissen, die für die Feststellung erheblich waren, Änderungen ein, so ist diese Feststellung ab dem Zeitpunkt der Änderung der Verhältnisse aufzuheben. Für die Feststellung erheblich sind alle Bestimmungen, die für das Vorliegen der formellen Voraussetzungen gem. §§ 51, 59, 60 und 61 AO von Bedeutung sind (gemeinnützigkeitsrechtliche Bestimmungen). Dies sind beispielsweise:

   - Änderungen der Zwecke
   - Anpassung an die Mustersatzung
   - Änderung der Vermögensbindung

Ändert eine Körperschaft gemeinnützigkeitsrechtlich relevante Bestimmungen ihrer Satzung, so ist die bisherige Feststellung mit Datum des Inkrafttretens der Satzungsänderung aufzuheben. Zivilrechtliche Änderungen ohne steuerliche Relevanz sind unerheblich. Wird auf Antrag der Körperschaft bei steuerlich nicht relevanten Satzungsänderungen eine Feststellung vorgenommen, scheidet eine Aufhebung der vorherigen Feststellung aus.

Da eine Änderung bei den für die Feststellung der satzungsmäßigen Voraussetzungen nach § 60a AO erheblichen Verhältnissen mit dem zivilrechtlichen Inkrafttreten (z. B. Eintragung in das Vereinsregister) eintritt, ist erst dann die Feststellung nach § 60a Abs. 4 AO aufzuheben (BFH-Urteil vom 23.7.2020, V R 40/18, BStBl 2021 II S. 3).

Zu § 60a Abs. 5 AO:

8. Beruht die Feststellung der satzungsmäßigen Voraussetzungen auf einem materiellen Fehler, kann sie mit Wirkung für die Zukunft aufgehoben werden. Die Feststellung wird dann ab dem Jahr aufgehoben, das auf die Bekanntgabe der Aufhebungsentscheidung folgt. Stellt sich also beispielsweise im Mai des Jahres 01 heraus, dass der Feststellung der satzungsmäßigen Voraussetzungen ein materieller Fehler zu Grunde liegt, und ergeht der Bescheid zur Aufhebung der Feststellung nach § 60a AO im August 01, tritt die Aufhebung zum 1.1.02 in Kraft. Die Regelung des § 176 AO ist dabei entsprechend anzuwenden. Dies gilt allerdings nicht für die Kalenderjahre, die nach der Verkündung der maßgeblichen Entscheidung eines obersten Gerichtshofes des Bundes beginnen.

Zu § 60a Abs. 6:

9. Die tatsächliche Geschäftsführung ist grundsätzlich kein Prüfungsgegenstand im Verfahren zur Feststellung der satzungsmäßigen Voraussetzungen nach § 60a AO.

10. Liegen der Finanzverwaltung bis zum Zeitpunkt des Erlasses des erstmaligen Körperschaftsteuerbescheids oder Freistellungsbescheids bereits Erkenntnisse über Verstöße der tatsächlichen Geschäftsführung gegen die satzungsmäßigen Voraussetzungen vor, beispielsweise aufgrund von extremistischen Aktivitäten der Körperschaft, ist der Antrag auf Feststellung der satzungsmäßigen Voraussetzungen abzulehnen. Dies gilt entsprechend auch für die Aufhebung bestehender Feststellungen nach § 60a Abs. 1 AO.

§ 61 Satzungsmäßige Vermögensbindung (S 0180)

(1) Eine steuerlich ausreichende Vermögensbindung (§ 55 Abs. 1 Nr. 4) liegt vor, wenn der Zweck, für den das Vermögen bei Auflösung oder Aufhebung der Körperschaft oder bei Wegfall ihres bisherigen Zwecks verwendet werden soll, in der Satzung so genau bestimmt ist, dass auf Grund der Satzung geprüft werden kann, ob der Verwendungszweck steuerbegünstigt ist.

(2) (weggefallen)

(3) [1]Wird die Bestimmung über die Vermögensbindung nachträglich so geändert, dass sie den Anforderungen des § 55 Abs. 1 Nr. 4 nicht mehr entspricht, so gilt sie von Anfang an als steuerlich nicht ausreichend. [2]§ 175 Abs. 1 Satz 1 Nr. 2 ist mit der Maßgabe anzuwenden, dass Steuerbescheide erlassen, aufgehoben oder geändert werden können, soweit sie Steuern betreffen, die innerhalb der letzten zehn Kalenderjahre vor der Änderung der Bestimmung über die Vermögensbindung entstanden sind.

AEAO zu § 61 - Satzungsmäßige Vermögensbindung:

1. Die Vorschrift stellt klar, dass die zu den Voraussetzungen der Selbstlosigkeit zählende Bindung des Vermögens für steuerbegünstigte Zwecke vorallem im Falle der Auflösung der Körperschaft aus der Satzung genau hervorgehen muss (Mustersatzung, § 5). Als Empfänger des Vermögens kommen in Betracht:

   - inländische steuerbegünstigte Körperschaften,
   - die in § 5 Abs. 2 Nr. 2 KStG aufgeführten Körperschaften,
   - juristische Personen des öffentlichen Rechts.

   Die satzungsmäßige Vermögensbindung nach § 55 Abs. 1 Nr. 4 Satz 2 i. V. m. § 61 Abs. 1 AO ist auch erfüllt, wenn in der Satzung einer Körperschaft als Anfallsberechtigte eine in einem EU-/EWR-Staat ansässige juristische Person des öffentlichen Rechts aufgeführt wird.

2. Wird die satzungsmäßige Vermögensbindung aufgehoben, gilt sie von Anfang an als steuerlich nicht ausreichend. Die Regelung greift auch ein, wenn die Bestimmung über die Vermögensbindung erst zu einem Zeitpunkt geändert wird, in dem die Körperschaft nicht mehr als steuerbegünstigt anerkannt ist. Die entsprechenden steuerlichen Folgerungen sind durch Steuerfestsetzung rückwirkend zu ziehen.

3. Bei Verstößen gegen den Grundsatz der Vermögensbindung bildet die Festsetzungsverjährung (§§ 169 ff. AO) keine Grenze. Vielmehr können nach § 175 Abs. 1 Satz 1 Nr. 2 AO auch Steuerbescheide noch geändert werden, die Steuern betreffen, die innerhalb von zehn Jahren vor der erstmaligen Verletzung der Vermögensbindungsregelung entstanden sind. Es kann demnach auch dann noch zugegriffen werden, wenn zwischen dem steuerfreien Bezug der Erträge und dem Wegfall der Steuerbegünstigung ein Zeitraum von mehr als fünf Jahren liegt, selbst wenn in der Zwischenzeit keine Erträge mehr zugeflossen sind.

Beispiel:

Eine gemeinnützige Körperschaft hat in den Jahren 01 bis 11 steuerfreie Einnahmen aus einem Zweckbetrieb bezogen und diese teils für gemeinnützige Zwecke ausgegeben und zum Teil in eine Rücklage eingestellt. Eine in 11 vollzogene Satzungsänderung sieht jetzt vor, dass bei Auflösung des Vereins das Vermögen an die Mitglieder ausgekehrt wird. In diesem Fall muss das Finanzamt für die Veranlagungszeiträume 01 ff. Steuerbescheide erlassen, welche die Nachversteuerung aller genannten Einnahmen vorsehen, wobei es unerheblich ist, ob die Einnahmen noch im Vereinsvermögen vorhanden sind.

4. Verstöße gegen § 55 Abs. 1 bis 3 AO begründen die Möglichkeit einer Nachversteuerung innerhalb der Festsetzungsfrist.

5. Die Nachversteuerung gem. § 61 Abs. 3 AO greift nicht nur bei gemeinnützigkeitsschädlichen Änderungen satzungsrechtlicher Bestimmungen über die Vermögensbindung ein, sondern erfasst auch die Fälle, in denen die tatsächliche Geschäftsführung gegen die von § 61 AO geforderte Vermögensbindung verstößt (§ 63 Abs. 2 AO).

Beispiel:

Eine gemeinnützige Körperschaft verwendet bei ihrer Auflösung oder bei Aufgabe ihres begünstigten Satzungszweckes ihr Vermögen entgegen der Vermögensbindungsbestimmung in der Satzung nicht für begünstigte Zwecke.

6. Verstöße der tatsächlichen Geschäftsführung gegen § 55 Abs. 1 Nr. 1 bis 3 AO können so schwerwiegend sein, dass sie einer Verwendung des gesamten Vermögens für satzungsfremde Zwecke gleichkommen. Auch in diesen Fällen ist eine Nachversteuerung nach § 61 Abs. 3 AO möglich (vgl. auch BFH-Urteil vom 12.10.2010, I R 59/09, BStBl 2012 II S. 226).

7. Bei der nachträglichen Besteuerung ist so zu verfahren, als ob die Körperschaft von Anfang an uneingeschränkt steuerpflichtig gewesen wäre. § 13 Abs. 3 KStG ist nicht anwendbar.

§ 62 Rücklagen und Vermögensbildung (S 0181)

(1) Körperschaften können ihre Mittel ganz oder teilweise

1. **einer Rücklage zuführen, soweit dies erforderlich ist, um ihre steuerbegünstigten, satzungsmäßigen Zwecke nachhaltig zu erfüllen;**

2. **einer Rücklage für die beabsichtigte Wiederbeschaffung von Wirtschaftsgütern zuführen, die zur Verwirklichung der steuerbegünstigten, satzungsmäßigen Zwecke erforderlich sind (Rücklage für Wiederbeschaffung). [2]Die Höhe der Zuführung bemisst sich nach der Höhe der regulären Absetzungen für Abnutzung eines zu ersetzenden Wirtschaftsguts. [3]Die Voraussetzungen für eine höhere Zuführung sind nachzuweisen;**

3. **der freien Rücklage zuführen, jedoch höchstens ein Drittel des Überschusses aus der Vermögensverwaltung und darüber hinaus höchstens 10 Prozent der sonstigen nach § 55 Absatz 1 Nummer 5 zeitnah zu verwendenden Mittel. [2]Ist der Höchstbetrag für die Bildung der freien Rücklage in einem Jahr nicht ausgeschöpft, kann diese unterbliebene Zuführung in den folgenden zwei Jahren nachgeholt werden;**

4. **einer Rücklage zum Erwerb von Gesellschaftsrechten zur Erhaltung der prozentualen Beteiligung an Kapitalgesellschaften zuführen, wobei die Höhe dieser Rücklage die Höhe der Rücklage nach Nummer 3 mindert.**

(2) [1]Die Bildung von Rücklagen nach Absatz 1 hat innerhalb der Frist des § 55 Absatz 1 Nummer 5 Satz 3 zu erfolgen. [2]Rücklagen nach Absatz 1 Nummer 1, 2 und 4 sind unverzüglich aufzulösen, sobald der Grund für die Rücklagenbildung entfallen ist. [3]Die freigewordenen Mittel sind innerhalb der Frist nach § 55 Absatz 1 Nummer 5 Satz 3 zu verwenden.

(3) Die folgenden Mittelzuführungen unterliegen nicht der zeitnahen Mittelverwendung nach § 55 Absatz 1 Nummer 5:

1. **Zuwendungen von Todes wegen, wenn der Erblasser keine Verwendung für den laufenden Aufwand der Körperschaft vorgeschrieben hat;**

2. **Zuwendungen, bei denen der Zuwendende ausdrücklich erklärt, dass diese zur Ausstattung der Körperschaft mit Vermögen oder zur Erhöhung des Vermögens bestimmt sind;**

3. **Zuwendungen auf Grund eines Spendenaufrufs der Körperschaft, wenn aus dem Spendenaufruf ersichtlich ist, dass Beträge zur Aufstockung des Vermögens erbeten werden;**

4. **Sachzuwendungen, die ihrer Natur nach zum Vermögen gehören.**

(4) Eine Stiftung kann im Jahr ihrer Errichtung und in den drei folgenden Kalenderjahren Überschüsse aus der Vermögensverwaltung und die Gewinne aus wirtschaftlichen Geschäftsbetrieben nach § 14 ganz oder teilweise ihrem Vermögen zuführen.

AEAO zu § 62 - Rücklagen und Vermögensbildung:

1. Im wirtschaftlichen Geschäftsbetrieb können Rücklagen durch Zuführung des Gewinns gebildet werden. Die Rücklagen müssen bei vernünftiger kaufmännischer Beurteilung wirtschaftlich begründet sein (entsprechend § 14 Abs. 1 Nr. 4 KStG). Es muss ein konkreter Anlass gegeben sein, der auch aus objektiver unternehmerischer Sicht die Bildung der Rücklage im wirtschaftlichen Geschäftsbetrieb rechtfertigt (z. B. eine geplante Betriebsverlegung, Werkserneuerung oder Kapazitätsausweitung). Eine fast vollständige Zuführung des Gewinns zu einer Rücklage im wirtschaftlichen Geschäftsbetrieb ist nur dann unschädlich für die Steuerbegünstigung, wenn die Körperschaft nachweist, dass die betriebliche Mittelverwendung zur Sicherung ihrer Existenz geboten war (BFH-Urteil vom 15.7.1998, I R 156/94, BStBl 2002 II S. 162).

   Im Bereich der Vermögensverwaltung können Rücklagen durch Zuführung der Überschüsse aus der Vermögensverwaltung nur für die Durchführung konkreter Reparatur- oder Erhaltungsmaßnahmen an Vermögensgegenständen i. S. d. § 21 EStG gebildet werden. Die Maßnahmen, für deren Durchführung die Rücklage gebildet wird, müssen notwendig sein, um den ordnungsgemäßen Zustand des Vermögensgegenstandes zu erhalten oder wiederherzustellen, und in einem angemessenen Zeitraum durchgeführt werden können (z. B. geplante Erneuerung eines undichten Daches).

Zu § 62 Abs. 1 AO:

2. Die Bildung einer Rücklage kann nicht damit begründet werden, dass die Überlegungen zur Verwendung der Mittel noch nicht abgeschlossen sind.

Zu § 62 Abs. 1 Nr. 1 AO:

3. Bei der Bildung der Rücklage nach § 62 Abs. 1 Nr. 1 und 2 AO kommt es nicht auf die Herkunft der Mittel an. Der Rücklage dürfen also auch zeitnah zu verwendende Mittel wie z. B. Spenden zugeführt werden.

4. Voraussetzung für die Bildung einer Rücklage nach § 62 Abs. 1 Nr. 1 AO ist in jedem Fall, dass diese erforderlich ist, um die steuerbegünstigten, satzungsmäßigen Zwecke der Körperschaft nachhaltig erfüllen zu können. Das Bestreben, ganz allgemein die Leistungsfähigkeit der Körperschaft zu erhalten, reicht für eine steuerlich unschädliche Rücklagenbildung nach dieser Vorschrift nicht aus (hierfür können nur freie Rücklagen nach § 62 Abs. 1 Nr. 3 AO gebildet werden, vgl. Nrn. 9 bis 11 des AEAO zu § 62). Vielmehr müssen die Mittel für bestimmte - die steuerbegünstigten Satzungszwecke verwirklichende - Vorhaben angesammelt werden, für deren Durchführung bereits konkrete Zeitvorstellungen bestehen. Besteht noch keine konkrete Zeitvorstellung, ist eine Rücklagenbildung dann zulässig, wenn die Durchführung des Vorhabens glaubhaft und bei den finanziellen Verhältnissen der steuerbegünstigten Körperschaft in einem angemessenen Zeitraum möglich ist. Die Bildung von Rücklagen für periodisch wiederkehrende Ausgaben (z. B. Löhne, Gehälter, Mieten) in Höhe des Mittelbedarfs für eine angemessene Zeitperiode zur Sicherstellung der Liquidität ist zulässig (so genannte Betriebsmittelrücklage). Ebenfalls unschädlich ist die vorsorgliche Bildung einer Rücklage zur Bezahlung von Steuern außerhalb eines steuerpflichtigen wirtschaftlichen Geschäftsbetriebs, solange Unklarheit darüber besteht, ob die

Körperschaft insoweit in Anspruch genommen wird. Eine beabsichtigte Vermögensausstattung nach § 58 Nr. 3 AO rechtfertigt keine Rücklagenbildung nach § 62 Abs. 1 Nr. 1 AO.

5. Die Rücklage nach § 62 Abs. 1 Nr. 1 AO kann unabhängig von dem Vorhandensein und der Höhe einer Rücklage nach § 62 Abs. 1 Nr. 3 AO (freie Rücklage) gebildet werden.

Zu § 62 Abs. 1 Nr. 2 AO:

6. Eine Wiederbeschaffungsrücklage für Fahrzeuge und andere Wirtschaftsgüter, für deren Anschaffung die laufenden Einnahmen nicht ausreichen, ist nach § 62 Abs. 1 Nr. 2 AO zulässig. Eine Wiederbeschaffungsabsicht liegt nur vor, wenn tatsächlich eine Neuanschaffung des einzelnen Wirtschaftsguts geplant und in einem angemessenen Zeitraum möglich ist. Im Regelfall ist als Nachweis für die Wiederbeschaffungsabsicht ausreichend, dass die Rücklage gebildet wurde. Diese Nachweiserleichterung gilt nicht für Immobilien. Reicht die Zuführung von Mitteln in Höhe der Abschreibungen für eine beabsichtigte Wiederbeschaffung nicht aus, dann können auch höhere Mittel der Rücklage zugeführt werden. Der Nachweis darüber ist durch die Körperschaft zu erbringen.

7. Die Regelungen in den vorstehenden Textziffern zu § 62 Abs. 1 Nr. 1 und 2 AO gelten auch für Förderkörperschaften i. S. d. § 58 Nr. 1 AO (BFH-Urteil vom 13.9.1989, I R 19/85, BStBl 1990 II S. 28). Voraussetzung ist jedoch, dass die Rücklagenbildung innerhalb der Zweckverwirklichung der Weitergabe von Mitteln für die steuerbegünstigten Zwecke einer anderen Körperschaft erfolgt. Diese Voraussetzung ist z. B. erfüllt, wenn die Förderkörperschaft wegen zeitlicher Verzögerung der von ihr zu finanzierenden steuerbegünstigten Maßnahmen angehalten ist, die dafür vorgesehenen Mittel zunächst zu thesaurieren.

8. Unterhält eine steuerbegünstigte Körperschaft einen steuerpflichtigen wirtschaftlichen Geschäftsbetrieb, so können dessen Erträge der Rücklage erst nach Versteuerung zugeführt werden.

Zu § 62 Abs. 1 Nr. 3 AO:

9. Der freien Rücklage (§ 62 Abs. 1 Nr. 3 AO) darf jährlich höchstens ein Drittel des Überschusses der Einnahmen über die Ausgaben aus der Vermögensverwaltung zugeführt werden. Unter Ausgaben sind Aufwendungen zu verstehen, die dem Grunde nach Werbungskosten sind.

10. Darüber hinaus kann die Körperschaft höchstens 10 % ihrer sonstigen nach § 55 Abs. 1 Nr. 5 AO zeitnah zu verwendenden Mittel einer freien Rücklage zuführen. Mittel i. S. d. Vorschrift sind die Überschüsse bzw. Gewinne aus steuerpflichtigen wirtschaftlichen Geschäftsbetrieben und Zweckbetrieben sowie die Bruttoeinnahmen aus dem ideellen Bereich. Bei Anwendung der Regelungen des § 64 Abs. 5 und 6 AO können in die Bemessungsgrundlage zur Ermittlung der Rücklage statt der geschätzten bzw. pauschal ermittelten Gewinne die tatsächlichen Gewinne einbezogen werden.

Verluste aus Zweckbetrieben sind mit entsprechenden Überschüssen zu verrechnen; darüber hinaus gehende Verluste mindern die Bemessungsgrundlage nicht. Das gilt entsprechend für Verluste aus dem einheitlichen wirtschaftlichen Geschäftsbetrieb. Ein Überschuss aus der Vermögensverwaltung ist - unabhängig davon, inwieweit er in eine Rücklage eingestellt wurde - nicht in die Bemessungsgrundlage für die Zuführung aus den sonstigen zeitnah zu verwendenden Mitteln einzubeziehen. Ein Verlust aus der Vermögensverwaltung mindert die Bemessungsgrundlage nicht.

11. Wird der jährliche Höchstbetrag der Mittel, die in die freie Rücklage hätten eingestellt werden können, in einem Jahr nicht ausgeschöpft, können Mittel in Höhe des nichtausgeschöpften Betrages zusätzlich in den beiden Folgejahren in die freie Rücklage eingestellt werden.

Eine Körperschaft hätte im Jahr 01 beispielsweise 30.000 € in die freie Rücklage einstellen können. Tatsächlich stellte sie aber nur 25.000 € ein. In den nächsten beiden Jahren kann die Körperschaft zusätzlich zu dem für das jeweilige Jahr zulässigen Betrag nach § 62 Abs. 1 Nr. 3 AO noch weitere 5.000 € in die freie Rücklage des jeweiligen Jahres einstellen. Die Körperschaft kann diesen Betrag auf beide Jahre aufteilen (02: 3.000 €, 03: 2.000 €) oder den ganzen Betrag (entweder 02 oder 03) in die Rücklage einstellen.

Die steuerbegünstigte Körperschaft muss die freie Rücklage während der Dauer ihres Bestehens nicht auflösen. Die in die Rücklage eingestellten Mittel können auch dem Vermögen zugeführt werden.

Zu § 62 Abs. 1 Nr. 4 AO:

12. Die Ansammlung von Mitteln zum Erwerb von Gesellschaftsrechten zur Erhaltung der prozentualen Beteiligung an Kapitalgesellschaften ist zulässig (§ 62 Abs. 1 Nr. 4 AO). Die Herkunft der Mittel ist dabei ohne Bedeutung. § 62 Abs. 1 Nr. 4 AO ist nicht auf den erstmaligen Erwerb von Anteilen an Kapitalgesellschaften anzuwenden. Hierfür können u. a. freie Rücklagen nach § 62 Abs. 1 Nr. 3 AO eingesetzt werden.

13. Die Höchstgrenze für die Zuführung zu der freien Rücklage mindert sich um den Betrag, den die Körperschaft zum Erwerb von Gesellschaftsrechten zur Erhaltung der prozentualen Beteiligung an Kapitalgesellschaften ausgibt oder in die Rücklage einstellt. Übersteigt der für die Erhaltung der Beteiligungsquote verwendete oder in eine Rücklage eingestellte Betrag die Höchstgrenze, ist auch in den Folgejahren eine Zuführung zu der freien Rücklage erst wieder möglich, wenn die für eine freie Rücklage verwendbaren Mittel insgesamt die für die Erhaltung der Beteiligungsquote verwendeten oder in die Rücklage eingestellten Mittel übersteigen. Die Zuführung von Mitteln zu Rücklagen nach § 62 Abs. 1 Nr. 1 und 2 AO berührt die Höchstgrenze für die Bildung freier Rücklagen dagegen nicht.

Beispiel:

<u>Beispiel für eine Rücklagenbildung nach § 62 Abs. 1 Nrn. 3 und 4 AO:</u>

VZ 01

Spenden	10.000 €
Einnahmen aus Vermögensverwaltung	12.000 €
Ausgaben in der Vermögensverwaltung	9.000 €
Gewinne aus	
- **Zweckbetrieben**	2.500 €
- **steuerpflichtigen wirtschaftlichen Geschäftsbetrieben**	3.000 €
→ 10 % von (10.000 € + 2.500 € + 3.000 €) =	1.550 €
→ 1/3 von (12.000 € - 9.000 €) =	1.000 €
≙ Potenzial zur Rücklagenbildung nach § 62 Abs. 1 Nr. 3 AO	2.550 €

Tatsächliche Rücklagenbildung im VZ 01:

nach § 62 Abs. 1 Nr. 4 AO:		3.000 €
nach § 62 Abs. 1 Nr. 3 AO:		0 €
Überhang nach § 62 Abs. 1 Nr. 4 im Verhältnis zu Nr. 3 AO:	450 €	

VZ 02

Spenden	20.000 €
Einnahmen aus Vermögensverwaltung	16.000 €
Ausgaben in der Vermögensverwaltung	10.000 €
Gewinne aus	
- **Zweckbetrieben**	1.000 €
- **steuerpflichtigen wirtschaftlichen Geschäftsbetrieben**	5.000 €
→ 10 % von (20.000 € + 1.000 € + 5.000 €) =	2.600 €
→ 1/3 von (16.000 € - 10.000 €) =	2.000 €
abzgl. Überhang nach § 62 Abs. 1 Nr. 4 im Verhältnis zu Nr. 3 AO	450 €
≙ Potenzial zur Rücklagenbildung nach § 62 Abs. 1 Nr. 3 AO	4.150 €

Tatsächliche Rücklagenbildung im VZ 02:

nach § 62 Abs. 1 Nr. 4 AO:	1.000 €
nach § 62 Abs. 1 Nr. 3 AO:	3.150 €

Zu § 62 Abs. 2 AO:

14. Rücklagen sind in der Frist des § 55 Abs. 1 Nr. 5 Satz 3 AO zu bilden. Nur tatsächlich vorhandene Mittel können in eine Rücklage eingestellt werden. Ob die Voraussetzungen für die Bildung einer Rücklage vorliegen, hat die steuerbegünstigte Körperschaft dem zuständigen Finanzamt im Einzelnen darzulegen. Weiterhin muss sie die Rücklagen nach § 62 Abs. 1 AO in ihrer Rechnungslegung - ggf. in einer Nebenrechnung - gesondert ausweisen, damit eine Kontrolle jederzeit und ohne besonderen Aufwand möglich ist (BFH-Urteil vom 20.12.1978, I R 21/76, BStBl 1979 II S. 496).

Entfällt der Grund für die Bildung einer Rücklage nach § 62 Abs. 1 Nr. 1, 2 und 4 AO, so ist diese unverzüglich aufzulösen. Die dadurch freigewordenen Mittel sind innerhalb der Frist des § 55 Abs. 1 Nr. 5 Satz 3 AO zu verwenden.

Die freigewordenen Mittel können auch in die Rücklagen nach § 62 Abs. 1 Nr. 1, 2 und 4 AO eingestellt werden. Bei diesen Mitteln handelt es sich nicht um sonstige nach § 55 Abs. 1 Nr. 5 AO zeitnah zu verwendende Mittel (§ 58 Nr. 3 AO, § 62 Abs. 1 Nr. 3 AO).

15. Vorstehende Grundsätze gelten für Rücklagen im wirtschaftlichen Geschäftsbetrieb und für Rücklagen im Bereich der Vermögensverwaltung entsprechend.

Zu § 62 Abs. 3 AO:

16. Die in § 62 Abs. 3 AO genannten Zuwendungen können dem Vermögen zugeführt werden. Die Aufzählung ist abschließend. Unter Sachzuwendungen, die ihrer Natur nach zum Vermögen gehören, sind Wirtschaftsgüter zu verstehen, die ihrer Art nach von der Körperschaft im ideellen Bereich, im Rahmen der Vermögensverwaltung oder im wirtschaftlichen Geschäftsbetrieb genutzt werden können.

Werden Mittel nach dieser Vorschrift dem Vermögen zugeführt, sind sie aus der Bemessungsgrundlage für Zuführungen von sonstigen zeitnah zu verwendenden Mitteln nach § 62 Abs. 1 Nr. 3 AO herauszurechnen.

Zu § 62 Abs. 4 AO:

17. Stiftungen dürfen im Jahr ihrer Errichtung und in den drei folgenden Kalenderjahren Überschüsse und Gewinne aus der Vermögensverwaltung, aus Zweckbetrieb und aus steuerpflichtigen wirtschaftlichen Geschäftsbetrieben ganz oder teilweise ihrem Vermögen zuführen. Für sonstige Mittel, z. B. Zuwendungen und Zuschüsse, gilt diese Regelung dagegen nicht.

Liegen in einem Kalenderjahr positive und negative Ergebnisse aus der Vermögensverwaltung, aus den Zweckbetrieben und dem einheitlichen steuerpflichtigen wirtschaftlichen Geschäftsbetrieb vor, ist eine Zuführung zum Vermögen auf den positiven Betrag begrenzt, der nach der Verrechnung der Ergebnisse verbleibt.

§ 63 Anforderungen an die tatsächliche Geschäftsführung (S 0182)

(1) Die tatsächliche Geschäftsführung der Körperschaft muss auf die ausschließliche und unmittelbare Erfüllung der steuerbegünstigten Zwecke gerichtet sein und den Bestimmungen entsprechen, die die Satzung über die Voraussetzungen für Steuervergünstigungen enthält.

(2) Für die tatsächliche Geschäftsführung gilt sinngemäß § 60 Abs. 2, für eine Verletzung der Vorschrift über die Vermögensbindung § 61 Abs. 3.

(3) Die Körperschaft hat den Nachweis, dass ihre tatsächliche Geschäftsführung den Erfordernissen des Absatzes 1 entspricht, durch ordnungsmäßige Aufzeichnungen über ihre Einnahmen und Ausgaben zu führen.

(4) [1]Hat die Körperschaft ohne Vorliegen der Voraussetzungen Mittel angesammelt, kann das Finanzamt ihr eine angemessene Frist für die Verwendung der Mittel setzen. [2]Die tatsächliche Geschäftsführung gilt als ordnungsgemäß im Sinne des Absatzes 1, wenn die Körperschaft die Mittel innerhalb der Frist für steuerbegünstigte Zwecke verwendet.

(5) [1]Körperschaften im Sinne des § 10b Absatz 1 Satz 2 Nummer 2 des Einkommensteuergesetzes dürfen Zuwendungsbestätigungen im Sinne des § 50 Absatz 1 der Einkommensteuer-Durchführungsverordnung nur ausstellen, wenn

1. **das Datum der Anlage zum Körperschaftsteuerbescheid oder des Freistellungsbescheids nicht länger als fünf Jahre zurückliegt oder**
2. **die Feststellung der Satzungsmäßigkeit nach § 60a Absatz 1 nicht länger als drei Kalenderjahre zurückliegt und bisher kein Freistellungsbescheid oder keine Anlage zum Körperschaftsteuerbescheid erteilt wurde.**

[2]Die Frist ist taggenau zu berechnen.

AEAO zu § 63 - Anforderungen an die tatsächliche Geschäftsführung:

1. Den Nachweis, dass die tatsächliche Geschäftsführung den notwendigen Erfordernissen entspricht, hat die Körperschaft durch ordnungsmäßige Aufzeichnungen (insbesondere Aufstellung der Einnahmen und Ausgaben, Tätigkeitsbericht, Vermögensübersicht mit Nachweisen über die Bildung und Entwicklung der Rücklagen) zu führen. Die Vorschriften der AO über die Führung von Büchern und Aufzeichnungen (§§ 140 ff AO) sind zu beachten. Die Vorschriften des Handelsrechts einschließlich der entsprechenden Buchführungsvorschriften gelten nur, sofern sich dies aus der Rechtsform der Körperschaft oder aus ihrer wirtschaftlichen Tätigkeit ergibt. Bei der Verwirklichung steuerbegünstigter Zwecke im Ausland besteht eine erhöhte Nachweispflicht (§ 90 Abs. 2 AO).
2. Hat das Finanzamt eine Frist nach § 63 Abs. 4 AO gesetzt, gilt die tatsächliche Geschäftsführung als ordnungsgemäß, wenn die Körperschaft die Mittel innerhalb der gesetzten Frist für steuerbegünstigte Zwecke verwendet.

3. Die tatsächliche Geschäftsführung umfasst auch die Ausstellung steuerlicher Zuwendungsbestätigungen. Zuwendungsbestätigungen dürfen nur dann ausgestellt werden, wenn die Voraussetzungen des § 63 Abs. 5 AO vorliegen. Die Erlaubnis wird an die Erteilung eines Feststellungsbescheids nach § 60a Abs. 1 AO, eines Freistellungsbescheids oder eine Anlage zum Körperschaftsteuerbescheid geknüpft. Ist der Bescheid nach § 60a AO älter als drei Jahre oder ist der Freistellungsbescheid - beziehungsweise sind die Anlagen zum Körperschaftsteuerbescheid - älter als fünf Jahre, darf die Körperschaft keine Zuwendungsbestätigungen mehr ausstellen.

   Bei Missbräuchen auf diesem Gebiet, z. B. durch die Ausstellung von Gefälligkeitsbestätigungen, ist die Steuerbegünstigung zu versagen.

4. Liegen neuere Erkenntnisse nach Bekanntgabe einer Feststellung nach § 60a AO, eines Freistellungsbescheids oder einer Anlage zum Körperschaftsteuerbescheid vor, dass auf Grund der tatsächlichen Geschäftsführung der Körperschaft die Steuerbegünstigung voraussichtlich nicht gewährt werden kann, kann eine Steuerfestsetzung (ggf. mit 0 €) erfolgen. Für Feststellungen nach § 60a AO wird auf § 60a Abs. 6 AO verwiesen.

   Dies kann durch einen Vorauszahlungsbescheid oder einen Körperschaftsteuerbescheid geschehen, in dem jeweils von der vollen Steuerpflicht ausgegangen wird. Dies hat zur Folge, dass die Körperschaft nicht mehr berechtigt ist, Zuwendungsbestätigungen auszustellen.

   Die Körperschaft ist auf eine mögliche Haftungsinanspruchnahme nach § 10b Abs. 4 EStG hinzuweisen.

5. Die tatsächliche Geschäftsführung muss sich im Rahmen der verfassungsmäßigen Ordnung halten, da die Rechtsordnung als selbstverständlich das gesetzestreue Verhalten aller Rechtsunterworfenen voraussetzt. Als Verstoß gegen die Rechtsordnung, der die Steuerbegünstigung ausschließt, kommt auch eine Steuerverkürzung in Betracht (BFH-Urteil vom 27.9.2001, V R 17/99, BStBl 2002 II S. 169). Die verfassungsmäßige Ordnung wird schon durch die Nichtbefolgung von polizeilichen Anordnungen durchbrochen (BFH-Urteil vom 29.8.1984, I R 215/81, BStBl 1985 II S. 106). Gewaltfreier Widerstand, z. B. Sitzblockaden, gegen geplante Maßnahmen des Staates verstößt grundsätzlich nicht gegen die verfassungsmäßige Ordnung (vgl. BVerfG-Beschluss vom 10.1.1995, 1 BvR 718/89, 1 BvR 719/89, 1 BvR 722/89, 1 BvR 723/89, BVerfGE 92, S. 1 bis 25).

6. Da es sich beim Entzug der Gemeinnützigkeit nicht um eine Ermessensentscheidung der Finanzverwaltung handelt, stellen das Verhältnismäßigkeitsprinzip und der ihm innewohnende Bagatellvorbehalt ein unverzichtbares Korrektiv dar, um in Einzelfällen die einschneidende Rechtsfolge des Verlusts der Gemeinnützigkeit auszuschließen (BFH-Urteil vom 12.3.2020, V R 5/17, BStBl 2021 II S. 55). Geringfügige Verstöße, beispielsweise gegen das Mittelverwendungsgebot des § 55 AO, rechtfertigen daher nicht den Entzug der Gemeinnützigkeit.

§ 64 Steuerpflichtige wirtschaftliche Geschäftsbetriebe (S 0183)

(1) Schließt das Gesetz die Steuervergünstigung insoweit aus, als ein wirtschaftlicher Geschäftsbetrieb (§ 14) unterhalten wird, so verliert die Körperschaft die Steuervergünstigung für die dem Geschäftsbetrieb zuzuordnenden Besteuerungsgrundlagen (Einkünfte, Umsätze, Vermögen), soweit der wirtschaftliche Geschäftsbetrieb kein Zweckbetrieb (§§ 65 bis 68) ist.

(2) Unterhält die Körperschaft mehrere wirtschaftliche Geschäftsbetriebe, die keine Zweckbetriebe (§§ 65 bis 68) sind, werden diese als ein wirtschaftlicher Geschäftsbetrieb behandelt.

(3) Übersteigen die Einnahmen einschließlich Umsatzsteuer aus wirtschaftlichen Geschäftsbetrieben, die keine Zweckbetriebe sind, insgesamt nicht 45 000 Euro im Jahr, so unterliegen die diesen Geschäftsbetrieben zuzuordnenden Besteuerungsgrundlagen nicht der Körperschaftsteuer und der Gewerbesteuer.

(4) Die Aufteilung einer Körperschaft in mehrere selbständige Körperschaften zum Zweck der mehrfachen Inanspruchnahme der Steuervergünstigung nach Absatz 3 gilt als Missbrauch von rechtlichen Gestaltungsmöglichkeiten im Sinne des § 42.

(5) Überschüsse aus der Verwertung unentgeltlich erworbenen Altmaterials außerhalb einer ständig dafür vorgehaltenen Verkaufsstelle, die der Körperschaftsteuer und der Gewerbesteuer unterliegen, können in Höhe des branchenüblichen Reingewinns geschätzt werden.

(6) Bei den folgenden steuerpflichtigen wirtschaftlichen Geschäftsbetrieben kann der Besteuerung ein Gewinn von 15 Prozent der Einnahmen zugrunde gelegt werden:

1. **Werbung für Unternehmen, die im Zusammenhang mit der steuerbegünstigten Tätigkeit einschließlich Zweckbetrieben stattfindet,**
2. **Totalisatorbetriebe,**
3. **Zweite Fraktionierungsstufe der Blutspendedienste.**

AEAO zu § 64 - Steuerpflichtige wirtschaftliche Geschäftsbetriebe:

Zu § 64 Abs. 1:

1. Als Gesetz, das die Steuervergünstigung teilweise, nämlich für den wirtschaftlichen Geschäftsbetrieb (§ 14 Satz 1 und 2 AO), ausschließt, ist das jeweilige Steuergesetz zu verstehen, also § 5 Abs. 1 Nr. 9 KStG, § 3 Nr. 6 GewStG, § 12 Abs. 2 Nr. 8 Satz 2 UStG, § 3 Abs. 1 Nr. 3b GrStG i. V. m. A 12 Abs. 4 GrStR.
2. Wegen des Begriffs „Wirtschaftlicher Geschäftsbetrieb“ wird auf § 14 AO hingewiesen. Zum Begriff der „Nachhaltigkeit“ bei wirtschaftlichen Geschäftsbetrieben siehe BFH-Urteil vom 21.8.1985, I R 60/80, BStBl 1986 II S. 88. Danach ist eine Tätigkeit grundsätzlich nachhaltig, wenn sie auf Wiederholung angelegt ist. Es genügt, wenn bei der Tätigkeit der allgemeine Wille besteht,

gleichartige oder ähnliche Handlungen bei sich bietender Gelegenheit zu wiederholen. Wiederholte Tätigkeiten liegen auch vor, wenn der Grund zum Tätigwerden auf einem einmaligen Entschluss beruht, die Erledigung aber mehrere (Einzel-)Tätigkeiten erfordert. Die Einnahmen aus der Verpachtung eines vorher selbst betriebenen wirtschaftlichen Geschäftsbetriebs unterliegen solange der Körperschaft- und Gewerbesteuer, bis die Körperschaft die Betriebsaufgabe erklärt (BFH-Urteil vom 4.4.2007, I R 55/06, BStBl II S. 725).

3. Ob eine an einer Personengesellschaft oder Gemeinschaft beteiligte steuerbegünstigte Körperschaft gewerbliche Einkünfte bezieht, wird im gesonderten und einheitlichen Gewinnfeststellungsbescheid der Personengesellschaft bindend festgestellt (BFH-Urteil vom 27.7.1988, I R 113/84, BStBl 1989 II S. 134). Ob ein steuerpflichtiger wirtschaftlicher Geschäftsbetrieb oder ein Zweckbetrieb (§§ 65 bis 68 AO) vorliegt, ist dagegen bei der Körperschaftsteuerveranlagung der steuerbegünstigten Körperschaft zu entscheiden. Die Beteiligung einer gemeinnützigen Körperschaft an einer gewerblich geprägten vermögensverwaltenden Personengesellschaft führt nicht zu einem wirtschaftlichen Geschäftsbetrieb (BFH-Urteile vom 25.5.2011, I R 60/10, BStBl 2012 II S. 858 und vom 18.2.2016, V R 60/13, BStBl 2017 II S. 251). Die Beteiligung einer steuerbegünstigten Körperschaft an einer Kapitalgesellschaft ist grundsätzlich Vermögensverwaltung (§ 14 Satz 3 AO). Ein wirtschaftlicher Geschäftsbetrieb ist es dann, wenn mit ihr tatsächlich ein entscheidender Einfluss auf die laufende Geschäftsführung der Kapitalgesellschaft ausgeübt wird oder ein Fall der Betriebsaufspaltung vorliegt (vgl. BFH-Urteil vom 30.6.1971, I R 57/70, BStBl II S. 753; H 15.7 (4) bis H 15.7 (6) EStH). Besteht die Beteiligung an einer Kapitalgesellschaft, die selbst ausschließlich der Vermögensverwaltung dient, so liegt auch bei Einflussnahme auf die Geschäftsführung kein wirtschaftlicher Geschäftsbetrieb vor (vgl. R 4.1 Abs. 2 Satz 5 KStR 2015 i. V. m. R 5.7 Abs. 5 Satz 4 KStR 2015). Dies gilt auch bei Beteiligung an einer steuerbegünstigten Kapitalgesellschaft. Die Grundsätze der Betriebsaufspaltung sind nicht anzuwenden, wenn sowohl das Betriebs- als auch das Besitzunternehmen steuerbegünstigt sind. Dies gilt aber nur insoweit, als die überlassenen wesentlichen Betriebsgrundlagen bei dem Betriebsunternehmen nicht in einem steuerpflichtigen wirtschaftlichen Geschäftsbetrieb eingesetzt werden.

Für Beteiligungen an steuerbegünstigten Kapitalgesellschaften in den Anwendungsfällen des § 57 Abs. 3 und 4 AO wird auf Nr. 12 des AEAO zu § 57 Abs. 3 und Nr. 14 des AEAO zu § 57 Abs. 4 verwiesen.

4. Bei der Ermittlung des Gewinns aus dem wirtschaftlichen Geschäftsbetrieb sind die Betriebsausgaben zu berücksichtigen, die durch den Betrieb veranlasst sind. Dazu gehören Ausgaben, die dem Betrieb unmittelbar zuzuordnen sind, weil sie ohne den Betrieb nicht oder zumindest nicht in dieser Höhe angefallen wären.

Vereinbarte Aushilfslöhne für Vereinsmitglieder müssen den Vermögensbereich des Vereins verlassen haben, um als Betriebsausgaben eines wirtschaftlichen Geschäftsbetriebs des Vereins berücksichtigt zu werden (BFH-Urteil vom 5.12.1990, I R 5/88, BStBl 1991 II S. 308). Bei bedingungslosem

Verzicht vor Zufluss können die vereinbarten Aushilfslöhne nicht als Betriebsausgaben anerkannt werden. Von einem Abfluss der vereinbarten Aushilfslöhne der Vereinsmitglieder aus dem Vermögensbereich des Vereins ist auszugehen, wenn sich der Verzicht auf die Aushilfslöhne seinem wirtschaftlichen Gehalt nach als Verwendung zugeflossenen Einkommens erweist. Das ist nach dem vorgenannten BFH-Urteil z. B. der Fall, wenn die Vereinsmitglieder den Verzicht auf ihre Löhne gegenüber dem Verein mit der Bedingung verbunden haben, diese Geldbeträge einem Dritten zuzuwenden.

5. Bei so genannten gemischt veranlassten Kosten, die sowohl durch die steuerfreie als auch durch die steuerpflichtige Tätigkeit veranlasst sind, scheidet eine Berücksichtigung als Betriebsausgaben des steuerpflichtigen wirtschaftlichen Geschäftsbetriebs grundsätzlich aus, wenn sie ihren primären Anlass im steuerfreien Bereich haben. Werden z. B. Werbemaßnahmen bei sportlichen oder kulturellen Veranstaltungen durchgeführt, sind die Veranstaltungskosten, soweit sie auch ohne die Werbung entstanden wären, keine Betriebsausgaben des steuerpflichtigen wirtschaftlichen Geschäftsbetriebs „Werbung“ (BFH-Urteil vom 27.3.1991, I R 31/89, BStBl 1992 II S. 103; zur pauschalen Gewinnermittlung bei Werbung im Zusammenhang mit der steuerbegünstigten Tätigkeit einschließlich Zweckbetrieben vgl. Nrn. 32 ff. des AEAO zu § 64).

6. Unabhängig von ihrer primären Veranlassung ist eine anteilige Berücksichtigung von gemischt veranlassten Aufwendungen (einschließlich Absetzung für Abnutzung) als Betriebsausgaben des steuerpflichtigen wirtschaftlichen Geschäftsbetriebs dann zulässig, wenn ein objektiver Maßstab für die Aufteilung der Aufwendungen (z. B. nach zeitlichen Gesichtspunkten) auf den ideellen Bereich einschließlich der Zweckbetriebe und den steuerpflichtigen wirtschaftlichen Geschäftsbetrieb besteht.

   Danach ist z. B. bei der Gewinnermittlung für den steuerpflichtigen wirtschaftlichen Geschäftsbetrieb „Greenfee“ von steuerbegünstigten Golfvereinen wegen der Abgrenzbarkeit nach objektiven Maßstäben (z. B. im Verhältnis der Nutzung der Golfanlage durch vereinsfremde Spieler zu den Golf spielenden Vereinsmitgliedern im Kalenderjahr) trotz primärer Veranlassung durch den ideellen Bereich des Golfvereins ein anteiliger Betriebsausgabenabzug der Aufwendungen (z. B. für Golfplatz- und Personalkosten) zulässig (BFH-Urteil vom 15.1.2015, I R 48/13, BStBl II S. 713). Bei gemeinnützigen Musikvereinen sind Aufwendungen, die zu einem Teil mit Auftritten ihrer Musikgruppen bei eigenen steuerpflichtigen Festveranstaltungen zusammenhängen, anteilig als Betriebsausgaben des steuerpflichtigen wirtschaftlichen Geschäftsbetriebs abzuziehen. Derartige Aufwendungen sind z. B. Kosten für Notenmaterial, Uniformen und Verstärkeranlagen, die sowohl bei Auftritten, die unentgeltlich erfolgen oder Zweckbetriebe sind, als auch bei Auftritten im Rahmen eines eigenen steuerpflichtigen Betriebs eingesetzt werden. Als Maßstab für die Aufteilung kommt die Zahl der Stunden, die einschließlich der Proben auf die jeweiligen Bereiche entfallen, in Betracht

   Auch die Personal- und Sachkosten für die allgemeine Verwaltung können grundsätzlich im wirtschaftlichen Geschäftsbetrieb abgezogen werden, soweit sie bei einer Aufteilung nach objektiven Maßstäben teilweise darauf entfallen. Bei Kosten für die Errichtung und Unterhaltung von Vereinsheimen gibt es i. d. R. keinen objektiven Aufteilungsmaßstab.

7. Eine gemeinnützige Körperschaft ist bereits nach § 55 Abs. 1 Nr. 1 AO verpflichtet, ihre Mittel ausschließlich zur Förderung gemeinnütziger Zwecke einzusetzen. Ein steuerlicher Abzug derartiger Aufwendungen als Betriebsausgaben scheidet aus. Nichtabziehbar sind nach § 10 Nr. 1 KStG auch Aufwendungen für die Erfüllung von Zwecken, die in der Satzung vorgeschrieben sind. Die Aufwendungen für gemeinnützige oder satzungsmäßige Zwecke können auch nicht aufgrund einer „Auflage" als abziehbare Betriebsausgaben behandelt werden (Nichtanwendung des BFH-Urteils vom 5.6.2003, I R 76/01, BStBl II 2005 S. 305).

8. Unter Sponsoring wird üblicherweise die Gewährung von Geld oder geldwerten Vorteilen durch Unternehmen zur Förderung von Personen, Gruppen und/oder Organisationen in sportlichen, kulturellen, kirchlichen, wissenschaftlichen, sozialen, ökologischen oder ähnlich bedeutsamen gesellschaftspolitischen Bereichen verstanden, mit der regelmäßig auch eigene unternehmensbezogene Ziele der Werbung oder Öffentlichkeitsarbeit verfolgt werden. Leistungen eines Sponsors beruhen häufig auf einer vertraglichen Vereinbarung zwischen dem Sponsor und dem Empfänger der Leistungen (Sponsoring-Vertrag), in dem Art und Umfang der Leistungen des Sponsors und des Empfängers geregelt sind.

9. Die im Zusammenhang mit dem Sponsoring erhaltenen Leistungen können bei einer steuerbegünstigten Körperschaft steuerfreie Einnahmen im ideellen Bereich, steuerfreie Einnahmen aus der Vermögensverwaltung oder Einnahmen eines steuerpflichtigen wirtschaftlichen Geschäftsbetriebs sein. Die steuerliche Behandlung der Leistungen beim Empfänger hängt grundsätzlich nicht davon ab, wie die entsprechenden Aufwendungen beim leistenden Unternehmen behandelt werden. Für die Abgrenzung gelten die allgemeinen Grundsätze.

10. Danach liegt kein wirtschaftlicher Geschäftsbetrieb vor, wenn die steuerbegünstigte Körperschaft dem Sponsor nur die Nutzung ihres Namens zu Werbezwecken in der Weise gestattet, dass der Sponsor selbst zu Werbezwecken oder zur Imagepflege auf seine Leistungen an die Körperschaft hinweist.

Ein wirtschaftlicher Geschäftsbetrieb liegt auch dann nicht vor, wenn der Empfänger der Leistungen z. B. auf Plakaten, Veranstaltungshinweisen, in Ausstellungskatalogen oder in anderer Weise auf die Unterstützung durch einen Sponsor lediglich hinweist. Dieser Hinweis kann unter Verwendung des Namens, Emblems oder Logos des Sponsors, jedoch ohne besondere Hervorhebung, erfolgen. Entsprechende Sponsoringeinnahmen sind nicht als Einnahmen aus der Vermögensverwaltung anzusehen. Eine Zuführung zur freien Rücklage nach § 62 Abs. 1 Nr. 3 AO ist daher lediglich i. H. v. 10 % der Einnahmen, nicht aber i. H. v. einem Drittel des daraus erzielten Überschusses möglich.

11. Ein wirtschaftlicher Geschäftsbetrieb liegt dagegen vor, wenn die Körperschaft an den Werbemaßnahmen mitwirkt. Dies ist z. B. der Fall, wenn die

Körperschaft dem Sponsor das Recht einräumt, in einem von ihr herausgegebenen Publikationsorgan Werbeanzeigen zu schalten, einschlägige Sponsor-bezogene Themen darzustellen und bei Veranstaltungen der Körperschaft deren Mitglieder über diese Themen zu informieren und dafür zu werben (vgl. BFH-Urteil vom 7.11.2007, I R 42/06, BStBl 2008 II S. 949). Der wirtschaftliche Geschäftsbetrieb kann kein Zweckbetrieb (§§ 65 bis 68 AO) sein. Soweit Sponsoringeinnahmen unmittelbar in einem aus anderen Gründen steuerpflichtigen wirtschaftlichen Geschäftsbetrieb anfallen, sind sie diesem zuzurechnen.

12. Die Sammlung und Verwertung von Zahngold durch eine steuerbegünstigte Körperschaft im eigenen Namen und auf eigene Rechnung bildet nach den Grundsätzen des BFH-Urteils vom 26.2.1992, I R 149/90, BStBl II S. 693, einen einheitlichen steuerpflichtigen wirtschaftlichen Geschäftsbetrieb (§§ 14, 64 AO). Erklären die Spender, dass das Zahngold von der steuerbegünstigten Körperschaft im Namen der Spender und für Rechnung der Spender verwertet werden soll (treuhänderische Verwertung) und wenden die Spender den Verwertungserlös der steuerbegünstigten Körperschaft zu, liegt kein wirtschaftlicher Geschäftsbetrieb vor, wenn das Mitwirken der steuerbegünstigten Körperschaft sich darauf beschränkt, das Zahngold lediglich in Vertretung des Spenders bei der Scheideanstalt einzureichen. Nehmen Spender anonym an der Zahngoldsammlung teil, begründet die steuerbegünstigte Körperschaft, die das Zahngold sammelt und verwerten lässt, damit einen steuerpflichtigen wirtschaftlichen Geschäftsbetrieb.

13. Unter Beschäftigungsgesellschaften sind Körperschaften zu verstehen, die - gegebenenfalls unter Nutzung arbeitsförderungsrechtlicher Instrumente und sonstiger Förderungsmöglichkeiten - die Hilfe für früher arbeitslose und von Arbeitslosigkeit bedrohte Menschen insbesondere durch Arbeitsbeschaffungsmaßnahmen, berufliche Qualifizierungsmaßnahmen und Umschulungen zum Ziel haben.

Beschäftigungsgesellschaften können in der Regel nicht als gemeinnützig behandelt werden, wenn sie Waren herstellen und vertreiben oder Leistungen an Dritte erbringen, da sie dann wie andere Unternehmen eine wirtschaftliche Tätigkeit ausüben. Dies ist kein gemeinnütziger Zweck. Dass durch die wirtschaftliche Tätigkeit Arbeitsplätze erhalten oder geschaffen werden, rechtfertigt nicht die Anerkennung der Gemeinnützigkeit. Die Erhaltung und Schaffung von Arbeitsplätzen ist mit jeder wirtschaftlichen Tätigkeit verbunden.

Eine Beschäftigungsgesellschaft kann aber dann als gemeinnützig anerkannt werden, wenn das Schwergewicht ihrer Tätigkeit auf der beruflichen Qualifizierung, der Umschulung oder der sozialen Betreuung liegt. Werden dabei Waren hergestellt und vertrieben (z. B. im Rahmen einer Ausbildung angefertigte Sachen) oder Leistungen gegenüber Dritten erbracht, liegt insoweit ein wirtschaftlicher Geschäftsbetrieb (§ 14 Satz 1 und 2 AO) vor. Ist dieser steuerpflichtig, darf er weder Satzungszweck noch nach der tatsächlichen Geschäftsführung Selbst- oder Hauptzweck der Gesellschaft sein. Ob der wirtschaftliche Geschäftsbetrieb steuerpflichtig oder ein steuerbegünstigter Zweckbetrieb ist, richtet sich nach den §§ 65 und 68 AO.

Ein steuerbegünstigter Zweckbetrieb liegt insbesondere vor, wenn die Voraussetzungen des § 68 Nr. 3 AO erfüllt sind. Danach sind Werkstätten für behinderte Menschen, die nach den Vorschriften des SGB III förderungsfähig sind und Personen Arbeitsplätze bieten, die wegen ihrer Behinderung nicht auf dem allgemeinen Arbeitsmarkt tätig sein können, sowie Einrichtungen für Beschäftigungs- und Arbeitstherapie, die der Eingliederung von Behinderten dienen, als Zweckbetriebe zu behandeln.

Die Voraussetzungen des § 65 AO für die Zweckbetriebseigenschaft einer wirtschaftlichen Betätigung sind regelmäßig erfüllt, wenn sich der wirtschaftliche Geschäftsbetrieb in einer aus- oder weiterbildenden Tätigkeit gegen Teilnehmergebühren erschöpft. Sie sind auch erfüllt, soweit als Ausfluss der beruflichen Qualifizierungs- und Umschulungsmaßnahmen Waren hergestellt und veräußert oder Dienstleistungen gegenüber Dritten gegen Entgelt erbracht werden. Dagegen wird ein steuerpflichtiger wirtschaftlicher Geschäftsbetrieb (§ 64 AO) begründet, wenn die Herstellung und Veräußerung von Waren oder die entgeltlichen Dienstleistungen den Umfang überschreiten, der zur Erfüllung der beruflichen Qualifizierungs- und Umschulungsmaßnahmen notwendig ist.

Bei der gemeinnützigkeitsrechtlichen Behandlung von Körperschaften, die ähnliche Zwecke wie die Beschäftigungsgesellschaft fördern, ist nach den gleichen Grundsätzen zu verfahren.

Zu § 64 Abs. 2 AO:

14. Die Regelung, dass bei steuerbegünstigten Körperschaften mehrere steuerpflichtige wirtschaftliche Geschäftsbetriebe als ein Betrieb zu behandeln sind, gilt auch für die Ermittlung des steuerpflichtigen Einkommens der Körperschaft und für die Beurteilung der Buchführungspflicht nach § 141 Abs. 1 AO. Für die Frage, ob die Grenzen für die Buchführungspflicht überschritten sind, kommt es also auf die Werte (Einnahmen, Überschuss) des Gesamtbetriebs an.

15. § 55 Abs. 1 Nr. 1 Satz 2 und Nr. 3 AO gilt auch für den steuerpflichtigen wirtschaftlichen Geschäftsbetrieb. Das bedeutet u. a., dass Verluste und Gewinnminderungen in den einzelnen steuerpflichtigen wirtschaftlichen Geschäftsbetrieben nicht durch Zuwendungen an Mitglieder oder durch unverhältnismäßig hohe Vergütungen entstanden sein dürfen.

16. Die entgeltliche Übernahme von Verwaltungstätigkeiten durch Einsatzstellen, Zentralstellen und Träger i. S. d. §§ 6 und 7 Bundesfreiwilligendienstgesetz (BFDG) aufgrund von Verträgen nach § 16 BFDG begründet einen steuerpflichtigen wirtschaftlichen Geschäftsbetrieb nach § 64 AO (teilweise Nichtanwendung des BFH-Urteils vom 23.7.2009, V R 93/07, BStBl 2015 II S. 735).

17. Bei einer Körperschaft, die mehrere steuerpflichtige wirtschaftliche Geschäftsbetriebe unterhält, ist für die Frage, ob gemeinnützigkeitsschädliche Verluste vorliegen, nicht auf das Ergebnis des einzelnen steuerpflichtigen wirtschaftlichen Geschäftsbetriebs, sondern auf das zusammengefasste Ergebnis aller steuerpflichtigen wirtschaftlichen Geschäftsbetriebe abzustellen.

Danach ist die Gemeinnützigkeit einer Körperschaft gefährdet, wenn die steuerpflichtigen wirtschaftlichen Geschäftsbetriebe insgesamt Verluste erwirtschaften (vgl. Nrn. 4 ff. des AEAO zu § 55).

In den Fällen des § 64 Abs. 5 und 6 AO ist nicht der geschätzte bzw. pauschal ermittelte Gewinn, sondern das Ergebnis zu berücksichtigen, das sich bei einer Ermittlung nach den allgemeinen Regelungen ergeben würde (vgl. Nrn. 4 bis 6 des AEAO zu § 64).

Zu § 64 Abs. 3 AO:

18. Die Höhe der Einnahmen aus den steuerpflichtigen wirtschaftlichen Geschäftsbetrieben bestimmt sich nach den Grundsätzen der steuerlichen Gewinnermittlung. Bei steuerbegünstigten Körperschaften, die den Gewinn nach § 4 Abs. 1 oder § 5 EStG ermitteln, kommt es deshalb nicht auf den Zufluss i. S. d. § 11 EStG an, so dass auch Forderungszugänge als Einnahmen zu erfassen sind. Bei anderen steuerbegünstigten Körperschaften sind die im Kalenderjahr zugeflossenen Einnahmen (§ 11 EStG) maßgeblich. Ob die Einnahmen die Besteuerungsgrenze übersteigen, ist für jedes Jahr gesondert zu prüfen. Nicht leistungsbezogene Einnahmen sind nicht den für die Besteuerungsgrenze maßgeblichen Einnahmen zuzurechnen (vgl. Nr. 20 des AEAO zu § 64).

Die Besteuerungsgrenze von 45.000 € ist erstmalig für den Veranlagungszeitraum 2020 anzuwenden. Für Veranlagungszeiträume vor 2020 ist die bisherige Besteuerungsgrenze von 35.000 € maßgebend.

19. Zu den Einnahmen i. S. d. § 64 Abs. 3 AO gehören leistungsbezogene Einnahmen einschließlich Umsatzsteuer aus dem laufenden Geschäft, wie Einnahmen aus dem Verkauf von Speisen und Getränken. Dazu zählen auch erhaltene Anzahlungen.

20. Zu den leistungsbezogenen Einnahmen i. S. d. Nr. 19 des AEAO zu § 64 gehören z. B. nicht

    a) der Erlös aus der Veräußerung von Wirtschaftsgütern des Anlagevermögens des steuerpflichtigen wirtschaftlichen Geschäftsbetriebs;
    b) Betriebskostenzuschüsse sowie Zuschüsse für die Anschaffung oder Herstellung von Wirtschaftsgütern des steuerpflichtigen wirtschaftlichen Geschäftsbetriebs;
    c) Investitionszulagen;
    d) der Zufluss von Darlehen;
    e) Entnahmen i. S. d. § 4 Abs. 1 EStG;
    f) die Auflösung von Rücklagen;
    g) erstattete Betriebsausgaben, z. B. Umsatzsteuer;
    h) Versicherungsleistungen mit Ausnahme des Ersatzes von leistungsbezogenen Einnahmen.

21. Ist eine steuerbegünstigte Körperschaft an einer Personengesellschaft oder Gemeinschaft beteiligt, sind für die Beurteilung, ob die Besteuerungsgrenze überschritten wird, die anteiligen (Brutto-)Einnahmen aus der Beteiligung - nicht aber der Gewinnanteil - maßgeblich. Bei Beteiligung einer steuerbegünstigten Körperschaft an einer Kapitalgesellschaft sind die Bezüge i. S. d. § 8b Abs. 1 KStG und die Erlöse aus der Veräußerung von Anteilen i. S. d. § 8b Abs. 2 KStG als Einnahmen i. S. d. § 64 Abs. 3 AO zu erfassen, wenn die Beteiligung einen steuerpflichtigen wirtschaftlichen Geschäftsbetrieb darstellt (vgl. Nr. 3 des AEAO zu § 64) oder in einem steuerpflichtigen wirtschaftlichen Geschäftsbetrieb gehalten wird.

22. In den Fällen des § 64 Abs. 5 und 6 AO sind für die Prüfung, ob die Besteuerungsgrenze i. S. d. § 64 Abs. 3 AO überschritten wird, die tatsächlichen Einnahmen anzusetzen.

23. Einnahmen aus sportlichen Veranstaltungen, die nach § 67a Abs. 1 Satz 1 AO oder - bei einer Option - nach § 67a Abs. 3 AO kein Zweckbetrieb sind, gehören zu den Einnahmen i. S. d. § 64 Abs. 3 AO.

Beispiel:

Ein Sportverein, der auf die Anwendung des § 67a Abs. 1 Satz 1 AO (Zweckbetriebsgrenze) verzichtet hat, erzielt im Jahr 01 folgende Einnahmen aus wirtschaftlichen Geschäftsbetrieben:

Sportliche Veranstaltungen, an denen kein bezahlter Sportler teilgenommen hat:	40.000 €
Sportliche Veranstaltungen, an denen bezahlte Sportler des Vereins teilgenommen haben:	20.000 €
Verkauf von Speisen und Getränken:	5.000 €

Die Einnahmen aus wirtschaftlichen Geschäftsbetrieben, die keine Zweckbetriebe sind, betragen 25.000 € (20.000 € + 5.000 €). Die Besteuerungsgrenze von 45.000 € wird nicht überschritten.

24. Eine wirtschaftliche Betätigung verliert durch das Unterschreiten der Besteuerungsgrenze nicht den Charakter des steuerpflichtigen wirtschaftlichen Geschäftsbetriebs. Das bedeutet, dass kein Beginn einer teilweisen Steuerbefreiung i. S. d. § 13 Abs. 5 KStG vorliegt und dementsprechend keine

Schlussbesteuerung durchzuführen ist, wenn Körperschaft- und Gewerbesteuer wegen § 64 Abs. 3 AO nicht mehr erhoben werden.

25. Bei Körperschaften mit einem vom Kalenderjahr abweichenden Wirtschaftsjahr sind für die Frage, ob die Besteuerungsgrenze überschritten wird, die in dem Wirtschaftsjahr erzielten Einnahmen maßgeblich.

26. Der allgemeine Grundsatz des Gemeinnützigkeitsrechts, dass für die steuerbegünstigten Zwecke gebundene Mittel nicht für den Ausgleich von Verlusten aus steuerpflichtigen wirtschaftlichen Geschäftsbetrieben verwendet werden dürfen, wird durch § 64 Abs. 3 AO nicht aufgehoben. Unter diesem Gesichtspunkt braucht jedoch bei Unterschreiten der Besteuerungsgrenze der Frage der Mittelverwendung nicht nachgegangen zu werden, wenn bei überschlägiger Prüfung der Aufzeichnungen erkennbar ist, dass in dem steuerpflichtigen wirtschaftlichen Geschäftsbetrieb (§ 64 Abs. 2 AO) keine Verluste entstanden sind.

27. Verluste und Gewinne aus Jahren, in denen die maßgeblichen Einnahmen die Besteuerungsgrenze nicht übersteigen, bleiben bei dem Verlustabzug (§ 10d EStG) außer Ansatz. Ein rück- und vortragbarer Verlust kann danach nur in Jahren entstehen, in denen die Einnahmen die Besteuerungsgrenze übersteigen. Dieser Verlust wird nicht für Jahre verbraucht, in denen die Einnahmen die Besteuerungsgrenze von 45.000 € nicht übersteigen.

Zu § 64 Abs. 4 AO:

28. § 64 Abs. 4 AO gilt nicht für regionale Untergliederungen (Landes-, Bezirks-, Ortsverbände) steuerbegünstigter Körperschaften.

Zu § 64 Abs. 5 AO:

29. § 64 Abs. 5 AO gilt nur für Altmaterialsammlungen (Sammlung und Verwertung von Lumpen, gesammelten Kleidungsstücken, Altpapier, Schrott). Zahngold ist kein Altmaterial (Näheres zu Zahngold: siehe Nr. 12 des AEAO zu § 64 Abs. 1). Die Regelung gilt nicht für den Einzelverkauf gebrauchter Sachen (Gebrauchtwarenhandel). Basare und ähnliche Einrichtungen sind deshalb nicht begünstigt (vgl. BFH-Urteil vom 11.2.2009, I R 73/08, BStBl II S. 516). Zu Kleiderkammern siehe Nr. 9 des AEAO zu § 66.

30. § 64 Abs. 5 AO ist nur anzuwenden, wenn die Körperschaft dies beantragt (Wahlrecht).

31. Der branchenübliche Reingewinn ist bei der Verwertung von Altpapier mit 5 % und bei der Verwertung von u. a. Altmaterial mit 20 % der Einnahmen anzusetzen.

Zu § 64 Abs. 6 AO:

32. Bei den genannten steuerpflichtigen wirtschaftlichen Geschäftsbetrieben ist der Besteuerung auf Antrag der Körperschaft ein Gewinn von 15 % der Einnahmen zugrunde zu legen. Der Antrag gilt jeweils für alle gleichartigen Tätigkeiten in dem betreffenden Veranlagungszeitraum. Er entfaltet keine Bindungswirkung für folgende Veranlagungszeiträume.

33. Nach § 64 Abs. 6 Nr. 1 AO kann der Gewinn aus Werbemaßnahmen pauschal ermittelt werden, wenn sie im Zusammenhang mit der steuerbegünstigten Tätigkeit einschließlich Zweckbetrieben stattfinden. Beispiele für derartige Werbemaßnahmen sind die Trikot- oder Bandenwerbung bei Sportveranstaltungen, die ein Zweckbetrieb sind, oder die aktive Werbung in Programmheften oder auf Plakaten bei kulturellen Veranstaltungen. Entsprechend begünstigte Werbemaßnahmen können aber auch passive Duldungsleistungen sein, indem beispielsweise eine steuerbegünstigte Körperschaft Standflächen an Unternehmen für deren eigene Werbezwecke vermietet (BFH-Urteil vom 26.6.2019, V R 70/17, BStBl II S. 654). Die vorstehenden Ausführungen gelten auch für Sponsoring i. S. d. Nr. 10 des AEAO zu § 64.

34. Soweit Werbeeinnahmen nicht im Zusammenhang mit der ideellen steuerbegünstigten Tätigkeit oder einem Zweckbetrieb erzielt werden, z. B. Werbemaßnahmen bei einem Vereinsfest oder bei sportlichen Veranstaltungen, die wegen Überschreitens der Zweckbetriebsgrenze des § 67a Abs. 1 AO oder wegen des Einsatzes bezahlter Sportler ein steuerpflichtiger wirtschaftlicher Geschäftsbetrieb sind, ist § 64 Abs. 6 AO nicht anzuwenden.

35. Das Veranstalten von Trabrennen kann ein steuerpflichtiger wirtschaftlicher Geschäftsbetrieb nach § 64 AO sein, der mit dem Betrieb eines Totalisators einen einheitlichen wirtschaftlichen Geschäftsbetrieb bildet. Diesem Betrieb sind grundsätzlich sämtliche Einnahmen und Ausgaben zuzuordnen, die durch ihn veranlasst sind (BFH-Urteil vom 22.4.2009, I R 15/07, BStBl 2011 II S. 475).

Nach § 64 Abs. 6 Nr. 2 AO kann der Gewinn aus dem Totalisatorbetrieb der Pferderennvereine allerdings mit 15 % der Einnahmen angesetzt werden. Die maßgeblichen Einnahmen ermitteln sich insoweit wie folgt:

Wetteinnahmen

abzgl. Rennwettsteuer (Totalisatorsteuer)

abzgl. Auszahlungen an die Wettenden.

36. Nach § 64 Abs. 6 Nr. 3 AO kann bei der Besteuerung aus der Zweiten Fraktionierungsstufe der Blutspendedienste ein Gewinn von 15 % der Einnahmen zugrunde gelegt werden.

Einnahmen steuerbegünstigter Körperschaften aus der Weiterveräußerung von im Apheresverfahren gewonnenen Blutbestandteilen der Ersten Fraktionierungsstufe zur weiteren Fraktionierung sind dem steuerpflichtigen wirtschaftlichen Geschäftsbetrieb zuzuordnen. § 64 Abs. 6 Nr. 3 AO findet in diesem Fall keine Anwendung.

Zu § 64 Abs. 5 und 6 AO:

37. Wird in den Fällen des § 64 Abs. 5 oder 6 AO kein Antrag auf Schätzung des Überschusses oder auf pauschale Gewinnermittlung gestellt, ist der Gewinn nach den allgemeinen Regeln durch Gegenüberstellung der Betriebseinnahmen und der Betriebsausgaben zu ermitteln (vgl. Nrn. 4 bis 6 des AEAO zu § 64).

38. Wird der Überschuss nach § 64 Abs. 5 AO geschätzt oder nach § 64 Abs. 6 AO pauschal ermittelt, sind dadurch auch die damit zusammenhängenden tatsächlichen Aufwendungen der Körperschaft abgegolten; sie können nicht zusätzlich abgezogen werden.

39. Wird der Überschuss nach § 64 Abs. 5 AO geschätzt oder nach § 64 Abs. 6 AO pauschal ermittelt, muss die Körperschaft die mit diesen Einnahmen im Zusammenhang stehenden Einnahmen und Ausgaben gesondert aufzeichnen. Die genaue Höhe der Einnahmen wird zur Ermittlung des Gewinns nach § 64 Abs. 5 bzw. 6 AO benötigt. Die mit diesen steuerpflichtigen wirtschaftlichen Geschäftsbetrieben zusammenhängenden Ausgaben dürfen das Ergebnis der anderen steuerpflichtigen wirtschaftlichen Geschäftsbetriebe - unabhängig vom Zeitpunkt der steuerlichen Erfassung oder veranlagungszeitraumübergreifend - nicht mindern.

40. Die in den Bruttoeinnahmen ggf. enthaltene Umsatzsteuer gehört nicht zu den maßgeblichen Einnahmen i. S. d. § 64 Abs. 5 und 6 AO.

§ 65 Zweckbetrieb **(S 0184)**

Ein Zweckbetrieb ist gegeben, wenn

1. **der wirtschaftliche Geschäftsbetrieb in seiner Gesamtrichtung dazu dient, die steuerbegünstigten satzungsmäßigen Zwecke der Körperschaft zu verwirklichen,**

2. **die Zwecke nur durch einen solchen Geschäftsbetrieb erreicht werden können und**

3. **der wirtschaftliche Geschäftsbetrieb zu nicht begünstigten Betrieben derselben oder ähnlicher Art nicht in größerem Umfang in Wettbewerb tritt, als es bei Erfüllung der steuerbegünstigten Zwecke unvermeidbar ist.**

AEAO zu § 65 - Zweckbetrieb:

1. Der Zweckbetrieb ist ein wirtschaftlicher Geschäftsbetrieb i. S. v. § 14 AO. Jedoch wird ein wirtschaftlicher Geschäftsbetrieb unter bestimmten Voraussetzungen steuerlich dem begünstigten Bereich der Körperschaft zugerechnet.

2. Ein Zweckbetrieb muss tatsächlich und unmittelbar satzungsmäßige Zwecke der Körperschaft verwirklichen, die ihn betreibt. Es genügt nicht, wenn er begünstigte Zwecke verfolgt, die nicht satzungsmäßige Zwecke der ihn tragenden Körperschaft sind. Ebenso wenig genügt es, wenn er der Verwirklichung begünstigter Zwecke nur mittelbar dient, z. B. durch Abführung seiner Erträge (BFH-Urteil vom 21.8.1985, I R 60/80, BStBl 1986 II S. 88). Ein Zweckbetrieb muss deshalb in seiner Gesamtrichtung mit den ihn begründenden Tätigkeiten und nicht nur mit den durch ihn erzielten Einnahmen den steuerbegünstigten Zwecken dienen (BFH-Urteil vom 26.4.1995, I R 35/93, BStBl II S. 767).

3. Weitere Voraussetzung eines Zweckbetriebes ist, dass die Zwecke der Körperschaft nur durch ihn erreicht werden können. Die Körperschaft muss den Zweckbetrieb zur Verwirklichung ihrer satzungsmäßigen Zwecke unbedingt

und unmittelbar benötigen. Dies ist z. B. nicht der Fall beim Betrieb einer Beschaffungsstelle (zentraler Ein- und Verkauf von Ausrüstungsgegenständen, Auftragsbeschaffung etc.), da dieser weder unentbehrlich noch das einzige Mittel zur Erreichung des steuerbegünstigten Zwecks ist.

4. Der Wettbewerb eines Zweckbetriebs zu nicht begünstigten Betrieben derselben oder ähnlicher Art muss auf das zur Erfüllung der steuerbegünstigten Zwecke unvermeidbare Maß begrenzt sein. Wettbewerb i. S. d. § 65 Nr. 3 AO setzt nicht voraus, dass die Körperschaft auf einem Gebiet tätig ist, in der sie tatsächlich in Konkurrenz zu steuerpflichtigen Betrieben derselben oder ähnlicher Art tritt. Der Sinn und Zweck des § 65 Nr. 3 AO liegt in einem umfänglichen Schutz des Wettbewerbs, der auch den potentiellen Wettbewerb umfasst (vgl. BFH-Urteile vom 27.10.1993, I R 60/91, BStBl 1994 II S. 573 und vom 29.1.2009, V R 46/06, BStBl II S. 560). Ein Zweckbetrieb ist daher - entgegen dem BFH-Urteil vom 30.3.2000, V R 30/99, BStBl II S. 705 - bereits dann nicht gegeben, wenn ein Wettbewerb mit steuerpflichtigen Unternehmen lediglich möglich wäre, ohne dass es auf die tatsächliche Wettbewerbssituation vor Ort ankommt. Unschädlich ist dagegen der uneingeschränkte Wettbewerb zwischen Zweckbetrieben, die demselben steuerbegünstigten Zweck dienen und ihn in der gleichen oder in ähnlicher Form verwirklichen.

§ 66 Wohlfahrtspflege (S 0185)

(1) Eine Einrichtung der Wohlfahrtspflege ist ein Zweckbetrieb, wenn sie in besonderem Maß den in § 53 genannten Personen dient.

(2) [1]Wohlfahrtspflege ist die planmäßige, zum Wohle der Allgemeinheit und nicht des Erwerbs wegen ausgeübte Sorge für notleidende oder gefährdete Mitmenschen. [2]Die Sorge kann sich auf das gesundheitliche, sittliche, erzieherische oder wirtschaftliche Wohl erstrecken und Vorbeugung oder Abhilfe bezwecken.

(3) [1]Eine Einrichtung der Wohlfahrtspflege dient in besonderem Maße den in § 53 genannten Personen, wenn diesen mindestens zwei Drittel ihrer Leistungen zugute kommen. [2]Für Krankenhäuser gilt § 67.

AEAO zu § 66 - Wohlfahrtspflege:

1. Die Bestimmung enthält eine Sonderregelung für wirtschaftliche Geschäftsbetriebe, die sich mit der Wohlfahrtspflege befassen.

2. Die Wohlfahrtspflege darf nicht des Erwerbs wegen ausgeübt werden. Eine Einrichtung wird dann „des Erwerbs wegen“ betrieben, wenn damit Gewinne angestrebt werden, die den konkreten Finanzierungsbedarf des jeweiligen wirtschaftlichen Geschäftsbetriebs übersteigen, die Wohlfahrtspflege mithin in erster Linie auf Mehrung des eigenen Vermögens gerichtet ist. Dabei kann die Erzielung von Gewinnen in gewissem Umfang - z. B. zum Inflationsausgleich oder zur Finanzierung von betrieblichen Erhaltungs- und Modernisierungsmaßnahmen - geboten sein, ohne in Konflikt mit dem Zweck der steuerlichen Begünstigung zu stehen (BFH-Urteil vom 27.11.2013, I R 17/12, BStBl 2016 II S. 68). Werden in drei aufeinanderfolgenden Veranlagungszeiträumen jeweils Gewinne erwirtschaftet, die den konkreten Finanzierungsbe-

darf der wohlfahrtspflegerischen Gesamtsphäre der Körperschaft übersteigen, ist widerlegbar (z. B. unbeabsichtigte Gewinne aufgrund von Marktschwankungen) von einer zweckbetriebsschädlichen Absicht der Körperschaft auszugehen, den Zweckbetrieb des Erwerbs wegen auszuüben. Gewinne aufgrund staatlich regulierter Preise (z. B. auf Grundlage einer Gebührenordnung nach Maßgabe des § 90 SGB XI) sind kein Indiz dafür, dass der Zweckbetrieb des Erwerbs wegen ausgeübt wird.

Der konkrete Finanzierungsbedarf im Sinne des Satzes 4 umfasst die Erträge, die für den Betrieb und die Fortführung der Einrichtung(en) der Wohlfahrtspflege notwendig sind und beinhaltet auch die zulässige Rücklagenbildung nach 62 Abs. 1 Nrn. 1 und 2 AO. Zur wohlfahrtspflegerischen Gesamtsphäre im Sinne des Satzes 4 gehören

a) Wohlfahrtspflegeeinrichtungen im Sinne des § 66 AO,

b) Zweckbetriebe im Sinne des § 68 AO, soweit diese auch die Voraussetzungen des § 66 AO erfüllen,

c) Zweckbetriebe im Sinne des § 67 AO sowie

d) ideelle Tätigkeiten, für die die Voraussetzungen des § 66 AO vorlägen, wenn sie entgeltlich ausgeführt würden.

3. Die Tätigkeit muss auf die Sorge für notleidende oder gefährdete Menschen gerichtet sein. Notleidend bzw. gefährdet sind Menschen, die eine oder beide der in § 53 Nr. 1 und 2 AO genannten Voraussetzungen erfüllen. Auf die Vertragsbeziehung, die der Leistungserbringung zu Grunde liegt, kommt es nicht an. Entscheidend ist, dass die Einrichtung der Wohlfahrtspflege zumindest faktisch unmittelbar gegenüber den in § 53 AO genannten Personen tätig wird. Bei Leistungen, die faktisch nicht gegenüber den in § 53 AO genannten Personen erbracht werden, fehlt es an der Unmittelbarkeit (BFH-Urteil vom 6.2.2013, I R 59/11, BStBl II S. 603).

Es ist auch nicht erforderlich, dass die gesamte Tätigkeit auf die Förderung notleidender bzw. gefährdeter Menschen gerichtet ist. Es genügt, wenn zwei Drittel der Leistungen einer Einrichtung notleidenden bzw. gefährdeten Menschen zugute kommen. Auf das Zahlenverhältnis von gefährdeten bzw. notleidenden und übrigen geförderten Menschen kommt es nicht an.

Werden neben Leistungen an die in § 53 AO genannten Personen noch andere Leistungen für einen Dritten erbracht, sind diese Leistungen, soweit sie nicht zur Organisation des eigentlichen Zweckbetriebes gehören, nicht dem Zweckbetrieb nach § 66 AO zuzurechnen. Wird also z. B. durch eine Körperschaft Personal zur Erfüllung der steuerbegünstigten Zwecke für einen Vertragspartner im Rahmen einer Pflegeeinrichtung zur Verfügung gestellt, so sind die bereitgestellten Pflegekräfte dem Zweckbetrieb nach § 66 AO zuzuordnen. Erbringt das bereitgestellte Personal z. B. nur Verwaltungsleistungen, sind diese Leistungen nicht dem Zweckbetrieb nach § 66 AO zuzuordnen.

4. Eine Einrichtung der Wohlfahrtspflege liegt regelmäßig vor bei häuslichen Pflegeleistungen durch eine steuerbegünstigte Körperschaft i. R. d. SGB VII, SGB XI, SGB XII oder BVG.

5. Die Belieferung von Studentinnen und Studenten mit Speisen und Getränken in Mensa- und Cafeteria-Betrieben von Studentenwerken ist als Zweckbetrieb zu beurteilen. Der Verkauf von alkoholischen Getränken, Tabakwaren und sonstigen Handelswaren darf jedoch nicht mehr als 5 % des Gesamtumsatzes ausmachen. Auch bei anderen steuerbegünstigten Körperschaften kann entsprechend der Beurteilung bei den Studentenwerken der Betrieb einer Cafeteria für Studierende auf dem Campus ein Zweckbetrieb der Wohlfahrtspflege sein. Entsprechendes gilt für die Grundversorgung mit Speisen und Getränken von Schülerinnen und Schülern an Schulen bzw. Kindern in einer Kindertagesstätte.

6. Die bloße Beförderung von Personen, für die der Arzt eine Krankenfahrt (Beförderung in Pkws, Taxen oder Mietwagen) verordnet hat, erfüllt nicht die Kriterien nach § 66 Abs. 2 AO.

7. Werden die Leistungen unter gleichen Bedingungen sowohl gegenüber hilfebedürftigen als auch nicht hilfebedürftigen Personen erbracht, ist ein einheitlicher wirtschaftlicher Geschäftsbetrieb „Einrichtung der Wohlfahrtspflege“ anzunehmen. Dieser ist als Zweckbetrieb zu behandeln, wenn die Zweidrittelgrenze des § 66 AO erfüllt wird. Die Einhaltung dieser Tatbestandsvoraussetzung ist nachzuweisen. Bei Kleiderkammern, Suppenküchen, Obdachlosenasylen und den sogenannten Tafeln kann auf den Nachweis der Zweidrittelgrenze verzichtet werden, wenn ein Bescheid nach § 53 Nr. 2 Satz 8 AO vorliegt.

8. Gesellige Veranstaltungen sind als steuerpflichtige wirtschaftliche Geschäftsbetriebe zu behandeln. Veranstaltungen, bei denen zwar auch die Geselligkeit gepflegt wird, die aber in erster Linie zur Betreuung behinderter Personen durchgeführt werden, können unter den Voraussetzungen der §§ 65 und 66 AO Zweckbetrieb sein.

9. Der Einzelverkauf gesammelter Kleidungsstücke in einer Kleiderkammer oder einer ähnlichen Einrichtung kann ein Zweckbetrieb i. S. d. § 66 AO sein. Dies setzt voraus, dass mindestens zwei Drittel der Leistungen der Einrichtung hilfebedürftigen Personen i. S. d. § 53 AO zugutekommen.

§ 67 Krankenhäuser (S 0186)

(1) Ein Krankenhaus, das in den Anwendungsbereich des Krankenhausentgeltgesetzes oder der Bundespflegesatzverordnung fällt, ist ein Zweckbetrieb, wenn mindestens 40 Prozent der jährlichen Belegungstage oder Berechnungstage auf Patienten entfallen, bei denen nur Entgelte für allgemeine Krankenhausleistungen (§ 7 des Krankenhausentgeltgesetzes, § 10 der Bundespflegesatzverordnung) berechnet werden.

(2) Ein Krankenhaus, das nicht in den Anwendungsbereich des Krankenhausentgeltgesetzes oder der Bundespflegesatzverordnung fällt, ist ein Zweckbetrieb, wenn mindestens 40 Prozent der jährlichen Belegungstage oder Berechnungstage auf Patienten entfallen, bei denen für die Krankenhausleistungen kein höheres Entgelt als nach Absatz 1 berechnet wird.

AEAO zu § 67 - Krankenhäuser:

Nach § 2 Nr. 1 KHG sind Krankenhäuser Einrichtungen, in denen durch ärztliche und pflegerische Hilfeleistung Krankheiten, Leiden oder Körperschäden festgestellt, geheilt oder gelindert werden sollen oder Geburtshilfe geleistet wird und in denen die zu versorgenden Personen untergebracht und verpflegt werden können. Krankenhausleistungen sind Leistungen, die unter Berücksichtigung der Leistungsfähigkeit des Krankenhauses im Einzelfall nach Art und Schwere der Krankheit für die medizinisch zweckmäßige und ausreichende Versorgung der Patienten notwendig sind. Es handelt sich u. a. um

- ärztliche und pflegerische Behandlung oder
- Versorgung mit Arznei-, Heil- und Hilfsmitteln, die für die Versorgung im Krankenhaus notwendig sind, oder
- Unterkunft und Verpflegung.

Zu dem Zweckbetrieb Krankenhaus gehören damit alle Einnahmen und Ausgaben, die mit den ärztlichen und pflegerischen Leistungen an die Patienten als Benutzer des jeweiligen Krankenhauses zusammenhängen (BFH-Urteil vom 6.4.2005, I R 85/04, BStBl II S. 545). Darunter fallen auch die an ambulant behandelte Patienten erbrachten Leistungen, soweit diese Bestandteil des Versorgungsauftrages des Krankenhauses sind. Gleiches gilt für typischerweise von einem Krankenhaus gegenüber seinen Patienten erbrachte Leistungen, soweit das Krankenhaus zur Sicherstellung seines Versorgungsauftrages von Gesetzes wegen zu diesen Leistungen befugt ist und der Sozialversicherungsträger die insoweit entstehenden Kosten trägt (BFH-Urteile vom 31.7.2013, I R 82/12, BStBl 2015 II S. 123; vom 18.10.2017, V R 46/16, BStBl 2018 II S. 672 und vom 6.6.2019, V R 39/17, BStBl II S. 651). Der Versorgungsauftrag eines Krankenhauses (§ 8 Abs. 1 Satz 4 Krankenhausentgeltgesetz) regelt, welche Leistungen ein Krankenhaus, unabhängig von der Art der Krankenversicherungsträger, erbringen darf. Für die gemeinnützigkeitsrechtliche Beurteilung folgt daraus, dass für Leistungen, die außerhalb des Versorgungsauftrages erbracht werden, eine Zuordnung zum Zweckbetrieb Krankenhaus ausscheidet.

Für die Zurechnung der Behandlungsleistungen zum Zweckbetrieb Krankenhaus ist es unbeachtlich, wenn die Behandlungen von Patienten des Krankenhauses durch einen ermächtigten Arzt als Dienstaufgabe innerhalb einer nichtselbstständigen Tätigkeit (Einkünfte nach § 19 EStG) erbracht werden. Leistungen, die von einem Krankenhaus an dort selbstständig tätige Ärzte erbracht werden, sind grundsätzlich dem steuerpflichtigen wirtschaftlichen Geschäftsbetrieb des Krankenhauses zuzuordnen. Abweichend davon ist die Abgabe von Zytostatika dem Zweckbetrieb zuzuordnen, wenn sie an einen nach § 116 SGB V ermächtigten selbstständig tätigen Arzt zur unmittelbaren Verabreichung bei der ambulanten Behandlung im Krankenhaus erfolgt (BFH-Urteil vom 6.6.2019, V R 39/17, BStBl II S. 651).

Für die Beurteilung eines Krankenhauses als Zweckbetrieb ist allein § 67 AO maßgebend. Es müssen nicht zusätzlich die Voraussetzungen des § 66 AO erfüllt sein.

§ 67a Sportliche Veranstaltungen (S 0186-a)

(1) [1]Sportliche Veranstaltungen eines Sportvereins sind ein Zweckbetrieb, wenn die Einnahmen einschließlich Umsatzsteuer insgesamt 45 000 Euro im Jahr nicht übersteigen. [2]Der Verkauf von Speisen und Getränken sowie die Werbung gehören nicht zu den sportlichen Veranstaltungen.

(2) [1]Der Sportverein kann dem Finanzamt bis zur Unanfechtbarkeit des Körperschaftsteuerbescheids erklären, dass er auf die Anwendung des Absatzes 1 Satz 1 verzichtet. [2]Die Erklärung bindet den Sportverein für mindestens fünf Veranlagungszeiträume.

(3) [1]Wird auf die Anwendung des Absatzes 1 Satz 1 verzichtet, sind sportliche Veranstaltungen eines Sportvereins ein Zweckbetrieb, wenn

1. kein Sportler des Vereins teilnimmt, der für seine sportliche Betätigung oder für die Benutzung seiner Person, seines Namens, seines Bildes oder seiner sportlichen Betätigung zu Werbezwecken von dem Verein oder einem Dritten über eine Aufwandsentschädigung hinaus Vergütungen oder andere Vorteile erhält und

2. kein anderer Sportler teilnimmt, der für die Teilnahme an der Veranstaltung von dem Verein oder einem Dritten im Zusammenwirken mit dem Verein über eine Aufwandsentschädigung hinaus Vergütungen oder andere Vorteile erhält.

[2]Andere sportliche Veranstaltungen sind ein steuerpflichtiger wirtschaftlicher Geschäftsbetrieb. [3]Dieser schließt die Steuervergünstigung nicht aus, wenn die Vergütungen oder andere Vorteile ausschließlich aus wirtschaftlichen Geschäftsbetrieben, die nicht Zweckbetriebe sind, oder von Dritten geleistet werden.

(4)[1]Organisatorische Leistungen eines Sportdachverbandes zur Durchführung von sportlichen Veranstaltungen sind ein Zweckbetrieb, wenn an der sportlichen Veranstaltung überwiegend Sportler teilnehmen, die keine Lizenzsportler sind. [2]Alle sportlichen Veranstaltungen einer Saison einer Liga gelten als eine sportliche Veranstaltung im Sinne des Satzes 1. [3]Absatz 1 Satz 2 gilt entsprechend.

AEAO zu § 67a - Sportliche Veranstaltungen:

Allgemeines

1. Sportliche Veranstaltungen eines Sportvereins sind grundsätzlich ein Zweckbetrieb, wenn die Einnahmen einschließlich der Umsatzsteuer aus allen sportlichen Veranstaltungen des Vereins die Zweckbetriebsgrenze von 45.000 € im Jahr nicht übersteigen (§ 67a Abs. 1 Satz 1 AO). Übersteigen die Einnahmen die Zweckbetriebsgrenze von 45.000 €, liegt grundsätzlich ein steuerpflichtiger wirtschaftlicher Geschäftsbetrieb vor.

Der Verein kann auf die Anwendung der Zweckbetriebsgrenze verzichten (§ 67a Abs. 2 AO). Die steuerliche Behandlung seiner sportlichen Veranstaltungen richtet sich dann nach § 67a Abs. 3 AO.

2. Unter Sportvereinen I. S. d. Vorschrift sind alle gemeinnützigen Körperschaften zu verstehen, bei denen die Förderung des Sports (§ 52 Abs. 2 Satz 1 Nr. 21 AO) Satzungszweck ist; die tatsächliche Geschäftsführung muss diesem Satzungszweck entsprechen (§ 59 AO). § 67a AO gilt also z. B. auch für Sportverbände. Sie gilt auch für Sportvereine, die Fußballveranstaltungen unter Einsatz ihrer Lizenzspieler nach der „Lizenzordnung Spieler“ der Organisation "Die Liga-Fußballverband e.V. - Ligaverband" durchführen.

3. Als sportliche Veranstaltung ist die organisatorische Maßnahme eines Sportvereins anzusehen, die es aktiven Sportlern (die nicht Mitglieder des Vereins zu sein brauchen) ermöglicht, Sport zu treiben (BFH-Urteil vom 25.7.1996, V R 7/95, BStBl 1997 II S. 154). Eine sportliche Veranstaltung liegt auch dann vor, wenn ein Sportverein in Erfüllung seiner Satzungszwecke im Rahmen einer Veranstaltung einer anderen Person oder Körperschaft eine sportliche Darbietung erbringt. Die Veranstaltung, bei der die sportliche Darbietung präsentiert wird, braucht keine steuerbegünstigte Veranstaltung zu sein (BFH-Urteil vom 4.5.1994, XI R 109/90, BStBl II S. 886).

4. Sportreisen sind als sportliche Veranstaltungen anzusehen, wenn die sportliche Betätigung wesentlicher und notwendiger Bestandteil der Reise ist (z. B. Reise zum Wettkampfort). Reisen, bei denen die Erholung der Teilnehmer im Vordergrund steht (Touristikreisen), zählen dagegen nicht zu den sportlichen Veranstaltungen, selbst wenn anlässlich der Reise auch Sport getrieben wird.

5. Die Ausbildung und Fortbildung in sportlichen Fertigkeiten gehört zu den typischen und wesentlichen Tätigkeiten eines Sportvereins. Sportkurse und Sportlehrgänge für Mitglieder und Nichtmitglieder von Sportvereinen (Sportunterricht) sind daher als „sportliche Veranstaltungen“ zu beurteilen. Es ist unschädlich für die Zweckbetriebseigenschaft, dass der Verein mit dem Sportunterricht in Konkurrenz zu gewerblichen Sportlehrern (z. B. Reitlehrer, Skilehrer, Tennislehrer, Schwimmlehrer) tritt, weil § 67a AO als die speziellere Vorschrift dem § 65 AO vorgeht. Die Beurteilung des Sportunterrichts als sportliche Veranstaltung hängt nicht davon ab, ob der Unterricht durch Beiträge, Sonderbeiträge oder Sonderentgelte abgegolten wird.

6. Der Verkauf von Speisen und Getränken - auch an Wettkampfteilnehmer, Schiedsrichter, Kampfrichter, Sanitäter usw. - und die Werbung gehören nicht zu den sportlichen Veranstaltungen. Diese Tätigkeiten sind gesonderte steuerpflichtige wirtschaftliche Geschäftsbetriebe. Nach § 64 Abs. 2 AO ist es jedoch möglich, Überschüsse aus diesen Betrieben mit Verlusten aus sportlichen Veranstaltungen, die steuerpflichtige wirtschaftliche Geschäftsbetriebe sind, zu verrechnen.

7. Wird für den Besuch einer sportlichen Veranstaltung, die Zweckbetrieb ist, mit Bewirtung ein einheitlicher Eintrittspreis bezahlt, so ist dieser - ggf. im Wege

der Schätzung - in einen Entgeltsanteil für den Besuch der sportlichen Veranstaltung und in einen Entgeltsanteil für die Bewirtungsleistungen aufzuteilen.

8. Zur Zulässigkeit einer pauschalen Gewinnermittlung beim steuerpflichtigen wirtschaftlichen Geschäftsbetrieb „Werbung“ wird auf Nrn. 34 bis 39 des AEAO zu § 64 hingewiesen.

9. Die entgeltliche Übertragung des Rechts zur Nutzung von Werbeflächen in vereinseigenen oder gemieteten Sportstätten (z. B. an der Bande) sowie von Lautsprecheranlagen an Werbeunternehmer ist als steuerfreie Vermögensverwaltung (§ 14 Satz 3 AO) zu beurteilen. Voraussetzung ist jedoch, dass dem Pächter (Werbeunternehmer) ein angemessener Gewinn verbleibt. Es ist ohne Bedeutung, ob die sportlichen Veranstaltungen, bei denen der Werbeunternehmer das erworbene Recht nutzt, Zweckbetrieb oder wirtschaftlicher Geschäftsbetrieb sind.

   Die entgeltliche Übertragung des Rechts zur Nutzung von Werbeflächen auf der Sportkleidung (z. B. auf Trikots, Sportschuhen, Helmen) und auf Sportgeräten ist stets als steuerpflichtiger wirtschaftlicher Geschäftsbetrieb zu behandeln.

10. Die Unterhaltung von Club-Häusern, Kantinen, Vereinsheimen oder Vereinsgaststätten ist keine „sportliche Veranstaltung“, auch wenn diese Einrichtungen ihr Angebot nur an Mitglieder richten.

11. Bei Vermietung von Sportstätten einschließlich der Betriebsvorrichtungen für sportliche Zwecke ist zwischen der Vermietung auf längere Dauer und der Vermietung auf kurze Dauer (z. B. stundenweise Vermietung, auch wenn die Stunden für einen längeren Zeitraum im Voraus festgelegt werden) zu unterscheiden. Zur Vermietung öffentlicher Schwimmbäder an Schwimmvereine und zur Nutzung durch Schulen für den Schwimmunterricht siehe Nr. 13 des AEAO zu § 67a.

12. Die Vermietung auf längere Dauer ist dem Bereich der steuerfreien Vermögensverwaltung zuzuordnen, so dass sich die Frage der Behandlung als "sportliche Veranstaltung" I. S. d. § 67a AO dort nicht stellt.

   Die Vermietung von Sportstätten und Betriebsvorrichtungen auf kurze Dauer schafft lediglich die Voraussetzungen für sportliche Veranstaltungen. Sie ist jedoch selbst keine "sportliche Veranstaltung", sondern ein wirtschaftlicher Geschäftsbetrieb eigener Art. Dieser ist als Zweckbetrieb I. S. d. § 65 AO anzusehen, wenn es sich bei den Mietern um Mitglieder des Vereins handelt. Bei der Vermietung auf kurze Dauer an Nichtmitglieder tritt der Verein dagegen in größerem Umfang in Wettbewerb zu nicht begünstigten Vermietern, als es bei Erfüllung seiner steuerbegünstigten Zwecke unvermeidbar ist (§ 65 Nr. 3 AO). Diese Art der Vermietung ist deshalb als steuerpflichtiger wirtschaftlicher Geschäftsbetrieb zu behandeln.

   Indizien für eine Mitgliedschaft, die lediglich darauf gerichtet ist die Nutzung der Sportstätten und Betriebsvorrichtungen eines Vereins zu ermöglichen, sind:

- die Zeit der Mitgliedschaft,
- die Höhe der Beiträge, die die Mitglieder zu entrichten haben, oder auch
- zivilrechtlich eingeschränkte Rechte der Mitglieder.

Für die Zuordnung der entgeltlichen Überlassung der Sportstätten und Betriebsvorrichtungen an ein Gastmitglied zum Zweckbetrieb ist es daher nicht zu beanstanden, wenn die Gastmitgliedschaft wie eine Vollmitgliedschaft ausgestaltet ist und diese nicht nur für einen kurzen Zeitraum eingegangen wird.

Dagegen ist die entgeltliche Überlassung der Sportstätten und Betriebsvorrichtungen an ein Gastmitglied dem steuerpflichtigen wirtschaftlichen Geschäftsbetrieb zuzuordnen, wenn das Gastmitglied per Satzung nur eingeschränkte Rechte eingeräumt bekommt oder die Mitgliedschaft lediglich für einen kurzen Zeitraum (weniger als sechs Monate) eingegangen wird.

13. Durch den Betrieb eines öffentlichen Schwimmbads werden gemeinnützige Zwecke (öffentliche Gesundheitspflege und Sport) unabhängig davon gefördert, ob das Schwimmbad von einem Verein oder von einer juristischen Person des öffentlichen Rechts als Betrieb gewerblicher Art unterhalten wird.

Die verschiedenen Tätigkeiten eines gemeinnützigen Schwimmvereins sind wie folgt zu beurteilen:

a) Schulschwimmen

Die Vermietung des Schwimmbads auf längere Dauer an die Träger der Schulen ist als Vermögensverwaltung anzusehen. Eine Vermietung auf längere Dauer ist in Anlehnung an Abschnitt 4.12.3 Absatz 2 UStAE bei stundenweiser Nutzungsmöglichkeit des Schwimmbads durch die Schulen anzunehmen, wenn die Nutzung mehr als ein Schulhalbjahr (mindestens sechs Monate) erfolgt. Unselbständige Nebenleistungen des Vereins, wie Reinigung des Schwimmbads, gehören mit zur Vermögensverwaltung.

b) Vereinsschwimmen

Das Vereinsschwimmen und die Durchführung von Schwimmkursen sind nach Maßgabe des § 67a AO Zweckbetriebe (sportliche Veranstaltungen). Dabei ist es ohne Bedeutung, ob die Teilnehmer an den Schwimmkursen Mitglieder des Vereins oder Vereinsfremde sind.

c) Jedermannschwimmen

Das Jedermannschwimmen ist insgesamt als Zweckbetrieb I. S. d. § 65 AO anzusehen, wenn die nicht unmittelbar dem Schwimmen dienenden Angebote (z. B. Sauna, Solarium) von untergeordneter Bedeutung sind. Schwimmbäder, die danach als Zweckbetriebe begünstigt sind, stehen in keinem schädlichen Wettbewerb zu steuerpflichtigen Schwimmbädern (§ 65 Nr. 3 AO), weil sie I. d. R. anders strukturiert sind (so genannte Spaßbäder) und sich ihre Angebote erheblich von dem im Wesentlichen auf das Schwimmen begrenzten Angebot der Vereinsschwimmbäder unterscheiden.

14. Werden im Zusammenhang mit der Vermietung von Sportstätten und Betriebsvorrichtungen auch bewegliche Gegenstände, z. B. Tennisschläger oder Golfschläger überlassen, stellt die entgeltliche Überlassung dieser Gegenstände ein Hilfsgeschäft dar, das das steuerliche Schicksal der Hauptleistung teilt (BFH-Urteil vom 30.3.2000, V R 30/99, BStBl II S. 705). Bei der alleinigen Überlassung von Sportgeräten, z. B. eines Flugzeugs, bestimmt sich die Zweckbetriebseigenschaft danach, ob die Sportgeräte Mitgliedern oder Nichtmitgliedern des Vereins überlassen werden.

15. § 3 Nr. 26 EStG gilt nicht für Einnahmen, die ein nebenberuflicher Übungsleiter etc. für eine Tätigkeit in einem steuerpflichtigen wirtschaftlichen Geschäftsbetrieb „sportliche Veranstaltungen" erhält.

16. Werden sportliche Veranstaltungen, die im vorangegangenen Veranlagungszeitraum Zweckbetrieb waren, zu einem steuerpflichtigen wirtschaftlichen Geschäftsbetrieb oder umgekehrt, ist grundsätzlich § 13 Abs. 5 KStG anzuwenden.

Zu § 67a Abs. 1 AO:

17. Bei der Anwendung der Zweckbetriebsgrenze von 45.000 € sind alle Einnahmen der Veranstaltungen zusammenzurechnen, die in dem maßgeblichen Jahr nach den Regelungen der Nrn. 1 bis 15 des AEAO zu § 67a als sportliche Veranstaltungen anzusehen sind. Zu diesen Einnahmen gehören insbesondere Eintrittsgelder, Startgelder, Zahlungen für die Übertragung sportlicher Veranstaltungen in Rundfunk und Fernsehen, Lehrgangsgebühren und Ablösezahlungen. Zum allgemeinen Einnahmebegriff wird auf die Nrn. 18 und 19 des AEAO zu § 64 hingewiesen.

18. Die Bezahlung von Sportlern in einem Zweckbetrieb I. S. d. § 67a Abs. 1 Satz 1 AO ist zulässig (§ 58 Nr. 8 AO). Dabei ist die Herkunft der Mittel, mit denen die Sportler bezahlt werden, ohne Bedeutung.

19. Die Zahlung von Ablösesummen ist in einem Zweckbetrieb I. S. d. § 67a Abs. 1 Satz 1 AO uneingeschränkt zulässig.

20. Bei Spielgemeinschaften von Sportvereinen ist - unabhängig von der Qualifizierung der Einkünfte im Feststellungsbescheid für die Gemeinschaft - bei der Körperschaftsteuerveranlagung der beteiligten Sportvereine zu entscheiden, ob ein Zweckbetrieb oder ein steuerpflichtiger wirtschaftlicher Geschäftsbetrieb gegeben ist. Dabei ist für die Beurteilung der Frage, ob die Zweckbetriebsgrenze des § 67a Abs. 1 Satz 1 AO überschritten wird, die Höhe der anteiligen Einnahmen (nicht des anteiligen Gewinns) maßgeblich.

Zu § 67a Abs. 2 AO:

21. Ein Verzicht auf die Anwendung des § 67a Abs. 1 Satz 1 AO ist auch dann möglich, wenn die Einnahmen aus den sportlichen Veranstaltungen die Zweckbetriebsgrenze von 45.000 € nicht übersteigen.

22. Die Option nach § 67a Abs. 2 AO kann bis zur Unanfechtbarkeit des Körperschaftsteuerbescheids widerrufen werden. Die Regelungen in Abschnitt 19.2 Abs. 2 und 6 UStAE sind entsprechend anzuwenden. Der Widerruf ist - auch

nach Ablauf der Bindungsfrist - nur mit Wirkung ab dem Beginn eines Kalender- oder Wirtschaftsjahres zulässig.

Zu § 67a Abs. 3 AO

23. Verzichtet ein Sportverein gem. § 67a Abs. 2 AO auf die Anwendung der Zweckbetriebsgrenze (§ 67a Abs. 1 Satz 1 AO), sind sportliche Veranstaltungen ein Zweckbetrieb, wenn an ihnen kein bezahlter Sportler des Vereins teilnimmt und der Verein keinen vereinsfremden Sportler selbst oder im Zusammenwirken mit einem Dritten bezahlt. Auf die Höhe der Einnahmen oder Überschüsse dieser sportlichen Veranstaltungen kommt es bei Anwendung des § 67a Abs. 3 AO nicht an. Sportliche Veranstaltungen, an denen ein oder mehrere Sportler teilnehmen, die nach § 67a Abs. 3 Satz 1 Nr. 1 oder 2 AO als bezahlte Sportler anzusehen sind, sind steuerpflichtige wirtschaftliche Geschäftsbetriebe. Es kommt nach dem Gesetz nicht darauf an, ob ein Verein eine Veranstaltung von vornherein als steuerpflichtigen wirtschaftlichen Geschäftsbetrieb angesehen oder ob er - aus welchen Gründen auch immer - zunächst irrtümlich einen Zweckbetrieb angenommen hat.

24. Unter Veranstaltungen I. S. d. § 67a Abs. 3 AO sind bei allen Sportarten grundsätzlich die einzelnen Wettbewerbe zu verstehen, die in engem zeitlichen und örtlichen Zusammenhang durchgeführt werden. Bei einer Mannschaftssportart ist also nicht die gesamte Meisterschaftsrunde, sondern jedes einzelne Meisterschaftsspiel die zu beurteilende sportliche Veranstaltung. Bei einem Turnier hängt es von der Gestaltung im Einzelfall ab, ob das gesamte Turnier oder jedes einzelne Spiel als eine sportliche Veranstaltung anzusehen ist. Dabei ist von wesentlicher Bedeutung, ob für jedes Spiel gesondert Eintritt erhoben wird und ob die Einnahmen und Ausgaben für jedes Spiel gesondert ermittelt werden.

25. Sportkurse und Sportlehrgänge für Mitglieder und Nichtmitglieder von Sportvereinen sind bei Anwendung des § 67a Abs. 3 AO als Zweckbetrieb zu behandeln, wenn kein Sportler als Auszubildender teilnimmt, der wegen seiner Betätigung in dieser Sportart als bezahlter Sportler I. S. d. § 67a Abs. 3 AO anzusehen ist. Die Bezahlung von Ausbildern berührt die Zweckbetriebseigenschaft nicht.

26. Ist ein Sportler in einem Kalenderjahr als bezahlter Sportler anzusehen, sind alle in dem Kalenderjahr durchgeführten sportlichen Veranstaltungen des Vereins, an denen der Sportler teilnimmt, ein steuerpflichtiger wirtschaftlicher Geschäftsbetrieb. Bei einem vom Kalenderjahr abweichenden Wirtschaftsjahr ist das abweichende Wirtschaftsjahr zugrunde zu legen. Es kommt nicht darauf an, ob der Sportler die Merkmale des bezahlten Sportlers erst nach Beendigung der sportlichen Veranstaltung erfüllt. Die Teilnahme unbezahlter Sportler an einer Veranstaltung, an der auch bezahlte Sportler teilnehmen, hat keinen Einfluss auf die Behandlung der Veranstaltung als steuerpflichtiger wirtschaftlicher Geschäftsbetrieb.

27. Die Vergütungen oder anderen Vorteile müssen in vollem Umfang aus steuerpflichtigen wirtschaftlichen Geschäftsbetrieben oder von Dritten geleistet werden (§ 67a Abs. 3 Satz 3 AO). Eine Aufteilung der Vergütungen ist nicht

zulässig. Es ist also z. B. steuerlich nicht zulässig, Vergütungen an bezahlte Sportler bis zu 520 € im Monat als Ausgaben des steuerbegünstigten Bereichs und nur die 520 € übersteigenden Vergütungen als Ausgaben des steuerpflichtigen wirtschaftlichen Geschäftsbetriebs „sportliche Veranstaltungen" zu behandeln.

28. Auch die anderen Kosten müssen aus dem steuerpflichtigen wirtschaftlichen Geschäftsbetrieb „sportliche Veranstaltungen", anderen steuerpflichtigen wirtschaftlichen Geschäftsbetrieben oder von Dritten geleistet werden. Dies gilt auch dann, wenn an der Veranstaltung neben bezahlten Sportlern auch unbezahlte Sportler teilnehmen. Die Kosten eines steuerpflichtigen wirtschaftlichen Geschäftsbetriebs „sportliche Veranstaltungen" sind also nicht danach aufzuteilen, ob sie auf bezahlte oder auf unbezahlte Sportler entfallen. Etwaiger Aufwandsersatz an unbezahlte Sportler für die Teilnahme an einer Veranstaltung mit bezahlten Sportlern ist als eine Ausgabe dieser Veranstaltung zu behandeln. Aus Vereinfachungsgründen ist es aber nicht zu beanstanden, wenn die Aufwandspauschale (vgl. Nr. 32 des AEAO zu § 67a) an unbezahlte Sportler nicht als Betriebsausgabe des steuerpflichtigen wirtschaftlichen Geschäftsbetriebs behandelt, sondern aus Mitteln des ideellen Bereichs abgedeckt wird.

29. Trainingskosten (z. B. Vergütungen an Trainer), die sowohl unbezahlte als auch bezahlte Sportler betreffen, sind nach den im Einzelfall gegebenen Abgrenzungsmöglichkeiten aufzuteilen. Als solche kommen beispielsweise in Betracht der jeweilige Zeitaufwand oder - bei gleichzeitigem Training unbezahlter und bezahlter Sportler - die Zahl der trainierten Sportler oder Mannschaften. Soweit eine Abgrenzung anders nicht möglich ist, sind die auf das Training unbezahlter und bezahlter Sportler entfallenden Kosten im Wege der Schätzung zu ermitteln.

30. Werden bezahlte und unbezahlte Sportler einer Mannschaft gleichzeitig für eine Veranstaltung trainiert, die als steuerpflichtiger wirtschaftlicher Geschäftsbetrieb zu beurteilen ist, sind die gesamten Trainingskosten dafür Ausgaben des steuerpflichtigen wirtschaftlichen Geschäftsbetriebs. Die Vereinfachungsregelung in Nr. 28 letzter Satz des AEAO zu § 67a gilt entsprechend.

31. Sportler des Vereins I. S. d. § 67a Abs. 3 Satz 1 Nr. 1 AO sind nicht nur die (aktiven) Mitglieder des Vereins, sondern alle Sportler, die für den Verein auftreten, z. B. in einer Mannschaft des Vereins mitwirken. Für Verbände gilt Nr. 38 des AEAO zu § 67a.

32. Zahlungen an einen Sportler des Vereins bis zu insgesamt 520 € je Monat im Jahresdurchschnitt sind für die Beurteilung der Zweckbetriebseigenschaft der sportlichen Veranstaltungen - nicht aber bei der Besteuerung des Sportlers - ohne Einzelnachweis als Aufwandsentschädigung anzusehen. Werden höhere Aufwendungen erstattet, sind die gesamten Aufwendungen im Einzelnen nachzuweisen. Dabei muss es sich um Aufwendungen persönlicher oder sachlicher Art handeln, die dem Grunde nach Werbungskosten oder Betriebsausgaben sein können.

Die Regelung gilt für alle Sportarten.

33. Die Regelung über die Unschädlichkeit pauschaler Aufwandsentschädigungen bis zu 520 € je Monat im Jahresdurchschnitt gilt nur für Sportler des Vereins, nicht aber für Zahlungen an andere Sportler. Einem anderen Sportler, der in einem Jahr nur an einer Veranstaltung des Vereins teilnimmt, kann also nicht ein Betrag bis zu 6.240 € als pauschaler Aufwandsersatz dafür gezahlt werden. Vielmehr führt in den Fällen des § 67a Abs. 3 Satz 1 Nr. 2 AO jede Zahlung an einen Sportler, die über eine Erstattung des tatsächlichen Aufwands hinausgeht, zum Verlust der Zweckbetriebseigenschaft der Veranstaltung.

34. Zuwendungen der Stiftung Deutsche Sporthilfe, Frankfurt, und vergleichbarer Einrichtungen der Sporthilfe an Spitzensportler sind I. d. R. als Ersatz von besonderen Aufwendungen der Spitzensportler für ihren Sport anzusehen. Sie sind deshalb nicht auf die zulässige Aufwandspauschale von 520 € je Monat im Jahresdurchschnitt anzurechnen. Weisen Sportler die tatsächlichen Aufwendungen nach, so muss sich der Nachweis auch auf die Aufwendungen erstrecken, die den Zuwendungen der Stiftung Deutsche Sporthilfe und vergleichbarer Einrichtungen gegenüber stehen.

35. Bei der Beurteilung der Zweckbetriebseigenschaft einer Sportveranstaltung nach § 67a Abs. 3 AO ist nicht zu unterscheiden, ob Vergütungen oder andere Vorteile an einen Sportler für die Teilnahme an sich oder für die erfolgreiche Teilnahme gewährt werden. Entscheidend ist, dass der Sportler aufgrund seiner Teilnahme Vorteile hat, die er ohne seine Teilnahme nicht erhalten hätte. Auch die Zahlung eines Preisgeldes, das über eine Aufwandsentschädigung hinausgeht, begründet demnach einen steuerpflichtigen wirtschaftlichen Geschäftsbetrieb.

36. Bei einem so genannten Spielertrainer ist zu unterscheiden, ob er für die Trainertätigkeit oder für die Ausübung des Sports Vergütungen erhält. Wird er nur für die Trainertätigkeit bezahlt oder erhält er für die Tätigkeit als Spieler nicht mehr als den Ersatz seiner Aufwendungen (vgl. Nr. 32 des AEAO zu § 67a), ist seine Teilnahme an sportlichen Veranstaltungen unschädlich für die Zweckbetriebseigenschaft.

37. Unbezahlte Sportler werden wegen der Teilnahme an Veranstaltungen mit bezahlten Sportlern nicht selbst zu bezahlten Sportlern. Die Ausbildung dieser Sportler gehört nach wie vor zu der steuerbegünstigten Tätigkeit eines Sportvereins, es sei denn, sie werden zusammen mit bezahlten Sportlern für eine Veranstaltung trainiert, die ein steuerpflichtiger wirtschaftlicher Geschäftsbetrieb ist (vgl. Nr. 30 des AEAO zu § 67a).

38. Sportler, die einem bestimmten Sportverein angehören und die nicht selbst unmittelbar Mitglieder eines Sportverbandes sind, werden bei der Beurteilung der Zweckbetriebseigenschaft von Veranstaltungen des Verbandes als andere Sportler I. S. d. § 67a Abs. 3 Satz 1 Nr. 2 AO angesehen. Zahlungen der Vereine an Sportler im Zusammenhang mit sportlichen Veranstaltungen der Verbände (z. B. Länderwettkämpfe) sind in diesen Fällen als „Zahlungen von Dritten im Zusammenwirken mit dem Verein" (hier: Verband) zu behandeln.

39. Ablösezahlungen, die einem steuerbegünstigten Sportverein für die Freigabe von Sportlern zufließen, beeinträchtigen seine Gemeinnützigkeit nicht. Die erhaltenen Beträge zählen zu den Einnahmen aus dem steuerpflichtigen wirtschaftlichen Geschäftsbetrieb „sportliche Veranstaltungen", wenn der den Verein wechselnde Sportler in den letzten zwölf Monaten vor seiner Freigabe bezahlter Sportler I. S. d. § 67a Abs. 3 Satz 1 Nr. 1 AO war. Ansonsten gehören sie zu den Einnahmen aus dem Zweckbetrieb „sportliche Veranstaltungen"

40. Zahlungen eines steuerbegünstigten Sportvereins an einen anderen (abgebenden) Verein für die Übernahme eines Sportlers sind unschädlich für die Gemeinnützigkeit des zahlenden Vereins, wenn sie aus steuerpflichtigen wirtschaftlichen Geschäftsbetrieben für die Übernahme eines Sportlers gezahlt werden, der beim aufnehmenden Verein in den ersten zwölf Monaten nach dem Vereinswechsel als bezahlter Sportler I. S. d. § 67a Abs. 3 Satz 1 Nr. 1 AO anzusehen ist. Zahlungen für einen Sportler, der beim aufnehmenden Verein nicht als bezahlter Sportler anzusehen ist, sind bei Anwendung des § 67a Abs. 3 AO nur dann unschädlich für die Gemeinnützigkeit des zahlenden Vereins, wenn lediglich die Ausbildungskosten für den den Verein wechselnden Sportler erstattet werden. Eine derartige Kostenerstattung kann bei Zahlungen bis zur Höhe von 2.557 € je Sportler ohne weiteres angenommen werden. Bei höheren Kostenerstattungen sind sämtliche Ausbildungskosten im Einzelfall nachzuweisen. Die Zahlungen mindern nicht den Überschuss des steuerpflichtigen wirtschaftlichen Geschäftsbetriebs „sportliche Veranstaltungen".

Zur steuerlichen Behandlung von Ablösezahlungen bei Anwendung der Zweckbetriebsgrenze des § 67a Abs. 1 Satz 1 AO vgl. Nrn. 17 und 19 des AEAO zu § 67a.

Zu § 67a Abs. 4 AO

41. § 67a Abs. 4 AO ist eine spezielle, ab dem 1.1.2021 geltende Regelung für Organisationsleistungen von Sportdachverbänden, die die sportlichen Veranstaltungen ihrer Mitgliedsvereine organisatorisch ermöglicht. Hierunter fällt in aller Regel die Organisation des Ligaspielbetriebes durch den zuständigen Sportdachverband.

Danach sind organisatorische Leistungen eines Sportdachverbandes ein Zweckbetrieb, wenn an der sportlichen Veranstaltung überwiegend, d. h. zu mehr als 50%, Amateursportler teilnehmen.

Nicht zu den Amateuren gehören die sogenannten „Lizenzsportler" einer Liga. So ist z. B. im Fußballsport Lizenzspieler, wer das Fußballspiel aufgrund eines mit einem Lizenzverein oder einer Kapitalgesellschaft geschlossenen schriftlichen Vertrages betreibt und durch Abschluss eines schriftlichen Lizenzvertrages mit dem Ligaverband zum Spielbetrieb zugelassen ist. Der Begriff des „Lizenzsportlers" beschreibt also einen Status unabhängig von vereinbarten oder erhaltenen Zahlungen.

Nicht steuerbegünstigt sind organisatorische Leistungen, die überwiegend den Lizenzsportlern zugutekommen. Organisatorische Leistungen für den

Verkauf von Speisen und Getränken sowie die Werbung sind ebenfalls nicht steuerbegünstigt.

Bei Sportarten mit Ligabetrieb sind alle sportlichen Veranstaltungen einer Liga, z. B. alle Spiele einer Saison, eine einheitliche sportliche Veranstaltung. Organisatorische Leistungen eines Sportdachverbandes können somit ligaweise dem Zweckbetrieb oder dem steuerpflichtigen wirtschaftlichen Geschäftsbetrieb zugeordnet werden, da die Zusammensetzung der spielberechtigten Sportler nach Amateur- und Lizenzspielern dem Dachverband bekannt ist.

Unberührt von der steuerbegünstigten Einstufung des Ligabetriebs auf Verbandsebene bleibt die steuerliche Behandlung der einzelnen Ligaspiele als sportliche Veranstaltung auf Ebene der beteiligten Sportvereine. Diese richtet sich nach § 67a Abs. 1 oder Abs. 3 AO.

§ 68 Einzelne Zweckbetriebe (S 0187)

Zweckbetriebe sind auch:

1. a) Alten-, Altenwohn- und Pflegeheime, Erholungsheime, Mahlzeitendienste, wenn sie in besonderem Maß den in § 53 genannten Personen dienen (§ 66 Abs. 3),

   b) Kindergärten, Kinder-, Jugend- und Studentenheime, Schullandheime und Jugendherbergen,

   c) Einrichtungen zur Versorgung, Verpflegung und Betreuung von Flüchtlingen. Die Voraussetzungen des § 66 Absatz 2 sind zu berücksichtigen,

2. a) landwirtschaftliche Betriebe und Gärtnereien, die der Selbstversorgung von Körperschaften dienen und dadurch die sachgemäße Ernährung und ausreichende Versorgung von Anstaltsangehörigen sichern,

   b) andere Einrichtungen, die für die Selbstversorgung von Körperschaften erforderlich sind, wie Tischlereien, Schlossereien,

   wenn die Lieferungen und sonstigen Leistungen dieser Einrichtungen an Außenstehende dem Wert nach 20 Prozent der gesamten Lieferungen und sonstigen Leistungen des Betriebs - einschließlich der an die Körperschaften selbst bewirkten - nicht übersteigen,

3. a) Werkstätten für behinderte Menschen, die nach den Vorschriften des Dritten Buches Sozialgesetzbuch förderungsfähig sind und Personen Arbeitsplätze bieten, die wegen ihrer Behinderung nicht auf dem allgemeinen Arbeitsmarkt tätig sein können,

   b) Einrichtungen für Beschäftigungs- und Arbeitstherapie, in denen behinderte Menschen aufgrund ärztlicher Indikationen außerhalb eines Beschäftigungsverhältnisses zum Träger der Therapieeinrichtung mit dem Ziel behandelt werden, körperliche oder psychische Grundfunktionen zum Zwecke der Wiedereingliederung in das Alltagsleben wiederherzustellen oder die besonderen Fähigkeiten und Fertigkeiten auszubilden, zu fördern und zu trainieren, die für eine Teilnahme am Arbeitsleben erforderlich sind, und

   c) Inklusionsbetriebe im Sinne des § 215 Absatz 1 des Neunten Buches Sozialgesetzbuch, wenn mindestens 40 Prozent der Beschäftigten besonders betroffene schwerbehinderte Menschen im Sinne des § 215 Absatz 1 des Neunten Buches Sozialgesetzbuch sind; auf die Quote werden psychisch kranke Menschen im Sinne des § 215 Absatz 4 des Neunten Buches Sozialgesetzbuch angerechnet,

4. Einrichtungen, die zur Durchführung der Fürsorge für blinde Menschen, zur Durchführung der Fürsorge für körperbehinderte Menschen und zur Durchführung der Fürsorge für psychische und seelische Erkrankungen beziehungsweise Behinderungen unterhalten werden,

5. Einrichtungen über Tag und Nacht (Heimerziehung)oder sonstige betreute Wohnformen,

6. von den zuständigen Behörden genehmigte Lotterien und Ausspielungen, wenn der Reinertrag unmittelbar und ausschließlich zur Förderung mildtätiger, kirchlicher oder gemeinnütziger Zwecke verwendet wird,

7. kulturelle Einrichtungen, wie Museen, Theater, und kulturelle Veranstaltungen, wie Konzerte, Kunstausstellungen; dazu gehört nicht der Verkauf von Speisen und Getränken,

8. Volkshochschulen und andere Einrichtungen, soweit sie selbst Vorträge, Kurse und andere Veranstaltungen wissenschaftlicher oder belehrender Art durchführen; dies gilt auch, soweit die Einrichtungen den Teilnehmern dieser Veranstaltungen selbst Beherbergung und Beköstigung gewähren,

9. Wissenschafts- und Forschungseinrichtungen, deren Träger sich überwiegend aus Zuwendungen der öffentlichen Hand oder Dritter oder aus der Vermögensverwaltung finanziert. [2]Der Wissenschaft und Forschung dient auch die Auftragsforschung. [3]Nicht zum Zweckbetrieb gehören Tätigkeiten, die sich auf die Anwendung gesicherter wissenschaftlicher Erkenntnisse beschränken, die Übernahme von Projektträgerschaften sowie wirtschaftliche Tätigkeiten ohne Forschungsbezug.

AEAO zu § 68 - Einzelne Zweckbetriebe:

Allgemeines

1. § 68 AO enthält einen gesetzlichen Katalog einzelner Zweckbetriebe und geht als spezielle Norm der Regelung des § 65 AO vor (BFH-Urteil vom 4.6.2003, I R 25/02, BStBl 2004 II S. 660). Die beispielhafte Aufzählung von Betrieben, die ihrer Art nach Zweckbetriebe sein können, gibt wichtige Anhaltspunkte für die Auslegung der Begriffe Zweckbetrieb (§ 65 AO) im Allgemeinen und Einrichtungen der Wohlfahrtspflege (§ 66 AO) im Besonderen.

Zu § 68 Nr. 1 AO:

2. Unter die Begriffe „Alten-, Altenwohn- und Pflegeheime" fallen Einrichtungen, die gegenüber denen in § 53 Nr. 1 AO genannten Personen Leistungen der Pflege oder Betreuung sowie der Wohnraumüberlassung erbringen und bei denen die Verträge über die Überlassung von Wohnraum und über die Erbringung von Pflege- oder Betreuungsleistungen voneinander abhängig sind (siehe §§ 1, 2 WBVG). Eine für die Allgemeinheit zugängliche Cafeteria ist ein steuerpflichtiger wirtschaftlicher Geschäftsbetrieb. Für Körperschaften, die nicht die Voraussetzungen des § 68 Nr. 1 Buchstabe a AO erfüllen, kommt eine Förderung unter den Voraussetzungen des § 66 AO in Betracht.

3. Bei Kindergärten, Kinder-, Jugend- und Studentenheimen sowie bei Schullandheimen und Jugendherbergen müssen die geförderten Personen die Voraussetzungen nach § 53 AO nicht erfüllen. Leistungen, die von Jugendherbergen an allein reisende Erwachsene (= Personen nach Vollendung des 27.

Lebensjahres) erbracht werden, begründen einen selbständigen steuerpflichtigen wirtschaftlichen Geschäftsbetrieb nach §§ 14, 64 AO (BFH-Urteil vom 10.8.2016, V R 11/15, BStBl 2018 II S. 113).

4. Flüchtlinge zählen regelmäßig aufgrund ihrer psychischen, physischen oder wirtschaftlichen Situation zu dem von § 53 AO erfassten Personenkreis. Eine Prüfung der Voraussetzungen des § 53 AO der Flüchtlinge ist deshalb bei Einrichtungen zur Versorgung, Verpflegung und Betreuung von Flüchtlingen nicht erforderlich.

Die Einrichtungen dürfen nicht des Erwerbs wegen betrieben werden (§ 66 Abs. 2 AO).

Zu § 68 Nr. 2 AO:

5. Von § 68 Nr. 2 Buchstabe b AO werden nur solche Selbstversorgungseinrichtungen umfasst, die den darin genannten Handwerksbetrieben vergleichbar sind. Werden auch Leistungen gegenüber Außenstehenden erbracht, sind nur solche Einrichtungen der steuerbegünstigten Körperschaft begünstigt, die nicht regelmäßig ausgelastet sind und deshalb gelegentlich auch Leistungen an Außenstehende erbringen, nicht aber solche, die über Jahre hinweg Leistungen an Außenstehende ausführen und hierfür auch personell entsprechend ausgestattet sind (vgl. BFH-Urteil vom 29.1.2009, V R 46/06, BStBl II S. 560). Außenstehende im Sinne dieser Regelung sind auch Arbeitnehmer der Körperschaft. Bei Lieferungen und Leistungen an Außenstehende tritt die Körperschaft mit Dritten in Leistungsbeziehung. Solange der Umfang dieser Geschäfte an Dritte, hierzu gehören auch Leistungsempfänger, die selbst eine steuerbegünstigte Körperschaft I. S. d. § 68 Nr. 2 AO sind (BFH-Urteil vom 18.10.1990, V R 35/85, BStBl 1991 II S. 157), nicht mehr als 20 % der gesamten Lieferungen und Leistungen der begünstigten Körperschaft ausmachen, bleibt die Zweckbetriebseigenschaft erhalten.

Zu § 68 Nr. 3 AO:

6. Der Begriff „Werkstatt für behinderte Menschen“ bestimmt sich nach § 219 SGB IX. Werkstätten für behinderte Menschen bedürfen der förmlichen Anerkennung. Anerkennungsbehörde ist die Bundesagentur für Arbeit, die im Einvernehmen mit dem überörtlichen Träger der Sozialhilfe über die Anerkennung einer Einrichtung als Werkstatt für behinderte Menschen durch Anerkennungsbescheid entscheidet (§ 225 SGB IX).

Läden oder Verkaufsstellen von Werkstätten für behinderte Menschen sind grundsätzlich als Zweckbetriebe zu behandeln, wenn dort Produkte verkauft werden, die von der - den Laden oder die Verkaufsstelle betreibenden - Werkstatt für behinderte Menschen oder einer anderen Werkstatt für behinderte Menschen I. S. d. § 68 Nr. 3 Buchstabe a AO hergestellt worden sind.

Werden von dem Laden oder der Verkaufsstelle der Werkstatt für behinderte Menschen auch zugekaufte Waren, die nicht von ihr oder von anderen Werkstätten für behinderte Menschen hergestellt worden sind, weiterverkauft, liegt insoweit ein gesonderter steuerpflichtiger wirtschaftlicher Geschäftsbetrieb vor.

Zu den Zweckbetrieben gehören auch die von den Trägern der Werkstätten für behinderte Menschen betriebenen Kantinen, weil die besondere Situation der behinderten Menschen auch während der Mahlzeiten eine Betreuung erfordert.

7. Der Umfang eines Inklusionsbetriebs richtet sich nach der sozialrechtlichen Einordnung. Inklusionsbetriebe i. S. d. § 215 SGB IX sind rechtlich und wirtschaftlich selbständige Unternehmen oder unternehmensinterne oder von öffentlichen Arbeitgebern i. S. d. § 154 Abs. 2 SGB IX geführte Betriebe oder Abteilungen zur Beschäftigung von schwerbehinderten oder diesen gleichgestellten Menschen, deren Teilhabe an einer sonstigen Beschäftigung auf dem allgemeinen Arbeitsmarkt aufgrund von Art oder Schwere der Behinderung oder wegen sonstiger Umstände voraussichtlich trotz Ausschöpfens aller Fördermöglichkeiten und des Einsatzes von Integrationsfachdiensten auf besondere Schwierigkeiten stößt. Es ist damit möglich, dass ein Inklusionsbetrieb als rechtlich und wirtschaftlich selbständiges Inklusionsunternehmen, unternehmensinterner Inklusionsbetrieb oder unternehmensinterne Inklusionsabteilung ausgestaltet wird. Davon abhängig sind bei der Quotenberechnung jeweils andere Bezugsgrößen bei der Anzahl der Beschäftigten zugrunde zu legen. Inklusionsbetriebe i. S. d. § 215 SGB IX müssen mindestens 30 % und sollen in der Regel nicht mehr als 50 % der genannten Personengruppe beschäftigen, um sozialrechtlich als Inklusionsbetrieb anerkannt werden zu können.

Für die steuerliche Eignung als Zweckbetrieb bedarf es insgesamt einer Beschäftigungsquote von mindestens 40 % der genannten Personengruppen. Auf diese Quoten wird auch die Anzahl der psychisch kranken beschäftigten Menschen angerechnet, die behindert oder von einer Behinderung bedroht sind und deren Teilhabe an einer sonstigen Beschäftigung auf dem allgemeinen Arbeitsmarkt auf Grund von Art und Schwere der Behinderung oder wegen sonstiger Umstände auf besondere Schwierigkeiten stößt. Für Inklusionsbetriebe wird anders als bei Werkstätten für behinderte Menschen kein förmliches Anerkennungsverfahren durchgeführt. Als Nachweis für die Eigenschaft als Inklusionsbetrieb dient in der Regel der Bescheid des zuständigen Integrationsamtes über erbrachte Leistungen nach § 217 SGB IX (Leistungsbescheid) sowie, im Falle einer Beschäftigung psychisch kranker Menschen, der Leistungsbescheid des zuständigen Rehabilitationsträgers. Bei der Ermittlung der Beschäftigungsquote von 40 % sind alle schwerbehinderten, gleichgestellten und psychisch kranken Menschen zu berücksichtigen, für die das jeweils zuständige Integrationsamt bzw. der zuständige Rehabilitationsträger Leistungen nach § 217 SGB IX erbringen kann. Schwerbehinderte und diesen gleichgestellte Menschen sowie psychisch kranke Beschäftigte von Inklusionsbetrieben, für die dem Arbeitgeber eine Förderung nach § 61 SGB IX (Budget für Arbeit) oder § 61a SGB IX (Budget für Ausbildung) gewährt wird, gehören regelmäßig zur Zielgruppe des § 215 SGB IX und sind entsprechend bei der Quotenberechnung zu berücksichtigen.

Die Ermittlung der Zahl der Beschäftigten erfolgt mittels Kopfzählung. Dabei gilt der Arbeitsplatzbegriff des § 156 SGB IX. Demnach sind Teilzeitbeschäftigte mit und ohne Behinderung grundsätzlich ab einem wöchentlichen Beschäftigungsumfang von 18 Stunden voll zu berücksichtigen. Schwerbehinderte oder diesen gleichgestellte Teilzeitbeschäftigte sind bereits ab einem Beschäftigungsumfang von 12 Wochenstunden voll zu berücksichtigen (§ 185 Abs. 2 Satz 3 SGB IX).

Für Altfälle bis einschließlich VZ 2018 wird nicht beanstandet, wenn die bis zum 30.1.2019 gültige Fassung der Nr. 6 des AEAO zu § 68 Nr. 3 angewendet wird.

8. Zusätzliche Beschäftigungsmöglichkeiten für (schwer-)behinderte Menschen schaffen Handelsbetriebe, die als wohnortnahe Einzelhandelsgeschäfte beispielsweise mit einem Lebensmittelvollsortiment und entsprechendem Einsatz von Fachpersonal betrieben werden. Mit dieser Beschäftigungsform soll behinderten Menschen eine Möglichkeit zur Teilhabe am Arbeitsleben auf dem allgemeinen Arbeitsmarkt auch außerhalb von Werkstätten für behinderte Menschen geboten werden.

Handelsbetriebe, die keine Läden oder Verkaufsstellen von Werkstätten für behinderte Menschen I. S. d. Nr. 6 des AEAO zu § 68 darstellen, können als Inklusionsbetrieb (vgl. Nr. 7 des AEAO zu § 68) oder als zusätzlicher Arbeitsbereich, zusätzlicher Betriebsteil oder zusätzliche Betriebsstätte einer (anerkannten) Werkstatt für behinderte Menschen gegründet werden. Im letzteren Fall muss die Werkstatt für behinderte Menschen bei den Anerkennungsbehörden (§ 225 SGB IX) die Erweiterung der anerkannten Werkstatt um den zusätzlichen Arbeitsbereich, den Betriebsteil oder die zusätzliche Betriebsstätte „Handelsbetrieb" anzeigen und um deren Einbeziehung in die Anerkennung nach § 225 SGB IX ersuchen. Die Anerkennungsbehörden prüfen, ob die anerkannte Werkstatt für behinderte Menschen auch mit einer solchen Erweiterung insgesamt noch die Anerkennungsvoraussetzungen als Werkstatt für behinderte Menschen nach § 225 SGB IX erfüllt.

Handelsbetriebe, die von den Sozialbehörden als Inklusionsbetriebe gefördert werden, stellen grundsätzlich einen steuerbegünstigten Zweckbetrieb nach § 68 Nr. 3 Buchstabe c AO dar, wenn die Beschäftigungsquote von 40 % der Personengruppe erreicht ist.

Die von den Sozialbehörden vorgenommene sozialrechtliche Einordnung dieser Handelsbetriebe als Teil einer Werkstatt für behinderte Menschen (§ 68 Nr. 3 Buchstabe a AO) oder als Inklusionsbetrieb (§ 68 Nr. 3 Buchstabe c AO) soll von der zuständigen Finanzbehörde regelmäßig übernommen werden. Dem zuständigen Finanzamt obliegt aber die abschließende rechtsverbindliche Entscheidung im Einzelfall. Dabei kommt den Bescheiden der Sozialbehörden (Anerkennungsbescheid nach § 225 SGB IX bzw. Bescheid über erbrachte Leistungen nach § 217 SGB IX) grundsätzlich Tatbestandswirkung zu. Die Bescheide stellen aber keine Grundlagenbescheide I. S. d. § 171 Abs. 10 AO dar.

9. Einrichtungen für Beschäftigungs- und Arbeitstherapie, die der Eingliederung von behinderten Menschen dienen, sind besondere Einrichtungen, in denen eine Behandlung von behinderten Menschen aufgrund ärztlicher Indikationen erfolgt. Während eine Beschäftigungstherapie ganz allgemein das Ziel hat, körperliche oder psychische Grundfunktionen zum Zwecke der Wiedereingliederung in das Alltagsleben wiederherzustellen, zielt die Arbeitstherapie darauf ab, die besonderen Fähigkeiten und Fertigkeiten auszubilden, zu fördern und zu trainieren, die für eine Teilnahme am Arbeitsleben erforderlich sind. Beschäftigungs- und Arbeitstherapie sind vom medizinischen Behandlungszweck geprägt und erfolgen regelmäßig außerhalb eines Beschäftigungsverhältnisses zum Träger der Therapieeinrichtung. Ob eine entsprechende Einrichtung vorliegt, ergibt sich aufgrund der Vereinbarungen über Art und Umfang der Heilbehandlung und Rehabilitation zwischen dem Träger der Einrichtung und den Leistungsträgern.

Zu § 68 Nr. 4 AO:

10. Begünstigte Einrichtungen sind insbesondere Werkstätten, die zur Fürsorge von blinden Menschen, Menschen mit körperlichen Behinderungen sowie Menschen mit psychischen und seelischen Erkrankungen beziehungsweise Behinderungen unterhalten werden.

Zu § 68 Nr. 6 AO:

11. Lotterien und Ausspielungen sind ein Zweckbetrieb, wenn sie von den zuständigen Behörden genehmigt sind oder nach den jeweiligen landesrechtlichen Bestimmungen wegen des geringen Umfangs der Ausspielung oder Lotterieveranstaltung per Verwaltungserlass pauschal als genehmigt gelten. Die sachlichen Voraussetzungen und die Zuständigkeit für die Genehmigung bestimmen sich nach den lotterierechtlichen Verordnungen der Länder. Der Gesetzeswortlaut lässt es offen, in welchem Umfang solche Lotterien veranstaltet werden dürfen. Da eine besondere Einschränkung fehlt, ist auch eine umfangreiche Tätigkeit so lange unschädlich, als die allgemein durch das Gesetz gezogenen Grenzen nicht überschritten werden. Die jährliche Organisation einer Tombola durch eine reine Förderkörperschaft nach § 58 Abs. 1 Satz 4 AO ist im Rahmen der Gesamtbetrachtung selbst dann als steuerbegünstigter Zweckbetrieb nach § 68 Nr. 6 AO zu beurteilen, wenn die Körperschaft die Mittel überwiegend aus der Ausrichtung der Tombola erzielt.

12. Zur Ermittlung des Reinertrags dürfen den Einnahmen aus der Lotterieveranstaltung oder Ausspielung nur die unmittelbar damit zusammenhängenden Ausgaben gegenübergestellt werden. Führt eine steuerbegünstigte Körperschaft eine Lotterieveranstaltung durch, die nach dem Rennwett- und Lotteriegesetz nicht genehmigungsfähig ist, z. B. eine Ausspielung anlässlich einer geselligen Veranstaltung, handelt es sich insoweit nicht um einen Zweckbetrieb nach § 68 Nr. 6 AO.

Zu § 68 Nr. 7 AO:

13. Wegen der Breite des Spektrums, die die Förderung von Kunst und Kultur umfasst, ist die im Gesetz enthaltene Aufzählung der kulturellen Einrichtungen nicht abschließend.

14. Kulturelle Einrichtungen und Veranstaltungen I. S. d. § 68 Nr. 7 AO können nur vorliegen, wenn die Förderung der Kultur Satzungszweck der Körperschaft ist. Sie sind stets als Zweckbetrieb zu behandeln. Das BFH-Urteil vom 4.5.1994, XI R 109/90, BStBl II S. 886 zu sportlichen Darbietungen eines Sportvereins (vgl. Nr. 3 des AEAO zu §67a) gilt für kulturelle Darbietungen entsprechend. Demnach liegt auch dann eine kulturelle Veranstaltung der Körperschaft vor, wenn diese eine Darbietung kultureller Art im Rahmen einer Veranstaltung präsentiert, die nicht von der Körperschaft selbst organisiert wird und die ihrerseits keine kulturelle Veranstaltung I. S. d. § 68 Nr. 7 AO darstellt. Wenn z. B. ein steuerbegünstigter Musikverein, der der Förderung der volkstümlichen Musik dient, gegen Entgelt im Festzelt einer Brauerei ein volkstümliches Musikkonzert darbietet, gehört der Auftritt des Musikvereins als kulturelle Veranstaltung zum Zweckbetrieb.

15. Der Verkauf von Speisen und Getränken und die Werbung bei kulturellen Veranstaltungen gehören nicht zu dem Zweckbetrieb. Diese Tätigkeiten sind gesonderte wirtschaftliche Geschäftsbetriebe. Wird für den Besuch einer kulturellen Veranstaltung mit Bewirtung ein einheitliches Entgelt entrichtet, so ist dieses - ggf. im Wege der Schätzung - in einen Entgeltsanteil für den Besuch der Veranstaltung (Zweckbetrieb) und für die Bewirtungsleistungen (wirtschaftlicher Geschäftsbetrieb) aufzuteilen.

Zu § 68 Nr. 8 AO:

16. An Veranstaltungen belehrender Art I. S. d. § 68 Nr. 8 AO sind keine besonderen inhaltlichen Anforderungen zu stellen. Es genügt, dass bei den jeweiligen Veranstaltungen überwiegend Vorträge gehalten werden, die naturgemäß belehrenden Charakter haben (BFH-Urteil vom 21.6.2017, V R 34/16, BStBl 2018 II S. 55).

Zu § 68 Nr. 9 AO:

17. Bei der Anwendung des § 68 Nr. 9 AO bestehen keine Unterschiede zwischen Wissenschaftseinrichtungen und Forschungseinrichtungen. Die nachfolgenden Erläuterungen zur steuerlichen Behandlung von Forschungseinrichtungen gelten deshalb auch für Wissenschaftseinrichtungen.

18. § 68 Nr. 9 AO gilt nur für Körperschaften, deren satzungsmäßiger Zweck die Förderung von Wissenschaft und Forschung ist. Fördert die Körperschaft daneben nach ihrer Satzung auch andere steuerbegünstigte Zwecke, ist § 68 Nr. 9 AO nur anzuwenden, wenn die Forschungstätigkeit bei der tatsächlichen Geschäftsführung die Förderung der anderen steuerbegünstigten Zwecke überwiegt.

Die Sonderregelung in § 68 Nr. 9 AO geht der allgemeinen Regelung über die Zweckbetriebseigenschaft wirtschaftlicher Betätigungen in § 65 AO vor. Die

Zweckbetriebseigenschaft der Forschungstätigkeit von Forschungseinrichtungen, auf die § 68 Nr. 9 AO anzuwenden ist, richtet sich deshalb ausschließlich nach dieser Vorschrift. Darauf, ob die Forschungstätigkeit die Voraussetzungen des § 65 AO erfüllt, kommt es nicht an. Dies gilt auch dann, wenn die Forschungseinrichtung die Voraussetzungen des § 68 Nr. 9 AO für die Annahme eines Zweckbetriebs nicht erfüllt. Die gesamte Forschungstätigkeit ist in diesem Fall ein steuerpflichtiger wirtschaftlicher Geschäftsbetrieb.

Die steuerliche Beurteilung der Zweckbetriebseigenschaft von wirtschaftlichen Geschäftsbetrieben, die nicht unmittelbar der Forschung dienen, richtet sich nach den §§ 65 bis 68 Nrn. 1 bis 8 AO. Danach ist z. B. die teilweise Überlassung der Nutzung eines Rechenzentrums für Zwecke Dritter gegen Entgelt ein steuerpflichtiger wirtschaftlicher Geschäftsbetrieb. Zweckbetriebe kommen insbesondere bei der Förderung anderer steuerbegünstigter Zwecke in Betracht (z. B. Unterhaltung eines Museums durch den Träger einer Forschungseinrichtung - § 68 Nr. 7 AO).

Betreibt eine steuerbegünstigte Körperschaft, auf die § 68 Nr. 9 AO nicht anzuwenden ist, auch Forschung, ist die Zweckbetriebseigenschaft der Forschungstätigkeit nach § 65 AO zu beurteilen. Hierbei sind die Grundsätze des BFH-Urteils vom 30.11.1995, V R 29/91, BStBl 1997 II S. 189, zu beachten. Danach ist die Auftragsforschung ein steuerpflichtiger wirtschaftlicher Geschäftsbetrieb. Falls sich die Auftragsforschung nicht von der Grundlagen- oder Eigenforschung abgrenzen lässt, liegt insgesamt ein steuerpflichtiger wirtschaftlicher Geschäftsbetrieb vor.

Eine Körperschaft ist nicht selbstlos tätig und kann deshalb nicht als gemeinnützig behandelt werden, wenn sie in erster Linie nicht steuerbegünstigte, sondern eigenwirtschaftliche Zwecke verfolgt (§ 55 Abs. 1 Satz 1 AO). Zweckbetriebe sind bei dieser Abgrenzung dem ideellen steuerbegünstigten Bereich zuzuordnen. Wenn eine Forschungseinrichtung nach § 68 Nr. 9 AO ein Zweckbetrieb ist, besteht deshalb die unwiderlegbare Vermutung, dass das Schwergewicht ihrer Tätigkeit im steuerbegünstigten

Bereich liegt. Bei einer Forschungseinrichtung, auf die § 68 Nr. 9 AO anzuwenden ist, deren Träger die Finanzierungsvoraussetzungen der Vorschrift jedoch nicht erfüllt, kann nicht zwingend davon ausgegangen werden, dass sie in erster Linie eigenwirtschaftliche Zwecke verfolgt. Nach den Grundsätzen des BFH-Urteils vom 4.4.2007, I R 76/05, BStBl II S. 631, ist unter Berücksichtigung der gesamten Umstände des Einzelfalls zu prüfen, ob sich die Auftragsforschung von der steuerbegünstigten Tätigkeit trennen lässt. Ist in diesem Fall die Auftragsforschung von untergeordneter Bedeutung, kann der Träger der Einrichtung nach § 5 Abs. 1 Nr. 9 KStG gleichwohl steuerbefreit sein und die Auftragsforschung lediglich einen steuerpflichtigen wirtschaftlichen Geschäftsbetrieb (§ 64 AO) darstellen. Die Steuerbefreiung nach § 5 Abs. 1 Nr. 9 KStG geht nur dann verloren, wenn die Auftragsforschung als eigenständiger Zweck neben die Eigenforschung (Grundlagenforschung) tritt und somit gegen das Gebot der Ausschließlichkeit des § 56 AO verstoßen wird.

19. Unter „Träger" einer Forschungseinrichtung ist die Körperschaft (z. B. Verein, GmbH) zu verstehen, die die Einrichtung betreibt. Wie sich die Mitglieder oder Gesellschafter der Körperschaft finanzieren, ist ohne Bedeutung.

20. Die überwiegende Finanzierung des Trägers ergibt sich aus der Gegenüberstellung der Zuwendungen an den Träger von dritter Seite zuzüglich der Einnahmen aus der Vermögensverwaltung einerseits und der übrigen Einnahmen des Trägers andererseits. Zuwendungen von dritter Seite sind nur unentgeltliche Leistungen. Dazu gehören z. B. die Projektförderung von Bund, Ländern und der Europäischen Union, Spenden und echte Mitgliedsbeiträge.

Fördert die Körperschaft auch andere steuerbegünstigte Zwecke als die Wissenschaft und Forschung und geschieht dies durch einen Zweckbetrieb, sind die Einnahmen und Überschüsse aus diesem Zweckbetrieb bei der Beurteilung der Frage, aus welchen Mitteln sich der Träger der Forschungseinrichtung überwiegend finanziert, nicht zu berücksichtigen. Die Einnahmen und Überschüsse anderer Zweckbetriebe sind also weder als Zuwendungen noch als andere (schädliche) Mittelzuflüsse zu erfassen.

In welchem Jahr die Einnahmen anzusetzen sind, bestimmt sich nach den Grundsätzen der steuerlichen Einkünfteermittlung. Bei Körperschaften, die den Gewinn durch Betriebsvermögensvergleich (§ 4 Abs. 1 oder § 5 EStG) ermitteln, sind Forderungszugänge bereits als Einnahmen zu erfassen. Bei anderen Körperschaften sind die im Kalenderjahr zugeflossenen Einnahmen maßgeblich (§ 11 EStG).

Der Beurteilung, ob der Träger einer Forschungseinrichtung sich überwiegend aus Zuwendungen und der Vermögensverwaltung finanziert, ist grundsätzlich ein Dreijahreszeitraum zugrunde zu legen. Dieser umfasst den zu beurteilenden und die beiden vorangegangenen Veranlagungszeiträume.

Beispiel

Jahr	Zuwendungen und Vermögensverwaltung	Andere Finanzierung	Gesamtfinanzierung
	€	€	€
01	1.000	1.100	2.100
02	1.400	1.000	2.400
03	1.200	1.300	2.500
Zusammen	3.600	3.400	7.000

Im Jahr 03 (zu beurteilender Veranlagungszeitraum) liegt ein Zweckbetrieb vor, weil sich der Träger der Forschungseinrichtung im maßgeblichen Beurteilungszeitraum (Jahre 01 bis 03) überwiegend aus Zuwendungen und der Vermögensverwaltung finanziert hat. Für die Beurteilung der Zweckbetriebseigenschaft im Jahr 04 ist die Finanzierung des Trägers der Forschungseinrichtung in den Jahren 02 bis 04 zugrunde zu legen.

21. Die Anfertigung von Prototypen und die Nullserie gehören noch zur Forschungstätigkeit.

Bei Routinemessungen, dem Routineeinsatz eines Ergebnisses und der Fertigung marktfähiger Produkte ist grundsätzlich anzunehmen, dass sich die Tätigkeit auf die Anwendung gesicherter wissenschaftlicher Erkenntnisse beschränkt. Dies ist eine Vermutung, die im Einzelfall von der Forschungseinrichtung widerlegt werden kann.

Bei der Anfertigung von Gutachten kommt es bei der Zuordnung auf Thema und Inhalt an. Gutachten, in denen lediglich gesicherte wissenschaftliche Erkenntnisse verwertet werden, gehören nicht zur Forschungstätigkeit.

„Projektträgerschaften" sind von der „Projektförderung" zu unterscheiden.

„Projektförderung" ist die Vergabe von Zuwendungen für bestimmte, einzeln abgrenzbare Forschungs- und Entwicklungsvorhaben an Forschungseinrichtungen, z. B. durch Bund, Länder und Europäische Union. Bei der Forschungseinrichtung liegen hierbei Zuwendungen I. S. d. § 68 Nr. 9 Satz 1 AO vor.

„Projektträgerschaft" ist die fachliche und verwaltungsmäßige Betreuung und Abwicklung der Projektförderung durch Forschungseinrichtungen (Projektträger) im Auftrag des Bundes oder eines Landes. Zu den Aufgaben der Projektträger gehören u. a. die Prüfung und Beurteilung der Förderanträge der Forschungseinrichtungen, die eine Projektförderung beantragen, mit Entscheidungsvorschlag, Verwaltung der vom Zuwendungsgeber bereitgestellten Mittel, Kontrolle der Abwicklung des Vorhabens, Mitwirkung bei der Auswertung und Veröffentlichung der Arbeitsergebnisse. Die Projektträger erhalten vom Zuwendungsgeber ein Entgelt in Höhe der bei ihnen entstandenen Selbstkosten. Projektträgerschaften sind steuerpflichtige wirtschaftliche Geschäftsbetriebe. Bei der Beurteilung, wie sich die Forschungseinrichtung überwiegend finanziert, gehören die Einnahmen aus Projektträgerschaften zu den Einnahmen, die den Zuwendungen und den Einnahmen aus der Vermögensverwaltung gegenüber zu stellen sind.

Eine Tätigkeit ohne Forschungsbezug ist z. B. der Betrieb einer Kantine.

Vierter Abschnitt – Haftung

§ 69 Haftung der Vertreter (S 0190)

[1]Die in den §§ 34 und 35 bezeichneten Personen haften, soweit Ansprüche aus dem Steuerschuldverhältnis (§ 37) infolge vorsätzlicher oder grob fahrlässiger Verletzung der ihnen auferlegten Pflichten nicht oder nicht rechtzeitig festgesetzt oder erfüllt oder soweit infolgedessen Steuervergütungen oder Steuererstattungen ohne rechtlichen Grund gezahlt werden. [2]Die Haftung umfasst auch die infolge der Pflichtverletzung zu zahlenden Säumniszuschläge.

AEAO zu § 69 - Haftung der Vertreter:

1. Bevollmächtigte, Beistände und Vertreter (§§ 80 und 81 AO) haften nur, wenn sie gleichzeitig Vertreter oder Verfügungsberechtigte i. S. d. §§ 34 und 35 AO (z. B. Vermögensverwalter, Konkursverwalter, Insolvenzverwalter, Testamentsvollstrecker) sind.

2. Die Haftung wird durch Erlass eines Haftungsbescheids gem. § 191 AO geltend gemacht. Wegen der Einwendungen des Haftenden gegen den ursprünglichen Steuerbescheid Hinweis auf § 166 AO, wegen des Leistungsgebots vgl. AEAO zu § 219; wegen der Verpflichtung zur Anhörung der zuständigen Berufskammern vgl. AEAO zu § 191.

§ 70 Haftung des Vertretenen (S 0191)

(1) Wenn die in den §§ 34 und 35 bezeichneten Personen bei Ausübung ihrer Obliegenheiten eine Steuerhinterziehung oder eine leichtfertige Steuerverkürzung begehen oder an einer Steuerhinterziehung teilnehmen und hierdurch Steuerschuldner oder Haftende werden, so haften die Vertretenen, soweit sie nicht Steuerschuldner sind, für die durch die Tat verkürzten Steuern und die zu Unrecht gewährten Steuervorteile.

(2) [1]Absatz 1 ist nicht anzuwenden bei Taten gesetzlicher Vertreter natürlicher Personen, wenn diese aus der Tat des Vertreters keinen Vermögensvorteil erlangt haben. [2]Das Gleiche gilt, wenn die Vertretenen denjenigen, der die Steuerhinterziehung oder die leichtfertige Steuerverkürzung begangen hat, sorgfältig ausgewählt und beaufsichtigt haben.

AEAO zu § 70 - Haftung des Vertretenen:

Die Vorschrift hat vor allem Bedeutung auf dem Gebiet des Zoll- und Verbrauchsteuerrechts, im Bereich der Besitz- und Verkehrsteuern kommt ihre Anwendung insbesondere bei Abzugsteuern in Betracht. Für Handlungen eines Arbeitnehmers wird nur gehaftet, wenn dieser zu dem in den §§ 34 und 35 AO genannten Personenkreis gehört.

§ 71 Haftung des Steuerhinterziehers und des Steuerhehlers (S 0192)

Wer eine Steuerhinterziehung oder eine Steuerhehlerei begeht oder an einer solchen Tat teilnimmt, haftet für die verkürzten Steuern und die zu Unrecht gewährten Steuervorteile sowie für die Zinsen nach § 235 und die Zinsen nach § 233a, soweit diese nach § 235 Absatz 4 auf die Hinterziehungszinsen angerechnet werden.

AEAO zu § 71 - Haftung des Steuerhinterziehers und des Steuerhehlers:

Zur Frage der Feststellung, ob Steuern hinterzogen worden sind, vgl. AEAO zu § 169, Nr. 2.1 und 2.2.

§ 72 Haftung bei Verletzung der Pflicht zur Kontenwahrheit (S 0193)

Wer vorsätzlich oder grob fahrlässig der Vorschrift des § 154 Abs. 3 zuwiderhandelt, haftet, soweit dadurch die Verwirklichung von Ansprüchen aus dem Steuerschuldverhältnis beeinträchtigt wird.

§ 72a Haftung Dritter bei Datenübermittlungen an Finanzbehörden (S 0193-a)

(1) [1]Der Hersteller von Programmen im Sinne des § 87c haftet, soweit die Daten infolge einer Verletzung seiner Pflichten nach § 87c unrichtig oder unvollständig verarbeitet und dadurch Steuern verkürzt oder zu Unrecht steuerliche Vorteile erlangt werden. [2]Die Haftung entfällt, soweit der Hersteller nachweist, dass die Pflichtverletzung nicht auf grober Fahrlässigkeit oder Vorsatz beruht.

(2) [1]Wer als Auftragnehmer (§ 87d) Programme zur Verarbeitung von Daten im Auftrag im Sinne des § 87c einsetzt, haftet, soweit

1. auf Grund unrichtiger oder unvollständiger Übermittlung Steuern verkürzt oder zu Unrecht steuerliche Vorteile erlangt werden oder

2. er seine Pflichten nach § 87d Absatz 2 verletzt hat und auf Grund der von ihm übermittelten Daten Steuern verkürzt oder zu Unrecht steuerliche Vorteile erlangt werden.

[2]Die Haftung entfällt, soweit der Auftragnehmer nachweist, dass die unrichtige oder unvollständige Übermittlung der Daten oder die Verletzung der Pflichten nach § 87d Absatz 2 nicht auf grober Fahrlässigkeit oder Vorsatz beruht.

(3) Die Absätze 1 und 2 gelten nicht für Zusammenfassende Meldungen im Sinne des § 18a Absatz 1 des Umsatzsteuergesetzes.

(4) Wer nach Maßgabe des § 93c Daten an die Finanzbehörden zu übermitteln hat und vorsätzlich oder grob fahrlässig

1. unrichtige oder unvollständige Daten übermittelt oder

2. Daten pflichtwidrig nicht übermittelt,

haftet für die entgangene Steuer.

§ 73 Haftung bei Organschaft (S 0194)

[1]Eine Organgesellschaft haftet für solche Steuern des Organträgers, für welche die Organschaft zwischen ihnen steuerlich von Bedeutung ist. [2]Haftet eine Organgesellschaft, die selbst Organträger ist, nach Satz 1, haften ihre Organgesellschaften neben ihr ebenfalls nach Satz 1. [3]Den Steuern stehen die Ansprüche auf Erstattung von Steuervergütungen gleich.

AEAO zu § 73 - Haftung bei Organschaft:

1. Art der Haftung und Haftungsschuldner

§ 73 AO begründet eine persönliche Haftung, die nicht gegenständlich beschränkt ist. Sie ist sachlich beschränkt auf die Steuern und die Ansprüche auf Erstattung von Steuervergütungen, für welche die Organschaft von Bedeutung ist.

Haftungsschuldner ist nach § 73 Satz 1 AO die Organgesellschaft. Bei mehrstufigen Organschaftsverhältnissen haften die (nachrangigen) Organgesellschaften der „obersten“ Organgesellschaft ebenfalls für die Steuern des „obersten“ Organträgers, für welche die Organschaft zwischen der „obersten“ Organgesellschaft und dem „obersten“ Organträger steuerlich von Bedeutung ist (§ 73 Satz 2 AO). Sind die nachrangigen Organgesellschaften wiederum selbst Organträger, haften nach § 73 Satz 2 AO auch ihre eigenen Organgesellschaften sowie ggf. deren (ebenfalls nachrangige) Organgesellschaften. Zur Anwendung siehe Nr. 4 des AEAO zu § 73.

Der Organträger und alle nach § 73 Satz 1 und 2 AO in Haftung genommenen Organgesellschaften sind Gesamtschuldner, weshalb die Leistung eines Steuer- oder Haftungsschuldners zugleich schuldbefreiend für alle anderen Gesamtschuldner wirkt.

2. Haftungsvoraussetzungen

Tatbestandliche Voraussetzung für die Haftung ist das Bestehen eines Organschaftsverhältnisses nach den jeweiligen Steuergesetzen (§§ 14 ff. KStG, § 2 Abs. 2 GewStG sowie § 2 Abs. 2 Nr. 2 UStG).

Der Erlass eines Haftungsbescheides nach § 73 Satz 2 i. V. m. Satz 1 AO setzt das Vorliegen der Tatbestandsmerkmale einer Haftung der „obersten“ Organgesellschaft für die haftungsrelevanten Steuern des „obersten“ Organträgers nach § 73 Satz 1 AO voraus. Eine tatsächliche Inanspruchnahme der „obersten“ Organgesellschaft ist daher nicht erforderlich.

3. Umfang der Haftung

3.1 Sachliche Beschränkung

Die Haftung ist auf Steuern und Ansprüche auf Erstattung von Steuervergütungen beschränkt, für die die Organschaft steuerlich von Bedeutung ist. Besteht z. B. nur eine umsatzsteuerliche Organschaft, so scheidet eine Haftungsinanspruchnahme der Organgesellschaft für die Körperschaftsteuer des Organträgers aus.

Die Organgesellschaft haftet dem Grunde nach für alle Steuern, die im Organkreis verursacht worden sind; im Rahmen der Ermessensausübung soll die Haftung aber grundsätzlich auf die in ihrem eigenen Betrieb oder im Betrieb des Organträgers verursachten Steuern beschränkt werden.

Eine Begrenzung der Haftungsinanspruchnahme einer (ggf. nachrangigen) Organgesellschaft im Rahmen der Ermessensausübung erfolgt jedoch nicht, wenn der Organträger oder andere Organgesellschaften Vermögenswerte unentgeltlich auf die Organgesellschaft übertragen, unentgeltliche Nutzungen oder Leistungen gewährt haben oder keine Trennung der Vermögenssphären der Organteile möglich ist, sodass die Organgesellschaft auch für Steuern haftet, die durch den Betrieb des Organträgers oder einer anderen Organgesellschaft verursacht worden sind (BFH-Beschluss vom 19.3.2014, V B 14/14, BFH/NV S. 999 und BGH-Urteil vom 29.1.2013, II ZR 91/11, ZIP S. 409).

Die vorstehenden Grundsätze gelten für Ansprüche auf Erstattung von Steuervergütungen, für welche die Organschaft(-en) von Bedeutung ist (sind), entsprechend (§ 73 Satz 3 AO).

Zu den Folgen mangelnder Mitwirkung siehe Nr. 3.3.

Steuerliche Nebenleistungen (§ 3 Abs. 4 AO) sind von der Haftung ausgenommen (BFH-Urteil vom 5.10.2004, VII R 76/03, BStBl 2006 II S. 3).

Der Solidaritätszuschlag ist als Ergänzungsabgabe zur Einkommen- bzw. Körperschaftsteuer in die Haftung miteinzubeziehen (§ 73 i. V. m. § 3 Abs. 1 AO).

3.1.1 Körperschaftsteuer

Bei der körperschaftsteuerlichen Organschaft ist es ermessensgerecht, den Verursachungsbeitrag einer Organgesellschaft für die rückständige Steuer des Organträgers nach dem Verhältnis des zugerechneten positiven Einkommens der Organgesellschaft (originäres Organeinkommen) zu der Summe der gesamten zugerechneten positiven Organeinkommen des Organkreises eines Veranlagungszeitraums zu bestimmen.

Bei der Ermittlung des originären Einkommens der Organgesellschaft sind die auf Ebene des Organträgers nach § 15 Satz 1 Nr. 2 und 3 sowie Satz 2 KStG vorzunehmenden Korrekturen zu berücksichtigen.

Die Inanspruchnahme der Organgesellschaft kann höchstens in Höhe einer fiktiven Steuer auf das originäre Organeinkommen erfolgen. Zusätzlich wird die Inanspruchnahme auf die Körperschaftsteuer beschränkt, die gegen den Organträger festgesetzt wird.

3.1.2 Umsatzsteuer

Bei der umsatzsteuerlichen Organschaft ist es ermessensgerecht, den Verursachungsbeitrag einer Organgesellschaft auf die auf den Außenumsätzen der Organgesellschaft beruhende Umsatzsteuer abzüglich der bei der Organgesellschaft anfallenden Vorsteuer zu bestimmen.

3.2 Zeitliche Beschränkung

Voraussetzung für die Haftung ist, dass das Organschaftsverhältnis für den steuerlichen Anspruch gegen den Organträger auch unter Beachtung von Umwandlungsvorgängen von Bedeutung ist. Die Steuern müssen während der zeitlichen Dauer der Organschaft verursacht worden sein. Die Haftung der Organgesellschaft für Steuern des Organträgers gemäß § 73 AO beschränkt sich daher nicht notwendig auf solche Steuern, die während der Dauer des Organschaftsverhältnisses entstanden sind (vgl. BFH-Urteil vom 5. April 2022, VII R 18/21, BStBl 2023 II S. 3). Die steuerliche Bedeutung der Organschaft geht nicht dadurch verloren, dass ein Steueranspruch - z. B. bei abweichenden Wirtschaftsjahren im Organkreis - möglicherweise erst nach Beendigung der Organschaft entsteht, sofern dieser durch die Organschaft noch beeinflusst ist. Auf den Zeitpunkt der Festsetzung und der Fälligkeit kommt es nicht an.

Im Falle eines Umwandlungsvorgangs mit Rückwirkung kann ein Gewinnabführungsvertrag nur für die Zukunft Wirkung entfalten, eine Inhaftungnahme kommt daher auch in diesen Fällen nur für die von der Organgesellschaft ab diesem Zeitpunkt mitverursachten Ertragsteuern des Organträgers in Betracht. Wird eine körperschaftsteuerliche Organschaft durch einen Umwandlungsvorgang mit Rückwirkung beendet, scheidet eine Haftungsinanspruchnahme für Steuern, die im Zeitraum der Rückwirkung verursacht wurden, mangels Bestehens eines Organschaftsverhältnisses aus.

3.3 Folgen mangelnder Mitwirkung

Es ist Sache der Organgesellschaft, durch leicht nachprüfbare Unterlagen und Berechnungen darzulegen, welche Steuern sie nicht verursacht hat. Die Organgesellschaft kann für sämtliche Steuern des Organkreises in Anspruch genommen werden, wenn

1. sie keine Angaben macht, die eine Beschränkung ermöglichen, oder

2. die vorgetragenen Berechnungsgrundlagen für die Beschränkung des Haftungsumfangs nicht leicht und eindeutig zuzuordnen sind.

3.4 Mehrstufige Organschaftsverhältnisse

Bei mehrstufigen Organschaftsverhältnissen haften alle Organgesellschaften (das heißt die „obersten“ Organgesellschaften und, falls diese ihrerseits Organträgerinnen sind, auch alle nachrangigen Organgesellschaften) nebeneinander dem Grunde nach für alle Steuern, die im gesamten Organkreis verursacht worden sind. Im Rahmen der Ermessensausübung soll die Haftung aber grundsätzlich auf die jeweils im eigenen Betrieb oder im Betrieb der in gerader Linie vorgehenden Organträger verursachten Steuern beschränkt werden. Die in Nr. 3.1 bis 3.3 des AEAO zu § 73 dargestellten Grundsätze gelten hierbei entsprechend und sind dabei auf jeder Stufe der mehrstufigen Organschaft individuell anzuwenden.

Bei der Umsatzsteuer sind mehrstufige Organschaftsverhältnisse ausgeschlossen.

4. Erstmalige Anwendung des § 73 Satz 2 AO n. F.

§ 73 Satz 2 AO i. d. F. des Gesetzes vom 12.12.2019 (BGBl. I S. 2451) ist nach Art. 97 § 11 Abs. 4 EGAO erstmals anzuwenden, wenn der haftungsbegründende Tatbestand nach dem 17.12.2019 verwirklicht worden ist. Haftungsbegründender Tatbestand ist die Entstehung der Steuerschuld bzw. die Entstehung des Anspruchs auf Erstattung von Steuervergütungen, für die die „oberste“ Organgesellschaft haftet (Primärschuld) und das gleichzeitige Bestehen der Organschaft zwischen der „obersten“ Organgesellschaft und ihren nachrangigen Organgesellschaften.

§ 74 Haftung des Eigentümers von Gegenständen (S 0195)

(1) [1]Gehören Gegenstände, die einem Unternehmen dienen, nicht dem Unternehmer, sondern einer an dem Unternehmen wesentlich beteiligten Person, so haftet der Eigentümer der Gegenstände mit diesen für diejenigen Steuern des Unternehmens, bei denen sich die Steuerpflicht auf den Betrieb des Unternehmens gründet. [2]Die Haftung erstreckt sich jedoch nur auf die Steuern, die während des Bestehens der wesentlichen Beteiligung entstanden sind. [3]Den Steuern stehen die Ansprüche auf Erstattung von Steuervergütungen gleich.

(2) [1]Eine Person ist an dem Unternehmen wesentlich beteiligt, wenn sie unmittelbar oder mittelbar zu mehr als einem Viertel am Grund- oder Stammkapital oder am Vermögen des Unternehmens beteiligt ist. [2]Als wesentlich beteiligt gilt auch, wer auf das Unternehmen einen beherrschenden Einfluss ausübt und durch sein Verhalten dazu beiträgt, dass fällige Steuern im Sinne des Absatzes 1 Satz 1 nicht entrichtet werden.

AEAO zu § 74 - Haftung des Eigentümers von Gegenständen:

1. Der Eigentümer der Gegenstände haftet persönlich, aber beschränkt auf die dem Unternehmen zur Verfügung gestellten Gegenstände. Das Haftungsobjekt ist dabei nicht auf den (im Zeitpunkt der Haftungsinanspruchnahme noch) im Eigentum des Beteiligten stehenden Gegenstand beschränkt, sondern umfasst auch ein dafür ggf. erhaltenes Surrogat (Veräußerungserlös, Schadenersatz, Tauschgegenstand o.Ä.), wenn der Gegenstand im Zeitraum der Steuerschuldentstehung dem Unternehmen gedient hat (vgl. BFH-Urteil vom 22.11.2011, VII R 63/10, BStBl 2012 II S. 223). Gegenstand der Haftung können auch immaterielle Wirtschaftsgüter sein, wenn in dieses Vermögen vollstreckt werden kann (BFH-Urteil vom 23.5.2012, VII R 28/10, BStBl II S. 763).

   Zur Haftung, wenn der Gegenstand nicht im Eigentum des Haftenden, sondern im Eigentum einer Gesellschaft steht, an der der Haftende beteiligt ist, vgl. BFH-Urteile vom 10.11.1983, V R 18/79, BStBl 1984 II S. 127 (GbR), und vom 23.5.2012, VII R 28/10, BStBl 2012 II S. 763 (KG).

2. Der Eigentümer haftet für die Steuern und Ansprüche auf Erstattung von Steuervergütungen, bei denen sich die Steuerpflicht auf den Betrieb des Unternehmens gründet und die während des Bestehens der wesentlichen Beteiligung entstanden sind; auf die Fälligkeit kommt es nicht an. Hierzu gehören die Steuern bzw. Ansprüche, für die der in den Einzelsteuergesetzen bezeichnete Tatbestand an den Betrieb eines Unternehmens geknüpft ist (z. B. Umsatzsteuer - auch bei Eigenverbrauch -, Gewerbesteuer, Verbrauchsteuer bei Herstellungsbetrieben, Rückforderung von Investitionszulage), nicht dagegen z. B. Personensteuern (z. B. Einkommen-, Körperschaft- und Erbschaftsteuer), Zölle, Abschöpfungen oder Steuerabzugsbeträge (z. B. Lohnsteuer). Die Haftung erstreckt sich nicht auf die steuerlichen Nebenleistungen (§ 3 Abs. 4 AO).

3. Eine wesentliche Beteiligung liegt auch dann vor, wenn der betroffene Eigentümer nur mittelbar, z. B. über eine Tochtergesellschaft oder einen Treuhänder, beteiligt ist. Eine wesentliche Beteiligung i. S. d. § 74 Abs. 2 Satz 1 AO

wird aber nicht durch Zusammenrechnung der von mehreren Familienmitgliedern gehaltenen Anteile begründet (vgl. BFH-Urteil vom 1.12.2015, VII R 34/14, BStBl 2016 II S. 375).

4. Einer wesentlichen Beteiligung steht es gleich, wenn jemand ohne entsprechende Vermögensbeteiligung auf das Unternehmen einen beherrschenden Einfluss tatsächlich und in einer Weise ausübt, die dazu beiträgt, dass fällige Betriebssteuern nicht entrichtet werden; es genügt nicht, wenn eine Person nur die Möglichkeit hat, beherrschenden Einfluss auszuüben. Ein beherrschender Einfluss i. S. d. § 74 Abs. 2 Satz 2 AO kann auch vorliegen, wenn mehrere Familienmitglieder Anteile am Betriebsunternehmen halten und sie als Eigentümer der Gegenstände (Besitzunternehmen) gemeinsam in der Lage sind, ihren Willen im Betriebsunternehmen durchzusetzen. Es ist jedoch ein aktiver und für die Nichtentrichtung fälliger Betriebssteuern kausaler Beitrag erforderlich, ein bloßes Unterlassen bestimmter Handlungen reicht nicht aus. Daher kann allein die Weigerung, weitere Kreditmittel zu gewähren - auch wenn dies zur Abwendung einer Insolvenz geboten wäre - eine Haftung nach § 74 AO nicht begründen (vgl. BFH-Urteil vom 1.12.2015, VII R 34/14, BStBl 2016 II S. 375).

§ 75 Haftung des Betriebsübernehmers (S 0196)

(1) [1]Wird ein Unternehmen oder ein in der Gliederung eines Unternehmens gesondert geführter Betrieb im Ganzen übereignet, so haftet der Erwerber für Steuern, bei denen sich die Steuerpflicht auf den Betrieb des Unternehmens gründet, und für Steuerabzugsbeträge, vorausgesetzt, dass die Steuern seit dem Beginn des letzten, vor der Übereignung liegenden Kalenderjahrs entstanden sind und bis zum Ablauf von einem Jahr nach Anmeldung des Betriebs durch den Erwerber festgesetzt oder angemeldet werden. [2]Die Haftung beschränkt sich auf den Bestand des übernommenen Vermögens. [3]Den Steuern stehen die Ansprüche auf Erstattung von Steuervergütungen gleich.

(2) Absatz 1 gilt nicht für Erwerbe aus einer Insolvenzmasse und für Erwerbe im Vollstreckungsverfahren.

AEAO zu § 75 - Haftung des Betriebsübernehmers:

Inhaltsübersicht

1. Art der Haftung

§ 75 AO begründet eine persönliche, keine dingliche Haftung, die jedoch ihrem Gegenstand nach auf den Bestand des übereigneten Unternehmens bzw. Teilbetriebes beschränkt ist.

2. Haftungsschuldner

Haftungsschuldner ist der an der Geschäftsveräußerung beteiligte Erwerber. Als Erwerber kommt jeder in Betracht, der Träger von Rechten und Pflichten sein kann.

3. Haftungstatbestand

Haftungstatbestand ist die Übereignung eines Unternehmens oder eines in der Gliederung eines Unternehmens gesondert geführten Betriebes im Ganzen.

3.1 Übereignung eines Unternehmens oder gesondert geführten Betriebes

Unternehmen ist jede wirtschaftliche Einheit oder organisatorische Zusammenfassung persönlicher oder sachlicher Mittel zur Verfolgung wirtschaftlicher Zwecke, d. h. ein Unternehmen i. S. d. § 2 Abs. 1 UStG (BFH-Urteile vom 14.5.1970, V R 117/66, BStBl II S. 676, vom 28.11.1973, I R 129/71, BStBl 1974 II S. 145, vom 27.11.1979, VII R 12/79, BStBl 1980 II S. 258, vom 11.5.1993, VII R 86/92, BStBl II S. 700, und vom 7.3.1996, VII B 242/95, BFH/NV S. 726).

Ein gesondert geführter Betrieb i. S. d. § 75 AO ist ein mit gewisser Selbständigkeit ausgestatteter, organisch geschlossener Teil eines Gesamtbetriebes, der für sich allein lebensfähig ist. Fehlt es hieran, so kommt eine Haftung - ohne Rücksicht auf den Umfang der übernommenen Wirtschaftsgüter - nicht in Betracht (BFH-Urteile vom 15.3.1984, IV R 189/81, BStBl II S. 486, vom 3.12.1985, VII R 186/83, BFH/NV 1986 S. 315, und vom 29.4.1993, IV R 88/92, BFH/NV 1994 S. 694). Ob ein Betriebsteil die für die Annahme eines gesondert geführten Betriebes erforderliche Selbständigkeit besitzt, ist nach dem Gesamtbild der Verhältnisse zu entscheiden. Als Abgrenzungsmerkmale sind u. a. von Bedeutung: Räumliche Trennung vom Hauptbetrieb, gesonderte Buchführung, eigenes Personal, eigene Verwaltung, selbständige Organisation, eigenes Anlagevermögen, ungleichartige betriebliche Tätigkeit und eigener Kundenstamm. Diese Merkmale, die nicht sämtlich vorliegen müssen, haben unterschiedliches Gewicht je nachdem, ob es sich um einen Handels-, Dienstleistungs- oder Fertigungsbetrieb handelt (vgl. BFH-Urteile vom 23.11.1988, X R 1/86, BStBl 1989 II S. 376, und vom 29.4.1993, IV R 88/92, a. a. O.). Bei Einzelhandelsfilialen reicht es für die Annahme eines gesondert geführten Betriebes regelmäßig nicht aus, dass die Filiale vom Hauptbetrieb räumlich getrennt ist und über eigenes Personal, eine selbständige Kassenführung und einen eigenen Kundenkreis verfügt. Es muss hinzukommen, dass die Filiale über selbständige Wareneinkaufsbeziehungen und eine selbständige Preisgestaltung verfügt (BFH-Urteile vom 12.9.1979, I R 146/76, BStBl 1980 II S. 51, vom 12.2.1992, XI R 21/90, BFH/NV S. 516, und vom 29.4.1993, IV R 88/92, a. a. O.).

3.2 Übereignung der wesentlichen Betriebsgrundlagen

Die Übereignung des Unternehmens im Ganzen setzt voraus, dass alle wesentlichen Betriebsgrundlagen von dem Veräußerer auf den Erwerber dergestalt übergehen, dass dieser in der Lage ist, wirtschaftlich wie ein Eigentümer darüber zu verfügen und so das Unternehmen fortzuführen (BFH-Urteile vom

18.3.1986, VII R 146/81, BStBl II S. 589, und vom 10.12.1991, VII R 57/89, BFH/NV 1992 S. 712). Welche Wirtschaftsgüter wesentliche Betriebsgrundlage sind, hängt letztendlich von der Art des Betriebes ab und ist nach den Umständen des Einzelfalls zu entscheiden; in Betracht kommen z. B. Geschäftsgrundstücke, -räume und -einrichtung, das Warenlager, Maschinen, Nutzungs- und Gebrauchsrechte oder der Kundenstamm. Maßgeblich ist das tatsächliche Ergebnis der Übertragung, nicht etwa vertraglich getroffene Vereinbarungen (BFH-Urteil vom 23.10.1985, VII R 142/81, BFH/NV 1986 S. 381). Eine Haftung kommt nicht in Betracht, sofern der frühere Betriebsinhaber eine wesentliche Betriebsgrundlage zurückbehält und später übereignet (BFH-Urteil vom 6.8.1985, VII R 189/82, BStBl II S. 651).

Eine Betriebsübereignung i. S. d. § 75 AO setzt bei Grundstücken, die zu den wesentlichen Grundlagen des Unternehmens gehören und im Eigentum des Betriebsinhabers stehen, voraus, dass sie nach den Vorschriften des BGB an den Erwerber übereignet werden. Die Vermietung oder Verpachtung eines solchen Grundstücks durch den früheren Betriebsinhaber an den fortführenden Unternehmer vermag die Haftung nicht zu begründen (BFH-Urteile vom 18.3.1986, VII R 146/81, BStBl II S. 589, und vom 29.10.1985, VII R 194/82, BFH/NV 1987 S. 358). Das Gleiche gilt, wenn der frühere Unternehmer den ihm gehörenden Hälfteanteil des Betriebsgrundstücks als wesentliche Grundlage des Betriebes nicht an die als Haftungsschuldner in Betracht kommende GmbH, sondern an deren Alleingesellschafter und alleinigen Geschäftsführer übereignet (BFH-Urteil vom 16.3.1982, VII R 105/79, BStBl II S. 483).

Umfassen die wesentlichen Betriebsgrundlagen Wirtschaftsgüter, die nicht im bürgerlich-rechtlichen Sinne übereignet werden können (z. B. Erfahrungen, Geheimnisse, Beziehungen zu Kunden, Lieferanten und Mitarbeitern), genügt es, wenn diese lediglich im wirtschaftlichen Sinne übereignet werden, so dass der Erwerber ein eigentümerähnliches Herrschaftsverhältnis erlangt (BFH-Urteile vom 27.11.1979, VII R 12/79, BStBl 1980 II S. 258, vom 16.3.1982, VII R 105/79, BStBl II S. 483, und vom 3.5.1994, VII B 265/93, BFH/NV S. 762).

Gehören zu den wesentlichen Betriebsgrundlagen auch Nutzungsrechte, z. B. Miet- oder Pachtrechte, die nicht nach bürgerlich-rechtlichen Grundsätzen übereignet werden können, so reicht es für die Übertragung solcher Rechte aus, dass der Betriebsübernehmer unter Mitwirkung des bisherigen Betriebsinhabers mit dem Vermieter oder Verpächter einen entsprechenden Nutzungsvertrag abschließt. Für die Mitwirkung des bisherigen Betriebsinhabers ist es ausreichend, wenn dieser in irgendeiner tatsächlichen Art und Weise in den Abschluss des neuen Nutzungsvertrages eingeschaltet war, sei es, dass er den Eintritt des Betriebsübernehmers in den alten Vertrag oder den Neuabschluss des Nutzungsvertrages initiierte, vermittelte, befürwortete oder auch nur billigte (BFH-Urteil vom 21.2.1989, VII R 164/85, BFH/NV S. 617, und BFH-Beschluss vom 19.5.1998, VII B 281/97, BFH/NV 1999 S. 4).

Ein auf fremdem Grundstück unterhaltener Betrieb ist erst dann übereignet, wenn der Pachtvertrag mit dem Grundstückseigentümer auf den Erwerber übergeleitet ist. Dies gilt auch dann, wenn andere Betriebsgrundlagen bereits vorher auf den Erwerber übergegangen sind (BFH-Urteil vom 17.2.1988, VII R 97/85, BFH/NV S. 755).

Für die Haftung des Betriebsübernehmers kommt es nur darauf an, dass das wirtschaftliche Eigentum an den wesentlichen Betriebsgrundlagen, d. h. die Möglichkeit, über den Einsatz der Gegenstände allein entscheiden zu können, vom bisherigen Unternehmer auf den Erwerber übergeht. Die Haftung des Betriebsübernehmers kommt daher auch dann in Betracht, wenn der Erwerber das wirtschaftliche Herrschaftsverhältnis über im fremden Sicherungseigentum stehendes Betriebsvermögen durch Vereinbarung mit dem bisherigen Unternehmer erlangt (BFH-Urteil vom 22.9.1992, VII R 73-74/91, BFH/NV 1993 S. 215). Eine Haftung des Betriebsübernehmers scheidet dagegen aus, wenn der Erwerber das (wirtschaftliche) Eigentum durch Erwerb vom Sicherungsnehmer erlangt, ohne dass der frühere Betreiber des Unternehmens an dem Geschäft in irgendeiner Weise beteiligt war (BFH-Urteil vom 19.1.1988, VII R 74/85, BFH/NV S. 479, und BFH-Beschluss vom 3.5.1994, VII B 265/93 BFH/NV S. 762).

Eine Übereignung in mehreren Teilakten ist eine Übertragung im Ganzen, wenn die einzelnen Teile im wirtschaftlichen Zusammenhang stehen und der Wille auf Erwerb des Unternehmens gerichtet ist (BFH-Urteile vom 16.3.1982, VII R 105/79, BStBl II S. 483, vom 17.2.1988, VII R 97/85, BFH/NV S. 755, und vom 3.5.1994, VII B 265/93, BFH/NV S. 762).

3.3 Lebendes Unternehmen

Der Haftung des Betriebsübernehmers stehen Überschuldung, Zahlungsunfähigkeit bzw. Insolvenzreife des bisherigen Unternehmens nicht entgegen. Die Haftung des Erwerbers ist davon abhängig, dass er ein lebendes Unternehmen erwirbt. Dazu ist erforderlich, dass der Erwerber das Unternehmen ohne nennenswerte finanzielle Aufwendungen fortführen oder, sofern der Betrieb des Unternehmens vor dem Erwerb bereits eingestellt war, ohne großen Aufwand wieder in Gang setzen kann (BFH-Urteile vom 18.3.1986, VII R 146/81, BStBl II S. 589, vom 11.5.1993, VII R 86/92, BStBl II S. 700, und vom 10.12.1991, VII R 57/89, BFH/NV 1992 S. 712)

Die Haftung des Erwerbers wird nicht dadurch ausgeschlossen, dass dieser den Betrieb nur dann in der bisherigen Weise fortführen kann, wenn er an die Stelle des Veräußerers in das Vertragsnetz eines anderen Unternehmens eintritt (BFH-Urteil vom 27.5.1986, VII R 183/83, BStBl II S. 654).

Die Abweisung des Antrags des bisherigen Betriebsinhabers auf Eröffnung des Insolvenzverfahrens mangels Masse kann ein Indiz dafür sein, dass ein lebendes Unternehmen nicht mehr vorhanden ist; sie ist aber kein Kriterium, das eine Haftung des Betriebsübernehmers generell ausschließt (vgl. BFH-Urteile vom 22.9.1992, VII R 73-74/91, BFH/NV 1993 S. 215).

3.4 Haftungsausschluss für Erwerbe aus einer Insolvenzmasse und im Vollstreckungsverfahren

Für Erwerbe aus einer Insolvenzmasse und im Vollstreckungsverfahren scheidet eine Haftung des Betriebsübernehmers aus (§ 75 Abs. 2 AO). Aus einer Insolvenzmasse wird ein Unternehmen erworben, wenn der Erwerb nach Eröffnung und vor Einstellung oder Aufhebung des Insolvenzverfahrens getätigt wird. Ist die Eröffnung des Insolvenzverfahrens mangels Masse abgelehnt worden, so greift der Haftungsausschluss nach § 75 Abs. 2 AO nicht ein (vgl. BFH-Urteil vom 23.7.1998, VII R 143/97, BStBl II S. 765).

Ein Erwerb im Vollstreckungsverfahren liegt vor, wenn dieser im Rahmen der Verwertung, also der Zwangsversteigerung (§ 17 ZVG), der besonderen Verwertung (§ 65 ZVG), der Versteigerung (§ 814 ZPO), der anderweitigen Verwertung (§ 825 ZPO) oder der Verwertung nach den §§ 296, 305 AO erfolgt.

Einen darüber hinausgehenden Haftungsausschluss durch private Vereinbarung, etwa vergleichbar des § 25 Abs. 2 HGB, lässt die öffentlich-rechtliche Natur der Haftung nach § 75 AO nicht zu.

4. Umfang der Haftung

4.1 Sachliche Beschränkung

Der Übernehmer eines Unternehmens oder gesondert geführten Betriebes haftet nur

- für die im Betrieb begründeten Steuern (z. B. Umsatzsteuer - ausschließlich der Einfuhrumsatzsteuer gem. § 1 Abs. 1 Nr. 4 UStG und der Umsatzsteuer wegen unberechtigten Steuerausweises gem. § 14c Abs. 2 UStG -, pauschalierte Lohnsteuer, Gewerbesteuer); er haftet dagegen insbesondere nicht für Einkommensteuer, Körperschaftsteuer, Erbschaftsteuer, Grundsteuer, Grunderwerbsteuer und Kraftfahrzeugsteuer;
- für Ansprüche auf Erstattung von Steuervergütungen sowie Prämien und Zulagen, auf die die Vorschriften für Steuervergütungen entsprechend anwendbar sind, wobei der Erstattungsanspruch aus einer betriebsbedingten Steuervergütung bzw. Prämie oder Zulage resultieren muss (insbesondere Rückforderung der Investitionszulage);
- für Steuerabzugsbeträge, insbesondere Lohnsteuer, Kapitalertragsteuer, Abzugsbeträge nach §§ 48, 50a EStG.

Nach dem BFH-Urteil vom 28.1.1982, V S 13/81, BStBl II S. 490 umfasst die Haftung auch die durch die Unternehmensveräußerung entstandene Umsatzsteuerschuld. Zwar unterliegt eine Unternehmensveräußerung gem. § 1 Abs. 1a UStG nicht mehr der Umsatzsteuer. Die Haftung umfasst aber auch die in diesen Fällen unberechtigt ausgewiesene nach § 14c Abs. 1 UStG geschuldete Umsatzsteuer.

Steuerliche Nebenleistungen (§ 3 Abs. 4 AO) sind von der Haftung ausgenommen.

4.2 Zeitliche Beschränkung

Voraussetzung für die Haftung ist, dass die Steuern und Erstattungsansprüche seit dem Beginn des letzten vor der wirtschaftlichen Übereignung liegenden Kalenderjahres entstanden (§ 38 AO) sind und innerhalb eines Jahres nach Anmeldung (§ 138 AO) des Betriebes bei der zuständigen Finanzbehörde durch den Erwerber festgesetzt oder angemeldet worden sind. Die Jahresfrist beginnt frühestens mit dem Zeitpunkt der Betriebsübernahme. Die Fälligkeit der Ansprüche ist unerheblich.

Es reicht aus, wenn die Steuern gegenüber dem Veräußerer innerhalb der Jahresfrist festgesetzt worden sind, der Haftungsbescheid kann später erlassen werden.

4.3 Gegenständliche Beschränkung der Haftung

Die Haftung beschränkt sich auf das übernommene Vermögen (einschließlich Surrogate). Darunter ist das übernommene Aktivvermögen zu verstehen; Schulden sind nicht abzuziehen. Der Haftungsschuldner haftet nicht in Höhe des Wertes des übernommenen Vermögens, sondern mit diesem Vermögen.

Der Umfang der Haftung ist ausreichend bestimmt (§ 119 Abs. 1 AO), wenn im Haftungsbescheid der Vermögenswert angegeben wird, auf den die Haftung beschränkt ist (BFH-Urteil vom 22.9.1992, VII R 73-74/91, BFH/NV 1993 S. 215). Alternativ können die einzelnen übernommenen Gegenstände aufgeführt werden. Handelt es sich um eine größere Anzahl von Gegenständen, können diese in einer besonderen Anlage zum Haftungsbescheid angegeben werden. Es genügt jedoch auch, im Haftungsbescheid auf den Übergabevertrag Bezug zu nehmen, sofern sich aus diesem die übernommenen Gegenstände in eindeutig abgrenzbarer Weise ergeben.

5. Verjährung

Die Festsetzungsfrist beträgt 4 Jahre (§ 191 Abs. 3 Satz 2 AO).

6. Auskunftserteilung bei Betriebsübernahme

Ersucht ein Kaufinteressent das Finanzamt um Auskunft über Rückstände an Betriebssteuern und Steuerabzugsbeträgen, für die eine Haftung in Frage kommt, so kann diese Auskunft nur erteilt werden, wenn der Betriebsinhaber zustimmt (§ 30 Abs. 4 Nr. 3 AO). Der anfragende Kaufinteressent ist ggf. auf die erforderliche Zustimmung sowie darauf hinzuweisen, dass der

Erwerber auch dann nach § 75 Abs. 1 AO haftet, wenn ihm bei der Übereignung die Steuerschulden des Veräußerers nicht bekannt sind.

Der haftungsbegründende Tatbestand ist mit der Eigentumsübertragung verwirklicht. Da Steuerschuldner und Haftender nach § 44 Abs. 1 AO Gesamtschuldner sind, darf dem Erwerber nach erfolgter Eigentumsübertragung eine Auskunft über etwaige bekannte Steuerrückstände des Veräußerers insoweit erteilt werden, als eine Haftung nach § 75 Abs. 1 AO in Betracht kommt. Es ist nicht erforderlich, dass gegen den Erwerber bereits ein Haftungsbescheid ergangen ist.

§ 76 Sachhaftung (S 0197)

(1) Verbrauchsteuerpflichtige Waren und einfuhr- und ausfuhrabgabenpflichtige Waren dienen ohne Rücksicht auf die Rechte Dritter als Sicherheit für die darauf ruhenden Steuern (Sachhaftung).

(2) Die Sachhaftung entsteht bei einfuhr- und ausfuhrabgaben- oder verbrauchsteuerpflichtigen Waren, wenn nichts anderes vorgeschrieben ist, mit ihrem Verbringen in den Geltungsbereich dieses Gesetzes, bei verbrauchsteuerpflichtigen Waren auch mit Beginn ihrer Gewinnung oder Herstellung.

(3) [1]Solange die Steuer nicht entrichtet ist, kann die Finanzbehörde die Waren mit Beschlag belegen. [2]Als Beschlagnahme genügt das Verbot an den, der die Waren im Gewahrsam hat, über sie zu verfügen.

(4) [1]Die Sachhaftung erlischt mit der Steuerschuld. [2]Sie erlischt ferner mit der Aufhebung der Beschlagnahme oder dadurch, dass die Waren mit Zustimmung der Finanzbehörde in einen steuerlich nicht beschränkten Verkehr übergehen.

(5) Von der Geltendmachung der Sachhaftung wird abgesehen, wenn die Waren dem Verfügungsberechtigten abhanden gekommen sind und die verbrauchsteuerpflichtigen Waren in einen Herstellungsbetrieb aufgenommen oder die einfuhr- und ausfuhrabgabenpflichtigen Waren eine zollrechtliche Bestimmung erhalten.

§ 77 Duldungspflicht (S 0198)

(1) Wer kraft Gesetzes verpflichtet ist, eine Steuer aus Mitteln, die seiner Verwaltung unterliegen, zu entrichten, ist insoweit verpflichtet, die Vollstreckung in dieses Vermögen zu dulden.

(2) [1]Wegen einer Steuer, die als öffentliche Last auf Grundbesitz ruht, hat der Eigentümer die Zwangsvollstreckung in den Grundbesitz zu dulden. [2]Zugunsten der Finanzbehörde gilt als Eigentümer, wer als solcher im Grundbuch eingetragen ist. [3]Das Recht des nicht eingetragenen Eigentümers, die ihm gegen die öffentliche Last zustehenden Einwendungen geltend zu machen, bleibt unberührt.

AEAO zu § 77 - Duldungspflicht:

1. Eine Duldungspflicht kommt vor allem bei den in den §§ 34 und 35 AO genannten Personen in Betracht. Als öffentliche Last ruht auf dem Grundbesitz die Grundsteuer (§ 12 GrStG).

2. Zum Erlass eines Duldungsbescheids wird auf § 191 AO hingewiesen, wegen weiterer Vorschriften über die Duldung der Zwangsvollstreckung auf die §§ 262, 264 und 265 AO.

Dritter Teil – Allgemeine Verfahrensvorschriften

Erster Abschnitt – Verfahrensgrundsätze

1. Unterabschnitt – Beteiligung am Verfahren

§ 78 Beteiligte (S 0200)

Beteiligte sind

1. **Antragsteller und Antragsgegner,**
2. **diejenigen, an die die Finanzbehörde den Verwaltungsakt richten will oder gerichtet hat,**
3. **diejenigen, mit denen die Finanzbehörde einen öffentlich-rechtlichen Vertrag schließen will oder geschlossen hat.**

AEAO zu § 78 - Beteiligte:

Unter Beteiligten sind i. d. R. die Steuerpflichtigen (§ 33 Abs. 1 AO) zu verstehen. Der Beteiligtenbegriff des § 78 AO gilt nicht im Zerlegungs- und Einspruchsverfahren (§§ 186, 359 AO; vgl. BFH-Beschluss vom 28.3.1979, I B 79/78, BStBl II S. 538).

§ 79 Handlungsfähigkeit (S 0201)

(1) Fähig zur Vornahme von Verfahrenshandlungen sind:

1. **natürliche Personen, die nach bürgerlichem Recht geschäftsfähig sind,**
2. **natürliche Personen, die nach bürgerlichem Recht in der Geschäftsfähigkeit beschränkt sind, soweit sie für den Gegenstand des Verfahrens durch Vorschriften des bürgerlichen Rechts als geschäftsfähig oder durch Vorschriften des öffentlichen Rechts als handlungsfähig anerkannt sind,**
3. **juristische Personen, Vereinigungen oder Vermögensmassen durch ihre gesetzlichen Vertreter oder durch besonders Beauftragte,**
4. **Behörden durch ihre Leiter, deren Vertreter oder Beauftragte.**

(2) Betrifft ein Einwilligungsvorbehalt nach § 1825 des Bürgerlichen Gesetzbuchs den Gegenstand des Verfahrens, so ist ein geschäftsfähiger Betreuter nur insoweit zur Vornahme von Verfahrenshandlungen fähig, als er nach den Vorschriften des bürgerlichen Rechts ohne Einwilligung des Betreuers handeln kann oder durch Vorschriften des öffentlichen Rechts als handlungsfähig anerkannt ist.

(3) Die §§ 53 und 55 der Zivilprozessordnung gelten entsprechend.

AEAO zu § 79 – Handlungsfähigkeit:

1. Kann ein Volljähriger seine Angelegenheiten ganz oder teilweise rechtlich nicht besorgen und beruht dies auf einer Krankheit oder Behinderung, bestellt das Betreuungsgericht nach § 1814 Abs. 1 BGB für ihn einen rechtlichen Betreuer (Betreuer).

   Der Beschluss, mit dem die Betreuerbestellung erfolgt (§ 286 FamFG), und der Betreuerausweis (§ 290 FamFG) müssen den Aufgabenkreis unter Benennung der einzelnen Aufgabenbereiche, in dessen Rahmen der Betreuer für den Betreuten tätig werden darf, sowie die Anordnung etwaiger Einwilligungsvorbehalte (§ 1825 BGB) enthalten.

   Der Aufgabenkreis bzw. Aufgabenbereich „Vermögenssorge" beinhaltet auch die Erledigung der steuerlichen Angelegenheiten des Betreuten. Die ausdrückliche Erwähnung der Erfüllung der steuerlichen Pflichten ist nicht erforderlich, es genügt, wenn die Wahrnehmung der steuerlichen Belange in einem sachlichen Zusammenhang mit den übertragenen Aufgaben steht.

2. Die Bestellung eines Betreuers lässt die Geschäftsfähigkeit des Betreuten und dessen Handlungsfähigkeit grundsätzlich unberührt, selbst wenn das konkrete Verwaltungsverfahren in den Aufgabenkreis fällt, für den der Betreuer bestellt ist. Da der Betreuer gleichzeitig innerhalb seines Aufgabenkreises die Stellung eines gesetzlichen Vertreters des Betreuten hat (§ 1823 BGB i. V. m. § 34 Abs. 1 AO), besteht eine sog. Doppelzuständigkeit. Sowohl der Betreute als auch der Betreuer können daher unabhängig voneinander steuerliche Verfahrenshandlungen wirksam vornehmen.

   Soweit der Betreuer in einem Besteuerungsverfahren stellvertretend für den Betreuten rechtswirksame Erklärungen abgeben will, muss er dies der Finanzbehörde mitteilen. Der Betreuer muss dabei nicht ausdrücklich erklären, dass er von seiner Vertretungsbefugnis Gebrauch macht, er muss nur erkennbar als Betreuer für den Betreuten auftreten.

3. Sobald aber das Gericht einen Einwilligungsvorbehalt (§ 1825 BGB i. V. m. § 79 Abs. 2 AO) angeordnet oder der Betreuer gegenüber der Finanzbehörde eine Ausschließlichkeitserklärung (§ 53 Abs. 2 Satz 1 ZPO i. V. m. § 79 Abs. 3 AO) abgegeben hat, kann nur noch der Betreuer Verfahrenshandlungen wirksam vor- und entgegennehmen. Verfahrenshandlungen des Betreuten sind insoweit unwirksam bzw. unzulässig.

4. Mit Eingang der Ausschließlichkeitserklärung steht der Betreute im weiteren Besteuerungsverfahren einer nicht handlungsfähigen Person gleich. Dadurch verdrängt der Betreuer mit Wirkung für die Zukunft die eigene rechtliche Handlungsfähigkeit des Betreuten. Etwaige bereits zuvor von einem geschäfts-fähigen und damit gemäß § 79 Abs. 1 Nr. 1 AO handlungsfähigen Betreuten abgegebenen Erklärungen bleiben hiervon unberührt und wirksam.

   Die Ausschließlichkeitserklärung kann jederzeit gegenüber der Finanzbehörde schriftlich abgegeben, nach Maßgabe des § 87a Abs. 3 AO elektronisch übermittelt oder zur Niederschrift erklärt werden; Nr. 7 des AEAO zu § 46 gilt entsprechend.

Der Betreuer muss den zeitlichen und sachlichen Geltungsbereich der Ausschließlichkeitserklärung bezeichnen; fehlen hierzu eindeutige Angaben, muss ihr Geltungsbereich weiter aufgeklärt werden.

Der Betreuer kann eine von ihm abgegebene Ausschließlichkeitserklärung jederzeit mit Wirkung für die Zukunft wieder zurücknehmen (§ 53 Abs. 2 Satz 3 ZPO).

5. Eine Ausschließlichkeitserklärung gilt jeweils nur für das betroffene Besteuerungsverfahren, das in der Regel mit dem Steuerbescheid (ggf. bis zum Abschluss eines außergerichtlichen Einspruchsverfahrens) und dessen Vollzug endet, und nach Maßgabe der Erklärung ggf. auch für andere an diesem Verfahren beteiligte Finanzbehörden.

   Für ein neues Verwaltungsverfahren, insbesondere für einen neuen Besteuerungszeitraum, oder ein gerichtliches Rechtsbehelfsverfahren wirkt die Ausschließlichkeitserklärung rechtlich nicht fort; der Betreuer hat deshalb in jedem einzelnen Besteuerungs- oder Gerichtsverfahren erneut zu prüfen, ob er eine Ausschließlichkeitserklärung abgibt.

6. Wegen der Bekanntgabe von Steuerverwaltungsakten in Fällen der Betreuerbestellung nach § 1814 Abs. 1 BGB Hinweis auf den AEAO zu § 122, Nr. 2.2.4.

§ 80 Bevollmächtigte und Beistände (S 0202)

(1) [1]Ein Beteiligter kann sich durch einen Bevollmächtigten vertreten lassen. [2]Die Vollmacht ermächtigt zu allen das Verwaltungsverfahren betreffenden Verfahrenshandlungen, sofern sich aus ihrem Inhalt nicht etwas anderes ergibt; sie ermächtigt nicht zum Empfang von Steuererstattungen und Steuervergütungen. [3]Ein Widerruf der Vollmacht wird der Finanzbehörde gegenüber erst wirksam, wenn er ihr zugeht; Gleiches gilt für eine Veränderung der Vollmacht.

(2) [1]Bei Personen und Vereinigungen im Sinne der §§ 3 und 4 Nummer 11 des Steuerberatungsgesetzes, die für den Steuerpflichtigen handeln, wird eine ordnungsgemäße Bevollmächtigung vermutet. [2]Für den Abruf von bei den Landesfinanzbehörden zum Vollmachtgeber gespeicherten Daten wird eine ordnungsgemäße Bevollmächtigung nur nach Maßgabe des § 80a Absatz 2 und 3 vermutet.

(3) Die Finanzbehörde kann auch ohne Anlass den Nachweis der Vollmacht verlangen.

(4) [1]Die Vollmacht wird weder durch den Tod des Vollmachtgebers noch durch eine Veränderung in seiner Handlungsfähigkeit oder durch eine Veränderung seiner gesetzlichen Vertretung aufgehoben. [2]Der Bevollmächtigte hat jedoch, wenn er für den Rechtsnachfolger im Verwaltungsverfahren auftritt, dessen Vollmacht auf Verlangen nachzuweisen.

(5) [1]Ist für das Verfahren ein Bevollmächtigter bestellt, so soll sich die Finanzbehörde an ihn wenden. [2]Sie kann sich an den Beteiligten selbst wenden, soweit er zur Mitwirkung verpflichtet ist. [3]Wendet sich die Finanzbehörde an den Beteiligten, so soll der Bevollmächtigte verständigt werden. [4]Für die Bekanntgabe von Verwaltungsakten an einen Bevollmächtigten gilt § 122 Absatz 1 Satz 3 und 4.

(6) [1]Ein Beteiligter kann zu Verhandlungen und Besprechungen mit einem Beistand erscheinen. [2]Das von dem Beistand Vorgetragene gilt als von dem Beteiligten vorgebracht, soweit dieser nicht unverzüglich widerspricht.

(7) [1]Soweit ein Bevollmächtigter geschäftsmäßig Hilfe in Steuersachen leistet, ohne dazu befugt zu sein, ist er mit Wirkung für alle anhängigen und künftigen Verwaltungsverfahren des Vollmachtgebers im Zuständigkeitsbereich der Finanzbehörde zurückzuweisen. [2]Die Zurückweisung ist dem Vollmachtgeber und dem Bevollmächtigten bekannt zu geben. [3]Die Finanzbehörde ist befugt, andere Finanzbehörden über die Zurückweisung des Bevollmächtigten zu unterrichten.

(8) [1]Ein Bevollmächtigter kann von einem schriftlichen, elektronischen oder mündlichen Vortrag zurückgewiesen werden, soweit er hierzu ungeeignet ist. [2]Dies gilt nicht für die in § 3 Nummer 1, § 4 Nummer 1 und 2 und § 23 Absatz 3 des Steuerberatungsgesetzes bezeichneten natürlichen Personen sowie natürliche Personen, die für eine Landwirtschaftliche Buchstelle tätig und nach § 44 des Steuerberatungsgesetzes berechtigt sind, die Berufsbezeichnung „Landwirtschaftliche Buchstelle“ zu führen. [3]Die Zurückweisung ist dem Vollmachtgeber und dem Bevollmächtigten bekannt zu geben.

(9) [1]Soweit ein Beistand geschäftsmäßig Hilfe in Steuersachen leistet, ohne dazu befugt zu sein, ist er mit Wirkung für alle anhängigen und künftigen Verwaltungsverfahren des Steuerpflichtigen im Zuständigkeitsbereich der Finanzbehörde zurückzuweisen; Absatz 7 Satz 2 und 3 gilt entsprechend. [2]Ferner kann er vom schriftlichen, elektronischen oder mündlichen Vortrag zurückgewiesen werden, falls er zu einem sachgemäßen Vortrag nicht fähig oder willens ist; Absatz 8 Satz 2 und 3 gilt entsprechend.

(10) Verfahrenshandlungen, die ein Bevollmächtigter oder ein Beistand vornimmt, nachdem ihm die Zurückweisung bekannt gegeben worden ist, sind unwirksam.

AEAO zu § 80 - Bevollmächtigte und Beistände:

1. Die Finanzbehörde kann den Nachweis einer Vollmacht jederzeit ohne besonderen Anlass und ohne Begründung fordern. Dieser Nachweis kann in schriftlicher oder elektronischer Form oder durch mündliche Bestätigung des Vollmachtgebers an Amtsstelle erbracht werden. Bei einer elektronisch erteilten Vollmacht genügt eine Unterzeichnung mittels Signaturpad. Hat ein Bevollmächtigter i. S. d. § 80 Abs. 2 Satz 1 AO die ihm schriftlich erteilte Vollmacht gescannt und bewahrt er den Scan nach den berufsrechtlichen Vorgaben ordnungsgemäß auf, darf die schriftliche Originalvollmacht vernichtet werden. Zum Nachweis der Bevollmächtigung in den Fällen des § 80a AO vgl. AEAO zu § 80a, Nr. 1.

   Umfasst eine Vertretungsvollmacht auch eine Datenabrufvollmacht, ist die Bevollmächtigung nachzuweisen, sofern die Bevollmächtigung nicht nach § 80a Abs. 2 oder 3 AO gesetzlich vermutet wird. Zum Nachweis einer Empfangsvollmacht vgl. § 122 Abs. 1 Satz 4 AO.

2. Eine Vollmacht ermächtigt zwar nicht zum Empfang von Erstattungen oder Vergütungen. Der Bevollmächtigte kann jedoch in anderer Weise über das Guthaben des Steuerpflichtigen verfügen, indem er z. B. namens des Steuerpflichtigen gegenüber der Finanzbehörde aufrechnet (§ 226 AO). Erstattungen an Bevollmächtigte oder andere Personen sind zulässig, wenn der Steuerpflichtige eine entsprechende Zahlungsanweisung erteilt; die Finanzbehörde ist jedoch nicht zur Zahlung an sie verpflichtet.

3. Bei der Unterzeichnung von Steuererklärungen ist, wenn die Einzelsteuergesetze die eigenhändige Unterschrift vorsehen, eine Vertretung durch Bevollmächtigte nur unter den Voraussetzungen des § 150 Abs. 3 AO zulässig.

4. Der Schriftwechsel und die Verhandlungen im Besteuerungsverfahren sind mit dem Bevollmächtigten zu führen. Nur bei Vorliegen besonderer Gründe soll sich die Finanzbehörde an den Beteiligten selbst wenden, z. B. um ihn um Auskünfte zu bitten, die nur er selbst als Wissensträger geben kann. In diesem Fall ist der Bevollmächtigte zu unterrichten. Inwieweit Verwaltungsakte, insbesondere Steuerbescheide, gegenüber dem Bevollmächtigten bekannt zu geben sind, richtet sich nach § 122 Abs. 1 Satz 3 und 4 AO.

5. Mit der Bestellung eines Bevollmächtigten verliert der Steuerpflichtige nicht die Möglichkeit, selbst rechtswirksame Erklärungen gegenüber der Finanzbehörde abzugeben. Er kann z. B. auch einen von dem Bevollmächtigten eingelegten Einspruch zurücknehmen.

6. Verfahrenshandlungen, die ein Bevollmächtigter oder Beistand vor seiner Zurückweisung vorgenommen hat, bleiben wirksam.

§ 80a Elektronische Übermittlung von Vollmachtsdaten an Landesfinanzbehörden (S 0202)

(1) [1]Daten aus einer Vollmacht zur Vertretung in steuerlichen Verfahren, die nach amtlich bestimmtem Formular erteilt worden sind, können den Landesfinanzbehörden nach amtlich vorgeschriebenem Datensatz über die amtlich bestimmten Schnittstellen übermittelt werden. [2]Im Datensatz ist auch anzugeben, ob der Vollmachtgeber den Bevollmächtigten zum Empfang von für ihn bestimmten Verwaltungsakten oder zum Abruf von bei den Finanzbehörden zu seiner Person gespeicherten Daten ermächtigt hat. [3]Die übermittelten Daten müssen der erteilten Vollmacht entsprechen. [4]Wird eine Vollmacht, die nach Satz 1 übermittelt worden ist, vom Vollmachtgeber gegenüber dem Bevollmächtigten widerrufen oder verändert, muss der Bevollmächtigte dies unverzüglich den Landesfinanzbehörden nach amtlich vorgeschriebenem Datensatz mitteilen.

(2) [1]Werden die Vollmachtsdaten von einem Bevollmächtigten, der nach § 3 des Steuerberatungsgesetzes zur geschäftsmäßigen Hilfeleistung in Steuersachen befugt ist, nach Maßgabe des Absatzes 1 übermittelt, so wird eine Bevollmächtigung im mitgeteilten Umfang vermutet, wenn die zuständige Kammer sicherstellt, dass Vollmachtsdaten nur von den Bevollmächtigten übermittelt werden, die zur geschäftsmäßigen Hilfeleistung in Steuersachen befugt sind. [2]Die für den Bevollmächtigten zuständige Kammer hat den Landesfinanzbehörden in diesem Fall auch den Wegfall einer Zulassung unverzüglich nach amtlich vorgeschriebenem Datensatz mitzuteilen.

(3) Absatz 2 gilt entsprechend für Vollmachtsdaten, die von einem anerkannten Lohnsteuerhilfeverein im Sinne des § 4 Nummer 11 des Steuerberatungsgesetzes übermittelt werden, sofern die für die Aufsicht zuständige Stelle in einem automatisierten Verfahren die Zulassung zur Hilfe in Steuersachen bestätigt.

AEAO zu § 80a - Elektronische Übermittlung von Vollmachtsdaten an Landesfinanzbehörden:

1. Die Finanzbehörde kann den Nachweis über das Vorliegen einer Vollmacht, deren Daten nach § 80a Abs. 1 AO elektronisch übermittelt wurden, jederzeit ohne besonderen Anlass und ohne Begründung fordern. In diesem Fall kann der Nachweis der Bevollmächtigung und ihres Umfangs durch Vorlage oder Übersendung einer Ausfertigung, einer Ablichtung oder eines Scans der nach amtlichem Formular erteilten Vollmacht geführt werden. Dies gilt auch bei mittels Signaturpad unterzeichneten elektronischen Vollmachten. Hat ein Bevollmächtigter i. S. d. § 80a Abs. 2 oder 3 AO die ihm schriftlich erteilte Vollmacht i. S. d. § 80a AO gescannt und bewahrt er den Scan nach den berufsrechtlichen Vorgaben ordnungsgemäß auf, darf die schriftliche Originalvollmacht vernichtet werden.

2. Der Vollmachtgeber kann eine Vollmacht, deren Daten nach § 80a Abs. 1 AO elektronisch übermittelt wurden, nicht nur gegenüber dem Bevollmächtigten (vgl. § 80a Abs. 1 Satz 4 AO), sondern auch schriftlich, elektronisch oder mündlich an Amtsstelle gegenüber der Finanzbehörde widerrufen.

§ 81 Bestellung eines Vertreters von Amts wegen (S 0203)

(1) Ist ein Vertreter nicht vorhanden, so hat das Betreuungsgericht, für einen minderjährigen Beteiligten das Familiengericht auf Ersuchen der Finanzbehörde einen geeigneten Vertreter zu bestellen

1. für einen Beteiligten, dessen Person unbekannt ist,

2. für einen abwesenden Beteiligten, dessen Aufenthalt unbekannt ist oder der an der Besorgung seiner Angelegenheiten verhindert ist,

3. für einen Beteiligten ohne Aufenthalt

a) im Inland,

b) in einem anderen Mitgliedstaat der Europäischen Union oder

c) in einem anderen Staat, auf den das Abkommen über den Europäischen Wirtschaftsraum anzuwenden ist,

wenn er der Aufforderung der Finanzbehörde, einen Vertreter zu bestellen, innerhalb der ihm gesetzten Frist nicht nachgekommen ist,

4. für einen Beteiligten, der infolge einer psychischen Krankheit oder körperlichen, geistigen oder seelischen Behinderung nicht in der Lage ist, in dem Verwaltungsverfahren selbst tätig zu werden,

5. bei herrenlosen Sachen, auf die sich das Verfahren bezieht, zur Wahrung der sich in Bezug auf die Sache ergebenden Rechte und Pflichten.

(2) Für die Bestellung des Vertreters ist in den Fällen des Absatzes 1 Nr. 4 das Betreuungsgericht, für einen minderjährigen Beteiligten das Familiengericht zuständig, in dessen Bezirk der Beteiligte seinen gewöhnlichen Aufenthalt (§ 272 Abs. 1 Nr. 2 des Gesetzes über das Verfahren in Familiensachen und in den Angelegenheiten der freiwilligen Gerichtsbarkeit) hat; im Übrigen ist das Gericht zuständig, in dessen Bezirk die ersuchende Finanzbehörde ihren Sitz hat.

(3) [1]Der Vertreter hat gegen den Rechtsträger der Finanzbehörde, die um seine Bestellung ersucht hat, Anspruch auf eine angemessene Vergütung und auf die Erstattung seiner baren Auslagen. [2]Die Finanzbehörde kann von dem Vertretenen Ersatz ihrer Aufwendungen verlangen. [3]Sie bestimmt die Vergütung und stellt die Auslagen und Aufwendungen fest.

(4) Im Übrigen gelten für die Bestellung und für das Amt des Vertreters in den Fällen des Absatzes 1 Nr. 4 die Vorschriften über die Betreuung, in den übrigen Fällen die Vorschriften über die Pflegschaft entsprechend.

AEAO zu § 81 - Bestellung eines Vertreters von Amts wegen:

Die Finanzbehörden haben im Allgemeinen keinen Anlass, die Bestellung eines Vertreters von Amts wegen zu beantragen. Wegen der Bekanntgabe von Verwaltungsakten an Beteiligte im Ausland vgl. AEAO zu § 122, Nr. 1.8.4.

2. Unterabschnitt – Ausschließung und Ablehnung von Amtsträgern und anderen Personen

§ 82 Ausgeschlossene Personen (S 0210)

(1) [1]In einem Verwaltungsverfahren darf für eine Finanzbehörde nicht tätig werden,

1. wer selbst Beteiligter ist,

2. wer Angehöriger (§ 15) eines Beteiligten ist,

3. wer einen Beteiligten kraft Gesetzes oder Vollmacht allgemein oder in diesem Verfahren vertritt,

4. wer Angehöriger (§ 15) einer Person ist, die für einen Beteiligten in diesem Verfahren Hilfe in Steuersachen leistet,

5. wer bei einem Beteiligten gegen Entgelt beschäftigt ist oder bei ihm als Mitglied des Vorstands, des Aufsichtsrats oder eines gleichartigen Organs tätig ist; dies gilt nicht für den, dessen Anstellungskörperschaft Beteiligte ist,

6. wer außerhalb seiner amtlichen Eigenschaft in der Angelegenheit ein Gutachten abgegeben hat oder sonst tätig geworden ist.

[2]Dem Beteiligten steht gleich, wer durch die Tätigkeit oder durch die Entscheidung einen unmittelbaren Vorteil oder Nachteil erlangen kann. [3]Dies gilt nicht, wenn der Vor- oder Nachteil nur darauf beruht, dass jemand einer Berufs- oder Bevölkerungsgruppe angehört, deren gemeinsame Interessen durch die Angelegenheit berührt werden.

(2) Wer nach Absatz 1 ausgeschlossen ist, darf bei Gefahr im Verzug unaufschiebbare Maßnahmen treffen.

(3) [1]Hält sich ein Mitglied eines Ausschusses für ausgeschlossen oder bestehen Zweifel, ob die Voraussetzungen des Absatzes 1 gegeben sind, ist dies dem Vorsitzenden des Ausschusses mitzuteilen. [2]Der Ausschuss entscheidet über den Ausschluss. [3]Die betroffene Person darf an dieser Entscheidung nicht mitwirken. [4]Das ausgeschlossene Mitglied darf bei der weiteren Beratung und Beschlussfassung nicht zugegen sein.

AEAO zu § 82 - Ausgeschlossene Personen:

1. Wegen der Rechtsfolgen bei einem Verstoß gegen diese Vorschrift wird auf §§ 125 und 127 AO hingewiesen.

2. Hilfe in Steuersachen i. S. d. § 82 Abs. 1 Nr. 4 AO leisten nicht nur diejenigen, die nach dem StBerG ausdrücklich dazu befugt sind, sondern auch sonstige Personen, die ohne gesetzliche Befugnis Hilfe in Steuersachen leisten. Zur Hilfe in Steuersachen zählen auch die nicht dem Erlaubnisvorbehalt des § 2 StBerG unterliegenden mechanischen Buchführungsarbeiten und die Erstattung wissenschaftlicher Gutachten (§ 6 StBerG).

3. Zum Begriff des Amtsträgers Hinweis auf § 7 AO.

§ 83 Besorgnis der Befangenheit (S 0211)

(1) [1]Liegt ein Grund vor, der geeignet ist, Misstrauen gegen die Unparteilichkeit des Amtsträgers zu rechtfertigen oder wird von einem Beteiligten das Vorliegen eines solchen Grundes behauptet, so hat der Amtsträger den Leiter der Behörde oder den von ihm Beauftragten zu unterrichten und sich auf dessen Anordnung der Mitwirkung zu enthalten. [2]Betrifft die Besorgnis der Befangenheit den Leiter der Behörde, so trifft diese Anordnung die Aufsichtsbehörde, sofern sich der Behördenleiter nicht selbst einer Mitwirkung enthält.

(2) Bei Mitgliedern eines Ausschusses ist sinngemäß nach § 82 Abs. 3 zu verfahren.

AEAO zu § 83 - Besorgnis der Befangenheit:

1. Das in § 83 AO vorgeschriebene Verfahren ist nicht nur dann durchzuführen, wenn der Amtsträger tatsächlich befangen ist oder sich für befangen hält, sondern schon dann, wenn ein vernünftiger Grund vorliegt, der den Beteiligten von seinem Standpunkt aus befürchten lassen könnte, dass der Amtsträger nicht unparteiisch sachlich entscheiden werde.
2. Die Entscheidung, ob sich ein Amtsträger der Mitwirkung an einem Verwaltungsverfahren zu enthalten hat, trifft der Behördenleiter bzw. der von ihm Beauftragte oder die Aufsichtsbehörde. Über die Zulässigkeit der Mitwirkung des Amtsträgers im Verwaltungsverfahren ist ggf. im Rechtsbehelfsverfahren über den Verwaltungsakt zu entscheiden.

§ 84 Ablehnung von Mitgliedern eines Ausschusses (S 0212)

[1]Jeder Beteiligte kann ein Mitglied eines in einem Verwaltungsverfahren tätigen Ausschusses ablehnen, das in diesem Verwaltungsverfahren nicht tätig werden darf (§ 82) oder bei dem die Besorgnis der Befangenheit besteht (§ 83). [2]Eine Ablehnung vor einer mündlichen Verhandlung ist schriftlich oder zur Niederschrift zu erklären. [3]Die Erklärung ist unzulässig, wenn sich der Beteiligte, ohne den ihm bekannten Ablehnungsgrund geltend zu machen, in eine mündliche Verhandlung eingelassen hat. [4]Für die Entscheidung über die Ablehnung gilt § 82 Abs. 3 Sätze 2 bis 4. [5]Die Entscheidung über das Ablehnungsgesuch kann nur zusammen mit der Entscheidung angefochten werden, die das Verfahren vor dem Ausschuss abschließt.

3. Unterabschnitt – Besteuerungsgrundsätze, Beweismittel

I. Allgemeines

§ 85 Besteuerungsgrundsätze (S 0220)

[1]Die Finanzbehörden haben die Steuern nach Maßgabe der Gesetze gleichmäßig festzusetzen und zu erheben. [2]Insbesondere haben sie sicherzustellen, dass Steuern nicht verkürzt, zu Unrecht erhoben oder Steuererstattungen und Steuervergütungen nicht zu Unrecht gewährt oder versagt werden.

AEAO zu § 85 - Besteuerungsgrundsätze:

1. Das Gesetz unterscheidet nicht zwischen dem Steuerermittlungsverfahren, das der Festsetzung der Steuer gegenüber einem bestimmten Steuerpflichtigen dient, und dem Steueraufsichtsverfahren, in dem die Finanzbehörden gegenüber allen Steuerpflichtigen darüber wachen, dass die Steuern nicht verkürzt werden. Die Finanzbehörden können sich sowohl bei Ermittlungen, die sich gegen einen bestimmten Steuerpflichtigen richten, als auch bei der Erforschung unbekannter Steuerfälle der Beweismittel des § 92 AO bedienen. Sie können mit der Aufdeckung und Ermittlung unbekannter Steuerfälle auch die Steuerfahndung beauftragen (§ 208 Abs. 1 Satz 1 Nr. 3 AO).

2. Die Finanzbehörde hat die Grundlagen der Besteuerung bei jeder Veranlagung ohne Rücksicht auf die Behandlung desselben Sachverhalts in Vorjahren selbstständig festzustellen und die Rechtslage neu zu beurteilen. Sie ist an die Sach- oder Rechtsbehandlung in früheren Veranlagungszeiträumen nicht gebunden. Etwas anderes gilt nur dann, wenn dem Steuerpflichtigen wirksam eine bestimmte Behandlung zugesagt worden ist (vgl. § 89 Abs. 2 AO und §§ 204 ff. AO) oder die Finanzbehörde durch ihr früheres Verhalten außerhalb einer Zusage einen Vertrauenstatbestand geschaffen hat (vgl. BFH-Urteil vom 30.9.1997, IX R 80/94, BStBl 1998 II S. 771, m. w. N.; vgl. auch AEAO zu § 4, Nr. 4). Fehlt es hieran, gebieten es die Grundsätze der Gesetzmäßigkeit der Verwaltung und der Gleichmäßigkeit der Besteuerung, dass die Finanzbehörde eine als falsch erkannte Auffassung vom frühestmöglichen Zeitpunkt an aufgibt, auch wenn der Steuerpflichtige auf sie vertraut haben sollte. Diese Verpflichtung besteht auch, wenn die fehlerhafte Auffassung in einem Prüfungsbericht niedergelegt worden ist oder wenn die Finanzbehörde über eine längere Zeitspanne eine rechtsirrige, für den Steuerpflichtigen günstige Auffassung vertreten hat. Die Finanzbehörde ist selbst dann nicht an eine bei einer früheren Veranlagung zugrunde gelegte Auffassung gebunden, wenn der Steuerpflichtige im Vertrauen darauf disponiert hat (vgl. BFH-Urteil vom 21.10.1992, X R 99/88, BStBl 1993 II S. 289, m. w. N.).

3. Die Finanzbehörde kann nach pflichtgemäßem Ermessen „betriebsnahe Veranlagungen" durchführen. Die betriebsnahen Veranlagungen gehören zum Steuerfestsetzungsverfahren, wenn sie ohne Prüfungsanordnung mit Einverständnis des Steuerpflichtigen an Ort und Stelle durchgeführt werden; es gelten die allgemeinen Verfahrensvorschriften über Besteuerungsgrundsätze

und Beweismittel (§§ 85, 88 und 90 ff. AO). Eine betriebsnahe Veranlagung bewirkt keine Ablaufhemmung nach § 171 Abs. 4 AO (BFH-Urteil vom 6.7.1999, VIII R 17/97, BStBl 2000 II S. 306).

4. Der gesetzliche Auftrag „sicherzustellen", dass Steuern nicht verkürzt werden usw., weist auf die Befugnis zu Maßnahmen außerhalb eines konkreten Besteuerungsverfahrens hin. So sind den Finanzbehörden allgemeine Hinweise an die Öffentlichkeit oder ähnliche vorbeugende Maßnahmen gegenüber Einzelnen zur Erfüllung des gesetzlichen Auftrags gestattet. Auf der Grundlage des § 85 AO können auch im Wege der Amtshilfe andere Behörden ersucht werden, Aufträge nur zu erteilen, wenn eine von der Finanzbehörde erteilte Bescheinigung in Steuersachen die Bewertung ermöglicht, dass der Bewerber seinen steuerlichen Pflichten im Wesentlichen nachkommt. Wegen der allgemeinen Mitteilungspflicht von Behörden und Rundfunkanstalten wird auf die Mitteilungsverordnung hingewiesen.

§ 86 Beginn des Verfahrens (S 0221)

[1]Die Finanzbehörde entscheidet nach pflichtgemäßem Ermessen, ob und wann sie ein Verwaltungsverfahren durchführt. [2]Dies gilt nicht, wenn die Finanzbehörde auf Grund von Rechtsvorschriften

1. von Amts wegen oder auf Antrag tätig werden muss,

2. nur auf Antrag tätig werden darf und ein Antrag nicht vorliegt.

§ 87 Amtssprache (S 0222)

(1) Die Amtssprache ist Deutsch.

(2) [1]Werden bei einer Finanzbehörde in einer fremden Sprache Anträge gestellt oder Eingaben, Belege, Urkunden oder sonstige Dokumente vorgelegt, kann die Finanzbehörde verlangen, dass unverzüglich eine Übersetzung vorgelegt wird. [2]In begründeten Fällen kann die Vorlage einer beglaubigten oder von einem öffentlich bestellten oder beeidigten Dolmetscher oder Übersetzer angefertigten Übersetzung verlangt werden. [3]Wird die verlangte Übersetzung nicht unverzüglich vorgelegt, so kann die Finanzbehörde auf Kosten des Beteiligten selbst eine Übersetzung beschaffen. [4]Hat die Finanzbehörde Dolmetscher oder Übersetzer herangezogen, erhalten diese eine Vergütung in entsprechender Anwendung des Justizvergütungs- und -entschädigungsgesetzes.

(3) Soll durch eine Anzeige, einen Antrag oder die Abgabe einer Willenserklärung eine Frist in Lauf gesetzt werden, innerhalb deren die Finanzbehörde in einer bestimmten Weise tätig werden muss, und gehen diese in einer fremden Sprache ein, so beginnt der Lauf der Frist erst mit dem Zeitpunkt, in dem der Finanzbehörde eine Übersetzung vorliegt.

(4) [1]Soll durch eine Anzeige, einen Antrag oder eine Willenserklärung, die in fremder Sprache eingehen, zugunsten eines Beteiligten eine Frist gegenüber der Finanzbehörde gewahrt, ein öffentlich-rechtlicher Anspruch geltend gemacht oder eine Leistung begehrt werden, so gelten die Anzeige, der Antrag oder die Willenserklärung als zum Zeitpunkt des Eingangs bei der Finanzbehörde abgegeben, wenn auf Verlangen der Finanzbehörde innerhalb einer von

dieser zu setzenden angemessenen Frist eine Übersetzung vorgelegt wird. [2]Andernfalls ist der Zeitpunkt des Eingangs der Übersetzung maßgebend, soweit sich nicht aus zwischenstaatlichen Vereinbarungen etwas anderes ergibt. [3]Auf diese Rechtsfolge ist bei der Fristsetzung hinzuweisen.

AEAO zu § 87 - Amtssprache:

1. Bei Eingaben in fremder Sprache soll die Finanzbehörde zunächst prüfen, ob eine zur Bearbeitung ausreichende Übersetzung durch eigene Bedienstete oder im Wege der Amtshilfe ohne Schwierigkeiten beschafft werden kann. Übersetzungen sind nur im Rahmen des Notwendigen, nicht aus Prinzip anzufordern. Die Finanzbehörde kann auch Schriftstücke in fremder Sprache entgegennehmen und in einer fremden Sprache verhandeln, wenn der Amtsträger über entsprechende Sprachkenntnisse verfügt. Anträge, die ein Verwaltungsverfahren auslösen, und fristwahrende Eingaben sollen in ihren wesentlichen Teilen in deutscher Sprache aktenkundig gemacht werden. Verwaltungsakte sind grundsätzlich in deutscher Sprache bekannt zu geben.

2. Wegen der Führung von Büchern in einer fremden Sprache Hinweis auf § 146 Abs. 3 AO.

§ 87a Elektronische Kommunikation (S 0222-a)

(1) [1]Die Übermittlung elektronischer Dokumente ist zulässig, soweit der Empfänger hierfür einen Zugang eröffnet. [2]Ein elektronisches Dokument ist zugegangen, sobald die für den Empfang bestimmte Einrichtung es in für den Empfänger bearbeitbarer Weise aufgezeichnet hat; § 122 Absatz 2a sowie die §§ 122a und 123 Satz 2 und 3 bleiben unberührt. [3]Übermittelt die Finanzbehörde Daten, die dem Steuergeheimnis unterliegen, sind diese Daten mit einem geeigneten Verfahren zu verschlüsseln; soweit alle betroffenen Personen schriftlich eingewilligt haben, kann auf eine Verschlüsselung verzichtet werden. [4]Die kurzzeitige automatisierte Entschlüsselung, die beim Versenden einer De-Mail-Nachricht durch den akkreditierten Diensteanbieter zum Zweck der Überprüfung auf Schadsoftware und zum Zweck der Weiterleitung an den Adressaten der De-Mail-Nachricht erfolgt, verstößt nicht gegen das Verschlüsselungsgebot des Satzes 3. [5]Eine elektronische Benachrichtigung über die Bereitstellung von Daten zum Abruf oder über den Zugang elektronisch an die Finanzbehörden übermittelter Daten darf auch ohne Verschlüsselung übermittelt werden.

(1a) [1]Verhandlungen und Besprechungen können auch elektronisch durch Übertragung in Ton oder Bild und Ton erfolgen. [2]Absatz 1 Satz 3 gilt entsprechend.

(2) [1]Ist ein der Finanzbehörde übermitteltes elektronisches Dokument für sie zur Bearbeitung nicht geeignet, hat sie dies dem Absender unter Angabe der für sie geltenden technischen Rahmenbedingungen unverzüglich mitzuteilen. [2]Macht ein Empfänger geltend, er könne das von der Finanzbehörde übermittelte elektronische Dokument nicht bearbeiten, hat sie es ihm erneut in einem geeigneten elektronischen Format oder als Schriftstück zu übermitteln.

(3) [1]Eine durch Gesetz für Anträge, Erklärungen oder Mitteilungen an die Finanzbehörden angeordnete Schriftform kann, soweit nicht durch Gesetz etwas anderes bestimmt ist, durch die elektronische Form ersetzt werden. [2]Der elektronischen Form genügt ein elektronisches Dokument, das mit einer qualifizierten elektronischen Signatur versehen ist. [3]Bei der Signierung darf eine Person ein Pseudonym nur verwenden, wenn sie ihre Identität der Finanzbehörde nachweist. [4]Die Schriftform kann auch ersetzt werden

1. durch unmittelbare Abgabe der Erklärung in einem elektronischen Formular, das von der Behörde in einem Eingabegerät oder über öffentlich zugängliche Netze zur Verfügung gestellt wird;
2. durch Versendung eines elektronischen Dokuments an die Behörde mit der Versandart nach § 5 Absatz 5 des De-Mail-Gesetzes.

[5]In den Fällen des Satzes 4 Nummer 1 muss bei einer Eingabe über öffentlich zugängliche Netze ein elektronischer Identitätsnachweis nach § 18 des Personalausweisgesetzes, nach § 12 des eID-Karte-Gesetzes oder nach § 78 Absatz 5 des Aufenthaltsgesetzes erfolgen.

(4) [1]Eine durch Gesetz für Verwaltungsakte oder sonstige Maßnahmen der Finanzbehörden angeordnete Schriftform kann, soweit nicht durch Gesetz etwas anderes bestimmt ist, durch die elektronische Form ersetzt werden. [2]Der elekt-

ronischen Form genügt ein elektronisches Dokument, das mit einer qualifizierten elektronischen Signatur versehen ist. [3]Die Schriftform kann auch ersetzt werden durch Versendung einer De-Mail-Nachricht nach § 5 Absatz 5 des De-Mail-Gesetzes, bei der die Bestätigung des akkreditierten Diensteanbieters die erlassende Finanzbehörde als Nutzer des De-Mail- Kontos erkennen lässt. [4]Für von der Finanzbehörde aufzunehmende Niederschriften gelten die Sätze 1 und 3 nur, wenn dies durch Gesetz ausdrücklich zugelassen ist.

(5) [1]Ist ein elektronisches Dokument Gegenstand eines Beweises, wird der Beweis durch Vorlegung oder Übermittlung der Datei angetreten; befindet diese sich nicht im Besitz des Steuerpflichtigen oder der Finanzbehörde, gilt § 97 entsprechend. [2]Für die Beweiskraft elektronischer Dokumente gilt § 371a der Zivilprozessordnung entsprechend.

(6) [1]Soweit nichts anderes bestimmt ist, ist bei der elektronischen Übermittlung von amtlich vorgeschriebenen Datensätzen an Finanzbehörden ein sicheres Verfahren zu verwenden, das den Datenübermittler authentifiziert und die Vertraulichkeit und Integrität des Datensatzes gewährleistet. [2]Nutzt der Datenübermittler zur Authentisierung seinen elektronischen Identitätsnachweis nach § 18 des Personalausweisgesetzes, nach § 12 des eID-Karte-Gesetzes oder nach § 78 Absatz 5 des Aufenthaltsgesetzes, so dürfen die dazu erforderlichen Daten zusammen mit den übrigen übermittelten Daten gespeichert und verwendet werden.

(7) Wird ein elektronisch erlassener Verwaltungsakt durch Übermittlung nach § 122 Absatz 2a bekannt gegeben, ist ein sicheres Verfahren zu verwenden, das die übermittelnde Stelle oder Einrichtung der Finanzverwaltung authentifiziert und die Vertraulichkeit und Integrität des Datensatzes gewährleistet. Ein sicheres Verfahren liegt insbesondere vor, wenn der Verwaltungsakt

1. **mit einer qualifizierten elektronischen Signatur versehen und mit einem geeigneten Verfahren verschlüsselt ist oder**
2. **mit einer De-Mail-Nachricht nach § 5 Absatz 5 des De-Mail-Gesetzes versandt wird, bei der die Bestätigung des akkreditierten Diensteanbieters die erlassende Finanzbehörde als Nutzer des De-Mail-Kontos erkennen lässt.**

(8) Wird ein elektronisch erlassener Verwaltungsakt durch Bereitstellung zum Abruf nach § 122a bekannt gegeben, ist ein sicheres Verfahren zu verwenden, das die für die Datenbereitstellung verantwortliche Stelle oder Einrichtung der Finanzverwaltung authentifiziert und die Vertraulichkeit und Integrität des Datensatzes gewährleistet. Die abrufberechtigte Person hat sich zu authentisieren. Absatz 6 Satz 2 gilt entsprechend.

AEAO zu § 87a - Elektronische Kommunikation:

1. Zugangseröffnung

1.1 Die Übermittlung elektronischer Dokumente an die Finanzbehörden und an die Steuerpflichtigen ist zulässig, soweit der Empfänger hierfür einen Zugang eröffnet (§ 87a Abs. 1 Satz 1 AO). Die Zugangseröffnung kann durch ausdrückliche Erklärung oder konkludent sowie generell oder nur für bestimmte Fälle erfolgen.

1.2 Bei natürlichen oder juristischen Personen, die eine gewerbliche oder berufliche Tätigkeit selbständig ausüben und die auf einem im Verkehr mit der Finanzbehörde verwendeten Briefkopf, in einer Steuererklärung oder in einem Antrag an die Finanzbehörde ihre E-Mail-Adresse angegeben oder sich per E-Mail an die Finanzbehörde gewandt haben, kann i. d. R. davon ausgegangen werden, dass sie damit konkludent ihre Bereitschaft zur Entgegennahme elektronischer Dokumente erklärt haben. Bei Steuerpflichtigen, die keine gewerbliche oder berufliche Tätigkeit selbständig ausüben (z. B. Arbeitnehmer), ist dagegen derzeit nur bei Vorliegen einer ausdrücklichen, aber nicht formgebundenen Einverständniserklärung von einer Zugangseröffnung i. S. d. § 87a Abs. 1 Satz 1 AO auszugehen.

1.3 Vorbehaltlich einer ausdrücklichen gesetzlichen Anordnung besteht weder für die Steuerpflichtigen noch für die Finanzbehörden ein Zwang zur Übermittlung elektronischer Dokumente.

1.4 Soweit eine gesetzliche Verpflichtung besteht, Steuererklärungen, Anlagen zur Steuererklärung, Mitteilungen gemäß § 93c AO oder sonstige für das Besteuerungsverfahren erforderliche Daten nach amtlich vorgeschriebenem Datensatz durch Datenfernübertragung zu übermitteln, eröffnet die Finanzverwaltung jeweils mit Bereitstellung der Schnittstelle (vgl. § 87b Abs. 2 AO) den Zugang. Die Datensatzbeschreibung (vgl. § 87b Abs. 1 AO) ist Bestandteil dieser Schnittstelle.

1.5 Wegen der elektronischen Übermittlung von steuerlichen Daten an die Finanzbehörden siehe auch § 87a Abs. 6 AO, §§ 87b bis 87d AO und § 150 Abs. 1 Satz 2 AO.

1.6 Bei der elektronischen Übermittlung von Daten, die dem Steuergeheimnis unterliegen, muss die Finanzbehörde grundsätzlich ein geeignetes Verfahren zur Verschlüsselung einsetzen. Eine unverschlüsselte Datenübermittlung dem Steuergeheimnis unterliegender Daten durch eine Finanzbehörde ist nur zulässig,

1. soweit alle betroffenen Personen in die unverschlüsselte Übermittlung eingewilligt haben (§ 87a Abs. 1 Satz 3 2. Halbsatz AO) oder

2. wenn der Adressat über die Bereitstellung von Daten zum Abruf oder über den Zugang elektronisch an die Finanzbehörden übermittelter Daten benachrichtigt wird (§ 87a Abs. 1 Satz 5 AO).

In den Fällen der Nr. 1 müssen alle Personen, über die der Datensatz personenbezogene Informationen enthält, in die unverschlüsselte Übermittlung eingewilligt haben. Dazu müssen sie ausdrücklich darüber informiert worden sein, dass mit einer unverschlüsselten Übermittlung ihrer personenbezogenen Daten über das Internet Risiken einhergehen. Die Einwilligung muss schriftlich und freiwillig erfolgt sein; sie ist jederzeit mit Wirkung für die Zukunft widerrufbar. Die schriftliche Einwilligung erfordert eine eigenhändige Unterschrift aller betroffenen Personen und die Übermittlung der Einwilligung an die zuständige Finanzbehörde per Post, Telefax oder eingescannt per E-Mail (vgl. Nr. 7 des AEAO zu § 46). Die Finanzbehörde muss das Vorliegen der schriftlichen Einwilligung in die unverschlüsselte Datenübermittlung nachweisen können.

2. Zugang elektronischer Dokumente

2.1 Ein elektronisches Dokument ist zugegangen, sobald die für den Empfang bestimmte Einrichtung es in für den Empfänger bearbeitbarer Weise aufgezeichnet hat (§ 87a Abs. 1 Satz 2 AO). Ob und wann der Empfänger das bearbeitbare Dokument tatsächlich zur Kenntnis nimmt, ist für den Zeitpunkt des Zugangs unbeachtlich.

2.2 Zur widerlegbaren Vermutung des Tags des Zugangs elektronischer Verwaltungsakte vgl. § 122 Abs. 2a AO, § 122a Abs. 4 AO und § 123 Satz 2 und 3 AO.

2.3 Ein für den Empfänger nicht bearbeitbares Dokument ist nicht i. S. d. § 87a Abs. 1 Satz 2 AO zugegangen und löst somit noch keine Rechtsfolgen (z. B. die Wahrung einer Antrags- oder Rechtsbehelfsfrist oder das Wirksamwerden eines Verwaltungsakts) aus. Zum Verfahren nach Übermittlung eines nicht bearbeitbaren elektronischen Dokuments vgl. § 87a Abs. 2 AO.

3. Elektronische Übermittlung bei gesetzlich angeordneter Schriftform

3.1 Schreibt das Gesetz die Schriftform vor, kann dieser Form auch durch Übermittlung in elektronischer Form entsprochen werden, soweit gesetzlich nichts anderes bestimmt ist (wie z. B. in § 224a Abs. 2 Satz 1 zweiter Halbsatz AO und in § 309 Abs. 1 Satz 2 AO). Der elektronischen Form genügt ein elektronisches Dokument, das mit einer qualifizierten elektronischen Signatur versehen ist (§ 87a Abs. 3 Satz 2 und Abs. 4 Satz 2 AO). Die Schriftform kann auch durch Übermittlung des elektronischen Dokuments in einem Verfahren nach § 87a Abs. 3 Satz 4 und 5, Abs. 4 Satz 3 AO ersetzt werden.

3.2 Falls die einschlägige Norm nicht ausdrücklich den Begriff „Schriftform" verwendet, ist durch Auslegung zu ermitteln, ob das Gesetz die Schriftform anordnet (BFH-Urteil vom 13.5.2015, III R 26/14, BStBl II S. 790). Hierbei ist von Folgendem auszugehen:

3.2.1 Schreibt das Gesetz eine (ggf. sogar eigenhändige) Unterschrift vor, ist stets der Fall einer gesetzlich angeordneten Schriftform gegeben. Eine gesetzliche Verpflichtung zur (ggf. eigenhändigen) Unterzeichnung ist unbeachtlich, wenn der Antrag, die Erklärung oder die Mitteilung zulässigerweise auf elektronischem Weg der Finanzverwaltung nach amtlich vorgeschriebenem Datensatz über die amtlich bestimmte Schnittstelle übermittelt wird, da dann ein Unterschrifterfordernis durch die Verpflichtung zur Authentifizierung des Datenübermittlers verdrängt wird (§ 87a Abs. 6 AO und § 87d AO).

3.2.2 Bestimmt das Gesetz ohne eine ausdrückliche Aussage zu einem Unterschrifterfordernis, dass ein Antrag, eine Erklärung oder eine Mitteilung an die Finanzbehörde oder ein Verwaltungsakt oder eine sonstige Maßnahme der Finanzbehörde dem Empfänger „schriftlich" zugehen muss, ist durch Auslegung zu ermitteln, ob eine Unterschrift erforderlich ist. Hierbei ist analog § 126 Abs. 1 BGB grundsätzlich von einem Unterschrifterfordernis auszugehen, es sei denn, es liegen Anhaltspunkte dafür vor, dass der Gesetzgeber eine Unterschrift für entbehrlich hält.

Ist nach dem Ergebnis der Auslegung eine Unterschrift erforderlich, ist im Sinne des § 87a Abs. 3 Satz 1 bzw. Abs. 4 Satz 1 AO die Schriftform gesetzlich angeordnet.

3.2.3 Eine analoge Anwendung des § 126 Abs. 1 BGB hat für sich allein nicht zur Folge, dass der Steuerpflichtige den Antrag, die Erklärung oder die Mitteilung eigenhändig unterzeichnen muss. Die in § 126 Abs. 1 BGB geforderte „Eigenhändigkeit" der Unterschrift bezieht sich auf den Aussteller der Urkunde, der auch ein gesetzlicher oder gewillkürter Vertreter sein kann. Das für den Steuerpflichtigen grundsätzlich bestehende Recht, sich vertreten zu lassen (§ 80 Abs. 1 Satz 1 AO), wird daher allein durch eine analoge Anwendung des § 126 Abs. 1 BGB nicht beschränkt.

3.2.4 Ist der einschlägigen Norm durch Auslegung zu entnehmen, dass ein schriftlicher Antrag oder eine schriftliche Erklärung oder Mitteilung nicht unterschrieben sein muss, liegt keine gesetzliche Anordnung der Schriftform vor. Bei der elektronischen Übermittlung eines derartigen Antrags oder einer derartigen Erklärung oder Mitteilung kann somit auf eine qualifizierte elektronische Signatur und auch auf ein Verfahren nach § 87a Abs. 3 Satz 4 und 5 AO verzichtet werden.

3.3 Kein Fall des § 87a Abs. 3 und 4 AO liegt vor, wenn das Gesetz neben der Schriftform auch die elektronische Übermittlung ausdrücklich zulässt (z. B. durch die Formulierung „schriftlich oder elektronisch") oder zur elektronischen Übermittlung verpflichtet.

3.4 Bei der Signierung darf eine Person ein Pseudonym nur verwenden, wenn sie ihre Identität der Finanzbehörde nachweist (§ 87a Abs. 3 Satz 3 AO). Die Signierung mit einem Wahlnamen, dem die Funktion des bürgerlichen Namens zukommt, bleibt hiervon unberührt.

4. Telefax kein elektronisches Dokument

Ein Telefax, auch ein Computerfax, ist kein elektronisches Dokument i. S. d. § 87a AO (BFH-Urteile vom 28.1.2014, VIII R 28/13, BStBl II S. 552, und vom 18.3.2014, VIII R 9/10, BStBl II S. 748). Die in § 87a AO getroffenen Regelungen, insbesondere zum Zeitpunkt des Zugangs (§ 87a Abs. 1 Satz 2 AO) sowie zur grundsätzlichen Verpflichtung zur Verwendung einer qualifizierten elektronischen Signatur, wenn für den Verwaltungsakt die Schriftform gesetzlich vorgeschrieben ist (§ 87a Abs. 4 AO), sind daher auf ein Telefax nicht anwendbar.

Ein durch Telefax bekannt gegebener Verwaltungsakt ist aber ein elektronisch übermittelter Verwaltungsakt i. S. d. § 122 Abs. 2a AO (vgl. AEAO zu § 122, Nr. 1.8.2.2).

AEAO vor §§ 87b bis 87e:

§§ 87b bis 87e AO sind erstmals anzuwenden, wenn Daten nach dem 31.12.2016 auf Grund gesetzlicher Vorschriften nach amtlich vorgeschriebenem Datensatz über amtlich bestimmte Schnittstellen an Finanzbehörden zu übermitteln sind oder freiwillig übermittelt werden. Für Daten im Sinne des Satzes 1, die vor dem 1.1.2017 zu übermitteln waren oder freiwillig übermittelt wurden, sind § 150 Abs. 6 und 7 AO und die Vorschriften der StDÜV in der jeweils am 31.12.2016 geltenden Fassung weiter anzuwenden (vgl. Art. 97 § 27 Abs. 1 EGAO).

§ 87b Bedingungen für die elektronische Übermittlung von Daten an Finanzbehörden (S 0222-b)

(1) [1]Das Bundesministerium der Finanzen kann in Abstimmung mit den obersten Finanzbehörden der Länder die Datensätze und weitere technische Einzelheiten der elektronischen Übermittlung von Steuererklärungen, Unterlagen zur Steuererklärung, Daten über Vollmachten nach § 80a, Daten im Sinne des § 93c und anderer für das Besteuerungsverfahren erforderlicher Daten mittels amtlich vorgeschriebener Datensätze bestimmen. [2]Einer Abstimmung mit den obersten Finanzbehörden der Länder bedarf es nicht, soweit die Daten ausschließlich an Bundesfinanzbehörden übermittelt werden.

(2) [1]Bei der elektronischen Übermittlung von amtlich vorgeschriebenen Datensätzen an Finanzbehörden hat der Datenübermittler die hierfür nach Absatz 1 für den jeweiligen Besteuerungszeitraum oder -zeitpunkt amtlich bestimmten Schnittstellen ordnungsgemäß zu bedienen. [2]Die amtlich bestimmten Schnittstellen werden über das Internet zur Verfügung gestellt.

(3) [1]Für die Verfahren, die über die zentrale Stelle im Sinne des § 81 des Einkommensteuergesetzes durchgeführt werden, kann das Bundesministerium der Finanzen durch Rechtsverordnung mit Zustimmung des Bundesrates die Grundsätze der Datenübermittlung sowie die Zuständigkeit für die Vollstreckung von Bescheiden über Forderungen der zentralen Stelle bestimmen. [2]Dabei können insbesondere geregelt werden:

1. **das Verfahren zur Identifikation der am Verfahren Beteiligten,**
2. **das Nähere über Form, Inhalt, Verarbeitung und Sicherung der zu übermittelnden Daten,**
3. **die Art und Weise der Übermittlung der Daten,**
4. **die Mitwirkungspflichten Dritter und**
5. **die Erprobung der Verfahren.**

[3]Zur Regelung der Datenübermittlung kann in der Rechtsverordnung auf Veröffentlichungen sachverständiger Stellen verwiesen werden. [4]Hierbei sind das Datum der Veröffentlichung, die Bezugsquelle und eine Stelle zu bezeichnen, bei der die Veröffentlichung archivmäßig gesichert niedergelegt ist.

§ 87c Nicht amtliche Datenverarbeitungsprogramme für das Besteuerungsverfahren (S 0222-c)

(1) Sind nicht amtliche Programme dazu bestimmt, für das Besteuerungsverfahren erforderliche Daten zu verarbeiten, so müssen sie im Rahmen des in der Programmbeschreibung angegebenen Programmumfangs die richtige und vollständige Verarbeitung dieser Daten gewährleisten.

(2) Auf den Programmumfang sowie auf Fallgestaltungen, in denen eine richtige und vollständige Verarbeitung ausnahmsweise nicht möglich sind, ist in der Programmbeschreibung an hervorgehobener Stelle hinzuweisen.

(3) [1]Die Programme sind vom Hersteller vor der Freigabe für den produktiven Einsatz und nach jeder für den produktiven Einsatz freigegebenen Änderung daraufhin zu prüfen, ob sie die Anforderungen nach Absatz 1 erfüllen. [2]Hierbei sind ein Protokoll über den letzten durchgeführten Testlauf und eine Programmauflistung zu erstellen, die fünf Jahre aufzubewahren sind. [3]Die Aufbewahrungsfrist nach Satz 2 beginnt mit Ablauf des Kalenderjahres der erstmaligen Freigabe für den produktiven Einsatz; im Fall einer Änderung eines bereits für den produktiven Einsatz freigegebenen Programms beginnt die Aufbewahrungsfrist nicht vor Ablauf des Kalenderjahres der erstmaligen Freigabe der Änderung für den produktiven Einsatz. Elektronische, magnetische und optische Speicherverfahren, die eine jederzeitige Wiederherstellung der eingesetzten Programmversion in Papierform ermöglichen, sind der Programmauflistung gleichgestellt.

(4) [1]Die Finanzbehörden sind berechtigt, die Programme und Dokumentationen zu überprüfen. [2]Die Mitwirkungspflichten des Steuerpflichtigen nach § 200 gelten entsprechend. [3]Die Finanzbehörden haben die Hersteller oder Vertreiber eines fehlerhaften Programms unverzüglich zur Nachbesserung oder Ablösung aufzufordern. [4]Soweit eine Nachbesserung oder Ablösung nicht unverzüglich erfolgt, sind die Finanzbehörden berechtigt, die Programme des Herstellers von der elektronischen Übermittlung an Finanzbehörden auszuschließen. [5]Die Finanzbehörden sind nicht verpflichtet, die Programme zu prüfen. § 30 gilt entsprechend.

(5) Sind die Programme zum allgemeinen Vertrieb vorgesehen, hat der Hersteller den Finanzbehörden auf Verlangen Muster zum Zwecke der Prüfung nach Absatz 4 kostenfrei zur Verfügung zu stellen.

(6) Die Pflichten der Programmhersteller gemäß den vorstehenden Bestimmungen sind ausschließlich öffentlich-rechtlicher Art.

§ 87d Datenübermittlungen an Finanzbehörden im Auftrag (S 0222-d)

(1) Mit der Übermittlung von Daten, die nach amtlich vorgeschriebenem Datensatz durch Datenfernübertragung über die amtlich bestimmten Schnittstellen für steuerliche Zwecke an die Finanzverwaltung zu übermitteln sind oder freiwillig übermittelt werden, können Dritte (Auftragnehmer) beauftragt werden.

(2) [1]Der Auftragnehmer muss sich vor Übermittlung der Daten Gewissheit über die Person und die Anschrift seines Auftraggebers verschaffen (Identifizierung) und die entsprechenden Angaben in geeigneter Form festhalten. [2]Von einer Identifizierung kann abgesehen werden, wenn der Auftragnehmer den Auftraggeber bereits bei früherer Gelegenheit identifiziert und die dabei erhobenen Angaben aufgezeichnet hat, es sei denn, der Auftragnehmer muss auf Grund der äußeren Umstände bezweifeln, dass die bei der früheren Identifizierung erhobenen Angaben weiterhin zutreffend sind. [3]Der Auftragnehmer hat sicherzustellen, dass er jederzeit Auskunft darüber geben kann, wer Auftraggeber der Datenübermittlung war. [4]Die Aufzeichnungen nach Satz 1 sind fünf Jahre aufzubewahren; die Aufbewahrungsfrist beginnt nach Ablauf des Jahres der letzten Datenübermittlung. [5]Die Pflicht zur Herstellung der Auskunftsbereitschaft nach Satz 3 endet mit Ablauf der Aufbewahrungsfrist nach Satz 4.

(3) [1]Der Auftragnehmer hat dem Auftraggeber die Daten in leicht nachprüfbarer Form zur Zustimmung zur Verfügung zu stellen. [2]Der Auftraggeber hat die ihm zur Verfügung gestellten Daten unverzüglich auf Vollständigkeit und Richtigkeit zu überprüfen.

AEAO zu § 87d - Datenübermittlungen an Finanzbehörden im Auftrag

1. Natürliche Person als Auftraggeber

1.1 Bei der Identifizierung einer natürlichen Person als Auftraggeber sind festzustellen:

- Name (d.h. Nachname und mindestens ein Vorname), Geburtsort, Geburtsdatum, Staatsangehörigkeit und Anschrift.

1.2 Die Identifizierung ist anhand eines gültigen Personalausweises oder Reisepasses vorzunehmen.

2. Juristische Personen und Personengesellschaften als Auftraggeber

2.1 Bei juristischen Personen und Personengesellschaften - mit Ausnahme der Gesellschaften bürgerlichen Rechts - als Auftraggeber sind festzustellen:

- Firma, Name oder Bezeichnung, Rechtsform, Registernummer (soweit vorhanden), Anschrift des Sitzes oder der Hauptniederlassung und Mitglieder des Vertretungsorgans oder der gesetzlichen Vertreter.

- Ist ein Mitglied des Vertretungsorgans oder der gesetzliche Vertreter eine natürliche Person, sind Name (d.h. Nachname und mindestens ein Vorname), Geburtsort, Geburtsdatum, Staatsangehörigkeit und Anschrift zu erheben.

- Ist ein Mitglied des Vertretungsorgans oder der gesetzliche Vertreter dagegen eine juristische Person, sind deren Firma, Name oder Bezeichnung, Registernummer (soweit vorhanden) und Anschrift des Sitzes oder der Hauptniederlassung zu erheben.

- Unabhängig von der Rechtsform ist es bei mehr als fünf Vertretern ausreichend, dass lediglich Angaben zu fünf Vertretern erhoben werden, soweit diese in öffentliche Register eingetragen sind bzw. bei denen eine Identifizierung gemäß Nr. 1.2 des AEAO zu § 87d stattgefunden hat.

2.2 Bei Gesellschaften bürgerlichen Rechts als Auftraggeber sind festzustellen:

- Name (d. h. Nachname und mindestens ein Vorname), Geburtsort, Geburtsdatum, Staatsangehörigkeit und Anschrift der Gesellschafter (anstatt der gesetzlichen Vertreter). Bei mehr als fünf Gesellschaftern ist es ausreichend, dass lediglich Angaben zu den fünf Gesellschaftern mit den größten Beteiligungen bzw. Entscheidungsbefugnissen erhoben werden, soweit bei diesen eine Identifizierung gemäß Nr. 1.2 des AEAO zu § 87d stattgefunden hat (entsprechend Nr. 11.1 Satz 1 Buchstabe k des AEAO zu § 154).

2.3 Die Identifizierung ist wie folgt vorzunehmen:

- Auszug aus dem Handels- oder Genossenschaftsregister oder einem vergleichbaren amtlichen Register oder Verzeichnis (z. B. Partnerschaftsregister, Vereinsregister, Berufsregister),

- Einsichtnahme in ein amtliches Register oder Verzeichnis oder

- Gründungsdokumente (z. B. Gesellschaftsvertrag) oder gleichwertige beweiskräftige Dokumente.

2.4 Bei Gesellschaften bürgerlichen Rechts ist die Überprüfung des Namens der Gesellschafter anhand des Gesellschaftsvertrags nebst Gesellschafterlisten vorzunehmen. Im Falle der Nichtvorlage eines Gesellschaftsvertrags nebst Gesellschafterlisten sind die einzelnen Gesellschafter der Gesellschaft bürgerlichen Rechts als natürliche Personen zu identifizieren.

3. Die bei der Identifizierung erhobenen Angaben sind aufzuzeichnen und aufzubewahren. Die Aufbewahrungsfrist bestimmt sich nach § 87d Abs. 2 Satz 4 AO. Für die Dauer der Aufbewahrungsfrist besteht auch eine Pflicht zur Herstellung der Auskunftsbereitschaft.

4. Aus einem Personalausweis oder Reisepass sind Ausweis-/Pass-Nummer und Ausstellungsdatum aufzuzeichnen und aufzubewahren. Die Anfertigung und Aufbewahrung einer Ablichtung ist dabei nur zulässig, soweit dies nach dem GwG oder einer anderen gesetzlichen Bestimmung zugelassen oder vorgeschrieben ist.

5. Bei Auszügen aus dem Handelsregister genügt eine Anfertigung und Aufbewahrung einer Ablichtung. Gleiches gilt für die Anfertigung eines Ausdrucks, wenn elektronisch geführte Register- oder Verzeichnisdaten eingesehen werden (z. B. Ausdruck des Registerblatts).

6. Die Aufzeichnungen können auch auf einem elektronischen Datenträger gespeichert werden.

§ 87e Ausnahmeregelung für Einfuhr- und Ausfuhrabgaben, Verbrauchsteuern und die Luftverkehrsteuer (S 0222-e)

Die §§ 72a und 87b bis 87d gelten nicht für Einfuhr- und Ausfuhrabgaben, Verbrauchsteuern und die Luftverkehrsteuer, soweit nichts anderes bestimmt ist.

§ 88 Untersuchungsgrundsatz (S 0223)

(1) [1]Die Finanzbehörde ermittelt den Sachverhalt von Amts wegen. [2]Dabei hat sie alle für den Einzelfall bedeutsamen, auch die für die Beteiligten günstigen Umstände zu berücksichtigen.

(2) [1]Die Finanzbehörde bestimmt Art und Umfang der Ermittlungen nach den Umständen des Einzelfalls sowie nach den Grundsätzen der Gleichmäßigkeit, Gesetzmäßigkeit und Verhältnismäßigkeit; an das Vorbringen und an die Beweisanträge der Beteiligten ist sie nicht gebunden. [2]Bei der Entscheidung über Art und Umfang der Ermittlungen können allgemeine Erfahrungen der Finanzbehörden sowie Wirtschaftlichkeit und Zweckmäßigkeit berücksichtigt werden.

(3) [1]Zur Gewährleistung eines zeitnahen und gleichmäßigen Vollzugs der Steuergesetze können die obersten Finanzbehörden für bestimmte oder bestimmbare Fallgruppen Weisungen über Art und Umfang der Ermittlungen und der Verarbeitung von erhobenen oder erfassten Daten erteilen, soweit gesetzlich nicht etwas anderes bestimmt ist. [2]Bei diesen Weisungen können allgemeine Erfahrungen der Finanzbehörden sowie Wirtschaftlichkeit und Zweckmäßigkeit berücksichtigt werden. [3]Die Weisungen dürfen nicht veröffentlicht werden, soweit dies die Gleichmäßigkeit und Gesetzmäßigkeit der Besteuerung gefährden könnte. [4]Weisungen der obersten Finanzbehörden der Länder nach Satz 1 bedürfen des Einvernehmens mit dem Bundesministerium der Finanzen, soweit die Landesfinanzbehörden Steuern im Auftrag des Bundes verwalten.

(4) [1]Das Bundeszentralamt für Steuern und die zentrale Stelle im Sinne des § 81 des Einkommensteuergesetzes können auf eine Weiterleitung ihnen zugegangener und zur Weiterleitung an die Landesfinanzbehörden bestimmter Daten an die Landesfinanzbehörden verzichten, soweit sie die Daten nicht oder nur mit unverhältnismäßigem Aufwand einem bestimmten Steuerpflichtigen oder einem bestimmten Finanzamt zuordnen können. [2]Nach Satz 1 einem bestimmten Steuerpflichtigen oder einem bestimmten Finanzamt zugeordnete Daten sind unter Beachtung von Weisungen gemäß Absatz 3 des Bundesministeriums der Finanzen weiterzuleiten. [3]Nicht an die Landesfinanzbehörden weitergeleitete Daten sind vom Bundeszentralamt für Steuern für Zwecke von Verfahren im Sinne des § 30 Absatz 2 Nummer 1 Buchstabe a und b bis zum Ablauf des 15. Jahres nach dem Jahr des Datenzugangs zu speichern. [4]Nach Satz 3 gespeicherte Daten dürfen nur für Verfahren im Sinne des § 30 Absatz 2 Nummer 1 Buchstabe a und b sowie zur Datenschutzkontrolle verarbeitet werden.

(5) [1]Die Finanzbehörden können zur Beurteilung der Notwendigkeit weiterer Ermittlungen und Prüfungen für eine gleichmäßige und gesetzmäßige Festsetzung von Steuern und Steuervergütungen sowie Anrechnung von Steuerabzugsbeträgen und Vorauszahlungen automationsgestützte Systeme einsetzen (Risikomanagementsysteme). [2]Dabei soll auch der Grundsatz der Wirtschaftlichkeit der Verwaltung berücksichtigt werden. [3]Das Risikomanagementsystem muss mindestens folgende Anforderungen erfüllen:

1. die Gewährleistung, dass durch Zufallsauswahl eine hinreichende Anzahl von Fällen zur umfassenden Prüfung durch Amtsträger ausgewählt wird,

2. die Prüfung der als prüfungsbedürftig ausgesteuerten Sachverhalte durch Amtsträger,

3. die Gewährleistung, dass Amtsträger Fälle für eine umfassende Prüfung auswählen können,

4. die regelmäßige Überprüfung der Risikomanagementsysteme auf ihre Zielerfüllung.

[4]Einzelheiten der Risikomanagementsysteme dürfen nicht veröffentlicht werden, soweit dies die Gleichmäßigkeit und Gesetzmäßigkeit der Besteuerung gefährden könnte. [5]Auf dem Gebiet der von den Landesfinanzbehörden im Auftrag des Bundes verwalteten Steuern legen die obersten Finanzbehörden der Länder die Einzelheiten der Risikomanagementsysteme zur Gewährleistung eines bundeseinheitlichen Vollzugs der Steuergesetze im Einvernehmen mit dem Bundesministerium der Finanzen fest.

AEAO zu § 88 - Untersuchungsgrundsatz:

1. Die Finanzbehörden haben alle notwendigen Maßnahmen zu ergreifen, um die entscheidungserheblichen Tatsachen aufzuklären.

2. Die Ermittlungshandlungen dürfen nach § 88 Abs. 2 Satz 1 AO zu dem angestrebten Erfolg nicht erkennbar außer Verhältnis stehen. Sie sollen so gewählt werden, dass damit unter Berücksichtigung der Verhältnisse des Einzelfalls ein möglichst geringer Eingriff in die Rechtssphäre des Beteiligten oder Dritter verbunden ist. Der Gewährung rechtlichen Gehörs kommt besondere Bedeutung zu.

3. Bei der Entscheidung über Art und Umfang der Ermittlungen können nach § 88 Abs. 2 Satz 2 AO allgemeine Erfahrungen der Finanzbehörden sowie Wirtschaftlichkeit und Zweckmäßigkeit berücksichtigt werden.

   Für die Anforderungen, die an die Aufklärungspflicht der Finanzbehörden zu stellen sind, darf die Erwägung eine Rolle spielen, dass die Aufklärung einen nicht mehr vertretbaren Zeitaufwand erfordert.

   Zudem kann auf das Verhältnis zwischen voraussichtlichem Arbeitsaufwand und steuerlichem Erfolg abgestellt werden. Die Finanzämter dürfen auch berücksichtigen, in welchem Maße sie durch ein zu erwartendes finanzgerichtliches Verfahren belastet werden, sofern sie bei vorhandenen tatsächlichen oder rechtlichen Zweifeln dem Begehren des Steuerpflichtigen nicht entsprechen und zu seinem Nachteil entscheiden.

   Die Beachtung von Wirtschaftlichkeit und Zweckmäßigkeit darf nicht zu einem Verzicht auf die Überprüfung der Einhaltung von steuerrechtlichen Vorschriften führen. Deshalb muss zur Gewährleistung der Gleichmäßigkeit und Gesetzmäßigkeit der Besteuerung auch immer eine hinreichende Anzahl zufällig ausgewählter Fälle durch Amtsträger der Finanzbehörden vertieft geprüft werden.

4. In Fällen erschwerter Sachverhaltsermittlung dient es unter bestimmten Voraussetzungen der Effektivität der Besteuerung und allgemein dem Rechts-

frieden, wenn sich die Beteiligten über die Annahme eines bestimmten Sachverhalts und über eine bestimmte Sachbehandlung einigen können (BFH-Urteil vom 11.12.1984, VIII R 131/76, BStBl 1985 II S. 354). Vgl. hierzu BMF-Schreiben vom 30.7.2008, BStBl I S. 831, ergänzt durch BMF-Schreiben vom 15.4.2019, BStBl I S. 447[1].

5. Die Aufklärungspflicht der Finanzbehörden wird außerdem durch die Mitwirkungspflicht der Beteiligten (§ 90 AO) begrenzt. Die Finanzbehörden sind nicht verpflichtet, den Sachverhalt auf alle möglichen Fallgestaltungen zu erforschen. Sie sind auch nicht an Beweisanträge des Steuerpflichtigen gebunden (§ 88 Abs. 2 Satz 1 2. Halbsatz AO).

6. Für den Regelfall kann davon ausgegangen werden, dass die Angaben des Steuerpflichtigen in der Steuererklärung vollständig und richtig sind (BFH-Urteil vom 17.4.1969, V R 21/66, BStBl II S. 474). Die Finanzbehörde kann den Angaben eines Steuerpflichtigen Glauben schenken, wenn nicht greifbare Umstände vorliegen, die darauf hindeuten, dass seine Angaben falsch oder unvollständig sind (BFH-Urteil vom 11.7.1978, VIII R 120/75, BStBl 1979 II S. 57). Sie verletzt ihre Aufklärungspflicht nur, wenn sie Tatsachen oder Beweismittel außer Acht lässt und offenkundigen Zweifelsfragen nicht nachgeht, die sich ihr den Umständen nach ohne weiteres aufdrängen mussten (BFH-Urteile vom 16.1.1964, V 94/61 U, BStBl III S. 149, und vom 13.11.1985, II R 208/82, BStBl 1986 II S. 241).

7. Im Rahmen der Prüfung zugunsten des Steuerpflichtigen muss die Finanzbehörde ihrer Pflicht zur Fürsorge für den Steuerpflichtigen (§ 89 Abs. 1 AO) gerecht werden. So ist auch die Verjährung von Amts wegen zu berücksichtigen.

§ 88a Sammlung von geschützten Daten (S 0223)

[1]Soweit es zur Sicherstellung einer gleichmäßigen Festsetzung und Erhebung der Steuern erforderlich ist, dürfen die Finanzbehörden nach § 30 geschützte Daten auch für Zwecke künftiger Verfahren im Sinne des § 30 Abs. 2 Nr. 1 Buchstabe a und b, insbesondere zur Gewinnung von Vergleichswerten, in Dateisystemen verarbeiten. [2]Eine Verarbeitung ist nur für Verfahren im Sinne des § 30 Abs. 2 Nr. 1 Buchstabe a und b zulässig

§ 88b Länderübergreifender Abruf und Verwendung von Daten zur Verhütung, Ermittlung und Verfolgung von Steuerverkürzungen

(S 0223-a)

(1) Für Zwecke eines Verwaltungsverfahrens in Steuersachen, eines Strafverfahrens wegen einer Steuerstraftat oder eines Bußgeldverfahrens wegen einer Steuerordnungswidrigkeit von Finanzbehörden gespeicherte Daten dürfen zum gegenseitigen Datenabruf bereitgestellt und dann von den zuständigen Finanzbehörden zur Verhütung, Ermittlung oder Verfolgung von

1. länderübergreifenden Steuerverkürzungen,

[1] Im Anhang 49 abgedruckt.

2. Steuerverkürzungen von internationaler Bedeutung oder
3. Steuerverkürzungen von erheblicher Bedeutung

untereinander abgerufen, im Wege des automatisierten Datenabgleichs überprüft, verwendet und gespeichert werden, auch soweit sie durch § 30 geschützt sind.

(2) Auswertungsergebnisse nach Absatz 1 sind den jeweils betroffenen zuständigen Finanzbehörden elektronisch zur Verfügung zu stellen.

(3) [1]Durch Rechtsverordnung der jeweils zuständigen Landesregierung wird bestimmt, welche Finanzbehörden auf Landesebene für die in den Absätzen 1 und 2 genannten Tätigkeiten zuständig sind. [2]Die Landesregierung kann diese Verpflichtung durch Rechtsverordnung auf die für die Finanzverwaltung zuständige oberste Landesbehörde übertragen.

§ 88c Informationsaustausch über kapitalmarktbezogene Gestaltungen

(1) [1]Finanzbehörden haben Tatsachen, die sie dienstlich erfahren haben und aus denen sich nach Würdigung der Gesamtumstände Anhaltspunkte für Steuergestaltungen ergeben, die die Erlangung eines Steuervorteils aus der Erhebung oder Entlastung von Kapitalertragsteuer mit erheblicher Bedeutung zum Gegenstand haben, im Einvernehmen mit der zuständigen obersten Finanzbehörde oder der von ihr bestimmten Finanzbehörde dem Bundeszentralamt für Steuern zu übermitteln. [2]Für die Beurteilung der erheblichen Bedeutung ist insbesondere die Höhe des erlangten Steuervorteils und die Möglichkeit der Nutzung der Gestaltung durch andere Schuldner der Kapitalertragsteuer zu berücksichtigen.

(2) [1]Das Bundeszentralamt für Steuern speichert die ihm von den Finanzbehörden nach Absatz 1 übermittelten Informationen und analysiert diese im Hinblick auf missbräuchliche Steuergestaltungsmodelle. [2]Benötigt das Bundeszentralamt für Steuern zur weiteren Aufklärung eines Sachverhaltes ergänzende Informationen von der nach Absatz 1 übermittelnden Finanzbehörde, hat diese dem Bundeszentralamt für Steuern die hierzu erforderlichen Informationen auf Ersuchen zu übermitteln. [3]Das Bundeszentralamt für Steuern darf die ihm nach Maßgabe dieser Vorschrift übermittelten personenbezogenen Daten speichern und verwenden, soweit dies zur Erfüllung seiner Aufgaben nach Satz 1 erforderlich ist.

(3) [1]Das Bundeszentralamt für Steuern ist berechtigt, den für die Verwaltung der Kapitalertragsteuer zuständigen Finanzbehörden seine erlangten Sachverhaltserkenntnisse zu übermitteln und im dazu erforderlichen Umfang auch personenbezogene Daten offenzulegen. [2]Die empfangende Behörde oder Stelle darf ihr nach Satz 1 übermittelte personenbezogene Daten speichern und verwenden, soweit dies zur Erfüllung ihrer Aufgaben nach diesem Gesetz erforderlich ist.

(4) Die Verarbeitung personenbezogener Daten durch Finanzbehörden nach Maßgabe der Absätze 1 bis 3 ist ein Verwaltungsverfahren in Steuersachen im Sinne dieses Gesetzes.

§ 89 Beratung, Auskunft (S 0224)

(1)[1]Die Finanzbehörde soll die Abgabe von Erklärungen, die Stellung von Anträgen oder die Berichtigung von Erklärungen oder Anträgen anregen, wenn diese offensichtlich nur versehentlich oder aus Unkenntnis unterblieben oder unrichtig abgegeben oder gestellt worden sind. [2]Sie erteilt, soweit erforderlich, Auskunft über die den Beteiligten im Verwaltungsverfahren zustehenden Rechte und die ihnen obliegenden Pflichten.

(2) [1]Die Finanzämter und das Bundeszentralamt für Steuern können auf Antrag verbindliche Auskünfte über die steuerliche Beurteilung von genau bestimmten, noch nicht verwirklichten Sachverhalten erteilen, wenn daran im Hinblick auf die erheblichen steuerlichen Auswirkungen ein besonderes Interesse besteht. [2]Zuständig für die Erteilung einer verbindlichen Auskunft ist die Finanzbehörde, die bei Verwirklichung des dem Antrag zugrunde liegenden Sachverhalts örtlich zuständig sein würde. [3]Bei Antragstellern, für die im Zeitpunkt der Antragstellung nach den §§ 18 bis 21 keine Finanzbehörde zuständig ist, ist auf dem Gebiet der Steuern, die von den Landesfinanzbehörden im Auftrag des Bundes verwaltet werden, abweichend von Satz 2 das Bundeszentralamt für Steuern zuständig; in diesem Fall bindet die verbindliche Auskunft auch die Finanzbehörde, die bei der Verwirklichung des der Auskunft zugrunde liegenden Sachverhalts zuständig ist. [4]Über den Antrag auf Erteilung einer verbindlichen Auskunft soll innerhalb von sechs Monaten ab Eingang des Antrags bei der zuständigen Finanzbehörde entschieden werden; kann die Finanzbehörde nicht innerhalb dieser Frist über den Antrag entscheiden, ist dies dem Antragsteller unter Angabe der Gründe mitzuteilen. [5]Das Bundesministerium der Finanzen wird ermächtigt, mit Zustimmung des Bundesrates durch Rechtsverordnung nähere Bestimmungen zu Form, Inhalt und Voraussetzungen des Antrages auf Erteilung einer verbindlichen Auskunft und zur Reichweite der Bindungswirkung zu treffen. [6]In der Rechtsverordnung kann auch bestimmt werden, unter welchen Voraussetzungen eine verbindliche Auskunft gegenüber mehreren Beteiligten einheitlich zu erteilen ist und welche Finanzbehörde in diesem Fall für die Erteilung der verbindlichen Auskunft zuständig ist. [7]Die Rechtsverordnung bedarf nicht der Zustimmung des Bundesrates, soweit sie die Versicherungsteuer betrifft.

(3) [1]Für die Bearbeitung eines Antrags auf Erteilung einer verbindlichen Auskunft nach Absatz 2 wird eine Gebühr erhoben. [2]Wird eine verbindliche Auskunft gegenüber mehreren Antragstellern einheitlich erteilt, ist nur eine Gebühr zu erheben; in diesem Fall sind alle Antragsteller Gesamtschuldner der Gebühr. [3]Die Gebühr ist vom Antragsteller innerhalb eines Monats nach Bekanntgabe ihrer Festsetzung zu entrichten. [4]Die Finanzbehörde kann die Entscheidung über den Antrag bis zur Entrichtung der Gebühr zurückstellen.

(4) [1]Die Gebühr wird nach dem Wert berechnet, den die verbindliche Auskunft für den Antragsteller hat (Gegenstandswert). [2]Der Antragsteller soll den Gegenstandswert und die für seine Bestimmung erheblichen Umstände in seinem Antrag auf Erteilung einer verbindlichen Auskunft darlegen. [3]Die Finanzbehörde soll der Gebührenfestsetzung den vom Antragsteller erklärten Gegenstandswert zugrunde legen, soweit dies nicht zu einem offensichtlich unzutreffenden Ergebnis führt.

(5) [1]Die Gebühr wird in entsprechender Anwendung des § 34 des Gerichtskostengesetzes mit einem Gebührensatz von 1,0 erhoben. [2]§ 39 Absatz 2 des Gerichtskostengesetzes ist entsprechend anzuwenden. [3]Beträgt der Gegenstandswert weniger als 10.000 Euro, wird keine Gebühr erhoben.

(6) [1]Ist ein Gegenstandswert nicht bestimmbar und kann er auch nicht durch Schätzung bestimmt werden, ist eine Zeitgebühr zu berechnen; sie beträgt 50 Euro je angefangene halbe Stunde Bearbeitungszeit. [2]Beträgt die Bearbeitungszeit weniger als zwei Stunden, wird keine Gebühr erhoben.

(7) [1]Auf die Gebühr kann ganz oder teilweise verzichtet werden, wenn ihre Erhebung nach Lage des einzelnen Falls unbillig wäre. [2]Die Gebühr kann insbesondere ermäßigt werden, wenn ein Antrag auf Erteilung einer verbindlichen Auskunft vor Bekanntgabe der Entscheidung der Finanzbehörde zurückgenommen wird.

Verordnung zur Durchführung von § 89 Abs. 2 der Abgabenordnung (Steuer-Auskunftsverordnung – StAuskV)

vom 30.11.2007 (BGBl. I S. 2783), zuletzt geändert durch Art. 7 der Verordnung vom 19.12.2022 (BGBl. I S. 2432).

§ 1 Form und Inhalt des Antrags auf Erteilung einer verbindlichen Auskunft

(1) Der Antrag auf Erteilung einer verbindlichen Auskunft ist schriftlich oder elektronisch bei der nach § 89 Absatz 2 Satz 2 oder Satz 3 der Abgabenordnung zuständigen Finanzbehörde zu stellen. Der Antrag hat Folgendes zu enthalten:

1. die genaue Bezeichnung des Antragstellers (Name, bei natürlichen Personen Wohnsitz oder gewöhnlicher Aufenthalt, bei Körperschaften, Personenvereinigungen und Vermögensmassen Sitz oder Ort der Geschäftsleitung, soweit vorhanden Steuernummer),
2. eine umfassende und in sich abgeschlossene Darstellung des zum Zeitpunkt der Antragstellung noch nicht verwirklichten Sachverhalts,
3. die Darlegung des besonderen steuerlichen Interesses des Antragstellers,
4. eine ausführliche Darlegung des Rechtsproblems mit eingehender Begründung des eigenen Rechtsstandpunktes des Antragstellers,
5. die Formulierung konkreter Rechtsfragen,
6. die Erklärung, dass über den zur Beurteilung gestellten Sachverhalt bei keiner anderen der in § 89 Abs. 2 Satz 2 und 3 der Abgabenordnung genannten Finanzbehörden (Finanzämter oder Bundeszentralamt für Steuern) eine verbindliche Auskunft beantragt wurde, sowie
7. die Versicherung, dass alle für die Erteilung der Auskunft und für die Beurteilung erforderlichen Angaben gemacht wurden und der Wahrheit entsprechen.

(2) Eine verbindliche Auskunft kann von allen Beteiligten nur gemeinsam beantragt werden, wenn sie sich auf einen Sachverhalt bezieht, der

1. mehreren Personen steuerlich zuzurechnen ist (§ 179 Absatz 2 Satz 2 der Abgabenordnung),
2. zur Begründung oder Beendigung einer Organschaft im Sinne
   a) des § 2 Absatz 2 Nummer 2 des Umsatzsteuergesetzes,
   b) der §§ 14 und 17 des Körperschaftsteuergesetzes oder
   c) des § 2 Absatz 2 Satz 2 des Gewerbesteuergesetzes

   führen kann,
3. von einer Organgesellschaft verwirklicht werden soll und über
   a) die gesonderte und einheitliche Feststellung nach § 14 Absatz 5 des Körperschaftsteuergesetzes oder
   b) den dem Organträger zuzurechnenden Gewerbeertrag

   Auswirkungen auf die Besteuerungsgrundlagen des Organträgers haben kann,
4. zur Verwirklichung eines Erwerbsvorgangs im Sinne von § 1 Absatz 3 Nummer 1 und 2 in Verbindung mit Absatz 4 Nummer 2 des Grunderwerbsteuergesetzes (grunderwerbsteuerliche Organschaft) führen kann oder
5. sich nach den §§ 20, 21, 24 oder 25 des Umwandlungssteuergesetzes bei verschiedenen Rechtsträgern steuerlich auswirkt und der steuerliche Wertansatz beim einbringenden oder übertragenden Rechtsträger vom steuerlichen Wertansatz beim übernehmenden Rechtsträger abhängt.

Die Beteiligten sollen einen gemeinsamen Empfangsbevollmächtigten bestellen, der ermächtigt ist, für sie alle Verwaltungsakte und Mitteilungen in Empfang zu nehmen.

(3) Für die Erteilung der verbindlichen Auskunft nach Absatz 2 Satz 1 ist zuständig

1. nach Absatz 2 Satz 1 Nummer 1:

   das Finanzamt, das für die gesonderte und einheitliche Feststellung örtlich zuständig ist;
2. nach Absatz 2 Satz 1 Nummer 2 Buchstabe a:

   das Finanzamt, das für die Umsatzbesteuerung des Organträgers örtlich zuständig ist;
3. nach Absatz 2 Satz 1 Nummer 2 Buchstabe b und c sowie Nummer 3:

   das Finanzamt, das für die gesonderte und einheitliche Feststellung nach § 14 Absatz 5 des Körperschaftsteuergesetzes örtlich zuständig ist;
4. nach Absatz 2 Satz 1 Nummer 4:

   das Finanzamt, das für die Festsetzung der Grunderwerbsteuer zuständig ist; ist der verwirklichte Sachverhalt Gegenstand einer gesonderten Feststellung nach § 17 Absatz 3 Satz 1 Nummer 2 oder Satz 2 in Verbindung mit Absatz 2 des Grunderwerbsteuergesetzes, ist das Finanzamt zuständig, das für die gesonderte Feststellung zuständig ist;

5. nach Absatz 2 Satz 1 Nummer 5:

das Finanzamt, das nach § 18 oder § 20 der Abgabenordnung für den übernehmenden Rechtsträger örtlich zuständig ist.

In den Fällen des Absatzes 2 Satz 1 Nummer 2 wird für die Bestimmung der Zuständigkeit stets von einer bestehenden Organschaft ausgegangen. In den Fällen des Absatzes 2 Satz 1 Nummer 4 wird für die Bestimmung der Zuständigkeit davon ausgegangen, dass ein Erwerbsvorgang im Sinne des § 1 Absatz 3 Nummer 1 und 2 in Verbindung mit Absatz 4 Nummer 2 des Grunderwerbsteuergesetzes verwirklicht wurde.

(4) Soll der dem Antrag zugrunde liegende Sachverhalt durch eine Person, Personenvereinigung oder Vermögensmasse verwirklicht werden, die im Zeitpunkt der Antragstellung noch nicht existiert, kann der Antrag auf Erteilung einer verbindlichen Auskunft auch durch einen Dritten gestellt werden, sofern er ebenfalls ein eigenes berechtigtes Interesse an der Auskunftserteilung darlegen kann. In diesem Fall sind die in Absatz 1 Nr. 1 und 3 genannten Angaben auch hinsichtlich der Person, Personenvereinigung oder Vermögensmasse zu machen, die den der Auskunft zugrunde liegenden Sachverhalt verwirklichen soll.

§ 2 Bindung einer verbindlichen Auskunft

(1) Die von der nach § 89 Abs. 2 Satz 2 und 3 der Abgabenordnung zuständigen Finanzbehörde erteilte verbindliche Auskunft ist für die Besteuerung des Antragstellers oder in den Fällen des § 1 Abs. 4 für die Besteuerung der Person, Personenvereinigung oder Vermögensmasse, die den Sachverhalt verwirklicht hat, bindend, wenn der später verwirklichte Sachverhalt von dem der Auskunft zugrunde gelegten Sachverhalt nicht oder nur unwesentlich abweicht. Die verbindliche Auskunft ist nicht bindend, wenn sie zuungunsten des Steuerpflichtigen dem geltenden Recht widerspricht.

(2) Eine nach § 1 Absatz 3 erteilte verbindliche Auskunft ist für die Besteuerung aller Beteiligten einheitlich bindend, wenn der später verwirklichte Sachverhalt von dem Sachverhalt, der der Auskunft zugrunde gelegt wurde, nicht oder nur unwesentlich abweicht. Widerspricht die einheitlich erteilte verbindliche Auskunft dem geltenden Recht und beruft sich mindestens ein Beteiligter hierauf, entfällt die Bindungswirkung der verbindlichen Auskunft einheitlich gegenüber allen Beteiligten.

(3) Die Bindungswirkung der verbindlichen Auskunft entfällt ab dem Zeitpunkt, in dem die Rechtsvorschriften, auf denen die Auskunft beruht, aufgehoben oder geändert werden.

(4) Unbeschadet der §§ 129 bis 131 der Abgabenordnung kann eine verbindliche Auskunft mit Wirkung für die Zukunft aufgehoben oder geändert werden, wenn sich herausstellt, dass die erteilte Auskunft unrichtig war.

§ 3 Anwendungsvorschrift

§ 1 Absatz 2 Satz 1, Absatz 3 und § 2 Absatz 2 in der am 20. Juli 2017 geltenden Fassung sind erstmals auf Anträge auf Erteilung einer verbindlichen Auskunft anzuwenden, die nach dem 1. September 2017 bei der zuständigen Finanzbehörde eingegangen sind. § 1 Absatz 2 Satz 1 Nummer 3 bis 5 und Absatz 3 Satz 1 Nummer 4 und

5 in der am 23. Dezember 2022 geltenden Fassung ist erstmals auf Anträge auf Erteilung einer verbindlichen Auskunft anzuwenden, die nach dem 31. Dezember 2022 bei der zuständigen Finanzbehörde eingegangen sind.

AEAO zu § 89 - Beratung, Auskunft:

Inhaltsübersicht

1. Beratung des Steuerpflichtigen

1.1 In § 89 Abs. 1 Satz 1 AO sind Erklärungen und Anträge gemeint, die sich bei dem gegebenen Sachverhalt aufdrängen. Im Übrigen ist es Sache des Steuerpflichtigen, sich über die Antragsmöglichkeiten zu unterrichten, ggf. durch Rückfrage beim Finanzamt (§ 89 Abs. 1 Satz 2 AO). Die Finanzämter wären überfordert, wenn sie darauf zu achten hätten, ob der Steuerpflichtige jede sich ihm bietende Möglichkeit, Steuern zu sparen, ausgenutzt hat (BFH-Urteil vom 22.1.1960, VI 175/59 U, BStBl III S. 178).

1.2 Kann bei einem eindeutigen Verstoß der Finanzbehörden gegen die Fürsorgepflicht nach § 89 Abs. 1 Satz 1 AO dem Steuerpflichtigen nicht durch Wiedereinsetzung in den vorigen Stand (§ 110 AO) oder durch Änderung des bestandskräftigen Steuerbescheids nach § 173 Abs. 1 Nr. 2 AO geholfen werden, so kann es geboten sein, die zu Unrecht festgesetzte Steuer wegen sachlicher Unbilligkeit (§ 227 AO) zu erlassen.

2. Auskünfte nach § 89 Abs. 1 Satz 2 AO

In § 89 Abs. 1 Satz 2 AO sind Auskünfte über das Verfahren (z. B. Fristberechnung, Wiedereinsetzung in den vorigen Stand, Aussetzung der Vollziehung) gemeint. Die Erteilung von Auskünften materieller Art ist den Finanzbehörden gestattet; hierauf besteht jedoch kein Anspruch. Sofern eine Finanzbehörde eine schriftliche Auskunft materieller Art außerhalb des § 89 Abs. 2 AO und der StAuskV erteilt, soll darauf hingewiesen werden, dass die Auskunft unverbindlich ist. Ist dies unterblieben, ist durch Auslegung zu ermitteln, ob der Empfänger in entsprechender Anwendung des § 133 BGB nach den ihm bekannten Umständen unter Berücksichtigung von Treu und Glauben von einer Verbindlichkeit der ihm erteilten Auskunft ausgehen konnte. Hierbei ist im Regelfall davon auszugehen, dass keine Bindungswirkung eintreten sollte.

3. Verbindliche Auskünfte nach § 89 Abs. 2 AO

3.1 Allgemeines

Die Finanzämter und das BZSt können unter den Voraussetzungen des § 89 Abs. 2 Satz 1 AO und der StAuskV auf Antrag verbindliche Auskünfte über die steuerliche Beurteilung von genau bestimmten, noch nicht verwirklichten Sachverhalten erteilen, wenn daran im Hinblick auf die erheblichen steuerlichen Auswirkungen ein besonderes Interesse besteht.

3.2 Antragsteller

3.2.1 Antragsteller einer verbindlichen Auskunft i. S. d. § 89 Abs. 2 AO (und zugleich Gebührenschuldner i. S. d. § 89 Abs. 3 bis 5 AO) ist derjenige, in dessen Namen der Antrag gestellt wird. Zur einheitlichen Antragstellung durch mehrere Beteiligte vgl. § 1 Abs. 2 StAuskV. Antragsteller und Steuerpflichtiger müssen nicht identisch sein.

3.2.2 Antragsteller und Steuerpflichtiger sind in der Regel identisch, wenn der Steuerpflichtige, dessen künftige Besteuerung Gegenstand der verbindlichen Auskunft sein soll, bei Antragstellung bereits existiert. Eine dritte Person hat in diesen Fällen im Regelfall kein eigenes berechtigtes Interesse an einer Auskunftserteilung hinsichtlich der Besteuerung eines anderen, bereits existierenden Steuerpflichtigen.

3.2.3 Existiert der Steuerpflichtige bei Antragstellung noch nicht, kann bei berechtigtem Interesse auch ein Dritter Antragsteller sein (§ 1 Abs. 4 StAuskV). Berechtigte/r Antragsteller einer verbindlichen Auskunft über die künftige Besteuerung einer noch nicht existierenden Kapitalgesellschaft kann die Person / können die Personen gemeinsam sein, die diese Kapitalgesellschaft gründen und dann (gemeinsam) zu mindestens 50 % an der Gesellschaft beteiligt sein will/wollen. Entsprechendes gilt für Auskunftsanträge einer Vorgründungsgesellschaft. Die einem Dritten wegen seines berechtigten Interesses erteilte verbindliche Auskunft entfaltet gegenüber dem künftigen Steuerpflichtigen auch dann Bindungswirkung, wenn die tatsächlichen Beteiligungsverhältnisse bei Verwirklichung des Sachverhalts von den bei Antragstellung geplanten Beteiligungsverhältnissen abweichen, soweit die Beteiligungsverhältnisse für die steuerrechtliche Beurteilung ohne Bedeutung sind.

3.2.4 § 1 Abs. 4 StAuskV geht der Regelung in § 1 Abs. 2 Nr. 1 StAuskV als lex specialis vor. Deshalb muss ein Auskunftsantrag für eine noch zu gründende Kapitalgesellschaft oder Personengesellschaft nicht von allen künftigen Gesellschaftern gemeinsam gestellt werden.

3.3 Zuständigkeit für die Erteilung verbindlicher Auskünfte

Nach § 89 Abs. 2 Satz 2 AO ist das Finanzamt für die Erteilung einer verbindlichen Auskunft zuständig, das bei Verwirklichung des dem Antrag zugrunde liegenden Sachverhalts für die Besteuerung örtlich zuständig sein würde. Abweichend hiervon ist allerdings bei Antragstellern, für die im Zeitpunkt der Antragstellung nach §§ 18 bis 21 AO kein Finanzamt zuständig ist, auf dem Gebiet der Steuern, die von den Landesfinanzbehörden im Auftrag des Bundes verwaltet werden, nach § 89 Abs. 2 Satz 3 AO das BZSt für die Auskunftserteilung zuständig. Bezüglich der Zuständigkeit für die Erteilung einer einheitlichen verbindlichen Auskunft gegenüber mehreren Beteiligten nach § 1 Abs. 3 StAuskV siehe AEAO zu § 89, Nr. 3.3.3.

3.3.1 Zuständigkeit des BZSt nach § 89 Abs. 2 Satz 3 AO

3.3.1.1 Die Sonderregelung des § 89 Abs. 2 Satz 3 AO geht der allgemeinen Regelung in § 89 Abs. 2 Satz 2 AO vor. Sie gilt allerdings nur für Steuern, die von den Landesfinanzbehörden im Auftrag des Bundes verwaltet werden. Für andere von den Finanzämtern verwaltete Steuern sowie für die Gewerbesteuermessbetragsfestsetzung kann das BZSt auch dann keine verbindliche Auskunft erteilen, wenn im Zeitpunkt der Antragstellung nach §§ 18 bis 21 AO kein Finanzamt für die Besteuerung des Antragstellers zuständig ist.

3.3.1.2 § 89 Abs. 2 Satz 3 AO stellt auf die aktuellen Verhältnisse des Antragstellers im Zeitpunkt der Antragstellung ab, während § 89 Abs. 2 Satz 2 AO auf künftige (geplante) Verhältnisse des Steuerpflichtigen (d.h. der Person, deren künftige Besteuerung Gegenstand der verbindlichen Auskunft ist) abstellt.

3.3.1.3 § 89 Abs. 2 Satz 3 AO ist für jede Steuerart gesondert anzuwenden. Bei einem Antragsteller, für den im Zeitpunkt der Antragstellung ein Finanzamt für eine von den Landesfinanzbehörden im Auftrag des Bundes verwaltete Steuer zuständig ist, ist das BZSt für die Auskunftserteilung nur hinsichtlich solcher von den Landesfinanzbehörden im Auftrag des Bundes verwalteten Steuern zuständig, für die im Zeitpunkt der Antragstellung noch kein Finanzamt zuständig ist.

3.3.1.4 Beispiel:

Die im Ausland ansässige natürliche Person A unterliegt im Zeitpunkt der Antragstellung im Inland nur der Umsatzsteuer. Für die Umsatzbesteuerung des A ist in diesem Zeitpunkt nach § 21 Abs. 1 Satz 2 AO i. V. m. der UStZustV das Finanzamt U zuständig. A beantragt eine verbindliche Auskunft nach § 89 Abs. 2 Satz 1 AO über Einkommen- und Umsatzsteuer.

- Für die verbindliche Auskunft über Einkommensteuer ist nach § 89 Abs. 2 Satz 3 AO das BZSt zuständig.
- Für die verbindliche Auskunft über Umsatzsteuer ist nach § 89 Abs. 2 Satz 2 AO das Finanzamt zuständig, das bei Verwirklichung des vorgetragenen Sachverhalts nach § 21 AO (ggf. i. V. m. der UStZustV) für die Umsatzbesteuerung des A örtlich zuständig sein würde.

3.3.1.5 Bei Anwendung des § 89 Abs. 2 Satz 3 AO kommt es nicht darauf an, ob der Antragsteller im Inland bereits bei einem Finanzamt geführt wird. Entscheidend ist, ob nach den Verhältnissen zum Zeitpunkt der Antragstellung ein Finanzamt örtlich zuständig ist, d.h. ob vom Antragsteller bereits steuerrelevante Sachverhalte im Inland verwirklicht wurden, wegen derer ein Steuerverwaltungsverfahren von Amts wegen durchzuführen wäre. Unerheblich ist, ob das örtlich zuständige Finanzamt hiervon bereits Kenntnis hat bzw. ob es bereits ein Steuerverwaltungsverfahren durchgeführt hat.

Steuerrelevante Sachverhalte im Inland sind dabei nur solche, für die eine Steuererklärungspflicht im Inland besteht.

Nicht zu steuerrelevanten Sachverhalten im Inland führen grundsätzlich

- Einkünfte, die im Inland nicht steuerpflichtig sind,
- Einkünfte, die dem Steuerabzug unterliegen und damit als abgeltend besteuert gelten oder
- Umsätze, für die der Leistungsempfänger der Steuerschuldner ist.

Wird in diesen Fällen dennoch ein Steuerverwaltungsverfahren im Inland durchgeführt und ist dieses noch nicht abgeschlossen, kommt die Sonderzuständigkeitsregelung des § 89 Abs. 2 Satz 3 AO ausnahmsweise nicht zur Anwendung.

3.3.1.6 Das BZSt kann unter den Voraussetzungen des § 89 Abs. 2 Satz 3 AO auch dann eine verbindliche Auskunft erteilen, wenn der Ort, an dem der vorgetragene Sachverhalt im Inland verwirklicht werden soll, noch nicht feststeht.

3.3.1.7 Betrifft eine verbindliche Auskunft mehrere Steuerarten und sind hierfür zum Teil das BZSt und im Übrigen ein oder mehrere Finanzämter zuständig, sollen sich die beteiligten Finanzbehörden untereinander abstimmen, um widersprüchliche verbindliche Auskünfte zu vermeiden.

3.3.2 Zuständigkeit eines Finanzamts nach § 89 Abs. 2 Satz 2 AO

3.3.2.1 Die Zuständigkeitsregelung des § 89 Abs. 2 Satz 2 AO gilt bei den von den Landesfinanzbehörden im Auftrag des Bundes verwalteten Steuern nur, soweit nicht das BZSt nach § 89 Abs. 2 Satz 3 AO zuständig ist (vgl. AEAO zu § 89, Nr. 3.3.1). Für andere von den Finanzämtern verwaltete Steuern sowie für die Gewerbesteuermessbetragsfestsetzung richtet sich die Zuständigkeit für die Erteilung einer verbindlichen Auskunft immer nach § 89 Abs. 2 Satz 2 AO.

3.3.2.2 Die Zuständigkeit nach § 89 Abs. 2 Satz 2 AO knüpft an die künftigen steuerlichen Verhältnisse des Steuerpflichtigen bei Verwirklichung des Sachverhaltes an. Das hiernach für die Auskunftserteilung zuständige Finanzamt muss nicht mit dem Finanzamt identisch sein, das zum Zeitpunkt der Antragstellung für die Besteuerung des Steuerpflichtigen zuständig ist. Wird eine verbindliche Auskunft berechtigterweise durch einen Dritten beantragt (vgl. AEAO zu § 89, Nr. 3.2.3), ist ebenso unerheblich, welches Finanzamt für seine Besteuerung zuständig ist.

3.3.2.3 Betrifft eine verbindliche Auskunft mehrere Steuerarten und sind hierfür jeweils unterschiedliche Finanzämter nach § 89 Abs. 2 Satz 2 AO zuständig, soll eine Zuständigkeitsvereinbarung nach § 27 AO herbeigeführt werden, wenn die unterschiedliche Zuständigkeit weder für den Steuerpflichtigen noch für die Finanzbehörden zweckmäßig ist. Eine derartige Zuständigkeitsvereinbarung kann auch schon vor Verwirklichung des geplanten Sachverhaltes getroffen werden. Sofern keine Zuständigkeitsvereinbarung herbeigeführt werden kann, sollen sich die beteiligten Finanzämter untereinander abstimmen, um widersprüchliche verbindliche Auskünfte zu vermeiden (vgl. AEAO zu § 89, Nr. 3.3.1.7).

3.3.3 Zuständigkeit eines Finanzamts bei einheitlicher Auskunftserteilung nach § 1 Abs. 3 StAuskV

3.3.3.1 Die Zuständigkeit für die Erteilung einer einheitlichen verbindlichen Auskunft gegenüber mehreren Beteiligten bestimmt sich nach § 1 Abs. 3 StAuskV. Bei Organschaftsfällen i. S. d. § 1 Abs. 2 Satz 1 Nrn. 2 bis 4 StAuskV soll das Finanzamt, das für die Erteilung der verbindlichen Auskunft nicht zuständig ist, aber von der Bindungswirkung dieser Auskunft ebenfalls betroffen ist, vorab beteiligt werden.

3.3.3.2 Hat im Fall einer Umsatzsteuer-Organschaft der Organträger seinen Sitz und seine Geschäftsleitung im Ausland, ist entsprechend § 2 Abs. 2 Nr. 2 Satz 4 UStG das Finanzamt der Organgesellschaft bzw. - falls mehrere Organgesellschaften beteiligt sind - das Finanzamt der wirtschaftlich bedeutendsten Organgesellschaft für die Erteilung der verbindlichen Auskunft zuständig.

3.4 Form, Inhalt und Voraussetzungen des Antrags auf Erteilung einer verbindlichen Auskunft

3.4.1 Der Antrag muss schriftlich gestellt werden und die in § 1 Abs. 1 StAuskV bezeichneten Angaben enthalten. Zusätzlich soll der Antragsteller nach § 89 Abs. 4 Satz 2 AO Angaben zum Gegenstandswert der Auskunft machen.

3.4.2 Im Auskunftsantrag ist der ernsthaft geplante und zum Zeitpunkt der Antragstellung noch nicht verwirklichte Sachverhalt ausführlich und vollständig darzulegen (§ 1 Abs. 1 Nr. 2 StAuskV). Es ist unschädlich, wenn bereits mit vorbereitenden Maßnahmen begonnen wurde, solange der dem Auskunftsantrag zugrunde gelegte Sachverhalt im Wesentlichen noch nicht verwirklicht wurde und noch anderweitige Dispositionen möglich sind.

3.4.3 Der Antragsteller muss sein eigenes steuerliches Interesse darlegen (§ 1 Abs. 1 Nr. 3 StAuskV). Außer in den Fällen des § 1 Abs. 4 StAuskV ist ein Auskunftsantrag mit Wirkung für Dritte nicht zulässig. Denn eine dritte Person hat kein eigenes berechtigtes Interesse an einer Auskunftserteilung hinsichtlich der Besteuerung eines anderen, bereits existierenden Steuerpflichtigen.

3.4.4 Im Auskunftsantrag sind konkrete Rechtsfragen darzulegen (§ 1 Abs. 1 Nr. 5 StAuskV). Es reicht nicht aus, allgemeine Fragen zu den bei Verwirklichung des geplanten Sachverhalts eintretenden steuerlichen Rechtsfragen darzulegen.

3.5 Erteilung einer verbindlichen Auskunft

3.5.1 Der Auskunft ist der vom Antragsteller vorgetragene Sachverhalt zugrunde zu legen. Das Finanzamt ist nicht verpflichtet, eigens für die zu erteilende Auskunft Ermittlungen durchzuführen, es soll aber dem Antragsteller Gelegenheit zum ergänzenden Sachvortrag geben, wenn dadurch eine Entscheidung in der Sache ermöglicht werden kann. Die Erteilung einer verbindlichen Auskunft für alternative Gestaltungsvarianten ist nicht zulässig.

3.5.2 Die Erteilung einer verbindlichen Auskunft ist ausgeschlossen, wenn der Sachverhalt im Wesentlichen bereits verwirklicht ist. Über Rechtsfragen, die sich aus einem bereits abgeschlossenen Sachverhalt ergeben, ist ausschließlich im Rahmen des Veranlagungs- oder Feststellungsverfahrens zu entscheiden. Das gilt auch, wenn der Sachverhalt zwar erst nach Antragstellung, aber vor der Entscheidung über den Antrag verwirklicht wird.

3.5.3 Eine Auskunft kann auch erteilt werden, wenn der Antragsteller eine Auskunft für die ernsthaft geplante Umgestaltung eines bereits vorliegenden Sachverhalts begehrt. Das gilt insbesondere bei Sachverhalten, die wesentliche Auswirkungen in die Zukunft haben (z. B. Dauersachverhalte). Bei Dauersachverhalten richtet sich das zeitliche Ausmaß der Bindungswirkung nach dem Auskunftsantrag, soweit die Finanzbehörde nicht aus materiell-rechtlichen Gründen von den zeitlichen Vorstellungen des Antragstellers abweicht (z. B. wegen Verlängerung oder Verkürzung des Abschreibungszeitraumes) und deshalb ihre Auskunft für einen anderen Zeitraum erteilt.

3.5.4 Verbindliche Auskünfte sollen nicht erteilt werden in Angelegenheiten, bei denen die Erzielung eines Steuervorteils im Vordergrund steht (z. B. Prüfung von Steuersparmodellen, Feststellung der Grenzpunkte für das Handeln eines ordentlichen Geschäftsleiters). Die Befugnis, nach pflichtgemäßem Ermessen auch in anderen Fällen die Erteilung verbindlicher Auskünfte abzulehnen, bleibt unberührt (z. B. wenn zu dem Rechtsproblem eine gesetzliche Regelung, eine höchstrichterliche Entscheidung oder eine Verwaltungsanweisung in absehbarer Zeit zu erwarten ist).

3.5.5 Die verbindliche Auskunft nach § 89 Abs. 2 AO ist (auch wenn sie nicht der Rechtsauffassung des Antragstellers entspricht) ebenso wie die Ablehnung der Erteilung einer verbindlichen Auskunft ein Verwaltungsakt. Sie ist schriftlich oder elektronisch zu erteilen und mit einer Rechtsbehelfsbelehrung zu versehen. Die Bekanntgabe richtet sich nach §§ 122, 122a AO und den Regelungen im AEAO zu § 122 und zu § 122a.

In den Fällen des § 1 Abs. 2 StAuskV ist die Auskunft allen Beteiligten gegenüber einheitlich zu erteilen und dem von ihnen nach § 1 Abs. 2 Satz 2 StAuskV bestellten gemeinsamen Empfangsbevollmächtigten bekannt zu geben, soweit keine Einzelbekanntgabe erforderlich ist.

3.5.6 Die verbindliche Auskunft hat zu enthalten

- den ihr zugrunde gelegten Sachverhalt; dabei kann auf den im Antrag dargestellten Sachverhalt Bezug genommen werden,
- die Entscheidung über den Antrag, die zugrunde gelegten Rechtsvorschriften und die dafür maßgebenden Gründe; dabei kann auf die im Antrag dargelegten Rechtsvorschriften und Gründe Bezug genommen werden,
- eine Angabe darüber, für welche Steuern und für welchen Zeitraum die verbindliche Auskunft gilt.

3.5.7 Die verbindliche Auskunft regelt dabei lediglich, wie die Finanzbehörde eine ihr zur Prüfung gestellte hypothetische Gestaltung gegenwärtig beurteilt. Es besteht kein Anspruch auf einen bestimmten rechtmäßigen Inhalt einer verbindlichen Auskunft (vgl. BFH-Urteil vom 29.2.2012, IX R 11/11, BStBl II S. 651).

3.5.8 Ist vor einer Entscheidung über die Erteilung einer verbindlichen Auskunft die Anhörung eines Beteiligten oder die Mitwirkung einer anderen Behörde oder eines Ausschusses vorgesehen, so darf die verbindliche Auskunft erst nach Anhörung der Beteiligten oder nach Mitwirkung dieser Behörde oder des Ausschusses erteilt werden.

3.5.9 Die Bearbeitungsfrist für Auskunftsanträge nach § 89 Abs. 2 Satz 4 AO gilt erstmals für Anträge, die nach dem 31.12.2016 bei der zuständigen Finanzbehörde eingegangen sind (Art. 97 § 25 Abs. 2 EGAO). Aus dem bloßen Verstreichen der Bearbeitungsfrist kann nicht abgeleitet werden, dass die Auskunft als im beantragten Sinn erteilt gilt. Dies gilt unabhängig davon, ob die Finanzbehörde hinreichende Gründe für die nicht fristgerechte Auskunftserteilung mitgeteilt hat oder nicht.

3.6 Bindungswirkung einer verbindlichen Auskunft

3.6.1 Die von der nach § 89 Abs. 2 Satz 2 und 3 AO zuständigen Finanzbehörde erteilte verbindliche Auskunft ist für die Besteuerung des Antragstellers nur dann bindend, wenn der später verwirklichte Sachverhalt von dem der Auskunft zugrunde gelegten Sachverhalt nicht oder nur unwesentlich abweicht (§ 2 Abs. 1 Satz 1 StAuskV). Eine vom BZSt nach § 89 Abs. 2 Satz 3 AO rechtmäßig erteilte verbindliche Auskunft bindet auch das Finanzamt, das bei Verwirklichung des der Auskunft zugrunde liegenden Sachverhalts zuständig ist. In den Fällen des § 1 Abs. 2 StAuskV ist die Auskunft gegenüber allen Beteiligten einheitlich verbindlich (§ 2 Abs. 2 Satz 1 StAuskV).

Die Bindungswirkung tritt nicht ein, wenn der tatsächlich verwirklichte Sachverhalt mit dem bei der Beantragung der verbindlichen Auskunft vorgetragenen Sachverhalt in wesentlichen Punkten nicht übereinstimmt. Wird ein Dauersachverhalt innerhalb der zeitlichen Bindungswirkung der verbindlichen Auskunft (vgl. Nr. 3.5.3 des AEAO zu § 89) dergestalt verändert, dass er mit dem der verbindlichen Auskunft zugrunde gelegten Sachverhalt in wesentlichen Punkten nicht mehr übereinstimmt, entfällt die Bindungswirkung der verbindlichen Auskunft ohne Zutun der Finanzverwaltung ab dem Zeitpunkt der Sachverhaltsänderung. Entsprechendes gilt für eine von der nach § 1 Abs. 3 StAuskV zuständigen Finanzbehörde gegenüber mehreren Antragstellern einheitlich erteilte verbindliche Auskunft.

3.6.2 Im Fall der Gesamtrechtsnachfolge geht die Bindungswirkung entsprechend § 45 AO auf den Rechtsnachfolger über. Bei Einzelrechtsnachfolge erlischt die Bindungswirkung. Die Bindungswirkung tritt daher nicht ein, wenn der Sachverhalt nicht durch den Antragsteller, sondern durch einen Dritten verwirklicht wurde, der nicht Gesamtrechtsnachfolger des Antragstellers ist.

3.6.3 Ist die verbindliche Auskunft zuungunsten des Steuerpflichtigen rechtswidrig, tritt nach § 2 Abs. 1 Satz 2 StAuskV keine Bindungswirkung ein. In diesem Fall ist die Steuer nach Maßgabe der Gesetze und den in diesem Zeitpunkt geltenden Verwaltungsanweisungen zutreffend festzusetzen. Die Frage, ob sich die (rechtswidrige) verbindliche Auskunft zuungunsten des Steuerpflichtigen auswirkt, ist durch einen Vergleich zwischen zugesagter und rechtmäßiger Behandlung zu beantworten und kann sich nur auf die konkret erteilte Auskunft beziehen.

Widerspricht eine nach § 2 Abs. 2 Satz 1 StAuskV einheitlich erteilte verbindliche Auskunft dem geltenden Recht und beruft sich mindestens ein Beteiligter darauf, entfällt die Bindungswirkung der verbindlichen Auskunft einheitlich gegenüber allen Beteiligten (§ 2 Abs. 2 Satz 2 StAuskV).

3.6.4 Die Bindungswirkung der verbindlichen Auskunft entfällt nach § 2 Abs. 3 StAuskV ohne Zutun der zuständigen Finanzbehörde ab dem Zeitpunkt, in dem die Rechtsvorschriften, auf denen die Auskunft beruht, aufgehoben oder geändert werden. Wird die verbindliche Auskunft in diesem Fall zur Klarstellung aufgehoben, hat dies nur deklaratorische Wirkung.

3.6.5 Eine verbindliche Auskunft nach § 89 Abs. 2 AO kann unter den Voraussetzungen der §§ 129 bis 131 AO berichtigt, zurückgenommen und widerrufen werden. In den Fällen des § 2 Abs. 2 Satz 1 StAuskV ist die Berichtigung, die Rücknahme oder der Widerruf gegenüber den Antragstellern einheitlich vorzunehmen.

Die Korrektur einer verbindlichen Auskunft mit Wirkung für die Vergangenheit kommt danach insbesondere in Betracht, wenn

- die Auskunft durch unlautere Mittel wie arglistige Täuschung, Drohung oder Bestechung erwirkt worden ist oder
- die Rechtswidrigkeit der Auskunft dem Begünstigten bekannt oder infolge grober Fahrlässigkeit nicht bekannt war.

Ist die verbindliche Auskunft von einer sachlich oder örtlich unzuständigen Behörde erlassen worden, entfaltet sie von vornherein keine Bindungswirkung.

3.6.6 Über die Fälle der §§ 129 bis 131 AO hinaus kann eine verbindliche Auskunft nach § 2 Abs. 4 StAuskV auch mit Wirkung für die Zukunft aufgehoben oder geändert werden, wenn sich herausstellt, dass die erteilte Auskunft unrichtig war.

Eine verbindliche Auskunft ist materiell rechtswidrig und damit rechtswidrig i. S. d. § 2 Abs. 4 StAuskV, wenn sie ohne Rechtsgrundlage oder unter Verstoß gegen materielle Rechtsnormen erlassen wurde oder ermessensfehlerhaft ist. Für die Beurteilung der Rechtmäßigkeit oder Rechtswidrigkeit kommt es auf den Zeitpunkt des Wirksamwerdens, also der Bekanntgabe der verbindlichen Auskunft an.

Eine Änderung der Rechtsprechung stellt keine Änderung der Rechtslage dar, weil sie die bisherige Rechtsauffassung nur richtig stellt, also die von Anfang an bestehende Rechtslage klarstellt. Daher ist eine verbindliche Auskunft von vornherein unrichtig i. S. d. § 2 Abs. 4 StAuskV, wenn sie von einem nach ihrer Bekanntgabe ergangenen FG- oder BFH-Urteil oder einer später ergangenen Verwaltungsanweisung abweicht. Sie ist nicht unrichtig geworden, ihre Unrichtigkeit wurde lediglich erst nachträglich erkannt.

Die Aufhebung oder Änderung nach § 2 Abs. 4 StAuskV steht im Ermessen der Finanzbehörde. Eine Aufhebung oder Änderung mit Wirkung für die Zukunft ist z. B. sachgerecht, wenn sich die steuerrechtliche Beurteilung des der verbindlichen Auskunft zugrunde gelegten Sachverhalts durch die Rechtsprechung oder durch eine Verwaltungsanweisung zum Nachteil des Steuerpflichtigen geändert hat.

Dem Vertrauensschutz wird dadurch Rechnung getragen, dass die Aufhebung oder Änderung nur mit Wirkung für die Zukunft erfolgen darf. War der Sachverhalt im Zeitpunkt der Bekanntgabe der Aufhebung oder Änderung bereits im Wesentlichen verwirklicht, bleibt die Bindungswirkung bestehen, wenn der später verwirklichte Sachverhalt von dem der Auskunft zugrunde gelegten Sachverhalt nicht oder nur unwesentlich abweicht.

In den Fällen des § 2 Abs. 2 Satz 1 StAuskV ist die Aufhebung oder Änderung gegenüber den Antragstellern einheitlich vorzunehmen.

3.6.7 Der Steuerpflichtige ist vor einer Korrektur der verbindlichen Auskunft zu hören (§ 91 Abs. 1 AO). In den Fällen des § 2 Abs. 2 Satz 1 StAuskV sind alle Antragsteller über den gemeinsamen Empfangsbevollmächtigten (§ 1 Abs. 2 Satz 2 StAuskV) zu hören.

3.6.8 Im Einzelfall kann es aus Billigkeitsgründen gerechtfertigt sein, von einem Widerruf der verbindlichen Auskunft abzusehen oder die Wirkung des Widerrufs zu einem späteren Zeitpunkt eintreten zu lassen. Eine solche Billigkeitsmaßnahme wird in der Regel jedoch nur dann geboten sein, wenn sich der Steuerpflichtige nicht mehr ohne erheblichen Aufwand bzw. unter beträchtlichen Schwierigkeiten von den im Vertrauen auf die Auskunft getroffenen Dispositionen oder eingegangenen vertraglichen Verpflichtungen zu lösen vermag.

In den Fällen des § 2 Abs. 2 Satz 1 StAuskV ist diese Billigkeitsmaßnahme gegenüber allen Beteiligten einheitlich zu treffen.

3.6.9 Die Regelungen in Nrn. 3.6.1 bis 3.6.8 des AEAO zu § 89 gelten in den Fällen des § 1 Abs. 4 StAuskV für die Person, Personenvereinigung oder Vermögensmasse, die den Sachverhalt verwirklicht hat, entsprechend.

3.7 Rechtsbehelfsmöglichkeiten

3.7.1 Gegen die erteilte verbindliche Auskunft wie auch gegen die Ablehnung der Erteilung einer verbindlichen Auskunft ist der Einspruch gegeben (§ 347 AO).

3.7.2 Im außergerichtlichen Rechtsbehelfsverfahren ist die Sache in vollem Umfang, d.h. auch in materiell-rechtlicher Hinsicht, zu prüfen (§ 367 Abs. 2 AO). Weicht die Finanzbehörde bei der Erteilung der verbindlichen Auskunft vom Rechtsstandpunkt des Antragstellers ab (sog. Negativauskunft), ist der Inhalt der erteilten verbindlichen Auskunft im gerichtlichen Rechtsbehelfsverfahren nur auf seine sachliche Richtigkeit hin zu prüfen, d.h. darauf, ob die Finanzbehörde den zur Prüfung gestellten Sachverhalt zutreffend erfasst hat und die gegenwärtige rechtliche Einordnung des zur Prüfung gestellten Sachverhalts in sich schlüssig und nicht evident rechtsfehlerhaft ist. Eine materiell-rechtliche Überprüfung der finanzbehördlichen Auffassung durch das Gericht bleibt mangels Bindungswirkung der Negativauskunft (vgl. Nr. 3.6.3 des AEAO zu § 89) einem Rechtsbehelfsverfahren gegen den späteren Steuerbescheid/Feststellungsbescheid vorbehalten (vgl. BFH-Urteil vom 29.2.2012, IX R 11/11, BStBl II S. 651).

3.7.3 Legt in den Fällen des § 2 Abs. 2 Satz 1 StAuskV nur ein Beteiligter Einspruch ein, sind die übrigen Beteiligten nach § 360 Abs. 3 Satz 1 AO zum Einspruchsverfahren hinzuziehen.

4. Gebühren für die Bearbeitung von Anträgen auf Erteilung einer verbindlichen Auskunft (§ 89 Abs. 3 bis 7 AO)

4.1 Gebührenpflicht

4.1.1 Gebühren sind nicht nur zu erheben, wenn die beantragte Auskunft erteilt wird. § 89 Abs. 3 Satz 1 AO ordnet eine Gebührenpflicht für die Bearbeitung eines Auskunftsantrags an. Gebühren sind daher grundsätzlich auch dann zu entrichten, wenn die Finanzbehörde in ihrer verbindlichen Auskunft eine andere Rechtsauffassung als der Antragsteller vertritt, wenn sie die Erteilung einer verbindlichen Auskunft ablehnt oder wenn der Antrag zurückgenommen wird. Zur Möglichkeit einer Gebührenermäßigung vgl. AEAO zu § 89, Nr. 4.5.

4.1.2 Die Gebühr wird für jeden Antrag auf verbindliche Auskunft festgesetzt. Es handelt sich jeweils um einen Antrag, soweit sich die rechtliche Beurteilung eines Sachverhalts auf einen Steuerpflichtigen bezieht. Dieser Sachverhalt kann sich auf mehrere Steuerarten auswirken. In den Fällen des § 1 Abs. 2 StAuskV wird nur eine Gebühr erhoben; die Beteiligten sind Gesamtschuldner der Gebühr (§ 89 Abs. 3 Satz 2 AO).

Ist in Fällen des § 1 Abs. 2 Nr. 1 StAuskV hinsichtlich des der Auskunft zugrunde liegenden Sachverhalts teilweise auch die Gesellschaft Steuerschuldnerin (vgl. AEAO zu § 122, Nr. 2.4.1), wird gegenüber den Gesellschaftern und der Gesellschaft nur eine Gebühr erhoben. In Umwandlungsfällen ist jeder abgebende, übernehmende oder entstehende Rechtsträger eigenständig zu beurteilen.

4.1.3 Die Gebührenpflicht gilt nicht für Anträge auf verbindliche Zusagen auf Grund einer Außenprüfung nach §§ 204 ff. AO oder für Lohnsteueranrufungsauskünfte nach § 42e EStG. Sie gilt auch nicht für Anfragen, die keine verbindliche Auskunft des Finanzamts i. S. d. § 89 Abs. 2 AO zum Ziel haben.

4.2 Gegenstandswert

4.2.1 Die Gebühr richtet sich grundsätzlich nach dem Wert, den die Auskunft für den Antragsteller hat (Gegenstandswert; § 89 Abs. 4 Satz 1 AO).

4.2.2 Maßgebend für die Bestimmung des Gegenstandswerts ist die steuerliche Auswirkung des vom Antragsteller dargelegten Sachverhalts. Die steuerliche Auswirkung ist in der Weise zu ermitteln, dass der Steuerbetrag, der bei Anwendung der vom Antragsteller vorgetragenen Rechtsauffassung entstehen würde, dem Steuerbetrag gegenüberzustellen ist, der entstehen würde, wenn die Finanzbehörde eine entgegengesetzte Rechtsauffassung vertreten würde.

Für diese Ermittlung der steuerlichen Auswirkung sind die Grundsätze der gerichtlichen Streitwertermittlung für ein Hauptsacheverfahren entsprechend anzuwenden (BFH-Urteil vom 22.4.2015, IV R 13/12, BStBl II S. 989).

Steuerliche Auswirkungen, die sich mittelbar ergeben können, die jedoch nicht selbst zum Gegenstand des Antrags gemacht worden sind, werden bei Bemessung des Gegenstandswerts nicht berücksichtigt (vgl. BFH-Urteil vom 22.4.2015, IV R 13/12, a. a. O.). Betrifft die beantragte Auskunft ertragsteuerliche Fragen, sind danach Annexsteuern (Kirchensteuer, Solidaritätszuschlag) nicht in die Ermittlung des Gegenstandswerts einzubeziehen. Gewerbesteuerliche Auswirkungen sind bei der Ermittlung des Gegenstandswerts einzubeziehen, es sei denn, die gewerbesteuerliche Beurteilung ist ausdrücklich von der beantragten Auskunft ausgenommen.

4.2.3 Bei Dauersachverhalten ist auf die durchschnittliche steuerliche Auswirkung eines Jahres abzustellen (vgl. auch AEAO zu § 89, Nr. 3.5.3).

4.2.4 Die Gebühr wird nach § 89 Abs. 5 Satz 1 AO in entsprechender Anwendung des § 34 GKG mit einem Gebührensatz von 1,0 erhoben. § 34 GKG in der Fassung des Kostenrechtsänderungsgesetzes 2021 vom 21.12.2020 (BGBl. I S. 3229) ist dabei in entsprechender Anwendung des § 71 Abs. 1 GKG auf alle Anträge anzuwenden, die nach dem 31.12.2020 bei der zuständigen Finanzbehörde eingegangen sind. Für Anträge, die vor dem 1.1.2021 bei der zuständigen Finanzbehörde eingegangen sind, ist § 34 GKG in der bis zum 31.12.2020 geltenden Fassung weiterhin entsprechend anzuwenden.

Der Gegenstandswert ist in entsprechender Anwendung des § 39 Abs. 2 GKG auf 30 Mio. € begrenzt (§ 89 Abs. 5 Satz 2 AO). Die Gebühr beträgt damit bei bis zum 31.12.2020 eingegangenen Anträgen höchstens 109.736 €, bei ab dem 1.1.2021 eingegangenen Anträgen höchstens 120.721 €. Beträgt der Gegenstandswert weniger als 10.000 €, wird keine Gebühr erhoben (§ 89 Abs. 5 Satz 3 AO).

4.2.5 Der Antragsteller soll den Gegenstandswert und die für seine Bestimmung maßgeblichen Umstände bereits in seinem Auskunftsantrag darlegen (§ 89 Abs. 4 Satz 2 AO). Diese Darlegung erfordert schlüssige und nachvollziehbare Angaben; fehlen derartige Angaben oder sind sie unzureichend, ist der Antragsteller hierauf hinzuweisen und um entsprechende Ergänzung seines Antrags oder um Erläuterung zu bitten, warum er keine Angaben machen kann.

4.2.6 Den Angaben des Antragstellers ist im Regelfall zu folgen. Bei seiner Darlegung des Gegenstandswerts muss sich der Antragsteller allerdings an die Grundsätze der gerichtlichen Streitwertermittlung halten (vgl. AEAO zu § 89, Nr. 4.2.2). Eine davon abweichende Bemessung des Gegenstandswerts führt regelmäßig zu einem offensichtlich unzutreffenden Ergebnis und ist deshalb vom Finanzamt nicht zu berücksichtigen (BFH-Urteil vom 22.4.2015, IV R 13/12, BStBl II S. 989). Eine Ermittlung des Gegenstandswerts durch das Finanzamt ist im Übrigen nur dann geboten, wenn der Antragsteller keine Angaben machen kann oder wenn seine Angaben anderweitig zu einem offensichtlich unzutreffenden Ergebnis führen würden (§ 89 Abs. 4 Satz 3 AO).

4.2.7 Will das Finanzamt von dem erklärten Gegenstandswert abweichen oder konnte der Antragsteller keine Angaben zum Gegenstandswert machen, ist dem Antragsteller vor Erlass des Gebührenbescheids rechtliches Gehör (§ 91 AO) zu gewähren. Die Bearbeitung des Auskunftsantrags soll bis zum Eingang der Stellungnahme des Antragstellers, höchstens aber bis zum Ablauf der (regelmäßig einmonatigen) Frist zur Stellungnahme zurückgestellt werden.

4.3 Zeitgebühr

4.3.1 Beziffert der Antragsteller den Gegenstandswert nicht und ist der Gegenstandswert auch nicht durch Schätzung bestimmbar, ist eine Zeitgebühr zu berechnen (§ 89 Abs. 6 Satz 1 1. Halbsatz AO). Die Zeitgebühr beträgt 50 € je angefangene halbe Stunde Bearbeitungszeit (§ 89 Abs. 6 Satz 1 2. Halbsatz AO). Beträgt bei der Gebührenbemessung nach dem Zeitwert die Bearbeitungszeit weniger als zwei Stunden, wird keine Gebühr erhoben (§ 89 Abs. 6 Satz 2 AO).

4.3.2 Wird eine solche Zeitgebühr erhoben, ist der zeitliche Aufwand für die Bearbeitung des Antrags auf verbindliche Auskunft zu dokumentieren. Zur Bearbeitungszeit rechnen nur die Zeiten, in denen der vorgetragene Sachverhalt ermittelt und dessen rechtliche Würdigung geprüft wurde. Waren vorgesetzte Finanzbehörden wegen der besonderen Bedeutung des Einzelfalls oder der grundsätzlichen Bedeutung entscheidungserheblicher Rechtsfragen hinzuzuziehen, ist die dortige Bearbeitungszeit ebenfalls zu berücksichtigen, soweit sie dem konkreten Auskunftsantrag individuell zuzuordnen ist.

4.4 Gebührenfestsetzung

4.4.1 Die Gebühr ist durch schriftlichen Bescheid gegenüber dem Antragsteller festzusetzen; Bekanntgabevollmachten sind zu beachten. Der Antragsteller hat die Gebühr innerhalb eines Monats nach Bekanntgabe dieses Bescheids zu entrichten (§ 89 Abs. 3 Satz 3 AO).

Auf die Gebühr sind die Vorschriften der AO grundsätzlich sinngemäß anzuwenden (vgl. im Einzelnen AEAO zu § 1, Nr. 3). Die Gebührenfestsetzung kann nach §§ 129 bis 131 AO korrigiert werden. Gegen die Gebührenfestsetzung ist der Einspruch gegeben (§ 347 AO).

4.4.2 Die Entscheidung über den Antrag auf verbindliche Auskunft soll bis zur Zahlung der Gebühr zurückgestellt werden, wenn der Zahlungseingang nicht gesichert erscheint. In derartigen Fällen ist im Gebührenbescheid darauf hinzuweisen, dass über den Antrag auf Erteilung einer verbindlichen Auskunft erst nach Zahlungseingang entschieden wird.

4.5 Ermäßigung der Gebühr

4.5.1 Die Gebühr nach § 89 Abs. 3 bis 6 AO entsteht auch für die Bearbeitung eines Antrags auf verbindliche Auskunft, der die formalen Voraussetzungen nicht erfüllt (Beispiel: der Antrag beinhaltet keine ausführliche Darlegung des Rechtsproblems oder keine eingehende Begründung des Rechtsstandpunkts des Antragstellers). Vor einer Ablehnung eines Antrags aus formalen Gründen hat die Finanzbehörde den Antragsteller auf diese Mängel und auf die Möglichkeit der Ergänzung oder Rücknahme des Antrags hinzuweisen.

4.5.2 Wird ein Antrag vor Bekanntgabe der Entscheidung über den Antrag auf verbindliche Auskunft zurückgenommen, kann die Gebühr ermäßigt werden (§ 89 Abs. 7 Satz 2 AO). Hierbei ist wie folgt zu verfahren:

- Hat die Finanzbehörde noch nicht mit der Bearbeitung des Antrags begonnen, ist die Gebühr auf Null zu ermäßigen. In diesem Fall kann aus Vereinfachungsgründen bereits von der Erteilung eines Gebührenbescheids abgesehen werden.

- Hat die Finanzbehörde bereits mit der Bearbeitung des Antrags begonnen, ist der bis zur Rücknahme des Antrags angefallene Bearbeitungsaufwand angemessen zu berücksichtigen und die Gebühr anteilig zu ermäßigen.

5. Anwendung der StAuskV

5.1 Die StAuskV gilt für alle verbindlichen Auskünfte, die ab Inkrafttreten des § 89 Abs. 2 AO (12.9.2006) erteilt worden sind.

5.2 § 1 Abs. 2 Satz 1, Abs. 3 und 4 und § 2 Abs. 2 bis 4 StAuskV in der am 20.7.2017 geltenden Fassung sind erstmals auf nach dem 1.9.2017 bei der zuständigen Finanzbehörde eingegangene Anträge auf Erteilung einer verbindlichen Auskunft anzuwenden. Die neuen Regelungen sind nach Ablauf der Übergangsfrist auf alle Anträge anzuwenden, die ab diesem Zeitpunkt bei der zuständigen Finanzbehörde eingehen.

5.3 Für Auskünfte mit Bindungswirkung nach Treu und Glauben, die bis zum 11.9.2006 erteilt worden sind, sind die Regelungen in Nrn. 4 und 5 des BMF-Schreibens vom 29.12.2003, BStBl I S. 742 weiter anzuwenden.

§ 89a Vorabverständigungsverfahren

(1) [1]Bei Anwendbarkeit eines Abkommens zur Vermeidung der Doppelbesteuerung, welches ein Verständigungsverfahren zur Vermeidung der Doppelbesteuerung zwischen der Bundesrepublik Deutschland und einem anderen Staat oder Hoheitsgebiet (Vertragsstaat) vorsieht, kann die zuständige Behörde nach § 5 Absatz 1 Satz 1 Nummer 5 des Finanzverwaltungsgesetzes im Einvernehmen mit der zuständigen obersten Landesfinanzbehörde oder der von dieser beauftragten Behörde nach den Bestimmungen dieser Vorschrift auf Antrag eines Abkommensberechtigten (Antragsteller) ein zwischenstaatliches Verfahren über die steuerliche Beurteilung von genau bestimmten, im Zeitpunkt der Antragstellung noch nicht verwirklichten Sachverhalten für einen bestimmten Geltungszeitraum, der in der Regel fünf Jahre nicht überschreiten soll, mit der zuständigen Behörde des anderen Vertragsstaates einleiten (Vorabverständigungsverfahren). [2]Satz 1 gilt nur, wenn

1. die Gefahr einer Doppelbesteuerung bezüglich des bestimmten Sachverhalts besteht und

2. es wahrscheinlich ist,

a) die Doppelbesteuerung durch das Vorabverständigungsverfahren zu vermeiden und

b) eine übereinstimmende Abkommensauslegung mit der zuständigen Behörde des anderen Vertragsstaates zu erreichen.

[3]Die Einleitung setzt eine nach Absatz 7 unanfechtbar gewordene Gebührenfestsetzung und die Entrichtung der Gebühr voraus. [4]Betrifft ein Sachverhalt mehrere Abkommensberechtigte und kann der Sachverhalt nur einheitlich steuerlich beurteilt werden, kann das Vorabverständigungsverfahren nur von allen betroffenen Abkommensberechtigten gemeinsam beantragt werden; Verfahrenshandlungen können in diesen Fällen nur gemeinsam vorgenommen werden. [5]Hierfür benennen die Antragsteller einen Vertreter. [6]Die Antragsteller bestellen in den Fällen des Satzes 4 einen gemeinsamen Empfangsbevollmächtigten, der ermächtigt ist, für sie alle Verwaltungsakte und Mitteilungen in Empfang zu nehmen. [7]Ist ein Steuerabzugsverfahren Gegenstand der steuerlichen Beurteilung, kann auch der Abzugsverpflichtete den Antrag auf Einleitung eines Vorabverständigungsverfahrens stellen. [8]Betrifft ein Sachverhalt die steuerliche Beurteilung im Verhältnis zu mehreren Vertragsstaaten, kann der Antragsteller einen zusammengefassten Antrag auf Einleitung mehrerer Vorabverständigungsverfahren stellen.

(2) [1]Der Antrag nach Absatz 1 hat zu enthalten:

1. die genaue Bezeichnung des Antragstellers und aller anderen Beteiligten,

2. die Bezeichnung der örtlich zuständigen Finanzbehörde sowie die maßgebliche Steuernummer,

3. die Identifikationsnummer nach § 139b oder die Wirtschafts-Identifikationsnummer nach § 139c; wenn die Wirtschafts-Identifikationsnummer noch nicht vergeben wurde, die Steuernummer,

4. die betroffenen Vertragsstaaten,

5. eine umfassende und in sich abgeschlossene Darstellung des Sachverhalts einschließlich des erwünschten Geltungszeitraums der Vorabverständigungsvereinbarung,

6. die Darlegung, weshalb eine Gefahr der Doppelbesteuerung besteht, sowie

7. die Erklärung, ob über den zur Beurteilung gestellten Sachverhalt eine verbindliche Auskunft nach § 89, eine verbindliche Zusage nach § 204, eine Anrufungsauskunft nach § 42e des Einkommensteuergesetzes oder in dem anderen betroffenen Vertragsstaat eine vergleichbare Auskunft oder Zusage beantragt oder erteilt wurde.

[2]Dem Antrag sind die erforderlichen Unterlagen beizufügen, insbesondere solche, die zur Würdigung des Sachverhalts erforderlich sind. [3]Der Antrag ist bei der nach Absatz 1 Satz 1 zuständigen Behörde schriftlich oder elektronisch zu stellen.

(3) [1]Im Einvernehmen mit der zuständigen obersten Landesfinanzbehörde unterzeichnet die nach Absatz 1 Satz 1 zuständige Behörde die Vorabverständigungsvereinbarung mit dem anderen Vertragsstaat nur, wenn die Vereinbarung mindestens unter der Bedingung steht, dass der Antragsteller

1. dem Inhalt der Vorabverständigungsvereinbarung zustimmt und

2. im Geltungsbereich dieses Gesetzes auf die Einlegung von Rechtsbehelfen gegen Steuerbescheide verzichtet, soweit diese die Ergebnisse der Vorabverständigungsvereinbarung für den bestimmten Geltungszeitraum zutreffend umsetzen (Rechtsbehelfsverzicht).

[2]Nach der Unterzeichnung teilt die nach Absatz 1 Satz 1 zuständige Behörde dem Antragsteller den Inhalt der Einigung mit und setzt ihm eine Frist zur Erfüllung der Bedingungen nach Satz 1. [3]Der Rechtsbehelfsverzicht des Antragstellers hat mit gesondertem Schreiben schriftlich oder zur Niederschrift gegenüber der nach Absatz 1 Satz 1 zuständigen Behörde zu erfolgen. [4]Wird keine Vorabverständigungsvereinbarung unterzeichnet, scheitert das Vorabverständigungsverfahren. [5]Dies ist insbesondere der Fall, wenn die zuständige Behörde des anderen Vertragsstaates ein Verfahren nicht einleitet oder die zuständigen Behörden zu keiner übereinstimmenden Abkommensauslegung gelangen. [6]Das Verfahren scheitert auch, wenn der Antragsteller die Bedingungen nach Satz 1 nicht fristgemäß erfüllt. [7]Ein Vorabverständigungsverfahren wird im Einvernehmen mit der zuständigen obersten Landesfinanzbehörde oder der von dieser beauftragten Behörde geführt.

(4) [1]Die örtlich zuständige Finanzbehörde ist an die unterzeichnete Vorabverständigungsvereinbarung nicht gebunden, wenn

1. die in der Vorabverständigungsvereinbarung enthaltenen Bedingungen nicht oder nicht mehr erfüllt werden,

2. der andere beteiligte Vertragsstaat die Vorabverständigungsvereinbarung nicht einhält oder

3. die Rechtsvorschriften, auf denen die Vorabverständigungsvereinbarung beruht, aufgehoben oder geändert werden.

[2]Die Prüfung der Voraussetzungen nach Satz 1 obliegt der nach Absatz 1 Satz 1 zuständigen Behörde im Einvernehmen mit der zuständigen obersten Landesfinanzbehörde oder der von dieser beauftragten Behörde. [3]Die Bindungswirkung der Vorabverständigungsvereinbarung entfällt in dem Zeitpunkt, in dem eine der Voraussetzungen nach Satz 1 vorliegt.

(5) [1]Steht der Vorabverständigungsvereinbarung eine bereits erteilte verbindliche Auskunft nach § 89, eine bereits erteilte verbindliche Zusage nach § 204 oder eine Anrufungsauskunft nach § 42e des Einkommensteuergesetzes entgegen, kann die nach § 131 Absatz 4 zuständige Finanzbehörde im Einvernehmen mit der nach Absatz 1 Satz 1 zuständigen Behörde die verbindliche Auskunft, die verbindliche Zusage oder die Anrufungsauskunft widerrufen. [2]Erfolgt kein Widerruf nach Satz 1 und wurde bereits eine Vorabverständigungsvereinbarung unterzeichnet, kann die örtlich zuständige Finanzbehörde im Einvernehmen mit der nach Absatz 1 Satz 1 zuständigen Behörde gegenüber dem Antragsteller erklären, dass sie an die unterzeichnete Vorabverständigungsvereinbarung nicht gebunden ist.

(6) [1]Eine unterzeichnete Vorabverständigungsvereinbarung kann von der nach Absatz 1 Satz 1 zuständigen Behörde über den bestimmten Geltungszeitraum hinaus auf Antrag verlängert werden. [2]Die Vorabverständigungsvereinbarung kann auf Antrag auf Veranlagungszeiträume, die dem Geltungszeitraum der Vereinbarung vorangehen, angewendet werden; die Fristen für Verständigungsverfahren des jeweils maßgebenden Abkommens zur Vermeidung der Doppelbesteuerung sind zu beachten. [3]Die Sätze 1 und 2 setzen das Einvernehmen mit der zuständigen obersten Landesfinanzbehörde oder mit der von dieser beauftragten Behörde und der zuständigen Behörde des anderen Vertragsstaates voraus.

(7) [1]Die nach Absatz 1 Satz 1 zuständige Behörde erhebt für die Bearbeitung eines Antrags nach Absatz 1 oder Absatz 6 Satz 1 Gebühren, die vor Einleitung des Vorabverständigungsverfahrens oder der Bearbeitung eines Verlängerungsantrags festzusetzen sind. [2]Die Einleitung des Vorabverständigungsverfahrens oder die Bearbeitung eines Verlängerungsantrags erfolgt durch die Versendung des ersten Schriftsatzes an den anderen Vertragsstaat. [3]Die Gebühr ist vom Antragsteller innerhalb eines Monats nach Bekanntgabe ihrer Festsetzung zu entrichten. [4]Das Vorabverständigungsverfahren oder die Bearbeitung eines Verlängerungsantrags wird erst eingeleitet, wenn die Gebührenfestsetzung unanfechtbar geworden und die Gebühr entrichtet ist. [5]Die Gebühr beträgt 30 000 Euro für jeden Antrag im Sinne des Absatzes 1 sowie 15 000 Euro für jeden Verlängerungsantrag nach Absatz 6 Satz 1. [6]Sofern es sich bei dem Antrag nicht um einen Verrechnungspreisfall handelt, beträgt die Gebühr für jeden Antrag ein Viertel der Gebühren nach Satz 5; Verrechnungspreisfälle sind Fälle, die die grenzüberschreitende Gewinnabgrenzung zwischen nahestehenden Personen und die Gewinnzuordnung zu Betriebsstätten betreffen. [7]Bezieht sich der Antrag auf einen Sachverhalt, für dessen steuerliche Beurteilung im Zeitpunkt der Antragstellung bereits eine koordinierte bilaterale oder multilaterale steuerliche

Außenprüfung durchgeführt wurde, die zu einem übereinstimmend festgestellten Sachverhalt und zu einer übereinstimmenden steuerlichen Würdigung geführt hat, wird die Gebühr um 75 Prozent reduziert. [8]Sofern die Summe der von dem Vorabverständigungsverfahren erfassten Geschäftsvorfälle eines Verrechnungspreisfalls die Beträge des § 6 Absatz 2 Satz 1 der Gewinnabgrenzungsaufzeichnungs- Verordnung vom 12. Juli 2017 (BGBl. I S. 2367) voraussichtlich nicht überschreitet, beträgt die Gebühr 10 000 Euro für jeden Antrag im Sinne des Absatzes 1 und 7 500 Euro für jeden Antrag nach Absatz 6 Satz 1. [9]In den Fällen des Absatzes 1 Satz 4 und 7 liegt ein Antrag vor, für den nur eine Gebühr festzusetzen und zu entrichten ist. [10]In den Fällen des Absatzes 1 Satz 8 ist für jedes Vorabverständigungsverfahren eine gesonderte Gebühr festzusetzen und zu entrichten.

(8) [1]Nimmt der Antragsteller seinen Antrag nach Absatz 1 Satz 1 vor Bekanntgabe der Gebührenfestsetzung zurück, kann von einer Gebührenfestsetzung abgesehen werden. [2]Wird der Antrag zurückgenommen oder abgelehnt, wird eine zu diesem Zeitpunkt unanfechtbar festgesetzte Gebühr nicht erstattet; dies gilt auch im Fall des Scheiterns des Vorabverständigungsverfahrens.

§ 90 Mitwirkungspflichten der Beteiligten (S 0225)

(1) [1]Die Beteiligten sind zur Mitwirkung bei der Ermittlung des Sachverhalts verpflichtet. [2]Sie kommen der Mitwirkungspflicht insbesondere dadurch nach, dass sie die für die Besteuerung erheblichen Tatsachen vollständig und wahrheitsgemäß offenlegen und die ihnen bekannten Beweismittel angeben. [3]Der Umfang dieser Pflichten richtet sich nach den Umständen des Einzelfalls.

(2) [1]Ist ein Sachverhalt zu ermitteln und steuerrechtlich zu beurteilen, der sich auf Vorgänge außerhalb des Geltungsbereichs dieses Gesetzes bezieht, so haben die Beteiligten diesen Sachverhalt aufzuklären und die erforderlichen Beweismittel zu beschaffen. [2]Sie haben dabei alle für sie bestehenden rechtlichen und tatsächlichen Möglichkeiten auszuschöpfen. [3]Ein Beteiligter kann sich nicht darauf berufen, dass er Sachverhalte nicht aufklären oder Beweismittel nicht beschaffen kann, wenn er sich nach Lage des Falls bei der Gestaltung seiner Verhältnisse die Möglichkeit dazu hätte beschaffen oder einräumen lassen können.

Fassung bis 31.12.2022[1].	Fassung ab 1.1.2023[1]
(3) [1]Ein Steuerpflichtiger hat über die Art und den Inhalt seiner Geschäftsbeziehungen im Sinne des § 1 Absatz 4 des Außensteuergesetzes Aufzeichnungen zu erstellen. [2]Die Aufzeichnungspflicht umfasst neben der Darstellung der Geschäftsvorfälle (Sachverhaltsdokumentation) auch die wirtschaftlichen und rechtlichen Grundlagen für eine den Fremdvergleichsgrundsatz beachtende Vereinbarung von Bedingungen, insbesondere Preisen (Verrechnungspreisen), sowie insbesondere Informationen zum Zeitpunkt der Verrechnungspreisbestimmung, zur verwendeten Verrechnungspreismethode und zu den verwendeten Fremdvergleichsdaten (Angemessenheitsdokumentation). [3]Hat ein Steuerpflichtiger Aufzeichnungen im Sinne des Satzes 1 für ein Unternehmen zu erstellen, das Teil einer multinationalen Unternehmensgruppe ist, so gehört zu den Aufzeichnungen auch ein Über-	**(3) [1]Ein Steuerpflichtiger hat über die Art und den Inhalt seiner Geschäftsbeziehungen im Sinne des § 1 Absatz 4 des Außensteuergesetzes Aufzeichnungen zu erstellen. [2]Die Aufzeichnungspflicht umfasst neben der Darstellung der Geschäftsvorfälle (Sachverhaltsdokumentation) auch die wirtschaftlichen und rechtlichen Grundlagen für eine den Fremdvergleichsgrundsatz beachtende Vereinbarung von Bedingungen, insbesondere Preisen (Verrechnungspreisen), sowie insbesondere Informationen zum Zeitpunkt der Verrechnungspreisbestimmung, zur verwendeten Verrechnungspreismethode und zu den verwendeten Fremdvergleichsdaten (Angemessenheitsdokumentation). [3]Hat ein Steuerpflichtiger Aufzeichnungen im Sinne des Satzes 1 für ein Unternehmen zu erstellen, das Teil einer multinationalen Unterneh-**

[1] Zur Anwendung des § 90 Abs. 3 bis 5 AO siehe Artikel 97 § 37 des EGAO.

blick über die Art der weltweiten Geschäftstätigkeit der Unternehmensgruppe und über die von ihr angewandte Systematik der Verrechnungspreisbestimmung, es sei denn, der Umsatz des Unternehmens hat im vorangegangenen Wirtschaftsjahr weniger als 100 Millionen Euro betragen. 4Eine multinationale Unternehmensgruppe besteht aus mindestens zwei in verschiedenen Staaten ansässigen, im Sinne des § 1 Absatz 2 des Außensteuergesetzes einander nahestehenden Unternehmen oder aus mindestens einem Unternehmen mit mindestens einer Betriebsstätte in einem anderen Staat. 5Die Finanzbehörde soll die Vorlage von Aufzeichnungen im Regelfall nur für die Durchführung einer Außenprüfung verlangen. 6Die Vorlage richtet sich nach § 97. 7Sie hat jeweils auf Anforderung innerhalb einer Frist von 60 Tagen zu erfolgen. 8Aufzeichnungen über außergewöhnliche Geschäftsvorfälle sind zeitnah zu erstellen und innerhalb einer Frist von 30 Tagen nach Anforderung durch die Finanzbehörde vorzulegen. 9In begründeten Einzelfällen kann die Vorlagefrist nach den Sätzen 7 und 8 verlängert werden. 10Die Aufzeichnungen sind auf Anforderung der Finanzbehörde zu ergänzen. 11Um eine einheitliche Rechtsanwendung sicherzustellen, wird das Bundesministerium der Finanzen ermächtigt, mit Zustimmung des Bundesrates durch Rechtsverordnung Art, Inhalt und Umfang der zu erstellenden Aufzeichnungen zu bestimmen.	**mensgruppe ist, so gehört zu den Aufzeichnungen auch ein Überblick über die Art der weltweiten Geschäftstätigkeit der Unternehmensgruppe und über die von ihr angewandte Systematik der Verrechnungspreisbestimmung, es sei denn, der Umsatz des Unternehmens hat im vorangegangenen Wirtschaftsjahr weniger als 100 Millionen Euro betragen. 4Eine multinationale Unternehmensgruppe besteht aus mindestens zwei in verschiedenen Staaten ansässigen, im Sinne des § 1 Absatz 2 des Außensteuergesetzes einander nahestehenden Unternehmen oder aus mindestens einem Unternehmen mit mindestens einer Betriebsstätte in einem anderen Staat. 5Zu außergewöhnlichen Geschäftsvorfällen sind zeitnah Aufzeichnungen zu erstellen. 6Die Aufzeichnungen im Sinne dieses Absatzes sind auf Anforderung der Finanzbehörde zu ergänzen.** **(4) 1Die Finanzbehörde kann jederzeit die Vorlage der Aufzeichnungen nach Absatz 3 verlangen; die Vorlage richtet sich nach § 97. 2Im Falle einer Außenprüfung sind die Aufzeichnungen ohne gesondertes Verlangen vorzulegen. 3Die Aufzeichnungen sind jeweils innerhalb einer Frist von 30 Tagen nach Anforderung oder nach Bekanntgabe der Prüfungsanordnung vorzulegen. 4In begründeten Einzelfällen kann die Vorlagefrist verlängert werden.** **(5) Um eine einheitliche Rechtsanwendung sicherzustellen, wird das Bundesministerium der Finanzen ermächtigt, mit Zustimmung des Bundesrates durch Rechtsverordnung Art, Inhalt und Umfang der nach den Absätzen 3 und 4 zu erstellenden Aufzeichnungen zu bestimmen.**

Verordnung zu Art, Inhalt und Umfang von Aufzeichnungen im Sinne des § 90 Absatz 3 der Abgabenordnung (Gewinnabgrenzungsaufzeichnungs-Verordnung – GAufzV)
vom 12.7.2017 (BGBl I. S. 2367)

§ 1 Grundsätze der Aufzeichnungspflicht

(1) Der Steuerpflichtige hat in den Aufzeichnungen, die über die Geschäftsbeziehungen im Sinne des § 1 Absatz 4 des Außensteuergesetzes zu erstellen sind, sämtliche Tatsachen anzugeben, die für die Vereinbarung von Bedingungen für Geschäftsvorfälle, insbesondere von Verrechnungspreisen, steuerliche Bedeutung haben. Die Aufzeichnungspflicht beschränkt sich nicht auf die zivilrechtlichen Beziehungen. Die Aufzeichnungspflicht bezieht sich auch auf Geschäftsvorfälle, die keinen Leistungsaustausch zum Gegenstand haben, wie Vereinbarungen über Arbeitnehmerentsendungen. Aufzeichnungen, die im Wesentlichen unverwertbar sind (§ 162 Absatz 3 und 4 der Abgabenordnung), sind als nicht erstellt zu behandeln.

(2) Für die Sachverhaltsdokumentation nach § 90 Absatz 3 Satz 2 der Abgabenordnung sind Aufzeichnungen über die Art, den Umfang und die Abwicklung sowie über die wirtschaftlichen und die rechtlichen Rahmenbedingungen der Geschäftsvorfälle erforderlich.

(3) Für die Angemessenheitsdokumentation nach § 90 Absatz 3 Satz 2 der Abgabenordnung hat der Steuerpflichtige für jeden Geschäftsvorfall entsprechend der von ihm gewählten Verrechnungspreismethode Aufzeichnungen zu erstellen und Vergleichsdaten heranzuziehen, soweit solche Daten im Zeitpunkt der Vereinbarung des jeweiligen Geschäftsvorfalls bei ihm oder bei ihm nahestehenden Personen vorhanden sind oder soweit er sich solche Daten mit zumutbarem Aufwand aus ihm frei zugänglichen Quellen beschaffen kann. Zu den Vergleichsdaten im Sinne des Satzes 1 gehören insbesondere Daten zu vergleichbaren Geschäftsvorfällen, die der Steuerpflichtige oder eine ihm nahestehende Person mit fremden Dritten abgeschlossen hat, und zu vergleichbaren Geschäftsvorfällen zwischen fremden Dritten, zum Beispiel Preise und Geschäftsbedingungen, Kostenaufteilungen, Gewinnaufschläge, Bruttospannen, Nettospannen, Gewinnaufteilungen. Zusätzlich sind Aufzeichnungen über innerbetriebliche Daten zu erstellen, die eine Plausibilitätskontrolle der vom Steuerpflichtigen vereinbarten Verrechnungspreise ermöglichen, wie zum Beispiel Prognoserechnungen und Daten zur Absatz-, Gewinn und Kostenplanung. Hat der

Steuerpflichtige die von ihm und den ihm nahestehenden Personen ausgeübten Funktionen, übernommenen Risiken und eingesetzten wesentlichen Vermögenswerte in ihrer Bedeutung für einen Geschäftsvorfall gewichtet, muss diese Gewichtung widerspruchsfrei sein; in solchen Fällen müssen für jeden am Geschäftsvorfall Beteiligten die ausgeübten Funktionen, das Ausmaß der tatsächlich übernommenen Risiken und die Höhe der tatsächlich eingesetzten wesentlichen Vermögenswerte quantitativ nachvollziehbar dargestellt werden.

§ 2 Art, Inhalt und Umfang der Aufzeichnungen

(1) Aufzeichnungen über Geschäftsbeziehungen können in Papierform oder elektronisch erstellt werden. Sie sind ordnungsmäßig zu führen und aufzubewahren. Sie müssen das ernsthafte Bemühen des Steuerpflichtigen belegen, seine Geschäftsbeziehungen unter Beachtung des Fremdvergleichsgrundsatzes zu gestalten. Die Aufzeichnungen müssen es daher einem sachverständigen Dritten ermöglichen, innerhalb einer angemessenen Frist festzustellen, welche Sachverhalte der Steuerpflichtige im Zusammenhang mit seinen Geschäftsbeziehungen verwirklicht hat und ob und inwieweit er dabei den Fremdvergleichsgrundsatz beachtet hat.

(2) Art, Inhalt und Umfang der zu erstellenden Aufzeichnungen bestimmen sich nach den Umständen des Einzelfalls, insbesondere nach der vom Steuerpflichtigen angewandten Verrechnungspreismethode. Der Steuerpflichtige ist nicht verpflichtet, Aufzeichnungen für mehr als eine geeignete Verrechnungspreismethode zu erstellen.

(3) Aufzeichnungen sind grundsätzlich geschäftsvorfallbezogen zu erstellen. Geschäftsvorfälle, die gemessen an Funktionen und Risiken wirtschaftlich vergleichbar sind, können r die Erstellung von Aufzeichnungen zu Gruppen zusammengefasst werden, wenn

1. die Gruppenbildung nach vorher festgelegten und nachvollziehbaren Regeln vorgenommen wurde und die Geschäftsvorfälle gleichartig oder gleichwertig sind oder
2. die Zusammenfassung auch bei Geschäftsvorfällen zwischen fremden Dritten üblich ist.

Eine Zusammenfassung ist auch zulässig bei ursächlich zusammenhängenden Geschäftsvorfällen und bei Teilleistungen im Rahmen eines Gesamtgeschäfts, wenn es für die Prüfung der Angemessenheit weniger auf den einzelnen Geschäftsvorfall, sondern mehr auf die Beurteilung des Gesamtgeschäfts ankommt. Werden Aufzeichnungen für Gruppen von Geschäftsvorfällen erstellt, sind die Regeln für deren Abwicklung und die Kriterien für die Gruppenbildung darzustellen. Bestehen für eine Gruppe verbundener Unternehmen dem Fremdvergleichsgrundsatz genügende innerbetriebliche Verrechnungspreisrichtlinien, die für die einzelnen Unternehmen eine geeignete Verrechnungspreismethode oder mehrere geeignete Verrechnungspreismethoden vorgeben, können diese Verrechnungspreisrichtlinien als Bestandteil der Aufzeichnungen verwendet werden. Soweit solche Verrechnungspreisrichtlinien die Preisermittlung regeln und tatsächlich befolgt werden, kann auf geschäftsvorfallbezogene Einzelaufzeichnungen im Sinne des Satzes 1 verzichtet werden.

(4) Ergibt sich bei Dauersachverhalten eine Änderung der Umstände, die für die Angemessenheit vereinbarter Preise von wesentlicher Bedeutung ist, hat der Steuerpflichtige auch nach dem Geschäftsabschluss Informationen zu sammeln und aufzuzeichnen, die einer Finanzbehörde die Prüfung ermöglichen, ob und ab welchem Zeitpunkt fremde Dritte eine Anpassung der Geschäftsbedingungen für spätere Geschäftsvorfälle vereinbart hätten. Dies gilt insbesondere, wenn in einem Geschäftsbereich steuerliche Verluste erkennbar werden, die ein fremder Dritter nicht hingenommen hätte, oder wenn Preisanpassungen zu Lasten des Steuerpflichtigen vorgenommen werden.

(5) Aufzeichnungen sind grundsätzlich in deutscher Sprache zu erstellen. Die Finanzbehörde kann auf Antrag des Steuerpflichtigen Ausnahmen hiervon zulassen. Der Antrag kann vor der Anfertigung der Aufzeichnungen gestellt werden, er ist aber spätestens unverzüglich nach Anforderung der Aufzeichnungen durch die Finanzbehörde zu stellen. Erforderliche Übersetzungen von Verträgen und ähnlichen Dokumenten im Sinne der §§ 4 und 5 gehören zu den Aufzeichnungen. § 87 Absatz 2 der Abgabenordnung bleibt unberührt.

(6) Aufzeichnungen sollen im Regelfall nur für die Zwecke der Durchführung einer Außenprüfung angefordert werden. Die Anforderung soll die Geschäftsbereiche und die Geschäftsbeziehungen des Steuerpflichtigen bezeichnen, die Gegenstand der Außenprüfung sein sollen. In der Anforderung sollen auch die Art und der Umfang der angeforderten Aufzeichnungen inhaltlich hinreichend bestimmt werden. Die Anforderung kann zusammen mit der Prüfungsanordnung erfolgen und jederzeit nachgeholt, ergänzt oder geändert werden (§ 90 Absatz 3 Satz 10 der Abgabenordnung).

§ 3 Zeitnahe Erstellung von Aufzeichnungen bei außergewöhnlichen Geschäftsvorfällen

(1) Aufzeichnungen über außergewöhnliche Geschäftsvorfälle im Sinne des § 90 Absatz 3 Satz 8 der Abgabenordnung sind zeitnah erstellt, wenn sie im engen zeitlichen Zusammenhang mit dem Geschäftsvorfall gefertigt werden. Sie gelten als noch zeitnah erstellt, wenn sie innerhalb von sechs Monaten nach Ablauf des Wirtschaftsjahres gefertigt werden, in dem sich der Geschäftsvorfall ereignet hat.

(2) Als außergewöhnliche Geschäftsvorfälle sind insbesondere anzusehen:

1. der Abschluss und die Änderung langfristiger Verträge, die sich erheblich auf die Höhe der Einkünfte des Steuerpflichtigen aus seinen Geschäftsbeziehungen auswirken,
2. Vermögensübertragungen im Zuge von Umstrukturierungsmaßnahmen,
3. die Übertragung und die Überlassung von Vermögenswerten im Zusammenhang mit wesentlichen Funktions- und Risikoänderungen im Unternehmen,
4. Geschäftsvorfälle im Zusammenhang mit einer für die Verrechnungspreisbildung erheblichen Änderung der Geschäftsstrategie sowie
5. der Abschluss von Umlageverträgen.

§ 4 Landesspezifische, unternehmensbezogene Dokumentation

(1) Der Steuerpflichtige hat nach Maßgabe der §§ 1 bis 3 folgende Aufzeichnungen, soweit sie für die Prüfung von Geschäftsbeziehungen des Steuerpflichtigen im Sinne des § 90 Absatz 3 Satz 1 und 2 der Abgabenordnung steuerlich von Bedeutung sind, zu erstellen:

1. allgemeine Informationen über die Beteiligungsverhältnisse, den Geschäftsbetrieb und den Organisationsaufbau:
   a) die Darstellung der Beteiligungsverhältnisse zwischen dem Steuerpflichtigen und ihm nahestehenden Personen im Sinne des § 1 Absatz 2 Nummer 1 und 2 des Außensteuergesetzes, mit denen der

Steuerpflichtige unmittelbar oder über Zwischenpersonen Geschäftsbeziehungen unterhält, zu Beginn des Prüfungszeitraums und die Darstellung der Veränderungen dieser Beteiligungsverhältnisse innerhalb des Prüfungszeitraums,

b) die Darstellung der sonstigen Umstände, die das Nahestehen im Sinne des § 1 Absatz 2 Nummer 3 des Außensteuergesetzes begründen können,

c) die Darstellung der organisatorischen und operativen Konzernstruktur, einschließlich Betriebsstätten und Beteiligungen an Personengesellschaften, zu Beginn des Prüfungszeitraums sowie die Darstellung der Veränderungen der Konzernstruktur innerhalb des Prüfungszeitraums,

d) die Beschreibung der Managementstruktur sowie der Organisationsstruktur des inländischen Unternehmens des Steuerpflichtigen,

e) die Beschreibung der Tätigkeitsbereiche des Steuerpflichtigen und der Geschäftsstrategie zu Beginn des Prüfungszeitraums sowie die Beschreibung der Veränderungen der Tätigkeitsbereiche und der Geschäftsstrategie innerhalb des Prüfungszeitraums;

2. Aufzeichnungen über Geschäftsbeziehungen des Steuerpflichtigen:

a) die Darstellung der Geschäftsbeziehungen des Steuerpflichtigen, Übersicht über Art und Umfang dieser Geschäftsbeziehungen, zum Beispiel Wareneinkauf, Dienstleistungen, Darlehensverhältnisse und andere Nutzungsüberlassungen sowie Kostenumlagen, und Übersicht über die den Geschäftsbeziehungen zugrunde liegenden Verträge und der Veränderungen innerhalb des Prüfungszeitraums,

b) die Auflistung der wesentlichen immateriellen Werte, die dem Steuerpflichtigen gehören und die er im Rahmen seiner Geschäftsbeziehungen nutzt oder zur Nutzung überlässt;

3. Funktions- und Risikoanalyse:

a) Informationen über

aa) die im Rahmen der Geschäftsbeziehungen ausgeübten Funktionen und übernommenen Risiken zu Beginn des Prüfungszeitraums sowie über die Veränderungen dieser Funktionen und Risiken innerhalb des Prüfungszeitraums,

bb) die eingesetzten wesentlichen Vermögenswerte,

cc) die vereinbarten Vertragsbedingungen,

dd) gewählte Geschäftsstrategien sowie

ee) die Markt- und Wettbewerbsverhältnisse, die für die Besteuerung von Bedeutung sind,

b) Beschreibung der Wertschöpfungskette und Darstellung der Wertschöpfungsbeiträge des Steuerpflichtigen; § 1 Absatz 3 Satz 4 ist zu beachten;

4. Verrechnungspreisanalyse:

a) Zeitpunkt der Verrechnungspreisbestimmung,

b) Aufzeichnung der im Zeitpunkt der Verrechnungspreisbestimmung verfügbaren und zur Preisbestimmung verwendeten Informationen, die für die Besteuerung von Bedeutung sind,

c) Darstellung der angewandten Verrechnungspreismethode,

d) Begründung der Auswahl und der Geeignetheit der angewandten Verrechnungspreismethode,

e) Unterlagen über die Berechnungen bei der Anwendung der gewählten Verrechnungspreismethode,

f) Auflistung und Beschreibung verwendeter vergleichbarer interner oder externer Geschäftsvorfälle.

(2) Zu den in Absatz 1 genannten Aufzeichnungen gehören nach den Verhältnissen des Einzelfalls folgende weitere Aufzeichnungen:

1. Informationen über Sonderumstände wie Maßnahmen zum Vorteilsausgleich, soweit sie die Bestimmung der Verrechnungspreise des Steuerpflichtigen beeinflussen können;

2. bei Umlagen die Verträge, gegebenenfalls in Verbindung mit den Anhängen, den Anlagen und den Zusatzvereinbarungen, die Unterlagen über die Anwendung des Aufteilungsschlüssels und über den erwarteten Nutzen für alle Beteiligten sowie die Unterlagen über die Art und den Umfang der Rechnungskontrolle, über die Anpassung an veränderte Verhältnisse, über die Zugriffsberechtigung auf die Unterlagen des leistungserbringenden Unternehmens und über die Zuordnung von Nutzungsrechten;

3. Informationen über beantragte oder abgeschlossene Verständigungs- oder Schiedsstellenverfahren anderer Staaten sowie über unilaterale Verrechnungspreiszusagen und sonstige steuerliche Vorabzusagen ausländischer Steuerverwaltungen, die die Geschäftsbeziehungen des Steuerpflichtigen berühren;

4. Aufzeichnungen über Preisanpassungen beim Steuerpflichtigen, auch wenn diese die Folge von Verrechnungspreiskorrekturen oder Vorabzusagen ausländischer Finanzbehörden bei dem Steuerpflichtigen nahestehenden Personen sind;

5. Aufzeichnungen über die Ursachen von Verlusten und über Vorkehrungen des Steuerpflichtigen oder ihm nahestehender Personen zur Beseitigung der Verlustsituation, wenn der Steuerpflichtige in mehr als drei aufeinander folgenden Wirtschaftsjahren aus Geschäftsbeziehungen einen steuerlichen Verlust ausweist;

6. in Fällen von Funktions- und Risikoänderungen im Sinne des § 3 Absatz 2 Aufzeichnungen über Forschungsvorhaben und laufende Forschungstätigkeiten, die im Zusammenhang mit einer Funktionsänderung stehen können und in den drei Jahren vor Durchführung der Funktionsänderung stattfanden oder abgeschlossen worden sind; die Aufzeichnungen müssen mindestens Angaben über den genauen Gegenstand der Forschungen und die insgesamt jeweils zuzuordnenden Kosten enthalten. Dies gilt nur, soweit ein Steuerpflichtiger Forschung und Entwicklung betreibt und Unterlagen über seine Forschungs- und Entwicklungsarbeiten erstellt, aus denen die genannten Aufzeichnungen abgeleitet werden können.

(3) Verwendet der Steuerpflichtige für die Bestimmung seiner Verrechnungspreise Datenbanken, muss er die von ihm dabei verwendete Suchstrategie, die dabei verwendeten Suchkriterien, das Suchergebnis und den außerhalb der Datenbank durchgeführten weiteren Selektionsprozess (Suchprozess) umfassend offenlegen. Der gesamte Suchprozess des Steuerpflichtigen muss nachvollziehbar und zum Zeitpunkt der Außenprüfung prüfbar sein. Die Konfiguration der Datenbank, mit der der konkrete Suchprozess durchgeführt wurde, ist vollständig zu dokumentieren. § 147 Absatz 6 der Abgabenordnung gilt sinngemäß.

§ 5 Stammdokumentation

(1) Steuerpflichtige, die nach § 90 Absatz 3 Satz 3 und 4 der Abgabenordnung eine Stammdokumentation zu erstellen haben, haben die in der Anlage zu dieser Verordnung aufgeführten Aufzeichnungen zu erstellen und entsprechende Unterlagen vorzulegen, um der Finanzbehörde einen Überblick über die Art der weltweiten Geschäftstätigkeit der Unternehmensgruppe und über die Systematik der Verrechnungspreisbestimmung, die die Unternehmensgruppe anwendet, zu ermöglichen. Der Steuerpflichtige kann auch Aufzeichnungen verwenden, die von einem anderen Unternehmen derselben Unternehmensgruppe erstellt wurden. Soweit erforderlich, sind diese Aufzeichnungen um weitere Angaben entsprechend der Anlage zu dieser Verordnung zu ergänzen. § 2 Absatz 5 bleibt unberührt.

(2) Der Steuerpflichtige soll bei der Erstellung der Stammdokumentation eine vernünftige kaufmännische Beurteilung zugrunde legen, um die mit der Stammdokumentation verbundenen Ziele mit angemessenem Aufwand zu erreichen.

§ 6 Anwendungsregelungen für kleinere Unternehmen und für Steuerpflichtige mit anderen als Gewinneinkünften

(1) Für Steuerpflichtige, die aus Geschäftsbeziehungen andere Einkünfte als Gewinneinkünfte beziehen, und für kleinere Unternehmen gelten die in § 90 Absatz 3 Satz 1 bis 4 und 8 der Abgabenordnung und die in dieser Verordnung bezeichneten Aufzeichnungspflichten vorbehaltlich Satz 2 als erfüllt, soweit die gegenüber den Finanzbehörden zu erteilenden Auskünfte den Anforderungen des § 2 Absatz 1 entsprechen und durch die Vorlage vorhandener Unterlagen auf Anforderung des Finanzamts belegt werden. Die in § 90 Absatz 3 Satz 7 und 8 der Abgabenordnung genannten Fristen sind einzuhalten.

(2) Kleinere Unternehmen im Sinne des Absatzes 1 sind Unternehmen, bei denen im laufenden Wirtschaftsjahr

1. die Summe der Entgelte für die Lieferung von Gütern oder Waren aus Geschäftsbeziehungen mit nahestehenden Personen im Sinne des § 1 Absatz 2 des Außensteuergesetzes sechs Millionen Euro nicht übersteigt und

2. die Summe der Vergütungen für andere Leistungen als die Lieferung von Gütern oder Waren aus Geschäftsbeziehungen mit nahestehenden Personen im Sinne des § 1 Absatz 2 des Außensteuergesetzes nicht mehr als 600 000 Euro beträgt.

Werden die in Satz 1 genannten Beträge in einem Wirtschaftsjahr überschritten, ist Absatz 1 ab dem darauf folgenden Wirtschaftsjahr nicht mehr anzuwenden. Unterschreitet ein Unternehmen, das nicht nach Absatz 1 begünstigt ist, die genannten Beträge in einem Wirtschaftsjahr, ist es im darauf folgenden Wirtschaftsjahr als kleineres Unternehmen im Sinne des Satzes 1 zu behandeln.

(3) Zusammenhängende inländische Unternehmen im Sinne der §§ 13, 18 und 19 der Betriebsprüfungsordnung vom 15. März 2000 (BStBl I S. 368) in der jeweils geltenden Fassung und inländische Betriebsstätten von dem Steuerpflichtigen nahestehenden Personen sind für die Prüfung der Betragsgrenzen nach Absatz 2 zusammenzurechnen.

§ 7 Schlussvorschrift

Diese Verordnung ist erstmals für Wirtschaftsjahre anzuwenden, die nach dem 31. Dezember 2016 beginnen.

§ 8 Inkrafttreten, Außerkrafttreten

Diese Verordnung tritt am Tag nach der Verkündung in Kraft. Gleichzeitig tritt die Gewinnabgrenzungsaufzeichnungsverordnung vom 13. November 2003 (BGBl. I S. 2296), die zuletzt durch Artikel 7 des Gesetzes vom 26. Juni 2013 (BGBl. I S. 1809) geändert worden ist, außer Kraft.

AEAO zu § 90 - Mitwirkungspflichten der Beteiligten:

Wegen der erhöhten Mitwirkungs- und Dokumentationspflichten nach § 90 Abs. 2 und 3 AO bei Auslandssachverhalten, der Grundsätze für die Prüfung der Einkunftsabgrenzung zwischen international verbundenen Unternehmen sowie der Folgen etwaiger Pflichtverletzungen wird auf das BMF-Schreiben vom 3.12.2020, BStBl I S. 1325[1] verwiesen.

[1] Im Anhang 50 abgedruckt.

§ 91 Anhörung Beteiligter (S 0226)

(1) [1]Bevor ein Verwaltungsakt erlassen wird, der in Rechte eines Beteiligten eingreift, soll diesem Gelegenheit gegeben werden, sich zu den für die Entscheidung erheblichen Tatsachen zu äußern. [2]Dies gilt insbesondere, wenn von dem in der Steuererklärung erklärten Sachverhalt zuungunsten des Steuerpflichtigen wesentlich abgewichen werden soll.

(2) Von der Anhörung kann abgesehen werden, wenn sie nach den Umständen des Einzelfalls nicht geboten ist, insbesondere wenn

1. **eine sofortige Entscheidung wegen Gefahr im Verzug oder im öffentlichen Interesse notwendig erscheint,**
2. **durch die Anhörung die Einhaltung einer für die Entscheidung maßgeblichen Frist in Frage gestellt würde,**
3. **von den tatsächlichen Angaben eines Beteiligten, die dieser in einem Antrag oder einer Erklärung gemacht hat, nicht zu seinen Ungunsten abgewichen werden soll,**
4. **die Finanzbehörde eine Allgemeinverfügung oder gleichartige Verwaltungsakte in größerer Zahl oder Verwaltungsakte mit Hilfe automatischer Einrichtungen erlassen will,**
5. **Maßnahmen in der Vollstreckung getroffen werden sollen.**

(3) Eine Anhörung unterbleibt, wenn ihr ein zwingendes öffentliches Interesse entgegensteht.

AEAO zu § 91 - Anhörung Beteiligter:

1. Im Besteuerungsverfahren äußert sich der Beteiligte zu den für die Entscheidung erheblichen Tatsachen regelmäßig in der Steuererklärung. Will die Finanzbehörde von dem erklärten Sachverhalt zuungunsten des Beteiligten wesentlich abweichen, so muss sie den Beteiligten hiervon vor Erlass des Steuerbescheids oder sonstigen Verwaltungsakts unterrichten. Der persönlichen (ggf. fernmündlichen) Kontaktaufnahme mit dem Steuerpflichtigen kommt hierbei besondere Bedeutung zu. Sind die steuerlichen Auswirkungen der Abweichung nur gering, so genügt es, die Abweichung im Steuerbescheid zu erläutern.

2. Eine versehentlich unterbliebene Anhörung der Beteiligten kann nach Erlass des Steuerbescheids nachgeholt und die Fehlerhaftigkeit des Bescheids dadurch geheilt werden (§ 126 Abs. 1 Nr. 3 AO).

3. Ist die erforderliche Anhörung eines Beteiligten unterblieben und dadurch die rechtzeitige Anfechtung des Verwaltungsakts versäumt worden, so ist Wiedereinsetzung in den vorigen Stand zu gewähren (§ 126 Abs. 3 i. V. m. § 110 AO). Die unterlassene Anhörung ist im Allgemeinen nur dann für die Versäumung der Einspruchsfrist ursächlich, wenn die notwendigen Erläuterungen auch im Verwaltungsakt selbst unterblieben sind (BFH-Urteil vom 13.12.1984, VIII R 19/81, BStBl 1985 II S. 601).

4. Wegen des zwingenden öffentlichen Interesses (§ 91 Abs. 3 AO) Hinweis auf § 30 Abs. 4 Nr. 5 und § 106 AO, deren Grundsätze entsprechend anzuwenden sind.

§ 92 Beweismittel (S 0227)

[1]Die Finanzbehörde bedient sich der Beweismittel, die sie nach pflichtgemäßem Ermessen zur Ermittlung des Sachverhalts für erforderlich hält. [2]Sie kann insbesondere

1. **Auskünfte jeder Art von den Beteiligten und anderen Personen einholen,**
2. **Sachverständige zuziehen,**
3. **Urkunden und Akten beiziehen,**
4. **den Augenschein einnehmen.**

AEAO zu § 92 - Beweismittel:

Die Finanzbehörden sind verpflichtet, die Steuern nach Maßgabe der Gesetze gleichmäßig festzusetzen und zu erheben (§ 85 AO). Sie müssen dazu den steuererheblichen Sachverhalt von Amts wegen aufklären (§ 88 AO). Hierbei sind sie auf die gesetzlich vorgeschriebene Mitwirkung der Beteiligten (§ 90 AO) angewiesen.

Es besteht dabei zwar keine Verpflichtung der Finanzbehörden, in jedem Fall alle Angaben des Beteiligten auf Vollständigkeit und Richtigkeit zu prüfen (vgl. AEAO zu § 88); soweit die Finanzbehörde im Einzelfall jedoch Anlass dazu sieht, hat sie die Angaben des Beteiligten zu überprüfen. Anderenfalls ergäbe sich eine Steuerbelastung, die nahezu allein auf der Erklärungsbereitschaft und der Ehrlichkeit des einzelnen Beteiligten beruhte (vgl. BVerfG-Urteil vom 27.6.1991, 2 BvR 1493/89, BStBl II S. 654).

Die Finanzbehörde kann sich zur Ermittlung des steuerrelevanten Sachverhalts aller Beweismittel bedienen, die sie nach pflichtgemäßem Ermessen zur Ermittlung des Sachverhalts für erforderlich hält (§ 92 AO). Die Erforderlichkeit der Beweiserhebung ist von der Finanzbehörde nach den Umständen des jeweiligen Einzelfalles im Wege der Prognose zu beurteilen.

II. Beweis durch Auskünfte und Sachverständigengutachten

§ 93 Auskunftspflicht der Beteiligten und anderer Personen (S 0230)

(1) [1]Die Beteiligten und andere Personen haben der Finanzbehörde die zur Feststellung eines für die Besteuerung erheblichen Sachverhalts erforderlichen Auskünfte zu erteilen. [2]Dies gilt auch für nicht rechtsfähige Vereinigungen, Vermögensmassen, Behörden und Betriebe gewerblicher Art der Körperschaften des öffentlichen Rechts. [3]Andere Personen als die Beteiligten sollen erst dann zur Auskunft angehalten werden, wenn die Sachverhaltsaufklärung durch die Beteiligten nicht zum Ziel führt oder keinen Erfolg verspricht.

(1a) [1]Die Finanzbehörde darf an andere Personen als die Beteiligten Auskunftsersuchen über eine ihr noch unbekannte Anzahl von Sachverhalten mit dem Grunde nach bestimmbaren, ihr noch nicht bekannten Personen stellen (Sammelauskunftsersuchen). [2]Voraussetzung für ein Sammelauskunftsersuchen ist, dass ein hinreichender Anlass für die Ermittlungen besteht und andere zumutbare Maßnahmen zur Sachverhaltsaufklärung keinen Erfolg versprechen. [3]Absatz 1 Satz 3 ist nicht anzuwenden.

(2) [1]In dem Auskunftsersuchen ist anzugeben, worüber Auskünfte erteilt werden sollen und ob die Auskunft für die Besteuerung des Auskunftspflichtigen oder für die Besteuerung anderer Personen angefordert wird. [2]Auskunftsersuchen haben auf Verlangen des Auskunftspflichtigen schriftlich zu ergehen.

(3) [1]Die Auskünfte sind wahrheitsgemäß nach bestem Wissen und Gewissen zu erteilen. [2]Auskunftspflichtige, die nicht aus dem Gedächtnis Auskunft geben können, haben Bücher, Aufzeichnungen, Geschäftspapiere und andere Urkunden, die ihnen zur Verfügung stehen, einzusehen und, soweit nötig, Aufzeichnungen daraus zu entnehmen.

(4) [1]Der Auskunftspflichtige kann die Auskunft schriftlich, elektronisch, mündlich oder fernmündlich erteilen. [2]Die Finanzbehörde kann verlangen, dass der Auskunftspflichtige schriftlich Auskunft erteilt, wenn dies sachdienlich ist.

(5) [1]Die Finanzbehörde kann anordnen, dass der Auskunftspflichtige eine mündliche Auskunft an Amtsstelle erteilt. [2]Hierzu ist sie insbesondere dann befugt, wenn trotz Aufforderung eine schriftliche Auskunft nicht erteilt worden ist oder eine schriftliche Auskunft nicht zu einer Klärung des Sachverhalts geführt hat. [3]Absatz 2 Satz 1 gilt entsprechend.

(6) [1]Auf Antrag des Auskunftspflichtigen ist über die mündliche Auskunft an Amtsstelle eine Niederschrift aufzunehmen. [2]Die Niederschrift soll den Namen der anwesenden Personen, den Ort, den Tag und den wesentlichen Inhalt der Auskunft enthalten. [3]Sie soll von dem Amtsträger, dem die mündliche Auskunft erteilt wird, und dem Auskunftspflichtigen unterschrieben werden. [4]Den Beteiligten ist eine Abschrift der Niederschrift zu überlassen.

(7) [1]Ein automatisierter Abruf von Kontoinformationen nach § 93b ist nur zulässig, soweit

1. der Steuerpflichtige eine Steuerfestsetzung nach § 32d Abs. 6 des Einkommensteuergesetzes beantragt oder

2. (weggefallen)

und der Abruf in diesen Fällen zur Festsetzung der Einkommensteuer erforderlich ist oder er erforderlich ist

3. zur Feststellung von Einkünften nach den §§ 20 und 23 Abs. 1 des Einkommensteuergesetzes in Veranlagungszeiträumen bis einschließlich des Jahres 2008 oder

4. zur Erhebung von bundesgesetzlich geregelten Steuern oder Rückforderungsansprüchen bundesgesetzlich geregelter Steuererstattungen und Steuervergütungen oder

4a. zur Ermittlung, in welchen Fällen ein inländischer Steuerpflichtiger im Sinne des § 138 Absatz 2 Satz 1 Verfügungsberechtigter oder wirtschaftlich Berechtigter im Sinne des Geldwäschegesetzes eines Kontos oder Depots einer natürlichen Person, Personengesellschaft, Körperschaft, Personenvereinigung oder Vermögensmasse mit Wohnsitz, gewöhnlichem Aufenthalt, Sitz, Hauptniederlassung oder Geschäftsleitung außerhalb des Geltungsbereichs dieses Gesetzes ist, oder

4b. zur Ermittlung der Besteuerungsgrundlagen in den Fällen des § 208 Absatz 1 Satz 1 Nummer 3

4c. zur Durchführung der Amtshilfe für andere Mitgliedstaaten der Europäischen Union nach § 3a des EU-Amtshilfegesetzes *oder**

oder

5. der Steuerpflichtige zustimmt oder die von ihm oder eine für ihn nach § 139b Absatz 10 Satz 1 an das Bundeszentralamt für Steuern übermittelte Kontoverbindung verifiziert werden soll.

[2]In diesen Fällen darf die Finanzbehörde oder in den Fällen des § 1 Abs. 2 die Gemeinde das Bundeszentralamt für Steuern ersuchen, bei den Kreditinstituten einzelne Daten aus den nach § 93b Abs. 1 und 1a zu führenden Dateisystemen abzurufen; in den Fällen des Satzes 1 Nummer 1 bis 4b darf ein Abrufersuchen nur dann erfolgen, wenn ein Auskunftsersuchen an den Steuerpflichtigen nicht zum Ziel geführt hat oder keinen Erfolg verspricht.

(8) [1]Das Bundeszentralamt für Steuern erteilt auf Ersuchen Auskunft über die in § 93b Absatz 1 und 1a bezeichneten Daten, ausgenommen die Identifikationsnummer nach § 139b

1. den für die Verwaltung

a) der Grundsicherung für Arbeitsuchende nach dem Zweiten Buch Sozialgesetzbuch,

b) der Sozialhilfe nach dem Zwölften Buch Sozialgesetzbuch,

* Fehler im Gesetz

c) der Ausbildungsförderung nach dem Bundesausbildungsförderungsgesetz,

d) der Aufstiegsfortbildungsförderung nach dem Aufstiegsfortbildungsförderungsgesetz,

e) des Wohngeldes nach dem Wohngeldgesetz,

f) der Leistungen nach dem Asylbewerberleistungsgesetz und

g) des Zuschlags an Entgeltpunkten für langjährige Versicherung nach dem Sechsten Buch Sozialgesetzbuch

zuständigen Behörden, soweit dies zur Überprüfung des Vorliegens der Anspruchsvoraussetzungen erforderlich ist und ein vorheriges Auskunftsersuchen an die betroffene Person nicht zum Ziel geführt hat oder keinen Erfolg verspricht;

2. den Polizeivollzugsbehörden des Bundes und der Länder, soweit dies zur Abwehr einer erheblichen Gefahr für die öffentliche Sicherheit erforderlich ist, und

3. den Verfassungsschutzbehörden der Länder, soweit dies für ihre Aufgabenerfüllung erforderlich ist und durch Landesgesetz ausdrücklich zugelassen ist.

2Die für die Vollstreckung nach dem Verwaltungs- Vollstreckungsgesetz und nach den Verwaltungsvollstreckungsgesetzen der Länder zuständigen Behörden dürfen zur Durchführung der Vollstreckung das Bundeszentralamt für Steuern ersuchen, bei den Kreditinstituten die in § 93b Absatz 1 und 1a bezeichneten Daten, ausgenommen die Identifikationsnummer nach § 139b, abzurufen, wenn

1. die Ladung zu dem Termin zur Abgabe der Vermögensauskunft an den Vollstreckungsschuldner nicht zustellbar ist und

   a) die Anschrift, unter der die Zustellung ausgeführt werden sollte, mit der Anschrift übereinstimmt, die von einer der in § 755 Absatz 1 und 2 der Zivilprozessordnung genannten Stellen innerhalb von drei Monaten vor oder nach dem Zustellungsversuch mitgeteilt wurde, oder

   b) die Meldebehörde nach dem Zustellungsversuch die Auskunft erteilt, dass ihr keine derzeitige Anschrift des Vollstreckungsschuldners bekannt ist, oder

   c) die Meldebehörde innerhalb von drei Monaten vor Erlass der Vollstreckungsanordnung die Auskunft erteilt hat, dass ihr keine derzeitige Anschrift des Vollstreckungsschuldners bekannt ist;

2. der Vollstreckungsschuldner seiner Pflicht zur Abgabe der Vermögensauskunft in dem dem Ersuchen zugrundeliegenden Vollstreckungsverfahren nicht nachkommt oder

3. bei einer Vollstreckung in die in der Vermögensauskunft aufgeführten Vermögensgegenstände eine vollständige Befriedigung der Forderung nicht zu erwarten ist.

[3]Für andere Zwecke ist ein Abrufersuchen an das Bundeszentralamt für Steuern hinsichtlich der in § 93b Abs. 1 und 1a bezeichneten Daten, ausgenommen die Identifikationsnummer nach § 139b, nur zulässig, soweit dies durch ein Bundesgesetz ausdrücklich zugelassen ist.

(8a) [1]Kontenabrufersuchen an das Bundeszentralamt für Steuern sind nach amtlich vorgeschriebenem Datensatz über die amtlich bestimmten Schnittstellen zu übermitteln; § 87a Absatz 6 und § 87b Absatz 1 und 2 gelten entsprechend. [2]Das Bundeszentralamt für Steuern kann Ausnahmen von der elektronischen Übermittlung zulassen. [3]Das Bundeszentralamt für Steuern soll der ersuchenden Stelle die Ergebnisse des Kontenabrufs elektronisch übermitteln; § 87a Absatz 7 und 8 gilt entsprechend.

(9)[1]Vor einem Abrufersuchen nach Absatz 7 oder Absatz 8 ist die betroffene Person auf die Möglichkeit eines Kontenabrufs hinzuweisen; dies kann auch durch ausdrücklichen Hinweis in amtlichen Vordrucken und Merkblättern geschehen. [2]Nach Durchführung eines Kontenabrufs ist die betroffene Person vom Ersuchenden über die Durchführung zu benachrichtigen. [3]Ein Hinweis nach Satz 1 erster Halbsatz und eine Benachrichtigung nach Satz 2 unterbleiben, soweit die Voraussetzungen des § 32b Absatz 1 vorliegen oder die Information der betroffenen Person gesetzlich ausgeschlossen ist. [4]§ 32c Absatz 5 ist entsprechend anzuwenden. [5]In den Fällen des Absatzes 8 gilt Satz 4 entsprechend, soweit gesetzlich nichts anderes bestimmt ist. [6]Die Sätze 1 und 2 sind nicht anzuwenden in den Fällen des Absatzes 8 Satz 1 Nummer 2 oder 3 oder soweit dies bundesgesetzlich ausdrücklich bestimmt ist.

(10) Ein Abrufersuchen nach Absatz 7 oder Absatz 8 und dessen Ergebnis sind vom Ersuchenden zu dokumentieren.

AEAO zu § 93 - Auskunftspflicht der Beteiligten und anderer Personen:

1. Auskunftsersuchen nach § 93 Abs. 1 Satz 1 und Abs. 1a AO

Auskunftsersuchen sind im gesamten Besteuerungsverfahren, d.h. auch im Rechtsbehelfsverfahren oder im Vollstreckungsverfahren (§ 249 Abs. 2 Satz 1 AO; BFH-Urteil vom 22.2.2000, VII R 73/98, BStBl II S. 366), möglich.

Im Rahmen der Außenprüfung und der Steuerfahndung sind die Regelungen in §§ 200, 208, 210 und 211 AO zu beachten. Im Steuerstraf- und -bußgeldverfahren gelten nach § 385 Abs. 1 und § 410 Abs. 1 AO die Vorschriften der StPO und des OWiG.

1.1. Allgemeines / Voraussetzungen

1.1.1 Voraussetzung für ein Auskunftsersuchen ist, dass die Heranziehung eines Auskunftspflichtigen im Einzelfall aufgrund hinreichender konkreter Umstände oder aufgrund allgemeiner Erfahrungen geboten ist (vgl. BFH-Urteile vom 29.10.1986, VII R 82/85, BStBl 1988 II S. 359, und vom 18.3.1987, II R 35/86, BStBl II S. 419). Unzulässig sind Auskunftsersuchen „ins Blaue hinein" (vgl. BFH-Urteile vom 23.10.1990, VIII R 1/86, BStBl 1991 II S. 277, und vom 12.5.2016, II R 17/14, BStBl II S. 822). Darüber hinaus müssen die Auskunft zur Sachverhaltsaufklärung geeignet und notwendig, die Pflichterfüllung für den Betroffenen möglich und dessen Inanspruchnahme geeignet, erforderlich und zumutbar sein (vgl. BFH-Urteile vom 29.10.1986, VII R 82/85, a.a.O., und vom 24.10.1989, VII R 1/87, BStBl 1990 II S. 198).

Die Erforderlichkeit eines Auskunftsersuchens ist von der zuständigen Finanzbehörde nach den Umständen des Einzelfalles und unter Berücksichtigung allgemeiner Erfahrungen im Wege der Prognose zu beurteilen. Die Erforderlichkeit setzt keinen begründeten Verdacht voraus, dass steuerrechtliche Unregelmäßigkeiten vorliegen; es genügt, wenn aufgrund konkreter Momente oder aufgrund allgemeiner Erfahrungen ein Auskunftsersuchen angezeigt ist (vgl. BFH-Urteil vom 17.3.1992, VII R 122/91, BFH/NV S. 791). Nur wenn klar und eindeutig jeglicher Anhaltspunkt für die Steuererheblichkeit fehlt, ist ein Auskunftsverlangen rechtswidrig (BFH-Urteil vom 29.7.2015, X R 4/14, BStBl 2016 II S. 135).

1.1.2 Die Finanzämter können Auskunftsersuchen an die Beteiligten (§ 78 AO), aber auch an andere Personen richten, wenn das Ersuchen zur Feststellung eines für die Besteuerung erheblichen Sachverhalts erforderlich ist.

1.1.3 Die Finanzbehörde darf außerdem unter den Voraussetzungen des § 93 Abs. 1a AO Auskunftsersuchen über eine ihr noch unbekannte Anzahl von Sachverhalten mit dem Grunde nach bestimmbaren, ihr noch nicht bekannten Personen an Dritte stellen (Sammelauskunftsersuchen).

1.1.4 Im Auskunftsersuchen ist anzugeben, worüber Auskunft erteilt werden soll und für die Besteuerung welcher Person die Auskunft angefordert wird (§ 93 Abs. 2 Satz 1 AO). Zur Begründung des Ersuchens reicht im Allgemeinen die Angabe der Rechtsgrundlage sowie bei einem Auskunftsersuchen an einen Dritten der Hinweis aus, dass die Sachverhaltsaufklärung durch die Beteiligten nicht zum Ziele geführt hat oder keinen Erfolg verspricht. Eine Begründung des Auskunftsersuchens hinsichtlich der Frage, warum die Finanzbehörde einen bestimmten Auskunftspflichtigen vor einem anderen Auskunftsverpflichteten in Anspruch nimmt, ist nur erforderlich, wenn gewichtige Anhaltspunkte dafür bestehen, dass der andere vorrangig in Anspruch zu nehmen sein könnte (BFH-Urteil vom 22.2.2000, VII R 73/98, BStBl II S. 366).

1.1.5 Auskunftsersuchen nach § 93 Abs. 1 Satz 1 und Abs. 1a AO sind Verwaltungsakte i. S. d. § 118 AO. Für Auskunftsersuchen ist keine bestimmte Form vorgesehen (§ 119 Abs. 2 AO). Regelmäßig ist jedoch Schriftform angebracht (vgl. § 93 Abs. 2 Satz 2 AO). Im Auskunftsersuchen ist eine angemessene Frist zur Auskunftserteilung zu bestimmen sowie anzugeben, in welcher Form die Auskunft erteilt werden soll (vgl. § 93 Abs. 4 AO).

1.2. Zulässigkeit von Auskunftsersuchen an Dritte

1.2.1 Die Auskunftspflicht anderer Personen ist wie die prozessuale Zeugenpflicht eine allgemeine Staatsbürgerpflicht und verfassungsrechtlich unbedenklich (vgl. BFH-Urteil vom 22.2.2000, VII R 73/98, BStBl II S. 366, und Beschluss des BVerfG vom 15.11.2000, 1 BvR 1213/00, BStBl 2002 II S. 142). Eine Auskunftspflicht besteht nicht, soweit dem Dritten ein Auskunftsverweigerungsrecht zusteht (vgl. §§ 101 bis 103 AO). Zu Auskunftsersuchen gegenüber Telekommunikationdienstleistern vgl. AEAO zu § 93, Nr. 1.2.7.

1.2.2 Vor dem Auskunftsersuchen an Dritte ist im Regelfall der Steuerpflichtige zu befragen. Dieses Subsidiaritätsprinzip ist eine spezielle Ausprägung des Verhältnismäßigkeitsgrundsatzes. Es soll zum einen vermieden werden, dass Nichtbeteiligte Einblick in die steuerlich relevanten Verhältnisse des Beteiligten erhalten, zum anderen sollen dem Dritten die mit der Auskunft verbundenen Mühen erspart werden.

Die Finanzbehörde darf folglich - außerhalb des Steuerfahndungsverfahrens (vgl. § 208 Abs. 1 Satz 1 Nr. 2 und Nr. 3 i. V. m. Satz 3 AO) und von Sammelauskunftsersuchen nach § 93 Abs. 1a AO (vgl. dazu AEAO zu § 93, Nr. 1.2.5) - nur in atypischen Fällen vom Subsidiaritätsprinzip abweichen, wobei am Zweck der Vorschrift zu messen ist, ob ein solcher atypischer Fall vorliegt (vgl. BFH-Urteil vom 24.10.1989, VII R 1/87, BStBl 1990 II S. 198, m. w. N.).

Atypische Fälle liegen insbesondere vor, wenn

- der Beteiligte unbekannt ist (z. B. BFH-Urteil vom 4.10.2006, VIII R 53/04, BStBl 2007 II S. 227),
- der Beteiligte nicht mitwirkt (z. B. BFH-Urteil vom 30.3.1989, VII R 89/88, BStBl II S. 537) oder
- wenn die Finanzbehörde es im Rahmen einer vorweggenommenen Beweiswürdigung (Prognoseentscheidung) aufgrund offenkundiger oder konkret nachweisbarer Tatsachen als zwingend ansieht, dass der Versuch der Sachverhaltsaufklärung durch den Beteiligten erfolglos bleiben wird (vgl. BFH-Urteil vom 29.7.2015, X R 4/14, BStBl 2016 II S. 135); siehe dazu auch AEAO zu § 93, Nrn. 1.2.3 und 1.2.4.

1.2.3 Auskunftsersuchen an Dritte können insbesondere geboten sein, wenn die Beteiligten offenkundig keine eigenen Kenntnisse über den relevanten Sachverhalt besitzen und eine Auskunft daher ohne Hinzuziehung Dritter nicht erteilt werden kann; in diesem Fall ist das Auskunftsersuchen unmittelbar an denjenigen zu richten, der über die entsprechenden Kenntnisse verfügt.

1.2.4 Ein Auskunftsersuchen an einen Dritten kann aber auch geboten sein, wenn eine Auskunft des Beteiligten aufgrund offenkundiger oder konkret nachweisbarer Umstände von vorneherein als unwahr zu werten wäre oder wenn von vornherein feststeht, dass der Beteiligte nicht mitwirken wird (BFH-Urteil vom 29.7.2015, X R 4/14, a.a.O.)

1.2.5 Ein Sammelauskunftsersuchen gegenüber einem Dritten (§ 93 Abs. 1a AO) ist nur zulässig, wenn ein hinreichender Anlass für diese Form der Ermittlung besteht und die betroffenen Steuerpflichtigen nicht namentlich bekannt sind. Ein hinreichender Anlass für ein Sammelauskunftsersuchen liegt insbesondere vor, wenn konkrete Anhaltspunkte für eine Steuerverkürzung oder für das Erlangen nicht gerechtfertigter Steuervorteile vorliegen. Das Gleiche gilt, wenn Erfahrungen aus vergleichbaren Sachverhalten eine Steuerverkürzung oder das Erlangen nicht gerechtfertigter Steuervorteile naheliegend erscheinen lassen. Ein strafrechtlicher Anfangsverdacht muss aber noch nicht vorliegen. Ermittlungen „ins Blaue hinein“ sind auch hier unzulässig. Das Sammelauskunftsersuchen muss darüber hinaus auch verhältnismäßig und zumutbar sein. Der durch ein Sammelauskunftsersuchen ausgelöste

Ermittlungsaufwand muss bei der Auskunftsperson in einem angemessenen Verhältnis zu der Bedeutung der Angelegenheit stehen.

1.2.6 Ein Dritter kann sich seinen Auskunftspflichten nicht mit dem Hinweis auf die Möglichkeit entziehen, auch andere seien zur gewünschten Auskunft in der Lage. § 93 Abs. 1 Satz 3 AO sieht keine Rangfolge vor, welche von mehreren - möglicherweise - als Auskunftspflichtige in Betracht kommenden Personen in Anspruch zu nehmen ist (vgl. BFH-Urteil vom 22.2.2000, VII R 73/98, a.a.O.).

Die Auswahl hat nach pflichtgemäßem Ermessen zu erfolgen. Dabei ist auch eine Interessenabwägung zwischen den besonderen Belastungen, denen ein Auskunftsverpflichteter ausgesetzt ist, und dem Interesse der Allgemeinheit an der möglichst gleichmäßigen Festsetzung und Erhebung der Steueransprüche vorzunehmen. Die Beantwortung eines Auskunftsersuchens ist i. d. R. auch dann zumutbar, wenn mit dessen Befolgung eine nicht unverhältnismäßige Beeinträchtigung eigenwirtschaftlicher Interessen verbunden ist (vgl. BVerfG-Beschluss vom 15.11.2000, 1 BvR 1213/00, a.a.O).

1.2.7 Vor Befragung eines Dritten soll der Beteiligte, falls der Ermittlungszweck nicht gefährdet wird, über die Möglichkeit eines Auskunftsersuchens gegenüber Dritten informiert werden, um es gegebenenfalls abwenden zu können und damit zu verhindern, dass seine steuerlichen Verhältnisse Dritten bekannt werden. Falls der Ermittlungszweck nicht gefährdet wird, ist der Beteiligte über das Auskunftsersuchen zu informieren. Dies gilt nicht für Sammelauskunftsersuchen (vgl. § 93 Abs. 1a Satz 3 AO).

1.2.8 Bestandsdaten gem. § 3 Nr. 3 des TKG wie Name, Anschrift, Bankverbindung und Rufnummer des Anschlussinhabers unterliegen - im Gegensatz zu Verbindungsdaten - nicht dem Fernmeldegeheimnis nach § 88 TKG. § 88 Abs. 3 Satz 3 TKG steht daher einer Auskunftserteilung aufgrund von Auskunftsersuchen der Finanzbehörden nicht entgegen.

Richten die Finanzbehörden im Besteuerungsverfahren derartige Auskunftsersuchen an Unternehmen und Personen, die geschäftsmäßig Telekommunikationsdienste erbringen oder an der Erbringung solcher Dienste mitwirken, sind diese Unternehmen daher zur Auskunftserteilung verpflichtet. Art und Umfang der Auskunftserteilung bestimmt sich dabei ausschließlich nach § 93 AO (ggf. i. V. m. § 208 Abs. 1 Satz 1 Nr. 3 und Satz 3 AO). Entgegenstehende Regelungen in Allgemeinen Geschäftsbedingungen der o.g. Unternehmen und Personen treten demgegenüber zurück.

1.2.9 Können Bank- und Depotverbindungen des Steuerpflichtigen sowohl durch einen Kontenabruf als auch durch ein Auskunftsersuchen an Dritte ermittelt werden, ist bei der Auswahl des Ermittlungsinstruments auch zu berücksichtigen, dass ein Kontenabruf den Betroffenen im Einzelfall weniger beeinträchtigen kann als Auskunftsersuchen gegenüber Dritten. Denn anders als bei Auskunftsersuchen nach § 93 Abs. 1 AO erfährt bei Kontenabrufen kein Dritter von den steuerlichen Verhältnissen des Betroffenen, insbesondere vom Vorliegen von Steuerrückständen. Die Kreditinstitute dürfen von der Durchführung eines Kontenabrufs keine Kenntnis erlangen (§ 93b Abs. 4 AO i. V. m.

§ 24c Abs. 1 Satz 6 KWG). Daher kann ein Kontenabruf auch nicht zu negativen Folgen für einen Bankkunden führen.

2. Kontenabruf nach § 93 Abs. 7 AO in der ab dem 1.1.2018 geltenden Fassung

2.1 Die Finanzbehörde kann unter den Voraussetzungen des § 93 Abs. 7 AO bei den Kreditinstituten über das Bundeszentralamt für Steuern folgende Bestandsdaten zu Konten- und Depotverbindungen sowie Schließfächern abrufen:

- die Nummer eines Kontos, das der Verpflichtung zur Legitimationsprüfung i. S. d. § 154 Abs. 2 Satz 1 AO unterliegt, eines Depots oder eines Schließfachs,
- der Tag der Errichtung und der Tag der Beendigung oder Auflösung des Kontos, Depots oder Schließfachs,
- der Name sowie bei natürlichen Personen der Tag der Geburt des Inhabers und eines Verfügungsberechtigten sowie
- der Name und eine erhobene Anschrift eines abweichend wirtschaftlich Berechtigten (§ 3 GwG).

Kontenbewegungen und Kontenstände können auf diesem Weg nicht ermittelt werden.

Die Verpflichtung der Kreditinstitute, Daten für einen Kontenabruf durch das BZSt bereitzuhalten, ergibt sich unmittelbar aus § 93b AO i. V. m. § 24c KWG und bedarf daher keines Verwaltungsaktes.

2.2 Ein Kontenabruf nach § 93 Abs. 7 AO ist nur in den gesetzlich abschließend aufgezählten Fällen möglich.

2.2.1 Steuerpflichtige, deren persönlicher Steuersatz niedriger ist als der Abgeltungsteuersatz, können nach § 32d Abs. 6 EStG beantragen, dass ihre Einkünfte nach § 20 EStG im Rahmen einer Einkommensteuerveranlagung ihrem individuellen niedrigeren Steuersatz unterworfen werden (Günstigerprüfung). In diesem Fall muss der Steuerpflichtige sämtliche Kapitalerträge erklären (§ 32d Abs. 6 Satz 2 und 3 EStG). Die Finanzbehörden müssen daher prüfen können, ob neben den erklärten Einkünften noch andere Einkünfte nach § 20 EStG vorliegen (vgl. § 93 Abs. 7 Satz 1 Nr. 1 AO).

2.2.2 In den Fällen des § 2 Abs. 5b Satz 2 EStG ist - letztmals für den Veranlagungszeitraum 2011 - die Kenntnis aller vom Steuerpflichtigen erzielten Kapitalerträge i. S. d. § 32d Abs. 1 und § 43 Abs. 5 EStG erforderlich. Die Finanzbehörden müssen deshalb prüfen können, ob neben erklärten Einnahmen bisher nicht erklärte Kapitalerträge vorliegen (vgl. § 93 Abs. 7 Satz 1 Nr. 2 AO in der bis 31.12.2011 geltenden Fassung). Die am 31.12.2011 geltende Fassung des § 93 Abs. 7 Satz 1 Nr. 2 AO ist nach Art. 97 § 26 EGAO für Veranlagungszeiträume vor 2012 weiterhin anzuwenden.

2.2.3 § 93 Abs. 7 Satz 1 Nr. 3 AO dient der Verifikation von Einkünften nach § 20 und § 23 Abs. 1 EStG für die Veranlagungszeiträume bis einschließlich 2008.

2.2.4 Nach § 93 Abs. 7 Satz 1 Nr. 4 AO ist ein Kontenabruf zulässig, wenn er zur Erhebung (einschließlich der Vollstreckung) von bundesgesetzlich geregelten Steuern oder Rückforderungsansprüchen bundesgesetzlich geregelter Steuererstattungen und Steuervergütungen, mithin auch von Landessteuern, die durch Bundesgesetz geregelt sind, erforderlich ist (zur Erforderlichkeit vgl. AEAO zu § 93, Nr. 2.3). Bei der Geltendmachung von Haftungsansprüchen ist ein Kontenabruf nach § 93 Abs. 7 Satz 1 Nr. 4 AO nur zur Erhebung (einschließlich der Vollstreckung) von Haftungsansprüchen zulässig, nicht zur Vorbereitung der Festsetzung eines Haftungsanspruchs.

2.2.5 Nach § 93 Abs. 7 Satz 1 Nr. 4a AO ist ein Kontenabruf zulässig zur Ermittlung, in welchen Fällen ein inländischer Steuerpflichtiger, der Aktivitäten i. S. d. § 138 Abs. 2 Satz 1 AO entfaltet, Verfügungsberechtigter oder wirtschaftlich Berechtigter (§ 3 GwG) eines Kontos oder Depots einer natürlichen Person, Personengesellschaft, Körperschaft, Personenvereinigung oder Vermögensmasse mit Wohnsitz, gewöhnlichem Aufenthalt, Sitz, Hauptniederlassung oder Geschäftsleitung außerhalb des Geltungsbereichs der AO ist.

2.2.6 Nach § 93 Abs. 7 Satz 1 Nr. 4b AO ist ein Kontenabruf zur Ermittlung der Besteuerungsgrundlagen in Verfahren nach § 208 Abs. 1 Satz 1 Nr. 3 AO (Aufdeckung unbekannter Steuerfälle) zulässig.

2.2.7 In den Fällen der Nrn. 2.2.1 bis 2.2.3 des AEAO zu § 93 ist ein Kontenabruf nur zulässig, wenn er im Einzelfall zur Festsetzung der Einkommensteuer erforderlich ist (vgl. dazu AEAO zu § 93, Nr. 2.3).

Des Weiteren darf in den Fällen der Nrn. 2.2.1 bis 2.2.6 des AEAO zu § 93 ein Abrufersuchen nur dann erfolgen, wenn ein Auskunftsersuchen an den Steuerpflichtigen nicht zum Ziel geführt hat oder keinen Erfolg verspricht (§ 93 Abs. 7 Satz 2 AO).

Da im Vollstreckungsverfahren eine Gefährdung der Ermittlungszwecke zu befürchten ist, wenn der säumige Steuerschuldner vor einem Kontenabruf individuell informiert würde, muss eine Information des Betroffenen vor Durchführung eines Kontenabrufs nach § 93 Abs. 7 Satz 1 Nr. 4 AO unterbleiben (vgl. § 93 Abs. 9 Satz 3 AO). Es reicht aus, dass säumige Steuerschuldner in der Zahlungserinnerung auf die Möglichkeiten der Zwangsvollstreckung (einschließlich der Möglichkeit eines Kontenabrufs) hingewiesen werden (§ 93 Abs. 9 Satz 1 zweiter Halbsatz AO).

Bei der Ermittlung unbekannter Steuerfälle nach § 208 Abs. 1 Satz 1 Nr. 3 AO kann sich durch eine vorherige Information eines möglicherweise Betroffenen ebenfalls eine Gefährdung der Ermittlungen ergeben. In diesem Fall muss eine Information des Verfügungsberechtigten oder wirtschaftlich Berechtigten vor Durchführung eines Kontenabrufs gem. § 93 Abs. 9 Satz 3 AO unterbleiben.

2.2.8 Darüber hinaus ist ein Kontenabruf nur mit Zustimmung des Steuerpflichtigen zulässig (§ 93 Abs. 7 Satz 1 Nr. 5 AO). Der Steuerpflichtige kann seine Zustimmung zu einem Kontenabruf auf Aufforderung der Finanzverwaltung oder unaufgefordert erteilen.

Wenn die Finanzbehörde eine Überprüfung der Angaben des Steuerpflichtigen mittels eines Kontenabrufs für erforderlich hält, weil sie Zweifel daran hat, ob die Angaben des Steuerpflichtigen vollständig und richtig sind, kann sie ihn nach § 93 Abs. 7 Satz 1 Nr. 5 AO auffordern, zur Aufklärung des Sachverhalts einem Kontenabruf zuzustimmen.

In Betracht kommen insbesondere Fälle, in denen aufgeklärt werden soll, ob der Steuerpflichtige betriebliche Erlöse zutreffend in seiner Buchführung erfasst hat oder ob steuerpflichtige Einnahmen auf „private" Konten geflossen sind. Die Finanzbehörden können den Steuerpflichtigen auch dann zur Zustimmung zu einem Kontenabruf auffordern, wenn noch kein strafrechtlicher Anfangsverdacht vorliegt.

Erteilt der Steuerpflichtige trotz Aufforderung die Zustimmung zu einem Kontenabruf nicht und bestehen tatsächliche Anhaltspunkte für die Unrichtigkeit oder Unvollständigkeit der vom Steuerpflichtigen gemachten Angaben zu steuerpflichtigen Einnahmen oder Betriebsvermögensmehrungen, sind die Besteuerungsgrundlagen nach § 162 Abs. 2 Satz 2 AO zu schätzen (vgl. auch AEAO zu § 162, Nr. 6).

2.2.9 Für Besteuerungsverfahren, auf die die AO nach § 1 AO nicht unmittelbar anwendbar ist, ist ein Kontenabruf nach § 93 Abs. 7 AO nicht zulässig. Für strafrechtliche Zwecke kann ein Kontenabruf nur nach § 24c KWG erfolgen.

Der Kontenabruf entspricht einer elektronischen Einnahme des Augenscheins und stellt einen Realakt dar.

2.3 Ein Kontenabruf steht im Ermessen der Finanzbehörde und kann nur anlassbezogen und zielgerichtet erfolgen und muss sich auf eine eindeutig bestimmte Person beziehen. Bei der Ausübung des Ermessens sind die Grundsätze der Gleichmäßigkeit der Besteuerung, der Verhältnismäßigkeit der Mittel, der Erforderlichkeit, der Zumutbarkeit, der Billigkeit und von Treu und Glauben sowie das Willkürverbot und das Übermaßverbot zu beachten (vgl. AEAO zu § 5, Nr. 1 AO).

Die Erforderlichkeit, die von der Finanzbehörde im Einzelfall im Wege einer Prognose zu beurteilen ist, setzt keinen begründeten Verdacht dafür voraus, dass steuerrechtliche Unregelmäßigkeiten vorliegen. Es genügt vielmehr, wenn aufgrund konkreter Momente oder aufgrund allgemeiner Erfahrungen ein Kontenabruf angezeigt ist (vgl. BVerfG-Beschluss vom 13.6.2007,1 BvR 1550/03, 1 BvR 2357/04, 1 BvR 603/05, BStBl II S. 896).

2.4 Die Verantwortung für die Zulässigkeit des Datenabrufs und der Datenübermittlung trägt die ersuchende Finanzbehörde (§ 93b Abs. 3 AO). Das BZSt darf lediglich prüfen, ob das Ersuchen plausibel ist.

2.5 Ein Kontenabruf nach § 93 Abs. 7 AO ist auch zulässig, um Konten oder Depots zu ermitteln, hinsichtlich derer der Steuerpflichtige zwar nicht Verfügungsberechtigter, aber wirtschaftlich Berechtigter ist. Dies gilt auch dann, wenn der Verfügungsberechtigte nach § 102 AO die Auskunft verweigern könnte (z. B. im Fall von Anderkonten von Anwälten). Denn ein Kontenabruf erfolgt bei dem Kreditinstitut und nicht bei dem Berufsgeheimnisträger. Das Kreditinstitut hat aber kein Auskunftsverweigerungsrecht und muss daher auch nach § 93 Abs. 1 Satz 1 AO Auskunft geben darüber, ob bei festgestellten Konten eines Berufsgeheimnisträgers eine andere Person wirtschaftlich Berechtigter ist. Das Vertrauensverhältnis zwischen dem Berufsgeheimnisträger und seinem Mandanten bleibt dadurch unberührt.

Ein Kontenabruf nach § 93 Abs. 7 AO ist auch im Besteuerungsverfahren eines Berufsgeheimnisträgers i. S. d. § 102 AO grundsätzlich zulässig. Bei der gebotenen Ermessensentscheidung (vgl. AEAO zu § 93, Nr. 2.3) ist in diesem Fall zusätzlich eine Güterabwägung zwischen der besonderen Bedeutung der Verschwiegenheitspflicht des Berufgeheimnisträgers und der Bedeutung der Gleichmäßigkeit der Besteuerung unter Berücksichtigung des Verhältnismäßigkeitsprinzips vorzunehmen (vgl. BVerfG-Urteil vom 30.3.2004, 2 BvR 1520/01, 2 BvR 1521/01, BVerfGE S. 110, 226, und BFH-Urteil vom 26.2.2004, IV R 50/01, BStBl II S. 502). Über Anderkonten eines Berufsgeheimnisträgers i. S. d. § 102 AO, die durch einen Kontenabruf im Besteuerungsverfahren des Berufsgeheimnisträgers festgestellt werden, sind keine Kontrollmitteilungen zu fertigen.

2.6 Ob die Sachaufklärung durch den Beteiligten zum Ziel führt oder Erfolg verspricht oder ob dies nicht zutrifft, ist eine Frage der Beweiswürdigung (vgl. AEAO zu § 93, Nrn. 1.2.2 und 1.2.3). Diese Beweiswürdigung obliegt der Finanzbehörde.

Die Finanzbehörde soll zunächst dem Beteiligten Gelegenheit geben, Auskunft über seine Konten und Depots zu erteilen und ggf. entsprechende Unterlagen (z. B. Konto- oder Depotauszüge) vorzulegen, es sei denn, der Ermittlungszweck würde dadurch gefährdet. Hierbei soll auch bereits darauf hingewiesen werden, dass die Finanzbehörde unter den Voraussetzungen des § 93 Abs. 7 AO einen Kontenabruf durchführen lassen oder bei Verweigerung der Zustimmung zu einem Kontenabruf nach § 93 Abs. 7 Satz 1 Nr. 5 AO die Besteuerungsgrundlagen nach § 162 Abs. 2 Satz 2 AO schätzen kann, wenn die Sachaufklärung durch den Beteiligten nicht zum Ziel führt.

2.7 Hat sich durch einen Kontenabruf herausgestellt, dass Konten oder Depots vorhanden sind, die der Beteiligte auf Nachfrage (vgl. AEAO zu § 93, Nr. 2.6) nicht angegeben hat, ist er über das Ergebnis des Kontenabrufs zu informieren (§ 93 Abs. 9 Satz 2 AO). Hierbei ist der Beteiligte darauf hinzuweisen, dass die Finanzbehörde das betroffene Kreditinstitut nach § 93 Abs. 1 Satz 1 AO um Auskunft ersuchen kann, wenn ihre Zweifel durch die Auskunft des Beteiligten nicht ausgeräumt werden.

Würde durch eine vorhergehende Information des Beteiligten der Ermittlungszweck gefährdet (§ 93 Abs. 9 Satz 3 AO) oder ergibt sich aus den Umständen des Einzelfalles, dass eine Aufklärung durch den Beteiligten selbst nicht zu erwarten ist, kann sich die Finanzbehörde nach § 93 Abs. 1 Satz 1 AO unmittelbar an die betreffenden Kreditinstitute wenden bzw. andere erforderliche Maßnahmen ergreifen. In diesen Fällen ist der Beteiligte nachträglich über die Durchführung des Kontenabrufs zu informieren.

2.8 Wurden die Angaben des Beteiligten durch einen Kontenabruf bestätigt, ist der Beteiligte gleichwohl über die Durchführung des Kontenabrufs zu informieren, z. B. durch eine Erläuterung im Steuerbescheid: „Es wurde ein Kontenabruf nach § 93 Abs. 7 AO durchgeführt."

2.9 Die Rechtmäßigkeit eines Kontenabrufs nach § 93 Abs. 7 AO kann vom Finanzgericht im Rahmen der Überprüfung des Steuerbescheids oder eines anderen Verwaltungsakts, zu dessen Vorbereitung der Kontenabruf vorgenommen wurde, oder isoliert im Wege der Leistungs- oder (Fortsetzungs-) Feststellungsklage überprüft werden (vgl. BVerfG-Beschluss vom 4.2.2005, 2 BvR 308/04, NJW 2005 S. 1637, unter Absatz-Nr. 19).

§ 93a Allgemeine Mitteilungspflichten (S 0229)

(1) [1]Zur Sicherung der Besteuerung nach § 85 kann die Bundesregierung durch Rechtsverordnung mit Zustimmung des Bundesrates Behörden und andere öffentliche Stellen einschließlich öffentlich-rechtlicher Rundfunkanstalten (§ 6 Absatz 1 bis 1c) verpflichten,

1. den Finanzbehörden Folgendes mitzuteilen:
   a) den Empfänger gewährter Leistungen sowie den Rechtsgrund, die Höhe, den Zeitpunkt dieser Leistungen und bei unbarer Auszahlung die Bankverbindung, auf die die Leistung erbracht wurde,
   b) Verwaltungsakte, die für die betroffene Person die Versagung oder Einschränkung einer steuerlichen Vergünstigung zur Folge haben oder die der betroffenen Person steuerpflichtige Einnahmen ermöglichen,
   c) vergebene Subventionen und ähnliche Förderungsmaßnahmen sowie
   d) Anhaltspunkte für Schwarzarbeit, unerlaubte Arbeitnehmerüberlassung oder unerlaubte Ausländerbeschäftigung,
   e) die Adressaten und die Höhe von im Verfahren nach § 335 des Handelsgesetzbuchs festgesetzten Ordnungsgeldern;
2. den Empfänger im Sinne der Nummer 1 Buchstabe a über die Summe der jährlichen Leistungen sowie über die Auffassung der Finanzbehörden zu den daraus entstehenden Steuerpflichten zu unterrichten.

[2]In der Rechtsverordnung kann auch bestimmt werden, inwieweit die Mitteilungen nach Maßgabe des § 93c zu übermitteln sind oder übermittelt werden können; in diesem Fall ist § 72a Absatz 4 nicht anzuwenden. [3]Die Verpflichtung der Behörden, anderer öffentlicher Stellen und der öffentlich-rechtlichen Rundfunkanstalten zu Mitteilungen, Auskünften, Anzeigen und zur Amtshilfe auf Grund anderer Vorschriften bleibt unberührt.

(2) [1]Schuldenverwaltungen, Kreditinstitute, Betriebe gewerblicher Art von juristischen Personen des öffentlichen Rechts im Sinne des Körperschaftsteuergesetzes, öffentliche Beteiligungsunternehmen ohne Hoheitsbefugnisse, Berufskammern und Versicherungsunternehmen sind von der Mitteilungspflicht ausgenommen. [2]Dies gilt nicht, soweit die in Satz 1 genannten Stellen Aufgaben der öffentlichen Verwaltung wahrnehmen.

(3) [1]In der Rechtsverordnung sind die mitteilenden Stellen, die Verpflichtung zur Unterrichtung der betroffenen Personen, die mitzuteilenden Angaben und die für die Entgegennahme der Mitteilungen zuständigen Finanzbehörden näher zu bestimmen sowie der Umfang, der Zeitpunkt und das Verfahren der Mitteilung zu regeln. [2]In der Rechtsverordnung können Ausnahmen von der Mitteilungspflicht, insbesondere für Fälle geringer steuerlicher Bedeutung, zugelassen werden.

(4) [1]Ist die mitteilungspflichtige Stelle nach der Mitteilungsverordnung verpflichtet, in der Mitteilung die Identifikationsnummer nach § 139b oder ein anderes steuerliches Ordnungsmerkmal

1. **des Empfängers der gewährten Leistung im Sinne des Absatzes 1 Satz 1 Nummer 1 Buchstabe a,**
2. **des Inhaltsadressaten des Verwaltungsakts im Sinne des Absatzes 1 Satz 1 Nummer 1 Buchstabe b oder e,**
3. **des Empfängers der vergebenen Subvention im Sinne des Absatzes 1 Satz 1 Nummer 1 Buchstabe c oder**
4. **der betroffenen Personen im Sinne des Absatzes 1 Satz 1 Nummer 1 Buchstabe d**

anzugeben, haben die Mitwirkungspflichtigen (§ 90) nach den Nummern 1 bis 4 der mitteilungspflichtigen Stelle diese Daten zu übermitteln. [2]Wird der Mitwirkungspflicht nach Satz 1 nicht innerhalb von zwei Wochen nach Aufforderung durch die mitteilungspflichtige Stelle entsprochen und weder die Identifikationsnummer noch ein anderes steuerliches Ordnungsmerkmal übermittelt, hat die mitteilungspflichtige Stelle die Möglichkeit, die Identifikationsnummer der betroffenen Mitwirkungspflichtigen nach Satz 1 Nummer 1 bis 4 nach amtlich vorgeschriebenem Datensatz beim Bundeszentralamt für Steuern abzufragen. [3]Die Abfrage ist mindestens zwei Wochen vor dem Zeitpunkt zu stellen, zu dem die Mitteilung nach der Mitteilungsverordnung zu übermitteln ist. [4]In der Abfrage dürfen nur die in § 139b Absatz 3 genannten Daten der betroffenen Mitwirkungspflichtigen nach Satz 1 Nummer 1 bis 4 angegeben werden. [5]Das Bundeszentralamt für Steuern entspricht dem Ersuchen, wenn die übermittelten Daten den beim Bundeszentralamt für Steuern hinterlegten Daten entsprechen.

Mitteilungsverordnung (MV)
vom 7.9.1993 (BGBl. I S. 1554, BStBl I S. 799), zuletzt geändert durch Artikel 8 der Verordnung vom 19.12.2022 (BGBl. I S. 2432).

1. Teil – Allgemeine Vorschriften

§ 1 Grundsätze

(1) Behörden (§ 6 Abs. 1 der Abgabenordnung) und öffentlich-rechtliche Rundfunkanstalten sind verpflichtet, Mitteilungen an die Finanzbehörden nach Maßgabe der folgenden Vorschriften ohne Ersuchen zu übersenden. Dies gilt nicht, wenn die Finanzbehörden bereits auf Grund anderer Vorschriften über diese Tatbestände Mitteilungen erhalten. Eine Verpflichtung zur Mitteilung besteht auch dann nicht, wenn die Gefahr besteht, dass das Bekannt werden des Inhalts der Mitteilung dem Wohl des Bundes oder eines deutschen Landes Nachteile bereiten würde. Ist eine mitteilungspflichtige Behörde einer obersten Dienstbehörde nachgeordnet, muss die oberste Behörde dem Unterlassen der Mitteilung zustimmen; die Zustimmung kann für bestimmte Fallgruppen allgemein erteilt werden.

(2) Auf Grund dieser Verordnung sind personenbezogene Daten, die dem Sozialgeheimnis unterliegen (§ 35 des Ersten Buches Sozialgesetzbuch), und nach Landesrecht zu erbringende Sozialleistungen nicht mitzuteilen.

§ 2 Allgemeine Zahlungsmitteilungen

(1) Die Behörden haben Zahlungen mitzuteilen, wenn der Zahlungsempfänger nicht im Rahmen einer land- und forstwirtschaftlichen, gewerblichen oder freiberuflichen Haupttätigkeit gehandelt hat, oder soweit die Zahlung nicht auf das Geschäftskonto des Zahlungsempfängers erfolgt. Zahlungen sind auch mitzuteilen, wenn zweifelhaft ist, ob der Zahlungsempfänger im Rahmen der Haupttätigkeit gehandelt hat oder die Zahlung auf das Geschäftskonto erfolgt. Eine Mitteilungspflicht besteht nicht, wenn ein Steuerabzug durchgeführt wird.

(2) Die Finanzbehörden können Ausnahmen von der Mitteilungspflicht zulassen, wenn die Zahlungen geringe oder keine steuerliche Bedeutung haben.

(3) Absatz 1 gilt für die in § 93a Absatz 2 der Abgabenordnung bezeichneten öffentlichen Stellen erstmals für nach dem 31. Dezember 2023 geleistete Zahlungen.

§ 3 Honorare der Rundfunkanstalten

(1) Die öffentlich-rechtlichen Rundfunkanstalten haben Honorare für Leistungen freier Mitarbeiter mitzuteilen, die in unmittelbarem Zusammenhang mit der Vorbereitung, Herstellung oder Verbreitung von Hörfunk- und Fernsehsendungen erbracht werden. Das gilt nicht, wenn die Besteuerung den Regeln eines Abzugsverfahrens unterliegt oder wenn die Finanzbehörden auf Grund anderweitiger Regelungen Mitteilungen über die Honorare erhalten.

(2) Honorare im Sinne des Absatzes 1 sind alle Güter, die in Geld oder Geldeswert bestehen und dem Steuerpflichtigen für eine persönliche Leistung oder eine Verwertung im Sinne des Urheberrechtsgesetzes zufließen.

§ 4 Wegfall oder Einschränkung einer steuerlichen Vergünstigung

Die Behörden haben Verwaltungsakte mitzuteilen, die den Wegfall oder die Einschränkung einer steuerlichen Vergünstigung zur Folge haben können.

§ 4a Ordnungsgelder nach § 335 des Handelsgesetzbuchs

(1) Das Bundesamt für Justiz hat als mitteilungspflichtige Stelle (§ 93c Absatz 1 der Abgabenordnung) den Finanzbehörden die Adressaten und die Höhe von nach dem 31. Dezember 2021 im Verfahren nach § 335 des Handelsgesetzbuchs festgesetzten Ordnungsgeldern mitzuteilen, sofern das festgesetzte Ordnungsgeld mindestens 5 000 Euro beträgt.

(2) Die in Absatz 1 bezeichneten Daten sind den Finanzbehörden nach Maßgabe des § 93c der Abgabenordnung nach amtlich vorgeschriebenem Datensatz über die amtlich bestimmte Schnittstelle zu übermitteln. Die Mitteilung hat abweichend von § 93c Absatz 1 Nummer 1 der Abgabenordnung spätestens bis zum 31. März des auf die Festsetzung des Ordnungsgelds folgenden Kalenderjahres zu erfolgen. Das Bundesministerium der Finanzen kann im Einvernehmen mit den obersten Finanzbehörden der Länder die Mitteilungsfrist nach Satz 2 durch ein im Bundessteuerblatt Teil I zu veröffentlichendes Schreiben verlängern, sofern die technischen Voraussetzungen für die Annahme der Mitteilungen nicht rechtzeitig vorliegen. Die §§ 8 bis 12 sind nicht anzuwenden.

(3) Sind dem Bundesamt für Justiz bei Festsetzung des Ordnungsgelds die in § 93c Absatz 1 Nummer 2 Buchstabe c und d der Abgabenordnung bezeichneten Daten nicht bekannt, soll es den Finanzbehörden die Handelsregisternummer der Gesellschaft oder andere ihm bekannte und zur automationsgestützten Identifizierung des Adressaten der Ordnungsgeldfestsetzung geeignete Daten übermitteln. Die den Finanzbehörden übermittelten Daten sind abweichend von § 93c Absatz 1 Nummer 4 der Abgabenordnung fünf Jahre aufzubewahren; die Frist beginnt mit dem Tag der Festsetzung des Ordnungsgelds. Weitergehende Aufbewahrungsbestimmungen aufgrund anderer Rechtsvorschriften bleiben unberührt. Wird die Festsetzung eines Ordnungsgelds in einem späteren Kalenderjahr ganz oder teilweise widerrufen, zurückgenommen oder aufgehoben, ist § 93c Absatz 3 der Abgabenordnung nicht anzuwenden.

§ 5 Ausgleichs- und Abfindungszahlungen nach dem Flurbereinigungsgesetz

Die Flurbereinigungsbehörden haben Ausgleichs- und Abfindungszahlungen nach dem Flurbereinigungsgesetz mitzuteilen.

§ 6 Gewerberechtliche Erlaubnisse und Gestattungen

(1) Die Behörden haben mitzuteilen

1. die Erteilung von Reisegewerbekarten,

2. zeitlich befristete Erlaubnisse sowie Gestattungen nach dem Gaststättengesetz,

3. Bescheinigungen über die Geeignetheit der Aufstellungsorte für Spielgeräte (§ 33c der Gewerbeordnung),

4 Erlaubnisse zur Veranstaltung anderer Spiele mit Gewinnmöglichkeit (§ 33d der Gewerbeordnung),

5. Festsetzungen von Messen, Ausstellungen, Märkten und Volksfesten (§ 69 der Gewerbeordnung),

6. Genehmigungen nach dem Personenbeförderungsgesetz zur Beförderung von Personen mit Kraftfahrzeugen im Linienverkehr, die Unternehmern mit Wohnsitz oder Sitz außerhalb des Geltungsbereichs des Personenbeförderungsgesetzes erteilt werden,

7. Erlaubnisse zur gewerbsmäßigen Arbeitnehmerüberlassung und

8. die gemäß der Verordnung (EWG) Nr. 2408/92 des Rates vom 23. Juli 1992 über den Zugang von Luftfahrtunternehmen der Gemeinschaft zu Strecken des innergemeinschaftlichen Flugverkehrs (ABl. EG Nr. L 240 S. 8) erteilten Genehmigungen, Verkehrsrechte auszuüben.

(2) Abweichend von § 1 Abs. 2 teilt die Bundesagentur für Arbeit nach Erteilung der erforderlichen Zusicherung folgende Daten der ausländischen Unternehmen mit, die auf Grund bilateraler Regierungsvereinbarungen über die Beschäftigung von Arbeitnehmern zur Ausführung von Werkverträgen tätig werden:

1. die Namen und Anschriften der ausländischen Vertragspartner des Werkvertrages,

2. den Beginn und die Ausführungsdauer des Werkvertrages und

3. den Ort der Durchführung des Werkvertrages.

§ 7 Ausnahmen von der Mitteilungspflicht über Zahlungen

(1) Zahlungen an Behörden, juristische Personen des öffentlichen Rechts, Betriebe gewerblicher Art von Körperschaften des öffentlichen Rechts oder Körperschaften, die steuerbegünstigte Zwecke im Sinne des Zweiten Teils Dritter Abschnitt der Abgabenordnung verfolgen, sind nicht mitzuteilen; maßgebend sind die Verhältnisse zum Zeitpunkt der Zahlung. Das gilt auch für Mitteilungen über Leistungen, die von Körperschaften des öffentlichen Rechts im Rahmen ihrer Beteiligungen an Unternehmen oder Einrichtungen des privaten Rechts erbracht werden.

(2) Mitteilungen nach dieser Verordnung über Zahlungen, mit Ausnahme von wiederkehrenden Bezügen, unterbleiben, wenn die an denselben Empfänger geleisteten Zahlungen im Kalenderjahr weniger als 1.500 Euro betragen; wurden Vorauszahlungen geleistet, sind diese bei der Errechnung des maßgebenden Betrages zu berücksichtigen. Vorauszahlungen sind nicht gesondert mitzuteilen. In der Mitteilung über die abschließende Zahlung ist anzugeben, ob eine oder mehrere Vorauszahlungen geleistet wurden.

(3) Bei wiederkehrenden Bezügen brauchen nur die erste Zahlung, die Zahlungsweise und die voraussichtliche Dauer der Zahlungen mitgeteilt zu werden, wenn mitgeteilt wird, dass es sich um wiederkehrende Bezüge handelt.

2. Teil – Mitteilungen

§ 8 Form und Inhalt der Mitteilungen

(1) Die Mitteilungen sollen schriftlich ergehen. Sie sind für jeden Betroffenen getrennt zu erstellen. Sie können auch auf maschinell verwertbaren Datenträgern oder durch Datenfernübertragung übermittelt werden; in diesen Fällen bedarf das Verfahren der Zustimmung der obersten Finanzbehörde des Landes, in dem die mitteilende Behörde oder Rundfunkanstalt ihren Sitz hat. Eine Übermittlung im automatisierten Abrufverfahren findet nicht statt.

(2) In Mitteilungen über Zahlungen sind die anordnende Stelle, ihr Aktenzeichen, die Bezeichnung (Name, Vorname, Firma), die Anschrift des Zahlungsempfängers und, wenn bekannt, seine Steuernummer sowie sein Geburtsdatum, der Grund der Zahlung (Art des Anspruchs), die Höhe der Zahlung, der Tag der Zahlung oder der Zahlungsanordnung anzugeben. Als Zahlungsempfänger ist stets der ursprüngliche Gläubiger der Forderung zu benennen, auch wenn die Forderung abgetreten, verpfändet oder gepfändet ist.

(3) In Mitteilungen über Verwaltungsakte sind die Behörde, die den Verwaltungsakt erlassen hat, das Aktenzeichen und das Datum des Verwaltungsakts sowie Gegenstand und Umfang der Genehmigung, Erlaubnis oder gewährten Leistung und die Bezeichnung (Name, Vorname, Firma), die Anschrift des Beteiligten und, wenn bekannt, seine Steuernummer sowie sein Geburtsdatum anzugeben. Die Mitteilungspflicht kann auch durch die Übersendung einer Mehrausfertigung oder eines Abdrucks des Bescheids erfüllt werden. In diesem Fall dürfen jedoch nicht mehr personenbezogene Daten übermittelt werden, als nach Satz 1 zulässig ist.

§ 9 Empfänger der Mitteilungen

(1) Die Mitteilungen sind an das Finanzamt zu richten, in dessen Bezirk der Zahlungsempfänger oder derjenige, für den ein Verwaltungsakt bestimmt ist, seinen Wohnsitz hat. Bei Körperschaften, Personenvereinigungen und Vermögensmassen ist die Mitteilung dem Finanzamt zuzuleiten, in dessen Bezirk sich die Geschäftsleitung befindet. Mitteilungen nach § 6 Abs. 2 sind an das für die Umsatzbesteuerung zuständige Finanzamt zu richten. Bestehen Zweifel über die Zuständigkeit des Finanzamts, ist die Mitteilung an die Oberfinanzdirektionen zu senden, in deren Bezirk die Behörde oder Rundfunkanstalt ihren Sitz hat. Die Oberfinanzdirektion, in deren Bezirk die mitteilungspflichtige Behörde oder Rundfunkanstalt ihren Sitz hat, kann ein Finanzamt bestimmen, an das die mitteilungspflichtige Behörde oder Rundfunksanstalt die Mitteilung zu übersenden hat.

(2) Werden Mitteilungen auf maschinell verwertbaren Datenträgern oder durch Datenfernübertragung übermittelt, kann die oberste Finanzbehörde des Landes, in dem die mitteilungspflichtige Behörde oder Rundfunkanstalt ihren Sitz hat, eine andere Landesfinanzbehörde oder mit Zustimmung des Bundesministeriums der Finanzen eine Finanzbehörde des Bundes als Empfänger der Mitteilungen bestimmen.

§ 10 Zeitpunkt der Meldungen

Die Mitteilungen nach § 6 Abs. 2 sind unverzüglich, die Mitteilungen nach den §§ 4 und 6 Abs. 1 sind mindestens vierteljährlich und die übrigen Mitteilungen mindestens einmal jährlich, spätestens bis zum 30. April des Folgejahres, zu übersenden.

3. Teil – Unterrichtung des Betroffenen

§ 11 Pflicht zur Unterrichtung

Die mitteilungspflichtige Behörde oder öffentlich-rechtliche Rundfunkanstalt hat den Betroffenen von ihrer Verpflichtung, Mitteilungen zu erstellen, spätestens bei Übersendung der ersten Mitteilung an die Finanzbehörde zu unterrichten.

§ 12 Inhalt der Unterrichtung

(1) Der Betroffene ist darüber zu unterrichten, daß den Finanzbehörden die nach § 8 geforderten Angaben mitgeteilt werden, soweit sich diese Unterrichtung nicht aus dem Verwaltungsakt, dem Vertrag, der Genehmigung oder der Erlaubnis ergibt. Der Betroffene ist hierbei in allgemeiner Form auf seine steuerlichen Aufzeichnungs- und Erklärungspflichten hinzuweisen.

(2) In den Fällen des § 2 Satz 2 und des § 3 ist dem Betroffenen eine Aufstellung der im Kalenderjahr geleisteten Zahlungen und ihrer Summe zu übersenden, soweit nicht über die einzelne Zahlung bereits eine Unterrichtung erfolgt ist.

4. Teil Besondere Vorschriften

§ 13 Mitteilungen über Billigkeitsleistungen des Bundes und der Länder anlässlich der Corona-Krise

(1) Behörden und andere öffentliche Stellen des Bundes und der Länder haben als mitteilungspflichtige Stellen (§ 93c Absatz 1 der Abgabenordnung) den Finanzbehörden folgende als Subvention oder ähnliche Förderungsmaßnahme bewilligte Leistungen nach amtlich vorgeschriebenem Datensatz über die amtlich bestimmte Schnittstelle nach Maßgabe des § 93c der Abgabenordnung mitzuteilen:

1. Soforthilfen des Bundes für kleine Unternehmen, Soloselbstständige und Angehörige der Freien Berufe zur Milderung der finanziellen Notlagen dieser Unternehmen aufgrund der Corona-Krise,
2. Überbrückungshilfen des Bundes für kleine und mittelständische Unternehmen, Soloselbstständige und Angehörige der Freien Berufe, die ihren Geschäftsbetrieb im Zuge der Corona-Krise ganz oder zu wesentlichen Teilen einstellen müssen oder mussten, oder
3. andere Soforthilfen, Überbrückungshilfen oder vergleichbare Billigkeitsleistungen des Bundes oder des jeweiligen Landes für Unternehmen, Soloselbstständige und Angehörige der Freien Berufe anlässlich der Corona-Krise.

Satz 1 Nummer 3 gilt nicht für aufgrund der Corona-Krise gewährte

1. Subventionen oder ähnliche Förderungsmaßnahmen der Gemeinden oder Gemeindeverbände,

2. Hilfsleistungen nach dem Fünften und Elften Buch Sozialgesetzbuch,

3. Hilfsleistungen nach der COVID-19-Versorgungsstrukturen-Schutzverordnung vom 30. April 2020 (BAnz. AT 04.05.2020 V1)

4. Leistungen nach dem Krankenhausfinanzierungsgesetz und

5. Leistungen nach dem Sozialdienstleister-Einsatzgesetz.

(2) Zur Sicherstellung der Besteuerung sind neben den in § 93c Absatz 1 Nummer 2 der Abgabenordnung genannten Angaben folgende Angaben mitzuteilen:

1. die Art und Höhe der jeweils gewährten Zahlung,

2. das Datum, an dem die Zahlung bewilligt wurde,

3. das Datum der Zahlung oder der Zahlungsanordnung und

4. bei unbarer Zahlung die Bankverbindung für das Konto, auf das die Leistung erbracht wurde.

Werden nach Satz 1 mitzuteilende Zahlungen in einem späteren Kalenderjahr ganz oder teilweise zurückerstattet, ist die Rückzahlung abweichend von § 93c Absatz 3 der Abgabenordnung von der mitteilungspflichtigen Stelle unter Angabe des Datums, an dem die Zahlung bei der mitteilungspflichtigen Stelle eingegangen ist, mitzuteilen.

(3) Mitteilungen nach Absatz 1 sind abweichend von § 93c Absatz 1 Nummer 1 der Abgabenordnung nach Veröffentlichung des amtlich vorgeschriebenen Datensatzes und der Freigabe der amtlich bestimmten Schnittstelle bis zum 30. April des auf das Jahr der Auszahlung folgenden Jahres zu übermitteln. Das Bundesministerium der Finanzen kann im Einvernehmen mit den obersten Finanzbehörden der Länder die Frist nach Satz 1 durch ein im Bundessteuerblatt Teil I zu veröffentlichendes Schreiben verlängern, sofern die technischen Voraussetzungen für die Annahme der Mitteilungen nicht rechtzeitig vorliegen. Auf begründeten Antrag einer mitteilungspflichtigen Stelle kann die oberste Finanzbehörde desjenigen Landes, in dem die mitteilungspflichtige Stelle ihren Sitz hat, dieser die Frist nach Satz 1 oder Satz 2 für im Kalenderjahr 2020 ausgezahlte Leistungen um längstens vierzehn Monate und für im Kalenderjahr 2021 ausgezahlte Leistungen um längstens sechs Monate verlängern, sofern die technischen Voraussetzungen für die Übersendung der Mitteilungen bei der mitteilungspflichtigen Stelle nicht rechtzeitig vorliegen; das Bundesministerium der Finanzen ist über eine gewährte Fristverlängerung zu unterrichten.

(4) Von den Absätzen 1 bis 3 abweichende Bestimmungen dieser Verordnung sind nicht anzuwenden. § 1 Absatz 2 und § 2 Absatz 2 bleiben unberührt.

§ 13a Mitteilungen über Billigkeitsleistungen zur temporären Kostendämpfung des Erdgas- und Strompreisanstiegs nach dem Energiekostendämpfungsprogramm

(1) Das Bundesamt für Wirtschaft und Ausfuhrkontrolle hat als mitteilungspflichtige Stelle (§ 93c Absatz 1 der Abgabenordnung) den Finanzbehörden aus Anlass des Erdgas- und Strompreisanstiegs nach dem Energiekostendämpfungsprogramm bewilligte Leistungen nach amtlich vorgeschriebenem Datensatz über die amtlich bestimmte Schnittstelle nach Maßgabe des § 93c der Abgabenordnung mitzuteilen.

(2) Zur Sicherstellung der Besteuerung sind neben den in § 93c Absatz 1 Nummer 2 der Abgabenordnung genannten Angaben folgende Angaben mitzuteilen:

1. die Art und die Höhe der jeweils gewährten Zahlung,
2. das Datum, an dem die Zahlung bewilligt wurde,
3. das Datum der Zahlung und
4. bei unbarer Zahlung die Bankverbindung für das Konto, auf das die Zahlungen geleistet wurden.

Werden nach Satz 1 mitzuteilende Zahlungen in einem späteren Kalenderjahr ganz oder teilweise zurückerstattet, ist die Rückzahlung abweichend von § 93c Absatz 3 der Abgabenordnung vom Bundesamt für Wirtschaft und Ausfuhrkontrolle unter Angabe des Datums, an dem die Zahlung bei ihm eingegangen ist, mitzuteilen.

(3) Mitteilungen über im Kalenderjahr 2022 ausgezahlte Leistungen sind abweichend von § 93c Absatz 1 Nummer 1 der Abgabenordnung nach Veröffentlichung des amtlich vorgeschriebenen Datensatzes und der Freigabe der amtlich bestimmten Schnittstelle bis zum 31. Dezember 2025 zu übermitteln. Das Bundesministerium der Finanzen kann im Einvernehmen mit den obersten Finanzbehörden der Länder die Frist nach Satz 1 durch ein im Bundessteuerblatt Teil I zu veröffentlichendes Schreiben verlängern, sofern die technischen Voraussetzungen für die Annahme der Mitteilungen nicht rechtzeitig vorliegen. Auf begründeten Antrag des Bundesamts für Wirtschaft und Ausfuhrkontrolle kann die oberste Finanzbehörde desjenigen Landes, in dem das Bundesamt für Wirtschaft und Ausfuhrkontrolle seinen Sitz hat, diesem die Frist nach den Sätzen 1 oder 2 um längstens zehn Monate verlängern, sofern die technischen Voraussetzungen für die Übersendung der Mitteilungen bei dem Bundesamt für Wirtschaft und Ausfuhrkontrolle nicht rechtzeitig vorliegen; das Bundesministerium der Finanzen ist über eine gewährte Fristverlängerung zu unterrichten.

(4) Von den Absätzen 1 bis 3 abweichende Bestimmungen dieser Verordnung sind nicht anzuwenden. § 1 Absatz 2 und § 2 Absatz 2 bleiben unberührt. Mitteilungspflichten über Leistungen im Sinne des Absatzes 1 Satz 1, die sich nach anderen Bestimmungen dieser Verordnung ergeben, sind nicht anzuwenden.

§ 14 Mitteilung von Zahlungen der Kassenärztlichen Vereinigungen an die Anbieter von Leistungen nach der Coronavirus-Testverordnung

(1) Die Kassenärztlichen Vereinigungen haben als mitteilungspflichtige Stelle im Sinne des § 93c Absatz 1 der Abgabenordnung den Finanzbehörden die von ihnen nach dem 31. Dezember 2020 an Leistungserbringer geleisteten Zahlungen nach der Coronavirus-Testverordnung nach amtlich vorgeschriebenem Datensatz über die amtlich bestimmte Schnittstelle nach Maßgabe des § 93c der Abgabenordnung mitzuteilen. Als Steuerpflichtiger im Sinne des § 93c Absatz 1 Nummer 2 Buchstabe c oder Buchstabe d der Abgabenordnung ist stets der Leistungserbringer zu benennen, auch wenn die Erstattungsforderung abgetreten, verpfändet oder gepfändet ist. Von der Mitteilungspflicht ausgenommen sind Zahlungen nach Satz 1 an öffentliche Stellen des Bundes oder eines Landes im Sinne des § 6 Absatz 1a bis 1c der Abgabenordnung.

(2) Zur Sicherstellung der Besteuerung sind neben den in § 93c Absatz 1 Nummer 2 der Abgabenordnung genannten Angaben folgende Angaben mitzuteilen:

1. die im jeweils vorangegangenen Kalenderjahr geleisteten Zahlungen im Sinne von Absatz 1 unter Angabe des jeweiligen Rechtsgrunds der Zahlung,

2. das Datum der Zahlungen und

3. bei unbarer Zahlung die Bankverbindung für das Konto, auf das die Zahlungen geleistet wurden.

Werden mitteilungspflichtige Zahlungen in einem späteren Kalenderjahr ganz oder teilweise zurückerstattet, ist die Rückzahlung abweichend von § 93c Absatz 3 der Abgabenordnung von der mitteilungspflichtigen Stelle unter Angabe des Datums, an dem die Zahlung bei der mitteilungspflichtigen Stelle eingegangen ist, mitzuteilen.

(3) Mitteilungen nach Absatz 1 sind abweichend von § 93c Absatz 1 Nummer 1 der Abgabenordnung nach Veröffentlichung des amtlich vorgeschriebenen Datensatzes und der Freigabe der amtlich bestimmten Schnittstelle bis zum 30. April des auf das Jahr der Auszahlung folgenden Jahres zu übermitteln. Das Bundesministerium der Finanzen kann im Einvernehmen mit den obersten Finanzbehörden der Länder die Frist nach Satz 1 durch ein im Bundessteuerblatt Teil I zu veröffentlichendes Schreiben verlängern, sofern die technischen Voraussetzungen für die Annahme der Mitteilungen nicht rechtzeitig vorliegen. Auf begründeten Antrag einer mitteilungspflichtigen Stelle kann die oberste Finanzbehörde desjenigen Landes, in dem die mitteilungspflichtige Stelle ihren Sitz hat, dieser die Frist nach Satz 1 oder Satz 2 für im Kalenderjahr 2021 ausgezahlte Leistungen um längstens vierzehn Monate und für im Kalenderjahr 2022 ausgezahlte Leistungen um längstens sechs Monateverlängern, sofern die technischen Voraussetzungen für die Übersendung der Mitteilungen bei der mitteilungspflichtigen Stelle nicht rechtzeitig vorliegen; das Bundesministerium der Finanzen ist über eine gewährte Fristverlängerung zu unterrichten.

(4) Von den Absätzen 1 bis 3 abweichende Bestimmungen dieser Verordnung sind nicht anzuwenden. § 1 Absatz 2 und § 2 Absatz 2 bleiben hiervon unberührt.

§ 15 Mitteilungen über öffentliche Hilfsleistungen aus Anlass der Starkregen und Hochwasserkatastrophe im Juli 2021

(1) Behörden und andere öffentliche Stellen haben als mitteilungspflichtige Stellen (§ 93c Absatz 1 der Abgabenordnung) den Finanzbehörden aus Anlass der Starkregen- und Hochwasserkatastrophe im Juli 2021 als Aufbauhilfen des Bundes und der Länder aus den Mitteln des Fonds „Aufbauhilfe 2021“ bewilligte Leistungen nach amtlich vorgeschriebenem Datensatz über die amtlich bestimmte Schnittstelle nach Maßgabe des § 93c der Abgabenordnung mitzuteilen; mitzuteilen sind Leistungen an

1. Privathaushalte,

2. gewerbliche Unternehmen, Selbständige und Angehörige der freien Berufe,

3. Wohnungsunternehmen und Vermieter von Wohnraum,

4. Vermieter und Verpächter von ganz oder teilweise für eine gewerbliche, selbständige oder freiberufliche Tätigkeit genutzten Gebäuden oder Gebäudeteilen,

5. Betriebe der Land- und Forstwirtschaft und ähnliche Betriebe, Betriebe der Fischerei und Aquakultur.

(2) Zur Sicherstellung der Besteuerung sind neben den in § 93c Absatz 1 Nummer 2 der Abgabenordnung genannten Angaben folgende Angaben mitzuteilen:

1. die Art und die Höhe der im jeweils vorangegangenen Kalenderjahr gewährten Zahlung,
2. soweit vorhanden, das Objekt, für das die Zahlung bewilligt wurde,
3. das Datum, an dem die Zahlung bewilligt wurde,
4. das Datum der Zahlung und
5. bei unbarer Zahlung die Bankverbindung für das Konto, auf das die Zahlung geleistet wurde.

Werden nach Satz 1 mitzuteilende Zahlungen in einem späteren Kalenderjahr ganz oder teilweise zurückerstattet, ist die Rückzahlung abweichend von § 93c Absatz 3 der Abgabenordnung von der mitteilungspflichtigen Stelle unter Angabe des Datums, an dem die Zahlung bei der mitteilungspflichtigen Stelle eingegangen ist, mitzuteilen.

(3) Abweichend von § 93c Absatz 1 Nummer 1 der Abgabenordnung sind Mitteilungen nach Absatz 1 nach Veröffentlichung des amtlich vorgeschriebenen Datensatzes und der Freigabe der amtlich bestimmten Schnittstelle für im Kalenderjahr 2021 ausgezahlte Leistungen bis zum 31. Dezember 2022 sowie für in den Folgejahren ausgezahlte Leistungen bis zum 30. April des auf das Jahr der Auszahlung folgenden Jahres zu übermitteln. Das Bundesministerium der Finanzen kann im Einvernehmen mit den obersten Finanzbehörden der Länder die Frist nach Satz 1 durch ein im Bundessteuerblatt Teil I zu veröffentlichendes Schreiben verlängern, sofern die technischen Voraussetzungen für die Annahme der Mitteilungen nicht rechtzeitig vorliegen. Auf begründeten Antrag einer mitteilungspflichtigen Stelle kann die oberste Finanzbehörde desjenigen Landes, in dem die mitteilungspflichtige Stelle ihren Sitz hat, dieser die Frist nach Satz 1 oder Satz 2 für im Kalenderjahr 2021 ausgezahlte Leistungen um längstens zehn Monate und für im Kalenderjahr 2022 ausgezahlte Leistungen um längstens sechs Monate verlängern, sofern die technischen Voraussetzungen für die Übersendung der Mitteilungen bei der mitteilungspflichtigen Stelle nicht rechtzeitig vorliegen; das Bundesministerium der Finanzen ist über eine gewährte Fristverlängerung zu unterrichten.

(4) Von den Absätzen 1 bis 3 abweichende Bestimmungen oder andere Mitteilungspflichten nach dieser Verordnung sind nicht anzuwenden. § 1 Absatz 2 bleibt unberührt. Das Bundesministerium der Finanzen oder die obersten Finanzbehörden der Länder können Ausnahmen von der Mitteilungspflicht nach Absatz 1 zulassen.

AEAO zu § 93a - Allgemeine Mitteilungspflichten:

Wegen der allgemeinen Mitteilungspflichten (Kontrollmitteilungen) der Behörden und der Rundfunkanstalten an die Finanzbehörden Hinweis auf die Mitteilungsverordnung. Die Verpflichtung der Behörden und der Rundfunkanstalten zu Mitteilungen, Auskünften (insbesondere Einzelauskünften nach § 93 AO), Anzeigen (z. B. gem. § 116 AO) und zur Amtshilfe (§§ 111 ff. AO) aufgrund anderer Vorschriften bleibt unberührt. Mitteilungspflichten, die sich aus Verträgen oder Auflagen in Verwaltungsakten ergeben

(z. B. besondere Bedingungen in Zuwendungsbescheiden nach Maßgabe des Haushaltsrechts), bleiben ebenfalls unberührt.

Die Mitteilungspflichten für Zwecke der Feststellung von Einheitswerten des Grundbesitzes sowie für Zwecke der Grundsteuer sind in § 29 Abs. 3 BewG und die Mitteilungspflichten für Zwecke der Feststellung von Grundsteuerwerten sind in § 229 Abs. 3 BewG geregelt.

§ 93b Automatisierter Abruf von Kontoinformationen (S 0229a)

(1) Kreditinstitute haben das nach § 24c Absatz 1 des Kreditwesengesetzes[1] zu führende Dateisystem auch für Abrufe nach § 93 Absatz 7 und 8 zu führen.

(1a) [1]Kreditinstitute haben für Kontenabrufersuchen nach § 93 Absatz 7 oder 8 zusätzlich zu den in § 24c Absatz 1 des Kreditwesengesetzes bezeichneten Daten für jeden Verfügungsberechtigten und jeden wirtschaftlich Berechtigten im Sinne des Geldwäschegesetzes auch die Adressen sowie die in § 154 Absatz 2a bezeichneten Daten zu speichern. [2]§ 154 Absatz 2d und Artikel 97 § 26 Absatz 5 Nummer 3 und 4 des Einführungsgesetzes zur Abgabenordnung bleiben unberührt.

(2) [1]Das Bundeszentralamt für Steuern darf in den Fällen des § 93 Absatz 7 und 8 auf Ersuchen bei den Kreditinstituten einzelne Daten aus den nach den Absätzen 1 und 1a zu führenden Dateisystemen im automatisierten Verfahren abrufen und sie an den Ersuchenden übermitteln. [2]Die Identifikationsnummer nach § 139b eines Verfügungsberechtigten oder eines wirtschaftlich Berechtigten darf das Bundeszentralamt für Steuern nur Finanzbehörden mitteilen.

(3) Die Verantwortung für die Zulässigkeit des Datenabrufs und der Datenübermittlung trägt der Ersuchende.

(4) § 24c Abs. 1 Satz 2 bis 6, Abs. 4 bis 8 des Kreditwesengesetzes gilt entsprechend.

---

[1] Text in Anhang 23 abgedruckt.

§ 93c Datenübermittlung durch Dritte (S 0229-b)

(1) Sind steuerliche Daten eines Steuerpflichtigen auf Grund gesetzlicher Vorschriften von einem Dritten (mitteilungspflichtige Stelle) an Finanzbehörden elektronisch zu übermitteln, so gilt vorbehaltlich abweichender Bestimmungen in den Steuergesetzen Folgendes:

1. Die mitteilungspflichtige Stelle muss die Daten nach Ablauf des Besteuerungszeitraums bis zum letzten Tag des Monats Februar des folgenden Jahres nach amtlich vorgeschriebenem Datensatz durch Datenfernübertragung über die amtlich bestimmte Schnittstelle übermitteln; bezieht sich die Übermittlungspflicht auf einen Besteuerungszeitpunkt, sind die Daten bis zum Ablauf des zweiten Kalendermonats nach Ablauf des Monats zu übermitteln, in dem der Besteuerungszeitpunkt liegt.
2. Der Datensatz muss folgende Angaben enthalten:
   a) den Namen, die Anschrift, das Ordnungsmerkmal und die Kontaktdaten der mitteilungspflichtigen Stelle sowie ihr Identifikationsmerkmal nach den §§ 139a bis 139c oder, soweit dieses nicht vergeben wurde, ihre Steuernummer;
   b) hat die mitteilungspflichtige Stelle einen Auftragnehmer im Sinne des § 87d mit der Datenübermittlung beauftragt, so sind zusätzlich zu den Angaben nach Buchstabe a der Name, die Anschrift und die Kontaktdaten des Auftragnehmers sowie dessen Identifikationsmerkmal nach den §§ 139a bis 139c oder, wenn dieses nicht vergeben wurde, dessen Steuernummer anzugeben;
   c) den Familiennamen, den Vornamen, den Tag der Geburt, die Anschrift des Steuerpflichtigen und dessen Identifikationsnummer nach § 139b;
   d) handelt es sich bei dem Steuerpflichtigen nicht um eine natürliche Person, so sind dessen Firma oder Name, Anschrift und Wirtschafts-Identifikationsnummer nach § 139c oder, wenn diese noch nicht vergeben wurde, dessen Steuernummer anzugeben;
   e) den Zeitpunkt der Erstellung des Datensatzes oder eines anderen Ereignisses, anhand dessen die Daten in der zeitlichen Reihenfolge geordnet werden können, die Art der Mitteilung, den betroffenen Besteuerungszeitraum oder Besteuerungszeitpunkt und die Angabe, ob es sich um eine erstmalige, korrigierte oder stornierende Mitteilung handelt.
3. [1]Die mitteilungspflichtige Stelle hat den Steuerpflichtigen darüber zu informieren, welche für seine Besteuerung relevanten Daten sie an die Finanzbehörden übermittelt hat oder übermitteln wird. [2]Diese Information hat in geeigneter Weise, mit Zustimmung des Steuerpflichtigen elektronisch, und binnen angemessener Frist zu erfolgen. [3]Auskunftspflichten nach anderen Gesetzen bleiben unberührt.

4. **Die mitteilungspflichtige Stelle hat die übermittelten Daten aufzuzeichnen und diese Aufzeichnungen sowie die der Mitteilung zugrunde liegende Unterlagen bis zum Ablauf des siebten auf den Besteuerungszeitraum oder Besteuerungszeitpunkt folgenden Kalenderjahres aufzubewahren; die §§ 146 und 147 Absatz 2, 5 und 6 gelten entsprechend.**

(2) Die mitteilungspflichtige Stelle soll Daten nicht übermitteln, wenn sie erst nach Ablauf des siebten auf den Besteuerungszeitraum oder Besteuerungszeitpunkt folgenden Kalenderjahres erkennt, dass sie zur Datenübermittlung verpflichtet war.

(3) [1]Stellt die mitteilungspflichtige Stelle bis zum Ablauf des siebten auf den Besteuerungszeitraum oder Besteuerungszeitpunkt folgenden Kalenderjahres fest, dass

1. **die nach Maßgabe des Absatzes 1 übermittelten Daten unzutreffend waren oder**

2. **ein Datensatz übermittelt wurde, obwohl die Voraussetzungen hierfür nicht vorlagen,**

so hat die mitteilungspflichtige Stelle dies vorbehaltlich abweichender Bestimmungen in den Steuergesetzen unverzüglich durch Übermittlung eines weiteren Datensatzes zu korrigieren oder zu stornieren. [2]Absatz 1 Nummer 2 bis 4 gilt entsprechend.

(4) [1]Die nach den Steuergesetzen zuständige Finanzbehörde kann ermitteln, ob die mitteilungspflichtige Stelle

1. **ihre Pflichten nach Absatz 1 Nummer 1, 2 und 4 und Absatz 3 erfüllt und**

2. **den Inhalt des Datensatzes nach den Vorgaben des jeweiligen Steuergesetzes bestimmt hat.**

[2]Die Rechte und Pflichten der für die Besteuerung des Steuerpflichtigen zuständigen Finanzbehörde hinsichtlich der Ermittlung des Sachverhalts bleiben unberührt.

(5) Soweit gesetzlich nichts anderes bestimmt ist, ist die nach den Steuergesetzen für die Entgegennahme der Daten zuständige Finanzbehörde auch für die Anwendung des Absatzes 4 und des § 72a Absatz 4 zuständig.

(6) Die Finanzbehörden dürfen von den mitteilungspflichtigen Stellen mitgeteilte Daten im Sinne der Absätze 1 und 3 verarbeiten, wenn dies zur Erfüllung der ihnen obliegenden Aufgaben oder in Ausübung öffentlicher Gewalt, die ihnen übertragen wurde, erforderlich ist.

(7) Soweit gesetzlich nichts anderes bestimmt ist, darf die mitteilungspflichtige Stelle die ausschließlich zum Zweck der Übermittlung erhobenen und gespeicherten Daten des Steuerpflichtigen nur für diesen Zweck verwenden.

(8) Die Absätze 1 bis 7 sind nicht anzuwenden auf

1. **Datenübermittlungspflichten nach § 51a Absatz 2c oder Abschnitt XI des Einkommensteuergesetzes,**

2. Datenübermittlungspflichten gegenüber den Zollbehörden,

3. Datenübermittlungen zwischen Finanzbehörden und

4. Datenübermittlungspflichten ausländischer öffentlicher Stellen.

AEAO zu § 93c - Datenübermittlung durch Dritte:

1. § 93c AO enthält die grundsätzlich für alle elektronischen Datenübermittlungspflichten Dritter einheitlich geltenden Verfahrensvorschriften.

2. Zur Haftung der mitteilungspflichtigen Stelle bei vorsätzlicher oder grob fahrlässiger Pflichtverletzung vgl. § 72a Abs. 4 AO. Zur Außenprüfung bei der mitteilungspflichtigen Stelle vgl. § 203a AO.

3. § 93c AO ist erstmals anzuwenden, wenn steuerliche Daten eines Steuerpflichtigen für Besteuerungszeiträume nach 2016 oder Besteuerungszeitpunkte nach dem 31.12.2016 auf Grund gesetzlicher Vorschriften von einem Dritten als mitteilungspflichtiger Stelle elektronisch an Finanzbehörden zu übermitteln sind (Art. 97 § 27 Abs. 2 EGAO).

§ 93d Verordnungsermächtigung (S 0229-b)

[1]Das Bundesministerium der Finanzen kann durch Rechtsverordnung mit Zustimmung des Bundesrates bestimmen, dass Daten im Sinne des § 93c vor der erstmaligen Übermittlung für Zwecke der Erprobung erhoben werden, soweit dies zur Entwicklung, Überprüfung oder Änderung von automatisierten Verfahren erforderlich ist. [2]Die Daten dürfen in diesem Fall ausschließlich für Zwecke der Erprobung verarbeitet und müssen innerhalb eines Jahres nach Beendigung der Erprobung gelöscht werden.

§ 94 Eidliche Vernehmung (S 0231)

(1) [1]Hält die Finanzbehörde mit Rücksicht auf die Bedeutung der Auskunft oder zur Herbeiführung einer wahrheitsgemäßen Auskunft die Beeidigung einer anderen Person als eines Beteiligten für geboten, so kann sie das für den Wohnsitz oder den Aufenthaltsort der zu beeidigenden Person zuständige Finanzgericht um die eidliche Vernehmung ersuchen. [2]Befindet sich der Wohnsitz oder der Aufenthaltsort der zu beeidigenden Person nicht am Sitz eines Finanzgerichts oder eines besonders errichteten Senats, so kann auch das zuständige Amtsgericht um die eidliche Vernehmung ersucht werden.

(2) [1]In dem Ersuchen hat die Finanzbehörde den Gegenstand der Vernehmung sowie die Namen und Anschriften der Beteiligten anzugeben. [2]Das Gericht hat die Beteiligten und die ersuchende Finanzbehörde von den Terminen zu benachrichtigen. [3]Die Beteiligten und die ersuchende Finanzbehörde sind berechtigt, während der Vernehmung Fragen zu stellen.

(3) Das Gericht entscheidet über die Rechtmäßigkeit der Verweigerung des Zeugnisses oder der Eidesleistung.

§ 95 Versicherung an Eides statt (S 0232)

(1) [1]Die Finanzbehörde kann den Beteiligten auffordern, dass er die Richtigkeit von Tatsachen, die er behauptet, an Eides statt versichert. [2]Eine Versicherung an Eides statt soll nur gefordert werden, wenn andere Mittel zur Erforschung der Wahrheit nicht vorhanden sind, zu keinem Ergebnis geführt haben oder einen unverhältnismäßigen Aufwand erfordern. [3]Von eidesunfähigen Personen im Sinne des § 393 der Zivilprozessordnung darf eine eidesstattliche Versicherung nicht verlangt werden.

(2) [1]Die Versicherung an Eides statt wird von der Finanzbehörde zur Niederschrift aufgenommen. [2]Zur Aufnahme sind der Behördenleiter, sein ständiger Vertreter sowie Angehörige des öffentlichen Dienstes befugt, welche die Befähigung zum Richteramt haben. [3]Andere Angehörige des öffentlichen Dienstes kann der Behördenleiter oder sein ständiger Vertreter hierzu allgemein oder im Einzelfall schriftlich ermächtigen.

(3) [1]Die Angaben, deren Richtigkeit versichert werden soll, sind schriftlich festzustellen und dem Beteiligten mindestens eine Woche vor Aufnahme der Versicherung mitzuteilen. [2]Die Versicherung besteht darin, dass der Beteiligte unter Wiederholung der behaupteten Tatsachen erklärt: "Ich versichere an Eides statt, dass ich nach bestem Wissen die reine Wahrheit gesagt und nichts verschwiegen habe". [3]Bevollmächtigte und Beistände des Beteiligten sind berechtigt, an der Aufnahme der Versicherung an Eides statt teilzunehmen.

(4) [1]Vor der Aufnahme der Versicherung an Eides statt ist der Beteiligte über die Bedeutung der eidesstattlichen Versicherung und die strafrechtlichen Folgen einer unrichtigen oder unvollständigen eidesstattlichen Versicherung zu belehren. [2]Die Belehrung ist in der Niederschrift zu vermerken.

(5) [1]Die Niederschrift hat ferner die Namen der anwesenden Personen sowie den Ort und den Tag der Niederschrift zu enthalten. [2]Die Niederschrift ist dem Beteiligten, der die eidesstattliche Versicherung abgibt, zur Genehmigung vorzulesen oder auf Verlangen zur Durchsicht vorzulegen. [3]Die erteilte Genehmigung ist zu vermerken und von dem Beteiligten zu unterschreiben. [4]Die Niederschrift ist sodann von dem Amtsträger, der die Versicherung an Eides statt aufgenommen hat, sowie von dem Schriftführer zu unterschreiben.

(6) Die Versicherung an Eides statt kann nicht nach § 328 erzwungen werden.

AEAO zu § 95 - Versicherung an Eides Statt:

Aus der Weigerung eines Steuerpflichtigen, eine Tatsachenbehauptung durch eidesstattliche Versicherung zu bekräftigen, können für ihn nachteilige Folgerungen gezogen werden. Im Übrigen wird auf § 162 AO hingewiesen.

§ 96 Hinzuziehung von Sachverständigen (S 0233)

(1) [1]Die Finanzbehörde bestimmt, ob ein Sachverständiger zuzuziehen ist. [2]Soweit nicht Gefahr im Verzug vorliegt, hat sie die Person, die sie zum Sachverständigen ernennen will, den Beteiligten vorher bekannt zu geben.

(2) [1]Die Beteiligten können einen Sachverständigen wegen Besorgnis der Befangenheit ablehnen, wenn ein Grund vorliegt, der geeignet ist, Zweifel an seiner Unparteilichkeit zu rechtfertigen oder wenn von seiner Tätigkeit die Verletzung eines Geschäfts- oder Betriebsgeheimnisses oder Schaden für die geschäftliche Tätigkeit eines Beteiligten zu befürchten ist. [2]Die Ablehnung ist der Finanzbehörde gegenüber unverzüglich nach Bekanntgabe der Person des Sachverständigen, jedoch spätestens innerhalb von zwei Wochen unter Glaubhaftmachung der Ablehnungsgründe geltend zu machen. [3]Nach diesem Zeitpunkt ist die Ablehnung nur zulässig, wenn glaubhaft gemacht wird, dass der Ablehnungsgrund vorher nicht geltend gemacht werden konnte. [4]Über die Ablehnung entscheidet die Finanzbehörde, die den Sachverständigen ernannt hat oder ernennen will. [5]Das Ablehnungsgesuch hat keine aufschiebende Wirkung.

(3) [1]Der zum Sachverständigen Ernannte hat der Ernennung Folge zu leisten, wenn er zur Erstattung von Gutachten der erforderlichen Art öffentlich bestellt ist oder wenn er die Wissenschaft, die Kunst oder das Gewerbe, deren Kenntnis Voraussetzung der Begutachtung ist, öffentlich zum Erwerb ausübt oder wenn er zur Ausübung derselben öffentlich bestellt oder ermächtigt ist. [2]Zur Erstattung des Gutachtens ist auch derjenige verpflichtet, der sich hierzu der Finanzbehörde gegenüber bereit erklärt hat.

(4) Der Sachverständige kann die Erstattung des Gutachtens unter Angabe der Gründe wegen Besorgnis der Befangenheit ablehnen.

(5) Angehörige des öffentlichen Dienstes sind als Sachverständige nur dann zuzuziehen, wenn sie die nach dem Dienstrecht erforderliche Genehmigung erhalten.

(6) Die Sachverständigen sind auf die Vorschriften über die Wahrung des Steuergeheimnisses hinzuweisen.

(7) [1]Das Gutachten ist regelmäßig schriftlich zu erstatten. [2]Die mündliche Erstattung des Gutachtens kann zugelassen werden. [3]Die Beeidigung des Gutachtens darf nur gefordert werden, wenn die Finanzbehörde dies mit Rücksicht auf die Bedeutung des Gutachtens für geboten hält. [4]Ist der Sachverständige für die Erstattung von Gutachten der betreffenden Art im Allgemeinen beeidigt, so genügt die Berufung auf den geleisteten Eid; sie kann auch in einem schriftlichen Gutachten erklärt werden. [5]Anderenfalls gilt für die Beeidigung § 94 sinngemäß.

III. Beweis durch Urkunden und Augenschein

§ 97 Vorlage von Urkunden (S 0240)

(1) Die Beteiligten und andere Personen haben der Finanzbehörde auf Verlangen Bücher, Aufzeichnungen, Geschäftspapiere und andere Urkunden zur Einsicht und Prüfung vorzulegen. Im Vorlageverlangen ist anzugeben, ob die Urkunden für die Besteuerung des zur Vorlage Aufgeforderten oder für die Besteuerung anderer Personen benötigt werden. § 93 Absatz 1 Satz 2 und 3 gilt entsprechend.

(2) Die Finanzbehörde kann die Vorlage der in Absatz 1 genannten Urkunden an Amtsstelle verlangen oder sie bei dem Vorlagepflichtigen einsehen, wenn dieser einverstanden ist oder die Urkunden für eine Vorlage an Amtsstelle ungeeignet sind. § 147 Abs. 5 gilt entsprechend.

§ 98 Einnahme des Augenscheins (S 0241)

(1) Führt die Finanzbehörde einen Augenschein durch, so ist das Ergebnis aktenkundig zu machen.

(2) Bei der Einnahme des Augenscheins können Sachverständige zugezogen werden.

§ 99 Betreten von Grundstücken und Räumen (S 0242)

(1) [1]Die von der Finanzbehörde mit der Einnahme des Augenscheins betrauten Amtsträger und die nach den §§ 96 und 98 zugezogenen Sachverständigen sind berechtigt, Grundstücke, Räume, Schiffe, umschlossene Betriebsvorrichtungen und ähnliche Einrichtungen während der üblichen Geschäfts- und Arbeitszeit zu betreten, soweit dies erforderlich ist, um im Besteuerungsinteresse Feststellungen zu treffen. [2]Die betroffenen Personen sollen angemessene Zeit vorher benachrichtigt werden. [3]Wohnräume dürfen gegen den Willen des Inhabers nur zur Verhütung dringender Gefahren für die öffentliche Sicherheit und Ordnung betreten werden.

(2) Maßnahmen nach Absatz 1 dürfen nicht zu dem Zweck angeordnet werden, nach unbekannten Gegenständen zu forschen.

AEAO zu § 99 - Betreten von Grundstücken und Räumen:

Es dürfen auch Grundstücke, Räume usw. betreten werden, die nicht dem Steuerpflichtigen gehören, sondern im Eigentum oder Besitz einer anderen Person stehen. Von der Besichtigung „betroffene“ Personen sind alle, die an dem Grundstück usw. entweder Besitzrechte haben, sie tatsächlich nutzen oder eine sonstige tatsächliche Verfügungsbefugnis haben. Wohnräume dürfen im Besteuerungsverfahren nicht gegen den Willen des Inhabers betreten werden (siehe aber § 210 Abs. 2 und § 287 AO).

§ 100 Vorlage von Wertsachen (S 0243)

(1) Der Beteiligte und andere Personen haben der Finanzbehörde auf Verlangen Wertsachen (Geld, Wertpapiere, Kostbarkeiten) vorzulegen, soweit dies erforderlich ist, um im Besteuerungsinteresse Feststellungen über ihre Beschaffenheit und ihren Wert zu treffen. § 98 Abs. 2 ist anzuwenden.

(2) Die Vorlage von Wertsachen darf nicht angeordnet werden, um nach unbekannten Gegenständen zu forschen.

IV. Auskunfts- und Vorlageverweigerungsrechte

§ 101 Auskunfts- und Eidesverweigerungsrecht der Angehörigen (S 0250)

(1) [1]Die Angehörigen (§ 15) eines Beteiligten können die Auskunft verweigern, soweit sie nicht selbst als Beteiligte über ihre eigenen steuerlichen Verhältnisse auskunftspflichtig sind oder die Auskunftspflicht für einen Beteiligten zu erfüllen haben. [2]Die Angehörigen sind über das Auskunftsverweigerungsrecht zu belehren. Die Belehrung ist aktenkundig zu machen.

(2) [1]Die in Absatz 1 genannten Personen haben ferner das Recht, die Beeidigung ihrer Auskunft zu verweigern. [2]Absatz 1 Sätze 2 und 3 gelten entsprechend.

AEAO zu § 101 - Auskunfts- und Eidesverweigerungsrecht der Angehörigen:

1. Der Beteiligte (Steuerpflichtige) selbst hat kein Auskunftsverweigerungsrecht; § 393 Abs. 1 AO ist zu beachten.

2. Ist nach § 101 Abs. 1 Satz 2 AO erforderliche Belehrung unterblieben, dürfen die auf der Aussage des Angehörigen beruhenden Kenntnisse nicht verwertet werden (BFH-Urteil vom 31.10.1990, II R 180/87, BStBl 1991 II S. 204), es sei denn, der Angehörige stimmt nachträglich zu oder wiederholt nach Belehrung seine Aussage (vgl. auch BFH-Urteil vom 7.11.1985, IV R 6/85, BStBl 1986 II S. 435).

§ 102 Auskunftsverweigerungsrecht zum Schutz bestimmter Berufsgeheimnisse (S 0251)

(1) Die Auskunft können ferner verweigern:

1. Geistliche über das, was ihnen in ihrer Eigenschaft als Seelsorger anvertraut worden oder bekannt geworden ist,

2. Mitglieder des Bundestages, eines Landtages oder einer zweiten Kammer über Personen, die ihnen in ihrer Eigenschaft als Mitglieder dieser Organe oder denen sie in dieser Eigenschaft Tatsachen anvertraut haben, sowie über diese Tatsachen selbst,

3. a) Verteidiger,

b) **Rechtsanwälte, Patentanwälte, Notare, Steuerberater, Wirtschaftsprüfer, Steuerbevollmächtigte, vereidigte Buchprüfer,**

c) **Ärzte, Zahnärzte, Psychotherapeuten, Psychologische Psychotherapeuten, Kinder- und Jugendlichenpsychotherapeuten, Apotheker und Hebammen,**

über das, was ihnen in dieser Eigenschaft anvertraut worden oder bekannt geworden ist,

4. **Personen, die bei der Vorbereitung, Herstellung oder Verbreitung von periodischen Druckwerken oder Rundfunksendungen berufsmäßig mitwirken oder mitgewirkt haben, über die Person des Verfassers, Einsenders oder Gewährsmanns von Beiträgen und Unterlagen sowie über die ihnen im Hinblick auf ihre Tätigkeit gemachten Mitteilungen, soweit es sich um Beiträge, Unterlagen und Mitteilungen für den redaktionellen Teil handelt; § 160 bleibt unberührt.**

(2) [1]Den im Absatz 1 Nr. 1 bis 3 genannten Personen stehen ihre Gehilfen und die Personen gleich, die zur Vorbereitung auf den Beruf an der berufsmäßigen Tätigkeit teilnehmen. [2]Über die Ausübung des Rechts dieser Hilfspersonen, die Auskunft zu verweigern, entscheiden die im Absatz 1 Nr. 1 bis 3 genannten Personen, es sei denn, dass diese Entscheidung in absehbarer Zeit nicht herbeigeführt werden kann.

(3) [1]Die in Absatz 1 Nr. 3 genannten Personen dürfen die Auskunft nicht verweigern, wenn sie von der Verpflichtung zur Verschwiegenheit entbunden sind. [2]Die Entbindung von der Verpflichtung zur Verschwiegenheit gilt auch für die Hilfspersonen.

(4) [1]Die gesetzlichen Anzeigepflichten der Notare und die Mitteilungspflichten der in Absatz 1 Nr. 3 Buchstabe b bezeichneten Personen nach der Zinsinformationsverordnung vom 26. Januar 2004 (BGBl. I S. 128), die zuletzt durch Artikel 4 Abs. 28 des Gesetzes vom 22. September 2005 (BGBl. I S. 2809) geändert worden ist, in der jeweils geltenden Fassung bleiben unberührt. [2]Soweit die Anzeigepflichten bestehen, sind die Notare auch zur Vorlage von Urkunden und zur Erteilung weiterer Auskünfte verpflichtet. [3]Die Mitteilungspflichten der in Absatz 1 Nummer 3 Buchstabe b bezeichneten Personen hinsichtlich der in § 138f Absatz 3 Satz 1 Nummer 1 und 4 bis 9 bezeichneten Angaben bestehen auch dann, wenn mit diesen Angaben betroffene Nutzer identifizierbar sein sollten.

§ 103 Auskunftsverweigerungsrecht bei Gefahr der Verfolgung wegen einer Straftat oder einer Ordnungswidrigkeit (S 0252)

[1]Personen, die nicht Beteiligte und nicht für einen Beteiligten auskunftspflichtig sind, können die Auskunft auf solche Fragen verweigern, deren Beantwortung sie selbst oder einen ihrer Angehörigen (§ 15) der Gefahr aussetzen würde, wegen einer Straftat oder einer Ordnungswidrigkeit verfolgt zu werden. [2]Über das Recht, die Auskunft zu verweigern, sind sie zu belehren. [3]Die Belehrung ist aktenkundig zu machen.

§ 104 Verweigerung der Erstattung eines Gutachtens und der Vorlage von Urkunden (S 0253)

(1) [1]Soweit die Auskunft verweigert werden darf, kann auch die Erstattung eines Gutachtens und die Vorlage von Urkunden oder Wertsachen verweigert werden. [2]§ 102 Abs. 4 Satz 2 bleibt unberührt.

(2) [1]Nicht verweigert werden kann die Vorlage von Urkunden und Wertsachen, die für den Beteiligten aufbewahrt werden, soweit der Beteiligte bei eigenem Gewahrsam zur Vorlage verpflichtet wäre. [2]Für den Beteiligten aufbewahrt werden auch die für ihn geführten Geschäftsbücher und sonstigen Aufzeichnungen.

AEAO zu § 104 - Verweigerung der Erstattung eines Gutachtens und der Vorlage von Urkunden:

Trotz ihres Auskunftsverweigerungsrechts sind die Angehörigen der steuerberatenden Berufe verpflichtet, alle Urkunden und Wertsachen, insbesondere Geschäftsbücher und sonstige Aufzeichnungen, die sie für den Steuerpflichtigen aufbewahren oder führen, auf Verlangen der Finanzbehörde unter den gleichen Voraussetzungen vorzulegen wie der Steuerpflichtige selbst.

§ 105 Verhältnis der Auskunfts- und Vorlagepflicht zur Schweigepflicht öffentlicher Stellen (S 0254)

(1) Die Verpflichtung der Behörden oder sonstiger öffentlicher Stellen einschließlich der Deutschen Bundesbank, der Staatsbanken und der Schuldenverwaltungen sowie der Organe und Bediensteten dieser Stellen zur Verschwiegenheit gilt nicht für ihre Auskunfts- und Vorlagepflicht gegenüber den Finanzbehörden.

(2) Absatz 1 gilt nicht, soweit die Behörden und die mit postdienstlichen Verrichtungen betrauten Personen gesetzlich verpflichtet sind, das Brief-, Post- und Fernmeldegeheimnis zu wahren.

§ 106 Beschränkung der Auskunfts- und Vorlagepflicht bei Beeinträchtigung des staatlichen Wohls (S 0255)

Eine Auskunft oder die Vorlage von Urkunden darf nicht gefordert werden, wenn die zuständige oberste Bundes- oder Landesbehörde erklärt, dass die Auskunft oder Vorlage dem Wohl des Bundes oder eines Landes erhebliche Nachteile bereiten würde.

V. Entschädigung der Auskunftspflichtigen und der Sachverständigen

§ 107 Entschädigung der Auskunftspflichtigen und der Sachverständigen (S 0256)

[1]Auskunftspflichtige, Vorlagepflichtige und Sachverständige, die die Finanzbehörde zu Beweiszwecken herangezogen hat, erhalten auf Antrag eine Entschädigung oder Vergütung in entsprechender Anwendung des Justizvergütungs- und -entschädigungsgesetzes. [2]Dies gilt nicht für die Beteiligten und für die Personen, die für die Beteiligten die Auskunfts- oder Vorlagepflicht zu erfüllen haben.

AEAO zu § 107 - Entschädigung der Auskunftspflichtigen und Sachverständigen:

1. Die Entschädigungspflicht wird nur ausgelöst, wenn die Finanzbehörde Auskunftspflichtige, Vorlagepflichtige oder Sachverständige durch Verwaltungsakt zu Beweiszwecken herangezogen hat. Freiwillig erteilte Auskünfte oder vorgelegte Unterlagen und Sachverständigengutachten führen selbst dann nicht zu einer Entschädigung, wenn die Finanzbehörde sie verwertet.

2. Für die Duldung der Einnahme des Augenscheins (§ 98 AO) besteht kein Anspruch auf eine Entschädigung nach § 107 AO.

3. Für die Vorlage von Urkunden (§ 97 AO) besteht in entsprechender Anwendung des § 24 des Justizvergütungs- und -entschädigungsgesetzes nur dann ein Anspruch auf Entschädigung nach § 107 AO, wenn das Vorlageersuchen ab dem 30.6.2013 gestellt wurde.

4. Bei Vorlageersuchen, die vor dem 30.6.2013 gestellt wurden, gilt zur Entschädigung des Vorlagepflichtigen Folgendes:

   Bei einem kombinierten Auskunfts- und Vorlageersuchen hat der ersuchte Dritte nach § 107 AO a. F. Anspruch auf Ersatz aller seiner mit dem Ersuchen zusammenhängenden Aufwendungen, d.h. auch jener, die ihm im Zusammenhang mit der Vorlage von Urkunden entstanden sind (BFH-Urteil vom 24.3.1987, VII R 113/84, BStBl 1988 II S. 163).

   Ein (reines) Vorlageverlangen i. S. d. § 97 AO, das nach § 107 a. F. AO keinen Kostenerstattungsanspruch auslöst, liegt vor, wenn die Finanzbehörde die vorzulegenden Unterlagen so konkret und eindeutig benennt, dass sich die geforderte Tätigkeit des Vorlageverpflichteten auf rein mechanische Hilfstätigkeiten wie das Heraussuchen und Lesbarmachen der angeforderten Unterlagen beschränkt. Das setzt bei der Anforderung von Bankunterlagen voraus, dass die Finanzbehörde die Konten- und Depotnummern benennt oder vergleichbar konkrete Angaben zu sonstigen Bankverbindungen macht (BFH-Urteil vom 8.8.2006, VII R 29/05, BStBl 2007 II S. 80)

4. Unterabschnitt – Fristen, Termine, Wiedereinsetzung

§ 108 Fristen und Termine (S 0260)

(1) Für die Berechnung von Fristen und für die Bestimmung von Terminen gelten die §§ 187 bis 193 des Bürgerlichen Gesetzbuchs entsprechend, soweit nicht durch die Absätze 2 bis 5 etwas anderes bestimmt ist.

(2) Der Lauf einer Frist, die von einer Behörde gesetzt wird, beginnt mit dem Tag, der auf die Bekanntgabe der Frist folgt, außer wenn der betroffenen Person etwas anderes mitgeteilt wird.

(3) Fällt das Ende einer Frist auf einen Sonntag, einen gesetzlichen Feiertag oder einen Sonnabend, so endet die Frist mit dem Ablauf des nächstfolgenden Werktags.

(4) Hat eine Behörde Leistungen nur für einen bestimmten Zeitraum zu erbringen, so endet dieser Zeitraum auch dann mit dem Ablauf seines letzten Tages, wenn dieser auf einen Sonntag, einen gesetzlichen Feiertag oder einen Sonnabend fällt.

(5) Der von einer Behörde gesetzte Termin ist auch dann einzuhalten, wenn er auf einen Sonntag, gesetzlichen Feiertag oder Sonnabend fällt.

(6) Ist eine Frist nach Stunden bestimmt, so werden Sonntage, gesetzliche Feiertage oder Sonnabende mitgerechnet.

AEAO zu § 108 - Fristen und Termine:

1. Fristen sind abgegrenzte, bestimmte oder jedenfalls bestimmbare Zeiträume (BFH-Urteil vom 14.10.2003, IX R 68/98, BStBl II S. 898). Termine sind bestimmte Zeitpunkte, an denen etwas geschehen soll oder zu denen eine Wirkung eintritt. „Fälligkeitstermine“ geben das Ende einer Frist an.

2. § 108 Abs. 3 AO gilt auch für die Dreitage-Regelungen (§ 122 Abs. 2 Nr. 1, Abs. 2a, § 122a Abs. 4, § 123 Satz 2 AO; § 4 Abs. 2 VwZG), die Monats-Regelungen (§ 122 Abs. 2 Nr. 2, § 123 Satz 2 AO), die Zweiwochen-Regelung (§ 122 Abs. 4 Satz 3 AO) zum Zeitpunkt der Bekanntgabe eines Verwaltungsakts (BFH-Urteil vom 14.10.2003, IX R 68/98, BStBl II S. 898), die Erklärungsfrist (§ 149 AO) und für die Festsetzungsfrist (vgl. BFH-Urteil vom 20.1.2016, VI R 14/15, BStBl II S. 380).

§ 109 Verlängerung von Fristen (S 0261)

(1) [1]Fristen zur Einreichung von Steuererklärungen und Fristen, die von einer Finanzbehörde gesetzt sind, können vorbehaltlich des Absatzes 2 verlängert werden. [2]Sind solche Fristen bereits abgelaufen, können sie vorbehaltlich des Absatzes 2 rückwirkend verlängert werden, insbesondere wenn es unbillig wäre, die durch den Fristablauf eingetretenen Rechtsfolgen bestehen zu lassen.

(2) [1]Absatz 1 ist

1. in den Fällen des § 149 Absatz 3 auf Zeiträume nach dem letzten Tag des Monats Februar des zweiten auf den Besteuerungszeitraum folgenden Kalenderjahres und

2. in den Fällen des § 149 Absatz 4 auf Zeiträume nach dem in der Anordnung bestimmten Zeitpunkt

nur anzuwenden, falls der Steuerpflichtige ohne Verschulden verhindert ist oder war, die Steuererklärungsfrist einzuhalten. [2]Bei Steuerpflichtigen, die ihren Gewinn aus Land- und Forstwirtschaft nach einem vom Kalenderjahr abweichenden Wirtschaftsjahr ermitteln, tritt an die Stelle des letzten Tages des Monats Februar der 31. Juli des zweiten auf den Besteuerungszeitraum folgenden Kalenderjahres. [3]Das Verschulden eines Vertreters oder eines Erfüllungsgehilfen ist dem Steuerpflichtigen zuzurechnen.

(3) Die Finanzbehörde kann die Verlängerung der Frist mit einer Nebenbestimmung versehen, insbesondere von einer Sicherheitsleistung abhängig machen.

(4) Fristen zur Einreichung von Steuererklärungen und Fristen, die von einer Finanzbehörde gesetzt sind, können ausschließlich automationsgestützt verlängert werden, sofern zur Prüfung der Fristverlängerung ein automationsgestütztes Risikomanagementsystem nach § 88 Absatz 5 eingesetzt wird und kein Anlass dazu besteht, den Einzelfall durch Amtsträger zu bearbeiten.

AEAO zu § 109 - Verlängerung von Fristen:

§ 109 AO i. d. F. des StModernG ist erstmals anzuwenden für Besteuerungszeiträume, die nach dem 31.12.2017 beginnen, und Besteuerungszeitpunkte, die nach dem 31.12.2017 liegen.

Für die Besteuerungszeiträume 2020 bis 2024 bestehen in Bezug auf § 109 Abs. 2 AO Sonderregelungen; hier gelten die folgenden abweichenden Termine (vgl. Art. 97 § 36 Abs. 3 EGAO; s. auch BMF-Schreiben v. 23.6.2022, BStBl I S. 938)[1]:

[1] Im Anhang 82 abgedruckt.

Besteuerungszeitraum	Termin gem. § 109 Abs. 2 Satz 1 Nr. 1 AO	Termin gem. § 109 Abs. 2 Satz 2 AO
2020	31.8.2022	31.1.2023
2021	31.8.2023	31.1.2024
2022	31.7.2024	31.12.2024
2023	2.6.2025	31.10.2025[1]
2024	30.4.2026	30.9.2026

[1]Soweit dieser Tag in dem Land, zu dem das Finanzamt gehört, ein gesetzlicher Feiertag ist: 3.11.2025.

§ 110 Wiedereinsetzung in den vorigen Stand (S 0262)

(1) [1]War jemand ohne Verschulden verhindert, eine gesetzliche Frist einzuhalten, so ist ihm auf Antrag Wiedereinsetzung in den vorigen Stand zu gewähren. [2]Das Verschulden eines Vertreters ist dem Vertretenen zuzurechnen.

(2) [1]Der Antrag ist innerhalb eines Monats nach Wegfall des Hindernisses zu stellen. [2]Die Tatsachen zur Begründung des Antrags sind bei der Antragstellung oder im Verfahren über den Antrag glaubhaft zu machen. [3]Innerhalb der Antragsfrist ist die versäumte Handlung nachzuholen. [4]Ist dies geschehen, so kann Wiedereinsetzung auch ohne Antrag gewährt werden.

(3) Nach einem Jahr seit dem Ende der versäumten Frist kann die Wiedereinsetzung nicht mehr beantragt oder die versäumte Handlung nicht mehr nachgeholt werden, außer wenn dies vor Ablauf der Jahresfrist infolge höherer Gewalt unmöglich war.

(4) Über den Antrag auf Wiedereinsetzung entscheidet die Finanzbehörde, die über die versäumte Handlung zu befinden hat.

AEAO zu § 110 - Wiedereinsetzung in den vorigen Stand:

1. § 110 Abs. 1 AO erfasst nur verfahrensrechtliche und materiell-rechtliche Fristen, die „einzuhalten“ sind; das sind Handlungs- und Erklärungsfristen, die Beteiligte (§ 78 AO) oder Dritte gegenüber der Finanzbehörde zu wahren haben. Nicht wiedereinsetzungsfähig sind dagegen die gesetzlichen Fristen, die von den Finanzbehörden als Verwaltungsträger im Verwaltungsverfahren zu beachten sind. So fällt unter § 110 AO nicht der Ablauf von Festsetzungsfristen (BFH-Urteil vom 24.1.2008, VII R 3/07, BStBl II S. 462). Soweit das

Gesetz eine Fristverlängerung vorsieht (§ 109 Abs. 1 AO), kommt nicht Wiedereinsetzung, sondern rückwirkende Fristverlängerung in Betracht.

2. Zur Wiedereinsetzung in den vorigen Stand nach unterlassener Anhörung eines Beteiligten bzw. wegen fehlender Begründung des Verwaltungsakts (§ 126 Abs. 3 AO) vgl. AEAO zu § 91, Nr. 3 und AEAO zu § 121, Nr. 3. Zur Wiedereinsetzung in den vorigen Stand nach Einspruchseinlegung bei einer unzuständigen Behörde vgl. AEAO zu § 357, Nr. 2.

3. Das Hindernis i. S. d. § 110 Abs. 2 Satz 1 AO ist weggefallen, wenn der Betroffene von der Fristversäumung Kenntnis erlangt hat oder bei Anwendung der gebotenen Sorgfalt hätte erlangen können und müssen.

4. Die Monatsfrist für den Antrag auf Wiedereinsetzung ist eine gesetzliche Frist i. S. d. § 108 AO und kann deshalb nicht nach § 109 AO verlängert werden.

5. Wiedereinsetzungsgründe sind im Kern innerhalb der Antragsfrist gem. § 110 Abs. 2 Satz 1 AO vorzutragen. Das erfordert eine substantiierte, in sich schlüssige Darstellung aller entscheidungserheblichen Umstände und Tatsachen, aus denen sich die schuldlose Verhinderung ergeben soll, innerhalb dieser Frist. Es ist zulässig, dass unklare oder unvollständige Angaben nach Ablauf der Antragsfrist noch erläutert oder ergänzt werden, sofern der Kern der Wiedereinsetzungsgründe innerhalb der Antragsfrist schlüssig vorgetragen wurde. Insbesondere können auch Nachweise zur Glaubhaftmachung der geltend gemachten Wiedereinsetzungsgründe nach Fristablauf beigebracht werden. Nach Ablauf der Antragsfrist dürfen aber keine neuen Wiedereinsetzungsgründe mehr nachgeschoben und wesentliche Lücken in der Sachverhaltsdarstellung geschlossen werden (vgl. BFH-Urteil vom 31.1.2017, IX R 19/16, BFH/NV S. 885, m. w. N.).

6. Abweichend von § 110 Abs. 2 AO beträgt im finanzgerichtlichen Verfahren die Frist für den Antrag auf Wiedereinsetzung und die Nachholung der versäumten Rechtshandlung zwei Wochen (§ 56 Abs. 2 FGO).

5. Unterabschnitt – Rechts- und Amtshilfe

§ 111 Amtshilfepflicht (S 0270)

(1) [1]Alle Gerichte und Behörden haben die zur Durchführung der Besteuerung erforderliche Amtshilfe zu leisten. [2]§ 102 bleibt unberührt.

(2) Amtshilfe liegt nicht vor, wenn

1. Behörden einander innerhalb eines bestehenden Weisungsverhältnisses Hilfe leisten,

2. die Hilfeleistung in Handlungen besteht, die der ersuchten Behörde als eigene Aufgabe obliegen.

(3) Schuldenverwaltungen, Kreditinstitute sowie Betriebe gewerblicher Art der Körperschaften des öffentlichen Rechts fallen nicht unter diese Vorschrift.

(4) Auf dem Gebiet der Zollverwaltung erstreckt sich die Amtshilfepflicht auch auf diejenigen dem öffentlichen Verkehr oder dem öffentlichen Warenumschlag dienenden Unternehmen, die das Bundesministerium der Finanzen als Zollhilfsorgane besonders bestellt hat, und auf die Bediensteten dieser Unternehmen.

(5) Die §§ 105 und 106 sind entsprechend anzuwenden.

AEAO zu § 111 - Amtshilfepflicht:

1. Die §§ 111 ff. AO sind auch dann anzuwenden, wenn sich Finanzbehörden untereinander Amtshilfe leisten.

2. Für Verbände und berufsständische Vertretungen besteht, soweit sie nicht Behörden sind oder unterhalten, keine Beistandspflicht. Sie sind jedoch ebenso wie die in § 111 Abs. 3 AO erwähnten Institutionen im Rahmen der §§ 88, 92 ff. AO zur Auskunftserteilung und Vorlage von Urkunden verpflichtet.

§ 112 Voraussetzungen und Grenzen der Amtshilfe (S 0271)

(1) Eine Finanzbehörde kann um Amtshilfe insbesondere dann ersuchen, wenn sie

1. aus rechtlichen Gründen die Amtshandlung nicht selbst vornehmen kann,

2. aus tatsächlichen Gründen, besonders weil die zur Vornahme der Amtshandlung erforderlichen Dienstkräfte oder Einrichtungen fehlen, die Amtshandlung nicht selbst vornehmen kann,

3. zur Durchführung ihrer Aufgaben auf die Kenntnis von Tatsachen angewiesen ist, die ihr unbekannt sind und die sie selbst nicht ermitteln kann,

4. zur Durchführung ihrer Aufgaben Urkunden oder sonstige Beweismittel benötigt, die sich im Besitz der ersuchten Behörde befinden,

5. die Amtshandlung nur mit wesentlich größerem Aufwand vornehmen könnte als die ersuchte Behörde.

(2) Die ersuchte Behörde darf Hilfe nicht leisten, wenn sie hierzu aus rechtlichen Gründen nicht in der Lage ist.

(3) Die ersuchte Behörde braucht Hilfe nicht zu leisten, wenn

1. eine andere Behörde die Hilfe wesentlich einfacher oder mit wesentlich geringerem Aufwand leisten kann,

2. sie die Hilfe nur mit unverhältnismäßig großem Aufwand leisten könnte,

3. sie unter Berücksichtigung der Aufgaben der ersuchenden Finanzbehörde durch den Umfang der Hilfeleistung die Erfüllung ihrer eigenen Aufgaben ernstlich gefährden würde.

(4) Die ersuchte Behörde darf die Hilfe nicht deshalb verweigern, weil sie das Ersuchen aus anderen als den in Absatz 3 genannten Gründen oder weil sie die mit der Amtshilfe zu verwirklichende Maßnahme für unzweckmäßig hält.

(5) [1]Hält die ersuchte Behörde sich zur Hilfe nicht für verpflichtet, so teilt sie der ersuchenden Finanzbehörde ihre Auffassung mit. [2]Besteht diese auf der Amtshilfe, so entscheidet über die Verpflichtung zur Amtshilfe die gemeinsame fachlich zuständige Aufsichtsbehörde oder, sofern eine solche nicht besteht, die für die ersuchte Behörde fachlich zuständige Aufsichtsbehörde.

AEAO zu § 112 - Voraussetzungen und Grenzen der Amtshilfe:

Andere Behörden, die von den Finanzbehörden im Besteuerungsverfahren um Amtshilfe ersucht werden, können die Amtshilfe nur unter den Voraussetzungen dieser Vorschrift ablehnen. Die Bestimmungen des Verwaltungsverfahrensgesetzes und des SGB X über die Amtshilfe sind insoweit nicht anwendbar.

§ 113 Auswahl der Behörde (S 0272)

Kommen für die Amtshilfe mehrere Behörden in Betracht, so soll nach Möglichkeit eine Behörde der untersten Verwaltungsstufe des Verwaltungszweigs ersucht werden, dem die ersuchende Finanzbehörde angehört.

§ 114 Durchführung der Amtshilfe (S 0273)

(1) Die Zulässigkeit der Maßnahme, die durch die Amtshilfe verwirklicht werden soll, richtet sich nach dem für die ersuchende Finanzbehörde, die Durchführung der Amtshilfe nach dem für die ersuchte Behörde geltenden Recht.

(2) [1]Die ersuchende Finanzbehörde trägt gegenüber der ersuchten Behörde die Verantwortung für die Rechtmäßigkeit der zu treffenden Maßnahme. [2]Die ersuchte Behörde ist für die Durchführung der Amtshilfe verantwortlich.

§ 115 Kosten der Amtshilfe (S 0274)

(1) [1]Die ersuchende Finanzbehörde hat der ersuchten Behörde für die Amtshilfe keine Verwaltungsgebühr zu entrichten. [2]Auslagen hat sie der ersuchten Behörde auf Anforderung zu erstatten, wenn sie im Einzelfall 25 Euro übersteigen.

[3]Leisten Behörden desselben Rechtsträgers einander Amtshilfe, so werden die Auslagen nicht erstattet.

(2) Nimmt die ersuchte Behörde zur Durchführung der Amtshilfe eine kostenpflichtige Amtshandlung vor, so stehen ihr die von einem Dritten hierfür geschuldeten Kosten (Verwaltungsgebühren, Benutzungsgebühren und Auslagen) zu.

§ 116 Anzeige von Steuerstraftaten (S 0275)

(1) [1]Gerichte und die Behörden von Bund, Ländern und kommunalen Trägern der öffentlichen Verwaltung, die nicht Finanzbehörden sind, haben Tatsachen, die sie dienstlich erfahren und die auf eine Steuerstraftat schließen lassen, dem Bundeszentralamt für Steuern oder, soweit bekannt, den für das Steuerstrafverfahren zuständigen Finanzbehörden mitzuteilen. [2]Soweit die für das Steuerstrafverfahren zuständigen Finanzbehörden nicht bereits erkennbar unmittelbar informiert worden sind, teilt das Bundeszentralamt für Steuern ihnen diese Tatsachen mit. [3]Die für das Steuerstrafverfahren zuständigen Finanzbehörden, ausgenommen die Behörden der Bundeszollverwaltung, übermitteln die Mitteilung an das Bundeszentralamt für Steuern, soweit dieses nicht bereits erkennbar unmittelbar in Kenntnis gesetzt worden ist.

(2) § 105 Abs. 2 gilt entsprechend.

§ 117 Zwischenstaatliche Rechts- und Amtshilfe in Steuersachen (S 0276 /S 0277 / S 0278 / S 0279)

(1) Die Finanzbehörden können zwischenstaatliche Rechts- und Amtshilfe nach Maßgabe des deutschen Rechts in Anspruch nehmen.

(2) Die Finanzbehörden können zwischenstaatliche Rechts- und Amtshilfe auf Grund innerstaatlich anwendbarer völkerrechtlicher Vereinbarungen, innerstaatlich anwendbarer Rechtsakte der Europäischen Union sowie des EU-Amtshilfegesetzes leisten.

(3) [1]Die Finanzbehörden können nach pflichtgemäßem Ermessen zwischenstaatliche Rechts- und Amtshilfe auf Ersuchen auch in anderen Fällen leisten, wenn

1. die Gegenseitigkeit verbürgt ist,
2. der ersuchende Staat gewährleistet, dass die übermittelten Auskünfte und Unterlagen nur für Zwecke seines Besteuerungs- oder Steuerstrafverfahrens (einschließlich Ordnungswidrigkeitenverfahren) verwendet werden, und dass die übermittelten Auskünfte und Unterlagen nur solchen Personen, Behörden oder Gerichten zugänglich gemacht werden, die mit der Bearbeitung der Steuersache oder Verfolgung der Steuerstraftat befasst sind,
3. der ersuchende Staat zusichert, dass er bereit ist, bei den Steuern vom Einkommen, Ertrag und Vermögen eine mögliche Doppelbesteuerung im Verständigungswege durch eine sachgerechte Abgrenzung der Besteuerungsgrundlagen zu vermeiden und

4. die Erledigung des Ersuchens die Souveränität, die Sicherheit, die öffentliche Ordnung oder andere wesentliche Interessen des Bundes oder seiner Gebietskörperschaften nicht beeinträchtigt und keine Gefahr besteht, dass dem inländischen Beteiligten ein mit dem Zweck der Rechts- und Amtshilfe nicht zu vereinbarender Schaden entsteht, falls ein Handels-, Industrie-, Gewerbe- oder Berufsgeheimnis oder ein Geschäftsverfahren, das auf Grund des Ersuchens offenbart werden soll, preisgegeben wird.

[2]Soweit die zwischenstaatliche Rechts- und Amtshilfe Steuern betrifft, die von den Landesfinanzbehörden verwaltet werden, entscheidet das Bundesministerium der Finanzen im Einvernehmen mit der zuständigen obersten Landesbehörde.

(4) [1]Bei der Durchführung der Rechts- und Amtshilfe richten sich die Befugnisse der Finanzbehörden sowie die Rechte und Pflichten der Beteiligten und anderer Personen nach den für Steuern im Sinne von § 1 Abs. 1 geltenden Vorschriften. [2]§ 114 findet entsprechende Anwendung. [3]Bei der Übermittlung von Auskünften und Unterlagen gilt für inländische Beteiligte § 91 entsprechend; soweit die Rechts- und Amtshilfe Steuern betrifft, die von den Landesfinanzbehörden verwaltet werden, hat eine Anhörung des inländischen Beteiligten abweichend von § 91 Abs. 1 stets stattzufinden, es sei denn, die Umsatzsteuer ist betroffen, es findet ein Informationsaustausch auf Grund des EU-Amtshilfegesetzes statt oder es liegt eine Ausnahme nach § 91 Abs. 2 oder 3 vor.

(5) Das Bundesministerium der Finanzen wird ermächtigt, zur Förderung der zwischenstaatlichen Zusammenarbeit durch Rechtsverordnung mit Zustimmung des Bundesrates völkerrechtliche Vereinbarungen über die gegenseitige Rechts- und Amtshilfe auf dem Gebiete des Zollwesens in Kraft zu setzen, wenn sich die darin übernommenen Verpflichtungen im Rahmen der nach diesem Gesetz zulässigen zwischenstaatlichen Rechts- und Amtshilfe halten.

AEAO zu § 117 - Zwischenstaatliche Rechts- und Amtshilfe in Steuersachen:

1. Die Voraussetzungen, unter denen die Finanzbehörden für deutsche Besteuerungszwecke die Hilfe ausländischer Behörden in Anspruch nehmen dürfen, richten sich nach deutschem Recht, insbesondere den §§ 85 ff. AO

2. Gem. § 117 Abs. 2 AO können die Finanzbehörden zwischenstaatliche Rechts- und Amtshilfe leisten aufgrund

   a) innerstaatlich anwendbarer völkerrechtlicher Vereinbarungen. Derartige Vereinbarungen enthalten vor allem die Doppelbesteuerungsabkommen und die Abkommen im Zollbereich. Über den Stand der Doppelbesteuerungsabkommen veröffentlicht das BMF jährlich im BStBl Teil I eine Übersicht.

   b) innerstaatlich anwendbarer Rechtsakte der Europäischen Union (im Zollbereich und im Bereich der indirekten Steuern). Als Rechtsgrundlagen kommen unmittelbar geltende Verordnungen in Betracht. Hinweis auf die Verordnung (EU) Nr. 904/2010 des Rates vom 7.10.2010 über die Zusammenarbeit der Verwaltungsbehörden und die Betrugsbekämpfung auf dem Gebiet der Mehrwertsteuer (Amtsblatt Nr. L 268 vom 12.10.2010, S. 1).

c) des EU-Amtshilfegesetzes[1] und des EU-Beitreibungsgesetzes[2].

3. Wegen der Voraussetzungen und der Durchführung der zwischenstaatlichen Amtshilfe wird auf folgende Merkblätter verwiesen:

- Merkblatt zur zwischenstaatlichen Amtshilfe durch Informationsaustausch in Steuersachen (BMF-Schreiben vom 29.5.2019, BStBl I S. 480)[3];
- Merkblatt zur zwischenstaatlichen Amtshilfe bei der Steuererhebung (Beitreibung) (BMF-Schreiben vom 23.1.2014, BStBl I S. 188).[4]

[1] Im Anhang 9 abgedruckt.
[2] Im Anhang 10 abgedruckt.
[3] Im Anhang 53 abgedruckt.
[4] Im Anhang 52 abgedruckt.

§ 117a Übermittlung personenbezogener Daten an Mitgliedstaaten der Europäischen Union (S 0277)

(1) [1]Auf ein Ersuchen einer für die Verhütung und Verfolgung von Straftaten zuständigen öffentlichen Stelle eines Mitgliedstaates der Europäischen Union können die mit der Steuerfahndung betrauten Dienststellen der Finanzbehörden personenbezogene Daten, die in Zusammenhang mit dem in § 208 bestimmten Aufgabenbereich stehen, zum Zweck der Verhütung von Straftaten übermitteln. [2]Für die Übermittlung dieser Daten gelten die Vorschriften über die Datenübermittlung im innerstaatlichen Bereich entsprechend.

(2) [1]Die Übermittlung personenbezogener Daten nach Absatz 1 ist nur zulässig, wenn das Ersuchen mindestens folgende Angaben enthält:

1. **die Bezeichnung und die Anschrift der ersuchenden Behörde,**
2. **die Bezeichnung der Straftat, zu deren Verhütung die Daten benötigt werden,**
3. **die Beschreibung des Sachverhalts, der dem Ersuchen zugrunde liegt,**
4. **die Benennung des Zwecks, zu dem die Daten erbeten werden,**
5. **den Zusammenhang zwischen dem Zweck, zu dem die Informationen oder Erkenntnisse erbeten werden, und der Person, auf die sich diese Informationenbeziehen,**
6. **Einzelheiten zur Identität der betroffenen Person, sofern sich das Ersuchen auf eine bekannte Person bezieht, und**
7. **Gründe für die Annahme, dass sachdienliche Informationen und Erkenntnisse im Inland vorliegen.**

(3) Die mit der Steuerfahndung betrauten Dienststellen der Finanzbehörden können auch ohne Ersuchen personenbezogene Daten im Sinne von Absatz 1 an eine für die Verhütung und Verfolgung von Straftaten zuständige öffentliche Stelle eines Mitgliedstaates der Europäischen Union übermitteln, wenn im Einzelfall die Gefahr der Begehung einer Straftat im Sinne des Artikels 2 Absatz 2 des Rahmenbeschlusses 2002/584/JI des Rates vom 13. Juni 2002 über den Europäischen Haftbefehl und die Übergabeverfahren zwischen den Mitgliedstaaten (ABl. L 190 vom 18.7.2002, S. 1), der zuletzt durch den Rahmenbeschluss 2009/299/JI (ABl. L 81 vom 27.3.2009, S. 24) geändert worden ist, besteht und konkrete Anhaltspunkte dafür vorliegen, dass die Übermittlung dieser personenbezogenen Daten dazu beitragen könnte, eine solche Straftat zu verhindern.

(4) [1]Für die Übermittlung der Daten nach Absatz 3 gelten die Vorschriften über die Datenübermittlung im innerstaatlichen Bereich entsprechend. [2]Die Datenübermittlung unterbleibt, soweit, auch unter Berücksichtigung des besonderen öffentlichen Interesses an der Datenübermittlung, im Einzelfall schutzwürdige Interessen der betroffenen Person überwiegen. [3]Zu den schutzwürdigen Interessen gehört auch das Vorhandensein eines angemessenen Datenschutzniveaus im Empfängerstaat. [4]Die schutzwürdigen Interessen der betroffenen Personen

können auch dadurch gewahrt werden, dass der Empfängerstaat oder die empfangende zwischen- oder überstaatliche Stelle im Einzelfall einen Schutz der übermittelten Daten garantiert.

(5) Die Datenübermittlung nach den Absätzen 1 und 3 unterbleibt, wenn

1. hierdurch wesentliche Sicherheitsinteressen des Bundes oder der Länder beeinträchtigt würden,
2. die Übermittlung der Daten zu den in Artikel 6 des Vertrages über die Europäische Union enthaltenen Grundsätzen in Widerspruch stünde,
3. die zu übermittelnden Daten bei der ersuchten Behörde nicht vorhanden sind und nur durch das Ergreifen von Zwangsmaßnahmen erlangt werden können oder
4. die Übermittlung der Daten unverhältnismäßig wäre oder die Daten für die Zwecke, für die sie übermittelt werden sollen, nicht erforderlich sind.

(6) Die Datenübermittlung nach den Absätzen 1 und 3 kann unterbleiben, wenn

1. die zu übermittelnden Daten bei den mit der Steuerfahndung betrauten Dienststellen der Finanzbehörden nicht vorhanden sind, jedoch ohne das Ergreifen von Zwangsmaßnahmen erlangt werden können,
2. hierdurch der Erfolg laufender Ermittlungen oder Leib, Leben oder Freiheit einer Person gefährdet würde oder
3. die Tat, zu deren Verhütung die Daten übermittelt werden sollen, nach deutschem Recht mit einer Freiheitsstrafe von im Höchstmaß einem Jahr oder weniger bedroht ist.

(7) Als für die Verhütung und Verfolgung von Straftaten zuständige öffentliche Stelle eines Mitgliedstaates der Europäischen Union im Sinne der Absätze 1 und 3 gilt jede Stelle, die von diesem Staat gemäß Artikel 2 Buchstabe a des Rahmenbeschlusses 2006/960/JI des Rates vom 18. Dezember 2006 über die Vereinfachung des Austauschs von Informationen und Erkenntnissen zwischen den Strafverfolgungsbehörden der Mitgliedstaaten der Europäischen Union (ABl. L 386 vom 29.12.2006, S. 89, L 75 vom 15.3.2007, S. 26) benannt wurde.

(8) Die Absätze 1 bis 7 sind auch anzuwenden auf die Übermittlung von personenbezogenen Daten an für die Verhütung und Verfolgung von Straftaten zuständige öffentliche Stellen eines Schengenassoziierten Staates im Sinne von § 91 Absatz 3 des Gesetzes über die internationale Rechtshilfe in Strafsachen.

§ 117b Verwendung von den nach dem Rahmenbeschluss 2006/960/JI des Rates übermittelten Daten (S 0277)

(1) [1]Daten, die nach dem Rahmenbeschluss 2006/960/JI an die mit der Steuerfahndung betrauten Dienststellen der Finanzbehörden übermittelt worden sind, dürfen nur für die Zwecke, für die sie übermittelt wurden, oder zur Abwehr einer gegenwärtigen und erheblichen Gefahr für die öffentliche Sicherheit verwendet werden. [2]Für einen anderen Zweck oder als Beweismittel in einem gerichtlichen Verfahren dürfen sie nur verwendet werden, wenn der übermittelnde Staat zugestimmt hat. [3]Von dem übermittelnden Staat für die Verwendung der Daten gestellte Bedingungen sind zu beachten.

(2) Die mit der Steuerfahndung betrauten Dienststellen der Finanzbehörden erteilen dem übermittelnden Staat auf dessen Ersuchen zu Zwecken der Datenschutzkontrolle Auskunft darüber, wie die übermittelten Daten verwendet wurden.

§ 117c Umsetzung innerstaatlich anwendbarer völkerrechtlicher Vereinbarungen zur Förderung der Steuerehrlichkeit bei internationalen Sachverhalten (S 0277)

(1) [1]Das Bundesministerium der Finanzen wird ermächtigt, zur Erfüllung der Verpflichtungen aus innerstaatlich anwendbaren völkerrechtlichen Vereinbarungen, die der Förderung der Steuerehrlichkeit durch systematische Erhebung und Übermittlung steuerlich relevanter Daten dienen, durch Rechtsverordnungen mit Zustimmung des Bundesrates Regelungen zu treffen über

1. die Erhebung der nach diesen Vereinbarungen erforderlichen Daten durch in diesen Vereinbarungen dem Grunde nach bestimmte Dritte,

2. die Übermittlung dieser Daten nach amtlich vorgeschriebenem Datensatz im Wege der Datenfernübertragung an das Bundeszentralamt für Steuern,

3. die Weiterleitung dieser Daten an die zuständige Behörde des anderen Vertragsstaates sowie

4. die Entgegennahme entsprechender Daten von dem anderen Vertragsstaat und deren Weiterleitung nach Maßgabe des § 88 Absatz 3 und 4 an die zuständige Landesfinanzbehörde.

[2]In einer Rechtsverordnung nach Satz 1 kann dem Bundeszentralamt für Steuern das Recht eingeräumt werden, die Daten und Meldungen nach § 9 Absatz 1 und 2 der FATCA-USA-Umsetzungsverordnung zur Erfüllung der dem Bundeszentralamt für Steuern gesetzlich übertragenen Aufgaben auszuwerten. Auswertungen der Meldungen nach § 9 Absatz 2 der FATCA-USA-Umsetzungsverordnung durch die jeweils zuständige Landesfinanzbehörde bleiben hiervon unberührt.

(2) Bei der Übermittlung von Daten durch das Bundeszentralamt für Steuern an die zuständige Finanzbehörde des anderen Vertragsstaates nach einer auf Grund des Absatzes 1 Satz 1 erlassenen Rechtsverordnung findet eine Anhörung der Beteiligten nicht statt.

(3) [1]Das Bundeszentralamt für Steuern ist berechtigt, Verhältnisse, die für die Erfüllung der Pflichten zur Erhebung und Übermittlung von Daten nach einer auf Grund des Absatzes 1 erlassenen Rechtsverordnung von Bedeutung sind oder der Aufklärung bedürfen, bei den zur Erhebung dieser Daten und deren Übermittlung an das Bundeszentralamt für Steuern Verpflichteten zu prüfen. [2]Die §§ 193 bis 203 gelten sinngemäß.

(4) [1]Die auf Grund einer Rechtsverordnung nach Absatz 1 oder im Rahmen einer Prüfung nach Absatz 3 vom Bundeszentralamt für Steuern erhobenen Daten dürfen nur für die in den zugrunde liegenden völkerrechtlichen Vereinbarungen festgelegten Zwecke verwendet werden. [2]Bei der Übermittlung der länderbezogenen Berichte durch das Bundeszentralamt für Steuern gemäß § 138a Absatz 7 Satz 1 bis 3 findet keine Anhörung der Beteiligten statt.

§ 117d Statistiken über die zwischenstaatliche Amts- und Rechtshilfe

(S 0277)

[1]Informationen, die im Zuge der zwischenstaatlichen Amts- und Rechtshilfe verarbeitet werden, dürfen statistisch pseudonymisiert oder anonymisiert aufbereitet werden. [2]Diese statistischen Daten dürfen öffentlich zugänglich gemacht werden.

Zweiter Abschnitt – Verwaltungsakte

§ 118 Begriff des Verwaltungsakts (S 0280)

[1]Verwaltungsakt ist jede Verfügung, Entscheidung oder andere hoheitliche Maßnahme, die eine Behörde zur Regelung eines Einzelfalls auf dem Gebiet des öffentlichen Rechts trifft und die auf unmittelbare Rechtswirkung nach außen gerichtet ist. [2]Allgemeinverfügung ist ein Verwaltungsakt, der sich an einen nach allgemeinen Merkmalen bestimmten oder bestimmbaren Personenkreis richtet oder die öffentlich-rechtliche Eigenschaft einer Sache oder ihre Benutzung durch die Allgemeinheit betrifft.

AEAO zu § 118 3 Begriff des Verwaltungsakts:

Da auch die Steuerbescheide Verwaltungsakte sind, gelten die §§ 118 ff. AO auch für die Steuerbescheide, soweit in den §§ 155 ff. AO nichts anderes bestimmt ist. Ausgenommen sind insbesondere die §§ 130 und 131 AO, die kraft ausdrücklicher Regelung (§ 172 Abs. 1 Satz 1 Nr. 2 Buchstabe d AO) als Rechtsgrundlage für die Aufhebung oder Änderung von Steuerbescheiden ausgeschlossen sind.

§ 119 Bestimmtheit und Form des Verwaltungsakts (S 0281)

(1) Ein Verwaltungsakt muss inhaltlich hinreichend bestimmt sein.

(2) [1]Ein Verwaltungsakt kann schriftlich, elektronisch, mündlich oder in anderer Weise erlassen werden. [2]Ein mündlicher Verwaltungsakt ist schriftlich zu bestätigen, wenn hieran ein berechtigtes Interesse besteht und die betroffene Person dies unverzüglich verlangt.

(3) [1]Ein schriftlich oder elektronisch erlassener Verwaltungsakt muss die erlassende Behörde erkennen lassen. [2]Ferner muss er die Unterschrift oder die Namenswiedergabe des Behördenleiters, seines Vertreters oder seines Beauftragten enthalten; dies gilt nicht für einen Verwaltungsakt, der formularmäßig oder mit Hilfe automatischer Einrichtungen erlassen wird. [3]Ist für einen Verwaltungsakt durch Gesetz eine Schriftform angeordnet, so muss bei einem elektronischen Verwaltungsakt auch das der Signatur zugrunde liegende qualifizierte Zertifikat oder ein zugehöriges qualifiziertes Attributzertifikat die erlassende Behörde erkennen lassen. Im Falle des § 87a Absatz 4 Satz 3 muss die Bestätigung nach § 5 Absatz 5 des De-Mail-Gesetzes die erlassende Finanzbehörde als Nutzer des De-Mail-Kontos erkennen lassen.

§ 120 Nebenbestimmungen zum Verwaltungsakt (S 0282)

(1) Ein Verwaltungsakt, auf den ein Anspruch besteht, darf mit einer Nebenbestimmung nur versehen werden, wenn sie durch Rechtsvorschrift zugelassen ist oder wenn sie sicherstellen soll, dass die gesetzlichen Voraussetzungen des Verwaltungsakts erfüllt werden.

(2) Unbeschadet des Absatzes 1 darf ein Verwaltungsakt nach pflichtgemäßem Ermessen erlassen werden mit

1. einer Bestimmung, nach der eine Vergünstigung oder Belastung zu einem bestimmten Zeitpunkt beginnt, endet oder für einen bestimmten Zeitraum gilt (Befristung),

2. einer Bestimmung, nach der der Eintritt oder der Wegfall einer Vergünstigung oder einer Belastung von dem ungewissen Eintritt eines zukünftigen Ereignisses abhängt (Bedingung),

3. einem Vorbehalt des Widerrufs

oder verbunden werden mit

4. einer Bestimmung, durch die dem Begünstigten ein Tun, Dulden oder Unterlassen vorgeschrieben wird (Auflage),

5. einem Vorbehalt der nachträglichen Aufnahme, Änderung oder Ergänzung einer Auflage.

(3) Eine Nebenbestimmung darf dem Zweck des Verwaltungsakts nicht zuwiderlaufen.

AEAO zu § 120 - Nebenbestimmungen zum Verwaltungsakt:

1. Nebenbestimmungen sind zulässig bei Verwaltungsakten, die auf einer Ermessensentscheidung der Finanzbehörden beruhen (z. B. Fristverlängerung, Stundung, Erlass, Aussetzung der Vollziehung). Bei gebundenen Verwaltungsakten (z. B. Steuerbescheiden) sind gesetzlich ausdrücklich zugelassene Nebenbestimmungen der Vorbehalt der Nachprüfung (§ 164 AO), die Vorläufigkeitserklärung (§ 165 AO) und die Sicherheitsleistung (§ 165 Abs. 1 Satz 4 AO).

2. Nebenbestimmungen müssen inhaltlich hinreichend bestimmt sein (§ 119 Abs. 1 AO). Anderenfalls sind sie nichtig. Wegen der Rechtsfolgen bei Nichtigkeit der Nebenbestimmung Hinweis auf § 125 Abs. 4 AO.

3. Wegen der unterschiedlichen Folgen, die sich aus der Nichterfüllung einer Nebenbestimmung ergeben können, ist die Nebenbestimmung im Verwaltungsakt genau zu bezeichnen (z. B. „unter der aufschiebenden Bedingung“, „unter dem Vorbehalt des Widerrufs“).

4. Der Widerrufsvorbehalt ermöglicht den Widerruf rechtmäßiger Verwaltungsakte nach § 131 Abs. 2 Nr. 1 AO. Er ist aber für sich allein kein hinreichender Grund zum Widerruf, sondern lässt den Widerruf nur im Rahmen pflichtgemäßen Ermessens zu.

§ 121 Begründung des Verwaltungsakts (S 0283)

(1) Ein schriftlicher, elektronischer sowie ein schriftlich oder elektronisch bestätigter Verwaltungsakt ist mit einer Begründung zu versehen, soweit dies zu seinem Verständnis erforderlich ist.

(2) Einer Begründung bedarf es nicht,

1. soweit die Finanzbehörde einem Antrag entspricht oder einer Erklärung folgt und der Verwaltungsakt nicht in Rechte eines anderen eingreift,

2. soweit demjenigen, für den der Verwaltungsakt bestimmt ist oder der von ihm betroffen wird, die Auffassung der Finanzbehörde über die Sach- und Rechtslage bereits bekannt oder auch ohne Begründung für ihn ohne weiteres erkennbar ist,

3. wenn die Finanzbehörde gleichartige Verwaltungsakte in größerer Zahl oder Verwaltungsakte mit Hilfe automatischer Einrichtungen erlässt und die Begründung nach den Umständen des Einzelfalls nicht geboten ist,

4. wenn sich dies aus einer Rechtsvorschrift ergibt,

5. wenn eine Allgemeinverfügung öffentlich bekannt gegeben wird.

AEAO zu § 121 - Begründung des Verwaltungsaktes:

1. Die Vorschrift gilt für alle Verwaltungsakte einschließlich der Steuerbescheide.

2. Besteht eine Pflicht, den Verwaltungsakt zu begründen, so muss die Begründung nur den Umfang haben, der erforderlich ist, damit der Adressat des Verwaltungsakts die Gründe für die Entscheidung der Finanzbehörde verstehen kann. Die Begründung von Ermessensentscheidungen soll erkennen lassen, dass die Finanzbehörde ihr Ermessen ausgeübt hat und von welchen Gesichtspunkten sie bei ihrer Entscheidung ausgegangen ist.

3. Das Fehlen der vorgeschriebenen Begründung macht den Verwaltungsakt fehlerhaft. Dieser Mangel kann nach § 126 Abs. 1 und 2 AO geheilt werden oder gem. § 127 AO unbeachtlich sein. Wurde wegen der fehlenden Begründung die rechtzeitige Anfechtung des Verwaltungsakts versäumt, so ist auf Antrag Wiedereinsetzung in den vorigen Stand zu gewähren (§ 126 Abs. 3 i. V. m. § 110 AO; vgl. auch AEAO zu § 91, Nr. 3).

§ 122 Bekanntgabe des Verwaltungsakts (S 0284)

(1) [1]Ein Verwaltungsakt ist demjenigen Beteiligten bekannt zu geben, für den er bestimmt ist oder der von ihm betroffen wird. [2]§ 34 Abs. 2 ist entsprechend anzuwenden. [3]Der Verwaltungsakt kann auch gegenüber einem Bevollmächtigten bekannt gegeben werden. [4]Er soll dem Bevollmächtigten bekannt gegeben werden, wenn der Finanzbehörde eine schriftliche oder eine nach amtlich vorgeschriebenem Datensatz elektronisch übermittelte Empfangsvollmacht vorliegt, solange dem Bevollmächtigten nicht eine Zurückweisung nach § 80 Absatz 7 bekannt gegeben worden ist.

(2) Ein schriftlicher Verwaltungsakt, der durch die Post übermittelt wird, gilt als bekannt gegeben

1. bei einer Übermittlung im Inland am dritten Tage nach der Aufgabe zur Post,
2. bei einer Übermittlung im Ausland einen Monat nach der Aufgabe zur Post,

außer wenn er nicht oder zu einem späteren Zeitpunkt zugegangen ist; im Zweifel hat die Behörde den Zugang des Verwaltungsakts und den Zeitpunkt des Zugangs nachzuweisen.

(2a) Ein elektronisch übermittelter Verwaltungsakt gilt am dritten Tage nach der Absendung als bekannt gegeben, außer wenn er nicht oder zu einem späteren Zeitpunkt zugegangen ist; im Zweifel hat die Behörde den Zugang des Verwaltungsakts und den Zeitpunkt des Zugangs nachzuweisen.

(3) [1]Ein Verwaltungsakt darf öffentlich bekannt gegeben werden, wenn dies durch Rechtsvorschrift zugelassen ist. [2]Eine Allgemeinverfügung darf auch dann öffentlich bekannt gegeben werden, wenn eine Bekanntgabe an die Beteiligten untunlich ist.

(4) [1]Die öffentliche Bekanntgabe eines Verwaltungsakts wird dadurch bewirkt, dass sein verfügender Teil ortsüblich bekannt gemacht wird. [2]In der ortsüblichen Bekanntmachung ist anzugeben, wo der Verwaltungsakt und seine Begründung eingesehen werden können. [3]Der Verwaltungsakt gilt zwei Wochen nach dem Tag der ortsüblichen Bekanntmachung als bekannt gegeben. [4]In einer Allgemeinverfügung kann ein hiervon abweichender Tag, jedoch frühestens der auf die Bekanntmachung folgende Tag bestimmt werden.

(5) [1]Ein Verwaltungsakt wird zugestellt, wenn dies gesetzlich vorgeschrieben ist oder behördlich angeordnet wird. [2]Die Zustellung richtet sich vorbehaltlich der Sätze 3 und 4 nach den Vorschriften des Verwaltungszustellungsgesetzes. [3]Für die Zustellung an einen Bevollmächtigten gilt abweichend von § 7 Absatz 1 Satz 2 des Verwaltungszustellungsgesetzes Absatz 1 Satz 4 entsprechend. [4]Erfolgt die öffentliche Zustellung durch Bekanntmachung einer Benachrichtigung auf der Internetseite oder in einem elektronischen Portal der Finanzbehörden, können die Anordnung und die Dokumentation nach § 10 Absatz 1 Satz 2 und Absatz 2 Satz 5 des Verwaltungszustellungsgesetzes elektronisch erfolgen.

(6) Die Bekanntgabe eines Verwaltungsakts an einen Beteiligten zugleich mit Wirkung für und gegen andere Beteiligte ist zulässig, soweit die Beteiligten einverstanden sind; diese Beteiligten können nachträglich eine Abschrift des Verwaltungsakts verlangen.

(7) [1]Betreffen Verwaltungsakte

1. Ehegatten oder Lebenspartner oder

2. Ehegatten mit ihren Kindern, Lebenspartner mit ihren Kindern oder Alleinstehende mit ihren Kindern,

so reicht es für die Bekanntgabe an alle Beteiligten aus, wenn ihnen eine Ausfertigung unter ihrer gemeinsamen Anschrift übermittelt wird [2]Die Verwaltungsakte sind den Beteiligten einzeln bekannt zu geben, soweit sie dies beantragt haben oder soweit der Finanzbehörde bekannt ist, dass zwischen ihnen ernstliche Meinungsverschiedenheiten bestehen.

AEAO zu § 122 - Bekanntgabe des Verwaltungsaktes:

Inhaltsübersicht

1. Allgemeines

1.1. Bekanntgabe von Verwaltungsakten

Voraussetzung für die Wirksamkeit eines Verwaltungsakts ist, dass er inhaltlich hinreichend bestimmt ist (§ 119 Abs. 1 AO) und dass er demjenigen, für den er bestimmt ist oder der von ihm betroffen wird, bekannt gegeben wird (§ 124 Abs. 1 AO). Deshalb ist beim Erlass eines Verwaltungsakts festzulegen,

- an wen er sich richtet (AEAO zu § 122, Nr. 1.3 - **Inhaltsadressat**),
- wem er bekannt gegeben werden soll (AEAO zu § 122, Nr. 1.4 - **Bekanntgabeadressat**),

- welcher Person er zu übermitteln ist (AEAO zu § 122, Nr. 1.5 - **Empfänger**) und

- ob eine besondere Form der Bekanntgabe erforderlich oder zweckmäßig ist (AEAO zu § 122, Nr. 1.8).

1.1.2 Verfahrensrechtlich ist zu unterscheiden zwischen dem Rechtsbegriff der Bekanntgabe als Wirksamkeitsvoraussetzung, den Formen der **Bekanntgabe** (mündliche, schriftliche, elektronische oder öffentliche Bekanntgabe oder Bekanntgabe in anderer Weise) und den technischen Vorgängen bei der Übermittlung des Inhalts eines Verwaltungsakts. Die Bekanntgabe setzt den Bekanntgabewillen des für den Erlass des Verwaltungsakts zuständigen Bediensteten voraus (BFH-Urteile vom 27.6.1986, VI R 23/83, BStBl II S. 832, und vom 24.11.1988, V R 123/83, BStBl 1989 II S. 344). Zur Aufgabe des Bekanntgabewillens vgl. AEAO zu § 124, Nrn. 5 und 6.

1.1.3 Mit dem Rechtsbegriff „Bekanntgabe" nicht gleichbedeutend sind die Bezeichnungen für die **technischen Vorgänge** bei der Übermittlung eines verfügten Verwaltungsakts (z. B. „Aufgabe zur Post", „Zusendung", „Zustellung", „ortsübliche Bekanntmachung", „Zugang"), auch wenn diese Begriffe zugleich eine gewisse rechtliche Bedeutung haben. Die technischen Vorgänge bedürfen, soweit das Gesetz daran Rechtsfolgen knüpft, einer Dokumentation, um nachweisen zu können, dass, wann und wie die Bekanntgabe erfolgt ist.

1.1.4 Die nachfolgenden Grundsätze über die Bekanntgabe von Steuerbescheiden (vgl. AEAO zu § 122, Nr. 1.2) gelten entsprechend für andere Verwaltungsakte (z. B. Haftungsbescheide, Prüfungsanordnungen, Androhungen und Festsetzungen von Zwangsgeldern; vgl. AEAO zu § 122, Nr. 1.8.1). Zur Adressierung und Bekanntgabe von Prüfungsanordnungen vgl. AEAO zu § 197, zur Adressierung und Bekanntgabe von Zwangsgeldandrohungen und Zwangsgeldfestsetzungen vgl. BFH-Urteil vom 23.11.1999, VII R 38/99, BStBl 2001 II S. 463.

1.1.5 Lebenspartner

Die nachfolgenden Grundsätze über die Bekanntgabe von Steuerverwaltungsakten an Ehegatten und Ehegatten mit ihren Kindern gelten gleichermaßen für die Bekanntgabe von Steuerverwaltungsakten an Lebenspartner und Lebenspartner mit ihren Kindern.

1.2 Steuerbescheide

Steuerfestsetzungen sind nur dann eine Grundlage für die Verwirklichung von Ansprüchen aus dem Steuerschuldverhältnis, wenn sie gem. § 122 Abs. 1 Satz 1 AO als Steuerbescheid demjenigen Beteiligten bekannt gegeben worden sind, für den sie bestimmt sind oder der von ihnen betroffen wird. Die folgenden Grundsätze regeln, wie der Steuerschuldner als Inhaltsadressat und ggf. der Bekanntgabeadressat und der Empfänger zu bezeichnen sind und wie der Bescheid zu übermitteln ist.

1.3 Bezeichnung des Inhaltsadressaten

1.3.1 Der Inhaltsadressat muss im Bescheid so eindeutig bezeichnet werden, dass Zweifel über seine Identität nicht bestehen. Inhaltsadressat eines Steuerbescheids ist der Steuerschuldner.

1.3.2 Im Allgemeinen wird eine natürliche Person als Inhaltsadressat durch Vornamen und Familiennamen genügend bezeichnet. Nur bei **Verwechslungsmöglichkeiten**, insbesondere bei häufiger vorkommenden Namen, sind weitere Angaben erforderlich (z. B. Wohnungsanschrift, Geburtsdatum, Berufsbezeichnung, Namenszusätze wie „senior" oder „junior"). Bei juristischen Personen und Handelsgesellschaften ergibt sich der zutreffende „Name" aus Gesetz, Satzung, Register oder ähnlichen Quellen (bei Handelsgesellschaften Firma gem. § 17 HGB); wegen der Bezeichnung von Ehegatten vgl. AEAO zu § 122, Nr. 2.1.2, wegen der Bezeichnung der nichtrechtsfähigen Personenvereinigungen vgl. AEAO zu § 122, Nrn. 2.4, 2.4.1.2.

1.4 Bezeichnung des Bekanntgabeadressaten

1.4.1 Die Person, der ein Verwaltungsakt bekannt zu geben ist, wird als Bekanntgabeadressat bezeichnet. Bei Steuerfestsetzungen ist dies i. d. R. der Steuerschuldner als Inhaltsadressat, weil der Steuerbescheid seinem Inhalt nach für ihn bestimmt ist oder er von ihm betroffen wird (§ 122 Abs. 1 Satz 1 AO).

1.4.2 Als Bekanntgabeadressat kommen jedoch auch **Dritte** in Betracht, wenn sie für den Inhaltsadressaten (Steuerschuldner) steuerliche Pflichten zu erfüllen haben. Dabei handelt es sich in erster Linie um Fälle, in denen die Bekanntgabe an den Steuerschuldner nicht möglich oder nicht zulässig ist (§ 79 AO).

Die Bekanntgabe ist insbesondere an folgende Dritte erforderlich:

a) Eltern (§ 1629 BGB), Vormund (§ 1793 BGB), Pfleger (§§ 1909 ff. BGB) als gesetzliche Vertreter natürlicher Personen (§ 34 Abs. 1 AO),

b) Geschäftsführer von nichtrechtsfähigen Personenvereinigungen (z. B. Vorstände nichtsrechtsfähiger Vereine, § 54 BGB),

c) Geschäftsführer von Vermögensmassen (z. B. nichtrechtsfähige Stiftungen, §§ 86, 26 BGB),

d) Vermögensverwalter i. S. v. § 34 Abs. 3 AO (z. B. Insolvenzverwalter, Zwangsverwalter, gerichtlich bestellte Liquidatoren, Nachlassverwalter),

e) Verfügungsberechtigte i. S. v. § 35 AO,

f) für das Besteuerungsverfahren bestellte Vertreter i. S. v. § 81 AO.

1.4.3 Ist der Bekanntgabeadressat nicht mit dem Inhaltsadressaten identisch (vgl. AEAO zu § 122, Nr. 1.4.2), so ist er zusätzlich zum Inhaltsadressaten anzugeben. Hinsichtlich der eindeutigen Bezeichnung gelten dieselben Grundsätze wie für die Bezeichnung des Inhaltsadressaten (vgl. AEAO zu § 122, Nr. 1.3.2). Das Vertretungsverhältnis (vgl. AEAO zu § 122, Nr. 1.4.2) ist im Bescheid anzugeben (vgl. AEAO zu 122, Nr. 1.6).

1.5 Bezeichnung des Empfängers

1.5.1 Als Empfänger wird derjenige bezeichnet, dem der Verwaltungsakt tatsächlich zugehen soll, damit er durch Bekanntgabe wirksam wird. I. d. R. ist der Inhaltsadressat nicht nur Bekanntgabeadressat, sondern auch „Empfänger" des Verwaltungsakts.

1.5.2 Es können jedoch auch andere Personen Empfänger sein, wenn für sie eine **Empfangsvollmacht** des Bekanntgabeadressaten vorliegt oder wenn die Finanzbehörde nach ihrem Ermessen den Verwaltungsakt einem Bevollmächtigten übermitteln will (vgl. AEAO zu § 122, Nr. 1.7).

Beispiel:

Die gesetzlichen Vertreter (Bekanntgabeadressaten) eines Minderjährigen (Steuerschuldner und damit Inhaltsadressat) haben einen Dritten (Empfänger) bevollmächtigt.

Inhaltsadressat (Steuerschuldner):

Hans Huber

Bekanntgabeadressaten:

Herrn Anton Huber, Frau Maria Huber

als gesetzliche Vertreter des Hans Huber,

Moltkestraße 5, 12203 Berlin

Empfänger (Anschriftenfeld):

Herrn

Steuerberater

Anton Schulz

Postfach 11 48

80335 München

Darstellung im Bescheid:

(Die Angaben in Klammern werden im Bescheid nicht ausgedruckt. Dies gilt auch für die übrigen Beispiele).

Anschriftenfeld (Empfänger):

Herrn

Steuerberater

Anton Schulz

Postfach 11 48

80335 München

Bescheidkopf

Für

Herrn Anton Huber und Frau Maria Huber (Bekanntgabeadressaten) als gesetzliche Vertreter des Hans Huber (Steuerschuldner und Inhaltsadressat), Moltkestraße 5, 2203 Berlin

1.5.3 Eine Empfangsvollmacht ist auch erforderlich, wenn der Verwaltungsakt nur namentlich benannten Geschäftsführern oder anderen Personen (z. B. dem Steuerabteilungsleiter) zugehen soll.

Beispiel:

Anschriftenfeld (Empfänger):

Herrn
Steuerabteilungsleiter
Fritz Schulz
i.Hs. der Meyer GmbH
Postfach 10 01
50859 Köln

Bescheidkopf

Für die Meyer GmbH (Inhalts- und Bekanntgabeadressat)

1.5.4 Zur Bekanntgabe nach § 122 Abs. 6 AO vgl. AEAO zu § 122, Nr. 2.1.3, zur Bekanntgabe an einen gemeinsamen Empfangsbevollmächtigten i. S. v. § 183 Abs. 1 AO vgl. AEAO zu § 122, Nr. 2.5.2.

1.6 Anschriftenfeld

Der Empfänger ist im Anschriftenfeld des Steuerbescheids mit seinem Namen und **postalischer Anschrift** zu bezeichnen. Es reicht nicht aus, den Empfänger nur auf dem Briefumschlag und in den Steuerakten anzugeben, weil sonst die ordnungsmäßige Bekanntgabe nicht einwandfrei nachgewiesen werden kann. Sind Inhaltsadressat (Steuerschuldner), Bekanntgabeadressat und Empfänger nicht dieselbe Person, muss jeder im Steuerbescheid benannt werden: Der Empfänger ist im Anschriftenfeld anzugeben, der Inhalts- und ggf. der Bekanntgabeadressat sowie das Vertretungsverhältnis müssen an anderer Stelle des Steuerbescheids aufgeführt werden (vgl. z. B. bei Bekanntgabe an Minderjährige AEAO zu § 122, Nr. 2.2.2).

1.7 Übermittlung an Bevollmächtigte

1.7.1 Der einem Angehörigen der steuerberatenden Berufe erteilte Auftrag zur Erstellung und Einreichung der Steuererklärungen schließt i. d. R. seine Bestellung als Empfangsbevollmächtigter nicht ein (BFH-Urteil vom 30.7.1980, I R 148/79, BStBl 1981 II S. 3). Aus der Mitwirkung eines Steuerberaters bei der Steuererklärung folgt daher nicht, dass die Finanzbehörde einen Steuerbescheid dem Steuerberater zu übermitteln hat. Dasselbe gilt in Bezug auf die anderen zur Hilfe in Steuersachen befugten Personen und Vereinigungen (§§ 3, 4 StBerG).

1.7.2 Bevollmächtigter kann u. a. auch der Vollmachtnehmer einer sog. Vorsorgevollmacht sein. Eine Vorsorgevollmacht ist eine allgemeine rechtsgeschäftliche Vollmacht. Durch die Vorlage der Vorsorgevollmacht beim Finanzamt, in der die Befugnis zur Vertretung gegenüber Behörden eingeräumt ist, ist der Vollmachtnehmer für das Besteuerungsverfahren Bevollmächtigter i. S. d. § 80 AO. Die Vorsorgevollmacht bleibt in Kraft, wenn der Vollmachtgeber nach Erteilung der Vollmacht geschäftsunfähig geworden ist. Bescheide sind grundsätzlich dem in der Vorsorgevollmacht bestimmten Vollmachtnehmer als Empfänger zu übermitteln.

1.7.3 Es liegt im Ermessen des Finanzamts, ob es einen Steuerbescheid an den Steuerpflichtigen selbst oder an dessen Bevollmächtigten bekannt gibt (§ 122 Abs. 1 Satz 3 AO). Da das Gesetz eine „Soll-Regelung“ enthält, gilt bei Ausübung des Ermessens Folgendes:

Hat der Steuerpflichtige dem Finanzamt ausdrücklich mitgeteilt, dass er seinen Vertreter auch zur Entgegennahme von Steuerbescheiden ermächtigt, sind diese grundsätzlich dem Bevollmächtigten bekannt zu geben (BFH-Urteil vom 5.10.2000, VII R 96/99, BStBl 2001 II S. 86). Dies gilt auch, wenn der Steuerpflichtige dem Finanzamt eine Vollmacht vorgelegt hat, nach der der Bevollmächtigte berechtigt ist, für den Steuerpflichtigen „rechtsverbindliche Erklärungen“ entgegen zu nehmen (BFH-Urteil vom 23.11.1999, VII R 38/99, BStBl 2001 II S. 463).

Nur wenn im Einzelfall besondere Gründe gegen die Bekanntgabe des Steuerbescheids an den Bevollmächtigten sprechen, kann der Steuerbescheid unmittelbar dem Steuerpflichtigen selbst bekannt gegeben (§ 122 Abs. 1 Satz 4 AO) oder förmlich zugestellt werden (§ 122 Abs. 5 Satz 3 i. V. m. Abs. 1 Satz 4 AO). Derartige Gründe können auch technischer Natur sein. Der Steuerbescheid ist auch nach Vorlage einer Empfangsvollmacht dem Steuerpflichtigen bekannt zu geben, soweit der Bevollmächtigte wegen unbefugter Hilfeleistung in Steuersachen nach § 80 Abs. 7 AO zurückgewiesen wurde oder wenn ihm die Hilfeleistung in Steuersachen nach § 7 StBerG untersagt wurde. Dies gilt auch, wenn die Zurückweisungsverfügung in der Vollziehung ausgesetzt wurde oder wenn gegen eine Untersagung nach § 7 StBerG Einspruch eingelegt oder Klage erhoben wurde und dieser Rechtsbehelf hemmende Wirkung hat (§ 361 Abs. 4 AO, § 69 Abs. 5 FGO).

Fehlt es an einer ausdrücklichen Benennung eines Empfangsbevollmächtigten, hat das Finanzamt aber bisher Verwaltungsakte dem Vertreter des Steuerpflichtigen übermittelt, so darf es sich nicht in Widerspruch zu seinem bisherigen Verhalten setzen und sich bei gleichliegenden Verhältnissen ohne ersichtlichen Grund an den Steuerpflichtigen selbst wenden (vgl. BFH-Urteile vom 11.8.1954, II 239/53 U, BStBl III S. 327, und vom 13.4.1965, I 36/64 U, I 37/64 U, BStBl III S. 389). In diesen Fällen ist jedoch eine schriftliche Vollmacht nachzufordern; der Vollmachtsnachweis kann auch in elektronischer Form (§ 87a Abs. 3 AO) erbracht werden.

Die im Einkommensteuererklärungsvordruck erteilte Empfangsvollmacht gilt nur für Bescheide des betreffenden Veranlagungszeitraums (vgl. BFH-Beschluss vom 16.1.2001, XI B 14/99, BFH/NV S. 888) und umfasst auch

Änderungsbescheide (BFH-Urteil vom 29.5.1996, I R 42/95, BFH/NV 1997 S. 1). Dagegen entfaltet die im Erklärungsvordruck zur gesonderten und einheitlichen Feststellung erteilte Empfangsvollmacht nicht lediglich Wirkung für das Verfahren des entsprechenden Feststellungszeitraums, sondern ist solange zu beachten, bis sie durch Widerruf entfällt (vgl. BFH-Urteil vom 18.1.2007, IV R 53/05, BStBl II S. 369).

Ein während eines Klageverfahrens ergehender Änderungsbescheid ist i. d. R. dem Prozessbevollmächtigten bekannt zu geben (BFH-Urteile vom 5.5.1994, VI R 98/93, BStBl II S. 806, und vom 29.10.1997, X R 37/95, BStBl 1998 II S. 266).

1.7.4 Wird ein Verwaltungsakt dem betroffenen Steuerpflichtigen bekannt gegeben und hierdurch eine von ihm erteilte Bekanntgabevollmacht zugunsten seines Bevollmächtigten ohne besondere Gründe nicht beachtet, wird der Bekanntgabemangel durch die Weiterleitung des Verwaltungsakts an den Bevollmächtigten geheilt. Die Frist für einen außergerichtlichen Rechtsbehelf beginnt in dem Zeitpunkt, in dem der Bevollmächtigte den Verwaltungsakt nachweislich erhalten hat (BFH-Urteil vom 8.12.1988, IV R 24/87, BStBl 1989 II S. 346).

1.7.5 Wegen der Zustellung an Bevollmächtigte vgl. AEAO zu § 122, Nr. 3.3.

1.7.6 Hat der Steuerpflichtige einen Bevollmächtigten benannt, bleibt die Vollmacht so lange wirksam, bis der Finanzbehörde ein Widerruf zugeht (§ 80 Abs. 1 AO). Die Wirksamkeit einer Vollmacht ist nur dann auf einen Besteuerungszeitraum oder einen einzelnen Bearbeitungsvorgang begrenzt, wenn dies ausdrücklich in der Vollmacht erwähnt ist oder sich aus den äußeren Umständen ergibt (z. B. bei Einzelsteuerfestsetzungen); vgl. aber auch AEAO zu § 122, Nr. 1.7.2.

1.7.7 Wendet sich die Finanzbehörde aus besonderem Grund an den Beteiligten selbst (z. B. um ihn um Auskünfte zu bitten, die nur er selbst als Wissensträger geben kann, oder um die Vornahme von Handlungen zu erzwingen), so soll der Bevollmächtigte unterrichtet werden (§ 80 Abs. 5 Satz 3 AO).

1.8 Form der Bekanntgabe

Schriftliche Verwaltungsakte, insbesondere Steuerbescheide, sind grundsätzlich durch die Post zu übermitteln (vgl. AEAO zu § 122, Nr. 1.8.2), sofern der Empfänger im Inland wohnt oder soweit der ausländische Staat mit der Postübermittlung einverstanden ist (vgl. AEAO zu § 122, Nr. 1.8.4). Ein Verwaltungsakt kann ferner durch Telefax (vgl. AEAO zu § 122, Nr. 1.8.2) wirksam bekannt gegeben werden, auch wenn für ihn die Schriftform gesetzlich vorgeschrieben ist (BFH-Urteil vom 8.7.1998, I R 17/96, BStBl 1999 II S. 48). Eine förmliche Zustellung ist nur erforderlich, wenn dies gesetzlich vorgeschrieben ist oder die Finanzbehörde von sich aus die Zustellung anordnet (vgl. AEAO zu § 122, Nr. 1.8.3). Die Zustellung erfolgt nach den Vorschriften des Verwaltungzustellungsgesetzes (vgl. AEAO zu § 122, Nr. 3.1). Unter den Voraussetzungen des § 87a AO können Verwaltungsakte auch elektronisch übermittelt werden.

1.8.1 Schriftform

1.8.1.1 Grundsätzlich ist die **schriftliche Bekanntgabe** eines Verwaltungsakts nur erforderlich, wenn das Gesetz sie ausdrücklich vorsieht (für Steuerbescheide, § 157 AO; für die Aufhebung des Vorbehalts der Nachprüfung, § 164 Abs. 3 AO; für Haftungs- und Duldungsbescheide, § 191 Abs. 1 AO; für Prüfungsanordnungen, § 196 AO; für verbindliche Zusagen, § 205 Abs. 1 AO; für Pfändungsverfügungen, § 309 Abs. 2 AO; für Androhung von Zwangsmitteln, § 332 Abs. 1 AO; für Einspruchsentscheidungen, § 366 AO). Im Übrigen reicht die **mündliche Bekanntgabe** eines steuerlichen Verwaltungsakts aus (z. B. bei Fristverlängerungen, Billigkeitsmaßnahmen, Stundungen). Aus Gründen der Rechtssicherheit sollen Verwaltungsakte aber im Allgemeinen schriftlich erteilt werden. Ein mündlicher Verwaltungsakt ist ggf. schriftlich zu bestätigen (§ 119 Abs. 2 AO).

1.8.1.2 Ist für einen Verwaltungsakt die Schriftform gesetzlich vorgeschrieben, wird diese auch durch Übersendung per **Telefax**, auch per Computerfax, gewahrt (BFH-Urteile vom 28.1.2014, VIII R 28/13, BStBl II S. 552, und vom 18.3.2014, VIII R 9/10, BStBl II S. 748). Der Verwaltungsakt wird in diesem Fall nicht bereits mit vollständiger Speicherung im Empfangsgerät, sondern erst mit dem Ausdruck beim Empfänger wirksam (BFH-Urteil vom 18.3.2014, VIII R 9/10, a.a.O.). Erfolgt der Ausdruck vor Ablauf der dreitägigen Frist i. S. d. § 122 Abs. 2a AO (vgl. AEAO zu § 122, Nr. 1.8.2.2), bleibt der Ablauf dieser Frist für den Zeitpunkt des Wirksamwerdens des Verwaltungsakts maßgebend.

1.8.2 Übermittlung durch die Post oder durch Telefax

1.8.2.1 Der in § 122 Abs. 2 AO verwendete Begriff der „Post" ist nicht auf die Deutsche Post AG (als Nachfolgeunternehmen der Deutschen Bundespost) beschränkt, sondern umfasst alle Unternehmen, soweit sie Postdienstleistungen erbringen. Wird ein schriftlicher Verwaltungsakt durch die Post übermittelt, so hängt die Wirksamkeit der Bekanntgabe nicht davon ab, dass der Tag der Aufgabe des Verwaltungsakts zur Post in den Akten vermerkt wird. Um den Bekanntgabezeitpunkt berechnen zu können und im Hinblick auf die Regelung in § 169 Abs. 1 Satz 3 Nr. 1 AO ist jedoch der Tag der Aufgabe zur Post in geeigneter Weise festzuhalten.

1.8.2.2 Ein Telefax, auch ein Computerfax, ist kein elektronisches Dokument. i. S. d. § 87a AO (vgl. AEAO zu § 87a, Nr. 4), aber ein elektronisch übermittelter Verwaltungsakt i. S. d. § 122 Abs. 2a AO (Bundestagsdrucksache 14/9000 S. 32, Begründung zu § 15 VwVfG).

1.8.3 Förmliche Bekanntgabe (Zustellung)

Zuzustellen sind:

- die Ladung zu dem Termin zur Abgabe der Vermögensauskunft (§ 284 Abs. 6 AO),
- die Verfügung über die Pfändung einer Geldforderung (§ 309 Abs. 2 AO),
- die Arrestanordnung (§ 324 Abs. 2 AO, § 326 Abs. 4 AO).

Darüber hinaus kann die Finanzbehörde die Zustellung anordnen (§ 122 Abs. 5 Satz 1 AO). Diese Anordnung stellt keinen Verwaltungsakt dar (BFH-Urteil vom 16.3.2000, III R 19/99, BStBl II S. 520).

Wegen der Besonderheiten des Zustellungsverfahrens vgl. Nr. 3; wegen der Zustellung von Einspruchsentscheidungen vgl. AEAO zu § 366, Nr. 2.

1.8.4 Bekanntgabe an Empfänger im Ausland

Mit Ausnahme der in Nr. 3.1.4.1 angeführten Staaten kann davon ausgegangen werden, dass an Empfänger (einschließlich der Bevollmächtigten; BFH-Urteil vom 1.2.2000, VII R 49/99, BStBl II S. 334) im Ausland Steuerverwaltungsakte durch einfachen Brief, durch Telefax oder - unter den Voraussetzungen des § 87a AO - durch elektronische Übermittlung bekannt gegeben werden können. Eine elektronische Bekanntgabe nach § 122a AO ist in allen Fällen zulässig (vgl. AEAO zu § 122a, Nr. 3).

Ansonsten muss nach § 123 AO, § 9 VwZG (vgl. AEAO zu § 122, Nr. 3.1.4) oder § 10 VwZG (vgl. AEAO zu § 122, Nr. 3.1.5) verfahren werden, wenn ein Verwaltungsakt an einen Empfänger im Ausland bekannt zu geben ist.

Welche der bestehenden Möglichkeiten einer Auslandsbekanntgabe gewählt wird, liegt im pflichtgemäßen Ermessen (§ 5 AO) der Finanzbehörde. Die Auswahl ist u. a. abhängig von den gesetzlichen Erfordernissen (z. B. Zustellung, vgl. AEAO zu § 122, Nr. 1.8.3) und von dem Erfordernis, im Einzelfall einen einwandfreien Nachweis des Zugangs des amtlichen Schreibens zu erhalten.

2. Bekanntgabe von Bescheiden

2.1 Bekanntgabe von Bescheiden an Ehegatten

2.1.1 Allgemeines

Ehegatten sind im Fall der ESt- Zusammenveranlagung stets Gesamtschuldner (§ 44 AO). Gem. § 155 Abs. 3 Satz 1 AO kann daher gegen sie ein zusammengefasster Steuerbescheid erlassen werden. Dabei handelt es sich formal um die Zusammenfassung zweier Bescheide zu einer nur äußerlich gemeinsamen Festsetzung. Dies gilt auch für die Festsetzung von Verspätungszuschlägen gegenüber zusammen veranlagten Ehegatten (BFH-Urteil vom 28.8.1987, III R 230/83, BStBl II S. 836).

Bei anderen Steuerarten sind gegenüber Ehegatten zusammengefasste Steuerbescheide nur zulässig, wenn tatsächlich Gesamtschuldnerschaft vorliegt. Gesamtschuldnerschaft liegt nicht vor, wenn es sich lediglich um gleichgeartete Steuervorgänge handelt. So liegen z. B. für die Grunderwerbsteuer zwei Steuerfälle vor, wenn Ehegatten gemeinschaftlich ein Grundstück erwerben. An jeden Ehegatten ist für den auf ihn entfallenden Steuerbetrag ein gesonderter Steuerbescheid zu erteilen (BFH-Urteil vom 12.10.1994, II R 63/93, BStBl 1995 II S. 174).

Leben Eheleute in einer konfessions- oder einer glaubensverschiedenen Ehe, darf ein Kirchensteuerbescheid nur an den kirchensteuerpflichtigen Ehegatten gerichtet werden (BFH-Urteil vom 29.6.1994, II R 63/93, BStBl 1995 II S. 510).

2.1.2 Bekanntgabe nach § 122 Abs. 7 AO

Bei Zusammenveranlagung von Ehegatten reicht es für die wirksame Bekanntgabe an beide Ehegatten aus, wenn ihnen eine Ausfertigung des Steuerbescheids an die gemeinsame Anschrift übermittelt wird. Ebenso genügt es, wenn der Steuerbescheid in das Postfach eines Ehegatten eingelegt wird (BFH-Urteil vom 13.10.1994, IV R 100/93, BStBl 1995 II S. 484).

Es handelt sich nicht um eine Bekanntgabe an einen der Ehegatten mit Wirkung für und gegen den anderen (vgl. AEAO zu § 122, Nr. 2.1.3). Beide Ehegatten sind Empfänger des Steuerbescheids und daher im Anschriftenfeld aufzuführen. Diese vereinfachte Bekanntgabe ist auch dann möglich, wenn eine gemeinsam abzugebende Erklärung nicht eingereicht worden ist (z. B. bei Schätzung von Besteuerungsgrundlagen).

Beispiel für die Bekanntgabe eines Bescheides an Eheleute, die eine gemeinsame Anschrift haben und zusammen zu veranlagen sind:

Anschriftenfeld

Herrn Adam Meier	oder	Herrn und Frau
Frau Eva Meier		Adam u. Eva Meier
Hauptstraße 100		Hauptstraße 100
67433 Neustadt		67433 Neustadt

Die Angabe von besonderen Namensteilen eines der Eheleute (z. B. eines akademischen Grades oder eines Geburtsnamens) ist namensrechtlich geboten (vgl. AEAO zu § 122, Nr. 4.2.3).

Beispiel:

Herrn Adam Meier
Frau Dr. Eva Schulze-Meier.

2.1.3 Bekanntgabe nach § 122 Abs. 6 AO

Nach dieser Vorschrift ist die Übermittlung des Steuerbescheids an einen der Ehegatten zugleich mit Wirkung für und gegen den anderen Ehegatten zulässig, soweit die Ehegatten einverstanden sind.

Eine Bekanntgabe nach dieser Vorschrift kommt insbesondere in den Fällen in Betracht, in denen die Bekanntgabe nicht nach § 122 Abs. 7 AO erfolgen kann, weil die Ehegatten keine gemeinsame Anschrift haben.

Im Bescheidkopf ist darauf hinzuweisen, dass der Verwaltungsakt an den einen Ehegatten zugleich mit Wirkung für und gegen den anderen Ehegatten ergeht.

Beispiel für die Bekanntgabe an einen der Ehegatten mit Einverständnis beider:

Anschriftenfeld

Herrn Adam Meier

Hauptstraße 100

67433 Neustadt

Bescheidkopf

Dieser Bescheid ergeht an Sie zugleich mit Wirkung für und gegen Ihre Ehefrau Eva Meier.

2.1.4 Einzelbekanntgabe

Einzelbekanntgabe ist insbesondere erforderlich, wenn

- keine gemeinsame Anschrift besteht und kein Einverständnis zur Bekanntgabe nach § 122 Abs. 6 AO vorliegt,
- bekannt ist, dass zwischen den Ehegatten ernstliche Meinungsverschiedenheiten bestehen (z. B. bei offenbarer Interessenkollision der Eheleute, bei getrennt lebenden oder geschiedenen Ehegatten),
- dies nach § 122 Abs. 7 Satz 2 AO beantragt worden ist.

Bei Einzelbekanntgabe ist der Empfänger in dem jeweiligen Anschriftenfeld mit seinem Vor- und Familiennamen genau zu bezeichnen. Dies gilt auch bei förmlichen Zustellungen (vgl. AEAO zu § 122, Nr. 3.2). Dabei ist darauf zu achten, dass nicht versehentlich eine nur für einen Ehegatten geltende Postanschrift (z. B. Firma oder Praxis) verwandt wird, sondern für jeden Ehegatten seine persönliche Anschrift. Auch die kassenmäßige Abrechnung und ggf. das Leistungsgebot sind doppelt zu erteilen.

Beispiel für die Bekanntgabe an den Ehemann:

Anschriftenfeld (Empfänger und Bekanntgabeadressat):

Herrn

Adam Meier

Hauptstraße 100

67433 Neustadt

Bescheidkopf (Inhaltsadressaten):

Für

Herrn Adam Meier und Frau Eva Meier

In jede Bescheidausfertigung ist als Erläuterung aufzunehmen:

„Ihrem Ehegatten wurde ein Bescheid gleichen Inhalts erteilt."

2.1.5 Sonderfälle

Betreiben beide Ehegatten gemeinsam einen Gewerbebetrieb oder sind sie gemeinsam Unternehmer i. S. d. Umsatzsteuergesetzes, so gelten für Bescheide über Betriebsteuern die Grundsätze zu Nrn. 2.4 und 2.5 des AEAO zu § 122. Sind Ehegatten z. B. Miteigentümer eines Grundstücks oder eines selbständigen Wirtschaftsguts, für das ein Einheitswert oder Grundsteuerwert festgestellt wird, so ist nach Nr. 2.5.4 des AEAO zu § 122 zu verfahren.

Betreibt nur ein Ehegatte ein Gewerbe (oder eine Praxis als Freiberufler usw.), so ist nur dieser Inhaltsadressat für Verwaltungsakte, die ausschließlich den Geschäftsbetrieb betreffen.

2.2 Bekanntgabe an gesetzliche Vertreter natürlicher Personen

2.2.1 Ist ein **Inhaltsadressat** (Steuerschuldner) bei Bekanntgabe des Bescheids **geschäftsunfähig oder beschränkt geschäftsfähig**, so ist Bekanntgabeadressat der gesetzliche Vertreter (Ausnahme vgl. AEAO zu § 122, Nr. 2.2.3). Das Vertretungsverhältnis muss aus dem Bescheid hervorgehen (BFH-Beschluss vom 14.5.1968, II B 41/67, BStBl II S. 503). Der Inhaltsadressat (Steuerschuldner) ist dabei i. d. R. durch Angabe seines Vor- und Familiennamens eindeutig genug bezeichnet (vgl. AEAO zu § 122, Nr. 1.3.2). Das Vertretungsverhältnis ist ausreichend gekennzeichnet, wenn Name und Anschrift des Vertreters genannt werden und angegeben wird, dass ihm der Bescheid „als gesetzlicher Vertreter" für den Inhaltsadressaten (Steuerschuldner) bekannt gegeben wird. Ist der gesetzliche Vertreter nicht gleichzeitig auch der Empfänger, so braucht er i. d. R. nur mit seinem Vor- und Familiennamen bezeichnet zu werden.

2.2.2 Soweit nicht ausnahmsweise die gesetzliche Vertretung nur einem Elternteil zusteht, sind die Eltern Bekanntgabeadressaten des Steuerbescheids für ihr **minderjähriges Kind**. Die Bekanntgabe an einen von beiden reicht jedoch aus, um den Verwaltungsakt wirksam werden zu lassen. Für die Zustellung von Verwaltungsakten ist es gem. § 6 Abs. 3 VwZG ausreichend, wenn der Verwaltungsakt einem von beiden Ehegatten zugestellt wird (BFH-Beschluss vom 19.6.1974, VI B 27/74, BStBl II S. 640, und BFH-Urteil vom 22.10.1976, VI R 137/74, BStBl II S. 762). Diese vom BFH für die förmliche Zustellung von Verwaltungsakten aufgestellten Grundsätze sind auch bei der Bekanntgabe mit einfachem Brief anzuwenden.

Wenn die Eltern bereits beide als Empfänger des Steuerbescheids im Anschriftenfeld aufgeführt sind, kann darauf verzichtet werden, sie im Text des Bescheids noch einmal mit vollem Namen und in voller Anschrift als Bekanntgabeadressaten zu bezeichnen.

Beispiel:

Den Eltern Anton und Maria Huber steht gesetzlich gemeinsam die Vertretung für den minderjährigen Steuerschuldner Hans Huber zu. Sie sind die Bekanntgabeadressaten für den Steuerbescheid an Hans Huber.

Der Steuerbescheid ist zu übermitteln an:

Anschriftenfeld (Empfänger):

Herrn Anton Huber
Frau Maria Huber

Moltkestraße 5
12203 Berlin

Bescheidkopf

Als gesetzliche Vertreter (Bekanntgabeadressaten) von Hans Huber (Steuerschuldner und Inhaltsadressat)

Bei Empfangsvollmacht vgl. das Beispiel bei AEAO zu § 122, Nr. 1.5.2

2.2.3 Ermächtigt der gesetzliche Vertreter mit Genehmigung des Vormundschaftsgerichts den **Minderjährigen** zum selbständigen **Betrieb eines Erwerbsgeschäfts**, so ist der Minderjährige für diejenigen Rechtsgeschäfte unbeschränkt geschäftsfähig, die der Geschäftsbetrieb mit sich bringt (§ 112 BGB). Steuerbescheide, die ausschließlich diesen Geschäftsbetrieb betreffen, sind daher nur dem Minderjährigen bekannt zu geben (vgl. AEAO zu § 122, Nr. 1.4 - Bekanntgabeadressat -). Das Gleiche gilt bei einer Veranlagung nach § 46 EStG, wenn das Einkommen ausschließlich aus Einkünften aus nichtselbständiger Arbeit besteht und der gesetzliche Vertreter den Minderjährigen zur Eingehung des Dienstverhältnisses ermächtigt hat (§ 113 BGB). Von der Ermächtigung kann im Regelfall ausgegangen werden.

Hat der Minderjährige noch weitere Einkünfte oder Vermögenswerte und werden diese in die Festsetzung einbezogen, so kann der Steuerbescheid nicht durch Bekanntgabe gegenüber dem minderjährigen Steuerschuldner wirksam werden. Bekanntgabeadressat des Bescheids ist der gesetzliche Vertreter.

2.2.4 Kann ein Volljähriger seine Angelegenheiten ganz oder teilweise rechtlich nicht besorgen und beruht dies auf einer Krankheit oder Behinderung, so bestellt das Betreuungsgericht nach § 1814 Abs. 1 BGB für ihn einen rechtlichen Betreuer (Betreuer). Der Betreuer ist gesetzlicher Vertreter des Betreuten i. S. d. § 34 Abs. 1 AO.

Soweit bzw. solange der Betreuer gegenüber der Finanzbehörde noch keine Erklärungen nach § 1823 BGB und/oder § 53 Abs. 2 ZPO abgegeben hat, ist ein dem Betreuten selbst bekannt gegebener Bescheid wirksam.

Hat der Betreuer entweder von seiner Vertretungsmacht nach § 1823 BGB Gebrauch gemacht oder eine Ausschließlichkeitserklärung nach § 53 Abs. 2 ZPO i. V. m. § 79 Abs. 3 AO abgegeben, sind Bescheide ab diesem Zeitpunkt ausschließlich dem Betreuer als Bekanntgabeadressaten bekannt zu geben. Inhaltsadressat bleibt der Betreute (BFH-Beschluss vom 10. 5. 2007, VIII B 125/06, BFH/NV S. 1630).

Wird der Bescheid nach Abgabe einer Ausschließlichkeitserklärung dem Betreuten bekannt gegeben, ist er unwirksam; eine Heilung des Bekanntgabemangels ist nicht möglich (vgl. Nr. 4.1.3 des AEAO zu § 122).

2.3 Bescheide an Ehegatten mit Kindern oder Alleinstehende mit Kindern

2.3.1 Allgemeines

Sofern Ehegatten mit ihren Kindern oder Alleinstehende mit ihren Kindern Gesamtschuldner sind, gelten für die Bekanntgabe von Bescheiden an diese Personen die Nrn. 2.1 und 2.2 des AEAO zu 122 entsprechend. Insbesondere kann auch nach § 122 Abs. 7 AO (gleichzeitige Bekanntgabe; vgl. hierzu AEAO zu § 122, Nr. 2.1.2) und § 122 Abs. 6 AO (einverständliche Bekanntgabe an einen der Beteiligten; vgl. AEAO zu § 122, Nr. 2.1.3) bekannt gegeben werden. Hierbei sind die nachfolgenden Besonderheiten zu beachten.

2.3.2 Bekanntgabe nach § 122 Abs. 7 AO

Hat ein Familienmitglied Einzelbekanntgabe beantragt, so ist für die übrigen Familienmitglieder gleichwohl eine Bekanntgabe nach § 122 Abs. 7 AO möglich. In diesem Fall ist eine Ausfertigung des zusammengefassten Bescheids an den Antragsteller und eine weitere Ausfertigung an die übrigen Familienmitglieder bekannt zu geben. Im Bescheidkopf sind alle Steuerschuldner/ Beteiligten als Inhaltsadressaten namentlich aufzuführen.

2.4 Personengesellschaften (Gemeinschaften)

Zu den Personengesellschaften (Gemeinschaften) i.S. dieser Regelung zählen die Handelsgesellschaften (vgl. AEAO zu § 122, Nr. 2.4.1.1) und die sonstigen nicht rechtsfähigen Personenvereinigungen (vgl. AEAO zu § 122, Nr. 2.4.1.2).

Es ist zu unterscheiden zwischen Bescheiden, die sich an die Gesellschaft richten, und Bescheiden, die sich an die Gesellschafter richten.

2.4.1 Bescheide an die Gesellschaft (Gemeinschaft)

Steuerbescheide und Steuermessbescheide sind an die Gesellschaft zu richten, wenn die Gesellschaft selbst Steuerschuldner ist. Dies gilt z. B. für

a) die Umsatzsteuer (§ 13a UStG),

b) die Gewerbesteuer einschließlich der Festsetzung des Messbetrags und der Zerlegung (§ 5 Abs. 1 Satz 3 GewStG),

c) die Kraftfahrzeugsteuer, wenn das Fahrzeug für die Gesellschaft zum Verkehr zugelassen ist (§ 7 KraftStG; BFH-Urteil vom 24.7.1963, II 8/62, HFR 1964 S. 20),

d) die pauschale Lohnsteuer (§ 40 Abs. 3, § 40a Abs. 5 und § 40b Abs. 5 EStG),

e) die Festsetzung des Grundsteuermessbetrags, wenn der Gesellschaft der Steuergegenstand zugerechnet worden ist (§ 10 Abs. 1 GrStG),

f) die Grunderwerbsteuer, soweit Gesamthandseigentum der Personengesellschaft besteht (insbesondere bei GbR, OHG, KG und ungeteilter Erbengemeinschaft; BFH-Urteile vom 28.4.1965, II 9/62 U, BStBl III S. 422, vom 27.10.1970, II 72/65, BStBl 1971 II S. 278, vom 29.11.1972, II R 28/67, BStBl 1973 II S. 370, vom 11.2.1987, II R

103/84, BStBl II S. 325, und vom 12.12.1996, II R 61/93, BStBl 1997 II S. 299),

g) die Körperschaftsteuer bei körperschaftsteuerpflichtigen nicht rechtsfähigen Personenvereinigungen

und entsprechend für

h) Haftungsbescheide für Steuerabzugsbeträge.

Da eine typisch oder atypisch stille Gesellschaft nicht selbst Steuerschuldnerin ist, sind Steuerbescheide und Steuermessbescheide an den Inhaber des Handelsgeschäfts zu richten (BFH-Urteil vom 12.11.1985, VIII R 364/83, BStBl 1986 II S. 311; R 5.1 Abs. 2 GewStR 2009). Entsprechendes gilt bei einer verdeckten Mitunternehmerschaft (BFH-Urteil vom 16.12.1997, VIII R 32/90, BStBl 1998 II S. 480).

Eine Europäische wirtschaftliche Interessenvereinigung (EWIV) kann selbst Steuerschuldnerin sein. Dies gilt jedoch nicht für die Gewerbesteuer. Schuldner der Gewerbesteuer sind die Mitglieder der Vereinigung (§ 5 Abs. 1 Satz 4 GewStG), bei einer Bruchteilsgemeinschaft die Gemeinschafter; an diese sind Gewerbesteuermessbescheide und Gewerbesteuerbescheide zu richten.

2.4.1.1 Handelsgesellschaften

Bei Handelsgesellschaften (OHG, KG, EWIV) sind Steuerbescheide der Gesellschaft unter ihrer Firma bekannt zu geben, wenn sie Steuerschuldner und damit Inhaltsadressat ist. Die Handelsgesellschaft kann im Wirtschaftsleben mit ihrer Firma eindeutig bezeichnet werden; bei Zweifeln über die zutreffende Bezeichnung ist das Handelsregister maßgebend. Ist eine Handelsgesellschaft Steuerschuldner und damit Inhaltsadressat, genügt deshalb zur Bezeichnung des Inhaltsadressaten die Angabe der Firma im Steuerbescheid (BFH-Urteil vom 16.12.1997, VIII R 32/90, BStBl 1998 II S. 480). Ein zusätzlicher Hinweis auf Vertretungsbefugnisse oder einzelne Gesellschafter (z. B. „zu Händen des Geschäftsführers Meier") ist zur Kennzeichnung des Inhaltsadressaten nicht erforderlich; wegen der Bekanntgabe an namentlich benannte Geschäftsführer usw. vgl. AEAO zu § 122, Nrn. 1.5.2 und 1.5.3.

Beispiel:

Ein Umsatzsteuerbescheid für die Firma Schmitz & Söhne KG muss folgende Angaben enthalten:

Steuerschuldner und Inhaltsadressat
(zugleich Bekanntgabeadressat und Empfänger):

Firma
Schmitz & Söhne KG
Postfach 11 47
50853 Köln

Zur Bekanntgabe von Feststellungsbescheiden vgl. AEAO zu § 122, Nr. 2.5.

2.4.1.2 Sonstige nicht rechtsfähige Personenvereinigungen

Zu den sonstigen nicht rechtsfähigen Personenvereinigungen gehören insbesondere die nicht eingetragenen Vereine, Gesellschaften bürgerlichen Rechts, Partnerschaftsgesellschaften, Arbeitsgemeinschaften, Erbengemeinschaften (vgl. AEAO zu § 122, Nr. 2.12.6) und Bruchteilsgemeinschaften. Sie haben formal keinen eigenen Namen und keine gesetzliche Vertretung, können aber ggf. durch Teilnahme am Rechtsverkehr eigene Rechte und Pflichten begründen (BGH-Urteil vom 29.1.2001, II ZR 331/00, DB S. 423; BFH-Beschluss vom 19.8.2004, II B 22/03, BFH/NV 2005 S. 156). In diesen Fällen ist bei Steuerbescheiden, die an Personenvereinigungen gerichtet werden, die Identität des Inhaltsadressaten (Steuerschuldners) durch Angabe des geschäftsüblichen Namens, unter dem sie am Rechtsverkehr teilnehmen, ausreichend gekennzeichnet (BFH-Urteile vom 21.5.1971, V R 117/67, BStBl II S. 540, und vom 11.2.1987, II R 103/84, BStBl II S. 325). Ein solcher Bescheid reicht nach § 267 AO zur Vollstreckung in das Vermögen der Personenvereinigung aus.

Beispiel:

Ein Umsatzsteuerbescheid für die Brennstoffhandlung Josef Müller Erben GbR muss folgende Angaben enthalten:

Steuerschuldner und Inhaltsadressat
(zugleich Bekanntgabeadressat und Empfänger):

Brennstoffhandlung
Josef Müller Erben GbR
Postfach 11 11
54290 Trier

Hat die nicht rechtsfähige Personenvereinigung keine Geschäftsadresse, ist als Empfänger eine natürliche Person anzugeben (vgl. AEAO zu § 122, Nr. 2.4.1.3).

Ein Umsatzsteuerbescheid hat sich bei Arbeitsgemeinschaften (ARGE) an diese als eine umsatzsteuerlich rechtsfähige Personenvereinigung (Unternehmer) zu richten. Es ist ausreichend und zweckmäßig, wenn der Bescheid der geschäftsführenden Firma als der Bevollmächtigten übermittelt wird (BFH-Urteil vom 21.5.1971, V R 117/67, BStBl II S. 540).

Beispiel:

Anschriftenfeld (Empfänger):

Firma
Rheinische Betonbau GmbH & Co. KG
Postfach 90 11
50890 Köln

Bescheidkopf
Für
ARGE Rheinbrücke Bonn (Inhalts- und Bekanntgabeadressat)

2.4.1.3 Soweit bei Steuerbescheiden an Personenvereinigungen kein geschäftsüblicher Name vorhanden ist, sind die Bescheide an alle Mitglieder (Gemeinschafter, Gesellschafter) zu richten (BFH-Urteil vom 17.3.1970, II 65/63, BStBl II S. 598; zur Erbengemeinschaft: BFH-Urteil vom 29.11.1972, II R 42/67 BStBl 1973 II S. 372). Ist die Bezeichnung der Mitglieder der nicht rechtsfähigen Personenvereinigung durch die Aufzählung aller Namen im Kopf des Bescheids aus technischen Gründen nicht möglich, kann so verfahren werden, dass neben einer Kurzbezeichnung im Bescheidkopf (Beispiel: „Erbengemeinschaft Max Meier", „Bruchteilsgemeinschaft Goethestraße 100", „GbR Peter Müller unter anderem", „Kegelclub Alle Neune") die einzelnen Mitglieder in den Bescheiderläuterungen oder in einer Anlage zum Bescheid aufgeführt werden.

Die Bescheide werden durch Bekanntgabe an ein vertretungsberechtigtes Mitglied gegenüber der Personenvereinigung wirksam. Bei mehreren vertretungsberechtigten Mitgliedern reicht die Bekanntgabe an eines von ihnen (BFH-Urteile vom 11.2.1987, II R 103/84, BStBl II S. 325, vom 27.4.1993, VIII R 27/92, BStBl 1994 II S. 3, und vom 8.11.1995, V R 64/94, BStBl 1996 II S. 256). Es genügt, wenn dem Bekanntgabeadressaten eine Ausfertigung des Steuerbescheids zugeht. Ausfertigungen für alle Mitglieder sind i. d. R. nicht erforderlich.

Als Bekanntgabeadressat kommen vor allem der von den Mitgliedern bestellte Geschäftsführer (§ 34 Abs. 1 AO) oder die als Verfügungsberechtigter auftretende Person (§ 35 AO) in Betracht. Hat eine nicht rechtsfähige Personenvereinigung keinen Geschäftsführer, kann der Bescheid einem der Mitglieder nach Wahl des Finanzamts bekannt gegeben werden (§ 34 Abs. 2 AO). In den Bescheid ist folgender Erläuterungstext aufzunehmen: „Der Bescheid ergeht an Sie als Mitglied der Gemeinschaft/Gesellschaft mit Wirkung für und gegen die Gemeinschaft/ Gesellschaft".

Im Bescheid ist zum Ausdruck zu bringen, dass er dieser Person als Vertreter der Personenvereinigung bzw. ihrer Mitglieder zugeht (§§ 34, 35 AO). Der Bekanntgabeadressat muss sich dabei aus dem Bescheid selbst ergeben, die Angabe auf dem Briefumschlag der Postsendung reicht nicht aus (BFH-Urteil vom 8.2.1974, III R 27/73, BStBl II S. 367).

Beispiel:

Bekanntgabeadressat

a) Herrn Peter Meier
als Geschäftsführer der
Erbengemeinschaft Max Meier

b) Herrn Emil Krause
für die Bruchteilsgemeinschaft
Goethestraße 100

c) Herrn Karl Huber
für die Grundstücksgemeinschaft
Karl und Maria Huber

d) Herrn Hans Schmidt
als Vorsitzender des
Kegelclubs „Alle Neune“

Ist für die Mitglieder einer Personenvereinigung kein gemeinsamer Bekanntgabeadressat vorhanden oder wird von der Bestimmung eines Bekanntgabeadressaten abgesehen, so ist jedem der Mitglieder eine Ausfertigung des Steuerbescheids bekannt zu geben. Soll auch in das Vermögen einzelner Mitglieder vollstreckt werden, vgl. Abschn. 33 VollstrA.

2.4.2 Bescheide an Gesellschafter (Mitglieder)

Steuerbescheide und Feststellungsbescheide sind an die Gesellschafter (Mitglieder, Gemeinschafter) zu richten, wenn die einzelnen Beteiligten unmittelbar aus dem Steuerschuldverhältnis in Anspruch genommen werden sollen oder ihnen der Gegenstand der Feststellung zugerechnet wird (vgl. AEAO zu § 122, Nrn. 2.5 und 2.6).

2.5 Bescheide über gesonderte und einheitliche Feststellungen

2.5.1 Bescheide über gesonderte und einheitliche Feststellungen richten sich nicht an die Personengesellschaft als solche, sondern an die einzelnen Gesellschafter (Mitglieder), die den Gegenstand der Feststellung (z. B. Vermögenswerte als Einheitswert oder als Grundsteuerwert oder Einkünfte) anteilig zu versteuern haben und denen er deshalb insbesondere bei Feststellungen nach § 180 Abs. 1 Satz 1 Nr. 1, Nr. 2 Buchstabe a und Abs. 2 AO zuzurechnen ist (§ 179 Abs. 2 AO).

Es genügt i. d. R., wenn im Bescheidkopf die Personengesellschaft als solche bezeichnet wird (Sammelbezeichnung) und sich alle Gesellschafter eindeutig als Betroffene (Inhaltsadressaten) aus dem für die Verteilung der Besteuerungsgrundlagen vorgesehenen Teil des Bescheids ergeben (BFH-Urteil vom 7.4.1987, VIII R 259/84, BStBl II S. 766). Aus einem kombinierten positiv-negativen Feststellungsbescheid muss eindeutig hervorgehen, welchen Beteiligten Besteuerungsgrundlagen zugerechnet werden und für welche Beteiligte eine Feststellung abgelehnt wird (BFH-Urteil vom 7.4.1987, VIII R 259/84, a.a.O.).

Der einheitliche Feststellungsbescheid erlangt volle Wirksamkeit, wenn er allen Feststellungsbeteiligten bekannt gegeben wird. Mit seiner Bekanntgabe an einzelne Feststellungsbeteiligte entfaltet er nur diesen gegenüber Wirksamkeit (BFH-Urteile vom 7.4.1987, VIII R 259/84, a.a.O., vom 25.11.1987, II R 227/84, BStBl 1988 II S. 410, und vom 23.6.1988, IV R 33/86, BStBl II S. 979). Eine unterlassene oder unwirksame Bekanntgabe gegenüber einzelnen Feststellungsbeteiligten kann noch im Klageverfahren nachgeholt werden (vgl. BFH-Urteil vom 19.5.1983, IV R 125/82, BStBl 1984 II S. 15). Der Bescheid ist diesen mit unverändertem Inhalt bekannt zu geben (vgl. AEAO zu § 122, Nr. 4.7.1).

2.5.2 Gemeinsame Empfangsbevollmächtigte

Alle Feststellungsbeteiligten sollen einen gemeinsamen Empfangsbevollmächtigten bestellen, der ermächtigt ist, den an sämtliche Gesellschafter (Gemeinschafter) gerichteten Feststellungsbescheid, sonstige Verwaltungsakte und das Feststellungsverfahren betreffende Mitteilungen in Empfang zu nehmen (§ 183 Abs. 1 Satz 1 AO). Das Finanzamt kann aber im Einzelfall zulassen, dass ein gemeinsamer Empfangsbevollmächtigter nur durch einen Teil der Feststellungsbeteiligten bestellt wird. In diesem Fall ist der Feststellungsbescheid den übrigen Feststellungsbeteiligten einzeln bekannt zu geben.

Die Empfangsvollmacht nach § 183 Abs. 1 Satz 1 AO gilt fort auch bei Ausscheiden des Beteiligten aus der Gesellschaft oder bei ernstlichen Meinungsverschiedenheiten, bis sie gegenüber dem Finanzamt widerrufen wird (§ 183 Abs. 3 AO).

Ist kein gemeinsamer Empfangsbevollmächtigter bestellt, so gilt ein zur Vertretung der Gesellschaft oder der Feststellungsbeteiligten oder ein zur Verwaltung des Gegenstandes der Feststellung Berechtigter, z. B. der vertraglich zur Vertretung berufene Geschäftsführer einer Personenhandelsgesellschaft, als Empfangsbevollmächtigter (§ 183 Abs. 1 Satz 2 AO). Bei einer Gesellschaft des bürgerlichen Rechts ist nach § 183 Abs. 1 Satz 2 AO jeder Gesellschafter zur Vertretung der Feststellungsbeteiligten und damit zum Empfang von Feststellungsbescheiden berechtigt, sofern sich aus einem dem Finanzamt vorliegenden Gesellschaftsvertrag nichts anderes ergibt (BFH-Urteil vom 23.6.1988, IV R 33/86, BStBl II S. 979). Die Sonderregelung des § 183 Abs. 3 AO gilt in diesen Fällen nicht.

In der Liquidationsphase einer Personengesellschaft ist der Liquidator Empfangsbevollmächtigter i. S. d. § 183 Abs. 1 Satz 2 AO. Nach Abschluss der gesellschaftsrechtlichen Liquidation (vgl. AEAO zu § 122, Nr. 2.7.1) kann von dieser Bekanntgabemöglichkeit nicht mehr Gebrauch gemacht werden (BFH-Urteil vom 26.10.1989, IV R 23/89, BStBl 1990 II S. 333).

Bei der Bekanntgabe an einen Empfangsbevollmächtigten ist nach § 183 Abs. 1 Satz 5 AO in dem Feststellungsbescheid stets darauf hinzuweisen, dass die Bekanntgabe mit Wirkung für und gegen alle Feststellungsbeteiligten erfolgt (BFH-Urteile vom 26.8.1982, IV R 31/82, BStBl 1983 II S. 23, und vom 23.7.1985, VIII R 315/82, BStBl 1986 II S. 123).

Zur Zustellung an einen Empfangsbevollmächtigten vgl. AEAO zu § 122, Nr. 3.3.3.

2.5.3 Ist ein Empfangsbevollmächtigter i. S. d. AEAO zu § 122, Nr. 2.5.2 nicht vorhanden, kann das Finanzamt die Beteiligten zur Benennung eines Empfangsbevollmächtigten auffordern. Die Aufforderung ist an jeden Beteiligten zu richten. Mit der Aufforderung ist gleichzeitig ein Beteiligter als Empfangsbevollmächtigter vorzuschlagen und darauf hinzuweisen, dass diesem künftig Verwaltungsakte mit Wirkung für und gegen alle Beteiligten bekannt gegeben werden, soweit nicht ein anderer Empfangsbevollmächtigter benannt wird

(§ 183 Abs. 1 Satz 4 AO). Die Sonderregelung des § 183 Abs. 3 AO gilt in diesen Fällen nicht.

Bei der Bekanntgabe des Feststellungsbescheids ist § 183 Abs. 1 Satz 5 AO zu beachten (vgl. Nr. 2.5.2 vorletzter Absatz).

2.5.4 Einheitswertbescheide oder Grundsteuerwertbescheide an Eheleute, Eltern mit Kindern und Alleinstehende mit Kindern

Bei der Bekanntgabe eines Bescheids über Einheitswerte des Grundbesitzes oder Grundsteuerwerte an Eheleute, die gemeinsam Eigentümer sind, sind die Eheleute einzeln als Beteiligte anzugeben (vgl. AEAO zu § 122, Nr. 2.5.1). Haben die Eheleute eine gemeinsame Anschrift und haben sie keinen Empfangsbevollmächtigten benannt, kann der Einheitswertbescheid oder Grundsteuerwertbescheid beiden in einer Ausfertigung bekannt gegeben werden (§ 183 Abs. 4 i. V. m. § 122 Abs. 7 AO).

Haben die Eheleute gem. § 183 Abs. 1 Satz 1 AO einen Empfangsbevollmächtigten benannt, ist der Bescheid an diesen bekannt zu geben. Im Bescheid ist darauf hinzuweisen, dass die Bekanntgabe mit Wirkung für und gegen beide Ehegatten erfolgt.

In den übrigen Fällen ist der Bescheid an beide Ehegatten getrennt bekannt zu geben.

Dies gilt für Eheleute mit Kindern und Alleinstehende mit Kindern entsprechend.

2.5.5 Ausnahmen von der Bekanntgabe an Empfangsbevollmächtigte

Die in § 183 Abs. 1 AO zugelassene Vereinfachung darf nicht so weit gehen, dass der Steuerpflichtige in seinen Rechten eingeschränkt wird. Diese Art der Bekanntgabe ist daher gem. § 183 Abs. 2 AO unzulässig, soweit

a) ein Gesellschafter (Gemeinschafter) im Zeitpunkt der Bekanntgabe des Feststellungsbescheids bereits ausgeschieden und dies dem für den Erlass des Feststellungsbescheids zuständigen Finanzamt bekannt ist oder wegen einer entsprechenden Eintragung im Handelsregister als bekannt gelten muss (BFH-Urteil vom 14.12.1978, IV R 221/75, BStBl 1979 II S. 503);

b) die Zusendung eines Feststellungsbescheids an einen Erben erforderlich wird, der nicht in die Gesellschafterstellung des Rechtsvorgängers eintritt (BFH-Urteil vom 23.5.1973, I R 121/71, BStBl II S. 746); vgl. AEAO zu § 122, Nr. 2.12;

c) die Gesellschaft (Gemeinschaft) im Zeitpunkt der Zusendung des Bescheids nicht mehr besteht (BFH-Urteil vom 30.3.1978, IV R 72/74, BStBl II S. 503);

d) über das Vermögen der Gesellschaft, aber nicht ihrer Gesellschafter, das Insolvenzverfahren eröffnet worden ist - es sei denn, die Gesellschaft ist noch nicht voll beendet und der Informationsfluss zwischen dem Empfangsbevollmächtigten und den Gesellschaftern ist auch nach Eröffnung des Insolvenzverfahrens gewährleistet;

e) zwischen den Gesellschaftern (Gemeinschaftern) erkennbar ernstliche Meinungsverschiedenheiten bestehen;

f) durch einen Bescheid das Bestehen oder Nichtbestehen einer Gesellschaft (Gemeinschaft) erstmals mit steuerlicher Wirkung festgestellt wird und die Gesellschafter noch keinen Empfangsbevollmächtigten i. S. d. § 183 Abs. 1 AO benannt haben.

In den Fällen a) und b) ist auch dem ausgeschiedenen Gesellschafter (Gemeinschafter) bzw. dem Erben, in den übrigen Fällen jedem der Gesellschafter (Gemeinschafter) ein Bescheid bekannt zu geben.

In den Fällen a), c), d) und e) wirkt eine von den Beteiligten nach § 183 Abs. 1 Satz 1 AO **erteilte Vollmacht** bis zum Widerruf fort (§ 183 Abs. 3 AO; vgl. BFH-Urteil vom 7.2.1995, IX R 3/93, BStBl II S. 357). Der Widerruf wird dem Finanzamt gegenüber erst mit seinem Zugang wirksam.

Im Fall d) ist, soweit der Ausnahmefall gegeben ist, auch eine Bekanntgabe an den nach § 183 Abs. 1 Satz 2 AO fingierten Empfangsbevollmächtigten (z. B. Personen, die durch Gesellschaftsvertrag oder Gesellschafterbeschluss zum Liquidator der Gesellschaft berufen sind - bspw. Komplementär-GmbH einer Fonds-KG - oder eine Treuhand-GmbH, über die sich die Gesellschafter an der Gesellschaft beteiligt haben) zulässig (vgl. auch Nr. 2.5.2 des AEAO zu § 122, Abs. 4). In Zweifelsfällen ist eine Einzelbekanntgabe vorzunehmen.

2.5.6 Soweit nach § 183 Abs. 2 Satz 1 AO Einzelbekanntgabe erforderlich wird, ist grundsätzlich ein verkürzter Feststellungsbescheid bekannt zu geben (§ 183 Abs. 2 Satz 2 AO). Bei berechtigtem Interesse ist den Beteiligten allerdings der gesamte Inhalt des Feststellungsbescheids mitzuteilen (§ 183 Abs. 2 Satz 3 AO).

2.6 Grundsteuermessbescheide, Grunderwerbsteuerbescheide

2.6.1 Grundsteuermessbescheide sind in gleicher Weise bekannt zu geben wie Feststellungsbescheide über Einheitswerte des Grundbesitzes oder über Grundsteuerwerte (§ 184 Abs. 1 AO); vgl. AEAO zu § 122, Nr. 2.4.1 Buchstabe e.

2.6.2 Zur Grunderwerbsteuer, soweit Bruchteilseigentum besteht (z. B. geteilte Erbengemeinschaft), vgl. AEAO zu § 122, Nr. 2.1.1; zur Grunderwerbsteuer, soweit Gesamthandseigentum besteht, vgl. AEAO zu § 122, Nr. 2.4.1, Buchstabe f.

2.7 Personengesellschaften (Gemeinschaften) in Liquidation

2.7.1 Bei der Liquidation einer Personengesellschaft ist zwischen der gesellschaftsrechtlichen und der steuerrechtlichen Liquidation zu unterscheiden. Bei der gesellschaftsrechtlichen Liquidation ist die Personengesellschaft vollständig abgewickelt mit der Realisierung des Gesellschaftsvermögens (= Verteilung an die Gläubiger und Ausschüttung des Restes an die Gesellschafter). Bei der steuerrechtlichen Liquidation ist die Personengesellschaft erst dann vollständig abgewickelt, wenn alle gemeinsamen Rechtsbeziehungen, also auch die Rechtsbeziehungen zwischen Personengesellschaft und Finanzamt, unter den Gesellschaftern beseitigt sind (BFH-Urteil vom 1.10.1992, IV R 60/91, BStBl 1993 II S. 82).

2.7.2 Befindet sich eine Handelsgesellschaft (OHG, KG) in der gesellschaftsrechtlichen Liquidation, so ist der Liquidator das einzige zur Geschäftsführung und Vertretung befugte Organ der Abwicklungsgesellschaft. Die Löschung im Handelsregister wirkt nur deklaratorisch (BFH-Urteil vom 22.1.1985, VIII R 37/84, BStBl II S. 501). Verwaltungsakte sind dem Liquidator unter Angabe des Vertretungsverhältnisses bekannt zu geben (vgl. AEAO zu § 122, Nr. 1.4; BFH-Urteile vom 16.6.1961, III 329/58 U, BStBl III S. 349, und vom 24.3.1987, X R 28/80, BStBl 1988 II S. 316). Bei mehreren Liquidatoren genügt die Bekanntgabe an einen von ihnen (BFH-Urteil vom 8.11.1995, V R 64/94, BStBl 1996 II S. 256; siehe auch § 6 Abs. 3 VwZG). Sind gegenüber einer GmbH & Co. KG nach Löschung im Handelsregister noch Verwaltungsakte zu erlassen, ist die Bestellung eines Nachlassliquidators für die bereits im Handelsregister gelöschte GmbH entbehrlich. Die ehemaligen Kommanditisten vertreten hier als gesetzliche Liquidatoren die KG (§ 161 Abs. 2 HGB i. V. m. § 146 Abs. 1 Satz 1 HGB). Auch insoweit genügt die Bekanntgabe an einen der Liquidatoren (§ 150 Abs. 2 Satz 2 HGB i. V. m. § 125 Abs. 2 Satz 3 HGB).

Bei einer Gesellschaft bürgerlichen Rechts steht mit der Auflösung der Gesellschaft die Geschäftsführung grundsätzlich allen Gesellschaftern gemeinschaftlich zu (§ 730 Abs. 2 BGB).

2.7.3 Nach Beendigung der gesellschaftsrechtlichen Liquidation (vollständige Abwicklung) ist es i. d. R. unzweckmäßig, Verwaltungsakte noch gegenüber der Gesellschaft zu erlassen (z. B. Gewerbesteuermessbescheide). In diesen Fällen sind Ansprüche aus dem Steuerschuldverhältnis gegenüber jedem einzelnen Gesellschafter (Gemeinschafter) durch Haftungsbescheid geltend zu machen.

2.7.4 Wird eine Personengesellschaft ohne Liquidation durch Ausscheiden ihres vorletzten Gesellschafters und Anwachsung des Anteils am Gesamthandsvermögen bei dem übernehmenden Gesellschafter beendet, gehen in der Gesellschaft entstandene Ansprüche aus dem Steuerschuldverhältnis (z. B. Umsatzsteuer, Gewerbesteuer) auf den Gesamtrechtsnachfolger über (vgl. AEAO zu § 122, Nr. 2.12.2). In Bezug auf die gesonderte und einheitliche Feststellung von Besteuerungsgrundlagen (vgl. AEAO zu § 122, Nr. 2.5) tritt jedoch keine Gesamtrechtsnachfolge i. S. d. § 45 Abs. 1 AO ein (vgl. AEAO zu § 45, Nr. 1).

2.8 Bekanntgabe an juristische Personen

2.8.1.1 Der Steuerbescheid ist an die juristische Person zu richten und ihr unter ihrer Geschäftsanschrift bekannt zu geben. Die Angabe des gesetzlichen Vertreters als Bekanntgabeadressat ist nicht erforderlich (BFH-Beschluss vom 7.8.1970, VI R 24/67, BStBl II S. 814)

Beispiel:

Anschriftenfeld
(Steuerschuldner als Inhaltsadressat, Bekanntgabeadressat und Empfänger):

Müller GmbH
Postfach 67 00
40210 Düsseldorf

(Angaben wie „z. H. des Geschäftsführers Müller“ o. Ä. sind nicht . erforderlich.)

Zur Bekanntgabe an namentlich genannte Vertreter vgl. AEAO zu § 122, Nrn. 1.5.2 und 1.5.3.

2.8.1.2 Eine führungslose GmbH, die sich nicht in Liquidation oder im Insolvenzverfahren befindet, wird nach § 35 Abs. 1 GmbHG durch ihre Gesellschafter vertreten, soweit ihr gegenüber u. a. Steuerverwaltungsakte bekannt gegeben oder zugestellt werden. Eine führungslose AG, die sich nicht in Liquidation oder im Insolvenzverfahren befindet, wird nach § 78 Abs. 1 AktG durch ihren Aufsichtsrat vertreten, soweit ihr gegenüber u. a. Steuerverwaltungsakte bekannt gegeben oder zugestellt werden. Vgl. zu AEAO § 34, Nr. 3. Solange die führungslose Gesellschaft über eine Geschäftsadresse verfügt, können ihr Steuerbescheide weiterhin unter dieser Anschrift bekannt gegeben werden. Ein Hinweis auf die besondere gesetzliche Vertretung der Gesellschaft durch die Gesellschafter bzw. den Vorstand ist nur erforderlich, wenn keine Geschäftsanschrift mehr besteht und die Bekanntgabe an die Gesellschafter bzw. die Aufsichtsratsmitglieder unter ihrer persönlichen Anschrift erfolgen soll.

2.8.2 Bekanntgabe an juristische Personen des öffentlichen Rechts

Die Grundsätze zu Nr. 2.8.1 gelten auch für die Bekanntgabe von Steuerbescheiden an Körperschaften des öffentlichen Rechts (BFH-Urteil vom 18.8.1988, V R 194/83, BStBl II S. 932).

Juristische Personen des öffentlichen Rechts sind wegen jedes einzelnen von ihnen unterhaltenen Betriebs gewerblicher Art oder mehrerer zusammengefasster Betriebe gewerblicher Art Körperschaftsteuersubjekt (BFH-Urteile vom 13.3.1974, I R 7/71, BStBl II S. 391, und vom 8.11.1989, I R 187/85, BStBl 1990 II S. 242). Gegenstand der Gewerbesteuer ist gem. § 2 Abs. 1 GewStG i. V. m. § 2 Abs. 1 GewStDV der einzelne Betrieb gewerblicher Art, sofern er einen Gewerbebetrieb i. S. d. Einkommensteuergesetzes darstellt; Steuerschuldner ist die juristische Person des öffentlichen Rechts (§ 5 Abs. 1 Sätze 1 und 2 GewStG). Im Gegensatz zur Umsatzsteuer sind daher für jeden

Betrieb gewerblicher Art gesonderte Körperschaftsteuer- und Gewerbesteuer(mess)bescheide erforderlich. Damit eine entsprechende Zuordnung erleichtert wird, ist es zweckmäßig, aber nicht erforderlich, im Anschriftenfeld der Körperschaftsteuer- und Gewerbesteuer-(mess)bescheide einen Hinweis auf den jeweils betroffenen Betrieb gewerblicher Art anzubringen.

Beispiel:

Anschriftenfeld
(Steuerschuldner als Inhaltsadressat, Bekanntgabeadressat und Empfänger):

Gemeinde Mainwiesen
- Friedhofsgärtnerei -
Postfach 12 34
61116 Mainwiesen

Der Hinweis auf den betroffenen Betrieb gewerblicher Art kann auch in den Erläuterungen zum Steuer(mess)bescheid angebracht werden.

2.8.3 Juristische Personen in und nach Liquidation (Abwicklung)

2.8.3.1 Bei einer in Liquidation (bei Aktiengesellschaften: Abwicklung) befindlichen Gesellschaft ist der Steuerbescheid der Gesellschaft, z.H. des Liquidators (Abwicklers), bekannt zu geben.

Beispiel:

Für die in Liquidation befindliche Müller GmbH (Inhaltsadressat) ist der Steuerberater Hans Schmidt als Liquidator (Bekanntgabeadressat) bestellt worden.

Anschriftenfeld

Müller GmbH i.L.
z.H. des Liquidators
Herrn Steuerberater Hans Schmidt
...

2.8.3.2 Steuerrechtlich wird auch eine im Handelsregister bereits gelöschte juristische Person so lange als fortbestehend angesehen, wie sie noch steuerrechtliche Pflichten zu erfüllen hat (BFH-Urteil vom 1.10.1992, IV R 60/91, BStBl 1993 II S. 82). Zu ihrer steuerrechtlichen Vertretung bedarf es eines Liquidators, der insoweit auch die steuerlichen Pflichten zu erfüllen hat (§ 34 Abs. 3 AO). Ein Liquidator kann auch nur zum Zweck der Entgegennahme eines Steuerbescheids für die gelöschte GmbH bestellt werden (BayObLG-Beschluss vom 2.2.1984, BReg 3 Z 192/83, DB S. 870). Das Finanzamt hat ggf. die Neubestellung eines Liquidators beim Registergericht zu beantragen, weil mit dem Erlöschen der Firma auch das Amt des zunächst bestellten Liquidators endet (BFH-Urteile vom 2.7.1969, I R 190/67, BStBl II S. 656, und vom 6.5.1977, III R 19/75, BStBl II S. 783). Die Neubestellung eines Liquidators ist nicht erforderlich, wenn eine gelöschte Kapitalgesellschaft durch einen Bevollmächtigten vertreten wird, der bereits vor Löschung bestellt wurde und dessen Bevollmächtigung die Entgegennahme von Entscheidungen der Finanzbehörde umfasst. Eine vor Löschung erteilte Vollmacht wirkt insoweit fort (§ 80 Abs. 2 AO; vgl. BFH-Urteil vom 27.4.2000, I R 65/98, BStBl II S. 500 zu § 86 ZPO). Wegen § 80 Abs. 1 Satz 2 zweiter Halbsatz AO ist jedoch für etwaige Zahlungen an die im Handelsregister gelöschte Gesellschaft die nachträgliche Bestellung eines Liquidators erforderlich, wenn nicht der Bevollmächtigte bereits vor Löschung ausdrücklich zur Entgegennahme von Zahlungen für die Gesellschaft ermächtigt worden ist (vgl. AEAO zu § 80, Nr. 2).

2.9 Wegen der Bekanntgabe von Verwaltungsakten in Insolvenzfällen vgl. AEAO zu § 251, Nrn. 4.3, 4.4, 6.1, 13.2 und 15.1.

2.10 Wegen der Bekanntgabe von Verwaltungsakten im Verbraucherinsolvenzverfahren vgl. AEAO zu § 251, Nrn. 12.2 und 12.3.

2.11 Zwangsverwaltung

Mit Anordnung der Zwangsverwaltung verliert der Grundstückseigentümer (Schuldner) die Befugnis, über das beschlagnahmte Grundstück zu verfügen. Bekanntgabeadressat von Verwaltungsakten, die das beschlagnahmte Grundstück betreffen, ist daher der Zwangsverwalter. Dies gilt insbesondere für einen Grundsteuermessbescheid, einen Grundsteuerbescheid sowie für einen Umsatzsteuerbescheid, der die Verwaltung des Grundstücks betreffende Umsätze und Vorsteuern erfasst. Zur Bekanntgabe von Einkommensteuerbescheiden, Körperschaftsteuerbescheiden und Feststellungsbescheiden während einer Zwangsverwaltung sowie zu weiteren ertragsteuerlichen Folgen einer Zwangsverwaltung vgl. BMF-Schreiben vom 3.5.2017, BStBl I S. 718.

Der dem Zwangsverwalter bekannt zu gebende Verwaltungsakt muss neben der Bezeichnung der der Zwangsverwaltung unterliegenden Grundstücke auch die Person des Grundstückseigentümers (Inhaltsadressat) angeben (BFH-Urteil vom 23.6.1988, V R 203/83, BStBl II S. 920).

Soweit die Wirkung von Steuerbescheiden über die Zwangsverwaltung hinausgeht, sind sie auch dem Grundstückseigentümer (Inhaltsadressat) bekannt zu geben. Einheitswertbescheide oder Grundsteuerwertbescheide über zwangsverwaltete Grundstücke sind sowohl dem Zwangsverwalter als auch dem Grundstückseigentümer (Inhaltsadressat) bekannt zu geben.

Beispiel für die Bekanntgabe eines Einheitswertbescheids oder Grundsteuerwertbescheids:

Bekanntgabeadressaten

sind sowohl der Schuldner	als auch der Zwangsverwalter

Anschriftenfeld (Empfänger):

Herrn	Herrn Rechtsanwalt
Josef Meier	Helmut Müller

Sophienstraße 20 80799 München	Schellingstraße 40 80799 München
Bescheidkopf	
	Als Zwangsverwalter des Grundstücks Sophienstraße 20 (Grundstückseigentümer Josef Meier)

2.12 Gesamtrechtsnachfolge (z. B. Erbfolge)

2.12.1 Zur Frage, wann eine Gesamtrechtsnachfolge i. S. d. § 45 Abs. 1 AO vorliegt, vgl. AEAO zu § 45. Bescheide, die bereits vor Eintritt der Gesamtrechtsnachfolge an den Rechtsvorgänger gerichtet und ihm zugegangen waren, wirken auch gegen den Gesamtrechtsnachfolger. Er kann nur innerhalb der für den Rechtsvorgänger maßgeblichen Rechtsbehelfsfrist Einspruch einlegen. § 353 AO schreibt dies für Bescheide mit dinglicher Wirkung ausdrücklich auch vor, soweit es sich um Einzelrechtsnachfolge handelt. Die Regelung in § 166 AO, wonach unanfechtbare Steuerfestsetzungen auch gegenüber einem Gesamtrechtsnachfolger gelten, bedeutet nicht, dass gegenüber einem Gesamtrechtsnachfolger die Bekanntgabe zu wiederholen ist oder dass eine neue Rechtsbehelfsfrist läuft. Hat der Rechtsvorgänger zwar den Steuertatbestand verwirklicht, wurde ihm aber der Bescheid vor Eintritt der Rechtsnachfolge nicht mehr bekannt gegeben, so ist der Bescheid an den Gesamtrechtsnachfolger zu richten (BFH-Urteil vom 16.1.1974, I R 254/70, BStBl II S. 388).

2.12.2 Bei einer Gesamtrechtsnachfolge i. S. d. § 45 Abs. 1 AO geht die Steuerschuld des Rechtsvorgängers auf den Rechtsnachfolger über. In den Bescheidkopf ist der Hinweis aufzunehmen, dass der Steuerschuldner als Gesamtrechtsnachfolger des Rechtsvorgängers in Anspruch genommen wird. Entsprechendes gilt, wenn der Steuerschuldner zugleich aufgrund eines eigenen Steuerschuldverhältnisses und als Gesamtrechtsnachfolger in Anspruch genommen wird.

Beispiel:

Der Ehemann ist 08 verstorben. Die Ehefrau ist Alleinerbin. Für den Veranlagungszeitraum 07 soll ein zusammengefasster ESt-Bescheid bekannt gegeben werden.

Anschriftenfeld
(Steuerschuldner als Inhaltsadressat, Bekanntgabeadressat und Empfänger):

Frau
Eva Meier
Hauptstraße 100
67433 Neustadt

Bescheidkopf

Dieser Steuerbescheid ergeht an Sie zugleich als Alleinerbin nach Ihrem Ehemann.

Beispiel:

Die Meier-OHG mit den Gesellschaftern Max und Emil Meier ist durch Austritt des Gesellschafters Emil Meier aus der OHG und gleichzeitige Übernahme des Gesamthandsvermögens durch Max Meier ohne Liquidation erloschen (vollbeendet). Nach dem Ausscheiden des vorletzten Gesellschafters soll ein Umsatzsteuerbescheid für einen Zeitraum vor dem Ausscheiden für die erloschene OHG ergehen.

Anschriftenfeld
(Steuerschuldner als Inhaltsadressat, Bekanntgabeadressat und Empfänger):

Herrn
Max Meier
Hauptstraße 101
67433 Neustadt

Bescheidkopf

Dieser Bescheid ergeht an Sie als Gesamtrechtsnachfolger der Meier-OHG.

Beispiel:

Die A-GmbH ist unter Auflösung ohne Abwicklung auf die B-GmbH verschmolzen worden.

Anschriftenfeld
(Steuerschuldner als Inhaltsadressat, Bekanntgabeadressat und Empfänger):

B-GmbH
Hauptstraße 101
67433 Neustadt

Bescheidkopf

Dieser Bescheid ergeht an Sie als Gesamtrechtsnachfolgerin der A-GmbH.

2.12.3 Das Finanzamt kann gegen Gesamtrechtsnachfolger (z. B. mehrere Erben) Einzelbescheide nach § 155 Abs. 1 AO oder einen nach § 155 Abs. 3 AO zusammengefassten Steuerbescheid erlassen (BFH-Urteile vom 24.11.1967, III 2/63, BStBl 1968 II S. 163, und vom 28.3.1973, I R 100/71, BStBl II S. 544). Grundsätzlich ist ein zusammengefasster Bescheid zu erlassen, der an die Gesamtrechtsnachfolger als Gesamtschuldner zu richten und jedem von ihnen bekannt zu geben ist, soweit nicht nach § 122 Abs. 6 AO (vgl. AEAO zu § 122, Nr. 2.1.3) verfahren werden kann (§ 122 Abs. 1 AO). Der Steuerbescheid ist nur wirksam, wenn die Gesamtrechtsnachfolger, an die sich der Bescheid richtet, namentlich als Inhaltsadressaten aufgeführt sind.

Im Einzelfall können sich die Gesamtrechtsnachfolger, gegen die sich der Bescheid als Inhaltsadressaten richtet, auch durch Auslegung des Bescheids ergeben, z. B. durch die Bezugnahme auf einen den Betroffenen bekannten Betriebsprüfungsbericht (BFH-Urteil vom 17.11.2005, III R 8/03, BStBl 2006 II S. 287). Die Ermittlung des Inhaltsadressaten durch Auslegung kann jedoch einen Mangel der fehlenden Bestimmtheit des Steuerschuldners nicht heilen. Für eine Auslegung, an wen der Steuerbescheid sich richtet, ist z. B. dann kein Raum, wenn in einem Einkommensteuerbescheid ohne namentliche Anführung der Beteiligten eine Erbengemeinschaft als Inhaltsadressat benannt (z. B. „Erbengemeinschaft nach Herrn Adam Meier") und zugleich der Hinweis auf die Gesamtrechtsnachfolge unterblieben ist (vgl. AEAO zu § 122, Nr. 2.12.2). Die Angabe, wer die Steuer schuldet (§ 157 Abs. 1 Satz 2 AO), fehlt hier, denn eine Erbengemeinschaft kann nicht Schuldnerin der Einkommensteuer sein.

Aus Gründen der Rechtsklarheit sind die Inhaltsadressaten grundsätzlich namentlich aufzuführen (vgl. die Beispiele zum AEAO zu § 122, Nr. 2.12.4); von dem Verweis auf für die Betroffenen bekannte Umstände ist nur ausnahmsweise Gebrauch zu machen.

Es ist unschädlich, nur einen oder mehrere aus einer größeren Zahl von Gesamtrechtsnachfolgern auszuwählen, weil es nicht zwingend erforderlich ist, einen Steuerbescheid an alle Gesamtrechtsnachfolger zu richten (vgl. AEAO zu § 122, Nr. 4.4.5). Betrifft der zusammengefasste Bescheid Eheleute, Eheleute mit Kindern oder Alleinstehende mit Kindern, kann auch von der Sonderregelung des § 122 Abs. 7 AO (vgl. AEAO zu § 122, Nr. 2.1.2) Gebrauch gemacht werden.

2.12.4 Beispiele:

1.1 Der Steuerschuldner Adam Meier ist im Jahr 08 verstorben.

Erben sind seine Kinder Konrad, Ludwig und Martha Meier zu gleichen Teilen. Die Steuerbescheide für das Jahr 07 (ESt, USt, GewSt) können erst im Jahr 09, d.h. nach dem Tode des Adam Meier ergehen.

Die Erben Konrad, Ludwig und Martha Meier sind durch Gesamtrechtsnachfolge Steuerschuldner (Inhaltsadressaten) geworden (§ 45 Abs. 1 AO); sie haben jeder für sich für die gesamte Steuerschuld einzustehen (§ 45 Abs. 2 AO, § 44 Abs. 1 AO).

Gegen die Miterben können zusammengefasste Bescheide nach § 155 Abs. 3 AO ergehen. Jedem Erben ist eine Ausfertigung des zusammengefassten Bescheids an die Wohnanschrift zu übermitteln. Die Bekanntgabe an einen Erben mit Wirkung für und gegen alle anderen Erben ist in diesem Fall nur unter den Voraussetzungen des § 122 Abs. 6 AO (vgl. Beispiel 1.2) möglich. Der Bescheid wird gegenüber dem Erben, dem er bekannt gegeben wurde, auch wirksam, wenn er dem oder den anderen Miterben nicht bekannt gegeben wurde. Um eine Zwangsvollstreckung in den ungeteilten Nachlass zu ermöglichen, ist aber die Bekanntgabe des Bescheids an jeden einzelnen Miterben notwendig (§ 265 AO i. V. m. § 747 ZPO).

Anschriftenfeld
(jeweils in gesonderten Ausfertigungen):

Herrn
Konrad Meier
Sternstraße 15
53111 Bonn

Herrn
Ludwig Meier
Königstraße 200
40212 Düsseldorf

Frau
Martha Meier
Sophienstraße 3
80333 München

Bescheidkopf

Für Konrad, Ludwig und Martha Meier als Miterben nach Adam Meier. Den anderen Miterben wurde ein Bescheid gleichen Inhalts erteilt. Die Erben sind Gesamtschuldner (§ 44 AO).

1.2 Wie Beispiel 1.1, jedoch ist Konrad Meier mit Einverständnis von Ludwig und Martha Meier Empfänger des Steuerbescheides (einverständliche Bekanntgabe nach § 122 Abs. 6 AO).

Anschriftenfeld

Herrn
Konrad Meier
Sternstraße 15
53111 Bonn

Bescheidkopf

Der Steuerbescheid ergeht an Sie als Miterben nach Adam Meier zugleich mit Wirkung für und gegen die Miterben Ludwig und Martha Meier. Die Erben sind Gesamtschuldner (§ 44 AO).

1.3 Wie Beispiel 1.1, jedoch sind die Erben Eheleute oder nahe Familienangehörige unter gemeinschaftlicher Anschrift i. S. d. § 122 Abs. 7 AO. Es genügt die Bekanntgabe einer Ausfertigung des Steuerbescheides an die gemeinsame Anschrift.

Anschriftenfeld

Konrad Meier
Ludwig Meier
Martha Meier
Sternstraße 15
53111 Bonn

Bescheidkopf

Der Steuerbescheid ergeht an Sie als Miterben nach Adam Meier. Die Erben sind Gesamtschuldner (§ 44 AO).

2.1 Der Steuerschuldner Herbert Müller ist im Jahr 08 verstorben. Erben sind seine Ehefrau Anna Müller und die gemeinsamen Kinder Eva Müller und Thomas Müller. Der ESt-Bescheid für das Jahr 07 kann erst nach dem Tod des Herbert Müller ergehen. Herbert und Anna Müller sind zusammen zu veranlagen.

Anna Müller ist Gesamtschuldner zunächst als zusammenveranlagter Ehegatte (§ 26b EStG i. V. m. § 44 AO) sowie gemeinsam mit den Kindern Eva und Thomas Müller als Erben des verstorbenen Herbert Müller (§ 45 Abs. 1 AO). Sie haben jeder für sich für die gesamte Steuerschuld einzustehen (§ 45 Abs. 2 AO, § 44 Abs. 1 AO).

Gegen die Beteiligten Anna Müller, Eva Müller und Thomas Müller können zusammengefasste Bescheide nach § 155 Abs. 3 AO ergehen. Jedem Beteiligten ist eine Ausfertigung des zusammengefassten Bescheids an seine Wohnanschrift zu übermitteln. Der Bescheid wird gegen einen Beteiligten, dem er bekannt gegeben wurde, auch wirksam, wenn er einem oder mehreren anderen Beteiligten nicht bekannt gegeben wurde (siehe aber § 265 AO i. V. m. § 747 ZPO, vgl. Beispiel 1.1).

Anschriftenfeld
(jeweils in gesonderten Ausfertigungen):

Frau
Anna Müller
Hohe Straße 27
50667 Köln

Frau
Eva Müller
Wilhelmstraße 19
53111 Bonn

Herrn
Thomas Müller
Sophienstraße 35
80333 München

Bescheidkopf

Für Anna Müller und die Erben nach Herbert Müller: Anna Müller, Eva Müller und Thomas Müller. Alle Beteiligten sind Gesamtschuldner (§ 44 AO).

2.2 Wie Beispiel 2.1, jedoch ist Anna Müller mit Einverständnis von Eva und Thomas Müller Empfänger des Bescheids (§ 122 Abs. 6 AO).

Anschriftenfeld

Frau
Anna Müller

Hohe Straße 27
50667 Köln

Bescheidkopf

Für Anna Müller und die Erben nach Herbert Müller: Anna Müller, Eva Müller und Thomas Müller. Der Bescheid ergeht an Sie zugleich mit Wirkung für und gegen die Miterben. Alle Beteiligten sind Gesamtschuldner (§ 44 AO).

2.3 Wie Beispiel 2.1, jedoch leben alle Beteiligten unter gemeinsamer Anschrift i. S. v. § 122 Abs. 7 AO (in Köln, Hohe Straße 27). Es genügt die Bekanntgabe einer Ausfertigung des Steuerbescheids an die gemeinsame Anschrift.

Anschriftenfeld

Anna Müller
Eva Müller
Thomas Müller
Hohe Straße 27
50667 Köln

Bescheidkopf

Für Anna Müller und die Erben nach Herbert Müller: Anna Müller, Eva Müller und Thomas Müller. Alle Beteiligten sind Gesamtschuldner (§ 44 AO).

2.12.5 Zur Bekanntgabe von Bescheiden bei unbekannten Erben vgl. AEAO zu § 122, Nr. 2.13.2.

2.12.6 Ist eine Erbengemeinschaft Unternehmer oder selbständiger Rechtsträger, so ist ein Steuerbescheid (z. B. über Umsatzsteuer oder Grunderwerbsteuer) an sie als Erbengemeinschaft zu richten (vgl. AEAO zu § 122, Nrn. 2.4 und 2.4.1.2). Hat die Erbengemeinschaft keinen Namen und keinen gesetzlichen Vertreter, muss sie zur zweifelsfreien Identifizierung der Gemeinschaft und ihrer Gemeinschafter grundsätzlich durch den Namen des Erblassers und der einzelnen Miterben charakterisiert werden (BFH-Urteil vom 29.11.1972, II R 42/67, BStBl 1973 II S. 372). Zur Ermittlung der Inhaltsadressaten durch Auslegung gelten die Ausführungen in Nr. 2.12.3 des AEAO zu § 122 entsprechend.

2.12.7 Vollstreckung in den Nachlass

Ist ein Steuerbescheid bereits zu Lebzeiten des Erblassers wirksam geworden und will die Finanzbehörde wegen der Steuerschuld vollstrecken, muss sie vor Beginn der Vollstreckung ein Leistungsgebot erlassen (vgl. im Einzelnen Abschn. 29 ff. VollstrA).

2.12.8 Umwandlung von Gesellschaften

Zum Erlass von Steuerverwaltungsakten in Spaltungsfällen und in Fällen eines Formwechsels vgl. AEAO zu § 122, Nrn. 2.15 und 2.16 sowie AEAO zu § 45, Nrn. 2 und 3.

2.13 Testamentsvollstreckung, Nachlasspflegschaft, Nachlassverwaltung

2.13.1 Der **Testamentsvollstrecker** ist nicht Vertreter der Erben, sondern Träger eines durch letztwillige Verfügung des Erblassers begründeten privaten Amts, dessen Inhalt durch die letztwillige Verfügung bestimmt wird (§§ 2197 ff. BGB; BFH-Urteil vom 11.6.2013, II R 10/11, BStBl II S. 924). Soweit die Verwaltungsbefugnis des Testamentsvollstreckers reicht, ist dem Erben die Verfügungsbefugnis entzogen (§ 2211 BGB). Der Testamentsvollstrecker kann den Erben nicht persönlich verpflichten und hat auch nicht dessen persönliche Pflichten gegenüber den Finanzbehörden zu erfüllen (BFH-Urteil vom 16.4.1980, VII R 81/79, BStBl II S. 605).

2.13.1.1 Hat der Erblasser selbst noch den Steuertatbestand verwirklicht, ist aber gegen ihn kein Steuerbescheid mehr ergangen, so ist der Steuerbescheid an den Erben als Inhaltsadressaten zu richten und diesem bekannt zu geben (vgl. Beispiele in Nr. 2.12.4 des AEAO zu § 122; BFH-Urteile vom 15.2.1978, I R 36/77, BStBl II S. 491, und vom 8.3.1979, IV R 75/76, BStBl II S. 501), es sei denn, der Testamentsvollstrecker ist zugleich Empfangsbevollmächtigter des Erben (§ 122 Abs. 1 Satz 3 AO). Ist der Testamentsvollstrecker im Rahmen seiner Verwaltung des gesamten Nachlassvermögens nach § 2213 Abs. 1 BGB zur Erfüllung von Nachlassverbindlichkeiten verpflichtet und soll er zur Erfüllung der Steuerschuld aus dem von ihm verwalteten Nachlass herangezogen werden, kann der Steuerbescheid - auch - an ihn gerichtet werden (BFH-Urteil vom 30.9.1987, II R 42/84, BStBl 1988 II S. 120). Geschieht dies nicht, ist er durch Übersendung einer Ausfertigung des dem Erben oder dem Nachlasspfleger bekannt gegebenen Steuerbescheids in Kenntnis zu setzen. Ggf. ist er durch Duldungsbescheid (§ 191 Abs. 1 AO) in Anspruch zu nehmen. Seine persönliche Haftung nach § 69 i. V. m. § 34 Abs. 3 AO bleibt davon unberührt.

2.13.1.2 Betrifft die Steuerpflicht Tatbestände nach dem Erbfall, so ist der Erbe Steuerschuldner auch für Steuertatbestände, die das Nachlassvermögen betreffen. Steuerbescheide über Einkünfte, die dem Erben aus dem Nachlassvermögen zufließen, sind dem Erben als Inhaltsadressaten und nicht dem Testamentsvollstrecker bekannt zu geben (BFH-Urteil vom 7.10.1970, I R 145/68, BStBl 1971 II S. 119; BFH-Beschluss vom 29.11.1995, X B 328/94, BStBl 1996 II S. 322). Dies gilt auch, wenn der Testamentsvollstrecker ein Unternehmen im eigenen Namen weiterführt (BFH-Urteil vom 16.2.1977, I R 53/74, BStBl II S. 481, für GewSt-Messbescheide). Steht dem Testamentsvollstrecker nach § 2213 Abs. 1 BGB die Verwaltung des gesamten Nachlasses zu, sind die drei letzten Sätze der Nr. 2.13.1.1 des AEAO zu § 122 entsprechend anzuwenden.

2.13.2 Sind der oder die Erben (noch) unbekannt, so ist der Steuerbescheid, gleichgültig ob der Steuertatbestand vom Erblasser selbst noch verwirklicht worden ist oder erst nach Eintritt des Erbfalls, einem zu bestellenden **Nachlasspfleger** bekannt zu geben. Die Vertretungsbefugnis des Nachlasspflegers endet auch dann erst mit Aufhebung der Nachlasspflegschaft durch das Nachlassgericht, wenn die Erben zwischenzeitlich bekannt wurden (BFH-Urteil vom 30.3.1982, VIII R 227/80, BStBl II S. 687).

Der Nachlasspfleger ist gesetzlicher Vertreter des Erben, falls dieser noch unbekannt ist oder die Annahme der Erbschaft noch ungewiss ist. Er wird von Amts wegen oder auf Antrag eines Nachlassgläubigers vom Nachlassgericht bestellt (siehe §§ 1960, 1961 BGB, § 81 AO). Nr. 2.2 des AEAO zu § 122 ist entsprechend anzuwenden. Der Testamentsvollstrecker ist nicht bereits kraft Amtes Vertreter des unbekannten Erben, kann aber zum Nachlasspfleger bestellt werden.

2.13.3 **Nachlassverwaltung** ist die Nachlasspflegschaft zum Zwecke der Befriedigung der Nachlassgläubiger (§ 1975 BGB). Die Stellung des Nachlassverwalters ist derjenigen des Testamentsvollstreckers vergleichbar. Die Ausführungen in Nr. 2.13.1.1 und Nr. 2.13.1.2 des AEAO zu § 122 gelten daher entsprechend (vgl. BFH-Urteil vom 5.6.1991, XI R 26/89, BStBl II S. 820).

2.13.4 Erbschaftsteuerbescheide

2.13.4.1 Ein Erbschaftsteuerbescheid ist nach § 32 Abs. 1 ErbStG dem **Testamentsvollstrecker** mit Wirkung für und gegen die Erben bekannt zu geben, wenn er nach § 31 Abs. 5 ErbStG zur Abgabe der Erbschaftsteuererklärung verpflichtet war. Dies ist nur dann der Fall, wenn sich die Testamentsvollstreckung auf den Gegenstand des Erwerbs oder im Fall eines Vermächtnisses auch auf die anschließende Verwaltung des vermachten Gegenstandes, insbesondere im Rahmen einer Dauervollstreckung (§§ 2209, 2210 BGB), bezieht und das Finanzamt die Abgabe der Erbschaftsteuererklärung vom Testamentsvollstrecker verlangt hat (vgl. BFH-Urteil vom 11.6.2013, II R 10/11, BStBl II S. 924). Soweit nach diesen Grundsätzen der Erbschaftsteuerbescheid dem Testamentsvollstrecker bekannt zu geben ist, gilt dies auch dann, wenn der Testamentsvollstrecker zur Abgabe der Erbschaftsteuererklärung aufgefordert worden war, diese aber tatsächlich nicht abgegeben hat und daher die Besteuerungsgrundlagen geschätzt wurden.

Ein Erbschaftsteuerbescheid, mit dem lediglich Erbschaftsteuer aufgrund des Erwerbs eines schuldrechtlichen Anspruchs erbrechtlicher Natur (z. B. Pflichtteilsrecht, Erbersatzanspruch) und/oder aufgrund Erwerbs infolge eines Vertrages des Erblassers zugunsten des Erwerbers auf den Todesfall festgesetzt wird, kann dem Testamentsvollstrecker nicht mit Wirkung für und gegen den Steuerschuldner bekannt gegeben werden (BFH-Urteile vom 14.11.1990, II R 255/85, BStBl 1991 II S. 49, und II R 58/86, BStBl 1991 II S. 52).

Ist der Erbschaftsteuerbescheid nach den vorgenannten Grundsätzen dem Testamentsvollstrecker bekannt zu geben, muss der Bescheid mit hinreichender Bestimmtheit erkennen lassen, dass er sich - ungeachtet der Verpflichtung des Testamentsvollstreckers, für die Zahlung der Steuer zu sorgen (§ 32 Abs. 1 Satz 2 ErbStG) - an den Erben als Steuerschuldner richtet (BFH-Urteil vom 10.7.1991, VIII R 16/90, BFH/NV 1992 S. 223).

Beispiel:

Anschriftenfeld

Name und Anschrift des Testamentsvollstreckers

Bescheidkopf

Erbschaftsteuerbescheid über den Erwerb des ....

(Name des Erben/Miterben)

aufgrund des Ablebens von ....

Erläuterungen

Der Bescheid wird Ihnen nach § 32 Abs. 1 Satz 1 ErbStG mit Wirkung für und gegen den oben bezeichneten Erben bekannt gegeben. Dieser ist Steuerschuldner.

2.13.4.2 Die Ausführungen in Nr. 2.13.4.1 des AEAO zu § 122 gelten entsprechend für Fälle der **Nachlasspflegschaft** und der **Nachlassverwaltung** (§ 31 Abs. 6, § 32 Abs. 2 ErbStG).

2.13.4.3 Die Bekanntgabe des Erbschaftsteuerbescheids an den Testamentsvollstrecker, den Nachlasspfleger oder den Nachlassverwalter setzt auch die Einspruchsfrist für die Anfechtung durch den Erben in Lauf. Dem Erben ist bei verspäteter Unterrichtung durch den Testamentsvollstrecker oder den Nachlassverwalter Wiedereinsetzung in den vorigen Stand zu gewähren, wenn die Jahresfrist gem. § 110 Abs. 3 AO noch nicht abgelaufen ist. Dem Erben ist ein etwaiges Verschulden des Testamentsvollstreckers oder des Nachlassverwalters nicht zuzurechnen, da diese keine Vertreter i. S. d. § 110 Abs. 1 Satz 2 AO sind (vgl. BFH-Urteil vom 14.11.1990, II R 58/86, BStBl 1991 II S. 52). Dagegen ist ein Nachlasspfleger gesetzlicher Vertreter des unbekannten Erben (vgl. AEAO zu § 122, Nr. 2.13.2) mit der Folge, dass sein Verschulden dem Erben zuzurechnen ist.

2.14 Haftende

2.14.1 Der Steuerschuldner und der Haftende sind nach § 44 Abs. 1 AO zwar Gesamtschuldner, diese Bestimmung führt aber nicht zu einer völligen Gleichstellung. Der Steuerbescheid ist an den Steuerschuldner zu richten. Über die Haftung ist durch selbständigen Haftungsbescheid zu entscheiden (§ 191 AO) und der Haftende durch Zahlungsaufforderung in Anspruch zu nehmen (§ 219 AO). Beide Maßnahmen können auch getrennt voneinander ausgeführt werden. Die Zusendung einer Ausfertigung des Steuerbescheids reicht zur Inanspruchnahme des Haftenden nicht aus.

2.14.2 Der Haftungsbescheid muss eindeutig erkennen lassen, gegen wen sich der Haftungsanspruch richtet.

Beispiele für Lohnsteuerhaftungsbescheide bei Inanspruchnahme:

a)	b)
des Arbeitgebers:	des Geschäftsführers des Arbeitgebers:

Haftungsschuldner als Inhaltsadressat, Bekanntgabeadressat und Empfänger:	Haftungsschuldner als Inhaltsadressat, Bekanntgabeadressat und Empfänger:
Meier GmbH	Herrn Josef Meier (Geschäftsführer der Meier-GmbH)
Sophienstraße 2 a 80333 München	Hansastr. 100 81373 München
(jeweils mit Angabe des Haftungsgrundes in der Erläuterung)	(jeweils mit Angabe des Haftungsgrundes in der Erläuterung)

Bei der Inanspruchnahme des Geschäftsführers als Haftungsschuldner für Steuerschulden der von ihm vertretenen juristischen Person oder nichtrechtsfähigen Personenvereinigung ist darauf zu achten, dass die persönliche Inanspruchnahme in der Adressierung und auch sonst im Bescheid eindeutig zum Ausdruck kommt. Als postalische Anschrift ist im Haftungsbescheid i. d. R. die von der Firmenanschrift abweichende Wohnanschrift des Geschäftsführers zu verwenden. Wird ein Haftungsbescheid an den Geschäftsführer durch die Post mit Zustellungsurkunde (vgl. AEAO zu § 122, Nr. 3.1.1) ausnahmsweise unter der Firmenanschrift zugestellt, ist im Kopf des Vordrucks „Zustellungsurkunde" in roter Schrift oder durch rotes Unterstreichen zu vermerken: „Keine Ersatzzustellung".

2.14.3 Sollen wegen desselben Anspruchs mehrere Haftungsschuldner herangezogen werden, kann in entsprechender Anwendung des § 155 Abs. 3 AO ein zusammengefasster Haftungsbescheid erlassen werden. Für jeden Haftungsschuldner ist jedoch ein gesonderter Bescheid auszufertigen und bekannt zu geben, um ihm gegenüber Wirksamkeit zu erlangen. Dies gilt auch dann, wenn der zusammengefasste Haftungsbescheid gegen Ehegatten gerichtet ist (BFH-Beschluss vom 22.10.1975, I B 38/75, BStBl 1976 II S. 136).

Bei der Inanspruchnahme von mehreren Haftungsschuldnern wegen desselben Anspruchs sind im Haftungsbescheid alle als Haftungsschuldner herangezogenen Personen zu benennen. Eine fehlende Angabe der übrigen Haftungsschuldner führt aber nicht ohne weiteres zur Unwirksamkeit der Haftungsbescheide (BFH-Urteil vom 5.11.1980, II R 25/78, BStBl 1981 II S. 176), sondern kann im Rahmen des § 126 AO nachgeholt werden. Die einzelnen Haftungsschuldner werden durch die gemeinsame Inanspruchnahme zu Gesamtschuldnern (§ 44 AO); die Erfüllung durch einen der Gesamtschuldner wirkt auch für die übrigen.

2.15 Spaltung

In den Fällen einer Abspaltung, Ausgliederung oder Vermögensübertragung nach dem UmwG liegt mit Ausnahme der Vermögensübertragung im Wege der Vollübertragung keine Gesamtrechtsnachfolge i. S. d. § 45 Abs. 1 AO vor (vgl. AEAO zu § 45, Nr. 2). Die an einer Spaltung beteiligten Rechtsträger sind aber Gesamtschuldner für die Verbindlichkeiten des übertragenden

Rechtsträgers, die vor dem Wirksamwerden der Spaltung begründet worden sind (§ 133 Abs. 1 Satz 1 UmwG). Der übernehmende Rechtsträger kann daher durch Haftungsbescheid (im Falle der Vermögensübertragung im Wege der Vollübertragung durch Steuerbescheid) in Anspruch genommen werden.

Bei einer Aufspaltung erlischt der übertragende Rechtsträger mit der Registereintragung der Spaltung (§ 131 Abs. 1 Nr. 2 UmwG). Die Regelung über die steuerliche Gesamtrechtsnachfolge (§ 45 Abs. 1 AO) ist sinngemäß anzuwenden; dies gilt nicht in Bezug auf die gesonderte und einheitliche Feststellung von Besteuerungsgrundlagen (vgl. AEAO zu § 45, Nr. 2).

Bei der Entscheidung, ob ein übernehmender Rechtsträger für Steuerverbindlichkeiten des übertragenden Rechtsträgers in Anspruch zu nehmen ist, soll i. d. R. eine im Spaltungs- und Übernahmevertrag getroffene Zuweisung der Steuerverbindlichkeiten berücksichtigt werden. Enthält der Spaltungs- und Übernahmevertrag keine Zuweisung der Steuerverbindlichkeiten, soll in Fällen der Abspaltung oder Ausgliederung i. d. R. zunächst nur der übertragende Rechtsträger in Anspruch genommen werden.

Beispiel 1:

Vom Vermögen der Spalt-GmbH wurde ein Teil abgespalten und an die A-GmbH übertragen. Der Spaltungs- und Übernahmevertrag enthält keine Regelungen zur Zuweisung der Steuerverbindlichkeiten.

Steuerbescheid an Spalt-GmbH:

Anschriftenfeld
(Steuerschuldner als Inhaltsadressat, Bekanntgabeadressat und Empfänger):

Spalt-GmbH
Moltkestraße 5
12203 Berlin

Beispiel 2:

Wie Beispiel 1, jedoch sollen die Spalt-GmbH und die A-GmbH als Gesamtschuldner in Anspruch genommen werden.

Steuerbescheid an Spalt-GmbH:

Anschriftenfeld
(Steuerschuldner als Inhaltsadressat, Bekanntgabeadressat und Empfänger):

Spalt-GmbH
Moltkestraße 5
12203 Berlin

Bescheidkopf

Der A-GmbH wurde ein Haftungsbescheid erteilt. Die an der Abspaltung beteiligten Rechtsträger sind Gesamtschuldner (§ 44 AO, § 133 Abs. 1 Satz 1 UmwG).

Haftungsbescheid an A-GmbH:

Anschriftenfeld (Haftungsschuldner als Inhaltsadressat, Bekanntgabeadressat und Empfänger):

A-GmbH
Meiserstraße 4
80284 München

Bescheidkopf

Dieser Bescheid ergeht an Sie als partielle Nachfolgerin der Spalt-GmbH. Der Spalt-GmbH wurde ein Steuerbescheid erteilt. Die an der Abspaltung beteiligten Rechtsträger sind Gesamtschuldner (§ 44 AO, § 133 Abs. 1 Satz 1 UmwG).

Beispiel 3:

Die Spalt-GmbH wurde in die A-GmbH und die B-GmbH aufgespalten. Im Spaltungs- und Übernahmevertrag wurden die Steuerverbindlichkeiten der erloschenen Spalt-GmbH der A-GmbH zugewiesen.

Steuerbescheid an A-GmbH:

Anschriftenfeld
(Steuerschuldner als Inhaltsadressat, Bekanntgabeadressat und Empfänger):

A-GmbH
Meiserstraße 4
80284 München

Bescheidkopf

Dieser Bescheid ergeht an Sie als Nachfolgerin der durch Aufspaltung erloschenen Spalt-GmbH.

Beispiel 4:

Die Spalt-GmbH wurde in die A-GmbH und die B-GmbH aufgespalten. Der Spaltungs- und Übernahmevertrag enthält keine Regelungen zur Zuweisung der Steuerverbindlichkeiten der Spalt-GmbH. Die A-GmbH und die B-GmbH sollen als Gesamtschuldner in Anspruch genommen werden.

Steuerbescheid an A-GmbH:

Anschriftenfeld
(Steuerschuldner als Inhaltsadressat, Bekanntgabeadressat und Empfänger):

A-GmbH
Meiserstraße 4
80284 München

Bescheidkopf

Dieser Bescheid ergeht an Sie als Nachfolgerin der durch Aufspaltung erloschenen Spalt-GmbH. Der B-GmbH wurde ein Bescheid gleichen Inhalts erteilt. Die an der Spaltung beteiligten Rechtsträger sind Gesamtschuldner (§ 44 AO, § 133 Abs. 1 Satz 1 UmwG).

Steuerbescheid an B-GmbH:

Anschriftenfeld
(Steuerschuldner als Inhaltsadressat, Bekanntgabeadressat und Empfänger):

B-GmbH
Hauptstr. 101
67433 Neustadt

Bescheidkopf

Dieser Bescheid ergeht an Sie als Nachfolgerin der durch Aufspaltung erloschenen Spalt-GmbH. Der A-GmbH wurde ein Bescheid gleichen Inhalts erteilt. Die an der Spaltung beteiligten Rechtsträger sind Gesamtschuldner (§ 44 AO, § 133 Abs. 1 Satz 1 UmwG).

2.16 Formwechselnde Umwandlung

Bei einer formwechselnden Umwandlung (§ 1 Abs. 1 Nr. 4, §§ 190 ff. UmwG) liegt lediglich ein Wechsel der Rechtsform eines Rechtsträgers unter Wahrung seiner rechtlichen Identität vor. Ändert sich allerdings durch den Formwechsel das Steuersubjekt, ist die Regelung des § 45 Abs. 1 AO über die steuerliche Gesamtrechtsnachfolge sinngemäß anzuwenden (vgl. AEAO zu § 45, Nr. 3).

Wird eine Personengesellschaft in eine Kapitalgesellschaft umgewandelt, sind Bescheide über Steuern, für die die Personengesellschaft Steuerschuldnerin war (vgl. AEAO zu § 122, Nr. 2.4.1), nach der Umwandlung an die Kapitalgesellschaft zu richten und dieser bekannt zu geben. Bescheide über die gesonderte und einheitliche Feststellung von Besteuerungsgrundlagen sind an die Gesellschafter der umgewandelten Personengesellschaft zu richten (vgl. AEAO zu § 122, Nr. 2.5). Wird eine Kapitalgesellschaft in eine Personengesellschaft umgewandelt, sind Bescheide über Steuern, für die die Kapitalgesellschaft Steuerschuldnerin war, an die Personengesellschaft zu richten.

3. Besonderheiten des Zustellungsverfahrens

3.1 Zustellungsarten

Die Zustellung richtet sich nach dem VwZG (§ 122 Abs. 5 Satz 2 AO). Die vom Amtsgericht zu erlassende Anordnung eines persönlichen Sicherheitsarrestes ist nach den Vorschriften der ZPO zuzustellen (§ 326 Abs. 4 AO).

Das VwZG sieht die folgenden Zustellungsarten vor:

- Zustellung durch die Post mit Zustellungsurkunde (§ 3 VwZG; vgl. AEAO zu § 122, Nr. 3.1.1),
- Zustellung durch die Post mittels Einschreiben (§ 4 VwZG; vgl. AEAO zu § 122, Nr. 3.1.2),
- Zustellung (auch eines elektronischen Dokuments) durch die Behörde gegen Empfangsbekenntnis (§ 5 VwZG; vgl. AEAO zu § 122, Nr. 3.1.3),
- Zustellung (auch eines elektronischen Dokuments) im Ausland (§ 9 VwZG; vgl. AEAO zu § 122, Nr. 3.1.4),
- Öffentliche Zustellung (§ 10 VwZG; vgl. AEAO zu § 122, Nr. 3.1.5).

Kommen mehrere Zustellungsarten in Betracht, soll die kostengünstigste gewählt werden, sofern nicht besondere Umstände (z. B. Zweifel an der Annahmebereitschaft des Empfängers; vgl. Nr. 3.1.2) für eine Zustellung durch die Post mit Zustellungsurkunde sprechen.

Die Allgemeinen Verwaltungsvorschriften zum VwZG vom 13.12.1966 (BStBl I S. 969), geändert durch die Allgemeine Verwaltungsvorschrift vom 27.4.1973 (BStBl I S. 220), sind überholt.

3.1.1 Zustellung durch die Post mit Zustellungsurkunde (§ 3 VwZG)

Soll ein Verwaltungsakt durch die Post mit Zustellungsurkunde zugestellt werden, sind § 3 VwZG sowie die dort angeführten Vorschriften der §§ 177 bis 182 ZPO zu beachten. „Post" ist jeder Erbringer von Postdienstleistungen (§ 2 Abs. 2 Satz 1 VwZG; siehe auch § 33 des Postgesetzes vom 22.12.1997, BGBl. I S. 3294).

Die Finanzbehörde hat der Post den Zustellungsauftrag, das zuzustellende Dokument in einem verschlossenen Umschlag und einen vorbereiteten Vordruck einer Zustellungsurkunde zu übergeben (§ 3 Abs. 1 VwZG). Für die Zustellungsurkunde, den Zustellungsauftrag und den verschlossenen Umschlag sind die in der Zustellungsvordruckverordnung vom 12.2.2002 (BGBl. I S. 671, 1019), geändert durch Verordnung vom 23.4.2004 (BGBl. I S. 619), bestimmten Vordrucke zu verwenden (§ 3 Abs. 2 Satz 3 VwZG). Der vorbereitete Vordruck der Zustellungsurkunde muss den Empfänger (vgl. AEAO zu § 122, Nrn. 1.5 und 1.6) und das Aktenzeichen (vgl. AEAO zu § 122, Nr. 3.1.1.1) des zuzustellenden Dokuments sowie die Anschrift der auftraggebenden Finanzbehörde enthalten. Fehlen diese Angaben auf der zuzustellenden Sendung ganz oder teilweise, ist die Zustellung unwirksam, auch wenn die Zustellungsurkunde den Anforderungen des § 182 ZPO genügt. Gleiches gilt, wenn auf der Sendung ein falsches Aktenzeichen angegeben ist.

Ausnahmsweise kann als Zustellungsanschrift eine Postfachnummer gewählt werden. In diesem Fall ist aber die tatsächliche Zustellung beim Rücklauf der

Zustellungsurkunde zu überwachen (BFH-Urteil vom 9.2.1983, II R 10/79, BStBl II S. 698). Bei Ersatzzustellung durch Niederlegung ist die Zustellung nicht wirksam, wenn die Mitteilung über die Niederlegung in das Postfach des Empfängers eingelegt wird (BFH-Urteil vom 17.2.1983, V R 76/77, BStBl II S. 528).

3.1.1.1 Das auf der vorbereiteten Zustellungsurkunde und auf dem verschlossenen Umschlag anzugebende Aktenzeichen (vgl. AEAO zu § 122, Nr. 3.1.1) ist mit Abkürzungen zu bilden. Anhand des Aktenzeichens muss einerseits der Inhalt des zuzustellenden Dokuments einwandfrei zu identifizieren sein (BFH-Urteil vom 18.3.2004, V R 11/02, BStBl II S. 540), andererseits muss das Aktenzeichen so gewählt werden, dass es einem Dritten möglichst keinen Rückschluss auf den Inhalt der Sendung zulässt. Die bloße Angabe der Steuernummer reicht nicht aus (BFH-Urteil vom 13.10.2005, IV R 44/03, BStBl 2006 II S. 214).

Neben der Steuernummer und grundsätzlich neben dem Datum des zuzustellenden Verwaltungsakts sind die folgenden verwaltungsüblichen Abkürzungen und Listennummern zu verwenden.

Beispiele:

Abkürzung	**Inhalt der Sendung**
210/50 108, EStB 2005 vom xx.xx.xxxx	StNr. 210/50 108, ESt-Bescheid 2005 vom xx.xx.xxxx
210/50 108, VZB ESt 2006 vom xx.xx.xxxx	StNr. 210/50 108, Vorauszahlungsbescheid für ESt 2006 vom xx.xx.xxxx
210/50 108, HaB LSt 2005 vom xx.xx.xxxx	StNr. 210/50 108, Haftungsbescheid für LSt 2005 vom xx.xx.xxxx
210/50 108, NachB LSt 2005 vom xx.xx.xxxx	StNr. 210/50 108, Nachforderungsbescheid für LSt 2005 vom xx.xx.xxxx
210/50 108 EE EStB 2005	StNr. 210/50 108, Einspruchsentscheidung in Sachen ESt-Bescheid 2005
210/50 108 EE RbL 150/2006	StNr. 210/50 108, Einspruchsentscheidung für den in die Rechtsbehelfsliste 2006 unter Nr. 150 eingetragenen Einspruch
210/50 108 PrA vom xx.xx.xxxx	StNr. 210/50 108 Prüfungsanordnung vom xx.xx.xxxx

210/50 108 Mitteilung 141 Abs. 2 AO vom xx.xx.xxxx	StNr. 210/50 108 Mitteilung vom xx.xx.xxxx über den Beginn der Buchführungspflicht
210/50 108 ZG.-A. vom xx.xx.xxxx	StNr. 210/50 108 Verwaltungsakt über die Androhung eines Zwangsgeldes vom xx.xx.xxxx

Bei der Zustellung eines Bescheids über die gesonderte Feststellung von Besteuerungsgrundlagen muss sich aus dem Aktenzeichen auch der Gegenstand der Feststellung ergeben (BFH-Urteil vom 13.10.2005, IV R 44/03, BStBl 2006 II S. 214). Für die hinreichende Unterscheidung von gesonderten Feststellungen sind - neben den übrigen Angaben, wie Steuernummer und Datum des zuzustellenden Verwaltungsakts (vgl. die vorstehenden Beispiele) - zweckmäßigerweise die folgenden Kürzel zu verwenden:

Beispiele:

Kürzel	Gegenstand
VF-ESt 31.12.05	Feststellung des verbleibenden Verlustvortrages zur ESt auf den 31.12.2005
VF-KSt 31.12.05	Feststellung des verbleibenden Verlustvortrages zur KSt auf den 31.12.2005
VF-Gew 31.12.05	Feststellung des vortragsfähigen Gewerbeverlustes auf den 31.12.2005
Fest2B 2005	Feststellung der negativen Einkünfte aus der Beteiligung an Verlustzuweisungsgesellschaften nach § 2b EStG i. V. m. § 10d Abs. 4 EStG für 2005
ges. Fest 2005	Gesonderte Feststellung gem. § 180 Abs. 1 Satz 1 Nr. 2 Buchstabe b AO für 2005
Ges. + einh. Fest 2005	Gesonderte und einheitliche Feststellung i. S. v. § 180 Abs. 1 Satz 1 Nr. 2 Buchstabe a AO für 2005

3.1.1.2 Sollen mehrere Verwaltungsakte (z. B. Einspruchsentscheidungen) verschiedenen Inhalts in einer Postsendung zugestellt werden, müssen die gesetzlichen Form- und Beurkundungserfordernisse in Bezug auf jedes einzelne Schriftstück gewahrt werden. Das Aktenzeichen muss aus Angaben über die einzelnen Schriftstücke bestehen (BFH-Urteil vom 7.7.2004, X R 33/02, BFH/NV 2005 S. 66). Enthält die Sendung mehr Schriftstücke als durch Aktenzeichen auf der Zustellungsurkunde und/oder dem Umschlag bezeichnet, ist nur die Zustellung des nicht bezeichneten Schriftstücks unwirksam. Der Zustellungsmangel kann jedoch nach § 8 VwZG geheilt werden (vgl. AEAO zu § 122, Nr. 4.5.2).

3.1.1.3 Eine wirksame Zustellung an mehrere Personen gemeinsam ist nicht möglich, sondern nur die Zustellung an einen bestimmten Zustellungsempfänger. In der Anschrift auf dem Briefumschlag und dementsprechend in der Zustellungsurkunde darf daher als Empfänger nur eine Person angesprochen werden. Das gilt auch für die Zustellung an Ehegatten (BFH-Urteil vom 8.6.1995, IV R 104/94, BStBl II S. 681). Eine mit der Anschrift „Herrn Adam und Frau Eva Meier“ versehene Sendung kann daher nicht wirksam zugestellt werden (vgl. AEAO zu § 122, zu Nr. 3.4).

3.1.1.4 Die Zustellungsurkunde ist eine öffentliche Urkunde i. S. d. § 418 Abs. 1 ZPO (vgl. § 182 Abs. 1 Satz 2 ZPO) und erbringt daher den vollen Beweis für die in ihr bezeugten Tatsachen. Dieser ist aber nach § 418 Abs. 2 ZPO durch Gegenbeweis widerlegbar. Dies erfordert den vollen Nachweis eines anderen Geschehensablaufs; durch bloße Zweifel an der Richtigkeit der urkundlichen Feststellungen ist der Gegenbeweis nicht erbracht (BFH-Urteil vom 28.9.1993, II R 34/92, BFH/NV 1994 S. 291).

3.1.2 Zustellung durch die Post mittels Einschreiben (§ 4 VwZG)

Die durch § 4 VwZG eröffnete Zustellungsmöglichkeit ist auf die Varianten „Einschreiben mittels Übergabe“ und „Einschreiben mit Rückschein“ beschränkt. Die Zustellung mittels eines „Einwurf-Einschreibens“ ist somit nicht möglich. Nicht nur Briefe, sondern auch umfangreichere Sendungen, z. B. Pakete, können mittels Einschreiben zugestellt werden, soweit die Post (zum Begriff der „Post“ vgl. AEAO zu § 122, Nr. 3.1.1) dies ermöglicht.

Eine Zustellung durch **Einschreiben mit Rückschein** gilt an dem Tag als bewirkt, den der Rückschein angibt. Zum Nachweis der Zustellung genügt der Rückschein (§ 4 Abs. 2 Satz 1 VwZG). Im Gegensatz zu der bei einer Zustellung nach § 3 VwZG (vgl. AEAO zu § 122, Nr. 3.1.1) errichteten Zustellungsurkunde ist der Rückschein keine öffentliche Urkunde i. S. d. § 418 ZPO. Der von dem Rückschein ausgehende Nachweis der Zustellung ist somit auf das Maß eines normalen Beweismittels eingeschränkt. Geht der Rückschein nicht bei der die Zustellung veranlassenden Behörde ein oder enthält er kein Datum, gilt die Zustellung am dritten Tag nach der Aufgabe zur Post als bewirkt, es sei denn, dass der Verwaltungsakt nicht oder zu einem späteren Zeitpunkt zugegangen ist; im Zweifel hat die Behörde den Zugang und dessen Zeitpunkt nachzuweisen (§ 4 Abs. 2 Sätze 2 und 3 VwZG).

Eine Zustellung mittels **Einschreiben durch Übergabe** gilt am dritten Tag nach der Aufgabe zur Post als bewirkt, es sei denn, dass der Verwaltungsakt nicht oder zu einem späteren Zeitpunkt zugegangen ist. Auch insoweit hat im Zweifel die Behörde den Zugang und dessen Zeitpunkt nachzuweisen (§ 4 Abs. 2 Sätze 2 und 3 VwZG). Der Tag der Aufgabe zur Post ist in den Akten zu vermerken (§ 4 Abs. 2 Satz 4 VwZG).

Für eine eventuelle Ersatzzustellung gelten nicht die §§ 178 bis 181 ZPO, sondern die einschlägigen allgemeinen Geschäftsbedingungen des in Anspruch genommenen Postdienstleisters. Verweigert der Empfänger oder der Ersatzempfänger die Annahme der eingeschriebenen Sendung, wird sie als unzustellbar an den Absender zurückgeschickt. Im Gegensatz zur Zustellung durch die Post mit Zustellungsurkunde (vgl. AEAO zu § 122, Nr. 3.1.1) kann daher gegen den Willen des Empfängers bzw. Ersatzempfängers eine Zustellung mittels Einschreiben nicht bewirkt werden.

3.1.3 Zustellung gegen Empfangsbekenntnis (§ 5 VwZG)

Gegen Empfangsbekenntnis kann zugestellt werden,

- indem die Behörde den zuzustellenden Verwaltungsakt dem Empfänger aushändigt (§ 5 Abs. 1 bis 3 VwZG; vgl. AEAO zu § 122, Nr. 3.1.3.1),
- durch Übermittlung auf andere Weise an Behörden, Körperschaften, Anstalten und Stiftungen des öffentlichen Rechts sowie an Angehörige bestimmter Berufe (§ 5 Abs. 4 VwZG; vgl. AEAO zu § 122, Nrn. 3.1.3.2, 3.1.3.4 und 3.1.3.5),
- durch elektronische Übermittlung an andere Empfänger unter den Voraussetzungen des § 5 Abs. 5 VwZG (vgl. AEAO zu § 122, Nrn. 3.1.3.3 bis 3.1.3.5).

3.1.3.1 In den Fällen des § 5 Abs. 1 VwZG ist das zuzustellende Dokument grundsätzlich in einem verschlossenen Umschlag auszuhändigen. Nur wenn keine schutzwürdigen Interessen des Empfängers entgegenstehen, kann das Dokument auch offen ausgehändigt werden. Dies ist z. B. der Fall, wenn das Dokument durch den fachlich zuständigen Bediensteten selbst - etwa bei Erscheinen des Empfängers in den Diensträumen - ausgehändigt wird.

Bei einer Ersatzzustellung gem. § 5 Abs. 2 Nr. 3 VwZG ist wegen des Verweises auf § 181 ZPO für die Mitteilung über die Niederlegung der Vordruck gem. Anlage 4 der Zustellungsvordruckverordnung vom 12.2.2002 (BGBl. I S. 671) zu verwenden.

3.1.3.2 Nach § 5 Abs. 4 VwZG kann an Behörden, Körperschaften, Anstalten und Stiftungen des öffentlichen Rechts, an Rechtsanwälte, Patentanwälte, Notare, Steuerberater, Steuerbevollmächtigte, Wirtschaftsprüfer, vereidigte Buchprüfer, Steuerberatungsgesellschaften, Wirtschaftsprüfungsgesellschaften und Buchprüfungsgesellschaften auch auf andere Weise, somit z. B. durch einfachen Brief oder elektronisch (auch durch Telefax), zugestellt werden. § 5 Abs. 4 VwZG enthält eine abschließende Aufzählung des in Betracht kommenden Empfängerkreises. Abweichend von § 174 Abs. 1 ZPO darf daher an andere Personen, bei denen aufgrund ihres Berufs von einer erhöhten Zuverlässigkeit ausgegangen werden kann, nicht nach § 5 Abs. 4 VwZG zugestellt werden; in Betracht kommt aber eine elektronische Zustellung gem. § 5 Abs. 5 VwZG (vgl. AEAO zu § 122, Nr. 3.1.3.3).

Ob eine elektronische Zustellung die Verwendung einer qualifizierten elektronischen Signatur erfordert, bestimmt sich danach, ob für den zuzustellenden Verwaltungsakt die Schriftform gesetzlich vorgeschrieben ist (§ 87a Abs. 4 AO). Das elektronisch zuzustellende Dokument ist mit einem geeigneten Verfahren zu verschlüsseln (§ 87a Abs. 1 Satz 3 AO). Die Regelungen des § 87a AO sind jedoch nicht anwendbar, wenn die elektronische Zustellung durch

Telefax erfolgt (vgl. AEAO zu § 122, Nr. 1.8.2). Die Formerfordernisse der folgenden Nr. 3.1.3.3 des AEAO zu § 122 gelten daher insoweit nicht.

3.1.3.3 Gem. § 5 Abs. 5 VwZG kann ein Dokument auch an einen nicht in § 5 Abs. 4 VwZG genannten Empfänger **elektronisch** zugestellt werden, soweit der Empfänger hierfür einen Zugang eröffnet hat (zur „Zugangseröffnung“ vgl. AEAO zu § 87a, Nr. 1). Für die Übermittlung ist das Dokument mit einer qualifizierten elektronischen Signatur zu versehen (§ 5 Abs. 5 Satz 3 VwZG), also auch dann, wenn für den zuzustellenden Verwaltungsakt die Schriftform nicht gesetzlich vorgeschrieben ist. Es ist gegen unbefugte Kenntnisnahme Dritter zu schützen (§ 5 Abs. 5 Satz 3 VwZG) und mit einem geeigneten Verfahren zu verschlüsseln (§ 87a Abs. 1 Satz 3 AO).

3.1.3.4 Bei der elektronischen Zustellung nach § 5 Abs. 4 oder Abs. 5 VwZG ist die Übermittlung mit dem Hinweis „Zustellung gegen Empfangsbekenntnis“ einzuleiten. Die Übermittlung muss die absendende Behörde, den Namen und die Anschrift des Zustellungsadressaten („Empfänger“ i. S. d. Nr. 1.5 des AEAO zu § 122) sowie den Namen des Bediensteten erkennen lassen, der das Dokument zur Übermittlung aufgegeben hat (§ 5 Abs. 6 VwZG). Beizufügen ist ein vorbereitetes Formular für das Empfangsbekenntnis (vgl. AEAO zu § 122, Nr. 3.1.3.5).

3.1.3.5 Zum Nachweis der Zustellung in den Fällen des § 5 Abs. 4 und 5 VwZG genügt das mit Datum und Unterschrift versehene **Empfangsbekenntnis**, das an die Behörde durch die Post oder elektronisch zurückzusenden ist (§ 5 Abs. 7 VwZG). Es kann auch durch Telefax übermittelt werden. Wird das Empfangsbekenntnis als elektronisches Dokument erteilt, bedarf es einer qualifizierten elektronischen Signatur, die in diesem Fall die Unterschrift ersetzt.

Das datierte und unterschriebene Empfangsbekenntnis erbringt den vollen Beweis dafür, dass das darin bezeichnete Dokument an dem vom Empfänger bezeichneten Tag tatsächlich zugestellt worden ist; ein Gegenbeweis ist aber zulässig (BFH-Urteil vom 31.10.2000, VIII R 14/00, BStBl 2001 II S. 156). Das Fehlen des Datums auf dem vom Empfänger unterschriebenen Empfangsbekenntnis ist für die Rechtswirksamkeit der Zustellung unschädlich. Maßgebend für den durch die Zustellung ausgelösten Beginn einer Frist ist der Zeitpunkt, in dem der Aussteller des Empfangsbekenntnisses das Dokument als zugestellt entgegen genommen hat (BFH-Beschluss vom 20.8.1982, VIII R 58/82, BStBl 1983 II S. 63).

Der Rücklauf der Empfangsbekenntnisse ist in geeigneter Weise zu überwachen. Werden Empfangsbekenntnisse nicht zurückgesandt, ist zunächst an die Rückgabe zu erinnern. Bleibt diese Erinnerung erfolglos, ist der Verwaltungsakt auf andere Weise erneut zuzustellen, es sei denn, der Empfänger hat das zuzustellende Dokument in Kenntnis der Zustellungsabsicht nachweislich entgegengenommen und behalten (BFH-Urteil vom 6.3.1990, II R 131/87, BStBl II S. 477); dies gilt aber nicht bei einer Zustellung nach § 5 Abs. 5 VwZG (vgl. § 8 VwZG).

3.1.4 Zustellung im Ausland (§ 9 VwZG)

3.1.4.1 Soweit ein Verwaltungsakt im Ausland zuzustellen ist und nicht ein Fall des § 9 Abs. 1 Nr. 3 VwZG (vgl. AEAO zu § 122, Nr. 3.1.4.2) vorliegt, sollte vorrangig von der Möglichkeit der Zustellung durch Einschreiben mit Rückschein (§ 9 Abs. 1 Nr. 1 VwZG) bzw. der Zustellung elektronischer Dokumente (§ 9 Abs. 1 Nr. 4 VwZG) Gebrauch gemacht werden. Beide Zustellungsarten setzen aber voraus, dass sie „völkerrechtlich zulässig“ sind. Diese Formulierung umfasst nicht nur völkerrechtliche Übereinkünfte, sondern auch etwaiges Völkergewohnheitsrecht, ausdrückliches nichtvertragliches Einverständnis, aber auch Tolerierung einer entsprechenden Zustellungspraxis durch den Staat, in dem zugestellt werden soll. Es kann davon ausgegangen werden, dass eine Zustellung durch Einschreiben mit Rückschein oder eine Zustellung elektronischer Dokumente zumindest toleriert wird und daher völkerrechtlich zulässig ist; dies gilt nicht hinsichtlich folgender Staaten: Ägypten, Brasilien, China, Mexiko, Sri Lanka und Venezuela.

Nach dem DBA mit Liechtenstein (BStBl 2013 I S. 488) ist eine Zustellung von deutschen Steuerverwaltungsakten durch die Post für Besteuerungszeiträume ab dem 1.1.2013 für folgende Steuerarten und deren steuerliche Nebenleistungen zulässig:

Einkommensteuer (einschließlich Lohnsteuer, Kapitalertragsteuer, Zinsabschlag, Steuerabzug bei Bauleistungen und besondere Erhebungsformen nach § 50a EStG), Körperschaftsteuer, Gewerbesteuer, Solidaritätszuschlag, Grundsteuer, Vermögensteuer sowie gesonderte und gesonderte und einheitliche Feststellungen von Besteuerungsgrundlagen für Zwecke der vorgenannten Steuern.

In die Staaten Argentinien, Republik Korea, Kuwait, San Marino und die Schweiz ist eine postalische Zustellung von deutschen Steuerverwaltungsakten nach dem Übereinkommen über die gegenseitige Amtshilfe in Steuersachen in eingeschränktem Umfang bezüglich der jeweils hinterlegten Steuerarten und deren steuerliche Nebenleistungen wie folgt möglich:

<u>Argentinien*</u>

Eine Zustellung von deutschen Steuerverwaltungsakten durch die Post ist für Besteuerungszeiträume ab dem 1.1.2016 für die folgenden Steuerarten zulässig:

Einkommensteuer (einschließlich Lohnsteuer, Kapitalertragsteuer, Zinsabschlag, Steuerabzug bei Bauleistungen und besondere Erhebungsformen nach § 50a EStG), Körperschaftsteuer, Solidaritätszuschlag, Erbschaftsteuer, Schenkungsteuer, Ersatzerbschaftsteuer, Einfuhrumsatzsteuer, Umsatzsteuer, Branntweinsteuer (ab 1.1.2018 Alkoholsteuer), Energiesteuer, Tabaksteuer, Luftverkehrsteuer, Rennwett- und Lotteriesteuer, Steuern auf Versicherungsprämien sowie gesonderte und gesonderte und einheitliche Feststellungen von Besteuerungsgrundlagen für Zwecke der vorgenannten Steuern.

<u>Republik Korea*</u>

Eine Zustellung von deutschen Steuerverwaltungsakten durch die Post ist für Besteuerungszeiträume ab dem 1.1.2016 für die folgenden Steuerarten zulässig:

Einkommensteuer (einschließlich Lohnsteuer, Kapitalertragsteuer, Zinsabschlag, Steuerabzug bei Bauleistungen und besondere Erhebungsformen nach § 50a EStG), Körperschaftsteuer, Solidaritätszuschlag, Erbschaftsteuer, Schenkungsteuer, Ersatzerbschaftsteuer, Grundsteuer, Grunderwerbsteuer, Einfuhrumsatzsteuer, Umsatzsteuer, Branntweinsteuer (ab 1.1.2018 Alkoholsteuer), Energiesteuer, Tabaksteuer sowie gesonderte und gesonderte und

einheitliche Feststellungen von Besteuerungsgrundlagen für Zwecke der vorgenannten Steuern.

Kuwait*

Eine Zustellung von deutschen Steuerverwaltungsakten durch die Post ist für Besteuerungszeiträume ab dem 1.1.2019 für die folgenden Steuerarten zulässig:

Einkommensteuer (einschließlich Lohnsteuer, Kapitalertragsteuer, Zinsabschlag, Steuerabzug bei Bauleistungen und besondere Erhebungsformen nach § 50a EStG), Körperschaftsteuer, Solidaritätszuschlag, Vermögensteuer sowie gesonderte und gesonderte und einheitliche Feststellungen von Besteuerungsgrundlagen für Zwecke der vorgenannten Steuern.

San Marino*

Eine Zustellung von deutschen Steuerverwaltungsakten durch die Post ist für Besteuerungszeiträume ab dem 1.1.2016 für die folgenden Steuerarten zulässig:

Einkommensteuer (einschließlich Lohnsteuer, Kapitalertragsteuer, Zinsabschlag, Steuerabzug bei Bauleistungen und besondere Erhebungsformen nach § 50a EStG), Körperschaftsteuer, Solidaritätszuschlag sowie gesonderte und gesonderte und einheitliche Feststellungen von Besteuerungsgrundlagen für Zwecke der vorgenannten Steuern.

Schweiz*

Eine Zustellung von deutschen Steuerverwaltungsakten durch die Post ist für Besteuerungszeiträume ab dem 1.1.2018 für die folgenden Steuerarten zulässig:

Einkommensteuer (einschließlich Lohnsteuer, Kapitalertragsteuer, Zinsabschlag, Steuerabzug bei Bauleistungen und besondere Erhebungsformen nach § 50a EStG), Körperschaftsteuer, Solidaritätszuschlag, Vermögensteuer, Gewerbesteuer sowie gesonderte und gesonderte und einheitliche Feststellungen von Besteuerungsgrundlagen für Zwecke der vorgenannten Steuern.

* = Keine Zustellung zum Zwecke der Vollstreckung

Eine Zustellung von deutschen Steuerverwaltungsakten zum Zwecke der Vollstreckung von Steuerforderungen oder von Geldbußen ist nach dem Übereinkommen über die gegenseitige Amtshilfe in Steuersachen in keinem Fall und zu keinem Vertragsstaat zulässig.

Zum Beweiswert eines Rückscheins bei der Zustellung durch Einschreiben vgl. § 9 Abs. 2 Satz 1 VwZG sowie AEAO zu § 122, Nr. 3.1.2.

Bei einer Zustellung durch Übermittlung elektronischer Dokumente sind neben der völkerrechtlichen Zulässigkeit die Regelungen des § 5 Abs. 5 VwZG, insbesondere die Erfordernisse einer „Zugangseröffnung“ und einer qualifizierten elektronischen Signatur, zu beachten; vgl. AEAO zu § 122, Nr. 3.1.3.3. Zum Empfangsbekenntnis vgl. § 9 Abs. 2 Satz 3 VwZG sowie AEAO zu § 122, Nr. 3.1.3.5.

3.1.4.2 Zustellungsersuchen nach § 9 Abs. 1 Nr. 2 VwZG (**Zustellung durch** die **Behörde des fremden Staates** oder durch die zuständige **diplomatische** oder **konsularische Vertretung** der Bundesrepublik Deutschland) oder nach § 9 Abs. 1 Nr. 3 VwZG (**Zustellung durch das Auswärtige Amt**) sind auf dem Dienstweg dem **Bundeszentralamt für Steuern** zuzuleiten. Hierbei ist die Staatsangehörigkeit des Empfängers anzugeben, weil diese für die Ausführung der Zustellung maßgeblich sein kann. Ist die Staatsangehörigkeit nicht bekannt, so ist dies zu vermerken. Ferner ist Folgendes zu beachten:

- Der zuzustellende Verwaltungsakt muss in Maschinenschrift gefertigt sein und die vollständige ausländische Anschrift des Empfängers enthalten.
- In dem Zustellungsersuchen sind die zuzustellenden Schriftstücke einzeln aufzuführen. Sie sind genau und mit Datum zu bezeichnen.
- Steuer- oder Haftungsbescheide müssen abgerechnet sein und erforderlichenfalls ein Leistungsgebot enthalten. Wegen der Ungewissheit über die Dauer des Zustellungsverfahrens sind etwaige Zahlungsfristen nicht datumsmäßig zu bestimmen, sondern vom Tag der Zustellung abhängig zu machen (z. B. durch die Formulierung „einen Monat nach dem Tag der Zustellung dieses Bescheids“).
- In der Rechtsbehelfsbelehrung ist - ggf. unter Änderung eines vorgedruckten Textes - darüber zu belehren, dass der für den Beginn der Rechtsbehelfsfrist maßgebliche Tag der Bekanntgabe der Tag der Zustellung ist.
- Sind Verwaltungsakte an mehrere Empfänger zuzustellen, müssen jeweils gesonderte Zustellungsersuchen gestellt werden (vgl. AEAO zu § 122, Nr. 3.2). Dies gilt auch bei Zustellungen an Ehegatten (vgl. AEAO zu § 122, Nr. 3.4).

3.1.4.3 Von der durch § 9 Abs. 3 VwZG eingeräumten Möglichkeit, bei einer Zustellung nach § 9 Abs. 1 Nr. 2 oder Nr. 3 VwZG anzuordnen, dass ein inländischer Zustellungsbevollmächtigter benannt wird, sollte nur Gebrauch gemacht werden, wenn zu erwarten ist, dass künftig Verwaltungsakte erlassen werden, für die das Gesetz die förmliche Zustellung vorschreibt (vgl. AEAO zu § 122, Nr.

1.8.3). Ansonsten ist vorrangig nach § 123 AO zu verfahren, soweit die Benennung eines inländischen Empfangsbevollmächtigten für erforderlich oder zweckmäßig gehalten wird.

3.1.5 Öffentliche Zustellung (§ 10 VwZG)

Die öffentliche Zustellung kommt nur als „letztes Mittel" der Bekanntgabe in Betracht, wenn alle Möglichkeiten erschöpft sind, das Dokument dem Empfänger in anderer Weise zu übermitteln.

3.1.5.1 Eine öffentliche Zustellung wegen eines **unbekannten Aufenthaltsortes** des Empfängers (§ 10 Abs. 1 Satz 1 Nr. 1 VwZG) ist nicht bereits dann zulässig, wenn die Finanzbehörde die Anschrift nicht kennt oder Briefe als unzustellbar zurückkommen. Die Anschrift des Empfängers muss vielmehr allgemein unbekannt sein (BFH-Urteil vom 9.12.2009, X R 54/06, BStBl 2010 II S. 732). Dies ist durch eine Erklärung der zuständigen Meldebehörde oder auf andere Weise zu belegen. Die bloße Feststellung, dass sich der Empfänger bei der Meldebehörde abgemeldet hat, ist nicht ausreichend. Die Finanzbehörde muss daher, bevor sie durch öffentliche Bekanntmachung zustellt, die nach Sachlage gebotenen und zumutbaren Ermittlungen anstellen. Dazu gehören insbesondere Nachforschungen bei der Meldebehörde, u. U. auch die Befragung von Angehörigen oder des bisherigen Vermieters des Empfängers. Auch Hinweisen auf den mutmaßlichen neuen Aufenthaltsort des Empfängers muss durch Rückfrage bei der dortigen Meldebehörde nachgegangen werden.

Eine Rechtspflicht der zustellenden Behörde, Anschriften im **Ausland** zu ermitteln, ist regelmäßig zu verneinen, wenn ein Fall der „Auslandsflucht" vorliegt oder wenn sich der Empfänger beim inländischen Melderegister „ins Ausland" ohne Angabe einer Anschrift abgemeldet hat oder sich in einer Weise verhält, die auf seine Absicht schließen lässt, seinen Aufenthaltsort zu verheimlichen. Die Finanzbehörde ist in diesen Fällen vorrangig nur zu Ermittlungsmaßnahmen im Inland verpflichtet, z. B. durch Nachfragen beim Einwohnermeldeamt und bei Kontaktpersonen des Empfängers (BFH-Urteil vom 9.12.2009, X R 54/06, a.a.O.). Ist aber zu vermuten, dass sich der Steuerpflichtige in einem bestimmten anderen Land aufhält, sind die Ermittlungsmöglichkeiten des zwischenstaatlichen Auskunftsaustauschs nach dem BMF-Schreiben vom 25.1.2006, BStBl I S. 26 auszuschöpfen (BFH-Urteil vom 9.12.2009, X R 54/06, a.a.O.).

Nicht zulässig ist es beispielsweise, eine öffentliche Zustellung bereits dann anzuordnen, wenn eine versuchte Bekanntgabe unter einer Adresse, die der Empfänger angegeben hat, einmalig fehlgeschlagen ist oder wenn lediglich die Vermutung besteht, dass eine Adresse, an die sich der Empfänger bei der Meldebehörde abgemeldet hat, eine Scheinadresse ist (BFH-Urteil vom 6.6.2000, VII R 55/99, BStBl II S. 560, und BFH-Beschluss vom 13.3.2003, VII B 196/02, BStBl II S. 609). Eine öffentliche Zustellung ist aber wirksam, wenn die Finanzbehörde durch unrichtige Auskünfte Dritter zu der unrichtigen Annahme verleitet wurde, der Empfänger sei unbekannten Aufenthaltsortes, sofern die Finanzbehörde auf die Richtigkeit der ihr erteilten Auskunft vertrauen konnte (BFH-Beschluss vom 13.3.2003, VII B 196/02, a.a.O.).

3.1.5.2 Nach § 10 Abs. 1 Satz 1 Nr. 2 VwZG kann öffentlich zugestellt werden, wenn **bei juristischen Personen**, die **zur Anmeldung einer inländischen Geschäftsanschrift zum Handelsregister verpflichtet** sind, eine Zustellung weder unter der eingetragenen Anschrift noch unter einer im Handelsregister eingetragenen Anschrift einer für Zustellungen empfangsberechtigten Person oder einer ohne Ermittlungen bekannten anderen inländischen Anschrift möglich ist.

3.1.5.3 Nach § 10 Abs. 1 Satz 1 Nr. 3 VwZG kommt eine öffentliche Zustellung in Betracht, wenn eine Zustellung im Ausland (§ 9 VwZG; vgl. AEAO zu § 122, Nr. 3.1.4) nicht möglich ist oder keinen Erfolg verspricht. Eine Zustellung im Ausland verspricht keinen Erfolg, wenn sie grundsätzlich möglich wäre, ihre Durchführung aber etwa wegen Kriegs, Abbruchs der diplomatischen Beziehungen, Verweigerung der Amtshilfe oder unzureichender Vornahme durch die örtlichen Behörden nicht zu erwarten ist. Der Umstand, dass die Ausführung eines Zustellungsersuchens längere Zeit in Anspruch nehmen wird, rechtfertigt aber nicht die Anordnung einer öffentlichen Zustellung (BFH-Urteil vom 6.6.2000, VII R 55/99, BStBl II S. 560).

Sobald die ausländische Anschrift des Steuerpflichtigen bekannt ist und eine Postverbindung besteht, sind nach erfolgter öffentlicher Zustellung dem Steuerpflichtigen die Tatsache der öffentlichen Zustellung und der Inhalt des Verwaltungsakts (z. B. durch Beifügen einer Ablichtung) mit einfachem Brief mitzuteilen. Diese Mitteilung ist an Empfänger in sämtlichen Staaten zulässig, da es sich hierbei mangels rechtlicher Regelung nicht um einen Verwaltungsakt handelt. Wird der Mitteilung eine Kopie des Verwaltungsakts beigefügt, ist der Steuerpflichtige darauf hinzuweisen, dass mit der Beifügung dieser Kopie der Verwaltungsakt nicht erneut bekannt gegeben wird und die Rechtsfolgen des Verwaltungsakts (insbesondere der Beginn der Einspruchsfrist) bereits mit der öffentlichen Zustellung eingetreten sind.

3.1.5.4 Zur Durchführung der öffentlichen Zustellung ist nicht der Inhalt (auch nicht der verfügende Teil) des zuzustellenden Verwaltungsakts öffentlich bekannt zu geben, sondern lediglich eine Benachrichtigung mit weitgehend neutralem Inhalt (§ 10 Abs. 2 VwZG). Die Benachrichtigung muss die Behörde, für die zugestellt wird, den Namen und die letzte bekannte Anschrift des Zustellungsempfängers, das Datum und das Aktenzeichen des Dokuments sowie die Stelle, wo das Dokument eingesehen werden kann, erkennen lassen (§ 10 Abs. 2 Satz 2 VwZG). Für das in der Benachrichtigung anzugebende Aktenzeichen des zuzustellenden Dokuments (§ 10 Abs. 2 Satz 2 Nr. 3 VwZG) gelten die Ausführungen in Nr. 3.1.1.1 des AEAO zu § 122 entsprechend. Die Benachrichtigung muss ferner den Hinweis enthalten, dass das Dokument öffentlich zugestellt wird und Fristen in Lauf gesetzt werden können, nach deren Ablauf Rechtsverluste eintreten können (§ 10 Abs. 2 Satz 3 VwZG). Bei der Zustellung einer Ladung muss die Benachrichtigung den Hinweis enthalten, dass das Dokument eine Ladung zu einem Termin enthält, dessen Versäumung Rechtsnachteile zur Folge haben kann (§ 10 Abs. 2 Satz 4 VwZG). Die Benachrichtigung ist an der Stelle bekannt zu machen, die von der Behörde hierfür allgemein bestimmt ist (z. B. durch Aushang im Dienstgebäude). Alternativ hierzu kann die Benachrichtigung auch durch Veröffentlichung im Bundesanzeiger bekannt gemacht werden (§ 10 Abs. 2 Satz 1

VwZG). In den Akten ist zu vermerken, wann und in welcher Weise die Benachrichtigung bekannt gemacht wurde (§ 10 Abs. 2 Satz 5 VwZG).

Wird die Benachrichtigung über die öffentliche Zustellung durch Aushang bekannt gemacht, ist sie stets bis zu dem Zeitpunkt auszuhängen, zu dem die Zustellung nach § 10 Abs. 2 Satz 6 VwZG als bewirkt anzusehen ist. Das gilt auch dann, wenn der Empfänger vor Fristablauf bei der Finanzbehörde erscheint und ihm das zuzustellende Schriftstück ausgehändigt wird (vgl. AEAO zu § 122, Nr. 3.1.5.5). Die Aushändigung ist in den Akten zu vermerken.

3.1.5.5 Der Verwaltungsakt gilt zwei Wochen nach dem Tag der Bekanntmachung der Benachrichtigung als zugestellt (§ 10 Abs. 2 Satz 6 VwZG). Dies gilt auch, wenn dem Empfänger vor Ablauf dieser zweiwöchigen Frist der Verwaltungsakt ausgehändigt wurde. Die Frist gem. § 10 Abs. 2 Satz 6 VwZG bestimmt sich nach § 108 Abs. 1 AO i. V. m. §§ 187 Abs. 1, 188 Abs. 2 BGB. Danach ist bei der Berechnung einer Aushangfrist der Tag des Aushangs nicht mitzurechnen. Die Frist endet mit Ablauf des Tages, der dem Aushangtag kalendermäßig entspricht. Bei der Berechnung der Frist ist ggf. § 108 Abs. 3 AO zu beachten (vgl. AEAO zu § 108, Nr. 1).

3.2 Zustellung an mehrere Beteiligte

Soll ein Verwaltungsakt mehreren Beteiligten zugestellt werden, so ist - soweit kein gemeinsamer Bevollmächtigter vorhanden ist (vgl. AEAO zu § 122, Nr. 3.3) - das Dokument jedem einzelnen gesondert zuzustellen (vgl. AEAO zu § 122, Nrn. 3.1.1.3 und 3.1.4.2). Zur Zustellung an Ehegatten vgl. AEAO zu § 122, Nr. 3.4.

3.3 Zustellung an Bevollmächtigte (§ 7 VwZG)

3.3.1 Ist für das Verfahren ein Bevollmächtigter bestellt, kann an diesen zugestellt werden (§ 7 Abs. 1 Satz 1 VwZG). Hat der Bevollmächtigte eine schriftliche Vollmacht vorgelegt, soll an diesen zugestellt werden (§ 122 Abs. 5 Satz 3 i. V. m. Abs. 1 Satz 4 AO verdrängt § 7 Abs. 1 Satz 2 VwZG); dies gilt auch, wenn die Vollmacht in elektronischer Form (§ 80a oder § 87a Abs. 3 AO) vorgelegt wurde. Eine Zustellung direkt an den/die Beteiligten ist in diesem Falle nur wirksam, wenn im Einzelfall besondere Gründe gegen die Zustellung an den Bevollmächtigten sprechen. Derartige Gründe können auch technischer Natur sein. Ein Verwaltungsakt darf einem Verfahrensbevollmächtigten, der nach § 80 Abs. 7 AO zurückgewiesen worden ist, nicht zugestellt werden (§ 122 Abs. 5 Satz 3 i. V. m. Abs. 1 Satz 4 AO).

Haben mehrere Beteiligte einen gemeinsamen Verfahrensbevollmächtigten bestellt, genügt es, dem Bevollmächtigten eine Ausfertigung des Dokuments mit Wirkung für alle Beteiligten zuzustellen (§ 7 Abs. 1 Satz 3 VwZG; BFH-Urteil vom 13.8.1970, IV 48/65, BStBl II S. 839). Dies gilt auch, wenn der Verfahrensbevollmächtigte selbst Beteiligter ist und zugleich andere Beteiligte vertritt.

3.3.2 Einem **Zustellungsbevollmächtigten** mehrerer Beteiligter sind so viele Ausfertigungen oder Abschriften zuzustellen, als Beteiligte vorhanden sind (§ 7 Abs. 2 VwZG).

3.3.3 Haben mehrere Personen im Feststellungsverfahren einen gemeinsamen **Empfangsbevollmächtigten** (§ 183 AO; § 6 der V zu § 180 Abs. 2 AO), so vertritt dieser die Feststellungsbeteiligten auch bei Zustellungen (§ 7 Abs. 3 VwZG). Dem Empfangsbevollmächtigten ist eine Ausfertigung des Dokuments zuzustellen und dabei darauf hinzuweisen, dass die Bekanntgabe mit Wirkung für und gegen alle von ihm vertretenen Feststellungsbeteiligten erfolgt (§ 183 Abs. 1 Satz 5 AO; § 6 Abs. 1 Satz 5 der V zu § 180 AO; vgl. AEAO zu § 122, Nr. 2.5.2).

3.3.4 Soll eine **Einspruchsentscheidung** zugestellt werden (vgl. AEAO zu § 366, Nr. 2), hat die Finanzbehörde diese dem Verfahrensbevollmächtigten (vgl. AEAO zu § 122, Nr. 3.3.1) auch ohne Nachweis einer Vollmacht zuzustellen, wenn dieser den Einspruch eingelegt und die Finanzbehörde ihn als Bevollmächtigten in der Einspruchsentscheidung aufgeführt hat (BFH-Urteil vom 25.10.1963, III 7/60 U, BStBl III S. 600). Hat der Steuerpflichtige den Einspruch selbst eingelegt, ist jedoch im weiteren Verlauf des Einspruchsverfahrens ein Bevollmächtigter für den Steuerpflichtigen aufgetreten, ist die Einspruchsentscheidung nur dann dem Bevollmächtigten zuzustellen, wenn eine Empfangsvollmacht vorliegt oder das Interesse des Steuerpflichtigen an einer Bekanntgabe gegenüber dem Bevollmächtigten nach den Umständen des Einzelfalls eindeutig erkennbar ist (BFH-Urteil vom 29.7.1987, I R 367, 379/83, BStBl 1988 II S. 242).

3.4 Zustellung an Ehegatten

Der Grundsatz der Nr. 3.2 des AEAO zu § 122 ist auch bei der Zustellung an Ehegatten zu beachten.

Haben beide Ehegatten gegen einen zusammengefassten Steuerbescheid (vgl. AEAO zu § 122, Nr. 2.1.1) Einspruch eingelegt, so ist - falls die Finanzbehörde die förmliche Zustellung angeordnet hat (vgl. AEAO zu § 122, Nr. 1.8.3, und zu § 366, Nr. 2) - grundsätzlich jedem der Ehegatten je eine Ausfertigung der an beide zu richtenden einheitlichen Einspruchsentscheidung zuzustellen (BFH-Urteil vom 8.6.1995, IV R 104/94, BStBl II S. 681; vgl. AEAO zu § 122, Nr. 3.1.1.3). Dies gilt unabhängig davon, in welcher Weise (vgl. AEAO zu § 122, Nrn. 2.1.1 bis 2.1.5) der angefochtene Bescheid bekannt gegeben worden ist. Bei einer Zustellung mittels Einschreiben (vgl. AEAO zu § 122, Nr. 3.1.2) können aber beide Ausfertigungen in einer an beide Eheleute gemeinsam adressierten Sendung zur Post gegeben werden (Urteil des FG Bremen vom 23.6.1992, II 87/91 K, EFG S. 758).

Tritt gegenüber der Finanzbehörde nur einer der Ehegatten im Einspruchsverfahren auf, so ist im Zweifel zu klären, ob dieser den Einspruch nur im eigenen Namen oder auch für den anderen Ehegatten führt. Bei Vorliegen einer „Vollmacht" ist zu unterscheiden, ob der Einspruchsführer **Zustellungsbevollmächtigter** (vgl. AEAO zu § 122, Nr. 3.3.2) oder **Verfahrensbevollmächtigter** (vgl. AEAO zu § 122, Nr. 3.3.1) ist. Dem Ehegatten als Zustellungsbevollmächtigten **darf** mit Wirkung auch für den anderen Ehegatten zugestellt werden, wobei an ihn **je eine Ausfertigung** der Entscheidung für jeden Ehegatten zuzustellen ist. Dem Ehegatten als Verfahrensbevollmächtigten **muss** mit Wirkung für den anderen Ehegatten zugestellt werden, wobei **eine Ausfertigung** genügt.

3.5 Zustellung bei gerichtlich bestellter Betreuung

Die Zustellung hat gemäß § 6 Abs. 1 Satz 2 VwZG an den gerichtlich bestellten Betreuer zu erfolgen. Dem Betreuten ist eine Zweitschrift des zugestellten Dokuments zu übermitteln (§ 6 Abs. 1 Satz 3 VwZG).

4. Folgen von Verfahrens- und Formfehlern

4.1 Unwirksamkeit des Verwaltungsaktes wegen inhaltlicher Mängel

Fehlen in einem Verwaltungsakt unverzichtbare wesentliche Bestandteile (siehe zum Steuerbescheid § 157 Abs. 1 Satz 2 AO), die dazu führen, dass dieser inhaltlich nicht hinreichend bestimmt ist (§ 119 Abs. 1 AO), so ist ein solcher Verwaltungsakt gem. § 125 Abs. 1 AO nichtig und damit unwirksam (§ 124 Abs. 3 AO). Eine Heilung derartiger Fehler ist nicht möglich, vielmehr ist ein neuer Verwaltungsakt zu erlassen (BFH-Urteil vom 17.7.1986, V R 96/85, BStBl II S. 834).

4.1.1 Wird der Steuerschuldner (Inhaltsadressat) im Steuerbescheid gar nicht, falsch oder so ungenau bezeichnet, dass Verwechslungen möglich sind, ist der Verwaltungsakt wegen inhaltlicher Unbestimmtheit nichtig und damit unwirksam. Eine Heilung im weiteren Verfahren gegen den tatsächlichen Schuldner ist nicht möglich, es muss ein neuer Steuerbescheid mit richtiger Bezeichnung des Steuerschuldners (Inhaltsadressaten) verfügt und bekannt gegeben werden (BFH-Urteil vom 17.3.1970, II 65/63, BStBl II S. 598).

Ist dagegen im Steuerbescheid eine falsche Person eindeutig und zweifelsfrei als Steuerschuldner (Inhaltsadressat) angegeben und wurde der Bescheid dieser Person bekannt gegeben, so ist der Bescheid nicht nichtig, sondern rechtswidrig und damit lediglich anfechtbar (BFH-Beschluss vom 17.11.1987, V B 111/87, BFH/NV 1988 S. 682).

4.1.2 Konnte im Fall einer Gesamtrechtsnachfolge ein Steuerbescheid dem Rechtsvorgänger (Erblasser) nicht mehr rechtswirksam bekannt gegeben werden, ist der Bescheid an den Gesamtrechtsnachfolger als Steuerschuldner (Inhaltsadressaten) zu richten. Ein gleichwohl an den Rechtsvorgänger gerichteter Bescheid ist unwirksam (BFH-Urteil vom 24.3.1970, I R 141/69, BStBl II S. 501, vgl. AEAO zu § 122, Nr. 2.12.1).

4.1.3 Ein Verwaltungsakt, der dem Inhaltsadressaten selbst bekannt gegeben wird, obwohl eine andere Person der zutreffende Bekanntgabeadressat ist (vgl. AEAO zu § 122, Nr. 1.4.3), ist unwirksam (BFH-Beschluss vom 14.5.1968, II B 41/67, BStBl II S. 503). Eine Heilung ist nicht möglich; vielmehr ist ein neuer Verwaltungsakt mit Bezeichnung des zutreffenden Bekanntgabeadressaten (vgl. AEAO zu § 122, Nr. 1.4.3) zu erlassen. Zu den Folgen einer nur fehlerhaften Bezeichnung des Bekanntgabeadressaten vgl. AEAO zu § 122, Nr. 4.2.3.

4.2 Wirksamkeit des Verwaltungsakts trotz inhaltlicher Mängel

4.2.1 Wird der richtige Steuerschuldner (Inhaltsadressat) lediglich ungenau bezeichnet, ohne dass Zweifel an der Identität bestehen (z. B. falsche Bezeichnung der Rechtsform einer Gesellschaft: OHG statt KG, GbR statt OHG o.Ä.), so liegt kein Fall der inhaltlichen Unbestimmtheit vor. Der Steuerbescheid ist daher nicht unwirksam; die falsche Bezeichnung kann berichtigt werden (BFH-Urteile vom 26.6.1974, II R 199/72, BStBl II S. 724, und vom 26.9.1974, IV R 24/71, BStBl 1975 II S. 311, BFH-Beschluss vom 18.3.1998, IV B 50/97, BFH/NV S. 1255).

4.2.2 Ist in einem Feststellungsbescheid ein Beteiligter falsch bezeichnet, weil Rechtsnachfolge eingetreten ist, kann dies durch besonderen Bescheid gegenüber den Betroffenen berichtigt werden (§ 182 Abs. 3 AO).

4.2.3 Die fehlerhafte Bezeichnung des Bekanntgabeadressaten macht den Bescheid nicht in jedem Fall unwirksam, die Bekanntgabe kann aber fehlerhaft sein. Die aus einer formell fehlerhaften Bezeichnung herrührenden Mängel können geheilt werden, wenn der von der Finanzbehörde zutreffend bestimmte, aber fehlerhaft bezeichnete Bekanntgabeadressat tatsächlich vom Inhalt des Bescheids Kenntnis erhält

Beispiel:

Der gesetzliche Vertreter (Bekanntgabeadressat) eines Minderjährigen (Steuerschuldner und Inhaltsadressat) wird irrtümlich als Adam Meier bezeichnet, obwohl es sich um Alfred Meier handelt, dem der Verwaltungsakt auch tatsächlich zugeht.

Aus Gründen der Rechtssicherheit soll im Zweifel die Bekanntgabe des Verwaltungsaktes unter richtiger Angabe des Bekanntgabeadressaten wiederholt werden.

4.2.4 Geringfügige Abweichungen bei der Bezeichnung des Inhaltsadressaten, des Bekanntgabeadressaten oder des Empfängers, die insbesondere bei ausländischen Namen auf technischen Schwierigkeiten, Lesefehlern usw. beruhen, machen den Bescheid weder unwirksam noch anfechtbar. Dies gilt auch, wenn bei einer juristischen Person ein unwesentlicher Namensbestandteil weggelassen oder abgekürzt wird oder eine allgemein übliche Kurzformel eines eingetragenen Namens verwendet wird. Bei einem Verstoß gegen das Namensrecht (z. B. Abkürzung überlanger Namen, Übersehen von Adelsprädikaten oder akademischen Graden) wird der Steuerbescheid dennoch durch Bekanntgabe wirksam, wenn der Steuerschuldner (Inhaltsadressat) durch die verwendeten Angaben unverwechselbar bezeichnet wird.

4.3 Unwirksamkeit des Verwaltungsakts wegen eines Bekanntgabemangels

Ein Verwaltungsakt wird erst mit ordnungsmäßiger Bekanntgabe wirksam (§ 122 Abs. 1, § 124 AO). Zur Heilung von Bekanntgabemängeln vgl. AEAO zu § 122, Nr. 4.4.4; zu Mängeln bei der förmlichen Zustellung vgl. AEAO zu § 122, Nr. 4.5.

Wird ein inhaltlich richtiger Verwaltungsakt einem auf der Postsendung unrichtig ausgewiesenen Empfänger übermittelt (z. B. Briefumschläge werden vertauscht), ist der Verwaltungsakt weder gegenüber dem richtigen noch gegenüber dem falschen Empfänger wirksam.

Beispiel:

Das FA erlässt einen für Herrn Konrad Meier, Sternstraße 15, 53111 Bonn, bestimmten Einkommensteuerbescheid. Der Bescheid weist im Anschriftenfeld die vorstehende Adresse aus, wird aber in einen Briefumschlag eingelegt, der an Herrn Ludwig Meier, Königstraße 200, 40212 Düsseldorf, adressiert ist.

Der Bescheid ist nicht wegen fehlender inhaltlicher Bestimmtheit nichtig, weil aus ihm eindeutig hervorgeht, wer Steuerschuldner (Inhaltsadressat) ist. Er wurde jedoch nicht dem Beteiligten, für den er bestimmt ist, bekannt gegeben und ist damit nicht wirksam. Die Unwirksamkeit des Bescheids kann unter entsprechender Anwendung des § 125 Abs. 5 AO förmlich festgestellt werden. Gegenüber dem richtigen Bekanntgabeadressaten/Empfänger wird er erst wirksam, wenn die Bekanntgabe an diesen nachgeholt wird. Leitet der falsche Empfänger die Ausfertigung des Verwaltungsakts an den richtigen Empfänger (Bekanntgabeadressaten) weiter, wird der zunächst vorliegende Bekanntgabemangel geheilt und der Verwaltungsakt wirksam (vgl. AEAO zu § 122, Nrn. 4.4.1, 4.4.4 und 1.7.3).

4.4 Wirksame Bekanntgabe

4.4.1 **Fehler beim technischen Ablauf** der Übermittlung des Verwaltungsakts und Verletzungen von Formvorschriften können unbeachtlich sein (§ 127 AO), wenn der Betroffene den für ihn bestimmten Verwaltungsakt tatsächlich zur Kenntnis genommen hat (vgl. AEAO zu § 122, Nrn. 4.2.3 und 4.4.4 zweiter Absatz). Andererseits kann eine Bekanntgabe im Rechtssinne unter bestimmten Voraussetzungen auch wirksam sein, wenn der Betroffene selbst den Verwaltungsakt tatsächlich nicht erhalten, zur Kenntnis genommen oder verstanden hat. Das Gesetz fingiert in diesen Fällen die Bekanntgabe (z. B. bei Übermittlung an einen für den Betroffenen handelnden Bekanntgabeadressaten). Zu den Folgen der Nichtbeachtung einer Empfangsvollmacht vgl. AEAO zu § 122, Nr. 1.7.3.

4.4.2 Ein Feststellungsbescheid, der im Anschriftenfeld eine im Zeitpunkt seines Erlasses bereits erloschene Personengesellschaft benennt, ist wirksam bekannt gegeben, wenn aus dem Gesamtinhalt des Bescheids erkennbar ist, für welche Personen und in welcher Höhe Besteuerungsgrundlagen festgestellt werden, und dieser Bescheid diesen Personen auch übermittelt wird (BFH-Urteil vom 27.4.1978, IV R 187/74, BStBl 1979 II S. 89).

4.4.3 Solange das Ausscheiden eines Gesellschafters im Handelsregister nicht eingetragen und dem Finanzamt auch sonst nicht bekannt geworden ist, ist die Bekanntgabe des Feststellungsbescheids an einen Empfangsbevollmächtigten i. S. d. § 183 AO auch dem ausgeschiedenen Gesellschafter gegenüber wirksam erfolgt (BFH-Urteile vom 3.11.1959, I 2/59 U, BStBl 1960 III, S. 96, und vom 14.12.1978, IV R 221/75, BStBl 1979 II S. 503; vgl. AEAO zu § 122, Nrn. 2.5.5 und 4.2.2).

4.4.4 Heilung von Bekanntgabemängeln

Bekanntgabemängel können unter den Voraussetzungen des entsprechend anwendbaren § 8 VwZG (vgl. AEAO zu § 122, Nr. 4.5.1) geheilt werden (BFH-Urteil vom 29.10.1997, X R 37/95, BStBl 1998 II S. 266).

Ein Verwaltungsakt kann trotz unrichtig angegebener Anschrift wirksam sein, wenn der Bekanntgabeadressat die Sendung tatsächlich erhält (BFH-Urteil vom 1.2.1990, V R 74/85, BFH/NV 1991 S. 2, für den Fall der Angabe einer unzutreffenden Hausnummer).

Wird dem Bekanntgabeadressaten eines Verwaltungsakts die Einspruchsentscheidung ordnungsgemäß bekannt gegeben, so kommt es auf Bekanntgabemängel des ursprünglichen Bescheids grundsätzlich nicht mehr an (BFH-Urteile vom 28.10.1988, III R 52/86, BStBl 1989 II S. 257, und vom 16.5.1990, X R 147/87 BStBl II S. 942). Der Fehler bei der Bekanntgabe wird jedoch nicht geheilt, wenn der Einspruch in der Einspruchsentscheidung als unzulässig verworfen wird (BFH-Urteil vom 25.1.1994, VIII R 45/92, BStBl II S. 603).

4.4.5 Zusammengefasste Steuerbescheide

Zusammengefasste Steuerbescheide (§ 155 Abs. 3 AO) können gegenüber mehreren Beteiligten zu verschiedenen Zeitpunkten bekannt gegeben werden. Eine unterlassene oder unwirksame Bekanntgabe kann jederzeit nachgeholt werden (BFH-Urteil vom 25.5.1976, VIII R 66/74, BStBl II S. 606); der Ablauf der Festsetzungsfrist ist zu beachten. Die Wirksamkeit eines Steuerbescheids gegenüber einem Beteiligten wird nicht dadurch berührt, dass dieser Bescheid gegenüber einem anderen Beteiligten unwirksam ist. Zur Bekanntgabe an Ehegatten vgl. AEAO zu § 122, Nr. 2.1.

4.5 Fehler bei förmlichen Zustellungen

4.5.1 Lässt sich die formgerechte Zustellung eines Dokuments nicht nachweisen oder ist es unter Verletzung zwingender Zustellungsvorschriften zugegangen, gilt es als in dem Zeitpunkt zugestellt, in dem es dem Empfangsberechtigten tatsächlich zugegangen ist. Im Fall der Zustellung eines Schriftstücks ist dies der Zeitpunkt, in dem der Empfänger das Dokument „in die Hand bekommt" und nicht bereits der Zeitpunkt, zu dem nach dem gewöhnlichen Geschehensablauf mit einer Kenntnisnahme gerechnet werden konnte (vgl. BFH-Beschluss vom 6.5.2014, GrS 2/13, BStBl II S. 645 zu § 189 ZPO). Im Fall des § 5 Abs. 5 VwZG (Zustellung eines elektronischen Dokuments; vgl. AEAO zu § 122, Nrn. 3.1.3.3 und 3.1.3.5) gilt das Dokument in dem Zeitpunkt als zugestellt, in dem der Empfänger das Empfangsbekenntnis zurückgesendet hat (§ 8 VwZG). Ein Zustellungsmangel ist nach § 8 VwZG auch dann geheilt, wenn durch die Zustellung eine Klagefrist in Lauf gesetzt wird (z. B. in den Fällen der behördlich angeordneten förmlichen Zustellung einer Einspruchsentscheidung), ferner auch dann, wenn der Empfänger nachweislich nur eine Fotokopie oder eine Mehrausfertigung des Verwaltungsakts erhalten hat (vgl. BFH-Urteil vom 15.1.1991, VII R 86/89, BFH/NV 1992 S. 81).

4.5.2 Zwingende Zustellungsvorschriften sind insbesondere bei der Zustellung durch die Post mit Zustellungsurkunde (vgl. AEAO zu § 122, Nr. 3.1.1) zu beachten. Es müssen sowohl die Zustellungsart (z. B. Ersatzzustellung) als auch der Zustellungsort (Wohnung, Geschäftsraum) richtig durch den Postbediensteten beurkundet werden (BFH-Urteil vom 10.10.1978, VIII R 197/74, BStBl 1979 II S. 209). Das Aktenzeichen (vgl. AEAO zu § 122, Nr. 3.1.1.1) muss sowohl auf dem Briefumschlag als auch auf der Zustellungsurkunde angegeben sein (BFH-Urteil vom 24.11.1977, IV R 113/75, BStBl 1978 II S. 467). Auch ein Verstoß gegen § 10 VwZG bei der Anordnung einer öffentlichen Zustellung (vgl. AEAO zu § 122, Nr. 3.1.5) kann unter den Voraussetzungen des § 8 VwZG geheilt werden (BFH-Urteil vom 6.6.2000, VII R 55/99, BStBl II S. 560).

4.5.3 Eine wegen Formmangels unwirksame, von der Finanzbehörde angeordnete Zustellung eines Verwaltungsakts kann nicht in eine wirksame „schlichte" Bekanntgabe i. S. d. § 122 Abs. 1 AO umgedeutet werden (BFH-Urteile vom 25.1.1994, VIII R 45/92, BStBl II S. 603, und vom 8.6.1995, IV R 104/94, BStBl II S. 681).

4.6 Fehlerhafte Bekanntgabe von Grundlagenbescheiden

Da ein Folgebescheid gem. § 155 Abs. 2 AO vor Erlass eines notwendigen Grundlagenbescheids ergehen kann, ist die Unwirksamkeit der Bekanntgabe eines Grundlagenbescheids für den bereits vorliegenden Folgebescheid ohne Bedeutung. Erst wenn der Grundlagenbescheid wirksam bekannt gegeben worden ist, sind daraus für den Folgebescheid Folgerungen zu ziehen (§ 175 Abs. 1 Satz 1 Nr. 1 AO).

4.7 Bekanntgabe von gesonderten und einheitlichen Feststellungen an einzelne Beteiligte

4.7.1 Ein Verwaltungsakt, der an mehrere Beteiligte gerichtet ist (z. B. gesonderte und einheitliche Feststellung), aber nicht allen Beteiligten bekannt gegeben wird, ist dadurch nicht unwirksam. Mit der Bekanntgabe an einzelne Beteiligte ist der Verwaltungsakt als entstanden anzusehen; er hat gegenüber diesen Beteiligten Wirksamkeit erlangt und kann insgesamt nicht mehr frei, sondern nur bei Vorliegen der gesetzlichen Änderungsvorschriften geändert werden (BFH-Urteile vom 31.5.1978, I R 76/76, BStBl II S. 600, und vom 25.11.1987, II R 227/84, BStBl 1988 II S. 410). Zur Nachholung der Bekanntgabe an die übrigen Beteiligten vgl. AEAO zu § 122, Nr. 2.5.1.

4.7.2 Die einzelnen Gesellschafter sind nicht in ihren Rechten verletzt, wenn ein gesonderter und einheitlicher Feststellungsbescheid anderen Gesellschaftern nicht oder nicht ordnungsgemäß bekannt gegeben worden ist (BFH-Urteil vom 12.12.1978, VIII R 10/76, BStBl 1979 II S. 440).

§ 122a Bekanntgabe von Verwaltungsakten durch Bereitstellung zum Datenabruf (S 0284-a)

(1) Verwaltungsakte können mit Einwilligung des Beteiligten oder der von ihm bevollmächtigten Person bekannt gegeben werden, indem sie zum Datenabruf durch Datenfernübertragung bereitgestellt werden.

(2) [1]Die Einwilligung kann jederzeit mit Wirkung für die Zukunft widerrufen werden. [2]Der Widerruf wird der Finanzbehörde gegenüber erst wirksam, wenn er ihr zugeht.

(3) Für den Datenabruf hat sich die abrufberechtigte Person nach Maßgabe des § 87a Absatz 8 zu authentisieren.

(4) [1]Ein zum Abruf bereitgestellter Verwaltungsakt gilt am dritten Tag nach Absendung der elektronischen Benachrichtigung über die Bereitstellung der Daten an die abrufberechtigte Person als bekannt gegeben. [2]Im Zweifel hat die Behörde den Zugang der Benachrichtigung nachzuweisen. [3]Kann die Finanzbehörde den von der abrufberechtigten Person bestrittenen Zugang der Benachrichtigung nicht nachweisen, gilt der Verwaltungsakt an dem Tag als bekannt gegeben, an dem die abrufberechtigte Person den Datenabruf durchgeführt hat. [4]Das Gleiche gilt, wenn die abrufberechtigte Person unwiderlegbar vorträgt, die Benachrichtigung nicht innerhalb von drei Tagen nach der Absendung erhalten zu haben.

(5) Entscheidet sich die Finanzbehörde, den Verwaltungsakt im Postfach des Nutzerkontos nach dem Onlinezugangsgesetz zum Datenabruf bereitzustellen, gelten abweichend von § 9 Absatz 1 Satz 3 bis 6 des Onlinezugangsgesetzes die Regelungen des Absatzes 4.

AEAO zu § 122a - Bekanntgabe von Verwaltungsakten durch Bereitstellung zum Datenabruf:

1. Durch die Datenbereitstellung von Verwaltungsakten der Landesfinanzbehörden nach § 122a AO über die Kommunikationsplattform ELSTER im Format PDF/A wird ein sicheres Verfahren verwendet, das die Vertraulichkeit und Integrität des Datensatzes gewährleistet (§ 87a Abs. 8 AO). Die elektronische Benachrichtigung an die abrufberechtigte Person über die Bereitstellung der Daten zum Abruf bedarf keiner Verschlüsselung (§ 87a Abs. 1 Satz 5 AO).

2. Bestreitet die zum Abruf berechtigte Person den Zugang der Benachrichtigung, trägt die Finanzbehörde die Beweislast für deren Zugang. Trägt die abrufberechtigte Person substantiiert und unwiderlegbar vor, die Benachrichtigung erst nach dem in § 122a Abs. 4 Satz 1 AO fingierten Bekanntgabetag erhalten zu haben, wurden die Daten von der abrufberechtigten Person aber tatsächlich abgerufen, gilt der Verwaltungsakt an dem Tag als bekannt gegeben, an dem der Datenabruf tatsächlich erfolgt ist. Gelingt der Finanzbehörde der Nachweis des Zugangs der Benachrichtigung nicht und wurden die Daten auch von keiner dazu berechtigten Person abgerufen, gilt der Verwaltungsakt als nicht zugegangen. In diesem Fall ist die Bekanntgabe - vorzugsweise im schriftlichen Verfahren - zu wiederholen.

3. Eine elektronische Bekanntgabe nach § 122a AO an im Ausland ansässige Empfänger ist auch in den Fällen zulässig, in denen der Ansässigkeitsstaat in der Negativliste der Nr. 3.1.4.1 des AEAO zu § 122 aufgeführt ist.

§ 123 Bestellung eines Empfangsbevollmächtigten (S 0285)

[1] Ein Beteiligter ohne Wohnsitz oder gewöhnlichen Aufenthalt, Sitz oder Geschäftsleitung im Inland, in einem anderen Mitgliedstaat der Europäischen Union oder in einem Staat, auf den das Abkommen über den Europäischen Wirtschaftsraum anwendbar ist, hat der Finanzbehörde auf Verlangen innerhalb einer angemessenen Frist einen Empfangsbevollmächtigten im Inland zu benennen. [2]Unterlässt er dies, so gilt ein an ihn gerichtetes Schriftstück einen Monat nach der Aufgabe zur Post und ein elektronisch übermitteltes Dokument am dritten Tage nach der Absendung als zugegangen. [3]Dies gilt nicht, wenn feststeht, dass das Schriftstück oder das elektronische Dokument den Empfänger nicht oder zu einem späteren Zeitpunkt erreicht hat. [4]Auf die Rechtsfolgen der Unterlassung ist der Beteiligte hinzuweisen.

AEAO zu § 123 - Bestellung eines Empfangsbevollmächtigten:

1. Ein Beteiligter mit Wohnsitz, gewöhnlichem Aufenthalt, Sitz oder Geschäftsleitung im Inland, in einem anderen Mitgliedstaat der Europäischen Union oder in einem Staat, auf den das Abkommen über den Europäischen Wirtschaftsraum anwendbar ist, darf nicht zur Benennung eines inländischen Empfangsbevollmächtigten aufgefordert werden. Der Europäische Wirtschaftsraum umfasst neben den Staaten der Europäischen Union die Staaten Island, Liechtenstein und Norwegen.

2. Von der Möglichkeit des § 123 AO ist grundsätzlich kein Gebrauch zu machen, soweit Verwaltungsakte einem Empfänger im Ausland unmittelbar zugestellt (vgl. AEAO zu § 122, Nr. 3.1.4.1) oder durch einfachen Brief bekannt gegeben werden dürfen (vgl. AEAO zu § 122, Nr. 1.8.4). Eine Ausnahme kommt insbesondere in Betracht, wenn dem Steuerpflichtigen in der Vergangenheit wiederholt Verwaltungsakte nicht mittels einfachen Briefs oder förmlicher Zustellung bekannt gegeben werden konnten, weil dieser die Annahme verweigert oder bereits mehrfach den Zugang von Steuerverwaltungsakten bestritten hat.

3. Abweichend von § 122 Abs. 2 und 2a AO ist die Zugangsvermutung gem. § 123 Satz 3 AO nur dann widerlegt, wenn feststeht, dass das Schriftstück oder das elektronische Dokument den Empfänger nicht oder zu einem späteren Zeitpunkt erreicht hat. Zweifel gehen zu Lasten des Empfängers.

§ 124 Wirksamkeit des Verwaltungsakts (S 0290)

(1) [1]Ein Verwaltungsakt wird gegenüber demjenigen, für den er bestimmt ist oder der von ihm betroffen wird, in dem Zeitpunkt wirksam, in dem er ihm bekannt gegeben wird. [2]Der Verwaltungsakt wird mit dem Inhalt wirksam, mit dem er bekannt gegeben wird.

(2) Ein Verwaltungsakt bleibt wirksam, solange und soweit er nicht zurückgenommen, widerrufen, anderweitig aufgehoben oder durch Zeitablauf oder auf andere Weise erledigt ist.

(3) Ein nichtiger Verwaltungsakt ist unwirksam.

AEAO zu § 124 - Wirksamkeit des Verwaltungsaktes:

1. Der Verwaltungsakt wird mit dem Inhalt wirksam, mit dem er bekannt gegeben wird. Maßgebend ist nicht die Aktenverfügung der Finanzbehörde, sondern die Fassung, die dem Beteiligten zugegangen ist.

   Bei der Auslegung des Verwaltungsakts kommt es gem. dem entsprechend anzuwendenden § 133 BGB nicht darauf an, was die Finanzbehörde mit ihren Erklärungen gewollt hat, sondern darauf, wie der Betroffene nach den ihm bekannten Umständen den materiellen Gehalt der Erklärungen unter Berücksichtigung von Treu und Glauben verstehen konnte. Im Zweifel ist das den Steuerpflichtigen weniger belastende Auslegungsergebnis vorzuziehen (BFH-Urteil vom 27.11.1996, X R 20/95, BStBl 1997 II S. 791).

2. Weicht der bekannt gegebene Verwaltungsakt von der Aktenverfügung ab, so liegt i. d. R. ein Schreib- oder Übertragungsfehler vor, der gem. § 129 AO berichtigt werden kann. Sind die Voraussetzungen des § 129 AO nicht gegeben, hat die Finanzbehörde alle Möglichkeiten einer Rücknahme, des Widerrufs, der Aufhebung oder Änderung des Verwaltungsakts zu prüfen.

3. Bis zur Bekanntgabe wird der Verwaltungsakt nicht wirksam. Er kann daher bis zu diesem Zeitpunkt rückgängig gemacht oder abgeändert werden, ohne dass die Voraussetzungen der §§ 130, 131 AO oder der §§ 172 ff. AO vorliegen müssen.

4. Eine wirksame Bekanntgabe setzt voraus, dass der zum Erlass befugte Bedienstete diese veranlasst und dass er mit dem Willen handelt, den Bescheid bekannt zu geben (BFH-Urteil vom 24.11.1988, V R 123/83, BStBl 1989 II S. 344). Der Bekanntgabewille wird dadurch gebildet, dass der zeichnungsberechtigte Bedienstete die Aktenverfügung des Verwaltungsakts abschließend zeichnet und den Versand des Verwaltungsakts veranlasst oder dass die Bescheiderteilung in anderer Form abschließend veranlasst und die Versendung des Bescheids angewiesen wird.

5. Der Bekanntgabewille kann aufgegeben werden. Die Aufgabe des Willens der Finanzbehörde zur Bekanntgabe eines Verwaltungsakts führt aber nur dann zu dessen Unwirksamkeit, wenn der Wille aufgegeben wird, bevor der Be-

scheid den Herrschaftsbereich der Verwaltung verlassen hat; die Rechtzeitigkeit der Aufgabe des Bekanntgabewillens muss in den Akten hinreichend klar und eindeutig dokumentiert sein (BFH-Urteil vom 23.8.2000, X R 27/98, BStBl 2001 II S. 662). Der Empfänger des Verwaltungsakts ist unverzüglich schriftlich über die Aufgabe des Bekanntgabewillens zu unterrichten. Es ist unerheblich, wenn der Empfänger diese Mitteilung erst nach Zugang des Verwaltungsakts erhält. Der Aufgabe des Bekanntgabewillens kommt keine Bedeutung mehr zu, wenn der Verwaltungsakt den Herrschaftsbereich der Finanzbehörde bereits verlassen hat (BFH-Urteil vom 12.8.1996, VI R 18/94, BStBl II S. 627).

6. Unabhängig vom Zeitpunkt der Aufgabe des Bekanntgabewillens (vgl. AEAO zu § 124, Nr. 5) wird ein Verwaltungsakt aber auch dann nicht wirksam, wenn die Finanzbehörde dem Empfänger vor oder spätestens mit der Bekanntgabe des Verwaltungsakts mitteilt, dieser Bescheid solle nicht gelten (vgl. BFH-Urteil vom 28.5.2009, III R 84/06, BStBl II S. 949). Wurde der Verwaltungsakt mit einfachem Brief versandt, ist ein solcher Widerruf auch dann bis zum Ablauf des nach § 122 Abs. 2 AO fingierten Bekanntgabetages möglich, wenn der Verwaltungsakt dem Empfänger tatsächlich früher zugegangen sein sollte (vgl. BFH-Urteil vom 18.8.2009, X R 25/06, BStBl II S. 965). Der Widerruf bedarf nicht der Schriftform, er muss aber in den Akten hinreichend klar und eindeutig dokumentiert sein.

§ 125 Nichtigkeit des Verwaltungsakts (S 0291)

(1) Ein Verwaltungsakt ist nichtig, soweit er an einem besonders schwerwiegenden Fehler leidet und dies bei verständiger Würdigung aller in Betracht kommenden Umstände offenkundig ist.

(2) Ohne Rücksicht auf das Vorliegen der Voraussetzungen des Absatzes 1 ist ein Verwaltungsakt nichtig,

1. der schriftlich oder elektronisch erlassen worden ist, die erlassende Finanzbehörde aber nicht erkennen lässt,

2. den aus tatsächlichen Gründen niemand befolgen kann,

3. der die Begehung einer rechtswidrigen Tat verlangt, die einen Straf- oder Bußgeldtatbestand verwirklicht,

4. der gegen die guten Sitten verstößt.

(3) Ein Verwaltungsakt ist nicht schon deshalb nichtig, weil

1. Vorschriften über die örtliche Zuständigkeit nicht eingehalten worden sind,

2. eine nach § 82 Abs. 1 Satz 1 Nr. 2 bis 6 und Satz 2 ausgeschlossene Person mitgewirkt hat,

3. ein durch Rechtsvorschrift zur Mitwirkung berufener Ausschuss den für den Erlass des Verwaltungsakts vorgeschriebenen Beschluss nicht gefasst hat oder nicht beschlussfähig war,

4. die nach einer Rechtsvorschrift erforderliche Mitwirkung einer anderen Behörde unterblieben ist.

(4) Betrifft die Nichtigkeit nur einen Teil des Verwaltungsakts, so ist er im Ganzen nichtig, wenn der nichtige Teil so wesentlich ist, dass die Finanzbehörde den Verwaltungsakt ohne den nichtigen Teil nicht erlassen hätte.

(5) Die Finanzbehörde kann die Nichtigkeit jederzeit von Amts wegen feststellen; auf Antrag ist sie festzustellen, wenn der Antragsteller hieran ein berechtigtes Interesse hat.

AEAO zu § 125 - Nichtigkeit des Verwaltungsaktes:

1. Der nichtige Verwaltungsakt entfaltet keine Rechtswirkungen; aus ihm darf nicht vollstreckt werden.

2. Fehler bei der Anwendung des materiellen Rechts führen i. d. R. nicht zur Nichtigkeit, sondern nur zur Rechtswidrigkeit des Verwaltungsakts.

3. Der Betroffene kann die Nichtigkeit des Verwaltungsakts jederzeit, auch noch nach Ablauf der Rechtsbehelfsfristen, geltend machen. Dies gilt nicht, wenn über die Nichtigkeit des Verwaltungsakts bereits durch eine Feststellung nach § 125 Abs. 5 AO in der Form eines Verwaltungsakts (vgl. AEAO zu § 125, Nr. 4) entschieden wurde.

4. Die Feststellung der Nichtigkeit eines Verwaltungsakts (§ 125 Abs. 5 AO) kann durch einen Verwaltungsakt getroffen werden (vgl. BFH-Urteil vom 20.8.2014, X R 15/10, BStBl 2015 II S. 109). Im Interesse der Rechtssicherheit soll von dieser Möglichkeit Gebrauch gemacht werden. In diesem Fall ist zu verdeutlichen, dass ein Verwaltungsakt und nicht nur eine unverbindliche Äußerung der Finanzbehörde vorliegt. Das Schreiben ist als „Bescheid über die Feststellung der Nichtigkeit (§ 125 Abs. 5 AO) des Verwaltungsakts ....“ zu bezeichnen, zu begründen und mit einer Rechtsbehelfsbelehrung zu versehen.

   Eine durch Verwaltungsakt vorgenommene und bestandskräftig gewordene Feststellung der Nichtigkeit eines Verwaltungsakts hat zur Folge, dass der Steuerpflichtige und die Finanzbehörde die Nichtigkeit des Verwaltungsakts nicht mehr in Frage stellen können. Dies gilt auch für den Fall einer inhaltlich unzutreffenden Nichtigkeitsfeststellung (BFH-Urteil vom 20.8.2014, a. a. O.).

5. In entsprechender Anwendung des § 125 Abs. 5 AO kann auch festgestellt werden, dass ein Verwaltungsakt wegen eines Bekanntgabemangels nicht wirksam geworden ist.

§ 126 Heilung von Verfahrens- und Formfehlern (S 0292)

(1) Eine Verletzung von Verfahrens- oder Formvorschriften, die nicht den Verwaltungsakt nach § 125 nichtig macht, ist unbeachtlich, wenn

1. der für den Verwaltungsakt erforderliche Antrag nachträglich gestellt wird,

2. die erforderliche Begründung nachträglich gegeben wird,

3. die erforderliche Anhörung eines Beteiligten nachgeholt wird,

4. der Beschluss eines Ausschusses, dessen Mitwirkung für den Erlass des Verwaltungsakts erforderlich ist, nachträglich gefasst wird,

5. die erforderliche Mitwirkung einer anderen Behörde nachgeholt wird.

(2) Handlungen nach Absatz 1 Nr. 2 bis 5 können bis zum Abschluss der Tatsacheninstanz eines finanzgerichtlichen Verfahrens nachgeholt werden.

(3) [1]Fehlt einem Verwaltungsakt die erforderliche Begründung oder ist die erforderliche Anhörung eines Beteiligten vor Erlass des Verwaltungsakts unterblieben und ist dadurch die rechtzeitige Anfechtung des Verwaltungsakts versäumt worden, so gilt die Versäumung der Einspruchsfrist als nicht verschuldet. [2]Das für die Wiedereinsetzungsfrist nach § 110 Abs. 2 maßgebende Ereignis tritt im Zeitpunkt der Nachholung der unterlassenen Verfahrenshandlung ein.

AEAO zu § 126 - Heilung von Verfahrens- und Formfehlern:

1. Ein nachträglich gestellter, fristgebundener Antrag heilt den Verwaltungsakt nur, wenn er innerhalb der für die Antragstellung vorgeschriebenen Frist nachgeholt wird.

2. Wegen § 126 Abs. 1 Nr. 3 AO wird auf § 91 AO hingewiesen.

3. Zur Wiedereinsetzung in den vorigen Stand nach unterlassener Anhörung eines Beteiligten bzw. wegen fehlender Begründung des Verwaltungsakts (§ 126 Abs. 3 i. V. m. § 110 AO) vgl. AEAO zu § 91, Nr. 3 und AEAO zu § 121, Nr. 3.

§ 127 Folgen von Verfahrens- und Formfehlern (S 0293)

Die Aufhebung eines Verwaltungsakts, der nicht nach § 125 nichtig ist, kann nicht allein deshalb beansprucht werden, weil er unter Verletzung von Vorschriften über das Verfahren, die Form oder die örtliche Zuständigkeit zustande gekommen ist, wenn keine andere Entscheidung in der Sache hätte getroffen werden können.

AEAO zu § 127 - Folgen von Verfahrens- und Formfehlern:

1. Die Vorschrift gilt nur für die gesetzesgebundenen Verwaltungsakte. Sie verhindert, dass der Steuerpflichtige die Aufhebung eines Steuerbescheids allein deshalb beanspruchen kann, weil der Finanzbehörde bei der Steuerfestsetzung ein Verfahrensfehler (z. B. unterlassene Anhörung) oder ein Formfehler (z. B. fehlende Begründung) unterlaufen ist oder weil die Finanzbehörde Vorschriften über die örtliche Zuständigkeit nicht beachtet hat. Die Vorschrift ist auch anwendbar, wenn die Besteuerungsgrundlagen für einen Steuerbescheid geschätzt worden sind (BFH-Urteile vom 19.2.1987, IV R 143/84, BStBl II S. 412, vom 17.9.1997, II R 15/95, BFH/NV 1998 S. 416, und vom 11.2.1999, V R 40/98, BStBl II S. 382, sowie BFH-Beschluss vom 18.8.1999, IV B 108/98, BFH/NV 2000 S. 165). Sie ist nicht anwendbar bei Verletzung

der Vorschriften über die sachliche Zuständigkeit (BFH-Urteil vom 21.4.1993, X R 112/91, BStBl II S. 649).

2. § 127 AO gilt nicht für Ermessensentscheidungen (BFH-Urteile vom 20.6.1990, I R 157/87, BStBl 1992 II S. 43, vom 18.5.1994, I R 21/93, BStBl II S. 697, und vom 15.10.1998, V R 77/97, BFH/NV 1999 S. 585). Wenn diese mit einem Verfahrens- oder Formfehler behaftet sind, der nicht geheilt werden kann (§ 126 AO), müssen sie aufgehoben und - nach erneuter Ausübung des Ermessens - nochmals erlassen werden, falls der Beteiligte rechtzeitig einen Rechtsbehelf eingelegt hat. Dies gilt nur dann nicht, wenn der mit dem Rechtsbehelf gerügte Fehler die Entscheidung durch die zuständige Finanzbehörde unter keinen Umständen beeinflusst haben kann (BFH-Urteil vom 18.7.1985, VI R 41/81, BStBl 1986 II S. 169).

3. Die Aufhebung eines Gewerbesteuermessbescheids kann regelmäßig nicht allein deswegen beansprucht werden, weil er von einem örtlich unzuständigen Finanzamt erlassen worden ist (BFH-Urteil vom 19.11.2003, I R 88/02, BStBl 2004 II S. 751). Ein Bescheid über die gesonderte Feststellung, der unter Verletzung der in § 180 Abs. 1 Satz 1 Nr. 2 Buchstabe b AO herangezogenen Vorschriften über die örtliche Zuständigkeit ergangen ist, muss aufgehoben werden, weil die Verletzung der §§ 18, 19 AO in der gem. § 180 Abs. 1 Satz 1 Nr. 2 Buchstabe b AO getroffenen Zuordnung ein nicht heilbarer Rechtsfehler ist (BFH-Urteile vom 15.4.1986, VIII R 325/84, BStBl 1987 II S. 195, und vom 10.6.1999, IV R 69/98, BStBl II S. 691).

§ 128 Umdeutung eines fehlerhaften Verwaltungsakts (S 0294)

(1) Ein fehlerhafter Verwaltungsakt kann in einen anderen Verwaltungsakt umgedeutet werden, wenn er auf das gleiche Ziel gerichtet ist, von der erlassenden Finanzbehörde in der geschehenen Verfahrensweise und Form rechtmäßig hätte erlassen werden können und wenn die Voraussetzungen für dessen Erlass erfüllt sind.

(2) [1]Absatz 1 gilt nicht, wenn der Verwaltungsakt, in den der fehlerhafte Verwaltungsakt umzudeuten wäre, der erkennbaren Absicht der erlassenden Finanzbehörde widerspräche oder seine Rechtsfolgen für die betroffene Person ungünstiger wären als die des fehlerhaften Verwaltungsakts. [2]Eine Umdeutung ist ferner unzulässig, wenn der fehlerhafte Verwaltungsakt nicht zurückgenommen werden dürfte.

(3) Eine Entscheidung, die nur als gesetzlich gebundene Entscheidung ergehen kann, kann nicht in eine Ermessensentscheidung umgedeutet werden.

(4) § 91 ist entsprechend anzuwenden.

§ 129 Offenbare Unrichtigkeiten beim Erlass eines Verwaltungsakts (S 0295)

[1]Die Finanzbehörde kann Schreibfehler, Rechenfehler und ähnliche offenbare Unrichtigkeiten, die beim Erlass eines Verwaltungsakts unterlaufen sind, jederzeit berichtigen. [2]Bei berechtigtem Interesse des Beteiligten ist zu berichtigen. [3]Wird zu einem schriftlich ergangenen Verwaltungsakt die Berichtigung begehrt, ist die Finanzbehörde berechtigt, die Vorlage des Schriftstücks zu verlangen, das berichtigt werden soll.

AEAO zu § 129 - Offenbare Unrichtigkeit beim Erlass eines Verwaltungsaktes:

1. Ähnliche offenbare Unrichtigkeiten i. S. d. § 129 AO sind mechanische Versehen, wie beispielsweise Eingabe- oder Übertragungsfehler. Eine offenbare Unrichtigkeit kann daher auch vorliegen, wenn der Sachbearbeiter den Eingabewertbogen falsch ausfüllt oder Daten versehentlich nicht oder falsch in ein Computerprogramm eingibt.

   Ein mechanisches Versehen wird ferner angenommen, wenn der Sachbearbeiter es versehentlich unterlassen hat, die für die Veranlagung eines Jahres vorliegenden Unterlagen auszuwerten, die ihm vom Steuerpflichtigen unterjährig übersandt wurden (vgl. BFH-Urteil vom 27.5.2009, X R 47/08, BStBl II S. 946). Gleiches gilt für das Übersehen einer für den Veranlagungszeitraum einschlägigen Kontrollmitteilung, eines relevanten Grundlagenbescheids (vgl. dazu auch AEAO zu § 175, Nr. 1.2 2. Tiret) oder von Punkten eines Betriebsprüfungsberichts bzw. dessen widersprüchliche oder gar unterlassene Auswertung (vgl. u. a. BFH-Urteil vom 27.11.2003, V R 52/02, BFH/NV 2004 S. 605).

2. Keine offenbaren Unrichtigkeiten i. S. v. § 129 AO sind Fehler bei der Auslegung oder (Nicht-) Anwendung einer Rechtsnorm, eine unrichtige Tatsachen-

würdigung, die unzutreffende Annahme eines in Wirklichkeit nicht vorliegenden Sachverhalts sowie Fehler, die auf mangelnder Sachaufklärung beruhen. Eine Berichtigung nach § 129 AO ist bereits dann ausgeschlossen, wenn auch nur die ernsthafte und nicht nur theoretische Möglichkeit besteht, dass ein derartiger Fehler vorliegt.

3. Ein Fehler ist dann „offenbar" i. S. d. § 129 AO, wenn er auf der Hand liegt, durchschaubar, eindeutig oder augenfällig ist, d.h. sich für einen unvoreingenommenen Dritten ohne weiteres aus der Steuererklärung, deren Anlagen sowie den in den Akten befindlichen Unterlagen für das betreffende Veranlagungsjahr ergibt (vgl. BFH-Urteil vom 27.5.2009, X R 47/08, BStBl II S. 946). In den objektivierten Erkenntnishorizont des Dritten sind daneben regelmäßig aber auch im konkreten Fall einschlägige interne Arbeits- und Dienstanweisungen einzubeziehen (vgl. u. a. BFH-Urteil vom 13.6.2012, VI R 85/10, BStBl 2013 II S. 5). Es kommt nicht darauf an, ob der Steuerpflichtige die Unrichtigkeit anhand des Bescheids und der ihm vorliegenden Unterlagen erkennen konnte.

4. Die offenbare Unrichtigkeit muss beim Erlass des Verwaltungsakts unterlaufen sein. Daher können nur Fehler berichtigt werden, die der Finanzbehörde unterlaufen sind. Eine offenbare Unrichtigkeit kann aber auch dann vorliegen, wenn das Finanzamt eine in der Steuererklärung oder dieser beigefügten Anlagen enthaltene offenbare, d.h. für das Finanzamt erkennbare Unrichtigkeit als eigene übernimmt. Übersieht das Finanzamt bei der Einkommensteuerveranlagung, dass der Steuerpflichtige in seiner vorgelegten Gewinnermittlung die bei der Umsatzsteuererklärung für denselben Veranlagungszeitraum erklärten und erklärungsgemäß berücksichtigten Umsatzsteuerzahlungen in Gänze nicht als Betriebsausgabe erfasst hat, liegt insoweit eine von Amts wegen zu berichtigende offenbare Unrichtigkeit nach § 129 AO vor, auch wenn in diesem Fall noch Ermittlungen zur Höhe des tatsächlich zu berücksichtigenden Betrags erforderlich sind (vgl. BFH-Urteil vom 27.8.2013, VIII R 9/11, BStBl 2014 II S. 439). Eine offenbare Unrichtigkeit liegt dagegen nicht vor, wenn der Steuerpflichtige nicht sämtliche Umsatzsteuer-Vorauszahlungen bei den Betriebsausgaben außer Acht gelassen, sondern im Rahmen seiner Steuererklärung einen Gesamtbetrag eingesetzt hat, der nicht von vornherein unrealistisch war (vgl. BFH-Urteile vom 3.5.2017, X R 4/16, BFH/NV S. 1415, und vom 17.5.2017, X R 45/16, BFH/NV 2018 S. 10).

Bei Fehlern des Steuerpflichtigen bei Erstellung seiner Steuererklärung ist zwischen der Rechtslage bis 2016 und ab 2017 zu unterscheiden:

- Soweit der Steuerbescheid nach dem 31.12.2016 erlassen wurde vgl. AEAO zu § 173a.
- Soweit der Steuerbescheid vor dem 1.1.2017 erlassen wurde, gilt Folgendes:

  Sind dem Steuerpflichtigen bei Erstellung seiner Steuererklärung Fehler (insbesondere Schreib- oder Rechenfehler) unterlaufen und hat er demzufolge dem Finanzamt bestimmte Tatsachen nicht oder mit einem unzutreffenden Wert mitgeteilt, kann der Steuerbescheid nicht nach § 129 AO berichtigt werden, da das Finanzamt den Fehler nicht erkennen und diesen sich somit auch nicht zu eigen machen konnte. Allerdings kommt bei steuerermäßigenden Tatsachen eine Änderung nach § 173 Abs. 1 Nr. 2 AO in Betracht, wenn den Steuerpflichtigen kein grobes Verschulden am nachträglichen Bekanntwerden der zutreffenden Tatsachen trifft (vgl. AEAO zu § 173, Nr. 5) und diese Tatsachen auch bei Erlass des ursprünglichen Steuerbescheids rechtserheblich waren (vgl. AEAO zu § 173, Nr. 3). Dafür, dass die ursprüngliche Nichterklärung auf einem mechanischen Versehen beruht, trägt der Steuerpflichtige die Beweislast (vgl. AEAO zu § 173, Nr. 5.1 und 5.1.3). Die Form der Steuererklärung ist hierbei unerheblich (vgl. AEAO zu § 173, Nr. 5.6).

5. Bei einer Berichtigung nach § 129 AO können im Wege pflichtgemäßer Ermessensausübung unter sinngemäßer Anwendung des § 177 AO materielle Fehler korrigiert werden (BFH-Urteil vom 8.3.1989, X R 116/87, BStBl II S. 531).

6. Die Berichtigung zugunsten und zuungunsten des Steuerpflichtigen ist

   - bei Steuerfestsetzungen und Zinsbescheiden nur innerhalb der Festsetzungsfrist (§ 169 Abs. 1 Satz 2 und § 239 Abs. 1 AO),
   - bei Aufteilungsbescheiden nur bis zur Beendigung der Vollstreckung (§ 280 AO),
   - bei Verwaltungsakten, die sich auf Zahlungsansprüche richten, bis zum Ablauf der Zahlungsverjährung (§ 228 AO),
   - bei anderen Verwaltungsakten zeitlich unbeschränkt

   zulässig. Auf die besondere Ablaufhemmung der Festsetzungsfrist nach § 171 Abs. 2 Satz 1 AO wird hingewiesen.

7. Zur Korrektur von Haftungs- und Duldungsbescheiden vgl. AEAO zu § 191. Zur Anfechtungsbeschränkung vgl. AEAO zu § 351, Nr. 3.

AEAO vor §§ 130, 131 - Rücknahme und Widerruf von Verwaltungsakten:

1. Die §§ 130 bis 133 AO gelten für Rücknahme oder Widerruf von Verwaltungsakten nur, soweit keine Sonderregelungen bestehen (Hinweis auf §§ 172 ff. AO für Steuerbescheide; §§ 206, 207 AO für verbindliche Zusagen; § 280 AO für Aufteilungsbescheide). Dabei bestehen hinsichtlich der Bestandskraft unanfechtbarer Verwaltungsakte Unterschiede zwischen begünstigenden Verwaltungsakten und nicht begünstigenden Verwaltungsakten.

2. Begünstigende Verwaltungsakte sind insbesondere

   - Gewährung von Entschädigungen (§ 107 AO),
   - Fristverlängerungen (§ 109 AO),

- Gewährung von Buchführungserleichterungen (§ 148 AO),
- Billigkeitsmaßnahmen (§§ 163, 227, § 234 Abs. 2 AO),
- Verlegung des Beginns einer Außenprüfung (§ 197 Abs. 2 AO),
- Stundungen (§ 222 AO),
- Einstellung oder Beschränkung der Vollstreckung (§§ 257, 258 AO),
- Aussetzung der Vollziehung (§ 361 AO, § 69 Abs. 2 FGO).

3. Nicht begünstigende Verwaltungsakte sind insbesondere
   - Ablehnung beantragter begünstigender Verwaltungsakte,
   - Festsetzung von steuerlichen Nebenleistungen (§ 3 Abs. 4, § 218 Abs. 1 AO),
   - Ablehnung einer Erstattung von Nebenleistungen (§ 37 Abs. 2, § 218 Abs. 2 AO),
   - Auskunftsersuchen (§§ 93 ff. AO),
   - Aufforderung zur Buchführung (§ 141 Abs. 2 AO),
   - Haftungsbescheide (§ 191 AO),
   - Duldungsbescheide (§ 191 AO),
   - Prüfungsanordnungen (§ 196 AO),
   - Anforderung von Säumniszuschlägen (§ 240 AO),
   - Pfändungen (§ 281 AO).

4. In Fällen der Korrektur von Verspätungszuschlagfestsetzungen infolge von Korrekturen der Steuerfestsetzung, der Feststellung von Besteuerungsgrundlagen oder der Anrechnung von Vorauszahlungen oder Steuerabzugsbeträgen gilt § 152 Abs. 12 AO (AEAO zu § 152, Nr. 12). Zur Korrektur von Haftungs- und Duldungsbescheiden vgl. AEAO zu § 191.

5. Verwaltungsakte über Billigkeitsmaßnahmen nach § 163 Abs. 1 AO stehen in den Fällen des § 163 Abs. 3 AO kraft Gesetzes unter Widerrufsvorbehalt. Die Rücknahme eines rechtswidrigen Verwaltungsakts richtet sich in diesen Fällen nach § 163 Abs. 4 Satz 1 AO.

§ 130 Rücknahme eines rechtswidrigen Verwaltungsakts (S 0296)

(1) Ein rechtswidriger Verwaltungsakt kann, auch nachdem er unanfechtbar geworden ist, ganz oder teilweise mit Wirkung für die Zukunft oder für die Vergangenheit zurückgenommen werden.

(2) Ein Verwaltungsakt, der ein Recht oder einen rechtlich erheblichen Vorteil begründet oder bestätigt hat (begünstigender Verwaltungsakt), darf nur dann zurückgenommen werden, wenn

1. er von einer sachlich unzuständigen Behörde erlassen worden ist,

2. er durch unlautere Mittel wie arglistige Täuschung, Drohung oder Bestechung erwirkt worden ist,

3. ihn der Begünstigte durch Angaben erwirkt hat, die in wesentlicher Beziehung unrichtig oder unvollständig waren,

4. seine Rechtswidrigkeit dem Begünstigten bekannt oder infolge grober Fahrlässigkeit nicht bekannt war.

(3) [1]Erhält die Finanzbehörde von Tatsachen Kenntnis, welche die Rücknahme eines rechtswidrigen begünstigenden Verwaltungsakts rechtfertigen, so ist die Rücknahme nur innerhalb eines Jahres seit dem Zeitpunkt der Kenntnisnahme zulässig. [2]Dies gilt nicht im Fall des Absatzes 2 Nr. 2.

(4) Über die Rücknahme entscheidet nach Unanfechtbarkeit des Verwaltungsakts die nach den Vorschriften über die örtliche Zuständigkeit zuständige Finanzbehörde; dies gilt auch dann, wenn der zurückzunehmende Verwaltungsakt von einer anderen Finanzbehörde erlassen worden ist; § 26 Satz 2 bleibt unberührt.

AEAO zu § 130 - Rücknahme eines rechtswidrigen Verwaltungsaktes:

1. Ein Verwaltungsakt ist rechtswidrig, wenn er im Zeitpunkt seines Erlasses ganz oder teilweise gegen zwingende gesetzliche Vorschriften (§ 4 AO) verstößt, ermessensfehlerhaft ist (vgl. AEAO zu § 5) oder eine Rechtsgrundlage überhaupt fehlt. Eine nachträgliche Änderung der Sach- oder Rechtslage hingegen macht einen ursprünglich rechtmäßigen Verwaltungsakt grundsätzlich nicht i. S. d. § 130 AO rechtswidrig, es sei denn, es läge ein Fall steuerrechtlicher Rückwirkung vor, welche den Verwaltungsakt erfasst (vgl. BFH-Urteil vom 9.12.2008, VII R 43/07, BStBl 2009 II S. 344). Besonders schwerwiegende Fehler haben die Nichtigkeit und damit die Unwirksamkeit zur Folge (§ 125 i. V. m. § 124 Abs. 3 AO). Liegt kein Fall der Nichtigkeit vor, so wird der rechtswidrige Verwaltungsakt zunächst wirksam

2. Die Finanzbehörde entscheidet im Rahmen ihres Ermessens, ob sie eine Überprüfung eines rechtswidrigen, unanfechtbaren Verwaltungsakts vornehmen soll. Die Finanzbehörde braucht nicht in die Überprüfung einzutreten, wenn der Steuerpflichtige nach Ablauf der Einspruchsfrist die Rechtswidrigkeit lediglich behauptet und Gründe, aus denen sich schlüssig die Rechtswidrigkeit des belastenden Verwaltungsakts ergibt, nicht näher bezeichnet (vgl. BFH-Urteil vom 9.3.1989, VI R 101/84, BStBl II S. 749). Ist die Fehlerhaftigkeit eines Verwaltungsakts festgestellt, so ist zunächst die mögliche Nichtigkeit

(§ 125 AO), danach die Möglichkeit der Berichtigung offenbarer Unrichtigkeiten (§ 129 AO), danach die Möglichkeit der Heilung von Verfahrens- und Formfehlern (§§ 126, 127 AO), danach die Möglichkeit der Umdeutung (§ 128 AO) und danach die Rücknahme zu prüfen.

3. Nicht begünstigende rechtswidrige Verwaltungsakte können jederzeit zurückgenommen werden, auch wenn die Einspruchsfrist abgelaufen ist. Eine teilweise Rücknahme ist zulässig.

Beispiel:

Ein Verspätungszuschlag ist mit einem Betrag festgesetzt worden, der mehr als 10 % der festgesetzten Steuer ausmacht (Verstoß gegen § 152 Abs. 2 AO a.F.). Die Festsetzung kann insoweit zurückgenommen werden, wie sie 10 % übersteigt; sie bleibt im Übrigen bestehen.

4. Die Rücknahme eines begünstigenden rechtswidrigen Verwaltungsakts ist nur unter Einschränkungen möglich (§ 130 Abs. 2 und 3 AO). Unter einer Begünstigung i. S. d. Vorschriften ist jede Rechtswirkung zu verstehen, an deren Aufrechterhaltung der vom Verwaltungsakt Betroffene ein schutzwürdiges Interesse hat (BFH-Urteil vom 16.10.1986, VII R 159/83, BStBl 1987 II S. 405). Sofern die Rücknahme zulässig und wirksam ist, kann die Finanzbehörde aufgrund des veränderten Sachverhalts oder der veränderten Rechtslage einen neuen Verwaltungsakt erlassen, der für den Beteiligten weniger vorteilhaft ist.

Beispiele:

a) Ein Verspätungszuschlag ist unter Abweichung von der sonst beim Finanzamt üblichen Anwendung der Grundsätze des § 152 AO a.F. auf 500 € festgesetzt worden. Eine Überprüfung des Falles ergibt, dass eine Festsetzung i. H. v. 1.000 € richtig gewesen wäre. Die Rücknahme der Festsetzung, verbunden mit einer neuen höheren Festsetzung, ist rechtlich zulässig, wenn die niedrige Festsetzung auf unrichtigen oder unvollständigen Angaben des Steuerpflichtigen beruhte (§ 130 Abs. 2 Nr. 3 AO).

b) Der Steuerpflichtige hat durch arglistige Täuschung über seine Vermögens- und Liquiditätslage eine Stundung ohne Sicherheitsleistung erwirkt. Die Finanzbehörde kann die Stundungsverfügung mit Wirkung für die Vergangenheit zurücknehmen (§ 130 Abs. 2 Nr. 2 AO), für die Vergangenheit Säumniszuschläge anfordern und eine in die Zukunft wirkende neue Stundung von einer Sicherheitsleistung abhängig machen.

5. § 130 Abs. 3 AO normiert keine Prüfungsfrist, innerhalb derer die Finanzbehörde ihr bekannte Tatsachen rechtlich zu bewerten und aus ihnen die gebo-

tenen Schlussfolgerungen zu ziehen hätte, sondern lediglich eine Entscheidungsfrist. Deshalb beginnt die Jahresfrist erst dann, wenn die Finanzbehörde tatsächlich die Erkenntnis gewonnen hat, dass ein Verwaltungsakt zurückgenommen bzw. widerrufen werden kann (vgl. BVerwG-Beschluss vom 19.12.1984, GrS 1 und 2/84, BVerwGE 70 S. 356, und daran anschließend die ständige Rechtsprechung des BFH, vgl. u. a. Urteil vom 9.12.2008, VII R 43/07, BStBl 2009 II S. 344). Dies ist der Fall, wenn die Finanzbehörde ohne weitere Sachaufklärung objektiv in der Lage ist, unter sachgerechter Ausübung ihres Ermessens über Rücknahme bzw. Widerruf des Verwaltungsakts zu entscheiden.

§ 131 Widerruf eines rechtmäßigen Verwaltungsakts (S 0297)

(1) Ein rechtmäßiger nicht begünstigender Verwaltungsakt kann, auch nachdem er unanfechtbar geworden ist, ganz oder teilweise mit Wirkung für die Zukunft widerrufen werden, außer wenn ein Verwaltungsakt gleichen Inhalts erneut erlassen werden müsste oder aus anderen Gründen ein Widerruf unzulässig ist.

(2) [1]Ein rechtmäßiger begünstigender Verwaltungsakt darf, auch nachdem er unanfechtbar geworden ist, ganz oder teilweise mit Wirkung für die Zukunft nur widerrufen werden,

1. wenn der Widerruf durch Rechtsvorschrift zugelassen oder im Verwaltungsakt vorbehalten ist,

2. wenn mit dem Verwaltungsakt eine Auflage verbunden ist und der Begünstigte diese nicht oder nicht innerhalb einer ihm gesetzten Frist erfüllt hat,

3. wenn die Finanzbehörde auf Grund nachträglich eingetretener Tatsachen berechtigt wäre, den Verwaltungsakt nicht zu erlassen, und wenn ohne den Widerruf das öffentliche Interesse gefährdet würde.

[2]§ 130 Abs. 3 gilt entsprechend.

(3) Der widerrufene Verwaltungsakt wird mit dem Wirksamwerden des Widerrufs unwirksam, wenn die Finanzbehörde keinen späteren Zeitpunkt bestimmt.

(4) Über den Widerruf entscheidet nach Unanfechtbarkeit des Verwaltungsakts die nach den Vorschriften über die örtliche Zuständigkeit zuständige Finanzbehörde; dies gilt auch dann, wenn der zu widerrufende Verwaltungsakt von einer anderen Finanzbehörde erlassen worden ist.

AEAO zu § 131 - Widerruf eines rechtmäßigen Verwaltungsaktes:

1. Ein Verwaltungsakt ist rechtmäßig, wenn er zum Zeitpunkt des Wirksamwerdens (Bekanntgabe) dem Gesetz (§ 4 AO) entspricht. Ändert sich der Sachverhalt durch nachträglich eingetretene Tatsachen oder lässt das Gesetz in derselben Sache unterschiedliche Verwaltungsakte zu (Ermessensentscheidungen), so kann der rechtmäßige Verwaltungsakt unter bestimmten Voraussetzungen mit Wirkung für die Zukunft widerrufen werden.

2. § 131 Abs. 2 Nr. 3 AO betrifft nur die Änderung tatsächlicher, nicht rechtlicher Verhältnisse. Der Begriff „Tatsache" bezeichnet in dieser Vorschrift dasselbe wie in § 173 AO (vgl. AEAO zu § 173, Nr. 1). „Tatsache" ist auch die steuerrechtliche Beurteilung eines Sachverhalts in einem anderen Bescheid, soweit dieser Bescheid Bindungswirkung für den zu widerrufenden Bescheid hat (vgl. BFH-Urteile vom 13.1.2005, II R 48/02, BStBl II S. 451, und vom 9.12.2008, VII R 43/07, BStBl 2009 II S. 344). Das öffentliche Interesse i. S. d. Vorschrift ist immer dann gefährdet, wenn bei einem Festhalten an der getroffenen Entscheidung der Betroffene gegenüber anderen Steuerpflichtigen bevorzugt würde.

3. Ein Steuererlass kann nicht widerrufen werden. Die nachträgliche Verbesserung der Liquiditäts- oder Vermögenslage ist unbeachtlich. Für die Rücknahme gilt § 130 Abs. 2 und 3 AO.

4. Ein rechtmäßiger begünstigender Verwaltungsakt darf jederzeit um einen weiteren rechtmäßigen Verwaltungsakt ergänzt werden.

   Beispiele:

   a) Verlängerung oder Erhöhung einer Stundung,

   b) weitere Fristverlängerung,

   c) Gewährung ergänzender Buchführungserleichterungen,

   d) Erhöhung des zu erlassenden Steuerbetrages.

5. Dementsprechend bedarf es bei demselben Sachverhalt nicht des Widerrufs, wenn zu einem nicht begünstigenden rechtmäßigen Verwaltungsakt lediglich ein weiterer rechtmäßiger Verwaltungsakt hinzutritt.

   Beispiele:

   a) Wegen einer Steuerschuld von 2.500 € sind Wertpapiere im Werte von 1.500 € gepfändet worden. Es wird eine weitere Pfändung über 1.000 € verfügt.

   b) Die Prüfungsanordnung für eine Außenprüfung umfasst den Prüfungszeitraum 1993 bis 1995. Die Prüfungsanordnung wird auf den Besteuerungszeitraum 1996 ausgedehnt.

   c) Zur Klärung eines steuerlich bedeutsamen Sachverhalts wird das Kreditinstitut X um Auskunft über die Kontenstände des Steuerpflichtigen gebeten. Im Zuge der Ermittlungen wird auch die Angabe aller baren Einzahlungen über 5.000 € verlangt.

§ 132 Rücknahme, Widerruf, Aufhebung und Änderung im Rechtsbehelfsverfahren (S 0298)

[1]Die Vorschriften über Rücknahme, Widerruf, Aufhebung und Änderung von Verwaltungsakten gelten auch während eines Einspruchsverfahrens und während eines finanzgerichtlichen Verfahrens. [2]§ 130 Abs. 2 und 3 und § 131 Abs. 2 und 3 stehen der Rücknahme und dem Widerruf eines von einem Dritten angefochtenen begünstigenden Verwaltungsakts während des Einspruchsverfahrens oder des finanzgerichtlichen Verfahrens nicht entgegen, soweit dadurch dem Einspruch oder der Klage abgeholfen wird.

§ 133 Rückgabe von Urkunden und Sachen (S 0299)

[1]Ist ein Verwaltungsakt unanfechtbar widerrufen oder zurückgenommen oder ist seine Wirksamkeit aus einem anderen Grund nicht oder nicht mehr gegeben, so kann die Finanzbehörde die auf Grund dieses Verwaltungsakts erteilten Urkunden oder Sachen, die zum Nachweis der Rechte aus dem Verwaltungsakt oder zu deren Ausübung bestimmt sind, zurückfordern. [2]Der Inhaber und, sofern er nicht der Besitzer ist, auch der Besitzer dieser Urkunden oder Sachen sind zu ihrer Herausgabe verpflichtet. [3]Der Inhaber oder der Besitzer kann jedoch verlangen, dass ihm die Urkunden oder Sachen wieder ausgehändigt werden, nachdem sie von der Finanzbehörde als ungültig gekennzeichnet sind; dies gilt nicht bei Sachen, bei denen eine solche Kennzeichnung nicht oder nicht mit der erforderlichen Offensichtlichkeit oder Dauerhaftigkeit möglich ist.

Vierter Teil – Durchführung der Besteuerung

Erster Abschnitt – Erfassung der Steuerpflichtigen

1. Unterabschnitt – Personenstands- und Betriebsaufnahme

§ 134 (weggefallen)

§ 135 (weggefallen)

§ 136 (weggefallen)

2. Unterabschnitt – Anzeigepflichten

§ 137 Steuerliche Erfassung von Körperschaften, Vereinigungen und Vermögensmassen (S 0301)

(1) Steuerpflichtige, die nicht natürliche Personen sind, haben dem nach § 20 zuständigen Finanzamt und den für die Erhebung der Realsteuern zuständigen Gemeinden die Umstände anzuzeigen, die für die steuerliche Erfassung von Bedeutung sind, insbesondere die Gründung, den Erwerb der Rechtsfähigkeit, die Änderung der Rechtsform, die Verlegung der Geschäftsleitung oder des Sitzes und die Auflösung.

(2) Die Mitteilungen sind innerhalb eines Monats seit dem meldepflichtigen Ereignis zu erstatten.

§ 138 Anzeigen über die Erwerbstätigkeit (S 0301)

(1) [1]Wer einen Betrieb der Land- und Forstwirtschaft, einen gewerblichen Betrieb oder eine Betriebstätte eröffnet, hat dies nach amtlich vorgeschriebenem Vordruck der Gemeinde mitzuteilen, in der der Betrieb oder die Betriebstätte eröffnet wird; die Gemeinde unterrichtet unverzüglich das nach § 22 Abs. 1 zuständige Finanzamt von dem Inhalt der Mitteilung. [2]Ist die Festsetzung der Realsteuern den Gemeinden nicht übertragen worden, so tritt an die Stelle der Gemeinde das nach § 22 Abs. 2 zuständige Finanzamt. [3]Wer eine freiberufliche Tätigkeit aufnimmt, hat dies dem nach § 19 zuständigen Finanzamt mitzuteilen. [4]Das Gleiche gilt für die Verlegung und die Aufgabe eines Betriebs, einer Betriebstätte oder einer freiberuflichen Tätigkeit.

(1a) Unternehmer im Sinne des § 2 des Umsatzsteuergesetzes können ihre Anzeigepflichten nach Absatz 1 zusätzlich bei der für die Umsatzbesteuerung zuständigen Finanzbehörde elektronisch erfüllen.

(1b) [1]Sofern Steuerpflichtige gemäß Absatz 1 Satz 1 bis 3 verpflichtet sind, eine Betriebseröffnung oder Aufnahme einer freiberuflichen Tätigkeit mitzuteilen, haben sie dem in Absatz 1 bezeichneten Finanzamt weitere Auskünfte über die für

die Besteuerung erheblichen rechtlichen und tatsächlichen Verhältnisse zu erteilen. [2]Die Auskünfte im Sinne des Satzes 1 sind nach amtlich vorgeschriebenem Datensatz über die amtlich bestimmte Schnittstelle zu übermitteln. [3]Auf Antrag kann das Finanzamt zur Vermeidung unbilliger Härten auf eine Übermittlung gemäß Satz 2 verzichten; in diesem Fall sind die Auskünfte im Sinne des Satzes 1 nach amtlich vorgeschriebenem Vordruck zu erteilen.

(2) [1]Steuerpflichtige mit Wohnsitz, gewöhnlichem Aufenthalt, Geschäftsleitung oder Sitz im Geltungsbereich dieses Gesetzes (inländische Steuerpflichtige) haben dem für sie nach den §§ 18 bis 20 zuständigen Finanzamt mitzuteilen:

1. **die Gründung und den Erwerb von Betrieben und Betriebstätten im Ausland;**
2. **den Erwerb, die Aufgabe oder die Veränderung einer Beteiligung an ausländischen Personengesellschaften;**
3. **den Erwerb oder die Veräußerung von Beteiligungen an einer Körperschaft, Personenvereinigung oder Vermögensmasse mit Sitz und Geschäftsleitung außerhalb des Geltungsbereichs dieses Gesetzes, wenn**
   a) **damit eine Beteiligung von mindestens 10 Prozent am Kapital oder am Vermögen der Körperschaft, Personenvereinigung oder Vermögensmasse erreicht wird oder**
   b) **die Summe der Anschaffungskosten aller Beteiligungen mehr als 150 000 Euro beträgt. [2]Dies gilt nicht für den Erwerb und die Veräußerung von Beteiligungen von weniger als 1 Prozent am Kapital oder am Vermögen der Körperschaft, Personenvereinigung oder Vermögensmasse, wenn mit der Hauptgattung der Aktien der ausländischen Gesellschaft ein wesentlicher und regelmäßiger Handel an einer Börse in einem Mitgliedstaat der Europäischen Union oder in einem Vertragsstaat des EWR-Abkommens stattfindet oder an einer Börse, die in einem anderen Staat nach § 193 Absatz 1 Satz 1 Nummer 2 und 4 des Kapitalanlagegesetzbuchs von der Bundesanstalt für Finanzdienstleistungsaufsicht zugelassen ist. [3]Für die Ermittlung der Beteiligungshöhe im Sinne des Satzes 2 sind alle gehaltenen Beteiligungen zu berücksichtigen. [4]Nicht mitteilungspflichtige Erwerbe und nicht mitteilungspflichtige Veräußerungen im Sinne des Satzes 2 sind bei der Ermittlung der Summe der Anschaffungskosten im Sinne des Satzes 1 außer Betracht zu lassen;**
4. **die Tatsache, dass sie allein oder zusammen mit nahestehenden Personen im Sinne des § 1 Absatz 2 des Außensteuergesetzes erstmals unmittelbar oder mittelbar einen beherrschenden oder bestimmenden Einfluss auf die gesellschaftsrechtlichen, finanziellen oder geschäftlichen Angelegenheiten einer Drittstaat-Gesellschaft ausüben können;**
5. **die Art der wirtschaftlichen Tätigkeit des Betriebs, der Betriebstätte, der Personengesellschaft, Körperschaft, Personenvereinigung, Vermögensmasse oder der Drittstaat-Gesellschaft.**

[2]In den Fällen des Satzes 1 Nummer 3 sind unmittelbare und mittelbare Beteiligungen zusammenzurechnen.

(3) Drittstaat-Gesellschaft ist eine Personengesellschaft, Körperschaft, Personenvereinigung oder Vermögensmasse mit Sitz oder Geschäftsleitung in Staaten oder Territorien, die nicht Mitglieder der Europäischen Union oder der Europäischen Freihandelsassoziation sind.

(4) Mitteilungen nach den Absätzen 1, 1a und 1b sind innerhalb eines Monats nach dem meldepflichtigen Ereignis zu erstatten.

(5) [1]Mitteilungen nach Absatz 2 sind zusammen mit der Einkommensteuer-, Körperschaftsteuer- oder Feststellungserklärung für den Besteuerungszeitraum, in dem der mitzuteilende Sachverhalt verwirklicht wurde, spätestens jedoch bis zum Ablauf von 14 Monaten nach Ablauf dieses Besteuerungszeitraums, nach amtlich vorgeschriebenem Datensatz über die amtlich bestimmten Schnittstellen zu erstatten. [2]Inländische Steuerpflichtige, die nicht dazu verpflichtet sind, ihre Einkommensteuer-, Körperschaftsteuer- oder Feststellungserklärung nach amtlich vorgeschriebenem Datensatz über die amtlich bestimmte Schnittstelle abzugeben, haben die Mitteilungen nach amtlich vorgeschriebenem Vordruck zu erstatten, es sei denn, sie geben ihre Einkommensteuer- oder Körperschaftsteuererklärung freiwillig nach amtlich vorgeschriebenem Datensatz über die amtlich bestimmte Schnittstelle ab. [3]Inländische Steuerpflichtige, die nicht dazu verpflichtet sind, eine Einkommensteuer-, Körperschaftsteuer- oder Feststellungserklärung abzugeben, haben die Mitteilungen nach amtlich vorgeschriebenem Vordruck bis zum Ablauf von 14 Monaten nach Ablauf des Kalenderjahrs zu erstatten, in dem der mitzuteilende Sachverhalt verwirklicht worden ist.

AEAO zu § 138 - Anzeigen über die Erwerbstätigkeit:

1. Die Verpflichtung, die Eröffnung eines Betriebs der Land- und Forstwirtschaft, eines gewerblichen Betriebs oder einer Betriebstätte anzuzeigen, besteht nur gegenüber der Gemeinde, in der dieser Betrieb oder die Betriebstätte eröffnet wird; diese hat unverzüglich das zuständige Finanzamt zu unterrichten. Freiberuflich Tätige haben die Aufnahme ihrer Erwerbstätigkeit dem Wohnsitzfinanzamt (§ 19 Abs. 1 AO, ggf. Tätigkeitsfinanzamt nach § 19 Abs. 3 AO) mitzuteilen. Unter Eröffnung ist auch die Fortführung eines Betriebs oder einer Betriebstätte durch den Rechtsnachfolger oder Erwerber zu verstehen (Hinweis auf § 75 AO).

   Die Meldefrist beträgt einen Monat. Gewerbetreibende, die nach § 14 der GewO gegenüber der zuständigen Behörde (Ordnungs- bzw. Gewerbeamt) anzeigepflichtig sind, genügen mit dieser Anzeige gleichzeitig ihrer steuerlichen Anzeigepflicht nach § 138 Abs. 1 AO. Die Anzeige ist auf einem Vordruck zu erstatten, dessen Muster durch die Anlagen 1, 2 und 3 zu § 1 Satz 1 der GewAnzV vom 22.7.2014 (BGBl. I S. 1208) bestimmt worden ist. Steuerpflichtige, die nicht unter die Anzeigepflicht nach der GewO fallen, können die Anzeige formlos erstatten. Sie können sich auch des Vordrucks gem. der GewAnzV bedienen.

2. § 138 Abs. 2 AO verpflichtet alle Steuerpflichtigen, Auslandsbeziehungen, insbesondere Auslandsbeteiligungen innerhalb der Fristen nach § 138 Abs. 5 AO dem Finanzamt mitzuteilen. Eine Verletzung dieser Verpflichtung kann als Steuergefährdung mit einem Bußgeld geahndet werden (§ 379 Abs. 2 Nr. 1 AO). Näheres zu Inhalt und Form der Mitteilungen regelt das BMF-Schreiben vom 5.2.2018, BStBl I S. 289, zuletzt geändert durch BMF-Schreiben vom 28.12.2020, BStBl I 2021 S. 55[1].

[1] Das BMF-Schreiben vom 5.2.2018 (BStBl I S. 289), zuletzt geändert durch BMF-Schreiben vom 28.12.2020 (BStBl I 2021 S. 55), wurde durch das BMF-Schreiben vom 26.4.2022 (BStBl I S. 576) ersetzt. Das BMF-Schreiben vom 26.4.2022 ist im Anhang 56 abgedruckt.

§ 138a Länderbezogener Bericht multinationaler Unternehmensgruppen (S 0302)

(1) [1]Ein Unternehmen mit Sitz oder Geschäftsleitung im Inland (inländisches Unternehmen), das einen Konzernabschluss aufstellt oder nach anderen Regelungen als den Steuergesetzen aufzustellen hat (inländische Konzernobergesellschaft), hat nach Ablauf eines Wirtschaftsjahres für dieses Wirtschaftsjahr einen länderbezogenen Bericht dieses Konzerns zu erstellen und dem Bundeszentralamt für Steuern zu übermitteln, wenn

1. der Konzernabschluss mindestens ein Unternehmen mit Sitz und Geschäftsleitung im Ausland (ausländisches Unternehmen) oder eine ausländische Betriebsstätte umfasst und
2. die im Konzernabschluss ausgewiesenen, konsolidierten Umsatzerlöse im vorangegangenen Wirtschaftsjahr mindestens 750 Millionen Euro betragen.

[2]Die Verpflichtung nach Satz 1 besteht vorbehaltlich der Absätze 3 und 4 nicht, wenn das inländische Unternehmen im Sinne des Satzes 1 in den Konzernabschluss eines anderen Unternehmens einbezogen wird.

(2) Der länderbezogene Bericht im Sinne von Absatz 1 enthält

1. eine nach Steuerhoheitsgebieten gegliederte Übersicht, wie sich die Geschäftstätigkeit des Konzerns auf die Steuerhoheitsgebiete verteilt, in denen der Konzern durch Unternehmen oder Betriebsstätten tätig ist; zu diesem Zweck sind in der Übersicht folgende Positionen auszuweisen:
   a) die Umsatzerlöse und sonstigen Erträge aus Geschäftsvorfällen mit nahestehenden Unternehmen,
   b) die Umsatzerlöse und sonstigen Erträge aus Geschäftsvorfällen mit fremden Unternehmen,
   c) die Summe aus den Umsatzerlösen und sonstigen Erträgen gemäß den Buchstaben a und b,
   d) die im Wirtschaftsjahr gezahlten Ertragsteuern,
   e) die im Wirtschaftsjahr für dieses Wirtschaftsjahr gezahlten und zurückgestellten Ertragsteuern,
   f) das Jahresergebnis vor Ertragsteuern,
   g) das Eigenkapital,
   h) der einbehaltene Gewinn,
   i) die Zahl der Beschäftigten und
   j) die materiellen Vermögenswerte;
2. eine nach Steuerhoheitsgebieten gegliederte Auflistung aller Unternehmen und Betriebsstätten, zu denen Angaben in der Übersicht nach Nummer 1

erfasst sind, jeweils unter Angabe deren wichtigster Geschäftstätigkeiten sowie

3. zusätzliche Informationen, die nach Ansicht der inländischen Konzernobergesellschaft zum Verständnis der Übersicht nach Nummer 1 und der Auflistung nach Nummer 2 erforderlich sind.

(3) Umfasst der Konzernabschluss eines ausländischen Unternehmens, das nach Absatz 1 zur Abgabe des länderbezogenen Berichts verpflichtet wäre, wenn es Sitz oder Geschäftsleitung im Inland hätte (ausländische Konzernobergesellschaft), ein inländisches Unternehmen (einbezogene inländische Konzerngesellschaft) und beauftragt die ausländische Konzernobergesellschaft die einbezogene inländische Konzerngesellschaft damit, einen länderbezogenen Bericht für den Konzern abzugeben (beauftragte Gesellschaft), so hat die beauftragte Gesellschaft den länderbezogenen Bericht dem Bundeszentralamt für Steuern zu übermitteln.

(4) [1]Eine einbezogene inländische Konzerngesellschaft ist im Regelfall verpflichtet, den länderbezogenen Bericht für einen Konzern mit einer ausländischen Konzernobergesellschaft, die nach Absatz 1 zur Übermittlung des länderbezogenen Berichts verpflichtet wäre, wenn sie Sitz oder Geschäftsleitung im Inland hätte, dem Bundeszentralamt für Steuern zu übermitteln, wenn das Bundeszentralamt für Steuern keinen länderbezogenen Bericht erhalten hat. [2]Übermittelt eine einbezogene inländische Konzerngesellschaft den länderbezogenen Bericht, entfällt die Verpflichtung für alle anderen einbezogenen inländischen Konzerngesellschaften dieses Konzerns. [3]Kann eine einbezogene inländische Konzerngesellschaft die Übermittlung innerhalb der Frist des Absatzes 6 Satz 1 nicht sicherstellen, insbesondere weil sie den länderbezogenen Bericht weder beschaffen noch erstellen kann, so hat sie dies innerhalb der Frist des Absatzes 6 Satz 1 dem Bundeszentralamt für Steuern mitzuteilen und dabei alle Angaben im Sinne von Absatz 2 zu machen, über die sie verfügt oder die sie beschaffen kann. [4]Konnte eine einbezogene inländische Konzerngesellschaft davon ausgehen, dass der länderbezogene Bericht fristgerecht übermittelt wird, und stellt sich nachträglich heraus, dass dies ohne Verschulden der einbezogenen inländischen Konzerngesellschaft nicht geschehen ist, so hat diese ihre Pflichten nach Satz 1 oder Satz 3 innerhalb eines Monats nach Bekanntwerden der Nichtübermittlung zu erfüllen. [5]Die Sätze 1 bis 4 gelten entsprechend für die inländische Betriebsstätte eines ausländischen Unternehmens, das als ausländische Konzernobergesellschaft oder als einbezogene ausländische Konzerngesellschaft in einen Konzernabschluss einbezogen wird.

(5) [1]Ein inländisches Unternehmen hat in der Steuererklärung anzugeben, ob es

1. eine inländische Konzernobergesellschaft im Sinne von Absatz 1 ist,

2. eine beauftragte Gesellschaft ist oder

3. eine einbezogene inländische Konzerngesellschaft eines Konzerns mit ausländischer Konzernobergesellschaft ist.

[2]In den Fällen von Satz 1 Nummer 3 ist auch anzugeben, bei welcher Finanzbehörde und von welchem Unternehmen der länderbezogene Bericht des Konzerns abgegeben wird. [3]Fehlt diese Angabe, ist die einbezogene inländische

Konzerngesellschaft selbst zur fristgerechten Übermittlung des länderbezogenen Berichts verpflichtet. [4]Die Sätze 1 bis 3 gelten entsprechend für die inländische Betriebsstätte eines ausländischen Unternehmens, das als ausländische Konzernobergesellschaft oder als einbezogene ausländische Konzerngesellschaft in einen Konzernabschluss einbezogen wird.

(6) [1]Die Übermittlung des länderbezogenen Berichts an das Bundeszentralamt für Steuern hat spätestens ein Jahr nach Ablauf des Wirtschaftsjahres zu erfolgen, für das der länderbezogene Bericht zu erstellen ist. [2]Abweichend von Satz 1 gilt in den Fällen von Absatz 4 Satz 4 die dort genannte Frist für die Übermittlung des länderbezogenen Berichts. [3]Die Übermittlung hat nach amtlich vorgeschriebenem Datensatz durch Datenfernübertragung zu erfolgen.

(7) [1]Das Bundeszentralamt für Steuern übermittelt alle ihm zugegangenen länderbezogenen Berichte an die jeweils zuständige Finanzbehörde. [2]Enthält ein länderbezogener Bericht Angaben im Sinne von Absatz 2 für einen Vertragsstaat der völkerrechtlichen Vereinbarungen, übermittelt das Bundeszentralamt für Steuern auf Grundlage dieser völkerrechtlichen Vereinbarungen den ihm zugegangenen länderbezogenen Bericht an die zuständige Behörde des jeweiligen Vertragsstaates. [3]Das Bundeszentralamt für Steuern nimmt die länderbezogenen Berichte entgegen, die ihm von den zuständigen Behörden der in Satz 2 genannten Vertragsstaaten übermittelt worden sind, und übermittelt diese an die jeweils zuständige Finanzbehörde. [4]Das Bundeszentralamt für Steuern kann länderbezogene Berichte im Rahmen der ihm gesetzlich übertragenen Aufgaben auswerten. [5]Das Bundeszentralamt für Steuern speichert die länderbezogenen Berichte und löscht sie mit Ablauf des 15. Jahres, das dem Jahr der Übermittlung folgt.

(8) § 2a Absatz 5 Nummer 2 gilt nicht.

AEAO zu § 138a - Länderbezogener Bericht multinationaler Unternehmensgruppen

Auf das BMF-Schreiben vom 11.7.2017, BStBl I S. 974 wird verwiesen.

Datenquellen

Das berichtende Unternehmen verwendet beim Ausfüllen des Formblatts Jahr für Jahr konsistent die gleichen Datenquellen. Dem berichtenden Unternehmen ist es freigestellt, Daten aus seiner konsolidierten Unternehmensberichterstattung, aus den gesetzlich vorgesehenen Jahresabschlüssen der einzelnen Unternehmen, aus für aufsichtsrechtliche Zwecke erstellten Abschlüssen oder aus seiner internen Rechnungslegung zu verwenden.

Sekundärmechanismus

Ergänzend hierzu besteht die Verpflichtung zur Abgabe des länderbezogenen Berichts für die einbezogene inländische Konzerngesellschaft nur, sofern die folgenden Voraussetzungen erfüllt sind:

1. Die einbezogene Konzerngesellschaft hat ihre Geschäftsleitung oder ihren Sitz im Inland und

2. eine der folgenden Voraussetzungen ist erfüllt:

   a) die ausländische Konzernobergesellschaft ist in ihrem Ansässigkeitsstaat nicht zur Vorlage eines länderbezogenen Berichts verpflichtet,

   b) der Ansässigkeitsstaat der ausländischen Konzernobergesellschaft verfügt über eine geltende internationale Übereinkunft, dessen Vertragspartei die Bundesrepublik Deutschland ist, jedoch über keine geltende Vereinbarung über den Austausch der länderbezogenen Berichte zwischen den zuständigen Behörden zu dem in § 138a Abs. 6 Satz 1 AO festgelegten Zeitpunkt für die Vorlage des länderbezogenen Berichts für das Wirtschaftsjahr, oder

   c) es zu einem systemischen Versagen des Ansässigkeitsstaates der ausländischen Konzernobergesellschaft gekommen ist, über welches die einbezogene inländische Konzerngesellschaft vom Bundeszentralamt für Steuern unterrichtet wurde.

Systemisches Versagen bedeutet entweder, dass ein Staat zwar über eine geltende Vereinbarung über den Austausch der länderbezogenen Berichte zwischen den zuständigen Behörden mit der Bundesrepublik Deutschland verfügt, den automatischen Informationsaustausch (aus anderen als den in den Bestimmungen dieser Vereinbarung vorgesehenen Gründen) jedoch ausgesetzt hat, oder dass ein Staat auf andere Weise über einen längeren Zeitraum hinweg versäumt hat, die in seinem Besitz befindlichen länderbezogenen Berichte über einbezogene inländische Konzerngesellschaften der Bundesrepublik Deutschland automatisch zu übermitteln.

Die einbezogene inländische Konzerngesellschaft ist nicht zur Vorlage eines länderbezogenen Berichts verpflichtet, sofern die ausländische Konzernobergesellschaft in ihrem Ansässigkeitsstaat nicht zur Vorlage eines länderbezogenen Berichts verpflichtet ist, da die konsolidierten Umsatzerlöse im vorangegangenen Wirtschaftsjahr die in diesem anderen Staat geltende Umsatzschwelle, die im Januar 2015 etwa 750 Millionen € entsprach, nicht überstieg.

§ 138b Mitteilungspflicht Dritter über Beziehungen inländischer Steuerpflichtiger zu Drittstaat-Gesellschaften (S 0303)

(1) [1]Verpflichtete im Sinne § 2 Absatz 1 Nummer 1 bis 3 und 6 des Geldwäschegesetzes (mitteilungspflichtige Stelle) haben dem für sie nach den §§ 18 bis 20 zuständigen Finanzamt von ihnen hergestellte oder vermittelte Beziehungen von inländischen Steuerpflichtigen im Sinne des § 138 Absatz 2 Satz 1 zu Drittstaat-Gesellschaften im Sinne des § 138 Absatz 3 mitzuteilen. [2]Dies gilt für die Fälle, in denen

1. **der mitteilungspflichtigen Stelle bekannt ist, dass der inländische Steuerpflichtige auf Grund der von ihr hergestellten oder vermittelten Beziehung allein oder zusammen mit nahestehenden Personen im Sinne des § 1 Absatz 2 des Außensteuergesetzes erstmals unmittelbar oder mittelbar einen beherrschenden oder bestimmenden Einfluss auf die gesellschaftsrechtlichen, finanziellen oder geschäftlichen Angelegenheiten einer Drittstaat-Gesellschaft ausüben kann, oder**
2. **der inländische Steuerpflichtige eine von der mitteilungspflichtigen Stelle hergestellte oder vermittelte Beziehung zu einer Drittstaat-Gesellschaft erlangt, wodurch eine unmittelbare Beteiligung von insgesamt mindestens 30 Prozent am Kapital oder am Vermögen der Drittstaat-Gesellschaft erreicht wird; anderweitige Erwerbe hinsichtlich der gleichen Drittstaat-Gesellschaft sind miteinzubeziehen, soweit sie der mitteilungspflichtigen Stelle bekannt sind oder bekannt sein mussten.**

(2) Die Mitteilungen sind für jeden inländischen Steuerpflichtigen und jeden mitteilungspflichtigen Sachverhalt gesondert zu erstatten.

(3) [1]Zu jedem inländischen Steuerpflichtigen ist anzugeben:

1. **die Identifikationsnummer nach § 139b und**
2. **die Wirtschafts-Identifikationsnummer nach § 139c oder, wenn noch keine Wirtschafts-Identifikationsnummer vergeben wurde und es sich nicht um eine natürliche Person handelt, die für die Besteuerung nach dem Einkommen geltende Steuernummer.**

[2]Kann die mitteilungspflichtige Stelle die Identifikationsnummer und die Wirtschafts-Identifikationsnummer oder die Steuernummer nicht in Erfahrung bringen, so hat sie stattdessen ein Ersatzmerkmal anzugeben, das vom Bundesministerium der Finanzen im Einvernehmen mit den obersten Finanzbehörden der Länder bestimmt worden ist.

(4) [1]Die Mitteilungen sind dem Finanzamt nach amtlich vorgeschriebenem Vordruck zu erstatten, und zwar bis zum Ablauf des Monats Februar des Jahres, das auf das Kalenderjahr folgt, in dem der mitzuteilende Sachverhalt verwirklicht wurde. [1]§ 72a Absatz 4, § 93c Absatz 1 Nummer 3 und Absatz 4 bis 7, § 171 Absatz 10a, § 175b Absatz 1 und § 203a gelten entsprechend.

(5) [1]Das für die mitteilungspflichtige Stelle zuständige Finanzamt hat die Mitteilungen an das für den inländischen Steuerpflichtigen nach den §§ 18 bis 20 zuständige Finanzamt weiterzuleiten. [2]§ 31b bleibt unberührt.

(6) Der inländische Steuerpflichtige hat der mitteilungspflichtigen Stelle

1. seine Identifikationsnummer nach § 139b mitzuteilen und

2. seine Wirtschafts-Identifikationsnummer nach § 139c oder, wenn diese noch nicht vergeben wurde und er keine natürliche Person ist, seine für die Besteuerung nach dem Einkommen geltende Steuernummer mitzuteilen.

§ 138c Verordnungsermächtigung (S 0303)

(1) [1]Das Bundesministerium der Finanzen kann durch Rechtsverordnung mit Zustimmung des Bundesrates bestimmen, dass Mitteilungen gemäß § 138b nach amtlich vorgeschriebenem Datensatz über amtlich bestimmte Schnittstellen zu erstatten sind. [2]In der Rechtsverordnung nach Satz 1 kann auch bestimmt werden, dass die Mitteilungen abweichend von § 138b Absatz 1 Satz 1 an eine andere Finanzbehörde zu übermitteln und von dieser Finanzbehörde an das für den inländischen Steuerpflichtigen nach den §§ 18 bis 20 zuständige Finanzamt weiterzuleiten sind.

(2) [1]Hat das Bundesministerium der Finanzen eine Rechtsverordnung nach Absatz 1 erlassen, dürfen die mitteilungspflichtigen Stellen beim Bundeszentralamt für Steuern die Identifikationsnummer des Steuerpflichtigen nach § 139b oder seine Wirtschafts-Identifikationsnummer nach § 139c erfragen. [2]In der Anfrage dürfen nur die in § 139b Absatz 3 oder § 139c Absatz 3 bis 5a genannten Daten des inländischen Steuerpflichtigen angegeben werden, soweit sie der mitteilungspflichtigen Stelle bekannt sind. [3]Das Bundeszentralamt für Steuern teilt der mitteilungspflichtigen Stelle die Identifikationsnummer oder die Wirtschafts-Identifikationsnummer mit, sofern die übermittelten Daten mit den nach § 139b Absatz 3 oder § 139c Absatz 3 bis 5a bei ihm gespeicherten Daten übereinstimmen. [4]Die mitteilungspflichtige Stelle darf die Identifikationsmerkmale nur verwenden, soweit dies zur Erfüllung von steuerlichen Pflichten erforderlich ist. [5]Weitere Einzelheiten dieses Verfahrens kann das Bundesministerium der Finanzen durch Rechtsverordnung mit Zustimmung des Bundesrates bestimmen.

§ 138d Pflicht zur Mitteilung grenzüberschreitender Steuergestaltungen (S 0304)

(1) Wer eine grenzüberschreitende Steuergestaltung im Sinne des Absatzes 2 vermarktet, für Dritte konzipiert, organisiert oder zur Nutzung bereitstellt oder ihre Umsetzung durch Dritte verwaltet (Intermediär), hat die grenzüberschreitende Steuergestaltung dem Bundeszentralamt für Steuern nach Maßgabe der §§ 138f und 138h mitzuteilen.

(2) [1]Eine grenzüberschreitende Steuergestaltung ist jede Gestaltung,

1. die eine oder mehrere Steuern zum Gegenstand hat, auf die das EU-Amtshilfegesetz anzuwenden ist,

2. die entweder mehr als einen Mitgliedstaat der Europäischen Union oder mindestens einen Mitgliedstaat der Europäischen Union und einen oder mehrere Drittstaaten betrifft, wobei mindestens eine der folgenden Bedingungen erfüllt ist:

a) nicht alle an der Gestaltung Beteiligten sind im selben Steuerhoheitsgebiet ansässig;

b) einer oder mehrere der an der Gestaltung Beteiligten sind gleichzeitig in mehreren Steuerhoheitsgebieten ansässig;

c) einer oder mehrere der an der Gestaltung Beteiligten gehen in einem anderen Steuerhoheitsgebiet über eine dort gelegene Betriebstätte einer Geschäftstätigkeit nach und die Gestaltung ist Teil der Geschäftstätigkeit der Betriebstätte oder macht deren gesamte Geschäftstätigkeit aus;

d) einer oder mehrere der an der Gestaltung Beteiligten gehen in einem anderen Steuerhoheitsgebiet einer Tätigkeit nach, ohne dort ansässig zu sein oder eine Betriebstätte zu begründen;

e) die Gestaltung ist geeignet, Auswirkungen auf den automatischen Informationsaustausch oder die Identifizierung des wirtschaftlichen Eigentümers zu haben, und

3. die mindestens

a) ein Kennzeichen im Sinne des § 138e Absatz 1 aufweist und von der ein verständiger Dritter unter Berücksichtigung aller wesentlichen Fakten und Umstände vernünftigerweise erwarten kann, dass der Hauptvorteil oder einer der Hauptvorteile die Erlangung eines steuerlichen Vorteils im Sinne des Absatzes 3 ist, oder

b) ein Kennzeichen im Sinne des § 138e Absatz 2 aufweist.

[2]Besteht eine Steuergestaltung aus einer Reihe von Gestaltungen, gilt sie als grenzüberschreitende Steuergestaltung, wenn mindestens ein Schritt oder Teilschritt der Reihe grenzüberschreitend im Sinne des Satzes 1 Nummer 2 ist; in diesem Fall hat die Mitteilung nach Absatz 1 die gesamte Steuergestaltung zu umfassen.

(3) [1]Ein steuerlicher Vorteil im Sinne des Absatzes 2 Satz 1 Nummer 3 Buchstabe a liegt vor, wenn

1. durch die Steuergestaltung Steuern erstattet, Steuervergütungen gewährt oder erhöht oder Steueransprüche entfallen oder verringert werden sollen,
2. die Entstehung von Steueransprüchen verhindert werden soll oder
3. die Entstehung von Steueransprüchen in andere Besteuerungszeiträume oder auf andere Besteuerungszeitpunkte verschoben werden soll.

[2]Ein steuerlicher Vorteil liegt auch dann vor, wenn er außerhalb des Geltungsbereichs dieses Gesetzes entstehen soll. [3]Das Bundesministerium der Finanzen kann im Einvernehmen mit den obersten Finanzbehörden der Länder in einem im Bundessteuerblatt zu veröffentlichenden Schreiben für bestimmte Fallgruppen bestimmen, dass kein steuerlicher Vorteil im Sinne der Sätze 1 und 2 anzunehmen ist, insbesondere weil sich der steuerliche Vorteil einer grenzüber-

schreitenden Steuergestaltung ausschließlich im Geltungsbereich dieses Gesetzes auswirkt und unter Berücksichtigung aller Umstände der Steuergestaltung gesetzlich vorgesehen ist.

(4) Betriebstätte im Sinne des Absatzes 2 Satz 1 Nummer 2 Buchstabe c und d ist sowohl eine Betriebstätte im Sinne des § 12 als auch eine Betriebsstätte im Sinne eines im konkreten Fall anwendbaren Abkommens zur Vermeidung der Doppelbesteuerung.

(5) Nutzer einer grenzüberschreitenden Steuergestaltung ist jede natürliche oder juristische Person, Personengesellschaft, Gemeinschaft oder Vermögensmasse,

1. der die grenzüberschreitende Steuergestaltung zur Umsetzung bereitgestellt wird,
2. die bereit ist, die grenzüberschreitende Steuergestaltung umzusetzen, oder
3. die den ersten Schritt zur Umsetzung der grenzüberschreitenden Steuergestaltung gemacht hat.

(6) Hat ein Nutzer eine grenzüberschreitende Steuergestaltung für sich selbst konzipiert, so sind für ihn auch die für Intermediäre geltenden Regelungen entsprechend anzuwenden.

(7) Übt ein Intermediär im Zusammenhang mit der grenzüberschreitenden Steuergestaltung ausschließlich die in Absatz 1 aufgeführten Tätigkeiten aus, so gilt er nicht als an der Gestaltung Beteiligter.

§ 138e Kennzeichen grenzüberschreitender Steuergestaltungen (S 0304)

(1) Kennzeichen im Sinne des § 138d Absatz 2 Satz 1 Nummer 3 Buchstabe a sind:

1. die Vereinbarung
   a) einer Vertraulichkeitsklausel, die dem Nutzer oder einem anderen an der Steuergestaltung Beteiligten eine Offenlegung, auf welche Weise aufgrund der Gestaltung ein steuerlicher Vorteil erlangt wird, gegenüber anderen Intermediären oder den Finanzbehörden verbietet, oder
   b) einer Vergütung, die in Bezug auf den steuerlichen Vorteil der Steuergestaltung festgesetzt wird; dies gilt, wenn die Vergütung von der Höhe des steuerlichen Vorteils abhängt oder wenn die Vereinbarung die Abrede enthält, die Vergütung ganz oder teilweise zurückzuerstatten, falls der mit der Gestaltung zu erwartende steuerliche Vorteil ganz oder teilweise nicht erzielt wird,
2. eine standardisierte Dokumentation oder Struktur der Gestaltung, die für mehr als einen Nutzer verfügbar ist, ohne dass sie für die Nutzung wesentlich individuell angepasst werden muss,
3. Gestaltungen, die zum Gegenstand haben, dass

a) ein an der Gestaltung Beteiligter unangemessene rechtliche Schritte unternimmt, um ein verlustbringendes Unternehmen unmittelbar oder mittelbar zu erwerben, die Haupttätigkeit dieses Unternehmens zu beenden und dessen Verluste dafür zu nutzen, seine Steuerbelastung zu verringern, einschließlich der Übertragung der Verluste in ein anderes Steuerhoheitsgebiet oder der zeitlich näheren Nutzung dieser Verluste,

b) Einkünfte in Vermögen, Schenkungen oder andere nicht oder niedriger besteuerte Einnahmen oder nicht steuerbare Einkünfte umgewandelt werden,

c) Transaktionen durch die Einbeziehung zwischengeschalteter Unternehmen, die keine wesentliche wirtschaftliche Tätigkeit ausüben, oder Transaktionen, die sich gegenseitig aufheben oder ausgleichen, für zirkuläre Vermögensverschiebungen genutzt werden,

d) der Empfänger grenzüberschreitender, beim Zahlenden als Betriebsausgaben abzugsfähiger Zahlungen zwischen zwei oder mehr verbundenen Unternehmen in einem Steuerhoheitsgebiet ansässig ist, das keine Körperschaftsteuer erhebt oder einen Körperschaftsteuersatz von 0 Prozent oder nahe 0 Prozent hat, oder

e) die grenzüberschreitende, beim Zahlenden als Betriebsausgaben abzugsfähige Zahlung zwischen zwei oder mehr verbundenen Unternehmen in ein Steuerhoheitsgebiet erfolgt, in dem der Empfänger ansässig ist, soweit dieses Steuerhoheitsgebiet die Zahlung

aa) vollständig von der Steuer befreit oder

bb) einer steuerlichen Präferenzregelung unterwirft.

(2) Kennzeichen im Sinne des § 138d Absatz 2 Satz 1 Nummer 3 Buchstabe b sind:

1. Gestaltungen, die zum Gegenstand haben, dass

a) der Empfänger grenzüberschreitender Zahlungen, die zwischen zwei oder mehr verbundenen Unternehmen erfolgen und beim Zahlenden als Betriebsausgabe abzugsfähig sind,

aa) in keinem Steuerhoheitsgebiet ansässig ist oder

bb) in einem Steuerhoheitsgebiet ansässig ist, das in der Liste der Drittstaaten aufgeführt wird, die von den Mitgliedstaaten der Europäischen Union oder von der Organisation für wirtschaftliche Zusammenarbeit und Entwicklung als nicht kooperierende Jurisdiktion eingestuft wurde,

b) in mehr als einem Steuerhoheitsgebiet

aa) Absetzungen für Abnutzung desselben Vermögenswertes in Anspruch genommen werden oder

bb) eine Befreiung von der Doppelbesteuerung für dieselben Einkünfte oder dasselbe Vermögen vorgenommen wird und die

Einkünfte oder das Vermögen deshalb ganz oder teilweise unversteuert bleiben

oder

c) die Gestaltung eine Übertragung oder Überführung von Vermögensgegenständen vorsieht, soweit sich die steuerliche Bewertung des Vermögensgegenstandes in den beteiligten Steuerhoheitsgebieten wesentlich unterscheidet;

2. Gestaltungen, die zu einer Aushöhlung der Mitteilungspflicht gemäß den Rechtsvorschriften zur Umsetzung des Standards für den automatischen Austausch von Informationen über Finanzkonten in Steuersachen (gemeinsamer Meldestandard) führen können oder die sich das Fehlen derartiger Rechtsvorschriften zu Nutze machen; derartige Gestaltungen umfassen insbesondere

   a) die Nutzung eines Kontos, eines Produkts oder einer Anlage, welches oder welche kein Finanzkonto im Sinne des § 19 Nummer 18 des Finanzkonten-Informationsaustauschgesetzes (Finanzkonto) ist oder vorgeblich kein Finanzkonto ist, jedoch Merkmale aufweist, die denen eines Finanzkontos entsprechen,

   b) die Übertragung eines Finanzkontos oder von Vermögenswerten in ein Steuerhoheitsgebiet, das nicht an den automatischen Informationsaustausch über Finanzkonten nach dem gemeinsamen Meldestandard mit dem Steuerhoheitsgebiet, in dem der Nutzer ansässig ist, gebunden ist, oder die Einbeziehung solcher Steuerhoheitsgebiete,

   c) die Neueinstufung von Einkünften und Vermögen als Produkte oder Zahlungen, die nicht dem automatischen Informationsaustausch über Finanzkonten nach dem gemeinsamen Meldestandard unterliegen,

   d) die Übertragung oder Umwandlung eines Finanzinstituts im Sinne des § 19 Nummer 3 des Finanzkonten-Informationsaustauschgesetzes (Finanzinstitut) oder eines Finanzkontos oder der darin enthaltenen Vermögenswerte in Finanzinstitute, Finanzkonten oder Vermögenswerte, die nicht der Meldepflicht im Rahmen des automatischen Informationsaustauschs über Finanzkonten nach dem gemeinsamen Meldestandard unterliegen,

   e) die Einbeziehung von Rechtsträgern, Steuergestaltungen oder Strukturen, die die Meldung eines Kontoinhabers im Sinne des § 20 Nummer 1 des Finanzkonten-Informationsaustauschgesetzes (Kontoinhaber) oder mehrerer Kontoinhaber oder einer beherrschenden Person im Sinne des § 19 Nummer 39 des Finanzkonten-Informationsaustauschgesetzes (beherrschende Person) oder mehrerer beherrschender Personen im Rahmen des automatischen Informationsaustauschs über Finanzkonten nach dem gemeinsamen Meldestandard ausschließen oder auszuschließen vorgeben, oder

f) die Aushöhlung von Verfahren zur Erfüllung der Sorgfaltspflichten, die Finanzinstitute zur Erfüllung ihrer Meldepflichten bezüglich Informationen zu Finanzkonten nach dem gemeinsamen Meldestandard anwenden, oder die Ausnutzung von Schwächen in diesen Verfahren, einschließlich der Einbeziehung von Staaten oder Territorien mit ungeeigneten oder schwachen Regelungen für die Durchsetzung von Vorschriften gegen Geldwäsche oder mit schwachen Transparenzanforderungen für juristische Personen oder Rechtsvereinbarungen;

3. Gestaltungen mit rechtlichen Eigentümern oder wirtschaftlich Berechtigten unter Einbeziehung von Personen, Rechtsvereinbarungen oder Strukturen,

a) die keine wesentliche wirtschaftliche Tätigkeit ausüben, die mit angemessener Ausstattung, angemessenen personellen Ressourcen, angemessenen Vermögenswerten und angemessenen Räumlichkeiten einhergeht, und

b) die in anderen Steuerhoheitsgebieten eingetragen, ansässig oder niedergelassen sind oder verwaltet oder kontrolliert werden als dem Steuerhoheitsgebiet, in dem ein oder mehrere der wirtschaftlichen Eigentümer der von diesen Personen, Rechtsvereinbarungen oder Strukturen gehaltenen Vermögenswerte ansässig sind,

sofern die wirtschaftlich Berechtigten dieser Personen, Rechtsvereinbarungen oder Strukturen im Sinne des § 3 des Geldwäschegesetzes nicht identifizierbar gemacht werden (intransparente Kette);

4. Verrechnungspreisgestaltungen, bei denen

a) eine unilaterale Regelung genutzt wird, die für eine festgelegte Kategorie von Nutzern oder Geschäftsvorfällen gilt und die dafür in Betracht kommende Nutzer von bestimmten Verpflichtungen befreit, die aufgrund der allgemeinen Verrechnungspreisvorschriften eines Steuerhoheitsgebiets sonst zu erfüllen wären,

b) immaterielle Werte oder Rechte an immateriellen Werten an ein verbundenes Unternehmen übertragen oder zwischen dem Unternehmen und seiner ausländischen Betriebstätte überführt werden, für die zum Zeitpunkt ihrer Übertragung oder Überführung keine ausreichenden Vergleichswerte vorliegen und zum Zeitpunkt der Transaktion die Prognosen voraussichtlicher Cashflows oder die vom übertragenen oder überführten immateriellen Wert erwarteten abzuleitenden Einkünfte oder die der Bewertung des immateriellen Wertes oder Rechts an immateriellen Werten zugrunde gelegten Annahmen höchst unsicher sind, weshalb der Totalerfolg zum Zeitpunkt der Übertragung oder Überführung nur schwer absehbar ist (schwer zu bewertende immaterielle Werte), oder

c) innerhalb von verbundenen Unternehmen eine grenzüberschreitende Übertragung oder Verlagerung von Funktionen, Risiken, Wirtschaftsgütern oder sonstigen Vorteilen stattfindet und der erwartete jährliche Gewinn vor Zinsen und Steuern des übertragenden Unternehmens

über einen Zeitraum von drei Jahren nach der Übertragung weniger als 50 Prozent des jährlichen Gewinns vor Zinsen und Steuern des übertragenden Unternehmens beträgt, der erwartet worden wäre, wenn die Übertragung nicht stattgefunden hätte; bei dieser Erwartung ist davon auszugehen, dass die verbundenen Unternehmen nach den Grundsätzen ordentlicher und gewissenhafter Geschäftsleiter handeln; diese Regelungen gelten sinngemäß auch für Betriebstätten.

(3) [1]Ein verbundenes Unternehmen im Sinne der Absätze 1 und 2 ist eine Person, die mit einer anderen Person auf mindestens eine der folgenden Arten verbunden ist:

1. eine Person ist an der Geschäftsleitung einer anderen Person insofern beteiligt, als sie erheblichen Einfluss auf diese Person ausüben kann;
2. eine Person ist über eine Beteiligungsgesellschaft mit mehr als 25 Prozent der Stimmrechte an der Kontrolle einer anderen Person beteiligt;
3. eine Person ist über eine Inhaberschaft, die unmittelbar oder mittelbar mehr als 25 Prozent des Kapitals beträgt, am Kapital einer anderen Person beteiligt;
4. eine Person hat Anspruch auf mindestens 25 Prozent der Gewinne einer anderen Person.

[2]Falls mehr als eine Person gemäß Satz 1 an der Geschäftsleitung, der Kontrolle, dem Kapital oder den Gewinnen derselben Person beteiligt ist, gelten alle betroffenen Personen als untereinander verbundene Unternehmen. [3]Falls dieselben Personen gemäß Satz 1 an der Geschäftsleitung, der Kontrolle, dem Kapital oder den Gewinnen von mehr als einer Person beteiligt sind, gelten alle betroffenen Personen als verbundene Unternehmen. [4]Für die Zwecke dieses Absatzes wird eine Person, die in Bezug auf die Stimmrechte oder die Kapitalbeteiligung an einem Unternehmen gemeinsam mit einer anderen Person handelt, so behandelt, als würde sie eine Beteiligung an allen Stimmrechten oder dem gesamten Kapital dieses Unternehmens halten, die oder das von der anderen Person gehalten werden oder wird. [5]Bei mittelbaren Beteiligungen wird die Erfüllung der Anforderungen gemäß Satz 1 Nummer 3 durch Multiplikation der Beteiligungsquoten an den nachgeordneten Unternehmen ermittelt. [6]Eine Person mit einer Stimmrechtsbeteiligung von mehr als 50 Prozent gilt als Halter von 100 Prozent der Stimmrechte [7]Eine natürliche Person, ihr Ehepartner und ihre Verwandten in aufsteigender oder absteigender gerader Linie werden als eine einzige Person behandelt, wenn gleichgerichtete wirtschaftliche Interessen bestehen. [8]Person im Sinne der Sätze 1 bis 7 ist jede natürliche oder juristische Person, Personengesellschaft, Gemeinschaft oder Vermögensmasse.

§ 138f Verfahren zur Mitteilung grenzüberschreitender Steuergestaltungen durch Intermediäre (S 0304)

(1) Die grenzüberschreitende Steuergestaltung im Sinne des § 138d Absatz 2 ist dem Bundeszentralamt für Steuern nach amtlich vorgeschriebenem Datensatz im Sinne des Absatzes 3 über die amtlich bestimmte Schnittstelle mitzuteilen.

(2) Die Angaben nach Absatz 3 sind innerhalb von 30 Tagen nach Ablauf des Tages zu übermitteln, an dem das erste der nachfolgenden Ereignisse eintritt:

1. die grenzüberschreitende Steuergestaltung wird zur Umsetzung bereitgestellt,

2. der Nutzer der grenzüberschreitenden Steuergestaltung ist zu deren Umsetzung bereit oder

3. mindestens ein Nutzer der grenzüberschreitenden Steuergestaltung hat den ersten Schritt der Umsetzung dieser Steuergestaltung gemacht.

(3) [1]Der Datensatz muss folgende Angaben enthalten:

1. zum Intermediär:

a) den Familiennamen und den Vornamen sowie den Tag und Ort der Geburt, wenn der Intermediär eine natürliche Person ist,

b) die Firma oder den Namen, wenn der Intermediär keine natürliche Person ist,

c) die Anschrift,

d) den Staat, in dem der Intermediär ansässig ist, und

e) das Steueridentifikationsmerkmal oder die Steuernummer,

2. zum Nutzer:

a) den Familiennamen und den Vornamen sowie den Tag und Ort der Geburt, wenn der Nutzer eine natürliche Person ist,

b) die Firma oder den Namen, wenn der Nutzer keine natürliche Person ist,

c) die Anschrift,

d) den Staat, in dem der Nutzer ansässig ist, und

e) das Steueridentifikationsmerkmal oder die Steuernummer des Nutzers, soweit dem Intermediär dies bekannt ist,

3. wenn an der grenzüberschreitenden Steuergestaltung Personen beteiligt sind, die im Sinne des § 138e Absatz 3 als verbundene Unternehmen des Nutzers gelten, zu dem verbundenen Unternehmen:

a) die Firma oder den Namen,

b) die Anschrift,

c) den Staat, in dem das Unternehmen ansässig ist, und

d) das Steueridentifikationsmerkmal oder die Steuernummer, soweit dem Intermediär dies bekannt ist,

4. Einzelheiten zu den nach § 138e zur Mitteilung verpflichtenden Kennzeichen,

5. eine Zusammenfassung des Inhalts der grenzüberschreitenden Steuergestaltung einschließlich
   a) soweit vorhanden, eines Verweises auf die Bezeichnung, unter der die Steuergestaltung allgemein bekannt ist, und
   b) einer abstrakt gehaltenen Beschreibung der relevanten Geschäftstätigkeit oder Gestaltung des Nutzers, soweit dies nicht zur Offenlegung eines Handels-, Gewerbe- oder Berufsgeheimnisses oder eines Geschäftsverfahrens oder von Informationen führt, deren Offenlegung die öffentliche Ordnung verletzen würde,
6. das Datum des Tages, an dem der erste Schritt der Umsetzung der grenzüberschreitenden Steuergestaltung gemacht wurde oder voraussichtlich gemacht werden wird,
7. Einzelheiten zu den einschlägigen Rechtsvorschriften aller betroffenen Mitgliedstaaten der Europäischen Union, die unmittelbar die Grundlage der grenzüberschreitenden Steuergestaltung bilden,
8. den tatsächlichen oder voraussichtlichen wirtschaftlichen Wert der grenzüberschreitenden Steuergestaltung,
9. die Mitgliedstaaten der Europäischen Union, die wahrscheinlich von der grenzüberschreitenden Steuergestaltung betroffen sind, und
10. Angaben zu allen in einem Mitgliedstaat der Europäischen Union ansässigen Personen, die von der grenzüberschreitenden Steuergestaltung wahrscheinlich unmittelbar betroffen sind, einschließlich Angaben darüber, zu welchen Mitgliedstaaten der Europäischen Union sie in Beziehung stehen, soweit dem Intermediär dies bekannt ist.

[2]Soweit dem Intermediär bekannt ist, dass neben ihm mindestens ein weiterer Intermediär im Geltungsbereich dieses Gesetzes oder in einem anderen Mitgliedstaat der Europäischen Union zur Mitteilung derselben grenzüberschreitenden Steuergestaltung verpflichtet ist, so kann er im Datensatz nach Satz 1 die Angaben nach Satz 1 Nummer 1 auch hinsichtlich der anderen ihm bekannten Intermediäre machen.

(4) [1]Der mitteilende Intermediär hat den Nutzer darüber zu informieren, welche den Nutzer betreffenden Angaben er gemäß Absatz 3 an das Bundeszentralamt für Steuern übermitteln wird. [2]Im Fall des Absatzes 3 Satz 2 hat der mitteilende Intermediär die anderen ihm bekannten Intermediäre unverzüglich darüber zu informieren, dass die Angaben gemäß Absatz 3 an das Bundeszentralamt für Steuern übermittelt wurden.

(5) [1]Das Bundeszentralamt für Steuern weist dem eingegangenen Datensatz im Sinne des Absatzes 3

1. eine Registriernummer für die mitgeteilte grenzüberschreitende Steuergestaltung und
2. eine Offenlegungsnummer für die eingegangene Mitteilung

zu und teilt diese dem mitteilenden Intermediär mit. [2]Hat das Bundeszentralamt für Steuern oder die zuständige Behörde eines anderen Mitgliedstaats der Europäischen Union im Einklang mit den dort geltenden Rechtsvorschriften der grenzüberschreitenden Steuergestaltung aufgrund der Mitteilung eines anderen Intermediärs bereits eine Registriernummer zugewiesen und ist diese dem mitteilenden Intermediär bekannt, so hat er sie dem Bundeszentralamt für Steuern im Datensatz nach Absatz 3 Satz 1 mitzuteilen. [3]Satz 1 Nummer 1 ist nicht anzuwenden, wenn der Intermediär nach Satz 2 im Datensatz eine Registriernummer für die grenzüberschreitende Steuergestaltung angegeben hat. [4]Der mitteilende Intermediär hat die Registriernummer nach Satz 1 Nummer 1 und die Offenlegungsnummer nach Satz 1 Nummer 2 unverzüglich dem Nutzer der grenzüberschreitenden Steuergestaltung mitzuteilen. [5]Hat der Intermediär nach Absatz 3 Satz 2 auch andere Intermediäre derselben grenzüberschreitenden Steuergestaltung benannt, so hat er diesen die Registriernummer nach Satz 1 Nummer 1 mitzuteilen.

(6) [1]Unterliegt ein Intermediär einer gesetzlichen Pflicht zur Verschwiegenheit und hat der Nutzer ihn von dieser Pflicht nicht entbunden, so geht die Pflicht zur Übermittlung der Angaben nach Absatz 3 Satz 1 Nummer 2, 3 und 10 auf den Nutzer über, sobald der Intermediär

1. den Nutzer über die Mitteilungspflicht, die Möglichkeit der Entbindung von der Verschwiegenheitspflicht und den anderenfalls erfolgenden Übergang der Mitteilungspflicht informiert hat und
2. dem Nutzer die nach Absatz 3 Satz 1 Nummer 2, 3 und 10 erforderlichen Angaben, soweit sie dem Nutzer nicht bereits bekannt sind, sowie die Registriernummer und die Offenlegungsnummer zur Verfügung gestellt hat.

[2]Ist die Mitteilungspflicht hinsichtlich der in Absatz 3 Satz 1 Nummer 2, 3 und 10 bezeichneten Angaben auf den Nutzer übergegangen, so hat dieser in seiner Mitteilung die Registriernummer und die Offenlegungsnummer anzugeben; die Absätze 1 und 2 gelten in diesem Fall entsprechend. [3]Die Information des Nutzers nach Satz 1 Nummer 2 ist vom Intermediär nach Zugang der Mitteilung der Offenlegungsnummer unverzüglich zu veranlassen. [4]Erlangt der Nutzer die in Satz 1 Nummer 2 bezeichneten Informationen erst nach Eintritt des nach Absatz 2 maßgebenden Ereignisses, so beginnt die Frist zur Übermittlung der in Absatz 3 Satz 1 Nummer 2, 3 und 10 bezeichneten Angaben abweichend von Absatz 2 erst mit Ablauf des Tages, an dem der Nutzer die Informationen erlangt hat. [5]Hat der Nutzer einer grenzüberschreitenden Steuergestaltung einen Intermediär, der einer gesetzlichen Pflicht zur Verschwiegenheit unterliegt, nicht von seiner Verschwiegenheitspflicht entbunden, kann die Pflicht des Intermediärs zur Mitteilung der Angaben nach Absatz 3 Satz 1 Nummer 1 und 4 bis 9 dadurch erfüllt werden, dass der Nutzer diese Angaben im Auftrag des Intermediärs übermittelt.

(7) [1]Ein Intermediär ist nur dann zur Mitteilung der grenzüberschreitenden Steuergestaltung gegenüber dem Bundeszentralamt für Steuern verpflichtet, wenn er seinen Wohnsitz, seinen gewöhnlichen Aufenthalt, seine Geschäftsleitung oder seinen Sitz

1. im Geltungsbereich dieses Gesetzes hat oder

2. nicht in einem Mitgliedstaat der Europäischen Union hat, er aber im Geltungsbereich dieses Gesetzes
   a) eine Betriebstätte hat, durch die die Dienstleistungen im Zusammenhang mit der grenzüberschreitenden Steuergestaltung erbracht werden,
   b) in das Handelsregister oder in ein öffentliches berufsrechtliches Register eingetragen ist oder
   c) bei einem Berufsverband für juristische, steuerliche oder beratende Dienstleistungen registriert ist.

[2]Bei Anwendung von Satz 1 Nummer 2 Buchstabe a gilt § 138d Absatz 4 entsprechend.

(8) Ist ein Intermediär hinsichtlich derselben grenzüberschreitenden Steuergestaltung zur Mitteilung im Geltungsbereich dieses Gesetzes und zugleich in mindestens einem anderen Mitgliedstaat der Europäischen Union verpflichtet, so ist er von der Mitteilungspflicht nach diesem Gesetz nur dann befreit, wenn er nachweisen kann, dass er die grenzüberschreitende Steuergestaltung bereits in einem anderen Mitgliedstaat der Europäischen Union im Einklang mit den dort geltenden Rechtsvorschriften der zuständigen Behörde mitgeteilt hat.

(9) [1]Mehrere Intermediäre derselben grenzüberschreitenden Steuergestaltung sind nebeneinander zur Mitteilung verpflichtet. [2]Ein Intermediär ist in diesem Fall von der Mitteilungspflicht gegenüber dem Bundeszentralamt für Steuern befreit, soweit er nachweisen kann, dass die in Absatz 3 bezeichneten Informationen zu derselben grenzüberschreitenden Steuergestaltung bereits durch einen anderen Intermediär dem Bundeszentralamt für Steuern oder der zuständigen Behörde eines anderen Mitgliedstaats der Europäischen Union im Einklang mit den dort geltenden Rechtsvorschriften mitgeteilt wurden.

§ 138g Verfahren zur Mitteilung grenzüberschreitender Steuergestaltungen durch Nutzer (S 0304)

(1) [1]Erfüllt bei einer grenzüberschreitenden Steuergestaltung im Sinne des § 138d Absatz 2 kein Intermediär die Voraussetzungen des § 138f Absatz 7, so obliegt die Mitteilung der in § 138f Absatz 3 bezeichneten Angaben dem Nutzer; in diesem Fall gilt § 138f Absatz 1 und 2 entsprechend. [2]Die Mitteilungspflicht des Nutzers nach Satz 1 besteht nicht, soweit der Nutzer nachweisen kann, dass er selbst, ein Intermediär oder ein anderer Nutzer dieselbe grenzüberschreitende Steuergestaltung bereits in einem anderen Mitgliedstaat der Europäischen Union im Einklang mit den dort geltenden Rechtsvorschriften mitgeteilt hat.

(2) [1]Obliegt die Mitteilung der in § 138f Absatz 3 bezeichneten Angaben im Fall des Absatzes 1 mehreren Nutzern derselben grenzüberschreitenden Steuergestaltung, so gilt Folgendes:

1. **hinsichtlich der in § 138f Absatz 3 Satz 1 Nummer 1 und 4 bis 9 bezeichneten Angaben ist vorrangig der Nutzer zur Mitteilung verpflichtet, der die grenzüberschreitende Steuergestaltung mit dem Intermediär oder den Intermediären vereinbart hat; nachrangig ist der Nutzer mitteilungspflichtig, der die Umsetzung der grenzüberschreitenden Steuergestaltung verwaltet;**
2. **alle Nutzer derselben grenzüberschreitenden Steuergestaltung sind zur Mitteilung der in § 138f Absatz 3 Satz 1 Nummer 2, 3 und 10 bezeichneten Angaben verpflichtet;**
3. **soweit der in Nummer 1 bezeichnete Nutzer auch die in § 138f Absatz 3 Satz 1 Nummer 2, 3 und 10 bezeichneten Angaben zu den übrigen Nutzern derselben Steuergestaltung mitgeteilt hat, sind die übrigen Nutzer von der Mitteilungspflicht nach Nummer 2 befreit.**

[2]Bei Anwendung von Satz 1 Nummer 1 gilt § 138f Absatz 5 Satz 1 und 4 entsprechend.

(3) Die Absätze 1 und 2 gelten nur für Nutzer, die ihren Wohnsitz, ihren gewöhnlichen Aufenthalt, ihre Geschäftsleitung oder ihren Sitz

1. **im Geltungsbereich dieses Gesetzes haben oder**
2. **nicht in einem Mitgliedstaat der Europäischen Union haben, aber im Geltungsbereich dieses Gesetzes**
   a) **eine Betriebstätte im Sinne des § 138d Absatz 4 haben, in der durch die grenzüberschreitende Steuergestaltung ein steuerlicher Vorteil entsteht,**
   b) **Einkünfte erzielen oder eine wirtschaftliche Tätigkeit ausüben, sofern diese für eine Steuer von Bedeutung sind, auf die das EU-Amtshilfegesetz anzuwenden ist.**

§ 138h Mitteilungen bei marktfähigen grenzüberschreitenden Steuergestaltungen (S 0304)

(1) Eine grenzüberschreitende Steuergestaltung ist marktfähig, wenn sie konzipiert wird, vermarktet wird, umsetzungsbereit ist oder zur Umsetzung bereitgestellt wird, ohne dass sie individuell angepasst werden muss.

(2) [1]Bei marktfähigen grenzüberschreitenden Steuergestaltungen sind Änderungen und Ergänzungen hinsichtlich der in § 138f Absatz 3 Satz 1 Nummer 1, 2, 3, 6, 9 und 10 bezeichneten Angaben, die nach Übermittlung des Datensatzes nach § 138f Absatz 3 eingetreten sind, innerhalb von zehn Tagen nach Ablauf des Kalendervierteljahres mitzuteilen, in dem die jeweils mitteilungspflichtigen Umstände eingetreten sind. [2]Dabei sind die Registriernummer und die Offenlegungsnummer anzugeben. [3]Die Angaben sind dem Bundeszentralamt für Steuern nach amtlich vorgeschriebenem Datensatz über die amtlich bestimmte Schnittstelle mitzuteilen. [4]Die Sätze 1 bis 3 gelten in den Fällen des § 138g entsprechend.

§ 138i Information der Landesfinanzbehörden (S 0304)

Soweit von nach den §§ 138f bis 138h mitgeteilten grenzüberschreitenden Steuergestaltungen im Sinne des § 138d Absatz 2 Steuern betroffen sind, die von Landesfinanzbehörden oder Gemeinden verwaltet werden, teilt das Bundeszentralamt für Steuern den für die Nutzer zuständigen Finanzbehörden der Länder im automatisierten Verfahren unter Angabe der Registriernummer und der Offenlegungsnummer mit, dass ihm Angaben über mitgeteilte grenzüberschreitende Steuergestaltungen vorliegen.

§ 138j Auswertung der Mitteilungen grenzüberschreitender Steuergestaltungen (S 0304)

(1) [1]Das Bundeszentralamt für Steuern wertet die ihm nach den §§ 138f bis 138h zugegangenen Mitteilungen aus. [2]Soweit von mitgeteilten grenzüberschreitenden Steuergestaltungen im Sinne des § 138d Absatz 2 Steuern betroffen sind, die von Zollbehörden verwaltet werden, übermittelt das Bundeszentralamt für Steuern die ihm zugegangenen Mitteilungen zusammen mit der jeweils zugewiesenen Registriernummer an die Generalzolldirektion. [3]Die Auswertung der Daten erfolgt in diesem Fall durch die Generalzolldirektion. [4]Die Ergebnisse der Auswertung teilen das Bundeszentralamt für Steuern und die Generalzolldirektion dem Bundesministerium der Finanzen mit.

(2) Soweit von nach den §§ 138f bis 138h mitgeteilten grenzüberschreitenden Steuergestaltungen Steuern betroffen sind, die ganz oder teilweise den Ländern oder Gemeinden zustehen, unterrichtet das Bundesministerium der Finanzen die obersten Finanzbehörden der Länder über die Ergebnisse der Auswertung.

(3) Soweit von nach den §§ 138f bis 138h mitgeteilten grenzüberschreitenden Steuergestaltungen Steuern betroffen sind, die von Finanzbehörden der Länder oder von Gemeinden verwaltet werden, stellt das Bundeszentralamt für Steuern den für die Nutzer zuständigen Finanzbehörden der Länder ergänzend zu den

Angaben nach § 138i auch die Angaben nach § 138f Absatz 3 sowie eigene Ermittlungsergebnisse und die Ergebnisse der Auswertung zum Abruf bereit.

(4) Das Ausbleiben einer Reaktion des Bundeszentralamts für Steuern, der Generalzolldirektion, des Bundesministeriums der Finanzen oder des Gesetzgebers auf die Mitteilung einer grenzüberschreitenden Steuergestaltung nach den §§ 138f bis 138h bedeutet nicht deren rechtliche Anerkennung. § 89 Absatz 2 bis 7 bleibt unberührt.

(5) Die Verarbeitung personenbezogener Daten aufgrund von Mitteilungen über grenzüberschreitende Steuergestaltungen durch Finanzbehörden ist ein Verwaltungsverfahren in Steuersachen im Sinne des Gesetzes.

§ 138k Angabe der grenzüberschreitenden Steuergestaltung in der Steuererklärung (S 0304)

[1]Hat ein Nutzer eine grenzüberschreitende Steuergestaltung im Sinne des § 138d Absatz 2 oder der entsprechenden Regelung eines anderen Mitgliedstaats der Europäischen Union verwirklicht, so hat er diese in der Steuererklärung für die Steuerart und den Besteuerungszeitraum oder den Besteuerungszeitpunkt, in der sich der steuerliche Vorteil der grenzüberschreitenden Steuergestaltung erstmals auswirken soll, anzugeben. [2]Hierzu genügt die Angabe

1. **der vom Bundeszentralamt für Steuern zugeteilten Registriernummer und Offenlegungsnummer oder**
2. **der von der zuständigen Behörde eines anderen Mitgliedstaats der Europäischen Union zugeteilten Registriernummer und Offenlegungsnummer.**

§ 139 Anmeldung von Betrieben in besonderen Fällen (S 0301)

(1) [1]Wer Waren gewinnen oder herstellen will, an deren Gewinnung, Herstellung, Entfernung aus dem Herstellungsbetrieb oder Verbrauch innerhalb des Herstellungsbetriebs eine Verbrauchsteuerpflicht geknüpft ist, hat dies der zuständigen Finanzbehörde vor Eröffnung des Betriebs anzumelden. [2]Das Gleiche gilt für den, der ein Unternehmen betreiben will, bei dem besondere Verkehrsteuern anfallen.

(2) [1]Durch Rechtsverordnung können Bestimmungen über den Zeitpunkt, die Form und den Inhalt der Anmeldung getroffen werden. [2]Die Rechtsverordnung erlässt die Bundesregierung, soweit es sich um Verkehrsteuern mit Ausnahme der Luftverkehrsteuer handelt, im Übrigen das Bundesministerium der Finanzen. [3]Die Rechtsverordnung des Bundesministeriums der Finanzen bedarf der Zustimmung des Bundesrates nur, soweit sie die Biersteuer betrifft.

3. Unterabschnitt - Identifikationsmerkmal

§ 139a Identifikationsmerkmal (S 0305)

(1)[1]Das Bundeszentralamt für Steuern teilt jedem Steuerpflichtigen zum Zwecke der eindeutigen Identifizierung in Besteuerungsverfahren ein einheitliches und dauerhaftes Merkmal (Identifikationsmerkmal) zu; das Identifikationsmerkmal ist vom Steuerpflichtigen oder von einem Dritten, der Daten dieses Steuerpflichtigen an die Finanzbehörden zu übermitteln hat, bei Anträgen, Erklärungen oder Mitteilungen gegenüber Finanzbehörden anzugeben. [2]Es besteht aus einer Ziffernfolge, die nicht aus anderen Daten über den Steuerpflichtigen gebildet oder abgeleitet werden darf; die letzte Stelle ist eine Prüfziffer. [3]Natürliche Personen erhalten eine Identifikationsnummer, wirtschaftlich Tätige eine Wirtschafts-Identifikationsnummer. [4]Der Steuerpflichtige ist über die Zuteilung eines Identifikationsmerkmals unverzüglich zu unterrichten.

(2) Steuerpflichtiger im Sinne dieses Unterabschnitts ist jeder, der nach einem Steuergesetz steuerpflichtig ist.

(3) Wirtschaftlich Tätige im Sinne dieses Unterabschnitts sind:

1. natürliche Personen, die wirtschaftlich tätig sind,
2. juristische Personen,
3. Personenvereinigungen.

§ 139b Identifikationsnummer (S 0305)

(1) [1]Eine natürliche Person darf nicht mehr als eine Identifikationsnummer erhalten. [2]Jede Identifikationsnummer darf nur einmal vergeben werden.

(2) [1]Die Finanzbehörden dürfen die Identifikationsnummer verarbeiten, wenn die Verarbeitung zur Erfüllung der ihnen obliegenden Aufgaben erforderlich ist oder eine Rechtsvorschrift die Verarbeitung der Identifikationsnummer ausdrücklich erlaubt oder anordnet. [2]Andere öffentliche oder nicht-öffentliche Stellen dürfen ohne Einwilligung der betroffenen Person

1. die Identifikationsnummer nur verarbeiten, soweit dies für Datenübermittlungen zwischen ihnen und den Finanzbehörden erforderlich ist oder eine Rechtsvorschrift die Verarbeitung der Identifikationsnummer ausdrücklich erlaubt oder anordnet,
2. ihre Dateisysteme nur insoweit nach der Identifikationsnummer ordnen oder für den Zugriff erschließen, als dies für regelmäßige Datenübermittlungen zwischen ihnen und den Finanzbehörden erforderlich ist,
3. eine rechtmäßig erhobene Identifikationsnummer eines Steuerpflichtigen zur Erfüllung aller Mitteilungspflichten gegenüber Finanzbehörden verwenden, soweit die Mitteilungspflicht denselben Steuerpflichtigen betrifft und die Verarbeitung nach Nummer 1 zulässig wäre,

4. **eine durch ein verbundenes Unternehmen im Sinne des § 15 des Aktiengesetzes oder ein Unternehmen einer kreditwirtschaftlichen Verbundgruppe rechtmäßig erhobene Identifikationsnummer eines Steuerpflichtigen zur Erfüllung aller steuerlichen Mitwirkungspflichten verwenden, soweit die Mitwirkungspflicht denselben Steuerpflichtigen betrifft und die verwendende Stelle zum selben Unternehmensverbund wie die Stelle gehört, die die Identifikationsnummer erhoben hat und die Verarbeitung nach Nummer 1 zulässig wäre.**

(3) Das Bundeszentralamt für Steuern speichert zu natürlichen Personen folgende Daten:

1. **Identifikationsnummer,**
2. **Wirtschafts-Identifikationsnummern,**
3. **Familienname,**
4. **frühere Namen,**
5. **Vornamen,**
6. **Doktorgrad,**
7. **(weggefallen)**
8. **Tag und Ort der Geburt,**
9. **Geschlecht,**
10. **gegenwärtige oder letzte bekannte Anschrift,**
11. **zuständige Finanzbehörden,**
12. **Auskunftssperren nach dem Bundesmeldegesetz,**
13. **Sterbetag,**
14. **Tag des Ein- und Auszugs.**

(3a) Außerdem speichert das Bundeszentralamt für Steuern zu natürlichen Personen die für sie nach Absatz 10 zuletzt übermittelte internationale Kontonummer (IBAN), bei ausländischen Kreditinstituten auch den internationalen Banken-Identifizierungsschlüssel (BIC).

(4) [1]Die in Absatz 3 aufgeführten Daten werden gespeichert, um

1. **sicherzustellen, dass eine Person nur eine Identifikationsnummer erhält und eine Identifikationsnummer nicht mehrfach vergeben wird,**
2. **die Identifikationsnummer eines Steuerpflichtigen festzustellen,**
3. **zu erkennen, welche Finanzbehörden für einen Steuerpflichtigen zuständig sind,**
4. **Daten, die auf Grund eines Gesetzes oder nach über- und zwischenstaatlichem Recht entgegenzunehmen sind, an die zuständigen Stellen weiterleiten zu können,**

5. den Finanzbehörden die Erfüllung der ihnen durch Rechtsvorschrift zugewiesenen Aufgaben zu ermöglichen.

[2]Die in Absatz 3 Nummer 1 und 8 aufgeführten Daten werden auch zur Ermittlung des Einkommens nach § 97a des Sechsten Buches Sozialgesetzbuch gespeichert und können von den Trägern der gesetzlichen Rentenversicherung zu diesem Zweck verarbeitet werden.

(4a) Die in Absatz 3 Nummer 3 bis 6, 8 und 10 aufgeführten Daten werden bei einer natürlichen Person, die ein Nutzerkonto im Sinne des § 2 Absatz 5 des Onlinezugangsgesetzes nutzt, auch zum Nachweis der Identität als Nutzer dieses Nutzerkontos gespeichert; diese Daten dürfen elektronisch an das Nutzerkonto übermittelt werden, wenn der Nutzer zuvor in die Übermittlung eingewilligt hat.

(4b) Die in Absatz 3 Nummer 1 und 8 aufgeführten Daten werden bei einer natürlichen Person auch für Zwecke der Digitalen Rentenübersicht gespeichert.

(4c) [1]Die nach Absatz 3a gespeicherten Daten werden gespeichert, um eine unbare Auszahlung von Leistungen aus öffentlichen Mitteln zu ermöglichen, bei denen die Verwendung der nach Absatz 3a gespeicherten Daten vorgesehen ist. [2]Die in Absatz 3 aufgeführten Daten werden bei einer natürlichen Person auch für die in Satz 1 genannten Zwecke gespeichert.

(5) [1]Die in Absatz 3 aufgeführten Daten dürfen nur für die in den Absätzen 4 bis 4c genannten Zwecke verarbeitet werden. [2]Die in Absatz 3a aufgeführten Daten dürfen nur für die in Absatz 4c genannten Zwecke verarbeitet werden; eine Übermittlung, Verwendung oder Beschlagnahme dieser Daten nach anderen Rechtsvorschriften ist unzulässig. [3]Auskunftssperren nach dem Bundesmeldegesetz sind zu beachten und im Fall einer zulässigen Datenübermittlung ebenfalls zu übermitteln. [4]Der Dritte, an den die Daten übermittelt werden, hat die Übermittlungssperren ebenfalls zu beachten.

(6) [1]Zum Zwecke der erstmaligen Zuteilung der Identifikationsnummer übermitteln die Meldebehörden dem Bundeszentralamt für Steuern für jeden in ihrem Zuständigkeitsbereich mit alleiniger Wohnung oder Hauptwohnung im Melderegister registrierten Einwohner folgende Daten:

1. Familienname,
2. frühere Namen,
3. Vornamen,
4. Doktorgrad,
5. (weggefallen)
6. Tag und Ort der Geburt,
7. Geschlecht,
8. gegenwärtige Anschrift der alleinigen Wohnung oder der Hauptwohnung,
9. Tag des Ein- und Auszugs,

10. Auskunftssperren nach dem Bundesmeldegesetz

[2]Hierzu haben die Meldebehörden jedem in ihrem Zuständigkeitsbereich mit alleiniger Wohnung oder Hauptwohnung registrierten Einwohner ein Vorläufiges Bearbeitungsmerkmal zu vergeben. [3]Dieses übermitteln sie zusammen mit den Daten nach Satz 1 an das Bundeszentralamt für Steuern. [4]Das Bundeszentralamt für Steuern teilt der zuständigen Meldebehörde die dem Steuerpflichtigen zugeteilte Identifikationsnummer zur Speicherung im Melderegister unter Angabe des Vorläufigen Bearbeitungsmerkmals mit und löscht das Vorläufige Bearbeitungsmerkmal anschließend.

(7) [1]Die Meldebehörden haben im Falle der Speicherung einer Geburt im Melderegister sowie im Falle der Speicherung einer Person, für die bisher keine Identifikationsnummer zugeteilt worden ist, dem Bundeszentralamt für Steuern die Daten nach Absatz 6 Satz 1 zum Zwecke der Zuteilung der Identifikationsnummer zu übermitteln. [2]Absatz 6 Satz 2 bis 5 gilt entsprechend. [3]Wird im Melderegister eine Person gespeichert, der nach eigenen Angaben noch keine Identifikationsnummer zugeteilt worden ist, so können die Meldebehörden dies in einem maschinellen Verfahren beim Bundeszentralamt für Steuern überprüfen; dabei dürfen nur die Daten nach Absatz 3 verwendet werden. [4]Stimmen die von der Meldebehörde übermittelten Daten mit den beim Bundeszentralamt für Steuern nach Absatz 3 gespeicherten Daten überein, teilt das Bundeszentralamt für Steuern der Meldebehörde die in Absatz 3 Nummer 1, 3, 5, 8 und 10 genannten Daten mit; andernfalls teilt es der Meldebehörde mit, dass keine Zuordnung möglich war.

(8) Die Meldebehörde teilt dem Bundeszentralamt für Steuern Änderungen der in Absatz 6 Satz 1 Nr. 1 bis 10 bezeichneten Daten sowie bei Sterbefällen den Sterbetag unter Angabe der Identifikationsnummer oder, sofern diese noch nicht zugeteilt wurde, unter Angabe des Vorläufigen Bearbeitungsmerkmals mit.

(9) Das Bundeszentralamt für Steuern unterrichtet die Meldebehörden, wenn ihm konkrete Anhaltspunkte für die Unrichtigkeit der ihm von den Meldebehörden übermittelten Daten vorliegen.

(10) [1]Natürliche Personen, die das 18. Lebensjahr vollendet haben, können dem Bundeszentralamt für Steuern die IBAN, bei ausländischen Kreditinstituten auch den BIC, des für Auszahlungen in den Fällen des Absatzes 4c zu verwendenden Kontos unter Angabe der in Absatz 3 Nummer 1 und 8 genannten Daten in einem sicheren Verfahren

1. übermitteln,
2. durch ihren Bevollmächtigten im Sinne des § 80 Absatz 2 übermitteln lassen oder
3. durch das kontoführende Kreditinstitut übermitteln lassen; die Kreditinstitute haben zu diesem Zweck ein geeignetes Verfahren bereitzustellen.

[2]Für natürliche Personen, die das 18. Lebensjahr noch nicht vollendet haben und für die nach § 63 des Einkommensteuergesetzes Kindergeld festgesetzt worden ist, teilt die zuständige Familienkasse als mitteilungspflichtige Stelle dem Bundeszentralamt für Steuern für die in Absatz 4c genannten Zwecke unter Angabe der in Absatz 3 Nummer 1 und 8 genannten Daten der natürlichen Person die

IBAN, bei ausländischen Kreditinstituten auch den BIC, des Kontos mit, auf welches das Kindergeld zuletzt ausgezahlt worden ist; dies gilt nicht, wenn es sich bei dem tatsächlichen Zahlungsempfänger weder um den Kindergeldberechtigten noch um das Kind handelt. [3]Änderungen der nach den Sätzen 1 oder 2 bereits mitgeteilten IBAN, bei ausländischen Kreditinstituten auch des BIC, sind dem Bundeszentralamt für Steuern unter Angabe der in Absatz 3 Nummer 1 und 8 genannten Daten umgehend mitzuteilen.

(11) Die Übermittlung der in Absatz 10 genannten Daten an das Bundeszentralamt für Steuern muss elektronisch nach amtlich vorgeschriebenem Datensatz über die amtlich bestimmte Schnittstelle erfolgen.

(12) Das Bundeszentralamt für Steuern stellt den für ein Verfahren im Sinne des Absatzes 4c zuständigen Stellen die in Absatz 3 Nummer 1, 3, 5, 8, 10, 12 und 13 sowie Absatz 3a genannten Daten zum automationsgestützten Abgleich oder zum Abruf durch Datenfernübertragung zur Verfügung.

(13) [1]Eine Datenübermittlung an das Bundeszentralamt für Steuern nach Absatz 10 Satz 1 ist erstmals zu einem vom Bundesministerium der Finanzen zu bestimmenden und im Bundesgesetzblatt bekanntzumachenden Zeitpunkt zulässig. [2]Die nach Absatz 10 Satz 2 mitteilungspflichtigen Stellen haben die von ihnen mitzuteilenden Daten erstmals zu einem vom Bundesministerium der Finanzen zu bestimmenden und im Bundesgesetzblatt bekanntzumachenden Zeitpunkt an das Bundeszentralamt für Steuern zu übermitteln. [3]Wird Kindergeld erstmals nach dem vom Bundesministerium der Finanzen nach Satz 2 bestimmten Zeitpunkt ausgezahlt, gilt Satz 2 entsprechend.

§ 139c Wirtschafts-Identifikationsnummer (S 0305)

(1) [1]Die Wirtschafts-Identifikationsnummer wird auf Anforderung der zuständigen Finanzbehörde vergeben. [2]Sie beginnt mit den Buchstaben „DE“. [3]Jede Wirtschafts-Identifikationsnummer darf nur einmal vergeben werden.

(2) [1]Die Finanzbehörden dürfen die Wirtschafts-Identifikationsnummer verarbeiten, wenn die Verarbeitung zur Erfüllung der ihnen obliegenden Aufgaben erforderlich ist oder eine Rechtsvorschrift dies erlaubt oder anordnet. [2]Andere öffentliche oder nicht-öffentliche Stellen dürfen die Wirtschafts-Identifikationsnummer nur verarbeiten, soweit dies zur Erfüllung ihrer Aufgaben oder Geschäftszwecke oder für Datenübermittlungen zwischen ihnen und den Finanzbehörden erforderlich ist. [3]Soweit die Wirtschafts-Identifikationsnummer andere Nummern ersetzt, bleiben Rechtsvorschriften, die eine Übermittlung durch die Finanzbehörden an andere Behörden regeln, unberührt.

(3) Das Bundeszentralamt für Steuern speichert zu natürlichen Personen, die wirtschaftlich tätig sind, folgende Daten:

1. **Wirtschafts-Identifikationsnummer,**
2. **Identifikationsnummer,**
3. **Firma (§§ 17 ff. des Handelsgesetzbuchs) oder Name des Unternehmens,**
4. **frühere Firmennamen oder Namen des Unternehmens,**
5. **Rechtsform,**
6. **Wirtschaftszweignummer,**
7. **amtlicher Gemeindeschlüssel,**
8. **Anschrift des Unternehmens, Firmensitz,**
9. **Handelsregistereintrag (Registergericht, Datum und Nummer der Eintragung),**
10. **Datum der Betriebseröffnung oder Zeitpunkt der Aufnahme der Tätigkeit,**
11. **Datum der Betriebseinstellung oder Zeitpunkt der Beendigung der Tätigkeit,**
12. **zuständige Finanzbehörden,**
13. **Unterscheidungsmerkmale nach Absatz 5a,**
14. **Angaben zu verbundenen Unternehmen.**

(4) Das Bundeszentralamt für Steuern speichert zu juristischen Personen folgende Daten:

1. **Wirtschafts-Identifikationsnummer,**
2. **Identifikationsmerkmale der gesetzlichen Vertreter,**
3. **Firma (§§ 17 ff. des Handelsgesetzbuchs),**

4. frühere Firmennamen,

5. Rechtsform,

6. Wirtschaftszweignummer,

7. amtlicher Gemeindeschlüssel,

8. Sitz gemäß § 11, insbesondere Ort der Geschäftsleitung,

9. Datum des Gründungsaktes,

10. Handels-, Genossenschafts- oder Vereinsregistereintrag (Registergericht, Datum und Nummer der Eintragung),

11. Datum der Betriebseröffnung oder Zeitpunkt der Aufnahme der Tätigkeit,

12. Datum der Betriebseinstellung oder Zeitpunkt der Beendigung der Tätigkeit,

13. Zeitpunkt der Auflösung,

14. Datum der Löschung im Register,

15. verbundene Unternehmen,

16. zuständige Finanzbehörden,

17. Unterscheidungsmerkmale nach Absatz 5a.

(5) Das Bundeszentralamt für Steuern speichert zu Personenvereinigungen folgende Daten:

1. Wirtschafts-Identifikationsnummer,

2. Identifikationsmerkmale der gesetzlichen Vertreter,

3. Identifikationsmerkmale der Beteiligten,

4. Firma (§§ 17 ff. des Handelsgesetzbuchs) oder Name der Personenvereinigung,

5. frühere Firmennamen oder Namen der Personenvereinigung,

6. Rechtsform,

7. Wirtschaftszweignummer,

8. amtlicher Gemeindeschlüssel,

9. Sitz gemäß § 11, insbesondere Ort der Geschäftsleitung,

10. Datum des Gesellschaftsvertrags,

11. Handels- oder Partnerschaftsregistereintrag (Registergericht, Datum und Nummer der Eintragung),

12. Datum der Betriebseröffnung oder Zeitpunkt der Aufnahme der Tätigkeit,

13. Datum der Betriebseinstellung oder Zeitpunkt der Beendigung der Tätigkeit,

14. Zeitpunkt der Auflösung,

15. Zeitpunkt der Beendigung,

16. Datum der Löschung im Register,

17. verbundene Unternehmen,

18. zuständige Finanzbehörden,

19. Unterscheidungsmerkmale nach Absatz 5a.

(5a) [1]Bei jedem wirtschaftlich Tätigen (§ 139a Absatz 3) wird die Wirtschafts-Identifikationsnummer für jede einzelne seiner wirtschaftlichen Tätigkeiten, jeden seiner Betriebe sowie für jede seiner Betriebstätten um ein fünfstelliges Unterscheidungsmerkmal ergänzt, so dass die Tätigkeiten, Betriebe und Betriebstätten des wirtschaftlich Tätigen in Besteuerungsverfahren eindeutig identifiziert werden können. [2]Der ersten wirtschaftlichen Tätigkeit des wirtschaftlich Tätigen, seinem ersten Betrieb oder seiner ersten Betriebstätte wird vom Bundeszentralamt für Steuern hierbei das Unterscheidungsmerkmal 00001 zugeordnet. [3]Jeder weiteren wirtschaftlichen Tätigkeit, jedem weiteren Betrieb sowie jeder weiteren Betriebstätte des wirtschaftlich Tätigen ordnet das Bundeszentralamt für Steuern auf Anforderung der zuständigen Finanzbehörde fortlaufend ein eigenes Unterscheidungsmerkmal zu. [4]Das Bundeszentralamt für Steuern speichert zu den einzelnen wirtschaftlichen Tätigkeiten, den einzelnen Betrieben sowie den einzelnen Betriebstätten des wirtschaftlich Tätigen folgende Daten:

1. Unterscheidungsmerkmal,

2. Wirtschafts-Identifikationsnummer des wirtschaftlich Tätigen,

3. Firma (§§ 17 ff. des Handelsgesetzbuchs) oder Name der wirtschaftlichen Tätigkeit, des Betriebes oder der Betriebstätte,

4. frühere Firmennamen oder Namen der wirtschaftlichen Tätigkeit, des Betriebes oder der Betriebstätte,

5. Rechtsform,

6. Wirtschaftszweignummer,

7. amtlicher Gemeindeschlüssel,

8. Anschrift der wirtschaftlichen Tätigkeit, des Betriebes oder der Betriebstätte,

9. Registereintrag (Registergericht, Datum und Nummer der Eintragung),

10. Datum der Eröffnung des Betriebes oder der Betriebstätte oder Zeitpunkt der Aufnahme der wirtschaftlichen Tätigkeit,

11. Datum der Einstellung des Betriebes oder der Betriebstätte oder Zeitpunkt der Beendigung der wirtschaftlichen Tätigkeit,

12. Datum der Löschung im Register,

13. zuständige Finanzbehörden.

(6) Die Speicherung der in den Absätzen 3 bis 5a aufgeführten Daten erfolgt, um

1. sicherzustellen, dass eine vergebene Wirtschafts-Identifikationsnummer nicht noch einmal für einen anderen wirtschaftlich Tätigen verwendet wird,
2. für einen wirtschaftlich Tätigen die vergebene Wirtschafts-Identifikationsnummer festzustellen,
3. zu erkennen, welche Finanzbehörden zuständig sind,
4. Daten, die auf Grund eines Gesetzes oder nach über- und zwischenstaatlichem Recht entgegenzunehmen sind, an die zuständigen Stellen weiterleiten zu können,
5. den Finanzbehörden die Erfüllung der ihnen durch Rechtsvorschrift zugewiesenen Aufgaben zu ermöglichen.

(7) Die in Absatz 3 aufgeführten Daten dürfen nur für die in Absatz 6 genannten Zwecke verarbeitet werden, es sei denn, eine Rechtsvorschrift sieht eine andere Verarbeitung ausdrücklich vor.

(6a) Die in Absatz 4 Nummer 3, 5, 8 und 10 aufgeführten Daten und die in Absatz 5 Nummer 4, 6, 9 und 11 aufgeführten Daten werden bei einer juristischen Person oder bei einer Personengesellschaft, die ein Nutzerkonto im Sinne des § 2 Absatz 5 des Onlinezugangsgesetzes nutzt, auch zum Nachweis der Identität als Nutzer dieses Nutzerkontos gespeichert; diese Daten dürfen elektronisch an das Nutzerkonto übermittelt werden, wenn der Nutzer zuvor in die Übermittlung eingewilligt hat.

§ 139d Verordnungsermächtigung (S 0305)

Die Bundesregierung bestimmt durch Rechtsverordnung mit Zustimmung des Bundesrates:

1. organisatorische und technische Maßnahmen zur Wahrung des Steuergeheimnisses, insbesondere zur Verhinderung eines unbefugten Zugangs zu Daten, die durch § 30 geschützt sind,
2. Richtlinien zur Vergabe der Identifikationsnummer nach § 139b und der Wirtschafts-Identifikationsnummer nach § 139c,
3. Fristen, nach deren Ablauf die nach §§ 139b und 139c gespeicherten Daten zu löschen sind, sowie
4. die Form und das Verfahren der Datenübermittlungen nach § 139b Abs. 6 bis 9.

Verordnung zur Vergabe steuerlicher Identifikationsnummern (Steueridentifikationsnummerverordnung - StIdV)

vom 28.11.2006 (BGBl. I S. 2726), zuletzt geändert durch Artikel 5 der Verordnung vom 19.12.2022 (BGBl. I S. 2432).

§ 1 Aufbau der Identifikationsnummer

Die Identifikationsnummer nach § 139b der Abgabenordnung besteht aus zehn Ziffern und einer Prüfziffer als elfter Ziffer.

§ 2 Form und Verfahren der Datenübermittlungen

(1) Für die Datenübermittlungen der Meldebehörden an das Bundeszentralamt für Steuern nach § 139b Absatz 6 Satz 1, 3, Absatz 7 Satz 1 und Absatz 8 der Abgabenordnung gelten die §§ 2 und 9 der Zweiten Bundesmeldedatenübermittlungsverordnung.

(2) Die Datenübermittlungen des Bundeszentralamts für Steuern an die Meldebehörden nach § 139b Abs. 6 Satz 4 und Abs. 7 Satz 2 der Abgabenordnung erfolgen durch Datenübertragung über verwaltungseigene Kommunikationsnetze oder über das Internet. Sie erfolgen unmittelbar oder über Vermittlungsstellen. Die zu übermittelnden Daten sind mit einer fortgeschrittenen elektronischen Signatur zu versehen und nach dem Stand der Technik zu verschlüsseln. Hierbei sind die Satzbeschreibung OSCIXMeld (§ 3 Absatz 1 der Zweiten Bundesmeldedatenübermittlungsverordnung) und das Übermittlungsprotokoll OSCI-Transport (§ 3 Absatz 2 der Zweiten Bundesmeldedatenübermittlungsverordnung) in der im Bundesanzeiger bekannt gemachten jeweils geltenden Fassung zu Grunde zu legen.

§ 3 (weggefallen)

§ 4 Löschungsfrist

Die beim Bundeszentralamt für Steuern nach § 139b Abs. 3 der Abgabenordnung gespeicherten Daten sind zu löschen, wenn sie zur Erfüllung der gesetzlichen Aufgaben der Finanzbehörden nicht mehr erforderlich sind, spätestens jedoch 20 Jahre nach Ablauf des Kalenderjahres, in dem der Steuerpflichtige verstorben ist.

§ 5 Sicherheit und Funktionsfähigkeit des Verfahrens

Das Bundeszentralamt für Steuern hat die Sicherheit und Funktionsfähigkeit des Verfahrens zu gewährleisten. Anforderungen an die Sicherheit der elektronischen Übermittlung hat das Bundeszentralamt für Steuern im Benehmen mit dem Bundesamt für Sicherheit in der Informationstechnik festzulegen.

§ 6 Benachrichtigung des Betroffenen, Berichtigung unrichtiger Daten

(1) Das Bundeszentralamt für Steuern unterrichtet den Steuerpflichtigen unverzüglich über die ihm zugeteilte Identifikationsnummer und über die Daten, die zu diesem Zeitpunkt beim Bundeszentralamt für Steuern zu seiner Identifikationsnummer nach § 139b Absatz 3 Nummer 3 bis 10, 12 und 14 der Abgabenordnung gespeichert sind.

(1) Das Bundeszentralamt für Steuern unterrichtet den Steuerpflichtigen unverzüglich über die ihm zugeteilte Identifikationsnummer.[1]

(2) Stellen die Finanzbehörden Unrichtigkeiten der Daten im Sinne des § 139b Abs. 3 der Abgabenordnung fest, teilen sie dies dem Bundeszentralamt für Steuern mit. Einzelheiten des Verfahrens bestimmt das Bundesministerium der Finanzen im Einvernehmen mit den obersten Finanzbehörden der Länder durch ein im Bundessteuerblatt zu veröffentlichendes Schreiben.

§ 7 (weggefallen)

Zweiter Abschnitt – Mitwirkungspflichten

1. Unterabschnitt – Führung von Büchern und Aufzeichnungen

§ 140 Buchführungs- und Aufzeichnungspflichten nach anderen Gesetzen (S 0310)

Wer nach anderen Gesetzen als den Steuergesetzen Bücher und Aufzeichnungen zu führen hat, die für die Besteuerung von Bedeutung sind, hat die Verpflichtungen, die ihm nach den anderen Gesetzen obliegen, auch für die Besteuerung zu erfüllen.

AEAO zu § 140 - Buchführungs- und Aufzeichnungspflichten nach anderen Gesetzen:

Durch die Vorschrift werden die sog. außersteuerlichen Buchführungs- und Aufzeichnungsvorschriften, die auch für die Besteuerung von Bedeutung sind, für das Steuerrecht nutzbar gemacht. In Betracht kommen einmal die allgemeinen Buchführungs- und Aufzeichnungsvorschriften des Handels-, Gesellschafts- und Genossenschaftsrechts. Zum anderen fallen hierunter die Buchführungs- und Aufzeichnungspflichten für bestimmte Betriebe und Berufe, die sich aus einer Vielzahl von Gesetzen und Verordnungen ergeben. Auch ausländische Rechtsnormen können eine Buchführungspflicht nach § 140 AO begründen (BFH-Urteil vom 14.11.2018, I R 81/16, BStBl 2019 II S. 390). Unmittelbar geltende Rechtsakte der Europäischen Union können ebenfalls eine Buchführungspflicht nach § 140 AO begründen. Verstöße gegen außersteuerliche Buchführungs- und Aufzeichnungspflichten stehen den Verstößen gegen steuerrechtliche Buchführungs- und Aufzeichnungsvorschriften gleich. Verstöße gegen die Vorschriften zur Führung von Büchern und Aufzeichnungen (§§ 140 bis 147 AO) können z. B. die Anwendung von Zwangsmitteln nach § 328 AO, eine Schätzung nach § 162 AO oder eine Ahndung nach § 379 AO zur Folge haben. Die Verletzung der Buchführungspflichten ist unter den Voraussetzungen der §§ 283 und 283b StGB (sog. Insolvenzstraftaten) strafbar. Aufzeichnungspflichten, die für den Gesamthaushalt einer juristischen Person des öffentlichen Rechts bestehen (Doppik), führen nicht zu einer Verpflichtung zur Buchführung für einzelne Betriebe gewerblicher Art (BMF-Schreiben vom 3.1.2013, BStBl I S. 59).

[1] § 6 Abs. 1 StIdV in der Fassung des Artikel 5 der Sechsten Verordnung zur Änderung steuerlicher Verordnungen vom 19.12.2022 (BGBl. I S. 2432) tritt am 1.11.2023 in Kraft.

§ 141 Buchführungspflicht bestimmter Steuerpflichtiger (S 0311)

(1) [1]Gewerbliche Unternehmer sowie Land- und Forstwirte, die nach den Feststellungen der Finanzbehörde für den einzelnen Betrieb

1. einen Gesamtumsatz im Sinne des § 19 Absatz 3 Satz 1 des Umsatzsteuergesetzes von mehr als 600 000 Euro im Kalenderjahr oder

2. (weggefallen)

3. selbstbewirtschaftete land- und forstwirtschaftliche Flächen mit einem Wirtschaftswert (§ 46 des Bewertungsgesetzes) von mehr als 25.000 Euro oder

4. einen Gewinn aus Gewerbebetrieb von mehr als 60.000 Euro im Wirtschaftsjahr oder

5. einen Gewinn aus Land- und Forstwirtschaft von mehr als 60.000 Euro im Kalenderjahr

gehabt haben, sind auch dann verpflichtet, für diesen Betrieb Bücher zu führen und auf Grund jährlicher Bestandsaufnahmen Abschlüsse zu machen, wenn sich eine Buchführungspflicht nicht aus § 140 ergibt. [2]Die §§ 238, 240, 241, 242 Abs. 1 und die §§ 243 bis 256 des Handelsgesetzbuchs gelten sinngemäß, sofern sich nicht aus den Steuergesetzen etwas anderes ergibt. [3]Bei der Anwendung der Nummer 3 ist der Wirtschaftswert aller vom Land- und Forstwirt selbstbewirtschafteten Flächen maßgebend, unabhängig davon, ob sie in seinem Eigentum stehen oder nicht.

(2) [1]Die Verpflichtung nach Absatz 1 ist vom Beginn des Wirtschaftsjahrs an zu erfüllen, das auf die Bekanntgabe der Mitteilung folgt, durch die die Finanzbehörde auf den Beginn dieser Verpflichtung hingewiesen hat. [2]Die Verpflichtung endet mit dem Ablauf des Wirtschaftsjahrs, das auf das Wirtschaftsjahr folgt, in dem die Finanzbehörde feststellt, dass die Voraussetzungen nach Absatz 1 nicht mehr vorliegen.

(3) [1]Die Buchführungspflicht geht auf denjenigen über, der den Betrieb im Ganzen zur Bewirtschaftung als Eigentümer oder Nutzungsberechtigter übernimmt. [2]Ein Hinweis nach Absatz 2 auf den Beginn der Buchführungspflicht ist nicht erforderlich.

(4) (weggefallen)

AEAO zu § 141 - Buchführungspflicht bestimmter Steuerpflichtiger:

1. Die Vorschrift findet nur Anwendung, wenn sich nicht bereits eine Buchführungspflicht nach § 140 AO ergibt. Wird von dem Wahlrecht nach § 241a HGB Gebrauch gemacht, kann dennoch eine Buchführungspflicht nach § 141 AO bestehen. Unter die Vorschrift fallen gewerbliche Unternehmer sowie Land- und Forstwirte, nicht jedoch Freiberufler. Gewerbliche Unternehmer sind solche Unternehmer, die einen Gewerbebetrieb i. S. d. § 15 Abs. 2 oder 3 EStG bzw. des § 2 Abs. 2 oder 3 GewStG ausüben.

Ausländische Unternehmen fallen unter die Vorschrift jedenfalls dann, wenn und soweit sie im Inland eine Betriebstätte unterhalten oder einen ständigen Vertreter bestellt haben (BFH-Urteil vom 14.9.1994, I R 116/93, BStBl 1995 II S. 238). Die Buchführungspflicht einer Personengesellschaft erstreckt sich auch auf das Sonderbetriebsvermögen ihrer Gesellschafter. Die Gesellschafter selbst sind insoweit nicht buchführungspflichtig.

2. Die Finanzbehörde kann die Feststellung i. S. d. § 141 Abs. 1 AO im Rahmen eines Steuer- oder Feststellungsbescheids oder durch einen selbständigen feststellenden Verwaltungsakt treffen. Die Feststellung kann aber auch mit der Mitteilung über den Beginn der Buchführungspflicht nach § 141 Abs. 2 AO verbunden werden und bildet dann mit ihr einen einheitlichen Verwaltungsakt (BFH-Urteil vom 23.6.1983, IV R 3/82, BStBl II S. 768).

3. Die Buchführungsgrenzen beziehen sich grundsätzlich auf den einzelnen Betrieb (zum Begriff vgl. BFH-Urteil vom 13.10.1988, IV R 136/85, BStBl 1989 II S. 7), auch wenn der Steuerpflichtige mehrere Betriebe der gleichen Einkunftsart hat. Eine Ausnahme gilt für steuerbegünstigte Körperschaften, bei denen mehrere steuerpflichtige wirtschaftliche Geschäftsbetriebe als ein Betrieb zu behandeln sind (§ 64 Abs. 2 AO). Hinsichtlich der Berechnung der Umsatzgrenze des § 141 Abs. 1 Satz 1 Nr. 1 AO wird auf den Abschnitt 19.3 UStAE verwiesen. Bei einem Dauerverlustbetrieb einer juristischen Person des öffentlichen Rechts führt allein das Überschreiten der Umsatzgrenze nach § 141 Abs. 1 Satz 1 Nr. 1 AO nicht zu einer Buchführungspflicht, wenn dieser mangels Gewinnerzielungsabsicht kein gewerbliches Unternehmen darstellt (BMF-Schreiben vom 3.1.2013, BStBl I S. 59). Da die Gewinngrenze für die land- und forstwirtschaftlichen Betriebe (§ 141 Abs. 1 Satz 1 Nr. 5 AO) auf das Kalenderjahr abstellt, werden bei einem vom Kalenderjahr abweichenden Wirtschaftsjahr die zeitanteiligen Gewinne aus zwei Wirtschaftsjahren angesetzt. Für die Bestimmung der Buchführungsgrenzen nach § 141 Abs. 1 Satz 1 Nr. 3 AO sind die Einzelertragswerte der im Einheitswert erfassten Nebenbetriebe bei der Ermittlung des Wirtschaftswertes der selbstbewirtschafteten Flächen nicht anzusetzen (BFH-Urteil vom 6.7.1989, IV R 97/87, BStBl 1990 II S. 606).

4. Die Finanzbehörde hat den Steuerpflichtigen auf den Beginn der Buchführungspflicht hinzuweisen. Diese Mitteilung soll dem Steuerpflichtigen mindestens einen Monat vor Beginn des Wirtschaftsjahres bekannt gegeben werden, von dessen Beginn ab die Buchführungspflicht zu erfüllen ist. Zur Bekanntgabe der Mitteilung über den Beginn der Buchführungspflicht bei ungeklärter Unternehmereigenschaft der Ehegatten/Lebenspartner als Miteigentümer der Nutzflächen eines landwirtschaftlichen Betriebs vgl. BFH-Urteile vom 23.1.1986, IV R 108/85, BStBl II S. 539, und vom 26.11.1987, IV R 22/86, BStBl 1988 II S. 238. Werden die Buchführungsgrenzen nicht mehr überschritten, so wird der Wegfall der Buchführungspflicht dann nicht wirksam, wenn die Finanzbehörde vor dem Erlöschen der Verpflichtung wiederum das Bestehen der Buchführungspflicht feststellt. Beim einmaligen Überschreiten der Buchführungsgrenze soll auf Antrag nach § 148 AO Befreiung von der Buchführungspflicht bewilligt werden, wenn nicht zu erwarten ist, dass die Grenze auch später überschritten wird. Bei der Prüfung, ob die in § 141 Abs. 1

Satz 1 Nr. 4 und 5 AO aufgeführten Buchführungsgrenzen überschritten werden, sind erhöhte Absetzungen für Abnutzung sowie Sonderabschreibungen unberücksichtigt zu lassen (§ 7a Abs. 6 EStG). Erhöhte Absetzungen für Abnutzung sind nur insoweit dem Gewinn zuzurechnen, als diese die Absetzungsbeträge nach § 7 Abs. 1 oder 4 EStG übersteigen (§ 7a Abs. 3 EStG).

5. Die Buchführungspflicht geht nach § 141 Abs. 3 AO kraft Gesetzes auf nachfolgende Eigentümer oder Nutzungsberechtigte über. Es ist nicht Voraussetzung, dass eine der in § 141 Abs. 1 Satz 1 Nrn. 1 bis 5 AO aufgeführten Buchführungsgrenzen überschritten ist. Als Eigentümer bzw. Nutzungsberechtigter kommen z. B. in Betracht: Erwerber, Erbe, Pächter, Nießbraucher. Eine Übernahme des Betriebs im Ganzen liegt vor, wenn seine Identität gewahrt bleibt. Dies ist der Fall, wenn die wesentlichen Grundlagen des Betriebs als einheitliches Ganzes erhalten bleiben. Dies liegt nicht vor, wenn nur der landwirtschaftliche, nicht aber auch der forstwirtschaftliche Teilbetrieb übernommen wird (BFH-Urteil vom 24.2.1994, IV R 4/93, BStBl II S. 677).

§ 142 Ergänzende Vorschriften für Land- und Forstwirte (S 0312)

[1]Land- und Forstwirte, die nach § 141 Abs. 1 Nr. 1, 3 oder 5 zur Buchführung verpflichtet sind, haben neben den jährlichen Bestandsaufnahmen und den jährlichen Abschlüssen ein Anbauverzeichnis zu führen. [2]In dem Anbauverzeichnis ist nachzuweisen, mit welchen Fruchtarten die selbstbewirtschafteten Flächen im abgelaufenen Wirtschaftsjahr bestellt waren.

§ 143 Aufzeichnung des Wareneingangs (S 0313)

(1) Gewerbliche Unternehmer müssen den Wareneingang gesondert aufzeichnen.

(2) [1]Aufzuzeichnen sind alle Waren einschließlich der Rohstoffe, unfertigen Erzeugnisse, Hilfsstoffe und Zutaten, die der Unternehmer im Rahmen seines Gewerbebetriebs zur Weiterveräußerung oder zum Verbrauch entgeltlich oder unentgeltlich, für eigene oder für fremde Rechnung, erwirbt; dies gilt auch dann, wenn die Waren vor der Weiterveräußerung oder dem Verbrauch be- oder verarbeitet werden sollen. [2]Waren, die nach Art des Betriebs üblicherweise für den Betrieb zur Weiterveräußerung oder zum Verbrauch erworben werden, sind auch dann aufzuzeichnen, wenn sie für betriebsfremde Zwecke verwendet werden.

(3) Die Aufzeichnungen müssen die folgenden Angaben enthalten:

1. den Tag des Wareneingangs oder das Datum der Rechnung,

2. den Namen oder die Firma und die Anschrift des Lieferers,

3. die handelsübliche Bezeichnung der Ware,

4. den Preis der Ware,

5. einen Hinweis auf den Beleg.

AEAO zu § 143 - Aufzeichnung des Wareneingangs:

1. Zur gesonderten Aufzeichnung des Wareneingangs sind nur gewerbliche Unternehmer (vgl. AEAO zu § 141, Nr. 1) verpflichtet; Land- und Forstwirte fallen nicht unter die Vorschrift. Die Aufzeichnungspflicht besteht unabhängig von der Buchführungspflicht. Bei buchführenden Gewerbetreibenden genügt es, wenn sich die geforderten Angaben aus der Buchführung ergeben.

2. Besondere Aufzeichnungspflichten, die in Einzelsteuergesetzen vorgeschrieben sind (z. B. nach § 22 UStG), werden von dieser Vorschrift nicht berührt.

§ 144 Aufzeichnung des Warenausgangs (S 0314)

(1) Gewerbliche Unternehmer, die nach der Art ihres Geschäftsbetriebs Waren regelmäßig an andere gewerbliche Unternehmer zur Weiterveräußerung oder zum Verbrauch als Hilfsstoffe liefern, müssen den erkennbar für diese Zwecke bestimmten Warenausgang gesondert aufzeichnen.

(2) [1]Aufzuzeichnen sind auch alle Waren, die der Unternehmer

1. auf Rechnung (auf Ziel, Kredit, Abrechnung oder Gegenrechnung), durch Tausch oder unentgeltlich liefert, oder

2. gegen Barzahlung liefert, wenn die Ware wegen der abgenommenen Menge zu einem Preis veräußert wird, der niedriger ist als der übliche Preis für Verbraucher.

[2]Dies gilt nicht, wenn die Ware erkennbar nicht zur gewerblichen Weiterverwendung bestimmt ist.

(3) Die Aufzeichnungen müssen die folgenden Angaben enthalten:

1. den Tag des Warenausgangs oder das Datum der Rechnung,

2. den Namen oder die Firma und die Anschrift des Abnehmers,

3. die handelsübliche Bezeichnung der Ware,

4. den Preis der Ware,

5. einen Hinweis auf den Beleg.

(4) [1]Der Unternehmer muss über jeden Ausgang der in den Absätzen 1 und 2 genannten Waren einen Beleg erteilen, der die in Absatz 3 bezeichneten Angaben sowie seinen Namen oder die Firma und seine Anschrift enthält. [2]Dies gilt insoweit nicht, als nach § 14 Abs. 2 des Umsatzsteuergesetzes durch die dort bezeichneten Leistungsempfänger eine Gutschrift erteilt wird oder auf Grund des § 14 Abs. 6 des Umsatzsteuergesetzes Erleichterungen gewährt werden.

(5) Die Absätze 1 bis 4 gelten auch für Land- und Forstwirte, die nach § 141 buchführungspflichtig sind.

AEAO zu § 144 - Aufzeichnung des Warenausgangs:

Zur gesonderten Aufzeichnung des Warenausgangs sind gewerbliche Unternehmer (vgl. AEAO zu § 141, Nr. 1) sowie nach § 144 Abs. 5 AO auch buchführungspflichtige Land- und Forstwirte verpflichtet. Mit der Einbeziehung der buchführungspflichtigen Land- und Forstwirte in die Vorschrift soll eine bessere Überprüfung der Käufer land- und forstwirtschaftlicher Produkte (z. B. Obst- oder Gemüsehändler) ermöglicht werden. Bei buchführenden Unternehmern können die Aufzeichnungspflichten im Rahmen der Buchführung erfüllt werden. Besondere Aufzeichnungspflichten, z. B. nach § 22 Abs. 2 Nrn. 1 bis 3 UStG, bleiben unberührt. Erleichterungen nach § 14 Abs. 6 UStG für die Ausstellung von Rechnungen (z. B. nach §§ 31, 33 UStDV) gelten für Zwecke dieser Vorschrift ausschließlich für die Erteilung eines Belegs i. S. v. § 144 Abs. 4 AO. Auf die Aufzeichnungspflichten des § 144 AO finden sie keine Anwendung. Bei Verstoß gegen die Aufzeichnungspflichten nach § 144 AO kann eine Ordnungswidrigkeit nach § 379 Abs. 2 Nr. 1a AO vorliegen.

§ 145 Allgemeine Anforderungen an Buchführung und Aufzeichnungen

(S 0315)

(1) [1]Die Buchführung muss so beschaffen sein, dass sie einem sachverständigen Dritten innerhalb angemessener Zeit einen Überblick über die Geschäftsvorfälle und über die Lage des Unternehmens vermitteln kann. [2]Die Geschäftsvorfälle müssen sich in ihrer Entstehung und Abwicklung verfolgen lassen.

(2) Aufzeichnungen sind so vorzunehmen, dass der Zweck, den sie für die Besteuerung erfüllen sollen, erreicht wird.

§ 146 Ordnungsvorschriften für die Buchführung und für Aufzeichnungen

(S 0316)

(1) [1]Die Buchungen und die sonst erforderlichen Aufzeichnungen sind einzeln, vollständig, richtig, zeitgerecht und geordnet vorzunehmen. [2]Kasseneinnahmen und Kassenausgaben sind täglich festzuhalten. [3]Die Pflicht zur Einzelaufzeichnung nach Satz 1 besteht aus Zumutbarkeitsgründen bei Verkauf von Waren an eine Vielzahl von nicht bekannten Personen gegen Barzahlung nicht. [4]Das gilt nicht, wenn der Steuerpflichtige ein elektronisches Aufzeichnungssystem im Sinne des § 146a verwendet.

(2) [1]Bücher und die sonst erforderlichen Aufzeichnungen sind im Geltungsbereich dieses Gesetzes zu führen und aufzubewahren. [2]Dies gilt nicht, soweit für Betriebstätten außerhalb des Geltungsbereichs dieses Gesetzes nach dortigem Recht eine Verpflichtung besteht, Bücher und Aufzeichnungen zu führen, und diese Verpflichtung erfüllt wird. [3]In diesem Fall sowie bei Organgesellschaften außerhalb des Geltungsbereichs dieses Gesetzes müssen die Ergebnisse der dortigen Buchführung in die Buchführung des hiesigen Unternehmens übernommen werden, soweit sie für die Besteuerung von Bedeutung sind. [4]Dabei sind die erforderlichen Anpassungen an die steuerrechtlichen Vorschriften im Geltungsbereich dieses Gesetzes vorzunehmen und kenntlich zu machen.

(2a) [1]Abweichend von Absatz 2 Satz 1 kann der Steuerpflichtige elektronische Bücher und sonstige erforderliche elektronische Aufzeichnungen oder Teile

davon in einem anderen Mitgliedstaat oder in mehreren Mitgliedstaaten der Europäischen Union führen und aufbewahren. [2]Macht der Steuerpflichtige von dieser Befugnis Gebrauch, hat er sicherzustellen, dass der Datenzugriff nach § 146b Absatz 2 Satz 2, § 147 Absatz 6 und § 27b Absatz 2 Satz 2 und 3 des Umsatzsteuergesetzes in vollem Umfang möglich ist.

(2b) [1]Abweichend von Absatz 2 Satz 1 kann die zuständige Finanzbehörde auf schriftlichen oder elektronischen Antrag des Steuerpflichtigen bewilligen, dass elektronische Bücher und sonstige erforderliche elektronische Aufzeichnungen oder Teile davon in einem Drittstaat oder in mehreren Drittstaaten geführt und aufbewahrt werden können. [2]Voraussetzung ist, dass

1. der Steuerpflichtige der zuständigen Finanzbehörde den Standort oder die Standorte des Datenverarbeitungssystems oder bei Beauftragung eines Dritten dessen Namen und Anschrift mitteilt,
2. der Steuerpflichtige seinen sich aus den §§ 90, 93, 97, 140 bis 147 und 200 Absatz 1 und 2 ergebenden Pflichten ordnungsgemäß nachgekommen ist,
3. der Datenzugriff nach § 146b Absatz 2 Satz 2, § 147 Absatz 6 und § 27b Absatz 2 Satz 2 und 3 des Umsatzsteuergesetzes in vollem Umfang möglich ist und
4. die Besteuerung hierdurch nicht beeinträchtigt wird.

[3]Werden der Finanzbehörde Umstände bekannt, die zu einer Beeinträchtigung der Besteuerung führen, hat sie die Bewilligung zu widerrufen und die unverzügliche Rückverlagerung der elektronischen Bücher und sonstigen erforderlichen elektronischen Aufzeichnungen in einen oder mehrere Mitgliedstaaten der Europäischen Union zu verlangen. [4]Eine Änderung der unter Satz 2 Nummer 1 benannten Umstände ist der zuständigen Finanzbehörde unverzüglich mitzuteilen.

(2c) Kommt der Steuerpflichtige der Aufforderung zur Rückverlagerung seiner elektronischen Buchführung oder seinen Pflichten nach Absatz 2b Satz 4, zur Einräumung des Datenzugriffs nach § 147 Abs. 6, zur Erteilung von Auskünften oder zur Vorlage angeforderter Unterlagen im Sinne des § 200 Abs. 1 im Rahmen einer Außenprüfung innerhalb einer ihm bestimmten angemessenen Frist nach Bekanntgabe durch die zuständige Finanzbehörde nicht nach oder hat er seine elektronische Buchführung ohne Bewilligung der zuständigen Finanzbehörde in einen Drittstaat oder mehrere Drittstaaten verlagert, kann ein Verzögerungsgeld von 2.500 Euro bis 250.000 Euro festgesetzt werden.

(3) [1]Die Buchungen und die sonst erforderlichen Aufzeichnungen sind in einer lebenden Sprache vorzunehmen. [2]Wird eine andere als die deutsche Sprache verwendet, so kann die Finanzbehörde Übersetzungen verlangen. [3]Werden Abkürzungen, Ziffern, Buchstaben oder Symbole verwendet, muss im Einzelfall deren Bedeutung eindeutig festliegen.

(4) [1]Eine Buchung oder eine Aufzeichnung darf nicht in einer Weise verändert werden, dass der ursprüngliche Inhalt nicht mehr feststellbar ist. [2]Auch solche Veränderungen dürfen nicht vorgenommen werden, deren Beschaffenheit es ungewiss lässt, ob sie ursprünglich oder erst später gemacht worden sind.

(5) [1]Die Bücher und die sonst erforderlichen Aufzeichnungen können auch in der geordneten Ablage von Belegen bestehen oder auf Datenträgern geführt werden, soweit diese Formen der Buchführung einschließlich des dabei angewandten Verfahrens den Grundsätzen ordnungsmäßiger Buchführung entsprechen; bei Aufzeichnungen, die allein nach den Steuergesetzen vorzunehmen sind, bestimmt sich die Zulässigkeit des angewendeten Verfahrens nach dem Zweck, den die Aufzeichnungen für die Besteuerung erfüllen sollen. [2]Bei der Führung der Bücher und der sonst erforderlichen Aufzeichnungen auf Datenträgern muss insbesondere sichergestellt sein, dass während der Dauer der Aufbewahrungsfrist die Daten jederzeit verfügbar sind und unverzüglich lesbar gemacht werden können. [3]Dies gilt auch für die Befugnisse der Finanzbehörde nach § 146b Absatz 2 Satz 2, § 147 Absatz 6 und § 27b Absatz 2 Satz 2 und 3 des Umsatzsteuergesetzes. [4]Absätze 1 bis 4 gelten sinngemäß.

(6) Die Ordnungsvorschriften gelten auch dann, wenn der Unternehmer Bücher und Aufzeichnungen, die für die Besteuerung von Bedeutung sind, führt, ohne hierzu verpflichtet zu sein.

AEAO zu § 146 - Ordnungsvorschriften für die Buchführung und für Aufzeichnungen:

Inhaltsübersicht

1. Allgemeines

1.1 Nur der ordnungsmäßigen Buchführung kommt Beweiskraft zu (§ 158 AO). Hinsichtlich von Verstößen wird auf den AEAO zu § 140 verwiesen.

1.2 Zu den Begriffen „vollständig, richtig, zeitgerecht, geordnet und unveränderbar“ vgl. Rzn. 36 bis 60 des BMF-Schreibens vom 28.11.2019, BStBl I S. 1269[1].

1.3 Es ist Aufgabe des Steuerpflichtigen, seine aufzeichnungs- und aufbewahrungspflichtigen Unterlagen so zu organisieren, dass bei einer zulässigen Einsichtnahme in die steuerlich relevanten Unterlagen (Daten) keine gesetzlich geschützten Bereiche tangiert werden können, zum Beispiel bei Rechtsanwälten, Steuerberatern, Ärzten usw.

---

[1] Im Anhang 64 abgedruckt

1.4 Buchführungspflichtige Steuerpflichtige haben für Bargeldbewegungen ein Kassenbuch (ggf. in der Form aneinandergereihter Kassenberichte) zu führen.

2. Einzelaufzeichnungspflicht (§ 146 Abs. 1 AO)

2.1 Grundsätze der Einzelaufzeichnung

2.1.1 Aufzeichnungen (z. B. nach §§ 238 ff. HGB und nach § 22 UStG) müssen unterschiedlichen steuerlichen Zwecken genügen. Erfordern verschiedene Rechtsnormen gleichartige Aufzeichnungen, so ist eine mehrfache Aufzeichnung für jede Rechtsnorm nicht erforderlich (vgl. Rz. 13 des BMF-Schreibens vom 28.11.2019, BStBl I S. 1269[1]). Die Pflicht zur Einzelaufzeichnung gilt unabhängig von der Gewinnermittlungsart. Hinsichtlich der Aufzeichnungspflichten bei Steuerpflichtigen, die ihren Gewinn nach § 4 Abs. 3 EStG ermitteln vgl. AEAO zu § 146, Nr. 2.1.7.

2.1.2 Die Grundsätze ordnungsmäßiger Buchführung erfordern grundsätzlich die Aufzeichnung jedes einzelnen Geschäftsvorfalls unmittelbar nach seinem Abschluss und in einem Umfang, der einem sachverständigen Dritten in angemessener Zeit eine lückenlose Überprüfung seiner Grundlagen, seines Inhalts, seiner Entstehung und Abwicklung und seiner Bedeutung für den Betrieb ermöglicht. Das bedeutet nicht nur die Aufzeichnung der in Geld bestehenden Gegenleistung, sondern auch des Inhalts des Geschäfts und des Namens des Vertragspartners. Dies gilt auch für Bareinnahmen und für Barausgaben (vgl. BFH-Urteil vom 12.5.1966, IV 472/60, BStBl III S. 371). Die vorgenannten Grundsätze gelten für jeden, der eine gewerbliche, berufliche oder land- und forstwirtschaftliche, Tätigkeit selbständig ausübt. Der Umstand der sofortigen Zahlung rechtfertigt keine Ausnahme (vgl. BFH-Urteil vom 26.2.2004, XI R 25/02, BStBl II S. 599).

2.1.3 Die Grundaufzeichnungen müssen so beschaffen sein, dass sie jederzeit eindeutig in ihre Einzelpositionen aufgegliedert werden können. Zeitnah, d.h. möglichst unmittelbar zu der Entstehung des jeweiligen Geschäftsvorfalles aufzuzeichnen sind der verkaufte, eindeutig bezeichnete Artikel, der endgültige Einzelverkaufspreis, der dazugehörige Umsatzsteuersatz und -betrag, vereinbarte Preisminderungen, die Zahlungsart, das Datum und der Zeitpunkt des Umsatzes sowie die verkaufte Menge bzw. Anzahl. Die Möglichkeit zum Ausweis des Steuerbetrags in einer Summe nach § 32 UStDV in der Rechnung und die Zusammenfassung des Entgelts und des darauf entfallenden Steuerbetrags in einer Summe nach § 33 Satz 1 Nr. 4 UStDV in der Rechnung bleiben unbenommen. Eine Verpflichtung zur einzelnen Verbuchung (im Gegensatz zur Aufzeichnung) eines jeden Geschäftsvorfalls besteht nicht. Werden der Art nach gleiche Waren mit demselben Einzelverkaufspreis in einer Warengruppe zusammengefasst, wird dies nicht beanstandet, sofern die verkaufte Menge bzw. Anzahl ersichtlich bleibt. Dies gilt entsprechend für Dienstleistungen.

[1] Im Anhang 64 abgedruckt

2.1.4 Die Pflicht zur Einzelaufzeichnung gilt grundsätzlich unabhängig davon, ob der Steuerpflichtige ein elektronisches Aufzeichnungssystem oder eine offene Ladenkasse verwendet. Ein elektronisches Aufzeichnungssystem ist die zur elektronischen Datenverarbeitung eingesetzte Hardware und Software, die elektronische Aufzeichnungen zur Dokumentation von Geschäftsvorfällen und somit Grundaufzeichnungen erstellt. Als elektronische Aufzeichnungssysteme gelten auch elektronische Vorsysteme mit externer Geldaufbewahrung. Welche dieser elektronischen Aufzeichnungssysteme zusätzlich die besonderen Anforderungen des § 146a AO erfüllen müssen (Pflicht zur Aufzeichnung anderer Vorgänge, Schutz durch eine zertifizierte technische Sicherheitseinrichtung) bestimmt sich nach § 1 KassenSichV. Als offene Ladenkasse gelten eine summarische, retrograde Ermittlung der Tageseinnahmen sowie manuelle Einzelaufzeichnungen ohne Einsatz technischer Hilfsmittel.

2.1.5 Branchenspezifische Mindestaufzeichnungspflichten und Zumutbarkeitsgesichtspunkte sind zu berücksichtigen. Es wird z. B. nicht beanstandet, wenn die Mindestangaben zur Nachvollziehbarkeit des Geschäftsvorfalls (vgl. AEAO zu § 146, Nr. 2.1.3) einzeln aufgezeichnet werden, nicht jedoch die Kundendaten, sofern diese nicht zur Nachvollziehbarkeit und Nachprüfbarkeit des Geschäftsvorfalls benötigt werden (vgl. Rz. 37 des BMF Schreibens vom 28.11.2019, BStBl I S. 1269[1]). Dies gilt auch, wenn ein elektronisches Aufzeichnungssystem eine Kundenerfassung und Kundenverwaltung zulässt, die Kundendaten aber tatsächlich nicht oder nur teilweise erfasst werden. Soweit Aufzeichnungen über Kundendaten aber tatsächlich geführt werden, sind sie aufbewahrungspflichtig, sofern dem nicht gesetzliche Vorschriften entgegenstehen.

2.1.6 Wird zur Erfassung von aufzeichnungspflichtigen Geschäftsvorfällen ein elektronisches Aufzeichnungssystem verwendet und fällt dieses aus (z. B. Stromausfall, technischer Defekt), ist während dieser Zeit eine Aufzeichnung auf Papier zulässig. Die Aufzeichnungspflichten bei Verwendung einer offenen Ladenkasse gelten insoweit entsprechend (vgl. AEAO zu § 146, Nr. 3.2 und 3.3). Die Ausfallzeit des elektronischen Aufzeichnungssystems ist zu dokumentieren und soweit vorhanden durch Nachweise zu belegen (z. B. Rechnung über Reparaturleistung). Bei elektronischen Aufzeichnungssystemen mit Kassenfunktion wird auf den AEAO zu § 146a, Nr. 7 verwiesen.

2.1.7 Der Grundsatz der Einzelaufzeichnungspflicht gilt auch für Steuerpflichtige, die ihren Gewinn nach § 4 Abs. 3 EStG ermitteln. Nach § 146 Abs. 5 Satz 1 Halbsatz 2 AO müssen die Aufzeichnungen so geführt werden, dass sie dem konkreten Besteuerungszweck entsprechen (vgl. Rz. 25 des BMF-Schreibens vom 28.11.2019, BStBl I S. 1269[1]). Eine ordnungsgemäße Gewinnermittlung nach § 4 Abs. 3 EStG setzt voraus, dass die Höhe der Betriebseinnahmen und Betriebsausgaben durch geordnete und vollständige Belege nachgewiesen wird (BFH-Urteil vom 15.4.1999, IV R 68/98, BStBl II S. 481). Ist die Einzelaufzeichnungspflicht nicht zumutbar, muss die Einnahmeermittlung nachvollziehbar dokumentiert und überprüfbar sein.

---

[1] Im Anhang 64 abgedruckt

2.2 Ausnahme von der Einzelaufzeichnungspflicht aus Zumutbarkeitsgründen

2.2.1 Die Aufzeichnung jedes einzelnen Geschäftsvorfalls ist nur dann nicht zumutbar, wenn es technisch, betriebswirtschaftlich und praktisch unmöglich ist, die einzelnen Geschäftsvorfälle aufzuzeichnen (BFH-Urteil vom 12.5.1966, IV 472/60, BStBl III S. 371). Das Vorliegen dieser Voraussetzungen ist durch den Steuerpflichtigen nachzuweisen.

2.2.2 Bei Verkauf von Waren an eine Vielzahl von nicht bekannten Personen gegen Barzahlung gilt die Einzelaufzeichnungspflicht nach § 146 Abs. 1 Satz 1 AO aus Zumutbarkeitsgründen nicht, wenn kein elektronisches Aufzeichnungssystem, sondern eine offene Ladenkasse verwendet wird (§ 146 Abs. 1 Satz 3 und 4 AO, vgl. AEAO zu § 146, Nr. 2.1.4). Bei Vorliegen der übrigen Voraussetzungen des § 146 Abs. 1 Satz 3 AO ist die Zumutbarkeit nicht gesondert zu prüfen. Wird hingegen ein elektronisches Aufzeichnungssystem verwendet, gilt die Einzelaufzeichnungspflicht nach § 146 Abs. 1 Satz 1 AO unabhängig davon, ob das elektronische Aufzeichnungssystem und die digitalen Aufzeichnungen nach § 146a Abs. 3 AO i. V. m. der KassenSichV mit einer zertifizierten technischen Sicherheitseinrichtung zu schützen sind.

2.2.3 Werden eines oder mehrere elektronische Aufzeichnungssysteme verwendet, sind diese grundsätzlich zur Aufzeichnung sämtlicher Erlöse zu verwenden. Ist für einen räumlich oder organisatorisch eindeutig abgrenzbaren Bereich aus technischen Gründen oder aus Zumutbarkeitserwägungen eine Erfassung über das vorhandene elektronische Aufzeichnungssystem nicht möglich, wird es nicht beanstandet, wenn zur Erfassung dieser Geschäftsvorfälle eine offene Ladenkasse verwendet wird. Soweit der Steuerpflichtige mehrere Kassen führt, sind die Anforderungen an die Aufzeichnung von baren und unbaren Geschäftsvorfällen für jede einzelne Sonder-und Nebenkasse zu beachten (vgl. BFH-Urteil vom 20.10.1971, I R 63/70, BStBl II 1972 S. 273). § 146 Abs. 1 Sätze 2 bis 4 AO bleiben hiervon unberührt.

2.2.4 Liegen Einzeldaten einer Waage (Artikel, Gewicht bzw. Menge und Preis der Ware) einem aufzeichnungs- und aufbewahrungspflichtigen Geschäftsvorfall zugrunde, sind diese einzeln aufzuzeichnen und aufzubewahren. Werden diese Einzeldaten unter Berücksichtigung von § 146 Abs. 4 AO zusätzlich in einem elektronischen Aufzeichnungssystem mit Kassenfunktion aufgezeichnet, wird es nicht beanstandet, wenn die Einzeldaten der Waage nicht zusätzlich aufbewahrt werden.

Verwendet der Steuerpflichtige eine offene Ladenkasse sowie eine Waage, die lediglich das Gewicht und /oder den Preis anzeigt und über die Dauer des einzelnen Wiegevorgangs hinaus über keine Speicherfunktion verfügt, wird es unter den Voraussetzungen des § 146 Abs. 1 Satz 3 AO nicht beanstandet, wenn die o.g. Einzeldaten der Waage nicht aufgezeichnet werden. Erfüllt die Waage hingegen die Voraussetzung einer eines elektronischen Aufzeichnungssystems mit Kassenfunktion, ist die Verwendung einer offenen Ladenkasse unzulässig.

2.2.5 Von einem Verkauf von Waren an eine Vielzahl nicht bekannter Personen ist auszugehen, wenn nach der typisierenden Art des Geschäftsbetriebs alltäglich Barverkäufe an namentlich nicht bekannte Kunden getätigt werden (vgl. BFH-Urteile vom 12.5.1966, IV 472/60, BStBl III S. 371 und vom 16.12.2014, X R 29/13, BFH/NV 2015 S. 790). Dies setzt voraus, dass die Identität der Käufer für die Geschäftsvorfälle regelmäßig nicht von Bedeutung ist. Unschädlich ist, wenn der Verkäufer aufgrund außerbetrieblicher Gründe tatsächlich viele seiner Kunden namentlich kennt.

2.2.6 Die Zumutbarkeitsüberlegungen, die der Ausnahmeregelung nach § 146 Abs. 1 Satz 3 AO zugrunde liegen, sind grundsätzlich auch auf Dienstleistungen übertragbar. Es wird vor diesem Hintergrund nicht beanstandet, wenn diese Ausnahmeregelung auf Dienstleistungen angewendet wird, die an eine Vielzahl von nicht bekannten Personen gegen Barzahlung erbracht werden (vgl. AEAO zu § 146, Nr. 2.2.5) und kein elektronisches Aufzeichnungssystem verwendet wird. Hierbei muss der Geschäftsbetrieb auf eine Vielzahl von Kundenkontakten ausgerichtet und der Kundenkontakt des Dienstleisters und seiner Angestellten im Wesentlichen auf die Bestellung und den kurzen Bezahlvorgang beschränkt sein. Einzelaufzeichnungen sind dagegen zu führen, wenn der Kundenkontakt in etwa der Dauer der Dienstleistung entspricht und der Kunde auf die Ausübung der Dienstleistung üblicherweise individuell Einfluss nehmen kann (zur Aufzeichnung der Kundendaten vgl. AEAO zu § 146, Nr. 2.1.5). Auf die Aufzeichnungserleichterung können sich Dienstleister - wie auch Einzelhändler - aber insoweit nicht berufen, als tatsächlich Einzelaufzeichnungen geführt werden (vgl. AEAO zu § 146, Nr. 2.1.2 und Nr. 2.1.3). Die Mindestanforderungen an eine offene Ladenkasse (vgl. AEAO zu § 146, Nr. 3.2) bleiben unberührt.

3. Aufzeichnungspflichten bei Verwendung einer offenen Ladenkasse

3.1 Es besteht keine gesetzliche Pflicht zur Verwendung eines elektronischen Aufzeichnungssystems.

3.2 Einzelaufzeichnungen können durch die vollständige und detaillierte Erfassung (vgl. AEAO zu § 146, Nr. 2.1.2 und 2.1.3) aller baren Geschäftsvorfälle in Form eines Kassenbuches erfolgen. Wird ein Kassenbericht zur Ermittlung der Tageslosung verwendet, kann die Einzelaufzeichnung auch durch die geordnete (z. B. nummerierte) Sammlung aller Barbelege gewährleistet werden.

3.3 Besteht aus Zumutbarkeitsgründen keine Verpflichtung zur Einzelaufzeichnung (vgl. AEAO zu § 146, Nr. 2.2.2) müssen die Bareinnahmen zumindest anhand eines Kassenberichts nachgewiesen werden. Hierbei ist stets vom gezählten Kassenendbestand des jeweiligen Geschäftstages auszugehen. Von diesem Kassenendbestand werden der Kassenendbestand bei Geschäftsschluss des Vortages sowie die durch Eigenbeleg zu belegenden Bareinlagen abgezogen. Ausgaben und durch Eigenbeleg nachzuweisende Barentnahmen sind hinzuzurechnen.

Ein sogenanntes „Zählprotokoll“ (Auflistung der genauen Stückzahl vorhandener Geldscheine und -münzen) ist nicht erforderlich (BFH-Beschluss vom 16.12.2016, X B 41/16, BFH/NV 2017 S. 310), erleichtert jedoch den Nachweis des tatsächlichen Auszählens.

3.4 Kasseneinnahmen und Kassenausgaben sind täglich festzuhalten. Werden Kasseneinnahmen und Kassenausgaben ausnahmsweise erst am nächsten Geschäftstag aufgezeichnet, ist dies noch ordnungsgemäß, wenn zwingende geschäftliche Gründe einer Aufzeichnung noch am gleichen Tag entgegenstehen und aus den Aufzeichnungen und Unterlagen sicher entnommen werden kann, wie sich der sollmäßige Kassenbestand entwickelt hat (vgl. BFH-Urteil vom 31.7.1974, I R 216/72, BStBl II S. 96). Bei Kassen ohne Verkaufspersonal (sog. Vertrauenskassen, wie z. B. beim Gemüseverkauf am Feldrand, Fahrscheinautomaten sowie Waren- und Dienstleistungsautomaten) wird es nicht beanstandet, wenn diese nicht täglich, sondern erst bei Leerung ausgezählt werden. Kassenaufzeichnungen müssen so beschaffen sein, dass ein sachverständiger Dritter jederzeit in der Lage ist, den Sollbestand mit dem Istbestand der Geschäftskasse zu vergleichen (BFH-Urteil vom 20.9.1989, X R 39/87, BStBl 1990 II S. 109).

3.5 Die umsatzsteuerlichen Aufzeichnungs- und Aufbewahrungspflichten bleiben unberührt.

4. Verzögerungsgeld (§ 146 Abs. 2c AO)

Die Festsetzung eines Verzögerungsgelds nach § 146 Abs. 2c AO in Zusammenhang mit Mitwirkungsverstößen im Rahmen von Außenprüfungen ist nicht auf Fälle beschränkt, bei denen die elektronische Buchführung im Ausland geführt und/oder aufbewahrt wird. Eine mehrfache Festsetzung eines Verzögerungsgelds wegen fortdauernder Nichtvorlage derselben Unterlagen ist jedoch nicht zulässig (BFH-Beschlüsse vom 16.6.2011, IV B 120/10, BStBl II S. 855, und vom 28.6.2011, X B 37/11, BFH/NV S. 1833). Wird die Verpflichtung nach Festsetzung des Verzögerungsgelds erfüllt, so ist der Vollzug nicht einzustellen.

5. DV-gestützte Buchführung und Aufzeichnungen (§ 146 Abs. 5 AO)

§ 146 Abs. 5 AO enthält die gesetzliche Grundlage für die sog. „Offene-Posten-Buchhaltung" sowie für die Führung der Bücher und sonst erforderlichen Aufzeichnungen auf maschinell lesbaren Datenträgern (z. B. CD, DVD, Bluray-Disk, Flash-Speicher). Bei einer Buchführung auf maschinell lesbaren Datenträgern (DV-gestützte Buchführung) müssen die Daten innerhalb der gesetzlichen Aufbewahrungsfrist unverzüglich lesbar gemacht werden können. Es wird nicht verlangt, dass der Buchungsstoff zu einem bestimmten Zeitpunkt (z. B. zum Ende des Jahres) lesbar gemacht wird. Er muss ganz oder teilweise lesbar gemacht werden, wenn die Finanzbehörde es verlangt (§ 147 Abs. 5 AO). Dies gilt sinngemäß auch für sonst erforderliche Aufzeichnungen. Wer seine Bücher oder sonst erforderlichen Aufzeichnungen auf maschinell lesbaren Datenträgern führt, hat die Grundsätze zur ordnungsmäßigen Führung und Aufbewahrung von Büchern, Aufzeichnungen und Unterlagen in elektronischer Form sowie zum Datenzugriff - GoBD - (BMF-Schreiben vom 28.11.2019, BStBl I S. 1269[1]) zu beachten.

[1] Im Anhang 64 abgedruckt.

§ 146a Ordnungsvorschrift für die Buchführung und für Aufzeichnungen mittels elektronischer Aufzeichnungssysteme; Verordnungsermächtigung (S 0316-a)

(1) [1]Wer aufzeichnungspflichtige Geschäftsvorfälle oder andere Vorgänge mit Hilfe eines elektronischen Aufzeichnungssystems erfasst, hat ein elektronisches Aufzeichnungssystem zu verwenden, das jeden aufzeichnungspflichtigen Geschäftsvorfall und anderen Vorgang einzeln, vollständig, richtig, zeitgerecht und geordnet aufzeichnet. [2]Das elektronische Aufzeichnungssystem und die digitalen Aufzeichnungen nach Satz 1 sind durch eine zertifizierte technische Sicherheitseinrichtung zu schützen. [3]Diese zertifizierte technische Sicherheitseinrichtung muss aus einem Sicherheitsmodul, einem Speichermedium und einer einheitlichen digitalen Schnittstelle bestehen. [4]Die digitalen Aufzeichnungen sind auf dem Speichermedium zu sichern und für Nachschauen sowie Außenprüfungen durch elektronische Aufbewahrung verfügbar zu halten. [5]Es ist verboten, innerhalb des Geltungsbereichs dieses Gesetzes solche elektronischen Aufzeichnungssysteme, Software für elektronische Aufzeichnungssysteme und zertifizierte technische Sicherheitseinrichtungen, die den in den Sätzen 1 bis 3 beschriebenen Anforderungen nicht entsprechen, zur Verwendung im Sinne der Sätze 1 bis 3 gewerbsmäßig zu bewerben oder gewerbsmäßig in den Verkehr zu bringen.

(2) [1]Wer aufzeichnungspflichtige Geschäftsvorfälle im Sinne des Absatzes 1 Satz 1 erfasst, hat dem an diesem Geschäftsvorfall Beteiligten in unmittelbarem zeitlichem Zusammenhang mit dem Geschäftsvorfall unbeschadet anderer gesetzlicher Vorschriften einen Beleg über den Geschäftsvorfall auszustellen und dem an diesem Geschäftsvorfall Beteiligten zur Verfügung zu stellen (Belegausgabepflicht). [2]Bei Verkauf von Waren an eine Vielzahl von nicht bekannten Personen können die Finanzbehörden nach § 148 aus Zumutbarkeitsgründen nach pflichtgemäßem Ermessen von einer Belegausgabepflicht nach Satz 1 befreien. [3]Die Befreiung kann widerrufen werden.

(3) [1]Das Bundesministerium der Finanzen wird ermächtigt, durch Rechtsverordnung mit Zustimmung des Bundestages und des Bundesrates und im Einvernehmen mit dem Bundesministerium des Innern, für Bau und Heimat und dem Bundesministerium für Wirtschaft und Energie Folgendes zu bestimmen:

1. die elektronischen Aufzeichnungssysteme, die über eine zertifizierte technische Sicherheitseinrichtung verfügen müssen, und
2. die Anforderungen an
   a) das Sicherheitsmodul,
   b) das Speichermedium,
   c) die einheitliche digitale Schnittstelle,
   d) die elektronische Aufbewahrung der Aufzeichnungen,
   e) die Protokollierung von digitalen Grundaufzeichnungen zur Sicherstellung der Integrität und Authentizität sowie der Vollständigkeit der elektronischen Aufzeichnung,

f) den Beleg und

g) die Zertifizierung der technischen Sicherheitseinrichtung.

[2]Die Erfüllung der Anforderungen nach Satz 1 Nummer 2 Buchstabe a bis c ist durch eine Zertifizierung des Bundesamts für Sicherheit in der Informationstechnik nachzuweisen, die fortlaufend aufrechtzuerhalten ist. [3]Das Bundesamt für Sicherheit in der Informationstechnik kann mit der Festlegung von Anforderungen an die technische Sicherheitseinrichtung im Sinne des Satzes 1 Nummer 2 Buchstabe a bis c beauftragt werden. [4]Die Rechtsverordnung nach Satz 1 ist dem Bundestag zuzuleiten. [5]Die Zuleitung erfolgt vor der Zuleitung an den Bundesrat. [6]Der Bundestag kann der Rechtsverordnung durch Beschluss zustimmen oder sie durch Beschluss ablehnen. [7]Der Beschluss des Bundestages wird dem Bundesministerium der Finanzen zugeleitet. [8]Hat sich der Bundestag nach Ablauf von drei Sitzungswochen seit Eingang der Rechtsverordnung nicht mit ihr befasst, so gilt die Zustimmung nach Satz 1 als erteilt und die Rechtsverordnung wird dem Bundesrat zugeleitet.

(4) [1]Wer aufzeichnungspflichtige Geschäftsvorfälle oder andere Vorgänge mit Hilfe eines elektronischen Aufzeichnungssystems im Sinne des Absatzes 1 erfasst, hat dem nach den §§ 18 bis 20 zuständigen Finanzamt nach amtlich vorgeschriebenen Vordruck mitzuteilen:

1. Name des Steuerpflichtigen,
2. Steuernummer des Steuerpflichtigen,
3. Art der zertifizierten technischen Sicherheitseinrichtung,
4. Art des verwendeten elektronischen Aufzeichnungssystems,
5. Anzahl der verwendeten elektronischen Aufzeichnungssysteme,
6. Seriennummer des verwendeten elektronischen Aufzeichnungssystems,
7. Datum der Anschaffung des verwendeten elektronischen Aufzeichnungssystems,
8. Datum der Außerbetriebnahme des verwendeten elektronischen Aufzeichnungssystems.

[2]Die Mitteilung nach Satz 1 ist innerhalb eines Monats nach Anschaffung oder Außerbetriebnahme des elektronischen Aufzeichnungssystems zu erstatten.

Verordnung zur Bestimmung der technischen Anforderungen an elektronische Aufzeichnungs- und Sicherungssysteme im Geschäftsverkehr (Kassensicherungsverordnung – KassenSichV)
vom 26. September 2017 (BGBl. I S. 3515), zuletzt geändert durch Artikel 2 des Gesetzes vom 30.7.2021 (BGBl. I S. 3295)

§ 1 Elektronische Aufzeichnungssysteme

Elektronische Aufzeichnungssysteme im Sinne des § 146a Absatz 1 Satz 1 der Abgabenordnung sind elektronische oder computergestützte Kassensysteme oder Registrierkassen. Nicht als elektronische Aufzeichnungssysteme gelten

1. Fahrscheinautomaten und Fahrscheindrucker,
2. Kassen- und Parkscheinautomaten der Parkraumbewirtschaftung sowie Ladepunkte für Elektro- oder Hybridfahrzeuge,
3. elektronische Buchhaltungsprogramme,
4. Waren- und Dienstleistungsautomaten,
5. Taxameter und Wegstreckenzähler,
6. Geldautomaten sowie
7. Geld- und Warenspielgeräte.

§ 2 Protokollierung von digitalen Grundaufzeichnungen

Für jede Aufzeichnung eines Geschäftsvorfalls oder anderen Vorgangs im Sinne des § 146a Absatz 1 Satz 1 der Abgabenordnung muss von einem elektronischen Aufzeichnungssystem unmittelbar eine neue Transaktion gestartet werden. Die Transaktion hat zu enthalten:

1. den Zeitpunkt des Vorgangbeginns,
2. eine eindeutige und fortlaufende Transaktionsnummer,
3. die Art des Vorgangs,
4. die Daten des Vorgangs,
5. die Zahlungsart,
6. den Zeitpunkt der Vorgangsbeendigung oder des Vorgangsabbruchs,
7. einen Prüfwert sowie
8. die Seriennummer des elektronischen Aufzeichnungssystems oder die Seriennummer des Sicherheitsmoduls.

Die Zeitpunkte nach Satz 2 Nummer 1 und 6, die Transaktionsnummer nach Satz 2 Nummer 2 und der Prüfwert nach Satz 2 Nummer 7 werden manipulationssicher durch das Sicherheitsmodul festgelegt. Die Transaktionsnummer muss so zu beschaffen sein, dass Lücken in Transaktionsaufzeichnungen erkennbar sind.

§ 3 Speicherung der Grundaufzeichnungen

(1) Die Speicherung der laufenden Geschäftsvorfälle oder anderen Vorgänge im Sinne des § 146a Absatz 1 Satz 1 der Abgabenordnung muss vollständig, unverändert und manipulationssicher auf einem nichtflüchtigen Speichermedium erfolgen.

(2) Die gespeicherten Geschäftsvorfälle oder anderen Vorgänge im Sinne des § 146a Absatz 1 Satz 1 der Abgabenordnung müssen als Transaktionen so verkettet werden, dass Lücken in den Aufzeichnungen erkennbar sind.

(3) Werden die gespeicherten digitalen Grundaufzeichnungen ganz oder teilweise von einem elektronischen Aufzeichnungssystem in ein externes elektronisches Aufbewahrungssystem übertragen, so muss sichergestellt werden, dass die Verkettung aller Transaktionen nach Absatz 2 und die Anforderungen an die einheitliche digitale Schnittstelle nach § 4 erhalten bleiben.

(4) Eine Verdichtung von Grundaufzeichnungen in einem elektronischen Aufbewahrungssystem ist für die Dauer der Aufbewahrung nach § 147 Absatz 3 der Abgabenordnung unzulässig, wenn dadurch deren Lesbarkeit nicht mehr gewährleistet ist.

§ 4 Einheitliche digitale Schnittstelle

Die einheitliche digitale Schnittstelle ist eine Datensatzbeschreibung für den standardisierten Datenexport aus dem Speichermedium nach § 3 Absatz 1, der Anbindung an das elektronische Aufzeichnungssystem und dem elektronischen Aufbewahrungssystem zur Übergabe an den mit der Kassen-Nachschau oder Außenprüfung betrauten Amtsträger der Finanzbehörde. Sie stellt eine einheitliche Strukturierung und Bezeichnung der nach § 146a Absatz 1 der Abgabenordnung aufzuzeichnenden Daten in Datenschema und Datenfelderbeschreibung für die Protokollierung nach § 2 und die Speicherung nach § 3 sicher. Dies gilt unabhängig vom Programm des Herstellers. Die einheitliche digitale Schnittstelle für den standardisierten Export aus dem Speichermedium nach § 3 Absatz 1 und die einheitliche digitale Schnittstelle für den standardisierten Export aus dem elektronischen Aufzeichnungssystem können getrennt voneinander erstellt und veröffentlicht werden.

§ 5 Anforderungen an die technische Sicherheitseinrichtung

Das Bundesamt für Sicherheit in der Informationstechnik legt im Benehmen mit dem Bundesministerium der Finanzen in Technischen Richtlinien und Schutzprofilen die technischen Anforderungen fest an

1. die digitale Schnittstelle, soweit diese den standardisierten Export aus dem Speichermedium und die Anbindung der zertifizierten technischen Sicherheitseinrichtung an das elektronische Aufzeichnungssystem betreffen,
2. das Sicherheitsmodul und
3. das Speichermedium.

Die jeweils aktuellen Versionen werden im Bundessteuerblatt Teil I und auf der Internetseite des Bundesamts für Sicherheit in der Informationstechnik veröffentlicht.

§ 6 Anforderungen an den Beleg

Ein Beleg muss mindestens enthalten:

1. den vollständigen Namen und die vollständige Anschrift des leistenden Unternehmers,
2. das Datum der Belegausstellung und den Zeitpunkt des Vorgangbeginns im Sinne des § 2 Satz 2 Nummer 1 sowie den Zeitpunkt der Vorgangsbeendigung im Sinne des § 2 Satz 2 Nummer 6,
3. die Menge und die Art der gelieferten Gegenstände oder den Umfang und die Art der sonstigen Leistung,
4. die Transaktionsnummer im Sinne des § 2 Satz 2 Nummer 2,
5. das Entgelt und den darauf entfallenden Steuerbetrag für die Lieferung oder sonstige Leistung in einer Summe sowie den anzuwendenden Steuersatz oder im Fall einer Steuerbefreiung einen Hinweis darauf, dass für die Lieferung oder sonstige Leistung eine Steuerbefreiung gilt und
6. die Seriennummer des elektronischen Aufzeichnungssystems oder die Seriennummer des Sicherheitsmoduls.

Die Angaben nach Satz 1 müssen

1. für jedermann ohne maschinelle Unterstützung lesbar oder
2. aus einem QR-Code auslesbar sein.

Der QR-Code nach Satz 2 Nummer 2 hat der digitalen Schnittstelle der Finanzverwaltung (DSFinV), die für die jeweils zugehörige Art des Aufzeichnungssystems vorgeschrieben ist, zu entsprechen. Die digitale Schnittstelle wird auf der Internetseite des Bundeszentralamtes für Steuern in der jeweils geltenden Fassung veröffentlicht. Ein Beleg kann in Papierform oder mit Zustimmung des Belegempfängers elektronisch in einem standardisierten Datenformat ausgegeben werden.

§ 7 Zertifizierung

(1) Für die Zertifizierung technischer Sicherheitseinrichtungen gelten § 9 des BSI-Gesetzes sowie die BSI-Zertifizierungs- und -Anerkennungsverordnung vom 17. Dezember 2014 (BGBl. I S. 2231) in der jeweils geltenden Fassung. Die Prüfung und Bewertung kann auch durch vom Bundesamt für Sicherheit in der Informationstechnik anerkannte sachverständige Stellen erfolgen, die zugleich gemäß der Verordnung (EG) Nr. 765/2008 des Europäischen Parlaments und des Rates vom 9. Juli 2008 über die Vorschriften für die Akkreditierung und Marktüberwachung im Zusammenhang mit der Vermarktung von Produkten und zur Aufhebung der Verordnung (EWG) Nr. 339/93 des Rates (ABl. L 218 vom 13.8.2008, S. 30) in der jeweils geltenden Fassung akkreditiert sind.

(2) Die Kosten einer Zertifizierung trägt der Antragsteller. Die Besondere Gebührenverordnung BMI vom 2. September 2019 (BGBl. I S. 1359) in der jeweils geltenden Fassung ist anzuwenden.

§ 8 Inkrafttreten

Diese Verordnung tritt am Tag nach der Verkündung in Kraft.[1]

[1] Verkündung erfolgte am 6.10.2017

AEAO zu § 146a - Ordnungsvorschriften für die Buchführung und für Aufzeichnungen mittels elektronischer Aufzeichnungssysteme; Verordnungsermächtigung

Inhaltsübersicht

1. Allgemeines und Begriffsdefinition

1.1 Elektronische Aufzeichnungssysteme

Zur Definition elektronischer Aufzeichnungssysteme vgl. AEAO zu § 146 Nr. 2.1.4.

1.2 Elektronische oder computergestützte Kassensysteme oder Registrierkassen

Die in § 1 Satz 1 KassenSichV genannten „elektronischen oder computergestützten Kassensysteme oder Registrierkassen" sind für den Verkauf von Waren oder die Erbringung von Dienstleistungen und deren Abrechnung spezialisierte elektronische Aufzeichnungssysteme, die „Kassenfunktion" haben.

Kassenfunktion haben elektronische Aufzeichnungssysteme dann, wenn diese der Erfassung und Abwicklung von zumindest teilweise baren Zahlungsvorgängen dienen können. Dies gilt auch für vergleichbare elektronische, vor Ort genutzte Zahlungsformen (elektronisches Geld wie z. B. Geldkarte, virtuelle Konten oder Bonuspunktesysteme von Drittanbietern) sowie an Geldes statt vor Ort angenommener Gutscheine, Guthabenkarten, Bons und dergleichen. Eine Aufbewahrungsmöglichkeit des verwalteten Bargeldbestandes (z. B. Kassenlade) ist nicht erforderlich.

Sofern ein elektronisches Aufzeichnungssystem mit Kassenfunktion die Erfordernisse der „Mindestanforderungen an das Risikomanagement – MaRisk" und der „Bankaufsichtlichen Anforderungen an die IT" (BAIT) der Bundesanstalt für Finanzdienstleistungsaufsicht in der jeweils geltenden Fassung erfüllt und von einem Kreditinstitut i. S. d. § 1 Absatz 1 KWG betrieben wird, unterliegt dieses nicht den Anforderungen des § 146a AO.

1.3 Schutz durch eine zertifizierte technische Sicherheitseinrichtung (§ 146a Abs. 1 Satz 2 AO)

Grundsätzlich ist jedes eingesetzte elektronische Aufzeichnungssystem i. S. d. § 146a AO i. V. m. § 1 Satz 1 KassenSichV sowie die damit zur führenden digitalen Aufzeichnungen durch eine zertifizierte technische Sicherheitseinrichtung zu schützen. Werden mehrere einzelne elektronische Aufzeichnungssysteme (z. B. Verbundwaagen, Bestellsysteme ohne Abrechnungsteil, App-Systeme) mit einem Kassensystem im Sinne von § 146a AO i. V. m. § 1 Satz 1 KassenSichV verbunden, dann wird es nicht beanstandet, wenn die damit zu führenden digitalen Aufzeichnungen mit einer zertifizierten technischen Sicherheitseinrichtung geschützt werden, die alle im Verbund befindlichen elektronischen Aufzeichnungssysteme gemeinsam nutzen.

Ein elektronisches Aufzeichnungssystem oder eine Gruppe elektronischer Aufzeichnungssysteme muss bei störungsfreier Verwendung genau einer zertifizierten technischen Sicherheitseinrichtung zugeordnet sein.

1.4 Schutzziele

Die Regelungen des § 146a AO sollen für digitale Grundaufzeichnungen, die mittels elektronischem Aufzeichnungssystem i. S. d. § 146a AO i. V. m. § 1 Satz 1 KassenSichV geführt werden, Folgendes sicherstellen:

- deren Integrität,
- deren Authentizität
- und deren Vollständigkeit.

1.5 Zertifizierte technische Sicherheitseinrichtung

Die Architektur der zertifizierten technischen Sicherheitseinrichtung wird durch § 146a AO i. V. m. der KassenSichV, die Architektur der einzelnen Bestandteile wird durch die Technischen Richtlinien des Bundesamtes für Sicherheit in der Informationstechnik (BSI) festgelegt (insbesondere BSI TR-03153 „Technische Sicherheitseinrichtung für elektronische Aufzeichnungssysteme, Version 1.0.1“, BMF-Schreiben vom 28.2.2019, BStBl I S. 206, BSI TR-03151 „Secure Element API (SE API), Version 1.0.1“, BMF-Schreiben vom 28.2.2019, BStBl I S. 206, und BSI TR-03116 „Kryptographische Vorgaben für Projekte der Bundesregierung Teil 5 - Anwendungen der Secure Element API, Stand 2020“, BMF-Schreiben vom 31.1.2020, BStBl I S. 207). Alle nachfolgenden Ausführungen dienen dem Verständnis der Funktionsweise.

1.6 Vorgang

Der Begriff des Vorgangs i. S. d. KassenSichV ist nachfolgend als ein zusammengehörender Aufzeichnungsprozess zu verstehen, der bei Nutzung oder Konfiguration eines elektronischen Aufzeichnungssystems eine Protokollierung durch die zertifizierte technische Sicherheitseinrichtung auslösen muss (vgl. § 2 KassenSichV). Ein Vorgang kann einen oder mehrere Geschäftsvorfälle sowie andere Vorgänge umfassen (vgl. AEAO zu § 146a, Nr. 1.8 und Nr. 1.9). Aus Gründen der besseren Lesbarkeit wird der Begriff „Vorgang“ im Folgenden als Oberbegriff für Geschäftsvorfälle und andere abzusichernde Vorgänge genutzt.

1.7 Transaktion

Im Rahmen der Protokollierung eines Vorgangs (vgl. AEAO zu § 146a, Nr. 3.3) muss nach § 2 KassenSichV innerhalb der zertifizierten technischen Sicherheitseinrichtung mindestens eine Transaktion erzeugt werden. Während der Begriff „Vorgang“ sich auf die Abläufe im Aufzeichnungssystem bezieht, beschreibt der Begriff „Transaktion“ die innerhalb der zertifizierten technischen Sicherheitseinrichtung erfolgenden Absicherungsschritte (mindestens bei Vorgangsbeginn und -ende) zum Vorgang im jeweiligen Aufzeichnungssystem.

1.8 Geschäftsvorfälle

1.8.1 Geschäftsvorfälle sind alle rechtlichen und wirtschaftlichen Vorgänge, die innerhalb eines bestimmten Zeitabschnitts den Gewinn bzw. Verlust oder die Vermögenszusammensetzung in einem Unternehmen dokumentieren oder beeinflussen bzw. verändern (z. B. zu einer Veränderung des Anlage- und Umlaufvermögens sowie des Eigen- und Fremdkapitals führen; vgl. auch Rz. 16 des BMF-Schreibens vom 28.11.2019, BStBl I S. 1269[1]).

1.8.2 Beispiele für Geschäftsvorfälle, die bei elektronischen Aufzeichnungssystemen i. S. d. AEAO zu § 146a, Nr. 1.2 vorkommen können: Eingangs-/Ausgangs-Umsatz, nachträgliche Stornierung eines Umsatzes, Trinkgeld (Unternehmer, Arbeitnehmer), Gutschein (Ausgabe, Einlösung), Privatentnahme, Privateinlage, Wechselgeld-Einlage, Lohnzahlung aus der Kasse, Geldtransit.

1.9 Andere Vorgänge

1.9.1 Unter anderen Vorgängen sind Aufzeichnungsprozesse zu verstehen, die nicht durch einen Geschäftsvorfall, sondern durch andere Ereignisse im Rahmen der Nutzung des elektronischen Aufzeichnungssystems ausgelöst werden und zur nachprüfbaren Dokumentation der zutreffenden und vollständigen Erfassung der Geschäftsvorfälle notwendig sind. Hierunter fallen beispielsweise Trainingsbuchungen, Sofort-Stornierung eines unmittelbar zuvor erfassten Vorgangs, Belegabbrüche, erstellte Angebote, nicht abgeschlossene Geschäftsvorfälle (z. B. Bestellungen).

1.9.2 Nicht alle in einer Kasse verwalteten Vorgänge sind für die Erreichung der Schutzziele erforderlich. Für die Erreichung der Schutzziele nicht erforderliche Vorgänge müssen nicht abgesichert werden (z. B. Bildschirmeinstellung heller/dunkler; Überwachung der Prozessor-Temperatur etc.).

1.9.3 Abzusichernde Funktionsaufrufe (Systemfunktionen) und Ereignisse innerhalb der technischen Sicherheitseinrichtung (Audit-Daten) werden in der BSI TR-03153 definiert.

2. Sachlicher und zeitlicher Anwendungsbereich

Alle elektronischen Aufzeichnungssysteme müssen - wie bisher - den allgemeinen Ordnungsmäßigkeitsgrundsätzen entsprechen (vgl. BMF-Schreiben vom 28.11.2019, BStBl I S. 1269[1]).

2.1 Sachlicher Anwendungsbereich

Der sachliche Anwendungsbereich der Pflicht zum Einsatz einer zertifizierten technischen Sicherheitseinrichtung wird durch § 146a Abs. 1 Satz 2 AO i. V. m. § 1 KassenSichV begrenzt (§ 146a Abs. 3 Nr. 1 AO). Unabhängig davon unterliegen jedoch alle elektronischen Aufzeichnungssysteme der Einzelaufzeichnungspflicht nach § 146a Abs. 1 Satz 1 AO. Die in § 1 Satz 1 KassenSichV genannten elektronischen Aufzeichnungssysteme müssen neben den allgemeinen Ordnungsmäßigkeitsgrundsätzen die besonderen Vorschriften des § 146a AO beachten. § 1 Satz 2 KassenSichV grenzt

---

[1] Im Anhang 64 abgedruckt

elektronische Aufzeichnungssysteme ab, die ausdrücklich nicht in den Anwendungsbereich des § 146a AO fallen.

2.2 Zeitlicher Anwendungsbereich

2.2.1 In Art. 97 § 30 EGAO werden die Anwendungszeitpunkte der Regelungen des § 146a AO bestimmt. § 146a AO gilt erstmals für Kalenderjahre, die nach dem 31.12.2019 beginnen.

2.2.2 Nach dem 25.11.2010 und vor dem 1.1.2020 angeschaffte Registrierkassen, welche die Anforderungen des BMF-Schreibens vom 26.11.2010, BStBl I S. 1342 erfüllen, aber bauartbedingt nicht aufrüstbar sind, so dass sie die Anforderungen des § 146a AO nicht erfüllen, dürfen längstens bis zum 31.12.2022 weiterhin verwendet werden (Art. 97 § 30 Abs. 3 EGAO). Die Nachweise des Vorliegens dieser Voraussetzungen sind für die jeweils eingesetzte Registrierkasse der Systemdokumentation beizufügen (z. B. durch eine Bestätigung des Kassenherstellers). Von der Ausnahmeregelung des Art. 97 § 30 Abs. 3 EGAO sind PC-Kassensysteme nicht umfasst.

2.2.3 Registrierkassen, für die die Übergangsregelung des Art. 97 § 30 Abs. 3 EGAO gilt, unterliegen im Übergangszeitraum nicht der Mitteilungsverpflichtung nach § 146a Abs. 4 AO.

3. Die zertifizierte technische Sicherheitseinrichtung

3.1 Anforderungen an die zertifizierte technische Sicherheitseinrichtung

3.1.1 Die Anforderungen an die zertifizierte technische Sicherheitseinrichtung werden nach § 146a Abs. 3 Satz 3 AO i. V. m. § 5 Satz 1 KassenSichV durch das BSI festgelegt.

3.1.2 Vorgaben hierzu sind insbesondere in folgenden Technischen Richtlinien erfasst (vgl. auch BMF-Schreiben vom 28.2.2019, BStBl I S. 206 und BMF-Schreiben vom 17.8.2021, BStBl I S. 1041):

- BSI TR-03153 Technische Sicherheitseinrichtung für elektronische Aufzeichnungssysteme, Version 1.0.1,
- BSI TR-03151 Secure Element API (SE API), Version 1.0.1,
- BSI TR-03116 Kryptographische Vorgaben für Projekte der Bundesregierung Teil 5 Anwendungen der Secure Element API, Stand 2021.

3.2 Komponenten der zertifizierten technischen Sicherheitseinrichtung

3.2.1 Das BSI hat in den Technischen Richtlinien Mindestanforderungen an eine zertifizierte technische Sicherheitseinrichtung festgelegt. Dabei wurde - soweit möglich - auf technische Vorgaben verzichtet. Insbesondere muss eine zertifizierte technische Sicherheitseinrichtung nicht notwendigerweise in einer physikalischen Einheit verbaut sein.

3.2.2 Mindestvorgaben werden in den Technischen Richtlinien lediglich zu den einzelnen Komponenten einer zertifizierten technischen Sicherheitseinrichtung (Sicherheitsmodul, Speichermedium und einheitliche digitale Schnittstelle) geregelt.

3.2.3 Das Sicherheitsmodul muss nach § 146a Abs. 1 AO i. V. m. § 2 KassenSichV die sichere Protokollierung von Vorgängen (vgl. AEAO zu § 146a, Nr. 1.6) gewährleisten. Durch die Technische Richtlinie BSI TR-03153 wird die Architektur des Sicherheitsmoduls vorgegeben (vgl. AEAO zu § 146a, Nr. 3.1.2).

3.2.4 Nach § 2 Satz 1 KassenSichV wird festgelegt, dass jeder Vorgang mindestens eine Transaktion in der zertifizierten technischen Sicherheitseinrichtung mit mehreren Protokollierungsschritten auslöst.

Das Sicherheitsmodul erzeugt folgende Daten (Protokolldaten):

- Zeitpunkt des Vorgangsbeginns sowie Zeitpunkt der Vorgangsbeendigung (auch bei Vorgangsabbruch),
- eindeutige und fortlaufende Transaktionsnummer,
- Prüfwert (vgl. Ziffer 3.3.4 der BSI-TR 03153),
- Seriennummer der technischen Sicherheitseinrichtung,
- Signaturzähler.

Es kann optionale Protokolldaten hinzufügen. Bei der Beschreibung des Ablaufs der Protokollierung (vgl. AEAO zu § 146a, Nr. 3.5) wird auf die Anwendungsdaten und auf die Protokolldaten im Einzelnen näher eingegangen.

3.2.5 Die Zeitpunkte für Vorgangsbeginn und –ende (vgl. AEAO zu § 146a, Nr. 3.6.3) müssen von dem Sicherheitsmodul bereitgestellt werden. Möglich sind eine interne Zeitquelle, eine externe Zeitquelle (Signed NTP) oder eine Mischform. Für die Zeitquelle ist lediglich entscheidend, dass die Zeitführung im Sicherheitsmodul erfolgen muss und die Transaktionszeit streng monoton wachsend ist. Hierfür ist z. B. auch ausreichend, wenn die zertifizierte technische Sicherheitseinrichtung bei Start des elektronischen Aufzeichnungssystems die interne Zeitquelle mit einer externen Zeitquelle abgleicht und danach nur noch die interne Zeitquelle verwendet.

3.2.6 Das Speichermedium der zertifizierten technischen Sicherheitseinrichtung muss den Anforderungen des Kapitels 6 der Technischen Richtlinie BSI TR-03153 entsprechen. Insbesondere müssen die sichere Speicherung der abgesicherten Anwendungsdaten (Log-Nachrichten) sowie deren Export ermöglicht werden. Darüber hinaus werden spezielle Anforderungen an die Zuverlässigkeit des Speichermediums formuliert.

3.2.7 Nicht erforderlich ist eine physikalische Identität von Sicherheitsmodul und Speichermedium. Das Speichermedium kann z. B. sowohl in Form eines herkömmlichen Datenträgers (Speicherkarte o. ä.) als auch mit einer Cloud-Speicherung erfüllt werden. § 146 Abs. 2a und 2b AO bleibt unberührt.

3.2.8 Das BSI hat in Kapitel 4 der Technischen Richtlinie BSI TR-03153 zwei Bestandteile der einheitlichen digitalen Schnittstelle der zertifizierten technischen Sicherheitseinrichtung definiert:

- Einbindungsschnittstelle
- Exportschnittstelle der zertifizierten technischen Sicherheitseinrichtung

3.2.9 Die Einbindungsschnittstelle nach Kapitel 5.2 der Technischen Richtlinie BSI TR-03153 dient der Integration der zertifizierten technischen Sicherheitseinrichtung in das elektronische Aufzeichnungssystem (z. B. der Kommunikation des Sicherheitsmoduls mit dem elektronischen Aufzeichnungssystem). Die Mindest-Funktionalitäten sind abschließend aufgeführt.

3.2.10 Die Exportschnittstelle muss eine Exportfunktion bieten, die Ausgabedateien in definierter Form erzeugt (Kapitel 5 der Technischen Richtlinie BSI TR-03151).

Darin enthalten sind die abgesicherten Anwendungsdaten (Log-Nachrichten) in einem vorgeschriebenen Format sowie die zur Verifikation der Prüfwerte notwendigen Zertifikate.

3.3 Protokollierung von Vorgängen durch die zertifizierte technische Sicherheitseinrichtung

Als Protokollierung einer Transaktion nach § 2 KassenSichV wird der Prozess bezeichnet, mit dem die zertifizierte technische Sicherheitseinrichtung die Anwendungs- und Protokolldaten eines Vorgangs gegen nachträgliche, unerkannte Veränderungen schützt sowie Existenz und Herkunft der Aufzeichnung zu einem bestimmten Zeitpunkt bestätigt.

3.4 Anwendungs- und Protokolldaten

3.4.1 In den Prozess der Protokollierung fließen Anwendungsdaten aus dem elektronischen Aufzeichnungssystem zusätzlich zu den bereits von der zertifizierten technischen Sicherheitseinrichtung gelieferten Protokolldaten ein (vgl. AEAO zu § 146a, Nr. 3.2.4).

3.4.2 Im Einzelnen bestehen die abgesicherten Anwendungsdaten aus folgenden Informationen:

- Anwendungsdaten (Seriennummer des elektronischen Aufzeichnungssystems, Art des Vorgangs, Daten des Vorgangs),
- Protokolldaten (Seriennummer der zertifizierten technischen Sicherheitseinrichtung, Zeitpunkt der Absicherung, eindeutige und fortlaufende Transaktionsnummer, Signaturzähler, Optionale Protokolldaten),
- Prüfwert.

3.5 Ablauf der Protokollierung

Die Protokollierung (vgl. § 2 KassenSichV) erfolgt in drei Schritten:

1. Beginn der Protokollierung:

Das Aufzeichnungssystem muss unmittelbar mit Beginn eines aufzuzeichnenden Vorgangs die Protokollierung des Vorgangs in der Technischen Sicherheitseinrichtung starten. (vgl. Kapitel 3.3.1 der Technischen Richtlinie BSI TR-03153). Dabei erfolgen u. a. zwingend die Vergabe einer eindeutigen und fortlaufenden Transaktionsnummer, die Erhöhung des Signaturzählers sowie die Erzeugung eines Prüfwertes durch die zertifizierte technische Sicherheitseinrichtung.

2. Aktualisierung der Protokollierung:

Spätestens 45 Sekunden nach einer Änderung der Daten des Vorgangs ist die Aktualisierung der Transaktion durch die zertifizierte technische Sicherheitseinrichtung erforderlich (vgl. Kapitel 3.3.2 der Technischen Richtlinie BSI TR-03153 i. V. m. BSI TR-03116). Die Erzeugung eines Prüfwertes durch die zertifizierte technische Sicherheitseinrichtung ist optional. Die Transaktionsnummer bleibt erhalten und der Signaturzähler wird bei jeder Aktualisierung mit Prüfwertberechnung um den Wert 1 erhöht.

3. Beendigung der Protokollierung:

Bei Beendigung des Vorgangs ist die Transaktion innerhalb der zertifizierten technischen Sicherheitseinrichtung zu beenden (vgl. Kapitel 3.3.3 der Technischen Richtlinie BSI TR-03153). Dabei erfolgt zwingend die Erzeugung eines Prüfwertes durch die zertifizierte technische Sicherheitseinrichtung. Die Transaktionsnummer bleibt erhalten und der Signaturzähler wird um den Wert 1 erhöht. Erst bei diesem Protokollierungsschritt wird der Zeitpunkt der Beendigung des Vorgangs in die Protokolldaten aufgenommen.

Anschließend werden die zum Ausdruck eines Beleges i. S. d. § 6 KassenSichV erforderlichen Protokolldaten dem elektronischen Aufzeichnungssystem übermittelt (vgl. AEAO § 146a, Nr. 5).

3.6 Begriffsdefinitionen zur Protokollierung

3.6.1 Seriennummer des elektronischen Aufzeichnungssystems

Die Seriennummer eines elektronischen Aufzeichnungssystems muss von dessen Hersteller eindeutig vergeben werden. Die Seriennummer ist eine Zeichenfolge, die zur eindeutigen Identifizierung eines Exemplars aus einer Serie dient. Zusammen mit der Information über den Hersteller wird das jeweilige elektronische Aufzeichnungssystem hierdurch eindeutig repräsentiert (vgl. Kapitel 7.3 der Technischen Richtlinie BSI TR-03153). Zur Mitteilung nach § 146a Abs. 4 AO vgl. AEAO zu § 146a, Nr. 9.2.5.

3.6.2 Seriennummer der zertifizierten technischen Sicherheitseinrichtung

Als Seriennummer der zertifizierten technischen Sicherheitseinrichtung muss der Hashwert des im Zertifikat enthaltenen öffentlichen Schlüssels für die Verifikation der Prüfwerte verwendet werden. Die zu verwendende Hashfunktion wird von der Technischen Richtlinie BSI TR-03116 festgelegt (vgl. Kapitel 7.3 der Technischen Richtlinie BSI TR-03153). Zur Mitteilung nach § 146a Abs. 4 AO vgl. Nr. 9.2.5.

3.6.3 Zeitpunkt des Vorgangsbeginns bzw. der Vorgangsbeendigung

Grundsätzlich ist jeweils der Zeitpunkt entscheidend, zu dem das elektronische Aufzeichnungssystem einen Vorgang startet oder beendet. Vor einer Belegausgabe oder zum Zeitpunkt eines Kassenabschlusses ist der Vorgang zwingend zu beenden. Dienen z. B. miteinander verknüpfte Waagen (sog. Verbundwaagen) während eines Vorgangs lediglich der Erfassung von (Zwischen-)Wiegeergebnissen, wird es aufgrund der eichrechtlichen Besonderheiten nicht beanstandet, wenn als Beginn des Vorgangs der Beginn des Bezahlvorgangs an dem jeweiligen elektronischen Aufzeichnungssystem mit Kassenfunktion abgesichert wird.

3.6.4 Optionale Protokolldaten

Dieses Datenfeld wurde geschaffen, um künftige Änderungen (z. B. aufgrund technischer Entwicklung) in der zertifizierten technischen Sicherheitseinrichtung abbilden zu können.

3.6.5 Art des Vorgangs

Die Technischen Richtlinien wurden bzgl. der fachlichen Inhalte der abzusichernden Daten bewusst allgemein gehalten. Eine Absicherung kann für verschiedenste Arten von Daten erfolgen. Über die Art des Vorgangs kann eine Unterscheidung der Struktur der abzusichernden Inhalte gewährleisten werden.

3.6.6 Daten des Vorgangs

Der Inhalt der Daten des Vorgangs kann je nach Art des Vorgangs unterschiedlich definiert werden. (vgl. AEAO zu § 146a, Nr. 4.2 hinsichtlich der „Digitalen Schnittstelle der Finanzverwaltung für Kassensysteme" – DSFinV-K)

3.6.6.1 Art des Vorgangs „Kassenbeleg"

Für alle abgeschlossenen Vorgänge, die zu einer Belegausgabe nach § 146a Abs. 2 AO führen müssen, ist die Art des Vorgangs „Kassenbeleg" zu nutzen. Dies gilt auch für abgeschlossene Vorgänge, die Geschäftsvorfälle abbilden, an denen nur der Unternehmer selbst beteiligt ist (z. B. Eigenbelege über Ein- oder Auszahlungen).

In den Daten des Vorgangs sind folgende Daten abzubilden:

- Vorgangstyp (Feld BON_TYP in der DSFinV-K),
- Bruttoumsatz je Steuersatz (Felder BRUTTO/UST_SATZ in der DSFinV-K),
- Zahlbetrag je Zahlart (Felder ZAHLART_BETRAG/ZAHLART_TYP in DSFinV-K).

Über diese Daten werden der Gesamtumsatz abgesichert und eine Kassensturzfähigkeit mit den Daten der zertifizierten technischen Sicherheitseinrichtung gewährleistet. Hierfür entfallen die nach 45 Sekunden anfallenden Updates der abzusichernden Daten innerhalb der zertifizierten technischen Sicherheitseinrichtung.

Nähere Erläuterungen zur technischen Abbildung der Daten sind in der DSFinV-K definiert.

3.6.6.2 Art des Vorgangs „Bestellung“

Lang anhaltende Bestellvorgänge (z. B. in der Gastronomie) werden als eigenständige Vorgänge realisiert. Deshalb sind diese über die Art des Vorgangs „Bestellung“ abzubilden. In den Daten des Vorgangs sind folgende Daten abzubilden:

- Menge (Feld MENGE in der DSFinV-K),
- Bezeichnung der Ware bzw. der Leistung (Feld ARTIKELTEXT in der DSFinV-K),
- Preis pro Einheit (Feld BRUTTO in der DSFinV-K).

Die Art des Vorgangs „Bestellung“ ist auch zu nutzen, wenn innerhalb des Aufzeichnungssystems Bestellungen bis hin zur Rechnung / Zahlung in einem Vorgang abgebildet werden. Der Grundsatz, dass jeder Vorgang im Aufzeichnungssystem einer Transaktion in der zertifizierten technischen Sicherheitseinrichtung entsprechen muss, findet in diesem Fall eine Ausnahme. Die Erstellung der Rechnung bzw. der Bezahlvorgang sind über die Art des Vorgangs „Kassenbeleg“ abzusichern.

Nähere Erläuterungen zur technischen Abbildung der Daten sind in der DSFinV-K definiert.

3.6.6.3 Art des Vorgangs „SonstigerVorgang“

Die zertifizierte technische Sicherheitseinrichtung kann zur Absicherung jeglicher Daten genutzt werden. Wenn ein Aufzeichnungssystem z. B. Kassenladenöffnungen ohne vorherige Bedienungen (oder Bedieneranmeldungen usw.) abbilden und absichern soll, kann als Art des Vorgangs „SonstigerVorgang“ genutzt werden. Diese Art des Vorgangs kommt in Betracht, wenn es sich weder um einen belegartigen Vorgang noch um Funktionsaufrufe (Systemfunktionen) und Ereignisse (Audit-Daten) der zertifizierten technischen Sicherheitseinrichtung handelt.

Bei „SonstigerVorgang“ werden keine fachlichen Vorgaben zum Inhalt der Daten des Vorgangs definiert.

4. Einheitliche digitale Schnittstelle für steuerliche Außenprüfungen und Nachschauen

4.1 Die im AEAO zu § 146a, Nr. 3.2.10 beschriebenen abgesicherten Anwendungsdaten müssen im Rahmen einer steuerlichen Außenprüfung oder Kassen-Nachschau dem Amtsträger zur Verifikation der Protokollierung zur Verfügung gestellt werden.

4.2 Darüber hinaus müssen alle mit dem elektronischen Aufzeichnungssystem aufgezeichneten Daten in einem maschinell auswertbaren Format zur Verfügung gestellt werden. Die für elektronische Aufzeichnungssysteme i. S. d. § 146a Abs. 1 Satz 1 AO i. V. m. § 1 Satz 1 KassenSichV erforderlichen Daten sowie Formate werden in den „Digitalen Schnittstellen der Finanzverwaltung für elektronische Aufzeichnungssysteme“ (DSFinV) definiert. Diese werden über das Internetportal des Bundeszentralamtes für Steuern (BZSt) veröffentlicht.

4.3 Für elektronische oder computergestützte Kassensysteme oder Registrierkassen (vgl. AEAO zu § 146a, Nr. 1.2) gilt die DSFinV-K. Fällt nur ein Teilbereich der Daten eines komplexen Softwaresystems unter die DSFinV-K, bleibt die Verpflichtung zur Verfügungstellung weiterer Daten aus anderen Teilbereichen des Systems (z. B. Warenwirtschaft) unberührt.

5. Anforderung an den Beleg

5.1 Die erforderlichen Mindestangaben auf einem Beleg i. S. d. § 146a AO sind in § 6 KassenSichV geregelt. Alle Angaben müssen für jedermann ohne maschinelle Unterstützung lesbar oder aus einem QR-Code auslesbar und auf dem Papierbeleg oder in dem elektronischen Beleg enthalten sein. Der QR-Code hat der DSFinV-K zu entsprechen.

5.2 Die Belegausgabepflicht nach § 146a Abs. 2 AO gilt unbeschadet anderer gesetzlicher Vorschriften.

5.3 Die umsatzsteuerlichen Vorschriften an eine Rechnung (insbesondere § 14 Abs. 4 UStG) bleiben unberührt. Ist die Erstellung einer Rechnung nach umsatzsteuerlichen Vorschriften nicht erforderlich, muss dennoch ein Beleg nach den Anforderungen des § 6 KassenSichV erstellt werden.

5.4 Der Beleg muss mindestens folgende Angaben enthalten:

1. Den vollständigen Namen und die vollständige Anschrift des leistenden Unternehmers (vgl. § 6 Nr. 1 KassenSichV). Aus Vereinfachungsgründen genügen die Angaben aus § 31 Abs. 2 UStDV (UStAE Abschnitt 14.5 Abs. 2).

2. Das Datum der Belegausstellung und den Zeitpunkt des Vorgangsbeginns sowie den Zeitpunkt der Vorgangsbeendigung (vgl. AEAO zu § 146a, Nr. 3.6.3 „Zeitpunkt des Vorgangsbeginns bzw. der Vorgangsbeendigung“).

3. Die Menge und die Art der gelieferten Gegenstände oder den Umfang und die Art der sonstigen Leistung (vgl. auch AEAO zu § 146, Nr. 2.1.3).

4. Die Transaktionsnummer i. S. d. § 2 Satz 2 Nummer 2 KassenSichV (vgl. AEAO zu § 146a, Nr. 3.5).

5. Das Entgelt und den darauf entfallenden Steuerbetrag für die Lieferung oder sonstige Leistung in einer Summe sowie den anzuwendenden Steuersatz oder im Fall einer Steuerbefreiung einen Hinweis darauf, dass für die Lieferung oder sonstige Leistung eine Steuerbefreiung gilt.

   Erfordert ein Geschäftsvorfall (vgl. AEAO zu § 146a, Nr. 1.8) nicht die Erstellung einer Rechnung i. S. d. § 14 UStG, sondern einen sonstigen Beleg (z. B. Lieferschein), wird nicht beanstandet, wenn dieser Beleg nicht den unter § 6 Satz 1 Nr. 5 KassenSichV geforderten Steuerbetrag enthält.

6. Die Seriennummer des elektronischen Aufzeichnungssystems oder die Seriennummer des Sicherheitsmoduls.

Auf dem Beleg ist die nach § 2 Satz 2 Nr. 8 KassenSichV protokollierte Seriennummer anzugeben (vgl. AEAO zu § 146a, Nrn. 3.6.1, 3.6.2).

7. Betrag je Zahlungsart.

8. Signaturzähler.

9. Prüfwert.

6. Belegausgabe

6.1 Die Belegausgabepflicht hat nur derjenige zu befolgen, der Geschäftsvorfälle mit Hilfe eines elektronischen Aufzeichnungssystems i. S. d. § 146a Abs. 1 Satz 1 AO erfasst.

6.2 Der Beleg kann nach § 6 Satz 3 KassenSichV elektronisch oder in Papierform zur Verfügung gestellt werden. Dies setzt voraus, dass die Transaktion (vgl. AEAO zu § 146a, Nr. 1.7) vor Bereitstellung des Belegs abgeschlossen wird.

6.3 Eine elektronische Bereitstellung des Beleges bedarf der Zustimmung des Kunden. Die Zustimmung bedarf dabei keiner besonderen Form und kann auch konkludent erfolgen. Ein elektronischer Beleg gilt als bereitgestellt, wenn dem Kunden die Möglichkeit der Entgegennahme des elektronischen Belegs gegeben wird. Unabhängig von der Entgegennahme durch den Kunden ist der elektronische Beleg in jedem Fall zu erstellen.

6.4 Die Sichtbarmachung eines Beleges an einem Bildschirm des Unternehmers (Terminal/Kassendisplay) allein, ohne die Möglichkeit der elektronischen Entgegennahme nach Abschluss des Vorgangs, reicht nicht aus.

6.5 Ein Beleg i. S. v. § 6 KassenSichV ist nur für Geschäftsvorfälle auszugeben, an denen ein Dritter beteiligt ist. Von der Belegausgabepflicht sind z. B. Entnahmen und Einlagen ausgenommen.

6.6 Eine elektronische Belegausgabe muss in einem standardisierten Datenformat (z. B. JPG, PNG oder PDF) erfolgen, d. h. der Empfang und die Sichtbarmachung eines elektronischen Beleges auf dem Endgerät des Kunden müssen mit einer kostenfreien Standardsoftware möglich sein. Es bestehen keine technischen Vorgaben wie der Beleg zur Entgegennahme bereitgestellt oder übermittelt werden muss. Es ist z. B. zulässig, wenn der Kunde unmittelbar über eine Bildschirmanzeige (z. B. in Form eines QR-Codes) den elektronischen Beleg entgegennehmen kann. Eine Übermittlung kann auch z. B. als Download-Link, per Near-Field-Communication (NFC), per E-Mail oder direkt in ein Kundenkonto erfolgen.

6.7 Die Ausgabe des Belegs muss in unmittelbarem zeitlichem Zusammenhang mit der Beendigung des Vorgangs erfolgen. Dies gilt unabhängig davon, ob der Beleg in Papierform oder elektronisch bereitgestellt wird.

6.8 Bei der Zurverfügungstellung eines Papierbelegs reicht das Angebot zur Entgegennahme aus, wenn zuvor der Beleg erstellt und ausgedruckt wurde. Eine Pflicht zur Annahme des Belegs durch den Kunden sowie zur Aufbewahrung besteht nicht.

Es besteht keine Aufbewahrungspflicht des Belegausstellers für nicht entgegengenommene Papierbelege.

6.9 Nach § 146a Abs. 2 Satz 2 AO kann bei einem Verkauf von Waren an eine Vielzahl von nicht bekannten Personen auf Antrag und mit Zustimmung der zuständigen Behörde nach § 148 AO aus Zumutbarkeitsgründen nach pflichtgemäßem Ermessen von einer Belegausgabepflicht abgesehen werden. Die Möglichkeit der Befreiung besteht unter den gleichen Voraussetzungen auch bei Dienstleistungen.

Eine Befreiung i. S. d. § 148 AO kann nur für den jeweiligen Einzelfall beantragt und gewährt werden. Eine Befreiung kommt nur dann in Betracht, wenn nachweislich eine sachliche Härte für den einzelnen Steuerpflichtigen besteht. Die mit der Belegausgabepflicht entstehenden Kosten stellen für sich allein keine sachliche Härte im Sinne des § 148 AO dar.

6.10 Die Befreiung von der Belegausgabepflicht nach § 146a Abs. 2 AO entbindet den Unternehmer nicht von dem Anspruch des Kunden auf die Ausstellung einer Quittung (§ 368 BGB).

6.11 Die Befreiung von der Belegausgabepflicht setzt voraus, dass durch die Unterdrückung der Belegausgabe die Funktion der zertifizierten technischen Sicherheitseinrichtung nicht eingeschränkt wird.

7. Ausfall der zertifizierten technischen Sicherheitseinrichtung

7.1 Ausfallzeiten und -grund einer zertifizierten technischen Sicherheitseinrichtung sind zu dokumentieren (vgl. AEAO zu § 146, Nr. 2.1.6). Diese Dokumentation kann auch automatisiert durch das elektronische Aufzeichnungssystem erfolgen.

7.2 Kann das elektronische Aufzeichnungssystem ohne die funktionsfähige zertifizierte technische Sicherheitseinrichtung weiterbetrieben werden, muss dieser Ausfall auf dem Beleg ersichtlich sein. Dies kann durch die fehlende Transaktionsnummer oder durch eine sonstige eindeutige Kennzeichnung erfolgen.

7.3 Soweit der Ausfall lediglich die zertifizierte technische Sicherheitseinrichtung betrifft, wird es nicht beanstandet, wenn das elektronische Aufzeichnungssystem bis zur Beseitigung des Ausfallgrundes weiterhin genutzt wird. Die grundsätzliche Belegausgabepflicht bleibt von dem Ausfall unberührt, auch wenn nicht alle für den Beleg erforderlichen Werte (vgl. AEAO zu § 146a, Nr. 5.4) durch die zertifizierte technische Sicherheitseinrichtung zur Verfügung gestellt werden. Die Belegangaben zu Datum und Uhrzeit müssen in diesem Fall von dem elektronischen Aufzeichnungssystem bereitgestellt werden.

7.4 Die Belegausgabepflicht nach § 146a Abs. 2 AO entfällt lediglich bei einem vollumfänglichen Ausfall des Aufzeichnungssystems oder bei Ausfall der Druck- oder Übertragungseinheit. Bei Ausfall der Druck- oder Übertragungseinheit für den elektronischen Beleg muss das Aufzeichnungssystem i. S. d. § 146a Abs. 1 Satz 1 AO i. V. m. § 1 Satz 1 KassenSichV weiterhin genutzt werden.

7.5 Der Unternehmer hat unverzüglich die jeweilige Ausfallursache zu beheben, Maßnahmen zu deren Beseitigung zu treffen und dadurch sicherzustellen, dass die Anforderungen des § 146a AO schnellstmöglich wieder eingehalten werden.

8. Elektronische Aufbewahrung der Aufzeichnungen

8.1 Nach § 3 Abs. 2 KassenSichV müssen die gespeicherten Geschäftsvorfälle oder andere Vorgänge im Sinne des § 146a Abs. 1 Satz 1 AO als Transaktionen so verkettet sein, dass Lücken in den Aufzeichnungen erkennbar sind. Die Verkettung ergibt sich aus der von der zertifizierten technischen Sicherheitseinrichtung verwalteten Transaktionsnummer sowie aus dem Signaturzähler.

8.2 Die Überführung der abgesicherten Anwendungsdaten aus der zertifizierten technischen Sicherheitseinrichtung in ein Aufbewahrungssystem ist zulässig, sofern dieses einen späteren Export der Daten nach der in Kapitel 5.1 der Technischen Richtlinie BSI TR-03153 vorgeschriebenen Form ermöglicht (TAR-Files in definierter Form). Nach diesem Export können die Daten auf dem Speichermedium der zertifizierten technischen Sicherheitseinrichtung gelöscht werden. Es müssen zu diesem Zweck die in den Technischen Richtlinien aufgeführten Datenfelder auch im Aufbewahrungssystem vorgehalten werden. Zur Erhaltung der Verkettung ist die vollständige Archivierung der Log-Nachrichten aller Absicherungsschritte (Start, Update und Beendigung des Vorgangs) erforderlich.

8.3 Das Aufbewahrungssystem muss den Datenexport im jeweils zu verwendenden DSFinV-Format (vgl. AEAO zu § 146a, Nr. 4) ermöglichen, sofern über die abgesicherten Anwendungsdaten aus der zertifizierten technischen Sicherheitseinrichtung hinaus auch die übrigen Daten des Aufzeichnungssystems in das Aufbewahrungssystem überführt werden. Die Pflichten nach § 147 AO bleiben unberührt.

8.4 Eine Verdichtung von Grundaufzeichnungen in dem Aufbewahrungssystem ist für die Dauer der Aufbewahrung nach § 147 Abs. 3 AO unzulässig.

9. Mitteilungspflicht nach § 146a Abs. 4 AO

9.1 Allgemeines

Die Mitteilungspflicht nach § 146a Abs. 4 AO gilt für elektronische Aufzeichnungssysteme i. S. d. § 146a Abs. 1 Satz 1 AO i. V. m. § 1 Satz 1 KassenSichV.

9.1.1 Mitteilende Person

Steuerpflichtige, die mitzuteilende elektronische Aufzeichnungssysteme verwenden, haben die Mitteilungspflicht nach § 146a Abs. 4 AO zu erfüllen. Diese Mitteilungspflicht kann auch durch eine bevollmächtigte Person erfüllt werden.

9.1.2 Zeitpunkt der Mitteilung

Die Mitteilung nach § 146a Abs. 4 Satz 2 AO ist innerhalb eines Monats nach Anschaffung oder Außerbetriebnahme des mitzuteilenden elektronischen

Aufzeichnungssystems zu erstatten. Zum Datum der Anschaffung vgl. AEAO zu § 146a, Nr. 9.2.6. Unter Außerbetriebnahme fällt auch der Untergang oder das Abhandenkommen des elektronischen Aufzeichnungssystems.

Hinsichtlich der Mitteilung nach § 146a Abs. 4 AO wird auf das BMF-Schreiben vom 6.11.2019 (BStBl I S. 1010) hingewiesen.

9.1.3 Meldeart

Es sind die Meldearten Anmeldung, Abmeldung sowie Korrektur möglich und für das jeweils zu übermittelnde elektronische Aufzeichnungssystem anzugeben.

9.1.4 Betriebsstätte

Das mitzuteilende elektronische Aufzeichnungssystem ist einer Betriebsstätte eindeutig zuzuordnen. Die Abgabe einer Mitteilung hat getrennt für jede Betriebsstätte zu erfolgen. Es können mehrere elektronische Aufzeichnungssysteme pro Betriebsstätte in einer Mitteilung übermittelt werden.

9.2 Angaben zur Mitteilung

9.2.1 Ordnungskriterium

Der Steuerpflichtige hat im Zuge der Mitteilungspflicht nach § 146a Abs. 4 AO als eindeutiges Zuordnungskriterium seine Steuernummer mitzuteilen. Er kann zusätzlich seine Identifikationsnummer gemäß § 139b AO übermitteln. Nach der Einführung der Wirtschafts-Identifikationsnummer gemäß § 139c AO ist diese zu übermitteln.

9.2.2 Art der zertifizierten technischen Sicherheitseinrichtung

Die Art der zertifizierten technischen Sicherheitseinrichtung nach § 146a Abs. 4 Satz 1 Nr. 3 AO setzt sich aus der Zertifizierungs-ID sowie der Seriennummer der zertifizierten technischen Sicherheitseinrichtung zusammen.

Die Anforderungen an die Seriennummer der zertifizierten technischen Sicherheitseinrichtung ergibt sich aus Punkt 7.5 der Technischen Richtlinie BSI TR-03153.

Die Zertifizierungs-ID wird durch das BSI vergeben und besitzt folgendes Format: BSI-K-TR-nnnn-yyyy. Hierbei bedeutet nnnn eine vierstellige Nummerierung, yyyy eine vierstellige Jahreszahl.

9.2.3 Art des verwendeten elektronischen Aufzeichnungssystems

Eine Auswahl zur Art des verwendeten elektronischen Aufzeichnungssystems wird im Meldeverfahren vorgegeben.

9.2.4 Anzahl der insgesamt eingesetzten elektronischen Aufzeichnungssysteme

Die Anzahl der insgesamt eingesetzten elektronischen Aufzeichnungssysteme je Betriebsstätte ist zu übermitteln.

Jedes einzelne verwendete elektronische Aufzeichnungssystem ist in der Mitteilung aufzuführen. Sollten in Verbundsystemen mehrere Geräte mit einer zertifizierten technischen Sicherheitseinrichtung verbunden sein, so ist jedes einzelne verwendete Gerät dem Finanzamt mitzuteilen. Sofern einzelne elektronische Aufzeichnungssysteme ohne Kassenfunktion mit einem elektronischen Aufzeichnungssystem mit Kassenfunktion im Sinne von § 146a AO i. V. m. § 1 Satz 1 KassenSichV verbunden wurden, ist nur das elektronische Aufzeichnungssystem mit Kassenfunktion und nicht die damit verbundenen elektronischen Aufzeichnungssysteme ohne Kassenfunktion mitteilungspflichtig.

9.2.5 Seriennummer des verwendeten elektronischen Aufzeichnungssystems

Die Seriennummer des elektronischen Aufzeichnungssystems ist zu übermitteln. Sie ist herstellerabhängig und von der Seriennummer der zertifizierten technischen Sicherheitseinrichtung sowie der Zertifizierungs-ID zu unterscheiden. Die Seriennummer muss jedes elektronische Aufzeichnungssystem i. S. d. § 146a AO i. V. m. § 1 Satz 1 KassenSichV eines Herstellers eindeutig identifizieren (vgl. AEAO zu § 146a, Nr. 3.6.1).

9.2.6 Datum der Anschaffung

Das Datum der Anschaffung ist zu übermitteln. Werden elektronische Aufzeichnungssysteme nicht erworben, sondern z. B. geleast oder geliehen, ist statt des Anschaffungsdatums das Datum des Leasingbeginns / Beginn des Leihvertrags / Beginn der Zurverfügungstellung zu übermitteln. Die §§ 145 ff. AO bleiben unberührt.

9.2.7 Datum der Außerbetriebnahme

Das Datum der Außerbetriebnahme eines elektronischen Aufzeichnungssystems ist zu übermitteln.

Die Mitteilung über die Außerbetriebnahme aller bisher im Betrieb eingesetzten elektronischen Aufzeichnungssysteme kann mit einer Mitteilung je Betriebsstätte insgesamt erfolgen, ohne jedes einzelne elektronische Aufzeichnungssystem einzeln aufführen zu müssen.

9.3 Korrekturmöglichkeit

9.3.1 Fehlerhaft abgegebene Mitteilungen können korrigiert werden. Hierzu ist das elektronische Aufzeichnungssystem eindeutig zu identifizieren und mit den richtigen Angaben zu ersetzen, damit eine eindeutige Zuordnung der richtigen Werte des zu korrigierenden Systems erfolgen kann.

9.3.2 Bei einer falsch übermittelten Betriebsstätte kann eine Mitteilung insgesamt einer neuen Betriebsstätte zugeordnet werden, ohne jedes einzelne elektronische Aufzeichnungssystem einzeln aufführen zu müssen.

10. Zertifizierung

Das Verfahren zur Zertifizierung ist in § 7 KassenSichV i. V. m. Kapitel 7.6 der BSI TR-03153, BMF-Schreiben vom 28.2.2019, BStBl I S. 206 geregelt.

11. Verbot des gewerbsmäßigen Bewerbens und In-Verkehr-Bringens nach § 146a Abs. 1 Satz 5 AO

11.1 Es ist verboten, Soft- oder Hardware zu bewerben oder in Verkehr zu bringen, die die Anforderungen des § 146a AO nicht erfüllen. Bewerben ist jede schriftliche oder mündliche Äußerung, die dazu dient, jemanden zum Einsatz von Soft- oder Hardware zu bewegen. Unter In-Verkehr-Bringen ist jede Handlung zu verstehen, durch die Soft- oder Hardware aus der Verfügungsgewalt einer Person in die Verfügungsgewalt einer anderen Person gelangt.

11.2 Elektronische Aufzeichnungssysteme mit Anbindungsmöglichkeit an eine zertifizierte technische Sicherheitseinrichtung und die zertifizierte technische-Sicherheitseinrichtungen können unabhängig voneinander beworben oder In-Verkehr gebracht werden.

11.3 Die Ahndung einer Verletzung nach § 146a Abs. 1 Satz 1, 2 oder 5 AO kann als Ordnungswidrigkeit nach § 379 Abs. 1 Satz 1 AO erfolgen.

11.4 Wird festgestellt, dass die nach § 146a Abs. 1 Satz 1, 2 oder 5 AO bestehenden Verpflichtungen nicht erfüllt sind, soll die für Straf- und Bußgeldsachen zuständige Stelle unterrichtet werden.

12. Rechtsfolgen bei Verstoß gegen § 146a AO

12.1 Die Befolgung der Ordnungsvorschrift § 146a AO kann nicht durch einen Verwaltungsakt angeordnet oder durch Zwangsmaßnahmen nach §§ 328 ff. AO erzwungen werden.

12.2 § 146a Abs. 2 Satz 1 AO (Belegausgabepflicht) und § 146a Abs. 4 AO (Mitteilungspflicht) sehen Handlungspflichten vor. §§ 328 ff. AO bleiben unberührt.

§ 146b Kassen-Nachschau (S 0316-b)

(1) [1]Zur Prüfung der Ordnungsmäßigkeit der Aufzeichnungen und Buchungen von Kasseneinnahmen und Kassenausgaben können die damit betrauten Amtsträger der Finanzbehörde ohne vorherige Ankündigung und außerhalb einer Außenprüfung, während der üblichen Geschäfts- und Arbeitszeiten Geschäftsgrundstücke oder Geschäftsräume von Steuerpflichtigen betreten, um Sachverhalte festzustellen, die für die Besteuerung erheblich sein können (Kassen-Nachschau). [2]Der Kassen-Nachschau unterliegt auch die Prüfung des ordnungsgemäßen Einsatzes des elektronischen Aufzeichnungssystems nach § 146a Absatz 1. [3]Wohnräume dürfen gegen den Willen des Inhabers nur zur Verhütung dringender Gefahren für die öffentliche Sicherheit und Ordnung betreten werden. [4]Das Grundrecht der Unverletzlichkeit der Wohnung (Artikel 13 des Grundgesetzes) wird insoweit eingeschränkt.

(2) [1]Die von der Kassen-Nachschau betroffenen Steuerpflichtigen haben dem mit der Kassen-Nachschau betrauten Amtsträger auf Verlangen Aufzeichnungen, Bücher sowie die für die Kassenführung erheblichen sonstigen Organisationsunterlagen über die der Kassen-Nachschau unterliegenden Sachverhalte und Zeiträume vorzulegen und Auskünfte zu erteilen, soweit dies zur Feststellung der Erheblichkeit nach Absatz 1 geboten ist. [2]Liegen die in Satz 1 genannten Aufzeichnungen oder Bücher in elektronischer Form vor, ist der Amtsträger berechtigt, diese einzusehen, die Übermittlung von Daten über die einheitliche digitale Schnittstelle zu verlangen oder zu verlangen, dass Buchungen und Aufzeichnungen auf einem maschinell auswertbaren Datenträger nach den Vorgaben der einheitlichen digitalen Schnittstelle zur Verfügung gestellt werden. [3]Die Kosten trägt der Steuerpflichtige.

(3) [1]Wenn die bei der Kassen-Nachschau getroffenen Feststellungen hierzu Anlass geben, kann ohne vorherige Prüfungsanordnung zu einer Außenprüfung nach § 193 übergegangen werden. [2]Auf den Übergang zur Außenprüfung wird schriftlich hingewiesen.

AEAO zu § 146b - Kassen-Nachschau:

1. Die Kassen-Nachschau ist ein besonderes Verfahren zur zeitnahen Prüfung der Ordnungsmäßigkeit der Kassenaufzeichnungen und der ordnungsgemäßen Übernahme der Kassenaufzeichnungen in die Buchführung. Der Kassen-Nachschau unterliegen u. a. elektronische oder computergestützte Kassensysteme oder Registrierkassen, App-Systeme, Waagen mit Registrierkassenfunktion, Taxameter, Wegstreckenzähler, Geldspielgeräte und offene Ladenkassen (summarische, retrograde Ermittlung der Tageseinnahmen sowie manuelle Einzelaufzeichnungen ohne Einsatz technischer Hilfsmittel). Der Amtsträger kann u. a. zur Prüfung der ordnungsgemäßen Kassenaufzeichnungen einen sog. „Kassensturz“ verlangen, da die Kassensturzfähigkeit (Soll-Ist-Abgleich) ein wesentliches Element der Nachprüfbarkeit von Kassenaufzeichnungen jedweder Form darstellt (vgl. BFH-Urteile vom 20.9.1989, X R 39/87, BStBl 1990 II S. 109; vom 26.8.1975, VIII R 109/70, BStBl 1976 II S. 210; vom 31.7.1974, I R 216/72, BStBl 1975 II S. 96; vom 31.7.1969, IV R 57/67, BStBl 1970 II S. 125). Ob ein Kassensturz verlangt wird, ist eine Ermessensentscheidung, bei der die Umstände im Einzelfall zu berücksichtigen sind.

2. Die Kassen-Nachschau ist keine Außenprüfung i. S. d. § 193 AO. Deshalb gelten die Vorschriften für eine Außenprüfung nicht. Wird eine andere Finanzbehörde mit einer Kassen-Nachschau beauftragt, findet § 195 Satz 2 AO sinngemäß Anwendung. Die Kassen-Nachschau wird nicht angekündigt.

3. Im Rahmen der Kassen-Nachschau dürfen Amtsträger während der üblichen Geschäfts und Arbeitszeiten Geschäftsgrundstücke oder Geschäftsräume von Steuerpflichtigen betreten. Dies schließt auch Fahrzeuge ein, die land- und forstwirtschaftlich, gewerblich oder beruflich vom Steuerpflichtigen genutzt werden. Die Grundstücke, Räume oder Fahrzeuge müssen nicht im Eigentum der land- und forstwirtschaftlich, gewerblich oder beruflich tätigen Steuerpflichtigen stehen. Das Betreten muss dazu dienen, Sachverhalte festzustellen, die für die Besteuerung erheblich sein können. Ein Durchsuchungsrecht gewährt die Kassen-Nachschau nicht. Das bloße Betreten und Besichtigen von Grundstücken und Räumen ist noch keine Durchsuchung. Die Kassen-Nachschau kann auch außerhalb der Geschäftszeiten vorgenommen werden, wenn im Unternehmen noch oder schon gearbeitet wird.

4. Sobald der Amtsträger der Öffentlichkeit nicht zugängliche Geschäftsräume betreten will, den Steuerpflichtigen auffordert, das elektronische Aufzeichnungssystem zugänglich zu machen oder Aufzeichnungen, Bücher sowie die für die Führung des elektronischen Aufzeichnungssystems erheblichen sonstigen Organisationsunterlagen vorzulegen, Einsichtnahme in die digitalen Daten oder deren Übermittlung über die einheitliche digitale Schnittstelle verlangt oder den Steuerpflichtigen auffordert, Auskunft zu erteilen, hat er sich auszuweisen. Ist der Steuerpflichtige selbst oder sein gesetzlicher Vertreter (§ 34 AO) nicht anwesend, aber Personen, von denen angenommen werden kann, dass sie über alle wesentlichen Zugriffs- und Benutzungsrechte des Kassensystems des Steuerpflichtigen verfügen, hat der Amtsträger sich gegenüber diesen Personen auszuweisen und sie zur Mitwirkung bei der Kassen-Nachschau aufzufordern. Diese Personen haben dann die Pflichten des Steuerpflichtigen zu erfüllen, soweit sie hierzu rechtlich und tatsächlich in der Lage sind (§ 35 AO). Eine Beobachtung der Kassen und ihrer Handhabung in Geschäftsräumen, die der Öffentlichkeit zugänglich sind, ist ohne Pflicht zur Vorlage eines Ausweises zulässig. Dies gilt z. B. auch für Testkäufe und Fragen nach dem Geschäftsinhaber. Die Kassen-Nachschau muss nicht am selben Tag wie die Beobachtung der Kassen und ihrer Handhabung erfolgen.

5. Die Aufforderung zur Duldung der Kassen-Nachschau ist ein Verwaltungsakt, der formlos erlassen werden kann (z. B. mündlich mit Vorzeigen des Ausweises). Nachdem der Amtsträger sich ausgewiesen hat, ist der Steuerpflichtige zur Mitwirkung im Rahmen der Kassen-Nachschau verpflichtet. Das Datenzugriffsrecht ergibt sich bei der Kassen- Nachschau aus § 146b Abs. 2 Satz 2 AO. Der Steuerpflichtige hat nach § 146b Abs. 2 AO auf Verlangen des Amtsträgers für einen vom Amtsträger bestimmten Zeitraum Einsichtnahme in seine (digitalen) Kassenaufzeichnungen und -buchungen sowie die für die Kassenführung erheblichen sonstigen Organisationsunterlagen zu gewähren. Der Amtsträger kann in diesen Fällen verlangen, dass die gespeicherten Unterlagen und Aufzeichnungen auf einem maschinell verwertbaren Datenträger zur Verfügung gestellt werden. Die digitalen Aufzeichnungen der TSE und des elektronischen Aufzeichnungssystems sind über die jeweilige digitale

Schnittstelle oder auf einem maschinell auswertbaren Datenträger nach den Vorgaben der jeweiligen digitalen Schnittstelle zur Verfügung zu stellen. In den Fällen eines elektronischen Aufzeichnungssystems, das unter die Übergangsregelung des Art. 97 § 30 Abs. 3 EGAO fällt, kann der Amtsträger verlangen, dass die elektronischen Daten nach seinen Vorgaben auf einem maschinell auswertbaren Datenträger zur Verfügung gestellt werden. Auf Anforderung des Amtsträgers sind die Verfahrensdokumentation zum eingesetzten Aufzeichnungssystem einschließlich der Informationen zur zertifizierten technischen Sicherheitseinrichtung vorzulegen, d. h. es sind Bedienungsanleitungen, Programmieranleitungen und Datenerfassungsprotokolle über durchgeführte Programmänderungen vorzulegen. Darüber hinaus sind Auskünfte zu erteilen. Bei Nichtanwesenheit des Steuerpflichtigen gelten die dargestellten Mitwirkungspflichten für Personen i. S. d. Nr. 4 Satz 2 des AEAO zu § 146b entsprechend.

6. Zu Dokumentationszwecken ist der Amtsträger berechtigt, Unterlagen und Belege zu scannen oder zu fotografieren. Sofern ein Anlass zu Beanstandungen der Kassenaufzeichnungen, -buchungen oder der zertifizierten technischen Sicherheitseinrichtung besteht, kann der Amtsträger nach § 146b Abs. 3 AO ohne vorherige Prüfungsanordnung zur Außenprüfung übergehen. Die Entscheidung zum Übergang zu einer Außenprüfung ist eine Ermessensentscheidung. Anlass zur Beanstandung kann beispielsweise auch bestehen, wenn Dokumentationsunterlagen wie aufbewahrungspflichtige Betriebsanleitung oder Protokolle nachträglicher Programmänderungen nicht vorgelegt werden können. Der Übergang zu einer Außenprüfung ist regelmäßig geboten, wenn die sofortige Sachverhaltsaufklärung zweckmäßig erscheint und wenn anschließend auch die gesetzlichen Folgen der Außenprüfung für die Steuerfestsetzung eintreten sollen. Der Beginn einer Außenprüfung nach erfolgter Kassen-Nachschau ist unter Angabe von Datum und Uhrzeit aktenkundig zu machen. Der Übergang zur Außenprüfung ist dem Steuerpflichtigen bekannt zu geben. Nach § 146b Abs. 3 Satz 2 AO ist der Steuerpflichtige auf diesen Übergang schriftlich hinzuweisen. Es gelten die allgemeinen Grundsätze über den notwendigen Inhalt von Prüfungsanordnungen sowie den sachlichen und zeitlichen Umfang von Außenprüfungen. Bei einem sofortigen Übergang zur Außenprüfung ersetzt der schriftliche Übergangshinweis die Prüfungsanordnung. Für die Bekanntgabe des Übergangs zur Außenprüfung gelten die Vorschriften für die Bekanntgabe der Prüfungsanordnung entsprechend. Das gilt auch, wenn der Steuerpflichtige bei Durchführung der Kassen-Nachschau nicht anwesend ist.

7. Da die Kassen-Nachschau keine Außenprüfung i. S. d. §§ 193 ff. AO darstellt, finden insbesondere § 147 Abs. 6, §§ 201 und 202 AO keine Anwendung. Ein Prüfungsbericht ist nicht zu fertigen. Sollen aufgrund der Kassen-Nachschau Besteuerungsgrundlagen geändert werden, ist dem Steuerpflichtigen rechtliches Gehör zu gewähren (§ 91 AO).

8. Der Beginn der Kassen-Nachschau hemmt den Ablauf der Festsetzungsfrist nach § 171 Abs. 4 AO nicht. Die Änderungssperre des § 173 Abs. 2 AO findet keine Anwendung. Soweit eine Steuer nach § 164 AO unter dem Vorbehalt der Nachprüfung festgesetzt worden ist, muss dieser nach Durchführung der

Kassen-Nachschau nicht aufgehoben werden. Im Anschluss an eine Kassen-Nachschau ist ein Antrag auf verbindliche Zusage (§ 204 AO) nicht zulässig.

9. Im Rahmen der Kassen-Nachschau ergangene Verwaltungsakte können nach § 347 AO mit dem Einspruch angefochten werden. Der Amtsträger ist berechtigt und verpflichtet, den schriftlichen Einspruch entgegenzunehmen. Der Einspruch hat keine aufschiebende Wirkung und hindert daher nicht die Durchführung der Kassen-Nachschau, es sei denn die Vollziehung des angefochtenen Verwaltungsakts wurde ausgesetzt (§ 361 AO, § 69 FGO). Mit Beendigung der Kassen-Nachschau sind oder werden Einspruch und Anfechtungsklage gegen die Anordnung der Kassen-Nachschau unzulässig; insoweit kommt lediglich eine Fortsetzungs-Feststellungsklage (§ 100 Abs. 1 Satz 4 FGO) in Betracht. Wurden die Ergebnisse der Kassen-Nachschau in einem Steuerbescheid berücksichtigt, muss auch dieser Bescheid angefochten werden, um ein steuerliches Verwertungsverbot zu erlangen. Für die Anfechtung der Mitteilung des Übergangs zur Außenprüfung gelten die Grundsätze für die Anfechtung einer Außenprüfungsanordnung entsprechend (vgl. AEAO zu § 196).

§ 147 Ordnungsvorschriften für die Aufbewahrung von Unterlagen

(S 0317)

(1) Die folgenden Unterlagen sind geordnet aufzubewahren:

1. **Bücher und Aufzeichnungen, Inventare, Jahresabschlüsse, Lageberichte, die Eröffnungsbilanz sowie die zu ihrem Verständnis erforderlichen Arbeitsanweisungen und sonstigen Organisationsunterlagen,**
2. **die empfangenen Handels- oder Geschäftsbriefe,**
3. **Wiedergaben der abgesandten Handels- oder Geschäftsbriefe,**
4. **Buchungsbelege,**

4a. **Unterlagen nach Artikel 15 Absatz 1 und Artikel 163 des Zollkodex der Union,**

5. **sonstige Unterlagen, soweit sie für die Besteuerung von Bedeutung sind.**

(2) Mit Ausnahme der Jahresabschlüsse, der Eröffnungsbilanz und der Unterlagen nach Absatz 1 Nummer 4a, sofern es sich bei letztgenannten Unterlagen um amtliche Urkunden oder handschriftlich zu unterschreibende nicht förmliche Präferenznachweise handelt, können die in Absatz 1 aufgeführten Unterlagen auch als Wiedergabe auf einem Bildträger oder auf anderen Datenträgern aufbewahrt werden, wenn dies den Grundsätzen ordnungsmäßiger Buchführung entspricht und sichergestellt ist, dass die Wiedergabe oder die Daten

1. **mit den empfangenen Handels- oder Geschäftsbriefen und den Buchungsbelegen bildlich und mit den anderen Unterlagen inhaltlich übereinstimmen, wenn sie lesbar gemacht werden,**
2. **während der Dauer der Aufbewahrungsfrist jederzeit verfügbar sind, unverzüglich lesbar gemacht und maschinell ausgewertet werden können.**

(3) [1]Die in Absatz 1 Nr. 1, 4 und 4a aufgeführten Unterlagen sind zehn Jahre, die sonstigen in Absatz 1 aufgeführten Unterlagen sechs Jahre aufzubewahren, sofern nicht in anderen Steuergesetzen kürzere Aufbewahrungsfristen zugelassen sind. [2]Kürzere Aufbewahrungsfristen nach außersteuerlichen Gesetzen lassen die in Satz 1 bestimmte Frist unberührt.[3]Bei empfangenen Lieferscheinen, die keine Buchungsbelege nach Absatz 1 Nummer 4 sind, endet die Aufbewahrungsfrist mit dem Erhalt der Rechnung. [4]Für abgesandte Lieferscheine, die keine Buchungsbelege nach Absatz 1 Nummer 4 sind, endet die Aufbewahrungsfrist mit dem Versand der Rechnung. [5]Die Aufbewahrungsfrist läuft jedoch nicht ab, soweit und solange die Unterlagen für Steuern von Bedeutung sind, für welche die Festsetzungsfrist noch nicht abgelaufen ist; § 169 Abs. 2 Satz 2 gilt nicht.

(4) Die Aufbewahrungsfrist beginnt mit dem Schluss des Kalenderjahrs, in dem die letzte Eintragung in das Buch gemacht, das Inventar, die Eröffnungsbilanz, der Jahresabschluss oder der Lagebericht aufgestellt, der Handels- oder Geschäftsbrief empfangen oder abgesandt worden oder der Buchungsbeleg entstanden ist, ferner die Aufzeichnung vorgenommen worden ist oder die sonstigen Unterlagen entstanden sind.

(5) Wer aufzubewahrende Unterlagen in der Form einer Wiedergabe auf einem Bildträger oder auf anderen Datenträgern vorlegt, ist verpflichtet, auf seine Kosten diejenigen Hilfsmittel zur Verfügung zu stellen, die erforderlich sind, um die Unterlagen lesbar zu machen; auf Verlangen der Finanzbehörde hat er auf seine Kosten die Unterlagen unverzüglich ganz oder teilweise auszudrucken oder ohne Hilfsmittel lesbare Reproduktionen beizubringen.

(6) [1]Sind die Unterlagen nach Absatz 1 mit Hilfe eines Datenverarbeitungssystems erstellt worden,

1. **hat die Finanzbehörde im Rahmen einer Außenprüfung das Recht, Einsicht in die gespeicherten Daten zu nehmen und das Datenverarbeitungssystem zur Prüfung dieser Unterlagen zu nutzen,**
2. **kann die Finanzbehörde verlangen, dass die Daten nach ihren Vorgaben maschinell ausgewertet zur Verfügung gestellt werden, oder**
3. **kann die Finanzbehörde verlangen, dass die Daten nach ihren Vorgaben in einem maschinell auswertbaren Format an sie übertragen werden.**

[2]Teilt der Steuerpflichtige der Finanzbehörde mit, dass sich seine Daten nach Absatz 1 bei einem Dritten befinden, so hat der Dritte

1. **der Finanzbehörde Einsicht in die für den Steuerpflichtigen gespeicherten Daten zu gewähren oder**
2. **diese Daten nach den Vorgaben der Finanzbehörde maschinell auszuwerten oder**
3. **ihr nach ihren Vorgaben die für den Steuerpflichtigen gespeicherten Daten in einem maschinell auswertbaren Format zu übertragen.**

[3]Die Kosten trägt der Steuerpflichtige. [4]In Fällen des Satzes 3 hat der mit der Außenprüfung betraute Amtsträger den in § 3 und § 4 Nummer 1 und 2 des Steuerberatungsgesetzes bezeichneten Personen sein Erscheinen in angemessener Frist anzukündigen. [5]Sofern noch nicht mit einer Außenprüfung begonnen wurde, ist es im Fall eines Wechsels des Datenverarbeitungssystems oder im Fall der Auslagerung von aufzeichnungs- und aufbewahrungspflichtigen Daten aus dem Produktivsystem in ein anderes Datenverarbeitungssystem ausreichend, wenn der Steuerpflichtige nach Ablauf des fünften Kalenderjahres, das auf die Umstellung oder Auslagerung folgt, diese Daten ausschließlich auf einem maschinell lesbaren und maschinell auswertbaren Datenträger vorhält.

(7) [1]Die Verarbeitung und Aufbewahrung der nach Absatz 6 zur Verfügung gestellten Daten ist auch auf mobilen Datenverarbeitungssystemen der Finanzbehörden unabhängig von deren Einsatzort zulässig, sofern diese unter Berücksichtigung des Stands der Technik gegen unbefugten Zugriff gesichert sind. [2]Die Finanzbehörde darf die nach Absatz 6 zur Verfügung gestellten und gespeicherten Daten bis zur Unanfechtbarkeit der die Daten betreffenden Verwaltungsakte auch auf den mobilen Datenverarbeitungssystemen unabhängig von deren Einsatzort aufbewahren.

AEAO zu § 147 - Ordnungsvorschriften für die Aufbewahrung von Unterlagen:

1. Die Aufbewahrungspflicht ist Bestandteil der Buchführungs- und Aufzeichnungspflichten. Wegen der Rechtsfolgen bei Verstößen vgl. AEAO zu § 140 und § 146, Nr. 1.1.

2. Der Begriff der Aufzeichnungen in § 147 Abs. 1 Nr. 1 AO erfasst alle Aufzeichnungen, die für steuerliche Zwecke vorzunehmen sind. § 147 Abs. 1 Nr. 1 AO umfasst auch die gemäß § 90 Abs. 3 AO durch den Steuerpflichtigen geführten Aufzeichnungen. Sind diese Aufzeichnungen mittels eines Datenverarbeitungssystems erstellt, so unterfallen sie im Rahmen der steuerlichen Außenprüfung auch dem Datenzugriff gemäß § 147 Abs. 6 AO.

3. Den in § 147 Abs. 1 Nr. 1 AO aufgeführten Arbeitsanweisungen und sonstigen Organisationsunterlagen kommt bei DV-gestützten Buchführungen besondere Bedeutung zu. Die Dokumentation hat nach Maßgabe der Grundsätze zur ordnungsmäßigen Führung und Aufbewahrung von Büchern, Aufzeichnungen und Unterlagen in elektronischer Form sowie zum Datenzugriff - GoBD - (BMF-Schreiben vom 28.11.2019, BStBl I S. 1269) zu erfolgen.

4. Bildträger i. S. d. § 147 Abs. 2 AO sind z. B. Fotokopien. Als andere Datenträger kommen z. B. CD, DVD, Blu-ray-Disk, Flash-Speicher in Betracht. Die Lesbar-machung von in nicht lesbarer Form aufbewahrten Unterlagen richtet sich nach § 147 Abs. 5 AO.

5. Zur Anwendung des § 147 Abs. 6 AO wird auf die Grundsätze zur ordnungsmäßigen Führung und Aufbewahrung von Büchern, Aufzeichnungen und Unterlagen in elektronischer Form sowie zum Datenzugriff - GoBD - (BMF-Schreiben vom 28.11.2019, BStBl I S. 1269) hingewiesen.

6. Zur Aufbewahrung digitaler Unterlagen bei Bargeschäften vgl. BMF-Schreiben vom 26.11.2010, BStBl I S. 1342.

7. Wer nach §§ 140 ff. AO verpflichtet ist, Bücher oder Aufzeichnungen zu führen, hat diese Unterlagen bis zum Ablauf der inländischen Aufbewahrungsfristen (§ 147 Abs. 3 und 4 AO) unabhängig davon aufzubewahren, ob sich diese Unterlagen im Inland oder außerhalb des Geltungsbereichs des Gesetzes befinden. Dies gilt insbesondere auch dann, wenn es sich um eine eigene in das Ausland ausgelagerte Tätigkeit und dementsprechend um eigene Unterlagen des Buchführungs- bzw. Aufzeichnungspflichtigen handelt. § 146 Abs. 2 und 2a AO bleibt davon unberührt (§§ 140, 147a Abs. 2 AO).

8. Stützt sich der Steuerpflichtige im Rahmen einer Beweisführung auf die Fremdvergleichsdaten aus Datenbanken, hat die Finanzbehörde im Rahmen des § 147 Abs. 6 AO während der steuerlichen Außenprüfung insbesondere das Recht, Einsicht in die für die Erstellung einer Datenbankstudie notwendigen, beim Steuerpflichtigen oder bei einem Dritten für den Steuerpflichtigen dazu gespeicherten Daten zu nehmen und das jeweilige Datenverarbeitungssystem zur Prüfung dieser Daten zu nutzen. Die Finanzbehörde kann auch verlangen, dass diese Daten nach ihren Vorgaben maschinell ausgewertet oder ihr die gespeicherten Unterlagen und Aufzeichnungen auf einem maschinell verwertbaren Datenträger zur Verfügung gestellt werden.

§ 147a Vorschriften für die Aufbewahrung von Aufzeichnungen und Unterlagen bestimmter Steuerpflichtiger (S 0317)

(1)[1]Steuerpflichtige, bei denen die Summe der positiven Einkünfte nach § 2 Absatz 1 Nummer 4 bis 7 des Einkommensteuergesetzes (Überschusseinkünfte) mehr als 500 000 Euro im Kalenderjahr beträgt, haben die Aufzeichnungen und Unterlagen über die den Überschusseinkünften zu Grunde liegenden Einnahmen und Werbungskosten sechs Jahre aufzubewahren. [2]Im Falle der Zusammenveranlagung sind für die Feststellung des Überschreitens des Betrags von 500 000 Euro die Summe der positiven Einkünfte nach Satz 1 eines jeden Ehegatten oder Lebenspartners maßgebend. [3]Die Verpflichtung nach Satz 1 ist vom Beginn des Kalenderjahrs an zu erfüllen, das auf das Kalenderjahr folgt, in dem die Summe der positiven Einkünfte im Sinne des Satzes 1 mehr als 500 000 Euro beträgt. [4]Die Verpflichtung nach Satz 1 endet mit Ablauf des fünften aufeinanderfolgenden Kalenderjahrs, in dem die Voraussetzungen des Satzes 1 nicht erfüllt sind. [5]§ 147 Absatz 2, Absatz 3 Satz 5 und Absatz 4 bis 7 gilt entsprechend. [6]Die Sätze 1 bis 3 und 5 gelten entsprechend in den Fällen, in denen die zuständige Finanzbehörde den Steuerpflichtigen für die Zukunft zur Aufbewahrung der in Satz 1 genannten Aufzeichnungen und Unterlagen verpflichtet, weil er seinen Mitwirkungspflichten nach § 12 Absatz 3 des Gesetzes zur Abwehr von Steuervermeidung und unfairem Steuerwettbewerb nicht nachgekommen ist.

(2) [1]Steuerpflichtige, die allein oder zusammen mit nahestehenden Personen im Sinne des § 1 Absatz 2 des Außensteuergesetzes unmittelbar oder mittelbar einen beherrschenden oder bestimmenden Einfluss auf die gesellschaftsrechtlichen, finanziellen oder geschäftlichen Angelegenheiten einer Drittstaat-Gesellschaft im Sinne des § 138 Absatz 3 ausüben können, haben die Aufzeichnungen und Unterlagen über diese Beziehung und alle damit verbundenen Einnahmen und Ausgaben sechs Jahre aufzubewahren. [2]Diese Aufbewahrungspflicht ist von dem Zeitpunkt an zu erfüllen, in dem der Sachverhalt erstmals verwirklicht worden ist, der den Tatbestand des Satzes 1 erfüllt. [3]Absatz 1 Satz 4 sowie § 147 Absatz 2, 3 Satz 3 und Absatz 5 bis 7 gelten entsprechend.

AEAO zu § 147a - Ordnungsvorschriften für die Aufbewahrung von Unterlagen:

1. In die Berechnung sind grundsätzlich alle positiven Überschusseinkünfte einzubeziehen. Ein horizontaler Verlustausgleich innerhalb derselben Einkunftsart ist zulässig, jedoch sind weder Verlustvorträge noch Verlustrückträge aus anderen Jahren noch vertikale Verlustverrechnungen mit anderen Einkunftsarten zu berücksichtigen.

2. Kapitaleinkünfte, die nach § 32d Abs. 1 EStG mit einem besonderen Steuersatz besteuert wurden und der abgeltenden Wirkung nach § 43 Abs. 5 EStG unterlegen haben, sind nicht in die Ermittlung der Summe der positiven Überschusseinkünfte i. S. d. § 147a Abs. 1 AO einzubeziehen. Im Zusammenhang mit diesen Kapitaleinkünften stehende Aufzeichnungen und Unterlagen über Einnahmen und Werbungskosten sind nicht nach § 147a Abs. 1 AO aufbewahrungspflichtig. Sofern jedoch ein Antrag auf Günstigerprüfung nach § 32d Abs. 6 EStG gestellt wird und die Prüfung ergibt, dass eine Besteuerung nach

§ 32a EStG günstiger ist, sind diese Einkünfte auch in die Berechnung einzubeziehen.

3. Eine Einflussnahme nach § 147a Abs. 2 AO ist bereits gegeben, soweit die reine Möglichkeit der Ausübung besteht. Die Möglichkeit einer Einflussnahme kann sich hierbei auch aus gesonderten Gesellschaftervereinbarungen ergeben. Maßgeblich sind die tatsächlichen Verhältnisse des Einzelfalls.

4. Zur Aufzeichnung der einzelnen Besteuerungsgrundlagen vgl. BMF-Schreiben vom 28.11.2019, BStBl I S. 1269. Sofern der Steuerpflichtige ein Datenverarbeitungssystem einsetzt oder die aufbewahrungspflichtigen Unterlagen mittels eines Datenverarbeitungssystems erstellt wurden, ist der Finanzverwaltung ein Zugriff nach § 147a Abs. 1 Satz 5 i. V. m. § 147 Abs. 6 AO zu gewähren. Die Art des Zugriffs steht im freien Ermessen der Finanzverwaltung.

§ 147b Verordnungsermächtigung zur Vereinheitlichung von digitalen Schnittstellen (S 0318)

[1]Das Bundesministerium der Finanzen kann durch Rechtsverordnung mit Zustimmung des Bundesrates einheitliche digitale Schnittstellen und Datensatzbeschreibungen für den standardisierten Export von Daten bestimmen, die mit einem Datenverarbeitungssystem erstellt worden und nach § 147 Absatz 1 aufzubewahren sind. [2]In der Rechtsverordnung kann auch eine Pflicht zur Implementierung und Nutzung der jeweiligen einheitlichen digitalen Schnittstelle oder von Datensatzbeschreibungen für den standardisierten Export von Daten bestimmt werden.

§ 148 Bewilligung von Erleichterungen (S 0319)

[1]Die Finanzbehörden können für einzelne Fälle oder für bestimmte Gruppen von Fällen Erleichterungen bewilligen, wenn die Einhaltung der durch die Steuergesetze begründeten Buchführungs-, Aufzeichnungs- und Aufbewahrungspflichten Härten mit sich bringt und die Besteuerung durch die Erleichterung nicht beeinträchtigt wird. [2]Erleichterungen nach Satz 1 können rückwirkend bewilligt werden. [3]Die Bewilligung kann widerrufen werden.

AEAO zu § 148 - Bewilligung von Erleichterungen:

Die Bewilligung von Erleichterungen kann sich nur auf steuerrechtliche Buchführungs-, Aufzeichnungs- oder Aufbewahrungspflichten erstrecken. § 148 AO lässt eine dauerhafte Befreiung von diesen Pflichten nicht zu. Persönliche Gründe, wie Alter und Krankheit des Steuerpflichtigen, rechtfertigen regelmäßig keine Erleichterungen (BFH-Urteil vom 14.7.1954, II 63/53 U, BStBl III S. 253). Eine Bewilligung soll nur ausgesprochen werden, wenn der Steuerpflichtige sie beantragt. Die örtliche Zuständigkeit für die Entscheidung über eine Bewilligung nach § 148 AO richtet sich nach den allgemeinen Zuständigkeitsregelungen der §§ 17 ff. AO. Sofern für einen Steuerpflichtigen verschiedene Finanzämter zuständig sind (z. B. bei einer gesonderten Feststellung oder in den Fällen des § 21 Abs. 1 Satz 2 AO i. V. m. § 1 UStZustV) und eine Bewilligung von Erleichterungen beantragt wird, die auch Steuern oder Betriebe in dem Zuständigkeitsbereich anderer Finanzämter betrifft, sollen sich die jeweiligen Finanzämter vor Bewilligung der Erleichterung abstimmen.

2. Unterabschnitt – Steuererklärungen

§ 149 Abgabe der Steuererklärungen (S 0320)

(1) [1]Die Steuergesetze bestimmen, wer zur Abgabe einer Steuererklärung verpflichtet ist. [2]Zur Abgabe einer Steuererklärung ist auch verpflichtet, wer hierzu von der Finanzbehörde aufgefordert wird. [3]Die Aufforderung kann durch öffentliche Bekanntmachung erfolgen. [4]Die Verpflichtung zur Abgabe einer Steuererklärung bleibt auch dann bestehen, wenn die Finanzbehörde die Besteuerungsgrundlagennach § 162 geschätzt hat.

(2) [1]Soweit die Steuergesetze nichts anderes bestimmen, sind Steuererklärungen, die sich auf ein Kalenderjahr oder auf einen gesetzlich bestimmten Zeitpunkt beziehen, spätestens sieben Monate nach Ablauf des Kalenderjahres oder sieben Monate nach dem gesetzlich bestimmten Zeitpunkt abzugeben. [2]Bei Steuerpflichtigen, die den Gewinn aus Land- und Forstwirtschaft nach einem vom Kalenderjahr abweichenden Wirtschaftsjahr ermitteln, endet die Frist nicht vor Ablauf des siebten Monats, der auf den Schluss des in dem Kalenderjahr begonnenen Wirtschaftsjahres folgt.

(3) Sofern Personen, Gesellschaften, Verbände, Vereinigungen, Behörden oder Körperschaften im Sinne der §§ 3 und 4 des Steuerberatungsgesetzes beauftragt sind mit der Erstellung von

1. Einkommensteuererklärungen nach § 25 Absatz 3 des Einkommensteuergesetzes mit Ausnahme der Einkommensteuererklärungen im Sinne des § 46 Absatz 2 Nummer 8 des Einkommensteuergesetzes,
2. Körperschaftsteuererklärungen nach § 31 Absatz 1 und 1a des Körperschaftsteuergesetzes, Feststellungserklärungen im Sinne des § 14 Absatz 5, § 27 Absatz 2 Satz 4, § 28 Absatz 1 Satz 4 oder § 38 Absatz 1 Satz 2 des Körperschaftsteuergesetzes oder Erklärungen zur Zerlegung der Körperschaftsteuer nach § 6 Absatz 7 des Zerlegungsgesetzes,
3. Erklärungen zur Festsetzung des Gewerbesteuermessbetrags oder Zerlegungserklärungen nach § 14a des Gewerbesteuergesetzes,
4. Umsatzsteuererklärungen für das Kalenderjahr nach § 18 Absatz 3 des Umsatzsteuergesetzes,
5. Erklärungen zur gesonderten sowie zur gesonderten und einheitlichen Feststellung einkommensteuerpflichtiger oder körperschaftsteuerpflichtiger Einkünfte nach § 180 Absatz 1 Satz 1 Nummer 2 in Verbindung mit § 181 Absatz 1 und 2,
6. Erklärungen zur gesonderten Feststellung von Besteuerungsgrundlagen nach der Verordnung über die gesonderte Feststellung von Besteuerungsgrundlagen nach § 180 Abs. 2 der Abgabenordnung oder
7. Erklärungen zur gesonderten Feststellung von Besteuerungsgrundlagen nach § 18 des Außensteuergesetzes,

so sind diese Erklärungen vorbehaltlich des Absatzes 4 spätestens bis zum letzten Tag des Monats Februar und in den Fällen des Absatzes 2 Satz 2 bis zum 31. Juli des zweiten auf den Besteuerungszeitraum folgenden Kalenderjahres abzugeben.

(4) [1]Das Finanzamt kann anordnen, dass Erklärungen im Sinne des Absatzes 3 vor dem letzten Tag des Monats Februar des zweiten auf den Besteuerungszeitraum folgenden Kalenderjahres abzugeben sind, wenn

1. für den betroffenen Steuerpflichtigen
   a) für den vorangegangenen Besteuerungszeitraum Erklärungen nicht oder verspätet abgegeben wurden,
   b) für den vorangegangenen Besteuerungszeitraum innerhalb von drei Monaten vor Abgabe der Steuererklärung oder innerhalb von drei Monaten vor dem Beginn des Zinslaufs im Sinne des § 233a Absatz 2 Satz 1 und 2 nachträgliche Vorauszahlungen festgesetzt wurden,
   c) Vorauszahlungen für den Besteuerungszeitraum außerhalb einer Veranlagung herabgesetzt wurden,
   d) die Veranlagung für den vorangegangenen Veranlagungszeitraum zu einer Abschlusszahlung von mindestens 25 Prozent der festgesetzten Steuer oder mehr als 10 000 Euro geführt hat,
   e) die Steuerfestsetzung auf Grund einer Steuererklärung im Sinne des Absatzes 3 Nummer 1, 2 oder 4 voraussichtlich zu einer Abschlusszahlung von mehr als 10 000 Euro führen wird oder
   f) eine Außenprüfung vorgesehen ist,
2. der betroffene Steuerpflichtige im Besteuerungszeitraum einen Betrieb eröffnet oder eingestellt hat oder
3. für Beteiligte an Gesellschaften oder Gemeinschaften Verluste festzustellen sind.

[2]Für das Befolgen der Anordnung ist eine Frist von vier Monaten nach Bekanntgabe der Anordnung zu setzen. [3]Ferner dürfen die Finanzämter nach dem Ergebnis einer automationsgestützten Zufallsauswahl anordnen, dass Erklärungen im Sinne des Absatzes 3 vor dem letzten Tag des Monats Februar des zweiten auf den Besteuerungszeitraum folgenden Kalenderjahres mit einer Frist von vier Monaten nach Bekanntgabe der Anordnung abzugeben sind. [4]In der Aufforderung nach Satz 3 ist darauf hinzuweisen, dass sie auf einer automationsgestützten Zufallsauswahl beruht; eine weitere Begründung ist nicht erforderlich. [5]In den Fällen des Absatzes 2 Satz 2 tritt an die Stelle des letzten Tages des Monats Februar der 31. Juli des zweiten auf den Besteuerungszeitraum folgenden Kalenderjahres. [6]Eine Anordnung nach Satz 1 oder Satz 3 darf für die Abgabe der Erklärung keine kürzere als die in Absatz 2 bestimmte Frist setzen. [7]In den Fällen der Sätze 1 und 3 erstreckt sich eine Anordnung auf alle Erklärungen im Sinne

des Absatzes 3, die vom betroffenen Steuerpflichtigen für den gleichen Besteuerungszeitraum oder Besteuerungszeitpunkt abzugeben sind.

(5) Absatz 3 gilt nicht für Umsatzsteuererklärungen für das Kalenderjahr, wenn die gewerbliche oder berufliche Tätigkeit vor oder mit dem Ablauf des Besteuerungszeitraums endete.

(6) [1]Die oberste Landesfinanzbehörde oder eine von ihr bestimmte Landesfinanzbehörde kann zulassen, dass Personen, Gesellschaften, Verbände, Vereinigungen, Behörden und Körperschaften im Sinne der §§ 3 und 4 des Steuerberatungsgesetzes bis zu bestimmten Stichtagen einen bestimmten prozentualen Anteil der Erklärungen im Sinne des Absatzes 3 einreichen. [2]Soweit Erklärungen im Sinne des Absatzes 3 in ein Verfahren nach Satz 1 einbezogen werden, ist Absatz 4 Satz 3 nicht anzuwenden. [3]Die Einrichtung eines Verfahrens nach Satz 1 steht im Ermessen der obersten Landesfinanzbehörden und ist nicht einklagbar.

AEAO zu § 149 - Abgabe der Steuererklärungen:

1. § 149 AO i. d. F. des StModernG ist erstmals anzuwenden für Besteuerungszeiträume, die nach dem 31.12.2017 beginnen, und Besteuerungszeitpunkte, die nach dem 31.12.2017 liegen.

   Für die Besteuerungszeiträume 2019 bis 2024 bestehen Sonderregelungen; hier gelten die folgenden abweichenden Termine und Zeiträume (vgl. Art. 97 § 36 Abs. 1 und 3 EGAO; siehe auch BMF-Schreiben vom 23.6.2022, BStBl I S. 938)[1]:

Erklärungsfristen in nicht beratenen Fällen		
Besteuerungszeitraum	Zeitraum gem. § 149 Abs. 2 Satz 1 AO	Zeitraum gem. § 149 Abs. 2 Satz 2 AO („...nicht vor Ablauf des...")[1)]
2020	1.11.2021[2)]	2.5.2022
2021	31.10.2022[3)]	2.5.2023
2022	2.10.2023	2.4.2024
2023	2.9.2024	28.2.2025

[1] Im Anhang 82 abgedruckt.

Erklärungsfristen in beratenen Fällen		
Besteuerungszeitraum	Termin gem. § 149 Abs. 3, 1. Alt. AO	Termin gem. § 149 Abs. 3, 2. Alt. AO[1)]
2019	31.8.2021	31.12.2021
2020	31.8.2022	31.1.2023
2021	31.8.2023	31.1.2024
2022	31.7.2024	31.12.2024
2023	2.6.2025	31.10.2025[4)]
2024	30.4.2026	30.9.2026

Hinweise:

1) Nur Einkommensteuererklärungen von Steuerpflichtigen, die den Gewinn aus Land- und Forstwirtschaft nach einem vom Kalenderjahr abweichenden Wirtschaftsjahr ermitteln. § 149 Abs. 2 Satz 2 AO ist nicht anwendbar, wenn die land- und forstwirtschaftliche Tätigkeit zu Einkünften aus Gewerbebetrieb führt. Werden die Einkünfte aus Land- und Forstwirtschaft gesondert festgestellt, gilt § 149 Abs. 2 Satz 2 AO nur für die Feststellungserklärung, nicht aber für die Einkommensteuererklärung des Land- oder Forstwirts. Grundannahme der Tabelle: das abweichende Wirtschaftsjahr endet mit Ablauf des 30.6. des zweiten Kalenderjahres (§ 4a Abs. 1 Satz 2 Nr. 1 EStG).

2) Soweit dieser Tag in dem Land, zu dem das Finanzamt gehört, ein gesetzlicher Feiertag ist: 2.11.2021.

3) Soweit dieser Tag in dem Land, zu dem das Finanzamt gehört, ein gesetzlicher Feiertag ist: 1.11.2022.

4) Soweit dieser Tag in dem Land, zu dem das Finanzamt gehört, ein gesetzlicher Feiertag ist: 3.11.2025.

2. Ordnet die Finanzbehörde in einem der in § 149 Abs. 4 Satz 1 AO genannten Katalogfälle die Abgabe der Steuererklärung vor Ablauf der Frist nach § 149 Abs. 3 AO an, ist eine über die Nennung des jeweils erfüllten Tatbestandes hinausgehende Begründung der Anforderung nicht erforderlich. Durch die gesetzliche Aufzählung in § 149 Abs. 4 Satz 1 AO ist eine Vorabanforderung für den Steuerpflichtigen und seinen Berater jeweils vorhersehbar. Da der Gesetzgeber zudem bei der nicht vorhersehbaren automationsgestützten Zufallsauswahl nach § 149 Abs. 4 Satz 3 AO ausdrücklich eine individuelle Begründung der Ermessensentscheidung für verzichtbar erklärt, ist eine individuelle Begründung der Ermessensentscheidung in den Fällen des § 149 Abs. 4 Satz 1 AO erst recht nicht geboten. Vorabanforderungen von Steuererklärungen nach § 149 Abs. 4 Satz 1 AO sind insoweit mit Prüfungsanordnungen in den Fällen des § 193 Abs. 1 AO vergleichbar. In diesen Fällen ist eine über

die Nennung des Tatbestandes hinausgehende Begründung regelmäßig nicht erforderlich (ständige Rspr.; vgl. u. a. BFH-Urteil vom 29.10.1992, IV R 47/91, BFH/NV 1993 S. 149, m. w. N.).

3. Für steuerlich nicht beratene Steuerpflichtige, die den Gewinn aus Land- und Forstwirtschaft nach einem verlängerten Wirtschaftsjahr i. S. d. § 8c Abs. 2 Satz 2 EStDV ermitteln, endet die Steuererklärungsfrist für den Besteuerungszeitraum, in dem das verlängerte Wirtschaftsjahr endet, sieben Monate nach Ablauf des Kalenderjahres, in dem das verlängerte Wirtschaftsjahr endet.

§ 150 Form und Inhalt der Steuererklärungen (S 0321)

(1) [1]Eine Steuererklärung ist nach amtlich vorgeschriebenem Vordruck abzugeben, wenn

1. keine elektronische Steuererklärung vorgeschrieben ist,

2. nicht freiwillig eine gesetzlich oder amtlich zugelassene elektronische Steuererklärung abgegeben wird,

3. keine mündliche oder konkludente Steuererklärung zugelassen ist und

4. eine Aufnahme der Steuererklärung an Amtsstelle nach § 151 nicht in Betracht kommt.

[2]§ 87a Absatz 1 Satz 1 ist nur anzuwenden, soweit eine elektronische Steuererklärung vorgeschrieben oder zugelassen ist. [3]Der Steuerpflichtige hat in der Steuererklärung die Steuer selbst zu berechnen, soweit dies gesetzlich vorgeschrieben ist (Steueranmeldung).

(2) Die Angaben in den Steuererklärungen sind wahrheitsgemäß nach bestem Wissen und Gewissen zu machen.

(3) [1]Ordnen die Steuergesetze an, dass der Steuerpflichtige die Steuererklärung eigenhändig zu unterschreiben hat, so ist die Unterzeichnung durch einen Bevollmächtigten nur dann zulässig, wenn der Steuerpflichtige infolge seines körperlichen oder geistigen Zustands oder durch längere Abwesenheit an der Unterschrift gehindert ist. [2]Die eigenhändige Unterschrift kann nachträglich verlangt werden, wenn der Hinderungsgrund weggefallen ist.

(4) [1]Den Steuererklärungen müssen die Unterlagen beigefügt werden, die nach den Steuergesetzen vorzulegen sind. [2]Dritte Personen sind verpflichtet, hierfür erforderliche Bescheinigungen auszustellen.

(5) [1]In die Steuererklärungsformulare können auch Fragen aufgenommen werden, die zur Ergänzung der Besteuerungsunterlagen für Zwecke einer Statistik nach dem Gesetz über Steuerstatistiken erforderlich sind. [2]Die Finanzbehörden können ferner von Steuerpflichtigen Auskünfte verlangen, die für die Durchführung des Bundesausbildungsförderungsgesetzes erforderlich sind. [3]Die Finanzbehörden haben bei der Überprüfung der Angaben dieselben Befugnisse wie bei der Aufklärung der für die Besteuerung erheblichen Verhältnisse.

(6) [1]Zur Erleichterung und Vereinfachung des automatisierten Besteuerungsverfahrens kann das Bundesministerium der Finanzen durch Rechtsverordnung mit Zustimmung des Bundesrates bestimmen, dass und unter welchen Voraussetzungen Steuererklärungen oder sonstige für das Besteuerungsverfahren erforderliche Daten ganz oder teilweise durch Datenfernübertragung oder auf maschinell verwertbaren Datenträgern übermittelt werden können. [2]In der Rechtsverordnung können von den §§ 72a und 87b bis 87d abweichende Regelungen getroffen werden. [3]Die Rechtsverordnung bedarf nicht der Zustimmung des Bundesrates, soweit die Kraftfahrzeugsteuer, die Luftverkehrsteuer, die Versicherungsteuer und Verbrauchsteuern, mit Ausnahme der Biersteuer, betroffen sind.

(7) [1]Können Steuererklärungen, die nach amtlich vorgeschriebenem Vordruck abgegeben oder nach amtlich vorgeschriebenem Datensatz durch Datenfernübertragung übermittelt werden, nach § 155 Absatz 4 Satz 1 zu einer ausschließlich automationsgestützten Steuerfestsetzung führen, ist es dem Steuerpflichtigen zu ermöglichen, Angaben, die nach seiner Auffassung Anlass für eine Bearbeitung durch Amtsträger sind, in einem dafür vorgesehenen Abschnitt oder Datenfeld der Steuererklärung zu machen. [2]Daten, die von mitteilungspflichtigen Stellen nach Maßgabe des § 93c an die Finanzverwaltung übermittelt wurden, gelten als Angaben des Steuerpflichtigen, soweit sie in den Steuererklärungsformularen als eDaten gekennzeichnet sind oder bei nach amtlich vorgeschriebenem Datensatz durch Datenfernübertragung übermittelten Steuererklärungen für den Belegabruf bereitgestellt werden und er nicht in einem dafür vorzusehenden Abschnitt oder Datenfeld der Steuererklärung abweichende Angaben macht.

(8) [1]Ordnen die Steuergesetze an, dass die Finanzbehörde auf Antrag zur Vermeidung unbilliger Härten auf eine Übermittlung der Steuererklärung nach amtlich vorgeschriebenem Datensatz durch Datenfernübertragung verzichten kann, ist einem solchen Antrag zu entsprechen, wenn eine Erklärungsabgabe nach amtlich vorgeschriebenem Datensatz durch Datenfernübertragung für den Steuerpflichtigen wirtschaftlich oder persönlich unzumutbar ist. [2]Dies ist insbesondere der Fall, wenn die Schaffung der technischen Möglichkeiten für eine Datenfernübertragung des amtlich vorgeschriebenen Datensatzes nur mit einem nicht unerheblichen finanziellen Aufwand möglich wäre oder wenn der Steuerpflichtige nach seinen individuellen Kenntnissen und Fähigkeiten nicht oder nur eingeschränkt in der Lage ist, die Möglichkeiten der Datenfernübertragung zu nutzen.

AEAO zu § 150 - Form und Inhalt der Steuererklärungen:

1. Zu den Grundsätzen für die Verwendung von Steuererklärungsvordrucken vgl. BMF-Schreiben vom 12.8.2022, BStBl I S. 1334. Zur elektronischen Übermittlung von Steuererklärungen vgl. § 87a Abs. 6, § 87b Abs. 1 und 2 und § 87d AO.

2. Die Umsatzsteuer-Jahreserklärung ist eine Steueranmeldung i. S. d. § 150 Abs. 1 Satz 3 AO, da der Unternehmer nach § 18 Abs. 3 UStG nach Ablauf eines Kalenderjahres eine Umsatzsteuererklärung abzugeben hat, in der er die Umsatzsteuer oder den Überschuss selbst berechnen muss. Das Gleiche

gilt für Umsatzsteuer-Voranmeldungen und Lohnsteueranmeldungen. Wegen der Festsetzung der Steuer bei einer Steueranmeldung vgl. AEAO zu § 167, wegen der Wirkung einer Steueranmeldung vgl. AEAO zu § 168.

3. Hat die Steuerverwaltung Daten, die ihr von mitteilungspflichtigen Stellen nach Maßgabe des § 93c AO übermittelt wurden, mangels abweichender Angaben des Steuerpflichtigen bei der Steuerfestsetzung unverändert übernommen, ist der Steuerpflichtige für die Richtigkeit dieser Daten nicht verantwortlich (§ 150 Abs. 7 Satz 2 AO). Gleiches gilt bei der Nutzung der sogen. vorausgefüllten (elektronischen) Steuererklärung, soweit der Steuerpflichtige keine abweichenden Angaben gemacht hat. Wegen der Korrekturmöglichkeit in diesen Fällen vgl. § 175b AO.

4. Die Anwendung des § 150 Abs. 8 AO setzt das Vorliegen einer Härtefallregelung in den Einzelsteuergesetzen voraus. § 150 Abs. 8 AO ergänzt diese Regelungen dahingehend, dass die Finanzbehörde einem Antrag zu entsprechen hat, wenn die unbillige Härte darin besteht, dass dem Steuerpflichtigen die Erklärungsabgabe nach amtlich vorgeschriebenem Datensatz durch Datenfernübertragung wirtschaftlich oder persönlich nicht zumutbar ist. Bei Vorliegen der Voraussetzungen des § 150 Abs. 8 AO besteht kein Ermessensspielraum (vgl. BFH-Urteil vom 16.6.2020, VIII R 29/19, BStBl 2021 II S. 290).

4.1. Bei der Prüfung, ob eine Erklärungsabgabe nach amtlich vorgeschriebenem Datensatz durch Datenfernübertragung für den antragstellenden Steuerpflichtigen wirtschaftlich oder persönlich unzumutbar ist, sind alle Umstände des Einzelfalls zu berücksichtigen.

4.1.1. Wirtschaftliche Unzumutbarkeit i. S. d. § 150 Abs. 8 AO liegt insbesondere vor, wenn die Schaffung der technischen Möglichkeiten für eine Datenfernübertragung des amtlich vorgeschriebenen Datensatzes nur mit einem nicht unerheblichen finanziellen Aufwand möglich wäre, wenn also die Kosten für die Schaffung der technischen Voraussetzungen in keinem wirtschaftlich sinnvollen Verhältnis mehr zu den Einkünften stehen, wegen derer die Erklärung nach amtlich vorgeschriebenem Datensatz durch Datenfernübertragung zu übermitteln ist (vgl. BFH-Urteile vom 16.6.2020, VIII R 29/17, BStBl 2021 II S. 288 und VIII R 29/19, BStBl 2021 II S. 290). Das Fehlen der für eine elektronische Übermittlung der Steuererklärung erforderlichen Technik hingegen genügt bei wirtschaftlicher Zumutbarkeit alleine nicht, um einen Anspruch auf Befreiung von der Abgabe der Steuererklärung in elektronischer Form zu begründen (vgl. BFH-Urteil vom 14.3.2012, XI R 33/09, BStBl II S. 477). Finanzielle Verhältnisse des Steuerpflichtigen, die nicht mit den Einkünften in Zusammenhang stehen, die für die elektronische Übermittlungspflicht einer Erklärung ursächlich sind, sind bei Feststellung der Verhältnismäßigkeit nicht zu berücksichtigen (vgl. BFH-Urteil vom 16.6.2020, VIII R 29/19, a. a. O.).

4.1.2. Persönliche Unzumutbarkeit i. S. d. § 150 Abs. 8 AO liegt insbesondere vor, wenn der Steuerpflichtige nach seinen individuellen Kenntnissen und Fähigkeiten nicht oder nur eingeschränkt in der Lage ist, die Möglichkeiten der Datenfernübertragung zu nutzen. Dies ist z. B. der Fall, wenn der Steuerpflichtige über keinerlei Medienkompetenz verfügt und aufgrund seiner aktuellen körperlichen oder geistigen Fähigkeiten auch keinen Zugang zur Computertechnik finden kann (vgl. BFH-Urteil vom 14.3.2012, XI R 33/09, a. a. O.).

4.2. Eine (nur) für einen Veranlagungszeitraum bzw. für ein Kalenderjahr gewährte Befreiung hat keine Dauerwirkung (vgl. BFH-Urteil vom 16.6.2020, VIII R 29/17, BStBl 2021 II S. 288).

§ 151 Aufnahme der Steuererklärung an Amtsstelle (S 0322)

Eine Steuererklärung, die schriftlich oder elektronisch abzugeben ist, kann bei der zuständigen Finanzbehörde zur Niederschrift erklärt werden, wenn dem Steuerpflichtigen nach seinen persönlichen Verhältnissen weder die elektronische Übermittlung noch die Schriftform zuzumuten ist, insbesondere, wenn er nicht in der Lage ist, eine gesetzlich vorgeschriebene Selbstberechnung der Steuer vorzunehmen oder durch einen Dritten vornehmen zu lassen.

AEAO zu § 151 - Aufnahme der Steuererklärung an Amtsstelle:

Eine Aufnahme der Steuererklärung an Amtsstelle kommt i. d. R. nur bei geschäftlich unerfahrenen oder der deutschen Sprache unkundigen Steuerpflichtigen in Betracht, die nicht fähig sind, die Steuererklärung selbst schriftlich abzugeben oder unter den Voraussetzungen des § 150 Abs. 1 Satz 2 AO elektronisch zu übermitteln, und auch nicht in der Lage sind, die Hilfe eines Angehörigen der steuerberatenden Berufe in Anspruch zu nehmen.

§ 152 Verspätungszuschlag (S 0323)

(1) [1]Gegen denjenigen, der seiner Verpflichtung zur Abgabe einer Steuererklärung nicht oder nicht fristgemäß nachkommt, kann ein Verspätungszuschlag festgesetzt werden. [2]Von der Festsetzung eines Verspätungszuschlags ist abzusehen, wenn der Erklärungspflichtige glaubhaft macht, dass die Verspätung entschuldbar ist; das Verschulden eines Vertreters oder eines Erfüllungsgehilfen ist dem Erklärungspflichtigen zuzurechnen.

(2) Abweichend von Absatz 1 ist ein Verspätungszuschlag festzusetzen, wenn eine Steuererklärung, die sich auf ein Kalenderjahr oder auf einen gesetzlich bestimmten Zeitpunkt bezieht,

1. nicht binnen 14 Monaten nach Ablauf des Kalenderjahrs oder nicht binnen 14 Monaten nach dem Besteuerungszeitpunkt,
2. in den Fällen des § 149 Absatz 2 Satz 2 nicht binnen 19 Monaten nach Ablauf des Kalenderjahrs oder nicht binnen 19 Monaten nach dem Besteuerungszeitpunkt oder
3. in den Fällen des § 149 Absatz 4 nicht bis zu dem in der Anordnung bestimmten Zeitpunkt

abgegeben wurde.

(3) Absatz 2 gilt nicht,

1. wenn die Finanzbehörde die Frist für die Abgabe der Steuererklärung nach § 109 verlängert hat oder diese Frist rückwirkend verlängert,
2. wenn die Steuer auf null Euro oder auf einen negativen Betrag festgesetzt wird,
3. wenn die festgesetzte Steuer die Summe der festgesetzten Vorauszahlungen und der anzurechnenden Steuerabzugsbeträge nicht übersteigt oder
4. bei jährlich abzugebenden Lohnsteueranmeldungen, bei Anmeldungen von Umsatzsteuer-Sondervorauszahlungen nach § 48 Absatz 2 der Umsatzsteuer-Durchführungsverordnung sowie bei jährlich abzugebenden Versicherungsteuer- und Feuerschutzsteueranmeldungen.

(4) [1]Sind mehrere Personen zur Abgabe einer Steuererklärung verpflichtet, kann die Finanzbehörde nach ihrem Ermessen entscheiden, ob sie den Verspätungszuschlag gegen eine der erklärungspflichtigen Personen, gegen mehrere der erklärungspflichtigen Personen oder gegen alle erklärungspflichtigen Personen festsetzt. [2]Wird der Verspätungszuschlag gegen mehrere oder gegen alle erklärungspflichtigen Personen festgesetzt, sind diese Personen Gesamtschuldner des Verspätungszuschlags. [3]In Fällen des § 180 Absatz 1 Satz 1 Nummer 2 Buchstabe a ist der Verspätungszuschlag vorrangig gegen die nach § 181 Absatz 2 Satz 2 Nummer 4 erklärungspflichtigen Personen festzusetzen.

(5) [1]Der Verspätungszuschlag beträgt vorbehaltlich des Satzes 2, der Absätze 8 und 13 Satz 2 für jeden angefangenen Monat der eingetretenen Verspätung 0,25

Prozent der festgesetzten Steuer, mindestens jedoch 10 Euro für jeden angefangenen Monat der eingetretenen Verspätung. [2]Für Steuererklärungen, die sich auf ein Kalenderjahr oder auf einen gesetzlich bestimmten Zeitpunkt beziehen, beträgt der Verspätungszuschlag für jeden angefangenen Monat der eingetretenen Verspätung 0,25 Prozent der um die festgesetzten Vorauszahlungen und die anzurechnenden Steuerabzugsbeträge verminderten festgesetzten Steuer, mindestens jedoch 25 Euro für jeden angefangenen Monat der eingetretenen Verspätung. [3]Wurde ein Erklärungspflichtiger von der Finanzbehörde erstmals nach Ablauf der gesetzlichen Erklärungsfrist zur Abgabe einer Steuererklärung innerhalb einer dort bezeichneten Frist aufgefordert und konnte er bis zum Zugang dieser Aufforderung davon ausgehen, keine Steuererklärung abgeben zu müssen, so ist der Verspätungszuschlag nur für die Monate zu berechnen, die nach dem Ablauf der in der Aufforderung bezeichneten Erklärungsfrist begonnen haben.

(6) [1]Für Erklärungen zur gesonderten Feststellung von Besteuerungsgrundlagen, für Erklärungen zur Festsetzung des Gewerbesteuermessbetrags und für Zerlegungserklärungen gelten vorbehaltlich des Absatzes 7 die Absätze 1 bis 3 und Absatz 4 Satz 1 und 2 entsprechend. [2]Der Verspätungszuschlag beträgt für jeden angefangenen Monat der eingetretenen Verspätung 25 Euro.

(7) Für Erklärungen zu gesondert festzustellenden einkommensteuerpflichtigen oder körperschaftsteuerpflichtigen Einkünften beträgt der Verspätungszuschlag für jeden angefangenen Monat der eingetretenen Verspätung 0,0625 Prozent der positiven Summe der festgestellten Einkünfte, mindestens jedoch 25 Euro für jeden angefangenen Monat der eingetretenen Verspätung.

(8) [1]Absatz 5 gilt nicht für

1. vierteljährlich oder monatlich abzugebende Steueranmeldungen,

2. nach § 41a Absatz 2 Satz 2 zweiter Halbsatz des Einkommensteuergesetzes jährlich abzugebende Lohnsteueranmeldungen,

3. nach § 8 Absatz 2 Satz 3 des Versicherungsteuergesetzes jährlich abzugebende Versicherungsteueranmeldungen,

4. nach § 8 Absatz 2 Satz 3 des Feuerschutzsteuergesetzes jährlich abzugebende Feuerschutzsteueranmeldungen und

5. Anmeldungen der Umsatzsteuer-Sondervorauszahlung nach § 48 Absatz 2 der Umsatzsteuer-Durchführungsverordnung.

[2]In diesen Fällen sind bei der Bemessung des Verspätungszuschlags die Dauer und Häufigkeit der Fristüberschreitung sowie die Höhe der Steuer zu berücksichtigen.

(9) [1]Bei Nichtabgabe der Steuererklärung ist der Verspätungszuschlag für einen Zeitraum bis zum Ablauf desjenigen Tages zu berechnen, an dem die erstmalige Festsetzung der Steuer wirksam wird. [2]Gleiches gilt für die Nichtabgabe der Erklärung zur Festsetzung des Gewerbesteuermessbetrags, der Zerlegungserklärung oder der Erklärung zur gesonderten Feststellung von Besteuerungsgrundlagen.

(10) Der Verspätungszuschlag ist auf volle Euro abzurunden und darf höchstens 25 000 Euro betragen.

(11) [1]Die Festsetzung des Verspätungszuschlags soll mit dem Steuerbescheid, dem Gewerbesteuermessbescheid oder dem Zerlegungsbescheid verbunden werden; in den Fällen des Absatzes 4 kann sie mit dem Feststellungsbescheid verbunden werden. [2]In den Fällen des Absatzes 2 kann die Festsetzung des Verspätungszuschlags ausschließlich automationsgestützt erfolgen.

(12) [1]Wird die Festsetzung der Steuer oder des Gewerbesteuermessbetrags oder der Zerlegungsbescheid oder die gesonderte Feststellung von Besteuerungsgrundlagen aufgehoben, so ist auch die Festsetzung eines Verspätungszuschlags aufzuheben. [2]Wird die Festsetzung der Steuer, die Anrechnung von Vorauszahlungen oder Steuerabzugsbeträgen auf die festgesetzte Steuer oder in den Fällen des Absatzes 7 die gesonderte Feststellung einkommensteuerpflichtiger oder körperschaftsteuerpflichtiger Einkünfte geändert, zurückgenommen, widerrufen oder nach § 129 berichtigt, so ist ein festgesetzter Verspätungszuschlag entsprechend zu ermäßigen oder zu erhöhen, soweit nicht auch nach der Änderung oder Berichtigung die Mindestbeträge anzusetzen sind. [3]Ein Verlustrücktrag nach § 10d Absatz 1 des Einkommensteuergesetzes oder ein rückwirkendes Ereignis im Sinne des § 175 Absatz 1 Satz 1 Nummer 2 oder Absatz 2 sind hierbei nicht zu berücksichtigen.

(13) [1]Die Absätze 2, 4 Satz 2, Absatz 5 Satz 2 sowie Absatz 8 gelten vorbehaltlich des Satzes 2 nicht für Steuererklärungen, die gegenüber den Hauptzollämtern abzugeben sind. [2]Für die Bemessung des Verspätungszuschlags zu Steuererklärungen zur Luftverkehrsteuer gilt Absatz 8 Satz 2 entsprechend.

AEAO zu § 152 - Verspätungszuschlag:

1. Zeitlicher Anwendungsbereich

§ 152 AO i. d. F. des StModernG ist erstmals für Steuererklärungen anzuwenden, die nach dem 31.12.2018 abzugeben sind; eine Verlängerung der Steuererklärungsfrist ist hierbei nicht zu berücksichtigen (Art. 97 § 8 Abs. 4 Satz 1 und 2 EGAO).

Für die Besteuerungszeiträume 2020 bis 2024 bestehen in Bezug auf § 152 Abs. 2 AO Sonderregelungen; hier bestimmt sich die Frage, ob ein Verspätungszuschlag von Amts wegen festzusetzen ist (Hinweis auf Nr. 4 des AEAO zu § 152), nach den folgenden Fristüberschreitungen (vgl. Art. 97 § 36 Abs. 3 Nr. 5 und 6 EGAO):

Besteuerungszeitraum	maßgebliche Fristüberschreitung	
	gem. § 152 Abs. 2 Nr. 1 AO (jeweils)	gem. § 152 Abs. 2 Nr. 2 AO (jeweils)
2020	20 Monate	25 Monate
2021	20 Monate	25 Monate
2022	19 Monate	24 Monate
2023	17 Monate	22 Monate
2024	16 Monate	21 Monate

2. Ermessensabhängige Festsetzung von Verspätungszuschlägen

Nach § 152 Abs. 1 Satz 1 AO kann ein Verspätungszuschlag festgesetzt werden, wenn eine gesetzliche Frist (§ 149 Abs. 2 Satz 1, Abs. 3 AO) oder eine von der Finanzbehörde bestimmte Frist (§ 149 Abs. 1 Satz 2 AO) zur Abgabe einer Steuererklärung nicht eingehalten worden ist. Hierbei ist eine (ggf. rückwirkend) gewährte und eingehaltene Fristverlängerung (§ 109 AO) zu berücksichtigen. Die Festsetzung eines Verspätungszuschlags kommt insbesondere in Betracht im Fall wiederholt verspäteter oder unterbliebener Erklärungsabgabe.

Auch wenn die Festsetzung des Verspätungszuschlags nach § 152 Abs. 2 AO aus den in § 152 Abs. 3 AO genannten Gründen nicht von Amts wegen erfolgt, kann die Finanzbehörde einen Verspätungszuschlag nach § 152 Abs. 1 AO festsetzen.

Der in § 152 AO verwendete Begriff der „Steuererklärung“ umfasst auch Feststellungserklärungen (§ 181 Abs. 1 Satz 1 AO) und Erklärungen zur Festsetzung eines Steuermessbetrags (§ 184 Abs. 1 Satz 4 AO). Die Berechnung des Verspätungszuschlags richtet sich in diesen Fällen nach § 152 Abs. 6, 7 und 9 AO.

3. Entschuldbarkeit der verspäteten Erklärungsabgabe

Im Anwendungsbereich des § 152 Abs. 1 AO sind Entschuldigungsgründe für eine verspätete Erklärungsabgabe vom Steuerpflichtigen glaubhaft zu machen (§ 152 Abs. 1 Satz 2 AO). Für die Finanzbehörden besteht insoweit keine Amtsermittlungspflicht. Das Versäumnis ist regelmäßig dann nicht entschuldbar, wenn Steuererklärungen wiederholt nicht oder nicht fristgemäß abgegeben oder von der Finanzbehörde antragsgemäß bewilligte Fristverlängerungen nicht eingehalten wurden.

4. Gesetzlich vorgeschriebene Festsetzung von Verspätungszuschlägen

Unter den Voraussetzungen des § 152 Abs. 2 AO ist ein Verspätungszuschlag von Amts wegen (d. h. ermessensunabhängig) festzusetzen. Dies gilt unabhängig davon, ob ein „Beraterfall" i. S. d. § 149 Abs. 3 AO vorliegt oder der Steuerpflichtige seine Steuererklärung selbst erstellt.

4.1 Auf ein Kalenderjahr beziehen sich insbesondere die Einkommensteuererklärung, die Körperschaftsteuererklärung, die Gewerbesteuererklärung und die Umsatzsteuererklärung für das Kalenderjahr.

4.2 Steuererklärungen, die sich auf einen gesetzlich bestimmten Zeitpunkt beziehen, sind z. B. die Erbschaftsteuererklärung, die Anzeigen nach § 19 GrEStG sowie die Erklärungen zur Feststellung von Einheitswerten oder Grundsteuerwerten und von Grundbesitzwerten. § 152 Abs. 2 AO ist jedoch nicht auf Erklärungen von Grundsteuerwerten im Rahmen der Hauptfeststellung auf den 1.1.2022 anzuwenden (Art. 97 § 8 Abs. 5 EGAO).

4.3 § 152 Abs. 2 AO ist auch anwendbar, wenn Steuerpflichtige erst nach Aufforderung der Finanzbehörde zur Abgabe der Steuererklärung verpflichtet sind (vgl. Nr. 1 Satz 2 des AEAO zu § 152) und sie die Erklärung erst nach Ablauf dieser Frist abgegeben haben.

4.4 § 152 Abs. 2 AO gilt in den Fällen des § 16 Abs. 3, § 18 Abs. 3 Satz 2 UStG nur, wenn die Erklärung nicht binnen 14 Monaten nach Ablauf des Kalenderjahres abgegeben worden ist. Bei einer Fristüberschreitung von mehr als 14 Monaten nach Ablauf der besonderen Erklärungsfrist nach § 18 Abs. 3 UStG soll grundsätzlich ein Verspätungszuschlag nach § 152 Abs. 1 AO festgesetzt werden.

Beispiel:

Die Unternehmereigenschaft endet am 31.7.01. Die Erklärung ist nach § 16 Abs. 3, § 18 Abs. 3 Satz 2 UStG bis zum 31.8.01 abzugeben. Wird die Erklärung nach dem 31.10.02 und vor dem 1.3.03 abgegeben, ist bei Anwendung des § 152 Abs. 1 AO das Ermessen auf Null reduziert. Wird die Erklärung nach dem 28.2.03 oder überhaupt nicht abgegeben, ist § 152 Abs. 2 AO anzuwenden.

5. Rückausnahme gemäß § 152 Abs. 3 AO

Liegt ein Fall des § 152 Abs. 3 AO vor, findet § 152 Abs. 2 AO keine Anwendung, d.h. es erfolgt keine ermessensunabhängige Festsetzung von Amts wegen. Die Festsetzung eines Verspätungszuschlags richtet sich in diesem Fall nach § 152 Abs. 1 AO.

5.1 Hat die Finanzbehörde die Frist für die Abgabe der Steuererklärung nach § 109 AO (ggf. rückwirkend) verlängert (§ 152 Abs. 3 Nr. 1 AO), gilt Folgendes:

- Wurde die verlängerte Erklärungsfrist eingehalten, liegt keine verspätete Erklärungsabgabe vor, so dass weder nach § 152 Abs. 1 AO noch nach § 152 Abs. 2 AO ein Verspätungszuschlag festgesetzt werden darf.
- Wurde die verlängerte Erklärungsfrist nicht eingehalten, kann die Finanzbehörde nach § 152 Abs. 1 AO einen Verspätungszuschlag festsetzen.

5.2 In den folgenden Fällen kann die Finanzbehörde - insbesondere bei wiederholter Verletzung der Erklärungsfrist - nach § 152 Abs. 1 AO einen Verspätungszuschlag festsetzen:

- Die Steuer wurde auf null Euro oder auf einen negativen Betrag festgesetzt (§ 152 Abs. 3 Nr. 2 AO),
- die festgesetzte Steuer übersteigt nicht die Summe der festgesetzten Vorauszahlungen und der anzurechnenden Steuerabzugsbeträge (§ 152 Abs. 3 Nr. 3 AO),
- bei jährlich abzugebenden Lohnsteueranmeldungen (§ 152 Abs. 3 Nr. 4 AO).

6. Inhaltsadressat der Verspätungszuschlagsfestsetzung

Der Verspätungszuschlag wird gegen den Erklärungspflichtigen festgesetzt. Wird die Steuererklärung von einem gesetzlichen Vertreter oder einer sonstigen Person i. S. d. §§ 34, 35 AO abgegeben, so ist der Verspätungszuschlag gleichwohl grundsätzlich gegen den Steuerschuldner festzusetzen (vgl. BFH-Urteil vom 18.4.1991, IV R 127/89, BStBl II S. 675). Eine Festsetzung gegen den Vertreter kommt nur in Ausnahmefällen (z. B. leichtere Beitreibbarkeit des Verspätungszuschlags bei dem Vertreter) in Betracht.

Für den Fall, dass mehrere Personen zur Abgabe ein und derselben Steuererklärung verpflichtet sind, vgl. § 152 Abs. 4 AO. In Zusammenveranlagungsfällen ist der Verspätungszuschlag grundsätzlich gegen beide Ehegatten oder Lebenspartner festzusetzen.

7. Gesetzliche Vorgaben zur Berechnung von Verspätungszuschlägen

§ 152 Abs. 5 AO enthält gesetzliche Vorgaben zur Berechnung des Verspätungszuschlags und gilt sowohl für die Fälle des § 152 Abs. 1 AO als auch für die Fälle des § 152 Abs. 2 AO. Insoweit besteht kein Ermessensspielraum der Finanzbehörde. Etwas anderes gilt lediglich in den Fällen des § 152 Abs. 8 AO.

In den Fällen von Nr. 4.3 des AEAO zu § 152 ist bei der Berechnung des Verspätungszuschlags § 152 Abs. 5 Satz 3 AO entsprechend anzuwenden.

8. Berechnung von Verspätungszuschlägen bei anlassbezogenen Steueranmeldungen

§ 152 Abs. 8 AO gilt nicht für Steueranmeldungen, die nicht periodisch, sondern nur anlassbezogen abzugeben sind, wie z. B. die Kapitalertragsteuer-

Anmeldung (§ 45a Abs. 1 Satz 1 i. V. m. § 44 Abs. 1 Satz 5 EStG), die Steueranmeldung nach § 48a Abs. 1 EStG und die Anmeldung über einen Steuerabzug bei beschränkt Steuerpflichtigen (§ 50a EStG i. V. m. § 73e EStDV).

9. Berechnungszeitraum

Eine Verpflichtung zur Abgabe einer Steuererklärung bleibt auch dann bestehen, wenn die Finanzbehörde die Besteuerungsgrundlagen geschätzt hat (§ 149 Abs. 1 Satz 4 AO). Für die Bemessung eines Verspätungszuschlags ist aber nur auf den Zeitraum bis zum erstmaligen Erlass des Steuerbescheids bzw. dessen Bekanntgabe abzustellen (§ 152 Abs. 9 AO).

Der Beginn des Berechnungszeitraumes bestimmt sich grundsätzlich nach dem Ablauf der jeweiligen Erklärungsfrist. Vorbehaltlich einer etwaigen Fristverlängerung nach § 109 Abs. 1 oder 2 AO ist dies

- bei nicht beratenen Steuerpflichtigen der Ablauf der allgemeinen Erklärungsfrist (§ 149 Abs. 2 AO),
- bei beratenen Steuerpflichtigen entweder der Ablauf der verlängerten Erklärungsfrist (§ 149 Abs. 3 AO) oder bei vorzeitiger Anforderung (§ 149 Abs. 4 AO) der Ablauf der in der Anforderung bestimmten Frist.

§ 152 Abs. 5 Satz 3 AO enthält eine Sonderregelung für die Steuerpflichtigen, die bis zum Zugang einer - nach Ablauf der allgemeinen Erklärungsfrist versandten - Aufforderung davon ausgehen konnten, nicht zur Abgabe einer Steuererklärung verpflichtet zu sein. In diesen Fällen ist der Verspätungszuschlag erst vom Ablauf der in der Aufforderung bezeichneten Erklärungsfrist an zu berechnen.

10. Abrundung und Höchstbetrag

Der Verspätungszuschlag ist nach § 152 Abs. 10 AO auf volle Euro abzurunden und darf höchstens 25.000 Euro betragen. Er kann dabei - anders als nach § 152 AO a. F. - auch mehr als 10 % der festgesetzten Steuer betragen. Dies gilt insbesondere, wenn die Steuer auf null Euro oder auf einen negativen Betrag festgesetzt wurde oder wenn die Summe der festgesetzten Vorauszahlungen und der anzurechnenden Steuerabzugsbeträge die festgesetzte Steuer übersteigt (vgl. Nr. 5.2 des AEAO zu § 152).

11. Festsetzung, Fälligkeit und Verjährung

Der Verspätungszuschlag ist eine steuerliche Nebenleistung (§ 3 Abs. 4 AO). Er entsteht mit der Bekanntgabe seiner Festsetzung (§ 124 Abs. 1 AO) und wird mit Ablauf der gesetzten Frist fällig (§ 220 Abs. 2 AO). I. d. R. ist dies - wegen der grundsätzlich vorzunehmenden Verbindung mit dem Steuerbescheid (§ 152 Abs. 11 Satz 1 AO) - die Zahlungsfrist für die Steuer. Sofern der Verspätungszuschlag ausnahmsweise durch eigenständigen Verwaltungsakt festgesetzt wird (z. B. bei verspäteter Abgabe einer Steueranmeldung, § 167 AO), ist auch eine gesonderte Zahlungsfrist für den Verspätungszuschlag einzuräumen.

Wird der Verspätungszuschlag bei verspäteter Abgabe einer Steueranmeldung (§ 168 AO) zeitnah durch eigenständigen Verwaltungsakt festgesetzt, bedarf es hierbei i. d. R. keiner besonderen Begründung (§ 121 Abs. 2 Nr. 2 AO).

Wegen der Verjährung des Verspätungszuschlags wird auf Nr. 5 des AEAO zu § 169 und auf § 228 AO, wegen der Haftung für Verspätungszuschläge auf §§ 69 ff. AO hingewiesen.

12. Korrektur von Verspätungszuschlagsfestsetzungen

§ 152 Abs. 12 AO ordnet die Korrektur einer Verspätungszuschlagfestsetzung für den Fall an, dass der zugrundeliegende Bescheid aufgehoben oder korrigiert wird und dies Auswirkungen auf die Höhe des Verspätungszuschlags hat. Bei Steueranmeldungen i. S. d. § 152 Abs. 8 AO ist eine Änderung eines Verspätungszuschlags nach § 152 Abs. 12 Satz 2 AO vorzunehmen, soweit der bisher festgesetzte Verspätungszuschlag nach der Höhe der Steuer bemessen war. Die Mindestbeträge nach § 152 Abs. 5 AO sind in diesen Fällen unbeachtlich.

§ 153 Berichtigung von Erklärungen (S 0324)

(1) [1]Erkennt ein Steuerpflichtiger nachträglich vor Ablauf der Festsetzungsfrist,

1. dass eine von ihm oder für ihn abgegebene Erklärung unrichtig oder unvollständig ist und dass es dadurch zu einer Verkürzung von Steuern kommen kann oder bereits gekommen ist oder

2. dass eine durch Verwendung von Steuerzeichen oder Steuerstemplern zu entrichtende Steuer nicht in der richtigen Höhe entrichtet worden ist,

so ist er verpflichtet, dies unverzüglich anzuzeigen und die erforderliche Richtigstellung vorzunehmen. [2]Die Verpflichtung trifft auch den Gesamtrechtsnachfolger eines Steuerpflichtigen und die nach den §§ 34 und 35 für den Gesamtrechtsnachfolger oder den Steuerpflichtigen handelnden Personen.

(2) Die Anzeigepflicht besteht ferner, wenn die Voraussetzungen für eine Steuerbefreiung, Steuerermäßigung oder sonstige Steuervergünstigung nachträglich ganz oder teilweise wegfallen.

(3) Wer Waren, für die eine Steuervergünstigung unter einer Bedingung gewährt worden ist, in einer Weise verwenden will, die der Bedingung nicht entspricht, hat dies vorher der Finanzbehörde anzuzeigen.

(4) Die Anzeige- und Berichtigungspflicht besteht ferner, wenn Prüfungsfeststellungen einer Außenprüfung unanfechtbar in einem Steuerbescheid, einem Feststellungsbescheid nach § 180 Absatz 1 Satz 1 Nummer 2 oder einem Teilabschlussbescheid nach § 180 Absatz 1a umgesetzt worden sind und die den Prüfungsfeststellungen zugrunde liegenden Sachverhalte auch in einer anderen vom oder für den Steuerpflichtigen abgegebenen Erklärung, die nicht Gegenstand der Außenprüfung war, zu einer Änderung der Besteuerungsgrundlagen führt.[2]

AEAO zu § 153 - Berichtigung von Erklärungen:

1. Allgemeines

Die Anzeige- und Berichtigungspflicht nach § 153 Abs. 1 Satz 1 AO besteht, wenn ein Steuerpflichtiger bzw. sein gesetzlicher Vertreter, sein Gesamtrechtsnachfolger oder eine andere in § 153 Abs. 1 Satz 2 AO genannte Person (vgl. AEAO zu § 153, Nr. 4) nachträglich erkennt, dass eine von ihm oder für ihn abgegebene Erklärung (vgl. AEAO zu § 153, Nr. 3) objektiv unrichtig oder unvollständig ist und dass es dadurch zu einer Steuerverkürzung gekommen ist oder kommen kann. Bei dieser Pflicht handelt es sich um eine steuerrechtliche Pflicht.

Ist bereits die Einleitung eines Steuerstraf- oder Bußgeldverfahrens bekannt gegeben worden, sind Zwangsmittel (§ 328 AO) unter den Voraussetzungen des § 393 Abs. 1 Satz 2 und 3 AO (ggf. i. V. m. § 410 Abs. 1 Nr. 4 AO) unzu-

[2] Zur Anwendung des § 153 Abs. 4 AO siehe Artikel 97 § 37 EGAO

lässig, da der Steuerpflichtige im Straf- oder Bußgeldverfahren nicht gezwungen werden darf, sich selbst zu belasten (nemo-tenetur-Grundsatz; vgl. AEAO zu § 153, Nr. 5.2).

2. Abgrenzung der Anzeige- und Berichtigungspflicht von einer Selbstanzeige

2.1 Sowohl im Fall einer Anzeige und Berichtigung nach § 153 Abs. 1 AO als auch im Fall einer Selbstanzeige muss die Erklärung im Zeitpunkt ihrer Abgabe objektiv unrichtig gewesen sein. Objektiv unrichtig ist die Erklärung, wenn sie entgegen § 90 Abs. 1 Satz 2, § 150 Abs. 2 Satz 1 AO nicht alle steuerlich erheblichen Tatsachen vollständig und wahrheitsgemäß offenlegt.

2.2 Erkennt der Steuerpflichtige erst im Nachhinein die Fehlerhaftigkeit der von ihm abgegebenen Erklärung und kommt er seiner Anzeige- und Berichtigungspflicht nach § 153 Abs. 1 AO unverzüglich nach, liegt weder eine Steuerhinterziehung noch eine leichtfertige Steuerverkürzung vor, wenn es sowohl am Vorsatz als auch an der Leichtfertigkeit fehlt. Eine Anzeige- und Berichtigungspflicht nach § 153 Abs. 1 AO besteht auch dann, wenn der Steuerpflichtige die Unrichtigkeit seiner Angaben bei der Abgabe der Steuererklärung nicht gekannt, sie aber billigend in Kauf genommen hat und später zu der Erkenntnis gelangt ist, dass seine Angaben tatsächlich unrichtig waren (vgl. AEAO zu § 153, Nr. 2.6). In diesem Fall hat der Steuerpflichtige zunächst nur mit der Unrichtigkeit der Angaben gerechnet, sie aber nicht sicher gekannt. Er hat die Unrichtigkeit nachträglich erkannt, wenn er später positiv erfährt, dass seine Angaben tatsächlich unrichtig waren.

2.3 Im Fall des § 153 Abs. 2 AO wurde hingegen die zunächst objektiv richtige steuerliche Erklärung erst durch den nachträglichen vollständigen oder teilweisen Wegfall der Voraussetzungen für eine Steuerbefreiung, Steuerermäßigung oder sonstige Steuervergünstigung objektiv unrichtig. Bei einer unverzüglichen Anzeige nach § 153 Abs. 2 AO liegt daher weder eine Steuerhinterziehung noch eine leichtfertige Steuerverkürzung vor. Gem. § 153 Abs. 2 AO besteht lediglich eine Anzeigepflicht, eine Berichtigungspflicht ergibt sich hieraus nicht. Die spezialgesetzlichen Verpflichtungen zur Nacherklärung (z. B. § 13a Abs. 6 ErbStG, § 68 Abs. 1 EStG) gehen vor.

2.4 Der Anzeige- und Berichtigungspflichtige muss nachträglich vor Ablauf der Festsetzungsfrist die Unrichtigkeit oder Unvollständigkeit der Erklärung tatsächlich erkennen, bloßes Erkennen-Können bzw. Erkennen-Müssen reicht nicht aus. Erkennen bedeutet vielmehr das Wissen von der Unrichtigkeit oder Unvollständigkeit der Erklärung sowie die Erkenntnis, dass es durch die Erklärung zu einer Verkürzung der Steuer kommen kann oder bereits gekommen ist.

2.5 Ein Fehler, der dem Anzeige- und Berichtigungspflichtigen i. S. d. § 153 AO unterlaufen ist, ist straf- bzw. bußgeldrechtlich nur vorwerfbar, wenn er vorsätzlich bzw. leichtfertig begangen wurde. Es gelten die allgemeinen Regelungen des Straf- bzw. Ordnungswidrigkeitenrechts (§ 369 Abs. 2, § 377 Abs. 2 AO). Es ist zwischen einem bloßen Fehler und einer Steuerstraftat oder Steuerordnungswidrigkeit (§§ 370, 378 AO) zu differenzieren. Nicht jede objektive Unrichtigkeit legt den Verdacht einer Steuerstraftat oder Steuerordnungswidrigkeit nahe. Es bedarf einer sorgfältigen Prüfung durch die zuständige Finanzbehörde, ob der Anfangsverdacht einer vorsätzlichen oder leichtfertigen Steuerverkürzung gegeben ist. Insbesondere kann nicht automatisch vom Vorliegen eines Anfangsverdachts allein aufgrund der Höhe der steuerlichen Auswirkung der Unrichtigkeit der abgegebenen Erklärung oder aufgrund der Anzahl der abgegebenen Berichtigungen ausgegangen werden.

Ein straf- oder bußgeldrechtlich vorwerfbares Verhalten kann auch dann vorliegen, wenn die Unrichtigkeit oder Unvollständigkeit der abgegebenen Erklärung erkannt, aber keine (ggf. auch erneute) Berichtigung entsprechend der Verpflichtung aus § 153 AO vorgenommen wurde. In diesem Fall liegt eine Unterlassungstat vor (vgl. AEAO zu § 153, Nr. 5.3).

2.6 Für eine Steuerhinterziehung reicht von den verschiedenen Vorsatzformen bereits bedingter Vorsatz aus. Dieser kommt in Betracht, wenn der Täter die Tatbestandsverwirklichung für möglich hält. Es ist nicht erforderlich, dass der Täter die Tatbestandsverwirklichung anstrebt oder für sicher hält. Nach der BGH-Rechtsprechung ist für die Annahme des bedingten Vorsatzes neben dem Für-Möglich-Halten der Tatbestandsverwirklichung zusätzlich erforderlich, dass der Eintritt des Taterfolges billigend in Kauf genommen wird. Für die billigende Inkaufnahme reicht es, dass dem Täter der als möglich erscheinende Handlungserfolg gleichgültig ist. Hat der Steuerpflichtige ein innerbetriebliches Kontrollsystem eingerichtet, das der Erfüllung der steuerlichen Pflichten dient, kann dies ggf. ein Indiz darstellen, das gegen das Vorliegen eines Vorsatzes oder der Leichtfertigkeit sprechen kann, jedoch befreit dies nicht von einer Prüfung des jeweiligen Einzelfalls.

2.7 Leichtfertigkeit ist eine besondere Form der Fahrlässigkeit und liegt vor, wenn jemand in besonders großem Maße gegen Sorgfaltspflichten verstößt und ihm dieser Verstoß besonders vorzuwerfen ist, weil er den Erfolg leicht hätte vorhersehen oder vermeiden können. Wurde leichtfertig eine unrichtige oder unvollständige Erklärung abgegeben, ist ein nachträgliches Erkennen dieses Fehlers möglich. In diesem Fall kann eine Berichtigung nach § 378 Abs. 3 AO erfolgen. Bei Erfüllung der Voraussetzungen des § 378 Abs. 3 AO ist keine Geldbuße festzusetzen. Die Verschärfungen der Voraussetzungen einer wirksamen Selbstanzeige durch das Schwarzgeldbekämpfungsgesetz vom 28.4.2011, BGBl. I S. 676, BStBl I S. 495, und durch das Gesetz zur Änderung der Abgabenordnung und des Einführungsgesetzes zur Abgabenordnung vom 22.12.2014, BGBl. I S. 2415, BStBl 2015 I S. 55, wurden nicht entsprechend auf die leichtfertige Steuerverkürzung nach § 378 AO ausgedehnt.

2.8 Liegt ein Fehler vor, der unter Würdigung der Gesamtumstände des Einzelfalls weder auf einer vorsätzlichen noch leichtfertigen Handlung (auch durch Unterlassen) beruht, liegt keine Steuerstraftat oder leichtfertige Steuerverkürzung vor. Der Fehler ist nach dessen Erkennen nach § 153 Abs. 1 Satz 1 Nr. 1 AO anzuzeigen und zu berichtigen, falls eine Steuerverkürzung eingetreten ist oder es zu einer Steuerverkürzung kommen kann.

3. Umfang der Anzeige- und Berichtigungspflicht

Die Anzeige- und Berichtigungspflicht nach § 153 Abs. 1 Satz 1 AO und die Anzeigepflicht nach § 153 Abs. 2 AO erstrecken sich nicht nur auf Steuererklärungen, sondern auf alle Erklärungen des Steuerpflichtigen, die Einfluss auf die Höhe der festgesetzten Steuer oder auf gewährte Steuervergünstigungen gehabt haben, somit beispielsweise auch auf Änderungsanträge nach § 172 Abs. 1 Satz 1 Nr. 2 Buchstabe a AO oder nach § 173 Abs. 1 Nr. 2 AO und auf Anträge auf Herabsetzung von Vorauszahlungen. Es besteht aber keine Verpflichtung, unaufgefordert Angaben zur Erhöhung festgesetzter Vorauszahlungen zu machen, wenn sich die wirtschaftlichen Verhältnisse des Steuerpflichtigen erst nach einem Antrag auf Herabsetzung von Vorauszahlungen geändert haben. Eine Anzeige- und Berichtigungspflicht besteht lediglich dann, wenn eine erstmalige Festsetzung oder Herabsetzung von Vorauszahlungen auf vom Steuerpflichtigen unrichtig bzw. unvollständig gemachten Angaben beruht. Die Anzeige- und Berichtigungspflicht besteht sowohl bei Gefahr einer Steuerverkürzung als auch bei einer bereits eingetretenen Steuerverkürzung. Die Anzeige sowie Berichtigung durch den Steuerpflichtigen sind in Fällen von Fehlerfeststellungen durch die Betriebsprüfung für die in der Prüfungsanordnung vorgesehenen Steuerarten und Prüfungszeiträume entbehrlich.

4. Zur Anzeige und Berichtigung verpflichtete Personen

Zur Anzeige und Berichtigung verpflichtet sind neben dem Steuerpflichtigen auch der Gesamtrechtsnachfolger (§ 45 AO) eines Steuerpflichtigen und die nach §§ 34 und 35 AO für den Steuerpflichtigen oder den Gesamtrechtsnachfolger handelnden Personen (§ 153 Abs. 1 Satz 2 AO, z. B. der Geschäftsführer einer GmbH). In Fällen einer Zusammenveranlagung zur Einkommensteuer trifft nur denjenigen Ehegatten oder Lebenspartner die Anzeige- und Berichtigungspflicht, dem die unrichtig oder unvollständig erklärten Besteuerungsgrundlagen zuzurechnen sind. Davon zu unterscheiden sind jedoch die Fälle, in denen der überlebende Ehegatte oder Lebenspartner als Gesamtrechtsnachfolger des verstorbenen Ehegatten oder Lebenspartners die steuerlichen Pflichten (u. a. auch die Anzeige- und Berichtigungspflicht nach § 153 Abs. 1 Satz 2 AO) zu erfüllen hat. Sofern ein Erblasser unrichtige oder unvollständige Steuererklärungen abgegeben hat und der Erbe dies erkennt, ist er zur Anzeige und zur Berichtigung der Steuererklärungen des Erblassers verpflichtet, soweit noch keine Festsetzungsverjährung eingetreten ist. Wurde eine Erklärung von einem Bevollmächtigten (z. B. Steuerberater, Rechtsanwalt oder Wirtschaftsprüfer) vorbereitet oder sogar unterschrieben oder elektronisch übermittelt, bleiben nur der Steuerpflichtige und die Person i. S. d. § 153 Abs. 1 Satz 2 AO zur Anzeige und Berichtigung verpflichtet, d.h. dass z. B. für Steuerberater, Lohnsteuerhilfevereine, Rechtsanwälte und Wirtschaftsprüfer hinsichtlich der Angelegenheiten der Mandanten bzw. Mitglieder insoweit keine Anzeige- und Berichtigungspflicht besteht.

5. Zeitpunkt der Anzeige und Berichtigung

5.1 Die Anzeige nach § 153 Abs. 1 Satz 1 und Abs. 2 AO sowie die Berichtigung nach § 153 Abs. 1 Satz 1 AO müssen unverzüglich, d. h. ohne schuldhaftes

Zögern, gegenüber der sachlich und örtlich zuständigen Finanzbehörde erstattet werden. Die Berichtigung nach § 153 Abs. 1 Satz 1 AO kann ggf. später nachfolgen, wenn hierfür eine gewisse Zeit zur Aufbereitung der Unterlagen erforderlich ist. In einem solchen Fall sollte ggf. die erforderliche Zeitdauer gegenüber der Finanzbehörde begründet werden, z. B. durch einen Hinweis auf die notwendige Aufklärung von unternehmensinternen Prozessen, wenn es sich um länger zurückliegende Sachverhalte handelt. Zu diesem Zweck ist dem Berichtigungspflichtigen von der Finanzbehörde eine angemessene Frist zu gewähren. Entsprechend kann es sich verhalten, wenn der Steuerpflichtige vorläufige Angaben macht, weil der Sachverhalt nicht abschließend bekannt ist, er aber keine Fristen versäumen will.

5.2 Bei einer Steuerhinterziehung, die mit bedingtem Vorsatz (vgl. AEAO zu § 153, Nr. 2.6) begangen wurde, besteht für den Steuerpflichtigen ebenfalls eine Anzeige- und Berichtigungspflicht. In diesem Fall ist die Anzeige nach § 153 Abs. 1 Satz 1 und Abs. 2 AO unverzüglich, d.h. ohne schuldhaftes Zögern, gegenüber der sachlich und örtlich zuständigen Finanzbehörde erstattet, wenn dem Steuerpflichtigen die Befolgung dieser Pflicht zumutbar ist (nemo-tenetur-Grundsatz). Nach dem nemo-tenetur-Grundsatz ist es unzumutbar, jemanden zu zwingen, durch eigene Aussagen die Voraussetzungen für eine strafgerichtliche Verurteilung oder die Verhängung entsprechender Sanktionen liefern zu müssen. Eine Anzeige nach § 153 Abs. 1 oder Abs. 2 AO ist daher solange als unverzüglich zu werten, wie dem Steuerpflichtigen eine angemessene Zeit zur Aufbereitung einer Selbstanzeige nach § 371 AO zuzugestehen wäre.

5.3 Bei vorsätzlichem Verstoß gegen die Anzeige- und Berichtigungspflicht nach § 153 Abs. 1 Satz 1 AO oder die Anzeigepflicht nach § 153 Abs. 2 AO liegt ab dem Zeitpunkt des Erkennens der objektiv unrichtig abgegebenen Erklärung bzw. des ganz oder teilweisen Wegfalls einer Steuervergünstigung eine Steuerhinterziehung durch Unterlassen vor (§ 370 Abs. 1 Nr. 2 AO). Dies führt auch zu einer Verlängerung der Festsetzungsfrist nach § 169 Abs. 2 Satz 2 AO. Fehler, die der Finanzbehörde unterlaufen, muss der Steuerpflichtige nicht anzeigen (vgl. BFH-Urteil vom 4.12.2012, VIII R 50/10, BStBl 2014 II S. 222).

5.4 Mit Ablauf der Festsetzungsfrist nach §§ 169 ff. AO endet die Anzeige- und Berichtigungspflicht.

Erstattet der Steuerpflichtige vor Ablauf der Festsetzungsfrist eine Anzeige nach § 153 AO oder eine Selbstanzeige (§ 371, § 378 Abs. 3 AO), so endet nach § 171 Abs. 9 AO die Festsetzungsfrist nicht vor Ablauf eines Jahres nach Eingang der Anzeige. Wird aufgrund der Anzeige innerhalb der Jahresfrist, aber nach Ablauf der regulären Festsetzungsfrist mit einer Außenprüfung oder Ermittlung der Steuerfahndung begonnen, so wird dadurch keine weitere Ablaufhemmung nach § 171 Abs. 4 oder 5 AO ausgelöst (BFH-Urteil vom 8.7.2009, VIII R 5/07, BStBl 2010 II S. 583).

Bei Übermittlung der Anzeige bzw. Berichtigung an eine unzuständige Finanzbehörde ist die Verpflichtung nach § 153 Abs. 1 Satz 1 oder Abs. 2 AO als erfüllt anzusehen. Die Jahresfrist nach § 171 Abs. 9 AO beginnt jedoch erst mit Ablauf des Tages, an dem die weitergeleitete Anzeige bei der zuständigen Finanzbehörde eingegangen ist (vgl. BFH-Urteil vom 28.2.2008, VI R 62/06, BStBl II S. 595).

3. Unterabschnitt - Kontenwahrheit

§ 154 Kontenwahrheit (S 0325)

(1) Niemand darf auf einen falschen oder erdichteten Namen für sich oder einen Dritten ein Konto errichten oder Buchungen vornehmen lassen, Wertsachen (Geld, Wertpapiere, Kostbarkeiten) in Verwahrung geben oder verpfänden oder sich ein Schließfach geben lassen.

(2) [1]Wer ein Konto führt, Wertsachen verwahrt oder als Pfand nimmt oder ein Schließfach überlässt (Verpflichteter), hat

1. sich zuvor Gewissheit über die Person und Anschrift jedes Verfügungsberechtigten und jedes wirtschaftlich Berechtigten im Sinne des Geldwäschegesetzes zu verschaffen und

2. die entsprechenden Angaben in geeigneter Form, bei Konten auf dem Konto, festzuhalten.

[2]Für Verfügungsberechtigte sind § 11 Absatz 4 und 6, § 12 Absatz 1 und 2 und § 13 Absatz 1 des Geldwäschegesetzes sowie zu § 12 Absatz 3 und § 13 Absatz 2 des Geldwäschegesetzes ergangene Rechtsverordnungen, für wirtschaftlich Berechtigte der § 13 Absatz 1 des Geldwäschegesetzes sowie zu § 13 Absatz 2 des Geldwäschegesetzes ergangene Rechtsverordnungen entsprechend anzuwenden. [3]Der Verpflichtete hat sicherzustellen, dass er den Finanzbehörden jederzeit Auskunft darüber geben kann, über welche Konten oder Schließfächer eine Person verfügungsberechtigt ist oder welche Wertsachen eine Person zur Verwahrung gegeben oder als Pfand überlassen hat. [4]Die Geschäftsbeziehung ist kontinuierlich zu überwachen und die nach Satz 1 zu erhebenden Daten sind in angemessenem zeitlichen Abstand zu aktualisieren.

(2a) [1]Kreditinstitute haben für jeden Kontoinhaber, jeden anderen Verfügungsberechtigten und jeden wirtschaftlich Berechtigten im Sinne des Geldwäschegesetzes außerdem folgende Daten zu erheben und aufzuzeichnen:

1. die Identifikationsnummer nach § 139b und

2. die Wirtschafts-Identifikationsnummer nach § 139c oder, wenn noch keine Wirtschafts-Identifikationsnummer vergeben wurde und es sich nicht um eine natürliche Person handelt, die für die Besteuerung nach dem Einkommen geltende Steuernummer.

[2]Der Vertragspartner sowie gegebenenfalls für ihn handelnde Personen haben dem Kreditinstitut die nach Satz 1 zu erhebenden Daten mitzuteilen und sich im Laufe der Geschäftsbeziehung ergebende Änderungen unverzüglich anzuzeigen. [3]Die Sätze 1 und 2 sind nicht anzuwenden bei Kreditkonten, wenn der Kredit ausschließlich der Finanzierung privater Konsumgüter dient und der Kreditrahmen einen Betrag von 12 000 Euro nicht übersteigt.

(2b) [1]Teilen der Vertragspartner oder gegebenenfalls für ihn handelnde Personen dem Kreditinstitut die nach Absatz 2a Satz 1 Nummer 1 zu erfassende Identifikationsnummer einer betroffenen Person bis zur Begründung der Geschäftsbeziehung nicht mit und hat das Kreditinstitut die Identifikationsnummer dieser

Person auch nicht aus anderem Anlass rechtmäßig erfasst, hat es sie bis zum Ablauf des dritten Monats nach Begründung der Geschäftsbeziehung in einem maschinellen Verfahren beim Bundeszentralamt für Steuern zu erfragen. [2]In der Anfrage dürfen nur die in § 139b Absatz 3 genannten Daten der betroffenen Person angegeben werden. [3]Das Bundeszentralamt für Steuern teilt dem Kreditinstitut die Identifikationsnummer der betroffenen Person mit, sofern die übermittelten Daten mit den bei ihm nach § 139b Absatz 3 gespeicherten Daten übereinstimmen.

(2c) [1]Soweit das Kreditinstitut die nach Absatz 2a Satz 1 zu erhebenden Daten auf Grund unzureichender Mitwirkung des Vertragspartners und gegebenenfalls für ihn handelnder Personen nicht ermitteln kann, hat es dies auf dem Konto festzuhalten. [2]In diesem Fall hat das Kreditinstitut dem Bundeszentralamt für Steuern die betroffenen Konten sowie die hierzu nach Absatz 2 erhobenen Daten mitzuteilen; diese Daten sind für alle in einem Kalenderjahr eröffneten Konten bis Ende Februar des Folgejahrs zu übermitteln.

(2d) Die Finanzbehörden können für einzelne Fälle oder für bestimmte Fallgruppen Erleichterungen zulassen, wenn die Einhaltung der Pflichten nach den Absätzen 2 bis 2c unverhältnismäßige Härten mit sich bringt und die Besteuerung durch die Erleichterung nicht beeinträchtigt wird.

(3) Ist gegen Absatz 1 verstoßen worden, so dürfen Guthaben, Wertsachen und der Inhalt eines Schließfachs nur mit Zustimmung des für die Einkommen- und Körperschaftsteuer des Verfügungsberechtigten zuständigen Finanzamts herausgegeben werden.

AEAO zu § 154 - Kontenwahrheit:

1. Verbot der Verwendung falscher oder erdichteter Namen

Das Verbot, falsche oder erdichtete Namen zu verwenden, richtet sich an denjenigen, der als Kunde bei einem anderen ein Konto errichten lassen will oder Buchungen vornehmen lässt. Wegen des Verbots im eigenen Geschäftsbetrieb falsche oder erdichtete Namen für Konten zu gebrauchen, Hinweis auf § 146 Abs. 1 AO.

2. Konten auf den Namen Dritter/CpD-Konten

Es ist zulässig, Konten auf den Namen Dritter zu errichten, hierbei ist die Existenz des Dritten nachzuweisen. Vgl. dazu auch Nr. 7.2 des AEAO zu § 154. Der ausdrücklichen Zustimmung des Dritten bedarf es nicht.

Verboten ist die Abwicklung von Geschäftsvorfällen über sog. CpD-Konten, wenn der Name des Beteiligten bekannt ist oder unschwer ermittelt werden kann und für ihn bereits ein entsprechendes Konto geführt wird.

3. Konto

Konto i. S. d. § 154 Abs. 2 AO ist jede für einen Dritten im Rahmen einer laufenden Geschäftsverbindung geführte Rechnung, in der Zu- und Abgänge der Vermögensgegenstände erfasst werden. Hierzu zählen auch Kredit- und Darlehenskonten sowie Konten über ausländische Währung oder über elektronisches Geld. Konten, die nicht „für einen anderen“ geführt werden, sind keine Konten i. S. d. § 154 Abs. 2 AO (z. B. ein Warenforderungskonto oder ein Kontokorrentkonto i. S. d. § 355 HGB bei einem Geschäftspartner).

4. Verfügungsberechtigter

Verfügungsberechtigte i. S. d. § 154 Abs. 2 AO sind

- sowohl der Gläubiger der Forderung (Kontoinhaber) und seine gesetzlichen Vertreter
- als auch jede andere Person, die zur Verfügung über das Konto bevollmächtigt ist (Kontovollmacht).

Dies gilt entsprechend für die Verwahrung von Wertsachen sowie für die Überlassung von Schließfächern.

Personen, die aufgrund Gesetzes oder Rechtsgeschäfts zur Verfügung berechtigt sind, ohne dass diese Berechtigung dem Kreditinstitut usw. mitgeteilt worden ist, gelten insoweit nicht als Verfügungsberechtigte.

5. Wirtschaftlich Berechtigter

Wirtschaftlich Berechtigter i. S. d. § 154 AO ist derjenige, der auch nach § 3 GwG wirtschaftlich Berechtigter ist.

Wirtschaftlich Berechtigter i. S. d. § 3 Abs. 1 GwG ist die natürliche Person, in deren Eigentum oder unter deren Kontrolle der Vertragspartner letztlich steht oder auf deren Veranlassung eine Transaktion letztlich durchgeführt oder eine Geschäftsbeziehung letztlich begründet wird. Zu den wirtschaftlich Berechtigten zählen insbesondere die in den § 3 Abs. 2 bis 4 GwG aufgeführten natürlichen Personen, auch die fingierten wirtschaftlich Berechtigten i. S. d. § 3 Abs. 2 Satz 4 GwG.

6. Verpflichteter

Verpflichteter i. S. d. § 154 Abs. 2 AO ist jeder, der für einen anderen

- Konten führt,
- Wertsachen verwahrt,
- Wertsachen als Pfand nimmt oder
- ein Schließfach überlässt.

7. Identifizierungs- und Aktualisierungspflicht

7.1 Der Verpflichtete hat sich nach § 154 Abs. 2 Satz 1 Nr. 1 AO vor Beginn dieser Geschäftsbeziehung Gewissheit über die Person und Anschrift

- jedes Verfügungsberechtigten (vgl. Nr. 4 des AEAO zu § 154) und
- jedes wirtschaftlich Berechtigten (vgl. Nr. 5 des AEAO zu § 154)

zu verschaffen. Dies gilt nicht nur für Kreditinstitute, sondern auch im gewöhnlichen Geschäftsverkehr und für Privatpersonen.

7.1.1 Ist ein Verfügungsberechtigter eine natürliche Person, hat der Verpflichtete nach § 154 Abs. 2 Satz 2 AO i. V. m. § 11 Abs. 4 Nr. 1 GwG durch Abgleich mit einem amtlichen Ausweispapier oder Ausweisersatzpapier folgende Angaben zu erheben:

a) Vorname und Nachname,

b) Geburtsort,

c) Geburtsdatum,

d) Staatsangehörigkeit und

e) eine Wohnanschrift oder, sofern kein fester Wohnsitz mit rechtmäßigem Aufenthalt in der Europäischen Union besteht und die Überprüfung der Identität im Rahmen des Abschlusses eines Basiskontovertrags im Sinne von § 38 des Zahlungskontengesetzes erfolgt, die postalische Anschrift, unter der der Vertragspartner sowie die gegenüber dem Verpflichteten auftretende Person erreichbar ist. Ein vorübergehender Wohnsitz (z. B. Hoteladresse) reicht nicht aus.

7.1.2 Ist ein Verfügungsberechtigter eine juristische Person (Körperschaft des öffentlichen Rechts, AG, GmbH usw.), reicht die Bezugnahme auf eine amtliche Veröffentlichung oder ein amtliches Register unter Angabe der Register-Nr. aus.

7.2 Wird ein Konto auf den Namen eines verfügungsberechtigten Dritten errichtet, müssen die Angaben über Person und Anschrift sowohl des Kontoinhabers als auch desjenigen, der das Konto errichtet, festgehalten werden. Steht der Verfügungsberechtigte noch nicht fest (z. B. der unbekannte Erbe), reicht es aus, wenn das Kreditinstitut sich zunächst Gewissheit über die Person und Anschrift des das Konto Errichtenden (z. B. des Nachlasspflegers) verschafft; die Legitimation des Kontoinhabers ist sobald wie möglich nachzuholen.

7.3 Hinsichtlich des wirtschaftlich Berechtigten sind (mindestens ein) Vorname, der Nachname und die Anschrift zu erheben. Die Anschrift muss nicht die Wohnanschrift des wirtschaftlich Berechtigten sein, es kann auch seine Geschäftsanschrift sein. Entscheidend ist, dass der wirtschaftlich Berechtigte unter der Anschrift im normalen Geschäftsverkehr erreichbar ist. Der Vertragspartner des Kreditinstituts hat diesem die hierzu erforderlichen Informationen und Unterlagen zur Verfügung zu stellen (vgl. § 11 Abs. 6 GwG).

Die Verpflichtung, sich Gewissheit über die Person und Anschrift jedes wirtschaftlich Berechtigten i. S. d. § 3 GwG zu verschaffen, gilt nach Art. 97 § 26 Abs. 4 EGAO erstmals für nach dem 31.12.2017 begründete Geschäftsbeziehungen.

Für vor dem 1.1.2018 begründete und auch danach weiterbestehende Geschäftsbeziehungen zu Kreditinstituten ist die Übergangsregelung in Art. 97 § 26 Abs. 5 EGAO zu beachten (Nacherhebungspflicht bis 31.12.2019).

7.4 Der Verpflichtete hat die Geschäftsbeziehung außerdem kontinuierlich zu überwachen und die Daten über Person und Anschrift in angemessenem zeitlichem Abstand zu aktualisieren (§ 154 Abs. 2 Satz 4 AO).

8. Aufzeichnungspflicht

8.1 Die Angaben i. S. d. Nr. 7 des AEAO zu § 154 sind gemäß § 154 Abs. 2 Satz 1 Nr. 2 AO in geeigneter Form festzuhalten, bei Konten auf dem Konto. Es ist unzulässig, Name und Anschrift des Verfügungsberechtigten lediglich in einer vertraulichen Liste zu führen und das eigentliche Konto nur mit einer Nummer zu kennzeichnen. Die Führung sog. Nummernkonten ist verboten.

8.2 Bei Auflösung des ersten Kontos müssen die Identifikationsmerkmale auf das zweite bzw. weitere Konto bzw. auf die betreffenden Kontounterlagen übertragen werden.

8.3 Die Verpflichtung, die Angaben über die Person und Anschrift jedes wirtschaftlich Berechtigten im Sinne des GwG in geeigneter Form festzuhalten, gilt nach Art. 97 § 26 Abs. 4 EGAO erstmals für nach dem 31.12.2017 begründete Geschäftsbeziehungen.

Für vor dem 1.1.2018 begründete und auch danach weiterbestehende Geschäftsbeziehungen zu Kreditinstituten ist die Übergangsregelung in Art. 97 § 26 Abs. 5 EGAO zu beachten.

9. Auskunftsbereitschaft

9.1 Jeder Verpflichtete muss ein Verzeichnis der Verfügungsberechtigten und der wirtschaftlich Berechtigten führen, um jederzeit über die Konten und Schließfächer eines Verfügungsberechtigten oder eines wirtschaftlich Berechtigten Auskunft geben zu können.

Die Verpflichtung zur Herstellung der Auskunftsbereitschaft besteht gemäß § 147 Abs. 3 AO noch sechs Jahre nach Beendigung der Geschäftsbeziehung, bei Bevollmächtigten sechs Jahre nach Erlöschen der Vollmacht. Diese Frist beginnt mit Ablauf des Kalenderjahrs, in dem die Geschäftsbeziehung beendet wurde oder die Vollmacht erloschen ist.

9.2 Die Verpflichtung, ein Verzeichnis der wirtschaftlich Berechtigten zu führen, gilt nach Art. 97 § 26 Abs. 4 EGAO erstmals für nach dem 31.12.2017 begründete Geschäftsbeziehungen.

Für vor dem 1.1.2018 begründete und auch danach weiterbestehende Geschäftsbeziehungen zu Kreditinstituten ist die Übergangsregelung in Art. 97 § 26 Abs. 5 EGAO zu beachten.

10. Erhebung und Aufzeichnung steuerlicher Ordnungsmerkmale und Vergeblichkeitsmeldung

10.1 Die Verpflichtung zur Erhebung und Aufzeichnung der steuerlichen Ordnungsmerkmale des Kontoinhabers, jedes anderen Verfügungsberechtigten und jedes wirtschaftlich Berechtigten nach § 154 Abs. 2a Satz 1 AO gilt nur für Kreditinstitute, nicht für andere Verpflichtete i. S. d. § 154 Abs. 2 Satz 1 AO. Diese Daten sind nach § 93b Abs. 1a AO im Kontenabruf-Dateisystem zum Abruf nach § 93 Abs. 7 oder 8 AO bereitzuhalten.

Diese Verpflichtung gilt auch für nicht im Inland ansässige Personen und Gesellschaften.

10.2 Hat der Vertragspartner (oder gegebenenfalls für ihn handelnde Personen) dem Kreditinstitut die Identifikationsnummer einer der in Nr. 10.1 des AEAO

zu § 154 genannten Person bis zur Begründung der Geschäftsbeziehung nicht mitgeteilt, muss das Kreditinstitut innerhalb von drei Monaten nach Begründung der Geschäftsbeziehung die fehlende Identifikationsnummer (durch Übertrag aus einer anderweitigen rechtmäßigen Aufzeichnung oder durch maschinelle Anfrage beim BZSt) erheben und aufzeichnen.

10.3 Die Ausnahmeregelung des § 154 Abs. 2a Satz 3 AO gilt nur für Kredite, die ausschließlich der Finanzierung privater Konsumgüter dienen. Sie gilt nicht für Kredite zur Finanzierung betrieblicher Investitionen oder Aufwendungen und auch nicht für den Erwerb privater Kapitalanlagen sowie von Vermögensgegenständen, die nicht zum privaten Ge- oder Verbrauch bestimmt sind.

Soweit nicht ein verbundenes Geschäft i. S. d. § 358 Abs. 3 Satz 1 BGB über die Lieferung und Finanzierung eines privaten Konsumgutes vorliegt, kann das Kreditinstitut nur dann davon ausgehen, dass ein gewährter Kredit ausschließlich der Finanzierung privater Konsumgüter dient, wenn der Kreditnehmer dies ausdrücklich versichert hat und keine Anhaltspunkte für die Unrichtigkeit dieser Versicherung vorliegen.

10.4 Kreditrahmen i. S. d. § 154 Abs. 2a Satz 3 AO ist die betragsmäßige Obergrenze, bis zu der der Kreditnehmer bei einem Kreditgeber eine bestimmte Kreditart in Anspruch nehmen darf. Stellen mehrere private Konsumgüter eine Sachgesamtheit dar und werden sie von einem Kreditgeber gleichwohl durch mehrere rechtlich voneinander unabhängige Kredite finanziert, sind die Kredite bei Prüfung der Obergrenze zusammen zu rechnen. Werden mehrere private Konsumgüter bei verschiedenen voneinander unabhängigen Kreditgebern individuell finanziert, ist die Obergrenze für jeden Kredit gesondert anzuwenden.

Wird ein Kredit, der bisher die Voraussetzungen für die Anwendung der Ausnahmeregelung des § 154 Abs. 2a Satz 3 AO erfüllte, später auf einen Kreditrahmen von mehr als 12.000 Euro erhöht, sind die steuerlichen Ordnungsmerkmale des Kontoinhabers, jedes anderen Verfügungsberechtigten und jedes wirtschaftlich Berechtigten nachträglich zu erheben und aufzuzeichnen.

Sofern der Beitrag für die Restschuldversicherung auch aus der Kreditsumme gezahlt (einbehalten) und der Darlehensbetrag nur abzüglich dieser Summe ausgeschüttet wird, ist der Beitrag zur Restschuldversicherung mit zu berücksichtigen.

10.5 Die nach § 154 Abs. 2b AO beim BZSt erfragte Identifikationsnummer eines Kontoinhabers, eines anderen Verfügungsberechtigten oder eines wirtschaftlich Berechtigten ist zusammen mit den nach § 154 Abs. 2 AO zu erhebenden Daten aufzuzeichnen und nach § 93b Abs. 1a AO im Kontenabruf-Dateisystem zum Abruf nach § 93 Abs. 7 oder 8 AO bereitzuhalten.

10.6 Soweit ein Kreditinstitut die nach § 154 Abs. 2a Satz 1 AO zu erhebenden Daten auf Grund unzureichender Mitwirkung des Vertragspartners (und gegebenenfalls für ihn handelnder Personen) nicht - auch nicht durch eine maschinelle Anfrage beim BZSt - ermitteln konnte, hat es diese Tatsache auf dem Konto festzuhalten (§ 154 Abs. 2c Satz 1 AO). Darüber hinaus hat das Kreditinstitut dem BZSt die jeweils betroffenen Personen, die betroffenen Konten sowie die hierzu von ihm erhobenen Daten bis Ende Februar des Folgejahrs zu übermitteln (§ 154 Abs. 2c Satz 2 AO).

10.7 Ergeben die im Rahmen der Legitimationsprüfung nach § 154 Abs. 2 AO vorgelegten amtlichen Ausweispapiere oder Ausweisersatzpapiere (vgl. Nr. 7.1.1 des AEAO zu § 154) und die erteilte Selbstauskunft des Geschäftspartners und/oder der für ihn handelnden Personen, dass der Kontoinhaber und ggf. alle weiteren zu identifizierenden Personen im Inland über keinen Wohnsitz oder gewöhnlichen Aufenthalt bzw. keinen Sitz, keine Betriebsstätte und keine Geschäftsleitung verfügen und ihnen auch kein steuerliches Ordnungsmerkmal zugeteilt worden ist, kann das Kreditinstitut auf die Abfrage der Identifikationsnummer beim BZSt nach § 154 Abs. 2b Satz 1 AO und die Vergeblichkeitsmeldung nach § 154 Abs. 2c AO verzichten, sofern kein Anlass dafür besteht, die Richtigkeit der vorgelegten Unterlagen oder der Selbstauskunft in Zweifel zu ziehen. Die Abfrage der Identifikationsnummer beim BZSt nach § 154 Abs. 2b Satz 1 AO und die Vergeblichkeitsmeldung nach § 154 Abs. 2c AO sind allerdings nachzuholen, wenn Umstände eintreten, die zu einer Änderung der Gegebenheiten führen.

11. Erleichterungen gemäß § 154 Abs. 2d AO

11.1 Erleichterungen hinsichtlich der Verfügungsberechtigten

Nach § 154 Abs. 2d AO kann hinsichtlich der Verfügungsberechtigten in folgenden Fällen auf die Identifizierung (Nrn. 7 des AEAO zu § 154), die Aufzeichnung (Nrn. 8 des AEAO zu § 154), die Herstellung der Auskunftsbereitschaft (Nr. 9 des AEAO zu § 154) und die Erhebung der steuerlichen Ordnungsmerkmale (Nr. 10 des AEAO zu § 154) verzichtet werden:

a) bei Eltern als gesetzliche Vertreter ihrer minderjährigen Kinder, wenn die Voraussetzungen für die gesetzliche Vertretung bei Kontoeröffnung durch amtliche Urkunden nachgewiesen werden,

b) bei Vormundschaften und Pflegschaften einschließlich Amtsvormundschaften und Amtspflegschaften, sowie bei rechtlicher Betreuung (§§ 1896 ff. BGB),

c) bei Parteien kraft Amtes (Insolvenzverwalter, Zwangsverwalter, Nachlassverwalter, Testamentsvollstrecker und ähnliche Personen),

d) bei Pfandnehmern (insbesondere in Bezug auf Mietkautionskonten, bei denen die Einlage auf einem Konto des Mieters erfolgt und an den Vermieter verpfändet wird),

e) bei Vollmachten auf den Todesfall (auch nach diesem Ereignis),

f) bei Vollmachten zur einmaligen Verfügung über ein Konto,

g) bei Verfügungsbefugnissen im Lastschriftverfahren (SEPA-Lastschrift oder elektronisches Einzugsermächtigungsverfahren mit Zahlungskarte),

h) bei Vertretung juristischer Personen des öffentlichen Rechts (einschließlich Eigenbetriebe),

i) bei Vertretung von Kreditinstituten und Versicherungsunternehmen,

j) bei den als Vertreter eingetragenen Personen, die in öffentlichen Registern (Handelsregister, Vereinsregister) eingetragene Firmen oder Personen vertreten,

k) bei Vertretung von Unternehmen, sofern schon mindestens fünf Personen, die in öffentliche Register eingetragen sind bzw. bei denen eine Legitimationsprüfung stattgefunden hat, Verfügungsbefugnis haben,

l) bei Gerichtsvollzieher-Dienstkonten i. S. d. § 52 GVO (Gerichtsvollzieher und nach § 52 Abs. 6 GVO bevollmächtigte Personen),

m) bei vor dem 1.1.1992 begründeten, noch bestehenden oder bereits erloschenen Befugnissen.

Auf die Erhebung steuerlicher Ordnungsmerkmale (Nr. 10 des AEAO zu § 154) kann in folgenden Fällen verzichtet werden:

- bei öffentlichen Förderkrediten, wenn die Auszahlung des Kredits über ein legitimationsgeprüftes Konto bei einem anderen Kreditinstitut erfolgt,
- bei juristischen Personen des öffentlichen Rechts (einschließlich Eigenbetrieben).

11.2 Erleichterungen hinsichtlich der wirtschaftlich Berechtigten

Hinsichtlich wirtschaftlich Berechtigter i. S. d. § 3 GwG kann nach § 154 Abs. 2d AO in folgenden Fällen auf die Identifizierung (Nrn. 7 des AEAO zu § 154), die Aufzeichnung (Nrn. 8 des AEAO zu § 154), die Herstellung der Auskunftsbereitschaft (Nr. 9 des AEAO zu § 154) und die Erhebung der steuerlichen Ordnungsmerkmale (Nr. 10 des AEAO zu § 154) verzichtet werden:

- Der (ggf. nach § 3 Abs. 2 Satz 4 GwG fingierte) wirtschaftlich Berechtigte ist zugleich Verfügungsberechtigter und für ihn wird nach Nr. 11.1 Satz 1 des AEAO zu § 154 auf eine Legitimationsprüfung verzichtet;
- Nach dem GwG darf auf die Erfassung und Aufzeichnung des wirtschaftlich Berechtigten verzichtet werden (z. B. Mietkautionskonten auf den Namen des Vermieters, Anderkonten von Berufsträgern, sonstige Konten mit geringem Risiko des Missbrauchs);
- Wohnungseigentümer hinsichtlich des Kontos der Wohnungseigentümergemeinschaft.

Bei öffentlichen Förderkrediten wird auf die Erhebung der steuerlichen Ordnungsmerkmale (Nr. 10 des AEAO zu § 154) verzichtet, wenn die Auszahlung des Kredits über ein legitimationsgeprüftes Konto bei einem anderen Kreditinstitut erfolgt.

Auf eine Identitätsüberprüfung nach Maßgabe des § 13 Abs. 1 GwG kann bei wirtschaftlich Berechtigten bis auf Weiteres verzichtet werden, sofern nicht bereits ein Ausnahmetatbestand nach Abs. 1 greift. Es reicht aus, den wirtschaftlich Berechtigten entsprechend § 11 Abs. 5 GwG zu identifizieren und die nach § 154 Abs. 2a AO und Nummer 7.3 des AEAO zu § 154 erforderlichen Angaben zu erheben und aufzuzeichnen.

11.3 Unberührt von diesen Erleichterungen bleibt die Befugnis der Finanzämter, im Besteuerungsverfahren Auskünfte von Auskunftspersonen (§§ 93, 94 AO) einzuholen und die Vorlage von Unterlagen (§ 97 AO) zu verlangen sowie in einem Strafverfahren wegen einer Steuerstraftat oder in einem Bußgeldverfahren wegen einer Steuerordnungswidrigkeit die Befugnis zur Vernehmung von Zeugen oder zur Beschlagnahme von Unterlagen (§§ 208, 385, § 399 Abs. 2, § 410 AO).

12. Haftung bei Verstoß gegen § 154 AO

Die Verletzung der Verpflichtungen nach § 154 Abs. 2 bis 2d AO führt allein noch nicht zu einer Haftung des Verpflichteten. Es kann aber im Einzelfall eine Ordnungswidrigkeit i. S. d. § 379 Abs. 2 Nr. 2 AO vorliegen (vgl. dazu Nr. 13 des AEAO zu § 154).

Bei einem Verstoß gegen § 154 Abs. 3 AO haftet der Zuwiderhandelnde nach Maßgabe des § 72 AO.

Waren mehrere Personen über ein Konto usw. verfügungsberechtigt (mit Ausnahme der in Nr. 8.1 genannten Fälle), bedarf es zur Herausgabe nach § 154 Abs. 3 AO u. U. der Zustimmung aller beteiligten Finanzämter.

13. Ordnungswidrigkeiten

Wegen der Ahndung einer Verletzung des § 154 Abs. 1 bis 2c AO als Ordnungswidrigkeit Hinweis auf § 379 Abs. 2 Nr. 2 AO.

Wird festgestellt, dass die nach § 154 Abs. 2 bis 2c AO bestehenden Verpflichtungen nicht erfüllt sind, soll die für Straf- und Bußgeldsachen zuständige Stelle unterrichtet werden. Die Möglichkeit der Erzwingung der Verpflichtungen (§§ 328 ff. AO) bleibt unberührt.

Dritter Abschnitt – Festsetzungs- und Feststellungsverfahren

1. Unterabschnitt – Steuerfestsetzung

I. Allgemeine Vorschriften

§ 155 Steuerfestsetzung (S 0330)

(1) [1]Die Steuern werden, soweit nichts anderes vorgeschrieben ist, von der Finanzbehörde durch Steuerbescheid festgesetzt. [2]Steuerbescheid ist der nach § 122 Abs. 1 bekannt gegebene Verwaltungsakt. [3]Dies gilt auch für die volle oder teilweise Freistellung von einer Steuer und für die Ablehnung eines Antrags auf Steuerfestsetzung.

(2) Ein Steuerbescheid kann erteilt werden, auch wenn ein Grundlagenbescheid noch nicht erlassen wurde.

(3) [1]Schulden mehrere Steuerpflichtige eine Steuer als Gesamtschuldner, so können gegen sie zusammengefasste Steuerbescheide ergehen. [2]Mit zusammengefassten Steuerbescheiden können Verwaltungsakte über steuerliche Nebenleistungen oder sonstige Ansprüche, auf die dieses Gesetz anzuwenden ist, gegen einen oder mehrere der Steuerpflichtigen verbunden werden. [3]Das gilt auch dann, wenn festgesetzte Steuern, steuerliche Nebenleistungen oder sonstige Ansprüche nach dem zwischen den Steuerpflichtigen bestehenden Rechtsverhältnis nicht von allen Beteiligten zu tragen sind.

(4) [1]Die Finanzbehörden können Steuerfestsetzungen sowie Anrechnungen von Steuerabzugsbeträgen und Vorauszahlungen auf der Grundlage der ihnen vorliegenden Informationen und der Angaben des Steuerpflichtigen ausschließlich automationsgestützt vornehmen, berichtigen, zurücknehmen, widerrufen, aufheben oder ändern, soweit kein Anlass dazu besteht, den Einzelfall durch Amtsträger zu bearbeiten. [2]Das gilt auch

1. für den Erlass, die Berichtigung, die Rücknahme, den Widerruf, die Aufhebung und die Änderung von mit den Steuerfestsetzungen sowie Anrechnungen von Steuerabzugsbeträgen und Vorauszahlungen verbundenen Verwaltungsakten sowie,
2. wenn die Steuerfestsetzungen sowie Anrechnungen von Steuerabzugsbeträgen und Vorauszahlungen mit Nebenbestimmungen nach § 120 versehen oder verbunden werden, soweit dies durch eine Verwaltungsanweisung des Bundesministeriums der Finanzen oder der obersten Landesfinanzbehörden allgemein angeordnet ist.

[3]Ein Anlass zur Bearbeitung durch Amtsträger liegt insbesondere vor, soweit der Steuerpflichtige in einem dafür vorgesehenen Abschnitt oder Datenfeld der Steuererklärung Angaben im Sinne des § 150 Absatz 7 gemacht hat. [4]Bei vollständig automationsgestütztem Erlass eines Verwaltungsakts gilt die Willensbildung über seinen Erlass und über seine Bekanntgabe im Zeitpunkt des Abschlusses der maschinellen Verarbeitung als abgeschlossen.

(5) Die für die Steuerfestsetzung geltenden Vorschriften sind auf die Festsetzung einer Steuervergütung sinngemäß anzuwenden.

AEAO zu § 155 - Steuerfestsetzung:

1. Wegen Einzelheiten zur Bekanntgabe von Steuerbescheiden vgl. AEAO zu § 122. Wegen der Wirksamkeit von Steuerbescheiden wird auf § 124 AO hingewiesen, wegen formeller Fehler auf §§ 126 bis 129 AO, wegen Form und Inhalt auf § 157 AO.

2. Die volle oder teilweise Freistellung von der Steuer sowie die Ablehnung eines Antrags auf Festsetzung der Steuer erfolgt durch Steuerbescheid. Daher ist z. B. die Erstattung von Kapitalertragsteuer aufgrund von Doppelbesteuerungsabkommen eine Steuerfestsetzung i. S. d. Vorschrift. Es gelten alle Verfahrensvorschriften, die bei der Festsetzung von Steuern anzuwenden sind. Für die Festsetzung sind insbesondere die Grundsätze über die Festsetzungsfrist zu beachten (§§ 169 ff., § 47 AO). Für die Aufhebung und Änderung dieser Steuerbescheide sind die §§ 172 ff. AO maßgebend.

3. Ansprüche des Steuerpflichtigen, die auf Rückzahlung eines überzahlten Betrags gerichtet sind (z. B. bei Doppelzahlung), fallen nicht unter den Begriff der Vergütung i. S. d. Vorschrift. Ein solcher Rückzahlungsanspruch ist im Erhebungsverfahren geltend zu machen (Hinweis auf § 218 Abs. 2 AO).

4. Nach den Gesetzen, in denen die Gewährung von Zulagen geregelt wird (z. B. die Investitionszulage, die Eigenheimzulage oder die Arbeitnehmer-Sparzulage), und den Prämiengesetzen sind die für Steuervergütungen geltenden Vorschriften (§ 155 Abs. 5 AO) auf Zulagen und Prämien entsprechend anzuwenden. Die Gewährung erfolgt somit durch Festsetzung, soweit nichts anderes vorgeschrieben ist (z. B. §§ 4a, 4b WoPG). Die Aufhebung oder Änderung dieser Bescheide und insbesondere die Rückforderung zu Unrecht gewährter Beträge regeln sich nach den für das Steuerfestsetzungsverfahren geltenden Vorschriften.

§ 156 Absehen von Steuerfestsetzung **(S 0331)**

(1) [1]Das Bundesministerium der Finanzen kann zur Vereinfachung der Verwaltung durch Rechtsverordnung bestimmen, dass eine Steuer nicht festgesetzt wird, wenn der eigentlich festzusetzende Betrag den durch diese Rechtsverordnung zu bestimmenden Betrag voraussichtlich nicht übersteigt. [2]Der nach Satz 1 zu bestimmende Betrag darf 25 Euro nicht übersteigen. [3]Das Gleiche gilt für die Änderung einer Steuerfestsetzung, wenn der Betrag, der sich als Differenz zwischen der geänderten und der bisherigen Steuerfestsetzung ergeben würde, den in der Rechtsverordnung genannten Betrag nicht übersteigt. [4]Die Rechtsverordnung bedarf nicht der Zustimmung des Bundesrates, soweit sie die Kraftfahrzeugsteuer, die Luftverkehrsteuer, die Versicherungsteuer, Einfuhr- und Ausfuhrabgaben oder Verbrauchsteuern, mit Ausnahme der Biersteuer, betrifft.

(2) [1]Die Festsetzung einer Steuer und einer steuerlichen Nebenleistung sowie deren Änderung kann, auch über einen Betrag von 25 Euro hinausgehend, unterbleiben, wenn zu erwarten ist, dass

1. die Erhebung keinen Erfolg haben wird oder

2. die Kosten der Festsetzung und die Kosten der Erhebung außer Verhältnis zu dem Betrag stehen werden.

[2]Für bestimmte oder bestimmbare Fallgruppen können die obersten Finanzbehörden bundeseinheitliche Weisungen zur Anwendung von Satz 1 Nummer 2 erteilen. [3]Diese Weisungen dürfen nicht veröffentlicht werden, soweit dies die Gleichmäßigkeit und Gesetzmäßigkeit der Besteuerung gefährden könnte. [4]Auf dem Gebiet der von den Landesfinanzbehörden im Auftrag des Bundes verwalteten Steuern legen die obersten Finanzbehörden der Länder diese Weisungen zur Gewährleistung eines bundeseinheitlichen Vollzugs der Steuergesetze im Einvernehmen mit dem Bundesministerium der Finanzen fest.

Kleinbetragsverordnung (KBV)

vom 19.12.2000 (BGBl I S. 1790, 1805), zuletzt geändert durch Artikel 3 des Gesetzes vom 18.7.2016 (BGBl. I S. 1679)

Inhaltsübersicht

§ 1 - Änderung oder Berichtigung von Steuerfestsetzungen

(1) Festsetzungen der

1. Einkommensteuer,
2. Körperschaftsteuer,
3. Erbschaftsteuer (Schenkungsteuer),
4. Grunderwerbsteuer sowie
5. der Rennwett- und Lotteriesteuer

werden nur geändert oder berichtigt, wenn die Abweichung von der bisherigen Festsetzung bei einer Änderung oder Berichtigung zugunsten des Steuerpflichtigen mindestens 10 Euro oder bei einer Änderung oder Berichtigung zuungunsten des Steuerpflichtigen mindestens 25 Euro beträgt. Bei der Einkommensteuer und bei der Körperschaftsteuer ist die jeweils nach Anrechnung von Steuerabzugsbeträgen verbleibende Steuerschuld zu vergleichen.

(2) Eine angemeldete Umsatzsteuervorauszahlung, eine für das Kalenderjahr angemeldete Umsatzsteuer, eine angemeldete Feuerschutzsteuer oder eine angemeldete Versicherungsteuer wird von der Finanzbehörde nur abweichend festgesetzt, geändert oder berichtigt, wenn die Abweichung von der angemeldeten Steuer im Fall einer Abweichung zugunsten des Steuerpflichtigen mindestens 10 Euro oder im Fall einer Abweichung zuungunsten des Steuerpflichtigen mindestens 25 Euro beträgt. Dasselbe gilt, wenn diese Steuern durch Steuerbescheid festgesetzt worden sind.

(3) Ist Lohnsteuer durch Steuerbescheid festgesetzt oder ist eine durch Lohnsteuer-Anmeldung bewirkte Festsetzung unanfechtbar geworden, gilt Absatz 2 entsprechend.

§ 2 - Änderung oder Berichtigung der Festsetzung eines Gewerbesteuermessbetrages

Die Festsetzung eines Gewerbesteuermessbetrages wird nur geändert oder berichtigt, wenn die Abweichung von der bisherigen Festsetzung bei einer Änderung oder Berichtigung zugunsten des Steuerpflichtigen mindestens 2 Euro und bei einer Änderung oder Berichtigung zuungunsten des Steuerpflichtigen mindestens 5 Euro beträgt.

§ 3 - Änderung oder Berichtigung der gesonderten Feststellung von Einkünften

(1) Bei gesonderten und einheitlichen Feststellungen von Einkünften wird die Feststellung zur Höhe der Einkünfte nur geändert oder berichtigt, wenn sich diese Einkünfte bei mindestens einem Beteiligten um mindestens 25 Euro ermäßigen oder erhöhen.

(2) Bei gesonderten Feststellungen wird in den Fällen des § 180 Absatz 1 Satz 1 Nummer 2 Buchstabe b der Abgabenordnung die Feststellung zur Höhe der Einkünfte nur geändert oder berichtigt, wenn sich diese Einkünfte um mindestens 25 Euro ermäßigen oder erhöhen.

§ 4 - Rückforderung von Wohnungsbauprämien

Wohnungsbauprämien werden nur zurückgefordert, wenn die Rückforderung mindestens 25 Euro beträgt.

§ 5 - Kraftfahrzeugsteuer bei Beendigung der Steuerpflicht

Bei Beendigung der Kraftfahrzeugsteuerpflicht wird die Steuer für den Entrichtungszeitraum, in den das Ende der Steuerpflicht fällt, auf null Euro festgesetzt, wenn der neu festzusetzende Betrag weniger als 5 Euro betragen würde. Dies gilt nicht, wenn gleichzeitig für dasselbe Fahrzeug und denselben Steuerschuldner die Steuer in geänderter Höhe neu festgesetzt wird.

AEAO zu § 156 - Absehen von Steuerfestsetzung:

Das Absehen von der Festsetzung bringt den Steueranspruch nicht zum Erlöschen; die Festsetzung kann innerhalb der Festsetzungsfrist nachgeholt werden. Wegen der Kleinbetragsregelung für das Festsetzungsverfahren siehe die KBV (zur Anwendung siehe Art. 97 § 9a EGAO). Zur Kleinbetragsregelung für das Erhebungsverfahren siehe BMF-Schreiben vom 22.3.2001, BStBl I S. 242[1].

§ 157 Form und Inhalt der Steuerbescheide (S 0332)

(1) [1]Steuerbescheide sind schriftlich oder elektronisch zu erteilen, soweit nichts anderes bestimmt ist. [2]Sie müssen die festgesetzte Steuer nach Art und Betrag bezeichnen und angeben, wer die Steuer schuldet. [3]Ihnen ist außerdem eine Belehrung darüber beizufügen, welcher Rechtsbehelf zulässig ist und binnen welcher Frist und bei welcher Behörde er einzulegen ist.

(2) Die Feststellung der Besteuerungsgrundlagen bildet einen mit Rechtsbehelfen nicht selbständig anfechtbaren Teil des Steuerbescheids, soweit die Besteuerungsgrundlagen nicht gesondert festgestellt werden.

AEAO zu § 157 - Form und Inhalt der Steuerbescheide:

1. Schriftliche Steuerbescheide, die zwecks Bekanntgabe dem Steuerpflichtigen nicht selbst übergeben werden, sind mit Rücksicht auf das Steuergeheimnis (§ 30 AO) in einem verschlossenen Umschlag zu versenden. Bei elektronischer Bekanntgabe ist § 87a Abs. 7 oder 8 AO zu beachten.
2. Wegen der Begründung des Steuerbescheids wird auf § 121 AO hingewiesen, wegen der Bekanntgabe auf §§ 122, 122a, 155 AO, wegen der Wirksamkeit auf § 124 AO, wegen des Leistungsgebots auf § 254 AO, wegen der Folgen bei unterbliebener oder unrichtiger Rechtsbehelfsbelehrung auf § 356 AO.

[1] Im Anhang 68 abgedruckt.

§ 158 Beweiskraft der Buchführung (S 0333)

(1) Die Buchführung und die Aufzeichnungen des Steuerpflichtigen, die den Vorschriften der §§ 140 bis 148 entsprechen, sind der Besteuerung zugrunde zu legen.

(2) Absatz 1 gilt nicht,

1. **soweit nach den Umständen des Einzelfalls Anlass besteht, die sachliche Richtigkeit zu beanstanden oder**
2. **soweit die elektronischen Daten nicht nach der Vorgabe der einheitlichen digitalen Schnittstellen des § 41 Absatz 1 Satz 7 des Einkommensteuergesetzes in Verbindung mit § 4 Absatz 2a der Lohnsteuer-Durchführungsverordnung, des § 146a oder des § 147b in Verbindung mit der jeweiligen Rechtsverordnung zur Verfügung gestellt werden.**

AEAO zu § 158 - Beweiskraft der Buchführung:

Die Vorschrift enthält eine gesetzliche Vermutung. Sie verliert ihre Wirksamkeit mit der Folge der Schätzungsnotwendigkeit nach § 162 AO, wenn es nach Verprobung usw. unwahrscheinlich ist, dass das ausgewiesene Ergebnis mit den tatsächlichen Verhältnissen übereinstimmt. Für die formelle Ordnungsmäßigkeit der Buchführung ist das Gesamtbild aller Umstände im Einzelfall maßgebend. Eine Buchführung kann trotz einzelner Mängel nach den §§ 140 bis 148 AO aufgrund der Gesamtwertung als formell ordnungsmäßig erscheinen. Insoweit kommt der sachlichen Gewichtung der Mängel ausschlaggebende Bedeutung zu. Eine Buchführung ist erst dann formell ordnungswidrig, wenn sie wesentliche Mängel aufweist oder die Gesamtheit aller (unwesentlichen) Mängel diesen Schluss fordert (BFH-Beschluss vom 2.12.2008, X B 69/08, m. w. N.). Werden digitale Unterlagen bei Bargeschäften nicht entsprechend dem BMF-Schreiben vom 26.11.2010, BStBl I S. 1342 aufbewahrt, kann dies ein schwerwiegender formeller Mangel der Ordnungsmäßigkeit sein. Die gesetzliche Vermutung der Richtigkeit der Kassenbuchführung erfordert, dass ein schlüssiger Nachweis hinsichtlich der Unveränderbarkeit der Einzelbuchungen und deren Zusammenführung bei der Erstellung steuerlicher Abschlüsse geführt werden kann. Das Buchführungsergebnis ist nicht zu übernehmen, soweit die Beanstandungen reichen. Eine Vollschätzung an Stelle einer Zuschätzung kommt nur dann in Betracht, wenn sich die Buchführung in wesentlichen Teilen als unbrauchbar erweist.

§ 159 Nachweis der Treuhänderschaft (S 0333)

(1) [1]Wer behauptet, dass er Rechte, die auf seinen Namen lauten, oder Sachen, die er besitzt, nur als Treuhänder, Vertreter eines anderen oder Pfandgläubiger innehabe oder besitze, hat auf Verlangen nachzuweisen, wem die Rechte oder Sachen gehören; anderenfalls sind sie ihm regelmäßig zuzurechnen. [2]Das Recht der Finanzbehörde, den Sachverhalt zu ermitteln, wird dadurch nicht eingeschränkt.

(2) § 102 bleibt unberührt.

AEAO zu § 159 - Nachweis der Treuhänderschaft:

Personen, die zur Verweigerung der Auskunft aufgrund ihres Berufes berechtigt sind (§ 102 AO), insbesondere Angehörige der steuerberatenden Berufe, können ein Aussageverweigerungsrecht nur mit der Einschränkung des § 104 Abs. 2 AO in Anspruch nehmen. Sie haften für steuerliche Folgen u.U. selbst gem. §§ 34, 35 AO, soweit ihnen die Wirtschaftsgüter nicht nach § 159 AO selbst zuzurechnen sind.

§ 160 Benennung von Gläubigern und Zahlungsempfängern (S 0333)

(1) [1]Schulden und andere Lasten, Betriebsausgaben, Werbungskosten und andere Ausgaben sind steuerlich regelmäßig nicht zu berücksichtigen, wenn der Steuerpflichtige dem Verlangen der Finanzbehörde nicht nachkommt, die Gläubiger oder die Empfänger genau zu benennen. [2]Das Recht der Finanzbehörde, den Sachverhalt zu ermitteln, bleibt unberührt.

(2) § 102 bleibt unberührt.

AEAO zu § 160 - Benennung von Gläubigern und Zahlungsempfängern:

1. Bei der Anwendung des § 160 AO ist zunächst zu entscheiden, ob ein Benennungsverlangen geboten ist. Es steht im pflichtgemäßen Ermessen des Finanzamts, ob es sich den Gläubiger von Schulden oder den Empfänger von Ausgaben vom Steuerpflichtigen benennen lässt (BFH-Urteile vom 25.11.1986, VIII R 350/82, BStBl 1987 II S. 286, und vom 10.3.1999, XI R 10/98, BStBl II S. 434).

§ 160 AO ist nicht anzuwenden, wenn der Abzug einer Schuld oder Ausgabe bereits daran scheitert, dass dessen Höhe oder sein Zusammenhang mit der steuerlichen Sphäre nicht nachgewiesen ist (vgl. BFH-Beschluss vom 25.7.2012, X B 175/11, BFH/NV 2013 S. 44) oder die Schulden oder Ausgaben aufgrund anderweitiger steuerlicher Vorschriften beim Steuerpflichtigen nicht steuermindernd zu berücksichtigen sind.

Das Benennungsverlangen ist eine nicht selbständig anfechtbare Vorbereitungshandlung (BFH-Urteil vom 20.4.1988, I R 67/84, BStBl II S. 927).

1.1 Gläubiger i. S. d. § 160 Abs. 1 Satz 1 AO ist der wirtschaftliche Eigentümer der Forderung.

Empfänger i. S. d. § 160 Abs. 1 Satz 1 AO ist derjenige, dem der in den Betriebsausgaben enthaltene wirtschaftliche Wert vom Steuerpflichtigen übertragen wurde und bei dem er sich demzufolge steuerlich auswirkt (BFH-Urteil vom 25.1.2006, I R 39/05, BFH/NV S. 1618). Damit ist derjenige gemeint, der die vom Steuerpflichtigen geleistete Zahlung aufgrund eigener Leistung verdient hat (vgl. BFH-Urteil vom 4.4.1996, IV R 55/94, BFH/NV S. 801). Bei der Zwischenschaltung einer Person, welche die vereinbarten Leistungen nicht selbst erbringt, ist der Empfänger nicht die zwischengeschaltete Person, sondern der hinter ihr stehende Dritte, an den die Gelder letztlich gelangt sind (vgl. BFH-Beschluss vom 11.10.2013, III B 50/13, BFH/NV 2014 S. 289).

1.2 Für eine genaue Bezeichnung des Empfängers ist nach dem Zweck des § 160 AO die Angabe des vollen Namens und der Adresse des Empfängers erforderlich, so dass die Finanzbehörde ihn ohne Schwierigkeiten feststellen kann. Die Bezeichnung ist nicht „genau“, wenn sich herausstellt, dass der Empfänger zwar existiert, dass aber der mitgeteilte Name fingiert, also falsch ist (vgl. BFH-Urteil vom 4.4.1996, IV R 55/94, BFH/NV S. 801). Entsprechendes gilt für die Bezeichnung des Gläubigers.

1.3 Identitätsüberprüfungen sind für den Steuerpflichtigen nicht bereits deshalb unzumutbar, weil ungewöhnliche Marktbedingungen vorliegen, insgesamt eine Vielzahl von Geschäftsvorfällen zu erfassen ist oder hierdurch Umsatzeinbußen und Nachteile gegenüber anderen Wettbewerbern entstehen (BFH-Urteil vom 10.3.1999, XI R 10/98, BStBl II S. 434 - m. w. N.). Ggfs. muss sich der Steuerpflichtige im Rahmen einer ordnungsmäßigen Geschäftstätigkeit über Namen und Adressen der Anlieferer anhand von Ausweispapieren vergewissern, etwa durch Einsichtnahme in den Personalausweis, Pass oder Führerschein. Nur in Ausnahmefällen kaum zu bewältigender tatsächlicher oder rechtlicher Schwierigkeiten kann dem Steuerpflichtigen eine Ermittlung billigerweise nicht zugemutet werden. Dies trifft für die Bezeichnung einzeln bestimmbarer Zahlungsempfänger regelmäßig nicht zu (BFH-Urteil vom 10.3.1999, XI R 10/98, BStBl II S. 434).

1.4 Ein Benennungsverlangen ist insbesondere ermessensgerecht, wenn aufgrund der Lebenserfahrung und/oder der Umstände des Einzelfalls die Vermutung naheliegt, der Empfänger einer Zahlung bzw. der Gläubiger einer Forderung habe diese zu Unrecht nicht versteuert. Hiervon ist regelmäßig auszugehen bei Geschäften ohne Rechnung, bei hohen Bargeldzahlungen, bei ungewöhnlichen Zahlungsmodalitäten und bei Schwarzarbeit. Ein Benennungsverlangen darf auch dann gestellt werden, wenn der Steuerpflichtige den Empfänger nicht bezeichnen kann, weil ihm bei Auszahlung des Geldes dessen Namen und Anschrift unbekannt waren. Dies gilt sowohl für den Fall, dass er den Geschäftspartner nicht um diese Angaben gebeten hat, als auch für den Fall, dass dieser die Angaben ablehnt.

1.5 Unabhängig davon ist die Benennung des Gläubigers oder des Empfängers stets zu verlangen, wenn Anhaltspunkte für eine straf- oder bußgeldbewehrte Vorteilszuwendung vorliegen. Zum einkommensteuerrechtlichen Abzugsverbot für die Zuwendung von Vorteilen i. S. d. § 4 Abs. 5 Satz 1 Nr. 10 EStG und zum Verhältnis dieser Vorschrift zu § 160 AO vgl. BMF-Schreiben vom 10.10.2002 (BStBl I S. 1031). Zur Belehrungspflicht, wenn das Benennungsverlangen eine vermutete straf- oder bußgeldbewehrte Vorteilszuwendung zum Gegenstand hat, vgl. Tz. 30 des BMF-Schreibens vom 10.10.2002 (a. a. O.).

1.6 Wegen der Stellung von Personen, die aufgrund ihres Berufes zur Auskunftsverweigerung berechtigt sind, vgl. AEAO zu § 159, Satz 1.

2. Unterlässt der Steuerpflichtige es trotz Aufforderung durch die Finanzbehörde, den Gläubiger der Schuld oder den Empfänger der Ausgabe genau zu benennen, so ist im Rahmen einer zweiten Ermessensentscheidung zu prüfen, ob und in welcher Höhe der Abzug der Ausgaben bzw. Schulden zu versagen ist. Nach § 160 Satz 1 AO ist der Abzug dann „regelmäßig“ zu versagen (BFH-Urteil vom 10.3.1999, XI R 10/98, BStBl II S. 434). Ist sowohl streitig,

ob der Höhe nach Betriebsausgaben vorliegen, als auch, ob die fehlende Benennung der Zahlungsempfänger dem Abzug entgegensteht, so ist zunächst die Höhe der Betriebsausgaben zu ermitteln oder ggf. zu schätzen. Sodann ist zu prüfen, ob und inwieweit die fehlende Benennung der Zahlungsempfänger dem Abzug der Betriebsausgaben entgegensteht. Die bei der Anwendung des § 160 AO zu treffenden Ermessensentscheidungen können eine unterlassene Schätzung nicht ersetzen (BFH-Urteil vom 24.6.1997, VIII R 9/96, BStBl 1998 II S. 51).

3. Werden Leistungen über eine Domizilgesellschaft (Briefkastenfirma) abgerechnet, so ist zunächst zu prüfen, ob der Steuerpflichtige überhaupt eine Leistung von objektiv feststellbarem wirtschaftlichen Wert erhalten hat oder ob lediglich ein Scheingeschäft vorliegt. Bei Leistungen an Domizilgesellschaften ist der Empfängernachweis nur erbracht, wenn die hinter der Gesellschaft stehenden Personen benannt werden (BFH-Beschluss vom 25.8.1986, IV B 76/86, BStBl 1987 II S. 481). Das sind die Personen, die anstelle der inaktiven Domizilgesellschaften bei wirtschaftlicher Betrachtungsweise eine Leistung gegenüber dem Steuerpflichtigen erbracht haben und denen damit auch die Gegenleistung zusteht. Die Benennung lediglich formaler Anteilseigner (z. B. Treuhänder) reicht nicht aus, ebenso wenig wie die Erklärung des Steuerpflichtigen, nicht er, sondern ein fremder Dritter stehe hinter der ausländischen Gesellschaft (BFH-Beschluss vom 25.8.1986, IV B 76/86, a.a.O.). Ungewissheiten hinsichtlich der Person des Empfängers gehen zu Lasten des Steuerpflichtigen (BFH-Urteil vom 13.3.1985, I R 7/81, BStBl 1986 II S. 318, und BFH-Beschluss vom 9.7.1986, I B 36/86, BStBl 1987 II S. 487). Ausländische Verbotsnormen führen nicht dazu, dass ein Offenlegungsverlangen von vornherein unverhältnismäßig oder unzumutbar wird (vgl. BFH-Urteil vom 16.4.1980, I R 75/78, BStBl 1981 II S. 492). § 16 AStG bleibt unberührt.

4. Bei Zahlungen an ausländische Empfänger soll das Finanzamt - soweit keine Anhaltspunkte für eine straf- oder bußgeldbewehrte Vorteilszuwendung vorliegen - auf den Empfängernachweis nach § 160 AO verzichten, wenn feststeht, dass die Zahlung im Rahmen eines üblichen Handelsgeschäfts erfolgte, der Geldbetrag ins Ausland abgeflossen ist und der Empfänger nicht der deutschen Steuerpflicht unterliegt. Hierzu ist der Empfänger in dem Umfang zu bezeichnen, dass dessen Steuerpflicht im Inland mit hinreichender Sicherheit ausgeschlossen werden kann. Die bloße Möglichkeit einer im Inland nicht bestehenden Steuerpflicht reicht nicht aus (BFH-Urteil vom 13.3.1985, I R 7/81, BStBl 1986 II S. 318). In geeigneten Fällen ist eine Erklärung der mit dem Geschäft betrauten Personen sowie des verantwortlichen Organs des Unternehmens zu verlangen, dass ihnen keine Umstände bekannt sind, die für einen Rückfluss der Zuwendung an einen inländischen Empfänger sprechen. Die Zulässigkeit der Mitteilung von Erkenntnissen deutscher Finanzbehörden im Rahmen des § 117 AO bleibt hiervon unberührt.

§ 161 Fehlmengen bei Bestandsaufnahmen (S 0334)

[1]Ergeben sich bei einer vorgeschriebenen oder amtlich durchgeführten Bestandsaufnahme Fehlmengen an verbrauchsteuerpflichtigen Waren, so wird vermutet, dass hinsichtlich der Fehlmengen eine Verbrauchsteuer entstanden oder eine bedingt entstandene Verbrauchsteuer unbedingt geworden ist, soweit nicht glaubhaft gemacht wird, dass die Fehlmengen auf Umstände zurückzuführen sind, die eine Steuer nicht begründen oder eine bedingte Steuer nicht unbedingt werden lassen. [2]Die Steuer gilt im Zweifel im Zeitpunkt der Bestandsaufnahme als entstanden oder unbedingt geworden.

§ 162 Schätzung von Besteuerungsgrundlagen (S 0335)

(1) [1]Soweit die Finanzbehörde die Besteuerungsgrundlagen nicht ermitteln oder berechnen kann, hat sie sie zu schätzen. [2]Dabei sind alle Umstände zu berücksichtigen, die für die Schätzung von Bedeutung sind.

(2) [1]Zu schätzen ist insbesondere dann, wenn der Steuerpflichtige über seine Angaben keine ausreichenden Aufklärungen zu geben vermag oder weitere Auskunft oder eine Versicherung an Eides statt verweigert oder seine Mitwirkungspflicht nach § 90 Abs. 2 verletzt. [2]Das Gleiche gilt, wenn der Steuerpflichtige Bücher oder Aufzeichnungen, die er nach den Steuergesetzen zu führen hat, nicht vorlegen kann, wenn die Buchführung oder die Aufzeichnungen nach § 158 Absatz 2 nicht der Besteuerung zugrunde gelegt werden oder wenn tatsächliche Anhaltspunkte für die Unrichtigkeit oder Unvollständigkeit der vom Steuerpflichtigen gemachten Angaben zu steuerpflichtigen Einnahmen oder Betriebsvermögensmehrungen bestehen und der Steuerpflichtige die Zustimmung nach § 93 Abs. 7 Satz 1 Nr. 5 nicht erteilt. [3]Hat der Steuerpflichtige seine Mitwirkungspflichtennach § 12 des Gesetzes zur Abwehr von Steuervermeidung und unfairem Steuerwettbewerb verletzt, so wird widerlegbar vermutet, dass in Deutschland steuerpflichtige Einkünfte in Bezug zu Staaten oder Gebieten im Sinne des § 3 Absatz 1 des Gesetzes zur Abwehr von Steuervermeidung und unfairem Steuerwettbewerb

1. bisher nicht erklärt wurden, tatsächlich aber vorhanden sind, oder
2. bisher zwar erklärt wurden, tatsächlich aber höher sind als erklärt.

Fassung bis 31.12.2022[1]	Fassung ab 1.1.2023[1]
(3) [1]Verletzt ein Steuerpflichtiger seine Mitwirkungspflichten nach § 90 Absatz 3 dadurch, dass er keine Aufzeichnungen über einen Geschäftsvorfall vorlegt, oder sind die über einen Geschäftsvorfall vorgelegten Aufzeichnungen im Wesentlichen unverwertbar oder wird festgestellt, dass der Steuerpflichtige Aufzeichnungen im Sinne des § 90 Absatz 3 Satz 8 nicht zeitnah erstellt hat, so wird widerlegbar vermutet, dass seine im Inland steuerpflichtigen Einkünfte, zu deren Ermittlung die Aufzeichnungen im Sinne des § 90 Absatz 3 dienen, höher als die von ihm erklärten Einkünfte sind. [2]Hat in solchen Fällen die Finanzbehörde eine Schätzung vorzunehmen und können diese Einkünfte nur innerhalb eines bestimmten Rahmens, insbesondere nur auf Grund von Preisspannen bestimmt werden, kann dieser Rahmen zu Lasten des Steuerpflichtigen ausgeschöpft werden. [3]Bestehen trotz Vorlage verwertbarer Aufzeichnungen durch den Steuerpflichtigen Anhaltspunkte dafür, dass seine Einkünfte bei Beachtung des Fremdvergleichsgrundsatzes höher wären als die auf Grund der Aufzeichnungen erklärten Einkünfte, und können entsprechende Zweifel deswegen nicht aufgeklärt werden, weil eine ausländische, nahe stehende Person ihre Mitwirkungspflichten nach § 90 Abs. 2 oder ihre Auskunftspflichten nach § 93 Abs. 1 nicht erfüllt, ist Satz 2 entsprechend anzuwenden.	**(3) [1]Verletzt ein Steuerpflichtiger seine Mitwirkungspflichten nach § 90 Absatz 3 dadurch, dass er keine Aufzeichnungen über einen Geschäftsvorfall vorlegt, oder sind die über einen Geschäftsvorfall vorgelegten Aufzeichnungen im Wesentlichen unverwertbar oder wird festgestellt, dass der Steuerpflichtige Aufzeichnungen im Sinne des § 90 Absatz 3 Satz 5 nicht zeitnah erstellt hat, so wird widerlegbar vermutet, dass seine im Inland steuerpflichtigen Einkünfte, zu deren Ermittlung die Aufzeichnungen im Sinne des § 90 Absatz 3 dienen, höher als die von ihm erklärten Einkünfte sind. [2]Hat in solchen Fällen die Finanzbehörde eine Schätzung vorzunehmen und können diese Einkünfte nur innerhalb eines bestimmten Rahmens, insbesondere nur auf Grund von Preisspannen bestimmt werden, kann dieser Rahmen zu Lasten des Steuerpflichtigen ausgeschöpft werden. [3]Bestehen trotz Vorlage verwertbarer Aufzeichnungen durch den Steuerpflichtigen Anhaltspunkte dafür, dass seine Einkünfte bei Beachtung des Fremdvergleichsgrundsatzes höher wären als die auf Grund der Aufzeichnungen erklärten Einkünfte, und können entsprechende Zweifel deswegen nicht aufgeklärt werden, weil eine ausländische, nahe stehende Person ihre Mitwirkungspflichten nach § 90 Abs. 2 oder ihre Auskunftspflichten nach § 93 Abs. 1 nicht erfüllt, ist Satz 2 entsprechend anzuwenden.**

[1] Zur Anwendung des § 162 Abs. 3 und 4 AO siehe Artikel 97 § 37 EGAO

(4) [1]Legt ein Steuerpflichtiger über einen Geschäftsvorfall keine Aufzeichnungen im Sinne des § 90 Absatz 3 vor oder sind die über einen Geschäftsvorfall vorgelegten Aufzeichnungen im Wesentlichen unverwertbar, ist ein Zuschlag von 5 000 Euro festzusetzen. [2]Der Zuschlag beträgt mindestens 5 Prozent und höchstens 10Prozent des Mehrbetrags der Einkünfte, der sich nach einer Berichtigung auf Grund der Anwendung des Absatzes 3 ergibt, wenn sich danach ein Zuschlag von mehr als 5000 Euro ergibt. [3]Bei verspäteter Vorlage von verwertbaren Aufzeichnungen beträgt der Zuschlag bis zu 1.000.000 Euro, mindestens jedoch 100 Euro für jeden vollen Tag der Fristüberschreitung. [4]Soweit den Finanzbehörden Ermessen hinsichtlich der Höhe des Zuschlags eingeräumt ist, sind neben dessen Zweck, den Steuerpflichtigen zur Erstellung und fristgerechten Vorlage der Aufzeichnungen im Sinne des § 90 Abs. 3 anzuhalten, insbesondere die von ihm gezogenen Vorteile und bei verspäteter Vorlage auch die Dauer der Fristüberschreitung zu berücksichtigen. [5]Von der Festsetzung eines Zuschlags ist abzusehen, wenn die Nichterfüllung der Pflichten nach § 90 Abs. 3 entschuldbar erscheint oder ein Verschulden nur geringfügig ist. [6]Das Verschulden eines gesetzlichen Vertreters oder eines Erfüllungsgehilfen steht dem eigenen Verschulden gleich. [7]Der Zuschlag ist regelmäßig nach Abschluss der Außenprüfung festzusetzen.	**(4) [1]Legt ein Steuerpflichtiger über einen Geschäftsvorfall keine Aufzeichnungen im Sinne des § 90 Absatz 3 vor oder sind die über einen Geschäftsvorfall vorgelegten Aufzeichnungen im Wesentlichen unverwertbar, ist ein Zuschlag von 5 000 Euro festzusetzen. [2]Der Zuschlag beträgt mindestens 5 Prozent und höchstens 10 Prozent des Mehrbetrags der Einkünfte, der sich nach einer Berichtigung auf Grund der Anwendung des Absatzes 3 ergibt, wenn sich danach ein Zuschlag von mehr als 5000 Euro ergibt. [3]Der Zuschlag ist regelmäßig nach Abschluss der Außenprüfung festzusetzen. [4]Bei verspäteter Vorlage von verwertbaren Aufzeichnungen beträgt der Zuschlag bis zu 1.000.000 Euro, mindestens jedoch 100 Euro für jeden vollen Tag der Fristüberschreitung; er kann für volle Wochen und Monate der verspäteten Vorlage in Teilbeträgen festgesetzt werden. [5]Soweit den Finanzbehörden Ermessen hinsichtlich der Höhe des jeweiligen Zuschlags eingeräumt ist, sind neben dem Zweck dieses Zuschlags, den Steuerpflichtigen zur Erstellung und fristgerechten Vorlage der Aufzeichnungen nach § 90 Absatz 3 anzuhalten, insbesondere die von ihm gezogenen Vorteile und bei verspäteter Vorlage auch die Dauer der Fristüberschreitung zu berücksichtigen. [6]Von der Festsetzung eines Zuschlags ist abzusehen, wenn die Nichterfüllung der Pflichten nach § 90 Abs. 3 entschuldbar erscheint oder ein Verschulden nur geringfügig ist. [7]Das Verschulden eines gesetzlichen Vertreters oder eines Erfüllungsgehilfen steht dem eigenen Verschulden gleich.**

(4a) [1]Verletzt der Steuerpflichtige seine Mitwirkungspflichten nach § 12 des Steueroasen-Abwehrgesetzes, ist Absatz 4 entsprechend anzuwenden. [2]Von der Festsetzung eines Zuschlags ist abzusehen, wenn die Nichterfüllung der Mitwirkungspflichten entschuldbar erscheint oder das Verschulden nur geringfügig ist. [3]Das Verschulden eines gesetzlichen Vertreters oder eines Erfüllungsgehilfen ist dem Steuerpflichtigen zuzurechnen.

(5) In den Fällen des § 155 Abs. 2 können die in einem Grundlagenbescheid festzustellenden Besteuerungsgrundlagen geschätzt werden.

AEAO zu § 162 - Schätzung von Besteuerungsgrundlagen:

1. Bei der Schätzung der Besteuerungsgrundlagen in den Fällen des § 155 Abs. 2 AO handelt es sich um eine vorläufige Maßnahme des Wohnsitzfinanzamtes, der ein Grundlagenbescheid nachfolgen muss (BFH-Urteil vom 26.7.1983, VIII R 28/79, BStBl 1984 II S. 290).

2. Wegen der Pflicht zur Abgabe einer Steuererklärung trotz Schätzung siehe § 149 Abs. 1 Satz 4 AO.

3. Wegen der nur eingeschränkten Offenlegung der Verhältnisse von Vergleichsbetrieben vgl. AEAO zu § 30, Nr. 4.4.

4. Werden die Besteuerungsgrundlagen wegen Nichtabgabe der Steuererklärung geschätzt, ist die Steuer unter Nachprüfungsvorbehalt (§ 164 AO) festzusetzen, wenn der Fall für eine eventuelle spätere Überprüfung offen gehalten werden soll. Dies gilt z. B. wenn eine den Schätzungszeitraum umfassende Außenprüfung vorgesehen ist oder zu erwarten ist, dass der Steuerpflichtige nach Erlass des Bescheids die Steuererklärung nachreicht.

   Die unter Nachprüfungsvorbehalt stehende Steuerfestsetzung ist - sofern der Steuerpflichtige keinen Einspruch eingelegt bzw. keinen Änderungsantrag gestellt hat und auch keine Außenprüfung vorgesehen ist - bei der Veranlagung für das Folgejahr zu überprüfen. Dabei sind auch die in einem eventuellen Vollstreckungsverfahren gewonnenen Erkenntnisse zu berücksichtigen.Der Nachprüfungsvorbehalt ist danach grundsätzlich aufzuheben, auch wenn die Steuerfestsetzung nicht zu ändern ist.

   Zur Aufhebung des Nachprüfungsvorbehalts in Fällen einer Fristsetzung nach § 364b AO vgl. AEAO zu § 364b, Nr. 2.

5. Wegen der Befugnis zur Schätzung bei Verletzung der Mitwirkungspflichten nach § 90 Abs. 2 und 3 AO wird auf das BMF-Schreiben vom 3.12.2020, BStBl I S. 1325[2] verwiesen.

6. Die Besteuerungsgrundlagen sind nach § 162 Abs. 1 AO unter anderem dann zu schätzen, wenn tatsächliche Anhaltspunkte dafür bestehen, dass die vom Steuerpflichtigen gemachten Angaben zu steuerpflichtigen Einnahmen oder Betriebsvermögensmehrungen unrichtig oder unvollständig sind. Hat der Steuerpflichtige in einem derartigen Fall die Zustimmung zu einem Kontenabruf verweigert (§ 93 Abs. 7 Satz 1 Nr. 5 AO), sind die nach Einschätzung

[2] Im Anhang 50 abgedruckt.

der Finanzbehörde nicht erklärten steuerpflichtigen Einnahmen oder Betriebsvermögensmehrungen nach § 162 Abs. 2 Satz 2 AO dritte Alternative zu schätzen. In diesem Fall kann zu Lasten des Steuerpflichtigen von einem Sachverhalt ausgegangen werden, für den unter Berücksichtigung seiner Beweisnähe und seiner Verantwortung für die Aufklärung des Sachverhalts eine gewisse Wahrscheinlichkeit spricht. Gleiches gilt, wenn ein mit Zustimmung des Steuerpflichtigen durchgeführter Kontenabruf keine neuen Erkenntnisse gebracht hat, z. B. bei auf ausländischen - und deswegen durch einen Kontenabruf nicht ermittelbaren - Konten zugeflossenen Einnahmen oder bei baren Einnahmen. In diesen Fällen ist auch weiterhin eine Schätzung nach § 162 AO möglich, wenn Anhaltspunkte dafür vorliegen, dass die Angaben über Einnahmen oder Betriebsvermögensmehrungen nicht vollständig oder unzutreffend sind.

§ 163 Abweichende Festsetzung von Steuern aus Billigkeitsgründen

(S 0336)

(1) [1]Steuern können niedriger festgesetzt werden und einzelne Besteuerungsgrundlagen, die die Steuern erhöhen, können bei der Festsetzung der Steuer unberücksichtigt bleiben, wenn die Erhebung der Steuer nach Lage des einzelnen Falls unbillig wäre. [2]Mit Zustimmung des Steuerpflichtigen kann bei Steuern vom Einkommen zugelassen werden, dass einzelne Besteuerungsgrundlagen, soweit sie die Steuer erhöhen, bei der Steuerfestsetzung erst zu einer späteren Zeit und, soweit sie die Steuer mindern, schon zu einer früheren Zeit berücksichtigt werden.

(2) Eine Billigkeitsmaßnahme nach Absatz 1 kann mit der Steuerfestsetzung verbunden werden, für die sie von Bedeutung ist.

(3) [1]Eine Billigkeitsmaßnahme nach Absatz 1 steht in den Fällen des Absatzes 2 stets unter Vorbehalt des Widerrufs, wenn sie

1. von der Finanzbehörde nicht ausdrücklich als eigenständige Billigkeitsentscheidung ausgesprochen worden ist,

2. mit einer Steuerfestsetzung unter Vorbehalt der Nachprüfung nach § 164 verbunden ist oder

3. mit einer vorläufigen Steuerfestsetzung nach § 165 verbunden ist und der Grund der Vorläufigkeit auch für die Entscheidung nach Absatz 1 von Bedeutung ist.

[2]In den Fällen von Satz 1 Nummer 1 entfällt der Vorbehalt des Widerrufs, wenn die Festsetzungsfrist für die Steuerfestsetzung abläuft, für die die Billigkeitsmaßnahme Grundlagenbescheid ist. [3]In den Fällen von Satz 1 Nummer 2 entfällt der Vorbehalt des Widerrufs mit Aufhebung oder Entfallen des Vorbehalts der Nachprüfung der Steuerfestsetzung, für die die Billigkeitsmaßnahme Grundlagenbescheid ist. [4]In den Fällen von Satz 1 Nummer 3 entfällt der Vorbehalt des Widerrufs mit Eintritt der Endgültigkeit der Steuerfestsetzung, für die die Billigkeitsmaßnahme Grundlagenbescheid ist.

(4) [1]Ist eine Billigkeitsmaßnahme nach Absatz 1, die nach Absatz 3 unter Vorbehalt des Widerrufs steht, rechtswidrig, ist sie mit Wirkung für die Vergangenheit zurückzunehmen. [2]§ 130 Absatz 3 Satz 1 gilt in diesem Fall nicht.

AEAO zu § 163 - Abweichende Festsetzung von Steuern aus Billigkeitsgründen:

1. § 163 AO regelt Billigkeitsmaßnahmen im Festsetzungsverfahren. Billigkeitsmaßnahmen im Erhebungsverfahren regelt § 227 AO. Die Unbilligkeit kann sich aus sachlichen oder aus persönlichen Gründen ergeben.

2. Ein Antrag auf eine Billigkeitsmaßnahme nach § 163 AO kann auch nach Eintritt der Unanfechtbarkeit der Steuerfestsetzung oder der entsprechenden gesonderten Feststellung gestellt werden.

3. Die Entscheidung über eine Billigkeitsmaßnahme nach § 163 Abs. 1 AO stellt auch dann einen selbständigen Verwaltungsakt dar, wenn sie mit der Steuerfestsetzung oder der entsprechenden gesonderten Feststellung verbunden wird (§ 163 Abs. 2 AO). Sie ist Grundlagenbescheid für den entsprechenden Steuer- oder Feststellungsbescheid (§ 171 Abs. 10 AO). Wird eine Billigkeitsmaßnahme erst nach Erlass des hiervon betroffenen Steuer- oder Feststellungsbescheids getroffen, muss dieser Bescheid nach § 175 Abs. 1 Satz 1 Nr. 1 AO entsprechend angepasst werden.

4. Eine Billigkeitsmaßnahme nach § 163 Abs. 1 AO unterliegt keiner eigenen Verjährungsfrist, sie löst hinsichtlich des Folgebescheids aber nur dann eine Ablaufhemmung nach § 171 Abs. 10 Satz 1 AO aus, wenn sie vor Ablauf der Festsetzungsfrist des Folgebescheids bei der für die Billigkeitsmaßnahme zuständigen Finanzbehörde beantragt worden ist (§ 171 Abs. 10 Satz 3 AO, vgl. auch AEAO zu § 171, Nr. 6.5). Wurde der Antrag erst nach Ablauf der Festsetzungsfrist des Folgebescheids gestellt, ist es regelmäßig ermessensgerecht, die beantragte Billigkeitsmaßnahme nach § 163 Abs. 1 AO abzulehnen, wenn sie im Folgebescheid wegen Eintritts der Festsetzungsverjährung nicht berücksichtigt werden könnte; in diesen Fällen ist ggf. zu prüfen, ob ein Erlass nach § 227 AO in Betracht kommt.

5. Wegen der Auswirkungen einer Billigkeitsmaßnahme bei den Steuern vom Einkommen auf die Gewerbesteuer Hinweis auf § 184 Abs. 2 AO. Danach ist die niedrigere Festsetzung eines Messbetrags nach § 163 Abs. 1 Satz 1 AO nicht zulässig, wenn die Voraussetzungen dafür nicht in einer allgemeinen Verwaltungsvorschrift der Bundesregierung oder einer obersten Landesfinanzbehörde festgelegt sind.

6. Zum Einspruchsverfahren gegen die Entscheidung über eine Billigkeitsmaßnahme vgl. AEAO zu § 347, Nr. 4.

§ 164 Steuerfestsetzung unter Vorbehalt der Nachprüfung (S 0337)

(1) [1]Die Steuern können, solange der Steuerfall nicht abschließend geprüft ist, allgemein oder im Einzelfall unter dem Vorbehalt der Nachprüfung festgesetzt werden, ohne dass dies einer Begründung bedarf. [2]Die Festsetzung einer Vorauszahlung ist stets eine Steuerfestsetzung unter Vorbehalt der Nachprüfung.

(2) [1]Solange der Vorbehalt wirksam ist, kann die Steuerfestsetzung aufgehoben oder geändert werden. [2]Der Steuerpflichtige kann die Aufhebung oder Änderung der Steuerfestsetzung jederzeit beantragen. [3]Die Entscheidung hierüber kann jedoch bis zur abschließenden Prüfung des Steuerfalls, die innerhalb angemessener Frist vorzunehmen ist, hinausgeschoben werden.

(3) [1]Der Vorbehalt der Nachprüfung kann jederzeit aufgehoben werden. [2]Die Aufhebung steht einer Steuerfestsetzung ohne Vorbehalt der Nachprüfung gleich; § 157 Abs. 1 Satz 1 und 3 gilt sinngemäß. [3]Nach einer Außenprüfung ist der Vorbehalt aufzuheben, wenn sich Änderungen gegenüber der Steuerfestsetzung unter Vorbehalt der Nachprüfung nicht ergeben.

(4) [1]Der Vorbehalt der Nachprüfung entfällt, wenn die Festsetzungsfrist abläuft.[2]§ 169 Absatz 2 Satz 2, § 170 Absatz 6 und § 171 Absatz 7, 8 und 10 sind nicht anzuwenden.

AEAO zu § 164 - Steuerfestsetzung unter Vorbehalt der Nachprüfung:

1. Der Vorbehalt der Nachprüfung ist eine Nebenbestimmung I. S. v. § 120 AO. Er ist im Steuerbescheid anzugeben, wenn er nicht kraft Gesetzes besteht, wie z. B. im Fall der Festsetzung einer Vorauszahlung (§ 164 Abs. 1 Satz 2 AO). Im Gegensatz zur vorläufigen Steuerfestsetzung hat der Vorbehalt keine Auswirkung auf den Ablauf der Festsetzungsfrist. Wegen der Wirkung einer Steueranmeldung als Vorbehaltsfestsetzung siehe § 168 AO.

2. Der Vorbehalt der Nachprüfung ist zulässig bei allen Festsetzungen, für die die Vorschriften über das Steuerfestsetzungsverfahren gelten (z. B. bei Steuervergütungen, Zulagen, Prämien, gesonderten Feststellungen, Steuermessbeträgen, Zinsen, vgl. AEAO zu § 155). Zum Nachprüfungsvorbehalt in Schätzungsfällen vgl. AEAO zu § 162 Nr. 4.

3. Solange ein Steuerfall nicht abschließend geprüft ist, kann die spätere Überprüfung vorbehalten bleiben und die Steuer aufgrund der Angaben des Steuerpflichtigen oder aufgrund vorläufiger Überprüfung (vgl. BFH-Urteil vom 4.8.1983, IV R 79/83, BStBl 1984 II S. 6) unter Vorbehalt der Nachprüfung festgesetzt werden. Der Vorbehalt der Nachprüfung erfasst die Festsetzung insgesamt; eine Beschränkung auf Einzelpunkte oder Besteuerungsgrundlagen ist nicht zulässig. Eine Begründung dafür, dass die Festsetzung unter Vorbehalt erfolgt, ist nicht erforderlich.

4. Solange der Vorbehalt wirksam ist, bleibt der gesamte Steuerfall „offen“, die Steuerfestsetzung kann jederzeit - also auch nach Eintritt der Unanfechtbarkeit - und dem Umfang nach uneingeschränkt von Amts wegen oder auch auf Antrag des Steuerpflichtigen aufgehoben oder geändert werden. Die Grundsätze des Vertrauensschutzes nach § 176 AO sind aber zu beachten. Dagegen

wird ein aus dem Grundsatz von Treu und Glauben abgeleiteter Vertrauensschutz i. d. R. nicht bestehen (vgl. BFH-Urteil vom 29.4.2008, VIII R 75/05, BStBl II S. 817).

5. Der Steuerpflichtige hat keinen Anspruch auf unverzügliche Entscheidung über seinen Antrag. Die Entscheidung kann bis zur abschließenden Prüfung des Steuerfalles - an Amtsstelle oder im Wege einer Außenprüfung - hinausgeschoben werden. Sie hat jedoch in angemessener Zeit zu erfolgen. Wegen des Ablaufs der Festsetzungsfrist bei Antragstellung Hinweis auf § 171 Abs. 3 AO.

6. Wird eine Steuerfestsetzung mit einem behördlich angeordneten Vorbehalt der Nachprüfung geändert, so ist in dem neuen Steuerbescheid zu vermerken, ob dieser weiterhin unter Vorbehalt der Nachprüfung steht oder ob der Vorbehalt aufgehoben wird. Fehlt ein derartiger Vermerk, bleibt der Nachprüfungsvorbehalt bestehen (BFH-Urteil vom 14.9.1993, VIII R 9/93, BStBl 1995 II S. 2). Steht eine Steueranmeldung einer Steuerfestsetzung unter Nachprüfungsvorbehalt gleich (§ 168 AO) und erlässt die Finanzbehörde später erstmals einen Steuerbescheid ohne eine Aussage zum Nachprüfungsvorbehalt, so entfällt dieser (BFH-Urteil vom 2.12.1999, V R 19/99, BStBl 2000 II S. 284). Die Aufhebung des Vorbehalts muss schriftlich oder in elektronischer Form (§ 87a Abs. 4 AO) ergehen und mit einer Rechtsbehelfsbelehrung versehen sein (§ 164 Abs. 3 Satz 2 AO). Die Aufhebung des Nachprüfungsvorbehalts ist auch ohne abschließende Prüfung des Steuerfalles zulässig (BFH-Urteil vom 28.5.1998, V R 100/96, BStBl II S. 502) und bedarf regelmäßig keiner Begründung (BFH-Urteil vom 10.7.1996, I R 5/96, BStBl 1997 II S. 5). Nach der Bekanntgabe der Aufhebung des Vorbehalts kann die Aufhebung oder Änderung einer Steuerfestsetzung nicht mehr auf § 164 Abs. 2 AO gestützt werden; §§ 172 ff. AO bleiben unberührt.

7. Wird der Vorbehalt nicht aufgehoben, entfällt der Vorbehalt mit Ablauf der allgemeinen Festsetzungsfrist (§ 169 Abs. 2 Satz 1 AO). Die Verlängerung der Festsetzungsfrist für hinterzogene oder leichtfertig verkürzte Steuern (§ 169 Abs. 2 Satz 2 AO) verlängert nicht die Wirksamkeit des Vorbehalts, es ergeben sich aber Auswirkungen auf die Ablaufhemmung nach § 171 Abs. 1 bis 6, 9 und 11 bis 14 AO.

8. Wegen des Einspruchs gegen eine Vorbehaltsfestsetzung vgl. AEAO zu § 367, Nr. 5.

9. Verwaltungsakte I. S. v. § 163 Abs. 1 AO können nicht unter Vorbehalt der Nachprüfung ergehen. Werden solche Verwaltungsakte aber mit einer Steuerfestsetzung unter Vorbehalt der Nachprüfung verbunden, stehen sie nach § 163 Abs. 3 Satz 1 Nr. 2 AO kraft Gesetzes unter Widerrufsvorbehalt.

§ 165 Vorläufige Steuerfestsetzung, Aussetzung der Steuerfestsetzung (S 0338)

(1) [1]Soweit ungewiss ist, ob die Voraussetzungen für die Entstehung einer Steuer eingetreten sind, kann sie vorläufig festgesetzt werden. [2]Diese Regelung ist auch anzuwenden, wenn

1. ungewiss ist, ob und wann Verträge mit anderen Staaten über die Besteuerung (§ 2), die sich zugunsten des Steuerpflichtigen auswirken, für die Steuerfestsetzung wirksam werden,

2. das Bundesverfassungsgericht die Unvereinbarkeit eines Steuergesetzes mit dem Grundgesetz festgestellt hat und der Gesetzgeber zu einer Neuregelung verpflichtet ist,

2a. sich auf Grund einer Entscheidung des Gerichtshofes der Europäischen Union ein Bedarf für eine gesetzliche Neuregelung ergeben kann,

3. die Vereinbarkeit eines Steuergesetzes mit höherrangigem Recht Gegenstand eines Verfahrens bei dem Gerichtshof der Europäischen Union, dem Bundesverfassungsgericht oder einem obersten Bundesgericht ist oder

4. die Auslegung eines Steuergesetzes Gegenstand eines Verfahrens bei dem Bundesfinanzhof ist.

[3]Umfang und Grund der Vorläufigkeit sind anzugeben. [4]Unter den Voraussetzungen der Sätze 1 oder 2 kann die Steuerfestsetzung auch gegen oder ohne Sicherheitsleistung ausgesetzt werden.

(2) [1]Soweit die Finanzbehörde eine Steuer vorläufig festgesetzt hat, kann sie die Festsetzung aufheben oder ändern. [2]Wenn die Ungewissheit beseitigt ist, ist eine vorläufige Steuerfestsetzung aufzuheben, zu ändern oder für endgültig zu erklären; eine ausgesetzte Steuerfestsetzung ist nachzuholen. [3]In den Fällen des Absatzes 1 Satz 2 Nr. 4 endet die Ungewissheit, sobald feststeht, dass die Grundsätze der Entscheidung des Bundesfinanzhofs über den entschiedenen Einzelfall hinaus allgemein anzuwenden sind. [4]In den Fällen des Absatzes 1 Satz 2 muss eine vorläufige Steuerfestsetzung nach Satz 2 nur auf Antrag des Steuerpflichtigen für endgültig erklärt werden, wenn sie nicht aufzuheben oder zu ändern ist.

(3) Die vorläufige Steuerfestsetzung kann mit einer Steuerfestsetzung unter Vorbehalt der Nachprüfung verbunden werden.

AEAO zu § 165 - Vorläufige Steuerfestsetzung, Aussetzung der Steuerfestsetzung:

1. Eine vorläufige Steuerfestsetzung nach § 165 Abs. 1 Satz 1 AO ist nur zulässig, soweit ungewiss ist, ob der Tatbestand verwirklicht ist, an den das Gesetz die Leistungspflicht knüpft; Zweifel bei der Auslegung des Steuergesetzes reichen nicht aus. Eine Steuerfestsetzung kann demgemäß nach § 165 Abs. 1 Satz 1 AO nur im Hinblick auf ungewisse Tatsachen, nicht im Hinblick auf die steuerrechtliche Beurteilung von Tatsachen für vorläufig erklärt werden

(BFH-Urteil vom 25.4.1985, IV R 64/83, BStBl II S. 648). Vorläufige Steuerfestsetzungen nach § 165 Abs. 1 Satz 1 AO sind insbesondere dann vorzunehmen, wenn eine Steuerfestsetzung unter Vorbehalt der Nachprüfung nicht zweckmäßig ist, z. B. weil keine Nachprüfung des gesamten Steuerfalles mehr zu erwarten ist oder weil sie aus Rechtsgründen nicht möglich ist (z. B. bei fortbestehender Ungewissheit nach einer Außenprüfung).

2. Die Tatsache, dass ein Doppelbesteuerungsabkommen nach seinem Inkrafttreten voraussichtlich rückwirkend anzuwenden sein wird, rechtfertigt eine vorläufige Steuerfestsetzung nach § 165 Abs. 1 Satz 2 Nr. 1 AO, um dem Steuerpflichtigen die Vorteile des Doppelbesteuerungsabkommens zu sichern.

3. Eine vorläufige Steuerfestsetzung nach § 165 Abs. 1 Satz 2 Nr. 2 oder Nr. 2a AO setzt voraus, dass die Entscheidung des Bundesverfassungsgerichts oder des Gerichtshofs der Europäischen Union bereits ergangen ist und die gesetzliche Neuregelung noch aussteht.

4. Zweifel an der Vereinbarkeit einer der Steuerfestsetzung zugrundeliegenden Rechtsnorm mit höherrangigem Recht (insbesondere mit dem Grundgesetz oder dem Europäischen Unionsrecht) rechtfertigen nur dann eine vorläufige Steuerfestsetzung nach § 165 Abs. 1 Satz 2 Nr. 3 AO, wenn dieselbe Frage bereits Gegenstand eines Musterverfahrens bei dem Gerichtshof der Europäischen Union, dem Bundesverfassungsgericht oder einem obersten Bundesgericht ist.

   Zum Rechtsschutzbedürfnis für einen Einspruch gegen eine hinsichtlich des strittigen Punktes bereits vorläufige Steuerfestsetzung vgl. AEAO zu § 350, Nr. 6.

5. Nach § 165 Abs. 1 Satz 2 Nr. 4 AO kann eine Steuer vorläufig festgesetzt werden, soweit eine im Fall des Steuerpflichtigen entscheidungserhebliche Rechtsfrage Gegenstand eines Verfahrens beim Bundesfinanzhof ist. Hierbei handelt es sich auch um solche Fälle, in denen eine strittige Rechtsfrage nicht nur unter verfassungsrechtlichen Aspekten zu beurteilen ist (und deretwegen bereits eine vorläufige Steuerfestsetzung nach § 165 Abs. 1 Satz 2 Nr. 3 AO erfolgt), sondern vom Bundesfinanzhof auf „einfachgesetzlichem" Wege, d. h. durch Anwendung bzw. Auslegung des einfachen Rechts, entschieden werden könnte.

6. Die Entscheidung, die Steuer vorläufig festzusetzen, steht in sämtlichen Fällen des § 165 Abs. 1 AO im Ermessen der Finanzbehörde. Von der Möglichkeit, eine Steuer nach § 165 Abs. 1 Satz 2 AO vorläufig festzusetzen, ist nur Gebrauch zu machen, soweit die Finanzbehörden hierzu durch BMF-Schreiben oder gleichlautende Erlasse der obersten Finanzbehörden der Länder angewiesen worden sind.

7. Die Vorläufigkeit ist auf die ungewissen Voraussetzungen zu beschränken und zu begründen. Die Begründung kann nachgeholt werden (§ 126 Abs. 1 Nr. 2 AO). Wird eine vorläufige Steuerfestsetzung geändert, so ist in dem neuen Steuerbescheid zu vermerken, ob und inwieweit dieser weiterhin vorläufig ist oder für endgültig erklärt wird. Ein ursprünglich angeordneter Vor-

läufigkeitsvermerk bleibt auch dann wirksam, wenn er in einem nachfolgenden Änderungsbescheid nicht ausdrücklich wiederholt wird (BFH-Urteil vom 9.9.1988, III R 191/84, BStBl 1989 II S. 9). Enthält aber der Änderungsbescheid einen Vorläufigkeitsvermerk, wird durch diesen der Umfang der Vorläufigkeit neu bestimmt (BFH-Urteile vom 19.10.1999, IX R 23/98, BStBl 2000 II S. 282, und vom 16.6.2020, VIII R 12/17, BStBl II S. 702). Dies gilt auch, wenn ein sowohl auf § 165 Abs. 1 Satz 1 AO als auch auf § 165 Abs. 1 Satz 2 AO gestützter Vorläufigkeitsvermerk im Änderungsbescheid durch einen allein auf § 165 Abs. 1 Satz 2 AO gestützten Vorläufigkeitsvermerk ersetzt wird (BFH-Urteil vom 14.7.2015, VIII R 21/13, BStBl 2016 II S. 371).

8. Soweit wegen der Frage der Vereinbarkeit einer Rechtsnorm mit dem Grundgesetz eine Steuer nach § 165 Abs. 1 Satz 2 Nr. 3 AO vorläufig festgesetzt worden ist, sind Steuerbescheide auch dann nach § 165 Abs. 2 AO zu ändern, wenn das Bundesverfassungsgericht oder der Bundesfinanzhof die streitige Frage dadurch entscheidet, dass das Gericht die vom Vorläufigkeitsvermerk erfasste Rechtsnorm entgegen der bisherigen Verwaltungsauffassung verfassungskonform so auslegt, dass das betreffende Steuergesetz mit höherrangigem Recht vereinbar ist und diese Auslegung zu einer Steuerminderung führt (BFH-Urteil vom 30.9.2010, III R 39/08, BStBl 2011 II S. 11). Dies gilt auch, wenn der Vorläufigkeitsvermerk insoweit zusätzlich auf § 165 Abs. 1 Satz 2 Nr. 4 AO gestützt war.

Soweit eine Steuer (auch) nach § 165 Abs. 1 Satz 2 Nr. 4 AO vorläufig festgesetzt worden ist, sind die Steuerbescheide (zudem) auch dann nach § 165 Abs. 2 AO zu ändern, wenn der Bundesfinanzhof die vom Vorläufigkeitsvermerk erfasste Rechtsnorm aufgrund einfachgesetzlicher Auslegung eines Steuergesetzes entgegen der bisherigen Verwaltungsauffassung auslegt, diese Auslegung zu einer Steuerminderung führt und dieses Urteil über den entschiedenen Einzelfall hinaus anzuwenden ist.

9. Die vorläufige Steuerfestsetzung kann jederzeit für endgültig erklärt werden. Die Vorläufigkeit bleibt bis dahin bestehen; für den Ablauf der Festsetzungsfrist gilt § 171 Abs. 8 AO. Wird die vorläufige Steuerfestsetzung nach Beseitigung der Ungewissheit geändert (§ 165 Abs. 2 Satz 2 AO), sind im Rahmen des Änderungsbetrages auch solche Fehler zu berichtigen, die nicht mit dem Grund der Vorläufigkeit zusammenhängen (BFH-Urteil vom 2.3.2000, VI R 48/97, BStBl II S. 332).

10. In den Fällen des § 165 Abs. 1 Satz 2 AO ist eine Endgültigkeitserklärung nicht erforderlich, wenn sich die Steuerfestsetzung letztlich als zutreffend erweist und der Steuerpflichtige keine Entscheidung beantragt. Die Vorläufigkeit entfällt in diesem Fall mit Ablauf der - ggf. nach § 171 Abs. 8 Satz 2 AO verlängerten - Festsetzungsfrist.

11. Wird die vorläufige Steuerfestsetzung auf Antrag des Steuerpflichtigen oder von Amts wegen ganz oder teilweise für endgültig erklärt, kann gegen die insoweit nunmehr endgültige Steuerfestsetzung Einspruch eingelegt und ggf. anschließend Klage erhoben werden. Hinsichtlich der Auswirkungen der bisherigen Vorläufigkeit der Steuerfestsetzung ergibt sich aus § 351 Abs. 1 AO keine Anfechtungsbeschränkung (BFH-Urteil vom 30.9.2010, III R 39/08, BStBl 2011 II S. 11). Der Umfang der Anfechtbarkeit bestimmt sich dabei nicht

betragsmäßig, sondern in der Wirkung der fehlenden Bestandskraft der bisherigen Vorläufigkeit. In den Fällen der Vorläufigkeit nach § 165 Abs. 1 Satz 2 Nr. 3 AO beschränkt sich dieser Rechtsschutz dementsprechend auf die weitere verfassungsrechtliche Klärung dieser Rechtsfrage (BFH-Urteil vom 30.9.2010, III R 39/08, a. a. O.).

Wird durch einen Vorläufigkeitsvermerk in einem Änderungsbescheid der Umfang der Vorläufigkeit in einschränkender Weise neu bestimmt (vgl. AEAO zu § 165, Nr. 7 Sätze 5 und 6), steht dies insoweit einer Endgültigkeitserklärung gleich.

12. Verwaltungsakte i. S. v. § 163 Abs. 1 AO können nicht nach § 165 AO vorläufig ergehen. Werden solche Verwaltungsakte aber mit einer vorläufigen Steuerfestsetzung verbunden und ist der Grund der Vorläufigkeit auch für die Entscheidung nach § 163 Abs. 1 AO von Bedeutung, stehen sie nach § 163 Abs. 3 Satz 1 Nr. 3 AO kraft Gesetzes unter Widerrufsvorbehalt.

§ 166 Drittwirkung der Steuerfestsetzung (S 0338)

Ist die Steuer dem Steuerpflichtigen gegenüber unanfechtbar festgesetzt, so hat dies neben einem Gesamtrechtsnachfolger auch gegen sich gelten zu lassen, wer in der Lage gewesen wäre, den gegen den Steuerpflichtigen erlassenen Bescheid als dessen Vertreter, Bevollmächtigter oder kraft eigenen Rechts anzufechten.

§ 167 Steueranmeldung, Verwendung von Steuerzeichen oder Steuerstemplern (S 0339)

(1) [1]Ist eine Steuer auf Grund gesetzlicher Verpflichtung anzumelden (§ 150 Abs. 1 Satz 3), so ist eine Festsetzung der Steuer nach § 155 nur erforderlich, wenn die Festsetzung zu einer abweichenden Steuer führt oder der Steuer- oder Haftungsschuldner die Steueranmeldung nicht abgibt. [2]Satz 1 gilt sinngemäß, wenn die Steuer auf Grund gesetzlicher Verpflichtung durch Verwendung von Steuerzeichen oder Steuerstemplern zu entrichten ist. [3]Erkennt der Steuer- oder Haftungsschuldner nach Abschluss einer Außenprüfung im Sinne des § 193 Abs. 2 Nr. 1 seine Zahlungsverpflichtung schriftlich an, steht das Anerkenntnis einer Steueranmeldung gleich.

(2) [1]Steueranmeldungen gelten auch dann als rechtzeitig abgegeben, wenn sie fristgerecht bei der zuständigen Kasse eingehen. [2]Dies gilt nicht für Einfuhr- und Ausfuhrabgaben und Verbrauchsteuern.

AEAO zu § 167 - Steueranmeldung, Verwendung von Steuerzeichen oder Steuerstemplern:

1. Die Selbstberechnung der Steuer (§ 150 Abs. 1 Satz 3 AO) durch Steueranmeldung ist gesetzlich insbesondere vorgeschrieben für die Umsatzsteuer (Voranmeldung und Jahreserklärung - § 18 UStG), die Lohnsteuer (§ 41a EStG), die Kapitalertragsteuer (§ 45a EStG), den Steuerabzug nach § 48 i. V. m. § 48a EStG oder nach § 50a EStG, die Versicherungsteuer (§ 8 VersStG), die Wettsteuer (§ 18 RennwLottAB) und für die Feuerschutzsteuer (§ 8 FeuerSchStG). Die Steueranmeldung ist Steuererklärung i. S. d. § 150 AO. Wegen der Wirkung einer Steueranmeldung siehe § 168 AO.

2. Eine Steueranmeldung i. S. d. AO liegt nicht vor, wenn ein Gesetz zwar die Selbstberechnung der Steuer durch den Steuerpflichtigen vorschreibt, daneben aber eine förmliche Steuerfestsetzung vorsieht, z. B. § 9 KraftStDV.

3. Das Anerkenntnis des zum Steuerabzug Verpflichteten, insbesondere des Arbeitgebers hinsichtlich der Lohnsteuer, steht einer Steueranmeldung und damit einer Steuerfestsetzung unter Vorbehalt der Nachprüfung gleich (§ 167 Abs. 1 Satz 3, § 168 Satz 1 AO). Es ist deshalb nicht erforderlich, gegen ihn einen Haftungsbescheid zu erlassen, wenn er seiner Zahlungsverpflichtung aus dem Anerkenntnis nicht nachkommen will. Der Entrichtungspflichtige kann sein Zahlungsanerkenntnis nur mit Zustimmung der Finanzbehörde ändern oder widerrufen. Nach einer abschließenden Prüfung des Steuerfalls ist

der Vorbehalt der Nachprüfung durch besonderen Bescheid aufzuheben (§ 164 Abs. 2 und 3 AO).

4. Steueranmeldungen sind bei dem für die Besteuerung zuständigen Finanzamt abzugeben. Es treten aber keine Verspätungsfolgen ein, wenn der Steuerpflichtige die Steueranmeldung und den Scheck fristgemäß bei dem für die Steuererhebung zuständigen Finanzamt einreicht.

5. Gibt jemand (z. B. ein Arbeitgeber) trotz seiner gesetzlichen Verpflichtung, Steuern für Rechnung eines Dritten einzubehalten, anzumelden und abzuführen, keine Steueranmeldung ab, so kann gegen ihn ein Steuerbescheid aufgrund einer Schätzung ergehen. Die Möglichkeit, einen Haftungsbescheid zu erlassen, steht dem nicht entgegen (vgl. BFH-Urteil vom 7.7.2004, VI R 171/00, BStBl II S. 1087).

§ 168 Wirkung einer Steueranmeldung (S 0339)

[1]Eine Steueranmeldung steht einer Steuerfestsetzung unter Vorbehalt der Nachprüfung gleich. [2]Führt die Steueranmeldung zu einer Herabsetzung der bisher zu entrichtenden Steuer oder zu einer Steuervergütung, so gilt Satz 1 erst, wenn die Finanzbehörde zustimmt. [3]Die Zustimmung bedarf keiner Form.

AEAO zu § 168 - Wirkung einer Steueranmeldung:

1. Eine Steueranmeldung, die nicht zu einer Herabsetzung der bisher zu entrichtenden Steuer oder zu einer Steuervergütung führt, hat mit ihrem Eingang bei der Finanzbehörde die Wirkung einer Steuerfestsetzung unter Vorbehalt der Nachprüfung. Wegen der daraus sich ergebenden Folgen vgl. AEAO zu § 164 AO.

   Die fällige Steuer ist ohne besonderes Leistungsgebot nach Eingang der Anmeldung vollstreckbar (§ 249 Abs. 1, § 254 Abs. 1 Satz 4 AO).

2. Eine erstmalige Steueranmeldung, die zu einer Steuervergütung führt (z. B. Vorsteuerüberschuss), wirkt erst dann als Steuerfestsetzung unter Vorbehalt der Nachprüfung, wenn dem Steuerpflichtigen die Zustimmung der Finanzbehörde bekannt wird (§ 168 Satz 2 AO; BFH-Urteil vom 28.2.1996, XI R 42/94, BStBl II S. 660). Bis dahin ist sie als Antrag auf Steuerfestsetzung (§ 155 Abs. 1 Satz 3 und Abs. 5 AO) anzusehen.

3. Auch eine berichtigte Steueranmeldung, die zu einer Herabsetzung der bisher angemeldeten Steuer (Mindersoll) oder zu einer Erhöhung der bisher angemeldeten Steuervergütung führt, wirkt erst dann als Steuerfestsetzung unter Vorbehalt der Nachprüfung, wenn dem Steuerpflichtigen die Zustimmung der Finanzbehörde bekannt wird. Bis dahin ist sie als Antrag auf Änderung der Steuerfestsetzung nach § 164 Abs. 2 Satz 2 AO zu behandeln. Wegen der Änderung einer nicht mehr unter dem Vorbehalt der Nachprüfung stehenden Steuerfestsetzung vgl. AEAO zu § 168, Nr. 12.

4. Die kassenmäßige Sollstellung eines Rotbetrags ist keine Zustimmung zur Anmeldung i. S. d. § 168 Satz 2 AO; sie darf dem Anmeldenden nicht mitgeteilt werden. Wird der Steuerpflichtige schriftlich bzw. elektronisch über die Zustimmung unterrichtet (z. B. zusammen mit einer Abrechnungsmitteilung),

ist grundsätzlich davon auszugehen, dass ihm die Zustimmung am dritten Tag nach Aufgabe zur Post bzw. nach der Absendung bekannt geworden ist. Zur Fälligkeit der Erstattung vgl. AEAO zu § 220 AO.

5. Die Abgabe einer berichtigten Anmeldung mit Mindersoll hat keine Auswirkungen auf den Zeitpunkt der Fälligkeit des ursprünglich angemeldeten Betrages. Ebenso bleiben auf der Grundlage der ursprünglichen Steueranmeldung entstandene Säumniszuschläge unberührt (§ 240 Abs. 1 Satz 4 AO).

6. Will die Finanzbehörde von der angemeldeten Steuer abweichen, so ist eine Steuerfestsetzung vorzunehmen und darüber ein Steuerbescheid zu erteilen. Die abweichende Festsetzung kann unter dem Vorbehalt der Nachprüfung oder unter den Voraussetzungen des § 165 AO vorläufig vorgenommen werden.

7. Nach § 18 Abs. 2 UStG ist die für einen Voranmeldungszeitraum errechnete Umsatzsteuer eine Vorauszahlung. Wird eine abweichende USt-Festsetzung durchgeführt, steht diese als Vorauszahlungsbescheid nach § 164 Abs. 1 Satz 2 AO kraft Gesetzes unter Vorbehalt der Nachprüfung. Dies gilt nicht bei einer von einer USt-Jahreserklärung abweichenden Festsetzung; in diesen Fällen muss die Steuerfestsetzung unter Vorbehalt der Nachprüfung besonders angeordnet und im Bescheid vermerkt werden (BFH-Urteil vom 2.12.1999, V R 19/99, BStBl 2000 II S. 284).

8. Ergibt sich durch die anderweitige Festsetzung eine höhere Zahllast als angemeldet, ist für den nachzuzahlenden Differenzbetrag eine Zahlungsfrist einzuräumen (§ 220 Abs. 2). Auf § 18 Abs. 4 UStG wird hingewiesen. Liegt der abweichenden Festsetzung eine Steueranmeldung mit Steuervergütung oder Mindersoll zugrunde, so ist Fälligkeitstag des gesamten Erstattungsbetrags der Tag der Bekanntgabe der anderweitigen Festsetzung (§ 220 Abs. 2 AO).

9. Aus Vereinfachungsgründen kann bei Steueranmeldungen, die zu einer Steuervergütung oder zu einem Mindersoll führen, die Zustimmung allgemein erteilt werden. Auch in diesem Fall stehen die Anmeldungen erst dann einer Steuerfestsetzung unter Vorbehalt der Nachprüfung gleich, wenn dem Steuerpflichtigen die Zustimmung bekannt wird. Wird der Steuerpflichtige schriftlich bzw. elektronisch über die Zustimmung unterrichtet (z. B. zusammen mit einer Abrechnungsmitteilung), ist grundsätzlich davon auszugehen, dass ihm die Zustimmung am dritten Tag nach Aufgabe zur Post bzw. nach der Absendung bekannt geworden ist.

10. In den Fällen, in denen keine allgemeine Zustimmung erteilt wird, ist über die Zustimmung oder Festsetzung alsbald zu entscheiden. Auf die Bearbeitung in angemessener Zeit bzw. auf die rechtzeitige Mitteilung von Hinderungsgründen ist angesichts § 347 Abs. 1 Satz 2 AO besonders zu achten.

11. Wird die Zustimmung zur Steueranmeldung nicht erteilt, so ist der Antrag des Steuerpflichtigen auf Steuerfestsetzung (vgl. AEAO zu § 168, Nr. 2) bzw. auf Änderung der Steuerfestsetzung nach § 164 Abs. 2 Satz 2 AO (vgl. AEAO zu § 168, Nr. 3) durch Bescheid abzulehnen (§ 155 Abs. 1 Satz 3 AO).

12. Führt die berichtigte Anmeldung zu einer höheren Steuer oder zu einem geringeren Vergütungsbetrag, gilt Folgendes:

- Steht die bisherige Steuerfestsetzung noch unter dem Vorbehalt der Nachprüfung, bedarf es keiner Zustimmung der Finanzbehörde; die berichtigte Steueranmeldung steht bereits mit ihrem Eingang bei der Finanzbehörde einer nach § 164 Abs. 2 AO geänderten Steuerfestsetzung unter Vorbehalt der Nachprüfung gleich.

- Steht die bisherige Steuerfestsetzung nicht oder nicht mehr unter dem Vorbehalt der Nachprüfung, ist ein nach § 172 Abs. 1 Satz 1 Nr. 2 Buchstabe a AO geänderter Bescheid zu erteilen.

Zu prüfen ist, ob die berichtigte Anmeldung eine Selbstanzeige (§ 371 AO) ist. Wegen der Verlängerung der Festsetzungsfrist Hinweis auf § 171 Abs. 9 AO.

13. Eine Steueranmeldung, die - ggf. nach Zustimmung - einer Steuerfestsetzung unter dem Vorbehalt der Nachprüfung gleichsteht, kann mit dem Einspruch angefochten werden (§ 347 Abs. 1 Satz 1 AO). Wegen des Beginns der Einspruchsfrist wird auf § 355 Abs. 1 Satz 2 AO, wegen des Beginns der Zahlungsverjährung auf § 229 AO hingewiesen.

II. Festsetzungsverjährung

AEAO vor §§ 169 bis 171 - Festsetzungsverjährung:

1. Durch Verjährung erlöschen allgemein Ansprüche aus dem Steuerschuldverhältnis (§ 47 AO).

   Das Gesetz unterscheidet zwischen der Festsetzungsverjährung (§§ 169 bis 171 AO) und der Zahlungsverjährung (§§ 228 bis 232 AO).

2. Die Finanzbehörde darf die Festsetzung von Steuern, von Erstattungs- oder Vergütungsansprüchen nur vornehmen, soweit die Festsetzungsfrist noch nicht abgelaufen ist. Dies gilt auch für Änderungen oder Aufhebungen von Steuerfestsetzungen sowie Berichtigungen wegen offenbarer Unrichtigkeit, gleichgültig ob zugunsten oder zuungunsten des Steuerpflichtigen. Mit Ablauf der Festsetzungsfrist sind Ansprüche des Steuergläubigers, aber auch Ansprüche des Erstattungsberechtigten erloschen. Zur Berichtigung (teil-)verjährter Steueransprüche im Zusammenhang mit einer Aufhebung, Änderung oder Berichtigung der Steuerfestsetzung wegen offenbarer Unrichtigkeit vgl. AEAO zu § 177, Nr. 1.

3. Für den Ablauf der Festsetzungsfrist gilt § 108 Abs. 3 AO (vgl. Nr. 2 des AEAO zu § 108). Fällt das Ende der Festsetzungsfrist auf einen Sonntag, einen gesetzlichen Feiertag oder einen Sonnabend, endet die Festsetzungsfrist daher erst mit dem Ablauf des nächstfolgenden Werktags.

4. Eine Festsetzung usw., die erst nach Eintritt der Festsetzungsverjährung erfolgt, ist nicht nichtig (§ 125 Abs. 1 AO), sondern nur anfechtbar, erwächst also ggf. in Bestandskraft; der Bescheid ist auch vollstreckbar.

5. Die Festsetzungsverjährung schließt Ermittlungshandlungen der Finanzbehörde im Einzelfall (§§ 88, 92 ff., 193 ff., 208 Abs. 1 Nr. 2 AO) nicht aus (vgl. BFH-Urteil vom 23.7.1985, VIII R 48/85, BStBl 1986 II S. 433).

6. Die Bestimmungen über die Festsetzungsverjährung gelten sinngemäß auch für die Festsetzung von Steuermessbeträgen (§ 184 Abs. 1 AO) und für die gesonderte Feststellung von Besteuerungsgrundlagen (§ 181 Abs. 1 AO), sowie bei allen Festsetzungen, für die die Vorschriften über das Steuerfestsetzungsverfahren anzuwenden sind (s. § 155 AO). Auf steuerliche Nebenleistungen (§ 3 Abs. 4 AO) finden sie nur Anwendung, wenn dies besonders vorgeschrieben ist (§ 1 Abs. 3 Satz 2 AO), wie z. B. bei Zinsen (§ 239 AO). Für die Kosten der Vollstreckung gilt die besondere Regelung des § 346 AO.

7. Für Verspätungszuschläge (§ 152 AO) fehlt dagegen eine entsprechende Bestimmung (vgl. AEAO zu § 169, Nr. 5 AO). Säumniszuschläge (§ 240 AO) entstehen kraft Gesetzes, sie unterliegen allein der Zahlungsverjährung (§§ 228 ff. AO).

§ 169 Festsetzungsfrist (S 0340)

(1) [1]Eine Steuerfestsetzung sowie ihre Aufhebung oder Änderung sind nicht mehr zulässig, wenn die Festsetzungsfrist abgelaufen ist. [2]Dies gilt auch für die Berichtigung wegen offenbarer Unrichtigkeit nach § 129. [3]Die Frist ist gewahrt, wenn vor Ablauf der Festsetzungsfrist

1. der Steuerbescheid oder im Fall des § 122a die elektronische Benachrichtigung den Bereich der für die Steuerfestsetzung zuständigen Finanzbehörde verlassen hat oder

2. bei öffentlicher Zustellung nach § 10 des Verwaltungszustellungsgesetzes die Benachrichtigung bekannt gemacht oder veröffentlicht wird.

(2) [1]Die Festsetzungsfrist beträgt:

1. ein Jahr für Verbrauchsteuern und Verbrauchsteuervergütungen,

2. vier Jahre für Steuern und Steuervergütungen, die keine Steuern im Sinne der Nummer 1 oder Steuervergütungen nach Artikel 5 Nummer 20 und 21 des Zollkodex der Union sind.

[2]Die Festsetzungsfrist beträgt zehn Jahre, soweit eine Steuer hinterzogen, und fünf Jahre, soweit sie leichtfertig verkürzt worden ist. [3]Dies gilt auch dann, wenn die Steuerhinterziehung oder leichtfertige Steuerverkürzung nicht durch den Steuerschuldner oder eine Person begangen worden ist, deren er sich zur Erfüllung seiner steuerlichen Pflichten bedient, es sei denn, der Steuerschuldner weist nach, dass er durch die Tat keinen Vermögensvorteil erlangt hat und dass sie auch nicht darauf beruht, dass er die im Verkehr erforderlichen Vorkehrungen zur Verhinderung von Steuerverkürzungen unterlassen hat.

AEAO zu § 169 - Festsetzungsfrist:

1. Die Festsetzungsfrist nach § 169 Abs. 1 Satz 3 Nr. 1 AO ist nur gewahrt, wenn der vor Ablauf der Frist zur Post gegebene „Steuerbescheid" dem Empfänger nach Fristablauf tatsächlich zugeht (vgl. Beschluss des Großen Senats des BFH vom 25.11.2002, GrS 2/01, BStBl 2003 II S. 548).

Im Fall der Bekanntgabe nach § 122a AO ist die Festsetzungsfrist nach § 169 Abs. 1 Satz 3 Nr. 1 AO gewahrt, wenn

- die vor Ablauf der Festsetzungsfrist versandte elektronische Benachrichtigung tatsächlich zugegangen ist oder
- die elektronische Benachrichtigung vor Ablauf der Festsetzungsfrist versandt worden ist, der Adressat den Zugang der Benachrichtigung bestreitet, er den Verwaltungsakt aber tatsächlich abgerufen hat. Der Zeitpunkt des Abrufs des Verwaltungsakts ist dabei unerheblich.

Zu den für die Steuerfestsetzung zuständigen Finanzbehörden sind auch die für die Finanzbehörden arbeitenden Rechenzentren (§§ 2 und 17 FVG) zu zählen, wenn sie die Absendung an den Steuerpflichtigen vornehmen.

Bei Steuermessbescheiden wird die Frist allein durch die Absendung der Mitteilungen an die Gemeinde (§ 184 Abs. 3 AO) nicht gewahrt. Die fristgerechte Absendung der Messbescheide ist Aufgabe der Gemeinden, die insoweit für die Finanzbehörden handeln

2. Die Festsetzungsfrist verlängert sich auf zehn Jahre, soweit eine Steuer hinterzogen, und auf fünf Jahre, soweit die Steuer leichtfertig verkürzt worden ist (§ 169 Abs. 2 Satz 2 AO).

2.1 Die für den Erlass des Steuerbescheids zuständige Stelle der Finanzbehörde hat im Benehmen mit der für Straf- und Bußgeldsachen zuständigen Stelle zu prüfen, ob der objektive und subjektive Tatbestand des § 370 AO gegeben ist. Eine vorherige strafgerichtliche Verurteilung ist nicht erforderlich. Ebenso wenig sind Selbstanzeige (§ 371 AO), Eintritt der Strafverfolgungsverjährung oder sonstige Verfahrenshindernisse von Bedeutung. An Entscheidungen im strafgerichtlichen Verfahren ist die Finanzbehörde nicht gebunden (BFH-Urteil vom 10.10.1972, VII R 117/69, BStBl 1973 II S. 68). Entsprechendes gilt bezüglich leichtfertig verkürzter Steuern (§ 378 AO).

2.2 Das Erschleichen von Investitionszulage (BFH-Urteil vom 19.12.2013, III R 25/10, BStBl 2015 II S. 119) ist ebenso wie das Erschleichen von Eigenheimzulage (BFH-Urteil vom 12.1.2016, IX R 20/15, BStBl 2017 II S. 21) keine Steuerhinterziehung i. S. v. § 169 Abs. 2 Satz 2 i. V. m. § 370 AO.

Gesetzlich ausdrücklich für anwendbar erklärt wurden die Vorschriften zur Steuerhinterziehung hingegen für die Arbeitnehmer-Sparzulage (§ 14 Abs. 3 Satz 1 5. VermBG), die Wohnungsbauprämie (§ 8 Abs. 2 Satz 1 WoPG), die Forschungszulage (§ 13 FZulG), die Mobilitätsprämie (§ 108 EStG) und die Altersvorsorgezulage (§ 96 Abs. 7 Satz 1 EStG).

2.3 Die Verlängerung der Festsetzungsfrist für hinterzogene oder leichtfertig verkürzte Steuern verlängert nicht die Wirksamkeit eines Vorbehalts der Nachprüfung (vgl. AEAO zu § 164, Nr. 7). § 169 Abs. 2 Satz 2 AO ist auch dann anzuwenden, wenn der Steuerbescheid unter dem Vorbehalt der Nachprüfung ergangen ist; § 164 Abs. 4 Satz 2 AO regelt lediglich, dass § 169 Abs. 2 Satz 2 und § 171 Abs. 7, 8 und 10 AO bei Bestimmung des Ablaufs der für § 164 Abs. 4 Satz 1 AO maßgeblichen Frist nicht anzuwenden sind.

3. Wegen der Frist für die gesonderte Feststellung von Besteuerungsgrundlagen (Feststellungsfrist) Hinweis auf § 181 Abs. 3 AO. Für den Erlass von Haftungsbescheiden wird auf § 191 Abs. 3 AO hingewiesen.

4. Bei Zinsen beträgt die Festsetzungsfrist zwei Jahre (§ 239 Abs. 1 Satz 1 AO), bei Kosten der Vollstreckung ein Jahr (§ 346 AO).

5. Verspätungszuschläge unterliegen nicht der Festsetzungsverjährung (vgl. AEAO vor §§ 169 bis 171, Nr. 6). Von der erstmaligen Festsetzung eines Verspätungszuschlags ist jedoch grundsätzlich abzusehen, wenn die Festsetzungsfrist für die Steuer abgelaufen ist. Wird aber ein bereits vor Ablauf der für die Steuer geltenden Festsetzungsfrist festgesetzter Verspätungszuschlag nur aus formellen Gründen oder aufgrund einer fehlerhaften Ermessensausübung bezüglich seiner Höhe aufgehoben, ist die Festsetzung eines Verspätungszuschlags auch nach Ablauf der für die Steuer geltenden Festsetzungsfrist zulässig.

§ 170 Beginn der Festsetzungsfrist (S 0341)

(1) Die Festsetzungsfrist beginnt mit Ablauf des Kalenderjahrs, in dem die Steuer entstanden ist oder eine bedingt entstandene Steuer unbedingt geworden ist.

(2) [1]Abweichend von Absatz 1 beginnt die Festsetzungsfrist, wenn

1. eine Steuererklärung oder eine Steueranmeldung einzureichen oder eine Anzeige zu erstatten ist, mit Ablauf des Kalenderjahrs, in dem die Steuererklärung, die Steueranmeldung oder die Anzeige eingereicht wird, spätestens jedoch mit Ablauf des dritten Kalenderjahrs, das auf das Kalenderjahr folgt, in dem die Steuer entstanden ist, es sei denn, dass die Festsetzungsfrist nach Absatz 1 später beginnt,

2. eine Steuer durch Verwendung von Steuerzeichen oder Steuerstemplern zu zahlen ist, mit Ablauf des Kalenderjahrs, in dem für den Steuerfall Steuerzeichen oder Steuerstempler verwendet worden sind, spätestens jedoch mit Ablauf des dritten Kalenderjahrs, das auf das Kalenderjahr folgt, in dem die Steuerzeichen oder Steuerstempler hätten verwendet werden müssen.

[2]Dies gilt nicht für Verbrauchsteuern, ausgenommen die Energiesteuer auf Erdgas und die Stromsteuer.

(3) Wird eine Steuer oder eine Steuervergütung nur auf Antrag festgesetzt, so beginnt die Frist für die Aufhebung oder Änderung dieser Festsetzung oder ihrer Berichtigung nach § 129 nicht vor Ablauf des Kalenderjahrs, in dem der Antrag gestellt wird.

(4) Wird durch Anwendung des Absatzes 2 Nr. 1 auf die Vermögensteuer oder die Grundsteuer der Beginn der Festsetzungsfrist hinausgeschoben, so wird der Beginn der Festsetzungsfrist für die folgenden Kalenderjahre des Hauptveranlagungszeitraums jeweils um die gleiche Zeit hinausgeschoben.

(5) Für die Erbschaftsteuer (Schenkungsteuer) beginnt die Festsetzungsfrist nach den Absätzen 1 oder 2

1. bei einem Erwerb von Todes wegen nicht vor Ablauf des Kalenderjahrs, in dem der Erwerber Kenntnis von dem Erwerb erlangt hat,

2. bei einer Schenkung nicht vor Ablauf des Kalenderjahrs, in dem der Schenker gestorben ist oder die Finanzbehörde von der vollzogenen Schenkung Kenntnis erlangt hat,

3. bei einer Zweckzuwendung unter Lebenden nicht vor Ablauf des Kalenderjahrs, in dem die Verpflichtung erfüllt worden ist.

(6) Für die Steuer, die auf Kapitalerträge entfällt, die

1. aus Staaten oder Territorien stammen, die nicht Mitglieder der Europäischen Union oder der Europäischen Freihandelsassoziation sind, und

2. nicht nach Verträgen im Sinne des § 2 Absatz 1 oder hierauf beruhenden Vereinbarungen automatisch mitgeteilt werden,

beginnt die Festsetzungsfrist frühestens mit Ablauf des Kalenderjahres, in dem diese Kapitalerträge der Finanzbehörde durch Erklärung des Steuerpflichtigen oder in sonstiger Weise bekannt geworden sind, spätestens jedoch zehn Jahre nach Ablauf des Kalenderjahres, in dem die Steuer entstanden ist.

(7) Für Steuern auf Einkünfte oder Erträge, die in Zusammenhang stehen mit Beziehungen zu einer Drittstaat-Gesellschaft im Sinne des § 138 Absatz 3, auf die der Steuerpflichtige allein oder zusammen mit nahestehenden Personen im Sinne des § 1 Absatz 2 des Außensteuergesetzes unmittelbar oder mittelbar einen beherrschenden oder bestimmenden Einfluss ausüben kann, beginnt die Festsetzungsfrist frühestens mit Ablauf des Kalenderjahres, in dem diese Beziehungen durch Mitteilung des Steuerpflichtigen oder auf andere Weise bekannt geworden sind, spätestens jedoch zehn Jahre nach Ablauf des Kalenderjahres, in dem die Steuer entstanden ist.

AEAO zu § 170 - Beginn der Festsetzungsfrist:

1. Für den Beginn der Festsetzungsfrist kommt es darauf an, wann die Steuer (§ 37 AO) entstanden ist. Der Zeitpunkt der Entstehung der Ansprüche aus dem Steuerschuldverhältnis ist in § 38 AO und in den Einzelsteuergesetzen (vgl. AEAO zu § 38, Nr.1) geregelt. Die Anlaufhemmung (§ 170 Abs. 2 bis 6 AO) schiebt den Beginn der Festsetzungsfrist hinaus.

2. Wegen des Beginns der Frist für die gesonderte Feststellung von Einheitswerten oder Grundsteuerwerten Hinweis auf § 181 Abs. 3 und 4 AO. Für Haftungsbescheide gilt § 191 Abs. 3 AO. Bei Zinsen und Kosten der Vollstreckung ergibt sich der Beginn der Festsetzungsfrist aus § 239 Abs. 1 Satz 2 bzw. § 346 Abs. 2 Satz 2 AO. Hinsichtlich der Verspätungszuschläge vgl. AEAO zu § 169, Nr. 5.

3. Die Anlaufhemmung nach § 170 Abs. 2 AO gilt für sämtliche Besitz- und Verkehrsteuern, für die auf Grund allgemeiner gesetzlicher Vorschrift (z. B. § 181 Abs. 2 AO; § 25 EStG; § 14a GewStG; § 31 KStG; § 18 UStG) oder auf Grund einer Aufforderung der Finanzbehörde (§ 149 Abs. 1 Satz 2 AO) eine Steuererklärung oder eine Steueranmeldung einzureichen oder eine Anzeige zu erstatten ist; gesetzliche Vorschrift ist auch eine Rechtsverordnung (§ 4 AO). Eine Berichtigungsanzeige nach § 153 Abs. 1 AO löst allerdings keine Anlaufhemmung aus (vgl. BFH-Urteil vom 22.1.1997, II B 40/96, BStBl II S. 266).

   Ist der Steuerpflichtige berechtigt aber nicht verpflichtet, eine Steuererklärung abzugeben, wie z. B. bei der Antragsveranlagung nach § 46 Abs. 2 Nr. 8 EStG, greift die Anlaufhemmung nach § 170 Absatz 2 Satz 1 Nr. 1 AO nicht (BFH-Urteil vom 14.4.2011, VI R 53/10, BStBl II S. 746). Die Anlaufhemmung greift auch dann nicht, wenn eine behördliche Aufforderung zur Abgabe einer Steuererklärung dem Steuerpflichtigen erst nach dem Ablauf der Festsetzungsfrist des § 169 Abs. 2 AO zugeht oder eine Pflichtveranlagung begründende Steuererklärung erst nach dem Ablauf der Festsetzungsfrist des § 169 Abs. 2 AO abgegeben wird (BFH-Urteil vom 28.3.2012, VI R 68/10, BStBl II S. 711).

   Die Nichtveranlagungs-Bescheinigung nach § 44a Abs. 2 Satz 1 Nr. 2 EStG hat keine Auswirkungen auf die Anlaufhemmung nach § 170 Abs. 2 Satz 1

Nr. 1 AO (vgl. BFH-Beschluss vom 15.5.2013, VI R 33/12, BStBl 2014 II S. 238).

4. Bei Bestimmung der Anlaufhemmung nach § 170 Abs. 6 AO gilt Folgendes:

   - Als „Steuer“ sind nur die Steuern anzusehen, die auf Kapitalerträge entfallen. Hierzu gehören die Einkommensteuer, die Körperschaftsteuer und - soweit gewerbliche Einkünfte betroffen sind - die Gewerbesteuer sowie die entsprechenden Annexsteuern.

   - „Kapitalerträge“ sind Erträge im Sinne des § 20 EStG, unabhängig davon, ob sie nach § 20 Abs. 8 EStG zu einer anderen Einkunftsart gehören.

§ 171 Ablaufhemmung (S 0342)

(1) Die Festsetzungsfrist läuft nicht ab, solange die Steuerfestsetzung wegen höherer Gewalt innerhalb der letzten sechs Monate des Fristlaufs nicht erfolgen kann.

(2) [1]Ist beim Erlass eines Steuerbescheids eine offenbare Unrichtigkeit unterlaufen, so endet die Festsetzungsfrist insoweit nicht vor Ablauf eines Jahres nach Bekanntgabe dieses Steuerbescheids. [2]Das Gleiche gilt in den Fällen des § 173a.

(3) Wird vor Ablauf der Festsetzungsfrist außerhalb eines Einspruchs- oder Klageverfahrens ein Antrag auf Steuerfestsetzung oder auf Aufhebung oder Änderung einer Steuerfestsetzung oder ihrer Berichtigung nach § 129 gestellt, so läuft die Festsetzungsfrist insoweit nicht ab, bevor über den Antrag unanfechtbar entschieden worden ist.

(3a) [1]Wird ein Steuerbescheid mit einem Einspruch oder einer Klage angefochten, so läuft die Festsetzungsfrist nicht ab, bevor über den Rechtsbehelf unanfechtbar entschieden ist; dies gilt auch, wenn der Rechtsbehelf erst nach Ablauf der Festsetzungsfrist eingelegt wird. [2]Der Ablauf der Festsetzungsfrist ist hinsichtlich des gesamten Steueranspruchs gehemmt; dies gilt nicht, soweit der Rechtsbehelf unzulässig ist. [3]In den Fällen des § 100 Abs. 1 Satz 1, Abs. 2 Satz 2, Abs. 3 Satz 1, § 101 der Finanzgerichtsordnung ist über den Rechtsbehelf erst dann unanfechtbar entschieden, wenn ein auf Grund der genannten Vorschriften erlassener Steuerbescheid unanfechtbar geworden ist.

Fassung bis 31.12.2022[1]	Fassung ab 1.1.2023[1]
(4) [1]Wird vor Ablauf der Festsetzungsfrist mit einer Außenprüfung begonnen oder wird deren Beginn auf Antrag des Steuerpflichtigen hinausgeschoben, so läuft die Festsetzungsfrist für die Steuern, auf die sich die Außenprüfung erstreckt oder im Fall der Hinausschiebung der Außenprüfung erstrecken sollte, nicht ab, bevor die auf Grund der Außenprüfung zu erlassenden Steuerbescheide unanfechtbar geworden sind oder nach Bekanntgabe der Mitteilung nach § 202 Abs. 1 Satz 3 drei Monate verstrichen sind. [2]Dies gilt nicht, wenn	**(4) [1]Wird vor Ablauf der Festsetzungsfrist mit einer Außenprüfung begonnen oder wird deren Beginn auf Antrag des Steuerpflichtigen hinausgeschoben, so läuft die Festsetzungsfrist für die Steuern, auf die sich die Außenprüfung erstreckt oder im Fall der Hinausschiebung der Außenprüfung erstrecken sollte, nicht ab, bevor die aufgrund der Außenprüfung zu erlassenden Steuerbescheide unanfechtbar geworden sind oder nach Bekanntgabe der Mitteilung nach § 202 Absatz 1 Satz 3 drei Monate verstrichen sind. [2]Dies gilt**

[1] Zur Anwendung des § 171 Abs. 4 AO siehe Artikel 97 § 37 EGAO

eine Außenprüfung unmittelbar nach ihrem Beginn für die Dauer von mehr als sechs Monaten aus Gründen unterbrochen wird, die die Finanzbehörde zu vertreten hat. [3]Die Festsetzungsfrist endet spätestens, wenn seit Ablauf des Kalenderjahrs, in dem die Schlussbesprechung stattgefunden hat, oder, wenn sie unterblieben ist, seit Ablauf des Kalenderjahrs, in dem die letzten Ermittlungen im Rahmen der Außenprüfung stattgefunden haben, die in § 169 Abs. 2 genannten Fristen verstrichen sind; eine Ablaufhemmung nach anderen Vorschriften bleibt unberührt.	**nicht, wenn eine Außenprüfung unmittelbar nach ihrem Beginn für die Dauer von mehr als sechs Monaten aus Gründen unterbrochen wird, die die Finanzbehörde zu vertreten hat. [3]Die Ablaufhemmung nach Satz 1 endet spätestens fünf Jahre nach Ablauf des Kalenderjahres, in dem die Prüfungsanordnung bekanntgegeben wurde; eine weitergehende Ablaufhemmung nach anderen Vorschriften bleibt unberührt. [4]Wird auf Antrag des Steuerpflichtigen der Beginn der Außenprüfung verschoben oder die Außenprüfung unterbrochen, so verlängert sich die Frist nach Satz 3 erster Halbsatz für die in Satz 1 genannten Steuern um die Dauer des Hinausschiebens oder der Unterbrechung. [5]Nimmt die Finanzbehörde für die in Satz 1 genannten Steuern vor Ablauf der Frist nach Satz 3 erster Halbsatz zwischenstaatliche Amtshilfe in Anspruch, verlängert sich diese Frist um die Dauer der zwischenstaatlichen Amtshilfe, mindestens aber um ein Jahr. Satz 5 gilt nur, sofern der Steuerpflichtige auf die Inanspruchnahme der zwischenstaatlichen Amtshilfe vor Ablauf der Frist nach Satz 3 erster Halbsatz hingewiesen wurde. [6]Wird dem Steuerpflichtigen vor Ablauf der Festsetzungsfrist die Einleitung eines Strafverfahrens für eine der in Satz 1 genannten Steuern bekanntgegeben und wird infolgedessen mit einer Außenprüfung nicht begonnen oder eine bereits begonnene Außenprüfung unterbrochen, ist Satz 3 nicht anzuwenden; die Absätze 5 und 6 bleiben unberührt. [7]§ 200a Absatz 4 und 5 bleibt unberührt.**

(5) [1]Beginnen die Behörden des Zollfahndungsdienstes oder die mit der Steuerfahndung betrauten Dienststellen der Landesfinanzbehörden vor Ablauf der Festsetzungsfrist beim Steuerpflichtigen mit Ermittlungen der Besteuerungsgrundlagen, so läuft die Festsetzungsfrist insoweit nicht ab, bevor die auf Grund

der Ermittlungen zu erlassenden Steuerbescheide unanfechtbar geworden sind; Absatz 4 Satz 2 gilt sinngemäß. [2]Das Gleiche gilt, wenn dem Steuerpflichtigen vor Ablauf der Festsetzungsfrist die Einleitung des Steuerstrafverfahrens oder des Bußgeldverfahrens wegen einer Steuerordnungswidrigkeit bekannt gegeben worden ist; § 169 Abs. 1 Satz 3 gilt sinngemäß.

(6) [1]Ist bei Steuerpflichtigen eine Außenprüfung im Geltungsbereich dieses Gesetzes nicht durchführbar, wird der Ablauf der Festsetzungsfrist auch durch sonstige Ermittlungshandlungen im Sinne des § 92 gehemmt, bis die auf Grund dieser Ermittlungen erlassenen Steuerbescheide unanfechtbar geworden sind. [2]Die Ablaufhemmung tritt jedoch nur dann ein, wenn der Steuerpflichtige vor Ablauf der Festsetzungsfrist auf den Beginn der Ermittlungen nach Satz 1 hingewiesen worden ist; § 169 Abs. 1 Satz 3 gilt sinngemäß.

(7) In den Fällen des § 169 Abs. 2 Satz 2 endet die Festsetzungsfrist nicht, bevor die Verfolgung der Steuerstraftat oder der Steuerordnungswidrigkeit verjährt ist.

(8) [1]Ist die Festsetzung einer Steuer nach § 165 ausgesetzt oder die Steuer vorläufig festgesetzt worden, so endet die Festsetzungsfrist nicht vor dem Ablauf eines Jahres, nachdem die Ungewissheit beseitigt ist und die Finanzbehörde hiervon Kenntnis erhalten hat. [2]In den Fällen des § 165 Abs. 1 Satz 2 endet die Festsetzungsfrist nicht vor Ablauf von zwei Jahren, nachdem die Ungewissheit beseitigt ist und die Finanzbehörde hiervon Kenntnis erlangt hat.

(9) Erstattet der Steuerpflichtige vor Ablauf der Festsetzungsfrist eine Anzeige nach den §§ 153, 371 und 378 Abs. 3, so endet die Festsetzungsfrist nicht vor Ablauf eines Jahres nach Eingang der Anzeige.

(10) [1]Soweit für die Festsetzung einer Steuer ein Feststellungsbescheid, ein Steuermessbescheid oder ein anderer Verwaltungsakt bindend ist (Grundlagenbescheid), endet die Festsetzungsfrist nicht vor Ablauf von zwei Jahren nach Bekanntgabe des Grundlagenbescheids. [2]Ist für den Erlass des Grundlagenbescheids eine Stelle zuständig, die keine Finanzbehörde im Sinne des § 6 Absatz 2 ist, endet die Festsetzungsfrist nicht vor Ablauf von zwei Jahren nach dem Zeitpunkt, in dem die für den Folgebescheid zuständige Finanzbehörde Kenntnis von der Entscheidung über den Erlass des Grundlagenbescheids erlangt hat. [3]Die Sätze 1 und 2 gelten für einen Grundlagenbescheid, auf den § 181 nicht anzuwenden ist, nur, sofern dieser Grundlagenbescheid vor Ablauf der für den Folgebescheid geltenden Festsetzungsfrist bei der zuständigen Behörde beantragt worden ist. [4]Ist der Ablauf der Festsetzungsfrist hinsichtlich des Teils der Steuer, für den der Grundlagenbescheid nicht bindend ist, nach Absatz 4 gehemmt, endet die Festsetzungsfrist für den Teil der Steuer, für den der Grundlagenbescheid bindend ist, nicht vor Ablauf der nach Absatz 4 gehemmten Frist.

(10a) Soweit Daten eines Steuerpflichtigen im Sinne des § 93c innerhalb von sieben Kalenderjahren nach dem Besteuerungszeitraum oder dem Besteuerungszeitpunkt den Finanzbehörden zugegangen sind, endet die Festsetzungsfrist nicht vor Ablauf von zwei Jahren nach Zugang dieser Daten.

(11) [1]Ist eine geschäftsunfähige oder in der Geschäftsfähigkeit beschränkte Person ohne gesetzlichen Vertreter, so endet die Festsetzungsfrist nicht vor Ablauf von sechs Monaten nach dem Zeitpunkt, in dem die Person unbeschränkt geschäftsfähig wird oder der Mangel der Vertretung aufhört. [2]Dies gilt auch, soweit

für eine Person ein Betreuer bestellt und ein Einwilligungsvorbehalt nach § 1825 des Bürgerlichen Gesetzbuchs angeordnet ist, der Betreuer jedoch verstorben oder auf andere Weise weggefallen oder aus rechtlichen Gründen an der Vertretung des Betreuten verhindert ist.

(12) Richtet sich die Steuer gegen einen Nachlass, so endet die Festsetzungsfrist nicht vor dem Ablauf von sechs Monaten nach dem Zeitpunkt, in dem die Erbschaft von dem Erben angenommen oder das Insolvenzverfahren über den Nachlass eröffnet wird oder von dem an die Steuer gegen einen Vertreter festgesetzt werden kann.

(13) Wird vor Ablauf der Festsetzungsfrist eine noch nicht festgesetzte Steuer im Insolvenzverfahren angemeldet, so läuft die Festsetzungsfrist insoweit nicht vor Ablauf von drei Monaten nach Beendigung des Insolvenzverfahrens ab.

(14) Die Festsetzungsfrist für einen Steueranspruch endet nicht, soweit ein damit zusammenhängender Erstattungsanspruch nach § 37 Abs. 2 noch nicht verjährt ist (§ 228).

(15) Soweit ein Dritter Steuern für Rechnung des Steuerschuldners einzubehalten und abzuführen oder für Rechnung des Steuerschuldners zu entrichten hat, endet die Festsetzungsfrist gegenüber dem Steuerschuldner nicht vor Ablauf der gegenüber dem Steuerentrichtungspflichtigen geltenden Festsetzungsfrist.

AEAO zu § 171 - Ablaufhemmung:

1. Die Ablaufhemmung schiebt das Ende der Festsetzungsfrist hinaus. Die Festsetzungsfrist endet in diesen Fällen meist nicht - wie im Normalfall - am Ende, sondern im Laufe eines Kalenderjahres. Wegen der Fristberechnung Hinweis auf § 108 AO.

2. Eine Ablaufhemmung nach § 171 Abs. 3 AO setzt voraus, dass der Steuerpflichtige vor Ablauf der Festsetzungsfrist einen Antrag auf Steuerfestsetzung oder auf Korrektur einer Steuerfestsetzung stellt. Ist innerhalb der Festsetzungsfrist kein Antrag des Steuerpflichtigen eingegangen, kann keine Wiedereinsetzung in den vorigen Stand nach § 110 Abs. 1 AO mit dem Ziel einer rückwirkenden Ablaufhemmung nach § 171 Abs. 3 AO gewährt werden (vgl. BFH-Urteil vom 24.1.2008, VII R 3/07, BStBl II S. 462).

   Anträge auf Billigkeitsmaßnahmen nach §§ 163 oder 227 AO hemmen den Fristablauf nicht nach § 171 Abs. 3 AO; eine Billigkeitsentscheidung nach § 163 AO bewirkt aber als Grundlagenbescheid eine Ablaufhemmung nach § 171 Abs. 10 AO (vgl. BFH-Urteil vom 21.9.2000, IV R 54/99, BStBl 2001 II S. 178).

   Die Abgabe einer gesetzlich vorgeschriebenen Steuererklärung kann für sich allein eine Ablaufhemmung nach § 171 Abs. 3 AO grundsätzlich nicht herbeiführen (BFH-Urteil vom 18.6.1991, VIII R 54/89, BStBl 1992 II S. 124, und BFH-Beschluss vom 13.2.1995, V B 95/94, BFH/NV S. 756). Dies gilt hinsichtlich einer Umsatzsteuererklärung auch dann, wenn mit ihr ein Anspruch auf Auszahlung eines Überschusses geltend gemacht wird (BFH-Urteil vom 28.8.2014, V R 8/14, BStBl 2015 II S. 3). Auch in der Kombination von Erklärungseinreichung und damit im Zusammenhang stehender Antragstellung (auf Durchführung einer Festsetzung oder Feststellung) kann kein Antrag i. S. d. § 171 Abs. 3 AO gesehen werden (BFH-Urteil vom 15.5.2013, IX R 5/11, BStBl 2014 II S. 143). Nur im Fall einer Antragsveranlagung (§ 46 Abs. 2 Nr. 8 EStG) ist die Abgabe der Einkommensteuererklärung ein Antrag i. S. d. § 171 Abs. 3 AO (vgl. BFH-Urteil vom 20.1.2016, VI R 14/15, BStBl II S. 380).

Selbstanzeigen (§§ 371, 378 Abs. 3 AO) und Berichtigungserklärungen (§ 153 AO) lösen keine Ablaufhemmung nach § 171 Abs. 3 AO aus, sie bewirken ausschließlich eine Ablaufhemmung nach § 171 Abs. 9 AO (vgl. BFH-Urteil vom 8.7.2009, VIII R 5/07, BStBl 2010 II S. 583).

2. Ablaufhemmung nach § 171 Abs. 3 AO

2.1 Eine Ablaufhemmung nach § 171 Abs. 3 AO setzt voraus, dass der Steuerpflichtige außerhalb des Einspruchs- oder Klageverfahrens und vor Ablauf der Festsetzungsfrist einen Antrag auf Steuerfestsetzung oder auf Aufhebung oder Änderung einer Steuerfestsetzung stellt. Ist innerhalb der Festsetzungsfrist kein solcher Antrag des Steuerpflichtigen eingegangen, kann keine Wiedereinsetzung in den vorigen Stand nach § 110 Abs. 1 AO mit dem Ziel einer rückwirkenden Ablaufhemmung nach § 171 Abs. 3 AO gewährt werden (vgl. BFH-Urteil vom 24.1.2008, VII R 3/07, BStBl II S. 462).

Einem vor Ablauf der Festsetzungsfrist bei dem zuständigen Finanzamt ausdrücklich gestellten Antrag auf Steuerfestsetzung oder auf Aufhebung oder Änderung einer Steuerfestsetzung kommt die Rechtswirkung des § 171 Abs. 3 AO nur dann zu, wenn sich das vom Steuerpflichtigen verfolgte Begehren seinem sachlichen Gehalt nach zumindest in groben Zügen bereits aus dem Antrag selbst ergibt. Angaben zur betragsmäßigen Auswirkung sind für die Bestimmtheit des Antrags für sich genommen nicht ausreichend. Soweit dem Steuerpflichtigen - z. B. wegen insolvenzbedingt fehlender Unterlagen - genaue Angaben objektiv (noch) nicht möglich sind, muss er zur Konkretisierung seines Antrags eine substantiierte eigene Schätzung anhand der ihm zugänglichen Erkenntnisquellen vornehmen (vgl. BFH-Urteil vom 23.9.2020, XI R 1/19, BStBl 2021 II S. 341).

2.2 Die Abgabe einer gesetzlich vorgeschriebenen Steuererklärung führt für sich allein keine Ablaufhemmung nach § 171 Abs. 3 AO herbei (BFH-Urteil vom 18.6.1991, VIII R 54/89, BStBl 1992 II S. 124, und BFH-Beschluss vom 13.2.1995, V B 95/94, BFH/NV S. 756). Dies gilt hinsichtlich einer Umsatzsteuererklärung auch dann, wenn mit ihr ein Anspruch auf Auszahlung eines Überschusses geltend gemacht wird (BFH-Urteil vom 28.8.2014, V R 8/14, BStBl 2015 II S. 3). Auch in der Kombination von Erklärungseinreichung und damit im Zusammenhang stehender Antragstellung (auf Durchführung einer Festsetzung oder Feststellung) kann kein Antrag i. S. d. § 171 Abs. 3 AO gesehen werden (BFH-Urteil vom 15.5.2013, IX R 5/11, BStBl II S. 143).

2.3 Im Fall einer Antragsveranlagung (§ 46 Abs. 2 Nr. 8 EStG) ist die Abgabe der Einkommensteuererklärung - auch ohne gesondert ausdrücklich gestellten Antrag auf Steuerfestsetzung - ein (konkludenter) Antrag i. S. d. § 171 Abs. 3 AO (vgl. BFH-Urteil vom 20.1.2016, VI R 14/15, BStBl II S. 380).

2.4 Anträge auf Billigkeitsmaßnahmen nach §§ 163 oder 227 AO hemmen den Fristablauf nicht nach § 171 Abs. 3 AO; eine Billigkeitsentscheidung nach § 163 AO bewirkt aber als Grundlagenbescheid eine Ablaufhemmung nach § 171 Abs. 10 AO (vgl. BFH-Urteil vom 21.9.2000, IV R 54/99, BStBl 2001 II S. 178).

2.5 Selbstanzeigen (§§ 371, 378 Abs. 3 AO) und Berichtigungserklärungen (§ 153 AO) lösen keine Ablaufhemmung nach § 171 Abs. 3 AO aus, sie bewirken ausschließlich eine Ablaufhemmung nach § 171 Abs. 9 AO (vgl. BFH-Urteil vom 8.7.2009, VIII R 5/07, BStBl 2010 II S. 583).

2a. Die Ablaufhemmung nach § 171 Abs. 3a AO tritt auch dann ein, wenn nach Ablauf der Festsetzungsfrist ein zulässiger Rechtsbehelf eingelegt wird (§ 171 Abs. 3a Satz 1 2. Halbsatz AO). Dies gilt auch dann, wenn der Rechtsbehelf nach Gewährung von Wiedereinsetzung in den vorigen Stand als fristgerecht zu behandeln ist; die Grundsätze des BFH-Urteils vom 24.1.2008, VII R 3/07, a. a. O. (vgl. AEAO zu § 171, Nr. 2) sind auf diesen Fall nicht übertragbar.

§ 171 Abs. 3a Satz 3 AO hemmt den Ablauf der Festsetzungsfrist nur im Falle der gerichtlichen Kassation eines angefochtenen Bescheids (vgl. BFH-Urteil vom 5.10.2004, VII R 77/03, BStBl 2005 II S. 122, für Haftungsbescheide). Diese Ablaufhemmung gilt nicht im Fall der Aufhebung des Bescheids durch die Finanzbehörde, denn mit der Aufhebung eines Bescheids verliert er seine ablaufhemmende Wirkung. Hebt die Finanzbehörde allerdings in einem Verwaltungsakt den angefochtenen Bescheid unter gleichzeitigem Erlass eines neuen Bescheids auf, ist der neue Bescheid noch innerhalb der nach § 171 Abs. 3a Satz 1 AO gehemmten Festsetzungsfrist ergangen (vgl. BFH-Urteil vom 5.10.2004, VII R 18/03, BStBl 2005 II S. 323, für Haftungsbescheide).

3. Ablaufhemmung wegen Beginn einer Außenprüfung (§ 171 Abs. 4 AO)

3.1 Der Ablauf der Festsetzungsfrist wird durch den Beginn einer Außenprüfung (vgl. AEAO zu § 198, Nrn. 1 und 2) hinausgeschoben (§ 171 Abs. 4 AO). Die Ablaufhemmung tritt nicht ein, wenn eine zugrunde liegende Prüfungsanordnung unwirksam ist (BFH-Urteile vom 10.4.1987, III R 202/83, BStBl 1988 II S. 165, und vom 17.9.1992, V R 17/86, BFH/NV 1993 S. 279).

3.2 Eine Außenprüfung hemmt den Ablauf der Festsetzungsfrist nur für Steuern, auf die sich die Prüfungsanordnung erstreckt (BFH-Urteile vom 18.7.1991, V R 54/87, BStBl II S. 824, und vom 25.1.1996, V R 42/95, BStBl II S. 338). Wird die Außenprüfung später auf bisher nicht einbezogene Steuern ausgedehnt, ist die Ablaufhemmung nur wirksam, soweit vor Ablauf der Festsetzungsfrist eine Prüfungsanordnung erlassen (vgl. AEAO zu § 196, Nr. 5) und mit der Außenprüfung auch insoweit ernsthaft begonnen wird (BFH-Urteil vom 2.2.1994, I R 57/93, BStBl II S. 377).

3.3 Bei einem Antrag des Steuerpflichtigen auf Verschiebung des Prüfungsbeginns (§ 197 Abs. 2 AO) wird der Ablauf der Festsetzungsfrist nach § 171 Abs. 4 Satz 1 2. Alternative AO nur gehemmt, wenn dieser Antrag für die Verschiebung ursächlich war. Wird der Beginn der Außenprüfung nicht maßgeblich aufgrund eines Antrags des Steuerpflichtigen, sondern aufgrund eigener Belange der Finanzbehörde bzw. aus innerhalb deren Sphäre liegenden Gründen hinausgeschoben, läuft die Festsetzungsfrist ungeachtet des Antrags ab. Hinsichtlich der inhaltlichen Anforderungen an den Antrag auf Verschiebung des Prüfungsbeginns vgl. AEAO zu § 197, Nr. 11.

3.3.1 Bei einem vom Steuerpflichtigen gestellten Antrag auf zeitlich befristetes Hinausschieben des Beginns der Außenprüfung entfällt die Ablaufhemmung nach § 171 Abs. 4 Satz 1 2. Alternative AO rückwirkend, wenn die Finanzbehörde nicht vor Ablauf von zwei Jahren nach Eingang des Antrags mit der Prüfung beginnt (vgl. BFH-Urteil vom 17.3.2010, IV R 54/07, BStBl 2011 II S. 7). Stellt der Steuerpflichtige während der Zwei-Jahres-Frist einen weiteren Verschiebungsantrag, beginnt die Zwei-Jahres-Frist erneut (BFH-Urteil vom 19.5.2016, X R 14/15, BStBl 2017 II S. 97).

3.3.2 Die Ablaufhemmung entfällt dagegen nicht, wenn der Antrag keine zeitlichen Vorgaben enthielt, mithin unbefristet bzw. zeitlich unbestimmt war (Antrag auf unbefristetes Hinausschieben), z. B. weil der Steuerpflichtige beantragt hat, wegen einer noch andauernden Vor-Betriebsprüfung zunächst deren Abschluss abzuwarten. In diesen Fällen endet die Festsetzungsfrist mit Ablauf von zwei Jahren, nachdem der Hinderungsgrund beseitigt ist und die Finanzbehörde hiervon Kenntnis hat, sofern nicht zuvor mit der Prüfung begonnen wurde (vgl. BFH-Urteil vom 1.2.2012, I R 18/11, BStBl II S. 400).

3.4 Der Ablauf der Festsetzungsfrist wird auch gehemmt, wenn der Steuerpflichtige die Prüfungsanordnung angefochten hat und deren Vollziehung ausgesetzt wurde (vgl. BFH-Urteile vom 25.1.1989, X R 158/87, BStBl II S. 483, und vom 17.6.1998, IX R 65/95, BStBl 1999 II S. 4). Dies gilt unabhängig von der Dauer der Aussetzung der Vollziehung.

3.5 Auch wenn die Voraussetzungen für den Eintritt der Ablaufhemmung zunächst vorgelegen haben, entfällt diese rückwirkend wieder, wenn die Außenprüfung unmittelbar nach ihrem Beginn aus Gründen, die die Finanzverwaltung zu vertreten hat, länger als sechs Monate unterbrochen wird (§ 171 Abs. 4 Satz 2 AO). Eine spätere Unterbrechung der Prüfung lässt die eingetretene Ablaufhemmung dagegen unberührt. (BFH-Urteil vom 16.1.1979, VIII R 149/77, BStBl II S. 453). Die Frage, ob eine Außenprüfung unmittelbar nach ihrem Beginn unterbrochen worden ist (§ 171 Abs. 4 Satz 2 AO), ist grundsätzlich nach den Verhältnissen im Einzelfall zu beurteilen. Dabei sind neben dem zeitlichen Umfang der bereits durchgeführten Prüfungsmaßnahmen alle Umstände zu berücksichtigen, die Aufschluss über die Gewichtigkeit der Prüfungshandlungen vor der Unterbrechung geben.

Unabhängig vom Zeitaufwand ist eine Unterbrechung unmittelbar nach Beginn der Prüfung anzunehmen, wenn der Prüfer über Vorbereitungshandlungen, allgemeine Informationen über die betrieblichen Verhältnisse, das Rechnungswesen und die Buchführung und/oder die Sichtung der Unterlagen des zu prüfenden Steuerfalls bzw. ein allgemeines Aktenstudium nicht hinausgekommen ist.

Eine Außenprüfung ist nicht mehr unmittelbar nach Beginn unterbrochen, wenn die Prüfungshandlungen von Umfang und Zeitaufwand gemessen an dem gesamten Prüfungsstoff erhebliches Gewicht erreicht oder erste verwertbare Ergebnisse hervorgebracht haben (vgl. BFH-Urteil vom 24.4.2003, VII R 3/02, BStBl II S. 739). Soweit dem Zeitmoment eine gewisse Bedeutung zukommt, besteht jedoch keine absolute oder relative zeitliche Mindestanforderung an die Dauer der Prüfung vom Beginn bis zur Unterbrechung. Die Verhältnisse bestimmen sich vielmehr nach den Umständen des Einzelfalls. Das Erfordernis erster verwertbarer Ergebnisse bedeutet nicht, dass die ermittelten Ergebnisse geeignet sein müssen, unmittelbar als Besteuerungsgrundlage Eingang in einen Steuer- oder Feststellungsbescheid zu finden; ausreichend ist vielmehr, dass Ermittlungsergebnisse vorliegen, an die bei der Wiederaufnahme der Prüfung angeknüpft werden kann.

Soweit Prüfungshandlungen bezüglich eines Prüfungsjahrs nachweislich erhebliches Gewicht erreicht oder erste verwertbare Ergebnisse hervorgebracht haben, gilt die Außenprüfung insgesamt - also auch bezogen auf andere Prüfungsjahre - als nicht unmittelbar nach dem Prüfungsbeginn unterbrochen i. S. d. § 171 Abs. 4 Satz 2 AO (vgl. BFH-Urteil vom 26.4.2017, I R 76/15, BStBl II S. 1159).

Eine Beendigung einer Prüfungsunterbrechung i. S. v. § 171 Abs. 4 Satz 2 AO und damit die Wiederaufnahme einer unmittelbar nach ihrem Beginn unterbrochenen Prüfung wird nur durch solche Prüfungshandlungen bewirkt, die der Steuerpflichtige als eine Fortsetzung der Außenprüfung wahrnehmen kann; dazu gehören das Erscheinen des Prüfers am Prüfungsort, die Weiterführung der Prüfung, konkretes Anfordern von Unterlagen, Geschäftsbriefen, Verträgen etc. und - sofern der Prüfungsfall in ein Stadium gelangt ist, das eine Weiterbearbeitung an der Amtsstelle ermöglicht - nachvollziehbare, in den Akten ausgewiesene Handlungen zur Aufklärung, Ermittlung oder Auswertung der im Prüfungsverlauf bekannt gewordenen tatsächlichen und rechtlichen Sachverhalte. Handlungen im Innendienst der Finanzverwaltung, wie das Aktenstudium oder auch das bloße Zusammenstellen bisheriger Prüfungsergebnisse können daher nur ausnahmsweise geeignet sein, die Unterbrechung der Prüfung zu beenden (vgl. BFH-Urteile vom 24.4.2003, VII R 3/02, und vom 26.4.2017, I R 76/15, jeweils a.a.O.).

3.6 Ermittlungen i. S. d. § 171 Abs. 4 Satz 3 AO sind nur diejenigen Maßnahmen eines Betriebsprüfers, die darauf gerichtet sind, Besteuerungsgrundlagen zu überprüfen oder bisher noch nicht bekannte Sachverhaltselemente festzustellen, etwa indem der Prüfer Unterlagen anfordert, den Steuerpflichtigen in irgendeiner anderen Weise zur Mitwirkung auffordert oder vom Steuerpflichtigen nachgereichte Unterlagen auswertet (vgl. BFH-Urteil vom 28.6.2011, VIII R 6/09, BFH/NV S. 1830). Die Zusammenstellung des Prüfungsergebnisses im Prüfungsbericht stellt keine den Ablauf der Festsetzungsfrist hinausschiebende Ermittlungshandlung dar (BFH-Urteil vom 8.7.2009, XI R 64/07, BStBl 2010 II S. 4).

4. Ablaufhemmung wegen Ermittlungen der Steuerfahndung

4.1 Die Ablaufhemmung des § 171 Abs. 5 Satz 1 AO bei Ermittlungen der Steuerfahndung (Zollfahndung) umfasst - anders als im Fall des § 171 Abs. 4 AO - nicht den gesamten Steueranspruch; vielmehr tritt die Hemmung nur in dem

Umfang ein, in dem sich die Ergebnisse der Ermittlungen auf die festzusetzende Steuer auswirken (BFH-Urteil vom 14.4.1999, XI R 30/96, BStBl II S. 478). Voraussetzung für die verjährungshemmende Wirkung einer Fahndungsprüfung ist jedoch, dass

- vor Ablauf der Festsetzungsfrist tatsächlich Ermittlungshandlungen der Steuerfahndung vorgenommen worden sind und
- für den Steuerpflichtigen nicht nur klar und eindeutig erkennbar war, dass in seinen Steuerangelegenheiten ermittelt wird, sondern auch, in welchem konkreten Besteuerungs- bzw. Strafverfahren die Steuerfahndung ermittelt (BFH-Urteile vom 17.12.2015, V R 58/14, BStBl 2016 II S. 574, und vom 17.11.2015, VIII R 67/13, BStBl 2016 II S. 569).

4.2 Die Ermittlungshandlungen müssen sich gegen den Steuerschuldner selbst oder gegen ein Vertretungsorgan des Steuerschuldners richten (BFH-Urteil vom 17.12.2015, V R 58/14, BStBl 2016 II S. 574). Im Falle der Zusammenveranlagung zur Einkommensteuer ist die Frage, ob Ermittlungsmaßnahmen vorgenommen wurden und eine Hemmung der Festsetzungsverjährung eingetreten ist, für jeden Ehegatten oder Lebenspartner gesondert zu prüfen (vgl. BFH-Urteil vom 17.11.2015, VIII R 68/13, BStBl 2016 II S. 571). Wird ein Steuerpflichtiger von der Steuerfahndung in Steuerangelegenheiten eines Dritten zur Auskunft oder zur Vorlage von Unterlagen aufgefordert, lösen diese Ermittlungen ihm gegenüber keine Ablaufhemmung nach § 171 Abs. 5 Satz 1 AO aus.

4.3 Hinsichtlich des Ablaufs der nach § 171 Abs. 5 Satz 1 AO gehemmten Festsetzungsfrist kommt es nicht darauf an, ob aufgrund der Fahndungsprüfung Steuerbescheide „ergangen" sind. Entscheidend ist, ob aufgrund der Ermittlungen der Fahndungsprüfung - ggf. auch erstmalig - Steuerbescheide zu erlassen sind. Wenn dies der Fall ist, endet die Ablaufhemmung und damit die Festsetzungsfrist insoweit erst, wenn diese Steuerbescheide unanfechtbar geworden sind (BFH-Urteil vom 17.12.2015, V R 58/14, BStBl 2016 II S. 574). § 171 Abs. 4 Satz 3 AO ist nicht entsprechend anwendbar. Die Ablaufhemmung des § 171 Abs. 5 Satz 1 AO ist nur dann ohne Bedeutung, wenn sich aufgrund einer Fahndungsprüfung keine Änderung der Besteuerungsgrundlagen ergibt.

4.4 Eine Ablaufhemmung nach § 171 Abs. 9 AO (z. B. aufgrund der Erstattung einer Selbstanzeige) schließt eine Ablaufhemmung nach § 171 Abs. 5 Satz 1 AO nicht aus, sofern deren Voraussetzungen vor Ablauf der ungehemmten Festsetzungsfrist erfüllt wurden. Muss das Finanzamt aufgrund unzureichender Angaben in der Selbstanzeige eigene Ermittlungen durch die Steuerfahndung anstellen, führen vor Ablauf der ungehemmten Festsetzungsfrist eingeleitete Ermittlungsmaßnahmen der Steuerfahndung zu einer eigenständigen Ablaufhemmung nach § 171 Abs. 5 Satz 1 AO, wenn die spätere Steuerfestsetzung auf diesen Ermittlungen beruht (BFH-Urteil vom 17.11.2015, VIII R 68/13, BStBl 2016 II S. 571).

5. Bei einer vorläufigen Steuerfestsetzung nach § 165 Abs. 1 Satz 1 AO endet die Festsetzungsfrist nicht vor Ablauf eines Jahres, nachdem die Finanzbehörde von der Beseitigung der Ungewissheit Kenntnis erhalten hat (§ 171 Abs. 8 Satz 1 AO). Bei einer vorläufigen Steuerfestsetzung nach § 165 Abs. 1 Satz 2 AO endet die Festsetzungsfrist nicht vor Ablauf von zwei Jahren, nachdem die Finanzbehörde von der Beseitigung der Ungewissheit Kenntnis erlangt hat (§ 171 Abs. 8 Satz 2 AO). Die Ablaufhemmung beschränkt sich dabei auf den für vorläufig erklärten Teil der Steuerfestsetzung.

Eine Ungewissheit, die Anlass für eine vorläufige Steuerfestsetzung war, ist beseitigt, wenn die Tatbestandsmerkmale für die endgültige Steuerfestsetzung feststellbar sind. „Kenntnis" i. S. d. § 171 Abs. 8 AO verlangt positive Kenntnis der Finanzbehörde von der Beseitigung der Ungewissheit, ein „Kennen-müssen" von Tatsachen steht der Kenntnis nicht gleich (BFH-Urteil vom 26.8.1992, II R 107/90, BStBl 1993 II S. 5).

6. § 171 Abs. 10 Satz 1 AO gewährt eine maximale Anpassungsfrist von zwei Jahren nach Bekanntgabe eines durch eine Finanzbehörde erlassenen Grundlagenbescheids (vgl. BFH-Urteil vom 19.1.2005, X R 14/04, BStBl II S. 242). Der Zeitpunkt des Zugangs der finanzverwaltungsinternen Mitteilung über den Grundlagenbescheid bei der für den Erlass des Folgebescheids zuständigen Finanzbehörde ist für die Fristbestimmung ebenso unbeachtlich wie der Zeitpunkt, an dem der Grundlagenbescheid unanfechtbar geworden ist. Eine Anfechtung des Grundlagenbescheids führt lediglich zur Hemmung der Feststellungsfrist (§ 181 Abs. 1 Satz 1 i. V. m. § 171 Abs. 3a AO), nicht aber zur Hemmung der Festsetzungsfrist der Folgebescheide (vgl. BFH-Urteil vom 19.1.2005, X R 14/04, a.a.O.).

6.1 Bei Grundlagenbescheiden, die nicht von einer Finanzbehörde erlassen werden, beginnt die Zweijahresfrist nach § 171 Abs. 10 Satz 2 AO in dem Zeitpunkt, in dem die für den Erlass des Folgebescheids zuständige Finanzbehörde Kenntnis von diesem Grundlagenbescheid erlangt hat.

§ 171 Abs. 10 Satz 2 AO gilt für alle am 31.12.2016 noch nicht abgelaufenen Festsetzungsfristen (Art. 97 § 10 Abs. 14 EGAO).

6.2 Werden Feststellungen im Grundlagenbescheid in einem Feststellungs-, Einspruchs- oder Klageverfahren geändert, führt dies zu einer erneuten Anpassungspflicht nach § 175 Abs. 1 Satz 1 Nr. 1 AO und damit wiederum zu einer Ablaufhemmung nach § 171 Abs. 10 Satz 1 oder 2 AO. Dagegen setzt ein Grundlagenbescheid, der einen gleichartigen, dem Inhaltsadressaten wirksam bekannt gegebenen Steuerverwaltungsakt in seinem verbindlichen Regelungsgehalt lediglich wiederholt, oder eine Einspruchs- oder Gerichtsentscheidung, die einen Grundlagenbescheid lediglich bestätigt, keine neue Zwei-Jahresfrist in Lauf (vgl. BFH-Urteile vom 13.12.2000, X R 42/96, BStBl 2001 II S. 471, und vom 19.1.2005, X R 14/04, BStBl II S. 242).

6.3 Die Aufhebung des Vorbehalts der Nachprüfung eines Grundlagenbescheids steht dem Erlass eines geänderten Grundlagenbescheids gleich. Sie setzt daher die Zwei-Jahresfrist des § 171 Abs. 10 Satz 1 AO in Lauf. Dies gilt auch dann, wenn der Vorbehalt der Nachprüfung hinsichtlich des Grundlagenbescheids aufgehoben wird, ohne dass eine sachliche Änderung des Grundlagenbescheids erfolgt (BFH-Urteil vom 11.4.1995, III B 74/92, BFH/NV S. 943). Soweit ein Folgebescheid den nunmehr endgültigen Grundlagenbescheid noch nicht berücksichtigt hat, muss er selbst dann nach § 175 Abs. 1 Satz 1 Nr. 1 AO korrigiert werden, wenn der Vorbehalt der Nachprüfung des Grundlagenbescheids aufgehoben wurde, ohne dass eine sachliche Änderung des Grundlagenbescheids erfolgt.

6.4 Die Feststellung der Nichtigkeit eines Feststellungsbescheids durch Verwaltungsakt (vgl. AEAO zu § 125, Nr. 4) stellt einen Grundlagenbescheid dar. Die Nichtigkeitsfeststellung ist gemäß § 125 Abs. 5 AO auch nach Ablauf der Feststellungsfrist zulässig und ermöglicht nach § 171 Abs. 10 AO binnen zwei Jahren die Folgeänderung (BFH-Urteil vom 20.8.2014, X R 15/10, BStBl 2015 II S. 109).

6.5 Ein Grundlagenbescheid, der nicht den Vorschriften der Feststellungsverjährung (§ 181 AO) unterliegt, löst die Ablaufhemmung nach § 171 Abs. 10 Satz 1 oder 2 AO nur dann aus, wenn er vor Ablauf der Festsetzungsfrist des Folgebescheids bei der für den Erlass des Grundlagenbescheids zuständigen Behörde beantragt worden ist (§ 171 Abs. 10 Satz 3 AO). Hierunter fallen neben Grundlagenbescheiden ressortfremder Behörden (z. B. Bescheinigungen nach § 4 Nr. 20 Buchstabe a UStG) auch Bescheide über Billigkeitsmaßnahmen nach § 163 AO, weil auch insoweit die Regelungen der §§ 179 ff. AO nicht gelten. Die Festsetzungsfrist für den Folgebescheid läuft in diesen Fällen nicht ab, solange über den Antrag auf Erlass des Grundlagenbescheids noch nicht unanfechtbar entschieden worden ist.

6.6 Die Festsetzungsfrist für einen Folgebescheid läuft nach § 171 Abs. 10 Satz 4 AO nicht ab, solange der Ablauf der Festsetzungsfrist des von der Bindungswirkung nicht erfassten Teils der Steuer aufgrund einer Außenprüfung nach § 171 Abs. 4 AO gehemmt ist. Diese Regelung ermöglicht es, die Anpassung des Folgebescheids an einen Grundlagenbescheid (§ 175 Abs. 1 Satz 1 Nr. 1 AO) und die Auswertung der Ergebnisse der Außenprüfung zusammenzufassen.

6.7 Bei der Entscheidung, ob eine gesonderte Feststellung durchgeführt oder geändert werden kann, ist die Frage der Verjährung der von der Feststellung abhängigen Steuern nicht zu prüfen. Ist die Feststellungsfrist bereits abgelaufen, die Steuerfestsetzung in einem Folgebescheid aber noch zulässig, so gilt § 181 Abs. 5 AO.

6.8 Beispiele zur Anwendung des § 171 Abs. 10 Satz 1 AO[1]

Beispiel 1:

Bei der im Jahr 03 durchgeführten ESt-Veranlagung 01 (Abgabe der Steuererklärung im Jahr 03) wurden die Beteiligungseinkünfte in erklärter Höhe berücksichtigt. Ein von den erklärten Werten abweichender Grundlagenbescheid wird am 4.4.06 bekannt gegeben.

[1] Es wird unterstellt, dass kein Fristende auf einen Sonntag, einen gesetzlichen Feiertag oder einen Sonnabend fällt.

Lösung:

Obgleich die allgemeine Festsetzungsfrist gem. § 170 Abs. 2 Satz 1 Nr. 1 AO mit Ablauf des 31.12.07 endet, kann eine Anpassung des ESt-Bescheids 01 an den Grundlagenbescheid gem. § 171 Abs. 10 Satz 1 AO bis zum Ablauf des 4.4.08 erfolgen, da insoweit die Festsetzungsfrist nicht vor Ablauf von zwei Jahren nach Bekanntgabe des Grundlagenbescheids endet.

Beispiel 2:

Wie Beispiel 1, allerdings wird der Grundlagenbescheid am 4.4.05 bekannt gegeben.

Lösung:

Eine Anpassung des ESt-Bescheids kann bis zum Ablauf der allgemeinen Festsetzungsfrist am 31.12.07 erfolgen. Ohne Bedeutung ist, dass die Zwei-Jahresfrist des § 171 Abs. 10 Satz 1 AO bereits mit Ablauf des 4.4.07 endet.

Beispiel 3:

Wie Beispiel 1, die Bekanntgabe des Grundlagenbescheids erfolgt in offener Feststellungsfrist, jedoch nach Ablauf der allgemeinen Festsetzungsfrist, am 4.4.08.

Lösung:

Eine Anpassung des ESt-Bescheids 01 an den Grundlagenbescheid ist gem. § 171 Abs. 10 Satz 1 AO bis zum Ablauf des 4.4.10 möglich, da die Festsetzungsfrist insoweit nicht vor Ablauf von zwei Jahren nach Bekanntgabe des Grundlagenbescheids endet.

6.9 Zur Anwendung des § 171 Abs. 10 AO bei Zinsbescheiden siehe AEAO zu § 239, Nr. 2.

7. § 171 Abs. 10a AO ist erstmals anzuwenden, wenn steuerliche Daten eines Steuerpflichtigen für Besteuerungszeiträume nach 2016 oder Besteuerungszeitpunkte nach dem 31.12.2016 auf Grund gesetzlicher Vorschriften von einem Dritten als mitteilungspflichtiger Stelle elektronisch an Finanzbehörden zu übermitteln sind (Art. 97 § 27 Abs. 2 EGAO).

8. § 171 Abs. 14 AO verlängert die Festsetzungsfrist bis zum Ablauf der Zahlungsverjährung für die Erstattung von rechtsgrundlos gezahlten Steuern. Die Finanzbehörde kann daher Steuerfestsetzungen, die wegen Bekanntgabemängeln unwirksam waren oder deren wirksame Bekanntgabe die Finanzbehörde nicht nachweisen kann (vgl. § 122 Abs. 2 Halbsatz 2 AO), noch nach Ablauf der regulären Festsetzungsfrist nachholen, soweit die Zahlungsverjährungsfrist für die bisher geleisteten Zahlungen noch nicht abgelaufen ist (vgl. BFH-Urteil vom 13.3.2001, VIII R 37/00, BStBl II S. 430).

III. Bestandskraft

AEAO vor §§ 172 bis 177 - Bestandskraft:

1 Die §§ 172 ff. AO regeln die Durchbrechung der materiellen Bestandskraft (Verbindlichkeit einer Verwaltungsentscheidung). Sie ist von der formellen Bestandskraft (Unanfechtbarkeit) zu unterscheiden. Diese liegt vor, soweit ein Verwaltungsakt nicht oder nicht mehr mit Rechtsbehelfen angefochten werden kann. Unanfechtbarkeit bedeutet nicht Unabänderbarkeit. Dementsprechend können auch Steuerfestsetzungen unter dem Vorbehalt der Nachprüfung unanfechtbar werden (vgl. BFH-Urteil vom 19.12.1985, V R 167/82, BStBl 1986 II S. 420).

2. Die Vorschriften über die materielle Bestandskraft gelten für Steuerfestsetzungen i. S. d. § 155 AO sowie für alle Festsetzungen, für die die Vorschriften über das Steuerfestsetzungsverfahren anzuwenden sind. Keine Anwendung finden sie bei der Rücknahme eines rechtswidrigen und dem Widerruf eines rechtmäßigen begünstigenden oder nicht begünstigenden sonstigen Verwaltungsakts (vgl. AEAO vor §§ 130, 131).

3. Die materielle Bestandskraft wird nur durchbrochen, soweit es das Gesetz zulässt. Die Zulässigkeit ergibt sich nicht nur aus der AO selbst (z. B. §§ 164, 165, 172 bis 175b AO), sondern auch aus anderen Steuergesetzen (z. B. § 10d Abs. 1 EStG; § 35b GewStG; §§ 24 und 24a BewG; § 20 GrStG).

4. Steuerfestsetzungen unter Vorbehalt der Nachprüfung sowie Vorauszahlungsbescheide (§ 164 Abs. 1 Satz 2 AO) und Steueranmeldungen (§ 150 Abs. 1 Satz 2, § 168 AO), die kraft Gesetzes unter Vorbehalt der Nachprüfung stehen, sind unabhängig von der formellen Bestandskraft nach § 164 Abs. 2 AO dem Umfang nach uneingeschränkt änderbar, solange der Vorbehalt nicht aufgehoben worden oder entfallen ist; § 176 AO bleibt unberührt.

5. Die falsche Bezeichnung der Änderungsvorschrift im Änderungsbescheid führt nicht zur Rechtswidrigkeit des geänderten Bescheids (BFH-Urteil vom 21.10.2014 - VIII R 44/11 - BStBl 2015 II S. 593). Für die Rechtmäßigkeit eines Änderungsbescheids ist allein maßgeblich, dass er im Zeitpunkt seines Erlasses durch eine Änderungsmöglichkeit gedeckt ist (ständige BFH-Rechtsprechung)

6. Zeitlich ist die Aufhebung, Änderung oder Berichtigung einer Steuerfestsetzung nur innerhalb der Festsetzungsfrist zulässig (§ 169 AO).

7. Bei Änderung oder Berichtigung von Steuerfestsetzungen sind die Vorschriften der KBV zu beachten.

8. Steuerliche Wahlrechte

8.1 Ein steuerliches Wahlrecht liegt vor, wenn ein Steuergesetz für einen bestimmten Tatbestand - ausnahmsweise - mehr als eine Rechtsfolge vorsieht und es dem Steuerpflichtigen überlassen bleibt, sich für eine dieser Rechtsfolgen zu entscheiden. Übt der Steuerpflichtige dieses Wahlrecht nicht oder nicht wirksam aus, tritt die vom Gesetzgeber als Regelfall vorgesehene Rechtsfolge ein.

8.2 Die Ausübung des Wahlrechts („Antrag") ist eine empfangsbedürftige Willenserklärung. Soweit im Gesetz keine besondere Form (z. B. Schriftform oder amtlicher Vordruck; vgl. § 13a Abs. 2 Satz 3 EStG, § 4a Abs. 1 UStG) vorgeschrieben ist, kann das Wahlrecht auch durch schlüssiges Verhalten ausgeübt werden (vgl. BFH-Urteil vom 11.12.1997, V R 50/94, BStBl 1998 II S. 420).

8.3 Sieht das Gesetz einen unwiderruflichen Antrag vor (vgl. z. B. § 5a Abs. 1, § 10 Abs. 1a Nr. 1 Satz 3 EStG; bis 31.12.2014: § 10 Abs. 1 Nr. 1 Satz 3 EStG), wird die Willenserklärung bereits mit ihrem Zugang beim Finanzamt wirksam und kann von diesem Zeitpunkt an nicht mehr zurückgenommen oder widerrufen werden (vgl. BFH-Urteil vom 17.1.1995, IX R 37/91, BStBl II S. 410); Ausnahme: Anfechtung nach §§ 119 ff. BGB.

8.4 Setzt die Ausübung des Wahlrechts die Zustimmung des Finanzamts oder Dritter (vgl. § 10 Abs. 1a Nr. 1 Satz 1 EStG; bis 31.12.2014: § 10 Abs. 1 Nr. 1 Satz 1 EStG) voraus, treten die Rechtswirkungen der vom Steuerpflichtigen getroffenen Wahl erst mit dieser Zustimmungserklärung ein. Dies gilt entsprechend, wenn das Wahlrecht von mehreren Steuerpflichtigen einheitlich ausgeübt werden muss (vgl. z. B. § 33a Abs. 2 Satz 5, § 33b Abs. 5 Satz 3 EStG).

Die Zustimmung des Finanzamts kann auch konkludent erfolgen, soweit nichts anderes bestimmt ist. Eine konkludente Zustimmung zu einem Antrag des Steuerpflichtigen kann insbesondere in einer „erklärungsgemäßen Veranlagung" zu sehen sein (BFH-Urteile vom 7.11.2013, IV R 13/10, BStBl 2015 II S. 226 und vom 23.12.2021, V B 22/21 (ADV), BFH/NV 2022 S. 741).

8.5 Soweit das Gesetz im Einzelfall keine bestimmte Frist (vgl. z. B. § 5a Abs. 3 EStG; § 23 Abs. 3 Satz 1 UStG) zur Ausübung des Wahlrechts („Antragsfrist") vorsieht, kann das Wahlrecht grundsätzlich bis zum Ablauf der Festsetzungsfrist ausgeübt werden. Die Bestandskraft des Steuerbescheids, in dem sich das Wahlrecht auswirkt, schränkt allerdings die Wahlrechtsausübung ein.

8.5.1 Nach Eintritt der Unanfechtbarkeit der Steuerfestsetzung können Wahlrechte grundsätzlich nur noch ausgeübt oder widerrufen werden, soweit die Steuerfestsetzung nach §§ 129, 164, 165, 172 ff. AO oder nach entsprechenden Regelungen in den Einzelsteuergesetzen (vgl. AEAO vor §§ 172 bis 177, Nr. 3) korrigiert werden kann (vgl. BFH-Urteil vom 30.8.2001, IV R 30/99, BStBl 2002 II S. 49 m.w.N.); dabei sind die §§ 177 und 351 Abs. 1 AO zu beachten (vgl. BFH-Urteil vom 27.10.2015, X R 44/13, BStBl 2016 II S. 278). Die nachträgliche oder geänderte Ausübung eines Antrags- oder Wahlrechts stellt für sich genommen keine verfahrensrechtliche Grundlage für die Änderung von Bescheiden dar. Dies gilt auch dann, wenn sie auf einer Änderung der wirtschaftlichen Geschäftsgrundlage beruht (BFH-Urteil vom 9.12.2015, X R 56/13, BStBl 2016 II S. 967).

8.5.2 Wahlrechte, für deren Ausübung das Gesetz keine Frist vorsieht und für die es grundsätzlich auch keine Bindung an die einmal getroffene Wahl gibt, können grundsätzlich bis zur Unanfechtbarkeit eines Änderungsbescheids (erneut) ausgeübt werden. Dies gilt allerdings nur für das Veranlagungswahlrecht nach § 26 EStG (vgl. BFH-Urteile vom 19.5.1999, XI R 97/94, BStBl II S. 762, vom 24.1.2002, III R 49/00, BStBl II S. 408 m. w. N. und vom 9.12.2015, X R 56/13, a. a. O.). Nach Eintritt der Unanfechtbarkeit des Steuerbescheids kann die Wahl der Veranlagungsart jedoch nur unter den Voraussetzungen des § 26 Abs. 2 Satz 4 EStG geändert werden.

8.5.3 Wurde ein steuererhöhender Änderungsbescheid erlassen, mit dem ein weiterer steuererheblicher Sachverhalt erfasst worden und aufgrund dessen überhaupt erst die wirtschaftliche Notwendigkeit entstanden ist, sich mit der erstmaligen bzw. geänderten Ausübung eines Antrags- ober Wahlrechts zu befassen, kann das Antrags- oder Wahlrecht noch bis zur Unanfechtbarkeit des Änderungsbescheids ausgeübt werden. Dies gilt jedoch nur unter der Voraussetzung, dass die steuerlichen Auswirkungen des Antrags- oder Wahlrechts insgesamt den Änderungsrahmen des § 351 Abs. 1 AO nicht übersteigen. Ein Antrags- oder Wahlrecht ist nicht teilbar (vgl. BFH-Urteile vom 27.10.2015, X R 44/13, a. a. O., und vom 9.12.2015, X R 56/13, a. a. O.).

8.5.4 Die steuerrechtliche Wirkung von Wahlrechten, die nur bis zur Bestandskraft der Steuerfestsetzung ausgeübt werden können, kann nach Eintritt dieses Zeitpunkts nicht nach § 172 Abs. 1 Satz 1 Nr. 2 Buchstabe a AO beseitigt werden (vgl. BFH-Urteil vom 18.12.1973, VIII R 101/69, BStBl 1974 II S. 319).

Die Wahlrechtsausübung kann nicht durch einen Austausch gegen bisher nicht berücksichtigte Besteuerungsgrundlagen rückgängig gemacht werden; infolge der Bestandskraft der Steuerfestsetzung ist der Steuerpflichtige an seine Wahl gebunden (vgl. BFH-Urteil vom 25.2.1992, IX R 41/91, BStBl II S. 621).

8.5.5 Die nachträgliche Ausübung eines Wahlrechts oder der Widerruf eines bereits ausgeübten Wahlrechts ist keine neue Tatsache i. S. d. § 173 AO, sondern Verfahrenshandlung (vgl. BFH-Urteil vom 25.2.1992, IX R 41/91, a. a. O.).

Ausnahmsweise liegt ein rückwirkendes Ereignis i. S. d. § 175 Abs. 1 Satz 1 Nr. 2 AO vor, wenn die Wahlrechtsausübung oder ihr Widerruf selbst Merkmal des gesetzlichen Tatbestands ist. Zum durch die Zustimmungserklärung des Empfängers qualifizierten Antrag nach § 10 Abs. 1a Nr. 1 Satz 1 EStG (bis 31.12.2014: § 10 Abs. 1 Nr. 1 Satz 1 EStG) vgl. BFH-Urteil vom 12.7.1989, X R 8/84, BStBl II S. 957. Zum Widerruf der Wahlrechtsausübung in den Fällen des § 37b EStG in Bezug auf die beim Zuwendungsempfänger vorzunehmende Besteuerung vgl. BFH-Urteil vom 15.6.2016, VI R 54/15, BStBl II S. 1010.

8.5.6 Zur Änderung von Steuerfestsetzungen nach § 175 Abs. 1 Satz 1 Nr. 1 AO bei nachträglichem Antrag auf Anwendung des § 33b EStG vgl. BFH-Urteil vom 13.12.1985, III R 204/81, BStBl 1986 II S. 245 und H 33b (Allgemeines) EStH.

9. Wegen der Berichtigung offenbarer Unrichtigkeiten Hinweis auf § 129 AO.

§ 172 Aufhebung und Änderung von Steuerbescheiden (S 0350)

(1) [1]Ein Steuerbescheid darf, soweit er nicht vorläufig oder unter dem Vorbehalt der Nachprüfung ergangen ist, nur aufgehoben oder geändert werden,

1. wenn er Verbrauchsteuern betrifft,

2. wenn er andere Steuern als Einfuhr- oder Ausfuhrabgaben nach Artikel 5 Nummer 20 und 21 des Zollkodex der Union oder Verbrauchsteuern betrifft,

a) soweit der Steuerpflichtige zustimmt oder seinem Antrag der Sache nach entsprochen wird; dies gilt jedoch zugunsten des Steuerpflichtigen nur, soweit er vor Ablauf der Einspruchsfrist zugestimmt oder den Antrag gestellt hat oder soweit die Finanzbehörde einem Einspruch oder einer Klage abhilft,

b) soweit er von einer sachlich unzuständigen Behörde erlassen worden ist,

c) soweit er durch unlautere Mittel wie arglistige Täuschung, Drohung oder Bestechung erwirkt worden ist,

d) soweit dies sonst gesetzlich zugelassen ist; die §§ 130 und 131 gelten nicht.

[2]Dies gilt auch dann, wenn der Steuerbescheid durch Einspruchsentscheidung bestätigt oder geändert worden ist. [3]In den Fällen des Satzes 2 ist Satz 1 Nr. 2 Buchstabe a ebenfalls anzuwenden, wenn der Steuerpflichtige vor Ablauf der Klagefrist zugestimmt oder den Antrag gestellt hat; Erklärungen und Beweismittel, die nach § 364b Abs. 2 in der Einspruchsentscheidung nicht berücksichtigt wurden, dürfen hierbei nicht berücksichtigt werden.

(2) Absatz 1 gilt auch für einen Verwaltungsakt, durch den ein Antrag auf Erlass, Aufhebung oder Änderung eines Steuerbescheids ganz oder teilweise abgelehnt wird.

(3) [1]Anhängige, außerhalb eines Einspruchs- oder Klageverfahrens gestellte Anträge auf Aufhebung oder Änderung einer Steuerfestsetzung, die eine vom Gerichtshof der Europäischen Union, vom Bundesverfassungsgericht oder vom Bundesfinanzhof entschiedene Rechtsfrage betreffen und denen nach dem Ausgang des Verfahrens vor diesen Gerichten nicht entsprochen werden kann, können durch Allgemeinverfügung insoweit zurückgewiesen werden. [2]§ 367 Abs. 2b Satz 2 bis 6 gilt entsprechend.

AEAO zu § 172 - Aufhebung und Änderung von Steuerbescheiden:

1. Die Vorschrift gilt nur für Steuerbescheide, nicht für Haftungs-, Duldungs- und Aufteilungsbescheide (vgl. AEAO vor §§ 130, 131).

2. § 172 Abs. 1 Satz 1 Nr. 2 Buchstabe a AO lässt die schlichte Änderung eines Steuerbescheids zugunsten des Steuerpflichtigen unter der Voraussetzung zu, dass der Steuerpflichtige vor Ablauf der Einspruchsfrist die Änderung beantragt oder ihr zugestimmt hat. Der Antrag auf schlichte Änderung bedarf keiner Form. Anträge, die nicht schriftlich oder elektronisch gestellt werden,

sind aktenkundig zu machen. Nicht ausdrücklich als Einspruch bezeichnete, vor Ablauf der Einspruchsfrist schriftlich oder elektronisch vorgetragene Änderungsbegehren des Steuerpflichtigen können regelmäßig als schlichte Änderungsanträge behandelt werden, wenn der Antragsteller eine genau bestimmte Änderung des Steuerbescheids beantragt und das Finanzamt dem Begehren entsprechen will. Andernfalls ist ein Einspruch anzunehmen, da der Einspruch die Rechte des Steuerpflichtigen umfassender und wirkungsvoller wahrt als der bloße Änderungsantrag. Hat der Steuerpflichtige sich für den Rechtsbehelf des Einspruchs entschieden, so überlagert der förmliche Rechtsbehelf einen etwaigen daneben gestellten Antrag auf schlichte Änderung des Steuerbescheids (vgl. BFH-Urteil vom 27.9.1994, VIII R 36/89, BStBl 1995 II S. 353).

Das Finanzamt darf den Steuerbescheid aufgrund eines schlichten Änderungsantrags nur in dem Umfange zugunsten des Steuerpflichtigen ändern, als der Steuerpflichtige vor Ablauf der Einspruchsfrist eine genau bestimmte Änderung bezogen auf einen konkreten Lebenssachverhalt beantragt hat (vgl. u. a. BFH-Urteil vom 20.12.2006, X R 30/05, BStBl II 2007 S. 503 m.w.N.). Es genügt nicht, dass der Steuerpflichtige lediglich die betragsmäßige Auswirkung bzw. den Änderungsrahmen beziffert (z. B. Herabsetzung der Steuer auf „Null") oder dass ein auf Änderung des Bescheids lautender allgemeiner Antrag des Steuerpflichtigen erst nach Ablauf der Einspruchsfrist hinsichtlich der einzelnen Korrekturpunkte konkretisiert wird (z. B. durch Nachreichen einer Steuererklärung). Auch eine Erweiterung des Änderungsbegehrens ist nach Ablauf der Einspruchsfrist nicht mehr möglich (zur Erweiterung eines Einspruchsantrags vgl. AEAO zu § 367, Nr. 3). Der Antragsteller kann allenfalls nach Ablauf der Einspruchsfrist Argumente oder Nachweise zur Begründung eines rechtzeitig gestellten, hinreichend konkreten Änderungsantrags nachreichen oder ergänzen, soweit hierdurch der durch den ursprünglichen Änderungsantrag (Lebenssachverhalt) festgelegte Änderungsrahmen nicht überschritten wird. Eine Antragserweiterung oder erneute Antragstellung ist nur innerhalb der Einspruchsfrist möglich.

An das (fristgerechte) Vorbringen des Steuerpflichtigen ist das Finanzamt gebunden. Es kann die Steuerfestsetzung nicht in vollem Umfang erneut überprüfen und ggf. verbösern. Mit der beantragten Änderung nicht in sachlichem oder rechtlichem Zusammenhang stehende materielle Fehler der Steuerfestsetzung können aber ggf. über § 177 AO berichtigt werden.

Aussetzung der Vollziehung (§ 361 AO) ist aufgrund eines schlichten Änderungsantrags nicht zulässig, allenfalls ist Stundung (§ 222 AO) möglich.

3. Nach § 172 Abs. 1 Satz 1 Nr. 2 Buchstabe a AO kann ein Steuerbescheid zuungunsten des Steuerpflichtigen aufgehoben oder geändert werden, wenn dieser der Aufhebung oder Änderung zustimmt oder er diese Korrektur beantragt hat. Die Anzeige eines Steuerpflichtigen nach § 153 AO stellt noch keine Zustimmung zu einer Änderung der Steuerfestsetzung zu seinen Ungunsten i. S. d. § 172 Abs. 1 Satz 1 Nr. 2 Buchstabe a AO dar; ggf. kommt aber eine Änderung nach § 173 Abs. 1 Nr. 1 AO in Betracht. Empfangsbedürftige Willenserklärungen unterliegen den Auslegungsregelungen der §§ 133, 157

BGB. Entscheidend ist, wie der Erklärungsempfänger den objektiven Erklärungswert der Erklärung verstehen musste (vgl. BFH-Urteile vom 8.6.2000, IV R 37/99, BStBl 2001 II S. 162, und vom 5.10.2000, VII R 96/99, BStBl 2001 II S. 86).

4. Unter arglistiger Täuschung im Sinne des § 172 Abs. 1 Satz 1 Nr. 2 Buchst. c AO ist die bewusste und vorsätzliche Irreführung zu verstehen, wie jedes vorsätzliche Verschweigen oder Vortäuschen von Tatsachen, durch das die Willensbildung der Behörde unzulässig beeinflusst wird. Für Arglist reicht bereits das Bewusstsein aus, wahrheitswidrige Angaben zu machen. Nicht erforderlich ist dagegen die Absicht, damit das Finanzamt zu einer Entscheidung zu veranlassen (vgl. BFH-Urteil vom 8.7.2015, VI R 51/14, BStBl II 2017 S. 13).

5. § 172 Abs. 1 Satz 2 AO bestimmt, dass auch ein durch Einspruchsentscheidung bestätigter oder geänderter Verwaltungsakt nach den Vorschriften der §§ 129, 164, 165, 172 ff. AO sowie nach entsprechenden Korrekturnormen in den Einzelsteuergesetzen (vgl. AEAO vor §§ 172 bis 177, Nr. 3) korrigiert werden darf. Gleiches gilt für einen im Einspruchsverfahren ergehenden Abhilfebescheid (z. B. nach § 172 Abs. 1 Satz 1 Nr. 2 Buchstabe a AO). Zum Erlass eines Abhilfebescheids im Klageverfahren nach einer rechtmäßigen Fristsetzung gem. § 364b AO vgl. AEAO zu § 364b, Nr. 5.

6. Nach § 172 Abs. 1 Satz 3 Halbsatz 1 AO ist eine schlichte Änderung auch dann möglich, wenn der zu ändernde Bescheid bereits durch Einspruchsentscheidung bestätigt oder geändert worden ist. Dies gilt auch, wenn lediglich die erneute Überprüfung einer Rechtsfrage begehrt wird, über die in der Einspruchsentscheidung bereits entschieden worden ist (vgl. BFH-Urteil vom 27.10.2020, VIII R 30/17, BStBl II S. 927). Der Änderungsantrag muss vor Ablauf der Klagefrist gestellt worden sein, nach Ablauf dieser Frist ist er unzulässig. Die Wirkungen einer nach § 364b Abs. 2 AO gesetzten Ausschlussfrist dürfen allerdings durch eine schlichte Änderung nicht unterlaufen werden (§ 172 Abs. 1 Satz 3 Halbsatz 2 AO).

7. Zum Einspruchsverfahren gegen Entscheidungen über die schlichte Änderung vgl. AEAO zu § 347, Nr. 2.

§ 173 Aufhebung oder Änderung von Steuerbescheiden wegen neuer Tatsachen oder Beweismittel (S 0351)

(1) Steuerbescheide sind aufzuheben oder zu ändern,

1. soweit Tatsachen oder Beweismittel nachträglich bekannt werden, die zu einer höheren Steuer führen,

2. soweit Tatsachen oder Beweismittel nachträglich bekannt werden, die zu einer niedrigeren Steuer führen und den Steuerpflichtigen kein grobes Verschulden daran trifft, dass die Tatsachen oder Beweismittel erst nachträglich bekannt werden. [2]Das Verschulden ist unbeachtlich, wenn die Tatsachen oder Beweismittel in einem unmittelbaren oder mittelbaren Zusammenhang mit Tatsachen oder Beweismitteln im Sinne der Nummer 1 stehen.

(2) [1]Abweichend von Absatz 1 können Steuerbescheide, soweit sie auf Grund einer Außenprüfung ergangen sind, nur aufgehoben oder geändert werden, wenn eine Steuerhinterziehung oder eine leichtfertige Steuerverkürzung vorliegt. [2]Dies gilt auch in den Fällen, in denen eine Mitteilung nach § 202 Abs. 1 Satz 3 ergangen ist.

AEAO zu § 173 - Aufhebung oder Änderung von Steuerbescheiden wegen neuer Tatsachen oder Beweismittel:

Inhaltsübersicht

1. Tatsachen und Beweismittel

1.1 Tatsache i. S. d. § 173 Abs. 1 AO ist alles, was Merkmal oder Teilstück eines steuergesetzlichen Tatbestandes sein kann, also Zustände, Vorgänge, Beziehungen und Eigenschaften materieller oder immaterieller Art (vgl. BFH-Urteile vom 1.10.1993, III R 58/92, BStBl 1994 II S. 346, vom 18.12.1996, XI R 36/96, BStBl 1997 II S. 264, und vom 14.1.1998, II R 9/97, BStBl II S. 371).

Zu den Tatsachen gehören auch innere Tatsachen (z. B. die Absicht, Einkünfte bzw. Gewinne zu erzielen), die nur anhand äußerer Merkmale (Hilfstatsachen) festgestellt werden können (vgl. BFH-Urteil vom 6.12.1994, IX R 11/91, BStBl 1995 II S. 192).

1.1.1 Tatsachen i. S. d. § 173 Abs. 1 AO sind bei einer Schätzung die Schätzungsgrundlagen (nicht die Schätzung selbst; vgl. AEAO zu § 173, Nr. 7). Tatsachen sind auch vorgreifliche Rechtsverhältnisse aus nichtsteuerlichen Rechtsgebieten (vgl. BFH-Urteil vom 13.10.1983, I R 11/79, BStBl 1984 II S. 181). Um Tatsachen und nicht um juristische Wertungen handelt es sich, wenn ein Steuerpflichtiger z. B. unter der Bezeichnung „Kauf", „Vermietung" oder „Geschäftsführer-Gehalt" in der Steuererklärung vorgreifliche Rechtsverhältnisse geltend macht; derartige Begriffe enthalten eine Zusammenfassung von Tatsachen, die eine bestimmte rechtliche Wertung auslösen (vgl. BFH-Urteil vom 20.12.1988, VIII R 121/83, BStBl 1989 II S. 585). Folglich kann ein Steuerbescheid nach § 173 Abs. 1 AO geändert werden, wenn sich aufgrund nachträglich bekannt gewordener Tatsachen die vom Steuerpflichtigen übernommene Wertung als unzutreffend erweist.

1.1.2 Keine Tatsachen i. S. d. § 173 Abs. 1 AO sind Rechtsnormen und Schlussfolgerungen aller Art, insbesondere steuerrechtliche Bewertungen (vgl. BFH-Urteil vom 27.10.1992, VIII R 41/89, BStBl 1993 II S. 569). Ebenso stellen Entscheidungen des BVerfG zur Verfassungswidrigkeit einer Rechtsnorm sowie nachträgliche Gesetzesänderungen keine neuen Tatsachen i. S. v. § 173 Abs. 1 AO dar (vgl. BFH-Urteile vom 12.5.2009, IX R 45/08, BStBl II S. 891, und vom 11.2.1994, III R 50/92, BStBl II S. 389). Gleiches gilt für die (ggf. anderweitige) Ausübung steuerlicher Wahlrechte oder die Nachholung eines Antrags (vgl. AEAO vor §§ 172 bis 177, Nr. 8). Ein Antrag kann allerdings nachgeholt werden, soweit die für seine Ausübung relevanten Tatsachen als solche nachträglich bekannt werden (vgl. AEAO zu § 173, Nr. 3.2).

1.1.3 Bei Sachverhalten, die bei verschiedenen Steuerpflichtigen steuerlich eigenständig zu berücksichtigen sind, weil die Steuergesetze im Regelfall keine korrespondierende Berücksichtigung vorschreiben, sind die für die einzelne Steuerfestsetzung relevanten Tatsachen und steuerrechtliche Bewertungen zu unterscheiden. So geben Ergebnismitteilungen des Körperschaftsteuer-Finanzamts an das für die Veranlagung der Anteilseigner zuständige Finanzamt über eine bei einer GmbH durchgeführte Außenprüfung rechtliche Schlussfolgerungen und Schätzungsergebnisse wieder, sie stellen für sich jedoch keine Tatsachen dar, die zu einer Änderung nach § 173 Abs. 1 AO berechtigen (BFH-Urteil vom 27.10.1992, VIII R 41/89, BStBl 1993 II S. 569). Deshalb müssen den für die Veranlagung der Anteilseigner zuständigen Finanzämtern die entscheidungserheblichen Tatsachen mitgeteilt werden; die bloße Mitteilung, es seien verdeckte Gewinnausschüttungen festgestellt worden, reicht nicht aus, um eine Änderung nach § 173 Abs. 1 AO zu rechtfertigen. Vgl. aber auch § 32a KStG.

1.2 Beweismittel ist jedes Erkenntnismittel, das zur Aufklärung eines steuerlich erheblichen Sachverhalts dient, d. h. geeignet ist, das Vorliegen oder Nichtvorliegen von Tatsachen zu beweisen (BFH-Urteil vom 20.12.1988, VIII R

121/83, BStBl 1989 II S. 585). Dazu gehören Urkunden (Verträge, Geschäftspapiere u. a.) und Auskünfte von Auskunftspersonen (vgl. § 92 AO). Ein Sachverständigengutachten ist nur Beweismittel, soweit es die Erkenntnis neuer Tatsachen vermittelt und nicht lediglich Schlussfolgerungen enthält (BFH-Urteil vom 27.10.1992, VIII R 41/89, BStBl 1993 II S. 569).

1.3 Eine Änderung nach § 173 Abs. 1 AO setzt voraus, dass die Tatsachen bei Erlass des zu ändernden Bescheids bereits vorhanden waren und vom Finanzamt hätten berücksichtigt werden können (vgl. BFH-Urteil vom 26.7.1984, IV R 10/83, BStBl II S. 786). Nach dem Zeitpunkt der Steuerfestsetzung entstandene Tatsachen können dagegen eine Änderung nach § 175 Abs. 1 Satz 1 Nr. 2 AO rechtfertigen, wenn insoweit ein rückwirkendes Ereignis vorliegt. Eine nach dem Zeitpunkt der Steuerfestsetzung entstandene Hilfstatsache, die für diesen Zeitpunkt zu einer veränderten Würdigung in Bezug auf eine innere Tatsache führt, rechtfertigt jedoch nur dann eine Änderung nach § 173 Abs. 1 AO, wenn sie einen sicheren Schluss auf die (innere) Haupttatsache ermöglicht.

1.4 Bei der Prüfung der Frage, ob die Tatsache zu einer höheren oder niedrigeren Steuer führt, sind Steueranrechnungsbeträge unbeachtlich. Es ist auf die bisher festgesetzte und die festzusetzende Steuer abzustellen. Im Fall eines Antrags nach § 32d Abs. 4 oder 6 EStG ist die zunächst mit Abgeltungswirkung (§ 43 Abs. 5 Satz 1 EStG) einbehaltene Kapitalertragsteuer der bisher festgesetzten Steuer hinzuzurechnen (vgl. BFH-Urteil vom 12.5.2015, VIII R 14/13, BStBl II S. 806). Zum Ausnahmefall einer Nettolohnvereinbarung siehe BFH-Urteil vom 16.3.1990, VI R 90/86, BStBl II S. 610.

2. Nachträgliches Bekanntwerden der Tatsachen oder Beweismittel

2.1 Tatsachen oder Beweismittel werden nachträglich bekannt, wenn sie einem für die Steuerfestsetzung zuständigen Bediensteten (BFH-Urteile vom 9.11.1984, VI R 157/83, BStBl 1985 II S. 191, und vom 20.6.1985, IV R 114/82, BStBl II S. 492) bekannt werden, nachdem die Willensbildung über die Steuerfestsetzung abgeschlossen worden ist (Abzeichnung der Verfügung; vgl. BFH-Urteil vom 18.3.1987, II R 226/84, BStBl II S. 416). Auf den Tag der Absendung des Steuerbescheids oder den Tag der Bekanntgabe kommt es nicht an. Der im Einzelfall maßgebliche Tag ist dem Steuerpflichtigen auf Verlangen mitzuteilen.

2.2 Sofern im automatisierten Verfahren nachträglich - noch vor der Absendung des Steuerbescheids - eine materiell-rechtliche Kontrolle der gesamten Steuerfestsetzung vorgenommen wird, sind alle bis dahin bekannt gewordenen Tatsachen und Beweismittel zu berücksichtigen (vgl. BFH-Urteil vom 29.11.1988, VIII R 226/83, BStBl 1989 II S. 259). Tatsachen und Beweismittel, die dem Finanzamt bis zum Abschluss einer solchen Kontrolle bekannt geworden sind, in dem zu erlassenden Steuerbescheid aber keine Berücksichtigung gefunden haben, können zu einem späteren Zeitpunkt nicht mehr Gegenstand einer Änderung nach § 173 Abs. 1 AO sein. Um eine materiellrechtliche Kontrolle des Steuerbescheids handelt es sich nicht, wenn der Steuerbescheid vor seiner Absendung nur einer formellen Prüfung unterzogen wird, die die Feststellung der ermittelten Tatsachen sowie deren rechtliche Würdigung unberührt lässt (z. B. Prüfung auf zutreffende Adressierung oder richtige Erfassung der Daten).

2.3 Eine Tatsache ist nicht schon dann bekannt, wenn irgendeine Stelle des Finanzamts von ihr Kenntnis hat. Es kommt vielmehr auf den Kenntnisstand der Personen an, die innerhalb des Finanzamts dazu berufen sind, den betreffenden Steuerfall zu bearbeiten (BFH-Urteile vom 20.6.1985, IV R 114/82, BStBl II S. 492, vom 20.4.1988, X R 40/81, BStBl II S. 804, und vom 19.6.1990, VIII R 69/87, BFH/NV 1991 S. 353).

2.3.1 Die Rechtsbehelfsstelle des Finanzamts muss bei der Entscheidung über den Einspruch eines Steuerpflichtigen grundsätzlich auch Tatsachen verwerten, die der Veranlagungsstelle bekannt sind. Geschieht dies nicht, so können diese in der Einspruchsentscheidung nicht berücksichtigten Tatsachen nach Abschluss des Einspruchsverfahrens nicht mehr Gegenstand eines Änderungsbescheids nach § 173 Abs. 1 Nr. 1 AO sein (BFH-Urteil vom 23.3.1983, I R 182/82, BStBl II S. 548).

2.3.2 Nur dem Betriebsprüfer bekannt gewordene Tatsachen sind der Veranlagungsstelle grundsätzlich nicht zuzurechnen (vgl. BFH-Urteile vom 28.4.1987, IX R 9/83, BFH/NV 1988 S. 151, vom 29.10.1987, IV R 69/85, BFH/NV 1988 S. 346, und vom 20.4.1988, X R 40/81, BStBl II S. 804).

2.3.3 Für die Frage, ob einem Finanzamt Tatsachen, die zu einer erstmaligen Berücksichtigung oder zu einer höheren Bewertung eines steuerpflichtigen Sachverhalts von Bedeutung sind, i. S. v. § 173 Abs. 1 Nr. 1 AO nachträglich bekannt geworden sind, kommt es grundsätzlich allein auf die Kenntnis dieses Finanzamts an. Ermittelt aber ein für die Erbschaft-/Schenkungsteuer zuständiges Finanzamt den Wert einer Beteiligung an einer Personengesellschaft allein dadurch, dass es diesen aus einem von einem anderem Finanzamt erteilten Feststellungsbescheid über den Wert des Betriebsvermögens der Gesellschaft auf einen vorangegangenen Bewertungsstichtag ableitet, so macht es sich damit die diesem zugrunde liegenden Kenntnisse zu eigen (BFH-Urteil vom 14.1.1998, II R 9/97, BStBl II S. 371).

2.3.4 Einmal bekannt gewordene Tatsachen werden durch den Wechsel in der Zuständigkeit der Finanzbehörde oder durch Wechsel des Bearbeiters nicht wieder unbekannt, wenn der zunächst zuständige Bearbeiter die Tatsachen aktenkundig gemacht hat (vgl. BFH-Urteil vom 15.10.1993, III R 74/92, BFH/NV 1994 S. 315).

2.3.5 Dem Finanzamt können auch Tatsachen bekannt sein, die sich aus älteren, bereits archivierten Akten ergeben. Voraussetzung dafür ist jedoch, dass zur Hinzuziehung solcher Vorgänge nach den Umständen des Falles, insbesondere nach dem Inhalt der zu bearbeitenden Steuererklärungen oder der präsenten Akten, eine besondere Veranlassung bestand (BFH-Urteil vom 11.2.1998, I R 82/97, BStBl II S. 552).

2.3.6 Im Rahmen des § 173 Abs. 1 Nr. 2 AO kann eine Tatsache nicht zum Nachteil des Steuerpflichtigen als bereits bekannt gelten, wenn der zuständige Bearbeiter sie lediglich hätte kennen können oder kennen müssen; das Finanzamt kann sich in diesem Fall nicht auf sein eigenes Versäumnis oder Verschulden berufen (vgl. BFH-Urteil vom 26.11.1996, IX R 77/95, BStBl 1997 II S. 422).

2.4 Steuerbescheid i. S. v. § 173 Abs. 1 AO ist auch ein Bescheid, der einen schon ergangenen Steuerbescheid inhaltlich abändert. Tatsachen, die zu einer höheren Besteuerung führen, kann das Finanzamt deshalb in einem weiteren Änderungsbescheid nach § 173 Abs. 1 Nr. 1 AO nur berücksichtigen, wenn sie ihm nach Erlass des Änderungsbescheids bekannt geworden sind. Eine Änderung nach § 173 Abs. 1 Nr. 1 AO ist jedoch dann nicht ausgeschlossen, wenn das Finanzamt im Hinblick auf einen nachträglich ergangenen Grundlagenbescheid zunächst lediglich eine Änderung nach § 175 Abs. 1 Satz 1 Nr. 1 AO vorgenommen und dabei Tatsachen unberücksichtigt gelassen hat, die darüber hinaus eine Änderung nach § 173 Abs. 1 Nr. 1 AO gerechtfertigt hätten (BFH-Urteil vom 12.1.1989, IV R 8/88, BStBl II S. 438).

2.5 Ändert das Finanzamt einen bestandskräftigen Steuerbescheid nach § 173 Abs. 1 Nr. 1 AO, so trägt es die objektive Beweislast dafür, dass die für die Änderung erforderlichen tatsächlichen Voraussetzungen vorliegen, insbesondere dafür, dass diese „neu" sind (BFH-Urteil vom 19.5.1998, I R 140/97, BStBl II S. 599).

3. Rechtserheblichkeit der Tatsachen oder Beweismittel

3.1 Neue Tatsachen oder Beweismittel können die Änderung eines Steuerbescheids nach § 173 Abs. 1 AO nur rechtfertigen, wenn sie rechtserheblich sind. Die Rechtserheblichkeit ist zu bejahen, wenn das Finanzamt bei rechtzeitiger Kenntnis der Tatsachen oder Beweismittel schon bei der ursprünglichen Veranlagung mit an Sicherheit grenzender Wahrscheinlichkeit zu einer höheren oder niedrigeren Steuer gelangt wäre (vgl. BFH-Beschluss GrS vom 23.11.1987, GrS 1/86, BStBl 1988 II S. 180). Die Vorschrift des § 173 AO hat nicht den Sinn, dem Steuerpflichtigen das Risiko eines Rechtsbehelfsverfahrens dadurch abzunehmen, dass ihm gestattet wird, sich auf Tatsachen gegenüber dem Finanzamt erst dann zu berufen, wenn etwa durch eine spätere Änderung der Rechtsprechung eine Rechtslage eintritt, die eine bisher nicht vorgetragene Tatsache nunmehr als relevant erscheinen lässt.

Ein Steuerbescheid darf daher wegen nachträglich bekannt gewordener Tatsachen oder Beweismittel weder zugunsten noch zuungunsten des Steuerpflichtigen geändert werden, wenn das Finanzamt bei ursprünglicher Kenntnis der Tatsachen oder Beweismittel nicht anders entschieden hätte. Bei der Beurteilung der Rechtserheblichkeit kommt es nicht darauf an, welche Entscheidung der zuständige Bearbeiter subjektiv bei Erlass des ursprünglichen Bescheids getroffen hätte. Wie das Finanzamt bei Kenntnis bestimmter Tatsachen oder Beweismittel einen Sachverhalt in seinem ursprünglichen Bescheid gewürdigt hätte, ist vielmehr im Einzelfall aufgrund des Gesetzes, wie es nach der damaligen Rechtsprechung des BFH auszulegen war, und der die Finanzämter bindenden Verwaltungsanweisungen zu beurteilen, die im Zeitpunkt des ursprünglichen Bescheiderlasses gegolten haben (vgl. BFH-Urteile vom 11.5.1988, I R 216/85, BStBl II S. 715, vom 15.1.1991, IX R 238/87, BStBl II S. 741, und vom 10.3.1999, II R 99/97, BStBl II S. 433). Subjektive Fehler der Finanzbehörden, wie sie sowohl in rechtlicher als auch in tatsächlicher Hinsicht denkbar sein mögen, sind unbeachtlich (BFH-Urteil vom 11.5.1988, I R 216/85, BStBl II S. 715).

3.2 Die erstmalige Ausübung eines nicht fristgebundenen Wahlrechts nach Bestandskraft der Steuerfestsetzung (vgl. AEAO vor §§ 172 bis 177, Nr. 8) ist keine neue Tatsache, sie steht einer Änderung nach § 173 Abs. 1 Nr. 2 AO aber nicht entgegen, sofern die für die Ausübung des Wahlrechts relevanten Tatsachen nachträglich bekannt geworden sind (BFH-Urteile vom 28.9.1984, VI R 48/82, BStBl 1985 II S. 117, und vom 25.2.1992, IX R 41/91, BStBl II S. 621). Gleiches gilt, wenn der Steuerpflichtige nach Bestandskraft der Steuerfestsetzung erstmals einen nicht fristgebundenen Antrag auf Gewährung einer Steuervergünstigung stellt und hierzu entsprechende (neue) Tatsachen vorträgt (BFH-Urteil vom 21.7.1989, III R 303/84, BStBl II S. 960). Eine Änderung nach § 173 Abs. 1 Nr. 2 AO zugunsten des Steuerpflichtigen setzt jedoch auch in diesen Fällen voraus, dass ihn am nachträglichen Bekanntwerden der steuermindernden Tatsachen kein grobes Verschulden trifft (vgl. AEAO zu § 173, Nr. 5).

4. Ermittlungsfehler des Finanzamts

4.1 Nach dem Grundsatz von Treu und Glauben kann das Finanzamt - auch wenn es von einer rechtserheblichen Tatsache oder einem rechtserheblichen Beweismittel nachträglich Kenntnis erhält - daran gehindert sein, einen Steuerbescheid nach § 173 Abs. 1 Nr. 1 AO zuungunsten des Steuerpflichtigen zu ändern (BFH-Urteil vom 13.11.1985, II R 208/82, BStBl 1986 II S. 241). Hat der Steuerpflichtige die ihm obliegenden Mitwirkungspflichten in zumutbarer Weise erfüllt, kommt eine Änderung nach § 173 Abs. 1 Nr. 1 AO nicht in Betracht, wenn die spätere Kenntnis der Tatsache oder des Beweismittels auf einer Verletzung der dem Finanzamt obliegenden Ermittlungspflicht beruht. Das Finanzamt braucht den Steuererklärungen nicht mit Misstrauen zu begegnen, sondern darf regelmäßig von deren Richtigkeit und Vollständigkeit ausgehen; veranlagt es aber trotz bekannter Zweifel an der Richtigkeit der Besteuerungsgrundlagen endgültig, so ist eine spätere Änderung der Steuerfestsetzung nach dem Grundsatz von Treu und Glauben ausgeschlossen (vgl. BFH-Urteil vom 27.10.1992, VIII R 41/89, BStBl 1993 II S. 569). Zum Umfang der Ermittlungspflicht des Finanzamts vgl. AEAO zu § 88 AO.

4.1.1 Sind sowohl das Finanzamt seiner Ermittlungspflicht als auch der Steuerpflichtige seiner Mitwirkungspflicht nicht in vollem Umfang nachgekommen, so fällt das nachträgliche Bekanntwerden einer rechtserheblichen Tatsache oder eines rechtserheblichen Beweismittels i. d. R. in den Verantwortungsbereich des Steuerpflichtigen mit der Folge, dass eine Änderung des Steuerbescheids nach § 173 Abs. 1 Nr. 1 AO zulässig ist (vgl. BFH-Urteil vom 11.11.1987, I R 108/85, BStBl 1988 II S. 115). Eine entsprechende Änderung scheidet lediglich dann aus, wenn der Verstoß des Finanzamts deutlich überwiegt (BFH-Urteil vom 20.12.1988, VIII R 121/83, BStBl 1989 II S. 585).

4.1.2 Ändert das Finanzamt einen bestandskräftigen Steuerbescheid nach § 173 Abs. 1 Nr. 1 AO, trägt der Steuerpflichtige die objektive Beweislast, wenn er eine Verletzung der Ermittlungspflichten durch das Finanzamt rügt (BFH-Urteil vom 19.5.1998, I R 140/97, BStBl II S. 599).

4.2 Auf neue Tatsachen, die nach § 173 Abs. 1 Nr. 2 AO eine niedrigere Steuerfestsetzung rechtfertigen, sind die in Nr. 4.1 dargestellten Grundsätze nicht anzuwenden (BFH-Urteile vom 13.4.1967, V 57/65, BStBl III S. 519, und vom 26.11.1996, IX R 77/95, BStBl 1997 II S. 422). Hier ist jedoch zu prüfen, ob den Steuerpflichtigen ein grobes Verschulden am nachträglichen Bekanntwerden der neuen Tatsachen trifft (vgl. AEAO zu § 173, Nr. 5).

Wann eine Tatsache nicht zum Nachteil des Steuerpflichtigen als bereits bekannt gelten kann, vgl. AEAO zu § 173, Nr. 2.3.6.

5. Grobes Verschulden des Steuerpflichtigen

5.1 Die Aufhebung oder Änderung eines Steuerbescheids zugunsten des Steuerpflichtigen ist grundsätzlich ausgeschlossen, wenn den Steuerpflichtigen ein grobes Verschulden daran trifft, dass die Tatsachen oder Beweismittel dem Finanzamt erst nachträglich bekannt geworden sind. Als grobes Verschulden hat der Steuerpflichtige Vorsatz und grobe Fahrlässigkeit zu vertreten. Grobe Fahrlässigkeit ist anzunehmen, wenn er die ihm nach seinen persönlichen Verhältnissen zumutbare Sorgfalt in ungewöhnlichem Maße und in nicht entschuldbarer Weise verletzt (BFH-Urteile vom 3.2.1983, IV R 153/80, BStBl II S. 324, und vom 18.5.1988, X R 57/82, BStBl II S. 713). Anhaltspunkte, die auf ein grobes Verschulden des Steuerpflichtigen hindeuten, sind von der Finanzbehörde darzulegen und ggf. zu beweisen, die insoweit die Feststellungslast trägt (vgl. BFH-Urteile vom 22.5.1992, VI R 17/91, BStBl 1993 II S. 80, und vom 10.2.2015, IX R 18/14, BStBl 2017 II S. 7). Kann bei dem zu beurteilenden Sachverhalt nach ständiger Rechtsprechung von einem groben Verschulden ausgegangen werden (siehe Nr. 5.1.2 und 5.1.3 des AEAO zu § 173), trägt der Steuerpflichtige die Feststellungslast für atypische Umstände, aufgrund derer im Einzelfall gleichwohl ein grobes Verschulden zu verneinen ist.

5.1.1 Bei der Beurteilung der Schwere der Verletzung dieser Sorgfaltspflicht sind die Gegebenheiten des Einzelfalls und die individuellen Kenntnisse und Fähigkeiten des einzelnen Steuerpflichtigen zu berücksichtigen (BFH-Urteil vom 29.6.1984, VI R 181/80, BStBl II S. 693). So kann die Unkenntnis steuerrechtlicher Bestimmungen allein den Vorwurf groben Verschuldens nicht begründen (BFH-Urteile vom 10.8.1988, IX R 219/84, BStBl 1989 II S. 131, vom 22.5.1992, VI R 17/91, BStBl 1993 II S. 80, und vom 21.9.1993, IX R 63/90, BFH/NV 1994 S. 100). Offensichtliche Versehen und alltägliche Irrtümer, die sich nie ganz vermeiden lassen, wie z. B. Verwechslungen, Schreib-, Rechen- oder Übertragungsfehler, rechtfertigen ebenfalls nicht den Vorwurf des groben Verschuldens; es kann aber vorliegen, wenn das Versehen auf einer vorangegangenen Verletzung steuerlicher Pflichten beruht.

5.1.2 Ein grobes Verschulden kann im Allgemeinen angenommen werden, wenn der Steuerpflichtige trotz Aufforderung keine Steuererklärung abgegeben hat (ständige Rechtsprechung, vgl. z. B. BFH-Urteil vom 16.9.2004, IV R 62/02, BStBl 2005 II S. 75 m. w. N.), allgemeine Grundsätze der Buchführung (§§ 145 bis 147 AO) verletzt oder ausdrückliche Hinweise in ihm zugegangenen Vordrucken, Merkblättern oder sonstigen Mitteilungen des Finanzamts nicht beachtet.

5.1.3 Ein Steuerpflichtiger handelt regelmäßig grob schuldhaft, wenn er eine im Steuererklärungsformular ausdrücklich gestellte, auf einen ganz bestimmten Vorgang bezogene Frage nicht beachtet (BFH-Urteile vom 29.6.1984, VI R 181/80, BStBl II S. 693, und vom 10.8.1988, IX R 219/84, BStBl 1989 II S. 131).

5.1.4 Das grobe Verschulden des Steuerpflichtigen am nachträglichen Bekanntwerden steuermindernder Tatsachen oder Beweismittel wird nicht dadurch ausgeschlossen, dass das Finanzamt seinerseits seinen Fürsorge- oder Ermittlungspflichten nicht hinreichend nachgekommen ist (BFH-Urteil vom 9.8.1991, III R 24/87, BStBl 1992 II S. 65). Im Einzelfall kann jedoch ein grobes Verschulden des Steuerpflichtigen zu verneinen sein, wenn die Verletzung der Ermittlungs- und Fürsorgepflichten ursächlich für die verspätete Geltendmachung der steuermindernden Tatsachen oder Beweismittel war, z. B. bei irreführender Auskunftserteilung.

5.2 Bei einer Zusammenveranlagung muss sich jeder Ehegatte bzw. Lebenspartner das grobe Verschulden des anderen Ehegatten/Lebenspartners zurechnen lassen (vgl. BFH-Urteil vom 24.7.1996, I R 62/95, BStBl 1997 II S. 115).

5.3 Nimmt der Steuerpflichtige bei der Erfüllung seiner steuerlichen Pflichten die Hilfe eines Bevollmächtigten oder anderer Hilfspersonen in Anspruch, so muss er sich ein etwaiges grobes Verschulden dieser Personen wie ein eigenes Verschulden zurechnen lassen. So hat der Steuerpflichtige etwa ein grobes Verschulden seines Buchhalters als eigenes Verschulden zu vertreten (vgl. BFH-Urteil vom 18.5.1988, X R 57/82, BStBl II S. 713).

5.4 Der Steuerpflichtige hat ein grobes Verschulden seines steuerlichen Beraters in gleicher Weise zu vertreten wie das Verschulden eines Bevollmächtigten (BFH-Urteile vom 3.2.1983, IV R 153/80, BStBl II S. 324, vom 28.6.1983, VIII R 37/81, BStBl 1984 II S. 2, vom 25.11.1983, VI R 8/82, BStBl 1984 II S. 256, und vom 26.8.1987, I R 144/86, BStBl 1988 II S. 109). Bei Festlegung der einem steuerlichen Berater zuzumutenden Sorgfalt ist zu berücksichtigen, dass von einem Angehörigen der steuerberatenden Berufe die Kenntnis und sachgemäße Anwendung der steuerrechtlichen Vorschriften erwartet wird (BFH-Urteil vom 3.2.1983, IV R 153/80, BStBl II S. 324). Ein eigenes grobes Verschulden des Steuerpflichtigen kann darin liegen, dass er die von seinem steuerlichen Berater gefertigte Steuererklärung unterschreibt, obwohl ihm bei Durchsicht der Steuererklärung ohne weiteres hätte auffallen müssen, dass steuermindernde Tatsachen oder Beweismittel nicht berücksichtigt worden sind (BFH-Urteil vom 28.6.1983, VIII R 37/81, BStBl 1984 II S. 2).

Der steuerliche Berater hat, wenn er Mitarbeiter zur Vorbereitung des Jahresabschlusses und der Steuererklärung einsetzt, Sorgfaltspflichten hinsichtlich der Auswahl seiner Mitarbeiter, der Organisation der Arbeiten in seinem Büro und der Kontrolle der Arbeitsergebnisse der Mitarbeiter (BFH-Urteil vom 26.8.1987, I R 144/86, BStBl 1988 II S. 109).

5.5 Bei der Frage des groben Verschuldens ist auch der Zeitraum einzubeziehen, in dem nach Durchführung der Steuerveranlagung der Bescheid noch änderbar ist (BFH-Urteil vom 21.2.1991, V R 25/87, BStBl II S. 496: Vortrag steuermindernder Tatsachen bis zur Bekanntgabe der Einspruchsentscheidung). Ein dem Steuerpflichtigen zuzurechnendes grobes Verschulden i. S. d. § 173 Abs. 1 Nr. 2 AO kann daher auch darin bestehen, dass er es unterlassen hat, gegen einen Steuerbescheid Einspruch einzulegen, obwohl sich ihm innerhalb der Einspruchsfrist die Geltendmachung bisher nicht vorgetragener Tatsachen hätte aufdrängen müssen (BFH-Urteile vom 25.11.1983, VI R 8/82, BStBl 1984 II S. 256, und vom 4.2.1998, XI R 47/97, BFH/NV S. 682).

5.6 Bei Beantwortung der Frage, ob die Unterlassung bestimmter steuerrelevanter Angaben in der Steuererklärung auf einem groben Verschulden des Steuerpflichtigen, einem entschuldbaren mechanischen Versehen (z. B. Übertragungsfehler) oder einem entschuldbaren Rechtsirrtum infolge mangelnder Kenntnis steuerrechtlicher Vorschriften beruht, ist nicht zwischen Steuererklärungen auf Papier und elektronisch erstellten Steuererklärungen zu unterscheiden. Wird die Steuererklärung elektronisch zum Beispiel mithilfe des Programms ElsterFormular erstellt, kann der Steuerpflichtige bei Erfassung der Daten anhand der gewohnten Formularoberfläche vom kompletten Steuererklärungsvordruck und allen dort gestellten Fragen Kenntnis nehmen; darüber hinaus wird auch eine Hilfefunktion im Umfang der amtlichen Anleitung geboten. Unerheblich ist daher, dass in der komprimierten Steuererklärung nur ein Ausdruck der tatsächlich erfassten und übermittelten Daten erfolgt.

6. Unbeachtlichkeit des Verschuldens des Steuerpflichtigen

6.1 Das Verschulden des Steuerpflichtigen ist nach § 173 Abs. 1 Nr. 2 Satz 2 AO unbeachtlich, wenn die Tatsachen oder Beweismittel, die zu einer niedrigeren Steuer führen, in einem unmittelbaren oder mittelbaren Zusammenhang mit neuen Tatsachen oder Beweismitteln stehen, die zu einer höheren Steuer führen. Stehen die steuermindernden Tatsachen mit steuererhöhenden Tatsachen im Zusammenhang, sind die steuermindernden Tatsachen nicht nur bis zur steuerlichen Auswirkung der steuererhöhenden Tatsachen, sondern uneingeschränkt zu berücksichtigen (BFH-Urteil vom 2.8.1983, VIII R 190/80, BStBl 1984 II S. 4). Ein derartiger Zusammenhang ist gegeben, wenn eine zu einer höheren Besteuerung führende Tatsache die zur Steuerermäßigung führende Tatsache ursächlich bedingt, so dass der steuererhöhende Vorgang nicht ohne den steuermindernden Vorgang denkbar ist (BFH-Urteile vom 28.3.1985, IV R 159/82, BStBl 1986 II S. 120, vom 5.8.1986, IX R 13/81, BStBl 1987 II S. 297, und vom 8.8.1991, V R 106/88, BStBl 1992 II S. 12). Ein rein zeitliches Zusammentreffen von steuererhöhenden und steuermindernden Tatsachen reicht nicht aus (BFH-Urteil vom 28.3.1985, IV R 159/82, a. a. O.).

6.2 Wird dem Finanzamt nachträglich bekannt, dass der Steuerpflichtige nicht erklärte Einkünfte einer bestimmten Einkunftsart erzielt hat, so stellt die Höhe dieser Einkünfte die für die Anwendung des § 173 Abs. 1 Nr. 1 oder Nr. 2 AO relevante Tatsache dar (BFH-Urteil vom 1.10.1993, III R 58/92, BStBl 1994 II S. 346). Dies gilt auch dann, wenn das Finanzamt die Einkünfte zunächst geschätzt hat (BFH-Urteil vom 24.4.1991, XI R 28/89, BStBl II S. 606). Eine Aufspaltung dieser Einkünfte in steuererhöhende Einnahmen oder Vermögensmehrungen einerseits und steuermindernde Ausgaben oder Vermögensminderungen andererseits im Hinblick auf § 173 Abs. 1 Nr. 2 Satz 2 AO ist nicht zulässig.

6.3 Bei der Umsatzsteuer sind Tatsachen, die eine Erhöhung der Umsatzsteuer begründen, und Tatsachen, die eine höhere Vorsteuer begründen, getrennt zu beurteilen. Ein Zusammenhang zwischen nachträglich bekannt gewordenen Umsätzen und nachträglich bekannt gewordenen Leistungen an den Unternehmer i. S. d. § 173 Abs. 1 Nr. 2 Satz 2 AO besteht nur insoweit, als die Eingangsleistungen zur Ausführung der nachträglich bekannt gewordenen Umsätze verwendet wurden (BFH-Urteile vom 8.8.1991, V R 106/88, BStBl 1992 II S. 12, und vom 19.10.1995, V R 60/92, BStBl 1996 II S. 149). Dies gilt allerdings nur, soweit diese Umsätze zum Vorsteuerabzug berechtigen; soweit die nachträglich bekannt gewordenen Vorsteuerbeträge hingegen mit nachträglich bekannt gewordenen steuerfreien oder nichtsteuerbaren Umsätzen in Zusammenhang stehen, sind die Voraussetzungen des § 173 Abs. 1 Nr. 2 Satz 2 AO nicht erfüllt.

Hat das Finanzamt bei einer Schätzung der Umsatzsteuer davon abgesehen, die Steuer auf der Grundlage des Ansatzes einer Vielzahl einzelner Umsätze mit jeweils genau bezifferter Bemessungsgrundlage zu ermitteln, können die nachträglich bekannt gewordenen Vorsteuerbeträge im Schätzungsweg entsprechend dem Verhältnis der nachträglich erklärten und der ursprünglich vom Finanzamt geschätzten steuerpflichtigen Umsätze berücksichtigt werden, es sei denn, es liegen Anhaltspunkte dafür vor, dass weniger oder mehr Vorsteuerbeträge im Zusammenhang mit den nachträglich bekannt gewordenen Umsätzen stehen, als sich nach dieser Aufteilung ergibt (BFH-Urteil vom 19.10.1995, V R 60/92, BStBl 1996 II S. 149).

7. Änderung von Schätzungsveranlagungen

7.1 Eine auf einer Schätzung beruhende Veranlagung kann nach § 173 Abs. 1 Nr. 1 AO durch eine höhere Schätzungsveranlagung ersetzt werden, wenn nachträglich Schätzungsunterlagen festgestellt werden, bei deren rechtzeitigem Bekanntsein das Finanzamt die Schätzung in anderer Weise vorgenommen hätte. Die Änderung der ursprünglichen Schätzungsveranlagung ist dabei nur im Ausmaß der nachträglich bekannt gewordenen Schätzungsunterlagen zulässig. Das bisherige Schätzungsverfahren ist nach Möglichkeit fortzuführen, ggf. zu verfeinern. Ein Wechsel der Schätzungsmethode kommt lediglich dann in Betracht, wenn die bisherige Methode angesichts der neuen Schätzungsunterlagen versagt (BFH-Urteil vom 2.3.1982, VIII R 225/80, BStBl 1984 II S. 504).

Die Ersetzung einer Schätzungsveranlagung durch eine höhere Schätzungsveranlagung ist auch zulässig, wenn aufgrund einer nachträglichen Vermögenszuwachsrechnung ein gegenüber der ursprünglichen Schätzung wesentlich höherer Gewinn festgestellt wird (BFH-Urteile vom 24.10.1985, IV R 75/84, BStBl 1986 II S. 233, und vom 29.10.1987, IV R 69/85, BFH/NV 1988 S. 346). Dies gilt auch für den Fall, dass es sich bei der ursprünglichen Schätzung um eine Schätzung nach Richtsätzen für einen nicht buchführenden, jedoch buchführungspflichtigen Landwirt handelt (BFH-Urteile vom

3.10.1985, IV R 197/83, BFH/NV 1987 S. 477, und vom 24.10.1985, IV R 170/84, BFH/NV 1987 S. 545).

7.2 Nachträglich bekannt gewordene Tatsachen, die zu einer niedrigeren Steuer führen, liegen nach einer vorausgegangenen Gewinnschätzung dann vor, wenn sich aus der Gesamtwürdigung der neuen Tatsachen, also dem gemeinsamen Ergebnis von Betriebseinnahmen und Betriebsausgaben, eine niedrigere Steuer ergibt (BFH-Urteil vom 28.3.1985, IV R 159/82, BStBl 1986 II S. 120; vgl. AEAO zu § 173, Nr. 6.2). Eine Änderung nach § 173 Abs. 1 Nr. 2 AO ist in diesen Fällen demzufolge nur zulässig, wenn den Steuerpflichtigen am nachträglichen Bekanntwerden der Tatsachen kein grobes Verschulden trifft (vgl. AEAO zu § 173, Nr. 5).

7.3 Hat das Finanzamt den laufenden Gewinn und den Veräußerungsgewinn (§ 16 EStG) geschätzt, so sind die nachträglich bekannt gewordenen tatsächlichen Gewinnbeträge (laufender Gewinn und Veräußerungsgewinn) je eine Tatsache i. S. d. § 173 Abs. 1 AO (BFH-Urteil vom 30.10.1986, III R 163/82, BStBl 1987 II S. 161).

7.4 Zur Schätzung der Umsatzsteuer vgl. AEAO zu § 173, Nr. 6.3.

8. Änderungssperre (§ 173 Abs. 2 AO)

8.1 Steuerbescheide, die aufgrund einer Außenprüfung ergangen sind, können wegen neuer Tatsachen oder Beweismittel nach § 173 Abs. 1 AO nur geändert werden, wenn eine Steuerhinterziehung oder leichtfertige Steuerverkürzung vorliegt (Änderungssperre nach § 173 Abs. 2 AO). Durch die Regelung in § 173 Abs. 2 Satz 1 AO wird solchen Steuerbescheiden eine erhöhte Bestandskraft zugemessen, weil durch die Außenprüfung die steuerlich erheblichen Sachverhalte ausgiebig hätten geprüft werden können. Die Änderungssperre wirkt auch dann, wenn nach einer Außenprüfung Tatsachen oder Beweismittel bekannt werden, die zu einer niedrigeren Steuer führen würden (BFH-Urteile vom 29.1.1987, IV R 96/85, BStBl II S. 410, und vom 11.12.1997, V R 56/94, BStBl 1998 II S. 367). Die Änderungssperre bezieht sich nur auf Änderungen i. S. v. § 173 Abs. 1 AO, nicht aber auf Änderungen, die aufgrund anderer Vorschriften erfolgen (vgl. BFH-Urteil vom 4.11.1992, XI R 32/91, BStBl 1993 II S. 425).

8.2 Der Umfang der Änderungssperre richtet sich nach dem Inhalt der Prüfungsanordnung (BFH-Urteile vom 12.10.1994, XI R 75/93, BStBl 1995 II S. 289, und vom 11.2.1998, I R 82/97, BStBl II S. 552).

8.2.1 Im Fall der Beschränkung der Außenprüfung auf bestimmte Steuerarten, Besteuerungszeiträume oder Sachverhalte (§ 194 Abs. 1 Satz 2 AO) umfasst die Änderungssperre daher nur den in der Prüfungsanordnung genannten Teil der Besteuerungsgrundlagen. Wenn andererseits das tatsächliche Prüfungsverhalten über die Prüfungsanordnung hinausgeht, wird hierdurch keine Änderungssperre nach § 173 Abs. 2 AO ausgelöst (BFH-Urteil vom 11.2.1998, I R 82/97, BStBl II S. 552).

8.2.2 Der Eintritt der Änderungssperre ist nicht davon abhängig, ob der Außenprüfer die betreffenden Vorgänge tatsächlich geprüft hat, ob er sie aus rechtlichen Erwägungen von sich aus nicht aufgegriffen hat oder ob er sie in Übereinstimmung mit der damaligen Verwaltungsauffassung unbeanstandet gelassen hat (BFH-Urteil vom 4.2.1987, I R 58/86, BStBl 1988 II S. 215).

8.2.3 Eine Umsatzsteuer-Sonderprüfung, durch welche auf der Grundlage eingereichter Umsatzsteuer-Voranmeldungen „insbesondere der Vorsteuerabzug" geprüft wird, bewirkt keine Änderungssperre (BFH-Urteil vom 11.11.1987, X R 54/82, BStBl 1988 II S. 307).

8.3 Steuerbescheide sind i. S. d. § 173 Abs. 2 AO auch dann aufgrund einer Außenprüfung ergangen, wenn diese lediglich die in einer Selbstanzeige gemachten Angaben des Steuerpflichtigen bestätigt hat (BFH-Urteil vom 4.12.1986, IV R 312/84, BFH/NV 1987 S. 214).

8.4 Außenprüfung i. S. d. § 173 Abs. 2 AO ist jede Prüfung nach §§ 193 bis 203 AO.

Eine Außenprüfung kann auch von der Steuerfahndung durchgeführt werden (§ 208 Abs. 2 Nr. 1 AO). Führt die Steuerfahndung auf der Grundlage einer Prüfungsanordnung eine Außenprüfung nach den §§ 193 bis 203 AO durch, gelten uneingeschränkt die Vorschriften über die Außenprüfung. Eine von der Steuerfahndung durchgeführte Außenprüfung hat dementsprechend auch im Hinblick auf die Änderungssperre des § 173 Abs. 2 AO die Wirkung einer Außenprüfung. Ermittlungshandlungen der Steuerfahndung im Zusammenhang mit der Erforschung von Steuerstraftaten und Steuerordnungswidrigkeiten nach § 208 Abs. 1 Nr. 2 AO und Maßnahmen der Steuerfahndung auf der Grundlage von § 208 Abs. 1 Nr. 1 und 3 AO lassen dagegen die Änderungssperre des § 173 Abs. 2 AO nicht eintreten (BFH-Urteil vom 11.12.1997, V R 56/94, BStBl 1998 II S. 367).

8.5 Die Änderungssperre gilt auch in den Fällen, in denen eine Mitteilung nach § 202 Abs. 1 Satz 3 AO über eine ergebnislose Prüfung ergangen ist. Eine solche Mitteilung ist jedoch kein Verwaltungsakt, der eine allgemeine Änderungssperre für die in der vorangegangenen Außenprüfung festgestellten Sachverhalte auslöst. Sie hindert unter den Voraussetzungen des § 173 Abs. 2 AO nur die Änderung eines Steuerbescheids nach § 173 Abs. 1 AO. Der Änderung des Bescheids aufgrund einer anderen Vorschrift (z. B. § 164 Abs. 2 AO) steht sie nicht entgegen (BFH-Urteile vom 29.4.1987, I R 118/83, BStBl 1988 II S. 168, und vom 14.9.1993, VIII R 9/93, BStBl 1995 II S. 2).

Die Wirkung einer Mitteilung nach § 202 Abs. 1 Satz 3 AO hat auch der Vermerk im Prüfungsbericht, dass für den betreffenden Besteuerungszeitraum oder die betreffende Steuerart „keine Änderung" eintritt (BFH-Urteil vom 14.12.1989, III R 158/85, BStBl 1990 II S. 283), es sei denn, dass sich der Vermerk auf einen Besteuerungszeitraum bezieht, für den die Steuer unter Vorbehalt der Nachprüfung festgesetzt ist. In diesem Fall tritt die Änderungssperre erst dann ein, wenn der Vorbehalt der Nachprüfung nach § 164 Abs. 3 Satz 3 AO durch förmlichen Bescheid aufgehoben wird.

8.6 Zur Frage der Feststellung, ob Steuern hinterzogen oder leichtfertig verkürzt worden sind, vgl. AEAO zu § 169, Nr. 2.1 und 2.2.

Die Änderungssperre wird auch dann durchbrochen, wenn der Adressat des Steuerbescheids selbst nicht der Täter oder Teilnehmer der Steuerhinterziehung oder leichtfertigen Verkürzung ist (vgl. BFH-Urteil vom 14.12.1994, XI R 80/92, BStBl 1995 II S. 293).

9. Umfang der Änderung

Eine Änderung nach § 173 AO ist nur soweit zulässig, wie sich die neuen Tatsachen oder Beweismittel auswirken (punktuelle Änderung). Sonstige Fehler können nur im Rahmen des § 177 AO berücksichtigt werden (vgl. AEAO zu § 177 AO).

10. Anwendung des § 173 AO in Feststellungsfällen

10.1 Nach § 181 Abs. 1 Satz 1 AO gilt § 173 AO für die gesonderte Feststellung von Besteuerungsgrundlagen sinngemäß. Dies bedeutet dessen Anwendung unter Beachtung der Besonderheiten des Feststellungsverfahrens (vgl. u. a. BFH-Urteil vom 24.6.2009, IV R 55/06, BStBl II S. 950).

Bei einem Feststellungsbescheid kommt es demzufolge für die Frage der Zulässigkeit einer Änderung nach § 173 Abs. 1 AO darauf an, ob die neuen Tatsachen oder Beweismittel sich zugunsten oder zuungunsten des Steuerpflichtigen auswirken, dem der Gegenstand der Feststellung zuzurechnen ist. Dabei kommt es nur auf die Änderungen der festgestellten Besteuerungsgrundlagen selbst an, nicht auf die steuerlichen Auswirkungen in den Folgebescheiden (vgl. BFH-Urteil vom 24.6.2009, IV R 55/06, a. a. O.).

10.2 Hierbei ist zu unterscheiden, ob die Feststellung auf einen Betrag oder auf eine Eigenschaft/rechtliche Qualifikation lautet.

10.2.1 Lautet eine gesonderte Feststellung auf einen in Euro bemessenen Betrag (Wert, Einkünfte etc.), ist bei Anwendung des § 173 Abs. 1 AO auf die Änderungen dieses Betrags abzustellen.

Erfolgt eine gesonderte Feststellung auch einheitlich (§ 179 Abs.2 Satz 2 AO), ist hierbei nicht auf die Verhältnisse der Gesellschaft/Gemeinschaft insgesamt, sondern auf die Verhältnisse jedes einzelnen Feststellungsbeteiligten individuell abzustellen. Danach ist ein Bescheid über eine gesonderte und einheitliche Feststellung aufzuheben oder zu ändern, soweit Tatsachen oder Beweismittel nachträglich bekannt werden, die entweder zu einer Erhöhung oder - bei fehlendem groben Verschulden des Steuerpflichtigen - zu einer Minderung der Besteuerungsgrundlagen bei jedenfalls einem Feststellungsbeteiligten führen (vgl. BFH-Urteile vom 16.4.2015, IV R 2/12, BFH/NV S. 1331, und vom 10.9.2020, IV R 6/18, BStBl 2021 II S. 197).

§ 173 Abs. 1 Nr. 2 Satz 2 AO ist nach § 181 Abs. 1 Satz 1 AO bei Bescheiden über eine gesonderte und einheitliche Feststellung sinngemäß anzuwenden (vgl. BFH-Urteil vom 24.6.2009, IV R 55/06, BStBl II S. 950). Die sinngemäße Anwendung von § 173 Abs. 1 Nr. 2 Satz 2 AO ist nicht auf Fälle beschränkt, in denen gegenläufige Änderungen von Besteuerungsgrundlagen innerhalb des nämlichen Feststellungsbescheids vorzunehmen sind. Die Regelung ist auch anzuwenden, wenn sich eine mit der steuermindernden neuen Tatsache zusammenhängende gegenläufige steuererhöhende Änderung aus einem anderen (Feststellungs- oder Steuer-) Bescheid ergibt (vgl. BFH-Urteil vom 10.9.2020, IV R 6/18, a. a. O.). Der Zusammenhang zwischen steuererhöhenden und steuermindernden Tatsachen im Sinne von § 173 Abs. 1 Nr. 2 Satz 2 AO ist nämlich bereits gegeben, wenn der steuererhöhende Vorgang nicht ohne den steuermindernden Vorgang denkbar ist.

Beispiele:

1. Bei einer nachträglich bekannt gewordenen, steuerrechtlich beachtlichen Gewinnverteilungsabrede sind die Voraussetzungen des § 173 Abs. 1 Nr. 1 AO erfüllt, soweit sich die Gewinnanteile erhöhen. Der Bescheid ist hingegen nach § 173 Abs. 1 Nr. 2 AO zu ändern, soweit sich die Gewinnanteile verringern. Auf ein grobes Verschulden am nachträglichen Bekanntwerden einer Gewinnverteilungsabrede kommt es dabei nach § 173 Abs. 1 Nr. 2 Satz 2 AO nicht an, weil die nachträglich bekannt gewordene Gewinnverteilungsabrede zugleich bei dem Feststellungsbeteiligten, dessen Gewinnanteil sich erhöht, eine Tatsache im Sinne des § 173 Abs. 1 Nr. 1 AO ist (BFH-Urteil vom 24.6.2009, IV R 55/06, a. a. O.).
2. Wurden Sonderbetriebsausgaben eines Mitunternehmers zunächst (nur) in dessen Einkommensteuerfestsetzung als Betriebsausgaben seines Einzelunternehmens berücksichtigt und wird der Steuerbescheid später unter Wegfall dieser Ausgaben zuungunsten des Steuerpflichtigen geändert, ist der Gewinnfeststellungsbescheid für die Personengesellschaft bei nachträglichem Bekanntwerden dieser Sonderbetriebsausgaben im Feststellungsverfahren in sinngemäßer Anwendung des § 173 Abs. 1 Nr. 2 Satz 2 AO insoweit zugunsten des Mitunternehmers zu ändern. Hierfür reicht es aus, dass sich die gegenläufige Änderung (§ 173 Abs. 1 Nr. 1 AO) aus dem Einkommensteuerbescheid des nämlichen Mitunternehmers ergibt (vgl. BFH-Urteil vom 10.9.2020, IV R 6/18, a. a. O.).

10.2.2 Werden zu einer Feststellung, die nicht betragsmäßige Besteuerungsgrundlagen, sondern eine Eigenschaft oder rechtliche Bewertung zum Gegenstand hat (z. B. Art der Einkünfte, Grundstücksart, Zurechnung des Grundstücks), neue Tatsachen oder Beweismittel bekannt, findet § 173 Abs. 1 Nr. 2 AO Anwendung, wenn der Steuerpflichtige die Änderung des Feststellungsbescheids begehrt, weil dann davon auszugehen ist, dass sie im Ergebnis zu einer steuerlichen Minderbelastung führt. In diesem Fall ist die Änderung daher nur zulässig, wenn den Steuerpflichtigen kein grobes Verschulden am nachträglichen Bekanntwerden der Tatsachen oder Beweismittel trifft; § 173 Abs. 1 Nr. 2 Satz 2 AO bleibt unberührt. § 173 Abs. 1 Nr. 1 AO kommt dagegen zur Anwendung, wenn das Finanzamt von Amts wegen die Änderung einer Feststellung in der Annahme vornimmt, diese führe im Ergebnis zu einer steuerlichen Mehrbelastung (vgl. das zur Frage der Änderung der Artfeststellung für ein Grundstück ergangene BFH-Urteil vom 16.9.1987, II R 178/85, BStBl 1988 II S. 174).

§ 173a Schreib- oder Rechenfehler bei Erstellung einer Steuererklärung

(S0351-a)

Steuerbescheide sind aufzuheben oder zu ändern, soweit dem Steuerpflichtigen bei Erstellung seiner Steuererklärung Schreib- oder Rechenfehler unterlaufen sind und er deshalb der Finanzbehörde bestimmte, nach den Verhältnissen zum Zeitpunkt des Erlasses des Steuerbescheids rechtserhebliche Tatsachen unzutreffend mitgeteilt hat.

AEAO zu § 173a - Schreib- oder Rechenfehler bei Erstellung einer Steuererklärung:

1. § 173a AO ermöglicht eine Änderung der Steuerfestsetzung, soweit der Steuerpflichtige auf Grund eines (bei Erstellung der Steuererklärung aufgetretenen) Schreib- oder Rechenfehlers der Finanzbehörde bestimmte Tatsachen unzutreffend (d. h. fehlerhaft) mitgeteilt hat und diese Tatsachen nach den Verhältnissen zum Zeitpunkt des Erlasses des Steuerbescheids rechtserheblich waren.

   Schreibfehler sind insbesondere Rechtschreibfehler, Wortverwechselungen oder Wortauslassungen oder fehlerhafte Übertragungen.

   Rechenfehler sind insbesondere Fehler bei der Addition, Subtraktion, Multiplikation oder Division sowie bei der Prozentrechnung.

   Ein solcher Schreib- oder Rechenfehler muss durchschaubar, eindeutig oder augenfällig sein. Das ist dann der Fall, wenn der Fehler bei Offenlegung des Sachverhalts für jeden unvoreingenommenen Dritten klar und deutlich als Schreib- oder Rechenfehler erkennbar ist und kein Anhaltspunkt dafür erkennbar ist, dass eine unrichtige Tatsachenwürdigung, ein Rechtsirrtum oder ein Rechtsanwendungsfehler vorliegt.

   Das schlichte Vergessen eines Übertrags selbst ermittelter Besteuerungsgrundlagen in die Steuererklärung ist kein Schreib- oder Rechenfehler i. S. d. § 173a AO. In derartigen Fällen kann aber eine nachträglich bekannt gewordene Tatsache i. S. d. § 173 Abs. 1 AO vorliegen.

2. § 173a AO ist erstmals auf Verwaltungsakte anzuwenden, die nach dem 31.12.2016 erlassen worden sind (Art. 97 § 9 Abs. 4 EGAO). Für Altfälle vgl. Nr. 4 Abs. 2 des AEAO zu § 129.

§ 174 Widerstreitende Steuerfestsetzungen (S 0352)

(1) [1]Ist ein bestimmter Sachverhalt in mehreren Steuerbescheiden zuungunsten eines oder mehrerer Steuerpflichtiger berücksichtigt worden, obwohl er nur einmal hätte berücksichtigt werden dürfen, so ist der fehlerhafte Steuerbescheid auf Antrag aufzuheben oder zu ändern. [2]Ist die Festsetzungsfrist für diese Steuerfestsetzung bereits abgelaufen, so kann der Antrag noch bis zum Ablauf eines Jahres gestellt werden, nachdem der letzte der betroffenen Steuerbescheide unanfechtbar geworden ist. [3]Wird der Antrag rechtzeitig gestellt, steht der Aufhebung oder Änderung des Steuerbescheids insoweit keine Frist entgegen.

(2) [1]Absatz 1 gilt sinngemäß, wenn ein bestimmter Sachverhalt in unvereinbarer Weise mehrfach zugunsten eines oder mehrerer Steuerpflichtiger berücksichtigt worden ist; ein Antrag ist nicht erforderlich. [2]Der fehlerhafte Steuerbescheid darf jedoch nur dann geändert werden, wenn die Berücksichtigung des Sachverhalts auf einen Antrag oder eine Erklärung des Steuerpflichtigen zurückzuführen ist.

(3) [1]Ist ein bestimmter Sachverhalt in einem Steuerbescheid erkennbar in der Annahme nicht berücksichtigt worden, dass er in einem anderen Steuerbescheid zu berücksichtigen sei, und stellt sich diese Annahme als unrichtig heraus, so kann die Steuerfestsetzung, bei der die Berücksichtigung des Sachverhalts unterblieben ist, insoweit nachgeholt, aufgehoben oder geändert werden. [2]Die Nachholung, Aufhebung oder Änderung ist nur zulässig bis zum Ablauf der für die andere Steuerfestsetzung geltenden Festsetzungsfrist.

(4) [1]Ist auf Grund irriger Beurteilung eines bestimmten Sachverhalts ein Steuerbescheid ergangen, der auf Grund eines Rechtsbehelfs oder sonst auf Antrag des Steuerpflichtigen durch die Finanzbehörde zu seinen Gunsten aufgehoben oder geändert wird, so können aus dem Sachverhalt nachträglich durch Erlass oder Änderung eines Steuerbescheids die richtigen steuerlichen Folgerungen gezogen werden. [2]Dies gilt auch dann, wenn der Steuerbescheid durch das Gericht aufgehoben oder geändert wird. [3]Der Ablauf der Festsetzungsfrist ist unbeachtlich, wenn die steuerlichen Folgerungen innerhalb eines Jahres nach Aufhebung oder Änderung des fehlerhaften Steuerbescheids gezogen werden. [4]War die Festsetzungsfrist bereits abgelaufen, als der später aufgehobene oder geänderte Steuerbescheid erlassen wurde, gilt dies nur unter den Voraussetzungen des Absatzes 3 Satz 1.

(5) [1]Gegenüber Dritten gilt Absatz 4, wenn sie an dem Verfahren, das zur Aufhebung oder Änderung des fehlerhaften Steuerbescheids geführt hat, beteiligt waren. [2]Ihre Hinzuziehung oder Beiladung zu diesem Verfahren ist zulässig.

AEAO zu § 174 - Widerstreitende Steuerfestsetzungen:

1. Allgemeines

1.1 Die Vorschrift eröffnet die Möglichkeit, Vorteile und Nachteile auszugleichen, die sich durch Steuerfestsetzungen ergeben haben, die inhaltlich einander widersprechen. Sie bietet insoweit die gesetzliche Grundlage für die Änderung einer oder beider Festsetzungen (§ 172 Abs. 1 Satz 1 Nr. 2 Buchstabe d AO).

1.2 Unter einem bestimmten Sachverhalt i. S. d. § 174 AO ist der einzelne Lebensvorgang zu verstehen, an den das Gesetz steuerliche Folgen knüpft. Der Begriff erfasst nicht nur einzelne steuererhebliche Tatsachen, sondern den einheitlichen, für die Besteuerung maßgeblichen Sachverhaltskomplex (ständige BFH-Rechtsprechung; vgl. z. B. Urteil vom 16.4.2013, IX R 22/11, BStBl 2016 II S. 432). Im Rahmen des § 174 AO muss der dem geänderten sowie der dem zu ändernden Steuerbescheid zugrunde liegende Sachverhalt übereinstimmen. Übereinstimmung setzt jedoch keine vollständige Identität voraus (BFH-Urteil vom 19.8.2015, X R 50/13, BFH/NV 2016 S. 603).

Mehrere Sachverhaltselemente bilden dann einen einheitlichen Lebensvorgang und Sachverhaltskomplex, wenn die betreffenden Sachverhaltselemente einen inneren Zusammenhang aufweisen (vgl. BFH-Urteil vom 12.2.2015, V R 38/13, BFH/NV S. 877 m. w. N.).

1.3. Die als Steuerfestsetzung unter dem Vorbehalt der Nachprüfung (§ 164 AO) wirkende Steueranmeldung (§ 168 AO) steht einem Steuerbescheid i. S. d. § 174 AO gleich (vgl. BFH-Urteile vom 19.12.2013, V R 5/12, BStBl 2016 II S. 585, und V R 7/12, BFH/NV 2014 S. 1130).

2. Zu § 174 Abs. 1 AO

Nach § 174 Abs. 1 AO ist ein Steuerbescheid aufzuheben oder zu ändern, wenn ein bestimmter Sachverhalt mehrfach zuungunsten eines oder mehrerer Steuerpflichtiger berücksichtigt worden ist, obwohl er nur einmal hätte berücksichtigt werden dürfen. Hierbei kann es sich um Fälle handeln, in denen z. B. dieselbe Einnahme irrtümlich verschiedenen Steuerpflichtigen, verschiedenen Steuern oder verschiedenen Besteuerungszeiträumen zugeordnet worden ist. Auch die Fälle, in denen mehrere Finanzämter gegen denselben Steuerpflichtigen für dieselbe Steuer und denselben Besteuerungszeitraum Steuerbescheide erlassen haben, fallen hierunter.

Der fehlerhafte Steuerbescheid ist in den Fällen des § 174 Abs. 1 AO nur auf Antrag aufzuheben oder zu ändern. Hat der Steuerpflichtige fälschlich nur einen Antrag auf Änderung des rechtmäßigen Steuerbescheids gestellt, ist der Antrag allgemein als Antrag auf Beseitigung der widerstreitenden Festsetzung zu behandeln. Die Antragsfrist (§ 174 Abs. 1 Satz 2 AO) ist eine gesetzliche Frist i. S. d. § 110 AO. Über den fristgerecht gestellten Antrag kann auch noch nach Ablauf der Jahresfrist entschieden werden.

3. Zu § 174 Abs. 2 AO

§ 174 Abs. 2 AO regelt in entsprechender Anwendung des § 174 Abs. 1 AO die Fälle, dass ein bestimmter Sachverhalt mehrfach zugunsten eines oder mehrerer Steuerpflichtiger berücksichtigt worden ist. Die Änderung des fehlerhaften Steuerbescheids ist von Amts wegen vorzunehmen. Eine Änderung nach § 174 Abs. 2 AO ist nicht auf den Fall der irrtümlichen Doppelberücksichtigung eines bestimmten Sachverhaltes beschränkt, sie kommt auch bei bewusst herbeigeführten widerstreitenden Steuerfestsetzungen in Betracht (vgl. BFH-Urteil vom 6.9.1995, XI R 37/95, BStBl 1996 II S. 148).

Unter den Begriff des Antrages oder einer Erklärung des Steuerpflichtigen i. S. d. Vorschrift fallen auch formlose Mitteilungen und Auskünfte außerhalb des Steuererklärungsvordrucks (vgl. BFH-Urteil vom 13.11.1996, XI R 61/96, BStBl 1997 II S. 170) sowie für den Beteiligten von Dritten abgegebene Erklärungen (z. B. im Rahmen des § 80 Abs. 1 und 4 AO, § 200 Abs. 1 AO).

4. „Widerstreit" im Sinne des § 174 Abs. 1 und 2 AO

Ein „Widerstreit" i. S. d. § 174 Abs. 1 und 2 AO setzt voraus, dass die in verschiedenen Steuerbescheiden vorgenommenen Feststellungen bzw. Besteuerungen aufgrund der materiellen Rechtslage nicht miteinander vereinbar sind. Sie stehen im Widerspruch zueinander, da nur einer der beiden Steuerbescheide und die darin angeordnete Rechtsfolge zutreffend sein kann. Nach materiellem Recht muss sich die mehrfache Erfassung eines bestimmten Sachverhaltes zwingend ausschließen.

5. Unionskonforme Auslegung des § 174 Abs. 1 und 2 AO

In unionskonformer Auslegung des § 174 Abs. 1 und 2 AO kann auch ein Steuerbescheid, der von einer Finanzbehörde eines anderen Mitgliedstaates der Europäischen Union oder eines Staates, auf den das Abkommen über den Europäischen Wirtschaftsraum (EWR-Abkommen) Anwendung findet, erlassen wurde, eine widerstreitende Steuerfestsetzung i. S. d. § 174 Abs. 1 oder 2 AO begründen (BFH-Urteil vom 9.5.2012, I R 73/10, BStBl 2013 II S. 566). Die Änderung eines inländischen Steuerbescheids nach § 174 Abs. 1 oder 2 AO setzt voraus, dass eine aus innerstaatlicher Sicht rechtswidrige/fehlerhafte Behandlung des Sachverhaltes im inländischen Steuerbescheid vorliegt. Ein rechtmäßiger Steuerbescheid kann nicht nach § 174 Abs. 1 oder 2 AO geändert werden (vgl. BFH-Urteil vom 17.6.2006, II R 48/04, BFH/NV S. 1611 m. w. N.). Auch eine später eingetretene Rechtswidrigkeit aufgrund rückwirkender geänderter Rechtslage (neue oder geänderte Rechtsnorm) oder rückwirkender Ereignisse berechtigt nicht zu einer Änderung nach § 174 Abs. 1 und 2 AO.

Bei einem Antrag auf Änderung eines von einer inländischen Finanzbehörde erlassenen Steuerbescheids zugunsten eines Steuerpflichtigen liegt die objektive Feststellungslast im Hinblick auf den ausländischen Steuerbescheid bei dem Steuerpflichtigen. Zudem trifft ihn insoweit eine erhöhte Mitwirkungspflicht (§ 90 Abs. 2 AO).

Beispiel:

Die inländische Finanzbehörde hat bei der Festsetzung der Einkommensteuer Einkünfte als steuerpflichtig berücksichtigt. Der Einkommensteuerbescheid wird bestandskräftig. Der Steuerpflichtige beantragt ein Jahr später die Änderung dieses Einkommensteuerbescheids, da die fraglichen Einkünfte auch in den Niederlanden versteuert worden seien.

Zu prüfen ist zunächst, ob Deutschland insoweit ein Besteuerungsrecht hatte. Wenn dies zu verneinen ist, muss als weitere Voraussetzung eine mehrfache und mit dem materiellen Recht unvereinbare Berücksichtigung dieser Einkünfte in verschiedenen Steuerbescheiden vorliegen. Der Steuerpflichtige hat zum einen darzulegen, dass die Besteuerung im Inland rechtswidrig bzw. fehlerhaft war, und zum anderen nachzuweisen, dass eine Besteuerung des Sachverhalts in den Niederlanden stattgefunden hat.

Nach § 174 Abs. 1 AO ist der inländische Einkommensteuerbescheid zu ändern, wenn dieser aus innerstaatlicher Sicht rechtswidrig/fehlerhaft war und tatsächlich eine Besteuerung des gleichen Sachverhaltes (Einkünfte) in den Niederlanden stattgefunden hat.

§ 174 Abs. 1 und 2 AO findet keine Anwendung bei Unstimmigkeiten zwischen den Vertragsstaaten über die Ausübung von Besteuerungsrechten (z. B. Verrechnungspreisfälle, Cash-Pooling, konkurrierende Besteuerungen bzw. Anwendung von Rückfallklauseln etc.). Die Regelungen des § 174 AO stehen auch nicht in Konkurrenz bzw. Widerspruch zu Verständigungs- oder Schiedsverfahren nach den DBA; vgl. dazu auch § 175a AO.

6. Zu § 174 Abs. 3 AO

§ 174 Abs. 3 AO erfasst die Fälle, in denen bei einer Steuerfestsetzung ein bestimmter Sachverhalt in der erkennbaren Annahme nicht berücksichtigt worden ist, dass der Sachverhalt nur Bedeutung für eine andere Steuer, einen anderen Besteuerungszeitraum oder einen anderen Steuerpflichtigen habe. Dieser andere Bescheid muss nicht notwendigerweise schon erlassen worden sein oder später erlassen werden (vgl. BFH-Urteil vom 29.5.2001, VIII R 19/00, BStBl II S. 743). Der Anwendung des § 174 Abs. 3 AO steht auch nicht entgegen, dass die Finanzbehörde in der (erkennbaren) Annahme, ein bestimmter Sachverhalt sei in einem anderen Steuerbescheid zu berücksichtigen, zunächst überhaupt keinen Steuerbescheid erlässt (BFH-Urteil vom 23.5.1996, IV R 49/95, BFH/NV 1997 S. 89).

Die Annahme, der bestimmte Sachverhalt sei in einem anderen Steuerbescheid zu erfassen, muss für den Steuerpflichtigen erkennbar und für die Nichtberücksichtigung kausal geworden sein. Die Erkennbarkeit ist gegeben, wenn der Steuerpflichtige die (später als fehlerhaft erkannte) Annahme des Finanzamts auch ohne entsprechenden Hinweis aus dem gesamten Sachverhaltsablauf allein aufgrund verständiger Würdigung des fehlerhaften Bescheids erkennen konnte (BFH-Urteil vom 21.12.1984, III R 75/81, BStBl 1985 II S. 283, und BFH-Beschluss vom 15.10.1998, IV B 15/98, BFH/NV

1999 S. 449). An der Kausalität fehlt es dagegen, wenn die Nichtberücksichtigung darauf beruht, dass das Finanzamt von dem bestimmten Sachverhalt gar keine Kenntnis hatte oder annahm, dieser Sachverhalt sei - jetzt und auch später - ohne steuerliche Bedeutung (BFH-Urteil vom 29.5.2001, VIII R 19/00, a. a. O.).

Beispiel:

Die Finanzbehörde hat bei der Festsetzung der Einkommensteuer am 31.12. entstandene Aufwendungen nicht zum Abzug als Sonderausgaben zugelassen, weil sie der Auffassung war, dass die Sonderausgaben erst im nächsten Veranlagungszeitraum abzugsfähig seien (§ 11 Abs. 1 Satz 2 EStG). Stellt sich die Annahme später als unrichtig heraus, so kann die Steuerfestsetzung, bei der die Berücksichtigung des Sachverhaltes unterblieben ist, insoweit, trotz etwa eingetretener Bestandskraft noch geändert werden, zeitlich jedoch nur bis zum Ablauf der für die andere Steuerfestsetzung laufenden Festsetzungsfrist.

Die irrige Annahme, der Sachverhalt sei in einem anderen Steuerbescheid zu berücksichtigen, muss von dem für die Steuerfestsetzung zuständigen Amtsträger gemacht worden sein (vgl. BFH-Urteil vom 29.5.2001, VIII R 19/00, a. a. O.).

7. Zu § 174 Abs. 4 AO

7.1 § 174 Abs. 4 AO ergänzt die Regelung des § 174 Abs. 3 AO um die Fälle, in denen eine Steuerfestsetzung auf Antrag oder im Rechtsbehelfsverfahren zugunsten des Steuerpflichtigen geändert worden ist.

7.2 Der Änderung nach § 174 Abs. 4 AO steht nicht entgegen, dass der gleiche Sachverhalt sowohl in dem zugunsten des Steuerpflichtigen geänderten Steuerbescheid als auch in dem zu ändernden Bescheid steuerlich zu berücksichtigen ist (vgl. BFH-Urteil vom 18.2.1997, VIII R 54/95, BStBl II S. 647). Bei der Anwendung der Vorschrift ist zu berücksichtigen, dass § 174 Abs. 4 AO den Ausgleich einer zugunsten des Steuerpflichtigen eingetretenen Änderung bezweckt. Derjenige, der erfolgreich für seine Rechtsansicht gestritten hat, muss auch die damit verbundenen Nachteile hinnehmen.

7.3 **Beispiele:**

a) Die Finanzbehörde hat einen Veräußerungsgewinn bei der Festsetzung der Einkommensteuer erfasst. Der Steuerpflichtige macht im Rechtsbehelfsverfahren mit Erfolg geltend, dass der Veräußerungsgewinn erst im folgenden Veranlagungszeitraum zu berücksichtigen sei. Unter den Voraussetzungen des § 174 Abs. 4 AO kann die Erfassung des Veräußerungsgewinns in dem folgenden Veranlagungszeitraum nachgeholt werden, auch wenn die hierfür maßgebliche Steuerfestsetzung bereits unanfechtbar geworden ist oder die Festsetzungsfrist bereits abgelaufen war.

b) Der Steuerpflichtige erreicht wegen eines in einem Veranlagungszeitraum erzielten Einnahmeüberschusses eine geänderte Beurteilung der Einkünfteerzielungsabsicht und damit die Berücksichtigung des Werbungskostenüberschusses in den angefochtenen Steuerbescheiden. Das Finanzamt kann den bisher unberücksichtigt gebliebenen Einnahmeüberschuss nachträglich durch Änderung des für diesen Veranlagungszeitraum bestandskräftig gewordenen Steuerbescheids nach § 174 Abs. 4 AO erfassen (vgl. BFH-Urteil vom 18.2.1997, VIII R 54/95, a. a. O.).

7.4 § 174 Abs. 4 AO lässt es hingegen nicht zu, dass die durch Rechtsbehelf oder sonstigen Antrag erwirkte Änderung eines Bescheides zugunsten des Steuerpflichtigen auf bestandskräftige andere Bescheide - ebenfalls zugunsten des Steuerpflichtigen - übertragen wird (BFH-Urteil vom 10.3.1999, XI R 28/98, BStBl II S. 475).

8. Änderung nach § 174 Abs. 4 i. V. m. Abs. 5 AO zu Lasten eines Dritten

8.1 Nach § 174 Abs. 4 i. V. m. Abs. 5 AO können zur Richtigstellung einer irrigen Beurteilung eines bestimmten Sachverhalts steuerrechtliche Folgen auch zu Lasten eines bereits bestandskräftig beschiedenen Dritten gezogen werden.

8.2 Dritter ist, wer im ursprünglichen Bescheid nicht als Inhaltsadressat (vgl. AEAO zu § 122, Nr. 1.3.1) angegeben war (vgl. BFH-Urteil vom 8.2.1995, I R 127/93, BStBl II S. 764). So ist im Besteuerungsverfahren der Organträgerin die Organgesellschaft regelmäßig Dritte i. S. v. § 174 Abs. 4 i. V. m. Abs. 5 AO (BFH-Urteil vom 19.12.2013, V R 5/12, BStBl 2016 II S. 585). Sie ist dann nicht mehr Dritte, wenn im Zeitpunkt der Aufhebung oder Änderung des Steuerbescheids Gesamtrechtsnachfolge (§ 45 AO) - wie im Falle der Verschmelzung - eingetreten ist (vgl. BFH-Urteil vom 19.12.2013, V R 6/12, BFH/NV 2014 S. 1126).

8.3 Inhaltsadressat eines Feststellungsbescheids - und damit nicht Dritter i. S. d. § 174 Abs. 5 AO - ist derjenige, dem der Gegenstand der Feststellung zuzurechnen ist. Die Gesellschafter einer Personengesellschaft sind daher im Gewinnfeststellungsverfahren nicht Dritte i. S. d. § 174 Abs. 5 AO (BFH-Urteil vom 15.6.2004, VIII R 7/02, BStBl II S. 914).

8.4 Der Erlass oder die Änderung eines Steuerbescheids gegenüber dem Dritten setzt voraus, dass dieser vor Ablauf der Festsetzungsfrist für den gegen ihn gerichteten Steueranspruch zu dem Verfahren, das zur Aufhebung oder Änderung des fehlerhaften Steuerbescheids geführt hat, hinzugezogen oder beigeladen worden ist (BFH-Urteil vom 19.12.2013, V R 5/12, BStBl 2016 II S. 585). Die Finanzbehörde muss daher die Hinzuziehung eines in Betracht kommenden Dritten rechtzeitig vornehmen oder im finanzgerichtlichen Verfahren dessen Beiladung durch rechtzeitige Antragstellung veranlassen (zum Antrag auf Beiladung vgl. BFH-Beschluss vom 22.12.1988, VIII B 131/87, BStBl 1989 II S. 314). § 174 Abs. 5 Satz 2 AO ist selbst Rechtsgrundlage für die Beteiligung des Dritten, ohne dass die Voraussetzungen des § 360 Abs. 3 AO und des § 60 FGO vorliegen müssen (vgl. BFH-Beschluss vom 17.5.1994, IV B 84/93, BFH/NV 1995 S. 87). Schon die Möglichkeit, dass ein

Steuerbescheid wegen irrtümlicher Beurteilung eines Sachverhalts aufzuheben oder zu ändern ist und hieraus Folgen für einen Dritten zu ziehen sind, rechtfertigt die Hinzuziehung des Dritten (BFH-Beschlüsse vom 4.1.1996, X B 149/95, BFH/NV S. 453, vom 30.1.1996, VIII B 20/95, BFH/NV S. 524, und vom 27.8.1998, III B 41/98, BFH/NV 1999 S. 156).

8.5 Eine Hinzuziehung oder Beiladung kommt grundsätzlich nicht mehr in Betracht, wenn gegenüber dem Dritten im Zeitpunkt der beabsichtigten Hinzuziehung oder Beiladung die Festsetzungsfrist für den gegen ihn gerichteten Steueranspruch bereits abgelaufen ist (vgl. BFH-Urteil vom 5.5.1993, X R 111/91, BStBl II S. 817). Hat der Dritte aber durch eigene verfahrensrechtliche Initiativen auf die Änderung oder die Aufhebung des fehlerhaften Bescheids hingewirkt, kann er auch noch nach Ablauf der Festsetzungsfrist hinzugezogen oder beigeladen werden (vgl. BFH-Urteil vom 10.11.1993, I R 20/93, BStBl 1994 II S. 327); es reicht aber nicht aus, dass der Dritte den Widerstreit von Steuerfestsetzungen lediglich kennt.

8.6 Weil sich die Frage, welches die „richtigen steuerlichen Folgerungen" sind, verbindlich im Ausgangsverfahren entscheidet (vgl. BFH-Urteile vom 24.11.1987, IX R 158/83, BStBl 1988 II S. 404, und vom 3.8.1988, I R 115/84, BFH/NV 1989 S. 482) und der Dritte durch die Ausgangsentscheidung beschwert ist (vgl. BFH-Urteil vom 22.7.1980, VIII R 114/78, BStBl 1981 II S. 101), muss ihm die Möglichkeit eröffnet sein, sich im Ausgangsverfahren rechtliches Gehör zu verschaffen und auf das Verfahren dort Einfluss zu nehmen. Korrekturbescheide und abschließende Entscheidungen müssen auch dem Dritten bekannt gegeben werden, damit auch dieser die Möglichkeit hat, hiergegen Rechtsbehelf einzulegen (BFH-Urteile vom 11.4.1991, V R 40/86, BStBl II S. 605, und vom 26.7.1995, X R 45/92, BFH/NV 1996 S. 195). Eine Entscheidung durch Abhilfebescheid (§ 172 Abs. 1 Satz 1 Nr. 2 Buchstabe a AO), durch die es einer Einspruchsentscheidung nicht mehr bedarf, wahrt die Rechte des Hinzugezogenen nur, wenn sie seinem Antrag der Sache nach entspricht oder wenn er ihr zustimmt (BFH-Urteile vom 11.4.1991, V R 40/86, a. a. O., vom 20.5.1992, III R 176/90, BFH/NV 1993 S. 74, und vom 5.5.1993, X R 111/91, BStBl II S. 817).

8.7 Eine Hinzuziehung oder Beiladung des Dritten ist nur dann entbehrlich, wenn er Verfahrensbeteiligter i. S. d. § 359 AO oder § 57 FGO war oder durch eigene verfahrensrechtliche Initiativen auf die Änderung oder Aufhebung des fehlerhaften Steuerbescheids hingewirkt hat (BFH-Urteile vom 8.2.1995, I R 127/93, BStBl II S. 764, und vom 27.3.1996, I R 100/94, BFH/NV S. 798). Daneben ist die Änderung gegenüber einem Dritten auch ohne Einhaltung der Voraussetzungen des § 174 Abs. 5 AO zulässig, wenn die Voraussetzungen des § 174 Abs. 3 AO erfüllt sind (vgl. BFH-Urteile vom 1.8.1984, V R 67/82, BStBl II S. 788, und vom 19.12.2013, V R 7/12, BFH/NV 2014 S. 1130).

9. Alternative oder kumulative Erfassung bestimmter Sachverhalte beim Steuerpflichtigen und beim Dritten

§ 174 Abs. 4 und 5 AO ist nicht auf Fälle einer alternativen Erfassung bestimmter Sachverhalte (vgl. AEAO zu § 174, Nr. 1.2) entweder beim Steuerpflichtigen oder beim Dritten beschränkt. Auch brauchen die steuerrechtlichen Folgen, die aus dem bestimmten Sachverhalt sowohl beim Steuerpflichtigen als auch bei einem Dritten zu ziehen sind, nicht identisch zu sein. Aufgrund ein und desselben Sachverhalts kann beim Steuerpflichtigen eine abziehbare Ausgabe und beim Dritten eine Einnahme in Betracht kommen (BFH-Urteil vom 24.11.1987, IX R 158/83, BStBl 1988 II S. 404, und BFH-Beschluss vom 2.12.1999, II B 17/99, BFH/NV 2000 S. 679).

§ 175 Änderung von Steuerbescheiden auf Grund von Grundlagenbescheiden und bei rückwirkenden Ereignissen (S 0353)

(1) [1]Ein Steuerbescheid ist zu erlassen, aufzuheben oder zu ändern,

1. soweit ein Grundlagenbescheid (§ 171 Abs. 10), dem Bindungswirkung für diesen Steuerbescheid zukommt, erlassen, aufgehoben oder geändert wird,

2. soweit ein Ereignis eintritt, das steuerliche Wirkung für die Vergangenheit hat (rückwirkendes Ereignis).

[2]In den Fällen des Satzes 1 Nr. 2 beginnt die Festsetzungsfrist mit Ablauf des Kalenderjahrs, in dem das Ereignis eintritt.

(2) [1]Als rückwirkendes Ereignis gilt auch der Wegfall einer Voraussetzung für eine Steuervergünstigung, wenn gesetzlich bestimmt ist, dass diese Voraussetzung für eine bestimmte Zeit gegeben sein muss, oder wenn durch Verwaltungsakt festgestellt worden ist, dass sie die Grundlage für die Gewährung der Steuervergünstigung bildet. [2]Die nachträgliche Erteilung oder Vorlage einer Bescheinigung oder Bestätigung gilt nicht als rückwirkendes Ereignis.

AEAO zu § 175 - Änderung von Steuerbescheiden auf Grund von Grundlagenbescheiden und bei rückwirkenden Ereignissen:

1. Aufhebung oder Änderung von Folgebescheiden nach § 175 Abs. 1 Satz 1 Nr. 1 AO

1.1 Grundlagenbescheide i. S. d. § 175 Abs. 1 Satz 1 Nr. 1 AO sind Feststellungsbescheide, Steuermessbescheide oder sonstige für eine Steuerfestsetzung bindende Verwaltungsakte (§ 171 Abs. 10 AO). Auch Verwaltungsakte anderer Behörden, die keine Finanzbehörden sind, können Grundlagenbescheide sein (z. B. Verwaltungsakte der zuständigen Behörden, die den Grad einer Behinderung i. S. d. § 33b EStG feststellen).

1.2 Die Anpassung des Folgebescheids an einen Grundlagenbescheid steht nicht im Ermessen der Finanzbehörde (BFH-Urteil vom 10.6.1999, IV R 25/98, BStBl II S. 545). Der vom Grundlagenbescheid ausgehenden Bindungswirkung (§ 182 Abs. 1 AO) ist durch Änderung des Folgebescheids nach § 175 Abs. 1 Satz 1 Nr. 1 AO Rechnung zu tragen, wenn der Folgebescheid die mit dem Grundlagenbescheid getroffene Feststellung nicht oder nicht zutreffend berücksichtigt. Eine Anpassung des Folgebescheids an den Grundlagenbescheid nach § 175 Abs. 1 Satz 1 Nr. 1 AO ist auch dann vorzunehmen, wenn der Grundlagenbescheid

- erst nach Erlass des Folgebescheids ergangen ist (§§ 155 Abs. 2 und 162 Abs. 5 AO),
- bei Erlass des Folgebescheids übersehen wurde (BFH-Urteile vom 9.8.1983, VIII R 55/82, BStBl 1984 II S. 86, und vom 6.11.1985, II R 255/83, BStBl 1986 II S. 168; vgl. BFH-Urteil vom 16.7.2003, X R 37/99, BStBl II S. 867, zur Anwendbarkeit des § 129 AO, wenn die

Finanzbehörde die Auswertung des Grundlagenbescheids nicht bewusst unterlassen hat),

- bei Erlass des Folgebescheids bereits vorlag, die im Grundlagenbescheid getroffenen Feststellungen aber fehlerhaft berücksichtigt worden sind (BFH-Urteile vom 14.4.1988, IV R 219/85, BStBl II S. 711, vom 4.9.1996, XI R 50/96, BStBl 1997 II S. 261, und vom 10.6.1999, IV R 25/98, a. a. O.).

1.3 Wird ein Grundlagenbescheid aus formellen Gründen ersatzlos aufgehoben, so eröffnet dies der für den Erlass des Folgebescheids zuständigen Finanzbehörde die Möglichkeit, den Sachverhalt, der bisher Gegenstand des Feststellungsverfahrens war, selbständig zu beurteilen und den Folgebescheid insoweit nach § 175 Abs. 1 Satz 1 Nr. 1 AO zu ändern (BFH-Urteile vom 25.6.1991, IX R 57/88, BStBl II S. 821, und vom 24.3.1998, I R 83/97, BStBl II S. 601). Das Gleiche gilt, wenn

- ein zunächst eingeleitetes Feststellungsverfahren aus formellen Gründen zu einem sog. negativen Feststellungsbescheid führt (BFH-Urteil vom 11.5.1993, IX R 27/90, BStBl II S. 820) oder
- einzelne Besteuerungsgrundlagen nachträglich aus dem Feststellungsverfahren ausgeschieden werden (BFH-Urteile vom 11.4.1990, I R 82/86, BFH/NV 1991 S. 143, vom 25.6.1991, IX R 57/88, a. a. O., vom 14.7.1993, X R 34/90, BStBl 1994 II S. 77, und vom 7.12.1993, IX R 134/92, BFH/NV 1994 S. 547, sowie BFH-Beschluss vom 8.9.1998, IX B 71/98, BFH/NV 1999 S. 157).

1.4 Durch einen negativen Feststellungsbescheid, mit dem die Feststellung von Einkünften nicht aus formellen, sondern aus materiellen Gründen - z. B. wegen Liebhaberei - abgelehnt wird, geht die Ermittlungsbefugnis nicht auf das für den Erlass des Folgebescheids zuständige Finanzamt über (vgl. BFH-Urteil vom 28.11.1985, IV R 178/83, BStBl 1986 II S. 293). In diesem negativen Feststellungsbescheid wird bindend festgelegt, dass in den Folgebescheiden keine Einkünfte aus dem fraglichen Rechtsverhältnis angesetzt werden dürfen (vgl. BFH-Beschluss vom 17.1.1985, IV B 65/84, BStBl II S. 299).

1.5 Stellt die Finanzbehörde durch Verwaltungsakt die Nichtigkeit eines Grundlagenbescheids fest, ist der Folgebescheid nach § 175 Abs. 1 Satz 1 Nr. 1 AO zu ändern (BFH-Urteil vom 20.8.2014, X R 15/10, BStBl 2015 II S. 109; vgl. AEAO zu § 125, Nr. 4). In diesem Fall geht die Ermittlungsbefugnis ebenfalls nicht auf das für den Erlass des Folgebescheids zuständige Finanzamt über (vgl. BFH-Urteil vom 24.5.2006, I R 93/05, BStBl 2007 II S. 76).

1.6 Sind die Voraussetzungen für eine Steuervergünstigung durch einen außersteuerlichen Grundlagenbescheid nachzuweisen, so steht der Anpassung des Steuerbescheids (Folgebescheid) an den Grundlagenbescheid nach § 175 Abs. 1 Satz 1 Nr. 1 AO nicht entgegen, dass der Steuerpflichtige den für die Steuervergünstigung erforderlichen, aber nicht fristgebundenen Antrag erst nach Unanfechtbarkeit des Steuerbescheids gestellt hat (BFH-Urteil vom 13.12.1985, III R 204/81, BStBl 1986 II S. 245).

2. Aufhebung oder Änderung von Steuerbescheiden wegen Eintritts eines rückwirkenden Ereignisses (§ 175 Abs. 1 Satz 1 Nr. 2 AO)

2.1 Die Aufhebung oder Änderung eines Steuerbescheids nach § 175 Abs. 1 Satz 1 Nr. 2 AO setzt voraus, dass nachträglich ein Ereignis eingetreten ist, das steuerliche Wirkung für die Vergangenheit hat. Hierzu rechnen alle rechtlich bedeutsamen Vorgänge, aber auch tatsächlichen Lebensvorgänge, die steuerlich - ungeachtet der zivilrechtlichen Wirkungen - in der Weise Rückwirkung entfalten, dass nunmehr der veränderte anstelle des zuvor verwirklichten Sachverhalts der Besteuerung zugrunde zu legen ist (BFH-Beschluss GrS vom 19.7.1993, GrS 2/92, BStBl II S. 897, m. w. N.)

2.2 Ob einer nachträglichen Änderung des Sachverhaltes rückwirkende steuerliche Bedeutung zukommt, bestimmt sich allein nach dem jeweils einschlägigen materiellen Steuerrecht. Nach diesem ist zu beurteilen, ob zum einen eine Änderung des ursprünglich gegebenen Sachverhalts den Steuertatbestand überhaupt betrifft und ob sich darüber hinaus der bereits entstandene materielle Steueranspruch mit steuerlicher Rückwirkung ändert (BFH-Beschluss GrS vom 19.7.1993, GrS 2/92, a. a. O.).

Der Fall eines rückwirkenden Ereignisses liegt vor allem dann vor, wenn die Besteuerung nach dem maßgeblichen Einzelsteuergesetz nicht an Lebensvorgänge, sondern unmittelbar oder mittelbar an Rechtsgeschäfte, Rechtsverhältnisse oder Verwaltungsakte anknüpft und diese Umstände nachträglich mit Wirkung für die Vergangenheit gestaltet werden (BFH-Urteil vom 21.4.1988, IV R 215/85, BStBl II S. 863).

Nach § 175 Abs. 2 Satz 2 AO gilt die nachträgliche Erteilung oder Vorlage einer Bescheinigung oder Bestätigung nicht als rückwirkendes Ereignis. § 175 Abs. 2 Satz 2 AO ist nicht auf die Bescheinigung der anrechenbaren Körperschaftsteuer bei verdeckten Gewinnausschüttungen anzuwenden (siehe hierzu und zum Anwendungszeitraum der Vorschrift Art. 97 § 9 Abs. 3 EGAO). Beweismittel, die ausschließlich dazu dienen, eine steuerrechtlich relevante Tatsache zu belegen und die als solche keinen Eingang in eine materielle Steuerrechtsnorm gefunden haben, sind auch dann kein rückwirkendes Ereignis i. S. d. § 175 Abs. 1 Satz 1 Nr. 2 AO, wenn sie erst nach Bestandskraft eines Bescheids beschafft werden können; ggf. kommt hier aber § 173 AO zur Anwendung.

Eine rückwirkende Änderung steuerrechtlicher Normen ist kein rückwirkendes Ereignis i. S. d. § 175 Abs. 1 Satz 1 Nr. 2 AO (BFH-Urteil vom 9.8.1990, X R 5/88, BStBl 1991 II S. 55).

Auch eine Entscheidung des BVerfG stellt kein rückwirkendes Ereignis i. S. v. § 175 Abs. 1 Satz 1 Nr. 2 AO dar (vgl. u. a. BFH-Urteil vom 12.5.2009, IX R 45/08, BStBl II S. 891).

2.3 Die Änderung des Steuerbescheids nach § 175 Abs. 1 Satz 1 Nr. 2 AO ist nur zulässig, wenn das rückwirkende Ereignis nachträglich, d. h. nach Entstehung des Steueranspruchs und nach dem Erlass des Steuerbescheids (ggf. des zuletzt erlassenen Änderungsbescheids) eingetreten ist. Die Voraussetzungen des § 175 Abs. 1 Satz 1 Nr. 2 AO liegen nicht vor, wenn das Finanzamt - wie im Fall des § 173 Abs. 1 AO - lediglich nachträglich Kenntnis von einem bereits gegebenen Sachverhalt erlangt (vgl. BFH-Urteil vom 6.3.2003, XI R 13/02, BStBl II S. 554).

Ist im Einzelfall die Änderung des Steuerbescheids nach § 175 Abs. 1 Satz 1 Nr. 2 AO ausgeschlossen, kann in Fällen, in denen das Ereignis zwar schon vor Erlass des Steuerbescheids eingetreten, dem Finanzamt jedoch erst nachträglich bekannt geworden ist, die Änderung des Steuerbescheids nach § 173 Abs. 1 AO in Betracht kommen (vgl. BFH-Urteil vom 17.3.1994, V R 123/91, BFH/NV 1995 S. 274).

2.4 Beispiele für rückwirkende Ereignisse:

Einkommensteuer

- § 4 Abs. 2 Satz 1 EStG

Wird ein für das Betriebsvermögen am Schluss des Wirtschaftsjahres maßgebender Wertansatz korrigiert, der sich auf die Höhe des Gewinns der Folgejahre auswirkt, so stellt dies ein Ereignis mit steuerlicher Rückwirkung hinsichtlich der Veranlagung für die Folgejahre dar (BFH-Urteil vom 30.6.2005, IV R 11/04, BStBl II S. 809). Zu den Auswirkungen auf die Verzinsung nach § 233a AO vgl. AEAO zu § 233a, Nr. 10.3.2.

- § 6 Abs. 1 Nr. 1a EStG

Wird nachträglich die 15%-Grenze i. S. d. § 6 Abs. 1 Nr. 1a EStG überschritten, so stellt dies ein rückwirkendes Ereignis dar.

- § 6b EStG

Die Rücklage nach § 6b Abs. 3 EStG kann vom Steuerpflichtigen rückwirkend aufgestockt werden, wenn sich der Veräußerungspreis in einem späteren Veranlagungszeitraum erhöht (vgl. BFH-Urteil vom 13.9.2000, X R 148/97, BStBl 2001 II S. 641).

- § 10 EStG (Folgen der Erstattung von Sonderausgaben in einem späteren Veranlagungszeitraum)

Werden gezahlte Sonderausgaben in einem späteren Veranlagungszeitraum an den Steuerpflichtigen erstattet, ist der Erstattungsbetrag im Erstattungsjahr mit gleichartigen Sonderausgaben zu verrechnen. Ist im Jahr der Erstattung der Sonderausgaben an den Steuerpflichtigen ein Ausgleich mit gleichartigen Aufwendungen nicht oder nicht in voller Höhe möglich, so ist der Sonderausgabenabzug des Jahres der Verausgabung rückwirkend zu mindern (BFH-Urteil vom 7.7.2004, XI R 10/04, BStBl II S. 1058, und vom 21.7.2009, X R 32/07, BStBl 2010 II S. 38). Ab Veranlagungszeitraum 2012 ist bei den Aufwendungen i. S. d. § 10 Abs. 1 Nr. 2 bis 3a EStG nach § 10 Abs. 4b Satz 2 EStG ein Erstattungsbetrag innerhalb des Veranlagungszeitraums mit anderen Aufwendungen der jeweiligen Nummer zu verrechnen; ein Erstattungsüberhang erhöht in den Fällen des § 10 Abs. 1 Nr. 3 und 4 EStG nach § 10 Abs. 4b Satz 3 EStG dann den Gesamtbetrag der Einkünfte.

- § 10 Abs. 1a Nr. 1 EStG

Wird nach Eintritt der Bestandskraft sowohl die Zustimmung zur Anwendung des Realsplittings erteilt, als auch der Antrag nach § 10 Abs. 1a Nr. 1 EStG (bis VZ 2014: § 10 Abs. 1 Nr. 1 EStG) gestellt, liegen die Voraussetzungen für eine Änderung nach § 175 Abs. 1 Satz 1 Nr. 2 AO vor (BFH-Urteil vom 12.7.1989, X R 8/84, BStBl II S. 957). Auch die nachträgliche betragsmäßige Erweiterung eines bereits vorliegenden Antrags stellt i. V. m. der erweiterten Zustimmungserklärung ein rückwirkendes Ereignis dar (BFH-Urteil vom 28.6.2006, XI R 32/05, BStBl 2007 II S. 5). Demgegenüber liegt kein rückwirkendes Ereignis vor, wenn dem Unterhaltspflichtigen bei einem erst nach Bestandskraft des Einkommensteuerbescheids gestellten Antrag auf Berücksichtigung von Unterhaltsleistungen die Zustimmungserklärung des Unterhaltsempfängers bereits vor Eintritt der Bestandskraft vorlag (BFH-Urteil vom 20.8.2014, X R 33/12, BStBl 2015 II S. 138).

- § 14a Abs. 4 EStG

Die Steuerbegünstigung der vorgezogenen Abfindung steht unter dem Gesetzesvorbehalt, dass der Abgefundene nicht doch noch den Betrieb übernimmt oder der Betrieb nicht vorher verkauft wurde (vgl. BFH-Urteil vom 4.3.1993, IV R 110/92, BStBl II S. 788). Entsprechende für die Begünstigung schädliche Handlungen sind als rückwirkende Ereignisse anzusehen (vgl. BFH-Urteil vom 23.11.2000, IV R 85/99, BStBl 2001 II S. 122).

- § 16 Abs. 1 Satz 1 Nr. 1 EStG

Wird die gestundete Kaufpreisforderung für die Veräußerung eines Gewerbebetriebs in einem späteren VZ ganz oder teilweise uneinbringlich, so stellt dies ein Ereignis mit steuerlicher Rückwirkung auf den Zeitpunkt der Veräußerung dar (BFH-Urteil vom 19.7.1993, GrS 2/92, BStBl II S. 897).

Die Zahlung von Schadensersatzleistungen für betriebliche Schäden nach Betriebsaufgabe beeinflusst die Höhe des Aufgabegewinns, weil sie ein rückwirkendes Ereignis auf den Zeitpunkt der Betriebsaufgabe darstellt (BFH-Urteil vom 10.2.1994, IV R 37/92, BStBl II S. 564).

- § 16 Abs. 1 Satz 1 Nr. 2 EStG

Die spätere vergleichsweise Festlegung eines strittigen Veräußerungspreises ist auf den Zeitpunkt der Realisierung des Veräußerungsgewinns zurückzubeziehen (BFH-Urteil vom 26.7.1984, IV R 10/83, BStBl II S. 786).

Scheidet ein Kommanditist aus einer KG aus und bleibt sein bisheriges Gesellschafterdarlehen bestehen, so ist, wenn diese Forderung später wertlos wird, sein Veräußerungs- bzw. Aufgabegewinn mit steuerlicher Wirkung für die Vergangenheit gemindert (BFH-Urteil vom 14.12.1994, X R 128/92, BStBl 1995 II S. 465).

- § 17 EStG

Fallen nach Auflösung einer Kapitalgesellschaft nachträgliche Anschaffungskosten für eine Beteiligung i. S. d. § 17 Abs. 2 Satz 1 EStG an, können diese bei der Ermittlung des Auflösungsgewinns als rückwirkendes Ereignis berücksichtigt werden (vgl. BFH-Urteil vom 2.10.1984, VIII R 20/84, BStBl 1985 II S. 428).

Wird der Verkauf eines Anteils an einer Kapitalgesellschaft (wesentliche Beteiligung i. S. v. § 17 EStG) nach Übertragung des Anteils und vollständiger Bezahlung des Kaufpreises durch den Abschluss eines außergerichtlichen Vergleiches, mit dem die Vertragsparteien den Rechtsstreit über den Eintritt einer im Kaufvertrag vereinbarten auflösenden Bedingung beilegen, rückgängig gemacht, so ist dies ein Ereignis mit steuerlicher Rückwirkung auf den Zeitpunkt der Veräußerung (BFH-Urteil vom 19.8.2003, VIII R 67/02, BStBl 2004 II S. 107).

- § 22 Nr. 1 Satz 3 EStG

Wird eine Rente rückwirkend zugebilligt und fällt dadurch rückwirkend ganz oder teilweise der Anspruch auf Sozialleistungen (z. B. Kranken- oder Arbeitslosengeld) weg, sind die bisher im Rahmen des Progressionsvorbehalts berücksichtigten Leistungen als Rentenzahlung anzusehen und nach § 22 Nr. 1 Satz 3 Buchstabe a EStG der Besteuerung zu unterwerfen (vgl. R 32b Abs. 4 EStR 2012).

- § 22 Nr. 3 EStG

Fallen Werbungskosten für einmalige (sonstige) Leistungen (§ 22 Nr. 3 EStG) nachträglich an und war ihre Entstehung im Jahr des Zuflusses der Einnahme nicht vorhersehbar, ist die Veranlagung des Zuflussjahres nach § 175 Abs. 1 Satz 1 Nr. 2 AO zu ändern (BFH-Urteil vom 3.6.1992, X R 91/90, BStBl II S. 1017).

Wird ein nach § 22 Nr. 3 EStG steuerbares Entgelt für ein Vorkaufsrecht auf den Kaufpreis eines später zustande kommenden Kaufvertrags angerechnet, führt dies zum rückwirkenden Wegfall des zunächst angenommenen Tatbestands der "Einkünfte aus Leistungen" (BFH-Urteil vom 10.8.1994, X R 42/91, BStBl 1995 II S. 57).

- §§ 26 bis 26b EStG

Wählt ein Ehegatte/Lebenspartner vor Bestandskraft des ihm gegenüber ergangenen Bescheides die Einzelveranlagung nach § 26a EStG (bis VZ 2012: die getrennte Veranlagung), sind die Ehegatten/Lebenspartner auch dann einzeln zu veranlagen, wenn der gegenüber dem anderen Ehegatten/Lebenspartner ergangene Zusammenveranlagungsbescheid bereits bestandskräftig geworden ist. Der Antrag auf Einzelveranlagung nach § 26a EStG stellt hinsichtlich des Zusammenveranlagungsbescheids des anderen Ehegatten/Lebenspartners ein rückwirkendes Ereignis mit der Folge dar, dass dieser nach § 175 Abs. 1 Satz 1 Nr. 2 AO aufzuheben ist und die Festsetzungsfrist ihm gegenüber mit Ablauf des Kalenderjahres beginnt, in dem der Antrag auf Einzelveranlagung nach § 26a EStG gestellt wird (vgl. BFH-Urteile vom 3.3.2005, III R 22/02, BStBl II S. 690, und vom 28.7.2005, III R 48/03, BStBl II S. 865).

Widerruft ein Ehegatte/Lebenspartner im Zuge der Veranlagung seinen Antrag auf Einzelveranlagung nach § 26a EStG, ist die bestandskräftige Veranlagung des anderen Ehegatten/Lebenspartners nach § 175 Abs. 1 Satz 1 Nr. 2 AO aufzuheben.

Die Wahl einer bestimmten Veranlagungsart oder deren Änderung bzw. Widerruf durch einen Ehegatten oder Lebenspartner ist hingegen kein rückwirkendes Ereignis im Sinne von § 175 Abs. 1 Satz 1 Nr. 2 AO, wenn beide Ehegatten/Lebenspartner für den betreffenden Veranlagungszeitraum im Zeitpunkt der Antragstellung bereits bestandskräftig zur Einkommensteuer veranlagt sind (vgl. BFH-Urteil vom 25.9.2014, III R 5/13, BFH/NV 2015 S. 811).

Zur nachträglichen Ausübung steuerlicher Wahlrechte vgl. Nr. 8 des AEAO vor §§ 172 bis 177.

Zur Verzinsung vgl. Nr. 10.2.1 des AEAO zu § 233a.

- § 32 Abs. 6 Satz 6 EStG

Der Antrag zur Übertragung des Kinderfreibetrags/Betreuungsfreibetrags nach Eintritt der Bestandskraft stellt ein rückwirkendes Ereignis dar (BMF-Schreiben vom 28.6.2013, BStBl I S. 845).

- § 37b EStG

Der Widerruf bzw. die anderweitige Ausübung des Pauschalierungswahlrechts nach § 37b Abs. 1 Satz 1 EStG und nach § 37b Abs. 2 Satz 1 EStG führt dazu, dass die Zuwendungen rückwirkend gem. § 175 Abs. 1 Satz 1 Nr. 2 AO in die Veranlagungen der Zuwendungsempfänger als Einnahmen einzubeziehen sind (vgl. BFH-Urteil vom 15.6.2016, VI R 54/15, BStBl II S. 1010).

Doppelbesteuerungsabkommen

Soweit in einem DBA eine sog. Rückfallklausel enthalten ist, sind Einkünfte, für die nach dem DBA dem ausländischen Staat das Besteuerungsrecht zugewiesen worden ist, aber dort deshalb nicht versteuert werden, weil der Stpfl. keine Steuererklärung abgegeben hat, nicht unter Progressionsvorbehalt freizustellen, sondern im Inland voll zu besteuern. Sollte nachträglich eine Besteuerung im Ausland erfolgen, so liegt ein Ereignis vor, das gem. § 175 Abs. 1 Satz 1 Nr. 2 AO zurückwirkt und eine Korrektur des im Inland bestandskräftigen Steuerbescheids rechtfertigt (vgl. BFH-Urteil vom 11.6.1996, I R 8/96, BStBl 1997 II S. 117).

Umsatzsteuer

- §§ 9, 15 Abs. 1 Nr. 1 UStG

Macht der leistende Unternehmer den Verzicht auf die Steuerbefreiung rückgängig, wird der Umsatz rückwirkend wieder steuerfrei, so dass eine Steuer für den berechneten Umsatz nicht mehr geschuldet wird. Der Leistungsempfänger verliert den Vorsteuerabzug rückwirkend im Jahr des Leistungsbezugs unabhängig davon, dass der leistende Unternehmer die gesondert ausgewiesene Umsatzsteuer bis zur Rechnungsberichtigung gem. § 14c Abs. 1 UStG schuldet (BFH-Urteil vom 1.2.2001, V R 23/00, BStBl 2003 II S. 673).

Investitionszulage

Ein Investitionszulagebescheid ist nach § 175 Abs. 1 Satz 1 Nr. 2 AO zu korrigieren, wenn nachträglich gegen die Kumulationsverbote nach § 3 Abs. 1 Satz 2, § 3a Abs. 1 Sätze 4 und 5 InvZulG 1999 verstoßen wurde (vgl. BMF-Schreiben vom 28.2.2003, BStBl I S. 218, Tz. 11 und 12).

Erbschaftsteuer

- § 10 Abs. 5 Nr. 3 ErbStG

Nach der Steuerfestsetzung entstehende Kosten der Nachlassregulierung (§ 10 Abs. 5 Nr. 3 ErbStG) können als rückwirkendes Ereignis zur Korrektur der Steuerfestsetzung führen.

- § 13 Abs. 1 Nr. 2 und 3 ErbStG

Die Steuerbefreiungen fallen mit Wirkung für die Vergangenheit weg, wenn die Gegenstände, der Grundbesitz oder Teile des Grundbesitzes innerhalb von zehn Jahren nach dem Erwerb veräußert werden oder die Voraussetzungen für die Steuerbefreiung innerhalb dieses Zeitraums entfallen. Die Steuerfestsetzung ist nach § 175 Abs. 1 Satz 1 Nr. 2 AO vorzunehmen.

- §§ 13a, 19a ErbStG

Verschonungsabschlag, Abzugsbetrag und Entlastungsbetrag fallen mit Wirkung für die Vergangenheit weg, soweit innerhalb von fünf Jahren (bzw. sieben Jahren bei Optionsverschonung nach § 13a Abs. 8 ErbStG) nach dem Zeitpunkt der nSteuerentstehung gegen eine der Behaltensregelungen bzw. im Fall des Verschonungsabschlags gegen die Lohnsummenregelung verstoßen wird. Der Steuerbescheid ist nach § 175 Abs. 1 Satz 1 Nr. 2 AO zu korrigieren (R E 13a.4 Abs. 1, R E 13a.5 Abs. 1 und R E 19a.3 Abs. 1 ErbStR 2011).

- § 29 Abs. 1 ErbStG

Auch der Eintritt eines Ereignisses gem. § 29 Abs. 1 ErbStG, z. B. die Herausgabe eines Geschenks, stellt ein rückwirkendes Ereignis dar.

Grunderwerbsteuer

- § 5 Abs. 3 GrEStG

Die Steuerbegünstigung beim Übergang eines Grundstücks von mehreren Miteigentümern oder einem Alleineigentümer auf eine Gesamthand in dem

Umfang, der dem Anteil der Beteiligung des Veräußerers am Vermögen der Gesamthand entspricht, steht unter dem Gesetzesvorbehalt einer mindestens fünf Jahre fortwährenden Beteiligung. Die Minderung des Vermögensanteils innerhalb dieses Zeitraums stellt ein Ereignis mit steuerlicher Rückwirkung auf den Zeitpunkt des Grundstücksübergangs dar. Die Steuerfestsetzung ist gem. § 175 Abs. 1 Satz 1 Nr. 2 AO zu korrigieren oder erstmals vorzunehmen.

- § 6 Abs. 3 Satz 2 GrEStG

Die Steuerbegünstigung beim Übergang eines Grundstücks von einer Gesamthand auf eine andere Gesamthand in dem Umfang, in dem ein Gesellschafter sowohl am Vermögen der veräußernden als auch der erwerbenden Gesamthand beteiligt ist, steht unter dem Gesetzesvorbehalt einer mindestens fünf Jahre fortwährenden Beteiligung an der erwerbenden Gesamthand. Die Minderung des Vermögensanteils innerhalb dieses Zeitraums stellt ein Ereignis mit steuerlicher Rückwirkung auf den Zeitpunkt des Grundstücksübergangs dar. Die Steuerfestsetzung ist gem. § 175 Abs. 1 Satz 1 Nr. 2 AO zu korrigieren oder erstmals vorzunehmen.

Bewertung

Wird der einem Wertfortschreibungsbescheid vorangegangene Einheitswertbescheid nachträglich geändert und werden hierdurch die für die Wertfortschreibung auf einen späteren Stichtag nach § 22 BewG erforderlichen Wertgrenzen nicht mehr erreicht, ist der Wertfortschreibungsbescheid nach § 175 Abs. 1 Satz 1 Nr. 2 AO aufzuheben (BFH-Urteil vom 9.11.1994, II R 37/91, BStBl 1995 II S. 93). Dies gilt entsprechend für einen Wertfortschreibungsbescheid nach § 222 Abs. 1 BewG.

§ 175a Umsetzung von Verständigungsvereinbarungen (S 0353)

[1]Ein Steuerbescheid ist zu erlassen, aufzuheben oder zu ändern, soweit dies zur Umsetzung einer Vorabverständigungsvereinbarung nach § 89a, einer Verständigungsvereinbarung oder eines Schiedsspruchs nach einem Vertrag im Sinne des § 2 geboten ist. [2]Die Festsetzungsfrist endet insoweit nicht vor Ablauf eines Jahres nach dem Wirksamwerden der Verständigungsvereinbarung oder des Schiedsspruchs oder der einvernehmlichen rückwirkenden Anwendung einer Vorabverständigungsvereinbarung.

AEAO zu § 175a - Umsetzung von Verständigungsvereinbarungen:

Die Vorschrift ist Rechtsgrundlage für die Umsetzung einer Verständigungsvereinbarung oder eines Schiedsspruchs nach einer völkerrechtlichen Vereinbarung i. S. d. § 2 AO. Zum internationalen Verständigungsverfahren und Schiedsverfahren in Steuersachen vgl. Merkblatt vom 9.10.2018, BStBl I S. 1122. Zum Teil-Einspruchsverzicht s. § 354 Abs. 1a AO, zur Teil-Rücknahme eines Einspruchs s. § 362 Abs. 1a AO.

§ 175b Änderung von Steuerbescheiden bei Datenübermittlung durch Dritte (S 0353-a)

(1) Ein Steuerbescheid ist aufzuheben oder zu ändern, soweit von der mitteilungspflichtigen Stelle an die Finanzbehörden übermittelte Daten im Sinne des § 93c bei der Steuerfestsetzung nicht oder nicht zutreffend berücksichtigt wurden.

(2) Gelten Daten, die von mitteilungspflichtigen Stellen nach Maßgabe des § 93c an die Finanzverwaltung übermittelt wurden, nach § 150 Absatz 7 Satz 2 als Angaben des Steuerpflichtigen, ist der Steuerbescheid aufzuheben oder zu ändern, soweit diese Daten zu Ungunsten des Steuerpflichtigen unrichtig sind.

(3) Ist eine Einwilligung des Steuerpflichtigen in die Übermittlung von Daten im Sinne des § 93c an die Finanzbehörden Voraussetzung für die steuerliche Berücksichtigung der Daten, so ist ein Steuerbescheid aufzuheben oder zu ändern, soweit die Einwilligung nicht vorliegt.

(4) Die Absätze 1 und 2 gelten nicht, wenn nachträglich übermittelte Daten im Sinne des § 93c Absatz 1 oder 3 nicht rechtserheblich sind.

AEAO zu § 175b - Änderung von Steuerbescheiden bei Datenübermittlung durch Dritte

1. Auf eine Verletzung der Mitwirkungspflichten seitens des Steuerpflichtigen oder der Ermittlungspflichten durch die Finanzbehörde kommt es in den Fällen des § 175b AO - anders als in den Fällen des § 173 AO - nicht an.

   Unerheblich ist auch, ob dem Steuerpflichtigen bei Erstellung der Steuererklärung ein Schreib- oder Rechenfehler i. S. d. § 173a AO oder der Finanzbehörde bei Erlass des Steuerbescheids ein mechanisches Versehen i. S. d. § 129 AO, ein Fehler bei der Tatsachenwürdigung oder ein Rechtsanwendungsfehler unterlaufen ist.

Eine Aufhebung oder Änderung nach § 175b Abs. 1 oder 2 AO ist allerdings ausgeschlossen, sofern die nachträglich übermittelten Daten nicht rechtserheblich sind (§ 175b Abs. 4 AO). Zur Rechtserheblichkeit vgl. Nr. 3 des AEAO zu § 173.

Die Aufhebung oder Änderung der Steuerfestsetzung nach § 175b AO kann sich je nach Sachlage zu Gunsten wie auch zu Ungunsten des Steuerpflichtigen auswirken.

2. § 175b Abs. 1 bis 3 AO ist erstmals anzuwenden, wenn steuerliche Daten eines Steuerpflichtigen für Besteuerungszeiträume nach 2016 oder Besteuerungszeitpunkte nach dem 31.12.2016 auf Grund gesetzlicher Vorschriften von einem Dritten als mitteilungspflichtiger Stelle elektronisch an Finanzbehörden zu übermitteln sind (Art. 97 § 27 Abs. 2 EGAO). § 175b Abs. 4 AO ist erstmals anzuwenden, wenn Daten i. S. d. § 93c AO der Finanzbehörde nach dem 25.6.2017 zugehen.

§ 176 Vertrauensschutz bei der Aufhebung und Änderung von Steuerbescheiden (S 0354)

(1) [1]Bei der Aufhebung oder Änderung eines Steuerbescheids darf nicht zuungunsten des Steuerpflichtigen berücksichtigt werden, dass

1. das Bundesverfassungsgericht die Nichtigkeit eines Gesetzes feststellt, auf dem die bisherige Steuerfestsetzung beruht,

2. ein oberster Gerichtshof des Bundes eine Norm, auf der die bisherige Steuerfestsetzung beruht, nicht anwendet, weil er sie für verfassungswidrig hält,

3. sich die Rechtsprechung eines obersten Gerichtshofes des Bundes geändert hat, die bei der bisherigen Steuerfestsetzung von der Finanzbehörde angewandt worden ist.

[2]Ist die bisherige Rechtsprechung bereits in einer Steuererklärung oder einer Steueranmeldung berücksichtigt worden, ohne dass das für die Finanzbehörde erkennbar war, so gilt Nummer 3 nur, wenn anzunehmen ist, dass die Finanzbehörde bei Kenntnis der Umstände die bisherige Rechtsprechung angewandt hätte.

(2) Bei der Aufhebung oder Änderung eines Steuerbescheids darf nicht zuungunsten des Steuerpflichtigen berücksichtigt werden, dass eine allgemeine Verwaltungsvorschrift der Bundesregierung, einer obersten Bundes- oder Landesbehörde von einem obersten Gerichtshof des Bundes als nicht mit dem geltenden Recht in Einklang stehend bezeichnet worden ist.

AEAO zu § 176 - Vertrauensschutz bei der Aufhebung und Änderung von Steuerbescheiden:

1. Die Vorschrift schützt das Vertrauen des Steuerpflichtigen in die Gültigkeit einer Rechtsnorm, der Rechtsprechung eines obersten Gerichtshofs des Bundes oder einer allgemeinen Verwaltungsvorschrift (z. B. EStR). Unter Aufhebung und Änderung ist jede Korrektur einer Steuerfestsetzung nach §§ 164, 165, 172 ff. AO oder nach den Einzelsteuergesetzen zu verstehen (vgl. AEAO vor §§ 172 bis 177, Nr. 3), aber nicht die Berichtigung nach § 129 AO.

2. Bei Änderung der Steuerfestsetzung ist so vorzugehen, als hätte die frühere für den Steuerpflichtigen günstige Rechtsauffassung nach wie vor Gültigkeit. Ist z. B. eine Steuer unter Vorbehalt der Nachprüfung festgesetzt worden (§ 164 AO), so muss eine dem Steuerpflichtigen günstige Rechtsprechung des BFH, die bei der Vorbehaltsfestsetzung berücksichtigt worden war, auch dann weiter angewendet werden, wenn der BFH seine Rechtsprechung zum Nachteil des Steuerpflichtigen geändert hat.

3. Hat der Steuerpflichtige die bisherige Rechtsprechung seinen Steuererklärungen stillschweigend und für das Finanzamt nicht erkennbar zugrunde gelegt, gilt der Vertrauensschutz nur, wenn davon ausgegangen werden kann, dass die Finanzbehörde mit der Anwendung der Rechtsprechung einverstanden gewesen wäre. Das Einverständnis ist immer dann zu unterstellen, wenn die Entscheidung im Bundessteuerblatt veröffentlicht worden war und keine Verwaltungsanweisung vorlag, die Rechtsprechung des BFH über den entschiedenen Einzelfall hinaus nicht anzuwenden.

4. Es verstößt gegen Treu und Glauben, wenn der Steuerpflichtige aufgrund einer Rechtsprechungsänderung die Aufhebung eines ihn belastenden Bescheids fordert und erreicht und später geltend macht, er habe auf die Anwendung der früheren Rechtsprechung vertraut und sei nicht bereit, die für ihn negativen Folgen der Rechtsprechungsänderung hinzunehmen. Dies gilt zumindest insoweit, als der der Rechtsprechungsänderung Rechnung tragende Änderungsbescheid im Ergebnis zu keiner höheren Belastung des Steuerpflichtigen führt (vgl. BFH-Urteil vom 8.2.1995, I R 127/93, BStBl II S. 764).

5. Wegen der sinngemäßen, eingeschränkten Anwendung des § 176 AO auf Neuveranlagungen der Grundsteuermessbeträge siehe § 17 Abs. 2 Nr. 2 GrStG sowie auf Fortschreibungen der Einheitswerte siehe § 22 Abs. 3 Sätze 2 und 3 BewG. Dies gilt entsprechend für Fortschreibungen der Grundsteuerwerte nach § 222 BewG.

§ 177 Berichtigung von materiellen Fehlern (S 0355)

(1) Liegen die Voraussetzungen für die Aufhebung oder Änderung eines Steuerbescheids zuungunsten des Steuerpflichtigen vor, so sind, soweit die Änderung reicht, zugunsten und zuungunsten des Steuerpflichtigen solche materiellen Fehler zu berichtigen, die nicht Anlass der Aufhebung oder Änderung sind.

(2) Liegen die Voraussetzungen für die Aufhebung oder Änderung eines Steuerbescheids zugunsten des Steuerpflichtigen vor, so sind, soweit die Änderung reicht, zuungunsten und zugunsten des Steuerpflichtigen solche materiellen Fehler zu berichtigen, die nicht Anlass der Aufhebung oder Änderung sind.

(3) Materielle Fehler im Sinne der Absätze 1 und 2 sind alle Fehler einschließlich offenbarer Unrichtigkeiten im Sinne des § 129, die zur Festsetzung einer Steuer führen, die von der kraft Gesetzes entstandenen Steuer abweicht.

(4) § 164 Abs. 2, § 165 Abs. 2 und § 176 bleiben unberührt.

AEAO zu § 177 - Berichtigung von materiellen Fehlern:

1. Materieller Fehler ist jede objektive Unrichtigkeit eines Steuerbescheids. Materiell fehlerhaft ist ein Bescheid nicht nur, wenn bei Erlass des Steuerbescheids geltendes Recht unrichtig angewendet wurde, sondern auch dann, wenn der Steuerfestsetzung ein Sachverhalt zugrunde gelegt worden ist, der sich nachträglich als unrichtig erweist. Bei der Steuerfestsetzung nicht berücksichtigte Tatsachen sind deshalb, sofern sie zu keiner Änderung nach § 173 AO führen, nach § 177 AO zu berücksichtigen (BFH-Urteil vom 5.8.1986, IX R 13/81, BStBl 1987 II S. 297). Auf ein Verschulden kommt es ebenso wenig an wie darauf, dass der Steueranspruch insoweit verjährt ist (BFH-Urteil vom 18.12.1991, X R 38/90, BStBl 1992 II S. 504). Eine Berichtigung eines materiellen Fehlers nach § 177 AO ist deshalb auch dann zulässig und geboten, wenn eine isolierte Änderung dieses Fehlers oder seine Berichtigung nach § 129 AO wegen Ablaufs der Festsetzungsfrist nicht möglich wäre.

2. Die Möglichkeit der Berichtigung materieller Fehler ist bei jeder Aufhebung oder Änderung eines Steuerbescheids zu prüfen. Materielle Fehler sind zu berichtigen, soweit die Voraussetzungen für die Aufhebung oder Änderung eines Steuerbescheids zuungunsten (§ 177 Abs. 1 AO) oder zugunsten des Steuerpflichtigen (§ 177 Abs. 2 AO) vorliegen; die Voraussetzungen des § 177 Abs. 1 und 2 AO können auch nebeneinander vorliegen. Materielle Fehler dürfen nur innerhalb des Änderungsrahmens berichtigt, d. h. gegengerechnet werden. Liegen sowohl die Voraussetzungen für Änderungen zugunsten des Steuerpflichtigen als auch solche zu dessen Ungunsten vor, sind die oberen und unteren Grenzen der Fehlerberichtigung jeweils getrennt voneinander zu ermitteln (BFH-Urteile vom 9.6.1993, I R 90/92, BStBl II S. 822, und vom 14.7.1993, X R 34/90, BStBl 1994 II S. 77). Eine Saldierung der Änderungstatbestände zuungunsten und zugunsten des Steuerpflichtigen ist deshalb nicht zulässig (Saldierungsverbot).

3. Änderungsobergrenze ist der Steuerbetrag, der sich als Summe der bisherigen Steuerfestsetzung und der steuerlichen Auswirkung aller selbständigen

steuererhöhenden Änderungstatbestände ergibt. Änderungsuntergrenze ist der Steuerbetrag, der sich nach Abzug der steuerlichen Auswirkung aller selbständigen steuermindernden Änderungstatbestände von der bisherigen Steuerfestsetzung ergibt.

4. Die Auswirkungen materieller Fehler sind zu saldieren und dann, soweit der Änderungsrahmen reicht, zu berücksichtigen (Saldierungsgebot); vgl. BFH-Urteil vom 9.6.1993, I R 90/92, BStBl II S. 822). Bei Änderungen zuungunsten des Steuerpflichtigen kann ein negativer (steuermindernder) Fehler-Saldo nur bis zur Änderungsuntergrenze berücksichtigt werden (§ 177 Abs. 1 AO). Bei Änderungen zugunsten des Steuerpflichtigen kann ein positiver (steuererhöhender) Fehler-Saldo nur bis zur Änderungsobergrenze berücksichtigt werden (§ 177 Abs. 2 AO).

Beispiele:

a) Es werden nachträglich Tatsachen bekannt, die zu einer um 5.000 € höheren Steuer führen. Zugleich werden materielle Fehler, die sich bei der früheren Festsetzung i. H. v. 6.000 € zugunsten des Steuerpflichtigen ausgewirkt haben, und materielle Fehler, die sich bei der früheren Festsetzung i. H. v. 8.500 € zum Nachteil des Steuerpflichtigen ausgewirkt haben, festgestellt.

Der Saldo der materiellen Fehler führt i. H. v. 2.500 € zu einer Minderung der Nachforderung.

b) Es werden nachträglich Tatsachen bekannt, die zu einer um 5.000 € höheren Steuer führen. Außerdem ist ein geänderter Grundlagenbescheid zu berücksichtigen, der zu einer um 5.500 € niedrigeren Steuer führt. Zugleich werden materielle Fehler festgestellt, die sich i. H. v. 8.500 € zugunsten und i. H. v. 6.000 € zuungunsten des Steuerpflichtigen ausgewirkt haben.

Der Saldo der materiellen Fehler (2.500 € zugunsten des Steuerpflichtigen) mindert die Änderung der Steuerfestsetzung zugunsten des Steuerpflichtigen aufgrund des geänderten Grundlagenbescheids (5.500 €). Die Differenz von 3.000 € ist mit der Nachforderung von 5.000 € wegen nachträglich bekannt gewordener Tatsachen zu verrechnen, so dass im Ergebnis eine Änderung des Steuerbescheids i. H. v. 2.000 € zuungunsten des Steuerpflichtigen vorzunehmen ist.

5. Soweit ein Ausgleich materieller Fehler nach § 177 AO nicht möglich ist, bleibt der Steuerbescheid fehlerhaft. Hierin liegt keine sachliche Unbilligkeit, da die Folge vom Gesetzgeber gewollt ist.

6. Zur Berichtigung materieller Fehler bei einer Berichtigung offenbarer Unrichtigkeiten nach § 129 AO vgl. AEAO zu § 129, Nr. 5; zur Berichtigung materieller Fehler bei der Änderung einer vorläufigen Steuerfestsetzung nach § 165 Abs. 2 Satz 2 AO vgl. AEAO zu § 165, Nr. 9.

IV. Kosten

§ 178 Kosten bei besonderer Inanspruchnahme der Zollbehörden

(S 0356)

(1) Die Behörden der Bundeszollverwaltung sowie die Behörden, denen die Wahrnehmung von Aufgaben der Bundeszollverwaltung übertragen worden ist, können für eine besondere Inanspruchnahme oder Leistung (kostenpflichtige Amtshandlung) Gebühren erheben und die Erstattung von Auslagen verlangen.

(2) Eine besondere Inanspruchnahme oder Leistung im Sinne des Absatzes 1 liegt insbesondere vor bei

1. Amtshandlungen außerhalb des Amtsplatzes und außerhalb der Öffnungszeiten, soweit es sich nicht um Maßnahmen der Steueraufsicht handelt,

2. Amtshandlungen, die zu einer Diensterschwernis führen, weil sie antragsgemäß zu einer bestimmten Zeit vorgenommen werden sollen,

3. Untersuchungen von Waren, wenn

a) sie durch einen Antrag auf Erteilung einer verbindlichen Zolltarifauskunft, Gewährung einer Steuervergütung oder sonstigen Vergünstigungen veranlasst sind oder

b) bei Untersuchungen von Amts wegen Angaben oder Einwendungen des Verfügungsberechtigten sich als unrichtig oder unbegründet erweisen oder

c) die untersuchten Waren den an sie gestellten Anforderungen nicht entsprechen,

4. Überwachungsmaßnahmen in Betrieben und bei Betriebsvorgängen, wenn sie durch Zuwiderhandlungen gegen die zur Sicherung des Steueraufkommens erlassenen Rechtsvorschriften veranlasst sind,

5. amtlichen Bewachungen und Begleitungen von Beförderungsmitteln oder Waren,

6. Verwahrung von Nichtgemeinschaftswaren,

7. Fertigung von Schriftstücken, elektronischen Dokumenten, Abschriften und Ablichtungen sowie bei der elektronischen Übersendung oder dem Ausdruck von elektronischen Dokumenten und anderen Dateien, wenn diese Arbeiten auf Antrag erfolgen,

8. Vernichtung oder Zerstörung von Waren, die von Amts wegen oder auf Antrag vorgenommen wird.

(3) Das Bundesministerium der Finanzen wird ermächtigt, durch Rechtsverordnung, die der Zustimmung des Bundesrates nicht bedarf, die kostenpflichtigen Amtshandlungen näher festzulegen, die für sie zu erhebenden Kosten nach dem auf sie entfallenden durchschnittlichen Verwaltungsaufwand zu bemessen und

zu pauschalieren sowie die Voraussetzungen zu bestimmen, unter denen von ihrer Erhebung wegen Geringfügigkeit, zur Vermeidung von Härten oder aus ähnlichen Gründen ganz oder teilweise abgesehen werden kann.

(4) [1]Auf die Festsetzung der Kosten sind die für Verbrauchssteuern geltenden Vorschriften entsprechend anzuwenden. [2]Im Übrigen gilt für diese Kosten das Verwaltungskostengesetz in der bis zum 14. August 2013 geltenden Fassung. [3]Die §§ 18 bis 22 des Verwaltungskostengesetzes in der bis zum 14. August 2013 geltenden Fassung finden keine Anwendung.

§ 178a (weggefallen)

2. Unterabschnitt – Gesonderte Feststellung von Besteuerungsgrundlagen, Festsetzung von Steuermessbeträgen

I. Gesonderte Feststellungen

§ 179 Feststellung von Besteuerungsgrundlagen (S 0360)

(1) Abweichend von § 157 Abs. 2 werden die Besteuerungsgrundlagen durch Feststellungsbescheid gesondert festgestellt, soweit dies in diesem Gesetz oder sonst in den Steuergesetzen bestimmt ist.

(2) [1]Ein Feststellungsbescheid richtet sich gegen den Steuerpflichtigen, dem der Gegenstand der Feststellung bei der Besteuerung zuzurechnen ist. [2]Die gesonderte Feststellung wird gegenüber mehreren Beteiligten einheitlich vorgenommen, wenn dies gesetzlich bestimmt ist oder der Gegenstand der Feststellung mehreren Personen zuzurechnen ist. [3]Ist eine dieser Personen an dem Gegenstand der Feststellung nur über eine andere Person beteiligt, so kann insoweit eine besondere gesonderte Feststellung vorgenommen werden.

(3) Soweit in einem Feststellungsbescheid eine notwendige Feststellung unterblieben ist, ist sie in einem Ergänzungsbescheid nachzuholen.

AEAO zu § 179 - Feststellung von Besteuerungsgrundlagen:

1. Abweichend von dem Grundsatz, dass die Besteuerungsgrundlagen einen unselbständigen Teil des Steuerbescheids bilden (§ 157 Abs. 2 AO), sehen die §§ 179 ff. AO bzw. entsprechende Vorschriften der Einzelsteuergesetze (z. B. § 2a, § 10b Abs. 1, § 10d Abs. 4, § 15a Abs. 4, § 39a Abs. 4 EStG; §§ 27, 28 und 38 KStG, § 151 BewG, § 17 GrEStG) in bestimmten Fällen eine gesonderte Feststellung der Besteuerungsgrundlagen vor. Die gesonderte Feststellung ist zugleich einheitlich vorzunehmen, wenn die AO oder ein Einzelsteuergesetz (z. B. § 15a Abs. 4 Satz 6 EStG) dies besonders vorschreiben oder wenn der Gegenstand der Feststellung bei der Besteuerung mehreren Personen zuzurechnen ist (§ 179 Abs. 2 Satz 2 2. Alternative AO). Für das Feststellungsverfahren sind die Vorschriften über die Durchführung der Besteuerung sinngemäß anzuwenden (§ 181 Abs. 1 AO).

2. Voraussetzung für den Erlass eines Ergänzungsbescheids nach § 179 Abs. 3 AO ist, dass der vorangegangene Feststellungsbescheid wirksam, aber unvollständig bzw. lückenhaft ist. In einem Ergänzungsbescheid sind nur solche Feststellungen nachholbar, die in dem vorangegangenen Feststellungsbescheid „unterblieben" sind. Eine Feststellung ist unterblieben, wenn sie im Feststellungsbescheid hätte getroffen werden müssen, tatsächlich aber - aus welchen Gründen auch immer - nicht getroffen worden ist. Die Vorschrift des § 179 Abs. 3 AO durchbricht nicht die Bestandskraft wirksam ergangener Feststellungsbescheide. Inhaltliche Fehler in rechtlicher oder tatsächlicher Hinsicht können daher nicht in einem Ergänzungsbescheid korrigiert werden (BFH-Urteil vom 15.6.1994, II R 120/91, BStBl II S. 819; BFH-Urteil vom 11.5.1999, IX R 72/96, BFH/NV S. 1446).

Ein Ergänzungsbescheid ist beispielsweise zulässig zur Nachholung:

- der Feststellung, ob und in welcher Höhe ein Freibetrag nach § 16 Abs. 4 EStG zu gewähren ist;
- der Feststellung, wie der Gewinn zu verteilen ist (vgl. BFH-Urteil vom 13.12.1983, VIII R 90/81, BStBl 1984 II S. 474);
- des Hinweises über die Reichweite der Bekanntgabe gem. § 183 Abs. 1 Satz 5 AO (BFH-Urteil vom 13.7.1994, XI R 21/93, BStBl II S. 885);
- der Feststellung und der Verteilung des Betrags der einbehaltenen Kapitalertragsteuer und der anrechenbaren Körperschaftsteuer (§ 180 Abs. 5 Nr. 2 AO);
- der Feststellung über das Ausscheiden eines Gesellschafters während eines abweichenden Wirtschaftsjahres (BFH-Beschluss vom 22.9.1997, IV B 113/96, BFH/NV 1998 S. 454).

Eine Feststellung ist nicht unterblieben und kann daher auch nicht nachgeholt werden, wenn sie im Feststellungsbescheid ausdrücklich abgelehnt worden ist. Deshalb kann durch den Erlass eines Ergänzungsbescheids nicht nachgeholt werden:

- die im Feststellungsverfahren unterbliebene Entscheidung, ob ein steuerbegünstigter Gewinn vorliegt, wenn das Finanzamt den Gewinn bisher insgesamt als laufenden Gewinn festgestellt hat (BFH-Urteile vom 26.11.1975, I R 44/74, BStBl 1976 II S. 304, und vom 24.7.1984, VIII R 304/81, BStBl II S. 785);
- die bei einer Feststellung nach § 180 Abs. 1 Satz 1 Nr. 2 Buchstabe a AO zu Unrecht unterbliebene Berücksichtigung von Sonderbetriebseinnahmen oder -ausgaben;
- ein fehlender oder unklarer Hinweis i. S. v. § 181 Abs. 5 Satz 2 AO (BFH-Urteil vom 18.3.1998, II R 45/96, BStBl II S. 426; BFH-Urteil vom 24.6.1998, II R 17/95, BFH/NV 1999 S. 282).

Der Erlass eines Ergänzungsbescheids steht nicht im Ermessen der Finanzbehörde.

3. Wegen der Anpassung der Folgebescheide an den Feststellungsbescheid wird auf § 175 Abs. 1 Satz 1 Nr. 1 AO hingewiesen, wegen der Einspruchsbefugnis bei Feststellungsbescheiden auf § 351 Abs. 2 und §§ 352, 353 AO.

4. In den Fällen der atypisch stillen Unterbeteiligung am Anteil des Gesellschafters einer Personengesellschaft (als Hauptgesellschaft) kann eine besondere gesonderte und einheitliche Feststellung vorgenommen werden (§ 179 Abs. 2 letzter Satz AO). Von dieser Möglichkeit ist wegen des Geheimhaltungsbedürfnisses der Betroffenen regelmäßig Gebrauch zu machen.

   Die Berücksichtigung der Unterbeteiligung im Feststellungsverfahren für die Hauptgesellschaft ist nur mit Einverständnis aller Beteiligten - Hauptgesellschaft und deren Gesellschafter sowie des Unterbeteiligten - zulässig (vgl. u. a. BFH-Urteil vom 2.3.1995, IV R 135/92, BStBl II S. 531). Das Einverständnis der Beteiligten gilt als erteilt, wenn die Unterbeteiligung in der Feststellungserklärung für die Hauptgesellschaft geltend gemacht wird.

   Die Regelung gilt für Treuhandverhältnisse, in denen der Treugeber über den Treuhänder Hauptgesellschafter der Personengesellschaft ist, entsprechend.

   Die örtliche Zuständigkeit für die besondere gesonderte und einheitliche Feststellung richtet sich i. d. R. nach der Zuständigkeit für die Hauptgesellschaft.

   Ist dagegen eine Personengesellschaft atypisch still an einer Kapitalgesellschaft beteiligt, dürfen die Feststellungen der Einkünfte aus der Personengesellschaft und aus der atypisch stillen Gesellschaft nicht in einem einheitlichen Feststellungsbescheid getroffen werden. Hier sind zunächst die vom Inhaber des Handelsgeschäfts und dem atypisch stillen Gesellschafter gemeinschaftlich erzielte Einkünfte gesondert und einheitlich festzustellen. Die in diesem Grundlagenbescheid festgestellten Einkünfte sind dann einerseits in den Körperschaftsteuerbescheid der Kapitalgesellschaft und andererseits in den die Personengesellschaft betreffenden weiteren Bescheid über die gesonderte und einheitliche Feststellung von deren Einkünften zu übernehmen (BFH-Urteil vom 21.10.2015, IV R 43/12, BStBl 2016 II S. 517).

5. Die Gewinnanteile des Unterbeteiligten bei einer typischen stillen Unterbeteiligung sind als Sonderbetriebsausgaben des Hauptbeteiligten im Feststellungsverfahren zu berücksichtigen (BFH-Urteil vom 9.11.1988, I R 191/84, BStBl 1989 II S. 343). Eine Nachholung des Sonderbetriebsausgabenabzugs im Veranlagungsverfahren des Hauptbeteiligten ist nicht zulässig.

§ 180 Gesonderte Feststellung von Besteuerungsgrundlagen (S 0361)

(1) [1]Gesondert festgestellt werden insbesondere:

1. die Einheitswerte und die Grundsteuerwerte nach Maßgabe des Bewertungsgesetzes,

2. a) die einkommensteuerpflichtigen und körperschaftsteuerpflichtigen Einkünfte und mit ihnen im Zusammenhang stehende andere Besteuerungsgrundlagen, wenn an den Einkünften mehrere Personen beteiligt sind und die Einkünfte diesen Personen steuerlich zuzurechnen sind,

b) in anderen als den in Buchstabe a genannten Fällen die Einkünfte aus Land- und Forstwirtschaft, Gewerbebetrieb oder einer freiberuflichen Tätigkeit, wenn nach den Verhältnissen zum Schluss des Gewinnermittlungszeitraums das für die gesonderte Feststellung zuständige Finanzamt nicht auch für die Steuern vom Einkommen zuständig ist,

3. der Wert der vermögensteuerpflichtigen Wirtschaftsgüter (§§ 114 bis 117a des Bewertungsgesetzes) und der Wert der Schulden und sonstigen Abzüge (§ 118 des Bewertungsgesetzes), wenn die Wirtschaftsgüter, Schulden und sonstigen Abzüge mehreren Personen zuzurechnen sind und die Feststellungen für die Besteuerung von Bedeutung sind.

[2]Wenn sich in den Fällen von Satz 1 Nummer 2 Buchstabe b die für die örtliche Zuständigkeit maßgeblichen Verhältnisse nach Schluss des Gewinnermittlungszeitraums geändert haben, so richtet sich die örtliche Zuständigkeit auch für Feststellungszeiträume, die vor der Änderung der maßgeblichen Verhältnisse liegen, nach § 18 Absatz 1 Nummer 1 bis 3 in Verbindung mit § 26.

(1a) [1]Einzelne, im Rahmen einer Außenprüfung für den Prüfungszeitraum ermittelte und abgrenzbare Besteuerungsgrundlagen können gesondert festgestellt werden (Teilabschlussbescheid), solange noch kein Prüfungsbericht nach § 202 Absatz 1 ergangen ist. [2]Auf Antrag des Steuerpflichtigen soll ein Teilabschlussbescheid ergehen, wenn daran ein erhebliches Interesse besteht und dies vom Steuerpflichtigen glaubhaft gemacht wird.[1]

(2) [1]Zur Sicherstellung einer einheitlichen Rechtsanwendung bei gleichen Sachverhalten und zur Erleichterung des Besteuerungsverfahrens kann das Bundesministerium der Finanzen durch Rechtsverordnung mit Zustimmung des Bundesrates bestimmen, dass in anderen als den in Absatz 1 genannten Fällen Besteuerungsgrundlagen gesondert und für mehrere Personen einheitlich festgestellt werden. [2]Dabei können insbesondere geregelt werden

1. der Gegenstand und der Umfang der gesonderten Feststellung,

2. die Voraussetzungen für das Feststellungsverfahren,

3. die örtliche Zuständigkeit der Finanzbehörden,

[1] Zur Anwendung des § 180 Abs. 1a AO siehe Artikel 97 § 37 EGAO

4. die Bestimmung der am Feststellungsverfahren beteiligten Personen (Verfahrensbeteiligte) und der Umfang ihrer steuerlichen Pflichten und Rechte einschließlich der Vertretung Beteiligter durch andere Beteiligte,
5. die Bekanntgabe von Verwaltungsakten an die Verfahrensbeteiligten und Empfangsbevollmächtigte,
6. die Zulässigkeit, der Umfang und die Durchführung von Außenprüfungen zur Ermittlung der Besteuerungsgrundlagen.

[3]Durch Rechtsverordnung kann das Bundesministerium der Finanzen mit Zustimmung des Bundesrates bestimmen, dass Besteuerungsgrundlagen, die sich erst später auswirken, zur Sicherung der späteren zutreffenden Besteuerung gesondert und für mehrere Personen einheitlich festgestellt werden; Satz 2 gilt entsprechend. [4]Die Rechtsverordnungen bedürfen nicht der Zustimmung des Bundesrates, soweit sie Einfuhr- und Ausfuhrabgaben und Verbrauchsteuern, mit Ausnahme der Biersteuer, betreffen.

(3) [1]Absatz 1 Satz 1 Nummer 2 Buchstabe a gilt nicht, wenn

1. nur eine der an den Einkünften beteiligten Personen mit ihren Einkünften im Geltungsbereich dieses Gesetzes einkommensteuerpflichtig oder körperschaftsteuerpflichtig ist oder
2. es sich um einen Fall von geringer Bedeutung handelt, insbesondere weil die Höhe des festgestellten Betrags und die Aufteilung feststehen; dies gilt sinngemäß auch für die Fälle des Absatzes 1 Satz 1 Nummer 2 Buchstabe b und Nummer 3.

[2]Das nach § 18 Absatz 1 Nummer 4 zuständige Finanzamt kann durch Bescheid feststellen, dass eine gesonderte Feststellung nicht durchzuführen ist. [3]Der Bescheid gilt als Steuerbescheid.

(4) Absatz 1 Satz 1 Nummer 2 Buchstabe a gilt ferner nicht für Arbeitsgemeinschaften, deren alleiniger Zweck in der Erfüllung eines einzigen Werkvertrages oder Werklieferungsvertrages besteht.

(5) Absatz 1 Satz 1 Nummer 2 sowie die Absätze 2 und 3 sind entsprechend anzuwenden, soweit

1. die nach einem Abkommen zur Vermeidung der Doppelbesteuerung von der Bemessungsgrundlage ausgenommenen Einkünfte bei der Festsetzung der Steuern der beteiligten Personen von Bedeutung sind oder
2. Steuerabzugsbeträge und Körperschaftsteuer auf die festgesetzte Steuer anzurechnen sind.

Verordnung über die gesonderte Feststellung von Besteuerungsgrundlagen nach § 180 Abs. 2 der Abgabenordnung (V zu § 180 Abs. 2 AO)

vom 19.12.1986 (BGBl. I S. 2663, BStBl I 1987 S. 2), zuletzt geändert durch Artikel 9 des Gesetzes vom 19.12.2022 (BGBl. I S. 2432)

Inhaltsübersicht

§ 1 – Gegenstand, Umfang und Voraussetzungen der Feststellung

(1) [1]Besteuerungsgrundlagen, insbesondere einkommensteuerpflichtige oder körperschaftsteuerpflichtige Einkünfte, können ganz oder teilweise gesondert festgestellt werden, wenn der Einkunftserzielung dienende Wirtschaftsgüter, Anlagen oder Einrichtungen

1. von mehreren Personen betrieben, genutzt oder gehalten werden oder
2. mehreren Personen getrennt zuzurechnen sind, die bei der Planung, Herstellung, Erhaltung oder dem Erwerb dieser Wirtschaftsgüter, Anlagen oder Einrichtungen gleichartige Rechtsbeziehungen zu Dritten hergestellt oder unterhalten haben (Gesamtobjekt).

[2]Satz 1 Nummer 2 gilt entsprechend bei Wohneigentum, das nicht der Einkunftserzielung dient, und bei Mietwohngebäuden, wenn die Feststellung für die Besteuerung von Bedeutung ist.

(2) Absatz 1 gilt für die Umsatzsteuer nur, wenn mehrere Unternehmer im Rahmen eines Gesamtobjektes Umsätze ausführen oder empfangen.

(3) Die Feststellung ist gegenüber den in Absatz 1 genannten Personen einheitlich vorzunehmen. Sie kann auf bestimmte Personen beschränkt werden.

§ 2 – Örtliche Zuständigkeit

(1) [1]Für Feststellungen in den Fällen des § 1 Abs. 1 Satz 1 Nr. 1 richtet sich die örtliche Zuständigkeit nach § 18 Abs. 1 Nr. 2 der Abgabenordnung. [2]Die Wirtschaftsgüter, Anlagen oder Einrichtungen gelten als gewerblicher Betrieb im Sinne dieser Vorschrift.

(2) Für Feststellung in den Fällen des § 1 Abs. 1 Satz 1 Nr. 2 und Satz 2 ist das Finanzamt zuständig, das nach § 19 oder § 20 der Abgabenordnung für die Steuern vom Einkommen und Vermögen des Erklärungspflichtigen zuständig ist.

(3) Feststellungen nach § 1 Abs. 2 hat das für die Feststellungen nach § 1 Abs. 1 Satz 1 Nr. 2 zuständige Finanzamt zu treffen.

(4) § 18 Abs. 2 der Abgabenordnung gilt entsprechend.

§ 3 – Erklärungspflicht

(1) [1]Eine Erklärung zur gesonderten Feststellung der Besteuerungsgrundlagen haben nach Aufforderung durch die Finanzbehörde abzugeben:

1. in den Fällen des § 1 Abs. 1 Satz 1 Nr. 1 die Personen, die im Feststellungszeitraum die Wirtschaftsgüter, Anlagen oder Einrichtungen betrieben, genutzt oder gehalten haben,
2. in den Fällen des § 1 Abs. 1 Satz 1 Nr. 2 und Satz 2 die Personen, die bei der Planung, Herstellung, Erhaltung, dem Erwerb, der Betreuung, Geschäftsführung oder Verwaltung des Gesamtobjektes für die Feststellungsbeteiligten handeln oder im Feststellungszeitraum gehandelt haben; dies gilt in den Fällen des § 1 Abs. 2 entsprechend.

[2]§ 34 der Abgabenordnung bleibt unberührt.

(2) [1]Die Erklärung ist nach amtlich vorgeschriebenem Vordruck abzugeben und von der zur Abgabe verpflichteten Person eigenhändig zu unterschreiben. [2]Name und Anschrift der Feststellungsbeteiligten sind anzugeben. [3]Der Erklärung ist eine Ermittlung der Besteuerungsgrundlagen beizufügen. „Ist Besteuerungsgrundlage ein nach § 4 Abs. 1 oder § 5 des Einkommensteuergesetzes zu ermittelnder Gewinn, gilt § 5b des Einkommensteuergesetzes entsprechend; die Beifügung der in Satz 3 genannten Unterlagen kann in den Fällen des § 5b Abs. 1 des Einkommensteuergesetzes unterbleiben.

(3) Die Finanzbehörde kann entsprechend der vorgesehenen Feststellung den Umfang der Erklärung und die zum Nachweis erforderlichen Unterlagen bestimmen.

(4) Hat ein Erklärungspflichtiger eine Erklärung zur gesonderten Feststellung der Besteuerungsgrundlagen abgegeben, sind andere Erklärungspflichtige insoweit von der Erklärungspflicht befreit.

§ 4 – Einleitung des Feststellungsverfahrens

[1]Die Finanzbehörde entscheidet nach pflichtgemäßem Ermessen, ob und in welchem Umfang sie ein Feststellungsverfahren durchführt. [2]Hält sie eine gesonderte Feststellung nicht für erforderlich, insbesondere weil das Feststellungsverfahren nicht der ein-

heitlichen Rechtsanwendung und auch nicht der Erleichterung des Besteuerungsverfahrens dient, kann sie dies durch Bescheid feststellen. Der Bescheid gilt als Steuerbescheid.

§ 5 – Verfahrensbeteiligte

Als an dem Feststellungsverfahren Beteiligte gelten neben den Beteiligten nach § 78 der Abgabenordnung auch die in § 3 Abs. 1 Nr. 2 genannten Personen.

§ 6 – Bekanntgabe

(1) [1]Die am Gegenstand der Feststellung beteiligten Personen sollen einen gemeinsamen Empfangsbevollmächtigten bestellen, der ermächtigt ist, für sie alle Verwaltungsakte und Mitteilungen in Empfang zu nehmen, die mit dem Feststellungsverfahren und dem anschließenden Verfahren über einen außergerichtlichen Rechtsbehelf zusammenhängen. [2]Ein Widerruf der Empfangsvollmacht wird der Finanzbehörde gegenüber erst wirksam, wenn er ihr zugeht. [3]Ist ein Empfangsbevollmächtigter nicht bestellt, kann die Finanzbehörde die Beteiligten auffordern, innerhalb einer angemessenen Frist einen Empfangsbevollmächtigten zu benennen. [4]Hierbei ist ein Beteiligter vorzuschlagen und darauf hinzuweisen, dass diesem die in Satz 1 genannten Verwaltungsakte und Mitteilungen mit Wirkung für und gegen alle Beteiligten bekanntgegeben werden, soweit nicht ein anderer Empfangsbevollmächtigter benannt wird. [5]Bei der Bekanntgabe an den Empfangsbevollmächtigten ist darauf hinzuweisen, dass die Bekanntgabe mit Wirkung für und gegen alle Feststellungsbeteiligten erfolgt.

(2) Der Feststellungsbescheid ist auch den in § 3 Abs. 1 Nr. 2 genannten Personen bekanntzugeben, wenn sie die Erklärung abgegeben haben, aber nicht zum Empfangsbevollmächtigten bestellt sind.

(3) Absatz 1 Sätze 3 und 4 ist insoweit nicht anzuwenden, als der Finanzbehörde bekannt ist, daß zwischen den Feststellungsbeteiligten und dem Empfangsbevollmächtigten ernstliche Meinungsverschiedenheiten bestehen.

(4) Ist Einzelbekanntgabe erforderlich, sind dem Beteiligten nur die ihn betreffenden Besteuerungsgrundlagen bekanntzugeben.

§ 7 – Außenprüfung

(1) Eine Außenprüfung zur Ermittlung der Besteuerungsgrundlagen ist bei jedem Verfahrensbeteiligten zulässig.

(2) Die Prüfungsanordnung ist dem Verfahrensbeteiligten bekanntzugeben, bei dem die Außenprüfung durchgeführt werden soll.

§ 8 – Feststellungsgegenstand beim Übergang zur Liebhaberei

[1]Dient ein Betrieb von einem bestimmten Zeitpunkt an nicht mehr der Erzielung von Einkünften im Sinne des § 2 Abs. 1 Nr. 1 bis 3 des Einkommensteuergesetzes und liegt deshalb ein Übergang zur Liebhaberei vor, so ist auf diesen Zeitpunkt unabhängig von der Gewinnermittlungsart für jedes Wirtschaftsgut des Anlagevermögens der Unterschiedsbetrag zwischen dem gemeinen Wert und dem Wert, der nach § 4 Abs. 1 oder nach § 5 des Einkommensteuergesetzes anzusetzen wäre, gesondert und bei

mehreren Beteiligten einheitlich festzustellen. [2]Auf eine gesonderte Feststellung nach Satz 1 kann verzichtet werden, wenn es sich um einen Fall von geringer Bedeutung handelt.

§ 9 – Feststellungsgegenstand bei Einsatz von Versicherungen auf den Erlebens- oder Todesfall zu Finanzierungszwecken

[1]Das für die Besteuerung des Einkommens des Versicherungsnehmers zuständige Finanzamt stellt die Steuerpflicht der außerrechnungsmäßigen und rechnungsmäßigen Zinsen aus den in den Beiträgen zu Versicherungen auf den Erlebens- oder den Todesfall enthaltenen Sparanteilen (§ 20 Absatz 1 Nummer 6 in Verbindung mit § 10 Absatz 1 Nummer 2 Buchstabe b Doppelbuchstabe bb bis dd des Einkommensteuergesetzes in der am 31. Dezember 2004 geltenden Fassung) gesondert fest, wenn

1. die Ansprüche aus den Versicherungsverträgen während deren Dauer im Erlebensfall der Tilgung oder Sicherung eines Darlehens dienen, dessen Finanzierungskosten Betriebsausgaben oder Werbungskosten sind und
2. nicht die Voraussetzungen für den Sonderausgabenabzug nach § 10 Absatz 2 Satz 2 Buchstabe a oder Buchstabe b des Einkommensteuergesetzes in der am 31. Dezember 2004 geltenden Fassung erfüllt sind oder soweit bei Versicherungsbeiträgen Zinsen in Veranlagungszeiträumen gutgeschrieben werden, in denen die Beiträge nach § 10 Absatz 2 Satz 2 Buchstabe c des Einkommensteuergesetzes in der am 31. Dezember 2004 geltenden Fassung nicht abgezogen werden können.

[2]Versicherungen im Sinne des Satzes 1 sind solche, deren Versicherungsvertrag vor dem 1. Januar 2005 abgeschlossen worden ist.

§ 10 (weggefallen)

§ 11 – Inkrafttreten, Anwendungsvorschriften

[1]Diese Verordnung tritt am Tage nach der Verkündung in Kraft. [2]Sie tritt mit Wirkung vom 25. Dezember 1985 in Kraft, soweit einheitliche und gesonderte Feststellungen nach § 180 Abs. 2 der Abgabenordnung in der bis zum 24. Dezember 1985 geltenden Fassung zulässig waren. [3]§ 10 ist für Anteile, bei denen hinsichtlich des Gewinns aus der Veräußerung der Anteile die Steuerfreistellung nach § 8b Abs. 4 des Körperschaftsteuergesetzes in der am 12. Dezember 2006 geltenden Fassung oder nach § 3 Nr. 40 Satz 3 und 4 des Einkommensteuergesetzes in der am 12. Dezember 2006 geltenden Fassung ausgeschlossen ist, weiterhin anzuwenden. [4]§ 1 Absatz 1 Satz 2 in der am 23. Juli 2016 geltenden Fassung ist erstmals auf Feststellungszeiträume anzuwenden, die nach dem 31. Dezember 2015 beginnen; für Feststellungszeiträume, die vor dem 1. Januar 2016 geendet haben, ist § 1 Absatz 1 Satz 2 in der am 22. Juli 2016 geltenden Fassung weiterhin anzuwenden.

AEAO zu § 180 - Gesonderte Feststellung von Besteuerungsgrundlagen:

1. Die gesonderte Feststellung nach § 180 Abs. 1 Satz 1 Nr. 2 Buchstabe a AO umfasst in erster Linie die von den Feststellungsbeteiligten gemeinschaftlich erzielten Einkünfte. Sie umfasst auch die bei Ermittlung dieser Einkünfte zu berücksichtigenden Sonderbetriebseinnahmen und -ausgaben oder Sonderwerbungskosten eines oder mehrerer Feststellungsbeteiligten.

   Darüber hinaus sind solche Besteuerungsgrundlagen gesondert festzustellen, die in einem rechtlichen, wirtschaftlichen oder tatsächlichen Zusammenhang mit den gemeinschaftlich erzielten Einkünften stehen, aber bei Ermittlung der gemeinschaftlich erzielten Einkünfte nicht zu berücksichtigen sind. Hiernach sind z. B. solche Aufwendungen gesondert festzustellen, die aus Mitteln der Gesellschaft oder Gemeinschaft geleistet werden und für die Besteuerung der Feststellungsbeteiligten, z. B. als Sonderausgaben, von Bedeutung sind. Soweit derartige Besteuerungsgrundlagen bei Erlass des Feststellungsbescheids nicht berücksichtigt worden sind, ist ihre gesonderte Feststellung durch Ergänzungsbescheid (§ 179 Abs. 3 AO) nachzuholen.

   Zum Verfahren bei der Geltendmachung von negativen Einkünften aus der Beteiligung an Verlustzuweisungsgesellschaften und vergleichbaren Modellen vgl. BMF-Schreiben vom 13.7.1992, BStBl I S. 404, und vom 28.6.1994, BStBl I S. 420.

2. Fallen der Wohnort und der Betriebs- bzw. Tätigkeitsort auseinander und liegen diese Orte im Bereich verschiedener Finanzämter, sind die Einkünfte des Steuerpflichtigen aus Land- und Forstwirtschaft, Gewerbebetrieb oder freiberuflicher Tätigkeit gesondert festzustellen (§ 180 Abs. 1 Satz 1 Nr. 2 Buchstabe b AO).

2.1 Für die Entscheidung, ob eine gesonderte Feststellung durchzuführen ist, sind die Verhältnisse zum Schluss des Gewinnermittlungszeitraums maßgebend. Bei einem vom Kalenderjahr abweichenden Wirtschaftsjahr oder einem Rumpfwirtschaftsjahr sind die Verhältnisse zum Schluss dieses Zeitraums maßgebend.

Spätere Änderungen dieser Verhältnisse sind insoweit unbeachtlich. Eine gesonderte Feststellung nach § 180 Abs. 1 Satz 1 Nr. 2 Buchstabe b AO ist daher auch dann durchzuführen, wenn nach Ablauf des Gewinnermittlungszeitraums der Betrieb in den Bezirk des Wohnsitzfinanzamts oder der Wohnsitz in den Bezirk des Betriebsfinanzamts verlegt wird.

Die Frage, welches Finanzamt in derartigen Fällen für die gesonderte Feststellung nach § 180 Abs. 1 Satz 1 Nr. 2 Buchstabe b AO und damit zusammenhängende Maßnahmen (Außenprüfung, Änderung usw.) zuständig ist, bestimmt sich für Feststellungszeiträume, die nach dem 31.12.2014 beginnen (Art. 97 § 10b Satz 2 EGAO), jeweils nach den aktuellen Verhältnissen (§ 180 Abs. 1 Satz 2 AO). Für frühere Feststellungszeiträume bestimmt sich die örtliche Zuständigkeit nach den Verhältnissen zum Schluss des Gewinnermittlungszeitraums; § 27 AO bleibt unberührt.

2.2 Einkünfte aus freiberuflicher Tätigkeit i. S. d. § 180 Abs. 1 Satz 1 Nr. 2 Buchstabe b AO sind nur die Einkünfte nach § 18 Abs. 1 Nr. 1 EStG, nicht die übrigen Einkünfte aus selbständiger Arbeit.

2.3 Übt ein Steuerpflichtiger seine freiberufliche Tätigkeit in mehreren Gemeinden aus, so ist für die dadurch erzielten Einkünfte nur eine gesonderte Feststellung durchzuführen (BFH-Urteil vom 10.6.1999, IV R 69/98, BStBl II S. 691). Bei Einkünften aus Land- und Forstwirtschaft oder aus Gewerbebetrieb gilt dies für den Betrieb der Land- und Forstwirtschaft oder den Gewerbebetrieb entsprechend.

2.4 Die örtliche Zuständigkeit für gesonderte Feststellungen i. S. d. § 180 Abs. 1 Satz 1 Nr. 2 Buchstabe b AO richtet sich nach § 18 AO. Zur Zuständigkeit, wenn Wohnung und Betrieb in einer Gemeinde (Großstadt) mit mehreren Finanzämtern liegen, vgl. AEAO zu § 19, Nrn. 2 und 3.

3. Wegen der in § 180 Abs. 2 AO vorgesehenen Feststellungen wird auf die V zu § 180 Abs. 2 AO verwiesen. Auf Feststellungen nach § 180 Abs. 1 Satz 1 AO findet die V zu § 180 Abs. 2 AO keine Anwendung. Zur gesonderten Feststellung bei gleichen Sachverhalten nach der V zu § 180 Abs. 2 AO vgl. BMF-Schreiben vom 2.5.2001, BStBl I S. 256. Zum Verfahren bei der Geltendmachung von Vorsteuerbeträgen aus der Beteiligung an Gesamtobjekten vgl. BMF-Schreiben vom 24.4.1992, BStBl I S. 291. Zur gesonderten Feststellung der Steuerpflicht von Zinsen aus einer Lebensversicherung nach § 9 der V zu § 180 Abs. 2 AO vgl. BMF-Schreiben vom 16.7.2012, BStBl I S. 686[1].

4. Fälle von geringer Bedeutung, in denen eine gesonderte Feststellung entfällt (§ 180 Abs. 3 Nr. 2 AO), sind beispielsweise bei Mieteinkünften von zusammenveranlagten Eheleuten/Lebenspartnern (BFH-Urteil vom 20.1.1976, VIII R 253/71, BStBl II S. 305) und bei dem gemeinschaftlich erzielten Gewinn von Landwirts-Eheleuten/-Lebenspartnern (BFH-Urteil vom 4.7.1985, IV R 136/83, BStBl II S. 576) gegeben, wenn die Einkünfte verhältnismäßig einfach zu ermitteln sind und die Aufteilung feststeht.

Auch bei gesonderten Feststellungen nach § 180 Abs. 1 Satz 1 Nr. 2 Buchstabe b und Nr. 3 AO kann in Fällen von geringer Bedeutung auf die Durchführung eines gesonderten Gewinnfeststellungsverfahrens verzichtet werden (§ 180 Abs. 3 Satz 1 Nr. 2 AO). Ein Fall von geringer Bedeutung kann z. B. vorliegen, wenn dasselbe Finanzamt auch für die Einkommensteuer-Veranlagung zuständig ist (bei Verlegung des Betriebs in den Bezirk des Wohnsitzfinanzamts oder des Wohnsitzes in den Bezirk des Betriebsfinanzamts).

5. Eine Feststellung ist auch zum Zweck der Ermittlung des anzuwendenden Steuersatzes im Falle eines bei der Steuerfestsetzung zu beachtenden Progressionsvorbehaltes und in den Fällen des § 2a EStG vorzunehmen (§ 180 Abs. 5 Nr. 1 AO).

6. Soweit Einkünfte oder andere Besteuerungsgrundlagen nach § 180 Abs. 1 Satz 1 Nr. 2 AO oder nach der V zu § 180 Abs. 2 AO festzustellen sind, sind auch damit in Zusammenhang stehende Steuerabzugsbeträge und Körperschaftsteuer, die auf die Steuer der Feststellungsbeteiligten anzurechnen

[1] Im Anhang 62 abgedruckt.

sind, gesondert festzustellen (§ 180 Abs. 5 Nr. 2 AO). Steuerbescheinigungen sind deshalb nur dem für die gesonderte Feststellung zuständigen Finanzamt vorzulegen.

7. Zur Bindungswirkung der Feststellung nach § 180 Abs. 5 Nr. 2 AO und zur Korrektur der Folgebescheide vgl. § 182 Abs. 1 Satz 2 AO.

§ 181 Verfahrensvorschriften für die gesonderte Feststellung, Feststellungsfrist, Erklärungspflicht (S 0362)

(1) [1]Für die gesonderte Feststellung gelten die Vorschriften über die Durchführung der Besteuerung sinngemäß. [2]Steuererklärung im Sinne des § 170 Absatz 2 Satz 1 Nummer 1 ist die Erklärung zur gesonderten Feststellung. [3]Wird eine Erklärung zur gesonderten Feststellung nach § 180 Absatz 2 ohne Aufforderung durch die Finanzbehörde abgegeben, gilt § 170 Absatz 3 sinngemäß. [4]In den Fällen des § 180 Absatz 1a ist keine Erklärung zur gesonderten Feststellung abzugeben; als Steuererklärung nach § 170 Absatz 2 Satz 1 Nummer 1 gilt in diesem Fall die Steuererklärung, für deren Besteuerungszeitraum der Teilabschlussbescheid unmittelbar Bindungswirkung entfaltet.[1]

(2) [1]Eine Erklärung zur gesonderten Feststellung hat derjenige abzugeben, dem der Gegenstand der Feststellung ganz oder teilweise zuzurechnen ist. [2]Erklärungspflichtig sind insbesondere

1. **in den Fällen des § 180 Absatz 1 Satz 1 Nummer 2 Buchstabe a jeder Feststellungsbeteiligte, dem ein Anteil an den einkommensteuerpflichtigen oder körperschaftsteuerpflichtigen Einkünften zuzurechnen ist;**
2. **in den Fällen des § 180 Absatz 1 Satz 1 Nummer 2 Buchstabe b der Unternehmer;**
3. **in den Fällen des § 180 Absatz 1 Satz 1 Nummer 3 jeder Feststellungsbeteiligte, dem ein Anteil an den Wirtschaftsgütern, Schulden oder sonstigen Abzügen zuzurechnen ist;**
4. **in den Fällen des § 180 Absatz 1 Satz 1 Nummer 2 Buchstabe a und Nummer 3 auch die in § 34 bezeichneten Personen.**

[3]Hat ein Erklärungspflichtiger eine Erklärung zur gesonderten Feststellung abgegeben, sind andere Beteiligte insoweit von der Erklärungspflicht befreit.

(2a) [1]Die Erklärung zur gesonderten Feststellung nach § 180 Absatz 1 Satz 1 Nummer 2 ist nach amtlich vorgeschriebenem Datensatz durch Datenfernübertragung zu übermitteln. [2]Auf Antrag kann die Finanzbehörde zur Vermeidung unbilliger Härten auf eine elektronische Übermittlung verzichten; in diesem Fall ist die Erklärung zur gesonderten Feststellung nach amtlich vorgeschriebenem Vordruck abzugeben und vom Erklärungspflichtigen eigenhändig zu unterschreiben.

(3) [1]Die Frist für die gesonderte Feststellung von Einheitswerten oder von Grundsteuerwerten (Feststellungsfrist) beginnt mit Ablauf des Kalenderjahres, auf dessen Beginn die Hauptfeststellung, die Fortschreibung, die Nachfeststellung oder die Aufhebung eines Einheitswerts oder eines Grundsteuerwerts vorzunehmen ist. [2]Ist eine Erklärung zur gesonderten Feststellung des Einheitswerts oder des Grundsteuerwerts abzugeben, beginnt die Feststellungsfrist mit Ablauf des Kalenderjahres, in dem die Erklärung eingereicht wird, spätestens jedoch mit Ablauf des dritten Kalenderjahres, das auf das Kalenderjahr folgt, auf

[1] Zur Anwendung des § 181 Abs. 1 Satz 4 AO siehe Artikel 97 Abs. 37 EGAO

dessen Beginn die Einheitswertfeststellung oder die Grundsteuerwertfeststellung vorzunehmen oder aufzuheben ist. [3]Wird der Beginn der Feststellungsfrist nach Satz 2 hinausgeschoben, wird der Beginn der Feststellungsfrist für die weiteren Feststellungszeitpunkte des Hauptfeststellungszeitraums jeweils um die gleiche Zeit hinausgeschoben.

(4) In den Fällen des Absatzes 3 beginnt die Feststellungsfrist nicht vor Ablauf des Kalenderjahrs, auf dessen Beginn der Einheitswert oder der Grundsteuerwert erstmals steuerlich anzuwenden ist.

(5) [1]Eine gesonderte Feststellung kann auch nach Ablauf der für sie geltenden Feststellungsfrist insoweit erfolgen, als die gesonderte Feststellung für eine Steuerfestsetzung von Bedeutung ist, für die die Festsetzungsfrist im Zeitpunkt der gesonderten Feststellung noch nicht abgelaufen ist; hierbei bleibt § 171 Abs. 10 außer Betracht. [2]Hierauf ist im Feststellungsbescheid hinzuweisen. [3]§ 169 Abs. 1 Satz 3 gilt sinngemäß.

AEAO zu § 181 - Verfahrensvorschriften für die gesonderte Feststellung, Feststellungsfrist, Erklärungspflicht:

1. Erlass eines Feststellungsbescheids trotz Ablaufs der Feststellungsfrist

1.1 Eine gesonderte und einheitliche Feststellung ist nach § 181 Abs. 5 Satz 1 AO trotz Ablaufs der Feststellungsfrist grundsätzlich auch dann vorzunehmen, wenn bei einzelnen Feststellungsbeteiligten bereits die für den Folgebescheid maßgebliche Festsetzungsfrist abgelaufen ist (vgl. BFH-Urteil vom 27.8.1997, XI R 72/96, BStBl II S. 750). Gleiches gilt für eine gesonderte Feststellung, wenn der Feststellungsbescheid grundsätzlich für mehrere Zeiträume Folgewirkung entfaltet und die für die Folgebescheide maßgebliche Festsetzungsfrist für einen oder mehrere Zeiträume bereits abgelaufen ist.

1.2 In den vorgenannten Fällen muss im Feststellungsbescheid auf seine eingeschränkte Wirkung, nämlich dass die Feststellung nur für noch nicht festsetzungsverjährte Folgebescheide von Bedeutung ist, ausdrücklich hingewiesen werden (Wirkhinweis); andernfalls ist der Feststellungsbescheid wirksam, aber rechtswidrig.

Der Wirkhinweis darf den zeitlichen Geltungsbereich der getroffenen Feststellungen lediglich abstrakt bestimmen. Er darf keine konkrete Zeitangabe zur (vermeintlichen) Verjährung im Folgebescheidsverfahren oder Angaben dazu enthalten, für welche Steuerarten und welche Besteuerungszeiträume (Veranlagungszeiträume) den getroffenen Feststellungen Rechtswirkung zukommen soll. Feststellungen zur Festsetzungsverjährung sind nur im Folgebescheid zu treffen (vgl. BFH-Urteile vom 25.11.2020, II R 3/18, BFH/NV 2021 S. 820, und vom 15.7.2021, II R 38/19, BStBl 2022 II S. 226). Geschieht dies dennoch und ist der Feststellungsbescheid für sich genommen in verjährter Zeit ergangen, ist der Feststellungsbescheid insgesamt rechtswidrig.

Der Wirkhinweis soll dem für den Erlass des Folgebescheids zuständigen Finanzamt und dem Steuerpflichtigen deutlich machen, dass es sich um einen Feststellungsbescheid handelt, der nach Ablauf der Feststellungsfrist ergangen und deshalb nur noch für solche Steuerfestsetzungen bedeutsam ist, bei denen die Festsetzungsfrist noch nicht abgelaufen ist (vgl. BFH-Urteil vom 17.8.1989, IX R 76/88, BStBl 1990 II S. 411).

1.3 Im dreistufigen Feststellungsverfahren (Einheitswert- bzw. Grundsteuerwertfeststellung, Grundsteuer-Messbescheid, Grundsteuerbescheid) wird der Wirkhinweis auf der ersten Stufe (Einheitswert/Grundsteuerwert) unmittelbar auch für die dritte Stufe (Grundsteuerbescheid) erteilt, die zweite Stufe wird übersprungen (vgl. BFH-Urteil vom 25.11.2020, II R 3/18, BFH/NV 2021 S. 820).

2. Anlaufhemmung für die gesonderte Feststellung von Einheitswerten oder Grundsteuerwerten

Die Anlaufhemmung der Feststellungsfrist für die gesonderte Feststellung von Einheitswerten (letztmals auf den 1.1.2024) oder Grundsteuerwerten (erstmals auf den 1.1.2022) nach § 181 Abs. 3 Satz 3 AO ist auch dann anwendbar, wenn zugleich die Voraussetzungen der Anlaufhemmung nach § 181 Abs. 3 Satz 2 AO erfüllt sind. Wird der Beginn der Feststellungsfrist für einen weiteren Feststellungszeitpunkt i. S. d. § 181 Abs. 3 Satz 3 AO mehrfach hinausgeschoben, richtet sich der Beginn der Feststellungsfrist für den weiteren Feststellungszeitpunkt nach der jeweils längsten Anlaufhemmung gem. § 181 Abs. 3 Satz 2 und 3 AO.

§ 182 Wirkungen der gesonderten Feststellung (S 0363)

(1) [1]Feststellungsbescheide sind, auch wenn sie noch nicht unanfechtbar sind, für andere Feststellungsbescheide, für Steuermessbescheide, für Steuerbescheide und für Steueranmeldungen (Folgebescheide) bindend, soweit die in den Feststellungsbescheiden getroffenen Feststellungen für diese Folgebescheide von Bedeutung sind. [2]Dies gilt entsprechend bei Feststellungen nach § 180 Absatz 5 Nummer 2 für Verwaltungsakte, die die Verwirklichung der Ansprüche aus dem Steuerschuldverhältnis betreffen. [3]Wird ein Feststellungsbescheid nach § 180 Absatz 5 Nummer 2 erlassen, aufgehoben oder geändert, ist ein Verwaltungsakt, für den dieser Feststellungsbescheid Bindungswirkung entfaltet, in entsprechender Anwendung des § 175 Absatz 1 Satz 1 Nummer 1 zu korrigieren.

(2) [1]Ein Feststellungsbescheid über einen Einheitswert oder einen Grundsteuerwert nach § 180 Absatz 1 Satz 1 Nummer 1 wirkt auch gegenüber dem Rechtsnachfolger, auf den der Gegenstand der Feststellung nach dem Feststellungszeitpunkt mit steuerlicher Wirkung übergeht. [2]Tritt die Rechtsnachfolge jedoch ein, bevor der Feststellungsbescheid ergangen ist, so wirkt er gegen den Rechtsnachfolger nur dann, wenn er ihm bekannt gegeben wird. [3]Die Sätze 1 und 2 gelten für gesonderte sowie gesonderte und einheitliche Feststellungen von Besteuerungsgrundlagen, die sich erst später auswirken, nach der Verordnung über die gesonderte Feststellung von Besteuerungsgrundlagen nach § 180 Abs. 2 der Abgabenordnung entsprechend.

(3) Erfolgt eine gesonderte Feststellung gegenüber mehreren Beteiligten nach § 179 Absatz 2 Satz 2 einheitlich und ist ein Beteiligter im Feststellungsbescheid unrichtig bezeichnet worden, weil Rechtsnachfolge eingetreten ist, kann dies

durch besonderen Bescheid gegenüber dem Rechtsnachfolger berichtigt werden.

AEAO zu § 182 - Wirkung der gesonderten Feststellung:

1. Ein Feststellungsbescheid über einen Einheitswert oder einen Grundsteuerwert ist nur dann an den Rechtsnachfolger bekannt zu geben, wenn die Rechtsnachfolge eintritt, bevor der Bescheid dem Rechtsvorgänger bekannt gegeben worden ist. War der Bescheid bereits im Zeitpunkt der Rechtsnachfolge bekannt gegeben, wirkt der Bescheid auch gegenüber dem Rechtsnachfolger (dingliche Wirkung, § 182 Abs. 2 AO). Der Rechtsnachfolger kann ihn in diesem Fall nach § 353 AO nur innerhalb der für den Rechtsvorgänger maßgebenden Einspruchsfrist anfechten.
2. § 182 Abs. 2 AO gilt nicht für Gewerbesteuermessbescheide (§ 184 Abs. 1 AO), wohl aber für Grundsteuermessbescheide.
3. Eine Bindung des Haftungsschuldners an den Einheitswertbescheid oder den Grundsteuerwertbescheid ist nicht gegeben.
4. Die wegen Rechtsnachfolge fehlerhafte Bezeichnung eines Beteiligten kann nach § 182 Abs. 3 AO durch einen besonderen Bescheid richtig gestellt werden (Richtigstellungsbescheid). Der Regelungsgehalt des ursprünglichen Bescheids bleibt im Übrigen unberührt. § 182 Abs. 3 AO gilt nicht für Feststellungen nach § 180 Abs. 1 Satz 1 Nr. 2 Buchstabe b AO (vgl. BFH-Urteil vom 12.5.1993, XI R 66/92, BStBl 1994 II S. 5).

§ 183 Empfangsbevollmächtigte bei der einheitlichen Feststellung

(S 0364)

(1) [1]Richtet sich ein Feststellungsbescheid gegen mehrere Personen, die an dem Gegenstand der Feststellung als Gesellschafter oder Gemeinschafter beteiligt sind (Feststellungsbeteiligte), so sollen sie einen gemeinsamen Empfangsbevollmächtigten bestellen, der ermächtigt ist, für sie alle Verwaltungsakte und Mitteilungen in Empfang zu nehmen, die mit dem Feststellungsverfahren und dem anschließenden Verfahren über einen Einspruch zusammenhängen. [2]Ist ein gemeinsamer Empfangsbevollmächtigter nicht vorhanden, so gilt ein zur Vertretung der Gesellschaft oder der Feststellungsbeteiligten oder ein zur Verwaltung des Gegenstands der Feststellung Berechtigter als Empfangsbevollmächtigter. [3]Anderenfalls kann die Finanzbehörde die Beteiligten auffordern, innerhalb einer bestimmten angemessenen Frist einen Empfangsbevollmächtigten zu benennen. [4]Hierbei ist ein Beteiligter vorzuschlagen und darauf hinzuweisen, dass diesem die in Satz 1 genannten Verwaltungsakte und Mitteilungen mit Wirkung für und gegen alle Beteiligten bekannt gegeben werden, soweit nicht ein anderer

Empfangsbevollmächtigter benannt wird. [5]Bei der Bekanntgabe an den Empfangsbevollmächtigten ist darauf hinzuweisen, dass die Bekanntgabe mit Wirkung für und gegen alle Feststellungsbeteiligten erfolgt.

(2) [1]Absatz 1 ist insoweit nicht anzuwenden, als der Finanzbehörde bekannt ist, dass die Gesellschaft oder Gemeinschaft nicht mehr besteht, dass ein Beteiligter aus der Gesellschaft oder der Gemeinschaft ausgeschieden ist oder dass zwischen den Beteiligten ernstliche Meinungsverschiedenheiten bestehen. [2]Ist nach Satz 1 Einzelbekanntgabe erforderlich, so sind dem Beteiligten der Gegenstand der Feststellung, die alle Beteiligten betreffenden Besteuerungsgrundlagen, sein Anteil, die Zahl der Beteiligten und die ihn persönlich betreffenden Besteuerungsgrundlagen bekannt zu geben. [3]Bei berechtigtem Interesse ist dem Beteiligten der gesamte Inhalt des Feststellungsbescheids mitzuteilen.

(3) [1]Ist ein Empfangsbevollmächtigter nach Absatz 1 Satz 1 vorhanden, können Feststellungsbescheide ihm gegenüber auch mit Wirkung für einen in Absatz 2 Satz 1 genannten Beteiligten bekannt gegeben werden, soweit und solange dieser Beteiligte oder der Empfangsbevollmächtigte nicht widersprochen hat. [2]Der Widerruf der Vollmacht wird der Finanzbehörde gegenüber erst wirksam, wenn er ihr zugeht.

(4) Wird eine wirtschaftliche Einheit

1. Ehegatten oder Lebenspartnern oder

2. Ehegatten mit ihren Kindern, Lebenspartnern mit ihren Kindern oder Alleinstehenden mit ihren Kindern

zugerechnet und haben die Beteiligten keinen gemeinsamen Empfangsbevollmächtigten bestellt, so gelten für die Bekanntgabe von Feststellungsbescheiden über den Einheitswert oder den Grundsteuerwert die Regelungen über zusammengefasste Bescheide in § 122 Absatz 7 entsprechend.

AEAO zu § 183 - Empfangsbevollmächtigte bei der einheitlichen Feststellung:

1. Richtet die Finanzbehörde den Feststellungsbescheid an den gemeinsamen Empfangsbevollmächtigten, ist eine Begründung des Bescheids nicht erforderlich, soweit die Finanzbehörde der Feststellungserklärung gefolgt ist und der Empfangsbevollmächtigte die Feststellungserklärung selbst abgegeben oder an ihrer Erstellung mitgewirkt hat (§ 121 Abs. 2 Nr. 1 AO; vgl. AEAO zu § 121, Nr. 2).

2. In den Fällen der Einzelbekanntgabe nach § 183 Abs. 2 Satz 1 AO ist regelmäßig davon auszugehen, dass der betroffene Feststellungsbeteiligte an der Erstellung der Feststellungserklärung nicht mitgewirkt hat. Bei der Bekanntgabe des Feststellungsbescheids sind ihm deshalb die zum Verständnis des Bescheids erforderlichen Grundlagen der gesonderten Feststellung, d. h. insbesondere die Wertermittlung und die Aufteilungsgrundlagen, mitzuteilen (§ 121 Abs. 1 AO).

3. Wegen der Bekanntgabe in Fällen des § 183 AO vgl. AEAO zu § 122, Nrn. 2.5, 3.3.3 und 4.7. Zur Einspruchsbefugnis des gemeinsamen Empfangsbevollmächtigten vgl. AEAO zu § 352.

II. Festsetzung von Steuermessbeträgen

§ 184 Festsetzung von Steuermessbeträgen (S 0365)

(1) [1]Steuermessbeträge, die nach den Steuergesetzen zu ermitteln sind, werden durch Steuermessbescheid festgesetzt. [2]Mit der Festsetzung der Steuermessbeträge wird auch über die persönliche und sachliche Steuerpflicht entschieden. [3]Die Vorschriften über die Durchführung der Besteuerung sind sinngemäß anzuwenden. [4]Ferner sind § 182 Abs. 1 und für Grundsteuermessbescheide auch Abs. 2 und § 183 sinngemäß anzuwenden.

(2) [1]Die Befugnis, Realsteuermessbeträge festzusetzen, schließt auch die Befugnis zu Maßnahmen nach § 163 Absatz 1 Satz 1 ein, soweit für solche Maßnahmen in einer allgemeinen Verwaltungsvorschrift der Bundesregierung, der obersten Bundesfinanzbehörde oder einer obersten Landesfinanzbehörde Richtlinien aufgestellt worden sind. [2]Eine Maßnahme nach § 163 Absatz 1 Satz 2 wirkt, soweit sie die gewerblichen Einkünfte als Grundlage für die Festsetzung der Steuer vom Einkommen beeinflusst, auch für den Gewerbeertrag als Grundlage für die Festsetzung des Gewerbesteuermessbetrags.

(3) [1]Die Finanzbehörden teilen den Inhalt des Steuermessbescheids sowie die nach Absatz 2 getroffenen Maßnahmen den Gemeinden mit, denen die Steuerfestsetzung (der Erlass des Realsteuerbescheids) obliegt. [2]Die Mitteilungen an die Gemeinden erfolgen durch Bereitstellung zum Abruf; § 87a Absatz 8 und § 87b Absatz 1 gelten dabei entsprechend.

AEAO zu § 184 - Festsetzung von Steuermessbeträgen:

Gemeinden sind nicht befugt, Steuermessbescheide anzufechten (vgl. § 40 Abs. 3 FGO); eine Rechtsbehelfsbefugnis der Gemeinden besteht nur im Zerlegungsverfahren (§ 186 Nr. 2 AO). Die Finanzämter sollen aber die steuerberechtigten Gemeinden über anhängige Einspruchsverfahren gegen Realsteuermessbescheide von größerer Bedeutung unterrichten.

3. Unterabschnitt – Zerlegung und Zuteilung

§ 185 Geltung der allgemeinen Vorschriften (S 0366)

Auf die in den Steuergesetzen vorgesehene Zerlegung von Steuermessbeträgen sind die für die Steuermessbeträge geltenden Vorschriften entsprechend anzuwenden, soweit im Folgenden nichts anderes bestimmt ist.

§ 186 Beteiligte (S 0366)

Am Zerlegungsverfahren sind beteiligt:

1. **der Steuerpflichtige,**
2. **die Steuerberechtigten, denen ein Anteil an dem Steuermessbetrag zugeteilt worden ist oder die einen Anteil beanspruchen. [2]Soweit die Festsetzung der Steuer dem Steuerberechtigten nicht obliegt, tritt an seine Stelle die für die Festsetzung der Steuer zuständige Behörde.**

§ 187 Akteneinsicht (S 0366)

Die beteiligten Steuerberechtigten können von der zuständigen Finanzbehörde Auskunft über die Zerlegungsgrundlagen verlangen und durch ihre Amtsträger Einsicht in die Zerlegungsunterlagen nehmen.

§ 188 Zerlegungsbescheid (S 0366)

(1) [1]Über die Zerlegung ergeht ein schriftlicher oder elektronischer Bescheid (Zerlegungsbescheid), der den Beteiligten bekannt zu geben ist, soweit sie betroffen sind. [2]Die Bekanntgabe an Gemeinden erfolgt durch Bereitstellung zum Abruf nach § 122a; eine Einwilligung der Gemeinde ist nicht erforderlich.

(2) [1]Der Zerlegungsbescheid muss die Höhe des zu zerlegenden Steuermessbetrags angeben und bestimmen, welche Anteile den beteiligten Steuerberechtigten zugeteilt werden. [2]Er muss ferner die Zerlegungsgrundlagen angeben.

AEAO zu § 188 - Zerlegungsbescheid:

Dem Steuerpflichtigen ist der vollständige Zerlegungsbescheid bekannt zu geben, während die einzelnen beteiligten Gemeinden nur einen kurzgefassten Bescheid mit den sie betreffenden Daten erhalten müssen.

§ 189 Änderung der Zerlegung (S 0366)

[1]Ist der Anspruch eines Steuerberechtigten auf einen Anteil am Steuermessbetrag nicht berücksichtigt und auch nicht zurückgewiesen worden, so wird die Zerlegung von Amts wegen oder auf Antrag geändert oder nachgeholt. [2]Ist der bisherige Zerlegungsbescheid gegenüber denjenigen Steuerberechtigten, die an dem Zerlegungsverfahren bereits beteiligt waren, unanfechtbar geworden, so dürfen bei der Änderung der Zerlegung nur solche Änderungen vorgenommen werden, die sich aus der nachträglichen Berücksichtigung der bisher übergangenen Steuerberechtigten ergeben. [3]Eine Änderung oder Nachholung der Zerlegung unterbleibt, wenn ein Jahr vergangen ist, seitdem der Steuermessbescheid unanfechtbar geworden ist, es sei denn, dass der übergangene Steuerberechtigte die Änderung oder Nachholung der Zerlegung vor Ablauf des Jahres beantragt hatte.

§ 190 Zuteilungsverfahren (S 0367)

[1]Ist ein Steuermessbetrag in voller Höhe einem Steuerberechtigten zuzuteilen, besteht aber Streit darüber, welchem Steuerberechtigten der Steuermessbetrag zusteht, so entscheidet die Finanzbehörde auf Antrag eines Beteiligten durch Zuteilungsbescheid. [2]Die für das Zerlegungsverfahren geltenden Vorschriften sind entsprechend anzuwenden

4. Unterabschnitt – Haftung

§ 191 Haftungsbescheide, Duldungsbescheide (S 0370)

(1) [1]Wer kraft Gesetzes für eine Steuer haftet (Haftungsschuldner), kann durch Haftungsbescheid, wer kraft Gesetzes verpflichtet ist, die Vollstreckung zu dulden, kann durch Duldungsbescheid in Anspruch genommen werden. [2]Die Anfechtung wegen Ansprüchen aus dem Steuerschuldverhältnis außerhalb des Insolvenzverfahrens erfolgt durch Duldungsbescheid, soweit sie nicht im Wege der Einrede nach § 9 des Anfechtungsgesetzes geltend zu machen ist; bei der Berechnung von Fristen nach den §§ 3 und 4 des Anfechtungsgesetzes steht der Erlass eines Duldungsbescheids der gerichtlichen Geltendmachung der Anfechtung nach § 7 Abs. 1 des Anfechtungsgesetzes gleich. [3]Die Bescheide sind schriftlich oder elektronisch zu erteilen.

(2) Bevor gegen einen Rechtsanwalt, Patentanwalt, Notar, Steuerberater, Steuerbevollmächtigten, Wirtschaftsprüfer oder vereidigten Buchprüfer wegen einer Handlung im Sinne des § 69, die er in Ausübung seines Berufs vorgenommen hat, ein Haftungsbescheid erlassen wird, gibt die Finanzbehörde der zuständigen Berufskammer Gelegenheit, die Gesichtspunkte vorzubringen, die von ihrem Standpunkt für die Entscheidung von Bedeutung sind.

(3) [1]Die Vorschriften über die Festsetzungsfrist sind auf den Erlass von Haftungsbescheiden entsprechend anzuwenden. [2]Die Festsetzungsfrist beträgt vier Jahre, in den Fällen des § 70 bei Steuerhinterziehung zehn Jahre, bei leichtfertiger Steuerverkürzung fünf Jahre, in den Fällen des § 71 zehn Jahre. [3]Die Festsetzungsfrist beginnt mit Ablauf des Kalenderjahrs, in dem der Tatbestand verwirklicht worden ist, an den das Gesetz die Haftungsfolge knüpft. [4]Ist die Steuer, für die gehaftet wird, noch nicht festgesetzt worden, so endet die Festsetzungsfrist für den Haftungsbescheid nicht vor Ablauf der für die Steuerfestsetzung geltenden Festsetzungsfrist; andernfalls gilt § 171 Abs. 10 sinngemäß. [5]In den Fällen der §§ 73 und 74 endet die Festsetzungsfrist nicht, bevor die gegen den Steuerschuldner festgesetzte Steuer verjährt (§ 228) ist.

(4) Ergibt sich die Haftung nicht aus den Steuergesetzen, so kann ein Haftungsbescheid ergehen, solange die Haftungsansprüche nach dem für sie maßgebenden Recht noch nicht verjährt sind.

(5) [1]Ein Haftungsbescheid kann nicht mehr ergehen,

1. **soweit die Steuer gegen den Steuerschuldner nicht festgesetzt worden ist und wegen Ablaufs der Festsetzungsfrist auch nicht mehr festgesetzt werden kann,**
2. **soweit die gegen den Steuerschuldner festgesetzte Steuer verjährt ist oder die Steuer erlassen worden ist.**

[2]Dies gilt nicht, wenn die Haftung darauf beruht, dass der Haftungsschuldner Steuerhinterziehung oder Steuerhehlerei begangen hat.

AEAO zu § 191 - Haftungsbescheide, Duldungsbescheide:

1. Die materiell-rechtlichen Voraussetzungen für den Erlass eines Haftungs- oder Duldungsbescheids ergeben sich aus den §§ 69 bis 77 AO, den Einzelsteuergesetzen oder den zivilrechtlichen Vorschriften (z. B. §§ 25, 128 HGB oder dem AnfG). §§ 93, 227 Abs. 2 InsO schließen eine Haftungsinanspruchnahme nach §§ 69 ff. AO nicht aus (BFH-Urteil vom 2.11.2001, VII B 155/01, BStBl 2002 II S. 73). Der Gesellschafter einer Außen-GbR haftet für Ansprüche aus dem Steuerschuldverhältnis, hinsichtlich deren die GbR Schuldnerin ist, in entsprechender Anwendung des § 128 HGB (vgl. BGH-Urteil vom 29.1.2001, II ZR 331/00, NJW S. 1056); dies gilt auch für Ansprüche, die bei seinem Eintritt in die GbR bereits bestanden (entsprechende Anwendung des § 130 HGB; BGH-Urteil vom 7.4.2003, II ZR 56/02, NJW S. 1803). Nach Ausscheiden haftet der Gesellschafter für die Altschulden in analoger Anwendung des § 160 HGB. Bei Auflösung der Gesellschaft ist § 159 HGB entsprechend anzuwenden (vgl. § 736 Abs. 2 BGB; BFH-Urteil vom 26.8.1997, VII R 63/97, BStBl II S. 745). Für Gesellschafter aller Formen der Außen-GbR, die vor dem 1.7.2003 in die Gesellschaft eingetreten sind, kommt aus Gründen des allgemeinen Vertrauensschutzes eine Haftung nur für solche Ansprüche aus dem Steuerschuldverhältnis in Betracht, die nach ihrem Eintritt in die Gesellschaft entstanden sind. Zum Erlass von Haftungsbescheiden in Spaltungsfällen vgl. AEAO zu § 122, Nr. 2.15.

2. Die Befugnis zum Erlass eines Haftungs- oder Duldungsbescheids besteht auch, soweit die Haftung und Duldung sich auf steuerliche Nebenleistungen erstreckt.

3. Auf den (erstmaligen) Erlass eines Haftungsbescheids sind die Vorschriften über die Festsetzungsfrist (§§ 169 bis 171 AO) entsprechend anzuwenden. Eine Korrektur zugunsten des Haftungsschuldners kann dagegen auch noch nach Ablauf der Festsetzungsfrist erfolgen (BFH-Urteil vom 12.8.1997, VII R 107/96, BStBl 1998 II S. 131).

4. Für die Korrektur von Haftungsbescheiden gelten nicht die für Steuerbescheide maßgeblichen Korrekturvorschriften (§§ 172 ff. AO), sondern die allgemeinen Vorschriften über die Berichtigung, die Rücknahme und den Widerruf von Verwaltungsakten (§§ 129 bis 131 AO). Die Rechtmäßigkeit des Haftungsbescheids richtet sich nach den Verhältnissen im Zeitpunkt seines Erlasses bzw. der entsprechenden Einspruchsentscheidung. Anders als bei der Änderung der Steuerfestsetzung (BFH-Urteil vom 12.8.1997, VII R 107/96, BStBl 1998 II S. 131) berühren Minderungen der dem Haftungsbescheid zugrunde liegenden Steuerschuld durch Zahlungen des Steuerschuldners nach Ergehen einer Einspruchsentscheidung die Rechtmäßigkeit des Haftungsbescheids nicht. Ein rechtmäßiger Haftungsbescheid ist aber zugunsten des Haftungsschuldners zu widerrufen, soweit die ihm zugrunde liegende Steuerschuld später gemindert worden ist.

5. Von der Korrektur eines Haftungsbescheids ist der Erlass eines ergänzenden Haftungsbescheids zu unterscheiden.

5.1 Für die Zulässigkeit eines neben einem bereits bestehenden Haftungsbescheid gegenüber einem bestimmten Haftungsschuldner tretenden weiteren

Haftungsbescheids ist grundsätzlich entscheidend, ob dieser den gleichen Gegenstand regelt wie der bereits ergangene Haftungsbescheid oder ob die Haftungsinanspruchnahme für verschiedene Sachverhalte oder zu verschiedenen Zeiten entstandene Haftungstatbestände erfolgen soll.

Stets zulässig ist es, wegen eines eigenständigen Steueranspruchs (betreffend einen anderen Besteuerungszeitraum oder eine andere Steuerart) einen weiteren Haftungsbescheid zu erlassen, selbst wenn der Steueranspruch bereits im Zeitpunkt der ersten Inanspruchnahme durch Haftungsbescheid entstanden war.

5.2 Die „Sperrwirkung" eines bestandskräftigen Haftungsbescheids gegenüber einer erneuten Inanspruchnahme des Haftungsschuldners besteht nur, soweit es um ein und denselben Sachverhalt geht; sie ist in diesem Sinne nicht zeitraum-, sondern sachverhaltsbezogen (BFH-Beschluss vom 7.4.2005, I B 140/04, BStBl 2006 II S. 530). Der Erlass eines ergänzenden Haftungsbescheids für denselben Sachverhalt ist unzulässig, wenn die zu niedrige Inanspruchnahme auf einer rechtsirrtümlichen Beurteilung des Sachverhalts oder auf einer fehlerhaften Ermessensentscheidung beruhte (vgl. BFH-Urteil vom 25.5.2004, VII R 29/02, BStBl 2005 II S. 3).

Der Erlass eines ergänzenden Haftungsbescheids ist aber zulässig, wenn die Erhöhung der Steuerschuld auf neuen Tatsachen beruht, die das Finanzamt mangels Kenntnis im ersten Haftungsbescheid nicht berücksichtigen konnte (BFH-Urteil vom 15.2.2011, VII R 66/10, BStBl II S. 534).

6. Ein Duldungsbescheid darf nur erlassen werden, wenn der zugrunde liegende Anspruch aus dem Steuerschuldverhältnis festgesetzt, fällig und vollstreckbar ist (BVerwG-Urteil vom 13.2.1987, 8 C 25/85, BStBl 1987 II S. 475). Die nicht bis zum Ende eines Insolvenzverfahrens vom Insolvenzverwalter geltend gemachten Anfechtungsansprüche können nach Maßgabe des § 18 AnfG verfolgt werden. Außerhalb des Insolvenzverfahrens ist wegen Ansprüchen aus dem Steuerschuldverhältnis ein Duldungsbescheid zu erlassen, soweit die Ansprüche nicht im Wege der Einrede nach § 9 AnfG geltend zu machen sind; eine Klage nach dem Anfechtungsgesetz ist ausgeschlossen (BVerwG-Urteil vom 25.1.2017, 9 C 30/15, BStBl 2018 II S. 116).

Ein Duldungsbescheid unterliegt anders als ein Haftungsbescheid keiner eigenständigen Festsetzungsfrist. Ein Duldungsbescheid darf allerdings nicht mehr ergehen, wenn der zugrunde liegende Steueranspruch wegen Festsetzungsverjährung gegenüber dem Steuerschuldner nicht mehr festgesetzt werden kann oder wenn der gegenüber dem Steuerschuldner festgesetzte Steueranspruch durch Zahlungsverjährung, Tilgung oder Erlass erloschen ist.

Für Korrekturen von Duldungsbescheiden gelten die Nrn. 4 und 5 entsprechend.

7. Zur Zahlungsaufforderung bei Haftungsbescheiden vgl. AEAO zu § 219.

8. Unter den Voraussetzungen des § 191 Abs. 2 AO ist vor Erlass eines Haftungsbescheids in den Fällen des § 69 AO der zuständigen Berufskammer - bei Zugehörigkeit zu mehreren Berufskammern jeder dieser Kammern - Ge-

legenheit zur Stellungnahme zu geben. Ohne vorherige Anhörung der zuständigen Berufskammer ist ein Haftungsbescheid rechtswidrig (BFH-Urteil vom 13.5.1998, II R 4/96, BStBl II S. 760). Eine Anhörung kann bis zum Abschluss des Einspruchsverfahrens nachgeholt werden (§ 126 Abs. 1 Nr. 5 AO).

8.1 Die Anhörung der Berufskammer setzt voraus

- dass der Haftungsschuldner im Rahmen eines in § 191 Abs. 2 AO genannten Berufes (z. B. als Rechtsanwalt oder Steuerberater) tätig wurde und
- in dieser Stellung vorsätzlich oder grob fahrlässig ihm auferlegte Pflichten mit der Folge eines Haftungsschadens verletzt hat.

Ist ein Angehöriger der in § 191 Abs. 2 AO genannten Berufe als Insolvenzverwalter, Nachlassverwalter, Testamentsvollstrecker oder in vergleichbarer Weise tätig, handelt er in Ausübung seines Berufs. Soweit z. B. ein Steuerberater dagegen als Geschäftsführer einer Steuerberatungs-GmbH handelt, erfüllt er bei der Wahrnehmung der steuerlichen Pflichten dieser Gesellschaft keine für seinen Beruf spezifische Pflicht, er handelt insoweit nicht in Ausübung seines Berufs als Steuerberater (vgl. BFH-Urteil vom 9.10.1985, I R 154/82, BFH/NV 1986 S. 321).

8.2 Ist eine Anhörung der zuständigen Berufskammer durchzuführen, soll diese erst nach Ablauf der dem Haftungsschuldner gesetzten Anhörungsfrist erfolgen. Der Berufskammer darf nur das mitgeteilt werden, was aus Sicht des Finanzamts für die berufsrechtliche Beurteilung des haftungsrelevanten Sachverhalts durch die Kammer erforderlich ist. Ein Einblick der Kammer in die vollständigen Steuerakten oder deren Übersendung in Kopie ist daher nicht zulässig.

8.3 Die Frist für die Stellungnahme muss angemessen (d. h. grundsätzlich mindestens ein Monat) sein. Wird innerhalb dieser Frist keine Stellungnahme abgegeben, kann nach Ablauf der Frist der Haftungsbescheid ergehen.

8.4 Besteht dringender Handlungsbedarf (z. B. wegen ansonsten eintretender Verjährung), kann der Haftungsbescheid auch vor Ablauf der Anhörungsfrist ergehen.

9. Ein erstmaliger Haftungsbescheid kann wegen Akzessorietät der Haftungsschuld zur Steuerschuld grundsätzlich nicht mehr ergehen, wenn der zugrunde liegende Steueranspruch wegen Festsetzungsverjährung gegenüber dem Steuerschuldner nicht mehr festgesetzt werden darf oder wenn der gegenüber dem Steuerschuldner festgesetzte Steueranspruch durch Zahlungsverjährung oder Erlass erloschen ist (§ 191 Abs. 5 Satz 1 AO). Maßgeblich ist dabei der Steueranspruch, auf den sich die Haftung konkret bezieht. Daher ist bei der Haftung eines Arbeitgebers für zu Unrecht nicht angemeldete und abgeführte Lohnsteuer (§ 42d EStG) auf die vom Arbeitnehmer nach § 38 Abs. 2 EStG geschuldete Lohnsteuer und nicht auf die Einkommensteuer des Arbeitnehmers (§ 25 EStG) abzustellen. Dabei ist für die Berechnung der die Lohnsteuer betreffenden Festsetzungsfrist die Lohnsteuer-Anmeldung des

Arbeitgebers und nicht die Einkommensteuererklärung der betroffenen Arbeitnehmer maßgebend (vgl. BFH-Urteil vom 6.3.2008, VI R 5/05, BStBl II S. 597). Bei der Berechnung der für die Lohnsteuer maßgebenden Festsetzungsfrist sind Anlauf- und Ablaufhemmungen nach §§ 170, 171 AO zu berücksichtigen, soweit sie gegenüber dem Arbeitgeber wirken. Zum Ablauf der Festsetzungsfrist beim Steuerschuldner beachte § 171 Abs. 15 AO.

§ 192 Vertragliche Haftung (S 0371)

Wer sich auf Grund eines Vertrags verpflichtet hat, für die Steuer eines anderen einzustehen, kann nur nach den Vorschriften des bürgerlichen Rechts in Anspruch genommen werden.

AEAO zu § 192 - Vertragliche Haftung:

Aufgrund vertraglicher Haftung (vgl. AEAO zu § 48) ist eine Inanspruchnahme durch Haftungsbescheid nicht zulässig. Eine Verpflichtung zur Inanspruchnahme des vertraglich Haftenden besteht nicht; das Finanzamt entscheidet nach Ermessen.

Vierter Abschnitt – Außenprüfung

1. Unterabschnitt – Allgemeine Vorschriften

§ 193 Zulässigkeit einer Außenprüfung (S 0400)

(1) Eine Außenprüfung ist zulässig bei Steuerpflichtigen, die einen gewerblichen oder land- und forstwirtschaftlichen Betrieb unterhalten, die freiberuflich tätig sind und bei Steuerpflichtigen im Sinne des § 147a.

(2) Bei anderen als den in Absatz 1 bezeichneten Steuerpflichtigen ist eine Außenprüfung zulässig,

1. **soweit sie die Verpflichtung dieser Steuerpflichtigen betrifft, für Rechnung eines anderen Steuern zu entrichten oder Steuern einzubehalten und abzuführen,**
2. **wenn die für die Besteuerung erheblichen Verhältnisse der Aufklärung bedürfen und eine Prüfung an Amtsstelle nach Art und Umfang des zu prüfenden Sachverhalts nicht zweckmäßig ist oder**
3. **wenn ein Steuerpflichtiger seinen Mitwirkungspflichten nach § 12 des Gesetzes zur Abwehr von Steuervermeidung und unfairem Steuerwettbewerb nicht nachkommt.**

AEAO zu § 193 - Zulässigkeit einer Außenprüfung:

1. Eine Außenprüfung ist unabhängig davon zulässig, ob eine Steuer bereits festgesetzt, ob der Steuerbescheid endgültig, vorläufig oder unter dem Vorbehalt der Nachprüfung ergangen ist (BFH-Urteil vom 28.3.1985, IV R 224/83, BStBl II S. 700). Eine Außenprüfung nach § 193 AO kann zur Ermittlung der Steuerschuld sowohl dem Grunde als auch der Höhe nach durchgeführt werden. Der gesamte für die Entstehung und Ausgestaltung eines Steueranspruchs erhebliche Sachverhalt kann Prüfungsgegenstand sein (BFH-Urteil vom 11.12.1991, I R 66/90, BStBl 1992 II S. 595). Dies gilt auch, wenn der Steueranspruch möglicherweise verjährt ist oder aus anderen Gründen nicht mehr durchgesetzt werden kann (BFH-Urteil vom 23.7.1985, VIII R 48/85, BStBl 1986 II S. 433).

2. Die Voraussetzungen für eine Außenprüfung sind auch gegeben, soweit ausschließlich festgestellt werden soll, ob und inwieweit Steuerbeträge hinterzogen oder leichtfertig verkürzt worden sind. Eine sich insoweit gegenseitig ausschließende Zuständigkeit von Außenprüfung und Steuerfahndung besteht nicht (BFH-Urteile vom 4.11.1987, II R 102/85, BStBl 1988 II S. 113, vom 19.9.2001, XI B 6/01, BStBl 2002 II S. 4, und vom 4.10.2006, VIII R 53/04, BStBl 2007 II S. 227). Die Einleitung eines Steuerstrafverfahrens hindert nicht weitere Ermittlungen durch die Außenprüfung unter Erweiterung des Prüfungszeitraums. Dies gilt auch dann, wenn der Steuerpflichtige erklärt, von seinem Recht auf Verweigerung der Mitwirkung Gebrauch zu machen (BFH-Urteil vom 19.8.1998, XI R 37/97, BStBl 1999 II S. 7). Sollte die Belehrung

gem. § 393 Abs. 1 AO unterblieben sein, führt dies nicht zu einem steuerlichen Verwertungsverbot (BFH-Urteil vom 23.1.2002, XI R 10, 11/01, BStBl II S. 328).

3. Eine Außenprüfung ausschließlich zur Erledigung eines zwischenstaatlichen Amtshilfeersuchens (§ 117 AO) durch Auskunftsaustausch in Steuersachen ist nicht zulässig. Zur Erledigung eines solchen Amtshilfeersuchens kann eine Außenprüfung unter den Voraussetzungen des § 193 AO nur bei einem am ausländischen Besteuerungsverfahren Beteiligten durchgeführt werden (z. B. der Wohnsitzstaat ersucht um Prüfung der deutschen Betriebsstätte eines ausländischen Steuerpflichtigen).

4. Eine Außenprüfung nach § 193 Abs. 1 AO ist zulässig zur Klärung der Frage, ob der Steuerpflichtige tatsächlich einen Gewerbebetrieb unterhält, wenn konkrete Anhaltspunkte für eine Steuerpflicht bestehen, d. h. es darf nicht ausgeschlossen sein, dass eine gewerbliche Tätigkeit vorliegt (BFH-Urteile vom 23.10.1990, VIII R 45/88, BStBl 1991 II S. 278, und vom 11.8.1994, IV R 126/91, BStBl II S. 936). Eine Außenprüfung ist solange zulässig, als noch Ansprüche aus dem Steuerschuldverhältnis bestehen (z. B. handelsrechtlich voll beendigte KG: BFH-Urteil vom 1.10.1992, IV R 60/91, BStBl 1993 II S. 82; voll beendigte GbR: BFH-Urteil vom 1.3.1994, VIII R 35/92, BStBl 1995 II S. 241). Zur Begründung der Anordnung einer Außenprüfung nach § 193 Abs. 1 AO genügt der Hinweis auf diese Rechtsgrundlage. Eine Außenprüfung nach § 193 Abs. 1 AO ist bei Steuerpflichtigen i. S. d. § 147a AO für das Jahr, in dem die in § 147a Satz 1 AO bestimmte Grenze von 500.000 € überschritten ist, und für die fünf darauf folgenden Jahre der Aufbewahrungspflicht zulässig. Hat nur ein Ehegatte bzw. Lebenspartner die Grenze von 500.000 € überschritten, ist nur bei diesem eine Außenprüfung nach § 193 Abs. 1 AO zulässig. Beim anderen Ehegatten bzw. Lebenspartner kann ggf. eine Außenprüfung auf § 193 Abs. 2 Nr. 2 AO gestützt werden.

5. § 193 Abs. 2 Nr. 1 AO enthält die Rechtsgrundlage für die Prüfung der Lohnsteuer bei Steuerpflichtigen, die nicht unter § 193 Abs. 1 AO fallen (z. B. Prüfung der Lohnsteuer bei Privatpersonen, die Arbeitnehmer beschäftigt haben).

Eine Außenprüfung nach § 193 Abs. 2 Nr. 2 AO ist bereits dann zulässig, wenn Anhaltspunkte vorliegen, die es nach den Erfahrungen der Finanzverwaltung als möglich erscheinen lassen, dass ein Besteuerungstatbestand erfüllt ist (BFH-Urteil vom 17.11.1992, VIII R 25/89, BStBl 1993 II S. 146). § 193 Abs. 2 Nr. 2 AO kann insbesondere bei Steuerpflichtigen mit umfangreichen und vielgestaltigen Überschusseinkünften zur Anwendung kommen (sofern nicht bereits ein Fall des § 193 Abs. 1 AO vorliegt). Sofern keine konkreten Anhaltspunkte für einen wirtschaftlichen Geschäftsbetrieb oder Zweckbetrieb vorliegen, fällt unter § 193 Abs. 2 Nr. 2 AO auch die Prüfung einer gemeinnützigen Körperschaft zum Zwecke der Anerkennung, Versagung oder Entziehung der Gemeinnützigkeit. Eine auf § 193 Abs. 2 Nr. 2 AO gestützte Prüfungsanordnung muss besonders begründet werden. Die Begründung muss ergeben, dass die gewünschte Aufklärung durch Einzelermittlung an Amtsstelle nicht erreicht werden kann (BFH-Urteil vom 7.11.1985, IV R 6/85, BStBl 1986 II S. 435, und vom 9.11.1994, XI R 16/94, BFH/NV 1995 S. 578).

6. Von der Außenprüfung zu unterscheiden sind Einzelermittlungen eines Außenprüfers nach § 88 AO, auch wenn sie am Ort des Betriebs durchgeführt werden. In diesen Fällen hat er deutlich zu machen, dass verlangte Auskünfte oder sonstige Maßnahmen nicht im Zusammenhang mit der Außenprüfung stehen (BFH-Urteile vom 5.4.1984, IV R 244/83, BStBl II S. 790, vom 2.2.1994, I R 57/93, BStBl II S. 377, und vom 25.11.1997, VIII R 4/94, BStBl 1998 II S. 461). Zur betriebsnahen Veranlagung vgl. AEAO zu § 85, Nr. 2 und 3. Eine Umsatzsteuer-Nachschau gem. § 27b UStG stellt keine Außenprüfung i. S. d. § 193 AO dar. Zum Übergang von einer Umsatzsteuer-Nachschau zu einer Außenprüfung siehe Abschnitt 27b.1 Abs. 9 UStAE.

§ 194 Sachlicher Umfang einer Außenprüfung (S 0401)

(1) [1]Die Außenprüfung dient der Ermittlung der steuerlichen Verhältnisse des Steuerpflichtigen. [2]Sie kann eine oder mehrere Steuerarten, einen oder mehrere Besteuerungszeiträume umfassen oder sich auf bestimmte Sachverhalte beschränken. [3]Die Außenprüfung bei einer Personengesellschaft umfasst die steuerlichen Verhältnisse der Gesellschafter insoweit, als diese Verhältnisse für die zu überprüfenden einheitlichen Feststellungen von Bedeutung sind. [4]Die steuerlichen Verhältnisse anderer Personen können insoweit geprüft werden, als der Steuerpflichtige verpflichtet war oder verpflichtet ist, für Rechnung dieser Personen Steuern zu entrichten oder Steuern einzubehalten und abzuführen; dies gilt auch dann, wenn etwaige Steuernachforderungen den anderen Personen gegenüber geltend zu machen sind.

(2) Die steuerlichen Verhältnisse von Gesellschaftern und Mitgliedern sowie von Mitgliedern der Überwachungsorgane können über die in Absatz 1 geregelten Fälle hinaus in die bei einer Gesellschaft durchzuführende Außenprüfung einbezogen werden, wenn dies im Einzelfall zweckmäßig ist.

(3) Werden anlässlich einer Außenprüfung Verhältnisse anderer als der in Absatz 1 genannten Personen festgestellt, so ist die Auswertung der Feststellungen insoweit zulässig, als ihre Kenntnis für die Besteuerung dieser anderen Personen von Bedeutung ist oder die Feststellungen eine unerlaubte Hilfeleistung in Steuersachen betreffen.

AEAO zu § 194 - Sachlicher Umfang einer Außenprüfung:

1. Im Rahmen einer Außenprüfung nach § 193 Abs. 1 AO können, ohne dass die Voraussetzungen des § 193 Abs. 2 Nr. 2 AO vorliegen müssen, auch Besteuerungsmerkmale überprüft werden, die mit den betrieblichen Verhältnissen des Steuerpflichtigen in keinem Zusammenhang stehen (BFH-Urteil vom 28.11.1985, IV R 323/84, BStBl 1986 II S. 437).

2. § 194 Abs. 1 Satz 3 AO erlaubt die Prüfung der Verhältnisse der Gesellschafter ohne gesonderte Prüfungsanordnung nur insoweit, als sie mit der Personengesellschaft zusammenhängen und für die Feststellungsbescheide von Bedeutung sind. Die Einbeziehung der steuerlichen Verhältnisse der in § 194 Abs. 2 AO bezeichneten Personen in die Außenprüfung bei einer Gesellschaft voraus (BFH-Urteil vom 16.12.1986, VIII R 123/86, BStBl 1987 II S. 248).

3. Eine Außenprüfung kann zur Erledigung eines zwischenstaatlichen Rechts- und Amtshilfeersuchens (§ 117 AO) unter den Voraussetzungen des § 193 AO nur bei einem in einem ausländischen Besteuerungsverfahren Steuerpflichtigen, nicht aber zur Feststellung der steuerlichen Verhältnisse bei einer anderen Person durchgeführt werden (z. B. zur Erledigung eines Ersuchens um Prüfung einer im Bundesgebiet belegenen Firma, die im ersuchenden Staat als Zollbeteiligte auftritt, oder einer deutschen Betriebsstätte eines ausländischen Steuerpflichtigen). Ermittlungen sind i. V. m. einer Außenprüfung möglich, die aus anderen Gründen durchgeführt wird.

4. Soll der Prüfungszeitraum in den Fällen des § 4 Abs. 3 BpO mehr als drei zusammenhängende Besteuerungszeiträume umfassen oder nachträglich erweitert werden, muss die Begründung der Prüfungsanordnung die vom Finanzamt angestellten Ermessenserwägungen erkennen lassen (BFH-Urteil vom 4.2.1988, V R 57/83, BStBl II S. 413). Der Prüfungszeitraum darf zur Überprüfung vortragsfähiger Verluste auch dann auf die Verlustentstehungsjahre ausgedehnt werden, wenn der aus diesen Zeiträumen verbleibende Verlustabzug gem. § 10d Abs. 3 EStG (heute: Abs. 4) festgestellt worden ist (BFH-Beschluss vom 5.4.1995, I B 126/94, BStBl II S. 496). Bei einer Betriebsaufgabe schließt der Prüfungszeitraum mit dem Jahr der Betriebseinstellung ab (BFH-Urteil vom 24.8.1989, IV R 65/88, BStBl 1990 II S. 2). Bei einer Außenprüfung nach § 193 Abs. 2 Nr. 2 AO ist § 4 Abs. 3 BpO nicht anwendbar. Für jeden Besteuerungszeitraum, der in die Außenprüfung einbezogen werden soll, müssen die besonderen Voraussetzungen des § 193 Abs. 2 Nr. 2 AO vorliegen (BFH-Urteil vom 18.10.1994, IX R 128/92, BStBl 1995 II S. 291).

5. Eine Außenprüfung darf nicht allein zu dem Zwecke durchgeführt werden, die steuerlichen Verhältnisse dritter Personen zu erforschen (BFH-Urteil vom 18.2.1997, VIII R 33/95, BStBl II S. 499).

6. Die Finanzbehörden können Kontrollmitteilungen ins Ausland insbesondere dann versenden, wenn dies ohne besonderen Aufwand möglich ist und höhere Interessen des Steuerpflichtigen nicht berührt werden (BFH-Beschluss vom 8.2.1995, I B 92/94, BStBl II S. 358). Zu Auskünften der Finanzbehörden an ausländische Staaten ohne Ersuchen (Spontanauskünfte) wird auf Tz. 6 des Merkblatts zur zwischenstaatlichen Amtshilfe durch Informationsaustausch in Steuersachen (BMF-Schreiben vom 23.11.2015, BStBl I S. 928)[1] hingewiesen. Zu Amtshilfeersuchen ausländischer Staaten vgl. AEAO zu § 193, Nr. 3.

7. Wird beabsichtigt im Rahmen der Außenprüfung eines Berufsgeheimnisträgers Kontrollmitteilungen (§ 194 Abs. 3 AO) zu fertigen, ist der Steuerpflichtige hierüber rechtzeitig vorher zu informieren (BFH-Urteil vom 8.4.2008, VIII R 61/06, BStBl 2009 II S. 579).

[1] Im Anhang 53 abgedruckt.

§ 195 Zuständigkeit (S 0402)

[1]Außenprüfungen werden von den für die Besteuerung zuständigen Finanzbehörden durchgeführt. [2]Sie können andere Finanzbehörden mit der Außenprüfung beauftragen. [3]Die beauftragte Finanzbehörde kann im Namen der zuständigen Finanzbehörde die Steuerfestsetzung vornehmen und verbindliche Zusagen (§§ 204 bis 207) erteilen.

AEAO zu § 195 - Zuständigkeit:

Bei Beauftragung nach § 195 Satz 2 AO kann die beauftragende Finanzbehörde die Prüfungsanordnung selbst erlassen oder eine andere Finanzbehörde zum Erlass der Prüfungsanordnung ermächtigen. Mit der Ermächtigung bestimmt die beauftragende Finanzbehörde den sachlichen Umfang (§ 194 Abs. 1 AO) der Außenprüfung, insbesondere sind die zu prüfenden Steuerarten und der Prüfungszeitraum anzugeben. Aus der Prüfungsanordnung müssen sich die Gründe für die Beauftragung ergeben (BFH-Urteile vom 10.12.1987, IV R 77/86, BStBl 1988 II S. 322, und vom 21.4.1993, X R 112/91, BStBl II S. 649). Zur Erteilung einer verbindlichen Zusage im Anschluss an eine Auftragsprüfung vgl. AEAO zu § 204, Nr. 2. Ändert sich die Zuständigkeit nach Bekanntgabe der Prüfungsanordnung, ist die Außenprüfung auf der Grundlage der bereits ergangenen Prüfungsanordnung vom neu zuständigen Finanzamt fortzuführen. Die Prüfungsanordnung ist nicht aufzuheben, sondern durch Benennung des Namens des neuen Betriebsprüfers zu ergänzen. Unter den Voraussetzungen des § 26 AO kann die Außenprüfung von dem bisher zuständigen Finanzamt fortgeführt werden. Die nach § 195 Satz 2 AO beauftragte Behörde hat über den Einspruch gegen eine von ihr erlassene Prüfungsanordnung zu entscheiden (BFH-Urteil vom 18.11.2008, VIII R 16/07, BStBl 2009 II S. 507).

§ 196 Prüfungsanordnung (S 0403)

Die Finanzbehörde bestimmt den Umfang der Außenprüfung in einer schriftlich oder elektronisch zu erteilenden Prüfungsanordnung mit Rechtsbehelfsbelehrung nach § 356.

AEAO zu § 196 - Prüfungsanordnung:

1. Zur Begründung einer Anordnung einer Außenprüfung nach § 193 Abs. 1 AO genügt der Hinweis auf diese Rechtsgrundlage. Die Prüfungsanordnung (§ 5 Abs. 2 Satz 1 BpO), die Festlegung des Prüfungsbeginns (BFH-Urteil vom 18.12.1986, I R 49/83, BStBl 1987 II S. 408) und des Prüfungsorts (BFH-Urteil vom 24.2.1989, III R 36/88, BStBl II S. 445) sind selbständig anfechtbare Verwaltungsakte i. S. d. § 118 AO (BFH-Urteil vom 25.1.1989, X R 158/87, BStBl II S. 483). Gegen die Bestimmung des Betriebsprüfers ist grundsätzlich kein Rechtsbehelf gegeben (BFH-Beschluss vom 15.5.2009, IV B 3/09, BFH/NV S. 1401). Darüber hinaus können mit der Prüfungsanordnung weitere nicht selbständig anfechtbare prüfungsleitende Bestimmungen (§ 5 Abs. 3 BpO) verbunden werden. Ein Einspruch gegen die Prüfungsanordnung hat keine aufschiebende Wirkung (§ 361 Abs. 1 Satz 1 AO); vorläufiger Rechtsschutz kann erst durch Aussetzung der Vollziehung nach § 361 AO, § 69 FGO gewährt werden (BFH-Beschluss vom 17.9.1974, VII B 122/73, BStBl 1975 II

S. 197). Über Anträge auf Aussetzung der Vollziehung ist unverzüglich zu entscheiden; Nr. 3 des AEAO zu § 361 gilt sinngemäß.

2. Rechtswidrig erlangte Außenprüfungsergebnisse dürfen nur dann nicht verwertet werden, wenn der Steuerpflichtige erfolgreich gegen die Prüfungsanordnung der betreffenden Prüfungsmaßnahme vorgegangen ist (BFH-Urteil vom 27.7.1983, I R 210/79, BStBl 1984 II S. 285). Wenn die Prüfungsfeststellungen bereits Eingang in Steuerbescheide gefunden haben, muss der Steuerpflichtige auch diese Bescheide anfechten, um ein steuerliches Verwertungsverbot zu erlangen (BFH-Urteil vom 16.12.1986, VIII R 123/86, BStBl 1987 II S. 248). Feststellungen, deren Anordnung rechtskräftig für rechtswidrig erklärt wurden, unterliegen einem Verwertungsverbot (BFH-Urteil vom 14.8.1985, I R 188/82, BStBl 1986 II S. 2). Dies gilt nicht, wenn die bei der Prüfung ermittelten Tatsachen bei einer erstmaligen oder einer unter dem Vorbehalt der Nachprüfung stehenden Steuerfestsetzung verwertet wurden und lediglich formelle Rechtsfehler vorliegen (BFH-Urteile vom 10.5.1991, V R 51/90, BStBl II S. 825, und vom 25.11.1997, VIII R 4/94, BStBl 1998 II S. 461).

3. Ist eine Prüfungsanordnung aus formellen Gründen durch das Gericht oder die Finanzbehörde aufgehoben oder für nichtig erklärt worden, so kann eine erneute Prüfungsanordnung (Wiederholungsprüfung) unter Vermeidung des Verfahrensfehlers erlassen werden (BFH-Urteile vom 20.10.1988, IV R 104/86, BStBl 1989 II S. 180, und vom 24.8.1989, IV R 65/88, BStBl 1990 II S. 2). Für die Durchführung der Wiederholungsprüfung ist es regelmäßig geboten, einen anderen Prüfer mit der Prüfung zu beauftragen, der in eigener Verantwortung bei Durchführung der Prüfung ein selbständiges Urteil über die Erfüllung der steuerlichen Pflichten durch den Steuerpflichtigen gewinnt (BFH-Urteil vom 20.10.1988, IV R 104/86, BStBl 1989 II S. 180).

4. Die Anordnung einer Außenprüfung für einen bereits geprüften Zeitraum (Zweitprüfung) ist grundsätzlich zulässig (BFH-Urteil vom 24.1.1989, VII R 35/86, BStBl II S. 440).

5. Der Umfang der Ablaufhemmung nach § 171 Abs. 4 AO und der Sperrwirkung nach § 173 Abs. 2 AO bestimmt sich nach dem in der Prüfungsanordnung festgelegten Prüfungsumfang (BFH-Urteile vom 18.7.1991, V R 54/87, BStBl II S. 824, und vom 25.1.1996, V R 42/95, BStBl II S. 338). Es bedarf keiner neuen Prüfungsanordnung, wenn die Prüfung unmittelbar nach Beginn für mehr als sechs Monate unterbrochen und vor Ablauf der Festsetzungsfrist zügig beendet wird (BFH-Urteil vom 13.2.2003, IV R 31/01, BStBl II S. 552).

6. Nehmen Außenprüfer an steuerstraf- oder bußgeldrechtlichen Ermittlungen der Steuerfahndung teil, ist insoweit keine Prüfungsanordnung nach § 196 AO zu erlassen (vgl. Nr. 125 AStBV (St)[1]).

[1] Im Anhang 76 abgedruckt.

§ 197 Bekanntgabe der Prüfungsanordnung (S 0403)

(1) [1]Die Prüfungsanordnung sowie der voraussichtliche Prüfungsbeginn und die Namen der Prüfer sind dem Steuerpflichtigen, bei dem die Außenprüfung durchgeführt werden soll, angemessene Zeit vor Beginn der Prüfung bekannt zu geben, wenn der Prüfungszweck dadurch nicht gefährdet wird. [2]Der Steuerpflichtige kann auf die Einhaltung der Frist verzichten. [3]Soll die Prüfung nach § 194 Abs. 2 auf die steuerlichen Verhältnisse von Gesellschaftern und Mitgliedern sowie von Mitgliedern der Überwachungsorgane erstreckt werden, so ist die Prüfungsanordnung insoweit auch diesen Personen bekannt zu geben.

(2) Auf Antrag der Steuerpflichtigen soll der Beginn der Außenprüfung auf einen anderen Zeitpunkt verlegt werden, wenn dafür wichtige Gründe glaubhaft gemacht werden.

(3) [1]Mit der Prüfungsanordnung kann die Vorlage von aufzeichnungs- oder aufbewahrungspflichtigen Unterlagen innerhalb einer angemessenen Frist verlangt werden. Sind diese Unterlagen mit Hilfe eines Datenverarbeitungssystems erstellt worden, sind die Daten in einem maschinell auswertbaren Format an die Finanzbehörde zu übertragen. [2]Im Übrigen bleibt § 147 Absatz 6 unberührt.

(4) Sind Unterlagen nach Absatz 3 vorgelegt worden, sollen dem Steuerpflichtigen die beabsichtigten Prüfungsschwerpunkte der Außenprüfung mitgeteilt werden. Die Nennung von Prüfungsschwerpunkten stellt keine Einschränkung der Außenprüfung auf bestimmte Sachverhalte nach § 194 dar.

(5) [1]Ist Grundlage der Außenprüfung ein Steuerbescheid, der aufgrund einer in § 149 Absatz 3 genannten Steuererklärung erlassen wurde, soll die Prüfungsanordnung bis zum Ablauf des Kalenderjahres erlassen werden, das auf das Kalenderjahr folgt, in dem der Steuerbescheid wirksam geworden ist. [2]Wird die Prüfungsanordnung aus Gründen, die die Finanzbehörde zu vertreten hat, zu einem späteren Zeitpunkt bekanntgegeben, beginnt die Frist nach § 171 Absatz 4 Satz 3 erster Halbsatz mit Ablauf des Kalenderjahres, das auf das Kalenderjahr folgt, in dem der in Satz 1 bezeichnete Steuerbescheid wirksam geworden ist. [3]Erstreckt sich die Außenprüfung zugleich auf mehrere Steuerbescheide, sind die Sätze 1 und 2 mit der Maßgabe anzuwenden, dass der Zeitpunkt des Wirksamwerdens des zuletzt ergangenen Steuerbescheids einheitlich maßgeblich ist[1].

AEAO zu § 197 - Bekanntgabe der Prüfungsanordnung:

Inhaltsübersicht

[1] Zur Anwendung des § 197 Abs. 5 AO siehe Artikel 97 § 37 EGAO

6. Juristische Personen

7. Insolvenzfälle

8. Gesamtrechtsnachfolge in Erbfällen

9. Umwandlungen

1. Allgemeines

Nach Nr. 1.1.4 des AEAO zu § 122 gelten die Grundsätze über die Bekanntgabe von Steuerbescheiden für Prüfungsanordnungen entsprechend, soweit nicht nachfolgend abweichende Regelungen getroffen sind.

2. Bekanntgabe von Prüfungsanordnungen

Beim Erlass einer Prüfungsanordnung sind festzulegen:

- An wen sie sich richtet (Nr. 2.1 des AEAO zu § 197 - Inhaltsadressat),
- wem sie bekannt gegeben werden soll (Nr. 2.2 des AEAO zu § 197 - Bekanntgabeadressat),
- welcher Person sie zu übermitteln ist (Nr. 2.3 des AEAO zu § 197 - Empfänger).

2.1. Inhaltsadressat/Prüfungssubjekt

Das ist derjenige, an den sich die Prüfungsanordnung richtet und dem aufgegeben wird, die Außenprüfung in dem in der Anordnung näher beschriebenen Umfang zu dulden und bei ihr mitzuwirken: „Prüfung bei...".

2.2. Bekanntgabeadressat

Das ist die Person/Personengruppe, der die Prüfungsanordnung bekannt zu geben ist. Der Bekanntgabeadressat ist regelmäßig mit dem Prüfungssubjekt identisch; soweit die Bekanntgabe an das Prüfungssubjekt nicht möglich oder nicht zulässig ist, kommen Dritte als Bekanntgabeadressaten in Betracht (z. B. Eltern eines minderjährigen Kindes, Geschäftsführer einer nicht rechtsfähigen Personenvereinigung, Liquidator).

In allen Fällen, in denen der Bekanntgabeadressat nicht personenidentisch ist mit dem Prüfungssubjekt, ist ein erläuternder Zusatz in die Prüfungsanordnung aufzunehmen, aus dem der Grund für die Anordnung beim Bekanntgabeadressaten erkennbar wird.

Beispiel:

Die Prüfungsordnung ergeht an Sie als

„Alleinerbin und Gesamtrechtsnachfolgerin nach Ihrem verstorbenen Ehemann" (bei Erbfall; vgl. AEAO zu § 197, Nr. 8)

„Nachfolgerin der Fritz KG" (bei gesellschaftsrechtlicher Umwandlung; vgl. AEAO zu § 197, Nr. 9)

2.3. Empfänger

Das ist derjenige, dem die Prüfungsanordnung tatsächlich zugehen soll, damit sie durch Bekanntgabe wirksam wird. I. d. R. ist dies der Bekanntgabeadressat. Es kann jedoch auch eine andere Person sein (vgl. AEAO zu § 122, Nrn. 1.5.2 und 1.7). Der Empfänger ist im Anschriftenfeld der Prüfungsanordnung mit seinem Namen und der postalischen Anschrift zu bezeichnen. Ist der Empfänger nicht identisch mit dem Prüfungssubjekt, muss in einem ergänzenden Zusatz im Text der Prüfungsanordnung darauf hingewiesen werden, „bei wem" die Prüfung stattfinden soll (d. h. namentliche Benennung des Prüfungssubjekts).

2.4. Übermittlung an Bevollmächtigte (§§ 80 Abs. 1, 122 Abs. 1 Satz 3 AO)

Zur Bekanntgabe an einen Bevollmächtigten vgl. AEAO zu § 122, Nr. 1.7.

Beispiel:

Anschrift:

Herrn Steuerberater Klaus Schulz, ...

Text:

„... ordne ich an, dass bei Ihrem Mandanten Anton Huber, ... eine Prüfung durchgeführt wird."

3. Bekanntgabe von Prüfungsanordnungen an Ehegatten bzw. Lebenspartner

Prüfungsanordnungen gegen beide Ehegatten bzw. Lebenspartner können ggf. in einer Verfügung zusammengefasst werden. Auf die Regelung des AEAO zu § 122, Nr. 2.1 wird verwiesen. In einem Zusatz muss dann jedoch erläutert werden, für welche Steuerarten bei welchem Prüfungssubjekt die Außenprüfung vorgesehen ist.

Aus Gründen der Klarheit und Übersichtlichkeit sollten getrennte Prüfungsanordnungen an Ehegatten bzw. Lebenspartner bevorzugt werden. Generell müssen die Prüfungen getrennt angeordnet werden, wenn beide Ehegatten bzw. Lebenspartner unternehmerisch (jedoch nicht gemeinschaftlich) tätig sind.

4. Bekanntgabe an gesetzliche Vertreter natürlicher Personen

Vgl. AEAO zu § 122, Nr. 2.2.

Beispiel:

Anschrift:

Herrn Steuerberater Klaus Schulz

Text:

„ ... ordne ich an, dass bei Ihrem Mandanten Benjamin Müller ..."

Zusatz:

„... ergeht an Sie für Frau Felicitas Müller und Herrn Felix Müller, ggf. Anschrift, als gesetzliche Vertreter ihres minderjährigen Sohnes Benjamin Müller, ggf. Anschrift."

5. Personengesellschaften (Gemeinschaften)

Bei Prüfungsanordnungen an Personengesellschaften und Gemeinschaften sind Unterscheidungen nach der Rechtsform, nach der zu prüfenden Steuerart und ggf. nach der Einkunftsart vorzunehmen. Wegen der Unterscheidung zwischen Personenhandelsgesellschaften und sonstigen nicht rechtsfähigen Personenvereinigungen wird auf Nr. 2.4.1.2 des AEAO zu § 122 verwiesen.

5.1. Personenhandelsgesellschaften

Vgl. AEAO zu § 122, Nr. 2.4.1.1. Dies gilt auch für die Bekanntgabe von Prüfungsanordnungen an Personenhandelsgesellschaften bei gesonderter und einheitlicher Feststellung der Einkünfte aus Gewerbebetrieb. Es ist nicht erforderlich, der Prüfungsanordnung eine Anlage beizufügen, in der die Feststellungsbeteiligten aufgeführt sind.

5.2. Sonstige nicht rechtsfähige Personenvereinigungen

Als Steuerpflichtige i. S. d. § 193 Abs. 1 AO, bei der eine Außenprüfung zulässig ist, kommt auch eine nicht rechtsfähige Personenvereinigung in Betracht (BFH-Urteil vom 16.11.1989, IV R 29/89, BStBl 1990 II S. 272).

Die Personenvereinigung hat i.d.R. formal keinen eigenen Namen und muss als Prüfungssubjekt durch die Angabe aller Gesellschafter charakterisiert werden. Ist die Bezeichnung der Gesellschafter durch die Aufzählung aller Namen im Vordrucktext der Anordnung aus technischen Gründen nicht möglich, können neben einer Kurzbezeichnung im Text der Prüfungsanordnung in einer Anlage die einzelnen Gesellschafter (ggf. mit Anschrift) aufgeführt werden.

Die Prüfungsanordnung muss aber nicht nur für die nicht rechtsfähige Personenvereinigung bestimmt und an sie adressiert sein, sie muss ihr auch bekannt gegeben werden. Die Bekanntgabe hat an die vertretungsberechtigten Gesellschafter zu erfolgen. Grundsätzlich sind das alle Gesellschafter (z. B. bei einer GbR nach §§ 709, 714 BGB), es sei denn, es liegt eine abweichende gesellschaftsvertragliche Regelung vor. Nach § 6 Abs. 3 VwZG ist es jedoch zulässig, die Prüfungsanordnung nur einem der Gesellschafter bekannt zu geben (BFH-Urteil vom 18.10.1994, IX R 128/92, BStBl 1995 II S. 291). Das gilt selbst in den Fällen, in denen auf Grund gesellschaftsvertraglicher Regelungen mehrere Personen zur Geschäftsführung bestellt sind.

5.2.1 Nicht rechtsfähige Personenvereinigungen mit Gewinneinkünften

Wird die Prüfung der Feststellung der Einkünfte (Gewinneinkünfte) angeordnet, ist die Prüfungsanordnung an die Personenvereinigung als Prüfungssubjekt zu richten und nicht gegen deren Gesellschafter (BFH-Urteil vom 16.11.1989, IV R 29/89, BStBl 1990 II S. 272).

Führt eine nicht rechtsfähige Personenvereinigung ausnahmsweise einen geschäftsüblichen Namen, unter dem sie am Rechtsverkehr teilnimmt, gilt Nr.

2.4.1.2 des AEAO zu § 122 auch hinsichtlich der Prüfungsanordnung zur gesonderten und einheitlichen Gewinnfeststellung entsprechend.

Wurde ein gemeinsamer Empfangsbevollmächtigter bestellt, kann auch ihm die Anordnung zur Prüfung der Gewinneinkünfte bekannt gegeben werden. Bei Bekanntgabe der Prüfungsanordnung an nur einen zur Vertretung aller übrigen Beteiligten vertretungsberechtigten Gesellschafter oder an einen Empfangsbevollmächtigten ist auf dessen Funktion als Bekanntgabeempfänger mit Wirkung für alle Beteiligten hinzuweisen.

5.2.2 Nicht rechtsfähige Personenvereinigungen mit Überschusseinkünften

Wird die Prüfung der Feststellung der Einkünfte (z. B. aus Vermietung und Verpachtung), des Vermögens und der Schulden bei einer Gesellschaft bürgerlichen Rechts oder bei einer Gemeinschaft (z. B. Grundstücksgemeinschaft) angeordnet, ist die nicht rechtsfähige Personenvereinigung als Grundstücksgesellschaft oder Bauherrengemeinschaft insoweit nicht selbst Prüfungssubjekt (BFH-Urteile vom 25.9.1990, IX R 84/88, BStBl 1991 II S. 120, und vom 18.10.1994, IX R 128/92, BStBl 1995 II S. 291). Vielmehr ist der einzelne Gesellschafter der Träger der steuerlichen Rechte und Pflichten (§ 33 Abs. 1 AO). Eine Prüfungsanordnung für die gesonderte und einheitliche Feststellung der Einkünfte aus Vermietung und Verpachtung bzw. die Feststellung des Vermögens und der Schulden ist an jeden Gesellschafter zu richten und auch diesem bekannt zu geben (für Gemeinschaften: BFH-Urteil vom 10.11.1987, VIII R 94/87, BFH/NV 1988 S. 214).

Eine Personenvereinigung unterliegt der Außenprüfung und ist Prüfungssubjekt nur insoweit, als sie - wie z. B. bei der Umsatzsteuer - selbst Steuerschuldnerin ist (BFH-Urteil vom 18.10.1994, IX R 128/92, BStBl 1995 II S. 291). In den Fällen, in denen bei einer nicht rechtsfähigen Personenvereinigung mit Überschusseinkünften neben der Feststellung der Einkünfte und der Feststellung des Vermögens und der Schulden auch die Umsatzsteuer Prüfungsgegenstand ist, sind daher zwei Prüfungsanordnungen zu erlassen:

- an die Gemeinschaft/Gesellschaft hinsichtlich der Umsatzsteuer;
- an die Gemeinschafter/Gesellschafter hinsichtlich der Feststellung der Einkünfte und der Feststellung des Vermögens und der Schulden.

5.2.3 Nichtrechtsfähige Personenvereinigungen mit Überschusseinkünften i. Z. m. gesonderten Feststellungen für Zwecke der Erbschaft- und Schenkungsteuer nach § 151 BewG

Bei gesonderten Feststellungen für Zwecke der Erbschaft- und Schenkungsteuer kann auch die nichtrechtsfähige Personenvereinigung mit Überschusseinkünften selbst Inhaltsadressat der Prüfungsanordnung sein.

Zur Ermittlung der Besteuerungsgrundlagen ist nach § 156 BewG eine Außenprüfung bei den Beteiligten i. S. d. § 154 Abs. 1 BewG zulässig. Die Beteiligtenstellung einer Personenvereinigung kann daraus folgen, dass sie zur Abgabe einer Feststellungserklärung aufgefordert wurde (§ 154 Abs. 1 Nr. 2 BewG). Der Anteil am Wert der in § 151 Abs. 1 Satz 1 Nr. 4 BewG genannten

Vermögensgegenstände und Schulden, die mehreren Personen zustehen, ist gesondert festzustellen. Die Aufforderung zur Abgabe einer Feststellungserklärung richtet sich gem. § 153 Abs. 2 BewG an die Personenvereinigung selbst, die dadurch Beteiligte wird. Sie ist dann als Prüfungssubjekt auch Inhaltsadressat der entsprechenden Prüfungsanordnung.

Eine Prüfung zur gesonderten Feststellung nach § 156 BewG kann auch in Kombination mit einer auf § 193 AO gestützten Prüfung erfolgen. Eine ausschließlich auf § 156 BewG gestützte Außenprüfung darf sich jedoch nur auf die Feststellungen erstrecken, die für die Erbschaft-/Schenkungsteuer oder eine andere Feststellung i. S. d. § 151 Abs. 1 BewG maßgeblich sind. Das hat zur Folge, dass im Rahmen der Betriebsprüfung nur die sachliche Richtigkeit und Vollständigkeit der festgestellten Besteuerungsgrundlagen ermittelt bzw. überprüft werden dürfen.

5.3 Sonderfälle

Dient die Außenprüfung u. a. der Feststellung, welche Art von Einkünften die Gesellschafter einer nicht rechtsfähigen Personenvereinigung erzielen, kann die Prüfungsanordnung nach Maßgabe sämtlicher in Betracht kommenden Einkunftsarten ausgerichtet werden. Kommen danach Gewinneinkünfte ernsthaft in Betracht, ist die Personenvereinigung - gestützt auf die Rechtsgrundlage des § 193 Abs. 1 AO - Prüfungssubjekt und die Prüfungsanordnung der Gesellschaft bekanntzugeben. Eine solche Prüfungsanordnung entfaltet jedoch nur in Bezug auf Gewinneinkünfte eine den Ablauf der Feststellungsfrist hemmende Wirkung (BFH-Urteil vom 27.10.2020, IX R 16/19, BStBl 2023 II S. 95). Ist die Einkunftsart noch ungewiss, müssen zur Vermeidung eines Verjährungseintritts zusätzlich für die Überschusseinkünfte Außenprüfungen bei den Gesellschaftern durchgeführt werden. Die Prüfungsanordnung ist sodann auf § 193 Abs. 2 Nr. 2 AO zu stützen und an die Gesellschafter zu richten sowie bekanntzugeben. Ist nicht die Qualifizierung der Einkünfte, sondern die Existenz der nichtrechtsfähigen Personenvereinigung selbst im Streit, muss sich die Prüfungsanordnung gegen die mutmaßlichen Gesellschafter richten (BFH-Urteil vom 8.3.1988, VIII R 220/85, BFH/NV S. 758). Sie ist jedem Beteiligten der mutmaßlichen Personenvereinigung gesondert bekanntzugeben. Liegen konkrete Anhaltspunkte vor, dass die vermutete Gemeinschaft/Gesellschaft tatsächlich einen gewerblichen oder land- und forstwirtschaftlichen Betrieb unterhalten hat bzw. freiberuflich tätig geworden ist, genügt in der Prüfungsanordnung ein Hinweis auf § 193 Abs. 1 AO (BFH-Urteil vom 23.10.1990, VIII R 45/88, BStBl 1991 II S. 278). Ansonsten ist die Prüfungsanordnung auf § 193 Abs. 2 Nr. 2 AO zu stützen und besonders zu begründen.

5.4 Arbeitsgemeinschaften

Ist eine Arbeitsgemeinschaft (ARGE) als Prüfungssubjekt zu prüfen, ist die Prüfungsanordnung an das in der ARGE geschäftsführende Unternehmen als Bevollmächtigtem postalisch bekannt zu geben (vgl. AEAO zu § 122, Nr. 2.4.1.2).

5.5 Atypisch stille Gesellschaften

Da die atypisch stille Gesellschaft nicht selbst Steuerschuldnerin ist, ist eine Prüfungsanordnung an den Inhaber des Handelsgeschäfts zu richten (vgl. AEAO zu § 122, Nr. 2.4.1). Hinsichtlich der gesonderten und einheitlichen Gewinnfeststellung ist eine Prüfungsanordnung ihrem Inhalt nach im Regelfall ebenfalls nicht an die atypisch stille Gesellschaft, sondern regelmäßig an jeden Gesellschafter (Prüfungssubjekt) zu richten und diesem auch bekannt zu geben.

Beispiel:

Anschrift:

a) Bauunternehmung Müller GmbH — Geschäftsinhaber

b) Herrn Josef Meier — atyp. stiller Gesellschafter

(zwei getrennte Prüfungsanordnungen)

Text:

„... ordne ich an, dass bei Ihnen bezüglich der steuerlichen Verhältnisse der atypisch stillen Gesellschaft Bauunternehmung Müller GmbH und Josef Meier (ggf. Anschrift) eine Außenprüfung durchgeführt wird.“

Abweichend davon reicht es in Fällen der atypisch stillen Beteiligung an einer Personenhandelsgesellschaft aus, die Prüfungsanordnung hinsichtlich der gesonderten und einheitlichen Gewinnfeststellung an die Personenhandelsgesellschaft (= Geschäftsinhaber) als Prüfungssubjekt zu richten und bekannt zu geben, da die Außenprüfung bei einer Personengesellschaft auch die steuerlichen Verhältnisse der Gesellschafter (auch der atypisch stille Beteiligte ist Mitunternehmer) insoweit umfasst, als diese für die zu überprüfende Feststellung von Bedeutung sind (§ 194 Abs. 1 AO). Einer gesonderten - an den atypisch stillen Gesellschafter gerichteten – Prüfungsordnung bedarf es in diesem Fall nicht.

5.6 Personengesellschaften und nicht rechtsfähige Personengemeinschaften in Liquidation

Wegen der Unterscheidung zwischen der gesellschaftsrechtlichen und der steuerrechtlichen Liquidation vgl. AEAO zu § 122, Nr. 2.7.1. Die Anweisungen des AEAO zu § 122, Nr. 2.7.2 zur Bekanntgabe von Steuerbescheiden gelten für Prüfungsanordnungen sinngemäß.

Auch die Verpflichtung, nach §§ 193 ff. AO eine Außenprüfung zu dulden, führt dazu, eine Personengesellschaft bzw. nicht rechtsfähige Personenvereinigung noch nicht als vollbeendet anzusehen. Nach Beendigung der gesellschaftsrechtlichen Liquidation (z. B. Prüfung bei „dem gesellschaftsrechtlich beendeten Autohaus Heinrich Schmitz Nachf. GbR“) bleibt die Personengesellschaft bzw. nicht rechtsfähige Personenvereinigung weiterhin Prüfungssubjekt; die Prüfungsanordnung ist deshalb an sie zu richten (vgl. BFH-Urteil vom 1.3.1994, VIII R 35/92, BStBl 1995 II S. 241). Zu empfehlen ist die Bekanntgabe der Prüfungsanordnung an alle ehemaligen Gesellschafter als Liquidatoren (mit Hinweis auf die rechtliche Stellung als Liquidator).

5.7 Eintritt, Ausscheiden und Wechsel von Gesellschaftern einer Personengesellschaft oder einer nicht rechtsfähigen Personengemeinschaft

5.7.1 Wird das Handelsgeschäft eines Einzelunternehmers in eine Personen- oder Kapitalgesellschaft eingebracht, ist zu unterscheiden, ob der Zeitraum vor oder nach der Übertragung geprüft wird. Die Prüfungsanordnung muss an den jeweiligen Inhaltsadressaten für die Zeit seiner Inhaberschaft gerichtet und bekannt gegeben werden. Für den Prüfungszeitraum bis zur Einbringung ergeht die Prüfungsanordnung an den ehemaligen Einzelunternehmer als Inhaltsadressat (Prüfungssubjekt) („bei Ihnen"). In einem Zusatz ist zu erläutern, dass Prüfungsgegenstand bestimmte Besteuerungszeiträume vor der Einbringung in die namentlich benannte aufnehmende Gesellschaft sind.

5.7.2 Tritt in eine bestehende Personenhandelsgesellschaft oder nicht rechtsfähige Personenvereinigung mit geschäftsüblichem Namen ein Gesellschafter ein oder scheidet ein Gesellschafter aus unter Fortführung der Gesellschaft durch die verbliebenen Gesellschafter oder ergibt sich durch abgestimmten Ein- und Austritt ein Gesellschafterwechsel, ändert sich die Identität der Gesellschaft nicht. Daher ist die Prüfungsanordnung auch für die Zeit vor dem Eintritt, Ausscheiden oder Wechsel an die Personengesellschaft als Inhaltsadressaten zu richten. An den ausgeschiedenen Gesellschafter ergeht keine gesonderte Prüfungsanordnung. Ihm ist jedoch zur Wahrung des rechtlichen Gehörs eine Kopie der an die Gesellschaft gerichteten Prüfungsanordnung zu übersenden. Dabei ist er auf den Sinn und Zweck dieser Benachrichtigung hinzuweisen.

5.7.3 Scheidet aus einer zweigliedrigen Personengesellschaft oder nicht rechtsfähigen Personengemeinschaft der vorletzte Gesellschafter aus und wird der Betrieb durch den verbliebenen Gesellschafter ohne Liquidation fortgeführt (= vollbeendete Gesellschaft; BFH-Urteil vom 18.9.1980, V R 175/74, BStBl 1981 II S. 293), ist der jetzige Alleininhaber Gesamtrechtsnachfolger gem. § 45 Abs. 1 Satz 1 AO für die Betriebssteuern. Die Prüfungsanordnung für die Betriebssteuern ist daher auch für die Zeit des Bestehens der Gesellschaft/Gemeinschaft an den jetzigen Alleininhaber zu richten und diesem bekannt zu geben. Er ist auf seine Stellung als Gesamtrechtsnachfolger hinzuweisen. In einem Zusatz ist deutlich zu machen, dass die Prüfung die steuerlichen Verhältnisse der vollbeendeten Gesellschaft/Gemeinschaft betrifft.

Für die gesonderte und einheitliche Gewinnfeststellung geht die Pflicht, die Prüfung zu dulden (vgl. AEAO zu § 197, Nr. 2.1 und 5.2.1), ebenfalls von der Gesellschaft/Gemeinschaft auf den jetzigen Alleininhaber als Gesamtrechtsnachfolger i. S. v. § 45 Abs. 1 Satz 1 AO über (BFH-Urteil vom 25.4.2006, VIII R 46/02, BFH/NV S. 2037) Die Prüfungsanordnung zur gesonderten und einheitlichen Gewinnfeststellung für die Zeit des Bestehens der Gesellschaft ist daher ebenfalls an den jetzigen Alleininhaber zu richten und diesem bekannt zu geben. Auf die Stellung als Gesamtrechtsnachfolger ist hinzuweisen. In einem Zusatz ist deutlich zu machen, dass die Prüfung die steuerlichen Verhältnisse der vollbeendeten Gesellschaft/Gemeinschaft betrifft.

Erzielt die Personengesellschaft/Gemeinschaft ausschließlich Überschusseinkünfte (z. B. aus Vermietung und Verpachtung), ist sie als solche kein Prüfungssubjekt hinsichtlich der gesonderten und einheitlichen Feststellung der Überschusseinkünfte (vgl. AEAO zu § 197, Nr. 5.2.2). Die Duldungspflicht der Prüfung kann daher auch nicht im Wege der Gesamtrechtsnachfolge auf den jetzigen Alleingesellschafter übergehen. Die Prüfungsanordnung ist in diesem Fall an jeden ehemaligen Gesellschafter zu richten und bekannt zu geben.

6. Juristische Personen

Vgl. AEAO zu § 122, Nr. 2.8.

7. Insolvenzfälle

Soweit die Verwaltungs- und Verfügungsbefugnis auf einen Insolvenzverwalter oder einen vorläufigen Insolvenzverwalter übergegangen ist (vgl. AEAO zu § 251, Nrn. 3.1 und 4.2), ist dieser Bekanntgabeadressat (AEAO zu § 197, Nr. 2.2).

8. Gesamtrechtsnachfolge in Erbfällen

8.1 Geht ein Einzelunternehmen durch Erbfall im Wege der Gesamtrechtsnachfolge auf eine oder mehrere Person(en) über, ist die Prüfungsanordnung an den/die Erben als Prüfungssubjekt zu richten. Bei ihm/ihnen kann eine Außenprüfung nach § 193 Abs. 1 AO auch für Zeiträume stattfinden, in denen der Erblasser unternehmerisch tätig war (BFH-Urteil vom 24.8.1989, IV R 65/88, BStBl 1990 II S. 2). Auf den/die Erben gehen als Gesamtrechtsnachfolger alle Verpflichtungen aus dem Steuerschuldverhältnis über (§ 45 Abs. 1 AO); hierzu gehört auch die Duldung der Betriebsprüfung (BFH-Urteil vom 9.5.1978, VII R 96/75, BStBl II S. 501).

Beispiele:

a) **Anschrift:**

Frau Antonia Huber

Text:

„... ordne ich an, dass bei Ihnen bezüglich der steuerlichen Verhältnisse Ihres verstorbenen Ehemannes Anton Huber eine Außenprüfung durchgeführt wird."

Zusatz:

„... ergeht an Sie als Alleinerbin und Gesamtrechtsnachfolgerin nach Ihrem Ehemann."

b) **Anschrift:**

Herrn Steuerberater Klaus Schulz

Text:

„... ordne ich an, dass bei Ihrer Mandantin Antonia Huber bezüglich der steuerlichen Verhältnisse ihres verstorbenen Ehemanns Anton Huber eine Außenprüfung durchgeführt wird."

Zusatz:

„... ergeht an Sie für Frau Antonia Huber als Alleinerbin und Gesamtrechtsnachfolgerin nach Anton Huber."

c) **Anschrift:**

Herrn Steuerberater Klaus Schulz

Text:

„... ordne ich an, dass bei Ihren Mandanten Emilia Müller, Fritz Müller (usw., alle Erben namentlich aufzuzählen) bezüglich der steuerlichen Verhältnisse des verstorbenen Emil Müller eine Außenprüfung durchgeführt wird."

Zusatz:

„... ergeht an Sie für Frau Emilia Müller, Herrn Fritz Müller usw. als Erben und Gesamtrechtsnachfolger des verstorbenen Emil Müller."

8.2 Hat die Erbengemeinschaft keinen gemeinsamen Empfangsbevollmächtigten, ist jedem Miterben eine Prüfungsanordnung bekannt zu geben. Im Anschriftenfeld ist sie jeweils an den einzelnen Miterben zu adressieren. Im Übrigen ist sie inhaltsgleich allen Miterben bekannt zu geben. Die Prüfung ist „bei dem" jeweiligen Miterben vorzusehen. Außerdem ist in der Prüfungsanordnung in einem Zusatz darzustellen, welche weiteren Miterben zur Erbengemeinschaft gehören (Darstellung mit vollständigen Namen und ggf. Anschriften).

8.3 Ist ein Miterbe gemeinsamer Empfangsbevollmächtigter aller Miterben, so ist die Prüfungsanordnung nur diesem Miterben wie folgt bekannt zu geben:

Anschrift:

Anna Müller, Anschrift

Text:

„... ordne ich an, dass bei Ihnen bezüglich der steuerlichen Verhältnisse Ihres verstorbenen Ehemanns Herbert Müller eine Außenprüfung durchgeführt wird."

Zusatz:

„Die Prüfungsanordnung ergeht an Sie mit Wirkung für alle Miterben und Gesamtrechtsnachfolger nach Herbert Müller: Frau Anna Müller, Frau Eva Müller,... (alle weiteren Miterben namentlich, ggf. mit Anschrift, nennen)."

Zweckmäßigerweise sollten getrennte Prüfungsanordnungen für folgende gleichzeitig vorliegende und zu prüfende Fallgestaltungen ergehen:

- Prüfungszeitraum des Erblassers als Einzelunternehmer (s. o.),
- Prüfungszeitraum der Fortführung des Unternehmens durch die Erbengemeinschaft (Prüfung „bei der Erbengemeinschaft, Anna Müller, ggf. Anschrift, sowie Eva Müller, ggf. Anschrift, und Thomas Müller, ggf. Anschrift etc. Alle Beteiligten sind Erben und Gesamtrechtsnachfolger nach Herbert Müller."),
- Prüfung eines eigenen Betriebs eines Miterben (z. B. der Ehefrau des Erblassers).

9. Umwandlungen

9.1 In den übrigen Fällen einer Gesamtrechtsnachfolge i. S. d. § 45 Abs. 1 AO (vgl. AEAO zu § 45) gelten grundsätzlich die Anweisungen des AEAO zu § 122, Nrn. 2.12.1 und 2.12.2.

9.2 Nach einer Verschmelzung (§ 1 Abs. 1 Nr. 1, §§ 2 ff. UmwG) ist sowohl hinsichtlich der Betriebssteuern als auch hinsichtlich der gesonderten und einheitlichen Feststellungen Nr. 5.7.3 des AEAO zu § 197 sinngemäß anzuwenden.

9.3 In Fällen einer Abspaltung oder Ausgliederung (§ 1 Abs. 1 Nr. 2, §§ 123 ff. UmwG) sowie einer Vermögensübertragung im Wege der Teilübertragung (§ 1 Abs. 1 Nr. 3, § 174 Abs. 2, §§ 175, 177, 179, 184 ff., 189 UmwG) liegt keine Gesamtrechtsnachfolge i. S. d. § 45 Abs. 1 AO vor (vgl. AEAO zu § 45, Nr. 2). Eine Prüfungsanordnung, die sich auf Zeiträume bis zur Abspaltung, Ausgliederung oder Vermögensübertragung bezieht, ist daher stets an den abspaltenden, ausgliedernden bzw. an den das Vermögen übertragenden Rechtsträger zu richten.

9.4 In den Fällen einer Aufspaltung (§ 1 Abs. 1 Nr. 2, § 123 Abs. 1 UmwG) ist jedoch § 45 Abs. 1 AO sinngemäß anzuwenden. Eine Prüfungsanordnung, die sich auf Zeiträume bis zur Aufspaltung bezieht, ist an alle spaltungsgeborenen Gesellschaften zu richten. Dies gilt nicht in Bezug auf die gesonderte und einheitliche Feststellung von Besteuerungsgrundlagen (vgl. AEAO zu § 45, Nr. 2).

9.5 Bei einer formwechselnden Umwandlung (§ 1 Abs. 1 Nr. 4, §§ 190 ff. UmwG) handelt es sich lediglich um den Wechsel der Rechtsform. Das Prüfungssubjekt bleibt identisch; es ändert sich lediglich dessen Bezeichnung. Die Prüfungsanordnung ist an die Gesellschaft unter ihrer neuen Bezeichnung zu richten. Dies gilt auch, wenn sich - wie z. B. in Fällen der Umwandlung einer Personengesellschaft in eine Kapitalgesellschaft oder der Umwandlung einer Kapitalgesellschaft in eine Personengesellschaft - das Steuersubjekt ändert und daher eine steuerliche Gesamtrechtsnachfolge vorliegt (vgl. AEAO zu § 45, Nr. 3). Wurde eine Personengesellschaft, die Gewinneinkünfte erzielt hat, in eine Kapitalgesellschaft umgewandelt, ist eine Prüfungsanordnung, die sich auf die gesonderte und einheitliche Feststellung von Besteuerungsgrundlagen der Personengesellschaft erstreckt, nach den Grundsätzen der Nr. 5.2.1 des AEAO zu § 197 an die Kapitalgesellschaft zu richten. Hat die umgewandelte Personengesellschaft Überschusseinkünfte erzielt, ist die Prüfungsanordnung für die gesonderte und einheitliche Feststellung der Besteuerungsgrundlagen nach den Grundsätzen von Nr. 5.2.2 des AEAO zu § 197 an die Gesellschafter der ehemaligen Personengesellschaft zu richten.

10. Festlegung des voraussichtlichen Prüfungsbeginns

Die Festlegung des voraussichtlichen Prüfungsbeginns stellt einen eigenständigen Verwaltungsakt dar, der von der Prüfungsanordnung als solcher zu unterscheiden ist. Der Regelungsgehalt liegt in der Festlegung der Behörde, dass der Steuerpflichtige die Prüfung jedenfalls ab dem Tage, auf den der voraussichtliche Prüfungsbeginn festgelegt wird, zu dulden hat.

Im Gegensatz zur Prüfungsanordnung sind an die Annahme eines Verwaltungsakts, mit dem der voraussichtliche Prüfungsbeginn festgelegt wird, keine hohen Anforderungen zu stellen. Er kann formfrei ergehen, muss regelmäßig aber ein taggenaues Datum bezeichnen. Ein bloßer Terminvorschlag oder lediglich eine Terminanfrage sind nicht ausreichend. Mischformen aus einvernehmlichen Abstimmungen und gleichzeitigen Anordnungen sind hingegen möglich (BFH-Urteil vom 19.5.2016, X R 14/15, BStBl 2017 II S. 97). Sie sind im Hinblick auf eine möglicherweise später relevante Beweislast hinreichend zu dokumentieren. Die Angabe einer konkreten Uhrzeit des Prüfungsbeginns ist nicht notwendig. Der genaue Beginn kann später unter Berücksichtigung des § 200 Abs. 3 Satz 1 AO vereinbart oder bestimmt werden.

Die Anforderungen an eine erstmalige Festlegung des voraussichtlichen Prüfungsbeginns gelten auch im Fall der Verlegung des voraussichtlichen Beginns der Außenprüfung auf einen anderen Zeitpunkt.

11. Antrag des Steuerpflichtigen auf Verschiebung des Prüfungsbeginns (§ 197 Abs. 2 AO)

Die Anforderungen an einen Antrag des Steuerpflichtigen auf Verschiebung des Prüfungsbeginns sind gering (BFH-Urteil vom 19.5.2016, X R 14/15, BStBl 2017 II S. 97). Er kann formlos gestellt werden. Der Angabe eines taggenauen Datums, auf den der Prüfungsbeginn verschoben werden soll, bedarf es nicht. Ausreichend ist z. B. ein Verschiebungswunsch auf „Mitte Mai 2017“. Zulässig ist auch ein Antrag, der überhaupt keine zeitliche Vorgabe enthält, sondern auf einen konkreten Umstand abstellt, z. B. bei anhängigen Rechtsbehelfs- oder Strafverfahren, die Einfluss auf die Außenprüfung haben (BFH-Urteil vom 1.2.2012, I R 18/11, BStBl II S. 400).

Der Antrag auf Verschiebung muss aber einem Verwaltungsakt, in dem der voraussichtliche Prüfungsbeginn angekündigt wird, denklogisch nachfolgen. Eine Äußerung des Steuerpflichtigen, der kein entsprechender Verwaltungsakt der Finanzbehörde vorausgegangen ist, kann daher nicht als Verschiebungsantrag nach § 197 Abs. 2 AO angesehen werden.

Ein Verschiebungsantrag nach § 197 Abs. 2 AO, dem stattgegeben wird, löst die Ablaufhemmung nach § 171 Abs. 4 Satz 1 2. Alternative AO aus (vgl. AEAO zu § 171, Nr. 3.3).

§ 198 Ausweispflicht, Beginn der Außenprüfung (S 0404)

[1]Die Prüfer haben sich bei Erscheinen unverzüglich auszuweisen. [2]Der Beginn der Außenprüfung ist unter Angabe von Datum und Uhrzeit aktenkundig zu machen.

AEAO zu § 198 - Ausweispflicht, Beginn der Außenprüfung:

1. Die Außenprüfung beginnt grundsätzlich in dem Zeitpunkt, in dem der Außenprüfer nach Bekanntgabe der Prüfungsanordnung konkrete Ermittlungshandlungen vornimmt. Bei einer Datenträgerüberlassung beginnt die Außenprüfung spätestens mit der Auswertung der Daten. Die Handlungen brauchen für den Betroffenen nicht erkennbar zu sein; es genügt vielmehr, dass der Außenprüfer nach Bekanntgabe der Prüfungsanordnung mit dem Studium der den Steuerfall betreffenden Akten beginnt (BFH-Urteile vom 7.8.1980, II R 119/77, BStBl 1981 II S. 409, vom 11.10.1983, VIII R 11/82, BStBl 1984 II S. 125, und vom 18.12.1986, I R 49/83, BStBl 1987 II S. 408). Als Beginn der Außenprüfung ist auch ein Auskunfts- und Vorlageersuchen der Finanzbehörde anzusehen, mit dem unter Hinweis auf die

   Außenprüfung um Beantwortung verschiedener Fragen und Vorlage bestimmter Unterlagen gebeten wird (BFH-Urteil vom 2.2.1994, I R 57/93, BStBl II S. 377 und BFH-Beschluss vom 3.3.2009, IV S 12/08, BFH/NV S. 958). Ein Aktenstudium, das vor dem in der Betriebsprüfungsanordnung genannten Termin des Beginns der Prüfung durchgeführt wird, gehört hingegen noch zu den Prüfungsvorbereitungen (BFH-Urteil vom 8.7.2009, XI R 64/07, BStBl 2010 II S. 4).

2. Bei der Außenprüfung von Konzernen und sonstigen zusammenhängenden Unternehmen i. S. d. §§ 13 bis 19 BpO gelten keine Besonderheiten. Da es sich um rechtlich selbständige Unternehmen handelt, fällt der Beginn der Außenprüfung grundsätzlich auf den Tag, an dem mit der Prüfung des jeweiligen Unternehmens begonnen wird. Werden mehrere konzernzugehörige Unternehmen von einer Finanzbehörde geprüft und hat sie sich mit allen von ihr zu prüfenden Betrieben befasst, um sich einen Überblick über die prüfungsrelevanten Sachverhalte zu verschaffen, sowie die wirtschaftlichen, bilanziellen und liquiditätsmäßigen Verflechtungen zwischen den Unternehmen aus den unterschiedlichen Perspektiven untersucht, ist damit bereits ein einheitlicher Prüfungsbeginn gegeben.

   Wenn dagegen ein konzernzugehöriges Unternehmen von einer anderen Finanzbehörde geprüft wird, beginnt die Außenprüfung erst dann, wenn konkrete Prüfungshandlungen in diesem Einzelfall vorgenommen worden sind. Der Zeitpunkt des Beginns der Außenprüfung ist in den Prüfungsbericht aufzunehmen.

3. Zur Ablaufhemmung vgl. AEAO zu § 171, Nr. 3.

§ 199 Prüfungsgrundsätze (S 0405)

(1) Der Außenprüfer hat die tatsächlichen und rechtlichen Verhältnisse, die für die Steuerpflicht und für die Bemessung der Steuer maßgebend sind (Besteuerungsgrundlagen), zugunsten wie zuungunsten des Steuerpflichtigen zu prüfen.

(2) [1]Der Steuerpflichtige ist während der Außenprüfung über die festgestellten Sachverhalte und die möglichen steuerlichen Auswirkungen zu unterrichten, wenn dadurch Zweck und Ablauf der Prüfung nicht beeinträchtigt werden. [2]Die Finanzbehörde kann mit dem Steuerpflichtigen vereinbaren, in regelmäßigen Abständen Gespräche über die festgestellten Sachverhalte und die möglichen steuerlichen Auswirkungen zu führen. [3]Sie kann im Einvernehmen mit dem Steuerpflichtigen Rahmenbedingungen für die Mitwirkung nach § 200 festlegen; werden die Rahmenbedingungen vom Steuerpflichtigen erfüllt, unterbleibt ein qualifiziertes Mitwirkungsverlangen nach § 200a.[1]

§ 200 Mitwirkungspflichten des Steuerpflichtigen (S 0406)

(1) [1]Der Steuerpflichtige hat bei der Feststellung der Sachverhalte, die für die Besteuerung erheblich sein können, mitzuwirken. [2]Er hat insbesondere Auskünfte zu erteilen, Aufzeichnungen, Bücher, Geschäftspapiere und andere Urkunden zur Einsicht und Prüfung vorzulegen, die zum Verständnis der Aufzeichnungen erforderlichen Erläuterungen zu geben und die Finanzbehörde bei Ausübung ihrer Befugnisse nach § 147 Abs. 6 zu unterstützen. [3]Sind der Steuerpflichtige oder die von ihm benannten Personen nicht in der Lage, Auskünfte zu erteilen, oder sind die Auskünfte zur Klärung des Sachverhalts unzureichend oder versprechen Auskünfte des Steuerpflichtigen keinen Erfolg, so kann der Außenprüfer auch andere Betriebsangehörige um Auskunft ersuchen. [4]§ 93 Absatz 2 Satz 2 gilt nicht.

(2) [1]Die in Absatz 1 genannten Unterlagen hat der Steuerpflichtige in seinen Geschäftsräumen oder, soweit ein zur Durchführung der Außenprüfung geeigneter Geschäftsraum nicht vorhanden ist, in seinen Wohnräumen oder an Amtsstelle vorzulegen. [2]Sind mobile Endgeräte der Außenprüfer unter Berücksichtigung des Stands der Technik gegen unbefugten Zugriff gesichert, gilt die ortsunabhängige Tätigkeit als an Amtsstelle ausgeübt. [3]Ein zur Durchführung der Außenprüfung geeigneter Raum oder Arbeitsplatz sowie die erforderlichen Hilfsmittel sind unentgeltlich zur Verfügung zu stellen. [4]§147 Absatz 6 und 7 bleibt unberührt.

(3) [1]Die Außenprüfung findet während der üblichen Geschäfts- oder Arbeitszeit statt. [2]Die Prüfer sind berechtigt, Grundstücke und Betriebsräume zu betreten und zu besichtigen. [3]Bei der Betriebsbesichtigung soll der Betriebsinhaber oder sein Beauftragter hinzugezogen werden.

---

[1] Zur Anwendung des § 199 Abs. 2 Satz 2 und 3 AO siehe Artikel 97 § 37 EGAO.

AEAO zu § 200 - Mitwirkungspflichten des Steuerpflichtigen:

1. Die Bestimmung des Umfangs der Mitwirkung des Steuerpflichtigen liegt im pflichtgemäßen Ermessen der Finanzbehörde. Auf Anforderung hat der Steuerpflichtige vorhandene Aufzeichnungen und Unterlagen vorzulegen, die nach Einschätzung der Finanzbehörde für eine ordnungsgemäße und effiziente Abwicklung der Außenprüfung erforderlich sind, ohne dass es ihm gegenüber einer zusätzlichen Begründung hinsichtlich der steuerlichen Bedeutung bedarf.

   Konzernunternehmen haben auf Anforderung insbesondere vorzulegen:

   - den Prüfungsbericht des Wirtschaftsprüfers über die Konzernabschlüsse der Konzernmuttergesellschaft,
   - die Richtlinie der Konzernmuttergesellschaft zur Erstellung des Konzernabschlusses,
   - die konsolidierungsfähigen Einzelabschlüsse (sog. Handelsbilanzen II) der Konzernmuttergesellschaft,
   - Einzelabschlüsse und konsolidierungsfähige Einzelabschlüsse (sog. Handelsbilanzen II) von in- und ausländischen Konzernunternehmen.

   Bei Auslandssachverhalten trägt der Steuerpflichtige eine erhöhte Mitwirkungspflicht (BFH-Beschluss vom 9.7.1986, I B 36/86, BStBl 1987 II S. 487). Im Falle von Verzögerungen durch den Steuerpflichtigen oder der von ihm benannten Auskunftspersonen soll nach den Umständen des Einzelfalls von der Möglichkeit der Androhung und Festsetzung von Zwangsmitteln (§ 328 AO), der Festsetzung von Verzögerungsgeld (§ 146 Abs. 2b AO) oder der Schätzung (§ 162 AO) Gebrauch gemacht werden. Im Rahmen von Geschäftsbeziehungen zwischen nahe stehenden Personen sind die Regelungen der Gewinnabgrenzungsaufzeichnungsverordnung und der Verwaltungsgrundsätze-Verfahren (BMF-Schreiben vom 12.4.2005, BStBl I S. 570) zu beachten. Kreditinstitute sind verpflichtet, dem Außenprüfer Angaben zur Identität der Bankkunden zu machen.

2. Eine Außenprüfung in den Geschäftsräumen des Steuerpflichtigen verstößt nicht gegen Art. 13 GG (BFH-Urteil vom 20.10.1988, IV R 104/86, BStBl 1989 II S. 180). Ist ein geeigneter Geschäftsraum vorhanden, so muss die Außenprüfung dort stattfinden. Ob ein geeigneter Geschäftsraum vorhanden ist, richtet sich nach der objektiven Beschaffenheit der Räume, den betriebsüblichen Verhältnissen sowie arbeitsrechtlichen Grundsätzen. Der Vorrang der Geschäftsräume vor allen anderen Orten ergibt sich aus dem Wortlaut des § 200 Abs. 2 AO und aus dem Sinn und Zweck der Außenprüfung. Sind keine geeigneten Geschäftsräume vorhanden, ist in den Wohnräumen des Steuerpflichtigen oder an Amtsstelle zu prüfen. Nur im Ausnahmefall und nur auf Antrag kommen andere Prüfungsorte in Betracht, wenn schützenswerte Interessen des Steuerpflichtigen von besonders großem Gewicht die Interessen der Finanzbehörden an einem effizienten Prüfungsablauf in den Geschäftsräumen verdrängen.

§ 200a Qualifiziertes Mitwirkungsverlangen[1]

(1) [1]Nach Ablauf von sechs Monaten seit Bekanntgabe der Prüfungsanordnung kann der Steuerpflichtige zur Mitwirkung nach § 200 Absatz 1 in einem schriftlich oder elektronisch zu erteilenden Mitwirkungsverlangen mit Rechtsbehelfsbelehrung nach § 356 aufgefordert werden (qualifiziertes Mitwirkungsverlangen). [2]Hat die Finanzbehörde den Steuerpflichtigen auf die Möglichkeit eines qualifizierten Mitwirkungsverlangens hingewiesen und ist der Steuerpflichtige seinen Mitwirkungspflichten dennoch nicht oder nicht hinreichend nachgekommen, ist eine weitergehende Begründung nicht erforderlich. [3]§ 200 Absatz 2 gilt entsprechend. [4]Das qualifizierte Mitwirkungsverlangen ist innerhalb einer Frist von einem Monat nach Bekanntgabe zu erfüllen; in begründeten Einzelfällen kann die Frist verlängert werden.

(2) [1]Kommt der Steuerpflichtige dem qualifizierten Mitwirkungsverlangen innerhalb der Frist nach Absatz 1 Satz 4 nicht oder nicht hinreichend nach (Mitwirkungsverzögerung), ist ein Mitwirkungsverzögerungsgeld festzusetzen. [2]Das Mitwirkungsverzögerungsgeld beträgt 75 Euro für jeden vollen Kalendertag der Mitwirkungsverzögerung. [3]Es ist höchstens für 150 Kalendertage festzusetzen. [4]Die Festsetzung des Mitwirkungsverzögerungsgeldes kann für volle Wochen und Monate der Mitwirkungsverzögerung in Teilbeträgen erfolgen. [5]Die Mitwirkungsverzögerung endet mit Ablauf des Tages, an dem das qualifizierte Mitwirkungsverlangen vollständig erfüllt wurde, spätestens mit Ablauf des Tages der Schlussbesprechung. [6]Von der Festsetzung eines Mitwirkungsverzögerungsgeldes ist abzusehen, wenn der Steuerpflichtige glaubhaft macht, dass die Mitwirkungsverzögerung entschuldbar ist; das Verschulden eines Vertreters oder eines Erfüllungsgehilfen ist dem Steuerpflichtigen zuzurechnen.

(3) [1]Liegt eine Mitwirkungsverzögerung vor, kann ein Zuschlag zum Mitwirkungsverzögerungsgeld festgesetzt werden, wenn

1. **in den letzten fünf Jahren vor dem ersten Tag der Mitwirkungsverzögerung ein Mitwirkungsverzögerungsgeld festgesetzt wurde und zu befürchten ist, dass der Steuerpflichtige ohne einen Zuschlag zum Mitwirkungsverzögerungsgeld seiner aktuellen Verpflichtung nach Absatz 1 nicht nachkommt, oder**

2. **zu befürchten ist, dass der Steuerpflichtige aufgrund seiner wirtschaftlichen Leistungsfähigkeit ohne einen Zuschlag zum Mitwirkungsverzögerungsgeld seiner aktuellen Verpflichtung nach Absatz 1 nicht nachkommt. [2]Dies ist insbesondere anzunehmen, wenn die Umsatzerlöse des Steuerpflichtigen in einem der von der Außenprüfung umfassten Kalenderjahre mindestens 12 Millionen Euro betragen haben oder der Steuerpflichtige einem Konzern angehört, dessen im Konzernabschluss ausgewiesene konsolidierte Umsatzerlöse in einem der von der Außenprüfung umfassten Kalenderjahre mindestens 120 Millionen Euro betragen haben.**

[2]Der Zuschlag zum Mitwirkungsverzögerungsgeld beträgt höchstens 25 000 Euro für jeden vollen Kalendertag der Mitwirkungsverzögerung und ist höchs-

[1] Zur Anwendung des § 200a AO siehe Artikel 97 § 37 EGAO.

tens für 150 Kalendertage festzusetzen; er kann für volle Wochen und Monate der Mitwirkungsverzögerung in Teilbeträgen festgesetzt werden. [3]Absatz 2 Satz 5 und 6 gilt entsprechend.

(4) [1]Wurde wegen einer Mitwirkungsverzögerung ein Mitwirkungsverzögerungsgeld nach Absatz 2 festgesetzt, verlängert sich die Frist nach § 171 Absatz 4 Satz 3 erster Halbsatz für die Steuern, auf die sich die Außenprüfung erstreckt, um die Dauer der Mitwirkungsverzögerung, mindestens aber um ein Jahr. Abweichend von Satz 1 gilt § 171 Absatz 4 Satz 3 erster Halbsatz für die Steuern, auf die sich die Außenprüfung erstreckt, nicht, wenn außerdem in den letzten fünf Jahren vor dem ersten Tag der Mitwirkungsverzögerung ein Mitwirkungsverzögerungsgeld nach Absatz 2 festgesetzt wurde. [2]Ist die Erfüllung der geforderten Mitwirkung unmöglich, gelten die Sätze 1 und 2 entsprechend, wenn der Steuerpflichtige auf die Unmöglichkeit nicht unverzüglich hingewiesen hat.

(5) Wird ein qualifiziertes Mitwirkungsverlangen nach Absatz 1, die Festsetzung eines Mitwirkungsverzögerungsgeldes nach Absatz 2 oder die Festsetzung eines Zuschlags zum Mitwirkungsverzögerungsgeld nach Absatz 3 mit einem Einspruch oder einer Klage angefochten, so läuft die Festsetzungsfrist für die Steuern, auf die sich die Außenprüfung erstreckt, nicht vor Ablauf eines Jahres nach der Unanfechtbarkeit der Entscheidung über den Rechtsbehelf ab.

(6) Im qualifizierten Mitwirkungsverlangen ist auf die Möglichkeit der Festsetzung eines Mitwirkungsverzögerungsgeldes nach Absatz 2 und eines Zuschlags zum Mitwirkungsverzögerungsgeld nach Absatz 3 sowie auf die voraussichtliche Höhe des Zuschlags und auf die Rechtsfolgen nach den Absätzen 4 und 5 hinzuweisen.

(7) Die Betragsgrenzen nach Absatz 3 Satz 1 Nummer 2 sind mindestens alle drei Jahre und spätestens erstmals zum 1. Januar 2026 zu evaluieren.

§ 201 Schlussbesprechung (S 0407)

(1) [1]Über das Ergebnis der Außenprüfung ist eine Besprechung abzuhalten (Schlussbesprechung), es sei denn, dass sich nach dem Ergebnis der Außenprüfung keine Änderung der Besteuerungsgrundlagen ergibt oder dass der Steuerpflichtige auf die Besprechung verzichtet. [2]Bei der Schlussbesprechung sind insbesondere strittige Sachverhalte sowie die rechtliche Beurteilung der Prüfungsfeststellungen und ihre steuerlichen Auswirkungen zu erörtern. [3]Eine Schlussbesprechung kann mit Zustimmung des Steuerpflichtigen auch fernmündlich oder nach § 87a Absatz 1a elektronisch durchgeführt werden.

(2) Besteht die Möglichkeit, dass auf Grund der Prüfungsfeststellungen ein Straf- oder Bußgeldverfahren durchgeführt werden muss, soll der Steuerpflichtige darauf hingewiesen werden, dass die straf- oder bußgeldrechtliche Würdigung einem besonderen Verfahren vorbehalten bleibt.

AEAO zu § 201 - Schlussbesprechung:

1. Rechtsirrtümer, die die Finanzbehörde nach der Schlussbesprechung erkennt, können bei der Auswertung der Prüfungsfeststellungen auch dann

richtig gestellt werden, wenn an der Schlussbesprechung der für die Steuerfestsetzung zuständige Beamte teilgenommen hat (BFH-Urteile vom 6.11.1962, I 298/61 U, BStBl 1963 III S. 104, und vom 1.3.1963, VI 119/61 U, BStBl III S. 212). Zusagen im Rahmen einer Schlussbesprechung, die im Betriebsprüfungsbericht nicht aufrechterhalten werden, erzeugen schon aus diesem Grund keine Bindung der Finanzbehörde nach Treu und Glauben (BFH-Urteil vom 27.4.1977, I R 211/74, BStBl II S. 623).

2. Die Außenprüfung ist abgeschlossen, wenn die prüfende Behörde den Abschluss ausdrücklich oder konkludent erklärt. I. d. R. kann die Außenprüfung mit der Zusendung des Prüfungsberichts (§ 202 Abs. 1 AO) als abgeschlossen angesehen werden (BFH-Urteile vom 17.7.1985, I R 214/82, BStBl 1986 II S. 21, und vom 4.2.1988, V R 57/83, BStBl II S. 413). Reicht der Steuerpflichtige nach Zusendung des Betriebsprüfungsberichts eine - ausdrücklich vorbehaltene - Stellungnahme und Unterlagen ein, die zu einem Wiedereintritt in Ermittlungshandlungen führen, erfolgt dies noch im Rahmen der Außenprüfung (BFH-Urteil vom 8.7.2009, XI R 64/07, BStBl 2010 II S. 4).

3. Der Steuerpflichtige kann den Verzicht nach § 201 Abs. 1 Satz 1 AO auf die Abhaltung einer Schlussbesprechung formlos erklären. Die Finanzbehörde vereinbart mit dem Steuerpflichtigen einen Termin zur Abhaltung der Schlussbesprechung, der innerhalb eines Monats seit Beendigung der Ermittlungshandlungen liegt. Kommt eine Terminabsprache nicht zustande, lädt die Finanzbehörde den Steuerpflichtigen schriftlich zur Schlussbesprechung an Amtsstelle und weist gleichzeitig darauf hin, dass die Nichtwahrnehmung des Termins ohne Angabe von Gründen als Verzicht i. S. d. § 201 Abs. 1 Satz 1 AO zu werten ist.

4. Die Verwertung von Prüfungsfeststellungen hängt nicht davon ab, ob eine Schlussbesprechung abgehalten worden ist. Das Unterlassen einer Schlussbesprechung führt nicht „ohne weiteres" zu einer Fehlerhaftigkeit der aufgrund des Berichts über die Außenprüfung ergangenen Steuerbescheide (BFH-Beschluss vom 15.12.1997, X B 182/96, BFH/NV 1998 S. 811).

5. Zu der Zulässigkeit und den Rechtsfolgen einer tatsächlichen Verständigung siehe BMF-Schreiben vom 30.7.2008, BStBl I S. 831, ergänzt durch BMF-Schreiben vom 15.4.2019, BStBl I S. 446[1].

6. Der Hinweis nach § 201 Abs. 2 AO ist zu erteilen, wenn es nach dem Erkenntnisstand zum Zeitpunkt der Schlussbesprechung möglich erscheint, dass ein Straf- oder Bußgeldverfahren durchgeführt werden muss. Wegen weiterer Einzelheiten vgl. Nr. 131 Abs. 2 AStBV (St). Durch den Hinweis nach § 201 Abs. 2 AO wird noch nicht das Straf- und Bußgeldverfahren i. S. d. §§ 397, 410 Abs. 1 Nr. 6 AO eröffnet, weil das Aussprechen eines strafrechtlichen Vorbehalts i. S. d. § 201 Abs. 2 AO noch im Rahmen der Außenprüfung bei Durchführung der Besteuerung geschieht. Der Hinweis nach § 201 Abs. 2 AO ist kein Verwaltungsakt.

[1] Im Anhang 49 abgedruckt.

§ 202 Inhalt und Bekanntgabe des Prüfungsberichts (S 0408)

(1) [1]Über das Ergebnis der Außenprüfung ergeht ein schriftlicher oder elektronischer Bericht (Prüfungsbericht). [2]Im Prüfungsbericht sind die für die Besteuerung erheblichen Prüfungsfeststellungen in tatsächlicher und rechtlicher Hinsicht sowie die Änderungen der Besteuerungsgrundlagen darzustellen. [3]Führt die Außenprüfung zu keiner Änderung der Besteuerungsgrundlagen, so genügt es, wenn dies dem Steuerpflichtigen schriftlich oder elektronisch mitgeteilt wird. [4]Wurden Besteuerungsgrundlagen in einem Teilabschlussbescheid nach § 180 Absatz 1a gesondert festgestellt, ist im Prüfungsbericht darauf hinzuweisen.[1]

(2) Die Finanzbehörde hat dem Steuerpflichtigen auf Antrag den Prüfungsbericht vor seiner Auswertung zu übersenden und ihm Gelegenheit zu geben, in angemessener Zeit dazu Stellung zu nehmen.

(3) Sollen Besteuerungsgrundlagen in einem Teilabschlussbescheid nach § 180 Absatz 1a gesondert festgestellt werden, ergeht vor Erlass des Teilabschlussbescheids ein schriftlicher oder elektronischer Teilprüfungsbericht; Absatz 1 Satz 2 bis 4 und Absatz 2 gelten entsprechend[1].

AEAO zu § 202 - Inhalt und Bekanntgabe des Prüfungsberichts:

Der Prüfungsbericht und die Mitteilung über die ergebnislose Prüfung (§ 202 Abs. 1 Satz 3 AO) sind keine Verwaltungsakte und können deshalb nicht mit dem Einspruch angefochten werden (BFH-Urteile vom 17.7.1985, I R 214/82, BStBl 1986 II S. 21, und vom 29.4.1987, I R 118/83, BStBl 1988 II S. 168). In der Übersendung des Prüfungsberichts, der keinen ausdrücklichen Hinweis darauf enthält, dass die Außenprüfung nicht zu einer Änderung der Besteuerungsgrundlagen geführt hat, kann keine konkludente Mitteilung i. S. d. § 202 Abs. 1 Satz 3 AO gesehen werden (BFH-Urteil vom 14.12.1989, III R 158/85, BStBl 1990 II S. 283).

Für den Innendienst bestimmte oder spätere Besteuerungszeiträume betreffende Mitteilungen des Außenprüfers sind in den Prüfungsbericht nicht aufzunehmen (BFH-Urteil vom 27.3.1961, I 276/60 U, BStBl III S. 290).

§ 203 Abgekürzte Außenprüfung (S 0409)

(1) [1]Bei Steuerpflichtigen, bei denen die Finanzbehörde eine Außenprüfung in regelmäßigen Zeitabständen nach den Umständen des Falls nicht für erforderlich hält, kann sie eine abgekürzte Außenprüfung durchführen. [2]Die Prüfung hat sich auf die wesentlichen Besteuerungsgrundlagen zu beschränken.

(2) [1]Der Steuerpflichtige ist vor Abschluss der Prüfung darauf hinzuweisen, inwieweit von den Steuererklärungen oder den Steuerfestsetzungen abgewichen werden soll. [2]Die steuerlich erheblichen Prüfungsfeststellungen sind dem Steuerpflichtigen spätestens mit den Steuerbescheiden schriftlich oder elektronisch mitzuteilen. [3]§ 201 Abs. 1 und § 202 Abs. 2 gelten nicht.

[1] Zur Anwendung des § 202 Abs. 1 Satz 4 und Abs. 3 AO siehe Artikel 97 § 37 EGAO.

AEAO zu § 203 - Abgekürzte Außenprüfung:

1. Die Vorschrift des § 203 AO soll auch eine im Interesse des Steuerpflichtigen liegende rasche Durchführung einer Außenprüfung ermöglichen (BFH-Urteil vom 25.11.1989, X R 158/87, BStBl II S. 483).

2. Bei einer abgekürzten Außenprüfung finden die Vorschriften über die Außenprüfung (§§ 193 ff. AO) Anwendung, mit Ausnahme der §§ 201 Abs. 1 und 202 Abs. 2 AO. Sie ist bei allen unter § 193 AO fallenden Steuerpflichtigen zulässig.

   Eine Beschränkung der in Frage kommenden Fälle nach der Einordnung der Betriebe in Größenklassen besteht nicht.

   Die abgekürzte Außenprüfung unterscheidet sich von einer im Prüfungsstoff schon eingeschränkten Außenprüfung, indem sie darüber hinaus auf die Prüfung einzelner Besteuerungsgrundlagen eines Besteuerungszeitraums oder mehrerer Besteuerungszeiträume beschränkt wird (§ 4 Abs. 5 Satz 2 BpO).

3. In der Prüfungsanordnung ist die Außenprüfung als abgekürzte Außenprüfung i. S. d. §§ 193, 203 AO ausdrücklich zu bezeichnen. Ein Wechsel von der abgekürzten zur nicht abgekürzten Außenprüfung und umgekehrt ist zulässig. Hierzu bedarf es einer ergänzenden Prüfungsanordnung.

4. Die Vorschrift des § 203 Abs. 2 AO entbindet nicht von der Verpflichtung zur Fertigung eines Prüfungsberichts.

5. Die abgekürzte Außenprüfung löst dieselben Rechtsfolgen wie eine nicht abgekürzte Außenprüfung aus.

§ 203a Außenprüfung bei Datenübermittlung durch Dritte (S 0409-a)

(1) Bei einer mitteilungspflichtigen Stelle im Sinne des § 93c Absatz 1 ist eine Außenprüfung zulässig, um zu ermitteln, ob die mitteilungspflichtige Stelle

1. **ihre Verpflichtung nach § 93c Absatz 1 Nummer 1, 2 und 4, Absatz 2 und 3 erfüllt und**

2. **den Inhalt des Datensatzes nach den Vorgaben des jeweiligen Steuergesetzes bestimmt hat.**

(2) Die Außenprüfung wird von der für Ermittlungen nach § 93c Absatz 4 Satz 1 zuständigen Finanzbehörde durchgeführt.

(3) § 195 Satz 2 sowie die §§ 196 bis 203 gelten entsprechend.

2. Unterabschnitt – Verbindliche Zusagen auf Grund einer Außenprüfung

§ 204 Voraussetzung der verbindlichen Zusage (S 0430)

(1) Im Anschluss an eine Außenprüfung soll die Finanzbehörde dem Steuerpflichtigen auf Antrag verbindlich zusagen, wie ein für die Vergangenheit geprüfter und im Prüfungsbericht dargestellter Sachverhalt in Zukunft steuerrechtlich behandelt wird, wenn die Kenntnis der künftigen steuerrechtlichen Behandlung für die geschäftlichen Maßnahmen des Steuerpflichtigen von Bedeutung ist.

(2) Abweichend von Absatz 1 kann die Finanzverwaltung dem Steuerpflichtigen bereits nach Erlass eines Teilabschlussbescheids nach § 180 Absatz 1a auf Antrag verbindlich zusagen, wie ein für die Vergangenheit geprüfter und im Teilabschlussbericht dargestellter Sachverhalt in Zukunft steuerlich behandelt wird, wenn

1. die Kenntnis der künftigen steuerrechtlichen Behandlung für die geschäftlichen Maßnahmen des Steuerpflichtigen von Bedeutung ist und

2. ein besonderes Interesse des Steuerpflichtigen an einer Erteilung vor dem Abschluss der Außenprüfung besteht und dies glaubhaft gemacht wird.[1]

AEAO zu § 204 - Voraussetzung der verbindlichen Zusage:

1. Von der verbindlichen Zusage nach § 204 AO sind zu unterscheiden:
   - die tatsächliche Verständigung über den der Steuerfestsetzung zugrunde liegenden Sachverhalt (vgl. BMF-Schreiben vom 30.7.2008, BStBl I S. 831, ergänzt durch BMF-Schreiben vom 15.4.2019, BStBl I S. 446[2]),
   - die verbindliche Auskunft nach § 89 Abs. 2 AO und
   - die Lohnsteueranrufungsauskunft (§ 42e EStG).

2. Über den Antrag auf Erteilung einer verbindlichen Zusage entscheidet die für die Auswertung der Prüfungsfeststellungen zuständige Finanzbehörde. Im Fall einer Auftragsprüfung nach § 195 AO kann die beauftragte Finanzbehörde nur im Einvernehmen mit der für die Besteuerung zuständigen Finanzbehörde eine verbindliche Zusage erteilen.

3. Der Anwendungsbereich der Vorschrift erstreckt sich auf für die Vergangenheit geprüfte (verwirklichte) Sachverhalte mit Wirkung in die Zukunft (z. B. Gesellschaftsverträge, Erwerb von Grundstücken). Zwischen der Außenprüfung und dem Antrag auf Erteilung einer verbindlichen Zusage muss der zeitliche Zusammenhang gewahrt bleiben (BFH-Urteil vom 13.12.1995, XI R 43-45/89, BStBl 1996 II S. 232). Bei einem nach der Schlussbesprechung gestellten Antrag ist i. d. R. keine verbindliche Zusage mehr zu erteilen, wenn hierzu umfangreiche Prüfungshandlungen erforderlich sind. Der Antrag auf

[1] Zur Anwendung des § 204 Abs. 2 AO siehe Artikel 97 § 37 EGAO.
[2] Im Anhang 49 abgedruckt.

Erteilung einer verbindlichen Zusage soll schriftlich bzw. elektronisch gestellt werden (vgl. BFH-Urteil vom 4.8.1961, VI 269/60 S, BStBl III S. 562). Unklarheiten gehen zu Lasten des Steuerpflichtigen (BFH-Urteil vom 13.12.1989, X R 208/87, BStBl 1990 II S. 274).

4. Die Beurteilung eines Sachverhalts im Prüfungsbericht oder in einem aufgrund einer Außenprüfung ergangenen Steuerbescheid steht einer verbindlichen Zusage nicht gleich (BFH-Urteil vom 23.9.1992, X R 129/90, BFH/NV 1993 S. 294). Auch die Tatsache, dass eine bestimmte Gestaltung von vorangegangenen Außenprüfungen nicht beanstandet wurde, schafft keine Bindungswirkung nach Treu und Glauben (BFH-Urteil vom 29.1.1997, XI R 27/95, BFH/NV S. 816).

5. Der Antrag auf Erteilung einer verbindlichen Zusage kann ausnahmsweise abgelehnt werden, insbesondere, wenn sich der Sachverhalt nicht für eine verbindliche Zusage eignet (z. B. zukünftige Angemessenheit von Verrechnungspreisen bei unübersichtlichen Marktverhältnissen) oder wenn zu dem betreffenden Sachverhalt die Herausgabe von allgemeinen Verwaltungsvorschriften oder eine Grundsatzentscheidung des BFH nahe bevorsteht.

§ 205 Form der verbindlichen Zusage (S 0431)

(1) Die verbindliche Zusage wird schriftlich erteilt und als verbindlich gekennzeichnet.

(2) Die verbindliche Zusage muss enthalten:

1. den ihr zugrunde gelegten Sachverhalt; dabei kann auf den im Prüfungsbericht dargestellten Sachverhalt Bezug genommen werden,

2. die Entscheidung über den Antrag und die dafür maßgebenden Gründe,

3. eine Angabe darüber, für welche Steuern und für welchen Zeitraum die verbindliche Zusage gilt.

AEAO zu § 205 - Form der verbindlichen Zusage:

Vorbehalte in der erteilten verbindlichen Zusage (z. B. „vorbehaltlich des Ergebnisses einer Besprechung mit den obersten Finanzbehörden der Länder") schließen die Bindung aus (BFH-Urteil vom 4.8.1961, VI 269/60 S, BStBl III S. 562). Die verbindliche Zusage hat im Hinblick auf die Regelung in § 207 Abs. 1 AO die Rechtsvorschriften zu enthalten, auf die die Entscheidung gestützt wird (BFH-Urteil vom 3.7.1986, IV R 66/84, BFH/NV 1987 S. 89).

§ 206 Bindungswirkung (S 0432)

(1) Die verbindliche Zusage ist für die Besteuerung bindend, wenn sich der später verwirklichte Sachverhalt mit dem der verbindlichen Zusage zugrunde gelegten Sachverhalt deckt.

(2) Absatz 1 gilt nicht, wenn die verbindliche Zusage zuungunsten des Antragstellers dem geltenden Recht widerspricht.

AEAO zu § 206 - Bindungswirkung:

Entspricht der nach Erteilung der verbindlichen Zusage festgestellte und steuerlich zu beurteilende Sachverhalt nicht dem der verbindlichen Zusage zugrunde gelegten Sachverhalt, so ist die Finanzbehörde an die erteilte Zusage auch ohne besonderen Widerruf nicht gebunden (§ 206 Abs. 1 AO). Trifft die Finanzbehörde in einer Steuerfestsetzung eine andere Entscheidung als bei der Erteilung der verbindlichen Zusage, so kann der Steuerpflichtige im Rechtsbehelfsverfahren gegen den betreffenden Bescheid die Bindungswirkung geltend machen. Der Steuerpflichtige andererseits ist nicht gebunden, wenn die verbindliche Zusage zu seinen Ungunsten dem geltenden Recht widerspricht (§ 206 Abs. 2 AO). Er kann also den Steuerbescheid, dem eine verbindliche Zusage zugrunde liegt, anfechten, um eine günstigere Regelung zu erreichen. Hierbei ist es unerheblich, ob die Fehlerhaftigkeit der Zusage bereits bei ihrer Erteilung erkennbar war oder erst später (z. B. durch eine Rechtsprechung zugunsten des Steuerpflichtigen) erkennbar geworden ist.

§ 207 Außerkrafttreten, Aufhebung und Änderung der verbindlichen Zusage

(S 0433)

(1) Die verbindliche Zusage tritt außer Kraft, wenn die Rechtsvorschriften, auf denen die Entscheidung beruht, geändert werden.

(2) Die Finanzbehörde kann die verbindliche Zusage mit Wirkung für die Zukunft aufheben oder ändern.

(3) Eine rückwirkende Aufhebung oder Änderung der verbindlichen Zusage ist nur zulässig, falls der Steuerpflichtige zustimmt oder wenn die Voraussetzungen des § 130 Abs. 2 Nr. 1 oder 2 vorliegen.

AEAO zu § 207 - Außerkrafttreten, Aufhebung und Änderung der verbindlichen Zusage:

1. Unter Rechtsvorschriften i. S. d. § 207 Abs. 1 AO sind nur Rechtsnormen zu verstehen, nicht jedoch Verwaltungsanweisungen oder eine geänderte Rechtsprechung.

2. Die Finanzbehörde kann die verbindliche Zusage mit Wirkung für die Zukunft widerrufen oder ändern (§ 207 Abs. 2 AO), z. B. wenn sich die steuerrechtliche Beurteilung des der verbindlichen Zusage zugrunde gelegten Sachverhalts durch die Rechtsprechung oder Verwaltung zum Nachteil des Steuerpflichtigen ändert. Im Einzelfall kann es aus Billigkeitsgründen gerechtfertigt sein, von einem Widerruf der verbindlichen Zusage abzusehen oder die Wirkung des Widerrufs zu einem späteren Zeitpunkt eintreten zu lassen. Eine solche Billigkeitsmaßnahme wird i. d. R. jedoch nur dann geboten sein, wenn sich der Steuerpflichtige nicht mehr ohne erheblichen Aufwand bzw. unter beträchtlichen Schwierigkeiten von den im Vertrauen auf die Zusage getroffenen Dispositionen oder eingegangenen vertraglichen Verpflichtungen zu lösen vermag. Der Steuerpflichtige ist vor einer Aufhebung oder Änderung zu hören (§ 91 Abs. 1 AO).

Fünfter Abschnitt – Steuerfahndung (Zollfahndung)

§ 208 Steuerfahndung (Zollfahndung) (S 0741)

(1) [1]Aufgabe der Steuerfahndung (Zollfahndung) ist

1. die Erforschung von Steuerstraftaten und Steuerordnungswidrigkeiten,

2. die Ermittlung der Besteuerungsgrundlagen in den in Nummer 1 bezeichneten Fällen,

3. die Aufdeckung und Ermittlung unbekannter Steuerfälle.

[2]Die mit der Steuerfahndung betrauten Dienststellen der Landesfinanzbehörden und die Behörden des Zollfahndungsdienstes haben außer den Befugnissen nach § 404 Satz 2 erster Halbsatz auch die Ermittlungsbefugnisse, die den Finanzämtern (Hauptzollämtern) zustehen. [3]In den Fällen der Nummern 2 und 3 gelten die Einschränkungen des § 93 Abs. 1 Satz 3, Abs. 2 Satz 2 und des § 97 Absatz 2 nicht; § 200 Abs. 1 Satz 1 und 2, Abs. 2, Abs. 3 Satz 1 und 2 gilt sinngemäß, § 393 Abs. 1 bleibt unberührt.

(2) Unabhängig von Absatz 1 sind die mit der Steuerfahndung betrauten Dienststellen der Landesfinanzbehörden und die Behörden des Zollfahndungsdienstes zuständig

1. für steuerliche Ermittlungen einschließlich der Außenprüfung auf Ersuchen der zuständigen Finanzbehörde,

2. für die ihnen sonst im Rahmen der Zuständigkeit der Finanzbehörden übertragenen Aufgaben.

(3) Die Aufgaben und Befugnisse der Finanzämter (Hauptzollämter) bleiben unberührt.

AEAO zu § 208 - Steuerfahndung, Zollfahndung:

1. Der Steuerfahndung weist das Gesetz folgende Aufgaben zu:

   a) Vorfeldermittlungen zur Verhinderung von Steuerverkürzungen (§ 85 Satz 2 AO), die auf die Aufdeckung und Ermittlung unbekannter Steuerfälle gerichtet sind (§ 208 Abs. 1 Satz 1 Nr. 3 AO);

   b) die Verfolgung bekannt gewordener Steuerstraftaten gem. § 386 Abs. 1 Satz 1 AO und Steuerordnungswidrigkeiten einschließlich der Ermittlung des steuerlich erheblichen Sachverhalts und dessen rechtlicher Würdigung (§ 208 Abs. 1 Satz 1 Nrn. 1 und 2 AO). § 208 Abs. 1 Sätze 2 und 3 AO bestimmen, welche Vorschriften für das Verfahren zur Durchführung von Steuerfahndungsmaßnahmen maßgebend sind.

2. Die Steuerfahndung übt die Rechte und Pflichten aus,

   a) die den Finanzämtern im Besteuerungsverfahren zustehen (§§ 85 ff. AO);

b) die sich aus § 404 Satz 2 AO ergeben: erster Zugriff; Durchsuchung; Beschlagnahme; Durchsicht von Papieren sowie sonstige Maßnahmen nach den für die Ermittlungspersonen der Staatsanwaltschaft geltenden Vorschriften.

3. Zu Maßnahmen im Besteuerungsverfahren ist die Steuerfahndung auch berechtigt, wenn bereits ein Steuerstrafverfahren eingeleitet worden ist (vgl. BFH-Beschluss vom 29.10.1986, I B 28/86, BStBl 1987 II S. 440). Für Einwendungen gegen ihre Maßnahmen im Besteuerungsverfahren ist der Finanzrechtsweg, für Einwendungen gegen Maßnahmen im Strafverfahren wegen Steuerstraftaten der ordentliche Rechtsweg gegeben.

4. Für die Steuerfahndung gelten bei der Ermittlung der Besteuerungsgrundlagen und bei Vorfeldermittlungen folgende Einschränkungen aus Vorschriften über das Besteuerungsverfahren nicht (§ 208 Abs. 1 Satz 3 AO):

a) Andere Personen als die Beteiligten können sofort um Auskunft angehalten werden (§ 93 Abs. 1 Satz 3 AO).

b) Das Auskunftsersuchen bedarf entgegen § 93 Abs. 2 Satz 2 AO nicht der Schriftform.

c) Die Vorlage von Urkunden kann ohne vorherige Befragung des Vorlagepflichtigen verlangt und die Einsichtnahme in diese Urkunden unabhängig von dessen Einverständnis erwirkt werden (§ 97 Abs. 2 AO).

5. Mitwirkungspflichten des Steuerpflichtigen, die sich aus den Vorschriften über die Außenprüfung ergeben, bleiben bestehen (§ 208 Abs. 1 Satz 3 AO). Die Mitwirkungspflicht kann allerdings nicht erzwungen werden, wenn sich der Steuerpflichtige dadurch der Gefahr aussetzen würde, sich selbst wegen einer von ihm begangenen Steuerstraftat oder Steuerordnungswidrigkeit belasten zu müssen oder wenn gegen ihn bereits ein Steuerstraf- oder Bußgeldverfahren eingeleitet worden ist. Über diese Rechtslage muss der Steuerpflichtige belehrt werden.

6. Beamte der Steuerfahndung können mit sonstigen Aufgaben betraut werden (§ 208 Abs. 2 AO).

§ 208a Steuerfahndung des Bundeszentralamts für Steuern

(1) Dem Bundeszentralamt für Steuern obliegt, soweit Aufgaben der Steuerverwaltung übertragen wurden, die Aufgabe nach § 208 Absatz 1 Satz 1 Nummer 3.

(2) [1]Hierzu hat es die Ermittlungsbefugnisse, die den Finanzämtern (Hauptzollämtern) zustehen. [2]Die Einschränkungen des § 93 Absatz 1 Satz 3, Absatz 2 Satz 2 und des § 97 Absatz 2 gelten nicht; § 200 Absatz 1 Satz 1 und 2, Absatz 2 und 3 Satz 1 und 2 gilt sinngemäß, § 393 Absatz 1 bleibt unberührt.

(3) Die Aufgaben und Befugnisse des Bundeszentralamts für Steuern im Übrigen bleiben unberührt.

Sechster Abschnitt – Steueraufsicht in besonderen Fällen

§ 209 Gegenstand der Steueraufsicht (S 0440)

(1) Der Warenverkehr über die Grenze und in den Freizonen und Freilagern sowie die Gewinnung und Herstellung, Lagerung, Beförderung und gewerbliche Verwendung verbrauchsteuerpflichtiger Waren und der Handel mit verbrauchsteuerpflichtigen Waren unterliegen der zollamtlichen Überwachung (Steueraufsicht).

(2) Der Steueraufsicht unterliegen ferner:

1. der Versand, die Ausfuhr, Lagerung, Verwendung, Vernichtung, Veredelung, Umwandlung und sonstige Bearbeitung oder Verarbeitung von Waren in einem Verbrauchsteuerverfahren,
2. die Herstellung und Ausfuhr von Waren, für die ein Erlass, eine Erstattung oder Vergütung von Verbrauchsteuer beansprucht wird.

(3) Andere Sachverhalte unterliegen der Steueraufsicht, wenn es gesetzlich bestimmt ist.

§ 210 Befugnisse der Finanzbehörde (S 0441)

(1) Die von der Finanzbehörde mit der Steueraufsicht betrauten Amtsträger sind berechtigt, Grundstücke und Räume von Personen, die eine gewerbliche oder berufliche Tätigkeit selbständig ausüben und denen ein der Steueraufsicht unterliegender Sachverhalt zuzurechnen ist, während der Geschäfts- und Arbeitszeiten zu betreten, um Prüfungen vorzunehmen oder sonst Feststellungen zu treffen, die für die Besteuerung erheblich sein können (Nachschau).

(2) [1]Der Nachschau unterliegen ferner Grundstücke und Räume von Personen, denen ein der Steueraufsicht unterliegender Sachverhalt zuzurechnen ist ohne zeitliche Einschränkung, wenn Tatsachen die Annahme rechtfertigen, dass sich dort Schmuggelwaren oder nicht ordnungsgemäß versteuerte verbrauchsteuerpflichtige Waren befinden oder dort sonst gegen Vorschriften oder Anordnungen verstoßen wird, deren Einhaltung durch die Steueraufsicht gesichert werden soll. [2]Bei Gefahr im Verzug ist eine Durchsuchung von Wohn- und Geschäftsräumen auch ohne richterliche Anordnung zulässig.

(3) [1]Die von der Finanzbehörde mit der Steueraufsicht betrauten Amtsträger sind ferner berechtigt, im Rahmen von zeitlich und örtlich begrenzten Kontrollen, Schiffe und andere Fahrzeuge, die nach ihrer äußeren Erscheinung gewerblichen Zwecken dienen, anzuhalten. [2]Die betroffenen Personen haben sich auszuweisen und Auskunft über die mitgeführten Waren zu geben; sie haben insbesondere Frachtbriefe und sonstige Beförderungspapiere, auch nicht steuerlicher Art, vorzulegen. [3]Ergeben sich dadurch oder auf Grund sonstiger Tatsachen Anhaltspunkte, dass verbrauchsteuerpflichtige Waren mitgeführt werden, können die Amtsträger die mitgeführten Waren überprüfen und alle Feststellungen treffen, die für eine Besteuerung dieser Waren erheblich sein können. [4]Die betroffenen Personen haben die Herkunft der verbrauchsteuerpflichtigen Waren

anzugeben, die Entnahme von unentgeltlichen Proben zu dulden und die erforderliche Hilfe zu leisten.

(4) [1]Wenn Feststellungen bei Ausübung der Steueraufsicht hierzu Anlass geben, kann ohne vorherige Prüfungsanordnung (§ 196) zu einer Außenprüfung nach § 193 übergegangen werden. [2]Auf den Übergang zur Außenprüfung wird schriftlich hingewiesen.

(5) [1]Wird eine Nachschau in einem Dienstgebäude oder einer nicht allgemein zugänglichen Einrichtung oder Anlage der Bundeswehr erforderlich, so wird die vorgesetzte Dienststelle der Bundeswehr um ihre Durchführung ersucht. [2]Die Finanzbehörde ist zur Mitwirkung berechtigt. [3]Ein Ersuchen ist nicht erforderlich, wenn die Nachschau in Räumen vorzunehmen ist, die ausschließlich von anderen Personen als Soldaten bewohnt werden.

§ 211 Pflichten der betroffenen Person (S 0442)

(1) [1]Wer von einer Maßnahme der Steueraufsicht betroffen wird, hat den Amtsträgern auf Verlangen Aufzeichnungen, Bücher, Geschäftspapiere und andere Urkunden über die der Steueraufsicht unterliegenden Sachverhalte und über den Bezug und den Absatz verbrauchsteuerpflichtiger Waren vorzulegen, Auskünfte zu erteilen und die zur Durchführung der Steueraufsicht sonst erforderlichen Hilfsdienste zu leisten. [2]§ 200 Absatz 2 Satz 3 gilt sinngemäß.

(2) Die Pflichten nach Absatz 1 gelten auch dann, wenn bei einer gesetzlich vorgeschriebenen Nachversteuerung verbrauchsteuerpflichtiger Waren in einem der Steueraufsicht unterliegenden Betrieb oder Unternehmen festgestellt werden soll, an welche Empfänger und in welcher Menge nachsteuerpflichtige Waren geliefert worden sind.

(3) Vorkehrungen, die die Ausübung der Steueraufsicht hindern oder erschweren, sind unzulässig.

§ 212 Durchführungsvorschriften (S 0443)

(1) Das Bundesministerium der Finanzen kann durch Rechtsverordnung zur näheren Bestimmung der im Rahmen der Steueraufsicht zu erfüllenden Pflichten anordnen, dass

1. **bestimmte Handlungen nur in Räumen vorgenommen werden dürfen, die der Finanzbehörde angemeldet sind oder deren Benutzung für diesen Zweck von der Finanzbehörde besonders genehmigt ist,**
2. **Räume, Fahrzeuge, Geräte, Gefäße und Leitungen, die der Herstellung, Bearbeitung, Verarbeitung, Lagerung, Beförderung oder Messung steuerpflichtiger Waren dienen oder dienen können, auf Kosten des Betriebsinhabers in bestimmter Weise einzurichten, herzurichten, zu kennzeichnen oder amtlich zu verschließen sind,**
3. **der Überwachung unterliegende Waren in bestimmter Weise behandelt, bezeichnet, gelagert, verpackt, versandt oder verwendet werden müssen,**

4. der Handel mit steuerpflichtigen Waren besonders überwacht wird, wenn der Händler zugleich Hersteller der Waren ist,

5. über die Betriebsvorgänge und über die steuerpflichtigen Waren sowie über die zu ihrer Herstellung verwendeten Einsatzstoffe, Fertigungsstoffe, Hilfsstoffe und Zwischenerzeugnisse in bestimmter Weise Anschreibungen zu führen und die Bestände festzustellen sind,

6. Bücher, Aufzeichnungen und sonstige Unterlagen in bestimmter Weise aufzubewahren sind,

7. Vorgänge und Maßnahmen in Betrieben oder Unternehmen, die für die Besteuerung von Bedeutung sind, der Finanzbehörde anzumelden sind,

8. von steuerpflichtigen Waren, von Waren, für die ein Erlass, eine Erstattung oder Vergütung von Verbrauchsteuern beansprucht wird, von Stoffen, die zur Herstellung dieser Waren bestimmt sind, sowie von Umschließungen dieser Waren unentgeltlich Proben entnommen werden dürfen oder unentgeltlich Muster zu hinterlegen sind.

(2) Die Rechtsverordnung bedarf, außer wenn sie die Biersteuer betrifft, nicht der Zustimmung des Bundesrates.

§ 213 Besondere Aufsichtsmaßnahmen (S 0444)

[1]Betriebe oder Unternehmen, deren Inhaber oder deren leitende Angehörige wegen Steuerhinterziehung, versuchter Steuerhinterziehung oder wegen der Teilnahme an einer solchen Tat rechtskräftig bestraft worden sind, dürfen auf ihre Kosten besonderen Aufsichtsmaßnahmen unterworfen werden, wenn dies zur Gewährleistung einer wirksamen Steueraufsicht erforderlich ist. [2]Insbesondere dürfen zusätzliche Anschreibungen und Meldepflichten, der sichere Verschluss von Räumen, Behältnissen und Geräten sowie ähnliche Maßnahmen vorgeschrieben werden.

§ 214 Beauftragte (S 0445)

Wer sich zur Erfüllung steuerlicher Pflichten, die ihm auf Grund eines der Steueraufsicht unterliegenden Sachverhalts obliegen, durch einen mit der Wahrnehmung dieser Pflichten beauftragten Angehörigen seines Betriebs oder Unternehmens vertreten lässt, bedarf der Zustimmung der Finanzbehörde.

§ 215 Sicherstellung im Aufsichtsweg (S 0446)

(1) [1]Die Finanzbehörde kann durch Wegnahme, Anbringen von Siegeln oder durch Verfügungsverbot sicherstellen:

1. **verbrauchsteuerpflichtige Waren, die ein Amtsträger vorfindet**
   a) **in Herstellungsbetrieben oder anderen anmeldepflichtigen Räumen, die der Finanzbehörde nicht angemeldet sind,**
   b) **im Handel ohne eine den Steuergesetzen entsprechende Verpackung, Bezeichnung, Kennzeichnung oder ohne vorschriftsmäßige Steuerzeichen,**
2. **Waren, die im grenznahen Raum oder in Gebieten, die der Grenzaufsicht unterliegen, aufgefunden werden, wenn sie weder offenbar Gemeinschaftswaren noch den Umständen nach in den zollrechtlich freien Verkehr überführt worden sind,**
3. **die Umschließungen der in den Nummern 1 und 2 genannten Waren,**
4. **Geräte, die zur Herstellung von verbrauchsteuerpflichtigen Waren bestimmt sind und die sich in einem der Finanzbehörde nicht angemeldeten Herstellungsbetrieb befinden.**

[2]Die Sicherstellung ist auch zulässig, wenn die Sachen zunächst in einem Strafverfahren beschlagnahmt und dann der Finanzbehörde zur Verfügung gestellt worden sind.

(2) [1]Über die Sicherstellung ist eine Niederschrift aufzunehmen. [2]Die Sicherstellung ist den betroffenen Personen (Eigentümer, Besitzer) mitzuteilen, soweit sie bekannt sind.

§ 216 Überführung in das Eigentum des Bundes (S 0447)

(1) [1]Nach § 215 sichergestellte Sachen sind in das Eigentum des Bundes überzuführen, sofern sie nicht nach § 375 Abs. 2 eingezogen werden. [2]Für Fundgut gilt dies nur, wenn kein Eigentumsanspruch geltend gemacht wird.

(2) [1]Die Überführung sichergestellter Sachen in das Eigentum des Bundes ist den betroffenen Personen mitzuteilen. [2]Ist eine betroffene Person nicht bekannt, so gilt § 10 Abs. 2 des Verwaltungszustellungsgesetzes sinngemäß.

(3) [1]Der Eigentumsübergang wird wirksam, sobald der von der Finanzbehörde erlassene Verwaltungsakt unanfechtbar ist. [2]Bei Sachen, die mit dem Grund und Boden verbunden sind, geht das Eigentum unter der Voraussetzung des Satzes 1 mit der Trennung über. [3]Rechte Dritter an einer sichergestellten Sache bleiben bestehen. [4]Das Erlöschen dieser Rechte kann jedoch angeordnet werden, wenn der Dritte leichtfertig dazu beigetragen hat, dass die in das Eigentum des Bundes überführte Sache der Sicherstellung unterlag oder er sein Recht an der Sache in Kenntnis der Umstände erwarb, welche die Sicherstellung veranlasst haben.

(4) [1]Sichergestellte Sachen können schon vor der Überführung in das Eigentum des Bundes veräußert werden, wenn ihr Verderb oder eine wesentliche Minderung ihres Werts droht oder ihre Aufbewahrung, Pflege oder Erhaltung mit unverhältnismäßig großen Kosten oder Schwierigkeiten verbunden ist; zu diesem Zweck dürfen auch Sachen, die mit dem Grund und Boden verbunden sind, von diesem getrennt werden. [2]Der Erlös tritt an die Stelle der Sachen. [3]Die Notveräußerung wird nach den Vorschriften dieses Gesetzes über die Verwertung gepfändeter Sachen durchgeführt. [4]Die betroffenen Personen sollen vor der Anordnung der Veräußerung gehört werden. [5]Die Anordnung sowie Zeit und Ort der Veräußerung sind ihnen, soweit tunlich, mitzuteilen.

(5) [1]Sichergestellte oder bereits in das Eigentum des Bundes überführte Sachen werden zurückgegeben, wenn die Umstände, die die Sicherstellung veranlasst haben, dem Eigentümer nicht zuzurechnen sind oder wenn die Überführung in das Eigentum des Bundes als eine unbillige Härte für die betroffenen Personen erscheint. [2]Gutgläubige Dritte, deren Rechte durch die Überführung in das Eigentum des Bundes erloschen oder beeinträchtigt sind, werden aus dem Erlös der Sachen angemessen entschädigt. [3]Im Übrigen kann eine Entschädigung gewährt werden, soweit es eine unbillige Härte wäre, sie zu versagen.

§ 217 Steuerhilfspersonen (S 0448)

Zur Feststellung von Tatsachen, die zoll- oder verbrauchsteuerrechtlich erheblich sind, kann die Finanzbehörde Personen, die vom Ergebnis der Feststellung nicht selbst betroffen werden, als Steuerhilfspersonen bestellen.

Fünfter Teil – Erhebungsverfahren

Erster Abschnitt - Verwirklichung, Fälligkeit und Erlöschen von Ansprüchen aus dem Steuerschuldverhältnis

1. Unterabschnitt - Verwirklichung und Fälligkeit von Ansprüchen aus dem Steuerschuldverhältnis

§ 218 Verwirklichung von Ansprüchen aus dem Steuerschuldverhältnis

(S 0450)

(1) [1]Grundlage für die Verwirklichung von Ansprüchen aus dem Steuerschuldverhältnis (§ 37) sind die Steuerbescheide, die Steuervergütungsbescheide, die Haftungsbescheide und die Verwaltungsakte, durch die steuerliche Nebenleistungen festgesetzt werden; bei den Säumniszuschlägen genügt die Verwirklichung des gesetzlichen Tatbestands (§ 240). [2]Die Steueranmeldungen (§ 168) stehen den Steuerbescheiden gleich.

(2) [1]Über Streitigkeiten, die die Verwirklichung der Ansprüche im Sinne des Absatzes 1 betreffen, entscheidet die Finanzbehörde durch Abrechnungsbescheid. [2]Dies gilt auch, wenn die Streitigkeit einen Erstattungsanspruch (§ 37 Abs. 2) betrifft.

(3) [1]Wird eine Anrechnungsverfügung oder ein Abrechnungsbescheid auf Grund eines Rechtsbehelfs oder auf Antrag des Steuerpflichtigen oder eines Dritten zurückgenommen und in dessen Folge ein für ihn günstigerer Verwaltungsakt erlassen, können nachträglich gegenüber dem Steuerpflichtigen oder einer anderen Person die entsprechenden steuerlichen Folgerungen gezogen werden. [2]§ 174 Absatz 4 und 5 gilt entsprechend.

AEAO zu § 218 - Verwirklichung von Ansprüchen aus dem Steuerschuldverhältnis:

1. Konkretisierung der Ansprüche aus dem Steuerschuldverhältnis

Ansprüche aus dem Steuerschuldverhältnis (§ 37 AO) werden durch Verwaltungsakt konkretisiert. Der - ggf. materiell-rechtlich unrichtige - Verwaltungsakt beeinflusst zwar nicht die materielle Höhe des Anspruchs aus dem Steuerschuldverhältnis, solange er jedoch besteht, legt er fest, ob und in welcher Höhe ein Anspruch durchgesetzt werden kann. Maßgebend ist allein der letzte Verwaltungsakt (z. B. der letzte Änderungsbescheid oder der letzte Abrechnungsbescheid). Der einheitliche Anspruch aus dem Steuerschuldverhältnis kann deshalb bei - ggf. mehrfacher - Änderung einer Festsetzung nicht in unterschiedliche Zahlungs- und Erstattungsansprüche aufgespalten werden (BFH-Urteil vom 6.2.1996, VII R 50/95, BStBl 1997 II S. 112).

Der Verwaltungsakt wirkt konstitutiv, wenn es sich um steuerliche Nebenleistungen handelt, deren Festsetzung in das Ermessen der Finanzbehörde gestellt ist, z. B. beim Verspätungszuschlag (§ 152 AO).

2. Säumniszuschläge

Bei Säumniszuschlägen bedarf es keines Leistungsgebotes, wenn sie zusammen mit der Steuer beigetrieben werden (§ 254 Abs. 2 AO).

3. Abrechnungsbescheid

Über Streitigkeiten, die die Verwirklichung von Ansprüchen aus dem Steuerschuldverhältnis betreffen, entscheiden die Finanzbehörden durch Abrechnungsbescheid (§ 218 Abs. 2 AO). Als Rechtsbehelf ist der Einspruch gegeben. Die Korrekturmöglichkeiten richten sich nach den §§ 129 bis 131 und § 218 Abs. 3 AO.

Eine Verfügung über die Anrechnung von Steuerabzugsbeträgen und Steuervorauszahlungen (Anrechnungsverfügung) ist ein Verwaltungsakt mit Bindungswirkung (vgl. BFH-Urteil vom 27.10.2009, VII R 51/08, BStBl 2010 II S. 382). Diese Bindungswirkung muss auch beim Erlass eines Abrechnungsbescheids beachtet werden. Deshalb kann im Rahmen eines Abrechnungsbescheids die Steueranrechnung zugunsten oder zuungunsten des Steuerpflichtigen nur dann korrigiert werden, wenn eine der Voraussetzungen der §§ 129 bis 131 oder § 218 Abs. 3 AO gegeben ist (vgl. BFH-Urteil vom 15.4.1997, VII R 100/96, BStBl II S. 787).

4. Widerstreitende Anrechnungsverfügungen oder Abrechnungsbescheide

4.1 Wird eine Anrechnungsverfügung oder ein Abrechnungsbescheid auf Grund eines Rechtsbehelfs oder auf Antrag zurückgenommen und ein für den Rechtsbehelfsführer/Antragsteller günstigerer Verwaltungsakt erlassen, können nachträglich gegenüber ihm, aber auch gegenüber anderen Personen (z. B. Ehegatte oder Lebenspartner des Steuerpflichtigen, Abtretungsempfänger, Pfandgläubiger), durch Änderung einer Anrechnungsverfügung oder eines Abrechnungsbescheids die entsprechenden steuerlichen Folgerungen gezogen werden (§ 218 Abs. 3 Satz 1 AO). War Rechtsbehelfsführer/Antragsteller nicht der Steuerpflichtige, sondern ein Dritter (z. B. ein Abtretungsempfänger oder ein Pfandgläubiger), können die entsprechenden steuerlichen Folgerungen auch gegenüber dem Steuerpflichtigen nach § 218 Abs. 3 Satz 1 AO gezogen werden.

4.2 Gegenüber einer Person, die im Ausgangsverfahren nicht Rechtsbehelfsführer/Antragsteller war, ist eine für sie nachteilige Korrektur ihrer Anrechnungsverfügung oder ihres Abrechnungsbescheids nach § 218 Abs. 3 AO nur dann möglich, wenn sie an dem Verfahren, das zur Aufhebung oder Änderung der fehlerhaften Anrechnungsverfügung bzw. des fehlerhaften Abrechnungsbescheids geführt hat, in entsprechender Anwendung des § 174 Abs. 5 AO beteiligt wurde. Für eine wirksame Beteiligung dieser Person muss ihr auch der Verwaltungsakt bzw. im Einspruchsverfahren die Einspruchsentscheidung bekannt gegeben werden (vgl. BFH-Urteile vom 11.4.1991, V R 40/86, BStBl

II S. 605, und vom 5.5.1993, X R 111/91, BStBl II S. 817).

Diese Person ist dabei darauf hinzuweisen, dass

- ihr die Entscheidung als Beteiligtem bekannt gegeben wird,
- die entsprechenden steuerlichen Folgerungen aus dem maßgeblichen Sachverhalt in ihrem Besteuerungsverfahren gem. § 218 Abs. 3 i. V. m. § 174 Abs. 4 und Abs. 5 AO gezogen werden und
- Einwendungen gegen die Entscheidung nur mit Anträgen oder Rechtsbehelfen gegen diesen Verwaltungsakt geltend gemacht werden können.

4.3 Welches die „entsprechenden steuerlichen Folgerungen" sind, entscheidet sich dabei verbindlich im Ausgangsverfahren des antragstellenden bzw. einspruchsführenden Steuerpflichtigen oder Dritten.

4.4 Hinsichtlich des Antragstellers oder Rechtsbehelfsführers wird die Zahlungsverjährung nach § 231 Abs. 1 Satz 1 AO unterbrochen.

4.5 Die Zahlungsverjährungsfrist gegenüber einer Person, die im Ausgangsverfahren nicht Rechtsbehelfsführer/Antragsteller war, wird in entsprechender Anwendung des § 174 Abs. 4 Satz 3 AO unterbrochen, wenn sie vor Eintritt der ihr gegenüber geltenden Zahlungsverjährung beteiligt wurde (vgl. AEAO zu § 218, Nr. 4.2) und ihr gegenüber die entsprechenden steuerlichen Folgen innerhalb eines Jahres nach Korrektur der Anrechnungsverfügung oder des Abrechnungsbescheids im Ausgangsverfahren gezogen werden.

4.6 § 218 Abs. 3 AO gilt ab dem 31.12.2014 für alle zu diesem Zeitpunkt noch nicht zahlungsverjährten Anrechnungsverfügungen und Abrechnungsbescheide (Art. 97 § 13a EGAO).

§ 219 Zahlungsaufforderung bei Haftungsbescheiden (S 0451)

[1]Wenn nichts anderes bestimmt ist, darf ein Haftungsschuldner auf Zahlung nur in Anspruch genommen werden, soweit die Vollstreckung in das bewegliche Vermögen des Steuerschuldners ohne Erfolg geblieben oder anzunehmen ist, dass die Vollstreckung aussichtslos sein würde. [2]Diese Einschränkung gilt nicht, wenn die Haftung darauf beruht, dass der Haftungsschuldner Steuerhinterziehung oder Steuerhehlerei begangen hat oder gesetzlich verpflichtet war, Steuern einzubehalten und abzuführen oder zu Lasten eines anderen zu entrichten.

AEAO zu § 219 - Zahlungsaufforderung bei Haftungsbescheiden:

1. Es ist zu unterscheiden zwischen der gesetzlichen Entstehung der Haftungsschuld, dem Erlass des Haftungsbescheids (§ 191 AO) und der Inanspruchnahme des Haftungsschuldners durch Zahlungsaufforderung (Leistungsgebot). § 219 AO regelt nur die Zahlungsaufforderung. Der Erlass des Haftungsbescheids selbst wird durch die Einschränkung in der Vorschrift nicht gehindert. Die Zahlungsaufforderung darf jedoch mit dem Haftungsbescheid nur verbunden werden, wenn die Voraussetzungen des § 219 AO vorliegen. Ist ein Haftungsbescheid ohne Leistungsgebot ergangen, beginnt die Zahlungsverjährung mit Ablauf des Kalenderjahres, in dem dieser Bescheid wirksam geworden ist (§ 229 Abs. 2 AO).

2. § 219 AO ist Ausdruck des Grundsatzes, dass der Haftungsschuldner nur nach dem Steuerschuldner (subsidiär) für die Steuerschuld einzustehen hat. Auch in den Fällen des § 219 Satz 2 AO, in denen das Gesetz eine unmittelbare Inanspruchnahme des Haftungsschuldners erlaubt, kann es der Ausübung pflichtgemäßen Ermessens entsprechen, sich zunächst an den Steuerschuldner zu halten.

§ 220 Fälligkeit (S 0452)

(1) Die Fälligkeit von Ansprüchen aus dem Steuerschuldverhältnis richtet sich nach den Vorschriften der Steuergesetze.

(2) [1]Fehlt es an einer besonderen gesetzlichen Regelung über die Fälligkeit, so wird der Anspruch mit seiner Entstehung fällig, es sei denn, dass in einem nach § 254 erforderlichen Leistungsgebot eine Zahlungsfrist eingeräumt worden ist. [2]Ergibt sich der Anspruch in den Fällen des Satzes 1 aus der Festsetzung von Ansprüchen aus dem Steuerschuldverhältnis, so tritt die Fälligkeit nicht vor Bekanntgabe der Festsetzung ein.

AEAO zu § 220 - Fälligkeit:

1. Die angemeldete Steuervergütung bzw. das angemeldete Mindersoll ist erst fällig, sobald dem Steuerpflichtigen die Zustimmung der Finanzbehörde bekannt wird (§ 220 Abs. 2 Satz 2 AO). Wird der Steuerpflichtige schriftlich bzw. elektronisch über die Zustimmung unterrichtet (z. B. zusammen mit einer Abrechnungsmitteilung), ist grundsätzlich davon auszugehen, dass ihm die Zustimmung erst am dritten Tag nach Aufgabe zur Post bzw. nach der Absendung bekannt geworden ist. Ergeht keine Mitteilung, wird die Zustimmung

dem Steuerpflichtigen grundsätzlich mit der Zahlung (§ 224 Abs. 3 AO) der Steuervergütung bzw. des Mindersolls bekannt.

2. Zur Fälligkeit von Insolvenzforderungen vgl. AEAO zu § 251, Nr. 5.1.

§ 221 Abweichende Fälligkeitsbestimmung (S 0452)

[1]Hat ein Steuerpflichtiger eine Verbrauchsteuer oder die Umsatzsteuer mehrfach nicht rechtzeitig entrichtet, so kann die Finanzbehörde verlangen, dass die Steuer jeweils zu einem von der Finanzbehörde zu bestimmenden, vor der gesetzlichen Fälligkeit aber nach Entstehung der Steuer liegenden Zeitpunkt entrichtet wird. [2]Das Gleiche gilt, wenn die Annahme begründet ist, dass der Eingang einer Verbrauchsteuer oder der Umsatzsteuer gefährdet ist; an Stelle der Vorverlegung der Fälligkeit kann auch Sicherheitsleistung verlangt werden. [3]In den Fällen des Satzes 1 ist die Vorverlegung der Fälligkeit nur zulässig, wenn sie dem Steuerpflichtigen für den Fall erneuter nicht rechtzeitiger Entrichtung angekündigt worden ist.

§ 222 Stundung (S 0453)

[1]Die Finanzbehörden können Ansprüche aus dem Steuerschuldverhältnis ganz oder teilweise stunden, wenn die Einziehung bei Fälligkeit eine erhebliche Härte für den Schuldner bedeuten würde und der Anspruch durch die Stundung nicht gefährdet erscheint. [2]Die Stundung soll in der Regel nur auf Antrag und gegen Sicherheitsleistung gewährt werden. [3]Steueransprüche gegen den Steuerschuldner können nicht gestundet werden, soweit ein Dritter (Entrichtungspflichtiger) die Steuer für Rechnung des Steuerschuldners zu entrichten, insbesondere einzubehalten und abzuführen hat. [4]Die Stundung des Haftungsanspruchs gegen den Entrichtungspflichtigen ist ausgeschlossen, soweit er Steuerabzugsbeträge einbehalten oder Beträge, die eine Steuer enthalten, eingenommen hat.

§ 223 (weggefallen)

2. Unterabschnitt - Zahlung, Aufrechnung, Erlass

§ 224 Leistungsort, Tag der Zahlung (S 0455)

(1) [1]Zahlungen an Finanzbehörden sind an die zuständige Kasse zu entrichten. [2]Außerhalb des Kassenraums können Zahlungsmittel nur einem Amtsträger übergeben werden, der zur Annahme von Zahlungsmitteln außerhalb des Kassenraums besonders ermächtigt worden ist und sich hierüber ausweisen kann.

(2) Eine wirksam geleistete Zahlung gilt als entrichtet:

1. **bei Übergabe oder Übersendung von Zahlungsmitteln am Tag des Eingangs, bei Hingabe oder Übersendung von Schecks jedoch drei Tage nach dem Tag des Eingangs,**
2. **bei Überweisung oder Einzahlung auf ein Konto der Finanzbehörde und bei Einzahlung mit Zahlschein an dem Tag, an dem der Betrag der Finanzbehörde gutgeschrieben wird,**
3. **bei Vorliegen eines SEPA-Lastschriftmandats am Fälligkeitstag.**

(3) [1]Zahlungen der Finanzbehörden sind unbar zu leisten. [2]Das Bundesministerium der Finanzen und die für die Finanzverwaltung zuständigen obersten Landesbehörden können für ihre Geschäftsbereiche Ausnahmen zulassen. [3]Als Tag der Zahlung gilt bei Überweisung oder Zahlungsanweisung der dritte Tag nach der Hingabe oder Absendung des Auftrags an das Kreditinstitut oder, wenn der Betrag nicht sofort abgebucht werden soll, der dritte Tag nach der Abbuchung.

(4) [1]Die zuständige Kasse kann für die Übergabe von Zahlungsmitteln gegen Quittung geschlossen werden. [2]Absatz 2 Nr. 1 gilt entsprechend, wenn bei der Schließung von Kassen nach Satz 1 am Ort der Kasse eine oder mehrere Zweiganstalten der Deutschen Bundesbank oder, falls solche am Ort der Kasse nicht bestehen, ein oder mehrere Kreditinstitute ermächtigt werden, für die Kasse Zahlungsmittel gegen Quittung anzunehmen.

AEAO zu § 224 - Leistungsort, Tag der Zahlung:

1. § 224 Abs. 2 Nr. 3 AO stellt sicher, dass Verzögerungen bei der Einziehung aufgrund einer Einzugsermächtigung nicht zu Lasten des Steuerpflichtigen gehen.
2. Die Regelungen zum Tag der Zahlung (§ 224 Abs. 2 und 3 AO) gelten nur bei wirksam geleisteten Zahlungen, d. h. wenn der geleistete Betrag den Empfänger erreicht hat.
3. Ist die örtliche Zuständigkeit nach § 26 AO auf ein anderes Finanzamt übergegangen und wird eine Zahlung auf eine von dem vormals zuständigen Finanzamt festgesetzte Steuer an die vormals zuständige Finanzkasse geleistet, erlischt der Steueranspruch sobald die Zahlung bei der unzuständigen Finanzkasse eingegangen ist und die neu zuständige Finanzkasse dem nach

§ 362 Abs. 2 i. V. m. § 185 BGB zustimmt. Die Zustimmung der neu zuständigen Finanzkasse nach § 362 Abs. 2 i. V. m. § 185 BGB gilt allgemein als auf den Zeitpunkt des Zahlungseingangs bei der vormals zuständigen Finanzkasse erteilt.

§ 224a Hingabe von Kunstgegenständen an Zahlungs statt (S 0455a)

(1) [1]Schuldet ein Steuerpflichtiger Erbschaft- oder Vermögensteuer, kann durch öffentlich-rechtlichen Vertrag zugelassen werden, dass an Zahlungs statt das Eigentum an Kunstgegenständen, Kunstsammlungen, wissenschaftlichen Sammlungen, Bibliotheken, Handschriften und Archiven dem Land, dem das Steueraufkommen zusteht, übertragen wird, wenn an deren Erwerb wegen ihrer Bedeutung für Kunst, Geschichte oder Wissenschaft ein öffentliches Interesse besteht. [2]Die Übertragung des Eigentums nach Satz 1 gilt nicht als Veräußerung im Sinne des § 13 Abs. 1 Nr. 2 Satz 2 des Erbschaftsteuergesetzes.

(2) [1]Der Vertrag nach Absatz 1 bedarf der Schriftform; die elektronische Form ist ausgeschlossen. [2]Der Steuerpflichtige hat das Vertragsangebot an die örtlich zuständige Finanzbehörde zu richten. [3]Zuständig für den Vertragsabschluss ist die oberste Finanzbehörde des Landes, dem das Steueraufkommen zusteht. [4]Der Vertrag wird erst mit der Zustimmung der für kulturelle Angelegenheiten zuständigen obersten Landesbehörde wirksam; diese Zustimmung wird von der obersten Finanzbehörde eingeholt.

(3) Kommt ein Vertrag zustande, erlischt die Steuerschuld in der im Vertrag vereinbarten Höhe am Tag der Übertragung des Eigentums an das Land, dem das Steueraufkommen zusteht.

(4) [1]Solange nicht feststeht, ob ein Vertrag zustande kommt, kann der Steueranspruch nach § 222 gestundet werden. [2]Kommt ein Vertrag zustande, ist für die Dauer der Stundung auf die Erhebung von Stundungszinsen zu verzichten.

§ 225 Reihenfolge der Tilgung (S 0455)

(1) Schuldet ein Steuerpflichtiger mehrere Beträge und reicht bei freiwilliger Zahlung der gezahlte Betrag nicht zur Tilgung sämtlicher Schulden aus, so wird die Schuld getilgt, die der Steuerpflichtige bei der Zahlung bestimmt.

(2) [1]Trifft der Steuerpflichtige keine Bestimmung, so werden mit einer freiwilligen Zahlung, die nicht sämtliche Schulden deckt, zunächst die Geldbußen, sodann nacheinander die Zwangsgelder, die Steuerabzugsbeträge, die übrigen Steuern, die Kosten, die Verspätungszuschläge, die Zinsen und die Säumniszuschläge getilgt. [2]Innerhalb dieser Reihenfolge sind die einzelnen Schulden nach ihrer Fälligkeit zu ordnen; bei gleichzeitig fällig gewordenen Beträgen und bei den Säumniszuschlägen bestimmt die Finanzbehörde die Reihenfolge der Tilgung.

(3) Wird die Zahlung im Verwaltungsweg erzwungen (§ 249) und reicht der verfügbare Betrag nicht zur Tilgung aller Schulden aus, derentwegen die Vollstreckung oder die Verwertung der Sicherheiten erfolgt ist, so bestimmt die Finanzbehörde die Reihenfolge der Tilgung.

§ 226 Aufrechnung (S 0456)

(1) Für die Aufrechnung mit Ansprüchen aus dem Steuerschuldverhältnis sowie für die Aufrechnung gegen diese Ansprüche gelten sinngemäß die Vorschriften des bürgerlichen Rechts, soweit nichts anderes bestimmt ist.

(2) Mit Ansprüchen aus dem Steuerschuldverhältnis kann nicht aufgerechnet werden, wenn sie durch Verjährung oder Ablauf einer Ausschlussfrist erloschen sind.

(3) Die Steuerpflichtigen können gegen Ansprüche aus dem Steuerschuldverhältnis nur mit unbestrittenen oder rechtskräftig festgestellten Gegenansprüchen aufrechnen.

(4) Für die Aufrechnung gilt als Gläubiger oder Schuldner eines Anspruchs aus dem Steuerschuldverhältnis auch die Körperschaft, die die Steuer verwaltet.

AEAO zu § 226 - Aufrechnung:

1. Für die Aufrechnung gelten die §§ 387 bis 396 BGB sinngemäß. Eine Aufrechnung kann danach erst erklärt werden, wenn die Aufrechnungslage gegeben ist; dies bedeutet Erfüllbarkeit (d. h. abstrakte Entstehung) der Verpflichtung des Aufrechnenden (Hauptforderung) und gleichzeitige Fälligkeit seiner Forderung (Gegenforderung). Das Finanzamt ist allerdings an der Aufrechnung gehindert, wenn die Durchsetzbarkeit der Gegenforderung durch Aussetzung der Vollziehung oder Stundung ausgeschlossen ist (vgl. BFH-Urteil vom 31.8.1995, VII R 58/94, BStBl 1996 II S. 55). Die Aufrechnungslage wird durch eine nachträgliche rückwirkende Stundung nicht beseitigt (BFH-Urteil vom 8.7.2004, VII R 55/03, BStBl 2005 II S. 7).

   § 215 erste Alternative BGB wird durch § 226 Abs. 2 AO ausgeschlossen. Die Gegenseitigkeit von Forderungen aus dem Steuerschuldverhältnis ist gewahrt, wenn die Abgabe derselben Körperschaft zusteht (§ 226 Abs. 1 AO) oder von derselben Körperschaft verwaltet wird (§ 226 Abs. 4 AO). Das Finanzamt kann daher von einem Steuerpflichtigen geforderte Erbschaftsteuer (dem Land allein zustehende Abgabe) gegen an diesen Steuerpflichtigen zu erstattenden Solidaritätszuschlag (dem Bund allein zustehende Abgabe) aufrechnen. Bei der Aufrechnung durch den Steuerpflichtigen findet § 395 BGB keine Anwendung (BFH-Urteil vom 25.4.1989, VII R 105/87, BStBl II S. 949).

2. Eine Aufrechnung bewirkt nach § 226 Abs. 1 AO i. V. m. § 389 BGB, dass die Forderungen, soweit sie sich decken, in dem Zeitpunkt als erloschen gelten, in welchem sie zur Aufrechnung geeignet einander gegenüberstehen. Dabei ist nicht auf die Festsetzung oder die Fälligkeit eines Steueranspruchs bzw. eines Steuererstattungsanspruchs abzustellen, sondern auf dessen abstrakte materiellrechtliche Entstehung (vgl. BFH-Urteil vom 3.5.1991, V R 105/86, BFH/NV 1992 S. 77). Materiellrechtlich entstehen Ansprüche aus dem Steuerschuldverhältnis bereits mit Verwirklichung des gesetzlichen Tatbestandes, d. h. z. B. die veranlagte Einkommensteuer bereits mit Ablauf des Veranlagungszeitraumes; auf die Kenntnis des Finanzamts oder des Steuerpflichtigen über Grund und Höhe der abstrakt entstandenen Ansprüche kommt es nicht an.

Das Steuererhebungsverfahren knüpft aber - anders als das Zivilrecht - nicht an die abstrakte Entstehung, sondern an die Konkretisierung des Steueranspruchs bzw. Steuererstattungsanspruchs durch dessen Festsetzung im Steuerbescheid und seine hieran anschließende Fälligkeit an (vgl. § 218 Abs. 1 AO). Deshalb geht die Rückwirkung einer Aufrechnung bei der Berechnung von Zinsen und Säumniszuschlägen nicht über den Zeitpunkt der Fälligkeit der Schuld des Aufrechnenden hinaus (vgl. § 238 Abs. 1 Satz 3 und § 240 Abs. 1 Satz 5 AO). Rechnet das Finanzamt mit einer Steuerforderung gegen eine später als die Steuerforderung fällig gewordene Erstattungsforderung auf, bleiben deshalb Säumniszuschläge hinsichtlich der zur Aufrechnung gestellten Steuerforderung für die Zeit vor der Fälligkeit der Erstattungsforderung bestehen.

Bei der Umbuchung von Steuererstattungs- oder Steuervergütungsansprüchen, die sich aus Steueranmeldungen ergeben, gilt die Erstattung/Vergütung aus Billigkeitsgründen als am Tag des Eingangs der Steueranmeldung, frühestens jedoch als am ersten Tag des auf den Anmeldungszeitraums folgenden Monats geleistet (Wertstellung). Dies gilt entsprechend, wenn die Steuererstattung oder Steuervergütung abweichend von der Steueranmeldung festgesetzt wird.

3. Soweit sich die Aufrechnungslage weder aus § 226 Abs. 1 AO aufgrund der Ertragsberechtigung noch aus § 226 Abs. 4 AO aufgrund der Verwaltungshoheit ergibt, kann in geeigneten Fällen die erforderliche Gegenseitigkeit seitens der Finanzverwaltung dadurch hergestellt werden, dass zwecks Einziehung der zu erhebende (ggf. anteilige) Anspruch an die Körperschaft, die den anderen Anspruch zu erfüllen hat, abgetreten und damit die Gläubiger-/Schuldneridentität i. S. d. § 226 Abs. 1 AO herbeigeführt wird (BFH-Urteil vom 5.9.1989, VII R 33/87, BStBl II S. 1004).

4. Für die Erklärung der Aufrechnung ist grundsätzlich die Behörde zuständig, die den Anspruch, gegen den aufgerechnet werden soll, zu erfüllen hat.

5. Liegen die Voraussetzungen für eine Aufrechnung nicht vor, bleibt die Möglichkeit einer vertraglichen Verrechnung der Forderungen. Ein solcher Verrechnungsvertrag kommt z. B. dadurch zustande, dass der Unternehmer (eine Personengesellschaft) gleichzeitig mit der Umsatzsteuer-Voranmeldung dem Finanzamt die Verrechnung seines Umsatzsteuer-Erstattungsanspruchs mit der Einkommensteuer-Forderung des Finanzamts an einen der Gesellschafter anbietet und das Finanzamt dieses Angebot ausdrücklich oder stillschweigend annimmt. Die Rechtswirksamkeit eines Verrechnungsvertrags ist nach den allgemeinen Rechtsgrundsätzen über den Abschluss von Verträgen zu beurteilen (BFH-Urteile vom 13.10.1972, III R 11/72, BStBl 1973 II S. 66, vom 21.3.1978, VIII R 60/73, BStBl II S. 606, und vom 30.10.1984, VII R 70/81, BStBl 1985 II S. 114).

§ 227 Erlass (S 0457)

Die Finanzbehörden können Ansprüche aus dem Steuerschuldverhältnis ganz oder zum Teil erlassen, wenn deren Einziehung nach Lage des einzelnen Falls unbillig wäre; unter den gleichen Voraussetzungen können bereits entrichtete Beträge erstattet oder angerechnet werden.

3. Unterabschnitt - Zahlungsverjährung

§ 228 Gegenstand der Verjährung, Verjährungsfrist (S 0458)

[1]Ansprüche aus dem Steuerschuldverhältnis unterliegen einer besonderen Zahlungsverjährung. [2]Die Verjährungsfrist beträgt fünf Jahre, in Fällen der §§ 370, 373 oder 374 zehn Jahre.

AEAO zu § 228 - Gegenstand der Verjährung, Verjährungsfrist:

1. Die Zahlungsverjährung erstreckt sich auch auf Ansprüche des Steuerpflichtigen. Der einheitliche Anspruch aus dem Steuerschuldverhältnis (z. B. für die Steuer eines Veranlagungszeitraums) kann bei - ggf. mehrfach - geänderter Festsetzung nicht in unterschiedliche Zahlungs- und Erstattungsansprüche aufgespalten werden, die bezogen auf die jeweils ergangenen Verwaltungsakte unterschiedlichen Verjährungsfristen unterliegen (BFH-Urteil vom 6.2.1996, VII R 50/95, BStBl 1997 II S. 112).
2. Fällt das Ende der Verjährungsfrist auf einen Sonntag, einen gesetzlichen Feiertag oder einen Sonnabend, so endet die Verjährungsfrist erst mit dem Ablauf des nächstfolgenden Werktages (§ 108 Abs. 3 AO).
3. Die Zahlungsverjährung führt zum Erlöschen des Anspruchs (§§ 47, 232 AO).

§ 229 Beginn der Verjährung (S 0458)

(1) [1]Die Verjährung beginnt mit Ablauf des Kalenderjahrs, in dem der Anspruch erstmals fällig geworden ist. [2]Sie beginnt jedoch nicht vor Ablauf des Kalenderjahrs, in dem die Festsetzung eines Anspruchs aus dem Steuerschuldverhältnis, ihre Aufhebung, Änderung oder Berichtigung nach § 129 wirksam geworden ist, aus der sich der Anspruch ergibt; eine Steueranmeldung steht einer Steuerfestsetzung gleich. [3]Wird die Festsetzung oder Anmeldung eines Anspruchs aus dem Steuerschuldverhältnis aufgehoben, geändert oder nach § 129 berichtigt, so beginnt die Verjährung des gesamten Anspruchs erst mit Ablauf des Kalenderjahrs, in dem die Aufhebung, Änderung oder Berichtigung wirksam geworden ist.

(2) Ist ein Haftungsbescheid ohne Zahlungsaufforderung ergangen, so beginnt die Verjährung mit Ablauf des Kalenderjahrs, in dem die Zahlungsaufforderung nachgeholt worden ist, spätestens aber fünf Jahre nach Ablauf des Kalenderjahrs, in dem der Haftungsbescheid wirksam geworden ist.

AEAO zu § 229 - Beginn der Verjährung:

Die Zahlungsverjährung beginnt grundsätzlich mit Ablauf des Kalenderjahres, in dem der Anspruch erstmals fällig geworden ist. Wird durch eine Steueranmeldung oder Steuerfestsetzung erst die Voraussetzung für die Durchsetzung des Anspruchs geschaffen, so beginnt die Verjährung auch bei früherer Fälligkeit des Anspruchs (z. B. bei den sog. Fälligkeitssteuern) nicht vor Ablauf des Kalenderjahres, in dem die Steueranmeldung oder die Festsetzung, die Aufhebung oder Änderung der Festsetzung eines Anspruchs wirksam geworden ist. Dies gilt unabhängig davon, ob der Bescheid angefochten wird oder nicht.

§ 230 Hemmung der Verjährung (S 0458)

(1) Die Verjährung ist gehemmt, solange der Anspruch wegen höherer Gewalt innerhalb der letzten sechs Monate der Verjährungsfrist nicht verfolgt werden kann.

(2) Die Verjährung ist gehemmt, solange die Festsetzungsfrist des Anspruchs noch nicht abgelaufen ist. § 171 Absatz 14 ist dabei nicht anzuwenden.

§ 231 Unterbrechung der Verjährung (S 0458)

(1) [1]Die Verjährung eines Anspruchs wird unterbrochen durch

1. Zahlungsaufschub, Stundung, Aussetzung der Vollziehung, Aussetzung der Verpflichtung des Zollschuldners zur Abgabenentrichtung oder Vollstreckungsaufschub,

2. Sicherheitsleistung,

3. eine Vollstreckungsmaßnahme,

4. Anmeldung im Insolvenzverfahren,

5. Eintritt des Vollstreckungsverbots nach § 210 oder § 294 Absatz 1 der Insolvenzordnung,

6. Aufnahme in einen Insolvenzplan oder einen gerichtlichen Schuldenbereinigungsplan,

7. Ermittlungen der Finanzbehörde nach dem Wohnsitz oder dem Aufenthaltsort des Zahlungspflichtigen und

8. schriftliche Geltendmachung des Anspruchs.

[2]§ 169 Abs. 1 Satz 3 gilt sinngemäß.

(2) [1]Die Unterbrechung der Verjährung dauert fort

1. in den Fällen des Absatzes 1 Satz 1 Nummer 1 bis zum Ablauf der Maßnahme,

2. im Fall des Absatzes 1 Satz 1 Nummer 2 bis zum Erlöschen der Sicherheit,

3. **im Fall des Absatzes 1 Satz 1 Nummer 3 bis zum Erlöschen des Pfändungspfandrechts, der Zwangshypothek oder des sonstigen Vorzugsrechts auf Befriedigung,**
4. **im Fall des Absatzes 1 Satz 1 Nummer 4 bis zur Beendigung des Insolvenzverfahrens,**
5. **im Fall des Absatzes 1 Satz 1 Nummer 5 bis zum Wegfall des Vollstreckungsverbots nach § 210 oder § 294 Absatz 1 der Insolvenzordnung,**
6. **in den Fällen des Absatzes 1 Satz 1 Nummer 6, bis der Insolvenzplan oder der gerichtliche Schuldenbereinigungsplan erfüllt oder hinfällig wird.**

[2]Wird gegen die Finanzbehörde ein Anspruch geltend gemacht, so endet die hierdurch eingetretene Unterbrechung der Verjährung nicht, bevor über den Anspruch rechtskräftig entschieden worden ist.

(3) Mit Ablauf des Kalenderjahrs, in dem die Unterbrechung geendet hat, beginnt eine neue Verjährungsfrist.

(4) Die Verjährung wird nur in Höhe des Betrags unterbrochen, auf den sich die Unterbrechungshandlung bezieht.

AEAO zu § 231 - Unterbrechung der Verjährung:

1. Zu den Unterbrechungstatbeständen gehört auch die schriftliche Geltendmachung eines Zahlungsanspruchs durch den Steuerpflichtigen (§ 231 Abs. 1 Satz 1 Nr. 8 AO). Bei elektronischer Übermittlung kann - vorbehaltlich der Eröffnung eines entsprechenden Zugangs durch die Finanzbehörde (§ 87a Abs. 1 AO) - auf eine qualifizierte elektronische Signatur und auch auf ein Verfahren nach § 87a Abs. 3 Satz 4 und 5 AO verzichtet werden, da kein Unterschriftserfordernis besteht (vgl. AEAO zu § 87a, Nr. 3.2.4).
2. Eine dem Zahlungspflichtigen von der Finanzbehörde bekannt gegebene Maßnahme i. S. d. § 231 Abs. 1 AO unterbricht die Zahlungsverjährung auch dann, wenn es sich bei dieser Maßnahme um einen Verwaltungsakt handelt, der rechtswidrig oder nichtig oder rückwirkend aufgehoben worden ist (vgl. BFH-Beschluss vom 21.6.2010, VII R 27/08, BStBl 2011 II S. 331).

§ 232 Wirkung der Verjährung (S 0458)

Durch die Verjährung erlöschen der Anspruch aus dem Steuerschuldverhältnis und die von ihm abhängenden Zinsen.

Zweiter Abschnitt - Verzinsung, Säumniszuschläge

1. Unterabschnitt - Verzinsung

§ 233 Grundsatz (S 0460)

[1]Ansprüche aus dem Steuerschuldverhältnis (§ 37) werden nur verzinst, soweit dies durch Bundesrecht oder Recht der Europäischen Union vorgeschrieben ist. [2]Ansprüche auf steuerliche Nebenleistungen (§ 3 Abs. 4) und die entsprechenden Erstattungsansprüche werden nicht verzinst.

§ 233a Verzinsung von Steuernachforderungen und Steuererstattungen (S 0460a)

(1) [1]Führt die Festsetzung der Einkommen-, Körperschaft-, Vermögen-, Umsatz- oder Gewerbesteuer zu einem Unterschiedsbetrag im Sinne des Absatzes 3, ist dieser zu verzinsen. [2]Dies gilt nicht für die Festsetzung von Vorauszahlungen und Steuerabzugsbeträgen.

(2) [1]Der Zinslauf beginnt 15 Monate nach Ablauf des Kalenderjahrs, in dem die Steuer entstanden ist. [2]Er beginnt für die Einkommen- und Körperschaftsteuer 23 Monate nach diesem Zeitpunkt, wenn die Einkünfte aus Land- und Forstwirtschaft bei der erstmaligen Steuerfestsetzung die anderen Einkünfte überwiegen; hierbei sind Kapitalerträge nach § 32d Absatz 1 und § 43 Absatz 5 des Einkommensteuergesetzes nicht zu berücksichtigen. [3]Er endet mit Ablauf des Tages, an dem die Steuerfestsetzung wirksam wird.

(2a) Soweit die Steuerfestsetzung auf der Berücksichtigung eines rückwirkenden Ereignisses (§ 175 Abs. 1 Satz 1 Nr. 2 und Abs. 2) oder auf einem Verlustabzug nach § 10d Abs. 1 des Einkommensteuergesetzes beruht, beginnt der Zinslauf abweichend von Absatz 2 Satz 1 und 2 15 Monate nach Ablauf des Kalenderjahres, in dem das rückwirkende Ereignis eingetreten oder der Verlust entstanden ist.

(3) [1]Maßgebend für die Zinsberechnung ist die festgesetzte Steuer, vermindert um die anzurechnenden Steuerabzugsbeträge, um die anzurechnende Körperschaftsteuer und um die bis zum Beginn des Zinslaufs festgesetzten Vorauszahlungen (Unterschiedsbetrag). [2]Bei der Vermögensteuer ist als Unterschiedsbetrag für die Zinsberechnung die festgesetzte Steuer, vermindert um die festgesetzten Vorauszahlungen oder die bisher festgesetzte Jahressteuer, maßgebend. [3]Ein Unterschiedsbetrag zugunsten des Steuerpflichtigen ist nur bis zur Höhe des zu erstattenden Betrags zu verzinsen; die Verzinsung beginnt frühestens mit dem Tag der Zahlung. [4]Besteht der Erstattungsbetrag aus mehreren Teil-Leistungen, richtet sich der Zinsberechnungszeitraum jeweils nach dem Zeitpunkt der einzelnen Leistung; die Leistungen sind in chronologischer Reihenfolge zu berücksichtigen, beginnend mit der jüngsten Leistung.

(4) Die Festsetzung der Zinsen soll mit der Steuerfestsetzung verbunden werden.

(5) [1]Wird die Steuerfestsetzung aufgehoben, geändert oder nach § 129 berichtigt, ist eine bisherige Zinsfestsetzung zu ändern; Gleiches gilt, wenn die Anrechnung von Steuerbeträgen zurückgenommen, widerrufen oder nach § 129 berichtigt wird. [2]Maßgebend für die Zinsberechnung ist der Unterschiedsbetrag zwischen der festgesetzten Steuer und der vorher festgesetzten Steuer, jeweils vermindert um die anzurechnenden Steuerabzugsbeträge und um die anzurechnende Körperschaftsteuer. [3]Dem sich hiernach ergebenden Zinsbetrag sind bisher festzusetzende Zinsen hinzuzurechnen; bei einem Unterschiedsbetrag zugunsten des Steuerpflichtigen entfallen darauf festgesetzte Zinsen. [4]Im Übrigen gilt Absatz 3 Satz 3 und 4 entsprechend.

(6) Die Absätze 1 bis 5 gelten bei der Durchführung des Lohnsteuer-Jahresausgleichs entsprechend.

(7) [1]Bei Anwendung des Absatzes 2a gelten die Absätze 3 und 5 mit der Maßgabe, dass der Unterschiedsbetrag in Teil-Unterschiedsbeträge mit jeweils gleichem Zinslaufbeginn aufzuteilen ist; für jeden Teil-Unterschiedsbetrag sind Zinsen gesondert und in der zeitlichen Reihenfolge der Teil-Unterschiedsbeträge zu berechnen, beginnend mit den Zinsen auf den Teil-Unterschiedsbetrag mit dem ältesten Zinslaufbeginn. [2]Ergibt sich ein Teil-Unterschiedsbetrag zugunsten des Steuerpflichtigen, entfallen auf diesen Betrag festgesetzte Zinsen frühestens ab Beginn des für diesen Teil-Unterschiedsbetrag maßgebenden Zinslaufs; Zinsen für den Zeitraum bis zum Beginn des Zinslaufs dieses Teil-Unterschiedsbetrags bleiben endgültig bestehen. [3]Dies gilt auch, wenn zuvor innerhalb derselben Zinsberechnung Zinsen auf einen Teil-Unterschiedsbetrag zuungunsten des Steuerpflichtigen berechnet worden sind.

(8) [1]Zinsen auf einen Unterschiedsbetrag zuungunsten des Steuerpflichtigen (Nachzahlungszinsen) sind entweder nicht festzusetzen oder zu erlassen, soweit Zahlungen oder andere Leistungen auf eine später wirksam gewordene Steuerfestsetzung erbracht wurden, die Finanzbehörde diese Leistungen angenommen und auf die festgesetzte und zu entrichtende Steuer angerechnet hat. Absatz 3 Satz 4 ist hierbei entsprechend anzuwenden. [2]Soweit Nachzahlungszinsen aufgrund einer Aufhebung, Änderung oder Berichtigung der Steuerfestsetzung nach Absatz 5 Satz 3 zweiter Halbsatz entfallen, mindert sich der Zinsverzicht nach Satz 1 entsprechend. [3]Die §§ 163 und 227 bleiben unberührt.

AEAO zu § 233a - Verzinsung von Steuernachforderungen und Steuererstattungen:[1]

[1] Der AEAO zu § 233a wurde mit BMF-Schreiben vom 3.11.2022 komplett neugefasst.

11. - 13. Grundsätze der Zinsberechnung

14. - 40. Zinsberechnung bei der erstmaligen Steuerfestsetzung

41. - 59. Zinsberechnung bei einer Korrektur der Steuerfestsetzung oder der Anrechnung von Steuerbeträgen

60. Zinsberechnung bei sog. NV-Fällen

61. Sonderregelungen für Zinsberechnungen bei der Umsatzsteuer

62. - 68. Verhältnis zu anderen steuerlichen Nebenleistungen

69. - 70. Billigkeitsmaßnahmen

71. - 73. Rechtsbehelfe

74. Berücksichtigung rückwirkender Ereignisse in Grundlagenbescheiden

Allgemeines

1. Die Verzinsung nach § 233a AO (Vollverzinsung) soll im Interesse der Gleichmäßigkeit der Besteuerung und zur Vermeidung von Wettbewerbsverzerrungen einen Ausgleich dafür schaffen, dass die Steuern trotz gleichen gesetzlichen Entstehungszeitpunkts, aus welchen Gründen auch immer, zu unterschiedlichen Zeitpunkten festgesetzt und erhoben werden. Die Verzinsung ist gesetzlich vorgeschrieben; die Zinsfestsetzung steht nicht im Ermessen der Finanzbehörde. Die Zinsen werden grundsätzlich im automatisierten Verfahren berechnet, festgesetzt und zum Soll gestellt. Die Zinsfestsetzung wird regelmäßig mit dem Steuerbescheid oder der Abrechnungsmitteilung verbunden.

Sachlicher und zeitlicher Geltungsbereich

2. Die Verzinsung nach § 233a AO ist beschränkt auf die Festsetzung der Einkommen-, Körperschaft-, Vermögen-, Umsatz- und Gewerbesteuer (§ 233a Abs. 1 Satz 1 AO). Wegen der Verzinsung des Steuervergütungsanspruchs nach § 18 Abs. 9 UStG i. V. m. §§ 59 ff. UStDV und in Fällen des Mini-one-stop-shop-Verfahrens nach § 18 Abs. 4e UStG (MOSS-Verfahren) vgl. AEAO zu § 233a, Nr. 61. Von der Verzinsung ausgenommen sind die übrigen Steuern und Abgaben sowie Steuervorauszahlungen und Steuerabzugsbeträge (§ 233a Abs. 1 Satz 2 AO); vgl. auch BFH-Beschluss vom 18.9.2007, I R 15/05, BStBl 2008 II S. 332, und BVerfG-Beschluss vom 3.9.2009, 1 BvR 1098/08, BFH/NV S. 2115. Auch bei der Nachforderung von Abzugsteuern gegenüber dem Arbeitnehmer (vgl. BFH-Urteil vom 17.11.2010, I R 68/10, BFH/NV 2011 S. 737), der Festsetzung der vom Arbeitgeber übernommenen Lohnsteuer sowie der Festsetzung der Umsatzsteuer im Abzugsverfahren erfolgt keine Verzinsung nach § 233a AO. Kirchensteuern werden nur verzinst, soweit die Landeskirchensteuergesetze dies vorsehen. Als Einfuhrabgabe unterliegt die Einfuhrumsatzsteuer den singgemäß geltenden Vorschriften für Zölle, weshalb ein sich bei der Festsetzung von Einfuhrumsatzsteuer ergebender Unterschiedsbetrag nicht nach § 233a AO zu verzinsen ist (BFH-Urteil vom 23.9.2009, VII R 44/08, BStBl 2010 II S. 334). Der AO lässt sich im Übrigen kein allgemeiner Grundsatz des Inhalts entnehmen, dass Ansprüche

des Steuerpflichtigen aus dem Steuerschuldverhältnis auch ohne einzelgesetzliche Grundlage stets zu verzinsen sind (vgl. BFH-Urteil vom 16.12.2009, I R 48/09, BFH/NV 2010, S. 827).

§ 233a AO ist bei Wegzug in einen Mitgliedstaat der EU bzw. des EWR im Lichte der Niederlassungsfreiheit nach Art. 49 AEUV europarechtskonform auszulegen. Hiernach ist die Wegzugsteuer nach § 6 Abs. 1 AStG bzw. die Steuer auf Entstrickungsgewinne bei Wegzug nach § 27 Abs. 3 Nr. 3 Satz 2 UmwStG 2006, § 21 Abs. 2 Satz 1 Nr. 2 UmwStG 1995 nicht der Vollverzinsung zu unterwerfen, soweit die Steuer nach § 6 Abs. 5 AStG zinslos zu stunden ist.

Zinsschuldner/-gläubiger

3. Bei der Verzinsung von Steuernachzahlungen ist der Steuerschuldner auch Zinsschuldner. Schulden mehrere Personen die Steuer als Gesamtschuldner, sind sie auch Gesamtschuldner der Zinsen. Bei der Verzinsung von Erstattungsansprüchen ist grundsätzlich der Gläubiger des Erstattungsanspruchs Zinsgläubiger. Die Aufteilung der Zinsen nach §§ 268 ff. AO hat für die Zinsberechnung keine Bedeutung. Zur Abtretung eines Anspruchs auf Erstattungszinsen vgl. AEAO zu § 46, Nr. 1.

Zinslauf

4. Der Zinslauf beginnt im Regelfall 15 Monate nach Ablauf des Kalenderjahres, in dem die Steuer entstanden ist (Karenzzeit nach § 233a Abs. 2 Satz 1 AO). Eine über die Karenzzeit hinaus gewährte Frist zur Abgabe der Steuererklärung ist für die Verzinsung unbeachtlich.

4.1 Sonderregelungen bestehen für die Besteuerungszeiträume 2019 bis 2024; hier gelten für den allgemeinen Zinslauf (§ 233a Abs. 2 Satz 1 AO) die folgenden verlängerten Karenzzeiten (vgl. Art. 97 § 36 Abs. 2 und 3 EGAO):

Besteuerungszeitraum	verlängerte Karenzzeit	Zinslaufbeginn
2019	21 Monate	01.10.2021
2020	21 Monate	01.10.2022
2021	21 Monate	01.10.2023
2022	20 Monate	01.09.2024
2023	18 Monate	01.07.2025
2024	17 Monate	01.06.2026

5. Der Zinslauf endet mit Ablauf des Tages, an dem die Steuerfestsetzung wirksam wird (§ 233a Abs. 2 Satz 3 AO).

- Bei Steuerfestsetzungen durch Steuerbescheid endet der Zinslauf am Tag der Bekanntgabe des Steuerbescheids (§ 124 Abs. 1 Satz 1 i. V. m. § 122 AO).
- Bei Umsatzsteuererklärungen mit einem Unterschiedsbetrag zuungunsten des Steuerpflichtigen endet der Zinslauf grundsätzlich am Tag des Eingangs der Steueranmeldung (§ 168 Satz 1 AO).
- Bei zustimmungsbedürftigen Umsatzsteuererklärungen mit einem Unterschiedsbetrag zugunsten des Steuerpflichtigen endet der Zinslauf grundsätzlich mit Ablauf des Tages, an dem dem Steuerpflichtigen die Zustimmung der Finanzbehörde bekannt wird (§ 168 Satz 2 AO; vgl. AEAO zu § 168, Nrn. 2 bis 4). Dies gilt auch in den Fällen, in denen die Zustimmung allgemein erteilt wird (vgl. AEAO zu § 168, Nr. 9).

Der Zeitpunkt der Zahlung oder der Fälligkeit der Steuernachforderung oder der Steuererstattung ist grundsätzlich unbeachtlich.

6. Ein voller Zinsmonat (§ 238 Abs. 1 Satz 2 AO) ist erreicht, wenn der Tag, an dem der Zinslauf endet, hinsichtlich seiner Zahl dem Tag entspricht, der dem Tag vorhergeht, an dem die Frist begann (BFH-Urteil vom 24.7.1996, X R 119/92, BStBl 1997 II S. 6). Begann der Zinslauf z. B. am 1.4. und wurde die Steuerfestsetzung am 30.4. bekannt gegeben, ist bereits ein voller Zinsmonat gegeben.

7. Behauptet der Steuerpflichtige, ihm sei der Steuerbescheid bzw. die erweiterte Abrechnungsmitteilung später als nach der Zugangsvermutung des § 122 Abs. 2 AO zugegangen, bleibt der ursprüngliche Bekanntgabetag für die Zinsberechnung maßgebend, wenn das Guthaben bereits erstattet wurde. Gleiches gilt, wenn der Steuerbescheid bzw. die Abrechnungsmitteilung nach einem erfolglosen Bekanntgabeversuch erneut abgesandt wird und das Guthaben bereits erstattet wurde. Wurde bei einer Änderung/Berichtigung einer Steuerfestsetzung vor ihrer Bekanntgabe ein Guthaben bereits erstattet, ist allerdings die Zinsfestsetzung im bekannt gegebenen Bescheid so durchzuführen, als ob das Guthaben noch nicht erstattet worden wäre.

8. Für die Einkommen- und Körperschaftsteuer beträgt die Karenzzeit 23 Monate, wenn die Einkünfte aus Land- und Forstwirtschaft bei der erstmaligen Steuerfestsetzung für das jeweilige Jahr überwiegen (§ 233a Abs. 2 Satz 2 erster Halbsatz AO); vgl. dazu auch das BFH-Urteil vom 13.7.2006, IV R 5/05, BStBl II S. 881. Bei dieser Prüfung sind Kapitalerträge nach § 32d Abs. 1 und § 43 Abs. 5 EStG nicht zu berücksichtigen (§ 233a Abs. 2 Satz 2 zweiter Halbsatz AO).

8.1 Sonderregelungen bestehen wiederum für die Besteuerungszeiträume 2019 bis 2024; hier gelten für den abweichenden Zinslauf nach § 233a Abs. 2 Satz 2 AO die folgenden verlängerten Karenzzeiten (vgl. Art. 97 § 36 Abs. 2 und 3 EGAO):

Besteuerungszeitraum	verlängerte Karenzzeit	Zinslaufbeginn
2019	28 Monate	01.05.2022
2020	29 Monate	01.06.2023
2021	29Monate	01.06.2024
2022	28 Monate	01.05.2025
2023	26 Monate	01.03.2026
2024	25 Monate	01.02.2027

9. Stellt sich später heraus, dass die Einkünfte aus Land- und Forstwirtschaft die anderen Einkünfte nicht überwiegen, bleibt es gleichwohl bei der Karenzzeit von 23 Monaten. Umgekehrt bleibt es bei der Karenzzeit von 15 Monaten, wenn sich später herausstellt, dass entgegen den Verhältnissen bei der erstmaligen Steuerfestsetzung die Einkünfte aus Land- und Forstwirtschaft die übrigen Einkünfte überwiegen. Sind die Einkünfte aus Land- und Forstwirtschaft negativ, überwiegen die anderen Einkünfte, wenn diese positiv oder in geringerem Maße negativ sind.

10. Besonderer Zinslauf bei rückwirkenden Ereignissen und Verlustrückträgen

10.1 Soweit die Steuerfestsetzung auf der erstmaligen Berücksichtigung eines rückwirkenden Ereignisses oder eines Verlustrücktrags beruht, beginnt der Zinslauf nach § 233a Abs. 2a AO erst 15 Monate nach Ablauf des Kalenderjahres, in dem das rückwirkende Ereignis eingetreten oder der Verlust entstanden ist. Die steuerlichen Auswirkungen eines Verlustrücktrags bzw. eines rückwirkenden Ereignisses werden daher bei der Berechnung von Zinsen nach § 233a AO erst ab einem vom Regelfall abweichenden späteren Zinslaufbeginn berücksichtigt. Soweit § 10d Abs. 1 EStG entsprechend gilt bzw. Verluste nach Maßgabe des § 10d Abs. 1 EStG rücktragsfähig sind, ist § 233a Abs. 2a AO entsprechend anzuwenden (vgl. z. B. § 10b Abs. 1 Sätze 4 und 5 und § 23 Abs. 3 Satz 9 EStG).

10.2 Ob ein Ereignis steuerliche Rückwirkung hat, beurteilt sich nach dem jeweils anzuwendenden Steuergesetz (BFH-Urteil vom 26.7.1984, IV R 10/83, BStBl II S. 786). Beispiele vgl. AEAO zu § 175, Nr. 2.4.

§ 233a Abs. 2a AO ist auch dann anzuwenden, wenn ein rückwirkendes Ereignis bereits bei der erstmaligen Steuerfestsetzung berücksichtigt wird.

10.3 Einzelfragen:

10.3.1 Bei einem zulässigen Wechsel der Veranlagungsart (Zusammenveranlagung nach bereits erfolgter Einzelveranlagung oder umgekehrt) beruhen sowohl die Aufhebung des/der ursprünglichen Bescheide(s) als auch der Erlass der/des neuen Bescheide(s) auf einem rückwirkenden Ereignis. Dies gilt unabhängig davon, ob es sich um den antragstellenden Ehegatten oder den anderen Ehegatten handelt. Dass die verfahrensrechtliche Umsetzung des Wechsels der Veranlagungsart beim antragstellenden Ehegatten nicht nach § 175 Abs. 1 Satz 1 Nr. 2 AO erfolgt, steht dem nicht entgegen. § 233a Abs. 2a AO findet sowohl bei der Aufhebung der ursprünglichen Veranlagung(en) als auch beim Erlass der/des neuen Steuerbescheide(s) für beide Ehegatten Anwendung.

Für Lebenspartner gelten diese Regelungen ab dem Veranlagungszeitraum 2013 entsprechend.

10.3.2 Durch den erstmaligen Beschluss über eine offene Gewinnausschüttung für ein abgelaufenes Wirtschaftsjahr wurde - im Rahmen des Anrechnungsverfahrens (§ 34 Abs. 12 Nr. 1 KStG) - kein abweichender Zinslauf gem. § 233a Abs. 2a AO ausgelöst. Dies gilt auch dann, wenn dieser Beschluss erst nach Ablauf des folgenden Wirtschaftsjahres gefasst wurde (BFH-Urteil vom 29.11.2000, I R 45/00, BStBl 2001 II S. 326). Um einen erstmaligen Gewinnverteilungsbeschluss in diesem Sinne handelt es sich jedoch nicht, wenn der Beschluss einen vorangegangenen Beschluss der Gesellschaft ersetzte, durch den der Gewinn des betreffenden Wirtschaftsjahres thesauriert worden war (BFH-Urteil vom 22.10.2003, I R 15/03, BStBl 2004 II S. 398).

10.3.3 Die Korrektur eines für das Betriebsvermögen am Schluss des Wirtschaftsjahres maßgebenden Wertansatzes, der sich auf die Höhe des Gewinns der Folgejahre auswirkt, löst keinen abweichenden Zinslauf gem. § 233a Abs. 2a AO aus. Zur Anwendung des § 175 Abs. 1 Satz 1 Nr. 2 AO vgl. AEAO zu § 175, Nr. 2.4.

10.4 Der besondere Zinslauf nach § 233a Abs. 2a AO endet mit Ablauf des Tages, an dem die Steuerfestsetzung wirksam wird (§ 233a Abs. 2 Satz 3 AO).

Grundsätze der Zinsberechnung

11. Die Zinsen betragen für Verzinsungszeiträume bis zum 31. Dezember 2018 für jeden vollen Monat des Zinslaufs 0,5 % (§ 238 Abs. 1 Satz 1 AO). Für Verzinsungszeiträume ab dem 1. Januar 2019 betragen die Zinsen 0,15 % für jeden vollen Monat (§ 238 Abs. 1a AO).

Sind für einen Zinslauf unterschiedliche Zinssätze maßgeblich, weil der Zinslauf vor dem 1. Januar 2019 begonnen hat und nach dem 31. Dezember 2018 endet, ist der Zinslauf in Teilverzinsungszeiträume aufzuteilen.

Die Zinsen für diese Teilverzinsungszeiträume sind - ungeachtet des Umstands, dass Zinsen wie bisher nur für volle Monate berechnet werden - jeweils tageweise zu berechnen. Hierbei wird jeder Kalendermonat unabhängig von der tatsächlichen Anzahl der Kalendertage mit 30 Zinstagen und jedes Kalenderjahr mit 360 Tagen gerechnet (§ 238 Abs. 1b AO). Hat ein Monat 31 Tage, ist der 31. Kalendertag hierbei kein Zinstag. Sofern der Beginn oder das Ende des Zeitraums auf den 31. eines Monats fällt, wird dieser Tag wie der 30. Kalendertag behandelt. Für den Februar gilt dabei: Endet der Zinsberechnungszeitraum am 28. Februar, bzw. in einem Schaltjahr am 29. Februar, werden die Zinsen auch nur bis zu diesem Tag berechnet. Geht der Zinsberechnungszeitraum hingegen über den Februar hinaus, wird der Februar wie jeder Monat mit 30 Tagen veranschlagt. Um den Anteil am Jahreszinssatz (das ist das Zwölffache des jeweils maßgeblichen Monatszinssatzes) zu ermitteln, wird die Summe der ermittelten Zinstage dann durch 360 geteilt. Vgl. hierzu auch das Beispiel im AEAO zu § 238, Nr. 3.

Für die Berechnung der Zinsen wird der zu verzinsende Betrag jeder Steuerart auf den nächsten durch fünfzig Euro teilbaren Betrag abgerundet (§ 238 Abs. 2 AO). Dabei sind die zu verzinsenden Ansprüche zu trennen, wenn Steuerart, Zeitraum oder der Tag des Beginns des Zinslaufs voneinander abweichen (vgl. AEAO zu § 238, Nr. 2). Zinsen sind auf volle Euro zum Vorteil des Steuerpflichtigen gerundet festzusetzen (§ 239 Abs. 2 Satz 1 AO); sie werden nur dann festgesetzt, wenn sie mindestens zehn Euro betragen (§ 239 Abs. 2 Satz 2 AO).

12. Für die Zinsberechnung gelten die Grundsätze der sog. Sollverzinsung. Berechnungsgrundlage ist der Unterschied zwischen dem festgesetzten Soll und dem vorher festgesetzten Soll (Vorsoll). Bei der Berechnung von Erstattungszinsen gelten allerdings Besonderheiten, da Erstattungsbeträge nur insoweit verzinst werden, wie sie zuvor festgesetzt und entrichtet waren (sog. Ist-Prinzip; § 233a Abs. 3 Satz 3 AO).

13. Es ist grundsätzlich unerheblich, ob das Vorsoll bei Fälligkeit getilgt worden ist. Ggf. treten insoweit besondere Zins- und Säumnisfolgen (z. B. Stundungszinsen, Säumniszuschläge) ein. Nachzahlungszinsen nach § 233a AO können andererseits auch dann festgesetzt werden, wenn das Finanzamt vor Festsetzung der Steuer freiwillige Leistungen auf die Steuerschuld angenommen hat und hierdurch die festgesetzte Steuerschuld insgesamt erfüllt wird. Voraussetzung für die Verzinsung ist lediglich, dass die Steuerfestsetzung zu einem Unterschiedsbetrag nach § 233a Abs. 3 AO führt (§ 233a Abs. 1 Satz 1 AO). Wegen des insoweit gebotenen zeitanteiligen Erlasses von Nachzahlungszinsen nach § 233a Abs. 8 AO vgl. AEAO zu § 233a, Nr. 70.1.

Zinsberechnung bei der erstmaligen Steuerfestsetzung

14. Bei der erstmaligen Steuerfestsetzung (endgültige Steuerfestsetzung, vorläufige Steuerfestsetzung, Steuerfestsetzung unter Vorbehalt der Nachprüfung) ist Berechnungsgrundlage der Unterschied zwischen dem dabei festgesetzten Soll (= festgesetzte Steuer abzüglich anzurechnender Steuerabzugsbeträge) und dem Vorauszahlungssoll. Maßgebend sind die bis zum Beginn des Zinslaufs festgesetzten Vorauszahlungen (§ 233a Abs. 3 Satz 1 AO). Einbehaltene und anzurechnende Steuerabzugsbeträge sind unabhängig vom Zeitpunkt der Zahlung durch den Abzugsverpflichteten zu berücksichtigen.

15. Vorauszahlungen können innerhalb der gesetzlichen Fristen (z. B. § 37 Abs. 3 Satz 3 EStG) von Amts wegen oder auf Antrag des Steuerpflichtigen angepasst werden (BFH-Urteil vom 10.7.2002, X R 65/96, BFH/NV S. 1567). Leistet der Steuerpflichtige vor Ablauf der Karenzzeit eine freiwillige Zahlung, ist dies als Antrag auf Anpassung der bisher festgesetzten Vorauszahlungen anzusehen. Zahlungen des Steuerpflichtigen, die ohne wirksame Festsetzung der Vorauszahlungen erfolgen, sind als freiwillige Zahlungen i. S. d. § 233a Abs. 8 AO zu behandeln (vgl. AEAO zu § 233a, Nr. 70.1). Eine nachträgliche Erhöhung der Vorauszahlungen zur Einkommen- oder Körperschaftsteuer erfolgt nur dann, wenn der Erhöhungsbetrag mindestens 5.000 € beträgt (§ 37 Abs. 5 Satz 2 EStG, § 31 Abs. 1 KStG; vgl. auch BFH-Urteil vom 5.6.1996, X R 234/93, BStBl II S. 503).

16. Bei der Umsatzsteuer kann der Steuerpflichtige eine Anpassung der Vorauszahlungen durch die Abgabe einer berichtigten Voranmeldung (§ 153 Abs. 1 AO) herbeiführen. Die berichtigte Voranmeldung steht einer geänderten Steuerfestsetzung unter Vorbehalt der Nachprüfung gleich und bedarf keiner Zustimmung der Finanzbehörde, wenn sie zu einer Erhöhung der bisher zu entrichtenden Steuer oder einem geringeren Erstattungsbetrag führt (vgl. AEAO zu § 168, Nr. 12). Eine nach Ablauf der Karenzzeit abgegebene (erstmalige oder berichtigte) Voranmeldung ist bei der Berechnung des Unterschiedsbetrages nach § 233a Abs. 3 Satz 1 AO nicht zu berücksichtigen. In diesem Fall soll aber unverzüglich eine Festsetzung der Jahressteuer unter Vorbehalt der Nachprüfung erfolgen.

17. Leistet der Steuerpflichtige nach Ablauf der Karenzzeit eine freiwillige Zahlung, soll bei Vorliegen der Steuererklärung unverzüglich eine Steuerfestsetzung erfolgen. Diese Steuerfestsetzung kann zur Beschleunigung auch durch eine personelle Festsetzung unter Vorbehalt der Nachprüfung erfolgen. In diesem Fall kann sich die Steuerfestsetzung auf die bisher festgesetzten Vorauszahlungen zuzüglich der freiwillig geleisteten Zahlung beschränken. Auf die Angabe der Besteuerungsgrundlagen kann dabei verzichtet werden.

18. Bei der freiwilligen Zahlung kann grundsätzlich unterstellt werden, dass die Zahlung ausschließlich auf die Hauptsteuer (Einkommen- bzw. Körperschaftsteuer) entfällt. Die Folgesteuern sind ggf. daneben festzusetzen und zu erheben.

19. Ergibt sich bei der ersten Steuerfestsetzung ein Unterschiedsbetrag zuungunsten des Steuerpflichtigen (**Mehrsoll**), werden Nachzahlungszinsen für die Zeit ab Beginn des Zinslaufs bis zur Wirksamkeit der Steuerfestsetzung berechnet (§ 233a Abs. 2 Satz 3 AO).

20. **Beispiel 1:**

Einkommensteuer 2018

Steuerfestsetzung vom 8.12.2020,	
bekannt gegeben am 11.12.2020	21.000 €
abzüglich anzurechnende Steuerabzugsbeträge:	./. 1.000 €

Soll:	20.000 €
abzüglich festgesetzte Vorauszahlungen:	./.13.000 €
Unterschiedsbetrag (Mehrsoll):	7.000 €

Zu verzinsen sind 7.000 € zuungunsten des Steuerpflichtigen für die Zeit vom 1.4.2020 bis 11.12.2020 (8 volle Monate x 0,15 % = 1,2 %).

festzusetzende Zinsen (Nachzahlungszinsen): 84 €

21. Ergibt sich ein Unterschiedsbetrag zugunsten des Steuerpflichtigen (**Mindersoll**), ist dieser ebenfalls Grundlage der Zinsberechnung. Um Erstattungszinsen auf festgesetzte, aber nicht entrichtete Vorauszahlungen zu verhindern, ist nur der tatsächlich zu erstattende Betrag - und zwar für den Zeitraum zwischen der Zahlung der zu erstattenden Beträge und der Wirksamkeit der Steuerfestsetzung - zu verzinsen (§ 233a Abs. 2 Satz 3 und Abs. 3 Satz 3 AO).

22. **Beispiel 2:**

Einkommensteuer 2018

Steuerfestsetzung vom 8.12.2020,

bekannt gegeben am 11.12.2020	1.000 €
abzüglich anzurechnende Steuerabzugsbeträge	./. 1.000 €
Soll:	0 €
abzüglich festgesetzte Vorauszahlungen:	./.13.000 €
Unterschiedsbetrag (Mindersoll):	./.13.000 €

Da der Steuerpflichtige am 8.6.2006 5.000 € gezahlt hat und darüber hinaus keine weiteren Zahlungen erfolgt sind, sind lediglich 5.000 € zu erstatten.

Zu verzinsen sind 5.000 € zugunsten des Steuerpflichtigen für die Zeit vom 8.6.2020 bis 11.12.2020 (6 volle Monate x 0,15 % = 0,9 %).

festzusetzende Zinsen (Erstattungszinsen): ./. 45 €

23. Besteht der Erstattungsbetrag aus mehreren Teil-Leistungen, richtet sich der Zinsberechnungszeitraum jeweils nach dem Zeitpunkt der einzelnen Leistung; die Leistungen sind in chronologischer Reihenfolge zu berücksichtigen, beginnend mit der jüngsten Leistung („last in - first out"; § 233a Abs. 3 Satz 4 AO).

24. Der Erstattungsbetrag ist für die Zinsberechnung auf den nächsten durch fünfzig Euro teilbaren Betrag abzurunden (z. B. ist ein Erstattungsbetrag von 375 € auf 350 € abzurunden). Ist mehr als ein Betrag (mehrere Einzahlungen) zu verzinsen, so ist der durch die Rundung auf volle fünfzig Euro sich ergebende Spitzenbetrag vom Teilbetrag mit dem ältesten Wertstellungstag abzuziehen.

25. Die Verzinsung des zu erstattenden Betrages erfolgt nur bis zur Höhe des Mindersolls. Freiwillig geleistete Zahlungen sollen zum Anlass genommen werden, die bisher festgesetzten Vorauszahlungen anzupassen (vgl. AEAO zu § 233a, Nrn. 15 und 16) oder die Jahressteuer unverzüglich festzusetzen (vgl. AEAO zu § 233a, Nr. 17). Bis zur Festsetzung der Vorauszahlung oder der Jahressteuer sind sie aber zur Vermeidung von Missbräuchen von der Verzinsung ausgeschlossen.

26. **Beispiel 3:**

Einkommensteuer 2018

Steuerfestsetzung vom 21.7.2020,

bekannt gegeben am 24.7.2020	14.000 €
abzüglich anzurechnende Steuerabzugsbeträge	./. 2.000 €
Soll:	12.000 €
abzüglich festgesetzte Vorauszahlungen:	./.23.000 €
Unterschiedsbetrag (Mindersoll)	./. 11.000 €

Der Steuerpflichtige hat die Vorauszahlungen jeweils bei Fälligkeit entrichtet; am 18.6.2020 zahlte er zusätzlich freiwillig 7.000 €. Zu erstatten sind daher insgesamt 18.000 €.

Zu verzinsen sind indes lediglich 11.000 € zugunsten des Steuerpflichtigen für die Zeit vom 1.4.2020 bis 24.7.2020 (3 volle Monate x 0,15 % = 0,45 %).

festzusetzende Zinsen (Erstattungszinsen):	**./. 50 €**

(Rundung gem. § 239 Abs. 2 Satz 1 AO)

27. Bei der Ermittlung freiwilliger (Über-)Zahlungen des Steuerpflichtigen, die bei der Berechnung der Erstattungszinsen außer Ansatz bleiben, sind die zuletzt eingegangenen, das Vorauszahlungssoll übersteigenden Zahlungen als freiwillig anzusehen.

28. Wenn bei der erstmaligen Steuerfestsetzung ein rückwirkendes Ereignis oder ein Verlustrücktrag berücksichtigt wurde, beginnt der Zinslauf insoweit erst 15 Monate nach Ablauf des Kalenderjahres, in dem dieses rückwirkende Ereig-

nis eingetreten oder der Verlust entstanden ist (§ 233a Abs. 2a AO). Der Unterschiedsbetrag nach § 233a Abs. 3 Satz 1 AO ist deshalb in Teil-Unterschiedsbeträge aufzuteilen, soweit diese einen unterschiedlichen Zinslaufbeginn nach § 233a Abs. 2 und Abs. 2a AO haben (§ 233a Abs. 7 Satz 1 1. Halbsatz AO). Innerhalb dieser Teil-Unterschiedsbeträge sind Sollminderungen und Sollerhöhungen mit gleichem Zinslaufbeginn zu saldieren.

29. Die Teil-Unterschiedsbeträge sind in ihrer zeitlichen Reihenfolge, beginnend mit dem ältesten Zinslaufbeginn, zu ermitteln (§ 233a Abs. 7 Satz 1 2. Halbsatz AO). Dabei ist unerheblich, ob sich der einzelne Teil-Unterschiedsbetrag zugunsten oder zuungunsten des Steuerpflichtigen auswirkt.

Zunächst ist die fiktive Steuer zu ermitteln, die sich ohne Berücksichtigung rückwirkender Ereignisse und Verlustrückträge ergeben würde. Die Differenz zwischen dieser fiktiven Steuer, vermindert um anzurechnende Steuerabzugsbeträge und anzurechnende Körperschaftsteuer, und den festgesetzten Vorauszahlungen ist der erste für die Zinsberechnung maßgebliche Teil-Unterschiedsbetrag.

Im nächsten Schritt ist auf der Grundlage dieser fiktiven Steuerermittlung die fiktive Steuer zu berechnen, die sich unter Berücksichtigung der rückwirkenden Ereignisse oder Verlustrückträge mit dem ältesten Zinslaufbeginn ergeben würde. Die Differenz zwischen dieser und der zuvor ermittelten fiktiven Steuer, jeweils vermindert um anzurechnende Steuerabzugsbeträge und anzurechnende Körperschaftsteuer, ist der für die Zinsberechnung maßgebliche zweite Teil-Unterschiedsbetrag. Dies gilt entsprechend für weitere Teil-Unterschiedsbeträge mit späterem Zinslaufbeginn.

30. **Beispiel 4:**

Einkommensteuer 2018

	z. v. E.[1]	Steuer
erstmalige Steuerfestsetzung:	50.000 €	14.801 €
dabei wurden berücksichtigt:		
- Verlustrücktrag aus 2019:	./. 7.500 €	
- rückwirkendes Ereignis aus 2020:	2.500 €	
abzüglich anzurechnende Steuerabzugsbeträge		./. 0 €
Soll:		14.801 €
abzüglich festgesetzte Vorauszahlungen:		./. 10.550 €
Unterschiedsbetrag (Mehrsoll):		+ 4.251 €

[1] Z.v.E = zu versteuerndes Einkomen

Ermittlung der Teil-Unterschiedsbeträge:

	z. v. E.	Steuer	
• Vorsoll (festgesetzte Vorauszahlungen)		10.550 €	
• 1. Schattenveranlagung (Steuerfestsetzung ohne Berücksichtigung des Verlustrücktrags und des rückwirkenden Ereignisses):	55.000 €	17.200 €	
abzüglich anzurechnende Steuerabzugsbeträge:		./. 0 €	
fiktives Soll:		17.200€	
Erster Teil-Unterschiedsbetrag =			+ 6.650 €
• 2. Schattenveranlagung (1. Schattenveranlagung + Verlustrücktrag aus 2019)	47.500 €	13.634 €	
abzüglich anzurechnende Steuerabzugsbeträge:		./. 0 €	
fiktives Soll:		13.634 €	
Zweiter Teil-Unterschiedsbetrag =			./. 3.566 €
• 3. Schattenveranlagung (2. Schattenveranlagung + rückwirkendes Ereignis aus 2020):	50.000 €	14.801 €	
abzüglich anzurechnende Steuerabzugsbeträge:		./. 0 €	
fiktives Soll:		14.801 €	
Dritter Teil-Unterschiedsbetrag =			+ 1.167 €
Summe der Teil-Unterschiedsbeträge:			+ 4.251 €

31. Alle Teil-Unterschiedsbeträge sind jeweils gesondert auf den nächsten durch fünfzig Euro teilbaren Betrag abzurunden, da der Zinslauf für die zu verzinsenden Beträge zu jeweils abweichenden Zeitpunkten beginnt (§ 238 Abs. 2 AO).

32. Die auf die einzelnen Teil-Unterschiedsbeträge entfallenden Zinsen sind eigenständig und in ihrer zeitlichen Reihenfolge zu berechnen, beginnend mit den Zinsen auf den Teil-Unterschiedsbetrag mit dem ältesten Zinslaufbeginn

(§ 233a Abs. 7 Satz 1 2. Halbsatz AO). Dabei ist für jeden Zinslauf bzw. Zinsberechnungszeitraum eigenständig zu prüfen, inwieweit jeweils volle Zinsmonate vorliegen.

33. **Beispiel 5:**

Einkommensteuer 2018

	z. v. E.	Steuer
Steuerfestsetzung vom 11.12.2020,		
bekannt gegeben am 14.12.2020:	60.723 €	19.306 €
abzüglich anzurechnende Steuerabzugsbeträge:		./. 1.000 €
Soll:		18.306 €
abzüglich festgesetzte Vorauszahlungen:		./. 12.000 €
Unterschiedsbetrag (Mehrsoll):		+ 6.306 €

Bei dieser Steuerfestsetzung wurde ein rückwirkendes Ereignis aus 2019 (Erhöhung des z. v. E. um 2.492 €) berücksichtigt.

Ermittlung der Teil-Unterschiedsbeträge:

	z. v. E.	Steuer	
• Vorsoll (festgesetzte Vorauszahlungen):		12.000 €	
• 1. Schattenveranlagung (Steuerfestsetzung ohne Berücksichtigung des rückwirkenden Ereignisses):	58.231 €	18.135 €	
abzüglich anzurechnende Steuerabzugsbeträge:		./. 1.000 €	
fiktives Soll:		17.135 €	
Erster Teil-Unterschiedsbetrag =			+ 5.135 €
• 2. Schattenveranlagung (1. Schattenveranlagung + rückwirkendes Ereignis aus 2019	60.723 €	19.306 €	

abzüglich anzurechnende Steuerabzugsbeträge:	./. 1.000 €	
fiktives Soll:	18.306 €	
Zweiter Teil-Unterschiedsbetrag =		+ 1.171 €
Summe der Teil-Unterschiedsbeträge:		+ 6.306 €

Zinsberechnung:

Teil-Unterschiedsbetrag mit Zinslaufbeginn 1.4.2020:	5.135 €
Teil-Unterschiedsbetrag mit Zinslaufbeginn 1.4.2021:	1.171 €

Verzinsung des Teil-Unterschiedsbetrags mit Zinslaufbeginn 1.4.2020:

Zu verzinsen sind 5.100 € zuungunsten des Steuerpflichtigen für die Zeit vom 1.4.2020 bis 14.12.2020 (8 volle Monate x 0,15 % = 1,2 %).

Nachzahlungszinsen = 61,20 €

Abrundung gemäß § 238 Abs. 2 AO : 35 €

Verzinsung des Teil-Unterschiedsbetrags mit Zinslaufbeginn 1.4.2021:

Hinsichtlich des Teil-Unterschiedsbetrags von 1.171 € sind keine Nachzahlungszinsen zu berechnen, da die für ihn maßgebliche Karenzzeit im Zeitpunkt der Steuerfestsetzung noch nicht abgelaufen ist. 0 €

Insgesamt festzusetzende Zinsen (Nachzahlungszinsen):

(Rundung gem. § 239 Abs. 2 Satz 1 AO) **61€**

34. **Beispiel 6:**

Einkommensteuer 2018

	z. v. E.	Steuer
Steuerfestsetzung vom 10.12.2021,		
bekannt gegeben am 13.12.2021:	57.781 €	17.924 €
abzüglich anzurechnende Steuerbeträge:		./. 1.000 €
Soll:		16.924 €

abzüglich festgesetzte Vorauszahlungen:		./.12.000 €	
Unterschiedsbetrag (Mehrsoll):		+ 4.924 €	

Bei dieser Steuerfestsetzung wurde ein rückwirkendes Ereignis aus 2019 (Erhöhung des z. v. E. um 2.571 €) berücksichtigt.

Ermittlung der Teil-Unterschiedsbeträge:

	z. v. E.	Steuer	
• Vorsoll (festgesetzte Vorauszahlungen)		12.000 €	
• 1. Schattenveranlagung (Steuerfestsetzung ohne Berücksichtigung des rückwirkenden Ereignisses):	55.210 €	16.715 €	
abzüglich anzurechnende Steuerabzugsbeträge:		./. 1.000 €	
fiktives Soll:		15.715 €	
Erster Teil-Unterschiedsbetrag =			+ 3.715 €
• 2. Schattenveranlagung (1. Schattenveranlagung + rückwirkendes Ereignis aus 2019)	57.781 €	17.924 €	
abzüglich anzurechnende Steuerabzugsbeträge:		./. 1.000 €	
fiktives Soll:		16.924 €	
Zweiter Teil-Unterschiedsbetrag =			+ 1.209 €
Summe der Teil-Unterschiedsbeträge:			+ 4.924 €

Zinsberechnung:

Teil-Unterschiedsbetrag mit Zinslaufbeginn 1.4.2020:	+ 3.715 €
Teil-Unterschiedsbetrag mit Zinslaufbeginn 1.4.2021:	+ 1.209 €

Verzinsung des Teil-Unterschiedsbetrags mit Zinslaufbeginn 1.4.2020:

Zu verzinsen sind 3.700 € zuungunsten des Steuerpflichtigen für die Zeit vom 1.4.2020 bis 13.12.2021 (20 volle Monate x 0,15 % = 3 %.).
Nachzahlungszinsen: 111 €

(Rundung gem. § 238 Abs. 2 AO: 15 €)

Verzinsung des Teil-Unterschiedsbetrags mit Zinslaufbeginn 1.4.2021:

Zu verzinsen sind 1.200 € zuungunsten des Steuerpflichtigen für die Zeit vom 1.4.2021 bis 13.12.2021 (8 volle Monate x 0,15 % = 1,2 %).

Nachzahlungszinsen: 14,40 €

(Rundung gem. § 238 Abs. 2 AO: 9 €)

Insgesamt festzusetzende Zinsen: **125 €**
(Rundung gem. § 239 Abs. 2 Satz 1 AO)

35. Bei Teil-Unterschiedsbeträgen zugunsten des Steuerpflichtigen ist die Berechnung von Erstattungszinsen auf den fiktiv zu erstattenden Betrag begrenzt. Dazu sind alle maßgeblichen Zahlungen und der jeweilige Tag der Zahlung zu ermitteln. Durch Gegenüberstellung dieser Zahlungen und der nach Nr. 29 des AEAO zu § 233a ermittelten fiktiven Steuer, vermindert um anzurechnende Steuerabzugsbeträge und anzurechnende Körperschaftsteuer, ergibt sich der fiktive Erstattungsbetrag.

Die Verzinsung der einzelnen Teil-Unterschiedsbeträge beginnt frühestens mit dem Tag der Zahlung. Besteht der zu erstattende Betrag aus mehreren Einzahlungen, richtet sich der Zinsberechnungszeitraum nach der Einzahlung des jeweiligen Teilbetrags, wobei unterstellt wird, dass die Erstattung zuerst aus dem zuletzt gezahlten Betrag erfolgt. Bei weiteren Teil-Unterschiedsbeträgen zugunsten des Steuerpflichtigen bleiben die bereits bei einer vorangegangenen Zinsberechnung berücksichtigten Zahlungen außer Betracht.

Ist bei einem Teil-Unterschiedsbetrag zugunsten des Steuerpflichtigen mehr als ein Betrag (mehrere Einzahlungen) zu verzinsen, so ist der durch die Rundung auf den nächsten durch fünfzig Euro teilbaren sich ergebende Spitzenbetrag jeweils vom Teilbetrag mit dem ältesten Wertstellungstag abzuziehen.

36. **Beispiel 7:**

Einkommensteuer 2018

	z. v. E.	Steuer
Steuerfestsetzung vom 11.12.2020,		
bekannt gegeben am 14.12.2020:	10.113 €	509 €
abzüglich anzurechnende Steuerabzugsbeträge:		./. 250 €
Soll:		259 €

abzüglich festgesetzte Vorauszahlungen:	./. 12.750 €
Unterschiedsbetrag (Mindersoll):	./. 12.491 €

Alle Vorauszahlungen wurden bereits in 2018 entrichtet, so dass 12.491 € zu erstatten sind.

Bei der Steuerfestsetzung wurde ein rückwirkendes Ereignis aus 2019 (Minderung des z. v. E. um 7.587 €) berücksichtigt.

Ermittlung der Teil-Unterschiedsbeträge:

	z. v. E.	Steuer	
• Vorsoll (festgesetzte Vorauszahlungen):		12.750 €	
• 1. Schattenveranlagung (Steuerfestsetzung ohne Berücksichtigung des rückwirkenden Ereignisses):	17.700 €	2.419 €	
abzüglich anzurechnende Steuerabzugsbeträge:		./. 250 €	
fiktives Soll:		2.169 €	
Erster Teil-Unterschiedsbetrag =			./.10.581 €
• 2. Schattenveranlagung (1. Schattenveranlagung + rückwirkendes Ereignis aus 2019):	10.113 €	509 €	
abzüglich anzurechnende Steuerabzugsbeträge:		./. 250 €	
fiktives Soll:		259 €	
Zweiter Teil-Unterschiedsbetrag =			./. 1.910 €
Summe der Teil-Unterschiedsbeträge:			./.12.491 €

Zinsberechnung:

Teil-Unterschiedsbetrag mit Zinslaufbeginn 1.4.2020:	./.10.581 €
Teil-Unterschiedsbetrag mit Zinslaufbeginn 1.4.2021:	./. 1.910 €

Verzinsung des Teil-Unterschiedsbetrags mit Zinslaufbeginn 1.4.2006:

Gegenüberstellung der maßgeblichen Zahlungen und des fiktiven Solls				
Zahlung	Tag der Zahlung	fiktives Soll	Fiktive Erstattung	unverzinster Zahlungsrest
3.250 €	10.12.2018		3.250 €	0 €
3.250 €	10.09.2018		3.250 €	0 €
3.250 €	10.06.2018		3.250 €	0 €
3.000 €	10.03.2018		831 €	2.169 €
12.750 €		2.169 €	10.581 €	2.169 €

Zu verzinsen sind 10.550 € zugunsten des Steuerpflichtigen für die Zeit vom 1.4.2020 bis 14.12.2020 8 volle Monate x 0,15 % = 1,2 %).

Zinsen 126,60 €

(Rundung gem. § 238 Abs. 2 AO: 31 €)

Verzinsung des Teil-Unterschiedsbetrags mit Zinslaufbeginn 1.4.2021:

Hinsichtlich des Teil-Unterschiedsbetrags von 1.910 € sind keine Erstattungszinsen zu berechnen, da die für ihn maßgebliche Karenzzeit im Zeitpunkt der Steuerfestsetzung noch nicht abgelaufen ist. 0 €

Insgesamt festzusetzende Zinsen (Erstattungszinsen): ./. 127 €
(Rundung gem. § 239 Abs. 2 Satz 1 AO)

37. **Beispiel 8:**

Einkommensteuer 2018

	z. v. E.	Steuer
Steuerfestsetzung vom 10.12.2021,		
bekannt gegeben am 13.12.2021:	10.660 €	626 €
abzüglich anzurechnende Steuerabzugsbeträge:		350 €
Soll:		276 €

abzüglich festgesetzte Vorauszahlungen:		./.12.650 €	
Unterschiedsbetrag (Mindersoll):		./.12.374 €	

Der Steuerpflichtige hat bis zum 30.3.2020 insgesamt 7.500 € sowie am 3.9.2021 zusätzlich 5.000 € entrichtet.
Zu erstatten sind deshalb nur 12.224 €.

Bei der Steuerfestsetzung wurde ein rückwirkendes Ereignis aus 2019 (Minderung des z. v. E. um 8.088 €) berücksichtigt.

Ermittlung der Teil-Unterschiedsbeträge:

	z. v. E.	Steuer	
• Vorsoll (festgesetzte Vorauszahlungen):		12.650 €	
• 1. Schattenveranlagung (Steuerfestsetzung ohne Berücksichtigung des rückwirkenden Ereignisses):	18.748 €	2.713 €	
abzüglich anzurechnende Steuerabzugsbeträge:		./.350 €	
fiktives Soll:		2.363 €	
Erster Teil-Unterschiedsbetrag =			./.10.287 €
• 2. Schattenveranlagung (1. Schattenveranlagung + rückwirkendes Ereignis aus 2019):	10.660 €	626 €	
abzüglich anzurechnende Steuerabzugsbeträge:		./.350 €	
fiktives Soll:		276 €	
Zweiter Teil-Unterschiedsbetrag =			./.2.087 €
Summe der Teil-Unterschiedsbeträge:			./.12.374 €

Zinsberechnung:

Teil-Unterschiedsbetrag mit Zinslaufbeginn 1.4.2020:	./.10.287 €

Teil-Unterschiedsbetrag mit Zinslaufbeginn
1.4.2021: ./.2.087 €

Verzinsung des Teil-Unterschiedsbetrags mit Zinslaufbeginn 1.4.2020:

Gegenüberstellung der maßgeblichen Zahlungen und des fiktiven Solls				
Zahlung	Tag der Zahlung	fiktives Soll	fiktive Erstattung	unverzinster Zahlungsrest
5.000 €	03.09.2021		5.000 €	0 €
2.500 €	10.12.2018		2.500 €	0 €
2.500 €	10.09.2021		2.500 €	0 €
1.250 €	10.06.2018		137 €	1.113 €
1.250 €	10.03.2018		0 €	1.250 €
12.500 €		2.363 €	10.137 €	2.363 €

Zu verzinsen sind 5.000 € zugunsten
des Steuerpflichtigen für die Zeit
vom 3.9.2021 bis 13.12.20221
(3 volle Monate x 0,15 % = 0,45 %).
Zinsen (Erstattungszinsen): ./. 22,50 €

Zu verzinsen sind 5.100 € zugunsten
des Steuerpflichtigen für die Zeit
vom 1.4.2020 bis 13.12.2021
(20 volle Monate x 0,15 % = 3 %).
Zinsen (Erstattungszinsen): ./. 153 €

(Rundung nach § 238 Abs. 2 AO: 37 €)

Verzinsung des Teil-Unterschiedsbetrags mit Zinslaufbeginn 1.4.2021:

Gegenüberstellung der maßgeblichen Zahlungen und des fiktiven Solls				
Zahlung	Tag der Zahlung	fiktives Soll	fiktive Erstattung	unverzinster Zahlungsrest
0 €	03.09.2021		0 €	0 €
0 €	10.12.2018		0 €	0 €
0 €	10.09.2018		0 €	0 €
1.113 €	10.06.2018		1.113 €	0 €
1.250 €	10.03.2018		974 €	276 €
2.363 €		276 €	2.087 €	276 €

Zu verzinsen sind 2.050 € zugunsten des Steuerpflichtigen für die Zeit vom 1.4.2021 bis 13.12.2021 (8 volle Monate x 01,5 % = 1,2 %). Zinsen (Erstattungszinsen):	./. 24,60 €
Abrundung nach § 238 Abs. 2 AO: 37 €	
Insgesamt festzusetzende Zinsen (Erstattungszinsen): (Rundung gem. § 239 Abs. 2 Satz 1 AO)	**./. 201 €**

38. Bei Teil-Unterschiedsbeträgen zugunsten des Steuerpflichtigen sind neben der Berechnung von Erstattungszinsen die zuvor auf den Herabsetzungsbetrag ggf. berechneten Nachzahlungszinsen zu mindern. Nachzahlungszinsen entfallen dabei allerdings frühestens ab dem Zeitpunkt, in dem der Zinslauf des Teil-Unterschiedsbetrags zugunsten des Steuerpflichtigen beginnt; Nachzahlungszinsen für den Zeitraum bis zum Beginn des Zinslaufs des Teil-Unterschiedsbetrags zugunsten des Steuerpflichtigen bleiben endgültig bestehen (§ 233a Abs. 7 Satz 2 AO). Nachzahlungszinsen mit unterschiedlichem Zinslaufbeginn sind in ihrer zeitlichen Reihenfolge, beginnend mit den Nachzahlungszinsen mit dem ältesten Zinslaufbeginn, zu mindern.

39. **Beispiel 9:**

Einkommensteuer 2018

	z. v. E.	Steuer
Steuerfestsetzung vom 9.12.2022,		
bekannt gegeben am 12.12.2022:	35.867 €	8.376 €
abzüglich anzurechnende Steuerabzugsbeträge:		./.1.000 €
Soll:		7.376 €
abzüglich festgesetzte Vorauszahlungen:		./.9.550 €
Unterschiedsbetrag (Mindersoll):		./.2.174 €

Der Steuerpflichtige hat bis zum 31.3.2020 insgesamt 7.000 € sowie am 2.6.2021 weitere 2.550 € gezahlt.

Bei dieser Steuerfestsetzung wurden ein rückwirkendes Ereignis aus 2019 (Erhöhung des z. v. E. um 2.500 €) sowie ein rückwirkendes Ereignis aus 2020

(Minderung des z. v. E. um 17.500 €) berücksichtigt.

Ermittlung der Teil-Unterschiedsbeträge:

	z. v. E.	Steuer	
• Vorsoll (festgesetzte Vorauszahlungen):		9.550 €	
• 1. Schattenveranlagung (Steuerfestsetzung ohne Berücksichtigung der rück-wirkenden Ereignisse aus 2019 und 2020):	50.867 €	14.679 €	
abzüglich anzurechnende Steuerabzugsbeträge:		./.1.000 €	
fiktives Soll:		13.679 €	
Erster Teil-Unterschiedsbetrag =			+ 4.129 €
• 2. Schattenveranlagung (1. Schattenveranlagung + rückwirkendes Ereignis aus 2019):	53.367 €	15.850 €	
abzüglich anzurechnende Steuerabzugsbeträge:		./.1.000 €	
fiktives Soll:		14.850 €	
Zweiter Teil-Unterschiedsbetrag =			+ 1.171 €
• 3. Schattenveranlagung (2. Schattenveranlagung + rückwirkendes Ereignis aus 2020):	35.867 €	8.376 €	
abzüglich anzurechnende Steuerabzugsbeträge:		./. 1.000 €	
fiktives Soll:		7.376 €	
Dritter Teil-Unterschiedsbetrag =			./. 7.474 €
Summe der Teil-Unterschiedsbeträge:			./.2.174 €

Zinsberechnung:

Teil-Unterschiedsbetrag mit Zinslaufbeginn 1.4.2020:	+ 4.129 €
Teil-Unterschiedsbetrag mit Zinslaufbeginn 1.4.2021:	+ 1.171 €
Teil-Unterschiedsbetrag mit Zinslaufbeginn 1.4.2022:	./. 7.474 €

Verzinsung des Teil-Unterschiedsbetrags mit Zinslaufbeginn 1.4.2020:

Zu verzinsen sind 4.100 € zuungunsten
des Steuerpflichtigen für die Zeit
vom 1.4.2020 bis 12.12.2022
(32 volle Monate x 0,15 % = 4,8 %)

Zinsen (Nachzahlungszinsen): 196,80 €

(Rundung nach § 238 Abs. 2 AO: 29 €)

Verzinsung des Teil-Unterschiedsbetrags mit Zinslaufbeginn 1.4.2021:

Zu verzinsen sind 1.150 € zuungunsten
des Steuerpflichtigen für die Zeit
vom 1.4.2021 bis 12.12.2022
(20 volle Monate x 0,15 % = 3 %)

Zinsen (Nachzahlungszinsen): 34,50 €

(Rundung nach § 238 Abs. 2 AO: 21 €)

Verzinsung des Teil-Unterschiedsbetrags mit Zinslaufbeginn 1.4.2022:

Gegenüberstellung der maßgeblichen Zahlungen und des fiktiven Solls				
Zahlung	Tag der Zahlung	fiktives Soll	fiktive Erstattung	unverzinster Zahlungsrest
2.550 €	02.06.2021		2.174 €	376 €
2.000 €	10.12.2018		0 €	2.000 €
2.000 €	10.09.2018		0€	2.000 €
2.000 €	10.06.2018		0 €	2.000 €
1.000 €	10.03.2018		0 €	1.000 €
9.550 €		7.376 €	2.174 €	7.376 €

Zu verzinsen ist höchstens der fiktiv
zu erstattende Betrag von 2.150 €
für die Zeit vom 1.4.2022 bis zum 12.12.2022
(8 volle Monate x 0,15 % = 1,2 %).

Zinsen (Erstattungszinsen): ./.25,80 €

(Rundung nach § 238 Abs. 2 AO: 24 €)

Minderung zuvor berechneter Nachzahlungszinsen[1]:

4.129 €	abgerundet:	4.100 €	
./.7.474 €			
./.3.345 €	maximal:	./. 0 €	
		4.100 €	
4.100 € vom 1.4.2022 bis zum 12.12.2022 (8 volle Monate x 0,15 % =1,2 %):			./. 49,20 €
1.171 €	abgerundet:	1.150 €	
./. 3.345 €			
./.2.174 €	maximal:	./. 0 €	
		1.150 €	
1.150 € vom 1.4.2022 bis zum 12.12.2022 (8 volle Monate x 0,15 % = 1,2 %):			./. 13,80 €
			./. 63 €

./. 63 €

Insgesamt festzusetzende Zinsen: 142 €

(Rundung gem. § 239 Abs. 2 Satz 1 AO)

40. Wenn bei der Zinsberechnung mehrere Teil-Unterschiedsbeträge zu berücksichtigen sind, sind Zinsen nur dann festzusetzen, wenn die Summe der auf die einzelnen Teil-Unterschiedsbeträge berechneten Zinsen mindestens zehn Euro beträgt (§ 239 Abs. 2 Satz 2 AO). Nach § 239 Abs. 2 Satz 1 AO sind Zinsen auf volle Euro zum Vorteil des Steuerpflichtigen abzurunden. Maßgebend sind die festzusetzenden Zinsen, d. h. die Summe der auf die einzelnen Teil-Unterschiedsbeträge berechneten Zinsen.

Sofern die Summe aller fiktiven Erstattungen größer ist als die tatsächliche Erstattung, ist der Differenzbetrag für spätere Zinsberechnungen als fiktive Zahlung zu berücksichtigen. Als Zahlungstag dieser fiktiven Zahlung ist der Tag zu berücksichtigen, an dem die Steuerfestsetzung bzw. die Steueranmeldung wirksam geworden ist.

---

[1] **Anmerkung:**
Ergibt sich ein Teil-Unterschiedsbetrag zugunsten des Steuerpflichtigen, entfallen auf diesen Betrag zuvor berechnete Zinsen nach § 233a Abs. 7 Satz 2 1. Halbsatz AO frühestens ab Beginn des für diesen Teil-Unterschiedsbetrag maßgebenden Zinslaufs. Zinsen für den Zeitraum bis zum Beginn des Zinslaufs dieses Teil-Unterschiedsbetrags bleiben nach § 233a Abs. 7 Satz 2 2. Halbsatz AO endgültig bestehen. Deshalb können die für den Zeitraum bis zum 31.3.2022 verbliebenen Nachzahlungszinsen auch in späteren Zinsfestsetzungen gemindert werden.

Zinsberechnung bei einer Korrektur der Steuerfestsetzung oder der Anrechnung von Steuerbeträgen

41. Falls anlässlich einer Steuerfestsetzung Zinsen festgesetzt wurden, löst die Aufhebung, Änderung oder Berichtigung dieser Steuerfestsetzung eine Änderung der bisherigen Zinsfestsetzung aus (§ 233a Abs. 5 Satz 1 1. Halbsatz AO). Dabei ist es gleichgültig, worauf die Aufhebung, Änderung oder Berichtigung beruht (z. B. auch Änderung durch Einspruchsentscheidung oder durch oder aufgrund der Entscheidung eines Finanzgerichts).

42. Soweit die Korrektur der Steuerfestsetzung auf der erstmaligen Berücksichtigung eines rückwirkenden Ereignisses oder eines Verlustrücktrags beruht, beginnt der Zinslauf nach § 233a Abs. 2a AO erst 15 Monate nach Ablauf des Kalenderjahres, in dem das rückwirkende Ereignis eingetreten oder der Verlust entstanden ist. Gleiches gilt, wenn ein bereits bei der vorangegangenen Steuerfestsetzung berücksichtigter Verlustrücktrag bzw. ein bereits bei der vorangegangenen Steuerfestsetzung berücksichtigtes rückwirkendes Ereignis unmittelbar Änderungen erfährt und der Steuerbescheid deshalb geändert wird.

Aufgrund der Anknüpfung der Verzinsung an die Soll-Differenz (vgl. AEAO zu § 233a, Nr. 46) ist keine besondere Zinsberechnung i. S. d. § 233a Abs. 2a i. V. m. Abs. 7 AO vorzunehmen, wenn ein Steuerbescheid, in dem erstmals ein Verlustrücktrag bzw. ein rückwirkendes Ereignis berücksichtigt worden ist, später aus anderen Gründen (z. B. zur Berücksichtigung neuer Tatsachen i. S. d. § 173 AO) geändert wird. Dabei ist es für die Verzinsung auch unerheblich, wenn sich die steuerlichen Auswirkungen des bereits in der vorherigen Steuerfestsetzung berücksichtigten Verlustrücktrags bzw. rückwirkenden Ereignisses aufgrund der erstmaligen oder abweichenden Berücksichtigung regulär zu verzinsender Besteuerungsgrundlagen rechnerisch verändern sollte. Auch derartige materiell-rechtliche Folgeänderungen sind bei der Verzinsung dem maßgeblichen Änderungsgrund (z. B. den neuen Tatsachen i. S. d. § 173 AO) zuzuordnen.

43. Materielle Fehler i. S. d. § 177 AO werden bei dem Änderungstatbestand berichtigt, dessen Anwendung die saldierende Berücksichtigung des materiellen Fehlers ermöglicht. Deshalb ist der Saldierungsbetrag bei der Ermittlung des Teil-Unterschiedsbetrags zu berücksichtigen, der diesem Änderungstatbestand zugrunde liegt. Beruht die Saldierung nach § 177 AO auf mehreren Änderungstatbeständen, die einen unterschiedlichen Zinslaufbeginn aufweisen, ist der Saldierungsbetrag den Änderungstatbeständen in chronologischer Reihenfolge zuzuordnen, beginnend mit dem Änderungstatbestand mit dem ältesten Zinslaufbeginn.

44. Ist bei der vorangegangenen Steuerfestsetzung eine Zinsfestsetzung unterblieben, weil z. B. bei Wirksamkeit der Steuerfestsetzung die Karenzzeit noch nicht abgelaufen war oder die Zinsen weniger als zehn Euro betragen haben, ist bei der erstmaligen Zinsfestsetzung aus Anlass der Aufhebung, Änderung oder Berichtigung der Steuerfestsetzung für die Berechnung der Zinsen ebenfalls der Unterschied zwischen dem neuen und dem früheren Soll maßgebend.

45. Den Fällen der Aufhebung, Änderung oder Berichtigung der Steuerfestsetzung sind die Fälle der Korrektur der Anrechnung von Steuerbeträgen (Steuerabzugsbeträge, anzurechnende Körperschaftsteuer) gleichgestellt (§ 233a Abs. 5 Satz 1 2. Halbsatz AO). Die Zinsfestsetzung ist auch dann anzupassen, wenn die Anrechnung von Steuerabzugsbeträgen oder von Körperschaftsteuer in einem Abrechnungsbescheid nach § 218 Abs. 2 Satz 1 AO von der vorangegangenen Anrechnung abweicht. Ist dem bisherigen Zinsbescheid ein unrichtiges Vorauszahlungssoll oder ein unrichtiger Wertstellungstag zugrunde gelegt worden, kann demgegenüber eine Korrektur des Zinsbescheids nicht nach § 233a Abs. 5 AO, sondern nur nach den allgemeinen Vorschriften erfolgen (z. B. §§ 129, 172 ff. AO).

46. Grundlage für die Zinsberechnung ist der Unterschied zwischen dem neuen und dem früheren Soll (Unterschiedsbetrag nach § 233a Abs. 5 Satz 2 AO). Dieser Unterschiedsbetrag ist in Teil-Unterschiedsbeträge aufzuteilen, soweit diese einen unterschiedlichen Zinslaufbeginn nach § 233a Abs. 2 und Abs. 2a AO haben (§ 233a Abs. 7 Satz 1 1. Halbsatz AO). Innerhalb dieser Teil-Unterschiedsbeträge sind Sollminderungen und Sollerhöhungen mit gleichem Zinslaufbeginn zu saldieren.

47. Die Teil-Unterschiedsbeträge sind in ihrer zeitlichen Reihenfolge, beginnend mit dem ältesten Zinslaufbeginn, zu ermitteln (§ 233a Abs. 7 Satz 1 2. Halbsatz AO). Dabei ist unerheblich, ob sich der einzelne Teil-Unterschiedsbetrag zugunsten oder zuungunsten des Steuerpflichtigen auswirkt.

Zunächst ist die fiktive Steuer zu ermitteln, die sich ohne Berücksichtigung rückwirkender Ereignisse und Verlustrückträge ergeben würde. Die Differenz zwischen dieser fiktiven Steuer und der bisher festgesetzten Steuer, jeweils vermindert um anzurechnende Steuerabzugsbeträge und anzurechnende Körperschaftsteuer, ist der erste für die Zinsberechnung maßgebliche Teil-Unterschiedsbetrag.

Im nächsten Schritt ist auf der Grundlage dieser fiktiven Steuerermittlung die fiktive Steuer zu berechnen, die sich unter Berücksichtigung der rückwirkenden Ereignisse oder Verlustrückträge mit dem ältesten Zinslaufbeginn ergeben würde. Die Differenz zwischen dieser und der zuvor ermittelten fiktiven Steuer, jeweils vermindert um an-zurechnende Steuerabzugsbeträge und anzurechnende Körperschaftsteuer, ist der für die Zinsberechnung maßgebliche zweite Teil-Unterschiedsbetrag. Dies gilt entsprechend für weitere Teil-Unterschiedsbeträge mit späterem Zinslaufbeginn.

48. **Beispiel 10:**

Einkommensteuer 2018

	z. v. E.	Steuer
bisherige Steuerfestsetzung	50.000 €	14.801 €
abzüglich anzurechnende Steuerabzugsbeträge:		./. 500 €
Soll:		14.301 €

Änderung der Steuerfestsetzung:

(1) neue Tatsache:	./. 1.500 €		
(2) Verlustrücktrag aus 2019:	./. 10.000 €		
(3) rückwirkendes Ereignis aus 2020:	+ 2.500 €		
Neue Steuerfestsetzung:	41.000 €	10.771 €	
abzüglich anzurechnende Steuerabzugsbeträge:		./.500 €	
neues Soll:		10.271 €	
Unterschiedsbetrag (Mindersoll):		./.4.030 €	

Ermittlung der Teil-Unterschiedsbeträge:

	z. v. E.	Steuer	
• bisherige Festsetzung	50.000 €	14.801 €	
abzüglich anzurechnende Steuerabzugsbeträge:		./. 500 €	
Soll:		14.301 €	
• 1. Schattenveranlagung (bisherige Festsetzung + neue Tatsache):	48.500 €	14.097 €	
abzüglich anzurechnende Steuerabzugsbeträge:		./. 500 €	
Soll:		13.597 €	
Erster Teil-Unterschiedsbetrag =			./.704 €
• 2. Schattenveranlagung (1. Schattenveranlagung + Verlustrücktrag aus 2019):	38.500 €	9.736 €	
abzüglich anzurechnende Steuerabzugsbeträge:		./. 500 €	
Soll:		9.236 €	
Zweiter Teil-Unterschiedsbetrag =			./. 4.361 €
• 3. Schattenveranlagung (2. Schattenveranlagung + rückwirkendes Ereignis aus 2020):	41.000 €	10.771 €	
abzüglich anzurechnende Steuerabzugsbeträge:		./. 500 €	
Soll:		10.271 €	

Dritter Teil-Unterschiedsbetrag =	+ 1.035 €
Summe der Teil-Unterschiedsbeträge:	./.4.030 €

49. Alle Teil-Unterschiedsbeträge sind jeweils gesondert auf den nächsten durch fünfzig Euro teilbaren Betrag abzurunden, da der Zinslauf für die zu verzinsenden Beträge zu jeweils abweichenden Zeitpunkten beginnt (§ 238 Abs. 2 AO).

50. Die auf die einzelnen Teil-Unterschiedsbeträge entfallenden Zinsen sind eigenständig und in ihrer zeitlichen Reihenfolge zu berechnen, beginnend mit den Zinsen auf den Teil-Unterschiedsbetrag mit dem ältesten Zinslaufbeginn (§ 233a Abs. 7 Satz 1 2. Halbsatz AO). Dabei ist für jeden Zinslauf bzw. Zinsberechnungszeitraum eigenständig zu prüfen, inwieweit jeweils volle Zinsmonate vorliegen.

51. Ergibt sich bei der Aufhebung, Änderung oder Berichtigung der Steuerfestsetzung oder der Rücknahme, dem Widerruf oder Berichtigung der Anrechnung von Steuerbeträgen ein Mehrsoll, fallen hierauf Zinsen an, die zu den bisher berechneten Zinsen hinzutreten.

52. **Beispiel 11:**

Einkommensteuer 2018

a) Erstmalige Steuerfestsetzung vom 11.12.220,

bekannt gegeben am 14.12.2020	22.500 €
abzüglich anzurechnende Steuerabzugsbeträge:	./. 2.500 €
Soll:	20.000 €
abzüglich festgesetzte Vorauszahlungen:	./. 13.000 €
Unterschiedsbetrag (Mehrsoll):	7.000 €

Zu verzinsen sind 7.000 € zuungunsten des Steuerpflichtigen für die Zeit vom 1.4.2020 bis 14.12.2020 (8 volle Monate x 0,15 % = 1,2 %).

festzusetzende Zinsen (Nachzahlungszinsen): 84 €

b) Änderung der Steuerfestsetzung nach § 173 AO (Bescheid vom 1.10.2021, bekannt gegeben am 4.10.2021):

(Bescheid vom 1.10.2021, bekannt gegeben am 4.10.2021):	23.500 €
abzüglich anzurechnende Steuerabzugsbeträge:	./. 2.500 €
Soll:	21.000 €

abzüglich bisher festgesetzte Steuer (Soll):	./. 20.000 €
Unterschiedsbetrag (Mehrsoll):	1.000 €

Zu verzinsen sind 1.000 € zuungunsten des Steuerpflichtigen für die Zeit vom 1.4.2020 bis 4.10.2021 (18 volle Monate x 0,15 % = 2,7 %).

Nachzahlungszinsen:	27 €
dazu bisher festgesetzte Zinsen:	84 €
Insgesamt festzusetzende Zinsen:	**111 €**

53. Ergibt sich zugunsten des Steuerpflichtigen ein Mindersoll, wird bis zur Höhe dieses Mindersolls nur der tatsächlich zu erstattende Betrag verzinst, und zwar ab dem Zeitpunkt der Zahlung bis zur Wirksamkeit der Steuerfestsetzung (§ 233a Abs. 2 Satz 3 und Abs. 3 Satz 3 AO). Zur Berücksichtigung bei vorangegangenen Zinsfestsetzungen ermittelter fiktiver Zahlungen vgl. AEAO zu § 233a, Nr. 40. Steht die Zahlung noch aus, werden keine Erstattungszinsen festgesetzt. Besteht der zu erstattende Betrag aus mehreren Teil-Leistungen, richtet sich der Zinsberechnungszeitraum nach dem Zeitpunkt der einzelnen Leistung, wobei unterstellt wird, dass die Erstattung zuerst aus dem zuletzt gezahlten Betrag erfolgt („last in - first out"; § 233a Abs. 3 Satz 4 i. V. m. Abs. 5 Satz 4 AO).

54. Neben der Berechnung der Erstattungszinsen sind die bisher auf den Herabsetzungsbetrag ggf. berechneten Nachzahlungszinsen für die Zeit ab Beginn des Zinslaufs zu mindern. Dabei darf jedoch höchstens auf den Unterschiedsbetrag der bei Beginn des Zinslaufs festgesetzten Steuer zurückgegangen werden, um zu vermeiden, dass eine Korrektur für einen Zeitraum erfolgt, für den keine Nachzahlungszinsen berechnet worden sind.

55. **Beispiel 12:**

Einkommensteuer 2018

a) Steuerfestsetzung vom 11.12.2020

bekannt gegeben am 14.12.2020:	22.500 €
abzüglich anzurechnende Steuerabzugsbeträge:	./. 2.500 €
Soll:	20.000 €
abzüglich festgesetzte Vorauszahlungen:	./. 13.000 €
Unterschiedsbetrag (Mehrsoll):	7.000 €

Der Steuerpflichtige hat innerhalb der Karenzzeit die Vorauszahlungen

i. H. v. 13.000 € sowie am 15.6.2021 die Abschlusszahlung i. H. v. 7.000 € gezahlt.

Zu verzinsen sind 7.000 € zuungunsten des Steuerpflichtigen für die Zeit vom 1.4.2020 bis 14.12.2020 (8 volle Monate x 0,15 % = 1,2 %).

festzusetzende Zinsen (Nachzahlungszinsen):		**84 €**
b) Änderung der Steuerfestsetzung nach § 173 AO (Bescheid vom 12.10.2021, bekannt gegeben am 15.10.2021):	17.500 €	
abzüglich anzurechnende Steuerabzugsbeträge:	./. 2.500 €	
Soll:	15.000 €	
abzüglich bisher festgesetzte Steuer (Soll):	./. 20.000 €	
Unterschiedsbetrag (Mindersoll):	5.000 €	
Zu erstatten sind 5.000 €		
Zu verzinsen sind 5.000 € zugunsten des Steuerpflichtigen für die Zeit vom 15.6.2021 bis 15.10.2021 (4 volle Monate x 0,15 % = 0,6 %) festzusetzende Zinsen (Erstattungszinsen):		./. 30 €
c) Bisher festgesetzte Zinsen	+ 84 €	

Minderung zuvor berechneter Nachzahlungszinsen:

7.000 €	abgerundet:	7.000 €
./. 5.000 €		
2.000 €	maximal:	./. 2.000 €
		5.000 €

5.000 € vom 1.4.2020 bis zum 14.12.2020 (8 volle Monate x 0,15 % = 1,2%):	./. 60 €	
	+ 24€	+24€
Insgesamt festzusetzende Zinsen: (Rundung gem. § 239 Abs. 2 Satz 2 AO)		**./. 6 €**

56. Bei Teil-Unterschiedsbeträgen zugunsten des Steuerpflichtigen ist die Berechnung von Erstattungszinsen auf den fiktiv zu erstattenden Betrag begrenzt. Dazu sind alle maßgeblichen Zahlungen (einschließlich fiktiver Zahlungen i. S. d. Nr. 40 des AEAO zu § 233a) und der jeweilige Tag der Zahlung zu ermitteln. Durch Gegenüberstellung dieser Zahlungen und der nach Nr. 47 des AEAO zu § 233a fiktiv ermittelten Steuer, vermindert um anzurechnende Steuerabzugsbeträge und anzurechnende Körperschaftsteuer, ergibt sich der fiktive Erstattungsbetrag.

Die Verzinsung der einzelnen Teil-Unterschiedsbeträge beginnt frühestens mit dem Tag der Zahlung. Besteht der zu erstattende Betrag aus mehreren Einzahlungen, richtet sich der Zinsberechnungszeitraum nach der Einzahlung des jeweiligen Teilbetrags, wobei unterstellt wird, dass die Erstattung zuerst aus dem zuletzt gezahlten Betrag erfolgt. Bei weiteren Teil-Unterschiedsbeträgen zugunsten des Steuerpflichtigen bleiben die bereits bei einer vorangegangenen Zinsberechnung berücksichtigten Zahlungen außer Betracht.

Ist bei einem Teil-Unterschiedsbetrag zugunsten des Steuerpflichtigen mehr als ein Betrag (mehrere Einzahlungen) zu verzinsen, so ist der durch die Rundung auf den nächsten durch fünfzig Euro teilbaren sich ergebende Spitzenbetrag jeweils vom Teilbetrag mit dem ältesten Wertstellungstag abzuziehen.

57. Bei Teil-Unterschiedsbeträgen zugunsten des Steuerpflichtigen sind neben der Berechnung von Erstattungszinsen die zuvor auf den Herabsetzungsbetrag ggf. berechneten Nachzahlungszinsen zu mindern. Nachzahlungszinsen entfallen dabei allerdings frühestens ab dem Zeitpunkt, in dem der Zinslauf des Teil-Unterschiedsbetrags zugunsten des Steuerpflichtigen beginnt; Nachzahlungszinsen für den Zeitraum bis zum Beginn des Zinslaufs des Teil-Unterschiedsbetrags zugunsten des Steuerpflichtigen bleiben endgültig bestehen (§ 233a Abs. 7 Satz 2 AO). Nachzahlungszinsen mit unterschiedlichem Zinslaufbeginn sind in ihrer zeitlichen Reihenfolge, beginnend mit den Nachzahlungszinsen mit dem ältesten Zinslaufbeginn, innerhalb dieser Gruppen beginnend mit den Nachzahlungszinsen mit dem jüngsten Zinslaufende, zu mindern.

58. **Beispiel 13 (Fortsetzung von Beispiel 9):**

Einkommensteuer 2018

	z. v. E.	Steuer
nach § 175 Abs. 1 Satz 1 Nr. 2 AO geänderte Steuerfestsetzung vom 26.3.2024, bekanntgegeben am 29.3.2024:	27.175 €	5.297 €
abzüglich anzurechnende Steuerabzugsbeträge:		./. 1.000 €
Soll:		4.297 €
abzüglich bisher festgesetzte Steuer (Soll):		./. 7.376 €

Unterschiedsbetrag (Mindersoll): ./. 3.079 €

Der Steuerpflichtige hat bis zum 31.3.2020
insgesamt 7.000 € sowie am 2.6.2021
weitere 2.550 € gezahlt.
Aufgrund der Steuerfestsetzung vom 9.12.2022
sind ihm bereits 2.174 € erstattet worden.

Bei der geänderten Steuerfestsetzung
vom 26.3.2024 wurde ein rückwirkendes
Ereignis aus 2019
(Minderung des z. v. E. um 8.692 €)
erstmals berücksichtigt.

Zinsberechnung:

Verzinsung des Unterschiedsbetrags mit Zinslaufbeginn 1.4.2021:

Gegenüberstellung der maßgeblichen Zahlungen und des Solls				
Zahlung	Tag der Zahlung	Soll	Erstattung	unverzinster Zahlungsrest
376 €	02.06.2021		376 €	0 €
2.000 €	10.12.2018		2.000 €	0 €
2.000 €	10.09.2018		703 €	1.297 €
2.000 €	10.06.2018		0 €	2.000 €
1.000 €	10.03.2018		0 €	1.000 €
7.376 €		4.297 €	3.079 €	4.297 €

Zu verzinsen ist höchstens der abgerundete
zu erstattende Betrag von 3.050 €:

376 € für die Zeit vom 2.6.2007
bis zum 29. 3.2010
(33 volle Monate x 0,15 % = 4,95 %): 18,61 €

2.674 € für die Zeit vom 1.4.2021
bis zum 29.3.2024
(35 volle Monate x 0,15 % = 5,25 %) 140,38 €

158,99 €

Zinsen (Erstattungszinsen): ./. 158,99 €

(Rundung nach § 238 Abs. 2 AO: 29 €)

Bisher festgesetzte Zinsen: 142 €

Minderung zuvor berechneter Nachzahlungszinsen[1]:	0,00 €	
	142,00 €	142,00 €
		./. 16,99 €
Insgesamt festzusetzende Zinsen[2]		**./. 17,00 €**

59. Zinsen werden nur festgesetzt, wenn sie mindestens zehn Euro betragen (§ 239 Abs. 2 Satz 2 AO). Dabei ist jeweils auf die sich insgesamt ergebenden Zinsen abzustellen, nicht nur auf den Betrag, der sich durch die Verzinsung des letzten Unterschiedsbetrags bzw. Teil-Unterschiedsbetrags oder des letzten Erstattungsbetrags ergibt. Wären insgesamt weniger als zehn Euro festzusetzen, ist der bisherige Zinsbescheid zu ändern.

Nach § 239 Abs. 2 Satz 1 AO sind Zinsen auf volle Euro zum Vorteil des Steuerpflichtigen zu runden. Maßgebend sind die festzusetzenden Zinsen, d. h. die Summe der auf die einzelnen Teil-Unterschiedsbeträge berechneten Zinsen.

Sofern die Summe aller fiktiven Erstattungen größer ist als die tatsächliche Erstattung, ist der Differenzbetrag für spätere Zinsberechnungen als fiktive Zahlung zu berücksichtigen. Als Zahlungstag dieser fiktiven Zahlung ist der Tag zu berücksichtigen, an dem die Steuerfestsetzung bzw. die Steueranmeldung wirksam geworden ist.

Zinsberechnung bei sog. NV-Fällen

60. Ist eine Veranlagung zur Einkommensteuer nicht durchzuführen, weil die Voraussetzungen des § 46 EStG nicht erfüllt sind, sind festgesetzte und geleistete Vorauszahlungen zu erstatten. Die Erstattungszinsen sind so zu berechnen, als sei eine Steuerfestsetzung über Null Euro erfolgt. Wird eine Einkommensteuerfestsetzung, die zu einer Erstattung geführt hat, aufgehoben und die Abrechnung geändert, so dass die bisher angerechneten Steuerabzugsbeträge zurückgefordert werden, ist diese Steuernachforderung zu verzinsen. Eine bisher durchgeführte Zinsfestsetzung (Erstattungszinsen) ist nach § 233a Abs. 5 Satz 1 AO zu ändern.

61. Sonderregelungen für Zinsberechnungen bei der Umsatzsteuer

61.1 Zinsberechnung bei Vorsteuer-Vergütungsansprüchen

61.1.1 Im übrigen Gemeinschaftsgebiet ansässige Unternehmer

Die Verzinsung der Vorsteuervergütung an im übrigen Gemeinschaftsgebiet ansässige Unternehmer (§ 18 Abs. 9 UStG) ist in § 61 Abs. 5 und 6 UStDV

[1] **Anmerkung:**
Die in der vorangegangenen Zinsfestsetzung (Beispiel 9) für den Zeitraum bis zum Beginn des Zinslaufs des 3. Teil-Unterschiedsbetrags (d.h. für den Zeitraum bis zum 31.3.2022) berechneten Nachzahlungszinsen bleiben nach § 233a Abs. 7 Satz 2 2. Halbsatz AO endgültig bestehen und können deshalb in dieser Zinsfestsetzung nicht mehr gemindert werden.

[2] **Anmerkung:**
Die Zinsen wurden zugunsten des Steuerpflichtigen gerundet (§ 239 Abs. 2 Satz 1 AO).

geregelt. § 233a AO ist in diesen Fällen nicht anwendbar, wenn der Vergütungsantrag nach dem 31.12.2009 gestellt worden ist.

61.1.2 Im Drittlandsgebiet ansässige Unternehmer

Der nach § 18 Abs. 9 UStG zu vergütende Betrag für im Drittlandsgebiet ansässige Unternehmer ist nach § 233a AO zu verzinsen (vgl. Abschnitt 18.14 Abs. 10 UStAE). Beträgt der Vergütungszeitraum weniger als ein Kalenderjahr (§ 60 UStDV), sind zur Berechnung des Unterschiedsbetrags alle für ein Kalenderjahr festgesetzten Vergütungen zusammenzufassen. Der Zinslauf beginnt grundsätzlich 15 Monate nach Ablauf des Kalenderjahres, für das die Vergütung(en) festgesetzt worden ist/sind (§ 233a Abs. 2 Satz 1 AO). Er endet mit Ablauf des Tages, an dem die Festsetzung der Vergütung wirksam geworden ist (§ 233a Abs. 2 Satz 3 AO). Zur Festsetzungsverjährung des Zinsanspruchs vgl. § 239 Abs. 1 AO.

Diese Grundsätze gelten bei der Verzinsung von Vorsteuervergütungen an im übrigen Gemeinschaftsgebiet ansässige Unternehmer (§ 18 Abs. 9 UStG) entsprechend, wenn der Vergütungsantrag vor dem 1.1.2010 gestellt worden ist..

61.2 Zinsberechnung bei der Umsatzsteuer in Fällen des Mini-one-stop-shop-Verfahrens (MOSS-Verfahren)

§ 233a AO gilt auch für Umsatzsteuer, die im MOSS-Verfahren (§ 18 Abs. 4e UStG) festgesetzt wird. Der Besteuerungszeitraum ist hier gemäß § 16 Abs. 1b Satz 1 UStG das Kalendervierteljahr. Bei der Verzinsung sind zur Berechnung des Unterschiedsbetrags (§ 233a Abs. 3 und 5 AO) alle für ein Kalenderjahr festgesetzten Steuern zusammenzufassen. Der Zinslauf beginnt 15 Monate nach Ablauf des Kalenderjahres, für das die Umsatzsteuer festgesetzt worden ist (§ 233a Abs. 2 Satz 1 AO). Er endet mit Ablauf des Tages, an dem die Festsetzung der Umsatzsteuer wirksam geworden ist (§ 233a Abs. 2 Satz 3 AO). Zur Festsetzungsverjährung des Zinsanspruchs vgl. § 239 Abs. 1 AO.

Verhältnis zu anderen steuerlichen Nebenleistungen

62. Zur Berücksichtigung der Verzinsung nach § 233a AO bei der Bemessung eines Verspätungszuschlags nach § 152 AO in der bis zum 31.12.2016 geltenden Fassung vgl. AEAO zu § 152, Nr. 13.3.

Aufgrund der gesetzlichen Festlegung der Höhe des Verspätungszuschlags (§ 152 Abs. 5 AO in der ab 1.1.2017 geltenden Fassung) sind Zinsen nach § 233a AO bei der Bemessung des Verspätungszuschlags nicht von Bedeutung.

63. Die Erhebung von Säumniszuschlägen (§ 240 AO) bleibt durch § 233a AO unberührt, da die Vollverzinsung nur den Zeitraum bis zur Festsetzung der Steuer betrifft. Sollten sich in Fällen, in denen die Steuerfestsetzung zunächst zugunsten und sodann wieder zuungunsten des Steuerpflichtigen geändert wird, Überschneidungen ergeben, sind insoweit die Säumniszuschläge zur Hälfte zu erlassen.

64. Überschneidungen von Stundungszinsen und Nachzahlungszinsen nach § 233a AO können sich ergeben, wenn die Steuerfestsetzung nach Ablauf der Stundung zunächst zugunsten und später wieder zuungunsten des Steuerpflichtigen geändert wird (siehe § 234 Abs. 1 Satz 2 AO). Zur Vermeidung einer Doppelverzinsung werden Nachzahlungszinsen, die für denselben Zeitraum festgesetzt wurden, im Rahmen der Zinsfestsetzung auf Stundungszinsen angerechnet (§ 234 Abs. 3 AO).

65. Überschneidungen mit Hinterziehungszinsen (§ 235 AO) sind möglich, etwa weil der Zinslauf mit Eintritt der Verkürzung und damit vor Festsetzung der Steuer beginnt. Zinsen nach § 233a AO, die für denselben Zeitraum festgesetzt wurden, sind im Rahmen der Zinsfestsetzung auf die Hinterziehungszinsen anzurechnen (§ 235 Abs. 4 AO). Dies gilt ungeachtet der unterschiedlichen ertragsteuerlichen Behandlung beider Zinsarten. Zur Berechnung vgl. AEAO zu § 235, Nr. 5.

66. Prozesszinsen auf Erstattungsbeträge (§ 236 AO) werden ab Rechtshängigkeit bzw. ab dem Zahlungstag berechnet. Überschneidungen mit Erstattungszinsen nach § 233a AO sind daher möglich. Zur Vermeidung einer Doppelverzinsung werden Zinsen nach § 233a AO, die für denselben Zeitraum festgesetzt wurden, im Rahmen der Zinsfestsetzung auf die Prozesszinsen angerechnet (§ 236 Abs. 4 AO).

67. Überschneidungen mit Aussetzungszinsen (§ 237 AO) sind im Regelfall nicht möglich, da Zinsen nach § 233a Abs. 1 bis 3 AO nur für den Zeitraum bis zur Festsetzung der Steuer, Aussetzungszinsen jedoch frühestens ab der Fälligkeit der Steuernachforderung entstehen können (vgl. AEAO zu § 237, Nr. 6). Überschneidungen können sich aber ergeben, wenn Aussetzungszinsen erhoben wurden, weil die Anfechtung einer Steuerfestsetzung erfolglos blieb, und die Steuerfestsetzung nach Abschluss des Rechtsbehelfsverfahrens (siehe § 237 Abs. 5 AO) zunächst zugunsten und sodann zuungunsten des Steuerpflichtigen geändert wird. Zur Vermeidung einer Doppelverzinsung werden Nachzahlungszinsen, die für denselben Zeitraum festgesetzt wurden, im Rahmen der Zinsfestsetzung auf Aussetzungszinsen angerechnet (§ 237 Abs. 4 i. V. m. § 234 Abs. 3 AO).

68. Die Festsetzung von Zinsen nach § 233a AO hat Bindungswirkung für Zinsfestsetzungen nach den §§ 234, 235, 236 oder 237 AO, soweit hierauf nach §233a AO festgesetzte Zinsen anzurechnen sind (§ 239 Abs. 5 AO). Wird eine Zinsfestsetzung nach § 233a AO erlassen, aufgehoben oder geändert, ist die von einer Anrechnung dieser Zinsen betroffene Zinsfestsetzung nach §§ 234, 235, 236 oder 237 AO gemäß § 175 Abs. 1 Satz 1 Nr. 1 AO anzupassen.

Billigkeitsmaßnahmen

69. Allgemeines

69.1 Billigkeitsmaßnahmen hinsichtlich der Zinsen kommen in Betracht, wenn solche auch hinsichtlich der zugrunde liegenden Steuer zu treffen sind.

69.2 Daneben sind auch zinsspezifische Billigkeitsmaßnahmen möglich (BFH-Urteil vom 24.7.1996, X R 23/94, BFH/NV 1997 S. 92). Beim Erlass von Zinsen nach § 233a AO aus sachlichen Billigkeitsgründen i. S. d. §§ 163, 227 AO ist zu berücksichtigen, dass die Entstehung des Zinsanspruchs dem Grunde und der Höhe nach gemäß Wortsinn, Zusammenhang und Zweck des Gesetzes, den Liquiditätsvorteil des Steuerschuldners und den Liquiditätsnachteil des Steuergläubigers auszugleichen, eindeutig unabhängig von der konkreten Einzelfallsituation geregelt ist und, rein objektiv, ergebnisbezogen allein vom Eintritt bestimmter Ereignisse (Fristablauf i. S. d. § 233a Abs. 2 oder 2a AO, Unterschiedsbetrag i. S. d. § 233a Abs. 1 Satz 1 i. V. m. § 233a Abs. 3 oder 5 AO) abhängt.

Nach dem Willen des Gesetzgebers soll die Verzinsung nach § 233a AO einen Ausgleich dafür schaffen, dass die Steuern bei den einzelnen Steuerpflichtigen „aus welchen Gründen auch immer“ zu unterschiedlichen Zeitpunkten festgesetzt und fällig werden (BFH-Urteile vom 20.9.1995, X R 86/94, BStBl 1996 II S. 53, vom 5.6.1996, X R 234/93, BStBl II S. 503, und vom 12.4.2000, XI R 21/97, BFH/NV S. 1178).

Für die Anwendung der Vorschrift sind daher die Ursachen und Begleitumstände im Einzelfall unbeachtlich. Die reine Möglichkeit der Kapitalnutzung (vgl. BFH-Urteil vom 25.11.1997, IX R 28/96, BStBl 1998 II S. 550) bzw. die bloße Verfügbarkeit eines bestimmten Kapitalbetrages (BFH-Urteil vom 12.4.2000, XI R 21/97, BFH/NV S. 1178) reicht aus. Rechtfertigung für die Entstehung der Zinsen nach § 233a AO ist nicht nur ein abstrakter Zinsvorteil des Steuerschuldners, sondern auch ein ebensolcher Nachteil des Steuergläubigers (BFH-Urteil vom 19.3.1997, I R 7/96, BStBl II S. 446). Ein Verschulden ist prinzipiell irrelevant, und zwar auf beiden Seiten des Steuerschuldverhältnisses (vgl. BFH-Entscheidungen vom 4.11.1996, I B 67/96, BFH/NV 1997 S. 458, vom 15.4.1999, V R 63/97, BFH/NV S. 1392, vom 3.5.2000, II B 124/99, BFH/NV S. 1441, und vom 30.11.2000, V B 169/00, BFH/NV 2001 S. 656).

Zinsen nach § 233a AO sind weder Sanktions- noch Druckmittel oder Strafe, sondern laufzeitabhängige Gegenleistung für eine mögliche Kapitalnutzung. Vor diesem gesetzlichen Hintergrund ist es unerheblich, ob der - typisierend vom Gesetz unter-stellte - Zinsvorteil des Steuerpflichtigen auf einer verzögerten Einreichung der Steuererklärung durch den Steuerpflichtigen oder einer verzögerten Bearbeitung durch das Finanzamt beruht (vgl. z. B. BFH-Beschlüsse vom 3.5.2000, II B 124/99, BFH/NV S. 1441, und vom 2.2.2001, XI B 91/00, BFH/NV S. 1003). Bei der Verzinsung nach § 233a AO kommt es auch nicht auf eine konkrete Berechnung der tatsächlich eingetretenen Zinsvor- und -nachteile an (BFH-Urteil vom 19.3.1997, I R 7/96, BStBl II S. 446).

Die Erhebung von Zinsen auf einen Nachforderungsbetrag, der sich nach der Korrektur einer Steuerfestsetzung ergibt, entspricht (vom Anwendungsbereich des § 233a Abs. 2a und Abs. 7 AO abgesehen) den Wertungen des § 233a AO und ist nicht sachlich unbillig (siehe dazu § 233a Abs. 5 AO; vgl. BFH-Entscheidungen vom 12.4.2000, XI R 21/97, BFH/NV S. 1178, und vom 30.11.2000, V B 169/00, BFH/NV 2001 S. 656).

Andererseits ist für einen Ausgleich in Form einer Verzinsung der Steuernachforderung dann kein Raum, wenn zweifelsfrei feststeht, dass der Steuerpflichtige durch die verspätete Steuerfestsetzung keinen Vorteil erlangt hatte (vgl. BFH-Urteile vom 11.7.1996, V R 18/95, BStBl 1997 II S. 259, und vom 12.4.2000, XI R 21/97, BFH/NV S. 1178). Festgesetzte Nachzahlungszinsen sind in diesem Fall wegen sachlicher Unbilligkeit zu erlassen (vgl. AEAO zu § 233a, Nr. 70).

69.3 Eine gegenüber der Regelung in § 233a AO höhere Festsetzung von Erstattungszinsen aus Billigkeitsgründen ist nicht zulässig.

70. Einzelfragen

70.1 Leistungen vor Festsetzung der zu verzinsenden Steuer

70.1.1 Zinsen nach § 233a AO können auch dann festgesetzt werden, wenn vor Festsetzung der Steuer freiwillige Leistungen erbracht wurden. Zinsen auf einen Unterschiedsbetrag zuungunsten des Steuerpflichtigen (Nachzahlungszinsen) sind aber nach § 233a Abs. 8 Satz 1 AO zu erlassen, soweit Zahlungen oder andere Leistungen auf eine später wirksam gewordene Steuerfestsetzung erbracht wurden und die Finanzbehörde diese Leistungen angenommen und auf die festgesetzte und zu entrichtende Steuer angerechnet hat.

70.1.2 Nachzahlungszinsen sind daher nur für den Zeitraum bis zum Eingang der freiwilligen Leistung zu erheben. Wurde die freiwillige Leistung erst nach Beginn des Zinslaufs erbracht oder war sie geringer als der zu verzinsende Unterschiedsbetrag, sind Nachzahlungszinsen insoweit zu erlassen, wie die auf volle fünfzig Euro abgerundete freiwillige Leistung für jeweils volle Monate vor Wirksamkeit der Steuerfestsetzung erbracht worden ist (fiktive Erstattungszinsen; vgl. BFH-Urteil vom 31.5.2017, I R 92/15, BStBl 2019 II S. 14).

Besteht die freiwillige Leistung aus mehreren Teil-Leistungen, richtet sich der Zinsberechnungszeitraum jeweils nach dem Zeitpunkt der einzelnen Leistung; die Leistungen sind in chronologischer Reihenfolge zu berücksichtigen, beginnend mit der jüngsten Leistung (§ 233a Abs. 8 Satz 2 i. V. m. Abs. 3 Satz 4 AO).

Ein Zinserlass scheidet dabei aus, wenn der zu erlassende Betrag weniger als zehn Euro beträgt (§ 239 Abs. 2 Satz 2 AO).

Beispiel 14 (Fortsetzung von Beispiel 1):

Der Steuerpflichtige hat am 26.4.2020 eine freiwillige Leistung i. H. v. 4.025 € erbracht. Die zu erlassenden Nachzahlungszinsen berechnen sich wie folgt:

abgerundete freiwillige Leistung:	4.000 €
Beginn des fiktiven Zinslaufs:	27.4.2020
Ende des fiktiven Zinslaufs (= Wirksamkeit der Steuerfestsetzung):	11.12.2006

Zu erlassende Nachzahlungszinsen:

4.000 € x 7 volle Monate x 0,15 % = **42 €**

Sofern sich bei der Abrechnung der Steuerfestsetzung unter Berücksichtigung der freiwilligen Leistungen eine Rückzahlung ergibt, sind hierfür keine Erstattungszinsen festzusetzen. Leistungen, die den Unterschiedsbetrag übersteigen, sind bei dem Erlass von Nachzahlungszinsen nicht zu berücksichtigen.

Beispiel 15 (Fortsetzung von Beispiel 1):

Der zu verzinsende Unterschiedsbetrag beträgt 7.000 €. Der Steuerpflichtige hat am 27.4.2020 eine Zahlung i. H. v. 8.025 € geleistet. Die zu erlassenden Nachzahlungszinsen berechnen sich wie folgt:

- auf die sich aus der Steuerfestsetzung ergebende Steuerzahlungsforderung erbrachte - (abgerundete) freiwillige Leistung:	7.000 €
Beginn des fiktiven Zinslaufs:	27.4.2020
Ende des fiktiven Zinslaufs (= Wirksamkeit der Steuerfestsetzung):	11.12.2020

Zu erlassende Nachzahlungszinsen:

7.000 € x 7 volle Monate x 0,15 % = **74 €**

70.1.3 Wenn das Finanzamt dem Steuerpflichtigen fälschlicherweise Vorauszahlungen zurückgezahlt hat, sind Nachzahlungszinsen nur zu erlassen, soweit der Steuerpflichtige nicht nur das Finanzamt auf diesen Fehler aufmerksam gemacht, sondern auch die materiell ungerechtfertigte Steuererstattung unverzüglich an das Finanzamt zurück überwiesen hat. Die Grundsätze des BFH-Urteils vom 25.11.1997, IX R 28/96, BStBl 1998 II S. 550 sind nicht über den entschiedenen Einzelfall hinaus anzuwenden.

70.1.4 Soweit Nachzahlungszinsen aufgrund einer Aufhebung, Änderung oder Berichtigung der Steuerfestsetzung nach § 233a Abs. 5 Satz 3 2. Halbsatz AO entfallen, mindert sich der Zinserlass entsprechend (§ 233a Abs. 8 Satz 3 AO).

70.2 Billigkeitsmaßnahmen bei der Verzinsung von Umsatzsteuer

70.2.1 Die Verzinsung nachträglich festgesetzter Umsatzsteuer beim leistenden Unternehmer ist nicht sachlich unbillig, wenn sich per Saldo ein Ausgleich der Steuerforderung mit den vom Leistungsempfänger abgezogenen Vorsteuerbeträgen ergibt (vgl. BFH-Urteile vom 20.1.1997, V R 28/95, BStBl II S. 716, und vom 15.4.1999, V R 63/97, BFH/NV S. 1392).

70.2.2 Eine Billigkeitsmaßnahme kommt daher auch dann nicht in Betracht, wenn Leistender und Leistungsempfänger einen umsatzsteuerlich relevanten

Sachverhalt nicht bereits in den entsprechenden Voranmeldungen, sondern jeweils erst in den Jahresanmeldungen angeben, etwa wenn bei der steuerpflichtigen Übertragung eines Sozietätsanteils das Veräußerungsgeschäft sowohl vom Veräußerer als auch vom Erwerber erst in der Umsatzsteuer-Jahreserklärung und nicht bereits in der entsprechenden Umsatzsteuer-Voranmeldung erfasst wird. Der Erwerber tritt bei einer solchen Fallgestaltung oftmals seinen Vorsteuererstattungsanspruch in voller Höhe an den Veräußerer ab. Der Veräußerer hat seine Verpflichtung, den Umsatz aus der Teilbetriebsveräußerung im zutreffenden Voranmeldungszeitraum zu berücksichtigen, verletzt, weshalb die nachträgliche Erfassung in der Jahressteuerfestsetzung eine entsprechende Nachforderung und dementsprechend Nachforderungszinsen auslöst. Die Verzinsung nachträglich festgesetzter Umsatzsteuer beim Leistenden ist auch deshalb nicht unbillig, weil die zu verzinsende Umsatzsteuer für steuerbare und steuerpflichtige Leistungen unabhängig davon entsteht, ob der leistende Unternehmer sie in einer Rechnung gesondert ausweist oder beim Finanzamt voranmeldet (vgl. BFH-Urteil vom 20.1.1997, V R 28/95, BStBl II S. 716). Unbeachtlich bleibt, dass auch der Erwerber bereits im Rahmen des Voranmeldungsverfahrens eine entsprechende Vorsteuervergütung hätte erlangen können. Unabhängig von der Abtretung des Erstattungsanspruchs an den Veräußerer kann der Erwerber gleichwohl in den Genuss von Erstattungszinsen nach § 233a AO gelangen.

70.2.3 Werden in einer Endrechnung oder der zugehörigen Zusammenstellung die vor der Leistung vereinnahmten Teilentgelte und die auf sie entfallenden Umsatzsteuerbeträge nicht abgesetzt oder angegeben, so hat der Unternehmer den gesamten in der Endrechnung ausgewiesenen Steuerbetrag an das Finanzamt abzuführen. In diesen Fällen schuldet der Unternehmer den Teil der in der Endrechnung ausgewiesenen Steuer, der auf die vor Ausführung der Leistung vereinnahmten Teilentgelte entfällt, nach § 14c Abs. 1 UStG (vgl. Abschn. 14.8 Abs. 10 Satz 1 bis 3 UStAE). Erteilt der Unternehmer dem Leistungsempfänger nachträglich eine berichtigte Endrechnung, die den Anforderungen des § 14 Abs. 5 Satz 2 UStG genügt, so kann er die von ihm geschuldete Steuer in dem Besteuerungszeitraum berichtigen, in dem sowohl die berichtigte Endrechnung erteilt als auch bei Bestehen eines Rückzahlungsanspruchs der zu hoch ausgewiesene Rechnungsbetrag an den Leistungsempfänger zurückgezahlt wurde (vgl. Abschn. 14.8 Abs. 10 Satz 5 und Abschn. 17.1 Abs. 10 UStAE). Hat der Unternehmer die aufgrund der fehlerhaften Endrechnung nach § 14c Abs. 1 UStG geschuldete Steuer nicht in seiner Umsatzsteuer-Voranmeldung berücksichtigt, kann die Nachforderung dieser Steuer im Rahmen der Steuerfestsetzung für das Kalenderjahr zur Festsetzung von Nachzahlungszinsen gem. § 233a AO führen, wenn der Unternehmer die Endrechnung erst in einem auf das Kalenderjahr der ursprünglichen Rechnungserteilung folgenden Kalenderjahr berichtigt und den daraus ggf. resultierenden Rückzahlungsanspruch des Leistungsempfängers erfüllt hat. Die Erhebung von Nachzahlungszinsen ist in derartigen Fällen nicht sachlich unbillig (BFH-Urteil vom 19.3.2009, V R 48/07, BStBl 2010 II S. 92).

70.2.4 Bei einer von den ursprünglichen Steuerfestsetzungen abweichenden zeitlichen Zuordnung eines Umsatzes durch das Finanzamt, die gleichzeitig zu einer Steuernachforderung und zu einer Steuererstattung führt, kann es sachlich unbillig sein, (in Wirklichkeit nicht vorhandene) Zinsvorteile abzuschöpfen

(BFH-Urteil vom 11.7.1996, V R 18/95, BStBl 1997 II S. 259). Soweit zweifelsfrei feststeht, dass der Steuerpflichtige durch die verspätete Steuerfestsetzung keinen Vorteil oder Nachteil hatte, kann durch die Verzinsung nach § 233a AO der sich aus der verspäteten Steuerfestsetzung ergebenden Steuernachforderung oder Steuererstattung kein Vorteil oder Nachteil ausgeglichen werden.

70.2.5 Im Fall einer vom Steuerpflichtigen fälschlicherweise angenommenen umsatzsteuerlichen Organschaft, bei der er als vermeintlicher Organträger Voranmeldungen abgegeben hat und die gesamte Umsatzsteuer von „Organträger" und „Organgesellschaft" an das Finanzamt gezahlt hat, kommen Billigkeitsmaßnahmen nur in besonders gelagerten Ausnahmefällen in Betracht. Stellt das Finanzamt im Veranlagungsverfahren fest, dass keine umsatzsteuerliche Organschaft vorliegt und daher für die „Organgesellschaft" eine eigenständige Steuerfestsetzung durchzuführen ist, führt dies bei der „Organgesellschaft" - wegen unterbliebener Voranmeldungen und Vorauszahlungen - zur Nachzahlung der kompletten Umsatzsteuer für das entsprechende Jahr; bei dem „Organträger" i. d. R. aber zu einer Umsatzsteuererstattung. Die „Organgesellschaft" muss daher Nachzahlungszinsen entrichten, während der „Organträger" Erstattungszinsen erhält. Da die Verzinsung nach § 233a AO den Liquiditätsvorteil des Steuerschuldners und den Nachteil des Steuergläubigers der individuellen Steuerforderung ausgleichen soll, kann eine Billigkeitsmaßnahme in Betracht kommen, wenn und soweit dieser Schuldner keine Zinsvorteile hatte oder haben konnte.

70.2.6 Wird umgekehrt festgestellt, dass entgegen der ursprünglichen Annahme eine um-satzsteuerliche Organschaft vorliegt, so sind die zunächst bei der Organgesellschaft versteuerten Umsätze nunmehr in vollem Umfang dem Organträger zuzurechnen. Die USt-Festsetzung gegenüber der GmbH (Organgesellschaft) ist aufzuheben, so dass i. d. R. Erstattungszinsen festgesetzt werden. Sämtliche Umsätze sind dem Organträger zuzurechnen, so dass diesem gegenüber i d. R. Nachzahlungszinsen festgesetzt werden. Entstehen auf Grund der Entscheidung, dass eine umsatzsteuerliche Organschaft vorliegt, insgesamt höhere Nachzahlungszinsen als Erstattungszinsen, können die übersteigenden Nachzahlungszinsen insoweit aus sachlichen Billigkeitsgründen erlassen werden, wenn und soweit der Schuldner keine Zinsvorteile hatte oder haben konnte.

70.3 Gewinnverlagerungen

Die allgemeinen Regelungen des § 233a AO sind auch bei der Verzinsung solcher Steuernachforderungen und Steuererstattungen zu beachten, die in engem sachlichen Zusammenhang zueinander stehen (z. B. bei Gewinnverlagerungen im Rahmen einer Außenprüfung). Führt eine Außenprüfung sowohl zu einer Steuernachforderung als auch zu einer Steuererstattung, so ist deshalb hinsichtlich der Verzinsung nach § 233a AO grundsätzlich auf die Steueransprüche der einzelnen Jahre abzustellen, ohne auf Wechselwirkungen mit den jeweiligen anderen Besteuerungszeiträumen einzugehen. Ein Erlass von Nachzahlungszinsen aus sachlichen Billigkeitsgründen kommt bei nachträglicher Zuordnung von Einkünften zu einem anderen Veranlagungszeitraum nicht in Betracht (BFH-Urteil vom 16.11.2005, X R 3/04, BStBl 2006

II S. 155). Gewinnverlagerungen und Umsatzverlagerungen (vgl. AEAO zu § 233a, Nr. 70.2.4) sind bei der Verzinsung nach § 233a AO nicht vergleichbar (vgl. BFH-Urteil vom 11.7.1996, V R 18/95, BStBl 1997 II S. 259). Das BFH-Urteil vom 15.10.1998, IV R 69/97, HFR 1999 S. 81, betrifft nur den Sonderfall der Verschiebung von Besteuerungsgrundlagen von einem zu verzinsenden Besteuerungszeitraum in einen noch nicht der Verzinsung nach § 233a AO unterliegenden Besteuerungszeitraum.

Rechtsbehelfe

71. Gegen die Zinsfestsetzung ist der Einspruch gegeben. Einwendungen gegen die zugrunde liegende Steuerfestsetzung oder Anrechnung von Steuerabzugsbeträgen und Körperschaftsteuer können jedoch nicht mit dem Einspruch gegen den Zinsbescheid geltend gemacht werden. Wird die Steuerfestsetzung oder die Anrechnung von Steuerabzugsbeträgen und Körperschaftsteuer geändert, sind etwaige Folgerungen für die Zinsfestsetzung nach 233a Abs. 5 AO zu ziehen.

72. Gegen die Entscheidung über eine Billigkeitsmaßnahme ist ein gesonderter Einspruch gegeben, und zwar auch dann, wenn die Finanzbehörde die Billigkeitsentscheidung im Rahmen der Zinsfestsetzung getroffen hat (vgl. AEAO zu § 347, Nr. 4).

73. Wird der Zinsbescheid als solcher angefochten, kommt unter den Voraussetzungen des § 361 AO bzw. des § 69 FGO die Aussetzung der Vollziehung in Betracht. Wird mit dem Rechtsbehelf eine erstmalige oder eine höhere Festsetzung von Erstattungszinsen begehrt, ist mangels eines vollziehbaren Verwaltungsakts eine Aussetzung der Vollziehung nicht möglich. Soweit die Vollziehung des zugrunde liegenden Steuer-bescheids ausgesetzt wird, ist auch die Vollziehung des Zinsbescheids auszusetzen.

Berücksichtigung rückwirkender Ereignisse in Grundlagenbescheiden

74. § 233a Abs. 2a AO ist auch dann anzuwenden, wenn das rückwirkende Ereignis in einem für den Steuerbescheid verbindlichen Grundlagenbescheid berücksichtigt wurde. Im Grundlagenbescheid sind deshalb auch entsprechende Feststellungen über die Auswirkungen eines erstmals berücksichtigten rückwirkenden Ereignisses auf die festgestellten Besteuerungsgrundlagen und den Zeitpunkt des Eintritts des rückwirkenden Ereignisses zu treffen (vgl. § 239 Abs. 3 Nr. 1 AO). Gleiches gilt, wenn ein bereits bei der vorangegangenen Feststellung berücksichtigtes rückwirkendes Ereignis unmittelbar Änderungen erfährt und der Feststellungsbescheid deshalb geändert wird. Wird ein Feststellungsbescheid dagegen aus anderen Gründen (z. B. zur Berücksichtigung neuer Tatsachen i. S. d. § 173 AO) geändert, sind auch dann keine Feststellungen zum früher bereits berücksichtigten rückwirkenden Ereignis zu treffen, wenn sich die steuerliche Auswirkung dieses rückwirkenden Ereignisses aufgrund der erstmaligen oder abweichenden Berücksichtigung normal zu verzinsender Besteuerungsgrundlagen rechnerisch verändert.

Dies gilt im Verhältnis zwischen Gewerbesteuermessbescheid und Gewerbesteuerbescheid sowie in den Fällen des § 35b GewStG entsprechend.

§ 234 Stundungszinsen (S 0461)

(1) [1]Für die Dauer einer gewährten Stundung von Ansprüchen aus dem Steuerschuldverhältnis werden Zinsen erhoben. [2]Wird der Steuerbescheid nach Ablauf der Stundung aufgehoben, geändert oder nach § 129 berichtigt, so bleiben die bis dahin entstandenen Zinsen unberührt.

(2) Auf die Zinsen kann ganz oder teilweise verzichtet werden, wenn ihre Erhebung nach Lage des einzelnen Falles unbillig wäre.

(3) Zinsen nach § 233a, die für denselben Zeitraum festgesetzt wurden, sind anzurechnen.

AEAO zu § 234 - Stundungszinsen:

1. Stundungszinsen werden für die Dauer der gewährten Stundung erhoben. Die Höhe der Zinsen ändert sich nicht, wenn der Steuerpflichtige vor oder nach dem Zahlungstermin zahlt, der in der Stundungsverfügung festgelegt ist (Sollverzinsung).

   Eine vorzeitige Tilgung führt nicht automatisch zu einer Ermäßigung der Stundungszinsen. Soweit der gestundete Anspruch allerdings mehr als einen Monat vor Fälligkeit getilgt wird, kann auf bereits festgesetzte Stundungszinsen für den Zeitraum ab Eingang der Leistung auf Antrag verzichtet werden (§ 234 Abs. 2 AO). Eine verspätete Zahlung löst zusätzlich Säumniszuschläge aus.

2. Wird die gestundete Steuerforderung vor Ablauf des Stundungszeitraums herabgesetzt, ist der Zinsbescheid nach § 175 Abs. 1 Satz 1 Nr. 2 AO entsprechend zu ändern. Eine Aufhebung, Änderung oder Berichtigung der Steuerfestsetzung nach Ablauf der Stundung hat keine Auswirkungen auf die Stundungszinsen (§ 234 Abs. 1 Satz 2 AO). Werden Vorauszahlungen gestundet, sind Stundungszinsen nur im Hinblick auf eine Änderung der Vorauszahlungsfestsetzung, nicht aber im Hinblick auf die Festsetzung der Jahressteuer herabzusetzen.

3. Die Stundungszinsen werden regelmäßig zusammen mit der Stundungsverfügung durch Zinsbescheid festgesetzt. Die Formvorschriften für Steuerbescheide (§ 157 Abs. 1, ggf. § 87a Abs. 4 AO) gelten entsprechend.

   Sofern nicht besondere Umstände des Einzelfalls eine andere Regelung erfordern, sind die Stundungszinsen zusammen mit der letzten Rate zu erheben. Bei einer Aufhebung der Stundungsverfügung (Rücknahme oder Widerruf) sind auch die auf ihr beruhenden Zinsbescheide aufzuheben oder zu ändern; §§ 175 Abs. 1 Satz 1 Nr. 1, 171 Abs. 10 AO gelten gem. § 239 Abs. 1 Satz 1 AO entsprechend.

   Beispiel:

   Das Finanzamt hat am 10.3.2004 eine am 25.2.2004 fällige Einkommensteuerforderung von 3.600 € ab Fälligkeit gestundet. Der Betrag ist in 12 gleichen Monatsraten von 300 €, beginnend am 1.4.2004 zu zahlen. Die Zinsen von 117 € sind zusammen mit der letzten Rate am 1.3.2005 zu erheben.

Das Finanzamt erfährt im August 2004, dass eine wesentliche Verbesserung der Vermögensverhältnisse des Schuldners eingetreten ist. Es widerruft deshalb die Stundung nach § 131 Abs. 2 Nr. 3 AO und stellt den gesamten Restbetrag von 2.100 € zum 1.9.2004 fällig.

Der Zinsbescheid ist nach § 175 Abs. 1 Satz 1 Nr. 1 AO zu ändern. Die Zinsen i. H. v. insgesamt 85 € (gerundet nach § 239 Abs. 2 Satz 1 AO) sind zum 1.9.2004 zu erheben.

4. Der Zinslauf beginnt bei den Stundungszinsen an dem ersten Tag, für den die Stundung wirksam wird (§ 238 Abs. 1 Satz 2 i. V. m. § 234 Abs. 1 Satz 1 AO). Bei einer Stundung ab Fälligkeit beginnt der Zinslauf am Tag nach Ablauf der ggf. nach § 108 Abs. 3 AO verlängerten Zahlungsfrist.

Beispiele:

1. Fälligkeitstag ist der 12.3.2004 (Freitag). Der Zinslauf beginnt am 13.3.2004 (Sonnabend).

2. Fälligkeitstag ist der 13.3.2004 (Sonnabend). Die Zahlungsfrist endet nach § 108 Abs. 3 AO erst am 15.3.2004 (Montag). Der Zinslauf beginnt am 16.3.2004 (Dienstag).

Wegen der Fälligkeit der Anmeldungssteuern vgl. AEAO zu § 240, Nr. 1 Satz 2.

5. Der Zinslauf endet mit Ablauf des letzten Tages, für den die Stundung ausgesprochen worden ist. Ist dieser Tag ein Sonnabend, ein Sonntag oder ein gesetzlicher Feiertag, endet der Zinslauf erst am nächstfolgenden Werktag. Wegen der Berechnung vgl. AEAO zu § 238, Nr. 1.

Beispiele:

1. Die Steuer ist bis zum 26.3.2004 (Freitag) gestundet. Der Zinslauf endet am 26.3.2004.

2. Die Steuer ist bis zum 27.3.2004 (Sonnabend) gestundet. Der Zinslauf endet nach § 108 Abs. 3 AO am 29.3.2004 (Montag).

In Insolvenzverfahren endet der Zinslauf spätestens mit Eröffnung des Insolvenzverfahrens, da zu diesem Zeitpunkt die gestundete Steuerforderung fällig wird (§ 41 Abs. 1 InsO). Eine bereits erfolgte Festsetzung von Stundungszinsen ist ggf. zu korrigieren.

6. Stundungszinsen sind nur für volle Monate zu zahlen; angefangene Monate bleiben außer Ansatz (§ 238 Abs. 1 Satz 2 AO); vgl. AEAO zu § 238, Nr. 1.

Beispiele:

Ende der ursprünglichen Zahlungsfrist	Beginn des Zinslaufs	Ablauf der Stundung nach Stundungsverfügung	Ende des Zinslaufs	Voller Monat
13.05.2004 (Do)	14.05.2004 (Fr)	13.06.2004 (So)	14.06.2004 (Mo)	ja
13.05.2004 (Do)	14.05.2004 (Fr)	11.06.2004 (Fr)	11.06.2004 (Fr)	nein
31.01.2005 (Mo)	01.02.2005 (Di)	28.02.2005 (Mo)	28.02.2005 (Mo)	ja

7. Zu verzinsen ist der jeweils gestundete Anspruch aus dem Steuerschuldverhältnis (§ 37 AO) mit Ausnahme der Ansprüche auf steuerliche Nebenleistungen (§ 233 Satz 2 AO). Die Zinsen sind für jeden Anspruch (Einzelforderung) besonders zu berechnen. Bei der Zinsberechnung sind die Ansprüche zu trennen, wenn Steuerart, Zeitraum (Teilzeitraum) oder der Tag des Beginns des Zinslaufs voneinander abweichen.

Beispiele für gesondert zu verzinsende Ansprüche:

1. Einkommensteuervorauszahlungen I/04 und II/04;
2. die erstmalige Festsetzung der Einkommensteuer 2004 durch Bescheid vom 3.5.2006 führt zu einer Abschlusszahlung i. H. v. 4.290 €; nach Berichtigung einer offenbaren Unrichtigkeit (§ 129 AO) durch Steuerbescheid vom 1.6.2006 fordert das Finanzamt weitere 850 €.

8. Die Kleinbetragsregelung des § 239 Abs. 2 Satz 2 AO (Zinsen unter zehn Euro werden nicht festgesetzt) ist auf die für eine Einzelforderung berechneten Zinsen anzuwenden.

Beispiel:

Es werden ab Fälligkeit jeweils für einen Monat folgende Einzelforderungen gestundet:		Zinsen:	Abgerundet (§ 239 Abs. 2 Satz 1 AO)
Einkommensteuervorauszahlung	1.950,00 €	9,75 €	9,00 €
Solidaritätszuschlag	200,00 €	1,00 €	1,00 €
Umsatzsteuerabschlusszahlung	600,00 €	3,00 €	3,00 €

Zinsen werden nicht festgesetzt, da sie für keine der Einzelforderungen zehn Euro erreichen.

9. Bei Gewährung von Ratenzahlungen sind Stundungszinsen nach § 238 Abs. 2 AO wie folgt zu berechnen:

Der zu verzinsende Betrag jeder Steuerart ist auf den nächsten durch fünfzig Euro zu teilenden Betrag abzurunden. Ein sich durch die Abrundung ergebender Spitzenbetrag (Abrundungsrest) ist für Zwecke der Zinsberechnung bei der letzten Rate abzuziehen. Bei höheren Beträgen soll die Stundung i. d. R. so ausgesprochen werden, dass die Raten mit Ausnahme der letzten Rate auf durch fünfzig Euro ohne Rest teilbare Beträge festgesetzt werden.

Beispiel:

1. Variante:

Ein Anspruch i. H. v. 4.215 € wird in drei Monatsraten zu 1.400 €, 1.400 € und 1.415 € gestundet..

Raten:		Zinsen:
1. Rate	1.400 €	7,00 €
2. Rate	1.400 €	14,00 €
3. Rate	*1.415 €	21,00 €
festzusetzende Zinsen		42,00 €

* Die Zinsberechnung erfolgt von 1.415 € ./. 15 € = 1.400 €

2. Variante:
Ein Anspruch i. H. v. 4.215 € wird in drei gleichen Monatsraten zu jeweils 1.405 € gestundet.

Raten:		Zinsen:
1. Rate	1.405 €	7,02 €
2. Rate	1.405 €	14,05 €
3. Rate	*1.405 €	20,85 €
Summe		41,92 €
festzusetzende Zinsen (abgerundet nach § 239 Abs. 2 S. 1 AO)		41,00 €

* Die Zinsberechnung erfolgt von 1.405 € ./. 15 € = 1.390 €.

10. Sollen mehrere Ansprüche in Raten gestundet werden, so ist bei der Festlegung der Raten möglichst zunächst die Tilgung der Ansprüche anzuordnen, für die keine Stundungszinsen erhoben werden. Sodann sind die Forderungen in der Reihenfolge ihrer Fälligkeit zu ordnen; bei gleichzeitig fällig gewordenen Forderungen soll die niedrigere Forderung zuerst getilgt werden. Dies gilt nicht, wenn die Sicherung der Ansprüche eine andere Tilgungsreihenfolge erfordert.

Beispiel:

Das Finanzamt stundet die Einkommensteuervorauszahlung IV/04 i. H. v. 850 € (erstmals fällig am 10.12.2004), die Einkommensteuervorauszahlung I/05 i. H. v. 300 € (erstmals fällig am 10.3.2005), die Einkommensteuer-Abschlusszahlung für 2003 i. H. v. 11.150 € (erstmals fällig 20.5.2005), die Umsatzsteuer-Abschlusszahlung für 2003 i. H. v. 7.800 € (erstmals fällig am 20.5.2005) sowie Verspätungszuschläge i. H. v. 650 € (erstmals fällig am 10.6.2005) in insgesamt drei Raten.

Gestundeter Anspruch	erstmals fällig am	Betrag in €	1. Rate in € (14.7. 2005)	Rest in €	2. Rate in € (14.8. 2005)	Rest in €	3. Rate in € (14.9. 2005)	Rest in €
ESt IV/04	10.12.2004	850	850	0	-	-	-	-
ESt I/05	10.03.2005	300	300	0	-	-	-	-
ESt 2003	18.05.2005	11.150	0	11.150	0	11.150	11.150	0
USt 2003	18.05.2005	7.800	800	7.000	3.000	4.000	4.000	0
Verspätungszuschlag	10.06.2005	650	650	0	-	-	-	-
Summen		20.750	2.600	18.150	3.000	15.150	15.150	0

Zinsberechnung:

gestundeter Anspruch	Fällig am	Zahlungstermin	Betrag in €	Zinsmonate	v.H.	Zinsen in €	Festzusetzende Zinsen in €
ESt IV/04	10.12.2004	14.07.2005	850	7	3,5	29,75	29,00[1)]
ESt I/05	10.03.2005	14.07.2005	300	4	2,0	6,00	0,00[2)]
ESt 2003	18.05.2005	14.09.2005	11.150	3	1,5	167,25	167,00[1)]
USt 2003	18.05.2005	14.07.2005	800	1	0,5	4,00	} 94,0
USt 2003	18.05.2005	14.08.2005	3.000	2	1,0	30,00	
USt 2003	18.05.2005	14.09.2005	4.000	3	1,5	60,00	
Verspätungszuschlag	10.06.2005	14.07.2005	650	-	-	-	-[3)]

1) = 29,75 € werden auf 29,00 € und 167,25 € werden auf 167 € zugunsten des Steuerpflichtigen gerundet (§ 239 Abs. 2 Satz 1 AO).

2) = Kleinbetrag unter 10 € (§ 239 Abs. 2 Satz 2 AO).

3) = Ansprüche auf steuerliche Nebenleistungen werden nicht verzinst (§ 233 Satz 2 AO).

11. Auf die Erhebung von Stundungszinsen kann gem. § 234 Abs. 2 AO im Einzelfall aus Billigkeitsgründen verzichtet werden. Ein solcher Verzicht kann z. B. in Betracht kommen bei Katastrophenfällen, bei länger dauernder Arbeitslosigkeit des Steuerschuldners, bei Liquiditätsschwierigkeiten allein infolge nachweislicher Forderungsausfälle im Konkurs-/Insolvenzverfahren und in ähnlichen Fällen, im Rahmen einer Sanierung, sofern allgemein ein Zinsmoratorium gewährt wird, sowie im Hinblick auf belegbare, demnächst fällig werdende Ansprüche des Steuerschuldners aus einem Steuerschuldverhältnis, soweit hierfür innerhalb des Stundungszeitraums keine Erstattungszinsen gem. § 233a AO anfallen. Auch wird eine Stundung i. d. R. dann zinslos bewilligt werden können, wenn sie einem Steuerpflichtigen gewährt wird, der bisher seinen steuerlichen Pflichten, insbesondere seinen Zahlungspflichten, pünktlich nachgekommen ist und der in der Vergangenheit nicht wiederholt Stundungen in Anspruch genommen hat; in diesen Fällen kommt ein Verzicht auf Stundungszinsen i. d. R. nur in Betracht, wenn für einen Zeitraum von nicht mehr als drei Monaten gestundet wird und der insgesamt zu stundende Betrag 5.000 € nicht übersteigt. Zum Rechtsbehelfsverfahren gegen die Entscheidung über eine Billigkeitsmaßnahme vgl. AEAO zu § 347, Nr. 4.

12. Wird ein Anspruch auf Rückforderung von Arbeitnehmer-Sparzulage, Eigenheimzulage, Investitionszulage, Mobilitätsprämie oder Wohnungsbauprämie gestundet, so sind - da die Vorschriften über die Steuervergütung entsprechend gelten - Stundungszinsen zu erheben (§ 234 i. V. m. § 37 Abs. 1 AO). Dies gilt auch für gestundete Einkommen- oder Körperschaftsteueransprüche, die auf einem Rückforderungsanspruch von Forschungszulage aus einer nach § 10 Abs. 3 FZulG geänderten Anrechnung beruhen.

§ 235 Verzinsung von hinterzogenen Steuern (S 0462)

(1) [1]Hinterzogene Steuern sind zu verzinsen. [2]Zinsschuldner ist derjenige, zu dessen Vorteil die Steuern hinterzogen worden sind. [3]Wird die Steuerhinterziehung dadurch begangen, dass ein anderer als der Steuerschuldner seine Verpflichtung, einbehaltene Steuern an die Finanzbehörde abzuführen oder Steuern zu Lasten eines anderen zu entrichten, nicht erfüllt, so ist dieser Zinsschuldner.

(2) [1]Der Zinslauf beginnt mit dem Eintritt der Verkürzung oder der Erlangung des Steuervorteils, es sei denn, dass die hinterzogenen Beträge ohne die Steuerhinterziehung erst später fällig geworden wären. [2]In diesem Fall ist der spätere Zeitpunkt maßgebend.

(3) [1]Der Zinslauf endet mit der Zahlung der hinterzogenen Steuern. [2]Für eine Zeit, für die ein Säumniszuschlag verwirkt, die Zahlung gestundet oder die Vollziehung ausgesetzt ist, werden Zinsen nach dieser Vorschrift nicht erhoben. [3]Wird der Steuerbescheid nach Ende des Zinslaufs aufgehoben, geändert oder nach § 129 berichtigt, so bleiben die bis dahin entstandenen Zinsen unberührt.

(4) Zinsen nach § 233a, die für denselben Zeitraum festgesetzt wurden, sind anzurechnen.

AEAO zu § 235 - Verzinsung von hinterzogenen Steuern:

Inhaltsübersicht

7. Festsetzungsverjährung

7.1 Verjährung von Hinterziehungszinsen im Allgemeinen

7.2 Verjährung von Hinterziehungszinsen auf verkürzte Vorauszahlungen

1. Zweck und Voraussetzungen der Verzinsung

1.1 Hinterzogene Steuern sind nach § 235 AO zu verzinsen, um dem Nutznießer einer Steuerhinterziehung den steuerlichen Vorteil der verspäteten Zahlung oder der Gewährung oder Belassung von Steuervorteilen zu nehmen (BFH-Urteile vom 19.4.1989, X R 3/86, BStBl II S. 596, und vom 27.9.1991, VI R 159/89, BStBl 1992 II S. 163).

1.2 Die Zinspflicht tritt nur ein, wenn der objektive und subjektive Tatbestand des § 370 Abs. 1 AO erfüllt und die Tat i. S. d. § 370 Abs. 4 AO vollendet ist. Der Versuch einer Steuerhinterziehung (§ 370 Abs. 2 AO i. V. m. § 23 StGB) reicht zur Begründung einer Zinspflicht ebenso wenig aus wie die leichtfertige Steuerverkürzung (§ 378 AO) oder die übrigen Steuerordnungswidrigkeiten (§§ 379 ff. AO).

Von einer Steuerhinterziehung bei Vorauszahlungen ist z. B. dann auszugehen, wenn einer der folgenden Sachverhalte vorliegt:

- Der Steuerpflichtige hat einen Antrag auf Festsetzung oder Herabsetzung der Vorauszahlungen vorsätzlich mit unrichtigen oder unvollständigen Angaben gestellt und es ist hierdurch zu einer zu niedrigen Festsetzung von Vorauszahlungen gekommen.
- Der Steuerpflichtige musste aufgrund der Abgabe einer vorsätzlich unrichtigen oder unvollständigen Steuererklärung damit rechnen, dass Vorauszahlungen zu niedrig festgesetzt werden, und es ist hierdurch zu einer zu niedrigen Festsetzung von Vorauszahlungen gekommen. Der Steuerpflichtige musste insbesondere dann damit rechnen, dass Steuervorauszahlungen zu niedrig festgesetzt werden, wenn er bereits in der Vergangenheit Steuervorauszahlungen zu leisten hatte.

1.3 Die Festsetzung von Hinterziehungszinsen setzt keine strafrechtliche Verurteilung wegen Steuerhinterziehung voraus (BFH-Urteil vom 27.8.1991, VIII R 84/89, BStBl 1992 II S. 9). Die Zinspflicht ist unabhängig von einem Steuerstrafverfahren im Rahmen des Besteuerungsverfahrens zu prüfen.

Hinterziehungszinsen sind demnach auch festzusetzen, wenn

- wirksam Selbstanzeige nach § 371 AO erstattet worden ist (z. B. durch Nachmeldung hinterzogener Umsatzsteuer in der Umsatzsteuer-Jahreserklärung),
- der Strafverfolgung Verfahrenshindernisse entgegenstehen (z. B. Tod des Täters oder Strafverfolgungsverjährung),
- das Strafverfahren wegen Geringfügigkeit eingestellt worden ist (z. B. nach § 153 StPO; § 398 AO) oder

- in anderen Fällen die Strafverfolgung beschränkt oder von der Strafverfolgung abgesehen wird (z. B. nach §§ 153a, 154, 154a StPO).

Die für den Erlass des Zinsbescheids zuständige Stelle der Finanzbehörde hat im Benehmen mit der für Straf- und Bußgeldsachen zuständigen Stelle zu prüfen, ob der objektive und subjektive Tatbestand des § 370 AO gegeben ist. An Entscheidungen im strafgerichtlichen Verfahren ist die Finanzbehörde nicht gebunden (BFH-Urteil vom 10.10.1972, VII R 117/69, BStBl 1973 II S. 68). Im Allgemeinen kann sich das Finanzamt die tatsächlichen Feststellungen, Beweiswürdigungen und rechtlichen Beurteilungen des Strafverfahrens zu Eigen machen, wenn und soweit es zu der Überzeugung gelangt ist, dass diese zutreffend sind, und keine substantiierten Einwendungen gegen die Feststellungen im Strafurteil erhoben werden (vgl. BFH-Urteil vom 13.7.1994, I R 112/93, BStBl 1995 II S. 198).

1.4 Der zeitliche und sachliche Umfang der Nachentrichtungspflicht von Zinsen nach § 371 Abs. 3 AO hat keine Auswirkung auf die Berechnung und Festsetzung von Hinterziehungszinsen nach § 235 AO. Daher sind Hinterziehungszinsen auch dann festzusetzen, wenn die Zahlung der Hinterziehungszinsen für die Wirksamkeit einer Selbstanzeige bzw. den Ausgang des Strafverfahrens nach § 371 Abs. 3 Satz 2 AO unerheblich ist.

2. Gegenstand der Verzinsung

2.1 Hinterziehungszinsen sind festzusetzen für

- verkürzte Steuern; darunter fallen auch keine oder zu geringe Steuervorauszahlungen und der Solidaritätszuschlag. Landesgesetzlich geregelte Steuern sind nur zu verzinsen, wenn dies im Gesetz angeordnet ist.
- ungerechtfertigt erlangte Steuervorteile (z. B. zu Unrecht erlangte Steuervergütungen),
- zu Unrecht erlangte Steuervergünstigungen (z. B. Steuerbefreiungen und Steuerermäßigungen),
- ungerechtfertigt erlangte Prämien und Zulagen, auf die § 370 Abs. 1 bis 4, § 371, § 375 Abs. 1 und § 376 AO entsprechend anzuwenden sind (z. B. Wohnungsbauprämien, Arbeitnehmer-Sparzulagen, Mobilitätsprämien und Zulagen nach § 83 EStG).

Hinterziehungszinsen sind nicht festzusetzen bei erschlichener Investitionszulage und Eigenheimzulage, weil insoweit ein Subventionsbetrug und keine Steuerhinterziehung vorliegt.

2.2 Hinterziehungszinsen sind für jede Steuerart und jeden Besteuerungszeitraum (Veranlagungszeitraum, Voranmeldungszeitraum, Vorauszahlungszeitraum) oder Besteuerungszeitpunkt gesondert zu berechnen und festzusetzen.

Einzelne, aufeinanderfolgende Steuerhinterziehungen sind nicht als eine Tat zu würdigen, sondern als selbständige Taten zu behandeln. Das gilt auch, wenn das Finanzamt die Besteuerungsgrundlagen nach § 162 AO geschätzt hat.

2.3 Wenn die Steuerhinterziehung zu keiner Nachforderung führt, erfolgt keine Zinsfestsetzung. Soweit infolge Kompensation der mit der Steuerhinterziehung zusammenhängenden Besteuerungsgrundlagen mit anderen steuermindernden Besteuerungsgrundlagen (z. B. nach § 177 AO) kein Zahlungsanspruch entstanden ist, unterbleibt daher eine Zinsfestsetzung. Das strafrechtliche Kompensationsverbot des § 370 Abs. 4 Satz 3 AO gilt nicht bei der Verzinsung nach § 235 AO. Bemessungsgrundlage der Hinterziehungszinsen ist daher nicht die Steuer, die sich allein bei Einbeziehung der vorsätzlich verschwiegenen Besteuerungsgrundlagen in die ursprüngliche Steuerfestsetzung ergeben würde, sondern die tatsächliche Nachforderung, die sich aus dem Bescheid ergibt, in dem die bisher nicht oder unzutreffend erklärten Besteuerungsgrundlagen erstmals erfasst werden.

3. Zinsschuldner

3.1 Nach § 235 Abs. 1 Satz 2 AO ist derjenige Zinsschuldner, zu dessen Vorteil die Steuern hinterzogen worden sind. Durch die Vorschrift soll ausschließlich der steuerliche Vorteil des Steuerschuldners abgeschöpft werden. Der steuerliche Vorteil liegt darin, dass die geschuldete Steuer erst verspätet gezahlt wird. Allein der Steuerschuldner kann daher Zinsschuldner für hinterzogene Steuern i. S. d. § 235 Abs. 1 Sätze 1 und 2 AO sein, und zwar unabhängig davon, ob er an der Steuerhinterziehung beteiligt war (vgl. BFH-Urteile vom 27.6.1991, V R 9/86, BStBl II S. 822, vom 18.7.1991, V R 72/87, BStBl II S. 781, und vom 27.9.1991, VI R 159/89, BStBl 1992 II S. 163).

Sind Steuerschuldner Gesamtschuldner (§ 44 AO), ist jeder Gesamtschuldner auch Zinsschuldner. Dies gilt auch dann, wenn bei zusammenveranlagten Ehegatten/ Lebenspartnern der Tatbestand der Steuerhinterziehung nur in der Person eines der Ehegatten/Lebenspartner erfüllt ist. Da in diesem Fall beide Ehegatten/Lebenspartner Schuldner der Hinterziehungszinsen sind, kann nach § 239 Abs. 1 Satz 1 i. V. m. § 155 Abs. 3 AO ein zusammengefasster Zinsbescheid an die Ehegatten/Lebenspartner ergehen (vgl. BFH-Urteil vom 13.10.1994, IV R 100/93, BStBl 1995 II S. 484).

3.2 § 235 Abs. 1 Satz 3 AO regelt in Ergänzung des § 235 Abs. 1 Satz 2 AO nur die Fälle, in denen der Steuerschuldner nicht Zinsschuldner ist, weil die Steuern nicht zu seinem Vorteil hinterzogen worden sind. In diesen Fällen ist der Entrichtungspflichtige Zinsschuldner. Hinsichtlich hinterzogener Steuerabzugsbeträge ist daher nicht der Steuerschuldner, sondern der Entrichtungspflichtige Zinsschuldner, wenn dieser die Steuer zwar einbehalten, aber nicht an das Finanzamt abgeführt hat. Dagegen ist der Steuerschuldner nach § 235 Abs. 1 Satz 2 AO Zinsschuldner, wenn der Entrichtungspflichtige die hinterzogene Abzugsteuer (zum Vorteil des Steuerschuldners) nicht einbehalten hat (BFH-Urteile vom 5.11.1993, VI R 16/93, BStBl 1994 II S. 557, und vom 16.2.1996, I R 73/95, BStBl II S. 592).

3.3 Die in §§ 34, 35 AO bezeichneten Vertreter, Vermögensverwalter und Verfügungsberechtigten sind nicht Entrichtungspflichtige und nicht Schuldner der Hinterziehungszinsen (vgl. BFH-Urteile vom 18.7.1991, V R 72/87, BStBl II S.

781, und vom 27.9.1991, VI R 159/89, BStBl 1992 II S. 163). Dieser Personenkreis kann aber sowohl für hinterzogene Steuern als auch für Hinterziehungszinsen haften (vgl. §§ 69 und 71 AO).

4. Zinslauf

4.1 Beginn des Zinslaufs

4.1.1 Der Zinslauf beginnt mit dem Eintritt der Verkürzung oder der Erlangung des Steuervorteils (§ 235 Abs. 2 Satz 1 AO), d. h. sobald die Tat im strafrechtlichen Sinn vollendet ist. Wären die hinterzogenen Beträge ohne die Steuerhinterziehung erst später fällig geworden, z. B. bei einer Abschlusszahlung, beginnt die Verzinsung erst mit Ablauf des Fälligkeitstags (§ 235 Abs. 2 Satz 2 AO).

4.1.2 Bei **Fälligkeitssteuern** (z. B. Umsatzsteuer-Vorauszahlungen, Lohnsteuer) tritt die Verkürzung mit Ablauf des gesetzlichen Fälligkeitstags ein. Dauerfristverlängerungen sind zu berücksichtigen. Dies gilt auch dann, wenn keine (Vor-)Anmeldung abgegeben wurde. Bei Abgabe einer unrichtigen oder unvollständigen zustimmungsbedürftigen Steueranmeldung tritt die Verkürzung erst dann ein, wenn die Zustimmung nach § 168 Satz 2 AO dem Steuerpflichtigen bekannt geworden ist (z. B. Auszahlung oder Umbuchung des Guthabens oder Erklärung der Aufrechnung; vgl. AEAO zu § 168, Nr. 3). Wäre die Steueranmeldung hingegen ohne die Steuerverkürzung nicht zustimmungsbedürftig gewesen, weil sich z. B. bei richtiger Anmeldung keine Erstattung ergeben hätte, bleibt für den Beginn des Zinslaufs der Ablauf des gesetzlichen Fälligkeitstags (ggf. unter Berücksichtigung einer Dauerfristverlängerung) maßgeblich.

Lässt sich nicht ohne weiteres feststellen, welchem Voranmeldungszeitraum hinterzogene Beträge zeitlich zuzuordnen sind, ist zugunsten des Zinsschuldners von einem Beginn des Zinslaufs mit Ablauf des letzten gesetzlichen Fälligkeitstags für das betroffene Jahr auszugehen (bei Unternehmen ohne Dauerfristverlängerung ist dies der 10.1. des jeweiligen Folgejahres, so dass der Zinslauf in diesem Fall am 11.1. beginnt).

4.1.3 Bei **Veranlagungssteuern** tritt die Verkürzung im Fall der Abgabe einer unrichtigen oder unvollständigen Steuererklärung mit dem Tag der Bekanntgabe des auf dieser Erklärung beruhenden Steuerbescheids (§§ 122, 124 AO) ein; der Beginn des Zinslaufs verschiebt sich jedoch dann auf den Ablauf des Fälligkeitstags, wenn sich bereits aufgrund dieser Erklärung eine Abschlusszahlung ergeben hatte oder wenn sich - im Falle einer festgesetzten Erstattung - ohne die Steuerhinterziehung eine Abschlusszahlung ergeben hätte (vgl. AEAO zu § 235, Nr. 4.1.1 Satz 2).

Hat der Steuerpflichtige keine Steuererklärung abgegeben und ist aus diesem Grunde die Steuerfestsetzung unterblieben, so ist die Steuer zu dem Zeitpunkt verkürzt, zu dem die Veranlagungsarbeiten für das betreffende Kalenderjahr im Wesentlichen abgeschlossen waren. Dieser Zeitpunkt ist zugleich Zinslaufbeginn.

Hat das Finanzamt die Steuer aber zuvor wegen Nichtabgabe der Steuererklärung aufgrund geschätzter Besteuerungsgrundlagen (§ 162 AO) zu niedrig festgesetzt, tritt die Verkürzung bereits mit Bekanntgabe dieses Steuerbescheids ein. In diesem Fall beginnt der Zinslauf i. d. R. mit Ablauf des Fälligkeitstags (vgl. AEAO zu § 235, Nr. 4.1.1 Satz 2).

Bei der Verzinsung von **Vorauszahlungen auf Veranlagungssteuern** beginnt der Zinslauf gesondert für jeden Vorauszahlungszeitraum mit Ablauf des jeweiligen Fälligkeitstags.

4.1.4 Bei einer durch Unterlassen der Anzeige begangenen Hinterziehung von Schenkungsteuer beginnt der Lauf der Hinterziehungszinsen zu dem Zeitpunkt, zu dem das Finanzamt bei ordnungsgemäßer Anzeige und Abgabe der Steuererklärung die Steuer festgesetzt hätte. Dieser Zeitpunkt kann unter Berücksichtigung der beim zuständigen Finanzamt durchschnittlich erforderlichen Zeit für die Bearbeitung eingegangener Schenkungsteuererklärungen bestimmt werden (BFH-Urteil vom 28.8.2019, II R 7/17, BStBl 2020 II S. 247). Diese Grundsätze gelten entsprechend auch für Fälle einer begangenen Hinterziehung von Erbschaftsteuer.

4.2 Ende des Zinslaufs

4.2.1 Der Zinslauf endet mit der Zahlung der hinterzogenen Steuer (§ 235 Abs. 3 Satz 1 AO). Erlischt der zu verzinsende Anspruch durch Aufrechnung, gilt der Tag, an dem die Schuld des Aufrechnenden fällig wird, als Tag der Zahlung (§ 238 Abs. 1 Satz 3 AO).

Bei hinterzogenen Vorauszahlungen (insbes. zur Einkommensteuer, Körperschaftsteuer oder Umsatzsteuer) endet der Zinslauf der Hinterziehungszinsen grundsätzlich mit Zahlung der hinterzogenen Vorauszahlung, zur Vermeidung einer Doppelverzinsung jedoch spätestens in dem Zeitpunkt, in dem der Zinslauf der Hinterziehungszinsen zur verkürzten Jahressteuer desselben Kalenderjahres beginnt. Für die hinterzogene Jahressteuer beginnt der Zinslauf

- grundsätzlich mit Wirksamwerden der unzutreffenden Jahressteuerfestsetzung (§ 235 Abs. 2 Satz 1 Halbsatz 1 AO),
- bei Festsetzung einer Abschlusszahlung aber erst mit deren Fälligkeit (§ 235 Abs. 2 Satz 1 Halbsatz 2 AO).

Der Zinslauf für die Hinterziehungszinsen zu den Vorauszahlungen endet jedoch spätestens mit Ablauf der Karenzzeit nach § 233a Abs. 2 Satz 1 oder 2 AO, wenn die Jahressteuer der Verzinsung nach § 233a AO unterliegt (vgl. BFH-Urteil vom 28.9.2021, VIII R 18/18, BStBl 2022 II S. 239). Dies gilt auch dann, wenn die Jahressteuer nicht verkürzt wurde und deshalb ausschließlich Hinterziehungszinsen zu den verkürzten Vorauszahlungen festzusetzen sind.

4.2.2 Hinterziehungszinsen werden nicht für Zeiten festgesetzt, für die ein Säumniszuschlag entsteht, die Zahlung gestundet oder die Vollziehung ausgesetzt ist (§ 235 Abs. 3 Satz 2 AO), ohne dass es dabei auf die tatsächliche Erhebung von Säumniszuschlägen oder die Zahlung von Stundungs- und/oder Aussetzungszinsen ankommt. Der Zinslauf endet daher spätestens mit Ablauf des Fälligkeitstags der hinterzogenen Steuer.

4.2.3 Wird der Steuerbescheid nach Ende des Zinslaufs aufgehoben, geändert oder nach § 129 AO berichtigt, so bleiben die bis dahin entstandenen Zinsen unberührt (§ 235 Abs. 3 Satz 3 AO).

5. Höhe der Hinterziehungszinsen

5.1 Berechnung der Hinterziehungszinsen im Allgemeinen

5.1.1 Die Hinterziehungszinsen betragen für jeden vollen Monat des Zinslaufs 0,5 % (§ 238 Abs. 1 Satz 1 und 2 AO).

Für die Berechnung der Zinsen wird der zu verzinsende Betrag auf den nächsten durch 50 € teilbaren Betrag abgerundet (§ 238 Abs. 2 AO). Abzurunden ist jeweils der einzelne zu verzinsende Anspruch, d. h. jede einzelne hinterzogene Vorauszahlung/Voranmeldung und die Jahresabschlusszahlung jeweils für sich genommen (vgl. AEAO zu § 238, Nr. 2).

Im Falle von Teilzahlungen eines zu verzinsenden Anspruchs wird nur der Gesamtbetrag gerundet. Eine sich daraus ergebende Abrundungsspitze wird für Zwecke der Verzinsung bei der letzten Teilzahlung abgezogen.

Auch die Rundungsregelung und Kleinbetragsregelung hinsichtlich der Festsetzung der Zinsen gem. § 239 Abs. 2 AO sind für jeden einzelnen Zinsanspruch gesondert anzuwenden (vgl. AEAO zu § 239, Nr. 3).

5.1.2 Zur Vermeidung einer Doppelverzinsung im Hinterziehungsfall sind Zinsen nach § 233a AO, die für denselben Zeitraum festgesetzt wurden, im Rahmen der Zinsfestsetzung auf die festzusetzenden Hinterziehungszinsen anzurechnen (§ 235 Abs. 4 AO). Der Zinsbescheid nach § 233a AO ist dabei Grundlagenbescheid für die Festsetzung der Hinterziehungszinsen, soweit nach § 233a AO festgesetzte Zinsen auf die Hinterziehungszinsen anzurechnen sind (§ 239 Abs. 5 AO); nach § 239 Abs. 1 Satz 1 AO ist § 175 Abs. 1 Satz 1 Nr. 1 AO hierbei entsprechend anzuwenden.

Im Falle der Hinterziehung von Forschungszulage sind Zinsen nach § 11 FZulG auf Hinterziehungszinsen nach § 235 AO hinsichtlich solcher Einkommen- oder Körperschaftsteueransprüche, die auf einem Rückforderungsanspruch von Forschungszulage aus einer nach § 10 Abs. 3 FZulG geänderten Anrechnung beruhen, anzurechnen, soweit sie für denselben Zeitraum auf den Rückzahlungsanspruch der Forschungszulage festgesetzt wurden.

5.2 Berechnung der Hinterziehungszinsen auf Vorauszahlungen

5.2.1 Die Bemessungsgrundlage für Hinterziehungszinsen auf Vorauszahlungen entspricht grundsätzlich dem (Mehr-) Betrag, der ohne Steuerhinterziehung festgesetzt worden wäre. Sie ist aber begrenzt auf die Abschlusszahlung aufgrund der Jahressteuerfestsetzung (vgl. AEAO zu § 235, Nr. 2.3).

Dieser Betrag ist grundsätzlich gleichmäßig auf die hinterzogenen Vorauszahlungszeiträume des jeweiligen Kalenderjahrs zu verteilen. Sofern innerhalb eines Veranlagungszeitraums für einzelne Quartale Steuern in unterschiedlicher Höhe verkürzt worden sind, stellen diese Beträge jeweils die Bemessungsgrundlage dar. Eine gleichmäßige Verteilung der Summe der verkürzten Beträge erfolgt in diesem Fall nicht.

Die Summe der verkürzten Beträge ist weiterhin daraufhin zu überprüfen, ob sie auf die Abschlusszahlung aufgrund der Jahressteuerfestsetzung zu begrenzen ist. Ist dies der Fall, ist die Differenz zwischen der Summe aller hinterzogenen Vorauszahlungen und der Abschlusszahlung aufgrund der Jahressteuerfestsetzung („Minderungsbetrag“) auf alle hinterzogenen Vorauszahlungszeiträume des jeweiligen Kalenderjahrs gleichmäßig zu verteilen.

5.2.2 Auf Vorauszahlungen entstehen keine Zinsen gem. § 233a AO, die nach § 235 Abs. 4 AO auf die Hinterziehungszinsen anzurechnen sein könnten. Auch die Anrechnung von Nachzahlungszinsen zur Jahressteuer erübrigt sich, da der Zinslauf der Hinterziehungszinsen auf Vorauszahlungen spätestens endet, wenn die Verzinsung der Jahressteuer nach § 233a AO beginnt (vgl. AEAO zu § 235, Nr. 4.2.1).

5.3 Beispiele zur Berechnung der Hinterziehungszinsen bei Veranlagungssteuern

Beispiel 1:

Der Steuerpflichtige machte in der Einkommensteuererklärung 2011 vorsätzlich unrichtige oder unvollständige Angaben. Er hatte bereits für die Vorjahre Vorauszahlungen zu leisten und konnte somit damit rechnen, dass durch die unzutreffende Steuererklärung auch die Vorauszahlungen für die Folgejahre zu niedrig festgesetzt werden. Der Einkommensteuerbescheid 2011 wie auch der Vorauszahlungsbescheid 2012 ergingen am 15.6.2012 erklärungsgemäß (Bekanntgabe nach § 122 Abs. 2 Nr. 1 AO am 18.6.2012, Fälligkeit am 18.7.2012). Bei einer zutreffenden Steuererklärung hätte sich für 2011 ein Einkommensteuer-Mehrbetrag in Höhe von 10.000 € zuzüglich 550 € Solidaritätszuschlag ergeben. Die Einkommensteuer-Vorauszahlungen für III/2012 und IV/2012 wurden um jeweils 5.000 € zuzüglich 275 € Solidaritätszuschlag zu niedrig festgesetzt.

Die zutreffende Steuerklärung für die Einkommensteuer 2012 führte zu einer Festsetzung von 34.000 € Einkommensteuer zuzüglich 1.870 € Solidaritätszuschlag (Bescheid vom 14.6.2013, Fälligkeit am 17.7.2013) und zur zukünftig korrekten Festsetzung von Vorauszahlungen. Es waren keine Steuerabzugsbeträge anzurechnen. Die Abschlusszahlung von 14.000 € Einkommensteuer zuzüglich 770 € Solidaritätszuschlag wurde bei Fälligkeit beglichen. Gleichzeitig erging der Änderungsbescheid für die Einkommensteuer 2011. Die hinterzogenen Steuern wurden am 17.7.2013 fällig und auch gezahlt. Der Einkommensteuerbescheid 2013 vom 20.6.2014 ergab keine Abschlusszahlung.

Lösung:

2011:

Für die Einkommensteuer 2011 beginnt der Zinslauf für die Hinterziehungszinsen am 19.7.2012 (Tag nach dem Fälligkeitstag) und endet am 17.7.2013 mit der Begleichung der Abschlusszahlung, so dass Zinsen für 11 volle Monate festzusetzen sind (§ 235 Abs. 2 und 3 AO).

Festzusetzende Hinterziehungszinsen.

Steuer	Bemessungsgrundlage	Zinsen
ESt	10.000 €	450 € (5,5 % von 10.000 € = 550 €, abzgl. 100 € nach § 235 Abs. 4 AO anzurechnende § 233a AO Zinsen)
SolZ	550 €	30 € (5,5 % von 550 € = 30,25 €, abgerundet gem. § 239 Abs. 2 Satz 1 AO auf 30 €)

2012:

Die Vorauszahlungen zur Einkommensteuer und zum Solidaritätszuschlag 2012 hatte der Steuerpflichtige erstmalig zum 10.9.2012 (erster Fälligkeitstermin des fehlerhaften Vorauszahlungsbescheids) hinterzogen. Der Zinslauf beginnt mit Ablauf des jeweiligen Fälligkeitstags der Vorauszahlungen, d. h. für das III. Quartal am 11.9.2012 und für das IV. Quartal am 11.12.2012, und endet mit der Fälligkeit der Abschlusszahlungen aufgrund des Jahressteuerbescheids 2012 am 17.7.2013.

Hinterziehungszinsen sind

- für die hinterzogene Einkommensteuer-Vorauszahlung und die hinterzogene Solidaritätszuschlagsvorauszahlung III/2012 vom 11.9.2012 bis 17.7.2013 (mithin für 10 Monate)
- für die hinterzogene Einkommensteuer-Vorauszahlung und die hinterzogene Solidaritätszuschlagsvorauszahlung IV/2012 vom 11.12.2012 bis 17.7.2013 (mithin für 7 Monate)

zu berechnen und festzusetzen.

Bemessungsgrundlage für die Zinsberechnung sind jeweils 5.000 € (ESt) bzw. jeweils 275 € (SolZ), die gem. § 238 Abs. 2 AO auf 250 € abgerundet werden.

Festzusetzende Hinterziehungszinsen:

Steuer/Vorauszahlung	Bemessungsgrundlage	Zinsen
ESt III/2012	5.000 €	250 € (5 % von 5.000 €)

SolZ III/2012	250 €	12 € (5 % von 250 € = 12,50 €, abgerundet gem. § 239 Abs. 2 Satz 1 AO auf 12 €)
ESt IV/2012	5.000 €	175 € (3,5 % von 5.000 €)
SolZ IV/2012	250 €	0 € (3,5 % von 250 € = 8,75 €, abgerundet gem. § 239 Abs. 2 Satz 1 AO auf 8 €; nach § 239 Abs. 2 Satz 2 AO erfolgt insoweit keine Zinsfestsetzung, vgl. AEAO zu § 239, Nr. 3)

2013:

Für die Einkommensteuer 2013 werden keine Hinterziehungszinsen auf die Vorauszahlungen festgesetzt, da der Einkommensteuerbescheid 2013 vom 20.6.2014 zu keiner Abschlusszahlung führte.

Beispiel 2:

Wie Beispiel 1, jedoch betrug die Abschlusszahlung zur Einkommensteuer für 2012 lediglich 4.000 € und zum Solidaritätszuschlag 220 €.

Die zutreffende Steuerklärung für die Einkommensteuer 2012 führte zu einer Festsetzung von 24.000 € Einkommensteuer zuzüglich 1.320 € Solidaritätszuschlag (Bescheid vom 14.6.2013). Es waren keine Steuerabzugsbeträge anzurechnen. Die Abschlusszahlung von 4.000 € Einkommensteuer zuzüglich 220 € Solidaritätszuschlag wurde bei Fälligkeit am 17.7.2013 beglichen.

Lösung:

Für 2011 und 2013 ergeben sich keine Änderungen.

2012:

Wegen des Zinslaufs und der Anzahl der (vollen) Zinsmonate ergeben sich keine Änderungen.

Die Bemessungsgrundlage für die Zinsberechnung auf die Vorauszahlungen wird auf den Nachforderungsbetrag der Einkommensteuer 2012 (hier 4.000 €) bzw. Solidaritätszuschlag (220 €) begrenzt. Diese Beträge sind gleichmäßig auf die hinterzogenen Vorauszahlungszeiträume zu verteilen. Daraus ergibt sich für das III. und IV. Quartal eine Bemessungsgrundlage von jeweils 2.000 € (ESt) bzw. jeweils 110 € (SolZ), die gem. § 238 Abs. 2 AO auf 100 € abgerundet werden.

Festzusetzende Hinterziehungszinsen:

Steuer/Vorauszahlung	Bemessungs-grundlage	Zinsen
ESt III/2012	2.000 €	100 € (5 % von 2.000 €)
SolZ III/2012	110 €	0 € (5 % von 100 € = 5 €; nach § 239 Abs. 2 Satz 2 AO erfolgt insoweit keine Zinsfestsetzung)
ESt IV/2012	2.000 €	70 € (3,5 % von 2.000 €)
SolZ IV/2012	110 €	0 € (3,5 % von 100 € = 3,50 €, abgerundet gem. § 239 Abs. 2 Satz 1 AO auf 3 €; nach § 239 Abs. 2 Satz 2 AO erfolgt insoweit keine Zinsfestsetzung)

5.4 Beispiele zur Berechnung der Hinterziehungszinsen bei Fälligkeitssteuern

Beispiel 1:

Der Steuerpflichtige machte in der nicht zustimmungsbedürftigen Umsatzsteuervoranmeldung für den Monat Juli 2017 (erklärter Umsatz zu 19 % USt 50.000 €, kein Vorsteuerabzug) vorsätzlich unrichtige oder unvollständige Angaben. Im Rahmen der Umsatzsteuer-Jahreserklärung für das Jahr 2017 erfolgte am 18.5.2018 die entsprechende Nacherklärung der bisher nicht erklärten Umsätze in Höhe von 10.000 €. Die hierauf entfallende Umsatzsteuer wurde bei Fälligkeit der Umsatzsteuer 2017 am 18.6.2018 entrichtet.

Lösung:

Für die Umsatzsteuer-Vorauszahlung Juli 2017 beginnt der Zinslauf für die Hinterziehungszinsen am 11.8.2017 (Tag nach der gesetzlichen Fälligkeit, da keine Zustimmung erforderlich war) und endet am 18.6.2018 (Tag der Zahlung = Tag der Fälligkeit aufgrund der Umsatzsteuer-Jahreserklärung für das Jahr 2017), so dass Zinsen für 10 volle Monate festzusetzen sind (§ 235 Abs. 2 und 3 AO; AEAO zu § 235, Nr. 4.1.2 und 4.2.1).

Festzusetzende Hinterziehungszinsen:

Steuer	Umsatz	USt	Zinsen
USt 7/2017	10.000 €	1.900 €	95 € (5 % von 1.900 € = 95 €)

Beispiel 2:

Abwandlung des Beispiels 1: Der Steuerpflichtige machte in der nicht zustimmungsbedürftigen Umsatzsteuervoranmeldung für den Monat Juli 2017 (erklärter Umsatz zu 19 % USt 50.000 €, kein Vorsteuerabzug) vorsätzlich unrichtige oder unvollständige Angaben. Der Steuerpflichtige hat keine Nacherklärung im Rahmen der Umsatzsteuererklärung für 2017 vorgenommen. Die Umsatzsteuer-Jahreserklärung für das Jahr 2017 wurde am 18.5.2018 abgegeben, ohne dass sich eine Veränderung zu den Voranmeldungen ergab. Die Steuerhinterziehung wurde erst im Rahmen eines steuerstrafrechtlichen Ermittlungsverfahrens entdeckt. Es erging daraufhin am 22.7.2019 ein geänderter Umsatzsteuerbescheid für 2017 mit Fälligkeit 26.8.2019[1]. Die Umsatzsteuernachzahlung wurde bei Fälligkeit entrichtet.

Lösung:

Für die Umsatzsteuer-Vorauszahlung Juli 2017 beginnt der Zinslauf für die Hinterziehungszinsen am 11.8.2017 (Tag nach der gesetzlichen Fälligkeit, da keine Zustimmung erforderlich war) und endet am 18.6.2018 (Tag der fiktiven Fälligkeit der Umsatzsteuer 2017), so dass Zinsen für 10 volle Monate festzusetzen sind (§ 235 Abs. 2 und 3 AO; AEAO zu § 235, Nr. 4.1.2 und 4.2.1).

Für die Umsatzsteuer-Jahreszahlung 2017 beginnt der Zinslauf für die Hinterziehungszinsen am 19.6.2018 (Tag nach der fiktiven Fälligkeit der Umsatzsteuer 2017; vgl. § 235 Abs. 2 Satz 2 AO) und endet am 26.8.2019 (Tag der Zahlung = Tag der Fälligkeit der Umsatzsteuer 2017 des geänderten Umsatzsteuerbescheids für 2017 vom 22.7.2019), so dass Zinsen für 14 volle Monate festzusetzen sind (§ 235 Abs. 2 und 3 AO). Hierauf sind Zinsen nach § 233a anzurechnen, soweit sich die Zinszeiträume vom 1.4.2019 bis 25.7.2019, somit für 3 volle Monate, überschneiden (§ 235 Abs. 4 AO).

Steuer	Umsatz	USt	Zinsen
USt 7/2017	10.000 €	1.900 €	95 € (5 % von 1.900 € = 95 €)
USt 2017	10.000 €	1.900 €	105 € (7 % von 1.900 €

[1] Verschiebung der Fälligkeit gem. § 108 Abs. 3 AO auf den nächstfolgenden Werktag.

			=133 € abzügl. 28 €[2] nach § 235 Abs. 4 AO anzurechnende § 233a AO-Zinsen)

Beispiel 3:

Der Steuerpflichtige machte in der zustimmungsbedürftigen Umsatzsteuervoranmeldung für den Monat Juli 2017 (erklärter Umsatz zu 19 % 50.000 € und Vorsteuerabzug i. H. v. 25.000 €) vorsätzlich unrichtige oder unvollständige Angaben. Die Zustimmung zur Umsatzsteuervoranmeldung ist dem Steuerpflichtigen am 15.8.2017 bekannt gegeben worden. Im Rahmen der Umsatzsteuer-Jahreserklärung für das Jahr 2017 erfolgte am 11.5.2018 die entsprechende Nacherklärung der bislang nicht erklärten Umsätze in Höhe von 30.000 €. Die hierauf entfallende Umsatzsteuer wurde bei Fälligkeit der Umsatzsteuer 2017 am 11.6.2018 entrichtet.

Lösung:

Für die Umsatzsteuer-Vorauszahlung Juli 2017 beginnt der Zinslauf für die Hinterziehungszinsen am 15.8.2017 (Bekanntgabe der Zustimmung zur Umsatzsteuervoranmeldung, da Erstattungsfall) und endet am 11.6.2018 (Tag der Zahlung = Tag der Fälligkeit der Nachzahlung aufgrund der Umsatzsteuer-Jahreserklärung für das Jahr 2017), so dass Zinsen für 9 volle Monate festzusetzen sind (§ 235 Abs. 2 und 3 AO; AEAO zu § 235, Nr. 4.1.2 und 4.2.1).

Steuer	Umsatz	USt	Zinsen
USt 7/2017	30.000 €	5.700 €	256 € (4,5 % von 5.700 € = 256 €[3])

Beispiel 4:

Abwandlung des Beispiels 3: Der Steuerpflichtige machte in der zustimmungsbedürftigen Umsatzsteuervoranmeldung für den Monat Juli 2017 (erklärter Umsatz zu 19 % 50.000 € und Vorsteuerabzug i. H. v. 25.000 €) vorsätzlich unrichtige oder unvollständige Angaben. Die Zustimmung zur Umsatzsteuervoranmeldung ist dem Steuerpflichtigen am 15.8.2017 bekannt gegeben worden. Der Steuerpflichtige hat keine Nacherklärung im Rahmen der

[2] § 233a Zinsen (für 3 volle Monate) 1.900 € x 1,5 % = 28,50 € wurden gem. § 239 Abs. 2 Satz 1 AO auf 28 € abgerundet.

[3] 5.700 € x 4,5 % = 256,50 € wurden gem. § 239 Abs. 2 Satz 1 AO auf 256 € abgerundet.

Umsatzsteuer-Jahreserklärung für das Jahr 2017 vorgenommen. Die Umsatzsteuer-Jahreserklärung für das Jahr 2017 wurde am 11.5.2018 abgegeben, ohne dass sich eine Veränderung zu den Voranmeldungen ergab. Die Steuerhinterziehung wurde erst im Rahmen eines steuerstrafrechtlichen Ermittlungsverfahrens entdeckt. Es erging daraufhin am 22.7.2019 ein geänderter Umsatzsteuerbescheid für 2017 mit Fälligkeit 26.8.2019[4]. Die Umsatzsteuernachzahlung wurde bei Fälligkeit entrichtet.

Lösung:

Für die Umsatzsteuer-Vorauszahlung Juli 2017 beginnt der Zinslauf für die Hinterziehungszinsen am 15.8.2017 (Bekanntgabe der Zustimmung zur Umsatzsteuervoranmeldung, da Erstattungsfall) und endet am 11.6.2018 (Tag der fiktiven Fälligkeit der Umsatzsteuer 2017), so dass Zinsen für 9 volle Monate festzusetzen sind (§ 235 Abs. 2 und 3 AO; AEAO zu § 235, Nr. 4.1.2 und 4.2.1).

Für die Umsatzsteuer-Jahreszahlung 2017 beginnt der Zinslauf für die Hinterziehungszinsen am 12.6.2018 (Tag nach der fiktiven Fälligkeit der Umsatzsteuer 2017; vgl. § 235 Abs. 2 Satz 2 AO) und endet am 26.8.2019 (Tag der Zahlung = Tag der Fälligkeit der Umsatzsteuer 2017 des geänderten Umsatzsteuerbescheids für 2017 vom 22.7.2019), so dass Zinsen für 14 volle Monate festzusetzen sind (§ 235 Abs. 2 und 3 AO). Hierauf sind Zinsen nach § 233a anzurechnen, soweit sich die Zinszeiträume vom 1.4.2019 bis 25.7.2019, somit für 3 volle Monate, überschneiden (§ 235 Abs. 4 AO).

Steuer	Umsatz	USt	Zinsen
USt 7/2017	30.000 €	5.700 €	256 € (4,5 % von 5.700 € = 256 €[5])
USt 2017	30.000 €	5.700 €	314 € (7 % von 5.700 € = 399 € abzügl. 85 €[6] nach § 235 Abs. 4 AO anzurechnende § 233a AO-Zinsen)

Beispiel 5:

Der Steuerpflichtige machte in der nach seinen Angaben zustimmungsbedürftigen Umsatzsteuervoranmeldung für den Monat Juli 2017 (erklärter Umsatz zu 19 % 50.000 € und Vorsteuerabzug i. H. v. 25.000 €) vorsätzlich unrichtige oder unvollständige Angaben. Die Zustimmung zur Umsatzsteuervoranmeldung ist dem Steuerpflichtigen am 15.8.2017 bekannt gegeben wor-

[4] Verschiebung der Fälligkeit gem. § 108 Abs. 3 AO auf den nächstfolgenden Werktag.

[5] 5.700 € x 4,5 % = 256,50 € wurden gem. § 239 Abs. 2 Satz 1 AO auf 256 € abgerundet.

[6] § 233a Zinsen (für 3 volle Monate) 5.700 € x 1,5 % = 85,50 € wurden gem. § 239 Abs. 2 Satz 1 AO auf 85 € abgerundet.

den. Im Rahmen der Umsatzsteuer-Jahreserklärung für das Jahr 2017 erfolgte am 11.5.2018 die entsprechende Nacherklärung der bislang nicht erklärten Umsätze in Höhe von 100.000 €. Die hierauf entfallende Umsatzsteuer wurde bei Fälligkeit der Umsatzsteuer 2017 am 11.6.2018 entrichtet.

Lösung:

Für die Umsatzsteuer-Vorauszahlung Juli 2017 beginnt der Zinslauf für die Hinterziehungszinsen am 11.8.2017 (Tag nach der gesetzlichen Fälligkeit, da bei richtiger Anmeldung keine Zustimmung erforderlich gewesen wäre) und endet am 11.6.2018 (Tag der Zahlung = Tag der Fälligkeit aufgrund der Umsatzsteuer-Jahreserklärung für das Jahr 2017), so dass Zinsen für 10 volle Monate (AEAO zu § 238, Nr. 1) festzusetzen sind (§ 235 Abs. 2 und 3 AO; AEAO zu § 235, Nr. 4.1.2 und 4.2.1).

Steuer	Umsatz	USt	Zinsen
USt 7/2017	100.000 €	19.000 €	950 € (5 % von 19.000 € = 950 €)

Beispiel 6:

Abwandlung des Beispiels 5: Der Steuerpflichtige machte in der nach seinen Angaben zustimmungsbedürftigen Umsatzsteuervoranmeldung für den Monat Juli 2017 (erklärter Umsatz zu 19 % 50.000 € und Vorsteuerabzug i. H. v. 25.000 €) vorsätzlich unrichtige oder unvollständige Angaben. Die Zustimmung zur Umsatzsteuervoranmeldung ist dem Steuer¬pflichtigen am 15.8.2017 bekannt gegeben worden. Der Steuerpflichtige hat keine Nacherklärung im Rahmen der Umsatzsteuer-Jahreserklärung für das Jahr 2017 vorgenommen. Die Umsatzsteuer-Jahreserklärung für das Jahr 2017 wurde am 11.5.2018 abgegeben, ohne dass sich eine Veränderung zu den Voranmeldungen ergab. Die Steuerhinterziehung wurde erst im Rahmen eines steuerstrafrechtlichen Ermittlungsverfahrens entdeckt. Es erging daraufhin am 22.7.2019 ein geänderter Umsatzsteuerbescheid für 2017 mit Fälligkeit 26.8.2019[7]. Die Umsatzsteuernachzahlung wurde bei Fälligkeit entrichtet.

Lösung:

Für die Umsatzsteuer-Vorauszahlung Juli 2017 beginnt der Zinslauf für die Hinterziehungszinsen am 11.8.2017 (Tag nach der gesetzlichen Fälligkeit, da bei richtiger Anmeldung keine Zustimmung erforderlich gewesen wäre) und endet am 11.6.2018 (Tag der fiktiven Fälligkeit der Umsatzsteuer 2017), so dass Zinsen für 10 volle Monate (AEAO zu § 238, Nr. 1) festzusetzen sind (§ 235 Abs. 2 und 3 AO; AEAO zu § 235, Nr. 4.1.2 und 4.2.1).

[7] Verschiebung der Fälligkeit gem. § 108 Abs. 3 AO auf den nächstfolgenden Werktag.

Für die Umsatzsteuer-Jahreszahlung 2017 beginnt der Zinslauf für die Hinterziehungszinsen am 12.6.2018 (Tag nach der fiktiven Fälligkeit der Umsatzsteuer 2017; vgl. § 235 Abs. 2 Satz 2 AO) und endet am 26.8.2019 (Tag der Zahlung = Tag der Fälligkeit der Umsatzsteuer 2017 des geänderten Umsatzsteuerbescheids für 2017 vom 22.7.2019), so dass Zinsen für 14 volle Monate festzusetzen sind (§ 235 Abs. 2 und 3 AO). Hierauf sind Zinsen nach § 233a anzurechnen, soweit sich die Zinszeiträume vom 1.4.2019 bis 25.7.2019, somit für 3 volle Monate, überschneiden (§ 235 Abs. 4 AO).

Steuer	Umsatz	USt	Zinsen
USt 7/2017	100.000 €	19.000 €	950 € (5 % von 19.000 € = 950 €)
USt 2017	100.000 €	19.000 €	1045 € (7 % von 19.000 € = 1.330 € abzügl. 285 €[8] nach § 235 Abs. 4 AO anzurechnende § 233a AO-Zinsen)

6. Verfahren

6.1 Sind Steuern zum Vorteil der Gesellschafter einer Personengesellschaft hinterzogen worden, hat das Betriebsfinanzamt die Berechnungsgrundlagen der Hinterziehungszinsen gesondert und einheitlich festzustellen (§ 239 Abs. 3 Nr. 2 AO).

6.2 Die Zinsen für hinterzogene Realsteuern (insbes. Gewerbesteuer) sind von der hebeberechtigten Gemeinde zu berechnen, festzusetzen und zu erheben, wenn ihr die Festsetzung der Realsteuer übertragen worden ist. Die Berechnungsgrundlagen werden vom Finanzamt nach § 239 Abs. 3 Nr. 2 AO festgestellt. Dieser Messbescheid ist Grundlagenbescheid für den von der Gemeinde zu erlassenden Zinsbescheid.

Die Geltendmachung der Haftung für Hinterziehungszinsen zur Gewerbesteuer durch Haftungsbescheid setzt nicht voraus, dass zuvor gegenüber dem Zinsschuldner oder dem Haftungsschuldner Tatbestand und Umfang der Steuerhinterziehung gesondert festgestellt worden sind (BVerwG-Beschluss vom 16.9.1997, 8 B 143/97, BStBl II S. 782).

6.3 Werden Zinsen für mehrere Ansprüche aus dem Steuerschuldverhältnis (vgl. AEAO zu § 235, Nr. 2.2) äußerlich verbunden in einem Sammelbescheid festgesetzt, muss dieser Sammelbescheid erkennen lassen, in welcher Höhe für

[8] § 233a Zinsen (für 3 volle Monate) 19.000 € x 1,5 % = 285 €.

den einzelnen Anspruch Zinsen festgesetzt worden sind (vgl. BFH-Urteil vom 26.11.2014, X R 18/13, BFH/NV 2015 S. 785).

7. Festsetzungsverjährung

7.1 Verjährung von Hinterziehungszinsen im Allgemeinen

Die Festsetzungsfrist für Zinsen beträgt nach § 239 Abs. 1 Satz 1 AO zwei Jahre. Sie beträgt jedoch nur ein Jahr, wenn diese Frist am 21.7.2022 bereits abgelaufen war (Art. 97 § 15 Abs. 15 EGAO). Sie beginnt für Hinterziehungszinsen mit Ablauf des Kalenderjahrs, in dem die Festsetzung der hinterzogenen Steuern unanfechtbar geworden ist, jedoch nicht vor Ablauf des Kalenderjahrs, in dem ein eingeleitetes Strafverfahren rechtskräftig abgeschlossen worden ist (§ 239 Abs. 1 Satz 2 Nr. 3 AO). Ein Strafverfahren hat nur dann Einfluss auf die für die Hinterziehungszinsen geltende Festsetzungsfrist, wenn es bis zum Ablauf des Jahres eingeleitet wird, in dem die hinterzogenen Steuern unanfechtbar festgesetzt wurden (BFH-Urteil vom 24.8.2001, VI R 42/94, BStBl II S. 782).

7.2 Verjährung von Hinterziehungszinsen auf verkürzte Vorauszahlungen

Werden die hinterzogenen Beträge durch Anpassung der Vorauszahlungen festgesetzt, richtet sich der Beginn der Festsetzungsfrist nach Nr. 7.1 des AEAO zu § 235.

Werden die hinterzogenen Beträge dagegen nicht durch Anpassung der Vorauszahlungen, sondern allein durch Erlass oder Änderung des zugehörigen Jahressteuerbescheids gegenüber dem Steuerpflichtigen festgesetzt und kommt es auch nicht zur Einleitung und zum Abschluss eines Strafverfahrens bezüglich der hinterzogenen Vorauszahlungen, beginnt die Festsetzungsfrist mit Ablauf des Kalenderjahres, in dem gemäß § 170 Abs. 1, § 169 Abs. 2 Satz 2 AO letztmals geänderte Vorauszahlungsbescheide hätten erlassen werden können, wobei die Fristen gemäß § 37 Abs. 3 Satz 3 EStG außer Betracht bleiben (Urteil des FG Baden-Württemberg vom 9.2.2018, 13 K 3586/16, EFG S. 1430 sowie BFH-Urteil vom 28.9.2021, VIII R 18/18, BStBl 2022 II S. 239).

§ 236 Prozesszinsen auf Erstattungsbeträge (S 0463)

(1) [1]Wird durch eine rechtskräftige gerichtliche Entscheidung oder auf Grund einer solchen Entscheidung eine festgesetzte Steuer herabgesetzt oder eine Steuervergütung gewährt, so ist der zu erstattende oder zu vergütende Betrag vorbehaltlich des Absatzes 3 vom Tag der Rechtshängigkeit an bis zum Auszahlungstag zu verzinsen. [2]Ist der zu erstattende Betrag erst nach Eintritt der Rechtshängigkeit entrichtet worden, so beginnt die Verzinsung mit dem Tag der Zahlung.

(2) Absatz 1 ist entsprechend anzuwenden, wenn

1. sich der Rechtsstreit durch Aufhebung oder Änderung des angefochtenen Verwaltungsakts oder durch Erlass des beantragten Verwaltungsakts erledigt oder

2. eine rechtskräftige gerichtliche Entscheidung oder ein unanfechtbarer Verwaltungsakt, durch den sich der Rechtsstreit erledigt hat,

a) zur Herabsetzung der in einem Folgebescheid festgesetzten Steuer,

b) zur Herabsetzung der Gewerbesteuer nach Änderung des Gewerbesteuermessbetrags

führt.

(3) Ein zu erstattender oder zu vergütender Betrag wird nicht verzinst, soweit dem Beteiligten die Kosten des Rechtsbehelfs nach § 137 Satz 1 der Finanzgerichtsordnung auferlegt worden sind.

(4) Zinsen nach § 233a, die für denselben Zeitraum festgesetzt wurden, sind anzurechnen.

(5) Ein Zinsbescheid ist nicht aufzuheben oder zu ändern, wenn der Steuerbescheid nach Abschluss des Rechtsbehelfsverfahrens aufgehoben, geändert oder nach § 129 berichtigt wird.

AEAO zu § 236 - Prozesszinsen auf Erstattungsbeträge:

1. Voraussetzung für die Zahlung von Erstattungszinsen an den Steuerpflichtigen ist, dass eine festgesetzte Steuer herabgesetzt oder eine Steuervergütung gewährt - oder erhöht - wird. Die Steuerherabsetzung oder die Gewährung (Erhöhung) der Steuervergütung muss erfolgt sein:

   a) durch eine rechtskräftige gerichtliche Entscheidung;

   b) aufgrund einer rechtskräftigen gerichtlichen Entscheidung, z. B. in den Fällen, in denen das Gericht nach § 100 Abs. 1 Satz 1, Abs. 2 Sätze 2 und 3 oder Abs. 3 FGO den angefochtenen Verwaltungsakt aufhebt und das Finanzamt die Steuer niedriger festsetzt oder eine (höhere) Steuervergütung gewährt;

c) durch Aufhebung oder Änderung des angefochtenen Verwaltungsakts sowie durch Erlass des beantragten Verwaltungsakts, wenn sich der Rechtsstreit bei Gericht dadurch rechtskräftig erledigt;

d) durch einen sog. Folgebescheid nach § 175 Abs. 1 Satz 1 Nr. 1 AO oder § 35b GewStG in den Fällen, in denen sich der Rechtsstreit bei Gericht gegen den Grundlagenbescheid (z. B. Feststellungsbescheid, Steuermessbescheid) durch oder aufgrund einer gerichtlichen Entscheidung (Buchstaben a und b) bzw. durch einen Verwaltungsakt (Buchstabe c) rechtskräftig erledigt; der Steuerpflichtige, dem gegenüber der Folgebescheid ergangen ist, muss nicht Kläger im Verfahren gegen den Grundlagenbescheid gewesen sein (BFH-Urteil vom 17.1.2007, X R 19/06, BStBl II S. 506).

Ohne Bedeutung ist, aus welchen Gründen die Steuerherabsetzung oder die Gewährung (Erhöhung) der Steuervergütung erfolgt ist. Das abgeschlossene gerichtliche Verfahren muss aber hierfür ursächlich gewesen sein (BFH-Urteil vom 15.10.2003, X R 48/01, BStBl 2004 II S. 169).

Wird ein ändernder oder ersetzender Verwaltungsakt nach § 68 FGO Gegenstand des Klageverfahrens, ist für die Verzinsung das Ergebnis des gegen den neuen Verwaltungsakt fortgeführten Klageverfahrens maßgebend. Dies gilt auch, wenn ein angefochtener Vorauszahlungsbescheid durch die Jahressteuerfestsetzung ersetzt wird (vgl. AEAO zu § 365, Nr. 2). Durch die Überleitung auf den neuen Verfahrensgegenstand tritt noch keine Rechtsstreiterledigung i. S. d. § 236 Abs. 1 Satz 1 AO ein (BFH-Urteil vom 14.7.1993, I R 33/93, BFH/NV 1994 S. 438).

2. Zu verzinsen ist nur der zuviel entrichtete Steuerbetrag oder die zuwenig gewährte Steuervergütung. Sofern also der Rechtsbehelf zwar zu einer Herabsetzung der Steuer oder zu einer Gewährung (Erhöhung) der Steuervergütung führt, nicht aber oder nicht in gleichem Umfang zu einer Steuererstattung oder Auszahlung einer Steuervergütung, kommt insoweit eine Verzinsung nicht in Betracht.

3. Der zu verzinsende Betrag ist auf den nächsten durch fünfzig Euro teilbaren Betrag abzurunden. Hat der Steuerpflichtige die zu erstattende Steuerschuld in Raten entrichtet, wird die Abrundung nur einmal bei der Rate mit der kürzesten Laufzeit vorgenommen.

4. Der Anspruch auf Erstattungszinsen entsteht mit der Rechtskraft der gerichtlichen Entscheidung oder der Unanfechtbarkeit des geänderten Verwaltungsakts. Ein Gerichtsbescheid (§ 90a FGO) wirkt als Urteil. Er gilt aber als nicht ergangen, wenn gegen ihn die Revision nicht zugelassen wurde und rechtzeitig mündliche Verhandlung beantragt worden ist.

5. Erstattungszinsen sind für die Zeit vom Tag der Rechtshängigkeit, frühestens jedoch vom Tag der Zahlung des Steuerbetrages an bis zum Tag der Auszahlung des zu verzinsenden Steuer- oder Steuervergütungsbetrages zu berechnen und zu zahlen. Rechtshängig ist die Streitsache erst mit dem Tag, an dem die Klage bei Gericht erhoben wird (§ 66 Abs. 1 i. V. m. mit § 64 Abs. 1 FGO). Wird die Klage zur Fristwahrung beim Finanzamt angebracht (§ 47 Abs. 2 FGO), ist die Streitsache mit dem Tag der Anbringung zwar anhängig,

nicht aber rechtshängig. Auch in diesem Fall wird die Streitsache erst mit dem Eingang der Klage beim Gericht rechtshängig. Das Gleiche gilt bei einer Sprungklage (§ 45 FGO). Stimmt die Behörde der Sprungklage nicht zu oder gibt das Gericht die Klage an die Behörde ab, ist die Sprungklage als außergerichtlicher Rechtsbehelf zu behandeln; die Rechtshängigkeit entfällt somit rückwirkend. Wird ein ändernder oder ersetzender Verwaltungsakt nach § 68 FGO Gegenstand des Klageverfahrens, berührt dies nicht den Tag der Rechtshängigkeit der Streitsache.

6. Erstattungszinsen sind von Amts wegen zu zahlen. Es ist nicht erforderlich, dass der Steuerpflichtige einen Antrag stellt.

7. Die Zahlung von Erstattungszinsen entfällt, soweit durch Entscheidung des Gerichts einem Steuerpflichtigen die Kosten des Verfahrens nach § 137 Satz 1 FGO auferlegt worden sind, weil die Herabsetzung der Steuer oder die Gewährung (Erhöhung) der Steuervergütung auf Tatsachen beruhte, die dieser früher hätte geltend machen oder beweisen können und müssen (§ 236 Abs. 3 AO).

8. Bei den Realsteuern obliegt die Festsetzung und Zahlung von Erstattungszinsen den Gemeinden. Diesen sind deshalb - soweit erforderlich - die zur Berechnung und Festsetzung der Zinsen notwendigen Daten mitzuteilen.

§ 237 Zinsen bei Aussetzung der Vollziehung (S 0464)

(1) [1]Soweit ein Einspruch oder eine Anfechtungsklage gegen einen Steuerbescheid, eine Steueranmeldung oder einen Verwaltungsakt, der einen Steuervergütungsbescheid aufhebt oder ändert, oder gegen eine Einspruchsentscheidung über einen dieser Verwaltungsakte endgültig keinen Erfolg gehabt hat, ist der geschuldete Betrag, hinsichtlich dessen die Vollziehung des angefochtenen Verwaltungsakts ausgesetzt wurde, zu verzinsen. [2]Satz 1 gilt entsprechend, wenn nach Einlegung eines förmlichen außergerichtlichen oder gerichtlichen Rechtsbehelfs gegen einen Grundlagenbescheid (§ 171 Abs. 10) oder eine Rechtsbehelfsentscheidung über einen Grundlagenbescheid die Vollziehung eines Folgebescheids ausgesetzt wurde.

(2) [1]Zinsen werden erhoben vom Tag des Eingangs des außergerichtlichen Rechtsbehelfs bei der Behörde, deren Verwaltungsakt angefochten wird, oder vom Tag der Rechtshängigkeit beim Gericht an bis zum Tag, an dem die Aussetzung der Vollziehung endet. [2]Ist die Vollziehung erst nach dem Eingang des außergerichtlichen Rechtsbehelfs oder erst nach der Rechtshängigkeit ausgesetzt worden, so beginnt die Verzinsung mit dem Tag, an dem die Wirkung der Aussetzung der Vollziehung beginnt.

(3) Absätze 1 und 2 sind entsprechend anzuwenden, wenn nach Aussetzung der Vollziehung des Einkommensteuerbescheids, des Körperschaftsteuerbescheids oder eines Feststellungsbescheids die Vollziehung eines Gewerbesteuermessbescheids oder Gewerbesteuerbescheids ausgesetzt wird.

(4) § 234 Abs. 2 und 3 gelten entsprechend.

(5) Ein Zinsbescheid ist nicht aufzuheben oder zu ändern, wenn der Steuerbescheid nach Abschluss des Rechtsbehelfsverfahrens aufgehoben, geändert oder nach § 129 berichtigt wird.

AEAO zu § 237 - Zinsen bei Aussetzung der Vollziehung:

1. Die Zinsregelung gilt sowohl für das außergerichtliche als auch für das gerichtliche Rechtsbehelfsverfahren.

2. Voraussetzung für die Erhebung von Aussetzungszinsen beim Steuerpflichtigen ist, dass die Vollziehung eines Steuerbescheids, eines Bescheids über die Rückforderung einer Steuervergütung oder - nach Aussetzung eines Einkommensteuer-, Körperschaftsteuer- oder Feststellungsbescheids - eines Gewerbesteuermessbescheids oder Gewerbesteuerbescheids ausgesetzt worden ist. Die Verzinsung tritt auch dann ein, wenn nach Anfechtung eines Grundlagenbescheids die Vollziehung eines Folgebescheids ausgesetzt wird. Auch wenn ein Grundlagenbescheid nicht auf den Vorschriften der §§ 179 ff. AO beruht oder wenn die Anfechtung des Grundlagenbescheids die Vollziehungsaussetzung eines anderen Grundlagenbescheids und der hierauf beruhenden Folgebescheide gem. § 361 Abs. 3 Satz 1 AO oder § 69 Abs. 2 Satz 4 FGO auslöst, tritt die Verzinsung ein.

3. Bei teilweiser Aussetzung der Vollziehung eines angefochtenen Verwaltungsakts bezieht sich die Zinspflicht nur auf den ausgesetzten Steuerbetrag.

4. Aussetzungszinsen sind zu erheben, soweit ein Einspruch oder eine Anfechtungsklage endgültig erfolglos geblieben ist. Ohne Bedeutung ist, aus welchen Gründen der Rechtsbehelf im Ergebnis erfolglos war (BFH-Urteil vom 27.11.1991, X R 103/89, BStBl 1992 II S. 319). Aussetzungszinsen sind demnach zu erheben,

   a) wenn der Steuerpflichtige aufgrund einer bestandskräftigen Einspruchsentscheidung oder aufgrund eines rechtskräftigen gerichtlichen Urteils ganz oder teilweise unterlegen ist,

   b) wenn das Einspruchsverfahren oder gerichtliche Verfahren nach der Rücknahme des Einspruchs, der Klage oder der Revision rechtskräftig abgeschlossen wird,

   c) wenn der angefochtene Verwaltungsakt - ohne dem Rechtsbehelfsantrag voll zu entsprechen - geändert wird und sich der Rechtsstreit endgültig erledigt,

   d) soweit der Rechtsbehelf aufgrund einer unanfechtbar gewordenen Teil-Einspruchsentscheidung (§ 367 Abs. 2a AO) oder Allgemeinverfügung (§ 367 Abs. 2b AO) oder aufgrund eines unanfechtbar gewordenen Teilurteils (§ 98 FGO) endgültig keinen Erfolg hatte, unabhängig davon, inwieweit das Rechtsbehelfsverfahren im Übrigen wegen weiterer Streitpunkte anhängig bleibt.

   Wird ein ändernder oder ersetzender Verwaltungsakt nach § 365 Abs. 3 AO oder nach § 68 FGO Gegenstand des Rechtsbehelfsverfahrens, ist für die Verzinsung das Ergebnis des gegen den neuen Verwaltungsakt fortgeführten Einspruchs- bzw. Klageverfahrens maßgebend. Dies gilt auch, wenn ein angefochtener Vorauszahlungsbescheid durch die Jahressteuerfestsetzung ersetzt wird (vgl. AEAO zu § 365, Nr. 2).

Für die Entscheidung, wann der Einspruch oder die Anfechtungsklage endgültig ohne Erfolg geblieben ist und somit die Frist für die Festsetzung von Aussetzungszinsen (§ 239 Abs. 1 Satz 2 Nr. 5 AO) in Lauf gesetzt wurde, ist auch dann auf den Zeitpunkt des Abschlusses des Einspruchsverfahrens oder des Verfahrens vor dem Finanzgericht oder dem BFH abzustellen, wenn sich hieran ein Verfassungsbeschwerdeverfahren anschließt (BFH-Urteil vom 11.2.1987, II R 176/84, BStBl II S. 320; BFH-Beschluss vom 14.6.2007, VII B 185/06, BFH/NV S. 2055; vgl. auch AEAO zu § 361, Nr. 1.3).

5. Aussetzungszinsen sind nicht zu erheben, wenn die Fälligkeit des streitigen Steueranspruchs, z. B. aufgrund einer Stundung (§ 222 AO), hinausgeschoben war oder Vollstreckungsaufschub (§ 258 AO) gewährt wurde.

6. Aussetzungszinsen sind vom Tag des Eingangs des außergerichtlichen Rechtsbehelfs, frühestens vom Tag der Fälligkeit an, oder von der Rechtshängigkeit an bis zu dem Tag zu erheben, an dem die nach § 361 AO oder nach § 69 FGO gewährte Aussetzung der Vollziehung endet. Wird die Aussetzung der Vollziehung erst später gewährt, werden Zinsen erst vom Tag des Beginns der Vollziehungsaussetzung erhoben.

7. Bei den Realsteuern obliegt die Festsetzung und Erhebung der Aussetzungszinsen den Gemeinden. Diesen sind deshalb - soweit erforderlich - die für die Berechnung und Festsetzung der Zinsen notwendigen Daten mitzuteilen.

8. Wegen der Frist für die Festsetzung von Aussetzungszinsen wird auf den AEAO zu § 237, Nr. 4 (letzter Absatz) und den AEAO zu § 239, Nr. 2 verwiesen. Soweit der Rechtsbehelf durch eine Teil-Einspruchsentscheidung (§ 367 Abs. 2a AO), eine Allgemeinverfügung (§ 367 Abs. 2b AO) oder ein Teilurteil (§ 98 FGO) zurückgewiesen wurde (vgl. AEAO zu § 237, Nr. 4 erster Absatz Buchstabe d), beginnt die Festsetzungsfrist bereits mit dem Eintritt der Unanfechtbarkeit dieser Entscheidung.

§ 238 Höhe und Berechnung der Zinsen (S 0465)

(1) [1]Die Zinsen betragen für jeden Monat einhalb Prozent. [2]Sie sind von dem Tag an, an dem der Zinslauf beginnt, nur für volle Monate zu zahlen; angefangene Monate bleiben außer Ansatz. [3]Erlischt der zu verzinsende Anspruch durch Aufrechnung, gilt der Tag, an dem die Schuld des Aufrechnenden fällig wird, als Tag der Zahlung.

(1a) In den Fällen des § 233a betragen die Zinsen abweichend von Absatz 1 Satz 1 ab dem 1. Januar 2019 0,15 Prozent für jeden Monat, das heißt 1,8 Prozent für jedes Jahr.

(1b) [1]Sind für einen Zinslauf unterschiedliche Zinssätze maßgeblich, ist der Zinslauf in Teilverzinsungszeiträume aufzuteilen. [2]Die Zinsen für die Teilverzinsungszeiträume sind jeweils tageweise zu berechnen. [3]Hierbei wird jeder Kalendermonat unabhängig von der tatsächlichen Anzahl der Kalendertage mit 30 Zinstagen und jedes Kalenderjahr mit 360 Tagen gerechnet.

(1c) Die Angemessenheit des Zinssatzes nach Absatz 1a ist unter Berücksichtigung der Entwicklung des Basiszinssatzes nach § 247 des Bürgerlichen Gesetzbuchs wenigstens alle zwei Jahre zu evaluieren. Die erste Evaluierung erfolgt spätestens zum 1. Januar 2024.

(2) Für die Berechnung der Zinsen wird der zu verzinsende Betrag jeder Steuerart auf den nächsten durch 50 Euro teilbaren Betrag abgerundet.

AEAO zu § 238 - Höhe und Berechnung der Zinsen:

1. Ein voller Zinsmonat (§ 238 Abs. 1 Satz 2 AO) ist erreicht, wenn der Tag, an dem der Zinslauf (ggf. unter Berücksichtigung des § 108 Abs. 3 AO) endet, hinsichtlich seiner Zahl dem Tag entspricht, der dem Tag vorhergeht, an dem die Frist begann (BFH-Urteil vom 24.7.1996, X R 119/92, BStBl 1997 II S. 6).

2. Abzurunden ist jeweils der einzelne zu verzinsende Anspruch. Bei der Zinsberechnung sind die Ansprüche zu trennen, wenn Steuerart, Zeitraum (Teilzeitraum) oder der Tag des Beginns des Zinslaufs voneinander abweichen. Im Falle von Teilzahlungen wird nur der Gesamtbetrag gerundet.

3. Sind für einen Zinslauf unterschiedliche Zinssätze maßgeblich, ist der Zinslauf gemäß § 238 Abs. 1b AO in Teilverzinsungszeiträume aufzuteilen. Auf den der Verzinsung zugrundeliegenden Veranlagungs- oder Besteuerungszeitraum kommt es dabei grundsätzlich nicht an.

   Bei Verzinsungszeiträumen, die sich über den 31.12.2018 hinaus erstrecken, erfolgt die Zinsberechnung bei einer Steuernachforderung entsprechend des nachfolgenden **Beispiels**:

Verzinsung einer Einkommensteuer-Nachforderung für 2016, die Steuerfestsetzung wurde am 3.8.2022 bekanntgegeben:			
Unterschiedsbetrag (Nachzahlung):		10.000 €	
Zinslaufbeginn:	1.4.2018		
Zinslaufende:	3.8.2022		
Zinsberechnungszeitraum:	52 volle Monate (1.4.2018 bis 31.7.2022)		
Erster Teilverzinsungszeitraum:	1.4.2018 bis 31.12.2018 = 270 Zinstage		
Zweiter Teilverzinsungszeitraum:	1.1.2019 bis 3.8.2022 = 1.290 Zinstage (Hinweis: für die Zeit vom 1. bis 3.8. werden als angefangener Monat keine Zinstage mitgerechnet)		
Nachzahlungszinsen:			
	10.000 € x 6 % x 270/360 =	450 €	
	10.000 € x 1,8 % x 1.290/360 =	645 €	
Festzusetzen sind:	(Summe)		1.095 €

§ 239 Festsetzung der Zinsen (S 0466)

(1) [1]Auf die Zinsen sind die für die Steuern geltenden Vorschriften entsprechend anzuwenden, jedoch beträgt die Festsetzungsfrist zwei Jahre. [2]Die Festsetzungsfrist beginnt:

1. **in den Fällen des § 233a mit Ablauf des Kalenderjahrs, in dem die Steuer festgesetzt, aufgehoben, geändert oder nach § 129 berichtigt worden ist,**
2. **in den Fällen des § 234 mit Ablauf des Kalenderjahrs, in dem die Stundung geendet hat,**
3. **in den Fällen des § 235 mit Ablauf des Kalenderjahrs, in dem die Festsetzung der hinterzogenen Steuern unanfechtbar geworden ist, jedoch nicht vor Ablauf des Kalenderjahrs, in dem ein eingeleitetes Strafverfahren rechtskräftig abgeschlossen worden ist,**
4. **in den Fällen des § 236 mit Ablauf des Kalenderjahrs, in dem die Steuer erstattet oder die Steuervergütung ausgezahlt worden ist,**
5. **in den Fällen des § 237 mit Ablauf des Kalenderjahrs, in dem ein Einspruch oder eine Anfechtungsklage endgültig erfolglos geblieben ist,**
6. **in allen anderen Fällen mit Ablauf des Kalenderjahrs, in dem der Zinslauf endet.**

[3]Die Festsetzungsfrist läuft in den Fällen des § 233a nicht ab, solange die Steuerfestsetzung, ihre Aufhebung, ihre Änderung oder ihre Berichtigung nach § 129 noch zulässig ist.

(2) [1]Zinsen sind auf volle Euro zum Vorteil des Steuerpflichtigen gerundet festzusetzen. [2]Sie werden nur dann festgesetzt, wenn sie mindestens 10 Euro betragen.

(3) Werden Besteuerungsgrundlagen gesondert festgestellt oder wird ein Steuermessbetrag festgesetzt, sind die Grundlagen für eine Festsetzung von Zinsen

1. **nach § 233a in den Fällen des § 233a Absatz 2a oder**
2. **nach § 235**

gesondert festzustellen, soweit diese an Sachverhalte anknüpfen, die Gegenstand des Grundlagenbescheids sind.

(4) Werden wegen einer Steueranmeldung, die nach § 168 Satz 1 einer Steuerfestsetzung unter Vorbehalt der Nachprüfung gleichsteht, Zinsen nach § 233a festgesetzt, so steht diese Zinsfestsetzung ebenfalls unter dem Vorbehalt der Nachprüfung.

(5) Die Festsetzung von Zinsen nach § 233a hat Bindungswirkung für Zinsfestsetzungen nach den §§ 234, 235, 236 oder 237, soweit auf diese Zinsen nach § 233a festgesetzte Zinsen anzurechnen sind.

AEAO zu § 239 - Festsetzung der Zinsen:

1. Zinsen werden durch Zinsbescheid festgesetzt; die Formvorschriften für Steuerbescheide (§ 157 Abs. 1, ggf. § 87a Abs. 4 AO) gelten entsprechend. Der Mindestinhalt des Zinsbescheids richtet sich nach § 157 Abs. 1 Sätze 2 und 3, § 119 Abs. 3 AO. Der Bescheid kann nach § 129 AO berichtigt oder nach §§ 172 ff. AO aufgehoben oder geändert werden. Als Rechtsbehelf gegen den Zinsbescheid sowie gegen die Ablehnung, Erstattungszinsen nach §§ 233a, 236 AO zu zahlen, ist der Einspruch gegeben. Zum Rechtsbehelfsverfahren gegen die Entscheidung über eine Billigkeitsmaßnahme vgl. AEAO zu § 347, Nr. 4.

2. Die Festsetzungsfrist beträgt zwei Jahre (§ 239 Abs. 1 Satz 1 AO). Sie beträgt jedoch nur ein Jahr, wenn diese Frist am 21.7.2022 bereits abgelaufen war (Art. 97 § 15 Abs. 15 EGAO). Nach Ablauf der Festsetzungsfrist können Zinsen nicht mehr festgesetzt werden. Die für Folgebescheide geltende Ablaufhemmung nach § 171 Abs. 10 Satz 1 AO wird im Verhältnis vom Steuerbescheid zum Zinsbescheid gemäß § 233a AO durch die speziellen Regelungen in § 239 Abs. 1 Sätze 1 bis 3 AO verdrängt. Ergeht hingegen ein Zinsbescheid als Folgebescheid eines Zins-Grundlagenbescheids (§ 239 Abs. 3 AO), endet die Festsetzungsfrist für den Zinsbescheid nach § 171 Abs. 10 Satz 1 AO nicht vor Ablauf von zwei Jahren nach Bekanntgabe des Zins-Grundlagenbescheids (BFH-Urteil vom 16.1.2019, X R 30/17, BStBl II S. 362). Wegen der Frist für die Festsetzung von Aussetzungszinsen vgl. AEAO zu § 237, Nr. 4 (letzter Absatz). Der Anspruch auf festgesetzte Zinsen erlischt durch Zahlungsverjährung (§§ 228 ff. AO), ggf. aber auch schon früher mit dem Erlöschen des Hauptanspruchs (§ 232 AO).

3. Bei der Zinsfestsetzung ist die Rundung zugunsten des Steuerpflichtigen zu beachten (§ 239 Abs. 2 Satz 1 AO). Die Kleinbetragsregelung des § 239 Abs. 2 Satz 2 AO (Zinsen unter zehn Euro werden nicht festgesetzt) ist auf die für eine Einzelforderung berechneten Zinsen anzuwenden (vgl. AEAO zu § 238, Nr. 2).

4. Zur Anrechnung von Erstattungs- und Nachzahlungszinsen nach § 233a AO bei der Festsetzung von Stundungs-, Hinterziehungs-, Prozess- und Aussetzungszinsen vgl. AEAO zu § 233a, Nrn. 64 ff. und AEAO zu § 235, Nr. 5.1.2 und 5.2.2. Der Zinsbescheid nach § 233a AO ist dabei Grundlagenbescheid für die Festsetzung von Zinsen nach den §§ 234, 235, 236 oder 237 AO, soweit hierauf nach § 233a AO festgesetzte Zinsen anzurechnen sind (§ 239 Abs. 5 AO); § 175 Abs. 1 Satz 1 Nr. 1 AO ist entsprechend anzuwenden.

2. Unterabschnitt - Säumniszuschläge

§ 240 Säumniszuschläge (S 0480)

(1) [1]Wird eine Steuer nicht bis zum Ablauf des Fälligkeitstages entrichtet, so ist für jeden angefangenen Monat der Säumnis ein Säumniszuschlag von 1 Prozent des abgerundeten rückständigen Steuerbetrags zu entrichten; abzurunden ist auf den nächsten durch 50 Euro teilbaren Betrag. [2]Das Gleiche gilt für zurückzuzahlende Steuervergütungen und Haftungsschulden, soweit sich die Haftung auf Steuern und zurückzuzahlende Steuervergütungen erstreckt. [3]Die Säumnis nach Satz 1 tritt nicht ein, bevor die Steuer festgesetzt oder angemeldet worden ist. [4]Wird die Festsetzung einer Steuer oder Steuervergütung aufgehoben, geändert oder nach § 129 berichtigt, so bleiben die bis dahin verwirkten Säumniszuschläge unberührt; das Gleiche gilt, wenn ein Haftungsbescheid zurückgenommen, widerrufen oder nach § 129 berichtigt wird. [5]Erlischt der Anspruch durch Aufrechnung, bleiben Säumniszuschläge unberührt, die bis zur Fälligkeit der Schuld des Aufrechnenden entstanden sind.

(2) Säumniszuschläge entstehen nicht bei steuerlichen Nebenleistungen.

(3) [1]Ein Säumniszuschlag wird bei einer Säumnis bis zu drei Tagen nicht erhoben. [2]Dies gilt nicht bei Zahlung nach § 224 Abs. 2 Nr. 1.

(4) [1]In den Fällen der Gesamtschuld entstehen Säumniszuschläge gegenüber jedem säumigen Gesamtschuldner. [2]Insgesamt ist jedoch kein höherer Säumniszuschlag zu entrichten als verwirkt worden wäre, wenn die Säumnis nur bei einem Gesamtschuldner eingetreten wäre.

AEAO zu § 240 - Säumniszuschläge:

1. Säumnis tritt ein, wenn die Steuer oder die zurückzuzahlende Steuervergütung nicht bis zum Ablauf des Fälligkeitstages entrichtet wird. Sofern - wie bei den Fälligkeitssteuern - die Steuer ohne Rücksicht auf die erforderliche Steuerfestsetzung oder Steueranmeldung fällig wird, tritt die Säumnis nicht ein, bevor die Steuer festgesetzt oder die Steueranmeldung abgegeben worden ist. Bei Fälligkeitssteuern ist daher wie folgt zu verfahren:

   a) Gibt der Steuerpflichtige seine Voranmeldung oder Anmeldung erst nach Ablauf des Fälligkeitstages ab, so sind Säumniszuschläge bei verspätet geleisteter Zahlung nicht vom Ablauf des im Einzelsteuergesetz bestimmten Fälligkeitstages an, sondern erst von dem auf den Tag des Eingangs der Voranmeldung oder Anmeldung folgenden Tag an (ggf. unter Gewährung der Zahlungs-Schonfrist nach § 240 Abs. 3 AO) zu berechnen. Entsprechendes gilt für den Mehrbetrag, der sich ergibt, wenn der Steuerpflichtige seine Voranmeldung oder Anmeldung nachträglich berichtigt und sich dadurch die Steuer erhöht.

   b) Setzt das Finanzamt eine Steuer wegen Nichtabgabe der Voranmeldung oder Anmeldung fest, so sind Säumniszuschläge für verspätet geleistete Zahlung nicht vom Ablauf des im Einzelsteuergesetz bestimmten Fälligkeitstages an, sondern erst von dem Tag an (ggf. unter Gewährung der Zahlungs-Schonfrist nach § 240 Abs. 3 AO) zu erheben, der auf den letzten Tag der vom Finanzamt gesetzten Zahlungsfrist folgt. Dieser Tag bleibt für die Berechnung der Säumniszuschläge auch dann maßgebend, wenn der Steuerpflichtige nach Ablauf der vom Finanzamt gesetzten Zahlungsfrist seine Voranmeldung oder Anmeldung abgibt. Entsprechendes gilt, wenn das Finanzamt eine auf einer Voranmeldung oder Anmeldung beruhende Steuerschuld höher festsetzt, als sie sich aus der Voranmeldung oder Anmeldung ergibt, oder eine von ihm festgesetzte Steuer durch Korrektur der Steuerfestsetzung erhöht.

2. Im Falle der Aufhebung oder Änderung der Steuerfestsetzung oder ihrer Berichtigung nach § 129 AO bleiben die bis dahin verwirkten Säumniszuschläge bestehen (§ 240 Abs. 1 Satz 4 AO). Das gilt auch, wenn die ursprüngliche, für die Bemessung der Säumniszuschläge maßgebende Steuer in einem Rechtsbehelfsverfahren herabgesetzt wird. Säumniszuschläge sind nicht zu entrichten, soweit sie sich auf Steuerbeträge beziehen, die durch (nachträgliche) Anrechnung von Lohn-, Kapitalertrag- oder Körperschaftsteuer entfallen sind, weil insoweit zu keiner Zeit eine rückständige Steuer i. S. d. § 240 Abs. 1 Satz 4 AO vorgelegen hat (BFH-Urteil vom 24.3.1992, VII R 39/91, BStBl II S. 956).

3. Der Säumniszuschlag ist von den Gesamtschuldnern nur in der Höhe anzufordern, in der er entstanden wäre, wenn die Säumnis nur bei einem Gesamtschuldner eingetreten wäre; der Ausgleich findet zwischen den Gesamtschuldnern nach bürgerlichem Recht statt.

4. Säumniszuschläge sind nicht zu entrichten, wenn Verspätungszuschläge, Zinsen, Säumniszuschläge, Zwangsgelder und Kosten (steuerliche Nebenleistungen) nicht rechtzeitig gezahlt werden.

5. Säumniszuschläge sind ein Druckmittel eigener Art. Sie sollen den Steuerschuldner zur pünktlichen Erfüllung seiner Zahlungsverpflichtungen anhalten und die Verletzung der Zahlungspflicht sanktionieren; auf ein Verschulden des Steuerschuldners kommt es hierbei nicht an. Sie entstehen kraft Gesetzes allein durch Zeitablauf (vgl. BFH-Urteil vom 17.7.1985, I R 172/79, BStBl 1986 II S. 122).

   Außerdem sind Säumniszuschläge ein Ausgleich für den durch die Pflichtverletzung angefallenen Verwaltungsaufwand. Die Abschöpfung von Liquiditätsvorteilen des säumigen Steuerschuldners und der Ausgleich von Liquiditätsnachteilen des Steuergläubigers sind nur Nebenzweck der Regelung (vgl. BFH-Beschluss vom 28.10.2022, VI B 15/22 (AdV), BStBl 2023 II S.12).

   Soweit die Zielsetzung des § 240 AO durch die Erhebung von Säumniszuschlägen nicht mehr erreicht werden kann, können sie nach § 227 AO aus sachlichen Billigkeitsgründen ganz oder teilweise erlassen werden. Ein Erlass kommt hiernach insbesondere in folgenden Fällen in Betracht:

a) bei plötzlicher Erkrankung des Steuerpflichtigen, wenn er selbst dadurch an der pünktlichen Zahlung gehindert war und es dem Steuerpflichtigen seit seiner Erkrankung bis zum Ablauf der Zahlungsfrist nicht möglich war, einen Vertreter mit der Zahlung zu beauftragen;

b) bei einem bisher pünktlichen Steuerzahler, dem ein offenbares Versehen unterlaufen ist. Wer seine Steuern laufend unter Ausnutzung der Schonfrist des § 240 Abs. 3 AO zahlt, ist kein pünktlicher Steuerzahler (BFH-Urteil vom 15.5.1990, VII R 7/88, BStBl II S. 1007);

c) wenn einem Steuerpflichtigen die rechtzeitige Zahlung der Steuern wegen Zahlungsunfähigkeit und Überschuldung nicht mehr möglich war (BFH-Urteil vom 8.3.1984, I R 44/80, BStBl II S. 415). Da der säumige Steuerschuldner nicht bessergestellt werden darf als ein Steuerpflichtiger, dem eine nach § 234 AO verzinsliche Stundung gewährt wurde, ist - vorbehaltlich von Buchst. e) - grundsätzlich nur die Hälfte der verwirkten Säumniszuschläge zu erlassen (vgl. BFH-Urteil vom 16.7.1997, XI R 32/96, BStBl 1998 II S. 7);

d) bei einem Steuerpflichtigen, dessen wirtschaftliche Leistungsfähigkeit durch nach § 258 AO bewilligte oder sonst hingenommene Ratenzahlungen unstreitig bis an die äußerste Grenze ausgeschöpft worden ist. Da der säumige Steuerschuldner nicht bessergestellt werden darf als ein Steuerpflichtiger, dem eine nach § 234 AO verzinsliche Stundung gewährt wurde, ist - vorbehaltlich von Buchst. e) - grundsätzlich nur die Hälfte der verwirkten Säumniszuschläge zu erlassen (vgl. BFH-Urteil vom 22.6.1990, III R 150/85, BStBl 1991 II S. 864);

e) soweit die Voraussetzungen für einen Erlass der Hauptschuld nach § 227 AO oder für eine zinslose Stundung der Steuerforderung nach § 222 AO im Säumniszeitraum vorliegen, sind die entstandenen Säumniszuschläge insoweit in voller Höhe zu erlassen (vgl. BFH-Urteil vom 23.5.1985, V R 124/79, BStBl II S. 489). Lagen nur die Voraussetzungen für eine verzinsliche Stundung der Hauptforderung vor, gilt Buchstabe d) Satz 2 entsprechend.

f) soweit die angefochtene Steuerfestsetzung im Rahmen eines außergerichtlichen oder gerichtlichen Rechtsbehelfsverfahrens aufgehoben oder zu Gunsten des Steuerpflichtigen geändert wird und der Steuerpflichtige alle außergerichtlichen und gerichtlichen Möglichkeiten ausgeschöpft hat, um die Aussetzung der Vollziehung zu erreichen, diese aber - obwohl möglich und geboten - vom Finanzamt und vom Finanzgericht abgelehnt worden ist. Der im Rechtsbehelfsverfahren obsiegende Steuerpflichtige ist dann so zu stellen, als hätte er den gebotenen einstweiligen Rechtsschutz (Aussetzung der Vollziehung) erlangt, weshalb die betroffenen Säumniszuschläge in voller Höhe zu erlassen sind (vgl. BFH-Urteil vom 24.4.2014, V R 52/13, BStBl 2015 II S. 106);

g) in sonstigen Fällen sachlicher Unbilligkeit.

Die Möglichkeit eines weitergehenden Erlasses aus persönlichen Billigkeitsgründen bleibt unberührt.

Zum Erlass von Säumniszuschlägen bei einer Überschneidung mit Nachzahlungszinsen vgl. AEAO zu § 233a, Nr. 63.

6. In Stundungs- und Aussetzungsfällen sowie bei der Herabsetzung von Vorauszahlungen gilt Folgendes:

a) **Stundung**

aa) **Stundungsantrag bis zur Fälligkeit**

Wird eine Stundung bis zur Fälligkeit beantragt, aber erst nach Fälligkeit bewilligt, so ist die Stundung mit Wirkung vom Fälligkeitstag an auszusprechen. Vom neuen Fälligkeitstag an gilt nach § 240 Abs. 3 AO wieder eine Schonfrist.

Wird eine Stundung bis zur Fälligkeit beantragt, aber erst nach Fälligkeit abgelehnt, so kann im Allgemeinen eine Frist zur Zahlung der rückständigen Steuern bewilligt werden. Diese Zahlungsfrist soll eine Woche grundsätzlich nicht überschreiten. Vom neuen Fälligkeitstag an gilt nach § 240 Abs. 3 AO wieder eine Schonfrist. Bei Zahlung bis zum Ablauf dieser Schonfrist sind keine Säumniszuschläge zu erheben.

bb) **Stundungsantrag nach Fälligkeit**

Wird eine Stundung nach Fälligkeit beantragt und bewilligt, so ist die Stundung vom Eingangstag des Antrags an auszusprechen, sofern nicht besondere Gründe eine rückwirkende Stundung vom Fälligkeitstag an rechtfertigen.

Bei einem innerhalb der Schonfrist nach § 240 Abs. 3 AO eingegangenen Stundungsantrag sind für die Zeit von der Fälligkeit bis zum Beginn der Stundung keine Säumniszuschläge zu erheben. Das Gleiche gilt, wenn der Stundungsantrag am ersten Werktag nach Ablauf der Schonfrist eingegangen ist und die Stundung daher unmittelbar an die Schonfrist anschließt.

Bis zum Beginn der Stundung entstandene und zu erhebende Säumniszuschläge sind in die Stundungsverfügung einzubeziehen.

Vom neuen Fälligkeitstag an gilt nach § 240 Abs. 3 AO wieder eine Schonfrist.

Wird eine Stundung nach Fälligkeit beantragt und abgelehnt, so verbleibt es bei dem ursprünglichen Fälligkeitstag, sofern nicht besondere Gründe eine Frist zur Zahlung der rückständigen Steuern rechtfertigen. Die Zahlungsfrist soll eine Woche grundsätzlich nicht überschreiten. Vom neuen

Fälligkeitstag an gilt nach § 240 Abs. 3 AO wieder eine Schonfrist. Bei Zahlung bis zum Ablauf dieser Schonfrist sind keine Säumniszuschläge zu erheben.

cc) **Folgen verspäteter Zahlung**

Wird bei Bewilligung einer Stundung erst nach Ablauf der vom neuen Fälligkeitstag an berechneten Schonfrist (§ 240 Abs. 3 AO) gezahlt, sind Säumniszuschläge vom Ablauf des neuen Fälligkeitstages an zu berechnen.

Wird im Falle der Ablehnung einer Stundung die eingeräumte Zahlungsfrist (ggf. zuzüglich der an die Zahlungsfrist anschließenden Schonfrist nach § 240 Abs. 3 AO) nicht eingehalten, sind Säumniszuschläge vom Ablauf des ursprünglichen Fälligkeitstages an zu berechnen.

b) **Aussetzung der Vollziehung**

Wird ein rechtzeitig gestellter Antrag auf Aussetzung der Vollziehung nach Fälligkeit abgelehnt, so kann im Allgemeinen eine Frist zur Zahlung der rückständigen Steuern bewilligt werden. Die Zahlungsfrist soll eine Woche grundsätzlich nicht überschreiten. Die Schonfrist (§ 240 Abs. 3 AO) ist vom Ende der Zahlungsfrist an zu gewähren. Bei Zahlung bis zum Ablauf der Schonfrist sind keine Säumniszuschläge zu erheben.

c) **Herabsetzung von Vorauszahlungen**

Wird einem rechtzeitig gestellten Antrag auf Herabsetzung von Vorauszahlungen erst nach Fälligkeit entsprochen, sind Säumniszuschläge auf den Herabsetzungsbetrag nicht zu erheben.

Wird ein rechtzeitig gestellter Antrag auf Herabsetzung von Vorauszahlungen nach Fälligkeit abgelehnt, so kann im Allgemeinen eine Frist zur Zahlung der rückständigen Steuern bewilligt werden. Die Zahlungsfrist soll eine Woche grundsätzlich nicht überschreiten. Die Schonfrist (§ 240 Abs. 3 AO) ist vom Ende der Zahlungsfrist an zu gewähren. Bei Zahlung bis zum Ablauf der Schonfrist sind keine Säumniszuschläge zu erheben.

Wird einer der vorbezeichneten Anträge mit dem Ziel gestellt, sich der rechtzeitigen Zahlung der Steuer zu entziehen (Missbrauchsfälle), ist keine Zahlungsfrist zu bewilligen.

7. Mit einem Verwaltungsakt nach § 258 AO verzichtet die Vollstreckungsbehörde auf Vollstreckungsmaßnahmen; an der Fälligkeit der Steuerschuld ändert sich dadurch jedoch nichts (s. auch BFH-Urteil vom 15.3.1979, IV R 174/78, BStBl II S. 429). Für die Dauer eines bekannt gegebenen Vollstreckungsaufschubs sind daher grundsätzlich Säumniszuschläge zu erheben; auf diese Rechtslage ist der Steuerpflichtige bei Bekanntgabe des Vollstreckungsaufschubs hinzuweisen (siehe Abschn. 7 Abs. 3 VollStrA). Die Möglichkeit, von der Erhebung von Säumniszuschlägen aus Billigkeitsgründen

nach § 227 AO ganz oder teilweise abzusehen, bleibt unberührt (vgl. AEAO zu § 240, Nr. 5 Abs. 2).

8. Macht der Steuerpflichtige geltend, die Säumniszuschläge seien nicht oder nicht in der angeforderten Höhe entstanden, so ist sein Vorbringen - auch wenn es bspw. als „Erlassantrag" bezeichnet ist - als Antrag auf Erteilung eines Bescheids nach § 218 Abs. 2 AO anzusehen, da nur in diesem Verfahren entschieden werden kann, ob und inwieweit Säumniszuschläge entstanden sind (ständige Rechtsprechung, vgl. z. B. BFH-Urteil vom 12.8.1999, VII R 92/98, BStBl II S. 751). Bestreitet der Steuerpflichtige nicht die Entstehung der Säumniszuschläge dem Grunde und der Höhe nach, sondern wendet er sich gegen deren Anforderung im engeren Sinne (Leistungsgebot, § 254 AO), ist sein Vorbringen als Einspruch (§ 347 AO) anzusehen. Das Vorbringen des Steuerpflichtigen ist als Erlassantrag zu werten, wenn sachliche oder persönliche Billigkeitsgründe geltend gemacht werden.

3 Dritter Abschnitt - Sicherheitsleistung

§ 241 Art der Sicherheitsleistung (S 0490)

(1) Wer nach den Steuergesetzen Sicherheit zu leisten hat, kann diese erbringen

1. **durch Hinterlegung von im Geltungsbereich dieses Gesetzes umlaufenden Zahlungsmitteln bei der zuständigen Finanzbehörde,**
2. **durch Verpfändung der in Absatz 2 genannten Wertpapiere, die von dem zur Sicherheitsleistung Verpflichteten der Deutschen Bundesbank oder einem Kreditinstitut zur Verwahrung anvertraut worden sind, das zum Depotgeschäft zugelassen ist, wenn dem Pfandrecht keine anderen Rechte vorgehen. [2]Die Haftung der Wertpapiere für Forderungen des Verwahrers für ihre Verwahrung und Verwaltung bleibt unberührt. [3]Der Verpfändung von Wertpapieren steht die Verpfändung von Anteilen an einem Sammelbestand nach § 6 des Depotgesetzes in der im Bundesgesetzblatt Teil III, Gliederungsnummer 4130-1, veröffentlichten bereinigten Fassung, zuletzt geändert durch Artikel 1 des Gesetzes vom 17. Juli 1985 (BGBl. I S. 1507), gleich,**
3. **durch eine mit der Übergabe des Sparbuchs verbundene Verpfändung von Spareinlagen bei einem Kreditinstitut, das im Geltungsbereich dieses Gesetzes zum Einlagengeschäft zugelassen ist, wenn dem Pfandrecht keine anderen Rechte vorgehen,**
4. **durch Verpfändung von Forderungen, die in einem Schuldbuch des Bundes, eines Sondervermögens des Bundes oder eines Landes eingetragen sind, wenn dem Pfandrecht keine anderen Rechte vorgehen,**
5. **durch Bestellung von**
   a) **erstrangigen Hypotheken, Grund- oder Rentenschulden an Grundstücken oder Erbbaurechten, die im Geltungsbereich dieses Gesetzes belegen sind,**
   b) **erstrangigen Schiffshypotheken an Schiffen, Schiffsbauwerken oder Schwimmdocks, die in einem im Geltungsbereich dieses Gesetzes geführten Schiffsregister oder Schiffsbauregister eingetragen sind,**
6. **durch Verpfändung von Forderungen, für die eine erstrangige Verkehrshypothek an einem im Geltungsbereich dieses Gesetzes belegenen Grundstück oder Erbbaurecht besteht, oder durch Verpfändung von erstrangigen Grundschulden oder Rentenschulden an im Geltungsbereich dieses Gesetzes belegenen Grundstücken oder Erbbaurechten, wenn an den Forderungen, Grundschulden oder Rentenschulden keine vorgehenden Rechte bestehen,**
7. **durch Schuldversprechen, Bürgschaft oder Wechselverpflichtungen eines tauglichen Steuerbürgen (§ 244).**

(2) Wertpapiere im Sinne von Absatz 1 Nr. 2 sind

1. **Schuldverschreibungen des Bundes, eines Sondervermögens des Bundes, eines Landes, einer Gemeinde oder eines Gemeindeverbands,**
2. **Schuldverschreibungen zwischenstaatlicher Einrichtungen, denen der Bund Hoheitsrechte übertragen hat, wenn sie im Geltungsbereich dieses Gesetzes zum amtlichen Börsenhandel zugelassen sind,**
3. **Schuldverschreibungen der Deutschen Genossenschaftsbank, der Deutschen Siedlungs- und Landesrentenbank, der Deutschen Ausgleichsbank, der Kreditanstalt für Wiederaufbau und der Landwirtschaftlichen Rentenbank,**
4. **Pfandbriefe, Kommunalobligationen und verwandte Schuldverschreibungen,**
5. **Schuldverschreibungen, deren Verzinsung und Rückzahlung vom Bund oder von einem Land gewährleistet werden.**

(3) Ein unter Steuerverschluss befindliches Lager steuerpflichtiger Waren gilt als ausreichende Sicherheit für die darauf lastende Steuer.

AEAO zu §§ 241 bis 248 - Sicherheitsleistung:

1. Die Vorschriften regeln nur die Art und das Verfahren der Sicherheitsleistung. Wann und ggf. in welcher Höhe Sicherheiten zu leisten sind, ergibt sich aus anderen Vorschriften der Abgabenordnung (siehe z. B. § 109 Abs. 3, § 165 Abs. 1, §§ 221, 222, 223, 361 Abs. 2 AO) oder aus Einzelsteuergesetzen (§ 18f UStG). Die Erzwingung von Sicherheiten richtet sich nach § 336 AO, ihre Verwertung nach § 327 AO. Die Kosten der Sicherheitsleistung treffen den Steuerpflichtigen.
2. Die für die Bundesfinanzverwaltung bekannt gegebenen Bestimmungen über Formen der Sicherheitsleistung im Bereich der von der Zollverwaltung verwalteten Steuern und Abgaben - SiLDV - (Vorschriftensammlung Bundesfinanzverwaltung E - VSF - Kennungen S 1450 und Z 0915) sind - soweit sie Formen der Sicherheitsleistung in Verbrauchsteuerverfahren betreffen - für den Bereich der Besitz- und Verkehrsteuern entsprechend anzuwenden.

§ 242 Wirkung der Hinterlegung von Zahlungsmitteln (S 0490)

[1]Zahlungsmittel, die nach § 241 Abs. 1 Nr. 1 hinterlegt werden, gehen in das Eigentum der Körperschaft über, der die Finanzbehörde angehört, bei der sie hinterlegt worden sind. [2]Die Forderung auf Rückzahlung ist nicht zu verzinsen. [3]Mit der Hinterlegung erwirbt die Körperschaft deren Forderung durch die Hinterlegung gesichert werden soll, ein Pfandrecht an der Forderung auf Rückerstattung der hinterlegten Zahlungsmittel.

§ 243 Verpfändung von Wertpapieren (S 0490)

[1]Die Sicherheitsleistung durch Verpfändung von Wertpapieren nach § 241 Abs. 1 Nr. 2 ist nur zulässig, wenn der Verwahrer die Gewähr für die Umlauffähigkeit übernimmt. [2]Die Übernahme dieser Gewähr umfasst die Haftung dafür,

1. dass das Rückforderungsrecht des Hinterlegers durch gerichtliche Sperre und Beschlagnahme nicht beschränkt ist,
2. dass die anvertrauten Wertpapiere in den Sammellisten aufgerufener Wertpapiere nicht als gestohlen oder als verloren gemeldet und weder mit Zahlungssperre
belegt noch zur Kraftloserklärung aufgeboten oder für kraftlos erklärt worden sind,
3. dass die Wertpapiere auf den Inhaber lauten, oder, falls sie auf den Namen ausgestellt sind, mit Blankoindossament versehen und auch sonst nicht gesperrt sind, und dass die Zinsscheine und die Erneuerungsscheine bei den Stücken sind.

§ 244 Taugliche Steuerbürgen (S 0490)

(1) [1]Schuldversprechen und Bürgschaften nach dem Bürgerlichen Gesetzbuch sowie Wechselverpflichtungen aus Artikel 28 oder 78 des Wechselgesetzes sind als Sicherheit nur geeignet, wenn sie von Personen abgegeben oder eingegangen worden sind, die

1. ein der Höhe der zu leistenden Sicherheit angemessenes Vermögen besitzen und
2. ihren allgemeinen oder einen vereinbarten Gerichtsstand im Geltungsbereich dieses Gesetzes haben.

[2]Bürgschaften müssen den Verzicht auf die Einrede der Vorausklage nach § 771 des Bürgerlichen Gesetzbuchs enthalten. [3]Schuldversprechen und Bürgschaftserklärungen sind schriftlich zu erteilen; die elektronische Form ist ausgeschlossen. [4]Sicherungsgeber und Sicherungsnehmer dürfen nicht wechselseitig füreinander Sicherheit leisten und auch nicht wirtschaftlich miteinander verflochten sein. [5]Über die Annahme von Bürgschaftserklärungen in den Verfahren nach dem A.T.A.- Übereinkommen vom 6. Dezember 1961 (BGBl. II 1965 S. 948) und dem TIR-Übereinkommen vom 14. November 1975 (BGBl. II 1979 S. 445) in ihren jeweils gültigen Fassungen entscheidet die Generalzolldirektion. [6]Über die Annahme von Bürgschaftserklärungen über Einzelsicherheiten in Form von Sicherheitstiteln nach dem Zollkodex der Union mit der Delegierten Verordnung (EU) 2015/2446 der Kommission vom 28. Juli 2015 zur Ergänzung der Verordnung (EU) Nr. 952/2013 des Europäischen Parlaments und des Rates mit Einzelheiten zur Präzisierung von Bestimmungen des Zollkodex der Union (ABl. L 343 vom 29.12.2015, S. 1) sowie nach der Durchführungsverordnung (EU) 2015/2447 der Kommission vom 24. November 2015 mit Einzelheiten zur Umsetzung von Bestimmungen der Verordnung (EU) Nr. 952/2013 des Europäischen Parlaments und des Rates zur Festlegung des Zollkodex der Union (ABl. L 343 vom 29.12.2015,

S. 558) und nach dem Übereinkommen vom 20. Mai 1987 über ein gemeinsames Versandverfahren (ABl. EG Nr. L 226 S. 2) in ihren jeweils gültigen Fassungen entscheidet die Generalzolldirektion.

(2) [1]Die Generalzolldirektion kann Kreditinstitute und geschäftsmäßig für andere Sicherheit leistende Versicherungsunternehmen allgemein als Steuerbürge zulassen, wenn sie im Geltungsbereich dieses Gesetzes zum Geschäftsbetrieb befugt sind. [2]Bei der Zulassung ist ein Höchstbetrag festzusetzen (Bürgschaftssumme). [3]Die gesamten Verbindlichkeiten aus Schuldversprechen, Bürgschaften und Wechselverpflichtungen, die der Steuerbürge gegenüber der Finanzverwaltung übernommen hat, dürfen nicht über die Bürgschaftssumme hinausgehen.

(3) Das Bundesministerium der Finanzen wird ermächtigt, durch Rechtsverordnung mit Zustimmung des Bundesrates die Befugnisse nach Absatz 1 Satz 6 und Absatz 2 auf ein Hauptzollamt oder mehrere Hauptzollämter zu übertragen.

§ 245 Sicherheitsleistung durch andere Werte (S 0490)

[1]Andere als die in § 241 bezeichneten Sicherheiten kann die Finanzbehörde nach ihrem Ermessen annehmen. [2]Vorzuziehen sind Vermögensgegenstände, die größere Sicherheit bieten oder bei Eintritt auch außerordentlicher Verhältnisse ohne erhebliche Schwierigkeit und innerhalb angemessener Frist verwertet werden können.

§ 246 Annahmewerte (S 0490)

[1]Die Finanzbehörde bestimmt nach ihrem Ermessen, zu welchen Werten Gegenstände als Sicherheit anzunehmen sind. [2]Der Annahmewert darf jedoch den bei einer Verwertung zu erwartenden Erlös abzüglich der Kosten der Verwertung nicht übersteigen. [3]Er darf bei den in § 241 Abs. 1 Nr. 2 und 4 aufgeführten Gegenständen und bei beweglichen Sachen, die nach § 245 als Sicherheit angenommen werden, nicht unter den in § 234 Abs. 3, § 236 und § 237 Satz 1 des Bürgerlichen Gesetzbuchs genannten Werten liegen.

§ 247 Austausch von Sicherheiten (S 0490)

Wer nach den §§ 241 bis 245 Sicherheit geleistet hat, ist berechtigt, die Sicherheit oder einen Teil davon durch eine andere nach den §§ 241 bis 244 geeignete Sicherheit zu ersetzen.

§ 248 Nachschusspflicht (S 0490)

Wird eine Sicherheit unzureichend, so ist sie zu ergänzen oder es ist anderweitige Sicherheit zu leisten.

Sechster Teil - Vollstreckung

Erster Abschnitt - Allgemeine Vorschriften

§ 249 Vollstreckungsbehörden (S 0500)

(1) [1]Die Finanzbehörden können Verwaltungsakte, mit denen eine Geldleistung, eine sonstige Handlung, eine Duldung oder Unterlassung gefordert wird, im Verwaltungsweg vollstrecken. [2]Dies gilt auch für Steueranmeldungen (§ 168). [3]Vollstreckungsbehörden sind die Finanzämter und die Hauptzollämter sowie die Landesfinanzbehörden, denen durch eine Rechtsverordnung nach § 17 Absatz 2 Satz 3 Nummer 3 des Finanzverwaltungsgesetzes die landesweite Zuständigkeit für Kassengeschäfte und das Erhebungsverfahren einschließlich der Vollstreckung übertragen worden ist; § 328 Absatz 1 Satz 3 bleibt unberührt.

(2) [1]Zur Vorbereitung der Vollstreckung können die Finanzbehörden die Vermögens- und Einkommensverhältnisse des Vollstreckungsschuldners ermitteln. [2]Die Finanzbehörde darf ihr bekannte, nach § 30 geschützte Daten, die sie bei der Vollstreckung wegen Steuern und steuerlicher Nebenleistungen verwenden darf, auch bei der Vollstreckung wegen anderer Geldleistungen als Steuern und steuerlicher Nebenleistungen verwenden.

(3) [1]Zur Durchführung von Vollstreckungsmaßnahmen können die Vollstreckungsbehörden Auskunfts- und Unterstützungsersuchen nach § 757a der Zivilprozessordnung stellen. [2]§ 757a Absatz 5 der Zivilprozessordnung ist dabei nicht anzuwenden.

§ 250 Vollstreckungsersuchen (S 0510)

(1) [1]Soweit eine Vollstreckungsbehörde auf Ersuchen einer anderen Vollstreckungsbehörde Vollstreckungsmaßnahmen ausführt, tritt sie an die Stelle der anderen Vollstreckungsbehörde. [2]Für die Vollstreckbarkeit des Anspruchs bleibt die ersuchende Vollstreckungsbehörde verantwortlich.

(2) [1]Hält sich die ersuchte Vollstreckungsbehörde für unzuständig oder hält sie die Handlung, um die sie ersucht worden ist, für unzulässig, so teilt sie ihre Bedenken der ersuchenden Vollstreckungsbehörde mit. [2]Besteht diese auf der Ausführung des Ersuchens und lehnt die ersuchte Vollstreckungsbehörde die Ausführung ab, so entscheidet die Aufsichtsbehörde der ersuchten Vollstreckungsbehörde.

§ 251 Vollstreckbare Verwaltungsakte (S 0500 / S 0550)

(1) [1]Verwaltungsakte können vollstreckt werden, soweit nicht ihre Vollziehung ausgesetzt oder die Vollziehung durch Einlegung eines Rechtsbehelfs gehemmt ist (§ 361; § 69 der Finanzgerichtsordnung). [2]Einfuhr- und Ausfuhrabgabenbescheide können außerdem nur vollstreckt werden, soweit die Vorpflichtung des Zollschuldners zur Abgabenentrichtung nicht ausgesetzt ist (Artikel 108 Absatz 3 des Zollkodexes der Union).

(2) [1]Unberührt bleiben die Vorschriften der Insolvenzordnung sowie § 79 Abs. 2 des Bundesverfassungsgerichtsgesetzes. [2]Die Finanzbehörde ist berechtigt, in den Fällen des § 201 Abs. 2, §§ 257 und 308 Abs. 1 der Insolvenzordnung sowie des § 71 des Unternehmensstabilisierungs- und -restrukturierungsgesetzes gegen den Schuldner im Verwaltungswege zu vollstrecken.

(3) Macht die Finanzbehörde im Insolvenzverfahren einen Anspruch aus dem Steuerschuldverhältnis als Insolvenzforderung geltend, so stellt sie erforderlichenfalls die Insolvenzforderung durch schriftlichen oder elektronischen Verwaltungsakt fest.

AEAO zu § 251 – Insolvenzverfahren:

Inhaltsübersicht

1. Allgemeines

Ist über das Vermögen eines Steuerpflichtigen (Schuldner) das Insolvenzverfahren eröffnet worden, können die Finanzbehörden ihre Ansprüche während der Dauer des Verfahrens nur nach den Vorschriften der Insolvenzordnung geltend machen (§ 251 Abs. 2 Satz 1 AO).

Die Vorschriften der Abschnitte 57 bis 64 der Vollstreckungsanweisung (VollstrA) sind anzuwenden.

2. Voraussetzung für die Eröffnung des Verfahrens

2.1 Eröffnungsgründe

Nach § 16 InsO sind Gründe für die Eröffnung des Insolvenzverfahrens

- die Zahlungsunfähigkeit (§ 17 InsO),
- die drohende Zahlungsunfähigkeit (§ 18 InsO) und
- die Überschuldung (§ 19 InsO).

Die gleichen Eröffnungsgründe gelten auch in Nachlassinsolvenzverfahren (§ 320 InsO).

2.1.1 Zahlungsunfähigkeit

Allgemeiner Eröffnungsgrund ist die Zahlungsunfähigkeit des Schuldners. Sie ist in der Regel anzunehmen, wenn der Schuldner seine Zahlungen eingestellt hat (§ 17 InsO). Leistet der Schuldner noch einzelne Zahlungen, bleiben aber nicht unwesentliche Verbindlichkeiten unerfüllt, ändert dies grundsätzlich nichts an der Zahlungsunfähigkeit (BGH-Urteil vom 10.7.2003, IX ZR 89/02, DB S. 2383).

Zahlungsunfähigkeit ist weiterhin regelmäßig anzunehmen, wenn der Schuldner nicht in der Lage ist, binnen drei Wochen 90 % seiner fälligen Gesamtverbindlichkeiten auszugleichen (BGH-Urteil vom 24.5.2005, IX ZR 123/04, NJW S. 3062).

2.1.2 Drohende Zahlungsunfähigkeit

Bei Eigenanträgen des Schuldners ist auch die drohende Zahlungsunfähigkeit Eröffnungsgrund (§ 18 Abs. 1 InsO). Der Schuldner droht zahlungsunfähig zu werden, wenn er voraussichtlich nicht in der Lage sein wird, die bestehenden Zahlungspflichten im Zeitpunkt der Fälligkeit zu erfüllen. In aller Regel ist ein Prognosezeitraum von 24 Monaten zugrunde zu legen (§ 18 Abs. 2 InsO).

2.1.3 Überschuldung

Bei juristischen Personen, Personengesellschaften ohne eine persönlich haftende natürliche Person ist daneben die Überschuldung ein eigenständiger Eröffnungsgrund (§ 19 InsO). Eine Überschuldung liegt vor, wenn das Vermögen des Schuldners die bestehenden Verbindlichkeiten nicht mehr deckt, es sei denn, die Fortführung des Unternehmens in den nächsten zwölf Monaten ist nach den Umständen überwiegend wahrscheinlich (§ 19 Abs. 2 Satz 1 InsO). Eine Ausnahme gilt in den Fällen des § 19 Abs. 3 Satz 2 InsO.

2.2 Eröffnungsantrag

Das Insolvenzverfahren wird nur auf schriftlichen Antrag eröffnet. Antragsberechtigt sind sowohl die Gläubiger als auch der Schuldner (§ 13 Abs. 1 Satz 2 InsO). Den Antrag auf Eröffnung des Insolvenzverfahrens kann außer bei drohender Zahlungsunfähigkeit jeder Gläubiger stellen, der ein rechtliches Interesse an der Eröffnung hat und seinen Anspruch sowie den Eröffnungsgrund glaubhaft macht (§ 14 Abs. 1 InsO). Das rechtliche Interesse eines Gläubigers fehlt beispielsweise dann, wenn er aufgrund eines Aussonderungsrechts innerhalb wie außerhalb des Verfahrens in gleicher Weise Befriedigung erlangen kann.

Bei vollstreckbaren Rückständen ist die Finanzbehörde im Rahmen pflichtgemäßer Ermessensausübung gehalten, bei Vorliegen eines Insolvenzgrundes einen Insolvenzantrag zu stellen.

Nach § 14 Abs. 1 Satz 2 InsO wird ein Insolvenzantrag nicht alleine dadurch unzulässig, dass die Forderung erfüllt wird. Ein von der Finanzbehörde gestellter Insolvenzantrag kann weiterhin trotz Tilgung der Forderungen aufrecht erhalten bleiben.

2.3 Rechtsbehelfe

Die Stellung eines Antrag auf Eröffnung eines Insolvenzverfahrens über das Vermögen des Schuldners durch die Finanzbehörde ist kein Verwaltungsakt, sondern stellt schlichtes hoheitliches Handeln dar, dessen Überprüfung dem Finanzgericht und nicht dem Insolvenzgericht obliegt (vgl. BFH-Beschluss vom 31.8.2011, VII B 59/11, BFH/NV S. 2105). Dem Steuerpflichtigen stehen als Rechtsbehelfe hiergegen die allgemeine Leistungsklage (§ 40 Abs. 1 FGO) bzw. im vorläufigen Rechtsschutzverfahren der Antrag auf Erlass einer einstweiligen Anordnung (§ 114 FGO) zu (vgl. BFH-Beschluss vom 12.8.2011, VII B 159/10, BFH/NV S. 2104).

Über den Insolvenzantrag selbst entscheidet das Insolvenzgericht. Gegen eine ablehnende Entscheidung des Insolvenzgerichts über den Insolvenzantrag steht dem antragstellenden Gläubiger das Rechtsmittel der sofortigen Beschwerde zu (§ 34 Abs. 1 InsO). Die Beschwerde ist binnen einer Notfrist von zwei Wochen bei dem Insolvenzgericht einzulegen (§§ 4 und 6 InsO, § 569 ZPO). Die Frist beginnt mit der Verkündung der Entscheidung oder, wenn diese nicht verkündet wird, mit deren Zustellung (§ 6 Abs. 2 InsO). Gegen die Entscheidung des Beschwerdegerichts ist die Rechtsbeschwerde gegeben, soweit sie zugelassen ist (§ 574 ZPO). Die Rechtsbeschwerde ist binnen einer Notfrist von einem Monat nach Zustellung des Beschlusses über die sofortige Beschwerde bei dem Rechtsbeschwerdegericht einzulegen (§ 575 ZPO).

3. Insolvenzeröffnungsverfahren

3.1 Sicherungsmaßnahmen

Die häufigste Sicherungsmaßnahme ist neben dem Vollstreckungsverbot die Anordnung der vorläufigen Insolvenzverwaltung gem. § 21 Abs. 2 Nr. 1 i. V. m. § 22 InsO. Wird diese Anordnung mit dem Erlass eines allgemeinen Verfügungsverbots nach § 21 Abs. 2 Nr. 2 InsO verbunden, geht die Verwaltungs- und Verfügungsbefugnis über das Schuldnervermögen auf den vorläufigen Insolvenzverwalter über. Aufgrund seiner umfassenden Befugnisse wird dieser als starker vorläufiger Insolvenzverwalter bezeichnet. Im Besteuerungsverfahren hat der starke vorläufige Insolvenzverwalter die gleiche Stellung (§ 34 Abs. 3 AO) wie der Insolvenzverwalter im eröffneten Verfahren (vgl. AEAO zu § 251, Nr.

4.2). Die vom starken vorläufigen Insolvenzverwalter begründeten Verbindlichkeiten gelten nach Verfahrenseröffnung als Masseverbindlichkeiten i. S. d. § 55 Abs. 2 InsO (vgl. AEAO zu § 251, Nr. 6.1). Für hierauf bezogene Verwaltungsakte ist er im Insolvenzeröffnungsverfahren Bekanntgabeadressat (vgl. AEAO zu § 251, Nr. 4.3.2). Mit Bestellung des starken vorläufigen Insolvenzverwalters tritt bereits die Unterbrechungswirkung analog zu § 240 Satz 2 ZPO ein, weshalb ab diesem Zeitpunkt insbesondere keine Steuerbescheide mehr für solche Steuern erlassen werden dürfen, die vor Bestellung des starken vorläufigen Insolvenzverwalters begründet worden sind (vgl. AEAO zu § 251, Nr. 4.1.2). Eine vom Schuldner vor Bestellung eines starken vorläufigen Insolvenzverwalters erteilte Empfangsvollmacht ist weiterhin zu beachten, sofern sie nicht vom starken vorläufigen Insolvenzverwalter widerrufen oder das Insolvenzverfahren eröffnet wurde.

Soweit das Gericht vom Erlass eines allgemeinen Verfügungsverbots absieht und die Rechte des vorläufigen Insolvenzverwalters individuell bestimmt, handelt es sich um einen sog. schwachen vorläufigen Insolvenzverwalter. Dieser ist nicht Vermögensverwalter i. S. d. § 34 Abs. 3 AO; daher obliegen die steuerlichen Pflichten, insbesondere die Steuererklärungspflicht, weiterhin dem Schuldner. Steuerbescheide sind daher an den Schuldner zu richten und diesem bekannt zu geben, soweit kein Empfangsbevollmächtigter bestellt ist.

Der schwache vorläufige Insolvenzverwalter kann in der Regel keine Masseverbindlichkeiten begründen (vgl. BGH-Urteil vom 18.7.2002, IX ZR 195/01, DB S. 2011). Aufgrund der Regelung des § 55 Abs. 4 InsO gelten jedoch bestimmte Steuerverbindlichkeiten des Schuldners, die vom vorläufigen Insolvenzverwalter oder vom Schuldner mit Zustimmung des vorläufigen Insolvenzverwalters begründet werden, nach Eröffnung des Insolvenzverfahrens als Masseverbindlichkeiten. Zu Einzelheiten der Anwendung des § 55 Abs. 4 InsO siehe BMF-Schreiben vom 11.1.2022, BStBl I S.116.[1]

Aus der Bestellung eines Gutachters durch das Insolvenzgericht ergeben sich keine Auswirkungen auf das Besteuerungsverfahren des Schuldners.

3.2 Besonderheiten bei beantragter Eigenverwaltung

Zu den Besonderheiten der vorläufigen Eigenverwaltung nach § 270b InsO vgl. AEAO zu § 251, Nr. 13.1, zu der Vorbereitung einer Sanierung nach § 270d InsO vgl. AEAO zu § 251, Nr. 13.2.

4. Eröffnung des Verfahrens

4.1 Wirkung der Eröffnung des Verfahrens

4.1.1 Allgemeines

Mit der Eröffnung des Insolvenzverfahrens verliert der Schuldner die Befugnis, sein zur Insolvenzmasse gehörendes Vermögen zu verwalten und darüber zu verfügen (§ 80 Abs. 1 InsO), sofern keine Eröffnung unter Anordnung der Eigenverwaltung erfolgt (§ 270 Abs. 1 Satz 1 InsO, vgl. AEAO zu § 251, Nr. 13.2). Die Verwaltungs- und Verfügungsrechte werden durch den Insolvenzverwalter ausgeübt (§ 34 Abs. 3 AO).

Die Insolvenzmasse erfasst das gesamte Vermögen einschließlich der Geschäftsbücher (§ 36 Abs. 2 Nr. 1 InsO), das dem Schuldner zur Zeit der Eröffnung des Verfahrens gehört und das er während des Verfahrens erlangt (sog. Neuerwerb, § 35 InsO). Nicht

[1] Im Anhang 71 abgedruckt.

zur Insolvenzmasse gehören die unpfändbaren Gegenstände i. S. d. § 36 InsO, das Vermögen aus einer nach § 35 Abs. 2 InsO freigegebenen Tätigkeit (sog. insolvenzfreies Vermögen, vgl. AEAO zu § 251, Nr. 7) und das nach Ende der Abtretungsfrist bei erteilter Restschuldbefreiung erworbene Vermögen (§ 300a Abs. 1 Satz 1 InsO).

Die Eröffnung des Verfahrens hat weiter die Wirkung, dass alle im letzten Monat vor dem Eröffnungsantrag oder nach diesem Antrag durch Zwangsvollstreckung erlangten Sicherungsrechte ihre Wirksamkeit verlieren (§ 88 InsO). Im Verbraucherinsolvenzverfahren (vgl. AEAO zu § 251, Nr. 12) verlängert sich die Frist nach § 88 Abs. 2 InsO auf drei Monate.

Mit der Eröffnung des Verfahrens können bis zu diesem Zeitpunkt begründete Ansprüche aus dem Steuerschuldverhältnis (Insolvenzforderungen, vgl. AEAO zu § 251, Nr. 5.1) nur noch nach Maßgabe der InsO geltend gemacht werden. Dies gilt auch für Ansprüche, auf die steuerliche Verfahrensvorschriften entsprechend anzuwenden sind (z. B. Rückforderung von Investitionszulage).

4.1.2 Unterbrechungswirkung (analog § 240 ZPO)

Das Steuerfestsetzungsverfahren, das Rechtsbehelfsverfahren und der Lauf der Rechtsbehelfsfristen werden, soweit sie die Insolvenzmasse betreffen oder abstrakt dazu geeignet sind, sich auf zur Tabelle anzumeldende Steuerforderungen auszuwirken, analog zu § 240 ZPO unterbrochen (vgl. BFH-Urteil vom 24.8.2004, VIII R 14, BStBl 2005 II S. 246). Das gilt auch für Rechtsbehelfsverfahren, wenn damit eine Erstattung für die Masse begehrt wird (BFH-Urteil vom 30.7.2019, VIII R 21/16, BStBl 2021 II S. 171).

Eine Verfahrensunterbrechung tritt jedoch im Steuerfestsetzungsverfahren nicht ein, wenn keine Forderungen gegenüber der Insolvenzmasse für Zeiträume vor Insolvenzeröffnung geltend zu machen sind (z. B. im Falle einer Erstattung für die Masse; BFH-Urteil vom 13.5.2009, XI R 63, BStBl 2010 II S. 11). Hinsichtlich der Zulässigkeit des Erlasses von Steuerbescheiden wird auf Nr. 4.3.1 verwiesen.

Zur Unterbrechungswirkung bei der gesonderten und einheitlichen Feststellung von Besteuerungsgrundlagen vgl. AEAO zu § 251, Nr. 4.4.

Die Ermittlungsrechte und -pflichten der Finanzbehörde (§ 88 AO) und die Mitwirkungspflichten des Schuldners, des vorläufigen Insolvenzverwalters und des Insolvenzverwalters (§ 34 Abs. 3 AO) bleiben von der Unterbrechungswirkung unberührt. Die Pflicht zur handels- und steuerrechtlichen Rechnungslegung ergibt sich aus § 155 InsO.

Bei der Wiederaufnahme von unterbrochenen Rechtsbehelfsverfahren ist zwischen passiven und aktiven Verfahren zu unterscheiden.

Bei Einspruchs- und Klageverfahren, in denen Insolvenzforderungen strittig sind oder die abstrakt geeignet sind, sich auf zur Tabelle anzumeldende Steuerforderungen auszuwirken (Passiv-Verfahren), wird auf Nr. 5.3. verwiesen.

Bei Einspruchsverfahren, die im Erfolgsfall zu einer Erstattung der bereits gezahlten Steuern in die Insolvenzmasse führen (Aktiv-Verfahren), fehlt es an einer gesetzlichen oder analogen Grundlage für die Aufnahme des Verfahrens durch das Finanzamt. Lediglich dem Insolvenzverwalter steht die Möglichkeit zu, in analoger Anwendung des § 85 Abs. 1 Satz 1 InsO, Rechtsbehelfsverfahren aufzunehmen (BFH-Urteil vom

30.7.2019, VIII R 21/16, a. a. O.). Es bleibt dem Finanzamt aber unbenommen mit dem Insolvenzverwalter den Streitstand zu erörtern und den Insolvenzverwalter zur Aufnahme des Verfahrens zu bewegen.

In Klageverfahren, die im Erfolgsfall zu einer Erstattung der bereits gezahlten Steuern in die Insolvenzmasse führen (Aktivprozess), kann das Finanzamt das Verfahren wiederaufnehmen, wenn der Insolvenzverwalter die Aufnahme des Verfahrens abgelehnt hat (§ 85 Abs. 2 InsO). Der Insolvenzverwalter ist in diesem Verfahren dann nicht mehr beteiligt. Die gesetzliche Prozessführungsbefugnis und die Beteiligtenstellung gehen auf den Schuldner über; der im Streit befindliche Massegegenstand wird freigegeben (BFH-Beschluss vom 20.2.2018, XI B 110/17, BFH/NV S. 736).

4.1.3 Auswirkungen auf bei Insolvenzeröffnung anhängige Rechtsbehelfsverfahren und Anträge auf Aussetzung der Vollziehung

Wird während eines anhängigen außergerichtlichen oder gerichtlichen Rechtsbehelfsverfahrens das Insolvenzverfahren eröffnet, so wird das Rechtsbehelfsverfahren grundsätzlich unterbrochen, soweit es die Insolvenzmasse betrifft (Nr. 4.1 des AEAO zu § 251). Die Unterbrechung endet, wenn das Rechtsbehelfsverfahren nach den für das Insolvenzrecht geltenden Vorschriften aufgenommen (vgl. hierzu AEAO zu § 251, Nr. 5.3.1.2.2) oder das Insolvenzverfahren beendet wird.

Ein noch nicht beschiedener Antrag auf Aussetzung der Vollziehung nach § 361 AO bzw. § 69 FGO wird durch die Eröffnung des Insolvenzverfahrens unzulässig (vgl. BFH-Urteil vom 27.11.1974, I R 185/73, BStBl 1975 II S. 208). Eine gewährte Aussetzung der Vollziehung erledigt sich mit der Eröffnung des Insolvenzverfahrens (siehe § 124 Abs. 2 AO i. V. m. § 41 Abs. 1 InsO). Die Beträge sind zur Tabelle anzumelden (vgl. AEAO zu § 251, Nr. 5.2).

4.1.4. Auswirkungen auf Stundung und Vollstreckungsaufschub

Noch nicht beschiedene Anträge auf Stundung und Vollstreckungsaufschub werden durch die Eröffnung des Insolvenzverfahrens unzulässig. Gewährte Stundungen oder Vollstreckungsaufschübe erledigen sich mit der Eröffnung des Insolvenzverfahrens (siehe § 124 Abs. 2 AO i. V. m. § 41 Abs. 1 InsO). Die Beträge sind zur Tabelle anzumelden (vgl. AEAO zu § 251, Nr. 5.2).

4.1.5 Wirkungen auf Verfahren gegen Dritte

Verfahren gegen Dritte, die sich nicht in Insolvenz befinden, bleiben grundsätzlich von den Wirkungen der Eröffnung des Insolvenzverfahrens unberührt. Dies gilt z. B. für das Besteuerungsverfahren des nichtinsolventen Ehegatten/Lebenspartners des Schuldners, für das Besteuerungsverfahren der nichtinsolventen Gesellschafter einer Personengesellschaft und für Haftungsverfahren gegen GmbH-Geschäftsführer.

4.2 Stellung und steuerliche Pflichten des Insolvenzverwalters

Der Insolvenzverwalter hat als Vermögensverwalter (§ 34 Abs. 3 AO) die steuerlichen Pflichten des Schuldners zu erfüllen. Er ist daher u. a. gem. § 149 Abs. 1 AO i. V. m. den Einzelsteuergesetzen verpflichtet, Steuererklärungen für den Schuldner abzugeben. Die Steuererklärungspflicht besteht sowohl für Besteuerungszeiträume nach Eröffnung des Insolvenzverfahrens als auch für Besteuerungszeiträume vor Eröffnung des Insolvenzverfahrens, soweit der Schuldner noch keine Steuererklärungen abgegeben hat.

Der Insolvenzverwalter hat die steuerlichen Pflichten des Schuldners jedoch nur insoweit zu erfüllen, als seine Verfügungsbefugnis reicht. Soweit Besteuerungsgrundlagen den insolvenzfreien Bereich betreffen, insbesondere Umsätze bzw. Einkünfte aus dem nach § 35 Abs. 2 InsO freigegebenen oder pfändungsfreien Vermögen, ist daher nicht der Insolvenzverwalter, sondern der Schuldner zur Erklärung verpflichtet, z. B. zur Abgabe von Umsatzsteuererklärungen für das freigegebene Unternehmen. Entsprechendes gilt für die Erklärung zu Besteuerungsgrundlagen, die den mit dem Schuldner zusammenveranlagten Ehegatten/Lebenspartner betreffen. Soweit die Steuergesetze die eigenhändige Unterzeichnung einer Steuererklärung vorschreiben, muss die Steuererklärung vom Insolvenzverwalter eigenhändig (mit-) unterschrieben werden; dies gilt auch im Fall einer Antragsveranlagung gem. § 46 Abs. 2 Nr. 8 EStG.

Für die Steuererklärungspflicht des Insolvenzverwalters ist es i. d. R. unerheblich, ob die Insolvenzmasse über ausreichende Mittel verfügt, um diese Erklärungen durch einen Dritten erstellen zu lassen (BFH-Urteil vom 23.8.1994, VII R 143/92, BStBl 1995 II S. 194). Soweit der Insolvenzverwalter verpflichtet ist, Steuererklärungen einschließlich Steueranmeldungen abzugeben, und er dieser Verpflichtung nicht nachkommt, sind Zwangsmaßnahmen (§§ 328, 329 AO) gegen ihn zulässig. Dies gilt auch, wenn aus den angeforderten Erklärungen voraussichtlich nicht mit steuerlichen Auswirkungen zu rechnen ist (sogenannte „Null-Erklärungen“ vgl. BFH-Urteil vom 6.11.2012, VII R 72/11, BStBl 2013 II S. 141). In massearmen Verfahren kann jedoch regelmäßig von der Anwendung von Zwangsmitteln abgesehen werden; die Besteuerungsgrundlagen sind dann zu schätzen.

Erkennt der Insolvenzverwalter während des Verfahrens, dass der Schuldner für die Zeit vor Insolvenzeröffnung unrichtige oder unvollständige Erklärungen abgegeben hat und dass es dadurch zu einer Verkürzung von Steuern kommen kann oder bereits gekommen ist, ist er nach § 153 Abs. 1 AO verpflichtet, die unrichtigen oder unvollständigen Steuererklärungen zu berichtigen oder zu vervollständigen.

Die Steuererklärungspflicht des Insolvenzverwalters endet grundsätzlich mit Aufhebung des Insolvenzverfahrens. Soweit Steuererklärungen vor Aufhebung des Insolvenzverfahrens vom Insolvenzverwalter abzugeben waren, besteht diese Verpflichtung über diesen Zeitpunkt hinaus fort, soweit der frühere Insolvenzverwalter dieser Verpflichtung noch tatsächlich nachkommen kann (§§ 34, 36 AO).

Für Zeiträume nach der Aufhebung des Insolvenzverfahrens obliegen die steuerlichen Pflichten dem Schuldner.

4.3 Verwaltungsakte im Insolvenzverfahren

4.3.1 Vor Insolvenzeröffnung begründete Ansprüche

Während des Insolvenzverfahrens dürfen hinsichtlich Insolvenzforderungen grundsätzlich keine Bescheide über die Festsetzung von Ansprüchen aus dem Steuerschuldverhältnis und keine Bescheide, die Besteuerungsgrundlagen feststellen oder Steuermessbeträge festsetzen, welche die Höhe der zur Insolvenztabelle anzumeldenden Steuerforderungen beeinflussen können, erlassen werden. Ein gleichwohl erlassener Steuerbescheid über einen Steueranspruch, der eine Insolvenzforderung betrifft, ist unwirksam (BFH-Urteil vom 18.12.2002, I R 33/01, BStBl 2003 II S. 630).

Wirksam erlassen werden können hingegen:

- Steuerfestsetzungen i. H. v. 0 €, wenn deren Besteuerungsgrundlagen nicht in einen verbleibenden Verlustvortrag nach § 10d EStG eingehen können, da sie andernfalls abstrakt geeignet sind, sich auf anzumeldende Steuerforderungen auszuwirken, vgl. § 10d Abs. 4 Satz 4 EStG.

- Umsatzsteuerbescheide, in denen eine negative Umsatzsteuer für einen Besteuerungszeitraum vor Eröffnung des Insolvenzverfahrens festgesetzt wird, sofern sich daraus keine Zahllast ergibt (BFH-Urteil vom 13.5.2009, XI R 63/07, BStBl 2010 II S. 11).

- Bescheide über Einkommensteuer oder Körperschaftsteuer, wenn sich unter Berücksichtigung von Anrechnungsbeträgen insgesamt ein Erstattungsbetrag ergibt und keine Besteuerungsgrundlagen festgestellt werden, die die Höhe von Steuerforderungen beeinflussen, welche zur Insolvenztabelle anzumelden sind (BFH-Urteil vom 5.4.2022, IX R 27/18, BStBl II S. 703).

- Andere Steuerbescheide oder sonstige Verwaltungsakte, die zu einem Erstattungsanspruch zugunsten der Insolvenzmasse führen, sofern sie nicht ausnahmsweise abstrakt geeignet sind, sich auf anzumeldende Steuerforderungen auszuwirken.

- Festsetzungen von Steuermessbeträgen, die sich für den Schuldner vorteilhaft auswirken, sofern sie nicht ausnahmsweise abstrakt geeignet sind, sich auf anzumeldende Steuerforderungen auszuwirken.

Die Anrechnung von Steuerabzugsbeträgen und/oder Vorauszahlungen mit dem Ziel ihrer (teilweisen) Erstattung für vorinsolvenzliche Besteuerungszeiträume erfordert nach Eröffnung des Insolvenzverfahrens eine Steuerfestsetzung unter Berücksichtigung der jeweiligen Einkünfte.

Eine Steuerfestsetzung hat außerdem zu erfolgen, wenn der Insolvenzverwalter ausdrücklich die Erteilung eines Steuerbescheids beantragt, auch wenn sie sich auf anzumeldende Steuerforderungen auswirken kann. Ein solcher Antrag ist erforderlich, wenn der Insolvenzverwalter die Anrechnung von Steuerabzugsbeträgen und/oder Vorauszahlungen begehrt mit dem Ziel ihrer (teilweisen) Erstattung zugunsten der Insolvenzmasse. Die Abgabe einer gesetzlich vorgeschriebenen Steuererklärung ist, mit Ausnahme der Fälle des § 46 Abs. 2 Nr. 8 EStG (vgl. BFH-Urteil vom 20.1.2016, VI R 14/15, BStBl II S. 380), kein Antrag auf Erteilung eines Steuerbescheids (vgl. AEAO zu § 171, Nr. 2).

Weiterhin können folgende Verwaltungsakte ergehen:

- Verwaltungsakte nach § 251 Abs. 3 AO (ggf. neben einer Bekanntgabe an den widersprechenden Gläubiger, § 179 Abs. 1 InsO),

- Gewerbesteuermessbetragsbescheide (§ 184 AO) und Zerlegungsbescheide (§ 188 AO) nach einem Widerspruch gegen die Anmeldung von Gewerbesteuerforderungen zur Insolvenztabelle durch die erhebungsberechtigte Körperschaft (BFH-Urteil vom 2.7.1997, I R 11/97, BStBl 1998 II S. 428),

- Bescheide, die Besteuerungsgrundlagen feststellen, die eine vom Insolvenzverwalter im Prüfungstermin bestrittene Steuerforderung betreffen (BFH-Urteil vom 1.4.2003, I R 51/02, BStBl II S. 779; zu Feststellungsbescheiden vgl. auch AEAO zu § 251, Nr. 4.4).

Für diese Verwaltungsakte ist Bekanntgabeadressat (vgl. AEAO zu § 122, Nr. 1.4) der Insolvenzverwalter.

In Fällen der Eigenverwaltung (vgl. AEAO zu § 251, Nr. 13) ist der Schuldner Bekanntgabeadressat.

Zu Verbindlichkeiten nach § 55 Abs. 2 und 4 InsO vgl. AEAO zu § 251, Nr. 3.1.

4.3.2 Nach Insolvenzeröffnung begründete Ansprüche

Verwaltungsakte, die die Insolvenzmasse betreffen, dürfen erlassen werden.

Bekanntgabeadressat aller die Insolvenzmasse betreffenden Verwaltungsakte ist der Insolvenzverwalter. Dies gilt insbesondere für die Bekanntgabe von

- Steuerbescheiden oder Steuermessbetragsbescheiden wegen Steueransprüchen, die nach der Verfahrenseröffnung begründet und damit sonstige Masseverbindlichkeiten sind,
- Verwaltungsakten nach § 218 Abs. 2 AO,
- Steuerbescheiden wegen Steueransprüchen, die aufgrund einer neuen beruflichen oder gewerblichen, nicht vom Insolvenzverwalter freigegebenen Tätigkeit des Schuldners begründet sind (sog. Neuerwerb, § 35 InsO).

Verwaltungsakte, die das insolvenzfreie Vermögen betreffen, sind an den Schuldner zu richten und diesem bekannt zu geben.

4.3.3 Beispiele für Bescheiderläuterungen bei Bekanntgabe an den Insolvenzverwalter:

„Der Bescheid ergeht an Sie als Insolvenzverwalter/vorläufiger Insolvenzverwalter im Insolvenzverfahren/Verfahren über den Antrag auf Eröffnung des Insolvenzverfahrens über das Vermögen des Schuldners ... .“

Die Erläuterung ist, soweit erforderlich, zur Klarstellung zu ergänzen:

„Die Steuerfestsetzung betrifft die Festsetzung der Umsatzsteuer als sonstige Masseverbindlichkeit.“

„Die Festsetzung des Gewerbesteuermessbetrags dient der erhebungsberechtigten Körperschaft als Grundlage zur Fortführung des weiteren Verfahrens aufgrund des Widerspruchs gegen die Anmeldung der Gewerbesteuerforderung zur Tabelle.“

4.4 Besonderheiten bei der gesonderten Feststellung von Besteuerungsgrundlagen

4.4.1 Personengesellschaften

4.4.1.1 Insolvenz der Personengesellschaft

Das Insolvenzverfahren einer Personengesellschaft umfasst nur das Gesamthandsvermögen, nicht jedoch das persönliche Vermögen der Gesellschafter oder das Sonderbetriebsvermögen einzelner Gesellschafter.

Zivilrechtlich wird die Personengesellschaft durch die Eröffnung des Insolvenzverfahrens aufgelöst (§ 728 Abs. 1 BGB, § 131 Abs. 1 Nr. 3, § 161 Abs. 2 HGB). Steuerrechtlich besteht sie zunächst fort (vgl. AEAO zu § 122, Nr. 2.7.1).

Ist ausschließlich über das Vermögen der Gesellschaft – nicht aber auch über das Vermögen eines Gesellschafters – ein Insolvenzverfahren eröffnet worden, unterbricht diese Verfahrenseröffnung das (Gewinn-) Feststellungsverfahren nicht, weil dessen steuerlichen Folgen nicht die Insolvenzmasse, sondern ausschließlich die Gesellschafter treffen (BFH-Urteil vom 24.7.1990, VIII R 194/84, BStBl 1992 II S. 508).

Daher sind weiterhin Feststellungserklärungen abzugeben. Die Pflicht zur Abgabe der Feststellungserklärung obliegt wie bisher den Beteiligten (§§ 179 Abs. 1, 181 Abs. 2 AO), nicht dem Insolvenzverwalter. Dieser ist nur dann zur Abgabe der Feststellungserklärung verpflichtet, wenn er Insolvenzverwalter im Insolvenzverfahren über das Vermögen eines Beteiligten ist. Seine ggf. bestehende Pflicht zur Abgabe einer Gewerbesteuererklärung bleibt davon unberührt.

Der Insolvenzverwalter über das Vermögen einer Personengesellschaft ist vorbehaltlich des § 5b Abs. 2 EStG zur elektronischen Übermittlung der E-Bilanz gem. § 5b Abs. 1 EStG verpflichtet, wenn ihm die Abgabepflicht für eine Steuer- oder Feststellungserklärung obliegt, für die die E-Bilanz von Bedeutung ist (insbesondere die Gewerbesteuererklärung oder die Erklärung über die gesonderte und einheitliche Feststellung der Besteuerungsgrundlagen). In diesem Fall hat er auch die nach § 51 Abs. 4 Nr. 1b EStG vom BMF im Einvernehmen mit den obersten Finanzbehörden der Länder bestimmten Mussangaben, die die Feststellungsbeteiligten betreffen, an das Finanzamt zu übermitteln.

Zur Bekanntgabe von Feststellungsbescheiden, wenn die Gesellschaft durch die Eröffnung des Insolvenzverfahrens aufgelöst wird vgl. Nr. 2.5.5 des AEAO zu § 122.

4.4.1.2 Insolvenz eines (oder mehrerer) Gesellschafters der Personengesellschaft

Mit der Eröffnung des Insolvenzverfahrens über das Vermögen eines Feststellungsbeteiligten wird das (Gewinn-)Feststellungsverfahren ausschließlich hinsichtlich der Feststellung des Anteils des in der Insolvenz befindlichen Gesellschafters unterbrochen. Diese Unterbrechung hindert den Fortgang des (Gewinn-)Feststellungsverfahrens gegenüber den übrigen Beteiligten nicht. Insoweit wird vom Grundsatz der Einheitlichkeit des Feststellungsverfahrens (§ 179 Abs. 2 Satz 2 AO) abgewichen.

Sobald dem für die Besteuerung eines Feststellungsbeteiligten zuständigen Finanzamt bekannt wird, dass über das Vermögen dieses Steuerpflichtigen das Insolvenzverfahren eröffnet worden ist, hat es das für die Durchführung der gesonderten und einheitlichen Feststellung zuständige Finanzamt unverzüglich hierüber zu unterrichten.

Wenn im Zeitpunkt der Insolvenzeröffnung noch kein (Gewinn-)Feststellungsbescheid vorliegt, gilt für die Besteuerung des Anteils des insolventen Beteiligten Folgendes:

Eine Unterscheidung zwischen Insolvenz- und Masseforderungen ist bereits im (Gewinn)Feststellungsbescheid gegenüber dem in Insolvenz befindlichen Mitunternehmer vorzunehmen.

Werden durch die gesonderte und einheitliche Feststellung gegenüber dem Schuldner (insolventer Feststellungsbeteiligter) sowohl Besteuerungsgrundlagen, welche der Anmeldung von Insolvenzforderungen dienen, als auch Besteuerungsgrundlagen, welche der Festsetzung von Masseforderungen dienen, festgestellt, so sind die Besteuerungsgrundlagen, welche der Anmeldung von Insolvenzforderungen dienen, gesondert aufzuführen. Dieser Bescheid ist dem Insolvenzverwalter bekannt zu geben. Dabei ist darauf hinzuweisen, dass der Bescheid, soweit er Besteuerungsgrundlagen betrifft, die der Anmeldung von Insolvenzforderungen dienen, lediglich ein „informatorischer Bescheid" über die Berechnungsgrundlage ist (vgl. BFH-Urteil vom 24.8.2004, VIII R 14/02, BStBl 2005 II S. 246).

Zuständig für die Anmeldung der Forderungen zur Tabelle ist und bleibt das für die Besteuerung des Schuldners zuständige Finanzamt. Es nimmt bei Bedarf auch am Prüfungstermin teil.

Wird die von dem Finanzamt angemeldete Forderung im Prüfungstermin bestritten, hat das für die Besteuerung des Schuldners zuständige Finanzamt einen Feststellungsbescheid nach § 251 Abs. 3 AO zu erlassen, der auf Feststellung zur Insolvenztabelle gerichtet ist. Der Feststellungsbescheid nach § 251 Abs. 3 AO ist an die widersprechenden Insolvenzgläubiger bzw. den widersprechenden Insolvenzverwalter zu richten.

Wird kein Einspruch gegen den Feststellungsbescheid nach § 251 Abs. 3 AO eingelegt, gilt die Forderung als festgestellt. Die Berichtigung der Tabelle ist von dem für die Besteuerung des Schuldners zuständigen Finanzamt zu beantragen.

Wird gegen den Feststellungsbescheid nach § 251 Abs. 3 AO Einspruch eingelegt und damit begründet, dass die festgestellte Forderung auf einer Gewinnfeststellung beruht, ist das Gewinnfeststellungsverfahren wieder aufzunehmen. Der Rechtsstreit über den Feststellungsbescheid nach § 251 Abs. 3 AO ist bis zu der abschließenden Entscheidung in dem Gewinnfeststellungsverfahren gem. § 363 Abs. 1 AO auszusetzen.

An diesem Gewinnfeststellungsverfahren sind anstelle des Schuldners die im Prüfungstermin widersprechenden Insolvenzgläubiger bzw. der widersprechende Insolvenzverwalter beteiligt; ihnen ist deshalb auch ein sog. „verkürzter" Gewinnfeststellungsbescheid (§ 183 Abs. 2 Satz 2 AO) bekannt zu geben (BFH-Urteil vom 24.8.2004, VIII R 14/02, a. a. O).

Die Entscheidung im Gewinnfeststellungsverfahren ist bei der Entscheidung über den Feststellungsbescheid nach § 251 Abs. 3 AO zu berücksichtigen. Die Berichtigung der Tabelle beim Insolvenzgericht ist dann von dem für die Besteuerung des Schuldners zuständigen Finanzamt zu beantragen.

4.4.2 Sonstige Feststellungen von Besteuerungsgrundlagen

Gesonderte Feststellungen von Besteuerungsgrundlagen, denen die abstrakte Eignung fehlt, sich auf anzumeldende Steuerforderungen auszuwirken (z. B. Feststellung des steuerlichen Einlagekontos gem. § 27 KStG), oder wenn der Insolvenzverwalter die Feststellung ausdrücklich beantragt hat (vgl. BFH-Urteil vom 18.12.2002, I R 33/01,

BStBl 2003 II S. 630), sind zulässig. Die Abgabe einer gesetzlich vorgeschriebenen Feststellungserklärung ist kein Antrag auf Erteilung eines Feststellungsbescheids (vgl. AEAO zu § 171, Nr. 2).

4.5 Auskunftsrechte des Insolvenzverwalters gegenüber dem Finanzamt

Der Schuldner selbst hat nach der AO keinen Anspruch auf Akteneinsicht oder Übersendung eines Kontoauszuges, sondern nur ein Recht darauf, dass die Finanzbehörde über seinen Antrag auf Akteneinsicht bzw. seinen Antrag auf Übersendung eines Kontoauszuges nach pflichtgemäßem Ermessen entscheidet. Der Insolvenzverwalter hat keinen darüber hinausgehenden Anspruch (vgl. BFH-Urteil vom 19.3.2013, II R 17/11, BStBl II S. 639, und BFH-Beschluss vom 15.9.2010, II B 4/10, BFH/NV 2011 S. 2).

Bei Auskunftsanträgen des Insolvenzverwalters nach der AO hat das Finanzamt bei der Ermessensausübung zu berücksichtigen, ob ein berechtigtes Interesse substantiiert dargelegt wurde oder ein solches erkennbar ist, insbesondere ob die begehrte Auskunft der Wahrnehmung von Rechten oder Pflichten im konkreten Besteuerungsverfahren dienen kann (vgl. BFH-Beschluss vom 14.4.2011, VII B 201/10, BFH/NV S. 1296). Fehlt es daran, kann die Erteilung einer Auskunft oder die Übersendung von Kontoauszügen abgelehnt werden (vgl. BFH-Urteil vom 19.3.2013, II R 17/11, a. a. O.).

Ein Auskunftsanspruch des Insolvenzverwalters allein wegen des Verdachts anfechtbarer Zahlungen auf Steuerschulden gegenüber dem Finanzamt besteht nicht (BGH-Urteil vom 13.8.2009, IX ZR 58/06, HFR 2010 S. 299). Der Insolvenzverwalter muss mögliche der Anfechtung unterliegende Rechtshandlungen selbst ermitteln. Das Finanzamt ist nicht verpflichtet, durch Herausgabe von Unterlagen oder durch Erteilung von Auskünften zur Ermittlung von Insolvenzanfechtungstatbeständen beizutragen.

Außersteuerliche Auskunftsrechte des Insolvenzverwalters zur Vorbereitung der Geltendmachung von Anfechtungsansprüchen nach §§ 129 ff. InsO können sich jedoch nach den jeweils einschlägigen Regelungen eines IFG ergeben, wenn der Schuldner zustimmt (§ 30 Abs. 4 Nr. 3 AO).

5. Insolvenzforderungen

5.1 Begriff

Eine Insolvenzforderung ist eine zur Zeit der Eröffnung des Insolvenzverfahrens begründete Forderung des Gläubigers gegen den Schuldner (§ 38 InsO). Der Zeitpunkt der steuerrechtlichen Entstehung der Forderung ist für diese Einordnung unmaßgeblich, so dass eine Abgabenforderung - unabhängig von der steuerrechtlichen Entstehung - immer dann als Insolvenzforderung anzusehen ist, wenn ihr Rechtsgrund zum Zeitpunkt der Verfahrenseröffnung bereits gelegt war bzw. der den Steueranspruch begründende Tatbestand nach den steuerrechtlichen Vorschriften bereits vor der Insolvenzeröffnung vollständig verwirklicht und damit abgeschlossen war, es sei denn, dass der Tatbestand der § 55 Abs. 2 oder 4 InsO erfüllt ist.

Ist die Steuerforderung im Zeitpunkt der Eröffnung des Insolvenzverfahrens noch nicht gem. § 38 AO entstanden (z. B. Eröffnung im Laufe des Umsatzsteuer-Voranmeldungszeitraums), ist nur die zum Eröffnungszeitpunkt bereits begründete Teilsteuerforderung Insolvenzforderung. Der nach Eröffnung begründete Teil ist Masseforderung.

Abgabenansprüche, die lediglich begründet, aber noch nicht fällig sind, gelten im Zeitpunkt der Verfahrenseröffnung als fällig (§ 41 InsO).

Beispiel 1 (Umsatzsteuer)

Die Umsatzsteuerforderung entsteht bei Sollversteuerung erst mit Ablauf des Voranmeldungszeitraums, in dem die Leistungen ausgeführt worden sind (§ 13 Abs. 1 Nr. 1 Buchstabe a UStG). Dagegen ist sie grundsätzlich bereits begründet, soweit die Leistung erbracht ist.

Im Falle der Istversteuerung nach § 20 UStG entsteht die Umsatzsteuerforderung erst mit Ablauf des Voranmeldungszeitraums, in dem das Entgelt vereinnahmt worden ist (§ 13 Abs. 1 Nr. 1 Buchstabe b UStG). Insolvenzrechtlich begründet ist sie bereits im Zeitpunkt der Vereinnahmung des Entgelts (BFH-Urteil vom 29.1.2009, V R 64/07, BStBl II S. 682). Das Gleiche gilt für die Anzahlungsbesteuerung nach § 13 Abs. 1 Nr. 1 Buchstabe a Satz 4 UStG.

Zur Verteilung auf die einzelnen Vermögensbereiche vgl. AEAO zu § 251, Nr. 9.2.

Beispiel 2 (Vorsteuerrückforderung)

Der Vorsteuerrückforderungsanspruch (§ 17 Abs. 1 Satz 2 i. V. m. § 17 Abs. 2 Nr. 1 UStG) entsteht ebenfalls erst mit Ablauf des Voranmeldungszeitraums. Er ist aber zur Zeit der Bestellung eines vorläufigen Insolvenzverwalters mit Zustimmungsvorbehalt oder Bestellung eines vorläufigen Insolvenzverwalters, dem die Verwaltungs- und Verfügungsbefugnis über das Vermögen des Schuldners übertragen worden ist, begründet, weil die Uneinbringlichkeit bereits zu diesem Zeitpunkt vorlag (BMF-Schreiben vom 20.5.2015, BStBl I S. 476). Spätestens ist der Vorsteuerrückforderungsanspruch mit der Eröffnung des Insolvenzverfahrens begründet (BFH-Urteil vom 22.10.2009, V R 14/08, BStBl II 2011, S. 988, und vom 9.12.2010, V R 22/10, BStBl II 2011 S. 996).

Beispiel 3 (Lohnsteuer)

Die Lohnsteuer entsteht in dem Zeitpunkt, in dem der Arbeitslohn dem Arbeitnehmer zufließt (§§ 38 Abs. 2, 41a Abs. 1 EStG). Sie ist regelmäßig auch in diesem Zeitpunkt begründet i. S. v. § 38 InsO, unabhängig davon, für welchen Zeitraum die Lohnzahlungen erfolgen.

Beispiel 4 (Rückforderung Investitionszulage)

Der Anspruch auf Rückforderung einer gewährten Investitionszulage ist vor Eröffnung des Insolvenzverfahrens begründet, wenn das zulagenbegünstigte Wirtschaftsgut vor Eröffnung des Insolvenzverfahrens bereits zulagenschädlich verwendet wurde (z. B. Veräußerung oder Umqualifizierung von Anlagevermögen in Umlaufvermögen).

Die nach Eröffnung des Insolvenzverfahrens durch den Insolvenzverwalter erfolgte zulagenschädliche Verwendung des Wirtschaftsgutes führt ebenfalls zu einer Insolvenzforderung. Der Rückforderungsanspruch war schon vor der Eröffnung begründet, weil das vom Schuldner geschaffene öffentlich-rechtliche Verhältnis zur Finanzbehörde, aus dem später der Rückforderungsanspruch entstanden ist, zum Zeitpunkt der Verfahrenseröffnung bereits bestand.

Beispiel 5 (weggefallen)

Beispiel 6 (Einkommen- und Körperschaftsteuer)

Die Einkommen- und Körperschaftsteuer auf die bis zur Insolvenzeröffnung erzielten Einkünfte stellt eine Insolvenzforderung dar.

Für die Zuordnung der Einkünfte und für die Verteilung der Steuer auf die einzelnen Vermögensbereiche vgl. AEAO zu § 251, Nr. 9.1.

Verspätungszuschläge sind Insolvenzforderungen (BFH-Beschluss vom 19.1.2005, VII B 286/04, BFH/NV S. 1001), wenn sie auf Fristversäumnissen des Schuldners bis zur Insolvenzeröffnung beruhen.

Zinsen nach §§ 233 ff. AO auf Insolvenzforderungen für Zeiträume bis zur Eröffnung des Insolvenzverfahrens sind zur Insolvenztabelle anzumelden.

Säumniszuschläge und Zinsen, die seit Eröffnung des Insolvenzverfahrens auf Insolvenzforderungen entstanden sind, sowie rückständige Bußgelder und Zwangsgelder sind nachrangige Insolvenzforderungen i. S. d. § 39 InsO.

5.2 Geltendmachung von Insolvenzforderungen

Insolvenzforderungen sind schriftlich beim Insolvenzverwalter anzumelden (§ 174 Abs. 1 InsO). Liegt der Forderung eine Steuerstraftat des Schuldners nach §§ 370, 373 oder 374 AO zugrunde, sind neben dem Grund und dem Betrag der Forderung auch die Tatsachen, aus denen sich nach Einschätzung der Finanzbehörde eine entsprechende Steuerstraftat ergibt, anzugeben. Diese Tatsachen können auch gem. § 177 Abs. 1 Satz 3 InsO nachträglich angemeldet werden (vgl. BFH-Urteil vom 28.6.2022, VII R 23/21, BStBl II S. 791). Zu diesen Forderungen gehören auch die entstandenen Zinsansprüche wie z. B. Hinterziehungszinsen (vgl. BFH-Urteil vom 20.3.2012, VII R 12/11, BStBl II S. 491). Im Zeitpunkt der Anmeldung zur Tabelle muss noch keine rechtskräftige Verurteilung wegen einer Steuerstraftat vorliegen. Der Insolvenzverwalter führt eine Tabelle, in die er jede angemeldete Forderung mit den in § 174 Abs. 2, 3 InsO genannten Angaben einzutragen hat (§§ 174, 175 InsO). Nachrangige Insolvenzforderungen sind nur auf besondere Aufforderung durch das Insolvenzgericht hin anzumelden (§ 174 Abs. 3 InsO).

5.3 Insolvenzforderungen im Prüfungstermin; Auswirkung auf das Besteuerungsverfahren

Wegen der Auswirkungen auf das Steuerfestsetzungs- und Rechtsbehelfsverfahren ist für die weitere Bearbeitung zunächst zu unterscheiden, ob die Forderung im Prüfungstermin (§ 29 Abs. 1 Nr. 2 InsO) bestritten wurde.

5.3.1 Vom Insolvenzverwalter oder einem Gläubiger bestrittene Forderungen

Ist eine angemeldete Abgabenforderung nach Grund und Höhe im Prüfungstermin bestritten worden, was z. B. auch bei „vorläufigem Bestreiten“ oder „auflösend bedingter Feststellung“ gegeben ist (vgl. BFH-Beschluss vom 16.3.2016, V B 41/15, BFH/NV S. 1073), muss weiter differenziert werden, ob der Anspruch tituliert ist.

Von einer "Titulierung" im insolvenzrechtlichen Sinne ist auszugehen, wenn vor Insolvenzeröffnung ein Bescheid bekannt gegeben oder eine Steueranmeldung abgegeben worden ist. Arrestanordnungen sind keine Titel i. S. d. § 179 InsO.

Nicht titulierte Ansprüche sind Steuerforderungen, die im Zeitpunkt der Verfahrenseröffnung begründet (§ 38 InsO, vgl. AEAO zu § 251, Nr. 5.1) waren, für die aber bis zur Insolvenzeröffnung noch kein Steuerbescheid wirksam bekannt gegeben wurde oder für die noch keine Steueranmeldung abgegeben wurde oder diese erst nach Verfahrenseröffnung beim Finanzamt eingegangen ist.

5.3.1.1 Nicht titulierte Forderungen

Wird eine nicht titulierte Forderung bestritten, stellt das Finanzamt das Bestehen der Abgabenforderung durch Feststellungsbescheid nach § 251 Abs. 3 AO fest. Inhalts- und Bekanntgabeadressat ist der Bestreitende (Insolvenzverwalter oder -gläubiger; § 179 Abs. 1 InsO).

5.3.1.2 Titulierte Forderungen

Wird eine titulierte Abgabenforderung bestritten, obliegt es dem Bestreitenden, den Widerspruch zu verfolgen (§ 179 Abs. 2 InsO). Es bleibt dem Finanzamt unbenommen - insbesondere zur Erlangung des Stimmrechts (§ 77 InsO) -, das durch die Verfahrenseröffnung unterbrochene Verfahren selbst aufzunehmen (grundlegend BVerwG-Urteil vom 29.4.1988, 8 C 73/85, NJW 1989, S. 314 und Abschnitt 60 Abs. 7 VollstrA)

5.3.1.2.1 Nicht bestandskräftiger und nicht angefochtener Steuerbescheid

War der Steuerbescheid vor Eröffnung des Verfahrens noch nicht bestandskräftig und wurde noch kein Rechtsbehelf eingelegt, ist der Lauf der Rechtsbehelfsfrist durch die Eröffnung des Verfahrens unterbrochen. Das Finanzamt hat dem Bestreitenden die Aufnahme des Rechtsstreits zu erklären (analog § 240 ZPO). Mit der Bekanntgabe dieser Erklärung beginnt die durch die Verfahrenseröffnung unterbrochene Einspruchsfrist neu zu laufen.

Entsprechendes gilt auch für nicht bestandskräftige Bescheide, mit denen der Tabellenstreit unmittelbar im Zusammenhang steht, wie insbesondere Verlustfeststellungsbescheide oder Gewerbesteuermessbescheide, die zumindest die abstrakte Eignung haben, sich auf Insolvenzforderungen auszuwirken (vgl. Urteil des FG Köln vom 10.8.2017, 13 K 1849/13, EFG S.1807).

Legt der Bestreitende gegen den Steuerbescheid Einspruch ein, ist das Einspruchsverfahren nach den allgemeinen Vorschriften durchzuführen. Ist der Einspruch begründet, ist eine (neue) Steuerberechnung an den Bestreitenden zu übersenden; die Forderungsanmeldung ist ggf. zu berichtigen. Hat der Einspruch keinen Erfolg, sind der Einspruch und ein ggf. vorliegender Widerspruch gegen die Anmeldung zur Tabelle mit der Einspruchsentscheidung als unbegründet zurückzuweisen und die bestrittenen Steueransprüche als Insolvenzforderungen festzustellen (BFH-Urteil vom 23.2.2005, VII R 63/03, BStBl II S. 591).

5.3.1.2.2 Angefochtener Steuerbescheid

War der Steuerbescheid vor Eröffnung des Insolvenzverfahrens noch nicht bestandskräftig und vom Schuldner oder dem vorläufigen „starken" Insolvenzverwalter mit einem zulässigen Einspruch oder einer zulässigen Klage angefochten, hat der Insolvenzverwalter die Möglichkeit - ggf. nach entsprechender Aufforderung durch das Finanzamt -, das Rechtsbehelfsverfahren aufzunehmen und fortzuführen. Das vom Insolvenzverwalter aufgenommene Einspruchsverfahren ist vom Finanzamt weiter zu betreiben.

Nimmt der Insolvenzverwalter trotz Aufforderung durch das Finanzamt seinen Widerspruch gegen die Forderungsanmeldung innerhalb einer angemessenen Frist nicht zurück und den Rechtsstreit von sich auch nicht auf, nimmt das Finanzamt das Einspruchsverfahren auf und führt dieses fort (BFH-Urteil vom 13.11.2007, VII R 61/06, BStBl 2008 II S. 790).

Das Einspruchsverfahren wird in dem Verfahrensstand fortgesetzt, in dem es bei seiner Unterbrechung zum Stillstand gekommen ist.

Bei einem begründeten Einspruch ist eine Steuerberechnung an den Insolvenzverwalter zu übersenden und die Forderungsanmeldung zu berichtigen.

Kann dem Einspruch in der Sache (Höhe der festgesetzten Steuer) nicht in vollem Umfang entsprochen werden, ist er durch Einspruchsentscheidung (u. U. teilweise) als unbegründet zurückzuweisen. Die Einspruchsentscheidung ist dem Insolvenzverwalter als Einspruchsführer bekannt zu geben. In diesen Fällen ist kein Feststellungsbescheid gem. § 251 Abs. 3 AO zu erlassen.

Die Einspruchsentscheidung muss sich sowohl auf die Rechtmäßigkeit der Steuerforderung als auch auf die rechtmäßige Beanspruchung der Steuerforderung als Insolvenzforderung erstrecken. Dazu ist im Tenor über den Einspruch gegen die Steuerfestsetzung und über den im Prüfungstermin erhobenen Widerspruch zu entscheiden (BFH-Urteil vom 23.2.2005, VII R 63/03, BStBl II S. 591).

Beispiel der Tenorierung:

Der Einspruch gegen den Bescheid vom .... wird als unbegründet zurückgewiesen.

Die zur Insolvenztabelle angemeldeten Forderungen werden wie folgt als Insolvenzforderungen festgestellt:
(Aufstellung der geltend gemachten Steuerforderungen nebst Säumniszuschlägen wie beim Insolvenzfeststellungsbescheid).

Soweit wegen der streitigen Steuer eine Anmeldung zur Tabelle (§ 175 InsO) vorgenommen wurde, ist die Anmeldung im Anschluss an den Erlass der Einspruchsentscheidung entsprechend zu berichtigen.

Eine Verböserung in der Einspruchsentscheidung ist hingegen unzulässig, da die Verböserung einer nicht zulässigen erstmaligen Festsetzung einer Steuerschuld gleichstehen würde. Die ggf. höhere Steuerforderung muss durch Anmeldung zur Insolvenztabelle geltend gemacht werden.

Falls beim Finanzgericht oder beim BFH Rechtsbehelfsverfahren anhängig sind, informiert die Finanzbehörde das Gericht über das Ergebnis des Prüfungstermins.

Wurden vor Eröffnung des Insolvenzverfahrens neben einem Steuerbescheid auch damit unmittelbar im Zusammenhang stehende Bescheide, wie insbesondere Verlustfeststellungsbescheide oder Gewerbesteuermessbescheide, die zumindest die abstrakte Eignung haben, sich auf Insolvenzforderungen auszuwirken, angefochten, können bei Streitigkeiten über Besteuerungsgrundlagen, die gleichermaßen für die festzustellende Forderung als auch die zugehörigen Bescheide von Bedeutung sind, nicht nur das durch die Insolvenzeröffnung unterbrochene Verfahren bezüglich des angefochtenen Steuerbescheids, sondern auch die unterbrochenen Verfahren für die angefochtenen zugehörigen Bescheide wieder aufgenommen werden (vgl. Urteil des FG Köln vom 10.8.2017, 13 K 1849/13, EFG S.1807).

5.3.1.2.3 Bestandskräftiger Steuerbescheid

War die Abgabenforderung vor der Eröffnung des Insolvenzverfahrens bereits bestandskräftig festgesetzt, wirkt die Bestandskraft auch gegen den Widersprechenden. Diesem obliegt die Verfolgung seines Widerspruchs. Dabei muss er das Verfahren in der Lage übernehmen, in der es sich bei Eröffnung des Insolvenzverfahrens befand. Liegen keine Wiedereinsetzungsgründe vor und sind die Voraussetzungen der Korrekturvorschriften (insbesondere §§ 129 ff., 164, 165, 172 ff. AO) nicht erfüllt, erlässt das Finanzamt einen Feststellungsbescheid nach § 251 Abs. 3 AO und stellt die Bestandskraft der angemeldeten Forderung fest (BFH-Urteil vom 23.2.2010, VII R 48/07, BStBl II S. 562).

5.3.2 Vom Schuldner bestrittene Forderungen

Auch dem Schuldner steht das Widerspruchsrecht zu. Dieser Widerspruch steht jedoch der Feststellung der Forderung nicht entgegen (§ 178 Abs. 1 Satz 2 InsO).

Trotz Widerspruchs des Schuldners tritt die Rechtskraftwirkung des Tabelleneintrags ein (§ 178 Abs. 3 InsO). Soweit der Schuldner die zur Tabelle angemeldete Forderung bestreitet, wirkt der Tabelleneintrag nach Insolvenzbeendigung nicht gegen den Schuldner (§ 201 Abs. 2 InsO); insbesondere ist keine Vollstreckung aus der Eintragung in die Tabelle wie aus einem vollstreckbaren Urteil gegen den Schuldner zulässig (vgl. hierzu AEAO zu § 251, Nr. 5.3.4).

Im Falle einer titulierten Forderung obliegt es dem Schuldner, binnen einer Frist von einem Monat, beginnend ab dem Prüfungstermin oder im schriftlichen Verfahren mit dem Bestreiten der Forderung, den Widerspruch zu verfolgen. Nach fruchtlosem Ablauf dieser Frist gilt ein Widerspruch als nicht erhoben (§ 184 Abs. 2 InsO).

Erfolgt der Widerspruch des Schuldners rechtzeitig, kann ein unterbrochenes Einspruchsverfahren vom Finanzamt gegenüber dem Schuldner fortgeführt werden (§ 184 Abs. 1 Satz 2 InsO).

Haben sowohl der Insolvenzverwalter als auch der Schuldner widersprochen, ist es zulässig, den unterbrochenen Rechtsstreit sowohl gegen den Insolvenzverwalter als auch gegen den Schuldner aufzunehmen und damit denselben Rechtsstreit einmal gegen den Insolvenzverwalter auf Feststellung der Forderung zur Insolvenztabelle und zum anderen auf Feststellung der Forderung gegenüber dem Schuldner fortzuführen. Es handelt sich dabei um zwei miteinander verbundene Rechtsbehelfe mit verschiedenen Rechtsbehelfsbegehren (BFH-Urteil vom 13.11.2007, VII R 61/06, BStBl 2008 II S. 790).

Wird eine nicht titulierte Forderung vom Schuldner bestritten, kann das Finanzamt das Bestehen der Abgabenforderung durch Bescheid nach § 251 Abs. 3 AO feststellen (§ 180 Abs. 1 Satz 1 InsO). Dieser Bescheid ist an den Schuldner zu richten und diesem bekannt zu geben.

Widerspricht der Schuldner der Anmeldung einer Forderung i. S. v. § 302 Nr. 1 InsO, kann das Finanzamt bis zur Aufhebung des Insolvenzverfahrens - unabhängig von einer Titulierung - einen Feststellungsbescheid i. S. v. § 251 Abs. 3 AO mit dem Ziel erlassen, die Forderung von der Restschuldbefreiung auszunehmen, wenn der Schuldner im Zusammenhang mit den angemeldeten Forderungen wegen einer Steuerstraftat nach den §§ 370, 373 oder 374 AO rechtskräftig verurteilt worden ist (vgl. BFH-Urteil vom 28.6.2022, VII R 23/21, BStBl II S. 791); ein ergangener Strafbefehl, gegen den kein Einspruch erhoben worden ist, steht einem rechtskräftigen Urteil gleich (§ 410 Abs. 3 StPO).

Erfolgt die rechtskräftige Verurteilung erst nach Beendigung des Insolvenzverfahrens, siehe AEAO zu § 251, Nr. 15.2.

5.3.3 Feststellung der Forderung zur Tabelle

Werden die angemeldeten Forderungen im Prüfungstermin weder vom Insolvenzverwalter noch von einem Insolvenzgläubiger bestritten oder wird ein erhobener Widerspruch beseitigt, so gelten sowohl die titulierten als auch die nicht titulierten Forderungen als festgestellt (§ 178 Abs. 1 InsO).

Die Eintragung der Feststellung zur Tabelle wirkt gegenüber dem Insolvenzverwalter und den übrigen Insolvenzgläubigern wie ein rechtskräftiges Urteil (§ 178 Abs. 3 InsO), unabhängig davon, ob ein Steuerbescheid ergangen ist. Zur Möglichkeit der Änderung eines festgestellten Tabelleneintrags vgl. AEAO zu § 251, Nr. 5.3.5.

Nach Abschluss des Insolvenzverfahrens kann der Insolvenzgläubiger aus der Eintragung in die Tabelle wie aus einem vollstreckbaren Urteil die Zwangsvollstreckung gegen den Schuldner betreiben, sofern nicht Restschuldbefreiung eingetreten ist oder noch ein Widerspruch des Schuldners (vgl. AEAO zu § 251, Nr. 5.3.2) vorliegt.

Die widerspruchslose Feststellung einer Steuerforderung zur Insolvenztabelle bewirkt zwar die Erledigung eines wegen dieser Forderung geführten Finanzrechtsstreits in der Hauptsache, beendet aber nicht zugleich die Unterbrechung (vgl. AEAO zu § 251, Nrn. 4.1.2 und 4.1.3) des finanzgerichtlichen Verfahrens (BFH-Beschluss vom 14.5.2013, X B 134/12, BStBl II S. 585).

5.3.4 Feststellungsbescheid gem. § 251 Abs. 3 AO

Der Feststellungsbescheid nach § 251 Abs. 3 AO ist kein Steuerbescheid i. S. v. §§ 155 ff. AO. Eine Korrektur richtet sich nach den §§ 129 bis 131 AO.

5.3.5 Änderung von zur Insolvenztabelle festgestellten Steuerforderungen

Der widerspruchslosen Eintragung in die Insolvenztabelle kommt dieselbe Wirkung wie der beim Bestreiten vorzunehmenden Feststellung gem. § 185 InsO i. V. m. § 251 Abs. 3 AO zu. Die widerspruchslose Eintragung kann wie die Feststellung zugunsten des Schuldners unter den Voraussetzungen der §§ 130, 131 AO korrigiert werden (BFH-Urteile vom 24.11.2011, V R 13/11, BStBl 2012 II S. 298, und vom 24.11.2011, V R 20/10, BFH/NV 2012 S. 711 zur Anwendung des § 130 AO).

Eine Nachmeldung von Insolvenzforderungen zur Tabelle für Besteuerungszeiträume, für die bereits ein festgestellter Tabelleneintrag vorliegt, ist zulässig (vgl. BGH-Urteil vom 19.1.2012, IX ZR 4/11, ZInsO S. 488).

6. Sonstige Masseverbindlichkeiten (§ 55 InsO)

6.1 Begründung von sonstigen Masseverbindlichkeiten

Die durch die Handlungen des Insolvenzverwalters oder in anderer Weise durch die Verwaltung, Verwertung und Verteilung der Insolvenzmasse nach der Eröffnung des Insolvenzverfahrens begründeten Abgabenforderungen (sonstige Masseverbindlichkeiten nach § 55 Abs. 1 InsO) sind vorweg zu begleichen (§ 53 InsO). Nach der Insolvenzeröffnung sind die Abgabenansprüche begründet, wenn der einzelne (unselbständige) Besteuerungstatbestand nach der Insolvenzeröffnung vollständig verwirklicht wurde (BFH-Urteile vom 8.3.2012, V R 24/11, BStBl II S. 466, vom 25.7.2012, VII R 29/11, BStBl II 2013 S. 36, und vom 16.5.2013, IV R 23/11, BStBl II S. 759). Dazu gehören insbesondere

- nach Eröffnung des Insolvenzverfahrens begründete Umsatzsteuer,
- nach Eröffnung des Insolvenzverfahrens vereinnahmte Umsatzsteuer aus Umsätzen vor Eröffnung des Insolvenzverfahrens. Dies gilt sowohl bei Istversteuerung (BFH-Urteil vom 29.1.2009, V R 64/07, BStBl II S. 682) als auch bei Sollversteuerung (BFH-Urteil vom 9.12.2010, V R 22/10, BStBl 2011 II S. 996),
- Umsatzsteuer aufgrund Vorsteuerberichtigung i. S. v. § 15a UStG (BFH-Urteil vom 9.2.2011, XI R 35/09, BStBl II S. 1000), und vom 8.3.2012, V R 24/11, a. a. O.),
- Einkommensteuer/Körperschaftsteuer, die sich auf Einkünfte aus der Verwaltung oder der Verwertung der Masse gründet. Die Steuerschuld stellt auch dann in voller Höhe eine Masseverbindlichkeit dar, wenn der (tatsächlich) zur Masse gelangte Erlös nicht ausreicht, um die aus der Verwertungshandlung resultierende Einkommen-/Körperschaftsteuerforderung zu befriedigen (vgl. BFH-Urteil vom 16.5.2013, IV R 23/11, a. a. O.),
- Einkommensteuer eines in Insolvenz befindlichen Mitunternehmers, die auf seinem nach Insolvenzeröffnung begründeten Gewinnanteil beruht (vgl. BFH-Urteil vom 18.5.2010, X R 60/08, BStBl 2011 II S. 429),
- Gewerbesteuer bei Weiterführung des Gewerbebetriebs durch den Insolvenzverwalter,
- Lohnsteuer auf nach Eröffnung des Insolvenzverfahrens ausgezahlte Arbeitslöhne,

Weitere Masseverbindlichkeiten sind

- Verbindlichkeiten, die von einem vorläufigen Insolvenzverwalter begründet worden sind, auf den die Verfügungsbefugnis über das Vermögen des Schuldners übergegangen ist (§ 55 Abs. 2 Satz 1 InsO) oder Verbindlichkeiten des Schuldners in der vorläufigen Eigenverwaltung, soweit eine Steuer von der gerichtlichen Anordnung zur Begründung von Masseverbindlichkeiten (§ 270c Abs. 4 InsO) im Einzelfall mit umfasst ist sowie
- bestimmte Verbindlichkeiten des Schuldners aus dem Steuerschuldverhältnis, die von einem vorläufigen Insolvenzverwalter, vom Schuldner mit Zustimmung eines vorläufigen Insolvenzverwalters oder vom Schuldner nach Bestellung eines vorläufigen Sachwalters begründet worden sind (§ 55 Abs. 4 InsO). Zur

Anwendung des § 55 Abs. 4 InsO siehe BMF-Schreiben vom 11.1.2022, BStBl I S. 116.[1]

Die als Masseverbindlichkeiten entstehenden Abgabenansprüche sind durch Steuerbescheid geltend zu machen (BFH-Urteil vom 6.7.2011, II R 34/10, BFH/NV 2012, S. 10). Der Insolvenzverwalter ist Bekanntgabeadressat (vgl. AEAO zu § 122, Nr. 1.4). Die Masse betreffende Verwaltungsakte können grundsätzlich nicht durch die Bekanntgabe an den Schuldner wirksam werden. Der Insolvenzverwalter ist verpflichtet, die entsprechenden Steuererklärungen einschließlich Steueranmeldungen abzugeben (vgl. AEAO zu § 251, Nr. 4.2).

Die Ausnahme stellt das Insolvenzverfahren in Eigenverwaltung dar. Hier werden die Masse betreffende Verwaltungsakte durch Bekanntgabe an den Schuldner wirksam. Steuerliche Erklärungspflichten sind insoweit vom Schuldner zu erfüllen (vgl. AEAO zu § 251, Nr. 13.3).

Der Insolvenzverwalter haftet nach §§ 191, 69 i. V. m. § 34 Abs. 3 AO bei schuldhafter Verletzung seiner steuerlichen Pflichten.

Sind die Kosten des Insolvenzverfahrens gedeckt, reicht die Insolvenzmasse jedoch nicht aus, um die fälligen sonstigen Masseverbindlichkeiten zu erfüllen, hat der Insolvenzverwalter dem Insolvenzgericht die Masseunzulänglichkeit anzuzeigen (§ 208 Abs. 1 Satz 1 InsO).

Die Rangfolge der Vorwegbefriedigung von Masseverbindlichkeiten richtet sich nach § 209 InsO. Zunächst werden die Kosten des Insolvenzverfahrens, das sind die Gerichtskosten und die Vergütung des Insolvenzverwalters sowie ggf. des Gläubigerausschusses, danach die Neumasseverbindlichkeiten (Verbindlichkeiten, die nach Anzeige der Masseunzulänglichkeit begründet wurden) und schließlich die Altmasseverbindlichkeiten befriedigt.

6.2 Durchsetzung von sonstigen Masseverbindlichkeiten

Werden sonstige Masseverbindlichkeiten vom Insolvenzverwalter nicht entrichtet, ist dieser zur unverzüglichen Zahlung aufzufordern. Die Vollstreckung gegen die Masse richtet sich nach den allgemeinen Vorschriften der AO. Grundsätzlich ist während der Dauer des Insolvenzverfahrens die Vollstreckung in die Insolvenzmasse durch Massegläubiger - vorbehaltlich § 90 Abs. 1 InsO - zulässig, weil § 89 InsO nur für Insolvenzgläubiger gilt. Mit der Anzeige der Masseunzulänglichkeit greift allerdings für Massegläubiger das Vollstreckungsverbot wegen Altmasseverbindlichkeiten i. S. v. § 209 Abs. 1 Nr. 3 InsO (§ 210 InsO). Ein gesetzlich verankertes Vollstreckungsverbot für Neumassegläubiger enthält die InsO nicht. Der Insolvenzverwalter kann die Zahlung auf Neumasseverbindlichkeiten verweigern, sobald sich herausstellt, dass die Masse nicht zur vollen Befriedigung aller Neumassegläubiger ausreicht. Für diese greift der Grundsatz der Gleichbehandlung sämtlicher Gläubiger, so dass lediglich eine quotale Befriedigung verlangt werden kann.

7. Insolvenzfreies Vermögen

Übt der Schuldner eine selbständige Tätigkeit aus oder beabsichtigt er, demnächst eine solche Tätigkeit auszuüben, hat der Insolvenzverwalter ihm gegenüber zu erklären, ob

[1] Im Anhang 71 abgedruckt.

Vermögen aus der selbständigen Tätigkeit zur Insolvenzmasse gehört und ob Ansprüche aus dieser Tätigkeit im Insolvenzverfahren geltend gemacht werden können, § 35 Abs. 2 Satz 1 InsO. Diese Freigabeerklärung wirkt grundsätzlich erst ab ihrem Zugang beim Insolvenzschuldner (ex nunc). Die Wirksamkeit der Erklärung wird dabei allerdings nicht vom Insolvenzgericht überprüft. Das Amtsgericht übernimmt lediglich die Vorgaben des Insolvenzverwalters, d. h. der Zugang der Erklärung beim Schuldner ist vom Insolvenzverwalter gegenüber dem Finanzamt nachzuweisen. Eine einmal erteilte Freigabeerklärung ist für den Insolvenzverwalter unwiderruflich. Unterlässt der Insolvenzverwalter in Kenntnis oder bei Erkennbarkeit der selbständigen Tätigkeit des Schuldners (z. B. nach entsprechender Information durch das Finanzamt) die Abgabe der Erklärung nach § 35 Abs. 2 Satz 1 InsO, stellen die durch die selbständige Tätigkeit des Insolvenzschuldners begründeten Verbindlichkeiten Masseverbindlichkeiten nach § 55 Abs. 1 Nr. 1 InsO dar (BFH-Urteil vom 18.12.2019, XI R 10/19, BStBl 2020 II S. 480).

Keine Masseverbindlichkeiten liegen vor, wenn der Schuldner die Tätigkeit ohne Wissen und Billigung durch den Insolvenzverwalter ausgeübt hat und die Entgelte nicht zur Insolvenzmasse gelangt sind (BFH-Urteile vom 18.5.2010, X R 11/09, BFH/NV 2010 S. 2114 und vom 6.6.2019, V R 51/17, BStBl 2021 II S. 50).

Steuererstattungsansprüche innerhalb dieses freigegebenen Neuerwerbes stehen immer dem Schuldner zu. Das Finanzamt kann - sofern keine Aufrechnungslage besteht - nach Bekanntgabe der Freigabe solche Guthaben aus dem insolvenzfreien Neuerwerb nur noch schuldbefreiend an ihn leisten. Steuerzahlungen für das insolvenzfreie Vermögen sind vom Schuldner zu leisten.

Einkommensteuernachzahlungen, die auf Einkünften aus nichtselbständiger Tätigkeit oder Renten beruhen, stellen Forderungen gegen das insolvenzfreie Vermögen dar (BFH-Urteile vom 24.2.2011, VI R 21/10, BStBl II S. 520 sowie vom 27.7.2011, VI R 9/11, BFH/NV S. 2111 f.).

8. Aufrechnung im Insolvenzverfahren

Für die Aufrechnung in Insolvenzfällen gelten die allgemeinen Grundsätze der § 226 AO i. V. m. §§ 387 ff. BGB, es sind jedoch die Aufrechnungsverbote der §§ 95 und 96 InsO zu beachten.

Die Steuerberechnung nach §§ 16 ff. UStG ist keine Aufrechnung, so dass sie auch nicht den Beschränkungen der §§ 94 ff. InsO unterliegt (BFH-Urteile vom 24.11.2011, V R 13/11, BStBl 2012 II S. 298, vom 25.7.2012, VII R 30/11, BFH/NV 2013 S. 603 und vom 24.9.2014, V R 48/13, BStBl II 2015 S. 506).

War ein Gläubiger zum Zeitpunkt der Eröffnung des Insolvenzverfahrens zur Aufrechnung berechtigt, so kann die Aufrechnung auch noch im Insolvenzverfahren erklärt werden (§ 94 InsO). Zur Aufrechnung im Planverfahren vgl. AEAO zu § 251, Nr. 11; zur Aufrechnung im Restschuldbefreiungsverfahren vgl. AEAO zu § 251, Nr. 15.2.

Nach § 95 Abs. 1 InsO kann (noch) nicht aufgerechnet werden, wenn die aufzurechnenden Forderungen oder eine von ihnen aufschiebend bedingt oder noch nicht fällig sind. Die Aufrechnung kann erst erfolgen, wenn die Voraussetzungen (Unbedingtheit oder Fälligkeit) eingetreten sind; hierbei ist die Fälligkeitsfiktion des § 41 InsO nicht anzuwenden. Es gilt allein die steuerrechtliche Fälligkeit (§ 220 AO).

Wird über das Vermögen des Schuldners ein Insolvenzverfahren eröffnet, werden die in diesem Zeitpunkt entstandenen Steuerforderungen des Finanzamts - vorbehaltlich spezieller steuergesetzlicher Fälligkeitsbestimmungen - fällig, ohne dass es dafür ihrer Festsetzung oder Feststellung durch Verwaltungsakt oder einer Anmeldung der Forderung zur Tabelle bedürfte (BFH-Urteil vom 4.5.2004, VII R 45/03, BStBl II S. 815). Die Befugnis, mit Haftungsansprüchen i. S. d. § 73 AO, die vor Eröffnung des Insolvenzverfahrens begründet worden sind, gegen vorinsolvenzliche Erstattungsansprüche der Organgesellschaft gem. § 226 AO aufzurechnen, besteht auch im Falle einer Insolvenz der Organgesellschaft. Der vorherige Erlass eines Haftungsbescheides, die Feststellung der Haftungsforderung oder deren Anmeldung zur Insolvenztabelle ist nicht erforderlich (BFH-Urteil vom 10.5.2007, VII R 18/05, BStBl II S. 914). Entsteht der Steuererstattungsanspruch dem Grunde nach vor Erteilung der Restschuldbefreiung, so kann die Aufrechnung ungeachtet der noch nicht erfolgten Festsetzung des Steuererstattungsanspruchs bereits nach dessen Entstehung erklärt werden.

Eine Aufrechnung ist unzulässig,

- wenn ein Insolvenzgläubiger erst nach der Eröffnung des Insolvenzverfahrens etwas zur Masse schuldig geworden ist (§ 96 Abs. 1 Nr. 1 InsO),

  Beispiel:

  Eine vor der Verfahrenseröffnung fällige Umsatzsteuerforderung kann nicht gegen einen Vorsteuererstattungsanspruch aufgerechnet werden, der aufgrund von Umsätzen nach Eröffnung des Insolvenzverfahrens begründet ist.

  Eine Aufrechnung ist aber zulässig, wenn die Gegenforderung und die Hauptforderung vor Verfahrenseröffnung begründet worden sind.

  Beispiel:

  Die Eröffnung des Insolvenzverfahrens erfolgt am 2.11.02. Die Einkommensteuer 01 wurde als Insolvenzforderung zur Tabelle angemeldet. Die nach Eröffnung des Verfahrens durchgeführte Festsetzung der Umsatzsteuer 01 (vgl. AEAO zu § 251, Nr. 4.3.1) führte zu einer Erstattung.

  Mit dem Anspruch auf Einkommensteuernachzahlung 01 kann gegen den Umsatzsteuererstattungsanspruch 01 aufgerechnet werden.

  Wurden beide Ansprüche nach der Verfahrenseröffnung im Bereich der Insolvenzmasse begründet, ist eine Aufrechnung ebenfalls zulässig.

- wenn ein Insolvenzgläubiger die Möglichkeit der Aufrechnung durch eine anfechtbare Rechtshandlung erlangt hat (§ 96 Abs. 1 Nr. 3 InsO),

  Beispiel:

  Die Vorsteuer aus der Vergütung des vorläufigen Insolvenzverwalters, welche nach Insolvenzeröffnung in Rechnung gestellt wurde, kann regelmäßig mit zur Zeit der Insolvenzeröffnung bestehenden Forderungen des Finanzamts nicht aufgerechnet werden. Die Rechtshandlung, die der Vorsteuervergütung zugrunde liegt, ist in der kritischen Zeit vor Insolvenzeröffnung erfolgt und stellt daher häufig eine anfechtbare Rechtshandlung dar (vgl. BFH-Urteile vom

2.11.2010, VII R 6/10, BStBl 2011 II S. 374, und VII R 62/10, BStBl 2011 II S. 439).

Lagen zum Zeitpunkt der Begründung der Gegenforderung und der Hauptforderung die Anfechtungsvoraussetzungen der §§ 129 ff. InsO nicht vor, ist die Aufrechnung zulässig.

oder

- wenn ein Gläubiger, dessen Forderung aus dem insolvenzfreien Vermögen des Schuldners zu erfüllen ist, etwas zur Insolvenzmasse schuldet (§ 96 Abs. 1 Nr. 4 InsO).

Beispiel:

Der Schuldner hat aus seiner freigegebenen selbständigen Tätigkeit Umsatzsteuer in Höhe von 10.000 € zu zahlen. Gleichzeitig steht der Insolvenzmasse aus Umsätzen, die der Insolvenzverwalter getätigt hat, eine Umsatzsteuererstattung von 5.000 € zu.

Eine Aufrechnung der Umsatzsteuererstattung zur Masse mit der Zahllast aus dem insolvenzfreien Vermögen ist nicht möglich.

Eine Aufrechnung eines Erstattungsanspruchs aus dem insolvenzfreien Vemögen mit Insolvenzforderungen ist aber zulässig (BFH-Beschluss vom 1.9.2010, VII R 35/08, BStBl 2011 II S. 336).

Beispiel:

Der Schuldner erzielt nach der Insolvenzeröffnung ausschließlich Einkünfte aus einer freigegebenen selbständigen Tätigkeit i. H. v. 10.000 € und leistet Einkommensteuervorauszahlungen i. H. v. 400 €. Die Jahressteuer wird auf 150 € festgesetzt.

Der Erstattungsanspruch i. H. v. 250 € steht dem Schuldner zu, weil er die Vorauszahlungen aus dem freigegebenen Vermögen geleistet hat.

Eine Aufrechnung mit Insolvenzforderungen ist möglich.

9. Verteilung der Steuerforderungen und -erstattungsansprüche auf die insolvenzrechtlichen Vermögensbereiche

Ansprüche aus dem Steuerschuldverhältnis können sich gegen unterschiedliche insolvenzrechtliche Vermögensbereiche (vorinsolvenzlicher Vermögensteil, Insolvenzmasse, ggf. insolvenzfreies Vermögen) richten.

9.1 Einkommensteuer

Die Einkommensteuer ist eine Jahressteuer, die mit Ablauf des Kalenderjahres entsteht (zur Entstehung der Einkommensteuervorauszahlungen siehe § 37 Abs. 1 EStG). Die einheitlich ermittelte Jahressteuer ist grundsätzlich im Verhältnis der Einkünfte den verschiedenen insolvenzrechtlichen Vermögensbereichen zuzuordnen. Die Verteilung der Einkünfte auf die einzelnen Vermögensbereiche hat nach Maßgabe der in den einzelnen Abschnitten zu berücksichtigenden Besteuerungsmerkmale insbesondere unter Beachtung der Gewinnermittlungsvorschriften (§ 4 Abs. 1 EStG oder § 4 Abs. 3 EStG) zu erfolgen (BFH-Urteil vom 9.12.2014, X R 12/12, BFH/NV 2015 S. 988). Da eine konkrete Zuordnung häufig nicht möglich ist, können die Einkünfte im Schätzungswege zeitanteilig zugeordnet werden, es sei denn, dies führt zu einer offensichtlich unzutreffenden Verteilung z. B. bei Aufdeckung stiller Reserven (BFH-Urteil vom 29.3.1984, IV R 271/83, BStBl II S. 602), Auflösung von Rückstellungen oder Einkünften aus insolvenzfreiem Vermögen. Der Altersentlastungsbetrag gem. § 24a EStG wird quotal bei den entsprechenden Einkünften abgezogen (vgl. BFH-Urteil vom 27.10.2020, VIII R 19/18, BStBl 2021 II S. 819).

Beispiel:

Das Insolvenzgericht eröffnete am 1.7.01 das Insolvenzverfahren. Der Steuerpflichtige erzielte im Jahr 01 insgesamt Einkünfte von 100.000 €. Hiervon entfallen 60.000 € auf die Veräußerung eines Grundstücks durch den Insolvenzverwalter im Oktober 01. Weitere Einkünfte i. H. v. 10.000 € entfallen auf den Gewinn aus einer vom Insolvenzverwalter freigegebenen selbstständigen Tätigkeit des Schuldners. Hinsichtlich der restlichen Einkünfte von 30.000 € ist eine Zuordnung auf Zeiträume vor Insolvenzeröffnung und nach Insolvenzeröffnung nicht möglich.

Die Verteilung hat vorrangig nach Zuordnung zu den Geschäftsvorfällen zu erfolgen, da eine zeitanteilige Verteilung aller Einkünfte hier zu einem unzutreffenden Ergebnis führen würde.

	Einkünfte	Durch vorinsolvenzliches Vermögen begründet (vorinsolvenzlicher Vermögensbereich)	Durch Insolvenzmasse begründet (Insolvenzmasse)	Insolvenzfreies Vermögen
Zuordnung nach Geschäftsvorfällen	70.000 €		60.000 €	10.000 €
Zeitanteilig zugeordnet	30.000 €	15.000 €	15.000 €	0 €
Summe	**100.000 €**	**15.000 €**	**75.000 €**	**10.000 €**

9.1.1 Einzelveranlagung

Die einheitlich ermittelte Jahressteuer ist im ermittelten Verhältnis der Einkünfte (vgl. AEAO zu § 251, Nr. 9.1) den verschiedenen insolvenzrechtlichen Vermögensbereichen zuzuordnen.

Beispiel 1:

Das Insolvenzgericht eröffnete auf einen Insolvenzantrag vom 1.6.01 das Insolvenzverfahren über das Vermögen des Schuldners am 1.9.01. Der Steuerpflichtige erzielte im Jahr 01 insgesamt Einkünfte von 120.000 €. Hiervon entfallen 100.000 € auf Zeiträume vor Insolvenzeröffnung und je 10.000 € auf Einkünfte der Insolvenzmasse (einschließlich Einkünfte i. S. v. § 55 Abs. 4 InsO) und des insolvenzfreien Vermögens. Die einheitlich ermittelte Einkommensteuer beträgt insgesamt 12.000 €.

Die einheitlich ermittelte Steuer ist den insolvenzrechtlichen Vermögensbereichen im Verhältnis der Einkünfte aus den unterschiedlichen Vermögensbereichen zu der Summe der Einkünfte zuzuordnen:

$$\text{Anteiliger Steuerbetrag} = \frac{\text{anteilige Einkünfte des Vermögensbereichs}}{\text{Summe der Einkünfte}} \times \text{Gesamtsteuerbetrag}$$

	Summe	vorinsolvenzlicher Vermögensbereich	Insolvenzmasse	Insolvenzfreies Vermögen
Einkünfte	120.000 €	100.000 €	10.000 €	10.000 €
Steuer	12.000 €	10.000 €	1.000 €	1.000 €

Die einheitlich ermittelte Steuer wird in Höhe des auf den jeweiligen insolvenzrechtlichen Vermögensbereich entfallenden Betrages gegenüber diesem festgesetzt (Insolvenzmasse bzw. insolvenzfreies Vermögen) oder berechnet. Vorauszahlungen und Steuerabzugsbeträge werden im Rahmen der Anrechnungsverfügung bei dem insolvenzrechtlichen Vermögensbereich berücksichtigt, aus dem sie geleistet wurden. Steuererstattungsansprüche aufgrund von Steuervorauszahlungen oder Steuerabzugsbeträgen entstehen in den jeweiligen Vermögensbereichen im Zeitpunkt der Entrichtung der Steuer bzw. des Einbehalts der Steuerabzugsbeträge unter der aufschiebenden Bedingung, dass am Ende des Veranlagungszeitraums die geschuldete Steuer geringer ist als die Summe aus geleisteten Vorauszahlungen und Steuerabzugsbeträgen, vgl. § 36 Abs. 4 EStG (BFH-Urteil vom 29.1.1991, VII R 45/90, BFH/NV S. 791). Eine Verrechnung von Erstattungs- mit Nachzahlungsbeträgen verschiedener Vermögensbereiche im Rahmen der Jahresveranlagung ist nicht statthaft (BFH-Urteil vom 24.2.2015, VII R 27/14, BStBl II S.993). Die Möglichkeit einer Aufrechnung z. B. eines Guthabens im vorinsolvenzlichen oder freigegebenen Vermögen mit Insolvenzforderungen unter Beachtung insbesondere der §§ 94 ff. InsO bleibt unberührt.

Beispiel 2 (Fortsetzung von Beispiel 1):

Am 10.3.01 zahlte der Schuldner 600 € Vorauszahlungen. Die festgesetzte Vorauszahlung für das II. Quartal zahlte er nicht. Am 10.9.01 und am 10.12.01 zahlte der Insolvenzverwalter jeweils 600 € Vorauszahlungen. Das Finanzamt setzte gegen den Schuldner keine Vorauszahlungen für das insolvenzfreie Vermögen fest.

	Summe	vorinsolvenzlicher Vermögensbereich	Insolvenzmasse	Insolvenzfreies Vermögen
Einkünfte	120.000 €	100.000 €	10.000 €	10.000 €
Steuer	12.000 €	10.000 €	1.000 €	1.000 €
Abzgl. geleistete VZ	1.800 €	600 €	1.200 €	0 €
Ergebnis		9.400 €	- 200 €	1.000 €

Zur Tabelle sind 9.400 € als Insolvenzforderung anzumelden. Die auf die Insolvenzmasse entfallende Steuer i. H. v. 1.000 € ist gegenüber dem Insolvenzverwalter festzusetzen. Das sich nach Anrechnung der geleisteten Vorauszahlungen ergebende Guthaben i. H. v. 200 € ist vorbehaltlich der Aufrechnungsmöglichkeit mit weiteren Masseverbindlichkeiten an die Insolvenzmasse zu erstatten. Die auf das insolvenzfreie Vermögen entfallende Steuer i. H. v. 1.000 € ist gegenüber dem Schuldner festzusetzen und der Schuldner zur Zahlung aufzufordern.

9.1.2 Zusammenveranlagung

Im Fall der Zusammenveranlagung von Ehegatten/Lebenspartnern zur Einkommensteuer wirken sich auch die Einkünfte des nicht insolventen Ehegatten/Lebenspartners auf die Höhe der Steuerforderung aus. Die mit der Ausübung des Veranlagungswahlrechts begründete Gesamtschuld (§ 26b EStG, § 44 Abs. 1 Satz 1 AO), führt dazu, dass jeder der Gesamtschuldner die Steuer in vollem Umfang schuldet (§ 44 Abs. 1 Satz 2 AO). Für den insolventen Ehegatten/Lebenspartner ist die Gesamtschuld auf die insolvenzrechtlichen Vermögensbereiche zu verteilen.

Hierzu sind zunächst die gesamten Einkünfte, einschließlich der Einkünfte des nicht insolventen Ehegatten/Lebenspartners, auf den Zeitraum vor und nach Insolvenzeröffnung zu verteilen. Die Verteilung der Einkünfte auf die einzelnen Vermögensbereiche hat nach Maßgabe der in den einzelnen Abschnitten zu berücksichtigenden Besteuerungsmerkmale insbesondere unter Beachtung der Gewinnermittlungsvorschriften zu erfolgen (siehe AEAO zu § 251, Nr. 9.1). Soweit eine konkrete Zuordnung, wie beispielsweise bei den Einkünften des nicht insolventen Ehegatten/Lebenspartners nicht möglich ist, können die Einkünfte zeitanteilig zugeordnet werden, es sei denn, diese Verteilung ist offensichtlich unzutreffend. Die Steuer ist nach dem so ermittelten Verhältnis der Einkünfte auf den Zeitraum vor und nach Insolvenzeröffnung aufzuteilen. Sodann ist die auf den Zeitraum nach Insolvenzeröffnung entfallende Steuerforderung nach dem Verhältnis der auf die Vermögensbereiche Insolvenzmasse und insolvenzfreies Vermögen entfallenden Einkünfte des insolventen Ehegatten/Lebenspartners zu verteilen. Die von dem nicht insolventen Ehegatten/Lebenspartner erzielten Einkünfte bleiben bei dieser Verteilung unberücksichtigt (vgl. BFH-Urteil vom 27.10.2020, VIII R 19/18, BStBl 2021 II S. 819).

Beispiel 3:

Das Insolvenzgericht eröffnete am 1.10.01 das Insolvenzverfahren über das Vermögen des Schuldners. Der insolvente Ehegatte/Lebenspartner erzielte im Jahr 01 insgesamt Einkünfte von 120.000 €. Hiervon entfallen 100.000 € auf Zeiträume vor Insolvenzeröffnung und 15.000 € auf Einkünfte der Insolvenzmasse sowie 5.000 € auf das insolvenzfreie Vermögen. Der nichtinsolvente Ehegatte/Lebenspartner erzielte 60.000 € im gesamten Jahr. Die einheitlich ermittelte Einkommensteuer beträgt insgesamt 18.000 €. Vorauszahlungen leisteten die Steuerpflichtigen sowie der Insolvenzverwalter nicht.

Die einheitlich ermittelte Steuer ist den insolvenzrechtlichen Vermögensbereichen im Verhältnis der Einkünfte aus den unterschiedlichen Vermögensbereichen zu den Gesamteinkünften beider Ehegatten/Lebenspartner zuzuordnen:

1. Schritt:

Die Einkünfte des insolventen Ehegatten/Lebenspartners sind wie angegeben dem vorsinsolvenzlichen und dem nachinsolvenzlichen Vermögensbereich zuzuordnen. Für die Zuordnung der vorinsolvenzlichen und der nachinsolvenzlichen Einkünfte des nicht in Insolvenz befindlichen Ehegatten/Lebenspartners sind dessen Einkünfte zeitanteilig zu verteilen:

	Summe	vorinsolvenzlicher Vermögensbereich	Insolvenzmasse	Insolvenzfreies Vermögen
Einkünfte insolventer Ehegatte/Lebenspartner (s. Sachverhalt Bsp. 3)	120.000 €	100.000 €	15.000 €	5.000 €
Einkünfte nicht insolventer Ehegatte/Lebenspartner	60.000 €	45.000 € (9/12 von 60.000 €)	15.000 € (3/12 von 60.000 €)	
Summe	180.000 €	145.000 €	35.000 €	
Steuer	18.000 €	14.500 €	3.500 €	

Die auf den Zeitraum vor Insolvenzeröffnung entfallende Einkommensteuer beträgt 14.500 € und die auf den Zeitraum nach Insolvenzeröffnung entfallende Einkommensteuer 3.500 €.

2. Schritt:

In einem zweiten Schritt ist die auf den Zeitraum nach Insolvenzeröffnung entfallende Einkommensteuer (3.500 €) nach dem Verhältnis der Einkünfte des insolventen Ehegatten/Lebenspartners in den Vermögensbereichen Insolvenzmasse und insolvenzfreies Vermögen zu verteilen.

	Summe	vorinsolvenzlicher Vermögensbereich	Insolvenzmasse	Insolvenzfreies Vermögen
Steuer	18.000 €	14.500 €	3500 €	
			2.625 € (15.000 € / 20.000 € bzw. ¾)	875 € (5.000 € / 20.000 € bzw. ¼)

Ergebnis zu Beispiel 3:

Insolvenzforderungen sind i. H. v. 14.500 € zur Tabelle anzumelden. Gegen den Insolvenzverwalter sind Masseforderungen i. H. v. 2.625 € festzusetzen und gegen den insolventen Schuldner 875 € für den insolvenzfreien Bereich. Gegen den nicht insolventen Ehegatten/Lebenspartner ist eine Steuer i. H. v. 18.000 € festzusetzen, da er insoweit Gesamtschuldner ist.

Vorauszahlungen/anzurechnende Steuerabzugsbeträge

Sind Vorauszahlungen gegen den nicht insolventen Ehegatten/Lebenspartner festgesetzt und geleistet worden, sind diese Vorauszahlungen entsprechend des Zahlungszeitpunkts auf die vor- und nachinsolvenzlichen Vermögensbereiche zu verteilen. Die Verteilung innerhalb der nachinsolvenzlichen Vermögensbereiche Insolvenzmasse und insolvenzfreies Vermögen erfolgt im Verhältnis der Einkünfte des insolventen Ehegatten/Lebenspartners in diesem Vermögensbereich. Dies gilt entsprechend für die Zuordnung der anzurechnenden Steuerabzugsbeträge des nicht insolventen Ehegatten/ Lebenspartners.

Beispiel 4 (Fortsetzung von Beispiel 3):

Der Schuldner leistete keine Vorauszahlungen. Am 10.12.01 zahlte der Insolvenzverwalter 600 € Vorauszahlungen. Das Finanzamt setzte gegen den Schuldner keine Vorauszahlungen für das insolvenzfreie Vermögen fest. Der nicht insolvente Ehegatte/Lebenspartner leistete Vorauszahlungen (ohne Tilgungsbestimmung) zu den jeweiligen Fälligkeitszeitpunkten i. H. v. insgesamt 400 € (jeweils 100 €)

<table>
<tr><th></th><th>Summe</th><th>vorinsolvenzlicher Vermögensbereich</th><th>Insolvenzmasse</th><th>Insolvenzfreies Vermögen</th></tr>
<tr><td>Steuer</td><td>18.000 €</td><td>14.500 €</td><td>2.625 €</td><td>875 €</td></tr>
<tr><td>abzgl. geleistete VZ InsO-Schuldner</td><td>-</td><td>-</td><td>-</td><td>-</td></tr>
<tr><td>abzgl. geleistete VZ InsO-Verwalter</td><td>600 €</td><td>-</td><td>600 €</td><td>-</td></tr>
<tr><td>abzgl. geleistete VZ nicht insolventer Ehegatte / Lebenspartner</td><td>400 €</td><td>300 €</td><td colspan="2">100 €
↙ ↘
75 € (¾) 25 € (¼)</td></tr>
<tr><td>Ergebnis</td><td>17.000 €</td><td>14.200 €</td><td>1.950 €</td><td>850 €</td></tr>
</table>

600 € geleistete Vorauszahlungen sind im Bereich der Insolvenzmasse abzuziehen. Die Vorauszahlungen i. H. v. 300 €, die der nicht insolvente Ehegatte/Lebenspartner vor der Insolvenzeröffnung geleistet hatte, sind im Bereich der Insolvenzforderungen abzuziehen. Die Vorauszahlung für das IV. Quartal i. H. v. 100 € ist im Verhältnis ¾ zu ¼ (= Verhältnis der Einkünfte des insolventen Ehegatten/Lebenspartners in diesem Bereich) in den Bereichen Insolvenzmasse und insolvenzfreies Vermögen zu berücksichtigen.

Insolvenzforderungen sind i. H. v. 14.200 € zur Tabelle anzumelden. Der Insolvenzverwalter ist zur Zahlung von Masseverbindlichkeiten i. H. v. 1.950 € und der Schuldner für den insolvenzfreien Bereich i. H. v. 850 € aufzufordern.

Gegenüber dem nicht insolventen Ehegatten/Lebenspartner erfolgt eine Steuerfestsetzung i. H. v. 18.000 €. Ferner ist er als Gesamtschuldner zur Zahlung von 17.000 € aufzufordern.

9.1.3 Berücksichtigung von Verlustvor- und -rückträgen

Durch die Berücksichtigung des verbleibenden Verlustvortrags aus dem Vorjahr und dem Verlustrücktrag aus dem Folgejahr bei der Ermittlung des Aufteilungsquotienten wird die Herkunft der negativen Einkünfte aus Zeiträumen vor oder nach Eröffnung des Insolvenzverfahrens entsprechend der insolvenzrechtlichen Begründetheit (§ 38 InsO) berücksichtigt. Zudem wird der Vorgabe des § 10d Abs. 1 und Abs. 2 EStG Rechnung getragen, wonach nicht ausgeglichene negative Einkünfte vorrangig vor Sonderausgaben, außergewöhnlichen Belastungen und sonstigen Abzugsbeträgen abzuziehen sind.

Das Antragsrecht nach § 10d Abs. 1 Satz 5 EStG (Verzicht bzw. Beschränkung des Verlustrücktrags) steht jeweils demjenigen zu, dem die Verfügungsbefugnis über den Vermögensbereich obliegt, in dem der jeweilige Verlust entstanden ist.

Der zum 31.12. eines Jahres verbleibende Verlustvortrag ist vorrangig von den Einkünften des Vermögensbereichs abzuziehen, in dem er begründet worden ist. Ein übersteigender verbleibender Verlustvortrag ist quotal von den vom Insolvenzverwalter erzielten Einkünften und von insolvenzfreien Einkünften abzuziehen.

Die vorstehend beschriebene Berücksichtigung der Verlustvorträge erfolgt auch in den Fällen, in denen aufgrund von § 251 Abs. 2 Satz 1 AO und § 87 InsO nur eine Berechnung des Verlustvortrags durchgeführt worden ist.

Beispiel 5:

Gegen den Insolvenzschuldner wird für 00 eine Einkommensteuer von 0 € festgesetzt. Ein Verlustvortrag wird nicht festgestellt. Im Jahr 01 erzielt der Insolvenzschuldner Einkünfte aus Gewerbebetrieb i. S. v. § 15 EStG i. H. v. - 5.000 €. Im Jahr 02, dem Jahr der Insolvenzeröffnung, erzielt der Insolvenzschuldner Einkünfte aus Gewerbebetrieb gem. § 15 EStG i. H. v. insgesamt - 40.000 €, davon entfallen - 15.000 € auf den vorinsolvenzlichen Vermögensbereich und - 25.000 € auf die Insolvenzmasse.

Im folgenden Jahr erzielt der Insolvenzschuldner Einkünfte i. H. v. 30.000 €. Hiervon entfallen 3.000 € auf Einkünfte der Insolvenzmasse (Einkünfte aus Gewerbebetrieb gem. § 15 EStG) sowie 27.000 € auf das insolvenzfreie Vermögen (Einkünfte aus nichtselbständiger Tätigkeit gem. § 19 EStG). Vorauszahlungen leistete der Insolvenzverwalter nicht. Die anzurechnenden Beträge sind geringer als die Jahressteuer.

Der verbleibende Verlustvortrag, der aus dem Bereich der Insolvenzmasse entstammt, ist zunächst mit den positiven Einkünften der Insolvenzmasse i. H. v. 3.000 € zu verrechnen. Der danach verbleibende Verlustvortrag i. H. v. 42.000 € (Summe der anteiligen Verlustvorträge im vorinsolvenzrechtlichen Bereich sowie im Bereich der Insolvenzmasse) ist quotal (27.000 € x 20.000 € / 42.000 € = 12.857 € sowie 27.000 € x 22.000 € / 42.000 € = 14.143 €) mit den positiven Einkünften aus dem Bereich des insolvenzfreien Vermögens zu verrechnen.

Der vortragsfähige Verlust entwickelt sich wie folgt:

VZ	vorinsolvenzlicher Vermögensbereich	Insolvenzmasse	Insolvenzfreies Vermögen	Summe
Verlustvortrag 31.12.01	-5.000 €			-5.000 €
Einkünfte 02	-15.000 €	-25.000 €		
Verlustvortrag 31.12.02	-20.000 €	-25.000 €		-45.000 €
Einkünfte Insolvenzmasse 03		3.000 €		
Zwischensumme	-20.000 €	-22.000 €		-42.000 €
Einkünfte insolvenzfreies Vermögen 03			27.000 €	
Verlustabzug	12.857 €	14.143 €	-27.000 €	
Verlustvortrag 31.12.03	-7.143 €	-7.857 €	0 €	-15.000 €

Der Verlustrücktrag nach § 10d Abs. 1 EStG aus dem Veranlagungszeitraum nach Insolvenzeröffnung (Folgejahr) ist zunächst von den Einkünften desjenigen Vermögensbereichs abzuziehen, in welchem im Folgejahr nicht ausgeglichene negative Einkünfte angefallen sind. Ein danach verbleibender Verlustrücktrag ist ggf. dem zweiten Vermögensbereich (Masseverbindlichkeit bzw. insolvenzfreier Bereich) zuzuordnen. Ein etwaiger Rest ist schließlich von den Einkünften abzuziehen, die auf den Zeitraum vor Eröffnung des Insolvenzverfahrens entfallen.

9.1.4 Einkommensteuererstattungen

Einkommensteuererstattungen, die sich bei einer nach Insolvenzeröffnung vorgenommenen Veranlagung ergeben, stellen, soweit sie nicht ausnahmsweise dem insolvenzfreien Vermögen zuzurechnen sind, grundsätzlich Vermögenswerte der Insolvenzmasse dar (§ 35 Abs. 1 InsO). Sie sind daher grundsätzlich an die Insolvenzmasse auszukehren, sofern keine Aufrechnungsmöglichkeit besteht.

Einkommensteuererstattungen, die während des Insolvenzverfahrens begründet werden und aus einer Lohnsteuerüberzahlung resultieren, gehören in vollem Umfang zur Insolvenzmasse (vgl. BFH-Beschluss vom 29.1.2010, VII B 188/09, BFH/NV S. 1243).

Hat der Schuldner nach Freigabe der selbständigen Tätigkeit Einkommensteuervorauszahlungen aus dem insolvenzfreien Vermögen geleistet und ergeben sich hieraus Einkommensteuererstattungen, fallen diese grundsätzlich in das insolvenzfreie Vermögen und sind vorbehaltlich der Aufrechnung an den Schuldner auszukehren (vgl. BFH-Urteil vom 26.11.2014, VII R 32/13, BStBl 2015 II S. 561).

Ergibt sich bei Ehegatten/Lebenspartnern bei der Zusammenveranlagung eine Steuererstattung, liegt im Gegensatz zur Gesamtschuldnerschaft bei Steuerschulden keine Gesamtgläubigerschaft vor. Für die Verteilung zwischen ihnen sind die sich aus § 37 Abs. 2 AO ergebenden Grundsätze anzuwenden (vgl. AEAO zu § 37 und BMF-Schreiben vom 14.1.2015, BStBl I S. 83). Vorauszahlungen aufgrund eines an beide Ehegatten/Lebenspartner gemeinsam gerichteten Vorauszahlungsbescheids ohne individuelle Tilgungsbestimmung sind unabhängig davon, ob die Ehegatten/Lebenspartner später zusammen oder getrennt veranlagt werden, zunächst auf die festgesetzten Steuern beider Ehegatten/Lebenspartner anzurechnen (BFH-Urteil vom 22.3.2011, VII R 42/10, BStBl II S. 607). Dies gilt auch für die vom nicht insolventen Ehegatten/Lebenspartner nach Insolvenzeröffnung ohne individuelle Tilgungsbestimmung geleisteten Vorauszahlungen (BFH-Urteil vom 30.9.2008, VII R 18/08, BStBl 2009 II S. 38).

Ergibt sich aus dieser Verteilung ein Erstattungsbetrag für den insolventen Ehegatten/Lebenspartner, so ist der Erstattungsbetrag auf den vor- und nachinsolvenzlichen Zeitraum unter Berücksichtigung der sich in den Vermögensbereichen aufgrund der dort zu berücksichtigenden geleisteten Vorauszahlungen und Steuerabzugsbeträgen ggf. ergebenden Guthaben zu verteilen. Zahlungen des Insolvenzverwalters werden für die Verteilung des Erstattungsbetrages nach § 37 Abs. 2 AO dem insolventen Ehegatten/Lebenspartner zugerechnet, wobei der Insolvenzverwalter ausschließlich die auf die Insolvenzmasse entfallende Steuerschuld zahlt.

Beispiel 6:

Im Rahmen einer Zusammenveranlagung von Ehegatten/Lebenspartnern, bei denen sich nur ein Ehegatte/Lebenspartner in Insolvenz befindet, ergibt sich eine Jahressteuer von 18.000 €, die i. H. v. 14.500 € auf den vorinsolvenzlichen Vermögensteil und i. H. v. 3.500 € auf die Insolvenzmasse entfällt.

Folgende geleistete Vorauszahlungen sind anzurechnen.

- Schuldner:		10.000 €,
- Insolvenzverwalter: sowie		600 €
- Nicht insolventer Ehegatte /Lebenspartner:	bis zur Insolvenzeröffnung:	300 €
	nach Insolvenzeröffnung:	8.100 €.

Vorauszahlungen und Steuerabzugsbeträge werden bei den insolvenzrechtlichen Vermögensbereichen berücksichtigt, aus denen sie geleistet wurden.

	Summe	vorinsolvenzlicher Vermögensbereich	Insolvenzmasse
Steuer	18.000 €	14.500 €	3.500 €
abzgl. geleistete VZ InsO-Schuldner	10.000 €	10.000 €	-
abzgl. geleistete VZ InsO-Verwalter	600 €	-	600 €
abzgl. geleistete VZ nicht insolventer Ehegatte/ Lebenspartner	8.400 €	300 €	8.100 €
Ergebnis	- 1.000 € ↙ ↘ - 515,79 € - 484,21 €	4.200 €	- 5.200 € ↙ ↘ - 2.779, 31 € - 2.420,69 €

Die Verteilung des Erstattungsbetrages auf die Ehegatten/Lebenspartner erfolgt zunächst nach § 37 Abs. 2 AO.

Die anschließende Verteilung des auf den insolventen Ehegatten/ Lebenspartner entfallenden Erstattungsbetrages auf den vor- und nachinsolvenzlichen Zeitraum erfolgt unter Berücksichtigung des sich im Vermögensbereich Insolvenzmasse ergebenden Guthabens aufgrund der dort zu berücksichtigenden geleisteten Vorauszahlungen und Steuerabzugsbeträge.

1. Verteilung des Erstattungsbetrages der Veranlagung zwischen den Ehegatten/Lebenspartnern

Insolventer Ehegatte/Lebenspartner:

$$-1.000\,€ \times \frac{(½ \times 10.000\,€) + 600\,€ + (½ \times 8.400\,€)}{19.000\,€} = -\,515{,}79\,€$$

Nicht insolventer Ehegatte/Lebenspartner:

$$-1.000\,€ \times \frac{(½ \times 10.000\,€) + (½ \times 8.400\,€)}{19.000\,€} = -\,484{,}21\,€$$

2. Verteilung des nachinsolvenzlichen Erstattungsbetrages zwischen den Ehegatten/Lebenspartnern

Insolventer Ehegatte/Lebenspartner:

$$-5.200\,€ \times \frac{600\,€ + (½ \times 8.100\,€)}{8.700\,€} = -2.779{,}31\,€$$

Nicht insolventer Ehegatte/Lebenspartner :

$$-5.200\,€ \times \frac{\frac{1}{2} \times 8.100\,€}{8.700\,€} = -2.420{,}69\,€$$

Die nachinsolvenzlich begründete Einkommensteuer i. H. v. 3.500 € ist gegenüber dem Insolvenzverwalter festzusetzen und der sich nach Anrechnung der geleisteten Vorauszahlungen für die Insolvenzmasse ergebende Erstattungsanspruch i. H. v. 2.779,31 € an diese vorbehaltlich der Aufrechnungsmöglichkeit mit Masseverbindlichkeiten zu erstatten.

Zur Insolvenztabelle ist eine Forderung i. H. v. 2.263,52 € (= 2.779,31 € - 515,79 €) anzumelden, die sich aus dem auf den insolventen Ehegatten/Lebenspartner aus der Veranlagung entfallenden Erstattungsbetrag i. H. v. 515,79 € unter Berücksichtigung des nachinsolvenzlichen Erstattungsbetrages i. H. v. 2.779,31 € zusammensetzt. Gegenüber dem nicht insolventen Ehegatten/Lebenspartner erfolgt eine Steuerfestsetzung i. H. v. 18.000 €. Der anteilig aus der Jahresveranlagung auf diesen entfallende Erstattungsbetrag i. H. v. 484,21 € ist vorbehaltlich etwaiger Aufrechnungsmöglichkeiten zu erstatten.

9.2 Umsatzsteuer

Durch die Eröffnung des Insolvenzverfahrens über das Vermögen des leistenden Unternehmers kommt es zu einer Aufspaltung des Unternehmens in mehrere selbständige Unternehmensteile. Dabei handelt es sich um die Insolvenzmasse und das vom Insolvenzverwalter freigegebene Vermögen sowie einen vorinsolvenzlichen Unternehmensteil. In den Fällen der Eröffnung unter Anordnung der Eigenverwaltung (§ 270 Abs. 1 Satz 1, § 270f Abs. 1 InsO) sowie in den Fällen der Bestellung eines vorläufigen Insolvenzverwalters, wenn für den Schuldner ein allgemeines Verfügungsverbot angeordnet worden ist (§ 21 Abs. 2 Nr. 2 InsO), bestehen die selbständigen Unternehmensteile regelmäßig aus der Insolvenzmasse und dem vorinsolvenzlichen Unternehmensteil. Die Eingangs- und Ausgangsumsätze sind dem Unternehmensteil zuzuordnen, der sie ausgeführt hat.

Zur Wahrung des Grundsatzes der Unternehmenseinheit reicht es aus, dass die Summe der für alle Unternehmensteile insgesamt festgesetzten oder angemeldeten Umsatzsteuer der Umsatzsteuer für das gesamte Unternehmen entspricht (vgl. BFH-Urteil vom 9.12.2010, V R 22/10, BStBl 2011 II S. 996).

Dabei können Erstattungsansprüche zugunsten eines Unternehmensteils entstehen, während sich für denselben Besteuerungszeitraum Nachforderungen gegen einen anderen Unternehmensteil ergeben können.

Zu den Einzelheiten wird insbesondere auf Abschnitt 17.1 Abs. 11 bis 16 UStAE verwiesen.

Hinsichtlich der Verwertung von Sicherungsgut wird insbesondere auf Abschnitt 1.2 UStAE verwiesen.

10. Befriedigung der Insolvenzgläubiger

Die Insolvenzordnung sieht zur Befriedigung der Insolvenzgläubiger grundsätzlich die Verwertung der Insolvenzmasse und die Verteilung des Erlöses nach den Vorschriften der Insolvenzordnung vor (§§ 159 ff., 187 ff. InsO). Abweichend dazu kann die Befriedigung der Gläubiger und die Verwertung der Insolvenzmasse und deren Verteilung an die Beteiligten durch einen Insolvenzplan (§§ 217 ff. InsO) geregelt werden. Die Entscheidung über den Fortgang des Verfahrens (Stilllegung oder Fortführung, Verfahren nach den Vorschriften der InsO oder nach den Regelungen eines Insolvenzplanes) trifft die Gläubigerversammlung.

11. Insolvenzplan

In einem Insolvenzplan (§§ 217 ff. InsO), der vom Insolvenzverwalter – ggf. im Auftrag der Gläubigerversammlung (§ 157 InsO) – oder vom Schuldner selbst eingebracht werden kann, können abweichend von den gesetzlichen Regelungen des Insolvenzverfahrens z. B. geregelt werden:

- die Befriedigung der Gläubiger (einschließlich der Absonderungsgläubiger),
- die Verwertung der Insolvenzmasse,
- die Verteilung der Insolvenzmasse an die Beteiligten und
- die Inanspruchnahme des Schuldners nach Verfahrensbeendigung.

Über die Wirksamkeit eines Insolvenzplans stimmen die Gläubiger in Gruppen ab, soweit ihnen gem. § 77 InsO ein Stimmrecht im Verfahren eingeräumt ist (§§ 222, 235 ff. InsO).

§ 225a InsO sieht für ab dem 1.3.2012 beantragte Insolvenzverfahren die Möglichkeit der Umwandlung von Gläubigerforderungen in Mitgliedschafts- oder Anteilsrechte („Debt-Equity-Swap") vor, die die zustimmende Erklärung des betroffenen Gläubigers voraussetzt. Diese Zustimmung zu erteilen, obliegt der steuerverwaltenden Körperschaft (§ 252 AO). Eine Zustimmung zur Umwandlung von Gläubigerforderungen in Anteils- oder Mitgliedschaftsrechte darf nur unter Beachtung der einschlägigen Vorschriften (insbesondere Haushaltsordnungen) der jeweiligen steuerverwaltenden Körperschaft erfolgen. Die Voraussetzungen zum Erwerb von Beteiligungen an privatrechtlichen Unternehmen und damit zur Zustimmung zu einem derartigen Plan liegen regelmäßig nicht vor, da die unternehmerische Betätigung des Landes oder des Bundes auf die Verfolgung von wichtigen Interessen des Landes bzw. des Bundes zu beschränken ist.

Weist das Insolvenzgericht den Plan nicht zurück, hat das Finanzamt zu prüfen, ob sämtliche angemeldeten Ansprüche enthalten sind und das Finanzamt durch den Plan nicht schlechter gestellt wird, als es ohne den Plan stünde.

Soweit auf Steuerforderungen, die Gegenstand des Insolvenzplans sind, verzichtet wurde, werden diese mit Bestätigung des Plans zu unvollkommenen Forderungen. Sie sind zwar erfüllbar, können aber grundsätzlich gegen den Schuldner nicht mehr geltend gemacht werden. Die Steuerforderungen erlöschen i. S. d. § 47 AO auch dann nicht mit der Zustimmung zu einem Insolvenzplan, wenn der Plan einen (Teil-)Erlass der Ansprüche vorsieht (BFH-Urteil vom 8.3.2022, VI R 33/19, BStBl 2023 II S. 98). Die Möglichkeit der Inanspruchnahme Dritter im Wege der Haftung bleibt bestehen, soweit nicht ein Haftungsausschluss nach § 227 Abs. 2 InsO in Betracht kommt.

Ein bei Eröffnung des Insolvenzverfahrens bestehendes Aufrechnungsrecht bleibt auch dann erhalten, wenn die aufgerechnete Gegenforderung nach einem rechtskräftig bestätigten Insolvenzplan als erlassen gilt (BGH-Urteil vom 19.5.2011, IX ZR 222/08, WM S. 1182). Entsteht der Steuererstattungsanspruch hingegen erst nach Eröffnung des Insolvenzverfahrens, kann gegen ihn bei vorbehaltslosen Insolvenzplänen lediglich bis zum Erreichen der Planquote mit Insolvenzforderungen unter den allgemeinen Voraussetzungen des § 226 AO aufgerechnet werden.

Auf Abschnitt 61 VollstrA wird hingewiesen.

12. Verbraucherinsolvenz nach §§ 304 ff. InsO

Die nachstehenden Ausführungen gelten für nach dem 30.6.2014 beantragte Insolvenzverfahren. Für vor dem 1.7.2014 beantragte Verfahren gelten die Ausführungen des AEAO zu § 251, Nr. 12 in der Fassung vom 31.1.2014, BStBl I S. 290.

Natürliche Personen, die keine selbständige gewerbliche oder freiberufliche Tätigkeit ausüben oder ausgeübt haben, können das Verbraucherinsolvenzverfahren nach §§ 304 ff. InsO beantragen. Dies gilt auch für Personen, die eine selbständige Tätigkeit ausgeübt haben, wenn ihre Vermögensverhältnisse überschaubar sind und gegen sie keine Forderungen aus Arbeitsverhältnissen bestehen. Überschaubar sind Vermögensverhältnisse, wenn der Schuldner zu dem Zeitpunkt, zu dem der Antrag auf Eröffnung des Insolvenzverfahrens gestellt wird, weniger als 20 Gläubiger hat. Forderungen aus Arbeitsverhältnissen sind nicht nur die Ansprüche der ehemaligen Arbeitnehmer selbst, sondern auch die Forderungen von Sozialversicherungsträgern und Finanzämtern (z. B. Lohnsteuerforderungen). Der geschäftsführende Alleingesellschafter einer GmbH übt eine selbständige wirtschaftliche Tätigkeit aus. Wird dieser für Lohnsteuerrückstände der GmbH in Haftung genommen, handelt es sich um Forderungen aus Arbeitsverhältnissen i. S. d. § 304 Abs. 1 InsO (BGH-Beschluss vom 22.9.2005, IX ZR 55/04, WM S. 918).

Das Verfahren gliedert sich in drei Abschnitte. Zunächst hat der Schuldner eine außergerichtliche Einigung mit seinen Gläubigern ernsthaft anzustreben (AEAO zu § 251, Nr. 12.1). Gelingt ihm dies nicht, wird auf seinen Antrag ein gerichtliches Schuldenbereinigungsverfahren durchgeführt (AEAO zu § 251, Nr. 12.2). Scheitert auch dies, schließt sich ein Insolvenzverfahren an (AEAO zu § 251, Nr. 12.3).

12.1 Außergerichtlicher Einigungsversuch

Der Schuldner hat den Gläubigern und damit ggf. auch dem Finanzamt zum Zweck der außergerichtlichen Einigung unter anderem z. B. ein Vermögensverzeichnis, eine Aufstellung seiner Verbindlichkeiten und Gläubiger sowie einen Plan zur Schuldenregulierung vorzulegen (vgl. § 305 Abs. 1 InsO).

Das Finanzamt kann nur im Rahmen einer persönlichen Billigkeitsmaßnahme Ansprüche aus dem Steuerschuldverhältnis abweichend festsetzen, stunden oder erlassen. Wird ein Erlass gewährt, erlischt der Anspruch aus dem Steuerschuldverhältnis gem. § 47 AO.

Zu den vom Finanzamt zu beachtenden Grundsätzen bei der Bearbeitung von Anträgen auf außergerichtliche Schuldenbereinigung i. S. v. § 305 Abs. 1 Nr. 1 InsO wird auf das BMF-Schreiben vom 27.1.2021, BStBl I S. 152, hingewiesen.

12.2 Schuldenbereinigungsverfahren

Scheitert der ernsthafte Versuch des Schuldners, eine außergerichtliche Einigung herbeizuführen, so kann er die Eröffnung des Insolvenzverfahrens beantragen.

Mit einem Antrag auf Eröffnung des Insolvenzverfahrens hat der Schuldner die in § 305 Abs. 1 InsO genannten Unterlagen und Erklärungen, insbesondere einen Schuldenbereinigungsplan, vorzulegen. Bei einem inhaltlich ordnungsgemäßen Antrag erklärt das Insolvenzgericht das Insolvenzverfahren bis zur Entscheidung über den Schuldenbereinigungsplan für ruhend (§ 306 Abs. 1 Satz 1 InsO). Das Insolvenzgericht stellt den vom Schuldner genannten Gläubigern gem. § 307 Abs. 1 InsO den Schuldenbereinigungsplan und die Vermögensübersicht zur Stellungnahme binnen einer Notfrist von einem Monat zu.

Das Finanzamt hat die vom Gericht zugestellte Vermögensübersicht und den Schuldenbereinigungsplan unter Beteiligung aller in Betracht kommenden Dienststellen unverzüglich daraufhin zu überprüfen, ob alle bis zum Ablauf der vom Gericht genannten Frist entstandenen Abgabenansprüche (zum Beispiel entstandene, aber noch nicht festgesetzte Abgabenforderungen) aufgenommen worden sind. Noch nicht festgesetzte oder angemeldete Steueransprüche, die bis zum Ablauf der Notfrist entstehen, sind erforderlichenfalls im Schätzungswege zu ermitteln.

Während das Verfahren über den Antrag auf Eröffnung des Insolvenzverfahrens ruht (§ 306 Abs. 1 Satz 1 InsO), sind - unabhängig von etwaigen Sicherungsmaßnahmen des Insolvenzgerichts (§ 306 Abs. 2 InsO) - alle Verwaltungsakte weiterhin dem Schuldner bekannt zu geben.

Gibt das Finanzamt innerhalb der Frist von einem Monat keine Stellungnahme ab, gilt dies nach § 307 Abs. 2 Satz 1 InsO als Einverständnis.

Die unterlassene Ergänzung der Abgabenforderungen hat - falls keine Wiedereinsetzungsgründe vorliegen - die Folge, dass nicht oder nicht in der richtigen Höhe geltend gemachte Forderungen nach § 308 Abs. 3 Satz 2 InsO erlöschen, wenn der Schuldenbereinigungsplan angenommen wird.

Der Schuldenbereinigungsplan gilt als angenommen, wenn

- alle Gläubiger zugestimmt haben,
- kein Gläubiger Einwendungen erhoben hat oder
- die Zustimmung eines oder mehrerer Gläubiger nach § 309 InsO ersetzt wird.

Die Zustimmung des Finanzamts orientiert sich an den im BMF-Schreiben vom 27.1.2021, BStBl I S. 152, dargestellten Grundsätzen zur außergerichtlichen Einigung. Dabei ist zu beachten, dass akzessorische Sicherheiten (z. B. Zwangshypothek) erlöschen, wenn der Plan keine abweichende Regelung vorsieht. Erforderlichenfalls sind daher entsprechende Einwendungen gegen den Plan zu erheben.

Da bei Nichterfüllung des Plans eine Wiederauflebensklausel gesetzlich nicht vorgesehen ist, soll das Finanzamt in seiner Stellungnahme auf eine solche hinwirken.

Das Insolvenzgericht ersetzt die Zustimmung eines Gläubigers unter den Voraussetzungen des § 309 Abs. 1 InsO und hat dazu den Betroffenen zu hören. Eine gerichtliche Ersetzung der Zustimmung ist jedoch nach § 309 Abs. 3 InsO ausgeschlossen, wenn das Finanzamt glaubhaft macht, dass die Angaben des Schuldners im Schuldenbereinigungsplan dem Grunde oder der Höhe nach unrichtig sind und es deshalb nicht angemessen beteiligt wird.

Das Insolvenzgericht entscheidet über die Ersetzung durch Beschluss. Dagegen stehen dem Antragsteller und dem Gläubiger, dessen Zustimmung ersetzt wird, die sofortige Beschwerde zu (§ 309 Abs. 2 Satz 3 InsO).

Der angenommene Schuldenbereinigungsplan hat nach § 308 Abs. 1 Satz 2 InsO die Wirkung eines (Prozess-) Vergleichs i. S. d. § 794 Abs. 1 Nr. 1 ZPO.

§ 308 Abs. 3 InsO stellt im Interesse des Gläubigerschutzes klar, dass Gläubiger, die keine Möglichkeit der Mitwirkung an dem Schuldenbereinigungsplan hatten, keinen Rechtsverlust erleiden. Dies ist allerdings nur denkbar, wenn dem Finanzamt kein Schuldenbereinigungsplan zur Stellungnahme zugestellt wurde. Allerdings kann sich der Gläubiger der Wirkung des Schuldenbereinigungsplans nicht durch eine unvollständige Forderungsaufstellung, unterlassene oder unzureichende Nachbesserung des Schuldenbereinigungsplans entziehen.

Das Verfahren über den Eröffnungsantrag wird wieder aufgenommen, wenn das Insolvenzgericht nach Anhörung des Schuldners zu der Überzeugung gelangt, dass der Schuldenbereinigungsplan voraussichtlich nicht angenommen wird (§ 306 Abs. 1 Satz 3 InsO) oder Einwendungen gegen den Schuldenbereinigungsplan erhoben werden, die vom Gericht nicht gem. § 309 InsO durch gerichtliche Zustimmung ersetzt werden (§ 311 InsO). Ein erneuter Antrag des Schuldners ist nicht erforderlich.

Soweit ein Gläubiger einen Antrag auf Eröffnung des Insolvenzverfahrens stellt und der Schuldner keinen Eigenantrag nachreicht (§ 306 Abs. 3 InsO), findet ein Schuldenbereinigungsverfahren nicht statt. In diesem Fall ist - wie im Fall des Scheiterns des Schuldenbereinigungsverfahrens - ein Insolvenzverfahren durchzuführen.

Im Übrigen wird auf Abschnitt 63 VollstrA hingewiesen.

12.3 Eröffnetes Insolvenzverfahren

Grundsätzlich sind die Bestimmungen für das Regelinsolvenzverfahren anzuwenden.

Auch ein Insolvenzplan kann durchgeführt werden (siehe AEAO zu § 251, Nr. 11). Die Regelungen zur Eigenverwaltung gelten jedoch nicht (§ 270 Abs. 2 InsO).

Im Übrigen wird auf Abschnitt 63 VollstrA hingewiesen.

13. Eigenverwaltung

Die Vorschriften der Eigenverwaltung gelten nicht für Verbraucherinsolvenzverfahren i. S. v. §§ 304 ff. InsO (§ 270 Abs. 2 InsO).

13.1 Vorläufiges Eigenverwaltungsverfahren

Stimmt das Gericht dem Antrag des Schuldners auf Anordnung der Eigenverwaltung zu (§ 270a Abs. 1 InsO), hat es einen vorläufigen Sachwalter (§ 270b Abs. 1 InsO) zu bestellen und kann vorläufige Maßnahmen nach § 21 Abs. 1 und 2 Nr. 1a, 3 bis 5 InsO anordnen. Des Weiteren hat das Gericht auf Antrag des Schuldners anzuordnen, dass der Schuldner Masseverbindlichkeiten begründet. § 55 Abs. 2 InsO gilt entsprechend (§ 270c Abs. 4 InsO).

In Insolvenzverfahren, die ab dem 1.1.2021 beantragt wurden, gelten bestimmte Steuerverbindlichkeiten des Insolvenzschuldners, die vom Schuldner nach Bestellung eines vorläufigen Sachwalters begründet worden sind, nach Eröffnung des Insolvenzverfahrens als Masseverbindlichkeit (§ 55 Abs. 4 InsO).

Legt der Schuldner dem Gericht einen Insolvenzplan vor, so wird über den Plan im eröffneten Insolvenzverfahren nach den allgemeinen Vorschriften über den Insolvenzplan entschieden.

Die vorläufige Eigenverwaltung wird durch Bestellung eines vorläufigen Insolvenzverwalters aufgehoben. Dies kann auch auf Antrag eines Insolvenzgläubigers erfolgen (§ 270e Abs. 2 InsO).

13.2 Besonderheiten bei der Vorbereitung einer Sanierung nach § 270d InsO (Schutzschirm)

Bei einer angestrebten Sanierung nach § 270d InsO kann das Insolvenzgericht auf Antrag des Schuldners eine Frist zur Vorlage eines Insolvenzplans bestimmen (§ 270d Abs. 1 Satz 1 InsO). Die Frist darf höchstens drei Monate betragen.

Stimmt das Gericht dem Antrag des Schuldners zu, hat es einen vorläufigen Sachwalter (§ 270b Abs. 1 InsO) zu bestellen und vorläufige Maßnahmen nach § 21 Abs. 2 Satz 1 Nr. 3 InsO anzuordnen, wenn der Schuldner dies beantragt (§ 270d Abs. 3 InsO).

13.3 Eröffnung des Insolvenzverfahrens

Auf Antrag des Schuldners oder der Gläubigerversammlung kann das Insolvenzgericht die Eigenverwaltung der Insolvenzmasse gem. §§ 270 ff. InsO unter der Aufsicht eines Sachwalters anordnen, wenn dadurch nicht Gläubigerinteressen beeinträchtigt werden (z. B. durch Verfahrensverzögerung).

Die insolvenzrechtlichen Vorschriften bleiben durch die Eigenverwaltung - von wenigen Ausnahmen abgesehen - unberührt. Im Grunde sind nur Befugnisse des Insolvenzverwalters auf den Schuldner selbst zu übertragen. Insolvenzforderungen sind schriftlich beim Sachwalter zur Tabelle anzumelden (§ 270f Abs. 2 InsO). Die Forderungen können vom Schuldner, vom Sachwalter oder von anderen Insolvenzgläubigern bestritten werden; sie gelten insoweit als nicht festgestellt (§ 283 Abs. 1 InsO). Zur Feststellung der bestrittenen Forderungen sind die Ausführungen des AEAO zu § 251, Nr. 5.3 entsprechend anzuwenden. Die Regelung des AEAO zu § 251, Nr. 5.3.2 findet in der Eigenverwaltung keine Anwendung, da § 178 Abs. 1 Satz 2 InsO nicht gilt.

Auswirkungen auf das Besteuerungsverfahren (z. B. die Veranlagungszeiträume) ergeben sich durch die Anordnung der Eigenverwaltung nicht. Umsatzsteuerlich kommt es aber mit der Eröffnung des Insolvenzverfahrens zu einer Aufspaltung des Unternehmens in mehrere Unternehmensteile, zwischen denen einzelne umsatzsteuerrechtliche Berechtigungen und Verpflichtungen nicht miteinander verrechnet werden können. Zu den Einzelheiten vgl. AEAO zu § 251, Nr. 9.2 sowie UStAE Abschnitt 17.1 Abs. 11. Da der Schuldner im Fall der Eigenverwaltung jedoch selbst rechtsgeschäftlich mit Verfügungsbefugnis handeln kann, der Sachwalter demgegenüber nur Kontroll- und Aufsichtspflichten ausübt, ist der Schuldner selbst steuerlich als Vertreter der Insolvenzmasse i. S. v. §§ 34, 35 AO anzusehen. Daher ist er Bekanntgabeadressat für alle die Insolvenzmasse betreffenden Verwaltungsakte.

Die Eigenverwaltung kann auf Antrag der Gläubigerversammlung, des Schuldners oder eines Gläubigers, der entsprechende Gründe glaubhaft zu machen hat, aufgehoben werden (§ 272 InsO).

Auf Insolvenzverfahren in Eigenverwaltung, die vor dem 1.1.2021 beantragt worden sind, sind die bis dahin geltenden Vorschriften der InsO weiter anzuwenden. Insoweit ist der AEAO zu § 251 in der Fassung des BMF-Schreibens vom 21.1.2014 (BStBl I S. 290), zuletzt geändert durch das BMF-Schreiben vom 28.1.2021 (BStBl I S. 145), anzuwenden.

Wenn die Zahlungsunfähigkeit oder Überschuldung des Schuldners auf die COVID-19-Pandemie zurückzuführen ist, sind auf Eigenverwaltungsverfahren, die in 2021 beantragt worden sind, die §§ 270 bis 285 InsO in der bis zum 31.12.2020 geltenden Fassung weiter anzuwenden

14. Vorgehensweise nach Aufhebung des Insolvenzverfahrens

Mit Aufhebung des Insolvenzverfahrens erhält der Schuldner die Verwaltungs- und Verfügungsbefugnis über sein Vermögen zurück.

Die Aufrechnungsverbote der §§ 95 und 96 InsO gelten nicht mehr. Steuererstattungsansprüche unterliegen nicht mehr dem Insolvenzbeschlag, es sei denn, es liegt eine wirksame Anordnung der Nachtragsverteilung bzw. der wirksame Vorbehalt der Nachtragsverteilung vor. Mit dem Vorbehalt oder der Anordnung einer Nachtragsverteilung tritt hinsichtlich des einzelnen Erstattungsanspruchs erneut die Insolvenzbeschlagnahme ein (BFH-Urteil vom 28.2.2012, VII R 36/11, BStBl II S. 451). Soweit sich aus dem Beschluss des Insolvenzgerichts nicht ausdrücklich etwas anderes ergibt, ist anzunehmen, dass der Insolvenzbeschlag hinsichtlich aller Steuerarten fortbesteht, die bis zur Aufhebung des Insolvenzverfahrens (insolvenzrechtlich) begründet worden sind (BFH-Urteil vom 20.9.2016, VII R 10/15, BFH/NV 2017 S. 442). Ein nicht hinreichend bestimmter Beschluss entfaltet keinen Insolvenzbeschlag.

Steuerbescheide sind an den Steuerpflichtigen zu richten und diesem bekannt zu geben. Aus diesem Grund ist für das Jahr der Insolvenzaufhebung z. B. nur eine Einkommensteuerfestsetzung durchzuführen, in der sowohl der Massezeitraum wie auch der Zeitraum nach Abschluss des Verfahrens zusammengefasst werden. Der Schuldner ist auch hinsichtlich der nach Eröffnung des Insolvenzverfahrens begründeten Steuerforderungen weiterhin Steuerschuldner (vgl. BFH-Beschluss vom 23.8.1993, V B 135/91, BFH/NV 1994 S. 186). Somit können die während des Bestehens des Insolvenzverfahrens begründeten Steuerschulden nach Aufhebung des Insolvenzverfahrens gegenüber dem Steuerpflichtigen geltend gemacht und auch vollstreckt werden (vgl. BFH-Urteil vom 28.11.2017, VII R 1/16, BStBl 2018 II S. 457).

Zur Frage der Prozessführungsbefugnis des Insolvenzverwalters und der Auswirkungen auf noch anhängige Rechtsbehelfsverfahren zu Masseverbindlichkeiten bei Beendigung des Insolvenzverfahrens vgl. BFH-Urteil vom 6.7.2011, II R 34/10, BFH/NV 2012 S. 10.

Änderungen von zur Insolvenztabelle angemeldeten und festgestellten Steuerforderungen, denen der Insolvenzschuldner nicht widersprochen hat oder dessen Widerspruch beseitigt worden ist, sind nach Aufhebung des Insolvenzverfahrens nur möglich, wenn die Voraussetzungen für eine Änderung der festgestellten Forderung nach §§ 130, 131 AO vorliegen.

Schließt sich nach der Aufhebung des Insolvenzverfahrens das Restschuldbefreiungsverfahren an, kann wegen dieser Forderungen nicht vollstreckt, sondern lediglich aufgerechnet werden.

Zur Insolvenztabelle angemeldete, nicht titulierte Forderungen, für die keine Feststellung erfolgt ist, können nach Aufhebung des Insolvenzverfahrens gegenüber dem Steuerpflichtigen unter Beachtung der Ablaufhemmung nach § 171 Abs. 13 AO erstmals geltend gemacht werden (z. B. zum Zwecke der Aufrechnung). Die Erteilung einer Restschuldbefreiung gilt vorbehaltlich § 302 InsO auch für diese Forderungen.

Nach rechtskräftiger Bestätigung eines Insolvenzplans ist eine Änderung einer vorinsolvenzlich erfolgten Steuerfestsetzung nicht mehr möglich (BFH-Urteil vom 22.10.2014, I R 39/13, BStBl 2015 II S. 577). Im Planverfahren nicht angemeldete Forderungen dürfen innerhalb der Frist des § 259b InsO mittels Bescheid geltend gemacht werden (BFH-Urteil vom 8.3.2022, VI R 33/19, BStBl 2023 II S. 98).

Während des laufenden Insolvenzverfahrens ohne rechtlichen Grund an den Insolvenzverwalter ausbezahlte Ansprüche aus dem Steuerschuldverhältnis können nach Aufhebung des Insolvenzverfahrens vom früheren Insolvenzverwalter zurückgefordert werden, wenn die Zahlung auf dessen Anderkonto eingegangen war (BFH-Beschluss vom 12.8.2013, VII B 188/12, ZIP S. 2370). Hiervon zu unterscheiden ist die Rechtslage bei Zahlungen auf ein sog. Sonderkonto, das vom Insolvenzverwalter für den Schuldner als Kontoinhaber (Fremdkonto) eingerichtet wird und bei dem der Insolvenzverwalter lediglich aufgrund seiner treuhänderischen Stellung verfügungsberechtigt ist. Gehen Zahlungen auf ein solches Sonderkonto ein, fallen sie in das Schuldnervermögen und damit in die Insolvenzmasse. Rückforderungen sind somit nicht gegen den Insolvenzverwalter persönlich, sondern nur gegen ihn in seiner Eigenschaft als Insolvenzverwalter geltend zu machen (BFH-Beschluss vom 12.8.2013, VII B 188/12, ZIP S. 2370).

15. Restschuldbefreiung

Die nachstehenden Ausführungen gelten für nach dem 30.6.2014 beantragte Insolvenzverfahren. Für vor dem 1.7.2014 beantragte Verfahren gelten die Ausführungen des AEAO zu § 251, Nr. 15 in der Fassung vom 31.1.2014, BStBl I S. 290.

15.1 Laufzeit der Abtretungserklärung

Ist der Schuldner eine natürliche Person, so sieht die Insolvenzordnung die Möglichkeit der Restschuldbefreiung vor. Hierzu hat der Schuldner rechtzeitig einen Antrag auf Restschuldbefreiung beim Insolvenzgericht zu stellen (§ 287 Abs. 1 InsO). Um die Restschuldbefreiung zu erlangen, hat der Schuldner den pfändbaren Teil seiner Bezüge für einen Zeitraum von drei Jahren - beginnend ab der Eröffnung des Insolvenzverfahrens - an einen Treuhänder abzutreten (§ 287 Abs. 2 InsO). Zwischen der Beendigung des Insolvenzverfahrens und dem Ende der Abtretungsfrist hat der Schuldner die Obliegenheiten gem. § 295 InsO zu erfüllen.

Der Treuhänder kehrt das Erlangte jährlich nach der im Schlussverzeichnis festgelegten Quote an die Gläubiger aus (§ 292 Abs. 1 Satz 2 InsO).

Das Insolvenzgericht stellt durch öffentlich bekannt zu machenden Beschluss zu Beginn des Verfahrens fest, ob der Antrag auf Restschuldbefreiung zulässig ist und dass der Schuldner Restschuldbefreiung erlangt, wenn er den Obliegenheiten gem. § 295 InsO nachkommt und keine Versagungsgründe nach §§ 290, 297 bis 298 InsO vorliegen (§ 287a InsO).

Das Finanzamt hat zu prüfen, ob nach § 290 Abs. 1 InsO ein Grund vorliegt, die Restschuldbefreiung zu versagen. Es hat insbesondere festzustellen, ob der Schuldner zur Vermeidung von Steuerzahlungen in den letzten drei Jahren vor dem Antrag auf Eröffnung des Insolvenzverfahrens oder nach dem Antrag schuldhaft schriftlich unrichtige oder unvollständige Angaben über seine wirtschaftlichen Verhältnisse im Rahmen von Anträgen auf Vollstreckungsaufschub, in Vermögensverzeichnissen, Erlass- und Stundungsanträgen oder Steuererklärungen gemacht hat (§ 290 Abs. 1 Nr. 2 InsO).

Liegen Versagungsgründe nach § 290 InsO vor, so soll das Finanzamt bis zum Schlusstermin oder bis zur Entscheidung über die Einstellung des Verfahrens wegen Masseunzulänglichkeit die Versagung der Restschuldbefreiung schriftlich beantragen und glaubhaft machen (§ 290 Abs. 2 InsO). Wird dieser Antrag vom Insolvenzgericht abgewiesen, kann sofortige Beschwerde erhoben werden (§ 290 Abs. 3 InsO). Stellt sich nach dem Schlusstermin heraus, dass Versagungsgründe vorlagen, kann ein Antrag auf Versagung der Restschuldbefreiung binnen sechs Monaten nach Kenntniserlangung durch den Gläubiger nachgeholt werden (§ 297a InsO).

Nach Beendigung des Insolvenzverfahrens, aber noch während der Laufzeit der Abtretungserklärung sind Vollstreckungsmaßnahmen wegen der Insolvenzforderungen in das Vermögen des Schuldners unzulässig (§ 294 Abs. 1 InsO). Aufrechnungen gegen Steuererstattungsansprüche des Schuldners sind aber zulässig, es sei denn, es liegt ein Vorbehalt oder eine wirksame Anordnung der Nachtragsverteilung für diesen Anspruch vor.

Verwaltungsakte sind wieder an den Schuldner zu richten und diesem bekannt zu geben, da der hier zu bestellende Treuhänder keine Befugnis hat, das Vermögen des Schuldners zu verwalten oder über dieses zu verfügen (§ 292 InsO).

Steuererstattungsansprüche nach Aufhebung des Insolvenzverfahrens gehören nicht zu den abtretbaren Bezügen i. S. d. § 287 InsO und können vorbehaltlich der Anordnung einer Nachtragsverteilung mit Insolvenzforderungen aufgerechnet werden (BGH-Urteil vom 21.7.2005, IX ZR 115/04, NJW S. 2988).

Endet bei erteilter Restschuldbefreiung die Abtretungsfrist vor Beendigung des Insolvenzverfahrens, gehören die dann erworbenen Steuererstattungsansprüche nicht mehr zur Insolvenzmasse (§ 300a InsO) und können aufgerechnet werden.

15.2 Ausgenommene Forderungen

Neben Geldstrafen (§ 302 Nr. 2 InsO) und Verbindlichkeiten aus zinslosen Darlehen, die dem Schuldner zur Begleichung der Kosten des Insolvenzverfahrens gewährt wurden (§ 302 Nr. 3 InsO), sind folgende Verbindlichkeiten des Schuldners von der Restschuldbefreiung ausgenommen:

- Verbindlichkeiten aus vorsätzlich begangenen unerlaubten Handlungen (§ 302 Nr. 1 1. Alternative InsO)
- Verbindlichkeiten aus rückständigem gesetzlichem Unterhalt (§ 302 Nr. 1 2. Alternative InsO)

- Verbindlichkeiten aus dem Steuerschuldverhältnis, wenn der Schuldner im Zusammenhang damit wegen einer Steuerstraftat nach §§ 370, 373 oder 374 AO rechtskräftig verurteilt wurde (§ 302 Nr. 1 3. Alternative InsO)

Voraussetzung für eine Ausnahme von der Restschuldbefreiung bei den Verbindlichkeiten nach § 302 Nr. 1 InsO ist, dass der Gläubiger seine Forderung unter Angabe des Rechtsgrundes nach § 174 Abs. 2 InsO zur Tabelle (ggf. nachträglich) angemeldet hat (vgl. AEAO zu § 251, Nr. 5.2).

Hat das Finanzamt bei der Forderungsanmeldung Tatsachen angegeben, aus denen sich eine Steuerstraftat des Schuldners nach §§ 370, 373 oder 374 AO ergibt, tritt die Ausnahme von der Erteilung der Restschuldbefreiung in folgenden Fällen ein:

- Das Gericht hat die Forderung eingetragen, der Schuldner hat der Anmeldung im Prüfungstermin nicht widersprochen und die rechtskräftige Verurteilung ist wegen einer Steuerstraftat nach den §§ 370, 373 oder 374 AO erfolgt. Hierbei ist es unbeachtlich, wann die rechtskräftige Verurteilung erfolgt ist.
- Der Schuldner hat der Anmeldung der Forderung widersprochen und die rechtskräftige Verurteilung wegen einer Steuerstraftat nach den §§ 370, 373 oder 374 AO ist vor Beendigung des Insolvenzverfahrens erfolgt. In diesem Fall kann der Widerspruch durch Feststellungsbescheid nach § 251 Abs. 3 AO beseitigt werden (vgl. AEAO zu § 251, Nr. 5.3.2).
- Der Schuldner hat der Anmeldung der Forderung widersprochen und die rechtskräftige Verurteilung wegen einer Steuerstraftat nach den §§ 370, 373 oder 374 AO ist erst nach Beendigung des Insolvenzverfahrens erfolgt. Da die insolvenzrechtliche Nachhaftung für hinterzogene Steuern auch nach Beendigung des Insolvenzverfahrens bestehen bleibt, ist es unbeachtlich, wann die rechtskräftige Verurteilung erfolgt. Widerspricht der Schuldner lediglich der rechtlichen Einordnung einer Steuerforderung als Anspruch i. S. v. § 302 Nr. 1 InsO (oder ist bei einem Widerspruch gegen den Rechtsgrund und die Höhe der Forderung der Widerspruch gegen die Höhe der Forderung beseitigt), ist dem Finanzamt auch nach Erteilung der Restschuldbefreiung aus der Eintragung der Forderung in der Tabelle - unabhängig vom Vorliegen einer rechtskräftigen Verurteilung wegen einer Steuerstraftat - ein Tabellenauszug zu erteilen (vgl. BGH-Beschluss vom 3.4.2014, IX ZB 93/13, ZinsO 2014 S. 568). Nach Eintritt der Rechtskraft des Urteils kann das Finanzamt sogleich das Vollstreckungsverfahren aufnehmen. Ob die Forderungen von der Restschuldbefreiung nach § 302 Nr. 1 InsO ausgenommen sind, kann der Vollstreckungsschuldner im Steuererhebungsverfahren überprüfen lassen (z. B. Einspruch gegen Pfändungsmaßnahme, Antrag auf Erteilung eines Abrechnungsbescheides bei Aufrechnung, vgl. BGH-Urteil vom 2.12.2010, IX ZR 247/09, NJW 2011 S. 1133). Für anschließende Klageverfahren ist der Finanzrechtsweg einschlägig.

15.3 Erteilung der Restschuldbefreiung

Nach Aufhebung des Insolvenzverfahrens hat der Schuldner ausschließlich die Obliegenheiten nach § 295 InsO zu erfüllen. Die Versagungsgründe des § 290 InsO gelten nicht mehr.

Wird dem Finanzamt bekannt, dass der Schuldner Obliegenheiten verletzt und dadurch die Befriedigung der Insolvenzgläubiger beeinträchtigt, soll es beim Insolvenzgericht Antrag auf Versagung der Restschuldbefreiung stellen und seine Angaben durch entsprechende Unterlagen glaubhaft machen (§ 296 Abs. 1 InsO). Gegen die Entscheidung des Gerichts ist die sofortige Beschwerde gegeben.

Ist die Laufzeit der Abtretungserklärung ohne vorherige Beendigung verstrichen, hat das Insolvenzgericht nach vorheriger Anhörung des Schuldners, des Treuhänders und der Gläubiger zu entscheiden, ob dem Schuldner die endgültige Restschuldbefreiung zu erteilen ist (§ 300 Abs. 1 Satz 1 InsO). Eine vorzeitige Erteilung der Restschuldbefreiung kommt nach § 300 Abs. 2 InsO in Betracht, wenn der Schuldner die Kosten des Verfahrens und die sonstigen Masseverbindlichkeiten berichtigt hat und

- im Verfahren kein Insolvenzgläubiger eine Forderung angemeldet hat
- oder wenn die Forderungen der Insolvenzgläubiger befriedigt wurden.

Erteilt das Insolvenzgericht die Restschuldbefreiung, wirkt diese gegen alle Insolvenzgläubiger. Die angemeldeten, aber nicht vollständig befriedigten Forderungen wandeln sich in unvollkommene Forderungen um. Das heißt, dass diese Forderungen zwar weiterhin erfüllbar, aber nicht mehr erzwingbar sind. Insoweit entfällt die Möglichkeit einer Aufrechnung gegen Guthaben mit diesen Forderungen, da die Aufrechnung voraussetzt, dass die zur Aufrechnung gestellte Forderung vollwirksam und fällig/erzwingbar ist. Dies gilt nicht, wenn bei Eröffnung des Insolvenzverfahrens die Aufrechnungslage bereits bestand (BGH-Urteil vom 19.5.2011, IX ZR 222/08, WM S. 1182). Weiterhin besteht die Möglichkeit, Haftungs- oder sonstige Gesamtschuldner in Anspruch zu nehmen (§ 301 Abs. 2 InsO).

Masseverbindlichkeiten werden von der Restschuldbefreiung nicht erfasst und können daher auch nach Erteilung der Restschuldbefreiung vollstreckt werden (vgl. BFH-Urteil vom 28.11.2017, VII R I/16, BStBl 2018 II S. 457).

Gem. § 303 InsO kann die gewährte Restschuldbefreiung widerrufen werden, wenn innerhalb eines Jahres nach Rechtskraft des Beschlusses nachträglich ein Obliegenheitsverstoß oder eine Verurteilung des Schuldners wegen einer Insolvenzstraftat bekannt wird. Wenn der Schuldner Auskunfts- und Mitwirkungspflichten, die ihm nach der InsO obliegen, vorsätzlich verletzt hat, kann der nachträgliche Widerruf der Restschuldbefreiung innerhalb eines halben Jahres nach Rechtskraft des Beschlusses beantragt werden. Der begründete Antrag ist durch einen Gläubiger bei Gericht zu stellen. Vor dem Beschluss sind der Schuldner und der Insolvenzverwalter bzw. Treuhänder zu hören.

§ 252 Vollstreckungsgläubiger (S 0500)

Im Vollstreckungsverfahren gilt die Körperschaft als Gläubigerin der zu vollstreckenden Ansprüche, der die Vollstreckungsbehörde angehört.

§ 253 Vollstreckungsschuldner (S 0500)

Vollstreckungsschuldner ist derjenige, gegen den sich ein Vollstreckungsverfahren nach § 249 richtet.

§ 254 Voraussetzungen für den Beginn der Vollstreckung (S 0500)

(1) [1]Soweit nichts anderes bestimmt ist, darf die Vollstreckung erst beginnen, wenn die Leistung fällig ist und der Vollstreckungsschuldner zur Leistung oder Duldung oder Unterlassung aufgefordert worden ist (Leistungsgebot) und seit der Aufforderung mindestens eine Woche verstrichen ist. [2]Das Leistungsgebot kann mit dem zu vollstreckenden Verwaltungsakt verbunden werden. [3]Ein Leistungsgebot ist auch dann erforderlich, wenn der Verwaltungsakt gegen den Vollstreckungsschuldner wirkt, ohne ihm bekanntgegeben zu sein. [4]Soweit der Vollstreckungsschuldner eine von ihm auf Grund einer Steueranmeldung geschuldete Leistung nicht erbracht hat, bedarf es eines Leistungsgebots nicht.

(2) [1]Eines Leistungsgebots wegen der Säumniszuschläge und Zinsen bedarf es nicht, wenn sie zusammen mit der Steuer beigetrieben werden. [2]Dies gilt sinngemäß für die Vollstreckungskosten, wenn sie zusammen mit dem Hauptanspruch beigetrieben werden. [3]Die gesonderte Anforderung von Säumniszuschlägen kann ausschließlich automationsgestützt erfolgen.

§ 255 Vollstreckung gegen juristische Personen des öffentlichen Rechts (S 0500)

(1) [1]Gegen den Bund oder ein Land ist die Vollstreckung nicht zulässig. [2]Im Übrigen ist die Vollstreckung gegen juristische Personen des öffentlichen Rechts, die der Staatsaufsicht unterliegen, nur mit Zustimmung der betreffenden Aufsichtsbehörde zulässig. [3]Die Aufsichtsbehörde bestimmt den Zeitpunkt der Vollstreckung und die Vermögensgegenstände, in die vollstreckt werden kann.

(2) Gegenüber öffentlich-rechtlichen Kreditinstituten gelten die Beschränkungen des Absatzes 1 nicht.

§ 256 Einwendungen gegen die Vollstreckung (S 0500)

Einwendungen gegen den zu vollstreckenden Verwaltungsakt sind außerhalb des Vollstreckungsverfahrens mit den hierfür zugelassenen Rechtsbehelfen zu verfolgen.

§ 257 Einstellung und Beschränkung der Vollstreckung (S 0511)

(1) Die Vollstreckung ist einzustellen oder zu beschränken, sobald

1. die Vollstreckbarkeitsvoraussetzungen des § 251 Abs. 1 weggefallen sind,

2. der Verwaltungsakt, aus dem vollstreckt wird, aufgehoben wird,

3. der Anspruch auf die Leistung erloschen ist,

4. die Leistung gestundet worden ist.

(2) [1]In den Fällen des Absatzes 1 Nr. 2 und 3 sind bereits getroffene Vollstreckungsmaßnahmen aufzuheben. [2]Ist der Verwaltungsakt durch eine gerichtliche Entscheidung aufgehoben worden, so gilt dies nur, soweit die Entscheidung unanfechtbar geworden ist und nicht auf Grund der Entscheidung ein neuer Verwaltungsakt zu erlassen ist. [3]Im Übrigen bleiben die Vollstreckungsmaßnahmen bestehen, soweit nicht ihre Aufhebung ausdrücklich angeordnet worden ist.

§ 258 Einstweilige Einstellung oder Beschränkung der Vollstreckung (S 0511)

Soweit im Einzelfall die Vollstreckung unbillig ist, kann die Vollstreckungsbehörde sie einstweilen einstellen oder beschränken oder eine Vollstreckungsmaßnahme aufheben.

Zweiter Abschnitt - Vollstreckung wegen Geldforderungen

1. Unterabschnitt - Allgemeine Vorschriften

§ 259 Mahnung (S 0500)

[1]Der Vollstreckungsschuldner soll in der Regel vor Beginn der Vollstreckung mit einer Zahlungsfrist von einer Woche gemahnt werden. [2]Einer Mahnung bedarf es nicht, wenn der Vollstreckungsschuldner vor Eintritt der Fälligkeit an die Zahlung erinnert wird. [3]An die Zahlung kann auch durch öffentliche Bekanntmachung allgemein erinnert werden.

§ 260 Angabe des Schuldgrundes (S 0500)

Im Vollstreckungsauftrag oder in der Pfändungsverfügung ist für die beizutreibenden Geldbeträge der Schuldgrund anzugeben.

§ 261 Niederschlagung (S 0512)

Ansprüche aus dem Steuerschuldverhältnis dürfen niedergeschlagen werden, wenn zu erwarten ist, dass

1. die Erhebung keinen Erfolg haben wird oder

2. die Kosten der Erhebung außer Verhältnis zu dem zu erhebenden Betrag stehen werden.

§ 262 Rechte Dritter (S 0500)

(1) [1]Behauptet ein Dritter, dass ihm am Gegenstand der Vollstreckung ein die Veräußerung hinderndes Recht zustehe oder werden Einwendungen nach den §§ 772 bis 774 der Zivilprozessordnung erhoben, so ist der Widerspruch gegen die Vollstreckung erforderlichenfalls durch Klage vor den ordentlichen Gerichten geltend zu machen. [2]Als Dritter gilt auch, wer zur Duldung der Vollstreckung in ein Vermögen, das von ihm verwaltet wird, verpflichtet ist, wenn er geltend macht, dass ihm gehörende Gegenstände von der Vollstreckung betroffen seien. [3]Welche Rechte die Veräußerung hindern, bestimmt sich nach bürgerlichem Recht.

(2) Für die Einstellung der Vollstreckung und die Aufhebung von Vollstreckungsmaßnahmen gelten die §§ 769 und 770 der Zivilprozessordnung.

(3) [1]Die Klage ist ausschließlich bei dem Gericht zu erheben, in dessen Bezirk die Vollstreckung erfolgt. [2]Wird die Klage gegen die Körperschaft, der die Vollstreckungsbehörde angehört, und gegen den Vollstreckungsschuldner gerichtet, so sind sie Streitgenossen.

§ 263 Vollstreckung gegen Ehegatten oder Lebenspartner (S 0500)

Für die Vollstreckung gegen Ehegatten oder Lebenspartner sind die Vorschriften der §§ 739, 740, 741, 743, 744a und 745 der Zivilprozessordnung entsprechend anzuwenden.

§ 264 Vollstreckung gegen Nießbraucher (S 0500)

Für die Vollstreckung in Gegenstände, die dem Nießbrauch an einem Vermögen unterliegen, ist die Vorschrift des § 737 der Zivilprozessordnung entsprechend anzuwenden.

§ 265 Vollstreckung gegen Erben (S 0500)

Für die Vollstreckung gegen Erben sind die Vorschriften der §§ 1958, 1960 Abs. 3, § 1961 des Bürgerlichen Gesetzbuchs sowie der §§ 747, 748, 778, 779, 781 bis 784 der Zivilprozessordnung entsprechend anzuwenden.

§ 266 Sonstige Fälle beschränkter Haftung (S 0500)

Die Vorschriften der §§ 781 bis 784 der Zivilprozessordnung sind auf die nach § 1489 des Bürgerlichen Gesetzbuchs eintretende beschränkte Haftung, die Vorschrift des § 781 der Zivilprozessordnung ist auf die nach den §§ 1480, 1504 und 2187 des Bürgerlichen Gesetzbuchs eintretende beschränkte Haftung entsprechend anzuwenden.

§ 267 Vollstreckungsverfahren gegen nicht rechtsfähige Personenvereinigungen (S 0500)

[1]Bei nicht rechtsfähigen Personenvereinigungen, die als solche steuerpflichtig sind, genügt für die Vollstreckung in deren Vermögen ein vollstreckbarer Verwaltungsakt gegen die Personenvereinigung. [2]Dies gilt entsprechend für Zweckvermögen und sonstige einer juristischen Person ähnliche steuerpflichtige Gebilde.

2. Unterabschnitt - Aufteilung einer Gesamtschuld

§ 268 Grundsatz (S 0520)

Sind Personen Gesamtschuldner, weil sie zusammen zu einer Steuer vom Einkommen oder zur Vermögensteuer veranlagt worden sind, so kann jeder von ihnen beantragen, dass die Vollstreckung wegen dieser Steuern jeweils auf den Betrag beschränkt wird, der sich nach Maßgabe der §§ 269 bis 278 bei einer Aufteilung der Steuern ergibt.

§ 269 Antrag (S 0520)

(1) Der Antrag ist bei dem im Zeitpunkt der Antragstellung für die Besteuerung nach dem Einkommen oder dem Vermögen zuständigen Finanzamt schriftlich oder elektronisch zu stellen oder zur Niederschrift zu erklären.

(2) [1]Der Antrag kann frühestens nach Bekanntgabe des Leistungsgebots gestellt werden. [2]Nach vollständiger Tilgung der rückständigen Steuer ist der Antrag nicht mehr zulässig. [3]Der Antrag muss alle Angaben enthalten, die zur Aufteilung der Steuer erforderlich sind, soweit sich diese Angaben nicht aus der Steuererklärung ergeben.

§ 270 Allgemeiner Aufteilungsmaßstab (S 0520)

[1]Die rückständige Steuer ist nach dem Verhältnis der Beträge aufzuteilen, die sich bei Einzelveranlagung nach Maßgabe des § 26a des Einkommensteuergesetzes und der §§ 271 bis 276 ergeben würden. [2]Dabei sind die tatsächlichen und rechtlichen Feststellungen maßgebend, die der Steuerfestsetzung bei der Zusammenveranlagung zugrunde gelegt worden sind, soweit nicht die Anwendung der Vorschriften über die Einzelveranlagung zu Abweichungen führt.

§ 271 Aufteilungsmaßstab für die Vermögensteuer (S 0520)

Die Vermögensteuer ist wie folgt aufzuteilen:

1. **Für die Berechnung des Vermögens und der Vermögensteuer der einzelnen Gesamtschuldner ist vorbehaltlich der Abweichungen in den Nummern 2 und 3 von den Vorschriften des Bewertungsgesetzes und des Vermögensteuergesetzes in der Fassung auszugehen, die der Zusammenveranlagung zugrunde gelegen hat.**

2. Wirtschaftsgüter eines Ehegatten oder Lebenspartners, die bei der Zusammenveranlagung als land- und forstwirtschaftliches Vermögen oder als Betriebsvermögen dem anderen Ehegatten oder Lebenspartner zugerechnet worden sind, werden als eigenes land- und forstwirtschaftliches Vermögen oder als eigenes Betriebsvermögen behandelt.

3. Schulden, die nicht mit bestimmten, einem Gesamtschuldner zugerechneten Wirtschaftsgütern in wirtschaftlichem Zusammenhang stehen, werden bei den einzelnen Gesamtschuldnern nach gleichen Teilen abgesetzt, soweit sich ein bestimmter Schuldner nicht feststellen lässt.

§ 272 Aufteilungsmaßstab für Vorauszahlungen (S 0520)

(1) [1]Die rückständigen Vorauszahlungen sind im Verhältnis der Beträge aufzuteilen, die sich bei einer getrennten Festsetzung der Vorauszahlungen ergeben würden. [2]Ein Antrag auf Aufteilung von Vorauszahlungen gilt zugleich als Antrag auf Aufteilung der weiteren im gleichen Veranlagungszeitraum fällig werdenden Vorauszahlungen und einer etwaigen Abschlusszahlung. [3]Nach Durchführung der Veranlagung ist eine abschließende Aufteilung vorzunehmen. [4]Aufzuteilen ist die gesamte Steuer abzüglich der Beträge, die nicht in die Aufteilung der Vorauszahlungen einbezogen worden sind. [5]Dabei sind jedem Gesamtschuldner die von ihm auf die aufgeteilten Vorauszahlungen entrichteten Beträge anzurechnen. [6]Ergibt sich eine Überzahlung gegenüber dem Aufteilungsbetrag, so ist der überzahlte Betrag zu erstatten.

(2) Werden die Vorauszahlungen erst nach der Veranlagung aufgeteilt, so wird der für die veranlagte Steuer geltende Aufteilungsmaßstab angewendet.

§ 273 Aufteilungsmaßstab für Steuernachforderungen (S 0520)

(1) Führt die Änderung einer Steuerfestsetzung oder ihre Berichtigung nach § 129 zu einer Steuernachforderung, so ist die aus der Nachforderung herrührende rückständige Steuer im Verhältnis der Mehrbeträge aufzuteilen, die sich bei einem Vergleich der berichtigten Einzelveranlagungen mit den früheren Einzelveranlagungen ergeben.

(2) Der in Absatz 1 genannte Aufteilungsmaßstab ist nicht anzuwenden, wenn die bisher festgesetzte Steuer noch nicht getilgt ist.

§ 274 Besonderer Aufteilungsmaßstab (S 0520)

[1]Abweichend von den §§ 270 bis 273 kann die rückständige Steuer nach einem von den Gesamtschuldnern gemeinschaftlich vorgeschlagenen Maßstab aufgeteilt werden, wenn die Tilgung sichergestellt ist. [2]Der gemeinschaftliche Vorschlag ist schriftlich einzureichen oder zur Niederschrift zu erklären; er ist von allen Gesamtschuldnern zu unterschreiben.

§ 275 (weggefallen)

§ 276 Rückständige Steuer, Einleitung der Vollstreckung (S 0520)

(1) Wird der Antrag vor Einleitung der Vollstreckung bei der Finanzbehörde gestellt, so ist die im Zeitpunkt des Eingangs des Aufteilungsantrags geschuldete Steuer aufzuteilen.

(2) Wird der Antrag nach Einleitung der Vollstreckung gestellt, so ist die im Zeitpunkt der Einleitung der Vollstreckung geschuldete Steuer, derentwegen vollstreckt wird, aufzuteilen.

(3) Steuerabzugsbeträge und getrennt festgesetzte Vorauszahlungen sind in die Aufteilung auch dann einzubeziehen, wenn sie vor der Stellung des Antrags entrichtet worden sind.

(4) Zur rückständigen Steuer gehören auch Säumniszuschläge, Zinsen und Verspätungszuschläge.

(5) Die Vollstreckung gilt mit der Ausfertigung der Rückstandsanzeige als eingeleitet.

(6) [1]Zahlungen, die in den Fällen des Absatzes 1 nach Antragstellung, in den Fällen des Absatzes 2 nach Einleitung der Vollstreckung von einem Gesamtschuldner geleistet worden sind oder die nach Absatz 3 in die Aufteilung einzubeziehen sind, werden dem Schuldner angerechnet, der sie geleistet hat oder für den sie geleistet worden sind. [2]Ergibt sich dabei eine Überzahlung gegenüber dem Aufteilungsbetrag, so ist der überzahlte Betrag zu erstatten.

§ 277 Vollstreckung (S 0520)

Solange nicht über den Antrag auf Beschränkung der Vollstreckung unanfechtbar entschieden ist, dürfen Vollstreckungsmaßnahmen nur soweit durchgeführt werden, als dies zur Sicherung des Anspruchs erforderlich ist.

§ 278 Beschränkung der Vollstreckung (S 0520)

(1) Nach der Aufteilung darf die Vollstreckung nur nach Maßgabe der auf die einzelnen Schuldner entfallenden Beträge durchgeführt werden.

(2) [1]Werden einem Steuerschuldner von einer mit ihm zusammen veranlagten Person in oder nach dem Veranlagungszeitraum, für den noch Steuerrückstände bestehen, unentgeltlich Vermögensgegenstände zugewendet, so kann der Empfänger bis zum Ablauf des zehnten Kalenderjahres nach dem Zeitpunkt des Ergehens des Aufteilungsbescheids über den sich nach Absatz 1 ergebenden Betrag hinaus bis zur Höhe des gemeinen Werts dieser Zuwendung für die Steuer in Anspruch genommen werden. [2]Dies gilt nicht für gebräuchliche Gelegenheitsgeschenke.

§ 279 Form und Inhalt des Aufteilungsbescheids (S 0520)

(1) [1]Über den Antrag auf Beschränkung der Vollstreckung ist nach Einleitung der Vollstreckung durch schriftlich oder elektronisch zu erteilenden Aufteilungsbe-

scheid gegenüber den Beteiligten einheitlich zu entscheiden. [2]Eine Entscheidung ist jedoch nicht erforderlich, wenn keine Vollstreckungsmaßnahmen ergriffen oder bereits ergriffene Vollstreckungsmaßnahmen wieder aufgehoben werden.

(2) [1]Der Aufteilungsbescheid hat die Höhe der auf jeden Gesamtschuldner entfallenden anteiligen Steuer zu enthalten; ihm ist eine Belehrung beizufügen, welcher Rechtsbehelf zulässig ist und binnen welcher Frist und bei welcher Behörde er einzulegen ist. [2]Er soll ferner enthalten:

1. **die Höhe der aufzuteilenden Steuer,**
2. **den für die Berechnung der rückständigen Steuer maßgebenden Zeitpunkt,**
3. **die Höhe der Besteuerungsgrundlagen, die den einzelnen Gesamtschuldnern zugerechnet worden sind, wenn von den Angaben der Gesamtschuldner abgewichen ist,**
4. **die Höhe der bei Einzelveranlagung (§ 270) auf den einzelnen Gesamtschuldner entfallenden Steuer,**
5. **die Beträge, die auf die aufgeteilte Steuer des Gesamtschuldners anzurechnen sind.**

§ 280 Änderung des Aufteilungsbescheids (S 0520)

(1) Der Aufteilungsbescheid kann außer in den Fällen des § 129 nur geändert werden, wenn

1. **nachträglich bekannt wird, dass die Aufteilung auf unrichtigen Angaben beruht und die rückständige Steuer infolge falscher Aufteilung ganz oder teilweise nicht beigetrieben werden konnte,**
2. **sich die rückständige Steuer durch Aufhebung oder Änderung der Steuerfestsetzung oder ihre Berichtigung nach § 129 erhöht oder vermindert.**

(2) Nach Beendigung der Vollstreckung ist eine Änderung des Aufteilungsbescheids oder seine Berichtigung nach § 129 nicht mehr zulässig.

3. Unterabschnitt - Vollstreckung in das bewegliche Vermögen

I. Allgemeines

§ 281 Pfändung (S 0530)

(1) Die Vollstreckung in das bewegliche Vermögen erfolgt durch Pfändung.

(2) Die Pfändung darf nicht weiter ausgedehnt werden, als es zur Deckung der beizutreibenden Geldbeträge und der Kosten der Vollstreckung erforderlich ist.

(3) Die Pfändung unterbleibt, wenn die Verwertung der pfändbaren Gegenstände einen Überschuss über die Kosten der Vollstreckung nicht erwarten lässt.

§ 282 Wirkung der Pfändung (S 0530)

(1) Durch die Pfändung erwirbt die Körperschaft, der die Vollstreckungsbehörde angehört, ein Pfandrecht an dem gepfändeten Gegenstand.

(2) Das Pfandrecht gewährt ihr im Verhältnis zu anderen Gläubigern dieselben Rechte wie ein Pfandrecht im Sinne des Bürgerlichen Gesetzbuchs; es geht Pfand- und Vorzugsrechten vor, die im Insolvenzverfahren diesem Pfandrecht nicht gleichgestellt sind.

(3) Das durch eine frühere Pfändung begründete Pfandrecht geht demjenigen vor, das durch eine spätere Pfändung begründet wird.

§ 283 Ausschluss von Gewährleistungsansprüchen (S 0530)

Wird ein Gegenstand auf Grund der Pfändung veräußert, so steht dem Erwerber wegen eines Mangels im Recht oder wegen eines Mangels der veräußerten Sache ein Anspruch auf Gewährleistung nicht zu.

§ 284 Vermögensauskunft des Vollstreckungsschuldners (S 0531)

(1) [1]Der Vollstreckungsschuldner muss der Vollstreckungsbehörde auf deren Verlangen für die Vollstreckung einer Forderung Auskunft über sein Vermögen nach Maßgabe der folgenden Vorschriften erteilen, wenn er die Forderung nicht binnen zwei Wochen begleicht, nachdem ihn die Vollstreckungsbehörde unter Hinweis auf die Verpflichtung zur Abgabe der Vermögensauskunft zur Zahlung aufgefordert hat. [2]Zusätzlich hat er seinen Geburtsnamen, sein Geburtsdatum und seinen Geburtsort anzugeben. [3]Handelt es sich bei dem Vollstreckungsschuldner um eine juristische Person oder um eine Personenvereinigung, so hat er seine Firma, die Nummer des Registerblatts im Handelsregister und seinen Sitz anzugeben.

(2) [1]Zur Auskunftserteilung hat der Vollstreckungsschuldner alle ihm gehörenden Vermögensgegenstände anzugeben. [2]Bei Forderungen sind Grund und Beweismittel zu bezeichnen. [3]Ferner sind anzugeben:

1. **die entgeltlichen Veräußerungen des Vollstreckungsschuldners an eine nahestehende Person (§ 138 der Insolvenzordnung), die dieser in den letzten zwei Jahren vor dem Termin nach Absatz 7 und bis zur Abgabe der Vermögensauskunft vorgenommen hat;**
2. **die unentgeltlichen Leistungen des Vollstreckungsschuldners, die dieser in den letzten vier Jahren vor dem Termin nach Absatz 7 und bis zur Abgabe der Vermögensauskunft vorgenommen hat, sofern sie sich nicht auf gebräuchliche Gelegenheitsgeschenke geringen Werts richteten.**

[4]Sachen, die nach § 811 Absatz 1 Nummer 1 Buchstabe a und Nummer 2 der Zivilprozessordnung der Pfändung offensichtlich nicht unterworfen sind, brauchen nicht angegeben zu werden, es sei denn, dass eine Austauschpfändung in Betracht kommt.

(3) [1]Der Vollstreckungsschuldner hat zu Protokoll an Eides statt zu versichern, dass er die Angaben nach den Absätzen 1 und 2 nach bestem Wissen und Gewissen richtig und vollständig gemacht habe. [2]Vor Abnahme der eidesstattlichen Versicherung ist der Vollstreckungsschuldner über die Bedeutung der eidesstattlichen Versicherung, insbesondere über die strafrechtlichen Folgen einer unrichtigen oder unvollständigen eidesstattlichen Versicherung, zu belehren.

(4) [1]Der Vollstreckungsschuldner ist innerhalb von zwei Jahren nach Abgabe der Vermögensauskunft nach dieser Vorschrift oder nach § 802c der Zivilprozessordnung nicht verpflichtet, eine weitere Vermögensauskunft abzugeben, es sei denn, es ist anzunehmen, dass sich die Vermögensverhältnisse des Vollstreckungsschuldners wesentlich geändert haben. [2]Die Vollstreckungsbehörde hat von Amts wegen festzustellen, ob beim zentralen Vollstreckungsgericht nach § 802k Absatz 1 der Zivilprozessordnung in den letzten zwei Jahren ein auf Grund einer Vermögensauskunft des Schuldners erstelltes Vermögensverzeichnis hinterlegt wurde.

(5) [1]Für die Abnahme der Vermögensauskunft ist die Vollstreckungsbehörde zuständig, in deren Bezirk sich der Wohnsitz oder der Aufenthaltsort des Vollstreckungsschuldners befindet. [2]Liegen diese Voraussetzungen bei der Vollstreckungsbehörde, die die Vollstreckung betreibt, nicht vor, so kann sie die Vermögensauskunft abnehmen, wenn der Vollstreckungsschuldner zu ihrer Abgabe bereit ist.

(6) [1]Die Ladung zu dem Termin zur Abgabe der Vermögensauskunft ist dem Vollstreckungsschuldner selbst zuzustellen; sie kann mit der Fristsetzung nach Absatz 1 Satz 1 verbunden werden. [2]Der Termin zur Abgabe der Vermögensauskunft soll nicht vor Ablauf eines Monats nach Zustellung der Ladung bestimmt werden. [3]Ein Rechtsbehelf gegen die Anordnung der Abgabe der Vermögensauskunft hat keine aufschiebende Wirkung. [4]Der Vollstreckungsschuldner hat die zur Vermögensauskunft erforderlichen Unterlagen im Termin vorzulegen. [5]Hierüber und über seine Rechte und Pflichten nach den Absätzen 2 und 3, über die Folgen einer unentschuldigten Terminssäumnis oder einer Verletzung seiner Auskunftspflichten sowie über die Möglichkeit der Eintragung in das Schuldnerverzeichnis bei Abgabe der Vermögensauskunft ist der Vollstreckungsschuldner bei der Ladung zu belehren.

(7) [1]Im Termin zur Abgabe der Vermögensauskunft erstellt die Vollstreckungsbehörde ein elektronisches Dokument mit den nach den Absätzen 1 und 2 erforderlichen Angaben (Vermögensverzeichnis). [2]Diese Angaben sind dem Vollstreckungsschuldner vor Abgabe der Versicherung nach Absatz 3 vorzulesen oder zur Durchsicht auf einem Bildschirm wiederzugeben. [3]Ihm ist auf Verlangen ein Ausdruck zu erteilen. [4]Die Vollstreckungsbehörde hinterlegt das Vermögensverzeichnis bei dem zentralen Vollstreckungsgericht nach § 802k Abs. 1 der Zivilprozessordnung. [5]Form, Aufnahme und Übermittlung des Vermögensverzeichnisses haben den Vorgaben der Verordnung nach § 802k Abs. 4 der Zivilprozessordnung zu entsprechen.

(8) [1]Ist der Vollstreckungsschuldner ohne ausreichende Entschuldigung in dem zur Abgabe der Vermögensauskunft anberaumten Termin vor der in Absatz 5 Satz 1 bezeichneten Vollstreckungsbehörde nicht erschienen oder verweigert er ohne Grund die Abgabe der Vermögensauskunft, so kann die Vollstreckungsbehörde, die die Vollstreckung betreibt, die Anordnung der Haft zur Erzwingung der Abgabe beantragen. [2]Zuständig für die Anordnung der Haft ist das Amtsgericht, in dessen Bezirk der Vollstreckungsschuldner im Zeitpunkt der Fristsetzung nach Absatz 1 Satz 1 seinen Wohnsitz oder in Ermangelung eines solchen seinen Aufenthaltsort hat. [3]Die §§ 802g bis 802j der Zivilprozessordnung sind entsprechend anzuwenden. [4]Die Verhaftung des Vollstreckungsschuldners erfolgt durch einen Gerichtsvollzieher. [5]§ 292 dieses Gesetzes gilt entsprechend. [6]Nach der Verhaftung des Vollstreckungsschuldners kann die Vermögensauskunft von dem nach § 802i der Zivilprozessordnung zuständigen Gerichtsvollzieher abgenommen werden, wenn sich der Sitz der in Absatz 5 bezeichneten Vollstreckungsbehörde nicht im Bezirk des für den Gerichtsvollzieher zuständigen Amtsgerichts befindet oder wenn die Abnahme der Vermögensauskunft durch die Vollstreckungsbehörde nicht möglich ist. [7]Der Beschluss des Amtsgerichts, mit dem der Antrag der Vollstreckungsbehörde auf Anordnung der Haft abgelehnt wird, unterliegt der Beschwerde nach den §§ 567 bis 577 der Zivilprozessordnung.

(9) [1]Die Vollstreckungsbehörde kann die Eintragung des Vollstreckungsschuldners in das Schuldnerverzeichnis nach § 882h Abs. 1 der Zivilprozessordnung anordnen, wenn

1. der Vollstreckungsschuldner seiner Pflicht zur Abgabe der Vermögensauskunft nicht nachgekommen ist,
2. eine Vollstreckung nach dem Inhalt des Vermögensverzeichnisses offensichtlich nicht geeignet wäre, zu einer vollständigen Befriedigung der Forderung zu führen, wegen der die Vermögensauskunft verlangt wurde oder wegen der die Vollstreckungsbehörde vorbehaltlich der Fristsetzung nach Absatz 1 Satz 1 und der Sperrwirkung nach Absatz 4 eine Vermögensauskunft verlangen könnte, oder
3. der Vollstreckungsschuldner nicht innerhalb eines Monats nach Abgabe der Vermögensauskunft die Forderung, wegen der die Vermögensauskunft verlangt wurde, vollständig befriedigt. Gleiches gilt, wenn die Vollstreckungsbehörde vorbehaltlich der Fristsetzung nach Absatz 1 Satz 1 und der Sperrwirkung nach Absatz 4 eine Vermögensauskunft verlangen kann, sofern der Vollstreckungsschuldner die Forderung nicht innerhalb eines Monats befriedigt, nachdem er auf die Möglichkeit der Eintragung in das Schuldnerverzeichnis hingewiesen wurde.

[2]Die Eintragungsanordnung soll kurz begründet werden. [3]Sie ist dem Vollstreckungsschuldner zuzustellen. [4]§ 882c Abs. 3 der Zivilprozessordnung gilt entsprechend.

(10) [1]Ein Rechtsbehelf gegen die Eintragungsanordnung nach Absatz 9 hat keine aufschiebende Wirkung. [2]Nach Ablauf eines Monats seit der Zustellung hat die Vollstreckungsbehörde die Eintragungsanordnung dem zentralen Vollstreckungsgericht nach § 882h Abs. 1 der Zivilprozessordnung mit den in

§ 882b Abs. 2 und 3 der Zivilprozessordnung genannten Daten elektronisch zu übermitteln. [3]Dies gilt nicht, wenn Anträge auf Gewährung einer Aussetzung der Vollziehung der Eintragungsanordnung nach § 361 dieses Gesetzes oder § 69 der Finanzgerichtsordnung anhängig sind, die Aussicht auf Erfolg haben.

(11) [1]Ist die Eintragung in das Schuldnerverzeichnis nach § 882h Abs. 1 der Zivilprozessordnung erfolgt, sind Entscheidungen über Rechtsbehelfe des Vollstreckungsschuldners gegen die Eintragungsanordnung durch die Vollstreckungsbehörde oder durch das Gericht dem zentralen Vollstreckungsgericht nach § 882h Abs. 1 der Zivilprozessordnung elektronisch zu übermitteln. [2]Form und Übermittlung der Eintragungsanordnung nach Absatz 10 Satz 1 und 2 sowie der Entscheidung nach Satz 1 haben den Vorgaben der Verordnung nach § 882h Abs. 3 der Zivilprozessordnung zu entsprechen.

II. Vollstreckung in Sachen

§ 285 Vollziehungsbeamte (S 0532)

(1) Die Vollstreckungsbehörde führt die Vollstreckung in bewegliche Sachen durch Vollziehungsbeamte aus.

(2) Dem Vollstreckungsschuldner und Dritten gegenüber wird der Vollziehungsbeamte zur Vollstreckung durch schriftlichen oder elektronischen Auftrag der Vollstreckungsbehörde ermächtigt; der Auftrag ist auf Verlangen vorzuzeigen.

§ 286 Vollstreckung in Sachen (S 0530)

(1) Sachen, die im Gewahrsam des Vollstreckungsschuldners sind, pfändet der Vollziehungsbeamte dadurch, dass er sie in Besitz nimmt.

(2) [1]Andere Sachen als Geld, Kostbarkeiten und Wertpapiere sind im Gewahrsam des Vollstreckungsschuldners zu lassen, wenn die Befriedigung hierdurch nicht gefährdet wird. [2]Bleiben die Sachen im Gewahrsam des Vollstreckungsschuldners, so ist die Pfändung nur wirksam, wenn sie durch Anlegung von Siegeln oder in sonstiger Weise ersichtlich gemacht ist.

(3) Der Vollziehungsbeamte hat dem Vollstreckungsschuldner die Pfändung mitzuteilen.

(4) Diese Vorschriften gelten auch für die Pfändung von Sachen im Gewahrsam eines Dritten, der zu ihrer Herausgabe bereit ist.

§ 287 Befugnisse des Vollziehungsbeamten (S 0532)

(1) Der Vollziehungsbeamte ist befugt, die Wohn- und Geschäftsräume sowie die Behältnisse des Vollstreckungsschuldners zu durchsuchen, soweit dies der Zweck der Vollstreckung erfordert.

(2) Er ist befugt, verschlossene Türen und Behältnisse öffnen zu lassen.

(3) Wenn er Widerstand findet, kann er Gewalt anwenden und hierzu um Unterstützung durch Polizeibeamte nachsuchen.

(4) [1]Die Wohn- und Geschäftsräume des Vollstreckungsschuldners dürfen ohne dessen Einwilligung nur auf Grund einer richterlichen Anordnung durchsucht werden. [2]Dies gilt nicht, wenn die Einholung der Anordnung den Erfolg der Durchsuchung gefährden würde. [3]Für die richterliche Anordnung einer Durchsuchung ist das Amtsgericht zuständig, in dessen Bezirk die Durchsuchung vorgenommen werden soll.

(5) [1]Willigt der Vollstreckungsschuldner in die Durchsuchung ein oder ist eine Anordnung gegen ihn nach Absatz 4 Satz1 ergangen oder nach Absatz 4 Satz 2 entbehrlich, so haben Personen, die Mitgewahrsam an den Wohn- oder Geschäftsräumen des Vollstreckungsschuldners haben, die Durchsuchung zu dulden. [2]Unbillige Härten gegenüber Mitgewahrsaminhabern sind zu vermeiden.

(6) Die Anordnung nach Absatz 4 ist bei der Vollstreckung vorzuzeigen.

§ 288 Zuziehung von Zeugen (S 0532)

Wird bei einer Vollstreckungshandlung Widerstand geleistet oder ist bei einer Vollstreckungshandlung in den Wohn- oder Geschäftsräumen des Vollstreckungsschuldners weder der Vollstreckungsschuldner noch ein erwachsener Familienangehöriger, ein erwachsener ständiger Mitbewohner oder eine beim Vollstreckungsschuldner beschäftigte Person gegenwärtig, so hat der Vollziehungsbeamte zwei Erwachsene oder einen Gemeinde- oder Polizeibeamten als Zeugen zuzuziehen.

§ 289 Zeit der Vollstreckung (S 0532)

(1) Zur Nachtzeit (§ 758a Absatz 4 Satz 2 der Zivilprozessordnung) sowie an Sonntagen und staatlich anerkannten allgemeinen Feiertagen darf eine Vollstreckungshandlung nur mit schriftlicher oder elektronischer Erlaubnis der Vollstreckungsbehörde vorgenommen werden.

(2) Die Erlaubnis ist auf Verlangen bei der Vollstreckungshandlung vorzuzeigen.

§ 290 Aufforderungen und Mitteilungen des Vollziehungsbeamten (S 0532)

Die Aufforderungen und die sonstigen Mitteilungen, die zu den Vollstreckungshandlungen gehören, sind vom Vollziehungsbeamten mündlich zu erlassen und vollständig in die Niederschrift aufzunehmen; können sie mündlich nicht erlassen werden, so hat die Vollstreckungsbehörde demjenigen, an den die Aufforderung oder Mitteilung zu richten ist, eine Abschrift der Niederschrift zu senden.

§ 291 Niederschrift (S 0532)

(1) Der Vollziehungsbeamte hat über jede Vollstreckungshandlung eine Niederschrift aufzunehmen.

(2) Die Niederschrift muss enthalten:

1. Ort und Zeit der Aufnahme,

2. den Gegenstand der Vollstreckungshandlung unter kurzer Erwähnung der Vorgänge,
3. die Namen der Personen, mit denen verhandelt worden ist,
4. die Unterschriften der Personen und die Bemerkung, dass nach Vorlesung oder Vorlegung zur Durchsicht und nach Genehmigung unterzeichnet sei,
5. die Unterschrift des Vollziehungsbeamten.

(3) Hat einem der Erfordernisse unter Absatz 2 Nr. 4 nicht genügt werden können, so ist der Grund anzugeben.

(4) Die Niederschrift kann auch elektronisch erstellt werden. Absatz 2 Nr. 4 und 5 sowie § 87a Abs. 4 Satz 2 gelten nicht.

§ 292 Abwendung der Pfändung (S 0530)

(1) Der Vollstreckungsschuldner kann die Pfändung nur abwenden, wenn er den geschuldeten Betrag an den Vollziehungsbeamten zahlt oder nachweist, dass ihm eine Zahlungsfrist bewilligt worden ist oder dass die Schuld erloschen ist.

(2) Absatz 1 gilt entsprechend, wenn der Vollstreckungsschuldner eine Entscheidung vorlegt, aus der sich die Unzulässigkeit der vorzunehmenden Pfändung ergibt oder wenn er eine Post- oder Bankquittung vorlegt, aus der sich ergibt, dass er den geschuldeten Betrag eingezahlt hat.

§ 293 Pfand- und Vorzugsrechte Dritter (S 0530)

(1) [1]Der Pfändung einer Sache kann ein Dritter, der sich nicht im Besitz der Sache befindet, auf Grund eines Pfand- oder Vorzugsrechts nicht widersprechen. [2]Er kann jedoch vorzugsweise Befriedigung aus dem Erlös verlangen ohne Rücksicht darauf, ob seine Forderung fällig ist oder nicht.

(2) [1]Für eine Klage auf vorzugsweise Befriedigung ist ausschließlich zuständig das ordentliche Gericht, in dessen Bezirk gepfändet worden ist. [2]Wird die Klage gegen die Körperschaft, der die Vollstreckungsbehörde angehört, und gegen den Vollstreckungsschuldner gerichtet, so sind sie Streitgenossen.

§ 294 Ungetrennte Früchte (S 0530)

(1) [1]Früchte, die vom Boden noch nicht getrennt sind, können gepfändet werden, solange sie nicht durch Vollstreckung in das unbewegliche Vermögen in Beschlag genommen worden sind. [2]Sie dürfen nicht früher als einen Monat vor der gewöhnlichen Zeit der Reife gepfändet werden.

(2) Ein Gläubiger, der ein Recht auf Befriedigung aus dem Grundstück hat, kann der Pfändung nach § 262 widersprechen, wenn nicht für einen Anspruch gepfändet ist, der bei der Vollstreckung in das Grundstück vorgeht.

§ 295 Unpfändbarkeit von Sachen (S 0533)

[1]Die §§ 811 bis 811c, 813 Absatz 1 bis 3 und § 882a Absatz 4 der Zivilprozessordnung sowie die Beschränkungen und Verbote, die nach anderen gesetzlichen Vorschriften für die Pfändung von Sachen bestehen, gelten entsprechend. [2]An die Stelle des Vollstreckungsgerichts tritt die Vollstreckungsbehörde.

§ 296 Verwertung (S 0534)

(1) Die gepfändeten Sachen sind auf schriftliche Anordnung der Vollstreckungsbehörde öffentlich zu versteigern. Eine öffentliche Versteigerung ist

1. die Versteigerung vor Ort oder

2. die allgemein zugängliche Versteigerung im Internet über die Plattform www.zoll-auktion.de.

Die Versteigerung erfolgt in der Regel durch den Vollziehungsbeamten. § 292 gilt entsprechend.

(2) Bei Pfändung von Geld gilt die Wegnahme als Zahlung des Vollstreckungsschuldners.

§ 297 Aussetzung der Verwertung (S 0534)

Die Vollstreckungsbehörde kann die Verwertung gepfändeter Sachen unter Anordnung von Zahlungsfristen zeitweilig aussetzen, wenn die alsbaldige Verwertung unbillig wäre.

§ 298 Versteigerung (S 0534)

(1) Die gepfändeten Sachen dürfen nicht vor Ablauf einer Woche seit dem Tag der Pfändung versteigert werden, sofern sich nicht der Vollstreckungsschuldner mit einer früheren Versteigerung einverstanden erklärt oder diese erforderlich ist, um die Gefahr einer beträchtlichen Wertverringerung abzuwenden oder unverhältnismäßige Kosten längerer Aufbewahrung zu vermeiden.

(2) [1]Zeit und Ort der Versteigerung sind öffentlich bekannt zu machen; dabei sind die Sachen, die versteigert werden sollen, im Allgemeinen zu bezeichnen. [2]Auf Ersuchen der Vollstreckungsbehörde hat ein Gemeindebediensteter oder ein

Polizeibeamter der Versteigerung beizuwohnen. [3]Die Sätze 1 und 2 gelten nicht für eine Versteigerung nach § 296 Absatz 1 Satz 2 Nummer 2.

(3) § 1239 Absatz 1 Satz 1 des Bürgerlichen Gesetzbuchs gilt entsprechend; bei der Versteigerung vor Ort (§ 296 Absatz 1 Satz 2 Nummer 1) ist auch § 1239 Absatz 2 des Bürgerlichen Gesetzbuchs entsprechend anzuwenden.

§ 299 Zuschlag (S 0534)

(1) [1]Bei der Versteigerung vor Ort (§ 296 Absatz 1 Satz 2 Nummer 1) soll dem Zuschlag an den Meistbietenden ein dreimaliger Aufruf vorausgehen.[2]Bei einer Versteigerung im Internet (§ 296 Absatz 1 Satz 2 Nummer 2) ist der Zuschlag der Person erteilt, die am Ende der Versteigerung das höchste Gebot abgegeben hat, es sei denn, die Versteigerung wird vorzeitig abgebrochen; sie ist von dem Zuschlag zu benachrichtigen. [3]§ 156 des Bürgerlichen Gesetzbuchs gilt entsprechend.

(2) [1]Die Aushändigung einer zugeschlagenen Sache darf nur gegen bare Zahlung geschehen. [2]Bei einer Versteigerung im Internet darf die zugeschlagene Sache auch ausgehändigt werden, wenn die Zahlung auf dem Konto der Finanzbehörde gutgeschrieben ist. [3]Wird die zugeschlagene Sache übersandt, so gilt die Aushändigung mit der Übergabe an die zur Ausführung der Versendung bestimmte Person als bewirkt.

(3) [1]Hat der Meistbietende nicht zu der in den Versteigerungsbedingungen bestimmten Zeit oder in Ermangelung einer solchen Bestimmung nicht vor dem Schluss des Versteigerungstermins die Aushändigung gegen Zahlung des Kaufgeldes verlangt, so wird die Sache anderweitig versteigert. [2]Der Meistbietende wird zu einem weiteren Gebot nicht zugelassen; er haftet für den Ausfall, auf den Mehrerlös hat er keinen Anspruch.

(4) [1]Wird der Zuschlag dem Gläubiger erteilt, so ist dieser von der Verpflichtung zur baren Zahlung so weit befreit, als der Erlös nach Abzug der Kosten der Vollstreckung zu seiner Befriedigung zu verwenden ist. [2]Soweit der Gläubiger von der Verpflichtung zur baren Zahlung befreit ist, gilt der Betrag als von dem Schuldner an den Gläubiger gezahlt.

§ 300 Mindestgebot (S 0534)

(1) [1]Der Zuschlag darf nur auf ein Gebot erteilt werden, das mindestens die Hälfte des gewöhnlichen Verkaufswerts der Sache erreicht (Mindestgebot). [2]Der gewöhnliche Verkaufswert und das Mindestgebot sollen bei dem Ausbieten bekannt gegeben werden.

(2) [1]Wird der Zuschlag nicht erteilt, weil ein das Mindestgebot erreichendes Gebot nicht abgegeben worden ist, so bleibt das Pfandrecht bestehen. [2]Die Vollstreckungsbehörde kann jederzeit einen neuen Versteigerungstermin bestimmen oder eine anderweitige Verwertung der gepfändeten Sachen nach § 305 anordnen. [3]Wird die anderweitige Verwertung angeordnet, so gilt Absatz 1 entsprechend.

(3) [1]Gold- und Silbersachen dürfen auch nicht unter ihrem Gold- oder Silberwert zugeschlagen werden. [2]Wird ein den Zuschlag gestattendes Gebot nicht abgegeben, so können die Sachen auf Anordnung der Vollstreckungsbehörde aus freier Hand verkauft werden. [3]Der Verkaufspreis darf den Gold- oder Silberwert und die Hälfte des gewöhnlichen Verkaufswerts nicht unterschreiten.

§ 301 Einstellung der Versteigerung (S 0534)

(1) Die Versteigerung wird eingestellt, sobald der Erlös zur Deckung der beizutreibenden Beträge einschließlich der Kosten der Vollstreckung ausreicht.

(2) [1]Die Empfangnahme des Erlöses durch den versteigernden Beamten gilt als Zahlung des Vollstreckungsschuldners, es sei denn, dass der Erlös hinterlegt wird (§ 308 Abs. 4). [2]Als Zahlung im Sinne von Satz 1 gilt bei einer Versteigerung im Internet auch der Eingang des Erlöses auf dem Konto der Finanzbehörde.

§ 302 Wertpapiere (S 0534)

Gepfändete Wertpapiere, die einen Börsen- oder Marktpreis haben, sind aus freier Hand zum Tageskurs zu verkaufen; andere Wertpapiere sind nach den allgemeinen Vorschriften zu versteigern.

§ 303 Namenspapiere (S 0534)

Lautet ein gepfändetes Wertpapier auf einen Namen, so ist die Vollstreckungsbehörde berechtigt, die Umschreibung auf den Namen des Käufers oder, wenn es sich um ein auf einen Namen umgeschriebenes Inhaberpapier handelt, die Rückverwandlung in ein Inhaberpapier zu erwirken und die hierzu erforderlichen Erklärungen an Stelle des Vollstreckungsschuldners abzugeben.

§ 304 Versteigerung ungetrennter Früchte (S 0534)

[1]Gepfändete Früchte, die vom Boden noch nicht getrennt sind, dürfen erst nach der Reife versteigert werden. [2]Der Vollziehungsbeamte hat sie abernten zu lassen, wenn er sie nicht vor der Trennung versteigert.

§ 305 Besondere Verwertung (S 0534)

Auf Antrag des Vollstreckungsschuldners oder aus besonderen Zweckmäßigkeitsgründen kann die Vollstreckungsbehörde anordnen, dass eine gepfändete Sache in anderer Weise oder an einem anderen Ort, als in den vorstehenden Paragraphen bestimmt ist, zu verwerten oder durch eine andere Person als den Vollziehungsbeamten zu versteigern sei.

§ 306 Vollstreckung in Ersatzteile von Luftfahrzeugen (S 0530)

(1) Für die Vollstreckung in Ersatzteile, auf die sich ein Registerpfandrecht an einem Luftfahrzeug nach § 71 des Gesetzes über Rechte an Luftfahrzeugen erstreckt, gilt § 100 des Gesetzes über Rechte an Luftfahrzeugen; an die Stelle des Gerichtsvollziehers tritt der Vollziehungsbeamte.

(2) Absatz 1 gilt für die Vollstreckung in Ersatzteile, auf die sich das Recht an einem ausländischen Luftfahrzeug erstreckt, mit der Maßgabe, dass die Vorschriften des § 106 Abs. 1 Nr. 2 und Abs. 4 des Gesetzes über Rechte an Luftfahrzeugen zu berücksichtigen sind.

§ 307 Anschlusspfändung (S 0530)

(1) [1]Zur Pfändung bereits gepfändeter Sachen genügt die in die Niederschrift aufzunehmende Erklärung des Vollziehungsbeamten, dass er die Sache für die zu bezeichnende Forderung pfändet. [2]Dem Vollstreckungsschuldner ist die weitere Pfändung mitzuteilen.

(2) [1]Ist die erste Pfändung für eine andere Vollstreckungsbehörde oder durch einen Gerichtsvollzieher erfolgt, so ist dieser Vollstreckungsbehörde oder dem Gerichtsvollzieher eine Abschrift der Niederschrift zu übersenden. [2]Die gleiche Pflicht hat ein Gerichtsvollzieher, der eine Sache pfändet, die bereits im Auftrag einer Vollstreckungsbehörde gepfändet ist.

§ 308 Verwertung bei mehrfacher Pfändung (S 0534)

(1) Wird dieselbe Sache mehrfach durch Vollziehungsbeamte oder durch Vollziehungsbeamte und Gerichtsvollzieher gepfändet, so begründet ausschließlich die erste Pfändung die Zuständigkeit zur Versteigerung.

(2) Betreibt ein Gläubiger die Versteigerung, so wird für alle beteiligten Gläubiger versteigert.

(3) Der Erlös wird nach der Reihenfolge der Pfändungen oder nach abweichender Vereinbarung der beteiligten Gläubiger verteilt.

(4) [1]Reicht der Erlös zur Deckung der Forderungen nicht aus und verlangt ein Gläubiger, für den die zweite oder eine spätere Pfändung erfolgt ist, ohne Zustimmung der übrigen beteiligten Gläubiger eine andere Verteilung als nach der Reihenfolge der Pfändungen, so ist die Sachlage unter Hinterlegung des Erlöses dem Amtsgericht, in dessen Bezirk gepfändet ist, anzuzeigen. [2]Der Anzeige sind die Schriftstücke, die sich auf das Verfahren beziehen, beizufügen. [3]Für das Verteilungsverfahren gelten die §§ 873 bis 882 der Zivilprozessordnung.

(5) Wird für verschiedene Gläubiger gleichzeitig gepfändet, so finden die Vorschriften der Absätze 2 bis 4 mit der Maßgabe Anwendung, dass der Erlös nach dem Verhältnis der Forderungen verteilt wird.

III. Vollstreckung in Forderungen und andere Vermögensrechte

§ 309 Pfändung einer Geldforderung (S 0535)

(1) [1]Soll eine Geldforderung gepfändet werden, so hat die Vollstreckungsbehörde dem Drittschuldner schriftlich zu verbieten, an den Vollstreckungsschuldner zu zahlen, und dem Vollstreckungsschuldner schriftlich zu gebieten, sich jeder Verfügung über die Forderung, insbesondere ihrer Einziehung, zu enthalten (Pfändungsverfügung). [2]Die elektronische Form ist ausgeschlossen.

(2) [1]Die Pfändung ist bewirkt, wenn die Pfändungsverfügung dem Drittschuldner zugestellt ist. [2]Die an den Drittschuldner zuzustellende Pfändungsverfügung soll den beizutreibenden Geldbetrag nur in einer Summe, ohne Angabe der Steuerarten und der Zeiträume, für die er geschuldet wird, bezeichnen. [3]Die Zustellung ist dem Vollstreckungsschuldner mitzuteilen.

(3) Bei Pfändung des Guthabens eines Kontos des Vollstreckungsschuldners bei einem Kreditinstitut gelten die §§ 833a und 907 der Zivilprozessordnung entsprechend.

§ 310 Pfändung einer durch Hypothek gesicherten Forderung (S 0535)

(1) [1]Zur Pfändung einer Forderung, für die eine Hypothek besteht, ist außer der Pfändungsverfügung die Aushändigung des Hypothekenbriefs an die Vollstreckungsbehörde erforderlich. [2]Die Übergabe gilt als erfolgt, wenn der Vollziehungsbeamte den Brief wegnimmt. [3]Ist die Erteilung des Hypothekenbriefs ausgeschlossen, so muss die Pfändung in das Grundbuch eingetragen werden; die Eintragung erfolgt auf Grund der Pfändungsverfügung auf Ersuchen der Vollstreckungsbehörde.

(2) Wird die Pfändungsverfügung vor der Übergabe des Hypothekenbriefs oder der Eintragung der Pfändung dem Drittschuldner zugestellt, so gilt die Pfändung diesem gegenüber mit der Zustellung als bewirkt.

(3) [1]Diese Vorschriften gelten nicht, soweit Ansprüche auf die in § 1159 des Bürgerlichen Gesetzbuchs bezeichneten Leistungen gepfändet werden. [2]Das Gleiche gilt bei einer Sicherungshypothek im Fall des § 1187 des Bürgerlichen Gesetzbuchs von der Pfändung der Hauptforderung.

§ 311 Pfändung einer durch Schiffshypothek oder Registerpfandrecht an einem Luftfahrzeug gesicherten Forderung (S 0535)

(1) Die Pfändung einer Forderung, für die eine Schiffshypothek besteht, bedarf der Eintragung in das Schiffsregister oder das Schiffsbauregister.

(2) Die Pfändung einer Forderung, für die ein Registerpfandrecht an einem Luftfahrzeug besteht, bedarf der Eintragung in das Register für Pfandrechte an Luftfahrzeugen.

(3) [1]Die Pfändung nach den Absätzen 1 und 2 wird auf Grund der Pfändungsverfügung auf Ersuchen der Vollstreckungsbehörde eingetragen. [2]§ 310 Abs. 2 gilt entsprechend.

(4) [1]Die Absätze 1 bis 3 sind nicht anzuwenden, soweit es sich um die Pfändung der Ansprüche auf die in § 53 des Gesetzes über Rechte an eingetragenen Schiffen und Schiffsbauwerken und auf die in § 53 des Gesetzes über Rechte an Luftfahrzeugen bezeichneten Leistungen handelt. [2]Das Gleiche gilt, wenn bei einer Schiffshypothek für eine Forderung aus einer Schuldverschreibung auf den Inhaber, aus einem Wechsel oder aus einem anderen durch Indossament übertragbaren Papier die Hauptforderung gepfändet ist.

(5) Für die Pfändung von Forderungen, für die ein Recht an einem ausländischen Luftfahrzeug besteht, gilt § 106 Abs. 1 Nr. 3 und Abs. 5 des Gesetzes über Rechte an Luftfahrzeugen.

§ 312 Pfändung einer Forderung aus indossablen Papieren (S 0535)

Forderungen aus Wechseln und anderen Papieren, die durch Indossament übertragen werden können, werden dadurch gepfändet, dass der Vollziehungsbeamte die Papiere in Besitz nimmt.

§ 313 Pfändung fortlaufender Bezüge (S 0535)

(1) Das Pfandrecht, das durch die Pfändung einer Gehaltsforderung oder einer ähnlichen in fortlaufenden Bezügen bestehenden Forderung erworben wird, erstreckt sich auch auf die Beträge, die später fällig werden.

(2) [1]Die Pfändung eines Diensteinkommens trifft auch das Einkommen, das der Vollstreckungsschuldner bei Versetzung in ein anderes Amt, Übertragung eines neuen Amts oder einer Gehaltserhöhung zu beziehen hat. [2]Dies gilt nicht bei Wechsel des Dienstherrn.

(3) Endet das Arbeits- oder Dienstverhältnis und begründen Vollstreckungsschuldner und Drittschuldner innerhalb von neun Monaten ein solches neu, so erstreckt sich die Pfändung auf die Forderung aus dem neuen Arbeits- oder Dienstverhältnis.

§ 314 Einziehungsverfügung (S 0535)

(1) [1]Die Vollstreckungsbehörde ordnet die Einziehung der gepfändeten Forderung an. [2]§ 309 Abs. 2 gilt entsprechend.

(2) Die Einziehungsverfügung kann mit der Pfändungsverfügung verbunden werden.

(3) Wird die Einziehung eines bei einem Geldinstitut gepfändeten Guthabens eines Vollstreckungsschuldners, der eine natürliche Person ist, angeordnet, so gelten § 835 Absatz 3 Satz 2 und § 900 Absatz 1 entsprechend.

(4) Wird die Einziehung einer gepfändeten nicht wiederkehrend zahlbaren Vergütung eines Vollstreckungsschuldners, der eine natürliche Person ist, für persönlich geleistete Arbeiten oder Dienste oder sonstige Einkünfte, die kein Arbeitslohn sind, angeordnet, so gilt § 835 Absatz 4 der Zivilprozessordnung entsprechend.

§ 315 Wirkung der Einziehungsverfügung (S 0535)

(1) [1]Die Einziehungsverfügung ersetzt die förmlichen Erklärungen des Vollstreckungsschuldners, von denen nach bürgerlichem Recht die Berechtigung zur Einziehung abhängt. [2]Sie genügt auch bei einer Forderung, für die eine Hypothek, Schiffshypothek oder ein Registerpfandrecht an einem Luftfahrzeug besteht. [3]Zugunsten des Drittschuldners gilt eine zu Unrecht ergangene Einziehungsverfügung dem Vollstreckungsschuldner gegenüber solange als rechtmäßig, bis sie aufgehoben ist und der Drittschuldner hiervon erfährt.

(2) [1]Der Vollstreckungsschuldner ist verpflichtet, die zur Geltendmachung der Forderung nötige Auskunft zu erteilen und die über die Forderung vorhandenen Urkunden herauszugeben. [2]Erteilt der Vollstreckungsschuldner die Auskunft nicht, ist er auf Verlangen der Vollstreckungsbehörde verpflichtet, sie zu Protokoll zu geben und seine Angaben an Eides statt zu versichern. [3]Die Vollstreckungsbehörde kann die eidesstattliche Versicherung der Lage der Sache entsprechend ändern. [4]§ 284 Absatz 5, 6 und 8 gilt sinngemäß. [5]Die Vollstreckungsbehörde kann die Urkunden durch den Vollziehungsbeamten wegnehmen lassen oder ihre Herausgabe nach den §§ 328 bis 335 erzwingen.

(3) [1]Werden die Urkunden nicht vorgefunden, so hat der Vollstreckungsschuldner auf Verlangen der Vollstreckungsbehörde zu Protokoll an Eides statt zu versichern, dass er die Urkunden nicht besitze, auch nicht wisse, wo sie sich befinden. [2]Absatz 2 Satz 3 und 4 gilt entsprechend.

(4) Hat ein Dritter die Urkunde, so kann die Vollstreckungsbehörde auch den Anspruch des Vollstreckungsschuldners auf Herausgabe geltend machen.

§ 316 Erklärungspflicht des Drittschuldners (S 0535)

(1) [1]Auf Verlangen der Vollstreckungsbehörde hat ihr der Drittschuldner binnen zwei Wochen, von der Zustellung der Pfändungsverfügung an gerechnet, zu erklären:

1. **ob und inwieweit er die Forderung als begründet anerkenne und bereit sei zu zahlen,**
2. **ob und welche Ansprüche andere Personen an die Forderung erheben,**
3. **ob und wegen welcher Ansprüche die Forderung bereits für andere Gläubiger gepfändet sei,**

4. ob innerhalb der letzten zwölf Monate im Hinblick auf das Konto, dessen Guthaben gepfändet worden ist, nach § 907 der Zivilprozessordnung die Unpfändbarkeit des Guthabens fesrgesetzt worden ist, und

5. ob es sich bei dem Konto, dessen Guthaben gepfändet worden ist, um ein Pfändungsschutzkonto im Sinne von § 850k der Zivilprozessordnung oder ein Gemeinschaftskonto im Sinne von § 850l der Zivilprozessordnung handelt; bei einem Gemeinschaftskonto ist zugleich anzugeben, ob der Schuldner nur gemeinsam mit einer anderen Person oder mehreren anderen Personen verfügungsbefugt ist.

[2]Die Erklärung des Drittschuldners zu Nummer 1 gilt nicht als Schuldanerkenntnis.

(2) [1]Die Aufforderung zur Abgabe dieser Erklärung kann in die Pfändungsverfügung aufgenommen werden. [2]Der Drittschuldner haftet der Vollstreckungsbehörde für den Schaden, der aus der Nichterfüllung seiner Verpflichtung entsteht. [3]Er kann zur Abgabe der Erklärung durch ein Zwangsgeld angehalten werden; § 334 ist nicht anzuwenden.

(3) Die §§ 841 bis 843 der Zivilprozessordnung sind anzuwenden.

§ 317 Andere Art der Verwertung (S 0535)

[1]Ist die gepfändete Forderung bedingt oder betagt oder ihre Einziehung schwierig, so kann die Vollstreckungsbehörde anordnen, dass sie in anderer Weise zu verwerten ist; § 315 Abs. 1 gilt entsprechend. [2]Der Vollstreckungsschuldner ist vorher zu hören, sofern nicht eine Bekanntgabe außerhalb des Geltungsbereichs des Gesetzes oder eine öffentliche Bekanntmachung erforderlich ist.

§ 318 Ansprüche auf Herausgabe oder Leistung von Sachen (S 0535)

(1) Für die Vollstreckung in Ansprüche auf Herausgabe oder Leistung von Sachen gelten außer den §§ 309 bis 317 die nachstehenden Vorschriften.

(2) [1]Bei der Pfändung eines Anspruchs, der eine bewegliche Sache betrifft, ordnet die Vollstreckungsbehörde an, dass die Sache an den Vollziehungsbeamten herauszugeben sei. [2]Die Sache wird wie eine gepfändete Sache verwertet.

(3) [1]Bei Pfändung eines Anspruchs, der eine unbewegliche Sache betrifft, ordnet die Vollstreckungsbehörde an, dass die Sache an einen Treuhänder herauszugeben sei, den das Amtsgericht der belegenen Sache auf Antrag der Vollstreckungsbehörde bestellt. [2]Ist der Anspruch auf Übertragung des Eigentums gerichtet, so ist dem Treuhänder als Vertreter des Vollstreckungsschuldners aufzulassen. [3]Mit dem Übergang des Eigentums auf den Vollstreckungsschuldner erlangt die Körperschaft, der die Vollstreckungsbehörde angehört, eine Sicherungshypothek für die Forderung. [4]Der Treuhänder hat die Eintragung

der Sicherungshypothek zu bewilligen. [5]Die Vollstreckung in die herausgegebene Sache wird nach den Vorschriften über die Vollstreckung in unbewegliche Sachen bewirkt.

(4) Absatz 3 gilt entsprechend, wenn der Anspruch ein im Schiffsregister eingetragenes Schiff, ein Schiffsbauwerk oder Schwimmdock, das im Schiffsbauregister eingetragen ist oder in dieses Register eingetragen werden kann, oder ein Luftfahrzeug betrifft, das in der Luftfahrzeugrolle eingetragen ist oder nach Löschung in der Luftfahrzeugrolle noch in dem Register für Pfandrechte an Luftfahrzeugen eingetragen ist.

(5) [1]Dem Treuhänder ist auf Antrag eine Entschädigung zu gewähren. [2]Die Entschädigung darf die nach der Zwangsverwalterverordnung festzusetzende Vergütung nicht übersteigen.

§ 319 Unpfändbarkeit von Forderungen (S 0536)

Beschränkungen und Verbote, die nach den §§ 850 bis 852 und 899 bis 907 der Zivilprozessordnung und anderen gesetzlichen Bestimmungen für die Pfändung von Forderungen und Ansprüchen bestehen, gelten sinngemäß.

§ 320 Mehrfache Pfändung einer Forderung (S 0535)

(1) Ist eine Forderung durch mehrere Vollstreckungsbehörden oder durch eine Vollstreckungsbehörde und ein Gericht gepfändet, so sind die §§ 853 bis 856 der Zivilprozessordnung und § 99 Abs. 1 Satz 1 des Gesetzes über Rechte an Luftfahrzeugen entsprechend anzuwenden.

(2) Fehlt es an einem Amtsgericht, das nach den §§ 853 und 854 der Zivilprozessordnung zuständig wäre, so ist bei dem Amtsgericht zu hinterlegen, in dessen Bezirk die Vollstreckungsbehörde ihren Sitz hat, deren Pfändungsverfügung dem Drittschuldner zuerst zugestellt worden ist.

§ 321 Vollstreckung in andere Vermögensrechte (S 0535)

(1) Für die Vollstreckung in andere Vermögensrechte, die nicht Gegenstand der Vollstreckung in das unbewegliche Vermögen sind, gelten die vorstehenden Vorschriften entsprechend.

(2) Ist kein Drittschuldner vorhanden, so ist die Pfändung bewirkt, wenn dem Vollstreckungsschuldner das Gebot, sich jeder Verfügung über das Recht zu enthalten, zugestellt ist.

(3) Ein unveräußerliches Recht ist, wenn nichts anderes bestimmt ist, insoweit pfändbar, als die Ausübung einem anderen überlassen werden kann.

(4) Die Vollstreckungsbehörde kann bei der Vollstreckung in unveräußerliche Rechte, deren Ausübung einem anderen überlassen werden kann, besondere Anordnungen erlassen, insbesondere bei der Vollstreckung in Nutzungsrechte eine Verwaltung anordnen; in diesem Fall wird die Pfändung durch Übergabe der zu benutzenden Sache an den Verwalter bewirkt, sofern sie nicht durch Zustellung der Pfändungsverfügung schon vorher bewirkt ist.

(5) Ist die Veräußerung des Rechts zulässig, so kann die Vollstreckungsbehörde die Veräußerung anordnen.

(6) Für die Vollstreckung in eine Reallast, eine Grundschuld oder eine Rentenschuld gelten die Vorschriften über die Vollstreckung in eine Forderung, für die eine Hypothek besteht.

(7) Die §§ 858 bis 863 der Zivilprozessordnung gelten sinngemäß.

4. Unterabschnitt - Vollstreckung in das unbewegliche Vermögen

§ 322 Verfahren (S 0540)

(1) [1]Der Vollstreckung in das unbewegliche Vermögen unterliegen außer den Grundstücken die Berechtigungen, für welche die sich auf Grundstücke beziehenden Vorschriften gelten, die im Schiffsregister eingetragenen Schiffe, die Schiffsbauwerke und Schwimmdocks, die im Schiffsbauregister eingetragen sind oder in dieses Register eingetragen werden können, sowie die Luftfahrzeuge, die in der Luftfahrzeugrolle eingetragen sind oder nach Löschung in der Luftfahrzeugrolle noch in dem Register für Pfandrechte an Luftfahrzeugen eingetragen sind. [2]Auf die Vollstreckung sind die für die gerichtliche Zwangsvollstreckung geltenden Vorschriften, namentlich die §§ 864 bis 871 der Zivilprozessordnung und das Gesetz über die Zwangsversteigerung und die Zwangsverwaltung anzuwenden. [3]Bei Stundung und Aussetzung der Vollziehung geht eine im Wege der Vollstreckung eingetragene Sicherungshypothek jedoch nur dann nach § 868 der Zivilprozessordnung auf den Eigentümer über und erlischt eine Schiffshypothek oder ein Registerpfandrecht an einem Luftfahrzeug jedoch nur dann nach § 870a Abs. 3 der Zivilprozessordnung sowie § 99 Abs. 1 des Gesetzes über Rechte an Luftfahrzeugen, wenn zugleich die Aufhebung der Vollstreckungsmaßnahme angeordnet wird.

(2) Für die Vollstreckung in ausländische Schiffe gilt § 171 des Gesetzes über die Zwangsversteigerung und die Zwangsverwaltung, für die Vollstreckung in ausländische Luftfahrzeuge § 106 Abs. 1, 2 des Gesetzes über Rechte an Luftfahrzeugen sowie die §§ 171h bis 171n des Gesetzes über die Zwangsversteigerung und die Zwangsverwaltung.

(3) [1]Die für die Vollstreckung in das unbewegliche Vermögen erforderlichen Anträge des Gläubigers stellt die Vollstreckungsbehörde. [2]Sie hat hierbei zu bestätigen, dass die gesetzlichen Voraussetzungen für die Vollstreckung vorliegen. [3]Diese Fragen unterliegen nicht der Beurteilung des Vollstreckungsgerichts oder des Grundbuchamts. [4]Anträge auf Eintragung einer Sicherungshypothek, einer Schiffshypothek oder eines Registerpfandrechts an einem Luftfahrzeug sind Ersuchen im Sinne des § 38 der Grundbuchordnung und des § 45 der Schiffsregisterordnung.

(4) Zwangsversteigerung und Zwangsverwaltung soll die Vollstreckungsbehörde nur be¬an¬tragen, wenn festgestellt ist, dass der Geldbetrag durch Voll¬streckung in das bewegliche Vermögen nicht beigetrieben werden kann.

(5) Soweit der zu vollstreckende Anspruch gemäß § 10 Abs. 1 Nr. 3 des Gesetzes über die Zwangsversteigerung und die Zwangsverwaltung den Rechten am Grundstück im Rang vorgeht, kann eine Sicherungshypothek unter der aufschiebenden Bedingung in das Grundbuch eingetragen werden, dass das Vorrecht wegfällt.

§ 323 Vollstreckung gegen den Rechtsnachfolger (S 0540)

[1]Ist nach § 322 eine Sicherungshypothek, eine Schiffshypothek oder ein Registerpfandrecht an einem Luftfahrzeug eingetragen worden, so bedarf es zur Zwangsversteigerung aus diesem Recht nur dann eines Duldungsbescheids, wenn nach der Eintragung dieses Rechts ein Eigentumswechsel eingetreten ist. [2]Satz 1 gilt sinngemäß für die Zwangsverwaltung aus einer nach § 322 eingetragenen Sicherungshypothek.

5. Unterabschnitt - Arrest

§ 324 Dinglicher Arrest (S 0545)

(1) [1]Zur Sicherung der Vollstreckung von Geldforderungen nach den §§ 249 bis 323 kann die für die Steuerfestsetzung zuständige Finanzbehörde den Arrest in das bewegliche oder unbewegliche Vermögen anordnen, wenn zu befürchten ist, dass sonst die Beitreibung vereitelt oder wesentlich erschwert wird. [2]Sie kann den Arrest auch dann anordnen, wenn die Forderung noch nicht zahlenmäßig feststeht oder wenn sie bedingt oder betagt ist. [3]In der Arrestanordnung ist ein Geldbetrag zu bestimmen, bei dessen Hinterlegung die Vollziehung des Arrestes gehemmt und der vollzogene Arrest aufzuheben ist.

(2) [1]Die Arrestanordnung ist zuzustellen. [2]Sie muss begründet und von dem anordnenden Bediensteten unterschrieben sein. [3]Die elektronische Form ist ausgeschlossen.

(3) [1]Die Vollziehung der Arrestanordnung ist unzulässig, wenn seit dem Tag, an dem die Anordnung unterzeichnet worden ist, ein Monat verstrichen ist. [2]Die Vollziehung ist auch schon vor der Zustellung an den Arrestschuldner zulässig, sie ist jedoch ohne Wirkung, wenn die Zustellung nicht innerhalb einer Woche nach der Vollziehung und innerhalb eines Monats seit der Unterzeichnung erfolgt. [3]Bei Zustellung im Ausland und öffentlicher Zustellung gilt § 169 Abs. 1 Satz 3 entsprechend. [4]Auf die Vollziehung des Arrestes finden die §§ 930 bis 932 der Zivilprozessordnung sowie § 99 Abs. 2 und § 106 Abs. 1, 3 und 5 des Gesetzes über Rechte an Luftfahrzeugen entsprechende Anwendung; an die Stelle des Arrestgerichts und des Vollstreckungsgerichts tritt die Vollstreckungsbehörde, an die Stelle des Gerichtsvollziehers der Vollziehungsbeamte. [5]Soweit auf die Vorschriften über die Pfändung verwiesen wird, sind die entsprechenden Vorschriften dieses Gesetzes anzuwenden.

§ 325 Aufhebung des dinglichen Arrestes (S 0545)

Die Arrestanordnung ist aufzuheben, wenn nach ihrem Erlass Umstände bekannt werden, die die Arrestanordnung nicht mehr gerechtfertigt erscheinen lassen.

§ 326 Persönlicher Sicherheitsarrest (S 0545)

(1) [1]Auf Antrag der für die Steuerfestsetzung zuständigen Finanzbehörde kann das Amtsgericht einen persönlichen Sicherheitsarrest anordnen, wenn er erforderlich ist, um die gefährdete Vollstreckung in das Vermögen des Pflichtigen zu sichern. [2]Zuständig ist das Amtsgericht, in dessen Bezirk die Finanzbehörde ihren Sitz hat oder sich der Pflichtige befindet.

(2) In dem Antrag hat die für die Steuerfestsetzung zuständige Finanzbehörde den Anspruch nach Art und Höhe sowie die Tatsachen anzugeben, die den Arrestgrund ergeben.

(3) [1]Für die Anordnung, Vollziehung und Aufhebung des persönlichen Sicherheitsarrestes gelten § 128 Abs. 4 und die §§ 922 bis 925, 927, 929, 933, 934 Abs. 1, 3 und 4 der Zivilprozessordnung sinngemäß. [2]§ 802j Abs. 2der Zivilprozessordnung ist nicht anzuwenden.

(4) Für Zustellungen gelten die Vorschriften der Zivilprozessordnung.

6. Unterabschnitt - Verwertung von Sicherheiten

§ 327 Verwertung von Sicherheiten (S 0546)

[1]Werden Geldforderungen, die im Verwaltungsverfahren vollstreckbar sind (§ 251), bei Fälligkeit nicht erfüllt, kann sich die Vollstreckungsbehörde aus den Sicherheiten befriedigen, die sie zur Sicherung dieser Ansprüche erlangt hat. [2]Die Sicherheiten werden nach den Vorschriften dieses Abschnitts verwertet. [3]Die Verwertung darf erst erfolgen, wenn dem Vollstreckungsschuldner die Verwertungsabsicht bekannt gegeben und seit der Bekanntgabe mindestens eine Woche verstrichen ist.

Dritter Abschnitt - Vollstreckung wegen anderer Leistungen als Geldforderungen

1. Unterabschnitt - Vollstreckung wegen Handlungen, Duldungen oder Unterlassungen

§ 328 Zwangsmittel (S 0560)

(1) [1]Ein Verwaltungsakt, der auf Vornahme einer Handlung oder auf Duldung oder Unterlassung gerichtet ist, kann mit Zwangsmitteln (Zwangsgeld, Ersatzvornahme, unmittelbarer Zwang) durchgesetzt werden. [2]Für die Erzwingung von Sicherheiten gilt § 336. [3]Vollstreckungsbehörde ist die Behörde, die den Verwaltungsakt erlassen hat.

(2) [1]Es ist dasjenige Zwangsmittel zu bestimmen, durch das der Pflichtige und die Allgemeinheit am wenigsten beeinträchtigt werden. [2]Das Zwangsmittel muss in einem angemessenen Verhältnis zu seinem Zweck stehen.

§ 329 Zwangsgeld (S 0560)

Das einzelne Zwangsgeld darf 25 000 Euro nicht übersteigen.

§ 330 Ersatzvornahme (S 0560)

Wird die Verpflichtung, eine Handlung vorzunehmen, deren Vornahme durch einen anderen möglich ist (vertretbare Handlung), nicht erfüllt, so kann die Vollstreckungsbehörde einen anderen mit der Vornahme der Handlung auf Kosten des Pflichtigen beauftragen.

§ 331 Unmittelbarer Zwang (S 0560)

Führen das Zwangsgeld oder die Ersatzvornahme nicht zum Ziel oder sind sie untunlich, so kann die Finanzbehörde den Pflichtigen zur Handlung, Duldung oder Unterlassung zwingen oder die Handlung selbst vornehmen.

§ 332 Androhung der Zwangsmittel (S 0560)

(1) [1]Die Zwangsmittel müssen schriftlich angedroht werden. [2]Wenn zu besorgen ist, dass dadurch der Vollzug des durchzusetzenden Verwaltungsakts vereitelt wird, genügt es, die Zwangsmittel mündlich oder auf andere nach der Lage gebotene Weise anzudrohen. [3]Zur Erfüllung der Verpflichtung ist eine angemessene Frist zu bestimmen.

(2) [1]Die Androhung kann mit dem Verwaltungsakt verbunden werden, durch den die Handlung, Duldung oder Unterlassung aufgegeben wird. [2]Sie muss sich auf ein bestimmtes Zwangsmittel beziehen und für jede einzelne Verpflichtung getrennt ergehen. [3]Zwangsgeld ist in bestimmter Höhe anzudrohen.

(3) [1]Eine neue Androhung wegen derselben Verpflichtung ist erst dann zulässig, wenn das zunächst angedrohte Zwangsmittel erfolglos ist. [2]Wird vom Pflichtigen ein Dulden oder Unterlassen gefordert, so kann das Zwangsmittel für jeden Fall der Zuwiderhandlung angedroht werden.

(4) Soll die Handlung durch Ersatzvornahme ausgeführt werden, so ist in der Androhung der Kostenbetrag vorläufig zu veranschlagen.

§ 333 Festsetzung der Zwangsmittel (S 0560)

Wird die Verpflichtung innerhalb der Frist, die in der Androhung bestimmt ist, nicht erfüllt oder handelt der Pflichtige der Verpflichtung zuwider, so setzt die Finanzbehörde das Zwangsmittel fest.

§ 334 Ersatzzwangshaft (S 0560)

(1) [1]Ist ein gegen eine natürliche Person festgesetztes Zwangsgeld uneinbringlich, so kann das Amtsgericht auf Antrag der Finanzbehörde nach Anhörung des Pflichtigen Ersatzzwangshaft anordnen, wenn bei Androhung des Zwangsgelds hierauf hingewiesen worden ist. [2]Ordnet das Amtsgericht Ersatzzwangshaft an, so hat es einen Haftbefehl auszufertigen, in dem die antragstellende Behörde, der Pflichtige und der Grund der Verhaftung zu bezeichnen sind.

(2) [1]Das Amtsgericht entscheidet nach pflichtgemäßem Ermessen durch Beschluss. [2]Örtlich zuständig ist das Amtsgericht, in dessen Bezirk der Pflichtige seinen Wohnsitz oder in Ermangelung eines Wohnsitzes seinen gewöhnlichen Aufenthalt hat. [3]Der Beschluss des Amtsgerichts unterliegt der Beschwerde nach den §§ 567 bis 577 der Zivilprozessordnung.

(3) [1]Die Ersatzzwangshaft beträgt mindestens einen Tag, höchstens zwei Wochen. [2]Die Vollziehung der Ersatzzwangshaft richtet sich nach den § 802g Abs. 2 und § 802h der Zivilprozessordnung und den §§ 171 bis 175 und 179 bis 186 des Strafvollzugsgesetzes.

(4) Ist der Anspruch auf das Zwangsgeld verjährt, so darf die Haft nicht mehr vollstreckt werden.

§ 335 Beendigung des Zwangsverfahrens (S 0560)

Wird die Verpflichtung nach Festsetzung des Zwangsmittels erfüllt, so ist der Vollzug einzustellen.

2. Unterabschnitt - Erzwingung von Sicherheiten

§ 336 Erzwingung von Sicherheiten (S 0561)

(1) Wird die Verpflichtung zur Leistung von Sicherheiten nicht erfüllt, so kann die Finanzbehörde geeignete Sicherheiten pfänden.

(2) [1]Der Erzwingung der Sicherheit muss eine schriftliche Androhung vorausgehen. [2]Die §§ 262 bis 323 sind entsprechend anzuwenden.

Vierter Abschnitt - Kosten

§ 337 Kosten der Vollstreckung (S 0570)

(1) [1]Im Vollstreckungsverfahren werden Kosten (Gebühren und Auslagen) erhoben. [2]Schuldner dieser Kosten ist der Vollstreckungsschuldner.

(2) [1]Für das Mahnverfahren werden keine Kosten erhoben.

§ 338 Gebührenarten (S 0570)

Im Vollstreckungsverfahren werden Pfändungsgebühren (§ 339), Wegnahmegebühren (§ 340) und Verwertungsgebühren (§ 341) erhoben.

§ 339 Pfändungsgebühr (S 0570)

(1) Die Pfändungsgebühr wird erhoben für die Pfändung von beweglichen Sachen, von Tieren, von Früchten, die vom Boden noch nicht getrennt sind, von Forderungen und von anderen Vermögensrechten.

(2) Die Gebühr entsteht:

1. **sobald der Vollziehungsbeamte Schritte zur Ausführung des Vollstreckungsauftrags unternommen hat,**
2. **mit der Zustellung der Verfügung, durch die eine Forderung oder ein anderes Vermögensrecht gepfändet werden soll.**

(3) Die Gebühr beträgt 28,60 Euro.

(4) [1]Die Gebühr wird auch erhoben, wenn

1. **die Pfändung durch Zahlung an den Vollziehungsbeamten abgewendet wird,**
2. **auf andere Weise Zahlung geleistet wird, nachdem sich der Vollziehungsbeamte an Ort und Stelle begeben hat,**

3. ein Pfändungsversuch erfolglos geblieben ist, weil pfändbare Gegenstände nicht vorgefunden wurden, oder

4. die Pfändung in den Fällen des § 281 Abs. 3 dieses Gesetzes sowie der § 811 Absatz 4 und § 851b Absatz 1 der Zivilprozessordnung unterbleibt.

[2]Wird die Pfändung auf andere Weise abgewendet, wird keine Gebühr erhoben.

§ 340 Wegnahmegebühr (S 0570)

(1) [1]Die Wegnahmegebühr wird für die Wegnahme beweglicher Sachen einschließlich Urkunden in den Fällen der §§ 310, 315 Abs. 2 Satz 5, §§ 318, 321, 331 und 336 erhoben. [2]Dies gilt auch dann, wenn der Vollstreckungsschuldner an den zur Vollstreckung erschienenen Vollziehungsbeamten freiwillig leistet.

(2) § 339 Abs. 2 Nr. 1 ist entsprechend anzuwenden.

(3) [1]Die Höhe der Wegnahmegebühr beträgt 28,60 Euro. [2]Die Gebühr wird auch erhoben, wenn die in Absatz 1 bezeichneten Sachen nicht aufzufinden sind.

§ 341 Verwertungsgebühr (S 0570)

(1) Die Verwertungsgebühr wird für die Versteigerung und andere Verwertung von Gegenständen erhoben.

(2) Die Gebühr entsteht, sobald der Vollziehungsbeamte oder ein anderer Beauftragter Schritte zur Ausführung des Verwertungsauftrags unternommen hat.

(3) Die Gebühr beträgt 57,20 Euro.

(4) Wird die Verwertung abgewendet (§ 296 Abs. 1 Satz 4), ist eine Gebühr von 28,60 Euro zu erheben.

§ 342 Mehrheit von Schuldnern (S 0570)

(1) Wird gegen mehrere Schuldner vollstreckt, so sind die Gebühren, auch wenn der Vollziehungsbeamte bei derselben Gelegenheit mehrere Vollstreckungshandlungen vornimmt, von jedem Vollstreckungsschuldner zu erheben.

(2) [1]Wird gegen Gesamtschuldner wegen der Gesamtschuld bei derselben Gelegenheit vollstreckt, so werden Pfändungs-, Wegnahme- und Verwertungsgebühren nur einmal erhoben. [2]Die in Satz 1 bezeichneten Personen schulden die Gebühren als Gesamtschuldner.

§ 343 (weggefallen)

§ 344 Auslagen (S 0570)

(1) Als Auslagen werden erhoben:

1. Schreibauslagen für nicht von Amts wegen zu erteilende oder per Telefax übermittelte Abschriften; die Schreibauslagen betragen unabhängig von der Art der Herstellung

a) für die ersten 50 Seiten je Seite 0,50 Euro,

b) für jede weitere Seite 0,15 Euro,

c) für die ersten 50 Seiten in Farbe je Seite 1,00 Euro,

d) für jede weitere Seite in Farbe 0,30 Euro.

Werden anstelle von Abschriften elektronisch gespeicherte Dateien überlassen, betragen die Auslagen 1,50 Euro je Datei. Für die in einem Arbeitsgang überlassenen oder in einem Arbeitsgang auf einen Datenträger übertragenen Dokumente werden insgesamt höchstens 5 Euro erhoben. Werden zum Zweck der Überlassung von elektronisch gespeicherten Dateien Dokumente zuvor auf Antrag von der Papierform in die elektronische Form übertragen, beträgt die Pauschale für Schreibauslagen nach Satz 2 nicht weniger, als die Pauschale im Fall von Satz 1 betragen würde,

2. Entgelte für Post- und Telekommunikationsdienstleistungen, ausgenommen die Entgelte für Telefondienstleistungen im Orts- und Nahbereich,

3. Entgelte für Zustellungen durch die Post mit Zustellungsurkunde; wird durch die Behörde zugestellt (§ 5 des Verwaltungszustellungsgesetzes), so werden 7,50 Euro erhoben,

4. Kosten, die durch öffentliche Bekanntmachung entstehen,

5. an die zum Öffnen von Türen und Behältnissen sowie an die zur Durchsuchung von Vollstreckungsschuldnern zugezogenen Personen zu zahlende Beträge,

6. Kosten für die Beförderung, Verwahrung und Beaufsichtigung gepfändeter Sachen, Kosten für die Aberntung gepfändeter Früchte und Kosten für die Verwahrung, Fütterung, Pflege und Beförderung gepfändeter Tiere,

7. Beträge, die in entsprechender Anwendung des Justizvergütungs- und -entschädigungsgesetz an Auskunftspersonen und Sachverständige (§ 107) sowie Beträge, die an Treuhänder (§ 318 Abs. 5) zu zahlen sind,

7a. Kosten, die von einem Kreditinstitut erhoben werden, weil ein Scheck des Vollstreckungsschuldners nicht eingelöst wurde,

7b. Kosten für die Umschreibung eines auf einen Namen lautenden Wertpapiers oder für die Wiederinkurssetzung eines Inhaberpapiers,

8. andere Beträge, die auf Grund von Vollstreckungsmaßnahmen an Dritte zu zahlen sind, insbesondere Beträge, die bei der Ersatzvornahme oder beim unmittelbaren Zwang an Beauftragte und an Hilfspersonen gezahlt werden

und sonstige durch Ausführung des unmittelbaren Zwanges oder Anwendung der Ersatzzwangshaft entstandene Kosten.

(2) Steuern, die die Finanzbehörde auf Grund von Vollstreckungsmaßnahmen schuldet, sind als Auslagen zu erheben.

(3) [1]Werden Sachen oder Tiere, die bei mehreren Vollstreckungsschuldnern gepfändet worden sind, in einem einheitlichen Verfahren abgeholt und verwertet, so werden die Auslagen, die in diesem Verfahren entstehen, auf die beteiligten Vollstreckungsschuldner verteilt. [2]Dabei sind die besonderen Umstände des einzelnen Falls, vor allem Wert, Umfang und Gewicht der Gegenstände, zu berücksichtigen.

§ 345 Reisekosten und Aufwandsentschädigungen (S 0570)

Im Vollstreckungsverfahren sind die Reisekosten des Vollziehungsbeamten und Auslagen, die durch Aufwandsentschädigungen abgegolten werden, von dem Vollstreckungsschuldner nicht zu erstatten.

§ 346 Unrichtige Sachbehandlung, Festsetzungsfrist (S 0570)

(1) Kosten, die bei richtiger Behandlung der Sache nicht entstanden wären, sind nicht zu erheben.

(2) [1]Die Frist für den Ansatz der Kosten und für die Aufhebung und Änderung des Kostenansatzes beträgt ein Jahr. [2]Sie beginnt mit Ablauf des Kalenderjahrs, in dem die Kosten entstanden sind. [3]Einem vor Ablauf der Frist gestellten Antrag auf Aufhebung oder Änderung kann auch nach Ablauf der Frist entsprochen werden.

Siebenter Teil - Außergerichtliches Rechtsbehelfsverfahren

Erster Abschnitt - Zulässigkeit

AEAO vor § 347 - Außergerichtliches Rechtsbehelfsverfahren:

1. Das außergerichtliche Rechtsbehelfsverfahren nach der AO (Einspruchsverfahren) ist abzugrenzen

   - von den in der AO nicht geregelten nichtförmlichen Rechtsbehelfen (Gegenvorstellung, Sachaufsichtsbeschwerde, Dienstaufsichtsbeschwerde),
   - von dem Antrag, einen Verwaltungsakt zu berichtigen, zurückzunehmen, zu widerrufen, aufzuheben oder zu ändern (Korrekturantrag; §§ 129 bis 132, 172 bis 177 AO).

   Der förmliche Rechtsbehelf (Einspruch) unterscheidet sich von den Korrekturanträgen in folgenden Punkten:

   - Er hindert den Eintritt der formellen und materiellen Bestandskraft (zum Begriff der Bestandskraft vgl. AEAO vor §§ 172 bis 177, Nr. 1);
   - er kann zur Verböserung führen (§ 367 Abs. 2 Satz 2 AO); der Verböserungsgefahr kann der Steuerpflichtige aber durch rechtzeitige Rücknahme des Einspruchs entgehen;
   - er ermöglicht die Aussetzung der Vollziehung.

   In Zweifelsfällen ist ein Einspruch anzunehmen, da er die Rechte des Steuerpflichtigen umfassender wahrt als ein Korrekturantrag.

2. Das Einspruchsverfahren ist nicht kostenpflichtig. Steuerpflichtige und Finanzbehörden haben jeweils ihre eigenen Aufwendungen zu tragen. Auf die Kostenerstattung nach § 139 FGO, auch für das außergerichtliche Vorverfahren, wird hingewiesen.

§ 347 Statthaftigkeit des Einspruchs (S 0610)

(1) [1]Gegen Verwaltungsakte

1. in Abgabenangelegenheiten, auf die dieses Gesetz Anwendung findet,

2. in Verfahren zur Vollstreckung von Verwaltungsakten in anderen als den in Nummer 1 bezeichneten Angelegenheiten, soweit die Verwaltungsakte durch Bundesfinanzbehörden oder Landesfinanzbehörden nach den Vorschriften dieses Gesetzes zu vollstrecken sind,

3. in öffentlich-rechtlichen und berufsrechtlichen Angelegenheiten, auf die dieses Gesetz nach § 164a des Steuerberatungsgesetzes Anwendung findet,

4. in anderen durch die Finanzbehörden verwalteten Angelegenheiten, soweit die Vorschriften über die außergerichtlichen Rechtsbehelfe durch Gesetz für anwendbar erklärt worden sind oder erklärt werden,

ist als Rechtsbehelf der Einspruch statthaft. [2]Der Einspruch ist außerdem statthaft, wenn geltend gemacht wird, dass in den in Satz 1 bezeichneten Angelegenheiten über einen vom Einspruchsführer gestellten Antrag auf Erlass eines Verwaltungsakts ohne Mitteilung eines zureichenden Grundes binnen angemessener Frist sachlich nicht entschieden worden ist.

(2) Abgabenangelegenheiten sind alle mit der Verwaltung der Abgaben einschließlich der Abgabenvergütungen oder sonst mit der Anwendung der abgabenrechtlichen Vorschriften durch die Finanzbehörden zusammenhängenden Angelegenheiten einschließlich der Maßnahmen der Bundesfinanzbehörden zur Beachtung der Verbote und Beschränkungen für den Warenverkehr über die Grenze; den Abgabenangelegenheiten stehen die Angelegenheiten der Verwaltung der Finanzmonopole gleich.

(3) Die Vorschriften des Siebenten Teils finden auf das Straf- und Bußgeldverfahren keine Anwendung.

AEAO zu § 347 - Statthaftigkeit des Einspruchs:

1. Das Einspruchsverfahren ist nur eröffnet, wenn ein Verwaltungsakt (auch ein nichtiger Verwaltungsakt oder ein Scheinverwaltungsakt) angegriffen wird oder der Einspruchsführer sich gegen den Nichterlass eines Verwaltungsakts wendet. Verwaltungsakt ist z. B. auch die Ablehnung eines Realakts (vgl. AEAO zu § 364) oder die Ablehnung der Erteilung einer verbindlichen Auskunft.

2. Der Einspruch ist auch gegeben, wenn ein Verwaltungsakt aufgehoben, geändert, zurückgenommen oder widerrufen oder ein Antrag auf Erlass eines Verwaltungsakts abgelehnt wird. Gleiches gilt, wenn die Finanzbehörde einen Verwaltungsakt wegen einer offenbaren Unrichtigkeit gem. § 129 AO berichtigt oder es ablehnt, die beantragte Berichtigung eines Verwaltungsakts durchzuführen (BFH-Urteil vom 13.12.1983, VIII R 67/81, BStBl 1984 II S. 511). Gegen Entscheidungen über die schlichte Änderung (§ 172 Abs. 1 Satz 1 Nr. 2 Buchstabe a AO) ist ebenfalls der Einspruch gegeben (BFH-Urteil vom 27.10.1993, XI R 17/93, BStBl 1994 II S. 439); dies gilt nicht, soweit der Antrag auf schlichte Änderung durch eine Allgemeinverfügung nach § 172 Abs. 3 AO zurückgewiesen wurde (§ 348 Nr. 6 AO).

3. Beantragt der Steuerpflichtige bei einer Steuerfestsetzung unter Vorbehalt der Nachprüfung (§ 164 AO) oder bei einer vorläufigen Steuerfestsetzung (§ 165 AO) die Aufhebung dieser Nebenbestimmungen, ist gegen den ablehnenden Bescheid der Einspruch gegeben. Wird der Vorbehalt nach § 164 AO aufgehoben, kann der Steuerpflichtige gegen die dann als Steuerfestsetzung ohne Vorbehalt der Nachprüfung wirkende Steuerfestsetzung uneingeschränkt Einspruch einlegen. Soweit eine vorläufige Steuerfestsetzung endgültig durchgeführt oder für endgültig erklärt wird, gilt dies nur, soweit die Vorläufigkeit reichte.

Gegen die Aufhebung des Nachprüfungsvorbehalts in der Einspruchsentscheidung ist die Klage, nicht ein erneuter Einspruch gegeben (BFH-Urteil vom 4.8.1983, IV R 216/82, BStBl 1984 II S. 85). Das gilt entsprechend, wenn in einer Einspruchsentscheidung die bisher vorläufige Steuerfestsetzung für endgültig erklärt wird.

4. Gegen eine Ermessensentscheidung über eine Billigkeitsmaßnahme nach § 163 Abs. 1 AO ist auch dann ein gesonderter Einspruch gegeben, wenn sie mit der Steuerfestsetzung verbunden ist (§ 163 Abs. 2 AO). Entsprechendes gilt für die mit einer Zinsfestsetzung verbundene Billigkeitsentscheidung nach § 234 Abs. 2 oder § 237 Abs. 4 AO.

5. § 347 Abs. 1 Satz 1 Nr. 3 AO beschränkt i. V. m. § 348 Nr. 3 und 4 AO in Steuerberatungsangelegenheiten das Einspruchsverfahren auf Streitigkeiten über

- die Ausübung (insbesondere die Zulässigkeit) der Hilfe in Steuersachen einschließlich der Rechtsverhältnisse der Lohnsteuerhilfevereine,
- die Voraussetzungen für die Berufsausübung der Steuerberater und Steuerbevollmächtigten (mit Ausnahme der Entscheidungen der Zulassungs- und der Prüfungsausschüsse),
- die Vollstreckung wegen Handlungen und Unterlassungen.

6. In anderen Angelegenheiten (§ 347 Abs. 1 Satz 1 Nr. 4 AO) sind die Vorschriften über das Einspruchsverfahren z. B. für anwendbar erklärt worden durch:

- Landesgesetze, die Steuern betreffen, die der Landesgesetzgebung unterliegen und durch Landesfinanzbehörden verwaltet werden,
- Gesetze zur Durchführung der Verordnungen des Rates der Europäischen Union,

soweit diese Gesetze die Anwendbarkeit der AO-Vorschriften vorsehen.

Soweit Gesetze die für Steuervergütungen geltenden Vorschriften für entsprechend anwendbar erklären, ist das Einspruchsverfahren bereits nach § 347 Abs. 1 Satz 1 Nr. 1 AO eröffnet (z. B. EigZulG, InvZulG, WoPG und 5. VermBG).

§ 348 Ausschluss des Einspruchs (S 0610)

Der Einspruch ist nicht statthaft

1. **gegen Einspruchsentscheidungen (§ 367),**
2. **bei Nichtentscheidung über einen Einspruch,**
3. **gegen Verwaltungsakte der obersten Finanzbehörden des Bundes und der Länder, außer wenn ein Gesetz das Einspruchsverfahren vorschreibt,**
4. **gegen Entscheidungen in Angelegenheiten des Zweiten und Sechsten Abschnitts des Zweiten Teils des Steuerberatungsgesetzes,**
5. **(weggefallen)**
6. **in Fällen des § 172 Abs. 3.**

§ 349 (weggefallen)

§ 350 Beschwer (S 0619)

Befugt, Einspruch einzulegen, ist nur, wer geltend macht, durch einen Verwaltungsakt oder dessen Unterlassung beschwert zu sein.

AEAO zu § 350 - Beschwer:

1. Eine Beschwer ist nicht nur dann schlüssig geltend gemacht, wenn eine Rechtsverletzung oder Ermessenswidrigkeit gerügt wird, sondern auch dann, wenn der Einspruchsführer eine günstigere Ermessensentscheidung begehrt. Aus nicht gesondert festgestellten Besteuerungsgrundlagen (§ 157 Abs. 2 AO) ergibt sich keine Beschwer.
2. Bei einer zu niedrigen Festsetzung kann eine Beschwer dann bestehen, wenn eine höhere Festsetzung, z. B. aufgrund des Bilanzenzusammenhangs, sich in Folgejahren günstiger auswirkt (BFH-Urteil vom 27.5.1981, I R 123/77, BStBl 1982 II S. 211) oder wenn durch die begehrte höhere Steuerfestsetzung die Anrechnung von Steuerabzugsbeträgen ermöglicht wird und aufgrund dessen ein geringerer Betrag als bisher entrichtet werden muss (BFH-Urteil vom 8.11.1985, VI R 238/80, BStBl 1986 II S. 186 und BFH-Beschluss vom 3.2.1993, I B 90/92, BStBl II S. 426).
3. Bei einer Nullfestsetzung besteht grundsätzlich keine Beschwer. Dies gilt nicht in folgenden Fällen:
   a) Mit dem Einspruch wird eine Steuervergütung begehrt (z. B. die Festsetzung einer negativen Umsatzsteuer).
   b) Durch den Einspruch soll die Anwendung des § 10d Abs. 4 Satz 5 EStG i. d. F. des JStG 2010 (vom Steuerbescheid abweichende Berücksichtigung von Besteuerungsgrundlagen bei der Feststellung des verbleibenden Verlustvortrags) ermöglicht werden.

c) Es wird eine Steuerbefreiung nach § 5 Abs. 1 Nr. 9 KStG (BFH-Urteil vom 13.7.1994, I R 5/93, BStBl 1995 II S. 134) begehrt.

d) Die der Steuerfestsetzung zugrunde liegenden Besteuerungsgrundlagen sind für ein anderes steuerliches oder außersteuerliches Verfahren bindend (vgl. BFH-Urteil vom 20.12.1994, IX R 80/92, BStBl 1995 II S. 537). Eine derartige Bindungswirkung besteht beispielsweise für das BAföG-Verfahren oder einen Beihilfeanspruch nach der BBhV oder vergleichbaren landesrechtlichen Regelungen hinsichtlich der Einkünfte (vgl. BFH-Urteile vom 20.12.1994, IX R 124/92, BStBl 1995 II S. 628, und vom 19.2.2013, IX R 31/11, BFH/NV S. 1075), nicht aber hinsichtlich der außergewöhnlichen Belastungen (BFH-Urteil vom 29.5.1996, III R 49/93, BStBl II S. 654) und auch nicht für das Wohngeldverfahren nach dem WoGG (BFH-Urteil vom 24.1.1975, VI R 148/72, BStBl II S. 382).

4. Wird durch Einspruch die Änderung eines Grundlagenbescheids begehrt, kommt es für die schlüssige Geltendmachung der Beschwer nicht auf die Auswirkungen in den Folgebescheiden an.

5. Beschwert sein kann nicht nur derjenige, für den ein Verwaltungsakt bestimmt ist, sondern auch derjenige, der von ihm betroffen ist.

6. Eine weitere, in der AO nicht ausdrücklich genannte Zulässigkeitsvoraussetzung ist das Vorliegen eines Rechtsschutzbedürfnisses, d. h. eines schutzwürdigen, berücksichtigungswerten Interesses an der begehrten Entscheidung im Einspruchsverfahren.

   Die Möglichkeit, einen Antrag auf schlichte Änderung (§ 172 Abs. 1 Satz 1 Nr. 2 Buchstabe a AO) zu stellen, beseitigt nicht das Rechtsschutzbedürfnis für einen Einspruch, da dieser die Rechte des Steuerpflichtigen umfassender wahrt (vgl. AEAO vor § 347, Nr. 1). Wendet sich der Steuerpflichtige gegen denselben Verwaltungsakt sowohl mit einem Einspruch als auch mit einem Antrag auf schlichte Änderung, ist nur das Einspruchsverfahren durchzuführen (BFH-Urteil vom 27.9.1994, VIII R 36/89, BStBl 1995 II S. 353).

   Wird mit dem Einspruch ausschließlich die angebliche Verfassungswidrigkeit einer Rechtsnorm gerügt, fehlt grundsätzlich das Rechtsschutzbedürfnis, wenn die Finanzbehörde den angefochtenen Verwaltungsakt spätestens im Einspruchsverfahren hinsichtlich des strittigen Punktes für vorläufig erklärt hat (BFH-Beschlüsse vom 10.11.1993, X B 83/93, BStBl 1994 II S. 119, und vom 22.3.1996, III B 173/95, BStBl II S. 506). Trotz vorläufiger Steuerfestsetzung kann aber ein Rechtsschutzbedürfnis anzunehmen sein, wenn der Einspruchsführer besondere Gründe materiell-rechtlicher oder verfahrensrechtlicher Art substantiiert geltend macht oder Aussetzung der Vollziehung begehrt (BFH-Urteil vom 30.9.2010, III R 39/08, BStBl 2011 II S. 11; zur Aussetzung der Vollziehung wegen verfassungsrechtlicher Zweifel vgl. AEAO zu § 361, Nr. 2.5.4).

§ 351 Bindungswirkung anderer Verwaltungsakte (S 0619)

(1) Verwaltungsakte, die unanfechtbare Verwaltungsakte ändern, können nur insoweit angegriffen werden, als die Änderung reicht, es sei denn, dass sich aus den Vorschriften über die Aufhebung und Änderung von Verwaltungsakten etwas anderes ergibt.

(2) Entscheidungen in einem Grundlagenbescheid (§ 171 Abs. 10) können nur durch Anfechtung dieses Bescheids, nicht auch durch Anfechtung des Folgebescheids, angegriffen werden.

AEAO zu § 351 - Bindungswirkung anderer Verwaltungsakte:

1. Wird ein Bescheid angegriffen, der einen unanfechtbaren Bescheid geändert hat, ist die Sache nach § 367 Abs. 2 Satz 1 AO in vollem Umfang erneut zu prüfen. Geändert werden kann aber aufgrund der Anfechtung der Änderungsbescheid nur in dem Umfang, in dem er vom ursprünglichen Bescheid abweicht; diese Beschränkung bezieht sich z. B. beim Steuerbescheid auf den festgesetzten Steuerbetrag. Einwendungen, die bereits gegen die ursprüngliche Steuerfestsetzung vorgebracht werden konnten, können auch gegen den Änderungsbescheid vorgetragen werden. Ist z. B. im Änderungsbescheid eine höhere Steuer festgesetzt worden, kann die ursprünglich festgesetzte Steuer nicht unterschritten werden; ist dagegen im Änderungsbescheid eine niedrigere Steuer festgesetzt worden, kann der Steuerpflichtige nicht eine weitere Herabsetzung erreichen.

2. Etwas anderes gilt, soweit sich aus den Vorschriften über die Aufhebung oder die Änderung von Verwaltungsakten, z. B. wegen neuer Tatsachen, ein Rechtsanspruch auf Änderung des unanfechtbaren Bescheids ergibt.

   Beispiele:

   a) Ein Steuerbescheid wird nach § 173 Abs. 1 Nr. 1 AO zuungunsten des Steuerpflichtigen geändert. Der Steuerpflichtige kann mit dem Einspruch geltend machen, dass Tatsachen i. S. d. § 173 Abs. 1 Nr. 2 AO unberücksichtigt geblieben sind, die die Mehrsteuern im Ergebnis nicht nur ausgleichen, sondern sogar zu einer Erstattung führen.

   b) Ein Steuerbescheid wird nach § 173 Abs. 1 Nr. 2 AO zugunsten des Steuerpflichtigen geändert. Der Steuerpflichtige kann mit dem Einspruch geltend machen, dass Tatsachen i. S. d. Vorschrift, die zu einer weitergehenden Erstattung führen, unberücksichtigt geblieben sind.

3. § 351 Abs. 1 AO gilt nach seinem Wortlaut nur für änderbare Bescheide, nicht hingegen für die sonstigen Verwaltungsakte, die den Vorschriften über die Rücknahme (§ 130 AO) und den Widerruf (§ 131 AO) unterliegen (BFH-Urteil vom 24.7.1984, VII R 122/80, BStBl II S. 791). § 351 Abs. 1 AO bleibt aber zu beachten, wenn ein änderbarer Verwaltungsakt nach § 129 AO berichtigt worden ist (vgl. AEAO zu § 129, Nr. 5).

4. Ein Einspruch gegen einen Folgebescheid, mit welchem nur Einwendungen gegen den Grundlagenbescheid geltend gemacht werden, ist unbegründet, nicht unzulässig (BFH-Urteil vom 2.9.1987, I R 162/84, BStBl 1988 II S. 142; vgl. auch BFH-Urteil vom 27.6.2018, I R 13/16, BStBl 2019 II S. 632).

§ 352 Einspruchsbefugnis bei der einheitlichen Feststellung (S 0619)

(1) Gegen Bescheide über die einheitliche und gesonderte Feststellung von Besteuerungsgrundlagen können Einspruch einlegen:

1. zur Vertretung berufene Geschäftsführer oder, wenn solche nicht vorhanden sind, der Einspruchsbevollmächtigte im Sinne des Absatzes 2;

2. wenn Personen nach Nummer 1 nicht vorhanden sind, jeder Gesellschafter, Gemeinschafter oder Mitberechtigte, gegen den der Feststellungsbescheid ergangen ist oder zu ergehen hätte;

3. auch wenn Personen nach Nummer 1 vorhanden sind, ausgeschiedene Gesellschafter, Gemeinschafter oder Mitberechtigte, gegen die der Feststellungsbescheid ergangen ist oder zu ergehen hätte;

4. soweit es sich darum handelt, wer an dem festgestellten Betrag beteiligt ist und wie dieser sich auf die einzelnen Beteiligten verteilt, jeder, der durch die Feststellungen hierzu berührt wird;

5. soweit es sich um eine Frage handelt, die einen Beteiligten persönlich angeht, jeder, der durch die Feststellungen über die Frage berührt wird.

(2) [1]Einspruchsbefugt im Sinne des Absatzes 1 Nr. 1 ist der gemeinsame Empfangsbevollmächtigte im Sinne des § 183 Abs. 1 Satz 1 oder des § 6 Abs. 1 Satz 1 der Verordnung über die gesonderte Feststellung von Besteuerungsgrundlagen nach § 180 Abs. 2 der Abgabenordnung vom 19. Dezember 1986 (BGBl. I S. 2663). [2]Haben die Feststellungsbeteiligten keinen gemeinsamen Empfangsbevollmächtigten bestellt, ist einspruchsbefugt im Sinne des Absatzes 1 Nr. 1 der nach § 183 Abs. 1 Satz 2 fingierte oder der nach § 183 Abs. 1 Satz 3 bis 5 oder nach § 6 Abs. 1 Satz 3 bis 5 der Verordnung über die gesonderte Feststellung von Besteuerungsgrundlagen nach § 180 Abs. 2 der Abgabenordnung von der Finanzbehörde bestimmte Empfangsbevollmächtigte; dies gilt nicht für Feststellungsbeteiligte, die gegenüber der Finanzbehörde der Einspruchsbefugnis des Empfangsbevollmächtigten widersprechen. [3]Die Sätze 1 und 2 sind nur anwendbar, wenn die Beteiligten in der Feststellungserklärung oder in der Aufforderung zur Benennung eines Empfangsbevollmächtigten über die Einspruchsbefugnis des Empfangsbevollmächtigten belehrt worden sind.

AEAO zu § 352 - Einspruchsbefugnis bei der einheitlichen Feststellung:

1. Die Regelungen des § 352 AO zur Einspruchsbefugnis bei einheitlichen Feststellungsbescheiden gelten unabhängig von der Art der in die Feststellung einbezogenen Besteuerungsgrundlagen.

2. Nach Absatz 1 Nr. 1 erste Alternative können gegen einheitliche Feststellungsbescheide die zur Vertretung berufenen Geschäftsführer Einspruch einlegen.

3. Betrifft die einheitliche Feststellung eine Personengruppe, die keinen Geschäftsführer hat (z. B. eine Erbengemeinschaft), so gilt - soweit kein Fall i. S. d. Absatzes 1 Nr. 3 bis 5 vorliegt - nach Absatz 1 Nr. 1 zweite Alternative i. V. m. Absatz 2 Folgendes:

   a) Haben die Feststellungsbeteiligten gem. § 183 Abs. 1 Satz 1 AO bzw. § 6 Abs. 1 Satz 1 der V zu § 180 Abs. 2 AO einen gemeinsamen Empfangsbevollmächtigten bestellt, so ist nach Absatz 2 Satz 1 ausschließlich dieser einspruchsbefugt, soweit das Finanzamt dem Belehrungsgebot nach Absatz 2 Satz 3 nachgekommen ist.

   b) Haben die Feststellungsbeteiligten keinen gemeinsamen Empfangsbevollmächtigten bestellt oder ist ein solcher (z. B. wegen Widerrufs der Vollmacht) nicht mehr vorhanden, steht die Einspruchsbefugnis dem nach § 183 Abs. 1 Satz 2 AO gesetzlich fingierten Empfangsbevollmächtigten (Vertretungs- bzw. Verwaltungsberechtigter) zu (Absatz 2 Satz 2 erster Halbsatz erste Alternative). Dies gilt nicht, wenn der gesetzlich fingierte Empfangsbevollmächtigte Geschäftsführer ist; in diesem Fall richtet sich die Einspruchsbefugnis nach Absatz 1 Nr. 1 erste Alternative.

   c) Ist auch ein gesetzlich fingierter Empfangsbevollmächtigter nicht vorhanden, steht die Einspruchsbefugnis dem nach § 183 Abs. 1 Satz 3 bis 5 AO bzw. § 6 Abs. 1 Satz 3 bis 5 der V zu § 180 Abs. 2 AO von der Finanzbehörde bestimmten Empfangsbevollmächtigten zu (Absatz 2 Satz 2 erster Halbsatz zweite Alternative). Benennen die Feststellungsbeteiligten nach einer Aufforderung i. S. d. § 183 Abs. 1 Satz 3 bis 5 AO bzw. des § 6 Abs. 1 Satz 3 bis 5 der V zu § 180 Abs. 2 AO eine andere als die von der Finanzbehörde vorgeschlagene Person als Empfangsbevollmächtigten, richtet sich die Einspruchsbefugnis nach Absatz 2 Satz 1.

   d) Ist weder ein von den Feststellungsbeteiligten bestellter noch ein gesetzlich fingierter oder ein von der Finanzbehörde bestimmter Empfangsbevollmächtigter vorhanden, ist jeder Feststellungsbeteiligte einspruchsbefugt (Absatz 1 Nr. 2).

   e) Die grundsätzliche Beschränkung der Einspruchsbefugnis auf den von den Feststellungsbeteiligten bestellten, den gesetzlich fingierten bzw. den von der Finanzbehörde bestimmten Empfangsbevollmächtigten greift nur ein, wenn die Beteiligten in der Feststellungserklärung des betreffenden Jahres oder in der Aufforderung zur Benennung eines Empfangsbevollmächtigten (§ 183 Abs. 1 Satz 3 und 4 AO, § 6 Abs. 1 Satz 3 und 4 der V zu § 180 Abs. 2 AO) über die Einspruchsbefugnis des Empfangsbevollmächtigten belehrt worden sind (Absatz 2 Satz 3).

f) Ferner hat jeder Feststellungsbeteiligte das Recht, für seine Person der Einspruchsbefugnis des gesetzlich fingierten bzw. des von der Finanzbehörde bestimmten - nicht aber der Einspruchsbefugnis des von den Feststellungsbeteiligten bestellten - Empfangsbevollmächtigten zu widersprechen (Absatz 2 Satz 2 zweiter Halbsatz). Der widersprechende Feststellungsbeteiligte ist dann selbst einspruchsbefugt (Absatz 1 Nr. 2). Der Widerspruch ist gegenüber der das Feststellungsverfahren durchführenden Finanzbehörde spätestens bis zum Ablauf der Einspruchsfrist zu erheben. Ein nicht schriftlich bzw. elektronisch erklärter Widerspruch ist unter Datumsangabe aktenkundig zu machen.

§ 353 Einspruchsbefugnis des Rechtsnachfolgers (S 0619)

Wirkt ein Feststellungsbescheid, ein Grundsteuermessbescheid oder ein Zerlegungs- oder Zuteilungsbescheid über einen Grundsteuermessbetrag gegenüber dem Rechtsnachfolger, ohne dass er diesem bekannt gegeben worden ist (§ 182 Abs. 2, § 184 Abs. 1 Satz 4, §§ 185 und 190), so kann der Rechtsnachfolger nur innerhalb der für den Rechtsvorgänger maßgebenden Einspruchsfrist Einspruch einlegen.

AEAO zu § 353 - Einspruchsbefugnis des Rechtsnachfolgers:

Die Rechtsnachfolge tritt ein,

1. bevor einer der in § 353 AO genannten Bescheide ergangen ist:

   Nach § 182 Abs. 2 Satz 2, § 184 Abs. 1 Satz 4, §§ 185 und 190 AO wirkt der Bescheid gegen den Rechtsnachfolger nur dann, wenn er ihm bekannt gegeben wird;

2. nach der Bekanntgabe eines in § 353 AO genannten Bescheids, aber noch innerhalb der Einspruchsfrist:

   Der Rechtsnachfolger kann innerhalb der - schon laufenden - Frist Einspruch einlegen (§ 353 AO);

3. nach Ablauf der Einspruchsfrist für einen in § 353 AO genannten Bescheid:

   Der Bescheid wirkt gegenüber dem Rechtsnachfolger, ohne dass dieser die Möglichkeit des Einspruchs hat (§ 182 Abs. 2 Satz 1, § 184 Abs. 1 Satz 4, §§ 185 und 190 AO);

4. während eines Einspruchsverfahrens gegen einen in § 353 AO genannten Bescheid:

Der Gesamtrechtsnachfolger tritt in der Rechtsstellung des Rechtsvorgängers als Verfahrensbeteiligter ein; seiner Hinzuziehung bedarf es nicht. Beim Einzelrechtsnachfolger hat die Finanzbehörde seine Hinzuziehung zum Verfahren zu prüfen (§§ 359, 360 AO);

5. während die Frist zur Erhebung der Klage läuft:

   Da auch in diesem Fall der Bescheid gegen den Rechtsnachfolger wirkt (§ 353 AO), kann dieser nur innerhalb der für den Rechtsvorgänger maßgebenden Frist gem. § 40 Abs. 2 FGO Klage erheben;

6. während eines finanzgerichtlichen Verfahrens:

   Bei Gesamtrechtsnachfolge (z. B. bei Erbfolge oder bei Verschmelzung von Gesellschaften) wird das Verfahren bis zur Aufnahme durch den Rechtsnachfolger unterbrochen (§ 155 FGO; § 239 ZPO), es sei denn, der Rechtsvorgänger war durch einen Prozessbevollmächtigten vertreten (§ 155 FGO; §§ 239, 246 ZPO). Bei Einzelrechtsnachfolge (z. B. bei Kauf) hat das Finanzgericht zu prüfen, ob der Rechtsnachfolger beizuladen ist (§§ 57, 60 FGO).

§ 354 Einspruchsverzicht (S 0619)

(1) [1]Auf Einlegung eines Einspruchs kann nach Erlass des Verwaltungsakts verzichtet werden. [2]Der Verzicht kann auch bei Abgabe einer Steueranmeldung für den Fall ausgesprochen werden, dass die Steuer nicht abweichend von der Steueranmeldung festgesetzt wird. [3]Durch den Verzicht wird der Einspruch unzulässig.

(1a) [1]Soweit Besteuerungsgrundlagen für ein Verständigungs- oder ein Schiedsverfahren nach einem Vertrag im Sinne des § 2 von Bedeutung sein können, kann auf die Einlegung eines Einspruchs insoweit verzichtet werden. [2]Die Besteuerungsgrundlage, auf die sich der Verzicht beziehen soll, ist genau zu bezeichnen.

(1b) Auf die Einlegung eines Einspruchs kann bereits vor Erlass des Verwaltungsakts verzichtet werden, soweit durch den Verwaltungsakt eine Verständigungsvereinbarung oder ein Schiedsspruch nach einem Vertrag im Sinne des § 2 zutreffend umgesetzt wird. § 89a Absatz 3 Satz 1 Nummer 2 bleibt unberührt.

(2) [1]Der Verzicht ist gegenüber der zuständigen Finanzbehörde schriftlich oder zur Niederschrift zu erklären; er darf keine weiteren Erklärungen enthalten. [2]Wird nachträglich die Unwirksamkeit des Verzichts geltend gemacht, so gilt § 110 Abs. 3 sinngemäß.

Zweiter Abschnitt - Verfahrensvorschriften

§ 355 Einspruchsfrist (S 0622)

(1) [1]Der Einspruch nach § 347 Abs. 1 Satz 1 ist innerhalb eines Monats nach Bekanntgabe des Verwaltungsakts einzulegen. [2]Ein Einspruch gegen eine Steueranmeldung ist innerhalb eines Monats nach Eingang der Steueranmeldung bei der Finanzbehörde, in den Fällen des § 168 Satz 2 innerhalb eines Monats nach Bekannt werden der Zustimmung, einzulegen.

(2) Der Einspruch nach § 347 Abs. 1 Satz 2 ist unbefristet.

AEAO zu § 355 - Einspruchsfrist:

1. Die Einspruchsfrist beträgt einen Monat. Sie beginnt im Fall des § 355 Abs. 1 Satz 1 AO mit Bekanntgabe (§ 122 AO), im Fall des § 355 Abs. 1 Satz 2 erster Halbsatz AO mit Eingang der Steueranmeldung bei der Finanzbehörde und im Fall des § 355 Abs. 1 Satz 2 AO zweiter Halbsatz mit Bekanntwerden der formfreien Zustimmung des Finanzamts zu laufen. Wurde der Steuerpflichtige schriftlich bzw. elektronisch über die Zustimmung unterrichtet (z. B. zusammen mit einer Abrechnungsmitteilung), ist grundsätzlich davon auszugehen, dass ihm die Zustimmung am dritten Tag nach Aufgabe zur Post bzw. nach der Absendung bekannt geworden ist; zu diesem Zeitpunkt beginnt demnach auch erst die Einspruchsfrist zu laufen. Ist keine Mitteilung ergangen, ist regelmäßig davon auszugehen, dass dem Steuerpflichtigen die Zustimmung frühestens mit der Zahlung (§ 224 Abs. 3 AO) der Steuervergütung oder des Mindersolls bekannt geworden ist.

2. Zur Wiedereinsetzung in den vorigen Stand nach unterlassener Anhörung eines Beteiligten bzw. wegen fehlender Begründung des Verwaltungsakts (§ 126 Abs. 3 i. V. m. § 110 AO) vgl. AEAO zu § 91, Nr. 3 und AEAO zu § 121, Nr. 3.

3. Zur Unterbrechung der Einspruchsfrist durch Eröffnung des Insolvenzverfahrens vgl. AEAO zu § 251, Nr. 4.1.2 und Nr. 5.3.1.2.1.

§ 356 Rechtsbehelfsbelehrung (S 0622)

(1) Ergeht ein Verwaltungsakt schriftlich oder elektronisch, so beginnt die Frist für die Einlegung des Einspruchs nur, wenn der Beteiligte über den Einspruch und die Finanzbehörde, bei der er einzulegen ist, deren Sitz und die einzuhaltende Frist in der für den Verwaltungsakt verwendeten Form belehrt worden ist.

(2) [1]Ist die Belehrung unterblieben oder unrichtig erteilt, so ist die Einlegung des Einspruchs nur binnen eines Jahres seit Bekanntgabe des Verwaltungsakts zulässig, es sei denn, dass die Einlegung vor Ablauf der Jahresfrist infolge höherer Gewalt unmöglich war oder schriftlich oder elektronisch darüber belehrt wurde, dass ein Einspruch nicht gegeben sei. [2]§ 110 Abs. 2 gilt für den Fall höherer Gewalt sinngemäß.

§ 357 Einlegung des Einspruchs (S 0622)

(1) [1]Der Einspruch ist schriftlich oder elektronisch einzureichen oder zur Niederschrift zu erklären. [2]Es genügt, wenn aus dem Einspruch hervorgeht, wer ihn eingelegt hat. [3]Unrichtige Bezeichnung des Einspruchs schadet nicht.

(2) [1]Der Einspruch ist bei der Behörde anzubringen, deren Verwaltungsakt angefochten wird oder bei der ein Antrag auf Erlass eines Verwaltungsakts gestellt worden ist. [2]Ein Einspruch, der sich gegen die Feststellung von Besteuerungsgrundlagen oder gegen die Festsetzung eines Steuermessbetrages richtet, kann auch bei der zur Erteilung des Steuerbescheids zuständigen Behörde angebracht werden. [3]Ein Einspruch, der sich gegen einen Verwaltungsakt richtet, den eine Behörde auf Grund gesetzlicher Vorschrift für die zuständige Finanzbehörde erlassen hat, kann auch bei der zuständigen Finanzbehörde angebracht werden. [4]Die schriftliche oder elektronische Anbringung bei einer anderen Behörde ist unschädlich, wenn der Einspruch vor Ablauf der Einspruchsfrist einer der Behörden übermittelt wird, bei der er nach den Sätzen 1 bis 3 angebracht werden kann.

(3) [1]Bei der Einlegung soll der Verwaltungsakt bezeichnet werden, gegen den der Einspruch gerichtet ist. [2]Es soll angegeben werden, inwieweit der Verwaltungsakt angefochten und seine Aufhebung beantragt wird. [3]Ferner sollen die Tatsachen, die zur Begründung dienen, und die Beweismittel angeführt werden.

AEAO zu § 357 - Einlegung des Einspruchs:

1. Der Einspruch ist schriftlich oder elektronisch einzureichen oder zur Niederschrift zu erklären. Ein elektronisch erhobener Einspruch bedarf keiner qualifizierten elektronischen Signatur (BFH-Urteil vom 13.5.2015, III R 26/14, BStBl II S. 790; vgl. AEAO zu § 87a, Nr. 3.2.4). Ein Einspruch kann auch durch Telefax, auch durch Computerfax, eingelegt werden (vgl. BFH-Urteil vom 22.6.2010, VIII R 38/08, BStBl II S. 1017 zur Klageerhebung).

2. Nach § 357 Abs. 2 Satz 4 AO genügt die Einlegung des Einspruchs bei einer unzuständigen Behörde, sofern der Einspruch innerhalb der Einspruchsfrist einer der Behörden übermittelt wird, bei der er nach § 357 Abs. 2 Sätze 1 bis 3 AO angebracht werden kann; der Steuerpflichtige trägt jedoch das Risiko der rechtzeitigen Übermittlung. Kann eine Behörde leicht und einwandfrei erkennen, dass sie für einen bei ihr eingegangenen Einspruch nicht und welche Finanzbehörde zuständig ist, hat sie diesen Einspruch unverzüglich an die zuständige Finanzbehörde weiterzuleiten. Geschieht dies nicht und wird dadurch die Einspruchsfrist versäumt, kommt Wiedereinsetzung in den vorigen Stand (§ 110 AO) in Betracht (BVerfG-Beschluss vom 2.9.2002, 1 BvR 476/01, BStBl II S. 835).

3. Wird ein Einspruch bei einem Wechsel der örtlichen Zuständigkeit nach Erlass eines Verwaltungsakts entgegen § 357 Abs. 2 Satz 1 AO bereits bei der nach § 367 Abs. 1 Satz 2 AO zur Entscheidung berufenen anderen Finanzbehörde eingelegt, gilt auch in diesem Fall § 357 Abs. 2 Satz 4 AO. Der Einspruch muss der alten Behörde innerhalb der Einspruchsfrist übermittelt werden, damit diese die Anwendung des § 26 Satz 2 AO prüfen kann; wird der

Einspruch nicht rechtzeitig übermittelt, können die Voraussetzungen des § 110 AO gegeben sein.

4. Wird gegen einen Bescheid, der mehrere Verwaltungsakte enthält, Einspruch eingelegt, ist ggf. durch Auslegung zu ermitteln, gegen welchen Verwaltungsakt sich der Einspruch richtet. Hierbei ist von Bedeutung, welches materiellrechtliche Begehren der Einspruchsführer mit seinem Rechtsbehelf verfolgt (vgl. BFH-Urteil vom 29.10.2019, IX R 4/19, BStBl 2020 II S. 368). Wird z. B. gegen einen Bescheid über Einkommensteuer, Solidaritätszuschlag und Kirchensteuer Einspruch eingelegt und erhebt der Einspruchsführer nur Einwendungen gegen die Rechtmäßigkeit der Festsetzung des Solidaritätszuschlags, werden damit nicht zugleich auch die Festsetzungen der Einkommensteuer und der Kirchensteuer angefochten (BFH-Urteil vom 19.8.2013, X R 44/11, BStBl 2014 II S. 234).

§ 358 Prüfung der Zulässigkeitsvoraussetzungen (S 0622)

[1]Die zur Entscheidung über den Einspruch berufene Finanzbehörde hat zu prüfen, ob der Einspruch zulässig, insbesondere in der vorgeschriebenen Form und Frist eingelegt ist. [2]Mangelt es an einem dieser Erfordernisse, so ist der Einspruch als unzulässig zu verwerfen.

§ 359 Beteiligte (S 0622)

Beteiligte am Verfahren sind:

1. wer den Einspruch eingelegt hat (Einspruchsführer),

2. wer zum Verfahren hinzugezogen worden ist.

§ 360 Hinzuziehung zum Verfahren (S 0622)

(1) [1]Die zur Entscheidung über den Einspruch berufene Finanzbehörde kann von Amts wegen oder auf Antrag andere hinzuziehen, deren rechtliche Interessen nach den Steuergesetzen durch die Entscheidung berührt werden, insbesondere solche, die nach den Steuergesetzen neben dem Steuerpflichtigen haften. [2]Vor der Hinzuziehung ist derjenige zu hören, der den Einspruch eingelegt hat.

(2) Wird eine Abgabe für einen anderen Abgabenberechtigten verwaltet, so kann dieser nicht deshalb hinzugezogen werden, weil seine Interessen als Abgabenberechtigter durch die Entscheidung berührt werden.

(3) [1]Sind an dem streitigen Rechtsverhältnis Dritte derart beteiligt, dass die Entscheidung auch ihnen gegenüber nur einheitlich ergehen kann, so sind sie hinzuzuziehen. [2]Dies gilt nicht für Mitberechtigte, die nach § 352 nicht befugt sind, Einspruch einzulegen.

(4) Wer zum Verfahren hinzugezogen worden ist, kann dieselben Rechte geltend machen, wie derjenige, der den Einspruch eingelegt hat.

(5) [1]Kommt nach Absatz 3 die Hinzuziehung von mehr als 50 Personen in Betracht, kann die Finanzbehörde anordnen, dass nur solche Personen hinzugezogen werden, die dies innerhalb einer bestimmten Frist beantragen. [2]Von einer Einzelbekanntgabe der Anordnung kann abgesehen werden, wenn die Anordnung im Bundesanzeiger bekannt gemacht und außerdem in Tageszeitungen veröffentlicht wird, die in dem Bereich verbreitet sind, in dem sich die Entscheidung voraussichtlich auswirken wird. [3]Die Frist muss mindestens drei Monate seit Veröffentlichung im Bundesanzeiger betragen. [4]In der Veröffentlichung in Tageszeitungen ist mitzuteilen, an welchem Tage die Frist abläuft. [5]Für die Wiedereinsetzung in den vorigen Stand wegen Versäumung der Frist gilt § 110 entsprechend. [6]Die Finanzbehörde soll Personen, die von der Entscheidung erkennbar in besonderem Maße betroffen werden, auch ohne Antrag hinzuziehen.

AEAO zu § 360 - Hinzuziehung zum Verfahren:

1. Entsprechend der Regelung in § 60 FGO über die Beiladung wird zwischen notwendiger (§ 360 Abs. 3 AO) und einfacher Hinzuziehung (§ 360 Abs. 1 AO) unterschieden.
2. § 360 Abs. 1 Satz 2 AO ist entsprechend auf § 360 Abs. 3 AO anzuwenden; der Einspruchsführer erhält damit die Möglichkeit, durch Rücknahme seines Einspruchs die Hinzuziehung zu vermeiden.
3. Bei Zusammenveranlagung (z. B. von Ehegatten/Lebenspartnern bei der Einkommensteuer) wird es sich regelmäßig empfehlen, von der Möglichkeit der einfachen Hinzuziehung (§ 360 Abs. 1 AO) Gebrauch zu machen. Das gilt auch dann, wenn der hinzuzuziehende Ehegatte/Lebenspartner nicht über eigene Einkünfte verfügt.
4. Will das Finanzamt den angefochtenen Verwaltungsakt gem. § 172 Abs. 1 Satz 1 Nr. 2 Buchstabe a AO ändern, ohne dem Antrag des Einspruchsführers der Sache nach zu entsprechen, ist auch die Zustimmung des notwendig Hinzugezogenen einzuholen; Gleiches empfiehlt sich bei einfacher Hinzuziehung.

§ 361 Aussetzung der Vollziehung (S 0623)

(1) [1]Durch Einlegung des Einspruchs wird die Vollziehung des angefochtenen Verwaltungsakts vorbehaltlich des Absatzes 4 nicht gehemmt, insbesondere die Erhebung einer Abgabe nicht aufgehalten. [2]Entsprechendes gilt bei Anfechtung von Grundlagenbescheiden für die darauf beruhenden Folgebescheide.

(2) [1]Die Finanzbehörde, die den angefochtenen Verwaltungsakt erlassen hat, kann die Vollziehung ganz oder teilweise aussetzen; § 367 Abs. 1 Satz 2 gilt sinngemäß. [2]Auf Antrag soll die Aussetzung erfolgen, wenn ernstliche Zweifel an der Rechtmäßigkeit des angefochtenen Verwaltungsakts bestehen oder wenn die Vollziehung für die betroffene Person eine unbillige, nicht durch überwiegende öffentliche Interessen gebotene Härte zur Folge hätte. [3]Ist der Verwaltungsakt schon vollzogen, tritt an die Stelle der Aussetzung der Vollziehung die Aufhebung der Vollziehung. [4]Bei Steuerbescheiden sind die Aussetzung und die Aufhebung der Vollziehung auf die festgesetzte Steuer, vermindert um die anzurechnenden Steuerabzugsbeträge, um die anzurechnende Körperschaftsteuer und um die festgesetzten Vorauszahlungen, beschränkt; dies gilt nicht, wenn die Aussetzung oder Aufhebung der Vollziehung zur Abwendung wesentlicher Nachteile nötig erscheint. [5]Die Aussetzung kann von einer Sicherheitsleistung abhängig gemacht werden.

(3) [1]Soweit die Vollziehung eines Grundlagenbescheids ausgesetzt wird, ist auch die Vollziehung eines Folgebescheids auszusetzen. [2]Der Erlass eines Folgebescheids bleibt zulässig. [3]Über eine Sicherheitsleistung ist bei der Aussetzung eines Folgebescheids zu entscheiden, es sei denn, dass bei der Aussetzung der Vollziehung des Grundlagenbescheids die Sicherheitsleistung ausdrücklich ausgeschlossen worden ist.

(4) [1]Durch Einlegung eines Einspruchs gegen die Untersagung des Gewerbebetriebs oder der Berufsausübung wird die Vollziehung des angefochtenen Verwaltungsakts gehemmt. [2]Die Finanzbehörde, die den Verwaltungsakt erlassen hat, kann die hemmende Wirkung durch besondere Anordnung ganz oder zum Teil beseitigen, wenn sie es im öffentlichen Interesse für geboten hält; sie hat das öffentliche Interesse schriftlich zu begründen. [3]§ 367 Abs. 1 Satz 2 gilt sinngemäß.

(5) Gegen die Ablehnung der Aussetzung der Vollziehung kann das Gericht nur nach § 69 Abs. 3 und 5 Satz 3 der Finanzgerichtsordnung angerufen werden.

AEAO zu § 361 - Aussetzung der Vollziehung:

Inhaltsübersicht

1. Anwendungsbereich des § 361 AO und des § 69 Abs. 2 FGO/Abgrenzung zur gerichtlichen Vollziehungsaussetzung und zur Stundung

1.1 § 361 AO regelt die Aussetzung der Vollziehung durch die Finanzbehörde während eines Einspruchsverfahrens. § 69 Abs. 2 FGO erlaubt es der Finanzbehörde, während eines Klageverfahrens die Vollziehung auszusetzen.

1.2 Die Rechtsgrundlagen für eine Vollziehungsaussetzung durch das Finanzgericht ergeben sich aus § 69 Abs. 3, 4, 6 und 7 FGO. Das Finanzgericht kann die Vollziehung - unter den einschränkenden Voraussetzungen des § 69 Abs. 4 FGO - auch schon vor Erhebung der Anfechtungsklage aussetzen (vgl. AEAO zu § 361, Nr. 11).

1.3 Demjenigen, der eine Verfassungsbeschwerde erhoben hat, kann für diesen Verfahrensabschnitt keine Aussetzung der Vollziehung gewährt werden (§ 32 BVerfGG; siehe BFH-Urteil vom 11.2.1987, II R 176/84, BStBl II S. 320).

1.4 Liegen nebeneinander die gesetzlichen Voraussetzungen sowohl für eine Stundung als auch für eine Aussetzung der Vollziehung vor, wird im Regelfall auszusetzen sein.

1.5. Zu den Auswirkungen der Eröffnung des Insolvenzverfahrens auf das Verfahren der Aussetzung der Vollziehung vgl. AEAO zu § 251, Nr. 4.1.3.

2. Voraussetzungen für eine Vollziehungsaussetzung

2.1 Die zuständige Finanzbehörde (vgl. AEAO zu § 361, Nr. 3.3) soll auf Antrag die Vollziehung aussetzen, wenn ernstliche Zweifel an der Rechtmäßigkeit des angefochtenen Verwaltungsakts bestehen oder wenn die Vollziehung für den Betroffenen eine unbillige, nicht durch überwiegende öffentliche Interessen gebotene Härte zur Folge hätte (§ 361 Abs. 2 Satz 2 AO; § 69 Abs. 2 Satz 2 FGO). Die Finanzbehörde kann auch ohne Antrag die Vollziehung aussetzen (§ 361 Abs. 2 Satz 1 AO; § 69 Abs. 2 Satz 1 FGO). Von dieser Möglichkeit ist insbesondere dann Gebrauch zu machen, wenn der Rechtsbehelf offensichtlich begründet ist, der Abhilfebescheid aber voraussichtlich nicht mehr vor Fälligkeit der geforderten Steuer ergehen kann.

2.2 Eine Vollziehungsaussetzung ist nur möglich, wenn der Verwaltungsakt, dessen Vollziehung ausgesetzt werden soll, angefochten und das Rechtsbehelfsverfahren noch nicht abgeschlossen ist (Ausnahme: Folgebescheide i. S. d. § 361 Abs. 3 Satz 1 AO und des § 69 Abs. 2 Satz 4 FGO; vgl. AEAO zu § 361, Nr. 6). Eine Vollziehungsaussetzung kommt daher nicht in Betracht, wenn der Steuerpflichtige statt eines Rechtsbehelfs einen Änderungsantrag, z. B. nach § 164 Abs. 2 Satz 2 AO oder nach § 172 Abs. 1 Satz 1 Nr. 2 Buchstabe a AO, bei der Finanzbehörde einreicht.

2.3 Die Aussetzung der Vollziehung setzt Vollziehbarkeit des Verwaltungsakts voraus.

2.3.1. Vollziehbar sind insbesondere

- die eine (positive) Steuer festsetzenden Steuerbescheide (vgl. AEAO zu § 361, Nr. 4),
- Steuerbescheide über 0 €, die einen vorhergehenden Steuerbescheid über einen negativen Betrag ändern (BFH-Beschluss vom 28.11.1974, V B 52/73, BStBl 1975 II S. 239),
- Vorauszahlungsbescheide bis zum Erlass des Jahressteuerbescheids (BFH-Beschluss vom 4.6.1981, VIII B 31/80, BStBl II S. 767; vgl. AEAO zu § 361, Nr. 8.2.2),
- Bescheide, mit denen der Vorbehalt der Nachprüfung aufgehoben wird (BFH-Beschluss vom 1.6.1983, III B 40/82, BStBl II S. 622),
- Verwaltungsakte nach § 218 Abs. 2 AO, die eine Zahlungsschuld feststellen (BFH-Beschluss vom 10.11.1987, VII B 137/87, BStBl 1988 II S. 43),

- Mitteilungen nach § 141 Abs. 2 AO über die Verpflichtung zur Buchführung (BFH-Beschluss vom 6.12.1979, IV B 32/79, BStBl 1980 II S. 427),
- Leistungsgebote (BFH-Beschluss vom 31.10.1975, VIII B 14/74, BStBl 1976 II S. 258),
- der Widerruf einer Stundung (BFH-Beschluss vom 8.6.1982, VIII B 29/82, BStBl II S. 608),
- die völlige oder teilweise Ablehnung eines Antrags auf einen Lohnsteuer-Freibetrag (§ 39a EStG; vgl. BFH-Beschlüsse vom 29.4.1992, VI B 152/91, BStBl II S. 752, und vom 17.3.1994, VI B 154/93, BStBl II S. 567),
- Außenprüfungsanordnungen (vgl. AEAO zu § 196, Nr. 1).

2.3.2 Nicht vollziehbar sind insbesondere

- erstmalige Steuerbescheide über 0 €, auch wenn der Steuerpflichtige die Festsetzung einer negativen Steuer begehrt (BFH-Urteil vom 17.12.1981, V R 81/81, BStBl 1982 II S. 149, BVerfG-Beschluss vom 23.6.1982, 1 BvR 254/82, StRK FGO § 69 R 244),
- auf eine negative Steuerschuld lautende Steuerbescheide, wenn der Steuerpflichtige eine Erhöhung des negativen Betrags begehrt (BFH-Beschluss vom 28.11.1974, V B 44/74, BStBl 1975 II S. 240),
- Verwaltungsakte, die den Erlass oder die Korrektur eines Verwaltungsakts ablehnen, z. B. Ablehnung eines Änderungsbescheids (BFH-Beschlüsse vom 24.11.1970, II B 42/70, BStBl 1971 II S. 110, und vom 25.3.1971, II B 47/69, BStBl II S. 334), Ablehnung der Herabsetzung bestandskräftig festgesetzter Vorauszahlungen (BFH-Beschluss vom 27.3.1991, I B 187/90, BStBl II S. 643), Ablehnung einer Stundung (BFH-Beschluss vom 8.6.1982, VIII B 29/82, BStBl II S. 608) oder eines Erlasses (BFH-Beschluss vom 24.9.1970, II B 28/70, BStBl II S. 813),
- die Ablehnung einer Billigkeitsmaßnahme i. S. d. § 163 AO,
- die Ablehnung der Erteilung einer Freistellungsbescheinigung nach § 44a Abs. 5 EStG (BFH-Beschluss vom 27.7.1994, I B 246/93, BStBl II S. 899) oder einer Freistellung vom Quellensteuerabzug nach § 50a Abs. 4 EStG (BFH-Beschluss vom 13.4.1994, I B 212/93, BStBl II S. 835),
- verbindliche Auskünfte (§ 89 Abs. 2 AO; § 2 StAuskV), verbindliche Zusagen (§§ 204 bis 207 AO) und Lohnsteueranrufungsauskünfte (§ 42e EStG), unabhängig davon, ob sie der Rechtsauffassung des Steuerpflichtigen entsprechen oder nicht, sowie die Ablehnung, eine verbindliche Auskunft, eine verbindliche Zusage oder eine Lohnsteueranrufungsauskunft zu erteilen.

2.3.3 Zur Vollziehbarkeit von Feststellungsbescheiden vgl. AEAO zu § 361, Nr. 5.1.

2.3.4 Vorläufiger Rechtsschutz gegen einen nicht vollziehbaren Verwaltungsakt kann nur durch eine einstweilige Anordnung nach § 114 FGO gewährt werden.

2.4 Bei der Entscheidung über Anträge auf Aussetzung der Vollziehung ist der gesetzliche Ermessensspielraum im Interesse der Steuerpflichtigen stets voll auszuschöpfen.

2.5 Zur Aussetzung berechtigende ernstliche Zweifel an der Rechtmäßigkeit des angefochtenen Verwaltungsakts bestehen, wenn eine summarische Prüfung (vgl. AEAO zu § 361, Nr. 3.4) ergibt, dass neben den für die Rechtmäßigkeit sprechenden Umständen gewichtige gegen die Rechtmäßigkeit sprechende Gründe zutage treten, die Unentschiedenheit oder Unsicherheit in der Beurteilung der Rechtsfragen oder Unklarheit in der Beurteilung der Tatfragen bewirken. Dabei brauchen die für die Unrechtmäßigkeit des Verwaltungsakts sprechenden Bedenken nicht zu überwiegen, d. h. ein Erfolg des Steuerpflichtigen muss nicht wahrscheinlicher sein als ein Misserfolg (BFH-Beschlüsse vom 10.2.1967, III B 9/66, BStBl III S. 182, und vom 28.11.1974, V B 52/73, BStBl 1975 II S. 239).

2.5.1 Bei der Abschätzung der Erfolgsaussichten sind nicht nur die BFH-Rechtsprechung und die einschlägigen Verwaltungsanweisungen, sondern auch die Entscheidungen des zuständigen Finanzgerichts zu beachten.

2.5.2 Ernstliche Zweifel an der Rechtmäßigkeit des Verwaltungsakts werden im Allgemeinen zu bejahen sein,

- wenn die Behörde bewusst oder unbewusst von einer für den Antragsteller günstigen Rechtsprechung des BFH abgewichen ist (BFH-Beschluss vom 15.2.1967, VI S 2/66, BStBl III S. 256),
- wenn der BFH noch nicht zu der Rechtsfrage Stellung genommen hat und die Finanzgerichte unterschiedliche Rechtsauffassungen vertreten (BFH-Beschluss vom 10.5.1968, III B 55/67, BStBl II S. 610),
- wenn die Gesetzeslage unklar ist, die streitige Rechtsfrage vom BFH noch nicht entschieden ist, im Schrifttum Bedenken gegen die Rechtsauslegung des Finanzamt erhoben werden und die Finanzverwaltung die Zweifelsfrage in der Vergangenheit nicht einheitlich beurteilt hat (BFH-Beschlüsse vom 22.9.1967, VI B 59/67, BStBl 1968 II S. 37, und vom 19.8.1987, V B 56/85, BStBl II S. 830),
- wenn eine Rechtsfrage von zwei obersten Bundesgerichten oder zwei Senaten des BFH unterschiedlich entschieden worden ist (BFH-Beschlüsse vom 22.11.1968, VI B 87/68, BStBl 1969 II S. 145, und vom 21.11.1974, IV B 39/74, BStBl 1975 II S. 175) oder widersprüchliche Urteile desselben BFH-Senats vorliegen (BFH-Beschluss vom 5.2.1986, I B 39/85, BStBl II S. 490).

2.5.3 Dagegen werden ernstliche Zweifel im Allgemeinen zu verneinen sein,

- wenn der Verwaltungsakt der höchstrichterlichen Rechtsprechung entspricht (BFH-Beschlüsse vom 24.2.1967, VI B 15/66, BStBl III S.

341, und vom 11.3.1970, I B 50/68, BStBl II S. 569), und zwar auch dann, wenn einzelne Finanzgerichte eine von der höchstrichterlichen Rechtsprechung abweichende Auffassung vertreten,

- wenn der Rechtsbehelf unzulässig ist (BFH-Beschlüsse vom 24.11.1970, II B 42/70, BStBl 1971 II S. 110, und vom 25.3.1971, II B 47/69, BStBl II S. 334).

2.5.4 An die Zweifel hinsichtlich der Rechtmäßigkeit des angefochtenen Verwaltungsakts sind, wenn die Verfassungswidrigkeit einer angewandten Rechtsnorm geltend gemacht wird, keine strengeren Anforderungen zu stellen als im Falle der Geltendmachung fehlerhafter Rechtsanwendung. Die Begründetheit des Aussetzungsantrags ist nicht nach den Grundsätzen zu beurteilen, die für eine einstweilige Anordnung durch das BVerfG nach § 32 BVerfGG gelten (BFH-Beschluss vom 10.2.1984, III B 40/83, BStBl II S. 454). Eine Aussetzung der Vollziehung ist nicht allein deshalb abzulehnen, weil im Fall einer tatsächlich festgestellten Verfassungswidrigkeit zu erwarten ist, dass das BVerfG lediglich die Unvereinbarkeit eines Gesetzes mit dem GG aussprechen und dem Gesetzgeber nur eine Nachbesserungspflicht für die Zukunft aufgeben wird (BFH-Beschluss vom 21.11.2013, II B 46/13, BStBl 2014 II S. 263).

Im Hinblick auf den Geltungsanspruch jedes formell verfassungsgemäß zustande gekommenen Gesetzes muss aber der Antragsteller zusätzlich ein besonderes berechtigtes Interesse an der Gewährung vorläufigen Rechtsschutzes haben. Geboten ist eine Interessenabwägung zwischen der einer Aussetzung der Vollziehung entgegenstehenden Gefährdung der öffentlichen Haushaltsführung und den für eine Aussetzung der Vollziehung sprechenden individuellen Interessen des Antragstellers an der Gewährung vorläufigen Rechtsschutzes (vgl. BFH-Beschlüsse vom 6.11.1987, III B 101/86, BStBl 1988 II S. 134, vom 1.4.2010, II B 168/09, BStBl II S. 558, und vom 25.11.2014, VII B 65/14, BStBl 2015 II S. 207). Als Ergebnis dieser Interessenabwägung kann somit trotz ernstlicher Zweifel an der Verfassungsmäßigkeit einer angewandten Vorschrift eine Aussetzung der Vollziehung abzulehnen sein. Diese Grundsätze gelten nicht nur, wenn zweifelhaft ist, ob eine Norm materiell verfassungsgemäß ist, sondern auch dann, wenn Zweifel an der formellen Verfassungsmäßigkeit einer Norm bestehen (BFH-Beschluss vom 9.3.2012, VII B 171/11, BStBl II S. 418). Würde eine Aussetzung der Vollziehung im Ergebnis zur vorläufigen Nichtanwendung eines ganzen Gesetzes führen, hat das Interesse an einer geordneten Haushaltsführung Vorrang, wenn der durch die Vollziehung des angefochtenen Verwaltungsakts eintretende Eingriff beim Steuerpflichtigen als eher gering einzustufen ist und dieser Eingriff keine dauerhaften nachteiligen Wirkungen hat; ob ernstliche Zweifel an der Verfassungsmäßigkeit des Gesetzes bestehen, muss dann i. d. R. nicht geprüft werden (vgl. BFH-Beschlüsse vom 1.4.2010, II B 168/09, und vom 25.11.2014, VII B 65/14, jeweils a. a. O.). Dem Interesse des Antragstellers an der Gewährung der Aussetzung der Vollziehung ist nicht allein deshalb der Vorrang einzuräumen, weil ein Gericht einen Beschluss über eine Vorlage an das BVerfG erlassen hat (BFH-Beschluss vom 25.11.2014, VII B 65/14, a. a. O.).

2.5.5 Auch Zweifel an der Vereinbarkeit einer deutschen Rechtsnorm mit dem Recht der Europäischen Union können „ernstliche Zweifel" begründen und somit zu einer Aussetzung der Vollziehung führen. Dem Interesse des Antragstellers an der Gewährung vorläufigen Rechtsschutzes ist nicht allein deshalb der Vorrang gegenüber dem Interesse an einer geordneten Haushaltsführung einzuräumen, weil ein Gericht ein Vorabentscheidungsersuchen an den EuGH beschlossen hat (BFH-Beschluss vom 25.11.2014, VII B 65/14, BStBl 2015 II S. 207). Eine derartige Interessenabwägung ist aber jedenfalls dann nicht vorzunehmen, wenn sich die europarechtlichen Zweifel aus einem möglichen Verstoß gegen die Grundfreiheiten ergeben, die in den EU-Mitgliedstaaten unmittelbar anwendbares Recht sind (BFH-Beschlüsse vom 14.2.2006, VIII B 107/04, BStBl II S. 523, und vom 25.11.2014, VII B 65/14, a. a. O.).

2.5.6 Die Gefährdung des Steueranspruchs ist - wenn ernstliche Zweifel an der Rechtmäßigkeit des Verwaltungsakts bestehen - für sich allein kein Grund, die Aussetzung der Vollziehung abzulehnen. Steuerausfälle können dadurch vermieden werden, dass die Aussetzung von einer Sicherheitsleistung abhängig gemacht wird (vgl. AEAO zu § 361, Nr. 9.2).

2.6 Eine Aussetzung der Vollziehung wegen unbilliger Härte kommt in Betracht, wenn bei sofortiger Vollziehung dem Betroffenen Nachteile drohen würden, die über die eigentliche Realisierung des Verwaltungsakts hinausgehen, indem sie vom Betroffenen ein Tun, Dulden oder Unterlassen fordern, dessen nachteilige Folgen nicht mehr oder nur schwer rückgängig gemacht werden können oder existenzbedrohend sind. Der Antragsteller muss seine wirtschaftliche Lage im Einzelnen vortragen und glaubhaft machen (BFH-Beschluss vom 25.11.2014, VII B 65/14, BStBl 2015 II S. 207). Eine Vollziehungsaussetzung wegen unbilliger Härte ist zu versagen, wenn der Rechtsbehelf offensichtlich keine Aussicht auf Erfolg hat (BFH-Beschlüsse vom 21.12.1967, V B 26/67, BStBl 1968 II S. 84, und vom 19.4.1968, IV B 3/66, BStBl II S. 538).

2.7 Durch Aussetzung der Vollziehung darf die Entscheidung in der Hauptsache nicht vorweggenommen werden (BFH-Beschluss vom 22.7.1980, VII B 3/80, BStBl II S. 592).

3. Summarisches Verfahren/Vollstreckung bei anhängigem Vollziehungsaussetzungsantrag / Zuständigkeit

3.1 Über Anträge auf Aussetzung der Vollziehung ist unverzüglich zu entscheiden. Solange über einen entsprechenden bei der Finanzbehörde gestellten Antrag noch nicht entschieden ist, sollen Vollstreckungsmaßnahmen unterbleiben, es sei denn, der Antrag ist aussichtslos, bezweckt offensichtlich nur ein Hinausschieben der Vollstreckung oder es besteht Gefahr im Verzug.

3.2 Stellt der Steuerpflichtige einen Antrag auf Aussetzung der Vollziehung nach § 69 Abs. 3 FGO beim Finanzgericht, ist die Vollstreckungsstelle darüber zu unterrichten. Die Vollstreckungsstelle entscheidet, ob im Einzelfall von Vollstreckungsmaßnahmen abzusehen ist. Vor Einleitung von Vollstreckungsmaßnahmen ist mit dem Finanzgericht Verbindung aufzunehmen (s. Abschn. 5 Abs. 4 Satz 3 VollstrA). Die Verpflichtung des Finanzamts, unverzüglich selbst zu prüfen, ob eine Aussetzung der Vollziehung in Betracht kommt, und ggf. die Aussetzung der Vollziehung selbst auszusprechen, bleibt unberührt.

3.3 Für die Entscheidung über die Aussetzung der Vollziehung ist ohne Rücksicht auf die Steuerart und die Höhe des Steuerbetrages das Finanzamt zuständig, das den angefochtenen Verwaltungsakt erlassen hat. Ein zwischenzeitlich eingetretener Zuständigkeitswechsel betrifft grundsätzlich auch das Aussetzungsverfahren (§ 367 Abs. 1 Satz 2 i. V. m. § 26 Satz 2 AO).

3.4 Die Entscheidung über die Aussetzung der Vollziehung ergeht in einem summarischen Verfahren. Die Begründetheit des Rechtsbehelfs ist im Rahmen dieses Verfahrens nur in einem begrenzten Umfang zu prüfen. Bei der Prüfung sind nicht präsente Beweismittel ausgeschlossen (vgl. BFH-Beschlüsse vom 23.7.1968, II B 17/68, BStBl II S. 589, und vom 19.5.1987, VIII B 104/85, BStBl 1988 II S. 5). Die Sachentscheidungsvoraussetzungen für die Vollziehungsaussetzung (z. B. Anhängigkeit eines förmlichen Rechtsbehelfs, Zuständigkeit) sind eingehend und nicht nur summarisch zu prüfen (vgl. BFH-Beschluss vom 21.4.1971, VII B 106/69, BStBl II S. 702).

4. Berechnung der auszusetzenden Steuer

Die Höhe der auszusetzenden Steuer ist in jedem Fall zu berechnen; eine pauschale Bestimmung (z. B. ausgesetzte Steuer = Abschlusszahlung) ist nicht vorzunehmen.

Bei Steuerbescheiden sind die Aussetzung und die Aufhebung der Vollziehung auf die festgesetzte Steuer, vermindert um die anzurechnenden Steuerabzugsbeträge, um die anzurechnende Körperschaftsteuer und um die festgesetzten Vorauszahlungen, beschränkt; dies gilt nicht, wenn die Aussetzung oder Aufhebung der Vollziehung zur Abwendung wesentlicher Nachteile nötig erscheint (§ 361 Abs. 2 Satz 4 AO; § 69 Abs. 2 Satz 8 und Abs. 3 Satz 4 FGO). Diese Regelung ist verfassungsgemäß (BFH-Beschlüsse vom 2.11.1999, I B 49/99, BStBl 2000 II S. 57, und vom 24.1.2000, X B 99/99, BStBl II S. 559). Zum Begriff „wesentliche Nachteile“ vgl. AEAO zu § 361, Nr. 4.6.1.

Vorauszahlungen sind auch dann „festgesetzt“ i. S. d. § 361 Abs. 2 Satz 4 AO, § 69 Abs. 2 Satz 8 FGO, wenn der Vorauszahlungsbescheid in der Vollziehung ausgesetzt war (BFH-Beschluss vom 24.1.2000, X B 99/99, BStBl II S. 559; vgl. AEAO zu § 361, Nrn. 4.2, 4.4 und 8.2.2).

Steuerabzugsbeträge sind bei der Ermittlung der auszusetzenden Steuer auch dann zu berücksichtigen, wenn sie erst im Rechtsbehelfsverfahren geltend gemacht werden und die Abrechnung des angefochtenen Steuerbescheids zu korrigieren ist.

Wird ein Steuerbescheid zum Nachteil des Steuerpflichtigen geändert oder gem. § 129 AO berichtigt, kann hinsichtlich des sich ergebenden Mehrbetrags die Aussetzung der Vollziehung unabhängig von den Beschränkungen des § 361 Abs. 2 Satz 4 AO bzw. des § 69 Abs. 2 Satz 8 FGO gewährt werden.

Es sind folgende Fälle zu unterscheiden (in den Beispielsfällen 4.1 bis 4.5 wird jeweils davon ausgegangen, dass ein Betrag von 5.000 € streitbefangen ist und in dieser Höhe auch ernstliche Zweifel an der Rechtmäßigkeit der angefochtenen Steuerfestsetzung bestehen sowie kein Ausnahmefall des Vorliegens wesentlicher Nachteile - vgl. AEAO zu § 361, Nr. 4.6.1 - gegeben ist):

4.1 Die streitbefangene Steuer ist kleiner als die Abschlusszahlung

Beispiel 1:

festgesetzte Steuer	15.000 €
festgesetzte und entrichtete Vorauszahlungen	8.000 €
Abschlusszahlung	7.000 €
streitbefangene Steuer	5.000 €

Die Vollziehung ist i. H. v. 5.000 € auszusetzen. Der Restbetrag i. H. v. 2.000 € ist am Fälligkeitstag zu entrichten.

Beispiel 2:

festgesetzte Umsatzsteuer	0 €
Summe der festgesetzten Umsatzsteuer-Vorauszahlungen	./. 7.000 €
Abschlusszahlung	7.000 €
streitbefangene Steuer	5.000 €

Die Vollziehung ist i. H. v. 5.000 € auszusetzen. Der Restbetrag i. H. v. 2.000 € ist am Fälligkeitstag zu entrichten.

4.2 Die streitbefangene Steuer ist kleiner als die Abschlusszahlung einschließlich nicht geleisteter Vorauszahlungen

Beispiel 1:

festgesetzte Steuer	15.000 €
festgesetzte Vorauszahlungen	8.000 €
entrichtete Vorauszahlungen	5.000 €
rückständige Vorauszahlungen	3.000 €
anzurechnende Steuerabzugsbeträge	4.000 €
Abschlusszahlung (einschließlich der rückständigen Vorauszahlungsbeträge, da nach § 36 Abs. 2 Nr. 1 EStG nur die entrichteten Vorauszahlungen anzurechnen sind)	6.000 €
streitbefangene Steuer	5.000 €

Die Vollziehung ist nur i. H. v. 3.000 € auszusetzen (15.000 € - festgesetzte Steuer - ./. 8.000 € - festgesetzte Vorauszahlungen - ./. 4.000 € - anzurechnende Steuerabzugsbeträge -). Die rückständigen Vorauszahlungen i. H. v. 3.000 € sind sofort zu entrichten.

Beispiel 2:

festgesetzte Steuer	15.000 €
festgesetzte Vorauszahlungen	8.000 €
Vollziehungsaussetzung des Vorauszahlungsbescheids i. H. v.	3.000 €
entrichtete Vorauszahlungen	5.000 €
anzurechnende Steuerabzugsbeträge	4.000 €
Abschlusszahlung (einschließlich der in der Vollziehung ausgesetzten Vorauszahlungen)	6.000 €
streitbefangene Steuer	5.000 €

Die Vollziehung ist nur i. H. v. 3.000 € auszusetzen (15.000 € - festgesetzte Steuer - ./. 8.000 € - festgesetzte Vorauszahlungen - ./. 4.000 € anzurechnende Steuerabzugsbeträge -). Die in der Vollziehung ausgesetzten Vorauszahlungen i. H. v. 3.000 € sind innerhalb der von der Finanzbehörde zu setzenden Frist (vgl. AEAO zu § 361, Nr. 8.2.2) zu entrichten. Der Restbetrag der Abschlusszahlung (3.000 €) muss nicht geleistet werden, solange die Aussetzung der Vollziehung wirksam ist.

4.3 Die streitbefangene Steuer ist größer als die Abschlusszahlung

Beispiel:

festgesetzte Steuer	15.000 €
festgesetzte und entrichtete Vorauszahlungen	8.000 €
anzurechnende Steuerabzugsbeträge	4.000 €
Abschlusszahlung	3.000 €
streitbefangene Steuer	5.000 €

Die Vollziehung ist nur i. H. v. 3.000 € auszusetzen (15.000 € - festgesetzte Steuer ./. 8.000 € - festgesetzte Vorauszahlungen - ./. 4.000 € - anzurechnende Steuerabzugsbeträge -). Die Abschlusszahlung muss nicht geleistet werden, solange die Aussetzung der Vollziehung wirksam ist.

4.4 Die streitbefangene Steuer ist größer als die Abschlusszahlung einschließlich nicht geleisteter Vorauszahlungen

Beispiel 1:

festgesetzte Steuer	15.000 €
festgesetzte Vorauszahlungen	8.000 €
entrichtete Vorauszahlungen	5.000 €
rückständige Vorauszahlungen	3.000 €
anzurechnende Steuerabzugsbeträge	6.000 €
Abschlusszahlung (einschließlich der rückständigen Vorauszahlungen)	4.000 €
streitbefangene Steuer	5.000 €

Die Vollziehung ist nur i. H. v. 1.000 € auszusetzen (15.000 € - festgesetzte Steuer -./. 8.000 €- festgesetzte Vorauszahlungen- ./. 6.000 € - anzurechnende Steuerabzugsbeträge -). Die rückständigen Vorauszahlungen i. H. v. 3.000 € sind sofort zu entrichten.

Beispiel 2:

festgesetzte Steuer	15.000 €
festgesetzte Vorauszahlungen	8.000 €
Vollziehungsaussetzung des Vorauszahlungsbescheids i. H. v.	3.000 €
entrichtete Vorauszahlungen	5.000 €
anzurechnende Steuerabzugsbeträge	6.000 €
Abschlusszahlung (einschließlich der in der Vollziehung ausgesetzten Vorauszahlungen)	4.000 €
streitbefangene Steuer	5.000 €

Die Vollziehung ist nur i. H. v. 1.000 € auszusetzen (15.000 € - festgesetzte Steuer - ./.8.000 € - festgesetzte Vorauszahlungen - ./. 6.000 € - anzurechnende Steuerabzugsbeträge -). Die in der Vollziehung ausgesetzten Vorauszahlungen i. H. v. 3.000 € sind innerhalb der von der Finanzbehörde zu setzenden Frist (vgl. AEAO zu § 361, Nr. 8.2.2) zu entrichten. Der Restbetrag der Abschlusszahlung (1.000 €) muss nicht geleistet werden, solange die Aussetzung der Vollziehung wirksam ist.

4.5 Die Steuerfestsetzung führt zu einer Erstattung

Beispiel 1:

festgesetzte Steuer	15.000 €
festgesetzte und entrichtete Vorauszahlungen	12.000 €
anzurechnende Steuerabzugsbeträge	5.000 €
Erstattungsbetrag	2.000 €
streitbefangene Steuer	5.000 €

Eine Aussetzung der Vollziehung ist nicht möglich (15.000 € - festgesetzte Steuer - ./.12.000 € - festgesetzte Vorauszahlungen ./.5.000 € - anzurechnende Steuerabzugsbeträge -).

Beispiel 2:

Nach einem Erstbescheid gem. Beispiel 1 ergeht ein Änderungsbescheid:

festgesetzte Steuer nunmehr	16.000 €
festgesetzte und entrichtete Vorauszahlungen	12.000 €
anzurechnende Steuerabzugsbeträge	5.000 €
neuer Erstattungsbetrag	1.000 €
Rückforderung der nach dem Erstbescheid geleisteten Erstattung (Leistungsgebot) i. H. v.	1.000 €
streitbefangene Steuer	5.000 €

Der Änderungsbescheid kann i. H. v. 1.000 € in der Vollziehung aus gesetzt werden.

Beispiel 3:

Nach einem Erstbescheid gem. Beispiel 1 ergeht ein Änderungsbescheid:

festgesetzte Steuer nunmehr	18.000 €
festgesetzte und entrichtete Vorauszahlungen	12.000 €
anzurechnende Steuerabzugsbeträge	5.000 €
Abschlusszahlung neu	1.000 €
Leistungsgebot über (Abschlusszahlung - 1.000 € - zuzüglich der nach dem Erstbescheid geleisteten Erstattung - 2000 € -)	3.000 €
streitbefangene Steuer	5.000 €

Der Änderungsbescheid kann i. H. v. 3.000 € in der Vollziehung ausgesetzt werden.

4.6 Sonderfälle

4.6.1 Die Beschränkung der Aussetzung bzw. Aufhebung der Vollziehung von Steuerbescheiden auf den Unterschiedsbetrag zwischen festgesetzter Steuer und Vorleistungen (festgesetzte Vorauszahlungen, anzurechnende Steuerabzugsbeträge, anzurechnende Körperschaftsteuer) gilt nicht, wenn die Aussetzung oder Aufhebung der Vollziehung zur Abwendung wesentlicher Nachteile nötig erscheint (vgl. AEAO zu § 361, Nr. 4 zweiter Absatz).

Für die Beurteilung, wann „wesentliche Nachteile" vorliegen, sind die von der BFH-Rechtsprechung zur einstweiligen Anordnung nach § 114 FGO entwickelten Grundsätze heranzuziehen (BFH-Beschluss vom 22.12.2003, IX B 177/02, BStBl 2004 II S. 367). „Wesentliche Nachteile" liegen demnach vor, wenn durch die Versagung der Vollziehungsaussetzung bzw. Vollziehungsaufhebung unmittelbar und ausschließlich die wirtschaftliche oder persönliche Existenz des Steuerpflichtigen bedroht sein würde (BFH-Beschluss vom 22.12.2003, IX B 177/02, a. a. O.).

Keine „wesentlichen Nachteile" sind - für sich allein gesehen - allgemeine Folgen, die mit der Steuerzahlung verbunden sind, beispielsweise

- ein Zinsverlust (BFH-Beschluss vom 27.7.1994, I B 246/93, BStBl II S. 899),
- eine zur Bezahlung der Steuern notwendige Kreditaufnahme (BFH-Beschlüsse vom 12.4.1984, VIII B 115/82, BStBl II S. 492, und vom 2.11.1999, I B 49/99, BStBl 2000 II S. 57),
- ein Zurückstellen betrieblicher Investitionen oder eine Einschränkung des gewohnten Lebensstandards (BFH-Beschluss vom 12.4.1984, VIII B 115/82, a. a. O.).

„Wesentliche Nachteile" liegen auch vor, wenn der BFH oder ein Finanzgericht von der Verfassungswidrigkeit einer streitentscheidenden Vorschrift überzeugt ist und deshalb diese Norm gem. Art. 100 Abs. 1 GG dem BVerfG zur Prüfung vorgelegt hat (BFH-Beschluss vom 22.12.2003, IX B 177/02, a. a. O.). Für eine Vorlage an den EuGH wegen europarechtlicher Zweifel (vgl. AEAO zu § 361, Nr. 2.5.5) gilt dies nicht, da das vorlegende Gericht nicht von einem Verstoß gegen Europarecht überzeugt sein muss.

Wurde ein Grundlagenbescheid angefochten, sind erst bei der Vollziehungsaussetzung des Folgebescheids die Regelungen des § 361 Abs. 2 Satz 4 AO bzw. des § 69 Abs. 2 Satz 8 und Abs. 3 Satz 4 FGO zu beachten (vgl. AEAO zu § 361, Nr. 4 zweiter Absatz, Nr. 5.1 letzter Absatz und Nr. 6 letzter Absatz). Folglich ist auch erst in diesem Verfahren zu prüfen, ob „wesentliche Nachteile" vorliegen.

4.6.2 In Fällen, in denen die Vollziehung des angefochtenen Steuerbescheids auszusetzen ist, bei Erfolg des Rechtsbehelfs aber andere Steuerbescheide zuungunsten des Rechtsbehelfsführers zu ändern sind, kann die Aussetzung der Vollziehung des angefochtenen Steuerbescheids nicht auf den Unterschiedsbetrag der steuerlichen Auswirkungen begrenzt werden (BFH-Urteil vom 10.11.1994, IV R 44/94, BStBl 1995 II S. 814).

4.7 Außersteuerliche Verwaltungsakte

Die vorstehenden Ausführungen gelten sinngemäß für außersteuerliche Verwaltungsakte, auf die die Vorschriften des § 361 AO und des § 69 FGO entsprechend anzuwenden sind (z. B. Bescheide für Investitionszulagen, Wohnungsbauprämien, Arbeitnehmer-Sparzulagen). Die Vollziehung eines Bescheids, der beispielsweise eine Investitionszulage nach Auffassung des Antragstellers zu niedrig festsetzt, kann daher nicht ausgesetzt werden. Ein Bescheid, der eine gewährte Investitionszulage zurückfordert, ist dagegen ein vollziehbarer und aussetzungsfähiger Verwaltungsakt.

5. Aussetzung der Vollziehung von Grundlagenbescheiden

5.1 Auch die Vollziehung von Grundlagenbescheiden (insbesondere Feststellungs- und Steuermessbescheiden) kann unter den allgemeinen Voraussetzungen - Anhängigkeit eines Rechtsbehelfs (vgl. AEAO zu § 361, Nr. 2.2), vollziehbarer Verwaltungsakt (vgl. AEAO zu § 361, Nr. 2.3), ernstliche Zweifel (vgl. AEAO zu § 361, Nr. 2.5) oder unbillige Härte (vgl. AEAO zu § 361, Nr. 2.6) - ausgesetzt werden.

Eine Aussetzung der Vollziehung ist daher insbesondere möglich bei

- Bescheiden über die gesonderte Feststellung von Besteuerungsgrundlagen nach § 180 Abs. 1 Satz 1 Nr. 2 AO,
- Feststellungsbescheiden nach der V zu § 180 Abs. 2 AO,
- Feststellungsbescheiden nach §§ 27, 28 und 38 KStG,
- Gewerbesteuermessbescheiden,
- Grundsteuermessbescheiden,
- Einheitswertbescheiden oder Grundsteuerwertbescheiden (§ 180 Abs. 1 Satz Nr. 1 AO i. V. m. § 19 BewG bzw. § 219 BewG),
- Bescheiden über die Feststellung von Grundbesitzwerten (§ 151 BewG),
- Feststellungsbescheiden nach § 17 Abs. 2 und 3 GrEStG.

Nach der Rechtsprechung des BFH kommt eine Vollziehungsaussetzung auch in Betracht bei

- Verlustfeststellungsbescheiden, soweit die Feststellung eines höheren Verlustes begehrt wird (BFH-Beschlüsse vom 10.7.1979, VIII B 84/78, BStBl II S. 567, und vom 25.10.1979, IV B 68/79, BStBl 1980 II S. 66),
- Feststellungsbescheiden, die Anteile einzelner Gesellschafter auf 0 € feststellen und angefochten werden, weil diese Gesellschafter den

Ansatz von Verlustanteilen begehren (BFH-Beschluss vom 22.10.1980, I S 1/80, BStBl 1981 II S. 99),

- Feststellungsbescheiden, die eine Mitunternehmerschaft einzelner Beteiligter verneinen (BFH-Beschluss vom 10.7.1980, IV B 77/79, BStBl II S. 697),

- negativen Gewinn-/Verlustfeststellungsbescheiden, d. h. Bescheiden, die den Erlass eines Gewinn(Verlust-)feststellungsbescheids ablehnen (Beschluss des Großen Senats des BFH vom 14.4.1987, GrS 2/85, BStBl II S. 637),

- Bescheiden nach § 15a Abs. 4 EStG über die Feststellung eines verrechenbaren Verlustes (BFH-Beschluss vom 2.3.1988, IV B 95/87, BStBl II S. 617).

Soweit in einem Grundlagenbescheid Feststellungen enthalten sind, die Gegenstand eines anderen Feststellungsverfahrens waren, ist die Vollziehung des Grundlagenbescheids nach § 361 Abs. 3 Satz 1 AO bzw. § 69 Abs. 2 Satz 4 FGO auszusetzen (vgl. AEAO zu § 361, Nr. 6).

Die Beschränkungen des § 361 Abs. 2 Satz 4 AO bzw. des § 69 Abs. 2 Satz 8 und Abs. 3 Satz 4 FGO (vgl. AEAO zu § 361, Nr. 4 zweiter Absatz) sind erst bei der Aussetzung der Vollziehung des Folgebescheids zu beachten (vgl. AEAO zu § 361, Nr. 6 letzter Absatz).

5.2 Die Aussetzung der Vollziehung eines Feststellungsbescheids kann auf Gewinnanteile einzelner Gesellschafter beschränkt werden, auch wenn der Rechtsstreit die Gewinnanteile aller Gesellschafter berührt (BFH-Beschluss vom 7.11.1968, IV B 47/68, BStBl 1969 II S. 85). Wird vorläufiger Rechtsschutz nicht von der Gesellschaft, sondern nur von einzelnen Gesellschaftern beantragt, sind nur diese am Verfahren der Aussetzung der Vollziehung beteiligt; eine Hinzuziehung der übrigen Gesellschafter zum Verfahren ist nicht notwendig (BFH-Beschlüsse vom 22.10.1980, I S 1/80, BStBl 1981 II S. 99, und vom 5.5.1981, VIII B 26/80, BStBl II S. 574).

5.3 Im Verwaltungsakt über die Aussetzung der Vollziehung eines Feststellungsbescheids müssen im Falle der gesonderten und einheitlichen Feststellung die ausgesetzten Besteuerungsgrundlagen auf die einzelnen Beteiligten aufgeteilt werden. Außerdem sollte ggf. darauf hingewiesen werden, dass eine Erstattung von geleisteten Vorauszahlungen, Steuerabzugsbeträgen und anzurechnender Körperschaftsteuer im Rahmen der Aussetzung der Vollziehung des Folgebescheids grundsätzlich nicht erfolgt (AEAO zu § 361, Nr. 4 zweiter Absatz und Nr. 6 letzter Absatz). Die Vollziehung eines negativen Feststellungsbescheids (vgl. AEAO zu § 361, Nr. 5.1, vorletzter Beispielsfall) ist mit der Maßgabe auszusetzen, dass bis zur bestandskräftigen/rechtskräftigen Entscheidung im Hauptverfahren von einem Verlust von x € auszugehen sei, der sich auf die Beteiligten wie folgt verteile: …. (Beschluss des Großen Senats des BFH vom 14.4.1987, GrS 2/85, BStBl II S. 637).

5.4 Unterrichtungspflicht

5.4.1 Ist die Aussetzung der Vollziehung eines Grundlagenbescheids beantragt worden, kann über den Antrag aber nicht kurzfristig entschieden werden, sollen die für die Erteilung der Folgebescheide zuständigen Finanzämter, ggf. Gemeinden, unterrichtet werden.

Wegen der Unterrichtung der Gemeinden über anhängige Einspruchsverfahren gegen Realsteuermessbescheide vgl. AEAO zu § 184.

5.4.2 Die Wohnsitzfinanzämter der Beteiligten sind von der Aussetzung der Vollziehung eines Feststellungsbescheids zu unterrichten. In diese Mitteilungen ist ggf. der Hinweis über die grundsätzliche Nichterstattung von Steuerbeträgen (vgl. AEAO zu § 361, Nr. 4 zweiter Absatz, Nr. 5.1 letzter Absatz und Nr. 6 letzter Absatz) aufzunehmen. Entsprechendes gilt für den Beginn und das Ende der Aussetzung der Vollziehung (vgl. AEAO zu § 361, Nr. 8.1.3 und 8.2.1).

5.4.3 Wird die Vollziehung eines Realsteuermessbescheids ausgesetzt, ist die Gemeinde hierüber zu unterrichten.

6. Aussetzung der Vollziehung von Folgebescheiden

Nach der Aussetzung der Vollziehung eines Grundlagenbescheids ist die Vollziehung der darauf beruhenden Folgebescheide von Amts wegen auszusetzen, und zwar auch dann, wenn die Folgebescheide nicht angefochten wurden (§ 361 Abs. 3 Satz 1 AO; § 69 Abs. 2 Satz 4 FGO). Entsprechendes gilt, wenn bei Rechtsbehelfen gegen außersteuerliche Grundlagenbescheide die aufschiebende Wirkung eintritt, angeordnet oder wiederhergestellt oder die Vollziehung ausgesetzt wird.

Ist der Folgebescheid vor Erlass des Grundlagenbescheids ergangen und berücksichtigt er nach Auffassung des Steuerpflichtigen die noch gesondert festzustellenden Besteuerungsgrundlagen nicht oder - bei einer Schätzung nach § 162 Abs. 5 AO - in unzutreffender Höhe, kann unter den allgemeinen Voraussetzungen die Vollziehung ausgesetzt werden. Dies gilt entsprechend, wenn Einwendungen gegen die Wirksamkeit der Bekanntgabe eines ergangenen Grundlagenbescheids erhoben werden (BFH-Beschluss vom 25.3.1986, III B 6/85, BStBl II S. 477, und BFH-Urteil vom 15.4.1988, III R 26/85, BStBl II S. 660).

Ein Antrag auf Vollziehungsaussetzung eines Einkommensteuerbescheids, der mit Zweifeln an der Rechtmäßigkeit der Entscheidungen in einem wirksam ergangenen positiven oder negativen Gewinnfeststellungsbescheid begründet wird, ist mangels Rechtsschutzbedürfnisses unzulässig (BFH-Urteil vom 29.10.1987, VIII R 413/83, BStBl 1988 II S. 240). Zulässig ist dagegen ein Antrag auf Vollziehungsaussetzung eines Folgebescheids, der mit ernstlichen Zweifeln an der wirksamen Bekanntgabe eines Grundlagenbescheids begründet wird (BFH-Beschluss vom 15.4.1988, III R 26/85, BStBl II S. 660).

Bei der Aussetzung der Vollziehung des Folgebescheids sind ggf. die Beschränkungen des § 361 Abs. 2 Satz 4 AO bzw. des § 69 Abs. 2 Satz 8 und Abs. 3 Satz 4 FGO (vgl. AEAO zu § 361, Nr. 4 zweiter Absatz) zu beachten.

Erst in diesem Verfahren ist ggf. auch zu prüfen, ob „wesentliche Nachteile“ (vgl. AEAO zu § 361, Nr. 4.6.1) vorliegen.

7. Aufhebung der Vollziehung durch das Finanzamt

7.1 Die Finanzbehörden sind befugt, im Rahmen eines Verfahrens nach § 361 AO oder nach § 69 Abs. 2 FGO auch die Aufhebung der Vollziehung anzuordnen (§ 361 Abs. 2 Satz 3 AO; § 69 Abs. 2 Satz 7 FGO). Die Ausführungen in den Nrn. 2.1 bis 4.6 gelten entsprechend.

7.2 Die Aufhebung der Vollziehung bewirkt die Rückgängigmachung bereits durchgeführter Vollziehungsmaßnahmen. Dies gilt auch, soweit eine Steuer „freiwillig“, d. h. abgesehen vom Leistungsgebot ohne besondere Einwirkungen des Finanzamts (wie Mahnung, Postnachnahme, Beitreibungsmaßnahmen), entrichtet worden ist (BFH-Beschluss vom 22.7.1977, III B 34/74, BStBl II S. 838). Durch die Aufhebung der Vollziehung erhält der Rechtsbehelfsführer einen Erstattungsanspruch (§ 37 Abs. 2 AO) in Höhe des Aufhebungsbetrags, da der rechtliche Grund für die Zahlung nachträglich weggefallen ist. Durch Aufhebung der Vollziehung kann aber grundsätzlich nicht die Erstattung von geleisteten Vorauszahlungsbeträgen, Steuerabzugsbeträgen oder anrechenbarer Körperschaftsteuer erreicht werden (vgl. AEAO zu § 361, Nr. 4 zweiter Absatz).

Beispiel:

festgesetzte Steuer	15.000 €
festgesetzte und entrichtete Vorauszahlungen	5.000 €
anzurechnende Steuerabzugsbeträge	7.000 €
entrichtete Abschlusszahlung	3.000 €

An der Rechtmäßigkeit der Steuerfestsetzung bestehen i. H. v. 5.000 € ernstliche Zweifel; der Sonderfall des Vorliegens „wesentlicher Nachteile“ ist nicht gegeben. Nach Aufhebung der Vollziehung ist ein Betrag i. H. v. 3.000 € zu erstatten (15.000 € - festgesetzte Steuer - ./.5.000 € - festgesetzte Vorauszahlungen ./.7.000 € - anzurechnende Steuerabzugsbeträge -).

7.3 Wird die Vollziehung einer Steueranmeldung aufgehoben, dürfen die entrichteten Steuerbeträge nur an den Anmeldenden erstattet werden. Dies gilt auch, wenn - wie z. B. in den Fällen des Lohnsteuerabzugs nach § 38 EStG oder des Steuerabzugs nach § 50a Abs. 4 EStG - der Anmeldende lediglich Entrichtungspflichtiger, nicht aber Steuerschuldner ist (BFH-Beschluss vom 13.8.1997, I B 30/97, BStBl II S. 700).

7.4 Bei der Aufhebung der Vollziehung ist zu bestimmen, ob die Aufhebung rückwirken soll oder nicht. Für die Beurteilung dieser Frage ist maßgeblich, ab welchem Zeitpunkt ernstliche Zweifel an der Rechtmäßigkeit des Verwaltungsakts erkennbar vorlagen (BFH-Beschluss vom 10.12.1986, I B 121/86, BStBl 1987 II S. 389; vgl. AEAO zu § 361, Nr. 8.1.1). Durch rückwirkende Aufhebung der Vollziehung entfallen bereits entstandene Säumniszuschläge

(BFH-Beschluss vom 10.12.1986, I B 121/86, a. a. O.). Vollstreckungsmaßnahmen bleiben bestehen, soweit nicht ihre Aufhebung ausdrücklich angeordnet (§ 257 Abs. 1 Nr. 1 i. V. m. Abs. 2 Satz 3 AO) oder die Rückwirkung der Aufhebung der Vollziehung verfügt worden ist.

8. Dauer der Aussetzung/Aufhebung der Vollziehung

8.1 Beginn der Aussetzung/Aufhebung der Vollziehung

8.1.1 Wird der Antrag auf Aussetzung/Aufhebung der Vollziehung vor Fälligkeit der strittigen Steuerforderung bei der Finanzbehörde eingereicht und begründet, ist die Aussetzung/ Aufhebung der Vollziehung im Regelfall ab Fälligkeitstag der strittigen Steuerbeträge auszusprechen; vgl. AEAO zu § 361, Nr. 7.4. Ein späterer Zeitpunkt kommt in Betracht, wenn der Steuerpflichtige - z. B. in Schätzungsfällen - die Begründung des Rechtsbehelfs oder des Aussetzungsantrags unangemessen hinausgezögert hat und die Finanzbehörde deshalb vorher keine ernstlichen Zweifel an der Rechtmäßigkeit des angefochtenen Verwaltungsakts zu haben brauchte (vgl. BFH-Beschluss vom 10.12.1986, I B 121/86, BStBl 1987 II S. 389).

8.1.2 Wird die Aussetzung/Aufhebung der Vollziehung nach Fälligkeit der strittigen Steuerforderung beantragt und begründet, gilt Nr. 8.1.1 Satz 2 entsprechend.

8.1.3 Bei der Aussetzung/Aufhebung der Vollziehung von Grundlagenbescheiden (vgl. AEAO zu § 361, Nr. 5) ist als Beginn der Aussetzung/Aufhebung der Vollziehung der Tag der Bekanntgabe des Grundlagenbescheids zu bestimmen, wenn der Rechtsbehelf oder der Antrag auf Aussetzung/Aufhebung der Vollziehung vor Ablauf der Einspruchsfrist begründet wurde. Bei später eingehender Begründung gilt Nr. 8.1.1 Satz 2 des AEAO zu § 361 entsprechend.

8.1.4 Trifft die Finanzbehörde keine Aussage über den Beginn der Aussetzung/Aufhebung der Vollziehung, wirkt die Aussetzung/Aufhebung der Vollziehung ab Bekanntgabe der Aussetzungsverfügung/Aufhebungsverfügung (§ 124 Abs. 1 Satz 1 AO).

8.1.5 Der Beginn der Aussetzung/Aufhebung der Vollziehung eines Folgebescheids (vgl. AEAO zu § 361, Nr. 6 und 8.1.3) richtet sich nach dem Beginn der Aussetzung/Aufhebung der Vollziehung des Grundlagenbescheids (vgl. BFH-Beschluss vom 10.12.1986, I B 121/86, BStBl 1987 II S. 389).

8.2 Ende der Aussetzung/Aufhebung der Vollziehung

8.2.1 Die Aussetzung/Aufhebung der Vollziehung ist grundsätzlich nur für eine Rechtsbehelfsstufe zu bewilligen (BFH-Beschluss vom 3.1.1978, VII S 13/77, BStBl II S. 157). Das Ende der Aussetzung/Aufhebung der Vollziehung ist in der Verfügung zu bestimmen. Soweit nicht eine datumsmäßige Befristung angebracht ist, sollte das Ende bei Entscheidungen über die Aussetzung/Aufhebung der Vollziehung während des außergerichtlichen oder gerichtlichen Rechtsbehelfsverfahrens auf einen Monat nach Bekanntgabe der Einspruchsentscheidung bzw. nach Verkündung oder Zustellung des Urteils oder einen Monat nach dem Eingang einer Erklärung über die Rücknahme des Rechtsbehelfs festgelegt werden. Einer Aufhebung der Aussetzungs-/Aufhebungsverfügung bedarf es in einem solchen Fall nicht. Die Aussetzung/Aufhebung der Vollziehung eines Folgebescheids ist bis zur Beendigung der Aussetzung/Aufhebung der Vollziehung des Grundlagenbescheids und für den Fall, dass der Rechtsbehelf gegen den Grundlagenbescheid zu einer Änderung des Folgebescheids führt, bis zum Ablauf eines Monats nach Bekanntgabe des geänderten Folgebescheids zu befristen.

8.2.2 Wird der in der Vollziehung ausgesetzte Verwaltungsakt geändert oder ersetzt, erledigt sich die bisher gewährte Aussetzung/Aufhebung der Vollziehung, ohne dass es einer Aufhebung der Vollziehungsaussetzungs(aufhebungs)verfügung bedarf. Für eine eventuelle Nachzahlung der bisher in der Vollziehung ausgesetzten Beträge kann dem Steuerpflichtigen i. d. R. eine einmonatige Zahlungsfrist eingeräumt werden.

In den Fällen des § 365 Abs. 3 AO bzw. des § 68 FGO ist auf der Grundlage des neuen Verwaltungsakts erneut über die Aussetzung bzw. Aufhebung der Vollziehung zu entscheiden. Dies gilt auch, wenn ein in der Vollziehung ausgesetzter Vorauszahlungsbescheid durch die Jahressteuerfestsetzung ersetzt wird (vgl. AEAO zu § 365, Nr. 2).

9. Nebenbestimmungen zur Aussetzung/Aufhebung der Vollziehung

9.1 Widerrufsvorbehalt

Der Verwaltungsakt über die Aussetzung/Aufhebung der Vollziehung ist grundsätzlich mit dem Vorbehalt des Widerrufs zu versehen.

9.2 Sicherheitsleistung

9.2.1 Die Finanzbehörde kann die Aussetzung oder Aufhebung der Vollziehung von einer Sicherheitsleistung abhängig machen (§ 361 Abs. 2 Satz 5 AO; § 69 Abs. 2 Satz 3 FGO). Die Entscheidung hierüber ist nach pflichtgemäßem Ermessen zu treffen.

9.2.2 Die Anordnung der Sicherheitsleistung muss vom Grundsatz der Verhältnismäßigkeit bestimmt sein (BVerfG-Beschluss vom 24.10.1975, 1 BvR 266/75, StRK FGO § 69 R 171). Sie ist geboten, wenn die wirtschaftliche Lage des Steuerpflichtigen die Steuerforderung als gefährdet erscheinen lässt (BFH-Beschlüsse vom 8.3.1967, VI B 50/66, BStBl III S. 294, und vom 22.6.1967, I B 7/67, BStBl III S. 512). Die Anordnung einer Sicherheitsleistung ist z. B. gerechtfertigt, wenn der Steuerbescheid nach erfolglosem Rechtsbehelf im Ausland vollstreckt werden müsste (BFH-Urteil vom 27.8.1970, V R 102/67, BStBl 1971 II S. 1). Dies gilt auch, wenn in einem Mitgliedstaat der EU zu vollstrecken wäre, es sei denn, mit diesem Staat besteht ein Abkommen, welches eine Vollstreckung unter gleichen Bedingungen wie im Inland gewährleistet (BFH-Beschluss vom 3.2.1977, V B 6/76, BStBl II S. 351; zur zwischenstaatlichen Vollstreckungshilfe siehe BMF-Merkblatt vom 29.2.2012, BStBl I S. 244). Eine Sicherheitsleistung ist unzumutbar, wenn die Zweifel an der Rechtmäßigkeit des Verwaltungsakts so bedeutsam sind, dass mit großer Wahrscheinlichkeit seine Aufhebung zu erwarten ist (BFH-Beschluss vom 22.12.1969, V B 115/69, BStBl 1970 II S. 127).

9.2.3 Kann ein Steuerpflichtiger trotz zumutbarer Anstrengung eine Sicherheit nicht leisten, darf eine Sicherheitsleistung bei Aussetzung/Aufhebung der Vollziehung wegen ernstlicher Zweifel an der Rechtmäßigkeit des angefochtenen Verwaltungsakts nicht verlangt werden; Aussetzung/Aufhebung der Vollziehung wegen unbilliger Härte darf jedoch bei Gefährdung des Steueranspruchs nur gegen Sicherheitsleistung bewilligt werden (BFH Beschluss vom 9.4.1968, I B 73/67, BStBl II S. 456).

9.2.4 Zur Sicherheitsleistung bei der Aussetzung der Vollziehung von Grundlagenbescheiden s. § 361 Abs. 3 Satz 3 AO und § 69 Abs. 2 Satz 6 FGO. Hiernach entscheiden über die Sicherheitsleistung die für den Erlass der Folgebescheide zuständigen Finanzämter bzw. Gemeinden. Das für den Erlass des Grundlagenbescheids zuständige Finanzamt darf jedoch anordnen, dass die Aussetzung der Vollziehung von keiner Sicherheitsleistung abhängig zu machen ist. Das kann z. B. der Fall sein, wenn der Rechtsbehelf wahrscheinlich erfolgreich sein wird.

9.2.5 Zu den möglichen Arten der Sicherheitsleistung s. § 241 AO.

9.2.6 Die Anordnung einer Sicherheitsleistung ist eine unselbständige Nebenbestimmung in Form einer aufschiebenden Bedingung; sie kann daher nicht selbständig, sondern nur zusammen mit der Entscheidung über die Aussetzung/Aufhebung der Vollziehung angefochten werden (BFH-Urteil vom 31.10.1973, I R 249/72, BStBl 1974 II S. 118, und BFH-Beschluss vom 20.6.1979, IV B 20/79, BStBl II S. 666). Eine Aussetzung/Aufhebung der Vollziehung gegen Sicherheitsleistung wird erst wirksam, wenn die Sicherheitsleistung erbracht worden ist. In dem Verwaltungsakt über die Aussetzung/Aufhebung der Vollziehung ist deshalb eine Frist für die Sicherheitsleistung zu setzen. Wird die Sicherheit innerhalb der Frist nicht erbracht, ist der Steuerpflichtige auf die Rechtsfolgen hinzuweisen und zur Zahlung aufzufordern.

10. Ablehnung der Vollziehungsaussetzung

Zur Erhebung von Säumniszuschlägen nach Ablehnung eines Antrags auf Vollziehungsaussetzung vgl. AEAO zu § 240, Nr. 6 Buchstabe b.

Hat das Finanzamt einen Aussetzungsantrag abgelehnt, ist i. d. R. unter Beachtung der Grundsätze des § 258 AO (siehe Abschn. 7 VollstrA) zu vollstrecken, auch wenn die Entscheidung des Finanzamts vom Steuerpflichtigen angefochten worden ist. Über die Ablehnung des Aussetzungsbegehrens ist die Vollstreckungsstelle zu unterrichten.

11. Rechtsbehelfe

Gegen die Entscheidung der Finanzbehörde über die Aussetzung/ Aufhebung der Vollziehung ist der Einspruch gegeben. Das Gericht kann nur nach § 69 Abs. 3 FGO angerufen werden; eine Klagemöglichkeit ist insoweit nicht gegeben (§ 361 Abs. 5 AO; § 69 Abs. 7 FGO).

Der Antrag auf Aussetzung/Aufhebung der Vollziehung durch das Gericht ist nur zulässig, wenn die Finanzbehörde einen Antrag auf Aussetzung/ Aufhebung der Vollziehung ganz oder zum Teil abgelehnt hat. Dies gilt nicht, wenn die Finanzbehörde über den Antrag ohne Mitteilung eines zureichenden

Grundes in angemessener Frist sachlich nicht entschieden hat oder eine Vollstreckung droht (§ 69 Abs. 4 FGO). Eine teilweise Antragsablehnung i. S. d. § 69 Abs. 4 Satz 1 FGO liegt auch vor, wenn die Finanzbehörde die Aussetzung/Aufhebung der Vollziehung von einer Sicherheitsleistung abhängig gemacht hat (vgl. AEAO zu § 361, Nr. 9.2), nicht aber, wenn eine im Übrigen antragsgemäße Aussetzung/Aufhebung der Vollziehung unter Widerrufsvorbehalt (vgl. AEAO zu § 361, Nr. 9.1) gewährt wurde (BFH-Beschluss vom 12.5.2000, VI B 266/98, BStBl II S. 536).

12. Aussetzungszinsen

Wegen der Erhebung von Aussetzungszinsen siehe § 237 AO, wegen der Festsetzungsfrist vgl. AEAO zu § 237, Nr. 4 und 8.

§ 362 Rücknahme des Einspruchs (S 0622)

(1) [1]Der Einspruch kann bis zur Bekanntgabe der Entscheidung über den Einspruch zurückgenommen werden. [2]§ 357 Abs. 1 und 2 gilt sinngemäß.

(1a) [1]Soweit Besteuerungsgrundlagen für ein Verständigungs- oder ein Schiedsverfahren nach einem Vertrag im Sinne des § 2 von Bedeutung sein können, kann der Einspruch hierauf begrenzt zurückgenommen werden. [2]§ 354 Abs. 1a Satz 2 gilt entsprechend.

(2) [1]Die Rücknahme hat den Verlust des eingelegten Einspruchs zur Folge. [2]Wird nachträglich die Unwirksamkeit der Rücknahme geltend gemacht, so gilt § 110 Abs. 3 sinngemäß.

AEAO zu § 362 - Rücknahme des Einspruchs:

1. Für die Rücknahme eines Einspruchs gelten die Formvorschriften für einen Einspruch sinngemäß (§ 362 Abs. 1 Satz 2 AO). Die Rücknahme ist daher schriftlich oder elektronisch oder zur Niederschrift zu erklären. Eine elektronisch erklärte Rücknahme bedarf keiner qualifizierten elektronischen Signatur (vgl. AEAO zu § 357, Nr. 1).

2. Die Rücknahme führt nur zum Verlust des eingelegten Einspruchs, nicht der Einspruchsmöglichkeit schlechthin. Der Einspruch kann daher innerhalb der Einspruchsfrist erneut erhoben werden.

3. Eine Unwirksamkeit der Einspruchsrücknahme ist grundsätzlich innerhalb eines Jahres nach Eingang der Rücknahmeerklärung bei der für die Einlegung des Einspruchs zuständigen Finanzbehörde (§ 362 Abs. 1 Satz 2, § 357 Abs. 2 AO) geltend zu machen. Ein späteres Geltendmachen ist nur in Fällen höherer Gewalt zulässig (§ 362 Abs. 2 Satz 2, § 110 Abs. 3 AO). Nach einem fristgerechten Geltendmachen der Unwirksamkeit der Rücknahme ist das Einspruchsverfahren wieder aufzunehmen und in der Sache zu entscheiden. Sind die vorgetragenen Gründe für die Unwirksamkeit der Einspruchsrücknahme nicht stichhaltig, ist der Einspruch als unzulässig zu verwerfen.

§ 363 Aussetzung und Ruhen des Verfahrens (S 0622)

(1) Hängt die Entscheidung ganz oder zum Teil von dem Bestehen oder Nichtbestehen eines Rechtsverhältnisses ab, das den Gegenstand eines anhängigen Rechtsstreits bildet oder von einem Gericht oder einer Verwaltungsbehörde festzustellen ist, kann die Finanzbehörde die Entscheidung bis zur Erledigung des anderen Rechtsstreits oder bis zur Entscheidung des Gerichts oder der Verwaltungsbehörde aussetzen.

(2) [1]Die Finanzbehörde kann das Verfahren mit Zustimmung des Einspruchsführers ruhen lassen, wenn das aus wichtigen Gründen zweckmäßig erscheint. [2]Ist wegen der Verfassungsmäßigkeit einer Rechtsnorm oder wegen einer Rechtsfrage ein Verfahren bei dem Gerichtshof der Europäischen Union, dem Bundesverfassungsgericht oder einem obersten Bundesgericht anhängig und wird der Einspruch hierauf gestützt, ruht das Einspruchsverfahren insoweit; dies gilt

nicht, soweit nach § 165 Abs. 1 Satz 2 Nr. 3 oder Nr. 4 die Steuer vorläufig festgesetzt wurde. [3]Mit Zustimmung der obersten Finanzbehörde kann durch öffentlich bekannt zu gebende Allgemeinverfügung für bestimmte Gruppen gleichgelagerter Fälle angeordnet werden, dass Einspruchsverfahren insoweit auch in anderen als den in den Sätzen 1 und 2 genannten Fällen ruhen. [4]Das Einspruchsverfahren ist fortzusetzen, wenn der Einspruchsführer dies beantragt oder die Finanzbehörde dies dem Einspruchsführer mitteilt.

(3) Wird ein Antrag auf Aussetzung oder Ruhen des Verfahrens abgelehnt oder die Aussetzung oder das Ruhen des Verfahrens widerrufen, kann die Rechtswidrigkeit der Ablehnung oder des Widerrufs nur durch Klage gegen die Einspruchsentscheidung geltend gemacht werden.

AEAO zu § 363 - Aussetzung und Ruhen des Verfahrens:

1. Die nach § 363 Abs. 2 Satz 1 AO erforderliche Zustimmung des Einspruchsführers zur Verfahrensruhe aus Zweckmäßigkeitsgründen sollte aus Gründen der Klarheit immer schriftlich oder elektronisch erteilt werden.

2. Voraussetzung für eine Verfahrensruhe nach § 363 Abs. 2 Satz 2 AO ist, dass der Einspruchsführer in der Begründung seines Einspruchs die strittige, auch für seinen Steuerfall entscheidungserhebliche Rechtsfrage darlegt und sich hierzu konkret auf ein beim EuGH, beim BVerfG oder bei einem obersten Bundesgericht anhängiges Verfahren beruft (BFH-Urteile vom 26.9.2006, X R 39/05, BStBl 2007 II S. 222, und vom 30.9.2010, III R 39/08, BStBl 2011 II S. 11). Eine nach § 363 Abs. 2 Satz 2 AO eingetretene Verfahrensruhe endet, wenn das Gerichtsverfahren, auf das sich der Einspruchsführer berufen hat, abgeschlossen ist. Dies gilt auch, wenn gegen diese Gerichtsentscheidung Verfassungsbeschwerde erhoben wird und der Einspruchsführer sich nicht auf dieses neue Verfahren beruft (BFH-Urteil vom 30.9.2010, III R 39/08, a. a. O.). Endet demnach die Verfahrensruhe, bedarf es insoweit keiner Fortsetzungsmitteilung nach § 363 Abs. 2 Satz 4 AO und somit grundsätzlich auch keiner Ermessensentscheidung (BFH-Urteil vom 26.9.2006, X R 39/05, a. a. O.), soweit nicht im Einzelfall eine Verfahrensruhe aus Zweckmäßigkeitsgründen nach § 363 Abs. 2 Satz 1 AO angemessen erscheint.

3. Sind die Voraussetzungen für eine Verfahrensaussetzung oder Verfahrensruhe erfüllt, kann über den Einspruch insoweit nicht entschieden werden, und zwar weder durch eine Einspruchsentscheidung noch durch den Erlass eines Änderungsbescheids. Über Fragen, die nicht Anlass der Verfahrensaussetzung oder Verfahrensruhe sind, kann dagegen durch Erlass einer Teil-Einspruchsentscheidung (§ 367 Abs. 2a AO) oder eines Teilabhilfebescheids entschieden werden. Dabei wird i. d. R. zur Herbeiführung der Bestandskraft eine Teil-Einspruchsentscheidung zweckmäßig sein (vgl. AEAO zu § 367, Nr. 6). Auch der Erlass von Änderungsbescheiden aus außerhalb des Einspruchsverfahrens liegenden Gründen (z. B. Folgeänderung gem. § 175 Abs. 1 Satz 1 Nr. 1 AO) bleibt zulässig. Änderungsbescheide werden gem. § 365 Abs. 3 AO Gegenstand des anhängigen Verfahrens.

4. Eine Fortsetzungsmitteilung gemäß § 363 Abs. 2 Satz 4 AO kann in sämtlichen Fällen des § 363 Abs. 2 AO ergehen. Über ihren Erlass ist nach pflichtgemäßem Ermessen zu entscheiden; die Ermessenserwägungen sind dem

Einspruchsführer mitzuteilen (BFH-Urteil vom 26.9.2006, X R 39/05, BStBl 2007 II S. 222). Ein zureichender Grund für den Erlass einer Fortsetzungsmitteilung liegt insbesondere dann vor, wenn ein weiteres gerichtliches Musterverfahren herbeigeführt werden soll, wenn bereits eine Entscheidung des EuGH, des BVerfG oder des obersten Bundesgerichts in einem Parallelverfahren ergangen ist oder wenn das Begehren des Einspruchsführers letztlich darauf abzielt, seinen Steuerfall „offen zu halten", um von künftigen Änderungen der höchstrichterlichen Rechtsprechung zu derzeit nicht strittigen Fragen zu „profitieren" (BFH-Urteil vom 26.9.2006, X R 39/05, a. a. O.).

Teilt die Finanzbehörde nach § 363 Abs. 2 Satz 4 AO die Fortsetzung des bisher ruhenden Einspruchsverfahrens mit, soll sie vor Erlass einer Einspruchsentscheidung den Beteiligten Gelegenheit geben, sich erneut zu äußern.

5. Zur Unterbrechung eines Einspruchsverfahrens durch eine Insolvenzeröffnung vgl. AEAO zu § 251, Nr. 4.1; zur Aufnahme eines unterbrochenen Einspruchsverfahrens sowie zur Erledigung eines Einspruchsverfahrens vgl. AEAO zu § 251, Nr. 5.3.

§ 364 Offenlegung der Besteuerungsunterlagen (S 0622)

Den Beteiligten sind, soweit es noch nicht geschehen ist, die Unterlagen der Besteuerung auf Antrag oder, wenn die Begründung des Einspruchs dazu Anlass gibt, von Amts wegen offenzulegen.

AEAO zu § 364 - Offenlegen der Besteuerungsunterlagen:

Den Beteiligten sind die Besteuerungsunterlagen mitzuteilen oder anderweitig offenzulegen, wenn sie dies beantragt haben oder wenn die Einspruchsbegründung dazu Anlass gibt. Wenn die Finanzbehörde es für zweckmäßig hält, kann sie Akteneinsicht gewähren. Hierbei ist sicherzustellen, dass Verhältnisse eines anderen nicht unbefugt offenbart werden. Die Ablehnung eines Antrags auf Akteneinsicht ist mit dem Einspruch anfechtbar. Für das finanzgerichtliche Verfahren gilt § 78 FGO.

§ 364a Erörterung des Sach- und Rechtsstands (S 0624)

(1) [1]Auf Antrag eines Einspruchsführers soll die Finanzbehörde vor Erlass einer Einspruchsentscheidung den Sach- und Rechtsstand erörtern. [2]Weitere Beteiligte können hierzu geladen werden, wenn die Finanzbehörde dies für sachdienlich hält. [3]Die Finanzbehörde kann auch ohne Antrag eines Einspruchsführers diesen und weitere Beteiligte zu einer Erörterung laden.

(2) [1]Von einer Erörterung mit mehr als zehn Beteiligten kann die Finanzbehörde absehen. [2]Bestellen die Beteiligten innerhalb einer von der Finanzbehörde bestimmten angemessenen Frist einen gemeinsamen Vertreter, soll der Sach- und Rechtsstand mit diesem erörtert werden.

(3) [1]Die Beteiligten können sich durch einen Bevollmächtigten vertreten lassen. [2]Sie können auch persönlich zur Erörterung geladen werden, wenn die Finanzbehörde dies für sachdienlich hält.

(4) Das Erscheinen kann nicht nach § 328 erzwungen werden.

AEAO zu § 364a - Erörterung des Sach- und Rechtsstands:

1. § 364a AO soll eine einvernehmliche Erledigung der Einspruchsverfahren fördern und Streitfälle von den Finanzgerichten fernhalten. Ziel einer mündlichen Erörterung kann auch eine „tatsächliche Verständigung“ (vgl. BMF-Schreiben vom 30.7.2008, BStBl I S. 831, ergänzt durch BMF-Schreiben vom 15.4.2019, BStBl I S. 447[1]) sein.

2. Einem Antrag auf mündliche Erörterung soll grundsätzlich entsprochen werden. Dies gilt nicht, wenn bei mehr als 10 Beteiligten kein gemeinsamer Vertreter nach Absatz 2 bestellt wird oder wenn die beantragte Erörterung offensichtlich nur der Verfahrensverschleppung dient.

3. Antragsbefugt sind nur Einspruchsführer, nicht aber hinzugezogene Personen. Hinzugezogene können aber von Amts wegen zu einer mündlichen Erörterung geladen werden (§ 364a Abs. 1 Satz 2 und 3 AO).

4. Keine Verpflichtung zur mündlichen Erörterung besteht, wenn das Finanzamt dem Einspruch abhelfen will oder solange das Einspruchsverfahren nach § 363 AO ausgesetzt ist oder ruht.

5. Die mündliche Erörterung kann in geeigneten Fällen auch telefonisch durchgeführt werden. Im Hinblick auf die Pflicht zur Wahrung des Steuergeheimnisses (§ 30 AO) muss sich das Finanzamt dann aber über die Identität des Gesprächspartners vergewissern.

[1] Im Anhang 49 abgedruckt.

§ 364b Fristsetzung (S 0624)

(1) Die Finanzbehörde kann dem Einspruchsführer eine Frist setzen

1. zur Angabe der Tatsachen, durch deren Berücksichtigung oder Nichtberücksichtigung er sich beschwert fühlt,

2. zur Erklärung über bestimmte klärungsbedürftige Punkte,

3. zur Bezeichnung von Beweismitteln oder zur Vorlage von Urkunden, soweit er dazu verpflichtet ist.

(2) [1]Erklärungen und Beweismittel, die erst nach Ablauf der nach Absatz 1 gesetzten Frist vorgebracht werden, sind nicht zu berücksichtigen. [2]§ 367 Abs. 2 Satz 2 bleibt unberührt. [3]Bei Überschreitung der Frist gilt § 110 entsprechend.

(3) Der Einspruchsführer ist mit der Fristsetzung über die Rechtsfolgen nach Absatz 2 zu belehren.

AEAO zu § 364b - Fristsetzung:

1. § 364b AO soll dem Missbrauch des Einspruchsverfahrens zu rechtsbehelfsfremden Zwecken entgegenwirken. Von der Möglichkeit der Fristsetzung nach § 364b AO sollte daher insbesondere in Einspruchsverfahren, die einen Schätzungsbescheid nach Nichtabgabe der Steuererklärung betreffen, Gebrauch gemacht werden.

2. Eine Fristsetzung nach § 364b AO kann nur gegenüber einem Einspruchsführer, nicht gegenüber einem Hinzugezogenen (§ 360 AO) ergehen. Die Frist soll mindestens einen Monat betragen. Ein eventueller Nachprüfungsvorbehalt (§ 164 AO) ist spätestens mit der Fristsetzung aufzuheben.

3. Erklärungen und Beweismittel, die erst nach Ablauf der vom Finanzamt - insbesondere unter Beachtung des Belehrungsgebots (§ 364b Abs. 3 AO) - wirksam gesetzten Frist vorgebracht werden, können im Einspruchsverfahren allenfalls im Rahmen einer Verböserung nach § 367 Abs. 2 Satz 2 AO berücksichtigt werden. Außerhalb des Einspruchsverfahrens bestehende Korrekturvorschriften (z. B. § 173 AO) bleiben zwar unberührt, werden aber i. d. R. nicht einschlägig sein.

4. Geht ein Antrag auf Fristverlängerung vor Fristablauf beim Finanzamt ein, kann die Frist gem. § 109 AO verlängert werden. Geht der Antrag nach Ablauf der Frist beim Finanzamt ein, kann nur nach § 110 AO Wiedereinsetzung in den vorigen Stand gewährt werden. Über Einwendungen gegen die Fristsetzung ist - soweit nicht abgeholfen wird - im Rahmen der Entscheidung über den Einspruch gegen den Steuerbescheid zu entscheiden.

5. Zu den Wirkungen einer nach § 364b AO gesetzten Ausschlussfrist für ein nachfolgendes Klageverfahren vgl. § 76 Abs. 3 FGO. Die Finanzbehörde kann trotz einer rechtmäßigen Fristsetzung in einem nachfolgenden Klageverfahren einen Abhilfebescheid gem. § 172 Abs. 1 Satz 1 Nr. 2 Buchstabe a AO erlassen.

§ 365 Anwendung von Verfahrensvorschriften (S 0622)

(1) Für das Verfahren über den Einspruch gelten im Übrigen die Vorschriften sinngemäß, die für den Erlass des angefochtenen oder des begehrten Verwaltungsakts gelten.

(2) In den Fällen des § 93 Abs. 5, des § 96 Abs. 7 Satz 2 und der §§ 98 bis 100 ist den Beteiligten und ihren Bevollmächtigten und Beiständen (§ 80) Gelegenheit zu geben, an der Beweisaufnahme teilzunehmen.

(3) [1]Wird der angefochtene Verwaltungsakt geändert oder ersetzt, so wird der neue Verwaltungsakt Gegenstand des Einspruchsverfahrens. [2]Satz 1 gilt entsprechend, wenn

1. ein Verwaltungsakt nach § 129 berichtigt wird oder

2. ein Verwaltungsakt an die Stelle eines angefochtenen unwirksamen Verwaltungsakts tritt.

AEAO zu § 365 - Anwendung von Verfahrensvorschriften:

1. Die Aufklärungspflicht der Einspruchsbehörde wird von der Zumutbarkeit begrenzt (vgl. AEAO zu § 88, Nr. 3).

   Nach dem BFH-Urteil vom 11.12.1984, VIII R 131/76, BStBl 1985 II S. 354 können im Hinblick auf die Gesetzmäßigkeit und Gleichmäßigkeit der Besteuerung keine Vergleiche über Steueransprüche abgeschlossen werden. Eine "tatsächliche Verständigung" über schwierig zu ermittelnde tatsächliche Umstände ist aber zulässig und bindend (vgl. BMF-Schreiben vom 30.7.2008, BStBl I S. 831, ergänzt durch BMF-Schreiben vom 15.4.2019, BStBl I S. 447[1]).

2. Wird während des Einspruchsverfahrens der angefochtene Verwaltungsakt geändert oder ersetzt, wird der neue Verwaltungsakt Gegenstand des Einspruchsverfahrens (§ 365 Abs. 3 Satz 1 AO); der Einspruch muss aber zulässig sein (BFH-Urteil vom 13.4.2000, V R 56/99, BStBl II S. 490). Dies gilt entsprechend, wenn ein Verwaltungsakt wegen einer offenbaren Unrichtigkeit gem. § 129 AO berichtigt wird oder wenn ein Verwaltungsakt an die Stelle eines angefochtenen - z. B. wegen eines Bekanntgabemangels - unwirksamen Verwaltungsakts tritt (§ 365 Abs. 3 Satz 2 AO).

   Bei einem Teilwiderruf oder einer Teilrücknahme bleibt der Verwaltungsakt - wenn auch eingeschränkt - bestehen und der Einspruch damit ebenfalls anhängig (BFH-Urteil vom 28.1.1982, V R 100/80, BStBl II S. 292).

   Eine Ersetzung i. S. d. § 365 Abs. 3 AO liegt auch vor, wenn sich ein mit dem Einspruch angefochtener Vorauszahlungsbescheid mit Wirksamwerden der Jahressteuerfestsetzung erledigt (BFH-Urteil vom 4.11.1999, V R 35/98, BStBl 2000 II S. 454).

[1]Im Anhang 49 abgedruckt.

Die Regelungen des § 365 Abs. 3 AO gelten nur für das Einspruchsverfahren; insbesondere bleiben Beitreibungsmaßnahmen nur auf der Grundlage eines wirksamen Verwaltungsakts zulässig.

Wegen des Erlasses eines Änderungsbescheids vor oder nach Ergehen einer Teil-Einspruchsentscheidung vgl. AEAO zu § 367, Nr. 6.5.

§ 366 Form, Inhalt und Erteilung der Einspruchsentscheidung (S 0625)

[1]Die Einspruchsentscheidung ist zu begründen, mit einer Rechtsbehelfsbelehrung zu versehen und den Beteiligten schriftlich oder elektronisch zu erteilen. [2]Betrifft die Einspruchsentscheidung eine gesonderte und einheitliche Feststellung im Sinne des § 180 Absatz 1 Satz 1 Nummer 2 Buchstabe a und sind mehr als 50 Personen gemäß § 359 am Verfahren beteiligt, so kann auf die Nennung sämtlicher Einspruchsführer und Hinzugezogenen im Rubrum der Einspruchsentscheidung verzichtet werden, wenn dort die Person, der diese Einspruchsentscheidung jeweils bekannt gegeben wird, und die Anzahl der übrigen nicht namentlich bezeichneten Beteiligten angegeben wird.

AEAO zu § 366 - Form, Inhalt und Erteilung der Einspruchsentscheidung:

1. Für die Bekanntgabe der Einspruchsentscheidung gelten §§ 122 und 122a AO. Wegen der Bekanntgabe an Bevollmächtigte vgl. AEAO zu § 122, Nr. 1.7; wegen der Bekanntgabe durch Telefax vgl. AEAO zu § 122, Nrn. 1.8.1.2 und 1.8.2.2.

2. Eine förmliche Zustellung der Einspruchsentscheidung ist nur erforderlich, wenn sie ausdrücklich angeordnet wird (§ 122 Abs. 5 Satz 1 AO). Sie sollte insbesondere dann angeordnet werden, wenn ein eindeutiger Nachweis des Zugangs für erforderlich gehalten wird. Zum Zustellungsverfahren vgl. AEAO zu § 122, Nrn. 3 und 4.5.

3. In den Gründen der Einspruchsentscheidung sollen Wiedergabe des Tatbestandes und Darlegung der rechtlichen Erwägungen der entscheidenden Behörde getrennt sein. Auf Zulässigkeitsfragen ist nur einzugehen, wenn hierzu begründeter Anlass besteht, etwa in den Fällen der §§ 354 Abs. 2, 362 Abs. 2 AO oder bei ernsthaften Zweifeln am Vorliegen einzelner Zulässigkeitsvoraussetzungen. Hinweis auf § 358 AO.

   Enthält die Einspruchsentscheidung entgegen § 366 AO keine oder eine unrichtige Rechtsbehelfsbelehrung, beträgt die Klagefrist nach § 55 Abs. 2 FGO ein Jahr statt eines Monats.

§ 367 Entscheidung über den Einspruch (S 0625)

(1) [1]Über den Einspruch entscheidet die Finanzbehörde, die den Verwaltungsakt erlassen hat, durch Einspruchsentscheidung. [2]Ist für den Steuerfall nachträglich eine andere Finanzbehörde zuständig geworden, so entscheidet diese Finanzbehörde; § 26 Satz 2 bleibt unberührt.

(2) [1]Die Finanzbehörde, die über den Einspruch entscheidet, hat die Sache in vollem Umfang erneut zu prüfen. [2]Der Verwaltungsakt kann auch zum Nachteil des Einspruchsführers geändert werden, wenn dieser auf die Möglichkeit einer verbösernden Entscheidung unter Angabe von Gründen hingewiesen und ihm Gelegenheit gegeben worden ist, sich hierzu zu äußern. [3]Einer Einspruchsentscheidung bedarf es nur insoweit, als die Finanzbehörde dem Einspruch nicht abhilft.

(2a) [1]Die Finanzbehörde kann vorab über Teile des Einspruchs entscheiden, wenn dies sachdienlich ist. [2]Sie hat in dieser Entscheidung zu bestimmen, hinsichtlich welcher Teile Bestandskraft nicht eintreten soll.

(2b) [1]Anhängige Einsprüche, die eine vom Gerichtshof der Europäischen Union, vom Bundesverfassungsgericht oder vom Bundesfinanzhof entschiedene Rechtsfrage betreffen und denen nach dem Ausgang des Verfahrens vor diesen Gerichten nicht abgeholfen werden kann, können durch Allgemeinverfügung insoweit zurückgewiesen werden. [2]Sachlich zuständig für den Erlass der Allgemeinverfügung ist die oberste Finanzbehörde. [3]Die Allgemeinverfügung ist im Bundessteuerblatt und auf den Internetseiten des Bundesministeriums der Finanzen zu veröffentlichen. [4]Sie gilt am Tag nach der Herausgabe des Bundessteuerblattes, in dem sie veröffentlicht wird, als bekannt gegeben. [5]Abweichend von § 47 Abs. 1 der Finanzgerichtsordnung endet die Klagefrist mit Ablauf eines Jahres nach dem Tag der Bekanntgabe. [6]§ 63 Abs. 1 Nr. 1 der Finanzgerichtsordnung gilt auch, soweit ein Einspruch durch eine Allgemeinverfügung nach Satz 1 zurückgewiesen wurde.

(3) [1]Richtet sich der Einspruch gegen einen Verwaltungsakt, den eine Behörde auf Grund gesetzlicher Vorschrift für die zuständige Finanzbehörde erlassen hat, so entscheidet die zuständige Finanzbehörde über den Einspruch. [2]Auch die für die zuständige Finanzbehörde handelnde Behörde ist berechtigt, dem Einspruch abzuhelfen.

AEAO zu § 367 - Entscheidung über den Einspruch:

1. Jeder nach Erlass eines Verwaltungsakts eintretende Zuständigkeitswechsel bewirkt auch eine Zuständigkeitsänderung im Einspruchsverfahren. Die Einspruchsvorgänge sind daher mit den übrigen Akten abzugeben. Die zunächst zuständige Behörde kann jedoch unter Wahrung der Interessen der Beteiligten aus Zweckmäßigkeitsgründen das Einspruchsverfahren fortführen, wenn das neu zuständige Finanzamt zustimmt. Zu den Auswirkungen eines Zuständigkeitswechsels auf das Einspruchsverfahren siehe auch BMF-Schreiben vom 10.10.1995, BStBl I S. 664.

2. Gem. § 132 AO gelten die Vorschriften über Rücknahme, Widerruf, Aufhebung und Änderung von Verwaltungsakten auch während des Einspruchsverfahrens (vgl. AEAO zu § 365, Nr. 2).

2.1 Aufgrund der im Einspruchsverfahren geltenden umfassenden Überprüfungsmöglichkeit nach § 367 Abs. 2 Satz 1 AO ist die Finanzbehörde jedoch nicht an die Voraussetzungen der Korrekturvorschriften §§ 130 ff., 172 ff. AO gebunden (BFH-Urteil vom 10.3.2016, III R 2/15, BStBl II S. 508).

2.2 Will die Finanzbehörde den angefochtenen Verwaltungsakt zum Nachteil des Einspruchsführers ändern, muss der Einspruchsführer auf die Möglichkeit einer verbösernden Entscheidung unter Angabe von Gründen hingewiesen und ihm Gelegenheit gegeben werden, sich hierzu zu äußern (§ 367 Abs. 2 Satz 2 AO). Dieser Hinweis ist nur dann - ausnahmsweise - entbehrlich, wenn sich die Änderung zum Nachteil des Einspruchsführers durch Einspruchsrücknahme nicht hätte vermeiden lassen. Ist zweifelhaft, ob eine solche Änderung noch möglich ist, darf auf diesen Hinweis nicht verzichtet werden (vgl. BFH-Urteil vom 22.3.2006, XI R 24/05, BStBl II S. 576).

2.3 Die Finanzbehörde ist auch dann noch zum Erlass einer verbösernden Einspruchsentscheidung gemäß § 367 Abs. 2 Satz 2 AO berechtigt, wenn

- sie zuvor einen Änderungsbescheid erlassen hat, in dem sie dem Einspruchsbegehren teilweise entsprochen, jedoch nicht in voller Höhe abgeholfen hat (sog. Teilabhilfebescheid; vgl. BFH-Urteil vom 6.9.2006, XI R 51/05, BStBl 2007 II S. 83) oder
- ein Verwaltungsakt, mit dem die Finanzbehörde einem Antrag auf eine Billigkeitsmaßnahme nach §§ 163, 222 oder 227 AO nur teilweise stattgegeben hat, mit dem Einspruch angefochten wird (BFH-Urteil vom 10.3.2016, III R 2/15, BStBl II S. 508).

2.4 Nimmt der Steuerpflichtige seinen Einspruch zurück, ist eine Änderung zum Nachteil des Steuerpflichtigen nur noch möglich, wenn dies nach den Vorschriften über Aufhebung, Änderung, Rücknahme oder Widerruf von Verwaltungsakten zulässig ist.

3. Zu den Auswirkungen einer Teilabhilfe auf das Einspruchsverfahren vgl. AEAO zu § 365, Nr. 2.

Stellt ein Steuerpflichtiger nach Einspruchseinlegung einen Antrag bezüglich eines bisher nicht geltend gemachten Streitpunkts, ist dieser Antrag als Erweiterung des Einspruchsantrags, verbunden mit der Anregung, dem Einspruch insoweit durch Erlass eines Teilabhilfebescheids stattzugeben, auszulegen. Ist der Antrag begründet, kann während des Einspruchsverfahrens ein geänderter Verwaltungsakt erlassen werden. Dieser wird dann gem. § 365 Abs. 3 AO Gegenstand des Einspruchsverfahrens. Ist der Antrag unbegründet, ist über ihn in der Einspruchsentscheidung zu befinden; die Ablehnung durch gesonderten Verwaltungsakt ist während eines anhängigen Einspruchsverfahrens nicht zulässig.

4. Zur Möglichkeit der Änderung eines im Einspruchsverfahren bestätigten oder geänderten Verwaltungsakts vgl. AEAO zu § 172, Nrn. 3 und 4.

5. Es ist zulässig, den Vorbehalt der Nachprüfung (§ 164 AO) auch in der Entscheidung über den Einspruch aufrechtzuerhalten (BFH-Urteil vom 12.6.1980, IV R 23/79, BStBl II S. 527). In diesen Fällen braucht die Angelegenheit nicht umfassender geprüft zu werden als in dem Verfahren, das dem Erlass der angefochtenen Vorbehaltsfestsetzung vorangegangen ist.

Der Vorbehalt der Nachprüfung ist jedoch aufzuheben, wenn im Einspruchsverfahren eine abschließende Prüfung i. S. d. § 164 Abs. 1 AO durchgeführt wird. Die Aufhebung des Vorbehalts bedarf regelmäßig keiner besonderen Begründung. Insbesondere kann insoweit auch ein Hinweis nach § 367 Abs. 2 Satz 2 AO unterbleiben (BFH-Urteil vom 10.7.1996, I R 5/96, BStBl 1997 II S. 5).

Es ist auch statthaft, nach Hinweis auf die Verböserungsmöglichkeit einen Verwaltungsakt erstmalig in der Einspruchsentscheidung mit einer Nebenbestimmung zu versehen (BFH-Urteil vom 12.6.1980, IV R 23/79, a. a. O.). Ist ein Bescheid, der auf einer Schätzung beruht, ohne Nachprüfungsvorbehalt ergangen und wird nach Klageerhebung die Steuererklärung eingereicht, kann der daraufhin ergehende Änderungsbescheid nur mit Zustimmung des Steuerpflichtigen unter Nachprüfungsvorbehalt gestellt werden (BFH-Urteil vom 30.10.1980, IV R 168-170/79, BStBl 1981 II S. 150).

6. Teil-Einspruchsentscheidung

6.1 Der Erlass einer Teil-Einspruchsentscheidung (§ 367 Abs. 2a AO) steht im Ermessen der Finanzbehörde, muss aber sachdienlich sein. Dies ist der Fall, wenn ein Teil des Einspruchs entscheidungsreif ist, während über einen anderen Teil des Einspruchs zunächst nicht entschieden werden kann, weil z. B. insoweit die Voraussetzungen für eine Verfahrensruhe nach § 363 Abs. 2 Satz 2 AO vorliegen oder hinsichtlich des nicht entscheidungsreifen Teils des Einspruchs noch Ermittlungen zur Sach- oder Rechtslage erforderlich sind. Zu unbenannten Streitpunkten besteht grundsätzlich Entscheidungsreife, es sei denn, die umfassende Prüfung des Steuerfalls (§ 367 Abs. 2 Satz 1 AO) ergibt Aufklärungsbedarf (BFH-Urteil vom 14.3.2012, X R 50/09, BStBl II S. 536).

Eine Teil-Einspruchsentscheidung wird somit insbesondere dann sachdienlich sein, wenn

- der Einspruchsführer strittige Rechtsfragen aufwirft, die Gegenstand eines beim EuGH, beim BVerfG oder bei einem obersten Bundesgericht anhängigen Verfahrens sind,
- der Einspruchsführer sich auf dieses Verfahren beruft,
- der Erlass einer Fortsetzungsmitteilung gem. § 363 Abs. 2 Satz 4 AO (vgl. AEAO zu § 363, Nr. 4) nicht in Betracht kommt und
- der Einspruch im Übrigen entscheidungsreif ist.

6.2. Eine Teil-Einspruchsentscheidung ist auch dann sachdienlich, wenn sie dem Interesse der Finanzverwaltung an einer zeitnahen Entscheidung über den entscheidungsreifen Teil eines Einspruchs dient, der ersichtlich nur zu dem Zweck eingelegt wurde, die Steuerfestsetzung nicht bestandskräftig werden zu lassen (BFH-Urteile vom 30.9.2010, III R 39/08, BStBl 2011 II S. 11, und vom 14.3.2012, X R 50/09, BStBl II S. 536). Um neuen Masseneinsprüchen entgegenzuwirken, soll in Fällen, in denen mit dem Einspruch ausschließlich das Ziel verfolgt wird, im Hinblick auf anhängige Gerichtsverfahren mit Breitenwirkung den angefochtenen Verwaltungsakt nicht bestandskräftig werden zu lassen, möglichst zeitnah eine Teil-Einspruchsentscheidung erlassen werden, wenn und soweit der Einspruch nicht durch die Beifügung eines Vorläufigkeitsvermerks gem. § 165 Abs. 1 Satz 2 Nr. 3 oder 4 AO erledigt werden kann.

6.3 Es besteht keine über § 367 Abs. 2 Satz 2 AO („Verböserungshinweis") hinausgehende Verpflichtung, dem Einspruchsführer vor Erlass einer Teil-Einspruchsentscheidung rechtliches Gehör zu gewähren, damit dieser prüfen kann, ob er noch Einwendungen vorträgt. Die Finanzbehörde ist auch nicht verpflichtet, dem Einspruchsführer vor Erlass einer Teil-Einspruchsentscheidung eine Frist nach § 364b Abs. 1 Nr. 1 AO zu setzen (BFH-Urteil vom 14.3.2012, X R 50/09, BStBl II S. 536).

6.4 In der Teil-Einspruchsentscheidung ist genau zu bestimmen, hinsichtlich welcher Teile des Verwaltungsakts Bestandskraft nicht eintreten soll, um die Reichweite der Teil-Einspruchsentscheidung zu definieren. Durch Angabe der betreffenden Besteuerungsgrundlage(n) wird hinreichend bestimmt, hinsichtlich welcher Teile Bestandskraft nicht eintreten soll; es ist nicht erforderlich und i. d. R. auch nicht möglich, den Teil der Steuer zu beziffern, dessen Festsetzung nicht bestandskräftig werden soll (BFH-Urteile vom 30.9.2010, III R 39/08, BStBl 2011 II S. 11, und vom 14.3.2012, X R 50/09, BStBl II S. 536). Die Bestimmung, hinsichtlich welcher Teile des Verwaltungsakts Bestandskraft nicht eintreten soll, ist Teil des Tenors der Teil-Einspruchsentscheidung und weder Nebenbestimmung noch Grundlagenbescheid. Sie kann daher nur durch Klage gegen die Teil-Einspruchsentscheidung angegriffen werden. Soweit anhängige Verfahren vor dem EuGH, dem BVerfG oder einem obersten Bundesgericht Anlass für eine Teil-Einspruchsentscheidung / Verfahrensruhe sind (vgl. AEAO zu § 367, Nr. 6.1 zweiter Absatz), sind diese nicht im Tenor, sondern in der Begründung der Teil-Einspruchsentscheidung zu benennen.

Ist der Erlass einer Teil-Einspruchsentscheidung sachdienlich (vgl. AEAO zu § 367, Nrn. 6.1 und 6.2), ist das der Finanzbehörde eingeräumte Entschließungsermessen in einer Weise vorgeprägt, dass es keiner über die Darlegung der Sachdienlichkeit hinausgehenden Begründung bedarf, warum eine Teil-Einspruchsentscheidung erlassen wird (BFH-Urteile vom 30.9.2010, III R 39/08, und vom 14.3.2012, X R 50/09, jeweils a. a. O.).

6.5 Ergeht vor Erlass der Teil-Einspruchsentscheidung ein Änderungsbescheid, wird dieser neue Bescheid Gegenstand des Einspruchsverfahrens (§ 365 Abs. 3 AO) und somit auch Gegenstand der Teil-Einspruchsentscheidung. Bei der Bestimmung, inwieweit Bestandskraft nicht eintreten soll, ist vom Inhalt des neuen Bescheids auszugehen. Soll nach Ergehen der Teil-Einspruchsentscheidung ein Änderungsbescheid erlassen werden, ist zuvor zu prüfen, inwieweit dem Änderungsbescheid die Bindungswirkung der Teil-Einspruchsentscheidung entgegensteht.

6.6 Die Teil-Einspruchsentscheidung hat nicht zur Folge, dass stets noch eine förmliche „End-Einspruchsentscheidung“ ergehen muss. Das Einspruchsverfahren kann beispielsweise auch dadurch abgeschlossen werden, dass die Finanzbehörde dem Einspruch hinsichtlich der zunächst „offen“ gebliebenen Frage abhilft, der Steuerpflichtige seinen Einspruch zurücknimmt oder eine Allgemeinverfügung nach § 367 Abs. 2b AO ergeht. Wird die wirksam ergangene Teil-Einspruchsentscheidung bestandskräftig, kann im weiteren Verfahren über den „noch offenen“ Teil der angefochtenen Steuerfestsetzung nicht mit Erfolg geltend gemacht werden, die in der Teil-Einspruchsentscheidung vertretene Rechtsauffassung entspreche nicht dem Gesetz. Dies ist auch in einem eventuellen Klageverfahren gegen eine „End-Einspruchsentscheidung“ zu beachten.

7. Allgemeinverfügung

7.1 Wegen der Erledigung von Masseneinsprüchen und Massenanträgen durch eine Allgemeinverfügung vgl. § 367 Abs. 2b sowie § 172 Abs. 3 AO.

7.2 Ergeht eine Allgemeinverfügung nach § 367 Abs. 2b AO, bleibt das Einspruchsverfahren im Übrigen anhängig. Gegenstand des Einspruchsverfahrens ist der angefochtene Verwaltungsakt und nicht ein Teil der Besteuerungsgrundlagen oder ein einzelner Streitpunkt. Auch wenn sich die Allgemeinverfügung auf sämtliche vom Einspruchsführer vorgebrachte Einwendungen erstreckt, ist deshalb das Einspruchsverfahren im Übrigen fortzuführen. Dies gilt nicht, soweit bereits eine Teil-Einspruchsentscheidung (§ 367 Abs. 2a AO) ergangen ist, die den „noch offen bleibenden“ Teil des Einspruchs auf den Umfang beschränkt hat, der Gegenstand der Allgemeinverfügung ist. Über die Rechtsfrage, die Gegenstand der Allgemeinverfügung war, kann in einer eventuell notwendig werdenden Einspruchsentscheidung (§ 366, § 367 Abs. 1 AO) nicht erneut entschieden werden. Zu berücksichtigen ist dann, dass für eine Klage nach einer Zurückweisung des Einspruchs durch Allgemeinverfügung und für eine Klage nach Erlass einer Einspruchsentscheidung durch die örtlich zuständige Finanzbehörde unterschiedliche Fristen gelten.

7.3 Unzulässige Einsprüche werden von einer nach § 367 Abs. 2b AO ergehenden Allgemeinverfügung grundsätzlich nicht erfasst, da der Ausgang des Verfahrens, das bei einem der in § 367 Abs. 2b Satz 1 AO angeführten Gerichte anhängig war, für diese Einsprüche i. d. R. nicht entscheidungserheblich ist. Wenn dagegen die Frage der Zulässigkeit eines Einspruchs Gegenstand des Verfahrens bei einem der in § 367 Abs. 2b Satz 1 AO angeführten Gerichte war, kann eine Allgemeinverfügung insoweit auch unzulässige Einsprüche erfassen. Ansonsten sind unzulässige Einsprüche möglichst zeitnah durch Einspruchsentscheidung zu verwerfen, falls sie vom Einspruchsführer nicht zurückgenommen werden.

8. Insolvenzverfahren

Zur Verfahrensweise in Insolvenzfällen vgl. AEAO zu § 251, Nrn. 5.3. ff. und Nr. 14.

§ 368 (weggefallen)

Achter Teil - Straf- und Bußgeldvorschriften, Straf- und Bußgeldverfahren

Erster Abschnitt - Strafvorschriften

§ 369 Steuerstraftaten (S 0700)

(1) Steuerstraftaten (Zollstraftaten) sind:

1. Taten, die nach den Steuergesetzen strafbar sind,
2. der Bannbruch,
3. die Wertzeichenfälschung und deren Vorbereitung, soweit die Tat Steuerzeichen betrifft,
4. die Begünstigung einer Person, die eine Tat nach den Nummern 1 bis 3 begangen hat.

(2) Für Steuerstraftaten gelten die allgemeinen Gesetze über das Strafrecht, soweit die Strafvorschriften der Steuergesetze nichts anderes bestimmen.

§ 370 Steuerhinterziehung (S 0701)

(1) Mit Freiheitsstrafe bis zu fünf Jahren oder mit Geldstrafe wird bestraft, wer

1. den Finanzbehörden oder anderen Behörden über steuerlich erhebliche Tatsachen unrichtige oder unvollständige Angaben macht,
2. die Finanzbehörden pflichtwidrig über steuerlich erhebliche Tatsachen in Unkenntnis lässt oder
3. pflichtwidrig die Verwendung von Steuerzeichen oder Steuerstemplern unterlässt

und dadurch Steuern verkürzt oder für sich oder einen anderen nicht gerechtfertigte Steuervorteile erlangt.

(2) Der Versuch ist strafbar.

(3) [1]In besonders schweren Fällen ist die Strafe Freiheitsstrafe von sechs Monaten bis zu zehn Jahren. [2]Ein besonders schwerer Fall liegt in der Regel vor, wenn der Täter

1. in großem Ausmaß Steuern verkürzt oder nicht gerechtfertigte Steuervorteile erlangt,
2. seine Befugnisse oder seine Stellung als Amtsträger oder Europäischer Amtsträger (§ 11 Absatz 1 Nummer 2a des Strafgesetzbuchs) missbraucht,

3. die Mithilfe eines Amtsträgers oder Europäischer Amtsträger (§ 11 Absatz 1 Nummer 2a des Strafgesetzbuchs) ausnutzt, der seine Befugnisse oder seine Stellung missbraucht,

4. unter Verwendung nachgemachter oder verfälschter Belege fortgesetzt Steuern verkürzt oder nicht gerechtfertigte Steuervorteile erlangt,

5. als Mitglied einer Bande, die sich zur fortgesetzten Begehung von Taten nach Absatz 1 verbunden hat, Umsatz- oder Verbrauchssteuern verkürzt oder nicht gerechtfertigte Umsatz- oder Verbrauchssteuervorteile erlangt oder

6. eine Drittstaat-Gesellschaft im Sinne des § 138 Absatz 3, auf die er alleine oder zusammen mit nahestehenden Personen im Sinne des § 1 Absatz 2 des Außensteuergesetzes unmittelbar oder mittelbar einen beherrschenden oder bestimmenden Einfluss ausüben kann, zur Verschleierung steuerlich erheblicher Tatsachen nutzt und auf diese Weise fortgesetzt Steuern verkürzt oder nicht gerechtfertigte Steuervorteile erlangt.

(4) [1]Steuern sind namentlich dann verkürzt, wenn sie nicht, nicht in voller Höhe oder nicht rechtzeitig festgesetzt werden; dies gilt auch dann, wenn die Steuer vorläufig oder unter Vorbehalt der Nachprüfung festgesetzt wird oder eine Steueranmeldung einer Steuerfestsetzung unter Vorbehalt der Nachprüfung gleichsteht. [2]Steuervorteile sind auch Steuervergütungen; nicht gerechtfertigte Steuervorteile sind erlangt, soweit sie zu Unrecht gewährt oder belassen werden. [3]Die Voraussetzungen der Sätze 1 und 2 sind auch dann erfüllt, wenn die Steuer, auf die sich die Tat bezieht, aus anderen Gründen hätte ermäßigt oder der Steuervorteil aus anderen Gründen hätte beansprucht werden können.

(5) Die Tat kann auch hinsichtlich solcher Waren begangen werden, deren Einfuhr, Ausfuhr oder Durchfuhr verboten ist.

(6) [1]Die Absätze 1 bis 5 gelten auch dann, wenn sich die Tat auf Einfuhr- oder Ausfuhrabgaben bezieht, die von einem anderen Mitgliedstaat der Europäischen Union verwaltet werden oder die einem Mitgliedstaat der Europäischen Freihandelsassoziation oder einem mit dieser assoziierten Staat zustehen. [2]Das Gleiche gilt, wenn sich die Tat auf Umsatzsteuern oder auf die in Artikel 1 Absatz 1 der Richtlinie 2008/118/EG des Rates vom 16. Dezember 2008 über das allgemeine Verbrauchsteuersystem und zur Aufhebung der Richtlinie 92/12/EWG (ABl. L 9 vom 14.1.2009, S. 12) genannten harmonisierten Verbrauchsteuern bezieht, die von einem anderen Mitgliedstaat der Europäischen Union verwaltet werden.

(7) Die Absätze 1 bis 6 gelten unabhängig von dem Recht des Tatortes auch für Taten, die außerhalb des Geltungsbereiches dieses Gesetzes begangen werden.

§ 370a (weggefallen)

§ 371 Selbstanzeige bei Steuerhinterziehung (S 0702)

(1) [1]Wer gegenüber der Finanzbehörde zu allen Steuerstraftaten einer Steuerart in vollem Umfang die unrichtigen Angaben berichtigt, die unvollständigen Angaben ergänzt oder die unterlassenen Angaben nachholt, wird wegen dieser Steuerstraftaten nicht nach § 370 bestraft. [2]Die Angaben müssen zu allen unverjährten Steuerstraftaten einer Steuerart, mindestens aber zu allen Steuerstraftaten einer Steuerart innerhalb der letzten zehn Kalenderjahre erfolgen.

(2) [1]Straffreiheit tritt nicht ein, wenn

1. bei einer der zur Selbstanzeige gebrachten unverjährten Steuerstraftaten vor der Berichtigung, Ergänzung oder Nachholung

   a) dem an der Tat Beteiligten, seinem Vertreter, dem Begünstigten im Sinne des § 370 Absatz 1 oder dessen Vertreter eine Prüfungsanordnung nach § 196 bekannt gegeben worden ist, beschränkt auf den sachlichen und zeitlichen Umfang der angekündigten Außenprüfung, oder

   b) dem an der Tat Beteiligten oder seinem Vertreter die Einleitung des Straf- oder Bußgeldverfahrens bekannt gegeben worden ist oder

   c) ein Amtsträger der Finanzbehörde zur steuerlichen Prüfung erschienen ist, beschränkt auf den sachlichen und zeitlichen Umfang der Außenprüfung, oder

   d) ein Amtsträger zur Ermittlung einer Steuerstraftat oder einer Steuerordnungswidrigkeit erschienen ist oder

   e) ein Amtsträger der Finanzbehörde zu einer Umsatzsteuer-Nachschau nach § 27b des Umsatzsteuergesetzes, einer Lohnsteuer-Nachschau nach § 42g des Einkommensteuergesetzes oder einer Nachschau nach anderen steuerrechtlichen Vorschriften erschienen ist und sich ausgewiesen hat oder

2. eine der Steuerstraftaten im Zeitpunkt der Berichtigung, Ergänzung oder Nachholung ganz oder zum Teil bereits entdeckt war und der Täter dies wusste oder bei verständiger Würdigung der Sachlage damit rechnen musste,

3. die nach § 370 Absatz 1 verkürzte Steuer oder der für sich oder einen anderen erlangte nicht gerechtfertigte Steuervorteil einen Betrag von 25 000 Euro je Tat übersteigt, oder

4. ein in § 370 Absatz 3 Satz 2 Nummer 2 bis 6 genannter besonders schwerer Fall vorliegt.

[2]Der Ausschluss der Straffreiheit nach Satz 1 Nummer 1 Buchstabe a und c hindert nicht die Abgabe einer Berichtigung nach Absatz 1 für die nicht unter Satz 1 Nummer 1 Buchstabe a und c fallenden Steuerstraftaten einer Steuerart.

(2a) [1]Soweit die Steuerhinterziehung durch Verletzung der Pflicht zur rechtzeitigen Abgabe einer vollständigen und richtigen Umsatzsteuervoranmeldung oder

Lohnsteueranmeldung begangen worden ist, tritt Straffreiheit abweichend von den Absätzen 1 und 2 Satz 1 Nummer 3 bei Selbstanzeigen in dem Umfang ein, in dem der Täter gegenüber der zuständigen Finanzbehörde die unrichtigen Angaben berichtigt, die unvollständigen Angaben ergänzt oder die unterlassenen Angaben nachholt. [2]Absatz 2 Satz 1 Nummer 2 gilt nicht, wenn die Entdeckung der Tat darauf beruht, dass eine Umsatzsteuervoranmeldung oder Lohnsteueranmeldung nachgeholt oder berichtigt wurde. [3]Die Sätze 1 und 2 gelten nicht für Steueranmeldungen, die sich auf das Kalenderjahr beziehen. [4]Für die Vollständigkeit der Selbstanzeige hinsichtlich einer auf das Kalenderjahr bezogenen Steueranmeldung ist die Berichtigung, Ergänzung oder Nachholung der Voranmeldungen, die dem Kalenderjahr nachfolgende Zeiträume betreffen, nicht erforderlich.

(3) [1]Sind Steuerverkürzungen bereits eingetreten oder Steuervorteile erlangt, so tritt für den an der Tat Beteiligten Straffreiheit nur ein, wenn er die aus der Tat zu seinen Gunsten hinterzogenen Steuern, die Hinterziehungszinsen nach § 235 und die Zinsen nach § 233a, soweit sie auf die Hinterziehungszinsen nach § 235 Absatz 4 angerechnet werden sowie die Verzugszinsen nach Artikel 114 des Zollkodex der Union, innerhalb der ihm bestimmten angemessenen Frist entrichtet. [2]In den Fällen des Absatzes 2a Satz 1 gilt Satz 1 mit der Maßgabe, dass die fristgerechte Entrichtung von Zinsen nach § 233a oder § 235 unerheblich ist.

(4) [1]Wird die in § 153 vorgesehene Anzeige rechtzeitig und ordnungsmäßig erstattet, so wird ein Dritter, der die in § 153 bezeichneten Erklärungen abzugeben unterlassen oder unrichtig oder unvollständig abgegeben hat, strafrechtlich nicht verfolgt, es sei denn, dass ihm oder seinem Vertreter vorher die Einleitung eines Straf- oder Bußgeldverfahrens wegen der Tat bekannt gegeben worden ist. [2]Hat der Dritte zum eigenen Vorteil gehandelt, so gilt Absatz 3 entsprechend.

§ 372 Bannbruch (S 0701)

(1) Bannbruch begeht, wer Gegenstände entgegen einem Verbot einführt, ausführt oder durchführt.

(2) Der Täter wird nach § 370 Absatz 1, 2 bestraft, wenn die Tat nicht in anderen Vorschriften als Zuwiderhandlung gegen ein Einfuhr-, Ausfuhr- oder Durchfuhrverbot mit Strafe oder mit Geldbuße bedroht ist.

§ 373 Gewerbsmäßiger, gewaltsamer und bandenmäßiger Schmuggel (S 0701)

(1) [1]Wer gewerbsmäßig Einfuhr- oder Ausfuhrabgaben hinterzieht oder gewerbsmäßig durch Zuwiderhandlungen gegen Monopolvorschriften Bannbruch begeht, wird mit Freiheitsstrafe von sechs Monaten bis zu zehn Jahren bestraft. [2]In minder schweren Fällen ist die Strafe Freiheitsstrafe bis zu fünf Jahren oder Geldstrafe.

(2) Ebenso wird bestraft, wer

1. **eine Hinterziehung von Einfuhr- oder Ausfuhrabgaben oder einen Bannbruch begeht, bei denen er oder ein anderer Beteiligter eine Schusswaffe bei sich führt,**

2. eine Hinterziehung von Einfuhr- oder Ausfuhrabgaben oder einen Bannbruch begeht, bei denen er oder ein anderer Beteiligter eine Waffe oder sonst ein Werkzeug oder Mittel bei sich führt, um den Widerstand eines anderen durch Gewalt oder Drohung mit Gewalt zu verhindern oder zu überwinden, oder

3. als Mitglied einer Bande, die sich zur fortgesetzten Begehung der Hinterziehung von Einfuhr- oder Ausfuhrabgaben oder des Bannbruchs verbunden hat, eine solche Tat begeht.

(3) Der Versuch ist strafbar.

(4) § 370 Abs. 6 Satz 1 und Abs. 7 gilt entsprechend.

§ 374 Steuerhehlerei (S 0701)

(1) Wer Erzeugnisse oder Waren, hinsichtlich deren Verbrauchsteuern oder Einfuhr- und Ausfuhrabgaben nach Artikel 5 Nummer 20 und 21 des Zollkodex der Union hinterzogen oder Bannbruch nach § 372 Abs. 2, § 373 begangen worden ist, ankauft oder sonst sich oder einem Dritten verschafft, sie absetzt oder abzusetzen hilft, um sich oder einen Dritten zu bereichern, wird mit Freiheitsstrafe bis zu fünf Jahren oder mit Geldstrafe bestraft.

(2) [1]Handelt der Täter gewerbsmäßig oder als Mitglied einer Bande, die sich zur fortgesetzten Begehung von Straftaten nach Absatz 1 verbunden hat, so ist die Strafe Freiheitsstrafe von sechs Monaten bis zu zehn Jahren. [2]In minder schweren Fällen ist die Strafe Freiheitsstrafe bis zu fünf Jahren oder Geldstrafe.

(3) Der Versuch ist strafbar.

(4) § 370 Absatz 6 und 7 gilt entsprechend.

§ 375 Nebenfolgen (S 0703)

(1) Neben einer Freiheitsstrafe von mindestens einem Jahr wegen

1. Steuerhinterziehung,

2. Bannbruchs nach § 372 Abs. 2, § 373,

3. Steuerhehlerei oder

4. Begünstigung einer Person, die eine Tat nach den Nummern 1 bis 3 begangen hat,

kann das Gericht die Fähigkeit, öffentliche Ämter zu bekleiden, und die Fähigkeit, Rechte aus öffentlichen Wahlen zu erlangen, aberkennen (§ 45 Abs. 2 des Strafgesetzbuchs).

(2)[1]Ist eine Steuerhinterziehung, ein Bannbruch nach § 372 Abs. 2, § 373 oder eine Steuerhehlerei begangen worden, so können

1. **die Erzeugnisse, Waren und andere Sachen, auf die sich die Hinterziehung von Verbrauchsteuer oder Einfuhr- und Ausfuhrabgaben nach Artikel 5 Nummer 20 und 21 des Zollkodex der Union, der Bannbruch oder die Steuerhehlerei bezieht, und**

2. **die Beförderungsmittel, die zur Tat benutzt worden sind,**

eingezogen werden. [2]§ 74a des Strafgesetzbuchs ist anzuwenden.

§ 375a (weggefallen)

§ 376 Verfolgungsverjährung (S 0704)

(1) In den in § 370 Abs. 3 Satz 2 Nr. 1 bis 6 genannten Fällen besonders schwerer Steuerhinterziehung beträgt die Verjährungsfrist 15 Jahre; § 78b Absatz 4 des Strafgesetzbuches gilt entsprechend.

(2) Die Verjährung der Verfolgung einer Steuerstraftat wird auch dadurch unterbrochen, dass dem Beschuldigten die Einleitung des Bußgeldverfahrens bekannt gegeben oder diese Bekanntgabe angeordnet wird.

(3) Abweichend von § 78c Absatz 3 Satz 2 des Strafgesetzbuches verjährt in den in § 370 Absatz 3 Satz 2 Nummer 1 bis 6 genannten Fällen besonders schwerer Steuerhinterziehung die Verfolgung spätestens, wenn seit dem in § 78a des Strafgesetzbuches bezeichneten Zeitpunkt das Zweieinhalbfache der gesetzlichen Verjährungsfrist verstrichen ist.

Zweiter Abschnitt - Bußgeldvorschriften

§ 377 Steuerordnungswidrigkeiten (S 0710)

(1) Steuerordnungswidrigkeiten (Zollordnungswidrigkeiten) sind Zuwiderhandlungen, die nach diesem Gesetz oder den Steuergesetzen mit Geldbuße geahndet werden können.

(2) Für Steuerordnungswidrigkeiten gelten die Vorschriften des Ersten Teils des Gesetzes über Ordnungswidrigkeiten, soweit die Bußgeldvorschriften dieses Gesetzes oder der Steuergesetze nichts anderes bestimmen.

§ 378 Leichtfertige Steuerverkürzung (S 0711 / 0712)

(1) [1]Ordnungswidrig handelt, wer als Steuerpflichtiger oder bei Wahrnehmung der Angelegenheiten eines Steuerpflichtigen eine der in § 370 Abs. 1 bezeichneten Taten leichtfertig begeht. [2]§ 370 Abs. 4 bis 7 gilt entsprechend.

(2) Die Ordnungswidrigkeit kann mit einer Geldbuße bis zu fünfzigtausend Euro geahndet werden.

(3) [1]Eine Geldbuße wird nicht festgesetzt, soweit der Täter gegenüber der Finanzbehörde die unrichtigen Angaben berichtigt, die unvollständigen Angaben ergänzt oder die unterlassenen Angaben nachholt, bevor ihm oder seinem Vertreter die Einleitung eines Straf- oder Bußgeldverfahrens wegen der Tat bekannt gegeben worden ist. [2]Sind Steuerverkürzungen bereits eingetreten oder Steuervorteile erlangt, so wird eine Geldbuße nicht festgesetzt, wenn der Täter die aus der Tat zu seinen Gunsten verkürzten Steuern innerhalb der ihm bestimmten angemessenen Frist entrichtet. [3]§ 371 Absatz 4 gilt entsprechend.

§ 379 Steuergefährdung (S 0711)

(1) [1]Ordnungswidrig handelt, wer vorsätzlich oder leichtfertig

1. Belege ausstellt, die in tatsächlicher Hinsicht unrichtig sind,
2. Belege gegen Entgelt in den Verkehr bringt,
3. nach Gesetz buchungs- oder aufzeichnungspflichtige Geschäftsvorfälle oder Betriebsvorgänge nicht oder in tatsächlicher Hinsicht unrichtig aufzeichnet oder aufzeichnen lässt, verbucht oder verbuchen lässt,
4. entgegen § 146a Absatz 1 Satz 1 ein dort genanntes System nicht oder nicht richtig verwendet,
5. entgegen § 146a Absatz 1 Satz 2 ein dort genanntes System nicht oder nicht richtig schützt,
6. entgegen § 146a Absatz 1 Satz 5 gewerbsmäßig ein dort genanntes System oder eine dort genannte Software bewirbt oder in den Verkehr bringt,
7. entgegen § 147 Absatz 1 Nummer 1 bis 3 oder 4 eine Unterlage nicht oder nicht für die vorgeschriebene Dauer aufbewahrt oder

8. entgegen § 147a Absatz 1 Satz 1 oder Absatz 2 Satz 1 eine Aufzeichnung oder eine Unterlage nicht oder nicht mindestens sechs Jahre aufbewahrt

und dadurch ermöglicht, Steuern zu verkürzen oder nicht gerechtfertigte Steuervorteile zu erlangen. [2]Satz 1 Nr. 1 gilt auch dann, wenn Einfuhr- und Ausfuhrabgaben verkürzt werden können, die von einem anderen Mitgliedstaat der Europäischen Union verwaltet werden oder die einem Staat zustehen, der für Waren aus der Europäischen Union auf Grund eines Assoziations- oder Präferenzabkommens eine Vorzugsbehandlung gewährt; § 370 Abs. 7 gilt entsprechend. [3]Das Gleiche gilt, wenn sich die Tat auf Umsatzsteuern bezieht, die von einem anderen Mitgliedstaat der Europäischen Union verwaltet werden.

(2) Ordnungswidrig handelt, wer vorsätzlich oder leichtfertig

1. der Mitteilungspflicht nach § 138 Absatz 2 Satz 1nicht, nicht vollständig oder nicht rechtzeitig nachkommt,

1a. entgegen § 144 Absatz 1 oder Absatz 2 Satz 1, jeweils auch in Verbindung mit Absatz 5, eine Aufzeichnung nicht, nicht richtig oder nicht vollständig erstellt,

1b. einer Rechtsverordnung nach § 117c Absatz 1 oder einer vollziehbaren Anordnung auf Grund einer solchen Rechtsverordnung zuwiderhandelt, soweit die Rechtsverordnung für einen bestimmten Tatbestand auf diese Bußgeldvorschrift verweist,

1c. entgegen § 138a Absatz 1, 3 oder 4 eine Übermittlung des länderbezogenen Berichts oder entgegen § 138a Absatz 4 Satz 3 eine Mitteilung nicht, nicht vollständig oder nicht rechtzeitig (§ 138a Absatz 6) macht,

1d. der Mitteilungspflicht nach § 138b Absatz 1 bis 3 nicht, nicht vollständig oder nicht rechtzeitig nachkommt,

1e. entgegen § 138d Absatz 1, entgegen § 138f Absatz 1, 2, 3 Satz 1 Nummer 1 bis 7 sowie 9 und 10 oder entgegen § 138h Absatz 2 eine Mitteilung über eine grenzüberschreitende Steuergestaltung nicht oder nicht rechtzeitig macht oder zur Verfügung stehende Angaben nicht vollständig mitteilt,

1f. entgegen § 138g Absatz 1 Satz 1 oder entgegen § 138h Absatz 2 die Angaben nicht, nicht richtig, nicht vollständig oder nicht rechtzeitig mitteilt,

1g. entgegen § 138k Satz 1 in der Steuererklärung die Angabe der von ihm verwirklichten grenzüberschreitenden Steuergestaltung nicht, nicht richtig, nicht vollständig oder nicht rechtzeitig macht,

1h. einer vollziehbaren Anordnung nach § 147 Absatz 6 Satz 1 zuwiderhandelt,

1i. entgegen § 147 Absatz 6 Satz 2 Nummer 1 Einsicht nicht, nicht richtig oder nicht vollständig gewährt oder

2. die Pflichten nach § 154 Absatz 1 bis 2c verletzt.

(3) Ordnungswidrig handelt, wer vorsätzlich oder fahrlässig einer Auflage nach § 120 Abs. 2 Nr. 4 zuwiderhandelt, die einem Verwaltungsakt für Zwecke der besonderen Steueraufsicht (§§ 209 bis 217) beigefügt worden ist.

(4) Die Ordnungswidrigkeit nach Absatz 1 Satz 1 Nummer 1, 2 und 8, Absatz 2 Nummer 1a, 1b und 2 sowie Absatz 3 kann mit einer Geldbuße bis zu 5 000 Euro geahndet werden, wenn die Handlung nicht nach § 378 geahndet werden kann.

(5) Die Ordnungswidrigkeit nach Absatz 2 Nummer 1c kann mit einer Geldbuße bis zu 10 000 Euro geahndet werden, wenn die Handlung nicht nach § 378 geahndet werden kann.

(6) Die Ordnungswidrigkeit nach Absatz 1 Satz 1 Nummer 3 bis 7 und Absatz 2 Nummer 1h und 1i kann mit einer Geldbuße bis zu 25 000 Euro geahndet werden, wenn die Handlung nicht nach § 378 geahndet werden kann.

(7) Die Ordnungswidrigkeit nach Absatz 2 Nummer 1 und 1d bis 1g kann mit einer Geldbuße bis zu 25 000 Euro geahndet werden, wenn die Handlung nicht nach § 378 geahndet werden kann.

§ 380 Gefährdung der Abzugsteuern (S 0711)

(1) Ordnungswidrig handelt, wer vorsätzlich oder leichtfertig seiner Verpflichtung, Steuerabzugsbeträge einzubehalten und abzuführen, nicht, nicht vollständig oder nicht rechtzeitig nachkommt.

(2) Die Ordnungswidrigkeit kann mit einer Geldbuße bis zu fünfundzwanzigtausend Euro geahndet werden, wenn die Handlung nicht nach § 378 geahndet werden kann.

§ 381 Verbrauchsteuergefährdung (S 0711)

(1) Ordnungswidrig handelt, wer vorsätzlich oder leichtfertig Vorschriften der Verbrauchsteuergesetze oder der dazu erlassenen Rechtsverordnungen

1. über die zur Vorbereitung, Sicherung oder Nachprüfung der Besteuerung auferlegten Pflichten,
2. über Verpackung und Kennzeichnung verbrauchsteuerpflichtiger Erzeugnisse oder Waren, die solche Erzeugnisse enthalten, oder über Verkehrs- oder Verwendungsbeschränkungen für solche Erzeugnisse oder Waren oder
3. über den Verbrauch unversteuerter Waren in den Freihäfen

zuwiderhandelt, soweit die Verbrauchsteuergesetze oder die dazu erlassenen Rechtsverordnungen für einen bestimmten Tatbestand auf diese Bußgeldvorschrift verweisen.

(2) Die Ordnungswidrigkeit kann mit einer Geldbuße bis zu fünftausend Euro geahndet werden, wenn die Handlung nicht nach § 378 geahndet werden kann.

§ 382 Gefährdung der Einfuhr- und Ausfuhrabgaben (S 0711)

(1) Ordnungswidrig handelt, wer als Pflichtiger oder bei der Wahrnehmung der Angelegenheiten eines Pflichtigen vorsätzlich oder fahrlässig Zollvorschriften, den dazu erlassenen Rechtsverordnungen oder den Verordnungen des Rates

der Europäischen Union oder der Europäischen Kommission zuwiderhandelt, die

1. für die zollamtliche Erfassung des Warenverkehrs über die Grenze des Zollgebiets der Europäischen Union sowie über die Freizonengrenzen,
2. für die Überführung von Waren in ein Zollverfahren und dessen Durchführung oder für die Erlangung einer sonstigen zollrechtlichen Bestimmung von Waren, 3. für die Freizonen, den grenznahen Raum sowie die darüber hinaus der Grenzaufsicht unterworfenen Gebiete

gelten, soweit die Zollvorschriften, die dazu oder die auf Grund von Absatz 4 erlassenen Rechtsverordnungen für einen bestimmten Tatbestand auf diese Bußgeldvorschrift verweisen.

(2) Absatz 1 ist auch anzuwenden, soweit die Zollvorschriften und die dazu erlassenen Rechtsverordnungen für Verbrauchsteuern sinngemäß gelten.

(3) Die Ordnungswidrigkeit kann mit einer Geldbuße bis zu fünftausend Euro geahndet werden, wenn die Handlung nicht nach § 378 geahndet werden kann.

(4) Das Bundesministerium der Finanzen kann durch Rechtsverordnungen die Tatbestände der Verordnungen des Rates der Europäischen Union oder der Europäischen Kommission, die nach den Absätzen 1 bis 3 als Ordnungswidrigkeiten mit Geldbuße geahndet werden können, bezeichnen, soweit dies zur Durchführung dieser Rechtsvorschriften erforderlich ist und die Tatbestände Pflichten zur Gestellung, Vorführung, Lagerung oder Behandlung von Waren, zur Abgabe von Erklärungen oder Anzeigen, zur Aufnahme von Niederschriften sowie zur Ausfüllung oder Vorlage von Zolldokumenten oder zur Aufnahme von Vermerken in solchen Dokumenten betreffen.

§ 383 Unzulässiger Erwerb von Steuererstattungs- und Vergütungsansprüchen (S 0711)

(1) Ordnungswidrig handelt, wer entgegen § 46 Abs. 4 Satz 1 Erstattungs- oder Vergütungsansprüche erwirbt.

(2) Die Ordnungswidrigkeit kann mit einer Geldbuße bis zu fünfzigtausend Euro geahndet werden.

§ 383a (weggefallen)

§ 383b Pflichtverletzung bei Übermittlung von Vollmachtsdaten (S 0353-a)

(1) Ordnungswidrig handelt, wer den Finanzbehörden vorsätzlich oder leichtfertig

1. entgegen § 80a Absatz 1 Satz 3 unzutreffende Vollmachtsdaten übermittelt oder

2. entgegen § 80a Absatz 1 Satz 4 den Widerruf oder die Veränderung einer nach § 80a Absatz 1 übermittelten Vollmacht durch den Vollmachtgeber nicht unverzüglich mitteilt.

(2) Die Ordnungswidrigkeit kann mit einer Geldbuße bis zu zehntausend Euro geahndet werden.

§ 384 Verfolgungsverjährung (S 0713)

Die Verfolgung von Steuerordnungswidrigkeiten nach den §§ 378 bis 380 verjährt in fünf Jahren.

§ 384a Verstöße nach Artikel 83 Absatz 4 bis 6 der Verordnung (EU) 2016/679 (S 0715)

(1) Vorschriften dieses Gesetzes und der Steuergesetze über Steuerordnungswidrigkeiten finden keine Anwendung, soweit für eine Zuwiderhandlung zugleich Artikel 83 der Verordnung (EU) 2016/679 unmittelbar oder nach § 2a Absatz 5 entsprechend gilt.

(2) Für Verstöße nach Artikel 83 Absatz 4 bis 6 der Verordnung (EU) 2016/679 im Anwendungsbereich dieses Gesetzes gilt § 41 des Bundesdatenschutzgesetzes entsprechend.

(3) Eine Meldung nach Artikel 33 der Verordnung (EU) 2016/679 und eine Benachrichtigung nach Artikel 34 Absatz 1 der Verordnung (EU) 2016/679 dürfen in einem Straf- oder Bußgeldverfahren gegen die meldepflichtige Person oder einen ihrer in § 52 Absatz 1 der Strafprozessordnung bezeichneten Angehörigen nur mit Zustimmung der meldepflichtigen Person verwertet werden.

(4) Gegen Finanzbehörden und andere öffentliche Stellen werden im Anwendungsbereich dieses Gesetzes keine Geldbußen nach Artikel 83 Absatz 4 bis 6 der Verordnung (EU) 2016/679 verhängt.

Dritter Abschnitt - Strafverfahren

1. Unterabschnitt - Allgemeine Vorschriften

§ 385 Geltung von Verfahrensvorschriften (S 0721)

(1) Für das Strafverfahren wegen Steuerstraftaten gelten, soweit die folgenden Vorschriften nichts anderes bestimmen, die allgemeinen Gesetze über das Strafverfahren, namentlich die Strafprozessordnung, das Gerichtsverfassungsgesetz und das Jugendgerichtsgesetz.

(2) Die für Steuerstraftaten geltenden Vorschriften dieses Abschnitts, mit Ausnahme des § 386 Abs. 2 sowie der §§ 399 bis 401, sind bei dem Verdacht einer Straftat, die unter Vorspiegelung eines steuerlich erheblichen Sachverhalts gegenüber der Finanzbehörde oder einer anderen Behörde auf die Erlangung von Vermögensvorteilen gerichtet ist und kein Steuerstrafgesetz verletzt, entsprechend anzuwenden.

§ 386 Zuständigkeit der Finanzbehörde bei Steuerstraftaten (S 0721)

(1) [1]Bei dem Verdacht einer Steuerstraftat ermittelt die Finanzbehörde den Sachverhalt. [2]Finanzbehörde im Sinne dieses Abschnitts sind das Hauptzollamt, das Finanzamt, das Bundeszentralamt für Steuern und die Familienkasse.

(2) Die Finanzbehörde führt das Ermittlungsverfahren in den Grenzen des § 399 Abs. 1 und der §§ 400, 401 selbständig durch, wenn die Tat

1. ausschließlich eine Steuerstraftat darstellt oder
2. zugleich andere Strafgesetze verletzt und deren Verletzung Kirchensteuern oder andere öffentlich-rechtliche Abgaben betrifft, die an Besteuerungsgrundlagen, Steuermessbeträge oder Steuerbeträge anknüpfen.

(3) Absatz 2 gilt nicht, sobald gegen einen Beschuldigten wegen der Tat ein Haftbefehl oder ein Unterbringungsbefehl erlassen ist.

(4) [1]Die Finanzbehörde kann die Strafsache jederzeit an die Staatsanwaltschaft abgeben. [2]Die Staatsanwaltschaft kann die Strafsache jederzeit an sich ziehen. [3]In beiden Fällen kann die Staatsanwaltschaft im Einvernehmen mit der Finanzbehörde die Strafsache wieder an die Finanzbehörde abgeben.

§ 387 Sachlich zuständige Finanzbehörde (S 0721)

(1) Sachlich zuständig ist die Finanzbehörde, welche die betroffene Steuer verwaltet.

(2) [1]Die Zuständigkeit nach Absatz 1 kann durch Rechtsverordnung einer Finanzbehörde für den Bereich mehrerer Finanzbehörden übertragen werden, soweit dies mit Rücksicht auf die Wirtschafts- oder Verkehrsverhältnisse, den Aufbau der Verwaltungsbehörden oder andere örtliche Bedürfnisse zweckmäßig erscheint. [2]Die Rechtsverordnung erlässt, soweit die Finanzbehörde eine Landesbehörde ist, die Landesregierung, im Übrigen das Bundesministerium der

Finanzen. [3]Die Rechtsverordnung des Bundesministeriums der Finanzen bedarf nicht der Zustimmung des Bundesrates. [4]Das Bundesministerium der Finanzen kann die Ermächtigung nach Satz 1 durch Rechtsverordnung, die nicht der Zustimmung des Bundesrates bedarf, auf eine Bundesoberbehörde übertragen. [5]Die Landesregierung kann die Ermächtigung auf die für die Finanzverwaltung zuständige oberste Landesbehörde übertragen.

§ 388 Örtlich zuständige Finanzbehörde (S 0721)

(1) Örtlich zuständig ist die Finanzbehörde,

1. in deren Bezirk die Steuerstraftat begangen oder entdeckt worden ist,
2. die zur Zeit der Einleitung des Strafverfahrens für die Abgabenangelegenheiten zuständig ist oder
3. in deren Bezirk der Beschuldigte zur Zeit der Einleitung des Strafverfahrens seinen Wohnsitz hat.

(2) [1]Ändert sich der Wohnsitz des Beschuldigten nach Einleitung des Strafverfahrens, so ist auch die Finanzbehörde örtlich zuständig, in deren Bezirk der neue Wohnsitz liegt. [2]Entsprechendes gilt, wenn sich die Zuständigkeit der Finanzbehörde für die Abgabenangelegenheit ändert.

(3) Hat der Beschuldigte im räumlichen Geltungsbereich dieses Gesetzes keinen Wohnsitz, so wird die Zuständigkeit auch durch den gewöhnlichen Aufenthaltsort bestimmt.

§ 389 Zusammenhängende Strafsachen (S 0721)

[1]Für zusammenhängende Strafsachen, die einzeln nach § 388 zur Zuständigkeit verschiedener Finanzbehörden gehören würden, ist jede dieser Finanzbehörden zuständig. [2]§ 3 der Strafprozessordnung gilt entsprechend.

§ 390 Mehrfache Zuständigkeit (S 0721)

(1) Sind nach den §§ 387 bis 389 mehrere Finanzbehörden zuständig, so gebührt der Vorzug der Finanzbehörde, die wegen der Tat zuerst ein Strafverfahren eingeleitet hat.

(2) [1]Auf Ersuchen dieser Finanzbehörde hat eine andere zuständige Finanzbehörde die Strafsache zu übernehmen, wenn dies für die Ermittlungen sachdienlich erscheint. [2]In Zweifelsfällen entscheidet die Behörde, der die ersuchte Finanzbehörde untersteht.

§ 391 Zuständiges Gericht (S 0721)

(1) [1]Ist das Amtsgericht sachlich zuständig, so ist örtlich zuständig das Amtsgericht, in dessen Bezirk das Landgericht seinen Sitz hat. [2]Im vorbereitenden Verfahren gilt dies, unbeschadet einer weitergehenden Regelung nach § 58 Abs. 1 des Gerichtsverfassungsgesetzes, nur für die Zustimmung des Gerichts nach § 153 Abs. 1 und § 153a Abs. 1 der Strafprozessordnung.

(2) [1]Die Landesregierung kann durch Rechtsverordnung die Zuständigkeit abweichend von Absatz 1 Satz 1 regeln, soweit dies mit Rücksicht auf die Wirtschafts- oder Verkehrsverhältnisse, den Aufbau der Verwaltungsbehörden oder andere örtliche Bedürfnisse zweckmäßig erscheint. [2]Die Landesregierung kann diese Ermächtigung auf die Landesjustizverwaltung übertragen.

(3) Strafsachen wegen Steuerstraftaten sollen beim Amtsgericht einer bestimmten Abteilung zugewiesen werden.

(4) Die Absätze 1 bis 3 gelten auch, wenn das Verfahren nicht nur Steuerstraftaten zum Gegenstand hat; sie gelten jedoch nicht, wenn dieselbe Handlung eine Straftat nach dem Betäubungsmittelgesetz darstellt, und nicht für Steuerstraftaten, welche die Kraftfahrzeugsteuer betreffen.

§ 392 Verteidigung (S 0721)

(1) Abweichend von § 138 Abs. 1 der Strafprozessordnung können auch Steuerberater, Steuerbevollmächtigte, Wirtschaftsprüfer und vereidigte Buchprüfer zu Verteidigern gewählt werden, soweit die Finanzbehörde das Strafverfahren selbständig durchführt; im Übrigen können sie die Verteidigung nur in Gemeinschaft mit einem Rechtsanwalt oder einem Rechtslehrer an einer deutschen Hochschule im Sinne des Hochschulrahmengesetzes mit Befähigung zum Richteramt führen.

(2) § 138 Abs. 2 der Strafprozessordnung bleibt unberührt.

§ 393 Verhältnis des Strafverfahrens zum Besteuerungsverfahren (S 0721)

(1) [1]Die Rechte und Pflichten der Steuerpflichtigen und der Finanzbehörde im Besteuerungsverfahren und im Strafverfahren richten sich nach den für das jeweilige Verfahren geltenden Vorschriften. [2]Im Besteuerungsverfahren sind jedoch Zwangsmittel (§ 328) gegen den Steuerpflichtigen unzulässig, wenn er dadurch gezwungen würde, sich selbst wegen einer von ihm begangenen Steuerstraftat oder Steuerordnungswidrigkeit zu belasten. [3]Dies gilt stets, soweit gegen ihn wegen einer solchen Tat das Strafverfahren eingeleitet worden ist. [4]Der Steuerpflichtige ist hierüber zu belehren, soweit dazu Anlass besteht.

(2) [1]Soweit der Staatsanwaltschaft oder dem Gericht in einem Strafverfahren aus den Steuerakten Tatsachen oder Beweismittel bekannt werden, die der Steuerpflichtige der Finanzbehörde vor Einleitung des Strafverfahrens oder in Unkenntnis der Einleitung des Strafverfahrens in Erfüllung steuerrechtlicher Pflichten offenbart hat, dürfen diese Kenntnisse gegen ihn nicht für die Verfolgung einer Tat verwendet werden, die keine Steuerstraftat ist. [2]Dies gilt nicht für Straftaten, an deren Verfolgung ein zwingendes öffentliches Interesse (§ 30 Abs. 4 Nr. 5) besteht.

(3) Erkenntnisse, die die Finanzbehörde oder die Staatsanwaltschaft rechtmäßig im Rahmen strafrechtlicher Ermittlungen gewonnen hat, dürfen im Besteuerungsverfahren verwendet werden. Dies gilt auch für Erkenntnisse, die dem Brief-, Post- und Fernmeldegeheimnis unterliegen, soweit die Finanzbehörde diese rechtmäßig im Rahmen eigener strafrechtlicher Ermittlungen gewonnen hat oder soweit nach den Vorschriften der Strafprozessordnung Auskunft an die Finanzbehörden erteilt werden darf.

§ 394 Übergang des Eigentums (S 0721)

[1]Hat ein Unbekannter, der bei einer Steuerstraftat auf frischer Tat betroffen wurde, aber entkommen ist, Sachen zurückgelassen und sind diese Sachen beschlagnahmt oder sonst sichergestellt worden, weil sie eingezogen werden können, so gehen sie nach Ablauf eines Jahres in das Eigentum des Staates über, wenn der Eigentümer der Sachen unbekannt ist und die Finanzbehörde durch eine öffentliche Bekanntmachung auf den drohenden Verlust des Eigentums hingewiesen hat. [2]§ 10 Abs. 2 Satz 1 des Verwaltungszustellungsgesetzes ist mit der Maßgabe anzuwenden, dass anstelle einer Benachrichtigung der Hinweis nach Satz 1 bekannt gemacht oder veröffentlicht wird. [3]Die Frist beginnt mit dem Aushang der Bekanntmachung.

§ 395 Akteneinsicht der Finanzbehörde (S 0721)

[1]Die Finanzbehörde ist befugt, die Akten, die dem Gericht vorliegen oder im Fall der Erhebung der Anklage vorzulegen wären, einzusehen sowie beschlagnahmte oder sonst sichergestellte Gegenstände zu besichtigen. [2]Die Akten werden der Finanzbehörde auf Antrag zur Einsichtnahme übersandt.

§ 396 Aussetzung des Verfahrens (S 0721)

(1) Hängt die Beurteilung der Tat als Steuerhinterziehung davon ab, ob ein Steueranspruch besteht, ob Steuern verkürzt oder ob nicht gerechtfertigte Steuervorteile erlangt sind, so kann das Strafverfahren ausgesetzt werden, bis das Besteuerungsverfahren rechtskräftig abgeschlossen ist.

(2) Über die Aussetzung entscheidet im Ermittlungsverfahren die Staatsanwaltschaft, im Verfahren nach Erhebung der öffentlichen Klage das Gericht, das mit der Sache befasst ist.

(3) Während der Aussetzung des Verfahrens ruht die Verjährung.

2. Unterabschnitt - Ermittlungsverfahren

I. Allgemeines

§ 397 Einleitung des Strafverfahrens (S 0722)

(1) Das Strafverfahren ist eingeleitet, sobald die Finanzbehörde, die Polizei, die Staatsanwaltschaft, eine ihrer Ermittlungspersonen oder der Strafrichter eine Maßnahme trifft, die erkennbar darauf abzielt, gegen jemanden wegen einer Steuerstraftat strafrechtlich vorzugehen.

(2) Die Maßnahme ist unter Angabe des Zeitpunkts unverzüglich in den Akten zu vermerken.

(3) Die Einleitung des Strafverfahrens ist dem Beschuldigten spätestens mitzuteilen, wenn er dazu aufgefordert wird, Tatsachen darzulegen oder Unterlagen vorzulegen, die im Zusammenhang mit der Straftat stehen, derer er verdächtig ist.

§ 398 Einstellung wegen Geringfügigkeit (S 0722)

[1]Die Staatsanwaltschaft kann von der Verfolgung einer Steuerhinterziehung, bei der nur eine geringwertige Steuerverkürzung eingetreten ist oder nur geringwertige Steuervorteile erlangt sind, auch ohne Zustimmung des für die Eröffnung des Hauptverfahrens zuständigen Gerichts absehen, wenn die Schuld des Täters als gering anzusehen wäre und kein öffentliches Interesse an der Verfolgung besteht. [2]Dies gilt für das Verfahren wegen einer Steuerhehlerei nach § 374 und einer Begünstigung einer Person, die eine der in § 375 Abs. 1 Nr. 1 bis 3 genannten Taten begangen hat, entsprechend.

§ 398a Absehen von Verfolgung in besonderen Fällen (S 0722-a)

(1) In Fällen, in denen Straffreiheit nur wegen § 371 Absatz 2 Satz 1 Nummer 3 oder 4 nicht eintritt, wird von der Verfolgung einer Steuerstraftat abgesehen, wenn der an der Tat Beteiligte innerhalb einer ihm bestimmten angemessenen Frist

1. **die aus der Tat zu seinen Gunsten hinterzogenen Steuern, die Hinterziehungszinsen nach § 235 und die Zinsen nach § 233a, soweit sie auf die Hinterziehungszinsen nach § 235 Absatz 4 angerechnet werden, sowie die Verzugszinsen nach Artikel 114 des Zollkodex der Union entrichtet und**
2. **einen Geldbetrag in folgender Höhe zugunsten der Staatskasse zahlt:**
   a) **10 Prozent der hinterzogenen Steuer, wenn der Hinterziehungsbetrag 100 000 Euro nicht übersteigt,**
   b) **15 Prozent der hinterzogenen Steuer, wenn der Hinterziehungsbetrag 100 000 Euro übersteigt und 1 000 000 Euro nicht übersteigt,**
   c) **20 Prozent der hinterzogenen Steuer, wenn der Hinterziehungsbetrag 1 000 000 Euro übersteigt.**

(2) Die Bemessung des Hinterziehungsbetrags richtet sich nach den Grundsätzen in § 370 Absatz 4.

(3) Die Wiederaufnahme eines nach Absatz 1 abgeschlossenen Verfahrens ist zulässig, wenn die Finanzbehörde erkennt, dass die Angaben im Rahmen einer Selbstanzeige unvollständig oder unrichtig waren.

(4) [1]Der nach Absatz 1 Nummer 2 gezahlte Geldbetrag wird nicht erstattet, wenn die Rechtsfolge des Absatzes 1 nicht eintritt. [2]Das Gericht kann diesen Betrag jedoch auf eine wegen Steuerhinterziehung verhängte Geldstrafe anrechnen.

II. Verfahren der Finanzbehörde bei Steuerstraftaten

§ 399 Rechte und Pflichten der Finanzbehörde (S 0723)

(1) Führt die Finanzbehörde das Ermittlungsverfahren auf Grund des § 386 Abs. 2 selbständig durch, so nimmt sie die Rechte und Pflichten wahr, die der Staatsanwaltschaft im Ermittlungsverfahren zustehen.

(2) [1]Ist einer Finanzbehörde nach § 387 Abs. 2 die Zuständigkeit für den Bereich mehrerer Finanzbehörden übertragen, so bleiben das Recht und die Pflicht dieser Finanzbehörden unberührt, bei dem Verdacht einer Steuerstraftat den Sachverhalt zu erforschen und alle unaufschiebbaren Anordnungen zu treffen, um die Verdunkelung der Sache zu verhüten. [2]Sie können Beschlagnahmen, Notveräußerungen, Durchsuchungen, Untersuchungen und sonstige Maßnahmen nach den für Ermittlungspersonen der Staatsanwaltschaft geltenden Vorschriften der Strafprozessordnung anordnen.

§ 400 Antrag auf Erlass eines Strafbefehls (S 0723)

Bieten die Ermittlungen genügenden Anlass zur Erhebung der öffentlichen Klage, so beantragt die Finanzbehörde beim Richter den Erlass eines Strafbefehls, wenn die Strafsache zur Behandlung im Strafbefehlsverfahren geeignet erscheint; ist dies nicht der Fall, so legt die Finanzbehörde die Akten der Staatsanwaltschaft vor.

§ 401 Antrag auf Anordnung von Nebenfolgen im selbständigen Verfahren (S 0723)

Die Finanzbehörde kann den Antrag stellen, die Einziehung selbständig anzuordnen oder eine Geldbuße gegen eine juristische Person oder eine Personenvereinigung selbständig festzusetzen (§§ 435, 444 Abs. 3 der Strafprozessordnung).

III. Stellung der Finanzbehörde im Verfahren der Staatsanwaltschaft

§ 402 Allgemeine Rechte und Pflichten der Finanzbehörde (S 0724)

(1) Führt die Staatsanwaltschaft das Ermittlungsverfahren durch, so hat die sonst zuständige Finanzbehörde dieselben Rechte und Pflichten wie die Behörden des Polizeidienstes nach der Strafprozessordnung sowie die Befugnisse nach § 399 Abs. 2 Satz 2.

(2) Ist einer Finanzbehörde nach § 387 Abs. 2 die Zuständigkeit für den Bereich mehrerer Finanzbehörden übertragen, so gilt Absatz 1 für jede dieser Finanzbehörden.

§ 403 Beteiligung der Finanzbehörde (S 0724)

(1) [1]Führt die Staatsanwaltschaft oder die Polizei Ermittlungen durch, die Steuerstraftaten betreffen, so ist die sonst zuständige Finanzbehörde befugt, daran teilzunehmen. [2]Ort und Zeit der Ermittlungshandlungen sollen ihr rechtzeitig mitgeteilt werden. [3]Dem Vertreter der Finanzbehörde ist zu gestatten, Fragen an Beschuldigte, Zeugen und Sachverständige zu stellen.

(2) Absatz 1 gilt sinngemäß für solche richterlichen Verhandlungen, bei denen auch der Staatsanwaltschaft die Anwesenheit gestattet ist.

(3) Der sonst zuständigen Finanzbehörde sind die Anklageschrift und der Antrag auf Erlass eines Strafbefehls mitzuteilen.

(4) Erwägt die Staatsanwaltschaft, das Verfahren einzustellen, so hat sie die sonst zuständige Finanzbehörde zu hören.

IV. Steuer- und Zollfahndung

§ 404 Steuer- und Zollfahndung (S 0742)

[1]Die Behörden des Zollfahndungsdienstes und die mit der Steuerfahndung betrauten Dienststellen der Landesfinanzbehörden sowie ihre Beamten haben im Strafverfahren wegen Steuerstraftaten dieselben Rechte und Pflichten wie die Behörden und Beamten des Polizeidienstes nach den Vorschriften der Strafprozessordnung. [2]Die in Satz 1 bezeichneten Stellen haben die Befugnisse nach § 399 Abs. 2 Satz 2 sowie die Befugnis zur Durchsicht der Papiere des von der Durchsuchung Betroffenen (§ 110 Abs. 1 der Strafprozessordnung); ihre Beamten sind Ermittlungspersonen der Staatsanwaltschaft.

V. Entschädigung der Zeugen und der Sachverständigen

§ 405 Entschädigung der Zeugen und der Sachverständigen (S 0725)

[1]Werden Zeugen und Sachverständige von der Finanzbehörde zu Beweiszwecken herangezogen, erhalten sie eine Entschädigung oder Vergütung in entsprechender Anwendung des Justizvergütungs- und -entschädigungsgesetz. [2]Dies gilt auch in den Fällen des § 404.

3. Unterabschnitt - Gerichtliches Verfahren

§ 406 Mitwirkung der Finanzbehörde im Strafbefehlsverfahren und im selbständigen Verfahren (S 0726)

(1) Hat die Finanzbehörde den Erlass eines Strafbefehls beantragt, so nimmt sie die Rechte und Pflichten der Staatsanwaltschaft wahr, solange nicht nach § 408 Abs. 3 Satz 2 der Strafprozessordnung Hauptverhandlung anberaumt oder Einspruch gegen den Strafbefehl erhoben wird.

(2) Hat die Finanzbehörde den Antrag gestellt, die Einziehung selbständig anzuordnen oder eine Geldbuße gegen eine juristische Person oder eine Personenvereinigung selbständig festzusetzen (§ 401), so nimmt sie die Rechte und Pflichten der Staatsanwaltschaft wahr, solange nicht mündliche Verhandlung beantragt oder vom Gericht angeordnet wird.

§ 407 Beteiligung der Finanzbehörde in sonstigen Fällen (S 0726)

(1) [1]Das Gericht gibt der Finanzbehörde Gelegenheit, die Gesichtspunkte vorzubringen, die von ihrem Standpunkt für die Entscheidung von Bedeutung sind. [2]Dies gilt auch, wenn das Gericht erwägt, das Verfahren einzustellen. [3]Der Termin zur Hauptverhandlung und der Termin zur Vernehmung durch einen beauftragten oder ersuchten Richter (§§ 223, 233 der Strafprozessordnung) werden der Finanzbehörde mitgeteilt. [4]Ihr Vertreter erhält in der Hauptverhandlung auf Verlangen das Wort. [5]Ihm ist zu gestatten, Fragen an Angeklagte, Zeugen und Sachverständige zu richten.

(2) Das Urteil und andere das Verfahren abschließende Entscheidungen sind der Finanzbehörde mitzuteilen.

4. Unterabschnitt - Kosten des Verfahrens

§ 408 Kosten des Verfahrens (S 0727)

[1]Notwendige Auslagen eines Beteiligten im Sinne des § 464a Abs. 2 Nr. 2 der Strafprozessordnung sind im Strafverfahren wegen einer Steuerstraftat auch die gesetzlichen Gebühren und Auslagen eines Steuerberaters, Steuerbevollmächtigten, Wirtschaftsprüfers oder vereidigten Buchprüfers. [2]Sind Gebühren und Auslagen gesetzlich nicht geregelt, so können sie bis zur Höhe der gesetzlichen Gebühren und Auslagen eines Rechtsanwalts erstattet werden.

Vierter Abschnitt - Bußgeldverfahren

§ 409 Zuständige Verwaltungsbehörde (S 0731)

[1]Bei Steuerordnungswidrigkeiten ist zuständige Verwaltungsbehörde im Sinne des § 36 Abs. 1 Nr. 1 des Gesetzes über Ordnungswidrigkeiten die nach § 387 Abs. 1 sachlich zuständige Finanzbehörde. [2]§ 387 Abs. 2 gilt entsprechend.

§ 410 Ergänzende Vorschriften für das Bußgeldverfahren
(S 0731 / S 0732 / S 0736 / S 0742)

(1) Für das Bußgeldverfahren gelten außer den verfahrensrechtlichen Vorschriften des Gesetzes über Ordnungswidrigkeiten entsprechend:

1. die §§ 388 bis 390 über die Zuständigkeit der Finanzbehörde,
2. § 391 über die Zuständigkeit des Gerichts,
3. § 392 über die Verteidigung,
4. § 393 über das Verhältnis des Strafverfahrens zum Besteuerungsverfahren,
5. § 396 über die Aussetzung des Verfahrens,
6. § 397 über die Einleitung des Strafverfahrens,
7. § 399 Abs. 2 über die Rechte und Pflichten der Finanzbehörde,
8. die §§ 402, 403 Abs. 1, 3 und 4 über die Stellung der Finanzbehörde im Verfahren der Staatsanwaltschaft,
9. § 404 Satz 1 und Satz 2 erster Halbsatz über die Steuer- und Zollfahndung,
10. § 405 über die Entschädigung der Zeugen und der Sachverständigen,
11. § 407 über die Beteiligung der Finanzbehörde und
12. § 408 über die Kosten des Verfahrens.

(2) Verfolgt die Finanzbehörde eine Steuerstraftat, die mit einer Steuerordnungswidrigkeit zusammenhängt (§ 42 Abs. 1 Satz 2 des Gesetzes über Ordnungswidrigkeiten), so kann sie in den Fällen des § 400 beantragen, den Strafbefehl auf die Steuerordnungswidrigkeit zu erstrecken.

§ 411 Bußgeldverfahren gegen Rechtsanwälte, Steuerberater, Steuer bevollmächtigte, Wirtschaftsprüfer oder vereidigte Buchprüfer

(S 0733)

Bevor gegen einen Rechtsanwalt, Steuerberater, Steuerbevollmächtigten, Wirtschaftsprüfer oder vereidigten Buchprüfer wegen einer Steuerordnungswidrigkeit, die er in Ausübung seines Berufs bei der Beratung in Steuersachen begangen hat, ein Bußgeldbescheid erlassen wird, gibt die Finanzbehörde der zuständigen Berufskammer Gelegenheit, die Gesichtspunkte vorzubringen, die von ihrem Standpunkt für die Entscheidung von Bedeutung sind.

§ 412 Zustellung, Vollstreckung, Kosten

(S 0735)

(1) [1]Für das Zustellungsverfahren gelten abweichend von § 51 Abs. 1 Satz 1 des Gesetzes über Ordnungswidrigkeiten die Vorschriften des Verwaltungszustellungsgesetzes auch dann, wenn eine Landesfinanzbehörde den Bescheid erlassen hat. [2]§ 51 Abs. 1 Satz 2 und Abs. 2 bis 5 des Gesetzes über Ordnungswidrigkeiten bleibt unberührt.

(2) [1]Für die Vollstreckung von Bescheiden der Finanzbehörden in Bußgeldverfahren gelten abweichend von § 90 Abs. 1 und 4, § 108 Abs. 2 des Gesetzes über Ordnungswidrigkeiten die Vorschriften des Sechsten Teils dieses Gesetzes. [2]Die übrigen Vorschriften des Neunten Abschnitts des Zweiten Teils des Gesetzes über Ordnungswidrigkeiten bleiben unberührt.

(3) Für die Kosten des Bußgeldverfahrens gilt § 107 Absatz 4 des Gesetzes über Ordnungswidrigkeiten auch dann, wenn eine Landesfinanzbehörde den Bußgeldbescheid erlassen hat; an Stelle des § 19 des Verwaltungskostengesetzes in der bis zum 14. August 2013 geltenden Fassung gelten § 227 und § 261 dieses Gesetzes.

Neunter Teil - Schlussvorschriften

§ 413 Einschränkung von Grundrechten

Die Grundrechte auf körperliche Unversehrtheit und Freiheit der Person (Artikel 2 Abs. 2 des Grundgesetzes), des Briefgeheimnisses sowie des Post- und Fernmeldegeheimnisses (Artikel 10 des Grundgesetzes) und der Unverletzlichkeit der Wohnung (Artikel 13 des Grundgesetzes) werden nach Maßgabe dieses Gesetzes eingeschränkt.

§ 414 (gegenstandslos)

§ 415 Inkrafttreten[1]

Anlage 1 (zu § 60)

- Zu § 60 wiedergegeben -

[1] § 415 AO enthält seit 1. Januar 1977 Regelungen zum Inkrafttreten der AO 1977. Die Vorschrift wurde durch Artikel 3 Nr. 3 Buchst. b des Gesetzes vom 22.12.1983 (BGBl. I S. 1577) mit Wirkung ab 1. Januar 1984 ergänzt. Regelungen zum Inkrafttreten von Änderungen der AO enthalten die jeweiligen Änderungsgesetze. Besondere Anwendungsregelungen zu Änderungen der AO enthält darüber hinaus Artikel 97 EGAO.
Im Rahmen der Neubekanntmachung der AO vom 1. Oktober 2002 (BGBl. I S. 3866) wurde auf eine Wiedergabe des § 415 AO verzichtet, weil die bisher im Gesetz enthaltenen Inkrafttretensvorschriften wegen Zeitablaufs keine Bedeutung mehr haben. Formal gesehen ist § 415 AO in seiner Fassung vom 1. Januar 1984 weiterhin in Kraft, weil es sich bei einer Neubekanntmachung nicht um einen Rechtsetzungsakt handelt, sondern um eine deklaratorische Wiedergabe des geltenden Gesetzes.

Auszug aus dem

Einführungsgesetz zur Abgabenordnung (EGAO)

vom 14.12.1976 (BGBl. I S. 3341, I 1977 S. 667, BStBl I S. 694), zuletzt geändert durch Artikel 6 des Gesetzes vom 20.12.2022 (BGBl. I S. 2730).

Artikel 97 - Übergangsvorschriften

§ 1 Begonnene Verfahren

(1) Verfahren, die am 1. Januar 1977 anhängig sind, werden nach den Vorschriften der Abgabenordnung zu Ende geführt, soweit in den nachfolgenden Vorschriften nichts anderes bestimmt ist.

(2) Durch das Steuerbereinigungsgesetz 1986 vom 19. Dezember 1985 (BGBl. I S. 2436) geänderte oder eingefügte Vorschriften sowie die auf diesen Vorschriften beruhenden Rechtsverordnungen sind auf alle bei Inkrafttreten dieser Vorschriften anhängigen Verfahren anzuwenden, soweit nichts anderes bestimmt ist. Soweit die Vorschriften die Bekanntgabe von schriftlichen Verwaltungsakten regeln, gelten sie für alle nach dem Inkrafttreten der Vorschriften zur Post gegebenen Verwaltungsakte.

(3) Die durch Artikel 15 des Steuerreformgesetzes 1990 vom 25. Juli 1988 (BGBl. I S. 1093) geänderten Vorschriften sind auf alle bei Inkrafttreten dieser Vorschriften anhängigen Verfahren anzuwenden, soweit nichts anderes bestimmt ist.

(4) Die durch Artikel 26 des Gesetzes vom 21. Dezember 1993 (BGBl. I S. 2310) geänderten Vorschriften sind auf alle bei Inkrafttreten dieser Vorschriften anhängigen Verfahren anzuwenden, soweit nichts anderes bestimmt ist.

(5) Die durch Artikel 26 des Gesetzes vom 11. Oktober 1995 (BGBl. I S. 1250) geänderten Vorschriften sind auf alle bei Inkrafttreten dieser Vorschriften anhängigen Verfahren anzuwenden, soweit nichts anderes bestimmt ist.

(6) Die durch Artikel 18 des Gesetzes vom 20. Dezember 1996 (BGBl. I S. 2049) geänderten Vorschriften sind auf alle bei Inkrafttreten dieser Vorschriften anhängigen Verfahren anzuwenden, soweit nichts anderes bestimmt ist.

(7) Die durch Artikel 17 des Gesetzes vom 22. Dezember 1999 (BGBl. I S. 2601) geänderten Vorschriften sind auf alle bei Inkrafttreten des Gesetzes anhängigen Verfahren anzuwenden, soweit nichts anderes bestimmt ist.

(8) Die durch Artikel 23 des Gesetzes vom 19. Dezember 2000 (BGBl. I S. 1790) geänderten Vorschriften sind auf alle bei Inkrafttreten des Gesetzes anhängigen Verfahren anzuwenden, soweit nichts anderes bestimmt ist.

(9) Rechtsverordnungen auf Grund des § 2 Absatz 2 der Abgabenordnung in der Fassung des Artikels 9 des Gesetzes vom 8. Dezember 2010 (BGBl. I 1796 S. 1768) können mit Wirkung für den Veranlagungszeitraum 2010 erlassen werden, sofern die dem Bundesrat zugeleitete Rechtsverordnung vor dem 1. Januar 2011 als Bundesratsdrucksache veröffentlicht worden ist. Rechtsverordnungen,

die dem Bundesrat nach diesem Zeitpunkt zugeleitet werden, können bestimmen, dass sie ab dem Zeitpunkt der Bekanntgabe der in § 2 Absatz 2 der Abgabenordnung genannten und nach dem 31. Dezember 2010 geschlossenen Konsultationsvereinbarung im Bundessteuerblatt gelten.

(10) Die durch Artikel 3 des Gesetzes vom 18. Juli 2014 (BGBl. I S. 1042) geänderten Vorschriften sind auf alle am 24. Juli 2014 anhängigen Verfahren anzuwenden, soweit nichts anderes bestimmt ist. § 122 Absatz 7 Satz 1 und § 183 Absatz 4 in der Fassung des Artikels 3 des Gesetzes vom 18. Juli 2014 (BGBl. I S. 1042) gelten für alle nach dem 23. Juli 2014 erlassenen Verwaltungsakte. § 15 und § 263 in der Fassung des Artikels 3 des Gesetzes vom 18. Juli 2014 (BGBl. I S. 1042) sind ab dem 24. Juli 2014 anzuwenden.

(11) Durch das Gesetz vom 18. Juli 2016 (BGBl. I S. 1679) geänderte oder eingefügte Vorschriften der Abgabenordnung sind auf alle bei Inkrafttreten dieser Vorschriften anhängigen Verfahren anzuwenden, soweit nichts anderes bestimmt ist.

(12) Die durch das Gesetz vom 23. Juni 2017 (BGBl. I S. 1682) geänderten oder eingefügten Vorschriften der Abgabenordnung sind auf alle am 25. Juni 2017 anhängigen Verfahren anzuwenden, soweit nichts anderes bestimmt ist. § 30a der Abgabenordnung in der am 24. Juni 2017 geltenden Fassung ist ab dem 25. Juni 2017 auch auf Sachverhalte, die vor diesem Zeitpunkt verwirklicht worden sind, nicht mehr anzuwenden.

(13) Die durch Artikel 21 des Gesetzes vom 12. Dezember 2019 (BGBl. I S. 2451) geänderten Vorschriften der Abgabenordnung sind auf alle am 18. Dezember 2019 anhängigen Verfahren anzuwenden, soweit nichts anderes bestimmt ist.

(14) § 93a Absatz 1 Satz 1 Nummer 1 Buchstabe a, Absatz 2 Satz 2 und Absatz 4 der Abgabenordnung in der Fassung des Artikels 27 des Gesetzes vom 21. Dezember 2020 (BGBl. I S. 3096) ist vorbehaltlich des Satzes 2 erstmals für nach dem 31. Dezember 2020 verwirklichte Sachverhalte anzuwenden. § 93a Absatz 1 Satz 1 Nummer 1 Buchstabe a, Absatz 2 Satz 2 und Absatz 4 der Abgabenordnung in der Fassung des Artikels 27 des Gesetzes vom 21. Dezember 2020 (BGBl. I S. 3096) ist für im Kalenderjahr 2020 verwirklichte Sachverhalte anzuwenden, soweit eine Mitteilungspflicht nach der Mitteilungsverordnung nach dem 1. Januar 2020 begründet wurde. § 93a Absatz 1 Satz 1 Nummer 1 Buchstabe e der Abgabenordnung in der Fassung des Artikels 27 des Gesetzes vom 21. Dezember 2020 (BGBl. I S. 3096) ist ab dem 1. Januar 2021 anzuwenden.

§ 1a Steuerlich unschädliche Betätigungen

(1) § 58 Nr. 1 der Abgabenordnung in der Fassung des Artikels 1 des Gesetzes vom 21. Juli 2004 (BGBl. I S. 1753) ist ab dem 1. Januar 2001 anzuwenden.

(2) Die Vorschrift des § 58 Nr. 10 der Abgabenordnung über steuerlich unschädliche Betätigungen in der Fassung des Artikels 26 des Gesetzes vom 21. Dezember 1993 (BGBl. I S. 2310) ist erstmals ab dem 1. Januar 1993 anzuwenden.

(3) § 55 Abs. 1 Nr. 5, § 58 Nr. 7 Buchstabe a, Nr. 11 und 12 der Abgabenordnung in der Fassung des Gesetzes vom 14. Juli 2000 (BGBl. I S. 1034) sind ab dem 1. Januar 2000 anzuwenden.

§ 1b Steuerpflichtige wirtschaftliche Geschäftsbetriebe

§ 64 Abs. 6 der Abgabenordnung in der Fassung des Artikels 5 des Gesetzes vom 20. Dezember 2000 (BGBl. I S. 1850) ist ab dem 1. Januar 2000 anzuwenden.

§ 1c Krankenhäuser

(1) § 67 Abs. 1 der Abgabenordnung in der Fassung des Steuerbereinigungsgesetzes 1986 ist ab dem 1. Januar 1986 anzuwenden.

(2) § 67 Abs. 1 der Abgabenordnung in der Fassung des Gesetzes vom 20. Dezember 1996 (BGBl. I S. 2049) ist ab dem 1. Januar 1996 anzuwenden. Für Krankenhäuser, die mit Wirkung zum 1. Januar 1995 Fallpauschalen und Sonderentgelte nach § 11 Abs. 1 und 2 der Bundespflegesatzverordnung vom 26. September 1994 (BGBl. I S. 2750) angewandt haben, ist § 67 Abs. 1 der Abgabenordnung in der Fassung des in Satz 1 bezeichneten Gesetzes ab dem 1. Januar 1995 anzuwenden.

(3) § 67 der Abgabenordnung in der Fassung des Artikels 10 des Gesetzes vom 13. Dezember 2006 (BGBl. I S. 2878) ist ab dem 1. Januar 2003 anzuwenden.

§ 1d Steuerbegünstigte Zwecke

(1) Die §§ 52, 58, 61, 64 und 67a der Abgabenordnung in der Fassung des Artikels 5 des Gesetzes vom 10. Oktober 2007 (BGBl. I S. 2332) sind ab 1. Januar 2007 anzuwenden.

(2) § 51 der Abgabenordnung in der Fassung des Artikels 10 des Gesetzes vom 19. Dezember 2008 (BGBl. I S. 2794) ist ab dem 1. Januar 2009 anzuwenden.

(3) § 55 Absatz 3 der Abgabenordnung in der Fassung des Artikels 9 des Gesetzes vom 8. Dezember 2010 (BGBl. I S. 1768) ist ab dem 1. Januar 2011 anzuwenden. § 55 Absatz 1 Nummer 4 Satz 2 und § 58 Nummer 1 bis 4 der Abgabenordnung in der Fassung des Artikels 9 des Gesetzes vom 8. Dezember 2010 (BGBl. I S. 1768) sind auch für vor diesem Zeitraum beginnende Veranlagungszeiträume anzuwenden, soweit Steuerfestsetzungen noch nicht bestandskräftig sind oder unter dem Vorbehalt der Nachprüfung stehen.

§ 1e Zweckbetriebe

(1) § 68 Abs. 6 der Abgabenordnung in der Fassung des Artikels 5 des Gesetzes vom 20. Dezember 2000 (BGBl. I S. 1850) ist mit Wirkung vom 1. Januar 2000 anzuwenden. Die Vorschrift ist auch für vor diesem Zeitraum beginnende Veranlagungszeiträume anzuwenden, soweit Steuerfestsetzungen noch nicht bestandskräftig sind oder unter dem Vorbehalt der Nachprüfung stehen.

(2) Die Vorschrift des § 68 Nr. 9 der Abgabenordnung über die Zweckbetriebseigenschaft von Forschungseinrichtungen ist ab dem 1. Januar 1997 anzuwenden. Sie ist auch für vor diesem Zeitpunkt beginnende Kalenderjahre anzuwenden, soweit Steuerfestsetzungen noch nicht bestandskräftig sind oder unter dem Vorbehalt der Nachprüfung stehen.

(3) § 68 Nr. 3 der Abgabenordnung in der Fassung des Artikels 1a des Gesetzes vom 23. April 2004 (BGBl. I S. 606) ist ab dem 1. Januar 2003 anzuwenden. § 68 Nr. 3 Buchstabe c der Abgabenordnung ist auch für vor diesem Zeitraum beginnende Veranlagungszeiträume anzuwenden, soweit Steuerfestsetzungen noch nicht bestandskräftig sind oder unter dem Vorbehalt der Nachprüfung stehen.

§ 1f Satzung

(1) § 62 der Abgabenordnung in der Fassung des Artikels 10 des Gesetzes vom 13. Dezember 2006 (BGBl. I S. 2878) gilt für alle staatlich beaufsichtigten Stiftungen, die nach dem Inkrafttreten dieses Gesetzes errichtet werden. § 62 der Abgabenordnung in der am 31. Dezember 2008 geltenden Fassung ist letztmals anzuwenden auf Betriebe gewerblicher Art von Körperschaften des öffentlichen Rechts, bei den von einer Körperschaft des öffentlichen Rechts verwalteten unselbständigen Stiftungen und bei geistlichen Genossenschaften (Orden, Kongregationen), die vor dem 1. Januar 2009 errichtet wurden.

(2) § 60 Abs. 1 Satz 2 der Abgabenordnung in der Fassung des Artikels 10 des Gesetzes vom 19. Dezember 2008 (BGBl. I S. 2794) ist auf Körperschaften, die nach dem 31. Dezember 2008 gegründet werden, sowie auf Satzungsänderungen bestehender Körperschaften, die nach dem 31. Dezember 2008 wirksam werden, anzuwenden.

§ 2 Fristen

Fristen, deren Lauf vor dem 1. Januar 1977 begonnen hat, werden nach den bisherigen Vorschriften berechnet, soweit in den nachfolgenden Vorschriften nichts anderes bestimmt ist. Dies gilt auch in den Fällen, in denen der Lauf einer Frist nur deshalb nicht vor dem 1. Januar 1977 begonnen hat, weil der Beginn der Frist nach § 84 der Reichsabgabenordnung hinausgeschoben worden ist.

§ 3 Grunderwerbsteuer, Feuerschutzsteuer

(1) Die Abgabenordnung und die Übergangsvorschriften dieses Artikels gelten auch für die Grunderwerbsteuer und die Feuerschutzsteuer; abweichende landesrechtliche Vorschriften bleiben unberührt. Soweit die Grunderwerbsteuer nicht von Landesfinanzbehörden verwaltet wird, gilt § 1 Abs. 2 der Abgabenordnung sinngemäß.

(2) (weggefallen)

§ 4 Mitteilungsverordnung

§ 7 Abs. 2 Satz 1 der Mitteilungsverordnung vom 7. September 1993 (BGBl. I S. 1554) in der Fassung des Artikels 25 des Gesetzes vom 19. Dezember 2000 (BGBl. I S. 1790) ist erstmals auf im Kalenderjahr 2002 geleistete Zahlungen anzuwenden.

§ 5 Zeitpunkt der Einführung des steuerlichen Identifikationsmerkmals

Das Bundesministerium der Finanzen bestimmt durch Rechtsverordnung mit Zustimmung des Bundesrates den Zeitpunkt der Einführung des Identifikationsmerkmals nach § 139a Abs. 1 der Abgabenordnung. Die Festlegung der Zeitpunkte für die ausschließliche Verwendung des Identifikationsmerkmals im Bereich der Einfuhr- und Ausfuhrabgaben sowie der Verbrauchsteuern bedarf nicht der Zustimmung des Bundesrates.

§ 6 Zahlungszeitpunkt bei Scheckzahlung

§ 224 Abs. 2 Nr. 1 der Abgabenordnung in der Fassung des Artikels 10 des Gesetzes vom 13. Dezember 2006 (BGBl. I S. 2878) gilt erstmals, wenn ein Scheck nach dem 31. Dezember 2006 bei der Finanzbehörde eingegangen ist.

§ 7 Missbrauch von rechtlichen Gestaltungsmöglichkeiten

§ 42 der Abgabenordnung in der Fassung des Artikels 14 des Gesetzes vom 20. Dezember 2007 (BGBl. I S. 3150) ist ab dem 1. Januar 2008 für Kalenderjahre, die nach dem 31. Dezember 2007 beginnen, anzuwenden. Für Kalenderjahre, die vor dem 1. Januar 2008 liegen, ist § 42 der Abgabenordnung in der am 28. Dezember 2007 geltenden Fassung weiterhin anzuwenden.

§ 8 Verspätungszuschlag

(1) Die Vorschriften des § 152 der Abgabenordnung über Verspätungszuschläge sind erstmals auf Steuererklärungen anzuwenden, die nach dem 31. Dezember 1976 einzureichen sind; eine Verlängerung der Steuererklärungsfrist ist hierbei nicht zu berücksichtigen. Im übrigen gilt § 168 Abs. 2 der Reichsabgabenordnung mit der Maßgabe, dass ein nach dem 31. Dezember 1976 festgesetzter Verspätungszuschlag höchstens zehntausend Deutsche Mark betragen darf.

(2) § 152 Abs. 2 Satz 1 der Abgabenordnung in der Fassung des Artikels 17 des Gesetzes vom 22. Dezember 1999 (BGBl. I S. 2601) ist erstmals auf Steuererklärungen anzuwenden, die nach dem 31. Dezember 1999 einzureichen sind; eine Verlängerung der Steuererklärungsfrist ist hierbei nicht zu berücksichtigen.

(3) § 152 Abs. 2 Satz 1 der Abgabenordnung in der Fassung des Artikels 23 des Gesetzes vom 19. Dezember 2000 (BGBl. I S. 1790) ist erstmals auf Steuererklärungen anzuwenden, die Steuern betreffen, die nach dem 31. Dezember 2001 entstehen.

(4) § 152 der Abgabenordnung in der am 1. Januar 2017 geltenden Fassung ist vorbehaltlich des Satzes 4 erstmals auf Steuererklärungen anzuwenden, die nach dem 31. Dezember 2018 einzureichen sind. Eine Verlängerung der Steuererklärungsfrist ist hierbei nicht zu berücksichtigen. § 152 der Abgabenordnung in der am 31. Dezember 2016 geltenden Fassung ist weiterhin anzuwenden auf

1. **Steuererklärungen, die vor dem 1. Januar 2019 einzureichen sind, und**
2. **Umsatzsteuererklärungen für den kürzeren Besteuerungszeitraum nach § 18 Absatz 3 Satz 1 und 2 des Umsatzsteuergesetzes, wenn die gewerbliche oder berufliche Tätigkeit im Laufe des Kalenderjahres 2018 endet.**

Das Bundesministerium der Finanzen wird ermächtigt, mit Zustimmung des Bundesrates durch Rechtsverordnung einen abweichenden erstmaligen Anwendungszeitpunkt zu bestimmen, wenn bis zum 30. Juni 2018 erkennbar ist, dass die technischen oder organisatorischen Voraussetzungen für eine Anwendung des § 152 der Abgabenordnung in der am 1. Januar 2017 geltenden Fassung noch nicht erfüllt sind.

(5) § 152 Absatz 3 Nummer 4 und Absatz 8 Satz 1 der Abgabenordnung in der am 29. Dezember 2020 geltenden Fassung ist auf Versicherung- und Feuerschutzsteuer erstmals anzuwenden, soweit diese nach dem 31. Dezember 2020 anzumelden ist. Hinsichtlich anderer Steuern ist § 152 Absatz 3 Nummer 4 und Absatz 8 Satz 1 der Abgabenordnung in der am 29. Dezember 2020 geltenden Fassung in allen offenen Fällen anzuwenden.

(6) § 152 Absatz 2 der Abgabenordnung ist nicht auf Steuererklärungen zur gesonderten Feststellung des Grundsteuerwerts auf den 1. Januar 2022 anzuwenden.

§ 9 Aufhebung und Änderung von Verwaltungsakten

(1) Die Vorschriften der Abgabenordnung über die Aufhebung und Änderung von Verwaltungsakten sind erstmals anzuwenden, wenn nach dem 31. Dezember 1976 ein Verwaltungsakt aufgehoben oder geändert wird. Dies gilt auch dann, wenn der aufzuhebende oder zu ändernde Verwaltungsakt vor dem 1. Januar 1977 erlassen worden ist. Auf vorläufige Steuerbescheide nach § 100 Abs. 1 der Reichsabgabenordnung ist § 165 Abs. 2 der Abgabenordnung, auf Steuerbescheide nach § 100 Abs. 2 der Reichsabgabenordnung und § 28 des Erbschaftsteuergesetzes in der vor dem 1. Januar 1974 geltenden Fassung ist § 164 Abs. 2 und 3 der Abgabenordnung anzuwenden.

(2) § 173 Abs. 1 der Abgabenordnung in der Fassung des Steuerbereinigungsgesetzes 1986 vom 19. Dezember 1985 (BGBl. I S. 2436) gilt weiter, soweit Tatsachen oder Beweismittel vor dem 1. Januar 1994 nachträglich bekannt geworden sind.

(3) § 175 Abs. 2 Satz 2 der Abgabenordnung in der Fassung des Artikels 8 des Gesetzes vom 9. Dezember 2004 (BGBl. I S. 3310) ist erstmals anzuwenden, wenn die Bescheinigung oder Bestätigung nach dem 28. Oktober 2004 vorgelegt oder erteilt wird. § 175 Abs. 2 Satz 2 der Abgabenordnung in der in Satz 1 genannten Fassung ist nicht für die Bescheinigung der anrechenbaren Körperschaftsteuer bei verdeckten Gewinnausschüttungen anzuwenden.

(4) § 173a der Abgabenordnung in der am 1. Januar 2017 geltenden Fassung ist erstmals auf Verwaltungsakte anzuwenden, die nach dem 31. Dezember 2016 erlassen worden sind.

(5) Wurde eine Lebenspartnerschaft bis zum 31. Dezember 2019 gemäß § 20a des Lebenspartnerschaftsgesetzes in eine Ehe umgewandelt, sind § 175 Absatz 1 Satz 1 Nummer 2 und Satz 2 sowie § 233a Absatz 2a der Abgabenordnung entsprechend anzuwenden, soweit die Ehegatten bis zum 31. Dezember 2020

den Erlass, die Aufhebung oder Änderung eines Steuerbescheids zur nachträglichen Berücksichtigung an eine Ehe anknüpfender und bislang nicht berücksichtigter Rechtsfolgen beantragt haben.

§ 9a Absehen von Steuerfestsetzung, Abrundung

(1) Die Vorschriften der Kleinbetragsverordnung vom 10. Dezember 1980 (BGBl. I S. 2255) in der Fassung des Artikels 26 des Gesetzes vom 19. Dezember 2000 (BGBl. I S. 1790) sind auf Steuern anzuwenden, die nach dem 31. Dezember 2001 entstehen. Im Übrigen bleiben die Vorschriften der Kleinbetragsverordnung in der bis zum 31. Dezember 2001 geltenden Fassung vorbehaltlich des Absatzes 2 weiter anwendbar.

(2) § 8 Abs. 1 Satz 1 der Kleinbetragsverordnung vom 10. Dezember 1980 (BGBl. I S. 2255) in der bis zum 31. Dezember 2001 geltenden Fassung ist auf Zinsen letztmals anzuwenden, wenn die Zinsen vor dem 1. Januar 2002 festgesetzt werden.

(3) Die Vorschriften der Kleinbetragsverordnung vom 19. Dezember 2000 (BGBl. I S. 1790, 1805) in der am 1. Januar 2017 geltenden Fassung sind auf Steuern anzuwenden, die nach dem 31. Dezember 2016 entstehen. Für Steuern, die vor dem 1. Januar 2017 entstehen, sind die Vorschriften der Kleinbetragsverordnung in der am 31. Dezember 2016 geltenden Fassung weiter anzuwenden.

§ 10 Festsetzungsverjährung

(1) Die Vorschriften der Abgabenordnung über die Festsetzungsverjährung gelten erstmals für die Festsetzung sowie für die Aufhebung und Änderung der Festsetzung von Steuern, Steuervergütungen und - soweit für steuerliche Nebenleistungen eine Festsetzungsverjährung vorgesehen ist - von steuerlichen Nebenleistungen, die nach dem 31. Dezember 1976 entstehen. Für vorher entstandene Ansprüche gelten die Vorschriften der Reichsabgabenordnung über die Verjährung und über die Ausschlußfristen weiter, soweit sie für die Festsetzung einer Steuer, Steuervergütung oder steuerlichen Nebenleistung, für die Aufhebung oder Änderung einer solchen Festsetzung oder für die Geltendmachung von Erstattungsansprüchen von Bedeutung sind; § 14 Abs. 2 dieses Artikels bleibt unberührt.

(2) Absatz 1 gilt sinngemäß für die gesonderte Feststellung von Besteuerungsgrundlagen sowie für die Festsetzung, Zerlegung und Zuteilung von Steuermeßbeträgen. Bei der Einheitsbewertung tritt an die Stelle des Zeitpunkts der Entstehung des Steueranspruchs der Zeitpunkt, auf den die Hauptfeststellung, die Fortschreibung, die Nachfeststellung oder die Aufhebung eines Einheitswerts vorzunehmen ist.

(3) Wenn die Schlußbesprechung oder die letzten Ermittlungen vor dem 1. Januar 1987 stattgefunden haben, beginnt der nach § 171 Abs. 4 Satz 3 der Abgabenordnung zu berechnende Zeitraum am 1. Januar 1987.

(4) Die Vorschrift des § 171 Abs. 14 der Abgabenordnung gilt für alle bei Inkrafttreten des Steuerbereinigungsgesetzes 1986 noch nicht abgelaufenen Festsetzungsfristen.

(5) § 170 Abs. 2 Satz 1 Nr. 1, Abs. 3 und 4, § 171 Abs. 3 Satz 1 und Abs. 8 Satz 2, § 175a Satz 2, § 181 Abs. 1 Satz 3 und Abs. 3 sowie § 239 Abs. 1 der Abgabenordnung in der Fassung des Artikels 26 des Gesetzes vom 21. Dezember 1993 (BGBl. I S. 2310) gelten für alle bei Inkrafttreten dieses Gesetzes noch nicht abgelaufenen Festsetzungsfristen.

(6) (weggefallen)

(7) § 171 Abs. 10 der Abgabenordnung in der Fassung des Gesetzes vom 20. Dezember 1996 (BGBl. I S. 2049) gilt für alle bei Inkrafttreten dieses Gesetzes noch nicht abgelaufenen Festsetzungsfristen.

(8) § 171 Abs. 10 Satz 2 der Abgabenordnung in der Fassung des Artikels 5 des Gesetzes vom 23. Juni 1998 (BGBl. I S. 1496) gilt für alle bei Inkrafttreten dieses Gesetzes noch nicht abgelaufenen Festsetzungsfristen.

(9) § 170 Abs. 2 Satz 2 und § 171 Abs. 3 und 3a der Abgabenordnung in der Fassung des Artikels 17 des Gesetzes vom 22. Dezember 1999 (BGBl. I S. 2601) gelten für alle bei Inkrafttreten dieses Gesetzes noch nicht abgelaufenen Festsetzungsfristen.

(10) § 170 Absatz 2 Satz 2 der Abgabenordnung in der Fassung des Artikels 9 des Gesetzes vom 8. Dezember 2010 (BGBl. I S. 1768) gilt für die Energiesteuer auf Erdgas für alle am 14. Dezember 2010 noch nicht abgelaufenen Festsetzungsfristen.

(11) § 171 Absatz 15 der Abgabenordnung in der Fassung des Artikels 11 des Gesetzes vom 26. Juni 2013 (BGBl. I S. 1809) gilt für alle am 30. Juni 2013 noch nicht abgelaufenen Festsetzungsfristen.

(12) § 171 Absatz 10 Satz 2 der Abgabenordnung in der Fassung des Artikels 1 des Gesetzes vom 22. Dezember 2014 (BGBl. I S. 2417) gilt für alle am 31. Dezember 2014 noch nicht abgelaufenen Festsetzungsfristen.

(13) § 170 Absatz 6 der Abgabenordnung in der Fassung des Artikels 1 des Gesetzes vom 22. Dezember 2014 (BGBl. I S. 2415) gilt für alle nach dem 31. Dezember 2014 beginnenden Festsetzungsfristen.

(14) § 171 Absatz 2 Satz 2 und Absatz 10 Satz 1 bis 3 der Abgabenordnung in der am 1. Januar 2017 geltenden Fassung gilt für alle am 31. Dezember 2016 noch nicht abgelaufenen Festsetzungsfristen.

(15) § 170 Absatz 7 der Abgabenordnung in der am 25. Juni 2017 geltenden Fassung gilt für alle nach dem 31. Dezember 2017 beginnenden Festsetzungsfristen.

§ 10a Erklärungspflicht

(1) § 150 Absatz 7 der Abgabenordnung in der Fassung des Artikels 3 des Gesetzes vom 1. November 2011 (BGBl. I S. 2131) ist erstmals für Besteuerungszeiträume anzuwenden, die nach dem 31. Dezember 2010 beginnen.

(2) § 181 Abs. 2a der Abgabenordnung in der Fassung des Artikels 10 des Gesetzes vom 20. Dezember 2008 (BGBl. I S. 2850) ist erstmals für Feststellungszeiträume anzuwenden, die nach dem 31. Dezember 2010 beginnen.

(3) § 149 Absatz 2 Satz 2 der Abgabenordnung in der Fassung des Artikels 3 des Gesetzes vom 1. November 2011 (BGBl. I S. 2131) ist erstmals für Besteuerungszeiträume anzuwenden, die nach dem 31. Dezember 2009 beginnen.

(4) Die §§ 109 und 149 der Abgabenordnung in der am 1. Januar 2017 geltenden Fassung sind erstmals anzuwenden für Besteuerungszeiträume, die nach dem 31. Dezember 2017 beginnen, und Besteuerungszeitpunkte, die nach dem 31. Dezember 2017 liegen. § 150 Absatz 7 der Abgabenordnung in der am 1. Januar 2017 geltenden Fassung ist erstmals anzuwenden für Besteuerungszeiträume, die nach dem 31. Dezember 2016 beginnen, und Besteuerungszeitpunkte, die nach dem 31. Dezember 2016 liegen. § 8 Absatz 4 Satz 3 und 4 ist entsprechend anzuwenden.

(5) § 150 Absatz 7 Satz 2 der Abgabenordnung in der am 21. Dezember 2022 geltenden Fassung ist auf Steuererklärungen anzuwenden, die nach dem 21. Dezember 2022 abgegeben werden.

§ 10b Gesonderte Feststellungen

§ 180 Abs. 1 Nr. 2 Buchstabe a, Abs. 4 und Abs. 5 der Abgabenordnung in der Fassung des Artikels 26 des Gesetzes vom 21. Dezember 1993 (BGBl. I S. 2310) ist erstmals auf Feststellungszeiträume anzuwenden, die nach dem 31. Dezember 1994 beginnen. § 180 Absatz 1 Satz 2 der Abgabenordnung in der Fassung des Artikels 1 des Gesetzes vom 22. Dezember 2014 (BGBl. I S. 2417) ist erstmals auf Feststellungszeiträume anzuwenden, die nach dem 31. Dezember 2014 beginnen.

§ 10c Billigkeitsmaßnahmen bei der Festsetzung des Gewerbesteuermessbetrags

§ 184 Absatz 2 der Abgabenordnung in der Fassung des Artikels 1 des Gesetzes vom 22. Dezember 2014 (BGBl. I S. 2417) ist auch für nach dem 31. Dezember 2014 getroffene Maßnahmen nach § 163 Absatz 1 Satz 1 der Abgabenordnung anzuwenden, die Besteuerungszeiträume betreffen, die vor dem 1. Januar 2015 abgelaufen sind.

§ 11 Haftung

(1) Die Vorschriften der §§ 69 bis 76 und 191 Abs. 3 bis 5 der Abgabenordnung sind anzuwenden, wenn der haftungsbegründende Tatbestand nach dem 31. Dezember 1976 verwirklicht worden ist.

(2) Die Vorschriften der Abgabenordnung über die Haftung sind in der Fassung des Steuerbereinigungsgesetzes 1986 anzuwenden, wenn der haftungsbegründende Tatbestand nach dem 31. Dezember 1986 verwirklicht worden ist.

(3) § 71 der Abgabenordnung in der am 1. Januar 2017 geltenden Fassung ist erstmals anzuwenden, wenn der haftungsbegründende Tatbestand nach dem 31. Dezember 2016 verwirklicht worden ist.

(4) § 73 der Abgabenordnung in der am 18. Dezember 2019 geltenden Fassung ist erstmals anzuwenden, wenn der haftungsbegründende Tatbestand nach dem 17. Dezember 2019 verwirklicht worden ist. Haftungsbegründender Tatbestand

im Sinne des Satzes 1 ist die Entstehung der Steuerschuld oder des Anspruchs auf Erstattung einer Steuervergütung.

§ 11a Insolvenzverfahren

In einem Insolvenzverfahren, das nach dem 31. Dezember 1998 beantragt wird, gelten § 75 Abs. 2, § 171 Abs. 12 und 13, § 231 Abs. 1 Satz 1 und Abs. 2 Satz 1, § 251 Abs. 2 Satz 1 und Abs. 3, §§ 266, 282 Abs. 2 und § 284 Abs. 2 Satz 1 der Abgabenordnung in der Fassung des Artikels 9 des Gesetzes vom 19. Dezember 1998 (BGBl. I S. 3836) sowie § 251 Abs. 2 Satz 2 der Abgabenordnung in der Fassung des Artikels 17 des Gesetzes vom 22. Dezember 1999 (BGBl. I S. 2601) auch für Rechtsverhältnisse und Rechte, die vor dem 1. Januar 1999 begründet worden sind. Auf Konkurs-, Vergleichs- und Gesamtvollstreckungsverfahren, die vor dem 1. Januar 1999 beantragt worden sind, und deren Wirkungen sind weiter die bisherigen gesetzlichen Vorschriften anzuwenden; gleiches gilt für Anschlußkonkursverfahren, bei denen der dem Verfahren vorausgehende Vergleichsantrag vor dem 1. Januar 1999 gestellt worden ist.

§ 11b Anfechtung außerhalb des Insolvenzverfahrens

§ 191 Abs. 1 Satz 2 der Abgabenordnung in der Fassung des Artikels 17 des Gesetzes vom 22. Dezember 1999 (BGBl. I S. 2601) ist mit Wirkung vom 1. Januar 1999 anzuwenden. § 20 Abs. 2 Satz 2 des Anfechtungsgesetzes vom 5. Oktober 1994 (BGBl. I S. 2911) ist mit der Maßgabe anzuwenden, dass der Erlass eines Duldungsbescheides vor dem 1. Januar 1999 der gerichtlichen Geltendmachung vor dem 1. Januar 1999 gleichsteht.

§ 12 Verbindliche Zusagen auf Grund einer Außenprüfung

Die Vorschriften der Abgabenordnung über verbindliche Zusagen auf Grund einer Außenprüfung (§§ 204 bis 207) sind anzuwenden, wenn die Schlussbesprechung nach dem 31. Dezember 1976 stattfindet oder, falls eine solche nicht erforderlich ist, wenn dem Steuerpflichtigen der Prüfungsbericht nach dem 31. Dezember 1976 zugegangen ist.

§ 13 Sicherungsgeld

Die Vorschriften des § 203 der Reichsabgabenordnung sind auch nach dem 31. Dezember 1976 anzuwenden, soweit die dort genannten besonderen Bedingungen vor dem 1. Januar 1977 nicht eingehalten wurden. Auf die Verwaltungsakte, die ein Sicherungsgeld festsetzen, ist § 100 Abs. 2 der Finanzgerichtsordnung nicht anzuwenden.

§ 13a Änderung widerstreitender Abrechnungsbescheide und Anrechnungsverfügungen

§ 218 Absatz 3 der Abgabenordnung in der Fassung des Artikels 1 des Gesetzes vom 22. Dezember 2014 (BGBl. I S. 2417) gilt ab dem 31. Dezember 2014 auch für Abrechnungsbescheide und Anrechnungsverfügungen, die vor dem 31. Dezember 2014 erlassen worden sind.

§ 14 Zahlungsverjährung

(1) Die Vorschriften der Abgabenordnung über die Zahlungsverjährung gelten für alle Ansprüche im Sinne des § 228 Satz 1 der Abgabenordnung, deren Verjährung nach § 229 der Abgabenordnung nach dem 31. Dezember 1976 beginnt.

(2) Liegen die Voraussetzungen des Absatzes 1 nicht vor, so gelten für die Ansprüche weiterhin die bisherigen Vorschriften über Verjährung und Ausschlußfristen. Die Verjährung wird jedoch ab 1. Januar 1977 nur noch nach den §§ 230 und 231 der Abgabenordnung gehemmt und unterbrochen. Auf die nach § 231 Abs. 3 der Abgabenordnung beginnende neue Verjährungsfrist sind die §§ 228 bis 232 der Abgabenordnung anzuwenden.

(3) § 229 Abs. 1 Satz 2 der Abgabenordnung in der Fassung des Artikels 26 des Gesetzes vom 21. Dezember 1993 (BGBl. I S. 2310) gilt für alle bei Inkrafttreten dieses Gesetzes noch nicht abgelaufenen Verjährungsfristen.

(4) § 231 Abs. 1 Satz 1 und Abs. 2 Satz 1 der Abgabenordnung in der Fassung des Artikels 17 des Gesetzes vom 22. Dezember 1999 (BGBl. I S. 2601) gilt für alle bei Inkrafttreten dieses Gesetzes noch nicht abgelaufenen Verjährungsfristen.

(5) § 228 Satz 2 sowie § 231 Absatz 1 Satz 1 und Absatz 2 Satz 1 der Abgabenordnung in der am 25. Juni 2017 geltenden Fassung gelten für alle am 24. Juni 2017 noch nicht abgelaufenen Verjährungsfristen.

(6) Die §§ 229 und 230 der Abgabenordnung in der am 21. Dezember 2022 geltenden Fassung gelten für alle am 21. Dezember 2022 noch nicht abgelaufenen Verjährungsfristen.

§ 15 Zinsen

(1) Zinsen entstehen für die Zeit nach dem 31. Dezember 1976 nach den Vorschriften der Abgabenordnung. Aussetzungszinsen entstehen nach § 237 der Abgabenordnung in der Fassung des Steuerbereinigungsgesetzes 1986 auch, soweit der Zinslauf vor dem 1. Januar 1987 begonnen hat.

(2) Ist eine Steuer über den 31. Dezember 1976 hinaus zinslos gestundet worden, so gilt dies als Verzicht auf Zinsen im Sinne des § 234 Abs. 2 der Abgabenordnung.

(3) Die Vorschriften des § 239 Abs. 1 der Abgabenordnung über die Festsetzungsfrist gelten in allen Fällen, in denen die Festsetzungsfrist auf Grund dieser Vorschrift nach dem 31. Dezember 1977 beginnt.

(4) Die Vorschriften der §§ 233a, 235, 236 und 239 der Abgabenordnung in der Fassung von Artikel 15 Nr. 3 bis 5 und 7 des Steuerreformgesetzes 1990 vom 25. Juli 1988 (BGBl. I S. 1093) und Artikel 9 des Wohnungsbauförderungsgesetzes vom 22. Dezember 1989 (BGBl. I S. 2408) gelten für alle Steuern, die nach dem 31. Dezember 1988 entstehen.

(5) § 233a Abs. 2 Satz 3 der Abgabenordnung in der Fassung des Artikels 4 Nr. 1 des Gesetzes vom 24. Juni 1994 (BGBl. I S. 1395) gilt in allen Fällen, in denen Zinsen nach dem 31. Dezember 1993 festgesetzt werden.

(6) § 233a Abs. 5 und §§ 234 bis 237 der Abgabenordnung in der Fassung des Artikels 26 des Gesetzes vom 21. Dezember 1993 (BGBl. I S. 2310) gelten in allen Fällen, in denen die Steuerfestsetzung nach Inkrafttreten dieses Gesetzes aufgehoben, geändert oder nach § 129 der Abgabenordnung berichtigt wird.

(7) (weggefallen)

(8) § 233a Abs. 2a der Abgabenordnung in der Fassung des Gesetzes vom 20. Dezember 1996 (BGBl. I S. 2049) gilt in allen Fällen, in denen der Verlust nach dem 31. Dezember 1995 entstanden oder das rückwirkende Ereignis nach dem 31. Dezember 1995 eingetreten ist.

(9) § 233a Abs. 2 Satz 3 der Abgabenordnung in der Fassung des Artikels 17 des Gesetzes vom 22. Dezember 1999 (BGBl. I S. 2601) gilt für alle Steuern, die nach dem 31. Dezember 1993 entstehen.

(10) § 238 Abs. 2 und § 239 Abs. 2 der Abgabenordnung in der Fassung des Artikels 23 Nr. 7 und 8 des Gesetzes vom 19. Dezember 2000 (BGBl. I S. 1790) gilt in allen Fällen, in denen Zinsen nach dem 31. Dezember 2001 festgesetzt werden.

(11) § 233a Absatz 2 Satz 2 der Abgabenordnung in der Fassung des Artikels 3 des Gesetzes vom 1. November 2011 (BGBl. I S. 2131) gilt für alle Steuern, die nach dem 31. Dezember 2009 entstehen.

(12) § 239 Absatz 3 der Abgabenordnung in der am 1. Januar 2017 geltenden Fassung ist erstmals auf Feststellungszeiträume anzuwenden, die nach dem 31. Dezember 2016 beginnen. § 239 Absatz 4 der Abgabenordnung in der am 1. Januar 2017 geltenden Fassung ist erstmals auf Zinsbescheide anzuwenden, die nach dem 31. Dezember 2016 erlassen worden sind.

(13) Die §§ 233 und 233a Absatz 2 Satz 2 zweiter Halbsatz, Absatz 3 Satz 4 und Absatz 5 Satz 4 der Abgabenordnung in der Fassung des Artikels 1 des Gesetzes vom 12. Juli 2022 (BGBl. I S. 1142) gelten in allen Fällen, in denen Zinsen nach dem 21. Juli 2022 festgesetzt werden.

(14) § 233a Absatz 8, § 238 Absatz 1a bis 1c und § 239 Absatz 5 der Abgabenordnung in der Fassung des Artikels 1 des Gesetzes vom 12. Juli 2022 (BGBl. I S. 1142) sind vorbehaltlich des § 176 Absatz 1 Satz 1 Nummer 1 der Abgabenordnung und des Absatzes 16 in allen am 21. Juli 2022 anhängigen Verfahren anzuwenden. Bei Anwendung des § 233a Absatz 5 Satz 3 zweiter Halbsatz der Abgabenordnung ist für die Minderung von Nachzahlungszinsen der Zinssatz maßgeblich, der bei der ursprünglichen Festsetzung der Nachzahlungszinsen zugrunde gelegt wurde. § 176 Absatz 1 Satz 1 Nummer 1 der Abgabenordnung ist dabei mit der Maßgabe anzuwenden, dass die Zinsen, die sich aufgrund der Neuberechnung bisher festgesetzter Zinsen nach den Sätzen 1 und 2 ergeben, die vor Anwendung der Neuberechnung festgesetzten Zinsen nicht übersteigen dürfen.

(15) § 239 Absatz 1 Satz 1 und 2 der Abgabenordnung in der Fassung des Artikels 1 des Gesetzes vom 12. Juli 2022 (BGBl. I S. 1142) gilt in allen Fällen, in denen die Festsetzungsfrist am 21. Juli 2022 noch nicht abgelaufen ist.

(16) § 165 Absatz 1 Satz 2 Nummer 2, Satz 4 und Absatz 2 sowie § 171 Absatz 8 der Abgabenordnung sind auf nach dem 21. Juli 2022 erlassene Zinsfestsetzungen nach § 233a der Abgabenordnung für Verzinsungszeiträume ab dem 1. Januar 2019 entsprechend anzuwenden, solange die technischen und organisatorischen Voraussetzungen für die Anwendung des § 238 Absatz 1a der Abgabenordnung in der am 22. Juli 2022 geltenden Fassung noch nicht vorliegen.

§ 16 Säumniszuschläge

(1) Die Vorschriften des § 240 der Abgabenordnung über Säumniszuschläge sind erstmals auf Säumniszuschläge anzuwenden, die nach dem 31. Dezember 1976 verwirkt werden.

(2) Bis zum 31. Dezember 1980 gilt für die Anwendung des § 240 der Abgabenordnung bei den Finanzämtern, die von den obersten Finanzbehörden der Länder dazu bestimmt sind, Rationalisierungsversuche im Erhebungsverfahren durchzuführen, folgendes:

1. **Abweichend von § 240 Abs. 1 der Abgabenordnung tritt bei der Einkommensteuer, der Körperschaftsteuer, der Gewerbesteuer, der Vermögensteuer, der Grundsteuer, der Vermögensabgabe, der Kreditgewinnabgabe und der Umsatzsteuer für die Verwirkung des Säumniszuschlages an die Stelle des Fälligkeitstages jeweils der auf diesen folgende 20. eines Monats. § 240 Abs. 3 der Abgabenordnung gilt nicht.**
2. **Werden bei derselben Steuerart innerhalb eines Jahres Zahlungen wiederholt nach Ablauf des Fälligkeitstags entrichtet, so kann der Säumniszuschlag vom Ablauf des Fälligkeitstags an erhoben werden; dabei bleibt § 240 Abs. 3 der Abgabenordnung unberührt.**
3. **Für die Berechnung des Säumniszuschlags wird der rückständige Betrag jeder Steuerart zusammengerechnet und auf volle hundert Deutsche Mark nach unten abgerundet.**

(3) Die Vorschrift des § 240 Abs. 3 der Abgabenordnung in der Fassung des Artikels 17 des Gesetzes vom 23. Juni 1993 (BGBl. I S. 944) ist erstmals auf Säumniszuschläge anzuwenden, die nach dem 31. Dezember 1993 verwirkt werden.

(4) § 240 Abs. 1 der Abgabenordnung in der Fassung des Artikels 5 des Gesetzes vom 23. Juni 1998 (BGBl. I S. 1496) ist erstmals auf Säumniszuschläge anzuwenden, die nach dem 31. Juli 1998 entstehen.

(5) § 240 Abs. 1 Satz 1 der Abgabenordnung in der Fassung des Artikels 23 Nr. 9 des Gesetzes vom 19. Dezember 2000 (BGBl. I S. 1790) gilt erstmals für Säumniszuschläge, die nach dem 31. Dezember 2001 entstehen.

(6) § 240 Abs. 3 Satz 1 der Abgabenordnung in der Fassung des Artikels 8 des Gesetzes vom 15. Dezember 2003 (BGBl. I S. 2645) gilt erstmals, wenn die Steuer, die zurückzuzahlende Steuervergütung oder die Haftungsschuld nach dem 31. Dezember 2003 fällig geworden ist.

§ 17 Angabe des Schuldgrunds

Für die Anwendung des § 260 der Abgabenordnung auf Ansprüche, die bis zum 31. Dezember 1980 entstanden sind, gilt folgendes:

Hat die Vollstreckungsbehörde den Vollstreckungsschuldner durch Kontoauszüge über Entstehung, Fälligkeit und Tilgung seiner Schulden fortlaufend unterrichtet, so genügt es, wenn die Vollstreckungsbehörde die Art der Abgabe und die Höhe des beizutreibenden Betrags angibt und auf den Kontoauszug Bezug nimmt, der den Rückstand ausweist.

§ 17a Kosten der Vollstreckung

Die Höhe der Gebühren und Auslagen im Vollstreckungsverfahren richtet sich nach dem Recht, das in dem Zeitpunkt gilt, in dem der Tatbestand verwirklicht ist, an den die Abgabenordnung die Entstehung der Gebühr oder der Auslage knüpft.

§ 17b Eidesstattliche Versicherung

§ 284 Abs. 1 Nr. 3 und 4 der Abgabenordnung in der Fassung des Artikels 2 Abs. 11 Nr. 1 Buchstabe a des Zweiten Gesetzes zur Änderung zwangsvollstreckungsrechtlicher Vorschriften vom 17. Dezember 1997 (BGBl. I S. 3039) gelten nicht für Verfahren, in denen der Vollziehungsbeamte die Vollstreckung vor dem Inkrafttreten dieses Gesetzes versucht hat.

§ 17c Pfändung fortlaufender Bezüge

§ 313 Abs. 3 der Abgabenordnung in der Fassung des Artikels 2 Abs. 11 Nr. 3 des Zweiten Gesetzes zur Änderung zwangsvollstreckungsrechtlicher Vorschriften vom 17. Dezember 1997 (BGBl. I S. 3039) gilt nicht für Arbeits- und Dienstverhältnisse, die vor Inkrafttreten dieses Gesetzes beendet waren.

§ 17d Zwangsgeld

§ 329 der Abgabenordnung in der Fassung des Artikels 17 des Gesetzes vom 22. Dezember 1999 (BGBl. I S. 2601) gilt in allen Fällen, in denen ein Zwangsgeld nach dem 31. Dezember 1999 angedroht wird.

§ 17e Aufteilung einer Gesamtschuld bei Ehegatten oder Lebenspartnern

(1) Die §§ 270, 273 Absatz 1 und § 279 Absatz 2 Nummer 4 der Abgabenordnung in der Fassung des Artikels 3 des Gesetzes vom 1. November 2011 (BGBl. I S. 2131) sind erstmals für den Veranlagungszeitraum 2013 anzuwenden.

(2) § 269 Absatz 1 der Abgabenordnung in der am 1. Januar 2017 geltenden Fassung ist ab dem 1. Januar 2017 anzuwenden. § 279 Absatz 1 Satz 1 der Abgabenordnung in der am 1. Januar 2017 geltenden Fassung ist erstmals auf Aufteilungsbescheide anzuwenden, die nach dem 31. Dezember 2016 erlassen worden sind; § 8 Absatz 4 Satz 4 gilt entsprechend.

§ 18 Außergerichtliche Rechtsbehelfe

(1) Wird ein Verwaltungsakt angefochten, der vor dem 1. Januar 1977 wirksam geworden ist, bestimmt sich die Zulässigkeit des außergerichtlichen Rechtsbehelfs nach den bisherigen Vorschriften; ist über den Rechtsbehelf nach dem 31. Dezember 1976 zu entscheiden, richten sich die Art des außergerichtlichen Rechtsbehelfs sowie das weitere Verfahren nach den neuen Vorschriften.

(2) Nach dem 31. Dezember 1976 ist eine Gebühr für einen außergerichtlichen Rechtsbehelf nur noch dann festzusetzen, wenn die Voraussetzungen für die Festsetzung einer Gebühr nach § 256 der Reichsabgabenordnung bereits vor dem 1. Januar 1977 eingetreten waren.

(3) Wird ein Verwaltungsakt angefochten, der vor dem 1. Januar 1996 wirksam geworden ist, bestimmt sich die Zulässigkeit des Rechtsbehelfs nach den bis zum 31. Dezember 1995 geltenden Vorschriften der Abgabenordnung. Ist über den Rechtsbehelf nach dem 31. Dezember 1995 zu entscheiden, richten sich die Art des außergerichtlichen Rechtsbehelfs sowie das weitere Verfahren nach den ab 1. Januar 1996 geltenden Vorschriften der Abgabenordnung.

(4) § 365 Abs. 3 Satz 2 Nr. 1 der Abgabenordnung in der Fassung des Artikels 4 Nr. 11 Buchstabe b des Gesetzes vom 24. Juni 1994 (BGBl. I S. 1395) ist auf berichtigende Verwaltungsakte anzuwenden, die nach dem 31. Dezember 1995 bekanntgegeben werden.

§ 18a Erledigung von Massenrechtsbehelfen und Massenanträgen

(1) Wurde mit einem vor dem 1. Januar 1995 eingelegten Einspruch die Verfassungswidrigkeit von Normen des Steuerrechts gerügt, derentwegen eine Entscheidung des Bundesverfassungsgerichts aussteht, gilt der Einspruch im Zeitpunkt der Veröffentlichung der Entscheidungsformel im Bundesgesetzblatt (§ 31 Abs. 2 des Gesetzes über das Bundesverfassungsgericht) ohne Einspruchsentscheidung als zurückgewiesen, soweit er nach dem Ausgang des Verfahrens vor dem Bundesverfassungsgericht als unbegründet abzuweisen wäre. Abweichend von § 47 Abs. 1 und § 55 der Finanzgerichtsordnung endet die Klagefrist mit Ablauf eines Jahres nach dem Zeitpunkt der Veröffentlichung gemäß Satz 1. Die Sätze 1 und 2 sind auch anzuwenden, wenn der Einspruch unzulässig ist.

(2) Absatz 1 gilt für Anträge auf Aufhebung oder Änderung einer Steuerfestsetzung außerhalb des außergerichtlichen Rechtsbehelfsverfahrens sinngemäß.

(3) Die Absätze 1 und 2 sind auch anzuwenden, wenn eine Entscheidung des Bundesverfassungsgerichts vor Inkrafttreten dieses Gesetzes ergangen ist. In diesen Fällen endet die Klagefrist mit Ablauf des 31. Dezember 1994.

(4) Wurde mit einem am 31. Dezember 2003 anhängigen Einspruch die Verfassungswidrigkeit der für Veranlagungszeiträume vor 2000 geltenden Regelungen des Einkommensteuergesetzes über die Abziehbarkeit von Kinderbetreuungskosten gerügt, gilt der Einspruch mit Wirkung vom 1. Januar 2004 ohne Einspruchsentscheidung insoweit als zurückgewiesen; dies gilt auch, wenn der Einspruch unzulässig ist. Abweichend von § 47 Abs. 1 und § 55 der Finanzgerichtsordnung endet die Klagefrist mit Ablauf des 31. Dezember 2004. Die

Sätze 1 und 2 gelten nicht, soweit in der angefochtenen Steuerfestsetzung die Kinderbetreuungskosten um die zumutbare Belastung nach § 33 Abs. 3 des Einkommensteuergesetzes gekürzt worden sind.

(5) Wurde mit einem am 31. Dezember 2003 anhängigen und außerhalb eines Einspruchs oder Klageverfahrens gestellten Antrag auf Aufhebung oder Änderung einer Steuerfestsetzung die Verfassungswidrigkeit der für Veranlagungszeiträume vor 2000 geltenden Regelungen des Einkommensteuergesetzes über die Abziehbarkeit von Kinderbetreuungskosten gerügt, gilt der Antrag mit Wirkung vom 1. Januar 2004 insoweit als zurückgewiesen; dies gilt auch, wenn der Antrag unzulässig ist. Abweichend von § 355 Abs. 1 Satz 1 der Abgabenordnung endet die Frist für einen Einspruch gegen die Zurückweisung des Antrags mit Ablauf des 31. Dezember 2004. Die Sätze 1 und 2 gelten nicht, soweit in der Steuerfestsetzung, deren Aufhebung oder Änderung beantragt wurde, die Kinderbetreuungskosten um die zumutbare Belastung nach § 33 Abs. 3 des Einkommensteuergesetzes gekürzt worden sind.

(6) Wurde mit einem am 31. Dezember 2003 anhängigen Einspruch die Verfassungswidrigkeit der für Veranlagungszeiträume vor 2002 geltenden Regelungen des Einkommensteuergesetzes über die Abziehbarkeit eines Haushaltsfreibetrages gerügt, gilt der Einspruch mit Wirkung vom 1. Januar 2004 ohne Einspruchsentscheidung insoweit als zurückgewiesen; dies gilt auch, wenn der Einspruch unzulässig ist. Abweichend von § 47 Abs. 1 und § 55 der Finanzgerichtsordnung endet die Klagefrist mit Ablauf des 31. Dezember 2004.

(7) Wurde mit einem am 31. Dezember 2003 anhängigen und außerhalb eines Einspruchs oder Klageverfahrens gestellten Antrag auf Aufhebung oder Änderung einer Steuerfestsetzung die Verfassungswidrigkeit der für Veranlagungszeiträume vor 2002 geltenden Regelungen des Einkommensteuergesetzes über die Abziehbarkeit eines Haushaltsfreibetrages gerügt, gilt der Antrag mit Wirkung vom 1. Januar 2004 insoweit als zurückgewiesen; dies gilt auch, wenn der Antrag unzulässig ist. Abweichend von § 355 Abs. 1 Satz 1 der Abgabenordnung endet die Frist für einen Einspruch gegen die Zurückweisung des Antrags mit Ablauf des 31. Dezember 2004.

(8) Wurde mit einem am 31. Dezember 2003 anhängigen Einspruch die Verfassungswidrigkeit der für die Veranlagungszeiträume 1983 bis 1995 geltenden Regelungen des Einkommensteuergesetzes über die Abziehbarkeit eines Kinderfreibetrages gerügt, gilt der Einspruch mit Wirkung vom 1. Januar 2005 ohne Einspruchsentscheidung insoweit als zurückgewiesen, soweit nicht der Einspruchsführer nach dem 31. Dezember 2003 und vor dem 1. Januar 2005 ausdrücklich eine Entscheidung beantragt. Der Antrag auf Entscheidung ist schriftlich bei dem für die Besteuerung nach dem Einkommen zuständigen Finanzamt zu stellen. Ist nach Einspruchseinlegung ein anderes Finanzamt zuständig geworden, kann der Antrag auf Entscheidung fristwahrend auch bei dem Finanzamt gestellt werden, das den angefochtenen Steuerbescheid erlassen hat; Artikel 97a § 1 Abs. 1 bleibt unberührt. Die Sätze 1 bis 3 gelten auch, wenn der Einspruch unzulässig ist. Gilt nach Satz 1 der Einspruch als zurückgewiesen, endet abweichend von § 47 Abs. 1 und § 55 der Finanzgerichtsordnung die Klagefrist mit Ablauf des 31. Dezember 2005. Satz 1 gilt nicht, soweit eine Neufestsetzung nach § 53 des Einkommensteuergesetzes von der Frage abhängig ist, ob bei der

nach dieser Regelung gebotenen Steuerfreistellung auf den Jahressockelbetrag des Kindergeldes oder auf das dem Steuerpflichtigen tatsächlich zustehende Kindergeld abzustellen ist.

(9) Wurde mit einem am 31. Dezember 2003 anhängigen und außerhalb eines Einspruchs oder Klageverfahrens gestellten Antrag auf Aufhebung oder Änderung einer Steuerfestsetzung die Verfassungswidrigkeit der für die Veranlagungszeiträume 1983 bis 1995 geltenden Regelungen des Einkommensteuergesetzes über die Abziehbarkeit eines Kinderfreibetrages gerügt, gilt der Antrag mit Wirkung vom 1. Januar 2005 insoweit als zurückgewiesen, soweit nicht der Steuerpflichtige nach dem 31. Dezember 2003 und vor dem 1. Januar 2005 ausdrücklich eine Entscheidung beantragt. Der Antrag auf Entscheidung ist schriftlich bei dem für die Besteuerung nach dem Einkommen zuständigen Finanzamt zu stellen. Ist nach Erlass des Steuerbescheides ein anderes Finanzamt zuständig geworden, kann der Antrag auf Entscheidung fristwahrend auch bei dem Finanzamt gestellt werden, das den Steuerbescheid erlassen hat, dessen Aufhebung oder Änderung begehrt wird; Artikel 97a § 1 Abs. 1 bleibt unberührt. Die Sätze 1 bis 3 gelten auch, wenn der Antrag auf Aufhebung oder Änderung der Steuerfestsetzung unzulässig ist. Gilt nach Satz 1 der Antrag auf Aufhebung oder Änderung einer Steuerfestsetzung als zurückgewiesen, endet abweichend von § 355 Abs. 1 Satz 1 der Abgabenordnung die Frist für einen Einspruch gegen die Zurückweisung des Antrags mit Ablauf des 31. Dezember 2005. Satz 1 gilt nicht, soweit eine Neufestsetzung nach § 53 des Einkommensteuergesetzes von der Frage abhängig ist, ob bei der nach dieser Regelung gebotenen Steuerfreistellung auf den Jahressockelbetrag des Kindergeldes oder auf das dem Steuerpflichtigen tatsächlich zustehende Kindergeld abzustellen ist.

(10) Die Absätze 5, 7 und 9 gelten sinngemäß für Anträge auf abweichende Festsetzung von Steuern aus Billigkeitsgründen (§ 163 der Abgabenordnung) und für Erlassanträge (§ 227 der Abgabenordnung).

(11) Wurde mit einem am 31. Dezember 2006 anhängigen Einspruch gegen die Entscheidung über die Festsetzung von Kindergeld nach Abschnitt X des Einkommensteuergesetzes die Verfassungswidrigkeit der für die Jahre 1996 bis 2000 geltenden Regelungen zur Höhe des Kindergeldes gerügt, gilt der Einspruch mit Wirkung vom 1. Januar 2007 ohne Einspruchsentscheidung insoweit als zurückgewiesen; dies gilt auch, wenn der Einspruch unzulässig ist. Abweichend von § 47 Abs. 1 und § 55 der Finanzgerichtsordnung endet die Klagefrist mit Ablauf des 31. Dezember 2007.

(12) § 172 Abs. 3 und § 367 Abs. 2b der Abgabenordnung in der Fassung des Artikels 10 Nr. 12 und 16 des Gesetzes vom 13. Dezember 2006 (BGBl. I S. 2878) gelten auch, soweit Aufhebungs- oder Änderungsanträge oder Einsprüche vor dem 19. Dezember 2006 gestellt oder eingelegt wurden und die Allgemeinverfügung nach dem 19. Dezember 2006 im Bundessteuerblatt veröffentlicht wird.

§ 18b Zuständigkeit für Klagen nach § 32i Absatz 2 der Abgabenordnung

§ 32i Absatz 5 Satz 2 der Abgabenordnung in der am 21. Dezember 2022 geltenden Fassung ist auf alle nach dem 20. Dezember 2022 anhängig gewordenen Klagen anzuwenden.

§ 19 [Buchführungspflicht bestimmter Steuerpflichtiger]

(1) § 141 Abs. 1 Satz 1 Nr. 1 der Abgabenordnung in der Fassung des Artikels 6 des Gesetzes vom 31. Juli 2003 (BGBl. I S. 1550) ist auf Umsätze der Kalenderjahre anzuwenden, die nach dem 31. Dezember 2003 beginnen.

(2) § 141 Abs. 1 Satz 1 Nr. 3 der Abgabenordnung in der Fassung des Artikels 6 des Gesetzes vom 31. Juli 2003 (BGBl. I S. 1550) ist für Feststellungen anzuwenden, die nach dem 31. Dezember 2003 getroffen werden.

(3) § 141 Abs. 1 Satz 1 Nr. 4 der Abgabenordnung in der Fassung des Artikels 6 des Gesetzes vom 31. Juli 2003 (BGBl. I S. 1550) ist auf Gewinne der Wirtschaftsjahre anzuwenden, die nach dem 31. Dezember 2003 beginnen. § 141 Abs. 1 Satz 1 Nr. 4 der Abgabenordnung in der Fassung des Artikels 5 des Gesetzes vom 7. September 2007 (BGBl. I S. 2246) ist auf Gewinne der Wirtschaftsjahre anzuwenden, die nach dem 31. Dezember 2007 beginnen. § 141 Absatz 1 Satz 1 Nummer 4 der Abgabenordnung in der am 1. Januar 2016 geltenden Fassung ist auf Gewinne der Wirtschaftsjahre anzuwenden, die nach dem 31. Dezember 2015 beginnen.

(4) § 141 Abs. 1 Satz 1 Nr. 5 der Abgabenordnung in der Fassung des Artikels 6 des Gesetzes vom 31. Juli 2003 (BGBl. I S. 1550) ist auf Gewinne der Kalenderjahre anzuwenden, die nach dem 31. Dezember 2003 beginnen. § 141 Abs. 1 Satz 1 Nr. 5 der Abgabenordnung in der Fassung des Artikels 5 des Gesetzes vom 7. September 2007 (BGBl. I S. 2246) ist auf Gewinne der Kalenderjahre anzuwenden, die nach dem 31. Dezember 2007 beginnen. § 141 Absatz 1 Satz 1 Nummer 5 der Abgabenordnung in der am 1. Januar 2016 geltenden Fassung ist auf Gewinne der Kalenderjahre anzuwenden, die nach dem 31. Dezember 2015 beginnen.

(5) Eine Mitteilung über den Beginn der Buchführungspflicht ergeht nicht, wenn die Voraussetzungen des § 141 Abs. 1 der Abgabenordnung für Kalenderjahre, die vor dem 1. Januar 2004 liegen, erfüllt sind, jedoch nicht die Voraussetzungen des § 141 Abs. 1 der Abgabenordnung in der Fassung des Gesetzes vom 31. Juli 2003 (BGBl. I S. 1550) im Kalenderjahr 2004. Entsprechendes gilt für Feststellungen, die vor dem 1. Januar 2004 getroffen werden, oder für Wirtschaftsjahre, die vor dem 1. Januar 2004 enden.

(6) § 141 Abs. 1 Satz 1 Nr. 1 der Abgabenordnung in der am 26. August 2006 geltenden Fassung ist auf Umsätze der Kalenderjahre anzuwenden, die nach dem 31. Dezember 2006 beginnen. Eine Mitteilung über den Beginn der Buchführungspflicht ergeht nicht, wenn die Voraussetzungen des § 141 Abs. 1 Satz 1 Nr. 1 der Abgabenordnung in der am 25. August 2006 geltenden Fassung für Kalenderjahre, die vor dem 1. Januar 2007 liegen, erfüllt sind,

jedoch im Kalenderjahr 2006 nicht die des § 141 Abs. 1 Satz 1 Nr. 1 der Abgabenordnung in der am 26. August 2006 geltenden Fassung.

(7) Eine Mitteilung über den Beginn der Buchführungspflicht ergeht nicht, wenn die Voraussetzungen des § 141 Abs. 1 Satz 1 Nr. 4 und Nr. 5 der Abgabenordnung in der am 13. September 2007 geltenden Fassung für Kalenderjahre, die vor dem 1. Januar 2008 liegen, erfüllt sind, jedoch im Kalenderjahr 2007 nicht die Voraussetzungen des § 141 Abs. 1 Satz 1 Nr. 4 und Nr. 5 der Abgabenordnung in der Fassung des Artikels 5 des Gesetzes vom 7. September 2007 (BGBl. I S. 2246).

(8) § 141 Absatz 1 Satz 1 Nummer 1 der Abgabenordnung in der am 1. Januar 2016 geltenden Fassung ist auf Umsätze der Kalenderjahre anzuwenden, die nach dem 31. Dezember 2015 beginnen. Eine Mitteilung über den Beginn der Buchführungspflicht ergeht nicht, wenn die Voraussetzungen des § 141 Absatz 1 Satz 1 Nummer 1 der Abgabenordnung in der am 31. Dezember 2015 geltenden Fassung für Kalenderjahre, die vor dem 1. Januar 2016 liegen, erfüllt sind, jedoch im Kalenderjahr 2015 die Voraussetzungen des § 141 Absatz 1 Satz 1 Nummer 1 der Abgabenordnung in der am 1. Januar 2016 geltenden Fassung nicht erfüllt sind.

(9) Eine Mitteilung über den Beginn der Buchführungspflicht ergeht nicht, wenn die Voraussetzungen des § 141 Absatz 1 Satz 1 Nummer 4 und 5 der Abgabenordnung in der am 31. Dezember 2015 geltenden Fassung für Kalenderjahre, die vor dem 1. Januar 2016 liegen, erfüllt sind, jedoch im Kalenderjahr 2015 die Voraussetzungen des § 141 Absatz 1 Satz 1 Nummer 4 und 5 der Abgabenordnung in der am 1. Januar 2016 geltenden Fassung nicht erfüllt sind.

§ 19a Aufbewahrungsfristen

§ 147 Abs. 3 der Abgabenordnung in der Fassung des Artikels 2 des Gesetzes vom 19. Dezember 1998 (BGBl. I S. 3816) gilt erstmals für Unterlagen, deren Aufbewahrungsfrist nach § 147 Abs. 3 der Abgabenordnung in der bis zum 23. Dezember 1998 geltenden Fassung noch nicht abgelaufen ist. § 147 Absatz 3 Satz 3 und 4 der Abgabenordnung in der am 1. Januar 2017 geltenden Fassung gilt für alle Lieferscheine, deren Aufbewahrungsfrist nach § 147 Absatz 3 der Abgabenordnung in der bis zum 31. Dezember 2016 geltenden Fassung noch nicht abgelaufen ist.

§ 19b Zugriff auf datenverarbeitungsgestützte Buchführungssysteme

(1) § 146 Abs. 5, § 147 Abs. 2, 5 und 6 und § 200 Abs. 1 der Abgabenordnung in der Fassung des Artikels 7 des Gesetzes vom 23. Oktober 2000 (BGBl. I S. 1433) sind ab dem 1. Januar 2002 anzuwenden.

(2) § 147 Absatz 6 Satz 6 der Abgabenordnung in der Fassung des Artikels 3 des Gesetzes vom 22. November 2019 (BGBl. I S. 1746) gilt für aufzeichnungs- und aufbewahrungspflichtige Daten, deren Aufbewahrungsfrist bis zum 1. Januar 2020 noch nicht abgelaufen ist.

§ 20 Verweisungserfordernis bei Blankettvorschriften

Die in § 381 Abs. 1, § 382 Abs. 1 der Abgabenordnung vorgeschriebene Verweisung ist nicht erforderlich, soweit die Vorschriften der dort genannten Gesetze und Rechtsverordnungen vor dem 1. Oktober 1968 erlassen sind.

§ 21 Steueranmeldungen in Euro

Für Besteuerungszeiträume nach dem 31. Dezember 1998 und vor dem 1. Januar 2002 ist § 168 der Abgabenordnung mit folgender Maßgabe anzuwenden:

Wird eine Steueranmeldung nach einem vom Bundesministerium der Finanzen im Einvernehmen mit den obersten Finanzbehörden der Länder bestimmten Vordruck in Euro abgegeben, gilt die Steuer als zu dem vom Rat der Europäischen Union gemäß Artikel 109l Abs. 4 Satz 1 des EG-Vertrages unwiderruflich festgelegten Umrechnungskurs in Deutscher Mark berechnet. Betrifft die Anmeldung eine von Bundesfinanzbehörden verwaltete Steuer, ist bei der Bestimmung des Vordrucks das Einvernehmen mit den obersten Finanzbehörden der Länder nicht erforderlich.

§ 22 Mitwirkungspflichten der Beteiligten; Schätzung von Besteuerungsgrundlagen

(1) § 90 Abs. 3 der Abgabenordnung in der Fassung des Artikels 9 des Gesetzes vom 16. Mai 2003 (BGBl. I S. 660) ist erstmals für Wirtschaftsjahre anzuwenden, die nach dem 31. Dezember 2002 beginnen. § 162 Abs. 3 und 4 der Abgabenordnung in der Fassung des Artikels 9 des Gesetzes vom 16. Mai 2003 (BGBl. I S. 660) ist erstmals für Wirtschaftsjahre anzuwenden, die nach dem 31. Dezember 2003 beginnen, frühestens sechs Monate nach Inkrafttreten der Rechtserordnung im Sinne des § 90 Abs. 3 der Abgabenordnung in der Fassung des Artikels 9 des Gesetzes vom 16. Mai 2003 (BGBl. I S. 660). Gehören zu den Geschäftsbeziehungen im Sinne des § 90 Abs. 3 der Abgabenordnung in der Fassung des Artikels 9 des Gesetzes vom 16. Mai 2003 (BGBl. I S. 660) Dauerschuldverhältnisse, die als außergewöhnliche Geschäftsvorfälle im Sinne des § 90 Abs. 3 Satz 3 der Abgabenordnung in der Fassung des Artikels 9 des Gesetzes vom 16. Mai 2003 (BGBl. I S. 660) anzusehen sind und die vor Beginn der in Satz 1 bezeichneten Wirtschaftsjahre begründet wurden und bei Beginn dieser Wirtschaftsjahre noch bestehen, sind die Aufzeichnungen der sie betreffenden wirtschaftlichen und rechtlichen Grundlagen spätestens sechs Monate nach Inkrafttreten der Rechtsverordnung im Sinne des § 90 Abs. 3 der Abgabenordnung in der Fassung des Artikels 9 des Gesetzes vom 16. Mai 2003 (BGBl. I S. 660) zu erstellen. § 90 Absatz 3 der Abgabenordnung in der am 24. Dezember 2016 geltenden Fassung ist erstmals für Wirtschaftsjahre anzuwenden, die nach dem 31. Dezember 2016 beginnen.

(2) Die Bundesregierung bestimmt durch Rechtsverordnung mit Zustimmung des Bundesrates den Zeitpunkt der erstmaligen Anwendung von § 90 Absatz 2 Satz 3, § 147a, § 162 Absatz 2 Satz 3 und § 193 Absatz 1 und Absatz 2 Nummer 3 in der Fassung des Artikels 3 des Gesetzes vom 29. Juli 2009 (BGBl. I S. 2302).

(3) § 147a Absatz 2 der Abgabenordnung in der am 25. Juni 2017 geltenden Fassung ist erstmals auf Besteuerungszeiträume anzuwenden, die nach dem 31. Dezember 2017 beginnen.

(4) § 3 Absatz 4 Nummer 3, § 90 Absatz 2, § 147a Absatz 1 Satz 6, § 162 Absatz 2 Satz 3 und Absatz 4a sowie § 193 Absatz 2 Nummer 3 der Abgabenordnung in der ab 1. Juli 2021 geltenden Fassung sind erstmals auf Besteuerungszeiträume anzuwenden, die nach dem 31. Dezember 2021 beginnen.

§ 23 Verfolgungsverjährung

§ 376 der Abgabenordnung in der Fassung des Artikels 10 des Gesetzes vom 19. Dezember 2008 (BGBl. I S. 2794) gilt für alle bei Inkrafttreten dieses Gesetzes noch nicht abgelaufenen Verjährungsfristen.

§ 24 Selbstanzeige bei Steuerhinterziehung und leichtfertiger Steuerverkürzung

Bei Selbstanzeigen nach § 371 der Abgabenordnung, die bis zum 28. April 2011 bei der zuständigen Finanzbehörde eingegangen sind, ist § 371 der Abgabenordnung in der bis zu diesem Zeitpunkt geltenden Fassung mit der Maßgabe anzuwenden, dass im Umfang der gegenüber der zuständigen Finanzbehörde berichtigten, ergänzten oder nachgeholten Angaben Straffreiheit eintritt. Das Gleiche gilt im Fall der leichtfertigen Steuerverkürzung für die Anwendung des § 378 Absatz 3 der Abgabenordnung.

§ 25 Erteilung einer verbindlichen Auskunft

(1) § 89 Absatz 3 bis 7 der Abgabenordnung in der Fassung des Artikels 3 des Gesetzes vom 1.November 2011 (BGBl. I S. 2131) ist erstmals auf Anträge anzuwenden, die nach dem 4. November 2011 bei der zuständigen Finanzbehörde eingegangen sind.

(2) § 89 Absatz 2 Satz 4 in der am 1. Januar 2017 geltenden Fassung ist erstmals auf nach dem 31. Dezember 2016 bei der zuständigen Finanzbehörde eingegangene Anträge auf Erteilung einer verbindlichen Auskunft anzuwenden. § 89 Absatz 3 Satz 2 in der am 23. Juli 2016 geltenden Fassung ist erstmals auf nach dem 22. Juli 2016 bei der zuständigen Finanzbehörde eingegangene Anträge auf Erteilung einer einheitlichen verbindlichen Auskunft anzuwenden.

§ 26 Kontenabrufmöglichkeit und Kontenwahrheit

(1) § 93 Absatz 7 Satz 1 Nummer 2 der Abgabenordnung in der am 31. Dezember 2011 geltenden Fassung ist für Veranlagungszeiträume vor 2012 weiterhin anzuwenden.

(2) § 93 Absatz 7 Satz 1 Nummer 4 bis 4b und Satz 2 zweiter Halbsatz der Abgabenordnung in der am 25. Juni 2017 geltenden Fassung ist ab dem 1. Januar 2018 anzuwenden. Bis zum 31. Dezember 2017 ist § 93 Absatz 7 der Abgabenordnung in der am 24. Juni 2017 geltenden Fassung weiter anzuwenden.

(3) § 93 Absatz 7 Satz 2 erster Halbsatz sowie § 93b Absatz 1a und 2 der Abgabenordnung in der am 25. Juni 2017 geltenden Fassung sind ab dem 1. Januar 2020 anzuwenden. Bis zum 31. Dezember 2019 ist § 93 Absatz 7 Satz 2 Halbsatz 1 sowie § 93b Absatz 2 der Abgabenordnung in der am 24. Juni 2017 geltenden Fassung weiter anzuwenden.

(4) § 154 Absatz 2 bis 2c der Abgabenordnung in der am 25. Juni 2017 geltenden Fassung ist erstmals auf nach dem 31. Dezember 2017 begründete Geschäftsbeziehungen anzuwenden.

(5) Für Geschäftsbeziehungen zu Kreditinstituten im Sinne des § 154 Absatz 2 Satz 1 der Abgabenordnung in der am 25. Juni 2017 geltenden Fassung, die vor dem 1. Januar 2018 begründet worden sind und am 1. Januar 2018 noch bestehen, gilt Folgendes:

1. **Kreditinstitute haben bis zum 31. Dezember 2019 für den Kontoinhaber, jeden anderen Verfügungsberechtigten und jeden wirtschaftlich Berechtigten im Sinne des Geldwäschegesetzes**

   a) **die Adresse,**

   b) **bei natürlichen Personen das Geburtsdatum sowie**

   c) **die in § 154 Absatz 2a Satz 1 der Abgabenordnung in der am 25. Juni 2017 geltenden Fassung genannten Daten**

   in den Aufzeichnungen nach § 154 Absatz 2 bis 2c der Abgabenordnung in der am 25. Juni 2017 geltenden Fassung und in dem nach § 93b Absatz 1 und 1a der Abgabenordnung in der am 25. Juni 2017 geltenden Fassung zu führenden Dateisystem zu erfassen. § 154 Absatz 2a Satz 3 der Abgabenordnung in der am 25. Juni 2017 geltenden Fassung ist entsprechend anzuwenden.

2. **Teilen der Vertragspartner oder gegebenenfalls für ihn handelnde Personen dem Kreditinstitut die nach § 154 Absatz 2a Satz 1 Nummer 1 der Abgabenordnung in der am 25. Juni 2017 geltenden Fassung zu erfassende Identifikationsnummer einer betroffenen Person bis zum 31. Dezember 2019 nicht mit und hat das Kreditinstitut die Identifikationsnummer dieser Person auch nicht aus anderem Anlass rechtmäßig erfasst, hat es sie bis zum 30. Juni 2020 in einem maschinellen Verfahren beim Bundeszentralamt für Steuern zu erfragen. § 154 Absatz 2b Satz 2 und 3 der Abgabenordnung in der am 25. Juni 2017 geltenden Fassung gilt entsprechend.**

3. **Soweit das Kreditinstitut die nach § 154 Absatz 2a der Abgabenordnung in der am 25. Juni 2017 geltenden Fassung zu erhebenden Daten auf Grund unzureichender Mitwirkung des Vertragspartners und gegebenenfalls für ihn handelnder Personen bis zum 30. Juni 2020 nicht ermitteln kann, hat es dies auf dem Konto festzuhalten. In diesem Fall hat das Kreditinstitut dem Bundeszentralamt für Steuern die betroffenen Konten sowie die hierzu nach § 154 Absatz 2 der Abgabenordnung in der am 25. Juni 2017 geltenden Fassung erhobenen Daten bis zum 30. September 2020 mitzuteilen.**

4. **§ 154 Absatz 2d der Abgabenordnung in der am 25. Juni 2017 geltenden Fassung bleibt unberührt.**

§ 27 Elektronische Datenübermittlung an Finanzbehörden

(1) § 72a Absatz 1 bis 3, § 87a Absatz 6, die §§ 87b bis 87e und 150 Absatz 6 der Abgabenordnung in der am 1. Januar 2017 geltenden Fassung sind erstmals anzuwenden, wenn Daten nach dem 31. Dezember 2016 auf Grund gesetzlicher Vorschriften nach amtlich vorgeschriebenem Datensatz über amtlich bestimmte Schnittstellen an Finanzbehörden zu übermitteln sind oder freiwillig übermittelt werden. Für Daten im Sinne des Satzes 1, die vor dem 1. Januar 2017 zu übermitteln sind oder freiwillig übermittelt werden, sind § 150 Absatz 6 und 7 der Abgabenordnung und die Vorschriften der Steuerdaten-Übermittlungsverordnung in der jeweils am 31. Dezember 2016 geltenden Fassung weiter anzuwenden.

(2) § 72a Absatz 4, die §§ 93c, 93d und 171 Absatz 10a sowie die §§ 175b und 203a der Abgabenordnung in der am 1. Januar 2017 geltenden Fassung sind erstmals anzuwenden, wenn steuerliche Daten eines Steuerpflichtigen für Besteuerungszeiträume nach 2016 oder Besteuerungszeitpunkte nach dem 31. Dezember 2016 auf Grund gesetzlicher Vorschriften von einem Dritten als mitteilungspflichtiger Stelle elektronisch an Finanzbehörden zu übermitteln sind.

(3) § 175b Absatz 4 der Abgabenordnung in der am 25. Juni 2017 geltenden Fassung ist erstmals anzuwenden, wenn Daten im Sinne des § 93c der Abgabenordnung der Finanzbehörde nach dem 24. Juni 2017 zugehen.

(4) Den Zeitpunkt der erstmaligen Anwendung des § 138 Absatz 1b Satz 2 der Abgabenordnung in der am 1. Januar 2020 geltenden Fassung bestimmt das Bundesministerium der Finanzen im Einvernehmen mit den obersten Finanzbehörden der Länder durch ein im Bundessteuerblatt zu veröffentlichendes Schreiben. Bis zu diesem Zeitpunkt sind die Auskünfte im Sinne des § 138 Absatz 1b Satz 1 der Abgabenordnung nach amtlich vorgeschriebenem Vordruck zu erteilen.

§ 28 Elektronische Bekanntgabe von Verwaltungsakten

§ 87a Absatz 7 und 8, die §§ 122a und 169 Absatz 1 der Abgabenordnung in der am 1. Januar 2017 geltenden Fassung sind erstmals auf Verwaltungsakte anzuwenden, die nach dem 31. Dezember 2016 erlassen worden sind. § 8 Absatz 4 Satz 4 gilt entsprechend.

§ 29 Abweichende Festsetzung von Steuern aus Billigkeitsgründen

§ 163 der Abgabenordnung in der am 1. Januar 2017 geltenden Fassung ist für nach dem 31. Dezember 2016 getroffene Billigkeitsmaßnahmen auch dann anzuwenden, wenn sie Besteuerungszeiträume oder Besteuerungszeitpunkte betreffen, die vor dem 1. Januar 2017 abgelaufen oder eingetreten sind.

§ 30 Ordnungsvorschrift für die Buchführung und für Aufzeichnungen mittels elektronischer Aufzeichnungssysteme

(1) Die §§ 146a und 379 Absatz 1 Satz 1 und Absatz 4 der Abgabenordnung in der am 29. Dezember 2016 geltenden Fassung sowie § 379 Absatz 5 und 6 der Abgabenordnung in der am 25. Juni 2017 geltenden Fassung sind erstmals für

Kalenderjahre nach Ablauf des 31. Dezember 2019 anzuwenden. Die Mitteilung nach § 146a Absatz 4 der Abgabenordnung in der am 29. Dezember 2016 geltenden Fassung ist für elektronische Aufzeichnungssysteme, die der Steuerpflichtige vor dem 1. Januar 2020 angeschafft hat, bis zum 31. Januar 2020 zu erstatten.

(2) § 146b der Abgabenordnung in der am 29. Dezember 2016 geltenden Fassung ist nach Ablauf des 31. Dezember 2017 anzuwenden. § 146b Absatz 2 Satz 2 der Abgabenordnung ist in der am 29. Dezember 2016 geltenden Fassung vor dem 1. Januar 2020 mit der Maßgabe anzuwenden, dass keine Datenübermittlung über die einheitliche Schnittstelle verlangt werden kann oder dass diese auf einem maschinell auswertbaren Datenträger nach den Vorgaben der einheitlichen Schnittstelle zur Verfügung gestellt werden muss. § 146b Absatz 1 Satz 2 der Abgabenordnung in der am 29. Dezember 2016 geltenden Fassung ist erstmals für Kalenderjahre nach Ablauf des 31. Dezember 2019 anzuwenden.

(3) Wurden Registrierkassen nach dem 25. November 2010 und vor dem 1. Januar 2020 angeschafft, die den Anforderungen des BMF-Schreibens vom 26. November 2010 (BStBl. I S. 1342) entsprechen und die bauartbedingt nicht aufrüstbar sind, so dass sie die Anforderungen des § 146a der Abgabenordnung nicht erfüllen, dürfen diese Registrierkassen bis zum 31. Dezember 2022 abweichend von den § 146a und § 379 Absatz 1 Satz 1 und Absatz 4 der Abgabenordnung weiter verwendet werden.

§ 31 Länderbezogener Bericht multinationaler Unternehmensgruppen

§ 138a Absatz 1, 2, 3, 6 und 7 der Abgabenordnung in der am 24. Dezember 2016 geltenden Fassung ist erstmals für Wirtschaftsjahre anzuwenden, die nach dem 31. Dezember 2015 beginnen. § 138a Absatz 4 und 5 der Abgabenordnung in der am 24. Dezember 2016 geltenden Fassung ist erstmals für Wirtschaftsjahre anzuwenden, die nach dem 31. Dezember 2016 beginnen. § 138a Absatz 2 der Abgabenordnung in der am 29. Dezember 2020 geltenden Fassung ist auf alle offenen Fälle anzuwenden.

§ 32 Mitteilungspflicht über Beziehungen zu Drittstaat-Gesellschaften

(1) § 138 Absatz 2 bis 5, § 138b und § 379 Absatz 2 Nummer 1d der Abgabenordnung in der am 25. Juni 2017 geltenden Fassung sind erstmals auf mitteilungspflichtige Sachverhalte anzuwenden, die nach dem 31. Dezember 2017 verwirklicht worden sind. Auf Sachverhalte, die vor dem 1. Januar 2018 verwirklicht worden sind, ist § 138 Absatz 2 und 3 der Abgabenordnung in der am 24. Juni 2017 geltenden Fassung weiter anzuwenden.

(2) Inländische Steuerpflichtige im Sinne des § 138 Absatz 2 Satz 1 der Abgabenordnung in der am 25. Juni 2017 geltenden Fassung, die vor dem 1. Januar 2018 erstmals unmittelbar oder mittelbar einen beherrschenden oder bestimmenden Einfluss auf die gesellschaftsrechtlichen, finanziellen oder geschäftlichen Angelegenheiten einer Drittstaat-Gesellschaft im Sinne des § 138 Absatz 3 der Abgabenordnung in der am 25. Juni 2017 geltenden Fassung ausüben konnten, haben dies dem für sie nach den §§ 18 bis 20 der Abgabenordung zuständigen Finanzamt mitzuteilen, wenn dieser Einfluss auch noch am 1. Januar 2018 fortbesteht.

§ 138 Absatz 5 der Abgabenordnung in der am 25. Juni 2017 geltenden Fassung gilt in diesem Fall entsprechend.

(3) § 138 Absatz 2 und 5 der Abgabenordnung in der am 29. Dezember 2020 geltenden Fassung ist auf alle offenen Fälle anzuwenden.

§ 33 Mitteilungspflicht bei Steuergestaltungen

(1) § 102 Absatz 4 Satz 3 und die §§ 138d bis 138k der Abgabenordnung in der am 1. Januar 2020 geltenden Fassung sind ab dem 1. Juli 2020 in allen Fällen anzuwenden, in denen das nach § 138f Absatz 2 der Abgabenordnung in der am 1. Januar 2020 geltenden Fassung maßgebliche Ereignis nach dem 30. Juni 2020 eingetreten ist.

(2) Wurde der erste Schritt einer mitteilungspflichtigen grenzüberschreitenden Steuergestaltung nach dem 24. Juni 2018 und vor dem 1. Juli 2020 umgesetzt, sind § 102 Absatz 4 Satz 3 und die §§ 138d bis 138k der Abgabenordnung in der am 1. Januar 2020 geltenden Fassung ab dem 1. Juli 2020 mit der Maßgabe anzuwenden, dass die Mitteilung abweichend von § 138f Absatz 2 der Abgabenordnung in der am 1. Januar 2020 geltenden Fassung innerhalb von zwei Monaten nach dem 30. Juni 2020 zu erstatten ist.

(3) § 379 Absatz 2 Nummer 1e bis 1g sowie Absatz 7 der Abgabenordnung in der am 1. Januar 2020 geltenden Fassung ist ab dem 1. Juli 2020 in allen Fällen anzuwenden, in denen das nach § 138f Absatz 2 der Abgabenordnung in der am 1. Januar 2020 geltenden Fassung maßgebliche Ereignis nach dem 30. Juni 2020 eingetreten ist.

(4) Das Bundesministerium der Finanzen erstattet dem Finanzausschuss des Deutschen Bundestages jährlich zum 1. Juni, erstmals zum 1. Juni 2021, Bericht über

1. **die Anzahl der im vorangegangen Kalenderjahr beim Bundeszentralamt für Steuern eingegangenen Mitteilungen über grenzüberschreitende Steuergestaltungen,**
2. **die Fallgestaltungen, deren Prüfung Anlass dafür war,**
   - a) **dem Bundeskabinett im vorangegangenen Kalenderjahr eine Gesetzesinitiative vorzuschlagen,**
   - b) **ein im Bundessteuerblatt zu veröffentlichendes Schreiben des Bundesministeriums der Finanzen oder einen im Bundessteuerblatt zu veröffentlichenden gleichlautenden Erlass der obersten Finanzbehörden der Länder im vorangegangenen Kalenderjahr zu erlassen oder zu ändern.**

In den Fällen von Satz 1 Nummer 2 ist die Fallgestaltung im Bericht abstrakt zu beschreiben.

(5) Das Bundesministerium der Finanzen wird ermächtigt, zur zeitnahen Umsetzung unionsrechtlicher Bestimmungen hinsichtlich der Fristen zur Mitteilung grenzüberschreitender Steuergestaltungen durch ein im Bundessteuerblatt zu

veröffentlichendes Schreiben von den Absätzen 1 und 2 abweichende Bestimmungen zu treffen.

(6) § 138e Absatz 3 Satz 6 bis 8 und § 138h Absatz 2 Satz 1 der Abgabenordnung in der Fassung des Artikels 1 des Gesetzes vom 12. Juli 2022 (BGBl. I S. 1142) sind in allen bei Inkrafttreten dieser Vorschriften anhängigen Verfahren anzuwenden.

§ 34 Vorabverständigungsverfahren

§ 89a der Abgabenordnung in der am 9. Juni 2021 geltenden Fassung ist erstmals auf Anträge anzuwenden, die nach dem 8. Juni 2021 bei der zuständigen Behörde eingegangen sind. § 178a der Abgabenordnung in der Fassung des Gesetzes vom 13. Dezember 2006 (BGBl. I S. 2878) ist letztmals auf Anträge anzuwenden, die am 8. Juni 2021 bei der zuständigen Behörde eingegangen sind.

§ 35 Abrufverfahren bei Steuermessbeträgen und Zerlegungsbescheiden

§ 184 Absatz 3 Satz 2 und § 188 Absatz 1 Satz 2 der Abgabenordnung finden erstmals für die Steuermessbeträge und Zerlegungsbescheide Anwendung, die für Realsteuern des Jahres 2025 maßgeblich sind. Für Zwecke der Grundsteuer findet § 188 Absatz 1 Satz 2 der Abgabenordnung erst Anwendung, wenn die technischen und organisatorischen Voraussetzungen für den elektronischen Abruf erfüllt sind, spätestens aber ab dem 1. Januar 2025.

§ 36 Sonderregelungen auf Grund der Corona-Pandemie

(1) § 149 Absatz 3 der Abgabenordnung in der am 19. Februar 2021 geltenden Fassung ist für den Besteuerungszeitraum 2019 mit der Maßgabe anzuwenden, dass an die Stelle des letzten Tages des Monats Februar 2021 der 31. August 2021 und an die Stelle des 31. Juli 2021 der 31. Dezember 2021 tritt; § 149 Absatz 4 der Abgabenordnung bleibt unberührt.

(2) Abweichend von § 233a Absatz 2 Satz 1 der Abgabenordnung in der am 19. Februar 2021 geltenden Fassung beginnt der Zinslauf für den Besteuerungszeitraum 2019 am 1. Oktober 2021. In den Fällen des § 233a Absatz 2 Satz 2 der Abgabenordnung in der am 19. Februar 2021 geltenden Fassung beginnt der Zinslauf für den Besteuerungszeitraum 2019 am 1. Mai 2022.

(3) Für die Besteuerungszeiträume 2020 bis 2024 sind die §§ 109, 149, 152 und 233a der Abgabenordnung in der am 23. Juni 2022 geltenden Fassung mit folgenden Maßgaben anzuwenden:

1. In § 109 Absatz 2 Satz 1 Nummer 1 und § 149 Absatz 3 und 4 Satz 1 und 3 der Abgabenordnung tritt jeweils an die Stelle des letzten Tags des Monats Februar des zweiten auf den Besteuerungszeitraum folgenden Kalenderjahres

a) für den Besteuerungszeitraum 2020 der 31. August 2022,

b) für den Besteuerungszeitraum 2021 der 31. August 2023,

c) für den Besteuerungszeitraum 2022 der 31. Juli 2024,

d) für den Besteuerungszeitraum 2023 der 31. Mai 2025 und

e) für den Besteuerungszeitraum 2024 der 30. April 2026.

2. In § 109 Absatz 2 Satz 2 und § 149 Absatz 3 und 4 Satz 5 der Abgabenordnung tritt jeweils an die Stelle des 31. Juli des zweiten auf den Besteuerungszeitraum folgenden Kalenderjahres

a) für den Besteuerungszeitraum 2020 der 31. Januar 2023,

b) für den Besteuerungszeitraum 2021 der 31. Januar 2024,

c) für den Besteuerungszeitraum 2022 der 31. Dezember 2024,

d) für den Besteuerungszeitraum 2023 der 31. Oktober 2025 und

e) für den Besteuerungszeitraum 2024 der 30. September 2026.

3. In § 149 Absatz 2 Satz 1 der Abgabenordnung tritt an die Stelle der Angabe „sieben Monate"

a) für die Besteuerungszeiträume 2020 und 2021 die Angabe „zehn Monate",

b) für den Besteuerungszeitraum 2022 die Angabe „neun Monate" und

c) für den Besteuerungszeitraum 2023 die Angabe „acht Monate".

4. In § 149 Absatz 2 Satz 2 der Abgabenordnung tritt an die Stelle der Angabe „des siebten Monats"

a) für die Besteuerungszeiträume 2020 und 2021 die Angabe „des zehnten Monats",

b) für den Besteuerungszeitraum 2022 die Angabe „des neunten Monats" und

c) für den Besteuerungszeitraum 2023 die Angabe „des achten Monats".

5. In § 152 Absatz 2 Nummer 1 der Abgabenordnung tritt an die Stelle der Angabe „14 Monaten"

a) für die Besteuerungszeiträume 2020 und 2021 die Angabe „20 Monaten",

b) für den Besteuerungszeitraum 2022 die Angabe „19 Monaten",

c) für den Besteuerungszeitraum 2023 die Angabe „17 Monaten" und

d) für den Besteuerungszeitraum 2024 die Angabe „16 Monaten".

6. In § 152 Absatz 2 Nummer 2 der Abgabenordnung tritt an die Stelle der Angabe „19 Monaten"

a) für die Besteuerungszeiträume 2020 und 2021 die Angabe „25 Monaten",

b) für den Besteuerungszeitraum 2022 die Angabe „24 Monaten",

c) für den Besteuerungszeitraum 2023 die Angabe „22 Monaten" und

d) für den Besteuerungszeitraum 2024 die Angabe „21 Monaten".

7. In § 233a Absatz 2 Satz 1 der Abgabenordnung tritt an die Stelle der Angabe „15 Monate"

a) für die Besteuerungszeiträume 2020 und 2021 die Angabe „21 Monate",

b) für den Besteuerungszeitraum 2022 die Angabe „20 Monate",

c) für den Besteuerungszeitraum 2023 die Angabe „18 Monate" und

d) für den Besteuerungszeitraum 2024 die Angabe „17 Monate".

8. In § 233a Absatz 2 Satz 2 der Abgabenordnung tritt an die Stelle der Angabe „23 Monate"

a) für die Besteuerungszeiträume 2020 und 2021 die Angabe „29 Monate",

b) für den Besteuerungszeitraum 2022 die Angabe „28 Monate",

c) für den Besteuerungszeitraum 2023 die Angabe „26 Monate" und

d) für den Besteuerungszeitraum 2024 die Angabe „25 Monate".

§ 37 Modernisierung der Außenprüfung

(1) Die durch Artikel 3 des Gesetzes vom 20. Dezember 2022 (BGBl. I S. 2730) geänderten Vorschriften der Abgabenordnung sind auf alle am 1. Januar 2023 anhängigen Verfahren anzuwenden, soweit in den Absätzen 2 bis 4 nichts anderes bestimmt ist.

(2) § 3 Absatz 4 Nummer 3a, § 18 Absatz 1 Nummer 5, § 90 Absatz 3 Satz 5 und 6 sowie Absatz 4 und 5, § 153 Absatz 4, § 162 Absatz 3 und 4, § 171 Absatz 4, § 180 Absatz 1a, § 181 Absatz 1 Satz 4, § 197 Absatz 5, § 199 Absatz 2 Satz 2 und 3, die §§ 200a, 202 Absatz 1 Satz 4 und Absatz 3 sowie § 204 Absatz 2 der Abgabenordnung in der am 1. Januar 2023 geltenden Fassung sind vorbehaltlich des Absatzes 3 erstmals auf Steuern und Steuervergütungen anzuwenden, die nach dem 31. Dezember 2024 entstehen. Für Steuern und Steuervergütungen, die vor dem 1. Januar 2025 entstehen, sind § 90 Absatz 3 Satz 5 bis 11, § 162 Absatz 3 und 4, § 171 Absatz 4 sowie § 204 der Abgabenordnung in der am 31. Dezember 2022 geltenden Fassung vorbehaltlich des Absatzes 3 weiterhin anzuwenden. Die Sätze 1 und 2 gelten für gesonderte Feststellungen von Besteuerungsgrundlagen entsprechend.

(3) § 3 Absatz 4 Nummer 3a, § 18 Absatz 1 Nummer 5, § 90 Absatz 3 Satz 5 und 6 sowie Absatz 4 und 5, § 153 Absatz 4, § 162 Absatz 3 und 4, § 180 Absatz 1a, § 181 Absatz 1 Satz 4, § 199 Absatz 2 Satz 2 und 3, § 200a Absatz 1 bis 3 und 6,

§ 202 Absatz 1 Satz 4 und Absatz 3 sowie § 204 Absatz 2 der Abgabenordnung in der am 1. Januar 2023 geltenden Fassung sind abweichend von Absatz 2 auch für Steuern und Steuervergütungen anzuwenden, die vor dem 1. Januar 2025 entstehen, wenn für diese Steuern und Steuervergütungen nach dem 31. Dezember 2024 eine Prüfungsanordnung nach § 196 der Abgabenordnung bekanntgegeben wurde. Satz 1 gilt für gesonderte Feststellungen von Besteuerungsgrundlagen entsprechend.

(4) § 146 Absatz 2c der Abgabenordnung in der am 1. Januar 2025 geltenden Fassung ist vorbehaltlich des Satzes 3 erstmals auf Steuern und Steuervergütungen anzuwenden, die nach dem 31. Dezember 2024 entstehen. Für Steuern und Steuervergütungen, die vor dem 1. Januar 2025 entstehen, ist § 146 Absatz 2c der Abgabenordnung in der am 1. Januar 2023 geltenden Fassung vorbehaltlich des Satzes 3 weiterhin anzuwenden. § 146 Absatz 2c der Abgabenordnung in der am 1. Januar 2025 geltenden Fassung ist für Steuern und Steuervergütungen, die vor dem 1. Januar 2025 entstehen, abweichend von Satz 2 auch für Steuern und Steuervergütungen anzuwenden, die vor dem 1. Januar 2025 entstehen, wenn für diese Steuern und Steuervergütungen nach dem 31. Dezember 2024 eine Prüfungsanordnung nach § 196 der Abgabenordnung bekanntgegeben wurde. Die Sätze 1 bis 3 gelten für gesonderte Feststellungen von Besteuerungsgrundlagen entsprechend.

§ 38 Erprobung alternativer Prüfungsmethoden

(1) Soweit im Rahmen einer Außenprüfung eines Steuerpflichtigen nach den §§ 193 bis 202 der Abgabenordnung die Wirksamkeit eines von ihm eingesetzten Steuerkontrollsystems hinsichtlich der erfassten Steuerarten oder Sachverhalte überprüft wurde und kein oder nur ein unbeachtliches steuerliches Risiko für die in § 149 Absatz 3 der Abgabenordnung genannten Steuern und gesonderten Feststellungen besteht, kann die Finanzbehörde im Benehmen mit dem Bundeszentralamt für Steuern dem Steuerpflichtigen auf Antrag unter dem Vorbehalt des Widerrufs für die nächste Außenprüfung nach § 193 Absatz 1 der Abgabenordnung Beschränkungen von Art und Umfang der Ermittlungen unter der Voraussetzung verbindlich zusagen, dass keine Änderungen der Verhältnisse eintreten. Der Steuerpflichtige hat Veränderungen des Kontrollsystems zu dokumentieren und sie der Finanzbehörde unverzüglich schriftlich oder elektronisch mitzuteilen.

(2) Ein Steuerkontrollsystem umfasst alle innerbetrieblichen Maßnahmen, die gewährleisten, dass

1. **die Besteuerungsgrundlagen zutreffend aufgezeichnet und berücksichtigt werden sowie**
2. **die hierauf entfallenden Steuern fristgerecht und vollständig abgeführt werden.**

Das Steuerkontrollsystem muss die steuerlichen Risiken laufend abbilden.

(3) Systemprüfungen von Steuerkontrollsystemen und daraufhin nach Absatz 1 Satz 1 zugesagte Erleichterungen sind von den Landesfinanzbehörden bis zum 30. April 2029 zu evaluieren. Die obersten Finanzbehörden der Länder haben die

Ergebnisse der Evaluierung dem Bundesministerium der Finanzen bis zum 30. Juni 2029 mitzuteilen.

Artikel 97a - Überleitungsregelungen aus Anlass der Herstellung der Einheit Deutschlands

§ 1 Zuständigkeit

(1) Für vor dem 1. Januar 1991 nach dem Recht der Bundesrepublik Deutschland oder der Deutschen Demokratischen Republik entstandene Besitz- und Verkehrsteuern, Zulagen und Prämien, auf die Abgabenrecht Anwendung findet, und dazugehörige steuerliche Nebenleistungen, bleiben die nach den bisher geltenden Vorschriften einschließlich der Vorschriften der Einzelsteuergesetze örtlich zuständigen Finanzbehörden weiterhin zuständig. Dies gilt auch für das Rechtsbehelfsverfahren.

(2) Würde durch einen Wechsel der örtlichen Zuständigkeit eine Finanzbehörde in dem in Artikel 3 des Einigungsvertrages genannten Gebiet für die gesonderte Feststellung nach § 180 Abs. 1 Nr. 1 der Abgabenordnung, für die gesonderte und einheitliche Feststellung nach der Anteilsbewertungsverordnung vom 19. Januar 1977 (BGBl. I S. 171) oder für die Besteuerung nach dem Vermögen zuständig, bleibt abweichend von § 26 Satz 1 der Abgabenordnung letztmals für Feststellungen zum 1. Januar 1998 oder für die Vermögensteuer des Kalenderjahrs 1998 die nach den bisherigen Verhältnissen zuständige Finanzbehörde insoweit zuständig. Dies gilt auch für das Rechtsbehelfsverfahren.

§ 2 Überleitungsbestimmungen für die Anwendung der Abgaben ordnung in dem in Artikel 3 des Einigungsvertrages genannten Gebiet

Für die Anwendung der Abgabenordnung in dem in Artikel 3 des Einigungsvertrages genannten Gebiet gilt folgendes:

1. Verfahren, die beim Wirksamwerden des Beitritts anhängig sind, werden nach den Vorschriften der Abgabenordnung zu Ende geführt, soweit in den nachfolgenden Vorschriften nichts anderes bestimmt ist.

2. Fristen, deren Lauf vor dem Wirksamwerden des Beitritts begonnen hat, werden nach den Vorschriften der Abgabenordnung der Deutschen Demokratischen Republik (AO 1990) vom 22. Juni 1990 (Sonderdruck Nr. 1428 des Gesetzblattes) sowie des Einführungsgesetzes zur Abgabenordnung der Deutschen Demokratischen Republik vom 22. Juni 1990 (Sonderdruck Nr. 1428 des Gesetzblattes) berechnet, soweit in den nachfolgenden Vorschriften nichts anderes bestimmt ist.

3. § 152 ist erstmals auf Steuererklärungen anzuwenden, die nach dem Wirksamwerden des Beitritts einzureichen sind; eine Verlängerung der Steuererklärungsfrist ist hierbei nicht zu berücksichtigen.

4. Die Vorschriften über die Aufhebung und Änderung von Verwaltungsakten sind erstmals anzuwenden, wenn nach dem Wirksamwerden des Beitritts ein Verwaltungsakt aufgehoben oder geändert wird. Dies gilt auch dann, wenn der aufzuhebende oder zu ändernde Verwaltungsakt vor dem Wirksamwerden des Beitritts erlassen worden ist. Auf vorläufige Steuerbescheide nach § 100 Abs. 1 der Abgabenordnung (AO) der Deutschen Demokratischen Republik in der Fassung vom 18. September 1970 (Sonderdruck Nr. 681 des Gesetzblattes) ist § 165 Abs. 2, auf Steuerbescheide nach § 100 Abs. 2 der Abgabenordnung (AO) der Deutschen Demokratischen Republik in der Fassung vom 18. September 1970 (Sonderdruck Nr. 681 des Gesetzblattes) ist § 164 Abs. 2 und 3 anzuwenden.

5. Die Vorschriften über die Festsetzungsverjährung gelten für die Festsetzung sowie für die Aufhebung und Festsetzung von Steuern, Steuervergütungen und, soweit für steuerliche Nebenleistungen eine Festsetzungsverjährung vorgesehen ist, von steuerlichen Nebenleistungen, die nach dem Wirksamwerden des Beitritts entstehen. Für vorher entstandene Ansprüche sind die Vorschriften der Abgabenordnung der Deutschen Demokratischen Republik (AO 1990) vom 22. Juni 1990 (Sonderdruck Nr. 1428 des Gesetzblattes) sowie des Einführungsgesetzes zur Abgabenordnung der Deutschen Demokratischen Republik vom 22. Juni 1990 (Sonderdruck Nr. 1428 des Gesetzblattes) über die Verjährung und über die Ausschlußfristen weiter anzuwenden, soweit sie für die Festsetzung einer Steuer, Steuervergütung oder steuerlichen Nebenleistung, für die Aufhebung oder Änderung einer solchen Festsetzung oder für die Geltendmachung von Erstattungsansprüchen von Bedeutung sind; Nummer 9 Satz 2 bis 4 bleibt unberührt. Sätze 1 und 2 gelten sinngemäß für die gesonderte Feststellung von Besteuerungsgrundlagen sowie für die Festsetzung, Zerlegung und Zuteilung von Steuermeßbeträgen. Bei der Einheitsbewertung tritt an die Stelle des Zeitpunkts der Entstehung des Steueranspruchs der Zeitpunkt, auf den die Hauptfeststellung, die Fortschreibung, die Nachfeststellung oder die Aufhebung eines Einheitswertes vorzunehmen ist.

6. §§ 69 bis 76 und 191 Abs. 3 bis 5 sind anzuwenden, wenn der haftungsbegründende Tatbestand nach dem Wirksamwerden des Beitritts verwirklicht worden ist.

7. Bei der Anwendung des § 141 Abs. 1 Nr. 3 tritt an die Stelle des Wirtschaftswerts der Ersatzwirtschaftswert (§ 125 des Bewertungsgesetzes).

8. Die Vorschriften über verbindliche Zusagen auf Grund einer Außenprüfung (§§ 204 bis 207) sind anzuwenden, wenn die Schlussbesprechung nach dem Wirksamwerden des Beitritts stattfindet oder, falls eine solche nicht erforderlich ist, wenn dem Steuerpflichtigen der Prüfungsbericht nach dem Wirksamwerden des Beitritts zugegangen ist. Hat die Schlussbesprechung nach dem 30. Juni 1990 und vor dem Wirksamwerden des Beitritts stattgefunden oder war eine solche nicht erforderlich und ist der Prüfungsbericht dem Steuerpflichtigen nach dem 30. Juni 1990 und vor dem Wirksamwerden des Beitritts zugegangen, sind die bisherigen Vorschriften der Abgabenordnung der Deutschen Demokratischen Republik (AO 1990) vom 22.

Juni 1990 (Sonderdruck Nr. 1428 des Gesetzblattes) sowie des Einführungsgesetzes zur Abgabenordnung der Deutschen Demokratischen Republik vom 22. Juni 1990 (Sonderdruck Nr. 1428 des Gesetzblattes) über verbindliche Zusagen auf Grund einer Außenprüfung weiter anzuwenden.

9. Die Vorschriften über die Zahlungsverjährung gelten für alle Ansprüche im Sinne des § 228 Satz 1, deren Verjährung gemäß § 229 nach dem Wirksamwerden des Beitritts beginnt. Liegen die Voraussetzungen des Satzes 1 nicht vor, so sind für die Ansprüche weiterhin die Vorschriften der Abgabenordnung der Deutschen Demokratischen Republik (AO 1990) vom 22. Juni 1990 (Sonderdruck Nr. 1428 des Gesetzblattes) sowie des Einführungsgesetzes zur Abgabenordnung der Deutschen Demokratischen Republik vom 22. Juni 1990 (Sonderdruck Nr. 1428 des Gesetzblattes) über die Verjährung und Ausschlußfristen anzuwenden. Die Verjährung wird jedoch ab Wirksamwerden des Beitritts nur noch nach den §§ 230 und 231 gehemmt und unterbrochen. Auf die nach § 231 Abs. 3 beginnende neue Verjährungsfrist sind die §§ 228 bis 232 anzuwenden.

10. Zinsen entstehen für die Zeit nach dem Wirksamwerden des Beitritts nach den Vorschriften der Abgabenordnung. Die Vorschriften des § 233a über die Verzinsung von Steuernachforderungen und Steuererstattungen sind erstmals für Steuern anzuwenden, die nach dem 31. Dezember 1990 entstehen. Ist eine Steuer über den Tag des Wirksamwerdens des Beitritts hinaus zinslos gestundet worden, so gilt dies als Verzicht auf Zinsen im Sinne des § 234 Abs. 2. Die Vorschriften des § 239 Abs. 1 über die Festsetzungsfrist gelten in allen Fällen, in denen die Festsetzungsfrist auf Grund dieser Vorschrift nach dem Wirksamwerden des Beitritts beginnt.

11. § 240 ist erstmals auf Säumniszuschläge anzuwenden, die nach dem Wirksamwerden des Beitritts verwirkt werden.

12. Wird ein Verwaltungsakt angefochten, der vor dem Wirksamwerden des Beitritts wirksam geworden ist, bestimmt sich die Zulässigkeit des außergerichtlichen Rechtsbehelfs nach den bisherigen Vorschriften; ist über den Rechtsbehelf nach dem Wirksamwerden des Beitritts zu entscheiden, richten sich die Art des außergerichtlichen Rechtsbehelfs sowie das weitere Verfahren nach den neuen Vorschriften.

13. Eine vor dem Wirksamwerden des Beitritts begonnene Maßnahme der Zwangsvollstreckung ist nach dem bisherigen Recht zu erledigen. Werden weitere selbständige Maßnahmen zur Fortsetzung der bereits begonnenen Zwangsvollstreckung nach dem Wirksamwerden des Beitritts eingeleitet, gelten die Vorschriften der Abgabenordnung. Als selbständige Maßnahme gilt auch die Verwertung eines gepfändeten Gegenstandes.

§ 3 Festsetzungsverjährung und D-Markbilanzgesetz

(1) Bei Steuerpflichtigen, die nach dem D-Markbilanzgesetz vom 31. August 1990 in der Fassung vom 28. Juli 1994 (BGBl. I S. 1842) eine Eröffnungsbilanz für den 1. Juli 1990 aufzustellen haben, beträgt die Festsetzungsfrist insoweit abweichend von § 169 Abs. 2 Satz 1 Nr. 2 der Abgabenordnung für Steuern vom Einkommen, die nach dem 30. Juni 1990 und vor dem 1. Januar 1993 entstehen,

sechs Jahre. Soweit diese Steuern leichtfertig verkürzt worden sind, beträgt die Festsetzungsfrist abweichend von § 169 Abs. 2 Satz 2 der Abgabenordnung sieben Jahre.

(2) Für Gesellschaften und Gemeinschaften, für die Einkünfte nach § 180 Abs. 1 Nr. 2 Buchstabe a der Abgabenordnung einheitlich und gesondert festzustellen sind, gilt Absatz 1 für die Feststellungsfrist sinngemäß.

(3) Die Festsetzungsfrist für Haftungsbescheide, denen die in den Absätzen 1 und 2 genannten Steueransprüche zugrunde liegen, beträgt abweichend von § 191 Abs. 3 Satz 2 der Abgabenordnung sechs Jahre, in den Fällen des § 70 der Abgabenordnung bei Steuerhinterziehung zehn Jahre, bei leichtfertiger Steuerverkürzung sieben Jahre, in den Fällen des § 71 der Abgabenordnung zehn Jahre.

§ 4 Verrechnung der für das zweite Halbjahr 1990 gezahlten Vermögensteuer

Die nach der Verordnung vom 27. Juni 1990 (GBl. I Nr. 41 S. 618) in der zusammengefassten Steuerrate für das zweite Halbjahr 1990 gezahlte Vermögensteuer ist in der Jahreserklärung 1990 innerhalb der Steuerrate mit der Körperschaftsteuer und Gewerbesteuer der in Kapitalgesellschaften umgewandelten ehemaligen volkseigenen Kombinate, Betriebe und Einrichtungen zu verrechnen.

§ 5 (weggefallen)

Finanzgerichtsordnung (FGO)

in der Fassung der Bekanntmachung vom 28.3.2001 (BGBl. I S. 442, 2262, 2002 S. 679), zuletzt geändert durch Artikel 19 des Gesetzes vom 5.10.2021 (BGBl. I S. 4607).

Erster Teil - Gerichtsverfassung

Abschnitt I - Gerichte

§ 1

Die Finanzgerichtsbarkeit wird durch unabhängige, von den Verwaltungsbehörden getrennte, besondere Verwaltungsgerichte ausgeübt.

§ 2

Gerichte der Finanzgerichtsbarkeit sind in den Ländern die Finanzgerichte als obere Landesgerichte, im Bund der Bundesfinanzhof mit dem Sitz in München.

§ 3

(1) Durch Gesetz werden angeordnet

1. **die Errichtung und Aufhebung eines Finanzgerichts,**
2. **die Verlegung eines Gerichtssitzes,**
3. **Änderungen in der Abgrenzung der Gerichtsbezirke,**
4. **die Zuweisung einzelner Sachgebiete an ein Finanzgericht für die Bezirke mehrerer Finanzgerichte,**
5. **die Errichtung einzelner Senate des Finanzgerichts an anderen Orten,**
6. **der Übergang anhängiger Verfahren auf ein anderes Gericht bei Maßnahmen nach den Nummern 1, 3 und 4, wenn sich die Zuständigkeit nicht nach den bisher geltenden Vorschriften richten soll.**

(2) Mehrere Länder können die Errichtung eines gemeinsamen Finanzgerichts oder gemeinsamer Senate eines Finanzgerichts oder die Ausdehnung von Gerichtsbezirken über die Landesgrenzen hinaus, auch für einzelne Sachgebiete, vereinbaren.

§ 4

Für die Gerichte der Finanzgerichtsbarkeit gelten die Vorschriften des Zweiten Titels des Gerichtsverfassungsgesetzes entsprechend.

§ 5

(1) [1]Das Finanzgericht besteht aus dem Präsidenten, den Vorsitzenden Richtern und weiteren Richtern in erforderlicher Anzahl. [2]Von der Ernennung eines Vorsitzenden Richters kann abgesehen werden, wenn bei einem Gericht nur ein Senat besteht.

(2) Bei den Finanzgerichten werden Senate gebildet. Zoll-, Verbrauchsteuer- und Finanzmonopolsachen sind in besonderen Senaten zusammenzufassen.

(3) [1]Die Senate entscheiden in der Besetzung mit drei Richtern und zwei ehrenamtlichen Richtern, soweit nicht ein Einzelrichter entscheidet. [2]Bei Beschlüssen außerhalb der mündlichen Verhandlung und bei Gerichtsbescheiden (§ 90a) wirken die ehrenamtlichen Richter nicht mit.

(4) [1]Die Länder können durch Gesetz die Mitwirkung von zwei ehrenamtlichen Richtern an den Entscheidungen des Einzelrichters vorsehen. [2]Absatz 3 Satz 2 bleibt unberührt.

§ 6

(1) Der Senat kann den Rechtsstreit einem seiner Mitglieder als Einzelrichter zur Entscheidung übertragen, wenn

1. die Sache keine besonderen Schwierigkeiten tatsächlicher oder rechtlicher Art aufweist und

2. die Rechtssache keine grundsätzliche Bedeutung hat.

(2) Der Rechtsstreit darf dem Einzelrichter nicht übertragen werden, wenn bereits vor dem Senat mündlich verhandelt worden ist, es sei denn, dass inzwischen ein Vorbehalts-, Teil- oder Zwischenurteil ergangen ist.

(3) [1]Der Einzelrichter kann nach Anhörung der Beteiligten den Rechtsstreit auf den Senat zurückübertragen, wenn sich aus einer wesentlichen Änderung der Prozesslage ergibt, dass die Rechtssache grundsätzliche Bedeutung hat oder die Sache besondere Schwierigkeiten tatsächlicher oder rechtlicher Art aufweist. [2]Eine erneute Übertragung auf den Einzelrichter ist ausgeschlossen.

(4) [1]Beschlüsse nach den Absätzen 1 und 3 sind unanfechtbar. [2]Auf eine unterlassene Übertragung kann die Revision nicht gestützt werden.

§§ 7 bis 9

(weggefallen)

§ 10

(1) Der Bundesfinanzhof besteht aus dem Präsidenten und aus den Vorsitzenden Richtern und weiteren Richtern in erforderlicher Anzahl.

(2) [1]Beim Bundesfinanzhof werden Senate gebildet. [2]§ 5 Abs. 2 Satz 2 gilt sinngemäß.

(3) Die Senate des Bundesfinanzhofs entscheiden in der Besetzung von fünf Richtern, bei Beschlüssen außerhalb der mündlichen Verhandlung in der Besetzung von drei Richtern.

§ 11

(1) Bei dem Bundesfinanzhof wird ein Großer Senat gebildet.

(2) Der Große Senat entscheidet, wenn ein Senat in einer Rechtsfrage von der Entscheidung eines anderen Senats oder des Großen Senats abweichen will.

(3) [1]Eine Vorlage an den Großen Senat ist nur zulässig, wenn der Senat, von dessen Entscheidung abgewichen werden soll, auf Anfrage des erkennenden Senats erklärt hat, dass er an seiner Rechtsauffassung festhält. [2]Kann der Senat, von dessen Entscheidung abgewichen werden soll, wegen einer Änderung des Geschäftsverteilungsplanes mit der Rechtsfrage nicht mehr befasst werden, tritt der Senat an seine Stelle, der nach dem Geschäftsverteilungsplan für den Fall, in dem abweichend entschieden wurde, nunmehr zuständig wäre.[3]Über die Anfrage und die Antwort entscheidet der jeweilige Senat durch Beschluss in der für Urteile erforderlichen Besetzung.

(4) Der erkennende Senat kann eine Frage von grundsätzlicher Bedeutung dem Großen Senat zur Entscheidung vorlegen, wenn das nach seiner Auffassung zur Fortbildung des Rechts oder zur Sicherung einer einheitlichen Rechtsprechung erforderlich ist.

(5) [1]Der Große Senat besteht aus dem Präsidenten und je einem Richter der Senate, in denen der Präsident nicht den Vorsitz führt. [2]Bei einer Verhinderung des Präsidenten tritt ein Richter aus dem Senat, dem er angehört, an seine Stelle.

(6) [1]Die Mitglieder und die Vertreter werden durch das Präsidium für ein Geschäftsjahr bestellt. [2]Den Vorsitz im Großen Senat führt der Präsident, bei Verhinderung das dienstälteste Mitglied. [3]Bei Stimmengleichheit gibt die Stimme des Vorsitzenden den Ausschlag.

(7) [1]Der Große Senat entscheidet nur über die Rechtsfrage. [2]Er kann ohne mündliche Verhandlung entscheiden. [3]Seine Entscheidung ist in der vorliegenden Sache für den erkennenden Senat bindend.

§ 12

[1]Bei jedem Gericht wird eine Geschäftsstelle eingerichtet. [2]Sie wird mit der erforderlichen Anzahl von Urkundsbeamten besetzt.

§ 13

Alle Gerichte und Verwaltungsbehörden leisten den Gerichten der Finanzgerichtsbarkeit Rechts- und Amtshilfe.

Abschnitt II - Richter

§ 14

(1) Die Richter werden auf Lebenszeit ernannt, soweit nicht in § 15 Abweichendes bestimmt ist.

(2) Die Richter des Bundesfinanzhofs müssen das 35. Lebensjahr vollendet haben.

§ 15

Bei den Finanzgerichten können Richter auf Probe oder Richter kraft Auftrags verwendet werden.

Abschnitt III - Ehrenamtliche Richter

§ 16

Der ehrenamtliche Richter wirkt bei der mündlichen Verhandlung und der Urteilsfindung mit gleichen Rechten wie der Richter mit.

§ 17

[1]Der ehrenamtliche Richter muss Deutscher sein. [2]Er soll das 25. Lebensjahr vollendet und seinen Wohnsitz oder seine gewerbliche oder berufliche Niederlassung innerhalb des Gerichtsbezirks haben.

§ 18

(1) Vom Amt des ehrenamtlichen Richters sind ausgeschlossen

1. **Personen, die infolge Richterspruchs die Fähigkeit zur Bekleidung öffentlicher Ämter nicht besitzen oder wegen einer vorsätzlichen Tat zu einer Freiheitsstrafe von mehr als sechs Monaten oder innerhalb der letzten zehn Jahre wegen einer Steuer- oder Monopolstraftat verurteilt worden sind, soweit es sich nicht um eine Tat handelt, für die das nach der Verurteilung geltende Gesetz nur noch Geldbuße androht,**

2. **Personen, gegen die Anklage wegen einer Tat erhoben ist, die den Verlust der Fähigkeit zur Bekleidung öffentlicher Ämter zur Folge haben kann,**

3. **Personen, die nicht das Wahlrecht zu den gesetzgebenden Körperschaften des Landes besitzen.**

(2) Personen, die in Vermögensverfall geraten sind, sollen nicht zu ehrenamtlichen Richtern berufen werden.

§ 19

Zum ehrenamtlichen Richter können nicht berufen werden

1. Mitglieder des Bundestages, des Europäischen Parlaments, der gesetzgebenden Körperschaften eines Landes, der Bundesregierung oder einer Landesregierung,
2. Richter,
3. Beamte und Angestellte der Steuerverwaltungen des Bundes und der Länder,
4. Berufssoldaten und Soldaten auf Zeit,
5. Rechtsanwälte, Notare, Patentanwälte, Steuerberater, Mitglieder Geschäftsführungs- und Aufsichtsorgane von Berufsausübungsgesellschaften im Sinne der Bundesrechtsanwaltsordnung, der Patentanwaltsordnung und des Steuerberatungsgesetzes, ferner Steuerbevollmächtigte, Wirtschaftsprüfer, vereidigte Buchprüfer und Personen, die fremde Rechtsangelegenheiten geschäftsmäßig besorgen.

§ 20

(1) Die Berufung zum Amt des ehrenamtlichen Richters dürfen ablehnen

1. Geistliche und Religionsdiener,
2. Schöffen und andere ehrenamtliche Richter,
3. Personen, die zwei Amtsperioden lang als ehrenamtliche Richter beim Finanzgericht tätig gewesen sind,
4. Ärzte, Krankenpfleger, Hebammen,
5. Apothekenleiter, die kein pharmazeutisches Personal beschäftigen,
6. Personen, die die Regelaltersgrenze nach dem Sechsten Buch Sozialgesetzbuch erreicht haben.

(2) In besonderen Härtefällen kann außerdem auf Antrag von der Übernahme des Amtes befreit werden.

§ 21

(1) Ein ehrenamtlicher Richter ist von seinem Amt zu entbinden, wenn er

1. nach den §§ 17 bis 19 nicht berufen werden konnte oder nicht mehr berufen werden kann oder
2. einen Ablehnungsgrund nach § 20 Abs. 1 geltend macht oder
3. seine Amtspflichten gröblich verletzt hat oder

4. die zur Ausübung seines Amtes erforderlichen geistigen oder körperlichen Fähigkeiten nicht mehr besitzt oder
5. seinen Wohnsitz oder seine gewerbliche oder berufliche Niederlassung im Gerichtsbezirk aufgibt.

(2) In besonderen Härtefällen kann außerdem auf Antrag von der weiteren Ausübung des Amtes entbunden werden.

(3) [1]Die Entscheidung trifft der vom Präsidium für jedes Geschäftsjahr im Voraus bestimmte Senat in den Fällen des Absatzes 1 Nr. 1, 3 und 4 auf Antrag des Präsidenten des Finanzgerichts, in den Fällen des Absatzes 1 Nr. 2 und 5 und des Absatzes 2 auf Antrag des ehrenamtlichen Richters. [2]Die Entscheidung ergeht durch Beschluss nach Anhörung des ehrenamtlichen Richters.

(4) Absatz 3 gilt sinngemäß in den Fällen des § 20 Abs. 2.

(5) Auf Antrag des ehrenamtlichen Richters ist die Entscheidung nach Absatz 3 aufzuheben, wenn Anklage nach § 18 Nr. 2 erhoben war und der Angeschuldigte rechtskräftig außer Verfolgung gesetzt oder freigesprochen worden ist.

§ 22

Die ehrenamtlichen Richter werden für jedes Finanzgericht auf fünf Jahre durch einen Wahlausschuss nach Vorschlagslisten (§ 25) gewählt.

§ 23

(1) Bei jedem Finanzgericht wird ein Ausschuss zur Wahl der ehrenamtlichen Richter bestellt.

(2) [1]Der Ausschuss besteht aus dem Präsidenten des Finanzgerichts als Vorsitzendem, einem durch die Oberfinanzdirektion zu bestimmenden Beamten der Landesfinanzverwaltung und sieben Vertrauensleuten, die die Voraussetzungen zur Berufung als ehrenamtlicher Richter erfüllen. [2]Die Vertrauensleute, ferner sieben Vertreter werden auf fünf Jahre vom Landtag oder von einem durch ihn bestimmten Landtagsausschuss oder nach Maßgabe der Landesgesetze gewählt. [3]In den Fällen des § 3 Abs. 2 und bei Bestehen eines Finanzgerichts für die Bezirke mehrerer Oberfinanzdirektionen innerhalb eines Landes richtet sich die Zuständigkeit der Oberfinanzdirektion für die Bestellung des Beamten der Landesfinanzverwaltung sowie des Landes für die Wahl der Vertrauensleute nach dem Sitz des Finanzgerichts. [4]Die Landesgesetzgebung kann in diesen Fällen vorsehen, dass jede beteiligte Oberfinanzdirektion einen Beamten der Finanzverwaltung in den Ausschuss entsendet und dass jedes beteiligte Land mindestens zwei Vertrauensleute bestellt. [5]In Fällen, in denen ein Land nach § 2a Abs. 1 des Finanzverwaltungsgesetzes auf Mittelbehörden verzichtet hat, ist für die Bestellung des Beamten der Landesfinanzverwaltung die oberste Landesbehörde im Sinne des § 2 Abs. 1 Nr. 1 des Finanzverwaltungsgesetzes zuständig.

(3) Der Ausschuss ist beschlussfähig, wenn wenigstens der Vorsitzende, ein Vertreter der Finanzverwaltung und drei Vertrauensleute anwesend sind.

§ 24

Die für jedes Finanzgericht erforderliche Anzahl von ehrenamtlichen Richtern wird durch den Präsidenten so bestimmt, dass voraussichtlich jeder zu hö-chstens zwölf ordentlichen Sitzungstagen im Jahre herangezogen wird.

§ 25

[1]Die Vorschlagsliste der ehrenamtlichen Richter wird in jedem fünften Jahr durch den Präsidenten des Finanzgerichts aufgestellt. [2]Er soll zuvor die Berufsvertretungen hören. [3]In die Vorschlagsliste soll die doppelte Anzahl der nach § 24 zu wählenden ehrenamtlichen Richter aufgenommen werden.

§ 26

(1) Der Ausschuss wählt aus den Vorschlagslisten mit einer Mehrheit von mindestens zwei Dritteln der Stimmen die erforderliche Anzahl von ehrenamtlichen Richtern.

(2) Bis zur Neuwahl bleiben die bisherigen ehrenamtlichen Richter im Amt.

§ 27

(1) [1]Das Präsidium des Finanzgerichts bestimmt vor Beginn des Geschäftsjahrs durch Aufstellung einer Liste die Reihenfolge, in der die ehrenamtlichen Richter heranzuziehen sind. [2]Für jeden Senat ist eine Liste aufzustellen, die mindestens zwölf Namen enthalten muss.

(2) Für die Heranziehung von Vertretern bei unvorhergesehener Verhinderung kann eine Hilfsliste ehrenamtlicher Richter aufgestellt werden, die am Gerichtssitz oder in seiner Nähe wohnen.

§ 28

(weggefallen)

§ 29

Der ehrenamtliche Richter und der Vertrauensmann (§ 23) erhalten eine Entschädigung nach dem Justizvergütungs- und -entschädigungsgesetz.

§ 30

(1) [1]Gegen einen ehrenamtlichen Richter, der sich ohne genügende Entschuldigung zu einer Sitzung nicht rechtzeitig einfindet oder der sich seinen Pflichten auf andere Weise entzieht, kann ein Ordnungsgeld festgesetzt werden. [2]Zugleich können ihm die durch sein Verhalten verursachten Kosten auferlegt werden.

(2) [1]Die Entscheidung trifft der Vorsitzende. [2]Er kann sie bei nachträglicher Entschuldigung ganz oder zum Teil aufheben.

Abschnitt IV - Gerichtsverwaltung

§ 31

Der Präsident des Gerichts übt die Dienstaufsicht über die Richter, Beamten, Angestellten und Arbeiter aus.

§ 32

Dem Gericht dürfen keine Verwaltungsgeschäfte außerhalb der Gerichtsverwaltung übertragen werden.

Abschnitt V - Finanzrechtsweg und Zuständigkeit

Unterabschnitt 1 - Finanzrechtsweg

§ 33

(1) Der Finanzrechtsweg ist gegeben

1. **in öffentlich-rechtlichen Streitigkeiten über Abgabenangelegenheiten, soweit die Abgaben der Gesetzgebung des Bundes unterliegen und durch Bundesfinanzbehörden oder Landesfinanzbehörden verwaltet werden,**
2. **in öffentlich-rechtlichen Streitigkeiten über die Vollziehung von Verwaltungsakten in anderen als den in Nummer 1 bezeichneten Angelegenheiten, soweit die Verwaltungsakte durch Bundesfinanzbehörden oder Landesfinanzbehörden nach den Vorschriften der Abgabenordnung zu vollziehen sind,**
3. **in öffentlich-rechtlichen und berufsrechtlichen Streitigkeiten über Angelegenheiten, die durch den Ersten Teil, den Zweiten und den Sechsten Abschnitt des Zweiten Teils und den Ersten Abschnitt des Dritten Teils des Steuerberatungsgesetzes geregelt werden,**
4. **in anderen als den in den Nummern 1 bis 3 bezeichneten öffentlich-rechtlichen Streitigkeiten, soweit für diese durch Bundesgesetz oder Landesgesetz der Finanzrechtsweg eröffnet ist.**

(2) Abgabenangelegenheiten im Sinne dieses Gesetzes sind alle mit der Verwaltung der Abgaben einschließlich der Abgabenvergütungen oder sonst mit der Anwendung der abgabenrechtlichen Vorschriften durch die Finanzbehörden zusammenhängenden Angelegenheiten einschließlich der Maßnahmen der Bundesfinanzbehörden zur Beachtung der Verbote und Beschränkungen für den Warenverkehr über die Grenze; den Abgabenangelegenheiten stehen die Angelegenheiten der Verwaltung der Finanzmonopole gleich.

(3) Die Vorschriften dieses Gesetzes finden auf das Straf- und Bußgeldverfahren keine Anwendung.

§ 34

(weggefallen)

Unterabschnitt 2 - Sachliche Zuständigkeit

§ 35

Das Finanzgericht entscheidet im ersten Rechtszug über alle Streitigkeiten, für die der Finanzrechtsweg gegeben ist.

§ 36

Der Bundesfinanzhof entscheidet über das Rechtsmittel

1. der Revision gegen Urteile des Finanzgerichts und gegen Entscheidungen, die Urteilen des Finanzgerichts gleichstehen,
2. der Beschwerde gegen andere Entscheidungen des Finanzgerichts, des Vorsitzenden oder des Berichterstatters.

§ 37

(weggefallen)

Unterabschnitt 3 - Örtliche Zuständigkeit

§ 38

(1) Örtlich zuständig ist das Finanzgericht, in dessen Bezirk die Behörde, gegen welche die Klage gerichtet ist, ihren Sitz hat.

(2) [1]Ist die in Absatz 1 bezeichnete Behörde eine oberste Finanzbehörde, so ist das Finanzgericht zuständig, in dessen Bezirk der Kläger seinen Wohnsitz, seine Geschäftsleitung oder seinen gewöhnlichen Aufenthalt hat; bei Zöllen, Verbrauchsteuern und Monopolabgaben ist das Finanzgericht zuständig, in dessen Bezirk ein Tatbestand verwirklicht wird, an den das Gesetz die Abgabe knüpft. [2]Hat der Kläger im Bezirk der obersten Finanzbehörde keinen Wohnsitz, keine Geschäftsleitung und keinen gewöhnlichen Aufenthalt, so findet Absatz 1 Anwendung.

(2a) [1]In Angelegenheiten des Familienleistungsausgleichs nach Maßgabe der §§ 62 bis 78 des Einkommensteuergesetzes ist das Finanzgericht zuständig, in dessen Bezirk der Kläger seinen Wohnsitz oder seinen gewöhnlichen Aufenthalt hat. [2]Hat der Kläger im Inland keinen Wohnsitz und keinen gewöhnlichen Aufenthalt, ist das Finanzgericht zuständig, in dessen Bezirk die Behörde, gegen welche die Klage gerichtet ist, ihren Sitz hat.

(3) Befindet sich der Sitz einer Finanzbehörde außerhalb ihres Bezirks, so richtet sich die örtliche Zuständigkeit abweichend von Absatz 1 nach der Lage des Bezirks.

§ 39

(1) Das zuständige Finanzgericht wird durch den Bundesfinanzhof bestimmt,

1. wenn das an sich zuständige Finanzgericht in einem einzelnen Fall an der Ausübung der Gerichtsbarkeit rechtlich oder tatsächlich verhindert ist,
2. wenn es wegen der Grenzen verschiedener Gerichtsbezirke ungewiss ist, welches Finanzgericht für den Rechtsstreit zuständig ist,
3. wenn verschiedene Finanzgerichte sich rechtskräftig für zuständig erklärt haben,
4. wenn verschiedene Finanzgerichte, von denen eines für den Rechtsstreit zuständig ist, sich rechtskräftig für unzuständig erklärt haben,
5. wenn eine örtliche Zuständigkeit nach § 38 nicht gegeben ist.

(2) [1]Jeder am Rechtsstreit Beteiligte und jedes mit dem Rechtsstreit befasste Finanzgericht kann den Bundesfinanzhof anrufen. [2]Dieser kann ohne mündliche Verhandlung entscheiden.

Zweiter Teil - Verfahren

Abschnitt I - Klagearten, Klagebefugnis, Klagevoraussetzungen, Klageverzicht

§ 40

(1) Durch Klage kann die Aufhebung, in den Fällen des § 100 Abs. 2 auch die Änderung eines Verwaltungsakts (Anfechtungsklage) sowie die Verurteilung zum Erlass eines abgelehnten oder unterlassenen Verwaltungsakts (Verpflichtungsklage) oder zu einer anderen Leistung begehrt werden.

(2) Soweit gesetzlich nichts anderes bestimmt ist, ist die Klage nur zulässig, wenn der Kläger geltend macht, durch den Verwaltungsakt oder durch die Ablehnung oder Unterlassung eines Verwaltungsakts oder einer anderen Leistung in seinen Rechten verletzt zu sein.

(3) Verwaltet eine Finanzbehörde des Bundes oder eines Landes eine Abgabe ganz oder teilweise für andere Abgabenberechtigte, so können diese in den Fällen Klage erheben, in denen der Bund oder das Land die Abgabe oder einen Teil der Abgabe unmittelbar oder mittelbar schulden würde.

§ 41

(1) Durch Klage kann die Feststellung des Bestehens oder Nichtbestehens eines Rechtsverhältnisses oder der Nichtigkeit eines Verwaltungsakts begehrt werden, wenn der Kläger ein berechtigtes Interesse an der baldigen Feststellung hat (Feststellungsklage).

(2) [1]Die Feststellung kann nicht begehrt werden, soweit der Kläger seine Rechte durch Gestaltungs- oder Leistungsklage verfolgen kann oder hätte verfolgen können. [2]Dies gilt nicht, wenn die Feststellung der Nichtigkeit eines Verwaltungsakts begehrt wird.

§ 42

Auf Grund der Abgabenordnung erlassene Änderungs- und Folgebescheide können nicht in weiterem Umfang angegriffen werden, als sie in dem außergerichtlichen Vorverfahren angefochten werden können.

§ 43

Mehrere Klagebegehren können vom Kläger in einer Klage zusammen verfolgt werden, wenn sie sich gegen denselben Beklagten richten, im Zusammenhang stehen und dasselbe Gericht zuständig ist.

§ 44

(1) In den Fällen, in denen ein außergerichtlicher Rechtsbehelf gegeben ist, ist die Klage vorbehaltlich der §§ 45 und 46 nur zulässig, wenn das Vorverfahren über den außergerichtlichen Rechtsbehelf ganz oder zum Teil erfolglos geblieben ist.

(2) Gegenstand der Anfechtungsklage nach einem Vorverfahren ist der ursprüngliche Verwaltungsakt in der Gestalt, die er durch die Entscheidung über den außergerichtlichen Rechtsbehelf gefunden hat.

§ 45

(1) [1]Die Klage ist ohne Vorverfahren zulässig, wenn die Behörde, die über den außergerichtlichen Rechtsbehelf zu entscheiden hat, innerhalb eines Monats nach Zustellung der Klageschrift dem Gericht gegenüber zustimmt. [2]Hat von mehreren Berechtigten einer einen außergerichtlichen Rechtsbehelf eingelegt, ein anderer unmittelbar Klage erhoben, ist zunächst über den außergerichtichen Rechtsbehelf zu entscheiden.

(2) [1]Das Gericht kann eine Klage, die nach Absatz 1 ohne Vorverfahren erhoben worden ist, innerhalb von drei Monaten nach Eingang der Akten der Behörde bei Gericht, spätestens innerhalb von sechs Monaten nach Klagezustellung, durch Beschluss an die zuständige Behörde zur Durchführung des Vorverfahrens abgeben, wenn eine weitere Sachaufklärung notwendig ist, die nach Art oder Umfang erhebliche Ermittlungen erfordert, und die Abgabe auch unter Berücksichtigung der Belange der Beteiligten sachdienlich ist. [2]Der Beschluss ist unanfechtbar.

(3) Stimmt die Behörde im Falle des Absatzes 1 nicht zu oder gibt das Gericht die Klage nach Absatz 2 ab, ist die Klage als außergerichtlicher Rechtsbehelf zu behandeln.

(4) Die Klage ist außerdem ohne Vorverfahren zulässig, wenn die Rechtswidrigkeit der Anordnung eines dinglichen Arrests geltend gemacht wird.

§ 46

(1) [1]Ist über einen außergerichtlichen Rechtsbehelf ohne Mitteilung eines zureichenden Grundes in angemessener Frist sachlich nicht entschieden worden, so ist die Klage abweichend von § 44 ohne vorherigen Abschluss des Vorverfahrens zulässig. [2]Die Klage kann nicht vor Ablauf von sechs Monaten seit Einlegung des außergerichtlichen Rechtsbehelfs erhoben werden, es sei denn, dass wegen besonderer Umstände des Falles eine kürzere Frist geboten ist. [3]Das Gericht kann das Verfahren bis zum Ablauf einer von ihm bestimmten Frist, die verlängert werden kann, aussetzen; wird dem außergerichtlichen Rechtsbehelf innerhalb dieser Frist stattgegeben oder der beantragte Verwaltungsakt innerhalb dieser Frist erlassen, so ist der Rechtsstreit in der Hauptsache als erledigt anzusehen.

(2) Absatz 1 Satz 2 und 3 gilt für die Fälle sinngemäß, in denen geltend gemacht wird, dass eine der in § 348 Nr. 3 und 4 der Abgabenordnung genannten Stellen über einen Antrag auf Vornahme eines Verwaltungsakts ohne Mitteilung eines zureichenden Grundes in angemessener Frist sachlich nicht entschieden hat.

§ 47

(1) [1]Die Frist für die Erhebung der Anfechtungsklage beträgt einen Monat; sie beginnt mit der Bekanntgabe der Entscheidung über den außergerichtlichen Rechtsbehelf, in den Fällen des § 45 und in den Fällen, in denen ein außergerichtlicher Rechtsbehelf nicht gegeben ist, mit der Bekanntgabe des Verwaltungsakts. [2]Dies gilt für die Verpflichtungsklage sinngemäß, wenn der Antrag auf Vornahme des Verwaltungsakts abgelehnt worden ist.

(2) [1]Die Frist für die Erhebung der Klage gilt als gewahrt, wenn die Klage bei der Behörde, die den angefochtenen Verwaltungsakt oder die angefochtene Entscheidung erlassen oder den Beteiligten bekannt gegeben hat oder die nachträglich für den Steuerfall zuständig geworden ist, innerhalb der Frist angebracht oder zu Protokoll gegeben wird. [2]Die Behörde hat die Klageschrift in diesem Fall unverzüglich dem Gericht zu übermitteln.

(3) Absatz 2 gilt sinngemäß bei einer Klage, die sich gegen die Feststellung von Besteuerungsgrundlagen oder gegen die Festsetzung eines Steuermessbetrags richtet, wenn sie bei der Stelle angebracht wird, die zur Erteilung des Steuerbescheids zuständig ist.

§ 48

(1) Gegen Bescheide über die einheitliche und gesonderte Feststellung von Besteuerungsgrundlagen können Klage erheben:

1. **zur Vertretung berufene Geschäftsführer oder, wenn solche nicht vorhanden sind, der Klagebevollmächtigte im Sinne des Absatzes 2;**
2. **wenn Personen nach Nummer 1 nicht vorhanden sind, jeder Gesellschafter, Gemeinschafter oder Mitberechtigte, gegen den der Feststellungsbescheid ergangen ist oder zu ergehen hätte;**

3. auch wenn Personen nach Nummer 1 vorhanden sind, ausgeschiedene Gesellschafter, Gemeinschafter oder Mitberechtigte, gegen die der Feststellungsbescheid ergangen ist oder zu ergehen hätte;

4. soweit es sich darum handelt, wer an dem festgestellten Betrag beteiligt ist und wie dieser sich auf die einzelnen Beteiligten verteilt, jeder, der durch die Feststellungen hierzu berührt wird;

5. soweit es sich um eine Frage handelt, die einen Beteiligten persönlich angeht, jeder, der durch die Feststellungen über die Frage berührt wird.

(2) [1]Klagebefugt im Sinne des Absatzes 1 Nr. 1 ist der gemeinsame Empfangsbevollmächtigte im Sinne des § 183 Abs. 1 Satz 1 der Abgabenordnung oder des § 6 Abs. 1 Satz 1 der Verordnung über die gesonderte Feststellung von Besteuerungsgrundlagen nach § 180 Abs. 2 der Abgabenordnung vom 19. Dezember 1986 (BGBl. I S. 2663). [2]Haben die Feststellungsbeteiligten keinen gemeinsamen Empfangsbevollmächtigten bestellt, ist klagebefugt im Sinne des Absatzes 1 Nr. 1 der nach § 183 Abs. 1 Satz 2 der Abgabenordnung fingierte oder der nach § 183 Abs. 1 Satz 3 bis 5 der Abgabenordnung oder nach § 6 Abs. 1 Satz 3 bis 5 der Verordnung über die gesonderte Feststellung von Besteuerungsgrundlagen nach § 180 Abs. 2 der Abgabenordnung von der Finanzbehörde bestimmte Empfangsbevollmächtigte; dies gilt nicht für Feststellungsbeteiligte, die gegenüber der Finanzbehörde der Klagebefugnis des Empfangsbevollmächtigten widersprechen. [3]Die Sätze 1 und 2 sind nur anwendbar, wenn die Beteiligten spätestens bei Erlass der Einspruchsentscheidung über die Klagebefugnis des Empfangsbevollmächtigten belehrt worden sind.

§ 49

(weggefallen)

§ 50

(1) [1]Auf die Erhebung der Klage kann nach Erlass des Verwaltungsakts verzichtet werden. [2]Der Verzicht kann auch bei Abgabe einer Steueranmeldung ausgesprochen werden, wenn er auf den Fall beschränkt wird, dass die Steuer nicht abweichend von der Steueranmeldung festgesetzt wird. [3]Eine trotz des Verzichts erhobene Klage ist unzulässig.

(1a) [1]Soweit Besteuerungsgrundlagen für ein Verständigungs- oder ein Schiedsverfahren nach einem Vertrag im Sinne des § 2 der Abgabenordnung von Bedeutung sein können, kann auf die Erhebung der Klage insoweit verzichtet werden. [2]Die Besteuerungsgrundlage, auf die sich der Verzicht beziehen soll, ist genau zu bezeichnen.

(2) [1]Der Verzicht ist gegenüber der zuständigen Behörde schriftlich oder zu Protokoll zu erklären; er darf keine weiteren Erklärungen enthalten. [2]Wird nachträglich die Unwirksamkeit des Verzichts geltend gemacht, so gilt § 56 Abs. 3 sinngemäß.

Abschnitt II - Allgemeine Verfahrensvorschriften

§ 51

(1) [1]Für die Ausschließung und Ablehnung der Gerichtspersonen gelten §§ 41 bis 49 der Zivilprozessordnung sinngemäß. [2]Gerichtspersonen können auch abgelehnt werden, wenn von ihrer Mitwirkung die Verletzung eines Geschäfts- oder Betriebsgeheimnisses oder Schaden für die geschäftliche Tätigkeit eines Beteiligten zu besorgen ist.

(2) Von der Ausübung des Amtes als Richter, als ehrenamtlicher Richter oder als Urkundsbeamter ist auch ausgeschlossen, wer bei dem vorausgegangenen Verwaltungsverfahren mitgewirkt hat.

(3) Besorgnis der Befangenheit nach § 42 der Zivilprozessordnung ist stets dann begründet, wenn der Richter oder ehrenamtliche Richter der Vertretung einer Körperschaft angehört oder angehört hat, deren Interessen durch das Verfahren berührt werden.

§ 52

(1) §§ 169, 171b bis 197 des Gerichtsverfassungsgesetzes über die Öffentlichkeit, Sitzungspolizei, Gerichtssprache, Beratung und Abstimmung gelten sinngemäß.

(2) Die Öffentlichkeit ist auch auszuschließen, wenn ein Beteiligter, der nicht Finanzbehörde ist, es beantragt.

(3) Bei der Abstimmung und Beratung dürfen auch die zu ihrer steuerrechtlichen Ausbildung beschäftigten Personen zugegen sein, soweit sie die Befähigung zum Richteramt besitzen und soweit der Vorsitzende ihre Anwesenheit gestattet.

§ 52a

(1) Vorbereitende Schriftsätze und deren Anlagen, schriftlich einzureichende Anträge und Erklärungen der Beteiligten sowie schriftlich einzureichende Auskünfte, Aussagen, Gutachten, Übersetzungen und Erklärungen Dritter können nach Maßgabe der Absätze 2 bis 6 als elektronische Dokumente bei Gericht eingereicht werden.

(2) [1]Das elektronische Dokument muss für die Bearbeitung durch das Gericht geeignet sein. [2]Die Bundesregierung bestimmt durch Rechtsverordnung mit Zustimmung des Bundesrates technische Rahmenbedingungen für die Übermittlung und die Eignung zur Bearbeitung durch das Gericht.

(3) [1]Das elektronische Dokument muss mit einer qualifizierten elektronischen Signatur der verantwortenden Person versehen sein oder von der verantwortenden Person signiert und auf einem sicheren Übermittlungsweg eingereicht werden. [2]Satz 1 gilt nicht für Anlagen, die vorbereitenden Schriftsätzen beigefügt sind.

(4) [1]Sichere Übermittlungswege sind

1. der Postfach- und Versanddienst eines De-Mail-Kontos, wenn der Absender bei Versand der Nachricht sicher im Sinne des § 4 Absatz 1 Satz 2 des De-Mail-Gesetzes angemeldet ist und er sich die sichere Anmeldung gemäß § 5 Absatz 5 des De-Mail-Gesetzes bestätigen lässt,
2. der Übermittlungsweg zwischen den besonderen elektronischen Anwaltspostfächern nach den §§ 31a und 31b der Bundesrechtsanwaltsordnung oder einem entsprechenden, auf gesetzlicher Grundlage errichteten elektronischen Postfach und der elektronischen Poststelle des Gerichts,
3. der Übermittlungsweg zwischen einem nach Durchführung eines Identifizierungsverfahrens eingerichteten Postfach einer Behörde oder einer juristischen Person des öffentlichen Rechts und der elektronischen Poststelle des Gerichts,
4. der Übermittlungsweg zwischen einem nach Durchführung eines Identifizierungsverfahrens eingerichteten elektronischen Postfach einer natürlichen oder juristischen Person oder einer sonstigen Vereinigung und der elektronischen Poststelle des Gerichts,
5. der Übermittlungsweg zwischen einem nach Durchführung eines Identifizierungsverfahrens genutzten Postfach- und Versanddienst eines Nutzerkontos im Sinne des § 2 Absatz 5 des Onlinezugangsgesetzes und der elektronischen Poststelle des Gerichts,
6. sonstige bundeseinheitliche Übermittlungswege, die durch Rechtsverordnung der Bundesregierung mit Zustimmung des Bundesrates festgelegt werden, bei denen die Authentizität und Integrität der Daten sowie die Barrierefreiheit gewährleistet sind.

[2]Das Nähere zu den Übermittlungswegen gemäß Satz 1 Nummer 3 bis 5 regelt die Rechtsverordnung nach Absatz 2 Satz 2.

(5) [1]Ein elektronisches Dokument ist eingegangen, sobald es auf der für den Empfang bestimmten Einrichtung des Gerichts gespeichert ist. [2]Dem Absender ist eine automatisierte Bestätigung über den Zeitpunkt des Eingangs zu erteilen. 3Die Vorschriften dieses Gesetzes über die Beifügung von Abschriften für die übrigen Beteiligten finden keine Anwendung.

(6) [1]Ist ein elektronisches Dokument für das Gericht zur Bearbeitung nicht geeignet, ist dies dem Absender unter Hinweis auf die Unwirksamkeit des Eingangs unverzüglich mitzuteilen. [2]Das Dokument gilt als zum Zeitpunkt der früheren Einreichung eingegangen, sofern der Absender es unverzüglich in einer für das Gericht zur Bearbeitung geeigneten Form nachreicht und glaubhaft macht, dass es mit dem zuerst eingereichten Dokument inhaltlich übereinstimmt.

(7) [1]Soweit eine handschriftliche Unterzeichnung durch den Richter oder den Urkundsbeamten der Geschäftsstelle vorgeschrieben ist, genügt dieser Form die Aufzeichnung als elektronisches Dokument, wenn die verantwortenden Personen am Ende des Dokuments ihren Namen hinzufügen und das Dokument mit einer qualifizierten elektronischen Signatur versehen. [2]Der in Satz 1 genannten Form genügt auch ein elektronisches Dokument, in welches das handschriftlich unterzeichnete Schriftstück gemäß § 52b Absatz 6 Satz 4 übertragen worden ist.

§ 52b

(1) [1]Die Prozessakten können elektronisch geführt werden. [2]Die Bundesregierung und die Landesregierungen bestimmen jeweils für ihren Bereich durch Rechtsverordnung den Zeitpunkt, von dem an die Prozessakten elektronisch geführt werden. [3]In der Rechtsverordnung sind die organisatorisch-technischen Rahmenbedingungen für die Bildung, Führung und Verwahrung der elektro¬nischen Akten festzulegen. [4]Die Landesregierungen können die Ermächtigung auf die für die Finanzgerichtsbarkeit zuständigen obersten Landesbehörden übertragen. [5]Die Zulassung der elektronischen Akte kann auf einzelne Gerichte oder Verfahren beschränkt werden; wird von dieser Möglichkeit Gebrauch gemacht, kann in der Rechtsverordnung bestimmt werden, dass durch Verwaltungsvorschrift, die öffentlich bekanntzumachen ist, geregelt wird, in welchen Verfahren die Prozessakten elektronisch zu führen sind.[6]Die Rechtsverordnung der Bundesregierung bedarf nicht der Zustimmung des Bundesrates.

(1a) [1]Die Prozessakten werden ab dem 1. Januar 2026 elektronisch geführt. [2]Die Bundesregierung und die Landesregierungen bestimmen jeweils für ihren Bereich durch Rechtsverordnung die organisatorischen und dem Stand der Technik entsprechenden technischen Rahmenbedingungen für die Bildung, Führung und Verwahrung der elektronischen Akten einschließlich der einzuhaltenden Anforderungen der Barrierefreiheit. [3]Die Bundesregierung und die Landesregierungen können jeweils für ihren Bereich durch Rechtsverordnung bestimmen, dass Akten, die in Papierform angelegt wurden, in Papierform weitergeführt werden. [4]Die Landesregierungen können die Ermächtigungen nach den Sätzen 2 und 3 auf die für die Finanzgerichtsbarkeit zuständigen obersten Landesbehörden übertragen. [5]Die Rechtsverordnungen der Bundesregierung bedürfen nicht der Zustimmung des Bundesrates.

(2) [1]Werden die Akten in Papierform geführt, ist von einem elektronischen Dokument ein Ausdruck für die Akten zu fertigen. [2]Kann dies bei Anlagen zu vorbereitenden Schriftsätzen nicht oder nur mit unverhältnismäßigem Aufwand erfolgen, so kann ein Ausdruck unterbleiben. [3]Die Daten sind in diesem Fall dauerhaft zu speichern; der Speicherort ist aktenkundig zu machen.

(3) Ist das elektronische Dokument auf einem sicheren Übermittlungsweg eingereicht, so ist dies aktenkundig zu machen.

(4) Wird das elektronische Dokument mit einer qualifizierten elektronischen Signatur versehen und nicht auf einem sicheren Übermittlungsweg eingereicht, muss der Ausdruck einen Vermerk darüber enthalten,

1. **welches Ergebnis die Integritätsprüfung des Dokumentes ausweist,**
2. **wen die Signaturprüfung als Inhaber der Signatur ausweist,**
3. **welchen Zeitpunkt die Signaturprüfung für die Anbringung der Signatur ausweist.**

(5) Ein eingereichtes elektronisches Dokument kann im Falle von Absatz 2 nach Ablauf von sechs Monaten gelöscht werden.

(6) [1]Werden die Prozessakten elektronisch geführt, sind in Papierform vorliegende Schriftstücke und sonstige Unterlagen nach dem Stand der Technik zur

Ersetzung der Urschrift in ein elektronisches Dokument zu übertragen. [2]Es ist sicherzustellen, dass das elektronische Dokument mit den vorliegenden Schriftstücken und sonstigen Unterlagen bildlich und inhaltlich übereinstimmt. [3]Das elektronische Dokument ist mit einem Übertragungsnachweis zu versehen, der das bei der Übertragung angewandte Verfahren und die bildliche und inhaltliche Übereinstimmung dokumentiert. [4]Wird ein von den verantwortenden Personen handschriftlich unterzeichnetes gerichtliches Schriftstück übertragen, ist der Übertragungsnachweis mit einer qualifizierten elektronischen Signatur des Urkundsbeamten der Geschäftsstelle zu versehen. [5]Die in Papierform vorliegenden Schriftstücke und sonstigen Unterlagen können sechs Monate nach der Übertragung vernichtet werden, sofern sie nicht rückgabepflichtig sind.

§ 52c Formulare; Verordnungsermächtigung

[1]Das Bundesministerium der Justiz und für Verbraucherschutz kann durch Rechtsverordnung mit Zustimmung des Bundesrates elektronische Formulare einführen. [2]Die Rechtsverordnung kann bestimmen, dass die in den Formularen enthaltenen Angaben ganz oder teilweise in strukturierter maschinenlesbarer Form zu übermitteln sind. [3]Die Formulare sind auf einer in der Rechtsverordnung zu bestimmenden Kommunikationsplattform im Internet zur Nutzung bereitzustellen. [4]Die Rechtsverordnung kann bestimmen, dass eine Identifikation des Formularverwenders abweichend von § 52a Absatz 3 auch durch Nutzung des elektronischen Identitätsnachweises nach § 18 des Personalausweisgesetzes, § 12 des eID-Karte-Gesetzes oder § 78 Absatz 5 des Aufenthaltsgesetzes erfolgen kann.

§ 52d Nutzungspflicht für Rechtsanwälte, Behörden und vertretungsberechtigte Personen

[1]Vorbereitende Schriftsätze und deren Anlagen sowie schriftlich einzureichende Anträge und Erklärungen, die durch einen Rechtsanwalt, durch eine Behörde oder durch eine juristische Person des öffentlichen Rechts einschließlich der von ihr zur Erfüllung ihrer öffentlichen Aufgaben gebildeten Zusammenschlüsse eingereicht werden, sind als elektronisches Dokument zu übermitteln. [2]Gleiches gilt für die nach diesem Gesetz vertretungsberechtigten Personen, für die ein sicherer Übermittlungsweg nach § 52a Absatz 4 Satz 1 Nummer 2 zur Verfügung steht. [3]Ist eine Übermittlung aus technischen Gründen vorübergehend nicht möglich, bleibt die Übermittlung nach den allgemeinen Vorschriften zulässig. [4]Die vorübergehende Unmöglichkeit ist bei der Ersatzeinreichung oder unverzüglich danach glaubhaft zu machen; auf Anforderung ist ein elektronisches Dokument nachzureichen.

§ 53

(1) Anordnungen und Entscheidungen, durch die eine Frist in Lauf gesetzt wird, sowie Terminbestimmungen und Ladungen sind den Beteiligten zuzustellen, bei Verkündung jedoch nur, wenn es ausdrücklich vorgeschrieben ist.

(2) Zugestellt wird von Amts wegen nach den Vorschriften der Zivilprozessordnung.

(3) [1]Wer seinen Wohnsitz oder seinen Sitz nicht im Geltungsbereich dieses Gesetzes hat, hat auf Verlangen einen Zustellungsbevollmächtigten zu bestellen. [2]Geschieht dies nicht, so gilt eine Sendung mit der Aufgabe zur Post als zugestellt, selbst wenn sie als unbestellbar zurückkommt.

§ 54

(1) Der Lauf einer Frist beginnt, soweit nichts anderes bestimmt ist, mit der Bekanntgabe des Verwaltungsakts oder der Entscheidung oder mit dem Zeitpunkt, an dem die Bekanntgabe als bewirkt gilt.

(2) Für die Fristen gelten die Vorschriften der §§ 222, 224 Abs. 2 und 3, §§ 225 und 226 der Zivilprozessordnung.

§ 55

(1) Die Frist für einen Rechtsbehelf beginnt nur zu laufen, wenn der Beteiligte über den Rechtsbehelf, die Behörde oder das Gericht, bei denen der Rechts¬behelf anzubringen ist, den Sitz und die einzuhaltende Frist schriftlich oder elektronisch belehrt worden ist.

(2) [1]Ist die Belehrung unterblieben oder unrichtig erteilt, so ist die Einlegung des Rechtsbehelfs nur innerhalb eines Jahres seit Bekanntgabe im Sinne des § 54 Abs. 1 zulässig, es sei denn, dass die Einlegung vor Ablauf der Jahresfrist infolge höherer Gewalt unmöglich war oder eine schriftliche oder elektronische Belehrung dahin erfolgt ist, dass ein Rechtsbehelf nicht gegeben sei. [2]§ 56 Abs. 2 gilt für den Fall höherer Gewalt sinngemäß.

§ 56

(1) Wenn jemand ohne Verschulden verhindert war, eine gesetzliche Frist einzuhalten, so ist ihm auf Antrag Wiedereinsetzung in den vorigen Stand zu gewähren.

(2) [1]Der Antrag ist binnen zwei Wochen nach Wegfall des Hindernisses zu stellen; bei Versäumung der Frist zur Begründung der Revision oder der Nicht¬zulassungsbeschwerde beträgt die Frist einen Monat. [2]Die Tatsachen zur Begründung des Antrags sind bei der Antragstellung oder im Verfahren über den Antrag glaubhaft zu machen. [3]Innerhalb der Antragsfrist ist die versäumte Rechtshandlung nachzuholen. [4]Ist dies geschehen, so kann Wiedereinsetzung auch ohne Antrag gewährt werden.

(3) Nach einem Jahr seit dem Ende der versäumten Frist kann Wiedereinsetzung nicht mehr beantragt oder ohne Antrag bewilligt werden, außer wenn der Antrag vor Ablauf der Jahresfrist infolge höherer Gewalt unmöglich war.

(4) Über den Antrag auf Wiedereinsetzung entscheidet das Gericht, das über die versäumte Rechtshandlung zu befinden hat.

(5) Die Wiedereinsetzung ist unanfechtbar.

§ 57

Beteiligte am Verfahren sind

1. der Kläger,
2. der Beklagte,
3. der Beigeladene,
4. die Behörde, die dem Verfahren beigetreten ist (§ 122 Abs. 2).

§ 58

(1) Fähig zur Vornahme von Verfahrenshandlungen sind

1. die nach dem bürgerlichen Recht Geschäftsfähigen,
2. die nach dem bürgerlichen Recht in der Geschäftsfähigkeit Beschränkten, soweit sie durch Vorschriften des bürgerlichen oder öffentlichen Rechts für den Gegenstand des Verfahrens als geschäftsfähig anerkannt sind.

(2) [1]Für rechtsfähige und nichtrechtsfähige Personenvereinigungen, für Personen, die geschäftsunfähig oder in der Geschäftsfähigkeit beschränkt sind, für alle Fälle der Vermögensverwaltung und für andere einer juristischen Person ähnliche Gebilde, die als solche der Besteuerung unterliegen, sowie bei Wegfall eines Steuerpflichtigen handeln die nach dem bürgerlichen Recht dazu befugten Personen. [2]§§ 53 bis 58 der Zivilprozessordnung gelten sinngemäß.

(3) Betrifft ein Einwilligungsvorbehalt nach § 1825 des Bürgerlichen Gesetzbuchs den Gegenstand des Verfahrens, so ist ein geschäftsfähiger Betreuter nur insoweit zur Vornahme von Verfahrenshandlungen fähig, als er nach den Vorschriften des bürgerlichen Rechts ohne Einwilligung des Betreuers handeln kann oder durch Vorschriften des öffentlichen Rechts als handlungsfähig anerkannt ist.

§ 59

Die Vorschriften der §§ 59 bis 63 der Zivilprozessordnung über die Streitgenossenschaft sind sinngemäß anzuwenden.

§ 60

(1) [1]Das Finanzgericht kann von Amts wegen oder auf Antrag andere beiladen, deren rechtliche Interessen nach den Steuergesetzen durch die Entscheidung berührt werden, insbesondere solche, die nach den Steuergesetzen neben dem Steuerpflichtigen haften. [2]Vor der Beiladung ist der Steuerpflichtige zu hören, wenn er am Verfahren beteiligt ist.

(2) Wird eine Abgabe für einen anderen Abgabenberechtigten verwaltet, so kann dieser nicht deshalb beigeladen werden, weil seine Interessen als Abgabenberechtigter durch die Entscheidung berührt werden.

(3) [1]Sind an dem streitigen Rechtsverhältnis Dritte derart beteiligt, dass die Entscheidung auch ihnen gegenüber nur einheitlich ergehen kann, so sind sie beizuladen (notwendige Beiladung). [2]Dies gilt nicht für Mitberechtigte, die nach § 48 nicht klagebefugt sind.

(4) [1]Der Beiladungsbeschluss ist allen Beteiligten zuzustellen. [2]Dabei sollen der Stand der Sache und der Grund der Beiladung angegeben werden.

(5) Die als Mitberechtigte Beigeladenen können aufgefordert werden, einen gemeinsamen Zustellungsbevollmächtigten zu benennen.

(6) [1]Der Beigeladene kann innerhalb der Anträge eines als Kläger oder Beklagter Beteiligten selbständig Angriffs- und Verteidigungsmittel geltend machen und alle Verfahrenshandlungen wirksam vornehmen. [2]Abweichende Sachanträge kann er nur stellen, wenn eine notwendige Beiladung vorliegt.

§ 60a

[1]Kommt nach § 60 Abs. 3 die Beiladung von mehr als 50 Personen in Betracht, kann das Gericht durch Beschluss anordnen, dass nur solche Personen beigeladen werden, die dies innerhalb einer bestimmten Frist beantragen. [2]Der Beschluss ist unanfechtbar. [3]Er ist im Bundesanzeiger bekannt zu machen. [4]Er muss außerdem in Tageszeitungen veröffentlicht werden, die in dem Bereich verbreitet sind, in dem sich die Entscheidung voraussichtlich auswirken wird. [5]Die Bekanntmachung kann zusätzlich in einem von dem Gericht für Bekanntmachungen bestimmten Informations- und Kommunikationssystem erfolgen. [6]Die Frist muss mindestens drei Monate seit Veröffentlichung im Bundesanzeiger betragen. [7]In der Veröffentlichung in Tageszeitungen ist mitzuteilen, an welchem Tage die Frist abläuft. [8]Für die Wiedereinsetzung in den vorigen Stand wegen Versäumung der Frist gilt § 56 entsprechend. [9]Das Gericht soll Personen, die von der Entscheidung erkennbar in besonderem Maße betroffen werden, auch ohne Antrag beiladen.

§ 61

(weggefallen)

§ 62

(1) Die Beteiligten können vor dem Finanzgericht den Rechtsstreit selbst führen.

(2) [1]Die Beteiligten können sich durch einen Rechtsanwalt, Steuerberater, Steuerbevollmächtigten, Wirtschaftsprüfer oder vereidigten Buchprüfer als Bevollmächtigten vertreten lassen; zur Vertretung berechtigt sind auch Gesellschaften im Sinne des § 3 Nr. 2 und 3 des Steuerberatungsgesetzes, die durch solche Personen handeln. [2]Darüber hinaus sind als Bevollmächtigte vor dem Finanzgericht vertretungsbefugt nur

1. Beschäftigte des Beteiligten oder eines mit ihm verbundenen Unternehmens (§ 15 des Aktiengesetzes); Behörden und juristische Personen des öffentlichen Rechts einschließlich der von ihnen zur Erfüllung ihrer öffentlichen Aufgaben gebildeten Zusammenschlüsse können sich auch durch Beschäftigte anderer Behörden oder juristischer Personen des öffentlichen Rechts einschließlich der von ihnen zur Erfüllung ihrer öffentlichen Aufgaben gebildeten Zusammenschlüsse vertreten lassen,

2. volljährige Familienangehörige (§ 15 der Abgabenordnung, § 11 des Lebenspartnerschaftsgesetzes), Personen mit Befähigung zum Richteramt und Streitgenossen, wenn die Vertretung nicht im Zusammenhang mit einer entgeltlichen Tätigkeit steht,

3. Personen und Vereinigungen im Sinne des § 3a des Steuerberatungsgesetzes im Rahmen ihrer Befugnisse nach § 3a des Steuerberatungsgesetzes,

3a. zu beschränkter geschäftsmäßiger Hilfeleistung in Steuersachen nach den §§ 3d und 3e des Steuerberatungsgesetzes berechtigte Personen im Rahmen dieser Befugnisse,

4. landwirtschaftliche Buchstellen im Rahmen ihrer Befugnisse nach § 4 Nr. 8 des Steuerberatungsgesetzes,

5. Lohnsteuerhilfevereine im Rahmen ihrer Befugnisse nach § 4 Nr. 11 des Steuerberatungsgesetzes,

6. Gewerkschaften und Vereinigungen von Arbeitgebern sowie Zusammenschlüsse solcher Verbände für ihre Mitglieder oder für andere Verbände oder Zusammenschlüsse mit vergleichbarer Ausrichtung und deren Mitglieder,

7. juristische Personen, deren Anteile sämtlich im wirtschaftlichen Eigentum einer der in Nummer 6 bezeichneten Organisationen stehen, wenn die juristische Person ausschließlich die Rechtsberatung und Prozessvertretung dieser Organisation und ihrer Mitglieder oder anderer Verbände oder Zusammenschlüsse mit vergleichbarer Ausrichtung und deren Mitglieder entsprechend deren Satzung durchführt, und wenn die Organisation für die Tätigkeit der Bevollmächtigten haftet.

[3]Bevollmächtigte, die keine natürlichen Personen sind, handeln durch ihre Organe und mit der Prozessvertretung beauftragten Vertreter.

(3) [1]Das Gericht weist Bevollmächtigte, die nicht nach Maßgabe des Absatzes 2 vertretungsbefugt sind, durch unanfechtbaren Beschluss zurück. [2]Prozesshandlungen eines nicht vertretungsbefugten Bevollmächtigten und Zustellungen oder Mitteilungen an diesen Bevollmächtigten sind bis zu seiner Zurückweisung wirksam. [3]Das Gericht kann den in Absatz 2 Satz 2 bezeichneten Bevollmächtigten durch unanfechtbaren Beschluss die weitere Vertretung untersagen, wenn sie nicht in der Lage sind, das Sach- und Streitverhältnis sachgerecht darzustellen.

(4) [1]Vor dem Bundesfinanzhof müssen sich die Beteiligten durch Prozessbevollmächtigte vertreten lassen. [2]Dies gilt auch für Prozesshandlungen, durch die ein Verfahren vor dem Bundesfinanzhof eingeleitet wird. [3]Als Bevollmächtigte sind nur die in Absatz 2 Satz 1 bezeichneten Personen und Gesellschaften zugelassen. [4]Behörden und juristische Personen des öffentlichen Rechts einschließlich der von ihnen zur Erfüllung ihrer öffentlichen Aufgaben gebildeten Zusammenschlüsse können sich durch eigene Beschäftigte mit Befähigung zum Richteramt oder durch Beschäftigte mit Befähigung zum Richteramt anderer Behörden oder juristischer Personen des öffentlichen Rechts einschließlich der von ihnen zur Erfüllung ihrer öffentlichen Aufgaben gebildeten Zusammenschlüsse vertreten lassen. [5]Ein Beteiligter, der nach Maßgabe des Satzes 3 zur Vertretung berechtigt ist, kann sich selbst vertreten.

(5) Richter dürfen nicht als Bevollmächtigte vor dem Gericht auftreten, dem sie angehören. Ehrenamtliche Richter dürfen, außer in den Fällen des Absatzes 2 Satz 2 Nr. 1, nicht vor einem Spruchkörper auftreten, dem sie angehören. Absatz 3 Satz 1 und 2 gilt entsprechend.

(6) [1]Die Vollmacht ist schriftlich zu den Gerichtsakten einzureichen. [2]Sie kann nachgereicht werden; hierfür kann das Gericht eine Frist bestimmen. [3]Der Mangel der Vollmacht kann in jeder Lage des Verfahrens geltend gemacht werden. [4]Das Gericht hat den Mangel der Vollmacht von Amts wegen zu berücksichtigen, wenn nicht als Bevollmächtigter eine in Absatz 2 Satz 1 bezeichnete Person oder Gesellschaft auftritt. [5]Ist ein Bevollmächtigter bestellt, sind die Zustellungen oder Mitteilungen des Gerichts an ihn zu richten.

(7) [1]In der Verhandlung können die Beteiligten mit Beiständen erscheinen. [2]Beistand kann sein, wer in Verfahren, in denen die Beteiligten den Rechtsstreit selbst führen können, als Bevollmächtigter zur Vertretung in der Verhandlung befugt ist. [3]Das Gericht kann andere Personen als Beistand zulassen, wenn dies sachdienlich ist und hierfür nach den Umständen des Einzelfalls ein Bedürfnis besteht. [4]Absatz 3 Satz 1 und 3 und Absatz 5 gelten entsprechend. [5]Das von dem Beistand Vorgetragene gelten als von dem Beteiligten vorgebracht, soweit es nicht von diesem sofort widerrufen oder berichtigt wird.

§ 62a

(weggefallen)

Abschnitt III - Verfahren im ersten Rechtszug

§ 63

(1) Die Klage ist gegen die Behörde zu richten,

1. die den ursprünglichen Verwaltungsakt erlassen oder

2. die den beantragten Verwaltungsakt oder die andere Leistung unterlassen oder abgelehnt hat oder

3. der gegenüber die Feststellung des Bestehens oder Nichtbestehens eines Rechtsverhältnisses oder der Nichtigkeit eines Verwaltungsakts begehrt wird.

(2) Ist vor Erlass der Entscheidung über den Einspruch eine andere als die ursprünglich zuständige Behörde für den Steuerfall örtlich zuständig geworden, so ist die Klage zu richten

1. gegen die Behörde, welche die Einspruchsentscheidung erlassen hat,

2. wenn über einen Einspruch ohne Mitteilung eines zureichenden Grundes in angemessener Frist sachlich nicht entschieden worden ist (§ 46), gegen die Behörde, die im Zeitpunkt der Klageerhebung für den Steuerfall örtlich zuständig ist.

(3) Hat eine Behörde, die auf Grund gesetzlicher Vorschrift berechtigt ist, für die zuständige Behörde zu handeln, den ursprünglichen Verwaltungsakt erlassen oder den beantragten Verwaltungsakt oder die andere Leistung unterlassen oder abgelehnt, so ist die Klage gegen die zuständige Behörde zu richten.

§ 64

(1) Die Klage ist bei dem Gericht schriftlich oder zu Protokoll des Urkundsbeamten der Geschäftsstelle zu erheben.

(2) Der Klage sollen Abschriften für die übrigen Beteiligten beigefügt werden; § 77 Abs. 2 gilt sinngemäß.

§ 65

(1) [1]Die Klage muss den Kläger, den Beklagten, den Gegenstand des Klagebegehrens, bei Anfechtungsklagen auch den Verwaltungsakt und die Entscheidung über den außergerichtlichen Rechtsbehelf bezeichnen. [2]Sie soll einen bestimmten Antrag enthalten. [3]Die zur Begründung dienenden Tatsachen und Beweismittel sollen angegeben werden. [4]Der Klage soll eine Abschrift des angefochtenen Verwaltungsakts und der Einspruchsentscheidung beigefügt werden.

(2) [1]Entspricht die Klage diesen Anforderungen nicht, hat der Vorsitzende oder der nach § 21g des Gerichtsverfassungsgesetzes zuständige Berufsrichter (Berichterstatter) den Kläger zu der erforderlichen Ergänzung innerhalb einer bestimmten Frist aufzufordern. [2]Er kann dem Kläger für die Ergänzung eine Frist mit ausschließender Wirkung setzen, wenn es an einem der in Absatz 1 Satz 1 genannten Erfordernisse fehlt. [3]Für die Wiedereinsetzung in den vorigen Stand wegen Versäumung der Frist gilt § 56 entsprechend.

§ 66

[1]Durch Erhebung der Klage wird die Streitsache rechtshängig. [2]In Verfahren nach dem Siebzehnten Titel des Gerichtsverfassungsgesetzes wegen eines überlangen Gerichtsverfahrens wird die Streitsache erst mit Zustellung der Klage rechtshängig.

§ 67

(1) Eine Änderung der Klage ist zulässig, wenn die übrigen Beteiligten einwilligen oder das Gericht die Änderung für sachdienlich hält; § 68 bleibt unberührt.

(2) Die Einwilligung des Beklagten in die Änderung der Klage ist anzunehmen, wenn er sich, ohne ihr zu widersprechen, in einem Schriftsatz oder in einer mündlichen Verhandlung auf die geänderte Klage eingelassen hat.

(3) Die Entscheidung, dass eine Änderung der Klage nicht vorliegt oder zuzulassen ist, ist nicht selbständig anfechtbar.

§ 68

[1]Wird der angefochtene Verwaltungsakt nach Bekanntgabe der Einspruchsentscheidung geändert oder ersetzt, so wird der neue Verwaltungsakt Gegenstand des Verfahrens. [2]Ein Einspruch gegen den neuen Verwaltungsakt ist insoweit ausgeschlossen. [3]Die Finanzbehörde hat dem Gericht, bei dem das Verfahren anhängig ist, eine Abschrift des neuen Verwaltungsakts zu übermitteln. [4]Satz 1 gilt entsprechend, wenn

1. ein Verwaltungsakt nach § 129 der Abgabenordnung berichtigt wird oder

2. ein Verwaltungsakt an die Stelle eines angefochtenen unwirksamen Verwaltungsakts tritt.

§ 69

(1) [1]Durch Erhebung der Klage wird die Vollziehung des angefochtenen Verwaltungsakts vorbehaltlich des Absatzes 5 nicht gehemmt, insbesondere die Erhebung einer Abgabe nicht aufgehalten. [2]Entsprechendes gilt bei Anfechtung von Grundlagenbescheiden für die darauf beruhenden Folgebescheide.

(2) [1]Die zuständige Finanzbehörde kann die Vollziehung ganz oder teilweise aussetzen. [2]Auf Antrag soll die Aussetzung erfolgen, wenn ernstliche Zweifel an der Rechtmäßigkeit des angefochtenen Verwaltungsakts bestehen oder wenn die Vollziehung für den Betroffenen eine unbillige, nicht durch überwiegende öffentliche Interessen gebotene Härte zur Folge hätte. [3]Die Aussetzung kann von einer Sicherheitsleistung abhängig gemacht werden. [4]Soweit die Vollziehung eines Grundlagenbescheides ausgesetzt wird, ist auch die Vollziehung eines Folgebescheides auszusetzen. [5]Der Erlass eines Folgebescheides bleibt zulässig. [6]Über eine Sicherheitsleistung ist bei der Aussetzung eines Folgebescheides zu entscheiden, es sei denn, dass bei der Aussetzung der Vollziehung des Grundlagenbescheides die Sicherheitsleistung ausdrücklich ausgeschlossen worden ist. [7]Ist der Verwaltungsakt schon vollzogen, tritt an die Stelle der Aussetzung der Vollziehung die Aufhebung der Vollziehung. [8]Bei Steuerbescheiden sind die Aussetzung und die Aufhebung der Vollziehung auf die festgesetzte Steuer, vermindert um die anzurechnenden Steuerabzugsbeträge, um die anzurechnende Körperschaftsteuer und um die festgesetzten Vorauszahlungen, beschränkt; dies gilt nicht, wenn die Aussetzung oder Aufhebung der Vollziehung zur Abwendung wesentlicher Nachteile nötig erscheint.

(3) [1]Auf Antrag kann das Gericht der Hauptsache die Vollziehung ganz oder teilweise aussetzen; Absatz 2 Satz 2 bis 6 und § 100 Abs. 2 Satz 2 gelten sinngemäß. [2]Der Antrag kann schon vor Erhebung der Klage gestellt werden. [3]Ist der Verwaltungsakt im Zeitpunkt der Entscheidung schon vollzogen, kann das Gericht ganz oder teilweise die Aufhebung der Vollziehung, auch gegen Sicherheit, anordnen. [4]Absatz 2 Satz 8 gilt entsprechend. [5]In dringenden Fällen kann der Vorsitzende entscheiden.

(4) [1]Der Antrag nach Absatz 3 ist nur zulässig, wenn die Behörde einen Antrag auf Aussetzung der Vollziehung ganz oder zum Teil abgelehnt hat. [2]Das gilt nicht, wenn

1. die Finanzbehörde über den Antrag ohne Mitteilung eines zureichenden Grundes in angemessener Frist sachlich nicht entschieden hat oder

2. eine Vollstreckung droht.

(5) [1]Durch Erhebung der Klage gegen die Untersagung des Gewerbebetriebes oder der Berufsausübung wird die Vollziehung des angefochtenen Verwaltungsakts gehemmt. [2]Die Behörde, die den Verwaltungsakt erlassen hat, kann die hemmende Wirkung durch besondere Anordnung ganz oder zum Teil beseitigen, wenn sie es im öffentlichen Interesse für geboten hält; sie hat das öffentliche

Interesse schriftlich zu begründen. [3]Auf Antrag kann das Gericht der Hauptsache die hemmende Wirkung wiederherstellen, wenn ernstliche Zweifel an der Rechtmäßigkeit des Verwaltungsakts bestehen. [4]In dringenden Fällen kann der Vorsitzende entscheiden.

(6) [1]Das Gericht der Hauptsache kann Beschlüsse über Anträge nach den Absätzen 3 und 5 Satz 3 jederzeit ändern oder aufheben. [2]Jeder Beteiligte kann die Änderung oder Aufhebung wegen veränderter oder im ursprünglichen Verfahren ohne Verschulden nicht geltend gemachter Umstände beantragen.

(7) Lehnt die Behörde die Aussetzung der Vollziehung ab, kann das Gericht nur nach den Absätzen 3 und 5 Satz 3 angerufen werden.

§ 70

[1]Für die sachliche und örtliche Zuständigkeit gelten die §§ 17 bis 17b des Gerichtsverfassungsgesetzes entsprechend. [2]Beschlüsse entsprechend § 17a Abs. 2 und 3 des Gerichtsverfassungsgesetzes sind unanfechtbar.

§ 71

(1) [1]Die Klageschrift ist dem Beklagten von Amts wegen zuzustellen. [2]Zugleich mit der Zustellung der Klage ist der Beklagte aufzufordern, sich schriftlich oder zu Protokoll des Urkundsbeamten der Geschäftsstelle zu äußern. [3]Hierfür kann eine Frist gesetzt werden.

(2) Die beteiligte Finanzbehörde hat die den Streitfall betreffenden Akten nach Empfang der Klageschrift an das Gericht zu übermitteln.

§ 72

(1) [1]Der Kläger kann seine Klage bis zur Rechtskraft des Urteils zurücknehmen. [2]Nach Schluss der mündlichen Verhandlung, bei Verzicht auf die mündliche Verhandlung und nach Ergehen eines Gerichtsbescheides ist die Rücknahme nur mit Einwilligung des Beklagten möglich. [3]Die Einwilligung gilt als erteilt, wenn der Klagerücknahme nicht innerhalb von zwei Wochen seit Zustellung des die Rücknahme enthaltenden Schriftsatzes widersprochen wird; das Gericht hat auf diese Folge hinzuweisen.

(1a) [1]Soweit Besteuerungsgrundlagen für ein Verständigungs- oder ein Schiedsverfahren nach einem Vertrag im Sinne des § 2 der Abgabenordnung von Bedeutung sein können, kann die Klage hierauf begrenzt zurückgenommen werden. [2]§ 50 Abs. 1a Satz 2 gilt entsprechend.

(2) [1]Die Rücknahme hat bei Klagen, deren Erhebung an eine Frist gebunden ist, den Verlust der Klage zur Folge. [2]Wird die Klage zurückgenommen, so stellt das Gericht das Verfahren durch Beschluss ein. [3]Wird nachträglich die Unwirksamkeit der Klagerücknahme geltend gemacht, so gilt § 56 Abs. 3 sinngemäß.

§ 73

(1) [1]Das Gericht kann durch Beschluss mehrere bei ihm anhängige Verfahren zu gemeinsamer Verhandlung und Entscheidung verbinden und wieder trennen. [2]Es kann anordnen, dass mehrere in einem Verfahren zusammengefasste Klagegegenstände in getrennten Verfahren verhandelt und entschieden werden.

(2) Ist die Klage von jemandem erhoben, der wegen dieses Klagegegenstands nach § 60 Abs. 3 zu einem anderen Verfahren beizuladen wäre, so wird die notwendige Beiladung des Klägers dadurch ersetzt, dass die beiden Verfahren zu gemeinsamer Verhandlung und einheitlicher Entscheidung verbunden werden.

§ 74

Das Gericht kann, wenn die Entscheidung des Rechtsstreits ganz oder zum Teil von dem Bestehen oder Nichtbestehen eines Rechtsverhältnisses abhängt, das den Gegenstand eines anderen anhängigen Rechtsstreits bildet oder von einer Verwaltungsbehörde festzustellen ist, anordnen, dass die Verhandlung bis zur Erledigung des anderen Rechtsstreits oder bis zur Entscheidung der Verwaltungsbehörde auszusetzen sei.

§ 75

Den Beteiligten sind, soweit es noch nicht geschehen ist, die Unterlagen der Besteuerung auf Antrag oder, wenn der Inhalt der Klageschrift dazu Anlass gibt, von Amts wegen mitzuteilen

§ 76

(1) [1]Das Gericht erforscht den Sachverhalt von Amts wegen. [2]Die Beteiligten sind dabei heranzuziehen. [3]Sie haben ihre Erklärungen über tatsächliche Umstände vollständig und der Wahrheit gemäß abzugeben und sich auf Anforderung des Gerichts zu den von den anderen Beteiligten vorgebrachten Tatsachen zu erklären. [4]§ 90 Abs. 2, § 93 Abs. 3 Satz 2, § 97, §§ 99, 100 der Abgabenordnung gelten sinngemäß. [5]Das Gericht ist an das Vorbringen und an die Beweisanträge der Beteiligten nicht gebunden.

(2) Der Vorsitzende hat darauf hinzuwirken, dass Formfehler beseitigt, sachdienliche Anträge gestellt, unklare Anträge erläutert, ungenügende tatsächliche Angaben ergänzt, ferner alle für die Feststellung und Beurteilung des Sachverhalts wesentlichen Erklärungen abgegeben werden.

(3) [1]Erklärungen und Beweismittel, die erst nach Ablauf der von der Finanzbehörde nach § 364b Abs. 1 der Abgabenordnung gesetzten Frist im Einspruchsverfahren oder im finanzgerichtlichen Verfahren vorgebracht werden, kann das Gericht zurückweisen und ohne weitere Ermittlungen entscheiden. [2]§ 79b Abs. 3 gilt entsprechend.

(4) Die Verpflichtung der Finanzbehörde zur Ermittlung des Sachverhalts (§§ 88, 89 Abs. 1 der Abgabenordnung) wird durch das finanzgerichtliche Verfahren nicht berührt.

§ 77

(1) [1]Die Beteiligten sollen zur Vorbereitung der mündlichen Verhandlung Schriftsätze einreichen. [2]Hierzu kann der Vorsitzende sie unter Fristsetzung auffordern. [3]Den Schriftsätzen sollen Abschriften für die übrigen Beteiligten beigefügt werden. [4]Die Schriftsätze sind den Beteiligten von Amts wegen zu übermitteln.

(2) [1]Den Schriftsätzen sind die Urkunden oder elektronischen Dokumente, auf die Bezug genommen wird, in Abschrift ganz oder im Auszug beizufügen. [2]Sind die Urkunden dem Gegner bereits bekannt oder sehr umfangreich, so genügt die genaue Bezeichnung mit dem Anerbieten, Einsicht bei Gericht zu gewähren.

§ 77a

(weggefallen)

§ 78

(1) Die Beteiligten können die Gerichtsakte und die dem Gericht vorgelegten Akten einsehen. Beteiligte können sich auf ihre Kosten durch die Geschäftsstelle Ausfertigungen, Auszüge, Ausdrucke und Abschriften erteilen lassen.

(2) [1]Werden die Prozessakten elektronisch geführt, wird Akteneinsicht durch Bereitstellung des Inhalts der Akten zum Abruf oder durch Übermittlung des Inhalts der Akten auf einem sicheren Übermittlungsweg gewährt. [2]Auf besonderen Antrag wird Akteneinsicht durch Einsichtnahme in die Akten in Diensträumen gewährt. [3]Ein Aktenausdruck oder ein Datenträger mit dem Inhalt der Akten wird auf besonders zu begründenden Antrag nur übermittelt, wenn der Antragsteller hieran ein berechtigtes Interesse darlegt. [4]Stehen der Akteneinsicht in der nach Satz 1 vorgesehenen Form wichtige Gründe entgegen, kann die Akteneinsicht in der nach den Sätzen 2 und 3 vorgesehenen Form auch ohne Antrag gewährt werden. [5]Über einen Antrag nach Satz 3 entscheidet der Vorsitzende; die Entscheidung ist unanfechtbar. [6]§ 79a Absatz 4 gilt entsprechend.

(3) [1]Werden die Prozessakten in Papierform geführt, wird Akteneinsicht durch Einsichtnahme in die Akten in Diensträumen gewährt. [2]Die Akteneinsicht kann, soweit nicht wichtige Gründe entgegenstehen, auch durch Bereitstellung des Inhalts der Akten zum Abruf oder durch Übermittlung des Inhalts der Akten auf einem sicheren Übermittlungsweggewährt werden.

(4) Die Entwürfe zu Urteilen, Beschlüssen und Verfügungen, die Arbeiten zu ihrer Vorbereitung, ferner die Dokumente, die Abstimmungen oder Ordnungsstrafen des Gerichts betreffen, werden weder vorgelegt noch abschriftlich mitgeteilt.

§ 79

(1) [1]Der Vorsitzende oder der Berichterstatter hat schon vor der mündlichen Verhandlung alle Anordnungen zu treffen, die notwendig sind, um den Rechtsstreit möglichst in einer mündlichen Verhandlung zu erledigen. [2]Er kann insbesondere

1. die Beteiligten zur Erörterung des Sach- und Streitstandes und zur gütlichen Beilegung des Rechtsstreits laden;
2. den Beteiligten die Ergänzung oder Erläuterung ihrer vorbereitenden Schriftsätze, die Vorlegung von Urkunden, die Übermittlung von elektronischen Dokumenten und die Vorlegung von anderen zur Niederlegung bei Gericht geeigneten Gegenständen aufgeben, insbesondere eine Frist zur Erklärung über bestimmte klärungsbedürftige Punkte setzen;
3. Auskünfte einholen;
4. die Vorlage von Urkunden oder die Übermittlung von elektronischen Dokumenten anordnen;
5. das persönliche Erscheinen der Beteiligten anordnen; § 80 gilt entsprechend;
6. Zeugen und Sachverständige zur mündlichen Verhandlung laden.

(2) Die Beteiligten sind von jeder Anordnung zu benachrichtigen.

(3) [1]Der Vorsitzende oder der Berichterstatter kann einzelne Beweise erheben. [2]Dies darf nur insoweit geschehen, als es zur Vereinfachung der Verhandlung vor dem Gericht sachdienlich und von vornherein anzunehmen ist, dass das Gericht das Beweisergebnis auch ohne unmittelbaren Eindruck von dem Verlauf der Beweisaufnahme sachgemäß zu würdigen vermag.

§ 79a

(1) Der Vorsitzende entscheidet, wenn die Entscheidung im vorbereitenden Verfahren ergeht,

1. **über die Aussetzung und das Ruhen des Verfahrens;**
2. **bei Zurücknahme der Klage, auch über einen Antrag auf Prozesskostenhilfe;**
3. **bei Erledigung des Rechtsstreits in der Hauptsache, auch über einen Antrag auf Prozesskostenhilfe;**
4. **über den Streitwert;**
5. **über Kosten;**
6. **über die Beiladung.**

(2) [1]Der Vorsitzende kann ohne mündliche Verhandlung durch Gerichtsbescheid (§ 90a) entscheiden. [2]Dagegen ist nur der Antrag auf mündliche Verhandlung innerhalb eines Monats nach Zustellung des Gerichtsbescheides gegeben.

(3) Im Einverständnis der Beteiligten kann der Vorsitzende auch sonst anstelle des Senats entscheiden.

(4) Ist ein Berichterstatter bestellt, so entscheidet dieser anstelle des Vorsitzenden.

§ 79b

(1) [1]Der Vorsitzende oder der Berichterstatter kann dem Kläger eine Frist setzen zur Angabe der Tatsachen, durch deren Berücksichtigung oder Nichtberücksichtigung im Verwaltungsverfahren er sich beschwert fühlt. [2]Die Fristsetzung nach Satz 1 kann mit der Fristsetzung nach § 65 Abs. 2 Satz 2 verbunden werden.

(2) Der Vorsitzende oder der Berichterstatter kann einem Beteiligten unter Fristsetzung aufgeben, zu bestimmten Vorgängen

1. **Tatsachen anzugeben oder Beweismittel zu bezeichnen,**
2. **Urkunden oder andere bewegliche Sachen vorzulegen oder elektronische Dokumente zu übermitteln, soweit der Beteiligte dazu verpflichtet ist.**

(3) [1]Das Gericht kann Erklärungen und Beweismittel, die erst nach Ablauf einer nach den Absätzen 1 und 2 gesetzten Frist vorgebracht werden, zurückweisen und ohne weitere Ermittlungen entscheiden, wenn

1. **ihre Zulassung nach der freien Überzeugung des Gerichts die Erledigung des Rechtsstreits verzögern würde und**
2. **der Beteiligte die Verspätung nicht genügend entschuldigt und**
3. **der Beteiligte über die Folgen einer Fristversäumung belehrt worden ist.**

[2]Der Entschuldigungsgrund ist auf Verlangen des Gerichts glaubhaft zu machen. [3]Satz 1 gilt nicht, wenn es mit geringem Aufwand möglich ist, den Sachverhalt auch ohne Mitwirkung des Beteiligten zu ermitteln.

§ 80

(1) [1]Das Gericht kann das persönliche Erscheinen eines Beteiligten anordnen. [2]Für den Fall des Ausbleibens kann es Ordnungsgeld wie gegen einen im Vernehmungstermin nicht erschienenen Zeugen androhen. [3]Bei schuldhaftem Ausbleiben setzt das Gericht durch Beschluss das angedrohte Ordnungsgeld fest. [4]Androhung und Festsetzung des Ordnungsgelds können wiederholt werden.

(2) Ist Beteiligter eine juristische Person oder eine Vereinigung, so ist das Ordnungsgeld dem nach Gesetz oder Satzung Vertretungsberechtigten anzudrohen und gegen ihn festzusetzen.

(3) Das Gericht kann einer beteiligten öffentlich-rechtlichen Körperschaft oder Behörde aufgeben, zur mündlichen Verhandlung einen Beamten oder Angestellten zu entsenden, der mit einem schriftlichen Nachweis über die Vertretungsbefugnis versehen und über die Sach- und Rechtslage ausreichend unterrichtet ist.

§ 81

(1) [1]Das Gericht erhebt Beweis in der mündlichen Verhandlung. [2]Es kann insbesondere Augenschein einnehmen, Zeugen, Sachverständige und Beteiligte vernehmen und Urkunden heranziehen.

(2) Das Gericht kann in geeigneten Fällen schon vor der mündlichen Verhandlung durch eines seiner Mitglieder als beauftragten Richter Beweis erheben lassen oder durch Bezeichnung der einzelnen Beweisfragen ein anderes Gericht um die Beweisaufnahme ersuchen.

§ 82

Soweit §§ 83 bis 89 nicht abweichende Vorschriften enthalten, sind auf die Beweisaufnahme §§ 358 bis 371, 372 bis 377, 380 bis 382, 386 bis 414 und 450 bis 494 der Zivilprozessordnung sinngemäß anzuwenden.

§ 83

[1]Die Beteiligten werden von allen Beweisterminen benachrichtigt und können der Beweisaufnahme beiwohnen. [2]Sie können an Zeugen und Sachverständige sachdienliche Fragen richten. [3]Wird eine Frage beanstandet, so entscheidet das Gericht.

§ 84

(1) Für das Recht zur Verweigerung des Zeugnisses und die Pflicht zur Belehrung über das Zeugnisverweigerungsrecht gelten die §§ 101 bis 103 der Abgabenordnung sinngemäß.

(2) Wer als Angehöriger zur Verweigerung des Zeugnisses berechtigt ist, kann die Ableistung des Eides verweigern.

§ 85

[1]Zeugen, die nicht aus dem Gedächtnis aussagen können, haben Dokumente und Geschäftsbücher, die ihnen zur Verfügung stehen, einzusehen und, soweit nötig, Aufzeichnungen daraus zu entnehmen. [2]Die Vorschriften der § 97, §§ 99, 100, 104 der Abgabenordnung gelten sinngemäß.

§ 86

(1) Behörden sind zur Vorlage von Urkunden und Akten, zur Übermittlung elektronischer Dokumente und zu Auskünften verpflichtet, soweit nicht durch das Steuergeheimnis (§ 30 der Abgabenordnung) geschützte Verhältnisse Dritter unbefugt offenbart werden.

(2) [1]Wenn das Bekanntwerden von Urkunden, elektronischer Dokumente oder Akten oder von Auskünften dem Wohle des Bundes oder eines deutschen Landes Nachteile bereiten würde oder wenn die Vorgänge aus anderen Gründen als nach Absatz 1 nach einem Gesetz oder ihrem Wesen nach geheimgehalten werden müssen, kann die zuständige oberste Aufsichtsbehörde die Vorlage von Urkunden oder Akten, die Übermittlung elektronischer Dokumente und die Erteilung der Auskünfte verweigern. [2]Satz 1 gilt in den Fällen des § 88 Absatz 3 Satz 3 und Absatz 5 Satz 4 sowie des § 156 Absatz 2 Satz 3 der Abgabenordnung entsprechend.

(3) [1]Auf Antrag eines Beteiligten stellt der Bundesfinanzhof in den Fällen der Absätze 1 und 2 ohne mündliche Verhandlung durch Beschluss fest, ob die Verweigerung der Vorlage der Urkunden oder Akten, der Übermittlung elektronischer Dokumente oder die Verweigerung der Erteilung von Auskünften rechtmäßig ist. [2]Der Antrag ist bei dem für die Hauptsache zuständigen Gericht zu stellen. [3]Auf Aufforderung des Bundesfinanzhofs hat die oberste Aufsichtsbehörde die verweigerten Dokumente oder Akten vorzulegen oder zu übermitteln oder ihm die verweigerten Auskünfte zu erteilen. [4]Sie ist zu diesem Verfahren beizuladen. [5]Das Verfahren unterliegt den Vorschriften des materiellen Geheimschutzes. [6]Können diese nicht eingehalten werden oder macht die zuständige oberste Aufsichtsbehörde geltend, dass besondere Gründe der Geheimhaltung oder des Geheimschutzes einer Übergabe oder Übermittlung der Dokumente oder der Akten an den Bundesfinanzhof entgegenstehen, wird die Vorlage nach Satz 3 dadurch bewirkt, dass die Dokumente oder Akten dem Bundesfinanzhof in von der obersten Aufsichtsbehörde bestimmten Räumlichkeiten zur Verfügung gestellt werden. [7]Für die nach Satz 3 vorgelegten oder übermittelten Dokumente oder Akten und für die gemäß Satz 6 geltend gemachten besonderen Gründe gilt § 78 nicht. [8]Die Mitglieder des Bundesfinanzhofs sind zur Geheimhaltung verpflichtet; die Entscheidungsgründe dürfen Art und Inhalt der geheim gehaltenen Dokumente oder Akten und Auskünfte nicht erkennen lassen. [9]Für das nichtrichterliche Personal gelten die Regelungen des personellen Geheimschutzes.

§ 87

Wenn von Behörden, von Verbänden und Vertretungen von Betriebs- oder Berufszweigen, von geschäftlichen oder gewerblichen Unternehmungen, Gesellschaften oder Anstalten Zeugnis begehrt wird, ist das Ersuchen, falls nicht bestimmte Personen als Zeugen in Betracht kommen, an den Vorstand oder an die Geschäfts- oder Betriebsleitung zu richten.

§ 88

Die Beteiligten können Sachverständige auch ablehnen, wenn von deren Heranziehung eine Verletzung eines Geschäfts- oder Betriebsgeheimnisses oder Schaden für ihre geschäftliche Tätigkeit zu befürchten ist.

§ 89

Für die Erzwingung einer gesetzlich vorgeschriebenen Vorlage von Urkunden und elektronischen Dokumenten gelten § 380 der Zivilprozessordnung und § 255 der Abgabenordnung sinngemäß.

§ 90

(1) [1]Das Gericht entscheidet, soweit nichts anderes bestimmt ist, auf Grund mündlicher Verhandlung. [2]Entscheidungen des Gerichts, die nicht Urteile sind, können ohne mündliche Verhandlung ergehen.

(2) Mit Einverständnis der Beteiligten kann das Gericht ohne mündliche Verhandlung entscheiden.

§ 90a

(1) Das Gericht kann in geeigneten Fällen ohne mündliche Verhandlung durch Gerichtsbescheid entscheiden.

(2) [1]Die Beteiligten können innerhalb eines Monats nach Zustellung des Gerichtsbescheides mündliche Verhandlung beantragen. [2]Hat das Finanzgericht in dem Gerichtsbescheid die Revision zugelassen, können sie auch Revision einlegen. [3]Wird von beiden Rechtsbehelfen Gebrauch gemacht, findet mündliche Verhandlung statt.

(3) Der Gerichtsbescheid wirkt als Urteil; wird rechtzeitig mündliche Verhandlung beantragt, gilt er als nicht ergangen.

(4) Wird mündliche Verhandlung beantragt, kann das Gericht in dem Urteil von einer weiteren Darstellung des Tatbestands und der Entscheidungsgründe absehen, soweit es der Begründung des Gerichtsbescheides folgt und dies in seiner Entscheidung feststellt.

§ 91

(1) [1]Sobald der Termin zur mündlichen Verhandlung bestimmt ist, sind die Beteiligten mit einer Ladungsfrist von mindestens zwei Wochen, beim Bundesfinanzhof von mindestens vier Wochen, zu laden. [2]In dringenden Fällen kann der Vorsitzende die Frist abkürzen.

(2) Bei der Ladung ist darauf hinzuweisen, dass beim Ausbleiben eines Beteiligten auch ohne ihn verhandelt und entschieden werden kann.

(3) Das Gericht kann Sitzungen auch außerhalb des Gerichtssitzes abhalten, wenn dies zur sachdienlichen Erledigung notwendig ist.

(4) § 227 Abs. 3 Satz 1 der Zivilprozessordnung ist nicht anzuwenden.

§ 91a

(1) [1]Das Gericht kann den Beteiligten, ihren Bevollmächtigten und Beiständen auf Antrag oder von Amts wegen gestatten, sich während einer mündlichen Verhandlung an einem anderen Ort aufzuhalten und dort Verfahrenshandlungen vorzunehmen. [2]Die Verhandlung wird zeitgleich in Bild und Ton an diesen Ort und in das Sitzungszimmer übertragen.

(2) [1]Das Gericht kann auf Antrag gestatten, dass sich ein Zeuge, ein Sachverständiger oder ein Beteiligter während einer Vernehmung an einem anderen Ort aufhält. [2]Die Vernehmung wird zeitgleich in Bild und Ton an diesen Ort und in das Sitzungszimmer übertragen. [3]Ist Beteiligten, Bevollmächtigten und Beiständen nach Absatz 1 Satz 1 gestattet worden, sich an einem anderen Ort aufzuhalten, so wird die Vernehmung auch an diesen Ort übertragen.

(3) Die Übertragung wird nicht aufgezeichnet. Entscheidungen nach Absatz 1 Satz 1 und Absatz 2 Satz 1 sind unanfechtbar.

(4) Die Absätze 1 und 3 gelten entsprechend für Erörterungstermine (§ 79 Absatz 1 Satz 2 Nummer 1).

§ 92

(1) Der Vorsitzende eröffnet und leitet die mündliche Verhandlung.

(2) Nach Aufruf der Sache trägt der Vorsitzende oder der Berichterstatter den wesentlichen Inhalt der Akten vor.

(3) Hierauf erhalten die Beteiligten das Wort, um ihre Anträge zu stellen und zu begründen.

§ 93

(1) Der Vorsitzende hat die Streitsache mit den Beteiligten tatsächlich und rechtlich zu erörtern.

(2) [1]Der Vorsitzende hat jedem Mitglied des Gerichts auf Verlangen zu gestatten, Fragen zu stellen. [2]Wird eine Frage beanstandet, so entscheidet das Gericht.

(3) [1]Nach Erörterung der Streitsache erklärt der Vorsitzende die mündliche Verhandlung für geschlossen. [2]Das Gericht kann die Wiedereröffnung beschließen.

§ 93a

(weggefallen)

§ 94

Für das Protokoll gelten die §§ 159 bis 165 der Zivilprozessordnung entsprechend.

§ 94a

[1]Das Gericht kann sein Verfahren nach billigem Ermessen bestimmen, wenn der Streitwert bei einer Klage, die eine Geldleistung oder einen hierauf gerichteten Verwaltungsakt betrifft, fünfhundert Euro nicht übersteigt. [2]Auf Antrag eines Beteiligten muss mündlich verhandelt werden. [3]Das Gericht entscheidet über die Klage durch Urteil; § 76 über den Untersuchungsgrundsatz und § 79a Abs. 2, § 90a über den Gerichtsbescheid bleiben unberührt.

Abschnitt IV - Urteile und andere Entscheidungen

§ 95

Über die Klage wird, soweit nichts anderes bestimmt ist, durch Urteil entschieden.

§ 96

(1) [1]Das Gericht entscheidet nach seiner freien, aus dem Gesamtergebnis des Verfahrens gewonnenen Überzeugung; die §§ 158, 160, 162 der Abgabenordnung gelten sinngemäß. [2]Das Gericht darf über das Klagebegehren nicht hinausgehen, ist aber an die Fassung der Anträge nicht gebunden. [3]In dem Urteil sind die Gründe anzugeben, die für die richterliche Überzeugung leitend gewesen sind.

(2) Das Urteil darf nur auf Tatsachen und Beweisergebnisse gestützt werden, zu denen die Beteiligten sich äußern konnten.

§ 97

Über die Zulässigkeit der Klage kann durch Zwischenurteil vorab entschieden werden.

§ 98

Ist nur ein Teil des Streitgegenstands zur Entscheidung reif, so kann das Gericht ein Teilurteil erlassen.

§ 99

(1) Ist bei einer Leistungsklage oder einer Anfechtungsklage gegen einen Verwaltungsakt ein Anspruch nach Grund und Betrag strittig, so kann das Gericht durch Zwischenurteil über den Grund vorab entscheiden.

(2) Das Gericht kann durch Zwischenurteil über eine entscheidungserhebliche Sach- oder Rechtsfrage vorab entscheiden, wenn dies sachdienlich ist und nicht der Kläger oder der Beklagte widerspricht.

§ 100

(1) [1]Soweit ein angefochtener Verwaltungsakt rechtswidrig und der Kläger dadurch in seinen Rechten verletzt ist, hebt das Gericht den Verwaltungsakt und die etwaige Entscheidung über den außergerichtlichen Rechtsbehelf auf; die Finanzbehörde ist an die rechtliche Beurteilung gebunden, die der Aufhebung zugrunde liegt, an die tatsächliche so weit, als nicht neu bekannt werdende Tatsachen und Beweismittel eine andere Beurteilung rechtfertigen. [2]Ist der Verwaltungsakt schon vollzogen, so kann das Gericht auf Antrag auch aussprechen, dass und wie die Finanzbehörde die Vollziehung rückgängig zu machen hat. [3]Dieser Ausspruch ist nur zulässig, wenn die Behörde dazu in der Lage und diese Frage spruchreif ist. [4]Hat sich der Verwaltungsakt vorher durch Zurücknahme oder anders erledigt, so spricht das Gericht auf Antrag durch Urteil aus, dass der Verwaltungsakt rechtswidrig gewesen ist, wenn der Kläger ein berechtigtes Interesse an dieser Feststellung hat.

(2) [1]Begehrt der Kläger die Änderung eines Verwaltungsakts, der einen Geldbetrag festsetzt oder eine darauf bezogene Feststellung trifft, kann das Gericht den Betrag in anderer Höhe festsetzen oder die Feststellung durch eine andere ersetzen. [2]Erfordert die Ermittlung des festzusetzenden oder festzustellenden Betrags einen nicht unerheblichen Aufwand, kann das Gericht die Änderung des Verwaltungsakts durch Angabe der zu Unrecht berücksichtigten oder nicht berücksichtigten tatsächlichen oder rechtlichen Verhältnisse so bestimmen, dass die Behörde den Betrag auf Grund der Entscheidung errechnen kann. [3]Die Behörde teilt den Beteiligten das Ergebnis der Neuberechnung unverzüglich formlos mit; nach Rechtskraft der Entscheidung ist der Verwaltungsakt mit dem geänderten Inhalt neu bekannt zu geben.

(3) [1]Hält das Gericht eine weitere Sachaufklärung für erforderlich, kann es, ohne in der Sache selbst zu entscheiden, den Verwaltungsakt und die Entscheidung über den außergerichtlichen Rechtsbehelf aufheben, soweit nach Art oder Umfang die noch erforderlichen Ermittlungen erheblich sind und die Aufhebung auch unter Berücksichtigung der Belange der Beteiligten sachdienlich ist. [2]Satz 1 gilt nicht, soweit der Steuerpflichtige seiner Erklärungspflicht nicht nachgekommen ist und deshalb die Besteuerungsgrundlagen geschätzt worden sind. [3]Auf Antrag kann das Gericht bis zum Erlass des neuen Verwaltungsakts eine einstweilige Regelung treffen, insbesondere bestimmen, dass Sicherheiten geleistet werden oder ganz oder zum Teil bestehen bleiben und Leistungen zu-

nächst nicht zurückgewährt werden müssen. [4]Der Beschluss kann jederzeit geändert oder aufgehoben werden. [5]Eine Entscheidung nach Satz 1 kann nur binnen sechs Monaten seit Eingang der Akten der Behörde bei Gericht ergehen.

(4) Kann neben der Aufhebung eines Verwaltungsakts eine Leistung verlangt werden, so ist im gleichen Verfahren auch die Verurteilung zur Leistung zulässig.

§ 101

[1]Soweit die Ablehnung oder Unterlassung eines Verwaltungsakts rechtswidrig und der Kläger dadurch in seinen Rechten verletzt ist, spricht das Gericht die Verpflichtung der Finanzbehörde aus, den begehrten Verwaltungsakt zu erlassen, wenn die Sache spruchreif ist. [2]Andernfalls spricht es die Verpflichtung aus, den Kläger unter Beachtung der Rechtsauffassung des Gerichts zu bescheiden.

§ 102

[1]Soweit die Finanzbehörde ermächtigt ist, nach ihrem Ermessen zu handeln oder zu entscheiden, prüft das Gericht auch, ob der Verwaltungsakt oder die Ablehnung oder Unterlassung des Verwaltungsakts rechtswidrig ist, weil die gesetzlichen Grenzen des Ermessens überschritten sind oder von dem Ermessen in einer dem Zweck der Ermächtigung nicht entsprechenden Weise Gebrauch gemacht ist. [2]Die Finanzbehörde kann ihre Ermessenserwägungen hinsichtlich des Verwaltungsakts bis zum Abschluss der Tatsacheninstanz eines finanzgerichtlichen Verfahrens ergänzen.

§ 103

Das Urteil kann nur von den Richtern und ehrenamtlichen Richtern gefällt werden, die an der dem Urteil zugrunde liegenden Verhandlung teilgenommen haben.

§ 104

(1) [1]Das Urteil wird, wenn eine mündliche Verhandlung stattgefunden hat, in der Regel in dem Termin, in dem die mündliche Verhandlung geschlossen wird, verkündet, in besonderen Fällen in einem sofort anzuberaumenden Termin, der nicht über zwei Wochen hinaus angesetzt werden soll. [2]Das Urteil wird durch Verlesung der Formel verkündet; es ist den Beteiligten zuzustellen.

(2) Statt der Verkündung ist die Zustellung des Urteils zulässig; dann ist das Urteil binnen zwei Wochen nach der mündlichen Verhandlung der Geschäftsstelle zu übermitteln.

(3) Entscheidet das Gericht ohne mündliche Verhandlung, so wird die Verkündung durch Zustellung an die Beteiligten ersetzt.

§ 105

(1) [1]Das Urteil ergeht im Namen des Volkes. [2]Es ist schriftlich abzufassen und von den Richtern, die bei der Entscheidung mitgewirkt haben, zu unterzeichnen. [3]Ist ein Richter verhindert, seine Unterschrift beizufügen, so wird dies mit dem Hinderungsgrund vom Vorsitzenden oder, wenn er verhindert ist, vom dienstältesten beisitzenden Richter unter dem Urteil vermerkt. [4]Der Unterschrift der ehrenamtlichen Richter bedarf es nicht.

(2) Das Urteil enthält

1. **die Bezeichnung der Beteiligten, ihrer gesetzlichen Vertreter und der Bevollmächtigten nach Namen, Beruf, Wohnort und ihrer Stellung im Verfahren,**
2. **die Bezeichnung des Gerichts und die Namen der Mitglieder, die bei der Entscheidung mitgewirkt haben,**
3. **die Urteilsformel,**
4. **den Tatbestand,**
5. **die Entscheidungsgründe,**
6. **die Rechtsmittelbelehrung.**

(3) [1]Im Tatbestand ist der Sach- und Streitstand unter Hervorhebung der gestellten Anträge seinem wesentlichen Inhalt nach gedrängt darzustellen. [2]Wegen der Einzelheiten soll auf Schriftsätze, Protokolle und andere Unterlagen verwiesen werden, soweit sich aus ihnen der Sach- und Streitstand ausreichend ergibt.

(4) [1]Ein Urteil, das bei der Verkündung noch nicht vollständig abgefasst war, ist vor Ablauf von zwei Wochen, vom Tag der Verkündung an gerechnet, vollständig abgefasst der Geschäftsstelle zu übermitteln. [2]Kann dies ausnahmsweise nicht geschehen, so ist innerhalb dieser zwei Wochen das von den Richtern unterschriebene Urteil ohne Tatbestand, Entscheidungsgründe und Rechtsmittelbelehrung der Geschäftsstelle zu übermitteln. [3]Tatbestand, Entscheidungsgründe und Rechtsmittelbelehrung sind alsbald nachträglich niederzulegen, von den Richtern besonders zu unterschreiben und der Geschäftsstelle zu übermitteln.

(5) Das Gericht kann von einer weiteren Darstellung der Entscheidungsgründe absehen, soweit es der Begründung des Verwaltungsakts oder der Entscheidung über den außergerichtlichen Rechtsbehelf folgt und dies in seiner Entscheidung feststellt.

(6) [1]Der Urkundsbeamte der Geschäftsstelle hat auf dem Urteil den Tag der Zustellung und im Fall des § 104 Abs. 1 Satz 1 den Tag der Verkündung zu vermerken und diesen Vermerk zu unterschreiben.[2]Werden die Akten elektronisch geführt, hat der Urkundsbeamte der Geschäftsstelle den Vermerk in einem gesonderten Dokument festzuhalten.[3]Das Dokument ist mit dem Urteil untrennbar zu verbinden.

§ 106

Die §§ 104 und 105 gelten für Gerichtsbescheide sinngemäß.

§ 107

(1) Schreibfehler, Rechenfehler und ähnliche offenbare Unrichtigkeiten im Urteil sind jederzeit vom Gericht zu berichtigen.

(2) [1]Über die Berichtigung kann ohne mündliche Verhandlung entschieden werden. [2]Der Berichtigungsbeschluss wird auf dem Urteil und den Ausfertigungen vermerkt. [3]Ist das Urteil elektronisch abgefasst, ist auch der Beschluss elektronisch abzufassen und mit dem Urteil untrennbar zu verbinden.

§ 108

(1) Enthält der Tatbestand des Urteils andere Unrichtigkeiten oder Unklarheiten, so kann die Berichtigung binnen zwei Wochen nach Zustellung des Urteils beantragt werden.

(2) [1]Das Gericht entscheidet ohne Beweisaufnahme durch Beschluss. [2]Der Beschluss ist unanfechtbar. [3]Bei der Entscheidung wirken nur die Richter mit, die beim Urteil mitgewirkt haben. [4]Ist ein Richter verhindert, so gibt bei Stimmengleichheit die Stimme des Vorsitzenden den Ausschlag. [5]Der Berichtigungsbeschluss wird auf dem Urteil und den Ausfertigungen vermerkt. [6]Ist das Urteil elektronisch abgefasst, ist auch der Beschluss elektronisch abzufassen und mit dem Urteil untrennbar zu verbinden.

§ 109

(1) Wenn ein nach dem Tatbestand von einem Beteiligten gestellter Antrag oder die Kostenfolge bei der Entscheidung ganz oder zum Teil übergangen ist, so ist auf Antrag das Urteil durch nachträgliche Entscheidung zu ergänzen.

(2) [1]Die Entscheidung muss binnen zwei Wochen nach Zustellung des Urteils beantragt werden. [2]Die mündliche Verhandlung hat nur den nicht erledigten Teil des Rechtsstreits zum Gegenstand. [3]Von der Durchführung einer mündlichen Verhandlung kann abgesehen werden, wenn mit der Ergänzung des Urteils nur über einen Nebenanspruch oder über die Kosten entschieden werden soll und wenn die Bedeutung der Sache keine mündliche Verhandlung erfordert.

§ 110

(1) [1]Rechtskräftige Urteile binden, soweit über den Streitgegenstand entschieden worden ist,

1. **die Beteiligten und ihre Rechtsnachfolger,**
2. **in den Fällen des § 48 Abs. 1 Nr. 1 die nicht klageberechtigten Gesellschafter oder Gemeinschafter und**

3. im Fall des § 60a die Personen, die einen Antrag auf Beiladung nicht oder nicht fristgemäß gestellt haben.

[2]Die gegen eine Finanzbehörde ergangenen Urteile wirken auch gegenüber der öffentlich-rechtlichen Körperschaft, der die beteiligte Finanzbehörde angehört.

(2) Die Vorschriften der Abgabenordnung und anderer Steuergesetze über die Rücknahme, Widerruf, Aufhebung und Änderung von Verwaltungsakten sowie über die Nachforderung von Steuern bleiben unberührt, soweit sich aus Absatz 1 Satz 1 nichts anderes ergibt.

§§ 111, 112

(weggefallen)

§ 113

(1) Für Beschlüsse gelten § 96 Abs. 1 Satz 1 und 2, § 105 Abs. 2 Nr. 6, §§ 107 bis 109 sinngemäß.

(2) [1]Beschlüsse sind zu begründen, wenn sie durch Rechtsmittel angefochten werden können oder über einen Rechtsbehelf entscheiden. [2]Beschlüsse über die Aussetzung der Vollziehung (§ 69 Abs. 3 und 5) und über einstweilige Anordnungen (§ 114 Abs. 1), Beschlüsse nach Erledigung des Rechtsstreits in der Hauptsache (§ 138) sowie Beschlüsse, in denen ein Antrag auf Bewilligung von Prozesskostenhilfe zurückgewiesen wird (§ 142), sind stets zu begründen. [3]Beschlüsse, die über ein Rechtsmittel entscheiden, bedürfen keiner weiteren Begründung, soweit das Gericht das Rechtsmittel aus den Gründen der angefochtenen Entscheidung als unbegründet zurückweist.

§ 114

(1) [1]Auf Antrag kann das Gericht, auch schon vor Klageerhebung, eine einstweilige Anordnung in Bezug auf den Streitgegenstand treffen, wenn die Gefahr besteht, dass durch eine Veränderung des bestehenden Zustands die Verwirklichung eines Rechts des Antragstellers vereitelt oder wesentlich erschwert werden könnte. [2]Einstweilige Anordnungen sind auch zur Regelung eines vorläufigen Zustands in Bezug auf ein streitiges Rechtsverhältnis zulässig, wenn diese Regelung, vor allem bei dauernden Rechtsverhältnissen, um wesentliche Nachteile abzuwenden oder drohende Gewalt zu verhindern oder aus anderen Gründen nötig erscheint.

(2) [1]Für den Erlass einstweiliger Anordnungen ist das Gericht der Hauptsache zuständig. [2]Dies ist das Gericht des ersten Rechtszugs. [3]In dringenden Fällen kann der Vorsitzende entscheiden.

(3) Für den Erlass einstweiliger Anordnungen gelten die §§ 920, 921, 923, 926, 928 bis 932, 938, 939, 941 und 945 der Zivilprozessordnung sinngemäß.

(4) Das Gericht entscheidet durch Beschluss.

(5) Die Vorschriften der Absätze 1 bis 3 gelten nicht für die Fälle des § 69.

Abschnitt V - Rechtsmittel und Wiederaufnahme des Verfahrens

Unterabschnitt 1 - Revision

§ 115

(1) Gegen das Urteil des Finanzgerichts (§ 36 Nr. 1) steht den Beteiligten die Revision an den Bundesfinanzhof zu, wenn das Finanzgericht oder auf Beschwerde gegen die Nichtzulassung der Bundesfinanzhof sie zugelassen hat.

(2) Die Revision ist nur zuzulassen, wenn

1. die Rechtssache grundsätzliche Bedeutung hat,
2. die Fortbildung des Rechts oder die Sicherung einer einheitlichen Rechtsprechung eine Entscheidung des Bundesfinanzhofs erfordert oder
3. ein Verfahrensmangel geltend gemacht wird und vorliegt, auf dem die Entscheidung beruhen kann.

(3) Der Bundesfinanzhof ist an die Zulassung gebunden.

§ 116

(1) Die Nichtzulassung der Revision kann durch Beschwerde angefochten werden.

(2) [1]Die Beschwerde ist innerhalb eines Monats nach Zustellung des vollständigen Urteils bei dem Bundesfinanzhof einzulegen. [2]Sie muss das angefochtene Urteil bezeichnen. [3]Der Beschwerdeschrift soll eine Ausfertigung oder Abschrift des Urteils, gegen das Revision eingelegt werden soll, beigefügt werden. [4]Satz 3 gilt nicht im Falle der elektronischen Beschwerdeeinlegung.

(3) [1]Die Beschwerde ist innerhalb von zwei Monaten nach der Zustellung des vollständigen Urteils zu begründen. [2]Die Begründung ist bei dem Bundesfinanzhof einzureichen. [3]In der Begründung müssen die Voraussetzungen des § 115 Abs. 2 dargelegt werden. [4]Die Begründungsfrist kann von dem Vorsitzenden auf einen vor ihrem Ablauf gestellten Antrag um einen weiteren Monat verlängert werden.

(4) Die Einlegung der Beschwerde hemmt die Rechtskraft des Urteils.

(5) [1]Der Bundesfinanzhof entscheidet über die Beschwerde durch Beschluss. [2]Der Beschluss soll kurz begründet werden; von einer Begründung kann abgesehen werden, wenn sie nicht geeignet ist, zur Klärung der Voraussetzungen beizutragen, unter denen eine Revision zuzulassen ist, oder wenn der Beschwerde stattgegeben wird. [3]Mit der Ablehnung der Beschwerde durch den Bundesfinanzhof wird das Urteil rechtskräftig.

(6) Liegen die Voraussetzungen des § 115 Abs. 2 Nr. 3 vor, kann der Bundesfinanzhof in dem Beschluss das angefochtene Urteil aufheben und den Rechtsstreit zur anderweitigen Verhandlung und Entscheidung zurückverweisen.

(7) [1]Wird der Beschwerde gegen die Nichtzulassung der Revision stattgegeben, so wird das Beschwerdeverfahren als Revisionsverfahren fortgesetzt, wenn nicht der Bundesfinanzhof das angefochtene Urteil nach Absatz 6 aufhebt; der Einlegung einer Revision durch den Beschwerdeführer bedarf es nicht. [2]Mit der Zustellung der Entscheidung beginnt für den Beschwerdeführer die Revisionsbegründungsfrist, für die übrigen Beteiligten die Revisions- und die Revisionsbegründungsfrist. [3]Auf Satz 1 und 2 ist in dem Beschluss hinzuweisen.

§ 117

(weggefallen)

§ 118

(1) [1]Die Revision kann nur darauf gestützt werden, dass das angefochtene Urteil auf der Verletzung von Bundesrecht beruhe. [2]Soweit im Fall des § 33 Abs. 1 Nr. 4 die Vorschriften dieses Unterabschnitts durch Landesgesetz für anwendbar erklärt werden, kann die Revision auch darauf gestützt werden, dass das angefochtene Urteil auf der Verletzung von Landesrecht beruhe.

(2) Der Bundesfinanzhof ist an die in dem angefochtenen Urteil getroffenen tatsächlichen Feststellungen gebunden, es sei denn, dass in Bezug auf diese Feststellungen zulässige und begründete Revisionsgründe vorgebracht sind.

(3) [1]Wird die Revision auf Verfahrensmängel gestützt und liegt nicht zugleich eine der Voraussetzungen des § 115 Abs. 2 Nr. 1 und 2 vor, so ist nur über die geltend gemachten Verfahrensmängel zu entscheiden. [2]Im Übrigen ist der Bundesfinanzhof an die geltend gemachten Revisionsgründe nicht gebunden.

§ 119

Ein Urteil ist stets als auf der Verletzung von Bundesrecht beruhend anzusehen, wenn

1. **das erkennende Gericht nicht vorschriftsmäßig besetzt war,**
2. **bei der Entscheidung ein Richter mitgewirkt hat, der von der Ausübung des Richteramts kraft Gesetzes ausgeschlossen oder wegen Besorgnis der Befangenheit mit Erfolg abgelehnt war,**
3. **einem Beteiligten das rechtliche Gehör versagt war,**
4. **ein Beteiligter im Verfahren nicht nach Vorschrift des Gesetzes vertreten war, außer wenn er der Prozessführung ausdrücklich oder stillschweigend zugestimmt hat,**
5. **das Urteil auf eine mündliche Verhandlung ergangen ist, bei der die Vorschriften über die Öffentlichkeit des Verfahrens verletzt worden sind, oder**
6. **die Entscheidung nicht mit Gründen versehen ist.**

§ 120

(1) [1]Die Revision ist bei dem Bundesfinanzhof innerhalb eines Monats nach Zustellung des vollständigen Urteils schriftlich einzulegen. [2]Die Revision muss das angefochtene Urteil bezeichnen. [3]Eine Ausfertigung oder Abschrift des Urteils soll beigefügt werden, sofern dies nicht schon nach § 116 Abs. 2 Satz 3 geschehen ist. [4]Satz 3 gilt nicht im Falle der elektronischen Revisionseinlegung.

(2) [1]Die Revision ist innerhalb von zwei Monaten nach Zustellung des vollständigen Urteils zu begründen; im Fall des § 116 Abs. 7 beträgt die Begründungsfrist für den Beschwerdeführer einen Monat nach Zustellung des Beschlusses über die Zulassung der Revision. [2]Die Begründung ist bei dem Bundesfinanzhof einzureichen. [3]Die Frist kann auf einen vor ihrem Ablauf gestellten Antrag von dem Vorsitzenden verlängert werden.

(3) Die Begründung muss enthalten:

1. die Erklärung, inwieweit das Urteil angefochten und dessen Aufhebung beantragt wird (Revisionsanträge);
2. die Angabe der Revisionsgründe, und zwar
    a) die bestimmte Bezeichnung der Umstände, aus denen sich die Rechtsverletzung ergibt;
    b) soweit die Revision darauf gestützt wird, dass das Gesetz in Bezug auf das Verfahren verletzt sei, die Bezeichnung der Tatsachen, die den Mangel ergeben.

§ 121

[1]Für das Revisionsverfahren gelten die Vorschriften über das Verfahren im ersten Rechtszug und die Vorschriften über Urteile und andere Entscheidungen entsprechend, soweit sich aus den Vorschriften über die Revision nichts anderes ergibt. [2]§ 79a über die Entscheidung durch den vorbereitenden Richter und § 94a über das Verfahren nach billigem Ermessen sind nicht anzuwenden. [3]Erklärungen und Beweismittel, die das Finanzgericht nach § 79b zu Recht zurückgewiesen hat, bleiben auch im Revisionsverfahren ausgeschlossen.

§ 122

(1) Beteiligter am Verfahren über die Revision ist, wer am Verfahren über die Klage beteiligt war.

(2) [1]Betrifft das Verfahren eine auf Bundesrecht beruhende Abgabe oder eine Rechtsstreitigkeit über Bundesrecht, so kann das Bundesministerium der Finanzen dem Verfahren beitreten. [2]Betrifft das Verfahren eine von den Landesfinanzbehörden verwaltete Abgabe oder eine Rechtsstreitigkeit über Landesrecht, so steht dieses Recht auch der zuständigen obersten Landesbehörde zu. [3]Der Senat kann die zuständigen Stellen zum Beitritt auffordern. [4]Mit ihrem Beitritt erlangt die Behörde die Rechtsstellung eines Beteiligten.

§ 123

(1) [1]Klageänderungen und Beiladungen sind im Revisionsverfahren unzulässig. [2]Das gilt nicht für Beiladungen nach § 60 Abs. 3 Satz 1.

(2) [1]Ein im Revisionsverfahren nach § 60 Abs. 3 Satz 1 Beigeladener kann Verfahrensmängel nur innerhalb von zwei Monaten nach Zustellung des Beiladungsbeschlusses rügen. [2]Die Frist kann auf einen vor ihrem Ablauf gestellten Antrag von dem Vorsitzenden verlängert werden.

§ 124

(1) [1]Der Bundesfinanzhof prüft, ob die Revision statthaft und ob sie in der gesetzlichen Form und Frist eingelegt und begründet worden ist. [2]Mangelt es an einem dieser Erfordernisse, so ist die Revision unzulässig.

(2) Der Beurteilung der Revision unterliegen auch diejenigen Entscheidungen, die dem Endurteil vorausgegangen sind, sofern sie nicht nach den Vorschriften dieses Gesetzes unanfechtbar sind.

§ 125

(1) [1]Die Revision kann bis zur Rechtskraft des Urteils zurückgenommen werden. [2]Nach Schluss der mündlichen Verhandlung, bei Verzicht auf die mündliche Verhandlung und nach Ergehen eines Gerichtsbescheides ist die Rücknahme nur mit Einwilligung des Revisionsbeklagten möglich.

(2) Die Zurücknahme bewirkt den Verlust des eingelegten Rechtsmittels.

§ 126

(1) Ist die Revision unzulässig, so verwirft der Bundesfinanzhof sie durch Beschluss.

(2) Ist die Revision unbegründet, so weist der Bundesfinanzhof sie zurück.

(3) [1]Ist die Revision begründet, so kann der Bundesfinanzhof

1. in der Sache selbst entscheiden oder

2. das angefochtene Urteil aufheben und die Sache zur anderweitigen Verhandlung und Entscheidung zurückverweisen.

[2]Der Bundesfinanzhof verweist den Rechtsstreit zurück, wenn der in dem Revisionsverfahren nach § 123 Abs. 1 Satz 2 Beigeladene ein berechtigtes Interesse daran hat.

(4) Ergeben die Entscheidungsgründe zwar eine Verletzung des bestehenden Rechts, stellt sich die Entscheidung selbst aber aus anderen Gründen als richtig dar, so ist die Revision zurückzuweisen.

(5) Das Gericht, an das die Sache zur anderweitigen Verhandlung und Entscheidung zurückverwiesen ist, hat seiner Entscheidung die rechtliche Beurteilung des Bundesfinanzhofs zugrunde zu legen.

(6) [1]Die Entscheidung über die Revision bedarf keiner Begründung, soweit der Bundesfinanzhof Rügen von Verfahrensmängeln nicht für durchgreifend erachtet. [2]Das gilt nicht für Rügen nach § 119 und, wenn mit der Revision ausschließlich Verfahrensmängel geltend gemacht werden, für Rügen, auf denen die Zulassung der Revision beruht.

§ 126a

[1]Der Bundesfinanzhof kann über die Revision in der Besetzung von fünf Richtern durch Beschluss entscheiden, wenn er einstimmig die Revision für unbegründet und eine mündliche Verhandlung nicht für erforderlich hält. [2]Die Beteiligten sind vorher zu hören. [3]Der Beschluss soll eine kurze Begründung enthalten; dabei sind die Voraussetzungen dieses Verfahrens festzustellen. [4]§ 126 Abs. 6 gilt entsprechend.

§ 127

Ist während des Revisionsverfahrens ein neuer oder geänderter Verwaltungsakt Gegenstand des Verfahrens geworden (§§ 68, 123 Satz 2), so kann der Bundesfinanzhof das angefochtene Urteil aufheben und die Sache zur anderweitigen Verhandlung und Entscheidung an das Finanzgericht zurückverweisen.

Unterabschnitt 2 - Beschwerde, Erinnerung, Anhörungsrüge

§ 128

(1) Gegen die Entscheidungen des Finanzgerichts, des Vorsitzenden oder des Berichterstatters, die nicht Urteile oder Gerichtsbescheide sind, steht den Beteiligten und den sonst von der Entscheidung Betroffenen die Beschwerde an den Bundesfinanzhof zu, soweit nicht in diesem Gesetz etwas anderes bestimmt ist.

(2) Prozessleitende Verfügungen, Aufklärungsanordnungen, Beschlüsse über die Vertagung oder die Bestimmung einer Frist, Beweisbeschlüsse, Beschlüsse nach §§ 91a und 93a, Beschlüsse über die Ablehnung von Beweisanträgen, über Verbindung und Trennung von Verfahren und Ansprüchen und über die Ablehnung von Gerichtspersonen, Sachverständigen und Dolmetschern, Einstellungsbeschlüsse nach Klagerücknahme sowie Beschlüsse im Verfahren der Prozesskostenhilfe können nicht mit der Beschwerde angefochten werden.

(3) [1]Gegen die Entscheidung über die Aussetzung der Vollziehung nach § 69 Abs. 3 und 5 und über einstweilige Anordnungen nach § 114 Abs. 1 steht den Beteiligten die Beschwerde nur zu, wenn sie in der Entscheidung zugelassen worden ist. [2]Für die Zulassung gilt § 115 Abs. 2 entsprechend.

(4) [1]In Streitigkeiten über Kosten ist die Beschwerde nicht gegeben. [2]Das gilt nicht für die Beschwerde gegen die Nichtzulassung der Revision.

§ 129

(1) Die Beschwerde ist beim Finanzgericht schriftlich oder zu Protokoll des Urkundsbeamten der Geschäftsstelle innerhalb von zwei Wochen nach Bekanntgabe der Entscheidung einzulegen.

(2) Die Beschwerdefrist ist auch gewahrt, wenn die Beschwerde innerhalb der Frist beim Bundesfinanzhof eingeht.

§ 130

(1) Hält das Finanzgericht, der Vorsitzende oder der Berichterstatter, dessen Entscheidung angefochten wird, die Beschwerde für begründet, so ist ihr abzuhelfen; sonst ist sie unverzüglich dem Bundesfinanzhof vorzulegen.

(2) Das Finanzgericht soll die Beteiligten von der Vorlage der Beschwerde in Kenntnis setzen.

§ 131

(1) [1]Die Beschwerde hat nur dann aufschiebende Wirkung, wenn sie die Festsetzung eines Ordnungs- oder Zwangsmittels zum Gegenstand hat. [2]Das Finanzgericht, der Vorsitzende oder der Berichterstatter, dessen Entscheidung angefochten wird, kann auch sonst bestimmen, dass die Vollziehung der angefochtenen Entscheidung einstweilen auszusetzen ist.

(2) Die §§ 178 und 181 Abs. 2 des Gerichtsverfassungsgesetzes bleiben unberührt.

§ 132

Über die Beschwerde entscheidet der Bundesfinanzhof durch Beschluss.

§ 133

(1) [1]Gegen die Entscheidung des beauftragten oder ersuchten Richters oder des Urkundsbeamten kann innerhalb von zwei Wochen nach Bekanntgabe die Entscheidung des Finanzgerichts beantragt werden. [2]Der Antrag ist schriftlich oder zu Protokoll des Urkundsbeamten der Geschäftsstelle des Gerichts zu stellen. [3]Die §§ 129 bis 131 gelten singemäß.

(2) Im Verfahren vor dem Bundesfinanzhof gilt Absatz 1 für Entscheidungen des beauftragten oder ersuchten Richters oder des Urkundsbeamten der Geschäftsstelle sinngemäß.

§ 133a

(1) [1]Auf die Rüge eines durch eine gerichtliche Entscheidung beschwerten Beteiligten ist das Verfahren fortzuführen, wenn

1. ein Rechtsmittel oder ein anderer Rechtsbehelf gegen die Entscheidung nicht gegeben ist und
2. das Gericht den Anspruch dieses Beteiligten auf rechtliches Gehör in entscheidungserheblicher Weise verletzt hat.

[2]Gegen eine der Endentscheidung vorausgehende Entscheidung findet die Rüge nicht statt.

(2) [1]Die Rüge ist innerhalb von zwei Wochen nach Kenntnis von der Verletzung des rechtlichen Gehörs zu erheben; der Zeitpunkt der Kenntniserlangung ist glaubhaft zu machen. [2]Nach Ablauf eines Jahres seit Bekanntgabe der angegriffenen Entscheidung kann die Rüge nicht mehr erhoben werden. [3]Formlos mitgeteilte Entscheidungen gelten mit dem dritten Tage nach Aufgabe zur Post als bekannt gegeben. [4]Die Rüge ist schriftlich oder zu Protokoll des Urkundsbeamten der Geschäftsstelle bei dem Gericht zu erheben, dessen Entscheidung angegriffen wird. [5]Die Rüge muss die angegriffene Entscheidung bezeichnen und das Vorliegen der in Absatz 1 Satz 1 Nr. 2 genannten Vorraussetzungen darlegen.

(3) Den übrigen Beteiligten ist, soweit erforderlich, Gelegenheit zur Stellungnahme zu geben.

(4) [1]Ist die Rüge nicht statthaft oder nicht in der gesetzlichen Form oder Frist erhoben, so ist sie als unzulässig zu verwerfen. [2]Ist die Rüge unbegründet, weist das Gericht sie zurück. [3]Die Entscheidung ergeht durch unanfechtbaren Beschluss. [4]Der Beschluss soll kurz begründet werden.

(5) [1]Ist die Rüge begründet, so hilft ihr das Gericht ab, indem es das Verfahren fortführt, soweit dies aufgrund der Rüge geboten ist. [2]Das Verfahren wird in die Lage zurückversetzt, in der es sich vor dem Schluss der mündlichen Verhandlung befand. [3]In schriftlichen Verfahren tritt an die Stelle des Schlusses der mündlichen Verhandlung der Zeitpunkt, bis zu dem Schriftsätze eingereicht werden können. [4]Für den Ausspruch des Gerichts ist § 343 der Zivilprozessordnung entsprechend anzuwenden.

(6) § 131 Abs. 1 Satz 2 ist entsprechend anzuwenden.

Unterabschnitt 3 - Wiederaufnahme des Verfahrens

§ 134

Ein rechtskräftig beendetes Verfahren kann nach den Vorschriften des Vierten Buchs der Zivilprozessordnung wiederaufgenommen werden.

Dritter Teil - Kosten und Vollstreckung

Abschnitt I - Kosten

§ 135

(1) Der unterliegende Beteiligte trägt die Kosten des Verfahrens.

(2) Die Kosten eines ohne Erfolg eingelegten Rechtsmittels fallen demjenigen zur Last, der das Rechtsmittel eingelegt hat.

(3) Dem Beigeladenen können Kosten nur auferlegt werden, soweit er Anträge gestellt oder Rechtsmittel eingelegt hat.

(4) Die Kosten des erfolgreichen Wiederaufnahmeverfahrens können der Staatskasse auferlegt werden, soweit sie nicht durch das Verschulden eines Beteiligten entstanden sind.

(5) [1]Besteht der kostenpflichtige Teil aus mehreren Personen, so haften diese nach Kopfteilen. [2]Bei erheblicher Verschiedenheit ihrer Beteiligung kann nach Ermessen des Gerichts die Beteiligung zum Maßstab genommen werden.

§ 136

(1) [1]Wenn ein Beteiligter teils obsiegt, teils unterliegt, so sind die Kosten gegeneinander aufzuheben oder verhältnismäßig zu teilen. [2]Sind die Kosten gegeneinander aufgehoben, so fallen die Gerichtskosten jedem Teil zur Hälfte zur Last. [3]Einem Beteiligten können die Kosten ganz auferlegt werden, wenn der andere nur zu einem geringen Teil unterlegen ist.

(2) Wer einen Antrag, eine Klage, ein Rechtsmittel oder einen anderen Rechtsbehelf zurücknimmt, hat die Kosten zu tragen.

(3) Kosten, die durch einen Antrag auf Wiedereinsetzung in den vorigen Stand entstehen, fallen dem Antragsteller zur Last.

§ 137

[1]Einem Beteiligten können die Kosten ganz oder teilweise auch dann auferlegt werden, wenn er obgesiegt hat, die Entscheidung aber auf Tatsachen beruht, die er früher hätte geltend machen oder beweisen können und sollen. [2]Kosten, die durch Verschulden eines Beteiligten entstanden sind, können diesem auferlegt werden. [3]Berücksichtigt das Gericht nach § 76 Abs. 3 Erklärungen oder Beweismittel, die im Einspruchsverfahren nach § 364b der Abgabenordnung rechtmäßig zurückgewiesen wurden, sind dem Kläger insoweit die Kosten aufzuerlegen.

§ 138

(1) Ist der Rechtsstreit in der Hauptsache erledigt, so entscheidet das Gericht nach billigem Ermessen über die Kosten des Verfahrens durch Beschluss; der bisherige Sach- und Streitstand ist zu berücksichtigen.

(2) [1]Soweit ein Rechtsstreit dadurch erledigt wird, dass dem Antrag des Steuerpflichtigen durch Rücknahme oder Änderung des angefochtenen Verwaltungsakts stattgegeben oder dass im Fall der Untätigkeitsklage gemäß § 46 Abs. 1 Satz 3 Halbsatz 2 innerhalb der gesetzten Frist dem außergerichtlichen Rechtsbehelf stattgegeben oder der beantragte Verwaltungsakt erlassen wird, sind die Kosten der Behörde aufzuerlegen. [2]§ 137 gilt sinngemäß.

(3) Der Rechtsstreit ist auch in der Hauptsache erledigt, wenn der Beklagte der Erledigungserklärung des Klägers nicht innerhalb von zwei Wochen seit Zustellung des die Erledigungserklärung enthaltenden Schriftsatzes widerspricht und er vom Gericht auf diese Folge hingewiesen worden ist.

§ 139

(1) Kosten sind die Gerichtskosten (Gebühren und Auslagen) und die zur zweckentsprechenden Rechtsverfolgung oder Rechtsverteidigung notwendigen Aufwendungen der Beteiligten einschließlich der Kosten des Vorverfahrens.

(2) Die Aufwendungen der Finanzbehörden sind nicht zu erstatten.

(3) [1]Gesetzlich vorgesehene Gebühren und Auslagen eines Bevollmächtigten oder Beistands, der nach den Vorschriften des Steuerberatungsgesetzes zur geschäftsmäßigen Hilfeleistung in Steuersachen befugt ist, sind stets erstattungsfähig. [2]Aufwendungen für einen Bevollmächtigten oder Beistand, für den Gebühren und Auslagen gesetzlich nicht vorgesehen sind, können bis zur Höhe der gesetzlichen Gebühren und Auslagen der Rechtsanwälte erstattet werden. [3]Soweit ein Vorverfahren geschwebt hat, sind die Gebühren und Auslagen erstattungsfähig, wenn das Gericht die Zuziehung eines Bevollmächtigten oder Beistands für das Vorverfahren für notwendig erklärt. [4]Steht der Bevollmächtigte oder Beistand in einem Angestelltenverhältnis zu einem Beteiligten, so werden die durch seine Zuziehung entstandenen Gebühren nicht erstattet.

(4) Die außergerichtlichen Kosten des Beigeladenen sind nur erstattungsfähig, wenn das Gericht sie aus Billigkeit der unterliegenden Partei oder der Staatskasse auferlegt.

§§ 140, 141

(weggefallen)

§ 142

(1) Die Vorschriften der Zivilprozessordnung über die Prozesskostenhilfe gelten sinngemäß.

(2) [1]Einem Beteiligten, dem Prozesskostenhilfe bewilligt worden ist, kann auch ein Steuerberater, Steuerbevollmächtigter, Wirtschaftsprüfer oder vereidigter Buchprüfer beigeordnet werden. [2]Die Vergütung richtet sich nach den für den beigeordneten Rechtsanwalt geltenden Vorschriften des Rechtsanwaltsvergütungsgesetzes.

(3) [1]Die Prüfung der persönlichen und wirtschaftlichen Verhältnisse nach den §§ 114 bis 116 der Zivilprozessordnung einschließlich der in § 118 Absatz 2 der Zivilprozessordnung bezeichneten Maßnahmen und der Entscheidungen nach § 118 Absatz 2 Satz 4 der Zivilprozessordnung obliegt dem Urkundsbeamten der Geschäftsstelle des jeweiligen Rechtszugs, wenn der Vorsitzende ihm das Verfahren insoweit überträgt. [2]Liegen die Voraussetzungen für die Bewilligung der Prozesskostenhilfe hiernach nicht vor, erlässt der Urkundsbeamte die den Antrag ablehnende Entscheidung; anderenfalls vermerkt der Urkundsbeamte in den Prozessakten, dass dem Antragsteller nach seinen persönlichen und wirtschaftlichen Verhältnissen Prozesskostenhilfe gewährt werden kann und in welcher Höhe gegebenenfalls Monatsraten oder Beträge aus dem Vermögen zu zahlen sind.

(4) Dem Urkundsbeamten obliegen im Verfahren über die Prozesskostenhilfe ferner die Bestimmung des Zeitpunkts für die Einstellung und eine Wiederaufnahme der Zahlungen nach § 120 Absatz 3 der Zivilprozessordnung sowie die Änderung und die Aufhebung der Bewilligung der Prozesskostenhilfe nach den §§ 120a und 124 Absatz 1 Nummer 2 bis 5 der Zivilprozessordnung.

(6) [1]Der Vorsitzende kann Aufgaben nach den Absätzen 3 und 4 zu jedem Zeitpunkt an sich ziehen. [2]§ 5 Absatz 1 Nummer 1, die §§ 6, 7, 8 Absatz 1 bis 4 und § 9 des Rechtspflegergesetzes gelten entsprechend mit der Maßgabe, dass an die Stelle des Rechtspflegers der Urkundsbeamte der Geschäftsstelle tritt.

(6) § 79a Absatz 4 gilt entsprechend.

(7) [1]Gegen Entscheidungen des Urkundsbeamten nach den Absätzen 3 und 4 ist die Erinnerung an das Gericht gegeben. [2]Die Frist für die Einlegung der Erinnerung beträgt zwei Wochen. [3]Über die Erinnerung entscheidet das Gericht durch Beschluss.

(8) Durch Landesgesetz kann bestimmt werden, dass die Absätze 3 bis 7 für die Gerichte des jeweiligen Landes nicht anzuwenden sind.

§ 143

(1) Das Gericht hat im Urteil oder, wenn das Verfahren in anderer Weise beendet worden ist, durch Beschluss über die Kosten zu entscheiden.

(2) Wird eine Sache vom Bundesfinanzhof an das Finanzgericht zurückverwiesen, so kann diesem die Entscheidung über die Kosten des Verfahrens übertragen werden.

§ 144

Ist ein Rechtsbehelf seinem vollen Umfang nach zurückgenommen worden, so wird über die Kosten des Verfahrens nur entschieden, wenn ein Beteiligter Kostenerstattung beantragt.

§ 145

Die Anfechtung der Entscheidung über die Kosten ist unzulässig, wenn nicht gegen die Entscheidung in der Hauptsache ein Rechtsmittel eingelegt wird.

§ 146 bis 148

(weggefallen)

§ 149

(1) Die den Beteiligten zu erstattenden Aufwendungen werden auf Antrag von dem Urkundsbeamten des Gerichts des ersten Rechtszugs festgesetzt.

(2) [1]Gegen die Festsetzung ist die Erinnerung an das Gericht gegeben. [2]Die Frist für die Einlegung der Erinnerung beträgt zwei Wochen. [3]Über die Zulässigkeit der Erinnerung sind die Beteiligten zu belehren.

(3) Der Vorsitzende des Gerichts oder das Gericht können anordnen, dass die Vollstreckung einstweilen auszusetzen ist.

(4) Über die Erinnerung entscheidet das Gericht durch Beschluss.

Abschnitt II - Vollstreckung

§ 150

[1]Soll zugunsten des Bundes, eines Landes, eines Gemeindeverbands, einer Gemeinde oder einer Körperschaft, Anstalt oder Stiftung des öffentlichen Rechts als Abgabenberechtigte vollstreckt werden, so richtet sich die Vollstreckung nach den Bestimmungen der Abgabenordnung, soweit nicht durch Gesetz etwas anderes bestimmt ist. [2]Vollstreckungsbehörden sind die Finanzämter und Hauptzollämter. [3]Für die Vollstreckung gilt § 69 sinngemäß.

§ 151

(1) [1]Soll gegen den Bund, ein Land, einen Gemeindeverband, eine Gemeinde, eine Körperschaft, eine Anstalt oder Stiftung des öffentlichen Rechts vollstreckt werden, so gilt für die Zwangsvollstreckung das Achte Buch der Zivilprozessordnung sinngemäß; § 150 bleibt unberührt. [2]Vollstreckungsgericht ist das Finanzgericht.

(2) Vollstreckt wird

1. **aus rechtskräftigen und aus vorläufig vollstreckbaren gerichtlichen Entscheidungen,**

2. aus einstweiligen Anordnungen,

3. aus Kostenfestsetzungsbeschlüssen.

(3) Urteile auf Anfechtungs- und Verpflichtungsklagen können nur wegen der Kosten für vorläufig vollstreckbar erklärt werden.

(4) Für die Vollstreckung können den Beteiligten auf ihren Antrag Ausfertigungen des Urteils ohne Tatbestand und ohne Entscheidungsgründe erteilt werden, deren Zustellung in den Wirkungen der Zustellung eines vollständigen Urteils gleichsteht.

§ 152

(1) [1]Soll im Fall des § 151 wegen einer Geldforderung vollstreckt werden, so verfügt das Vollstreckungsgericht auf Antrag des Gläubigers die Vollstreckung. [2]Es bestimmt die vorzunehmenden Vollstreckungsmaßnahmen und ersucht die zuständigen Stellen um deren Vornahme. [3]Die ersuchte Stelle ist verpflichtet, dem Ersuchen nach den für sie geltenden Vollstreckungsvorschriften nachzukommen.

(2) [1]Das Gericht hat vor Erlass der Vollstreckungsverfügung die Behörde oder bei Körperschaften, Anstalten und Stiftungen des öffentlichen Rechts, gegen die vollstreckt werden soll, die gesetzlichen Vertreter von der beabsichtigten Vollstreckung zu benachrichtigen mit der Aufforderung, die Vollstreckung innerhalb einer vom Gericht zu bemessenden Frist abzuwenden. [2]Die Frist darf einen Monat nicht übersteigen.

(3) [1]Die Vollstreckung ist unzulässig in Sachen, die für die Erfüllung öffentlicher Aufgaben unentbehrlich sind oder deren Veräußerung ein öffentliches Interesse entgegensteht. [2]Über Einwendungen entscheidet das Gericht nach Anhörung der zuständigen Aufsichtsbehörde oder bei obersten Bundes- oder Landesbehörden des zuständigen Ministers.

(4) Für öffentlich-rechtliche Kreditinstitute gelten die Absätze 1 bis 3 nicht.

(5) Der Ankündigung der Vollstreckung und der Einhaltung einer Wartefrist bedarf es nicht, wenn es sich um den Vollzug einer einstweiligen Anordnung handelt.

§ 153

In den Fällen der §§ 150, 152 Abs. 1 bis 3 bedarf es einer Vollstreckungsklausel nicht.

§ 154

[1]Kommt die Finanzbehörde in den Fällen des § 100 Abs. 1 Satz 2 und der §§ 101 und 114 der ihr im Urteil oder in der einstweiligen Anordnung auferlegten Verpflichtung nicht nach, so kann das Gericht des ersten Rechtszugs auf Antrag unter Fristsetzung gegen sie ein Zwangsgeld bis eintausend Euro durch Beschluss androhen, nach fruchtlosem Fristablauf festsetzen und von Amts

wegen vollstrecken. [2]Das Zwangsgeld kann wiederholt angedroht, festgesetzt und vollstreckt werden.

Vierter Teil - Übergangs- und Schlussbestimmungen

§ 155

[1]Soweit dieses Gesetz keine Bestimmungen über das Verfahren enthält, sind das Gerichtsverfassungsgesetz und, soweit die grundsätzlichen Unterschiededer beiden Verfahrensarten es nicht ausschließen, die Zivilprozessordnung einschließlich § 278 Absatz 5 und § 278a sinngemäß anzuwenden; Buch 6 der Zivilprozessordnung ist nicht anzuwenden. [2]Die Vorschriften des Siebzehnten Titels des Gerichtsverfassungsgesetzes sind mit der Maßgabe entsprechend anzuwenden, dass an die Stelle des Oberlandesgerichts und des Bundesgerichtshofs der Bundesfinanzhof und an die Stelle der Zivilprozessordnung die Finanzgerichtsordnung tritt; die Vorschriften über das Verfahren im ersten Rechtszug sind entsprechend anzuwenden.

§ 156

§ 6 des Einführungsgesetzes zum Gerichtsverfassungsgesetz gilt entsprechend.

§ 157

[1]Hat das Verfassungsgericht eines Landes die Nichtigkeit von Landesrecht festgestellt oder Vorschriften des Landesrechts für nichtig erklärt, so bleiben vorbehaltlich einer besonderen gesetzlichen Regelung durch das Land die nicht mehr anfechtbaren Entscheidungen der Gerichte der Finanzgerichtsbarkeit, die auf der für nichtig erklärten Norm beruhen, unberührt. [2]Die Vollstreckung aus einer solchen Entscheidung ist unzulässig. [3]§ 767 der Zivilprozessordnung gilt sinngemäß.

§ 158

[1]Die eidliche Vernehmung eines Auskunftspflichtigen nach § 94 der Abgabenordnung oder die Beeidigung eines Sachverständigen nach § 96 Abs. 7 Satz 5 der Abgabenordnung durch das Finanzgericht findet vor dem dafür im Geschäftsverteilungsplan bestimmten Richter statt. [2]Über die Rechtmäßigkeit einer Verweigerung des Zeugnisses, des Gutachtens oder der Eidesleistung entscheidet das Finanzgericht durch Beschluss.

§ 159

§ 43 des Einführungsgesetzes zum Gerichtsverfassungsgesetz gilt entsprechend.

§ 160

Soweit der Finanzrechtsweg auf Grund des § 33 Abs. 1 Nr. 4 eröffnet wird, können die Beteiligung am Verfahren und die Beiladung durch Gesetz abweichend von den Vorschriften dieses Gesetzes geregelt werden.

§ 161

(Aufhebung von Vorschriften)

§§ 162 bis 183

(weggefallen)

§ 184

(1) (Inkrafttreten)

(2) (Überleitungsvorschriften)

Anhang zur FGO:

Auszug aus dem Einigungsvertrag – Anlage I Kapitel III Sachgebiet A Abschnitte III und IV (BGBl. II 1990, 889, 928, 938)

Abschnitt III

Bundesrecht tritt ... vorbehaltlich der Sonderregelung für das Land Berlin in Abschnitt IV in dem in Artikel 3 des Vertrages genannten Gebiet mit folgenden Maßgaben in Kraft:

...

7. Finanzgerichtsordnung vom 6. Oktober 1965 (BGBl. I S. 1477), zuletzt geändert durch Artikel 10 des Gesetzes vom 18. Dezember 1986 (BGBl. I S. 2496), mit folgender Maßgabe:

Im Einverständnis der Beteiligten kann der Vorsitzende oder ein von ihm bestimmter Richter den Rechtsstreit ganz oder teilweise anstelle des Senats ohne mündliche Verhandlung durch Vorbescheid entscheiden.

...

28. Im Übrigen gelten, falls in den Nummern 1 bis 27 nichts anderes bestimmt ist, die folgenden allgemeinen Maßgaben:

a) Soweit in Vorschriften, die in dem in Artikel 3 des Vertrages genannten Gebiet in Kraft gesetzt werden oder auf Grund des Staatsvertrages vom 18. Mai 1990 in Kraft gesetzt worden sind, auf Recht der Bundesrepublik Deutschland verwiesen wird, das in diesem Gebiet keine Anwendung findet, sind die entsprechenden Vorschriften der Deutschen Demokratischen Republik anzuwenden. Bestehen solche Vorschriften nicht oder würde ihre Anwendung dem Sinn der Verweisung widersprechen, gelten die Vorschriften, auf die verwiesen wird, entsprechend.

b) Soweit in fortgeltendem Recht der Deutschen Demokratischen Republik auf Vorschriften verwiesen wird, die keine Anwendung mehr finden, sind die entsprechenden Vorschriften des Rechts der Bundesrepublik Deutschland anzuwenden.

c) Soweit in anderen Vorschriften auf Vorschriften verwiesen wird, die durch diesen Vertrag geändert werden, treten an deren Stelle die geänderten Vorschriften.

d) Die Maßgaben a) bis c) gelten auch, wenn Vorschriften an bestimmte Verfahren anknüpfen.

e) Werden in den Vorschriften, die in dem in Artikel 3 des Vertrages genannten Gebiet in Kraft gesetzt werden, und in dem in diesem Gebiet geltenden Recht vergleichbare Behörden, sonstige Stellen oder Verfahren unterschiedlich bezeichnet, so treten die im dort geltenden Recht bezeichneten Stellen oder

Verfahren an die Stelle derjenigen, die in den in Kraft gesetzten Vorschriften genannt sind; gleiches gilt bei Abweichungen in der Bezeichnung sonstiger Umstände, die inhaltlich vergleichbar sind.

f) Durch Verordnung eingeführte Vordrucke können in angepasster Form verwendet werden.

g) Die am Tag des Wirksamwerdens des Beitritts anhängigen Verfahren werden in der Lage, in der sie sich befinden, nach den in Kraft gesetzten Vorschriften fortgesetzt.

h) Der Lauf einer verfahrensrechtlichen Frist, der vor dem Wirksamwerden des Beitritts begonnen hat, richtet sich nach den in der Deutschen Demokratischen Republik geltenden Vorschriften.

i) Ist am Tag des Wirksamwerdens des Beitritts ein Rechtsmittel oder Rechtsbehelf bereits eingelegt oder zwar noch nicht eingelegt, aber die Frist zur Einlegung noch nicht abgelaufen, so richtet sich die Zulässigkeit des Rechtsmittels oder Rechtsbehelfs und das weitere Verfahren hierzu nach den in Kraft gesetzten Vorschriften. Jedoch führen, wenn ein Rechtsmittel oder Rechtsbehelf bereits unter Beachtung der Formvorschriften des Rechts der Deutschen Demokratischen Republik eingelegt ist, abweichende Formvorschriften nicht zur Unzulässigkeit; nach den in Kraft gesetzten Vorschriften erforderliche Rechtsmittelanträge und -gründe sind binnen eines Monats nach dem Wirksamwerden des Beitritts nachzureichen. Ist die Zulässigkeit eines Rechtsmittels nach den in Kraft gesetzten Vorschriften davon abhängig, dass es von dem Gericht, dessen Entscheidung angefochten ist, zugelassen wird, so entscheidet das Rechtsmittelgericht auch über die Zulassung des Rechtsmittels.

j) Ist vor dem Wirksamwerden des Beitritts ein Rechtsmittel oder Rechtsbehelf nach dem Recht der Deutschen Demokratischen Republik in zulässiger Weise eingelegt worden, jedoch nach den in Kraft gesetzten Vorschriften nicht mehr zulässig und deshalb zu verwerfen, so fallen die im Rechtsmittel- oder Rechtsbehelfsverfahren entstandenen Kosten und notwendigen Auslagen der Staatskasse zur Last. Entsprechendes gilt für Klagen, wenn die Klagebefugnis entfällt.

k) Geht durch das Inkraftsetzen des Bundesrechts in dem in Artikel 3 des Vertrages genannten Gebiet die Zuständigkeit für eine Sache auf eine andere Stelle über, so hat die bisher zuständige Stelle die bei ihr befindlichen Akten und Vorgänge dieser Sache unverzüglich der nunmehr zuständigen Stelle zuzuleiten. Entsprechendes gilt für Akten und Vorgänge, die von der bisher zuständigen Stelle anderen Stellen nur vorübergehend ausgehändigt sind.

l) Am Tag des Wirksamwerdens des Beitritts anhängige Kassationsverfahren werden nach dem Verfahrensrecht der Deutschen Demokratischen Republik zu Ende geführt.

Abschnitt IV

...

2. Folgende Rechtsvorschriften gelten in dem Teil des Landes Berlin, in dem das Grundgesetz bisher nicht galt, ohne die in Abschnitt III genannten Maßgaben:

...

d) Finanzgerichtsordnung vom 6. Oktober 1965 (BGBl. I S. 1477), zuletzt geändert durch Artikel 10 des Gesetzes vom 18. Dezember 1986 (BGBl. I S. 2496)

Verordnung (EU) 2016/679 des Europäischen Parlaments und des Rates vom 27. April 2016 zum Schutz natürlicher Personen bei der Verarbeitung personenbezogener Daten, zum freien Datenverkehr und zur Aufhebung der Richtlinie 95/46/EG*

DAS EUROPÄISCHE PARLAMENT UND DER RAT DER EUROPÄISCHEN UNION

gestützt auf den Vertrag über die Arbeitsweise der Europäischen Union, insbesondere auf Artikel 16,

auf Vorschlag der Europäischen Kommission,

nach Zuleitung des Entwurfs des Gesetzgebungsakts an die nationalen Parlamente,

nach Stellungnahme des Europäischen Wirtschafts- und Sozialausschusses[1],

nach Stellungnahme des Ausschusses der Regionen[2],

gemäß dem ordentlichen Gesetzgebungsverfahren[3],

in Erwägung nachstehender Gründe:

(1) Der Schutz natürlicher Personen bei der Verarbeitung personenbezogener Daten ist ein Grundrecht. Gemäß Artikel 8 Absatz 1 der Charta der Grundrechte der Europäischen Union (im Folgenden „Charta") sowie Artikel 16 Absatz 1 des Vertrags über die Arbeitsweise der Europäischen Union (AEUV) hat jede Person das Recht auf Schutz der sie betreffenden personenbezogenen Daten.

(2) Die Grundsätze und Vorschriften zum Schutz natürlicher Personen bei der Verarbeitung ihrer personenbezogenen Daten sollten gewährleisten, dass ihre Grundrechte und Grundfreiheiten und insbesondere ihr Recht auf Schutz personenbezogener Daten ungeachtet ihrer Staatsangehörigkeit oder ihres Aufenthaltsorts gewahrt bleiben. Diese Verordnung soll zur Vollendung eines Raums der Freiheit, der Sicherheit und des Rechts und einer Wirtschaftsunion, zum wirtschaftlichen und sozialen Fortschritt, zur Stärkung und zum Zusammenwachsen der Volkswirtschaften innerhalb des Binnenmarkts sowie zum Wohlergehen natürlicher Personen beitragen.

---

* Der nachfolgende Text der Datenschutz-Grundverordnung entspricht der im Amtsblatt der Europäischen Union am 4.5.2016 unter L 119/1 veröffentlichten, im Amtsblatt der Europäischen Union am 22.11.2016 unter L 314/72 berichtigten amtlichen Fassung. Die im Amtsblatt der Europäischen Union vom 23.5.2018 L 127 S. 2 und vom 4.3.2021 L 74 S. 35 verkündeten Berichtigungen sind eingearbeitet.

1 ABl. C 229 vom 31.7.2012, S. 90.

2 ABl. C 391 vom 18.12.2012, S. 127.

3 Standpunkt des Europäischen Parlaments vom 12.3.2014 (noch nicht im Amtsblatt veröffentlicht) und Standpunkt des Rates in erster Lesung vom 8.4.2016 (noch nicht im Amtsblatt veröffentlicht). Standpunkt des Europäischen Parlaments vom 14.4.2016.

(3) Zweck der Richtlinie 95/46/EG des Europäischen Parlaments und des Rates[1] ist die Harmonisierung der Vorschriften zum Schutz der Grundrechte und Grundfreiheiten natürlicher Personen bei der Datenverarbeitung sowie die Gewährleistung des freien Verkehrs personenbezogener Daten zwischen den Mitgliedstaaten.

(4) Die Verarbeitung personenbezogener Daten sollte im Dienste der Menschheit stehen. Das Recht auf Schutz der personenbezogenen Daten ist kein uneingeschränktes Recht; es muss im Hinblick auf seine gesellschaftliche Funktion gesehen und unter Wahrung des Verhältnismäßigkeitsprinzips gegen andere Grundrechte abgewogen werden. Diese Verordnung steht im Einklang mit allen Grundrechten und achtet alle Freiheiten und Grundsätze, die mit der Charta anerkannt wurden und in den Europäischen Verträgen verankert sind, insbesondere Achtung des Privat- und Familienlebens, der Wohnung und der Kommunikation, Schutz personenbezogener Daten, Gedanken-, Gewissens- und Religionsfreiheit, Freiheit der Meinungsäußerung und Informationsfreiheit, unternehmerische Freiheit, Recht auf einen wirksamen Rechtsbehelf und ein faires Verfahren und Vielfalt der Kulturen, Religionen und Sprachen.

(5) Die wirtschaftliche und soziale Integration als Folge eines funktionierenden Binnenmarkts hat zu einem deutlichen Anstieg des grenzüberschreitenden Verkehrs personenbezogener Daten geführt. Der unionsweite Austausch personenbezogener Daten zwischen öffentlichen und privaten Akteuren einschließlich natürlichen Personen, Vereinigungen und Unternehmen hat zugenommen. Das Unionsrecht verpflichtet die Verwaltungen der Mitgliedstaaten, zusammenzuarbeiten und personenbezogene Daten auszutauschen, damit sie ihren Pflichten nachkommen oder für eine Behörde eines anderen Mitgliedstaats Aufgaben durchführen können.

(6) Rasche technologische Entwicklungen und die Globalisierung haben den Datenschutz vor neue Herausforderungen gestellt. Das Ausmaß der Erhebung und des Austauschs personenbezogener Daten hat eindrucksvoll zugenommen. Die Technik macht es möglich, dass private Unternehmen und Behörden im Rahmen ihrer Tätigkeiten in einem noch nie dagewesenen Umfang auf personenbezogene Daten zurückgreifen. Zunehmend machen auch natürliche Personen Informationen öffentlich weltweit zugänglich. Die Technik hat das wirtschaftliche und gesellschaftliche Leben verändert und dürfte den Verkehr personenbezogener Daten innerhalb der Union sowie die Datenübermittlung an Drittländer und internationale Organisationen noch weiter erleichtern, wobei ein hohes Datenschutzniveau zu gewährleisten ist.

(7) Diese Entwicklungen erfordern einen soliden, kohärenteren und klar durchsetzbaren Rechtsrahmen im Bereich des Datenschutzes in der Union, da es von großer Wichtigkeit ist, eine Vertrauensbasis zu schaffen, die die digitale Wirtschaft dringend benötigt, um im Binnenmarkt weiter wachsen zu können. Natürliche Personen sollten die Kontrolle über ihre eigenen Daten besitzen.

[1] Richtlinie 95/46/EG des Europäischen Parlaments und des Rates vom 24.10.1995 zum Schutz natürlicher Personen bei der Verarbeitung personenbezogener Daten und zum freien Datenverkehr (ABl. L 281 vom 23.11.1995, S. 31).

Natürliche Personen, Wirtschaft und Staat sollten in rechtlicher und praktischer Hinsicht über mehr Sicherheit verfügen.

(8) Wenn in dieser Verordnung Präzisierungen oder Einschränkungen ihrer Vorschriften durch das Recht der Mitgliedstaaten vorgesehen sind, können die Mitgliedstaaten Teile dieser Verordnung in ihr nationales Recht aufnehmen, soweit dies erforderlich ist, um die Kohärenz zu wahren und die nationalen Rechtsvorschriften für die Personen, für die sie gelten, verständlicher zu machen.

(9) Die Ziele und Grundsätze der Richtlinie 95/46/EG besitzen nach wie vor Gültigkeit, doch hat die Richtlinie nicht verhindern können, dass der Datenschutz in der Union unterschiedlich gehandhabt wird, Rechtsunsicherheit besteht oder in der Öffentlichkeit die Meinung weit verbreitet ist, dass erhebliche Risiken für den Schutz natürlicher Personen bestehen, insbesondere im Zusammenhang mit der Benutzung des Internets. Unterschiede beim Schutzniveau für die Rechte und Freiheiten von natürlichen Personen im Zusammenhang mit der Verarbeitung personenbezogener Daten in den Mitgliedstaaten, vor allem beim Recht auf Schutz dieser Daten, können den unionsweiten freien Verkehr solcher Daten behindern. Diese Unterschiede im Schutzniveau können daher ein Hemmnis für die unionsweite Ausübung von Wirtschaftstätigkeiten darstellen, den Wettbewerb verzerren und die Behörden an der Erfüllung der ihnen nach dem Unionsrecht obliegenden Pflichten hindern. Sie erklären sich aus den Unterschieden bei der Umsetzung und Anwendung der Richtlinie 95/46/EG.

(10) Um ein gleichmäßiges und hohes Datenschutzniveau für natürliche Personen zu gewährleisten und die Hemmnisse für den Verkehr personenbezogener Daten in der Union zu beseitigen, sollte das Schutzniveau für die Rechte und Freiheiten von natürlichen Personen bei der Verarbeitung dieser Daten in allen Mitgliedstaaten gleichwertig sein. Die Vorschriften zum Schutz der Grundrechte und Grundfreiheiten von natürlichen Personen bei der Verarbeitung personenbezogener Daten sollten unionsweit gleichmäßig und einheitlich angewandt werden. Hinsichtlich der Verarbeitung personenbezogener Daten zur Erfüllung einer rechtlichen Verpflichtung oder zur Wahrnehmung einer Aufgabe, die im öffentlichen Interesse liegt oder in Ausübung öffentlicher Gewalt erfolgt, die dem Verantwortlichen übertragen wurde, sollten die Mitgliedstaaten die Möglichkeit haben, nationale Bestimmungen, mit denen die Anwendung der Vorschriften dieser Verordnung genauer festgelegt wird, beizubehalten oder einzuführen. In Verbindung mit den allgemeinen und horizontalen Rechtsvorschriften über den Datenschutz zur Umsetzung der Richtlinie 95/46/EG gibt es in den Mitgliedstaaten mehrere sektorspezifische Rechtsvorschriften in Bereichen, die spezifischere Bestimmungen erfordern. Diese Verordnung bietet den Mitgliedstaaten zudem einen Spielraum für die Spezifizierung ihrer Vorschriften, auch für die Verarbeitung besonderer Kategorien von personenbezogenen Daten (im Folgenden „sensible Daten"). Diesbezüglich schließt diese Verordnung nicht Rechtsvorschriften der Mitgliedstaaten aus, in denen die Umstände besonderer Verarbeitungssituationen festgelegt werden, einschließlich einer genaueren Bestimmung der Voraussetzungen, unter denen die Verarbeitung personenbezogener Daten rechtmäßig ist.

(11) Ein unionsweiter wirksamer Schutz personenbezogener Daten erfordert die Stärkung und präzise Festlegung der Rechte der betroffenen Personen sowie eine Verschärfung der Verpflichtungen für diejenigen, die personenbezogene Daten verarbeiten und darüber entscheiden, ebenso wie – in den Mitgliedstaaten – gleiche Befugnisse bei der Überwachung und Gewährleistung der Einhaltung der Vorschriften zum Schutz personenbezogener Daten sowie gleiche Sanktionen im Falle ihrer Verletzung.

(12) Artikel 16 Absatz 2 AEUV ermächtigt das Europäische Parlament und den Rat, Vorschriften über den Schutz natürlicher Personen bei der Verarbeitung personenbezogener Daten und zum freien Verkehr solcher Daten zu erlassen.

(13) Damit in der Union ein gleichmäßiges Datenschutzniveau für natürliche Personen gewährleistet ist und Unterschiede, die den freien Verkehr personenbezogener Daten im Binnenmarkt behindern könnten, beseitigt werden, ist eine Verordnung erforderlich, die für die Wirtschaftsteilnehmer einschließlich Kleinstunternehmen sowie kleiner und mittlerer Unternehmen Rechtssicherheit und Transparenz schafft, natürliche Personen in allen Mitgliedstaaten mit demselben Niveau an durchsetzbaren Rechten ausstattet, dieselben Pflichten und Zuständigkeiten für die Verantwortlichen und Auftragsverarbeiter vorsieht und eine gleichmäßige Kontrolle der Verarbeitung personenbezogener Daten und gleichwertige Sanktionen in allen Mitgliedstaaten sowie eine wirksame Zusammenarbeit zwischen den Aufsichtsbehörden der einzelnen Mitgliedstaaten gewährleistet. Das reibungslose Funktionieren des Binnenmarkts erfordert, dass der freie Verkehr personenbezogener Daten in der Union nicht aus Gründen des Schutzes natürlicher Personen bei der Verarbeitung personenbezogener Daten eingeschränkt oder verboten wird. Um der besonderen Situation der Kleinstunternehmen sowie der kleinen und mittleren Unternehmen Rechnung zu tragen, enthält diese Verordnung eine abweichende Regelung hinsichtlich des Führens eines Verzeichnisses für Einrichtungen, die weniger als 250 Mitarbeiter beschäftigen. Außerdem werden die Organe und Einrichtungen der Union sowie die Mitgliedstaaten und deren Aufsichtsbehörden dazu angehalten, bei der Anwendung dieser Verordnung die besonderen Bedürfnisse von Kleinstunternehmen sowie von kleinen und mittleren Unternehmen zu berücksichtigen. Für die Definition des Begriffs „Kleinstunternehmen sowie kleine und mittlere Unternehmen“ sollte Artikel 2 des Anhangs zur Empfehlung 2003/361/EG der Kommission[1] maßgebend sein.

(14) Der durch diese Verordnung gewährte Schutz sollte für die Verarbeitung der personenbezogenen Daten natürlicher Personen ungeachtet ihrer Staatsangehörigkeit oder ihres Aufenthaltsorts gelten. Diese Verordnung gilt nicht für die Verarbeitung personenbezogener Daten juristischer Personen und insbesondere als juristische Person gegründeter Unternehmen, einschließlich Name, Rechtsform oder Kontaktdaten der juristischen Person.

(15) Um ein ernsthaftes Risiko einer Umgehung der Vorschriften zu vermeiden, sollte der Schutz natürlicher Personen technologieneutral sein und nicht von

[1] Empfehlung der Kommission vom 6.5.2003 betreffend die Definition der Kleinstunternehmen sowie der kleinen und mittleren Unternehmen (C (2003) 1422) (ABl. L 124 vom 20.5.2003, S. 36).

den verwendeten Techniken abhängen. Der Schutz natürlicher Personen sollte für die automatisierte Verarbeitung personenbezogener Daten ebenso gelten wie für die manuelle Verarbeitung von personenbezogenen Daten, wenn die personenbezogenen Daten in einem Dateisystem gespeichert sind oder gespeichert werden sollen. Akten oder Aktensammlungen sowie ihre Deckblätter, die nicht nach bestimmten Kriterien geordnet sind, sollten nicht in den Anwendungsbereich dieser Verordnung fallen.

(16) Diese Verordnung gilt nicht für Fragen des Schutzes von Grundrechten und Grundfreiheiten und des freien Verkehrs personenbezogener Daten im Zusammenhang mit Tätigkeiten, die nicht in den Anwendungsbereich des Unionsrechts fallen, wie etwa die nationale Sicherheit betreffende Tätigkeiten. Diese Verordnung gilt nicht für die von den Mitgliedstaaten im Rahmen der Gemeinsamen Außen- und Sicherheitspolitik der Union durchgeführte Verarbeitung personenbezogener Daten.

(17) Die Verordnung (EG) Nr. 45/2001 des Europäischen Parlaments und des Rates[1] gilt für die Verarbeitung personenbezogener Daten durch die Organe, Einrichtungen, Ämter und Agenturen der Union. Die Verordnung (EG) Nr. 45/2001 und sonstige Rechtsakte der Union, die diese Verarbeitung personenbezogener Daten regeln, sollten an die Grundsätze und Vorschriften der vorliegenden Verordnung angepasst und im Lichte der vorliegenden Verordnung angewandt werden. Um einen soliden und kohärenten Rechtsrahmen im Bereich des Datenschutzes in der Union zu gewährleisten, sollten die erforderlichen Anpassungen der Verordnung (EG) Nr. 45/2001 im Anschluss an den Erlass der vorliegenden Verordnung vorgenommen werden, damit sie gleichzeitig mit der vorliegenden Verordnung angewandt werden können.

(18) Diese Verordnung gilt nicht für die Verarbeitung von personenbezogenen Daten, die von einer natürlichen Person zur Ausübung ausschließlich persönlicher oder familiärer Tätigkeiten und somit ohne Bezug zu einer beruflichen oder wirtschaftlichen Tätigkeit vorgenommen wird. Als persönliche oder familiäre Tätigkeiten könnte auch das Führen eines Schriftverkehrs oder von Anschriftenverzeichnissen oder die Nutzung sozialer Netze und Online- Tätigkeiten im Rahmen solcher Tätigkeiten gelten. Diese Verordnung gilt jedoch für die Verantwortlichen oder Auftragsverarbeiter, die die Instrumente für die Verarbeitung personenbezogener Daten für solche persönlichen oder familiären Tätigkeiten bereitstellen.

(19) Der Schutz natürlicher Personen bei der Verarbeitung personenbezogener Daten durch die zuständigen Behörden zum Zwecke der Verhütung, Ermittlung, Aufdeckung oder Verfolgung von Straftaten oder der Strafvollstreckung, einschließlich des Schutzes vor und der Abwehr von Gefahren für die öffentliche Sicherheit, sowie der freie Verkehr dieser Daten sind in einem eigenen Unionsrechtsakt geregelt. Deshalb sollte diese Verordnung auf Verarbeitungstätigkeiten dieser Art keine Anwendung finden. Personenbezogene Daten, die von Behörden nach dieser Verordnung verarbeitet werden, sollten jedoch, wenn sie zu den vorstehenden Zwecken verwendet werden, einem

[1] Verordnung (EG) Nr. 45/2001 des Europäischen Parlaments und des Rates vom 18.12.2000 zum Schutz natürlicher Personen bei der Verarbeitung personenbezogener Daten durch die Organe und Einrichtungen der Gemeinschaft und zum freien Datenverkehr (ABl. L 8 vom 12.1.2001, S. 1).

spezifischeren Unionsrechtsakt, nämlich der Richtlinie (EU) 2016/680 des Europäischen Parlaments und des Rates[1] unterliegen. Die Mitgliedstaaten können die zuständigen Behörden im Sinne der Richtlinie (EU) 2016/680 mit Aufgaben betrauen, die nicht zwangsläufig für die Zwecke der Verhütung, Ermittlung, Aufdeckung oder Verfolgung von Straftaten oder der Strafvollstreckung, einschließlich des Schutzes vor und der Abwehr von Gefahren für die öffentliche Sicherheit, ausgeführt werden, so dass die Verarbeitung von personenbezogenen Daten für diese anderen Zwecke insoweit in den Anwendungsbereich dieser Verordnung fällt, als sie in den Anwendungsbereich des Unionsrechts fällt. In Bezug auf die Verarbeitung personenbezogener Daten durch diese Behörden für Zwecke, die in den Anwendungsbereich dieser Verordnung fallen, sollten die Mitgliedstaaten spezifischere Bestimmungen beibehalten oder einführen können, um die Anwendung der Vorschriften dieser Verordnung anzupassen. In den betreffenden Bestimmungen können die Auflagen für die Verarbeitung personenbezogener Daten durch diese zuständigen Behörden für jene anderen Zwecke präziser festgelegt werden, wobei der verfassungsmäßigen, organisatorischen und administrativen Struktur des betreffenden Mitgliedstaats Rechnung zu tragen ist. Soweit diese Verordnung für die Verarbeitung personenbezogener Daten durch private Stellen gilt, sollte sie vorsehen, dass die Mitgliedstaaten einige Pflichten und Rechte unter bestimmten Voraussetzungen mittels Rechtsvorschriften beschränken können, wenn diese Beschränkung in einer demokratischen Gesellschaft eine notwendige und verhältnismäßige Maßnahme zum Schutz bestimmter wichtiger Interessen darstellt, wozu auch die öffentliche Sicherheit und die Verhütung, Ermittlung, Aufdeckung und Verfolgung von Straftaten oder die Strafvollstreckung zählen, einschließlich des Schutzes vor und der Abwehr von Gefahren für die öffentliche Sicherheit. Dies ist beispielsweise im Rahmen der Bekämpfung der Geldwäsche oder der Arbeit kriminaltechnischer Labors von Bedeutung.

(20) Diese Verordnung gilt zwar unter anderem für die Tätigkeiten der Gerichte und anderer Justizbehörden, doch könnte im Unionsrecht oder im Recht der Mitgliedstaaten festgelegt werden, wie die Verarbeitungsvorgänge und Verarbeitungsverfahren bei der Verarbeitung personenbezogener Daten durch Gerichte und andere Justizbehörden im Einzelnen auszusehen haben. Damit die Unabhängigkeit der Justiz bei der Ausübung ihrer gerichtlichen Aufgaben einschließlich ihrer Beschlussfassung unangetastet bleibt, sollten die Aufsichtsbehörden nicht für die Verarbeitung personenbezogener Daten durch Gerichte im Rahmen ihrer justiziellen Tätigkeit zuständig sein. Mit der Aufsicht über diese Datenverarbeitungsvorgänge sollten besondere Stellen im Justizsystem des Mitgliedstaats betraut werden können, die insbesondere die Einhaltung der Vorschriften dieser Verordnung sicherstellen, Richter und Staatsanwälte besser für ihre Pflichten aus dieser Verordnung sensibilisieren und Beschwerden in Bezug auf derartige Datenverarbeitungsvorgänge bearbeiten sollten.

---

[1] Richtlinie (EU) 2016/680 des Europäischen Parlaments und des Rates vom 27.4.2016 zum Schutz natürlicher Personen bei der Verarbeitung personenbezogener Daten durch die zuständigen Behörden zum Zwecke der Verhütung, Aufdeckung, Untersuchung oder Verfolgung von Straftaten oder der Strafvollstreckung sowie zum freien Datenverkehr und zur Aufhebung des Rahmenbeschlusses 2000/383/JI des Rates (siehe Seite 89 dieses Amtsblatts).

(21) Die vorliegende Verordnung berührt nicht die Anwendung der Richtlinie 2000/31/EG des Europäischen Parlaments und des Rates[1] und insbesondere die der Vorschriften der Artikel 12 bis 15 jener Richtlinie zur Verantwortlichkeit von Anbietern reiner Vermittlungsdienste. Die genannte Richtlinie soll dazu beitragen, dass der Binnenmarkt einwandfrei funktioniert, indem sie den freien Verkehr von Diensten der Informationsgesellschaft zwischen den Mitgliedstaaten sicherstellt.

(22) Jede Verarbeitung personenbezogener Daten im Rahmen der Tätigkeiten einer Niederlassung eines Verantwortlichen oder eines Auftragsverarbeiters in der Union sollte gemäß dieser Verordnung erfolgen, gleich, ob die Verarbeitung in oder außerhalb der Union stattfindet. Eine Niederlassung setzt die effektive und tatsächliche Ausübung einer Tätigkeit durch eine feste Einrichtung voraus. Die Rechtsform einer solchen Einrichtung, gleich, ob es sich um eine Zweigstelle oder eine Tochtergesellschaft mit eigener Rechtspersönlichkeit handelt, ist dabei nicht ausschlaggebend.

(23) Damit einer natürlichen Person der gemäß dieser Verordnung gewährleistete Schutz nicht vorenthalten wird, sollte die Verarbeitung personenbezogener Daten von betroffenen Personen, die sich in der Union befinden, durch einen nicht in der Union niedergelassenen Verantwortlichen oder Auftragsverarbeiter dieser Verordnung unterliegen, wenn die Verarbeitung dazu dient, diesen betroffenen Personen gegen Entgelt oder unentgeltlich Waren oder Dienstleistungen anzubieten. Um festzustellen, ob dieser Verantwortliche oder Auftragsverarbeiter betroffenen Personen, die sich in der Union befinden, Waren oder Dienstleistungen anbietet, sollte festgestellt werden, ob der Verantwortliche oder Auftragsverarbeiter offensichtlich beabsichtigt, betroffenen Personen in einem oder mehreren Mitgliedstaaten der Union Dienstleistungen anzubieten. Während die bloße Zugänglichkeit der Website des Verantwortlichen, des Auftragsverarbeiters oder eines Vermittlers in der Union, einer E-Mail- Adresse oder anderer Kontaktdaten oder die Verwendung einer Sprache, die in dem Drittland, in dem der Verantwortliche niedergelassen ist, allgemein gebräuchlich ist, hierfür kein ausreichender Anhaltspunkt ist, können andere Faktoren wie die Verwendung einer Sprache oder Währung, die in einem oder mehreren Mitgliedstaaten gebräuchlich ist, in Verbindung mit der Möglichkeit, Waren und Dienstleistungen in dieser anderen Sprache zu bestellen, oder die Erwähnung von Kunden oder Nutzern, die sich in der Union befinden, darauf hindeuten, dass der Verantwortliche beabsichtigt, den Personen in der Union Waren oder Dienstleistungen anzubieten.

(24) Die Verarbeitung personenbezogener Daten von betroffenen Personen, die sich in der Union befinden, durch einen nicht in der Union niedergelassenen Verantwortlichen oder Auftragsverarbeiter sollte auch dann dieser Verordnung unterliegen, wenn sie dazu dient, das Verhalten dieser betroffenen Personen zu beobachten, soweit ihr Verhalten in der Union erfolgt. Ob eine Verarbeitungstätigkeit der Beobachtung des Verhaltens von betroffenen Personen gilt, sollte daran festgemacht werden, ob ihre Internetaktivitäten nachvollzogen werden, einschließlich der möglichen nachfolgenden Verwendung von

[1] Richtlinie 2000/31/EG des Europäischen Parlaments und des Rates vom 8.6.2000 über bestimmte rechtliche Aspekte der Dienste der Informationsgesellschaft, insbesondere des elektronischen Geschäftsverkehrs, im Binnenmarkt („Richtlinie über den elektronischen Geschäftsverkehr") (ABl. L 178 vom 17.7.2000, S. 1).

Techniken zur Verarbeitung personenbezogener Daten, durch die von einer natürlichen Person ein Profil erstellt wird, das insbesondere die Grundlage für sie betreffende Entscheidungen bildet oder anhand dessen ihre persönlichen Vorlieben, Verhaltensweisen oder Gepflogenheiten analysiert oder vorausgesagt werden sollen.

(25) Ist nach Völkerrecht das Recht eines Mitgliedstaats anwendbar, z. B. in einer diplomatischen oder konsularischen Vertretung eines Mitgliedstaats, so sollte die Verordnung auch auf einen nicht in der Union niedergelassenen Verantwortlichen Anwendung finden.

(26) Die Grundsätze des Datenschutzes sollten für alle Informationen gelten, die sich auf eine identifizierte oder identifizierbare natürliche Person beziehen. Einer Pseudonymisierung unterzogene personenbezogene Daten, die durch Heranziehung zusätzlicher Informationen einer natürlichen Person zugeordnet werden könnten, sollten als Informationen über eine identifizierbare natürliche Person betrachtet werden. Um festzustellen, ob eine natürliche Person identifizierbar ist, sollten alle Mittel berücksichtigt werden, die von dem Verantwortlichen oder einer anderen Person nach allgemeinem Ermessen wahrscheinlich genutzt werden, um die natürliche Person direkt oder indirekt zu identifizieren, wie beispielsweise das Aussondern. Bei der Feststellung, ob Mittel nach allgemeinem Ermessen wahrscheinlich zur Identifizierung der natürlichen Person genutzt werden, sollten alle objektiven Faktoren, wie die Kosten der Identifizierung und der dafür erforderliche Zeitaufwand, herangezogen werden, wobei die zum Zeitpunkt der Verarbeitung verfügbare Technologie und technologische Entwicklungen zu berücksichtigen sind. Die Grundsätze des Datenschutzes sollten daher nicht für anonyme Informationen gelten, d. h. für Informationen, die sich nicht auf eine identifizierte oder identifizierbare natürliche Person beziehen, oder personenbezogene Daten, die in einer Weise anonymisiert worden sind, dass die betroffene Person nicht oder nicht mehr identifiziert werden kann. Diese Verordnung betrifft somit nicht die Verarbeitung solcher anonymer Daten, auch für statistische oder für Forschungszwecke.

(27) Diese Verordnung gilt nicht für die personenbezogenen Daten Verstorbener. Die Mitgliedstaaten können Vorschriften für die Verarbeitung der personenbezogenen Daten Verstorbener vorsehen.

(28) Die Anwendung der Pseudonymisierung auf personenbezogene Daten kann die Risiken für die betroffenen Personen senken und die Verantwortlichen und die Auftragsverarbeiter bei der Einhaltung ihrer Datenschutzpflichten unterstützen. Durch die ausdrückliche Einführung der „Pseudonymisierung“ in dieser Verordnung ist nicht beabsichtigt, andere Datenschutzmaßnahmen auszuschließen.

(29) Um Anreize für die Anwendung der Pseudonymisierung bei der Verarbeitung personenbezogener Daten zu schaffen, sollten Pseudonymisierungsmaßnahmen, die jedoch eine allgemeine Analyse zulassen, bei demselben Verantwortlichen möglich sein, wenn dieser die erforderlichen technischen und organisatorischen Maßnahmen getroffen hat, um – für die jeweilige Verarbeitung – die Umsetzung dieser Verordnung zu gewährleisten, wobei sicherzustellen ist, dass zusätzliche Informationen, mit denen die personenbezogenen

Daten einer speziellen betroffenen Person zugeordnet werden können, gesondert aufbewahrt werden. Der für die Verarbeitung der personenbezogenen Daten Verantwortliche, sollte die befugten Personen bei diesem Verantwortlichen angeben.

(30) Natürlichen Personen werden unter Umständen Online-Kennungen wie IP-Adressen und Cookie-Kennungen, die sein Gerät oder Software-Anwendungen und -Tools oder Protokolle liefern, oder sonstige Kennungen wie Funkfrequenzkennzeichnungen zugeordnet. Dies kann Spuren hinterlassen, die insbesondere in Kombination mit eindeutigen Kennungen und anderen beim Server eingehenden Informationen dazu benutzt werden können, um Profile der natürlichen Personen zu erstellen und sie zu identifizieren.

(31) Behörden, gegenüber denen personenbezogene Daten aufgrund einer rechtlichen Verpflichtung für die Ausübung ihres offiziellen Auftrags offengelegt werden, wie Steuer- und Zollbehörden, Finanzermittlungsstellen, unabhängige Verwaltungsbehörden oder Finanzmarktbehörden, die für die Regulierung und Aufsicht von Wertpapiermärkten zuständig sind, sollten nicht als Empfänger gelten, wenn sie personenbezogene Daten erhalten, die für die Durchführung – gemäß dem Unionsrecht oder dem Recht der Mitgliedstaaten – eines einzelnen Untersuchungsauftrags im Interesse der Allgemeinheit erforderlich sind. Anträge auf Offenlegung, die von Behörden ausgehen, sollten immer schriftlich erfolgen, mit Gründen versehen sein und gelegentlichen Charakter haben, und sie sollten nicht vollständige Dateisysteme betreffen oder zur Verknüpfung von Dateisystemen führen. Die Verarbeitung personenbezogener Daten durch die genannten Behörden sollte den für die Zwecke der Verarbeitung geltenden Datenschutzvorschriften entsprechen.

(32) Die Einwilligung sollte durch eine eindeutige bestätigende Handlung erfolgen, mit der freiwillig, für den konkreten Fall, in informierter Weise und unmissverständlich bekundet wird, dass die betroffene Person mit der Verarbeitung der sie betreffenden personenbezogenen Daten einverstanden ist, etwa in Form einer schriftlichen Erklärung, die auch elektronisch erfolgen kann, oder einer mündlichen Erklärung. Dies könnte etwa durch Anklicken eines Kästchens beim Besuch einer Internetseite, durch die Auswahl technischer Einstellungen für Dienste der Informationsgesellschaft oder durch eine andere Erklärung oder Verhaltensweise geschehen, mit der die betroffene Person in dem jeweiligen Kontext eindeutig ihr Einverständnis mit der beabsichtigten Verarbeitung ihrer personenbezogenen Daten signalisiert. Stillschweigen, bereits angekreuzte Kästchen oder Untätigkeit der betroffenen Person sollten daher keine Einwilligung darstellen. Die Einwilligung sollte sich auf alle zu demselben Zweck oder denselben Zwecken vorgenommenen Verarbeitungsvorgänge beziehen. Wenn die Verarbeitung mehreren Zwecken dient, sollte für alle diese Verarbeitungszwecke eine Einwilligung gegeben werden. Wird die betroffene Person auf elektronischem Weg zur Einwilligung aufgefordert, so muss die Aufforderung in klarer und knapper Form und ohne unnötige Unterbrechung des Dienstes, für den die Einwilligung gegeben wird, erfolgen.

(33) Oftmals kann der Zweck der Verarbeitung personenbezogener Daten für Zwecke der wissenschaftlichen Forschung zum Zeitpunkt der Erhebung der personenbezogenen Daten nicht vollständig angegeben werden. Daher sollte

es betroffenen Personen erlaubt sein, ihre Einwilligung für bestimmte Bereiche wissenschaftlicher Forschung zu geben, wenn dies unter Einhaltung der anerkannten ethischen Standards der wissenschaftlichen Forschung geschieht. Die betroffenen Personen sollten Gelegenheit erhalten, ihre Einwilligung nur für bestimme Forschungsbereiche oder Teile von Forschungsprojekten in dem vom verfolgten Zweck zugelassenen Maße zu erteilen.

(34) Genetische Daten sollten als personenbezogene Daten über die ererbten oder erworbenen genetischen Eigenschaften einer natürlichen Person definiert werden, die aus der Analyse einer biologischen Probe der betreffenden natürlichen Person, insbesondere durch eine Chromosomen, Desoxyribonukleinsäure (DNS)- oder Ribonukleinsäure (RNS)-Analyse oder der Analyse eines anderen Elements, durch die gleichwertige Informationen erlangt werden können, gewonnen werden.

(35) Zu den personenbezogenen Gesundheitsdaten sollten alle Daten zählen, die sich auf den Gesundheitszustand einer betroffenen Person beziehen und aus denen Informationen über den früheren, gegenwärtigen und künftigen körperlichen oder geistigen Gesundheitszustand der betroffenen Person hervorgehen. Dazu gehören auch Informationen über die natürliche Person, die im Zuge der Anmeldung für sowie der Erbringung von Gesundheitsdienstleistungen im Sinne der Richtlinie 2011/24/EU des Europäischen Parlaments und des Rates[1] für die natürliche Person erhoben werden, Nummern, Symbole oder Kennzeichen, die einer natürlichen Person zugeteilt wurden, um diese natürliche Person für gesundheitliche Zwecke eindeutig zu identifizieren, Informationen, die von der Prüfung oder Untersuchung eines Körperteils oder einer körpereigenen Substanz, auch aus genetischen Daten und biologischen Proben, abgeleitet wurden, und Informationen etwa über Krankheiten, Behinderungen, Krankheitsrisiken, Vorerkrankungen, klinische Behandlungen oder den physiologischen oder biomedizinischen Zustand der betroffenen Person unabhängig von der Herkunft der Daten, ob sie nun von einem Arzt oder sonstigem Angehörigen eines Gesundheitsberufes, einem Krankenhaus, einem Medizinprodukt oder einem In-Vitro-Diagnostikum stammen.

(36) Die Hauptniederlassung des Verantwortlichen in der Union sollte der Ort seiner Hauptverwaltung in der Union sein, es sei denn, dass Entscheidungen über die Zwecke und Mittel der Verarbeitung personenbezogener Daten in einer anderen Niederlassung des Verantwortlichen in der Union getroffen werden; in diesem Fall sollte die letztgenannte als Hauptniederlassung gelten. Zur Bestimmung der Hauptniederlassung eines Verantwortlichen in der Union sollten objektive Kriterien herangezogen werden; ein Kriterium sollte dabei die effektive und tatsächliche Ausübung von Managementtätigkeiten durch eine feste Einrichtung sein, in deren Rahmen die Grundsatzentscheidungen zur Festlegung der Zwecke und Mittel der Verarbeitung getroffen werden. Dabei sollte nicht ausschlaggebend sein, ob die Verarbeitung der personenbezogenen Daten tatsächlich an diesem Ort ausgeführt wird. Das Vorhandensein und die Verwendung technischer Mittel und Verfahren zur Verarbeitung personenbezogener Daten oder Verarbeitungstätigkeiten begründen an

[1] Richtlinie 2011/24/EU des Europäischen Parlaments und des Rates vom 9.3.2011 über die Ausübung der Patientenrechte in der grenzüberschreitenden Gesundheitsversorgung (ABl. L 88 vom 4.4.2011, S. 45).

sich noch keine Hauptniederlassung und sind daher kein ausschlaggebender Faktor für das Bestehen einer Hauptniederlassung. Die Hauptniederlassung des Auftragsverarbeiters sollte der Ort sein, an dem der Auftragsverarbeiter seine Hauptverwaltung in der Union hat, oder – wenn er keine Hauptverwaltung in der Union hat – der Ort, an dem die wesentlichen Verarbeitungstätigkeiten in der Union stattfinden. Sind sowohl der Verantwortliche als auch der Auftragsverarbeiter betroffen, so sollte die Aufsichtsbehörde des Mitgliedstaats, in dem der Verantwortliche seine Hauptniederlassung hat, die zuständige federführende Aufsichtsbehörde bleiben, doch sollte die Aufsichtsbehörde des Auftragsverarbeiters als betroffene Aufsichtsbehörde betrachtet werden und diese Aufsichtsbehörde sollte sich an dem in dieser Verordnung vorgesehenen Verfahren der Zusammenarbeit beteiligen. Auf jeden Fall sollten die Aufsichtsbehörden des Mitgliedstaats oder der Mitgliedstaaten, in dem bzw. denen der Auftragsverarbeiter eine oder mehrere Niederlassungen hat, nicht als betroffene Aufsichtsbehörden betrachtet werden, wenn sich der Beschlussentwurf nur auf den Verantwortlichen bezieht. Wird die Verarbeitung durch eine Unternehmensgruppe vorgenommen, so sollte die Hauptniederlassung des herrschenden Unternehmens als Hauptniederlassung der Unternehmensgruppe gelten, es sei denn, die Zwecke und Mittel der Verarbeitung werden von einem anderen Unternehmen festgelegt.

(37) Eine Unternehmensgruppe sollte aus einem herrschenden Unternehmen und den von diesem abhängigen Unternehmen bestehen, wobei das herrschende Unternehmen dasjenige sein sollte, das zum Beispiel aufgrund der Eigentumsverhältnisse, der finanziellen Beteiligung oder der für das Unternehmen geltenden Vorschriften oder der Befugnis, Datenschutzvorschriften umsetzen zu lassen, einen beherrschenden Einfluss auf die übrigen Unternehmen ausüben kann. Ein Unternehmen, das die Verarbeitung personenbezogener Daten in ihm angeschlossenen Unternehmen kontrolliert, sollte zusammen mit diesen als eine „Unternehmensgruppe“ betrachtet werden.

(38) Kinder verdienen bei ihren personenbezogenen Daten besonderen Schutz, da Kinder sich der betreffenden Risiken, Folgen und Garantien und ihrer Rechte bei der Verarbeitung personenbezogener Daten möglicherweise weniger bewusst sind. Ein solcher besonderer Schutz sollte insbesondere die Verwendung personenbezogener Daten von Kindern für Werbezwecke oder für die Erstellung von Persönlichkeits- oder Nutzerprofilen und die Erhebung von personenbezogenen Daten von Kindern bei der Nutzung von Diensten, die Kindern direkt angeboten werden, betreffen. Die Einwilligung des Trägers der elterlichen Verantwortung sollte im Zusammenhang mit Präventions- oder Beratungsdiensten, die unmittelbar einem Kind angeboten werden, nicht erforderlich sein.

(39) Jede Verarbeitung personenbezogener Daten sollte rechtmäßig und nach Treu und Glauben erfolgen. Für natürliche Personen sollte Transparenz dahingehend bestehen, dass sie betreffende personenbezogene Daten erhoben, verwendet, eingesehen oder anderweitig verarbeitet werden und in welchem Umfang die personenbezogenen Daten verarbeitet werden und künftig noch verarbeitet werden. Der Grundsatz der Transparenz setzt voraus, dass alle Informationen und Mitteilungen zur Verarbeitung dieser personenbezogenen Daten leicht zugänglich und verständlich und in klarer und einfacher

Sprache abgefasst sind. Dieser Grundsatz betrifft insbesondere die Informationen über die Identität des Verantwortlichen und die Zwecke der Verarbeitung und sonstige Informationen, die eine faire und transparente Verarbeitung im Hinblick auf die betroffenen natürlichen Personen gewährleisten, sowie deren Recht, eine Bestätigung und Auskunft darüber zu erhalten, welche sie betreffende personenbezogene Daten verarbeitet werden. Natürliche Personen sollten über die Risiken, Vorschriften, Garantien und Rechte im Zusammenhang mit der Verarbeitung personenbezogener Daten informiert und darüber aufgeklärt werden, wie sie ihre diesbezüglichen Rechte geltend machen können. Insbesondere sollten die bestimmten Zwecke, zu denen die personenbezogenen Daten verarbeitet werden, eindeutig und rechtmäßig sein und zum Zeitpunkt der Erhebung der personenbezogenen Daten feststehen. Die personenbezogenen Daten sollten für die Zwecke, zu denen sie verarbeitet werden, angemessen und erheblich sowie auf das für die Zwecke ihrer Verarbeitung notwendige Maß beschränkt sein. Dies erfordert insbesondere, dass die Speicherfrist für personenbezogene Daten auf das unbedingt erforderliche Mindestmaß beschränkt bleibt. Personenbezogene Daten sollten nur verarbeitet werden dürfen, wenn der Zweck der Verarbeitung nicht in zumutbarer Weise durch andere Mittel erreicht werden kann. Um sicherzustellen, dass die personenbezogenen Daten nicht länger als nötig gespeichert werden, sollte der Verantwortliche Fristen für ihre Löschung oder regelmäßige Überprüfung vorsehen. Es sollten alle vertretbaren Schritte unternommen werden, damit unrichtige personenbezogene Daten gelöscht oder berichtigt werden. Personenbezogene Daten sollten so verarbeitet werden, dass ihre Sicherheit und Vertraulichkeit hinreichend gewährleistet ist, wozu auch gehört, dass Unbefugte keinen Zugang zu den Daten haben und weder die Daten noch die Geräte, mit denen diese verarbeitet werden, benutzen können.

(40) Damit die Verarbeitung rechtmäßig ist, müssen personenbezogene Daten mit Einwilligung der betroffenen Person oder auf einer sonstigen zulässigen Rechtsgrundlage verarbeitet werden, die sich aus dieser Verordnung oder – wann immer in dieser Verordnung darauf Bezug genommen wird – aus dem sonstigen Unionsrecht oder dem Recht der Mitgliedstaaten ergibt, so unter anderem auf der Grundlage, dass sie zur Erfüllung der rechtlichen Verpflichtung, der der Verantwortliche unterliegt, oder zur Erfüllung eines Vertrags, dessen Vertragspartei die betroffene Person ist, oder für die Durchführung vorvertraglicher Maßnahmen, die auf Anfrage der betroffenen Person erfolgen, erforderlich ist.

(41) Wenn in dieser Verordnung auf eine Rechtsgrundlage oder eine Gesetzgebungsmaßnahme Bezug genommen wird, erfordert dies nicht notwendigerweise einen von einem Parlament angenommenen Gesetzgebungsakt; davon unberührt bleiben Anforderungen gemäß der Verfassungsordnung des betreffenden Mitgliedstaats. Die entsprechende Rechtsgrundlage oder Gesetzgebungsmaßnahme sollte jedoch klar und präzise sein und ihre Anwendung sollte für die Rechtsunterworfenen gemäß der Rechtsprechung des Gerichtshofs der Europäischen Union (im Folgenden „Gerichtshof") und des Europäischen Gerichtshofs für Menschenrechte vorhersehbar sein.

(42) Erfolgt die Verarbeitung mit Einwilligung der betroffenen Person, sollte der Verantwortliche nachweisen können, dass die betroffene Person ihre Einwilligung zu dem Verarbeitungsvorgang gegeben hat. Insbesondere bei Abgabe einer schriftlichen Erklärung in anderer Sache sollten Garantien sicherstellen, dass die betroffene Person weiß, dass und in welchem Umfang sie ihre Einwilligung erteilt. Gemäß der Richtlinie 93/13/EWG des Rates[1] sollte eine vom Verantwortlichen vorformulierte Einwilligungserklärung in verständlicher und leicht zugänglicher Form in einer klaren und einfachen Sprache zur Verfügung gestellt werden, und sie sollte keine missbräuchlichen Klauseln beinhalten. Damit sie in Kenntnis der Sachlage ihre Einwilligung geben kann, sollte die betroffene Person mindestens wissen, wer der Verantwortliche ist und für welche Zwecke ihre personenbezogenen Daten verarbeitet werden sollen. Es sollte nur dann davon ausgegangen werden, dass sie ihre Einwilligung freiwillig gegeben hat, wenn sie eine echte oder freie Wahl hat und somit in der Lage ist, die Einwilligung zu verweigern oder zurückzuziehen, ohne Nachteile zu erleiden.

(43) Um sicherzustellen, dass die Einwilligung freiwillig erfolgt ist, sollte diese in besonderen Fällen, wenn zwischen der betroffenen Person und dem Verantwortlichen ein klares Ungleichgewicht besteht, insbesondere wenn es sich bei dem Verantwortlichen um eine Behörde handelt, und es deshalb in Anbetracht aller Umstände in dem speziellen Fall unwahrscheinlich ist, dass die Einwilligung freiwillig gegeben wurde, keine gültige Rechtsgrundlage liefern. Die Einwilligung gilt nicht als freiwillig erteilt, wenn zu verschiedenen Verarbeitungsvorgängen von personenbezogenen Daten nicht gesondert eine Einwilligung erteilt werden kann, obwohl dies im Einzelfall angebracht ist, oder wenn die Erfüllung eines Vertrags, einschließlich der Erbringung einer Dienstleistung, von der Einwilligung abhängig ist, obwohl diese Einwilligung für die Erfüllung nicht erforderlich ist.

(44) Die Verarbeitung von Daten sollte als rechtmäßig gelten, wenn sie für die Erfüllung oder den geplanten Abschluss eines Vertrags erforderlich ist.

(45) Erfolgt die Verarbeitung durch den Verantwortlichen aufgrund einer ihm obliegenden rechtlichen Verpflichtung oder ist die Verarbeitung zur Wahrnehmung einer Aufgabe im öffentlichen Interesse oder in Ausübung öffentlicher Gewalt erforderlich, muss hierfür eine Grundlage im Unionsrecht oder im Recht eines Mitgliedstaats bestehen. Mit dieser Verordnung wird nicht für jede einzelne Verarbeitung ein spezifisches Gesetz verlangt. Ein Gesetz als Grundlage für mehrere Verarbeitungsvorgänge kann ausreichend sein, wenn die Verarbeitung aufgrund einer dem Verantwortlichen obliegenden rechtlichen Verpflichtung erfolgt oder wenn die Verarbeitung zur Wahrnehmung einer Aufgabe im öffentlichen Interesse oder in Ausübung öffentlicher Gewalt erforderlich ist. Desgleichen sollte im Unionsrecht oder im Recht der Mitgliedstaaten geregelt werden, für welche Zwecke die Daten verarbeitet werden dürfen. Ferner könnten in diesem Recht die allgemeinen Bedingungen dieser Verordnung zur Regelung der Rechtmäßigkeit der Verarbeitung personenbe-

[1] Richtlinie 93/13/EWG des Rates vom 5.4.1993 über missbräuchliche Klauseln in Verbraucherverträgen (ABl. L 95 vom 21.4.1993, S. 29).

zogener Daten präzisiert und es könnte darin festgelegt werden, wie der Verantwortliche zu bestimmen ist, welche Art von personenbezogenen Daten verarbeitet werden, welche Personen betroffen sind, welchen Einrichtungen die personenbezogenen Daten offengelegt, für welche Zwecke und wie lange sie gespeichert werden dürfen und welche anderen Maßnahmen ergriffen werden, um zu gewährleisten, dass die Verarbeitung rechtmäßig und nach Treu und Glauben erfolgt. Desgleichen sollte im Unionsrecht oder im Recht der Mitgliedstaaten geregelt werden, ob es sich bei dem Verantwortlichen, der eine Aufgabe wahrnimmt, die im öffentlichen Interesse liegt oder in Ausübung öffentlicher Gewalt erfolgt, um eine Behörde oder um eine andere unter das öffentliche Recht fallende natürliche oder juristische Person oder, sofern dies durch das öffentliche Interesse einschließlich gesundheitlicher Zwecke, wie die öffentliche Gesundheit oder die soziale Sicherheit oder die Verwaltung von Leistungen der Gesundheitsfürsorge, gerechtfertigt ist, eine natürliche oder juristische Person des Privatrechts, wie beispielsweise eine Berufsvereinigung, handeln sollte.

(46) Die Verarbeitung personenbezogener Daten sollte ebenfalls als rechtmäßig angesehen werden, wenn sie erforderlich ist, um ein lebenswichtiges Interesse der betroffenen Person oder einer anderen natürlichen Person zu schützen. Personenbezogene Daten sollten grundsätzlich nur dann aufgrund eines lebenswichtigen Interesses einer anderen natürlichen Person verarbeitet werden, wenn die Verarbeitung offensichtlich nicht auf eine andere Rechtsgrundlage gestützt werden kann. Einige Arten der Verarbeitung können sowohl wichtigen Gründen des öffentlichen Interesses als auch lebenswichtigen Interessen der betroffenen Person dienen; so kann beispielsweise die Verarbeitung für humanitäre Zwecke einschließlich der Überwachung von Epidemien und deren Ausbreitung oder in humanitären Notfällen insbesondere bei Naturkatastrophen oder vom Menschen verursachten Katastrophen erforderlich sein.

(47) Die Rechtmäßigkeit der Verarbeitung kann durch die berechtigten Interessen eines Verantwortlichen, auch eines Verantwortlichen, dem die personenbezogenen Daten offengelegt werden dürfen, oder eines Dritten begründet sein, sofern die Interessen oder die Grundrechte und Grundfreiheiten der betroffenen Person nicht überwiegen; dabei sind die vernünftigen Erwartungen der betroffenen Personen, die auf ihrer Beziehung zu dem Verantwortlichen beruhen, zu berücksichtigen. Ein berechtigtes Interesse könnte beispielsweise vorliegen, wenn eine maßgebliche und angemessene Beziehung zwischen der betroffenen Person und dem Verantwortlichen besteht, z. B. wenn die betroffene Person ein Kunde des Verantwortlichen ist oder in seinen Diensten steht. Auf jeden Fall wäre das Bestehen eines berechtigten Interesses besonders sorgfältig abzuwägen, wobei auch zu prüfen ist, ob eine betroffene Person zum Zeitpunkt der Erhebung der personenbezogenen Daten und angesichts der Umstände, unter denen sie erfolgt, vernünftigerweise absehen kann, dass möglicherweise eine Verarbeitung für diesen Zweck erfolgen wird. Insbesondere dann, wenn personenbezogene Daten in Situationen verarbeitet werden, in denen eine betroffene Person vernünftigerweise nicht mit einer weiteren Verarbeitung rechnen muss, könnten die Interessen und Grundrechte der betroffenen Person das

Interesse des Verantwortlichen überwiegen. Da es dem Gesetzgeber obliegt, per Rechtsvorschrift die Rechtsgrundlage für die Verarbeitung personenbezogener Daten durch die Behörden zu schaffen, sollte diese Rechtsgrundlage nicht für Verarbeitungen durch Behörden gelten, die diese in Erfüllung ihrer Aufgaben vornehmen. Die Verarbeitung personenbezogener Daten im für die Verhinderung von Betrug unbedingt erforderlichen Umfang stellt ebenfalls ein berechtigtes Interesse des jeweiligen Verantwortlichen dar. Die Verarbeitung personenbezogener Daten zum Zwecke der Direktwerbung kann als eine einem berechtigten Interesse dienende Verarbeitung betrachtet werden.

(48) Verantwortliche, die Teil einer Unternehmensgruppe oder einer Gruppe von Einrichtungen sind, die einer zentralen Stelle zugeordnet sind können ein berechtigtes Interesse haben, personenbezogene Daten innerhalb der Unternehmensgruppe für interne Verwaltungszwecke, einschließlich der Verarbeitung personenbezogener Daten von Kunden und Beschäftigten, zu übermitteln. Die Grundprinzipien für die Übermittlung personenbezogener Daten innerhalb von Unternehmensgruppen an ein Unternehmen in einem Drittland bleiben unberührt.

(49) Die Verarbeitung von personenbezogenen Daten durch Behörden, Computer-Notdienste (Computer Emergency Response Teams – CERT, beziehungsweise Computer Security Incident Response Teams – CSIRT), Betreiber von elektronischen Kommunikationsnetzen und -diensten sowie durch Anbieter von Sicherheitstechnologien und -diensten stellt in dem Maße ein berechtigtes Interesse des jeweiligen Verantwortlichen dar, wie dies für die Gewährleistung der Netz- und Informationssicherheit unbedingt notwendig und verhältnismäßig ist, d.h. soweit dadurch die Fähigkeit eines Netzes oder Informationssystems gewährleistet wird, mit einem vorgegebenen Grad der Zuverlässigkeit Störungen oder widerrechtliche oder mutwillige Eingriffe abzuwehren, die die Verfügbarkeit, Authentizität, Vollständigkeit und Vertraulichkeit von gespeicherten oder übermittelten personenbezogenen Daten sowie die Sicherheit damit zusammenhängender Dienste, die über diese Netze oder Informationssysteme angeboten werden bzw. zugänglich sind, beeinträchtigen. Ein solches berechtigtes Interesse könnte beispielsweise darin bestehen, den Zugang Unbefugter zu elektronischen Kommunikationsnetzen und die Verbreitung schädlicher Programmcodes zu verhindern sowie Angriffe in Form der gezielten Überlastung von Servern („Denial of service"-Angriffe) und Schädigungen von Computer- und elektronischen Kommunikationssystemen abzuwehren.

(50) Die Verarbeitung personenbezogener Daten für andere Zwecke als die, für die die personenbezogenen Daten ursprünglich erhoben wurden, sollte nur zulässig sein, wenn die Verarbeitung mit den Zwecken, für die die personenbezogenen Daten ursprünglich erhoben wurden, vereinbar ist. In diesem Fall ist keine andere gesonderte Rechtsgrundlage erforderlich als diejenige für die Erhebung der personenbezogenen Daten. Ist die Verarbeitung für die

Wahrnehmung einer Aufgabe erforderlich, die im öffentlichen Interesse liegt oder in Ausübung öffentlicher Gewalt erfolgt, die dem Verantwortlichen übertragen wurde, so können im Unionsrecht oder im Recht der Mitgliedstaaten die Aufgaben und Zwecke bestimmt und konkretisiert werden, für die eine

Weiterverarbeitung als vereinbar und rechtmäßig erachtet wird. Die Weiterverarbeitung für im öffentlichen Interesse liegende Archivzwecke, für wissenschaftliche oder historische Forschungszwecke oder für statistische Zwecke sollte als vereinbarer und rechtmäßiger Verarbeitungsvorgang gelten. Die im Unionsrecht oder im Recht der Mitgliedstaaten vorgesehene Rechtsgrundlage für die Verarbeitung personenbezogener Daten kann auch als Rechtsgrundlage für eine Weiterverarbeitung dienen. Um festzustellen, ob ein Zweck der Weiterverarbeitung mit dem Zweck, für den die personenbezogenen Daten ursprünglich erhoben wurden, vereinbar ist, sollte der Verantwortliche nach Einhaltung aller Anforderungen für die Rechtmäßigkeit der ursprünglichen Verarbeitung unter anderem prüfen, ob ein Zusammenhang zwischen den Zwecken, für die die personenbezogenen Daten erhoben wurden, und den Zwecken der beabsichtigten Weiterverarbeitung besteht, in welchem Kontext die Daten erhoben wurden, insbesondere die vernünftigen Erwartungen der betroffenen Personen, die auf ihrer Beziehung zu dem Verantwortlichen beruhen, in Bezug auf die weitere Verwendung dieser Daten, um welche Art von personenbezogenen Daten es sich handelt, welche Folgen die beabsichtigte Weiterverarbeitung für die betroffenen Personen hat und ob sowohl beim ursprünglichen als auch beim beabsichtigten Weiterverarbeitungsvorgang geeignete Garantien bestehen.

Hat die betroffene Person ihre Einwilligung erteilt oder beruht die Verarbeitung auf Unionsrecht oder dem Recht der Mitgliedstaaten, was in einer demokratischen Gesellschaft eine notwendige und verhältnismäßige Maßnahme zum Schutz insbesondere wichtiger Ziele des allgemeinen öffentlichen Interesses darstellt, so sollte der Verantwortliche die personenbezogenen Daten ungeachtet der Vereinbarkeit der Zwecke weiterverarbeiten dürfen. In jedem Fall sollte gewährleistet sein, dass die in dieser Verordnung niedergelegten Grundsätze angewandt werden und insbesondere die betroffene Person über diese anderen Zwecke und über ihre Rechte einschließlich des Widerspruchsrechts unterrichtet wird. Der Hinweis des Verantwortlichen auf mögliche Straftaten oder Bedrohungen der öffentlichen Sicherheit und die Übermittlung der maßgeblichen personenbezogenen Daten in Einzelfällen oder in mehreren Fällen, die im Zusammenhang mit derselben Straftat oder derselben Bedrohung der öffentlichen Sicherheit stehen, an eine zuständige Behörde sollten als berechtigtes Interesse des Verantwortlichen gelten. Eine derartige Übermittlung personenbezogener Daten im berechtigten Interesse des Verantwortlichen oder deren Weiterverarbeitung sollte jedoch unzulässig sein, wenn die Verarbeitung mit einer rechtlichen, beruflichen oder sonstigen verbindlichen Pflicht zur Geheimhaltung unvereinbar ist.

(51) Personenbezogene Daten, die ihrem Wesen nach hinsichtlich der Grundrechte und Grundfreiheiten besonders sensibel sind, verdienen einen besonderen Schutz, da im Zusammenhang mit ihrer Verarbeitung erhebliche Risiken für die Grundrechte und Grundfreiheiten auftreten können. Diese personenbezogenen Daten sollten personenbezogene Daten umfassen, aus denen die rassische oder ethnische Herkunft hervorgeht, wobei die Verwendung des Begriffs „rassische Herkunft“ in dieser Verordnung nicht bedeutet, dass die Union Theorien, mit denen versucht wird, die Existenz verschiedener menschlicher Rassen zu belegen, gutheißt. Die Verarbeitung von Lichtbildern

sollte nicht grundsätzlich als Verarbeitung besonderer Kategorien von personenbezogenen Daten angesehen werden, da Lichtbilder nur dann von der Definition des Begriffs „biometrische Daten" erfasst werden, wenn sie mit speziellen technischen Mitteln verarbeitet werden, die die eindeutige Identifizierung oder Authentifizierung einer natürlichen Person ermöglichen. Derartige personenbezogene Daten sollten nicht verarbeitet werden, es sei denn, die Verarbeitung ist in den in dieser Verordnung dargelegten besonderen Fällen zulässig, wobei zu berücksichtigen ist, dass im Recht der Mitgliedstaaten besondere Datenschutzbestimmungen festgelegt sein können, um die Anwendung der Bestimmungen dieser Verordnung anzupassen, damit die Einhaltung einer rechtlichen Verpflichtung oder die Wahrnehmung einer Aufgabe im öffentlichen Interesse oder die Ausübung öffentlicher Gewalt, die dem Verantwortlichen übertragen wurde, möglich ist. Zusätzlich zu den speziellen Anforderungen an eine derartige Verarbeitung sollten die allgemeinen Grundsätze und andere Bestimmungen dieser Verordnung, insbesondere hinsichtlich der Bedingungen für eine rechtmäßige Verarbeitung, gelten. Ausnahmen von dem allgemeinen Verbot der Verarbeitung dieser besonderen Kategorien personenbezogener Daten sollten ausdrücklich vorgesehen werden, unter anderem bei ausdrücklicher Einwilligung der betroffenen Person oder bei bestimmten Notwendigkeiten, insbesondere wenn die Verarbeitung im Rahmen rechtmäßiger Tätigkeiten bestimmter Vereinigungen oder Stiftungen vorgenommen wird, die sich für die Ausübung von Grundfreiheiten einsetzen.

(52) Ausnahmen vom Verbot der Verarbeitung besonderer Kategorien von personenbezogenen Daten sollten auch erlaubt sein, wenn sie im Unionsrecht oder dem Recht der Mitgliedstaaten vorgesehen sind, und - vorbehaltlich angemessener Garantien zum Schutz der personenbezogenen Daten und anderer Grundrechte - wenn dies durch das öffentliche Interesse gerechtfertigt ist, insbesondere für die Verarbeitung von personenbezogenen Daten auf dem Gebiet des Arbeitsrechts und des Rechts der sozialen Sicherheit einschließlich Renten und zwecks Sicherstellung und Überwachung der Gesundheit und Gesundheitswarnungen, Prävention oder Kontrolle ansteckender Krankheiten und anderer schwerwiegender Gesundheitsgefahren. Eine solche Ausnahme kann zu gesundheitlichen Zwecken gemacht werden, wie der Gewährleistung der öffentlichen Gesundheit und der Verwaltung von Leistungen der Gesundheitsversorgung, insbesondere wenn dadurch die Qualität und Wirtschaftlichkeit der Verfahren zur Abrechnung von Leistungen in den sozialen Krankenversicherungssystemen sichergestellt werden soll, oder wenn die Verarbeitung im öffentlichen Interesse liegenden Archivzwecken, wissenschaftlichen oder historischen Forschungszwecken oder statistischen Zwecken dient. Die Verarbeitung solcher personenbezogener Daten sollte zudem ausnahmsweise erlaubt sein, wenn sie erforderlich ist, um rechtliche Ansprüche, sei es in einem Gerichtsverfahren oder in einem Verwaltungsverfahren oder einem außergerichtlichen Verfahren, geltend zu machen, auszuüben oder zu verteidigen.

(53) Besondere Kategorien personenbezogener Daten, die eines höheren Schutzes verdienen, sollten nur dann für gesundheitsbezogene Zwecke verarbeitet werden, wenn dies für das Erreichen dieser Zwecke im Interesse einzelner natürlicher Personen und der Gesellschaft insgesamt erforderlich ist, insbesondere im Zusammenhang mit der Verwaltung der Dienste und Systeme des

Gesundheits- oder Sozialbereichs, einschließlich der Verarbeitung dieser Daten durch die Verwaltung und die zentralen nationalen Gesundheitsbehörden zwecks Qualitätskontrolle, Verwaltungsinformationen und der allgemeinen nationalen und lokalen Überwachung des Gesundheitssystems oder des Sozialsystems und zwecks Gewährleistung der Kontinuität der Gesundheits- und Sozialfürsorge und der grenzüberschreitenden Gesundheitsversorgung oder Sicherstellung und Überwachung der Gesundheit und Gesundheitswarnungen oder für im öffentlichen Interesse liegende Archivzwecke, zu wissenschaftlichen oder historischen Forschungszwecken oder statistischen Zwecken, die auf Rechtsvorschriften der Union oder der Mitgliedstaaten beruhen, die einem im öffentlichen Interesse liegenden Ziel dienen müssen, sowie für Studien, die im öffentlichen Interesse im Bereich der öffentlichen Gesundheit durchgeführt werden. Diese Verordnung sollte daher harmonisierte Bedingungen für die Verarbeitung besonderer Kategorien personenbezogener Gesundheitsdaten im Hinblick auf bestimmte Erfordernisse harmonisieren, insbesondere wenn die Verarbeitung dieser Daten für gesundheitsbezogene Zwecke von Personen durchgeführt wird, die gemäß einer rechtlichen Verpflichtung dem Berufsgeheimnis unterliegen. Im Recht der Union oder der Mitgliedstaaten sollten besondere und angemessene Maßnahmen zum Schutz der Grundrechte und der personenbezogenen Daten natürlicher Personen vorgesehen werden. Den Mitgliedstaaten sollte gestattet werden, weitere Bedingungen – einschließlich Beschränkungen – in Bezug auf die Verarbeitung von genetischen Daten, biometrischen Daten oder Gesundheitsdaten beizubehalten oder einzuführen. Dies sollte jedoch den freien Verkehr personenbezogener Daten innerhalb der Union nicht beeinträchtigen, falls die betreffenden Bedingungen für die grenzüberschreitende Verarbeitung solcher Daten gelten.

(54) Aus Gründen des öffentlichen Interesses in Bereichen der öffentlichen Gesundheit kann es notwendig sein, besondere Kategorien personenbezogener Daten auch ohne Einwilligung der betroffenen Person zu verarbeiten. Diese Verarbeitung sollte angemessenen und besonderen Maßnahmen zum Schutz der Rechte und Freiheiten natürlicher Personen unterliegen. In diesem Zusammenhang sollte der Begriff „öffentliche Gesundheit" im Sinne der Verordnung (EG) Nr. 1338/2008 des Europäischen Parlaments und des Rates[1] ausgelegt werden und alle Elemente im Zusammenhang mit der Gesundheit wie den Gesundheitszustand einschließlich Morbidität und Behinderung, die sich auf diesen Gesundheitszustand auswirkenden Determinanten, den Bedarf an Gesundheitsversorgung, die der Gesundheitsversorgung zugewiesenen Mittel, die Bereitstellung von Gesundheitsversorgungsleistungen und den allgemeinen Zugang zu diesen Leistungen sowie die entsprechenden Ausgaben und die Finanzierung und schließlich die Ursachen der Mortalität einschließen. Eine solche Verarbeitung von Gesundheitsdaten aus Gründen des öffentlichen Interesses darf nicht dazu führen, dass Dritte, unter anderem Arbeitgeber oder Versicherungs- und Finanzunternehmen, solche personenbezogene Daten zu anderen Zwecken verarbeiten.

[1] Verordnung (EG) Nr. 1338/2008 des Europäischen Parlaments und des Rates vom 16.12.2008 zu Gemeinschaftsstatistiken über öffentliche Gesundheit und über Gesundheitsschutz und Sicherheit am Arbeitsplatz (ABl. L 354 vom 31.12.2008, S. 70).

(55) Auch die Verarbeitung personenbezogener Daten durch staatliche Stellen zu verfassungsrechtlich oder völkerrechtlich verankerten Zielen von staatlich anerkannten Religionsgemeinschaften erfolgt aus Gründen des öffentlichen Interesses.

(56) Wenn es in einem Mitgliedstaat das Funktionieren des demokratischen Systems erfordert, dass die politischen Parteien im Zusammenhang mit Wahlen personenbezogene Daten über die politische Einstellung von Personen sammeln, kann die Verarbeitung derartiger Daten aus Gründen des öffentlichen Interesses zugelassen werden, sofern geeignete Garantien vorgesehen werden.

(57) Kann der Verantwortliche anhand der von ihm verarbeiteten personenbezogenen Daten eine natürliche Person nicht identifizieren, so sollte er nicht verpflichtet sein, zur bloßen Einhaltung einer Vorschrift dieser Verordnung zusätzliche Daten einzuholen, um die betroffene Person zu identifizieren. Allerdings sollte er sich nicht weigern, zusätzliche Informationen entgegenzunehmen, die von der betroffenen Person beigebracht werden, um ihre Rechte geltend zu machen. Die Identifizierung sollte die digitale Identifizierung einer betroffenen Person – beispielsweise durch Authentifizierungsverfahren etwa mit denselben Berechtigungsnachweisen, wie sie die betroffene Person verwendet, um sich bei dem von dem Verantwortlichen bereitgestellten Online-Dienst anzumelden – einschließen.

(58) Der Grundsatz der Transparenz setzt voraus, dass eine für die Öffentlichkeit oder die betroffene Person bestimmte Information präzise, leicht zugänglich und verständlich sowie in klarer und einfacher Sprache abgefasst ist und gegebenenfalls zusätzlich visuelle Elemente verwendet werden. Diese Information könnte in elektronischer Form bereitgestellt werden, beispielsweise auf einer Website, wenn sie für die Öffentlichkeit bestimmt ist. Dies gilt insbesondere für Situationen, wo die große Zahl der Beteiligten und die Komplexität der dazu benötigten Technik es der betroffenen Person schwer machen, zu erkennen und nachzuvollziehen, ob, von wem und zu welchem Zweck sie betreffende personenbezogene Daten erfasst werden, wie etwa bei der Werbung im Internet. Wenn sich die Verarbeitung an Kinder richtet, sollten aufgrund der besonderen Schutzwürdigkeit von Kindern Informationen und Hinweise in einer dergestalt klaren und einfachen Sprache erfolgen, dass ein Kind sie verstehen kann.

(59) Es sollten Modalitäten festgelegt werden, die einer betroffenen Person die Ausübung der Rechte, die ihr nach dieser Verordnung zustehen, erleichtern, darunter auch Mechanismen, die dafür sorgen, dass sie unentgeltlich insbesondere Zugang zu personenbezogenen Daten und deren Berichtigung oder Löschung beantragen und gegebenenfalls erhalten oder von ihrem Widerspruchsrecht Gebrauch machen kann. So sollte der Verantwortliche auch dafür sorgen, dass Anträge elektronisch gestellt werden können, insbesondere wenn die personenbezogenen Daten elektronisch verarbeitet werden. Der Verantwortliche sollte verpflichtet werden, den Antrag der betroffenen Person unverzüglich, spätestens aber innerhalb eines Monats zu beantworten und gegebenenfalls zu begründen, warum er den Antrag ablehnt.

(60) Die Grundsätze einer fairen und transparenten Verarbeitung machen es erforderlich, dass die betroffene Person über die Existenz des Verarbeitungsvorgangs und seine Zwecke unterrichtet wird. Der Verantwortliche sollte der betroffenen Person alle weiteren Informationen zur Verfügung stellen, die unter Berücksichtigung der besonderen Umstände und Rahmenbedingungen, unter denen die personenbezogenen Daten verarbeitet werden, notwendig sind, um eine faire und transparente Verarbeitung zu gewährleisten. Darüber hinaus sollte er die betroffene Person darauf hinweisen, dass Profiling stattfindet und welche Folgen dies hat. Werden die personenbezogenen Daten bei der betroffenen Person erhoben, so sollte dieser darüber hinaus mitgeteilt werden, ob sie verpflichtet ist, die personenbezogenen Daten bereitzustellen, und welche Folgen eine Zurückhaltung der Daten nach sich ziehen würde. Die betreffenden Informationen können in Kombination mit standardisierten Bildsymbolen bereitgestellt werden, um in leicht wahrnehmbarer, verständlicher und klar nachvollziehbarer Form einen aussagekräftigen Überblick über die beabsichtigte Verarbeitung zu vermitteln. Werden die Bildsymbole in elektronischer Form dargestellt, so sollten sie maschinenlesbar sein.

(61) Dass sie betreffende personenbezogene Daten verarbeitet werden, sollte der betroffenen Person zum Zeitpunkt der Erhebung mitgeteilt werden oder, falls die Daten nicht von ihr, sondern aus einer anderen Quelle erlangt werden, innerhalb einer angemessenen Frist, die sich nach dem konkreten Einzelfall richtet. Wenn die personenbezogenen Daten rechtmäßig einem anderen Empfänger offengelegt werden dürfen, sollte die betroffene Person bei der erstmaligen Offenlegung der personenbezogenen Daten für diesen Empfänger darüber aufgeklärt werden. Beabsichtigt der Verantwortliche, die personenbezogenen Daten für einen anderen Zweck zu verarbeiten als den, für den die Daten erhoben wurden, so sollte er der betroffenen Person vor dieser Weiterverarbeitung Informationen über diesen anderen Zweck und andere erforderliche Informationen zur Verfügung stellen. Konnte der betroffenen Person nicht mitgeteilt werden, woher die personenbezogenen Daten stammen, weil verschiedene Quellen benutzt wurden, so sollte die Unterrichtung allgemein gehalten werden.

(62) Die Pflicht, Informationen zur Verfügung zu stellen, erübrigt sich jedoch, wenn die betroffene Person die Information bereits hat, wenn die Speicherung oder Offenlegung der personenbezogenen Daten ausdrücklich durch Rechtsvorschriften geregelt ist oder wenn sich die Unterrichtung der betroffenen Person als unmöglich erweist oder mit unverhältnismäßig hohem Aufwand verbunden ist. Letzteres könnte insbesondere bei Verarbeitungen für im öffentlichen Interesse liegende Archivzwecke, zu wissenschaftlichen oder historischen Forschungszwecken oder zu statistischen Zwecken der Fall sein. Als Anhaltspunkte sollten dabei die Zahl der betroffenen Personen, das Alter der Daten oder etwaige geeignete Garantien in Betracht gezogen werden.

(63) Eine betroffene Person sollte ein Auskunftsrecht hinsichtlich der sie betreffenden personenbezogenen Daten, die erhoben worden sind, besitzen und dieses Recht problemlos und in angemessenen Abständen wahrnehmen können, um sich der Verarbeitung bewusst zu sein und deren Rechtmäßigkeit überprüfen zu können. Dies schließt das Recht betroffene Personen auf Aus-

kunft über ihre eigenen gesundheitsbezogenen Daten ein, etwa Daten in ihren Patientenakten, die Informationen wie beispielsweise Diagnosen, Untersuchungsergebnisse, Befunde der behandelnden Ärzte und Angaben zu Behandlungen oder Eingriffen enthalten. Jede betroffene Person sollte daher ein Anrecht darauf haben zu wissen und zu erfahren, insbesondere zu welchen Zwecken die personenbezogenen Daten verarbeitet werden und, wenn möglich, wie lange sie gespeichert werden, wer die Empfänger der personenbezogenen Daten sind, nach welcher Logik die automatische Verarbeitung personenbezogener Daten erfolgt und welche Folgen eine solche Verarbeitung haben kann, zumindest in Fällen, in denen die Verarbeitung auf Profiling beruht. Nach Möglichkeit sollte der Verantwortliche den Fernzugang zu einem sicheren System bereitstellen können, der der betroffenen Person direkten Zugang zu ihren personenbezogenen Daten ermöglichen würde. Dieses Recht sollte die Rechte und Freiheiten anderer Personen, etwa Geschäftsgeheimnisse oder Rechte des geistigen Eigentums und insbesondere das Urheberrecht an Software, nicht beeinträchtigen. Dies darf jedoch nicht dazu führen, dass der betroffenen Person jegliche Auskunft verweigert wird. Verarbeitet der Verantwortliche eine große Menge von Informationen über die betroffene Person, so sollte er verlangen können, dass die betroffene Person präzisiert, auf welche Information oder welche Verarbeitungsvorgänge sich ihr Auskunftsersuchen bezieht, bevor er ihr Auskunft erteilt.

(64) Der Verantwortliche sollte alle vertretbaren Mittel nutzen, um die Identität einer Auskunft suchenden betroffenen Person zu überprüfen, insbesondere im Rahmen von Online-Diensten und im Fall von Online-Kennungen. Ein Verantwortlicher sollte personenbezogene Daten nicht allein zu dem Zweck speichern, auf mögliche Auskunftsersuchen reagieren zu können.

(65) Eine betroffene Person sollte ein Recht auf Berichtigung der sie betreffenden personenbezogenen Daten besitzen sowie ein „Recht auf Vergessenwerden“, wenn die Speicherung ihrer Daten gegen diese Verordnung oder gegen das Unionsrecht oder das Recht der Mitgliedstaaten, dem der Verantwortliche unterliegt, verstößt. Insbesondere sollten betroffene Personen Anspruch darauf haben, dass ihre personenbezogenen Daten gelöscht und nicht mehr verarbeitet werden, wenn die personenbezogenen Daten hinsichtlich der Zwecke, für die sie erhoben bzw. anderweitig verarbeitet wurden, nicht mehr benötigt werden, wenn die betroffenen Personen ihre Einwilligung in die Verarbeitung widerrufen oder Widerspruch gegen die Verarbeitung der sie betreffenden personenbezogenen Daten eingelegt haben oder wenn die Verarbeitung ihrer personenbezogenen Daten aus anderen Gründen gegen diese Verordnung verstößt. Dieses Recht ist insbesondere wichtig in Fällen, in denen die betroffene Person ihre Einwilligung noch im Kindesalter gegeben hat und insofern die mit der Verarbeitung verbundenen Gefahren nicht in vollem Umfang absehen konnte und die personenbezogenen Daten – insbesondere die im Internet gespeicherten – später löschen möchte. Die betroffene Person sollte dieses Recht auch dann ausüben können, wenn sie kein Kind mehr ist. Die weitere Speicherung der personenbezogenen Daten sollte jedoch rechtmäßig sein, wenn dies für die Ausübung des Rechts auf freie Meinungsäußerung und Information, zur Erfüllung einer rechtlichen Verpflichtung, für die Wahrnehmung einer Aufgabe, die im öffentlichen Interesse liegt oder in Ausübung öffentlicher Gewalt erfolgt, die dem Verantwortlichen übertragen

wurde, aus Gründen des öffentlichen Interesses im Bereich der öffentlichen Gesundheit, für im öffentlichen Interesse liegende Archivzwecke, zu wissenschaftlichen oder historischen Forschungszwecken oder zu statistischen Zwecken oder zur Geltendmachung, Ausübung oder Verteidigung von Rechtsansprüchen erforderlich ist.

(66) Um dem „Recht auf Vergessenwerden" im Netz mehr Geltung zu verschaffen, sollte das Recht auf Löschung ausgeweitet werden, indem ein Verantwortlicher, der die personenbezogenen Daten öffentlich gemacht hat, verpflichtet wird, den Verantwortlichen, die diese personenbezogenen Daten verarbeiten, mitzuteilen, alle Links zu diesen personenbezogenen Daten oder Kopien oder Replikationen der personenbezogenen Daten zu löschen. Dabei sollte der Verantwortliche, unter Berücksichtigung der verfügbaren Technologien und der ihm zur Verfügung stehenden Mittel, angemessene Maßnahmen – auch technischer Art – treffen, um die Verantwortlichen, die diese personenbezogenen Daten verarbeiten, über den Antrag der betroffenen Person zu informieren.

(67) Methoden zur Beschränkung der Verarbeitung personenbezogener Daten könnten unter anderem darin bestehen, dass ausgewählte personenbezogenen Daten vorübergehend auf ein anderes Verarbeitungssystem übertragen werden, dass sie für Nutzer gesperrt werden oder dass veröffentliche Daten vorübergehend von einer Website entfernt werden. In automatisierten Dateisystemen sollte die Einschränkung der Verarbeitung grundsätzlich durch technische Mittel so erfolgen, dass die personenbezogenen Daten in keiner Weise weiterverarbeitet werden und nicht verändert werden können. Auf die Tatsache, dass die Verarbeitung der personenbezogenen Daten beschränkt wurde, sollte in dem System unmissverständlich hingewiesen werden.

(68) Um im Fall der Verarbeitung personenbezogener Daten mit automatischen Mitteln eine bessere Kontrolle über die eigenen Daten zu haben, sollte die betroffene Person außerdem berechtigt sein, die sie betreffenden personenbezogenen Daten, die sie einem Verantwortlichen bereitgestellt hat, in einem strukturierten, gängigen, maschinenlesbaren und interoperablen Format zu erhalten und sie einem anderen Verantwortlichen zu übermitteln. Die Verantwortlichen sollten dazu aufgefordert werden, interoperable Formate zu entwickeln, die die Datenübertragbarkeit ermöglichen. Dieses Recht sollte dann gelten, wenn die betroffene Person die personenbezogenen Daten mit ihrer Einwilligung zur Verfügung gestellt hat oder die Verarbeitung zur Erfüllung eines Vertrags erforderlich ist. Es sollte nicht gelten, wenn die Verarbeitung auf einer anderen Rechtsgrundlage als ihrer Einwilligung oder eines Vertrags erfolgt. Dieses Recht sollte naturgemäß nicht gegen Verantwortliche ausgeübt werden, die personenbezogenen Daten in Erfüllung ihrer öffentlichen Aufgaben verarbeiten. Es sollte daher nicht gelten, wenn die Verarbeitung der personenbezogenen Daten zur Erfüllung einer rechtlichen Verpflichtung, der der Verantwortliche unterliegt, oder für die Wahrnehmung einer ihm übertragenen Aufgabe, die im öffentlichen Interesse liegt oder in Ausübung einer ihm übertragenen öffentlichen Gewalt erfolgt, erforderlich ist. Das Recht der betroffenen Person, sie betreffende personenbezogene Daten zu übermitteln oder zu empfangen, sollte für den Verantwortlichen nicht die Pflicht begründen, technisch kompatible Datenverarbeitungssysteme zu übernehmen oder

beizubehalten. Ist im Fall eines bestimmten Satzes personenbezogener Daten mehr als eine betroffene Person tangiert, so sollte das Recht auf Empfang der Daten die Grundrechte und Grundfreiheiten anderer betroffener Personen nach dieser Verordnung unberührt lassen. Dieses Recht sollte zudem das Recht der betroffenen Person auf Löschung ihrer personenbezogenen Daten und die Beschränkungen dieses Rechts gemäß dieser Verordnung nicht berühren und insbesondere nicht bedeuten, dass die Daten, die sich auf die betroffene Person beziehen und von ihr zur Erfüllung eines Vertrags zur Verfügung gestellt worden sind, gelöscht werden, soweit und solange diese personenbezogenen Daten für die Erfüllung des Vertrags notwendig sind. Soweit technisch machbar, sollte die betroffene Person das Recht haben, zu erwirken, dass die personenbezogenen Daten direkt von einem Verantwortlichen einem anderen Verantwortlichen übermittelt werden.

(69) Dürfen die personenbezogenen Daten möglicherweise rechtmäßig verarbeitet werden, weil die Verarbeitung für die Wahrnehmung einer Aufgabe, die im öffentlichen Interesse liegt oder in Ausübung öffentlicher Gewalt – die dem Verantwortlichen übertragen wurde, – oder aufgrund des berechtigten Interesses des Verantwortlichen oder eines Dritten erforderlich ist, sollte jede betroffene Person trotzdem das Recht haben, Widerspruch gegen die Verarbeitung der sich aus ihrer besonderen Situation ergebenden personenbezogenen Daten einzulegen. Der für die Verarbeitung Verantwortliche sollte darlegen müssen, dass seine zwingenden berechtigten Interessen Vorrang vor den Interessen oder Grundrechten und Grundfreiheiten der betroffenen Person haben.

(70) Werden personenbezogene Daten verarbeitet, um Direktwerbung zu betreiben, so sollte die betroffene Person jederzeit unentgeltlich insoweit Widerspruch gegen eine solche – ursprüngliche oder spätere – Verarbeitung einschließlich des Profilings einlegen können, als sie mit dieser Direktwerbung zusammenhängt. Die betroffene Person sollte ausdrücklich auf dieses Recht hingewiesen werden; dieser Hinweis sollte in einer verständlichen und von anderen Informationen getrennten Form erfolgen.

(71) Die betroffene Person sollte das Recht haben, keiner Entscheidung – was eine Maßnahme einschließen kann – zur Bewertung von sie betreffenden persönlichen Aspekten unterworfen zu werden, die ausschließlich auf einer automatisierten Verarbeitung beruht und die rechtliche Wirkung für die betroffene Person entfaltet oder sie in ähnlicher Weise erheblich beeinträchtigt, wie die automatische Ablehnung eines Online-Kreditantrags oder Online-Einstellungsverfahren ohne jegliches menschliche Eingreifen. Zu einer derartigen Verarbeitung zählt auch das „Profiling", das in jeglicher Form automatisierter Verarbeitung personenbezogener Daten unter Bewertung der persönlichen Aspekte in Bezug auf eine natürliche Person besteht, insbesondere zur Analyse oder Prognose von Aspekten bezüglich Arbeitsleistung, wirtschaftliche Lage, Gesundheit, persönliche Vorlieben oder Interessen, Zuverlässigkeit oder Verhalten, Aufenthaltsort oder Ortswechsel der betroffenen Person, soweit dies rechtliche Wirkung für die betroffene Person entfaltet oder sie in ähnlicher Weise erheblich beeinträchtigt. Eine auf einer derartigen Verarbeitung, einschließlich des Profilings, beruhende Entscheidungsfindung sollte allerdings erlaubt sein, wenn dies nach dem Unionsrecht oder dem Recht der

Mitgliedstaaten, dem der für die Verarbeitung Verantwortliche unterliegt, ausdrücklich zulässig ist, auch um im Einklang mit den Vorschriften, Standards und Empfehlungen der Institutionen der Union oder der nationalen Aufsichtsgremien Betrug und Steuerhinterziehung zu überwachen und zu verhindern und die Sicherheit und Zuverlässigkeit eines von dem Verantwortlichen bereitgestellten Dienstes zu gewährleisten, oder wenn dies für den Abschluss oder die Erfüllung eines Vertrags zwischen der betroffenen Person und einem Verantwortlichen erforderlich ist oder wenn die betroffene Person ihre ausdrückliche Einwilligung hierzu erteilt hat. In jedem Fall sollte eine solche Verarbeitung mit angemessenen Garantien verbunden sein, einschließlich der spezifischen Unterrichtung der betroffenen Person und des Anspruchs auf direktes Eingreifen einer Person, auf Darlegung des eigenen Standpunkts, auf Erläuterung der nach einer entsprechenden Bewertung getroffenen Entscheidung sowie des Rechts auf Anfechtung der Entscheidung.

Diese Maßnahme sollte kein Kind betreffen. Um unter Berücksichtigung der besonderen Umstände und Rahmenbedingungen, unter denen die personenbezogenen Daten verarbeitet werden, der betroffenen Person gegenüber eine faire und transparente Verarbeitung zu gewährleisten, sollte der für die Verarbeitung Verantwortliche geeignete mathematische oder statistische Verfahren für das Profiling verwenden, technische und organisatorische Maßnahmen treffen, mit denen in geeigneter Weise insbesondere sichergestellt wird, dass Faktoren, die zu unrichtigen personenbezogenen Daten führen, korrigiert werden und das Risiko von Fehlern minimiert wird, und personenbezogene Daten in einer Weise sichern, dass den potenziellen Bedrohungen für die Interessen und Rechte der betroffenen Person Rechnung getragen wird und unter anderem verhindern, dass es gegenüber natürlichen Personen aufgrund von Rasse, ethnischer Herkunft, politischer Meinung, Religion oder Weltanschauung, Gewerkschaftszugehörigkeit, genetischer Anlagen oder Gesundheitszustand sowie sexueller Orientierung zu diskriminierenden Wirkungen oder zu einer Verarbeitung kommt, die eine solche Wirkung hat. Automatisierte Entscheidungsfindung und Profiling auf der Grundlage besonderer Kategorien von personenbezogenen Daten sollten nur unter bestimmten Bedingungen erlaubt sein.

(72) Das Profiling unterliegt den Vorschriften dieser Verordnung für die Verarbeitung personenbezogener Daten, wie etwa die Rechtsgrundlage für die Verarbeitung oder die Datenschutzgrundsätze. Der durch diese Verordnung eingerichtete Europäische Datenschutzausschuss (im Folgenden „Ausschuss“) sollte, diesbezüglich Leitlinien herausgeben können.

(73) Im Recht der Union oder der Mitgliedstaaten können Beschränkungen hinsichtlich bestimmter Grundsätze und hinsichtlich des Rechts auf Unterrichtung, Auskunft zu und Berichtigung oder Löschung personenbezogener Daten, des Rechts auf Datenübertragbarkeit und Widerspruch, Entscheidungen, die auf der Erstellung von Profilen beruhen, sowie Mitteilungen über eine Verletzung des Schutzes personenbezogener Daten an eine betroffene Person und bestimmten damit zusammenhängenden Pflichten der Verantwortlichen vorgesehen werden, soweit dies in einer demokratischen Gesellschaft notwendig und verhältnismäßig ist, um die öffentliche Sicherheit aufrechtzuerhalten, wozu unter anderem der Schutz von Menschenleben insbesondere

bei Naturkatastrophen oder vom Menschen verursachten Katastrophen, die Verhütung, Aufdeckung und Verfolgung von Straftaten oder die Strafvollstreckung – was auch den Schutz vor und die Abwehr von Gefahren für die öffentliche Sicherheit einschließt – oder die Verhütung, Aufdeckung und Verfolgung von Verstößen gegen Berufsstandsregeln bei reglementierten Berufen, das Führen öffentlicher Register aus Gründen des allgemeinen öffentlichen Interesses sowie die Weiterverarbeitung von archivierten personenbezogenen Daten zur Bereitstellung spezifischer Informationen im Zusammenhang mit dem politischen Verhalten unter ehemaligen totalitären Regimen gehört, und zum Schutz sonstiger wichtiger Ziele des allgemeinen öffentlichen Interesses der Union oder eines Mitgliedstaats, etwa wichtige wirtschaftliche oder finanzielle Interessen, oder die betroffene Person und die Rechte und Freiheiten anderer Personen, einschließlich in den Bereichen soziale Sicherheit, öffentliche Gesundheit und humanitäre Hilfe, zu schützen. Diese Beschränkungen sollten mit der Charta und mit der Europäischen Konvention zum Schutz der Menschenrechte und Grundfreiheiten im Einklang stehen.

(74) Die Verantwortung und Haftung des Verantwortlichen für jedwede Verarbeitung personenbezogener Daten, die durch ihn oder in seinem Namen erfolgt, sollte geregelt werden. Insbesondere sollte der Verantwortliche geeignete und wirksame Maßnahmen treffen müssen und nachweisen können, dass die Verarbeitungstätigkeiten im Einklang mit dieser Verordnung stehen und die Maßnahmen auch wirksam sind. Dabei sollte er die Art, den Umfang, die Umstände und die Zwecke der Verarbeitung und das Risiko für die Rechte und Freiheiten natürlicher Personen berücksichtigen.

(75) Die Risiken für die Rechte und Freiheiten natürlicher Personen – mit unterschiedlicher Eintrittswahrscheinlichkeit und Schwere – können aus einer Verarbeitung personenbezogener Daten hervorgehen, die zu einem physischen, materiellen oder immateriellen Schaden führen könnte, insbesondere wenn die Verarbeitung zu einer Diskriminierung, einem Identitätsdiebstahl oder -betrug, einem finanziellen Verlust, einer Rufschädigung, einem Verlust der Vertraulichkeit von dem Berufsgeheimnis unterliegenden personenbezogenen Daten, der unbefugten Aufhebung der Pseudonymisierung oder anderen erheblichen wirtschaftlichen oder gesellschaftlichen Nachteilen führen kann, wenn die betroffenen Personen um ihre Rechte und Freiheiten gebracht oder daran gehindert werden, die sie betreffenden personenbezogenen Daten zu kontrollieren, wenn personenbezogene Daten, aus denen die rassische oder ethnische Herkunft, politische Meinungen, religiöse oder weltanschauliche Überzeugungen oder die Zugehörigkeit zu einer Gewerkschaft hervorgehen, und genetische Daten, Gesundheitsdaten oder das Sexualleben oder strafrechtliche Verurteilungen und Straftaten oder damit zusammenhängende Sicherungsmaßregeln betreffende Daten verarbeitet werden, wenn persönliche Aspekte bewertet werden, insbesondere wenn Aspekte, die die Arbeitsleistung, wirtschaftliche Lage, Gesundheit, persönliche Vorlieben oder Interessen, die Zuverlässigkeit oder das Verhalten, den Aufenthaltsort oder Ortswechsel betreffen, analysiert oder prognostiziert werden, um persönliche Profile zu erstellen oder zu nutzen, wenn personenbezogene Daten schutzbedürftiger natürlicher Personen, insbesondere Daten von Kindern, verarbeitet werden oder wenn die Verarbeitung eine große Menge personenbezogener Daten und eine große Anzahl von betroffenen Personen betrifft.

(76) Eintrittswahrscheinlichkeit und Schwere des Risikos für die Rechte und Freiheiten der betroffenen Person sollten in Bezug auf die Art, den Umfang, die Umstände und die Zwecke der Verarbeitung bestimmt werden. Das Risiko sollte anhand einer objektiven Bewertung beurteilt werden, bei der festgestellt wird, ob die Datenverarbeitung ein Risiko oder ein hohes Risiko birgt.

(77) Anleitungen, wie der Verantwortliche oder Auftragsverarbeiter geeignete Maßnahmen durchzuführen hat und wie die Einhaltung der Anforderungen nachzuweisen ist, insbesondere was die Ermittlung des mit der Verarbeitung verbundenen Risikos, dessen Abschätzung in Bezug auf Ursache, Art, Eintrittswahrscheinlichkeit und Schwere und die Festlegung bewährter Verfahren für dessen Eindämmung betrifft, könnten insbesondere in Form von genehmigten Verhaltensregeln, genehmigten Zertifizierungsverfahren, Leitlinien des Ausschusses oder Hinweisen eines Datenschutzbeauftragten gegeben werden. Der Ausschuss kann ferner Leitlinien für Verarbeitungsvorgänge ausgeben, bei denen davon auszugehen ist, dass sie kein hohes Risiko für die Rechte und Freiheiten natürlicher Personen mit sich bringen, und angeben, welche Abhilfemaßnahmen in diesen Fällen ausreichend sein können.

(78) Zum Schutz der in Bezug auf die Verarbeitung personenbezogener Daten bestehenden Rechte und Freiheiten natürlicher Personen ist es erforderlich, dass geeignete technische und organisatorische Maßnahmen getroffen werden, damit die Anforderungen dieser Verordnung erfüllt werden. Um die Einhaltung dieser Verordnung nachweisen zu können, sollte der Verantwortliche interne Strategien festlegen und Maßnahmen ergreifen, die insbesondere den Grundsätzen des Datenschutzes durch Technik (data protection by design) und durch datenschutzfreundliche Voreinstellungen (data protection by default) Genüge tun. Solche Maßnahmen könnten unter anderem darin bestehen, dass die Verarbeitung personenbezogener Daten minimiert wird, personenbezogene Daten so schnell wie möglich pseudonymisiert werden, Transparenz in Bezug auf die Funktionen und die Verarbeitung personenbezogener Daten hergestellt wird, der betroffenen Person ermöglicht wird, die Verarbeitung personenbezogener Daten zu überwachen, und der Verantwortliche in die Lage versetzt wird, Sicherheitsfunktionen zu schaffen und zu verbessern. In Bezug auf Entwicklung, Gestaltung, Auswahl und Nutzung von Anwendungen, Diensten und Produkten, die entweder auf der Verarbeitung von personenbezogenen Daten beruhen oder zur Erfüllung ihrer Aufgaben personenbezogene Daten verarbeiten, sollten die Hersteller der Produkte, Dienste und Anwendungen ermutigt werden, das Recht auf Datenschutz bei der Entwicklung und Gestaltung der Produkte, Dienste und Anwendungen zu berücksichtigen und unter gebührender Berücksichtigung des Stands der Technik sicherzustellen, dass die Verantwortlichen und die Verarbeiter in der Lage sind, ihren Datenschutzpflichten nachzukommen. Den Grundsätzen des Datenschutzes durch Technik und durch datenschutzfreundliche Voreinstellungen sollte auch bei öffentlichen Ausschreibungen Rechnung getragen werden.

(79) Zum Schutz der Rechte und Freiheiten der betroffenen Personen sowie bezüglich der Verantwortung und Haftung der Verantwortlichen und der Auftragsverarbeiter bedarf es – auch mit Blick auf die Überwachungs- und sons-

tigen Maßnahmen von Aufsichtsbehörden – einer klaren Zuteilung der Verantwortlichkeiten durch diese Verordnung, einschließlich der Fälle, in denen ein Verantwortlicher die Verarbeitungszwecke und -mittel gemeinsam mit anderen Verantwortlichen festlegt oder ein Verarbeitungsvorgang im Auftrag eines Verantwortlichen durchgeführt wird.

(80) Jeder Verantwortliche oder Auftragsverarbeiter ohne Niederlassung in der Union, dessen Verarbeitungstätigkeiten sich auf betroffene Personen beziehen, die sich in der Union aufhalten, und dazu dienen, diesen Personen in der Union Waren oder Dienstleistungen anzubieten – unabhängig davon, ob von der betroffenen Person eine Zahlung verlangt wird – oder deren Verhalten, soweit dieses innerhalb der Union erfolgt, zu beobachten, sollte einen Vertreter benennen müssen, es sei denn, die Verarbeitung erfolgt gelegentlich, schließt nicht die umfangreiche Verarbeitung besonderer Kategorien personenbezogener Daten oder die Verarbeitung von personenbezogenen Daten über strafrechtliche Verurteilungen und Straftaten ein und bringt unter Berücksichtigung ihrer Art, ihrer Umstände, ihres Umfangs und ihrer Zwecke wahrscheinlich kein Risiko für die Rechte und Freiheiten natürlicher Personen mit sich oder bei dem Verantwortlichen handelt es sich um eine Behörde oder öffentliche Stelle. Der Vertreter sollte im Namen des Verantwortlichen oder des Auftragsverarbeiters tätig werden und den Aufsichtsbehörden als Anlaufstelle dienen. Der Verantwortliche oder der Auftragsverarbeiter sollte den Vertreter ausdrücklich bestellen und schriftlich beauftragen, in Bezug auf die ihm nach dieser Verordnung obliegenden Verpflichtungen an seiner Stelle zu handeln. Die Benennung eines solchen Vertreters berührt nicht die Verantwortung oder Haftung des Verantwortlichen oder des Auftragsverarbeiters nach Maßgabe dieser Verordnung. Ein solcher Vertreter sollte seine Aufgaben entsprechend dem Mandat des Verantwortlichen oder Auftragsverarbeiters ausführen und insbesondere mit den zuständigen Aufsichtsbehörden in Bezug auf Maßnahmen, die die Einhaltung dieser Verordnung sicherstellen sollen, zusammenarbeiten. Bei Verstößen des Verantwortlichen oder Auftragsverarbeiters sollte der bestellte Vertreter Durchsetzungsverfahren unterworfen werden.

(81) Damit die Anforderungen dieser Verordnung in Bezug auf die vom Auftragsverarbeiter im Namen des Verantwortlichen vorzunehmende Verarbeitung eingehalten werden, sollte ein Verantwortlicher, der einen Auftragsverarbeiter mit Verarbeitungstätigkeiten betrauen will, nur Auftragsverarbeiter heranziehen, die – insbesondere im Hinblick auf Fachwissen, Zuverlässigkeit und Ressourcen – hinreichende Garantien dafür bieten, dass technische und organisatorische Maßnahmen – auch für die Sicherheit der Verarbeitung – getroffen werden, die den Anforderungen dieser Verordnung genügen. Die Einhaltung genehmigter Verhaltensregeln oder eines genehmigten Zertifizierungsverfahrens durch einen Auftragsverarbeiter kann als Faktor herangezogen werden, um die Erfüllung der Pflichten des Verantwortlichen nachzuweisen. Die Durchführung einer Verarbeitung durch einen Auftragsverarbeiter sollte auf Grundlage eines Vertrags oder eines anderen Rechtsinstruments nach dem Recht der Union oder der Mitgliedstaaten erfolgen, der bzw. das den Auftragsverarbeiter an den Verantwortlichen bindet und in dem Gegenstand und Dauer der Verarbeitung, Art und Zwecke der Verarbeitung, die Art der personenbezogenen Daten und die Kategorien von betroffenen Personen

festgelegt sind, wobei die besonderen Aufgaben und Pflichten des Auftragsverarbeiters bei der geplanten Verarbeitung und das Risiko für die Rechte und Freiheiten der betroffenen Person zu berücksichtigen sind. Der Verantwortliche und der Auftragsverarbeiter können entscheiden, ob sie einen individuellen Vertrag oder Standardvertragsklauseln verwenden, die entweder unmittelbar von der Kommission erlassen oder aber nach dem Kohärenzverfahren von einer Aufsichtsbehörde angenommen und dann von der Kommission erlassen wurden. Nach Beendigung der Verarbeitung im Namen des Verantwortlichen sollte der Auftragsverarbeiter die personenbezogenen Daten nach Wahl des Verantwortlichen entweder zurückgeben oder löschen, sofern nicht nach dem Recht der Union oder der Mitgliedstaaten, dem der Auftragsverarbeiter unterliegt, eine Verpflichtung zur Speicherung der personenbezogenen Daten besteht.

(82) Zum Nachweis der Einhaltung dieser Verordnung sollte der Verantwortliche oder der Auftragsverarbeiter ein Verzeichnis der Verarbeitungstätigkeiten, die seiner Zuständigkeit unterliegen, führen. Jeder Verantwortliche und jeder Auftragsverarbeiter sollte verpflichtet sein, mit der Aufsichtsbehörde zusammenzuarbeiten und dieser auf Anfrage das entsprechende Verzeichnis vorzulegen, damit die betreffenden Verarbeitungsvorgänge anhand dieser Verzeichnisse kontrolliert werden können.

(83) Zur Aufrechterhaltung der Sicherheit und zur Vorbeugung gegen eine gegen diese Verordnung verstoßende Verarbeitung sollte der Verantwortliche oder der Auftragsverarbeiter die mit der Verarbeitung verbundenen Risiken ermitteln und Maßnahmen zu ihrer Eindämmung, wie etwa eine Verschlüsselung, treffen. Diese Maßnahmen sollten unter Berücksichtigung des Stands der Technik und der Implementierungskosten ein Schutzniveau – auch hinsichtlich der Vertraulichkeit – gewährleisten, das den von der Verarbeitung ausgehenden Risiken und der Art der zu schützenden personenbezogenen Daten angemessen ist. Bei der Bewertung der Datensicherheitsrisiken sollten die mit der Verarbeitung personenbezogener Daten verbundenen Risiken berücksichtigt werden, wie etwa – ob unbeabsichtigt oder unrechtmäßig – Vernichtung, Verlust, Veränderung oder unbefugte Offenlegung von oder unbefugter Zugang zu personenbezogenen Daten, die übermittelt, gespeichert oder auf sonstige Weise verarbeitet wurden, insbesondere wenn dies zu einem physischen, materiellen oder immateriellen Schaden führen könnte.

(84) Damit diese Verordnung in Fällen, in denen die Verarbeitungsvorgänge wahrscheinlich ein hohes Risiko für die Rechte und Freiheiten natürlicher Personen mit sich bringen, besser eingehalten wird, sollte der Verantwortliche für die Durchführung einer Datenschutz-Folgenabschätzung, mit der insbesondere die Ursache, Art, Besonderheit und Schwere dieses Risikos evaluiert werden, verantwortlich sein. Die Ergebnisse der Abschätzung sollten berücksichtigt werden, wenn darüber entschieden wird, welche geeigneten Maßnahmen ergriffen werden müssen, um nachzuweisen, dass die Verarbeitung der personenbezogenen Daten mit dieser Verordnung in Einklang steht. Geht aus einer Datenschutz-Folgenabschätzung hervor, dass Verarbeitungsvorgänge ein hohes Risiko bergen, das der Verantwortliche nicht durch geeignete Maß-

nahmen in Bezug auf verfügbare Technik und Implementierungskosten eindämmen kann, so sollte die Aufsichtsbehörde vor der Verarbeitung konsultiert werden.

(85) Eine Verletzung des Schutzes personenbezogener Daten kann – wenn nicht rechtzeitig und angemessen reagiert wird – einen physischen, materiellen oder immateriellen Schaden für natürliche Personen nach sich ziehen, wie etwa Verlust der Kontrolle über ihre personenbezogenen Daten oder Einschränkung ihrer Rechte, Diskriminierung, Identitätsdiebstahl oder -betrug, finanzielle Verluste, unbefugte Aufhebung der Pseudonymisierung, Rufschädigung, Verlust der Vertraulichkeit von dem Berufsgeheimnis unterliegenden Daten oder andere erhebliche wirtschaftliche oder gesellschaftliche Nachteile für die betroffene natürliche Person. Deshalb sollte der Verantwortliche, sobald ihm eine Verletzung des Schutzes personenbezogener Daten bekannt wird, die Aufsichtsbehörde von der Verletzung des Schutzes personenbezogener Daten unverzüglich und, falls möglich, binnen höchstens 72 Stunden, nachdem ihm die Verletzung bekannt wurde, unterrichten, es sei denn, der Verantwortliche kann im Einklang mit dem Grundsatz der Rechenschaftspflicht nachweisen, dass die Verletzung des Schutzes personenbezogener Daten voraussichtlich nicht zu einem Risiko für die persönlichen Rechte und Freiheiten natürlicher Personen führt. Falls diese Benachrichtigung nicht binnen 72 Stunden erfolgen kann, sollten in ihr die Gründe für die Verzögerung angegeben werden müssen, und die Informationen können schrittweise ohne unangemessene weitere Verzögerung bereitgestellt werden.

(86) Der für die Verarbeitung Verantwortliche sollte die betroffene Person unverzüglich von der Verletzung des Schutzes personenbezogener Daten benachrichtigen, wenn diese Verletzung des Schutzes personenbezogener Daten voraussichtlich zu einem hohen Risiko für die persönlichen Rechte und Freiheiten natürlicher Personen führt, damit diese die erforderlichen Vorkehrungen treffen können. Die Benachrichtigung sollte eine Beschreibung der Art der Verletzung des Schutzes personenbezogener Daten sowie an die betroffene natürliche Person gerichtete Empfehlungen zur Minderung etwaiger nachteiliger Auswirkungen dieser Verletzung enthalten. Solche Benachrichtigungen der betroffenen Person sollten stets so rasch wie nach allgemeinem Ermessen möglich, in enger Absprache mit der Aufsichtsbehörde und nach Maßgabe der von dieser oder von anderen zuständigen Behörden wie beispielsweise Strafverfolgungsbehörden erteilten Weisungen erfolgen. Um beispielsweise das Risiko eines unmittelbaren Schadens mindern zu können, müssten betroffene Personen sofort benachrichtigt werden, wohingegen eine längere Benachrichtigungsfrist gerechtfertigt sein kann, wenn es darum geht, geeignete Maßnahmen gegen fortlaufende oder vergleichbare Verletzungen des Schutzes personenbezogener Daten zu treffen.

(87) Es sollte festgestellt werden, ob alle geeigneten technischen Schutz- sowie organisatorischen Maßnahmen getroffen wurden, um sofort feststellen zu können, ob eine Verletzung des Schutzes personenbezogener Daten aufgetreten ist, und um die Aufsichtsbehörde und die betroffene Person umgehend unterrichten zu können. Bei der Feststellung, ob die Meldung unverzüglich erfolgt ist, sollten die Art und Schwere der Verletzung des Schutzes personenbezogener Daten sowie deren Folgen und nachteilige Auswirkungen für

die betroffene Person berücksichtigt werden. Die entsprechende Meldung kann zu einem Tätigwerden der Aufsichtsbehörde im Einklang mit ihren in dieser Verordnung festgelegten Aufgaben und Befugnissen führen.

(88) Bei der detaillierten Regelung des Formats und der Verfahren für die Meldung von Verletzungen des Schutzes personenbezogener Daten sollten die Umstände der Verletzung hinreichend berücksichtigt werden, beispielsweise ob personenbezogene Daten durch geeignete technische Sicherheitsvorkehrungen geschützt waren, die die Wahrscheinlichkeit eines Identitätsbetrugs oder anderer Formen des Datenmissbrauchs wirksam verringern. Überdies sollten solche Regeln und Verfahren den berechtigten Interessen der Strafverfolgungsbehörden in Fällen Rechnung tragen, in denen die Untersuchung der Umstände einer Verletzung des Schutzes personenbezogener Daten durch eine frühzeitige Offenlegung in unnötiger Weise behindert würde.

(89) Gemäß der Richtlinie 95/46/EG waren Verarbeitungen personenbezogener Daten bei den Aufsichtsbehörden generell meldepflichtig. Diese Meldepflicht ist mit einem bürokratischen und finanziellen Aufwand verbunden und hat dennoch nicht in allen Fällen zu einem besseren Schutz personenbezogener Daten geführt. Diese unterschiedslosen allgemeinen Meldepflichten sollten daher abgeschafft und durch wirksame Verfahren und Mechanismen ersetzt werden, die sich stattdessen vorrangig mit denjenigen Arten von Verarbeitungsvorgängen befassen, die aufgrund ihrer Art, ihres Umfangs, ihrer Umstände und ihrer Zwecke wahrscheinlich ein hohes Risiko für die Rechte und Freiheiten natürlicher Personen mit sich bringen. Zu solchen Arten von Verarbeitungsvorgängen gehören insbesondere solche, bei denen neue Technologien eingesetzt werden oder die neuartig sind und bei denen der Verantwortliche noch keine Datenschutz-Folgenabschätzung durchgeführt hat bzw. bei denen aufgrund der seit der ursprünglichen Verarbeitung vergangenen Zeit eine Datenschutz-Folgenabschätzung notwendig geworden ist.

(90) In derartigen Fällen sollte der Verantwortliche vor der Verarbeitung eine Datenschutz-Folgenabschätzung durchführen, mit der die spezifische Eintrittswahrscheinlichkeit und die Schwere dieses hohen Risikos unter Berücksichtigung der Art, des Umfangs, der Umstände und der Zwecke der Verarbeitung und der Ursachen des Risikos bewertet werden. Diese Folgenabschätzung sollte sich insbesondere mit den Maßnahmen, Garantien und Verfahren befassen, durch die dieses Risiko eingedämmt, der Schutz personenbezogener Daten sichergestellt und die Einhaltung der Bestimmungen dieser Verordnung nachgewiesen werden soll.

(91) Dies sollte insbesondere für umfangreiche Verarbeitungsvorgänge gelten, die dazu dienen, große Mengen personenbezogener Daten auf regionaler, nationaler oder supranationaler Ebene zu verarbeiten, eine große Zahl von Personen betreffen könnten und – beispielsweise aufgrund ihrer Sensibilität – wahrscheinlich ein hohes Risiko mit sich bringen und bei denen entsprechend dem jeweils aktuellen Stand der Technik in großem Umfang eine neue Technologie eingesetzt wird, sowie für andere Verarbeitungsvorgänge, die ein hohes Risiko für die Rechte und Freiheiten der betroffenen Personen mit sich bringen, insbesondere dann, wenn diese Verarbeitungsvorgänge den be-

troffenen Personen die Ausübung ihrer Rechte erschweren. Eine Datenschutz-Folgenabschätzung sollte auch durchgeführt werden, wenn die personenbezogenen Daten für das Treffen von Entscheidungen in Bezug auf bestimmte natürliche Personen im Anschluss an eine systematische und eingehende Bewertung persönlicher Aspekte natürlicher Personen auf der Grundlage eines Profilings dieser Daten oder im Anschluss an die Verarbeitung besonderer Kategorien von personenbezogenen Daten, biometrischen Daten oder von Daten über strafrechtliche Verurteilungen und Straftaten sowie damit zusammenhängende Sicherungsmaßregeln verarbeitet werden. Gleichermaßen erforderlich ist eine Datenschutz-Folgenabschätzung für die weiträumige Überwachung öffentlich zugänglicher Bereiche, insbesondere mittels optoelektronischer Vorrichtungen, oder für alle anderen Vorgänge, bei denen nach Auffassung der zuständigen Aufsichtsbehörde die Verarbeitung wahrscheinlich ein hohes Risiko für die Rechte und Freiheiten der betroffenen Personen mit sich bringt, insbesondere weil sie die betroffenen Personen an der Ausübung eines Rechts oder der Nutzung einer Dienstleistung bzw. Durchführung eines Vertrags hindern oder weil sie systematisch in großem Umfang erfolgen. Die Verarbeitung personenbezogener Daten sollte nicht als umfangreich gelten, wenn die Verarbeitung personenbezogene Daten von Patienten oder von Mandanten betrifft und durch einen einzelnen Arzt, sonstigen Angehörigen eines Gesundheitsberufes oder Rechtsanwalt erfolgt. In diesen Fällen sollte eine Datenschutz- Folgenabschätzung nicht zwingend vorgeschrieben sein.

(92) Unter bestimmten Umständen kann es vernünftig und unter ökonomischen Gesichtspunkten zweckmäßig sein, eine Datenschutz-Folgenabschätzung nicht lediglich auf ein bestimmtes Projekt zu beziehen, sondern sie thematisch breiter anzulegen – beispielsweise wenn Behörden oder öffentliche Stellen eine gemeinsame Anwendung oder Verarbeitungsplattform schaffen möchten oder wenn mehrere Verantwortliche eine gemeinsame Anwendung oder Verarbeitungsumgebung für einen gesamten Wirtschaftssektor, für ein bestimmtes Marktsegment oder für eine weit verbreitete horizontale Tätigkeit einführen möchten.

(93) Anlässlich des Erlasses des Gesetzes des Mitgliedstaats, auf dessen Grundlage die Behörde oder öffentliche Stelle ihre Aufgaben wahrnimmt und das den fraglichen Verarbeitungsvorgang oder die fraglichen Arten von Verarbeitungsvorgängen regelt, können die Mitgliedstaaten es für erforderlich erachten, solche Folgeabschätzungen vor den Verarbeitungsvorgängen durchzuführen.

(94) Geht aus einer Datenschutz-Folgenabschätzung hervor, dass die Verarbeitung bei Fehlen von Garantien, Sicherheitsvorkehrungen und Mechanismen zur Minderung des Risikos ein hohes Risiko für die Rechte und Freiheiten natürlicher Personen mit sich bringen würde, und ist der Verantwortliche der Auffassung, dass das Risiko nicht durch in Bezug auf verfügbare Technologien und Implementierungskosten vertretbare Mittel eingedämmt werden kann, so sollte die Aufsichtsbehörde vor Beginn der Verarbeitungstätigkeiten konsultiert werden. Ein solches hohes Risiko ist wahrscheinlich mit bestimmten Arten der Verarbeitung und dem Umfang und der Häufigkeit der Verarbeitung verbunden, die für natürliche Personen auch eine Schädigung oder eine

Beeinträchtigung der persönlichen Rechte und Freiheiten mit sich bringen können. Die Aufsichtsbehörde sollte das Beratungsersuchen innerhalb einer bestimmten Frist beantworten. Allerdings kann sie, auch wenn sie nicht innerhalb dieser Frist reagiert hat, entsprechend ihren in dieser Verordnung festgelegten Aufgaben und Befugnissen eingreifen, was die Befugnis einschließt, Verarbeitungsvorgänge zu untersagen. Im Rahmen dieses Konsultationsprozesses kann das Ergebnis einer im Hinblick auf die betreffende Verarbeitung personenbezogener Daten durchgeführten Datenschutz-Folgenabschätzung der Aufsichtsbehörde unterbreitet werden; dies gilt insbesondere für die zur Eindämmung des Risikos für die Rechte und Freiheiten natürlicher Personen geplanten Maßnahmen.

(95) Der Auftragsverarbeiter sollte erforderlichenfalls den Verantwortlichen auf Anfrage bei der Gewährleistung der Einhaltung der sich aus der Durchführung der Datenschutz-Folgenabschätzung und der vorherigen Konsultation der Aufsichtsbehörde ergebenden Auflagen unterstützen.

(96) Eine Konsultation der Aufsichtsbehörde sollte auch während der Ausarbeitung von Gesetzes- oder Regelungsvorschriften, in denen eine Verarbeitung personenbezogener Daten vorgesehen ist, erfolgen, um die Vereinbarkeit der geplanten Verarbeitung mit dieser Verordnung sicherzustellen und insbesondere das mit ihr für die betroffene Person verbundene Risiko einzudämmen.

(97) In Fällen, in denen die Verarbeitung durch eine Behörde – mit Ausnahmen von Gerichten oder unabhängigen Justizbehörden, die im Rahmen ihrer justiziellen Tätigkeit handeln –, im privaten Sektor durch einen Verantwortlichen erfolgt, dessen Kerntätigkeit in Verarbeitungsvorgängen besteht, die eine regelmäßige und systematische Überwachung der betroffenen Personen in großem Umfang erfordern, oder wenn die Kerntätigkeit des Verantwortlichen oder des Auftragsverarbeiters in der umfangreichen Verarbeitung besonderer Kategorien von personenbezogenen Daten oder von Daten über strafrechtliche Verurteilungen und Straftaten besteht, sollte der Verantwortliche oder der Auftragsverarbeiter bei der Überwachung der internen Einhaltung der Bestimmungen dieser Verordnung von einer weiteren Person, die über Fachwissen auf dem Gebiet des Datenschutzrechts und der Datenschutzverfahren verfügt, unterstützt werden Im privaten Sektor bezieht sich die Kerntätigkeit eines Verantwortlichen auf seine Haupttätigkeiten und nicht auf die Verarbeitung personenbezogener Daten als Nebentätigkeit. Das erforderliche Niveau des Fachwissens sollte sich insbesondere nach den durchgeführten Datenverarbeitungsvorgängen und dem erforderlichen Schutz für die von dem Verantwortlichen oder dem Auftragsverarbeiter verarbeiteten personenbezogenen Daten richten. Derartige Datenschutzbeauftragte sollten unabhängig davon, ob es sich bei ihnen um Beschäftigte des Verantwortlichen handelt oder nicht, ihre Pflichten und Aufgaben in vollständiger Unabhängigkeit ausüben können.

(98) Verbände oder andere Vereinigungen, die bestimmte Kategorien von Verantwortlichen oder Auftragsverarbeitern vertreten, sollten ermutigt werden, in den Grenzen dieser Verordnung Verhaltensregeln auszuarbeiten, um eine wirksame Anwendung dieser Verordnung zu erleichtern, wobei den Besonderheiten der in bestimmten Sektoren erfolgenden Verarbeitungen und den

besonderen Bedürfnissen der Kleinstunternehmen sowie der kleinen und mittleren Unternehmen Rechnung zu tragen ist. Insbesondere könnten in diesen Verhaltensregeln – unter Berücksichtigung des mit der Verarbeitung wahrscheinlich einhergehenden Risikos für die Rechte und Freiheiten natürlicher Personen – die Pflichten der Verantwortlichen und der Auftragsverarbeiter bestimmt werden.

(99) Bei der Ausarbeitung oder bei der Änderung oder Erweiterung solcher Verhaltensregeln sollten Verbände und oder andere Vereinigungen, die bestimmte Kategorien von Verantwortlichen oder Auftragsverarbeitern vertreten, die maßgeblichen Interessenträger, möglichst auch die betroffenen Personen, konsultieren und die Eingaben und Stellungnahmen, die sie dabei erhalten, berücksichtigen.

(100) Um die Transparenz zu erhöhen und die Einhaltung dieser Verordnung zu verbessern, sollte angeregt werden, dass Zertifizierungsverfahren sowie Datenschutzsiegel und -prüfzeichen eingeführt werden, die den betroffenen Personen einen raschen Überblick über das Datenschutzniveau einschlägiger Produkte und Dienstleistungen ermöglichen.

(101) Der Fluss personenbezogener Daten aus Drittländern und internationalen Organisationen und in Drittländer und internationale Organisationen ist für die Ausweitung des internationalen Handels und der internationalen Zusammenarbeit notwendig. Durch die Zunahme dieser Datenströme sind neue Herausforderungen und Anforderungen in Bezug auf den Schutz personenbezogener Daten entstanden. Das durch diese Verordnung unionsweit gewährleistete Schutzniveau für natürliche Personen sollte jedoch bei der Übermittlung personenbezogener Daten aus der Union an Verantwortliche, Auftragsverarbeiter oder andere Empfänger in Drittländern oder an internationale Organisationen nicht untergraben werden, und zwar auch dann nicht, wenn aus einem Drittland oder von einer internationalen Organisation personenbezogene Daten an Verantwortliche oder Auftragsverarbeiter in demselben oder einem anderen Drittland oder an dieselbe oder eine andere internationale Organisation weiterübermittelt werden. In jedem Fall sind derartige Datenübermittlungen an Drittländer und internationale Organisationen nur unter strikter Einhaltung dieser Verordnung zulässig. Eine Datenübermittlung könnte nur stattfinden, wenn die in dieser Verordnung festgelegten Bedingungen zur Übermittlung personenbezogener Daten an Drittländer oder internationale Organisationen vorbehaltlich der übrigen Bestimmungen dieser Verordnung von dem Verantwortlichen oder dem Auftragsverarbeiter erfüllt werden.

(102) Internationale Abkommen zwischen der Union und Drittländern über die Übermittlung von personenbezogenen Daten einschließlich geeigneter Garantien für die betroffenen Personen werden von dieser Verordnung nicht berührt. Die Mitgliedstaaten können völkerrechtliche Übereinkünfte schließen, die die Übermittlung personenbezogener Daten an Drittländer oder internationale Organisationen beinhalten, sofern sich diese Übereinkünfte weder auf diese Verordnung noch auf andere Bestimmungen des Unionsrechts auswirken und ein angemessenes Schutzniveau für die Grundrechte der betroffenen Personen umfassen.

(103) Die Kommission darf mit Wirkung für die gesamte Union beschließen, dass ein bestimmtes Drittland, ein Gebiet oder ein bestimmter Sektor eines Drittlands oder eine internationale Organisation ein angemessenes Datenschutzniveau bietet, und auf diese Weise in Bezug auf das Drittland oder die internationale Organisation, das bzw. die für fähig gehalten wird, ein solches Schutzniveau zu bieten, in der gesamten Union Rechtssicherheit schaffen und eine einheitliche Rechtsanwendung sicherstellen. In derartigen Fällen dürfen personenbezogene Daten ohne weitere Genehmigung an dieses Land oder diese internationale Organisation übermittelt werden. Die Kommission kann, nach Abgabe einer ausführlichen Erklärung, in der dem Drittland oder der internationalen Organisation eine Begründung gegeben wird, auch entscheiden, eine solche Feststellung zu widerrufen.

(104) In Übereinstimmung mit den Grundwerten der Union, zu denen insbesondere der Schutz der Menschenrechte zählt, sollte die Kommission bei der Bewertung des Drittlands oder eines Gebiets oder eines bestimmten Sektors eines Drittlands berücksichtigen, inwieweit dort die Rechtsstaatlichkeit gewahrt ist, der Rechtsweg gewährleistet ist und die internationalen Menschenrechtsnormen und -standards eingehalten werden und welche allgemeinen und sektorspezifischen Vorschriften, wozu auch die Vorschriften über die öffentliche Sicherheit, die Landesverteidigung und die nationale Sicherheit sowie die öffentliche Ordnung und das Strafrecht zählen, dort gelten. Die Annahme eines Angemessenheitsbeschlusses in Bezug auf ein Gebiet oder einen bestimmten Sektor eines Drittlands sollte unter Berücksichtigung eindeutiger und objektiver Kriterien wie bestimmter Verarbeitungsvorgänge und des Anwendungsbereichs anwendbarer Rechtsnormen und geltender Rechtsvorschriften in dem Drittland erfolgen. Das Drittland sollte Garantien für ein angemessenes Schutzniveau bieten, das dem innerhalb der Union gewährleisteten Schutzniveau der Sache nach gleichwertig ist, insbesondere in Fällen, in denen personenbezogene Daten in einem oder mehreren spezifischen Sektoren verarbeitet werden. Das Drittland sollte insbesondere eine wirksame unabhängige Überwachung des Datenschutzes gewährleisten und Mechanismen für eine Zusammenarbeit mit den Datenschutzbehörden der Mitgliedstaaten vorsehen, und den betroffenen Personen sollten wirksame und durchsetzbare Rechte sowie wirksame verwaltungsrechtliche und gerichtliche Rechtsbehelfe eingeräumt werden.

(105) Die Kommission sollte neben den internationalen Verpflichtungen, die das Drittland oder die internationale Organisation eingegangen ist, die Verpflichtungen, die sich aus der Teilnahme des Drittlands oder der internationalen Organisation an multilateralen oder regionalen Systemen insbesondere im Hinblick auf den Schutz personenbezogener Daten ergeben, sowie die Umsetzung dieser Verpflichtungen berücksichtigen. Insbesondere sollte der Beitritt des Drittlands zum Übereinkommen des Europarates vom 28. Januar 1981 zum Schutz des Menschen bei der automatischen Verarbeitung personenbezogener Daten und dem dazugehörigen Zusatzprotokoll berücksichtigt werden. Die Kommission sollte den Ausschuss konsultieren, wenn sie das Schutzniveau in Drittländern oder internationalen Organisationen bewertet.

(106) Die Kommission sollte die Wirkungsweise von Feststellungen zum Schutzniveau in einem Drittland, einem Gebiet oder einem bestimmten Sektor eines

Drittlands oder einer internationalen Organisation überwachen; sie sollte auch die Wirkungsweise der Feststellungen, die auf der Grundlage des Artikels 25 Absatz 6 oder des Artikels 26 Absatz 4 der Richtlinie 95/46/EG erlassen werden, überwachen. In ihren Angemessenheitsbeschlüssen sollte die Kommission einen Mechanismus für die regelmäßige Überprüfung von deren Wirkungsweise vorsehen. Diese regelmäßige Überprüfung sollte in Konsultation mit dem betreffenden Drittland oder der betreffenden internationalen Organisation erfolgen und allen maßgeblichen Entwicklungen in dem Drittland oder der internationalen Organisation Rechnung tragen. Für die Zwecke der Überwachung und der Durchführung der regelmäßigen Überprüfungen sollte die Kommission die Standpunkte und Feststellungen des Europäischen Parlaments und des Rates sowie der anderen einschlägigen Stellen und Quellen berücksichtigen. Die Kommission sollte innerhalb einer angemessenen Frist die Wirkungsweise der letztgenannten Beschlüsse bewerten und dem durch diese Verordnung eingesetzten Ausschuss im Sinne der Verordnung (EU) Nr. 182/2011 des Europäischen Parlaments und des Rates[1] sowie dem Europäischen Parlament und dem Rat über alle maßgeblichen Feststellungen Bericht erstatten.

(107) Die Kommission kann feststellen, dass ein Drittland, ein Gebiet oder ein bestimmter Sektor eines Drittlands oder eine internationale Organisation kein angemessenes Datenschutzniveau mehr bietet. Die Übermittlung personenbezogener Daten an dieses Drittland oder an diese internationale Organisation sollte daraufhin verboten werden, es sei denn, die Anforderungen dieser Verordnung in Bezug auf die Datenübermittlung vorbehaltlich geeigneter Garantien, einschließlich verbindlicher interner Datenschutzvorschriften und auf Ausnahmen für bestimmte Fälle werden erfüllt. In diesem Falle sollten Konsultationen zwischen der Kommission und den betreffenden Drittländern oder internationalen Organisationen vorgesehen werden. Die Kommission sollte dem Drittland oder der internationalen Organisation frühzeitig die Gründe mitteilen und Konsultationen aufnehmen, um Abhilfe für die Situation zu schaffen.

(108) Bei Fehlen eines Angemessenheitsbeschlusses sollte der Verantwortliche oder der Auftragsverarbeiter als Ausgleich für den in einem Drittland bestehenden Mangel an Datenschutz geeignete Garantien für den Schutz der betroffenen Person vorsehen. Diese geeigneten Garantien können darin bestehen, dass auf verbindliche interne Datenschutzvorschriften, von der Kommission oder von einer Aufsichtsbehörde angenommene Standarddatenschutzklauseln oder von einer Aufsichtsbehörde genehmigte Vertragsklauseln zurückgegriffen wird. Diese Garantien sollten sicherstellen, dass die Datenschutzvorschriften und die Rechte der betroffenen Personen auf eine der Verarbeitung innerhalb der Union angemessene Art und Weise beachtet werden; dies gilt auch hinsichtlich der Verfügbarkeit von durchsetzbaren Rechten der betroffenen Person und von wirksamen Rechtsbehelfen einschließlich des Rechts auf wirksame verwaltungsrechtliche oder gerichtliche Rechtsbehelfe sowie des Rechts auf Geltendmachung von Schadenersatzansprüchen in der

[1] Verordnung (EU) Nr. 182/2011 des Europäischen Parlaments und des Rates vom 16. Februar 2011 zur Festlegung der allgemeinen Regeln und Grundsätze, nach denen die Mitgliedstaaten die Wahrnehmung der Durchführungsbefugnisse durch die Kommission kontrollieren (ABl. L 55 vom 28.2.2011, S. 13).

Union oder in einem Drittland. Sie sollten sich insbesondere auf die Einhaltung der allgemeinen Grundsätze für die Verarbeitung personenbezogener Daten, die Grundsätze des Datenschutzes durch Technik und durch datenschutzfreundliche Voreinstellungen beziehen. Datenübermittlungen dürfen auch von Behörden oder öffentlichen Stellen an Behörden oder öffentliche Stellen in Drittländern oder an internationale Organisationen mit entsprechenden Pflichten oder Aufgaben vorgenommen werden, auch auf der Grundlage von Bestimmungen, die in Verwaltungsvereinbarungen – wie beispielsweise einer gemeinsamen Absichtserklärung –, mit denen den betroffenen Personen durchsetzbare und wirksame Rechte eingeräumt werden, aufzunehmen sind. Die Genehmigung der zuständigen Aufsichtsbehörde sollte erlangt werden, wenn die Garantien in nicht rechtsverbindlichen Verwaltungsvereinbarungen vorgesehen sind.

(109) Die dem Verantwortlichen oder dem Auftragsverarbeiter offenstehende Möglichkeit, auf die von der Kommission oder einer Aufsichtsbehörde festgelegten Standard-Datenschutzklauseln zurückzugreifen, sollte den Verantwortlichen oder den Auftragsverarbeiter weder daran hindern, die Standard-Datenschutzklauseln auch in umfangreicheren Verträgen, wie zum Beispiel Verträgen zwischen dem Auftragsverarbeiter und einem anderen Auftragsverarbeiter, zu verwenden, noch ihn daran hindern, ihnen weitere Klauseln oder zusätzliche Garantien hinzuzufügen, solange diese weder mittelbar noch unmittelbar im Widerspruch zu den von der Kommission oder einer Aufsichtsbehörde erlassenen Standard-Datenschutzklauseln stehen oder die Grundrechte und Grundfreiheiten der betroffenen Personen beschneiden. Die Verantwortlichen und die Auftragsverarbeiter sollten ermutigt werden, mit vertraglichen Verpflichtungen, die die Standard-Schutzklauseln ergänzen, zusätzliche Garantien zu bieten.

(110) Jede Unternehmensgruppe oder jede Gruppe von Unternehmen, die eine gemeinsame Wirtschaftstätigkeit ausüben, sollte für ihre internationalen Datenübermittlungen aus der Union an Organisationen derselben Unternehmensgruppe oder derselben Gruppe von Unternehmen, die eine gemeinsame Wirtschaftstätigkeit ausüben, genehmigte verbindliche interne Datenschutzvorschriften anwenden dürfen, sofern diese sämtliche Grundprinzipien und durchsetzbaren Rechte enthalten, die geeignete Garantien für die Übermittlungen beziehungsweise Kategorien von Übermittlungen personenbezogener Daten bieten.

(111) Datenübermittlungen sollten unter bestimmten Voraussetzungen zulässig sein, nämlich wenn die betroffene Person ihre ausdrückliche Einwilligung erteilt hat, wenn die Übermittlung gelegentlich erfolgt und im Rahmen eines Vertrags oder zur Geltendmachung von Rechtsansprüchen, sei es vor Gericht oder auf dem Verwaltungswege oder in außergerichtlichen Verfahren, wozu auch Verfahren vor Regulierungsbehörden zählen, erforderlich ist. Die Übermittlung sollte zudem möglich sein, wenn sie zur Wahrung eines im Unionsrecht oder im Recht eines Mitgliedstaats festgelegten wichtigen öffentlichen Interesses erforderlich ist oder wenn sie aus einem durch Rechtsvorschriften vorgesehenen Register erfolgt, das von der Öffentlichkeit oder Personen mit berechtigtem Interesse eingesehen werden kann. In letzterem Fall sollte sich eine solche Übermittlung nicht auf die Gesamtheit oder ganze Kategorien der

im Register enthaltenen personenbezogenen Daten erstrecken dürfen. Ist das betreffende Register zur Einsichtnahme durch Personen mit berechtigtem Interesse bestimmt, sollte die Übermittlung nur auf Anfrage dieser Personen oder nur dann erfolgen, wenn diese Personen die Adressaten der Übermittlung sind, wobei den Interessen und Grundrechten der betroffenen Person in vollem Umfang Rechnung zu tragen ist.

(112) Diese Ausnahmen sollten insbesondere für Datenübermittlungen gelten, die aus wichtigen Gründen des öffentlichen Interesses erforderlich sind, beispielsweise für den internationalen Datenaustausch zwischen Wettbewerbs-, Steuer- oder Zollbehörden, zwischen Finanzaufsichtsbehörden oder zwischen für Angelegenheiten der sozialen Sicherheit oder für die öffentliche Gesundheit zuständigen Diensten, beispielsweise im Falle der Umgebungsuntersuchung bei ansteckenden Krankheiten oder zur Verringerung und/oder Beseitigung des Dopings im Sport. Die Übermittlung personenbezogener Daten sollte ebenfalls als rechtmäßig angesehen werden, wenn sie erforderlich ist, um ein Interesse, das für die lebenswichtigen Interessen – einschließlich der körperlichen Unversehrtheit oder des Lebens – der betroffenen Person oder einer anderen Person wesentlich ist, zu schützen und die betroffene Person außerstande ist, ihre Einwilligung zu geben. Liegt kein Angemessenheitsbeschluss vor, so können im Unionsrecht oder im Recht der Mitgliedstaaten aus wichtigen Gründen des öffentlichen Interesses ausdrücklich Beschränkungen der Übermittlung bestimmter Kategorien von Daten an Drittländer oder internationale Organisationen vorgesehen werden. Die Mitgliedstaaten sollten solche Bestimmungen der Kommission mitteilen. Jede Übermittlung personenbezogener Daten einer betroffenen Person, die aus physischen oder rechtlichen Gründen außerstande ist, ihre Einwilligung zu erteilen, an eine internationale humanitäre Organisation, die erfolgt, um eine nach den Genfer Konventionen obliegende Aufgabe auszuführen oder um dem in bewaffneten Konflikten anwendbaren humanitären Völkerrecht nachzukommen, könnte als aus einem wichtigen Grund im öffentlichen Interesse notwendig oder als im lebenswichtigen Interesse der betroffenen Person liegend erachtet werden.

(113) Übermittlungen, die als nicht wiederholt erfolgend gelten können und nur eine begrenzte Zahl von betroffenen Personen betreffen, könnten auch zur Wahrung der zwingenden berechtigten Interessen des Verantwortlichen möglich sein, sofern die Interessen oder Rechte und Freiheiten der betroffenen Person nicht überwiegen und der Verantwortliche sämtliche Umstände der Datenübermittlung geprüft hat. Der Verantwortliche sollte insbesondere die Art der personenbezogenen Daten, den Zweck und die Dauer der vorgesehenen Verarbeitung, die Situation im Herkunftsland, in dem betreffenden Drittland und im Endbestimmungsland berücksichtigen und angemessene Garantien zum Schutz der Grundrechte und Grundfreiheiten natürlicher Personen in Bezug auf die Verarbeitung ihrer personenbezogener Daten vorsehen. Diese Übermittlungen sollten nur in den verbleibenden Fällen möglich sein, in denen keiner der anderen Gründe für die Übermittlung anwendbar ist. Bei wissenschaftlichen oder historischen Forschungszwecken oder bei statistischen Zwecken sollten die legitimen gesellschaftlichen Erwartungen in Bezug auf einen Wissenszuwachs berücksichtigt werden. Der Verantwortliche sollte die

Aufsichtsbehörde und die betroffene Person von der Übermittlung in Kenntnis setzen.

(114) In allen Fällen, in denen kein Kommissionsbeschluss zur Angemessenheit des in einem Drittland bestehenden Datenschutzniveaus vorliegt, sollte der Verantwortliche oder der Auftragsverarbeiter auf Lösungen zurückgreifen, mit denen den betroffenen Personen durchsetzbare und wirksame Rechte in Bezug auf die Verarbeitung ihrer personenbezogenen Daten in der Union nach der Übermittlung dieser Daten eingeräumt werden, damit sie weiterhin die Grundrechte und Garantien genießen können.

(115) Manche Drittländer erlassen Gesetze, Vorschriften und sonstige Rechtsakte, die vorgeben, die Verarbeitungstätigkeiten natürlicher und juristischer Personen, die der Rechtsprechung der Mitgliedstaaten unterliegen, unmittelbar zu regeln. Dies kann Urteile von Gerichten und Entscheidungen von Verwaltungsbehörden in Drittländern umfassen, mit denen von einem Verantwortlichen oder einem Auftragsverarbeiter die Übermittlung oder Offenlegung personenbezogener Daten verlangt wird und die nicht auf eine in Kraft befindliche internationale Übereinkunft wie etwa ein Rechtshilfeabkommen zwischen dem ersuchenden Drittland und der Union oder einem Mitgliedstaat gestützt sind. Die Anwendung dieser Gesetze, Verordnungen und sonstigen Rechtsakte außerhalb des Hoheitsgebiets der betreffenden Drittländer kann gegen internationales Recht verstoßen und dem durch diese Verordnung in der Union gewährleisteten Schutz natürlicher Personen zuwiderlaufen. Datenübermittlungen sollten daher nur zulässig sein, wenn die Bedingungen dieser Verordnung für Datenübermittlungen an Drittländer eingehalten werden. Dies kann unter anderem der Fall sein, wenn die Offenlegung aus einem wichtigen öffentlichen Interesse erforderlich ist, das im Unionsrecht oder im Recht des Mitgliedstaats, dem der Verantwortliche unterliegt, anerkannt ist.

(116) Wenn personenbezogene Daten in ein anderes Land außerhalb der Union übermittelt werden, besteht eine erhöhte Gefahr, dass natürliche Personen ihre Datenschutzrechte nicht wahrnehmen können und sich insbesondere gegen die unrechtmäßige Nutzung oder Offenlegung dieser Informationen zu schützen. Ebenso kann es vorkommen, dass Aufsichtsbehörden Beschwerden nicht nachgehen oder Untersuchungen nicht durchführen können, die einen Bezug zu Tätigkeiten außerhalb der Grenzen ihres Mitgliedstaats haben. Ihre Bemühungen um grenzüberschreitende Zusammenarbeit können auch durch unzureichende Präventiv- und Abhilfebefugnisse, widersprüchliche Rechtsordnungen und praktische Hindernisse wie Ressourcenknappheit behindert werden. Die Zusammenarbeit zwischen den Datenschutzaufsichtsbehörden muss daher gefördert werden, damit sie Informationen austauschen und mit den Aufsichtsbehörden in anderen Ländern Untersuchungen durchführen können. Um Mechanismen der internationalen Zusammenarbeit zu entwickeln, die die internationale Amtshilfe bei der Durchsetzung von Rechtsvorschriften zum Schutz personenbezogener Daten erleichtern und sicherstellen, sollten die Kommission und die Aufsichtsbehörden Informationen austauschen und bei Tätigkeiten, die mit der Ausübung ihrer Befugnisse in Zusammenhang stehen, mit den zuständigen Behörden der Drittländer nach dem Grundsatz der Gegenseitigkeit und gemäß dieser Verordnung zusammenarbeiten.

(117) Die Errichtung von Aufsichtsbehörden in den Mitgliedstaaten, die befugt sind, ihre Aufgaben und Befugnisse völlig unabhängig wahrzunehmen, ist ein wesentlicher Bestandteil des Schutzes natürlicher Personen bei der Verarbeitung personenbezogener Daten. Die Mitgliedstaaten sollten mehr als eine Aufsichtsbehörde errichten können, wenn dies ihrer verfassungsmäßigen, organisatorischen und administrativen Struktur entspricht.

(118) Die Tatsache, dass die Aufsichtsbehörden unabhängig sind, sollte nicht bedeuten, dass sie hinsichtlich ihrer Ausgaben keinem Kontroll- oder Überwachungsmechanismus unterworfen werden bzw. sie keiner gerichtlichen Überprüfung unterzogen werden können.

(119) Errichtet ein Mitgliedstaat mehrere Aufsichtsbehörden, so sollte er mittels Rechtsvorschriften sicherstellen, dass diese Aufsichtsbehörden am Kohärenzverfahren wirksam beteiligt werden. Insbesondere sollte dieser Mitgliedstaat eine Aufsichtsbehörde bestimmen, die als zentrale Anlaufstelle für eine wirksame Beteiligung dieser Behörden an dem Verfahren fungiert und eine rasche und reibungslose Zusammenarbeit mit anderen Aufsichtsbehörden, dem Ausschuss und der Kommission gewährleistet.

(120) Jede Aufsichtsbehörde sollte mit Finanzmitteln, Personal, Räumlichkeiten und einer Infrastruktur ausgestattet werden, wie sie für die wirksame Wahrnehmung ihrer Aufgaben, einschließlich derer im Zusammenhang mit der Amtshilfe und Zusammenarbeit mit anderen Aufsichtsbehörden in der gesamten Union, notwendig sind. Jede Aufsichtsbehörde sollte über einen eigenen, öffentlichen, jährlichen Haushaltsplan verfügen, der Teil des gesamten Staatshaushalts oder nationalen Haushalts sein kann.

(121) Die allgemeinen Anforderungen an das Mitglied oder die Mitglieder der Aufsichtsbehörde sollten durch Rechtsvorschriften von jedem Mitgliedstaat geregelt werden und insbesondere vorsehen, dass diese Mitglieder im Wege eines transparenten Verfahrens entweder – auf Vorschlag der Regierung, eines Mitglieds der Regierung, des Parlaments oder einer Parlamentskammer – vom Parlament, der Regierung oder dem Staatsoberhaupt des Mitgliedstaats oder von einer unabhängigen Stelle ernannt werden, die nach dem Recht des Mitgliedstaats mit der Ernennung betraut wird. Um die Unabhängigkeit der Aufsichtsbehörde zu gewährleisten, sollten ihre Mitglieder ihr Amt integer ausüben, von allen mit den Aufgaben ihres Amts nicht zu vereinbarenden Handlungen absehen und während ihrer Amtszeit keine andere mit ihrem Amt nicht zu vereinbarende entgeltliche oder unentgeltliche Tätigkeit ausüben. Die Aufsichtsbehörde sollte über eigenes Personal verfügen, das sie selbst oder eine nach dem Recht des Mitgliedstaats eingerichtete unabhängige Stelle auswählt und das ausschließlich der Leitung des Mitglieds oder der Mitglieder der Aufsichtsbehörde unterstehen sollte.

(122) Jede Aufsichtsbehörde sollte dafür zuständig sein, im Hoheitsgebiet ihres Mitgliedstaats die Befugnisse auszuüben und die Aufgaben zu erfüllen, die ihr mit dieser Verordnung übertragen wurden. Dies sollte insbesondere für Folgendes gelten: die Verarbeitung im Rahmen der Tätigkeiten einer Niederlassung des Verantwortlichen oder Auftragsverarbeiters im Hoheitsgebiet ihres Mitgliedstaats, die Verarbeitung personenbezogener Daten durch Behörden

oder private Stellen, die im öffentlichen Interesse handeln, Verarbeitungstätigkeiten, die Auswirkungen auf betroffene Personen in ihrem Hoheitsgebiet haben, oder Verarbeitungstätigkeiten eines Verantwortlichen oder Auftragsverarbeiters ohne Niederlassung in der Union, sofern sie auf betroffene Personen mit Wohnsitz in ihrem Hoheitsgebiet ausgerichtet sind. Dies sollte auch die Bearbeitung von Beschwerden einer betroffenen Person, die Durchführung von Untersuchungen über die Anwendung dieser Verordnung sowie die Förderung der Information der Öffentlichkeit über Risiken, Vorschriften, Garantien und Rechte im Zusammenhang mit der Verarbeitung personenbezogener Daten einschließen.

(123) Die Aufsichtsbehörden sollten die Anwendung der Bestimmungen dieser Verordnung überwachen und zu ihrer einheitlichen Anwendung in der gesamten Union beitragen, um natürliche Personen im Hinblick auf die Verarbeitung ihrer Daten zu schützen und den freien Verkehr personenbezogener Daten im Binnenmarkt zu erleichtern. Zu diesem Zweck sollten die Aufsichtsbehörden untereinander und mit der Kommission zusammenarbeiten, ohne dass eine Vereinbarung zwischen den Mitgliedstaaten über die Leistung von Amtshilfe oder über eine derartige Zusammenarbeit erforderlich wäre.

(124) Findet die Verarbeitung personenbezogener Daten im Zusammenhang mit der Tätigkeit einer Niederlassung eines Verantwortlichen oder eines Auftragsverarbeiters in der Union statt und hat der Verantwortliche oder der Auftragsverarbeiter Niederlassungen in mehr als einem Mitgliedstaat oder hat die Verarbeitungstätigkeit im Zusammenhang mit der Tätigkeit einer einzigen Niederlassung eines Verantwortlichen oder Auftragsverarbeiters in der Union erhebliche Auswirkungen auf betroffene Personen in mehr als einem Mitgliedstaat bzw. wird sie voraussichtlich solche Auswirkungen haben, so sollte die Aufsichtsbehörde für die Hauptniederlassung des Verantwortlichen oder Auftragsverarbeiters oder für die einzige Niederlassung des Verantwortlichen oder Auftragsverarbeiters als federführende Behörde fungieren. Sie sollte mit den anderen Behörden zusammenarbeiten, die betroffen sind, weil der Verantwortliche oder Auftragsverarbeiter eine Niederlassung im Hoheitsgebiet ihres Mitgliedstaats hat, weil die Verarbeitung erhebliche Auswirkungen auf betroffene Personen mit Wohnsitz in ihrem Hoheitsgebiet hat oder weil bei ihnen eine Beschwerde eingelegt wurde. Auch wenn eine betroffene Person ohne Wohnsitz in dem betreffenden Mitgliedstaat eine Beschwerde eingelegt hat, sollte die Aufsichtsbehörde, bei der Beschwerde eingelegt wurde, auch eine betroffene Aufsichtsbehörde sein. Der Ausschuss sollte – im Rahmen seiner Aufgaben in Bezug auf die Herausgabe von Leitlinien zu allen Fragen im Zusammenhang mit der Anwendung dieser Verordnung – insbesondere Leitlinien zu den Kriterien ausgeben können, die bei der Feststellung zu berücksichtigen sind, ob die fragliche Verarbeitung erhebliche Auswirkungen auf betroffene Personen in mehr als einem Mitgliedstaat hat und was einen maßgeblichen und begründeten Einspruch darstellt.

(125) Die federführende Behörde sollte berechtigt sein, verbindliche Beschlüsse über Maßnahmen zu erlassen, mit denen die ihr gemäß dieser Verordnung übertragenen Befugnisse ausgeübt werden. In ihrer Eigenschaft als federführende Behörde sollte diese Aufsichtsbehörde für die enge Einbindung und Koordinierung der betroffenen Aufsichtsbehörden im Entscheidungsprozess

sorgen. Wird beschlossen, die Beschwerde der betroffenen Person vollständig oder teilweise abzuweisen, so sollte dieser Beschluss von der Aufsichtsbehörde angenommen werden, bei der die Beschwerde eingelegt wurde.

(126) Der Beschluss sollte von der federführenden Aufsichtsbehörde und den betroffenen Aufsichtsbehörden gemeinsam vereinbart werden und an die Hauptniederlassung oder die einzige Niederlassung des Verantwortlichen oder Auftragsverarbeiters gerichtet sein und für den Verantwortlichen und den Auftragsverarbeiter verbindlich sein. Der Verantwortliche oder Auftragsverarbeiter sollte die erforderlichen Maßnahmen treffen, um die Einhaltung dieser Verordnung und die Umsetzung des Beschlusses zu gewährleisten, der der Hauptniederlassung des Verantwortlichen oder Auftragsverarbeiters im Hinblick auf die Verarbeitungstätigkeiten in der Union von der federführenden Aufsichtsbehörde mitgeteilt wurde.

(127) Jede Aufsichtsbehörde, die nicht als federführende Aufsichtsbehörde fungiert, sollte in örtlichen Fällen zuständig sein, wenn der Verantwortliche oder Auftragsverarbeiter Niederlassungen in mehr als einem Mitgliedstaat hat, der Gegenstand der spezifischen Verarbeitung aber nur die Verarbeitungstätigkeiten in einem einzigen Mitgliedstaat und nur betroffene Personen in diesem einen Mitgliedstaat betrifft, beispielsweise wenn es um die Verarbeitung von personenbezogenen Daten von Arbeitnehmern im spezifischen Beschäftigungskontext eines Mitgliedstaats geht. In solchen Fällen sollte die Aufsichtsbehörde unverzüglich die federführende Aufsichtsbehörde über diese Angelegenheit unterrichten. Nach ihrer Unterrichtung sollte die federführende Aufsichtsbehörde entscheiden, ob sie den Fall nach den Bestimmungen zur Zusammenarbeit zwischen der federführenden Aufsichtsbehörde und anderen betroffenen Aufsichtsbehörden gemäß der Vorschrift zur Zusammenarbeit zwischen der federführenden Aufsichtsbehörde und anderen betroffenen Aufsichtsbehörden (im Folgenden „Verfahren der Zusammenarbeit und Kohärenz“) regelt oder ob die Aufsichtsbehörde, die sie unterrichtet hat, den Fall auf örtlicher Ebene regeln sollte. Dabei sollte die federführende Aufsichtsbehörde berücksichtigen, ob der Verantwortliche oder der Auftragsverarbeiter in dem Mitgliedstaat, dessen Aufsichtsbehörde sie unterrichtet hat, eine Niederlassung hat, damit Beschlüsse gegenüber dem Verantwortlichen oder dem Auftragsverarbeiter wirksam durchgesetzt werden. Entscheidet die federführende Aufsichtsbehörde, den Fall selbst zu regeln, sollte die Aufsichtsbehörde, die sie unterrichtet hat, die Möglichkeit haben, einen Beschlussentwurf vorzulegen, dem die federführende Aufsichtsbehörde bei der Ausarbeitung ihres Beschlussentwurfs im Rahmen dieses Verfahrens der Zusammenarbeit und Kohärenz weitestgehend Rechnung tragen sollte.

(128) Die Vorschriften über die federführende Behörde und das Verfahren der Zusammenarbeit und Kohärenz sollten keine Anwendung finden, wenn die Verarbeitung durch Behörden oder private Stellen im öffentlichen Interesse erfolgt. In diesen Fällen sollte die Aufsichtsbehörde des Mitgliedstaats, in dem die Behörde oder private Einrichtung ihren Sitz hat, die einzige Aufsichtsbehörde sein, die dafür zuständig ist, die Befugnisse auszuüben, die ihr mit dieser Verordnung übertragen wurden.

(129) Um die einheitliche Überwachung und Durchsetzung dieser Verordnung in der gesamten Union sicherzustellen, sollten die Aufsichtsbehörden in jedem Mitgliedstaat dieselben Aufgaben und wirksamen Befugnisse haben, darunter, insbesondere im Fall von Beschwerden natürlicher Personen, Untersuchungsbefugnisse, Abhilfebefugnisse und Sanktionsbefugnisse und Genehmigungsbefugnisse und beratende Befugnisse, sowie – unbeschadet der Befugnisse der Strafverfolgungsbehörden nach dem Recht der Mitgliedstaaten – die Befugnis, Verstöße gegen diese Verordnung den Justizbehörden zur Kenntnis zu bringen und Gerichtsverfahren anzustrengen. Dazu sollte auch die Befugnis zählen, eine vorübergehende oder endgültige Beschränkung der Verarbeitung, einschließlich eines Verbots, zu verhängen. Die Mitgliedstaaten können andere Aufgaben im Zusammenhang mit dem Schutz personenbezogener Daten im Rahmen dieser Verordnung festlegen. Die Befugnisse der Aufsichtsbehörden sollten in Übereinstimmung mit den geeigneten Verfahrensgarantien nach dem Unionsrecht und dem Recht der Mitgliedstaaten unparteiisch, gerecht und innerhalb einer angemessenen Frist ausgeübt werden. Insbesondere sollte jede Maßnahme im Hinblick auf die Gewährleistung der Einhaltung dieser Verordnung geeignet, erforderlich und verhältnismäßig sein, wobei die Umstände des jeweiligen Einzelfalls zu berücksichtigen sind, das Recht einer jeden Person, gehört zu werden, bevor eine individuelle Maßnahme getroffen wird, die nachteilige Auswirkungen auf diese Person hätte, zu achten ist und überflüssige Kosten und übermäßige Unannehmlichkeiten für die Betroffenen zu vermeiden sind. Untersuchungsbefugnisse im Hinblick auf den Zugang zu Räumlichkeiten sollten im Einklang mit besonderen Anforderungen im Verfahrensrecht der Mitgliedstaaten ausgeübt werden, wie etwa dem Erfordernis einer vorherigen richterlichen Genehmigung. Jede rechtsverbindliche Maßnahme der Aufsichtsbehörde sollte schriftlich erlassen werden und sie sollte klar und eindeutig sein; die Aufsichtsbehörde, die die Maßnahme erlassen hat, und das Datum, an dem die Maßnahme erlassen wurde, sollten angegeben werden und die Maßnahme sollte vom Leiter oder von einem von ihm bevollmächtigten Mitglied der Aufsichtsbehörde unterschrieben sein und eine Begründung für die Maßnahme sowie einen Hinweis auf das Recht auf einen wirksamen Rechtsbehelf enthalten. Dies sollte zusätzliche Anforderungen nach dem Verfahrensrecht der Mitgliedstaaten nicht ausschließen. Der Erlass eines rechtsverbindlichen Beschlusses setzt voraus, dass er in dem Mitgliedstaat der Aufsichtsbehörde, die den Beschluss erlassen hat, gerichtlich überprüft werden kann.

(130) Ist die Aufsichtsbehörde, bei der die Beschwerde eingereicht wurde, nicht die federführende Aufsichtsbehörde, so sollte die federführende Aufsichtsbehörde gemäß den Bestimmungen dieser Verordnung über Zusammenarbeit und Kohärenz eng mit der Aufsichtsbehörde zusammenarbeiten, bei der die Beschwerde eingereicht wurde. In solchen Fällen sollte die federführende Aufsichtsbehörde bei Maßnahmen, die rechtliche Wirkungen entfalten sollen, unter anderem bei der Verhängung von Geldbußen, den Standpunkt der Aufsichtsbehörde, bei der die Beschwerde eingereicht wurde und die weiterhin befugt sein sollte, in Abstimmung mit der zuständigen Aufsichtsbehörde Untersuchungen im Hoheitsgebiet ihres eigenen Mitgliedstaats durchzuführen, weitestgehend berücksichtigen.

(131) Wenn eine andere Aufsichtsbehörde als federführende Aufsichtsbehörde für die Verarbeitungstätigkeiten des Verantwortlichen oder des Auftragsverarbeiters fungieren sollte, der konkrete Gegenstand einer Beschwerde oder der mögliche Verstoß jedoch nur die Verarbeitungstätigkeiten des Verantwortlichen oder des Auftragsverarbeiters in dem Mitgliedstaat betrifft, in dem die Beschwerde eingereicht wurde oder der mögliche Verstoß aufgedeckt wurde, und die Angelegenheit keine erheblichen Auswirkungen auf betroffene Personen in anderen Mitgliedstaaten hat oder haben dürfte, sollte die Aufsichtsbehörde, bei der eine Beschwerde eingereicht wurde oder die Situationen, die mögliche Verstöße gegen diese Verordnung darstellen, aufgedeckt hat bzw. auf andere Weise darüber informiert wurde, versuchen, eine gütliche Einigung mit dem Verantwortlichen zu erzielen; falls sich dies als nicht erfolgreich erweist, sollte sie die gesamte Bandbreite ihrer Befugnisse wahrnehmen. Dies sollte auch Folgendes umfassen: die spezifische Verarbeitung im Hoheitsgebiet des Mitgliedstaats der Aufsichtsbehörde oder im Hinblick auf betroffene Personen im Hoheitsgebiet dieses Mitgliedstaats; die Verarbeitung im Rahmen eines Angebots von Waren oder Dienstleistungen, das speziell auf betroffene Personen im Hoheitsgebiet des Mitgliedstaats der Aufsichtsbehörde ausgerichtet ist; oder eine Verarbeitung, die unter Berücksichtigung der einschlägigen rechtlichen Verpflichtungen nach dem Recht der Mitgliedstaaten bewertet werden muss.

(132) Auf die Öffentlichkeit ausgerichtete Sensibilisierungsmaßnahmen der Aufsichtsbehörden sollten spezifische Maßnahmen einschließen, die sich an die Verantwortlichen und die Auftragsverarbeiter, einschließlich Kleinstunternehmen sowie kleiner und mittlerer Unternehmen, und an natürliche Personen, insbesondere im Bildungsbereich, richten.

(133) Die Aufsichtsbehörden sollten sich gegenseitig bei der Erfüllung ihrer Aufgaben unterstützen und Amtshilfe leisten, damit eine einheitliche Anwendung und Durchsetzung dieser Verordnung im Binnenmarkt gewährleistet ist. Eine Aufsichtsbehörde, die um Amtshilfe ersucht hat, kann eine einstweilige Maßnahme erlassen, wenn sie nicht binnen eines Monats nach Eingang des Amtshilfeersuchens bei der ersuchten Aufsichtsbehörde eine Antwort von dieser erhalten hat.

(134) Jede Aufsichtsbehörde sollte gegebenenfalls an gemeinsamen Maßnahmen von anderen Aufsichtsbehörden teilnehmen. Die ersuchte Aufsichtsbehörde sollte auf das Ersuchen binnen einer bestimmten Frist antworten müssen.

(135) Um die einheitliche Anwendung dieser Verordnung in der gesamten Union sicherzustellen, sollte ein Verfahren zur Gewährleistung einer einheitlichen Rechtsanwendung (Kohärenzverfahren) für die Zusammenarbeit zwischen den Aufsichtsbehörden eingeführt werden. Dieses Verfahren sollte insbesondere dann angewendet werden, wenn eine Aufsichtsbehörde beabsichtigt, eine Maßnahme zu erlassen, die rechtliche Wirkungen in Bezug auf Verarbeitungsvorgänge entfalten soll, die für eine bedeutende Zahl betroffener Personen in mehreren Mitgliedstaaten erhebliche Auswirkungen haben. Ferner sollte es zur Anwendung kommen, wenn eine betroffene Aufsichtsbehörde oder die Kommission beantragt, dass die Angelegenheit im Rahmen des Ko-

härenzverfahrens behandelt wird. Dieses Verfahren sollte andere Maßnahmen, die die Kommission möglicherweise in Ausübung ihrer Befugnisse nach den Verträgen trifft, unberührt lassen.

(136) Bei Anwendung des Kohärenzverfahrens sollte der Ausschuss, falls von der Mehrheit seiner Mitglieder so entschieden wird oder falls eine andere betroffene Aufsichtsbehörde oder die Kommission darum ersuchen, binnen einer festgelegten Frist eine Stellungnahme abgeben. Dem Ausschuss sollte auch die Befugnis übertragen werden, bei Streitigkeiten zwischen Aufsichtsbehörden rechtsverbindliche Beschlüsse zu erlassen. Zu diesem Zweck sollte er in klar bestimmten Fällen, in denen die Aufsichtsbehörden insbesondere im Rahmen des Verfahrens der Zusammenarbeit zwischen der federführenden Aufsichtsbehörde und den betroffenen Aufsichtsbehörden widersprüchliche Standpunkte zu dem Sachverhalt, vor allem in der Frage, ob ein Verstoß gegen diese Verordnung vorliegt, vertreten, grundsätzlich mit einer Mehrheit von zwei Dritteln seiner Mitglieder rechtsverbindliche Beschlüsse erlassen.

(137) Es kann dringender Handlungsbedarf zum Schutz der Rechte und Freiheiten von betroffenen Personen bestehen, insbesondere wenn eine erhebliche Behinderung der Durchsetzung des Rechts einer betroffenen Person droht. Eine Aufsichtsbehörde sollte daher hinreichend begründete einstweilige Maßnahmen in ihrem Hoheitsgebiet mit einer festgelegten Geltungsdauer von höchstens drei Monaten erlassen können.

(138) Die Anwendung dieses Verfahrens sollte in den Fällen, in denen sie verbindlich vorgeschrieben ist, eine Bedingung für die Rechtmäßigkeit einer Maßnahme einer Aufsichtsbehörde sein, die rechtliche Wirkungen entfalten soll. In anderen Fällen von grenzüberschreitender Relevanz sollte das Verfahren der Zusammenarbeit zwischen der federführenden Aufsichtsbehörde und den betroffenen Aufsichtsbehörden zur Anwendung gelangen, und die betroffenen Aufsichtsbehörden können auf bilateraler oder multilateraler Ebene Amtshilfe leisten und gemeinsame Maßnahmen durchführen, ohne auf das Kohärenzverfahren zurückzugreifen.

(139) Zur Förderung der einheitlichen Anwendung dieser Verordnung sollte der Ausschuss als unabhängige Einrichtung der Union eingesetzt werden. Damit der Ausschuss seine Ziele erreichen kann, sollte er Rechtspersönlichkeit besitzen. Der Ausschuss sollte von seinem Vorsitz vertreten werden. Er sollte die mit der Richtlinie 95/46/EG eingesetzte Arbeitsgruppe für den Schutz der Rechte von Personen bei der Verarbeitung personenbezogener Daten ersetzen. Er sollte aus dem Leiter einer Aufsichtsbehörde jedes Mitgliedstaats und dem Europäischen Datenschutzbeauftragten oder deren jeweiligen Vertretern gebildet werden. An den Beratungen des Ausschusses sollte die Kommission ohne Stimmrecht teilnehmen und der Europäische Datenschutzbeauftragte sollte spezifische Stimmrechte haben. Der Ausschuss sollte zur einheitlichen Anwendung der Verordnung in der gesamten Union beitragen, die Kommission insbesondere im Hinblick auf das Schutzniveau in Drittländern oder internationalen Organisationen beraten und die Zusammenarbeit der Aufsichtsbehörden in der Union fördern. Der Ausschuss sollte bei der Erfüllung seiner Aufgaben unabhängig handeln.

(140) Der Ausschuss sollte von einem Sekretariat unterstützt werden, das von dem Europäischen Datenschutzbeauftragten bereitgestellt wird. Das Personal des Europäischen Datenschutzbeauftragten, das an der Wahrnehmung der dem Ausschuss gemäß dieser Verordnung übertragenen Aufgaben beteiligt ist, sollte diese Aufgaben ausschließlich gemäß den Anweisungen des Vorsitzes des Ausschusses durchführen und diesem Bericht erstatten.

(141) Jede betroffene Person sollte das Recht haben, bei einer einzigen Aufsichtsbehörde insbesondere in dem Mitgliedstaat ihres gewöhnlichen Aufenthalts eine Beschwerde einzureichen und gemäß Artikel 47 der Charta einen wirksamen gerichtlichen Rechtsbehelf einzulegen, wenn sie sich in ihren Rechten gemäß dieser Verordnung verletzt sieht oder wenn die Aufsichtsbehörde auf eine Beschwerde hin nicht tätig wird, eine Beschwerde teilweise oder ganz abweist oder ablehnt oder nicht tätig wird, obwohl dies zum Schutz der Rechte der betroffenen Person notwendig ist. Die auf eine Beschwerde folgende Untersuchung sollte vorbehaltlich gerichtlicher Überprüfung so weit gehen, wie dies im Einzelfall angemessen ist. Die Aufsichtsbehörde sollte die betroffene Person innerhalb eines angemessenen Zeitraums über den Fortgang und die Ergebnisse der Beschwerde unterrichten. Sollten weitere Untersuchungen oder die Abstimmung mit einer anderen Aufsichtsbehörde erforderlich sein, sollte die betroffene Person über den Zwischenstand informiert werden. Jede Aufsichtsbehörde sollte Maßnahmen zur Erleichterung der Einreichung von Beschwerden treffen, wie etwa die Bereitstellung eines Beschwerdeformulars, das auch elektronisch ausgefüllt werden kann, ohne dass andere Kommunikationsmittel ausgeschlossen werden.

(142) Betroffene Personen, die sich in ihren Rechten gemäß dieser Verordnung verletzt sehen, sollten das Recht haben, nach dem Recht eines Mitgliedstaats gegründete Einrichtungen, Organisationen oder Verbände ohne Gewinnerzielungsabsicht, deren satzungsmäßige Ziele im öffentlichem Interesse liegen und die im Bereich des Schutzes personenbezogener Daten tätig sind, zu beauftragen, in ihrem Namen Beschwerde bei einer Aufsichtsbehörde oder einen gerichtlichen Rechtsbehelf einzulegen oder das Recht auf Schadensersatz in Anspruch zu nehmen, sofern dieses im Recht der Mitgliedstaaten vorgesehen ist. Die Mitgliedstaaten können vorsehen, dass diese Einrichtungen, Organisationen oder Verbände das Recht haben, unabhängig vom Auftrag einer betroffenen Person in dem betreffenden Mitgliedstaat eine eigene Beschwerde einzulegen, und das Recht auf einen wirksamen gerichtlichen Rechtsbehelf haben sollten, wenn sie Grund zu der Annahme haben, dass die Rechte der betroffenen Person infolge einer nicht im Einklang mit dieser Verordnung stehenden Verarbeitung verletzt worden sind. Diesen Einrichtungen, Organisationen oder Verbänden kann unabhängig vom Auftrag einer betroffenen Person nicht gestattet werden, im Namen einer betroffenen Person Schadenersatz zu verlangen.

(143) Jede natürliche oder juristische Person hat das Recht, unter den in Artikel 263 AEUV genannten Voraussetzungen beim Gerichtshof eine Klage auf Nichtigerklärung eines Beschlusses des Ausschusses zu erheben. Als Adressaten solcher Beschlüsse müssen die betroffenen Aufsichtsbehörden, die diese Beschlüsse anfechten möchten, binnen zwei Monaten nach deren Übermittlung

gemäß Artikel 263 AEUV Klage erheben. Sofern Beschlüsse des Ausschusses einen Verantwortlichen, einen Auftragsverarbeiter oder den Beschwerdeführer unmittelbar und individuell betreffen, so können diese Personen binnen zwei Monaten nach Veröffentlichung der betreffenden Beschlüsse auf der Website des Ausschusses im Einklang mit Artikel 263 AEUV eine Klage auf Nichtigerklärung erheben. Unbeschadet dieses Rechts nach Artikel 263 AEUV sollte jede natürliche oder juristische Person das Recht auf einen wirksamen gerichtlichen Rechtsbehelf bei dem zuständigen einzelstaatlichen Gericht gegen einen Beschluss einer Aufsichtsbehörde haben, der gegenüber dieser Person Rechtswirkungen entfaltet. Ein derartiger Beschluss betrifft insbesondere die Ausübung von Untersuchungs-, Abhilfe- und Genehmigungsbefugnissen durch die Aufsichtsbehörde oder die Ablehnung oder Abweisung von Beschwerden. Das Recht auf einen wirksamen gerichtlichen Rechtsbehelf umfasst jedoch nicht rechtlich nicht bindende Maßnahmen der Aufsichtsbehörden wie von ihr abgegebene Stellungnahmen oder Empfehlungen. Verfahren gegen eine Aufsichtsbehörde sollten bei den Gerichten des Mitgliedstaats angestrengt werden, in dem die Aufsichtsbehörde ihren Sitz hat, und sollten im Einklang mit dem Verfahrensrecht dieses Mitgliedstaats durchgeführt werden. Diese Gerichte sollten eine uneingeschränkte Zuständigkeit besitzen, was die Zuständigkeit, sämtliche für den bei ihnen anhängigen Rechtsstreit maßgebliche Sach- und Rechtsfragen zu prüfen, einschließt. Wurde eine Beschwerde von einer Aufsichtsbehörde abgelehnt oder abgewiesen, kann der Beschwerdeführer Klage bei den Gerichten desselben Mitgliedstaats erheben.

Im Zusammenhang mit gerichtlichen Rechtsbehelfen in Bezug auf die Anwendung dieser Verordnung können einzelstaatliche Gerichte, die eine Entscheidung über diese Frage für erforderlich halten, um ihr Urteil erlassen zu können, bzw. müssen einzelstaatliche Gerichte in den Fällen nach Artikel 267 AEUV den Gerichtshof um eine Vorabentscheidung zur Auslegung des Unionsrechts – das auch diese Verordnung einschließt – ersuchen. Wird darüber hinaus der Beschluss einer Aufsichtsbehörde zur Umsetzung eines Beschlusses des Ausschusses vor einem einzelstaatlichen Gericht angefochten und wird die Gültigkeit des Beschlusses des Ausschusses in Frage gestellt, so hat dieses einzelstaatliche Gericht nicht die Befugnis, den Beschluss des Ausschusses für nichtig zu erklären, sondern es muss im Einklang mit Artikel 267 AEUV in der Auslegung des Gerichtshofs den Gerichtshof mit der Frage der Gültigkeit befassen, wenn es den Beschluss für nichtig hält. Allerdings darf ein einzelstaatliches Gericht den Gerichtshof nicht auf Anfrage einer natürlichen oder juristischen Person mit Fragen der Gültigkeit des Beschlusses des Ausschusses befassen, wenn diese Person Gelegenheit hatte, eine Klage auf Nichtigerklärung dieses Beschlusses zu erheben — insbesondere wenn sie unmittelbar und individuell von dem Beschluss betroffen war –, diese Gelegenheit jedoch nicht innerhalb der Frist gemäß Artikel 263 AEUV genutzt hat.

(144) Hat ein mit einem Verfahren gegen die Entscheidung einer Aufsichtsbehörde befasstes Gericht Anlass zu der Vermutung, dass ein dieselbe Verarbeitung betreffendes Verfahren – etwa zu demselben Gegenstand in Bezug auf die Verarbeitung durch denselben Verantwortlichen oder Auftragsverarbeiter oder wegen desselben Anspruchs – vor einem zuständigen Gericht in einem anderen Mitgliedstaat anhängig ist, so sollte es mit diesem Gericht Kontakt

aufnehmen, um sich zu vergewissern, dass ein solches verwandtes Verfahren existiert. Sind verwandte Verfahren vor einem Gericht in einem anderen Mitgliedstaat anhängig, so kann jedes später angerufene Gericht das Verfahren aussetzen oder sich auf Anfrage einer Partei auch zugunsten des zuerst angerufenen Gerichts für unzuständig erklären, wenn dieses später angerufene Gericht für die betreffenden Verfahren zuständig ist und die Verbindung von solchen verwandten Verfahren nach seinem Recht zulässig ist. Verfahren gelten als miteinander verwandt, wenn zwischen ihnen eine so enge Beziehung gegeben ist, dass eine gemeinsame Verhandlung und Entscheidung geboten erscheint, um zu vermeiden, dass in getrennten Verfahren einander widersprechende Entscheidungen ergehen.

(145) Bei Verfahren gegen Verantwortliche oder Auftragsverarbeiter sollte es dem Kläger überlassen bleiben, ob er die Gerichte des Mitgliedstaats anruft, in dem der Verantwortliche oder der Auftragsverarbeiter eine Niederlassung hat, oder des Mitgliedstaats, in dem die betroffene Person wohnt; dies gilt nicht, wenn es sich bei dem Verantwortlichen um eine Behörde eines Mitgliedstaats handelt, die in Ausübung ihrer hoheitlichen Befugnisse tätig geworden ist.

(146) Der Verantwortliche oder der Auftragsverarbeiter sollte Schäden, die einer Person aufgrund einer Verarbeitung entstehen, die mit dieser Verordnung nicht im Einklang steht, ersetzen. Der Verantwortliche oder der Auftragsverarbeiter sollte von seiner Haftung befreit werden, wenn er nachweist, dass er in keiner Weise für den Schaden verantwortlich ist. Der Begriff des Schadens sollte im Lichte der Rechtsprechung des Gerichtshofs weit auf eine Art und Weise ausgelegt werden, die den Zielen dieser Verordnung in vollem Umfang entspricht. Dies gilt unbeschadet von Schadenersatzforderungen aufgrund von Verstößen gegen andere Vorschriften des Unionsrechts oder des Rechts der Mitgliedstaaten. Zu einer Verarbeitung, die mit der vorliegenden Verordnung nicht im Einklang steht, zählt auch eine Verarbeitung, die nicht mit den nach Maßgabe der vorliegenden Verordnung erlassenen delegierten Rechtsakten und Durchführungsrechtsakten und Rechtsvorschriften der Mitgliedstaaten zur Präzisierung von Bestimmungen der vorliegenden Verordnung im Einklang steht. Die betroffenen Personen sollten einen vollständigen und wirksamen Schadenersatz für den erlittenen Schaden erhalten. Sind Verantwortliche oder Auftragsverarbeiter an derselben Verarbeitung beteiligt, so sollte jeder Verantwortliche oder Auftragsverarbeiter für den gesamten Schaden haftbar gemacht werden. Werden sie jedoch nach Maßgabe des Rechts der Mitgliedstaaten zu demselben Verfahren hinzugezogen, so können sie im Verhältnis zu der Verantwortung anteilmäßig haftbar gemacht werden, die jeder Verantwortliche oder Auftragsverarbeiter für den durch die Verarbeitung entstandenen Schaden zu tragen hat, sofern sichergestellt ist, dass die betroffene Person einen vollständigen und wirksamen Schadenersatz für den erlittenen Schaden erhält. Jeder Verantwortliche oder Auftragsverarbeiter, der den vollen Schadenersatz geleistet hat, kann anschließend ein Rückgriffsverfahren gegen andere an derselben Verarbeitung beteiligte Verantwortliche oder Auftragsverarbeiter anstrengen.

(147) Soweit in dieser Verordnung spezifische Vorschriften über die Gerichtsbarkeit – insbesondere in Bezug auf Verfahren im Hinblick auf einen gerichtlichen

Rechtsbehelf einschließlich Schadenersatz gegen einen Verantwortlichen oder Auftragsverarbeiter – enthalten sind, sollten die allgemeinen Vorschriften über die Gerichtsbarkeit, wie sie etwa in der Verordnung (EU) Nr. 1215/2012 des Europäischen Parlaments und des Rates[1] enthalten sind, der Anwendung dieser spezifischen Vorschriften nicht entgegenstehen.

(148) Im Interesse einer konsequenteren Durchsetzung der Vorschriften dieser Verordnung sollten bei Verstößen gegen diese Verordnung zusätzlich zu den geeigneten Maßnahmen, die die Aufsichtsbehörde gemäß dieser Verordnung verhängt, oder an Stelle solcher Maßnahmen Sanktionen einschließlich Geldbußen verhängt werden. Im Falle eines geringfügigeren Verstoßes oder falls voraussichtlich zu verhängende Geldbuße eine unverhältnismäßige Belastung für eine natürliche Person bewirken würde, kann anstelle einer Geldbuße eine Verwarnung erteilt werden. Folgendem sollte jedoch gebührend Rechnung getragen werden: der Art, Schwere und Dauer des Verstoßes, dem vorsätzlichen Charakter des Verstoßes, den Maßnahmen zur Minderung des entstandenen Schadens, dem Grad der Verantwortlichkeit oder jeglichem früheren Verstoß, der Art und Weise, wie der Verstoß der Aufsichtsbehörde bekannt wurde, der Einhaltung der gegen den Verantwortlichen oder Auftragsverarbeiter angeordneten Maßnahmen, der Einhaltung von Verhaltensregeln und jedem anderen erschwerenden oder mildernden Umstand. Für die Verhängung von Sanktionen einschließlich Geldbußen sollte es angemessene Verfahrensgarantien geben, die den allgemeinen Grundsätzen des Unionsrechts und der Charta, einschließlich des Rechts auf wirksamen Rechtsschutz und ein faires Verfahren, entsprechen.

(149) Die Mitgliedstaaten sollten die strafrechtlichen Sanktionen für Verstöße gegen diese Verordnung, auch für Verstöße gegen auf der Grundlage und in den Grenzen dieser Verordnung erlassene nationale Vorschriften, festlegen können. Diese strafrechtlichen Sanktionen können auch die Einziehung der durch die Verstöße gegen diese Verordnung erzielten Gewinne ermöglichen. Die Verhängung von strafrechtlichen Sanktionen für Verstöße gegen solche nationalen Vorschriften und von verwaltungsrechtlichen Sanktionen sollte jedoch nicht zu einer Verletzung des Grundsatzes „ne bis in idem", wie er vom Gerichtshof ausgelegt worden ist, führen.

(150) Um die verwaltungsrechtlichen Sanktionen bei Verstößen gegen diese Verordnung zu vereinheitlichen und ihnen mehr Wirkung zu verleihen, sollte jede Aufsichtsbehörde befugt sein, Geldbußen zu verhängen. In dieser Verordnung sollten die Verstöße sowie die Obergrenze der entsprechenden Geldbußen und die Kriterien für ihre Festsetzung genannt werden, wobei diese Geldbußen von der zuständigen Aufsichtsbehörde in jedem Einzelfall unter Berücksichtigung aller besonderen Umstände und insbesondere der Art, Schwere und Dauer des Verstoßes und seiner Folgen sowie der Maßnahmen, die ergriffen worden sind, um die Einhaltung der aus dieser Verordnung erwachsenden Verpflichtungen zu gewährleisten und die Folgen des Verstoßes abzuwenden oder abzumildern, festzusetzen sind. Werden Geldbußen Unternehmen auferlegt, sollte zu diesem Zweck der Begriff „Unternehmen"

[1] Verordnung (EU) Nr. 1215/2012 des Europäischen Parlaments und des Rates vom 12.12.2012 über die gerichtliche Zuständigkeit und die Anerkennung und Vollstreckung von Entscheidungen in Zivil- und Handelssachen (ABl. L 351 vom 20.12.2012, S. 1).

im Sinne der Artikel 101 und 102 AEUV verstanden werden. Werden Geldbußen Personen auferlegt, bei denen es sich nicht um Unternehmen handelt, so sollte die Aufsichtsbehörde bei der Erwägung des angemessenen Betrags für die Geldbuße dem allgemeinen Einkommensniveau in dem betreffenden Mitgliedstaat und der wirtschaftlichen Lage der Personen Rechnung tragen. Das Kohärenzverfahren kann auch genutzt werden, um eine kohärente Anwendung von Geldbußen zu fördern. Die Mitgliedstaaten sollten bestimmen können, ob und inwieweit gegen Behörden Geldbußen verhängt werden können. Auch wenn die Aufsichtsbehörden bereits Geldbußen verhängt oder eine Verwarnung erteilt haben, können sie ihre anderen Befugnisse ausüben oder andere Sanktionen nach Maßgabe dieser Verordnung verhängen.

(151) Nach den Rechtsordnungen Dänemarks und Estlands sind die in dieser Verordnung vorgesehenen Geldbußen nicht zulässig. Die Vorschriften über die Geldbußen können so angewandt werden, dass die Geldbuße in Dänemark durch die zuständigen nationalen Gerichte als Strafe und in Estland durch die Aufsichtsbehörde im Rahmen eines Verfahrens bei Vergehen verhängt wird, sofern eine solche Anwendung der Vorschriften in diesen Mitgliedstaaten die gleiche Wirkung wie die von den Aufsichtsbehörden verhängten Geldbußen hat. Daher sollten die zuständigen nationalen Gerichte die Empfehlung der Aufsichtsbehörde, die die Geldbuße in die Wege geleitet hat, berücksichtigen. In jeden Fall sollten die verhängten Geldbußen wirksam, verhältnismäßig und abschreckend sein.

(152) Soweit diese Verordnung verwaltungsrechtliche Sanktionen nicht harmonisiert oder wenn es in anderen Fällen – beispielsweise bei schweren Verstößen gegen diese Verordnung – erforderlich ist, sollten die Mitgliedstaaten eine Regelung anwenden, die wirksame, verhältnismäßige und abschreckende Sanktionen vorsieht. Es sollte im Recht der Mitgliedstaaten geregelt werden, ob diese Sanktionen strafrechtlicher oder verwaltungsrechtlicher Art sind.

(153) Im Recht der Mitgliedstaaten sollten die Vorschriften über die freie Meinungsäußerung und Informationsfreiheit, auch von Journalisten, Wissenschaftlern, Künstlern und/oder Schriftstellern, mit dem Recht auf Schutz der personenbezogenen Daten gemäß dieser Verordnung in Einklang gebracht werden. Für die Verarbeitung personenbezogener Daten ausschließlich zu journalistischen Zwecken oder zu wissenschaftlichen, künstlerischen oder literarischen Zwecken sollten Abweichungen und Ausnahmen von bestimmten Vorschriften dieser Verordnung gelten, wenn dies erforderlich ist, um das Recht auf Schutz der personenbezogenen Daten mit dem Recht auf Freiheit der Meinungsäußerung und Informationsfreiheit, wie es in Artikel 11 der Charta garantiert ist, in Einklang zu bringen. Dies sollte insbesondere für die Verarbeitung personenbezogener Daten im audiovisuellen Bereich sowie in Nachrichten- und Pressearchiven gelten. Die Mitgliedstaaten sollten daher Gesetzgebungsmaßnahmen zur Regelung der Abweichungen und Ausnahmen erlassen, die zum Zwecke der Abwägung zwischen diesen Grundrechten notwendig sind. Die Mitgliedstaaten sollten solche Abweichungen und Ausnahmen in Bezug auf die allgemeinen Grundsätze, die Rechte der betroffenen Person, den Verantwortlichen und den Auftragsverarbeiter, die Übermittlung von personenbezogenen Daten an Drittländer oder an internationale Organisationen,

die unabhängigen Aufsichtsbehörden, die Zusammenarbeit und Kohärenz und besondere Datenverarbeitungssituationen erlassen. Sollten diese Abweichungen oder Ausnahmen von Mitgliedstaat zu Mitgliedstaat unterschiedlich sein, sollte das Recht des Mitgliedstaats angewendet werden, dem der Verantwortliche unterliegt. Um der Bedeutung des Rechts auf freie Meinungsäußerung in einer demokratischen Gesellschaft Rechnung zu tragen, müssen Begriffe wie Journalismus, die sich auf diese Freiheit beziehen, weit ausgelegt werden.

(154) Diese Verordnung ermöglicht es, dass bei ihrer Anwendung der Grundsatz des Zugangs der Öffentlichkeit zu amtlichen Dokumenten berücksichtigt wird. Der Zugang der Öffentlichkeit zu amtlichen Dokumenten kann als öffentliches Interesse betrachtet werden. Personenbezogene Daten in Dokumenten, die sich im Besitz einer Behörde oder einer öffentlichen Stelle befinden, sollten von dieser Behörde oder Stelle öffentlich offengelegt werden können, sofern dies im Unionsrecht oder im Recht der Mitgliedstaaten, denen sie unterliegt, vorgesehen ist. Diese Rechtsvorschriften sollten den Zugang der Öffentlichkeit zu amtlichen Dokumenten und die Weiterverwendung von Informationen des öffentlichen Sektors mit dem Recht auf Schutz personenbezogener Daten in Einklang bringen und können daher die notwendige Übereinstimmung mit dem Recht auf Schutz personenbezogener Daten gemäß dieser Verordnung regeln. Die Bezugnahme auf Behörden und öffentliche Stellen sollte in diesem Kontext sämtliche Behörden oder sonstigen Stellen beinhalten, die vom Recht des jeweiligen Mitgliedstaats über den Zugang der Öffentlichkeit zu Dokumenten erfasst werden. Die Richtlinie 2003/98/EG des Europäischen Parlaments und des Rates[1] lässt das Schutzniveau für natürliche Personen in Bezug auf die Verarbeitung personenbezogener Daten gemäß den Bestimmungen des Unionsrechts und des Rechts der Mitgliedstaaten unberührt und beeinträchtigt diesen in keiner Weise, und sie bewirkt insbesondere keine Änderung der in dieser Verordnung dargelegten Rechte und Pflichten. Insbesondere sollte die genannte Richtlinie nicht für Dokumente gelten, die nach den Zugangsregelungen der Mitgliedstaaten aus Gründen des Schutzes personenbezogener Daten nicht oder nur eingeschränkt zugänglich sind, oder für Teile von Dokumenten, die nach diesen Regelungen zugänglich sind, wenn sie personenbezogene Daten enthalten, bei denen Rechtsvorschriften vorsehen, dass ihre Weiterverwendung nicht mit dem Recht über den Schutz natürlicher Personen in Bezug auf die Verarbeitung personenbezogener Daten vereinbar ist.

(155) Im Recht der Mitgliedstaaten oder in Kollektivvereinbarungen (einschließlich 'Betriebsvereinbarungen') können spezifische Vorschriften für die Verarbeitung personenbezogener Beschäftigtendaten im Beschäftigungskontext vorgesehen werden, und zwar insbesondere Vorschriften über die Bedingungen, unter denen personenbezogene Daten im Beschäftigungskontext auf der Grundlage der Einwilligung des Beschäftigten verarbeitet werden dürfen, über die Verarbeitung dieser Daten für Zwecke der Einstellung, der Erfüllung des Arbeitsvertrags einschließlich der Erfüllung von durch Rechtsvorschriften oder durch Kollektivvereinbarungen festgelegten Pflichten, des Managements,

[1] Richtlinie 2003/98/EG des Europäischen Parlaments und des Rates vom 17.11.2003 über die Weiterverwendung von Informationen des öffentlichen Sektors (ABl. L 345 vom 31.12.2003, S. 90).

der Planung und der Organisation der Arbeit, der Gleichheit und Diversität am Arbeitsplatz, der Gesundheit und Sicherheit am Arbeitsplatz sowie für Zwecke der Inanspruchnahme der mit der Beschäftigung zusammenhängenden individuellen oder kollektiven Rechte und Leistungen und für Zwecke der Beendigung des Beschäftigungsverhältnisses.

(156) Die Verarbeitung personenbezogener Daten für im öffentlichen Interesse liegende Archivzwecke, zu wissenschaftlichen oder historischen Forschungszwecken oder zu statistischen Zwecken sollte geeigneten Garantien für die Rechte und Freiheiten der betroffenen Person gemäß dieser Verordnung unterliegen. Mit diesen Garantien sollte sichergestellt werden, dass technische und organisatorische Maßnahmen bestehen, mit denen insbesondere der Grundsatz der Datenminimierung gewährleistet wird. Die Weiterverarbeitung personenbezogener Daten zu im öffentlichen Interesse liegende Archivzwecken, zu wissenschaftlichen oder historischen Forschungszwecken oder zu statistischen Zwecken erfolgt erst dann, wenn der Verantwortliche geprüft hat, ob es möglich ist, diese Zwecke durch die Verarbeitung von personenbezogenen Daten, bei der die Identifizierung von betroffenen Personen nicht oder nicht mehr möglich ist, zu erfüllen, sofern geeignete Garantien bestehen (wie z. B. die Pseudonymisierung von personenbezogenen Daten). Die Mitgliedstaaten sollten geeignete Garantien in Bezug auf die Verarbeitung personenbezogener Daten für im öffentlichen Interesse liegende Archivzwecke, zu wissenschaftlichen oder historischen Forschungszwecken oder zu statistischen Zwecken vorsehen. Es sollte den Mitgliedstaaten erlaubt sein, unter bestimmten Bedingungen und vorbehaltlich geeigneter Garantien für die betroffenen Personen Präzisierungen und Ausnahmen in Bezug auf die Informationsanforderungen sowie der Rechte auf Berichtigung, Löschung, Vergessenwerden, zur Einschränkung der Verarbeitung, auf Datenübertragbarkeit sowie auf Widerspruch bei der Verarbeitung personenbezogener Daten zu im öffentlichen Interesse liegende Archivzwecken, zu wissenschaftlichen oder historischen Forschungszwecken oder zu statistischen Zwecken vorzusehen. Im Rahmen der betreffenden Bedingungen und Garantien können spezifische Verfahren für die Ausübung dieser Rechte durch die betroffenen Personen vorgesehen sein — sofern dies angesichts der mit der spezifischen Verarbeitung verfolgten Zwecke angemessen ist — sowie technische und organisatorische Maßnahmen zur Minimierung der Verarbeitung personenbezogener Daten im Hinblick auf die Grundsätze der Verhältnismäßigkeit und der Notwendigkeit. Die Verarbeitung personenbezogener Daten zu wissenschaftlichen Zwecken sollte auch anderen einschlägigen Rechtsvorschriften, beispielsweise für klinische Prüfungen, genügen.

(157) Durch die Verknüpfung von Informationen aus Registern können Forscher neue Erkenntnisse von großem Wert in Bezug auf weit verbreiteten Krankheiten wie Herz-Kreislauferkrankungen, Krebs und Depression erhalten. Durch die Verwendung von Registern können bessere Forschungsergebnisse erzielt werden, da sie auf einen größeren Bevölkerungsanteil gestützt sind. Im Bereich der Sozialwissenschaften ermöglicht die Forschung anhand von Registern es den Forschern, entscheidende Erkenntnisse über den langfristigen Zusammenhang einer Reihe sozialer Umstände zu erlangen, wie Arbeitslosigkeit und Bildung mit anderen Lebensumständen. Durch Register erhaltene Forschungsergebnisse bieten solide, hochwertige Erkenntnisse, die die Basis

für die Erarbeitung und Umsetzung wissensgestützter politischer Maßnahmen darstellen, die Lebensqualität zahlreicher Menschen verbessern und die Effizienz der Sozialdienste verbessern können. Zur Erleichterung der wissenschaftlichen Forschung können daher personenbezogene Daten zu wissenschaftlichen Forschungszwecken verarbeitet werden, wobei sie angemessenen Bedingungen und Garantien unterliegen, die im Unionsrecht oder im Recht der Mitgliedstaaten festgelegt sind.

(158) Diese Verordnung sollte auch für die Verarbeitung personenbezogener Daten zu Archivzwecken gelten, wobei darauf hinzuweisen ist, dass die Verordnung nicht für verstorbene Personen gelten sollte. Behörden oder öffentliche oder private Stellen, die Aufzeichnungen von öffentlichem Interesse führen, sollten gemäß dem Unionsrecht oder dem Recht der Mitgliedstaaten rechtlich verpflichtet sein, Aufzeichnungen von bleibendem Wert für das allgemeine öffentliche Interesse zu erwerben, zu erhalten, zu bewerten, aufzubereiten, zu beschreiben, mitzuteilen, zu fördern, zu verbreiten sowie Zugang dazu bereitzustellen. Es sollte den Mitgliedstaaten ferner erlaubt sein vorzusehen, dass personenbezogene Daten zu Archivzwecken weiterverarbeitet werden, beispielsweise im Hinblick auf die Bereitstellung spezifischer Informationen im Zusammenhang mit dem politischen Verhalten unter ehemaligen totalitären Regimen, Völkermord, Verbrechen gegen die Menschlichkeit, insbesondere dem Holocaust, und Kriegsverbrechen.

(159) Diese Verordnung sollte auch für die Verarbeitung personenbezogener Daten zu wissenschaftlichen Forschungszwecken gelten. Die Verarbeitung personenbezogener Daten zu wissenschaftlichen Forschungszwecken im Sinne dieser Verordnung sollte weit ausgelegt werden und die Verarbeitung für beispielsweise die technologische Entwicklung und die Demonstration, die Grundlagenforschung, die angewandte Forschung und die privat finanzierte Forschung einschließen. Darüber hinaus sollte sie dem in Artikel 179 Absatz 1 AEUV festgeschriebenen Ziel, einen europäischen Raum der Forschung zu schaffen, Rechnung tragen. Die wissenschaftlichen Forschungszwecke sollten auch Studien umfassen, die im öffentlichen Interesse im Bereich der öffentlichen Gesundheit durchgeführt werden. Um den Besonderheiten der Verarbeitung personenbezogener Daten zu wissenschaftlichen Forschungszwecken zu genügen, sollten spezifische Bedingungen insbesondere hinsichtlich der Veröffentlichung oder sonstigen Offenlegung personenbezogener Daten im Kontext wissenschaftlicher Zwecke gelten. Geben die Ergebnisse wissenschaftlicher Forschung insbesondere im Gesundheitsbereich Anlass zu weiteren Maßnahmen im Interesse der betroffenen Person, sollten die allgemeinen Vorschriften dieser Verordnung für diese Maßnahmen gelten.

(160) Diese Verordnung sollte auch für die Verarbeitung personenbezogener Daten zu historischen Forschungszwecken gelten. Dazu sollte auch historische Forschung und Forschung im Bereich der Genealogie zählen, wobei darauf hinzuweisen ist, dass diese Verordnung nicht für verstorbene Personen gelten sollte.

(161) Für die Zwecke der Einwilligung in die Teilnahme an wissenschaftlichen Forschungstätigkeiten im Rahmen klinischer Prüfungen sollten die einschlägigen

Bestimmungen der Verordnung (EU) Nr. 536/2014 des Europäischen Parlaments und des Rates[1] gelten.

(162) Diese Verordnung sollte auch für die Verarbeitung personenbezogener Daten zu statistischen Zwecken gelten. Das Unionsrecht oder das Recht der Mitgliedstaaten sollte in den Grenzen dieser Verordnung den statistischen Inhalt, die Zugangskontrolle, die Spezifikationen für die Verarbeitung personenbezogener Daten zu statistischen Zwecken und geeignete Maßnahmen zur Sicherung der Rechte und Freiheiten der betroffenen Personen und zur Sicherstellung der statistischen Geheimhaltung bestimmen. Unter dem Begriff „statistische Zwecke" ist jeder für die Durchführung statistischer Untersuchungen und die Erstellung statistischer Ergebnisse erforderliche Vorgang der Erhebung und Verarbeitung personenbezogener Daten zu verstehen. Diese statistischen Ergebnisse können für verschiedene Zwecke, so auch für wissenschaftliche Forschungszwecke, weiterverwendet werden. Im Zusammenhang mit den statistischen Zwecken wird vorausgesetzt, dass die Ergebnisse der Verarbeitung zu statistischen Zwecken keine personenbezogenen Daten, sondern aggregierte Daten sind und diese Ergebnisse oder personenbezogenen Daten nicht für Maßnahmen oder Entscheidungen gegenüber einzelnen natürlichen Personen verwendet werden.

(163) Die vertraulichen Informationen, die die statistischen Behörden der Union und der Mitgliedstaaten zur Erstellung der amtlichen europäischen und der amtlichen nationalen Statistiken erheben, sollten geschützt werden. Die europäischen Statistiken sollten im Einklang mit den in Artikel 338 Absatz 2 AEUV dargelegten statistischen Grundsätzen entwickelt, erstellt und verbreitet werden, wobei die nationalen Statistiken auch mit dem Recht der Mitgliedstaaten übereinstimmen müssen. Die Verordnung (EG) Nr. 223/2009 des Europäischen Parlaments und des Rates[2] enthält genauere Bestimmungen zur Vertraulichkeit europäischer Statistiken.

(164) Hinsichtlich der Befugnisse der Aufsichtsbehörden, von dem Verantwortlichen oder vom Auftragsverarbeiter Zugang zu personenbezogenen Daten oder zu seinen Räumlichkeiten zu erlangen, können die Mitgliedstaaten in den Grenzen dieser Verordnung den Schutz des Berufsgeheimnisses oder anderer gleichwertiger Geheimhaltungspflichten durch Rechtsvorschriften regeln, soweit dies notwendig ist, um das Recht auf Schutz der personenbezogenen Daten mit einer Pflicht zur Wahrung des Berufsgeheimnisses in Einklang zu bringen. Dies berührt nicht die bestehenden Verpflichtungen der Mitgliedstaaten zum Erlass von Vorschriften über das Berufsgeheimnis, wenn dies aufgrund des Unionsrechts erforderlich ist.

---

1 Verordnung (EU) Nr. 536/2014 des Europäischen Parlaments und des Rates vom 16.4.2014 über klinische Prüfungen mit Humanarzneimitteln und zur Aufhebung der Richtlinie 2001/20/EG Text von Bedeutung für den EWR (ABl. L 158 vom 27.5.2014, S. 1).

2 Verordnung (EG) Nr. 223/2009 des Europäischen Parlaments und des Rates vom 11.3.2009 über europäische Statistiken und zur Aufhebung der Verordnung (EG, Euratom) Nr. 1101/2008 des Europäischen Parlaments und des Rates über die Übermittlung von unter die Geheimhaltungspflicht fallenden Informationen an das Statistische Amt der Europäischen Gemeinschaften, der Verordnung (EG) Nr. 322/97 des Rates über die Gemeinschaftsstatistiken und des Beschlusses 89/382/EWG, Euratom des Rates zur Einsetzung eines Ausschusses für das Statistische Programm der Europäischen Gemeinschaften (ABl. L 87 vom 31.3.2009, S. 164).

(165) Im Einklang mit Artikel 17 AEUV achtet diese Verordnung den Status, den Kirchen und religiöse Vereinigungen oder Gemeinschaften in den Mitgliedstaaten nach deren bestehenden verfassungsrechtlichen Vorschriften genießen, und beeinträchtigt ihn nicht.

(166) Um die Zielvorgaben dieser Verordnung zu erfüllen, d. h. die Grundrechte und Grundfreiheiten natürlicher Personen und insbesondere ihr Recht auf Schutz ihrer personenbezogenen Daten zu schützen und den freien Verkehr personenbezogener Daten innerhalb der Union zu gewährleisten, sollte der Kommission die Befugnis übertragen werden, gemäß Artikel 290 AEUV Rechtsakte zu erlassen. Delegierte Rechtsakte sollten insbesondere in Bezug auf die für Zertifizierungsverfahren geltenden Kriterien und Anforderungen, die durch standardisierte Bildsymbole darzustellenden Informationen und die Verfahren für die Bereitstellung dieser Bildsymbole erlassen werden. Es ist von besonderer Bedeutung, dass die Kommission im Zuge ihrer Vorbereitungsarbeit angemessene Konsultationen, auch auf der Ebene von Sachverständigen, durchführt. Bei der Vorbereitung und Ausarbeitung delegierter Rechtsakte sollte die Kommission gewährleisten, dass die einschlägigen Dokumente dem Europäischen Parlament und dem Rat gleichzeitig, rechtzeitig und auf angemessene Weise übermittelt werden.

(167) Zur Gewährleistung einheitlicher Bedingungen für die Durchführung dieser Verordnung sollten der Kommission Durchführungsbefugnisse übertragen werden, wenn dies in dieser Verordnung vorgesehen ist. Diese Befugnisse sollten nach Maßgabe der Verordnung (EU) Nr. 182/2011 des Europäischen Parlaments und des Rates ausgeübt werden. In diesem Zusammenhang sollte die Kommission besondere Maßnahmen für Kleinstunternehmen sowie kleine und mittlere Unternehmen erwägen.

(168) Für den Erlass von Durchführungsrechtsakten bezüglich Standardvertragsklauseln für Verträge zwischen Verantwortlichen und Auftragsverarbeitern sowie zwischen Auftragsverarbeitern; Verhaltensregeln; technische Standards und Verfahren für die Zertifizierung; Anforderungen an die Angemessenheit des Datenschutzniveaus in einem Drittland, einem Gebiet oder bestimmten Sektor dieses Drittlands oder in einer internationalen Organisation; Standardschutzklauseln; Formate und Verfahren für den Informationsaustausch zwischen Verantwortlichen, Auftragsverarbeitern und Aufsichtsbehörden im Hinblick auf verbindliche interne Datenschutzvorschriften; Amtshilfe; sowie Vorkehrungen für den elektronischen Informationsaustausch zwischen Aufsichtsbehörden und zwischen Aufsichtsbehörden und dem Ausschuss sollte das Prüfverfahren angewandt werden.

(169) Die Kommission sollte sofort geltende Durchführungsrechtsakte erlassen, wenn anhand vorliegender Beweise festgestellt wird, dass ein Drittland, ein Gebiet oder ein bestimmter Sektor in diesem Drittland oder eine internationale Organisation kein angemessenes Schutzniveau gewährleistet, und dies aus Gründen äußerster Dringlichkeit erforderlich ist.

(170) Da das Ziel dieser Verordnung, nämlich die Gewährleistung eines gleichwertigen Datenschutzniveaus für natürliche Personen und des freien Verkehrs personenbezogener Daten in der Union, von den Mitgliedstaaten nicht aus-

reichend verwirklicht werden kann, sondern vielmehr wegen des Umfangs oder der Wirkungen der Maßnahme auf Unionsebene besser zu verwirklichen ist, kann die Union im Einklang mit dem in Artikel 5 des Vertrags über die Europäische Union (EUV) verankerten Subsidiaritätsprinzip tätig werden. Entsprechend dem in demselben Artikel genannten Grundsatz der Verhältnismäßigkeit geht diese Verordnung nicht über das für die Verwirklichung dieses Ziels erforderliche Maß hinaus.

(171) Die Richtlinie 95/46/EG sollte durch diese Verordnung aufgehoben werden. Verarbeitungen, die zum Zeitpunkt der Anwendung dieser Verordnung bereits begonnen haben, sollten innerhalb von zwei Jahren nach dem Inkrafttreten dieser Verordnung mit ihr in Einklang gebracht werden. Beruhen die Verarbeitungen auf einer Einwilligung gemäß der Richtlinie 95/46/EG, so ist es nicht erforderlich, dass die betroffene Person erneut ihre Einwilligung dazu erteilt, wenn die Art der bereits erteilten Einwilligung den Bedingungen dieser Verordnung entspricht, so dass der Verantwortliche die Verarbeitung nach dem Zeitpunkt der Anwendung der vorliegenden Verordnung fortsetzen kann. Auf der Richtlinie 95/46/EG beruhende Entscheidungen bzw. Beschlüsse der Kommission und Genehmigungen der Aufsichtsbehörden bleiben in Kraft, bis sie geändert, ersetzt oder aufgehoben werden.

(172) Der Europäische Datenschutzbeauftragte wurde gemäß Artikel 28 Absatz 2 der Verordnung (EG) Nr. 45/2001 konsultiert und hat am 7. März 2012[1] eine Stellungnahme abgegeben.

(173) Diese Verordnung sollte auf alle Fragen des Schutzes der Grundrechte und Grundfreiheiten bei der Verarbeitung personenbezogener Daten Anwendung finden, die nicht den in der Richtlinie 2002/58/EG des Europäischen Parlaments und des Rates[2] bestimmte Pflichten, die dasselbe Ziel verfolgen, unterliegen, einschließlich der Pflichten des Verantwortlichen und der Rechte natürlicher Personen. Um das Verhältnis zwischen der vorliegenden Verordnung und der Richtlinie 2002/58/EG klarzustellen, sollte die Richtlinie entsprechend geändert werden. Sobald diese Verordnung angenommen ist, sollte die Richtlinie 2002/58/EG einer Überprüfung unterzogen werden, um insbesondere die Kohärenz mit dieser Verordnung zu gewährleisten –

HABEN FOLGENDE VERORDNUNG ERLASSEN:

KAPITEL I Allgemeine Bestimmungen

Artikel 1 Gegenstand und Ziele (EW 1 - 12)

(1) Diese Verordnung enthält Vorschriften zum Schutz natürlicher Personen bei der Verarbeitung personenbezogener Daten und zum freien Verkehr solcher Daten.

---

1 ABl. C 192 vom 30.6.2012, S. 7.

2 Richtlinie 2002/58/EG des Europäischen Parlaments und des Rates vom 12.7.2002 über die Verarbeitung personenbezogener Daten und den Schutz der Privatsphäre in der elektronischen Kommunikation (Datenschutzrichtlinie für elektronische Kommunikation) (ABl. L 201 vom 31.7.2002, S. 37).

(2) Diese Verordnung schützt die Grundrechte und Grundfreiheiten natürlicher Personen und insbesondere deren Recht auf Schutz personenbezogener Daten.

(3) Der freie Verkehr personenbezogener Daten in der Union darf aus Gründen des Schutzes natürlicher Personen bei der Verarbeitung personenbezogener Daten weder eingeschränkt noch verboten werden.

Artikel 2 Sachlicher Anwendungsbereich (EW 13 - 21, 27)

(1) Diese Verordnung gilt für die ganz oder teilweise automatisierte Verarbeitung personenbezogener Daten sowie für die nichtautomatisierte Verarbeitung personenbezogener Daten, die in einem Dateisystem gespeichert sind oder gespeichert werden sollen.

(2) Diese Verordnung findet keine Anwendung auf die Verarbeitung personenbezogener Daten

a) im Rahmen einer Tätigkeit, die nicht in den Anwendungsbereich des Unionsrechts fällt,

b) durch die Mitgliedstaaten im Rahmen von Tätigkeiten, die in den Anwendungsbereich von Titel V Kapitel 2 EUV fallen,

c) durch natürliche Personen zur Ausübung ausschließlich persönlicher oder familiärer Tätigkeiten,

d) durch die zuständigen Behörden zum Zwecke der Verhütung, Ermittlung, Aufdeckung oder Verfolgung von Straftaten oder der Strafvollstreckung, einschließlich des Schutzes vor und der Abwehr von Gefahren für die öffentliche Sicherheit.

(3) Für die Verarbeitung personenbezogener Daten durch die Organe, Einrichtungen, Ämter und Agenturen der Union gilt die Verordnung (EG) Nr. 45/2001. Die Verordnung (EG) Nr. 45/2001 und sonstige Rechtsakte der Union, die diese Verarbeitung personenbezogener Daten regeln, werden im Einklang mit Artikel 98 an die Grundsätze und Vorschriften der vorliegenden Verordnung angepasst.

(4) Die vorliegende Verordnung lässt die Anwendung der Richtlinie 2000/31/EG und speziell die Vorschriften der Artikel 12 bis 15 dieser Richtlinie zur Verantwortlichkeit der Vermittler unberührt.

Artikel 3 Räumlicher Anwendungsbereich (EW 22 - 25)

(1) Diese Verordnung findet Anwendung auf die Verarbeitung personenbezogener Daten, soweit diese im Rahmen der Tätigkeiten einer Niederlassung eines Verantwortlichen oder eines Auftragsverarbeiters in der Union erfolgt, unabhängig davon, ob die Verarbeitung in der Union stattfindet.

(2) Diese Verordnung findet Anwendung auf die Verarbeitung personenbezogener Daten von betroffenen Personen, die sich in der Union befinden, durch einen nicht in der Union niedergelassenen Verantwortlichen oder Auftragsverarbeiter, wenn die Datenverarbeitung im Zusammenhang damit steht

a) betroffenen Personen in der Union Waren oder Dienstleistungen anzubieten, unabhängig davon, ob von diesen betroffenen Personen eine Zahlung zu leisten ist;

b) das Verhalten betroffener Personen zu beobachten, soweit ihr Verhalten in der Union erfolgt.

(3) Diese Verordnung findet Anwendung auf die Verarbeitung personenbezogener Daten durch einen nicht in der Union niedergelassenen Verantwortlichen an einem Ort, der aufgrund Völkerrechts dem Recht eines Mitgliedstaats unterliegt.

Artikel 4 Begriffsbestimmungen (EW 26 - 37)

Im Sinne dieser Verordnung bezeichnet der Ausdruck:

1. „personenbezogene Daten" alle Informationen, die sich auf eine identifizierte oder identifizierbare natürliche Person (im Folgenden „betroffene Person") beziehen; als identifizierbar wird eine natürliche Person angesehen, die direkt oder indirekt, insbesondere mittels Zuordnung zu einer Kennung wie einem Namen, zu einer Kennnummer, zu Standortdaten, zu einer Online-Kennung oder zu einem oder mehreren besonderen Merkmalen, die Ausdruck der physischen, physiologischen, genetischen, psychischen, wirtschaftlichen, kulturellen oder sozialen Identität dieser natürlichen Person sind, identifiziert werden kann;

2. „Verarbeitung" jeden mit oder ohne Hilfe automatisierter Verfahren ausgeführten Vorgang oder jede solche Vorgangsreihe im Zusammenhang mit personenbezogenen Daten wie das Erheben, das Erfassen, die Organisation, das Ordnen, die Speicherung, die Anpassung oder Veränderung, das Auslesen, das Abfragen, die Verwendung, die Offenlegung durch Übermittlung, Verbreitung oder eine andere Form der Bereitstellung, den Abgleich oder die Verknüpfung, die Einschränkung, das Löschen oder die Vernichtung;

3. „Einschränkung der Verarbeitung" die Markierung gespeicherter personenbezogener Daten mit dem Ziel, ihre künftige Verarbeitung einzuschränken;

4. „Profiling" jede Art der automatisierten Verarbeitung personenbezogener Daten, die darin besteht, dass diese personenbezogenen Daten verwendet werden, um bestimmte persönliche Aspekte, die sich auf eine natürliche Person beziehen, zu bewerten, insbesondere um Aspekte bezüglich Arbeitsleistung, wirtschaftliche Lage, Gesundheit, persönliche Vorlieben, Interessen, Zuverlässigkeit, Verhalten, Aufenthaltsort oder Ortswechsel dieser natürlichen Person zu analysieren oder vorherzusagen;

5. „Pseudonymisierung" die Verarbeitung personenbezogener Daten in einer Weise, dass die personenbezogenen Daten ohne Hinzuziehung zusätzlicher Informationen nicht mehr einer spezifischen betroffenen Person zugeordnet werden können, sofern diese zusätzlichen Informationen gesondert aufbewahrt werden und technischen und organisatorischen Maßnahmen unterliegen, die gewährleisten, dass die personenbezogenen Daten nicht einer identifizierten oder identifizierbaren natürlichen Person zugewiesen werden;

6. **„Dateisystem" jede strukturierte Sammlung personenbezogener Daten, die nach bestimmten Kriterien zugänglich sind, unabhängig davon, ob diese Sammlung zentral, dezentral oder nach funktionalen oder geografischen Gesichtspunkten geordnet geführt wird;**

7. **„Verantwortlicher" die natürliche oder juristische Person, Behörde, Einrichtung oder andere Stelle, die allein oder gemeinsam mit anderen über die Zwecke und Mittel der Verarbeitung von personenbezogenen Daten entscheidet; sind die Zwecke und Mittel dieser Verarbeitung durch das Unionsrecht oder das Recht der Mitgliedstaaten vorgegeben, so kann der Verantwortliche beziehungsweise können die bestimmten Kriterien seiner Benennung nach dem Unionsrecht oder dem Recht der Mitgliedstaaten vorgesehen werden;**

8. **„Auftragsverarbeiter" eine natürliche oder juristische Person, Behörde, Einrichtung oder andere Stelle, die personenbezogene Daten im Auftrag des Verantwortlichen verarbeitet;**

9. **„Empfänger" eine natürliche oder juristische Person, Behörde, Einrichtung oder andere Stelle, der personenbezogene Daten offengelegt werden, unabhängig davon, ob es sich bei ihr um einen Dritten handelt oder nicht. Behörden, die im Rahmen eines bestimmten Untersuchungsauftrags nach dem Unionsrecht oder dem Recht der Mitgliedstaaten möglicherweise personenbezogene Daten erhalten, gelten jedoch nicht als Empfänger; die Verarbeitung dieser Daten durch die genannten Behörden erfolgt im Einklang mit den geltenden Datenschutzvorschriften gemäß den Zwecken der Verarbeitung;**

10. **„Dritter" eine natürliche oder juristische Person, Behörde, Einrichtung oder andere Stelle, außer der betroffenen Person, dem Verantwortlichen, dem Auftragsverarbeiter und den Personen, die unter der unmittelbaren Verantwortung des Verantwortlichen oder des Auftragsverarbeiters befugt sind, die personenbezogenen Daten zu verarbeiten;**

11. **„Einwilligung" der betroffenen Person jede freiwillig für den bestimmten Fall, in informierter Weise und unmissverständlich abgegebene Willensbekundung in Form einer Erklärung oder einer sonstigen eindeutigen bestätigenden Handlung, mit der die betroffene Person zu verstehen gibt, dass sie mit der Verarbeitung der sie betreffenden personenbezogenen Daten einverstanden ist;**

12. **„Verletzung des Schutzes personenbezogener Daten" eine Verletzung der Sicherheit, die, ob unbeabsichtigt oder unrechtmäßig, zur Vernichtung, zum Verlust, zur Veränderung, oder zur unbefugten Offenlegung von beziehungsweise zum unbefugten Zugang zu personenbezogenen Daten führt, die übermittelt, gespeichert oder auf sonstige Weise verarbeitet wurden;**

13. **„genetische Daten" personenbezogene Daten zu den ererbten oder erworbenen genetischen Eigenschaften einer natürlichen Person, die eindeutige Informationen über die Physiologie oder die Gesundheit dieser natürlichen Person liefern und insbesondere aus der Analyse einer biologischen Probe der betreffenden natürlichen Person gewonnen wurden;**

14. „biometrische Daten“ mit speziellen technischen Verfahren gewonnene personenbezogene Daten zu den physischen, physiologischen oder verhaltenstypischen Merkmalen einer natürlichen Person, die die eindeutige Identifizierung dieser natürlichen Person ermöglichen oder bestätigen, wie Gesichtsbilder oder daktyloskopische Daten;

15. „Gesundheitsdaten“ personenbezogene Daten, die sich auf die körperliche oder geistige Gesundheit einer natürlichen Person, einschließlich der Erbringung von Gesundheitsdienstleistungen, beziehen und aus denen Informationen über deren Gesundheitszustand hervorgehen;

16. „Hauptniederlassung“

    a) im Falle eines Verantwortlichen mit Niederlassungen in mehr als einem Mitgliedstaat den Ort seiner Hauptverwaltung in der Union, es sei denn, die Entscheidungen hinsichtlich der Zwecke und Mittel der Verarbeitung personenbezogener Daten werden in einer anderen Niederlassung des Verantwortlichen in der Union getroffen und diese Niederlassung ist befugt, diese Entscheidungen umsetzen zu lassen; in diesem Fall gilt die Niederlassung, die derartige Entscheidungen trifft, als Hauptniederlassung;

    b) im Falle eines Auftragsverarbeiters mit Niederlassungen in mehr als einem Mitgliedstaat den Ort seiner Hauptverwaltung in der Union oder, sofern der Auftragsverarbeiter keine Hauptverwaltung in der Union hat, die Niederlassung des Auftragsverarbeiters in der Union, in der die Verarbeitungstätigkeiten im Rahmen der Tätigkeiten einer Niederlassung eines Auftragsverarbeiters hauptsächlich stattfinden, soweit der Auftragsverarbeiter spezifischen Pflichten aus dieser Verordnung unterliegt;

17. „Vertreter“ eine in der Union niedergelassene natürliche oder juristische Person, die von dem Verantwortlichen oder Auftragsverarbeiter schriftlich gemäß Artikel 27 bestellt wurde und den Verantwortlichen oder Auftragsverarbeiter in Bezug auf die ihnen jeweils nach dieser Verordnung obliegenden Pflichten vertritt;

18. „Unternehmen“ eine natürliche oder juristische Person, die eine wirtschaftliche Tätigkeit ausübt, unabhängig von ihrer Rechtsform, einschließlich Personengesellschaften oder Vereinigungen, die regelmäßig einer wirtschaftlichen Tätigkeit nachgehen;

19. „Unternehmensgruppe“ eine Gruppe, die aus einem herrschenden Unternehmen und den von diesem abhängigen Unternehmen besteht;

20. „verbindliche interne Datenschutzvorschriften“ Maßnahmen zum Schutz personenbezogener Daten, zu deren Einhaltung sich ein im Hoheitsgebiet eines Mitgliedstaats niedergelassener Verantwortlicher oder Auftragsverarbeiter verpflichtet im Hinblick auf Datenübermittlungen oder eine Kategorie von Datenübermittlungen personenbezogener Daten an einen Verantwortlichen oder Auftragsverarbeiter derselben Unternehmensgruppe oder derselben Gruppe von Unternehmen, die eine gemeinsame Wirtschaftstätigkeit ausüben, in einem oder mehreren Drittländern;

21. „Aufsichtsbehörde“ eine von einem Mitgliedstaat gemäß Artikel 51 eingerichtete unabhängige staatliche Stelle;

22. „betroffene Aufsichtsbehörde“ eine Aufsichtsbehörde, die von der Verarbeitung personenbezogener Daten betroffen ist, weil

    a) der Verantwortliche oder der Auftragsverarbeiter im Hoheitsgebiet des Mitgliedstaats dieser Aufsichtsbehörde niedergelassen ist,

    b) diese Verarbeitung erhebliche Auswirkungen auf betroffene Personen mit Wohnsitz im Mitgliedstaat dieser Aufsichtsbehörde hat oder haben kann oder

    c) eine Beschwerde bei dieser Aufsichtsbehörde eingereicht wurde;

23. „grenzüberschreitende Verarbeitung“ entweder

    a) eine Verarbeitung personenbezogener Daten, die im Rahmen der Tätigkeiten von Niederlassungen eines Verantwortlichen oder eines Auftragsverarbeiters in der Union in mehr als einem Mitgliedstaat erfolgt, wenn der Verantwortliche oder Auftragsverarbeiter in mehr als einem Mitgliedstaat niedergelassen ist, oder

    b) eine Verarbeitung personenbezogener Daten, die im Rahmen der Tätigkeiten einer einzelnen Niederlassung eines Verantwortlichen oder eines Auftragsverarbeiters in der Union erfolgt, die jedoch erhebliche Auswirkungen auf betroffene Personen in mehr als einem Mitgliedstaat hat oder haben kann;

24. „maßgeblicher und begründeter Einspruch“ einen Einspruch gegen einen Beschlussentwurf im Hinblick darauf, ob ein Verstoß gegen diese Verordnung vorliegt oder ob beabsichtigte Maßnahmen gegen den Verantwortlichen oder den Auftragsverarbeiter im Einklang mit dieser Verordnung steht, wobei aus diesem Einspruch die Tragweite der Risiken klar hervorgeht, die von dem Beschlussentwurf in Bezug auf die Grundrechte und Grundfreiheiten der betroffenen Personen und gegebenenfalls den freien Verkehr personenbezogener Daten in der Union ausgehen;

25. „Dienst der Informationsgesellschaft“ eine Dienstleistung im Sinne des Artikels 1 Nummer 1 Buchstabe b der Richtlinie (EU) 2015/1535 des Europäischen Parlaments und des Rates[1];

26. „internationale Organisation“ eine völkerrechtliche Organisation und ihre nachgeordneten Stellen oder jede sonstige Einrichtung, die durch eine zwischen zwei oder mehr Ländern geschlossene Übereinkunft oder auf der Grundlage einer solchen Übereinkunft geschaffen wurde.

---

[1] Richtlinie (EU) 2015/1535 des Europäischen Parlaments und des Rates vom 9.9.2015 über ein Informationsverfahren auf dem Gebiet der technischen Vorschriften und der Vorschriften für die Dienste der Informationsgesellschaft (ABl. L 241 vom 17.9.2015, S. 1).

KAPITEL II Grundsätze

Artikel 5 Grundsätze für die Verarbeitung personenbezogener Daten (EW 39)

(1) Personenbezogene Daten müssen

a) auf rechtmäßige Weise, nach Treu und Glauben und in einer für die betroffene Person nachvollziehbaren Weise verarbeitet werden („Rechtmäßigkeit, Verarbeitung nach Treu und Glauben, Transparenz");

b) für festgelegte, eindeutige und legitime Zwecke erhoben werden und dürfen nicht in einer mit diesen Zwecken nicht zu vereinbarenden Weise weiterverarbeitet werden; eine Weiterverarbeitung für im öffentlichen Interesse liegende Archivzwecke, für wissenschaftliche oder historische Forschungszwecke oder für statistische Zwecke gilt gemäß Artikel 89 Absatz 1 nicht als unvereinbar mit den ursprünglichen Zwecken („Zweckbindung");

c) dem Zweck angemessen und erheblich sowie auf das für die Zwecke der Verarbeitung notwendige Maß beschränkt sein („Datenminimierung");

d) sachlich richtig und erforderlichenfalls auf dem neuesten Stand sein; es sind alle angemessenen Maßnahmen zu treffen, damit personenbezogene Daten, die im Hinblick auf die Zwecke ihrer Verarbeitung unrichtig sind, unverzüglich gelöscht oder berichtigt werden („Richtigkeit");

e) in einer Form gespeichert werden, die die Identifizierung der betroffenen Personen nur so lange ermöglicht, wie es für die Zwecke, für die sie verarbeitet werden, erforderlich ist; personenbezogene Daten dürfen länger gespeichert werden, soweit die personenbezogenen Daten vorbehaltlich der Durchführung geeigneter technischer und organisatorischer Maßnahmen, die von dieser Verordnung zum Schutz der Rechte und Freiheiten der betroffenen Person gefordert werden, ausschließlich für im öffentlichen Interesse liegende Archivzwecke oder für wissenschaftliche und historische Forschungszwecke oder für statistische Zwecke gemäß Artikel 89 Absatz 1 verarbeitet werden („Speicherbegrenzung");

f) in einer Weise verarbeitet werden, die eine angemessene Sicherheit der personenbezogenen Daten gewährleistet, einschließlich Schutz vor unbefugter oder unrechtmäßiger Verarbeitung und vor unbeabsichtigtem Verlust, unbeabsichtigter Zerstörung oder unbeabsichtigter Schädigung durch geeignete technische und organisatorische Maßnahmen („Integrität und Vertraulichkeit");

(2) Der Verantwortliche ist für die Einhaltung des Absatzes 1 verantwortlich und muss dessen Einhaltung nachweisen können („Rechenschaftspflicht").

Artikel 6 Rechtmäßigkeit der Verarbeitung (EW 40, 41, 44 - 50)

(1) Die Verarbeitung ist nur rechtmäßig, wenn mindestens eine der nachstehenden Bedingungen erfüllt ist:

a) Die betroffene Person hat ihre Einwilligung zu der Verarbeitung der sie betreffenden personenbezogenen Daten für einen oder mehrere bestimmte Zwecke gegeben;

b) die Verarbeitung ist für die Erfüllung eines Vertrags, dessen Vertragspartei die betroffene Person ist, oder zur Durchführung vorvertraglicher Maßnahmen erforderlich, die auf Anfrage der betroffenen Person erfolgen;

c) die Verarbeitung ist zur Erfüllung einer rechtlichen Verpflichtung erforderlich, der der Verantwortliche unterliegt;

d) die Verarbeitung ist erforderlich, um lebenswichtige Interessen der betroffenen Person oder einer anderen natürlichen Person zu schützen;

e) die Verarbeitung ist für die Wahrnehmung einer Aufgabe erforderlich, die im öffentlichen Interesse liegt oder in Ausübung öffentlicher Gewalt erfolgt, die dem Verantwortlichen übertragen wurde;

f) die Verarbeitung ist zur Wahrung der berechtigten Interessen des Verantwortlichen oder eines Dritten erforderlich, sofern nicht die Interessen oder Grundrechte und Grundfreiheiten der betroffenen Person, die den Schutz personenbezogener Daten erfordern, überwiegen, insbesondere dann, wenn es sich bei der betroffenen Person um ein Kind handelt.

Unterabsatz 1 Buchstabe f gilt nicht für die von Behörden in Erfüllung ihrer Aufgaben vorgenommene Verarbeitung.

(2) Die Mitgliedstaaten können spezifischere Bestimmungen zur Anpassung der Anwendung der Vorschriften dieser Verordnung in Bezug auf die Verarbeitung zur Erfüllung von Absatz 1 Buchstaben c und e beibehalten oder einführen, indem sie spezifische Anforderungen für die Verarbeitung sowie sonstige Maßnahmen präziser bestimmen, um eine rechtmäßig und nach Treu und Glauben erfolgende Verarbeitung zu gewährleisten, einschließlich für andere besondere Verarbeitungssituationen gemäß Kapitel IX.

(3) Die Rechtsgrundlage für die Verarbeitungen gemäß Absatz 1 Buchstaben c und e wird festgelegt durch

a) Unionsrecht oder

b) das Recht der Mitgliedstaaten, dem der Verantwortliche unterliegt.

Der Zweck der Verarbeitung muss in dieser Rechtsgrundlage festgelegt oder hinsichtlich der Verarbeitung gemäß Absatz 1 Buchstabe e für die Erfüllung einer Aufgabe erforderlich sein, die im öffentlichen Interesse liegt oder in Ausübung öffentlicher Gewalt erfolgt, die dem Verantwortlichen übertragen wurde. Diese Rechtsgrundlage kann spezifische Bestimmungen zur Anpassung der Anwendung der Vorschriften dieser Verordnung enthalten, unter anderem Bestimmungen darüber, welche allgemeinen Bedingungen für die Regelung der Rechtmäßigkeit der Verarbeitung durch den Verantwortlichen gelten, welche Arten von Daten verarbeitet werden, welche Personen betroffen sind, an welche Einrichtungen und für welche Zwecke die personenbezogenen Daten offengelegt werden dürfen, welcher Zweckbindung sie unterliegen, wie lange sie gespeichert werden dürfen und welche Verarbeitungsvorgänge und -verfahren angewandt werden dürfen, einschließlich Maßnahmen zur Gewährleistung einer rechtmäßig und nach Treu und Glauben erfolgenden Verarbeitung, wie solche für sonstige besondere Verarbeitungssituationen gemäß Kapitel IX. Das Unionsrecht oder das Recht der Mitgliedstaaten müssen ein im öffentlichen Interesse liegendes Ziel verfolgen und in einem angemessenen Verhältnis zu dem verfolgten legitimen Zweck stehen.

(4) Beruht die Verarbeitung zu einem anderen Zweck als zu demjenigen, zu dem die personenbezogenen Daten erhoben wurden, nicht auf der Einwilligung der betroffenen Person oder auf einer Rechtsvorschrift der Union oder der Mitgliedstaaten, die in einer demokratischen Gesellschaft eine notwendige und verhältnismäßige Maßnahme zum Schutz der in Artikel 23 Absatz 1 genannten Ziele darstellt, so berücksichtigt der Verantwortliche – um festzustellen, ob die Verarbeitung zu einem anderen Zweck mit demjenigen, zu dem die personenbezogenen Daten ursprünglich erhoben wurden, vereinbar ist – unter anderem

a) jede Verbindung zwischen den Zwecken, für die die personenbezogenen Daten erhoben wurden, und den Zwecken der beabsichtigten Weiterverarbeitung,

b) den Zusammenhang, in dem die personenbezogenen Daten erhoben wurden, insbesondere hinsichtlich des Verhältnisses zwischen den betroffenen Personen und dem Verantwortlichen,

c) die Art der personenbezogenen Daten, insbesondere ob besondere Kategorien personenbezogener Daten gemäß Artikel 9 verarbeitet werden oder ob personenbezogene Daten über strafrechtliche Verurteilungen und Straftaten gemäß Artikel 10 verarbeitet werden,

d) die möglichen Folgen der beabsichtigten Weiterverarbeitung für die betroffenen Personen,

e) das Vorhandensein geeigneter Garantien, wozu Verschlüsselung oder Pseudonymisierung gehören kann.

Artikel 7 Bedingungen für die Einwilligung (EW 42, 43, 171)

(1) Beruht die Verarbeitung auf einer Einwilligung, muss der Verantwortliche nachweisen können, dass die betroffene Person in die Verarbeitung ihrer personenbezogenen Daten eingewilligt hat.

(2) Erfolgt die Einwilligung der betroffenen Person durch eine schriftliche Erklärung, die noch andere Sachverhalte betrifft, so muss das Ersuchen um Einwilligung in verständlicher und leicht zugänglicher Form in einer klaren und einfachen Sprache so erfolgen, dass es von den anderen Sachverhalten klar zu unterscheiden ist. Teile der Erklärung sind dann nicht verbindlich, wenn sie einen Verstoß gegen diese Verordnung darstellen.

(3) Die betroffene Person hat das Recht, ihre Einwilligung jederzeit zu widerrufen. Durch den Widerruf der Einwilligung wird die Rechtmäßigkeit der aufgrund der Einwilligung bis zum Widerruf erfolgten Verarbeitung nicht berührt. Die betroffene Person wird vor Abgabe der Einwilligung hiervon in Kenntnis gesetzt.

Der Widerruf der Einwilligung muss so einfach wie die Erteilung der Einwilligung sein.

(4) Bei der Beurteilung, ob die Einwilligung freiwillig erteilt wurde, muss dem Umstand in größtmöglichem Umfang Rechnung getragen werden, ob unter anderem die Erfüllung eines Vertrags, einschließlich der Erbringung einer Dienstleistung, von der Einwilligung zu einer Verarbeitung von personenbezogenen Daten abhängig ist, die für die Erfüllung des Vertrags nicht erforderlich sind.

Artikel 8 Bedingungen für die Einwilligung eines Kindes in Bezug auf Dienste der Informationsgesellschaft (EW 38)

(1) Gilt Artikel 6 Absatz 1 Buchstabe a bei einem Angebot von Diensten der Informationsgesellschaft, das einem Kind direkt gemacht wird, so ist die Verarbeitung der personenbezogenen Daten des Kindes rechtmäßig, wenn das Kind das sechzehnte Lebensjahr vollendet hat. Hat das Kind noch nicht das sechzehnte Lebensjahr vollendet, so ist diese Verarbeitung nur rechtmäßig, sofern und soweit diese Einwilligung durch den Träger der elterlichen Verantwortung für das Kind oder mit dessen Zustimmung erteilt wird.

Die Mitgliedstaaten können durch Rechtsvorschriften zu diesen Zwecken eine niedrigere Altersgrenze vorsehen, die jedoch nicht unter dem vollendeten dreizehnten Lebensjahr liegen darf.

(2) Der Verantwortliche unternimmt unter Berücksichtigung der verfügbaren Technik angemessene Anstrengungen, um sich in solchen Fällen zu vergewissern, dass die Einwilligung durch den Träger der elterlichen Verantwortung für das Kind oder mit dessen Zustimmung erteilt wurde.

(3) Absatz 1 lässt das allgemeine Vertragsrecht der Mitgliedstaaten, wie etwa die Vorschriften zur Gültigkeit, zum Zustandekommen oder zu den Rechtsfolgen eines Vertrags in Bezug auf ein Kind, unberührt.

Artikel 9 Verarbeitung besonderer Kategorien personenbezogener Daten (EW 51 - 56)

(1) Die Verarbeitung personenbezogener Daten, aus denen die rassische und ethnische Herkunft, politische Meinungen, religiöse oder weltanschauliche Überzeugungen oder die Gewerkschaftszugehörigkeit hervorgehen, sowie die Verarbeitung von genetischen Daten, biometrischen Daten zur eindeutigen Identifizierung einer natürlichen Person, Gesundheitsdaten oder Daten zum Sexualleben oder der sexuellen Orientierung einer natürlichen Person ist untersagt.

(2) Absatz 1 gilt nicht in folgenden Fällen:

a) Die betroffene Person hat in die Verarbeitung der genannten personenbezogenen Daten für einen oder mehrere festgelegte Zwecke ausdrücklich eingewilligt, es sei denn, nach Unionsrecht oder dem Recht der Mitgliedstaaten kann das Verbot nach Absatz 1 durch die Einwilligung der betroffenen Person nicht aufgehoben werden,

b) die Verarbeitung ist erforderlich, damit der Verantwortliche oder die betroffene Person die ihm bzw. ihr aus dem Arbeitsrecht und dem Recht der

sozialen Sicherheit und des Sozialschutzes erwachsenden Rechte ausüben und seinen bzw. ihren diesbezüglichen Pflichten nachkommen kann, soweit dies nach Unionsrecht oder dem Recht der Mitgliedstaaten oder einer Kollektivvereinbarung nach dem Recht der Mitgliedstaaten, das geeignete Garantien für die Grundrechte und die Interessen der betroffenen Person vorsieht, zulässig ist,

c) die Verarbeitung ist zum Schutz lebenswichtiger Interessen der betroffenen Person oder einer anderen natürlichen Person erforderlich und die betroffene Person ist aus körperlichen oder rechtlichen Gründen außerstande, ihre Einwilligung zu geben,

d) die Verarbeitung erfolgt auf der Grundlage geeigneter Garantien durch eine politisch, weltanschaulich, religiös oder gewerkschaftlich ausgerichtete Stiftung, Vereinigung oder sonstige Organisation ohne Gewinnerzielungsabsicht im Rahmen ihrer rechtmäßigen Tätigkeiten und unter der Voraussetzung, dass sich die Verarbeitung ausschließlich auf die Mitglieder oder ehemalige Mitglieder der Organisation oder auf Personen, die im Zusammenhang mit deren Tätigkeitszweck regelmäßige Kontakte mit ihr unterhalten, bezieht und die personenbezogenen Daten nicht ohne Einwilligung der betroffenen Personen nach außen offengelegt werden,

e) die Verarbeitung bezieht sich auf personenbezogene Daten, die die betroffene Person offensichtlich öffentlich gemacht hat,

f) die Verarbeitung ist zur Geltendmachung, Ausübung oder Verteidigung von Rechtsansprüchen oder bei Handlungen der Gerichte im Rahmen ihrer justiziellen Tätigkeit erforderlich,

g) die Verarbeitung ist auf der Grundlage des Unionsrechts oder des Rechts eines Mitgliedstaats, das in angemessenem Verhältnis zu dem verfolgten Ziel steht, den Wesensgehalt des Rechts auf Datenschutz wahrt und angemessene und spezifische Maßnahmen zur Wahrung der Grundrechte und Interessen der betroffenen Person vorsieht, aus Gründen eines erheblichen öffentlichen Interesses erforderlich,

h) die Verarbeitung ist für Zwecke der Gesundheitsvorsorge oder der Arbeitsmedizin, für die Beurteilung der Arbeitsfähigkeit des Beschäftigten, für die medizinische Diagnostik, die Versorgung oder Behandlung im Gesundheits- oder Sozialbereich oder für die Verwaltung von Systemen und Diensten im Gesundheits- oder Sozialbereich auf der Grundlage des Unionsrechts oder des Rechts eines Mitgliedstaats oder aufgrund eines Vertrags mit einem Angehörigen eines Gesundheitsberufs und vorbehaltlich der in Absatz 3 genannten Bedingungen und Garantien erforderlich,

i) die Verarbeitung ist aus Gründen des öffentlichen Interesses im Bereich der öffentlichen Gesundheit, wie dem Schutz vor schwerwiegenden grenzüberschreitenden Gesundheitsgefahren oder zur Gewährleistung hoher Qualitäts- und Sicherheitsstandards bei der Gesundheitsversorgung und bei Arzneimitteln und Medizinprodukten, auf der Grundlage des Unionsrechts oder des Rechts eines Mitgliedstaats, das angemessene und spezifische Maßnahmen zur Wahrung der Rechte und Freiheiten der betroffenen Person, insbesondere des Berufsgeheimnisses, vorsieht, erforderlich, oder

j) die Verarbeitung ist auf der Grundlage des Unionsrechts oder des Rechts eines Mitgliedstaats, das in angemessenem Verhältnis zu dem verfolgten Ziel steht, den Wesensgehalt des Rechts auf Datenschutz wahrt und angemessene und spezifische Maßnahmen zur Wahrung der Grundrechte und Interessen der betroffenen Person vorsieht, für im öffentlichen Interesse liegende Archivzwecke, für wissenschaftliche oder historische Forschungszwecke oder für statistische Zwecke gemäß Artikel 89 Absatz 1 erforderlich.

(3) Die in Absatz 1 genannten personenbezogenen Daten dürfen zu den in Absatz 2 Buchstabe h genannten Zwecken verarbeitet werden, wenn diese Daten von Fachpersonal oder unter dessen Verantwortung verarbeitet werden und dieses Fachpersonal nach dem Unionsrecht oder dem Recht eines Mitgliedstaats oder den Vorschriften nationaler zuständiger Stellen dem Berufsgeheimnis unterliegt, oder wenn die Verarbeitung durch eine andere Person erfolgt, die ebenfalls nach dem Unionsrecht oder dem Recht eines Mitgliedstaats oder den Vorschriften nationaler zuständiger Stellen einer Geheimhaltungspflicht unterliegt.

(4) Die Mitgliedstaaten können zusätzliche Bedingungen, einschließlich Beschränkungen, einführen oder aufrechterhalten, soweit die Verarbeitung von genetischen, biometrischen oder Gesundheitsdaten betroffen ist.

Artikel 10 Verarbeitung von personenbezogenen Daten über strafrechtliche Verurteilungen und Straftaten

Die Verarbeitung personenbezogener Daten über strafrechtliche Verurteilungen und Straftaten oder damit zusammenhängende Sicherungsmaßregeln aufgrund von Artikel 6 Absatz 1 darf nur unter behördlicher Aufsicht vorgenommen werden oder wenn dies nach dem Unionsrecht oder dem Recht der Mitgliedstaaten, das geeignete Garantien für die Rechte und Freiheiten der betroffenen Personen vorsieht, zulässig ist. Ein umfassendes Register der strafrechtlichen Verurteilungen darf nur unter behördlicher Aufsicht geführt werden.

Artikel 11 Verarbeitung, für die eine Identifizierung der betroffenen Person nicht erforderlich ist (EW 57)

(1) Ist für die Zwecke, für die ein Verantwortlicher personenbezogene Daten verarbeitet, die Identifizierung der betroffenen Person durch den Verantwortlichen nicht oder nicht mehr erforderlich, so ist dieser nicht verpflichtet, zur bloßen Einhaltung dieser Verordnung zusätzliche Informationen aufzubewahren, einzuholen oder zu verarbeiten, um die betroffene Person zu identifizieren.

(2) Kann der Verantwortliche in Fällen gemäß Absatz 1 des vorliegenden Artikels nachweisen, dass er nicht in der Lage ist, die betroffene Person zu identifizieren, so unterrichtet er die betroffene Person hierüber, sofern möglich. In diesen Fällen finden die Artikel 15 bis 20 keine Anwendung, es sei denn, die betroffene Person stellt zur Ausübung ihrer in diesen Artikeln niedergelegten Rechte zusätzliche Informationen bereit, die ihre Identifizierung ermöglichen.

KAPITEL III Rechte der betroffenen Person

Abschnitt 1 Transparenz und Modalitäten

Artikel 12 Transparente Information, Kommunikation und Modalitäten für die Ausübung der Rechte der betroffenen Person

(EW 58 – 60)

(1) Der Verantwortliche trifft geeignete Maßnahmen, um der betroffenen Person alle Informationen gemäß den Artikeln 13 und 14 und alle Mitteilungen gemäß den Artikeln 15 bis 22 und Artikel 34, die sich auf die Verarbeitung beziehen, in präziser, transparenter, verständlicher und leicht zugänglicher Form in einer klaren und einfachen Sprache zu übermitteln; dies gilt insbesondere für Informationen, die sich speziell an Kinder richten. Die Übermittlung der Informationen erfolgt schriftlich oder in anderer Form, gegebenenfalls auch elektronisch. Falls von der betroffenen Person verlangt, kann die Information mündlich erteilt werden, sofern die Identität der betroffenen Person in anderer Form nachgewiesen wurde.

(2) Der Verantwortliche erleichtert der betroffenen Person die Ausübung ihrer Rechte gemäß den Artikeln 15 bis 22. In den in Artikel 11 Absatz 2 genannten Fällen darf sich der Verantwortliche nur dann weigern, aufgrund des Antrags der betroffenen Person auf Wahrnehmung ihrer Rechte gemäß den Artikeln 15 bis 22 tätig zu werden, wenn er glaubhaft macht, dass er nicht in der Lage ist, die betroffene Person zu identifizieren.

(3) Der Verantwortliche stellt der betroffenen Person Informationen über die auf Antrag gemäß den Artikeln 15 bis 22 ergriffenen Maßnahmen unverzüglich, in jedem Fall aber innerhalb eines Monats nach Eingang des Antrags zur Verfügung. Diese Frist kann um weitere zwei Monate verlängert werden, wenn dies unter Berücksichtigung der Komplexität und der Anzahl von Anträgen erforderlich ist. Der Verantwortliche unterrichtet die betroffene Person innerhalb eines Monats nach Eingang des Antrags über eine Fristverlängerung, zusammen mit den Gründen für die Verzögerung. Stellt die betroffene Person den Antrag elektronisch, so ist sie nach Möglichkeit auf elektronischem Weg zu unterrichten, sofern sie nichts anderes angibt.

(4) Wird der Verantwortliche auf den Antrag der betroffenen Person hin nicht tätig, so unterrichtet er die betroffene Person ohne Verzögerung, spätestens aber innerhalb eines Monats nach Eingang des Antrags über die Gründe hierfür und über die Möglichkeit, bei einer Aufsichtsbehörde Beschwerde einzulegen oder einen gerichtlichen Rechtsbehelf einzulegen.

(5) Informationen gemäß den Artikeln 13 und 14 sowie alle Mitteilungen und Maßnahmen gemäß den Artikeln 15 bis 22 und Artikel 34 werden unentgeltlich zur Verfügung gestellt. Bei offenkundig unbegründeten oder — insbesondere im Fall von häufiger Wiederholung — exzessiven Anträgen einer betroffenen Person kann der Verantwortliche entweder

a) ein angemessenes Entgelt verlangen, bei dem die Verwaltungskosten für die Unterrichtung oder die Mitteilung oder die Durchführung der beantragten Maßnahme berücksichtigt werden, oder

b) sich weigern, aufgrund des Antrags tätig zu werden. Der Verantwortliche hat den Nachweis für den offenkundig unbegründeten oder exzessiven Charakter des Antrags zu erbringen.

(6) Hat der Verantwortliche begründete Zweifel an der Identität der natürlichen Person, die den Antrag gemäß den Artikeln 15 bis 21 stellt, so kann er unbeschadet des Artikels 11 zusätzliche Informationen anfordern, die zur Bestätigung der Identität der betroffenen Person erforderlich sind.

(7) Die Informationen, die den betroffenen Personen gemäß den Artikeln 13 und 14 bereitzustellen sind, können in Kombination mit standardisierten Bildsymbolen bereitgestellt werden, um in leicht wahrnehmbarer, verständlicher und klar nachvollziehbarer Form einen aussagekräftigen Überblick über die beabsichtigte Verarbeitung zu vermitteln. Werden die Bildsymbole in elektronischer Form dargestellt, müssen sie maschinenlesbar sein.

(8) Der Kommission wird die Befugnis übertragen, gemäß Artikel 92 delegierte Rechtsakte zur Bestimmung der Informationen, die durch Bildsymbole darzustellen sind, und der Verfahren für die Bereitstellung standardisierter Bildsymbole zu erlassen.

Abschnitt 2 Informationspflicht und Recht auf Auskunft zu personenbezogenen Daten

Artikel 13 Informationspflicht bei Erhebung von personenbezogenen Daten bei der betroffenen Person

(1) Werden personenbezogene Daten bei der betroffenen Person erhoben, so teilt der Verantwortliche der betroffenen Person zum Zeitpunkt der Erhebung dieser Daten Folgendes mit:

a) den Namen und die Kontaktdaten des Verantwortlichen sowie gegebenenfalls seines Vertreters;

b) gegebenenfalls die Kontaktdaten des Datenschutzbeauftragten;

c) die Zwecke, für die die personenbezogenen Daten verarbeitet werden sollen, sowie die Rechtsgrundlage für die Verarbeitung;

d) wenn die Verarbeitung auf Artikel 6 Absatz 1 Buchstabe f beruht, die berechtigten Interessen, die von dem Verantwortlichen oder einem Dritten verfolgt werden;

e) gegebenenfalls die Empfänger oder Kategorien von Empfängern der personenbezogenen Daten und

f) gegebenenfalls die Absicht des Verantwortlichen, die personenbezogenen Daten an ein Drittland oder eine internationale Organisation zu übermitteln, sowie das Vorhandensein oder das Fehlen eines Angemessenheitsbeschlusses der Kommission oder im Falle von Übermittlungen gemäß Artikel 46 oder Artikel 47 oder Artikel 49 Absatz 1 Unterabsatz 2 einen Verweis auf die geeigneten oder angemessenen Garantien und die Möglichkeit, wie eine Kopie von ihnen zu erhalten ist, oder wo sie verfügbar sind.

(2) Zusätzlich zu den Informationen gemäß Absatz 1 stellt der Verantwortliche der betroffenen Person zum Zeitpunkt der Erhebung dieser Daten folgende weitere Informationen zur Verfügung, die notwendig sind, um eine faire und transparente Verarbeitung zu gewährleisten:

a) die Dauer, für die die personenbezogenen Daten gespeichert werden oder, falls dies nicht möglich ist, die Kriterien für die Festlegung dieser Dauer;

b) das Bestehen eines Rechts auf Auskunft seitens des Verantwortlichen über die betreffenden personenbezogenen Daten sowie auf Berichtigung oder Löschung oder auf Einschränkung der Verarbeitung oder eines Widerspruchsrechts gegen die Verarbeitung sowie des Rechts auf Datenübertragbarkeit;

c) wenn die Verarbeitung auf Artikel 6 Absatz 1 Buchstabe a oder Artikel 9 Absatz 2 Buchstabe a beruht, das Bestehen eines Rechts, die Einwilligung jederzeit zu widerrufen, ohne dass die Rechtmäßigkeit der aufgrund der Einwilligung bis zum Widerruf erfolgten Verarbeitung berührt wird;

d) das Bestehen eines Beschwerderechts bei einer Aufsichtsbehörde;

e) ob die Bereitstellung der personenbezogenen Daten gesetzlich oder vertraglich vorgeschrieben oder für einen Vertragsabschluss erforderlich ist, ob die betroffene Person verpflichtet ist, die personenbezogenen Daten bereitzustellen, und welche mögliche Folgen die Nichtbereitstellung hätte und

f) das Bestehen einer automatisierten Entscheidungsfindung einschließlich Profiling gemäß Artikel 22 Absätze 1 und 4 und – zumindest in diesen Fällen – aussagekräftige Informationen über die involvierte Logik sowie die Tragweite und die angestrebten Auswirkungen einer derartigen Verarbeitung für die betroffene Person.

(3) Beabsichtigt der Verantwortliche, die personenbezogenen Daten für einen anderen Zweck weiterzuverarbeiten als den, für den die personenbezogenen Daten erhoben wurden, so stellt er der betroffenen Person vor dieser Weiterverarbeitung Informationen über diesen anderen Zweck und alle anderen maßgeblichen Informationen gemäß Absatz 2 zur Verfügung.

(4) Die Absätze 1, 2 und 3 finden keine Anwendung, wenn und soweit die betroffene Person bereits über die Informationen verfügt.

Artikel 14 Informationspflicht, wenn die personenbezogenen Daten nicht bei der betroffenen Person erhoben wurden (EW 61, 62)

(1) Werden personenbezogene Daten nicht bei der betroffenen Person erhoben, so teilt der Verantwortliche der betroffenen Person Folgendes mit:

a) den Namen und die Kontaktdaten des Verantwortlichen sowie gegebenenfalls seines Vertreters;

b) zusätzlich die Kontaktdaten des Datenschutzbeauftragten;

c) die Zwecke, für die die personenbezogenen Daten verarbeitet werden sollen, sowie die Rechtsgrundlage für die Verarbeitung;

d) die Kategorien personenbezogener Daten, die verarbeitet werden;

e) gegebenenfalls die Empfänger oder Kategorien von Empfängern der personenbezogenen Daten;

f) gegebenenfalls die Absicht des Verantwortlichen, die personenbezogenen Daten an einen Empfänger in einem Drittland oder einer internationalen Organisation zu übermitteln, sowie das Vorhandensein oder das Fehlen eines Angemessenheitsbeschlusses der Kommission oder im Falle von Übermittlungen gemäß Artikel 46 oder Artikel 47 oder Artikel 49 Absatz 1 Unterabsatz 2 einen Verweis auf die geeigneten oder angemessenen Garantien und die Möglichkeit, eine Kopie von ihnen zu erhalten, oder wo sie verfügbar sind.

(2) Zusätzlich zu den Informationen gemäß Absatz 1 stellt der Verantwortliche der betroffenen Person die folgenden Informationen zur Verfügung, die erforderlich sind, um der betroffenen Person gegenüber eine faire und transparente Verarbeitung zu gewährleisten:

a) die Dauer, für die die personenbezogenen Daten gespeichert werden oder, falls dies nicht möglich ist, die Kriterien für die Festlegung dieser Dauer;

b) wenn die Verarbeitung auf Artikel 6 Absatz 1 Buchstabe f beruht, die berechtigten Interessen, die von dem Verantwortlichen oder einem Dritten verfolgt werden;

c) das Bestehen eines Rechts auf Auskunft seitens des Verantwortlichen über die betreffenden personenbezogenen Daten sowie auf Berichtigung oder Löschung oder auf Einschränkung der Verarbeitung und eines Widerspruchsrechts gegen die Verarbeitung sowie des Rechts auf Datenübertragbarkeit;

d) wenn die Verarbeitung auf Artikel 6 Absatz 1 Buchstabe a oder Artikel 9 Absatz 2 Buchstabe a beruht, das Bestehen eines Rechts, die Einwilligung jederzeit zu widerrufen, ohne dass die Rechtmäßigkeit der aufgrund der Einwilligung bis zum Widerruf erfolgten Verarbeitung berührt wird;

e) das Bestehen eines Beschwerderechts bei einer Aufsichtsbehörde;

f) aus welcher Quelle die personenbezogenen Daten stammen und gegebenenfalls ob sie aus öffentlich zugänglichen Quellen stammen;

g) das Bestehen einer automatisierten Entscheidungsfindung einschließlich Profiling gemäß Artikel 22 Absätze 1 und 4 und – zumindest in diesen Fällen – aussagekräftige Informationen über die involvierte Logik sowie die Tragweite und die angestrebten Auswirkungen einer derartigen Verarbeitung für die betroffene Person.

(3) Der Verantwortliche erteilt die Informationen gemäß den Absätzen 1 und 2

a) unter Berücksichtigung der spezifischen Umstände der Verarbeitung der personenbezogenen Daten innerhalb einer angemessenen Frist nach Erlangung der personenbezogenen Daten, längstens jedoch innerhalb eines Monats,

b) falls die personenbezogenen Daten zur Kommunikation mit der betroffenen Person verwendet werden sollen, spätestens zum Zeitpunkt der ersten Mitteilung an sie, oder,

c) falls die Offenlegung an einen anderen Empfänger beabsichtigt ist, spätestens zum Zeitpunkt der ersten Offenlegung.

(4) Beabsichtigt der Verantwortliche, die personenbezogenen Daten für einen anderen Zweck weiterzuverarbeiten als den, für den die personenbezogenen Daten erlangt wurden, so stellt er der betroffenen Person vor dieser Weiterverarbeitung Informationen über diesen anderen Zweck und alle anderen maßgeblichen Informationen gemäß Absatz 2 zur Verfügung.

(5) Die Absätze 1 bis 4 finden keine Anwendung, wenn und soweit

a) die betroffene Person bereits über die Informationen verfügt,

b) die Erteilung dieser Informationen sich als unmöglich erweist oder einen unverhältnismäßigen Aufwand erfordern würde; dies gilt insbesondere für die Verarbeitung für im öffentlichen Interesse liegende Archivzwecke, für wissenschaftliche oder historische Forschungszwecke oder für statistische Zwecke vorbehaltlich der in Artikel 89 Absatz 1 genannten Bedingungen und Garantien oder soweit die in Absatz 1 des vorliegenden Artikels genannte Pflicht voraussichtlich die Verwirklichung der Ziele dieser Verarbeitung unmöglich macht oder ernsthaft beeinträchtigt In diesen Fällen ergreift der Verantwortliche geeignete Maßnahmen zum Schutz der Rechte und Freiheiten sowie der berechtigten Interessen der betroffenen Person, einschließlich der Bereitstellung dieser Informationen für die Öffentlichkeit,

c) die Erlangung oder Offenlegung durch Rechtsvorschriften der Union oder der Mitgliedstaaten, denen der Verantwortliche unterliegt und die geeignete Maßnahmen zum Schutz der berechtigten Interessen der betroffenen Person vorsehen, ausdrücklich geregelt ist oder

d) die personenbezogenen Daten gemäß dem Unionsrecht oder dem Recht der Mitgliedstaaten dem Berufsgeheimnis, einschließlich einer satzungsmäßigen Geheimhaltungspflicht, unterliegen und daher vertraulich behandelt werden müssen.

Artikel 15 Auskunftsrecht der betroffenen Person (EW 63, 64)

(1) Die betroffene Person hat das Recht, von dem Verantwortlichen eine Bestätigung darüber zu verlangen, ob sie betreffende personenbezogene Daten verarbeitet werden; ist dies der Fall, so hat sie ein Recht auf Auskunft über diese personenbezogenen Daten und auf folgende Informationen:

a) die Verarbeitungszwecke;

b) die Kategorien personenbezogener Daten, die verarbeitet werden;

c) die Empfänger oder Kategorien von Empfängern, gegenüber denen die personenbezogenen Daten offengelegt worden sind oder noch offengelegt werden, insbesondere bei Empfängern in Drittländern oder bei internationalen Organisationen;

d) falls möglich die geplante Dauer, für die die personenbezogenen Daten gespeichert werden, oder, falls dies nicht möglich ist, die Kriterien für die Festlegung dieser Dauer;

e) das Bestehen eines Rechts auf Berichtigung oder Löschung der sie betreffenden personenbezogenen Daten oder auf Einschränkung der Verarbeitung durch den Verantwortlichen oder eines Widerspruchsrechts gegen diese Verarbeitung;

f) das Bestehen eines Beschwerderechts bei einer Aufsichtsbehörde;

g) wenn die personenbezogenen Daten nicht bei der betroffenen Person erhoben werden, alle verfügbaren Informationen über die Herkunft der Daten;

h) das Bestehen einer automatisierten Entscheidungsfindung einschließlich Profiling gemäß Artikel 22 Absätze 1 und 4 und – zumindest in diesen Fällen – aussagekräftige Informationen über die involvierte Logik sowie die Tragweite und die angestrebten Auswirkungen einer derartigen Verarbeitung für die betroffene Person.

(2) Werden personenbezogene Daten an ein Drittland oder an eine internationale Organisation übermittelt, so hat die betroffene Person das Recht, über die geeigneten Garantien gemäß Artikel 46 im Zusammenhang mit der Übermittlung unterrichtet zu werden.

(3) Der Verantwortliche stellt eine Kopie der personenbezogenen Daten, die Gegenstand der Verarbeitung sind, zur Verfügung. Für alle weiteren Kopien, die die betroffene Person beantragt, kann der Verantwortliche ein angemessenes Entgelt auf der Grundlage der Verwaltungskosten verlangen. Stellt die betroffene Person den Antrag elektronisch, so sind die Informationen in einem gängigen elektronischen Format zur Verfügung zu stellen, sofern sie nichts anderes angibt.

(4) Das Recht auf Erhalt einer Kopie gemäß Absatz 3 darf die Rechte und Freiheiten anderer Personen nicht beeinträchtigen.

Abschnitt 3 Berichtigung und Löschung

Artikel 16 Recht auf Berichtigung

Die betroffene Person hat das Recht, von dem Verantwortlichen unverzüglich die Berichtigung sie betreffender unrichtiger personenbezogener Daten zu verlangen. Unter Berücksichtigung der Zwecke der Verarbeitung hat die betroffene Person das Recht, die Vervollständigung unvollständiger personenbezogener Daten – auch mittels einer ergänzenden Erklärung – zu verlangen.

Artikel 17 Recht auf Löschung („Recht auf Vergessenwerden“)

(EW 65, 66)

(1) Die betroffene Person hat das Recht, von dem Verantwortlichen zu verlangen, dass sie betreffende personenbezogene Daten unverzüglich gelöscht werden, und der Verantwortliche ist verpflichtet, personenbezogene Daten unverzüglich zu löschen, sofern einer der folgenden Gründe zutrifft:

a) Die personenbezogenen Daten sind für die Zwecke, für die sie erhoben oder auf sonstige Weise verarbeitet wurden, nicht mehr notwendig.

b) Die betroffene Person widerruft ihre Einwilligung, auf die sich die Verarbeitung gemäß Artikel 6 Absatz 1 Buchstabe a oder Artikel 9 Absatz 2 Buchstabe a stützte, und es fehlt an einer anderweitigen Rechtsgrundlage für die Verarbeitung.

c) Die betroffene Person legt gemäß Artikel 21 Absatz 1 Widerspruch gegen die Verarbeitung ein und es liegen keine vorrangigen berechtigten Gründe für die Verarbeitung vor, oder die betroffene Person legt gemäß Artikel 21 Absatz 2 Widerspruch gegen die Verarbeitung ein.

d) Die personenbezogenen Daten wurden unrechtmäßig verarbeitet.

e) Die Löschung der personenbezogenen Daten ist zur Erfüllung einer rechtlichen Verpflichtung nach dem Unionsrecht oder dem Recht der Mitgliedstaaten erforderlich, dem der Verantwortliche unterliegt.

f) Die personenbezogenen Daten wurden in Bezug auf angebotene Dienste der Informationsgesellschaft gemäß Artikel 8 Absatz 1 erhoben.

(2) Hat der Verantwortliche die personenbezogenen Daten öffentlich gemacht und ist er gemäß Absatz 1 zu deren Löschung verpflichtet, so trifft er unter Berücksichtigung der verfügbaren Technologie und der Implementierungskosten angemessene Maßnahmen, auch technischer Art, um für die Datenverarbeitung Verantwortliche, die die personenbezogenen Daten verarbeiten, darüber zu informieren, dass eine betroffene Person von ihnen die Löschung aller Links zu diesen personenbezogenen Daten oder von Kopien oder Replikationen dieser personenbezogenen Daten verlangt hat.

(3) Die Absätze 1 und 2 gelten nicht, soweit die Verarbeitung erforderlich ist

a) zur Ausübung des Rechts auf freie Meinungsäußerung und Information;

b) zur Erfüllung einer rechtlichen Verpflichtung, die die Verarbeitung nach dem Recht der Union oder der Mitgliedstaaten, dem der Verantwortliche unterliegt, erfordert, oder zur Wahrnehmung einer Aufgabe, die im öffentlichen Interesse liegt oder in Ausübung öffentlicher Gewalt erfolgt, die dem Verantwortlichen übertragen wurde;

c) aus Gründen des öffentlichen Interesses im Bereich der öffentlichen Gesundheit gemäß Artikel 9 Absatz 2 Buchstaben h und i sowie Artikel 9 Absatz 3;

d) für im öffentlichen Interesse liegende Archivzwecke, wissenschaftliche oder historische Forschungszwecke oder für statistische Zwecke gemäß Artikel 89 Absatz 1, soweit das in Absatz 1 genannte Recht voraussichtlich die Verwirklichung der Ziele dieser Verarbeitung unmöglich macht oder ernsthaft beeinträchtigt, oder

e) zur Geltendmachung, Ausübung oder Verteidigung von Rechtsansprüchen.

Artikel 18 Recht auf Einschränkung der Verarbeitung (EW 67)

(1) Die betroffene Person hat das Recht, von dem Verantwortlichen die Einschränkung der Verarbeitung zu verlangen, wenn eine der folgenden Voraussetzungen gegeben ist:

a) die Richtigkeit der personenbezogenen Daten von der betroffenen Person bestritten wird, und zwar für eine Dauer, die es dem Verantwortlichen ermöglicht, die Richtigkeit der personenbezogenen Daten zu überprüfen,

b) die Verarbeitung unrechtmäßig ist und die betroffene Person die Löschung der personenbezogenen Daten ablehnt und stattdessen die Einschränkung der Nutzung der personenbezogenen Daten verlangt;

c) der Verantwortliche die personenbezogenen Daten für die Zwecke der Verarbeitung nicht länger benötigt, die betroffene Person sie jedoch zur Geltendmachung, Ausübung oder Verteidigung von Rechtsansprüchen benötigt, oder

d) die betroffene Person Widerspruch gegen die Verarbeitung gemäß Artikel 21 Absatz 1 eingelegt hat, solange noch nicht feststeht, ob die berechtigten Gründe des Verantwortlichen gegenüber denen der betroffenen Person überwiegen.

(2) Wurde die Verarbeitung gemäß Absatz 1 eingeschränkt, so dürfen diese personenbezogenen Daten – von ihrer Speicherung abgesehen – nur mit Einwilligung der betroffenen Person oder zur Geltendmachung, Ausübung oder Verteidigung von Rechtsansprüchen oder zum Schutz der Rechte einer anderen natürlichen oder juristischen Person oder aus Gründen eines wichtigen öffentlichen Interesses der Union oder eines Mitgliedstaats verarbeitet werden.

(3) Eine betroffene Person, die eine Einschränkung der Verarbeitung gemäß Absatz 1 erwirkt hat, wird von dem Verantwortlichen unterrichtet, bevor die Einschränkung aufgehoben wird.

Artikel 19 Mitteilungspflicht im Zusammenhang mit der Berichtigung oder Löschung personenbezogener Daten oder der Einschränkung der Verarbeitung

Der Verantwortliche teilt allen Empfängern, denen personenbezogenen Daten offengelegt wurden, jede Berichtigung oder Löschung der personenbezogenen Daten oder eine Einschränkung der Verarbeitung nach Artikel 16, Artikel 17 Absatz 1 und Artikel 18 mit, es sei denn, dies erweist sich als unmöglich oder ist

mit einem unverhältnismäßigen Aufwand verbunden. Der Verantwortliche unterrichtet die betroffene Person über diese Empfänger, wenn die betroffene Person dies verlangt.

Artikel 20 Recht auf Datenübertragbarkeit (EW 68)

(1) Die betroffene Person hat das Recht, die sie betreffenden personenbezogenen Daten, die sie einem Verantwortlichen bereitgestellt hat, in einem strukturierten, gängigen und maschinenlesbaren Format zu erhalten, und sie hat das Recht, diese Daten einem anderen Verantwortlichen ohne Behinderung durch den Verantwortlichen, dem die personenbezogenen Daten bereitgestellt wurden, zu übermitteln, sofern

a) die Verarbeitung auf einer Einwilligung gemäß Artikel 6 Absatz 1 Buchstabe a oder Artikel 9 Absatz 2 Buchstabe a oder auf einem Vertrag gemäß Artikel 6 Absatz 1 Buchstabe b beruht und

b) die Verarbeitung mithilfe automatisierter Verfahren erfolgt.

(2) Bei der Ausübung ihres Rechts auf Datenübertragbarkeit gemäß Absatz 1 hat die betroffene Person das Recht, zu erwirken, dass die personenbezogenen Daten direkt von einem Verantwortlichen einem anderen Verantwortlichen übermittelt werden, soweit dies technisch machbar ist.

(3) Die Ausübung des Rechts nach Absatz 1 des vorliegenden Artikels lässt Artikel 17 unberührt. Dieses Recht gilt nicht für eine Verarbeitung, die für die Wahrnehmung einer Aufgabe erforderlich ist, die im öffentlichen Interesse liegt oder in Ausübung öffentlicher Gewalt erfolgt, die dem Verantwortlichen übertragen wurde.

(4) Das Recht gemäß Absatz 1 darf die Rechte und Freiheiten anderer Personen nicht beeinträchtigen.

Abschnitt 4 Widerspruchsrecht und automatisierte Entscheidungsfindung im Einzelfall

Artikel 21 Widerspruchsrecht (EW 69, 70)

(1) Die betroffene Person hat das Recht, aus Gründen, die sich aus ihrer besonderen Situation ergeben, jederzeit gegen die Verarbeitung sie betreffender personenbezogener Daten, die aufgrund von Artikel 6 Absatz 1 Buchstaben e oder f erfolgt, Widerspruch einzulegen; dies gilt auch für ein auf diese Bestimmungen gestütztes Profiling. Der Verantwortliche verarbeitet die personenbezogenen Daten nicht mehr, es sei denn, er kann zwingende schutzwürdige Gründe für die Verarbeitung nachweisen, die die Interessen, Rechte und Freiheiten der betroffenen Person überwiegen, oder die Verarbeitung dient der Geltendmachung, Ausübung oder Verteidigung von Rechtsansprüchen.

(2) Werden personenbezogene Daten verarbeitet, um Direktwerbung zu betreiben, so hat die betroffene Person das Recht, jederzeit Widerspruch gegen die Verarbeitung sie betreffender personenbezogener Daten zum Zwecke derartiger

Werbung einzulegen; dies gilt auch für das Profiling, soweit es mit solcher Direktwerbung in Verbindung steht.

(3) Widerspricht die betroffene Person der Verarbeitung für Zwecke der Direktwerbung, so werden die personenbezogenen Daten nicht mehr für diese Zwecke verarbeitet.

(4) Die betroffene Person muss spätestens zum Zeitpunkt der ersten Kommunikation mit ihr ausdrücklich auf das in den Absätzen 1 und 2 genannte Recht hingewiesen werden; dieser Hinweis hat in einer verständlichen und von anderen Informationen getrennten Form zu erfolgen.

(5) Im Zusammenhang mit der Nutzung von Diensten der Informationsgesellschaft kann die betroffene Person ungeachtet der Richtlinie 2002/58/EG ihr Widerspruchsrecht mittels automatisierter Verfahren ausüben, bei denen technische Spezifikationen verwendet werden.

(6) Die betroffene Person hat das Recht, aus Gründen, die sich aus ihrer besonderen Situation ergeben, gegen die sie betreffende Verarbeitung sie betreffender personenbezogener Daten, die zu wissenschaftlichen oder historischen Forschungszwecken oder zu statistischen Zwecken gemäß Artikel 89 Absatz 1 erfolgt, Widerspruch einzulegen, es sei denn, die Verarbeitung ist zur Erfüllung einer im öffentlichen Interesse liegenden Aufgabe erforderlich.

Artikel 22 Automatisierte Entscheidungen im Einzelfall einschließlich Profiling (EW 71, 72)

(1) Die betroffene Person hat das Recht, nicht einer ausschließlich auf einer automatisierten Verarbeitung – einschließlich Profiling – beruhenden Entscheidung unterworfen zu werden, die ihr gegenüber rechtliche Wirkung entfaltet oder sie in ähnlicher Weise erheblich beeinträchtigt.

(2) Absatz 1 gilt nicht, wenn die Entscheidung

a) für den Abschluss oder die Erfüllung eines Vertrags zwischen der betroffenen Person und dem Verantwortlichen erforderlich ist,

b) aufgrund von Rechtsvorschriften der Union oder der Mitgliedstaaten, denen der Verantwortliche unterliegt, zulässig ist und diese Rechtsvorschriften angemessene Maßnahmen zur Wahrung der Rechte und Freiheiten sowie der berechtigten Interessen der betroffenen Person enthalten oder

c) mit ausdrücklicher Einwilligung der betroffenen Person erfolgt.

(3) In den in Absatz 2 Buchstaben a und c genannten Fällen trifft der Verantwortliche angemessene Maßnahmen, um die Rechte und Freiheiten sowie die berechtigten Interessen der betroffenen Person zu wahren, wozu mindestens das Recht auf Erwirkung des Eingreifens einer Person seitens des Verantwortlichen, auf Darlegung des eigenen Standpunkts und auf Anfechtung der Entscheidung gehört.

(4) Entscheidungen nach Absatz 2 dürfen nicht auf besonderen Kategorien personenbezogener Daten nach Artikel 9 Absatz 1 beruhen, sofern nicht Artikel 9 Absatz 2 Buchstabe a oder g gilt und angemessene Maßnahmen zum Schutz der

Rechte und Freiheiten sowie der berechtigten Interessen der betroffenen Person getroffen wurden.

Abschnitt 5 Beschränkungen

Artikel 23 Beschränkungen (EW 73)

(1) Durch Rechtsvorschriften der Union oder der Mitgliedstaaten, denen der Verantwortliche oder der Auftragsverarbeiter unterliegt, können die Pflichten und Rechte gemäß den Artikeln 12 bis 22 und Artikel 34 sowie Artikel 5, insofern dessen Bestimmungen den in den Artikeln 12 bis 22 vorgesehenen Rechten und Pflichten entsprechen, im Wege von Gesetzgebungsmaßnahmen beschränkt werden, sofern eine solche Beschränkung den Wesensgehalt der Grundrechte und Grundfreiheiten achtet und in einer demokratischen Gesellschaft eine notwendige und verhältnismäßige Maßnahme darstellt, die Folgendes sicherstellt:

a) die nationale Sicherheit;

b) die Landesverteidigung;

c) die öffentliche Sicherheit;

d) die Verhütung, Ermittlung, Aufdeckung oder Verfolgung von Straftaten oder die Strafvollstreckung, einschließlich des Schutzes vor und der Abwehr von Gefahren für die öffentliche Sicherheit;

e) den Schutz sonstiger wichtiger Ziele des allgemeinen öffentlichen Interesses der Union oder eines Mitgliedstaats, insbesondere eines wichtigen wirtschaftlichen oder finanziellen Interesses der Union oder eines Mitgliedstaats, etwa im Währungs-, Haushalts- und Steuerbereich sowie im Bereich der öffentlichen Gesundheit und der sozialen Sicherheit;

f) den Schutz der Unabhängigkeit der Justiz und den Schutz von Gerichtsverfahren;

g) die Verhütung, Aufdeckung, Ermittlung und Verfolgung von Verstößen gegen die berufsständischen Regeln reglementierter Berufe;

h) Kontroll-, Überwachungs- und Ordnungsfunktionen, die dauernd oder zeitweise mit der Ausübung öffentlicher Gewalt für die unter den Buchstaben a bis e und g genannten Zwecke verbunden sind;

i) den Schutz der betroffenen Person oder der Rechte und Freiheiten anderer Personen;

j) die Durchsetzung zivilrechtlicher Ansprüche.

(2) Jede Gesetzgebungsmaßnahme im Sinne des Absatzes 1 muss insbesondere gegebenenfalls spezifische Vorschriften enthalten zumindest in Bezug auf

a) die Zwecke der Verarbeitung oder die Verarbeitungskategorien,

b) die Kategorien personenbezogener Daten,

c) den Umfang der vorgenommenen Beschränkungen,

d) die Garantien gegen Missbrauch oder unrechtmäßigen Zugang oder unrechtmäßige Übermittlung;

e) die Angaben zu dem Verantwortlichen oder den Kategorien von Verantwortlichen,

f) die jeweiligen Speicherfristen sowie die geltenden Garantien unter Berücksichtigung von Art, Umfang und Zwecken der Verarbeitung oder der Verarbeitungskategorien,

g) die Risiken für die Rechte und Freiheiten der betroffenen Personen und

h) das Recht der betroffenen Personen auf Unterrichtung über die Beschränkung, sofern dies nicht dem Zweck der Beschränkung abträglich ist.

KAPITEL IV Verantwortlicher und Auftragsverarbeiter

Abschnitt 1 Allgemeine Pflichten

Artikel 24 Verantwortung des für die Verarbeitung Verantwortlichen (EW 74 – 77)

(1) Der Verantwortliche setzt unter Berücksichtigung der Art, des Umfangs, der Umstände und der Zwecke der Verarbeitung sowie der unterschiedlichen Eintrittswahrscheinlichkeit und Schwere der Risiken für die Rechte und Freiheiten natürlicher Personen geeignete technische und organisatorische Maßnahmen um, um sicherzustellen und den Nachweis dafür erbringen zu können, dass die Verarbeitung gemäß dieser Verordnung erfolgt. Diese Maßnahmen werden erforderlichenfalls überprüft und aktualisiert.

(2) Sofern dies in einem angemessenen Verhältnis zu den Verarbeitungstätigkeiten steht, müssen die Maßnahmen gemäß Absatz 1 die Anwendung geeigneter Datenschutzvorkehrungen durch den Verantwortlichen umfassen.

(3) Die Einhaltung der genehmigten Verhaltensregeln gemäß Artikel 40 oder eines genehmigten Zertifizierungsverfahrens gemäß Artikel 42 kann als Gesichtspunkt herangezogen werden, um die Erfüllung der Pflichten des Verantwortlichen nachzuweisen.

Artikel 25 Datenschutz durch Technikgestaltung und durch datenschutzfreundliche Voreinstellungen (EW 78)

(1) Unter Berücksichtigung des Stands der Technik, der Implementierungskosten und der Art, des Umfangs, der Umstände und der Zwecke der Verarbeitung sowie der unterschiedlichen Eintrittswahrscheinlichkeit und Schwere der mit der Verarbeitung verbundenen Risiken für die Rechte und Freiheiten natürlicher Personen trifft der Verantwortliche sowohl zum Zeitpunkt der Festlegung der Mittel für die Verarbeitung als auch zum Zeitpunkt der eigentlichen Verarbeitung geeignete technische und organisatorische Maßnahmen – wie z. B. Pseudonymisierung –, die dafür ausgelegt sind, die Datenschutzgrundsätze wie etwa Da-

tenminimierung wirksam umzusetzen und die notwendigen Garantien in die Verarbeitung aufzunehmen, um den Anforderungen dieser Verordnung zu genügen und die Rechte der betroffenen Personen zu schützen.

(2) Der Verantwortliche trifft geeignete technische und organisatorische Maßnahmen, die sicherstellen, dass durch Voreinstellung nur personenbezogene Daten, deren Verarbeitung für den jeweiligen bestimmten Verarbeitungszweck erforderlich ist, verarbeitet werden. Diese Verpflichtung gilt für die Menge der erhobenen personenbezogenen Daten, den Umfang ihrer Verarbeitung, ihre Speicherfrist und ihre Zugänglichkeit. Solche Maßnahmen müssen insbesondere sicherstellen, dass personenbezogene Daten durch Voreinstellungen nicht ohne Eingreifen der Person einer unbestimmten Zahl von natürlichen Personen zugänglich gemacht werden.

(3) Ein genehmigtes Zertifizierungsverfahren gemäß Artikel 42 kann als Faktor herangezogen werden, um die Erfüllung der in den Absätzen 1 und 2 des vorliegenden Artikels genannten Anforderungen nachzuweisen.

Artikel 26 Gemeinsam Verantwortliche (EW 79)

(1) Legen zwei oder mehr Verantwortliche gemeinsam die Zwecke der und die Mittel zur Verarbeitung fest, so sind sie gemeinsam Verantwortliche. Sie legen in einer Vereinbarung in transparenter Form fest, wer von ihnen welche Verpflichtung gemäß dieser Verordnung erfüllt, insbesondere was die Wahrnehmung der Rechte der betroffenen Person angeht, und wer welchen Informationspflichten gemäß den Artikeln 13 und 14 nachkommt, sofern und soweit die jeweiligen Aufgaben der Verantwortlichen nicht durch Rechtsvorschriften der Union oder der Mitgliedstaaten, denen die Verantwortlichen unterliegen, festgelegt sind. In der Vereinbarung kann eine Anlaufstelle für die betroffenen Personen angegeben werden.

(2) Die Vereinbarung gemäß Absatz 1 muss die jeweiligen tatsächlichen Funktionen und Beziehungen der gemeinsam Verantwortlichen gegenüber betroffenen Personen gebührend widerspiegeln. Das wesentliche der Vereinbarung wird der betroffenen Person zur Verfügung gestellt.

(3) Ungeachtet der Einzelheiten der Vereinbarung gemäß Absatz 1 kann die betroffene Person ihre Rechte im Rahmen dieser Verordnung bei und gegenüber jedem einzelnen der Verantwortlichen geltend machen.

Artikel 27 Vertreter von nicht in der Union niedergelassenen Verantwortlichen oder Auftragsverarbeitern (EW 80)

(1) In den Fällen gemäß Artikel 3 Absatz 2 benennt der Verantwortliche oder der Auftragsverarbeiter schriftlich einen Vertreter in der Union.

(2) Die Pflicht gemäß Absatz 1 des vorliegenden Artikels gilt nicht für

a) eine Verarbeitung, die gelegentlich erfolgt, nicht die umfangreiche Verarbeitung besonderer Datenkategorien im Sinne des Artikels 9 Absatz 1 oder die umfangreiche Verarbeitung von personenbezogenen Daten über straf-

rechtliche Verurteilungen und Straftaten im Sinne des Artikels 10 einschließt und unter Berücksichtigung der Art, der Umstände, des Umfangs und der Zwecke der Verarbeitung voraussichtlich nicht zu einem Risiko für die Rechte und Freiheiten natürlicher Personen führt, oder

b) Behörden oder öffentliche Stellen.

(3) Der Vertreter muss in einem der Mitgliedstaaten niedergelassen sein, in denen die betroffenen Personen, deren personenbezogene Daten im Zusammenhang mit den ihnen angebotenen Waren oder Dienstleistungen verarbeitet werden oder deren Verhalten beobachtet wird, sich befinden.

(4) Der Vertreter wird durch den Verantwortlichen oder den Auftragsverarbeiter beauftragt, zusätzlich zu diesem oder an seiner Stelle insbesondere für Aufsichtsbehörden und betroffene Personen bei sämtlichen Fragen im Zusammenhang mit der Verarbeitung zur Gewährleistung der Einhaltung dieser Verordnung als Anlaufstelle zu dienen.

(5) Die Benennung eines Vertreters durch den Verantwortlichen oder den Auftragsverarbeiter erfolgt unbeschadet etwaiger rechtlicher Schritte gegen den Verantwortlichen oder den Auftragsverarbeiter selbst.

Artikel 28 Auftragsverarbeiter (EW 81)

(1) Erfolgt eine Verarbeitung im Auftrag eines Verantwortlichen, so arbeitet dieser nur mit Auftragsverarbeitern, die hinreichend Garantien dafür bieten, dass geeignete technische und organisatorische Maßnahmen so durchgeführt werden, dass die Verarbeitung im Einklang mit den Anforderungen dieser Verordnung erfolgt und den Schutz der Rechte der betroffenen Person gewährleistet.

(2) Der Auftragsverarbeiter nimmt keinen weiteren Auftragsverarbeiter ohne vorherige gesonderte oder allgemeine schriftliche Genehmigung des Verantwortlichen in Anspruch. Im Fall einer allgemeinen schriftlichen Genehmigung informiert der Auftragsverarbeiter den Verantwortlichen immer über jede beabsichtigte Änderung in Bezug auf die Hinzuziehung oder die Ersetzung anderer Auftragsverarbeiter, wodurch der Verantwortliche die Möglichkeit erhält, gegen derartige Änderungen Einspruch zu erheben.

(3) Die Verarbeitung durch einen Auftragsverarbeiter erfolgt auf der Grundlage eines Vertrags oder eines anderen Rechtsinstruments nach dem Unionsrecht oder dem Recht der Mitgliedstaaten, der bzw. das den Auftragsverarbeiter in Bezug auf den Verantwortlichen bindet und in dem Gegenstand und Dauer der Verarbeitung, Art und Zweck der Verarbeitung, die Art der personenbezogenen Daten, die Kategorien betroffener Personen und die Pflichten und Rechte des Verantwortlichen festgelegt sind. Dieser Vertrag bzw. dieses andere Rechtsinstrument sieht insbesondere vor, dass der Auftragsverarbeiter

a) die personenbezogenen Daten nur auf dokumentierte Weisung des Verantwortlichen – auch in Bezug auf die Übermittlung personenbezogener Daten an ein Drittland oder eine internationale Organisation – verarbeitet, sofern er nicht durch das Recht der Union oder der Mitgliedstaaten, dem der Auftragsverarbeiter unterliegt, hierzu verpflichtet ist; in einem solchen Fall teilt der Auftragsverarbeiter dem Verantwortlichen diese rechtlichen Anforderungen vor der Verarbeitung mit, sofern das betreffende Recht eine solche Mitteilung nicht wegen eines wichtigen öffentlichen Interesses verbietet;

b) gewährleistet, dass sich die zur Verarbeitung der personenbezogenen Daten befugten Personen zur Vertraulichkeit verpflichtet haben oder einer angemessenen gesetzlichen Verschwiegenheitspflicht unterliegen;

c) alle gemäß Artikel 32 erforderlichen Maßnahmen ergreift;

d) die in den Absätzen 2 und 4 genannten Bedingungen für die Inanspruchnahme der Dienste eines weiteren Auftragsverarbeiters einhält;

e) angesichts der Art der Verarbeitung den Verantwortlichen nach Möglichkeit mit geeigneten technischen und organisatorischen Maßnahmen dabei unterstützt, seiner Pflicht zur Beantwortung von Anträgen auf Wahrnehmung der in Kapitel III genannten Rechte der betroffenen Person nachzukommen;

f) unter Berücksichtigung der Art der Verarbeitung und der ihm zur Verfügung stehenden Informationen den Verantwortlichen bei der Einhaltung der in den Artikeln 32 bis 36 genannten Pflichten unterstützt;

g) nach Abschluss der Erbringung der Verarbeitungsleistungen alle personenbezogenen Daten nach Wahl des Verantwortlichen entweder löscht oder zurückgibt und die vorhandenen Kopien löscht, sofern nicht nach dem Unionsrecht oder dem Recht der Mitgliedstaaten eine Verpflichtung zur Speicherung der personenbezogenen Daten besteht;

h) dem Verantwortlichen alle erforderlichen Informationen zum Nachweis der Einhaltung der in diesem Artikel niedergelegten Pflichten zur Verfügung stellt und Überprüfungen – einschließlich Inspektionen –, die vom Verantwortlichen oder einem anderen von diesem beauftragten Prüfer durchgeführt werden, ermöglicht und dazu beiträgt.

Mit Blick auf Unterabsatz 1 Buchstabe h informiert der Auftragsverarbeiter den Verantwortlichen unverzüglich, falls er der Auffassung ist, dass eine Weisung gegen diese Verordnung oder gegen andere Datenschutzbestimmungen der Union oder der Mitgliedstaaten verstößt.

(4) Nimmt der Auftragsverarbeiter die Dienste eines weiteren Auftragsverarbeiters in Anspruch, um bestimmte Verarbeitungstätigkeiten im Namen des Verantwortlichen auszuführen, so werden diesem weiteren Auftragsverarbeiter im Wege eines Vertrags oder eines anderen Rechtsinstruments nach dem Unionsrecht oder dem Recht des betreffenden Mitgliedstaats dieselben Datenschutzpflichten auferlegt, die in dem Vertrag oder anderen Rechtsinstrument zwischen dem Verantwortlichen und dem Auftragsverarbeiter gemäß Absatz 3 festgelegt sind, wobei insbesondere hinreichende Garantien dafür geboten werden muss, dass die geeigneten technischen und organisatorischen Maßnahmen so durchgeführt werden, dass die Verarbeitung entsprechend den Anforderungen dieser Verordnung erfolgt. Kommt der weitere Auftragsverarbeiter seinen Datenschutzpflichten nicht nach, so haftet der erste Auftragsverarbeiter gegenüber dem Verantwortlichen für die Einhaltung der Pflichten jenes anderen Auftragsverarbeiters.

(5) Die Einhaltung genehmigter Verhaltensregeln gemäß Artikel 40 oder eines genehmigten Zertifizierungsverfahrens gemäß Artikel 42 durch einen Auftragsverarbeiter kann als Faktor herangezogen werden, um hinreichende Garantien im Sinne der Absätze 1 und 4 des vorliegenden Artikels nachzuweisen.

(6) Unbeschadet eines individuellen Vertrags zwischen dem Verantwortlichen und dem Auftragsverarbeiter kann der Vertrag oder das andere Rechtsinstrument im Sinne der Absätze 3 und 4 des vorliegenden Artikels ganz oder teilweise auf den in den Absätzen 7 und 8 des vorliegenden Artikels genannten Standardvertragsklauseln beruhen, auch wenn diese Bestandteil einer dem Verantwortlichen oder dem Auftragsverarbeiter gemäß den Artikeln 42 und 43 erteilten Zertifizierung sind.

(7) Die Kommission kann im Einklang mit dem Prüfverfahren gemäß Artikel 93 Absatz 2 Standardvertragsklauseln zur Regelung der in den Absätzen 3 und 4 des vorliegenden Artikels genannten Fragen festlegen.

(8) Eine Aufsichtsbehörde kann im Einklang mit dem Kohärenzverfahren gemäß Artikel 63 Standardvertragsklauseln zur Regelung der in den Absätzen 3 und 4 des vorliegenden Artikels genannten Fragen festlegen.

(9) Der Vertrag oder das andere Rechtsinstrument im Sinne der Absätze 3 und 4 ist schriftlich abzufassen, was auch in einem elektronischen Format erfolgen kann.

(10) Unbeschadet der Artikel 82, 83 und 84 gilt ein Auftragsverarbeiter, der unter Verstoß gegen diese Verordnung die Zwecke und Mittel der Verarbeitung bestimmt, in Bezug auf diese Verarbeitung als Verantwortlicher.

Artikel 29 Verarbeitung unter der Aufsicht des Verantwortlichen oder des Auftragsverarbeiters

Der Auftragsverarbeiter und jede dem Verantwortlichen oder dem Auftragsverarbeiter unterstellte Person, die Zugang zu personenbezogenen Daten hat, dürfen diese Daten ausschließlich auf Weisung des Verantwortlichen verarbeiten, es sei denn, dass sie nach dem Unionsrecht oder dem Recht der Mitgliedstaaten zur Verarbeitung verpflichtet sind.

Artikel 30 Verzeichnis von Verarbeitungstätigkeiten

(1) Jeder Verantwortliche und gegebenenfalls sein Vertreter führen ein Verzeichnis aller Verarbeitungstätigkeiten, die ihrer Zuständigkeit unterliegen. Dieses Verzeichnis enthält sämtliche folgenden Angaben:

a) den Namen und die Kontaktdaten des Verantwortlichen und gegebenenfalls des gemeinsam mit ihm Verantwortlichen, des Vertreters des Verantwortlichen sowie eines etwaigen Datenschutzbeauftragten;

b) die Zwecke der Verarbeitung;

c) eine Beschreibung der Kategorien betroffener Personen und der Kategorien personenbezogener Daten;

d) die Kategorien von Empfängern, gegenüber denen die personenbezogenen Daten offengelegt worden sind oder noch offengelegt werden, einschließlich Empfänger in Drittländern oder internationalen Organisationen;

e) gegebenenfalls Übermittlungen von personenbezogenen Daten an ein Drittland oder an eine internationale Organisation, einschließlich der Angabe des betreffenden Drittlands oder der betreffenden internationalen Organisation, sowie bei den in Artikel 49 Absatz 1 Unterabsatz 2 genannten Datenübermittlungen die Dokumentierung geeigneter Garantien;

f) wenn möglich, die vorgesehenen Fristen für die Löschung der verschiedenen Datenkategorien;

g) wenn möglich, eine allgemeine Beschreibung der technischen und organisatorischen Maßnahmen gemäß Artikel 32 Absatz 1.

(2) Jeder Auftragsverarbeiter und gegebenenfalls sein Vertreter führen ein Verzeichnis zu allen Kategorien von im Auftrag eines Verantwortlichen durchgeführten Tätigkeiten der Verarbeitung, das Folgendes enthält:

a) den Namen und die Kontaktdaten des Auftragsverarbeiters oder der Auftragsverarbeiter und jedes Verantwortlichen, in dessen Auftrag der Auftragsverarbeiter tätig ist, sowie gegebenenfalls des Vertreters des Verantwortlichen oder des Auftragsverarbeiters und eines etwaigen Datenschutzbeauftragten;

b) die Kategorien von Verarbeitungen, die im Auftrag jedes Verantwortlichen durchgeführt werden;

c) gegebenenfalls Übermittlungen von personenbezogenen Daten an ein Drittland oder an eine internationale Organisation, einschließlich der Angabe des betreffenden Drittlands oder der betreffenden internationalen Organisation, sowie bei den in Artikel 49 Absatz 1 Unterabsatz 2 genannten Datenübermittlungen die Dokumentierung geeigneter Garantien;

d) wenn möglich, eine allgemeine Beschreibung der technischen und organisatorischen Maßnahmen gemäß Artikel 32 Absatz 1.

(3) Das in den Absätzen 1 und 2 genannte Verzeichnis ist schriftlich zu führen, was auch in einem elektronischen Format erfolgen kann.

(4) Der Verantwortliche oder der Auftragsverarbeiter sowie gegebenenfalls der Vertreter des Verantwortlichen oder des Auftragsverarbeiters stellen der Aufsichtsbehörde das Verzeichnis auf Anfrage zur Verfügung.

(5) Die in den Absätzen 1 und 2 genannten Pflichten gelten nicht für Unternehmen oder Einrichtungen, die weniger als 250 Mitarbeiter beschäftigen, es sei denn, die von ihnen vorgenommene Verarbeitung birgt ein Risiko für die Rechte und Freiheiten der betroffenen Personen, die Verarbeitung erfolgt nicht nur gelegentlich oder es erfolgt eine Verarbeitung besonderer Datenkategorien gemäß Artikel 9 Absatz 1 bzw. die Verarbeitung von personenbezogenen Daten über strafrechtliche Verurteilungen und Straftaten im Sinne des Artikels 10.

Artikel 31 Zusammenarbeit mit der Aufsichtsbehörde (EW 82)

Der Verantwortliche und der Auftragsverarbeiter und gegebenenfalls deren Vertreter arbeiten auf Anfrage mit der Aufsichtsbehörde bei der Erfüllung ihrer Aufgaben zusammen.

Abschnitt 2 Sicherheit personenbezogener Daten

Artikel 32 Sicherheit der Verarbeitung (EW 83)

(1) Unter Berücksichtigung des Stands der Technik, der Implementierungskosten und der Art, des Umfangs, der Umstände und der Zwecke der Verarbeitung sowie der unterschiedlichen Eintrittswahrscheinlichkeit und Schwere des Risikos für die Rechte und Freiheiten natürlicher Personen treffen der Verantwortliche und der Auftragsverarbeiter geeignete technische und organisatorische Maßnahmen, um ein dem Risiko angemessenes Schutzniveau zu gewährleisten; diese Maßnahmen schließen gegebenenfalls unter anderem Folgendes ein:

a) die Pseudonymisierung und Verschlüsselung personenbezogener Daten;

b) die Fähigkeit, die Vertraulichkeit, Integrität, Verfügbarkeit und Belastbarkeit der Systeme und Dienste im Zusammenhang mit der Verarbeitung auf Dauer sicherzustellen;

c) die Fähigkeit, die Verfügbarkeit der personenbezogenen Daten und den Zugang zu ihnen bei einem physischen oder technischen Zwischenfall rasch wiederherzustellen;

d) ein Verfahren zur regelmäßigen Überprüfung, Bewertung und Evaluierung der Wirksamkeit der technischen und organisatorischen Maßnahmen zur Gewährleistung der Sicherheit der Verarbeitung.

(2) Bei der Beurteilung des angemessenen Schutzniveaus sind insbesondere die Risiken zu berücksichtigen, die mit der Verarbeitung verbunden sind, insbesondere durch – ob unbeabsichtigt oder unrechtmäßig – Vernichtung, Verlust, Veränderung oder unbefugte Offenlegung von beziehungsweise unbefugten Zugang zu personenbezogenen Daten, die übermittelt, gespeichert oder auf andere Weise verarbeitet wurden.

(3) Die Einhaltung genehmigter Verhaltensregeln gemäß Artikel 40 oder eines genehmigten Zertifizierungsverfahrens gemäß Artikel 42 kann als Faktor herangezogen werden, um die Erfüllung der in Absatz 1 des vorliegenden Artikels genannten Anforderungen nachzuweisen.

(4) Der Verantwortliche und der Auftragsverarbeiter unternehmen Schritte, um sicherzustellen, dass ihnen unterstellte natürliche Personen, die Zugang zu personenbezogenen Daten haben, diese nur auf Anweisung des Verantwortlichen verarbeiten, es sei denn, sie sind nach dem Recht der Union oder der Mitgliedstaaten zur Verarbeitung verpflichtet.

Artikel 33 Meldung von Verletzungen des Schutzes personenbezogener Daten an die Aufsichtsbehörde

(1) Im Falle einer Verletzung des Schutzes personenbezogener Daten meldet der Verantwortliche unverzüglich und möglichst binnen 72 Stunden, nachdem ihm die Verletzung bekannt wurde, diese der gemäß Artikel 55 zuständigen Aufsichtsbehörde, es sei denn, dass die Verletzung des Schutzes personenbezogener Daten voraussichtlich nicht zu einem Risiko für die Rechte und Freiheiten natürlicher Personen führt. Erfolgt die Meldung an die Aufsichtsbehörde nicht binnen 72 Stunden, so ist ihr eine Begründung für die Verzögerung beizufügen.

(2) Wenn dem Auftragsverarbeiter eine Verletzung des Schutzes personenbezogener Daten bekannt wird, meldet er diese dem Verantwortlichen unverzüglich.

(3) Die Meldung gemäß Absatz 1 enthält zumindest folgende Informationen:

a) eine Beschreibung der Art der Verletzung des Schutzes personenbezogener Daten, soweit möglich mit Angabe der Kategorien und der ungefähren Zahl der betroffenen Personen, der betroffenen Kategorien und der ungefähren Zahl der betroffenen personenbezogenen Datensätze;

b) den Namen und die Kontaktdaten des Datenschutzbeauftragten oder einer sonstigen Anlaufstelle für weitere Informationen;

c) eine Beschreibung der wahrscheinlichen Folgen der Verletzung des Schutzes personenbezogener Daten;

d) eine Beschreibung der von dem Verantwortlichen ergriffenen oder vorgeschlagenen Maßnahmen zur Behebung der Verletzung des Schutzes personenbezogener Daten und gegebenenfalls Maßnahmen zur Abmilderung ihrer möglichen nachteiligen Auswirkungen.

(4) Wenn und soweit die Informationen nicht zur gleichen Zeit bereitgestellt werden können, kann der Verantwortliche diese Informationen ohne unangemessene weitere Verzögerung schrittweise zur Verfügung stellen.

(5) Der Verantwortliche dokumentiert Verletzungen des Schutzes personenbezogener Daten einschließlich aller im Zusammenhang mit der Verletzung des Schutzes personenbezogener Daten stehenden Fakten, ihrer Auswirkungen und der ergriffenen Abhilfemaßnahmen. Diese Dokumentation muss der Aufsichtsbehörde die Überprüfung der Einhaltung der Bestimmungen dieses Artikels ermöglichen.

Artikel 34 Benachrichtigung der von einer Verletzung des Schutzes personenbezogener Daten betroffenen Person (EW 85 - 88)

(1) Hat die Verletzung des Schutzes personenbezogener Daten voraussichtlich ein hohes Risiko für die persönlichen Rechte und Freiheiten natürlicher Personen zur Folge, so benachrichtigt der Verantwortliche die betroffene Person unverzüglich von der Verletzung.

(2) Die in Absatz 1 genannte Benachrichtigung der betroffenen Person beschreibt in klarer und einfacher Sprache die Art der Verletzung des Schutzes

personenbezogener Daten und enthält zumindest die in Artikel 33 Absatz 3 Buchstaben b, c und d genannten Informationen und Maßnahmen.

(3) Die Benachrichtigung der betroffenen Person gemäß Absatz 1 ist nicht erforderlich, wenn eine der folgenden Bedingungen erfüllt ist:

a) der Verantwortliche hat geeignete technische und organisatorische Sicherheitsvorkehrungen getroffen und diese Vorkehrungen wurden auf die von der Verletzung betroffenen personenbezogenen Daten angewandt, insbesondere solche, durch die die personenbezogenen Daten für alle Personen, die nicht zum Zugang zu den personenbezogenen Daten befugt sind, unzugänglich gemacht werden, etwa durch Verschlüsselung;

b) der Verantwortliche hat durch nachfolgende Maßnahmen sichergestellt, dass das hohe Risiko für die Rechte und Freiheiten der betroffenen Personen gemäß Absatz 1 aller Wahrscheinlichkeit nach nicht mehr besteht;

c) die Benachrichtigung wäre mit einem unverhältnismäßigen Aufwand verbunden. In diesem Fall hat stattdessen eine öffentliche Bekanntmachung oder eine ähnliche Maßnahme zu erfolgen, durch die die betroffenen Personen vergleichbar wirksam informiert werden.

(4) Wenn der Verantwortliche die betroffene Person nicht bereits über die Verletzung des Schutzes personenbezogener Daten benachrichtigt hat, kann die Aufsichtsbehörde unter Berücksichtigung der Wahrscheinlichkeit, mit der die Verletzung des Schutzes personenbezogener Daten zu einem hohen Risiko führt, von dem Verantwortlichen verlangen, dies nachzuholen, oder sie kann mit einem Beschluss feststellen, dass bestimmte der in Absatz 3 genannten Voraussetzungen erfüllt sind.

Abschnitt 3 Datenschutz-Folgenabschätzung und vorherige Konsultation

Artikel 35 Datenschutz-Folgenabschätzung (EW 84, 89 - 93)

(1) Hat eine Form der Verarbeitung, insbesondere bei Verwendung neuer Technologien, aufgrund der Art, des Umfangs, der Umstände und der Zwecke der Verarbeitung voraussichtlich ein hohes Risiko für die Rechte und Freiheiten natürlicher Personen zur Folge, so führt der Verantwortliche vorab eine Abschätzung der Folgen der vorgesehenen Verarbeitungsvorgänge für den Schutz personenbezogener Daten durch. Für die Untersuchung mehrerer ähnlicher Verarbeitungsvorgänge mit ähnlich hohen Risiken kann eine einzige Abschätzung vorgenommen werden.

(2) Der Verantwortliche holt bei der Durchführung einer Datenschutz-Folgenabschätzung den Rat des Datenschutzbeauftragten, sofern ein solcher benannt wurde, ein.

(3) Eine Datenschutz-Folgenabschätzung gemäß Absatz 1 ist insbesondere in folgenden Fällen erforderlich:

a) systematische und umfassende Bewertung persönlicher Aspekte natürlicher Personen, die sich auf automatisierte Verarbeitung einschließlich Profiling gründet und die ihrerseits als Grundlage für Entscheidungen dient, die Rechtswirkung gegenüber natürlichen Personen entfalten oder diese in ähnlich erheblicher Weise beeinträchtigen;

b) umfangreiche Verarbeitung besonderer Kategorien von personenbezogenen Daten gemäß Artikel 9 Absatz 1 oder von personenbezogenen Daten über strafrechtliche Verurteilungen und Straftaten gemäß Artikel 10 oder

c) systematische umfangreiche Überwachung öffentlich zugänglicher Bereiche.

(4) Die Aufsichtsbehörde erstellt eine Liste der Verarbeitungsvorgänge, für die gemäß Absatz 1 eine Datenschutz- Folgenabschätzung durchzuführen ist, und veröffentlicht diese. Die Aufsichtsbehörde übermittelt diese Listen dem in Artikel 68 genannten Ausschuss.

(5) Die Aufsichtsbehörde kann des Weiteren eine Liste der Arten von Verarbeitungsvorgängen erstellen und veröffentlichen, für die keine Datenschutz-Folgenabschätzung erforderlich ist. Die Aufsichtsbehörde übermittelt diese Listen dem Ausschuss.

(6) Vor Festlegung der in den Absätzen 4 und 5 genannten Listen wendet die zuständige Aufsichtsbehörde das Kohärenzverfahren gemäß Artikel 63 an, wenn solche Listen Verarbeitungstätigkeiten umfassen, die mit dem Angebot von Waren oder Dienstleistungen für betroffene Personen oder der Beobachtung des Verhaltens dieser Personen in mehreren Mitgliedstaaten im Zusammenhang stehen oder die den freien Verkehr personenbezogener Daten innerhalb der Union erheblich beeinträchtigen könnten.

(7) Die Folgenabschätzung enthält zumindest Folgendes:

a) eine systematische Beschreibung der geplanten Verarbeitungsvorgänge und der Zwecke der Verarbeitung, gegebenenfalls einschließlich der von dem Verantwortlichen verfolgten berechtigten Interessen;

b) eine Bewertung der Notwendigkeit und Verhältnismäßigkeit der Verarbeitungsvorgänge in Bezug auf den Zweck;

c) eine Bewertung der Risiken für die Rechte und Freiheiten der betroffenen Personen gemäß Absatz 1 und

d) die zur Bewältigung der Risiken geplanten Abhilfemaßnahmen, einschließlich Garantien, Sicherheitsvorkehrungen und Verfahren, durch die der Schutz personenbezogener Daten sichergestellt und der Nachweis dafür erbracht wird, dass diese Verordnung eingehalten wird, wobei den Rechten und berechtigten Interessen der betroffenen Personen und sonstiger Betroffener Rechnung getragen wird.

(8) Die Einhaltung genehmigter Verhaltensregeln gemäß Artikel 40 durch die zuständigen Verantwortlichen oder die zuständigen Auftragsverarbeiter ist bei der

Beurteilung der Auswirkungen der von diesen durchgeführten Verarbeitungsvorgänge, insbesondere für die Zwecke einer Datenschutz-Folgenabschätzung, gebührend zu berücksichtigen.

(9) Der Verantwortliche holt gegebenenfalls den Standpunkt der betroffenen Personen oder ihrer Vertreter zu der beabsichtigten Verarbeitung unbeschadet des Schutzes gewerblicher oder öffentlicher Interessen oder der Sicherheit der Verarbeitungsvorgänge ein.

(10) Falls die Verarbeitung gemäß Artikel 6 Absatz 1 Buchstabe c oder e auf einer Rechtsgrundlage im Unionsrecht oder im Recht des Mitgliedstaats, dem der Verantwortliche unterliegt, beruht und falls diese Rechtsvorschriften den konkreten Verarbeitungsvorgang oder die konkreten Verarbeitungsvorgänge regeln und bereits im Rahmen der allgemeinen Folgenabschätzung im Zusammenhang mit dem Erlass dieser Rechtsgrundlage eine Datenschutz-Folgenabschätzung erfolgte, gelten die Absätze 1 bis 7 nur, wenn es nach dem Ermessen der Mitgliedstaaten erforderlich ist, vor den betreffenden Verarbeitungstätigkeiten eine solche Folgenabschätzung durchzuführen.

(11) Erforderlichenfalls führt der Verantwortliche eine Überprüfung durch, um zu bewerten, ob die Verarbeitung gemäß der Datenschutz-Folgenabschätzung durchgeführt wird; dies gilt zumindest, wenn hinsichtlich des mit den Verarbeitungsvorgängen verbundenen Risikos Änderungen eingetreten sind.

Artikel 36 Vorherige Konsultation (EW 94 - 96)

(1) Der Verantwortliche konsultiert vor der Verarbeitung die Aufsichtsbehörde, wenn aus einer Datenschutz-Folgenabschätzung gemäß Artikel 35 hervorgeht, dass die Verarbeitung ein hohes Risiko zur Folge hätte, sofern der Verantwortliche keine Maßnahmen zur Eindämmung des Risikos trifft.

(2) Falls die Aufsichtsbehörde der Auffassung ist, dass die geplante Verarbeitung gemäß Absatz 1 nicht im Einklang mit dieser Verordnung stünde, insbesondere weil der Verantwortliche das Risiko nicht ausreichend ermittelt oder nicht ausreichend eingedämmt hat, unterbreitet sie dem Verantwortlichen und gegebenenfalls dem Auftragsverarbeiter innerhalb eines Zeitraums von bis zu acht Wochen nach Erhalt des Ersuchens um Konsultation entsprechende schriftliche Empfehlungen und kann ihre in Artikel 58 genannten Befugnisse ausüben. Diese Frist kann unter Berücksichtigung der Komplexität der geplanten Verarbeitung um sechs Wochen verlängert werden. Die Aufsichtsbehörde unterrichtet den Verantwortlichen oder gegebenenfalls den Auftragsverarbeiter über eine solche Fristverlängerung innerhalb eines Monats nach Eingang des Antrags auf Konsultation zusammen mit den Gründen für die Verzögerung. Diese Fristen können ausgesetzt werden, bis die Aufsichtsbehörde die für die Zwecke der Konsultation angeforderten Informationen erhalten hat.

(3) Der Verantwortliche stellt der Aufsichtsbehörde bei einer Konsultation gemäß Absatz 1 folgende Informationen zur Verfügung:

a) gegebenenfalls Angaben zu den jeweiligen Zuständigkeiten des Verantwortlichen, der gemeinsam Verantwortlichen und der an der Verarbeitung

beteiligten Auftragsverarbeiter, insbesondere bei einer Verarbeitung innerhalb einer Gruppe von Unternehmen;

b) die Zwecke und die Mittel der beabsichtigten Verarbeitung;

c) die zum Schutz der Rechte und Freiheiten der betroffenen Personen gemäß dieser Verordnung vorgesehenen Maßnahmen und Garantien;

d) gegebenenfalls die Kontaktdaten des Datenschutzbeauftragten;

e) die Datenschutz-Folgenabschätzung gemäß Artikel 35 und

f) alle sonstigen von der Aufsichtsbehörde angeforderten Informationen.

(4) Die Mitgliedstaaten konsultieren die Aufsichtsbehörde bei der Ausarbeitung eines Vorschlags für von einem nationalen Parlament zu erlassende Gesetzgebungsmaßnahmen oder von auf solchen Gesetzgebungsmaßnahmen basierenden Regelungsmaßnahmen, die die Verarbeitung betreffen.

(5) Ungeachtet des Absatzes 1 können Verantwortliche durch das Recht der Mitgliedstaaten verpflichtet werden, bei der Verarbeitung zur Erfüllung einer im öffentlichen Interesse liegenden Aufgabe, einschließlich der Verarbeitung zu Zwecken der sozialen Sicherheit und der öffentlichen Gesundheit, die Aufsichtsbehörde zu konsultieren und deren vorherige Genehmigung einzuholen.

Abschnitt 4 Datenschutzbeauftragter

Artikel 37 Benennung eines Datenschutzbeauftragten (EW 97)

(1) Der Verantwortliche und der Auftragsverarbeiter benennen auf jeden Fall einen Datenschutzbeauftragten, wenn

a) die Verarbeitung von einer Behörde oder öffentlichen Stelle durchgeführt wird, mit Ausnahme von Gerichten, soweit sie im Rahmen ihrer justiziellen Tätigkeit handeln,

b) die Kerntätigkeit des Verantwortlichen oder des Auftragsverarbeiters in der Durchführung von Verarbeitungsvorgängen besteht, welche aufgrund ihrer Art, ihres Umfangs und/oder ihrer Zwecke eine umfangreiche regelmäßige und systematische Überwachung von betroffenen Personen erforderlich machen, oder

c) die Kerntätigkeit des Verantwortlichen oder des Auftragsverarbeiters in der umfangreichen Verarbeitung besonderer Kategorien von Daten gemäß Artikel 9 oder von personenbezogenen Daten über strafrechtliche Verurteilungen und Straftaten gemäß Artikel 10 besteht.

(2) Eine Unternehmensgruppe darf einen gemeinsamen Datenschutzbeauftragten ernennen, sofern von jeder Niederlassung aus der Datenschutzbeauftragte leicht erreicht werden kann.

(3) Falls es sich bei dem Verantwortlichen oder dem Auftragsverarbeiter um eine Behörde oder öffentliche Stelle handelt, kann für mehrere solcher Behörden oder Stellen unter Berücksichtigung ihrer Organisationsstruktur und ihrer Größe ein gemeinsamer Datenschutzbeauftragter benannt werden.

(4) In anderen als den in Absatz 1 genannten Fällen können der Verantwortliche oder der Auftragsverarbeiter oder Verbände und andere Vereinigungen, die Kategorien von Verantwortlichen oder Auftragsverarbeitern vertreten, einen Datenschutzbeauftragten benennen; falls dies nach dem Recht der Union oder der Mitgliedstaaten vorgeschrieben ist, müssen sie einen solchen benennen. Der Datenschutzbeauftragte kann für derartige Verbände und andere Vereinigungen, die Verantwortliche oder Auftragsverarbeiter vertreten, handeln.

(5) Der Datenschutzbeauftragte wird auf der Grundlage seiner beruflichen Qualifikation und insbesondere des Fachwissens benannt, das er auf dem Gebiet des Datenschutzrechts und der Datenschutzpraxis besitzt, sowie auf der Grundlage seiner Fähigkeit zur Erfüllung der in Artikel 39 genannten Aufgaben.

(6) Der Datenschutzbeauftragte kann Beschäftigter des Verantwortlichen oder des Auftragsverarbeiters sein oder seine Aufgaben auf der Grundlage eines Dienstleistungsvertrags erfüllen.

(7) Der Verantwortliche oder der Auftragsverarbeiter veröffentlicht die Kontaktdaten des Datenschutzbeauftragten und teilt diese Daten der Aufsichtsbehörde mit.

Artikel 38 Stellung des Datenschutzbeauftragten

(1) Der Verantwortliche und der Auftragsverarbeiter stellen sicher, dass der Datenschutzbeauftragte ordnungsgemäß und frühzeitig in alle mit dem Schutz personenbezogener Daten zusammenhängenden Fragen eingebunden wird.

(2) Der Verantwortliche und der Auftragsverarbeiter unterstützen den Datenschutzbeauftragten bei der Erfüllung seiner Aufgaben gemäß Artikel 39, indem sie die für die Erfüllung dieser Aufgaben erforderlichen Ressourcen und den Zugang zu personenbezogenen Daten und Verarbeitungsvorgängen sowie die zur Erhaltung seines Fachwissens erforderlichen Ressourcen zur Verfügung stellen.

(3) Der Verantwortliche und der Auftragsverarbeiter stellen sicher, dass der Datenschutzbeauftragte bei der Erfüllung seiner Aufgaben keine Anweisungen bezüglich der Ausübung dieser Aufgaben erhält. Der Datenschutzbeauftragte darf von dem Verantwortlichen oder dem Auftragsverarbeiter wegen der Erfüllung seiner Aufgaben nicht abberufen oder benachteiligt werden. Der Datenschutzbeauftragte berichtet unmittelbar der höchsten Managementebene des Verantwortlichen oder des Auftragsverarbeiters.

(4) Betroffene Personen können den Datenschutzbeauftragten zu allen mit der Verarbeitung ihrer personenbezogenen Daten und mit der Wahrnehmung ihrer Rechte gemäß dieser Verordnung im Zusammenhang stehenden Fragen zu Rate ziehen.

(5) Der Datenschutzbeauftragte ist nach dem Recht der Union oder der Mitgliedstaaten bei der Erfüllung seiner Aufgaben an die Wahrung der Geheimhaltung oder der Vertraulichkeit gebunden.

(6) Der Datenschutzbeauftragte kann andere Aufgaben und Pflichten wahrnehmen. Der Verantwortliche oder der Auftragsverarbeiter stellt sicher, dass derartige Aufgaben und Pflichten nicht zu einem Interessenkonflikt führen.

Artikel 39 Aufgaben des Datenschutzbeauftragten

(1) Dem Datenschutzbeauftragten obliegen zumindest folgende Aufgaben:

a) Unterrichtung und Beratung des Verantwortlichen oder des Auftragsverarbeiters und der Beschäftigten, die Verarbeitungen durchführen, hinsichtlich ihrer Pflichten nach dieser Verordnung sowie nach sonstigen Datenschutzvorschriften der Union bzw. der Mitgliedstaaten;

b) Überwachung der Einhaltung dieser Verordnung, anderer Datenschutzvorschriften der Union bzw. der Mitgliedstaaten sowie der Strategien des Verantwortlichen oder des Auftragsverarbeiters für den Schutz personenbezogener Daten einschließlich der Zuweisung von Zuständigkeiten, der Sensibilisierung und Schulung der an den Verarbeitungsvorgängen beteiligten Mitarbeiter und der diesbezüglichen Überprüfungen;

c) Beratung – auf Anfrage – im Zusammenhang mit der Datenschutz-Folgenabschätzung und Überwachung ihrer Durchführung gemäß Artikel 35;

d) Zusammenarbeit mit der Aufsichtsbehörde;

e) Tätigkeit als Anlaufstelle für die Aufsichtsbehörde in mit der Verarbeitung zusammenhängenden Fragen, einschließlich der vorherigen Konsultation gemäß Artikel 36, und gegebenenfalls Beratung zu allen sonstigen Fragen.

(2) Der Datenschutzbeauftragte trägt bei der Erfüllung seiner Aufgaben dem mit den Verarbeitungsvorgängen verbundenen Risiko gebührend Rechnung, wobei er die Art, den Umfang, die Umstände und die Zwecke der Verarbeitung berücksichtigt.

Abschnitt 5 Verhaltensregeln und Zertifizierung

Artikel 40 Verhaltensregeln (EW 98, 99)

(1) Die Mitgliedstaaten, die Aufsichtsbehörden, der Ausschuss und die Kommission fördern die Ausarbeitung von Verhaltensregeln, die nach Maßgabe der Besonderheiten der einzelnen Verarbeitungsbereiche und der besonderen Bedürfnisse von Kleinstunternehmen sowie kleinen und mittleren Unternehmen zur ordnungsgemäßen Anwendung dieser Verordnung beitragen sollen.

(2) Verbände und andere Vereinigungen, die Kategorien von Verantwortlichen oder Auftragsverarbeitern vertreten, können Verhaltensregeln ausarbeiten oder ändern oder erweitern, mit denen die Anwendung dieser Verordnung beispielsweise zu dem Folgenden präzisiert wird:

a) faire und transparente Verarbeitung;

b) die berechtigten Interessen des Verantwortlichen in bestimmten Zusammenhängen;

c) Erhebung personenbezogener Daten;

d) Pseudonymisierung personenbezogener Daten;

e) Unterrichtung der Öffentlichkeit und der betroffenen Personen;

f) Ausübung der Rechte betroffener Personen;

g) Unterrichtung und Schutz von Kindern und Art und Weise, in der die Einwilligung des Trägers der elterlichen Verantwortung für das Kind einzuholen ist;

h) die Maßnahmen und Verfahren gemäß den Artikeln 24 und 25 und die Maßnahmen für die Sicherheit der Verarbeitung gemäß Artikel 32;

i) die Meldung von Verletzungen des Schutzes personenbezogener Daten an Aufsichtsbehörden und die Benachrichtigung der betroffenen Person von solchen Verletzungen des Schutzes personenbezogener Daten;

j) die Übermittlung personenbezogener Daten an Drittländer oder an internationale Organisationen oder

k) außergerichtliche Verfahren und sonstige Streitbeilegungsverfahren zur Beilegung von Streitigkeiten zwischen Verantwortlichen und betroffenen Personen im Zusammenhang mit der Verarbeitung, unbeschadet der Rechte betroffener Personen gemäß den Artikeln 77 und 79.

(3) Zusätzlich zur Einhaltung durch die unter diese Verordnung fallenden Verantwortlichen oder Auftragsverarbeiter können Verhaltensregeln, die gemäß Absatz 5 des vorliegenden Artikels genehmigt wurden und gemäß Absatz 9 des vorliegenden Artikels allgemeine Gültigkeit besitzen, auch von Verantwortlichen oder Auftragsverarbeitern, die gemäß Artikel 3 nicht unter diese Verordnung fallen, eingehalten werden, um geeignete Garantien im Rahmen der Übermittlung personenbezogener Daten an Drittländer oder internationale Organisationen nach Maßgabe des Artikels 46 Absatz 2 Buchstabe e zu bieten. Diese Verantwortlichen oder Auftragsverarbeiter gehen mittels vertraglicher oder sonstiger rechtlich bindender Instrumente die verbindliche und durchsetzbare Verpflichtung ein, die geeigneten Garantien anzuwenden, auch im Hinblick auf die Rechte der betroffenen Personen.

(4) Die Verhaltensregeln gemäß Absatz 2 des vorliegenden Artikels müssen Verfahren vorsehen, die es der in Artikel 41 Absatz 1 genannten Stelle ermöglichen, die obligatorische Überwachung der Einhaltung ihrer Bestimmungen durch die Verantwortlichen oder die Auftragsverarbeiter, die sich zur Anwendung der Verhaltensregeln verpflichten, vorzunehmen, unbeschadet der Aufgaben und Befugnisse der Aufsichtsbehörde, die nach Artikel 55 oder 56 zuständig ist.

(5) Verbände und andere Vereinigungen gemäß Absatz 2 des vorliegenden Artikels, die beabsichtigen, Verhaltensregeln auszuarbeiten oder bestehende Verhaltensregeln zu ändern oder zu erweitern, legen den Entwurf der Verhaltensregeln bzw. den Entwurf zu deren Änderung oder Erweiterung der Aufsichtsbehörde vor, die nach Artikel 55 zuständig ist. Die Aufsichtsbehörde gibt eine Stellungnahme darüber ab, ob der Entwurf der Verhaltensregeln bzw. der Entwurf zu

deren Änderung oder Erweiterung mit dieser Verordnung vereinbar ist und genehmigt diesen Entwurf der Verhaltensregeln bzw. den Entwurf zu deren Änderung oder Erweiterung, wenn sie der Auffassung ist, dass er ausreichende geeignete Garantien bietet.

(6) Wird durch die Stellungnahme nach Absatz 5 der Entwurf der Verhaltensregeln bzw. der Entwurf zu deren Änderung oder Erweiterung genehmigt und beziehen sich die betreffenden Verhaltensregeln nicht auf Verarbeitungstätigkeiten in mehreren Mitgliedstaaten, so nimmt die Aufsichtsbehörde die Verhaltensregeln in ein Verzeichnis auf und veröffentlicht sie.

(7) Bezieht sich der Entwurf der Verhaltensregeln auf Verarbeitungstätigkeiten in mehreren Mitgliedstaaten, so legt die nach Artikel 55 zuständige Aufsichtsbehörde – bevor sie den Entwurf der Verhaltensregeln bzw. den Entwurf zu deren Änderung oder Erweiterung genehmigt – ihn nach dem Verfahren gemäß Artikel 63 dem Ausschuss vor, der zu der Frage Stellung nimmt, ob der Entwurf der Verhaltensregeln bzw. der Entwurf zu deren Änderung oder Erweiterung mit dieser Verordnung vereinbar ist oder – im Fall nach Absatz 3 dieses Artikels – geeignete Garantien vorsieht.

(8) Wird durch die Stellungnahme nach Absatz 7 bestätigt, dass der Entwurf der Verhaltensregeln bzw. der Entwurf zu deren Änderung oder Erweiterung mit dieser Verordnung vereinbar ist oder – im Fall nach Absatz 3 – geeignete Garantien vorsieht, so übermittelt der Ausschuss seine Stellungnahme der Kommission.

(9) Die Kommission kann im Wege von Durchführungsrechtsakten beschließen, dass die ihr gemäß Absatz 8 übermittelten genehmigten Verhaltensregeln bzw. deren genehmigte Änderung oder Erweiterung allgemeine Gültigkeit in der Union besitzen. Diese Durchführungsrechtsakte werden gemäß dem Prüfverfahren nach Artikel 93 Absatz 2 erlassen.

(10) Die Kommission trägt dafür Sorge, dass die genehmigten Verhaltensregeln, denen gemäß Absatz 9 allgemeine Gültigkeit zuerkannt wurde, in geeigneter Weise veröffentlicht werden.

(11) Der Ausschuss nimmt alle genehmigten Verhaltensregeln bzw. deren genehmigte Änderungen oder Erweiterungen in ein Register auf und veröffentlicht sie in geeigneter Weise.

Artikel 41 Überwachung der genehmigten Verhaltensregeln

(1) Unbeschadet der Aufgaben und Befugnisse der zuständigen Aufsichtsbehörde gemäß den Artikeln 57 und 58 kann die Überwachung der Einhaltung von Verhaltensregeln gemäß Artikel 40 von einer Stelle durchgeführt werden, die über das geeignete Fachwissen hinsichtlich des Gegenstands der Verhaltensregeln verfügt und die von der zuständigen Aufsichtsbehörde zu diesem Zweck akkreditiert wurde.

(2) Eine Stelle gemäß Absatz 1 kann zum Zwecke der Überwachung der Einhaltung von Verhaltensregeln akkreditiert werden, wenn sie

a) ihre Unabhängigkeit und ihr Fachwissen hinsichtlich des Gegenstands der Verhaltensregeln zur Zufriedenheit der zuständigen Aufsichtsbehörde nachgewiesen hat;

b) Verfahren festgelegt hat, die es ihr ermöglichen, zu bewerten, ob Verantwortliche und Auftragsverarbeiter die Verhaltensregeln anwenden können, die Einhaltung der Verhaltensregeln durch die Verantwortlichen und Auftragsverarbeiter zu überwachen und die Anwendung der Verhaltensregeln regelmäßig zu überprüfen;

c) Verfahren und Strukturen festgelegt hat, mit denen sie Beschwerden über Verletzungen der Verhaltensregeln oder über die Art und Weise, in der die Verhaltensregeln von dem Verantwortlichen oder dem Auftragsverarbeiter angewendet werden oder wurden, nachgeht und diese Verfahren und Strukturen für betroffene Personen und die Öffentlichkeit transparent macht, und

d) zur Zufriedenheit der zuständigen Aufsichtsbehörde nachgewiesen hat, dass ihre Aufgaben und Pflichten nicht zu einem Interessenkonflikt führen.

(3) Die zuständige Aufsichtsbehörde übermittelt den Entwurf der Anforderungen an die Akkreditierung einer Stelle nach Absatz 1 gemäß dem Kohärenzverfahren nach Artikel 63 an den Ausschuss.

(4) Unbeschadet der Aufgaben und Befugnisse der zuständigen Aufsichtsbehörde und der Bestimmungen des Kapitels VIII ergreift eine Stelle gemäß Absatz 1 vorbehaltlich geeigneter Garantien im Falle einer Verletzung der Verhaltensregeln durch einen Verantwortlichen oder einen Auftragsverarbeiter geeignete Maßnahmen, einschließlich eines vorläufigen oder endgültigen Ausschlusses des Verantwortlichen oder Auftragsverarbeiters von den Verhaltensregeln. Sie unterrichtet die zuständige Aufsichtsbehörde über solche Maßnahmen und deren Begründung.

(5) Die zuständige Aufsichtsbehörde widerruft die Akkreditierung einer Stelle gemäß Absatz 1, wenn die Anforderungen an ihre Akkreditierung nicht oder nicht mehr erfüllt sind oder wenn die Stelle Maßnahmen ergreift, die nicht mit dieser Verordnung vereinbar sind.

(6) Dieser Artikel gilt nicht für die Verarbeitung durch Behörden oder öffentliche Stellen.

Artikel 42 Zertifizierung (EW 100)

(1) Die Mitgliedstaaten, die Aufsichtsbehörden, der Ausschuss und die Kommission fördern insbesondere auf Unionsebene die Einführung von datenschutzspezifischen Zertifizierungsverfahren sowie von Datenschutzsiegeln und -prüfzeichen, die dazu dienen, nachzuweisen, dass diese Verordnung bei Verarbeitungsvorgängen von Verantwortlichen oder Auftragsverarbeitern eingehalten wird. Den besonderen Bedürfnissen von Kleinstunternehmen sowie kleinen und mittleren Unternehmen wird Rechnung getragen.

(2) Zusätzlich zur Einhaltung durch die unter diese Verordnung fallenden Verantwortlichen oder Auftragsverarbeiter können auch datenschutzspezifische

Zertifizierungsverfahren, Siegel oder Prüfzeichen, die gemäß Absatz 5 des vorliegenden Artikels genehmigt worden sind, vorgesehen werden, um nachzuweisen, dass die Verantwortlichen oder Auftragsverarbeiter, die gemäß Artikel 3 nicht unter diese Verordnung fallen, im Rahmen der Übermittlung personenbezogener Daten an Drittländer oder internationale Organisationen nach Maßgabe von Artikel 46 Absatz 2 Buchstabe f geeignete Garantien bieten. Diese Verantwortlichen oder Auftragsverarbeiter gehen mittels vertraglicher oder sonstiger rechtlich bindender Instrumente die verbindliche und durchsetzbare Verpflichtung ein, diese geeigneten Garantien anzuwenden, auch im Hinblick auf die Rechte der betroffenen Personen.

(3) Die Zertifizierung muss freiwillig und über ein transparentes Verfahren zugänglich sein.

(4) Eine Zertifizierung gemäß diesem Artikel mindert nicht die Verantwortung des Verantwortlichen oder des Auftragsverarbeiters für die Einhaltung dieser Verordnung und berührt nicht die Aufgaben und Befugnisse der Aufsichtsbehörden, die gemäß Artikel 55 oder 56 zuständig sind.

(5) Eine Zertifizierung nach diesem Artikel wird durch die Zertifizierungsstellen nach Artikel 43 oder durch die zuständige Aufsichtsbehörde anhand der von dieser zuständigen Aufsichtsbehörde gemäß Artikel 58 Absatz 3 oder – gemäß Artikel 63 – durch den Ausschuss genehmigten Kriterien erteilt. Werden die Kriterien vom Ausschuss genehmigt, kann dies zu einer gemeinsamen Zertifizierung, dem Europäischen Datenschutzsiegel, führen.

(6) Der Verantwortliche oder der Auftragsverarbeiter, der die von ihm durchgeführte Verarbeitung dem Zertifizierungsverfahren unterwirft, stellt der Zertifizierungsstelle nach Artikel 43 oder gegebenenfalls der zuständigen Aufsichtsbehörde alle für die Durchführung des Zertifizierungsverfahrens erforderlichen Informationen zur Verfügung und gewährt ihr den in diesem Zusammenhang erforderlichen Zugang zu seinen Verarbeitungstätigkeiten.

(7) Die Zertifizierung wird einem Verantwortlichen oder einem Auftragsverarbeiter für eine Höchstdauer von drei Jahren erteilt und kann unter denselben Bedingungen verlängert werden, sofern die einschlägigen Kriterien weiterhin erfüllt werden. Die Zertifizierung wird gegebenenfalls durch die Zertifizierungsstellen nach Artikel 43 oder durch die zuständige Aufsichtsbehörde widerrufen, wenn die Kriterien für die Zertifizierung nicht oder nicht mehr erfüllt werden.

(8) Der Ausschuss nimmt alle Zertifizierungsverfahren und Datenschutzsiegel und -prüfzeichen in ein Register auf und veröffentlicht sie in geeigneter Weise.

Artikel 43 Zertifizierungsstellen

(1) Unbeschadet der Aufgaben und Befugnisse der zuständigen Aufsichtsbehörde gemäß den Artikeln 57 und 58 erteilen oder verlängern Zertifizierungsstellen, die über das geeignete Fachwissen hinsichtlich des Datenschutzes verfügen, nach Unterrichtung der Aufsichtsbehörde – damit diese erforderlichenfalls von ihren Befugnissen gemäß Artikel 58 Absatz 2 Buchstabe h Gebrauch ma-

chen kann – die Zertifizierung. Die Mitgliedstaaten stellen sicher, dass diese Zertifizierungsstellen von einer oder beiden der folgenden Stellen akkreditiert werden:

a) der gemäß Artikel 55 oder 56 zuständigen Aufsichtsbehörde;

b) der nationalen Akkreditierungsstelle, die gemäß der Verordnung (EG) Nr. 765/2008 des Europäischen Parlaments und des Rates1 im Einklang mit EN-ISO/IEC 17065/2012 und mit den zusätzlichen von der gemäß Artikel 55 oder 56 zuständigen Aufsichtsbehörde festgelegten Anforderungen benannt wurde.

(2) Zertifizierungsstellen nach Absatz 1 dürfen nur dann gemäß dem genannten Absatz akkreditiert werden, wenn sie

a) ihre Unabhängigkeit und ihr Fachwissen hinsichtlich des Gegenstands der Zertifizierung zur Zufriedenheit der zuständigen Aufsichtsbehörde nachgewiesen haben;

b) sich verpflichtet haben, die Kriterien nach Artikel 42 Absatz 5, die von der gemäß Artikel 55 oder 56 zuständigen Aufsichtsbehörde oder – gemäß Artikel 63 – von dem Ausschuss genehmigt wurden, einzuhalten;

c) Verfahren für die Erteilung, die regelmäßige Überprüfung und den Widerruf der Datenschutzzertifizierung sowie der Datenschutzsiegel und -prüfzeichen festgelegt haben;

d) Verfahren und Strukturen festgelegt haben, mit denen sie Beschwerden über Verletzungen der Zertifizierung oder die Art und Weise, in der die Zertifizierung von dem Verantwortlichen oder dem Auftragsverarbeiter umgesetzt wird oder wurde, nachgehen und diese Verfahren und Strukturen für betroffene Personen und die Öffentlichkeit transparent machen, und

e) zur Zufriedenheit der zuständigen Aufsichtsbehörde nachgewiesen haben, dass ihre Aufgaben und Pflichten nicht zu einem Interessenkonflikt führen.

(3) Die Akkreditierung von Zertifizierungsstellen nach den Absätzen 1 und 2 erfolgt anhand der Anforderungen, die von der gemäß Artikel 55 oder 56 zuständigen Aufsichtsbehörde oder – gemäß Artikel 63 – von dem Ausschuss genehmigt wurden. Im Fall einer Akkreditierung nach Absatz 1 Buchstabe b des vorliegenden Artikels ergänzen diese Anforderungen diejenigen, die in der Verordnung (EG) Nr. 765/2008 und in den technischen Vorschriften, in denen die Methoden und Verfahren der Zertifizierungsstellen beschrieben werden, vorgesehen sind.

(4) Die Zertifizierungsstellen nach Absatz 1 sind unbeschadet der Verantwortung, die der Verantwortliche oder der Auftragsverarbeiter für die Einhaltung dieser Verordnung hat, für die angemessene Bewertung, die der Zertifizierung oder dem Widerruf einer Zertifizierung zugrunde liegt, verantwortlich. Die Akkreditierung wird für eine Höchstdauer von fünf Jahren erteilt und kann unter denselben

[1] Verordnung (EG) Nr. 765/2008 des Europäischen Parlaments und des Rates vom 9.7.2008 über die Vorschriften für die Akkreditierung und Marktüberwachung im Zusammenhang mit der Vermarktung von Produkten und zur Aufhebung der Verordnung (EWG) Nr. 339/93 des Rates (ABl. L 218 vom 13.8.2008, S. 30).

Bedingungen verlängert werden, sofern die Zertifizierungsstelle die Anforderungen dieses Artikels erfüllt.

(5) Die Zertifizierungsstellen nach Absatz 1 teilen den zuständigen Aufsichtsbehörden die Gründe für die Erteilung oder den Widerruf der beantragten Zertifizierung mit.

(6) Die Anforderungen nach Absatz 3 des vorliegenden Artikels und die Kriterien nach Artikel 42 Absatz 5 werden von der Aufsichtsbehörde in leicht zugänglicher Form veröffentlicht. Die Aufsichtsbehörden übermitteln diese Anforderungen und Kriterien auch dem Ausschuss.

(7) Unbeschadet des Kapitels VIII widerruft die zuständige Aufsichtsbehörde oder die nationale Akkreditierungsstelle die Akkreditierung einer Zertifizierungsstelle nach Absatz 1, wenn die Voraussetzungen für die Akkreditierung nicht oder nicht mehr erfüllt sind oder wenn eine Zertifizierungsstelle Maßnahmen ergreift, die nicht mit dieser Verordnung vereinbar sind.

(8) Der Kommission wird die Befugnis übertragen, gemäß Artikel 92 delegierte Rechtsakte zu erlassen, um die Anforderungen festzulegen, die für die in Artikel 42 Absatz 1 genannten datenschutzspezifischen Zertifizierungsverfahren zu berücksichtigen sind.

(9) Die Kommission kann Durchführungsrechtsakte erlassen, mit denen technische Standards für Zertifizierungsverfahren und Datenschutzsiegel und -prüfzeichen sowie Mechanismen zur Förderung und Anerkennung dieser Zertifizierungsverfahren und Datenschutzsiegel und -prüfzeichen festgelegt werden. Diese Durchführungsrechtsakte werden gemäß dem in Artikel 93 Absatz 2 genannten Prüfverfahren erlassen.

KAPITEL V Übermittlungen personenbezogener Daten an Drittländer oder an internationale Organisationen

Artikel 44 Allgemeine Grundsätze der Datenübermittlung (EW 101, 102)

Jedwede Übermittlung personenbezogener Daten, die bereits verarbeitet werden oder nach ihrer Übermittlung an ein Drittland oder eine internationale Organisation verarbeitet werden sollen, ist nur zulässig, wenn der Verantwortliche und der Auftragsverarbeiter die in diesem Kapitel niedergelegten Bedingungen einhalten und auch die sonstigen Bestimmungen dieser Verordnung eingehalten werden; dies gilt auch für die etwaige Weiterübermittlung personenbezogener Daten aus dem betreffenden Drittland oder der betreffenden internationalen Organisation an ein anderes Drittland oder eine andere internationale Organisation. Alle Bestimmungen dieses Kapitels sind anzuwenden, um sicherzustellen, dass das durch diese Verordnung gewährleistete Schutzniveau für natürliche Personen nicht untergraben wird.

Artikel 45 Datenübermittlung auf der Grundlage eines Angemessenheitsbeschlusses (EW 103 - 107)

(1) Eine Übermittlung personenbezogener Daten an ein Drittland oder eine internationale Organisation darf vorgenommen werden, wenn die Kommission beschlossen hat, dass das betreffende Drittland, ein Gebiet oder ein oder mehrere spezifische Sektoren in diesem Drittland oder die betreffende internationale Organisation ein angemessenes Schutzniveau bietet. Eine solche Datenübermittlung bedarf keiner besonderen Genehmigung.

(2) Bei der Prüfung der Angemessenheit des gebotenen Schutzniveaus berücksichtigt die Kommission insbesondere das Folgende:

a) die Rechtsstaatlichkeit, die Achtung der Menschenrechte und Grundfreiheiten, die in dem betreffenden Land bzw. bei der betreffenden internationalen Organisation geltenden einschlägigen Rechtsvorschriften sowohl allgemeiner als auch sektoraler Art – auch in Bezug auf öffentliche Sicherheit, Verteidigung, nationale Sicherheit und Strafrecht sowie Zugang der Behörden zu personenbezogenen Daten – sowie die Anwendung dieser Rechtsvorschriften, Datenschutzvorschriften, Berufsregeln und Sicherheitsvorschriften einschließlich der Vorschriften für die Weiterübermittlung personenbezogener Daten an ein anderes Drittland bzw. eine andere internationale Organisation, die Rechtsprechung sowie wirksame und durchsetzbare Rechte der betroffenen Person und wirksame verwaltungsrechtliche und gerichtliche Rechtsbehelfe für betroffene Personen, deren personenbezogene Daten übermittelt werden,

b) die Existenz und die wirksame Funktionsweise einer oder mehrerer unabhängiger Aufsichtsbehörden in dem betreffenden Drittland oder denen eine internationale Organisation untersteht und die für die Einhaltung und Durchsetzung der Datenschutzvorschriften, einschließlich angemessener Durchsetzungsbefugnisse, für die Unterstützung und Beratung der betroffenen Personen bei der Ausübung ihrer Rechte und für die Zusammenarbeit mit den Aufsichtsbehörden der Mitgliedstaaten zuständig sind, und

c) die von dem betreffenden Drittland bzw. der betreffenden internationalen Organisation eingegangenen internationalen Verpflichtungen oder andere Verpflichtungen, die sich aus rechtsverbindlichen Übereinkünften oder Instrumenten sowie aus der Teilnahme des Drittlands oder der internationalen Organisation an multilateralen oder regionalen Systemen insbesondere in Bezug auf den Schutz personenbezogener Daten ergeben.

(3) Nach der Beurteilung der Angemessenheit des Schutzniveaus kann die Kommission im Wege eines Durchführungsrechtsaktes beschließen, dass ein Drittland, ein Gebiet oder ein oder mehrere spezifische Sektoren in einem Drittland oder eine internationale Organisation ein angemessenes Schutzniveau im Sinne des Absatzes 2 des vorliegenden Artikels bieten. In dem Durchführungsrechtsakt ist ein Mechanismus für eine regelmäßige Überprüfung, die mindestens alle vier Jahre erfolgt, vorzusehen, bei der allen maßgeblichen Entwicklungen in dem Drittland oder bei der internationalen Organisation Rechnung getragen wird. Im Durchführungsrechtsakt werden der territoriale und der sektorale Anwendungs-

bereich sowie gegebenenfalls die in Absatz 2 Buchstabe b des vorliegenden Artikels genannte Aufsichtsbehörde bzw. genannten Aufsichtsbehörden angegeben. Der Durchführungsrechtsakt wird gemäß dem in Artikel 93 Absatz 2 genannten Prüfverfahren erlassen.

(4) Die Kommission überwacht fortlaufend die Entwicklungen in Drittländern und bei internationalen Organisationen, die die Wirkungsweise der nach Absatz 3 des vorliegenden Artikels erlassenen Beschlüsse und der nach Artikel 25 Absatz 6 der Richtlinie 95/46/EG erlassenen Feststellungen beeinträchtigen könnten.

(5) Die Kommission widerruft, ändert oder setzt die in Absatz 3 des vorliegenden Artikels genannten Beschlüsse im Wege von Durchführungsrechtsakten aus, soweit dies nötig ist und ohne rückwirkende Kraft, soweit entsprechende Informationen – insbesondere im Anschluss an die in Absatz 3 des vorliegenden Artikels genannte Überprüfung – dahingehend vorliegen, dass ein Drittland, ein Gebiet oder ein oder mehrere spezifischer Sektor in einem Drittland oder eine internationale Organisation kein angemessenes Schutzniveau im Sinne des Absatzes 2 des vorliegenden Artikels mehr gewährleistet. Diese Durchführungsrechtsakte werden gemäß dem Prüfverfahren nach Artikel 93 Absatz 2 erlassen. In hinreichend begründeten Fällen äußerster Dringlichkeit erlässt die Kommission gemäß dem in Artikel 93 Absatz 3 genannten Verfahren sofort geltende Durchführungsrechtsakte.

(6) Die Kommission nimmt Beratungen mit dem betreffenden Drittland bzw. der betreffenden internationalen Organisation auf, um Abhilfe für die Situation zu schaffen, die zu dem gemäß Absatz 5 erlassenen Beschluss geführt hat.

(7) Übermittlungen personenbezogener Daten an das betreffende Drittland, das Gebiet oder einen oder mehrere spezifische Sektoren in diesem Drittland oder an die betreffende internationale Organisation gemäß den Artikeln 46 bis 49 werden durch einen Beschluss nach Absatz 5 des vorliegenden Artikels nicht berührt.

(8) Die Kommission veröffentlicht im Amtsblatt der Europäischen Union und auf ihrer Website eine Liste aller Drittländer beziehungsweise Gebiete und spezifischen Sektoren in einem Drittland und aller internationalen Organisationen, für die sie durch Beschluss festgestellt hat, dass sie ein angemessenes Schutzniveau gewährleisten bzw. nicht mehr gewährleisten.

(9) Von der Kommission auf der Grundlage von Artikel 25 Absatz 6 der Richtlinie 95/46/EG erlassene Feststellungen bleiben so lange in Kraft, bis sie durch einen nach dem Prüfverfahren gemäß den Absätzen 3 oder 5 des vorliegenden Artikels erlassenen Beschluss der Kommission geändert, ersetzt oder aufgehoben werden.

Artikel 46 Datenübermittlung vorbehaltlich geeigneter Garantien

(EW 108, 109)

(1) Falls kein Beschluss nach Artikel 45 Absatz 3 vorliegt, darf ein Verantwortlicher oder ein Auftragsverarbeiter personenbezogene Daten an ein Drittland oder eine internationale Organisation nur übermitteln, sofern der Verantwortliche oder der Auftragsverarbeiter geeignete Garantien vorgesehen hat und sofern den

betroffenen Personen durchsetzbare Rechte und wirksame Rechtsbehelfe zur Verfügung stehen.

(2) Die in Absatz 1 genannten geeigneten Garantien können, ohne dass hierzu eine besondere Genehmigung einer Aufsichtsbehörde erforderlich wäre, bestehen in

a) einem rechtlich bindenden und durchsetzbaren Dokument zwischen den Behörden oder öffentlichen Stellen,

b) verbindlichen internen Datenschutzvorschriften gemäß Artikel 47,

c) Standarddatenschutzklauseln, die von der Kommission gemäß dem Prüfverfahren nach Artikel 93 Absatz 2 erlassen werden,

d) von einer Aufsichtsbehörde angenommenen Standarddatenschutzklauseln, die von der Kommission gemäß dem Prüfverfahren nach Artikel 93 Absatz 2 genehmigt wurden,

e) genehmigten Verhaltensregeln gemäß Artikel 40 zusammen mit rechtsverbindlichen und durchsetzbaren Verpflichtungen des Verantwortlichen oder des Auftragsverarbeiters in dem Drittland zur Anwendung der geeigneten Garantien, einschließlich in Bezug auf die Rechte der betroffenen Personen, oder

f) einem genehmigten Zertifizierungsmechanismus gemäß Artikel 42 zusammen mit rechtsverbindlichen und durchsetzbaren Verpflichtungen des Verantwortlichen oder des Auftragsverarbeiters in dem Drittland zur Anwendung der geeigneten Garantien, einschließlich in Bezug auf die Rechte der betroffenen Personen.

(3) Vorbehaltlich der Genehmigung durch die zuständige Aufsichtsbehörde können die geeigneten Garantien gemäß Absatz 1 auch insbesondere bestehen in

a) Vertragsklauseln, die zwischen dem Verantwortlichen oder dem Auftragsverarbeiter und dem Verantwortlichen, dem Auftragsverarbeiter oder dem Empfänger der personenbezogenen Daten im Drittland oder der internationalen Organisation vereinbart wurden, oder

b) Bestimmungen, die in Verwaltungsvereinbarungen zwischen Behörden oder öffentlichen Stellen aufzunehmen sind und durchsetzbare und wirksame Rechte für die betroffenen Personen einschließen.

(4) Die Aufsichtsbehörde wendet das Kohärenzverfahren nach Artikel 63 an, wenn ein Fall gemäß Absatz 3 des vorliegenden Artikels vorliegt.

(5) Von einem Mitgliedstaat oder einer Aufsichtsbehörde auf der Grundlage von Artikel 26 Absatz 2 der Richtlinie 95/46/EG erteilte Genehmigungen bleiben so lange gültig, bis sie erforderlichenfalls von dieser Aufsichtsbehörde geändert, ersetzt oder aufgehoben werden. Von der Kommission auf der Grundlage von Artikel 26 Absatz 4 der Richtlinie 95/46/EG erlassene Feststellungen bleiben so lange in Kraft, bis sie erforderlichenfalls mit einem nach Absatz 2 des vorliegenden Artikels erlassenen Beschluss der Kommission geändert, ersetzt oder aufgehoben werden.

Artikel 47 Verbindliche interne Datenschutzvorschriften (EW 110)

(1) Die zuständige Aufsichtsbehörde genehmigt gemäß dem Kohärenzverfahren nach Artikel 63 verbindliche interne Datenschutzvorschriften, sofern diese

a) rechtlich bindend sind, für alle betreffenden Mitglieder der Unternehmensgruppe oder einer Gruppe von Unternehmen, die eine gemeinsame Wirtschaftstätigkeit ausüben, gelten und von diesen Mitgliedern durchgesetzt werden, und dies auch für ihre Beschäftigten gilt,

b) den betroffenen Personen ausdrücklich durchsetzbare Rechte in Bezug auf die Verarbeitung ihrer personenbezogenen Daten übertragen und

c) die in Absatz 2 festgelegten Anforderungen erfüllen.

(2) Die verbindlichen internen Datenschutzvorschriften nach Absatz 1 enthalten mindestens folgende Angaben:

a) Struktur und Kontaktdaten der Unternehmensgruppe oder Gruppe von Unternehmen, die eine gemeinsame Wirtschaftstätigkeit ausüben, und jedes ihrer Mitglieder;

b) die betreffenden Datenübermittlungen oder Reihen von Datenübermittlungen einschließlich der betreffenden Arten personenbezogener Daten, Art und Zweck der Datenverarbeitung, Art der betroffenen Personen und das betreffende Drittland beziehungsweise die betreffenden Drittländer;

c) interne und externe Rechtsverbindlichkeit der betreffenden internen Datenschutzvorschriften;

d) die Anwendung der allgemeinen Datenschutzgrundsätze, insbesondere Zweckbindung, Datenminimierung, begrenzte Speicherfristen, Datenqualität, Datenschutz durch Technikgestaltung und durch datenschutzfreundliche Voreinstellungen, Rechtsgrundlage für die Verarbeitung, Verarbeitung besonderer Kategorien von personenbezogenen Daten, Maßnahmen zur Sicherstellung der Datensicherheit und Anforderungen für die Weiterübermittlung an nicht an diese internen Datenschutzvorschriften gebundene Stellen;

e) die Rechte der betroffenen Personen in Bezug auf die Verarbeitung und die diesen offenstehenden Mittel zur Wahrnehmung dieser Rechte einschließlich des Rechts, nicht einer ausschließlich auf einer automatisierten Verarbeitung – einschließlich Profiling – beruhenden Entscheidung nach Artikel 22 unterworfen zu werden sowie des in Artikel 79 niedergelegten Rechts auf Beschwerde bei der zuständigen Aufsichtsbehörde beziehungsweise auf Einlegung eines Rechtsbehelfs bei den zuständigen Gerichten der Mitgliedstaaten und im Falle einer Verletzung der verbindlichen internen Datenschutzvorschriften Wiedergutmachung und gegebenenfalls Schadenersatz zu erhalten;

f) die von dem in einem Mitgliedstaat niedergelassenen Verantwortlichen oder Auftragsverarbeiter übernommene Haftung für etwaige Verstöße eines nicht in der Union niedergelassenen betreffenden Mitglieds der Unternehmensgruppe gegen die verbindlichen internen Datenschutzvorschriften;

der Verantwortliche oder der Auftragsverarbeiter ist nur dann teilweise oder vollständig von dieser Haftung befreit, wenn er nachweist, dass der Umstand, durch den der Schaden eingetreten ist, dem betreffenden Mitglied nicht zur Last gelegt werden kann;

g) die Art und Weise, wie die betroffenen Personen über die Bestimmungen der Artikel 13 und 14 hinaus über die verbindlichen internen Datenschutzvorschriften und insbesondere über die unter den Buchstaben d, e und f dieses Absatzes genannten Aspekte informiert werden;

h) die Aufgaben jedes gemäß Artikel 37 benannten Datenschutzbeauftragten oder jeder anderen Person oder Einrichtung, die mit der Überwachung der Einhaltung der verbindlichen internen Datenschutzvorschriften in der Unternehmensgruppe oder Gruppe von Unternehmen, die eine gemeinsame Wirtschaftstätigkeit ausüben, sowie mit der Überwachung der Schulungsmaßnahmen und dem Umgang mit Beschwerden befasst ist;

i) die Beschwerdeverfahren;

j) die innerhalb der Unternehmensgruppe oder Gruppe von Unternehmen, die eine gemeinsame Wirtschaftstätigkeit ausüben, bestehenden Verfahren zur Überprüfung der Einhaltung der verbindlichen internen Datenschutzvorschriften. Derartige Verfahren beinhalten Datenschutzüberprüfungen und Verfahren zur Gewährleistung von Abhilfemaßnahmen zum Schutz der Rechte der betroffenen Person. Die Ergebnisse derartiger Überprüfungen sollten der in Buchstabe h genannten Person oder Einrichtung sowie dem Verwaltungsrat des herrschenden Unternehmens einer Unternehmensgruppe oder der Gruppe von Unternehmen, die eine gemeinsame Wirtschaftstätigkeit ausüben, mitgeteilt werden und sollten der zuständigen Aufsichtsbehörde auf Anfrage zur Verfügung gestellt werden;

k) die Verfahren für die Meldung und Erfassung von Änderungen der Vorschriften und ihre Meldung an die Aufsichtsbehörde;

l) die Verfahren für die Zusammenarbeit mit der Aufsichtsbehörde, die die Befolgung der Vorschriften durch sämtliche Mitglieder der Unternehmensgruppe oder Gruppe von Unternehmen, die eine gemeinsame Wirtschaftstätigkeit ausüben, gewährleisten, insbesondere durch Offenlegung der Ergebnisse von Überprüfungen der unter Buchstabe j genannten Maßnahmen gegenüber der Aufsichtsbehörde;

m) die Meldeverfahren zur Unterrichtung der zuständigen Aufsichtsbehörde über jegliche für ein Mitglied der Unternehmensgruppe oder Gruppe von Unternehmen, die eine gemeinsame Wirtschaftstätigkeit ausüben, in einem Drittland geltenden rechtlichen Bestimmungen, die sich nachteilig auf die Garantien auswirken könnten, die die verbindlichen internen Datenschutzvorschriften bieten, und

n) geeignete Datenschutzschulungen für Personal mit ständigem oder regelmäßigem Zugang zu personenbezogenen Daten.

(3) Die Kommission kann das Format und die Verfahren für den Informationsaustausch über verbindliche interne Datenschutzvorschriften im Sinne des vor-

liegenden Artikels zwischen Verantwortlichen, Auftragsverarbeitern und Aufsichtsbehörden festlegen. Diese Durchführungsrechtsakte werden gemäß dem Prüfverfahren nach Artikel 93 Absatz 2 erlassen.

Artikel 48 Nach dem Unionsrecht nicht zulässige Übermittlung oder Offenlegung (EW 115)

Jegliches Urteil eines Gerichts eines Drittlands und jegliche Entscheidung einer Verwaltungsbehörde eines Drittlands, mit denen von einem Verantwortlichen oder einem Auftragsverarbeiter die Übermittlung oder Offenlegung personenbezogener Daten verlangt wird, dürfen unbeschadet anderer Gründe für die Übermittlung gemäß diesem Kapitel jedenfalls nur dann anerkannt oder vollstreckbar werden, wenn sie auf eine in Kraft befindliche internationale Übereinkunft wie etwa ein Rechtshilfeabkommen zwischen dem ersuchenden Drittland und der Union oder einem Mitgliedstaat gestützt sind.

Artikel 49 Ausnahmen für bestimmte Fälle (EW 111 - 114)

(1) Falls weder ein Angemessenheitsbeschluss nach Artikel 45 Absatz 3 vorliegt noch geeignete Garantien nach Artikel 46, einschließlich verbindlicher interner Datenschutzvorschriften, bestehen, ist eine Übermittlung oder eine Reihe von Übermittlungen personenbezogener Daten an ein Drittland oder an eine internationale Organisation nur unter einer der folgenden Bedingungen zulässig:

a) die betroffene Person hat in die vorgeschlagene Datenübermittlung ausdrücklich eingewilligt, nachdem sie über die für sie bestehenden möglichen Risiken derartiger Datenübermittlungen ohne Vorliegen eines Angemessenheitsbeschlusses und ohne geeignete Garantien unterrichtet wurde,

b) die Übermittlung ist für die Erfüllung eines Vertrags zwischen der betroffenen Person und dem Verantwortlichen oder zur Durchführung von vorvertraglichen Maßnahmen auf Antrag der betroffenen Person erforderlich,

c) die Übermittlung ist zum Abschluss oder zur Erfüllung eines im Interesse der betroffenen Person von dem Verantwortlichen mit einer anderen natürlichen oder juristischen Person geschlossenen Vertrags erforderlich,

d) die Übermittlung ist aus wichtigen Gründen des öffentlichen Interesses notwendig,

e) die Übermittlung ist zur Geltendmachung, Ausübung oder Verteidigung von Rechtsansprüchen erforderlich,

f) die Übermittlung ist zum Schutz lebenswichtiger Interessen der betroffenen Person oder anderer Personen erforderlich, sofern die betroffene Person aus physischen oder rechtlichen Gründen außerstande ist, ihre Einwilligung zu geben,

g) die Übermittlung erfolgt aus einem Register, das gemäß dem Recht der Union oder der Mitgliedstaaten zur Information der Öffentlichkeit bestimmt ist und entweder der gesamten Öffentlichkeit oder allen Personen, die ein berechtigtes Interesse nachweisen können, zur Einsichtnahme offensteht,

aber nur soweit die im Recht der Union oder der Mitgliedstaaten festgelegten Voraussetzungen für die Einsichtnahme im Einzelfall gegeben sind.

Falls die Übermittlung nicht auf eine Bestimmung der Artikel 45 oder 46 – einschließlich der verbindlichen internen Datenschutzvorschriften – gestützt werden könnte und keine der Ausnahmen für einen bestimmten Fall gemäß dem ersten Unterabsatz anwendbar ist, darf eine Übermittlung an ein Drittland oder eine internationale Organisation nur dann erfolgen, wenn die Übermittlung nicht wiederholt erfolgt, nur eine begrenzte Zahl von betroffenen Personen betrifft, für die Wahrung der zwingenden berechtigten Interessen des Verantwortlichen erforderlich ist, sofern die Interessen oder die Rechte und Freiheiten der betroffenen Person nicht überwiegen, und der Verantwortliche alle Umstände der Datenübermittlung beurteilt und auf der Grundlage dieser Beurteilung geeignete Garantien in Bezug auf den Schutz personenbezogener Daten vorgesehen hat. Der Verantwortliche setzt die Aufsichtsbehörde von der Übermittlung in Kenntnis. Der Verantwortliche unterrichtet die betroffene Person über die Übermittlung und seine zwingenden berechtigten Interessen; dies erfolgt zusätzlich zu den der betroffenen Person nach den Artikeln 13 und 14 mitgeteilten Informationen.

(2) Datenübermittlungen gemäß Absatz 1 Unterabsatz 1 Buchstabe g dürfen nicht die Gesamtheit oder ganze Kategorien der im Register enthaltenen personenbezogenen Daten umfassen. Wenn das Register der Einsichtnahme durch Personen mit berechtigtem Interesse dient, darf die Übermittlung nur auf Anfrage dieser Personen oder nur dann erfolgen, wenn diese Personen die Adressaten der Übermittlung sind.

(3) Absatz 1 Unterabsatz 1 Buchstaben a, b und c und sowie Absatz 1 Unterabsatz 2 gelten nicht für Tätigkeiten, die Behörden in Ausübung ihrer hoheitlichen Befugnisse durchführen.

(4) Das öffentliche Interesse im Sinne des Absatzes 1 Unterabsatz 1 Buchstabe d muss im Unionsrecht oder im Recht des Mitgliedstaats, dem der Verantwortliche unterliegt, anerkannt sein.

(5) Liegt kein Angemessenheitsbeschluss vor, so können im Unionsrecht oder im Recht der Mitgliedstaaten aus wichtigen Gründen des öffentlichen Interesses ausdrücklich Beschränkungen der Übermittlung bestimmter Kategorien von personenbezogenen Daten an Drittländer oder internationale Organisationen vorgesehen werden. Die Mitgliedstaaten teilen der Kommission derartige Bestimmungen mit.

(6) Der Verantwortliche oder der Auftragsverarbeiter erfasst die von ihm vorgenommene Beurteilung sowie die angemessenen Garantien im Sinne des Absatzes 1 Unterabsatz 2 des vorliegenden Artikels in der Dokumentation gemäß Artikel 30.

Artikel 50 Internationale Zusammenarbeit zum Schutz personenbezogener Daten (EW 116)

In Bezug auf Drittländer und internationale Organisationen treffen die Kommission und die Aufsichtsbehörden geeignete Maßnahmen zur

a) **Entwicklung von Mechanismen der internationalen Zusammenarbeit, durch die die wirksame Durchsetzung von Rechtsvorschriften zum Schutz personenbezogener Daten erleichtert wird,**

b) **gegenseitigen Leistung internationaler Amtshilfe bei der Durchsetzung von Rechtsvorschriften zum Schutz personenbezogener Daten, unter anderem durch Meldungen, Beschwerdeverweisungen, Amtshilfe bei Untersuchungen und Informationsaustausch, sofern geeignete Garantien für den Schutz personenbezogener Daten und anderer Grundrechte und Grundfreiheiten bestehen,**

c) **Einbindung maßgeblicher Interessenträger in Diskussionen und Tätigkeiten, die zum Ausbau der internationalen Zusammenarbeit bei der Durchsetzung von Rechtsvorschriften zum Schutz personenbezogener Daten dienen,**

d) **Förderung des Austauschs und der Dokumentation von Rechtsvorschriften und Praktiken zum Schutz personenbezogener Daten einschließlich Zuständigkeitskonflikten mit Drittländern.**

KAPITEL VI Unabhängige Aufsichtsbehörden

Abschnitt 1 Unabhängigkeit

Artikel 51 Aufsichtsbehörde (EW 117 - 120)

(1) Jeder Mitgliedstaat sieht vor, dass eine oder mehrere unabhängige Behörden für die Überwachung der Anwendung dieser Verordnung zuständig sind, damit die Grundrechte und Grundfreiheiten natürlicher Personen bei der Verarbeitung geschützt werden und der freie Verkehr personenbezogener Daten in der Union erleichtert wird (im Folgenden „Aufsichtsbehörde").

(2) Jede Aufsichtsbehörde leistet einen Beitrag zur einheitlichen Anwendung dieser Verordnung in der gesamten Union. Zu diesem Zweck arbeiten die Aufsichtsbehörden untereinander sowie mit der Kommission gemäß Kapitel VII zusammen.

(3) Gibt es in einem Mitgliedstaat mehr als eine Aufsichtsbehörde, so bestimmt dieser Mitgliedstaat die Aufsichtsbehörde, die diese Behörden im Ausschuss vertritt, und führt ein Verfahren ein, mit dem sichergestellt wird, dass die anderen Behörden die Regeln für das Kohärenzverfahren nach Artikel 63 einhalten.

(4) Jeder Mitgliedstaat teilt der Kommission bis spätestens 25. Mai 2018 die Rechtsvorschriften, die er aufgrund dieses Kapitels erlässt, sowie unverzüglich alle folgenden Änderungen dieser Vorschriften mit.

Artikel 52 Unabhängigkeit

(1) Jede Aufsichtsbehörde handelt bei der Erfüllung ihrer Aufgaben und bei der Ausübung ihrer Befugnisse gemäß dieser Verordnung völlig unabhängig.

(2) Das Mitglied oder die Mitglieder jeder Aufsichtsbehörde unterliegen bei der Erfüllung ihrer Aufgaben und der Ausübung ihrer Befugnisse gemäß dieser Verordnung weder direkter noch indirekter Beeinflussung von außen und ersuchen weder um Weisung noch nehmen sie Weisungen entgegen.

(3) Das Mitglied oder die Mitglieder der Aufsichtsbehörde sehen von allen mit den Aufgaben ihres Amtes nicht zu vereinbarenden Handlungen ab und üben während ihrer Amtszeit keine andere mit ihrem Amt nicht zu vereinbarende entgeltliche oder unentgeltliche Tätigkeit aus.

(4) Jeder Mitgliedstaat stellt sicher, dass jede Aufsichtsbehörde mit den personellen, technischen und finanziellen Ressourcen, Räumlichkeiten und Infrastrukturen ausgestattet wird, die sie benötigt, um ihre Aufgaben und Befugnisse auch im Rahmen der Amtshilfe, Zusammenarbeit und Mitwirkung im Ausschuss effektiv wahrnehmen zu können.

(5) Jeder Mitgliedstaat stellt sicher, dass jede Aufsichtsbehörde ihr eigenes Personal auswählt und hat, das ausschließlich der Leitung des Mitglieds oder der Mitglieder der betreffenden Aufsichtsbehörde untersteht.

(6) Jeder Mitgliedstaat stellt sicher, dass jede Aufsichtsbehörde einer Finanzkontrolle unterliegt, die ihre Unabhängigkeit nicht beeinträchtigt und dass sie über eigene, öffentliche, jährliche Haushaltspläne verfügt, die Teil des gesamten Staatshaushalts oder nationalen Haushalts sein können.

Artikel 53 Allgemeine Bedingungen für die Mitglieder der Aufsichtsbehörde

(1) Die Mitgliedstaaten sehen vor, dass jedes Mitglied ihrer Aufsichtsbehörden im Wege eines transparenten Verfahrens ernannt wird, und zwar

- vom Parlament,
- von der Regierung,
- vom Staatsoberhaupt oder
- von einer unabhängigen Stelle, die nach dem Recht des Mitgliedstaats mit der Ernennung betraut wird.

(2) Jedes Mitglied muss über die für die Erfüllung seiner Aufgaben und Ausübung seiner Befugnisse erforderliche Qualifikation, Erfahrung und Sachkunde insbesondere im Bereich des Schutzes personenbezogener Daten verfügen.

(3) Das Amt eines Mitglieds endet mit Ablauf der Amtszeit, mit seinem Rücktritt oder verpflichtender Versetzung in den Ruhestand gemäß dem Recht des betroffenen Mitgliedstaats.

(4) Ein Mitglied wird seines Amtes nur enthoben, wenn es eine schwere Verfehlung begangen hat oder die Voraussetzungen für die Wahrnehmung seiner Aufgaben nicht mehr erfüllt.

Artikel 54 Errichtung der Aufsichtsbehörde (EW 121)

(1) Jeder Mitgliedstaat sieht durch Rechtsvorschriften Folgendes vor:

a) die Errichtung jeder Aufsichtsbehörde;

b) die erforderlichen Qualifikationen und sonstigen Voraussetzungen für die Ernennung zum Mitglied jeder Aufsichtsbehörde;

c) die Vorschriften und Verfahren für die Ernennung des Mitglieds oder der Mitglieder jeder Aufsichtsbehörde;

d) die Amtszeit des Mitglieds oder der Mitglieder jeder Aufsichtsbehörde von mindestens vier Jahren; dies gilt nicht für die erste Amtszeit nach 24. Mai 2016, die für einen Teil der Mitglieder kürzer sein kann, wenn eine zeitlich versetzte Ernennung zur Wahrung der Unabhängigkeit der Aufsichtsbehörde notwendig ist;

e) die Frage, ob und – wenn ja – wie oft das Mitglied oder die Mitglieder jeder Aufsichtsbehörde wiederernannt werden können;

f) die Bedingungen im Hinblick auf die Pflichten des Mitglieds oder der Mitglieder und der Bediensteten jeder Aufsichtsbehörde, die Verbote von Handlungen, beruflichen Tätigkeiten und Vergütungen während und nach der Amtszeit, die mit diesen Pflichten unvereinbar sind, und die Regeln für die Beendigung des Beschäftigungsverhältnisses.

(2) Das Mitglied oder die Mitglieder und die Bediensteten jeder Aufsichtsbehörde sind gemäß dem Unionsrecht oder dem Recht der Mitgliedstaaten sowohl während ihrer Amts- beziehungsweise Dienstzeit als auch nach deren Beendigung verpflichtet, über alle vertraulichen Informationen, die ihnen bei der Wahrnehmung ihrer Aufgaben oder der Ausübung ihrer Befugnisse bekannt geworden sind, Verschwiegenheit zu wahren. Während dieser Amts- beziehungsweise Dienstzeit gilt diese Verschwiegenheitspflicht insbesondere für die von natürlichen Personen gemeldeten Verstößen gegen diese Verordnung.

Abschnitt 2 Zuständigkeit, Aufgaben und Befugnisse

Artikel 55 Zuständigkeit (EW 122, 123)

(1) Jede Aufsichtsbehörde ist für die Erfüllung der Aufgaben und die Ausübung der Befugnisse, die ihr mit dieser Verordnung übertragen wurden, im Hoheitsgebiet ihres eigenen Mitgliedstaats zuständig.

(2) Erfolgt die Verarbeitung durch Behörden oder private Stellen auf der Grundlage von Artikel 6 Absatz 1 Buchstabe c oder e, so ist die Aufsichtsbehörde des betroffenen Mitgliedstaats zuständig. In diesem Fall findet Artikel 56 keine Anwendung.

(3) Die Aufsichtsbehörden sind nicht zuständig für die Aufsicht über die von Gerichten im Rahmen ihrer justiziellen Tätigkeit vorgenommenen Verarbeitungen.

Artikel 56 Zuständigkeit der federführenden Aufsichtsbehörde (EW 124)

(1) Unbeschadet des Artikels 55 ist die Aufsichtsbehörde der Hauptniederlassung oder der einzigen Niederlassung des Verantwortlichen oder des Auftragsverarbeiters gemäß dem Verfahren nach Artikel 60 die zuständige federführende Aufsichtsbehörde für die von diesem Verantwortlichen oder diesem Auftragsverarbeiter durchgeführte grenzüberschreitende Verarbeitung.

(2) Abweichend von Absatz 1 ist jede Aufsichtsbehörde dafür zuständig, sich mit einer bei ihr eingereichten Beschwerde oder einem etwaigen Verstoß gegen diese Verordnung zu befassen, wenn der Gegenstand nur mit einer Niederlassung in ihrem Mitgliedstaat zusammenhängt oder betroffene Personen nur ihres Mitgliedstaats erheblich beeinträchtigt.

(3) In den in Absatz 2 des vorliegenden Artikels genannten Fällen unterrichtet die Aufsichtsbehörde unverzüglich die federführende Aufsichtsbehörde über diese Angelegenheit. Innerhalb einer Frist von drei Wochen nach der Unterrichtung entscheidet die federführende Aufsichtsbehörde, ob sie sich mit dem Fall gemäß dem Verfahren nach Artikel 60 befasst oder nicht, wobei sie berücksichtigt, ob der Verantwortliche oder der Auftragsverarbeiter in dem Mitgliedstaat, dessen Aufsichtsbehörde sie unterrichtet hat, eine Niederlassung hat oder nicht.

(4) Entscheidet die federführende Aufsichtsbehörde, sich mit dem Fall zu befassen, so findet das Verfahren nach Artikel 60 Anwendung. Die Aufsichtsbehörde, die die federführende Aufsichtsbehörde unterrichtet hat, kann dieser einen Beschlussentwurf vorlegen. Die federführende Aufsichtsbehörde trägt diesem Entwurf bei der Ausarbeitung des Beschlussentwurfs nach Artikel 60 Absatz 3 weitestgehend Rechnung.

(5) Entscheidet die federführende Aufsichtsbehörde, sich mit dem Fall nicht selbst zu befassen, so befasst die Aufsichtsbehörde, die die federführende Aufsichtsbehörde unterrichtet hat, sich mit dem Fall gemäß den Artikeln 61 und 62.

(6) Die federführende Aufsichtsbehörde ist der einzige Ansprechpartner der Verantwortlichen oder der Auftragsverarbeiter für Fragen der von diesem Verantwortlichen oder diesem Auftragsverarbeiter durchgeführten grenzüberschreitenden Verarbeitung.

Artikel 57 Aufgaben

(1) Unbeschadet anderer in dieser Verordnung dargelegter Aufgaben muss jede Aufsichtsbehörde in ihrem Hoheitsgebiet

a) die Anwendung dieser Verordnung überwachen und durchsetzen;

b) die Öffentlichkeit für die Risiken, Vorschriften, Garantien und Rechte im Zusammenhang mit der Verarbeitung sensibilisieren und sie darüber aufklären. Besondere Beachtung finden dabei spezifische Maßnahmen für Kinder;

c) im Einklang mit dem Recht des Mitgliedsstaats das nationale Parlament, die Regierung und andere Einrichtungen und Gremien über legislative und

administrative Maßnahmen zum Schutz der Rechte und Freiheiten natürlicher Personen in Bezug auf die Verarbeitung beraten;

d) die Verantwortlichen und die Auftragsverarbeiter für die ihnen aus dieser Verordnung entstehenden Pflichten sensibilisieren;

e) auf Anfrage jeder betroffenen Person Informationen über die Ausübung ihrer Rechte aufgrund dieser Verordnung zur Verfügung stellen und gegebenenfalls zu diesem Zweck mit den Aufsichtsbehörden in anderen Mitgliedstaaten zusammenarbeiten;

f) sich mit Beschwerden einer betroffenen Person oder Beschwerden einer Stelle, einer Organisation oder eines Verbandes gemäß Artikel 80 befassen, den Gegenstand der Beschwerde in angemessenem Umfang untersuchen und den Beschwerdeführer innerhalb einer angemessenen Frist über den Fortgang und das Ergebnis der Untersuchung unterrichten, insbesondere, wenn eine weitere Untersuchung oder Koordinierung mit einer anderen Aufsichtsbehörde notwendig ist;

g) mit anderen Aufsichtsbehörden zusammenarbeiten, auch durch Informationsaustausch, und ihnen Amtshilfe leisten, um die einheitliche Anwendung und Durchsetzung dieser Verordnung zu gewährleisten;

h) Untersuchungen über die Anwendung dieser Verordnung durchführen, auch auf der Grundlage von Informationen einer anderen Aufsichtsbehörde oder einer anderen Behörde;

i) maßgebliche Entwicklungen verfolgen, soweit sie sich auf den Schutz personenbezogener Daten auswirken, insbesondere die Entwicklung der Informations- und Kommunikationstechnologie und der Geschäftspraktiken;

j) Standardvertragsklauseln im Sinne des Artikels 28 Absatz 8 und des Artikels 46 Absatz 2 Buchstabe d festlegen;

k) eine Liste der Verarbeitungsarten erstellen und führen, für die gemäß Artikel 35 Absatz 4 eine Datenschutz-Folgenabschätzung durchzuführen ist;

l) Beratung in Bezug auf die in Artikel 36 Absatz 2 genannten Verarbeitungsvorgänge leisten;

m) die Ausarbeitung von Verhaltensregeln gemäß Artikel 40 Absatz 1 fördern und zu diesen Verhaltensregeln, die ausreichende Garantien im Sinne des Artikels 40 Absatz 5 bieten müssen, Stellungnahmen abgeben und sie billigen;

n) die Einführung von Datenschutzzertifizierungsmechanismen und von Datenschutzsiegeln und -prüfzeichen nach Artikel 42 Absatz 1 anregen und Zertifizierungskriterien nach Artikel 42 Absatz 5 billigen;

o) gegebenenfalls die nach Artikel 42 Absatz 7 erteilten Zertifizierungen regelmäßig überprüfen;

p) die Anforderungen an die Akkreditierung einer Stelle für die Überwachung der Einhaltung der Verhaltensregeln gemäß Artikel 41 und einer Zertifizierungsstelle gemäß Artikel 43 abfassen und veröffentlichen;

q) die Akkreditierung einer Stelle für die Überwachung der Einhaltung der Verhaltensregeln gemäß Artikel 41 und einer Zertifizierungsstelle gemäß Artikel 43 vornehmen;

r) Vertragsklauseln und Bestimmungen im Sinne des Artikels 46 Absatz 3 genehmigen;

s) verbindliche interne Vorschriften gemäß Artikel 47 genehmigen;

t) Beiträge zur Tätigkeit des Ausschusses leisten;

u) interne Verzeichnisse über Verstöße gegen diese Verordnung und gemäß Artikel 58 Absatz 2 ergriffene Maßnahmen und

v) jede sonstige Aufgabe im Zusammenhang mit dem Schutz personenbezogener Daten erfüllen.

(2) Jede Aufsichtsbehörde erleichtert das Einreichen von in Absatz 1 Buchstabe f genannten Beschwerden durch Maßnahmen wie etwa die Bereitstellung eines Beschwerdeformulars, das auch elektronisch ausgefüllt werden kann, ohne dass andere Kommunikationsmittel ausgeschlossen werden.

(3) Die Erfüllung der Aufgaben jeder Aufsichtsbehörde ist für die betroffene Person und gegebenenfalls für den Datenschutzbeauftragten unentgeltlich.

(4) Bei offenkundig unbegründeten oder – insbesondere im Fall von häufiger Wiederholung – exzessiven Anfragen kann die Aufsichtsbehörde eine angemessene Gebühr auf der Grundlage der Verwaltungskosten verlangen oder sich weigern, aufgrund der Anfrage tätig zu werden. In diesem Fall trägt die Aufsichtsbehörde die Beweislast für den offenkundig unbegründeten oder exzessiven Charakter der Anfrage.

Artikel 58 Befugnisse (EW 129)

(1) Jede Aufsichtsbehörde verfügt über sämtliche folgenden Untersuchungsbefugnisse, die es ihr gestatten,

a) den Verantwortlichen, den Auftragsverarbeiter und gegebenenfalls den Vertreter des Verantwortlichen oder des Auftragsverarbeiters anzuweisen, alle Informationen bereitzustellen, die für die Erfüllung ihrer Aufgaben erforderlich sind,

b) Untersuchungen in Form von Datenschutzüberprüfungen durchzuführen,

c) eine Überprüfung der nach Artikel 42 Absatz 7 erteilten Zertifizierungen durchzuführen,

d) den Verantwortlichen oder den Auftragsverarbeiter auf einen vermeintlichen Verstoß gegen diese Verordnung hinzuweisen,

e) von dem Verantwortlichen und dem Auftragsverarbeiter Zugang zu allen personenbezogenen Daten und Informationen, die zur Erfüllung ihrer Aufgaben notwendig sind, zu erhalten,

f) gemäß dem Verfahrensrecht der Union oder dem Verfahrensrecht des Mitgliedstaats Zugang zu den Räumlichkeiten, einschließlich aller Datenverarbeitungsanlagen und -geräte, des Verantwortlichen und des Auftragsverarbeiters zu erhalten.

(2) Jede Aufsichtsbehörde verfügt über sämtliche folgenden Abhilfebefugnisse, die es ihr gestatten,

a) einen Verantwortlichen oder einen Auftragsverarbeiter zu warnen, dass beabsichtigte Verarbeitungsvorgänge voraussichtlich gegen diese Verordnung verstoßen,

b) einen Verantwortlichen oder einen Auftragsverarbeiter zu verwarnen, wenn er mit Verarbeitungsvorgängen gegen diese Verordnung verstoßen hat,

c) den Verantwortlichen oder den Auftragsverarbeiter anzuweisen, den Anträgen der betroffenen Person auf Ausübung der ihr nach dieser Verordnung zustehenden Rechte zu entsprechen,

d) den Verantwortlichen oder den Auftragsverarbeiter anzuweisen, Verarbeitungsvorgänge gegebenenfalls auf bestimmte Weise und innerhalb eines bestimmten Zeitraums in Einklang mit dieser Verordnung zu bringen,

e) den Verantwortlichen anzuweisen, die von einer Verletzung des Schutzes personenbezogener Daten betroffene Person entsprechend zu benachrichtigen,

f) eine vorübergehende oder endgültige Beschränkung der Verarbeitung, einschließlich eines Verbots, zu verhängen,

g) die Berichtigung oder Löschung von personenbezogenen Daten oder die Einschränkung der Verarbeitung gemäß den Artikeln 16, 17 und 18 und die Unterrichtung der Empfänger, an die diese personenbezogenen Daten gemäß Artikel 17 Absatz 2 und Artikel 19 offengelegt wurden, über solche Maßnahmen anzuordnen,

h) eine Zertifizierung zu widerrufen oder die Zertifizierungsstelle anzuweisen, eine gemäß den Artikel 42 und 43 erteilte Zertifizierung zu widerrufen, oder die Zertifizierungsstelle anzuweisen, keine Zertifizierung zu erteilen, wenn die Voraussetzungen für die Zertifizierung nicht oder nicht mehr erfüllt werden,

i) eine Geldbuße gemäß Artikel 83 zu verhängen, zusätzlich zu oder anstelle von in diesem Absatz genannten Maßnahmen, je nach den Umständen des Einzelfalls,

j) die Aussetzung der Übermittlung von Daten an einen Empfänger in einem Drittland oder an eine internationale Organisation anzuordnen.

(3) Jede Aufsichtsbehörde verfügt über sämtliche folgenden Genehmigungsbefugnisse und beratenden Befugnisse, die es ihr gestatten,

a) gemäß dem Verfahren der vorherigen Konsultation nach Artikel 36 den Verantwortlichen zu beraten,

b) zu allen Fragen, die im Zusammenhang mit dem Schutz personenbezogener Daten stehen, von sich aus oder auf Anfrage Stellungnahmen an das nationale Parlament, die Regierung des Mitgliedstaats oder im Einklang mit dem Recht des Mitgliedstaats an sonstige Einrichtungen und Stellen sowie an die Öffentlichkeit zu richten,

c) die Verarbeitung gemäß Artikel 36 Absatz 5 zu genehmigen, falls im Recht des Mitgliedstaats eine derartige vorherige Genehmigung verlangt wird,

d) eine Stellungnahme abzugeben und Entwürfe von Verhaltensregeln gemäß Artikel 40 Absatz 5 zu billigen,

e) Zertifizierungsstellen gemäß Artikel 43 zu akkreditieren,

f) im Einklang mit Artikel 42 Absatz 5 Zertifizierungen zu erteilen und Kriterien für die Zertifizierung zu billigen,

g) Standarddatenschutzklauseln nach Artikel 28 Absatz 8 und Artikel 46 Absatz 2 Buchstabe d festzulegen,

h) Vertragsklauseln gemäß Artikel 46 Absatz 3 Buchstabe a zu genehmigen,

i) Verwaltungsvereinbarungen gemäß Artikel 46 Absatz 3 Buchstabe b zu genehmigen

j) verbindliche interne Vorschriften gemäß Artikel 47 zu genehmigen.

(4) Die Ausübung der der Aufsichtsbehörde gemäß diesem Artikel übertragenen Befugnisse erfolgt vorbehaltlich geeigneter Garantien einschließlich wirksamer gerichtlicher Rechtsbehelfe und ordnungsgemäßer Verfahren gemäß dem Unionsrecht und dem Recht des Mitgliedstaats im Einklang mit der Charta.

(5) Jeder Mitgliedstaat sieht durch Rechtsvorschriften vor, dass seine Aufsichtsbehörde befugt ist, Verstöße gegen diese Verordnung den Justizbehörden zur Kenntnis zu bringen und gegebenenfalls die Einleitung eines gerichtlichen Verfahrens zu betreiben oder sich sonst daran zu beteiligen, um die Bestimmungen dieser Verordnung durchzusetzen.

(6) Jeder Mitgliedstaat kann durch Rechtsvorschriften vorsehen, dass seine Aufsichtsbehörde neben den in den Absätzen 1, 2 und 3 aufgeführten Befugnissen über zusätzliche Befugnisse verfügt. Die Ausübung dieser Befugnisse darf nicht die effektive Durchführung des Kapitels VII beeinträchtigen.

Artikel 59 Tätigkeitsbericht

Jede Aufsichtsbehörde erstellt einen Jahresbericht über ihre Tätigkeit, der eine Liste der Arten der gemeldeten Verstöße und der Arten der getroffenen Maßnahmen nach Artikel 58 Absatz 2 enthalten kann. Diese Berichte werden dem nationalen Parlament, der Regierung und anderen nach dem Recht der Mitgliedstaaten bestimmten Behörden übermittelt. Sie werden der Öffentlichkeit, der Kommission und dem Ausschuss zugänglich gemacht.

KAPITEL VII Zusammenarbeit und Kohärenz

Abschnitt 1 Zusammenarbeit

Artikel 60 Zusammenarbeit zwischen der federführenden Aufsichtsbehörde und den anderen betroffenen Aufsichtsbehörden

(EW 125 – 132)

(1) Die federführende Aufsichtsbehörde arbeitet mit den anderen betroffenen Aufsichtsbehörden im Einklang mit diesem Artikel zusammen und bemüht sich dabei, einen Konsens zu erzielen. Die federführende Aufsichtsbehörde und die betroffenen Aufsichtsbehörden tauschen untereinander alle zweckdienlichen Informationen aus.

(2) Die federführende Aufsichtsbehörde kann jederzeit andere betroffene Aufsichtsbehörden um Amtshilfe gemäß Artikel 61 ersuchen und gemeinsame Maßnahmen gemäß Artikel 62 durchführen, insbesondere zur Durchführung von Untersuchungen oder zur Überwachung der Umsetzung einer Maßnahme in Bezug auf einen Verantwortlichen oder einen Auftragsverarbeiter, der in einem anderen Mitgliedstaat niedergelassen ist.

(3) Die federführende Aufsichtsbehörde übermittelt den anderen betroffenen Aufsichtsbehörden unverzüglich die zweckdienlichen Informationen zu der Angelegenheit. Sie legt den anderen betroffenen Aufsichtsbehörden unverzüglich einen Beschlussentwurf zur Stellungnahme vor und trägt deren Standpunkten gebührend Rechnung.

(4) Legt eine der anderen betroffenen Aufsichtsbehörden innerhalb von vier Wochen, nachdem sie gemäß Absatz 3 des vorliegenden Artikels konsultiert wurde, gegen diesen Beschlussentwurf einen maßgeblichen und begründeten Einspruch ein und schließt sich die federführende Aufsichtsbehörde dem maßgeblichen und begründeten Einspruch nicht an oder ist der Ansicht, dass der Einspruch nicht maßgeblich oder nicht begründet ist, so leitet die federführende Aufsichtsbehörde das Kohärenzverfahren gemäß Artikel 63 für die Angelegenheit ein.

(5) Beabsichtigt die federführende Aufsichtsbehörde, sich dem maßgeblichen und begründeten Einspruch anzuschließen, so legt sie den anderen betroffenen Aufsichtsbehörden einen überarbeiteten Beschlussentwurf zur Stellungnahme vor. Der überarbeitete Beschlussentwurf wird innerhalb von zwei Wochen dem Verfahren nach Absatz 4 unterzogen.

(6) Legt keine der anderen betroffenen Aufsichtsbehörden Einspruch gegen den Beschlussentwurf ein, der von der federführenden Aufsichtsbehörde innerhalb der in den Absätzen 4 und 5 festgelegten Frist vorgelegt wurde, so gelten die federführende Aufsichtsbehörde und die betroffenen Aufsichtsbehörden als mit dem Beschlussentwurf einverstanden und sind an ihn gebunden.

(7) Die federführende Aufsichtsbehörde erlässt den Beschluss und teilt ihn der Hauptniederlassung oder der einzigen Niederlassung des Verantwortlichen oder gegebenenfalls des Auftragsverarbeiters mit und setzt die anderen betroffenen

Aufsichtsbehörden und den Ausschuss von dem betreffenden Beschluss einschließlich einer Zusammenfassung der maßgeblichen Fakten und Gründe in Kenntnis. Die Aufsichtsbehörde, bei der eine Beschwerde eingereicht worden ist, unterrichtet den Beschwerdeführer über den Beschluss.

(8) Wird eine Beschwerde abgelehnt oder abgewiesen, so erlässt die Aufsichtsbehörde, bei der die Beschwerde eingereicht wurde, abweichend von Absatz 7 den Beschluss, teilt ihn dem Beschwerdeführer mit und setzt den Verantwortlichen in Kenntnis.

(9) Sind sich die federführende Aufsichtsbehörde und die betreffenden Aufsichtsbehörden darüber einig, Teile der Beschwerde abzulehnen oder abzuweisen und bezüglich anderer Teile dieser Beschwerde tätig zu werden, so wird in dieser Angelegenheit für jeden dieser Teile ein eigener Beschluss erlassen. Die federführende Aufsichtsbehörde erlässt den Beschluss für den Teil, der das Tätigwerden in Bezug auf den Verantwortlichen betrifft, teilt ihn der Hauptniederlassung oder einzigen Niederlassung des Verantwortlichen oder des Auftragsverarbeiters im Hoheitsgebiet ihres Mitgliedstaats mit und setzt den Beschwerdeführer hiervon in Kenntnis, während die für den Beschwerdeführer zuständige Aufsichtsbehörde den Beschluss für den Teil erlässt, der die Ablehnung oder Abweisung dieser Beschwerde betrifft, und ihn diesem Beschwerdeführer mitteilt und den Verantwortlichen oder den Auftragsverarbeiter hiervon in Kenntnis setzt.

(10) Nach der Unterrichtung über den Beschluss der federführenden Aufsichtsbehörde gemäß den Absätzen 7 und 9 ergreift der Verantwortliche oder der Auftragsverarbeiter die erforderlichen Maßnahmen, um die Verarbeitungstätigkeiten all seiner Niederlassungen in der Union mit dem Beschluss in Einklang zu bringen. Der Verantwortliche oder der Auftragsverarbeiter teilt der federführenden Aufsichtsbehörde die Maßnahmen mit, die zur Einhaltung des Beschlusses ergriffen wurden; diese wiederum unterrichtet die anderen betroffenen Aufsichtsbehörden.

(11) Hat – in Ausnahmefällen – eine betroffene Aufsichtsbehörde Grund zu der Annahme, dass zum Schutz der Interessen betroffener Personen dringender Handlungsbedarf besteht, so kommt das Dringlichkeitsverfahren nach Artikel 66 zur Anwendung.

(12) Die federführende Aufsichtsbehörde und die anderen betroffenen Aufsichtsbehörden übermitteln einander die nach diesem Artikel geforderten Informationen auf elektronischem Wege unter Verwendung eines standardisierten Formats.

Artikel 61 Gegenseitige Amtshilfe (EW 133)

(1) Die Aufsichtsbehörden übermitteln einander maßgebliche Informationen und gewähren einander Amtshilfe, um diese Verordnung einheitlich durchzuführen und anzuwenden, und treffen Vorkehrungen für eine wirksame Zusammenarbeit. Die Amtshilfe bezieht sich insbesondere auf Auskunftsersuchen und aufsichtsbezogene Maßnahmen, beispielsweise Ersuchen um vorherige Genehmigungen und eine vorherige Konsultation, um Vornahme von Nachprüfungen und Untersuchungen.

(2) Jede Aufsichtsbehörde ergreift alle geeigneten Maßnahmen, um einem Ersuchen einer anderen Aufsichtsbehörde unverzüglich und spätestens innerhalb eines Monats nach Eingang des Ersuchens nachzukommen. Dazu kann insbesondere auch die Übermittlung maßgeblicher Informationen über die Durchführung einer Untersuchung gehören.

(3) Amtshilfeersuchen enthalten alle erforderlichen Informationen, einschließlich Zweck und Begründung des Ersuchens. Die übermittelten Informationen werden ausschließlich für den Zweck verwendet, für den sie angefordert wurden.

(4) Die ersuchte Aufsichtsbehörde lehnt das Ersuchen nur ab, wenn

a) sie für den Gegenstand des Ersuchens oder für die Maßnahmen, die sie durchführen soll, nicht zuständig ist oder

b) ein Eingehen auf das Ersuchen gegen diese Verordnung verstoßen würde oder gegen das Unionsrecht oder das Recht der Mitgliedstaaten, dem die Aufsichtsbehörde, bei der das Ersuchen eingeht, unterliegt.

(5) Die ersuchte Aufsichtsbehörde informiert die ersuchende Aufsichtsbehörde über die Ergebnisse oder gegebenenfalls über den Fortgang der Maßnahmen, die getroffen wurden, um dem Ersuchen nachzukommen. Die ersuchte Aufsichtsbehörde erläutert gemäß Absatz 4 die Gründe für die Ablehnung des Ersuchens.

(6) Die ersuchten Aufsichtsbehörden übermitteln die Informationen, um die von einer anderen Aufsichtsbehörde ersucht wurde, in der Regel auf elektronischem Wege unter Verwendung eines standardisierten Formats.

(7) Ersuchte Aufsichtsbehörden verlangen für Maßnahmen, die sie aufgrund eines Amtshilfeersuchens getroffen haben, keine Gebühren. Die Aufsichtsbehörden können untereinander Regeln vereinbaren, um einander in Ausnahmefällen besondere aufgrund der Amtshilfe entstandene Ausgaben zu erstatten.

(8) Erteilt eine ersuchte Aufsichtsbehörde nicht binnen eines Monats nach Eingang des Ersuchens einer anderen Aufsichtsbehörde die Informationen gemäß Absatz 5, so kann die ersuchende Aufsichtsbehörde eine einstweilige Maßnahme im Hoheitsgebiet ihres Mitgliedstaats gemäß Artikel 55 Absatz 1 ergreifen. In diesem Fall wird von einem dringenden Handlungsbedarf gemäß Artikel 66 Absatz 1 ausgegangen, der einen im Dringlichkeitsverfahren angenommenen verbindlichen Beschluss des Ausschuss gemäß Artikel 66 Absatz 2 erforderlich macht.

(9) Die Kommission kann im Wege von Durchführungsrechtsakten Form und Verfahren der Amtshilfe nach diesem Artikel und die Ausgestaltung des elektronischen Informationsaustauschs zwischen den Aufsichtsbehörden sowie zwischen den Aufsichtsbehörden und dem Ausschuss, insbesondere das in Absatz 6 des vorliegenden Artikels genannte standardisierte Format, festlegen. Diese Durchführungsrechtsakte werden gemäß dem in Artikel 93 Absatz 2 genannten Prüfverfahren erlassen.

Artikel 62 Gemeinsame Maßnahmen der Aufsichtsbehörden (EW 134)

(1) Die Aufsichtsbehörden führen gegebenenfalls gemeinsame Maßnahmen einschließlich gemeinsamer Untersuchungen und gemeinsamer Durchsetzungsmaßnahmen durch, an denen Mitglieder oder Bedienstete der Aufsichtsbehörden anderer Mitgliedstaaten teilnehmen.

(2) Verfügt der Verantwortliche oder der Auftragsverarbeiter über Niederlassungen in mehreren Mitgliedstaaten oder werden die Verarbeitungsvorgänge voraussichtlich auf eine bedeutende Zahl betroffener Personen in mehr als einem Mitgliedstaat erhebliche Auswirkungen haben, ist die Aufsichtsbehörde jedes dieser Mitgliedstaaten berechtigt, an den gemeinsamen Maßnahmen teilzunehmen. Die gemäß Artikel 56 Absatz 1 oder Absatz 4 zuständige Aufsichtsbehörde lädt die Aufsichtsbehörde jedes dieser Mitgliedstaaten zur Teilnahme an den gemeinsamen Maßnahmen ein und antwortet unverzüglich auf das Ersuchen einer Aufsichtsbehörde um Teilnahme.

(3) Eine Aufsichtsbehörde kann gemäß dem Recht des Mitgliedstaats und mit Genehmigung der unterstützenden Aufsichtsbehörde den an den gemeinsamen Maßnahmen beteiligten Mitgliedern oder Bediensteten der unterstützenden Aufsichtsbehörde Befugnisse einschließlich Untersuchungsbefugnisse übertragen oder, soweit dies nach dem Recht des Mitgliedstaats der einladenden Aufsichtsbehörde zulässig ist, den Mitgliedern oder Bediensteten der unterstützenden Aufsichtsbehörde gestatten, ihre Untersuchungsbefugnisse nach dem Recht des Mitgliedstaats der unterstützenden Aufsichtsbehörde auszuüben. Diese Untersuchungsbefugnisse können nur unter der Leitung und in Gegenwart der Mitglieder oder Bediensteten der einladenden Aufsichtsbehörde ausgeübt werden. Die Mitglieder oder Bediensteten der unterstützenden Aufsichtsbehörde unterliegen dem Recht des Mitgliedstaats der einladenden Aufsichtsbehörde.

(4) Sind gemäß Absatz 1 Bedienstete einer unterstützenden Aufsichtsbehörde in einem anderen Mitgliedstaat im Einsatz, so übernimmt der Mitgliedstaat der einladenden Aufsichtsbehörde nach Maßgabe des Rechts des Mitgliedstaats, in dessen Hoheitsgebiet der Einsatz erfolgt, die Verantwortung für ihr Handeln, einschließlich der Haftung für alle von ihnen bei ihrem Einsatz verursachten Schäden.

(5) Der Mitgliedstaat, in dessen Hoheitsgebiet der Schaden verursacht wurde, ersetzt diesen Schaden so, wie er ihn ersetzen müsste, wenn seine eigenen Bediensteten ihn verursacht hätten. Der Mitgliedstaat der unterstützenden Aufsichtsbehörde, deren Bedienstete im Hoheitsgebiet eines anderen Mitgliedstaats einer Person Schaden zugefügt haben, erstattet diesem anderen Mitgliedstaat den Gesamtbetrag des Schadenersatzes, den dieser an die Berechtigten geleistet hat.

(6) Unbeschadet der Ausübung seiner Rechte gegenüber Dritten und mit Ausnahme des Absatzes 5 verzichtet jeder Mitgliedstaat in dem Fall des Absatzes 1 darauf, den in Absatz 4 genannten Betrag des erlittenen Schadens anderen Mitgliedstaaten gegenüber geltend zu machen.

(7) Ist eine gemeinsame Maßnahme geplant und kommt eine Aufsichtsbehörde binnen eines Monats nicht der Verpflichtung nach Absatz 2 Satz 2 des vorliegenden Artikels nach, so können die anderen Aufsichtsbehörden eine einstweilige

Maßnahme im Hoheitsgebiet ihres Mitgliedstaats gemäß Artikel 55 ergreifen. In diesem Fall wird von einem dringenden Handlungsbedarf gemäß Artikel 66 Absatz 1 ausgegangen, der eine im Dringlichkeitsverfahren angenommene Stellungnahme oder einen im Dringlichkeitsverfahren angenommenen verbindlichen Beschluss des Ausschusses gemäß Artikel 66 Absatz 2 erforderlich macht.

Abschnitt 2 Kohärenz

Artikel 63 Kohärenzverfahren (EW 135)

Um zur einheitlichen Anwendung dieser Verordnung in der gesamten Union beizutragen, arbeiten die Aufsichtsbehörden im Rahmen des in diesem Abschnitt beschriebenen Kohärenzverfahrens untereinander und gegebenenfalls mit der Kommission zusammen.

Artikel 64 Stellungnahme des Ausschusses (EW 136)

(1) Der Ausschuss gibt eine Stellungnahme ab, wenn die zuständige Aufsichtsbehörde beabsichtigt, eine der nachstehenden Maßnahmen zu erlassen. Zu diesem Zweck übermittelt die zuständige Aufsichtsbehörde dem Ausschuss den Entwurf des Beschlusses, wenn dieser

a) der Annahme einer Liste der Verarbeitungsvorgänge dient, die der Anforderung einer Datenschutz-Folgenabschätzung gemäß Artikel 35 Absatz 4 unterliegen,

b) eine Angelegenheit gemäß Artikel 40 Absatz 7 und damit die Frage betrifft, ob ein Entwurf von Verhaltensregeln oder eine Änderung oder Ergänzung von Verhaltensregeln mit dieser Verordnung in Einklang steht,

c) der Billigung der Anforderungen an die Akkreditierung einer Stelle nach Artikel 41 Absatz 3, einer Zertifizierungsstelle nach Artikel 43 Absatz 3 oder der Kriterien für die Zertifizierung gemäß Artikel 42 Absatz 5 dient,

d) der Festlegung von Standard-Datenschutzklauseln gemäß Artikel 46 Absatz 2 Buchstabe d und Artikel 28 Absatz 8 dient,

e) der Genehmigung von Vertragsklauseln gemäß Artikels 46 Absatz 3 Buchstabe a dient, oder

f) der Annahme verbindlicher interner Vorschriften im Sinne von Artikel 47 dient.

(2) Jede Aufsichtsbehörde, der Vorsitz des Ausschuss oder die Kommission können beantragen, dass eine Angelegenheit mit allgemeiner Geltung oder mit Auswirkungen in mehr als einem Mitgliedstaat vom Ausschuss geprüft wird, um eine Stellungnahme zu erhalten, insbesondere wenn eine zuständige Aufsichtsbehörde den Verpflichtungen zur Amtshilfe gemäß Artikel 61 oder zu gemeinsamen Maßnahmen gemäß Artikel 62 nicht nachkommt.

(3) In den in den Absätzen 1 und 2 genannten Fällen gibt der Ausschuss eine Stellungnahme zu der Angelegenheit ab, die ihm vorgelegt wurde, sofern er nicht bereits eine Stellungnahme zu derselben Angelegenheit abgegeben hat.

Diese Stellungnahme wird binnen acht Wochen mit der einfachen Mehrheit der Mitglieder des Ausschusses angenommen. Diese Frist kann unter Berücksichtigung der Komplexität der Angelegenheit um weitere sechs Wochen verlängert werden. Was den in Absatz 1 genannten Beschlussentwurf angeht, der gemäß Absatz 5 den Mitgliedern des Ausschusses übermittelt wird, so wird angenommen, dass ein Mitglied, das innerhalb einer vom Vorsitz angegebenen angemessenen Frist keine Einwände erhoben hat, dem Beschlussentwurf zustimmt.

(4) Die Aufsichtsbehörden und die Kommission übermitteln unverzüglich dem Ausschuss auf elektronischem Wege unter Verwendung eines standardisierten Formats alle zweckdienlichen Informationen, einschließlich — je nach Fall — einer kurzen Darstellung des Sachverhalts, des Beschlussentwurfs, der Gründe, warum eine solche Maßnahme ergriffen werden muss, und der Standpunkte anderer betroffener Aufsichtsbehörden.

(5) Der Vorsitz des Ausschusses unterrichtet unverzüglich auf elektronischem Wege

a) unter Verwendung eines standardisierten Formats die Mitglieder des Ausschusses und die Kommission über alle zweckdienlichen Informationen, die ihm zugegangen sind. Soweit erforderlich stellt das Sekretariat des Ausschusses Übersetzungen der zweckdienlichen Informationen zur Verfügung und

b) je nach Fall die in den Absätzen 1 und 2 genannte Aufsichtsbehörde und die Kommission über die Stellungnahme und veröffentlicht sie.

(6) Die in Absatz 1 genannte zuständige Aufsichtsbehörde nimmt den in Absatz 1 genannten Beschlussentwurf nicht vor Ablauf der in Absatz 3 genannten Frist an.

(7) Die in Absatz 1 genannte zuständige Aufsichtsbehörde trägt der Stellungnahme des Ausschusses weitestgehend Rechnung und teilt dessen Vorsitz binnen zwei Wochen nach Eingang der Stellungnahme auf elektronischem Wege unter Verwendung eines standardisierten Formats mit, ob sie den Beschlussentwurf beibehalten oder ändern wird; gegebenenfalls übermittelt sie den geänderten Beschlussentwurf.

(8) Teilt die in Absatz 1 genannte zuständige Aufsichtsbehörde dem Vorsitz des Ausschusses innerhalb der Frist nach Absatz 7 des vorliegenden Artikels unter Angabe der maßgeblichen Gründe mit, dass sie beabsichtigt, der Stellungnahme des Ausschusses insgesamt oder teilweise nicht zu folgen, so gilt Artikel 65 Absatz 1.

Artikel 65 Streitbeilegung durch den Ausschuss (EW 136)

(1) Um die ordnungsgemäße und einheitliche Anwendung dieser Verordnung in Einzelfällen sicherzustellen, erlässt der Ausschuss in den folgenden Fällen einen verbindlichen Beschluss:

a) wenn eine betroffene Aufsichtsbehörde in einem Fall nach Artikel 60 Absatz 4 einen maßgeblichen und begründeten Einspruch gegen einen Beschlussentwurf der federführenden Aufsichtsbehörde eingelegt hat und sich die federführende Aufsichtsbehörde dem Einspruch nicht angeschlossen hat oder den Einspruch als nicht maßgeblich oder nicht begründet abgelehnt hat. Der verbindliche Beschluss betrifft alle Angelegenheiten, die Gegenstand des maßgeblichen und begründeten Einspruchs sind, insbesondere die Frage, ob ein Verstoß gegen diese Verordnung vorliegt;

b) wenn es widersprüchliche Standpunkte dazu gibt, welche der betroffenen Aufsichtsbehörden für die Hauptniederlassung zuständig ist,

c) wenn eine zuständige Aufsichtsbehörde in den in Artikel 64 Absatz 1 genannten Fällen keine Stellungnahme des Ausschusses einholt oder der Stellungnahme des Ausschusses gemäß Artikel 64 nicht folgt. In diesem Fall kann jede betroffene Aufsichtsbehörde oder die Kommission die Angelegenheit dem Ausschuss vorlegen.

(2) Der in Absatz 1 genannte Beschluss wird innerhalb eines Monats nach der Befassung mit der Angelegenheit mit einer Mehrheit von zwei Dritteln der Mitglieder des Ausschusses angenommen. Diese Frist kann wegen der Komplexität der Angelegenheit um einen weiteren Monat verlängert werden. Der in Absatz 1 genannte Beschluss wird begründet und an die federführende Aufsichtsbehörde und alle betroffenen Aufsichtsbehörden übermittelt und ist für diese verbindlich.

(3) War der Ausschuss nicht in der Lage, innerhalb der in Absatz 2 genannten Fristen einen Beschluss anzunehmen, so nimmt er seinen Beschluss innerhalb von zwei Wochen nach Ablauf des in Absatz 2 genannten zweiten Monats mit einfacher Mehrheit der Mitglieder des Ausschusses an. Bei Stimmengleichheit zwischen den Mitgliedern des Ausschusses gibt die Stimme des Vorsitzes den Ausschlag.

(4) Die betroffenen Aufsichtsbehörden nehmen vor Ablauf der in den Absätzen 2 und 3 genannten Fristen keinen Beschluss über die dem Ausschuss vorgelegte Angelegenheit an.

(5) Der Vorsitz des Ausschusses unterrichtet die betroffenen Aufsichtsbehörden unverzüglich über den in Absatz 1 genannten Beschluss. Er setzt die Kommission hiervon in Kenntnis. Der Beschluss wird unverzüglich auf der Website des Ausschusses veröffentlicht, nachdem die Aufsichtsbehörde den in Absatz 6 genannten endgültigen Beschluss mitgeteilt hat.

(6) Die federführende Aufsichtsbehörde oder gegebenenfalls die Aufsichtsbehörde, bei der die Beschwerde eingereicht wurde, trifft den endgültigen Beschluss auf der Grundlage des in Absatz 1 des vorliegenden Artikels genannten Beschlusses unverzüglich und spätestens einen Monat, nachdem der Europäische Datenschutzausschuss seinen Beschluss mitgeteilt hat. Die federführende Aufsichtsbehörde oder gegebenenfalls die Aufsichtsbehörde, bei der die Beschwerde eingereicht wurde, setzt den Ausschuss von dem Zeitpunkt, zu dem ihr endgültiger Beschluss dem Verantwortlichen oder dem Auftragsverarbeiter bzw. der betroffenen Person mitgeteilt wird, in Kenntnis. Der endgültige Beschluss der betroffenen Aufsichtsbehörden wird gemäß Artikel 60 Absätze 7, 8 und 9 angenommen. Im endgültigen Beschluss wird auf den in Absatz 1 genannten Beschluss verwiesen und festgelegt, dass der in Absatz 1 des vorliegenden Artikels genannte Beschluss gemäß Absatz 5 auf der Website des Ausschusses

veröffentlicht wird. Dem endgültigen Beschluss wird der in Absatz 1 des vorliegenden _Artikels genannte Beschluss beigefügt.

Artikel 66 Dringlichkeitsverfahren (EW 137, 138)

(1) Unter außergewöhnlichen Umständen kann eine betroffene Aufsichtsbehörde abweichend vom Kohärenzverfahren nach Artikel 63, 64 und 65 oder dem Verfahren nach Artikel 60 sofort einstweilige Maßnahmen mit festgelegter Geltungsdauer von höchstens drei Monaten treffen, die in ihrem Hoheitsgebiet rechtliche Wirkung entfalten sollen, wenn sie zu der Auffassung gelangt, dass dringender Handlungsbedarf besteht, um Rechte und Freiheiten von betroffenen Personen zu schützen. Die Aufsichtsbehörde setzt die anderen betroffenen Aufsichtsbehörden, den Ausschuss und die Kommission unverzüglich von diesen Maßnahmen und den Gründen für deren Erlass in Kenntnis.

(2) Hat eine Aufsichtsbehörde eine Maßnahme nach Absatz 1 ergriffen und ist sie der Auffassung, dass dringend endgültige Maßnahmen erlassen werden müssen, kann sie unter Angabe von Gründen im Dringlichkeitsverfahren um eine Stellungnahme oder einen verbindlichen Beschluss des Ausschusses ersuchen.

(3) Jede Aufsichtsbehörde kann unter Angabe von Gründen, auch für den dringenden Handlungsbedarf, im Dringlichkeitsverfahren um eine Stellungnahme oder gegebenenfalls einen verbindlichen Beschluss des Ausschusses ersuchen, wenn eine zuständige Aufsichtsbehörde trotz dringenden Handlungsbedarfs keine geeignete Maßnahme getroffen hat, um die Rechte und Freiheiten von betroffenen Personen zu schützen.

(4) Abweichend von Artikel 64 Absatz 3 und Artikel 65 Absatz 2 wird eine Stellungnahme oder ein verbindlicher Beschluss im Dringlichkeitsverfahren nach den Absätzen 2 und 3 binnen zwei Wochen mit einfacher Mehrheit der Mitglieder des Ausschusses angenommen.

Artikel 67 Informationsaustausch

Die Kommission kann Durchführungsrechtsakte von allgemeiner Tragweite zur Festlegung der Ausgestaltung des elektronischen Informationsaustauschs zwischen den Aufsichtsbehörden sowie zwischen den Aufsichtsbehörden und dem Ausschuss, insbesondere des standardisierten Formats nach Artikel 64, erlassen.

Diese Durchführungsrechtsakte werden gemäß dem Prüfverfahren nach Artikel 93 Absatz 2 erlassen.

Abschnitt 3 Europäischer Datenschutzausschuss

Artikel 68 Europäischer Datenschutzausschuss (EW 139)

(1) Der Europäische Datenschutzausschuss (im Folgenden „Ausschuss") wird als Einrichtung der Union mit eigener Rechtspersönlichkeit eingerichtet.

(2) Der Ausschuss wird von seinem Vorsitz vertreten.

(3) Der Ausschuss besteht aus dem Leiter einer Aufsichtsbehörde jedes Mitgliedstaats und dem Europäischen Datenschutzbeauftragten oder ihren jeweiligen Vertretern.

(4) Ist in einem Mitgliedstaat mehr als eine Aufsichtsbehörde für die Überwachung der Anwendung der nach Maßgabe dieser Verordnung erlassenen Vorschriften zuständig, so wird im Einklang mit den Rechtsvorschriften dieses Mitgliedstaats ein gemeinsamer Vertreter benannt.

(5) Die Kommission ist berechtigt, ohne Stimmrecht an den Tätigkeiten und Sitzungen des Ausschusses teilzunehmen. Die Kommission benennt einen Vertreter. Der Vorsitz des Ausschusses unterrichtet die Kommission über die Tätigkeiten des Ausschusses.

(6) In den in Artikel 65 genannten Fällen ist der Europäische Datenschutzbeauftragte nur bei Beschlüssen stimmberechtigt, die Grundsätze und Vorschriften betreffen, die für die Organe, Einrichtungen, Ämter und Agenturen der Union gelten und inhaltlich den Grundsätzen und Vorschriften dieser Verordnung entsprechen.

Artikel 69 Unabhängigkeit

(1) Der Ausschuss handelt bei der Erfüllung seiner Aufgaben oder in Ausübung seiner Befugnisse gemäß den Artikeln 70 und 71 unabhängig.

(2) Unbeschadet der Ersuchen der Kommission gemäß Artikel 70 Absätze 1 und 2 ersucht der Ausschuss bei der Erfüllung seiner Aufgaben oder in Ausübung seiner Befugnisse weder um Weisung noch nimmt er Weisungen entgegen.

Artikel 70 Aufgaben des Ausschusses (EW 139)

(1) Der Ausschuss stellt die einheitliche Anwendung dieser Verordnung sicher. Hierzu nimmt der Ausschuss von sich aus oder gegebenenfalls auf Ersuchen der Kommission insbesondere folgende Tätigkeiten wahr:

a) Überwachung und Sicherstellung der ordnungsgemäßen Anwendung dieser Verordnung in den in den Artikeln 64 und 65 genannten Fällen unbeschadet der Aufgaben der nationalen Aufsichtsbehörden;

b) Beratung der Kommission in allen Fragen, die im Zusammenhang mit dem Schutz personenbezogener Daten in der Union stehen, einschließlich etwaiger Vorschläge zur Änderung dieser Verordnung;

c) Beratung der Kommission über das Format und die Verfahren für den Austausch von Informationen zwischen den Verantwortlichen, den Auftragsverarbeitern und den Aufsichtsbehörden in Bezug auf verbindliche interne Datenschutzvorschriften;

d) Bereitstellung von Leitlinien, Empfehlungen und bewährten Verfahren zu Verfahren für die Löschung gemäß Artikel 17 Absatz 2 von Links zu personenbezogenen Daten oder Kopien oder Replikationen dieser Daten aus öffentlich zugänglichen Kommunikationsdiensten;

e) Prüfung – von sich aus, auf Antrag eines seiner Mitglieder oder auf Ersuchen der Kommission – von die Anwendung dieser Verordnung betreffenden Fragen und Bereitstellung von Leitlinien, Empfehlungen und bewährten Verfahren zwecks Sicherstellung einer einheitlichen Anwendung dieser Verordnung;

f) Bereitstellung von Leitlinien, Empfehlungen und bewährten Verfahren gemäß Buchstabe e des vorliegenden Absatzes zur näheren Bestimmung der Kriterien und Bedingungen für die auf Profiling beruhenden Entscheidungen gemäß Artikel 22 Absatz 2;

g) Bereitstellung von Leitlinien, Empfehlungen und bewährten Verfahren gemäß Buchstabe e des vorliegenden Absatzes für die Feststellung von Verletzungen des Schutzes personenbezogener Daten und die Festlegung der Unverzüglichkeit im Sinne des Artikels 33 Absätze 1 und 2, und zu den spezifischen Umständen, unter denen der Verantwortliche oder der Auftragsverarbeiter die Verletzung des Schutzes personenbezogener Daten zu melden hat;

h) Bereitstellung von Leitlinien, Empfehlungen und bewährten Verfahren gemäß Buchstabe e des vorliegenden Absatzes zu den Umständen, unter denen eine Verletzung des Schutzes personenbezogener Daten voraussichtlich ein hohes Risiko für die Rechte und Freiheiten natürlicher Personen im Sinne des Artikels 34 Absatz 1 zur Folge hat;

i) Bereitstellung von Leitlinien, Empfehlungen und bewährten Verfahren gemäß Buchstabe e des vorliegenden Absatzes zur näheren Bestimmung der in Artikel 47 aufgeführten Kriterien und Anforderungen für die Übermittlungen personenbezogener Daten, die auf verbindlichen internen Datenschutzvorschriften von Verantwortlichen oder Auftragsverarbeitern beruhen, und der dort aufgeführten weiteren erforderlichen Anforderungen zum Schutz personenbezogener Daten der betroffenen Personen;

j) Bereitstellung von Leitlinien, Empfehlungen und bewährten Verfahren gemäß Buchstabe e des vorliegenden Absatzes zur näheren Bestimmung der Kriterien und Bedingungen für die Übermittlungen personenbezogener Daten gemäß Artikel 49 Absatz 1;

k) Ausarbeitung von Leitlinien für die Aufsichtsbehörden in Bezug auf die Anwendung von Maßnahmen nach Artikel 58 Absätze 1, 2 und 3 und die Festsetzung von Geldbußen gemäß Artikel 83;

l) Überprüfung der praktischen Anwendung der Leitlinien, Empfehlungen und bewährten Verfahren;

m) Bereitstellung von Leitlinien, Empfehlungen und bewährten Verfahren gemäß Buchstabe e des vorliegenden Absatzes zur Festlegung gemeinsamer Verfahren für die von natürlichen Personen vorgenommene Meldung von Verstößen gegen diese Verordnung gemäß Artikel 54 Absatz 2;

n) Förderung der Ausarbeitung von Verhaltensregeln und der Einrichtung von datenschutzspezifischen Zertifizierungsverfahren sowie Datenschutzsiegeln und -prüfzeichen gemäß den Artikeln 40 und 42;

o) Genehmigung der Zertifizierungskriterien gemäß Artikel 42 Absatz 5 und Führung eines öffentlichen Registers der Zertifizierungsverfahren sowie von Datenschutzsiegeln und -prüfzeichen gemäß Artikel 42 Absatz 8 und der in Drittländern niedergelassenen zertifizierten Verantwortlichen oder Auftragsverarbeiter gemäß Artikel 42 Absatz 7;

p) Genehmigung der in Artikel 43 Absatz 3 genannten Anforderungen im Hinblick auf die Akkreditierung von Zertifizierungsstellen gemäß Artikel 43;

q) Abgabe einer Stellungnahme für die Kommission zu den Zertifizierungsanforderungen gemäß Artikel 43 Absatz 8;

r) Abgabe einer Stellungnahme für die Kommission zu den Bildsymbolen gemäß Artikel 12 Absatz 7;

s) Abgabe einer Stellungnahme für die Kommission zur Beurteilung der Angemessenheit des in einem Drittland oder einer internationalen Organisation gebotenen Schutzniveaus einschließlich zur Beurteilung der Frage, ob das Drittland, das Gebiet, ein oder mehrere spezifische Sektoren in diesem Drittland oder eine internationale Organisation kein angemessenes Schutzniveau mehr gewährleistet. Zu diesem Zweck gibt die Kommission dem Ausschuss alle erforderlichen Unterlagen, darunter den Schriftwechsel mit der Regierung des Drittlands, dem Gebiet oder spezifischen Sektor oder der internationalen Organisation;

t) Abgabe von Stellungnahmen im Kohärenzverfahren gemäß Artikel 64 Absatz 1 zu Beschlussentwürfen von Aufsichtsbehörden, zu Angelegenheiten, die nach Artikel 64 Absatz 2 vorgelegt wurden und um Erlass verbindlicher Beschlüsse gemäß Artikel 65, einschließlich der in Artikel 66 genannten Fälle;

u) Förderung der Zusammenarbeit und eines wirksamen bilateralen und multilateralen Austauschs von Informationen und bewährten Verfahren zwischen den Aufsichtsbehörden;

v) Förderung von Schulungsprogrammen und Erleichterung des Personalaustausches zwischen Aufsichtsbehörden sowie gegebenenfalls mit Aufsichtsbehörden von Drittländern oder mit internationalen Organisationen;

w) Förderung des Austausches von Fachwissen und von Dokumentationen über Datenschutzvorschriften und -praxis mit Datenschutzaufsichtsbehörden in aller Welt;

x) Abgabe von Stellungnahmen zu den auf Unionsebene erarbeiteten Verhaltensregeln gemäß Artikel 40 Absatz 9 und

y) Führung eines öffentlich zugänglichen elektronischen Registers der Beschlüsse der Aufsichtsbehörden und Gerichte in Bezug auf Fragen, die im Rahmen des Kohärenzverfahrens behandelt wurden.

(2) Die Kommission kann, wenn sie den Ausschuss um Rat ersucht, unter Berücksichtigung der Dringlichkeit des Sachverhalts eine Frist angeben.

(3) Der Ausschuss leitet seine Stellungnahmen, Leitlinien, Empfehlungen und bewährten Verfahren an die Kommission und an den in Artikel 93 genannten Ausschuss weiter und veröffentlicht sie.

(4) Der Ausschuss konsultiert gegebenenfalls interessierte Kreise und gibt ihnen Gelegenheit, innerhalb einer angemessenen Frist Stellung zu nehmen. Unbeschadet des Artikels 76 macht der Ausschuss die Ergebnisse der Konsultation der Öffentlichkeit zugänglich.

Artikel 71 Berichterstattung

(1) Der Ausschuss erstellt einen Jahresbericht über den Schutz natürlicher Personen bei der Verarbeitung in der Union und gegebenenfalls in Drittländern und internationalen Organisationen. Der Bericht wird veröffentlicht und dem Europäischen Parlament, dem Rat und der Kommission übermittelt.

(2) Der Jahresbericht enthält eine Überprüfung der praktischen Anwendung der in Artikel 70 Absatz 1 Buchstabe l genannten Leitlinien, Empfehlungen und bewährten Verfahren sowie der in Artikel 65 genannten verbindlichen Beschlüsse.

Artikel 72 Verfahrensweise

(1) Sofern in dieser Verordnung nichts anderes bestimmt ist, fasst der Ausschuss seine Beschlüsse mit einfacher Mehrheit seiner Mitglieder.

(2) Der Ausschuss gibt sich mit einer Mehrheit von zwei Dritteln seiner Mitglieder eine Geschäftsordnung und legt seine Arbeitsweise fest.

Artikel 73 Vorsitz

(1) Der Ausschuss wählt aus dem Kreis seiner Mitglieder mit einfacher Mehrheit einen Vorsitzenden und zwei stellvertretende Vorsitzende.

(2) Die Amtszeit des Vorsitzenden und seiner beiden Stellvertreter beträgt fünf Jahre; ihre einmalige Wiederwahl ist zulässig.

Artikel 74 Aufgaben des Vorsitzes

(1) Der Vorsitz hat folgende Aufgaben:

a) Einberufung der Sitzungen des Ausschusses und Erstellung der Tagesordnungen,

b) Übermittlung der Beschlüsse des Ausschusses nach Artikel 65 an die federführende Aufsichtsbehörde und die betroffenen Aufsichtsbehörden,

c) Sicherstellung einer rechtzeitigen Ausführung der Aufgaben des Ausschusses, insbesondere der Aufgaben im Zusammenhang mit dem Kohärenzverfahren nach Artikel 63.

(2) Der Ausschuss legt die Aufteilung der Aufgaben zwischen dem Vorsitzenden und dessen Stellvertretern in seiner Geschäftsordnung fest.

Artikel 75 Sekretariat (EW 140)

(1) Der Ausschuss wird von einem Sekretariat unterstützt, das von dem Europäischen Datenschutzbeauftragten bereitgestellt wird.

(2) Das Sekretariat führt seine Aufgaben ausschließlich auf Anweisung des Vorsitzes des Ausschusses aus.

(3) Das Personal des Europäischen Datenschutzbeauftragten, das an der Wahrnehmung der dem Ausschuss gemäß dieser Verordnung übertragenen Aufgaben beteiligt ist, unterliegt anderen Berichtspflichten als das Personal, das an der Wahrnehmung der dem Europäischen Datenschutzbeauftragten übertragenen Aufgaben beteiligt ist.

(4) Soweit angebracht, erstellen und veröffentlichen der Ausschuss und der Europäische Datenschutzbeauftragte eine Vereinbarung zur Anwendung des vorliegenden Artikels, in der die Bedingungen ihrer Zusammenarbeit festgelegt sind und die für das Personal des Europäischen Datenschutzbeauftragten gilt, das an der Wahrnehmung der dem Ausschuss gemäß dieser Verordnung übertragenen Aufgaben beteiligt ist.

(5) Das Sekretariat leistet dem Ausschuss analytische, administrative und logistische Unterstützung.

(6) Das Sekretariat ist insbesondere verantwortlich für

a) das Tagesgeschäft des Ausschusses,

b) die Kommunikation zwischen den Mitgliedern des Ausschusses, seinem Vorsitz und der Kommission,

c) die Kommunikation mit anderen Organen und mit der Öffentlichkeit,

d) den Rückgriff auf elektronische Mittel für die interne und die externe Kommunikation,

e) die Übersetzung sachdienlicher Informationen,

f) die Vor- und Nachbereitung der Sitzungen des Ausschusses,

g) die Vorbereitung, Abfassung und Veröffentlichung von Stellungnahmen, von Beschlüssen über die Beilegung von Streitigkeiten zwischen Aufsichtsbehörden und von sonstigen vom Ausschuss angenommenen Dokumenten.

Artikel 76 Vertraulichkeit

(1) Die Beratungen des Ausschusses sind gemäß seiner Geschäftsordnung vertraulich, wenn der Ausschuss dies für erforderlich hält.

(2) Der Zugang zu Dokumenten, die Mitgliedern des Ausschusses, Sachverständigen und Vertretern von Dritten vorgelegt werden, wird durch die Verordnung (EG) Nr. 1049/2001 des Europäischen Parlaments und des Rates[1] geregelt.

KAPITEL VIII Rechtsbehelfe, Haftung und Sanktionen

Artikel 77 Recht auf Beschwerde bei einer Aufsichtsbehörde (EW 141)

(1) Jede betroffene Person hat unbeschadet eines anderweitigen verwaltungsrechtlichen oder gerichtlichen Rechtsbehelfs das Recht auf Beschwerde bei einer Aufsichtsbehörde, insbesondere in dem Mitgliedstaat ihres gewöhnlichen Aufenthaltsorts, ihres Arbeitsplatzes oder des Orts des mutmaßlichen Verstoßes, wenn die betroffene Person der Ansicht ist, dass die Verarbeitung der sie betreffenden personenbezogenen Daten gegen diese Verordnung verstößt.

(2) Die Aufsichtsbehörde, bei der die Beschwerde eingereicht wurde, unterrichtet den Beschwerdeführer über den Stand und die Ergebnisse der Beschwerde einschließlich der Möglichkeit eines gerichtlichen Rechtsbehelfs nach Artikel 78.

Artikel 78 Recht auf wirksamen gerichtlichen Rechtsbehelf gegen eine Aufsichtsbehörde (EW 143)

(1) Jede natürliche oder juristische Person hat unbeschadet eines anderweitigen verwaltungsrechtlichen oder außergerichtlichen Rechtsbehelfs das Recht auf einen wirksamen gerichtlichen Rechtsbehelf gegen einen sie betreffenden rechtsverbindlichen Beschluss einer Aufsichtsbehörde.

(2) Jede betroffene Person hat unbeschadet eines anderweitigen verwaltungsrechtlichen oder außergerichtlichen Rechtbehelfs das Recht auf einen wirksamen gerichtlichen Rechtsbehelf, wenn die nach den Artikeln 55 und 56 zuständige Aufsichtsbehörde sich nicht mit einer Beschwerde befasst oder die betroffene Person nicht innerhalb von drei Monaten über den Stand oder das Ergebnis der gemäß Artikel 77 erhobenen Beschwerde in Kenntnis gesetzt hat.

(3) Für Verfahren gegen eine Aufsichtsbehörde sind die Gerichte des Mitgliedstaats zuständig, in dem die Aufsichtsbehörde ihren Sitz hat.

(4) Kommt es zu einem Verfahren gegen den Beschluss einer Aufsichtsbehörde, dem eine Stellungnahme oder ein Beschluss des Ausschusses im Rahmen des Kohärenzverfahrens vorangegangen ist, so leitet die Aufsichtsbehörde diese Stellungnahme oder diesen Beschluss dem Gericht zu.

Artikel 79 Recht auf wirksamen gerichtlichen Rechtsbehelf gegen Verantwortliche oder Auftragsverarbeiter (EW 145)

(1) Jede betroffene Person hat unbeschadet eines verfügbaren verwaltungsrechtlichen oder außergerichtlichen Rechtsbehelfs einschließlich des Rechts

[1] Verordnung (EG) Nr. 1049/2001 des Europäischen Parlaments und des Rates vom 30.5.2001 über den Zugang der Öffentlichkeit zu Dokumenten des Europäischen Parlaments, des Rates und der Kommission (ABl. L 145 vom 31.5.2001, S. 43).

auf Beschwerde bei einer Aufsichtsbehörde gemäß Artikel 77 das Recht auf einen wirksamen gerichtlichen Rechtsbehelf, wenn sie der Ansicht ist, dass die ihr aufgrund dieser Verordnung zustehenden Rechte infolge einer nicht im Einklang mit dieser Verordnung stehenden Verarbeitung ihrer personenbezogenen Daten verletzt wurden.

(2) Für Klagen gegen einen Verantwortlichen oder gegen einen Auftragsverarbeiter sind die Gerichte des Mitgliedstaats zuständig, in dem der Verantwortliche oder der Auftragsverarbeiter eine Niederlassung hat. Wahlweise können solche Klagen auch bei den Gerichten des Mitgliedstaats erhoben werden, in dem die betroffene Person ihren gewöhnlichen Aufenthaltsort hat, es sei denn, es handelt sich bei dem Verantwortlichen oder dem Auftragsverarbeiter um eine Behörde eines Mitgliedstaats, die in Ausübung ihrer hoheitlichen Befugnisse tätig geworden ist.

Artikel 80 Vertretung von betroffenen Personen (EW 142)

(1) Die betroffene Person hat das Recht, eine Einrichtung, Organisationen oder Vereinigung ohne Gewinnerzielungsabsicht, die ordnungsgemäß nach dem Recht eines Mitgliedstaats gegründet ist, deren satzungsmäßige Ziele im öffentlichem Interesse liegen und die im Bereich des Schutzes der Rechte und Freiheiten von betroffenen Personen in Bezug auf den Schutz ihrer personenbezogenen Daten tätig ist, zu beauftragen, in ihrem Namen eine Beschwerde einzureichen, in ihrem Namen die in den Artikeln 77, 78 und 79 genannten Rechte wahrzunehmen und das Recht auf Schadensersatz gemäß Artikel 82 in Anspruch zu nehmen, sofern dieses im Recht der Mitgliedstaaten vorgesehen ist.

(2) Die Mitgliedstaaten können vorsehen, dass jede der in Absatz 1 des vorliegenden Artikels genannten Einrichtungen, Organisationen oder Vereinigungen unabhängig von einem Auftrag der betroffenen Person in diesem Mitgliedstaat das Recht hat, bei der gemäß Artikel 77 zuständigen Aufsichtsbehörde eine Beschwerde einzulegen und die in den Artikeln 78 und 79 aufgeführten Rechte in Anspruch zu nehmen, wenn ihres Erachtens die Rechte einer betroffenen Person gemäß dieser Verordnung infolge einer Verarbeitung verletzt worden sind.

Artikel 81 Aussetzung des Verfahrens (EW 144)

(1) Erhält ein zuständiges Gericht in einem Mitgliedstaat Kenntnis von einem Verfahren zu demselben Gegenstand in Bezug auf die Verarbeitung durch denselben Verantwortlichen oder Auftragsverarbeiter, das vor einem Gericht in einem anderen Mitgliedstaat anhängig ist, so nimmt es mit diesem Gericht Kontakt auf, um sich zu vergewissern, dass ein solches Verfahren existiert.

(2) Ist ein Verfahren zu demselben Gegenstand in Bezug auf die Verarbeitung durch denselben Verantwortlichen oder Auftragsverarbeiter vor einem Gericht in einem anderen Mitgliedstaat anhängig, so kann jedes später angerufene zuständige Gericht das bei ihm anhängige Verfahren aussetzen.

(3) Sind diese Verfahren in erster Instanz anhängig, so kann sich jedes später angerufene Gericht auf Antrag einer Partei auch für unzuständig erklären, wenn das zuerst angerufene Gericht für die betreffenden Klagen zuständig ist und die Verbindung der Klagen nach seinem Recht zulässig ist.

Artikel 82 Haftung und Recht auf Schadenersatz (EW 146, 147)

(1) Jede Person, der wegen eines Verstoßes gegen diese Verordnung ein materieller oder immaterieller Schaden entstanden ist, hat Anspruch auf Schadenersatz gegen den Verantwortlichen oder gegen den Auftragsverarbeiter.

(2) Jeder an einer Verarbeitung beteiligte Verantwortliche haftet für den Schaden, der durch eine nicht dieser Verordnung entsprechende Verarbeitung verursacht wurde. Ein Auftragsverarbeiter haftet für den durch eine Verarbeitung verursachten Schaden nur dann, wenn er seinen speziell den Auftragsverarbeitern auferlegten Pflichten aus dieser Verordnung nicht nachgekommen ist oder unter Nichtbeachtung der rechtmäßig erteilten Anweisungen des für die Datenverarbeitung Verantwortlichen oder gegen diese Anweisungen gehandelt hat.

(3) Der Verantwortliche oder der Auftragsverarbeiter wird von der Haftung gemäß Absatz 2 befreit, wenn er nachweist, dass er in keinerlei Hinsicht für den Umstand, durch den der Schaden eingetreten ist, verantwortlich ist.

(4) Ist mehr als ein Verantwortlicher oder mehr als ein Auftragsverarbeiter bzw. sowohl ein Verantwortlicher als auch ein Auftragsverarbeiter an derselben Verarbeitung beteiligt und sind sie gemäß den Absätzen 2 und 3 für einen durch die Verarbeitung verursachten Schaden verantwortlich, so haftet jeder Verantwortliche oder jeder Auftragsverarbeiter für den gesamten Schaden, damit ein wirksamer Schadensersatz für die betroffene Person sichergestellt ist.

(5) Hat ein Verantwortlicher oder Auftragsverarbeiter gemäß Absatz 4 vollständigen Schadenersatz für den erlittenen Schaden gezahlt, so ist dieser Verantwortliche oder Auftragsverarbeiter berechtigt, von den übrigen an derselben Verarbeitung beteiligten für die Datenverarbeitung Verantwortlichen oder Auftragsverarbeitern den Teil des Schadenersatzes zurückzufordern, der unter den in Absatz 2 festgelegten Bedingungen ihrem Anteil an der Verantwortung für den Schaden entspricht.

(6) Mit Gerichtsverfahren zur Inanspruchnahme des Rechts auf Schadenersatz sind die Gerichte zu befassen, die nach den in Artikel 79 Absatz 2 genannten Rechtsvorschriften des Mitgliedstaats zuständig sind.

Artikel 83 Allgemeine Bedingungen für die Verhängung von Geldbußen (EW 148, 150, 151)

(1) Jede Aufsichtsbehörde stellt sicher, dass die Verhängung von Geldbußen gemäß diesem Artikel für Verstöße gegen diese Verordnung gemäß den Absätzen 4, 5 und 6 in jedem Einzelfall wirksam, verhältnismäßig und abschreckend ist.

(2) Geldbußen werden je nach den Umständen des Einzelfalls zusätzlich zu oder anstelle von Maßnahmen nach Artikel 58 Absatz 2 Buchstaben a bis h und j verhängt. Bei der Entscheidung über die Verhängung einer Geldbuße und über deren Betrag wird in jedem Einzelfall Folgendes gebührend berücksichtigt:

a) Art, Schwere und Dauer des Verstoßes unter Berücksichtigung der Art, des Umfangs oder des Zwecks der betreffenden Verarbeitung sowie der Zahl

der von der Verarbeitung betroffenen Personen und des Ausmaßes des von ihnen erlittenen Schadens;

b) Vorsätzlichkeit oder Fahrlässigkeit des Verstoßes;

c) jegliche von dem Verantwortlichen oder dem Auftragsverarbeiter getroffenen Maßnahmen zur Minderung des den betroffenen Personen entstandenen Schadens;

d) Grad der Verantwortung des Verantwortlichen oder des Auftragsverarbeiters unter Berücksichtigung der von ihnen gemäß den Artikeln 25 und 32 getroffenen technischen und organisatorischen Maßnahmen;

e) etwaige einschlägige frühere Verstöße des Verantwortlichen oder des Auftragsverarbeiters;

f) Umfang der Zusammenarbeit mit der Aufsichtsbehörde, um dem Verstoß abzuhelfen und seine möglichen nachteiligen Auswirkungen zu mindern;

g) Kategorien personenbezogener Daten, die von dem Verstoß betroffen sind;

h) Art und Weise, wie der Verstoß der Aufsichtsbehörde bekannt wurde, insbesondere ob und gegebenenfalls in welchem Umfang der Verantwortliche oder der Auftragsverarbeiter den Verstoß mitgeteilt hat;

i) Einhaltung der nach Artikel 58 Absatz 2 früher gegen den für den betreffenden Verantwortlichen oder Auftragsverarbeiter in Bezug auf denselben Gegenstand angeordneten Maßnahmen, wenn solche Maßnahmen angeordnet wurden;

j) Einhaltung von genehmigten Verhaltensregeln nach Artikel 40 oder genehmigten Zertifizierungsverfahren nach Artikel 42 und

k) jegliche anderen erschwerenden oder mildernden Umstände im jeweiligen Fall, wie unmittelbar oder mittelbar durch den Verstoß erlangte finanzielle Vorteile oder vermiedene Verluste.

(3) Verstößt ein Verantwortlicher oder ein Auftragsverarbeiter bei gleichen oder miteinander verbundenen Verarbeitungsvorgängen vorsätzlich oder fahrlässig gegen mehrere Bestimmungen dieser Verordnung, so übersteigt der Gesamtbetrag der Geldbuße nicht den Betrag für den schwerwiegendsten Verstoß.

(4) Bei Verstößen gegen die folgenden Bestimmungen werden im Einklang mit Absatz 2 Geldbußen von bis zu 10 000 000 EUR oder im Fall eines Unternehmens von bis zu 2 % seines gesamten weltweit erzielten Jahresumsatzes des vorangegangenen Geschäftsjahrs verhängt, je nachdem, welcher der Beträge höher ist:

a) die Pflichten der Verantwortlichen und der Auftragsverarbeiter gemäß den Artikeln 8, 11, 25 bis 39, 42 und 43;

b) die Pflichten der Zertifizierungsstelle gemäß den Artikeln 42 und 43;

c) die Pflichten der Überwachungsstelle gemäß Artikel 41 Absatz 4.

(5) Bei Verstößen gegen die folgenden Bestimmungen werden im Einklang mit Absatz 2 Geldbußen von bis zu 20 000 000 EUR oder im Fall eines Unternehmens von bis zu 4 % seines gesamten weltweit erzielten Jahresumsatzes des vorangegangenen Geschäftsjahrs verhängt, je nachdem, welcher der Beträge höher ist:

a) die Grundsätze für die Verarbeitung, einschließlich der Bedingungen für die Einwilligung, gemäß den Artikeln 5, 6, 7 und 9;

b) die Rechte der betroffenen Person gemäß den Artikeln 12 bis 22;

c) die Übermittlung personenbezogener Daten an einen Empfänger in einem Drittland oder an eine internationale Organisation gemäß den Artikeln 44 bis 49;

d) alle Pflichten gemäß den Rechtsvorschriften der Mitgliedstaaten, die im Rahmen des Kapitels IX erlassen wurden;

e) Nichtbefolgung einer Anweisung oder einer vorübergehenden oder endgültigen Beschränkung oder Aussetzung der Datenübermittlung durch die Aufsichtsbehörde gemäß Artikel 58 Absatz 2 oder Nichtgewährung des Zugangs unter Verstoß gegen Artikel 58 Absatz 1.

(6) Bei Nichtbefolgung einer Anweisung der Aufsichtsbehörde gemäß Artikel 58 Absatz 2 werden im Einklang mit Absatz 2 des vorliegenden Artikels Geldbußen von bis zu 20 000 000 EUR oder im Fall eines Unternehmens von bis zu 4 % seines gesamten weltweit erzielten Jahresumsatzes des vorangegangenen Geschäftsjahrs verhängt, je nachdem, welcher der Beträge höher ist.

(7) Unbeschadet der Abhilfebefugnisse der Aufsichtsbehörden gemäß Artikel 58 Absatz 2 kann jeder Mitgliedstaat Vorschriften dafür festlegen, ob und in welchem Umfang gegen Behörden und öffentliche Stellen, die in dem betreffenden Mitgliedstaat niedergelassen sind, Geldbußen verhängt werden können.

(8) Die Ausübung der eigenen Befugnisse durch eine Aufsichtsbehörde gemäß diesem Artikel muss angemessenen Verfahrensgarantien gemäß dem Unionsrecht und dem Recht der Mitgliedstaaten, einschließlich wirksamer gerichtlicher Rechtsbehelfe und ordnungsgemäßer Verfahren, unterliegen.

(9) Sieht die Rechtsordnung eines Mitgliedstaats keine Geldbußen vor, kann dieser Artikel so angewandt werden, dass die Geldbuße von der zuständigen Aufsichtsbehörde in die Wege geleitet und von den zuständigen nationalen Gerichten verhängt wird, wobei sicherzustellen ist, dass diese Rechtsbehelfe wirksam sind und die gleiche Wirkung wie die von Aufsichtsbehörden verhängten Geldbußen haben. In jeden Fall müssen die verhängten Geldbußen wirksam, verhältnismäßig und abschreckend sein. Die betreffenden Mitgliedstaaten teilen der Kommission bis zum 25. Mai 2018 die Rechtsvorschriften mit, die sie aufgrund dieses Absatzes erlassen, sowie unverzüglich alle späteren Änderungsgesetze oder Änderungen dieser Vorschriften.

Artikel 84 Sanktionen (EW 149, 152)

(1) Die Mitgliedstaaten legen die Vorschriften über andere Sanktionen für Verstöße gegen diese Verordnung – insbesondere für Verstöße, die keiner Geldbuße gemäß Artikel 83 unterliegen – fest und treffen alle zu deren Anwendung erforderlichen Maßnahmen. Diese Sanktionen müssen wirksam, verhältnismäßig und abschreckend sein.

(2) Jeder Mitgliedstaat teilt der Kommission bis zum 25. Mai 2018 die Rechtsvorschriften, die er aufgrund von Absatz 1 erlässt, sowie unverzüglich alle späteren Änderungen dieser Vorschriften mit.

KAPITEL IX Vorschriften für besondere Verarbeitungssituationen

Artikel 85 Verarbeitung und Freiheit der Meinungsäußerung und Informationsfreiheit (EW 153)

(1) Die Mitgliedstaaten bringen durch Rechtsvorschriften das Recht auf den Schutz personenbezogener Daten gemäß dieser Verordnung mit dem Recht auf freie Meinungsäußerung und Informationsfreiheit, einschließlich der Verarbeitung zu journalistischen Zwecken und zu wissenschaftlichen, künstlerischen oder literarischen Zwecken, in Einklang.

(2) Für die Verarbeitung, die zu journalistischen Zwecken oder zu wissenschaftlichen, künstlerischen oder literarischen Zwecken erfolgt, sehen die Mitgliedstaaten Abweichungen oder Ausnahmen von Kapitel II (Grundsätze), Kapitel III (Rechte der betroffenen Person), Kapitel IV (Verantwortlicher und Auftragsverarbeiter), Kapitel V (Übermittlung personenbezogener Daten an Drittländer oder an internationale Organisationen), Kapitel VI (Unabhängige Aufsichtsbehörden), Kapitel VII (Zusammenarbeit und Kohärenz) und Kapitel IX (Vorschriften für besondere Verarbeitungssituationen) vor, wenn dies erforderlich ist, um das Recht auf Schutz der personenbezogenen Daten mit der Freiheit der Meinungsäußerung und der Informationsfreiheit in Einklang zu bringen.

(3) Jeder Mitgliedstaat teilt der Kommission die Rechtsvorschriften, die er aufgrund von Absatz 2 erlassen hat, sowie unverzüglich alle späteren Änderungsgesetze oder Änderungen dieser Vorschriften mit.

Artikel 86 Verarbeitung und Zugang der Öffentlichkeit zu amtlichen Dokumenten (EW 154)

Personenbezogene Daten in amtlichen Dokumenten, die sich im Besitz einer Behörde oder einer öffentlichen Einrichtung oder einer privaten Einrichtung zur Erfüllung einer im öffentlichen Interesse liegenden Aufgabe befinden, können von der Behörde oder der Einrichtung gemäß dem Unionsrecht oder dem Recht des Mitgliedstaats, dem die Behörde oder Einrichtung unterliegt, offengelegt werden, um den Zugang der Öffentlichkeit zu amtlichen Dokumenten mit dem Recht auf Schutz personenbezogener Daten gemäß dieser Verordnung in Einklang zu bringen.

Artikel 87 Verarbeitung der nationalen Kennziffer

Die Mitgliedstaaten können näher bestimmen, unter welchen spezifischen Bedingungen eine nationale Kennziffer oder andere Kennzeichen von allgemeiner Bedeutung Gegenstand einer Verarbeitung sein dürfen. In diesem Fall darf die nationale Kennziffer oder das andere Kennzeichen von allgemeiner Bedeutung nur unter Wahrung geeigneter Garantien für die Rechte und Freiheiten der betroffenen Person gemäß dieser Verordnung verwendet werden.

Artikel 88 Datenverarbeitung im Beschäftigungskontext (EW 155)

(1) Die Mitgliedstaaten können durch Rechtsvorschriften oder durch Kollektivvereinbarungen spezifischere Vorschriften zur Gewährleistung des Schutzes der Rechte und Freiheiten hinsichtlich der Verarbeitung personenbezogener Beschäftigtendaten im Beschäftigungskontext, insbesondere für Zwecke der Einstellung, der Erfüllung des Arbeitsvertrags einschließlich der Erfüllung von durch Rechtsvorschriften oder durch Kollektivvereinbarungen festgelegten Pflichten, des Managements, der Planung und der Organisation der Arbeit, der Gleichheit und Diversität am Arbeitsplatz, der Gesundheit und Sicherheit am Arbeitsplatz, des Schutzes des Eigentums der Arbeitgeber oder der Kunden sowie für Zwecke der Inanspruchnahme der mit der Beschäftigung zusammenhängenden individuellen oder kollektiven Rechte und Leistungen und für Zwecke der Beendigung des Beschäftigungsverhältnisses vorsehen.

(2) Diese Vorschriften umfassen geeignete und besondere Maßnahmen zur Wahrung der menschlichen Würde, der berechtigten Interessen und der Grundrechte der betroffenen Person, insbesondere im Hinblick auf die Transparenz der Verarbeitung, die Übermittlung personenbezogener Daten innerhalb einer Unternehmensgruppe oder einer Gruppe von Unternehmen, die eine gemeinsame Wirtschaftstätigkeit ausüben, und die Überwachungssysteme am Arbeitsplatz.

(3) Jeder Mitgliedstaat teilt der Kommission bis zum 25. Mai 2018 die Rechtsvorschriften, die er aufgrund von Absatz 1 erlässt, sowie unverzüglich alle späteren Änderungen dieser Vorschriften mit.

Artikel 89 Garantien und Ausnahmen in Bezug auf die Verarbeitung zu im öffentlichen Interesse liegenden Archivzwecken, zu wissenschaftlichen oder historischen Forschungszwecken und zu statistischen Zwecken (EW 156 - 163)

(1) Die Verarbeitung zu im öffentlichen Interesse liegenden Archivzwecken, zu wissenschaftlichen oder historischen Forschungszwecken oder zu statistischen Zwecken unterliegt geeigneten Garantien für die Rechte und Freiheiten der betroffenen Person gemäß dieser Verordnung. Mit diesen Garantien wird sichergestellt, dass technische und organisatorische Maßnahmen bestehen, mit denen insbesondere die Achtung des Grundsatzes der Datenminimierung gewährleistet wird. Zu diesen Maßnahmen kann die Pseudonymisierung gehören, sofern es möglich ist, diese Zwecke auf diese Weise zu erfüllen. In allen Fällen, in denen diese Zwecke durch die Weiterverarbeitung, bei der die Identifizierung von betroffenen Personen nicht oder nicht mehr möglich ist, erfüllt werden können, werden diese Zwecke auf diese Weise erfüllt.

(2) Werden personenbezogene Daten zu wissenschaftlichen oder historischen Forschungszwecken oder zu statistischen Zwecken verarbeitet, können vorbehaltlich der Bedingungen und Garantien gemäß Absatz 1 des vorliegenden Artikels im Unionsrecht oder im Recht der Mitgliedstaaten insoweit Ausnahmen von den Rechten gemäß der Artikel 15, 16, 18 und 21 vorgesehen werden, als diese Rechte voraussichtlich die Verwirklichung der spezifischen Zwecke unmöglich machen oder ernsthaft beeinträchtigen und solche Ausnahmen für die Erfüllung dieser Zwecke notwendig sind.

(3) Werden personenbezogene Daten für im öffentlichen Interesse liegende Archivzwecke verarbeitet, können vorbehaltlich der Bedingungen und Garantien gemäß Absatz 1 des vorliegenden Artikels im Unionsrecht oder im Recht der Mitgliedstaaten insoweit Ausnahmen von den Rechten gemäß der Artikel 15, 16, 18, 19, 20 und 21 vorgesehen werden, als diese Rechte voraussichtlich die Verwirklichung der spezifischen Zwecke unmöglich machen oder ernsthaft beeinträchtigen und solche Ausnahmen für die Erfüllung dieser Zwecke notwendig sind.

(4) Dient die in den Absätzen 2 und 3 genannte Verarbeitung gleichzeitig einem anderen Zweck, gelten die Ausnahmen nur für die Verarbeitung zu den in diesen Absätzen genannten Zwecken.

Artikel 90 Geheimhaltungspflichten (EW 164)

(1) Die Mitgliedstaaten können die Befugnisse der Aufsichtsbehörden im Sinne des Artikels 58 Absatz 1 Buchstaben e und f gegenüber den Verantwortlichen oder den Auftragsverarbeitern, die nach Unionsrecht oder dem Recht der Mitgliedstaaten oder nach einer von den zuständigen nationalen Stellen erlassenen Verpflichtung dem Berufsgeheimnis oder einer gleichwertigen Geheimhaltungspflicht unterliegen, regeln, soweit dies notwendig und verhältnismäßig ist, um das Recht auf Schutz der personenbezogenen Daten mit der Pflicht zur Geheimhaltung in Einklang zu bringen. Diese Vorschriften gelten nur in Bezug auf personenbezogene Daten, die der Verantwortliche oder der Auftragsverarbeiter bei einer Tätigkeit erlangt oder erhoben hat, die einer solchen Geheimhaltungspflicht unterliegt.

(2) Jeder Mitgliedstaat teilt der Kommission bis zum 25. Mai 2018 die Vorschriften mit, die er aufgrund von Absatz 1 erlässt, und setzt sie unverzüglich von allen weiteren Änderungen dieser Vorschriften in Kenntnis.

Artikel 91 Bestehende Datenschutzvorschriften von Kirchen und religiösen Vereinigungen oder Gemeinschaften (EW 165)

(1) Wendet eine Kirche oder eine religiöse Vereinigung oder Gemeinschaft in einem Mitgliedstaat zum Zeitpunkt des Inkrafttretens dieser Verordnung umfassende Regeln zum Schutz natürlicher Personen bei der Verarbeitung an, so dürfen diese Regeln weiter angewandt werden, sofern sie mit dieser Verordnung in Einklang gebracht werden.

(2) Kirchen und religiöse Vereinigungen oder Gemeinschaften, die gemäß Absatz 1 umfassende Datenschutzregeln anwenden, unterliegen der Aufsicht

durch eine unabhängige Aufsichtsbehörde, die spezifischer Art sein kann, sofern sie die in Kapitel VI niedergelegten Bedingungen erfüllt.

KAPITEL X Delegierte Rechtsakte und Durchführungsrechtsakte

Artikel 92 Ausübung der Befugnisübertragung (EW 166 - 170)

(1) Die Befugnis zum Erlass delegierter Rechtsakte wird der Kommission unter den in diesem Artikel festgelegten Bedingungen übertragen.

(2) Die Befugnis zum Erlass delegierter Rechtsakte gemäß Artikel 12 Absatz 8 und Artikel 43 Absatz 8 wird der Kommission auf unbestimmte Zeit ab dem 24. Mai 2016 übertragen.

(3) Die Befugnisübertragung gemäß Artikel 12 Absatz 8 und Artikel 43 Absatz 8 kann vom Europäischen Parlament oder vom Rat jederzeit widerrufen werden. Der Beschluss über den Widerruf beendet die Übertragung der in diesem Beschluss angegebenen Befugnis. Er wird am Tag nach seiner Veröffentlichung im Amtsblatt der Europäischen Union oder zu einem im Beschluss über den Widerruf angegebenen späteren Zeitpunkt wirksam. Die Gültigkeit von delegierten Rechtsakten, die bereits in Kraft sind, wird von dem Beschluss über den Widerruf nicht berührt.

(4) Sobald die Kommission einen delegierten Rechtsakt erlässt, übermittelt sie ihn gleichzeitig dem Europäischen Parlament und dem Rat.

(5) Ein delegierter Rechtsakt, der gemäß Artikel 12 Absatz 8 und Artikel 43 Absatz 8 erlassen wurde, tritt nur in Kraft, wenn weder das Europäische Parlament noch der Rat innerhalb einer Frist von drei Monaten nach Übermittlung dieses Rechtsakts an das Europäische Parlament und den Rat Einwände erhoben haben oder wenn vor Ablauf dieser Frist das Europäische Parlament und der Rat beide der Kommission mitgeteilt haben, dass sie keine Einwände erheben werden. Auf Veranlassung des Europäischen Parlaments oder des Rates wird diese Frist um drei Monate verlängert.

Artikel 93 Ausschussverfahren

(1) Die Kommission wird von einem Ausschuss unterstützt. Dieser Ausschuss ist ein Ausschuss im Sinne der Verordnung (EU) Nr. 182/2011.

(2) Wird auf diesen Absatz Bezug genommen, so gilt Artikel 5 der Verordnung (EU) Nr. 182/2011.

(3) Wird auf diesen Absatz Bezug genommen, so gilt Artikel 8 der Verordnung (EU) Nr. 182/2011 in Verbindung mit deren Artikel 5.

KAPITEL XI Schlussbestimmungen

Artikel 94 Aufhebung der Richtlinie 95/46/EG (EW 171, 172)

(1) Die Richtlinie 95/46/EG wird mit Wirkung vom 25. Mai 2018 aufgehoben.

(2) Verweise auf die aufgehobene Richtlinie gelten als Verweise auf die vorliegende Verordnung. Verweise auf die durch Artikel 29 der Richtlinie 95/46/EG eingesetzte Gruppe für den Schutz von Personen bei der Verarbeitung personenbezogener Daten gelten als Verweise auf den kraft dieser Verordnung errichteten Europäischen Datenschutzausschuss.

Artikel 95 Verhältnis zur Richtlinie 2002/58/EG (EW 173)

Diese Verordnung erlegt natürlichen oder juristischen Personen in Bezug auf die Verarbeitung in Verbindung mit der Bereitstellung öffentlich zugänglicher elektronischer Kommunikationsdienste in öffentlichen Kommunikationsnetzen in der Union keine zusätzlichen Pflichten auf, soweit sie besonderen in der Richtlinie 2002/58/EG festgelegten Pflichten unterliegen, die dasselbe Ziel verfolgen.

Artikel 96 Verhältnis zu bereits geschlossenen Übereinkünften

Internationale Übereinkünfte, die die Übermittlung personenbezogener Daten an Drittländer oder internationale Organisationen mit sich bringen, die von den Mitgliedstaaten vor dem 24. Mai 2016 abgeschlossen wurden und die im Einklang mit dem vor diesem Tag geltenden Unionsrecht stehen, bleiben in Kraft, bis sie geändert, ersetzt oder gekündigt werden.

Artikel 97 Berichte der Kommission

(1) Bis zum 25. Mai 2020 und danach alle vier Jahre legt die Kommission dem Europäischen Parlament und dem Rat einen Bericht über die Bewertung und Überprüfung dieser Verordnung vor. Die Berichte werden öffentlich gemacht.

(2) Im Rahmen der Bewertungen und Überprüfungen nach Absatz 1 prüft die Kommission insbesondere die Anwendung und die Wirkungsweise

a) des Kapitels V über die Übermittlung personenbezogener Daten an Drittländer oder an internationale Organisationen insbesondere im Hinblick auf die gemäß Artikel 45 Absatz 3 der vorliegenden Verordnung erlassenen Beschlüsse sowie die gemäß Artikel 25 Absatz 6 der Richtlinie 95/46/EG erlassenen Feststellungen,

b) des Kapitels VII über Zusammenarbeit und Kohärenz.

(3) Für den in Absatz 1 genannten Zweck kann die Kommission Informationen von den Mitgliedstaaten und den Aufsichtsbehörden anfordern.

(4) Bei den in den Absätzen 1 und 2 genannten Bewertungen und Überprüfungen berücksichtigt die Kommission die Standpunkte und Feststellungen des Europäischen Parlaments, des Rates und anderer einschlägiger Stellen oder Quellen.

(5) Die Kommission legt erforderlichenfalls geeignete Vorschläge zur Änderung dieser Verordnung vor und berücksichtigt dabei insbesondere die Entwicklungen in der Informationstechnologie und die Fortschritte in der Informationsgesellschaft.

Artikel 98 Überprüfung anderer Rechtsakte der Union zum Datenschutz

Die Kommission legt gegebenenfalls Gesetzgebungsvorschläge zur Änderung anderer Rechtsakte der Union zum Schutz personenbezogener Daten vor, damit ein einheitlicher und kohärenter Schutz natürlicher Personen bei der Verarbeitung sichergestellt wird. Dies betrifft insbesondere die Vorschriften zum Schutz natürlicher Personen bei der Verarbeitung solcher Daten durch die Organe, Einrichtungen, Ämter und Agenturen der Union und zum freien Verkehr solcher Daten.

Artikel 99 Inkrafttreten und Anwendung

(1) Diese Verordnung tritt am zwanzigsten Tag nach ihrer Veröffentlichung im Amtsblatt der Europäischen Union in Kraft.

(2) Sie gilt ab dem 25. Mai 2018.

Diese Verordnung ist in allen ihren Teilen verbindlich und gilt unmittelbar in jedem Mitgliedstaat.

Vorschriften in anderen Gesetzen (vgl. Nr. 7 des AEAO zu § 30)

Auszug aus dem Gesetz über den Abbau der Fehlsubventionierung im Wohnungswesen (AFWoG):

§ 5 - Einkommensnachweis, Auskünfte

...

(3) Alle Behörden, insbesondere die Finanzbehörden, sowie die Arbeitgeber haben der zuständigen Stelle Auskunft über die Einkommensverhältnisse zu erteilen, soweit die Durchführung dieses Gesetzes es erfordert.

Auszug aus dem Gesetz über das Verfahren in Familiensachen und in Angelegenheiten der freiwilligen Gerichtsbarkeit (FamFG):

siehe Anhang 11

Auszug aus dem Aufenthaltsgesetz (AufenthG):

siehe Anhang 3

Auszug aus dem Baugesetzbuch (BauGB):

§ 197 Befugnisse des Gutachterausschusses

...

(2) Alle Gerichte und Behörden haben dem Gutachterausschuss Rechts- und Amtshilfe zu leisten. Die Finanzbehörden erteilen dem Gutachterausschuss auf Ersuchen Auskünfte über Grundstücke, soweit ihnen die Verhältnisse der Grundstücke bekannt sind und dies zur Ermittlung von Ausgleichsbeträgen und Enteignungsentschädigungen sowie zur Ermittlung von Verkehrswerten und der für die Wertermittlung erforderlichen Daten einschließlich der Bodenrichtwerte erforderlich ist. Die Auskunftspflicht besteht nicht, soweit deren Erfüllung mit einem unverhältnismäßigen Aufwand verbunden wäre.

Auszug aus dem Beamtenstatusgesetz (BeamtStG):

§ 49 Übermittlungen bei Strafverfahren

(1) Das Gericht, die Strafverfolgungs- oder die Strafvollstreckungsbehörde hat in Strafverfahren gegen Beamtinnen und Beamte zur Sicherstellung der erforderlichen dienstrechtlichen Maßnahmen im Fall der Erhebung der öffentlichen Klage

1. die Anklageschrift oder eine an ihre Stelle tretende Antragsschrift,
2. den Antrag auf Erlass eines Strafbefehls und
3. die einen Rechtszug abschließende Entscheidung mit Begründung

zu übermitteln. Ist gegen die Entscheidung ein Rechtsmittel eingelegt worden, ist die Entscheidung unter Hinweis auf das eingelegte Rechtsmittel zu übermitteln. Der Erlass und der Vollzug eines Haftbefehls oder eines Unterbringungsbefehls sind mitzuteilen.

(2) In Verfahren wegen fahrlässig begangener Straftaten werden die in Absatz 1 Satz 1 bestimmten Übermittlungen nur vorgenommen, wenn

1. es sich um schwere Verstöße handelt, namentlich Vergehen der Trunkenheit im Straßenverkehr oder der fahrlässigen Tötung, oder
2. in sonstigen Fällen die Kenntnis der Daten aufgrund der Umstände des Einzelfalls erforderlich ist, um zu prüfen, ob dienstrechtliche Maßnahmen zu ergreifen sind.

(3) Entscheidungen über Verfahrenseinstellungen, die nicht bereits nach Absatz 1 oder 2 zu übermitteln sind, sollen übermittelt werden, wenn die in Absatz 2 Nr. 2 genannten Voraussetzungen erfüllt sind. Dabei ist zu berücksichtigen, wie gesichert die zu übermittelnden Erkenntnisse sind.

(4) Sonstige Tatsachen, die in einem Strafverfahren bekannt werden, dürfen mitgeteilt werden, wenn ihre Kenntnis aufgrund besonderer Umstände des Einzelfalls für dienstrechtliche Maßnahmen gegen eine Beamtin oder einen Beamten erforderlich ist und soweit nicht für die übermittelnde Stelle erkennbar ist, dass schutzwürdige Interessen der Beamtin oder des Beamten an dem Ausschluss der Übermittlung überwiegen. Erforderlich ist die Kenntnis der Daten auch dann, wenn diese Anlass zur Prüfung bieten, ob dienstrechtliche Maßnahmen zu ergreifen sind. Absatz 3 Satz 2 ist entsprechend anzuwenden.

(5) Nach den Absätzen 1 bis 4 übermittelte Daten dürfen auch für die Wahrnehmung der Aufgaben nach dem Sicherheitsüberprüfungsgesetz oder einem entsprechenden Landesgesetz verwendet werden.

(6) Übermittlungen nach den Absätzen 1 bis 3 sind auch zulässig, soweit sie Daten betreffen, die dem Steuergeheimnis (§ 30 der Abgabenordnung) unterliegen. Übermittlungen nach Absatz 4 sind unter den Voraussetzungen des § 30 Abs. 4 Nr. 5 der Abgabenordnung zulässig.

Auszug aus dem Bundesbeamtengesetz (BBG):

§ 115 Übermittlungen in Strafverfahren

(1) Das Gericht, die Strafverfolgungs- oder die Strafvollstreckungsbehörde hat in Strafverfahren gegen Beamtinnen und Beamte zur Sicherstellung der erforderlichen dienstrechtlichen Maßnahmen im Fall der Erhebung der öffentlichen Klage

1. die Anklageschrift oder eine an ihre Stelle tretende Antragsschrift,
2. den Antrag auf Erlass eines Strafbefehls und
3. die einen Rechtszug abschließende Entscheidung mit Begründung

zu übermitteln. Ist gegen die Entscheidung ein Rechtsmittel eingelegt worden, ist die Entscheidung unter Hinweis auf das eingelegte Rechtsmittel zu übermitteln. Der Erlass und der Vollzug eines Haftbefehls oder eines Unterbringungsbefehls sind mitzuteilen.

(2) In Verfahren wegen fahrlässig begangener Straftaten werden die in Absatz 1 Satz 1 bestimmten Übermittlungen nur vorgenommen, wenn

1. es sich um schwere Verstöße handelt, namentlich Vergehen der Trunkenheit im Straßenverkehr oder der fahrlässigen Tötung, oder
2. in sonstigen Fällen die Kenntnis der Daten aufgrund der Umstände des Einzelfalls erforderlich ist, um zu prüfen, ob dienstrechtliche Maßnahmen zu ergreifen sind.

(3) Entscheidungen über Verfahrenseinstellungen, die nicht bereits nach Absatz 1 oder 2 zu übermitteln sind, sollen übermittelt werden, wenn die in Absatz 2 Nr. 2 genannten Voraussetzungen erfüllt sind. Dabei ist zu berücksichtigen, wie gesichert die Erkenntnisse sind, die der zu übermittelnden Entscheidung zugrunde liegen.

(4) Sonstige Tatsachen, die in einem Strafverfahren bekannt werden, dürfen mitgeteilt werden, wenn ihre Kenntnis aufgrund besonderer Umstände des Einzelfalls für dienstrechtliche Maßnahmen gegen eine Beamtin oder einen Beamten erforderlich ist und soweit nicht für die übermittelnde Stelle erkennbar ist, dass schutzwürdige Interessen der Beamtin oder des Beamten an dem Ausschluss der Übermittlung überwiegen. Erforderlich ist die Kenntnis der Daten auch dann, wenn diese Anlass zur Prüfung bieten, ob dienstrechtliche Maßnahmen zu ergreifen sind. Absatz 3 Satz 2 ist entsprechend anzuwenden.

(5) Nach den Absätzen 1 bis 4 übermittelte Daten dürfen auch für die Wahrnehmung der Aufgaben nach dem Sicherheitsüberprüfungsgesetz oder einem entsprechenden Gesetz verwendet werden.

(6) Übermittlungen nach den Absätzen 1 bis 3 sind auch zulässig, soweit sie Daten betreffen, die dem Steuergeheimnis (§ 30 der Abgabenordnung) unterliegen. Übermittlungen nach Absatz 4 sind unter den Voraussetzungen des § 30 Abs. 4 Nr. 5 der Abgabenordnung zulässig.

(7) Mitteilungen sind an die zuständigen Dienstvorgesetzten oder deren Vertretung im Amt zu richten und als „Vertrauliche Personalsache" zu kennzeichnen.

Auszug aus dem Bundesdatenschutzgesetz (BDSG):

§ 16 Befugnisse

…

(3) Die Befugnisse der oder des Bundesbeauftragten erstrecken sich auch auf

1. von öffentlichen Stellen des Bundes erlangte personenbezogene Daten über den Inhalt und die näheren Umstände des Brief-, Post- und Fernmeldeverkehrs und
2. personenbezogene Daten, die einem besonderen Amtsgeheimnis, insbesondere dem Steuergeheimnis nach § 30 der Abgabenordnung, unterliegen.

Das Grundrecht des Brief-, Post- und Fernmeldegeheimnisses des Artikels 10 des Grundgesetzes wird insoweit eingeschränkt.

(4) Die öffentlichen Stellen des Bundes sind verpflichtet, der oder dem Bundesbeauftragten und ihren oder seinen Beauftragten

1. jederzeit Zugang zu den Grundstücken und Diensträumen, einschließlich aller Datenverarbeitungsanlagen und -geräte, sowie zu allen personenbezogenen Daten und Informationen, die zur Erfüllung ihrer oder seiner Aufgaben notwendig sind, zu gewähren und
2. alle Informationen, die für die Erfüllung ihrer oder seiner Aufgaben erforderlich sind, bereitzustellen.

Für nichtöffentliche Stellen besteht die Verpflichtung des Satzes 1 Nummer 1 nur während der üblichen Betriebs- und Geschäftszeiten.

…

Auszug aus dem Erdölbevorratungsgesetz (ErdölBevG):

§ 39 Mitwirkung der Finanzverwaltung

Die Bundesfinanzbehörden sind berechtigt, die nach § 30 der Abgabenordnung geschützten Verhältnisse der Betroffenen dem Bundesamt für Wirtschaft und Ausfuhrkontrolle und dem Erdölbevorratungsverband mitzuteilen, soweit dies erforderlich ist, um die Erfüllung der in diesem Gesetz festgelegten Meldepflichten der Mitglieder sowie der Auskunfts- und Nachweispflichten der Mitglieder und Nichtmitglieder zu überwachen und die Richtigkeit der gemachten Angaben zu überprüfen.

Auszug aus dem Gesetz über das gerichtliche Verfahren in Landwirtschaftssachen (LwVfG):

§ 17

Alle Behörden sind auf Ersuchen des Gerichts zur Amtshilfe verpflichtet. Die Finanzämter haben auf Ersuchen des Gerichts Auskünfte über den Einheitswert oder den Wirtschaftswert land- oder forstwirtschaftlicher Grundstücke zu erteilen.

Auszug aus der Gewerbeordnung (GewO)

siehe Anhang 14

Auszug aus dem Güterkraftverkehrsgesetz (GüKG):

§ 3 Erlaubnispflicht

...

(5) Eine Erlaubnis ist zurückzunehmen, wenn nachträglich bekannt wird, dass die Erlaubnis hätte versagt werden müssen. Eine Erlaubnis ist zu widerrufen, wenn nachträglich Tatsachen eintreten, die zur Versagung hätten führen müssen. Die Finanzbehörden dürfen die nach Landesrecht zuständigen Behörden davon in Kenntnis setzen, dass der Unternehmer die ihm obliegenden steuerrechtlichen Verpflichtungen wiederholt nicht erfüllt hat oder eine eidesstattliche Versicherung nach § 284 der Abgabenordnung abgegeben hat.

Auszug aus dem Kreditwesengesetz (KWG):

siehe Anhang 23

Auszug aus dem Bundesmeldegesetz (BMG):

§ 6 Richtigkeit und Vollständigkeit des Melderegisters

...

(2) Soweit die in Absatz 1 Satz 2 genannten öffentlichen Stellen nicht Aufgaben der amtlichen Statistik wahrnehmen oder öffentlich-rechtliche Religionsgesellschaften sind, haben sie die Meldebehörden unverzüglich zu unterrichten, wenn ihnen konkrete Anhaltspunkte für die Unrichtigkeit oder Unvollständigkeit der übermittelten Daten vorliegen. Öffentliche Stellen, denen auf ihr Ersuchen hin Meldedaten übermittelt worden sind, haben die Meldebehörden zu unterrichten, wenn ihnen solche Anhaltspunkte vorliegen. Gesetzliche Geheimhaltungspflichten, insbesondere das Steuergeheimnis nach § 30 der Abgabenordnung, sowie Berufs oder besondere Amtsgeheimnisse stehen der Unterrichtung nicht entgegen, soweit sie sich auf die Angabe beschränkt, dass konkrete Anhaltspunkte für die Unrichtigkeit oder Unvollständigkeit übermittelter Daten vorliegen.

...

Auszug aus dem Personenbeförderungsgesetz (PBefG):

§ 25 Widerruf der Genehmigung

...

(3) Auf Verlangen der Genehmigungsbehörde hat der Unternehmer den Nachweis zu führen, dass die Voraussetzungen des § 13 Absatz 1 Satz 1 Nummer 4 vorliegen und die sonst in Absatz 2 bezeichneten Verpflichtungen erfüllt werden. Die Finanzbehörden dürfen den Genehmigungsbehörden Mitteilung über die wiederholte Nichterfüllung der sich aus dem Unternehmen ergebenden steuerrechtlichen Verpflichtungen oder die Abgabe der Vermögensauskunft nach § 284 der Abgabenordnung machen.

...

Auszug aus dem Gesetz über die Preisstatistik (PreisStatG):

§ 7

Die Statistik nach § 2 Nummer 5 erfasst

1. die Preise für nach Arten und Merkmalen bezeichnete Grundstücke, Gebäude und Wohnungen,
2. Angaben darüber, ob es sich bei den Käuferinnen und Käufern sowie den Verkäuferinnen und Verkäufern jeweils um natürliche Personen, juristische Personen des öffentlichen und des Privatrechts handelt,
3. die Angabe über das Vorhandensein einer familiären Beziehung zwischen den Käuferinnen und Käufern und den Verkäuferinnen und Verkäufern sowie
4. für die Kaufwerte landwirtschaftlicher Grundstücke zusätzlich die Angabe darüber, ob es sich bei den Käuferinnen und Käufern sowie bei den Verkäuferinnen und Verkäufern um eine Landwirtin oder einen Landwirt oder eine Nichtlandwirtin oder einen Nichtlandwirt handelt.

(2) Auskunftspflichtig sind die Finanzämter oder die Geschäftsstellen der Gutachterausschüsse für Grundstückswerte.

Auszug aus dem Vermögensgesetz (VermG):

§ 27 Amts- und Rechtshilfe

(1) Alle Behörden und Gerichte haben den in diesem Abschnitt genannten Behörden unentgeltlich Amts- und Rechtshilfe zu leisten. Insbesondere sind die Finanzbehörden in dem in Artikel 3 des Einigungsvertrages genannten Gebiet verpflichtet, Auskünfte zu erteilen oder Einsicht in die Akten zu gewähren, soweit es zur Durchführung dieses Gesetzes erforderlich ist.

...

Auszug aus dem SGB X:

siehe Anhang 29

Auszug aus dem Steuerberatungsgesetz (StBerG):

siehe Anhang 31

Auszug aus dem Gesetz über Steuerstatistiken (StStatG):

§2a Statistische Aufbereitung von Daten aus der Einkommensbesteuerung

(1) Die Länderfinanzverwaltungen übermitteln die im Rahmen des automatisierten Besteuerungsverfahrens vorhandenen Angaben zur Lohn- und Einkommensteuer jährlich an das Bundesministerium der Finanzen. Die statistische Aufbereitung dieser Daten wird für die Veranlagungsjahre 2001 bis 2011 dem Statistischen Bundesamt übertragen.

...

§ 2b Statistische Aufbereitung von Daten aus der Umsatz-, Körperschaft- und Gewerbesteuer

(1) Die Länderfinanzverwaltungen übermitteln die im Rahmen des automatisierten Besteuerungsverfahrens vorhandenen Angaben zur Umsatz-, Körperschaft- und Gewerbesteuer jährlich an das Bundesministerium der Finanzen. Die statistische Aufbereitung der Daten zur Körperschaftsteuer für die Veranlagungsjahre 2004 bis 2012 sowie zur Gewerbesteuer für die Veranlagungsjahre 2004 bis 2009 wird dem Statistischen Bundesamt übertragen.

...

§ 4 Kindergeldstatistik

...

(4) Die Finanzbehörden der Länder melden halbjährlich in Fällen, in denen ein Arbeitgeber Kindergeldbeträge von der angemeldeten Lohnsteuer in Abzug gebracht hat, dem Bundeszentralamt für Steuern dessen Namen, Anschrift, Steuernummer, Identifikationsmerkmale nach § 139a der Abgabenordnung und die Höhe der bei den Lohnsteueranmeldungen abgesetzten Kindergeldbeträge.

...

§ 6 Auskunftspflicht

(1) Für die Statistiken nach diesem Gesetz besteht Auskunftspflicht. Auskunftspflichtig sind die Finanzbehörden der Länder und die zentrale Stelle.

(2) Für die Statistik nach § 1 Absatz 1 Nummer 2 und die Aufgaben nach § 1 Absatz 2 übermitteln die Finanzbehörden der Länder den statistischen Ämtern der Länder die elektronischen Lohnsteuerbescheinigungen und den amtlichen Gemeindeschlüssel. Dieser wird nach dem Wohnsitz im Sinn des § 7 Absatz 2 des Zerlegungsgesetzes ermittelt. Die elektronischen Lohnsteuerbescheinigungen sind zu löschen, sobald sie für die in Satz 1 genannten Zwecke nicht mehr benötigt werden.

...

§ 9 Statistische Aufbereitung von Daten aus dem Vollzug der Steuergesetze

(1) Soweit auf dem Gebiet der Verbrauchsteuern sowie der Kraftfahrzeugsteuer und der Versicherungsteuer dem Statistischen Bundesamt nach § 8 des Bundesstatistikgesetzes die statistische Aufbereitung von Angaben aus dem Verwaltungsvollzug übertragen wird, sind die Bundesfinanzbehörden berechtigt, dem Statistischen Bundesamt für diese Zwecke auch Einzelangaben zu übermitteln, die dem Steuergeheimnis nach § 30 der Abgabenordnung unterliegen.

(2) Absatz 1 gilt entsprechend, soweit den statistischen Ämtern der Länder die statistische Aufbereitung der Angaben zur Biersteuer übertragen wird.

(3) Zur Verprobung neuer Steuermodelle auf dem Gebiet der Grundsteuer und der Grunderwerbsteuer sind die Länderfinanzbehörden berechtigt, die dafür erforderlichen Einzelangaben einschließlich der grundstücksbezogenen Einzelangaben, die sie zur Durchführung der Feststellungen nach dem Bewertungsgesetz in der Fassung der Bekanntmachung vom 1. Februar 1991 (BGBl. I S. 230), das zuletzt durch Artikel 7 des Gesetzes vom 1. November 2011 (BGBl. I S. 2131) geändert worden ist, in der jeweils geltenden Fassung ermittelt haben, dem Statistischen Bundesamt und den statistischen Ämtern der Länder zu übermitteln, auch soweit diese dem Steuergeheimnis nach § 30 der Abgabenordnung unterliegen. Das Statistische Bundesamt und die statistischen Ämter der Länder dürfen die nach Satz 1 übermittelten Angaben nach den Vorgaben des Bundesministeriums der Finanzen und der obersten Finanzbehörden der Länder statistisch aufbereiten. Das Statistische Bundesamt und die statistischen Ämter der Länder stellen die das jeweilige Land betreffenden aufbereiteten Einzelangaben den obersten Finanzbehörden der Länder auf Ersuchen zur Verfügung.

...

Auszug aus der Strafprozessordnung (StPO):

siehe Anhang 33

Auszug aus dem Unterhaltssicherungsgesetz (USG):

§ 27 Auskunfts- und Mitteilungspflicht

...

(5) Die Finanzbehörden erteilen dem Bundesamt auf Ersuchen Auskunft über die ihnen bekannten Einkommens- und Vermögensverhältnisse der Leistungsempfängerinnen und Leistungsempfänger, soweit die Kenntnis dieser Verhältnisse für die Berechnung der Leistungen nach diesem Gesetz erforderlich ist.

...

Auszug aus der Verfahrensordnung für Höfesachen (HöfeVfO):

§ 3a

Das Finanzamt teilt dem Landwirtschaftsgericht den Wirtschaftswert eines Betriebs der Land- und Forstwirtschaft mit, wenn dieser nach Maßgabe einer Einheitswertfeststellung oder sonst auf Antrag vorgenommenen Ermittlung

1. sich von mindestens 5.000 Euro auf weniger als 5.000 Euro verringert hat,
2. sich von weniger als 10.000 Euro auf mindestens 10.000 Euro erhöht hat oder
3. erstmals ermittelt worden ist und mindestens 10.000 Euro beträgt.

Die Mitteilungen erfolgen mindestens einmal jährlich.

Auszug aus dem Wohnraumförderungsgesetz (WoFG):

§ 32 Sonstige Vorschriften der Sicherung

...

(4) Finanzbehörden und Arbeitgeber haben der zuständigen Stelle Auskunft über die Einkommensverhältnisse der Wohnungssuchenden zu erteilen, soweit dies zur Sicherung der Zweckbestimmung der Wohnungen und der sonstigen Bestimmungen der Förderzusage erforderlich ist und begründete Zweifel an der Richtigkeit der Angaben und der hierzu vorgelegten Nachweise bestehen. Vor einem Auskunftsersuchen an den Arbeitgeber soll dem Wohnungssuchenden Gelegenheit zur Stellungnahme gegeben werden.

...

§ 35 Einkommensermittlung und Einkommensnachweis

...

(4) Finanzbehörden und Arbeitgeber haben der zuständigen Stelle Auskunft über die Einkommensverhältnisse zu erteilen, soweit dies für die Festsetzung der Ausgleichszahlung erforderlich ist und begründete Zweifel an der Richtigkeit der Angaben und der hierzu vorgelegten Nachweise bestehen. Vor einem Auskunftsersuchen an den Arbeitgeber soll dem Mieter oder der zur Angabe des Einkommens verpflichteten Person Gelegenheit zur Stellungnahme gegeben werden.

Auszug aus dem Wohnungsbindungsgesetz (WoBindG):

§ 2 Entziehung des Wohneigentums

Auf die Erhebung, Verarbeitung und Nutzung von Daten, die Erteilung von Auskünften, die Gewährung von Einsicht in Unterlagen, die Besichtigung von Grundstücken, Gebäuden und Wohnungen, die Erteilung von Auskünften durch Finanzbehörden und Arbeitgeber sowie die Mitteilungspflichten und die Einschränkung der Rechte zur Beendigung von Mietverhältnissen bei der Veräußerung und Umwandlung von öffentlich geförderten Wohnungen ist § 32 Abs. 2 bis 4 des Wohnraumförderungsgesetzes entsprechend anzuwenden.

Auszug aus dem Verwaltungsdatenverwendungsgesetz (VwDVG):

§ 2 Daten der Finanzbehörden

(1) Die Finanzbehörden übermitteln dem Statistischen Bundesamt und den statistischen Ämtern der Länder jeweils für deren Zuständigkeitsbereich folgende Daten zu Steuerpflichtigen, die zur Abgabe von Umsatzsteuervoranmeldungen verpflichtet sind:

1. Name oder Firma, Anschrift und Gemeindeschlüssel sowie Kennzeichnung als Sitzadresse,
2. Rechtsform,
3. Wirtschaftszweig,
4. Ort und Nummer der Eintragung in das Handels-, Genossenschafts-, Vereins- oder Partnerschaftsregister,
5. Zugehörigkeit zu einer Organschaft,
6. Besteuerungsform,
7. Dauerfristverlängerung,
8. Voranmeldungszeitraum,
9. Umsätze, Umsatzsteuer und Vorsteuer mit den im Besteuerungsverfahren festgestellten Angaben,
10. Steuernummer einschließlich Nummer des Finanzamts, bei Änderungen auch die bisherige Steuernummer,
11. Umsatzsteuer-Identifikationsnummer,
12. Wirtschafts-Identifikationsnummer nach § 139c der Abgabenordnung,
13. Art der Umsatzsteuervoranmeldung,
14. Beginn und Ende der Voranmeldungspflicht und der Steuerpflicht.

Zusätzlich übermitteln die Finanzbehörden aktuelle Daten über die Zusammensetzung von umsatzsteuerlichen Organschaften, für die Daten nach Satz 1 geliefert werden.

Auszug aus der Bundesrechtsanwaltsordnung (BRAO):

§ 36 Ermittlung des Sachverhalts und Übermittlung personenbezogener Daten

...

(2) Gerichte und Behörden einschließlich der Berufskammern übermitteln der Rechtsanwaltskammer oder der für die Entscheidung zuständigen Stelle diejenigen Daten über Personen und Berufsausübungsgesellschaften, deren Kenntnis aus Sicht der übermittelnden Stelle erforderlich ist für

1. die Zulassung zur Rechtsanwaltschaft oder als Berufsausübungsgesellschaft oder die Rücknahme oder den Widerruf einer solchen Zulassung,
2. die Entstehung oder das Erlöschen der Mitgliedschaft in einer Rechtsanwaltskammer,
3. die Rücknahme oder den Widerruf einer Erlaubnis oder Befreiung oder
4. die Einleitung oder die Durchführung eines berufsaufsichtlichen Verfahrens.

(3) Die Übermittlung nach Absatz 2 unterbleibt, soweit

1. sie schutzwürdige Interessen einer betroffenen Person beeinträchtigen würde und das Informationsinteresse des Empfängers das Interesse der betroffenen Person am Unterbleiben der Übermittlung nicht überwiegt oder
2. besondere gesetzliche Verwendungsregelungen entgegenstehen.

Satz 1 Nummer 2 gilt nicht für die Verschwiegenheitspflichten der für eine Berufskammer eines freien Berufs im Geltungsbereich dieses Gesetzes tätigen Personen und für das Steuergeheimnis nach § 30 der Abgabenordnung.

…

Auszug aus dem Bundesverfassungsschutzgesetz (BVerfSchG):

§ 18 Übermittlung von Informationen an die Verfassungsschutzbehörden

…

(3a) Das Bundesamt für Verfassungsschutz und die Verfassungsschutzbehörden der Länder dürfen zur Erfüllung ihrer Aufgaben die Finanzbehörden um Auskunft ersuchen, ob eine Körperschaft, Personenvereinigung oder Vermögensmasse die Voraussetzungen des § 5 Abs. 1 Nr. 9 des Körperschaftsteuergesetzes erfüllt. Die Finanzbehörden haben der ersuchenden Behörde die Auskunft nach Satz 1 zu erteilen.

…

Auszug aus dem Bundesarchivgesetz (BArchG):

§ 6 Anbietung und Abgabe von Unterlagen, die einer Geheimhaltungs-, Vernichtungs- oder Löschungspflicht unterliegen

(1) Die öffentlichen Stellen des Bundes haben dem Bundesarchiv oder, im Fall des § 7, dem zuständigen Landes oder Kommunalarchiv auch Unterlagen zur Übernahme anzubieten, die den Rechtsvorschriften des Bundes über die Geheimhaltung oder § 30 der Abgabenordnung in der Fassung der Bekanntmachung vom 1. Oktober 2002 (BGBl. I S. 3866; 2003 I S. 61), die zuletzt durch Artikel 19 Absatz 12 des Gesetzes vom 23. Dezember 2016 (BGBl. I S. 3234) geändert worden ist, unterliegen. Unterlagen der Nachrichtendienste sind anzubieten, wenn sie deren Verfügungsberechtigung unterliegen und zwingende Gründe des nachrichtendienstlichen Quellen und Methodenschutzes sowie der Schutz der Identität der bei ihnen beschäftigten Personen einer Abgabe nicht entgegenstehen.

…

(4) Unterlagen, die den Rechtsvorschriften des Bundes über die Geheimhaltung oder dem Steuergeheimnis nach § 30 der Abgabenordnung unterliegen oder Angaben über Verhältnisse eines anderen oder fremde Betriebs- oder Geschäftsgeheimnisse enthalten, dürfen dem Bundesarchiv oder, im Fall des § 7, dem zuständigen Landes- oder Kommunalarchiv auch von anderen Stellen als den öffentlichen Stellen des Bundes zur Archivierung angeboten und abgegeben werden.

Auszug aus der Wirtschaftsprüferordnung (WiPrO):

§ 36a Untersuchungsgrundsatz, Mitwirkungspflicht, Datenübermittlung

…

(3) Es übermitteln

1. die Wirtschaftsprüferkammer, Gerichte und Behörden an die für die Entscheidung zuständige Stelle: Diejenigen Daten über natürliche und juristische Personen sowie rechtsfähige Personengesellschaften, deren Kenntnis aus Sicht der übermittelnden Stelle für die Zulassung zur oder die Durchführung der Prüfung oder Eignungsprüfung, für die Erteilung einer Ausnahmegenehmigung nach § 28 Absatz 2 oder 3 oder für die Rücknahme oder den Widerruf dieser Entscheidung erforderlich ist,
2. Gerichte und Behörden einschließlich der Berufskammern an die Wirtschaftsprüferkammer oder die für die Entscheidung zuständige Stelle: Diejenigen Daten über natürliche und juristische Personen sowie rechtsfähige Personengesellschaften, deren Kenntnis aus Sicht der übermittelnden Stelle für die Bestellung, die Wiederbestellung oder die Anerkennung, für die

Rücknahme oder den Widerruf einer solchen Entscheidung oder für die Einleitung oder Durchführung eines berufsaufsichtlichen Verfahrens erforderlich ist.

(4) Die Übermittlung nach Absatz 3 unterbleibt, soweit

1. sie schutzwürdige Interessen einer betroffenen Person beeinträchtigen würde und das Informationsinteresse des Empfängers das Interesse der betroffenen Person an dem Unterbleiben der Übermittlung nicht überwiegt oder
2. besondere gesetzliche Verwendungsregelungen entgegenstehen.

Satz 1 Nummer 2 gilt nicht für die Verschwiegenheitspflichten der für eine Berufskammer eines freien Berufs im Geltungsbereich dieses Gesetzes tätigen Personen, für das Steuergeheimnis nach § 30 der Abgabenordnung und für die Verschwiegenheitspflichten der in § 66b Absatz 1 Satz 1 dieses Gesetzes, in § 9 Absatz 1 des Kreditwesengesetzes, in § 21 des Wertpapierhandelsgesetzes sowie in § 342c des Handelsgesetzbuchs benannten Personen und Stellen.

Auszug aus der Bundesnotarordnung (BNotO):

§ 64d Übermittlung von Daten

(1) Gerichte und Behörden einschließlich der Berufskammern übermitteln der für die Entscheidung zuständigen Stelle diejenigen Daten über Personen, deren Kenntnis aus der Sicht der übermittelnden Stelle erforderlich ist für

1. die Bestellung zum Notar, seine vorläufige Amtsenthebung oder das Erlöschen seines Amtes,
2. die Bestellung zur Notarvertretung oder zum Notariatsverwalter oder deren Widerruf,
3. die Ernennung zum Notarassessor oder dessen Entlassung aus dem Dienst,
4. die Rücknahme oder den Widerruf einer Erlaubnis, Genehmigung oder Befreiung oder
5. die Einleitung oder Durchführung eines wegen einer Amtspflichtverletzung zu führenden Verfahrens.

(2) Die Übermittlung unterbleibt, soweit

1. sie schutzwürdige Interessen einer betroffenen Person beeinträchtigen würde und das Informationsinteresse des Empfängers das Interesse der betroffenen Person an dem Unterbleiben der Übermittlung nicht überwiegt oder
2. besondere gesetzliche Verwendungsregelungen entgegenstehen.

Satz 1 Nummer 2 gilt nicht für die Verschwiegenheitspflichten der für eine Berufskammer eines freien Berufs im Geltungsbereich dieses Gesetzes tätigen Personen und für das Steuergeheimnis nach § 30 der Abgabenordnung.

Auszug aus der Patentanwaltsordnung (PAO):

§ 34 Ermittlung des Sachverhalts und Übermittlung von Daten

...

(2) Gerichte und Behörden einschließlich der Berufskammern übermitteln der Patentanwaltskammer oder der für die Entscheidung zuständigen Stelle diejenigen Daten über Personen und Berufsausübungsgesellschaften, deren Kenntnis aus Sicht der übermittelnden Stelle erforderlich ist für

1. die Zulassung zur Patentanwaltschaft oder als Berufsausübungsgesellschaft oder die Rücknahme oder den Widerruf einer solchen Zulassung,
2. die Rücknahme oder den Widerruf einer Erlaubnis oder Befreiung oder
3. die Einleitung oder Durchführung eines berufsaufsichtlichen Verfahrens.

(3) Die Übermittlung nach Absatz 2 unterbleibt, soweit

1. sie schutzwürdige Interessen einer betroffenen Person beeinträchtigen würde und das Informationsinteresse des Empfängers das Interesse der betroffenen Person an dem Unterbleiben der Übermittlung nicht überwiegt oder
2. besondere gesetzliche Verwendungsregelungen entgegenstehen.

Satz 1 Nummer 2 gilt nicht für die Verschwiegenheitspflichten der für eine Berufskammer eines freien Berufs im Geltungsbereich dieses Gesetzes tätigen Personen und für das Steuergeheimnis nach § 30 der Abgabenordnung.

Auszug aus dem Gerichtskostengesetz (GKG):

siehe Anhang 16

Auszug aus dem Gerichts- und Notarkostengesetz (GNotKG)

§ 40 Erbschein, Zeugnis über die Fortsetzung der Gütergemeinschaft und Testamentsvollstreckerzeugnis

…

(6) Bei der Ermittlung des Werts und der Zusammensetzung des Nachlasses steht § 30 der Abgabenordnung einer Auskunft des Finanzamts nicht entgegen.

§ 46 Sache

…

(3) Bei der Bestimmung des Verkehrswerts eines Grundstücks können auch herangezogen werden

1. im Grundbuch eingetragene Belastungen,
2. aus den Grundakten ersichtliche Tatsachen oder Vergleichswerte oder
3. für Zwecke der Steuererhebung festgesetzte Werte.

Im Fall der Nummer 3 steht § 30 der Abgabenordnung einer Auskunft des Finanzamts nicht entgegen.

…

Auszug aus dem Unterhaltsvorschussgesetz (UhVorschG)

§ 6 Auskunfts- und Anzeigepflicht

…

(5) Die nach § 69 des Zehnten Buches Sozialgesetzbuch zur Auskunft befugten Sozialleistungsträger und anderen Stellen sowie die Finanzämter sind verpflichtet, der zuständigen Stelle auf Verlangen Auskünfte über den Wohnort, den Arbeitgeber und die Höhe der Einkünfte des in Absatz 1 bezeichneten Elternteils zu erteilen, soweit die Durchführung dieses Gesetzes es erfordert.

…

Auszug aus dem Sicherheitsüberprüfungsgesetzes (SÜG)

§ 12 Maßnahmen bei den einzelnen Überprüfungsarten, Überprüfungszeitraum

…

(5) Soweit es eine sicherheitserhebliche Erkenntnis erfordert, können die betroffene und die mitbetroffene Person selbst befragt werden. Reicht diese Befragung nicht aus, stehen ihr schutzwürdige Interessen entgegen oder erfordert es die Prüfung der Identität, kann die mitwirkende Behörde neben den Maßnahmen nach den Absätzen 1 bis 3 weitere geeignete Auskunftspersonen oder andere geeignete Stellen befragen oder Einzelmaßnahmen der nächsthöheren Art der Sicherheitsüberprüfung durchführen. Ferner kann die betroffene Person aufgefordert werden, für die Aufklärung der sicherheitserheblichen Erkenntnis geeignete Unterlagen beizubringen. Zusätzlich können von öffentlichen Stellen Akten beigezogen werden, von Gerichten, Staatsanwaltschaften oder Finanzbehörden auch über Strafverfahren wegen einer Steuerstraftat im Sinne des § 369 der Abgabenordnung.

...

Auszug aus dem Geldwäschegesetz (GwG):

siehe Anhang 18

Auszug aus dem Gesetz zur vorläufigen Regelung des Rechts der Industrie- und Handelskammern (IHKG)

§ 9 Abs. 2

...

(2) Die Industrie- und Handelskammern und ihre Gemeinschaftseinrichtungen, die öffentliche Stellen im Sinne des § 2 Absatz 2 des Bundesdatenschutzgesetzes sind, erheben zur Feststellung der Kammerzugehörigkeit und zur Festsetzung der Beiträge der Kammerzugehörigen Angaben zur Gewerbesteuerveranlagung, wie sie auch zur Feststellung der Kammerzugehörigkeit im Sinne des § 2 Absatz 1 erforderlich sind, sowie die nach § 3 Absatz 3 erforderlichen Bemessungsgrundlagen bei den Finanzbehörden.

...

Auszug aus dem Staatsangehörigkeitsgesetz (StAG)

§ 32a

§ 88 Absatz 3 Satz 1 des Aufenthaltsgesetzes gilt für Einbürgerungsverfahren entsprechend.

Auszug aus dem Wettbewerbsregistergesetz (WRegG)

§ 4 Mitteilungen

(1) Die Strafverfolgungsbehörden und die Behörden, die zur Verfolgung von Ordnungswidrigkeiten berufen sind, teilen bei Entscheidungen nach § 2 Absatz 1 und 2 der Registerbehörde unverzüglich die in § 3 Absatz 1 bezeichneten Daten mit. § 30 der Abgabenordnung steht der Mitteilung von Entscheidungen nach § 2 Absatz 1 Nummer 1 Buchstabe d sowie nach § 2 Absatz 1 Nummer 3 in Verbindung mit Absatz 1 Nummer 1 Buchstabe d nicht entgegen.

...

Anfechtungsgesetz

(Gesetz über die Anfechtung von Rechtshandlungen eines Schuldners außerhalb des Insolvenzverfahrens vom 5.10.1994 (BGBl. I S. 2911), zuletzt geändert durch Artikel 3 des Gesetzes vom 29.3.2017 (BGBl. I S. 654)

§ 1 Grundsatz

(1) Rechtshandlungen eines Schuldners, die seine Gläubiger benachteiligen, können außerhalb des Insolvenzverfahrens nach Maßgabe der folgenden Bestimmungen angefochten werden.

(2) Eine Unterlassung steht einer Rechtshandlung gleich.

§ 2 Anfechtungsberechtigte

Zur Anfechtung ist jeder Gläubiger berechtigt, der einen vollstreckbaren Schuldtitel erlangt hat und dessen Forderung fällig ist, wenn die Zwangsvollstreckung in das Vermögen des Schuldners nicht zu einer vollständigen Befriedigung des Gläubigers geführt hat oder wenn anzunehmen ist, daß sie nicht dazu führen würde.

§ 3 Vorsätzliche Benachteiligung

(1) Anfechtbar ist eine Rechtshandlung, die der Schuldner in den letzten zehn Jahren vor der Anfechtung mit dem Vorsatz, seine Gläubiger zu benachteiligen, vorgenommen hat, wenn der andere Teil zur Zeit der Handlung den Vorsatz des Schuldners kannte. Diese Kenntnis wird vermutet, wenn der andere Teil wußte, daß die Zahlungsunfähigkeit des Schuldners drohte und daß die Handlung die Gläubiger benachteiligte.

(2) Hat die Rechtshandlung dem anderen Teil eine Sicherung oder Befriedigung gewährt oder ermöglicht, beträgt der Zeitraum nach Absatz 1 Satz 1 vier Jahre.

(3) Hat die Rechtshandlung dem anderen Teil eine Sicherung oder Befriedigung gewährt oder ermöglicht, welche dieser in der Art und zu der Zeit beanspruchen konnte, tritt an die Stelle der drohenden Zahlungsunfähigkeit des Schuldners nach Absatz 1 Satz 2 die eingetretene. Hatte der andere Teil mit dem Schuldner eine Zahlungsvereinbarung getroffen oder diesem in sonstiger Weise eine Zahlungserleichterung gewährt, wird vermutet, dass er zur Zeit der Handlung die Zahlungsunfähigkeit des Schuldners nicht kannte.

(4) Anfechtbar ist ein vom Schuldner mit einer nahestehenden Person (§ 138 der Insolvenzordnung) geschlossener entgeltlicher Vertrag, durch den seine Gläubiger unmittelbar benachteiligt werden. Die Anfechtung ist ausgeschlossen, wenn der Vertrag früher als zwei Jahre vor der Anfechtung geschlossen worden ist oder wenn dem anderen Teil zur Zeit des Vertragsschlusses ein Vorsatz des Schuldners, die Gläubiger zu benachteiligen, nicht bekannt war.

§ 4 Unentgeltliche Leistung

(1) Anfechtbar ist eine unentgeltliche Leistung des Schuldners, es sei denn, sie ist früher als vier Jahre vor der Anfechtung vorgenommen worden.

(2) Richtet sich die Leistung auf ein gebräuchliches Gelegenheitsgeschenk geringen Werts, so ist sie nicht anfechtbar.

§ 5 Rechtshandlungen des Erben

Hat der Erbe aus dem Nachlaß Pflichtteilsansprüche, Vermächtnisse oder Auflagen erfüllt, so kann ein Nachlaßgläubiger, der im Insolvenzverfahren über den Nachlaß dem Empfänger der

Leistung im Rang vorgehen oder gleichstehen würde, die Leistung in gleicher Weise anfechten wie eine unentgeltliche Leistung des Erben.

§ 6 Gesellschafterdarlehen

(1) Anfechtbar ist eine Rechtshandlung, die für die Forderung eines Gesellschafters auf Rückgewähr eines Darlehens im Sinne des § 39 Abs. 1 Nr. 5 der Insolvenzordnung oder für eine gleichgestellte Forderung

1. Sicherung gewährt hat, wenn die Handlung in den letzten zehn Jahren vor Erlangung des vollstreckbaren Schuldtitels oder danach vorgenommen worden ist, oder
2. Befriedigung gewährt hat, wenn die Handlung im letzten Jahr vor Erlangung des vollstreckbaren Schuldtitels oder danach vorgenommen worden ist.

Wurde ein Antrag auf Eröffnung eines Insolvenzverfahrens nach § 26 Abs. 1 der Insolvenzordnung abgewiesen, bevor der Gläubiger einen vollstreckbaren Schuldtitel erlangt hat, so beginnt die Anfechtungsfrist mit dem Antrag auf Eröffnung des Insolvenzverfahrens.

(2) Die Anfechtung ist ausgeschlossen, wenn nach dem Schluss des Jahres, in dem der Gläubiger den vollstreckbaren Schuldtitel erlangt hat, drei Jahre verstrichen sind. Wurde die Handlung später vorgenommen, so ist die Anfechtung drei Jahre nach dem Schluss des Jahres ausgeschlossen, in dem die Handlung vorgenommen worden ist.

§ 6a Gesicherte Darlehen

Anfechtbar ist eine Rechtshandlung, mit der eine Gesellschaft einem Dritten für eine Forderung auf Rückgewähr eines Darlehens innerhalb der in § 6 Abs. 1 Satz 1 Nr. 2 und Satz 2 genannten Fristen Befriedigung gewährt hat, wenn ein Gesellschafter für die Forderung eine Sicherheit bestellt hatte oder als Bürge haftete; dies gilt sinngemäß für Leistungen auf Forderungen, die einem Darlehen wirtschaftlich entsprechen. § 39 Abs. 4 und 5 der Insolvenzordnung und § 6 Abs. 2 gelten entsprechend.

§ 7 Berechnung der Fristen

(1) Die in den §§ 3 und 4 bestimmten Fristen sind von dem Zeitpunkt zurückzurechnen, in dem die Anfechtbarkeit gerichtlich geltend gemacht wird.

(2) Hat der Gläubiger, bevor er einen vollstreckbaren Schuldtitel erlangt hatte oder seine Forderung fällig war, dem Anfechtungsgegner seine Absicht, die Rechtshandlung anzufechten, schriftlich mitgeteilt, so wird die Frist vom Zeitpunkt des Zugangs der Mitteilung zurückgerechnet, wenn schon zu dieser Zeit der Schuldner unfähig war, den Gläubiger zu befriedigen, und wenn bis zum Ablauf von zwei Jahren seit diesem Zeitpunkt die Anfechtbarkeit gerichtlich geltend gemacht wird.

(3) In die Fristen wird die Zeit nicht eingerechnet, während der Maßnahmen nach § 46 Absatz 1 Satz 2 Nummer 4 bis 6 des Kreditwesengesetzes angeordnet waren.

§ 8 Zeitpunkt der Vornahme einer Rechtshandlung

(1) Eine Rechtshandlung gilt als in dem Zeitpunkt vorgenommen, in dem ihre rechtlichen Wirkungen eintreten.

(2) Ist für das Wirksamwerden eines Rechtsgeschäfts eine Eintragung im Grundbuch, im Schiffsregister, im Schiffsbauregister oder im Register für Pfandrechte an Luftfahrzeugen erforderlich, so gilt das Rechtsgeschäft als vorgenommen, sobald die übrigen Voraussetzungen für das Wirksamwerden erfüllt sind, die Willenserklärung des Schuldners für ihn bindend geworden ist und der andere Teil den Antrag auf Eintragung der Rechtsänderung gestellt hat. Ist der Antrag auf Eintragung einer Vormerkung zur Sicherung des Anspruchs auf die Rechtsänderung gestellt worden, so gilt Satz 1 mit der Maßgabe, daß dieser Antrag an die Stelle des Antrags auf Eintragung der Rechtsänderung tritt.

(3) Bei einer bedingten oder befristeten Rechtshandlung bleibt der Eintritt der Bedingung oder des Termins außer Betracht.

§ 9 Anfechtung durch Einrede

Die Anfechtbarkeit kann im Wege der Einrede geltend gemacht werden, bevor ein vollstreckbarer Schuldtitel für die Forderung erlangt ist; der Gläubiger hat diesen jedoch vor der Entscheidung binnen einer vom Gericht zu bestimmenden Frist beizubringen.

§ 10 Vollstreckbarer Titel

Die Anfechtung wird nicht dadurch ausgeschlossen, daß für die Rechtshandlung ein vollstreckbarer Schuldtitel erlangt oder daß die Handlung durch Zwangsvollstreckung erwirkt worden ist.

§ 11 Rechtsfolgen

(1) Was durch die anfechtbare Rechtshandlung aus dem Vermögen des Schuldners veräußert, weggegeben oder aufgegeben ist, muß dem Gläubiger zur Verfügung gestellt werden, soweit es zu dessen Befriedigung erforderlich ist. Die Vorschriften über die Rechtsfolgen einer ungerechtfertigten Bereicherung, bei der dem Empfänger der Mangel des rechtlichen Grundes bekannt ist, gelten entsprechend. Eine Geldschuld ist nur zu verzinsen, wenn die Voraussetzungen des Schuldnerverzugs oder des § 291 des Bürgerlichen Gesetzbuchs vorliegen; ein darüber hinausgehender Anspruch auf Herausgabe von Nutzungen eines erlangten Geldbetrags ist ausgeschlossen.

(2) Der Empfänger einer unentgeltlichen Leistung hat diese nur zur Verfügung zu stellen, soweit er durch sie bereichert ist. Dies gilt nicht, sobald er weiß oder den Umständen nach wissen muß, daß die unentgeltliche Leistung die Gläubiger benachteiligt.

(3) Im Fall der Anfechtung nach § 6a hat der Gesellschafter, der die Sicherheit bestellt hatte oder als Bürge haftete, die Zwangsvollstreckung in sein Vermögen bis zur Höhe des Betrags zu dulden, mit dem er als Bürge haftete oder der dem Wert der von ihm bestellten Sicherheit im Zeitpunkt der Rückgewähr des Darlehens oder der Leistung auf die gleichgestellte Forderung entspricht. Der Gesellschafter wird von der Verpflichtung frei, wenn er die Gegenstände, die dem Gläubiger als Sicherheit gedient hatten, dem Gläubiger zur Verfügung stellt.

§ 12 Ansprüche des Anfechtungsgegners

Wegen der Erstattung einer Gegenleistung oder wegen eines Anspruchs, der infolge der Anfechtung wiederauflebt, kann sich der Anfechtungsgegner nur an den Schuldner halten.

§ 13 Bestimmter Klageantrag

Wird der Anfechtungsanspruch im Wege der Klage geltend gemacht, so hat der Klageantrag bestimmt zu bezeichnen, in welchem Umfang und in welcher Weise der Anfechtungsgegner das Erlangte zur Verfügung stellen soll.

§ 14 Vorläufig vollstreckbarer Schuldtitel. Vorbehaltsurteil

Liegt ein nur vorläufig vollstreckbarer Schuldtitel des Gläubigers oder ein unter Vorbehalt ergangenes Urteil vor, so ist in dem Urteil, das den Anfechtungsanspruch für begründet erklärt, die Vollstreckung davon abhängig zu machen, daß die gegen den Schuldner ergangene Entscheidung rechtskräftig oder vorbehaltlos wird.

§ 15 Anfechtung gegen Rechtsnachfolger

(1) Die Anfechtbarkeit kann gegen den Erben oder einen anderen Gesamtrechtsnachfolger des Anfechtungsgegners geltend gemacht werden.

(2) Gegen einen sonstigen Rechtsnachfolger kann die Anfechtbarkeit geltend gemacht werden:

1. wenn dem Rechtsnachfolger zur Zeit seines Erwerbs die Umstände bekannt waren, welche die Anfechtbarkeit des Erwerbs seines Rechtsvorgängers begründen,
2. wenn der Rechtsnachfolger zur Zeit seines Erwerbs zu den Personen gehörte, die dem Schuldner nahestehen (§ 138 der Insolvenzordnung), es sei denn, daß ihm zu dieser Zeit die Umstände unbekannt waren, welche die Anfechtbarkeit des Erwerbs seines Rechtsvorgängers begründen;
3. wenn dem Rechtsnachfolger das Erlangte unentgeltlich zugewendet worden ist.

(3) Zur Erstreckung der Fristen nach § 7 Abs. 2 genügt die schriftliche Mitteilung an den Rechtsnachfolger, gegen den die Anfechtung erfolgen soll.

§ 16 Eröffnung des Insolvenzverfahrens

(1) Wird über das Vermögen des Schuldners das Insolvenzverfahren eröffnet, so ist der Insolvenzverwalter berechtigt, die von den Insolvenzgläubigern erhobenen Anfechtungsansprüche zu verfolgen. Aus dem Erstrittenen sind dem Gläubiger die Kosten des Rechtsstreits vorweg zu erstatten.

(2) Hat ein Insolvenzgläubiger bereits vor der Eröffnung des Insolvenzverfahrens auf Grund seines Anfechtungsanspruchs Sicherung oder Befriedigung erlangt, so gilt § 130 der Insolvenzordnung entsprechend.

§ 17 Unterbrechung des Verfahrens

(1) Ist das Verfahren über den Anfechtungsanspruch im Zeitpunkt der Eröffnung des Insolvenzverfahrens noch rechtshängig, so wird es unterbrochen. Es kann vom Insolvenzverwalter aufgenommen werden. Wird die Aufnahme verzögert, so gilt § 239 Abs. 2 bis 4 der Zivilprozeßordnung entsprechend.

(2) Der Insolvenzverwalter kann den Klageantrag nach Maßgabe der §§ 143, 144 und 146 der Insolvenzordnung erweitern.

(3) Lehnt der Insolvenzverwalter die Aufnahme des Rechtsstreits ab, so kann dieser hinsichtlich der Kosten von jeder Partei aufgenommen werden. Durch die Ablehnung der Aufnahme wird das Recht des Insolvenzverwalters, nach den Vorschriften der Insolvenzordnung den Anfechtungsanspruch geltend zu machen, nicht ausgeschlossen.

§ 18 Beendigung des Insolvenzverfahrens

(1) Nach der Beendigung des Insolvenzverfahrens können Anfechtungsansprüche, die der Insolvenzverwalter geltend machen konnte, von den einzelnen Gläubigern nach diesem Gesetz verfolgt werden, soweit nicht dem Anspruch entgegenstehende Einreden gegen den Insolvenzverwalter erlangt sind.

(2) War der Anfechtungsanspruch nicht schon zur Zeit der Eröffnung des Insolvenzverfahrens gerichtlich geltend gemacht, so werden die in den §§ 3 und 4 bestimmten Fristen von diesem Zeitpunkt an berechnet, wenn der Anspruch bis zum Ablauf eines Jahres seit der Beendigung des Insolvenzverfahrens gerichtlich geltend gemacht wird. Satz 1 gilt für die in den §§ 6 und 6a bestimmten Fristen entsprechend mit der Maßgabe, dass an die Stelle der gerichtlichen Geltendmachung des Anfechtungsanspruchs die Erlangung des vollstreckbaren Schuldtitels tritt.

§ 19 Internationales Anfechtungsrecht

Bei Sachverhalten mit Auslandsberührung ist für die Anfechtbarkeit einer Rechtshandlung das Recht maßgeblich, dem die Wirkungen der Rechtshandlung unterliegen.

§ 20 Übergangsregeln

(1) Dieses Gesetz ist auf die vor dem 1. Januar 1999 vorgenommenen Rechtshandlungen nur anzuwenden, soweit diese nicht nach dem bisherigen Recht der Anfechtung entzogen oder in geringerem Umfang unterworfen sind.

(2) Das Gesetz, betreffend die Anfechtung von Rechtshandlungen eines Schuldners außerhalb des Konkursverfahrens in der im Bundesgesetzblatt Teil III, Gliederungsnummer 311-5, veröffentlichten bereinigten Fassung, zuletzt geändert durch Artikel 9 des Gesetzes vom 4. Juli 1980 (BGBl. I S. 836), wird aufgehoben. Es ist jedoch weiter auf die Fälle anzuwenden, bei denen die Anfechtbarkeit vor dem 1.Januar 1999 gerichtlich geltend gemacht worden ist.

(3) Die Vorschriften dieses Gesetzes in der ab dem Inkrafttreten des Gesetzes vom 23. Oktober 2008 (BGBl. I S. 2026) am 1. November 2008 geltenden Fassung sind auf vor dem 1. November 2008 vorgenommene Rechtshandlungen nur anzuwenden, soweit diese nicht nach dem bisherigen Recht der Anfechtung entzogen oder in geringerem Umfang unterworfen sind; andernfalls sind die bis zum 1. November 2008 anwendbaren Vorschriften weiter anzuwenden.

(4) Auf Fälle, bei denen die Anfechtbarkeit vor dem 5. April 2017 gerichtlich geltend gemacht worden ist, sind die bis dahin geltenden Vorschriften weiter anzuwenden.

Aufenthaltsgesetz

in der Fassung der Bekanntmachung vom 25.2.2008 (BGBl. I S. 162), zuletzt geändert durch Artikel 5 des Gesetzes vom 21.12.2022 (BGBl. I S. 2847).

- Auszug -

§ 53 - Ausweisung

(1) Ein Ausländer, dessen Aufenthalt die öffentliche Sicherheit und Ordnung, die freiheitliche demokratische Grundordnung oder sonstige erhebliche Interessen der Bundesrepublik Deutschland gefährdet, wird ausgewiesen, wenn die unter Berücksichtigung aller Umstände des Einzelfalles vorzunehmende Abwägung der Interessen an der Ausreise mit den Interessen an einem weiteren Verbleib des Ausländers im Bundesgebiet ergibt, dass das öffentliche Interesse an der Ausreise überwiegt.

(2) Bei der Abwägung nach Absatz 1 sind nach den Umständen des Einzelfalles insbesondere die Dauer seines Aufenthalts, seine persönlichen, wirtschaftlichen und sonstigen Bindungen im Bundesgebiet und im Herkunftsstaat oder in einem anderen zur Aufnahme bereiten Staat, die Folgen der Ausweisung für Familienangehörige und Lebenspartner sowie die Tatsache, ob sich der Ausländer rechtstreu verhalten hat, zu berücksichtigen.

(3) Ein Ausländer, dem nach dem Assoziationsabkommen EWG/Türkei ein Aufenthaltsrecht zusteht oder der eine Erlaubnis zum Daueraufenthalt – EU besitzt, darf nur ausgewiesen werden, wenn das persönliche Verhalten des Betroffenen gegenwärtig eine schwerwiegende Gefahr für die öffentliche Sicherheit und Ordnung darstellt, die ein Grundinteresse der Gesellschaft berührt und die Ausweisung für die Wahrung dieses Interesses unerlässlich ist.

(3a) Ein Ausländer, der als Asylberechtigter anerkannt ist, der im Bundesgebiet die Rechtsstellung eines ausländischen Flüchtlings im Sinne des § 3 Absatz 1 des Asylgesetzes oder eines subsidiär Schutzberechtigten im Sinne des § 4 Absatz 1 des Asylgesetzes genießt oder der einen von einer Behörde der Bundesrepublik Deutschland ausgestellten Reiseausweis nach dem Abkommen vom 28. Juli 1951 über die Rechtsstellung der Flüchtlinge (BGBl. 1953 II S. 559) besitzt, darf nur bei Vorliegen zwingender Gründe der nationalen Sicherheit oder öffentlichen Ordnung ausgewiesen werden.

(4) Ein Ausländer, der einen Asylantrag gestellt hat, kann nur unter der Bedingung ausgewiesen werden, dass das Asylverfahren unanfechtbar ohne Anerkennung als Asylberechtigter oder ohne die Zuerkennung internationalen Schutzes (§ 1 Absatz 1 Nummer 2 des Asylgesetzes) abgeschlossen wird. Von der Bedingung wird abgesehen, wenn

1. ein Sachverhalt vorliegt, der nach Absatz 3a eine Ausweisung rechtfertigt oder
2. eine nach den Vorschriften des Asylgesetzes erlassene Abschiebungsandrohung vollziehbar geworden ist.

§ 54 - Ausweisungsinteresse

(1) Das Ausweisungsinteresse im Sinne von § 53 Absatz 1 wiegt besonders schwer, wenn der Ausländer

1. wegen einer oder mehrerer vorsätzlicher Straftaten rechtskräftig zu einer Freiheits- oder Jugendstrafe von mindestens zwei Jahren verurteilt worden ist oder bei der letzten rechtskräftigen Verurteilung Sicherungsverwahrung angeordnet worden ist,

1a. rechtskräftig zu einer Freiheits- oder Jugendstrafe von mindestens einem Jahr verurteilt worden ist wegen einer oder mehrerer vorsätzlicher Straftaten
   a) gegen das Leben,
   b) gegen die körperliche Unversehrtheit,

c) gegen die sexuelle Selbstbestimmung nach den §§ 174, 176 bis 178, 181a, 184b, 184d und 184e jeweils in Verbindung mit § 184b des Strafgesetzbuches,
d) gegen das Eigentum, sofern das Gesetz für die Straftat eine im Mindestmaß erhöhte Freiheitsstrafe vorsieht oder die Straftaten serienmäßig begangen wurden oder
e) wegen Widerstands gegen Vollstreckungsbeamte oder tätlichen Angriffs gegen Vollstreckungsbeamte,

1b. wegen einer oder mehrerer Straftaten nach § 263 des Strafgesetzbuchs zu Lasten eines Leistungsträgers oder Sozialversicherungsträgers nach dem Sozialgesetzbuch oder nach dem Gesetz über den Verkehr mit Betäubungsmitteln rechtskräftig zu einer Freiheits- oder Jugendstrafe von mindestens einem Jahr verurteilt worden ist,
2. die freiheitliche demokratische Grundordnung oder die Sicherheit der Bundesrepublik Deutschland gefährdet; hiervon ist auszugehen, wenn Tatsachen die Schlussfolgerung rechtfertigen, dass er einer Vereinigung angehört oder angehört hat, die den Terrorismus unterstützt oder er eine derartige Vereinigung unterstützt oder unterstützt hat oder er eine in § 89a Absatz 1 des Strafgesetzbuchs bezeichnete schwere staatsgefährdende Gewalttat nach § 89a Absatz 2 des Strafgesetzbuchs vorbereitet oder vorbereitet hat, es sei denn, der Ausländer nimmt erkennbar und glaubhaft von seinem sicherheitsgefährdenden Handeln Abstand,
3. zu den Leitern eines Vereins gehörte, der unanfechtbar verboten wurde, weil seine Zwecke oder seine Tätigkeit den Strafgesetzen zuwiderlaufen oder er sich gegen die verfassungsmäßige Ordnung oder den Gedanken der Völkerverständigung richtet,
4. sich zur Verfolgung politischer oder religiöser Ziele an Gewalttätigkeiten beteiligt oder öffentlich zur Gewaltanwendung aufruft oder mit Gewaltanwendung droht oder
5. zu Hass gegen Teile der Bevölkerung aufruft; hiervon ist auszugehen, wenn er auf eine andere Person gezielt und andauernd einwirkt, um Hass auf Angehörige bestimmter ethnischer Gruppen oder Religionen zu erzeugen oder zu verstärken oder öffentlich, in einer Versammlung oder durch Verbreiten von Schriften in einer Weise, die geeignet ist, die öffentliche Sicherheit und Ordnung zu stören,
   a) gegen Teile der Bevölkerung zu Willkürmaßnahmen aufstachelt,
   b) Teile der Bevölkerung böswillig verächtlich macht und dadurch die Menschenwürde anderer angreift oder
   c) Verbrechen gegen den Frieden, gegen die Menschlichkeit, ein Kriegsverbrechen oder terroristische Taten von vergleichbarem Gewicht billigt oder dafür wirbt,

   es sei denn, der Ausländer nimmt erkennbar und glaubhaft von seinem Handeln Abstand.

(2) Das Ausweisungsinteresse im Sinne von § 53 Absatz 1 wiegt schwer, wenn der Ausländer
1. wegen einer oder mehrerer vorsätzlicher Straftaten rechtskräftig zu einer Freiheitsstrafe von mindestens sechs Monaten verurteilt worden ist,
2. wegen einer oder mehrerer vorsätzlicher Straftaten rechtskräftig zu einer Jugendstrafe von mindestens einem Jahr verurteilt und die Vollstreckung der Strafe nicht zur Bewährung ausgesetzt worden ist,
3. als Täter oder Teilnehmer den Tatbestand des § 29 Absatz 1 Satz 1 Nummer 1 des Betäubungsmittelgesetzes verwirklicht oder dies versucht,
4. Heroin, Kokain oder ein vergleichbar gefährliches Betäubungsmittel verbraucht und nicht zu einer erforderlichen seiner Rehabilitation dienenden Behandlung bereit ist oder sich ihr entzieht,
5. eine andere Person in verwerflicher Weise, insbesondere unter Anwendung oder Androhung von Gewalt, davon abhält, am wirtschaftlichen, kulturellen oder gesellschaftlichen Leben in der Bundesrepublik Deutschland teilzuhaben,
6. eine andere Person zur Eingehung der Ehe nötigt oder dies versucht oder wiederholt eine Handlung entgegen § 11 Absatz 2 Satz 1 und 2 des Personenstandsgesetzes vornimmt, die einen schwerwiegenden Verstoß gegen diese Vorschrift darstellt; ein

schwerwiegender Verstoß liegt vor, wenn eine Person, die das 16. Lebensjahr noch nicht vollendet hat, beteiligt ist,

7. in einer Befragung, die der Klärung von Bedenken gegen die Einreise oder den weiteren Aufenthalt dient, der deutschen Auslandsvertretung oder der Ausländerbehörde gegenüber frühere Aufenthalte in Deutschland oder anderen Staaten verheimlicht oder in wesentlichen Punkten vorsätzlich keine, falsche oder unvollständige Angaben über Verbindungen zu Personen oder Organisationen macht, die der Unterstützung des Terrorismus oder der Gefährdung der freiheitlichen demokratischen Grundordnung oder der Sicherheit der Bundesrepublik Deutschland verdächtig sind; die Ausweisung auf dieser Grundlage ist nur zulässig, wenn der Ausländer vor der Befragung ausdrücklich auf den sicherheitsrechtlichen Zweck der Befragung und die Rechtsfolgen verweigerter, falscher oder unvollständiger Angaben hingewiesen wurde,

8. in einem Verwaltungsverfahren, das von Behörden eines Schengen-Staates durchgeführt wurde, im In- oder Ausland

   a) falsche oder unvollständige Angaben zur Erlangung eines deutschen Aufenthaltstitels, eines Schengen-Visums, eines Flughafentransitvisums, eines Passersatzes, der Zulassung einer Ausnahme von der Passpflicht oder der Aussetzung der Abschiebung gemacht hat oder

   b) trotz bestehender Rechtspflicht nicht an Maßnahmen der für die Durchführung dieses Gesetzes oder des Schengener Durchführungsübereinkommens zuständigen Behörden mitgewirkt hat, soweit der Ausländer zuvor auf die Rechtsfolgen solcher Handlungen hingewiesen wurde oder

9. einen nicht nur vereinzelten oder geringfügigen Verstoß gegen Rechtsvorschriften oder gerichtliche oder behördliche Entscheidungen oder Verfügungen begangen oder außerhalb des Bundesgebiets eine Handlung begangen hat, die im Bundesgebiet als vorsätzliche schwere Straftat anzusehen ist.

§ 55 - Bleibeinteresse

(1) Das Bleibeinteresse im Sinne von § 53 Absatz1 wiegt besonders schwer, wenn der Ausländer

1. eine Niederlassungserlaubnis besitzt und sich seit mindestens fünf Jahren rechtmäßig im Bundesgebiet aufgehalten hat,
2. eine Aufenthaltserlaubnis besitzt und im Bundesgebiet geboren oder als Minderjähriger in das Bundesgebiet eingereist ist und sich seit mindestens fünf Jahren rechtmäßig im Bundesgebiet aufgehalten hat,
3. eine Aufenthaltserlaubnis besitzt, sich seit mindestens fünf Jahren rechtmäßig im Bundesgebiet aufgehalten hat und mit einem der in den Nummern 1 und 2 bezeichneten Ausländer in ehelicher oder lebenspartnerschaftlicher Lebensgemeinschaft lebt,
4. mit einem deutschen Familienangehörigen oder Lebenspartner in familiärer oder lebenspartnerschaftlicher Lebensgemeinschaft lebt, sein Personensorgerecht für einen minderjährigen ledigen Deutschen oder mit diesem sein Umgangsrecht ausübt oder
5. eine Aufenthaltserlaubnis nach § 23 Absatz 4, den §§ 24, 25 Absatz 4a Satz 3 oder nach § 29 Absatz 2 oder 4 besitzt.

(2) Das Bleibeinteresse im Sinne von § 53 Absatz 1 wiegt insbesondere schwer, wenn

1. der Ausländer minderjährig ist und eine Aufenthaltserlaubnis besitzt,
2. der Ausländer eine Aufenthaltserlaubnis besitzt und sich seit mindestens fünf Jahren im Bundesgebiet aufhält,
3. der Ausländer sein Personensorgerecht für einen im Bundesgebiet rechtmäßig sich aufhaltenden ledigen Minderjährigen oder mit diesem sein Umgangsrecht ausübt,
4. der Ausländer minderjährig ist und sich die Eltern oder ein personensorgeberechtigter Elternteil rechtmäßig im Bundesgebiet aufhalten beziehungsweise aufhält,
5. die Belange oder das Wohl eines Kindes zu berücksichtigen sind beziehungsweise ist oder
6. der Ausländer eine Aufenthaltserlaubnis nach § 25 Absatz 4a Satz 1 besitzt.

(3) Aufenthalte auf der Grundlage von § 81 Absatz 3 Satz 1 und Absatz 4 Satz 1 werden als rechtmäßiger Aufenthalt im Sinne der Absätze 1 und 2 nur berücksichtigt, wenn dem Antrag auf Erteilung oder Verlängerung des Aufenthaltstitels entsprochen wurde.

§ 56 - Überwachung ausreisepflichtiger Ausländer aus Gründen der inneren Sicherheit

(1) Ein Ausländer, gegen den eine Ausweisungsverfügung auf Grund eines Ausweisungsinteresses nach § 54 Absatz 1 Nummer 2 bis 5 oder eine Abschiebungsanordnung nach § 58a besteht, unterliegt der Verpflichtung, sich mindestens einmal wöchentlich bei der für seinen Aufenthaltsort zuständigen polizeilichen Dienststelle zu melden, soweit die Ausländerbehörde nichts anderes bestimmt. Eine dem Satz 1 entsprechende Meldepflicht kann angeordnet werden, wenn der Ausländer

1. vollziehbar ausreisepflichtig ist und ein in Satz 1 genanntes Ausweisungsinteresse besteht oder
2. auf Grund anderer als der in Satz 1 genannten Ausweisungsinteressen vollziehbar ausreisepflichtig ist und die Anordnung der Meldepflicht zur Abwehr einer Gefahr für die öffentliche Sicherheit und Ordnung erforderlich ist.

(2) Sein Aufenthalt ist auf den Bezirk der Ausländerbehörde beschränkt, soweit die Ausländerbehörde keine abweichenden Festlegungen trifft.

(3) Er kann verpflichtet werden, in einem anderen Wohnort oder in bestimmten Unterkünften auch außerhalb des Bezirks der Ausländerbehörde zu wohnen, wenn dies geboten erscheint, um

1. die Fortführung von Bestrebungen, die zur Ausweisung geführt haben, zu erschweren oder zu unterbinden und die Einhaltung vereinsrechtlicher oder sonstiger gesetzlicher Auflagen und Verpflichtungen besser überwachen zu können oder
2. die wiederholte Begehung erheblicher Straftaten, die zu einer Ausweisung nach § 54 Absatz 1 Nummer 1 geführt haben, zu unterbinden.

(4) Um die Fortführung von Bestrebungen, die zur Ausweisung nach § 54 Absatz 1 Nummer 2 bis 5, zu einer Anordnung nach Absatz 1 Satz 2 Nummer 1 oder zu einer Abschiebungsanordnung nach § 58a geführt haben, zu erschweren oder zu unterbinden, kann der Ausländer auch verpflichtet werden, zu bestimmten Personen oder Personen einer bestimmten Gruppe keinen Kontakt aufzunehmen, mit ihnen nicht zu verkehren, sie nicht zu beschäftigen, auszubilden oder zu beherbergen und bestimmte Kommunikationsmittel oder Dienste nicht zu nutzen, soweit ihm Kommunikationsmittel verbleiben und die Beschränkungen notwendig sind, um eine erhebliche Gefahr für die innere Sicherheit oder für Leib und Leben Dritter abzuwehren. Um die wiederholte Begehung erheblicher Straftaten, die zu einer Ausweisung nach § 54 Absatz 1 Nummer 1 geführt haben, zu unterbinden, können Beschränkungen nach Satz 1 angeordnet werden, soweit diese notwendig sind, um eine erhebliche Gefahr für die innere Sicherheit oder für Leib und Leben Dritter abzuwenden.

(5) Die Verpflichtungen nach den Absätzen 1 bis 4 ruhen, wenn sich der Ausländer in Haft befindet. Eine Anordnung nach den Absätzen 3 und 4 ist sofort vollziehbar.

§ 56a Elektronische Aufenthaltsüberwachung; Verordnungsermächtigung

(1) Um eine erhebliche Gefahr für die innere Sicherheit oder für Leib und Leben Dritter abzuwehren, kann ein Ausländer, der einer räumlichen Beschränkung des Aufenthaltes nach § 56 Absatz 2 und 3 oder einem Kontaktverbot nach § 56 Absatz 4 unterliegt, auf richterliche Anordnung verpflichtet werden,

1. die für eine elektronische Überwachung seines Aufenthaltsortes erforderlichen technischen Mittel ständig in betriebsbereitem Zustand am Körper bei sich zu führen und
2. deren Funktionsfähigkeit nicht zu beeinträchtigen.

(2) Die Anordnung ergeht für längstens drei Monate. Sie kann um jeweils höchstens drei Monate verlängert werden, wenn die Voraussetzungen weiterhin vorliegen. Liegen die Voraussetzungen der Anordnung nicht mehr vor, ist die Maßnahme unverzüglich zu beenden.

(3) Die Ausländerbehörde erhebt und speichert mit Hilfe der vom Ausländer mitgeführten technischen Mittel automatisiert Daten über

1. dessen Aufenthaltsort sowie
2. über etwaige Beeinträchtigungen der Datenerhebung.

Soweit es technisch möglich ist, ist sicherzustellen, dass innerhalb der Wohnung des Ausländers keine über den Umstand seiner Anwesenheit hinausgehenden Aufenthaltsdaten erhoben werden. Die Landesregierungen können durch Rechtsverordnung bestimmen, dass eine andere Stelle als die Ausländerbehörde die in Satz 1 genannten Daten erhebt und speichert. Die Ermächtigung nach Satz 3 kann durch Rechtsverordnung von den Landesregierungen auf die für den Vollzug dieses Gesetzes zuständigen obersten Landesbehörden übertragen werden.

(4) Die Daten dürfen ohne Einwilligung der betroffenen Person nur verarbeitet werden, soweit dies erforderlich ist

1. zur Feststellung von Verstößen gegen eine räumliche Beschränkung des Aufenthaltes nach § 56 Absatz 2 und 3 oder ein Kontaktverbot nach § 56 Absatz 4,
2. zur Verfolgung einer Ordnungswidrigkeit nach § 98 Absatz 3 Nummer 5a oder einer Straftat nach § 95 Absatz 1 Nummer 6a,
3. zur Feststellung eines Verstoßes gegen eine vollstreckbare gerichtliche Anordnung nach Absatz 1 und zur Verfolgung einer Straftat nach § 95 Absatz 2 Nummer 1a,
4. zur Abwehr einer erheblichen gegenwärtigen Gefahr für Leib, Leben oder Freiheit einer dritten Person,
5. zur Verfolgung von erheblichen Straftaten gegen Leib und Leben einer dritten Person oder von Straftaten nach § 89a oder § 129a des Strafgesetzbuches oder
6. zur Aufrechterhaltung der Funktionsfähigkeit der technischen Mittel.

(5) Zur Einhaltung der Zweckbindung nach Absatz 4 hat die Verarbeitung der Daten automatisiert zu erfolgen und sind die Daten gegen unbefugte Kenntnisnahme besonders zu sichern unbeschadet der Artikel 24, 25 und 32 der Verordnung (EU) 2016/679 des Europäischen Parlaments und des Rates vom 27. April 2016 zum Schutz natürlicher Personen bei der Verarbeitung personenbezogener Daten, zum freien Datenverkehr und zur Aufhebung der Richtlinie 95/46/EG (Datenschutz-Grundverordnung) (ABl. L 119 vom 4.5.2016, S. 1; L 314 vom 22.11.2016, S. 72; L 127 vom 23.5.2018, S. 2) in der jeweils geltenden Fassung. Die in Absatz 3 Satz 1 genannten Daten sind spätestens zwei Monate nach ihrer Erhebung zu löschen, soweit sie nicht für die in Absatz 4 genannten Zwecke verarbeitet werden. Jeder Abruf der Daten ist zu protokollieren. Die Protokolldaten sind nach zwölf Monaten zu löschen. Werden innerhalb der Wohnung der betroffenen Person über den Umstand ihrer Anwesenheit hinausgehende Aufenthaltsdaten erhoben, dürfen diese nicht verarbeitet werden und sind unverzüglich nach Kenntnisnahme zu löschen. Die Tatsache ihrer Kenntnisnahme und Löschung ist zu dokumentieren. Die Dokumentation darf ausschließlich für Zwecke der Datenschutzkontrolle verwendet werden. Sie ist nach Abschluss der Datenschutzkontrolle zu löschen.

(6) Zur Durchführung der Maßnahme nach Absatz 1 hat die zuständige Stelle im Sinne des Absatzes 3:

1. eingehende Systemmeldungen über Verstöße nach Absatz 4 Nummer 1 entgegenzunehmen und zu bewerten,
2. Daten des Aufenthaltsortes der betroffenen Person an die zuständigen Behörden übermitteln, sofern dies zur Durchsetzung von Maßnahmen nach Absatz 4 Nummer 1 erforderlich ist,
3. Daten des Aufenthaltsortes der betroffenen Person an die zuständige Bußgeldbehörde zur Verfolgung einer Ordnungswidrigkeit nach § 98 Absatz 3 Nummer 5a oder an die zuständige Strafverfolgungsbehörde zur Verfolgung einer Straftat nach § 95 Absatz 1 Nummer 6a oder Absatz 2 Nummer 1a weiterzugeben,
4. Daten des Aufenthaltsortes der betroffenen Person an zuständige Polizeibehörden weiterzugeben, sofern dies zur Abwehr einer erheblichen gegenwärtigen Gefahr im Sinne von Absatz 4 Nummer 4 erforderlich ist,

5. Daten des Aufenthaltsortes der betroffenen Person an die zuständigen Polizei- und Strafverfolgungsbehörden übermitteln, wenn dies zur Verhütung oder zur Verfolgung einer in Absatz 4 Nummer 5 genannten Straftat erforderlich ist,
6. die Ursache einer Meldung zu ermitteln; hierzu kann die zuständige Stelle Kontakt mit der betroffenen Person aufnehmen, sie befragen, sie auf den Verstoß hinweisen und ihr mitteilen, wie sie dessen Beendigung bewirken kann,
7. eine Überprüfung der bei der betroffenen Person vorhandenen technischen Geräte auf ihre Funktionsfähigkeit oder Manipulation und die zu der Behebung einer Funktionsbeeinträchtigung erforderlichen Maßnahmen, insbesondere des Austausches der technischen Mittel oder von Teilen davon, einzuleiten,
8. Anfragen der betroffenen Person zum Umgang mit den technischen Mitteln zu beantworten.

(7) Im Antrag auf Anordnung einer Maßnahme nach Absatz 1 sind anzugeben

1. die Person, gegen die sich die Maßnahme richtet, mit Name und Anschrift,
2. Art, Umfang und Dauer der Maßnahme,
3. die Angabe, ob gegenüber der Person, gegen die sich die Maßnahme richtet, eine räumliche Beschränkung nach § 56 Absatz 2 und 3 oder ein Kontaktverbot nach § 56 Absatz 4 besteht,
4. der Sachverhalt sowie
5. eine Begründung.

(8) Die Anordnung ergeht schriftlich. In ihr sind anzugeben

1. die Person, gegen die sich die Maßnahme richtet, mit Name und Anschrift,
2. Art, Umfang und Dauer der Maßnahme sowie
3. die wesentlichen Gründe.

(9) Für richterliche Anordnungen nach Absatz 1 ist das Amtsgericht zuständig, in dessen Bezirk die zuständige Stelle im Sinne des Absatzes 3 ihren Sitz hat. Für das Verfahren gelten die Vorschriften des Gesetzes über das Verfahren in Familiensachen und in den Angelegenheiten der freiwilligen Gerichtsbarkeit entsprechend.

(10) § 56 Absatz 5 Satz 1 findet entsprechend Anwendung.

§ 87 - Übermittlungen an Ausländerbehörden

(1) Öffentliche Stellen mit Ausnahme von Schulen sowie Bildungs- und Erziehungseinrichtungen haben ihnen bekannt gewordene Umstände den in § 86 Satz 1 genannten Stellen auf Ersuchen mitzuteilen, soweit dies für die dort genannten Zwecke erforderlich ist.

(2) Öffentliche Stellen im Sinne von Absatz 1 haben unverzüglich die zuständige Ausländerbehörde zu unterrichten, wenn sie im Zusammenhang mit der Erfüllung ihrer Aufgaben Kenntnis erlangen von

1. dem Aufenthalt eines Ausländers, der keinen erforderlichen Aufenthaltstitel besitzt und dessen Abschiebung nicht ausgesetzt ist,
2. dem Verstoß gegen eine räumliche Beschränkung,

2a. der Inanspruchnahme oder Beantragung von Sozialleistungen durch einen Ausländer, für sich selbst, seine Familienangehörigen oder für sonstige Haushaltsangehörige in den Fällen des § 7 Absatz 1 Satz 2 Nummer 2 oder Satz 4 des Zweiten Buches Sozialgesetzbuch oder in den Fällen des § 23 Absatz 3 Satz 1 Nummer 2 oder 3, Satz 3, 6 oder 7 des Zwölften Buches Sozialgesetzbuch oder

3. einem sonstigen Ausweisungsgrund;
4. *(weggefallen)*

in den Fällen der Nummern 1 und 2 und sonstiger nach diesem Gesetz strafbarer Handlungen kann statt der Ausländerbehörde die zuständige Polizeibehörde unterrichtet werden, wenn eine der in § 71 Abs. 5 bezeichneten Maßnahmen in Betracht kommt; die Polizeibehörde unterrichtet unverzüglich die Ausländerbehörde. Öffentliche Stellen sollen unverzüglich die zuständige Ausländerbehörde unterrichten, wenn sie im Zusammenhang mit der Erfüllung ihrer Aufgaben Kenntnis erlangen von einer besonderen Integrationsbedürftigkeit im Sinne einer nach § 43 Abs. 4 erlassenen Rechtsverordnung. Die Auslandsvertretungen übermitteln der zuständigen Ausländerbehörde personenbezogene Daten eines Ausländers, die geeignet sind, dessen Identität oder Staatsangehörigkeit festzustellen, wenn sie davon Kenntnis erlangen, dass die Daten für die Durchsetzung der vollziehbaren Ausreisepflicht gegenüber dem Ausländer gegenwärtig von Bedeutung sein können.

(3) Die Beauftragte der Bundesregierung für Migration, Flüchtlinge und Integration ist nach den Absätzen 1 und 2 zu Mitteilungen über einen diesem Personenkreis angehörenden Ausländer nur verpflichtet, soweit dadurch die Erfüllung der eigenen Aufgaben nicht gefährdet wird. Die Landesregierungen können durch Rechtsverordnung bestimmen, dass Ausländerbeauftragte des Landes und Ausländerbeauftragte von Gemeinden nach den Absätzen 1 und 2 zu Mitteilungen über einen Ausländer, der sich rechtmäßig in dem Land oder der Gemeinde aufhält oder der sich bis zum Erlass eines die Rechtmäßigkeit des Aufenthalts beendenden Verwaltungsaktes rechtmäßig dort aufgehalten hat, nur nach Maßgabe des Satzes 1 verpflichtet sind.

(4) Die für die Einleitung und Durchführung eines Straf- oder eines Bußgeldverfahrens zuständigen Stellen haben die zuständige Ausländerbehörde unverzüglich über die Einleitung des Strafverfahrens sowie die Erledigung des Straf- oder Bußgeldverfahrens bei der Staatsanwaltschaft, bei Gericht oder bei der für die Verfolgung und Ahndung der Ordnungswidrigkeit zuständigen Verwaltungsbehörde unter Angabe der gesetzlichen Vorschriften zu unterrichten. Satz 1 gilt entsprechend bei Strafverfahren für die Erhebung der öffentlichen Klage sowie den Erlass und die Aufhebung eines Haftbefehls, solange dies nicht den Untersuchungszweck gefährdet. Satz 1 gilt entsprechend für die Einleitung eines Auslieferungsverfahrens gegen einen Ausländer. Satz 1 gilt nicht für Verfahren wegen einer Ordnungswidrigkeit, die nur mit einer Geldbuße bis zu eintausend Euro geahndet werden kann. Die Zeugenschutzdienststelle unterrichtet die zuständige Ausländerbehörde unverzüglich über Beginn und Ende des Zeugenschutzes für einen Ausländer.

(5) Die nach § 72 Abs. 6 zu beteiligenden Stellen haben den Ausländerbehörden

1. von Amts wegen Umstände mitzuteilen, die einen Widerruf eines nach § 25 Abs. 4a oder 4b erteilten Aufenthaltstitels oder die Verkürzung oder Aufhebung einer nach § 59 Absatz 7 gewährten Ausreisefrist rechtfertigen und
2. von Amts wegen Angaben zur zuständigen Stelle oder zum Übergang der Zuständigkeit mitzuteilen, sofern in einem Strafverfahren eine Beteiligung nach § 72 Abs. 6 erfolgte oder eine Mitteilung nach Nummer 1 gemacht wurde.

(6) Öffentliche Stellen sowie private Träger, die über staatlich finanzierte rückkehr- und reintegrationsfördernde Maßnahmen entscheiden, haben nach § 86a Absatz 1 erhobene Daten an die zuständige Ausländerbehörde zu übermitteln, soweit dies für die in § 86a genannten Zwecke erforderlich ist.

§ 88 - Übermittlungen bei besonderen gesetzlichen Verarbeitungsregelungen

(1) Eine Übermittlung personenbezogener Daten und sonstiger Angaben nach § 87 unterbleibt, soweit besondere gesetzliche Verwendungsregelungen entgegenstehen.

(2) Personenbezogene Daten, die von einem Arzt oder anderen in § 203 Abs. 1 Nr. 1, 2, 4 bis 6 und Abs. 3 des Strafgesetzbuches genannten Personen einer öffentlichen Stelle zugänglich gemacht worden sind, dürfen von dieser übermittelt werden,

1. wenn dies zur Abwehr von erheblichen Gefahren für Leib und Leben des Ausländers oder von Dritten erforderlich ist, der Ausländer die öffentliche Gesundheit gefährdet und besondere Schutzmaßnahmen zum Ausschluss der Gefährdung nicht möglich sind oder von dem Ausländer nicht eingehalten werden oder
2. soweit die Daten für die Feststellung erforderlich sind, ob die in § 54 Absatz 2 Nummer 4 bezeichneten Voraussetzungen vorliegen.

(3) Personenbezogene Daten, die nach § 30 der Abgabenordnung dem Steuergeheimnis unterliegen, dürfen übermittelt werden, wenn der Ausländer gegen eine Vorschrift des Steuerrechts einschließlich des Zollrechts und des Monopolrechts oder des Außenwirtschaftsrechts oder gegen Einfuhr-, Ausfuhr-, Durchfuhr oder Verbringungsverbote oder -beschränkungen verstoßen

hat und wegen dieses Verstoßes ein strafrechtliches Ermittlungsverfahren eingeleitet oder eine Geldbuße von mindestens fünfhundert Euro verhängt worden ist. In den Fällen des Satzes 1 dürfen auch die mit der polizeilichen Kontrolle des grenzüberschreitenden Verkehrs beauftragten Behörden unterrichtet werden, wenn ein Ausreiseverbot nach § 46 Abs. 2 erlassen werden soll.

(4) Auf die Übermittlung durch die mit der Ausführung dieses Gesetzes betrauten Behörden und durch nichtöffentliche Stellen finden die Absätze 1 bis 3 entsprechende Anwendung.

Bürgerliches Gesetzbuch (BGB) mit Einführungsgesetz

in der Bekanntmachung vom 2.1.2002 (BGBl. I S. 42, 2909; 2003 I S. 738), zuletzt geändert durch Artikel 6 des Gesetzes vom 7.11.2022 (BGBl. I S. 1982).

- Auszug -

§ 54 - Nicht rechtsfähige Vereine

Auf Vereine, die nicht rechtsfähig sind, finden die Vorschriften über die Gesellschaft Anwendung. Aus einem Rechtsgeschäft, das im Namen eines solchen Vereins einem Dritten gegenüber vorgenommen wird, haftet der Handelnde persönlich; handeln mehrere, so haften sie als Gesamtschuldner.

§ 116 - Geheimer Vorbehalt

Eine Willenserklärung ist nicht deshalb nichtig, weil sich der Erklärende insgeheim vorbehält, das Erklärte nicht zu wollen. Die Erklärung ist nichtig, wenn sie einem anderen gegenüber abzugeben ist und dieser den Vorbehalt kennt.

§ 156 - Vertragsschluss bei Versteigerung

Bei einer Versteigerung kommt der Vertrag erst durch den Zuschlag zustande. Ein Gebot erlischt, wenn ein Übergebot abgegeben oder die Versteigerung ohne Erteilung des Zuschlags geschlossen wird.

§ 186 - Geltungsbereich

Für die in Gesetzen, gerichtlichen Verfügungen und Rechtsgeschäften enthaltenen Frist- und Terminsbestimmungen gelten die Auslegungsvorschriften der §§ 187 bis 193.

§ 187 - Fristbeginn

(1) Ist für den Anfang einer Frist ein Ereignis oder ein in den Lauf eines Tages fallender Zeitpunkt maßgebend, so wird bei der Berechnung der Frist der Tag nicht mitgerechnet, in welchen das Ereignis oder der Zeitpunkt fällt.

(2) Ist der Beginn eines Tages der für den Anfang einer Frist maßgebende Zeitpunkt, so wird dieser Tag bei der Berechnung der Frist mitgerechnet. Das gleiche gilt von dem Tag der Geburt bei der Berechnung des Lebensalters.

§ 188 - Fristende

(1) Eine nach Tagen bestimmte Frist endigt mit dem Ablauf des letzten Tages der Frist.

(2) Eine Frist, die nach Wochen, nach Monaten oder nach einem mehrere Monate umfassenden Zeitraum - Jahr, halbes Jahr, Vierteljahr - bestimmt ist, endigt im Falle des § 187 Abs. 1 mit dem Ablauf desjenigen Tages der letzten Woche oder des letzten Monats, welcher durch seine Benennung oder seine Zahl dem Tag entspricht, in den das Ereignis oder der Zeitpunkt fällt, im Falle des § 187 Abs. 2 mit dem Ablauf desjenigen Tages der letzten Woche oder des letzten Monats, welcher dem Tag vorhergeht, der durch seine Benennung oder seine Zahl dem Anfangstag der Frist entspricht.

(3) Fehlt bei einer nach Monaten bestimmten Frist in dem letzten Monat der für ihren Ablauf maßgebende Tag, so endigt die Frist mit dem Ablauf des letzten Tages dieses Monats.

§ 189 - Berechnung einzelner Fristen

(1) Unter einem halben Jahr wird eine Frist von sechs Monaten, unter einem Vierteljahr eine Frist von drei Monaten, unter einem halben Monat eine Frist von 15 Tagen verstanden.

(2) Ist eine Frist auf einen oder mehrere ganze Monate und einen halben Monat gestellt, so sind die 15 Tage zuletzt zu zählen.

§ 190 - Fristverlängerung

Im Falle der Verlängerung einer Frist wird die neue Frist von dem Ablauf der vorigen Frist an berechnet.

§ 191 - Berechnung von Zeiträumen

Ist ein Zeitraum nach Monaten oder nach Jahren in dem Sinne bestimmt, daß er nicht zusammenhängend zu verlaufen braucht, so wird der Monat zu 30, das Jahr zu 365 Tagen gerechnet.

§ 192 - Anfang, Mitte, Ende des Monats

Unter Anfang des Monats wird der erste, unter Mitte des Monats der 15., unter Ende des Monats der letzte Tag des Monats verstanden.

§ 193 - Sonn- und Feiertag; Sonnabend

Ist an einem bestimmten Tag oder innerhalb einer Frist eine Willenserklärung abzugeben oder eine Leistung zu bewirken und fällt der bestimmte Tag oder der letzte Tag der Frist auf einen Sonntag, einen am Erklärungs- oder Leistungsort staatlich anerkannten allgemeinen Feiertag oder einen Sonnabend, so tritt an die Stelle eines solchen Tages der nächste Werktag.

§ 215 - Aufrechnung und Zurückbehaltungsrecht nach Eintritt der Verjährung

Die Verjährung schließt die Aufrechnung und die Geltendmachung eines Zurückbehaltungsrechts nicht aus, wenn der Anspruch in dem Zeitpunkt noch nicht verjährt war, in dem erstmals aufgerechnet oder die Leistung verweigert werden konnte.

§ 234 - Geeignete Wertpapiere

(1) Wertpapiere sind zur Sicherheitsleistung nur geeignet, wenn sie auf den Inhaber lauten, einen Kurswert haben und einer Gattung angehören, in der Mündelgeld angelegt werden darf. Den Inhaberpapieren stehen Orderpapiere gleich, die mit Blankoindossament versehen sind.

(2) Mit den Wertpapieren sind die Zins-, Renten-, Gewinnanteil- und Erneuerungsscheine zu hinterlegen.

(3) Mit Wertpapieren kann Sicherheit nur in Höhe von drei Vierteln des Kurswerts geleistet werden.

§ 236 - Buchforderungen

Mit einer Schuldbuchforderung gegen den Bund oder gegen ein Land kann Sicherheit nur in Höhe von drei Vierteln des Kurswertes der Wertpapiere geleistet werden, deren Aushändigung der Gläubiger gegen Löschung seiner Forderung verlangen kann.

§ 237 - Bewegliche Sachen

Mit einer beweglichen Sache kann Sicherheit nur in Höhe von zwei Dritteln des Schätzungswerts geleistet werden. Sachen, deren Verderb zu besorgen oder deren Aufbewahrung mit besonderen Schwierigkeiten verbunden ist, können zurückgewiesen werden.

§ 387 - Voraussetzungen

Schulden zwei Personen einander Leistungen, die ihrem Gegenstand nach gleichartig sind, so kann jeder Teil seine Forderung gegen die Forderung des anderen Teils aufrechnen, sobald er die ihm gebührende Leistung fordern und die ihm obliegende Leistung bewirken kann.

§ 388 - Erklärung der Aufrechnung

Die Aufrechnung erfolgt durch Erklärung gegenüber dem anderen Teil. Die Erklärung ist unwirksam, wenn sie unter einer Bedingung oder einer Zeitbestimmung abgegeben wird.

§ 389 - Wirkung der Aufrechnung

Die Aufrechnung bewirkt, dass die Forderungen, soweit sie sich decken, als in dem Zeitpunkt erloschen gelten, in welchem sie zur Aufrechnung geeignet einander gegenübergetreten sind.

§ 390 - Keine Aufrechnung mit einredebehafteter Forderung

Eine Forderung, der eine Einrede entgegensteht, kann nicht aufgerechnet werden.

§ 391 - Aufrechnung bei Verschiedenheit der Leistungsorte

(1) Die Aufrechnung wird nicht dadurch ausgeschlossen, dass für die Forderungen verschiedene Leistungs- oder Ablieferungsorte bestehen. Der aufrechnende Teil hat jedoch den Schaden zu ersetzen, den der andere Teil dadurch erleidet, dass er infolge der Aufrechnung die Leistung nicht an dem bestimmten Orte erhält oder bewirken kann.

(2) Ist vereinbart, dass die Leistung zu einer bestimmten Zeit an einem bestimmten Orte erfolgen soll, so ist im Zweifel anzunehmen, dass die Aufrechnung einer Forderung, für die ein anderer Leistungsort besteht, ausgeschlossen sein soll.

§ 392 - Aufrechnung gegen beschlagnahmte Forderung

Durch die Beschlagnahme einer Forderung wird die Aufrechnung einer dem Schuldner gegen den Gläubiger zustehenden Forderung nur dann ausgeschlossen, wenn der Schuldner seine Forderung nach der Beschlagnahme erworben hat oder wenn seine Forderung erst nach der Beschlagnahme und später als die in Beschlag genommene Forderung fällig geworden ist.

§ 393 - Keine Aufrechnung gegen Forderung aus unerlaubter Handlung

Gegen eine Forderung aus einer vorsätzlich begangenen unerlaubten Handlung ist die Aufrechnung nicht zulässig.

§ 394 - Keine Aufrechnung gegen unpfändbare Forderung

Soweit eine Forderung der Pfändung nicht unterworfen ist, findet die Aufrechnung gegen die Forderung nicht statt. Gegen die aus Kranken-, Hilfs- oder Sterbekassen, insbesondere aus Knappschaftskassen und Kassen der Knappschaftsvereine, zu beziehenden Hebungen können jedoch geschuldete Beiträge aufgerechnet werden.

§ 395 - Aufrechnung gegen Forderungen öffentlich-rechtlicher Körperschaften

Gegen eine Forderung des Bundes oder eines Landes sowie gegen eine Forderung einer Gemeinde oder eines anderen Kommunalverbands ist die Aufrechnung nur zulässig, wenn die Leistung an dieselbe Kasse zu erfolgen hat, aus der die Forderung des Aufrechnenden zu berichtigen ist.

§ 396 - Mehrheit von Forderungen

(1) Hat der eine oder der andere Teil mehrere zur Aufrechnung geeignete Forderungen, so kann der aufrechnende Teil die Forderungen bestimmen, die gegeneinander aufgerechnet werden sollen. Wird die Aufrechnung ohne eine solche Bestimmung erklärt oder widerspricht der andere Teil unverzüglich, so findet die Vorschrift des § 366 Abs. 2 entsprechende Anwendung.

(2) Schuldet der aufrechnende Teil dem anderen Teil außer der Hauptleistung Zinsen und Kosten, so finden die Vorschriften des § 367 entsprechende Anwendung.

§ 406 - Aufrechnung gegenüber dem neuen Gläubiger

Der Schuldner kann eine ihm gegen den bisherigen Gläubiger zustehende Forderung auch dem neuen Gläubiger gegenüber aufrechnen, es sei denn, dass er bei dem Erwerb der Forderung von der Abtretung Kenntnis hatte oder dass die Forderung erst nach der Erlangung der Kenntnis und später als die abgetretene Forderung fällig geworden ist.

§ 766 - Schriftform der Bürgschaftserklärung

Zur Gültigkeit des Bürgschaftsvertrags ist schriftliche Erteilung der Bürgschaftserklärung erforderlich. Die Erteilung der Bürgschaftserklärung in elektronischer Form ist ausgeschlossen. Soweit der Bürge die Hauptverbindlichkeit erfüllt, wird der Mangel der Form geheilt.

§ 771 - Einrede der Vorausklage

Der Bürge kann die Befriedigung des Gläubigers verweigern, solange nicht der Gläubiger eine Zwangsvollstreckung gegen den Hauptschuldner ohne Erfolg versucht hat (Einrede der Vorausklage). Erhebt der Bürge die Einrede der Vorausklage, ist die Verjährung des Anspruchs des Gläubigers gegen den Bürgen gehemmt, bis der Gläubiger eine Zwangsvollstreckung gegen den Hauptschuldner ohne Erfolg versucht hat.

§ 780 - Schuldversprechen

Zur Gültigkeit eines Vertrags, durch den eine Leistung in der Weise versprochen wird, dass das Versprechen die Verpflichtung selbständig begründen soll (Schuldversprechen), ist, soweit nicht eine andere Form vorgeschrieben ist, schriftliche Erteilung des Versprechens erforderlich. Die Erteilung des Versprechens in elektronischer Form ist ausgeschlossen.

§ 812 - Herausgabeanspruch

(1) Wer durch die Leistung eines anderen oder in sonstiger Weise auf dessen Kosten etwas ohne rechtlichen Grund erlangt, ist ihm zur Herausgabe verpflichtet. Diese Verpflichtung besteht auch dann, wenn der rechtliche Grund später wegfällt oder der mit einer Leistung nach dem Inhalt des Rechtsgeschäfts bezweckte Erfolg nicht eintritt.

(2) Als Leistung gilt auch die durch Vertrag erfolgte Anerkennung des Bestehens oder des Nichtbestehens eines Schuldverhältnisses.

§ 894 - Berichtigung des Grundbuchs

Steht der Inhalt des Grundbuchs in Ansehung eines Rechts an dem Grundstück, eines Rechts an einem solchen Recht oder einer Verfügungsbeschränkung der in § 892 Abs. 1 bezeichneten Art mit der wirklichen Rechtslage nicht im Einklang, so kann derjenige, dessen Recht nicht oder nicht richtig eingetragen oder durch die Eintragung einer nicht bestehenden Belastung oder Beschränkung beeinträchtigt ist, die Zustimmung zu der Berichtigung des Grundbuchs von demjenigen verlangen, dessen Recht durch die Berichtigung betroffen wird.

§ 1085 - Bestellung des Nießbrauchs an einem Vermögen

Der Nießbrauch an dem Vermögen einer Person kann nur in der Weise bestellt werden, dass der Nießbraucher den Nießbrauch an den einzelnen zu dem Vermögen gehörenden Gegenständen erlangt. Soweit der Nießbrauch bestellt ist, gelten die Vorschriften der §§ 1086 bis 1088.

§ 1086 - Rechte der Gläubiger des Bestellers

Die Gläubiger des Bestellers können, soweit ihre Forderungen vor der Bestellung entstanden sind, ohne Rücksicht auf den Nießbrauch Befriedigung aus den dem Nießbrauch unterliegenden Gegenständen verlangen. Hat der Nießbraucher das Eigentum an verbrauchbaren Sachen erlangt, so tritt an die Stelle der Sachen der Anspruch des Bestellers auf Ersatz des Wertes; der Nießbraucher ist den Gläubigern gegenüber zum sofortigen Ersatz verpflichtet.

§ 1087 - Verhältnis zwischen Nießbraucher und Besteller

(1) Der Besteller kann, wenn eine vor der Bestellung entstandene Forderung fällig ist, von dem Nießbraucher Rückgabe der zur Befriedigung des Gläubigers erforderlichen Gegenstände verlangen. Die Auswahl steht ihm zu; er kann jedoch nur die vorzugsweise geeigneten Gegenstände auswählen. Soweit die zurückgegebenen Gegenstände ausreichen, ist der Besteller dem Nießbraucher gegenüber zur Befriedigung des Gläubigers verpflichtet.

(2) Der Nießbraucher kann die Verbindlichkeit durch Leistung des geschuldeten Gegenstands erfüllen. Gehört der geschuldete Gegenstand nicht zu dem Vermögen, das dem Nießbrauch unterliegt, so ist der Nießbraucher berechtigt, zum Zwecke der Befriedigung des Gläubigers einen zu dem Vermögen gehörenden Gegenstand zu veräußern, wenn die Befriedigung durch den Besteller nicht ohne Gefahr abgewartet werden kann. Er hat einen vorzugsweise geeigneten Gegenstand auszuwählen. Soweit er zum Ersatz des Wertes verbrauchbarer Sachen verpflichtet ist, darf er eine Veräußerung nicht vornehmen.

§ 1088 - Haftung des Nießbrauchers

(1) Die Gläubiger des Bestellers, deren Forderungen schon zur Zeit der Bestellung verzinslich waren, können die Zinsen für die Dauer des Nießbrauchs auch von dem Nießbraucher verlangen. Das Gleiche gilt von anderen wiederkehrenden Leistungen, die bei ordnungsmäßiger Verwaltung aus den Einkünften des Vermögens bestritten werden, wenn die Forderung vor der Bestellung des Nießbrauchs entstanden ist.

(2) Die Haftung des Nießbrauchers kann nicht durch Vereinbarung zwischen ihm und dem Besteller ausgeschlossen oder beschränkt werden.

(3) Der Nießbraucher ist dem Besteller gegenüber zur Befriedigung der Gläubiger wegen der im Absatz 1 bezeichneten Ansprüche verpflichtet. Die Rückgabe von Gegenständen zum Zwecke der Befriedigung kann der Besteller nur verlangen, wenn der Nießbraucher mit der Erfüllung dieser Verbindlichkeit in Verzug kommt.

§ 1116 - Brief- und Buchhypothek

(1) Über die Hypothek wird ein Hypothekenbrief erteilt.

(2) Die Erteilung des Briefes kann ausgeschlossen werden. Die Ausschließung kann auch nachträglich erfolgen. Zu der Ausschließung ist die Einigung des Gläubigers und des Eigentümers sowie die Eintragung in das Grundbuch erforderlich; die Vorschriften des § 873 Abs. 2 und der §§ 876, 878 finden entsprechende Anwendung.

(3) Die Ausschließung der Erteilung des Briefes kann aufgehoben werden; die Aufhebung erfolgt in gleicher Weise wie die Ausschließung.

§ 1159 - Rückständige Nebenleistungen

(1) Soweit die Forderung auf Rückstände von Zinsen oder anderen Nebenleistungen gerichtet ist, bestimmt sich die Übertragung sowie das Rechtsverhältnis zwischen dem Eigentümer und dem neuen Gläubiger nach den für die Übertragung von Forderungen geltenden allgemeinen Vorschriften. Das gleiche gilt für den Anspruch auf Erstattung von Kosten, für die das Grundstück nach § 1118 haftet.

(2) Die Vorschriften des § 892 finden auf die im Absatz 1 bezeichneten Ansprüche keine Anwendung.

§ 1185 - Buchhypothek; unanwendbare Vorschriften

(1) Bei der Sicherungshypothek ist die Erteilung des Hypothekenbriefs ausgeschlossen.

(2) Die Vorschriften der §§ 1138, 1139, 1141, 1156 finden keine Anwendung.

§ 1187 - Sicherungshypothek für Inhaber- und Orderpapiere

Für die Forderung aus einer Schuldverschreibung auf den Inhaber, aus einem Wechsel oder aus einem anderen Papier, das durch Indossament übertragen werden kann, kann nur eine Sicherungshypothek bestellt werden. Die Hypothek gilt als Sicherungshypothek, auch wenn sie im Grundbuch nicht als solche bezeichnet ist. Die Vorschrift des § 1154 Abs. 3 findet keine Anwendung. Ein Anspruch auf Löschung der Hypothek nach den §§ 1179a, 1179b besteht nicht.

§ 1239 - Mitbieten durch Gläubiger und Eigentümer

(1) Der Pfandgläubiger und der Eigentümer können bei der Versteigerung mitbieten. Erhält der Pfandgläubiger den Zuschlag, so ist der Kaufpreis als von ihm empfangen anzusehen.

(2) Das Gebot des Eigentümers darf zurückgewiesen werden, wenn nicht der Betrag bar erlegt wird. Das gleiche gilt von dem Gebot des Schuldners, wenn das Pfand für eine fremde Schuld haftet.

§ 1362 - Eigentumsvermutung

(1) Zugunsten der Gläubiger eines der Ehegatten wird vermutet, dass die im Besitz eines oder beider Ehegatten befindlichen beweglichen Sachen dem Schuldner gehören Diese Vermutung

gilt nicht, wenn die Ehegatten getrennt leben und sich die Sachen im Besitz des Ehegatten befinden, der nicht Schuldner ist. Inhaberpapiere und Orderpapiere, die mit Blankoindossament versehen sind, stehen den beweglichen Sachen gleich.

(2) Für die ausschließlich zum persönlichen Gebrauch eines Ehegatten bestimmten Sachen wird im Verhältnis der Ehegatten zueinander und zu den Gläubigern vermutet, dass sie dem Ehegatten gehören, für dessen Gebrauch sie bestimmt sind.

§ 1415 - Vereinbarung durch Ehevertrag

Vereinbaren die Ehegatten durch Ehevertrag Gütergemeinschaft, so gelten die nachstehenden Vorschriften.

§ 1416 - Gesamtgut

(1) Das jeweilige Vermögen der Ehegatten wird durch die Gütergemeinschaft gemeinschaftliches Vermögen beider Ehegatten (Gesamtgut). Zu dem Gesamtgut gehört auch das Vermögen, das einer der Ehegatten während der Gütergemeinschaft erwirbt.

(2) Die einzelnen Gegenstände werden gemeinschaftlich; sie brauchen nicht durch Rechtsgeschäft übertragen zu werden.

(3) Wird ein Recht gemeinschaftlich, das im Grundbuch eingetragen ist oder in das Grundbuch eingetragen werden kann, so kann jeder Ehegatte von dem anderen verlangen, dass er zur Berichtigung des Grundbuchs mitwirke. Entsprechendes gilt, wenn ein Recht gemeinschaftlich wird, das im Schiffsregister oder im Schiffsbauregister eingetragen ist.

§ 1417 - Sondergut

(1) Vom Gesamtgut ist das Sondergut ausgeschlossen.

(2) Sondergut sind die Gegenstände, die nicht durch Rechtsgeschäft übertragen werden können.

(3) Jeder Ehegatte verwaltet sein Sondergut selbständig. Er verwaltet es für Rechnung des Gesamtguts.

§ 1418 - Vorbehaltsgut

(1) Vom Gesamtgut ist das Vorbehaltsgut ausgeschlossen.

(2) Vorbehaltsgut sind die Gegenstände,

1. die durch Ehevertrag zum Vorbehaltsgut eines Ehegatten erklärt sind,
2. die ein Ehegatte von Todes wegen erwirbt oder die ihm von einem Dritten unentgeltlich zugewendet werden, wenn der Erblasser durch letztwillige Verfügung, der Dritte bei der Zuwendung bestimmt hat, dass der Erwerb Vorbehaltsgut sein soll,
3. die ein Ehegatte auf Grund eines zu seinem Vorbehaltsgut gehörenden Rechts oder als Ersatz für die Zerstörung, Beschädigung oder Entziehung eines zum Vorbehaltsgut gehörenden Gegenstands oder durch ein Rechtsgeschäft erwirbt, das sich auf das Vorbehaltsgut bezieht.

(3) Jeder Ehegatte verwaltet das Vorbehaltsgut selbständig. Er verwaltet es für eigene Rechnung.

(4) Gehören Vermögensgegenstände zum Vorbehaltsgut, so ist dies Dritten gegenüber nur nach Maßgabe des § 1412 wirksam.

§ 1419 - Gesamthandsgemeinschaft

(1) Ein Ehegatte kann nicht über seinen Anteil am Gesamtgut und an den einzelnen Gegenständen verfügen, die zum Gesamtgut gehören; er ist nicht berechtigt, Teilung zu verlangen.

(2) Gegen eine Forderung, die zum Gesamtgut gehört, kann der Schuldner nur mit einer Forderung aufrechnen, deren Berichtigung er aus dem Gesamtgut verlangen kann.

§ 1420 - Verwendung zum Unterhalt

Die Einkünfte, die in das Gesamtgut fallen, sind vor den Einkünften, die in das Vorbehaltsgut fallen, der Stamm des Gesamtguts ist vor dem Stamm des Vorbehaltsguts oder des Sonderguts für den Unterhalt der Familie zu verwenden.

§ 1421 - Verwaltung des Gesamtguts

Die Ehegatten sollen in dem Ehevertrag, durch den sie die Gütergemeinschaft vereinbaren, bestimmen, welcher der Ehegatten das Gesamtgut verwaltet oder ob es von ihnen gemeinschaftlich verwaltet wird. Enthält der Ehevertrag keine Bestimmung hierüber, so verwalten die Ehegatten das Gesamtgut gemeinschaftlich.

§ 1422 - Inhalt des Verwaltungsrechts

Der Ehegatte, der das Gesamtgut verwaltet, ist insbesondere berechtigt, die zum Gesamtgut gehörenden Sachen in Besitz zu nehmen und über das Gesamtgut zu verfügen; er führt Rechtsstreitigkeiten, die sich auf das Gesamtgut beziehen, im eigenen Namen. Der andere Ehegatte wird durch die Verwaltungshandlungen nicht persönlich verpflichtet.

§ 1423 - Verfügung über das Gesamtgut im Ganzen

Der Ehegatte, der das Gesamtgut verwaltet, kann sich nur mit Einwilligung des anderen Ehegatten verpflichten, über das Gesamtgut im Ganzen zu verfügen. Hat er sich ohne Zustimmung des anderen Ehegatten verpflichtet, so kann er die Verpflichtung nur erfüllen, wenn der andere Ehegatte einwilligt.

§ 1424 - Verfügung über Grundstücke, Schiffe oder Schiffsbauwerke

Der Ehegatte, der das Gesamtgut verwaltet, kann nur mit Einwilligung des anderen Ehegatten über ein zum Gesamtgut gehörendes Grundstück verfügen; er kann sich zu einer solchen Verfügung auch nur mit Einwilligung seines Ehegatten verpflichten. Dasselbe gilt, wenn ein eingetragenes Schiff oder Schiffsbauwerk zum Gesamtgut gehört.

§ 1425 - Schenkungen

(1) Der Ehegatte, der das Gesamtgut verwaltet, kann nur mit Einwilligung des anderen Ehegatten Gegenstände aus dem Gesamtgut verschenken; hat er ohne Zustimmung des anderen Ehegatten versprochen, Gegenstände aus dem Gesamtgut zu verschenken, so kann er dieses Versprechen nur erfüllen, wenn der andere Ehegatte einwilligt. Das Gleiche gilt von einem Schenkungsversprechen, das sich nicht auf das Gesamtgut bezieht.

(2) Ausgenommen sind Schenkungen, durch die einer sittlichen Pflicht oder einer auf den Anstand zu nehmenden Rücksicht entsprochen wird.

§ 1426 - Ersetzung der Zustimmung des anderen Ehegatten

Ist ein Rechtsgeschäft, das nach den §§ 1423, 1424 nur mit Einwilligung des anderen Ehegatten vorgenommen werden kann, zur ordnungsmäßigen Verwaltung des Gesamtguts erforderlich, so kann das Familiengericht auf Antrag die Zustimmung des anderen Ehegatten ersetzen, wenn dieser sie ohne ausreichenden Grund verweigert oder durch Krankheit oder Abwesenheit an der Abgabe einer Erklärung verhindert und mit dem Aufschub Gefahr verbunden ist.

§ 1427 - Rechtsfolgen fehlender Einwilligung

(1) Nimmt der Ehegatte, der das Gesamtgut verwaltet, ein Rechtsgeschäft ohne die erforderliche Einwilligung des anderen Ehegatten vor, so gelten die Vorschriften des § 1366 Abs. 1, 3, 4 und des § 1367 entsprechend.

(2) Einen Vertrag kann der Dritte bis zur Genehmigung widerrufen. Hat er gewusst, dass der Ehegatte in Gütergemeinschaft lebt, so kann er nur widerrufen, wenn dieser wahrheitswidrig behauptet hat, der andere Ehegatte habe eingewilligt; er kann auch in diesem Falle nicht widerrufen, wenn ihm beim Abschluss des Vertrags bekannt war, dass der andere Ehegatte nicht eingewilligt hatte.

§ 1428 - Verfügungen ohne Zustimmung

Verfügt der Ehegatte, der das Gesamtgut verwaltet, ohne die erforderliche Zustimmung des anderen Ehegatten über ein zum Gesamtgut gehörendes Recht, so kann dieser das Recht gegen Dritte gerichtlich geltend machen; der Ehegatte, der das Gesamtgut verwaltet, braucht hierzu nicht mitzuwirken.

§ 1429 - Notverwaltungsrecht

Ist der Ehegatte, der das Gesamtgut verwaltet, durch Krankheit oder durch Abwesenheit verhindert, ein Rechtsgeschäft vorzunehmen, das sich auf das Gesamtgut bezieht, so kann der andere Ehegatte das Rechtsgeschäft vornehmen, wenn mit dem Aufschub Gefahr verbunden ist; er kann hierbei im eigenen Namen oder im Namen des verwaltenden Ehegatten handeln. Das Gleiche gilt für die Führung eines Rechtsstreits, der sich auf das Gesamtgut bezieht.

§ 1430 - Ersetzung der Zustimmung des Verwalters

Verweigert der Ehegatte, der das Gesamtgut verwaltet, ohne ausreichenden Grund die Zustimmung zu einem Rechtsgeschäft, das der andere Ehegatte zur ordnungsmäßigen Besorgung seiner persönlichen Angelegenheiten vornehmen muss, aber ohne diese Zustimmung nicht mit Wirkung für das Gesamtgut vornehmen kann, so kann das Familiengericht die Zustimmung auf Antrag ersetzen.

§ 1431 - Selbständiges Erwerbsgeschäft

(1) Hat der Ehegatte, der das Gesamtgut verwaltet, darin eingewilligt, dass der andere Ehegatte selbständig ein Erwerbsgeschäft betreibt, so ist seine Zustimmung zu solchen Rechtsgeschäften und Rechtsstreitigkeiten nicht erforderlich, die der Geschäftsbetrieb mit sich bringt. Einseitige Rechtsgeschäfte, die sich auf das Erwerbsgeschäft beziehen, sind dem Ehegatten gegenüber vorzunehmen, der das Erwerbsgeschäft betreibt.

(2) Weiß der Ehegatte, der das Gesamtgut verwaltet, dass der andere Ehegatte ein Erwerbsgeschäft betreibt, und hat er hiergegen keinen Einspruch eingelegt, so steht dies einer Einwilligung gleich.

(3) Dritten gegenüber ist ein Einspruch und der Widerruf der Einwilligung nur nach Maßgabe des § 1412 wirksam.

§ 1432 - Annahme einer Erbschaft; Ablehnung von Vertragsantrag oder Schenkung

(1) Ist dem Ehegatten, der das Gesamtgut nicht verwaltet, eine Erbschaft oder ein Vermächtnis angefallen, so ist nur er berechtigt, die Erbschaft oder das Vermächtnis anzunehmen oder auszuschlagen; die Zustimmung des anderen Ehegatten ist nicht erforderlich. Das Gleiche gilt von dem Verzicht auf den Pflichtteil oder auf den Ausgleich eines Zugewinns sowie von der Ablehnung eines Vertragsantrags oder einer Schenkung.

(2) Der Ehegatte, der das Gesamtgut nicht verwaltet, kann ein Inventar über eine ihm angefallene Erbschaft ohne Zustimmung des anderen Ehegatten errichten.

§ 1433 - Fortsetzung eines Rechtsstreits

Der Ehegatte, der das Gesamtgut nicht verwaltet, kann ohne Zustimmung des anderen Ehegatten einen Rechtsstreit fortsetzen, der beim Eintritt der Gütergemeinschaft anhängig war.

§ 1434 - Ungerechtfertigte Bereicherung des Gesamtguts

Wird durch ein Rechtsgeschäft, das ein Ehegatte ohne die erforderliche Zustimmung des anderen Ehegatten vornimmt, das Gesamtgut bereichert, so ist die Bereicherung nach den Vorschriften über die ungerechtfertigte Bereicherung aus dem Gesamtgut herauszugeben.

§ 1435 - Pflichten des Verwalters

Der Ehegatte hat das Gesamtgut ordnungsmäßig zu verwalten. Er hat den anderen Ehegatten über die Verwaltung zu unterrichten und ihm auf Verlangen über den Stand der Verwaltung Auskunft zu erteilen. Mindert sich das Gesamtgut, so muss er zu dem Gesamtgut Ersatz leisten, wenn er den Verlust verschuldet oder durch ein Rechtsgeschäft herbeigeführt hat, das er ohne die erforderliche Zustimmung des anderen Ehegatten vorgenommen hat.

§ 1436 - Verwalter unter Betreuung

Fällt die Verwaltung des Gesamtguts in den Aufgabenkreis des Betreuers eines Ehegatten, so hat der Betreuer diesen in den Rechten und Pflichten zu vertreten, die sich aus der Verwaltung des Gesamtguts ergeben. Dies gilt auch dann, wenn der andere Ehegatte zum Betreuer bestellt ist.

§ 1437 - Gesamtgutsverbindlichkeiten; persönliche Haftung

(1) Aus dem Gesamtgut können die Gläubiger des Ehegatten, der das Gesamtgut verwaltet, und, soweit sich aus den §§ 1438 bis 1440 nichts anderes ergibt, auch die Gläubiger des anderen Ehegatten Befriedigung verlangen (Gesamtgutsverbindlichkeiten).

(2) Der Ehegatte, der das Gesamtgut verwaltet, haftet für die Verbindlichkeiten des anderen Ehegatten, die Gesamtgutsverbindlichkeiten sind, auch persönlich als Gesamtschuldner. Die Haftung erlischt mit der Beendigung der Gütergemeinschaft, wenn die Verbindlichkeiten im Verhältnis der Ehegatten zueinander dem anderen Ehegatten zur Last fallen.

§ 1438 - Haftung des Gesamtguts

(1) Das Gesamtgut haftet für eine Verbindlichkeit aus einem Rechtsgeschäft, das während der Gütergemeinschaft vorgenommen wird, nur dann, wenn der Ehegatte, der das Gesamtgut verwaltet, das Rechtsgeschäft vornimmt oder wenn er ihm zustimmt oder wenn das Rechtsgeschäft ohne seine Zustimmung für das Gesamtgut wirksam ist.

(2) Für die Kosten eines Rechtsstreits haftet das Gesamtgut auch dann, wenn das Urteil dem Gesamtgut gegenüber nicht wirksam ist.

§ 1439 - Keine Haftung bei Erwerb einer Erbschaft

Das Gesamtgut haftet nicht für Verbindlichkeiten, die durch den Erwerb einer Erbschaft entstehen, wenn der Ehegatte, der Erbe ist, das Gesamtgut nicht verwaltet und die Erbschaft während der Gütergemeinschaft als Vorbehaltsgut oder als Sondergut erwirbt; das Gleiche gilt beim Erwerb eines Vermächtnisses.

§ 1440 - Haftung für Vorbehalts- oder Sondergut

Das Gesamtgut haftet nicht für eine Verbindlichkeit, die während der Gütergemeinschaft infolge eines zum Vorbehaltsgut oder Sondergut gehörenden Rechts oder des Besitzes einer dazu gehörenden Sache in der Person des Ehegatten entsteht, der das Gesamtgut nicht verwaltet. Das Gesamtgut haftet jedoch, wenn das Recht oder die Sache zu einem Erwerbsgeschäft gehört, das der Ehegatte mit Einwilligung des anderen Ehegatten selbständig betreibt, oder wenn die Verbindlichkeit zu den Lasten des Sonderguts gehört, die aus den Einkünften beglichen zu werden pflegen.

§ 1441 - Haftung im Innenverhältnis

Im Verhältnis der Ehegatten zueinander fallen folgende Gesamtgutsverbindlichkeiten dem Ehegatten zur Last, in dessen Person sie entstehen:

1. die Verbindlichkeiten aus einer unerlaubten Handlung, die er nach Eintritt der Gütergemeinschaft begeht, oder aus einem Strafverfahren, das wegen einer solchen Handlung gegen ihn gerichtet wird;
2. die Verbindlichkeiten aus einem sich auf sein Vorbehaltsgut oder sein Sondergut beziehenden Rechtsverhältnis, auch wenn sie vor Eintritt der Gütergemeinschaft oder vor der Zeit entstanden sind, zu der das Gut Vorbehaltsgut oder Sondergut geworden ist;
3. die Kosten eines Rechtsstreits über eine der in den Nummern 1 und 2 bezeichneten Verbindlichkeiten.

§ 1442 - Verbindlichkeiten des Sonderguts und eines Erwerbsgeschäfts

Die Vorschriften des § 1441 Nr. 2, 3 gilt nicht, wenn die Verbindlichkeiten zu den Lasten des Sonderguts gehören, die aus den Einkünften beglichen zu werden pflegen. Die Vorschrift gilt auch dann nicht, wenn die Verbindlichkeiten durch den Betrieb eines für Rechnung des Gesamtguts geführten Erwerbsgeschäfts oder infolge eines zu einem solchen Erwerbsgeschäft gehörenden Rechts oder des Besitzes einer dazu gehörenden Sache entstehen.

§ 1443 - Prozesskosten

(1) Im Verhältnis der Ehegatten zueinander fallen die Kosten eines Rechtsstreits, den die Ehegatten miteinander führen, dem Ehegatten zur Last, der sie nach allgemeinen Vorschriften zu tragen hat.

(2) Führt der Ehegatte, der das Gesamtgut nicht verwaltet, einen Rechtsstreit mit einem Dritten, so fallen die Kosten des Rechtsstreits im Verhältnis der Ehegatten zueinander diesem Ehegatten zur Last. Die Kosten fallen jedoch dem Gesamtgut zur Last, wenn das Urteil dem Gesamtgut gegenüber wirksam ist oder wenn der Rechtsstreit eine persönliche Angelegenheit oder eine Gesamtgutsverbindlichkeit des Ehegatten betrifft und die Aufwendung der Kosten den Umständen nach geboten ist; § 1441 Nr. 3 und § 1442 bleiben unberührt.

§ 1444 - Kosten der Ausstattung eines Kindes

(1) Verspricht oder gewährt der Ehegatte, der das Gesamtgut verwaltet, einem gemeinschaftlichen Kind aus dem Gesamtgut eine Ausstattung, so fällt ihm im Verhältnis der Ehegatten zueinander die Ausstattung zur Last, soweit sie das Maß übersteigt, das dem Gesamtgut entspricht.

(2) Verspricht oder gewährt der Ehegatte, der das Gesamtgut verwaltet, einem nicht gemeinschaftlichen Kind eine Ausstattung aus dem Gesamtgut, so fällt sie im Verhältnis der Ehegatten zueinander dem Vater oder der Mutter zur Last; für den Ehegatten, der das Gesamtgut nicht verwaltet, gilt dies jedoch nur insoweit, als er zustimmt oder die Ausstattung nicht das Maß übersteigt, das dem Gesamtgut entspricht.

§ 1445 - Ausgleichung zwischen Vorbehalts-, Sonder- und Gesamtgut

(1) Verwendet der Ehegatte, der das Gesamtgut verwaltet, Gesamtgut in sein Vorbehaltsgut oder in sein Sondergut, so hat er den Wert des Verwendeten zum Gesamtgut zu ersetzen.

(2) Verwendet er Vorbehaltsgut oder Sondergut in das Gesamtgut, so kann er Ersatz aus dem Gesamtgut verlangen.

§ 1446 - Fälligkeit des Ausgleichsanspruchs

(1) Was der Ehegatte, der das Gesamtgut verwaltet, zum Gesamtgut schuldet, braucht er erst nach der Beendigung der Gütergemeinschaft zu leisten; was er aus dem Gesamtgut zu fordern hat, kann er erst nach der Beendigung der Gütergemeinschaft fordern.

(2) Was der Ehegatte, der das Gesamtgut nicht verwaltet, zum Gesamtgut oder was er zum Vorbehaltsgut oder Sondergut des anderen Ehegatten schuldet, braucht er erst nach der Beendigung der Gütergemeinschaft zu leisten; er hat die Schuld jedoch schon vorher zu berichtigen, soweit sein Vorbehaltsgut und sein Sondergut hierzu ausreichen.

§ 1447 - Aufhebungsantrag des nicht verwaltenden Ehegatten

Der Ehegatte, der das Gesamtgut nicht verwaltet, kann die Aufhebung der Gütergemeinschaft beantragen,

1. wenn seine Rechte für die Zukunft dadurch erheblich gefährdet werden können, dass der andere Ehegatte zur Verwaltung des Gesamtguts unfähig ist oder sein Recht, das Gesamtgut zu verwalten, missbraucht,
2. wenn der andere Ehegatte seine Verpflichtung, zum Familienunterhalt beizutragen, verletzt hat und für die Zukunft eine erhebliche Gefährdung des Unterhalts zu besorgen ist,
3. wenn das Gesamtgut durch Verbindlichkeiten, die in der Person des anderen Ehegatten entstanden sind, in solchem Maß überschuldet ist, dass ein späterer Erwerb des Ehegatten, der das Gesamtgut nicht verwaltet, erheblich gefährdet wird,
4. wenn die Verwaltung des Gesamtguts in den Aufgabenkreis des Betreuers des anderen Ehegatten fällt.

§ 1448 - Aufhebungsantrag des Verwalters

Der Ehegatte, der das Gesamtgut verwaltet, kann die Aufhebung der Gütergemeinschaft beantragen, wenn das Gesamtgut infolge von Verbindlichkeiten des anderen Ehegatten, die diesem im Verhältnis der Ehegatten zueinander zur Last fallen, in solchem Maße überschuldet ist, dass ein späterer Erwerb erheblich gefährdet wird.

§ 1449 - Wirkung der richterlichen Aufhebungsentscheidung

(1) Mit der Rechtskraft der richterlichen Entscheidung ist die Gütergemeinschaft aufgehoben; für die Zukunft gilt Gütertrennung.

(2) Dritten gegenüber ist die Aufhebung der Gütergemeinschaft nur nach Maßgabe des § 1412 wirksam.

§ 1450 - Gemeinschaftliche Verwaltung durch die Ehegatten

(1) Wird das Gesamtgut von den Ehegatten gemeinschaftlich verwaltet, so sind die Ehegatten insbesondere nur gemeinschaftlich berechtigt, über das Gesamtgut zu verfügen und Rechtsstreitigkeiten zu führen, die sich auf das Gesamtgut beziehen. Der Besitz an den zum Gesamtgut gehörenden Sachen gebührt den Ehegatten gemeinschaftlich.

(2) Ist eine Willenserklärung den Ehegatten gegenüber abzugeben, so genügt die Abgabe gegenüber einem Ehegatten.

§ 1451 - Mitwirkungspflicht beider Ehegatten

Jeder Ehegatte ist dem anderen gegenüber verpflichtet, zu Maßregeln mitzuwirken, die zur ordnungsmäßigen Verwaltung des Gesamtguts erforderlich sind.

§ 1452 - Ersetzung der Zustimmung

(1) Ist zur ordnungsmäßigen Verwaltung des Gesamtguts die Vornahme eines Rechtsgeschäfts oder die Führung eines Rechtsstreits erforderlich, so kann das Familiengericht auf Antrag eines Ehegatten die Zustimmung des anderen Ehegatten ersetzen, wenn dieser sie ohne ausreichenden Grund verweigert.

(2) Die Vorschrift des Absatzes 1 gilt auch, wenn zur ordnungsmäßigen Besorgung der persönlichen Angelegenheiten eines Ehegatten ein Rechtsgeschäft erforderlich ist, das der Ehegatte mit Wirkung für das Gesamtgut nicht ohne Zustimmung des anderen Ehegatten vornehmen kann.

§ 1453 - Verfügung ohne Einwilligung

(1) Verfügt ein Ehegatte ohne die erforderliche Einwilligung des anderen Ehegatten über das Gesamtgut, so gelten die Vorschriften des § 1366 Abs. 1, 3, 4 und des § 1367 entsprechend.

(2) Einen Vertrag kann der Dritte bis zur Genehmigung widerrufen. Hat er gewusst, dass der Ehegatte in Gütergemeinschaft lebt, so kann er nur widerrufen, wenn dieser wahrheitswidrig behauptet hat, der andere Ehegatte habe eingewilligt; er kann auch in diesem Falle nicht widerrufen, wenn ihm beim Abschluss des Vertrags bekannt war, dass der andere Ehegatte nicht eingewilligt hatte.

§ 1454 - Notverwaltungsrecht

Ist ein Ehegatte durch Krankheit oder Abwesenheit verhindert, bei einem Rechtsgeschäft mitzuwirken, das sich auf das Gesamtgut bezieht, so kann der andere Ehegatte das Rechtsgeschäft vornehmen, wenn mit dem Aufschub Gefahr verbunden ist; er kann hierbei im eigenen Namen oder im Namen beider Ehegatten handeln. Das Gleiche gilt für die Führung eines Rechtsstreits, der sich auf das Gesamtgut bezieht.

§ 1455 - Verwaltungshandlungen ohne Mitwirkung des anderen Ehegatten

Jeder Ehegatte kann ohne Mitwirkung des anderen Ehegatten

1. eine ihm angefallene Erbschaft oder ein ihm angefallenes Vermächtnis annehmen oder ausschlagen,
2. auf seinen Pflichtteil oder auf den Ausgleich eines Zugewinns verzichten,
3. ein Inventar über eine ihm oder dem anderen Ehegatten angefallene Erbschaft errichten, es sei denn, dass die dem anderen Ehegatten angefallene Erbschaft zu dessen Vorbehaltsgut oder Sondergut gehört,
4. einen ihm gemachten Vertragsantrag oder eine ihm gemachte Schenkung ablehnen,
5. ein sich auf das Gesamtgut beziehendes Rechtsgeschäft gegenüber dem anderen Ehegatten vornehmen,
6. ein zum Gesamtgut gehörendes Recht gegen den anderen Ehegatten gerichtlich geltend machen,
7. einen Rechtsstreit fortsetzen, der beim Eintritt der Gütergemeinschaft anhängig war,
8. ein zum Gesamtgut gehörendes Recht gegen einen Dritten gerichtlich geltend machen, wenn der andere Ehegatte ohne die erforderliche Zustimmung über das Recht verfügt hat,
9. ein Widerspruchsrecht gegenüber einer Zwangsvollstreckung in das Gesamtgut gerichtlich geltend machen,
10. die zur Erhaltung des Gesamtguts notwendigen Maßnahmen treffen, wenn mit dem Aufschub Gefahr verbunden ist.

§ 1456 - Selbständiges Erwerbsgeschäft

(1) Hat ein Ehegatte darin eingewilligt, dass der andere Ehegatte selbständig ein Erwerbsgeschäft betreibt, so ist seine Zustimmung zu solchen Rechtsgeschäften und Rechtsstreitigkeiten nicht erforderlich, die der Geschäftsbetrieb mit sich bringt. Einseitige Rechtsgeschäfte, die sich auf das Erwerbsgeschäft beziehen, sind dem Ehegatten gegenüber vorzunehmen, der das Erwerbsgeschäft betreibt.

(2) Weiß ein Ehegatte, dass der andere ein Erwerbsgeschäft betreibt, und hat er hiergegen keinen Einspruch eingelegt, so steht dies einer Einwilligung gleich.

(3) Dritten gegenüber ist ein Einspruch und der Widerruf der Einwilligung nur nach Maßgabe des § 1412 wirksam.

§ 1457 - Ungerechtfertigte Bereicherung des Gesamtguts

Wird durch ein Rechtsgeschäft, das ein Ehegatte ohne die erforderliche Zustimmung des anderen Ehegatten vornimmt, das Gesamtgut bereichert, so ist die Bereicherung nach den Vorschriften über die ungerechtfertigte Bereicherung aus dem Gesamtgut herauszugeben.

§ 1458 (weggefallen)

§ 1459 - Gesamtgutsverbindlichkeiten; persönliche Haftung

(1) Die Gläubiger eines Ehegatten können, soweit sich aus den §§ 1460 bis 1462 nichts anderes ergibt, aus dem Gesamtgut Befriedigung verlangen (Gesamtgutsverbindlichkeiten).

(2) Für die Gesamtgutsverbindlichkeiten haften die Ehegatten auch persönlich als Gesamtschuldner. Fallen die Verbindlichkeiten im Verhältnis der Ehegatten zueinander einem der Ehegatten zur Last, so erlischt die Verbindlichkeit des anderen Ehegatten mit der Beendigung der Gütergemeinschaft.

§ 1460 - Haftung des Gesamtguts

(1) Das Gesamtgut haftet für eine Verbindlichkeit aus einem Rechtsgeschäft, das ein Ehegatte während der Gütergemeinschaft vornimmt, nur dann, wenn der andere Ehegatte dem Rechtsgeschäft zustimmt oder wenn das Rechtsgeschäft ohne seine Zustimmung für das Gesamtgut wirksam ist.

(2) Für die Kosten eines Rechtsstreits haftet das Gesamtgut auch dann, wenn das Urteil dem Gesamtgut gegenüber nicht wirksam ist.

§ 1461 - Keine Haftung bei Erwerb einer Erbschaft

Das Gesamtgut haftet nicht für Verbindlichkeiten eines Ehegatten, die durch den Erwerb einer Erbschaft oder eines Vermächtnisses entstehen, wenn der Ehegatte die Erbschaft oder das Vermächtnis während der Gütergemeinschaft als Vorbehaltsgut oder als Sondergut erwirbt.

§ 1462 - Haftung für Vorbehalts- oder Sondergut

Das Gesamtgut haftet nicht für eine Verbindlichkeit eines Ehegatten, die während der Gütergemeinschaft infolge eines zum Vorbehaltsgut oder zum Sondergut gehörenden Rechts oder des Besitzes einer dazu gehörenden Sache entsteht. Das Gesamtgut haftet jedoch, wenn das Recht oder die Sache zu einem Erwerbsgeschäft gehört, das ein Ehegatte mit Einwilligung des anderen Ehegatten selbständig betreibt, oder wenn die Verbindlichkeit zu den Lasten des Sonderguts gehört, die aus den Einkünften beglichen zu werden pflegen.

§ 1463 - Haftung im Innenverhältnis

Im Verhältnis der Ehegatten zueinander fallen folgende Gesamtgutsverbindlichkeiten dem Ehegatten zur Last, in dessen Person sie entstehen:

1. die Verbindlichkeiten aus einer unerlaubten Handlung, die er nach Eintritt der Gütergemeinschaft begeht, oder aus einem Strafverfahren, das wegen einer solchen Handlung gegen ihn gerichtet wird,
2. die Verbindlichkeiten aus einem sich auf sein Vorbehaltsgut oder sein Sondergut beziehenden Rechtsverhältnis, auch wenn sie vor Eintritt der Gütergemeinschaft oder vor der Zeit entstanden sind, zu der das Gut Vorbehaltsgut oder Sondergut geworden ist,
3. die Kosten eines Rechtsstreits über eine der in den Nummern 1 und 2 bezeichneten Verbindlichkeiten.

§ 1464 - Verbindlichkeiten des Sonderguts und eines Erwerbsgeschäfts

Die Vorschriften des § 1463 Nr. 2, 3 gelten nicht, wenn die Verbindlichkeiten zu den Lasten des Sonderguts gehören, die aus den Einkünften beglichen zu werden pflegen. Die Vorschriften gelten auch dann nicht, wenn die Verbindlichkeiten durch den Betrieb eines für Rechnung des Gesamtguts geführten Erwerbsgeschäfts oder infolge eines zu einem solchen Erwerbsgeschäft gehörenden Rechts oder des Besitzes einer dazu gehörenden Sache entstehen.

§ 1465 - Prozesskosten

(1) Im Verhältnis der Ehegatten zueinander fallen die Kosten eines Rechtsstreits, den die Ehegatten miteinander führen, dem Ehegatten zur Last, der sie nach allgemeinen Vorschriften zu tragen hat.

(2) Führt ein Ehegatte einen Rechtsstreit mit einem Dritten, so fallen die Kosten des Rechtsstreits im Verhältnis der Ehegatten zueinander dem Ehegatten zur Last, der den Rechtsstreit führt. Die Kosten fallen jedoch dem Gesamtgut zur Last, wenn das Urteil dem Gesamtgut gegenüber wirksam ist oder wenn der Rechtsstreit eine persönliche Angelegenheit oder eine Gesamtgutsverbindlichkeit des Ehegatten betrifft und die Aufwendung der Kosten den Umständen nach geboten ist; § 1463 Nr. 3 und § 1464 bleiben unberührt.

§ 1466 - Kosten der Ausstattung eines nicht gemeinschaftlichen Kindes

Im Verhältnis der Ehegatten zueinander fallen die Kosten der Ausstattung eines nicht gemeinschaftlichen Kindes dem Vater oder der Mutter des Kindes zur Last.

§ 1467 - Ausgleichung zwischen Vorbehalts-, Sonder- und Gesamtgut

(1) Verwendet ein Ehegatte Gesamtgut in sein Vorbehaltsgut oder in sein Sondergut, so hat er den Wert des Verwendeten zum Gesamtgut zu ersetzen.

(2) Verwendet ein Ehegatte Vorbehaltsgut oder Sondergut in das Gesamtgut, so kann er Ersatz aus dem Gesamtgut verlangen.

§ 1468 - Fälligkeit des Ausgleichsanspruchs

Was ein Ehegatte zum Gesamtgut oder was er zum Vorbehaltsgut oder Sondergut des anderen Ehegatten schuldet, braucht er erst nach Beendigung der Gütergemeinschaft zu leisten; soweit jedoch das Vorbehaltsgut und das Sondergut des Schuldners ausreichen, hat er die Schuld schon vorher zu berichtigen.

§ 1469 - Aufhebungsantrag

Jeder Ehegatte kann die Aufhebung der Gütergemeinschaft beantragen,

1. wenn seine Rechte für die Zukunft dadurch erheblich gefährdet werden können, dass der andere Ehegatte ohne seine Mitwirkung Verwaltungshandlungen vornimmt, die nur gemeinschaftlich vorgenommen werden dürfen,
2. wenn der andere Ehegatte sich ohne ausreichenden Grund beharrlich weigert, zur ordnungsmäßigen Verwaltung des Gesamtguts mitzuwirken,
3. wenn der andere Ehegatte seine Verpflichtung, zum Familienunterhalt beizutragen, verletzt hat und für die Zukunft eine erhebliche Gefährdung des Unterhalts zu besorgen ist,
4. wenn das Gesamtgut durch Verbindlichkeiten, die in der Person des anderen Ehegatten entstanden sind und diesem im Verhältnis der Ehegatten zueinander zur Last fallen, in solchem Maße überschuldet ist, dass sein späterer Erwerb erheblich gefährdet wird,
5. wenn die Wahrnehmung eines Rechts des anderen Ehegatten, das sich aus der Gütergemeinschaft ergibt, vom Aufgabenkreis eines Betreuers erfasst wird.

§ 1470 - Wirkung der richterlichen Aufhebungsentscheidung

(1) Mit der Rechtskraft der richterlichen Entscheidung ist die Gütergemeinschaft aufgehoben; für die Zukunft gilt Gütertrennung.

(2) Dritten gegenüber ist die Aufhebung der Gütergemeinschaft nur nach Maßgabe des § 1412 wirksam.

§ 1471 - Beginn der Auseinandersetzung

(1) Nach der Beendigung der Gütergemeinschaft setzen sich die Ehegatten über das Gesamtgut auseinander.

(2) Bis zur Auseinandersetzung gelten für das Gesamtgut die Vorschriften des § 1419.

§ 1472 - Gemeinschaftliche Verwaltung des Gesamtguts

(1) Bis zur Auseinandersetzung verwalten die Ehegatten das Gesamtgut gemeinschaftlich.

(2) Jeder Ehegatte darf das Gesamtgut in derselben Weise wie vor der Beendigung der Gütergemeinschaft verwalten, bis er von der Beendigung Kenntnis erlangt oder sie kennen muss. Ein Dritter kann sich hierauf nicht berufen, wenn er bei der Vornahme eines Rechtsgeschäfts weiß oder wissen muss, dass die Gütergemeinschaft beendet ist.

(3) Jeder Ehegatte ist dem anderen gegenüber verpflichtet, zu Maßregeln mitzuwirken, die zur ordnungsmäßigen Verwaltung des Gesamtguts erforderlich sind; die zur Erhaltung notwendigen Maßregeln kann jeder Ehegatte allein treffen.

(4) Endet die Gütergemeinschaft durch den Tod eines Ehegatten, so hat der überlebende Ehegatte die Geschäfte, die zur ordnungsmäßigen Verwaltung erforderlich sind und nicht ohne Gefahr aufgeschoben werden können, so lange zu führen, bis der Erbe anderweit Fürsorge treffen kann. Diese Verpflichtung besteht nicht, wenn der verstorbene Ehegatte das Gesamtgut allein verwaltet hat.

§ 1473 - Unmittelbare Ersetzung

(1) Was auf Grund eines zum Gesamtgut gehörenden Rechtes oder als Ersatz für die Zerstörung, Beschädigung oder Entziehung eines zum Gesamtgut gehörenden Gegenstands oder durch ein Rechtsgeschäft erworben wird, das sich auf das Gesamtgut bezieht, wird Gesamtgut.

(2) Gehört eine Forderung, die durch Rechtsgeschäft erworben ist, zum Gesamtgut, so braucht der Schuldner dies erst dann gegen sich gelten zu lassen, wenn er erfährt, dass die Forderung zum Gesamtgut gehört; die Vorschriften der §§ 406 bis 408 sind entsprechend anzuwenden.

§ 1474 - Durchführung der Auseinandersetzung

Die Ehegatten setzen sich, soweit sie nichts anderes vereinbaren, nach den §§ 1475 bis 1481 auseinander.

§ 1475 - Berichtigung der Gesamtgutsverbindlichkeiten

(1) Die Ehegatten haben zunächst die Gesamtgutsverbindlichkeiten zu berichtigen. Ist eine Verbindlichkeit noch nicht fällig oder ist sie streitig, so müssen die Ehegatten zurückbehalten, was zur Berichtigung dieser Verbindlichkeit erforderlich ist.

(2) Fällt eine Gesamtgutsverbindlichkeit im Verhältnis der Ehegatten zueinander einem der Ehegatten allein zur Last, so kann dieser nicht verlangen, dass die Verbindlichkeit aus dem Gesamtgut berichtigt wird.

(3) Das Gesamtgut ist in Geld umzusetzen, soweit dies erforderlich ist, um die Gesamtgutsverbindlichkeiten zu berichtigen.

§ 1476 - Teilung des Überschusses

(1) Der Überschuss, der nach der Berichtigung der Gesamtgutsverbindlichkeiten verbleibt, gebührt den Ehegatten zu gleichen Teilen.

(2) Was einer der Ehegatten zum Gesamtgut zu ersetzen hat, muss er sich auf seinen Teil anrechnen lassen. Soweit er den Ersatz nicht auf diese Weise leistet, bleibt er dem anderen Ehegatten verpflichtet.

§ 1477 - Durchführung der Teilung

(1) Der Überschuss wird nach den Vorschriften über die Gemeinschaft geteilt.

(2) Jeder Ehegatte kann gegen Ersatz des Wertes die Sachen übernehmen, die ausschließlich zu seinem persönlichen Gebrauch bestimmt sind, insbesondere Kleider, Schmucksachen und Arbeitsgeräte. Das Gleiche gilt für die Gegenstände, die ein Ehegatte in die Gütergemeinschaft eingebracht oder während der Gütergemeinschaft durch Erbfolge, durch Vermächtnis oder mit Rücksicht auf ein künftiges Erbrecht, durch Schenkung oder als Ausstattung erworben hat.

§ 1478 - Auseinandersetzung nach Scheidung

(1) Ist die Ehe geschieden, bevor die Auseinandersetzung beendet ist, so ist auf Verlangen eines Ehegatten jedem von ihnen der Wert dessen zurückzuerstatten, was er in die Gütergemeinschaft eingebracht hat; reicht hierzu der Wert des Gesamtguts nicht aus, so ist der Fehlbetrag von den Ehegatten nach dem Verhältnis des Wertes des von ihnen Eingebrachten zu tragen.

(2) Als eingebracht sind anzusehen

1. die Gegenstände, die einem Ehegatten beim Eintritt der Gütergemeinschaft gehört haben,
2. die Gegenstände, die ein Ehegatte von Todes wegen oder mit Rücksicht auf ein künftiges Erbrecht, durch Schenkung oder als Ausstattung erworben hat, es sei denn, dass der Erwerb den Umständen nach zu den Einkünften zu rechnen war,
3. die Rechte, die mit dem Tod eines Ehegatten erlöschen oder deren Erwerb durch den Tod eines Ehegatten bedingt ist.

(3) Der Wert des Eingebrachten bestimmt sich nach der Zeit der Einbringung.

§ 1479 - Auseinandersetzung nach richterlicher Aufhebungsentscheidung

Wird die Gütergemeinschaft auf Grund der §§ 1447, 1448 oder des § 1469 durch richterliche Entscheidung aufgehoben, so kann der Ehegatte, der die richterliche Entscheidung erwirkt hat, verlangen, dass die Auseinandersetzung so erfolgt, wie wenn der Anspruch auf Auseinandersetzung in dem Zeitpunkt rechtshängig geworden wäre, in dem der Antrag auf Aufhebung der Gütergemeinschaft gestellt ist.

§ 1480 - Haftung nach der Teilung gegenüber Dritten

Wird das Gesamtgut geteilt, bevor eine Gesamtgutsverbindlichkeit berichtigt ist, so haftet dem Gläubiger auch der Ehegatte persönlich als Gesamtschuldner, für den zur Zeit der Teilung eine solche Haftung nicht besteht. Seine Haftung beschränkt sich auf die ihm zugeteilten Gegenstände; die für die Haftung des Erben geltenden Vorschriften der §§ 1990, 1991 sind entsprechend anzuwenden.

§ 1481 - Haftung der Ehegatten untereinander

(1) Wird das Gesamtgut geteilt, bevor eine Gesamtgutsverbindlichkeit berichtigt ist, die im Verhältnis der Ehegatten zueinander dem Gesamtgut zur Last fällt, so hat der Ehegatte, der das Gesamtgut während der Gütergemeinschaft allein verwaltet hat, dem anderen Ehegatten dafür einzustehen, dass dieser weder über die Hälfte der Verbindlichkeit noch über das aus dem Gesamtgut Erlangte hinaus in Anspruch genommen wird.

(2) Haben die Ehegatten das Gesamtgut während der Gütergemeinschaft gemeinschaftlich verwaltet, so hat jeder Ehegatte dem anderen dafür einzustehen, dass dieser von dem Gläubiger nicht über die Hälfte der Verbindlichkeit hinaus in Anspruch genommen wird.

(3) Fällt die Verbindlichkeit im Verhältnis der Ehegatten zueinander einem der Ehegatten zur Last, so hat dieser dem anderen dafür einzustehen, dass der andere Ehegatte von dem Gläubiger nicht in Anspruch genommen wird.

§ 1482 - Eheauflösung durch Tod

Wird die Ehe durch den Tod eines Ehegatten aufgelöst, so gehört der Anteil des verstorbenen Ehegatten am Gesamtgut zum Nachlass. Der verstorbene Ehegatte wird nach den allgemeinen Vorschriften beerbt.

§ 1483 - Eintritt der fortgesetzten Gütergemeinschaft

(1) Die Ehegatten können durch Ehevertrag vereinbaren, dass die Gütergemeinschaft nach dem Tod eines Ehegatten zwischen dem überlebenden Ehegatten und den gemeinschaftlichen Abkömmlingen fortgesetzt wird. Treffen die Ehegatten eine solche Vereinbarung, so wird die Gütergemeinschaft mit den gemeinschaftlichen Abkömmlingen fortgesetzt, die bei gesetzlicher Erbfolge als Erben berufen sind. Der Anteil des verstorbenen Ehegatten am Gesamtgut gehört nicht zum Nachlass; im Übrigen wird der Ehegatte nach den allgemeinen Vorschriften beerbt.

(2) Sind neben den gemeinschaftlichen Abkömmlingen andere Abkömmlinge vorhanden, so bestimmen sich ihr Erbrecht und ihre Erbteile so, wie wenn fortgesetzte Gütergemeinschaft nicht eingetreten wäre.

§ 1484 - Ablehnung der fortgesetzten Gütergemeinschaft

(1) Der überlebende Ehegatte kann die Fortsetzung der Gütergemeinschaft ablehnen.

(2) Auf die Ablehnung finden die für die Ausschlagung einer Erbschaft geltenden Vorschriften der §§ 1943 bis 1947, 1950, 1952, 1954 bis 1957, 1959 entsprechende Anwendung Bei einer Ablehnung durch den Betreuer des überlebenden Ehegatten ist die Genehmigung des Betreuungsgerichts erforderlich.

(3) Lehnt der Ehegatte die Fortsetzung der Gütergemeinschaft ab, so gilt das Gleiche wie im Falle des § 1482.

§ 1485 - Gesamtgut

(1) Das Gesamtgut der fortgesetzten Gütergemeinschaft besteht aus dem ehelichen Gesamtgut, soweit es nicht nach § 1483 Abs. 2 einem nicht anteilsberechtigten Abkömmling zufällt, und aus dem Vermögen, das der überlebende Ehegatte aus dem Nachlass des verstorbenen Ehegatten oder nach dem Eintritt der fortgesetzten Gütergemeinschaft erwirbt.

(2) Das Vermögen, das ein gemeinschaftlicher Abkömmling zur Zeit des Eintritts der fortgesetzten Gütergemeinschaft hat oder später erwirbt, gehört nicht zu dem Gesamtgut.

(3) Auf das Gesamtgut finden die für die eheliche Gütergemeinschaft geltende Vorschrift des § 1416 Abs. 2 und 3 entsprechende Anwendung.

§ 1486 - Vorbehaltsgut; Sondergut

(1) Vorbehaltsgut des überlebenden Ehegatten ist, was er bisher als Vorbehaltsgut gehabt hat oder was er nach § 1418 Abs. 2 Nr. 2, 3 als Vorbehaltsgut erwirbt.

(2) Sondergut des überlebenden Ehegatten ist, was er bisher als Sondergut gehabt hat oder was er als Sondergut erwirbt.

§ 1487 - Rechtsstellung des Ehegatten und der Abkömmlinge

(1) Die Rechte und Verbindlichkeiten des überlebenden Ehegatten sowie der anteilsberechtigten Abkömmlinge in Ansehung des Gesamtguts der fortgesetzten Gütergemeinschaft bestimmen sich nach den für die eheliche Gütergemeinschaft geltenden Vorschriften der §§ 1419, 1422 bis 1428, 1434, des § 1435 Satz 1, 3 und der §§ 1436, 1445; der überlebende Ehegatte hat die rechtliche Stellung des Ehegatten, der das Gesamtgut allein verwaltet, die anteilsberechtigten Abkömmlinge haben die rechtliche Stellung des anderen Ehegatten.

(2) Was der überlebende Ehegatte zu dem Gesamtgut schuldet oder aus dem Gesamtgut zu fordern hat, ist erst nach der Beendigung der fortgesetzten Gütergemeinschaft zu leisten.

§ 1488 - Gesamtgutsverbindlichkeiten

Gesamtgutsverbindlichkeiten der fortgesetzten Gütergemeinschaft sind die Verbindlichkeiten des überlebenden Ehegatten sowie solche Verbindlichkeiten des verstorbenen Ehegatten, die Gesamtgutsverbindlichkeiten der ehelichen Gütergemeinschaft waren.

§ 1489 - Persönliche Haftung für die Gesamtgutsverbindlichkeiten

(1) Für die Gesamtgutsverbindlichkeiten der fortgesetzten Gütergemeinschaft haftet der überlebende Ehegatte persönlich.

(2) Soweit die persönliche Haftung den überlebenden Ehegatten nur infolge des Eintritts der fortgesetzten Gütergemeinschaft trifft, finden die für die Haftung des Erben für die Nachlassverbindlichkeiten geltenden Vorschriften entsprechende Anwendung; an die Stelle des Nachlasses tritt das Gesamtgut in dem Bestand, den es zur Zeit des Eintritts der fortgesetzten Gütergemeinschaft hat.

(3) Eine persönliche Haftung der anteilsberechtigten Abkömmlinge für die Verbindlichkeiten des verstorbenen oder des überlebenden Ehegatten wird durch die fortgesetzte Gütergemeinschaft nicht begründet.

§ 1490 - Tod eines Abkömmlings

Stirbt ein anteilsberechtigter Abkömmling, so gehört sein Anteil an dem Gesamtgut nicht zu seinem Nachlass. Hinterlässt er Abkömmlinge, die anteilsberechtigt sein würden, wenn er den verstorbenen Ehegatten nicht überlebt hätte, so treten die Abkömmlinge an seine Stelle. Hinterlässt er solche Abkömmlinge nicht, so wächst sein Anteil den übrigen anteilsberechtigten Abkömmlingen und, wenn solche nicht vorhanden sind, dem überlebenden Ehegatten an.

§ 1491 - Verzicht eines Abkömmlings

(1) Ein anteilsberechtigter Abkömmling kann auf seinen Anteil an dem Gesamtgut verzichten. Der Verzicht erfolgt durch Erklärung gegenüber dem für den Nachlass des verstorbenen Ehegatten zuständigen Gericht; die Erklärung ist in öffentlich beglaubigter Form abzugeben. Das Nachlassgericht soll die Erklärung dem überlebenden Ehegatten und den übrigen anteilsberechtigten Abkömmlingen mitteilen.

(2) Der Verzicht kann auch durch Vertrag mit dem überlebenden Ehegatten und den Übrigen anteilsberechtigten Abkömmlingen erfolgen. Der Vertrag bedarf der notariellen Beurkundung.

(3) Steht der Abkömmling unter elterlicher Sorge oder unter Vormundschaft, so ist zu dem Verzicht die Genehmigung des Familiengerichts erforderlich. Bei einem Verzicht durch den Betreuer des Abkömmlings ist die Genehmigung des Betreuungsgerichts erforderlich.

(4) Der Verzicht hat die gleichen Wirkungen, wie wenn der Verzichtende zur Zeit des Verzichts ohne Hinterlassung von Abkömmlingen gestorben wäre.

§ 1492 - Aufhebung durch den überlebenden Ehegatten

(1) Der überlebende Ehegatte kann die fortgesetzte Gütergemeinschaft jederzeit aufheben. Die Aufhebung erfolgt durch Erklärung gegenüber dem für den Nachlass des verstorbenen Ehegatten zuständigen Gericht; die Erklärung ist in öffentlich beglaubigter Form abzugeben. Das Nachlassgericht soll die Erklärung den anteilsberechtigten Abkömmlingen und, wenn der überlebende Ehegatte gesetzlicher Vertreter eines der Abkömmlinge ist, dem Familiengericht, wenn eine Betreuung besteht, dem Betreuungsgericht mitteilen.

(2) Die Aufhebung kann auch durch Vertrag zwischen dem überlebenden Ehegatten und den anteilsberechtigten Abkömmlingen erfolgen. Der Vertrag bedarf der notariellen Beurkundung.

(3) Bei einer Aufhebung durch den Betreuer des überlebenden Ehegatten ist die Genehmigung des Betreuungsgerichts erforderlich.

§ 1493 - Wiederverheiratung oder Begründung einer Lebenspartnerschaft des überlebenden Ehegatten

(1) Die fortgesetzte Gütergemeinschaft endet, wenn der überlebende Ehegatte wieder heiratet oder eine Lebenspartnerschaft begründet.

(2) Der überlebende Ehegatte hat, wenn ein anteilsberechtigter Abkömmling minderjährig ist, die Absicht der Wiederverheiratung dem Familiengericht anzuzeigen, ein Verzeichnis des Gesamtguts einzureichen, die Gütergemeinschaft aufzuheben und die Auseinandersetzung herbeizuführen. Das Familiengericht kann gestatten, dass die Aufhebung der Gütergemeinschaft bis zur Eheschließung unterbleibt und dass die Auseinandersetzung erst später erfolgt. Die Sätze 1 und 2 gelten auch, wenn die Sorge für das Vermögen eines anteilsberechtigten Abkömmlings zum Aufgabenkreis eines Betreuers gehört; in diesem Fall tritt an die Stelle des Familiengerichts das Betreuungsgericht.

(3) Das Standesamt, bei dem die Eheschließung angemeldet worden ist, teilt dem Familiengericht die Anmeldung mit.

§ 1494 - Tod des überlebenden Ehegatten

(1) Die fortgesetzte Gütergemeinschaft endet mit dem Tode des überlebenden Ehegatten.

(2) Wird der überlebende Ehegatte für tot erklärt oder wird seine Todeszeit nach den Vorschriften des Verschollenheitsgesetzes festgestellt, so endet die fortgesetzte Gütergemeinschaft mit dem Zeitpunkt, der als Zeitpunkt des Todes gilt.

§ 1495 - Aufhebungsantrag eines Abkömmlings

Ein anteilsberechtigter Abkömmling kann gegen den überlebenden Ehegatten die Aufhebung der fortgesetzten Gütergemeinschaft beantragen,

1. wenn seine Rechte für die Zukunft dadurch erheblich gefährdet werden können, dass der überlebende Ehegatte zur Verwaltung des Gesamtguts unfähig ist oder sein Recht, das Gesamtgut zu verwalten, missbraucht,

2. wenn der überlebende Ehegatte seine Verpflichtung, dem Abkömmling Unterhalt zu gewähren, verletzt hat und für die Zukunft eine erhebliche Gefährdung des Unterhalts zu besorgen ist,
3. wenn die Verwaltung des Gesamtguts in den Aufgabenkreis des Betreuers des überlebenden Ehegatten fällt,
4. wenn der überlebende Ehegatte die elterliche Sorge für den Abkömmling verwirkt hat oder, falls sie ihm zugestanden hätte, verwirkt haben würde.

§ 1496 - Wirkung der richterlichen Aufhebungsentscheidung

Die Aufhebung der fortgesetzten Gütergemeinschaft tritt in den Fällen des § 1495 mit der Rechtskraft der richterlichen Entscheidung ein. Sie tritt für alle Abkömmlinge ein, auch wenn die richterliche Entscheidung auf den Antrag eines der Abkömmlinge ergangen ist.

§ 1497 - Rechtsverhältnis bis zur Auseinandersetzung

(1) Nach der Beendigung der fortgesetzten Gütergemeinschaft setzen sich der überlebende Ehegatte und die Abkömmlinge über das Gesamtgut auseinander.

(2) Bis zur Auseinandersetzung bestimmt sich ihr Rechtsverhältnis am Gesamtgut nach den §§ 1419, 1472, 1473.

§ 1498 - Durchführung der Auseinandersetzung

Auf die Auseinandersetzung sind die Vorschriften der §§ 1475, 1476, des § 1477 Abs. 1, der §§ 1479, 1480 und des § 1481 Abs. 1, 3 anzuwenden; an die Stelle des Ehegatten, der das Gesamtgut allein verwaltet hat, tritt der überlebende Ehegatte, an die Stelle des anderen Ehegatten treten die anteilsberechtigten Abkömmlinge. Die in § 1476 Abs. 2 Satz 2 bezeichnete Verpflichtung besteht nur für den überlebenden Ehegatten.

§ 1499 - Verbindlichkeiten zu Lasten des überlebenden Ehegatten

Bei der Auseinandersetzung fallen dem überlebenden Ehegatten zur Last:

1. die ihm bei dem Eintritt der fortgesetzten Gütergemeinschaft obliegenden Gesamtgutsverbindlichkeiten, für die das eheliche Gesamtgut nicht haftete oder die im Verhältnis der Ehegatten zueinander ihm zur Last fielen;
2. die nach dem Eintritt der fortgesetzten Gütergemeinschaft entstandenen Gesamtgutsverbindlichkeiten, die, wenn sie während der ehelichen Gütergemeinschaft in seiner Person entstanden wären, im Verhältnis der Ehegatten zueinander ihm zur Last gefallen sein würden;
3. eine Ausstattung, die er einem anteilsberechtigten Abkömmling über das dem Gesamtgut entsprechende Maß hinaus oder die er einem nicht anteilsberechtigten Abkömmling versprochen oder gewährt hat.

§ 1500 - Verbindlichkeiten zu Lasten der Abkömmlinge

(1) Die anteilsberechtigten Abkömmlinge müssen sich Verbindlichkeiten des verstorbenen Ehegatten, die diesem im Verhältnis der Ehegatten zueinander zur Last fielen, bei der Auseinandersetzung auf ihren Anteil insoweit anrechnen lassen, als der überlebende Ehegatte nicht von dem Erben des verstorbenen Ehegatten Deckung hat erlangen können.

(2) In gleicher Weise haben sich die anteilsberechtigten Abkömmlinge anrechnen zu lassen, was der verstorbene Ehegatte zu dem Gesamtgut zu ersetzen hatte.

§ 1501 - Anrechnung von Abfindungen

(1) Ist einem anteilsberechtigten Abkömmling für den Verzicht auf seinen Anteil eine Abfindung aus dem Gesamtgut gewährt worden, so wird sie bei der Auseinandersetzung in das Gesamtgut eingerechnet und auf die den Abkömmlingen gebührende Hälfte angerechnet.

(2) Der überlebende Ehegatte kann mit den übrigen anteilsberechtigten Abkömmlingen schon vor der Aufhebung der fortgesetzten Gütergemeinschaft eine abweichende Vereinbarung treffen. Die Vereinbarung bedarf der notariellen Beurkundung; sie ist auch denjenigen Abkömmlingen gegenüber wirksam, welche erst später in die fortgesetzte Gütergemeinschaft eintreten.

§ 1502 - Übernahmerecht des überlebenden Ehegatten

(1) Der überlebende Ehegatte ist berechtigt, das Gesamtgut oder einzelne dazu gehörende Gegenstände gegen Ersatz des Wertes zu übernehmen. Das Recht geht nicht auf den Erben über.

(2) Wird die fortgesetzte Gütergemeinschaft auf Grund des § 1495 durch Urteil aufgehoben, so steht dem überlebenden Ehegatten das im Absatz 1 bestimmte Recht nicht zu. Die anteilsberechtigten Abkömmlinge können in diesem Falle diejenigen Gegenstände gegen Ersatz des Wertes übernehmen, welche der verstorbene Ehegatte nach § 1477 Abs. 2 zu übernehmen berechtigt sein würde. Das Recht kann von ihnen nur gemeinschaftlich ausgeübt werden.

§ 1503 - Teilung unter den Abkömmlingen

(1) Mehrere anteilsberechtigte Abkömmlinge teilen die ihnen zufallende Hälfte des Gesamtguts nach dem Verhältnis der Anteile, zu denen sie im Falle der gesetzlichen Erbfolge als Erben des verstorbenen Ehegatten berufen sein würden, wenn dieser erst zur Zeit der Beendigung der fortgesetzten Gütergemeinschaft gestorben wäre.

(2) Das Vorempfangene kommt nach den für die Ausgleichung unter Abkömmlingen geltenden Vorschriften zur Ausgleichung, soweit nicht eine solche bereits bei der Teilung des Nachlasses des verstorbenen Ehegatten erfolgt ist.

(3) Ist einem Abkömmling, der auf seinen Anteil verzichtet hat, eine Abfindung aus dem Gesamtgut gewährt worden, so fällt sie den Abkömmlingen zur Last, denen der Verzicht zustatten kommt.

§ 1504 - Haftungsausgleich unter Abkömmlingen

Soweit die anteilsberechtigten Abkömmlinge nach § 1480 den Gesamtgutsgläubigern haften, sind sie im Verhältnis zueinander nach der Größe ihres Anteils an dem Gesamtgut verpflichtet. Die Verpflichtung beschränkt sich auf die ihnen zugeteilten Gegenstände; die für die Haftung des Erben geltenden Vorschriften der §§ 1990, 1991 finden entsprechende Anwendung.

§ 1505 - Ergänzung des Anteils des Abkömmlings

Die Vorschriften über das Recht auf Ergänzung des Pflichtteils finden zugunsten eines anteilsberechtigten Abkömmlings entsprechende Anwendung; an die Stelle des Erbfalls tritt die Beendigung der fortgesetzten Gütergemeinschaft, als gesetzlicher Erbteil gilt der dem Abkömmling zur Zeit der Beendigung gebührende Anteil an dem Gesamtgut, als Pflichtteil gilt die Hälfte des Wertes dieses Anteils.

§ 1506 - Anteilsunwürdigkeit

Ist ein gemeinschaftlicher Abkömmling erbunwürdig, so ist er auch des Anteils an dem Gesamtgut unwürdig. Die Vorschriften über die Erbunwürdigkeit finden entsprechende Anwendung.

§ 1507 - Zeugnis über Fortsetzung der Gütergemeinschaft

Das Nachlassgericht hat dem überlebenden Ehegatten auf Antrag ein Zeugnis über die Fortsetzung der Gütergemeinschaft zu erteilen. Die Vorschriften über den Erbschein finden entsprechende Anwendung.

§ 1508 (weggefallen)

§ 1509 - Ausschließung der fortgesetzten Gütergemeinschaft durch letztwillige Verfügung

Jeder Ehegatte kann für den Fall, dass die Ehe durch seinen Tod aufgelöst wird, die Fortsetzung der Gütergemeinschaft durch letztwillige Verfügung ausschließen, wenn er berechtigt ist, dem anderen Ehegatten den Pflichtteil zu entziehen oder die Aufhebung der Gütergemeinschaft zu beantragen. Das Gleiche gilt, wenn der Ehegatte berechtigt ist, die Aufhebung der Ehe zu beantragen, und den Antrag gestellt hat. Auf die Ausschließung finden die Vorschriften über die Entziehung des Pflichtteils entsprechende Anwendung.

§ 1510 - Wirkung der Ausschließung

Wird die Fortsetzung der Gütergemeinschaft ausgeschlossen, so gilt das Gleiche wie im Falle des § 1482.

§ 1511 - Ausschließung eines Abkömmlings

(1) Jeder Ehegatte kann für den Fall, dass die Ehe durch seinen Tod aufgelöst wird, einen gemeinschaftlichen Abkömmling von der fortgesetzten Gütergemeinschaft durch letztwillige Verfügung ausschließen.

(2) Der ausgeschlossene Abkömmling kann, unbeschadet seines Erbrechts, aus dem Gesamtgut der fortgesetzten Gütergemeinschaft die Zahlung des Betrags verlangen, der ihm von dem Gesamtgut der ehelichen Gütergemeinschaft als Pflichtteil gebühren würde, wenn die fortgesetzte Gütergemeinschaft nicht eingetreten wäre. Die für den Pflichtteilsanspruch geltenden Vorschriften finden entsprechende Anwendung.

(3) Der dem ausgeschlossenen Abkömmling gezahlte Betrag wird bei der Auseinandersetzung den anteilsberechtigten Abkömmlingen nach Maßgabe des § 1501 angerechnet. Im Verhältnis der Abkömmlinge zueinander fällt er den Abkömmlingen zur Last, denen die Ausschließung zustatten kommt.

§ 1512 - Herabsetzung des Anteils

Jeder Ehegatte kann für den Fall, dass mit seinem Tod die fortgesetzte Gütergemeinschaft eintritt, den einem anteilsberechtigten Abkömmling nach der Beendigung der fortgesetzten Gütergemeinschaft gebührenden Anteil an dem Gesamtgut durch letztwillige Verfügung bis auf die Hälfte herabsetzen.

§ 1513 - Entziehung des Anteils

(1) Jeder Ehegatte kann für den Fall, dass mit seinem Tod die fortgesetzte Gütergemeinschaft eintritt, einem anteilsberechtigten Abkömmling den diesem nach der Beendigung der fortgesetzten Gütergemeinschaft gebührenden Anteil an dem Gesamtgut durch letztwillige Verfügung entziehen, wenn er berechtigt ist, dem Abkömmling den Pflichtteil zu entziehen. Die Vorschrift des § 2336 Abs. 2 und 3 findet entsprechende Anwendung.

(2) Der Ehegatte kann, wenn er nach § 2338 berechtigt ist, das Pflichtteilsrecht des Abkömmlings zu beschränken, den Anteil des Abkömmlings am Gesamtgut einer entsprechenden Beschränkung unterwerfen.

§ 1514 - Zuwendung des entzogenen Betrags

Jeder Ehegatte kann den Betrag, den er nach § 1512 oder nach § 1513 Abs. 1 einem Abkömmling entzieht, auch einem Dritten durch letztwillige Verfügung zuwenden.

§ 1515 - Übernahmerecht eines Abkömmlings und des Ehegatten

(1) Jeder Ehegatte kann für den Fall, dass mit seinem Tode die fortgesetzte Gütergemeinschaft eintritt, durch letztwillige Verfügung anordnen, dass ein anteilsberechtigter Abkömmling das Recht haben soll, bei der Teilung das Gesamtgut oder einzelne dazu gehörende Gegenstände gegen Ersatz des Wertes zu übernehmen.

(2) Gehört zu dem Gesamtgut ein Landgut, so kann angeordnet werden, dass das Landgut mit dem Ertragswert oder mit einem Preis, der den Ertragswert mindestens erreicht, angesetzt werden soll. Die für die Erbfolge geltenden Vorschriften des § 2049 finden Anwendung.

(3) Das Recht, das Landgut zu dem in Absatz 2 bezeichneten Wert oder Preis zu übernehmen, kann auch dem überlebenden Ehegatten eingeräumt werden.

§ 1516 - Zustimmung des anderen Ehegatten

(1) Zur Wirksamkeit der in den §§ 1511 bis 1515 bezeichneten Verfügungen eines Ehegatten ist die Zustimmung des anderen Ehegatten erforderlich.

(2) Die Zustimmung kann nicht durch einen Vertreter erteilt werden. Die Zustimmungserklärung bedarf der notariellen Beurkundung. Die Zustimmung ist unwiderruflich.

(3) Die Ehegatten können die in den §§ 1511 bis 1515 bezeichneten Verfügungen auch in einem gemeinschaftlichen Testament treffen.

§ 1517 - Verzicht eines Abkömmlings auf seinen Anteil

(1) Zur Wirksamkeit eines Vertrags, durch den ein gemeinschaftlicher Abkömmling einem der Ehegatten gegenüber für den Fall, dass die Ehe durch dessen Tod aufgelöst wird, auf seinen Anteil am Gesamtgut der fortgesetzten Gütergemeinschaft verzichtet oder durch den ein solcher Verzicht aufgehoben wird, ist die Zustimmung des anderen Ehegatten erforderlich. Für die Zustimmung gilt die Vorschrift des § 1516 Absatz 2 Satz 2 und 3 entsprechend.

(2) Die für den Erbverzicht geltenden Vorschriften finden entsprechende Anwendung.

§ 1518 - Zwingendes Recht

Anordnungen, die mit den Vorschriften der §§ 1483 bis 1517 in Widerspruch stehen, können von den Ehegatten weder durch letztwillige Verfügung noch durch Vertrag getroffen werden. Das Recht der Ehegatten, den Vertrag, durch den sie die Fortsetzung der Gütergemeinschaft vereinbart haben, durch Ehevertrag aufzuheben, bleibt unberührt.

§ 1903 - Einwilligungsvorbehalt

(1) Soweit dies zur Abwendung einer erheblichen Gefahr für die Person oder das Vermögen des Betreuten erforderlich ist, ordnet das Betreuungsgericht an, dass der Betreute zu einer Willenserklärung, die den Aufgabenkreis des Betreuers betrifft, dessen Einwilligung bedarf (Einwilligungsvorbehalt). Die §§ 108 bis 113, 131 Abs. 2 und § 210 gelten entsprechend.

(2) Ein Einwilligungsvorbehalt kann sich nicht erstrecken

1. auf Willenserklärungen, die auf Eingehung einer Ehe oder Begründung einer Lebenspartnerschaft gerichtet sind,
2. auf Verfügungen von Todes wegen,
3. auf die Anfechtung eines Erbvertrags,
4. auf die Aufhebung eines Erbvertrags durch Vertrag und
5. auf Willenserklärungen, zu denen ein beschränkt Geschäftsfähiger nach den Vorschriften der Bücher 4 und 5 nicht der Zustimmung seines gesetzlichen Vertreters bedarf.

(3) Ist ein Einwilligungsvorbehalt angeordnet, so bedarf der Betreute dennoch nicht der Einwilligung seines Betreuers, wenn die Willenserklärung dem Betreuten lediglich einen rechtlichen Vorteil bringt. Soweit das Gericht nichts anderes anordnet, gilt dies auch, wenn die Willenserklärung eine geringfügige Angelegenheit des täglichen Lebens betrifft.

(4) § 1901 Abs. 5 gilt entsprechend.

§ 1944 - Ausschlagungsfrist

(1) Die Ausschlagung kann nur binnen sechs Wochen erfolgen.

(2) Die Frist beginnt mit dem Zeitpunkt, in welchem der Erbe von dem Anfall und dem Grund der Berufung Kenntnis erlangt. Ist der Erbe durch Verfügung von Todes wegen berufen, beginnt die Frist nicht vor Bekanntgabe der Verfügung von Todes wegen durch das Nachlassgericht. Auf den Lauf der Frist finden die für die Verjährung geltenden Vorschriften der §§ 206, 210 entsprechende Anwendung.

(3) Die Frist beträgt sechs Monate, wenn der Erblasser seinen letzten Wohnsitz nur im Ausland gehabt hat oder wenn sich der Erbe bei dem Beginn der Frist im Ausland aufhält.

§ 1958 - Gerichtliche Geltendmachung von Ansprüchen gegen den Erben

Vor der Annahme der Erbschaft kann ein Anspruch, der sich gegen den Nachlass richtet, nicht gegen den Erben gerichtlich geltend gemacht werden.

§ 1960 - Sicherung des Nachlasses; Nachlasspfleger

(1) Bis zur Annahme der Erbschaft hat das Nachlassgericht für die Sicherung des Nachlasses zu sorgen, soweit ein Bedürfnis besteht. Das gleiche gilt, wenn der Erbe unbekannt oder wenn ungewiss ist, ob er die Erbschaft angenommen hat.

(2) Das Nachlassgericht kann insbesondere die Anlegung von Siegeln, die Hinterlegung von Geld, Wertpapieren und Kostbarkeiten sowie die Aufnahme eines Nachlassverzeichnisses anordnen und für denjenigen, welcher Erbe wird, einen Pfleger (Nachlasspfleger) bestellen.

(3) Die Vorschrift des § 1958 findet auf den Nachlasspfleger keine Anwendung.

§ 1961 - Nachlasspflegschaft auf Antrag

Das Nachlassgericht hat in den Fällen des § 1960 Abs. 1 einen Nachlasspfleger zu bestellen, wenn die Bestellung zum Zwecke der gerichtlichen Geltendmachung eines Anspruchs, der sich gegen den Nachlass richtet, von dem Berechtigten beantragt wird.

§ 1973 - Ausschluss von Nachlassgläubigern

(1) Der Erbe kann die Befriedigung eines im Aufgebotsverfahren ausgeschlossenen Nachlassgläubigers insoweit verweigern, als der Nachlass durch die Befriedigung der nicht ausgeschlossenen Gläubiger erschöpft wird. Der Erbe hat jedoch den ausgeschlossenen Gläubiger vor den Verbindlichkeiten aus Pflichtteilsrechten, Vermächtnissen und Auflagen zu befriedigen, es sei denn, dass der Gläubiger seine Forderung erst nach der Berichtigung dieser Verbindlichkeiten geltend macht.

(2) Einen Überschuss hat der Erbe zum Zwecke der Befriedigung des Gläubigers im Wege der Zwangsvollstreckung nach den Vorschriften über die Herausgabe einer ungerechtfertigten Bereicherung herauszugeben. Er kann die Herausgabe der noch vorhandenen Nachlassgegenstände durch Zahlung des Wertes abwenden. Die rechtskräftige Verurteilung des Erben zur Befriedigung eines ausgeschlossenen Gläubigers wirkt einem anderen Gläubiger gegenüber wie die Befriedigung.

§ 1974 - Verschweigungseinrede

(1) Ein Nachlassgläubiger, der seine Forderung später als fünf Jahre nach dem Erbfall dem Erben gegenüber geltend macht, steht einem ausgeschlossenen Gläubiger gleich, es sei denn, dass die Forderung dem Erben vor dem Ablauf der fünf Jahre bekannt geworden oder im Aufgebotsverfahren angemeldet worden ist. Wird der Erblasser für tot erklärt oder wird seine Todeszeit nach den Vorschriften des Verschollenheitsgesetzes festgestellt, so beginnt die Frist nicht vor dem Eintritt der Rechtskraft des Beschlusses über die Todeserklärung oder die Feststellung der Todeszeit.

(2) Die dem Erben nach § 1973 Abs. 1 Satz 2 obliegende Verpflichtung tritt im Verhältnis von Verbindlichkeiten aus Pflichtteilsrechten, Vermächtnissen und Auflagen zueinander nur insoweit ein, als der Gläubiger im Falle des Nachlassinsolvenzverfahrens im Range vorgehen würde.

(3) Soweit ein Gläubiger nach § 1971 von dem Aufgebot nicht betroffen wird, finden die Vorschriften des Absatzes 1 auf ihn keine Anwendung.

§ 1975 - Nachlassverwaltung; Nachlassinsolvenz

Die Haftung des Erben für die Nachlassverbindlichkeiten beschränkt sich auf den Nachlass, wenn eine Nachlasspflegschaft zum Zwecke der Befriedigung der Nachlassgläubiger (Nachlassverwaltung) angeordnet oder das Nachlassinsolvenzverfahren eröffnet ist.

§ 1990 - Dürftigkeitseinrede des Erben

(1) Ist die Anordnung der Nachlassverwaltung oder die Eröffnung des Nachlassinsolvenzverfahrens wegen Mangels einer den Kosten entsprechenden Masse nicht tunlich oder wird aus diesem Grund die Nachlassverwaltung aufgehoben oder das Insolvenzverfahren eingestellt, so kann der Erbe die Befriedigung eines Nachlassgläubigers insoweit verweigern, als der Nachlass nicht ausreicht. Der Erbe ist in diesem Fall verpflichtet, den Nachlass zum Zwecke der Befriedigung des Gläubigers im Wege der Zwangsvollstreckung herauszugeben.

(2) Das Recht des Erben wird nicht dadurch ausgeschlossen, dass der Gläubiger nach dem Eintritt des Erbfalls im Wege der Zwangsvollstreckung oder der Arrestvollziehung ein Pfandrecht oder eine Hypothek oder im Wege der einstweiligen Verfügung eine Vormerkung erlangt hat.

§ 1992 - Überschuldung durch Vermächtnisse und Auflagen

Beruht die Überschuldung des Nachlasses auf Vermächtnissen und Auflagen, so ist der Erbe, auch wenn die Voraussetzungen des § 1990 nicht vorliegen, berechtigt, die Berichtigung dieser Verbindlichkeiten nach den Vorschriften der §§ 1990, 1991 zu bewirken. Er kann die Herausgabe der noch vorhandenen Nachlassgegenstände durch Zahlung des Wertes abwenden.

§ 1994 - Inventarfrist

(1) Das Nachlassgericht hat dem Erben auf Antrag eines Nachlassgläubigers zur Errichtung des Inventars eine Frist (Inventarfrist) zu bestimmen. Nach dem Ablauf der Frist haftet der Erbe für die Nachlassverbindlichkeiten unbeschränkt, wenn nicht vorher das Inventar errichtet wird.

(2) Der Antragsteller hat seine Forderung glaubhaft zu machen. Auf die Wirksamkeit der Fristbestimmung ist es ohne Einfluss, wenn die Forderung nicht besteht.

§ 2005 - Unbeschränkte Haftung des Erben bei Unrichtigkeit des Inventars

(1) Führt der Erbe absichtlich eine erhebliche Unvollständigkeit der im Inventar enthaltenen Angabe der Nachlassgegenstände herbei oder bewirkt er in der Absicht, die Nachlassgläubiger zu benachteiligen, die Aufnahme einer nicht bestehenden Nachlassverbindlichkeit, so haftet er für die Nachlassverbindlichkeiten unbeschränkt. Das Gleiche gilt, wenn er im Falle des § 2003 die Erteilung der Auskunft verweigert oder absichtlich in erheblichem Maße verzögert.

(2) Ist die Angabe der Nachlassgegenstände unvollständig, ohne dass ein Fall des Absatzes 1 vorliegt, so kann dem Erben zur Ergänzung eine neue Inventarfrist bestimmt werden.

§ 2014 - Dreimonatseinrede

Der Erbe ist berechtigt, die Berichtigung einer Nachlassverbindlichkeit bis zum Ablauf der ersten drei Monate nach der Annahme der Erbschaft, jedoch nicht über die Errichtung des Inventars hinaus, zu verweigern.

§ 2015 - Einrede des Aufgebotsverfahrens

(1) Hat der Erbe den Antrag auf Einleitung des Aufgebotsverfahrens der Nachlassgläubiger innerhalb eines Jahres nach der Annahme der Erbschaft gestellt und ist der Antrag zugelassen, so ist der Erbe berechtigt, die Berichtigung einer Nachlassverbindlichkeit bis zur Beendigung des Aufgebotsverfahrens zu verweigern.

(2) (weggefallen)

(3) Wird der Ausschließungsbeschluss erlassen oder der Antrag auf Erlass des Ausschließungsbeschlusses zurückgewiesen, so ist das Aufgebotsverfahren erst dann als beendet anzusehen, wenn der Beschluss rechtskräftig ist.

§ 2059 - Haftung bis zur Teilung

(1) Bis zur Teilung des Nachlasses kann jeder Miterbe die Berichtigung der Nachlassverbindlichkeiten aus dem Vermögen, das er außer seinem Anteil an dem Nachlass hat, verweigern. Haftet er für eine Nachlassverbindlichkeit unbeschränkt, so steht ihm dieses Recht in Ansehung des seinem Erbteil entsprechenden Teils der Verbindlichkeit nicht zu.

(2) Das Recht der Nachlassgläubiger, die Befriedigung aus dem ungeteilten Nachlass von sämtlichen Miterben zu verlangen, bleibt unberührt.

§ 2187 - Haftung des Hauptvermächtnisnehmers

(1) Ein Vermächtnisnehmer, der mit einem Vermächtnis oder einer Auflage beschwert ist, kann die Erfüllung auch nach der Annahme des ihm zugewendeten Vermächtnisses insoweit verweigern, als dasjenige, was er aus dem Vermächtnis erhält, zur Erfüllung nicht ausreicht.

(2) Tritt nach § 2161 ein anderer an die Stelle des beschwerten Vermächtnisnehmers, so haftet er nicht weiter, als der Vermächtnisnehmer haften würde.

(3) Die für die Haftung des Erben geltenden Vorschriften des § 1992 finden entsprechende Anwendung.

§ 2213 - Gerichtliche Geltendmachung von Ansprüchen gegen den Nachlass

(1) Ein Anspruch, der sich gegen den Nachlass richtet, kann sowohl gegen den Erben als gegen den Testamentsvollstrecker gerichtlich geltend gemacht werden. Steht dem Testamentsvollstrecker nicht die Verwaltung des Nachlasses zu, so ist die Geltendmachung nur gegen den Erben zulässig. Ein Pflichtteilsanspruch kann, auch wenn dem Testamentsvollstrecker die Verwaltung des Nachlasses zusteht, nur gegen den Erben geltend gemacht werden.

(2) Die Vorschrift des § 1958 findet auf den Testamentsvollstrecker keine Anwendung.

(3) Ein Nachlassgläubiger, der seinen Anspruch gegen den Erben geltend macht, kann den Anspruch auch gegen den Testamentsvollstrecker dahin geltend machen, dass dieser die Zwangsvollstreckung in die seiner Verwaltung unterliegenden Nachlassgegenstände dulde.

§ 2382 - Haftung des Käufers gegenüber Nachlassgläubigern

(1) Der Käufer haftet von dem Abschluss des Kaufes an den Nachlassgläubigern, unbeschadet der Fortdauer der Haftung des Verkäufers. Dies gilt auch von den Verbindlichkeiten, zu deren Erfüllung der Käufer dem Verkäufer gegenüber nach den §§ 2378, 2379 nicht verpflichtet ist.

(2) Die Haftung des Käufers den Gläubigern gegenüber kann nicht durch Vereinbarung zwischen dem Käufer und dem Verkäufer ausgeschlossen oder beschränkt werden.

Einführungsgesetz zum Bürgerlichen Gesetzbuch - Sechster Teil

(Inkrafttreten und Übergangsrecht aus Anlass der Einführung des Bürgerlichen Gesetzbuchs und dieses Einführungsgesetzes in dem in Artikel 3 des Einigungsvertrags genannten Gebiet)

Artikel 234 - Viertes Buch. Familienrecht

§ 1 - Grundsatz

Das Vierte Buch des Bürgerlichen Gesetzbuchs gilt für alle familienrechtlichen Verhältnisse, die am Tag des Wirksamwerdens des Beitritts bestehen, soweit im folgenden nichts anderes bestimmt ist.

§ 2 - Verlöbnis

Die Vorschriften über das Verlöbnis gelten nicht für Verlöbnisse, die vor dem Wirksamwerden des Beitritts geschlossen worden sind.

§ 3 (weggefallen)

§ 4 - Eheliches Güterrecht

(1) Haben die Ehegatten am Tag des Wirksamwerdens des Beitritts im gesetzlichen Güterstand der Eigentums- und Vermögensgemeinschaft des Familiengesetzbuchs der Deutschen Demokratischen Republik gelebt, so gelten, soweit die Ehegatten nichts anderes vereinbart haben, von diesem Zeitpunkt an die Vorschriften über den gesetzlichen Güterstand der Zugewinngemeinschaft.

(2) Jeder Ehegatte kann, sofern nicht vorher ein Ehevertrag geschlossen oder die Ehe geschieden worden ist, bis zum Ablauf von zwei Jahren nach Wirksamwerden des Beitritts dem Kreisgericht gegenüber erklären, daß für die Ehe der bisherige gesetzliche Güterstand fortgelten solle. § 1411 des Bürgerlichen Gesetzbuchs gilt entsprechend. Wird die Erklärung abgegeben, so gilt die Überleitung als nicht erfolgt. Aus der Wiederherstellung des ursprünglichen Güterstandes können die Ehegatten untereinander und gegenüber einem Dritten Einwendungen gegen ein Rechtsgeschäft, das nach der Überleitung zwischen den Ehegatten oder zwischen einem von ihnen und dem Dritten vorgenommen worden ist, nicht herleiten.

(3) Für die Entgegennahme der Erklärung nach Absatz 2 ist jedes Kreisgericht zuständig. Die Erklärung muß notariell beurkundet werden. Haben die Ehegatten die Erklärung nicht gemeinsam abgegeben, so hat das Kreisgericht sie dem anderen Ehegatten nach den für Zustellungen von Amts wegen geltenden Vorschriften der Zivilprozeßordnung bekanntzumachen. Für die Zustellung werden Auslagen nach § 137 Nr. 2 der Kostenordnung nicht erhoben. Für das gerichtliche Verfahren gelten die Vorschriften des Gesetzes über das Verfahren in Familiensachen und in den Angelegenheiten der freiwilligen Gerichtsbarkeit.

(4) In den Fällen des Absatzes 1 gilt für die Auseinandersetzung des bis zum Wirksamwerden des Beitritts erworbenen gemeinschaftlichen Eigentums und Vermögens § 39 des Familiengesetzbuchs der Deutschen Demokratischen Republik sinngemäß.

(5) Für Ehegatten, die vor dem Wirksamwerden des Beitritts geschieden worden sind, bleibt für die Auseinandersetzung des gemeinschaftlichen Eigentums und Vermögens und für die Entscheidung über die Ehewohnung das bisherige Recht maßgebend.

(6) Für die Beurkundung der Erklärung nach Absatz 2 beträgt der Geschäftswert 3.000 Euro.

§ 4a - Gemeinschaftliches Eigentum

(1) Haben die Ehegatten keine Erklärung nach § 4 Abs. 2 Satz 1 abgegeben, so wird gemeinschaftliches Eigentum von Ehegatten Eigentum zu gleichen Bruchteilen. Für Grundstücke und grundstücksgleiche Rechte können die Ehegatten andere Anteile bestimmen. Die Bestimmung ist binnen sechs Monaten nach Inkrafttreten dieser Vorschrift möglich und erfolgt mit dem Antrag auf Berichtigung des Grundbuchs. Dieser und die Bestimmung bedürfen nicht der in § 29 der Grundbuchordnung bestimmten Form. Das Wahlrecht nach Satz 2 erlischt, unbeschadet des Satzes 3 im übrigen, wenn die Zwangsversteigerung oder Zwangsverwaltung des Grundstücks oder grundstücksgleichen Rechts angeordnet oder wenn bei dem Grundbuchamt die Eintragung einer Zwangshypothek beantragt wird.

(2) Haben die Ehegatten eine Erklärung nach § 4 Abs. 2 Satz 1 abgegeben, so finden auf das bestehende und künftige gemeinschaftliche Eigentum die Vorschriften über das durch beide Ehegatten verwaltete Gesamtgut einer Gütergemeinschaft entsprechende Anwendung. Für die Auflösung dieser Gemeinschaft im Falle der Scheidung sind jedoch die Vorschriften des Familiengesetzbuchs der Deutschen Demokratischen Republik nach Maßgabe des § 4 anzuwenden.

(3) Es wird widerleglich vermutet, daß gemeinschaftliches Eigentum von Ehegatten nach dem Familiengesetzbuch der Deutschen Demokratischen Republik Bruchteilseigentum zu ein halb Anteilen ist, sofern sich nicht aus dem Grundbuch andere Bruchteile ergeben.

Allgemeine Verwaltungsvorschrift für die Betriebsprüfung Betriebsprüfungsordnung - (BpO 2000)

vom 15.3.2000 (Bundesanzeiger Nr. 5, S. 368; BStBl I S. 368), zuletzt geändert durch die allgemeine Verwaltungsvorschrift vom 20.7.2011 (BStBl I S. 710).

Inhaltsübersicht

I. Allgemeine Vorschriften

§ 1 – Anwendungsbereich der Betriebsprüfungsordnung

(1) Diese Verwaltungsvorschrift gilt für Außenprüfungen der Landesfinanzbehörden und des Bundeszentralamtes für Steuern.

(2) Für besondere Außenprüfungen der Landesfinanzbehörden und des Bundeszentralamtes für Steuern (z.B. Lohnsteueraußenprüfung und Umsatzsteuersonderprüfung) sind die §§ 5 bis 12, 20 bis 24, 29 und 30 mit Ausnahme des § 5 Abs. 4 Satz 2 sinngemäß anzuwenden.

§ 2 – Aufgaben der Betriebsprüfungsstellen

(1) Zweck der Außenprüfung ist die Ermittlung und Beurteilung der steuerlich bedeutsamen Sachverhalte, um die Gleichmäßigkeit der Besteuerung sicherzustellen (§§ 85 , 199 Abs. 1 AO). Bei der Anordnung und Durchführung von Prüfungsmaßnahmen sind im Rahmen der Ermessensausübung die Grundsätze der Verhältnismäßigkeit der Mittel und des geringstmöglichen Eingriffs zu beachten.

(2) Den Betriebsprüfungsstellen können auch Außenprüfungen im Sinne des § 193 Abs. 2 AO, Sonderprüfungen sowie andere Tätigkeiten mit Prüfungscharakter, z.B. Liquiditätsprüfungen, übertragen werden; dies gilt nicht für Steuerfahndungsprüfungen.

(3) Die Finanzbehörde entscheidet nach pflichtgemäßem Ermessen, ob und wann eine Außenprüfung durchgeführt wird. Dies gilt auch, wenn der Steuerpflichtige eine baldige Außenprüfung begehrt.

§ 3 – Größenklassen

Steuerpflichtige, die der Außenprüfung unterliegen, werden in die Größenklassen

Großbetriebe (G)

Mittelbetriebe (M)

Kleinbetriebe (K) und

Kleinstbetriebe (Kst)

eingeordnet. Der Stichtag, der maßgebende Besteuerungszeitraum und die Merkmale für diese Einordnung werden jeweils von den obersten Finanzbehörden der Länder im Benehmen mit dem Bundesministerium der Finanzen festgelegt.

II. Durchführung der Außenprüfung

§ 4 – Umfang der Außenprüfung

(1) Die Finanzbehörde bestimmt den Umfang der Außenprüfung nach pflichtgemäßem Ermessen.

(2) Bei Großbetrieben und Unternehmen i.S.d. §§ 13 und 19 soll der Prüfungszeitraum an den vorhergehenden Prüfungszeitraum anschließen. Eine Anschlussprüfung ist auch in den Fällen des § 18 möglich.

(3) Bei anderen Betrieben soll der Prüfungszeitraum in der Regel nicht mehr als drei zusammenhängende Besteuerungszeiträume umfassen. Der Prüfungszeitraum kann insbesondere dann drei Besteuerungszeiträume übersteigen, wenn mit nicht unerheblichen Änderungen der Besteuerungsgrundlagen zu rechnen ist oder wenn der Verdacht einer Steuerstraftat oder einer Steuerordnungswidrigkeit besteht. Anschlussprüfungen sind zulässig.

(4) Für die Entscheidung, ob ein Betrieb nach Absatz 2 oder Absatz 3 geprüft wird, ist grundsätzlich die Größenklasse maßgebend, in die der Betrieb im Zeitpunkt der Bekanntgabe der Prüfungsanordnung eingeordnet ist.

(5) Hält die Finanzbehörde eine umfassende Ermittlung der steuerlichen Verhältnisse im Einzelfall nicht für erforderlich, kann sie eine abgekürzte Außenprüfung (§ 203 AO) durchführen. Diese beschränkt sich auf die Prüfung einzelner Besteuerungsgrundlagen eines Besteuerungszeitraums oder mehrerer Besteuerungszeiträume.

§ 4a – Zeitnahe Betriebsprüfung[1]

(1) Die Finanzbehörde kann Steuerpflichtige unter den Voraussetzungen des Absatzes 2 für eine zeitnahe Betriebsprüfung auswählen. Eine Betriebsprüfung ist zeitnah, wenn der Prüfungszeitraum einen oder mehrere gegenwartsnahe Besteuerungszeiträume umfasst.

(2) Grundlage zeitnaher Betriebsprüfungen sind die Steuererklärungen im Sinne des § 150 der Abgabenordnung der zu prüfenden Besteuerungszeiträume (Absatz 1 Satz 2). Zur Sicherstellung der Mitwirkungsrechte des Bundeszentralamtes für Steuern ist der von der Finanzbehörde ausgewählte Steuerpflichtige dem Bundeszentralamt für Steuern abweichend von der Frist des § 21 Absatz 1 Satz 1 unverzüglich zu benennen.

(3) Über das Ergebnis der zeitnahen Betriebsprüfung ist ein Prüfungsbericht oder eine Mitteilung über die ergebnislose Prüfung anzufertigen (§ 202 der Abgabenordnung).

§ 5 – Anordnung der Außenprüfung

(1) Die für die Besteuerung zuständige Finanzbehörde ordnet die Außenprüfung an. Die Befugnis zur Anordnung kann auch der beauftragten Finanzbehörde übertragen werden.

(2) Die Prüfungsanordnung hat die Rechtsgrundlagen der Außenprüfung, die zu prüfenden Steuerarten, Steuervergütungen, Prämien, Zulagen, ggf. zu prüfende bestimmte Sachverhalte sowie den Prüfungszeitraum zu enthalten. Ihr sind Hinweise auf die wesentlichen Rechte und Pflichten des Steuerpflichtigen bei der Außenprüfung beizufügen. Die Mitteilung über den voraussichtlichen Beginn und die Festlegung des Ortes der Außenprüfung kann mit der Prüfungsanordnung

[1] Erstmals anzuwenden für Außenprüfungen, die nach dem 1.1.2012 angeordnet werden.

verbunden werden. Handelt es sich um eine abgekürzte Außenprüfung nach § 203 AO, ist die Prüfungsanordnung um diese Rechtsgrundlage zu ergänzen. Soll der Umfang einer Außenprüfung nachträglich erweitert werden, ist eine ergänzende Prüfungsanordnung zu erlassen.

(3) Der Name des Betriebsprüfers, eines Betriebsprüfungshelfers und andere prüfungsleitende Bestimmungen können in die Prüfungsanordnung aufgenommen werden.

(4) Die Prüfungsanordnung und die Mitteilungen nach den Absätzen 2 und 3 sind dem Steuerpflichtigen angemessene Zeit vor Beginn der Prüfung bekanntzugeben, wenn der Prüfungszweck dadurch nicht gefährdet wird. In der Regel sind bei Großbetrieben 4 Wochen und in anderen Fällen 2 Wochen angemessen.

(5) Wird beantragt, den Prüfungsbeginn zu verlegen, können als wichtige Gründe z.B. Erkrankung des Steuerpflichtigen, seines steuerlichen Beraters oder eines für Auskünfte maßgeblichen Betriebsangehörigen, beträchtliche Betriebsstörungen durch Umbau oder höhere Gewalt anerkannt werden. Dem Antrag des Steuerpflichtigen kann auch unter Auflage, z.B. Erledigung von Vorbereitungsarbeiten für die Prüfung, stattgegeben werden.

(6) Werden die steuerlichen Verhältnisse von Gesellschaftern und Mitgliedern sowie von Mitgliedern der Überwachungsorgane in die Außenprüfung einbezogen, so ist für jeden Beteiligten eine Prüfungsanordnung unter Beachtung der Voraussetzungen des § 193 AO zu erteilen.

§ 6 – Ort der Außenprüfung

Die Außenprüfung ist in den Geschäftsräumen des Steuerpflichtigen durchzuführen. Ist ein geeigneter Geschäftsraum nachweislich nicht vorhanden und kann die Außenprüfung nicht in den Wohnräumen des Steuerpflichtigen stattfinden, ist an Amtsstelle zu prüfen (§ 200 Abs. 2 AO). Ein anderer Prüfungsort kommt nur ausnahmsweise in Betracht.

§ 7 – Prüfungsgrundsätze

Die Außenprüfung ist auf das Wesentliche abzustellen. Ihre Dauer ist auf das notwendige Maß zu beschränken. Sie hat sich in erster Linie auf solche Sachverhalte zu erstrecken, die zu endgültigen Steuerausfällen oder Steuererstattungen oder -vergütungen oder zu nicht unbedeutenden Gewinnverlagerungen führen können.

§ 8 – Mitwirkungspflichten

(1) Der Steuerpflichtige ist zu Beginn der Prüfung darauf hinzuweisen, dass er Auskunftspersonen benennen kann. Ihre Namen sind aktenkundig zu machen. Die Auskunfts- und sonstigen Mitwirkungspflichten des Steuerpflichtigen erlöschen nicht mit der Benennung von Auskunftspersonen.

(2) Der Betriebsprüfer darf im Rahmen seiner Ermittlungsbefugnisse unter den Voraussetzungen des § 200 Abs. 1 Sätze 3 und 4 AO auch Betriebsangehörige um Auskunft ersuchen, die nicht als Auskunftspersonen benannt worden sind.

(3) Die Vorlage von Büchern, Aufzeichnungen, Geschäftspapieren und anderen Unterlagen, die nicht unmittelbar den Prüfungszeitraum betreffen, kann ohne Erweiterung des Prüfungszeitraums verlangt werden, wenn dies zur Feststellung von Sachverhalten des Prüfungszeitraums für erforderlich gehalten wird.

§ 9 – Kontrollmitteilungen

Feststellungen, die nach § 194 Abs. 3 AO für die Besteuerung anderer Steuerpflichtiger ausgewertet werden können, sollen der zuständigen Finanzbehörde mitgeteilt werden. Kontrollmaterial über Auslandsbeziehungen ist auch dem Bundeszentralamt für Steuern zur Auswertung zu übersenden.

§ 10 – Verdacht einer Steuerstraftat oder -ordnungswidrigkeit

(1) Ergeben sich während einer Außenprüfung zureichende tatsächliche Anhaltspunkte für eine Straftat (§ 152 Abs. 2 StPO), deren Ermittlung der Finanzbehörde obliegt, so ist die für die Bearbeitung dieser Straftat zuständige Stelle unverzüglich zu unterrichten. Dies gilt auch, wenn lediglich die Möglichkeit besteht, dass ein Strafverfahren durchgeführt werden muss. Richtet sich der Verdacht gegen den Steuerpflichtigen, dürfen hinsichtlich des Sachverhalts, auf den sich der Verdacht bezieht, die Ermittlungen (§ 194 AO) bei ihm erst fortgesetzt werden, wenn ihm die Einleitung des Strafverfahrens mitgeteilt worden ist. Der Steuerpflichtige ist dabei, soweit die Feststellungen auch für Zwecke des Strafverfahrens verwendet werden können, darüber zu belehren, dass seine Mitwirkung im Besteuerungsverfahren nicht mehr erzwungen werden kann (§ 393 Abs. 1 AO). Die Belehrung ist unter Angabe von Datum und Uhrzeit aktenkundig zu machen und auf Verlangen schriftlich zu bestätigen (§ 397 Abs. 2 AO).

(2) Absatz 1 gilt beim Verdacht einer Ordnungswidrigkeit sinngemäß.

§ 11 – Schlussbesprechung

(1) Findet eine Schlussbesprechung statt, so sind die Besprechungspunkte und der Termin der Schlussbesprechung dem Steuerpflichtigen angemessene Zeit vor der Besprechung bekanntzugeben. Diese Bekanntgabe bedarf nicht der Schriftform.

(2) Hinweise nach § 201 Abs. 2 AO sind aktenkundig zu machen.

§ 12 – Prüfungsbericht und Auswertung der Prüfungsfeststellungen

(1) Wenn zu einem Sachverhalt mit einem Rechtsbehelf oder mit einem Antrag auf verbindliche Zusage zu rechnen ist, soll der Sachverhalt umfassend im Prüfungsbericht dargestellt werden.

(2) Ist bei der Auswertung des Prüfungsberichts oder im Rechtsbehelfsverfahren beabsichtigt, von den Feststellungen der Außenprüfung abzuweichen, so ist der Betriebsprüfungsstelle Gelegenheit zur Stellungnahme zu geben. Dies gilt auch für die Erörterung des Sach- und Rechtsstandes gem. § 364a AO. Bei wesentlichen Abweichungen zuungunsten des Steuerpflichtigen soll auch diesem Gelegenheit gegeben werden, sich hierzu zu äußern.

(3) In dem durch die Prüfungsanordnung vorgegebenen Rahmen muss die Außenprüfung entweder durch Steuerfestsetzung oder durch Mitteilung über eine ergebnislose Prüfung abgeschlossen werden.

III. Außenprüfung von Konzernen und sonstigen zusammenhängenden Unternehmen

§ 13 – Konzernprüfung

(1) Unternehmen, die zu einem Konzern im Sinne des § 18 AktG gehören, sind im Zusammenhang, unter einheitlicher Leitung und nach einheitlichen Gesichtspunkten zu prüfen, wenn die Außenumsätze der Konzernunternehmen insgesamt mindestens 25 Millionen Euro im Jahr betragen.

(2) Ein Unternehmen, das zu mehreren Konzernen gehört, ist mit dem Konzern zu prüfen, der die größte Beteiligung an dem Unternehmen besitzt. Bei gleichen Beteiligungsverhältnissen ist das Unternehmen für die Prüfung dem Konzern zuzuordnen, der in der Geschäftsführung des Unternehmens federführend ist.

§ 14 – Leitung der Konzernprüfung

(1) Bei Konzernprüfungen soll die Finanzbehörde, die für die Außenprüfung des herrschenden oder einheitlich leitenden Unternehmens zuständig ist, die Leitung der einheitlichen Prüfung übernehmen.

(2) Wird ein Konzern durch eine natürliche oder juristische Person, die selbst nicht der Außenprüfung unterliegt, beherrscht, soll die Finanzbehörde, die für die Außenprüfung des wirtschaftlich bedeutendsten abhängigen Unternehmens zuständig ist, die Leitung der einheitlichen Prüfung übernehmen. Im Einvernehmen der beteiligten Finanzbehörden kann hiervon abgewichen werden.

§ 15 – Einleitung der Konzernprüfung

(1) Die für die Leitung der Konzernprüfung zuständige Finanzbehörde regt die Konzernprüfung an und stimmt sich mit den beteiligten Finanzbehörden ab.

(2) Konzernunternehmen sollen erst nach Abstimmung mit der für die Leitung der Konzernprüfung zuständigen Finanzbehörde geprüft werden.

§ 16 – Richtlinien zur Durchführung der Konzernprüfung

(1) Die für die Leitung einer Konzernprüfung zuständige Finanzbehörde kann Richtlinien für die Prüfung aufstellen. Die Richtlinien können neben prüfungstechnischen Einzelheiten auch Vorschläge zur einheitlichen Beurteilung von Sachverhalten enthalten.

(2) Soweit Meinungsverschiedenheiten, die sich bei der Mitwirkung mehrerer Finanzbehörden im Rahmen der einheitlichen Prüfung ergeben, von den Beteiligten nicht ausgeräumt werden können, ist den zuständigen vorgesetzten Finanzbehörden zu berichten und die Entscheidung abzuwarten.

§ 17 – Abstimmung und Freigabe der Konzernprüfungsberichte

Die Berichte über die Außenprüfungen bei Konzernunternehmen sind aufeinander abzustimmen und den Steuerpflichtigen erst nach Freigabe durch die für die Leitung der Konzernprüfung zuständige Finanzbehörde zu übersenden.

§ 18 – Außenprüfung bei sonstigen zusammenhängenden Unternehmen

Eine einheitliche Prüfung kann auch durchgeführt werden

1. Konzernen, die die Umsatzgrenze des § 13 Abs. 1 nicht erreichen,
2. Unternehmen, die nicht zu einem Konzern gehören, aber eng miteinander verbunden sind, z.B. durch wirtschaftliche oder verwandtschaftliche Beziehungen der Beteiligten, gemeinschaftliche betriebliche Tätigkeit.

Die §§ 13 bis 17 gelten entsprechend.

§ 19 – Außenprüfung bei international verbundenen Unternehmen

(1) Die §§ 13 bis 18 gelten auch für die Prüfung mehrerer inländischer Unternehmen, die von einer ausländischen natürlichen oder juristischen Person, einer Mehrheit von Personen, einer Stiftung oder einem anderen Zweckvermögen beherrscht oder einheitlich geleitet werden oder die mit einem ausländischen Unternehmen wirtschaftlich verbunden sind.

(2) Die Leitung der einheitlichen Prüfung soll die Finanzbehörde übernehmen, die für die Außenprüfung des wirtschaftlich bedeutendsten inländischen Unternehmens zuständig ist. Im Einvernehmen der beteiligten Finanzbehörden kann hiervon abgewichen werden.

IV. Mitwirkung des Bundes an Außenprüfungen der Landesfinanzbehörden

§ 20 – Art der Mitwirkung

(1) Das Bundeszentralamt für Steuern wirkt an Außenprüfungen der Landesfinanzbehörden durch Prüfungstätigkeit und Beteiligung an Besprechungen mit.

(2) Art und Umfang der Mitwirkung werden jeweils von den beteiligten Behörden im gegenseitigen Einvernehmen festgelegt.

(3) Die Landesfinanzbehörde bestimmt den für den Ablauf der Außenprüfung verantwortlichen Prüfer.

§ 21 – Auswahl der Betriebe und Unterrichtung über die vorgesehene Mitwirkung

(1) Die Landesfinanzbehörden stellen dem Bundeszentralamt für Steuern die Prüfungsgeschäftspläne für Großbetriebe spätestens 10 Tage vor dem Beginn des Zeitraums, für den sie aufgestellt worden sind, zur Verfügung. Betriebe, bei deren Prüfung eine Mitwirkung des Bundeszentralamtes für Steuern von den Landesfinanzbehörden für zweckmäßig gehalten wird, sollen kenntlich gemacht werden. Das Bundeszentralamt für Steuern teilt den Landesfinanzbehörden unverzüglich die Betriebe mit, an deren Prüfung es mitwirken will.

(2) Sobald die Landesfinanzbehörde den Prüfungsbeginn mitgeteilt hat, wird sie vom Bundeszentralamt für Steuern über die vorgesehene Mitwirkung unterrichtet.

§ 22 – Mitwirkung durch Prüfungstätigkeit

(1) Wirkt das Bundeszentralamt für Steuern durch Prüfungstätigkeit mit, so hat der Bundesbetriebsprüfer regelmäßig in sich geschlossene Prüfungsfelder zu übernehmen und diesen Teil des Prüfungsberichts zu entwerfen. Der Prüfungsstoff wird im gegenseitigen Einvernehmen auf die beteiligten Betriebsprüfer aufgeteilt.

(2) Hat das Bundeszentralamt für Steuern an einer Außenprüfung mitgewirkt, so erhält es eine Ausfertigung des Prüfungsberichts.

§ 23

(weggefallen)

§ 24 – Verfahren bei Meinungsverschiedenheiten zwischen dem Bundesamt für Finanzen und der Landesfinanzbehörde

Soweit Meinungsverschiedenheiten, die sich bei der Mitwirkung an Außenprüfungen zwischen dem Bundeszentralamt für Steuern und der Landesfinanzbehörde ergeben, von den Beteiligten nicht ausgeräumt werden können, ist den obersten Finanzbehörden des Bundes und des Landes zu berichten und die Entscheidung abzuwarten.

V. Betriebsprüfer, Sachgebietsleiter für Betriebsprüfung, Prüferbesprechungen

§ 25 – Verwendung von Beamten als Betriebsprüfer

Die Verwendung eines Beamten als Betriebsprüfer, der grundsätzlich dem gehobenen Dienst angehören soll, ist nach einer mindestens sechsmonatigen Einarbeitung in der Außenprüfung nur mit Einwilligung der zuständigen vorgesetzten Finanzbehörde oder der von ihr benannten Stelle zulässig.

§ 26 – Verwendung von Verwaltungsangestellten als Betriebsprüfer

(1) Verwaltungsangestellte, die bereits in der Steuerverwaltung tätig sind, können als Betriebsprüfer verwendet werden, wenn folgende Voraussetzungen erfüllt sind:

1. eine mindestens dreijährige zeitnahe Tätigkeit in der Veranlagung, davon eine mindestens neunmonatige qualifizierte Tätigkeit,
2. die Ablegung einer Prüfung nach Erfüllung der Voraussetzung zu Nummer 1 und
3. eine mindestens sechsmonatige Einarbeitung in der Außenprüfung.

(2) Andere Bewerber können als Verwaltungsangestellte in der Außenprüfung verwendet werden, wenn folgende Voraussetzungen erfüllt werden:

1. a) ein abgeschlossenes einschlägiges Hochschulstudium (Rechtswissenschaft, Wirtschaftswissenschaft, Versicherungsmathematik, Land- und Forstwirtschaft) oder
   b) eine kaufmännische oder sonstige einschlägige Grundausbildung mit vorgeschriebener Abschlussprüfung und der Nachweis mehrjähriger kaufmännischer, betriebswirtschaftlicher oder revisionstechnischer Tätigkeit,
2. die Ablegung einer Prüfung nach Erfüllung der Voraussetzung zu Nummer 1 Buchstaben a oder b,
3. eine mindestens zwölfmonatige zeitnahe Tätigkeit außerhalb der Außenprüfung, davon eine mindestens neunmonatige qualifizierte Tätigkeit in der Veranlagung sowie
4. eine mindestens sechsmonatige Einarbeitung in der Außenprüfung.

(3) Die zuständige vorgesetzte Finanzbehörde kann zu Absatz 1 und zu Absatz 2 Nr. 2 bis 4 im Einzelfall Ausnahmen zulassen.

(4) Ein Rechtsanspruch auf Zulassung zur Prüfung besteht nicht.

(5) Die schriftliche Prüfung besteht mindestens aus zwei unter Aufsicht anzufertigenden Arbeiten aus dem Buchführungs- und Bilanzwesen.

(6) Die mündliche Prüfung erstreckt sich auf die Grundzüge des Abgabenrechts, des bürgerlichen Rechts und des Handelsrechts, insbesondere des Buchführungs- und Bilanzwesens sowie des kaufmännischen Rechnungswesens.

§ 27 – Einsatz als Betriebsprüfer und Sachgebietsleiter für Betriebs prüfung

(1) Beamte und Verwaltungsangestellte sollen nicht erstmals nach Vollendung des fünfundvierzigsten Lebensjahres als Betriebsprüfer eingesetzt werden.

(2) Sachgebietsleiter für Betriebsprüfung dürfen nur mit Einwilligung der zuständigen vorgesetzten Finanzbehörde eingesetzt werden.

(3) Sachgebietsleiter für Betriebsprüfung und Betriebsprüfer dürfen nur mit Einwilligung der zuständigen vorgesetzten Finanzbehörde für prüfungsfremde Aufgaben verwendet werden.

§ 28 – Betriebsprüfungshelfer

Zur Unterstützung der Betriebsprüfer können Betriebsprüfungshelfer eingesetzt werden. Diese haben nach den Weisungen des Betriebsprüfers zu verfahren.

§ 29 – Prüferausweis

Für Sachgebietsleiter für Betriebsprüfung und Betriebsprüfer ist jeweils ein Ausweis auszustellen. Der Ausweis hat zu enthalten:

1. die Bezeichnung der ausstellenden Landesfinanzverwaltung oder der ausstellenden Finanzbehörde
2. das Lichtbild des Inhabers
3. den Vor- und Familiennamen
4. die laufende Nummer
5. die Gültigkeitsdauer und
6. die Befugnisse des Inhabers.

§ 30 – Prüferbesprechungen

Die Sachgebietsleiter für Betriebsprüfung sollen mit den Prüfern ihrer Sachgebiete, die zuständigen vorgesetzten Finanzbehörden mit den Sachgebietsleitern für Betriebsprüfung oder mit den Betriebsprüfern ihrer Oberfinanzbezirke regelmäßig Zweifelsfragen aus der Prüfungstätigkeit erörtern, sie über neuere Rechtsprechung und neueres Schrifttum unterrichten sowie Richtlinien und Anregungen für ihre Arbeit geben.

§ 31 – Fach-(Branchen-)Prüferbesprechungen

(1) Für die Fach-(Branchen-)Prüfer sind nach Bedarf Besprechungen durchzuführen. Hierbei sollen die Branchenerfahrungen ausgetauscht und verglichen, zweckmäßige Prüfungsmethoden, Kennzahlen und Formblätter für das prüfungstechnische Vorgehen entwickelt und gemeinsame Richtlinien erarbeitet werden.

(2) Dem Bundeszentralamt für Steuern ist Gelegenheit zu geben, an Fachprüferbesprechungen, die von den zuständigen vorgesetzten Finanzbehörden (§ 38) durchgeführt werden, teilzunehmen.

VI. Karteien, Konzernverzeichnisse

§ 32 – Betriebskartei

(1) Die Betriebsprüfungsstellen haben über die Groß-, Mittel- und Kleinbetriebe eine Kartei (Betriebskartei) zu führen.

(2) Die Betriebskartei besteht aus der Namenskartei und der Branchenkartei. Die Namenskartei soll als alphabetische Suchkartei, die Branchenkartei nach der Klassifikation der Wirtschaftszweige (Tiefengliederung für Steuerstatistiken) geführt werden.

(3) Nebenbetriebe der Land- und Forstwirtschaft sind nur beim Hauptbetrieb zu vermerken.

(4) Für die Erfassung in der Betriebskartei ist jeweils die auf einen bestimmten Stichtag festgestellte Größenklasse der Betriebe - in der Regel für die Dauer von drei Jahren - maßgebend. Die

Betriebe werden nach den Ergebnissen der Veranlagung, hilfsweise nach den Angaben in den Steuererklärungen in die Größenklassen eingeordnet. Fehler, die bei der Einordnung der Betriebe unterlaufen, können jederzeit berichtigt werden.

(5) Änderungen der die Größenklasse bestimmenden Betriebsmerkmale bleiben bis zur nächsten Einordnung in Größenklassen unberücksichtigt. Bei sonstigen Änderungen ist die Kartei fortzuschreiben. Bei Abgängen aufgrund von Sitzverlegung (Wohnsitz oder Sitz der Geschäftsleitung) sind die Daten der Betriebskartei an die neu zuständige Finanzbehörde zu übermitteln; Zugänge von einer anderen Finanzbehörde und Neugründungen sind in der Betriebskartei zu erfassen.

§ 33 – Konzernverzeichnis

Jede zuständige Finanzbehörde hat die für ein Verzeichnis der Konzerne im Sinne der §§ 13, 18 und 19 erforderlichen Daten zu ermitteln und der zuständigen vorgesetzten Finanzbehörde zur Weiterleitung an das Bundeszentralamt für Steuern zur Aufnahme in eine zentrale Datenbank zu übermitteln. Gleiches gilt für spätere Änderungen oder Ergänzungen dieser Daten. Das zentrale Konzernverzeichnis enthält die einzelnen Konzernübersichten. Das Verfahren zur Übermittlung der Daten nach den Sätzen 1 und 2 sowie die Nutzung der Daten durch die Finanzbehörden der Länder wird vom Bundesministerium der Finanzen im Einvernehmen mit den obersten Finanzbehörden der Länder geregelt

VII. Prüfungsgeschäftsplan, Jahresstatistik

§ 34 – Aufstellung von Prüfungsgeschäftsplänen

(1) Die zur Prüfung vorgesehenen Fälle werden in regelmäßigen Abständen in Prüfungsgeschäftsplänen zusammengestellt. Der Abstand darf bei Großbetrieben nicht kürzer als 6 Monate und nicht länger als 12 Monate sein. Änderungen der Prüfungsgeschäftspläne sind jederzeit möglich. In den Prüfungsgeschäftsplänen ist auf Konzernzugehörigkeit hinzuweisen.

(2) aufgehoben

§ 35 – Jahresstatistik

(1) Die Betriebsprüfungsstellen haben eine Jahresstatistik aufzustellen und der vorgesetzten Finanzbehörde vorzulegen.

(2) Die obersten Finanzbehörden der Länder teilen dem Bundesministerium der Finanzen die Arbeitsergebnisse der Außenprüfung nach einem abgestimmten Muster bis zum 31. März eines jeden Jahres mit. Das Bundesministerium der Finanzen gibt das Gesamtergebnis in einer zusammengefassten Veröffentlichung jährlich bekannt.

(3) aufgehoben

VIII. Betriebsprüfungsarchiv, Kennzahlen, Hauptorte

§ 36 – Betriebsprüfungsarchiv

(1) Steuerliche, prüfungstechnische, branchentypische und allgemeine wirtschaftliche Erfahrungen sind den zuständigen vorgesetzten Finanzbehörden mitzuteilen. Diese sammeln die Erfahrungen und werten sie in einem Betriebsprüfungsarchiv aus.

(2) Das Bundeszentralamt für Steuern teilt den zuständigen vorgesetzten Finanzbehörden Prüfungserfahrungen von allgemeiner Bedeutung mit.

§ 37 – Kennzahlen

Die zuständigen Finanzbehörden haben die nach den Ergebnissen von Außenprüfungen ermittelten branchenbezogenen Kennzahlen der jeweils zuständigen vorgesetzten Finanzbehörde zur Weiterleitung an das Bundeszentralamt für Steuern zur Aufnahme in eine zentrale Datenbank zu übermitteln. Gleiches gilt für Änderungen dieser Daten. Das Verfahren zur Übermittlung der Daten nach den Sätzen 1 und 2 sowie die Nutzung der Daten durch die Finanzbehörden der Länder wird vom Bundesministerium der Finanzen im Einvernehmen mit den obersten Finanzbehörden der Länder geregelt

§ 38 – Hauptorte

(1) Die zuständigen vorgesetzten Finanzbehörden haben als Hauptorte die Aufgabe, für einzelne Berufs- oder Wirtschaftszweige Unterlagen zu sammeln und auszuwerten, die für die Besteuerung von Bedeutung sind. Zu den Aufgaben gehört auch die Mitwirkung bei der Aufstellung von AfA-Tabellen. Die Hauptorte werden durch Vereinbarung der obersten Finanzbehörden des Bundes und der Länder bestimmt.

(2) Das Ergebnis der Auswertung wird den anderen zuständigen vorgesetzten Finanzbehörden und dem Bundeszentralamt für Steuern regelmäßig mitgeteilt.

IX. Inkrafttreten

§ 39 – Inkrafttreten

Diese allgemeine Verwaltungsvorschrift tritt am Tage nach der Veröffentlichung im Bundesanzeiger[1] in Kraft. Gleichzeitig tritt die allgemeine Verwaltungsvorschrift für die Betriebsprüfung - Betriebsprüfungsordnung - vom 17. Dezember 1987 (BAnz. Nr. 241a vom 24. Dezember 1987) außer Kraft.

[1] Veröffentlichung erfolgte am 23.3.2000.

Gesetz über das Bundesverfassungsgericht

in der Neufassung vom 11.8.1993 (BGBl. I S. 1473), zuletzt geändert durch Artikel 4 des Gesetzes vom 20.11.2019 (BGBl. I S. 1724).

- Auszug -

...

§ 79

(1) Gegen ein rechtskräftiges Strafurteil, das auf einer mit dem Grundgesetz für unvereinbar oder nach § 78 für nichtig erklärten Norm oder auf der Auslegung einer Norm beruht, die vom Bundesverfassungsgericht für unvereinbar mit dem Grundgesetz erklärt worden ist, ist die Wiederaufnahme des Verfahrens nach den Vorschriften der Strafprozeßordnung zulässig.

(2) Im übrigen bleiben vorbehaltlich der Vorschrift des § 95 Abs. 2 oder einer besonderen gesetzlichen Regelung die nicht mehr anfechtbaren Entscheidungen, die auf einer gemäß § 78 für nichtig erklärten Norm beruhen, unberührt. Die Vollstreckung aus einer solchen Entscheidung ist unzulässig. Soweit die Zwangsvollstreckung nach den Vorschriften der Zivilprozeßordnung durchzuführen ist, gilt die Vorschrift des § 767 der Zivilprozeßordnung entsprechend. Ansprüche aus ungerechtfertigter Bereicherung sind ausgeschlossen.

...

Depotgesetz (Gesetz über die Verwahrung und Anschaffung von Wertpapieren)

in der Neufassung vom 11.1.1995 (BGBl. I S. 34) zuletzt geändert durch Artikel 4 des Gesetzes vom 3.6.2021 (BGBl. I S. 1423).

- Auszug -

...

§ 6 - Miteigentum am Sammelbestand, Verwaltungsbefugnis des Verwahrers bei der Sammelverwahrung

(1) Werden Wertpapiere in Sammelverwahrung genommen, so entsteht mit dem Zeitpunkt des Eingangs beim Sammelverwahrer für die bisherigen Eigentümer Miteigentum nach Bruchteilen an den zum Sammelbestand des Verwahrers gehörenden Wertpapieren derselben Art. Für die Bestimmung des Bruchteils ist der Wertpapiernennbetrag maßgebend, bei Wertpapieren ohne Nennbetrag die Stückzahl.

(2) Der Hinterleger kann zur Ausübung seiner Rechte jederzeit gegen einen angemessenen Aufwendungsersatz vom Verwahrer einen in Schriftform ausgestellten Auszug über den für den Hinterleger in Verwahrung genommenen Anteil am Sammelbestand verlangen (Depotbescheinigung zur Rechtsausübung). Der Verwahrer steht für die Richtigkeit seiner Depotbescheinigung zur Rechtsausübung ein. Wem die Depotbescheinigung zur Rechtsausübung den hinterlegten Anteil am Sammelbestand zuweist, gilt zum Zwecke der Beweisführung als sein Inhaber. Der Leistungsanspruch des Hinterlegers aus seinem Anteil am Sammelbestand ist von vornherein dahingehend beschränkt, dass er gegen die Leistung einen der Leistung entsprechenden Anteil am Sammelbestand auf den Aussteller überträgt.

(3) Der Sammelverwahrer kann aus dem Sammelbestand einem jeden der Hinterleger die diesem gebührende Menge ausliefern oder die ihm selbst gebührende Menge entnehmen, ohne daß er hierzu der Zustimmung der übrigen Beteiligten bedarf. In anderer Weise darf der Sammelverwahrer den Sammelbestand nicht verringern. Diese Vorschriften sind im Falle der Drittverwahrung auf Zwischenverwahrer sinngemäß anzuwenden.

...

Deutsches Richtergesetz

in der Neufassung vom 19.4.1972 (BGBl. I S. 713) zuletzt geändert durch Artikel 4 des Gesetzes vom 25.6.2021 (BGBl. I S. 2158).

- Auszug -

§ 45 – Unabhängigkeit und besondere Pflichten des ehrenamtlichen Richters

(1) Der ehrenamtliche Richter ist in gleichem Maße wie ein Berufsrichter unabhängig. Er hat das Beratungsgeheimnis zu wahren (§ 43).

(1a) Niemand darf in der Übernahme oder Ausübung des Amtes als ehrenamtlicher Richter beschränkt oder wegen der Übernahme oder Ausübung des Amtes benachteiligt werden. Ehrenamtliche Richter sind für die Zeit ihrer Amtstätigkeit von ihrem Arbeitgeber von der Arbeitsleistung freizustellen. Die Kündigung eines Arbeitsverhältnisses wegen der Übernahme oder der Ausübung des Amtes ist unzulässig. Weitergehende landesrechtliche Regelungen bleiben unberührt.

(2) Der ehrenamtliche Richter ist vor seiner ersten Dienstleistung in öffentlicher Sitzung des Gerichts durch den Vorsitzenden zu vereidigen. Die Vereidigung gilt für die Dauer des Amtes, bei erneuter Bestellung auch für die sich unmittelbar anschließende Amtszeit. Der Schwörende soll bei der Eidesleistung die rechte Hand erheben.

(3) Der ehrenamtliche Richter leistet den Eid, indem er die Worte spricht:

"Ich schwöre, die Pflichten eines ehrenamtlichen Richters getreu dem Grundgesetz für die Bundesrepublik Deutschland und getreu dem Gesetz zu erfüllen, nach bestem Wissen und Gewissen ohne Ansehen der Person zu urteilen und nur der Wahrheit und Gerechtigkeit zu dienen, so wahr mir Gott helfe."

Der Eid kann ohne die Worte "so wahr mir Gott helfe" geleistet werden. Hierüber ist der Schwörende vor der Eidesleistung durch den Vorsitzenden zu belehren.

(4) Gibt ein ehrenamtlicher Richter an, daß er aus Glaubens- oder Gewissensgründen keinen Eid leisten wolle, so spricht er die Worte:

"Ich gelobe, die Pflichten eines ehrenamtlichen Richters getreu dem Grundgesetz für die Bundesrepublik Deutschland und getreu dem Gesetz zu erfüllen, nach bestem Wissen und Gewissen ohne Ansehen der Person zu urteilen und nur der Wahrheit und Gerechtigkeit zu dienen."

Das Gelöbnis steht dem Eid gleich.

(5) Gibt ein ehrenamtlicher Richter an, daß er als Mitglied einer Religions- oder Bekenntnisgemeinschaft eine Beteuerungsformel dieser Gemeinschaft verwenden wolle, so kann er diese dem Eid oder dem Gelöbnis anfügen.

(6) Die ehrenamtlichen Richter in der Finanzgerichtsbarkeit leisten den Eid dahin,

die Pflichten eines ehrenamtlichen Richters getreu dem Grundgesetz für die Bundesrepublik Deutschland und getreu dem Gesetz zu erfüllen, das Steuergeheimnis zu wahren, nach bestem Wissen und Gewissen ohne Ansehen der Person zu urteilen und nur der Wahrheit und Gerechtigkeit zu dienen.

Dies gilt für das Gelöbnis entsprechend.

(7) Für ehrenamtliche Richter bei den Gerichten der Länder können der Eid und das Gelöbnis eine zusätzliche Verpflichtung auf die Landesverfassung enthalten.

(8) Über die Verpflichtung des ehrenamtlichen Richters auf sein Amt wird ein Protokoll aufgenommen.

(9) Im übrigen bestimmen sich die Rechte und Pflichten der ehrenamtlichen Richter nach den für die einzelnen Gerichtszweige geltenden Vorschriften.

Gesetz über die Durchführung der gegenseitigen Amtshilfe in Steuersachen zwischen den Mitgliedstaaten der Europäischen Union

(EU-Amtshilfegesetz - EUAHiG)

vom 26.6.2013 (BGBl. I S. 1809), zuletzt geändert durch Artikel 2 des Gesetzes vom 20.12.2022 (BGBl. I S. 2730).

Inhaltsübersicht

Abschnitt 1 - Allgemeine Bestimmungen

§ 1 - Anwendungsbereich und anzuwendendes Recht

(1) Dieses Gesetz regelt den Austausch von voraussichtlich erheblichen Informationen in Steuersachen zwischen Deutschland und den anderen Mitgliedstaaten der Europäischen Union (Mit-

gliedstaaten). Es ist anzuwenden für jede Art von Steuern, die von einem oder für einen Mitgliedstaat oder dessen Gebiets- oder Verwaltungseinheiten einschließlich der örtlichen Behörden erhoben werden.

(2) Dieses Gesetz ist nicht anzuwenden auf

1. die Umsatzsteuer, einschließlich der Einfuhrumsatzsteuer,

2. Zölle,

3. harmonisierte Verbrauchsteuern, sofern diese in Artikel 1 Absatz 1 der Richtlinie 2008/118/EG des Rates vom 16. Dezember 2008 über das allgemeine Verbrauchsteuersystem und zur Aufhebung der Richtlinie 92/12/ EWG (ABl. L 9 vom 14.1.2009, S. 12), die zuletzt durch die Richtlinie 2010/12/EU (ABl. L 50 vom 27.2.2010, S. 1) geändert worden ist, in der jeweils geltenden Fassung genannt werden,

4. Beiträge und Umlagen sowie damit verbundene Abgaben und Gebühren nach dem Sozialgesetzbuch, den in § 68 des Ersten Buches Sozialgesetzbuch genannten Gesetzen, dem Aufwendungsausgleichsgesetz und

5. Gebühren.

(3) Dieses Gesetz berührt nicht

1. die Vorschriften über die Rechtshilfe in Strafsachen und

2. die Wahrnehmung der Rechte und die Erfüllung der Pflichten, die Deutschland in Bezug auf eine umfassendere Zusammenarbeit der Verwaltungen aus anderen Rechtsinstrumenten erwachsen, einschließlich bi- oder multilateraler Abkommen.

(4) Für die Amtshilfe nach diesem Gesetz gelten die Vorschriften der Abgabenordnung entsprechend, soweit dieses Gesetz nichts anderes bestimmt.

§ 2 - Begriffsbestimmungen

(1) Person im Sinne dieses Gesetzes ist

1. eine natürliche Person,

2. eine juristische Person,

3. eine Personenvereinigung, der die Rechtsfähigkeit zuerkannt wurde, die aber nicht über die Rechtsstellung einer juristischen Person verfügt oder

4. jede andere Rechtsform gleich welcher Art, mit oder ohne allgemeine Rechtsfähigkeit, die Vermögensgegenstände besitzt oder verwaltet, welche einschließlich der daraus erzielten Einkünfte einer der von § 1 erfassten Steuern unterliegen.

(2) Automatischer Austausch im Sinne dieses Gesetzes ist die systematische Übermittlung zuvor festgelegter Informationen an einen anderen Mitgliedstaat der Europäischen Union ohne dessen vorheriges Ersuchen in regelmäßigen, im Voraus bestimmten Abständen; für die Zwecke des § 7 Absatz 1 sind verfügbare Informationen solche Informationen, die in den Steuerakten über Personen, die in anderen Mitgliedstaaten der Europäischen Union ansässig sind, enthalten sind und die im Einklang mit den Verfahren für die Erhebung und Verarbeitung von Informationen abgerufen werden können.

(3) Ein grenzüberschreitender Vorbescheid im Sinne dieses Gesetzes ist eine Vereinbarung, eine Mitteilung oder eine andere Maßnahme mit ähnlicher Wirkung, die

1. von oder im Namen der Bundesrepublik Deutschland, einer zuständigen Landesfinanzbehörde oder von Gemeinden oder Gemeindeverbänden erteilt, geändert oder erneuert

werden, unabhängig davon, ob die grenzüberschreitenden Vorbescheide tatsächlich verwendet werden,

2. für eine bestimmte Person oder eine Gruppe von Personen erteilt, geändert oder erneuert wird und sofern sich diese Person oder Gruppe von Personen darauf berufen kann,

3. die Auslegung oder Anwendung einer Rechts- oder Verwaltungsvorschrift der Steuergesetze der Bundesrepublik Deutschland, eines Landes oder entsprechender Regelungen einer Gemeinde oder eines Gemeindeverbandes betrifft,

4. sich auf eine grenzüberschreitende Transaktion oder auf die Frage bezieht, ob durch die Tätigkeiten, denen eine Person nicht im Inland nachgeht, eine Betriebstätte begründet wird oder nicht, und

5. vor den Transaktionen oder den Tätigkeiten im Ausland, die möglicherweise als Gründung einer Betriebstätte zu betrachten sind, oder vor Abgabe der Steuererklärung für den Zeitraum, in dem die Transaktion oder die Tätigkeiten erfolgten, erteilt wird.

Dies gilt auch, wenn der Vorbescheid im Zuge einer Außenprüfung erteilt oder geändert wird. Die grenzüberschreitende Transaktion kann unter anderem Investitionen, die Bereitstellung von Waren, Dienstleistungen oder Kapital oder den Einsatz materieller oder immaterieller Güter umfassen, wobei der Empfänger des grenzüberschreitenden Vorbescheids daran nicht unmittelbar beteiligt sein muss.

(4) Eine Vorabverständigung über die Verrechnungspreisgestaltung im Sinne dieses Gesetzes ist eine Vereinbarung, eine Mitteilung oder eine andere Maßnahme mit ähnlicher Wirkung, die

1. im Namen der Bundesrepublik Deutschland, einer zuständigen Landesfinanzbehörde oder einer Gemeinde oder eines Gemeindeverbandes getroffen, geändert oder erneuert wird, unabhängig davon, ob sie tatsächlich verwendet wird oder nicht,

2. für eine bestimmte Person oder eine Gruppe von Personen getroffen, geändert oder erneuert wird, und sofern sich diese Person oder Gruppe von Personen darauf berufen kann, und

3. im Vorfeld grenzüberschreitender Transaktionen zwischen verbundenen Unternehmen

   a) geeignete Kriterien zur Bestimmung der Verrechnungspreise für die betreffenden Transaktionen festlegt oder

   b) die Zuweisung von Gewinnen an eine Betriebstätte regelt.

Dies gilt auch, wenn der Vorbescheid im Zuge einer Außenprüfung erteilt oder geändert wird.

(5) Ein Unternehmen ist ein verbundenes Unternehmen im Sinne dieses Gesetzes, wenn es unmittelbar oder mittelbar an der Geschäftsleitung, der Kontrolle oder dem Kapital eines anderen Unternehmens beteiligt ist oder wenn ein und dieselben Personen unmittelbar oder mittelbar an der Geschäftsleitung, der Kontrolle oder dem Kapital beider Unternehmen beteiligt sind.

(6) Verrechnungspreise im Sinne dieses Gesetzes sind die Preise, zu denen ein Unternehmen materielle oder immaterielle Güter auf ein verbundenes Unternehmen überträgt oder Dienstleistungen für ein verbundenes Unternehmen erbringt.

(7) Eine grenzüberschreitende Transaktion im Sinne von Absatz 3 ist eine Transaktion oder eine Reihe von Transaktionen, bei der

1. nicht alle an der Transaktion oder an der Reihe von Transaktionen Beteiligten in der Bundesrepublik Deutschland, in der der grenzüberschreitende Vorbescheid erteilt oder geändert oder erneuert wird, steuerlich ansässig sind,

2. einer der an der Transaktion oder an der Reihe von Transaktionen Beteiligten gleichzeitig in mehreren Staaten oder Gebieten steuerlich ansässig ist,

3. einer der an der Transaktion oder an der Reihe von Transaktionen Beteiligten über eine Betriebstätte Geschäftstätigkeiten in einem anderen Staat oder Gebiet nachgeht und bei der die Transaktion oder Reihe von Transaktionen Teil der Geschäftstätigkeiten der Betriebstätte ist oder deren gesamte Geschäftstätigkeiten ausmachen. Bei einer grenzüberschreitenden Transaktion oder einer Reihe von grenzüberschreitenden Transaktionen kann es sich auch um Maßnahmen handeln, die von einer Person in Bezug auf Geschäftstätigkeiten in einem anderen Staat oder Gebiet getroffen werden, denen sie über eine Betriebstätte nachgeht, oder

4. es sich um eine Transaktion oder eine Reihe von Transaktionen handelt, die grenzüberschreitende Auswirkungen hat.

(8) Eine grenzüberschreitende Transaktion im Sinne von Absatz 4 ist eine Transaktion oder eine Reihe von Transaktionen, an denen verbundene Unternehmen beteiligt sind, die nicht im Gebiet ein und desselben Staates oder ein und desselben Gebietes steuerlich ansässig sind, oder die grenzüberschreitende Auswirkungen haben.

(9) Unternehmen im Sinne der Absätze 4 und 5 ist jede Form von Geschäftstätigkeit.

(10) Länderbezogener Bericht im Sinne von § 7 Absatz 10 bis 12 ist ein länderbezogener Bericht im Sinne von § 138a Absatz 2 der Abgabenordnung.

(11) Amtshilferichtlinie im Sinne dieses Gesetzes sowie des Einkommensteuergesetzes, der Abgabenordnung, des Außensteuergesetzes, des Körperschaftsteuergesetzes, des Gewerbesteuergesetzes, des Investmentsteuergesetzes und sonstiger Steuergesetze bezeichnet die Richtlinie 2011/16/EU des Rates vom 15. Februar 2011 über die Zusammenarbeit der Verwaltungsbehörden im Bereich der Besteuerung und zur Aufhebung der Richtlinie 77/799/EWG (ABl. L 64 vom 11.3.2011, S. 1) in der jeweils geltenden Fassung. Die auf Grund der Amtshilferichtlinie erlassenen europarechtlichen Durchführungsbestimmungen gelten in der im jeweiligen Besteuerungszeitraum aktuellen Fassung.

(12) Auf elektronischem Weg im Sinne dieses Gesetzes bezeichnet die Verwendung elektronischer Anlagen zur Übermittlung, Verarbeitung von Daten, einschließlich der Datenkomprimierung, und zum Speichern von Daten unter Einsatz von Draht, Funk, optischen Technologien oder anderen elektromagnetischen Verfahren.

§ 3 - Zuständigkeit und Prüfungsbefugnisse

(1) Zuständige Behörde im Sinne von Artikel 4 Absatz 1 der Amtshilferichtlinie ist das Bundesministerium der Finanzen.

(2) Zentrales Verbindungsbüro im Sinne von Artikel 4 Absatz 2 Unterabsatz 1 der Amtshilferichtlinie ist in den Fällen des § 5 Absatz 1 Nummer 5 des Finanzverwaltungsgesetzes das Bundeszentralamt für Steuern. Das Bundesministerium der Finanzen kann durch Schreiben weitere Verbindungsstellen im Sinne von Artikel 4 Absatz 3 und zuständige Bedienstete im Sinne von Artikel 4 Absatz 4 der Amtshilferichtlinie benennen.

(3) Das zentrale Verbindungsbüro übernimmt die Kommunikation mit den anderen Mitgliedstaaten und prüft eingehende und ausgehende Ersuchen auf Zulässigkeit nach diesem Gesetz. Eingehende zulässige Ersuchen und Informationen werden vom zentralen Verbindungsbüro entgegengenommen, gespeichert und zur Durchführung des Besteuerungsverfahrens an die zuständigen Finanzbehörden weitergeleitet. Zulässige Ersuchen und Informationen der Finanzbehörden werden vom zentralen Verbindungsbüro an die anderen Mitgliedstaaten weitergeleitet.

(4) Die im Zusammenhang mit den Ersuchen und Informationen beim Bundeszentralamt für Steuern gespeicherten Daten werden mit Ablauf des 15. Jahres, das dem Jahr der Weiterleitung folgt,

gelöscht, soweit in diesem Gesetz keine anderen Vorgaben zur Speicherung und Löschung von Informationen geregelt sind. Geht zu einer gespeicherten Meldung eine Änderungsmitteilung ein, so ist die Ursprungsmeldung für 15 Jahre ab dem Zeitpunkt des Eingangs der Änderungsmitteilung vorzuhalten.

(5) Gehen Ersuchen nach diesem Gesetz bei einer anderen Stelle als dem zentralen Verbindungsbüro ein, so sind diese Ersuchen letzterem unverzüglich zuzuleiten.

(6) Die Gemeinden und Gemeindeverbände können Amtshilfe nach Maßgabe dieses Gesetzes in Anspruch nehmen. Sie gelten insoweit als Finanzbehörden im Sinne dieses Gesetzes.

§ 3a - Automatisierter Abruf von Kontoinformationen

(1) Das zentrale Verbindungsbüro nach § 3 Absatz 2 darf das Bundeszentralamt für Steuern ersuchen, bei den Kreditinstituten die in § 93b Absatz 1 und 1a der Abgabenordnung bezeichneten Daten abzurufen (§ 93 Absatz 7 Satz 1 Nummer 4c der Abgabenordnung), wenn der Abruf erforderlich ist zur Anwendung und Durchsetzung

1. dieses Gesetzes;
2. des Gesetzes zum automatischen Austausch von Informationen über Finanzkonten in Steuersachen in Bezug auf den automatischen Austausch von Informationen nach § 1 Absatz 1 Nummer 1 des Gesetzes zum automatischen Austausch von Informationen über Finanzkonten in Steuersachen oder
3. des Plattformen-Steuertransparenzgesetzes.

Ist eine andere Finanzbehörde für die Anwendung und Durchsetzung der in Satz 1 Nummer 1 bis 3 genannten Gesetze zuständig, darf auch diese ein Ersuchen nach Satz 1 stellen.

(2) § 93 Absatz 9 der Abgabenordnung findet mit der Maßgabe Anwendung, dass ein Hinweis nach § 93 Absatz 9 Satz 1 erster Halbsatz der Abgabenordnung und eine Benachrichtigung nach § 93 Absatz 9 Satz 2 der Abgabenordnung unterbleiben, wenn eine Anhörung Beteiligter nach § 117 Absatz 4 Satz 3 zweiter Halbsatz der Abgabenordnung nicht erfolgt. § 93b Absatz 2 Satz 2 der Abgabenordnung findet mit der Maßgabe Anwendung, dass als Finanzbehörde auch die zuständige Behörde eines anderen Mitgliedstaats gilt.

Abschnitt 2 - Übermittlung von Informationen auf Ersuchen

§ 4 - Ersuchen von anderen Mitgliedstaaten

(1) Auf Ersuchen erstellt die zuständige Finanzbehörde alle Antworten, die für die Festsetzung von Steuern nach § 1 voraussichtlich erheblich nach § 6a Absatz 1 sind. Die Antworten werden durch das zentrale Verbindungsbüro an den anderen Mitgliedstaat weitergeleitet. Die zuständige Finanzbehörde erstellt die Antworten nach Maßgabe dieses Gesetzes und unter Berücksichtigung des § 117 Absatz 4 der Abgabenordnung. Verfügt die Finanzbehörde nicht über die betreffenden Informationen, so führt sie nach pflichtgemäßem Ermessen alle nach der Abgabenordnung vorgesehenen behördlichen Ermittlungen durch.

(2) Absatz 1 gilt auch für Ersuchen um Durchführung behördlicher Ermittlungen. Ist die Finanzbehörde der Auffassung, dass keine behördliche Ermittlung erforderlich ist, so teilt sie dies unverzüglich dem zentralen Verbindungsbüro mit. Originaldokumente sind auf Ersuchen des anderen Mitgliedstaats zu übermitteln, soweit dies nach deutschem Recht zulässig ist.

(3) Das zentrale Verbindungsbüro übermittelt keine Informationen, wenn

1. die Durchführung erforderlicher Ermittlungen oder die Beschaffung der betreffenden Informationen nach deutschem Recht nicht möglich ist,

2. der andere Mitgliedstaat die üblichen Informationsquellen nicht ausgeschöpft hat, die ihm zur Erlangung der erbetenen Informationen zur Verfügung stehen, ohne dabei die Erreichung des Ziels zu gefährden,

3. ein Handels-, Gewerbe- oder Berufsgeheimnis oder ein Geschäftsverfahren preisgegeben werden würde oder

4. die öffentliche Ordnung verletzt werden würde.

(4) Das zentrale Verbindungsbüro kann die Übermittlung von Informationen zudem ablehnen, wenn der andere Mitgliedstaat seinerseits aus rechtlichen Gründen nicht zur Übermittlung entsprechender Informationen in der Lage ist.

(5) Absatz 3 Nummer 1, 3 und 4 ist in keinem Fall so auszulegen, dass die Übermittlung von Informationen nur deshalb abgelehnt werden kann, weil die betreffenden Informationen sich bei einer Bank, einem sonstigen Finanzinstitut, einem Bevollmächtigten, Vertreter oder Treuhänder befinden oder sich auf Eigentumsanteile an einer Person beziehen.

(6) Ein Ersuchen kann nicht aus dem Grund abgelehnt werden, dass die zu übermittelnden Informationen nach deutschem Recht nicht für steuerliche Zwecke benötigt werden. Lehnt das zentrale Verbindungsbüro ein Ersuchen aus anderen Gründen ab, so sind dem anderen Mitgliedstaat die Gründe hierfür mitzuteilen.

§ 5 - Fristen

(1) Das zentrale Verbindungsbüro übermittelt die Informationen nach § 4 unverzüglich, spätestens jedoch drei Monate, nachdem es das Ersuchen erhalten hat. Ist die Finanzbehörde bereits im Besitz der entsprechenden Informationen, verkürzt sich die Frist auf zwei Monate. In besonders gelagerten Fällen können das zentrale Verbindungsbüro und der andere Mitgliedstaat abweichende Fristen vereinbaren.

(2) Der Informationsaustausch nach § 7 erfolgt

1. in Bezug auf die gemäß § 7 Absatz 3 auszutauschenden Informationen unverzüglich, nachdem die grenzüberschreitenden Vorbescheide oder die Vorabverständigungen über die Verrechnungspreisgestaltung erteilt, getroffen, geändert oder erneuert worden sind und spätestens drei Monate nach Ablauf des Kalenderhalbjahres, in dem die grenzüberschreitenden Vorbescheide oder Vorabverständigungen über die Verrechnungspreisgestaltung erteilt, getroffen, geändert oder erneuert wurden;

2. in Bezug auf die gemäß § 7 Absatz 4 auszutauschenden Informationen vor dem 1. Januar 2018.

(3) Das zentrale Verbindungsbüro bestätigt der zuständigen Behörde des anderen Mitgliedstaats, die die Informationen nach § 7 Absatz 7 Nummer 10 übermittelt hat, unverzüglich, spätestens jedoch innerhalb von sieben Arbeitstagen den Erhalt der Informationen. Die Bestätigung erfolgt möglichst auf elektronischem Weg. Die Bestätigung ist so lange erforderlich, bis das Zentralverzeichnis einsatzbereit ist, das in Artikel 21 Absatz 5 der Amtshilferichtlinie, der durch die Richtlinie (EU) 2015/2376 (ABl. L 332 vom 18.12.2015, S. 1) eingefügt worden ist, genannt ist.

(4) Das zentrale Verbindungsbüro bestätigt dem anderen Mitgliedstaat unverzüglich, spätestens jedoch sieben Arbeitstage, nachdem es das Ersuchen erhalten hat, möglichst auf elektronischem Weg den Erhalt dieses Ersuchens.

(5) Weist das Ersuchen Mängel auf, so unterrichtet das zentrale Verbindungsbüro den anderen Mitgliedstaat darüber innerhalb eines Monats, nachdem es das Ersuchen erhalten hat, und fordert gegebenenfalls zusätzliche Hintergrundinformationen an. Die Fristen nach Absatz 1 beginnen am Tag nach dem Eingang der angeforderten zusätzlichen Hintergrundinformationen.

(6) Ist die Finanzbehörde nicht in der Lage, auf ein Ersuchen fristgerecht zu antworten, so teilt das zentrale Verbindungsbüro dies dem anderen Mitgliedstaat unverzüglich, spätestens jedoch drei Monate, nachdem das zentrale Verbindungsbüro das Ersuchen erhalten hat, unter Nennung der Gründe und des voraussichtlichen Erledigungsdatums mit. In diesem Fall erfolgt die Erledigung innerhalb von sechs Monaten, nachdem das zentrale Verbindungsbüro das Ersuchen erhalten hat.

(7) Ist die Finanzbehörde nicht im Besitz der erbetenen Informationen oder lehnt sie das Ersuchen aus den in § 4 Absatz 3 oder 4 genannten Gründen ab, so teilt das zentrale Verbindungsbüro dies dem anderen Mitgliedstaat unverzüglich, spätestens jedoch innerhalb eines Monats, nachdem das zentrale Verbindungsbüro das Ersuchen erhalten hat, unter Nennung der Gründe mit.

§ 6 - Ersuchen an andere Mitgliedstaaten

(1) Die Finanzbehörde ist befugt, ein Ersuchen zu stellen, welches das zentrale Verbindungsbüro dem anderen Mitgliedstaat nach den Vorschriften dieses Gesetzes weiterleitet. Darin kann um sachdienliche behördliche Ermittlungen ersucht werden. Originaldokumente können erbeten werden, soweit sie für das weitere Verfahren notwendig sind.

(2) Die Finanzbehörde ist befugt, ein Ersuchen um Übermittlung zusätzlicher Informationen, einschließlich des vollständigen Wortlauts eines grenzüberschreitenden Vorbescheids oder einer Vorabverständigung über die Verrechnungspreisgestaltung, zu stellen. Das zentrale Verbindungsbüro leitet das Ersuchen dem anderen Mitgliedstaat nach den Vorschriften dieses Gesetzes weiter.

(3) Bevor die Finanzbehörde ein Ersuchen stellt, hat sie alle nach der Abgabenordnung vorgesehenen Ermittlungsmöglichkeiten auszuschöpfen, es sei denn, die Durchführung der Ermittlungen wäre mit unverhältnismäßig großen Schwierigkeiten verbunden oder stellt sich als nicht Erfolg versprechend dar.

§ 6a - Voraussichtliche Erheblichkeit

(1) Für die Zwecke eines Ersuchens nach den §§ 4 und 6 sind Informationen voraussichtlich erheblich, wenn die zuständige Behörde des Mitgliedstaats, die um ihre Übermittlung ersucht, zum Zeitpunkt des Ersuchens der Auffassung ist, dass unter Berücksichtigung ihres nationalen Rechts die realistische Möglichkeit besteht, dass die Informationen für die Steuerangelegenheiten eines oder mehrerer Steuerpflichtiger erheblich und ihre Erhebung für Zwecke der Ermittlung gerechtfertigt sein werden.

(2) Zum Nachweis der voraussichtlichen Erheblichkeit muss die zuständige Behörde, die um Informationen ersucht, zumindest die folgenden Angaben mitteilen:

1. den steuerlichen Zweck, zu dem die Informationen beantragt werden, und
2. eine Spezifizierung der für Verwaltungszwecke oder die Durchsetzung des nationalen Rechts erforderlichen Informationen.

§ 6b - Gruppenersuchen

Bezieht sich ein Ersuchen nach den §§ 4 und 6 auf eine Gruppe von Steuerpflichtigen, die nicht einzeln identifiziert werden können, muss die zuständige Behörde, die um Informationen ersucht, abweichend von § 6a Absatz 2 und unbeschadet des § 6a Absatz 1 zum Nachweis der voraussichtlichen Erheblichkeit zumindest die folgenden Angaben mitteilen:

1. eine ausführliche Beschreibung der Gruppe;

2. eine Erläuterung der steuerlichen Vorschriften und des Sachverhalts, die Anlass zu der Vermutung gibt, dass die Steuerpflichtigen dieser Gruppe die steuerlichen Vorschriften nicht eingehalten haben;

3. eine Erläuterung, wie die ersuchten Informationen dazu beitragen würden, die Einhaltung der steuerlichen Vorschriften durch die Steuerpflichtigen der Gruppe festzustellen und,

4. sofern relevant, eine Erläuterung des Sachverhalts und der Umstände in Bezug auf die Beteiligung eines Dritten, der aktiv zur potenziellen Nichteinhaltung der steuerlichen Vorschriften durch die Steuerpflichtigen der Gruppe beigetragen hat.

Abschnitt 3 - Weitere Übermittlung von Informationen

§ 7 - Automatische Übermittlung von Informationen

(1) Das zentrale Verbindungsbüro übermittelt an andere Mitgliedstaaten systematisch auf elektronischem Weg, ohne vorheriges Ersuchen, alle verfügbaren Informationen über in anderen Mitgliedstaaten ansässige Personen zu

1. Vergütungen aus unselbständiger Arbeit,

2. Aufsichtsrats- oder Verwaltungsratsvergütungen,

3. Lebensversicherungsprodukten, die nicht von anderen Rechtsakten der Europäischen Union über den Austausch von Informationen oder vergleichbaren Maßnahmen erfasst sind,

4. Ruhegehältern, Renten und ähnlichen Zahlungen,

5. Eigentum an unbeweglichem Vermögen und Einkünften daraus und

6. Lizenzgebühren.

Das zentrale Verbindungsbüro soll unbeschadet des § 2 Absatz 2 zweiter Teilsatz bei der Übermittlung der Informationen nach Satz 1 die Steueridentifikationsnummern übermitteln, die den in anderen Mitgliedstaaten ansässigen Personen durch die jeweiligen Mitgliedstaaten zugewiesen worden sind. Das zentrale Verbindungsbüro nimmt Informationen im Sinne von Satz 1 Nummer 1 bis 6, die ihm von anderen Mitgliedstaaten systematisch auf elektronischem Weg, ohne vorheriges Ersuchen übermittelt wurden, entgegen, speichert sie und leitet sie zur Durchführung des Besteuerungsverfahrens nach Maßgabe des § 88 Absatz 3 und 4 der Abgabenordnung an die zuständige Finanzbehörde weiter.

(2) Das zentrale Verbindungsbüro übermittelt an andere Mitgliedstaaten systematisch auf elektronischem Weg, ohne vorheriges Ersuchen, die Informationen über Finanzkonten gemäß § 2 des Gesetzes zum automatischen Austausch von Informationen über Finanzkonten in Steuersachen.

(3) Das zentrale Verbindungsbüro übermittelt zu nach dem 31. Dezember 2016 erteilten, getroffenen, geänderten oder erneuerten grenzüberschreitenden Vorbescheiden und zu nach dem 31. Dezember 2016 erteilten, getroffenen, geänderten oder erneuerten Vorabverständigungen über die Verrechnungspreisgestaltung im Weg des automatischen Austauschs die Informationen nach Absatz 7 an die zuständigen Behörden aller anderen Mitgliedstaaten sowie der Europäischen Kommission mit der Einschränkung, die für die Fälle nach Artikel 8a Absatz 8 der Amtshilferichtlinie gilt.

(4) Das zentrale Verbindungsbüro übermittelt den zuständigen Behörden aller anderen Mitgliedstaaten sowie der Europäischen Kommission, unter Berücksichtigung der Einschränkung, die für die Fälle nach Artikel 8a Absatz 8 der Amtshilferichtlinie gilt, Informationen über grenzüberschrei-

tende Vorbescheide und Vorabverständigungen über die Verrechnungspreisgestaltung, die zwischen dem 1. Januar 2012 und dem 31. Dezember 2016 erteilt, getroffen, geändert oder erneuert wurden. Dabei gilt Folgendes:

1. zu grenzüberschreitenden Vorbescheiden und Vorabverständigungen über die Verrechnungspreisgestaltung, die in der Zeit zwischen dem 1. Januar 2012 und dem 31. Dezember 2013 erteilt, getroffen, geändert oder erneuert wurden und die am 1. Januar 2014 noch gültig waren, erfolgt die Informationsübermittlung nach Satz 1,

2. zu grenzüberschreitenden Vorbescheiden und Vorabverständigungen über die Verrechnungspreisgestaltung, die in der Zeit zwischen dem 1. Januar 2014 und dem 31. Dezember 2016 erteilt, getroffen, geändert oder erneuert wurden, erfolgt die Informationsübermittlung nach Satz 1, unabhängig davon, ob sie noch gültig sind oder nicht.

Ausgenommen von der genannten Übermittlung sind Informationen über grenzüberschreitende Vorbescheide und Vorabverständigungen über die Verrechnungspreisgestaltung, die vor dem 1. April 2016 für eine bestimmte Person oder für eine Gruppe von Personen erteilt, getroffen, geändert oder erneuert wurden, und deren gruppenweiter Jahresnettoumsatzerlös im Sinne von Artikel 2 Absatz 5 der Richtlinie 2013/34/EU des Europäischen Parlaments und des Rates vom 26. Juni 2013 über den Jahresabschluss, den konsolidierten Abschluss und damit verbundene Berichte von Unternehmen bestimmter Rechtsformen und zur Änderung der Richtlinie 2006/43/EG des Europäischen Parlaments und des Rates und zur Aufhebung der Richtlinien 78/660/EWG und 83/349/EWG des Rates (ABl. L 182 vom 29.6.2013, S. 19, L 369 vom 24.12.2014, S. 79), die zuletzt durch die Richtlinie 2014/102/EU (ABl. L 334 vom 21.11.2014, S. 86) geändert worden ist, in dem Geschäftsjahr, das vor dem Zeitpunkt liegt, zu dem der grenzüberschreitende Vorbescheid oder die Vorabverständigung über die Verrechnungspreisgestaltung erteilt, getroffen, geändert oder erneuert wird, weniger als 40 Millionen Euro oder dem entsprechenden Betrag in einer anderen Währung betragen hat. Satz 3 gilt nicht für eine bestimmte Person oder für eine Gruppe von Personen, die hauptsächlich Finanz- und Investitionstätigkeiten ausüben.

(5) Bilaterale oder multilaterale Vorabverständigungen über die Verrechnungspreisgestaltung mit Drittstaaten sind vom Geltungsbereich des automatischen Informationsaustauschs gemäß § 7 ausgenommen, sofern das internationale Steuerabkommen, in dessen Rahmen die Vorabverständigung über die Verrechnungspreisgestaltung ausgehandelt wurde, eine Weitergabe an Dritte nicht erlaubt. Solche bilateralen oder multilateralen Vorabverständigungen über die Verrechnungspreisgestaltung werden nach § 8 ausgetauscht, sofern

1. das internationale Steuerabkommen, in dessen Rahmen die Vorabverständigung über die Verrechnungspreisgestaltung ausgehandelt wurde, eine Weitergabe erlaubt und

2. die zuständige Behörde des Drittstaates die Weitergabe der Informationen genehmigt.

Wenn bilaterale oder multilaterale Vorabverständigungen über die Verrechnungspreisgestaltung vom automatischen Informationsaustausch gemäß Satz 1 ausgenommen sind, werden stattdessen die Informationen nach Absatz 7, die in dem Antrag aufgeführt sind, der zu einer solchen bilateralen oder multilateralen Vorabverständigung über die Verrechnungspreisgestaltung geführt hat, nach den Absätzen 3 und 4 ausgetauscht.

(6) Die Absätze 3 und 4 gelten nicht in Fällen, in denen ein grenzüberschreitender Vorbescheid ausschließlich die Steuerangelegenheiten einer oder mehrerer natürlicher Personen betrifft.

(7) Die vom zentralen Verbindungsbüro gemäß den Absätzen 3 und 4 zu übermittelnden Informationen müssen Folgendes enthalten:

1. Angaben zu der Person, mit Ausnahme von natürlichen Personen, und gegebenenfalls Angaben zu der Gruppe von Personen, der sie angehört;

2. eine Zusammenfassung des Inhalts des grenzüberschreitenden Vorbescheids oder der Vorabverständigung über die Verrechnungspreisgestaltung, einschließlich einer Beschreibung der relevanten Geschäftstätigkeiten oder Transaktionen oder Reihen von Transaktionen und aller anderen Informationen, die der zuständigen Behörde bei der Bewertung eines potenziellen Steuerrisikos behilflich sein könnten, sofern dies nicht

   a) zur Preisgabe eines Handels-, Gewerbe- oder Berufsgeheimnisses oder eines Geschäftsverfahrens führt oder

   b) zur Preisgabe von Informationen führt, die die öffentliche Ordnung verletzen würden;

3. das jeweilige Datum der Erteilung oder des Abschlusses, der Änderung oder der Erneuerung des grenzüberschreitenden Vorbescheids oder der Vorabverständigung über die Verrechnungspreisgestaltung;

4. den Tag des Beginns der Geltungsdauer des grenzüberschreitenden Vorbescheids oder der Vorabverständigung über die Verrechnungspreisgestaltung, falls angegeben;

5. den Tag des Ablaufs der Geltungsdauer des grenzüberschreitenden Vorbescheids oder der Vorabverständigung über die Verrechnungspreisgestaltung, falls angegeben;

6. die Art des grenzüberschreitenden Vorbescheids oder der Vorabverständigung über die Verrechnungspreisgestaltung;

7. den Betrag der Transaktion oder Reihe von Transaktionen des grenzüberschreitenden Vorbescheids oder der Vorabverständigung über die Verrechnungspreisgestaltung, sofern ein solcher angegeben ist;

8. im Falle einer Vorabverständigung über die Verrechnungspreisgestaltung den Verrechnungspreis oder eine Beschreibung der bei der Festlegung der Verrechnungspreise zugrunde gelegten Kriterien;

9. im Falle einer Vorabverständigung über die Verrechnungspreisgestaltung Angaben zu dem der Festlegung der Verrechnungspreise zugrunde gelegten Verfahren oder den Verrechnungspreis;

10. gegebenenfalls Angaben dazu, welche anderen Mitgliedstaaten wahrscheinlich von dem grenzüberschreitenden Vorbescheid oder der Vorabverständigung über die Verrechnungspreisgestaltung betroffen sind;

11. gegebenenfalls Identifizierungsangaben zu allen Personen in den anderen Mitgliedstaaten, mit Ausnahme von natürlichen Personen, die wahrscheinlich von dem grenzüberschreitenden Vorbescheid oder der Vorabverständigung über die Verrechnungspreisgestaltung betroffen sind, sowie Angaben dazu, zu welchen Mitgliedstaaten die betreffenden Personen in Beziehung stehen, und

12. Angaben dazu, ob die übermittelten Informationen

   a) auf dem grenzüberschreitenden Vorbescheid oder der Vorabverständigung über die Verrechnungspreisgestaltung selbst beruhen oder

   b) auf einem Antrag gemäß Absatz 5 Satz 3 beruhen.

Auf die praktischen Regelungen, die zur Erleichterung des Austauschs der in diesem Absatz aufgezählten Informationen von der Europäischen Kommission zur Umsetzung von Artikel 8a der Amtshilferichtlinie erlassen worden sind, wird verwiesen. Hierzu zählen auch Maßnahmen zur standardisierten Übermittlung der in diesem Absatz genannten Informationen als Teil des Verfahrens zur Festlegung des Standardformblatts, das gemäß Artikel 20 Absatz 5 der Amtshilferichtlinie vorgesehenen ist. Ab dem Zeitpunkt seiner Bereitstellung ist das Zentralverzeichnis der Mitgliedstaaten gemäß Artikel 21 Absatz 5 der Amtshilferichtlinie zu nutzen.

(8) In den Fällen der Absätze 1 bis 5 und 9 bis 14a ist gemäß § 117 Absatz 4 Satz 3 der Abgabenordnung keine Anhörung der Beteiligten erforderlich.

(9) Das zentrale Verbindungsbüro nimmt die ihm von den zuständigen Behörden aller anderen Mitgliedstaaten der Europäischen Union gemäß Artikel 8a der Amtshilferichtlinie übermittelten Informationen entgegen; ab dem Zeitpunkt seiner Bereitstellung ist das Zentralverzeichnis der Mitgliedstaaten der Europäischen Union gemäß Artikel 21 Absatz 5 der Amtshilferichtlinie zu nutzen. Das zentrale Verbindungsbüro leitet die Informationen zur Durchführung des Besteuerungsverfahrens nach Maßgabe des § 88 Absatz 3 und 4 der Abgabenordnung an die jeweils zuständige Landesfinanzbehörde weiter. Unbeschadet des Satzes 2 greifen die zuständigen Stellen auf die Informationen nach Satz 1 zu; hierzu werden gemäß § 3 Absatz 2 Satz 2 Verbindungsstellen im Sinne des Artikels 4 Absatz 3 und zuständige Bedienstete im Sinne des Artikels 4 Absatz 4 der Amtshilferichtlinie unter Berücksichtigung der in Artikel 21 der Amtshilferichtlinie enthaltenen Regelungen zur Anwendung der dort genannten technischen Verfahren benannt.

(10) Das zentrale Verbindungsbüro übermittelt im Weg des automatischen Austauschs die ihm gemäß § 138a Absatz 6 der Abgabenordnung übermittelten länderbezogenen Berichte an die zuständigen Behörden der anderen Mitgliedstaaten, für die in dem länderbezogenen Bericht Angaben im Sinne des § 138a Absatz 2 der Abgabenordnung enthalten sind. Die Übermittlung erfolgt auf elektronischem Weg. Auf die von der Europäischen Kommission im Weg von Durchführungsrechtsakten erlassenen praktischen Regelungen wird verwiesen.

(11) In den Fällen des § 138a Absatz 4 Satz 1 der Abgabenordnung teilt das zentrale Verbindungsbüro den anderen Mitgliedstaaten zusätzlich automatisch mit, wenn sich die ausländische Konzernobergesellschaft der einbezogenen inländischen Konzerngesellschaft geweigert hat, die erforderlichen Informationen zur Erstellung des länderbezogenen Berichts bereitzustellen.

(12) Das zentrale Verbindungsbüro nimmt die Informationen im Sinne der Absätze 10 und 11 entgegen, die ihm von den anderen Mitgliedstaaten gemäß Artikel 8aa der Amtshilferichtlinie übermittelt wurden. Es übermittelt die Informationen an die zuständige Landesfinanzbehörde.

(13) Das zentrale Verbindungsbüro übermittelt im Weg des automatischen Austauschs die dem Bundeszentralamt für Steuern nach den §§ 138f bis 138h der Abgabenordnung übermittelten Informationen über grenzüberschreitende Steuergestaltungen im Sinne des § 138d der Abgabenordnung den zuständigen Behörden der anderen Mitgliedstaaten der Europäischen Union. Die Übermittlung erfolgt innerhalb eines Monats nach Ablauf des Quartals, in dem die Informationen vorgelegt wurden, erstmals bis zum 31. Oktober 2020. Die praktischen Regelungen gemäß Artikel 20 Absatz 5 der Amtshilferichtlinie, die der Erleichterung des Austausches der in § 138f Absatz 3 der Abgabenordnung bezeichneten Informationen dienen, sind zu beachten. Für die Zwecke der Übermittlung an die zuständigen Behörden der anderen Mitgliedstaaten der Europäischen Union durch das zentrale Verbindungsbüro gelten die in § 138f Absatz 3 der Abgabenordnung bezeichneten Informationen als dem Bundeszentralamt für Steuern von einem Intermediär offengelegt, es sei denn, es liegt ein Fall des § 138d Absatz 6 oder des § 138g Absatz 1 Satz 1 der Abgabenordnung vor; in diesen Fällen gelten die Informationen als von einem Steuerpflichtigen offengelegt. Ab dem Zeitpunkt seiner Bereitstellung ist für die Übermittlung das Zentralverzeichnis der Mitgliedstaaten der Europäischen Union gemäß Artikel 21 Absatz 5 der Amtshilferichtlinie zu nutzen.

(14) Das zentrale Verbindungsbüro nimmt die ihm von den zuständigen Behörden aller anderen Mitgliedstaaten der Europäischen Union gemäß Artikel 8ab der Amtshilferichtlinie übermittelten Informationen entgegen; ab dem Zeitpunkt seiner Bereitstellung ist das Zentralverzeichnis der Mitgliedstaaten der Europäischen Union gemäß Artikel 21 Absatz 5 der Amtshilferichtlinie zu nutzen. Das zentrale Verbindungsbüro stellt die Informationen dem Bundeszentralamt für Steuern zur weiteren Aufgabenerledigung zur Verfügung; § 88 Absatz 3 und 4 und § 138i der Abgabenordnung gelten entsprechend. Unbeschadet des Satzes 2 greifen die zuständigen Stellen auf die Informationen nach Satz 1 zu; hierzu werden gemäß § 3 Absatz 2 Satz 2 Verbindungsstellen im Sinne des Artikels 4 Absatz 3 und zuständige Bedienstete im Sinne des Artikels 4 Absatz 4 der

Amtshilferichtlinie unter Berücksichtigung der in Artikel 21 der Amtshilferichtlinie enthaltenen Regelungen zur Anwendung der dort genannten technischen Verfahren benannt. Das Bundesministerium der Finanzen legt im Einvernehmen mit den obersten Finanzbehörden der Länder die Einzelheiten zu dem Verfahren nach Satz 3 in einem Schreiben fest. Dieses Schreiben ist im Bundessteuerblatt zu veröffentlichen.

(14a) Das zentrale Verbindungsbüro übermittelt im Wege des automatischen Austauschs die ihm gemäß § 12 des Plattformen-Steuertransparenzgesetzes gemeldeten Informationen an:

1. die zuständigen Behörden aller Mitgliedstaaten, in denen der jeweilige meldepflichtige Anbieter als ansässig gilt, und

2. die zuständigen Behörden aller Mitgliedstaaten, in denen das unbewegliche Vermögen belegen ist, sofern der jeweilige meldepflichtige Anbieter relevante Tätigkeiten nach § 5 Absatz 1 Satz 1 Nummer 1 des Plattformen-Steuertransparenzgesetzes erbracht hat.

Die Übermittlung erfolgt auf elektronischem Weg. Auf die praktischen Regelungen, die zur Erleichterung des Austauschs der in Satz 1 genannten Informationen von der Europäischen Kommission zur Umsetzung von Artikel 8ac der Amtshilferichtlinie erlassen worden sind, wird verwiesen. Hierzu zählen auch Maßnahmen zur standardisierten Übermittlung der in Satz 1 genannten Informationen als Teil des Verfahrens zur Festlegung des Standardformats, das gemäß Artikel 20 Absatz 4 der Amtshilferichtlinie vorgesehen ist.

(15) Das Bundeszentralamt für Steuern ist berechtigt, die Informationen gemäß den Absätzen 1 bis 5, 7 und 9 bis 14a zur Erfüllung der ihm gesetzlich übertragenen Aufgaben auszuwerten. Auswertungen der Informationen nach Satz 1 durch die jeweils zuständige Landesfinanzbehörde bleiben hiervon unberührt. Für Informationen gemäß Absatz 14 Satz 2 finden § 138j der Abgabenordnung und § 21a Absatz 5 des Finanzverwaltungsgesetzes entsprechende Anwendung.

§ 8 - Spontane Übermittlung von Informationen an andere Mitgliedstaaten

(1) Die Finanzbehörde kann nach pflichtgemäßem Ermessen ohne Ersuchen alle Informationen an das zentrale Verbindungsbüro übermitteln, die für die anderen Mitgliedstaaten von Nutzen sein können. Das zentrale Verbindungsbüro entscheidet nach pflichtgemäßem Ermessen über die Übermittlung der Informationen an die anderen Mitgliedstaaten.

(2) Informationen nach § 1 Absatz 1 sind zu übermitteln, wenn

1. Gründe für die Vermutung einer Steuerverkürzung in dem anderen Mitgliedstaat vorliegen,

2. ein Sachverhalt vorliegt, auf Grund dessen eine Steuerermäßigung oder Steuerbefreiung gewährt worden ist und die zu übermittelnden Informationen für den Steuerpflichtigen zu einer Besteuerung oder Steuererhöhung im anderen Mitgliedstaat führen könnten,

3. Geschäftsbeziehungen zwischen einem in Deutschland Steuerpflichtigen und einem in einem anderen Mitgliedstaat Steuerpflichtigen über ein oder mehrere weitere Staaten in einer Weise geleitet werden, die in einem oder beiden Mitgliedstaaten zur Steuerersparnis führen kann,

4. Gründe für die Vermutung vorliegen, dass durch künstliche Gewinnverlagerungen zwischen verbundenen Unternehmen eine Steuerersparnis eintritt, oder

5. ein Sachverhalt, der im Zusammenhang mit der Informationserteilung eines anderen Mitgliedstaats ermittelt wurde, auch für die zutreffende Steuerfestsetzung in einem weiteren Mitgliedstaat erheblich sein könnte.

(3) Die Übermittlung nach Absatz 2 soll unverzüglich erfolgen, spätestens jedoch einen Monat, nachdem die Informationen verfügbar geworden sind.

§ 9 - Spontane Übermittlung von Informationen durch andere Mitgliedstaaten

Das zentrale Verbindungsbüro leitet Informationen, die andere Mitgliedstaaten spontan übermittelt haben, den Finanzbehörden zur Auswertung weiter. Es bestätigt unverzüglich, spätestens jedoch sieben Arbeitstage nach Eingang der Informationen, dem anderen Mitgliedstaat möglichst auf elektronischem Weg deren Erhalt.

Abschnitt 4 - Sonstige Formen der Verwaltungszusammenarbeit

§ 10 - Anwesenheit von Bediensteten anderer Mitgliedstaaten im Inland

(1) Auf Ersuchen der zuständigen Behörde eines anderen Mitgliedstaats kann das zentrale Verbindungsbüro gestatten, dass unter den von ihm festgelegten Voraussetzungen befugte Bedienstete des anderen Mitgliedstaats für Zwecke des Informationsaustauschs

1. in den Amtsräumen zugegen sein dürfen, in denen deutsche Finanzbehörden ihre Tätigkeit ausüben,
2. bei den behördlichen Ermittlungen zugegen sein dürfen, die auf deutschem Hoheitsgebiet durchgeführt werden, und
3. unter Einhaltung der nationalen Verfahrensregelungen Einzelpersonen befragen und Aufzeichnungen prüfen.

Sofern angezeigt, ist die Teilnahme an behördlichen Ermittlungen, einschließlich der Befragung von Einzelpersonen und der Prüfung von Aufzeichnungen, mittels elektronischer Kommunikationsmittel zu gestatten; § 87a Absatz 1 Satz 3 der Abgabenordnung gilt entsprechend. Das zentrale Verbindungsbüro bestätigt dem anderen Mitgliedstaat sein Einverständnis zu Ersuchen nach den vorstehenden Sätzen innerhalb von 60 Tagen nach Erhalt des Ersuchens. Lehnt es das Ersuchen ab, sind dem anderen Mitgliedstaat die Gründe hierfür mitzuteilen.

(2) Bei dem Informationsaustausch gemäß Absatz 1 stellt die Finanzbehörde sicher, dass Bediensteten der anderen Mitgliedstaaten nur solche Informationen offenbart werden, die nach § 4 übermittelt werden dürfen. Sind die erbetenen Informationen in den Unterlagen enthalten, zu denen die Finanzbehörde Zugang hat, so werden den Bediensteten des anderen Mitgliedstaats Kopien dieser Unterlagen ausgehändigt.

(3) Verweigert eine Person in Fällen des Absatzes 1 Satz 1 Nummer 3 die Mitwirkung, gilt diese Verweigerung wie eine Verweigerung gegenüber inländischen Bediensteten.

(4) Befugte Bedienstete des anderen Mitgliedstaats müssen, wenn sie sich nach Absatz 1 auf deutschem Hoheitsgebiet aufhalten, jederzeit eine schriftliche Vollmacht vorlegen können, aus der ihre Identität und dienstliche Stellung hervorgehen.

§ 11 - Anwesenheit von inländischen Bediensteten in anderen Mitgliedstaaten

Sofern die Komplexität eines Ersuchens es erfordert, können bevollmächtigte inländische Bedienstete in andere Mitgliedstaaten entsandt werden. § 10 gilt sinngemäß.

§ 12 - Gleichzeitige Prüfung

(1) Auf Vorschlag der Finanzbehörde kann das zentrale Verbindungsbüro mit einem oder mehreren Mitgliedstaaten vereinbaren, im jeweils eigenen Hoheitsgebiet eine gleichzeitige Prüfung einer oder mehrerer Personen von gemeinsamem oder ergänzendem Interesse durchzuführen. Soweit dies nach § 4 zulässig ist, sind die hierbei erlangten Informationen sowie die für die Vereinbarung der Prüfung im Vorfeld erforderlichen Kenntnisse auszutauschen.

(2) Die Finanzbehörde bestimmt, welche Person oder welche Personen sie für eine gleichzeitige Prüfung vorschlägt. Das zentrale Verbindungsbüro unterrichtet die betroffenen Mitgliedstaaten darüber, begründet die Auswahl und gibt den Zeitraum an, in welchem die gleichzeitige Prüfung durchgeführt werden soll.

(3) Schlägt ein anderer Mitgliedstaat eine gleichzeitige Prüfung vor, so entscheidet die Finanzbehörde, ob sie an der gleichzeitigen Prüfung teilnehmen wird. Das zentrale Verbindungsbüro teilt dem anderen Mitgliedstaat innerhalb von 60 Tagen nach Erhalt des Vorschlags das Einverständnis oder die begründete Ablehnung mit.

(4) Das zentrale Verbindungsbüro benennt einen Bediensteten, der für die Beaufsichtigung und die Koordinierung der gleichzeitigen Prüfung verantwortlich ist.

(5) Von der Anhörung des Steuerpflichtigen kann bis zur Bekanntgabe der Prüfungsanordnung abgesehen werden, wenn sonst der Prüfungserfolg gefährdet werden würde.

§ 13 - Zustellungsersuchen an andere Mitgliedstaaten

(1) Auf Ersuchen der zuständigen Finanzbehörde beantragt das zentrale Verbindungsbüro bei einem anderen Mitgliedstaat die Zustellung von Dokumenten und Entscheidungen der Finanzbehörde, die mit einer Steuer nach § 1 zusammenhängen.

(2) Ein Zustellungsersuchen ist nur dann zulässig, wenn

1. die Finanzbehörde nicht in der Lage ist, die Zustellung nach den Vorschriften des Verwaltungszustellungsgesetzes im anderen Mitgliedstaat vorzunehmen, oder
2. die Zustellung mit unverhältnismäßig großen Schwierigkeiten verbunden wäre.

(3) Im Zustellungsersuchen ist Folgendes anzugeben:

1. der Gegenstand des zuzustellenden Dokuments oder der zuzustellenden Entscheidung,
2. der Name und die Anschrift des Adressaten sowie
3. alle weiteren Informationen, die die Identifizierung des Adressaten erleichtern können.

(4) Einer in einem anderen Mitgliedstaat ansässigen Person kann jedes Dokument per Einschreiben oder auf elektronischem Weg direkt zugestellt werden.

(5) Das zentrale Verbindungsbüro leitet Informationen über veranlasste Zustellungen anderer Mitgliedstaaten den Finanzbehörden, die die Informationen verwenden, weiter.

§ 14 - Zustellungsersuchen von anderen Mitgliedstaaten

(1) Auf Ersuchen werden alle Dokumente zugestellt, die mit einer Steuer gemäß § 1 zusammenhängen, einschließlich der gerichtlichen Dokumente, die aus dem anderen Mitgliedstaat stammen. Das zentrale Verbindungsbüro leitet hierzu der Finanzbehörde das Ersuchen zwecks Zustellung zu. Die Zustellung richtet sich nach den Vorschriften des Verwaltungszustellungsgesetzes.

(2) Das zentrale Verbindungsbüro teilt dem anderen Mitgliedstaat unverzüglich mit, welche Maßnahme auf Grund des Zustellungsersuchens veranlasst wurde. Diese Mitteilung beinhaltet insbesondere die Angabe, an welchem Tag und an welche Anschrift dem Empfänger das Dokument zugestellt worden ist.

Abschnitt 5 - Weitere Vorschriften

§ 15 - Verwendung von Informationen und Dokumenten

(1) Übermittelt das zentrale Verbindungsbüro einem anderen Mitgliedstaat Informationen, so gestattet es diesem auf Anfrage, die Informationen für andere als die in § 19 Absatz 2 Satz 1 genannten Zwecke zu verwenden, wenn die Verwendung für einen vergleichbaren Zweck nach deutschem Recht unter Beachtung der §§ 30, 31, 31a und 31b der Abgabenordnung zulässig ist.

(2) Ist das zentrale Verbindungsbüro der Ansicht, dass Informationen und Dokumente von einem anderen Mitgliedstaat einem dritten Mitgliedstaat für die in § 19 Absatz 2 Satz 1 genannten Zwecke von Nutzen sein könnten, so kann es diese Informationen und Dokumente weitergeben, wenn

1. die Weitergabe im Einklang mit den in diesem Gesetz festgelegten Regeln und Verfahren steht,
2. es dem Mitgliedstaat, von dem die Informationen und Dokumente stammen, seine Absicht mitteilt, diese einem dritten Mitgliedstaat weiterzugeben, und
3. der Mitgliedstaat, von dem die Informationen stammen, nicht innerhalb von zehn Arbeitstagen nach Eingang der Mitteilung nach Nummer 2 der Weitergabe widerspricht.

(3) Sollen Informationen und Dokumente für andere als die in § 19 Absatz 2 Satz 1 genannten Zwecke nach Absatz 2 weitergegeben oder verwendet werden, so muss hierfür die Einwilligung jenes Mitgliedstaats eingeholt werden, von dem die Informationen und Dokumente stammen. Die Weitergabe darf nur erfolgen, wenn die Verwendung für einen vergleichbaren Zweck nach deutschem Recht unter Beachtung der §§ 30, 31, 31a und 31b der Abgabenordnung zulässig ist.

(4) Sämtliche Informationen und Dokumente, die im Rahmen dieses Gesetzes erlangt werden, können von den Behörden, die die Informationen verwenden, wie vergleichbare inländische Informationen und Dokumente angeführt oder als Beweismittel verwendet werden.

(5) Von der Berichtigung übermittelter unrichtiger Daten und der Löschung oder Sperrung unzulässig gespeicherter oder unzulässig übermittelter Daten sind alle Mitgliedstaaten, die diese Daten im Rahmen einer Auskunft erhalten haben, durch das zentrale Verbindungsbüro unverzüglich zu unterrichten und anzuhalten, ebenfalls die Berichtigung, Sperrung oder Löschung dieser Daten vorzunehmen.

§ 16 - Rückmeldungen

(1) In den Fällen der §§ 4 und 8 kann das zentrale Verbindungsbüro den anderen Mitgliedstaat um Rückmeldung über die Verwendung der erbetenen Information bitten.

(2) Bittet in den Fällen der §§ 6 und 9 der andere Mitgliedstaat um Rückmeldung, so übermittelt das zentrale Verbindungsbüro dem anderen Mitgliedstaat die Rückmeldung unverzüglich, spätestens jedoch drei Monate, nachdem das Ergebnis über die Verwendung der erbetenen Information bekannt geworden ist. Eine Übermittlung ist nur zulässig, wenn ihr die Vorschriften zum Datenschutz und zum Schutz des Steuergeheimnisses insbesondere nach § 30 der Abgabenordnung nicht entgegenstehen. Die zuständige Finanzbehörde teilt dem zentralen Verbindungsbüro die erforderlichen Angaben mit.

§ 17 - Standardformblätter und Kommunikationsmittel

(1) Ersuchen nach § 4 Absatz 1 und 2 und § 6 Absatz 1, spontane Übermittlungen von Informationen nach § 8 Absatz 1 und 2 und § 9, Zustellungsersuchen nach § 13 Absatz 1 und § 14 Absatz 1, Rückmeldungen nach § 16 sowie sonstige Mitteilungen werden jeweils mittels eines zwischen den Mitgliedstaaten abgestimmten Standardformblatts auf elektronischem Weg übermittelt.

(2) Den Standardformblättern können Berichte, Bescheinigungen und andere Dokumente oder beglaubigte Kopien oder Auszüge daraus beigefügt werden.

(3) Die Absätze 1 und 2 gelten nicht für Informationen und Unterlagen, die nach den §§ 10 und 11 erlangt werden.

(4) Erfolgt die Übermittlung nicht auf elektronischem Weg durch Standardformblätter, so berührt dies nicht die Gültigkeit der erhaltenen Informationen oder der im Rahmen eines Ersuchens um Amtshilfe ergriffenen Maßnahmen.

§ 18 - Informationsübermittlung an Drittstaaten

(1) Erhält das zentrale Verbindungsbüro von einem Drittstaat Informationen, die für die Anwendung und Durchsetzung des deutschen Rechts über die in § 1 genannten Steuern voraussichtlich erheblich sind, kann das zentrale Verbindungsbüro diese Informationen an andere Mitgliedstaaten, für die diese Informationen von Nutzen sein können, und an alle ersuchenden Behörden weitergeben, sofern dies auf Grund einer Vereinbarung mit dem Drittstaat zulässig ist.

(2) Das zentrale Verbindungsbüro kann die im Einklang mit diesem Gesetz erhaltenen Informationen an einen Drittstaat weitergeben, wenn

1. die Weitergabe im Einklang mit den deutschen Bestimmungen über die Weitergabe personenbezogener Daten an Drittstaaten steht,
2. die Informationen für die zutreffende Steuerfestsetzung in diesem Drittstaat erheblich sein können,
3. der Mitgliedstaat, von dem die Informationen stammen, mit der Weitergabe einverstanden ist und
4. sich der Drittstaat zum Informationsaustausch verpflichtet hat.

§ 19 - Datenschutz und Zweckbestimmung

(1) Die Informationen, die im Rahmen dieses Gesetzes an Deutschland übermittelt werden, unterliegen dem Steuergeheimnis und genießen den Schutz, den die Abgabenordnung für Informationen dieser Art gewährt.

(2) Diese Informationen können für folgende Zwecke verwendet werden:

1. zur Bewertung, Anwendung und Durchsetzung des nationalen Steuerrechts über die in § 1 genannten Steuern sowie die Umsatzsteuer und andere indirekte Steuern,
2. zur Wahrnehmung gesetzlicher Kontroll- und Aufsichtsbefugnisse,
3. zur Festsetzung und Beitreibung anderer Steuern und Abgaben nach § 1 des EU-Beitreibungsgesetzes sowie
4. zur Verwertung im Zusammenhang mit Gerichts- und Verwaltungsverfahren, die Sanktionen wegen Nichtbeachtung des Steuerrechts zur Folge haben können; hierbei sind die allgemeinen Regelungen und Vorschriften über die Rechte der Personen, gegen die sich das jeweilige Verfahren richtet, und Zeugen in solchen Verfahren zu beachten.

Sollen Informationen für einen anderen Zweck verwendet werden, ist die Einwilligung des anderen Mitgliedstaats einzuholen. Eine Einwilligung ist entbehrlich, wenn der andere Mitgliedstaat der zuständigen Behörde eine Liste mit anderen als den in Satz 1 genannten Zwecken, für die Informationen und Schriftstücke gemäß seinem nationalen Recht verwendet werden dürfen, übermittelt hat und die beabsichtigte Verwendung von den in der Liste genannten Zwecken umfasst ist.

§ 19a - Verletzung des Schutzes personenbezogener Daten

(1) Kommt es in Bezug auf Informationen, die im Rahmen dieses Gesetzes verarbeitet werden, zu einer Verletzung des Datenschutzes, unterrichtet das zentrale Verbindungsbüro unverzüglich die Europäische Kommission hierüber und über alle getroffenen Abhilfemaßnahmen. Das zentrale Verbindungsbüro veranlasst alles, um die Ursachen und die Auswirkungen der Verletzung des Datenschutzes zu ermitteln und einzudämmen sowie um notwendige Abhilfe zu schaffen. Sofern die Verletzung des Datenschutzes nicht umgehend und angemessen eingedämmt werden kann, beantragt das zentrale Verbindungsbüro schriftlich gegenüber der Europäischen Kommission, seinen Zugang zum CCN-Netz nach Artikel 3 Nummer 13 der Amtshilferichtlinie für die Zwecke der Anwendung dieses Gesetzes auszusetzen. Das zentrale Verbindungsbüro unterrichtet die Europäische Kommission unverzüglich, sobald die Verletzung des Datenschutzes behoben worden ist und beantragt die Wiederherstellung seines Zugangs zum CCN-Netz.

(2) Benachrichtigt die Europäische Kommission das zentrale Verbindungsbüro über eine Verletzung des Datenschutzes, die sich in einem anderen Mitgliedstaat ereignet hat, kann das zentrale Verbindungsbüro den Informationsaustausch mit diesem Mitgliedstaat aussetzen. Die Aussetzung ist der Europäischen Kommission und den zuständigen Behörden aller anderen Mitgliedstaten schriftlich mitzuteilen. Wurde der Zugang der zuständigen Behörde des anderen Mitgliedstaats zum CCNNetz ausgesetzt, kann das zentrale Verbindungsbüro die Europäische Kommission ersuchen, die Behebung der Verletzung des Datenschutzes in dem anderen Mitgliedstaat zu überprüfen.

(3) Das zentrale Verbindungsbüro berücksichtigt bei der Anwendung der Absätze 1 und 2 Vereinbarungen, die die Mitgliedstaaten gemäß Artikel 25 Absatz 7 der Amtshilferichtlinie getroffen haben.

(4) Pflichten nach anderen Gesetzen, insbesondere die Meldeverpflichtung nach den Artikeln 33 und 34 der Verordnung (EU) 2016/679 des Europäischen Parlaments und des Rates vom 27. April 2016 zum Schutz natürlicher Personen bei der Verarbeitung personenbezogener Daten, zum freien Datenverkehr und zur Aufhebung der Richtlinie 95/46/EG (Datenschutz-Grundverordnung) (ABl. L 119 vom 4.5.2016, S. 1; L 314 vom 22.11.2016, S. 72; L 127 vom 23.5.2018, S. 2) in ihrer jeweils geltenden Fassung, bleiben unberührt.

§ 20 - Statistiken und Bewertungen

(1) Die zuständige Behörde übermittelt

1. der Europäischen Kommission
   a) jährlich Statistiken zum Umfang des automatischen Informationsaustauschs gemäß § 7 Absatz 1, 2, 10, 11 und 14a und Angaben zu den administrativen und anderen einschlägigen Kosten und Nutzen des erfolgten Austauschs und zu allen möglichen Änderungen, sowohl für die Steuerverwaltung als auch für Dritte,
   b) eine jährliche Bewertung der Wirksamkeit des automatischen Austauschs von Informationen gemäß den Artikeln 8, 8a, 8aa, 8ab und 8ac der Amtshilferichtlinie sowie einen Überblick über die erreichten praktischen Ergebnisse,
   c) alle sachdienlichen Informationen, die für die Bewertung der Wirksamkeit der Zusammenarbeit der Verwaltungsbehörden gemäß der Amtshilferichtlinie bei der Bekämpfung von Steuerhinterziehung und -umgehung notwendig sind,
   d) statistische Angaben, die der Bewertung der Amtshilferichtlinie dienen;
2. den anderen betroffenen Mitgliedstaaten der Europäischen Union einmal jährlich eine Rückmeldung zum automatischen Austausch von Informationen.

Bei der Übermittlung ist die Durchführungsverordnung (EU) 2015/2378 der Kommission vom 15. Dezember 2015 zur Festlegung von Durchführungsbestimmungen zu bestimmten Artikeln der Richtlinie 2011/16/EU des Rates über die Zusammenarbeit der Verwaltungsbehörden im Bereich der Besteuerung und zur Aufhebung der Durchführungsverordnung (EU) Nr. 1156/2012 (ABl. L 332 vom 18.12.2015, S. 19) zu berücksichtigen.

(2) Das Bundesministerium der Finanzen legt im Einvernehmen mit den obersten Finanzbehörden der Länder die Einzelheiten zur Übermittlung im Sinne des Absatzes 1 in einem Schreiben fest. Dieses Schreiben ist im Bundessteuerblatt zu veröffentlichen.

§ 21 - Übergangsvorschriften

(1) Die automatische Übermittlung von Informationen gemäß § 7 Absatz 1 ist ab dem 1. Januar 2015 vorzunehmen und erstmals auf Informationen der Besteuerungszeiträume ab dem 1. Januar 2014 anzuwenden. § 7 Absatz 1 Satz 2 ist auf Besteuerungszeiträume anzuwenden, die am oder nach dem 1. Januar 2024 beginnen.

(1a) Ungeachtet des § 2 Absatz 2 zweiter Teilsatz unterrichtet das zentrale Verbindungsbüro die Europäische Kommission jährlich, beginnend ab dem 1. Januar 2023, über zwei oder mehr der in § 7 Absatz 1 Satz 1 Nummer 1 bis 6 genannten Kategorien, zu denen es Informationen an zuständige Behörden anderer Mitgliedstaaten übermittelt. Abweichend von Satz 1 unterrichtet das zentrale Verbindungsbüro die Europäische Kommission vor dem 1. Januar 2024 über vier oder mehr der in § 7 Absatz 1 Satz 1 Nummer 1 bis 6 genannten Kategorien, zu denen es Informationen für Besteuerungszeiträume, die am oder nach dem 1. Januar 2025 beginnen, an zuständige Behörden anderer Mitgliedstaaten übermittelt.

(2) Die automatische Übermittlung von Informationen gemäß § 7 Absatz 2 ist ab dem 30. September 2017 vorzunehmen und für zum 31. Dezember 2015 bestehende Konten und nach dem 31. Dezember 2015 neu eröffnete Konten im Sinne der in § 7 Absatz 2 angeführten Melde- und Sorgfaltspflichten und ergänzenden Melde- und Sorgfaltsvorschriften erstmals auf Informationen der Besteuerungszeiträume ab dem 1. Januar 2016 anzuwenden.

(3) Die automatische Übermittlung von Informationen gemäß § 7 Absatz 3 und 4 erfolgt erstmals ab dem 1. Januar 2017.

(4) § 7 Absatz 10 bis 12 und 14 ist erstmals ab dem 1. Januar 2017 anzuwenden.

(5) § 7 Absatz 13 ist erstmals ab dem 1. Januar 2018 anzuwenden.

(6) § 7 Absatz 14a ist erstmals ab dem 1. Januar 2023 anzuwenden.

Gesetz über die Durchführung der Amtshilfe bei der Beitreibung von Forderungen in Bezug auf bestimmte Steuern, Abgaben und sonstige Maßnahmen zwischen den Mitgliedstaaten der Europäischen Union

(EU-Beitreibungsgesetz – EUBeitrG)

vom 7.12.2011 (BGBl. I S. 2592), zuletzt geändert durch Artikel 21 des Gesetzes vom 26.6.2013 (BGBl. I S. 1809)

Inhaltsverzeichnis

Abschnitt 1 - Allgemeine Bestimmungen

§ 1 - Anwendungsbereich und anzuwendendes Recht

(1) Dieses Gesetz regelt die Einzelheiten der Amtshilfe zwischen Deutschland und den anderen Mitgliedstaaten der Europäischen Union (Mitgliedstaaten) zur Geltendmachung von in den Mitgliedstaaten entstandenen Forderungen. Forderungen im Sinne dieses Gesetzes sind

1. Steuern und Abgaben aller Art, die erhoben werden
   a) von einem oder für einen Mitgliedstaat oder dessen Gebiets- oder Verwaltungseinheiten einschließlich der lokalen Behörden oder
   b) für die Europäische Union;
2. Erstattungen, Interventionen und andere Maßnahmen, die Bestandteil des Systems der vollständigen Finanzierung oder Teilfinanzierung des Europäischen Garantiefonds für die Landwirtschaft oder des Europäischen Landwirtschaftsfonds für die Entwicklung des ländlichen Raums sind, einschließlich der im Rahmen dieser Aktionen zu erhebenden Beiträge;
3. Abschöpfungen und andere Abgaben im Rahmen der gemeinsamen Organisation der Agrarmärkte für den Sektor Zucker.

(2) Der Anwendungsbereich dieses Gesetzes umfasst auch

1. Geldstrafen, Geldbußen, Gebühren und Zuschläge in Bezug auf Forderungen,
   a) für deren Beitreibung gemäß Absatz 1 um Amtshilfe ersucht werden kann und
   b) die von den Behörden, die für die Erhebung der betreffenden Steuern oder Abgaben oder die Durchführung der dafür erforderlichen behördlichen Ermittlungen zuständig sind, verhängt wurden oder von Verwaltungsorganen oder Gerichten auf Antrag dieser Behörden bestätigt wurden;
2. Gebühren für Bescheinigungen und ähnliche Dokumente, die im Zusammenhang mit Verwaltungsverfahren in Bezug auf Steuern oder Abgaben ausgestellt werden;
3. Zinsen und Kosten im Zusammenhang mit Forderungen, für deren Beitreibung gemäß Absatz 1 oder gemäß den Nummern 1 und 2 um Amtshilfe ersucht werden kann.

(3) Der Anwendungsbereich dieses Gesetzes umfasst nicht

1. Beiträge und Umlagen sowie damit verbundene Abgaben und Gebühren nach dem Sozialgesetzbuch, den in § 68 des Ersten Buches Sozialgesetzbuch genannten Gesetzen und dem Aufwendungsausgleichsgesetz;
2. andere als die in Absatz 2 genannten Gebühren;
3. vertragliche Gebühren, wie Zahlungen an öffentliche Versorgungsbetriebe;
4. strafrechtliche Sanktionen, die auf der Grundlage einer Anklageerhebung im Strafverfahren verhängt werden, oder andere strafrechtliche Sanktionen, die nicht von Absatz 2 Nummer 1 erfasst sind.

(4) Für Ersuchen nach diesem Gesetz gelten die Vorschriften der Abgabenordnung entsprechend, soweit dieses Gesetz nicht etwas anderes bestimmt. Zur Ausführung der Abgabenordnung hat das Bundesministerium der Finanzen Verwaltungsvorschriften erlassen.

§ 2 - Begriffsbestimmungen

(1) „Person" ist

1. eine natürliche Person,
2. eine juristische Person,
3. eine Personenvereinigung, der die Rechtsfähigkeit zuerkannt wurde, die aber nicht über die Rechtsstellung einer juristischen Person verfügt, oder
4. jede andere Rechtsform gleich welcher Art, mit oder ohne allgemeine Rechtsfähigkeit, die Vermögensgegenstände besitzt oder verwaltet, welche einschließlich der daraus erzielten Einkünfte einer der in § 1 erfassten Steuern unterliegen.

(2) Beitreibungsrichtlinie im Sinne dieses Gesetzes sowie des Einkommensteuergesetzes, des Körperschaftsteuergesetzes und des Gewerbesteuergesetzes bezeichnet die Richtlinie 2010/24/EU des Rates vom 16. März 2010 über die Amtshilfe bei der Beitreibung von Forderungen in Bezug auf bestimmte Steuern, Abgaben und sonstige Maßnahmen (ABl. L 84 vom 31.3.2010, S. 1) in der jeweils geltenden Fassung.

§ 3 - Zuständigkeit und Prüfungsbefugnisse für Ersuchen

(1) Das Bundesministerium der Finanzen ist zuständige Behörde ausschließlich im Sinne von Artikel 4 Absatz 1 der Beitreibungsrichtlinie und zentrales Verbindungsbüro im Sinne von Artikel 4 Absatz 2 der Beitreibungsrichtlinie. Für die Prüfung und Bearbeitung von Ersuchen werden die folgenden Verbindungsbüros benannt:

1. in den Fällen des § 5 Absatz 1 Nummer 5 des Finanzverwaltungsgesetzes das Bundeszentralamt für Steuern,
2. für den Bereich der Zollverwaltung gemäß § 12 Absatz 2 des Finanzverwaltungsgesetzes die Bundesstelle Vollstreckung Zoll beim Hauptzollamt Hannover.

Die Verbindungsbüros übernehmen die Kommunikation mit den ersuchenden Behörden, den anderen Verbindungsbüros oder der Europäischen Kommission. Die Verbindungsbüros prüfen Ersuchen auf ihre Zulässigkeit nach diesem Gesetz und bearbeiten diese. Ihnen obliegt außerdem die Prüfung, ob die Amtshilfe gemäß § 14 Absatz 2 zu unterbleiben hat.

(2) Eingehende Ersuchen werden nach entsprechender Prüfung gemäß Absatz 1 Satz 4 und 5 von den Verbindungsbüros an die für die Durchführung der Amtshilfe in § 4 Absatz 1 genannten Vollstreckungsbehörden weitergeleitet. Ausgehende Ersuchen werden von den in § 4 Absatz 1 oder Absatz 2 genannten Vollstreckungsbehörden erstellt und über die Verbindungsbüros nach entsprechender Prüfung gemäß Absatz 1 Satz 4 an die zuständige ausländische Behörde geleitet.

§ 4 - Zuständigkeit für die Vollstreckung eingehender Ersuchen

(1) Folgende Behörden nehmen nach Maßgabe dieses Gesetzes Amtshilfe in Anspruch und leisten danach Amtshilfe (Vollstreckungsbehörden):

1. die Finanzämter für Forderungen
   a) von Steuern vom Einkommen, Ertrag oder Vermögen,
   b) von Umsatzsteuern, soweit diese nicht als Einfuhrabgaben geschuldet werden,
   c) von sonstigen Steuern und Abgaben im Sinne des § 1 Absatz 1 Nummer 1, soweit nicht die Hauptzollämter zuständig sind,
   d) gemäß § 1 Absatz 2, soweit sie mit den in den Buchstaben a bis c genannten Steuern zusammenhängen;

2. die Hauptzollämter für

a) Erstattungen, Interventionen und andere Maßnahmen des Europäischen Garantiefonds für die Landwirtschaft und des Europäischen Landwirtschaftsfonds für die Entwicklung des ländlichen Raums nach den Verordnungen (EG) Nr. 1290/2005 des Rates vom 21. Juni 2005 über die Finanzierung der Gemeinsamen Agrarpolitik (ABl. L 209 vom 11.8.2005, S. 1), die zuletzt durch die Verordnung (EG) Nr. 473/2009 (ABl. L 144 vom 9.6.2009, S. 3) geändert worden ist, und (EG) Nr. 1698/2005 des Rates vom 20. September 2005 über die Förderung der Entwicklung des ländlichen Raums durch den Europäischen Landwirtschaftsfonds für die Entwicklung des ländlichen Raums (ABl. L 277 vom 21.10.2005, S. 1, L 67 vom 11.3.2008, S. 22), die zuletzt durch die Verordnung (EG) Nr. 473/2009 (ABl. L 144 vom 9.6.2009, S. 3) geändert worden ist, in der jeweils geltenden Fassung,

b) Abschöpfungen und andere Abgaben im Sektor Zucker nach der Verordnung (EG) Nr. 1234/2007 des Rates vom 22. Oktober 2007 über eine gemeinsame Organisation der Agrarmärkte und mit Sondervorschriften für bestimmte landwirtschaftliche Erzeugnisse (ABl. L 299 vom 16.11.2007, S. 1) in der jeweils geltenden Fassung,

c) Einfuhr- und Ausfuhrabgaben,

d) Verbrauchsteuern,

e) sonstige Steuern, deren Festsetzung, Erhebung oder Vollstreckung ebenfalls in die Zuständigkeit der Zollverwaltung fallen,

f) Forderungen gemäß § 1 Absatz 2, soweit sie mit den in den Buchstaben a bis e genannten Abgaben und Steuern zusammenhängen.

Die örtliche Zuständigkeit richtet sich nach dem Dritten Abschnitt des Ersten Teils der Abgabenordnung entsprechend.

(2) Die Gemeinden und Gemeindeverbände können Amtshilfe nach Maßgabe dieses Gesetzes in Anspruch nehmen. Sie gelten insoweit als Vollstreckungsbehörde im Sinne dieses Gesetzes.

(3) Das Bundesministerium der Finanzen kann mit Zustimmung der zuständigen obersten Landesbehörden die Amtshilfe bei der Vollstreckung auf weitere als die in Absatz 1 Nummer 1 genannten Landesbehörden übertragen. Die Übertragung ist im Bundessteuerblatt zu veröffentlichen.

Abschnitt 2 - Erteilen von Auskünften

§ 5 - Erteilen von Auskünften an andere Mitgliedstaaten auf Ersuchen

(1) Auf Ersuchen teilt das Verbindungsbüro dem Mitgliedstaat alle Auskünfte mit, die bei der Beitreibung einer Forderung gemäß § 1 voraussichtlich erheblich sein werden. Zur Beschaffung dieser Auskünfte veranlasst die Vollstreckungsbehörde alle dafür erforderlichen behördlichen Ermittlungen, die nach der Abgabenordnung in vergleichbaren Fällen vorgesehen sind.

(2) Das Verbindungsbüro erteilt keine Auskünfte,

1. die für die Beitreibung derartiger Forderungen nicht beschafft werden könnten, wenn sie in Deutschland entstanden wären;
2. mit denen ein Handels-, Gewerbe- oder Berufsgeheimnis preisgegeben würde;
3. die die Sicherheit oder die öffentliche Ordnung des Bundes oder eines Landes verletzen würden.

(3) Absatz 2 ist in keinem Fall so auszulegen, dass die Erteilung von Auskünften nur deshalb abgelehnt werden kann, weil die betreffenden Informationen sich bei einer Bank, einem sonstigen

Finanzinstitut, einem Bevollmächtigten, Vertreter oder Treuhänder befinden oder sich auf Eigentumsanteile an einer Person beziehen.

(4) Kann das Verbindungsbüro dem Auskunftsersuchen nicht stattgeben, so sind dem anderen Mitgliedstaat die Gründe hierfür mitzuteilen.

§ 6 - Erteilen von Auskünften an andere Mitgliedstaaten ohne Ersuchen

(1) Bei einer Erstattung von Steuern oder Abgaben an eine Person, die in einem anderen Mitgliedstaat niedergelassen oder wohnhaft ist, kann die Vollstreckungsbehörde, die die Erstattung vornehmen soll, den Mitgliedstaat der Niederlassung oder des Wohnsitzes durch das Verbindungsbüro über die bevorstehende Erstattung informieren. Dies gilt nicht für die Umsatzsteuer, mit Ausnahme der Einfuhrumsatzsteuer.

(2) Das Verbindungsbüro muss die anderen Mitgliedstaaten informieren, soweit Steuern und Abgaben im Sinne des § 4 Absatz 1 Nummer 2 betroffen sind.

(3) Im Falle einer Informationserteilung nach Absatz 1 oder Absatz 2 wird die Erstattung nicht fällig vor dem Ablauf von zehn Arbeitstagen nach Übermittlung der Information an den anderen Mitgliedstaat.

Abschnitt 3 - Zustellung von Dokumenten

§ 7 - Zustellungsersuchen von anderen Mitgliedstaaten

(1) Auf Ersuchen veranlasst die Vollstreckungsbehörde die Zustellung aller Dokumente, die mit einer Forderung gemäß § 1 oder mit deren Vollstreckung zusammenhängen, einschließlich der gerichtlichen Dokumente, die aus dem anderen Mitgliedstaat stammen. Die Zustellung richtet sich nach den Vorschriften des Verwaltungszustellungsgesetzes. Dem Ersuchen muss ein Standardformblatt beigefügt sein. Eine Ausfertigung des Standardformblatts mit den zuzustellenden Dokumenten ist dem Empfänger auszuhändigen.

(2) Unverzüglich nachdem die Vollstreckungsbehörde auf Grund des Zustellungsersuchens tätig geworden ist, teilt sie dem anderen Mitgliedstaat über das Verbindungsbüro das Veranlasste mit. Diese Mitteilung beinhaltet insbesondere die Angabe, an welchem Tag und an welche Anschrift dem Empfänger das Dokument zugestellt worden ist.

§ 8 - Zustellungsersuchen in andere Mitgliedstaaten

(1) Das Verbindungsbüro kann um die Zustellung aller Dokumente ersuchen, die mit einer Forderung gemäß § 1 oder mit deren Vollstreckung zusammenhängen, einschließlich der Dokumente, die von deutschen Gerichten stammen. Dem Zustellungsersuchen ist ein Standardformblatt beizufügen.

(2) Ein Zustellungsersuchen darf nur dann nach dieser Vorschrift erfolgen, wenn es der Vollstreckungsbehörde nicht möglich ist, das betreffende Dokument gemäß den Vorschriften des Verwaltungszustellungsgesetzes zuzustellen oder wenn eine solche Zustellung mit unverhältnismäßigen Schwierigkeiten verbunden wäre.

Abschitt 4 - Beitreibungs – und Sicherungsmaßnahmen

§ 9 - Beitreibungsersuchen von anderen Mitgliedstaaten

(1) Auf Ersuchen nimmt die Vollstreckungsbehörde die Vollstreckung von Forderungen vor, für die in einem anderen Mitgliedstaat ein Vollstreckungstitel besteht. Die Forderung wird wie eine inländische Forderung behandelt. Als vollstreckbarer Verwaltungsakt gilt der dem Ersuchen beigefügte einheitliche Vollstreckungstitel.

(2) Die Vollstreckung erfolgt nach den Vorschriften, die für Forderungen aus gleichen oder, in Ermangelung gleicher, aus vergleichbaren Steuern oder Abgaben vorgesehen sind. Ist das Verbindungsbüro der Auffassung, dass in Deutschland keine gleichen oder vergleichbaren Steuern oder Abgaben erhoben werden, so handelt die Vollstreckungsbehörde nach den Vorschriften, die für die Vollstreckung von Einkommensteuerforderungen gelten. Die Forderungen werden in Euro vollstreckt.

(3) Das Verbindungsbüro teilt dem anderen Mitgliedstaat die Maßnahmen mit, die die Vollstreckungsbehörde in Bezug auf das Beitreibungsersuchen ergriffen hat.

(4) § 240 der Abgabenordnung gilt entsprechend. Fälligkeitstag ist der Tag, an dem das Ersuchen bei einem Verbindungsbüro im Sinne des § 3 Absatz 1 eingeht, so dass Säumniszuschläge ab diesem Tag berechnet werden können. Wenn die Vollstreckungsbehörde dem Schuldner eine Zahlungsfrist einräumt oder Ratenzahlung gewährt, unterrichtet das Verbindungsbüro den anderen Mitgliedstaat hiervon.

(5) Die Vollstreckungsbehörde überweist die im Zusammenhang mit der Forderung beigetriebenen Beträge sowie die Säumniszuschläge und gegebenenfalls entstehende Zinsen. Die in § 16 Absatz 1 genannten Kosten können vorher einbehalten werden.

§ 10 - Beitreibungsersuchen in andere Mitgliedstaaten

(1) Ein Verbindungsbüro kann Beitreibungsersuchen in einen anderen Mitgliedstaat stellen, wenn

1. die Voraussetzungen für die Vollstreckung gegeben sind und
2. die Forderung nicht angefochten ist oder nicht mehr angefochten werden kann.

Satz 1 Nummer 2 gilt nicht, sofern der Einspruch offensichtlich aussichtslos ist beziehungsweise nicht in angemessener Zeit begründet wird und lediglich der Verzögerung der Vollstreckung dient. Ersuchen um Beitreibung angefochtener Forderungen sind nur ausnahmsweise zu stellen und auch nur zulässig, sofern die geltenden Rechts- und Verwaltungsvorschriften und die Verwaltungspraxis des ersuchten Mitgliedstaates dies zulassen; ein solches Ersuchen ist zu begründen.

(2) Die Vollstreckungsbehörde muss zuvor alle nach der Abgabenordnung vorgesehenen Vollstreckungsmöglichkeiten ausgeschöpft haben, es sei denn,

1. es ist offensichtlich, dass
   a) keine Vermögensgegenstände für die Vollstreckung in Deutschland vorhanden sind oder
   b) Vollstreckungsverfahren in Deutschland nicht zur vollständigen Begleichung der Forderung führen,

   und der Vollstreckungsbehörde oder dem Verbindungsbüro konkrete Informationen vorliegen, wonach Vermögensgegenstände der betreffenden Person im ersuchten Mitgliedstaat vorhanden sind;
2. die Durchführung solcher Vollstreckungsmaßnahmen wäre in Deutschland mit unverhältnismäßigen Schwierigkeiten verbunden.

(3) Jedem Beitreibungsersuchen ist der für alle Mitgliedstaaten einheitliche Vollstreckungstitel, dessen Inhalt im Wesentlichen dem des ursprünglichen Vollstreckungstitels entspricht, beizufügen, der die alleinige Grundlage für die im anderen Mitgliedstaat zu ergreifenden Beitreibungs-

und Sicherungsmaßnahmen ist. Er muss im anderen Mitgliedstaat weder durch einen besonderen Akt anerkannt noch ergänzt oder ersetzt werden. Dem Beitreibungsersuchen können weitere Dokumente, die im Zusammenhang mit der Forderung stehen, beigefügt werden.

(4) Erlangt die Vollstreckungsbehörde im Zusammenhang mit der Angelegenheit, die dem Beitreibungsersuchen zu Grunde liegt, zweckdienliche Informationen, so teilt sie diese dem Verbindungsbüro zur unverzüglichen Weiterleitung an den anderen Mitgliedstaat mit.

§ 11 - Änderung oder Rücknahme des Beitreibungsersuchens

(1) Das Verbindungsbüro teilt unverzüglich nach entsprechender Erstellung durch die Vollstreckungsbehörde dem anderen Mitgliedstaat jede Änderung oder Rücknahme ihres Beitreibungsersuchens mit. Dabei sind die Gründe für die Änderung oder Rücknahme anzugeben. Bei Änderungen übersendet sie zusätzlich eine entsprechend geänderte Fassung des einheitlichen Vollstreckungstitels.

(2) Geht die Änderung oder Rücknahme des Ersuchens auf eine Rechtsbehelfsentscheidung gemäß § 13 Absatz 1 zurück, so teilt die Vollstreckungsbehörde diese Entscheidung dem Verbindungsbüro mit. Bei Änderungen übersendet sie zusätzlich eine entsprechend geänderte Fassung des einheitlichen Vollstreckungstitels. Das Verbindungsbüro sendet die Unterlagen an die ersuchte Behörde.

(3) Wird ein gemäß § 13 Absatz 1 geänderter einheitlicher Vollstreckungstitel an ein Verbindungsbüro als ersuchte Behörde übermittelt, ergreift die mit der Durchführung der Amtshilfe beauftragte Vollstreckungsbehörde weitere Beitreibungsmaßnahmen auf der Grundlage dieses Vollstreckungstitels.

(4) Beitreibungs- und Sicherungsmaßnahmen, die bereits auf der Grundlage des ursprünglichen einheitlichen Vollstreckungstitels ergriffen wurden, können auf Grund des geänderten einheitlichen Vollstreckungstitels fortgeführt werden, sofern die Änderung des Ersuchens nicht darauf zurückzuführen ist, dass der ursprüngliche Vollstreckungstitel oder der ursprüngliche einheitliche Vollstreckungstitel unwirksam ist.

(5) Für die neue Fassung des Vollstreckungstitels gelten § 10 Absatz 3 und 4 sowie § 13 entsprechend.

§ 12 - Ersuchen um Sicherungsmaßnahmen

(1) Um die Vollstreckung sicherzustellen, führt die Vollstreckungsbehörde auf Ersuchen des anderen Mitgliedstaates Sicherungsmaßnahmen durch, sofern und soweit diese nach dem Sechsten Teil der Abgabenordnung zulässig sind. Hierfür ist Voraussetzung, dass Sicherungsmaßnahmen sowohl des Mitgliedstaates der ersuchenden als auch der ersuchten deutschen Behörde in einer vergleichbaren Situation getroffen werden können.

(2) Das Verbindungsbüro kann nach entsprechender Erstellung durch die Vollstreckungsbehörde ein Ersuchen um Sicherungsmaßnahmen stellen, wenn

1. die Forderung oder der Vollstreckungstitel zum Zeitpunkt der Stellung des Ersuchens angefochten ist oder
2. ein Ersuchen um Beitreibung aus anderen Gründen noch nicht gestellt werden kann.

(3) Einem ausgehenden Ersuchen um Sicherungsmaßnahmen ist das Dokument, das in Deutschland Sicherungsmaßnahmen in Bezug auf die Forderung ermöglicht, beizufügen. Dem Ersuchen können weitere in Deutschland ausgestellte Dokumente beigefügt werden.

(4) § 9 Absatz 1 bis 3, § 10 Absatz 4 sowie die §§ 11 und 13 gelten entsprechend.

§ 13 - Streitigkeiten

(1) Stellt das Verbindungsbüro ein Ersuchen, so sind die nach dem Dritten Abschnitt des Ersten Teils der Abgabenordnung zuständigen Behörden oder die nach Abschnitt V des Ersten Teils der Finanzgerichtsordnung zuständigen Gerichte zuständig für

1. Rechtsbehelfe in Bezug auf
   a) die Forderung,
   b) den ursprünglichen Vollstreckungstitel für die Vollstreckung in Deutschland und
   c) den einheitlichen Vollstreckungstitel für die Vollstreckung im anderen Mitgliedstaat;
2. Streitigkeiten in Bezug auf die Gültigkeit einer Zustellung durch eine zuständige deutsche Behörde.

Dies gilt auch für Streitigkeiten bei in Deutschland ergriffenen Vollstreckungsmaßnahmen oder Auseinandersetzungen im Zusammenhang mit der Gültigkeit einer Zustellungshilfe durch eine zuständige deutsche Behörde. Wurde ein Rechtsbehelf eingelegt, teilt das Verbindungsbüro dies nach Mitteilung durch die Vollstreckungsbehörde dem anderen Mitgliedstaat mit. Hierbei hat es insbesondere mitzuteilen, in welchem Umfang die Forderung nicht angefochten wird.

(2) Ist Deutschland der ersuchte Mitgliedstaat und werden im Verlauf des Beitreibungsverfahrens die Forderung, der ursprüngliche Vollstreckungstitel oder der einheitliche Vollstreckungstitel von einer betroffenen Partei durch Rechtsbehelf angegriffen, so unterrichtet das Verbindungsbüro nach Mitteilung durch die Vollstreckungsbehörde diese Partei darüber, dass sie den Rechtsbehelf bei der zuständigen Instanz des anderen Mitgliedstaates nach dessen Recht einzulegen hat. Wurde von der ersuchenden Behörde eine Mitteilung entsprechend Absatz 1 Satz 3 erteilt, setzt die Vollstreckungsbehörde das Beitreibungsverfahren für den angefochtenen Teilbetrag der Forderung bis zur Entscheidung über den jeweiligen Rechtsbehelf aus. Satz 2 gilt nicht, wenn die ersuchende Behörde im Einklang mit Absatz 3 ein anderes Vorgehen wünscht. Die Vollstreckungsbehörde kann selbständig oder auf Ersuchen Maßnahmen für die Sicherstellung der Beitreibung treffen, soweit dies zulässig ist. Die Regelungen des § 12 bleiben unberührt.

(3) Eingehende Beitreibungsersuchen aus anderen Mitgliedstaaten können auch die Beitreibung einer angefochtenen Forderung oder eines angefochtenen Teilbetrags einer Forderung beinhalten. Ein solches Ersuchen ist durch die ersuchende Behörde zu begründen. Wird dem Rechtsbehelf später stattgegeben, haftet die ersuchende ausländische Behörde für die Erstattung bereits beigetriebener Beträge samt etwaig geschuldeter Entschädigungsleistungen.

(4) Durch die Einleitung eines Verständigungsverfahrens, das auf die Höhe der beizutreibenden Forderung Auswirkungen haben kann, werden die Beitreibungsmaßnahmen bis zum Abschluss dieses Verfahrens unterbrochen. § 231 Absatz 3 und 4 der Abgabenordnung gilt entsprechend. Dies gilt nicht, wenn auf Grund von Betrug oder Insolvenz unmittelbare Dringlichkeit gegeben ist. Werden die Beitreibungsmaßnahmen unterbrochen, so ist Absatz 2 Satz 4 und 5 anzuwenden.

§ 14 - Ablehnungsgründe

(1) Die in den §§ 9 bis 13 vorgesehene Amtshilfe wird nicht geleistet, wenn die Vollstreckung oder die Anordnung von Sicherungsmaßnahmen unbillig wäre oder die Forderungen insgesamt weniger als 1 500 Euro betragen.

(2) Die in den §§ 5 bis 13, 17 und 18 vorgesehene Amtshilfe wird nicht geleistet, wenn

1. sich das ursprüngliche Ersuchen um Amtshilfe auf Forderungen bezieht, die älter als fünf Jahre waren;
2. die Forderungen älter als zehn Jahre sind. Die Frist wird ab dem Zeitpunkt der Fälligkeit gerechnet.

Die Frist nach Nummer 1 beginnt ab dem Zeitpunkt, zu dem die Forderung in dem Mitgliedstaat der ersuchenden Behörde fällig wurde, und endet zu dem Zeitpunkt, in dem das ursprüngliche

Amtshilfeersuchen gestellt wurde. Wird gegen die Forderung oder den ursprünglichen Vollstreckungstitel ein Rechtsbehelf eingelegt, beginnt für die Vollstreckung im Mitgliedstaat der ersuchenden Behörde die Fünfjahresfrist ab dem Zeitpunkt, zu dem festgestellt wird, dass eine Anfechtung der Forderung oder des Vollstreckungstitels nicht mehr möglich ist. Gewähren die zuständigen Behörden des Mitgliedstaates der ersuchenden Behörde einen Zahlungsaufschub oder einen Aufschub des Ratenzahlungsplans, beginnt die Fünfjahresfrist mit Ablauf der gesamten Zahlungsfrist.

(3) Gründe für die Ablehnung eines Ersuchens um Amtshilfe teilt das Verbindungsbüro dem anderen Mitgliedstaat mit.

§ 15 - Verjährung

(1) Für die Verjährung von Forderungen, hinsichtlich derer um Amtshilfe ersucht wird, sind die §§ 228 bis 232 der Abgabenordnung entsprechend anzuwenden.

(2) Führt eine Behörde eines anderen Mitgliedstaates auf Grund eines deutschen Ersuchens Beitreibungsmaßnahmen durch oder lässt diese in ihrem Namen durchführen und bewirken die Beitreibungsmaßnahmen nach dem Recht dieses Mitgliedstaates eine Hemmung oder Unterbrechung der Verjährung oder Verlängerung der Verjährungsfrist, so gelten die Beitreibungsmaßnahmen im Hinblick auf die Hemmung oder Unterbrechung der Verjährung oder Verlängerung der Verjährungsfrist als Maßnahmen, die in Deutschland dieselbe Wirkung entfalten, sofern die §§ 228 bis 232 der Abgabenordnung die entsprechende Wirkung vorsehen.

(3) Ist nach dem Recht des Mitgliedstaates der ersuchten Behörde die Hemmung oder Unterbrechung der Verjährung oder Verlängerung der Verjährungsfrist nicht zulässig, so gelten die Beitreibungsmaßnahmen als von Deutschland vorgenommen, sofern diese

1. die ersuchte Behörde durchgeführt hat oder in ihrem Namen hat durchführen lassen und
2. im Fall der Durchführung eine Hemmung oder Unterbrechung der Verjährung nach den §§ 230, 231 der Abgabenordnung bewirkt hätten.

(4) Die nach § 231 der Abgabenordnung zulässigen rechtlichen Maßnahmen zur Unterbrechung der Verjährung bleiben unberührt.

(5) Die Vollstreckungsbehörden teilen über das Verbindungsbüro dem anderen Mitgliedstaat jede Maßnahme mit, die die Verjährung der Forderung, hinsichtlich derer um Beitreibung oder Sicherungsmaßnahmen ersucht wurde, unterbricht oder hemmt.

§ 16 - Kosten

(1) Die Vollstreckungsbehörde bemüht sich bei den betreffenden Personen, neben den in § 9 Absatz 5 genannten Beträgen auch die ihr nach den §§ 337 bis 346 der Abgabenordnung entstandenen Kosten beizutreiben, und behält diese ein.

(2) Deutschland verzichtet gegenüber dem ersuchenden Mitgliedstaat auf jegliche Erstattung der Kosten der Amtshilfe nach diesem Gesetz. In den Fällen, in denen die Beitreibung besondere Probleme bereitet, sehr hohe Kosten verursacht oder im Rahmen der Bekämpfung der organisierten Kriminalität erfolgt, kann das in § 3 Absatz 1 genannte Verbindungsbüro mit der entsprechenden Behörde des anderen Mitgliedstaates einzelfallbezogen eine Erstattung vereinbaren.

(3) Deutschland haftet einem ersuchten Mitgliedstaat für alle Schäden aus Handlungen, die im Hinblick auf die tatsächliche Begründetheit der Forderung oder auf die Wirksamkeit des von der ersuchenden Behörde ausgestellten Vollstreckungstitels oder des Titels, der zur Ergreifung von Sicherungsmaßnahmen ermächtigt, für nicht angemessen befunden werden.

Abschnitt 5 Allgemeine Vorschriften

§ 17 - Anwesenheit von Bediensteten anderer Mitgliedstaaten im Inland

(1) Die Verbindungsbüros können zur Förderung der Amtshilfe gemäß der Beitreibungsrichtlinie vereinbaren, dass unter den von ihr festgelegten Voraussetzungen befugte Bedienstete des anderen Mitgliedstaates

1. in den Amtsräumen anwesend sein dürfen, in denen die deutsche Vollstreckungsbehörde ihre Tätigkeit ausübt;
2. bei den behördlichen Ermittlungen anwesend sein dürfen, die auf deutschem Hoheitsgebiet geführt werden;
3. Gerichtsverfahren, die auf deutschem Hoheitsgebiet geführt werden, unterstützen dürfen.

Dabei stellt das Verbindungsbüro sicher, dass dem befugten Bediensteten der ersuchenden Behörde nur solche Informationen offenbart werden, die nach § 5 Absatz 1 erteilt werden dürfen und nicht unter § 5 Absatz 2 fallen.

(2) Zur Ausübung der Möglichkeiten nach Absatz 1 ist die jederzeitige Vorlage einer schriftlichen Vollmacht notwendig. Aus der Vollmacht müssen die Identität und dienstliche Stellung des Bediensteten der ersuchenden Behörde hervorgehen.

§ 18 - Anwesenheit von deutschen Bediensteten in anderen Mitgliedstaaten

Sofern die Komplexität eines Ersuchens es erfordert, können ordnungsgemäß bevollmächtigte deutsche Bedienstete in andere Mitgliedstaaten entsandt werden. Die Voraussetzungen und Bedingungen des § 17 gelten sinngemäß.

§ 19 - Standardformblätter und Kommunikationsmittel

(1) Ersuchen um Auskünfte gemäß § 5 Absatz 1, um Zustellung gemäß § 7 Absatz 1 und § 8 Absatz 1, um Beitreibung gemäß § 9 Absatz 1 und § 10 Absatz 1 oder um Sicherungsmaßnahmen gemäß § 12 Absatz 1 und 3 werden jeweils mittels eines Standardformblatts auf elektronischem Weg übermittelt. Diese Formblätter werden, soweit möglich, auch für jede weitere Mitteilung im Zusammenhang mit dem Ersuchen verwendet.

(2) Der einheitliche Vollstreckungstitel für die Vollstreckung im Mitgliedstaat der ersuchten Behörde und das Dokument für das Ergreifen von Sicherungsmaßnahmen im Mitgliedstaat der ersuchenden Behörde sowie die anderen in § 10 Absatz 3 und 4 sowie den §§ 12 bis 15 genannten Dokumente sind ebenfalls auf elektronischem Weg zu übermitteln.

(3) Den Standardformblättern können gegebenenfalls Berichte, Bescheinigungen und andere Dokumente oder beglaubigte Kopien oder Auszüge daraus beigefügt werden, die ebenfalls auf elektronischem Weg zu übermitteln sind. Auch der Informationsaustausch gemäß § 6 hat auf Standardformblättern und in elektronischer Form zu erfolgen.

(4) Die Absätze 1 bis 3 gelten nicht für Auskünfte und Unterlagen, die auf Grund der Anwesenheit in den Amtsräumen in einem anderen Mitgliedstaat oder auf Grund der Teilnahme an behördlichen Ermittlungen in einem anderen Mitgliedstaat gemäß § 18 erlangt werden.

(5) Erfolgt die Übermittlung nicht auf elektronischem Weg oder auf Standardformblättern, so berührt dies nicht die Gültigkeit der erhaltenen Auskünfte oder der im Rahmen eines Ersuchens um Amtshilfe ergriffenen Maßnahmen.

§ 20 - Sprachen

(1) Alle Ersuchen um Amtshilfe, Standardformblätter für die Zustellung sowie einheitliche Vollstreckungstitel für die Vollstreckung werden entweder in der Amtssprache oder einer der Amtssprachen des Mitgliedstaates der ersuchten Behörde übermittelt oder es wird ihnen eine Übersetzung in der entsprechenden Amtssprache beigefügt. Der Umstand, dass bestimmte Teile davon in einer Sprache verfasst sind, die nicht Amtssprache oder eine der Amtssprachen des Mitgliedstaates der ersuchten Behörde ist, berührt nicht deren Gültigkeit oder die Gültigkeit des Verfahrens, sofern es sich bei dieser anderen Sprache um eine zwischen den betroffenen Mitgliedstaaten vereinbarte Sprache handelt.

(2) Die Dokumente, um deren Zustellung gemäß § 8 in einem anderen Mitgliedstaat ersucht wird, können in einer der Amtssprachen des ersuchenden Mitgliedstaates übermittelt werden.

(3) Legt die deutsche Behörde dem Ersuchen andere Dokumente, als die in den Absätzen 1 und 2 genannten bei, so hat sie auf Verlangen der ersuchten Behörde die Übersetzung in die Amtssprache, in eine der Amtssprachen oder in eine zwischen beiden Staaten vereinbarte Sprache beizufügen.

§ 21 - Weiterleitung von Auskünften und Dokumenten

(1) Die Auskünfte, die im Rahmen der Durchführung dieses Gesetzes an Deutschland übermittelt werden, unterliegen dem Steuergeheimnis und genießen den Schutz, den die Abgabenordnung für Auskünfte dieser Art gewährt. Solche Auskünfte können für Vollstreckungs- und Sicherungsmaßnahmen mit Bezug auf Forderungen, die unter dieses Gesetz fallen, verwendet werden. Eine Verwendung für einen anderen Zweck ist nur mit Einwilligung des Mitgliedstaates, von dem die Auskünfte stammen, zulässig.

(2) Erteilt Deutschland einem anderen Mitgliedstaat Auskünfte, so gestattet es diesem auf Anfrage, die Auskünfte für andere als die in Absatz 1 genannten Zwecke zu verwenden, wenn die Verwendung für einen vergleichbaren Zweck nach deutschem Recht unter Beachtung der §§ 30, 31, 31a und 31b der Abgabenordnung zulässig ist.

(3) Ist die zuständige Behörde der Auffassung, dass auf Grund dieses Gesetzes erhaltene Auskünfte einem dritten Mitgliedstaat für die Zwecke des Absatzes 1 nützlich sein könnten, so kann sie diese Auskünfte an den dritten Mitgliedstaat unter der Voraussetzung weiterleiten, dass die Weiterleitung im Einklang mit diesem Gesetz erfolgt. Sie teilt dem Mitgliedstaat, von dem die Auskünfte stammen, ihre Weiterleitungsabsicht mit. Stammen die Auskünfte aus Deutschland, so kann die Vollstreckungsbehörde innerhalb von zehn Arbeitstagen über das Verbindungsbüro mitteilen, dass sie dieser Weiterleitung nicht zustimmt. Diese Frist beginnt mit dem Tag, an dem die Mitteilung über die beabsichtigte Weiterleitung bei einem Verbindungsbüro eingeht.

(4) Die Einwilligung der Verwendung von Auskünften gemäß Absatz 2, die nach Absatz 3 weitergeleitet worden sind, darf nur durch den Mitgliedstaat erteilt werden, aus dem die Auskünfte stammen.

(5) Auskünfte, die in jedweder Form im Rahmen dieses Gesetzes übermittelt werden, können von allen Behörden des Mitgliedstaates, die die Auskünfte erhalten, auf der gleichen Grundlage wie vergleichbare Auskünfte, die in diesem Staat erlangt wurden, angeführt oder als Beweismittel verwendet werden.

Abschnitt 6 Schlussbestimmungen

§ 22 - Anwendung anderer Abkommen zur Unterstützung bei der Beitreibung

(1) Dieses Gesetz gilt unbeschadet der Erfüllung von Verpflichtungen zur Leistung von Amtshilfe in größerem Umfang, die sich aus bilateralen oder multilateralen Übereinkünften oder Vereinbarungen ergeben. Das gilt auch für die Zustellung gerichtlicher oder sonstiger Dokumente.

(2) Auch in diesen Fällen können das elektronische Kommunikationsnetz und die Standardformblätter im Sinne des § 19 genutzt werden.

Gesetz über das Verfahren in Familiensachen und in den Angelegenheiten der freiwilligen Gerichtsbarkeit

vom 17.12.2008 (BGBl. I S. 2586, 2587), zuletzt geändert durch Artikel 12 Absatz 21 des Gesetzes vom 16.12.2022 (BGBl. I S. 2328).

- Auszug –FamFG

§ 236 - Verfahrensrechtliche Auskunftspflicht Dritter

(1) Kommt ein Beteiligter innerhalb der hierfür gesetzten Frist einer Verpflichtung nach § 235 Abs. 1 nicht oder nicht vollständig nach, kann das Gericht, soweit dies für die Bemessung des Unterhalts von Bedeutung ist, über die Höhe der Einkünfte Auskunft und bestimmte Belege anfordern bei

1. Arbeitgebern,
2. Sozialleistungsträgern sowie der Künstlersozialkasse,
3. sonstigen Personen oder Stellen, die Leistungen zur Versorgung im Alter und bei verminderter Erwerbsfähigkeit sowie Leistungen zur Entschädigung und zum Nachteilsausgleich zahlen,
4. Versicherungsunternehmen oder
5. Finanzämtern.

(2) Das Gericht hat nach Absatz 1 vorzugehen, wenn dessen Voraussetzungen vorliegen und der andere Beteiligte dies beantragt.

(3) Die Anordnung nach Absatz 1 ist den Beteiligten mitzuteilen.

(4) Die in Absatz 1 bezeichneten Personen und Stellen sind verpflichtet, der gerichtlichen Anordnung Folge zu leisten. § 390 der Zivilprozessordnung gilt entsprechend, wenn nicht eine Behörde betroffen ist.

(5) Die Anordnungen des Gerichts nach dieser Vorschrift sind für die Beteiligten nicht selbständig anfechtbar.

§ 379 - Mitteilungspflichten der Behörden

(1) Die Gerichte, die Staatsanwaltschaften, die Polizei- und Gemeindebehörden sowie die Notare haben die ihnen amtlich zur Kenntnis gelangenden Fälle einer unrichtigen, unvollständigen oder unterlassenen Anmeldung zum Handels-, Genossenschafts-, Vereins- oder Partnerschaftsregister dem Registergericht mitzuteilen.

(2) Die Finanzbehörden haben den Registergerichten Auskunft über die steuerlichen Verhältnisse von Kaufleuten oder Unternehmen, insbesondere auf dem Gebiet der Gewerbe- und Umsatzsteuer, zu erteilen, soweit diese Auskunft zur Verhütung unrichtiger Eintragungen im Handels- oder Partnerschaftsregister sowie zur Berichtigung, Vervollständigung oder Löschung von Eintragungen im Register benötigt wird. Die Auskünfte unterliegen nicht der Akteneinsicht (§ 13).

§ 393 - Löschung einer Firma

(1) Das Erlöschen einer Firma ist gemäß § 31 Abs. 2 des Handelsgesetzbuchs von Amts wegen oder auf Antrag der berufsständischen Organe in das Handelsregister einzutragen. Das Gericht hat den eingetragenen Inhaber der Firma oder dessen Rechtsnachfolger von der beabsichtigten Löschung zu benachrichtigen und ihm zugleich eine angemessene Frist zur Geltendmachung eines Widerspruchs zu bestimmen.

(2) Sind die bezeichneten Personen oder deren Aufenthalt nicht bekannt, erfolgt die Benachrichtigung und die Bestimmung der Frist durch Bekanntmachung in dem für die Registerbekanntmachungen bestimmten elektronischen Informations- und Kommunikationssystem nach § 10 des Handelsgesetzbuchs.

(3) Das Gericht entscheidet durch Beschluss, wenn es einem Antrag auf Einleitung des Löschungsverfahrens nicht entspricht oder Widerspruch gegen die Löschung erhoben wird. Der Beschluss ist mit der Beschwerde anfechtbar.

(4) Mit der Zurückweisung eines Widerspruchs sind dem Beteiligten zugleich die Kosten des Widerspruchsverfahrens aufzuerlegen, soweit dies nicht unbillig ist.

(5) Die Löschung darf nur erfolgen, wenn kein Widerspruch erhoben oder wenn der den Widerspruch zurückweisende Beschluss rechtskräftig geworden ist.

(6) Die Absätze 1 bis 5 gelten entsprechend, wenn die Löschung des Namens einer Partnerschaft eingetragen werden soll.

§ 394 - Löschung vermögensloser Gesellschaften und Genossenschaften

(1) Eine Aktiengesellschaft, Kommanditgesellschaft auf Aktien, Gesellschaft mit beschränkter Haftung oder Genossenschaft, die kein Vermögen besitzt, kann von Amts wegen oder auf Antrag der Finanzbehörde oder der berufsständischen Organe gelöscht werden. Sie ist von Amts wegen zu löschen, wenn das Insolvenzverfahren über das Vermögen der Gesellschaft durchgeführt worden ist und keine Anhaltspunkte dafür vorliegen, dass die Gesellschaft noch Vermögen besitzt.

(2) Das Gericht hat die Absicht der Löschung den gesetzlichen Vertretern der Gesellschaft oder Genossenschaft, soweit solche vorhanden sind und ihre Person und ihr inländischer Aufenthalt bekannt ist, bekannt zu machen und ihnen zugleich eine angemessene Frist zur Geltendmachung des Widerspruchs zu bestimmen. Auch wenn eine Pflicht zur Bekanntmachung und Fristbestimmung nach Satz 1 nicht besteht, kann das Gericht anordnen, dass die Bekanntmachung und die Bestimmung der Frist durch Bekanntmachung in dem für die Registerbekanntmachungen bestimmten elektronischen Informations- und Kommunikationssystem nach § 10 des Handelsgesetzbuchs erfolgt; in diesem Fall ist jeder zur Erhebung des Widerspruchs berechtigt, der an der Unterlassung der Löschung ein berechtigtes Interesse hat. Vor der Löschung sind die in § 380 bezeichneten Organe, im Fall einer Genossenschaft der Prüfungsverband, zu hören.

(3) Für das weitere Verfahren gilt § 393 Abs. 3 bis 5 entsprechend.

(4) Die Absätze 1 bis 3 sind entsprechend anzuwenden auf offene Handelsgesellschaften und Kommanditgesellschaften, bei denen keiner der persönlich haftenden Gesellschafter eine natürliche Person ist. Eine solche Gesellschaft kann jedoch nur gelöscht werden, wenn die für die Vermögenslosigkeit geforderten Voraussetzungen sowohl bei der Gesellschaft als auch bei den persönlich haftenden Gesellschaftern vorliegen. Die Sätze 1 und 2 gelten nicht, wenn zu den persönlich haftenden Gesellschaftern eine andere offene Handelsgesellschaft oder Kommanditgesellschaft gehört, bei der eine natürliche Person persönlich haftender Gesellschafter ist.

§ 395 - Löschung unzulässiger Eintragungen

(1) Ist eine Eintragung im Register wegen des Mangels einer wesentlichen Voraussetzung unzulässig, kann das Registergericht sie von Amts wegen oder auf Antrag der berufsständischen Organe löschen. Die Löschung geschieht durch Eintragung eines Vermerks.

(2) Das Gericht hat den Beteiligten von der beabsichtigten Löschung zu benachrichtigen und ihm zugleich eine angemessene Frist zur Geltendmachung eines Widerspruchs zu bestimmen. § 394 Abs. 2 Satz 1 und 2 gilt entsprechend.

(3) Für das weitere Verfahren gilt § 393 Abs. 3 bis 5 entsprechend.

§ 396 (weggefallen)

§ 397 - Löschung nichtiger Gesellschaften und Genossenschaften

Eine in das Handelsregister eingetragene Aktiengesellschaft oder Kommanditgesellschaft auf Aktien kann nach § 395 als nichtig gelöscht werden, wenn die Voraussetzungen vorliegen, unter denen nach den §§ 275 und 276 des Aktiengesetzes die Klage auf Nichtigerklärung erhoben werden kann. Das Gleiche gilt für eine in das Handelsregister eingetragene Gesellschaft mit beschränkter Haftung, wenn die Voraussetzungen vorliegen, unter denen nach den §§ 75 und 76 des Gesetzes betreffend die Gesellschaften mit beschränkter Haftung die Nichtigkeitsklage erhoben werden kann, sowie für eine in das Genossenschaftsregister eingetragene Genossenschaft, wenn die Voraussetzungen vorliegen, unter denen nach den §§ 94 und 95 des Genossenschaftsgesetzes die Nichtigkeitsklage erhoben werden kann.

§ 398 - Löschung nichtiger Beschlüsse

Ein in das Handelsregister eingetragener Beschluss der Hauptversammlung oder Versammlung der Gesellschafter einer der in § 397 bezeichneten Gesellschaften sowie ein in das Genossenschaftsregister eingetragener Beschluss der Generalversammlung einer Genossenschaft kann nach § 395 als nichtig gelöscht werden, wenn er durch seinen Inhalt zwingende gesetzliche Vorschriften verletzt und seine Beseitigung im öffentlichen Interesse erforderlich erscheint.

§ 399 - Auflösung wegen Mangels der Satzung

(1) Enthält die Satzung einer in das Handelsregister eingetragenen Aktiengesellschaft oder einer Kommanditgesellschaft auf Aktien eine der nach § 23 Abs. 3 Nr. 1, 4, 5 oder Nr. 6 des Aktiengesetzes wesentlichen Bestimmungen nicht oder ist eine dieser Bestimmungen oder die Bestimmung nach § 23 Abs. 3 Nr. 3 des Aktiengesetzes nichtig, hat das Registergericht die Gesellschaft von Amts wegen oder auf Antrag der berufsständischen Organe aufzufordern, innerhalb einer bestimmten Frist eine Satzungsänderung, die den Mangel der Satzung behebt, zur Eintragung in das Handelsregister anzumelden oder die Unterlassung durch Widerspruch gegen die Aufforderung zu rechtfertigen. Das Gericht hat gleichzeitig darauf hinzuweisen, dass andernfalls ein nicht behobener Mangel im Sinne des Absatzes 2 festzustellen ist und dass die Gesellschaft dadurch nach § 262 Abs. 1 Nr. 5 oder § 289 Abs. 2 Nr. 2 des Aktiengesetzes aufgelöst wird.

(2) Wird innerhalb der nach Absatz 1 bestimmten Frist weder der Aufforderung genügt noch Widerspruch erhoben oder ist ein Widerspruch zurückgewiesen worden, hat das Gericht den Mangel der Satzung festzustellen. Die Feststellung kann mit der Zurückweisung des Widerspruchs verbunden werden. Mit der Zurückweisung des Widerspruchs sind der Gesellschaft zugleich die Kosten des Widerspruchsverfahrens aufzuerlegen, soweit dies nicht unbillig ist.

(3) Der Beschluss, durch den eine Feststellung nach Absatz 2 getroffen, ein Antrag oder ein Widerspruch zurückgewiesen wird, ist mit der Beschwerde anfechtbar.

(4) Die Absätze 1 bis 3 gelten entsprechend, wenn der Gesellschaftsvertrag einer in das Handelsregister eingetragenen Gesellschaft mit beschränkter Haftung eine der nach § 3 Abs. 1 Nr. 1 oder Nr. 4 des Gesetzes betreffend die Gesellschaften mit beschränkter Haftung wesentlichen Bestimmungen nicht enthält oder eine dieser Bestimmungen oder die Bestimmung nach § 3 Abs. 1 Nr. 3 des Gesetzes betreffend die Gesellschaften mit beschränkter Haftung nichtig ist.

Finanzverwaltungsgesetz (FVG)

in der Neufassung vom 4.4.2006 (BGBl I S. 846, 1202), zuletzt geändert durch Artikel 7 des Gesetzes vom 20.12.2022 (BGBl. I S. 2730).

Abschnitt I – Allgemeine Vorschriften

§ 1 Bundesfinanzbehörden

Bundesfinanzbehörden sind

1. als oberste Behörde:

   das Bundesministerium der Finanzen;

2. als Oberbehörden:

   das Bundeszentralamt für Steuern, das Informationstechnikzentrum Bund und die Generalzolldirektion;

3. als örtliche Behörden:

   die Hauptzollämter einschließlich ihrer Dienststellen (Zollämter) und die Zollfahndungsämter.

§ 2 Landesfinanzbehörden

(1) Landesfinanzbehörden sind

1. als oberste Behörde:

   die für die Finanzverwaltung zuständige oberste Landesbehörde;

2. Oberbehörden, soweit nach diesem Gesetz oder nach Landesrecht als Landesfinanzbehörden eingerichtet;

3. als Mittelbehörden, soweit eingerichtet:

   die Oberfinanzdirektionen; anstelle der Oberfinanzdirektionen können Oberbehörden nach Nummer 2 oder andere nach Landesrecht eingerichtete Mittelbehörden treten;

4. als örtliche Behörden:

   die Finanzämter.

(2) Durch Rechtsverordnung der zuständigen Landesregierung kann ein Rechenzentrum der Landesfinanzverwaltung als Teil der für die Finanzverwaltung zuständigen obersten Landesbehörde, als Oberbehörde oder als Teil einer Oberbehörde, die nach Landesrecht als Landesfinanzbehörde nach Absatz 1 Nr. 2 oder 3 eingerichtet ist, als Teil einer Mittelbehörde, als Finanzamt oder als Teil eines Finanzamtes eingerichtet werden. Die Landesregierung kann die Ermächtigung durch Rechtsverordnung auf die für die Finanzverwaltung zuständige oberste Landesbehörde übertragen. Soweit ein Rechenzentrum der Finanzverwaltung eingerichtet ist, können ihm weitere Aufgaben, auch aus dem Geschäftsbereich einer anderen obersten Landesbehörde, übertragen werden.

(3) Durch Rechtsverordnung der zuständigen Landesregierung können für Kassengeschäfte andere örtliche Landesbehörden zu Landesfinanzbehörden bestimmt werden (besondere Landesfinanzbehörden). Absatz 2 Satz 2 ist anzuwenden.

§ 2a Verzicht auf Mittelbehörden, Aufgabenwahrnehmung durch andere Finanzbehörden

(1) Durch Rechtsverordnung kann auf Mittelbehörden verzichtet werden. Die Rechtsverordnung erlässt für den Bereich von Aufgaben des Landes die zuständige Landesregierung. Die Landesregierung kann die Ermächtigung durch Rechtsverordnung auf die für die Finanzverwaltung zuständige oberste Landesbehörde übertragen.

(2) Wird auf Mittelbehörden verzichtet, gehen die diesen zugewiesenen Aufgaben der Landesfinanzverwaltung auf die oberste Behörde nach § 2 Abs. 1 Nr. 1 über. Durch Rechtsverordnung der zuständigen Landesregierung können Landesaufgaben nach Satz 1 einer anderen Landesfinanzbehörde übertragen werden. Die Landesregierung kann die Ermächtigung durch Rechtsverordnung auf die für die Finanzverwaltung zuständige oberste Landesbehörde übertragen.

§ 2b
(weggefallen)

§ 3 Leitung der Finanzverwaltung

(1) Das Bundesministerium der Finanzen leitet die Bundesfinanzverwaltung. Soweit die Bundesfinanzbehörden Aufgaben aus dem Geschäftsbereich eines anderen Bundesministeriums zu erledigen haben, erteilt dieses die fachlichen Weisungen. Fachliche Weisungen, die wesentliche organisatorische Auswirkungen haben, ergehen im Benehmen mit dem Bundesministerium der Finanzen.

(2) Die für die Finanzverwaltung zuständige oberste Landesbehörde leitet die Landesfinanzverwaltung. Soweit Landesfinanzbehörden Aufgaben aus dem Geschäftsbereich einer anderen obersten Landesbehörde zu erledigen haben, erteilt diese die fachlichen Weisungen. Fachliche Weisungen, die wesentliche organisatorische Auswirkungen haben, ergehen im Benehmen mit der für die Finanzverwaltung zuständigen obersten Landesbehörde.

Abschnitt II – Oberbehörden

§ 4 Sitz und Aufgaben der Bundesoberbehörden

(1) Das Bundesministerium der Finanzen bestimmt den Sitz der Bundesoberbehörden, soweit durch Gesetz nichts anderes bestimmt ist.

(2) Die Bundesoberbehörden erledigen in eigener Zuständigkeit Aufgaben, die ihnen durch dieses Gesetz, durch andere oder aufgrund anderer Bundesgesetze zugewiesen werden.

(3) Die Bundesoberbehörden erledigen als beauftragte Behörden Aufgaben des Bundes, mit deren Durchführung sie vom Bundesministerium der Finanzen oder mit dessen Zustimmung von dem fachlich zuständigen Bundesministerium beauftragt werden.

§ 5 Aufgaben des Bundeszentralamtes für Steuern

(1) Das Bundeszentralamt für Steuern hat unbeschadet des § 4 Abs. 2 und 3 folgende Aufgaben:

1. die Mitwirkung an Außenprüfungen (§ 19);

2. die Erstattung von Kapitalertragsteuer und von im Wege des Steuerabzugs nach § 50a des Einkommensteuergesetzes erhobener Steuer an beschränkt Steuerpflichtige, soweit die Einkommensteuer oder die Körperschaftsteuer mit dem Steuerabzug abgegolten ist und die beschränkte Steuerpflicht nicht auf § 2 Nummer 2 des Körperschaftsteuergesetzes beruht;

2a. die Entgegennahme der Anträge nach § 1a Absatz 1 Satz 4 des Körperschaftsteuergesetzes und Berücksichtigung des Status der optierenden Gesellschaft in den Verfahren zur Entlastung von deutschen Abzugsteuern (Erstattungen und Freistellungen) auf Grund von Abkommen zur Vermeidung der Doppelbesteuerung;

3. die Entlastung bei deutschen Besitz- oder Verkehrsteuern gegenüber internationalen Organisationen, amtlichen zwischenstaatlichen Einrichtungen, ausländischen Missionen, berufskonsularischen Vertretungen und deren Mitgliedern auf Grund völkerrechtlicher Vereinbarung oder besonderer gesetzlicher Regelung nach näherer Weisung des Bundesministeriums der Finanzen sowie die Durchführung des Besteuerungsverfahrens nach § 18 Absatz 5a des Umsatzsteuergesetzes einschließlich der damit im Zusammenhang stehenden Tätigkeiten für ausländische Missionen, berufskonsularische Vertretungen und deren Mitglieder;

4. die Besteuerung von Investmentfonds und Spezial-Investmentfonds sowie die Feststellung der Besteuerungsgrundlagen von Spezial-Investmentfonds, soweit es nach § 4 Absatz 2 Nummer 2 des Investmentsteuergesetzes zuständig ist. Daneben stellt das Bundeszentralamt für Steuern auf Anforderung den für die Besteuerung von Investmentfonds, Spezial-Investmentfonds oder deren Anlegern zuständigen Landesfinanzbehörden seine Erkenntnisse über ausländische Rechtsformen und ausländisches Recht zur Verfügung;

5. die Ausübung der Funktion der zuständigen Behörde auf dem Gebiet der steuerlichen Rechts- und Amtshilfe und bei der Durchführung von Verständigungs- und Schiedsverfahren im Einvernehmen mit der zuständigen obersten Landesfinanzbehörde oder mit der von dieser beauftragten Behörde nach den Doppelbesteuerungsabkommen, dem Übereinkommen Nr. 90/436/EWG über die Beseitigung der Doppelbesteuerung im Falle von Gewinnberichtigungen zwischen verbundenen Unternehmen (ABl. L 225 vom 20.8.1990, S. 10) in der jeweils geltenden Fassung und dem EU-Doppelbesteuerungsabkommen-Streitbeilegungsgesetz vom 10. Dezember 2019 (BGBl. I S. 2103) in der jeweils geltenden Fassung und bei der Durchführung von Vorabverständigungsverfahren nach § 89a der Abgabenordnung, soweit das zuständige Bundesministerium seine Befugnisse in diesem Bereich delegiert;

5a. die Entgegennahme und Weiterleitung von Meldungen nach auf der Grundlage von § 117c der Abgabenordnung ergangenen Rechtsverordnungen und die Durchführung von Bußgeldverfahren in den Fällen des § 379 Absatz 2 Nummer 1b der Abgabenordnung sowie die Auswertung dieser Meldungen im Rahmen der dem Bundeszentralamt für Steuern gesetzlich übertragenen Aufgaben;

5b. die Entgegennahme und Weiterleitung von Meldungen und Auswertungen im Rahmen der nach § 2 des Gesetzes zum automatischen Austausch von Informationen über Finanzkonten in Steuersachen auszutauschenden Informationen und die Durchführung von Bußgeldverfahren nach § 28 des vorgenannten Gesetzes;

5c. die Einstellung von Informationen zu grenzüberschreitenden Vorbescheiden oder Vorabverständigungen über die Verrechnungspreisgestaltung gemäß § 7 Absatz 3 bis 5 des EU-Amtshilfegesetzes in das Zentralverzeichnis der Mitgliedstaaten der Europäischen Union gemäß Artikel 21 Absatz 5 der Richtlinie 2011/16/EU des Rates vom 15. Februar 2011 über die Zusammenarbeit der Verwaltungsbehörden im Bereich der Besteuerung und zur Aufhebung der Richtlinie 77/799/EWG (ABl. L 64 vom 11.3.2011, S. 1) in der jeweils geltenden Fassung sowie die Entgegennahme der von den anderen Mitgliedstaaten der Europäischen Union in das Zentralverzeichnis eingestellten Informationen im Sinne des Artikels 8a der Richtlinie 2011/16/EU und ihre Weiterleitung an die jeweils zuständige Landesfinanzbehörde nach Maßgabe des § 7 Absatz 9 des EU-Amtshilfegesetzes;

5d. die automatische Übermittlung der länderbezogenen Berichte, die dem Bundeszentralamt für Steuern hierzu von den Unternehmen nach § 138a Absatz 6 der Abgabenordnung übermittelt worden sind, an

   a) die jeweils zuständige Landesfinanzbehörde,

b) die zuständigen Behörden der Vertragsstaaten der am 27. Januar 2016 unterzeichneten „Mehrseitigen Vereinbarung zwischen den zuständigen Behörden über den Austausch länderbezogener Berichte" (BGBl. 2016 II S. 1178, 1179),

c) die zuständigen Behörden der anderen Mitgliedstaaten gemäß Artikel 8aa der Richtlinie 2011/16/EU sowie

d) die zuständigen Behörden der Drittstaaten, mit denen die Bundesrepublik Deutschland ein Abkommen über den steuerlichen Informationsaustausch geschlossen hat, nach dem ein automatischer Austausch von Informationen vereinbart werden kann;

5e. die Entgegennahme und Weiterleitung

a) der länderbezogenen Berichte, die dem zentralen Verbindungsbüro von den zuständigen Behörden der anderen Mitgliedstaaten gemäß Artikel 8aa der Richtlinie 2011/16/EU übersandt wurden, an die zuständigen Landesfinanzbehörden,

b) der länderbezogenen Berichte im Sinne des § 138a Absatz 2 der Abgabenordnung, die dem zentralen Verbindungsbüro von den zuständigen Behörden der Vertragsstaaten der am 27. Januar 2016 unterzeichneten „Mehrseitigen Vereinbarung zwischen den zuständigen Behörden über den Austausch länderbezogener Berichte" (BGBl. 2016 II S. 1178, 1179) übermittelt wurden, an die jeweils zuständige Landesfinanzbehörde sowie

c) der länderbezogenen Berichte im Sinne des § 138a Absatz 2 der Abgabenordnung, die dem zentralen Verbindungsbüro von den zuständigen Behörden der Drittstaaten, mit denen die Bundesrepublik Deutschland ein Abkommen über den steuerlichen Informationsaustausch geschlossen hat, nach dem ein automatischer Austausch von Informationen vereinbart werden kann, übermittelt wurden, an die jeweils zuständige Landesfinanzbehörde;

5f. die automatische Übermittlung von Informationen zu grenzüberschreitenden Steuergestaltungen gemäß § 7 Absatz 13 des EU-Amtshilfegesetzes sowie die Entgegennahme von Informationen im Sinne des Artikels 8ab der Richtlinie 2011/16/EU gemäß § 7 Absatz 14 des EU-Amtshilfegesetzes;

5g. die Entgegennahme, die Weiterleitung und die Übermittlung von Informationen nach § 9 Absatz 1 bis 3 und die Durchführung der Verfahren gemäß den §§ 10 bis 12 und 25 bis 27 des Plattformen-Steuertransparenzgesetzes;

5h. die Auswertung der Informationen nach den Nummern 5c, 5d, 5e, 5f und 5g im Rahmen der dem Bundeszentralamt für Steuern gesetzlich übertragenen Aufgaben; Auswertungen der Informationen nach den Nummern 5c, 5d, 5e, 5f und 5g durch die jeweils zuständige Landesfinanzbehörde bleiben hiervon unberührt;

6. die zentrale Sammlung und Auswertung von Unterlagen über steuerliche Auslandsbeziehungen nach näherer Weisung des Bundesministeriums der Finanzen;

7. bei Personen, die nicht im Geltungsbereich dieses Gesetzes ansässig sind, die Bestimmung des für die Besteuerung örtlich zuständigen Finanzamts, wenn sich mehrere Finanzämter für örtlich zuständig oder für örtlich unzuständig halten oder wenn sonst Zweifel über die örtliche Zuständigkeit bestehen;

8. die Vergütung der Vorsteuerbeträge in dem besonderen Verfahren nach § 18 Abs. 9 des Umsatzsteuergesetzes;.

9. auf Grund der Verordnung (EU) Nr. 904/2010 des Rates vom 7. Oktober 2010 über die Zusammenarbeit der Verwaltungsbehörden und die Betrugsbekämpfung auf dem Gebiet der Mehrwertsteuer (ABl. L 268 vom 12.10.2010, S. 1)

a) die Vergabe der Umsatzsteuer-Identifikationsnummer (§ 27a des Umsatzsteuergesetzes),

b) die Entgegennahme der Zusammenfassenden Meldungen (§ 18a des Umsatzsteuergesetzes) und Speicherung der Daten,

c) den Austausch von gespeicherten Informationen mit anderen Mitgliedstaaten;

10. die Erteilung von Bescheinigungen in Anwendung des Artikels 151 der Richtlinie 2006/112/EG des Rates vom 28. November 2006 über das gemeinsame Mehrwertsteuersystem (ABl. L 347 vom 11.12.2006, S. 1, L 335 vom 20.12.2007, S. 60), die zuletzt durch die Richtlinie 2013/61/EU (ABl. L 353 vom 28.12.2013, S. 5) geändert worden ist, in der jeweils geltenden Fassung zum Nachweis der Umsatzsteuerbefreiung der Umsätze, die in anderen Mitgliedstaaten der Europäischen Union an im Geltungsbereich dieses Gesetzes ansässige zwischenstaatliche Einrichtungen, ständige diplomatische Missionen und berufskonsularische Vertretungen sowie deren Mitglieder ausgeführt werden;

11. die Durchführung des Familienleistungsausgleichs nach Maßgabe der §§ 31,62 bis 78 des Einkommensteuergesetzes. Die Bundesagentur für Arbeit stellt dem Bundeszentralamt für Steuern zur Durchführung dieser Aufgaben ihre Dienststellen als Familienkassen zur Verfügung. Das Nähere, insbesondere die Höhe der Verwaltungskostenerstattung, wird durch Verwaltungsvereinbarung geregelt. Der Vorstand der Bundesagentur für Arbeit kann innerhalb seines Zuständigkeitsbereichs abweichend von den Vorschriften der Abgabenordnung über die örtliche Zuständigkeit von Finanzbehörden die Entscheidung über den Anspruch auf Kindergeld für bestimmte Bezirke oder Gruppen von Berechtigten einer anderen Familienkasse übertragen. Für die besonderen Belange der Personen, die in einem öffentlich-rechtlichen Dienst-, Amts- oder Ausbildungsverhältnis zum Bund stehen oder Versorgungsbezüge nach bundesbeamten- oder soldatenrechtlichen Vorschriften oder Grundsätzen erhalten oder Arbeitnehmer des Bundes oder einer sonstigen Körperschaft, einer Anstalt oder einer Stiftung des öffentlichen Rechts im Bereich des Bundes sind, benennt die Bundesagentur für Arbeit als Familienkasse zentrale Ansprechpartner. Die Landesregierungen werden ermächtigt, durch Rechtsverordnung Landesfamilienkassen zur Wahrnehmung der Aufgaben nach § 72 Abs. 1 des Einkommensteuergesetzes einzurichten. Diese können auch Aufgaben der mittelbaren Verwaltung wahrnehmen. Die Ermächtigung kann durch Rechtsverordnung auf die zuständigen obersten Landesbehörden übertragen werden. Die Familienkassen gelten als Bundesfinanzbehörden, soweit sie den Familienleistungsausgleich durchführen, und unterliegen insoweit der Fachaufsicht des Bundeszentralamtes für Steuern. Das Bundeszentralamt für Steuern erteilt diesen Familienkassen ein Merkmal zur Identifizierung (Familienkassenschlüssel) und veröffentlicht die Namen und die Anschriften dieser Familienkassen jeweils zu Beginn eines Kalenderjahres im Bundessteuerblatt;

12. die Durchführung der Veranlagung nach § 50 Absatz 2 Satz 2 Nummer 5 des Einkommensteuergesetzes und § 32 Absatz 2 Nummer 2 des Körperschaftsteuergesetzes sowie die Durchführung des Steuerabzugsverfahrens nach § 50a Absatz 1 des Einkommensteuergesetzes und nach § 10 des Steueroasen-Abwehrgesetzes; einschließlich des Erlasses von Haftungs- und Nachforderungsbescheiden und deren Vollstreckung;

13. die zentrale Sammlung und Auswertung der von den Finanzbehörden der Länder übermittelten Informationen über Betrugsfälle im Bereich der Umsatzsteuer;

14. die Sammlung, Auswertung und Weitergabe der Daten, die nach § 45d des Einkommensteuergesetzes in den dort genannten Fällen zu übermitteln sind sowie die Übermittlung der Identifikationsnummer (§ 139b der Abgabenordnung) in dem Anfrageverfahren nach § 44a Absatz 2a Satz 3 bis 7 des Einkommensteuergesetzes;

14a. die Sammlung, Auswertung und Bereitstellung der Daten, die nach den §§ 45b und 45c des Einkommensteuergesetzes in den dort genannten Fällen zu übermitteln sind; das

Bundeszentralamt für Steuern unterrichtet die Finanzbehörden der Länder über die Ergebnisse der Datenauswertung und stellt den Finanzbehörden der Länder Daten für die Verwendung in Besteuerungsverfahren zur Verfügung;

15. die Koordinierung von Umsatzsteuerprüfungen der Landesfinanzbehörden in grenz- und länderübergreifenden Fällen;

16. das Zusammenführen und Auswerten von umsatzsteuerlich erheblichen Informationen zur Identifizierung prüfungswürdiger Sachverhalte;

17. die Beobachtung von elektronisch angebotenen Dienstleistungen zur Unterstützung der Landesfinanzverwaltungen bei der Umsatzbesteuerung des elektronischen Handels;

18. a) die Weiterleitung der Daten, die nach § 10 Absatz 2a, 2b und 4b des Einkommensteuergesetzes in den dort genannten Fällen zu übermitteln sind,

    b) die Sammlung, Auswertung und Weitergabe der Daten, die nach § 10a Abs. 5 des Einkommensteuergesetzes in den dort genannten Fällen zu übermitteln sind,

    c) die Sammlung, Auswertung und Weitergabe der Daten, die nach § 22a des Einkommensteuergesetzes in den dort genannten Fällen zu übermitteln sind,

    d) bei einer Datenübermittlung nach § 22a Absatz 1 des Einkommensteuergesetzes die Prüfung nach § 93c Absatz 4 Satz 1 der Abgabenordnung und die Erhebung des Verspätungsgeldes nach § 22a Absatz 5 des Einkommensteuergesetzes,

    e) die Übermittlung der Identifikationsnummer (§ 139b der Abgabenordnung) im Anfrageverfahren nach § 22a Absatz 2 in Verbindung mit § 10 Absatz 2a, 2b und 4b, § 10a Absatz 5 und § 32b Absatz 3 Satz 1 sowie nach § 52 Absatz 30b des Einkommensteuergesetzes,

    f) die Gewährung der Altersvorsorgezulage nach Abschnitt XI des Einkommensteuergesetzes,

    g) die Durchführung von Bußgeldverfahren nach § 50f des Einkommensteuergesetzes.

    Das Bundeszentralamt für Steuern bedient sich zur Durchführung dieser Aufgaben der Deutschen Rentenversicherung Bund, soweit diese zentrale Stelle im Sinne des § 81 des Einkommensteuergesetzes ist, im Wege der Organleihe. Die Deutsche Rentenversicherung Bund unterliegt insoweit der Fachaufsicht des Bundeszentralamtes für Steuern. Das Nähere, insbesondere die Höhe der Verwaltungskostenerstattung, wird durch Verwaltungsvereinbarung geregelt;

19. die zentrale Sammlung der von den Finanzbehörden übermittelten Angaben über erteilte Freistellungsbescheinigungen nach § 48b des Einkommensteuergesetzes und die Erteilung von Auskünften im Wege einer elektronischen Abfrage an den Leistungsempfänger im Sinne des § 48 Abs. 1 Satz 1 des Einkommensteuergesetzes über die übermittelten Freistellungsbescheinigungen;

20. den Einzug der einheitlichen Pauschsteuer nach § 40a Abs. 2 des Einkommensteuergesetzes. Das Bundeszentralamt für Steuern bedient sich zur Durchführung dieser Aufgabe der Deutschen Rentenversicherung Knappschaft-Bahn-See als Träger der knappschaftlichen Rentenversicherung im Wege der Organleihe. Das Nähere, insbesondere die Höhe der Verwaltungskostenerstattung, wird durch Verwaltungsvereinbarung geregelt. Die Deutsche Rentenversicherung Knappschaft-Bahn-See als Träger der knappschaftlichen Rentenversicherung gilt für die Durchführung dieser Aufgabe als Bundesfinanzbehörde und unterliegt insoweit der Fachaufsicht des Bundeszentralamtes für Steuern;

21. für vor dem 1. Juli 2021 ausgeführte Umsätze die Durchführung des Besteuerungsverfahrens nach § 18 Absatz 4c des Umsatzsteuergesetzes in der bis zum 30. Juni 2021

geltenden Fassung einschließlich der damit im Zusammenhang stehenden Tätigkeiten auf Grund von Kapitel XI Abschnitt 1 und 2 der Verordnung (EU) Nr. 904/2010 des Rates vom 7. Oktober 2010 über die Zusammenarbeit der Verwaltungsbehörden und die Betrugsbekämpfung auf dem Gebiet der Mehrwertsteuer (ABl. L 268 vom 12.10.2010, S. 1) sowie für nach dem 30. Juni 2021 ausgeführte Umsätze die Entgegennahme und Weiterleitung von Anzeigen, Umsatzsteuererklärungen und Zahlungen von nicht im Gemeinschaftsgebiet ansässigen Unternehmern in Anwendung der Artikel 360 bis 367 und 369 der Richtlinie 2006/112/EG des Rates in der Fassung von Artikel 2 Nummer 17 bis 19 der Richtlinie (EU) 2017/2455 des Rates vom 5. Dezember 2017 zur Änderung der Richtlinie 2006/112/EG und der Richtlinie 2009/132/EG in Bezug auf bestimmte mehrwertsteuerliche Pflichten für die Erbringung von Dienstleistungen und für Fernverkäufe von Gegenständen (ABl. L 348 vom 29.12.2017, S. 7) einschließlich der mit der Durchführung des Besteuerungsverfahrens nach § 18i des Umsatzsteuergesetzes zusammenhängenden Tätigkeiten auf Grund der Kapitel V und XI der Verordnung (EU) Nr. 904/2010 des Rates in der Fassung von Artikel 1 der Verordnung (EU) 2017/2454 des Rates vom 5. Dezember 2017 zur Änderung der Verordnung (EU) Nr. 904/2010 des Rates über die Zusammenarbeit der Verwaltungsbehörden und die Betrugsbekämpfung auf dem Gebiet der Mehrwertsteuer (ABl. L 348 vom 29.12.2017, S. 1);

22. die Vergabe und die Verwaltung des Identifikationsmerkmals nach den §§ 139a bis 139d der Abgabenordnung;

23. die Bestätigungen nach § 18e des Umsatzsteuergesetzes 1999;

24. den Abruf von Daten aus den nach § 93b der Abgabenordnung in Verbindung mit § 24c Abs. 1 Satz 1 des Kreditwesengesetzes von den Kreditinstituten geführten Dateien und die Weiterleitung der abgerufenen Daten an die zuständigen Finanzbehörden;

25. die Verwaltung der Versicherung- und Feuerschutzsteuer und die zentrale Sammlung und Auswertung der Informationen für die Verwaltung der Versicherung- und Feuerschutzsteuer;

26. Entgegennahme von Meldungen und Zahlungen von Zinsabschlag nach der Zinsinformationsverordnung und deren Weiterleitung;

27. die Erteilung von verbindlichen Auskünften nach § 89 Abs. 2 Satz 3 der Abgabenordnung;

28. die Unterstützung der Finanzbehörden der Länder bei der Verhütung und Verfolgung von Steuerstraftaten mit länderübergreifender, internationaler oder erheblicher Bedeutung sowie bei Anzeigen nach § 116 Abs. 1 der Abgabenordnung. Das Bundeszentralamt für Steuern hat zur Wahrnehmung dieser Aufgabe alle hierfür erforderlichen Informationen zu sammeln und auszuwerten und die Behörden der Länder über die sie betreffenden Informationen und die in Erfahrung gebrachten Zusammenhänge von Straftaten zu unterrichten;

28a. die Weiterleitung von Mitteilungen nach § 116 Abs. 1 der Abgabenordnung an die zuständigen Finanzbehörden der Zollverwaltung;

28b. die Unterstützung der Finanzbehörden der Länder bei der Ermittlung von Steuergestaltungen, die die Erlangung eines Steuervorteils aus der Erhebung oder Entlastung von Kapitalertragsteuer mit länderübergreifender, internationaler oder erheblicher Bedeutung zum Gegenstand haben; das Bundeszentralamt für Steuern hat zur Wahrnehmung dieser Aufgabe alle hierfür erforderlichen Informationen zu sammeln und auszuwerten und die Behörden der Länder über die sie betreffenden Informationen zu unterrichten;

29. die Durchführung der gesonderten Feststellung der Einlagenrückgewähr nach § 27 Absatz 8 des Körperschaftsteuergesetzes;

29a. Entgegennahme, Verarbeitung und Weiterleitung der Versicherungsdaten bei privaten Krankenversicherungen und privaten Pflege-Pflichtversicherungen nach § 39 Absatz 4a des Einkommensteuergesetzes;

30. die Bildung, Speicherung und Bereitstellung elektronischer Lohnsteuerabzugsmerkmale;

31. die zentrale Sammlung der von den Finanzbehörden der Länder übermittelten Daten zu Konzernübersichten (Konzernverzeichnis) sowie die Erteilung von Auskünften daraus im Wege einer elektronischen Abfrage durch die Finanzbehörden der Länder;

32. die zentrale Sammlung der von den Finanzbehörden der Länder übermittelten branchenbezogenen Kennzahlen sowie die Erteilung von Auskünften daraus im Wege einer elektronischen Abfrage durch die Finanzbehörden der Länder;

33. die Registrierung eines Vor-REIT nach § 2 des REIT-Gesetzes;

34. die Zertifizierung von Altersvorsorge- und Basisrentenverträgen nach dem Altersvorsorgeverträge-Zertifizierungsgesetz und die Durchführung von Bußgeldverfahren nach § 13 des Altersvorsorgeverträge-Zertifizierungsgesetzes;

35. die Prüfung der Vollständigkeit und Zulässigkeit von Anträgen auf Vorsteuer-Vergütung für im Inland ansässige Unternehmer in Anwendung von Artikel 18 der Richtlinie 2008/9/EG des Rates vom 12. Februar 2008 zur Regelung der Erstattung der Mehrwertsteuer gemäß der Richtlinie 2006/112/EG an nicht im Mitgliedstaat der Erstattung, sondern in einem anderen Mitgliedstaat ansässige Steuerpflichtige (ABl. EU Nr. L 44 S. 23);

36. die Prüfung nach § 93c Absatz 4 Satz 1 der Abgabenordnung der nach § 10 Absatz 2b des Einkommensteuergesetzes zu übermittelnden Daten sowie bei dieser Datenübermittlung die Festsetzung und Erhebung des Haftungsbetrages nach § 72a Absatz 4 der Abgabenordnung;

37. Ausstellung der Bescheinigung an Unternehmer über die Erfüllung der Voraussetzungen des § 4 Nummer 11b des Umsatzsteuergesetzes;

38. ab 14. Dezember 2010 die Weiterleitung von Anzeigen nach § 9 der Erbschaftsteuer-Durchführungsverordnung an die zuständigen Finanzbehörden der Länder;

39. (weggefallen)

40. für vor dem 1. Juli 2021 ausgeführte Umsätze die mit der Durchführung des Besteuerungsverfahrens nach § 18 Absatz 4e des Umsatzsteuergesetzes in Zusammenhang stehenden Tätigkeiten auf Grund der Kapitel V und XI Abschnitt 2 der Verordnung (EU) Nr. 904/2010 des Rates vom 7. Oktober 2010 über die Zusammenarbeit der Verwaltungsbehörden und die Betrugsbekämpfung auf dem Gebiet der Mehrwertsteuer (ABl. L 268 vom 12.10.2010, S. 1) und die Entgegennahme und Weiterleitung von Anzeigen und Umsatzsteuererklärungen für im Inland ansässige Unternehmer in Anwendung der Artikel 369c bis 369i der Richtlinie 2006/112/EG des Rates in der Fassung des Artikels 5 Nummer 15 der Richtlinie 2008/8/EG des Rates vom 12. Februar 2008 zur Änderung der Richtlinie 2006/112/EG bezüglich des Ortes der Dienstleistung (ABl. L 44 vom 20.2.2008, S. 11) einschließlich der damit zusammenhängenden Tätigkeiten auf Grund von Artikel 17 Absatz 1 Buchstabe d und Artikel 21 Absatz 1 sowie Kapitel XI Abschnitt 2 der Verordnung (EU) Nr. 904/2010 des Rates vom 7. Oktober 2010 über die Zusammenarbeit der Verwaltungsbehörden und die Betrugsbekämpfung auf dem Gebiet der Mehrwertsteuer (ABl. L 268 vom 12.10.2010, S. 1) sowie für nach dem 30. Juni 2021 ausgeführte Umsätze die Entgegennahme und Weiterleitung von Anzeigen, Umsatzsteuererklärungen und Zahlungen von im Inland oder nicht im Gemeinschaftsgebiet ansässigen Unternehmern in Anwendung der Artikel 369c bis 369i und 369k der Richtlinie 2006/112/EG des Rates in der Fassung von Artikel 1 Nummer 11 bis 13 der Richtlinie (EU) 2019/1995 des Rates vom 21. November 2019 zur Änderung der Richtlinie 2006/112/EG des Rates vom 28. November 2006 in Bezug auf Vorschriften für Fern-

verkäufe von Gegenständen und bestimmte inländische Lieferungen von Gegenständen (ABl. L 310 vom 2.12.2019, S. 1) einschließlich der mit der Durchführung des Besteuerungsverfahrens nach § 18j des Umsatzsteuergesetzes zusammenhängenden Tätigkeiten auf Grund der Kapitel V und XI Abschnitt 2 und 3 der Verordnung (EU) Nr. 904/2010 des Rates in der Fassung von Artikel 1 der Verordnung (EU) 2017/2454 des Rates vom 5. Dezember 2017 zur Änderung der Verordnung (EU) Nr. 904/2010 des Rates über die Zusammenarbeit der Verwaltungsbehörden und die Betrugsbekämpfung auf dem Gebiet der Mehrwertsteuer (ABl. L 348 vom 29.12.2017, S. 1);

41. die Entgegennahme und Weiterleitung von Anzeigen, Umsatzsteuererklärungen und Zahlungen von im Inland oder nicht im Gemeinschaftsgebiet ansässigen Unternehmern oder von im Auftrag handelnden im Inland ansässigen Vertretern in Anwendung der Artikel 369o bis 369v und 369x der Richtlinie 2006/112/EG des Rates in der Fassung von Artikel 2 Nummer 30 der Richtlinie (EU) 2017/2455 des Rates vom 5. Dezember 2017 zur Änderung der Richtlinie 2006/112/EG und der Richtlinie 2009/132/EG in Bezug auf bestimmte mehrwertsteuerliche Pflichten für die Erbringung von Dienstleistungen und für Fernverkäufe von Gegenständen (ABl. L 348 vom 29.12.2017, S. 7) einschließlich der mit der Durchführung des Besteuerungsverfahrens nach § 18k des Umsatzsteuergesetzes zusammenhängenden Tätigkeiten auf Grund der Kapitel V und XI Abschnitt 3 der Verordnung (EU) Nr. 904/2010 des Rates in der Fassung von Artikel 1 der Verordnung (EU) 2017/2454 des Rates vom 5. Dezember 2017 zur Änderung der Verordnung (EU) Nr. 904/2010 des Rates über die Zusammenarbeit der Verwaltungsbehörden und die Betrugsbekämpfung auf dem Gebiet der Mehrwertsteuer (ABl. L 348 vom 29.12.2017, S. 1);

42. die Einrichtung und Pflege des Online-Zugriffs der Finanzämter auf ATLAS-Ein- und Ausfuhrdaten;

43. die Unterstützung des Bundesministeriums der Finanzen bei der Gesetzesfolgenabschätzung im Steuerrecht;

44. die Sammlung, Sortierung, Zuordnung und Auswertung der ihm nach den §§ 138d bis 138h der Abgabenordnung und § 7 Absatz 14 Satz 2 des EU-Amtshilfegesetzes zugegangenen Mitteilungen über grenzüberschreitende Steuergestaltungen, ihre Weiterleitung an die Generalzolldirektion nach § 138j Absatz 1 Satz 2 der Abgabenordnung, die Information der Landesfinanzbehörden nach § 138i und § 138j Absatz 3 der Abgabenordnung sowie die Unterrichtung des Bundesministeriums der Finanzen über die Ergebnisse der Auswertung nach § 138j Absatz 1 der Abgabenordnung;

45. die Übermittlung von Daten im Rahmen des automatisierten Datenabrufverfahrens mit den Trägern der gesetzlichen Rentenversicherung in den in § 151b Absatz 2 Satz 2 und § 151c Absatz 1 des Sechsten Buches Sozialgesetzbuch genannten Fällen;

45a. die Durchführung des Besteuerungsverfahrens nach dem Gesetz zur Einführung eines EU-Energiekrisenbeitrags nach der Verordnung (EU) 2022/1854;

46. Mitwirkung bei der Festlegung der Einzelheiten der Risikomanagementsysteme zur Gewährleistung eines bundeseinheitlichen Vollzugs auf dem Gebiet der Steuern, die von den Landesfinanzbehörden im Auftrag des Bundes verwaltet werden;

46a. die Prüfung nach § 7 Absatz 1 Satz 1 und 2 des Gesetzes über steuerrechtliche Maßnahmen bei Erhöhung des Nennkapitals aus Gesellschaftsmitteln, wenn im Zeitpunkt der Antragstellung keine Finanzbehörde nach § 20 der Abgabenordnung für die Besteuerung der ausländischen Gesellschaft nach dem Einkommen örtlich zuständig ist.

Das Bundeszentralamt für Steuern hat Daten, die von ihm oder der zentralen Stelle im Sinne des § 81 des Einkommensteuergesetzes nach § 88 Absatz 4 der Abgabenordnung nicht an die Landesfinanzbehörden weitergeleitet wurden, bis zum Ablauf des 15. Jahres nach dem Jahr des Zugangs der Daten zur Durchführung von Verfahren im Sinne des § 30 Absatz 2 Nummer 1 Buchstabe a und b der Abgabenordnung sowie zur Datenschutzkontrolle zu speichern.

(1a) Soweit durch Absatz 1 Aufgaben der Steuerverwaltung übertragen wurden, ist hiervon auch die Durchführung von Vorfeldermittlungen nach § 208 Absatz 1 Satz 1 Nummer 3 der Abgabenordnung umfasst. Dies gilt nicht für Fälle des Absatzes 1 Satz 1 Nummer 1, 5, 5c bis 5f, 6, 7, 9, 10, 13 bis 17, 19, 22 bis 24, 26, 28, 28a, 28b, 29a bis 34, 36, 38 und 42 bis 46.

(2) Die vom Bundeszentralamt für Steuern auf Grund gesetzlicher Vorschriften gewährten Steuererstattungen und Steuervergütungen sowie die nach § 44b Absatz 6 Satz 1 bis 3 des Einkommensteuergesetzes erstattete Kapitalertragsteuer werden von den Ländern in dem Verhältnis getragen, in dem sie an dem Aufkommen der betreffenden Steuern beteiligt sind. Kapitalertragsteuer, die das Bundeszentralamt für Steuern anlässlich der Vergütung von Körperschaftsteuer vereinnahmt hat, steht den Ländern in demselben Verhältnis zu. Für die Aufteilung ist das Aufkommen an den betreffenden Steuern in den einzelnen Ländern maßgebend, das sich ohne Berücksichtigung der in den Sätzen 1 und 2 bezeichneten Steuerbeträge für das Vorjahr ergibt. Das Nähere bestimmt das Bundesministerium der Finanzen durch Rechtsverordnung, die der Zustimmung des Bundesrates bedarf.

(3) Die von den Familienkassen bei der Durchführung des Familienleistungsausgleichs nach Absatz 1 Nr. 11 ausgezahlten Steuervergütungen im Sinne des § 31 des Einkommensteuergesetzes werden jeweils von den Ländern und Gemeinden, in denen der Gläubiger der Steuervergütung seinen Wohnsitz hat, nach den für die Verteilung des Aufkommens der Einkommensteuer maßgebenden Vorschriften mitgetragen. Das Bundeszentralamt für Steuern stellt nach Ablauf eines jeden Monats die Anteile der einzelnen Länder einschließlich ihrer Gemeinden an den gewährten Leistungen fest. Die nach Satz 2 festgestellten Anteile sind dem Bund von den Ländern bis zum 15. des dem Zahlungsmonat folgenden Monats zu erstatten. Für den Monat Dezember ist dem Bund von den Ländern ein Abschlag auf der Basis der Abrechnung des Vormonats zu leisten. Die Abrechnung für den Monat Dezember hat bis zum 15. Januar des Folgejahres zu erfolgen. Das Bundesministerium der Finanzen wird ermächtigt, durch Rechtsverordnung mit Zustimmung des Bundesrates das Nähere zu bestimmen.

(4) Die von der zentralen Stelle (§ 81 des Einkommensteuergesetzes) veranlassten Auszahlungen von Altersvorsorgezulagen (§ 83 des Einkommensteuergesetzes) werden nach den für die Verteilung des Aufkommens der Einkommensteuer maßgebenden Vorschriften von den Ländern und Gemeinden mitgetragen, in denen der Gläubiger der Steuervergütung seinen inländischen Wohnsitz hat; bei Gläubigern mit ausländischem Wohnsitz wird der letzte bekannte inländische Wohnsitz zugrunde gelegt. Die sich aus Satz 1 ergebenden Finanzierungsanteile gelten auch, wenn der Wohnsitz nicht nach Satz 1 zugeordnet werden kann Die zentrale Stelle stellt nach Ablauf des dem Kalendervierteljahr folgenden Monats die Anteile der einzelnen Länder einschließlich ihrer Gemeinden an den zu gewährenden Leistungen fest. Die nach Satz 2 festgestellten Anteile sind dem Bund von den Ländern bis zum 15. des zweiten, dem Kalendervierteljahr folgenden Monats zu erstatten. Das Bundesministerium der Finanzen wird ermächtigt, durch Rechtsverordnung mit Zustimmung des Bundesrates das Nähere zu bestimmen.

(5) An dem Aufkommen der von der vereinnahmten pauschalen Lohnsteuer (§ 40a Abs. 6 des Einkommensteuergesetzes) sind die Länder und Gemeinden, in denen die Steuerpflichtigen ihren Wohnsitz haben, nach den für die Verteilung des Aufkommens der Einkommensteuer maßgebenden Vorschriften zu beteiligen. Nach Ablauf eines jeden Monats werden die Anteile der einzelnen Länder einschließlich ihrer Gemeinden an der vereinnahmten pauschalen Lohnsteuer festgestellt. Die nach Satz 2 festgestellten Anteile sind an die Länder bis zum 15. des darauf folgenden Monats auszuzahlen. Das Bundesministerium der Finanzen wird ermächtigt, durch Rechtsverordnung mit Zustimmung des Bundesrates das Nähere zur Verwaltung und Auszahlung der einheitlichen Pauschsteuer zu bestimmen.

(6) An dem Aufkommen der nach der Richtlinie 2003/48/ EG des Rates vom 3. Juni 2003 im Bereich der Besteuerung von Zinserträgen (ABl. EU Nr. L 157 S. 38, 2005 Nr. L 103 S. 41), zuletzt geändert durch die Richtlinie 2006/98/EG des Rates vom 20. November 2006 (ABl. EU Nr. L 363 S. 129), in der jeweils geltenden Fassung von den berechtigten Mitgliedstaaten sowie von den in Artikel 17 dieser Richtlinie genannten Staaten und abhängigen Gebieten erhobenen Quellensteuer sind die Länder und Gemeinden entsprechend ihrem Anteil an der Kapitalertragsteuer nach § 43 Abs. 1 Satz 1 Nr. 6, 7 und 8 bis 12 sowie Satz 2 des Einkommensteuergesetzes zu

beteiligen. Die Verteilung des Länder- und Gemeindeanteils auf die einzelnen Länder erfolgt nach den Anteilen an der Kapitalertragsteuer nach § 43 Abs. 1 Satz 1 Nr. 6, 7 und 8 bis 12 sowie Satz 2 des Einkommensteuergesetzes vom Vorjahr, die den Ländern und Gemeinden nach Zerlegung (§ 8 des Zerlegungsgesetzes) zustehen; für 2009 sind die Anteile der Länder und Gemeinden am Zinsabschlagsaufkommen des Jahres 2008 nach Zerlegung maßgeblich. Das Bundeszentralamt für Steuern stellt jeweils nach Ablauf eines Monats die Anteile der Länder einschließlich ihrer Gemeinden fest und zahlt sie an die Länder bis zum 15. des dem Abrechnungsmonat folgenden Monats aus. Das Bundesministerium der Finanzen wird ermächtigt, durch Rechtsverordnung mit Zustimmung des Bundesrates das Nähere zur Verwaltung und Auszahlung dieser Quellensteuer zu bestimmen.

(7) Das Aufkommen der in Ausübung der Aufgaben nach Absatz 1 Nummer 12 zugeflossenen Einkommen- und Körperschaftsteuer steht den Ländern und Gemeinden nach den für die Verteilung des Aufkommens der Einkommen- und Körperschaftsteuer maßgebenden Vorschriften zu. Nach Ablauf eines jeden Monats werden die Anteile der einzelnen Länder einschließlich ihrer Gemeinden an den Einnahmen durch das Bundeszentralamt für Steuern festgestellt. Die nach Satz 2 festgestellten Anteile sind an die Länder bis zum 15. des darauf folgenden Monats auszuzahlen. Das Bundesministerium der Finanzen wird ermächtigt, durch Rechtsverordnung mit Zustimmung des Bundesrates das Nähere zur Verwaltung und Auszahlung der Einnahmen in Ausübung der Aufgaben nach Absatz 1 Nummer 12 zu bestimmen.

§ 5a Aufgaben und Gliederung der Generalzolldirektion

(1) Unbeschadet des § 4 Absatz 2 und 3 leitet die Generalzolldirektion bundesweit die Durchführung der Aufgaben der Zollverwaltung. Sie übt die Dienst- und Fachaufsicht über die Hauptzollämter und Zollfahndungsämter aus. Sie wertet die ihr nach § 138j Absatz 1 Satz 2 der Abgabenordnung vom Bundeszentralamt für Steuern übermittelten Daten über grenzüberschreitende Steuergestaltungen aus, unterrichtet nach § 138j Absatz 2 der Abgabenordnung das Bundesministerium der Finanzen über die Ergebnisse der Auswertung und stellt dem zuständigen Hauptzollamt die zur Durchführung des Besteuerungsverfahrens und des Bußgeldverfahrens erforderlichen Informationen zur Verfügung. Außerdem nimmt die Generalzolldirektion die ihr sonst übertragenen Aufgaben wahr.

(2) Die Generalzolldirektion gliedert sich in Direktionen. Es wird neben der für den Zollfahndungsdienst zuständigen Direktion (Zollkriminalamt) eine für die Aufgaben nach dem Gesetz über das Aufspüren von Gewinnen aus schweren Straftaten (Geldwäschegesetz) zuständige Direktion (Zentralstelle für Finanztransaktionsuntersuchungen) eingerichtet. Für die Aufgaben nach § 1 des Sanktionsdurchsetzungsgesetzes wird eine zuständige Direktion (Zentralstelle für Sanktionsdurchsetzung) eingerichtet. Andere Organisationseinheiten können eingerichtet werden.

(3) Die Zuständigkeiten und Aufgaben der Direktionen und der anderen Organisationseinheiten bestimmt das Bundesministerium der Finanzen. Aufgaben des Zollfahndungsdienstes werden durch das Zollkriminalamt wahrgenommen.

(4) (weggefallen)

§ 5b Übertragung von Bauaufgaben

Durch Verwaltungsvereinbarung mit dem jeweiligen Land kann der Bund die Leitung und Erledigung seiner Bauaufgaben im Wege der Organleihe Landesbehörden sowie Landesbetrieben, Sondervermögen des Landes und landesunmittelbaren juristischen Personen des öffentlichen Rechts übertragen. Die Verwaltungsvereinbarung muss vorsehen, dass die Landesbehörden die Anordnungen der fachlich zuständigen Bundesbehörde zu befolgen haben.

§ 6 Sitz und Aufgaben der Landesoberbehörde

(1) Die für die Finanzverwaltung zuständige oberste Landesbehörde bestimmt den Sitz der Landesoberbehörde, soweit durch Gesetz nichts anderes bestimmt ist.

(2) Die Landesoberbehörde erledigt Aufgaben, die ihr nach Maßgabe des § 17 Abs. 3 Satz 1 zugewiesen werden und die ihr sonst übertragenen Aufgaben.

(3) Für die Ernennung und Entlassung des Leiters einer Oberbehörde, die nach § 2 Abs. 1 Nr. 3 anstelle einer Oberfinanzdirektion tritt, gilt § 9a Abs. Satz 3 entsprechend.

Abschnitt III – Mittelbehörden

§ 7 Bezirk und Sitz

Die obersten Landesbehörden bestimmen den Bezirk und Sitz der Mittelbehörde, die ihnen jeweils untersteht.

§§ 8

(weggefallen)

§ 8a Aufgaben und Gliederung

(1) Die Mittelbehörden leiten die Finanzverwaltung des jeweiligen Landes in ihrem Bezirk. Einer Mittelbehörde kann auch die Leitung der Finanzverwaltung eines Landes für mehrere Oberfinanzbezirke übertragen werden. Die Mittelbehörden können weitere Aufgaben erledigen.

(2) Die Mittelbehörden können sich in eine Besitz- und Verkehrsteuerabteilung und eine Landesbauabteilung oder Landesvermögens- und Bauabteilung gliedern. Außerdem können weitere Landesabteilungen oder andere Organisationseinheiten des Landes eingerichtet werden.

(3) Durch Rechtsverordnung können Aufgaben einer Mittelbehörde für den ganzen Bezirk oder einen Teil davon auf andere Mittelbehörden übertragen werden, wenn dadurch der Vollzug der Aufgaben verbessert oder erleichtert wird. Die Rechtsverordnung erlässt die zuständige Landesregierung. Die Landesregierung kann die Ermächtigung auf die für die Finanzverwaltung zuständige oberste Landesbehörde übertragen.

(4) Die Besitz- und Verkehrsteuerabteilung leitet die Durchführung der Aufgaben, für deren Erledigung die Finanzämter zuständig sind. Außerdem erledigt sie die ihr sonst übertragenen Aufgaben.

§ 9

(weggefallen)

§ 9a Leitung

Der Präsident oder die Präsidentin leitet die jeweilige Mittelbehörde. Ihm oder ihr kann auch die Leitung einer Abteilung übertragen werden. Er oder sie wird auf Vorschlag der für die Finanzverwaltung zuständigen obersten Landesbehörde im Einvernehmen mit der Bundesregierung durch die zuständige Stelle des Landes ernannt und entlassen.

§ 10

(weggefallen)

§ 10a Landeskassen

Werden oder sind bei einer Mittelbehörde eine oder mehrere Landeskassen errichtet, so kann eine Landeskasse Kassengeschäfte für mehrere Bezirke oder für Teile davon wahrnehmen. Die Landeskassen können unmittelbar dem zuständigen Präsidenten oder der zuständigen Präsidentin unterstellt werden.

§ 11

(weggefallen)

Abschnitt IV - Örtliche Behörden

§ 12 Bezirk und Sitz der Hauptzollämter und Zollfahndungsämter sowie Aufgaben der Hauptzollämter

(1) Die Generalzolldirektion bestimmt den Bezirk und den Sitz der Hauptzollämter und der Zollfahndungsämter.

(2) Die Hauptzollämter sind als örtliche Bundesbehörden für die Verwaltung der Zölle, der bundesgesetzlich geregelten Verbrauchsteuern einschließlich der Einfuhrumsatzsteuer und der Biersteuer, der Luftverkehrsteuer, der Kraftfahrzeugsteuer, der Abgaben im Rahmen der Europäischen Gemeinschaften, für die zollamtliche Überwachung des Warenverkehrs über die Grenze, für die Grenzaufsicht, für die Bekämpfung der Schwarzarbeit und der illegalen Beschäftigung und für die ihnen sonst übertragenen Aufgaben zuständig.

(3) Das Bundesministerium der Finanzen kann durch Rechtsverordnung ohne Zustimmung des Bundesrates die Zuständigkeit eines Hauptzollamts nach Absatz 2 auf einzelne Aufgaben beschränken oder Zuständigkeiten nach Absatz 2 einem Hauptzollamt für den Bereich mehrerer Hauptzollämter übertragen, wenn dadurch der Vollzug der Aufgaben verbessert oder erleichtert wird. Das Bundesministerium der Finanzen kann die Ermächtigung nach Satz 1 durch Rechtsverordnung auf die Generalzolldirektion übertragen.

(4) (weggefallen)

§ 12a - 12d

(weggefallen)

§ 13 Beistandspflicht der Ortsbehörden

(1) Die Gemeindebehörden, die Ortspolizeibehörden und die sonstigen Ortsbehörden haben den Hauptzollämtern auch neben der in § 111 der Abgabenordnung vorgesehenen Beistandspflicht Hilfe zu leisten, soweit dies wegen ihrer Kenntnis der örtlichen Verhältnisse oder zur Ersparung von Kosten oder Zeit zweckmäßig ist.

(2) Für Hilfeleistungen nach Absatz 1 werden Entschädigungen nicht gewährt.

§§ 14 - 16

(weggefallen)

§ 17 Bezirk, Sitz und Aufgaben der Finanzämter

(1) Die für die Finanzverwaltung zuständige oberste Landesbehörde bestimmt den Bezirk und den Sitz der Finanzämter.

(2) Die Finanzämter sind als örtliche Landesbehörden für die Verwaltung der Steuern mit Ausnahme der Kraftfahrzeugsteuer, der sonstigen auf motorisierte Verkehrsmittel bezogenen Verkehrsteuern, der Zölle und der bundesgesetzlich geregelten Verbrauchsteuern (§ 12) zuständig, soweit die Verwaltung nicht auf Grund des Artikels 108 Absatz 4 Satz 1 des Grundgesetzes den Bundesfinanzbehörden oder auf Grund des Artikels 108 Absatz 4 Satz 2 des Grundgesetzes den Gemeinden (Gemeindeverbänden) übertragen worden ist. Sie sind ferner für die ihnen sonst übertragenen Aufgaben zuständig. Soweit es sich um Aufgaben der Finanzverwaltung handelt und der Vollzug der Aufgaben verbessert oder erleichtert wird, kann die zuständige Landesregierung durch Rechtsverordnung

1. die Zuständigkeit eines Finanzamts oder einer besonderen Landesfinanzbehörde (§ 2 Absatz 3) auf einzelne Aufgaben beschränken,
2. einem Finanzamt oder einer besonderen Landesfinanzbehörde (§ 2 Absatz 3) Zuständigkeiten für die Bezirke mehrerer Finanzämter übertragen oder
3. einer Landesoberbehörde (§ 6) die landesweite Zuständigkeit für Kassengeschäfte und das Erhebungsverfahren einschließlich der Vollstreckung übertragen.

Die Landesregierung kann die Ermächtigung durch Rechtsverordnung auf die für die Finanzverwaltung zuständige oberste Landesbehörde übertragen.

(3) Wenn im Besteuerungsverfahren automatische Einrichtungen eingesetzt werden, können durch Rechtsverordnung der zuständigen Landesregierung damit zusammenhängende Steuerverwaltungstätigkeiten auf ein nach § 2 Abs. 2 eingerichtetes Rechenzentrum übertragen werden. Dieses handelt insoweit für das jeweils örtlich zuständige Finanzamt. Absatz 2 Satz 4 gilt entsprechend.

(4) Auf Grund eines Staatsvertrages zwischen mehreren Ländern können Zuständigkeiten nach Absatz 2 Satz 1 und 2 auf ein Finanzamt, ein nach § 2 Abs. 2 eingerichtetes Rechenzentrum der Landesfinanzverwaltung oder eine besondere Landesfinanzbehörde (§ 2 Abs. 3) außerhalb des Landes übertragen werden.

(5) Das Bundesministerium der Finanzen kann zur Effizienzsteigerung im Verwaltungsvollzug auf Antrag von und im Einvernehmen mit allen unmittelbar betroffenen Ländern durch Rechtsverordnung mit Zustimmung des Bundesrates jeweils Zuständigkeiten nach Absatz 2 Satz 1 eines Landes oder mehrerer Länder auf ein Finanzamt, ein nach § 2 Absatz 2 eingerichtetes Rechenzentrum der Landesfinanzverwaltung oder eine besondere Landesfinanzbehörde (§ 2 Absatz 3) eines anderen Landes übertragen. Absatz 4 bleibt unberührt. Durch die Rechtsverordnung nach Satz 1 kann zugleich die Kostentragung geregelt werden.

Abschnitt V – Zusammenwirken von Bundes- und Landesfinanzbehörden

§ 18 Verwaltung der Umsatzsteuer

Die Hauptzollämter und ihre Dienststellen wirken bei der Verwaltung der Umsatzsteuer nach Maßgabe der für diese Steuer geltenden Vorschriften mit. Sie handeln hierbei für die Finanzbehörde, die für die Besteuerung örtlich zuständig ist.

§ 18a

(weggefallen)

§ 19 Mitwirkung des Bundeszentralamtes für Steuern an Außenprüfungen

(1) Das Bundeszentralamt für Steuern ist zur Mitwirkung an Außenprüfungen berechtigt, die durch Landesfinanzbehörden durchgeführt werden. Es kann verlangen, dass bestimmte von ihm namhaft gemachte Betriebe zu einem bestimmten Zeitpunkt geprüft werden.

(2) Das Bundeszentralamt für Steuern bestimmt Art und Umfang seiner Mitwirkung. Die Landesfinanzbehörden machen dem Bundeszentralamt für Steuern auf Anforderung alle den Prüfungsfall betreffenden Unterlagen zugänglich und erteilen die erforderlichen Auskünfte.

(3) Im Einvernehmen mit den zuständigen Landesfinanzbehörden kann das Bundeszentralamt für Steuern im Auftrag des zuständigen Finanzamtes Außenprüfungen durchführen. Das gilt insbesondere bei Prüfungen von Auslandsbeziehungen und bei Prüfungen, die sich über das Gebiet eines Landes hinaus erstrecken.

(4) Ist bei der Auswertung des Prüfungsberichts oder im Rechtsbehelfsverfahren beabsichtigt, von den Feststellungen des Bundeszentralamts für Steuern abzuweichen, so ist hierüber Einvernehmen mit dem Bundeszentralamt für Steuern zu erzielen. Dies gilt auch für die in diesen Fällen zu erteilenden verbindlichen Zusagen nach § 204 der Abgabenordnung. Wird kein Einvernehmen erzielt, kann die Frage dem Bundesministerium der Finanzen zur Entscheidung vorgelegt werden.

(5) Das Bundeszentralamt für Steuern kann verlangen, dass bestimmte von ihm namhaft gemachte Steuerpflichtige, die nach § 193 der Abgabenordnung oder § 5 des Investmentsteuergesetzes der Außenprüfung unterliegen, geprüft werden und Regelungen zur Durchführung und zu Inhalten der Außenprüfung dieser Steuerpflichtigen festlegen. Es wirkt in diesen Fällen an der jeweiligen Außenprüfung mit. Dies gilt insbesondere in Fällen, in denen die Gleichmäßigkeit der

Rechtsanwendung in mehreren Betrieben sicherzustellen ist, sowie in den Fällen des Absatzes 3 Satz 2.

§ 20 Einsatz von automatischen Einrichtungen

(1) Die für die Finanzverwaltung zuständigen obersten Landesbehörden bestimmen Art, Umfang und Organisation des Einsatzes der automatischen Einrichtungen für die Festsetzung und Erhebung von Steuern, die von den Landesfinanzbehörden verwaltet werden; zur Gewährleistung gleicher Programmergebnisse und eines ausgewogenen Leistungsstandes ist Einvernehmen mit dem Bundesministerium der Finanzen herbeizuführen.

(2) Werden Steuern von den Landesfinanzbehörden im Auftrag des Bundes verwaltet, wirken die obersten Finanzbehörden des Bundes und der Länder zur Verbesserung oder Erleichterung des gleichmäßigen Vollzugs der Steuergesetze zusammen. Art, Umfang und Organisation des Einsatzes der automatischen Einrichtung für die Festsetzung und Erhebung der Steuern bedürfen des Einvernehmens des Bundesministeriums der Finanzen. Wird dieses nicht erzielt, kann das Bundesministerium der Finanzen Vorgaben hierzu erlassen, wenn nicht mindestens elf Länder widersprechen. Im Falle von Vorgaben sind die Länder verpflichtet, die für die Umsetzung erforderlichen Voraussetzungen zu schaffen.

(3) Die für die Finanzverwaltung zuständigen obersten Landesbehörden können technische Hilfstätigkeiten durch automatische Einrichtungen der Finanzbehörden des Bundes, eines anderen Landes oder anderer Verwaltungsträger verrichten lassen. Das Bundesministerium der Finanzen kann technische Hilfstätigkeiten durch automatische Einrichtungen der Finanzbehörden eines Landes oder anderer Verwaltungsträger verrichten lassen. Technische Hilfstätigkeiten sind unterstützende Dienstleistungen, insbesondere die Entgegennahme elektronischer Steuererklärungen einschließlich der Authentifizierung des Datenübermittlers, die Bereitstellung des Zugangs zum Abruf von Steuerdaten durch die Steuerpflichtigen, die elektronische Übermittlung von Steuerverwaltungsakten und anderer Mitteilungen und die elektronische Übermittlung von Daten innerhalb der Finanzverwaltung. Die technischen Hilfstätigkeiten der beauftragten Stelle oder Einrichtung sind der sachlich und örtlich zuständigen Finanzbehörde zuzurechnen. In diesen Fällen ist sicherzustellen, dass die technischen Hilfstätigkeiten entsprechend den fachlichen Weisungen der für die Finanzverwaltung zuständigen obersten Behörde oder der von ihr bestimmten Finanzbehörde der Gebietskörperschaft verrichtet werden, die die Aufgabenwahrnehmung übertragen hat.

(4) Das Bundesministerium der Finanzen erstattet dem Haushalts- und dem Finanzausschuss des Deutschen Bundestages jährlich zum 1. März Bericht über den aktuellen Stand und die Fortschritte des Zusammenwirkens von Bund und Ländern nach Absatz 2.

§ 20a Druckdienstleistungen für Bundes- oder Landesfinanzbehörden

(1) Das Bundesministerium der Finanzen darf sich zum Drucken und Kuvertieren von schriftlichen Verwaltungsakten im Sinne des § 118 der Abgabenordnung und sonstigen Schreiben im Verwaltungsverfahren nach der Abgabenordnung der Bundesfinanzbehörden und zu deren anschließenden verschlossenen Übergabe an einen Postdienstleister (Druckdienstleistung) nur dann einer nicht öffentlichen Stelle als Auftragsverarbeiter im Sinne des Artikels 4 Nummer 8 der Verordnung (EU) 2016/679 des Europäischen Parlaments und des Rates vom 27. April 2016 zum Schutz natürlicher Personen bei der Verarbeitung personenbezogener Daten, zum freien Datenverkehr und zur Aufhebung der Richtlinie 95/46/EG (Datenschutz-Grundverordnung) (ABl. L 119 vom 4.5.2016, S. 1; L 314 vom 22.11.2016, S. 72; L 127 vom 23.5.2018, S. 2; L 47 vom 4.3.2021, S. 35) in der jeweils geltenden Fassung im Rahmen eines Vertrages bedienen, wenn

1. die Druckdienstleistung insoweit weder von der Bundesverwaltung noch durch automatische Einrichtungen der Behörden eines Landes oder eines anderen Verwaltungsträgers in wirtschaftlich vertretbarer Weise geleistet werden kann,
2. geschützte Daten im Sinne des § 30 der Abgabenordnung ausschließlich durch Amtsträger oder nach § 11 Absatz 1 Nummer 4 des Strafgesetzbuchs für den öffentlichen Dienst besonders verpflichtete Personen verarbeitet werden,

3. die zur Erbringung der Druckdienstleistung überlassenen Daten sowie die Protokolldaten nicht für andere Zwecke verarbeitet werden,
4. die Druckdienstleistung im Inland stattfindet,
5. der Auftragsverarbeiter im Rahmen der Artikel 25 und 32 der Verordnung (EU) 2016/679 ein vom Bundesministerium der Finanzen freizugebendes IT-Sicherheitskonzept nach dem Standard des aktuellen IT-Grundschutzkompendiums des Bundesamtes für Sicherheit in der Informationstechnik erstellt hat,
6. der Auftragsverarbeiter die überlassenen Daten entsprechend der vertraglich festgelegten Frist nach Abschluss der Druckdienstleistung löscht und
7. das Ergebnis der Druckdienstleistung vom Auftragsverarbeiter protokolliert und diese Protokolldaten entsprechend der vertraglich festgelegten Frist an die vom Auftraggeber benannte Stelle übermittelt werden.

Satz 1 gilt für die obersten Finanzbehörden der Länder entsprechend.

(2) Absatz 1 gilt entsprechend, wenn der Auftragsverarbeiter sich eines weiteren Auftragsverarbeiters bedienen will.

§ 21 Auskunfts- und Teilnahmerechte

(1) Soweit die den Ländern zustehenden Steuern von Bundesfinanzbehörden verwaltet werden, haben die für die Finanzverwaltung zuständigen obersten Landesbehörden das Recht, sich über die für diese Steuern erheblichen Vorgänge bei den zuständigen Bundesfinanzbehörden zu unterrichten. Zu diesem Zweck steht ihnen das Recht auf Akteneinsicht und auf mündliche und schriftliche Auskunft zu.

(2) Die für die Finanzverwaltung zuständigen obersten Landesbehörden sind berechtigt, durch Landesbedienstete an Außenprüfungen teilzunehmen, die durch Bundesfinanzbehörden durchgeführt werden und die in Absatz 1 genannten Steuern betreffen.

(3) Die in den Absätzen 1 und 2 genannten Rechte stehen den Gemeinden hinsichtlich der Realsteuern insoweit zu, als diese von den Landesfinanzbehörden verwaltet werden. Die Gemeinden sind jedoch abweichend von Absatz 2 nur dann berechtigt, durch Gemeindebedienstete an Außenprüfungen bei Steuerpflichtigen teilzunehmen, wenn diese in der Gemeinde eine Betriebsstätte unterhalten oder Grundbesitz haben und die Außenprüfungen im Gemeindebezirk erfolgen.

(4) Das Bundeszentralamt für Steuern, die Familienkassen, soweit sie den Familienleistungsausgleich nach Maßgabe der §§ 31 und 62 bis 78 des Einkommensteuergesetzes durchführen, und die Landesfinanzbehörden stellen sich gegenseitig die für die Durchführung des § 31 des Einkommensteuergesetzes erforderlichen Daten und Auskünfte zur Verfügung.

(5) Das Bundeszentralamt für Steuern, die Deutsche Rentenversicherung Knappschaft- Bahn-See als Träger der knappschaftlichen Rentenversicherung, soweit sie den Einzug der einheitlichen Pauschalsteuer nach § 40a Abs. 2 des Einkommensteuergesetzes durchführt, und die Landesfinanzbehörden stellen sich gegenseitig die für die Durchführung des § 40a Abs. 6 des Einkommensteuergesetzes erforderlichen Daten und Auskünfte zur Verfügung.

(6) Soweit die dem Bund ganz oder zum Teil zufließenden Steuern von Landesfinanzbehörden verwaltet werden, stellen die Länder den Bundesfinanzbehörden Daten des Steuervollzugs zur eigenständigen Auswertung, insbesondere für Zwecke der Gesetzesfolgenabschätzung, zur Verfügung. Dies gilt unter den Voraussetzungen des § 29c Absatz 1 Satz 1 Nummer 5 der Abgabenordnung auch für nach § 30 der Abgabenordnung geschützte Daten.

(7) Zur Durchführung der Verpflichtungen des Bundeszentralamtes für Steuern nach § 7 Absatz 3 bis 5 des EU-Amtshilfegesetzes stellen die zuständigen Landesfinanzbehörden dem Bundeszentralamt für Steuern die erforderlichen Informationen nach Maßgabe der in § 7 Absatz 7 Satz 2 des EU-Amtshilfegesetzes angeführten praktischen Regelungen der Europäischen Kommission zur Verfügung. Hierzu nutzen die Landesfinanzbehörden das Zentralverzeichnis der Mitgliedstaaten der Europäischen Kommission gemäß Artikel 21 Absatz 5 der Richtlinie 2011/16/EU ab dem Zeitpunkt seiner Bereitstellung.

§ 21a Allgemeine Verfahrensgrundsätze

(1) Zur Verbesserung und Erleichterung des Vollzugs von Steuergesetzen und im Interesse des Zieles der Gleichmäßigkeit der Besteuerung bestimmt das Bundesministerium der Finanzen mit Zustimmung der obersten Finanzbehörden der Länder einheitliche Verwaltungsgrundsätze, Regelungen zur Zusammenarbeit des Bundes mit den Ländern und erteilt allgemeine fachliche Weisungen. Die Zustimmung gilt als erteilt, wenn nicht mindestens elf Länder widersprechen. Initiativen zur Festlegung der Angelegenheiten des Satzes 1 kann das Bundesministerium der Finanzen allein oder auf gemeinsame Veranlassung von mindestens vier Ländern ergreifen. Die Vertraulichkeit der Sitzungen ist zu wahren, wenn nicht im Einzelfall einstimmig etwas anderes beschlossen wurde. Für Beratungen im schriftlichen Verfahren gilt Entsprechendes.

(2) Die oberste Finanzbehörde jedes Landes vereinbart mit dem Bundesministerium der Finanzen bilateral Vollzugsziele für die Steuerverwaltung des Landes auf der Grundlage eines vom Bundesministerium der Finanzen mit Zustimmung der obersten Finanzbehörden der Länder bestimmten Rahmenkatalogs maßgebender Leistungskennzahlen. Die Zustimmung gilt als erteilt, wenn eine Mehrheit der Länder nicht widerspricht.

(3) Die obersten Finanzbehörden des Bundes und der Länder überprüfen regelmäßig die Erfüllung der vereinbarten Vollzugsziele. Hierzu übermitteln die obersten Finanzbehörden der Länder dem Bundesministerium der Finanzen die erforderlichen Daten.

(4) Vereinbarungen nach Absatz 2 sind für die obersten Finanzbehörden des Bundes und der Länder verbindlich.

(5) Die Finanzbehörden der Länder wirken bei der Auswertung von Mitteilungen über grenzüberschreitende Steuergestaltungen nach § 138j Absatz 1 Satz 1 der Abgabenordnung durch das Bundeszentralamt für Steuern mit, soweit Steuern betroffen sind, die von den Ländern oder Gemeinden verwaltet werden.

Abschnitt VI - Übergangsregelungen aus Anlass des Zweiten Gesetzes zur Änderung des Finanzverwaltungsgesetzes und anderer Gesetze vom 13. Dezember 2007

§ 22 Dienstrechtliche Folgen und Regelung der Versorgungslasten

(1) Für die am 31. Dezember 2007 vorhandenen Oberfinanzpräsidenten und Oberfinanzpräsidentinnen der Oberfinanzdirektionen Chemnitz, Hannover, Karlsruhe und Koblenz endet das Beamtenverhältnis zur Bundesrepublik Deutschland mit Ablauf dieses Tages. § 107b des Beamtenversorgungsgesetzes in der Fassung der Bekanntmachung vom 24. Februar 2010 (BGBl. I S. 150) gilt entsprechend mit der Maßgabe, dass der in § 107b Absatz 1 Satz 1 des Beamtenversorgungsgesetzes genannte Dienstherrenwechsel sowie der dort genannte Zeitraum von mindestens fünf Jahren unberücksichtigt bleiben und dass abgeleistete ruhegehaltfähige Dienstzeiten, in denen die Oberfinanzpräsidenten oder Oberfinanzpräsidentinnen sowohl beim Bund als auch beim Land beamtet waren, vom Bund und vom Land je zur Hälfte getragen werden. Für die Zeit ab 1. Januar 2008 trägt das jeweilige Bundesland, dem die genannte Oberfinanzdirektion untersteht, die vollen Versorgungslasten.

(2) Für die übrigen Personen, die

1. das Amt des Oberfinanzpräsidenten oder der Oberfinanzpräsidentin am oder vor dem 31. Dezember 2007 innehatten und
2. an diesem Tag noch nicht im Ruhestand waren,

gilt Absatz 1 Satz 2 entsprechend.

§ 23 Übergangsregelung Kosten der Oberfinanzdirektion

Die Kosten der Oberfinanzdirektion werden vom Bund getragen, soweit sie auf den Bund entfallen.

Abschnitt VI - Überleitungs- und Übergangsregelungen aus Anlass des Gesetzes zur Neuorganisation der Zollverwaltung vom 3. Dezember 2015 (BGBl. I S. 2178)

§ 24 Überleitung der Beschäftigten der Bundesfinanzdirektionen, des Zollkriminalamtes und des Bildungs- und Wissenschaftszentrums der Bundesfinanzverwaltung

Auf Grund der mit Inkrafttreten des Gesetzes zur Neuorganisation der Zollverwaltung vom 3. Dezember 2015 (BGBl. I S. 2178) vollzogenen Überführung der Bundesfinanzdirektionen Nord, Mitte, West, Südwest und Südost, des Zollkriminalamtes und des Bildungs- und Wissenschaftszentrums der Bundesfinanzverwaltung in die Generalzolldirektion sind die Beamtinnen und Beamten sowie die Arbeitnehmerinnen und Arbeitnehmer, die bei diesen Bundesfinanzdirektionen, dem Zollkriminalamt oder dem Bildungs- und Wissenschaftszentrum der Bundesfinanzverwaltung am 31. Dezember 2015 beschäftigt waren, ab dem 1. Januar 2016 Beschäftigte der Generalzolldirektion. Satz 1 gilt für die Auszubildenden bei den zuvor genannten Behörden entsprechend.

§ 25 Übergangsregelung Personalvertretung, Jugend- und Auszubildendenvertretung

(1) Die erstmaligen Wahlen zu den Personalvertretungen finden bei der Generalzolldirektion spätestens bis zum 31. Mai 2016 statt. Bis zu diesen Wahlen werden die Personalratsaufgaben des örtlichen Personalrats und des Bezirkspersonalrats übergangsweise vom Hauptpersonalrat beim Bundesministerium der Finanzen wahrgenommen.

(2) Die am 31. Dezember 2015 bestehenden Dienstvereinbarungen zwischen den aufgelösten Dienststellen und den dort gebildeten Personalvertretungen gelten bis zum Abschluss neuer Dienstvereinbarungen fort, längstens aber für die Dauer von 18 Monaten.

(3) Für die Jugend- und Auszubildendenvertretungen bei der Generalzolldirektion gelten die Absätze 1 und 2 entsprechend. Bis zu den erstmaligen Wahlen werden die Aufgaben der örtlichen Jugend- und Auszubildendenvertretung und der Bezirksjugend- und Auszubildendenvertretung übergangsweise von der Hauptjugend- und Auszubildendenvertretung beim Bundesministerium der Finanzen wahrgenommen.

§ 26 Übergangsregelung Schwerbehindertenvertretung

(1) Die erstmaligen Wahlen zur örtlichen Schwerbehindertenvertretung nach dem Neunten Buch Sozialgesetzbuch finden in der Generalzolldirektion spätestens bis zum 30. Juni 2016 statt. Bis die Schwerbehindertenvertretung ihre Tätigkeit aufnimmt, werden deren Aufgaben übergangsweise von der Hauptschwerbehindertenvertretung im Geschäftsbereich des Bundesministeriums der Finanzen wahrgenommen. Die Hauptvertrauensperson der schwerbehinderten Menschen in der Bundesfinanzverwaltung bestellt unter Beachtung der gesetzlichen Bestimmungen unverzüglich den Wahlvorstand für die erstmaligen Wahlen nach Satz 1.

(2) Die erstmalige Wahl zur Bezirksschwerbehindertenvertretung nach dem Neunten Buch Sozialgesetzbuch findet in der Generalzolldirektion zeitnah nach den Wahlen zur örtlichen Schwerbehindertenvertretung, spätestens bis zum 30. September 2016 statt. Bis die Bezirksschwerbehindertenvertretung ihre Tätigkeit aufnimmt, werden deren Aufgaben übergangsweise von der Hauptschwerbehindertenvertretung im Geschäftsbereich des Bundesministeriums der Finanzen wahrgenommen. Die Hauptvertrauensperson der schwerbehinderten Menschen in der Bundesfinanzverwaltung bestellt unverzüglich den Wahlvorstand für die erstmalige Wahl nach Satz 1.

§ 27 Übergangsregelung Gleichstellungsbeauftragte

(1) Die erstmalige Wahl der Gleichstellungsbeauftragten der Generalzolldirektion sowie der Stellvertreterinnen findet spätestens bis zum 31. März 2016 statt.

(2) Bis zur erstmaligen Wahl führen die bisherigen Gleichstellungsbeauftragten der Bundesfinanzdirektionen, des Zollkriminalamtes und des Bildungs- und Wissenschaftszentrums der Bundesfinanzverwaltung sowie die Stellvertreterinnen ihr Amt bei der Generalzolldirektion fort. Bis zur erstmaligen Wahl bleiben sie für die Beschäftigten derjenigen Dienststellen zuständig, für die sie vor der Einrichtung der Generalzolldirektion zuständig waren. Sofern Entscheidungen getroffen und Maßnahmen durchgeführt werden, die die gesamte Generalzolldirektion betreffen, sind bis zur erstmaligen Wahl alle bisherigen Gleichstellungsbeauftragten zu beteiligen.

Grundbuchordnung (GBO)

in der Neufassung vom 26.5.1994 (BGBL. I S. 1114), zuletzt geändert durch Artikel 16 des Gesetzes vom 19.12.2022 (BGBl. I S. 2606).

- Auszug -

§ 14

Die Berichtigung des Grundbuchs durch Eintragung eines Berechtigten darf auch von demjenigen beantragt werden, welcher auf Grund eines gegen den Berechtigten vollstreckbaren Titels eine Eintragung in das Grundbuch verlangen kann, sofern die Zulässigkeit dieser Eintragung von der vorgängigen Berichtigung des Grundbuchs abhängt.

§ 22

(1) Zur Berichtigung des Grundbuchs bedarf es der Bewilligung nach § 19 nicht, wenn die Unrichtigkeit nachgewiesen wird. Dies gilt insbesondere für die Eintragung oder Löschung einer Verfügungsbeschränkung.

(2) Die Berichtigung des Grundbuchs durch Eintragung eines Eigentümers oder eines Erbbauberechtigten darf, sofern nicht der Fall des § 14 vorliegt oder die Unrichtigkeit nachgewiesen wird, nur mit Zustimmung des Eigentümers oder des Erbbauberechtigten erfolgen.

§ 28

In der Eintragungsbewilligung oder, wenn eine solche nicht erforderlich ist, in dem Eintragungsantrag ist das Grundstück übereinstimmend mit dem Grundbuch oder durch Hinweis auf das Grundbuchblatt zu bezeichnen. Einzutragende Geldbeträge sind in inländischer Währung anzugeben; durch Rechtsverordnung des Bundesministeriums der Justiz und für Verbraucherschutz im Einvernehmen mit dem Bundesministerium der Finanzen kann die Angabe in einer einheitlichen europäischen Währung, in der Währung eines Mitgliedstaats der Europäischen Union oder des Europäischen Wirtschaftsraums oder einer anderen Währung, gegen die währungspolitische Bedenken nicht zu erheben sind, zugelassen und, wenn gegen die Fortdauer dieser Zulassung währungspolitische Bedenken bestehen, wieder eingeschränkt werden.

§ 29

(1) Eine Eintragung soll nur vorgenommen werden, wenn die Eintragungsbewilligung oder die sonstigen zu der Eintragung erforderlichen Erklärungen durch öffentliche oder öffentlich beglaubigte Urkunden nachgewiesen werden. Andere Voraussetzungen der Eintragung bedürfen, soweit sie nicht bei dem Grundbuchamt offenkundig sind, des Nachweises durch öffentliche Urkunden.

(2) (weggefallen)

(3) Erklärungen oder Ersuchen einer Behörde, auf Grund deren eine Eintragung vorgenommen werden soll, sind zu unterschreiben und mit Siegel oder Stempel zu versehen. Anstelle der Siegelung kann maschinell ein Abdruck des Dienstsiegels eingedruckt oder aufgedruckt werden.

§ 29a

Die Voraussetzungen des § 1179 Nr. 2 des Bürgerlichen Gesetzbuchs sind glaubhaft zu machen; § 29 gilt hierfür nicht.

§ 30

Für den Eintragungsantrag sowie für die Vollmacht zur Stellung eines solchen gelten die Vorschriften des § 29 nur, wenn durch den Antrag zugleich eine zu der Eintragung erforderliche Erklärung ersetzt werden soll.

§ 31

Eine Erklärung, durch die ein Eintragungsantrag zurückgenommen wird, bedarf der in § 29 Abs. 1 Satz 1 und Abs. 3 vorgeschriebenen Form. Dies gilt nicht, sofern der Antrag auf eine Berichtigung des Grundbuchs gerichtet ist. Satz 1 gilt für eine Erklärung, durch die eine zur Stellung des Eintragungsantrags erteilte Vollmacht widerrufen wird, entsprechend.

§ 35

(1) Der Nachweis der Erbfolge kann nur durch einen Erbschein oder ein Europäisches Nachlasszeugnis geführt werden. Beruht jedoch die Erbfolge auf einer Verfügung von Todes wegen, die in einer öffentlichen Urkunde enthalten ist, so genügt es, wenn an Stelle des Erbscheins oder des Europäischen Nachlasszeugnisses die Verfügung und die Niederschrift über die Eröffnung der Verfügung vorgelegt werden; erachtet das Grundbuchamt die Erbfolge durch diese Urkunden nicht für nachgewiesen, so kann es die Vorlegung eines Erbscheins oder eines Europäischen Nachlasszeugnisses verlangen.

(2) Das Bestehen der fortgesetzten Gütergemeinschaft sowie die Befugnis eines Testamentsvollstreckers zur Verfügung über einen Nachlaßgegenstand ist nur auf Grund der in den §§ 1507, 2368 des Bürgerlichen Gesetzbuchs vorgesehenen Zeugnisse oder eines Europäischen Nachlasszeugnisses als nachgewiesen anzunehmen; auf den Nachweis der Befugnis des Testamentsvollstreckers sind jedoch die Vorschriften des Absatzes 1 Satz 2 entsprechend anzuwenden.

(3) Zur Eintragung des Eigentümers oder Miteigentümers eines Grundstücks kann das Grundbuchamt von den in den Absätzen 1 und 2 genannten Beweismitteln absehen und sich mit anderen Beweismitteln, für welche die Form des § 29 nicht erforderlich ist, begnügen, wenn das Grundstück oder der Anteil am Grundstück weniger als 3.000 Euro wert ist und die Beschaffung des Erbscheins, des Europäischen Nachlasszeugnisses oder des Zeugnisses nach § 1507 des Bürgerlichen Gesetzbuchs nur mit unverhältnismäßigem Aufwand an Kosten oder Mühe möglich ist. Der Antragsteller kann auch zur Versicherung an Eides Statt zugelassen werden.

§ 39

(1) Eine Eintragung soll nur erfolgen, wenn die Person, deren Recht durch sie betroffen wird, als der Berechtigte eingetragen ist.

(2) Bei einer Hypothek, Grundschuld oder Rentenschuld, über die ein Brief erteilt ist, steht es der Eintragung des Gläubigers gleich, wenn dieser sich im Besitz des Briefes befindet und sein Gläubigerrecht nach § 1155 des Bürgerlichen Gesetzbuchs nachweist.

§ 40

(1) Ist die Person, deren Recht durch eine Eintragung betroffen wird, Erbe des eingetragenen Berechtigten, so ist die Vorschrift des § 39 Abs. 1 nicht anzuwenden, wenn die Übertragung oder die Aufhebung des Rechts eingetragen werden soll oder wenn der Eintragungsantrag durch die Bewilligung des Erblassers oder eines Nachlaßpflegers oder durch einen gegen den Erblasser oder den Nachlaßpfleger vollstreckbaren Titel begründet wird.

(2) Das gleiche gilt für eine Eintragung auf Grund der Bewilligung eines Testamentsvollstreckers oder auf Grund eines gegen diesen vollstreckbaren Titels, sofern die Bewilligung oder der Titel gegen den Erben wirksam ist.

§ 71

(1) Gegen die Entscheidungen des Grundbuchamts findet das Rechtsmittel der Beschwerde statt.

(2) Die Beschwerde gegen eine Eintragung ist unzulässig. Im Wege der Beschwerde kann jedoch verlangt werden, daß das Grundbuchamt angewiesen wird, nach § 53 einen Widerspruch einzutragen oder eine Löschung vorzunehmen.

§ 72

Über die Beschwerde entscheidet das Oberlandesgericht, in dessen Bezirk das Grundbuchamt seinen Sitz hat.

§ 73

(1) Die Beschwerde kann bei dem Grundbuchamt oder bei dem Beschwerdegericht eingelegt werden.

(2) Die Beschwerde ist durch Einreichung einer Beschwerdeschrift oder durch Erklärung zur Niederschrift des Grundbuchamts oder der Geschäftsstelle des Beschwerdegerichts einzulegen. Für die Einlegung der Beschwerde durch die Übermittlung eines elektronischen Dokuments, die elektronische Gerichtsakte sowie das gerichtliche elektronische Dokument gilt § 14 Absatz 1 bis 3 und 5 des Gesetzes über das Verfahren in Familiensachen und in den Angelegenheiten der freiwilligen Gerichtsbarkeit.

§ 74

Die Beschwerde kann auf neue Tatsachen und Beweise gestützt werden

§ 75

Erachtet das Grundbuchamt die Beschwerde für begründet, so hat es ihr abzuhelfen

§ 76

(1) Das Beschwerdegericht kann vor der Entscheidung eine einstweilige Anordnung erlassen, insbesondere dem Grundbuchamt aufgeben, eine Vormerkung oder einen Widerspruch einzutragen, oder anordnen, daß die Vollziehung der angefochtenen Entscheidung auszusetzen ist.

(2) Die Vormerkung oder der Widerspruch (Absatz 1) wird von Amts wegen gelöscht, wenn die Beschwerde zurückgenommen oder zurückgewiesen ist.

(3) Die Beschwerde hat nur dann aufschiebende Wirkung, wenn sie gegen eine Verfügung gerichtet ist, durch die ein Zwangsgeld festgesetzt wird.

§ 77

Die Entscheidung des Beschwerdegerichts ist mit Gründen zu versehen und dem Beschwerdeführer mitzuteilen.

§ 78

(1) Gegen einen Beschluss des Beschwerdegerichts ist die Rechtsbeschwerde statthaft, wenn sie das Beschwerdegericht in dem Beschluss zugelassen hat.

(2) Die Rechtsbeschwerde ist zuzulassen, wenn

1. die Rechtssache grundsätzliche Bedeutung hat oder
2. die Fortbildung des Rechts oder die Sicherung einer einheitlichen Rechtsprechung eine Entscheidung des Rechtsbeschwerdegerichts erfordert.

Das Rechtsbeschwerdegericht ist an die Zulassung gebunden.

(3) Auf das weitere Verfahren finden § 73 Absatz 2 Satz 2 dieses Gesetzes sowie die §§ 71 bis 74a des Gesetzes über das Verfahren in Familiensachen und in den Angelegenheiten der freiwilligen Gerichtsbarkeit entsprechende Anwendung.

§ 79

(weggefallen)

§ 80

(weggefallen)

§ 81

(1) Über Beschwerden entscheidet bei den Oberlandesgerichten und dem Bundesgerichtshof ein Zivilsenat.

(2) Die Vorschriften der Zivilprozeßordnung über die Ausschließung und Ablehnung der Gerichtspersonen sind entsprechend anzuwenden.

(3) Die Vorschrift des § 44 des Gesetzes über das Verfahren in Familiensachen und in den Angelegenheiten der freiwilligen Gerichtsbarkeit über die Fortführung des Verfahrens bei Verletzung des Anspruchs auf rechtliches Gehör ist entsprechend anzuwenden.

(4) Die Bundesregierung und die Landesregierungen bestimmen für ihren Bereich durch Rechtsverordnung den Zeitpunkt, von dem an elektronische Akten geführt und elektronische Dokumente bei Gericht eingereicht werden können. Die Bundesregierung und die Landesregierungen bestimmen für ihren Bereich durch Rechtsverordnung die organisatorisch-technischen Rahmenbedingungen für die Bildung, Führung und Aufbewahrung der elektronischen Akten und die für die Bearbeitung der Dokumente geeignete Form. Die Rechtsverordnungen der Bundesregierung bedürfen nicht der Zustimmung des Bundesrates. Die Landesregierungen können die Ermächtigungen durch Rechtsverordnung auf die Landesjustizverwaltungen übertragen. Die Zulassung der elektronischen Akte und der elektronischen Form kann auf einzelne Gerichte oder Verfahren beschränkt werden.

§ 82

Ist das Grundbuch hinsichtlich der Eintragung des Eigentümers durch Rechtsübergang außerhalb des Grundbuchs unrichtig geworden, so soll das Grundbuchamt dem Eigentümer oder dem Testamentsvollstrecker, dem die Verwaltung des Grundstücks zusteht, die Verpflichtung auferlegen, den Antrag auf Berichtigung des Grundbuchs zu stellen und die zur Berichtigung des Grundbuchs notwendigen Unterlagen zu beschaffen. Das Grundbuchamt soll diese Maßnahme zurückstellen, solange berechtigte Gründe vorliegen. Ist eine Gesellschaft bürgerlichen Rechts als Eigentümerin eingetragen, gelten die Sätze 1 und 2 entsprechend, wenn die Eintragung eines Gesellschafters gemäß § 47 Absatz 2 unrichtig geworden ist.

§ 82a

Liegen die Voraussetzungen des § 82 vor, ist jedoch das Berichtigungszwangsverfahren nicht durchführbar oder bietet es keine Aussicht auf Erfolg, so kann das Grundbuchamt das Grundbuch von Amts wegen berichtigen. Das Grundbuchamt kann in diesem Fall das Nachlaßgericht um Ermittlung des Erben des Eigentümers ersuchen.

Grundbuchbereinigungsgesetz (GBBerG)

vom 20.12.1993 (BGBl. I S. 2182, 2192), zuletzt geändert durch Artikel 158 der Verordnung vom 31.8.2015 (BGBl. I S. 1474).

- Auszug -

§ 14 Gemeinschaftliches Eigentum von Ehegatten

In den Fällen des Artikels 234 § 4a Abs. 1 Satz 1 des Einführungsgesetzes zum Bürgerlichen Gesetzbuche gelten die §§ 82, 82a Satz 1 der Grundbuchordnung entsprechend. Der für die Berichtigung des Grundbuchs erforderliche Nachweis, daß eine Erklärung nach Artikel 234 § 4 Abs. 2 und 3 des Einführungsgesetzes zum Bürgerlichen Gesetzbuche nicht abgegeben wurde, kann durch Berufung auf die Vermutung nach Artikel 234 § 4a Abs. 3 des Einführungsgesetzes zum Bürgerlichen Gesetzbuche oder durch übereinstimmende Erklärung beider Ehegatten, bei dem Ableben eines von ihnen durch Versicherung des Überlebenden und bei dem Ableben beider durch Versicherung der Erben erbracht werden; die Erklärung, die Versicherung und der Antrag bedürfen nicht der in § 29 der Grundbuchordnung vorgeschriebenen Form. Die Berichtigung ist in allen Fällen des Artikels 234 § 4a des Einführungsgesetzes zum Bürgerlichen Gesetzbuche gebührenfrei.

Gewerbeordnung

in der Fassung der Bekanntmachung vom 22.2.1999 (BGBl. I S. 202), zuletzt geändert durch Artikel 21 des Gesetzes vom 19.12.2022 (BGBl. I S. 2606).

- Auszug -

5 Zulassungsbeschränkungen

In den Beschränkungen des Betriebs einzelner Gewerbe, welche auf den Zoll-, Steuer- und Postgesetzen beruhen, wird durch das gegenwärtige Gesetz nichts geändert.

12 Insolvenzverfahren und Restrukturierungssachen

Vorschriften, welche die Untersagung eines Gewerbes oder die Rücknahme oder den Widerruf einer Zulassung wegen Unzuverlässigkeit des Gewerbetreibenden, die auf ungeordnete Vermögensverhältnisse zurückzuführen ist, ermöglichen, sind während der Zeit

1. eines Insolvenzverfahrens,
2. in der Sicherungsmaßnahmen nach § 21 der Insolvenzordnung angeordnet sind,
3. der Überwachung der Erfüllung eines Insolvenzplans (§ 260 der Insolvenzordnung) oder
4. in der in einem Stabilisierungs- und Restrukturierungsrahmen ein Restrukturierungsbeauftragter bestellt ist, eine Stabilisierungsanordnung wirksam ist oder dem Restrukturierungsgericht ein Restrukturierungsplan zur Vorprüfung, zur Anberaumung eines gerichtlichen Erörterungs- und Abstimmungstermins oder zur Bestätigung vorliegt,

nicht anzuwenden in Bezug auf das Gewerbe, das zur Zeit des Antrags auf Eröffnung des Insolvenzverfahrens oder des Antrags auf Anordnung des Restrukturierungs- oder Stabilisierungsinstruments ausgeübt wurde. Dies gilt nicht für eine nach § 35 Absatz 2 Satz 1 der Insolvenzordnung freigegebene selbstständige Tätigkeit des Gewerbetreibenden, wenn dessen Unzuverlässigkeit mit Tatsachen begründet wird, die nach der Freigabe eingetreten sind.

§ 14 Anzeigepflicht; Verordnungsermächtigung

...

(4) Die Finanzbehörden haben den zuständigen Behörden die nach § 30 der Abgabenordnung geschützten Daten von Unternehmern im Sinne des § 5 des Gewerbesteuergesetzes mitzuteilen, wenn deren Steuerpflicht nach dem Gewerbesteuergesetz erloschen ist; mitzuteilen sind

1. der Name,
2. die betriebliche Anschrift,
3. die Rechtsform,
4. der amtliche Gemeindeschlüssel,
5. die Wirtschaftsidentifikationsnummer nach § 139c der Abgabenordnung und, soweit vorhanden, das Unterscheidungsmerkmal nach § 139c Absatz 5a der Abgabenordnung sowie
6. der Tag, an dem die Steuerpflicht endete.

Absatz 5 Satz 1 gilt entsprechend.

(5) Die erhobenen Daten dürfen nur für die Überwachung der Gewerbeausübung sowie statistische Erhebungen verarbeitet werden. Der Name, der Name des Geschäfts (Geschäftsbezeichnung), die betriebliche Anschrift und die angezeigte Tätigkeit des Gewerbetreibenden dürfen allgemein zugänglich gemacht werden.

...

33c Spielgeräte mit Gewinnmöglichkeit

(1) Wer gewerbsmäßig Spielgeräte, die mit einer den Spielausgang beeinflussenden technischen Vorrichtung ausgestattet sind, und die die Möglichkeit eines Gewinnes bieten, aufstellen will, bedarf der Erlaubnis der zuständigen Behörde. Die Erlaubnis berechtigt nur zur Aufstellung von Spielgeräten, deren Bauart von der Physikalisch-Technischen Bundesanstalt zugelassen ist. Sie kann mit Auflagen, auch im Hinblick auf den Aufstellungsort, verbunden werden, soweit dies zum Schutze der Allgemeinheit, der Gäste oder der Bewohner des jeweiligen Betriebsgrundstücks oder der Nachbargrundstücke oder im Interesse des Jugendschutzes erforderlich ist; unter denselben Voraussetzungen ist auch die nachträgliche Aufnahme, Änderung und Ergänzung von Auflagen zulässig.

(2) Die Erlaubnis ist zu versagen, wenn

1. Tatsachen die Annahme rechtfertigen, dass der Antragsteller die für die Aufstellung von Spielgeräten erforderliche Zuverlässigkeit nicht besitzt; die erforderliche Zuverlässigkeit besitzt in der Regel nicht, wer in den letzten drei Jahren vor Stellung des Antrages wegen eines Verbrechens, wegen Diebstahls, Unterschlagung, Erpressung, Hehlerei, Geldwäsche, Betruges, Untreue, unerlaubter Veranstaltung eines Glücksspiels, Beteiligung am unerlaubten Glücksspiel oder wegen eines Vergehens nach § 27 des Jugendschutzgesetzes rechtskräftig verurteilt worden ist,
2. der Antragsteller nicht durch eine Bescheinigung einer Industrie- und Handelskammer nachweist, dass er über die für die Ausübung des Gewerbes notwendigen Kenntnisse zum Spieler- und Jugendschutz unterrichtet worden ist, oder
3. der Antragsteller nicht nachweist, dass er über ein Sozialkonzept einer öffentlich anerkannten Institution verfügt, in dem dargelegt wird, mit welchen Maßnahmen den sozialschädlichen Auswirkungen des Glücksspiels vorgebeugt werden soll.

(3) Der Gewerbetreibende darf Spielgeräte im Sinne des Absatzes 1 nur aufstellen, wenn ihm die zuständige Behörde schriftlich bestätigt hat, daß der Aufstellungsort den auf der Grundlage des § 33f Abs. 1 Nr. 1 erlassenen Durchführungsvorschriften entspricht. Sollen Spielgeräte in einer Gaststätte aufgestellt werden, so ist in der Bestätigung anzugeben, ob dies in einer Schank- oder Speisewirtschaft oder in einem Beherbergungsbetrieb erfolgen soll. Gegenüber dem Gewerbetreibenden und demjenigen, in dessen Betrieb ein Spielgerät aufgestellt worden ist, können von der zuständigen Behörde, in deren Bezirk das Spielgerät aufgestellt worden ist, Anordnungen nach Maßgabe des Absatzes 1 Satz 3 erlassen werden. Der Aufsteller darf mit der Aufstellung von Spielgeräten nur Personen beschäftigen, die die Voraussetzungen nach Absatz 2 Nummer 2 erfüllen.

34a Bewachungsgewerbe; Verordnungsermächtigung

(1) Wer gewerbsmäßig Leben oder Eigentum fremder Personen bewachen will (Bewachungsgewerbe), bedarf der Erlaubnis der zuständigen Behörde. Die Erlaubnis kann mit Auflagen verbunden werden, soweit dies zum Schutz der Allgemeinheit oder der Auftraggeber erforderlich ist; unter denselben Voraussetzungen sind auch die nachträgliche Aufnahme, Änderung und Ergänzung von Auflagen zulässig. Die Erlaubnis ist zu versagen, wenn

1. Tatsachen die Annahme rechtfertigen, dass der Antragsteller oder eine der mit der Leitung des Betriebes oder einer Zweigniederlassung beauftragten Personen die für den Gewerbebetrieb erforderliche Zuverlässigkeit nicht besitzt,
2. der Antragsteller in ungeordneten Vermögensverhältnissen lebt,
3. der Antragsteller oder eine mit der Leitung des Betriebes oder einer Zweigniederlassung beauftragte Person nicht durch eine vor der Industrie- und Handelskammer erfolgreich abgelegte Prüfung nachweist, dass er die für die Ausübung des Bewachungsgewerbes notwendige Sachkunde über die rechtlichen und fachlichen Grundlagen besitzt; für juristische Personen gilt dies für die gesetzlichen Vertreter, soweit sie mit der Durchführung von Bewachungsaufgaben direkt befasst sind oder keine mit der Leitung des Betriebes oder einer Zweigniederlassung beauftragte Person einen Sachkundenachweis hat, oder
4. der Antragsteller den Nachweis einer Haftpflichtversicherung nicht erbringt.

Die erforderliche Zuverlässigkeit liegt in der Regel nicht vor, wenn der Antragsteller oder eine der mit der Leitung des Betriebes oder einer Zweigniederlassung beauftragten Person

1. Mitglied in einem Verein, der nach dem Vereinsgesetz als Organisation unanfechtbar verboten wurde oder der einem unanfechtbaren Betätigungsverbot nach dem Vereinsgesetz unterliegt, war und seit der Beendigung der Mitgliedschaft zehn Jahre noch nicht verstrichen sind,
2. Mitglied in einer Partei, deren Verfassungswidrigkeit das Bundesverfassungsgericht nach § 46 des Bundesverfassungsgerichtsgesetzes in der Fassung der Bekanntmachung vom 11. August 1993 (BGBl. I S. 1473), das zuletzt durch Artikel 8 der Verordnung vom 31. August 2015 (BGBl. I S. 1474) geändert worden ist, festgestellt hat, war und seit der Beendigung der Mitgliedschaft zehn Jahre noch nicht verstrichen sind,
3. einzeln oder als Mitglied einer Vereinigung Bestrebungen und Tätigkeiten im Sinne des § 3 Absatz 1 des Bundesverfassungsschutzgesetzes vom 20. Dezember 1990 (BGBl. I S. 2954, 2970), das zuletzt durch Artikel 1 des Gesetzes vom 26. Juli 2016 (BGBl. I S. 1818) geändert worden ist, verfolgt oder unterstützt oder in den letzten fünf Jahren verfolgt oder unterstützt hat,
4. in den letzten fünf Jahren vor Stellung des Antrags der nachstehend aufgeführten Straftaten zu einer Freiheitsstrafe, Jugendstrafe, Geldstrafe von mindestens 90 Tagessätzen oder mindestens zweimal zu einer geringeren Geldstrafe rechtskräftig verurteilt worden ist oder bei dem die Verhängung von Jugendstrafe ausgesetzt worden ist, wenn seit dem Eintritt der Rechtskraft der letzten Verurteilung fünf Jahre noch nicht verstrichen sind:
    a) Verbrechen im Sinne von § 12 Absatz 1 des Strafgesetzbuches,
    b) Straftat gegen die sexuelle Selbstbestimmung, des Menschenhandels oder der Förderung des Menschenhandels, der vorsätzlichen Körperverletzung, Freiheitsberaubung, des Diebstahls, der Unterschlagung, Erpressung, des Betrugs, der Untreue, Hehlerei, Urkundenfälschung, des Landfriedensbruchs oder Hausfriedensbruchs oder des Widerstands gegen oder des tätlichen Angriffs auf Vollstreckungsbeamte oder gegen oder auf Personen, die Vollstreckungsbeamten gleichstehen,
    c) Vergehen gegen das Betäubungsmittelgesetz, Arzneimittelgesetz, Waffengesetz, Sprengstoffgesetz, Aufenthaltsgesetz, Arbeitnehmerüberlassungsgesetz oder das Schwarzarbeitsbekämpfungsgesetz oder
    d) staatsschutzgefährdende oder gemeingefährliche Straftat.

Zur Überprüfung der Zuverlässigkeit hat die Behörde mindestens einzuholen:

1. eine Auskunft aus dem Gewerbezentralregister nach § 150 Absatz 1,
2. eine unbeschränkte Auskunft nach § 41 Absatz 1 Nummer 9 des Bundeszentralregistergesetzes,
3. eine Stellungnahme der für den Wohnort zuständigen Behörde der Landespolizei, einer zentralen Polizeidienststelle oder des jeweils zuständigen Landeskriminalamts, ob und welche tatsächlichen Anhaltspunkte bekannt sind, die Bedenken gegen die Zuverlässigkeit begründen können, soweit Zwecke der Strafverfolgung oder Gefahrenabwehr einer Übermittlung der tatsächlichen Anhaltspunkte nicht entgegenstehen und
4. über die Schnittstelle des Bewacherregisters zum Bundesamt für Verfassungsschutz nach § 11b eine Stellungnahme der für den Sitz der zuständigen Behörde zuständigen Landesbehörde für Verfassungsschutz zu Erkenntnissen, die für die Beurteilung der Zuverlässigkeit von Bedeutung sein können.

Die zuständige Behörde darf die übermittelten Daten verarbeiten, soweit dies zur Erfüllung ihrer gesetzlichen Aufgaben der Überwachung der Gewerbetreibenden erforderlich ist. Übermittlungsregelungen nach anderen Gesetzen bleiben unberührt. § 1 des Sicherheitsüberprüfungsgesetzes vom 20. April 1994 (BGBl. I S. 867), das zuletzt durch Artikel 4 des Gesetzes vom 18. Juli 2017 (BGBl. I S. 2732) geändert worden ist, bleibt unberührt. Haben sich der Antragsteller oder eine der mit der Leitung des Betriebes oder einer Zweigniederlassung beauftragten Personen während der letzten drei Jahre vor der Überprüfung der Zuverlässigkeit nicht im Inland oder einem anderen Mitgliedstaat der Europäischen Union oder einem anderen Vertragsstaat des Abkommens über den Europäischen Wirtschaftsraum aufgehalten und kann ihre Zuverlässigkeit deshalb nicht oder nicht ausreichend nach Satz 5 festgestellt werden, so ist die Erlaubnis nach Absatz 1 zu versagen. Die zuständige Behörde hat den Gewerbetreibenden und die mit der Leitung des Betriebes oder einer Zweigniederlassung beauftragten Personen in regelmäßigen Abständen, spätestens jedoch nach Ablauf von fünf Jahren, auf ihre Zuverlässigkeit zu überprüfen.

(1a) Der Gewerbetreibende darf mit der Durchführung von Bewachungsaufgaben nur Personen (Wachpersonen) beschäftigen, die

1. die erforderliche Zuverlässigkeit besitzen und
2. durch eine Bescheinigung der Industrie- und Handelskammer nachweisen, dass sie über die für die Ausübung des Gewerbes notwendigen rechtlichen und fachlichen Grundlagen unterrichtet worden sind und mit ihnen vertraut sind.

Für die Durchführung folgender Tätigkeiten ist zusätzlich zu den Anforderungen des Satzes 1 Nummer 1 der Nachweis einer vor der Industrie- und Handelskammer erfolgreich abgelegten Sachkundeprüfung erforderlich:

1. Kontrollgänge im öffentlichen Verkehrsraum oder in Hausrechtsbereichen mit tatsächlich öffentlichem Verkehr,
2. Schutz vor Ladendieben,
3. Bewachungen im Einlassbereich von gastgewerblichen Diskotheken,
4. Bewachungen von Aufnahmeeinrichtungen nach § 44 des Asylgesetzes in der Fassung der Bekanntmachung vom 2. September 2008 (BGBl. I S. 1798), das zuletzt durch Artikel 6 des Gesetzes vom 31. Juli 2016 (BGBl. I S. 1939) geändert worden ist, von Gemeinschaftsunterkünften nach § 53 des Asylgesetzes oder anderen Immobilien und Einrichtungen, die der auch vorübergehenden amtlichen Unterbringung von Asylsuchenden oder Flüchtlingen dienen, in leitender Funktion,
5. Bewachungen von zugangsgeschützten Großveranstaltungen in leitender Funktion.

Zur Überprüfung der Zuverlässigkeit einer Wachperson und einer mit der Leitung des Betriebes oder einer Zweigniederlassung beauftragten Person hat die am Hauptwohnsitz der natürlichen Person für den Vollzug nach Landesrecht zuständige Behörde mindestens eine unbeschränkte Auskunft nach § 41 Absatz 1 Nummer 9 des Bundeszentralregistergesetzes sowie eine Stellungnahme der für den Wohnort zuständigen Behörde der Landespolizei, einer zentralen Polizeidienststelle oder dem jeweils zuständigen Landeskriminalamt einzuholen, ob und welche tatsächlichen Anhaltspunkte bekannt sind, die Bedenken gegen die Zuverlässigkeit begründen können, soweit Zwecke der Strafverfolgung oder Gefahrenabwehr einer Übermittlung der tatsächlichen Anhaltspunkte nicht entgegen stehen. Bei Wachpersonen und mit der Leitung des Betriebes oder einer Zweigniederlassung beauftragten Personen ohne einen Hauptwohnsitz in der Bundesrepublik Deutschland ist die Zuverlässigkeit durch die für den Vollzug zuständige Behörde am Betriebssitz des Gewerbetreibenden, welcher die natürliche Person als erster anmeldet, zu überprüfen. Absatz 1 Satz 5 Nummer 4 ist entsprechend anzuwenden bei Wachpersonen, die eine der folgenden Aufgaben wahrnehmen sollen:

1. Bewachungen nach Satz 2 Nummer 4 und 5, auch in nicht leitender Funktion, oder
2. Schutzaufgaben im befriedeten Besitztum bei Objekten, von denen im Fall eines kriminellen Eingriffs eine besondere Gefahr für die Allgemeinheit ausgehen kann.

Satz 5 gilt auch nach Aufnahme der Tätigkeit einer Wachperson. Absatz 1 Satz 4, 6 bis 10 ist entsprechend anzuwenden.

(1b) Werden der zuständigen Landesbehörde für Verfassungsschutz im Nachhinein Informationen bekannt, die für die Beurteilung der Zuverlässigkeit einer der in Absatz 1 und Absatz 1a Satz 5 Nummer 1 und 2 genannten Personen von Bedeutung sind, übermittelt sie diese der zuständigen Behörde nach den für die Informationsübermittlung geltenden Regelungen der Verfassungsschutzgesetze (Nachbericht). Zu diesem Zweck darf die Verfassungsschutzbehörde Name, Vornamen, Geburtsname, Geburtsdatum, Geschlecht, Geburtsort, Geburtsland, Wohnort und gegenwärtige Staatsangehörigkeit und Doppel- oder frühere Staatsangehörigkeiten der betroffenen Person sowie die Aktenfundstelle verarbeiten, einschließlich einer Verarbeitung mit ihrer Aktenfundstelle in den gemeinsamen Dateien nach § 6 Absatz 2 des Bundesverfassungsschutzgesetzes. Die im Rahmen der Überprüfung der Zuverlässigkeit verarbeiteten personenbezogenen Daten der in Absatz 1 und Absatz 1a Satz 5 Nummer 1 und 2 genannten Personen sind spätestens nach fünf Jahren von der Verfassungsschutzbehörde zu löschen. Sollte die Verfassungsschutzbehörde vorher von einer Versagung, Rücknahme, einem Erlöschen oder Widerruf der Erlaubnis durch die zuständige Behörde Kenntnis erlangen, hat sie die im Rahmen der Überprüfung der Zuverlässigkeit gespeicherten personenbezogenen Daten der in Absatz 1 genannten Personen spätestens sechs Monate nach Kenntniserlangung zu löschen. Die Sätze 1 bis 4 sind entsprechend anzuwenden für die nach Absatz 1 Satz 5 Nummer 3 und Absatz 1a Satz 3 beteiligten Polizeibehörden.

(2) Das Bundesministerium des Innern und für Heimat kann mit Zustimmung des Bundesrates durch Rechtsverordnung

1. die für die Entscheidung über eine Erlaubnis nach Absatz 1 Satz 1 erforderlichen vom Antragsteller bei der Antragsstellung anzugebenden Daten und beizufügenden Unterlagen bestimmen,
2. die Anforderungen und das Verfahren für den Unterrichtungsnachweis nach Absatz 1a Satz 1 sowie Ausnahmen von der Erforderlichkeit des Unterrichtungsnachweises festlegen,
3. die Anforderungen und das Verfahren für eine Sachkundeprüfung nach Absatz 1 Satz 3 Nummer 3 und Absatz 1a Satz 2 sowie Ausnahmen von der Erforderlichkeit der Sachkundeprüfung festlegen und
4. zum Schutze der Allgemeinheit und der Auftraggeber Vorschriften erlassen über den Umfang der Befugnisse und Verpflichtungen bei der Ausübung des Bewachungsgewerbes, insbesondere über
   a) den Geltungsbereich der Erlaubnis,
   b) die Pflichten des Gewerbetreibenden bei der Einstellung und Entlassung der im Bewachungsgewerbe beschäftigten Personen, über die Aufzeichnung von Daten dieser Personen durch den Gewerbetreibenden und ihre Übermittlung an die für den Vollzug des § 34a zuständigen Behörden, über die Anforderungen, denen diese Personen genügen müssen, sowie über die Durchführung des Wachdienstes,
   c) die Verpflichtung zum Abschluß einer Haftpflichtversicherung, zur Buchführung einschließlich der Aufzeichnung von Daten über einzelne Geschäftsvorgänge sowie über die Auftraggeber,
   d) (weggefallen)
5. zum Schutz der Allgemeinheit und der Auftraggeber Vorschriften erlassen über die Unterrichtung der für den Vollzug des § 34a zuständigen Behörden durch Gerichte und Staatsanwaltschaften über rechtliche Maßnahmen gegen Gewerbetreibende und ihre Wachpersonen
6. die Anforderungen und Verfahren festlegen, die zur Durchführung der Richtlinie 2005/36/EG des Europäischen Parlaments und des Rates vom 7. September 2005 über die Anerkennung von Berufsqualifikationen (ABl. L 255 vom 30.9.2005, S. 22), die zuletzt durch die Richtlinie 2013/55/EU (ABl. L 354 vom 28.12.2013, S. 132) geändert worden ist, Anwendung finden sollen auf Inhaber von in einem Mitgliedstaat der Europäischen Union oder eines Vertragsstaates des Abkommens über den Europäischen Wirtschaftsraum erworbenen Berufsqualifikationen, die im Inland das Bewachungsgewerbe vorübergehend oder dauerhaft ausüben möchten,
7. Einzelheiten der regelmäßigen Überprüfung der Zuverlässigkeit nach Absatz 1 Satz 10, auch in Verbindung mit Absatz 1a Satz 7, festlegen,
8. Einzelheiten zur örtlichen Zuständigkeit für den Vollzug regeln, insbesondere die Zuständigkeit für die Überprüfung der Zuverlässigkeit und erforderlichen Qualifikation.

(3) Nach Einholung der unbeschränkten Auskünfte nach § 41 Absatz 1 Nummer 9 des Bundeszentralregistergesetzes zur Überprüfung der Zuverlässigkeit können die zuständigen Behörden das Ergebnis der Überprüfung einschließlich der für die Beurteilung der Zuverlässigkeit erforderlichen Daten an den Gewerbetreibenden übermitteln.

(4) Die Beschäftigung einer Person, die in einem Bewachungsunternehmen mit Bewachungsaufgaben beschäftigt ist, oder einer mit der Leitung des Betriebes oder einer Zweigniederlassung beauftragten Person kann dem Gewerbetreibenden untersagt werden, wenn Tatsachen die Annahme rechtfertigen, dass die Person die für ihre Tätigkeit erforderliche Zuverlässigkeit nicht besitzt.

(5) Der Gewerbetreibende und seine Beschäftigten dürfen bei der Durchführung von Bewachungsaufgaben gegenüber Dritten nur die Rechte, die Jedermann im Falle einer Notwehr, eines Notstandes oder einer Selbsthilfe zustehen, die ihnen vom jeweiligen Auftraggeber vertraglich übertragenen Selbsthilferechte sowie die ihnen gegebenenfalls in Fällen gesetzlicher Übertragung zustehenden Befugnisse eigenverantwortlich ausüben. In den Fällen der Inanspruchnahme dieser Rechte und Befugnisse ist der Grundsatz der Erforderlichkeit zu beachten.
(6) (weggefallen)

34c Makler, Immobilienmakler, Darlehensvermittler, Bauträger, Baubetreuer, Wohnimmobilienverwalter, Verordnungsermächtigung

(1) Wer gewerbsmäßig

1. den Abschluss von Verträgen über Grundstücke, grundstücksgleiche Rechte, gewerbliche Räume oder Wohnräume vermitteln oder die Gelegenheit zum Abschluss solcher Verträge nachweisen,
2. den Abschluss von Darlehensverträgen mit Ausnahme von Verträgen im Sinne des § 34i Absatz 1 Satz 1,vermitteln oder die Gelegenheit zum Abschluss solcher Verträge nachweisen,
3. Bauvorhaben
   a) als Bauherr im eigenen Namen für eigene oder fremde Rechnung vorbereiten oder durchführen und dazu Vermögenswerte von Erwerbern, Mietern, Pächtern oder sonstigen Nutzungsberechtigten oder von Bewerbern um Erwerbs- oder Nutzungsrechte verwenden,
   b) als Baubetreuer im fremden Namen für fremde Rechnung wirtschaftlich vorbereiten oder durchführen
4. das gemeinschaftliche Eigentum von Wohnungseigentümern im Sinne des § 1 Absatz 2, 3, 5 und 6 des Wohnungseigentumsgesetzes oder für Dritte Mietverhältnisse über Wohnräume im Sinne des § 549 des Bürgerlichen Gesetzbuchs verwalten (Wohnimmobilienverwalter)

will, bedarf der Erlaubnis der zuständigen Behörde. Die Erlaubnis kann inhaltlich beschränkt und mit Auflagen verbunden werden, soweit dies zum Schutze der Allgemeinheit oder der Auftraggeber erforderlich ist; unter denselben Voraussetzungen ist auch die nachträgliche Aufnahme, Änderung und Ergänzung von Auflagen zulässig.

(2) Die Erlaubnis ist zu versagen, wenn

1. Tatsachen die Annahme rechtfertigen, daß der Antragsteller oder eine der mit der Leitung des Betriebes oder einer Zweigniederlassung beauftragten Personen die für den Gewerbebetrieb erforderliche Zuverlässigkeit nicht besitzt; die erforderliche Zuverlässigkeit besitzt in der Regel nicht, wer in den letzten fünf Jahren vor Stellung des Antrages wegen eines Verbrechens oder wegen Diebstahls, Unterschlagung, Erpressung, Betruges, Untreue, Geldwäsche, Urkundenfälschung, Hehlerei, Wuchers oder einer Insolvenzstraftat rechtskräftig verurteilt worden ist,
2. der Antragsteller in ungeordneten Vermögensverhältnissen lebt; dies ist in der Regel der Fall, wenn über das Vermögen des Antragstellers das Insolvenzverfahren eröffnet worden oder er in das vom Insolvenzgericht oder vom Vollstreckungsgericht zu führende Verzeichnis (§ 26 Abs. 2 Insolvenzordnung, § 915 Zivilprozeßordnung) eingetragen ist,
3. der Antragsteller, der ein Gewerbe nach Absatz 1 Satz 1 Nummer 4 betreiben will, den Nachweis einer Berufshaftpflichtversicherung nicht erbringen kann.

(2a) Gewerbetreibende nach Absatz 1 Satz 1 Nummer 1 und 4 sind verpflichtet, sich in einem Umfang von 20 Stunden innerhalb eines Zeitraums von drei Kalenderjahren weiterzubilden; das Gleiche gilt entsprechend für unmittelbar bei der erlaubnispflichtigen Tätigkeit mitwirkende beschäftigte Personen. Der erste Weiterbildungszeitraum beginnt am 1. Januar des Kalenderjahres, in dem

1. eine Erlaubnis nach Absatz 1 Satz 1 Nummer 1 oder 4 erteilt wurde oder

2. eine weiterbildungspflichtige Tätigkeit durch eine unmittelbar bei dem Gewerbetreibenden beschäftigte Person aufgenommen wurde.

Für den Gewerbetreibenden ist es ausreichend, wenn der Weiterbildungsnachweis durch eine im Hinblick auf eine ordnungsgemäße Wahrnehmung der erlaubnispflichtigen Tätigkeit angemessene Zahl von beim Gewerbetreibenden beschäftigten natürlichen Personen erbracht wird, denen die Aufsicht über die direkt bei der Vermittlung nach Absatz 1 Satz 1 Nummer 1 oder der Verwaltung nach Absatz 1 Satz 1 Nummer 4 mitwirkenden Personen übertragen ist und die den Gewerbetreibenden vertreten dürfen.

(3) Das Bundesministerium für Wirtschaft und Klimaschutz kann durch Rechtsverordnung mit Zustimmung des Bundesrates, soweit zum Schutz der Allgemeinheit und der Auftraggeber erforderlich, Vorschriften erlassen

1. über den Umfang der Verpflichtungen des Gewerbetreibenden bei der Ausübung des Gewerbes, insbesondere die Pflicht,
   a) ausreichende Sicherheiten zu leisten oder eine zu diesem Zweck geeignete Versicherung abzuschließen, sofern der Gewerbetreibende Vermögenswerte des Auftraggebers erhält oder verwendet,
   b) die erhaltenen Vermögenswerte des Auftraggebers getrennt zu verwalten,
   c) nach der Ausführung des Auftrages dem Auftraggeber Rechnung zu legen,
   d) der zuständigen Behörde Anzeige beim Wechsel der mit der Leitung des Betriebes oder einer Zweigniederlassung beauftragten Personen zu erstatten und hierbei bestimmte Angaben zu machen,
   e) dem Auftraggeber die für die Beurteilung des Auftrages und des zu vermittelnden oder nachzuweisenden Vertrages jeweils notwendigen Informationen schriftlich oder mündlich zu geben,
   f) Bücher zu führen einschließlich der Aufzeichnung von Daten über einzelne Geschäftsvorgänge sowie über die Auftraggeber;
2. zum Umfang an die nach Absatz 2 Nummer 3 erforderliche Haftpflichtversicherung und zu ihren inhaltlichen Anforderungen, insbesondere über die Höhe der Mindestversicherungssummen, die Bestimmung der zuständigen Behörde im Sinne des § 117 Absatz 2 des Versicherungsvertragsgesetzes, über den Nachweis über das Bestehen der Haftpflichtversicherung und Anzeigepflichten des Versicherungsunternehmens gegenüber den Behörden;
3. über die Verpflichtung des Gewerbetreibenden und der beschäftigten Personen nach Absatz 2a zu einer regelmäßigen Weiterbildung, einschließlich
   a) der Befreiung von der Weiterbildungsverpflichtung,
   b) der gegenüber der zuständigen Behörde zu erbringenden Nachweise und
   c) der Informationspflichten gegenüber dem Auftraggeber über die berufliche Qualifikation und absolvierten Weiterbildungsmaßnahmen des Gewerbetreibenden und der unmittelbar bei der erlaubnispflichtigen Tätigkeit mitwirkenden beschäftigten Personen.

In der Rechtsverordnung nach Satz 1 kann ferner die Befugnis des Gewerbetreibenden zur Entgegennahme und zur Verwendung von Vermögenswerten des Auftraggebers beschränkt werden, soweit dies zum Schutze des Auftraggebers erforderlich ist. Außerdem kann in der Rechtsverordnung der Gewerbetreibende verpflichtet werden, die Einhaltung der nach Satz 1 Nummer 1 und 3 und Satz 2 erlassenen Vorschriften auf seine Kosten regelmäßig sowie aus besonderem Anlaß prüfen zu lassen und den Prüfungsbericht der zuständigen Behörde vorzulegen, soweit es zur wirksamen Überwachung erforderlich ist; hierbei können die Einzelheiten der Prüfung, insbesondere deren Anlaß, Zeitpunkt und Häufigkeit, die Auswahl, Bestellung und Abberufung der Prüfer, deren Rechte, Pflichten und Verantwortlichkeit, der Inhalt des Prüfungsberichts, die Verpflichtungen des Gewerbetreibenden gegenüber dem Prüfer sowie das Verfahren bei Meinungsverschiedenheiten zwischen dem Prüfer und dem Gewerbetreibenden, geregelt werden.

(4) (weggefallen)

(5) Die Absätze 1 bis 3 gelten nicht für

1. Kreditinstitute, für die eine Erlaubnis nach § 32 Abs. 1 des Kreditwesengesetzes erteilt wurde, und für Zweigstellen von Unternehmen im Sinne des § 53b Abs. 1 Satz 1 des Gesetzes über das Kreditwesen,

1a. Kapitalverwaltungsgesellschaften, für die eine Erlaubnis nach § 20 Absatz 1 des Kapitalanlagegesetzbuchs erteilt wurde,
2. Gewerbetreibende, die lediglich zur Finanzierung der von ihnen abgeschlossenen Warenverkäufe oder zu erbringenden Dienstleistungen den Abschluß von Verträgen über Darlehen vermitteln oder die Gelegenheit zum Abschluß solcher Verträge nachweisen,
3. Zweigstellen von Unternehmen mit Sitz in einem anderen Mitgliedstaat der Europäischen Union, die nach § 53b Abs. 7 des Kreditwesengesetzes Darlehen zwischen Kreditinstituten vermitteln dürfen, soweit sich ihre Tätigkeit nach Absatz 1 auf die Vermittlung von Darlehen zwischen Kreditinstituten beschränkt,
4. Verträge, soweit Teilzeitnutzung von Wohngebäuden im Sinne des § 481 des Bürgerlichen Gesetzesbuchs gemäß Absatz 1 Satz 1 Nr. 1 nachgewiesen oder vermittelt wird.

35 Gewerbeuntersagung wegen Unzuverlässigkeit

(1) Die Ausübung eines Gewerbes ist von der zuständigen Behörde ganz oder teilweise zu untersagen, wenn Tatsachen vorliegen, welche die Unzuverlässigkeit des Gewerbetreibenden oder einer mit der Leitung des Gewerbebetriebes beauftragten Person in Bezug auf dieses Gewerbe dartun, sofern die Untersagung zum Schutze der Allgemeinheit oder der im Betrieb Beschäftigten erforderlich ist. Die Untersagung kann auch auf die Tätigkeit als Vertretungsberechtigter eines Gewerbetreibenden oder als mit der Leitung eines Gewerbebetriebes beauftragte Person sowie auf einzelne andere oder auf alle Gewerbe erstreckt werden, soweit die festgestellten Tatsachen die Annahme rechtfertigen, daß der Gewerbetreibende auch für diese Tätigkeiten oder Gewerbe unzuverlässig ist. Das Untersagungsverfahren kann fortgesetzt werden, auch wenn der Betrieb des Gewerbes während des Verfahrens aufgegeben wird.
(2) Dem Gewerbetreibenden kann auf seinen Antrag von der zuständigen Behörde gestattet werden, den Gewerbebetrieb durch einen Stellvertreter (§ 45) fortzuführen, der die Gewähr für eine ordnungsgemäße Führung des Gewerbebetriebes bietet.
(3) Will die Verwaltungsbehörde in dem Untersagungsverfahren einen Sachverhalt berücksichtigen, der Gegenstand der Urteilsfindung in einem Strafverfahren gegen einen Gewerbetreibenden gewesen ist, so kann sie zu dessen Nachteil von dem Inhalt des Urteils insoweit nicht abweichen, als es sich bezieht auf
1. die Feststellung des Sachverhalts,
2. die Beurteilung der Schuldfrage oder
3. die Beurteilung der Frage, ob er bei weiterer Ausübung des Gewerbes erhebliche rechtswidrige Taten im Sinne des § 70 des Strafgesetzbuches begehen wird und ob zur Abwehr dieser Gefahren die Untersagung des Gewerbes angebracht ist.

Absatz 1 Satz 2 bleibt unberührt. Die Entscheidung über ein vorläufiges Berufsverbot (§ 132a der Strafprozeßordnung), der Strafbefehl und die gerichtliche Entscheidung, durch welche die Eröffnung des Hauptverfahrens abgelehnt wird, stehen einem Urteil gleich; dies gilt auch für Bußgeldentscheidungen, soweit sie sich auf die Feststellung des Sachverhalts und die Beurteilung der Schuldfrage beziehen.
(3a) (weggefallen)
(4) Vor der Untersagung sollen, soweit besondere staatliche Aufsichtsbehörden bestehen, die Aufsichtsbehörden, ferner die zuständige Industrie- und Handelskammer oder Handwerkskammer und, soweit es sich um eine Genossenschaft handelt, auch der Prüfungsverband gehört werden, dem die Genossenschaft angehört. Ihnen sind die gegen den Gewerbetreibenden erhobenen Vorwürfe mitzuteilen und die zur Abgabe der Stellungnahme erforderlichen Unterlagen zu übersenden. Die Anhörung der vorgenannten Stellen kann unterbleiben, wenn Gefahr im Verzuge ist; in diesem Falle sind diese Stellen zu unterrichten.
(5) (weggefallen)
(6) Dem Gewerbetreibenden ist von der zuständigen Behörde auf Grund eines an die Behörde zu richtenden schriftlichen oder elektronischen Antrages die persönliche Ausübung des Gewerbes wieder zu gestatten, wenn Tatsachen die Annahme rechtfertigen, daß eine Unzuverlässigkeit im Sinne des Absatzes 1 nicht mehr vorliegt. Vor Ablauf eines Jahres nach Durchführung der Untersagungsverfügung kann die Wiederaufnahme nur gestattet werden, wenn hierfür besondere Gründe vorliegen.

(7) Zuständig ist die Behörde, in deren Bezirk der Gewerbetreibende eine gewerbliche Niederlassung unterhält oder in den Fällen des Absatzes 2 oder 6 unterhalten will. Bei Fehlen einer gewerblichen Niederlassung sind die Behörden zuständig, in deren Bezirk das Gewerbe ausgeübt wird oder ausgeübt werden soll. Für die Vollstreckung der Gewerbeuntersagung sind auch die Behörden zuständig, in deren Bezirk das Gewerbe ausgeübt wird oder ausgeübt werden soll.
(7a) Die Untersagung kann auch gegen Vertretungsberechtigte oder mit der Leitung des Gewerbebetriebes beauftragte Personen ausgesprochen werden. Das Untersagungsverfahren gegen diese Personen kann unabhängig von dem Verlauf des Untersagungsverfahrens gegen den Gewerbetreibenden fortgesetzt werden. Die Absätze 1 und 3 bis 7 sind entsprechend anzuwenden.
(8) Soweit für einzelne Gewerbe besondere Untersagungs- oder Betriebsschließungsvorschriften bestehen, die auf die Unzuverlässigkeit des Gewerbetreibenden abstellen, oder eine für das Gewerbe erteilte Zulassung wegen Unzuverlässigkeit des Gewerbetreibenden zurückgenommen oder widerrufen werden kann, sind die Absätze 1 bis 7a nicht anzuwenden. Dies gilt nicht für die Tätigkeit als vertretungsberechtigte Person eines Gewerbetreibenden oder als mit der Leitung des Betriebes oder einer Zweigniederlassung beauftragte Person sowie für Vorschriften, die Gewerbeuntersagungen oder Betriebsschließungen durch strafgerichtliches Urteil vorsehen.
(9) Die Absätze 1 bis 8 sind auf Genossenschaften entsprechend anzuwenden, auch wenn sich ihr Geschäftsbetrieb auf den Kreis der Mitglieder beschränkt; sie finden ferner Anwendung auf den Handel mit Arzneimitteln, mit Losen von Lotterien und Ausspielungen sowie mit Bezugs- und Anteilscheinen auf solche Lose und auf den Betrieb von Wettannahmestellen aller Art.

38 Überwachungsbedürftige Gewerbe

(1) Bei den Gewerbezweigen

1. An- und Verkauf von
   a) hochwertigen Konsumgütern, insbesondere Unterhaltungselektronik, Computern, optischen Erzeugnissen, Fotoapparaten, Videokameras, Teppichen, Pelz- und Lederbekleidung,
   b) Kraftfahrzeugen und Fahrrädern,
   c) Edelmetallen und edelmetallhaltigen Legierungen sowie Waren aus Edelmetall oder edelmetallhaltigen Legierungen,
   d) Edelsteinen, Perlen und Schmuck,
   e) Altmetallen, soweit sie nicht unter Buchstabe c fallen, durch auf den Handel mit Gebrauchtwaren spezialisierte Betriebe,
2. Auskunftserteilung über Vermögensverhältnisse und persönliche Angelegenheiten (Auskunfteien, Detekteien),
3. Vermittlung von Eheschließungen, Partnerschaften und Bekanntschaften,
4. Betrieb von Reisebüros und Vermittlung von Unterkünften,
5. Vertrieb und Einbau von Gebäudesicherungseinrichtungen einschließlich der Schlüsseldienste,
6. Herstellen und Vertreiben spezieller diebstahlsbezogener Öffnungswerkzeuge

hat die zuständige Behörde unverzüglich nach Erstattung der Gewerbeanmeldung oder der Gewerbeummeldung nach § 14 die Zuverlässigkeit des Gewerbetreibenden zu überprüfen. Zu diesem Zweck hat der Gewerbetreibende unverzüglich ein Führungszeugnis nach § 30 Abs. 5 Bundeszentralregistergesetz und eine Auskunft aus dem Gewerbezentralregister nach § 150 Abs. 5 zur Vorlage bei der Behörde zu beantragen. Kommt er dieser Verpflichtung nicht nach, hat die Behörde diese Auskünfte von Amts wegen einzuholen.
(2) Bei begründeter Besorgnis der Gefahr der Verletzung wichtiger Gemeinschaftsgüter kann ein Führungszeugnis oder eine Auskunft aus dem Gewerbezentralregister auch bei anderen als den in Absatz 1 genannten gewerblichen Tätigkeiten angefordert oder eingeholt werden.
(3) (weggefallen)
(4) Absatz 1 Satz 1 Nr. 2 gilt nicht für Kreditinstitute und Finanzdienstleistungsinstitute, für die eine Erlaubnis nach § 32 Abs. 1 des Kreditwesengesetzes erteilt wurde, für Wertpapierinstitute, für die eine Erlaubnis nach § 15 Absatz 1 des Wertpapierinstitutsgesetzes erteilt wurde, sowie für

Zweigniederlassungen von Unternehmen mit Sitz in einem anderen Mitgliedstaat der Europäischen Union, die nach § 53b Abs. 1 Satz 1 oder Abs. 7 des Kreditwesengesetzes im Inland tätig sind, wenn die Erbringung von Handelsauskünften durch die Zulassung der zuständigen Behörden des Herkunftsmitgliedstaats abgedeckt ist.

§ 45 Stellvertreter

Die Befugnisse zum stehenden Gewerbebetrieb können durch Stellvertreter ausgeübt werden; diese müssen jedoch den für das in Rede stehende Gewerbe insbesondere vorgeschriebenen Erfordernissen genügen.

§ 149 Einrichtung eines Gewerbezentralregisters

...

(2) In das Register sind einzutragen

...

3. rechtskräftige Bußgeldentscheidungen, insbesondere auch solche wegen einer Steuerordnungswidrigkeit die aufgrund von Taten ergangen sind, die
   a) bei oder in Zusammenhang mit der Ausübung eines Gewerbes oder dem Betrieb einer sonstigen wirtschaftlichen Unternehmung oder
   b) bei der Tätigkeit in einem Gewerbe oder einer sonstigen wirtschaftlichen Unternehmung von einem Vertreter oder Beauftragten im Sinne des § 9 des Gesetzes über Ordnungswidrigkeiten oder von einer Person, die in einer Rechtsvorschrift ausdrücklich als Verantwortlicher bezeichnet ist,

   begangen worden sind, wenn die Geldbuße mehr als 200 Euro beträgt,

...

§ 153a Mitteilungen zum Gewerbezentralregister

(1) Die Behörden und die Gerichte teilen dem Gewerbezentralregister die einzutragenden Entscheidungen, Feststellungen und Tatsachen mit. § 30 der Abgabenordnung steht den Mitteilungen von Entscheidungen im Sinne des § 149 Abs. 2 Satz 1 Nr. 3 nicht entgegen.

...

§ 159 Übergangsregelung zu § 34a

(1) Bis zum Ablauf des 31. Mai 2019 ist § 34a Absatz 1 bis 5 in der am 31. Dezember 2018 geltenden Fassung anzuwenden.

(2) Gewerbetreibende sind verpflichtet, bis zum Ablauf des 30. Juni 2019 die in § 11b Absatz 2 Nummer 1, 10 und 11 aufgeführten Daten zu den mit der Leitung des Betriebes oder einer Zweigniederlassung beauftragten Personen und zu den in § 11b Absatz 2 Nummer 3, 10 und 11 aufgeführten Daten zu Wachpersonen der für den Vollzug des § 34a zuständigen Behörde über das Bewacherregister mitzuteilen.

(3) Zur Überprüfung der Zuverlässigkeit von Wachpersonen, die ab dem 1. Juni 2019 mit Aufgaben nach § 34a Absatz 1a Satz 5 beauftragt sind oder werden sollen, fragt die zuständige Behörde bis zum Ablauf des 30. September 2019 eine Stellungnahme nach § 34a Absatz 1a Satz 5 in Verbindung mit Absatz 1 Satz 5 Nummer 4 ab.

§ 160 Übergangsregelungen zu den §§ 34c und 34i

(1) Gewerbetreibende, die am 21. März 2016 eine Erlaubnis nach § 34c Absatz 1 Satz 1 haben, welche zur Vermittlung des Abschlusses von Darlehensverträgen berechtigt, und die Verträge über Immobiliardarlehen im Sinne des § 34i Absatz 1 weiterhin vermitteln wollen, müssen bis zum 21. März 2017 eine Erlaubnis als Immobiliardarlehensvermittler nach § 34i Absatz 1 erworben

haben und sich selbst sowie die nach § 34i Absatz 8 Nummer 2 einzutragenden Personen registrieren lassen.

(2) Wird die Erlaubnis unter Vorlage der bisherigen Erlaubnisurkunde beantragt, so erfolgt keine Prüfung der Zuverlässigkeit und der Vermögensverhältnisse nach § 34i Absatz 2 Nummer 1 und 2.

(3) Personen, die seit dem 21. März 2011 ununterbrochen unselbständig oder selbständig eine Tätigkeit im Sinne des § 34i Absatz 1 Satz 1 ausüben, bedürfen keiner Sachkundeprüfung nach § 34i Absatz 2 Nummer 4, wenn sie bei Beantragung der Erlaubnis nach § 34i Absatz 1 die ununterbrochene Tätigkeit nachweisen können.

(4) Die Erlaubnisse nach § 34c Absatz 1 Satz 1, die zur Vermittlung des Abschlusses von Darlehensverträgen berechtigen, erlöschen für die Vermittlung von Verträgen im Sinne des § 34i Absatz 1 Satz 1 mit der Erteilung der Erlaubnis nach § 34i Absatz 1 Satz 1, spätestens aber zum 21. März 2017. Bis zu diesem Zeitpunkt gelten diese Erlaubnisse als Erlaubnis nach § 34i Absatz 1 Satz 1.

(5) Beschäftigte im Sinne des § 34i Absatz 6 sind verpflichtet, bis zum 21. März 2017 einen Sachkundenachweis nach § 34i Absatz 2 Nummer 4 zu erwerben. Absatz 3 ist entsprechend anzuwenden.

(6) Bis zur Erteilung der Erlaubnis nach § 34i Absatz 1 findet das Verfahren des § 11a Absatz 4 auf Gewerbetreibende im Sinne des Absatzes 1 keine Anwendung.

§ 161 Übergangsregelung zu § 14 Absatz 4

(1) § 14 Absatz 4 Satz 1 ist, soweit die Mitteilung der Wirtschaftsidentifikationsnummer nach § 139c der Abgabenordnung und des Unterscheidungsmerkmals nach § 139c Absatz 5a der Abgabenordnung betroffen ist, bis zu dem Tag, an dem das Bundesministerium für Wirtschaft und Klimaschutz im Bundesgesetzblatt bekannt gibt, dass diese Identifikationsmerkmale eingeführt worden sind, in der bis zum 31. Dezember 2022 geltenden Fassung anzuwenden.

(2) § 14 Absatz 4 Satz 2 ist bis zu dem Tag, an dem das Bundesministerium für Wirtschaft und Klimaschutz im Bundesgesetzblatt bekannt gibt, dass die technischen und organisatorischen Voraussetzungen für die automatisierte und medienbruchfreie Übermittlung der Daten aus der steuerlichen Abmeldung von den Finanzbehörden an die Gewerbebehörden bundesweit vorliegen, in der bis zum 31. Dezember 2022 geltenden Fassung anzuwenden.

Grundgesetz für die Bundesrepublik Deutschland

zuletzt geändert durch Artikel 1 des Gesetzes vom 19.12.2022 (BGBl. I S. 2478)

- Auszug -

I. Die Grundrechte

Artikel 1

(1) Die Würde des Menschen ist unantastbar. Sie zu achten und zu schützen ist Verpflichtung aller staatlichen Gewalt.

(2) Das Deutsche Volk bekennt sich darum zu unverletzlichen und unveräußerlichen Menschenrechten als Grundlage jeder menschlichen Gemeinschaft, des Friedens und der Gerechtigkeit in der Welt.

(3) Die nachfolgenden Grundrechte binden Gesetzgebung, vollziehende Gewalt und Rechtsprechung als unmittelbar geltendes Recht.

Artikel 2

(1) Jeder hat das Recht auf die freie Entfaltung seiner Persönlichkeit, soweit er nicht die Rechte anderer verletzt und nicht gegen die verfassungsmäßige Ordnung oder das Sittengesetz verstößt.

(2) Jeder hat das Recht auf Leben und körperliche Unversehrtheit. Die Freiheit der Person ist unverletzlich. In diese Rechte darf nur auf Grund eines Gesetzes eingegriffen werden.

Artikel 3

(1) Alle Menschen sind vor dem Gesetz gleich.

(2) Männer und Frauen sind gleichberechtigt. Der Staat fördert die tatsächliche Durchsetzung der Gleichberechtigung von Frauen und Männern und wirkt auf die Beseitigung bestehender Nachteile hin.

(3) Niemand darf wegen seines Geschlechtes, seiner Abstammung, seiner Rasse, seiner Sprache, seiner Heimat und Herkunft, seines Glaubens, seiner religiösen oder politischen Anschauungen benachteiligt oder bevorzugt werden. Niemand darf wegen seiner Behinderung benachteiligt werden.

Artikel 6

(1) Ehe und Familie stehen unter dem besonderen Schutze der staatlichen Ordnung.

(2) Pflege und Erziehung der Kinder sind das natürliche Recht der Eltern und die zuvörderst ihnen obliegende Pflicht. Über ihre Betätigung wacht die staatliche Gemeinschaft.

(3) Gegen den Willen der Erziehungsberechtigten dürfen Kinder nur auf Grund eines Gesetzes von der Familie getrennt werden, wenn die Erziehungsberechtigten versagen oder wenn die Kinder aus anderen Gründen zu verwahrlosen drohen.

(4) Jede Mutter hat Anspruch auf den Schutz und die Fürsorge der Gemeinschaft.

(5) Den unehelichen Kindern sind durch die Gesetzgebung die gleichen Bedingungen für ihre leibliche und seelische Entwicklung und ihre Stellung in der Gesellschaft zu schaffen wie den ehelichen Kindern.

Artikel 10

(1) Das Briefgeheimnis sowie das Post- und Fernmeldegeheimnis sind unverletzlich.

(2) Beschränkungen dürfen nur auf Grund eines Gesetzes angeordnet werden. Dient die Beschränkung dem Schutze der freiheitlichen demokratischen Grundordnung oder des Bestandes oder der Sicherung des Bundes oder eines Landes, so kann das Gesetz bestimmen, daß sie dem Betroffenen nicht mitgeteilt wird und daß an die Stelle des Rechtsweges die Nachprüfung durch von der Volksvertretung bestellte Organe und Hilfsorgane tritt.

Artikel 13

(1) Die Wohnung ist unverletzlich.

(2) Durchsuchungen dürfen nur durch den Richter, bei Gefahr im Verzuge auch durch die in den Gesetzen vorgesehenen anderen Organe angeordnet und nur in der dort vorgeschriebenen Form durchgeführt werden.

(3) Begründen bestimmte Tatsachen den Verdacht, daß jemand eine durch Gesetz einzeln bestimmte besonders schwere Straftat begangen hat, so dürfen zur Verfolgung der Tat auf Grund richterlicher Anordnung technische Mittel zur akustischen Überwachung von Wohnungen, in denen der Beschuldigte sich vermutlich aufhält, eingesetzt werden, wenn die Erforschung des Sachverhalts auf andere Weise unverhältnismäßig erschwert oder aussichtslos wäre. Die Maßnahme ist zu befristen. Die Anordnung erfolgt durch einen mit drei Richtern besetzten Spruchkörper. Bei Gefahr im Verzuge kann sie auch durch einen einzelnen Richter getroffen werden.

(4) Zur Abwehr dringender Gefahren für die öffentliche Sicherheit, insbesondere einer gemeinen Gefahr oder einer Lebensgefahr, dürfen technische Mittel zur Überwachung von Wohnungen nur auf Grund richterlicher Anordnung eingesetzt werden. Bei Gefahr im Verzuge kann die Maßnahme auch durch eine andere gesetzlich bestimmte Stelle angeordnet werden; eine richterliche Entscheidung ist unverzüglich nachzuholen.

(5) Sind technische Mittel ausschließlich zum Schutze der bei einem Einsatz in Wohnungen tätigen Personen vorgesehen, kann die Maßnahme durch eine gesetzlich bestimmte Stelle angeordnet werden. Eine anderweitige Verwertung der hierbei erlangten Erkenntnisse ist nur zum Zwecke der Strafverfolgung oder der Gefahrenabwehr und nur zulässig, wenn zuvor die Rechtmäßigkeit der Maßnahme richterlich festgestellt ist; bei Gefahr im Verzuge ist die richterliche Entscheidung unverzüglich nachzuholen.

(6) Die Bundesregierung unterrichtet den Bundestag jährlich über den nach Absatz 3 sowie über den im Zuständigkeitsbereich des Bundes nach Absatz 4 und, soweit richterlich überprüfungsbedürftig, nach Absatz 5 erfolgten Einsatz technischer Mittel. Ein vom Bundestag gewähltes Gremium übt auf der Grundlage dieses Berichts die parlamentarische Kontrolle aus. Die Länder gewährleisten eine gleichwertige parlamentarische Kontrolle.

(7) Eingriffe und Beschränkungen dürfen im übrigen nur zur Abwehr einer gemeinen Gefahr oder einer Lebensgefahr für einzelne Personen, auf Grund eines Gesetzes auch zur Verhütung dringender Gefahren für die öffentliche Sicherheit und Ordnung, insbesondere zur Behebung der Raumnot, zur Bekämpfung von Seuchengefahr oder zum Schutze gefährdeter Jugendlicher vorgenommen werden.

Artikel 14

(1) Das Eigentum und das Erbrecht werden gewährleistet. Inhalt und Schranken werden durch die Gesetze bestimmt.

(2) Eigentum verpflichtet. Sein Gebrauch soll zugleich dem Wohle der Allgemeinheit dienen.

(3) Eine Enteignung ist nur zum Wohle der Allgemeinheit zulässig. Sie darf nur durch Gesetz oder auf Grund eines Gesetzes erfolgen, das Art und Ausmaß der Entschädigung regelt. Die Entschädigung ist unter gerechter Abwägung der Interessen der Allgemeinheit und der Beteiligten zu bestimmen. Wegen der Höhe der Entschädigung steht im Streitfalle der Rechtsweg vor den ordentlichen Gerichten offen.

Artikel 15

Grund und Boden, Naturschätze und Produktionsmittel können zum Zwecke der Vergesellschaftung durch ein Gesetz, das Art und Ausmaß der Entschädigung regelt, in Gemeineigentum oder in andere Formen der Gemeinwirtschaft überführt werden. Für die Entschädigung gilt Artikel 14 Abs. 3 Satz 3 und 4 entsprechend.

Artikel 17

Jedermann hat das Recht, sich einzeln oder in Gemeinschaft mit anderen schriftlich mit Bitten oder Beschwerden an die zuständigen Stellen und an die Volksvertretung zu wenden.

Artikel 19

(1) Soweit nach diesem Grundgesetz ein Grundrecht durch Gesetz oder auf Grund eines Gesetzes eingeschränkt werden kann, muß das Gesetz allgemein und nicht nur für den Einzelfall gelten. Außerdem muß das Gesetz das Grundrecht unter Angabe des Artikels nennen.

(2) In keinem Falle darf ein Grundrecht in seinem Wesensgehalt angetastet werden.

(3) Die Grundrechte gelten auch für inländische juristische Personen, soweit sie ihrem Wesen nach auf diese anwendbar sind.

(4) Wird jemand durch die öffentliche Gewalt in seinen Rechten verletzt, so steht ihm der Rechtsweg offen. Soweit eine andere Zuständigkeit nicht begründet ist, ist der ordentliche Rechtsweg gegeben. Artikel 10 Abs. 2 Satz 2 bleibt unberührt.

Artikel 20

(1) Die Bundesrepublik Deutschland ist ein demokratischer und sozialer Bundesstaat.

(2) Alle Staatsgewalt geht vom Volke aus. Sie wird vom Volke in Wahlen und Abstimmungen und durch besondere Organe der Gesetzgebung, der vollziehenden Gewalt und der Rechtsprechung ausgeübt.

(3) Die Gesetzgebung ist an die verfassungsmäßige Ordnung, die vollziehende Gewalt und die Rechtsprechung sind an Gesetz und Recht gebunden.

(4) Gegen jeden, der es unternimmt, diese Ordnung zu beseitigen, haben alle Deutschen das Recht zum Widerstand, wenn andere Abhilfe nicht möglich ist.

Artikel 105

(1) Der Bund hat die ausschließliche Gesetzgebung über die Zölle und Finanzmonopole.

(2) Der Bund hat die konkurrierende Gesetzgebung über die Grundsteuer. Er hat die konkurrierende Gesetzgebung über die übrigen Steuern, wenn ihm das Aufkommen dieser Steuern ganz oder zum Teil zusteht oder die Voraussetzungen des Artikels 72 Abs. 2 vorliegen.

(2a) Die Länder haben die Befugnis zur Gesetzgebung über die örtlichen Verbrauch- und Aufwandsteuern, solange und soweit sie nicht bundesgesetzlich geregelten Steuern gleichartig sind. Sie haben die Befugnis zur Bestimmung des Steuersatzes bei der Grunderwerbsteuer.

(3) Bundesgesetze über Steuern, deren Aufkommen den Ländern oder den Gemeinden (Gemeindeverbänden) ganz oder zum Teil zufließt, bedürfen der Zustimmung des Bundesrates.

Artikel 106

(1) Der Ertrag der Finanzmonopole und das Aufkommen der folgenden Steuern stehen dem Bund zu:

1. die Zölle,
2. die Verbrauchsteuern, soweit sie nicht nach Absatz 2 den Ländern, nach Absatz 3 Bund und Ländern gemeinsam oder nach Absatz 6 den Gemeinden zustehen,
3. die Straßengüterverkehrsteuer, die Kraftfahrzeugsteuer und sonstige auf motorisierte Verkehrsmittel bezogene Verkehrsteuern,
4. die Kapitalverkehrsteuern, die Versicherungsteuer und die Wechselsteuer,
5. die einmaligen Vermögensabgaben und die zur Durchführung des Lastenausgleichs erhobenen Ausgleichsabgaben,
6. die Ergänzungsabgabe zur Einkommensteuer und zur Körperschaftsteuer,
7. Abgaben im Rahmen der Europäischen Gemeinschaften.

(2) Das Aufkommen der folgenden Steuern steht den Ländern zu:

1. die Vermögensteuer,
2. die Erbschaftsteuer,
3. die Verkehrsteuern, soweit sie nicht nach Absatz 1 dem Bund oder nach Absatz 3 Bund und Ländern gemeinsam zustehen,
4. die Biersteuer,
5. die Abgabe von Spielbanken.

(3) Das Aufkommen der Einkommensteuer, der Körperschaftsteuer und der Umsatzsteuer steht dem Bund und den Ländern gemeinsam zu (Gemeinschaftsteuern), soweit das Aufkommen der Einkommensteuer nicht nach Absatz 5 und das Aufkommen der Umsatzsteuer nicht nach Absatz 5a den Gemeinden zugewiesen wird. Am Aufkommen der Einkommensteuer und der Körperschaftsteuer sind der Bund und die Länder je zur Hälfte beteiligt. Die Anteile von Bund und Ländern an der Umsatzsteuer werden durch Bundesgesetz, das der Zustimmung des Bundesrates bedarf, festgesetzt. Bei der Festsetzung ist von folgenden Grundsätzen auszugehen:

1. Im Rahmen der laufenden Einnahmen haben der Bund und die Länder gleichmäßig Anspruch auf Deckung ihrer notwendigen Ausgaben. Dabei ist der Umfang der Ausgaben unter Berücksichtigung einer mehrjährigen Finanzplanung zu ermitteln.
2. Die Deckungsbedürfnisse des Bundes und der Länder sind so aufeinander abzustimmen, daß ein billiger Ausgleich erzielt, eine Überbelastung der Steuerpflichtigen vermieden und die Einheitlichkeit der Lebensverhältnisse im Bundesgebiet gewahrt wird.

Zusätzlich werden in die Festsetzung der Anteile von Bund und Ländern an der Umsatzsteuer Steuermindereinnahmen einbezogen, die den Ländern ab 1. Januar 1996 aus der Berücksichtigung von Kindern im Einkommensteuerrecht entstehen. Das Nähere bestimmt das Bundesgesetz nach Satz 3.

(4) Die Anteile von Bund und Ländern an der Umsatzsteuer sind neu festzusetzen, wenn sich das Verhältnis zwischen den Einnahmen und Ausgaben des Bundes und der Länder wesentlich anders entwickelt; Steuermindereinnahmen, die nach Absatz 3 Satz 5 in die Festsetzung der Umsatzsteueranteile zusätzlich einbezogen werden, bleiben hierbei unberücksichtigt. Werden den Ländern durch Bundesgesetz zusätzliche Ausgaben auferlegt oder Einnahmen entzogen, so kann die Mehrbelastung durch Bundesgesetz, das der Zustimmung des Bundesrates bedarf, auch mit Finanzzuweisungen des Bundes ausgeglichen werden, wenn sie auf einen kurzen Zeitraum begrenzt ist. In dem Gesetz sind die Grundsätze für die Bemessung dieser Finanzzuweisungen und für ihre Verteilung auf die Länder zu bestimmen.

(5) Die Gemeinden erhalten einen Anteil an dem Aufkommen der Einkommensteuer, der von den Ländern an ihre Gemeinden auf der Grundlage der Einkommensteuerleistungen ihrer Einwohner weiterzuleiten ist. Das Nähere bestimmt ein Bundesgesetz, das der Zustimmung des Bundesrates bedarf. Es kann bestimmen, daß die Gemeinden Hebesätze für den Gemeindeanteil festsetzen.

(5a) Die Gemeinden erhalten ab dem 1. Januar 1998 einen Anteil an dem Aufkommen der Umsatzsteuer. Er wird von den Ländern auf der Grundlage eines orts- und wirtschaftsbezogenen Schlüssels an ihre Gemeinden weitergeleitet. Das Nähere wird durch Bundesgesetz, das der Zustimmung des Bundesrates bedarf, bestimmt.

(6) Das Aufkommen der Grundsteuer und Gewerbesteuer steht den Gemeinden, das Aufkommen der örtlichen Verbrauch- und Aufwandsteuern steht den Gemeinden oder nach Maßgabe der Landesgesetzgebung den Gemeindeverbänden zu. Den Gemeinden ist das Recht einzuräumen, die Hebesätze der Grundsteuer und Gewerbesteuer im Rahmen der Gesetze festzusetzen. Bestehen in einem Land keine Gemeinden, so steht das Aufkommen der Grundsteuer und Gewerbesteuer sowie der örtlichen Verbrauch- und Aufwandsteuern dem Land zu. Bund und Länder können durch eine Umlage an dem Aufkommen der Gewerbesteuer beteiligt werden. Das Nähere über die Umlage bestimmt ein Bundesgesetz, das der Zustimmung des Bundesrates bedarf. Nach Maßgabe der Landesgesetzgebung können die Grundsteuer und Gewerbesteuer sowie der Gemeindeanteil vom Aufkommen der Einkommensteuer und der Umsatzsteuer als Bemessungsgrundlagen für Umlagen zugrunde gelegt werden.

(7) Von dem Länderanteil am Gesamtaufkommen der Gemeinschaftsteuern fließt den Gemeinden und Gemeindeverbänden insgesamt ein von der Landesgesetzgebung zu bestimmender Hundertsatz zu. Im übrigen bestimmt die Landesgesetzgebung, ob und inwieweit das Aufkommen der Landessteuern den Gemeinden (Gemeindeverbänden) zufließt.

(8) Veranlaßt der Bund in einzelnen Ländern oder Gemeinden (Gemeindeverbänden) besondere Einrichtungen, die diesen Ländern oder Gemeinden (Gemeindeverbänden) unmittelbar Mehrausgaben oder Mindereinnahmen (Sonderbelastungen) verursachen, gewährt der Bund den erforderlichen Ausgleich, wenn und soweit den Ländern oder Gemeinden (Gemeindeverbänden) nicht zugemutet werden kann, die Sonderbelastungen zu tragen. Entschädigungsleistungen Dritter und finanzielle Vorteile, die diesen Ländern oder Gemeinden (Gemeindeverbänden) als Folge der Einrichtungen erwachsen, werden bei dem Ausgleich berücksichtigt.

(9) Als Einnahmen und Ausgaben der Länder im Sinne dieses Artikels gelten auch die Einnahmen und Ausgaben der Gemeinden (Gemeindeverbände).

Art 106a

Den Ländern steht ab 1. Januar 1996 für den öffentlichen Personennahverkehr ein Betrag aus dem Steueraufkommen des Bundes zu. Das Nähere regelt ein Bundesgesetz, das der Zustimmung des Bundesrates bedarf. Der Betrag nach Satz 1 bleibt bei der Bemessung der Finanzkraft nach Artikel 107 Abs. 2 unberücksichtigt.

Art 106b

Den Ländern steht ab dem 1. Juli 2009 infolge der Übertragung der Kraftfahrzeugsteuer auf den Bund ein Betrag aus dem Steueraufkommen des Bundes zu. Das Nähere regelt ein Bundesgesetz, das der Zustimmung des Bundesrates bedarf.

Artikel 107

(1) Das Aufkommen der Landessteuern und der Länderanteil am Aufkommen der Einkommensteuer und der Körperschaftsteuer stehen den einzelnen Ländern insoweit zu, als die Steuern von den Finanzbehörden in ihrem Gebiet vereinnahmt werden (örtliches Aufkommen). Durch Bundesgesetz, das der Zustimmung des Bundesrates bedarf, sind für die Körperschaftsteuer und die Lohnsteuer nähere Bestimmungen über die Abgrenzung sowie über Art und Umfang der Zerlegung des örtlichen Aufkommens zu treffen. Das Gesetz kann auch Bestimmungen über die Abgrenzung und Zerlegung des örtlichen Aufkommens anderer Steuern treffen. Der Länderanteil am Aufkommen der Umsatzsteuer steht den einzelnen Ländern, vorbehaltlich der Regelungen nach Absatz 2, nach Maßgabe ihrer Einwohnerzahl zu.

(2) Durch Bundesgesetz, das der Zustimmung des Bundesrates bedarf, ist sicherzustellen, dass die unterschiedliche Finanzkraft der Länder angemessen ausgeglichen wird; hierbei sind die Finanzkraft und der Finanzbedarf der Gemeinden (Gemeindeverbände) zu berücksichtigen. Zu diesem Zweck sind in dem Gesetz Zuschläge zu und Abschläge von der jeweiligen Finanzkraft bei der Verteilung der Länderanteile am Aufkommen der Umsatzsteuer zu regeln. Die Voraussetzungen für die Gewährung von Zuschlägen und für die Erhebung von Abschlägen sowie die Maßstäbe für die Höhe dieser Zuschläge und Abschläge sind in dem Gesetz zu bestimmen. Für Zwecke der Bemessung der Finanzkraft kann die bergrechtliche Förderabgabe mit nur einem Teil ihres Aufkommens berücksichtigt werden. Das Gesetz kann auch bestimmen, dass der Bund aus seinen Mitteln leistungsschwachen Ländern Zuweisungen zur ergänzenden Deckung ihres allgemeinen Finanzbedarfs (Ergänzungszuweisungen) gewährt. Zuweisungen können unabhängig von den Maßstäben nach den Sätzen 1 bis 3 auch solchen leistungsschwachen Ländern gewährt werden, deren Gemeinden (Gemeindeverbände) eine besonders geringe Steuerkraft aufweisen (Gemeindesteuerkraftzuweisungen), sowie außerdem solchen leistungsschwachen Ländern, deren Anteile an den Fördermitteln nach Artikel 91b ihre Einwohneranteile unterschreiten.

Artikel 108

(1) Zölle, Finanzmonopole, die bundesgesetzlich geregelten Verbrauchsteuern einschließlich der Einfuhrumsatzsteuer und die Abgaben im Rahmen der Europäischen Gemeinschaften werden durch Bundesfinanzbehörden verwaltet. Zölle, Finanzmonopole, die bundesgesetzlich geregelten Verbrauchsteuern einschließlich der Einfuhrumsatzsteuer, die Kraftfahrzeugsteuer und sonstige auf motorisierte Verkehrsmittel bezogene Verkehrsteuern ab dem 1. Juli 2009 sowie die Abgaben im Rahmen der Europäischen Gemeinschaften werden durch Bundesfinanzbehörden verwaltet. Der Aufbau dieser Behörden wird durch Bundesgesetz geregelt. Soweit Mittelbehörden eingerichtet sind, werden deren Leiter im Benehmen mit den Landesregierungen bestellt.

(2) Die übrigen Steuern werden durch Landesfinanzbehörden verwaltet. Der Aufbau dieser Behörden und die einheitliche Ausbildung der Beamten können durch Bundesgesetz mit Zustimmung des Bundesrates geregelt werden. Soweit Mittelbehörden eingerichtet sind, werden deren Leiter im Einvernehmen mit der Bundesregierung bestellt.

(3) Verwalten die Landesfinanzbehörden Steuern, die ganz oder zum Teil dem Bund zufließen, so werden sie im Auftrage des Bundes tätig. Artikel 85 Abs. 3 und 4 gilt mit der Maßgabe, daß an die Stelle der Bundesregierung der Bundesminister der Finanzen tritt.

(4) Durch Bundesgesetz, das der Zustimmung des Bundesrates bedarf, kann bei der Verwaltung von Steuern ein Zusammenwirken von Bundes- und Landesfinanzbehörden sowie für Steuern, die unter Absatz 1 fallen, die Verwaltung durch Landesfinanzbehörden und für andere Steuern die Verwaltung durch Bundesfinanzbehörden vorgesehen werden, wenn und soweit dadurch der Vollzug der Steuergesetze erheblich verbessert oder erleichtert wird. Für die den Gemeinden (Gemeindeverbänden) allein zufließenden Steuern kann die den Landesfinanzbehörden zustehende Verwaltung durch die Länder ganz oder zum Teil den Gemeinden (Gemeindeverbänden) übertragen werden. Das Bundesgesetz nach Satz 1 kann für ein Zusammenwirken von Bund und Ländern bestimmen, dass bei Zustimmung einer im Gesetz genannten Mehrheit Regelungen für den Vollzug von Steuergesetzen für alle Länder verbindlich werden.

(4a) Durch Bundesgesetz, das der Zustimmung des Bundesrates bedarf, können bei der Verwaltung von Steuern, die unter Absatz 2 fallen, ein Zusammenwirken von Landesfinanzbehörden und eine länderübergreifende Übertragung von Zuständigkeiten auf Landesfinanzbehörden eines oder mehrerer Länder im Einvernehmen mit den betroffenen Ländern vorgesehen werden, wenn und soweit dadurch der Vollzug der Steuergesetze erheblich verbessert oder erleichtert wird. Die Kostentragung kann durch Bundesgesetz geregelt werden.

(5) Das von den Bundesfinanzbehörden anzuwendende Verfahren wird durch Bundesgesetz geregelt. Das von den Landesfinanzbehörden und in den Fällen des Absatzes 4 Satz 2 von den Gemeinden (Gemeindeverbänden) anzuwendende Verfahren kann durch Bundesgesetz mit Zustimmung des Bundesrates geregelt werden.

(6) Die Finanzgerichtsbarkeit wird durch Bundesgesetz einheitlich geregelt.

(7) Die Bundesregierung kann allgemeine Verwaltungsvorschriften erlassen, und zwar mit Zustimmung des Bundesrates, soweit die Verwaltung den Landesfinanzbehörden oder Gemeinden (Gemeindeverbänden) obliegt.

Gerichtskostengesetz

in der Fassung der Bekanntmachung vom 27.2.2014 (BGBl. I S. 154), zuletzt geändert durch Artikel 4 des Gesetzes vom 7.11.2022 (BGBl. I S. 1982).

- Auszug -

Abschnitt 1 - Allgemeine Vorschriften

§ 1 - Geltungsbereich

(1) Für Verfahren vor den ordentlichen Gerichten

1. nach der Zivilprozessordnung, einschließlich des Mahnverfahrens nach § 113 Absatz 2 des Gesetzes über das Verfahren in Familiensachen und in den Angelegenheiten der freiwilligen Gerichtsbarkeit und der Verfahren nach dem Gesetz über das Verfahren in Familiensachen und in den Angelegenheiten der freiwilligen Gerichtsbarkeit, soweit das Vollstreckungs- oder Arrestgericht zuständig ist;
2. nach der Insolvenzordnung und dem Einführungsgesetz zur Insolvenzordnung;
3. nach der Schifffahrtsrechtlichen Verteilungsordnung;

3a. nach dem Unternehmensstabilisierungs- und -restrukturierungsgesetz:

4. nach dem Gesetz über die Zwangsversteigerung und die Zwangsverwaltung;
5. nach der Strafprozessordnung;
6. nach dem Jugendgerichtsgesetz;
7. nach dem Gesetz über Ordnungswidrigkeiten;
8. nach dem Strafvollzugsgesetz, auch in Verbindung mit § 92 des Jugendgerichtsgesetzes;
9. nach dem Gesetz gegen Wettbewerbsbeschränkungen;

9a. nach dem Agrarorganisationen-und-Lieferketten-Gesetz;

10. nach dem Wertpapiererwerbs- und Übernahmegesetz, soweit dort nichts anderes bestimmt ist;
11. nach dem Wertpapierhandelsgesetz;
12. nach dem Anerkennungs- und Vollstreckungsausführungsgesetz;
13. nach dem Auslandsunterhaltsgesetz, soweit das Vollstreckungsgericht zuständig ist;
14. für Rechtsmittelverfahren vor dem Bundesgerichtshof nach dem Patentgesetz, dem Gebrauchsmustergesetz, dem Markengesetz, dem Designgesetz, dem Halbleiterschutzgesetz und dem Sortenschutzgesetz (Rechtsmittelverfahren des gewerblichen Rechtsschutzes);
15. nach dem Energiewirtschaftsgesetz;;
16. nach dem Kapitalanleger-Musterverfahrensgesetz;
17. nach dem EU-Verbraucherschutzdurchführungsgesetz;

18. nach Abschnitt 2 Unterabschnitt 2 des Neunten Teils des Gesetzes über die internationale Rechtshilfe in Strafsachen;

19. nach dem Kohlendioxid-Speicherungsgesetz und

20. nach Abschnitt 3 des Internationalen Erbrechtsverfahrensgesetzes vom 29. Juni 2015 (BGBl. I S. 1042).

werden Kosten (Gebühren und Auslagen) nur nach diesem Gesetz erhoben. Satz 1 Nummer 1, 6 und 12 gilt nicht in Verfahren, in denen Kosten nach dem Gesetz über Gerichtskosten in Familiensachen zu erheben sind.

(2) Dieses Gesetz ist ferner anzuwenden für Verfahren

1. vor den Gerichten der Verwaltungsgerichtsbarkeit nach der Verwaltungsgerichtsordnung;

2. vor den Gerichten der Finanzgerichtsbarkeit nach der Finanzgerichtsordnung;

3. vor den Gerichten der Sozialgerichtsbarkeit nach dem Sozialgerichtsgesetz, soweit nach diesem Gesetz das Gerichtskostengesetz anzuwenden ist;

4. vor den Gerichten für Arbeitssachen nach dem Arbeitsgerichtsgesetz und

5. vor den Staatsanwaltschaften nach der Strafprozessordnung, dem Jugendgerichtsgesetz und dem Gesetz über Ordnungswidrigkeiten.

(3) Dieses Gesetz gilt auch für Verfahren nach

1. der Verordnung (EG) Nr. 861/2007 des Europäischen Parlaments und des Rates vom 11. Juli 2007 zur Einführung eines europäischen Verfahrens für geringfügige Forderungen,

2. der Verordnung (EG) Nr. 1896/2006 des Europäischen Parlaments und des Rates vom 12. Dezember 2006 zur Einführung eines Europäischen Mahnverfahrens,

3. der Verordnung (EU) Nr. 1215/2012 des Europäischen Parlaments und des Rates vom 12. Dezember 2012 über die gerichtliche Zuständigkeit und die Anerkennung und Vollstreckung von Entscheidungen in Zivil- und Handelssachen,

4. der Verordnung (EU) Nr. 655/2014 des Europäischen Parlaments und des Rates vom 15. Mai 2014 zur Einführung eines Verfahrens für einen Europäischen Beschluss zur vorläufigen Kontenpfändung im Hinblick auf die Erleichterung der grenzüberschreitenden Eintreibung von Forderungen in Zivil- und Handelssachen, wenn nicht das Familiengericht zuständig ist und

5. der Verordnung (EU) 2015/848 des Europäischen Parlaments und des Rates vom 20. Mai 2015 über Insolvenzverfahren.

(4) Kosten nach diesem Gesetz werden auch erhoben für Verfahren über eine Beschwerde, die mit einem der in den Absätzen 1 bis 3 genannten Verfahren im Zusammenhang steht.

(5) Die Vorschriften dieses Gesetzes über die Erinnerung und die Beschwerde gehen den Regelungen der für das zugrunde liegende Verfahren geltenden Verfahrensvorschriften vor.

§ 2 - Kostenfreiheit

(1) In Verfahren vor den ordentlichen Gerichten und den Gerichten der Finanz- und Sozialgerichtsbarkeit sind von der Zahlung der Kosten befreit der Bund und die Länder sowie die nach Haushaltsplänen des Bundes oder eines Landes verwalteten öffentlichen Anstalten und Kassen.

In Verfahren der Zwangsvollstreckung wegen öffentlich-rechtlicher Geldforderungen ist maßgebend, wer ohne Berücksichtigung des § 252 der Abgabenordnung oder entsprechender Vorschriften Gläubiger der Forderung ist.

(2) Für Verfahren vor den Gerichten für Arbeitssachen nach § 2a Absatz 1, § 103 Absatz 3, § 108 Absatz 3 und § 109 des Arbeitsgerichtsgesetzes sowie nach den §§ 122 und 126 der Insolvenzordnung werden Kosten nicht erhoben.

(3) Sonstige bundesrechtliche Vorschriften, durch die für Verfahren vor den ordentlichen Gerichten und den Gerichten der Finanz- und Sozialgerichtsbarkeit eine sachliche oder persönliche Befreiung von Kosten gewährt ist, bleiben unberührt. Landesrechtliche Vorschriften, die für diese Verfahren in weiteren Fällen eine sachliche oder persönliche Befreiung von Kosten gewähren, bleiben unberührt.

(4) Vor den Gerichten der Verwaltungsgerichtsbarkeit und den Gerichten für Arbeitssachen finden bundesrechtliche oder landesrechtliche Vorschriften über persönliche Kostenfreiheit keine Anwendung. Vorschriften über sachliche Kostenfreiheit bleiben unberührt.

(5) Soweit jemandem, der von Kosten befreit ist, Kosten des Verfahrens auferlegt werden, sind Kosten nicht zu erheben; bereits erhobene Kosten sind zurückzuzahlen. Das Gleiche gilt, soweit eine von der Zahlung der Kosten befreite Partei Kosten des Verfahrens übernimmt.

§ 3 - Höhe der Kosten

(1) Die Gebühren richten sich nach dem Wert des Streitgegenstands (Streitwert), soweit nichts anderes bestimmt ist.

(2) Kosten werden nach dem Kostenverzeichnis der Anlage 1 zu diesem Gesetz erhoben.

§ 4 - Verweisungen

(1) Verweist ein erstinstanzliches Gericht oder ein Rechtsmittelgericht ein Verfahren an ein erstinstanzliches Gericht desselben oder eines anderen Zweiges der Gerichtsbarkeit, ist das frühere erstinstanzliche Verfahren als Teil des Verfahrens vor dem übernehmenden Gericht zu behandeln.

(2) Mehrkosten, die durch Anrufung eines Gerichts entstehen, zu dem der Rechtsweg nicht gegeben oder das für das Verfahren nicht zuständig ist, werden nur dann erhoben, wenn die Anrufung auf verschuldeter Unkenntnis der tatsächlichen oder rechtlichen Verhältnisse beruht. Die Entscheidung trifft das Gericht, an das verwiesen worden ist.

§ 5 - Verjährung, Verzinsung

(1) Ansprüche auf Zahlung von Kosten verjähren in vier Jahren nach Ablauf des Kalenderjahrs, in dem das Verfahren durch rechtskräftige Entscheidung über die Kosten, durch Vergleich oder in sonstiger Weise beendet ist. Für die Ansprüche auf Zahlung von Auslagen des erstinstanzlichen Musterverfahrens nach dem Kapitalanleger-Musterverfahrensgesetz beginnt die Frist frühestens mit dem rechtskräftigen Abschluss des Musterverfahrens.

(2) Ansprüche auf Rückerstattung von Kosten verjähren in vier Jahren nach Ablauf des Kalenderjahrs, in dem die Zahlung erfolgt ist. Die Verjährung beginnt jedoch nicht vor dem in Absatz 1 bezeichneten Zeitpunkt. Durch Einlegung eines Rechtsbehelfs mit dem Ziel der Rückerstattung wird die Verjährung wie durch Klageerhebung gehemmt.

(3) Auf die Verjährung sind die Vorschriften des Bürgerlichen Gesetzbuchs anzuwenden; die Verjährung wird nicht von Amts wegen berücksichtigt. Die Verjährung der Ansprüche auf Zahlung von Kosten beginnt auch durch die Aufforderung zur Zahlung oder durch eine dem Schuldner

mitgeteilte Stundung erneut. Ist der Aufenthalt des Kostenschuldners unbekannt, genügt die Zustellung durch Aufgabe zur Post unter seiner letzten bekannten Anschrift. Bei Kostenbeträgen unter 25 Euro beginnt die Verjährung weder erneut noch wird sie gehemmt.

(4) Ansprüche auf Zahlung und Rückerstattung von Kosten werden vorbehaltlich der nach Nummer 9018 des Kostenverzeichnisses für das erstinstanzliche Musterverfahren nach dem Kapitalanleger-Musterverfahrensgesetz geltenden Regelung nicht verzinst.

§ 5a - Elektronische Akte, elektronisches Dokument

In Verfahren nach diesem Gesetz sind die verfahrensrechtlichen Vorschriften über die elektronische Akte und über das elektronische Dokument anzuwenden, die für das dem kostenrechtlichen Verfahren zugrunde liegende Verfahren gelten.

§ 5b - Rechtsbehelfsbelehrung

Jede Kostenrechnung und jede anfechtbare Entscheidung hat eine Belehrung über den statthaften Rechtsbehelf sowie über die Stelle, bei der dieser Rechtsbehelf einzulegen ist, über deren Sitz und über die einzuhaltende Form und Frist zu enthalten.

Abschnitt 2 - Fälligkeit

§ 6 - Fälligkeit der Gebühren im Allgemeinen

(1) In folgenden Verfahren wird die Verfahrensgebühr mit der Einreichung der Klage-, Antrags-, Einspruchs- oder Rechtsmittelschrift oder mit der Abgabe der entsprechenden Erklärung zu Protokoll fällig:

1. in bürgerlichen Rechtsstreitigkeiten,
2. in Sanierungs- und Reorganisationsverfahren nach dem Kreditinstitute-Reorganisationsgesetz,
3. in Insolvenzverfahren und in schifffahrtsrechtlichen Verteilungsverfahren,
3a. in Verfahren nach dem Unternehmensstabilisierungs- und –restrukturierungsgesetz,
4. in Rechtsmittelverfahren des gewerblichen Rechtsschutzes und
5. in Prozessverfahren vor den Gerichten der Verwaltungs-, Finanz- und Sozialgerichtsbarkeit.

Im Verfahren über ein Rechtsmittel, das vom Rechtsmittelgericht zugelassen worden ist, wird die Verfahrensgebühr mit der Zulassung fällig.

(2) Soweit die Gebühr eine Entscheidung oder sonstige gerichtliche Handlung voraussetzt, wird sie mit dieser fällig.

(3) In Verfahren vor den Gerichten für Arbeitssachen bestimmt sich die Fälligkeit der Kosten nach § 9.

§ 7 - Zwangsversteigerung und Zwangsverwaltung

(1) Die Gebühren für die Entscheidung über den Antrag auf Anordnung der Zwangsversteigerung und über den Beitritt werden mit der Entscheidung fällig. Die Gebühr für die Erteilung des Zuschlags wird mit dessen Verkündung und, wenn der Zuschlag von dem Beschwerdegericht erteilt wird, mit der Zustellung des Beschlusses an den Ersteher fällig. Im Übrigen werden die Gebühren

im ersten Rechtszug im Verteilungstermin und, wenn das Verfahren vorher aufgehoben wird, mit der Aufhebung fällig.

(2) Absatz 1 Satz 1 gilt im Verfahren der Zwangsverwaltung entsprechend. Die Jahresgebühr wird jeweils mit Ablauf eines Kalenderjahres, die letzte Jahresgebühr mit der Aufhebung des Verfahrens fällig.

§ 8 Strafsachen, Bußgeldsachen

In Strafsachen werden die Kosten, die dem verurteilten Beschuldigten zur Last fallen, erst mit der Rechtskraft des Urteils fällig. Dies gilt in gerichtlichen Verfahren nach dem Gesetz über Ordnungswidrigkeiten entsprechend.

§ 9 Fälligkeit der Gebühren in sonstigen Fällen, Fälligkeit der Auslagen

(1) Die Gebühr für die Anmeldung eines Anspruchs zum Musterverfahren nach dem Kapitalanleger-Musterverfahrensgesetz wird mit Einreichung der Anmeldungserklärung fällig. Die Auslagen des Musterverfahrens nach dem Kapitalanleger-Musterverfahrensgesetz werden mit dem rechtskräftigen Abschluss des Musterverfahrens fällig.

(2) Im Übrigen werden die Gebühren und die Auslagen fällig, wenn

1. eine unbedingte Entscheidung über die Kosten ergangen ist,
2. das Verfahren oder der Rechtszug durch Vergleich oder Zurücknahme beendet ist,
3. das Verfahren sechs Monate ruht oder sechs Monate nicht betrieben worden ist,
4. das Verfahren sechs Monate unterbrochen oder sechs Monate ausgesetzt war oder
5. das Verfahren durch anderweitige Erledigung beendet ist.

(3) Die Dokumentenpauschale sowie die Auslagen für die Versendung von Akten werden sofort nach ihrer Entstehung fällig..

Abschnitt 3 - Vorschuss und Vorauszahlung

§ 10 – Grundsatz für die Abhängigmachung

In weiterem Umfang als die Prozessordnungen und dieses Gesetz es gestatten, darf die Tätigkeit der Gerichte von der Sicherstellung oder Zahlung der Kosten nicht abhängig gemacht werden.

§ 11 - Verfahren nach dem Arbeitsgerichtsgesetz

In Verfahren vor den Gerichten für Arbeitssachen sind die Vorschriften dieses Abschnitts nicht anzuwenden; dies gilt für die Zwangsvollstreckung in Arbeitssachen auch dann, wenn das Amtsgericht Vollstreckungsgericht ist. Satz 1 gilt nicht in Verfahren wegen überlanger Gerichtsverfahren (§ 9 Absatz 2 Satz 2 des Arbeitsgerichtsgesetzes).

§ 12 - Verfahren nach der Zivilprozessordnung

(1) In bürgerlichen Rechtsstreitigkeiten soll die Klage erst nach Zahlung der Gebühr für das Verfahren im Allgemeinen zugestellt werden. Wird der Klageantrag erweitert, soll vor Zahlung der Gebühr für das Verfahren im Allgemeinen keine gerichtliche Handlung vorgenommen werden; dies gilt auch in der Rechtsmittelinstanz. Die Anmeldung zum Musterverfahren (§ 10 Absatz 2 des Kapitalanleger-Musterverfahrensgesetzes) soll erst nach Zahlung der Gebühr nach Nummer 1902 des Kostenverzeichnisses zugestellt werden.

(2) Absatz 1 gilt nicht

1. für die Widerklage,

2. für europäische Verfahren für geringfügige Forderungen,

3. für Rechtsstreitigkeiten über Erfindungen eines Arbeitnehmers, soweit nach § 39 des Gesetzes über Arbeitnehmererfindungen die für Patentstreitsachen zuständigen Gerichte ausschließlich zuständig sind, und

4. für die Restitutionsklage nach § 580 Nummer 8 der Zivilprozessordnung.

(3) Der Mahnbescheid soll erst nach Zahlung der dafür vorgesehenen Gebühr erlassen werden. Wird der Mahnbescheid maschinell erstellt, gilt Satz 1 erst für den Erlass des Vollstreckungsbescheids. Im Mahnverfahren soll auf Antrag des Antragstellers nach Erhebung des Widerspruchs die Sache an das für das streitige Verfahren als zuständig bezeichnete Gericht erst abgegeben werden, wenn die Gebühr für das Verfahren im Allgemeinen gezahlt ist; dies gilt entsprechend für das Verfahren nach Erlass eines Vollstreckungsbescheids unter Vorbehalt der Ausführung der Rechte des Beklagten. Satz 3 gilt auch für die nach dem Gesetz über Gerichtskosten in Familiensachen zu zahlende Gebühr für das Verfahren im Allgemeinen.

(4) Absatz 3 Satz 1 gilt im Europäischen Mahnverfahren entsprechend. Wird ein europäisches Verfahren für geringfügige Forderungen ohne Anwendung der Vorschriften der Verordnung (EG) Nr. 861/2007 fortgeführt, soll vor Zahlung der Gebühr für das Verfahren im Allgemeinen keine gerichtliche Handlung vorgenommen werden.

(5) Über den Antrag auf Abnahme der eidesstattlichen Versicherung soll erst nach Zahlung der dafür vorgesehenen Gebühr entschieden werden.

(6) Über Anträge auf Erteilung einer weiteren vollstreckbaren Ausfertigung (§ 733 der Zivilprozessordnung) und über Anträge auf gerichtliche Handlungen der Zwangsvollstreckung gemäß § 829 Absatz 1, §§ 835, 839, 846 bis 848, 857, 858, 886 bis 888 oder § 890 der Zivilprozessordnung soll erst nach Zahlung der Gebühr für das Verfahren und der Auslagen für die Zustellung entschieden werden. Dies gilt nicht bei elektronischen Anträgen auf gerichtliche Handlungen der Zwangsvollstreckung gemäß § 829a der Zivilprozessordnung.

§ 12a - Verfahren wegen überlanger Gerichtsverfahren und strafrechtlicher Ermittlungsverfahren

In Verfahren wegen überlanger Gerichtsverfahren und strafrechtlicher Ermittlungsverfahren ist § 12 Absatz 1 Satz 1 und 2 entsprechend anzuwenden. Wird ein solches Verfahren bei einem Gericht der Verwaltungs-, Finanz- oder Sozialgerichtsbarkeit anhängig, ist in der Aufforderung zur Zahlung der Gebühr für das Verfahren im Allgemeinen darauf hinzuweisen, dass die Klage erst nach Zahlung dieser Gebühr zugestellt und die Streitsache erst mit Zustellung der Klage rechtshängig wird.

§ 13 - Verteilungsverfahren nach der Schifffahrtsrechtlichen Verteilungsordnung

Über den Antrag auf Eröffnung des Verteilungsverfahrens nach der Schifffahrtsrechtlichen Verteilungsordnung soll erst nach Zahlung der dafür vorgesehenen Gebühr und der Auslagen für die öffentliche Bekanntmachung entschieden werden.

§ 13a Verfahren nach dem Unternehmensstabilisierungs- und -restrukturierungsgesetz

(1) Über den Antrag auf Inanspruchnahme eines Instruments des Stabilisierungs- und Restrukturierungsrahmens soll erst nach Zahlung der Gebühr für das Verfahren entschieden werden.

(2) Absatz 1 gilt entsprechend für den Antrag auf Bestellung eines Restrukturierungsbeauftragten oder eines Sanierungsmoderators.

§ 14 - Ausnahmen von der Abhängigmachung

Die §§ 12 und 13 gelten nicht,

1. soweit dem Antragsteller Prozesskostenhilfe bewilligt ist,
2. wenn dem Antragsteller Gebührenfreiheit zusteht oder
3. wenn die beabsichtigte Rechtsverfolgung weder aussichtslos noch mutwillig erscheint und wenn glaubhaft gemacht wird, dass
   a) dem Antragsteller die alsbaldige Zahlung der Kosten mit Rücksicht auf seine Vermögenslage oder aus sonstigen Gründen Schwierigkeiten bereiten würde oder
   b) eine Verzögerung dem Antragsteller einen nicht oder nur schwer zu ersetzenden Schaden bringen würde; zur Glaubhaftmachung genügt in diesem Fall die Erklärung des zum Prozessbevollmächtigten bestellten Rechtsanwalts.

§ 15 - Zwangsversteigerungs- und Zwangsverwaltungsverfahren

(1) Im Zwangsversteigerungsverfahren ist spätestens bei der Bestimmung des Zwangsversteigerungstermins ein Vorschuss in Höhe des Doppelten einer Gebühr für die Abhaltung des Versteigerungstermins zu erheben.

(2) Im Zwangsverwaltungsverfahren hat der Antragsteller jährlich einen angemessenen Gebührenvorschuss zu zahlen.

§ 16 - Privatklage, Nebenklage

(1) Der Privatkläger hat, wenn er Privatklage erhebt, Rechtsmittel einlegt, die Wiederaufnahme beantragt oder das Verfahren nach den §§ 435 bis 437 der Strafprozessordnung betreibt, für den jeweiligen Rechtszug einen Betrag in Höhe der entsprechenden in den Nummern 3311, 3321, 3331, 3340, 3410, 3431, 3441 oder 3450 des Kostenverzeichnisses bestimmten Gebühr als Vorschuss zu zahlen. Der Widerkläger ist zur Zahlung eines Gebührenvorschusses nicht verpflichtet.

(2) Der Nebenkläger hat, wenn er Rechtsmittel einlegt oder die Wiederaufnahme beantragt, für den jeweiligen Rechtszug einen Betrag in Höhe der entsprechenden in den Nummern 3511, 3521 oder 3530 des Kostenverzeichnisses bestimmten Gebühr als Vorschuss zu zahlen. Wenn er im Verfahren nach den §§ 435 bis 437 der Strafprozessordnung Rechtsmittel einlegt oder die Wiederaufnahme beantragt, hat er für den jeweiligen Rechtszug einen Betrag in Höhe der entsprechenden in den Nummern 3431, 3441 oder 3450 des Kostenverzeichnisses bestimmten Gebühr als Vorschuss zu zahlen.

§ 17 - Auslagen

(1) Wird die Vornahme einer Handlung, mit der Auslagen verbunden sind, beantragt, hat derjenige, der die Handlung beantragt hat, einen zur Deckung der Auslagen hinreichenden Vorschuss zu zahlen. Das Gericht soll die Vornahme der Handlung von der vorherigen Zahlung abhängig machen.

(2) Die Herstellung und Überlassung von Dokumenten auf Antrag sowie die Versendung von Akten können von der vorherigen Zahlung eines die Auslagen deckenden Vorschusses abhängig gemacht werden.

(3) Bei Handlungen, die von Amts wegen vorgenommen werden, kann ein Vorschuss zur Deckung der Auslagen erhoben werden.

(4) Absatz 1 gilt nicht in Musterverfahren nach dem Kapitalanleger-Musterverfahrensgesetz, für die Anordnung einer Haft und in Strafsachen nur für den Privatkläger, den Widerkläger sowie für den Nebenkläger, der Berufung oder Revision eingelegt hat. Absatz 2 gilt nicht in Strafsachen und in gerichtlichen Verfahren nach dem Gesetz über Ordnungswidrigkeiten, wenn der Beschuldigte oder sein Beistand Antragsteller ist. Absatz 3 gilt nicht in Strafsachen, in gerichtlichen Verfahren nach dem Gesetz über Ordnungswidrigkeiten sowie in Verfahren über einen Schuldenbereinigungsplan (§ 306 der Insolvenzordnung).

§ 18 - Fortdauer der Vorschusspflicht

Die Verpflichtung zur Zahlung eines Vorschusses bleibt bestehen, auch wenn die Kosten des Verfahrens einem anderen auferlegt oder von einem anderen übernommen sind. § 31 Absatz 2 gilt entsprechend.

Abschnitt 4 - Kostenansatz

§ 19 - Kostenansatz

(1) Außer in Strafsachen und in gerichtlichen Verfahren nach dem Gesetz über Ordnungswidrigkeiten werden angesetzt:

1. die Kosten des ersten Rechtszugs bei dem Gericht, bei dem das Verfahren im ersten Rechtszug anhängig ist oder zuletzt anhängig war,
2. die Kosten des Rechtsmittelverfahrens bei dem Rechtsmittelgericht.

Dies gilt auch dann, wenn die Kosten bei einem ersuchten Gericht entstanden sind.

(2) In Strafsachen und in gerichtlichen Verfahren nach dem Gesetz über Ordnungswidrigkeiten, in denen eine gerichtliche Entscheidung durch die Staatsanwaltschaft zu vollstrecken ist, werden die Kosten bei der Staatsanwaltschaft angesetzt. In Jugendgerichtssachen, in denen eine Vollstreckung einzuleiten ist, werden die Kosten bei dem Amtsgericht angesetzt, dem der Jugendrichter angehört, der die Vollstreckung einzuleiten hat (§ 84 des Jugendgerichtsgesetzes); ist daneben die Staatsanwaltschaft Vollstreckungsbehörde, werden die Kosten bei dieser angesetzt. Im Übrigen werden die Kosten in diesen Verfahren bei dem Gericht des ersten Rechtszugs angesetzt. Die Kosten des Rechtsmittelverfahrens vor dem Bundesgerichtshof werden stets bei dem Bundesgerichtshof angesetzt.

(3) Hat die Staatsanwaltschaft im Fall des § 25a des Straßenverkehrsgesetzes eine abschließende Entscheidung getroffen, werden die Kosten einschließlich derer, die durch einen Antrag auf gerichtliche Entscheidung entstanden sind, bei ihr angesetzt.

(4) Die Dokumentenpauschale sowie die Auslagen für die Versendung von Akten werden bei der Stelle angesetzt, bei der sie entstanden sind.

(5) Der Kostenansatz kann im Verwaltungsweg berichtigt werden, solange nicht eine gerichtliche Entscheidung getroffen ist. Ergeht nach der gerichtlichen Entscheidung über den Kostenansatz eine Entscheidung, durch die der Streitwert anders festgesetzt wird, kann der Kostenansatz ebenfalls berichtigt werden.

§ 20 - Nachforderung

(1) Wegen eines unrichtigen Ansatzes dürfen Kosten nur nachgefordert werden, wenn der berichtigte Ansatz dem Zahlungspflichtigen vor Ablauf des nächsten Kalenderjahres nach Absen-

dung der den Rechtszug abschließenden Kostenrechnung (Schlusskostenrechnung), in Zwangsverwaltungsverfahren der Jahresrechnung, mitgeteilt worden ist. Dies gilt nicht, wenn die Nachforderung auf vorsätzlich oder grob fahrlässig falschen Angaben des Kostenschuldners beruht oder wenn der ursprüngliche Kostenansatz unter einem bestimmten Vorbehalt erfolgt ist.

(2) Ist innerhalb der Frist des Absatzes 1 ein Rechtsbehelf in der Hauptsache oder wegen der Kosten eingelegt worden, ist die Nachforderung bis zum Ablauf des nächsten Kalenderjahres nach Beendigung dieser Verfahren möglich.

(3) Ist der Wert gerichtlich festgesetzt worden, genügt es, wenn der berichtigte Ansatz dem Zahlungspflichtigen drei Monate nach der letzten Wertfestsetzung mitgeteilt worden ist.

§ 21 - Nichterhebung von Kosten

(1) Kosten, die bei richtiger Behandlung der Sache nicht entstanden wären, werden nicht erhoben. Das Gleiche gilt für Auslagen, die durch eine von Amts wegen veranlasste Verlegung eines Termins oder Vertagung einer Verhandlung entstanden sind. Für abweisende Entscheidungen sowie bei Zurücknahme eines Antrags kann von der Erhebung von Kosten abgesehen werden, wenn der Antrag auf unverschuldeter Unkenntnis der tatsächlichen oder rechtlichen Verhältnisse beruht.

(2) Die Entscheidung trifft das Gericht. Solange nicht das Gericht entschieden hat, können Anordnungen nach Absatz 1 im Verwaltungsweg erlassen werden. Eine im Verwaltungsweg getroffene Anordnung kann nur im Verwaltungsweg geändert werden.

Abschnitt 5 - Kostenhaftung

§ 22 - Streitverfahren, Bestätigungen und Bescheinigungen zu inländischen Titeln

(1) In bürgerlichen Rechtsstreitigkeiten mit Ausnahme der Restitutionsklage nach § 580 Nummer 8 der Zivilprozessordnung sowie in Verfahren nach § 1 Absatz 1 Satz 1 Nummer 14, Absatz 2 Nummer 1 bis 3 sowie Absatz 4 schuldet die Kosten, wer das Verfahren des Rechtszugs beantragt hat. Im Verfahren, das gemäß § 700 Absatz 3 der Zivilprozessordnung dem Mahnverfahren folgt, schuldet die Kosten, wer den Vollstreckungsbescheid beantragt hat. Im Verfahren, das nach Einspruch dem Europäischen Mahnverfahren folgt, schuldet die Kosten, wer den Zahlungsbefehl beantragt hat. Die Gebühr für den Abschluss eines gerichtlichen Vergleichs schuldet jeder, der an dem Abschluss beteiligt ist.

(2) In Verfahren vor den Gerichten für Arbeitssachen ist Absatz 1 nicht anzuwenden, soweit eine Kostenhaftung nach § 29 Nummer 1 oder 2 besteht. Absatz 1 ist ferner nicht anzuwenden, solange bei einer Zurückverweisung des Rechtsstreits an die Vorinstanz nicht feststeht, wer für die Kosten nach § 29 Nummer 1 oder 2 haftet, und der Rechtsstreit noch anhängig ist; er ist jedoch anzuwenden, wenn das Verfahren nach Zurückverweisung sechs Monate geruht hat oder sechs Monate von den Parteien nicht betrieben worden ist.

(3) In Verfahren über Anträge auf Ausstellung einer Bestätigung nach § 1079 der Zivilprozessordnung, einer Bescheinigung nach § 1110 der Zivilprozessordnung oder nach § 57 oder § 58 des Anerkennungs- und Vollstreckungsausführungsgesetzes schuldet die Kosten der Antragsteller.

(4) Im erstinstanzlichen Musterverfahren nach dem Kapitalanleger-Musterverfahrensgesetz ist Absatz 1 nicht anzuwenden. Die Kosten für die Anmeldung eines Anspruchs zum Musterverfahren schuldet der Anmelder. Im Verfahren über die Rechtsbeschwerde nach § 20 des Kapitalanleger-Musterverfahrensgesetzes schuldet neben dem Rechtsbeschwerdeführer auch der Beteiligte, der dem Rechtsbeschwerdeverfahren auf Seiten des Rechtsbeschwerdeführers beigetreten ist, die Kosten.

§ 23 - Insolvenzverfahren

(1) Die Gebühr für das Verfahren über den Antrag auf Eröffnung des Insolvenzverfahrens schuldet, wer den Antrag gestellt hat. Wird der Antrag abgewiesen oder zurückgenommen, gilt dies auch für die entstandenen Auslagen. Die Auslagen nach Nummer 9017 des Kostenverzeichnisses schuldet jedoch nur der Schuldner des Insolvenzverfahrens. Die Sätze 1 und 2 gelten nicht, wenn der Schuldner des Insolvenzverfahrens nach § 14 Absatz 3 der Insolvenzordnung die Kosten des Verfahrens trägt.

(2) Die Kosten des Verfahrens über die Versagung oder den Widerruf der Restschuldbefreiung (§§ 296 bis 297a, 300 und 303 der Insolvenzordnung) schuldet, wer das Verfahren beantragt hat.

(3) Die Kosten des Verfahrens wegen einer Anfechtung nach Artikel 36 Absatz 7 Satz 2 der Verordnung (EU) 2015/848 schuldet der antragstellende Gläubiger, wenn der Antrag abgewiesen oder zurückgenommen wird.

(4) Die Kosten des Verfahrens über einstweilige Maßnahmen nach Artikel 36 Absatz 9 der Verordnung (EU) 2015/848 schuldet der antragstellende Gläubiger.

(5) Die Kosten des Gruppen-Koordinationsverfahrens nach Kapitel V Abschnitt 2 der Verordnung (EU) 2015/848 trägt der Schuldner, dessen Verwalter die Einleitung des Koordinationsverfahrens beantragt hat.

(6) Die Kosten des Koordinationsverfahrens trägt der Schuldner, der die Einleitung des Verfahrens beantragt hat. Dieser Schuldner trägt die Kosten auch, wenn der Antrag von dem Insolvenzverwalter, dem vorläufigen Insolvenzverwalter, dem Gläubigerausschuss oder dem vorläufigen Gläubigerausschuss gestellt wird.

(7) Im Übrigen schuldet die Kosten der Schuldner des Insolvenzverfahrens.

§ 23a Sanierungs- und Reorganisationsverfahren nach dem Kreditinstitute-Reorganisationsgesetz

Die Kosten des Sanierungs- und Reorganisationsverfahrens schuldet nur das Kreditinstitut.

§ 24 - Öffentliche Bekanntmachung in ausländischen Insolvenzverfahren

Die Kosten des Verfahrens über den Antrag auf öffentliche Bekanntmachung ausländischer Entscheidungen in Insolvenzverfahren oder vergleichbaren Verfahren schuldet, wer das Verfahren beantragt hat.

§ 25 - Verteilungsverfahren nach der Schifffahrtsrechtlichen Verteilungsordnung

Die Kosten des Verteilungsverfahrens nach der Schifffahrtsrechtlichen Verteilungsordnung schuldet, wer das Verfahren beantragt hat.

§ 25a - Verfahren nach dem Unternehmensstabilisierungs- und -restrukturierungsgesetz

(1) Die Kosten der Verfahren nach dem Unternehmensstabilisierungs- und –restrukturierungsgesetz vor dem Restrukturierungsgericht sowie die Gebühren nach den Nummern 2510 und 2513 des Kostenverzeichnisses schuldet nur der Schuldner des Verfahrens, soweit nichts anderes bestimmt ist.

(2) Wird ein fakultativer Restrukturierungsbeauftragter auf Antrag von Gläubigern bestellt, schulden die Gebühr nach Nummer 2513 des Kostenverzeichnisses und die Auslagen nach Nummer

9017 des Kostenverzeichnisses nur die antragstellenden Gläubiger, soweit sie ihnen nach § 82 Absatz 2 des Unternehmensstabilisierungs- und -restrukturierungsgesetzes auferlegt sind.

§ 26 - Zwangsversteigerungs- und Zwangsverwaltungsverfahren

(1) Die Kosten des Zwangsversteigerungs- und Zwangsverwaltungsverfahrens sowie des Verfahrens der Zwangsliquidation einer Bahneinheit schuldet vorbehaltlich des Absatzes 2, wer das Verfahren beantragt hat, soweit die Kosten nicht dem Erlös entnommen werden können.

(2) Die Kosten für die Erteilung des Zuschlags schuldet nur der Ersteher; § 29 Nummer 3 bleibt unberührt. Im Fall der Abtretung der Rechte aus dem Meistgebot oder der Erklärung, für einen Dritten geboten zu haben (§ 81 des Gesetzes über die Zwangsversteigerung und die Zwangsverwaltung), haften der Ersteher und der Meistbietende als Gesamtschuldner.

(3) Die Kosten des Beschwerdeverfahrens schuldet der Beschwerdeführer.

§ 27 - Bußgeldsachen

Der Betroffene, der im gerichtlichen Verfahren nach dem Gesetz über Ordnungswidrigkeiten den Einspruch gegen einen Bußgeldbescheid zurücknimmt, schuldet die entstandenen Kosten.

§ 28 - Auslagen in weiteren Fällen

(1) Die Dokumentenpauschale schuldet ferner, wer die Erteilung der Ausfertigungen, Kopien oder Ausdrucke beantragt hat. Sind Kopien oder Ausdrucke angefertigt worden, weil die Partei oder der Beteiligte es unterlassen hat, die erforderliche Zahl von Mehrfertigungen beizufügen, schuldet nur die Partei oder der Beteiligte die Dokumentenpauschale.

(2) Die Auslagen nach Nummer 9003 des Kostenverzeichnisses schuldet nur, wer die Versendung der Akte beantragt hat.

(3) Im Verfahren auf Bewilligung von Prozesskostenhilfe einschließlich des Verfahrens auf Bewilligung grenzüberschreitender Prozesskostenhilfe ist der Antragsteller Schuldner der Auslagen, wenn

1. der Antrag zurückgenommen oder vom Gericht abgelehnt wird oder
2. die Übermittlung des Antrags von der Übermittlungsstelle oder das Ersuchen um Prozesskostenhilfe von der Empfangsstelle abgelehnt wird.

§ 29 - Weitere Fälle der Kostenhaftung

Die Kosten schuldet ferner,

1. wem durch gerichtliche oder staatsanwaltschaftliche Entscheidung die Kosten des Verfahrens auferlegt sind;
2. wer sie durch eine vor Gericht abgegebene oder dem Gericht mitgeteilte Erklärung oder in einem vor Gericht abgeschlossenen oder dem Gericht mitgeteilten Vergleich übernommen hat; dies gilt auch, wenn bei einem Vergleich ohne Bestimmung über die Kosten diese als von beiden Teilen je zur Hälfte übernommen anzusehen sind;
3. wer für die Kostenschuld eines anderen kraft Gesetzes haftet und
4. der Vollstreckungsschuldner für die notwendigen Kosten der Zwangsvollstreckung..

§ 30 - Erlöschen der Zahlungspflicht

Die durch gerichtliche oder staatsanwaltschaftliche Entscheidung begründete Verpflichtung zur Zahlung von Kosten erlischt, soweit die Entscheidung durch eine andere gerichtliche Entscheidung aufgehoben oder abgeändert wird. Soweit die Verpflichtung zur Zahlung von Kosten nur auf der aufgehobenen oder abgeänderten Entscheidung beruht hat, werden bereits gezahlte Kosten zurückerstattet.

§ 31 - Mehrere Kostenschuldner

(1) Mehrere Kostenschuldner haften als Gesamtschuldner.

(2) Soweit ein Kostenschuldner aufgrund von § 29 Nummer 1 oder 2 (Erstschuldner) haftet, soll die Haftung eines anderen Kostenschuldners nur geltend gemacht werden, wenn eine Zwangsvollstreckung in das bewegliche Vermögen des ersteren erfolglos geblieben ist oder aussichtslos erscheint. Zahlungen des Erstschuldners mindern seine Haftung aufgrund anderer Vorschriften dieses Gesetzes auch dann in voller Höhe, wenn sich seine Haftung nur auf einen Teilbetrag bezieht.

(3) Soweit einem Kostenschuldner, der aufgrund von § 29 Nummer 1 haftet (Entscheidungsschuldner), Prozesskostenhilfe bewilligt worden ist, darf die Haftung eines anderen Kostenschuldners nicht geltend gemacht werden; von diesem bereits erhobene Kosten sind zurückzuzahlen, soweit es sich nicht um eine Zahlung nach § 13 Absatz 1 und 3 des Justizvergütungs- und -entschädigungsgesetzes handelt und die Partei, der die Prozesskostenhilfe bewilligt worden ist, der besonderen Vergütung zugestimmt hat. Die Haftung eines anderen Kostenschuldners darf auch nicht geltend gemacht werden, soweit dem Entscheidungsschuldner ein Betrag für die Reise zum Ort einer Verhandlung, Vernehmung oder Untersuchung und für die Rückreise gewährt worden ist.

(4) Absatz 3 ist entsprechend anzuwenden, soweit der Kostenschuldner aufgrund des § 29 Nummer 2 haftet, wenn

1. der Kostenschuldner die Kosten in einem vor Gericht abgeschlossenen oder gegenüber dem Gericht angenommenen Vergleich übernommen hat,
2. der Vergleich einschließlich der Verteilung der Kosten von dem Gericht vorgeschlagen worden ist und
3. das Gericht in seinem Vergleichsvorschlag ausdrücklich festgestellt hat, dass die Kostenregelung der sonst zu erwartenden Kostenentscheidung entspricht.

§ 32 - Haftung von Streitgenossen und Beigeladenen

(1) Streitgenossen haften als Gesamtschuldner, wenn die Kosten nicht durch gerichtliche Entscheidung unter sie verteilt sind. Soweit einen Streitgenossen nur Teile des Streitgegenstands betreffen, beschränkt sich seine Haftung als Gesamtschuldner auf den Betrag, der entstanden wäre, wenn das Verfahren nur diese Teile betroffen hätte.

(2) Absatz 1 gilt auch für mehrere Beigeladene, denen Kosten auferlegt worden sind.

§ 33 - Verpflichtung zur Zahlung von Kosten in besonderen Fällen

Die nach den §§ 53 bis 55, 177, 209 und 269 der Insolvenzordnung sowie den §§ 466 und 471 Absatz 4 der Strafprozessordnung begründete Verpflichtung zur Zahlung von Kosten besteht auch gegenüber der Staatskasse.

Abschnitt 6 - Gebührenvorschriften

§ 34 - Wertgebühren

(1) Wenn sich die Gebühren nach dem Streitwert richten, beträgt bei einem Streitwert bis 500 Euro die Gebühr 38 Euro. Die Gebühr erhöht sich bei einem

Streitwert bis … Euro	für jeden angefangenen Betrag von weiteren … Euro	um … Euro
2 000	500	20
10 000	1 000	21
25 000	3 000	29
50 000	5 000	38
200 000	15 000	132
500 000	30 000	198
über 500 000	50 000	198

Eine Gebührentabelle für Streitwerte bis 500 000 Euro ist diesem Gesetz als Anlage 2 beigefügt.

(2) Der Mindestbetrag einer Gebühr ist 15 Euro.

§ 35 - Einmalige Erhebung der Gebühren

Die Gebühr für das Verfahren im Allgemeinen und die Gebühr für eine Entscheidung werden in jedem Rechtszug hinsichtlich eines jeden Teils des Streitgegenstands nur einmal erhoben.

§ 36 - Teile des Streitgegenstands

(1) Für Handlungen, die einen Teil des Streitgegenstands betreffen, sind die Gebühren nur nach dem Wert dieses Teils zu berechnen.

(2) Sind von einzelnen Wertteilen in demselben Rechtszug für gleiche Handlungen Gebühren zu berechnen, darf nicht mehr erhoben werden, als wenn die Gebühr von dem Gesamtbetrag der Wertteile zu berechnen wäre.

(3) Sind für Teile des Gegenstands verschiedene Gebührensätze anzuwenden, sind die Gebühren für die Teile gesondert zu berechnen; die aus dem Gesamtbetrag der Wertteile nach dem höchsten Gebührensatz berechnete Gebühr darf jedoch nicht überschritten werden.

§ 37 - Zurückverweisung

Wird eine Sache zur anderweitigen Verhandlung an das Gericht des unteren Rechtszugs zurückverwiesen, bildet das weitere Verfahren mit dem früheren Verfahren vor diesem Gericht im Sinne des § 35 einen Rechtszug.

§ 38 - Verzögerung des Rechtsstreits

Wird außer im Fall des § 335 der Zivilprozessordnung durch Verschulden des Klägers, des Beklagten oder eines Vertreters die Vertagung einer mündlichen Verhandlung oder die Anberaumung eines neuen Termins zur mündlichen Verhandlung nötig oder ist die Erledigung des Rechtsstreits durch nachträgliches Vorbringen von Angriffs- oder Verteidigungsmitteln, Beweismitteln oder Beweiseinreden, die früher vorgebracht werden konnten, verzögert worden, kann das Gericht dem Kläger oder dem Beklagten von Amts wegen eine besondere Gebühr mit einem Gebührensatz von 1,0 auferlegen. Die Gebühr kann bis auf einen Gebührensatz von 0,3 ermäßigt werden. Dem Kläger, dem Beklagten oder dem Vertreter stehen gleich der Nebenintervenient, der Beigeladene, der Vertreter des Bundesinteresses beim Bundesverwaltungsgericht und der Vertreter des öffentlichen Interesses sowie ihre Vertreter.

Abschnitt 7 - Wertvorschriften

Unterabschnitt 1 - Allgemeine Wertvorschriften

§ 39 - Grundsatz

(1) In demselben Verfahren und in demselben Rechtszug werden die Werte mehrerer Streitgegenstände zusammengerechnet, soweit nichts anderes bestimmt ist.

(2) Der Streitwert beträgt höchstens 30 Millionen Euro, soweit kein niedrigerer Höchstwert bestimmt ist.

§ 40 - Zeitpunkt der Wertberechnung

Für die Wertberechnung ist der Zeitpunkt der den jeweiligen Streitgegenstand betreffenden Antragstellung maßgebend, die den Rechtszug einleitet.

§ 41 - Miet-, Pacht- und ähnliche Nutzungsverhältnisse

(1) Ist das Bestehen oder die Dauer eines Miet-, Pacht- oder ähnlichen Nutzungsverhältnisses streitig, ist der Betrag des auf die streitige Zeit entfallenden Entgelts und, wenn das einjährige Entgelt geringer ist, dieser Betrag für die Wertberechnung maßgebend. Das Entgelt nach Satz 1 umfasst neben dem Nettogrundentgelt Nebenkosten dann, wenn diese als Pauschale vereinbart sind und nicht gesondert abgerechnet werden.

(2) Wird wegen Beendigung eines Miet-, Pacht- oder ähnlichen Nutzungsverhältnisses die Räumung eines Grundstücks, Gebäudes oder Gebäudeteils verlangt, ist ohne Rücksicht darauf, ob über das Bestehen des Nutzungsverhältnisses Streit besteht, das für die Dauer eines Jahres zu zahlende Entgelt maßgebend, wenn sich nicht nach Absatz 1 ein geringerer Streitwert ergibt. Wird die Räumung oder Herausgabe auch aus einem anderen Rechtsgrund verlangt, ist der Wert der Nutzung eines Jahres maßgebend.

(3) Werden der Anspruch auf Räumung von Wohnraum und der Anspruch nach den §§ 574 bis 574b des Bürgerlichen Gesetzbuchs auf Fortsetzung des Mietverhältnisses über diesen Wohnraum in demselben Prozess verhandelt, werden die Werte nicht zusammengerechnet.

(4) Bei Ansprüchen nach den §§ 574 bis 574b des Bürgerlichen Gesetzbuchs ist auch für die Rechtsmittelinstanz der für den ersten Rechtszug maßgebende Wert zugrunde zu legen, sofern nicht die Beschwer geringer ist.

(5) Bei Ansprüchen auf Erhöhung der Miete für Wohnraum ist der Jahresbetrag der zusätzlich geforderten Miete, bei Feststellung einer Minderung der Miete für Wohnraum der Jahresbetrag der Mietminderung, bei Ansprüchen des Mieters auf Durchführung von Instandsetzungsmaßnahmen der Jahresbetrag einer angemessenen Mietminderung und bei Ansprüchen des Vermieters auf Duldung einer Durchführung von Modernisierungs- oder Erhaltungsmaßnahmen der Jahres-

betrag einer möglichen Mieterhöhung, in Ermangelung dessen einer sonst möglichen Mietminderung durch den Mieter maßgebend. Endet das Mietverhältnis vor Ablauf eines Jahres, ist ein entsprechend niedrigerer Betrag maßgebend.

§ 42 - Wiederkehrende Leistungen

(1) Bei Ansprüchen auf wiederkehrende Leistungen aus einem öffentlich-rechtlichen Dienst- oder Amtsverhältnis, einer Dienstpflicht oder einer Tätigkeit, die anstelle einer gesetzlichen Dienstpflicht geleistet werden kann, bei Ansprüchen von Arbeitnehmern auf wiederkehrende Leistungen sowie in Verfahren vor Gerichten der Sozialgerichtsbarkeit, in denen Ansprüche auf wiederkehrende Leistungen dem Grunde oder der Höhe nach geltend gemacht oder abgewehrt werden, ist der dreifache Jahresbetrag der wiederkehrenden Leistungen maßgebend, wenn nicht der Gesamtbetrag der geforderten Leistungen geringer ist. Ist im Verfahren vor den Gerichten der Verwaltungs- und Sozialgerichtsbarkeit die Höhe des Jahresbetrags nicht nach dem Antrag des Klägers bestimmt oder nach diesem Antrag mit vertretbarem Aufwand bestimmbar, ist der Streitwert nach § 52 Absatz 1 und 2 zu bestimmen.

(2) Für die Wertberechnung bei Rechtsstreitigkeiten vor den Gerichten für Arbeitssachen über das Bestehen, das Nichtbestehen oder die Kündigung eines Arbeitsverhältnisses ist höchstens der Betrag des für die Dauer eines Vierteljahres zu leistenden Arbeitsentgelts maßgebend; eine Abfindung wird nicht hinzugerechnet. Bei Rechtsstreitigkeiten über Eingruppierungen ist der Wert des dreijährigen Unterschiedsbetrags zur begehrten Vergütung maßgebend, sofern nicht der Gesamtbetrag der geforderten Leistungen geringer ist.

(3) Die bei Einreichung der Klage fälligen Beträge werden dem Streitwert hinzugerechnet; dies gilt nicht in Rechtsstreitigkeiten vor den Gerichten für Arbeitssachen. Der Einreichung der Klage steht die Einreichung eines Antrags auf Bewilligung der Prozesskostenhilfe gleich, wenn die Klage alsbald nach Mitteilung der Entscheidung über den Antrag oder über eine alsbald eingelegte Beschwerde eingereicht wird.

§ 43 - Nebenforderungen

(1) Sind außer dem Hauptanspruch auch Früchte, Nutzungen, Zinsen oder Kosten als Nebenforderungen betroffen, wird der Wert der Nebenforderungen nicht berücksichtigt.

(2) Sind Früchte, Nutzungen, Zinsen oder Kosten als Nebenforderungen ohne den Hauptanspruch betroffen, ist der Wert der Nebenforderungen maßgebend, soweit er den Wert des Hauptanspruchs nicht übersteigt

(3) Sind die Kosten des Rechtsstreits ohne den Hauptanspruch betroffen, ist der Betrag der Kosten maßgebend, soweit er den Wert des Hauptanspruchs nicht übersteigt.

§ 44 - Stufenklage

Wird mit der Klage auf Rechnungslegung oder auf Vorlegung eines Vermögensverzeichnisses oder auf Abgabeeiner eidesstattlichen Versicherung die Klage auf Herausgabe desjenigen verbunden, was der Beklagte aus dem zugrunde liegenden Rechtsverhältnis schuldet, ist für die Wertberechnung nur einer der verbundenen Ansprüche, und zwar der höhere, maßgebend.

§ 45 - Klage und Widerklage, Hilfsanspruch, wechselseitige Rechtsmittel, Aufrechnung

(1) In einer Klage und in einer Widerklage geltend gemachte Ansprüche, die nicht in getrennten Prozessen verhandelt werden, werden zusammengerechnet. Ein hilfsweise geltend gemachter Anspruch wird mit dem Hauptanspruch zusammengerechnet, soweit eine Entscheidung über ihn ergeht. Betreffen die Ansprüche im Fall des Satzes 1 oder 2 denselben Gegenstand, ist nur der Wert des höheren Anspruchs maßgebend.

(2) Für wechselseitig eingelegte Rechtsmittel, die nicht in getrennten Prozessen verhandelt werden, ist Absatz 1 Satz 1 und 3 entsprechend anzuwenden.

(3) Macht der Beklagte hilfsweise die Aufrechnung mit einer bestrittenen Gegenforderung geltend, erhöht sich der Streitwert um den Wert der Gegenforderung, soweit eine der Rechtskraft fähige Entscheidung über sie ergeht.

(4) Bei einer Erledigung des Rechtsstreits durch Vergleich sind die Absätze 1 bis 3 entsprechend anzuwenden.

§ 46 – (weggefallen)

§ 47 - Rechtsmittelverfahren

(1) Im Rechtsmittelverfahren bestimmt sich der Streitwert nach den Anträgen des Rechtsmittelführers. Endet das Verfahren, ohne dass solche Anträge eingereicht werden, oder werden, wenn eine Frist für die Rechtsmittelbegründung vorgeschrieben ist, innerhalb dieser Frist Rechtsmittelanträge nicht eingereicht, ist die Beschwer maßgebend.

(2) Der Streitwert ist durch den Wert des Streitgegenstands des ersten Rechtszugs begrenzt. Das gilt nicht, soweit der Streitgegenstand erweitert wird.

(3) Im Verfahren über den Antrag auf Zulassung des Rechtsmittels und im Verfahren über die Beschwerde gegen die Nichtzulassung des Rechtsmittels ist Streitwert der für das Rechtsmittelverfahren maßgebende Wert.

Unterabschnitt 2 - Besondere Wertvorschriften

...

§ 52 - Verfahren vor Gerichten der Verwaltungs-, Finanz- und Sozialgerichtsbarkeit

(1) In Verfahren vor den Gerichten der Verwaltungs-, Finanz- und Sozialgerichtsbarkeit ist, soweit nichts anderes bestimmt ist, der Streitwert nach der sich aus dem Antrag des Klägers für ihn ergebenden Bedeutung der Sache nach Ermessen zu bestimmen.

(2) Bietet der Sach- und Streitstand für die Bestimmung des Streitwerts keine genügenden Anhaltspunkte, ist ein Streitwert von 5 000 Euro anzunehmen.

(3) Betrifft der Antrag des Klägers eine bezifferte Geldleistung oder einen hierauf bezogenen Verwaltungsakt, ist deren Höhe maßgebend. Hat der Antrag des Klägers offensichtlich absehbare Auswirkungen auf künftige Geldleistungen oder auf noch zu erlassende, auf derartige Geldleistungen bezogene Verwaltungsakte, ist die Höhe des sich aus Satz 1 ergebenden Streitwerts um den Betrag der offensichtlich absehbaren zukünftigen Auswirkungen für den Kläger anzuheben, wobei die Summe das Dreifache des Werts nach Satz 1 nicht übersteigen darf. In Verfahren in Kindergeldangelegenheiten vor den Gerichten der Finanzgerichtsbarkeit ist § 42 Absatz 1 Satz 1 und Absatz 3 entsprechend anzuwenden; an die Stelle des dreifachen Jahresbetrags tritt der einfache Jahresbetrag.

(4) In Verfahren

1. vor den Gerichten der Finanzgerichtsbarkeit, mit Ausnahme der Verfahren nach § 155 Satz 2 der Finanzgerichtsordnung und der Verfahren in Kindergeldangelegenheiten, darf der Streitwert nicht unter 1 500 Euro,

2. vor den Gerichten der Sozialgerichtsbarkeit und bei Rechtsstreitigkeiten nach dem Krankenhausfinanzierungsgesetz nicht über 2 500 000 Euro,

3. vor den Gerichten der Verwaltungsgerichtsbarkeit über Ansprüche nach dem Vermögensgesetz nicht über 500 000 Euro und

4. bei Rechtsstreitigkeiten nach § 36 Absatz 6 Satz 1 des Pflegeberufegesetzes nicht über 1 500 000 Euro

angenommen werden.

(5) Solange in Verfahren vor den Gerichten der Finanzgerichtsbarkeit der Wert nicht festgesetzt ist und sich der nach den Absätzen 3 und 4 Nummer 1 maßgebende Wert auch nicht unmittelbar aus den gerichtlichen Verfahrensakten ergibt, sind die Gebühren vorläufig nach dem in Absatz 4 Nummer 1 bestimmten Mindestwert zu bemessen.

(6) In Verfahren, die die Begründung, die Umwandlung, das Bestehen, das Nichtbestehen oder die Beendigung eines besoldeten öffentlich-rechtlichen Dienst- oder Amtsverhältnisses betreffen, ist Streitwert

1. die Summe der für ein Kalenderjahr zu zahlenden Bezüge mit Ausnahme nicht ruhegehaltsfähiger Zulagen, wenn Gegenstand des Verfahrens ein Dienst- oder Amtsverhältnis auf Lebenszeit ist,

2. im Übrigen die Hälfte der für ein Kalenderjahr zu zahlenden Bezüge mit Ausnahme nicht ruhegehaltsfähiger Zulagen.

Maßgebend für die Berechnung ist das laufende Kalenderjahr. Bezügebestandteile, die vom Familienstand oder von Unterhaltsverpflichtungen abhängig sind, bleiben außer Betracht. Betrifft das Verfahren die Verleihung eines anderen Amts oder den Zeitpunkt einer Versetzung in den Ruhestand, ist Streitwert die Hälfte des sich nach den Sätzen 1 bis 3 ergebenden Betrags.

(7) Ist mit einem in Verfahren nach Absatz 6 verfolgten Klagebegehren ein aus ihm hergeleiteter vermögensrechtlicher Anspruch verbunden, ist nur ein Klagebegehren, und zwar das wertmäßig höhere, maßgebend.

(8) Dem Kläger steht gleich, wer sonst das Verfahren des ersten Rechtszugs beantragt hat.

§ 53 - Einstweiliger Rechtsschutz und Verfahren nach § 148 Abs. 1 und 2 des Aktiengesetzes

(1) In folgenden Verfahren bestimmt sich der Wert nach § 3 der Zivilprozessordnung:

1. über die Anordnung eines Arrests, zur Erwirkung eines Europäischen Beschlusses zur vorläufigen Kontenpfändung, wenn keine Festgebühren bestimmt sind, und auf Erlass einer einstweiligen Verfügung sowie im Verfahren über die Aufhebung, den Widerruf oder die Abänderung der genannten Entscheidungen,

2. über den Antrag auf Zulassung der Vollziehung einer vorläufigen oder sichernden Maßnahme des Schiedsgerichts,

3. auf Aufhebung oder Abänderung einer Entscheidung auf Zulassung der Vollziehung (§ 1041 der Zivilprozessordnung),

4. nach § 47 Absatz 5 des Energiewirtschaftsgesetzes über gerügte Rechtsverletzungen, der Wert beträgt höchstens 100 000 Euro, und

5. nach § 148 Absatz 1 und 2 des Aktiengesetzes; er darf jedoch ein Zehntel des Grundkapitals oder Stammkapitals des übertragenden oder formwechselnden Rechtsträgers oder, falls der übertragende oder formwechselnde Rechtsträger ein Grundkapital oder Stammkapital nicht hat, ein Zehntel des Vermögens dieses Rechtsträgers, höchstens

jedoch 500 000 Euro, nur insoweit übersteigen, als die Bedeutung der Sache für die Parteien höher zu bewerten ist.

(2) In folgenden Verfahren bestimmt sich der Wert nach § 52 Absatz 1 und 2:

1. über einen Antrag auf Erlass, Abänderung oder Aufhebung einer einstweiligen Anordnung nach § 123 der Verwaltungsgerichtsordnung oder § 114 der Finanzgerichtsordnung,

2. nach § 47 Absatz 6, § 80 Absatz 5 bis 8, § 80a Absatz 3 oder § 80b Absatz 2 und 3 der Verwaltungsgerichtsordnung,

3. nach § 69 Absatz 3, 5 der Finanzgerichtsordnung,

4. nach § 86b des Sozialgerichtsgesetzes und

5. nach § 50 Absatz 3 bis 5 des Wertpapiererwerbs- und Übernahmegesetzes.

§ 53a - Sanierungs- und Reorganisationsverfahren nach dem Kreditinstitute-Reorganisationsgesetz

Die Gebühren im Sanierungs- und Reorganisationsverfahren werden nach der Bilanzsumme des letzten Jahresabschlusses vor der Stellung des Antrags auf Durchführung des Sanierungs- oder Reorganisationsverfahrens erhoben.

§ 54 - Zwangsversteigerung

(1) Bei der Zwangsversteigerung von Grundstücken sind die Gebühren für das Verfahren im Allgemeinen und für die Abhaltung des Versteigerungstermins nach dem gemäß § 74a Absatz 5 des Gesetzes über die Zwangsversteigerung und die Zwangsverwaltung festgesetzten Wert zu berechnen. Ist ein solcher Wert nicht festgesetzt, ist der Einheitswert maßgebend. Weicht der Gegenstand des Verfahrens vom Gegenstand der Einheitsbewertung wesentlich ab oder hat sich der Wert infolge bestimmter Umstände, die nach dem Feststellungszeitpunkt des Einheitswerts eingetreten sind, wesentlich verändert oder ist ein Einheitswert noch nicht festgestellt, ist der nach den Grundsätzen der Einheitsbewertung geschätzte Wert maßgebend. Wird der Einheitswert nicht nachgewiesen, ist das Finanzamt um Auskunft über die Höhe des Einheitswerts zu ersuchen; § 30 der Abgabenordnung steht der Auskunft nicht entgegen.

(2) Die Gebühr für die Erteilung des Zuschlags bestimmt sich nach dem Gebot ohne Zinsen, für das der Zuschlag erteilt ist, einschließlich des Werts der nach den Versteigerungsbedingungen bestehen bleibenden Rechte zuzüglich des Betrags, in dessen Höhe der Ersteher nach § 114a des Gesetzes über die Zwangsversteigerung und die Zwangsverwaltung als aus dem Grundstück befriedigt gilt. Im Fall der Zwangsversteigerung zur Aufhebung einer Gemeinschaft vermindert sich der Wert nach Satz 1 um den Anteil des Erstehers an dem Gegenstand des Verfahrens; bei Gesamthandeigentum ist jeder Mitberechtigte wie ein Eigentümer nach dem Verhältnis seines Anteils anzusehen.

(3) Die Gebühr für das Verteilungsverfahren bestimmt sich nach dem Gebot ohne Zinsen, für das der Zuschlag erteilt ist, einschließlich des Werts der nach den Versteigerungsbedingungen bestehen bleibenden Rechte. Der Erlös aus einer gesonderten Versteigerung oder sonstigen Verwertung (§ 65 des Gesetzes über die Zwangsversteigerung und die Zwangsverwaltung) wird hinzugerechnet.

(4) Sind mehrere Gegenstände betroffen, ist der Gesamtwert maßgebend.

(5) Bei Zuschlägen an verschiedene Ersteher wird die Gebühr für die Erteilung des Zuschlags von jedem Ersteher nach dem Wert der auf ihn entfallenden Gegenstände erhoben. Eine Bietergemeinschaft gilt als ein Ersteher.

§ 55 - Zwangsverwaltung

Die Gebühr für die Durchführung des Zwangsverwaltungsverfahrens bestimmt sich nach dem Gesamtwert der Einkünfte.

§ 56 - Zwangsversteigerung von Schiffen, Schiffsbauwerken, Luftfahrzeugen und grundstücksgleichen Rechten

Die §§ 54 und 55 gelten entsprechend für die Zwangsversteigerung von Schiffen, Schiffsbauwerken und Luftfahrzeugen sowie für die Zwangsversteigerung und die Zwangsverwaltung von Rechten, die den Vorschriften der Zwangsvollstreckung in das unbewegliche Vermögen unterliegen, einschließlich der unbeweglichen Kuxe.

§ 57 - Zwangsliquidation einer Bahneinheit

Bei der Zwangsliquidation einer Bahneinheit bestimmt sich die Gebühr für das Verfahren nach dem Gesamtwert der Bestandteile der Bahneinheit.

§ 58 - Insolvenzverfahren

(1) Die Gebühren für den Antrag auf Eröffnung des Insolvenzverfahrens und für die Durchführung des Insolvenzverfahrens werden nach dem Wert der Insolvenzmasse zur Zeit der Beendigung des Verfahrens erhoben. Gegenstände, die zur abgesonderten Befriedigung dienen, werden nur in Höhe des für diese nicht erforderlichen Betrags angesetzt. Wird das Unternehmen des Schuldners fortgeführt, so ist von den bei der Fortführung erzielten Einnahmen nur der Überschuss zu berücksichtigen, der sich nach Abzug der Ausgaben ergibt. Dies gilt auch, wenn nur Teile des Unternehmens fortgeführt werden.

(2) Ist der Antrag auf Eröffnung des Insolvenzverfahrens von einem Gläubiger gestellt, wird die Gebühr für das Verfahren über den Antrag nach dem Betrag seiner Forderung, wenn jedoch der Wert der Insolvenzmasse geringer ist, nach diesem Wert erhoben.

(3) Bei der Beschwerde des Schuldners oder des ausländischen Insolvenzverwalters gegen die Eröffnung des Insolvenzverfahrens oder gegen die Abweisung des Eröffnungsantrags mangels Masse gilt Absatz 1. Bei der Beschwerde eines Gläubigers gegen die Eröffnung des Insolvenzverfahrens oder gegen die Abweisung des Eröffnungsantrags gilt Absatz 2.

(4) Im Verfahren über einen Antrag nach Artikel 36 Absatz 7 Satz 2 der Verordnung (EU) 2015/848 bestimmt sich der Wert nach dem Mehrbetrag, den der Gläubiger bei der Verteilung anstrebt.

(5) Im Verfahren über Anträge nach Artikel 36 Absatz 9 der Verordnung (EU) 2015/848 bestimmt sich der Wert nach dem Betrag der Forderung des Gläubigers.

(6) Im Verfahren über die sofortige Beschwerde nach Artikel 102c § 26 des Einführungsgesetzes zur Insolvenzordnung gegen die Entscheidung über die Kosten des Gruppen-Koordinationsverfahrens bestimmt sich der Wert nach der Höhe der Kosten.

§ 59 - Verteilungsverfahren nach der Schifffahrtsrechtlichen Verteilungsordnung

Die Gebühren für den Antrag auf Eröffnung des Verteilungsverfahrens nach der Schifffahrtsrechtlichen Verteilungsordnung und für die Durchführung des Verteilungsverfahrens richten sich nach dem Betrag der festgesetzten Haftungssumme. Ist diese höher als der Gesamtbetrag der Ansprüche, für deren Gläubiger das Recht auf Teilnahme an dem Verteilungsverfahren festgestellt wird, richten sich die Gebühren nach dem Gesamtbetrag der Ansprüche.

...

Unterabschnitt 3 - Wertfestsetzung

§ 61 - Angabe des Werts

Bei jedem Antrag ist der Streitwert, sofern dieser nicht in einer bestimmten Geldsumme besteht, kein fester Wert bestimmt ist oder sich nicht aus früheren Anträgen ergibt, und nach Aufforderung auch der Wert eines Teils des Streitgegenstands schriftlich oder zu Protokoll der Geschäftsstelle anzugeben. Die Angabe kann jederzeit berichtigt werden.

§ 62 - Wertfestsetzung für die Zuständigkeit des Prozessgerichts oder die Zulässigkeit des Rechtsmittels

Ist der Streitwert für die Entscheidung über die Zuständigkeit des Prozessgerichts oder die Zulässigkeit des Rechtsmittels festgesetzt, ist die Festsetzung auch für die Berechnung der Gebühren maßgebend, soweit die Wertvorschriften dieses Gesetzes nicht von den Wertvorschriften des Verfahrensrechts abweichen. Satz 1 gilt nicht in Verfahren vor den Gerichten für Arbeitssachen.

63 - Wertfestsetzung für die Gerichtsgebühren

(1) Sind Gebühren, die sich nach dem Streitwert richten, mit der Einreichung der Klage-, Antrags-, Einspruchs- oder Rechtsmittelschrift oder mit der Abgabe der entsprechenden Erklärung zu Protokoll fällig, setzt das Gericht sogleich den Wert ohne Anhörung der Parteien durch Beschluss vorläufig fest, wenn Gegenstand des Verfahrens nicht eine bestimmte Geldsumme in Euro ist oder gesetzlich kein fester Wert bestimmt ist. Einwendungen gegen die Höhe des festgesetzten Werts können nur im Verfahren über die Beschwerde gegen den Beschluss, durch den die Tätigkeit des Gerichts aufgrund dieses Gesetzes von der vorherigen Zahlung von Kosten abhängig gemacht wird, geltend gemacht werden. Die Sätze 1 und 2 gelten nicht in Verfahren vor den Gerichten der Finanzgerichtsbarkeit.

(2) Soweit eine Entscheidung nach § 62 Satz 1 nicht ergeht oder nicht bindet, setzt das Prozessgericht den Wert für die zu erhebenden Gebühren durch Beschluss fest, sobald eine Entscheidung über den gesamten Streitgegenstand ergeht oder sich das Verfahren anderweitig erledigt. In Verfahren vor den Gerichten für Arbeitssachen oder der Finanzgerichtsbarkeit gilt dies nur dann, wenn ein Beteiligter oder die Staatskasse die Festsetzung beantragt oder das Gericht sie für angemessen hält.

(3) Die Festsetzung kann von Amts wegen geändert werden

1. von dem Gericht, das den Wert festgesetzt hat, und
2. von dem Rechtsmittelgericht, wenn das Verfahren wegen der Hauptsache oder wegen der Entscheidung über den Streitwert, den Kostenansatz oder die Kostenfestsetzung in der Rechtsmittelinstanz schwebt.

Die Änderung ist nur innerhalb von sechs Monaten zulässig, nachdem die Entscheidung in der Hauptsache Rechtskraft erlangt oder das Verfahren sich anderweitig erledigt hat.

§ 64 - Schätzung des Werts

Wird eine Abschätzung durch Sachverständige erforderlich, ist in dem Beschluss, durch den der Wert festgesetzt wird (§ 63), über die Kosten der Abschätzung zu entscheiden. Diese Kosten können ganz oder teilweise der Partei auferlegt werden, welche die Abschätzung durch Unterlassen der ihr obliegenden Wertangabe, durch unrichtige Angabe des Werts, durch unbegründetes Bestreiten des angegebenen Werts oder durch eine unbegründete Beschwerde veranlasst hat.

...

Abschnitt 8 - Erinnerung und Beschwerde

§ 66 - Erinnerung gegen den Kostenansatz, Beschwerde

(1) Über Erinnerungen des Kostenschuldners und der Staatskasse gegen den Kostenansatz entscheidet das Gericht, bei dem die Kosten angesetzt sind. Sind die Kosten bei der Staatsanwaltschaft angesetzt, ist das Gericht des ersten Rechtszugs zuständig. War das Verfahren im ersten Rechtszug bei mehreren Gerichten anhängig, ist das Gericht, bei dem es zuletzt anhängig war, auch insoweit zuständig, als Kosten bei den anderen Gerichten angesetzt worden sind. Soweit sich die Erinnerung gegen den Ansatz der Auslagen des erstinstanzlichen Musterverfahrens nach dem Kapitalanleger-Musterverfahrensgesetz richtet, entscheidet hierüber das für die Durchführung des Musterverfahrens zuständige Oberlandesgericht.

(2) Gegen die Entscheidung über die Erinnerung findet die Beschwerde statt, wenn der Wert des Beschwerdegegenstands 200 Euro übersteigt. Die Beschwerde ist auch zulässig, wenn sie das Gericht, das die angefochtene Entscheidung erlassen hat, wegen der grundsätzlichen Bedeutung der zur Entscheidung stehenden Frage in dem Beschluss zulässt.

(3) Soweit das Gericht die Beschwerde für zulässig und begründet hält, hat es ihr abzuhelfen; im Übrigen ist die Beschwerde unverzüglich dem Beschwerdegericht vorzulegen. Beschwerdegericht ist das nächsthöhere Gericht. Eine Beschwerde an einen obersten Gerichtshof des Bundes findet nicht statt. Das Beschwerdegericht ist an die Zulassung der Beschwerde gebunden; die Nichtzulassung ist unanfechtbar.

(4) Die weitere Beschwerde ist nur zulässig, wenn das Landgericht als Beschwerdegericht entschieden und sie wegen der grundsätzlichen Bedeutung der zur Entscheidung stehenden Frage in dem Beschluss zugelassen hat. Sie kann nur darauf gestützt werden, dass die Entscheidung auf einer Verletzung des Rechts beruht; die §§ 546 und 547 der Zivilprozessordnung gelten entsprechend. Über die weitere Beschwerde entscheidet das Oberlandesgericht. Absatz 3 Satz 1 und 4 gilt entsprechend.

(5) Anträge und Erklärungen können ohne Mitwirkung eines Bevollmächtigten schriftlich eingereicht oder zu Protokoll der Geschäftsstelle abgegeben werden; § 129a der Zivilprozessordnung gilt entsprechend. Für die Bevollmächtigung gelten die Regelungen der für das zugrunde liegende Verfahren geltenden Verfahrensordnung entsprechend. Die Erinnerung ist bei dem Gericht einzulegen, das für die Entscheidung über die Erinnerung zuständig ist. Die Erinnerung kann auch bei der Staatsanwaltschaft eingelegt werden, wenn die Kosten bei dieser angesetzt worden sind. Die Beschwerde ist bei dem Gericht einzulegen, dessen Entscheidung angefochten wird.

(6) Das Gericht entscheidet über die Erinnerung durch eines seiner Mitglieder als Einzelrichter; dies gilt auch für die Beschwerde, wenn die angefochtene Entscheidung von einem Einzelrichter oder einem Rechtspfleger erlassen wurde. Der Einzelrichter überträgt das Verfahren der Kammer oder dem Senat, wenn die Sache besondere Schwierigkeiten tatsächlicher oder rechtlicher Art aufweist oder die Rechtssache grundsätzliche Bedeutung hat. Das Gericht entscheidet jedoch immer ohne Mitwirkung ehrenamtlicher Richter. Auf eine erfolgte oder unterlassene Übertragung kann ein Rechtsmittel nicht gestützt werden.

(7) Erinnerung und Beschwerde haben keine aufschiebende Wirkung. Das Gericht oder das Beschwerdegericht kann auf Antrag oder von Amts wegen die aufschiebende Wirkung ganz oder teilweise anordnen; ist nicht der Einzelrichter zur Entscheidung berufen, entscheidet der Vorsitzende des Gerichts.

(8) Die Verfahren sind gebührenfrei. Kosten werden nicht erstattet.

§ 67 - Beschwerde gegen die Anordnung einer Vorauszahlung

(1) Gegen den Beschluss, durch den die Tätigkeit des Gerichts nur aufgrund dieses Gesetzes von der vorherigen Zahlung von Kosten abhängig gemacht wird, und wegen der Höhe des in diesem Fall im Voraus zu zahlenden Betrags findet stets die Beschwerde statt. § 66 Absatz 3 Satz 1 bis 3, Absatz 4, 5 Satz 1 und 5, Absatz 6 und 8 ist entsprechend anzuwenden. Soweit sich die Partei in dem Hauptsacheverfahren vor dem Gericht, dessen Entscheidung angefochten werden soll, durch einen Prozessbevollmächtigten vertreten lassen muss, gilt dies auch im Beschwerdeverfahren.

(2) Im Fall des § 17 Absatz 2 ist § 66 entsprechend anzuwenden.

§ 68 - Beschwerde gegen die Festsetzung des Streitwerts

(1) Gegen den Beschluss, durch den der Wert für die Gerichtsgebühren festgesetzt worden ist (§ 63 Absatz 2), findet die Beschwerde statt, wenn der Wert des Beschwerdegegenstands 200 Euro übersteigt. Die Beschwerde findet auch statt, wenn sie das Gericht, das die angefochtene Entscheidung erlassen hat, wegen der grundsätzlichen Bedeutung der zur Entscheidung stehenden Frage in dem Beschluss zulässt. Die Beschwerde ist nur zulässig, wenn sie innerhalb der in § 63 Absatz 3 Satz 2 bestimmten Frist eingelegt wird; ist der Streitwert später als einen Monat vor Ablauf dieser Frist festgesetzt worden, kann sie noch innerhalb eines Monats nach Zustellung oder formloser Mitteilung des Festsetzungsbeschlusses eingelegt werden. Im Fall der formlosen Mitteilung gilt der Beschluss mit dem dritten Tage nach Aufgabe zur Post als bekannt gemacht. § 66 Absatz 3, 4, 5 Satz 1, 2 und 5 sowie Absatz 6 ist entsprechend anzuwenden. Die weitere Beschwerde ist innerhalb eines Monats nach Zustellung der Entscheidung des Beschwerdegerichts einzulegen.

(2) War der Beschwerdeführer ohne sein Verschulden verhindert, die Frist einzuhalten, ist ihm auf Antrag von dem Gericht, das über die Beschwerde zu entscheiden hat, Wiedereinsetzung in den vorigen Stand zu gewähren, wenn er die Beschwerde binnen zwei Wochen nach der Beseitigung des Hindernisses einlegt und die Tatsachen, welche die Wiedereinsetzung begründen, glaubhaft macht. Ein Fehlen des Verschuldens wird vermutet, wenn eine Rechtsbehelfsbelehrung unterblieben oder fehlerhaft ist. Nach Ablauf eines Jahres, von dem Ende der versäumten Frist an gerechnet, kann die Wiedereinsetzung nicht mehr beantragt werden. Gegen die Ablehnung der Wiedereinsetzung findet die Beschwerde statt. Sie ist nur zulässig, wenn sie innerhalb von zwei Wochen eingelegt wird. Die Frist beginnt mit der Zustellung der Entscheidung. § 66 Absatz 3 Satz 1 bis 3, Absatz 5 Satz 1, 2 und 5 sowie Absatz 6 ist entsprechend anzuwenden.

(3) Die Verfahren sind gebührenfrei. Kosten werden nicht erstattet.

§ 69 - Beschwerde gegen die Auferlegung einer Verzögerungsgebühr

Gegen den Beschluss nach § 38 findet die Beschwerde statt, wenn der Wert des Beschwerdegegenstands 200 Euro übersteigt oder das Gericht, das die angefochtene Entscheidung erlassen hat, die Beschwerde wegen der grundsätzlichen Bedeutung in dem Beschluss der zur Entscheidung stehenden Frage zugelassen hat. § 66 Absatz 3, 4, 5 Satz 1, 2 und 5, Absatz 6 und 8 ist entsprechend anzuwenden.

§ 69a - Abhilfe bei Verletzung des Anspruchs auf rechtliches Gehör

(1) Auf die Rüge eines durch die Entscheidung beschwerten Beteiligten ist das Verfahren fortzuführen, wenn

1. ein Rechtsmittel oder ein anderer Rechtsbehelf gegen die Entscheidung nicht gegeben ist und

2. das Gericht den Anspruch dieses Beteiligten auf rechtliches Gehör in entscheidungserheblicher Weise verletzt hat.

(2) Die Rüge ist innerhalb von zwei Wochen nach Kenntnis von der Verletzung des rechtlichen Gehörs zu erheben; der Zeitpunkt der Kenntniserlangung ist glaubhaft zu machen. Nach Ablauf eines Jahres seit Bekanntmachung der angegriffenen Entscheidung kann die Rüge nicht mehr erhoben werden. Formlos mitgeteilte Entscheidungen gelten mit dem dritten Tage nach Aufgabe zur Post als bekannt gemacht. Die Rüge ist bei dem Gericht zu erheben, dessen Entscheidung angegriffen wird; § 66 Absatz 5 Satz 1 und 2 gilt entsprechend. Die Rüge muss die angegriffene Entscheidung bezeichnen und das Vorliegen der in Absatz 1 Nummer 2 genannten Voraussetzungen darlegen.

(3) Den übrigen Beteiligten ist, soweit erforderlich, Gelegenheit zur Stellungnahme zu geben.

(4) Das Gericht hat von Amts wegen zu prüfen, ob die Rüge an sich statthaft und ob sie in der gesetzlichen Form und Frist erhoben ist. Mangelt es an einem dieser Erfordernisse, so ist die Rüge als unzulässig zu verwerfen. Ist die Rüge unbegründet, weist das Gericht sie zurück. Die Entscheidung ergeht durch unanfechtbaren Beschluss. Der Beschluss soll kurz begründet werden.

(5) Ist die Rüge begründet, so hilft ihr das Gericht ab, indem es das Verfahren fortführt, soweit dies aufgrund der Rüge geboten ist.

(6) Kosten werden nicht erstattet.

Abschnitt 9 - Schluss- und Übergangsvorschriften

§ 70a - (weggefallen)

§ 70a Bekanntmachung von Neufassungen

Das Bundesministerium der Justiz und für Verbraucherschutz kann nach Änderungen den Wortlaut des Gesetzes feststellen und als Neufassung im Bundesgesetzblatt bekannt machen. Die Bekanntmachung muss auf diese Vorschrift Bezug nehmen und angeben

1. den Stichtag, zu dem der Wortlaut festgestellt wird,
2. die Änderungen seit der letzten Veröffentlichung des vollständigen Wortlauts im Bundesgesetzblatt sowie
3. das Inkrafttreten der Änderungen.

§ 71 - Übergangsvorschrift

(1) In Rechtsstreitigkeiten, die vor dem Inkrafttreten einer Gesetzesänderung anhängig geworden sind, werden die Kosten nach bisherigem Recht erhoben. Dies gilt nicht im Verfahren über ein Rechtsmittel, das nach dem Inkrafttreten einer Gesetzesänderung eingelegt worden ist. Die Sätze 1 und 2 gelten auch, wenn Vorschriften geändert werden, auf die dieses Gesetz verweist.

(2) In Strafsachen, in gerichtlichen Verfahren nach dem Gesetz über Ordnungswidrigkeiten und nach dem Strafvollzugsgesetz, auch in Verbindung mit § 92 des Jugendgerichtsgesetzes, werden die Kosten nach dem bisherigen Recht erhoben, wenn die über die Kosten ergehende Entscheidung vor dem Inkrafttreten einer Gesetzesänderung rechtskräftig geworden ist.

(3) In Insolvenzverfahren, Verteilungsverfahren nach der Schifffahrtsrechtlichen Verteilungsordnung und Verfahren der Zwangsversteigerung und Zwangsverwaltung gilt das bisherige Recht für Kosten, die vor dem Inkrafttreten einer Gesetzesänderung fällig geworden sind.

§ 72 - Übergangsvorschrift aus Anlass des Inkrafttretens dieses Gesetzes

Das Gerichtskostengesetz in der Fassung der Bekanntmachung vom 15. Dezember 1975 (BGBl. I S. 3047), zuletzt geändert durch Artikel 2 Absatz 5 des Gesetzes vom 12. März 2004 (BGBl. I S. 390), und Verweisungen hierauf sind weiter anzuwenden

1. in Rechtsstreitigkeiten, die vor dem 1. Juli 2004 anhängig geworden sind; dies gilt nicht im Verfahren über ein Rechtsmittel, das nach dem 1. Juli 2004 eingelegt worden ist;

2. in Strafsachen, in gerichtlichen Verfahren nach dem Gesetz über Ordnungswidrigkeiten und nach dem Strafvollzugsgesetz, wenn die über die Kosten ergehende Entscheidung vor dem 1. Juli 2004 rechtskräftig geworden ist;

3. in Insolvenzverfahren, Verteilungsverfahren nach der Schifffahrtsrechtlichen Verteilungsordnung und Verfahren der Zwangsversteigerung und Zwangsverwaltung für Kosten, die vor dem 1. Juli 2004 fällig geworden sind.

§ 73 – Übergangsvorschrift für die Erhebung von Haftkosten

Bis zum Erlass landesrechtlicher Vorschriften über die Höhe des Haftkostenbeitrags, der von einem Gefangenen zu erheben ist, sind die Nummern 9010 und 9011 des Kostenverzeichnisses in der bis zum 27. Dezember 2010 geltenden Fassung anzuwenden.

Anlage 1
(zu § 3 Abs. 2) Kostenverzeichnis

Teil 6 - Verfahren vor den Gerichten der Finanzgerichtsbarkeit

Nr.	Gebührentatbestand	Gebühr oder Satz der Gebühr nach § 34 GKG
	Hauptabschnitt 1 - Prozessverfahren	
	Abschnitt 1 - Erster Rechtszug	
	Unterabschnitt 1 - Verfahren vor dem Finanzgericht	
6110	Verfahren im Allgemeinen, soweit es sich nicht nach § 45 Abs. 3 FGO erledigt	4,0
6111	Beendigung des gesamten Verfahrens durch 1. Zurücknahme der Klage a) vor dem Schluss der mündlichen Verhandlung oder, b) wenn eine solche nicht stattfindet, vor Ablauf des Tages, an dem das Urteil oder der Ge richtsbescheid der Geschäftsstelle übermittelt wird, oder 2. Beschluss in den Fällen des § 138 FGO, es sei denn, dass bereits ein Urteil oder ein Gerichtsbescheid vorausgegangen ist: Die Gebühr 6110 ermäßigt sich auf .... Die Gebühr ermäßigt sich auch, wenn mehrere Ermäßigungstatbestände erfüllt sind.	2,0
	Unterabschnitt 2 - Verfahren vor dem Bundesfinanzhof	
6112	Verfahren im Allgemeinen	5,0
6113	Beendigung des gesamten Verfahrens durch 1. Zurücknahme der Klage a) vor dem Schluss der mündlichen Verhandlung oder, b) wenn eine solche nicht stattfindet, vor Ablauf des Tages, an dem das Urteil oder der Gerichtsbescheid der Geschäftsstelleübermittelt wird, oder 2. Beschluss in den Fällen des § 138 FGO,	

Nr.	Gebührentatbestand	Gebühr oder Satz der Gebühr nach § 34 GKG
	es sei denn, dass bereits ein Urteil oder ein Gerichtsbescheid vorausgegangen ist: Die Gebühr 6112 ermäßigt sich auf.................. . Die Gebühr ermäßigt sich auch, wenn mehrere Ermäßigungstatbestände erfüllt sind.	3,0
	Abschnitt 2 - Revision	
6120	Verfahren im Allgemeinen	5,0
6121	Beendigung des gesamten Verfahrens durch Zurücknahme der Revision oder der Klage, bevor die Schrift zur Begründung der Revision bei Gericht eingegangen ist: Die Gebühr 6120 ermäßigt sich auf .... Erledigungen in den Fällen des § 138 FGO stehen der Zurücknahme gleich.	1,0
6122	Beendigung des gesamten Verfahrens, wenn nicht Nummer 6121 erfüllt ist, durch 1. Zurücknahme der Revision oder der Klage a) vor dem Schluss der mündlichen Verhandlung oder, b) wenn eine solche nicht stattfindet, vor Ablauf des Tages, an dem das Urteil, der Gerichtsbescheid oder der Beschluss in der Hauptsache der Geschäftsstelle übermittelt wird, oder 2. Beschluss in den Fällen des § 138 FGO, es sei denn, dass bereits ein Urteil, ein Gerichtsbescheid oder ein Beschluss in der Hauptsache vorausgegangen ist: Die Gebühr 6120 ermäßigt sich auf .... Die Gebühr ermäßigt sich auch, wenn mehrere Ermäßigungstatbestände erfüllt sind.	3,0
	Hauptabschnitt 2 - Vorläufiger Rechtsschutz	
	Vorbemerkung 6.2:	

Nr.	Gebührentatbestand	Gebühr oder Satz der Gebühr nach § 34 GKG
	(1) Die Vorschriften dieses Hauptabschnitts gelten für einstweilige Anordnungen und für Verfahren nach § 69 Abs. 3 und 5 FGO. (2) Im Verfahren über den Antrag auf Erlass und im Verfahren über den Antrag auf Aufhebung einer einstweiligen Anordnung werden die Gebühren jeweils gesondert erhoben. Mehrere Verfahren nach § 69 Abs. 3 und 5 FGO gelten innerhalb eines Rechtszugs als ein Verfahren.	
	Abschnitt 1 - Erster Rechtszug	
6210	Verfahren im Allgemeinen	2,0
6211	Beendigung des gesamten Verfahrens durch 1. Zurücknahme des Antrags a) vor dem Schluss der mündlichen Verhandlung oder, b) wenn eine solche nicht stattfindet, vor Ablauf des Tages, an dem der Beschluss (§ 114 Abs. 4 FGO) der Geschäftsstelle übermittelt wird, oder 2. Beschluss in den Fällen des § 138 FGO, es sei denn, dass bereits ein Beschluss nach § 114 Abs. 4 FGO vorausgegangen ist: Die Gebühr 6210 ermäßigt sich auf .... Die Gebühr ermäßigt sich auch, wenn mehrere Ermäßigungstatbestände erfüllt sind.	0,75
	Abschnitt 2 - Beschwerde	
	Vorbemerkung 6.2.2: Die Vorschriften dieses Abschnitts gelten für Beschwerden gegen Beschlüsse über einstweilige Anordnungen (§ 114 FGO) und über die Aussetzung der Vollziehung (§ 69 Abs. 3 und 5 FGO).	
6220	Verfahren über die Beschwerde	2,0
6221	Beendigung des gesamten Verfahrens durch Zurücknahme der Beschwerde: Die Gebühr 6220 ermäßigt sich auf	1,0

Nr.	Gebührentatbestand	Gebühr oder Satz der Gebühr nach § 34 GKG
	Hauptabschnitt 3 - Besondere Verfahren	
6300	Selbstständiges Beweisverfahren	1,0
6301	Verfahren über Anträge auf gerichtliche Handlungen der Zwangsvollstreckung gemäß § 152 FGO	22,00 €
	Hauptabschnitt 4 - Rüge wegen Verletzung des Anspruchs auf rechtliches Gehör	
6400	Verfahren über die Rüge wegen Verletzung des Anspruchs auf rechtliches Gehör (§ 133a FGO): Die Rüge wird in vollem Umfang verworfen oder zurückgewiesen	66,00 €
	Hauptabschnitt 5 - Sonstige Beschwerden	
6500	Verfahren über die Beschwerde gegen die Nichtzulassung der Revision: Soweit die Beschwerde verworfen oder zurückgewiesen wird	2,0
6501	Verfahren über die Beschwerde gegen die Nichtzulassung der Revision: Soweit die Beschwerde zurückgenommen oder das Verfahren durch anderweitige Erledigung beendet wird Die Gebühr entsteht nicht, soweit die Revision zugelassen wird.	1,0
6502	Verfahren über nicht besonders aufgeführte Beschwerden, die nicht nach anderen Vorschriften gebührenfrei sind: Die Beschwerde wird verworfen oder zurückgewiesen Wird die Beschwerde nur teilweise verworfen oder zurückgewiesen, kann das Gericht die Gebühr nach billigem Ermessen auf die Hälfte ermäßigen oder bestimmen, dass eine Gebühr nicht zu erheben ist.	66,00 €

Nr.	Gebührentatbestand	Gebühr oder Satz der Gebühr nach § 34 GKG
	Hauptabschnitt 6 - Besondere Gebühr	
6600	Auferlegung einer Gebühr nach § 38 GKG wegen Verzögerung des Rechtsstreits	wie vom Gericht bestimmt

Teil 9 - Auslagen

Nr.	Auslagentatbestand	Höhe
	Vorbemerkung 9:	
	(1) Auslagen, die durch eine für begründet befundene Beschwerde entstanden sind, werden nicht erhoben, soweit das Beschwerdeverfahren gebührenfrei ist; dies gilt jedoch nicht, soweit das Beschwerdegericht die Kosten dem Gegner des Beschwerdeführers auferlegt hat.	
	(2) Sind Auslagen durch verschiedene Rechtssachen veranlasst, werden sie auf die mehreren Rechtssachen angemessen verteilt.	
9000	Pauschale für die Herstellung und Überlassung von Dokumenten:	
	1. Ausfertigungen, Kopien und Ausdrucke bis zur Größe von DIN A3, die	
	a) auf Antrag angefertigt oder auf Antrag per Telefax übermittelt worden sind oder	
	b) angefertigt worden sind, weil die Partei oder ein Beteiligter es unterlassen hat, die erforderliche Zahl von Mehrfertigungen beizufügen; der Anfertigung steht es gleich, wenn per Telefax übermittelte Mehrfertigungen von der Empfangseinrichtung des Gerichts ausgedruckt werden:	
	für die ersten 50 Seiten je Seite	0,50 €
	für jede weitere Seite	0,15 €
	für die ersten 50 Seiten in Farbe	1,00 €
	für jede weitere Seite in Farbe	1,00 €
	2. Entgelte für die Herstellung und Überlassung der in Nummer 1 genannten Kopien oder Ausdrucke in einer Größe von mehr als DIN A3	in voller Höhe

Nr.	Auslagentatbestand	Höhe
	oder pauschal je Seite	3,00 €
	oder pauschal je Seite in Farbe	6,00 €
	3. Überlassung von elektronisch gespeicherten Dateien oder deren Bereitstellung zum Abruf anstelle der in den Nummern 1 und 2 genannten Ausfertigungen, Kopien und Ausdrucke::	
	je Datei	1,50 €
	für die in einem Arbeitsgang überlassenen, bereitgestellten oder in einem Arbeitsgang auf denselben Datenträger übertragenen Dokumente insgesamt höchstens	5,00 €
	(1) Die Höhe der Dokumentenpauschale nach Nummer 1 ist in jedem Rechtszug und für jeden Kostenschuldner nach § 28 Abs. 1 GKG gesondert zu berechnen; Gesamtschuldner gelten als ein Schuldner. Die Dokumentenpauschale ist auch im erstinstanzlichen Musterverfahren nach dem KapMuG gesondert zu berechnen.	
	(2) Werden zum Zweck der Überlassung von elektronisch gespeicherten Dateien Dokumente zuvor auf Antrag von der Papierform in die elektronische Form übertragen, beträgt die Dokumentenpauschale nach Nummer 3 nicht Nr. Auslagentatbestand Höhe weniger, als die Dokumentenpauschale im Fall der Nummer 1 für eine Schwarz-Weiß-Kopie ohne Rücksicht auf die Größe betragen würde.	
	(3) Frei von der Dokumentenpauschale sind für jede Partei, jeden Beteiligten, jeden Beschuldigten und deren bevollmächtigte Vertreter jeweils	
	1. eine vollständige Ausfertigung oder Ablichtung oder ein vollständiger Ausdruck jeder gerichtlichen Entscheidung und jedes vor Gericht abgeschlossenen Vergleichs,	
	2. eine Ausfertigung ohne Tatbestand und Entschei--dungsgründe und	
	3. eine Kopie oder ein Ausdruck jedes Protokolls über eine Sitzung.	
	§ 191a Abs. 1 Satz 5 GVG bleibt unberührt.	
9001	Auslagen für Telegramme	in voller Höhe
9002	Pauschale für Zustellungen mit Zustellungsurkunde, Einschreiben gegen Rückschein oder durch Justizbedienstete nach § 168 Abs. 1 ZPO je Zustellung	3,50 EUR
	Neben Gebühren, die sich nach dem Streitwert richten, mit Ausnahme der Gebühr 3700, wird die Zustellungspauschale nur erhoben, soweit in einem Rechtszug mehr	

Nr.	Auslagentatbestand	Höhe
	als 10 Zustellungen anfallen. Im erstinstanzlichen Musterverfahren nach dem KapMuG wird die Zustellungspauschale für sämtliche Zustellungen erhoben.	
9003	Pauschale für die bei der Versendung von Akten auf Antrag anfallenden Auslagen an Transport- und Verpackungskosten je Sendung	12,00 €
	Die Hin- und Rücksendung der Akten durch Gerichte oder Staatsanwaltschaften gelten zusammen als eine Sendung.	
9004	Auslagen für öffentliche Bekanntmachungen	In voller Höhe
	(1) Auslagen werden nicht erhoben für die Bekanntmachung in einem elektronischen Informations- und Kommunikationssystem, wenn das Entgelt nicht für den Einzelfall oder nicht für ein einzelnes Verfahren berechnet wird. Nicht erhoben werden ferner Auslagen für die Bekanntmachung eines besonderen Prüfungstermins (§ 177 InsO, § 18 SVertO).	
	(2) Die Auslagen für die Bekanntmachung eines Vorlagebeschlusses gemäß § 6 Abs. 4 KapMuG gelten als Auslagen des Musterverfahrens.	
9005	Nach dem JVEG zu zahlende Beträge	in voller Höhe
	(1) Nicht erhoben werden Beträge, die an ehrenamtliche Richter (§ 1 Abs. 1 Satz 1 Nr. 2 JVEG) gezahlt werden.	
	(2) Die Beträge werden auch erhoben, wenn aus Gründen der Gegenseitigkeit, der Verwaltungsvereinfachung oder aus vergleichbaren Gründen keine Zahlungen zu leisten sind. Ist aufgrund des § 1 Abs. 2 Satz 2 JVEG keine Vergütung zu zahlen, ist der Betrag zu erheben, der ohne diese Vorschrift zu zahlen wäre.	
	(3) Auslagen für Übersetzer, die zur Erfüllung der Rechte Blinder oder sehbehinderter Personen herangezogen werden (§ 191a Abs. 1 GVG), werden nicht, Auslagen für Kommunikationshilfen zur Verständigung mit einer hör- oder sprachbehinderten Person (§ 186 GVG)“ werden nur nach Maßgabe des Absatzes 4 erhoben.	
	(4) Ist für einen Beschuldigten oder Betroffenen, der der deutschen Sprache nicht mächtig, hör- oder sprachbehindert ist, im Strafverfahren oder im gerichtlichen Verfahren nach dem OWiG ein Dolmetscher oder Übersetzer herangezogen worden, um Erklärungen oder Schriftstücke zu übertragen, auf deren Verständnis der Beschuldigte oder Betroffene zu seiner Verteidigung angewiesen oder soweit dies zur Ausübung seiner strafprozessualen Rechte	

Nr.	Auslagentatbestand	Höhe
	erforderlich war, werden von diesem die dadurch entstandenen Auslagen nur erhoben, wenn das Gericht ihm diese nach § 464c StPO oder die Kosten nach § 467 Abs. 2 Satz 1 StPO, auch i.V.m. § 467a Abs. 1 Satz 2 StPO, auferlegt hat; dies gilt auch jeweils i.V.m. § 46 Abs. 1 OWiG.	
	(5) Im Verfahren vor den Gerichten für Arbeitssachen werden Kosten für vom Gericht herangezogene Dolmetscher und Übersetzer nicht erhoben, wenn ein Ausländer Partei und die Gegenseitigkeit verbürgt ist oder ein Staatenloser Partei ist.	
	(6) Auslagen für Sachverständige, die durch die Untersuchung eines Beschuldigten nach § 43 Abs. 2 JGG entstanden sind, werden nicht erhoben.	
9006	Bei Geschäften außerhalb der Gerichtsstelle	
	1. die den Gerichtspersonen aufgrund gesetzlicher Vorschriften gewährte Vergütung (Reisekosten, Auslagenersatz) und die Auslagen für die Bereitstellung von Räumen	in voller Höhe
	2. für den Einsatz von Dienstkraftfahrzeugen für jeden gefahrenen Kilometer	0,42 EUR
9007	An Rechtsanwälte zu zahlende Beträge mit Ausnahme der nach § 59 RVG auf die Staatskasse übergegangenen Ansprüche	in voller Höhe
9008	Auslagen für	
	1. die Beförderung von Personen	in voller Höhe
	2. Zahlungen an mittellose Personen für die Reise zum Ort einer Verhandlung, Vernehmung oder Untersuchung und für die Rückreise	bis zur Höhe der nach dem JVEG an Zeugen zu zahlenden Beträge
9009	An Dritte zu zahlende Beträge für	
	1. die Beförderung von Tieren und Sachen mit Ausnahme der für Postdienstleistungen zu zahlenden Entgelte, die Verwahrung von Tieren und Sachen sowie die Fütterung von Tieren	in voller Höhe
	2. die Beförderung und die Verwahrung von Leichen ...	in voller Höhe
	3. die Durchsuchung oder Untersuchung von Räumen und Sachen einschließlich der die Durchsuchung oder Untersuchung vorbereitenden Maßnahmen	in voller Höhe
	4. die Bewachung von Schiffen und Luftfahrzeugen ...	in voller Höhe

Nr.	Auslagentatbestand	Höhe
9010	Kosten einer Zwangshaft, auch aufgrund eines Haftbefehls nach § 802g ZPO.	in Höhe des Haftkostenbeitrags
	Maßgebend ist die Höhe des Haftkostenbeitrags, der nach Landesrecht von einem Gefangenen zu erheben ist	
9011	Kosten einer Haft außer Zwangshaft, Kosten einer einstweiligen Unterbringung (§ 126a StPO), einer Unterbringung zur Beobachtung (§ 81 StPO) und einer einstweiligen Unterbringung in einem Heim der Jugendhilfe (§ 71 Abs. 2, § 72 Abs. 4 JGG)	in Höhe des Haftkostenbeitrags
	Maßgebend ist die Höhe des Haftkostenbeitrags, der nach Landesrecht von einem Gefangenen zu erheben ist. Diese Kosten werden nur angesetzt, wenn der Haftkostenbeitrag auch von einem Gefangenen im Strafvollzug zu erheben wäre.	
9012	Nach dem Auslandskostengesetz zu zahlende Beträge	in voller Höhe
9013	An deutsche Behörden für die Erfüllung von deren eigenen Aufgaben zu zahlende Gebühren sowie diejenigen Beträge, die diesen Behörden, öffentlichen Einrichtungen oder deren Bediensteten als Ersatz für Auslagen der in den Nummern 9000 bis 9011 bezeichneten Art zustehen	In voller Höhe, die Auslagen begrenzt durch die Höchstsätze für die Auslagen 9000 bis 9011
	Die als Ersatz für Auslagen angefallenen Beträge werden auch erhoben, wenn aus Gründen der Gegenseitigkeit, der Verwaltungsvereinfachung oder aus vergleichbaren Gründen keine Zahlungen zu leisten sind.	
9014	Beträge, die ausländischen Behörden, Einrichtungen oder Personen im Ausland zustehen, sowie Kosten des Rechtshilfeverkehrs mit dem Ausland	in voller Höhe
	Die Beträge werden auch erhoben, wenn aus Gründen der Gegenseitigkeit, der Verwaltungsvereinfachung oder aus vergleichbaren Gründen keine Zahlungen zu leisten sind.	
9015	Auslagen der in den Nummern 9000 bis 9014 bezeichneten Art, soweit sie durch die Vorbereitung der öffentlichen Klage entstanden sind	begrenzt durch die Höchstsätze für die Auslagen 9000 bis 9013
9016	Auslagen der in den Nummern 9000 bis 9014 bezeichneten Art, soweit sie durch das dem gerichtlichen Verfahren vorausgegangene Bußgeldverfahren entstanden sind	begrenzt durch die Höchstsätze für die Auslagen 9000 bis 9013
	Absatz 3 der Anmerkung zu Nummer 9005 ist nicht anzuwenden.	

9017	An den vorläufigen Insolvenzverwalter, den Insolvenzverwalter, die Mitglieder des Gläubigerausschusses oder die Treuhänder auf der Grundlage der Insolvenzrechtlichen Vergütungsverordnung aufgrund einer Stundung nach § 4a InsO sowie an den Restrukturierungsbeauftragten, den Sanierungsmoderator und die Mitglieder des Gläubigerbeirats nach dem StaRUG zu zahlende Beträge	in voller Höhe
9018	Im ersten Rechtszug des Prozessverfahrens: Auslagen des erstinstanzlichen Musterverfahrens nach dem KapMuG zuzüglich Zinsen	anteilig
	(1) Die im erstinstanzlichen Musterverfahren entstehenden Auslagen nach Nummer 9005 werden vom Tag nach der Auszahlung bis zum rechtskräftigen Abschluss des Musterverfahrens mit 5 Prozentpunkten über dem Basiszinssatz nach § 247 BGB verzinst. (2) Auslagen und Zinsen werden nur erhoben, wenn der Kläger nicht innerhalb von einem Monat ab Zustellung des Aussetzungsbeschlusses nach § 8 KapMuG seine Klage in der Hauptsache zurücknimmt. (3) Der Anteil bestimmt sich nach dem Verhältnis der Höhe des von dem Kläger geltend gemachten Anspruchs, soweit dieser von den Feststellungszielen des Musterverfahrens betroffen ist, zu der Gesamthöhe der vom Musterkläger und den Beigeladenen des Musterverfahrens in den Prozessverfahren geltend gemachten Ansprüche, soweit diese von den Feststellungszielen des Musterverfahrens betroffen sind. Der Anspruch des Musterklägers oder eines Beigeladenen ist hierbei nicht zu berücksichtigen, wenn er innerhalb von einem Monat ab Zustellung des Aussetzungsbeschlusses nach § 8 KapMuG seine Klage in der Hauptsache zurücknimmt.	
9019	Pauschale für die Inanspruchnahme von Videokonferenzverbindungen: je Verfahren für jede angefangene halbe Stunde	15,00 €
9020	Umsatzsteuer auf die Kosten Dies gilt nicht, wenn die Umsatzsteuer nach § 19 Abs. 1 UStG unerhoben bleibt	in voller Höhe

Anlage 2 (zu § 34 GKG)

Streitwert bis ... €	Gebühr ... €	Streitwert bis ... €	Gebühr ... €
500	38,00	50.000	601,00
1.000	58,00	65.000	733,00
1.500	78,00	80.000	865,00
2.000	98,00	95.000	997,00
3.000	11900	110.000	1129,00
4.000	140,00	125.000	1261,00
5.000	161,00	140.000	1393,00
6.000	182,00	155.000	1525,00
7.000	203,00	170.000	1657,00
8.000	224,00	185.000	1789,00
9.000	245,00	200.000	1921,00
10.000	266,00	230.000	2119,00
13.000	295,00	260.000	2317,00
16.000	324,00	290.000	2515,00
19.000	353,00	320.000	2713,00
22.000	382,00	350.000	2911,00
25.000	411,00	380000	3109,00
30.000	449,00	410.000	3307,00
35.000	487,00	440.000	3505,00
40.000	525,00	470.000	3703,00
45.000	563,00	500.000	3901,00

Gerichtsverfassungsgesetz

in der Fassung der Bekanntmachung vom 9.5.1975 (BGBl. I S. 1077), zuletzt geändert durch Artikel 5 des Gesetzes vom 19.12.2022 (BGBl. I S. 2606).

- Auszug -

Erster Titel - Gerichtsbarkeit

...

§ 17

(1) Die Zulässigkeit des beschrittenen Rechtsweges wird durch eine nach Rechtshängigkeit eintretende Veränderung der sie begründenden Umstände nicht berührt. Während der Rechtshängigkeit kann die Sache von keiner Partei anderweitig anhängig gemacht werden.

(2) Das Gericht des zulässigen Rechtsweges entscheidet den Rechtsstreit unter allen in Betracht kommenden rechtlichen Gesichtspunkten. Artikel 14 Abs. 3 Satz 4 und Artikel 34 Satz 3 des Grundgesetzes bleiben unberührt.

§ 17a

(1) Hat ein Gericht den zu ihm beschrittenen Rechtsweg rechtskräftig für zulässig erklärt, sind andere Gerichte an diese Entscheidung gebunden.

(2) Ist der beschrittene Rechtsweg unzulässig, spricht das Gericht dies nach Anhörung der Parteien von Amts wegen aus und verweist den Rechtsstreit zugleich an das zuständige Gericht des zulässigen Rechtsweges. Sind mehrere Gerichte zuständig, wird an das vom Kläger oder Antragsteller auszuwählende Gericht verwiesen oder, wenn die Wahl unterbleibt, an das vom Gericht bestimmte. Der Beschluß ist für das Gericht, an das der Rechtsstreit verwiesen worden ist, hinsichtlich des Rechtsweges bindend.

(3) Ist der beschrittene Rechtsweg zulässig, kann das Gericht dies vorab aussprechen. Es hat vorab zu entscheiden, wenn eine Partei die Zulässigkeit des Rechtsweges rügt.

(4) Der Beschluß nach den Absätzen 2 und 3 kann ohne mündliche Verhandlung ergehen. Er ist zu begründen. Gegen den Beschluß ist die sofortige Beschwerde nach den Vorschriften der jeweils anzuwendenden Verfahrensordnung gegeben. Den Beteiligten steht die Beschwerde gegen einen Beschluß des oberen Landesgerichts an den obersten Gerichtshof des Bundes nur zu, wenn sie in dem Beschluß zugelassen worden ist. Die Beschwerde ist zuzulassen, wenn die Rechtsfrage grundsätzliche Bedeutung hat oder wenn das Gericht von der Entscheidung eines obersten Gerichtshofes des Bundes oder des Gemeinsamen Senats der obersten Gerichtshöfe des Bundes abweicht. Der oberste Gerichtshof des Bundes ist an die Zulassung der Beschwerde gebunden.

(5) Das Gericht, das über ein Rechtsmittel gegen eine Entscheidung in der Hauptsache entscheidet, prüft nicht, ob der beschrittene Rechtsweg zulässig ist.

(6) Die Absätze 1 bis 5 gelten für die in bürgerlichen Rechtsstreitigkeiten, Familiensachen und Angelegenheiten der freiwilligen Gerichtsbarkeit zuständigen Spruchkörper in ihrem Verhältnis zueinander entsprechend.

§ 17b

(1) Nach Eintritt der Rechtskraft des Verweisungsbeschlusses wird der Rechtsstreit mit Eingang der Akten bei dem im Beschluß bezeichneten Gericht anhängig. Die Wirkungen der Rechtshängigkeit bleiben bestehen.

(2) Wird ein Rechtsstreit an ein anderes Gericht verwiesen, so werden die Kosten im Verfahren vor dem angegangenen Gericht als Teil der Kosten behandelt, die bei dem Gericht erwachsen, an das der Rechtsstreit verwiesen wurde. Dem Kläger sind die entstandenen Mehrkosten auch dann aufzuerlegen, wenn er in der Hauptsache obsiegt.

(3) Absatz 2 Satz 2 gilt nicht in Familiensachen und in Angelegenheiten der freiwilligen Gerichtsbarkeit.

§ 17c

(1) Werden Zuständigkeitskonzentrationen oder Änderungen der Gerichtsbezirksgrenzen aufgrund dieses Gesetzes, aufgrund anderer bundesgesetzlicher Regelungen oder aufgrund Landesrechts vorgenommen, stehen in diesen Fällen bundesrechtliche Bestimmungen, die die gerichtliche Zuständigkeit in anhängigen und rechtshängigen Verfahren unberührt lassen, einer landesrechtlichen Zuweisung dieser Verfahren an das neu zuständige Gericht nicht entgegen.

(2) Ist im Zeitpunkt der Zuweisung die Hauptverhandlung in einer Straf- oder Bußgeldsache begonnen, aber noch nicht beendet, so kann sie vor dem nach dem Inkrafttreten der Zuständigkeitsänderung zuständigen Gericht nur fortgesetzt werden, wenn die zur Urteilsfindung berufenen Personen personenidentisch mit denen zu Beginn der Hauptverhandlung sind. Soweit keine Personenidentität gegeben ist, bleibt das Gericht zuständig, das die Hauptverhandlung begonnen hat.

Zweiter Titel - Allgemeine Vorschriften über das Präsidium und die Geschäftsverteilung

§ 21a

(1) Bei jedem Gericht wird ein Präsidium gebildet.

(2) Das Präsidium besteht aus dem Präsidenten oder aufsichtführenden Richter als Vorsitzenden und

1. bei Gerichten mit mindestens achtzig Richterplanstellen aus zehn gewählten Richtern,
2. bei Gerichten mit mindestens vierzig Richterplanstellen aus acht gewählten Richtern,
3. bei Gerichten mit mindestens zwanzig Richterplanstellen aus sechs gewählten Richtern,
4. bei Gerichten mit mindestens acht Richterplanstellen aus vier gewählten Richtern,
5. bei den anderen Gerichten aus den nach § 21b Abs. 1 wählbaren Richtern.

§ 21b

(1) Wahlberechtigt sind die Richter auf Lebenszeit und die Richter auf Zeit, denen bei dem Gericht ein Richteramt übertragen ist, sowie die bei dem Gericht tätigen Richter auf Probe, die Richter kraft Auftrags und die für eine Dauer von mindestens drei Monaten abgeordneten Richter, die Aufgaben der Rechtsprechung wahrnehmen. Wählbar sind die Richter auf Lebenszeit und die Richter auf Zeit, denen bei dem Gericht ein Richteramt übertragen ist. Nicht wahlberechtigt und

nicht wählbar sind Richter, die für mehr als drei Monate an ein anderes Gericht abgeordnet, für mehr als drei Monate beurlaubt oder an eine Verwaltungsbehörde abgeordnet sind.

(2) Jeder Wahlberechtigte wählt höchstens die vorgeschriebene Zahl von Richtern.

(3) Die Wahl ist unmittelbar und geheim. Gewählt ist, wer die meisten Stimmen auf sich vereint. Durch Landesgesetz können andere Wahlverfahren für die Wahl zum Präsidium bestimmt werden; in diesem Fall erlässt die Landesregierung durch Rechtsverordnung die erforderlichen Wahlordnungsvorschriften; sie kann die Ermächtigung hierzu auf die Landesjustizverwaltung übertragen. Bei Stimmengleichheit entscheidet das Los.

(4) Die Mitglieder werden für vier Jahre gewählt. Alle zwei Jahre scheidet die Hälfte aus. Die zum ersten Mal ausscheidenden Mitglieder werden durch das Los bestimmt.

(5) Das Wahlverfahren wird durch eine Rechtsverordnung geregelt, die von der Bundesregierung mit Zustimmung des Bundesrates erlassen wird.

(6) Ist bei der Wahl ein Gesetz verletzt worden, so kann die Wahl von den in Absatz 1 Satz 1 bezeichneten Richtern angefochten werden. Über die Wahlanfechtung entscheidet ein Senat des zuständigen Oberlandesgerichts, bei dem Bundesgerichtshof ein Senat dieses Gerichts. Wird die Anfechtung für begründet erklärt, so kann ein Rechtsmittel gegen eine gerichtliche Entscheidung nicht darauf gestützt werden, das Präsidium sei deswegen nicht ordnungsgemäß zusammengesetzt gewesen. Im Übrigen sind auf das Verfahren die Vorschriften des Gesetzes über das Verfahren in Familiensachen und in den Angelegenheiten der freiwilligen Gerichtsbarkeit entsprechend anzuwenden.

§ 21c

(1) Bei einer Verhinderung des Präsidenten oder aufsichtführenden Richters tritt sein Vertreter (§ 21 h) an seine Stelle. Ist der Präsident oder aufsichtführende Richter anwesend, so kann sein Vertreter, wenn er nicht selbst gewählt ist, an den Sitzungen des Präsidiums mit beratender Stimme teilnehmen. Die gewählten Mitglieder des Präsidiums werden nicht vertreten.

(2) Scheidet ein gewähltes Mitglied des Präsidiums aus dem Gericht aus, wird es für mehr als drei Monate an ein anderes Gericht abgeordnet oder für mehr als drei Monate beurlaubt, wird es an eine Verwaltungsbehörde abgeordnet oder wird es kraft Gesetzes Mitglied des Präsidiums, so tritt an seine Stelle der durch die letzte Wahl Nächstberufene.

§ 21d

(1) Für die Größe des Präsidiums ist die Zahl der Richterplanstellen am Ablauf des Tages maßgebend, der dem Tage, an dem das Geschäftsjahr beginnt, um sechs Monate vorhergeht.

(2) Ist die Zahl der Richterplanstellen bei einem Gericht mit einem Präsidium nach § 21a Abs. 2 Nr. 1 bis 3 unter die jeweils genannte Mindestzahl gefallen, so ist bei der nächsten Wahl, die nach § 21b Abs. 4 stattfindet, die folgende Zahl von Richtern zu wählen:

1. bei einem Gericht mit einem Präsidium nach § 21a Abs. 2 Nr. 1 vier Richter,
2. bei einem Gericht mit einem Präsidium nach § 21a Abs. 2 Nr. 2 drei Richter,
3. bei einem Gericht mit einem Präsidium nach § 21a Abs. 2 Nr. 3 zwei Richter.

Neben den nach § 21b Abs. 4 ausscheidenden Mitgliedern scheidet jeweils ein weiteres Mitglied, das durch das Los bestimmt wird, aus.

(3) Ist die Zahl der Richterplanstellen bei einem Gericht mit einem Präsidium nach § 21a Abs. 2 Nr. 2 bis 4 über die für die bisherige Größe des Präsidiums maßgebende Höchstzahl gestiegen, so ist bei der nächsten Wahl, die nach § 21b Abs. 4 stattfindet, die folgende Zahl von Richtern zu wählen:

1. bei einem Gericht mit einem Präsidium nach § 21a Abs. 2 Nr. 2 sechs Richter,
2. bei einem Gericht mit einem Präsidium nach § 21a Abs. 2 Nr. 3 fünf Richter,
3. bei einem Gericht mit einem Präsidium nach § 21a Abs. 2 Nr. 4 vier Richter.

Hiervon scheidet jeweils ein Mitglied, das durch das Los bestimmt wird, nach zwei Jahren aus.

§ 21e

(1) Das Präsidium bestimmt die Besetzung der Spruchkörper, bestellt die Ermittlungsrichter, regelt die Vertretung und verteilt die Geschäfte. Es trifft diese Anordnungen vor dem Beginn des Geschäftsjahres für dessen Dauer. Der Präsident bestimmt, welche richterlichen Aufgaben er wahrnimmt. Jeder Richter kann mehreren Spruchkörpern angehören.

(2) Vor der Geschäftsverteilung ist den Richtern, die nicht Mitglied des Präsidiums sind, Gelegenheit zur Äußerung zu geben.

(3) Die Anordnungen nach Absatz 1 dürfen im Laufe des Geschäftsjahres nur geändert werden, wenn dies wegen Überlastung oder ungenügender Auslastung eines Richters oder Spruchkörpers oder infolge Wechsels oder dauernder Verhinderung einzelner Richter nötig wird. Vor der Änderung ist den Vorsitzenden Richtern, deren Spruchkörper von der Änderung der Geschäftsverteilung berührt wird, Gelegenheit zu einer Äußerung zu geben.

(4) Das Präsidium kann anordnen, daß ein Richter oder Spruchkörper, der in einer Sache tätig geworden ist, für diese nach einer Änderung der Geschäftsverteilung zuständig bleibt.

(5) Soll ein Richter einem anderen Spruchkörper zugeteilt oder soll sein Zuständigkeitsbereich geändert werden, so ist ihm, außer in Eilfällen, vorher Gelegenheit zu einer Äußerung zu geben.

(6) Soll ein Richter für Aufgaben der Justizverwaltung ganz oder teilweise freigestellt werden, so ist das Präsidium vorher zu hören.

(7) Das Präsidium entscheidet mit Stimmenmehrheit. § 21i Abs. 2 gilt entsprechend.

(8) Das Präsidium kann beschließen, dass Richter des Gerichts bei den Beratungen und Abstimmungen des Präsidiums für die gesamte Dauer oder zeitweise zugegen sein können. § 171b gilt entsprechend.

(9) Der Geschäftsverteilungsplan des Gerichts ist in der von dem Präsidenten oder aufsichtführenden Richter bestimmten Geschäftsstelle des Gerichts zur Einsichtnahme aufzulegen; einer Veröffentlichung bedarf es nicht.

§ 21f

(1) Den Vorsitz in den Spruchkörpern bei den Landgerichten, bei den Oberlandesgerichten sowie bei dem Bundesgerichtshof führen der Präsident und die Vorsitzenden Richter.

(2) Bei Verhinderung des Vorsitzenden führt den Vorsitz das vom Präsidium bestimmte Mitglied des Spruchkörpers. Ist auch dieser Vertreter verhindert, führt das dienstälteste, bei gleichem Dienstalter das lebensälteste Mitglied des Spruchkörpers den Vorsitz.

§ 21g

(1) Innerhalb des mit mehreren Richtern besetzten Spruchkörpers werden die Geschäfte durch Beschluss aller dem Spruchkörper angehörenden Berufsrichter auf die Mitglieder verteilt. Bei Stimmengleichheit entscheidet das Präsidium.

(2) Der Beschluss bestimmt vor Beginn des Geschäftsjahres für dessen Dauer, nach welchen Grundsätzen die Mitglieder an den Verfahren mitwirken; er kann nur geändert werden, wenn es wegen Überlastung, ungenügender Auslastung, Wechsels oder dauernder Verhinderung einzelner Mitglieder des Spruchkörpers nötig wird.

(3) Absatz 2 gilt entsprechend, soweit nach den Vorschriften der Prozessordnungen die Verfahren durch den Spruchkörper einem seiner Mitglieder zur Entscheidung als Einzelrichter übertragen werden können.

(4) Ist ein Berufsrichter an der Beschlussfassung verhindert, tritt der durch den Geschäftsverteilungsplan bestimmte Vertreter an seine Stelle.

(5) § 21i Abs. 2 findet mit der Maßgabe entsprechende Anwendung, dass die Bestimmung durch den Vorsitzenden getroffen wird.

(6) Vor der Beschlussfassung ist den Berufsrichtern, die von dem Beschluss betroffen werden, Gelegenheit zur Äußerung zu geben.

(7) § 21e Abs. 9 findet entsprechend Anwendung.

§ 21h

Der Präsident oder aufsichtführende Richter wird in seinen durch dieses Gesetz bestimmten Geschäften, die nicht durch das Präsidium zu verteilen sind, durch seinen ständigen Vertreter, bei mehreren ständigen Vertretern durch den dienstältesten, bei gleichem Dienstalter durch den lebensältesten von ihnen vertreten. Ist ein ständiger Vertreter nicht bestellt oder ist er verhindert, wird der Präsident oder aufsichtführende Richter durch den dienstältesten, bei gleichem Dienstalter durch den lebensältesten Richter vertreten.

§ 21i

(1) Das Präsidium ist beschlußfähig, wenn mindestens die Hälfte seiner gewählten Mitglieder anwesend ist.

(2) Sofern eine Entscheidung des Präsidiums nicht rechtzeitig ergehen kann, werden die in § 21e bezeichneten Anordnungen von dem Präsidenten oder aufsichtführenden Richter getroffen. Die Gründe für die getroffene Anordnung sind schriftlich niederzulegen. Die Anordnung ist dem Präsidium unverzüglich zur Genehmigung vorzulegen. Sie bleibt in Kraft, solange das Präsidium nicht anderweit beschließt.

§ 21j

(1) Wird ein Gericht errichtet und ist das Präsidium nach § 21a Abs. 2 Nr. 1 bis 4 zu bilden, so werden die in § 21e bezeichneten Anordnungen bis zur Bildung des Präsidiums von dem Präsidenten oder aufsichtführenden Richter getroffen. § 21i Abs. 2 Satz 2 bis 4 gilt entsprechend.

(2) Ein Präsidium nach § 21a Abs. 2 Nr. 1 bis 4 ist innerhalb von drei Monaten nach der Errichtung des Gerichts zu bilden. Die in § 21b Abs. 4 Satz 1 bestimmte Frist beginnt mit dem auf die Bildung des Präsidiums folgenden Geschäftsjahr, wenn das Präsidium nicht zu Beginn eines Geschäftsjahres gebildet wird.

(3) An die Stelle des in § 21d Abs. 1 bezeichneten Zeitpunkts tritt der Tag der Errichtung des Gerichts.

(4) Die Aufgaben nach § 1 Abs. 2 Satz 2 und 3 und Abs. 3 der Wahlordnung für die Präsidien der Gerichte vom 19. September 1972 (BGBl. I S. 1821) nimmt bei der erstmaligen Bestellung des Wahlvorstandes der Präsident oder aufsichtführende Richter wahr. Als Ablauf de Geschäftsjahres in § 1 Abs. 2 Satz 2 und § 3 Satz 1 der Wahlordnung für die Präsidien der Gerichte gilt der Ablauf der in Absatz 2 Satz 1 genannten Frist.

Fünfter Titel - Landgerichte

§ 74c

(1) Für Straftaten

1. nach dem Patentgesetz, dem Designgesetz, dem Halbleiterschutzgesetz, dem Sortenschutzgesetz, dem Markengesetz, dem Geschmacksmustergesetz, dem Urheberrechtsgesetz, dem Gesetz gegen den unlauteren Wettbewerb, der Insolvenzordnung, dem Unternehmensstabilisierungs- und -restrukturierungsgesetz, dem Aktiengesetz, dem Gesetz über die Rechnungslegung von bestimmten Unternehmen und Konzernen, dem Gesetz betreffend die Gesellschaften mit beschränkter Haftung, dem Handelsgesetzbuch, dem Gesetz zur Ausführung der EWG-Verordnung über die Europäische wirtschaftliche Interessenvereinigung, dem Genossenschaftsgesetz, dem SCE-Ausführungsgesetz und dem Umwandlungsgesetz,

2. nach den Gesetzen über das Bank-, Depot-, Börsen- und Kreditwesen sowie nach dem Versicherungsaufsichtsgesetz, dem Zahlungsdiensteaufsichtsgesetz und dem Wertpapierhandelsgesetz,

3. nach dem Wirtschaftsstrafgesetz 1954, dem Außenwirtschaftsgesetz, dem Sanktionsdurchsetzungsgesetz, den Devisenbewirtschaftungsgesetzen sowie dem Finanzmonopol-, Steuer- und Zollrecht, auch soweit dessen Strafvorschriften nach anderen Gesetzen anwendbar sind; dies gilt nicht, wenn dieselbe Handlung eine Straftat nach dem Betäubungsmittelgesetz darstellt, und nicht für Steuerstraftaten, welche die Kraftfahrzeugsteuer betreffen,

4. nach dem Weingesetz und dem Lebensmittelrecht,

5. des Computerbetruges, des Subventionsbetruges, des Kapitalanlagebetruges, des Kreditbetruges, des Bankrotts, der Verletzung der Buchführungspflicht, der Gläubigerbegünstigung und der Schuldnerbegünstigung,

5a. der wettbewerbsbeschränkenden Absprachen bei Ausschreibungen, der Bestechlichkeit und Bestechung im geschäftlichen Verkehr, der Bestechlichkeit im Gesundheitswesen, der Bestechung im Gesundheitswesen, der Bestechlichkeit und der Bestechung ausländischer und internationaler Bediensteter sowie nach dem Gesetz zur Bekämpfung internationaler Bestechung,

6. a) der Geldwäsche, des Betruges, des Computerbetruges, der Untreue, des Vorenthaltens und Veruntreuens von Arbeitsentgelt, des Wuchers, der Vorteilsannahme, der Bestechlichkeit, der Vorteilsgewährung und der Bestechung,

   b) nach dem Arbeitnehmerüberlassungsgesetz, dem EU-Finanzschutzstärkungsgesetz und dem Schwarzarbeitsbekämpfungsgesetz,

   soweit zur Beurteilung des Falles besondere Kenntnisse des Wirtschaftslebens erforderlich sind,

ist, soweit nach § 74 Abs. 1 als Gericht des ersten Rechtszuges und nach § 74 Abs. 3 für die Verhandlung und Entscheidung über das Rechtsmittel der Berufung gegen die Urteile des Schöffengerichts das Landgericht zuständig ist, eine Strafkammer als Wirtschaftsstrafkammer zuständig. Die §§ 120 und 120b bleiben unberührt.

(2) In den Sachen, in denen die Wirtschaftsstrafkammer nach Absatz 1 zuständig ist, trifft sie auch die in § 73 Abs. 1 bezeichneten Entscheidungen.

(3) Die Landesregierungen werden ermächtigt, zur sachdienlichen Förderung oder schnelleren Erledigung der Verfahren durch Rechtsverordnung einem Landgericht für die Bezirke mehrerer Landgerichte ganz oder teilweise Strafsachen zuzuweisen, welche die in Absatz 1 bezeichneten Straftaten zum Gegenstand haben. Die Landesregierungen können die Ermächtigung durch Rechtsverordnung auf die Landesjustizverwaltungen übertragen.

(4) Im Rahmen des Absatzes 3 erstreckt sich der Bezirk des danach bestimmten Landgerichts auf die Bezirke der anderen Landgerichte.

Vierzehnter Titel - Öffentlichkeit und Sitzungspolizei

§ 169

Die Verhandlung vor dem erkennenden Gericht einschließlich der Verkündung der Urteile und Beschlüsse ist öffentlich. Ton- und Fernseh-Rundfunkaufnahmen sowie Ton- und Filmaufnahmen zum Zwecke der öffentlichen Vorführung oder Veröffentlichung ihres Inhalts sind unzulässig. Die Tonübertragung in einen Arbeitsraum für Personen, die für Presse, Hörfunk, Fernsehen oder für andere Medien berichten, kann von dem Gericht zugelassen werden. Die Tonübertragung kann zur Wahrung schutzwürdiger Interessen der Beteiligten oder Dritter oder zur Wahrung eines ordnungsgemäßen Ablaufs des Verfahrens teilweise untersagt werden. Im Übrigen gilt für den in den Arbeitsraum übertragenen Ton Satz 2 entsprechend.

(2) Tonaufnahmen der Verhandlung einschließlich der Verkündung der Urteile und Beschlüsse können zu wissenschaftlichen und historischen Zwecken von dem Gericht zugelassen werden, wenn es sich um ein Verfahren von herausragender zeitgeschichtlicher Bedeutung für die Bundesrepublik Deutschland handelt. Zur Wahrung schutzwürdiger Interessen der Beteiligten oder Dritter oder zur Wahrung eines ordnungsgemäßen Ablaufs des Verfahrens können die Aufnahmen teilweise untersagt werden. Die Aufnahmen sind nicht zu den Akten zu nehmen und dürfen weder herausgegeben noch für Zwecke des aufgenommenen oder eines anderen Verfahrens genutzt oder verwertet werden. Sie sind vom Gericht nach Abschluss des Verfahrens demjenigen zuständigen Bundes- oder Landesarchiv zur Übernahme anzubieten, das nach dem Bundesarchivgesetz oder einem Landesarchivgesetz festzustellen hat, ob den Aufnahmen ein bleibender Wert zukommt. Nimmt das Bundesarchiv oder das jeweilige Landesarchiv die Aufnahmen nicht an, sind die Aufnahmen durch das Gericht zu löschen.

(3) Abweichend von Absatz 1 Satz 2 kann das Gericht für die Verkündung von Entscheidungen des Bundesgerichtshofs in besonderen Fällen Ton- und Fernseh-Rundfunkaufnahmen sowie Ton- und Filmaufnahmen zum Zwecke der öffentlichen Vorführung oder der Veröffentlichung ihres Inhalts zulassen. Zur Wahrung schutzwürdiger Interessen der Beteiligten oder Dritter sowie eines ordnungsgemäßen Ablaufs des Verfahrens können die Aufnahmen oder deren Übertragung teilweise untersagt oder von der Einhaltung von Auflagen abhängig gemacht werden.

(4) Die Beschlüsse des Gerichts nach den Absätzen 1 bis 3 sind unanfechtbar.

§ 171b

(1) Die Öffentlichkeit kann ausgeschlossen werden, soweit Umstände aus dem persönlichen Lebensbereich eines Prozessbeteiligten, eines Zeugen oder eines durch eine rechtswidrige Tat (§ 11 Absatz 1 Nummer 5 des Strafgesetzbuchs) Verletzten zur Sprache kommen, deren öffentliche Erörterung schutzwürdige Interessen verletzen würde. Das gilt nicht, soweit das Interesse an der öffentlichen Erörterung dieser Umstände überwiegt. Die besonderen Belastungen, die für Kinder und Jugendliche mit einer öffentlichen Hauptverhandlung verbunden sein können, sind dabei zu berücksichtigen. Entsprechendes gilt bei volljährigen Personen, die als Kinder oder Jugendliche durch die Straftat verletzt worden sind.

(2) Die Öffentlichkeit soll ausgeschlossen werden, soweit in Verfahren wegen Straftaten gegen die sexuelle Selbstbestimmung (§§ 174 bis 184k des Strafgesetzbuchs) oder gegen das Leben

(§§ 211 bis 222 des Strafgesetzbuchs), wegen Misshandlung von Schutzbefohlenen (§ 225 des Strafgesetzbuchs) oder wegen Straftaten gegen die persönliche Freiheit nach den §§ 232 bis 233a des Strafgesetzbuchs ein Zeuge unter 18 Jahren vernommen wird. Absatz 1 Satz 4 gilt entsprechend.

(3) Die Öffentlichkeit ist auszuschließen, wenn die Voraussetzungen der Absätze 1 oder 2 vorliegen und der Ausschluss von der Person, deren Lebensbereich betroffen ist, beantragt wird. Für die Schlussanträge in Verfahren wegen der in Absatz 2 genannten Straftaten ist die Öffentlichkeit auszuschließen, ohne dass es eines hierauf gerichteten Antrags bedarf, wenn die Verhandlung unter den Voraussetzungen der Absätze 1 oder 2 oder des § 172 Nummer 4 ganz oder zum Teil unter Ausschluss der Öffentlichkeit stattgefunden hat.

(4) Abweichend von den Absätzen 1 und 2 darf die Öffentlichkeit nicht ausgeschlossen werden, soweit die Personen, deren Lebensbereiche betroffen sind, dem Ausschluss der Öffentlichkeit widersprechen.

(5) Die Entscheidungen nach den Absätzen 1 bis 4 sind unanfechtbar.

§ 172

Das Gericht kann für die Verhandlung oder für einen Teil davon die Öffentlichkeit ausschließen, wenn

1. eine Gefährdung der Staatssicherheit, der öffentlichen Ordnung oder der Sittlichkeit zu besorgen ist,

1a. eine Gefährdung des Lebens, des Leibes oder der Freiheit eines Zeugen oder einer anderen Person zu besorgen ist,

2. ein wichtiges Geschäfts-, Betriebs-, Erfindungs- oder Steuergeheimnis zur Sprache kommt, durch dessen öffentliche Erörterung überwiegende schutzwürdige Interessen verletzt würden,

3. ein privates Geheimnis erörtert wird, dessen unbefugte Offenbarung mit Strafe bedroht ist,

4. eine Person unter 18 Jahren vernommen wird.

§ 173

(1) Die Verkündung des Urteils sowie der Endentscheidung in Ehesachen und Familienstreitsachenerfolgt in jedem Falle öffentlich.

(2) Durch einen besonderen Beschluß des Gerichts kann unter den Voraussetzungen der §§ 171b und 172 auch für die Verkündung der Entscheidungsgründe oder eines Teiles davon die Öffentlichkeit ausgeschlossen werden.

§ 174

(1) Über die Ausschließung der Öffentlichkeit ist in nicht öffentlicher Sitzung zu verhandeln, wenn ein Beteiligter es beantragt oder das Gericht es für angemessen erachtet. Der Beschluß, der die Öffentlichkeit ausschließt, muß öffentlich verkündet werden; er kann in nicht öffentlicher Sitzung verkündet werden, wenn zu befürchten ist, daß seine öffentliche Verkündung eine erhebliche Störung der Ordnung in der Sitzung zur Folge haben würde. Bei der Verkündung ist in den Fällen der §§ 171b, 172 und 173 anzugeben, aus welchem Grund die Öffentlichkeit ausgeschlossen worden ist.

(2) Soweit die Öffentlichkeit wegen Gefährdung der Staatssicherheit ausgeschlossen wird, dürfen Presse, Rundfunk und Fernsehen keine Berichte über die Verhandlung und den Inhalt eines die Sache betreffenden amtlichen Schriftstücks veröffentlichen.

(3) Ist die Öffentlichkeit wegen Gefährdung der Staatssicherheit oder aus den in §§ 171b und 172 Nr. 2 und 3 bezeichneten Gründen ausgeschlossen, so kann das Gericht den anwesenden Personen die Geheimhaltung von Tatsachen, die durch die Verhandlung oder durch ein die Sache betreffendes amtliches Schriftstück zu ihrer Kenntnis gelangen, zur Pflicht machen. Der Beschluß ist in das Sitzungsprotokoll aufzunehmen. Er ist anfechtbar. Die Beschwerde hat keine aufschiebende Wirkung.

§ 175

(1) Der Zutritt zu öffentlichen Verhandlungen kann unerwachsenen und solchen Personen versagt werden, die in einer der Würde des Gerichts nicht entsprechenden Weise erscheinen.

(2) Zu nicht öffentlichen Verhandlungen kann der Zutritt einzelnen Personen vom Gericht gestattet werden. In Strafsachen soll dem Verletzten der Zutritt gestattet werden. Einer Anhörung der Beteiligten bedarf es nicht.

(3) Die Ausschließung der Öffentlichkeit steht der Anwesenheit der die Dienstaufsicht führenden Beamten der Justizverwaltung bei den Verhandlungen vor dem erkennenden Gericht nicht entgegen.

§ 176

(1) Die Aufrechterhaltung der Ordnung in der Sitzung obliegt dem Vorsitzenden.

(2) An der Verhandlung beteiligte Personen dürfen ihr Gesicht während der Sitzung weder ganz noch teilweise verhüllen. Der Vorsitzende kann Ausnahmen gestatten, wenn und soweit die Kenntlichmachung des Gesichts weder zur Identitätsfeststellung noch zur Beweiswürdigung notwendig ist.

§ 177

Parteien, Beschuldigte, Zeugen, Sachverständige oder bei der Verhandlung nicht beteiligte Personen, die den zur Aufrechterhaltung der Ordnung getroffenen Anordnungen nicht Folge leisten, können aus dem Sitzungszimmer entfernt sowie zur Ordnungshaft abgeführt und während einer zu bestimmenden Zeit, die vierundzwanzig Stunden nicht übersteigen darf, festgehalten werden. Über Maßnahmen nach Satz 1 entscheidet gegenüber Personen, die bei der Verhandlung nicht beteiligt sind, der Vorsitzende, in den übrigen Fällen das Gericht.

§ 178

(1) Gegen Parteien, Beschuldigte, Zeugen, Sachverständige oder bei der Verhandlung nicht beteiligte Personen, die sich in der Sitzung einer Ungebühr schuldig machen, kann vorbehaltlich der strafgerichtlichen Verfolgung ein Ordnungsgeld bis zu eintausend Euro oder Ordnungshaft bis zu einer Woche festgesetzt und sofort vollstreckt werden. Bei der Festsetzung von Ordnungsgeld ist zugleich für den Fall, daß dieses nicht beigetrieben werden kann, zu bestimmen, in welchem Maße Ordnungshaft an seine Stelle tritt.

(2) Über die Festsetzung von Ordnungsmitteln entscheidet gegenüber Personen, die bei der Verhandlung nicht beteiligt sind, der Vorsitzende, in den übrigen Fällen das Gericht.

(3) Wird wegen derselben Tat später auf Strafe erkannt, so sind das Ordnungsgeld oder die Ordnungshaft auf die Strafe anzurechnen.

§ 179

Die Vollstreckung der vorstehend bezeichneten Ordnungsmittel hat der Vorsitzende unmittelbar zu veranlassen.

§ 180

Die in den §§ 176 bis 179 bezeichneten Befugnisse stehen auch einem einzelnen Richter bei der Vornahme von Amtshandlungen außerhalb der Sitzung zu.

§ 181

(1) Ist in den Fällen der §§ 178, 180 ein Ordnungsmittel festgesetzt, so kann gegen die Entscheidung binnen der Frist von einer Woche nach ihrer Bekanntmachung Beschwerde eingelegt werden, sofern sie nicht von dem Bundesgerichtshof oder einem Oberlandesgericht getroffen ist.

(2) Die Beschwerde hat in dem Falle des § 178 keine aufschiebende Wirkung, in dem Falle des § 180 aufschiebende Wirkung.

(3) Über die Beschwerde entscheidet das Oberlandesgericht.

§ 182

Ist ein Ordnungsmittel wegen Ungebühr festgesetzt oder eine Person zur Ordnungshaft abgeführt oder eine bei der Verhandlung beteiligte Person entfernt worden, so ist der Beschluß des Gerichts und dessen Veranlassung in das Protokoll aufzunehmen.

§ 183

Wird eine Straftat in der Sitzung begangen, so hat das Gericht den Tatbestand festzustellen und der zuständigen Behörde das darüber aufgenommene Protokoll mitzuteilen. In geeigneten Fällen ist die vorläufige Festnahme des Täters zu verfügen.

Fünfzehnter Titel - Gerichtssprache, Verständigung mit dem Gericht

§ 184

Die Gerichtssprache ist deutsch. Das Recht der Sorben, in den Heimatkreisen der sorbischen Bevölkerung vor Gericht sorbisch zu sprechen, ist gewährleistet.

§ 185

(1) Wird unter Beteiligung von Personen verhandelt, die der deutschen Sprache nicht mächtig sind, so ist ein Dolmetscher zuzuziehen. Ein Nebenprotokoll in der fremden Sprache wird nicht geführt; jedoch sollen Aussagen und Erklärungen in fremder Sprache, wenn und soweit der Richter dies mit Rücksicht auf die Wichtigkeit der Sache für erforderlich erachtet, auch in der fremden Sprache in das Protokoll oder in eine Anlage niedergeschrieben werden. In den dazu geeigneten Fällen soll dem Protokoll eine durch den Dolmetscher zu beglaubigende Übersetzung beigefügt werden.

(1a) Das Gericht kann gestatten, dass sich der Dolmetscher während der Verhandlung, Anhörung oder Vernehmung an einem anderen Ort aufhält. Die Verhandlung, Anhörung oder Vernehmung wird zeitgleich in Bild und Ton an diesen Ort und in das Sitzungszimmer übertragen.

(2) Die Zuziehung eines Dolmetschers kann unterbleiben, wenn die beteiligten Personen sämtlich der fremden Sprache mächtig sind.

(3) In Familiensachen und in Angelegenheiten der freiwilligen Gerichtsbarkeit bedarf es der Zuziehung eines Dolmetschers nicht, wenn der Richter der Sprache, in der sich die beteiligten Personen erklären, mächtig ist.

§ 186

(1) Die Verständigung mit einer hör- oder sprachbehinderten Person in der Verhandlung erfolgt nach ihrer Wahl mündlich, schriftlich oder mit Hilfe einer die Verständigung ermöglichenden Person, die vom Gericht hinzuzuziehen ist. Für die mündliche und schriftliche Verständigung hat das Gericht die geeigneten technischen Hilfsmittel bereitzustellen. Die hör- oder sprachbehinderte Person ist auf ihr Wahlrecht hinzuweisen. (2) Das Gericht kann eine schriftliche Verständigung verlangen oder die Hinzuziehung einer Person als Dolmetscher anordnen, wenn die hör- oder sprachbehinderte Person von ihrem Wahlrecht nach Absatz 1 keinen Gebrauch gemacht hat oder eine ausreichende Verständigung in der nach Absatz 1 gewählten Form nicht oder nur mit unverhältnismäßigem Aufwand möglich ist.

§ 187

(1) Das Gericht zieht für den Beschuldigten oder Verurteilten, der der deutschen Sprache nicht mächtig ist oder der hör- oder sprachbehindert ist, einen Dolmetscher oder Übersetzer heran, soweit dies zur Ausübung seiner strafprozessualen Rechte erforderlich ist. Das Gericht weist den Beschuldigten in einer ihm verständlichen Sprache darauf hin, dass er insoweit für das gesamte Strafverfahren die unentgeltliche Hinzuziehung eines Dolmetschers oder Übersetzers beanspruchen kann.

(2) Erforderlich zur Ausübung der strafprozessualen Rechte des Beschuldigten, der der deutschen Sprache nicht mächtig ist, ist in der Regel die schriftliche Übersetzung von freiheitsentziehenden Anordnungen sowie von Anklageschriften, Strafbefehlen und nicht rechtskräftigen Urteilen. Eine auszugsweise schriftliche Übersetzung ist ausreichend, wenn hierdurch die strafprozessualen Rechte des Beschuldigten gewahrt werden. Die schriftliche Übersetzung ist dem Beschuldigten unverzüglich zur Verfügung zu stellen. An die Stelle der schriftlichen Übersetzung kann eine mündliche Übersetzung der Unterlagen oder eine mündliche Zusammenfassung des Inhalts der Unterlagen treten, wenn hierdurch die strafprozessualen Rechte des Beschuldigten gewahrt werden. Dies ist in der Regel dann anzunehmen, wenn der Beschuldigte einen Verteidiger hat.

(3) Der Beschuldigte kann auf eine schriftliche Übersetzung nur wirksam verzichten, wenn er zuvor über sein Recht auf eine schriftliche Übersetzung nach den Absätzen 1 und 2 und über die Folgen eines Verzichts auf eine schriftliche Übersetzung belehrt worden ist. Die Belehrung nach Satz 1 und der Verzicht des Beschuldigten sind zu dokumentieren.

(4) Absatz 1 gilt entsprechend für Personen, die nach § 395 der Strafprozessordnung berechtigt sind, sich der öffentlichen Klage mit der Nebenklage anzuschließen.

§ 188

Personen, die der deutschen Sprache nicht mächtig sind, leisten Eide in der ihnen geläufigen Sprache.

§ 189

(1) Der Dolmetscher hat einen Eid dahin zu leisten, daß er treu und gewissenhaft übertragen werde. Gibt der Dolmetscher an, daß er aus Glaubens- oder Gewissensgründen keinen Eid leisten wolle, so hat er eine Bekräftigung abzugeben. Diese Bekräftigung steht dem Eid gleich; hierauf ist der Dolmetscher hinzuweisen.

(2) Ist der Dolmetscher für Übertragungen der betreffenden Art nach dem Gerichtsdolmetschergesetz oder in einem Land nach den landesrechtlichen Vorschriften allgemein beeidigt, so genügt vor allen Gerichten des Bundes und der Länder die Berufung auf diesen Eid.

(3) In Familiensachen und in Angelegenheiten der freiwilligen Gerichtsbarkeit ist die Beeidigung des Dolmetschers nicht erforderlich, wenn die beteiligten Personen darauf verzichten.

(4) Der Dolmetscher oder Übersetzer soll über Umstände, die ihm bei seiner Tätigkeit zur Kenntnis gelangen, Verschwiegenheit wahren. Hierauf weist ihn das Gericht hin.

§ 190

Der Dienst des Dolmetschers kann von dem Urkundsbeamten der Geschäftsstelle wahrgenommen werden. Einer besonderen Beeidigung bedarf es nicht.

§ 191

Auf den Dolmetscher sind die Vorschriften über Ausschließung und Ablehnung der Sachverständigen entsprechend anzuwenden. Es entscheidet das Gericht oder der Richter, von dem der Dolmetscher zugezogen ist.

§ 191a

(1) Eine blinde oder sehbehinderte Person kann nach Maßgabe der Rechtsverordnung nach Absatz 2 verlangen, dass ihr die für sie bestimmten gerichtlichen Dokumente auch in einer für sie wahrnehmbaren Form zugänglich gemacht werden, soweit dies zur Wahrnehmung ihrer Rechte im Verfahren erforderlich ist. Hierfür werden Auslagen nicht erhoben.

(2) Das Bundesministerium der Justiz und für Verbraucherschutz bestimmt durch Rechtsverordnung, die der Zustimmung des Bundesrates bedarf, unter welchen Voraussetzungen und in welcher Weise die in Absatz 1 genannten Dokumente und Dokumente, die von den Parteien zur Akte gereicht werden, einer blinden oder sehbehinderten Person zugänglich gemacht werden, sowie ob und wie diese Person bei der Wahrnehmung ihrer Rechte mitzuwirken hat.

Sechzehnter Titel - Beratung und Abstimmung

§ 192

(1) Bei Entscheidungen dürfen Richter nur in der gesetzlich bestimmten Anzahl mitwirken.

(2) Bei Verhandlungen von längerer Dauer kann der Vorsitzende die Zuziehung von Ergänzungsrichtern anordnen, die der Verhandlung beizuwohnen und im Falle der Verhinderung eines Richters für ihn einzutreten haben.

(3) Diese Vorschriften sind auch auf Schöffen anzuwenden.

§ 193

(1) Bei der Beratung und Abstimmung dürfen außer den zur Entscheidung berufenen Richtern nur die bei demselben Gericht zu ihrer juristischen Ausbildung beschäftigten Personen und die

dort beschäftigten wissenschaftlichen Hilfskräfte zugegen sein, soweit der Vorsitzende deren Anwesenheit gestattet.

(2) Ausländische Berufsrichter, Staatsanwälte und Anwälte, die einem Gericht zur Ableistung eines Studienaufenthaltes zugewiesen worden sind, können bei demselben Gericht bei der Beratung und Abstimmung zugegen sein, soweit der Vorsitzende deren Anwesenheit gestattet und sie gemäß den Absätzen 3 und 4 verpflichtet sind. Satz 1 gilt entsprechend für ausländische Juristen, die im Entsendestaat in einem Ausbildungsverhältnis stehen.

(3) Die in Absatz 2 genannten Personen sind auf ihren Antrag zur Geheimhaltung besonders zu verpflichten. § 1 Abs. 2 und 3 des Verpflichtungsgesetzes vom 2. März 1974 (BGBl. I S. 469, 547 - Artikel 42) gilt entsprechend. Personen, die nach Satz 1 besonders verpflichtet worden sind, stehen für die Anwendung der Vorschriften des Strafgesetzbuches über die Verletzung von Privatgeheimnissen (§ 203 Absatz 2 Satz 1 Nummer 2, Satz 2, Absatz 5 und 6, § 205), Verwertung fremder Geheimnisse (§§ 204, 205), Verletzung des Dienstgeheimnisses (§ 353b Abs. 1 Satz 1 Nr. 2, Satz 2, Abs. 3 und 4) sowie Verletzung des Steuergeheimnisses (§ 355) den für den öffentlichen Dienst besonders Verpflichteten gleich.

(4) Die Verpflichtung wird vom Präsidenten oder vom aufsichtsführenden Richter des Gerichts vorgenommen. Er kann diese Befugnis auf den Vorsitzenden des Spruchkörpers oder auf den Richter übertragen, dem die in Absatz 2 genannten Personen zugewiesen sind. Einer erneuten Verpflichtung bedarf es während der Dauer des Studienaufenthaltes nicht. In den Fällen des § 355 des Strafgesetzbuches ist der Richter, der die Verpflichtung vorgenommen hat, neben dem Verletzten antragsberechtigt.

§ 194

(1) Der Vorsitzende leitet die Beratung, stellt die Fragen und sammelt die Stimmen.

(2) Meinungsverschiedenheiten über den Gegenstand, die Fassung und die Reihenfolge der Fragen oder über das Ergebnis der Abstimmung entscheidet das Gericht.

§ 195

Kein Richter oder Schöffe darf die Abstimmung über eine Frage verweigern, weil er bei der Abstimmung über eine vorhergegangene Frage in der Minderheit geblieben ist.

§ 196

(1) Das Gericht entscheidet, soweit das Gesetz nicht ein anderes bestimmt, mit der absoluten Mehrheit der Stimmen.

(2) Bilden sich in Beziehung auf Summen, über die zu entscheiden ist, mehr als zwei Meinungen, deren keine die Mehrheit für sich hat, so werden die für die größte Summe abgegebenen Stimmen den für die zunächst geringere abgegebenen so lange hinzugerechnet, bis sich eine Mehrheit ergibt.

(3) Bilden sich in einer Strafsache, von der Schuldfrage abgesehen, mehr als zwei Meinungen, deren keine die erforderliche Mehrheit für sich hat, so werden die dem Beschuldigten nachteiligsten Stimmen den zunächst minder nachteiligen so lange hinzugerechnet, bis sich die erforderliche Mehrheit ergibt. Bilden sich in der Straffrage zwei Meinungen, ohne daß eine die erforderliche Mehrheit für sich hat, so gilt die mildere Meinung.

(4) Ergibt sich in dem mit zwei Richtern und zwei Schöffen besetzten Gericht in einer Frage, über die mit einfacher Mehrheit zu entscheiden ist, Stimmengleichheit, so gibt die Stimme des Vorsitzenden den Ausschlag.

§ 197

Die Richter stimmen nach dem Dienstalter, bei gleichem Dienstalter nach dem Lebensalter, ehrenamtliche Richter und Schöffen nach dem Lebensalter; der jüngere stimmt vor dem älteren. Die Schöffen stimmen vor den Richtern. Wenn ein Berichterstatter ernannt ist, so stimmt er zuerst. Zuletzt stimmt der Vorsitzende.

Gesetz über das Aufspüren von Gewinnen aus schweren Straftaten (Geldwäschegesetz - GwG)

vom 23.6.2017 (BGBl. I S. 1822), geändert durch Artikel 4 des Gesetzes vom 19.12.2022 (BGBl. I S. 2606).

Inhaltsübersicht

Abschnitt 1 Begriffsbestimmungen, Verpflichtete und risikobasierter Ansatz

§ 1 Begriffsbestimmungen

(1) Geldwäsche im Sinne dieses Gesetzes ist eine Straftat nach § 261 des Strafgesetzbuchs.

(2) Terrorismusfinanzierung im Sinne dieses Gesetzes ist

1. die Bereitstellung oder Sammlung von Vermögensgegenständen mit dem Wissen oder in der Absicht, dass diese Vermögensgegenstände ganz oder teilweise dazu verwendet werden oder verwendet werden sollen, eine oder mehrere der folgenden Straftaten zu begehen:
   a) eine Tat nach § 129a des Strafgesetzbuchs, auch in Verbindung mit § 129b des Strafgesetzbuchs, oder
   b) eine andere der in den Artikeln 3, 5 bis 10 und 12 der Richtlinie (EU) 2017/541 des Europäischen Parlaments und des Rates vom 15. März 2017 zur Terrorismusbekämpfung und zur Ersetzung des Rahmenbeschlusses 2002/475/JI des Rates und zur Änderung des Beschlusses 2005/671/JI des Rates (ABl. L 88 vom 31.3.2017, S. 6) umschriebenen Straftaten,
2. die Begehung einer Tat nach § 89c des Strafgesetzbuchs oder
3. die Anstiftung oder Beihilfe zu einer Tat nach Nummer 1 oder 2.

(3) Identifizierung im Sinne dieses Gesetzes besteht aus

1. dem Erheben von Angaben zum Zweck der Identifizierung und
2. der Überprüfung dieser Angaben zum Zweck der Identifizierung.

(4) Geschäftsbeziehung im Sinne dieses Gesetzes ist jede Beziehung, die unmittelbar in Verbindung mit den gewerblichen oder beruflichen Aktivitäten der Verpflichteten steht und bei der beim Zustandekommen des Kontakts davon ausgegangen wird, dass sie von gewisser Dauer sein wird.

(5) Transaktion im Sinne dieses Gesetzes ist oder sind eine oder, soweit zwischen ihnen eine Verbindung zu bestehen scheint, mehrere Handlungen, die eine Geldbewegung oder eine sonstige Vermögensverschiebung bezweckt oder bezwecken oder bewirkt oder bewirken. Bei Vermittlungstätigkeiten von Verpflichteten nach § 2 Absatz 1 Nummer 14 und 16 gilt als Transaktion im Sinne dieses Gesetzes das vermittelte Rechtsgeschäft.

(6) Trust im Sinne dieses Gesetzes ist eine Rechtgestaltung, die als Trust errichtet wurde, wenn das für die Errichtung anwendbare Recht das Rechtsinstitut des Trusts vorsieht. Sieht das für die

Errichtung anwendbare Recht ein Rechtsinstitut vor, das dem Trust nachgebildet ist, so gelten auch Rechtsgestaltungen, die unter Verwendung dieses Rechtsinstituts errichtet wurden, als Trust.

(7) Vermögensgegenstand im Sinne dieses Gesetzes ist

1. jeder Vermögenswert, ob körperlich oder nichtkörperlich, beweglich oder unbeweglich, materiell oder immateriell, sowie
2. Rechtstitel und Urkunden in jeder Form, einschließlich der elektronischen und digitalen Form, die das Eigentumsrecht oder sonstige Rechte an Vermögenswerten nach Nummer 1 verbriefen.

(7a) Immobilien im Sinne dieses Gesetzes sind Grundstücke, grundstücksgleiche Rechte und Miteigentumsanteile an Grundstücken, die im Bestandsverzeichnis eines Grundbuchblattes aufgeführt sind.

(8) Glücksspiel im Sinne dieses Gesetzes ist jedes Spiel, bei dem ein Spieler für den Erwerb einer Gewinnchance ein Entgelt entrichtet und der Eintritt von Gewinn oder Verlust ganz oder überwiegend vom Zufall abhängt.

(9) Güterhändler im Sinne dieses Gesetzes ist, wer gewerblich Güter veräußert, unabhängig davon, in wessen Namen oder auf wessen Rechnung.

(10) Hochwertige Güter im Sinne dieses Gesetzes sind Gegenstände,

1. die sich aufgrund ihrer Beschaffenheit, ihres Verkehrswertes oder ihres bestimmungsgemäßen Gebrauchs von Gebrauchsgegenständen des Alltags abheben oder
2. die aufgrund ihres Preises keine Alltagsanschaffung darstellen.

Zu ihnen gehören insbesondere

1. Edelmetalle wie Gold, Silber und Platin,
2. Edelsteine,
3. Schmuck und Uhren,
4. Kunstgegenstände und Antiquitäten,
5. Kraftfahrzeuge, Schiffe und Motorboote sowie Luftfahrzeuge.

(11) Immobilienmakler im Sinne dieses Gesetzes ist, wer gewerblich den Abschluss von Kauf-, Pacht- oder Mietverträgen über Grundstücke, grundstücksgleiche Rechte, gewerbliche Räume oder Wohnräume vermittelt.

(12) Politisch exponierte Person im Sinne dieses Gesetzes ist jede Person, die ein hochrangiges wichtiges öffentliches Amt auf internationaler, europäischer oder nationaler Ebene ausübt oder ausgeübt hat oder ein öffentliches Amt unterhalb der nationalen Ebene, dessen politische Bedeutung vergleichbar ist, ausübt oder ausgeübt hat. Zu den politisch exponierten Personen gehören insbesondere

1. Personen, die folgende Funktionen innehaben:
   a) Staatschefs, Regierungschefs, Minister, Mitglieder der Europäischen Kommission, stellvertretende Minister und Staatssekretäre,
   b) Parlamentsabgeordnete und Mitglieder vergleichbarer Gesetzgebungsorgane,
   c) Mitglieder der Führungsgremien politischer Parteien,
   d) Mitglieder von obersten Gerichtshöfen, Verfassungsgerichtshöfen oder sonstigen hohen Gerichten, gegen deren Entscheidungen im Regelfall kein Rechtsmittel mehr eingelegt werden kann,

e) Mitglieder der Leitungsorgane von Rechnungshöfen,

f) Mitglieder der Leitungsorgane von Zentralbanken,

g) Botschafter, Geschäftsträger und Verteidigungsattachés,

h) Mitglieder der Verwaltungs-, Leitungs- und Aufsichtsorgane staatseigener Unternehmen,

i) Direktoren, stellvertretende Direktoren, Mitglieder des Leitungsorgans oder sonstige Leiter mit vergleichbarer Funktion in einer zwischenstaatlichen internationalen oder europäischen Organisation;

2. Personen, die Ämter innehaben, welche in der nach Artikel 1 Nummer 13 der Richtlinie (EU) 2018/843 des Europäischen Parlaments und des Rates vom 30. Mai 2018 zur Änderung der Richtlinie (EU) 2015/849 zur Verhinderung der Nutzung des Finanzsystems zum Zwecke der Geldwäsche und der Terrorismusfinanzierung und zur Änderung der Richtlinien 2009/138/EG und 2013/36/EU (ABl. L 156 vom 19.6.2018, S. 43) von der Europäischen Kommission veröffentlichten Liste enthalten sind.

Das Bundesministerium der Finanzen erstellt, aktualisiert und übermittelt der Europäischen Kommission eine Liste gemäß Artikel 1 Nummer 13 der Richtlinie (EU) 2018/843. Organisationen nach Satz 2 Nummer 1 Buchstabe i mit Sitz in Deutschland übermitteln dem Bundesministerium der Finanzen hierfür jährlich zum Jahresende eine Liste mit wichtigen öffentlichen Ämtern nach dieser Vorschrift.

(13) Familienmitglied im Sinne dieses Gesetzes ist ein naher Angehöriger einer politisch exponierten Person, insbesondere

1. der Ehepartner oder eingetragene Lebenspartner,
2. ein Kind und dessen Ehepartner oder eingetragener Lebenspartner sowie
3. jeder Elternteil.

(14) Bekanntermaßen nahestehende Person im Sinne dieses Gesetzes ist eine natürliche Person, bei der der Verpflichtete Grund zu der Annahme haben muss, dass diese Person

1. gemeinsam mit einer politisch exponierten Person
   a) wirtschaftlich Berechtigter einer Vereinigung nach § 20 Absatz 1 ist oder
   b) wirtschaftlich Berechtigter einer Rechtsgestaltung nach § 21 ist,
2. zu einer politisch exponierten Person sonstige enge Geschäftsbeziehungen unterhält oder
3. alleiniger wirtschaftlich Berechtigter
   a) einer Vereinigung nach § 20 Absatz 1 ist oder
   b) einer Rechtsgestaltung nach § 21 ist,

   bei der der Verpflichtete Grund zu der Annahme haben muss, dass die Errichtung faktisch zugunsten einer politisch exponierten Person erfolgte.

(15) Mitglied der Führungsebene im Sinne dieses Gesetzes ist eine Führungskraft oder ein leitender Mitarbeiter eines Verpflichteten mit ausreichendem Wissen über die Risiken, denen der Verpflichtete in Bezug auf Geldwäsche und Terrorismusfinanzierung ausgesetzt ist, und mit der Befugnis, insoweit Entscheidungen zu treffen. Ein Mitglied der Führungsebene muss nicht zugleich ein Mitglied der Leitungsebene sein.

(16) Gruppe im Sinne dieses Gesetzes ist ein Zusammenschluss von Unternehmen, der besteht aus

1. einem Mutterunternehmen,

2. den Tochterunternehmen des Mutterunternehmens,
3. den Unternehmen, an denen das Mutterunternehmen oder seine Tochterunternehmen eine Beteiligung halten, und
4. Unternehmen, die untereinander verbunden sind durch eine Beziehung im Sinne des Artikels 22 Absatz 1 der Richtlinie 2013/34/EU des Europäischen Parlaments und des Rates vom 26. Juni 2013 über den Jahresabschluss, den konsolidierten Abschluss und damit verbundene Berichte von Unternehmen bestimmter Rechtsformen und zur Änderung der Richtlinie 2006/43/EG des Europäischen Parlaments und des Rates und zur Aufhebung der Richtlinien 78/660/EWG und 83/349/EWG des Rates (ABl. L 182 vom 29.6.2013, S. 19).

(17) Drittstaat im Sinne dieses Gesetzes ist ein Staat,

1. der nicht Mitgliedstaat der Europäischen Union ist und
2. der nicht Vertragsstaat des Abkommens über den Europäischen Wirtschaftsraum ist.

(18) E-Geld im Sinne dieses Gesetzes ist E-Geld nach § 1 Absatz 2 Satz 3 und 4 des Zahlungsdiensteaufsichtsgesetzes.

(19) Aufsichtsbehörde im Sinne dieses Gesetzes ist die zuständige Aufsichtsbehörde nach § 50.

(20) Die Zuverlässigkeit eines Mitarbeiters im Sinne dieses Gesetzes liegt vor, wenn der Mitarbeiter die Gewähr dafür bietet, dass er

1. die in diesem Gesetz geregelten Pflichten, sonstige geldwäscherechtliche Pflichten und die beim Verpflichteten eingeführten Strategien, Kontrollen und Verfahren zur Verhinderung von Geldwäsche und von Terrorismusfinanzierung sorgfältig beachtet,
2. Tatsachen nach § 43 Absatz 1 dem Vorgesetzten oder dem Geldwäschebeauftragten, sofern ein Geldwäschebeauftragter bestellt ist, meldet und
3. sich weder aktiv noch passiv an zweifelhaften Transaktionen oder Geschäftsbeziehungen beteiligt.

(21) Korrespondenzbeziehung im Sinne dieses Gesetzes ist eine Geschäftsbeziehung, in deren Rahmen folgende Leistungen erbracht werden:

1. Bankdienstleistungen, wie die Unterhaltung eines Kontokorrent- oder eines anderen Zahlungskontos und die Erbringung damit verbundener Leistungen wie die Verwaltung von Barmitteln, die Durchführung von internationalen Geldtransfers oder Devisengeschäften und die Vornahme von Scheckverrechnungen, durch Verpflichtete nach § 2 Absatz 1 Nummer 1 (Korrespondenten) für CRR-Kreditinstitute oder für Unternehmen in einem Drittstaat, die Tätigkeiten ausüben, die denen solcher Kreditinstitute gleichwertig sind (Respondenten), oder
2. andere Leistungen als Bankdienstleistungen, soweit diese anderen Leistungen nach den jeweiligen gesetzlichen Vorschriften durch Verpflichtete nach § 2 Absatz 1 Nummer 1 bis 3 und 6 bis 9 (Korrespondenten) erbracht werden dürfen
   a) für andere CRR-Kreditinstitute oder Finanzinstitute im Sinne des Artikels 3 Nummer 2 der Richtlinie (EU) 2015/849 oder
   b) für Unternehmen oder Personen in einem Drittstaat, die Tätigkeiten ausüben, die denen solcher Kreditinstitute oder Finanzinstitute gleichwertig sind (Respondenten).

(22) Bank-Mantelgesellschaft im Sinne dieses Gesetzes ist

1. ein CRR-Kreditinstitut oder ein Finanzinstitut nach Artikel 3 Nummer 2 der Richtlinie (EU) 2015/849 oder
2. ein Unternehmen,

a) das Tätigkeiten ausübt, die denen eines solchen Kreditinstituts oder Finanzinstituts gleichwertig sind, und das in einem Land in ein Handelsregister oder ein vergleichbares Register eingetragen ist, in dem die tatsächliche Leitung und Verwaltung nicht erfolgen, und

b) das keiner regulierten Gruppe von Kredit- oder Finanzinstituten angeschlossen ist.

(23) Kunstvermittler im Sinne dieses Gesetzes ist, wer gewerblich den Abschluss von Kaufverträgen über Kunstgegenstände vermittelt, auch als Auktionator oder Galerist. Kunstlagerhalter im Sinne dieses Gesetzes ist, wer gewerblich Kunstgegenstände lagert. Unerheblich ist, in wessen Namen oder auf wessen Rechnung die Tätigkeit nach Satz 1 oder 2 erfolgt.

(24) Finanzunternehmen im Sinne dieses Gesetzes ist ein Unternehmen, dessen Haupttätigkeit darin besteht,

1. Beteiligungen zu erwerben, zu halten oder zu veräußern,
2. Geldforderungen mit Finanzierungsfunktion entgeltlich zu erwerben,
3. mit Finanzinstrumenten auf eigene Rechnung zu handeln,
4. Finanzanlagenvermittler nach § 34f Absatz 1 Satz 1 der Gewerbeordnung und Honorar- Finanzanlagenberater nach § 34h Absatz 1 Satz 1 der Gewerbeordnung zu sein, es sei denn, die Vermittlung oder Beratung bezieht sich ausschließlich auf Anlagen, die von Verpflichteten nach diesem Gesetz vertrieben oder emittiert werden,
5. Unternehmen über die Kapitalstruktur, die industrielle Strategie und die damit verbundenen Fragen zu beraten sowie bei Zusammenschlüssen und Übernahmen von Unternehmen diese Unternehmen zu beraten und ihnen Dienstleistungen anzubieten oder
6. Darlehen zwischen Kreditinstituten zu vermitteln (Geldmaklergeschäfte).

Holdinggesellschaften, die ausschließlich Beteiligungen an Unternehmen außerhalb des Kreditinstituts-, Finanzinstituts- und Versicherungssektors halten und die nicht über die mit der Verwaltung des Beteiligungsbesitzes verbundenen Aufgaben hinaus unternehmerisch tätig sind, sind keine Finanzunternehmen im Sinne dieses Gesetzes.

(25) Mutterunternehmen im Sinne dieses Gesetzes ist ein Unternehmen, dem mindestens ein anderes Unternehmen nach Absatz 16 Nummer 2 bis 4 nachgeordnet ist, und dem kein anderes Unternehmen übergeordnet ist.

(26) Finanzinformationen im Sinne dieses Gesetzes sind alle Arten von Informationen oder Daten, insbesondere Daten über finanzielle Vermögenswerte, Geldbewegungen oder finanzgeschäftliche Beziehungen, die bereits bei der Zentralstelle für Finanztransaktionsuntersuchungen oder anderen zentralen Meldestellen im Sinne des Artikels 32 der Richtlinie (EU) 2015/849 vorhanden sind, um Geldwäsche und Terrorismusfinanzierung zu verhüten, aufzudecken und zu bekämpfen.

(27) Finanzanalyse im Sinne dieses Gesetzes ist das Ergebnis der von der Zentralstelle für Finanztransaktionsuntersuchungen oder einer anderen zentralen Meldestelle im Sinne des Artikel 32 der Richtlinie (EU) 2015/849 für die Erfüllung ihrer Aufgaben nach der Richtlinie (EU) 2015/849 bereits durchgeführten operativen und strategischen Analyse.

(28) Die Bezeichnung

1. Richtlinie (EU) 2015/849 bezeichnet die Richtlinie (EU) 2015/849 des Europäischen Parlamentes und des Rates vom 20. Mai 2015 zur Verhinderung der Nutzung des Finanzsystems zum Zweck der Geldwäsche und der Terrorismusfinanzierung, zur Änderung der Verordnung (EU) Nr. 648/2012 des Europäischen Parlaments und des Rates und zur Aufhebung der Richtlinie 2005/60/EG des Europäischen Parlaments und

des Rates und der Richtlinie 2006/70/EG der Kommission, die zuletzt durch die Richtlinie (EU) 2018/843 des Europäischen Parlamentes und des Rates vom 30. Mai 2018 zur Änderung der Richtlinie (EU) 2015/849 zur Verhinderung der Nutzung des Finanzsystems zum Zweck der Geldwäsche und der Terrorismusfinanzierung und zur Änderung der Richtlinien 2009/138/EG und 2013/36/EU geändert worden ist.

2. Richtlinie (EU) 2019/1153 bezeichnet die Richtlinie (EU) 2019/1153 des Europäischen Parlamentes und des Rates vom 20. Juni 2019 zur Festlegung von Vorschriften zur Erleichterung der Nutzung von Finanz- und sonstigen Informationen für die Verhütung, Aufdeckung, Untersuchung oder Verfolgung bestimmter Straftaten und zur Aufhebung des Beschlusses 2000/642/JI des Rates;

3. Verordnung (EU) 2016/794 bezeichnet die Verordnung (EU) 2016/794 des Europäischen Parlamentes und des Rates vom 11. Mai 2016 über die Agentur der Europäischen Union für die Zusammenarbeit auf dem Gebiet der Strafverfolgung (Europol) und zur Ersetzung und Aufhebung der Beschlüsse 2009/371/JI, 2009/934/JI, 2009/935/JI, 2009/936/JI und 2009/968/JI.

(29) Kryptowerte im Sinne dieses Gesetzes sind Kryptowerte nach § 1 Absatz 11 Satz 1 Nummer 10 in Verbindung mit Satz 4 und 5 des Kreditwesengesetzes.

(30) Übertragung von Kryptowerten im Sinne dieses Gesetzes ist jeglicher Transfer von Kryptowerten zwischen natürlichen oder juristischen Personen im Rahmen der Erbringung von Finanzdienstleistungen oder dem Betreiben von Bankgeschäften im Sinne des Kreditwesengesetzes, der nicht ausschließlich die Kryptoverwahrung im Sinne des § 1 Absatz 1a Satz 2 Nummer 6 des Kreditwesengesetzes darstellt.

§ 2 Verpflichtete, Verordnungsermächtigung

(1) Verpflichtete im Sinne dieses Gesetzes sind, soweit sie in Ausübung ihres Gewerbes oder Berufs handeln,

1. Kreditinstitute nach § 1 Absatz 1 des Kreditwesengesetzes, mit Ausnahme der in § 2 Absatz 1 Nummer 3 bis 8 des Kreditwesengesetzes genannten Unternehmen, und im Inland gelegene Zweigstellen und Zweigniederlassungen von Kreditinstituten mit Sitz im Ausland,

2. Finanzdienstleistungsinstitute nach § 1 Absatz 1a des Kreditwesengesetzes, mit Ausnahme der in § 2 Absatz 6 Satz 1 Nummer 3 bis 10 und 12 und Absatz 10 des Kreditwesengesetzes genannten Unternehmen, im Inland gelegene Zweigstellen und Zweigniederlassungen von Finanzdienstleistungsinstituten mit Sitz im Ausland sowie Wertpapierinstitute nach § 2 Absatz 1 des Wertpapierinstitutsgesetzes und im Inland gelegene Niederlassungen vergleichbarer Unternehmen mit Sitz im Ausland,

3. Zahlungsinstitute und E-Geld-Institute nach § 1 Absatz 3 des Zahlungsdiensteaufsichtsgesetzes und im Inland gelegene Zweigstellen und Zweigniederlassungen von vergleichbaren Instituten mit Sitz im Ausland,

4. Agenten nach § 1 Absatz 9 des Zahlungsdiensteaufsichtsgesetzes und E-Geld-Agenten nach § 1 Absatz 10 des Zahlungsdiensteaufsichtsgesetzes sowie diejenigen Zahlungsinstitute und E-Geld-Institute mit Sitz in einem anderen Vertragsstaat des Abkommens über den Europäischen Wirtschaftsraum, die im Inland über Agenten nach § 1 Absatz 9 des Zahlungsdiensteaufsichtsgesetzes oder über E-Geld-Agenten nach § 1 Absatz 10 des Zahlungsdiensteaufsichtsgesetzes niedergelassen sind,

5. selbständige Gewerbetreibende, die E-Geld eines Kreditinstituts nach § 1 Absatz 2 Satz 1 Nummer 2 des Zahlungsdiensteaufsichtsgesetzes vertreiben oder rücktauschen,

6. Finanzunternehmen sowie im Inland gelegene Zweigstellen und Zweigniederlassungen von Finanzunternehmen mit Sitz im Ausland, soweit sie nicht bereits von den Nummern 1 bis 5, 7, 9, 10, 12 oder 13 erfasst sind,
7. Versicherungsunternehmen nach Artikel 13 Nummer 1 der Richtlinie 2009/138/EG des Europäischen Parlaments und des Rates vom 25. November 2009 betreffend die Aufnahme und Ausübung der Versicherungs- und der Rückversicherungstätigkeit (Solvabilität II) (ABl. L 335 vom 17.12.2009, S. 1) und im Inland gelegene Niederlassungen solcher Unternehmen mit Sitz im Ausland, soweit sie jeweils
   a) Lebensversicherungstätigkeiten, die unter diese Richtlinie fallen, anbieten,
   b) Unfallversicherungen mit Prämienrückgewähr anbieten,
   c) Darlehen im Sinne von § 1 Absatz 1 Satz 2 Nummer 2 des Kreditwesengesetzes vergeben oder
   d) Kapitalisierungsprodukte anbieten,
8. Versicherungsvermittler nach § 59 des Versicherungsvertragsgesetzes, soweit sie die unter Nummer 7 fallenden Tätigkeiten, Geschäfte, Produkte oder Dienstleistungen vermitteln, mit Ausnahme der gemäß § 34d Absatz 6 oder 7 Nummer 1 der Gewerbeordnung tätigen Versicherungsvermittler, und im Inland gelegene Niederlassungen entsprechender Versicherungsvermittler mit Sitz im Ausland,
9. Kapitalverwaltungsgesellschaften nach § 17 Absatz 1 des Kapitalanlagegesetzbuchs, im Inland gelegene Zweigniederlassungen von EU-Verwaltungsgesellschaften und ausländischen AIF-Verwaltungsgesellschaften sowie ausländische AIF-Verwaltungsgesellschaften, für die die Bundesrepublik Deutschland Referenzmitgliedstaat ist und die der Aufsicht der Bundesanstalt für Finanzdienstleistungsaufsicht gemäß § 57 Absatz 1 Satz 3 des Kapitalanlagegesetzbuchs unterliegen,
10. Rechtsanwälte, Kammerrechtsbeistände, Patentanwälte sowie Notare, soweit sie
   a) für den Mandanten an der Planung oder Durchführung von folgenden Geschäften mitwirken:
      aa) Kauf und Verkauf von Immobilien oder Gewerbebetrieben,
      bb) Verwaltung von Geld, Wertpapieren oder sonstigen Vermögenswerten,
      cc) Eröffnung oder Verwaltung von Bank-, Spar- oder Wertpapierkonten,
      dd) Beschaffung der zur Gründung, zum Betrieb oder zur Verwaltung von Gesellschaften erforderlichen Mittel,
      ee) Gründung, Betrieb oder Verwaltung von Treuhandgesellschaften, Gesellschaften oder ähnlichen Strukturen,
   b) im Namen und auf Rechnung des Mandanten Finanz- oder Immobilientransaktionen durchführen,
   c) den Mandanten im Hinblick auf dessen Kapitalstruktur, dessen industrielle Strategie oder damit verbundene Fragen beraten,
   d) Beratung oder Dienstleistungen im Zusammenhang mit Zusammenschlüssen oder Übernahmen erbringen oder
   e) geschäftsmäßig Hilfeleistung in Steuersachen erbringen,
11. Rechtsbeistände, die nicht Mitglied einer Rechtsanwaltskammer sind, und registrierte Personen nach § 10 des Rechtsdienstleistungsgesetzes, soweit sie Tätigkeiten nach

Nummer 10 Buchstabe a bis d erbringen, ausgenommen die Erbringung von Inkassodienstleistungen im Sinne des § 2 Absatz 2 Satz 1 des Rechtsdienstleistungsgesetzes,

12. Wirtschaftsprüfer, vereidigte Buchprüfer, Steuerberater, Steuerbevollmächtigte und die in § 4 Nummer 11 des Steuerberatungsgesetzes genannten Vereine,

13. Dienstleister für Gesellschaften und für Treuhandvermögen oder Treuhänder, die nicht den unter den Nummern 10 bis 12 genannten Berufen angehören, wenn sie für Dritte eine der folgenden Dienstleistungen erbringen:

    a) Gründung einer juristischen Person oder Personengesellschaft,

    b) Ausübung der Leitungs- oder Geschäftsführungsfunktion einer juristischen Person oder einer Personengesellschaft, Ausübung der Funktion eines Gesellschafters einer Personengesellschaft oder Ausübung einer vergleichbaren Funktion,

    c) Bereitstellung eines Sitzes, einer Geschäfts-, Verwaltungs- oder Postadresse und anderer damit zusammenhängender Dienstleistungen für eine juristische Person, für eine Personengesellschaft oder für eine Rechtsgestaltung nach § 3 Absatz 3,

    d) Ausübung der Funktion eines Treuhänders für eine Rechtsgestaltung nach § 3 Absatz 3,

    e) Ausübung der Funktion eines nominellen Anteilseigners für eine andere Person, bei der es sich nicht um eine auf einem organisierten Markt notierte Gesellschaft nach § 2 Absatz 11 des Wertpapierhandelsgesetzes handelt, die dem Gemeinschaftsrecht entsprechenden Transparenzanforderungen im Hinblick auf Stimmrechtsanteile oder gleichwertigen internationalen Standards unterliegt,

    f) Schaffung der Möglichkeit für eine andere Person, die in den Buchstaben b, d und e genannten Funktionen auszuüben,

14. Immobilienmakler,

15. Veranstalter und Vermittler von Glücksspielen, soweit es sich nicht handelt um

    a) Betreiber von Geldspielgeräten nach § 33c der Gewerbeordnung,

    b) Vereine, die das Unternehmen eines Totalisatoren nach § 1 des Rennwett- und Lotteriegesetzes betreiben,

    c) Lotterien, für die die Veranstalter und Vermittler über eine glücksspielrechtliche Erlaubnis der in Deutschland jeweils zuständigen Behörde verfügen, und

    d) (weggefallen)

16. Güterhändler, Kunstvermittler und Kunstlagerhalter, soweit die Lagerhaltung in Zollfrei gebieten erfolgt.

(2) Das Bundesministerium der Finanzen kann durch Rechtsverordnung ohne Zustimmung des Bundesrates Verpflichtete gemäß Absatz 1 Nummer 1 bis 9 und 16, die Finanztätigkeiten, die keinen Finanztransfer im Sinne von § 1 Absatz 1 Satz 2 Nummer 6 des Zahlungsdiensteaufsichtsgesetzes darstellen, nur gelegentlich oder in sehr begrenztem Umfang ausüben und bei denen ein geringes Risiko der Geldwäsche oder der Terrorismusfinanzierung besteht, vom Anwendungsbereich dieses Gesetzes ausnehmen, wenn

1. die Finanztätigkeit auf einzelne Transaktionen beschränkt ist, die in absoluter Hinsicht je Kunde und einzelne Transaktion den Betrag von 1 000 Euro nicht überschreitet,

2. der Umsatz der Finanztätigkeit insgesamt nicht über 5 Prozent des jährlichen Gesamtumsatzes der betroffenen Verpflichteten hinausgeht,
3. die Finanztätigkeit lediglich eine mit der ausgeübten Haupttätigkeit zusammenhängende Nebentätigkeit darstellt und
4. die Finanztätigkeit nur für Kunden der Haupttätigkeit und nicht für die allgemeine Öffentlichkeit erbracht wird.

In diesem Fall hat es die Europäische Kommission zeitnah zu unterrichten.

(3) Für Gerichte, die öffentliche Versteigerungen durchführen, gelten im Rahmen der Zwangsversteigerung von Grundstücken, von im Schiffsregister eingetragenen Schiffen, von Schiffsbauwerken, die im Schiffsbauregister eingetragen sind oder in dieses Register eingetragen werden können, und Luftfahrzeugen im Wege der Zwangsvollstreckung die in den Abschnitten 3, 5 und 6 genannten Identifizierungs- und Meldepflichten sowie die Pflicht zur Zusammenarbeit mit der Zentralstelle für Finanztransaktionsuntersuchungen entsprechend, soweit Transaktionen mit Barzahlungen über mindestens 10 000 Euro getätigt werden. Die Identifizierung des Erstehers soll unmittelbar nach Erteilung des Zuschlags erfolgen, spätestens jedoch bei Einzahlung des Bargebots; dabei ist bei natürlichen Personen die Erhebung des Geburtsorts und der Staatsangehörigkeit sowie bei Personengesellschaften und juristischen Personen die Erhebung der Namen sämtlicher Mitglieder des Vertretungsorgans oder sämtlicher gesetzlicher Vertreter nicht erforderlich.

(4) Für Behörden sowie Körperschaften und Anstalten des öffentlichen Rechts, die öffentliche Versteigerungen durchführen, gelten die in den Abschnitten 3, 5 und 6 genannten Identifizierungs- und Meldepflichten sowie die Pflicht zur Zusammenarbeit mit der Zentralstelle für Finanztransaktionsuntersuchungen entsprechend, soweit Transaktionen mit Barzahlungen über mindestens 10 000 Euro getätigt werden. Satz 1 gilt nicht, soweit im Rahmen der Zwangsvollstreckung gepfändete Gegenstände verwertet werden. Die Identifizierung des Erstehers soll bei Zuschlag erfolgen, spätestens jedoch bei Einzahlung des Bargebots. Nach Satz 1 verpflichtete Behörden sowie Körperschaften und Anstalten des öffentlichen Rechts können bei der Erfüllung ihrer Pflichten nach Satz 1 auf Dritte zurückgreifen.

§ 3 Wirtschaftlich Berechtigter

(1) Wirtschaftlich Berechtigter im Sinne dieses Gesetzes ist

1. die natürliche Person, in deren Eigentum oder unter deren Kontrolle eine juristische Person, sonstige Gesellschaft oder eine Rechtsgestaltung im Sinne des Absatzes 3 letztlich steht, oder
2. die natürliche Person, auf deren Veranlassung eine Transaktion letztlich durchgeführt oder eine Geschäftsbeziehung letztlich begründet wird.

Zu den wirtschaftlich Berechtigten zählen insbesondere die in den Absätzen 2 bis 4 aufgeführten natürlichen Personen.

(2) Bei juristischen Personen außer rechtsfähigen Stiftungen und bei sonstigen Gesellschaften, die nicht an einem organisierten Markt nach § 2 Absatz 11 des Wertpapierhandelsgesetzes notiert sind und keinen dem Gemeinschaftsrecht entsprechenden Transparenzanforderungen im Hinblick auf Stimmrechtsanteile oder gleichwertigen internationalen Standards unterliegen, zählt zu den wirtschaftlich Berechtigten jede natürliche Person, die unmittelbar oder mittelbar

1. mehr als 25 Prozent der Kapitalanteile hält,
2. mehr als 25 Prozent der Stimmrechte kontrolliert oder
3. auf vergleichbare Weise Kontrolle ausübt.

Mittelbare Kontrolle liegt insbesondere vor, wenn entsprechende Anteile von einer oder mehreren Vereinigungen nach § 20 Absatz 1 gehalten werden, die von einer natürlichen Person kontrolliert werden. Kontrolle liegt insbesondere vor, wenn die natürliche Person unmittelbar oder mittelbar einen beherrschenden Einfluss auf die Vereinigung nach § 20 Absatz 1 ausüben kann. Für das

Bestehen eines beherrschenden Einflusses gilt § 290 Absatz 2 bis 4 des Handelsgesetzbuchs entsprechend. Wenn auch nach Durchführung umfassender Prüfungen und ohne dass Tatsachen nach § 43 Absatz 1 vorliegen von der meldepflichtigen Vereinigung nach § 20 Absatz 1 kein wirtschaftlich Berechtigter nach Absatz 1 oder nach den Sätzen 1 bis 4 ermittelt werden kann, gilt als wirtschaftlich Berechtigter der gesetzliche Vertreter, der geschäftsführende Gesellschafter oder der Partner des Vertragspartners.

(3) Bei rechtsfähigen Stiftungen und Rechtsgestaltungen, mit denen treuhänderisch Vermögen verwaltet oder verteilt oder die Verwaltung oder Verteilung durch Dritte beauftragt wird, oder bei diesen vergleichbaren Rechtsformen zählt zu den wirtschaftlich Berechtigten:

1. jede natürliche Person, die als Treugeber (Settlor), Verwalter von Trusts (Trustee) oder Protektor, sofern vorhanden, handelt,
2. jede natürliche Person, die Mitglied des Vorstands der Stiftung ist,
3. jede natürliche Person, die als Begünstigte bestimmt worden ist,
4. die Gruppe von natürlichen Personen, zu deren Gunsten das Vermögen verwaltet oder verteilt werden soll, sofern die natürliche Person, die Begünstigte des verwalteten Vermögens werden soll, noch nicht bestimmt ist,
5. jede natürliche Person, die auf sonstige Weise unmittelbar oder mittelbar beherrschenden Einfluss auf die Vermögensverwaltung oder Ertragsverteilung ausübt, und
6. jede natürliche Person, die unmittelbar oder mittelbar beherrschenden Einfluss auf eine Vereinigung ausüben kann, die
   a) Mitglied des Vorstands der Stiftung ist oder die als Begünstigte der Stiftung bestimmt worden ist, oder
   b) als Treugeber (Settlor), Verwalter von Trusts (Trustee) oder Protektor handelt oder die als Begünstige der Rechtsgestaltung bestimmt worden ist.

(4) Bei Handeln auf Veranlassung zählt zu den wirtschaftlich Berechtigten derjenige, auf dessen Veranlassung die Transaktion durchgeführt wird. Soweit der Vertragspartner als Treuhänder handelt, handelt er ebenfalls auf Veranlassung

§ 3a Risikobasierter Ansatz, nationale Risikoanalyse

(1) Die Verhinderung und Bekämpfung von Geldwäsche und Terrorismusfinanzierung nach den Anforderungen dieses Gesetzes folgt einem risikobasierten Ansatz. Die spezielleren Regelungen der nachfolgenden Abschnitte dieses Gesetzes bleiben hiervon unberührt.

(2) Die für die Verhinderung und Bekämpfung von Geldwäsche und Terrorismusfinanzierung zuständigen Behörden des Bundes sowie die Länder wirken an der vom Bundesministerium der Finanzen koordinierten nationalen Risikoanalyse mit. Die Verpflichteten nach diesem Gesetz werden bei Erstellung der nationalen Risikoanalyse eingebunden und über die Ergebnisse unterrichtet. Die nationale Risikoanalyse berücksichtigt die Risikobewertung der Europäischen Kommission nach Artikel 6 der Richtlinie (EU) 2015/849 und wird regelmäßig aktualisiert. Nach Bedarf werden spezifische sektorale Risikoanalysen erstellt.

Abschnitt 2 Risikomanagement

§ 4 Risikomanagement

(1) Die Verpflichteten müssen zur Verhinderung von Geldwäsche und von Terrorismusfinanzierung über ein wirksames Risikomanagement verfügen, das im Hinblick auf Art und Umfang ihrer Geschäftstätigkeit angemessen ist.

(2) Das Risikomanagement umfasst eine Risikoanalyse nach § 5 sowie interne Sicherungsmaßnahmen nach § 6.

(3) Verantwortlich für das Risikomanagement sowie für die Einhaltung der geldwäscherechtlichen Bestimmungen in diesem und anderen Gesetzen sowie in den aufgrund dieses und anderer Gesetze ergangenen Rechtsverordnungen ist ein zu benennendes Mitglied der Leitungsebene. Die Risikoanalyse und interne Sicherungsmaßnahmen bedürfen der Genehmigung dieses Mitglieds.

(4) Verpflichtete nach § 2 Absatz 1 Nummer 14 müssen über ein wirksames Risikomanagement einschließlich gruppenweiter Verfahren verfügen:

1. bei der Vermittlung von Kaufverträgen und
2. bei der Vermittlung von Miet- oder Pachtverträgen mit einer monatlichen Nettokaltmiete oder Nettokaltpacht in Höhe von mindestens 10 000 Euro.

(5) Verpflichtete nach § 2 Absatz 1 Nummer 16 müssen über ein wirksames Risikomanagement einschließlich gruppenweiter Verfahren verfügen:

1. als Güterhändler bei folgenden Transaktionen:
   a) Transaktionen im Wert von mindestens 10 000 Euro über Kunstgegenstände,
   b) Transaktionen über hochwertige Güter nach § 1 Absatz 10 Satz 2 Nummer 1, bei welchen sie Barzahlungen über mindestens 2 000 Euro selbst oder durch Dritte tätigen oder entgegennehmen, oder
   c) Transaktionen über sonstige Güter, bei welchen sie Barzahlungen über mindestens 10 000 Euro selbst oder durch Dritte tätigen oder entgegennehmen, und
2. als Kunstvermittler und Kunstlagerhalter bei Transaktionen im Wert von mindestens 10 000 Euro.

§ 5 Risikoanalyse

(1) 1Die Verpflichteten haben diejenigen Risiken der Geldwäsche und der Terrorismusfinanzierung zu ermitteln und zu bewerten, die für Geschäfte bestehen, die von ihnen betrieben werden. 2Dabei haben sie insbesondere die in den Anlagen 1 und 2 genannten Risikofaktoren sowie die Informationen, die auf Grundlage der nationalen Risikoanalyse zur Verfügung gestellt werden, zu berücksichtigen. 3Der Umfang der Risikoanalyse richtet sich nach Art und Umfang der Geschäftstätigkeit der Verpflichteten.

(2) Die Verpflichteten haben

1. die Risikoanalyse zu dokumentieren,
2. die Risikoanalyse regelmäßig zu überprüfen und gegebenenfalls zu aktualisieren und
3. der Aufsichtsbehörde auf Verlangen die jeweils aktuelle Fassung der Risikoanalyse zur Verfügung zu stellen.

(3) Für Verpflichtete als Mutterunternehmen einer Gruppe gelten die Absätze 1 und 2 in Bezug auf die gesamte Gruppe.

(4) Die Aufsichtsbehörde kann einen Verpflichteten auf dessen Antrag von der Dokumentation der Risikoanalyse befreien, wenn der Verpflichtete darlegen kann, dass die in dem jeweiligen Bereich bestehenden konkreten Risiken klar erkennbar sind und sie verstanden werden.

§ 6 Interne Sicherungsmaßnahmen

(1) Verpflichtete haben angemessene geschäfts- und kundenbezogene interne Sicherungsmaßnahmen zu schaffen, um die Risiken von Geldwäsche und von Terrorismusfinanzierung in Form

von Grundsätzen, Verfahren und Kontrollen zu steuern und zu mindern. Angemessen sind solche Maßnahmen, die der jeweiligen Risikosituation des einzelnen Verpflichteten entsprechen und diese hinreichend abdecken. Die Verpflichteten haben die Funktionsfähigkeit der internen Sicherungsmaßnahmen zu überwachen und sie bei Bedarf zu aktualisieren.

(2) Interne Sicherungsmaßnahmen sind insbesondere:

1. die Ausarbeitung von internen Grundsätzen, Verfahren und Kontrollen in Bezug auf
   a) den Umgang mit Risiken nach Absatz 1,
   b) die Kundensorgfaltspflichten nach den §§ 10 bis 17,
   c) die Erfüllung der Meldepflicht nach § 43 Absatz 1,
   d) die Aufzeichnung von Informationen und die Aufbewahrung von Dokumenten nach § 8 und
   e) die Einhaltung der sonstigen geldwäscherechtlichen Vorschriften,
2. die Bestellung eines Geldwäschebeauftragten und seines Stellvertreters gemäß § 7,
3. für Verpflichtete, die Mutterunternehmen einer Gruppe sind, die Schaffung von gruppenweiten Verfahren gemäß § 9,
4. die Schaffung und Fortentwicklung geeigneter Maßnahmen zur Verhinderung des Missbrauchs von neuen Produkten und Technologien zur Begehung von Geldwäsche und von Terrorismusfinanzierung oder für Zwecke der Begünstigung der Anonymität von Geschäftsbeziehungen oder von Transaktionen,
5. die Überprüfung der Mitarbeiter auf ihre Zuverlässigkeit durch geeignete Maßnahmen, insbesondere durch Personalkontroll- und Beurteilungssysteme der Verpflichteten,
6. die erstmalige und laufende Unterrichtung der Mitarbeiter in Bezug auf Typologien und aktuelle Methoden der Geldwäsche und der Terrorismusfinanzierung sowie die insoweit einschlägigen Vorschriften und Pflichten, einschließlich Datenschutzbestimmungen, und
7. die Überprüfung der zuvor genannten Grundsätze und Verfahren durch eine unabhängige Prüfung, soweit diese Überprüfung angesichts der Art und des Umfangs der Geschäftstätigkeit angemessen ist.

(3) Soweit ein Verpflichteter nach § 2 Absatz 1 Nummer 10 bis 14 und 16 seine berufliche Tätigkeit als Angestellter eines Unternehmens ausübt, obliegen die Verpflichtungen nach den Absätzen 1 und 2 diesem Unternehmen.

(4) Verpflichtete nach § 2 Absatz 1 Nummer 15 haben über die in Absatz 2 genannten Maßnahmen hinaus Datenverarbeitungssysteme zu betreiben, mittels derer sie in der Lage sind, sowohl Geschäftsbeziehungen als auch einzelne Transaktionen im Spielbetrieb und über ein Spielerkonto nach § 16 zu erkennen, die als zweifelhaft oder ungewöhnlich anzusehen sind aufgrund des öffentlich verfügbaren oder im Unternehmen verfügbaren Erfahrungswissens über die Methoden der Geldwäsche und der Terrorismusfinanzierung. Sie haben diese Datenverarbeitungssysteme zu aktualisieren. Die Aufsichtsbehörde kann Kriterien bestimmen, bei deren Erfüllung Verpflichtete nach § 2 Absatz 1 Nummer 15 vom Einsatz von Datenverarbeitungssystemen nach Satz 1 absehen können.

(5) Die Verpflichteten haben im Hinblick auf ihre Art und Größe angemessene Vorkehrungen zu treffen, damit es ihren Mitarbeitern und Personen in einer vergleichbaren Position unter Wahrung der Vertraulichkeit ihrer Identität möglich ist, Verstöße gegen geldwäscherechtliche Vorschriften geeigneten Stellen zu berichten.

(6) Die Verpflichteten treffen Vorkehrungen, um auf Anfrage der Zentralstelle für Finanztransaktionsuntersuchungen oder auf Anfrage anderer zuständiger Behörden Auskunft darüber zu geben, ob sie während eines Zeitraums von fünf Jahren vor der Anfrage mit bestimmten Personen

eine Geschäftsbeziehung unterhalten haben und welcher Art diese Geschäftsbeziehung war. Sie haben sicherzustellen, dass die Informationen sicher und vertraulich an die anfragende Stelle übermittelt werden. Verpflichtete nach § 2 Absatz 1 Nummer 10 und 12 können die Auskunft verweigern, wenn sich die Anfrage auf Informationen bezieht, die sie im Rahmen von Tätigkeiten der Rechtsberatung oder Prozessvertretung erhalten haben. Die Pflicht zur Auskunft bleibt bestehen, wenn der Verpflichtete weiß, dass die Rechtsberatung oder Prozessvertretung für den Zweck der Geldwäsche oder der Terrorismusfinanzierung genutzt wurde oder wird.

(7) Die Verpflichteten dürfen die internen Sicherungsmaßnahmen im Rahmen von vertraglichen Vereinbarungen durch einen Dritten durchführen lassen, wenn sie dies vorher der Aufsichtsbehörde angezeigt haben. Die Aufsichtsbehörde kann die Übertragung dann untersagen, wenn

1. der Dritte nicht die Gewähr dafür bietet, dass die Sicherungsmaßnahmen ordnungsgemäß durchgeführt werden,
2. die Steuerungsmöglichkeiten der Verpflichteten beeinträchtigt werden oder
3. die Aufsicht durch die Aufsichtsbehörde beeinträchtigt wird.

Die Verpflichteten haben in ihrer Anzeige darzulegen, dass die Voraussetzungen für eine Untersagung der Übertragung nach Satz 2 nicht vorliegen. Die Verantwortung für die Erfüllung der Sicherungsmaßnahmen bleibt bei den Verpflichteten.

(8) Die Aufsichtsbehörde kann im Einzelfall Anordnungen erteilen, die geeignet und erforderlich sind, damit der Verpflichtete die erforderlichen internen Sicherungsmaßnahmen schafft.

(9) Die Aufsichtsbehörde kann anordnen, dass auf einzelne Verpflichtete oder Gruppen von Verpflichteten wegen der Art der von diesen betriebenen Geschäfte und wegen der Größe des Geschäftsbetriebs unter Berücksichtigung der Risiken in Bezug auf Geldwäsche oder Terrorismusfinanzierung die Vorschriften der Absätze 1 bis 6 risikoangemessen anzuwenden sind.

§ 7 Geldwäschebeauftragter

(1) Verpflichtete nach § 2 Absatz 1 Nummer 1 bis 3, 6, 7, 9 und 15 haben einen Geldwäschebeauftragten auf Führungsebene sowie einen Stellvertreter zu bestellen. Der Geldwäschebeauftragte ist für die Einhaltung der geldwäscherechtlichen Vorschriften zuständig; die Verantwortung der Leitungsebene bleibt hiervon unberührt. Der Geldwäschebeauftragte ist der Geschäftsleitung unmittelbar nachgeordnet.

(2) Die Aufsichtsbehörde kann einen Verpflichteten von der Pflicht, einen Geldwäschebeauftragten zu bestellen, befreien, wenn sichergestellt ist, dass

1. die Gefahr von Informationsverlusten und -defiziten aufgrund arbeitsteiliger Unternehmensstruktur nicht besteht und
2. nach risikobasierter Bewertung anderweitige Vorkehrungen getroffen werden, um Geschäftsbeziehungen und Transaktionen zu verhindern, die mit Geldwäsche oder Terrorismusfinanzierung zusammenhängen.

(3) Die Aufsichtsbehörde kann anordnen, dass Verpflichtete nach § 2 Absatz 1 Nummer 4, 5, 8, 10 bis 14 und 16 einen Geldwäschebeauftragten zu bestellen haben, wenn sie dies für angemessen erachtet. Bei Verpflichteten nach § 2 Absatz 1 Nummer 16 soll die Anordnung erfolgen, wenn die Haupttätigkeit des Verpflichteten im Handel mit hochwertigen Gütern besteht.

(4) Die Verpflichteten haben der Aufsichtsbehörde die Bestellung des Geldwäschebeauftragten und seines Stellvertreters oder ihre Entpflichtung vorab anzuzeigen. Die Bestellung einer Person zum Geldwäschebeauftragten oder zu seinem Stellvertreter muss auf Verlangen der Aufsichtsbehörde widerrufen werden, wenn die Person nicht die erforderliche Qualifikation oder Zuverlässigkeit aufweist.

(5) Der Geldwäschebeauftragte muss seine Tätigkeit im Inland ausüben. Er muss Ansprechpartner sein für die Strafverfolgungsbehörden, für die für Aufklärung, Verhütung und Beseitigung von

Gefahren zuständigen Behörden, für die Zentralstelle für Finanztransaktionsuntersuchungen und für die Aufsichtsbehörde in Bezug auf die Einhaltung der einschlägigen Vorschriften. Ihm sind ausreichende Befugnisse und die für eine ordnungsgemäße Durchführung seiner Funktion notwendigen Mittel einzuräumen. Insbesondere ist ihm ungehinderter Zugang zu sämtlichen Informationen, Daten, Aufzeichnungen und Systemen zu gewähren oder zu verschaffen, die im Rahmen der Erfüllung seiner Aufgaben von Bedeutung sein können. Der Geldwäschebeauftragte hat der Geschäftsleitung unmittelbar zu berichten. Soweit der Geldwäschebeauftragte die Erstattung einer Meldung nach § 43 Absatz 1 beabsichtigt oder ein Auskunftsersuchen der Zentralstelle für Finanztransaktionsuntersuchungen nach § 30 Absatz 3 beantwortet, unterliegt er nicht dem Direktionsrecht durch die Geschäftsleitung.

(6) Der Geldwäschebeauftragte darf Daten und Informationen ausschließlich zur Erfüllung seiner Aufgaben verwenden.

(7) Dem Geldwäschebeauftragten und dem Stellvertreter darf wegen der Erfüllung ihrer Aufgaben keine Benachteiligung im Beschäftigungsverhältnis entstehen. Die Kündigung des Arbeitsverhältnisses ist unzulässig, es sei denn, dass Tatsachen vorliegen, welche die verantwortliche Stelle zur Kündigung aus wichtigem Grund ohne Einhaltung einer Kündigungsfrist berechtigen. Nach der Abberufung als Geldwäschebeauftragter oder als Stellvertreter ist die Kündigung innerhalb eines Jahres nach der Beendigung der Bestellung unzulässig, es sei denn, dass die verantwortliche Stelle zur Kündigung aus wichtigem Grund ohne Einhaltung einer Kündigungsfrist berechtigt ist.

§ 8 Aufzeichnungs- und Aufbewahrungspflicht

(1) Vom Verpflichteten aufzuzeichnen und aufzubewahren sind

1. die im Rahmen der Erfüllung der Sorgfaltspflichten erhobenen Angaben und eingeholten Informationen
   a) über die Vertragspartner, die Vertragsparteien des vermittelten Rechtsgeschäfts nach § 11 Absatz 2 und gegebenenfalls über die für die Vertragspartner oder die Vertragsparteien des vermittelten Rechtsgeschäfts auftretenden Personen und wirtschaftlich Berechtigten,
   b) über Geschäftsbeziehungen und Transaktionen, insbesondere Transaktionsbelege, soweit sie für die Untersuchung von Transaktionen erforderlich sein können,
2. hinreichende Informationen über die Durchführung und über die Ergebnisse der Risikobewertung nach § 10 Absatz 2, § 14 Absatz 1 und § 15 Absatz 2 und über die Angemessenheit der auf Grundlage dieser Ergebnisse ergriffenen Maßnahmen,
3. die Ergebnisse der Untersuchung nach § 15 Absatz 6 Nummer 1,
4. von den Beteiligten vorgelegte Nachweise nach § 16a Absatz 2 und
5. die Erwägungsgründe und eine nachvollziehbare Begründung des Bewertungsergebnisses eines Sachverhalts hinsichtlich der Meldepflicht nach § 43 Absatz 1.

Die Aufzeichnungen nach Satz 1 Nummer 1 Buchstabe a schließen Aufzeichnungen über die getroffenen Maßnahmen zur Ermittlung des wirtschaftlich Berechtigten sowie die Dokumentation der Eigentums- und Kontrollstruktur nach § 12 Absatz 4 Satz 1 ein. Bei Personen, die nach § 3 Absatz 2 Satz 5 als wirtschaftlich Berechtigte gelten, sind zudem die Maßnahmen zur Überprüfung der Identität nach § 11 Absatz 5 und etwaige Schwierigkeiten, die während des Überprüfungsvorgangs aufgetreten sind, aufzuzeichnen.

(2) Zur Erfüllung der Pflicht nach Absatz 1 Satz 1 Nummer 1 Buchstabe a sind in den Fällen des § 12 Absatz 1 Satz 1 Nummer 1 auch die Art, die Nummer und die Behörde, die das zur Überprüfung der Identität vorgelegte Dokument ausgestellt hat, aufzuzeichnen. Soweit zur Überprüfung der Identität einer natürlichen Person Dokumente nach § 12 Absatz 1 Satz 1 Nummer 1, 4

oder 5 oder zur Überprüfung der Identität einer juristischen Person Unterlagen nach § 12 Absatz 2 vorgelegt werden oder soweit Dokumente, die aufgrund einer Rechtsverordnung nach § 12 Absatz 3 bestimmt sind, vorgelegt oder herangezogen werden, haben die Verpflichteten das Recht und die Pflicht, Kopien dieser Dokumente oder Unterlagen anzufertigen oder sie optisch digitalisiert zu erfassen oder, bei einem Vor-Ort-Auslesen nach § 18a des Personalausweisgesetzes, nach § 78 Absatz 5 Satz 2 des Aufenthaltsgesetzes oder nach § 13 des eID-Karte-Gesetzes, das dienste- und kartenspezifische Kennzeichen sowie die Tatsache aufzuzeichnen, dass die Daten im Wege des Vor-Ort-Auslesens übernommen wurden. Diese gelten als Aufzeichnung im Sinne des Satzes 1. Die Aufzeichnungs- und Aufbewahrungspflicht nach Absatz 1 Satz 1 Nummer 1 Buchstabe a umfasst auch die zur Erfüllung geldwäscherechtlicher Sorgfaltspflichten angefertigten Aufzeichnungen von Video- und Tonaufnahmen. Wird nach § 11 Absatz 3 Satz 1 von einer erneuten Identifizierung abgesehen, so sind der Name des zu Identifizierenden und der Umstand, dass er bei früherer Gelegenheit identifiziert worden ist, aufzuzeichnen. Im Fall des § 12 Absatz 1 Satz 1 Nummer 2 ist anstelle der Art, der Nummer und der Behörde, die das zur Überprüfung der Identität vorgelegte Dokument ausgestellt hat, das dienste- und kartenspezifische Kennzeichen und die Tatsache, dass die Prüfung anhand eines elektronischen Identitätsnachweises erfolgt ist, aufzuzeichnen. Bei der Überprüfung der Identität anhand einer qualifizierten Signatur nach § 12 Absatz 1 Satz 1 Nummer 3 ist auch deren Validierung aufzuzeichnen. Bei Einholung von Angaben und Informationen durch Einsichtnahme in elektronisch geführte Register oder Verzeichnisse gemäß § 12 Absatz 2 gilt die Anfertigung eines Ausdrucks als Aufzeichnung der darin enthaltenen Angaben oder Informationen.

(3) Die Aufzeichnungen können auch digital auf einem Datenträger gespeichert werden. Die Verpflichteten müssen sicherstellen, dass die gespeicherten Daten

1. mit den festgestellten Angaben und Informationen übereinstimmen,
2. während der Dauer der Aufbewahrungsfrist verfügbar sind und
3. jederzeit innerhalb einer angemessenen Frist lesbar gemacht werden können.

(4) Die Aufzeichnungen und sonstigen Belege nach den Absätzen 1 bis 3 sind fünf Jahre aufzubewahren, soweit nicht andere gesetzliche Bestimmungen über Aufzeichnungs- und Aufbewahrungspflichten eine längere Frist vorsehen. In jedem Fall sind die Aufzeichnungen und sonstigen Belege spätestens nach Ablauf von zehn Jahren zu vernichten. Die Aufbewahrungsfrist im Fall des § 10 Absatz 3 Satz 1 Nummer 1 beginnt mit dem Schluss des Kalenderjahres, in dem die Geschäftsbeziehung endet. In den übrigen Fällen beginnt sie mit dem Schluss des Kalenderjahres, in dem die jeweilige Angabe festgestellt worden ist.

(5) Soweit aufzubewahrende Unterlagen einer öffentlichen Stelle vorzulegen sind, gilt für die Lesbarmachung der Unterlagen § 147 Absatz 5 der Abgabenordnung entsprechend.

§ 9 Gruppenweite Pflichten

(1) Verpflichtete, die Mutterunternehmen einer Gruppe sind, haben eine Risikoanalyse für alle Zweigstellen, Zweigniederlassungen und gruppenangehörigen Unternehmen nach § 1 Absatz 16 Nummer 2 bis 4 die geldwäscherechtlichen Pflichten unterliegen, durchzuführen. Auf Grundlage dieser Risikoanalyse haben sie gruppenweit folgende Maßnahmen zu ergreifen:

1. die Einrichtung von einheitlichen internen Sicherungsmaßnahmen nach § 6 Absatz 2,
2. die Bestellung eines Geldwäschebeauftragten, der für die Erstellung einer gruppenweiten Strategie zur Verhinderung von Geldwäsche und Terrorismusfinanzierung sowie für die Koordinierung und Überwachung ihrer Umsetzung zuständig ist,
3. die Schaffung von Verfahren für den Informationsaustausch innerhalb der Gruppe zur Verhinderung von Geldwäsche und von Terrorismusfinanzierung sowie
4. die Schaffung von Vorkehrungen zum Schutz von personenbezogenen Daten.

Sie haben sicherzustellen, dass die von ihnen getroffenen Maßnahmen nach Satz 2 Nummer 1, 3 und 4 von ihren Zweigstellen, Zweigniederlassungen und gruppenangehörigen Unternehmen nach § 1 Absatz 16 Nummer 2 bis 4, soweit diese geldwäscherechtlichen Pflichten und dem beherrschenden Einfluss des Mutterunternehmens unterliegen, wirksam umgesetzt werden. Für die Bestellung eines Geldwäschebeauftragten nach Satz 2 Nummer 2 gelten die Regelungen des § 7 Absatz 4 bis 7 entsprechend.

(2) Verpflichtete, die Mutterunternehmen einer Gruppe sind, haben sicherzustellen, dass Zweigniederlassungen und gruppenangehörige Unternehmen nach § 1 Absatz 16 Nummer 2 bis 4, die mehrheitlich in ihrem Besitz stehen und die in einem anderen Mitgliedstaat der Europäischen Union ansässig sind, nach dessen Recht sie Pflichten zur Verhinderung von Geldwäsche und von Terrorismusfinanzierung unterliegen, die dort geltenden nationalen Rechtsvorschriften zur Umsetzung der Richtlinie (EU) 2015/849 einhalten.

(3) Verpflichtete, die Mutterunternehmen einer Gruppe sind, haben sicherzustellen, dass Zweigstellen und gruppenangehörige Unternehmen nach § 1 Absatz 16 Nummer 2 bis 4, die mehrheitlich in ihrem Besitz stehen und ihren Sitz in einem Drittstaat haben, in dem die Mindestanforderungen zur Verhinderung von Geldwäsche und von Terrorismusfinanzierung geringer sind als die Anforderungen für Unternehmen mit Sitz in Deutschland, die Anforderungen nach diesem Gesetz erfüllen, soweit das Recht des Drittstaats dies zulässt. Soweit eine Umsetzung der in Absatz 1 Satz 2 Nummer 1, 3 und 4 genannten Maßnahmen nach dem Recht des Drittstaats nicht zulässig ist, sind die Mutterunternehmen verpflichtet,

1. sicherzustellen, dass ihre in Satz 1 genannten Zweigstellen und gruppenangehörigen Unternehmen, die mehrheitlich in ihrem Besitz stehen, zusätzliche Maßnahmen ergreifen, um dem Risiko der Geldwäsche und der Terrorismusfinanzierung wirksam zu begegnen, und
2. die nach § 50 zuständige Aufsichtsbehörde über die getroffenen Maßnahmen zu informieren.

Reichen die getroffenen Maßnahmen nicht aus, so ordnet die nach § 50 zuständige Aufsichtsbehörde an, dass die Mutterunternehmen sicherstellen, dass die in Satz 1 genannten Zweigstellen und gruppenangehörigen Unternehmen nach § 1 Absatz 16 Nummer 2 bis 4 in diesem Drittstaat weder eine Geschäftsbeziehung begründen oder fortsetzen noch Transaktionen durchführen.

(4) Die Absätze 1 bis 3 gelten entsprechend für Verpflichtete,

1. die gruppenangehörige Unternehmen nach § 1 Absatz 16 Nummer 2 bis 4 sind, soweit ihnen mindestens ein anderes Unternehmen nach § 1 Absatz 16 Nummer 2 bis 4 nachgeordnet ist und ihrem beherrschenden Einfluss unterliegt, und
2. deren Mutterunternehmen weder nach Absatz 1 noch nach dem Recht des Staates, in dem es ansässig ist, gruppenweite Maßnahmen ergreifen muss.

(5) Verpflichtete, die gruppenangehörige Unternehmen nach § 1 Absatz 16 Nummer 2 bis 4 eines Mutterunternehmens im Sinne von Absatz 1 sind, haben die in Absatz 1 Satz 2 Nummer 1, 3 und 4 genannten Maßnahmen umzusetzen. Alle anderen gruppenangehörigen Verpflichteten müssen die in Absatz 1 Satz 2 Nummer 3 und 4 genannten Maßnahmen umsetzen. Die Pflichten nach den Sätzen 1 und 2 gelten unbeschadet der von den Verpflichteten zu beachtenden eigenen gesetzlichen Verpflichtung zur Erfüllung sonstiger geldwäscherechtlicher Vorschriften.

Abschnitt 3 Sorgfaltspflichten in Bezug auf Kunden

§ 10 Allgemeine Sorgfaltspflichten

(1) Die allgemeinen Sorgfaltspflichten sind:

1. die Identifizierung des Vertragspartners und gegebenenfalls der für ihn auftretenden Person nach Maßgabe des § 11 Absatz 4 und des § 12 Absatz 1 und 2 sowie die Prüfung, ob die für den Vertragspartner auftretende Person hierzu berechtigt ist,

2. die Abklärung, ob der Vertragspartner für einen wirtschaftlich Berechtigten handelt, und, soweit dies der Fall ist, die Identifizierung des wirtschaftlich Berechtigten nach Maßgabe des § 11 Absatz 5 und des § 12 Absatz 3 und 4; dies umfasst in Fällen, in denen der Vertragspartner keine natürliche Person ist, die Pflicht, die Eigentums- und Kontrollstruktur des Vertragspartners mit angemessenen Mitteln in Erfahrung zu bringen,
3. die Einholung und Bewertung von Informationen über den Zweck und über die angestrebte Art der Geschäftsbeziehung, soweit sich diese Informationen im Einzelfall nicht bereits zweifelsfrei aus der Geschäftsbeziehung ergeben,
4. die Feststellung mit angemessenen, risikoorientierten Verfahren, ob es sich bei dem Vertragspartner oder dem wirtschaftlich Berechtigten um eine politisch exponierte Person, um ein Familienmitglied oder um eine bekanntermaßen nahestehende Person handelt, und
5. die kontinuierliche Überwachung der Geschäftsbeziehung einschließlich der Transaktionen, die in ihrem Verlauf durchgeführt werden, zur Sicherstellung, dass diese Transaktionen übereinstimmen
   a) mit den beim Verpflichteten vorhandenen Dokumenten und Informationen über den Vertragspartner und gegebenenfalls über den wirtschaftlich Berechtigten, über deren Geschäftstätigkeit und Kundenprofil und,
   b) soweit erforderlich, mit den beim Verpflichteten vorhandenen Informationen über die Herkunft der Vermögenswerte;

im Rahmen der kontinuierlichen Überwachung haben die Verpflichteten sicherzustellen, dass die jeweiligen Dokumente, Daten oder Informationen unter Berücksichtigung des jeweiligen Risikos im angemessenen zeitlichen Abstand aktualisiert werden.

(2) Der konkrete Umfang der Maßnahmen nach Absatz 1 Nummer 2 bis 5 muss dem jeweiligen Risiko der Geldwäsche oder Terrorismusfinanzierung, insbesondere in Bezug auf den Vertragspartner, die Geschäftsbeziehung oder Transaktion, entsprechen. Die Verpflichteten berücksichtigen dabei insbesondere die in den Anlagen 1 und 2 genannten Risikofaktoren. Darüber hinaus zu berücksichtigen haben sie bei der Bewertung der Risiken zumindest

1. den Zweck des Kontos oder der Geschäftsbeziehung,
2. die Höhe der von Kunden eingezahlten Vermögenswerte oder den Umfang der ausgeführten Transaktionen sowie
3. die Regelmäßigkeit oder die Dauer der Geschäftsbeziehung.

Verpflichtete müssen gegenüber den Aufsichtsbehörden auf deren Verlangen darlegen, dass der Umfang der von ihnen getroffenen Maßnahmen im Hinblick auf die Risiken der Geldwäsche und der Terrorismusfinanzierung angemessen ist.

(3) Die allgemeinen Sorgfaltspflichten sind von Verpflichteten zu erfüllen:

1. bei der Begründung einer Geschäftsbeziehung,
2. bei Transaktionen, die außerhalb einer Geschäftsbeziehung durchgeführt werden, wenn es sich handelt um
   a) Geldtransfers nach Artikel 3 Nummer 9 der Verordnung (EU) 2015/847 des Europäischen Parlaments und des Rates vom 20. Mai 2015 über die Übermittlung von Angaben bei Geldtransfers und zur Aufhebung der Verordnung (EU) Nr. 1781/2006 (ABl. L 141 vom 5.6.2015, S. 1) und dieser Geldtransfer einen Betrag von 1 000 Euro oder mehr ausmacht,
   b) die Durchführung einer sonstigen Transaktion im Wert von 15 000 Euro oder mehr,

c) die Übertragung von Kryptowerten, die zum Zeitpunkt der Übertragung einem Gegenwert von 1 000 Euro oder mehr entspricht,

3. ungeachtet etwaiger nach diesem Gesetz oder anderen Gesetzen bestehender Ausnahmeregelungen, Befreiungen oder Schwellenbeträge beim Vorliegen von Tatsachen, die darauf hindeuten, dass

   a) es sich bei Vermögensgegenständen, die mit einer Transaktion oder Geschäftsbeziehung im Zusammenhang stehen, um den Gegenstand von Geldwäsche handelt oder

   b) die Vermögensgegenstände im Zusammenhang mit Terrorismusfinanzierung stehen,

4. bei Zweifeln, ob die aufgrund von Bestimmungen dieses Gesetzes erhobenen Angaben zu der Identität des Vertragspartners, zu der Identität einer für den Vertragspartner auftretenden Person oder zu der Identität des wirtschaftlich Berechtigten zutreffend sind.

(3a) Die Verpflichteten müssen die allgemeinen Sorgfaltspflichten bei allen neuen Kunden erfüllen. Bei bereits bestehenden Geschäftsbeziehungen müssen sie die allgemeinen Sorgfaltspflichten zu geeigneter Zeit auf risikobasierter Grundlage erfüllen, insbesondere dann, wenn

1. sich bei einem Kunden maßgebliche Umstände ändern,
2. der Verpflichtete rechtlich verpflichtet ist, den Kunden im Laufe des betreffenden Kalenderjahres zu kontaktieren, um etwaige einschlägige Informationen über den wirtschaftlich Berechtigten zu überprüfen, oder
3. der Verpflichtete gemäß der Richtlinie 2011/16/EU des Rates vom 15. Februar 2011 über die Zusammenarbeit der Verwaltungsbehörden im Bereich der Besteuerung und zur Aufhebung der Richtlinie 77/799/EWG (ABl. L 64 vom 11.3.2011, S. 1) dazu verpflichtet ist.

(4) Nehmen Verpflichtete nach § 2 Absatz 1 Nummer 3 bis 5 Bargeld bei der Erbringung von Zahlungsdiensten nach § 1 Absatz 1 Satz 2 des Zahlungsdiensteaufsichtsgesetzes an, so haben sie die allgemeinen Sorgfaltspflichten nach Absatz 1 Nummer 1 und 2 zu erfüllen.

(5) Verpflichtete nach § 2 Absatz 1 Nummer 15 haben die allgemeinen Sorgfaltspflichten bei Transaktionen in Form von Gewinnen oder Einsätzen eines Spielers in Höhe von 2 000 Euro oder mehr zu erfüllen, es sei denn, das Glücksspiel wird im Internet angeboten oder vermittelt. Der Identifizierungspflicht kann auch dadurch nachgekommen werden, dass der Spieler bereits beim Betreten der Spielbank oder der sonstigen örtlichen Glücksspielstätte identifiziert wird, wenn vom Verpflichteten zusätzlich sichergestellt wird, dass Transaktionen im Wert von 2 000 Euro oder mehr einschließlich des Kaufs oder Rücktauschs von Spielmarken dem jeweiligen Spieler zugeordnet werden können.

(6) Verpflichtete nach § 2 Absatz 1 Nummer 14 haben die allgemeinen Sorgfaltspflichten zu erfüllen:

1. bei der Vermittlung von Kaufverträgen und
2. bei der Vermittlung von Miet- oder Pachtverträgen bei Transaktionen mit einer monatlichen Nettokaltmiete oder Nettokaltpacht in Höhe von mindestens 10 000 Euro.

(6a) Verpflichtete nach § 2 Absatz 1 Nummer 16 haben die allgemeinen Sorgfaltspflichten zu erfüllen:

1. als Güterhändler bei folgenden Transaktionen:

   a) Transaktionen im Wert von mindestens 10 000 Euro über Kunstgegenstände,

b) Transaktionen über hochwertige Güter nach § 1 Absatz 10 Satz 2 Nummer 1, bei welchen sie Barzahlungen über mindestens 2 000 Euro selbst oder durch Dritte tätigen oder entgegennehmen oder

c) Transaktionen über sonstige Güter, bei welchen sie Barzahlungen über mindestens 10 000 Euro selbst oder durch Dritte tätigen oder entgegennehmen, und

2. als Kunstvermittler und Kunstlagerhalter bei Transaktionen im Wert von mindestens 10 000 Euro.

(7) Für Verpflichtete nach § 2 Absatz 1 Nummer 4 und 5, die bei der Ausgabe von E-Geld tätig sind, gilt § 25i Absatz 1 des Kreditwesengesetzes mit der Maßgabe, dass lediglich die Pflichten nach Absatz 1 Nummer 1 und 4 zu erfüllen sind. § 25i Absatz 2 und 4 des Kreditwesengesetzes gilt entsprechend.

(8) Versicherungsvermittler nach § 2 Absatz 1 Nummer 8, die für ein Versicherungsunternehmen nach § 2 Absatz 1 Nummer 7 Prämien einziehen, haben diesem Versicherungsunternehmen mitzuteilen, wenn Prämienzahlungen in bar erfolgen und den Betrag von15 000 Euro innerhalb eines Kalenderjahres übersteigen.

(8a) Soweit ein Verpflichteter nach § 2 Absatz 1 Nummer 10 als Syndikusrechtsanwalt oder als Syndikuspatentanwalt oder ein Verpflichteter nach § 2 Absatz 1 Nummer 12 als Syndikussteuerberater für ein Unternehmen tätig wird, das selbst Verpflichteter nach § 2 Absatz 1 ist, obliegen die Verpflichtungen nach Absatz 1 diesem Unternehmen.

(9) Ist der Verpflichtete nicht in der Lage, die allgemeinen Sorgfaltspflichten nach Absatz 1 Nummer 1 bis 4 zu erfüllen, so darf die Geschäftsbeziehung nicht begründet oder nicht fortgesetzt werden und darf keine Transaktion durchgeführt werden. Soweit eine Geschäftsbeziehung bereits besteht, ist sie vom Verpflichteten ungeachtet anderer gesetzlicher oder vertraglicher Bestimmungen durch Kündigung oder auf andere Weise zu beenden. Die Sätze 1 und 2 gelten für Verpflichtete nach § 2 Absatz 1 Nummer 10 und 12 nicht, wenn Tätigkeiten der Rechtsberatung oder Prozessvertretung erbracht werden sollen, es sei denn, der Verpflichtete weiß, dass die Rechtsberatung oder Prozessvertretung bewusst für den Zweck der Geldwäsche oder der Terrorismusfinanzierung genutzt wurde oder wird. Solange der Vertragspartner seiner Pflicht nach § 12 Absatz 4 Satz 1, eine Vereinigung mit Sitz im Ausland ihrer Mitteilungspflicht nach § 20 Absatz 1 Satz 2 und 3 oder ein Trustee, der außerhalb der Europäischen Union seinen Wohnsitz oder Sitz hat, seiner Mitteilungspflicht nach § 21 Absatz 1 Satz 2 Alternative 2 und Satz 3 nicht nachkommt, hat der Notar die Beurkundung abzulehnen; § 15 Absatz 2 der Bundesnotarordnung gilt insoweit entsprechend.

§ 11 Identifizierung; Erhebung von Angaben zum Zweck der Identifizierung

(1) Verpflichtete haben Vertragspartner, gegebenenfalls für diese auftretende Personen und wirtschaftlich Berechtigte vor Begründung der Geschäftsbeziehung unverzüglich oder vor Durchführung der Transaktion zu identifizieren, indem sie die Angaben nach den Absätzen 4 und 5 erheben und diese nach § 12 überprüfen. Die Identifizierung kann auch noch während der Begründung der Geschäftsbeziehung abgeschlossen werden, wenn dies erforderlich ist, um den normalen Geschäftsablauf nicht zu unterbrechen, und wenn ein geringes Risiko der Geldwäsche und der Terrorismusfinanzierung besteht.

(2) Abweichend von Absatz 1 haben Verpflichtete nach § 2 Absatz 1 Nummer 14 die Vertragsparteien des vermittelten Rechtsgeschäfts, gegebenenfalls für diese auftretende Personen und wirtschaftlich Berechtigte zu identifizieren, sobald ein ernsthaftes Interesse der Vertragsparteien an der Durchführung des vermittelten Rechtsgeschäfts besteht und die Vertragsparteien hinreichend bestimmt sind. Sind für beide Vertragsparteien des vermittelten Rechtsgeschäfts Verpflichtete nach § 2 Absatz 1 Nummer 14 tätig, so muss jeder Verpflichtete nur die Vertragspartei identifizieren, für die er handelt.

(3) Von einer Identifizierung kann abgesehen werden, wenn der Verpflichtete die zu identifizierende Person bereits bei früherer Gelegenheit im Rahmen der Erfüllung seiner Sorgfaltspflichten identifiziert hat und die dabei erhobenen Angaben aufgezeichnet hat. Muss der Verpflichtete aufgrund der äußeren Umstände Zweifel hegen, ob die bei der früheren Identifizierung erhobenen Angaben weiterhin zutreffend sind, hat er eine erneute Identifizierung durchzuführen.

(4) In Bezug auf Vertragspartner und gegebenenfalls für diese auftretende Personen hat der Verpflichtete zum Zweck der Identifizierung folgende Angaben zu erheben:

1. bei einer natürlichen Person:
   a) Vorname und Nachname,
   b) Geburtsort,
   c) Geburtsdatum,
   d) Staatsangehörigkeit und
   e) eine Wohnanschrift oder, sofern kein fester Wohnsitz mit rechtmäßigem Aufenthalt in der Europäischen Union besteht und die Überprüfung der Identität im Rahmen des Abschlusses eines Basiskontovertrags im Sinne von § 38 des Zahlungskontengesetzes erfolgt, die postalische Anschrift, unter der der Vertragspartner sowie die gegenüber dem Verpflichteten auftretende Person erreichbar ist;
2. bei einer juristischen Person oder bei einer Personengesellschaft:
   a) Firma, Name oder Bezeichnung,
   b) Rechtsform,
   c) Registernummer, falls vorhanden,
   d) Anschrift des Sitzes oder der Hauptniederlassung und
   e) die Namen der Mitglieder des Vertretungsorgans oder die Namen der gesetzlichen Vertreter und, sofern ein Mitglied des Vertretungsorgans oder der gesetzliche Vertreter eine juristische Person ist, von dieser juristischen Person die Daten nach den Buchstaben a bis d.

(5) In Bezug auf einen wirtschaftlich Berechtigten hat der Verpflichtete zum Zweck der Identifizierung zumindest dessen Vor- und Nachnamen und, soweit dies in Ansehung des im Einzelfall bestehenden Risikos der Geldwäsche oder der Terrorismusfinanzierung angemessen ist, weitere Identifizierungsmerkmale zu erheben. Geburtsdatum, Geburtsort und Anschrift des wirtschaftlich Berechtigten dürfen unabhängig vom festgestellten Risiko erhoben werden. Die Erhebung der Angaben hat beim Vertragspartner oder der gegebenenfalls für di auftretenden Personen zu erfolgen; eine Erhebung der Angaben aus dem Transparenzregister genügt zur Erfüllung der Pflicht zur Erhebung der Angaben nicht. Werden bei Trusts oder anderen Rechtsgestaltungen nach § 21 die wirtschaftlich Berechtigten nach besonderen Merkmalen oder nach einer Kategorie bestimmt, so hat der Verpflichtete ausreichende Informationen über den wirtschaftlich Berechtigten einzuholen, um zum Zeitpunkt der Ausführung der Transaktion oder der Ausübung seiner Rechte die Identität des wirtschaftlich Berechtigten feststellen zu können.

(5a) (weggefallen)

(6) Der Vertragspartner eines Verpflichteten hat dem Verpflichteten die Informationen und Unterlagen zur Verfügung zu stellen, die zur Identifizierung erforderlich sind. Ergeben sich im Laufe der Geschäftsbeziehung Änderungen, hat er diese Änderungen unverzüglich dem Verpflichteten anzuzeigen. Der Vertragspartner hat gegenüber dem Verpflichteten offenzulegen, ob er die Geschäftsbeziehung oder die Transaktion für einen wirtschaftlich Berechtigten begründen, fortsetzen oder durchführen will. Mit der Offenlegung hat er dem Verpflichteten auch die Identität des

wirtschaftlich Berechtigten nachzuweisen. Die Sätze 1 bis 4 gelten entsprechend für die Vertragsparteien des vermittelten Rechtsgeschäfts im Sinne des Absatzes 2, die nicht Vertragspartner des Verpflichteten nach § 2 Absatz 1 Nummer 14 sind.

(7) Verwalter von Rechtsgestaltungen im Sinne des § 3 Absatz 3 haben dem Verpflichteten ihre Verwaltereigenschaft offenzulegen und ihm unverzüglich die Angaben zu übermitteln, die nach Absatz 5 zur Identifizierung aller wirtschaftlich Berechtigten im Sinne des § 3 Absatz 3 erforderlich sind, wenn sie in dieser Position eine Geschäftsbeziehung aufnehmen oder eine Transaktion oberhalb der in § 10 Absatz 3 Nummer 2, Absatz 5, Absatz 6 oder Absatz 6a genannten Schwellenbeträge durchführen. Im Falle von Trusts und anderen Rechtsgestaltungen nach § 21 sind dem Verpflichteten die Angaben nach § 21 Absatz 1 und 2 unverzüglich zu übermitteln.

§ 11a Verarbeitung personenbezogener Daten durch Verpflichtete

(1) Verpflichtete nach § 2 dürfen personenbezogene Daten nur verarbeiten, soweit dies auf Grundlage dieses Gesetzes für Zwecke der Verhinderung von Geldwäsche und Terrorismusfinanzierung erforderlich ist.

(2) Soweit ein den Vorschriften dieses Gesetzes unterliegender Verpflichteter nach § 2 personenbezogene Daten für Zwecke gemäß Absatz 1 an die zuständigen Aufsichtsbehörden oder die Personen und Einrichtungen, deren sich die zuständigen Aufsichtsbehörden bei der Durchführung ihrer Aufgaben bedienen, oder an die Zentralstelle für Finanztransaktionsuntersuchungen übermittelt, bestehen die Pflicht zur Information der betroffenen Person nach Artikel 13 Absatz 3 der Verordnung (EU) 2016/679 und das Recht auf Auskunft der betroffenen Person nach Artikel 15 der Verordnung (EU) 2016/679 nicht.

(3) Die Absätze 1 und 2 finden entsprechende Anwendung auf Dritte im Sinne von § 17, auf die ein Verpflichteter zur Erfüllung der allgemeinen Sorgfaltspflichten nach § 10 Absatz 1 Nummer 1 bis 4 zurückgreift.

§ 12 Überprüfung von Angaben zum Zweck der Identifizierung, Verordnungsermächtigung

(1) Die Überprüfung der nach § 11 Absatz 4 erhobenen Angaben zum Vertragspartner und gegebenenfalls für diesen auftretende Personen hat bei natürlichen Personen zu erfolgen anhand

1. eines gültigen amtlichen Ausweises, der ein Lichtbild des Inhabers enthält und mit dem die Pass- und Ausweispflicht im Inland erfüllt wird, insbesondere anhand eines inländischen oder nach ausländerrechtlichen Bestimmungen anerkannten oder zugelassenen Passes, Personalausweises oder Pass- oder Ausweisersatzes,
2. eines elektronischen Identitätsnachweises nach § 18 des Personalausweisgesetzes, nach § 12 des eID-Karte-Gesetzes oder nach § 78 Absatz 5 des Aufenthaltsgesetzes,
3. einer qualifizierten elektronischen Signatur nach Artikel 3 Nummer 12 der Verordnung (EU) Nr. 910/2014 des Europäischen Parlaments und des Rates vom 23. Juli 2014 über elektronische Identifizierung und Vertrauensdienste für elektronische Transaktionen im Binnenmarkt und zur Aufhebung der Richtlinie 1999/93/EG (ABl. L 257 vom 28.8.2014, S. 73),
4. eines nach Artikel 8 Absatz 2 Buchstabe c in Verbindung mit Artikel 9 der Verordnung (EU) Nr. 910/2014 notifizierten elektronischen Identifizierungssystems oder
5. von Dokumenten nach § 1 Absatz 1 der Verordnung über die Bestimmung von Dokumenten, die zur Identifizierung einer nach dem Geldwäschegesetz zu identifizierenden Person zum Zwecke des Abschlusses eines Zahlungskontovertrags zugelassen werden.

Im Fall der Identitätsüberprüfung anhand einer qualifizierten elektronischen Signatur gemäß Satz 1 Nummer 3 hat der Verpflichtete eine Validierung der qualifizierten elektronischen Signatur nach

Artikel 32 Absatz 1 der Verordnung (EU) Nr. 910/2014 vorzunehmen. Er hat in diesem Falle auch sicherzustellen, dass eine Transaktion unmittelbar von einem Zahlungskonto im Sinne des § 1 Absatz 17 des Zahlungsdiensteaufsichtsgesetzes erfolgt, das auf den Namen des Vertragspartners lautet, bei einem Verpflichteten nach § 2 Absatz 1 Satz 1 Nummer 1 oder Nummer 3 oder bei einem Kreditinstitut, das ansässig ist in einem

1. anderen Mitgliedstaat der Europäischen Union,
2. Vertragsstaat des Abkommens über den Europäischen Wirtschaftsraum oder
3. Drittstaat, in dem das Kreditinstitut Sorgfalts- und Aufbewahrungspflichten unterliegt, die den in der Richtlinie (EU) 2015/849 festgelegten Sorgfalts- und Aufbewahrungspflichten entsprechen und deren Einhaltung in einer mit Kapitel IV Abschnitt 2 der Richtlinie (EU) 2015/849 im Einklang stehenden Weise beaufsichtigt wird.

(2) Die Überprüfung der nach § 11 Absatz 4 erhobenen Angaben zum Vertragspartner und gegebenenfalls für diesen auftretende Personen hat bei juristischen Personen oder bei Personengesellschaften zu erfolgen anhand

1. eines Auszuges aus dem Handels- oder Genossenschaftsregister oder aus einem vergleichbaren amtlichen Register oder Verzeichnis,
2. von Gründungsdokumenten oder von gleichwertigen beweiskräftigen Dokumenten oder der
3. einer eigenen dokumentierten Einsichtnahme des Verpflichteten in die Register- oder Verzeichnisdaten.

(3) Zur Überprüfung der nach § 11 Absatz 5 erhobenen Angaben zu den wirtschaftlich Berechtigten hat sich der Verpflichtete durch risikoangemessene Maßnahmen zu vergewissern, dass die Angaben zutreffend sind. Im Falle der Identifizierung anlässlich der Begründung einer neuen Geschäftsbeziehung mit einer Vereinigung nach § 20 oder einer Rechtsgestaltung nach § 21 hat der Verpflichtete einen Nachweis der Registrierung nach § 20 Absatz 1 oder § 21 oder einen Auszug der im Transparenzregister zugänglichen Daten einzuholen. Der Verpflichtete muss bei Geschäftsbeziehungen oder Transaktionen mit Vereinigungen nach § 20 oder Rechtsgestaltungen nach § 21 keine über die Einsicht in das Transparenzregister hinausgehenden Maßnahmen zur Erfüllung seiner Pflicht nach Satz 1 ergreifen, wenn die nach § 11 Absatz 5 erhobenen Angaben mit den Angaben zu den wirtschaftlich Berechtigten im Transparenzregister übereinstimmen und keine sonstigen Anhaltspunkte bestehen, die Zweifel an der Identität der wirtschaftlich Berechtigten, ihrer Stellung als wirtschaftlich Berechtigten oder der Richtigkeit sonstiger Angaben nach § 19 Absatz 1 begründen oder die auf ein höheres Risiko der Geldwäsche und der Terrorismusfinanzierung gemäß § 15 Absatz 2 hindeuten.

(4) Sofern der Vertragspartner bei einem Erwerbsvorgang nach § 1 des Grunderwerbsteuergesetzes für eine Rechtsform im Sinne von § 3 Absatz 2 oder 3 handelt, hat der beurkundende Notar vor der Beurkundung die Identität des wirtschaftlich Berechtigten anhand einer von dem jeweiligen Vertragspartner in Textform vorzulegenden Dokumentation der Eigentums- und Kontrollstruktur auf ihre Schlüssigkeit zu überprüfen. Die Dokumentation ist der Zentralstelle für Finanztransaktionsuntersuchungen sowie den Strafverfolgungsbehörden auf Verlangen zur Verfügung zu stellen.

(5) Das Bundesministerium der Finanzen kann im Einvernehmen mit dem Bundesministerium des Innern, für Bau und Heimat durch Rechtsverordnung ohne Zustimmung des Bundesrates weitere Dokumente bestimmen, die zur Überprüfung der Identität geeignet sind.

§ 13 Verfahren zur Überprüfung von Angaben zum Zweck der Identifizierung, Verordnungsermächtigung

(1) Verpflichtete überprüfen die zum Zweck der Identifizierung erhobenen Angaben bei der natürlichen Personen mit einem der folgenden Verfahren:

1. durch angemessene Prüfung des vor Ort vorgelegten Dokuments oder
2. mittels eines sonstigen Verfahrens, das zur geldwäscherechtlichen Überprüfung der Identität geeignet ist und ein Sicherheitsniveau aufweist, das dem in Nummer 1 genannten Verfahren gleichwertig ist.

(2) Das Bundesministerium der Finanzen kann im Einvernehmen mit dem Bundesministerium des Innern, für Bau und Heimat durch Rechtsverordnung, die nicht der Zustimmung des Bundesrates bedarf,

1. Konkretisierungen oder weitere Anforderungen an das in Absatz 1 genannte Verfahren und an die sich dieses Verfahrens bedienenden Verpflichteten sowie die Aufzeichnungs- und Aufbewahrungspflichten bei Nutzung dieses Verfahrens festlegen,
2. Verfahren bestimmen, die zur geldwäscherechtlichen Identifizierung nach Absatz 1 Nummer 2 geeignet sind und
3. Verfahren bestimmen, deren Eignung zur geldwäscherechtlichen Überprüfung der Identität erprobt wird und bei denen zu ermitteln ist, ob sie ein Sicherheitsniveau aufweisen, das dem in Absatz 1 Nummer 1 genannten Verfahren gleichwertig ist.

Bei Verfahren nach Nummer 3 können die Aufsichtsbehörden nach § 50 dazu ermächtigt werden, die Nutzung der Verfahren befristet, unter Vorbehalt eines Widerrufs und unter Auflagen zuzulassen. Eine Zulassung elektronischer Verfahren nach Nummer 3 erfolgt nur, wenn das Bundesamt für Sicherheit in der Informationstechnik bei einer vorherigen Überprüfung des Verfahrens das für die Erprobung notwendige Sicherheitsniveau festgestellt hat.

§ 14 Vereinfachte Sorgfaltspflichten, Verordnungsermächtigung

(1) Verpflichtete müssen nur vereinfachte Sorgfaltspflichten erfüllen, soweit sie unter Berücksichtigung der in den Anlagen 1 und 2 genannten Risikofaktoren feststellen, dass in bestimmten Bereichen, insbesondere im Hinblick auf Kunden, Transaktionen und Dienstleistungen oder Produkte, nur ein geringes Risiko der Geldwäsche oder der Terrorismusfinanzierung besteht. Vor der Anwendung vereinfachter Sorgfaltspflichten haben sich die Verpflichteten zu vergewissern, dass die Geschäftsbeziehung oder Transaktion tatsächlich mit einem geringeren Risiko der Geldwäsche oder Terrorismusfinanzierung verbunden ist. Für die Darlegung der Angemessenheit gilt § 10 Absatz 2 Satz 4 entsprechend.

(2) Bei Anwendbarkeit der vereinfachten Sorgfaltspflichten können Verpflichtete

1. den Umfang der Maßnahmen, die zur Erfüllung der allgemeinen Sorgfaltspflichten zu treffen sind, angemessen reduzieren und
2. insbesondere die Überprüfung der zum Zweck der Identifizierung nach § 11 erhobenen Angaben abweichend von den §§ 12 und 13 auf der Grundlage von sonstigen Dokumenten, Daten oder Informationen durchführen, die von einer glaubwürdigen und unabhängigen Quelle stammen und für die Überprüfung geeignet sind.

Die Verpflichteten müssen in jedem Fall die Überprüfung von Transaktionen und die Überwachung von Geschäftsbeziehungen in einem Umfang sicherstellen, der es ihnen ermöglicht, ungewöhnliche oder verdächtige Transaktionen zu erkennen und zu melden.

(3) Ist der Verpflichtete nicht in der Lage, die vereinfachten Sorgfaltspflichten zu erfüllen, so gilt § 10 Absatz 9 entsprechend.

(4) Das Bundesministerium der Finanzen kann im Einvernehmen mit dem Bundesministerium des Innern, für Bau und Heimat durch Rechtsverordnung ohne Zustimmung des Bundesrates Fallkonstellationen festlegen, in denen insbesondere im Hinblick auf Kunden, Produkte, Dienstleistungen, Transaktionen oder Vertriebskanäle ein geringeres Risiko der Geldwäsche oder der Terrorismusfinanzierung bestehen kann und die Verpflichteten unter den Voraussetzungen von Absatz 1 nur vereinfachte Sorgfaltspflichten in Bezug auf Kunden erfüllen müssen. Bei der Festlegung sind die in den Anlagen 1 und 2 genannten Risikofaktoren zu berücksichtigen.

(5) Die Verordnung (EU) 2015/847 findet keine Anwendung auf Inlandsgeldtransfers auf ein Zahlungskonto eines Begünstigten, auf das ausschließlich Zahlungen für die Lieferung von Gütern oder Dienstleistungen vorgenommen werden können, wenn

1. der Zahlungsdienstleister des Begünstigten den Verpflichtungen dieses Gesetzes unterliegt,
2. der Zahlungsdienstleister des Begünstigten in der Lage ist, anhand einer individuellen Transaktionskennziffer über den Begünstigten den Geldtransfer bis zu der Person zurückzuverfolgen, die mit dem Begünstigten eine Vereinbarung über die Lieferung von Gütern und Dienstleistungen getroffen hat, und
3. der überwiesene Betrag höchstens 1 000 Euro beträgt.

§ 15 Verstärkte Sorgfaltspflichten, Verordnungsermächtigung

(1) Die verstärkten Sorgfaltspflichten sind zusätzlich zu den allgemeinen Sorgfaltspflichten zu erfüllen.

(2) Verpflichtete haben verstärkte Sorgfaltspflichten zu erfüllen, wenn sie im Rahmen der Risikoanalyse oder im Einzelfall unter Berücksichtigung der in den Anlagen 1 und 2 genannten Risikofaktoren feststellen, dass ein höheres Risiko der Geldwäsche oder Terrorismusfinanzierung bestehen kann. Die Verpflichteten bestimmen den konkreten Umfang der zu ergreifenden Maßnahmen entsprechend dem jeweiligen höheren Risiko der Geldwäsche oder der Terrorismusfinanzierung. Für die Darlegung der Angemessenheit gilt § 10 Absatz 2 Satz 4 entsprechend.

(3) Ein höheres Risiko liegt insbesondere vor, wenn es sich

1. bei einem Vertragspartner des Verpflichteten oder bei einem wirtschaftlich Berechtigten um eine politisch exponierte Person, ein Familienmitglied oder um eine bekanntermaßen nahestehende Person handelt,
2. um eine Geschäftsbeziehung oder Transaktion handelt, an der ein von der Europäischen Kommission nach Artikel 9 Absatz 2 der Richtlinie (EU) 2015/849, der durch Artikel 1 Nummer 5 der Richtlinie (EU) 2018/843 geändert worden ist, ermittelter Drittstaat mit hohem Risiko oder eine in diesem Drittstaat ansässige natürliche oder juristische Person beteiligt ist; dies gilt nicht für Zweigstellen von in der Europäischen Union niedergelassenen Verpflichteten nach Artikel 2 Absatz 1 der Richtlinie (EU) 2015/849, der durch Artikel 1 Nummer 1 der Richtlinie (EU) 2018/843 geändert worden ist, und für mehrheitlich im Besitz dieser Verpflichteten befindliche Tochterunternehmen, die ihren Standort in einem Drittstaat mit hohem Risiko haben, sofern sich diese Zweigstellen und Tochterunternehmen uneingeschränkt an die von ihnen anzuwendenden gruppenweiten Strategien und Verfahren nach Artikel 45 Absatz 1 der Richtlinie (EU) 2015/849 halten,
3. um eine Transaktion handelt, die im Vergleich zu ähnlichen Fällen
   a) besonders komplex oder ungewöhnlich groß ist,
   b) einem ungewöhnlichen Transaktionsmuster folgt oder
   c) keinen offensichtlichen wirtschaftlichen oder rechtmäßigen Zweck hat, oder
4. für Verpflichtete nach § 2 Absatz 1 Nummer 1 bis 3 und 6 bis 8 um eine grenzüberschreitende Korrespondenzbeziehung mit Respondenten mit Sitz in einem Drittstaat oder, vorbehaltlich einer Beurteilung durch die Verpflichteten als erhöhtes Risiko, in einem Staat des Europäischen Wirtschaftsraums handelt.

(4) In einem der in den Absätzen 2 und 3 Nummer 1 genannten Fälle sind mindestens folgende verstärkte Sorgfaltspflichten zu erfüllen:

1. die Begründung oder Fortführung einer Geschäftsbeziehung bedarf der Zustimmung eines Mitglieds der Führungsebene,
2. es sind angemessene Maßnahmen zu ergreifen, mit denen die Herkunft der Vermögenswerte bestimmt werden kann, die im Rahmen der Geschäftsbeziehung oder der Transaktion eingesetzt werden, und
3. die Geschäftsbeziehung ist einer verstärkten kontinuierlichen Überwachung zu unterziehen.

Wenn im Fall des Absatzes 3 Nummer 1 der Vertragspartner oder der wirtschaftlich Berechtigte erst im Laufe der Geschäftsbeziehung ein wichtiges öffentliches Amt auszuüben begonnen hat oder der Verpflichtete erst nach Begründung der Geschäftsbeziehung von der Ausübung eines wichtigen öffentlichen Amts durch den Vertragspartner oder den wirtschaftlich Berechtigten Kenntnis erlangt, so hat der Verpflichtete sicherzustellen, dass die Fortführung der Geschäftsbeziehung nur mit Zustimmung eines Mitglieds der Führungsebene erfolgt. Bei einer ehemaligen politisch exponierten Person haben die Verpflichteten für mindestens zwölf Monate nach Ausscheiden aus dem öffentlichen Amt das Risiko zu berücksichtigen, das spezifisch für politisch exponierte Personen ist, und so lange angemessene und risikoorientierte Maßnahmen zu treffen, bis anzunehmen ist, dass dieses Risiko nicht mehr besteht.

(5) In dem in Absatz 3 Nummer 2 genannten Fall haben Verpflichtete mindestens folgende verstärkte Sorgfaltspflichten zu erfüllen:

1. sie müssen einholen:
   a) zusätzliche Informationen über den Vertragspartner und den wirtschaftlich Berechtigten,
   b) zusätzliche Informationen über die angestrebte Art der Geschäftsbeziehung,
   c) Informationen über die Herkunft der Vermögenswerte und des Vermögens des Vertragspartners,
   d) Informationen über die Herkunft der Vermögenswerte und des Vermögens des wirtschaftlich Berechtigten mit Ausnahme der Person, die nach § 3 Absatz 2 Satz 5 als wirtschaftlich Berechtigter gilt,
   e) Informationen über die Gründe für die geplante oder durchgeführte Transaktion und
   f) Informationen über die geplante Verwendung der Vermögenswerte, die im Rahmen der Transaktion oder Geschäftsbeziehung eingesetzt werden, soweit dies zur Beurteilung der Gefahr von Terrorismusfinanzierung erforderlich ist,
2. die Begründung oder Fortführung einer Geschäftsbeziehung bedarf der Zustimmung eines Mitglieds der Führungsebene und
3. bei einer Geschäftsbeziehung müssen sie die Geschäftsbeziehung verstärkt überwachen durch
   a) häufigere und intensivere Kontrollen sowie
   b) die Auswahl von Transaktionsmustern, die einer weiteren Prüfung bedürfen.

(5a) In dem in Absatz 3 Nummer 2 genannten Fall und zusätzlich zu den in Absatz 5 genannten verstärkten Sorgfaltspflichten können die zuständigen Aufsichtsbehörden risikoangemessen und im Einklang mit den internationalen Pflichten der Europäischen Union eine oder mehrere von den Verpflichteten zu erfüllende verstärkte Sorgfaltspflichten anordnen, die auch folgende Maßnahmen umfassen können:

1. die Meldung von Finanztransaktionen an die Zentralstelle für Finanztransaktionsuntersuchungen,

2. die Beschränkung oder das Verbot geschäftlicher Beziehungen oder Transaktionen mit natürlichen oder juristischen Personen aus Drittstaaten mit hohem Risiko,
3. das Verbot für Verpflichtete mit Sitz in einem Drittstaat mit hohem Risiko, im Inland Tochtergesellschaften, Zweigniederlassungen oder Repräsentanzen zu gründen,
4. das Verbot, Zweigniederlassungen oder Repräsentanzen in einem Drittstaat mit hohem Risiko zu gründen,
5. die Verpflichtung für Zweigniederlassungen und Tochtergesellschaften von Verpflichteten mit Sitz in einem Drittstaat mit hohem Risiko, sich einer verschärften Prüfung der Einhaltung der geldwäscherechtlichen Pflichten
   a) durch die zuständige Aufsichtsbehörde zu unterziehen oder
   b) durch einen externen Prüfer zu unterziehen,
6. die Einführung verschärfter Anforderungen in Bezug auf eine externe Prüfung nach Nummer 5 Buchstabe b,
7. für Verpflichtete nach § 2 Absatz 1 Nummer 1 bis 3 und 6 bis 9 die Überprüfung, Änderung oder erforderlichenfalls Beendigung von Korrespondenzbankbeziehungen zu Respondenten in einem Drittstaat mit hohem Risiko.

Bei der Anordnung dieser Maßnahmen gilt für die zuständigen Aufsichtsbehörden Absatz 10 Satz 2 entsprechend.

(6) In dem in Absatz 3 Nummer 3 genannten Fall sind mindestens folgende verstärkte Sorgfaltspflichten zu erfüllen:

1. die Transaktion sowie deren Hintergrund und Zweck sind mit angemessenen Mitteln zu untersuchen, um das Risiko der jeweiligen Geschäftsbeziehung oder Transaktionen in Bezug auf Geldwäsche oder auf Terrorismusfinanzierung überwachen und einschätzen zu können und um gegebenenfalls prüfen zu können, ob die Pflicht zu einer Meldung nach § 43 Absatz 1 vorliegt, und
2. die der Transaktion zugrunde liegende Geschäftsbeziehung, soweit vorhanden, ist einer verstärkten kontinuierlichen Überwachung zu unterziehen, um das mit der Geschäftsbeziehung und mit einzelnen Transaktionen verbundene Risiko in Bezug auf Geldwäsche oder auf Terrorismusfinanzierung einschätzen und bei höherem Risiko überwachen zu können.

(7) In dem in Absatz 3 Nummer 4 genannten Fall haben Verpflichtete nach § 2 Absatz 1 Nummer 1 bis 3 und 6 bis 9 bei Begründung einer Geschäftsbeziehungmindestens folgende verstärkte Sorgfaltspflichten zu erfüllen:

1. es sind ausreichende Informationen über den Respondenten einzuholen, um die Art seiner Geschäftstätigkeit in vollem Umfang verstehen und seine Reputation, seine Kontrollen zur Verhinderung der Geldwäsche und Terrorismusfinanzierung sowie die Qualität der Aufsicht bewerten zu können,
2. es ist vor Begründung einer Geschäftsbeziehung mit dem Respondenten die Zustimmung eines Mitglieds der Führungsebene einzuholen,
3. es sind vor Begründung einer solchen Geschäftsbeziehung die jeweiligen Verantwortlichkeiten der Beteiligten in Bezug auf die Erfüllung der Sorgfaltspflichten festzulegen und nach Maßgabe des § 8 zu dokumentieren,
4. es sind Maßnahmen zu ergreifen, um sicherzustellen, dass sie keine Geschäftsbeziehung mit einem Respondenten begründen oder fortsetzen, von dem bekannt ist, dass seine Konten von einer Bank-Mantelgesellschaft genutzt werden, und
5. es sind Maßnahmen zu ergreifen, um sicherzustellen, dass der Respondent keine Transaktionen über Durchlaufkonten zulässt.

(8) Liegen Tatsachen, einschlägige Evaluierungen, Berichte oder Bewertungen nationaler oder internationaler für die Verhinderung oder Bekämpfung der Geldwäsche oder der Terrorismusfinanzierung zuständiger Stellen vor, die die Annahme rechtfertigen, dass über die in Absatz 3 genannten Fälle hinaus ein höheres Risiko besteht, so kann die Aufsichtsbehörde anordnen, dass die Verpflichteten die Transaktionen oder Geschäftsbeziehungen einer verstärkten Überwachung unterziehen und zusätzliche, dem Risiko angemessene Sorgfaltspflichten sowie erforderliche Gegenmaßnahmen zu erfüllen haben.

(9) Ist der Verpflichtete nicht in der Lage, die verstärkten Sorgfaltspflichten zu erfüllen, so gilt § 10 Absatz 9 entsprechend.

(10) Das Bundesministerium der Finanzen kann durch Rechtsverordnung, die nicht der Zustimmung des Bundesrates bedarf,

1. Fallkonstellationen bestimmen, in denen insbesondere im Hinblick auf Staaten, Kunden, Produkte, Dienstleistungen, Transaktionen oder Vertriebskanäle ein potenziell höheres Risiko der Geldwäsche oder der Terrorismusfinanzierung besteht und die Verpflichteten bestimmte verstärkte Sorgfaltspflichten und Gegenmaßnahmen zu erfüllen haben,
2. für Fallkonstellationen im Sinne des Absatzes 3 Nummer 2 bestimmte verstärkte Sorgfaltspflichten und Gegenmaßnahmen anordnen sowie für die Anordnung und Ausgestaltung verstärkter Sorgfaltspflichten durch die zuständigen Aufsichtsbehörden nach Absatz 5a Regelungen treffen.

Das Bundesministerium der Finanzen hat bei Erlass einer Rechtsverordnung nach dieser Vorschrift einschlägige Evaluierungen, Bewertungen oder Berichte internationaler Organisationen oder von Einrichtungen für die Festlegung von Standards mit Kompetenzen im Bereich der Verhinderung von Geldwäsche und der Bekämpfung von Terrorismusfinanzierung hinsichtlich der von einzelnen Drittstaaten ausgehenden Risiken zu berücksichtigen.

§ 16 Besondere Vorschriften für das Glücksspiel im Internet

(1) Für Verpflichtete nach § 2 Absatz 1 Nummer 15 gelten, soweit sie das Glücksspiel im Internet anbieten oder vermitteln, die besonderen Vorschriften der Absätze 2 bis 8. Bei der Anwendung der allgemeinen Sorgfaltspflichten findet der Schwellenbetrag nach § 10 Absatz 5 keine Anwendung.

(2) Der Verpflichtete darf einen Spieler erst zu einem Glücksspiel im Internet zulassen, wenn er zuvor für den Spieler auf dessen Namen ein Spielerkonto eingerichtet hat.

(3) Der Verpflichtete darf auf dem Spielerkonto weder Einlagen noch andere rückzahlbare Gelder vom Spieler entgegennehmen. Das Guthaben auf dem Spielerkonto darf nicht verzinst werden. Für die entgegengenommenen Geldbeträge gilt § 3 Absatz 3 Satz 3 des Zahlungsdiensteaufsichtsgesetzes entsprechend.

(4) Der Verpflichtete muss sicherstellen, dass Transaktionen des Spielers auf das Spielerkonto nur erfolgen

1. durch die Ausführung eines Zahlungsvorgangs
   a) mittels einer Lastschrift nach § 1 Absatz 1 Satz 2 Nummer 3 Buchstabe a des Zahlungsdiensteaufsichtsgesetzes,
   b) mittels einer Überweisung nach § 1 Absatz 1 Satz 2 Nummer 3 Buchstabe c des Zahlungsdiensteaufsichtsgesetzes oder
   c) mittels einer auf den Namen des Spielers ausgegebenen Zahlungskarte nach § 1 Absatz 1 Satz 2 Nummer 3 Buchstabe b des Zahlungsdiensteaufsichtsgesetzes und

2. von einem Zahlungskonto nach § 1 Absatz 17 des Zahlungsdiensteaufsichtsgesetzes, das auf den Namen des Spielers bei einem Verpflichteten nach § 2 Absatz 1 Nummer 1 oder 3 errichtet worden ist.

Von der Erfüllung der Verpflichtung nach Satz 1 Nummer 1 Buchstabe c und Nummer 2 kann der Verpflichtete absehen, wenn gewährleistet ist, dass die Zahlung zur Teilnahme am Spiel für eine einzelne Transaktion 25 Euro und für mehrere Transaktionen innerhalb eines Kalendermonats 100 Euro nicht überschreitet.

(5) Der Verpflichtete hat die Aufsichtsbehörde unverzüglich zu informieren über die Eröffnung und Schließung eines Zahlungskontos nach § 1 Absatz 17 des Zahlungsdiensteaufsichtsgesetzes, das auf seinen eigenen Namen bei einem Verpflichteten nach § 2 Absatz 1 Nummer 1 oder 3 eingerichtet ist und auf dem Gelder eines Spielers zur Teilnahme an Glücksspielen im Internet entgegengenommen werden.

(6) Wenn der Verpflichtete oder ein anderer Emittent einem Spieler für Transaktionen auf einem Spielerkonto monetäre Werte ausstellt, die auf einem Instrument nach § 2 Absatz 1 Nummer 10 des Zahlungsdiensteaufsichtsgesetzes gespeichert sind, hat der Verpflichtete oder der andere Emittent sicherzustellen, dass der Inhaber des monetären Werts mit dem Inhaber des Spielerkontos identisch ist.

(7) Der Verpflichtete darf Transaktionen an den Spieler nur vornehmen

1. durch die Ausführung eines Zahlungsvorgangs nach Absatz 4 und
2. auf ein Zahlungskonto, das auf den Namen des Spielers bei einem Verpflichteten nach § 2 Absatz 1 Nummer 1 oder 3 eingerichtet worden ist.

Bei der Transaktion hat der Verpflichtete den Verwendungszweck dahingehend zu spezifizieren, dass für einen Außenstehenden erkennbar ist, aus welchem Grund der Zahlungsvorgang erfolgt ist. Für diesen Verwendungszweck können die Aufsichtsbehörden Standardformulierungen festlegen, die vom Verpflichteten zu verwenden sind.

(8) Abweichend von § 11 kann der Verpflichtete bei einem Spieler, für den er ein Spielerkonto einrichtet, eine vorläufige Identifizierung durchführen. Die vorläufige Identifizierung kann anhand einer elektronisch oder auf dem Postweg übersandten Kopie eines Dokuments nach § 12 Absatz 1 Satz 1 Nummer 1 erfolgen. Eine vollständige Identifizierung ist unverzüglich nachzuholen. Sowohl die vorläufige als auch die vollständige Identifizierung kann auch anhand der glücksspielrechtlichen Anforderungen an Identifizierung und Authentifizierung erfolgen.

§ 16a Verbot der Barzahlung beim Erwerb von Immobilien

(1) Bei Rechtsgeschäften, die auf den Kauf oder Tausch von inländischen Immobilien gerichtet sind, kann eine geschuldete Gegenleistung nur mittels anderer Mittel als Bargeld, Kryptowerten, Gold, Platin oder Edelsteinen bewirkt werden. Dasselbe gilt für den Erwerb von Anteilen an Gesellschaften, zu deren Vermögen unmittelbar oder mittelbar eine inländische Immobilie gehört. Übergibt der Schuldner Bargeld, Gold, Platin oder Edelsteine oder überträgt er Kryptowerte als Gegenleistung, kann er diese nach den Vorschriften des Bürgerlichen Gesetzbuchs über die Herausgabe einer ungerechtfertigten Bereicherung herausverlangen; die §§ 815 und 817 Satz 2 des Bürgerlichen Gesetzbuchs sind nicht anzuwenden.

(2) Bei Rechtsgeschäften nach Absatz 1 Satz 1 haben die Beteiligten gegenüber dem Notar, der den Antrag auf Eintragung des Erwerbers als Eigentümer oder Erbbauberechtigter beim Grundbuchamt einreichen soll, nachzuweisen, dass die Gegenleistung mit anderen Mitteln als Bargeld, Kryptowerten, Gold, Platin oder Edelsteinen erbracht wurde. Als Nachweis sind insbesondere Zahlungsbestätigungen von auf Veräußerer- oder Erwerberseite an der Transaktion beteiligten Kreditinstituten geeignet. Bei vertraglichen Änderungen an Rechtsgeschäften nach Absatz 1 Satz 1, welche die Gegenleistung betreffen und die nach einer bindend gewordenen Auflassung vorgenommen werden, haben die Beteiligten dem Notar zum Zweck der Durchführung der Prüfung nach den Absätzen 3 und 4 übereinstimmende Erklärungen zu diesen Änderungen vorzulegen.

(3) Bei Rechtsgeschäften nach Absatz 1 Satz 1 hat der mit der Einreichung des Eintragungsantrags beauftragte Notar die ihm nach Absatz 2 Satz 1 vorgelegten Nachweise auf Schlüssigkeit zu prüfen. Er darf den Antrag auf Eintragung des Erwerbers als Eigentümer oder Erbbauberechtigter beim Grundbuchamt erst stellen, wenn er

1. in Bezug auf den Nachweis
   a) dessen Schlüssigkeit festgestellt hat oder
   b) in dem Fall, in dem ihm in angemessener Zeit nach der Fälligkeit der Gegenleistung kein schlüssiger Nachweis vorgelegt wurde, die Beteiligten erfolglos zur Vorlage des Nachweises innerhalb einer angemessenen Frist aufgefordert hat und
2. in dem Fall, in dem er nach § 43 Absatz 1 zu einer Meldung verpflichtet ist, diese Meldung abgegeben hat und § 46 dem mit der Maßgabe nicht entgegensteht, dass die Transaktion frühestens durchgeführt werden darf, wenn der fünfte Werktag nach dem Abgangstag der Meldung verstrichen ist.

(4) Soweit bei Rechtsgeschäften nach Absatz 1 Satz 1 die Gegenleistung nach der Vereinbarung der Beteiligten vollständig oder teilweise erst nach der Einreichung des Eintragungsantrags zu erbringen ist, hat der Notar die Schlüssigkeit des Nachweises innerhalb angemessener Zeit nach Fälligkeit zu prüfen. Werden innerhalb eines Jahres nach Einreichung des Eintragungsantrags mehrere Teilleistungen fällig, kann der Notar nach Ablauf eines Jahres eine Prüfung der Schlüssigkeit des Nachweises hinsichtlich der bis zu diesem Zeitpunkt fällig gewordenen Teilleistungen vornehmen. Bedarf es zur Bestimmung des Datums der Fälligkeit der Kenntnis von Umständen, die dem Notar bei der Antragstellung nicht bekannt sind, haben die Beteiligten den Notar über diese Umstände nachträglich zu informieren. Hinsichtlich des vor der Eintragung fällig werdenden Anteils richtet sich die Prüfpflicht nach Absatz 3. Absatz 2 gilt entsprechend. Wurde dem Notar in angemessener Zeit nach der Fälligkeit der Gegenleistung oder nach dem in Satz 2 geregelten Zeitpunkt kein schlüssiger Nachweis vorgelegt, so hat er die Beteiligten zur Vorlage des Nachweises innerhalb einer angemessenen Frist aufzufordern. Soweit die Gegenleistung später als ein Jahr nach der Einreichung des Eintragungsantrags zu erbringen ist, entfällt die Prüfpflicht nach Satz 1.

(5) Die Absätze 2 bis 4 gelten nicht, wenn die geschuldete Gegenleistung einen Betrag von 10 000 Euro nicht übersteigt oder soweit sie über ein Anderkonto des mit der Einreichung des Eintragungsantrags beauftragten Notars erbracht wird. Zudem gilt ein schlüssiger Nachweis im Sinne der Absätze 3 und 4 auch dann als erbracht, wenn dem Notar über einen Wert von nicht mehr als 10 000 Euro der geschuldeten Gegenleistung kein schlüssiger Nachweis nach Absatz 2 vorliegt. Absatz 4 gilt nicht, wenn es nach der Vertragsgestaltung ausgeschlossen erscheint, dass die Vereinbarung der nachträglichen Erbringung der Gegenleistung darauf beruht, dass die Gegenleistung aus einer strafbaren Handlung stammt, die eine Vortat der Geldwäsche darstellen könnte, oder dass der Erwerbsvorgang im Zusammenhang mit Terrorismusfinanzierung steht.

§ 17 Ausführung der Sorgfaltspflichten durch Dritte, vertragliche Auslagerung

(1) Zur Erfüllung der allgemeinen Sorgfaltspflichten nach § 10 Absatz 1 Nummer 1 bis 4 kann ein Verpflichteter auf Dritte zurückgreifen. Dritte dürfen nur sein

1. Verpflichtete nach § 2 Absatz 1,
2. Verpflichtete gemäß Artikel 2 Absatz 1 der Richtlinie (EU) 2015/849 in einem anderen Mitgliedstaat der Europäischen Union oder in einem Vertragsstaat des Abkommens über den Europäischen Wirtschaftsraum,
3. Mitgliedsorganisationen oder Verbände von Verpflichteten nach Nummer 2 oder in einem Drittstaat ansässige Institute und Personen, sofern diese Sorgfalts- und Aufbewahrungspflichten unterliegen,

a) die den in der Richtlinie (EU) 2015/849 festgelegten Sorgfalts- und Aufbewahrungspflichten entsprechen und

b) deren Einhaltung in einer mit Kapitel VI Abschnitt 2 der Richtlinie (EU) 2015/849 im Einklang stehenden Weise beaufsichtigt wird.

Die Verantwortung für die Erfüllung der allgemeinen Sorgfaltspflichten bleibt bei dem Verpflichteten.

(2) Verpflichtete dürfen nicht auf einen Dritten zurückgreifen, der in einem Drittstaat mit hohem Risiko niedergelassen ist. Ausgenommen hiervon sind

1. Zweigstellen von in der Europäischen Union niedergelassenen Verpflichteten nach Artikel 2 Absatz 1 der Richtlinie (EU) 2015/849, wenn die Zweigstelle sich uneingeschränkt an die gruppenweit anzuwendenden Strategien und Verfahren gemäß Artikel 45 der Richtlinie (EU) 2015/849 hält, und
2. Tochterunternehmen, die sich im Mehrheitsbesitz von in der Europäischen Union niedergelassenen Verpflichteten nach Artikel 2 Absatz 1 der Richtlinie (EU) 2015/849 befinden, wenn das Tochterunternehmen sich uneingeschränkt an die gruppenweit anzuwendenden Strategien und Verfahren gemäß Artikel 45 der Richtlinie (EU) 2015/849 hält.

(3) Wenn ein Verpflichteter auf Dritte zurückgreift, muss er sicherstellen, dass die Dritten

1. bei der Identifizierung von im Inland ansässigen Personen den Vorschriften dieses Gesetzes entsprechen,
2. die Informationen einholen, die für die Durchführung der Sorgfaltspflichten nach § 10 Absatz 1 Nummer 1 bis 4 notwendig sind, und
3. ihm diese Informationen unverzüglich und unmittelbar übermitteln.

Er hat zudem angemessene Schritte zu unternehmen, um zu gewährleisten, dass die Dritten ihm auf seine Anforderung hin unverzüglich Kopien derjenigen Dokumente, die maßgeblich zur Feststellung und Überprüfung der Identität des Vertragspartners, gegebenenfalls der für diesen auftretenden Personen und eines etwaigen wirtschaftlich Berechtigten sind, einschließlich Informationen, soweit diese verfügbar sind, die mittels elektronischer Mittel nach § 12 Absatz 1 Satz 1 Nummer 4 eingeholt wurden, sowie andere maßgebliche Unterlagen vorlegen. Die Dritten sind befugt, zu diesem Zweck Kopien von Ausweisdokumenten zu erstellen und weiterzuleiten.

(3a) Der Dritte kann zur Identifizierung des Vertragspartners, einer gegebenenfalls für ihn auftretenden Person und eines wirtschaftlich Berechtigten auch auf anlässlich einer zu einem früheren Zeitpunkt erfolgten Identifizierung dieser Person eingeholte Informationen nach Absatz 3 Satz 1 Nummer 2 zurückgreifen, sofern

1. die Identifizierung im Rahmen der Begründung einer eigenen Geschäftsbeziehung des Dritten und nicht unter Anwendung vereinfachter Sorgfaltspflichten erfolgt ist,
2. die Identifizierung oder die letzte Aktualisierung unter Einhaltung des § 12 vor nicht mehr als 24 Monaten abgeschlossen wurde,
3. für den Verpflichteten aufgrund äußerer Umstände keine Zweifel an der Richtigkeit der ihm übermittelten Informationen bestehen und
4. das Gültigkeitsdatum eines im Rahmen der Identifizierung oder der letzten Aktualisierung unter Einhaltung des § 12 gegebenenfalls verwendeten Identifikationsdokuments noch nicht abgelaufen ist.

Absatz 3 Satz 2 und 3 gilt entsprechend.

(4) Die Voraussetzungen der Absätze 1 und 3 gelten als erfüllt, wenn

1. der Verpflichtete auf Dritte zurückgreift, die derselben Gruppe angehören wie er selbst,

2. die in dieser Gruppe angewandten Sorgfaltspflichten, Aufbewahrungsvorschriften, Strategien und Verfahren zur Verhinderung von Geldwäsche und von Terrorismusfinanzierung mit den Vorschriften der Richtlinie (EU) 2015/849 oder gleichwertigen Vorschriften im Einklang stehen und
3. die effektive Umsetzung dieser Anforderungen auf Gruppenebene von einer Behörde beaufsichtigt wird.

(5) Ein Verpflichteter kann die Durchführung der Maßnahmen, die zur Erfüllung der Sorgfaltspflichten nach § 10 Absatz 1 Nummer 1 bis 4 erforderlich sind, auf andere geeignete Personen und Unternehmen als die in Absatz 1 genannten Dritten übertragen. Die Übertragung bedarf einer vertraglichen Vereinbarung und der Verpflichtete hat sicherzustellen, dass die anderen geeigneten Personen und Unternehmen den Vorschriften dieses Gesetzes entsprechen. Die Maßnahmen der Personen oder der Unternehmen werden dem Verpflichteten als eigene Maßnahmen zugerechnet. Absatz 3 gilt entsprechend.

(6) Durch die Übertragung nach Absatz 5 dürfen nicht beeinträchtigt werden

1. die Erfüllung der Pflichten nach diesem Gesetz durch den Verpflichteten,
2. die Steuerungs- oder Kontrollmöglichkeiten der Geschäftsleitung des Verpflichteten und
3. die Aufsicht der Aufsichtsbehörde über den Verpflichteten.

(7) Vor der Übertragung nach Absatz 5 hat sich der Verpflichtete von der Zuverlässigkeit der Personen oder der Unternehmen, denen er Maßnahmen übertragen will, zu überzeugen. Während der Zusammenarbeit muss er sich durch Stichproben von der Angemessenheit und Ordnungsmäßigkeit der Maßnahmen überzeugen, die diese Personen oder Unternehmen getroffen haben.

(8) Soweit eine vertragliche Vereinbarung nach Absatz 5 mit deutschen Botschaften, Auslandshandelskammern oder Konsulaten geschlossen wird, gelten diese kraft Vereinbarung als geeignet. Absatz 7 findet keine Anwendung.

(9) Bei der Übertragung nach Absatz 5 bleiben die Vorschriften über die Auslagerung von Aktivitäten und Prozessen nach § 25b des Kreditwesengesetzes unberührt.

Abschnitt 4 Transparenzregister

§ 18 Einrichtung des Transparenzregisters und registerführende Stelle

(1) Es wird ein Register zur Erfassung und Zugänglichmachung von Angaben über den wirtschaftlich Berechtigten (Transparenzregister) eingerichtet.

(2) Das Transparenzregister wird als hoheitliche Aufgabe des Bundes von der registerführenden Stelle elektronisch geführt. Daten, die im Transparenzregister gespeichert sind, werden als chronologische Datensammlung angelegt.

(3) Ist eine Mitteilung nach § 20 unvollständig, unklar oder bestehen Zweifel, welcher Vereinigung nach § 20 Absatz 1 die in der Mitteilung enthaltenen Angaben zum wirtschaftlich Berechtigten zuzuordnen sind, kann die registerführende Stelle von der in der Mitteilung genannten Vereinigung verlangen, dass diese die für eine Eintragung in das Transparenzregister erforderlichen Informationen innerhalb einer angemessenen Frist übermittelt. Dies gilt entsprechend für Mitteilungen von Rechtsgestaltungen nach § 21.

(3a) Die registerführende Stelle ist berechtigt, der Behörde nach § 56 Absatz 5 Satz 2 die Informationen und Unterlagen zu übermitteln, die für die Erfüllung der Aufgaben der Behörde nach § 56 Absatz 5 Satz 2 erforderlich sind.

(4) Die registerführende Stelle erstellt auf Antrag Ausdrucke von Daten, die im Transparenzregister gespeichert sind, und Bestätigungen, dass im Transparenzregister keine aktuelle Eintragung aufgrund einer Mitteilung nach § 20 Absatz 1 oder § 21 vorliegt. Sie beglaubigt auf Antrag, dass die übermittelten Daten mit dem Inhalt des Transparenzregisters übereinstimmen.[3]Mit der Beglaubigung ist keine Gewähr für die Richtigkeit und Vollständigkeit der Angaben zum wirtschaftlich Berechtigten verbunden. Ein Antrag auf Ausdruck von Daten, die lediglich über das Transparenzregister gemäß § 22 Absatz 1 Satz 1 Nummer 4 bis 8 zugänglich gemacht worden, kann auch über das Transparenzregister an das Gericht vermittelt werden. Dies gilt entsprechend für die Vermittlung eines Antrags auf Ausdruck von Daten, die gemäß § 22 Absatz 1 Satz 1 Nummer 2 und 3 zugänglich gemacht werden, an den Betreiber des Unternehmensregisters.

(5) Die registerführende Stelle erstellt ein Informationssicherheitskonzept für das Transparenzregister, aus dem sich die getroffenen technischen und organisatorischen Maßnahmen zum Datenschutz ergeben.

(6) Das Bundesministerium der Finanzen wird ermächtigt, durch Rechtsverordnung, die nicht der Zustimmung des Bundesrates bedarf, die technischen Einzelheiten zu Einrichtung und Führung des Transparenzregisters einschließlich der Speicherung historischer Datensätze sowie die Einhaltung von Löschungsfristen für die im Transparenzregister gespeicherten Daten zu regeln.

§ 19 Angaben zum wirtschaftlich Berechtigten

(1) Im Transparenzregister sind im Hinblick auf Vereinigungen nach § 20 Absatz 1 Satz 1 und Rechtsgestaltungen nach § 21 folgende Angaben zum wirtschaftlich Berechtigten nach Maßgabe des § 23 zugänglich:

1. Vor- und Nachname,
2. Geburtsdatum,
3. Wohnort,
4. Art und Umfang des wirtschaftlichen Interesses und
5. alle Staatsangehörigkeiten.

(2) Für die Bestimmung des wirtschaftlich Berechtigten von Vereinigungen im Sinne des § 20 Absatz 1 Satz 1 mit Ausnahme der rechtsfähigen Stiftungen gilt § 3 Absatz 1 und 2 entsprechend. Für die Bestimmung des wirtschaftlich Berechtigten von Rechtsgestaltungen nach § 21 und rechtsfähigen Stiftungen gilt § 3 Absatz 1 und 3 entsprechend.

(3) Die Angaben zu Art und Umfang des wirtschaftlichen Interesses nach Absatz 1 Nummer 4 zeigen, woraus die Stellung als wirtschaftlich Berechtigter folgt, und zwar

1. bei Vereinigungen nach § 20 Absatz 1 Satz 1 mit Ausnahme der rechtsfähigen Stiftungen aus
   a) der Beteiligung an der Vereinigung selbst, insbesondere der Höhe der Kapitalanteile oder der Stimmrechte,
   b) der Ausübung von Kontrolle auf sonstige Weise, insbesondere aufgrund von Absprachen zwischen einem Dritten und einem Anteilseigner oder zwischen mehreren Anteilseignern untereinander, oder aufgrund der einem Dritten eingeräumten Befugnis zur Ernennung von gesetzlichen Vertretern oder anderen Organmitgliedern oder
   c) der Funktion des gesetzlichen Vertreters, geschäftsführenden Gesellschafters oder Partners,
2. bei Rechtsgestaltungen nach § 21 und rechtsfähigen Stiftungen aus einer der in § 3 Absatz 3 aufgeführten Funktionen.

In den Fällen des Satzes 1 Nummer 1 Buchstabe c ist anzugeben, ob ermittelt wurde, dass keine natürliche Person die Voraussetzungen eines wirtschaftlich Berechtigten nach § 3 Absatz 1 oder Absatz 2 Satz 1 bis 4 erfüllt, oder ob die Ermittlung eines wirtschaftlich Berechtigten nach § 3 Absatz 1 oder Absatz 2 Satz 1 bis 4 nach Durchführung umfassender Prüfungen nicht möglich war.

§ 19a Angaben zu Immobilien

Im Transparenzregister sind im Hinblick auf Vereinigungen nach § 20 Absatz 1, die als Berechtigte von Immobilien in Abteilung I des Grundbuchs eingetragen sind, folgende Angaben zu diesen Immobilien nach Maßgabe des § 23 zugänglich:

1. zuständiges Amtsgericht,
2. Grundbuchbezirk,
3. Nummer des Grundbuchblattes,
4. alle im Bestandsverzeichnis des Grundbuchblattes eingetragenen Grundstücke, jeweils mit
   a) Gemarkung,
   b) Flur und
   c) Flurstück,
5. Art und Umfang der Berechtigung,
6. Beginn und Ende der Berechtigung.

§ 19b Erfassung und Zuordnung von Immobilien

(1) Die Grundbuchämter übermitteln der registerführenden Stelle folgende Informationen zu allen bei ihnen geführten Grundbuchblättern:

1. zuständiges Amtsgericht,
2. Grundbuchbezirk,
3. Nummer des Grundbuchblattes,
4. alle im Bestandsverzeichnis des Grundbuchblattes eingetragenen Grundstücke, jeweils mit
   a) Gemarkung,
   b) Flur und,
   c) Flurstück,
5. alle in Abteilung I geführten Eigentümer, jeweils, soweit vorhanden, mit
   a) Name oder Firma,
   b) Sitz,
   c) Registergericht,
   d) Registerart,
   e) Registernummer,
   f) Datum der Eintragung.

Die Übermittlung erfolgt auf Basis bereits verfügbarer strukturierter Daten. Sie erfolgt einmalig bis spätestens zum 31. Juli 2023 mit einem Stand der Daten zum 30. Juni 2023.

(2) Die Grundbuchämter übermitteln der registerführenden Stelle ab dem 1. Juli 2023 in einem automatisierten Verfahren Veränderungen der grundbuchmäßigen Bezeichnung des Grundstücks und die Eintragung eines Eigentümers. Die Übermittlung erfolgt in einem strukturierten Datenformat auf Basis bereits verfügbarer strukturierter Daten.

(3) Die registerführende Stelle erfasst anhand der ihr aus den Grundbüchern übermittelten Informationen die Angaben nach § 19a in Bezug auf Immobilien, ordnet sie Vereinigungen nach § 20 Absatz 1 zu und speichert sie. Übermittelte Daten, die für diesen Zweck nicht erforderlich sind, sind von der registerführenden Stelle unverzüglich zu löschen.

(4) Abweichend von den Absätzen 1 und 2 können die Länder eine Übermittlung der Daten durch die für die Führung der Liegenschaftskataster zuständigen Behörden vorsehen. Die Grundbuchämter und die für die Führung der Liegenschaftskataster zuständigen Behörden können mit der registerführenden Stelle Vereinbarungen über das zu verwendende Datenformat treffen.

§ 20 Transparenzpflichten im Hinblick auf bestimmte Vereinigungen

(1) Juristische Personen des Privatrechts und eingetragene Personengesellschaften haben die in § 19 Absatz 1 aufgeführten Angaben zu den wirtschaftlich Berechtigten dieser Vereinigungen einzuholen, aufzubewahren, auf aktuellem Stand zu halten und der registerführenden Stelle unverzüglich zur Eintragung in das Transparenzregister mitzuteilen. Die Pflicht nach Satz 1 gilt auch für Vereinigungen mit Sitz im Ausland, wenn sie, Eigentum an einer im Inland gelegenen Immobilie halten oder sich verpflichten, solches Eigentum zu erwerben, wenn Anteile im Sinne des § 1 Absatz 3 des Grunderwerbsteuergesetzes sich bei ihr vereinigen oder auf sie übergehen, oder wenn sie im Sinne des § 1 Absatz 3a des Grunderwerbsteuergesetzes aufgrund eines Rechtsvorgangs eine wirtschaftliche Beteiligung innehaben. Die Pflicht nach Satz 1 gilt nicht für in Satz 2 genannte Vereinigungen, wenn sie die Angaben nach Artikel 1 Nummer 15 Buchstabe c der Richtlinie (EU) 2018/843 und nach § 19 Absatz 1 bereits an ein anderes Register eines Mitgliedstaates der Europäischen Union übermittelt haben. Die Mitteilung hat elektronisch in einer Form zu erfolgen, die ihre elektronische Zugänglichmachung ermöglicht. Bei den Angaben zu Art und Umfang des wirtschaftlichen Interesses nach § 19 Absatz 1 Nummer 4 ist anzugeben, woraus nach § 19 Absatz 3 die Stellung als wirtschaftlich Berechtigter folgt.

(2) Eine juristische Person des Privatrechts oder eine eingetragene Personengesellschaft, die nach Absatz 1 Satz 1 mitteilungspflichtig ist und die nicht im Handelsregister, Genossenschaftsregister, Partnerschaftsregister oder Vereinsregister eingetragen ist, hat der registerführenden Stelle unverzüglich mitzuteilen, wenn

1. sich ihre Bezeichnung oder ihr Sitz geändert hat,
2. sie verschmolzen worden ist,
3. sie aufgelöst worden ist oder
4. ihre Rechtsform geändert wurde.

(3) Wirtschaftlich Berechtigte von Vereinigungen nach Absatz 1 haben diesen Vereinigungen die zur Erfüllung der Pflichten nach Absatz 1 notwendigen Angaben mitzuteilen und jede Änderung dieser Angaben unverzüglich mitzuteilen. Anteilseigner, die wirtschaftlich Berechtigte sind oder die von dem wirtschaftlich Berechtigten unmittelbar kontrolliert werden, haben den Vereinigungen nach Absatz 1 die zur Erfüllung der Pflichten nach Absatz 1 notwendigen Angaben mitzuteilen und jede Änderung dieser Angaben unverzüglich mitzuteilen. Kontrolliert ein Mitglied eines Vereins oder einer Genossenschaft mehr als 25 Prozent der Stimmrechte, so trifft die Mitteilungspflicht nach Satz 1 dieses Mitglied. Bei Stiftungen trifft die Mitteilungspflicht nach Satz 1 die Personen nach § 3 Absatz 3.

(3a) Hat die Vereinigung keine Angaben der wirtschaftlich Berechtigten nach Absatz 3 erhalten, so hat sie von ihren Anteilseignern, soweit sie ihr bekannt sind, in angemessenem Umfang Auskunft zu den wirtschaftlich Berechtigten der Vereinigung zu verlangen. Die Anteilseigner sind verpflichtet, das Auskunftsersuchen innerhalb angemessener Frist zu beantworten. Die Pflicht, Auskunft nach Satz 1 zu verlangen, gilt nicht, wenn der Vereinigung die Angaben zum wirtschaftlich

Berechtigten nach § 19 bereits anderweitig bekannt sind. Die Vereinigung hat die Auskunftsersuchen sowie die eingeholten Informationen zu dokumentieren.

(3b) Gelangt der Anteilseigner zu der Erkenntnis, dass sich der wirtschaftlich Berechtigte der Vereinigung geändert hat, so muss er dies der Vereinigung innerhalb einer angemessenen Frist mitteilen. Satz 1 gilt nicht, wenn

1. die Angaben zu dem neuen wirtschaftlich Berechtigten bereits über das Transparenzregister zugänglich sind, oder
2. der Anteilseigner anderweitig positive Kenntnis davon hat, dass der Vereinigung der neue wirtschaftlich Berechtigte bekannt ist.

Der Anteilseigner hat die Mitteilung an die Vereinigung zu dokumentieren und aufzubewahren.

(4) Die Angabepflicht nach Absatz 3 entfällt, wenn die Anteilseigner, Mitglieder und wirtschaftlich Berechtigten die erforderlichen Angaben bereits in anderer Form mitgeteilt haben.

(5) Die Zentralstelle für Finanztransaktionsuntersuchungen und die Aufsichtsbehörden können im Rahmen ihrer Aufgaben und Befugnisse die nach Absatz 1 aufbewahrten Angaben einsehen oder sich vorlegen lassen. Die Angaben sind ihnen unverzüglich zur Verfügung zu stellen.

§ 20a Automatische Eintragung für Vereine

(1) Für eingetragene Vereine nach § 21 des Bürgerlichen Gesetzbuchs erstellt die registerführende Stelle anhand der im Vereinsregister eingetragenen Daten eine Eintragung in das Transparenzregister, ohne dass es hierfür einer Mitteilung nach § 20 Absatz 1 Satz 1 bedarf. Im Rahmen dieser Eintragung werden alle Mitglieder des Vorstands eines Vereins mit den Daten nach § 19 Absatz 1 als wirtschaftliche Berechtigte nach § 3 Absatz 2 Satz 5 im Transparenzregister erfasst. Soweit diese Daten nicht im Vereinsregister vorhanden sind, wird als Wohnsitzland Deutschland und als einzige Staatsangehörigkeit die deutsche Staatsangehörigkeit angenommen. Die nach Satz 1 eingetragenen Daten gelten als Angaben des Vereins, soweit der Verein der registerführenden Stelle keine abweichenden Angaben mitgeteilt hat.

(2) Abweichend von § 20 Absatz 1 Satz 1 muss ein eingetragener Verein nach § 21 des Bürgerlichen Gesetzbuchs die in § 19 Absatz 1 aufgeführten Angaben zu den wirtschaftlich Berechtigten der registerführenden Stelle nur dann zur Eintragung mitteilen, wenn

1. eine Änderung des Vorstands nicht unverzüglich zur Eintragung in das Vereinsregister angemeldet worden ist,
2. mindestens ein wirtschaftlich Berechtigter nach § 3 Absatz 2 Satz 1 bis 4 vorhanden ist oder
3. die Annahmen nach Absatz 1 Satz 3 nicht zutreffen.

Eine Eintragung durch die registerführende Stelle nach Absatz 1 wird nicht vorgenommen, wenn der Verein der registerführenden Stelle Angaben nach § 19 Absatz 1 zur Eintragung in das Transparenzregister mitgeteilt hat. Dies gilt nicht, wenn der Verein der registerführenden Stelle mitgeteilt hat, dass die mitgeteilten Angaben nach § 19 Absatz 1 nicht mehr gelten sollen. Die Mitteilung nach Satz 3 hat elektronisch über die Webseite des Transparenzregisters zu erfolgen.

(3) Eine Eintragung nach Absatz 1 erfolgt erstmals spätestens zum 1. Januar 2023. Danach erfolgt die automatische Eintragung anlassbezogen.

(4) Bei Eintragung nach Absatz 1 handelt die registerführende Stelle nach § 18 Absatz 2 im Rahmen der hoheitlichen Aufgaben des Bundes. Zu diesem Zweck ist die registerführende Stelle beim Abruf von Daten aus den Vereinsregistern von der Zahlung der Gebühren nach § 2 Absatz 1 des Justizverwaltungskostengesetzes befreit.

§ 21 Transparenzpflichten im Hinblick auf bestimmte Rechtsgestaltungen

(1) Verwalter von Trusts (Trustees) mit Wohnsitz oder Sitz in Deutschland haben die in § 19 Absatz 1 aufgeführten Angaben zu den wirtschaftlich Berechtigten des Trusts, den sie verwalten, einzuholen, aufzubewahren, auf aktuellem Stand zu halten und der registerführenden Stelle unverzüglich zur Eintragung in das Transparenzregister mitzuteilen. Die Pflicht nach Satz 1 gilt auch für Trustees, die außerhalb der Europäischen Union ihren Wohnsitz oder Sitz haben, wenn sie für den Trust eine Geschäftsbeziehung mit einem Vertragspartner mit Sitz in Deutschland aufnehmen oder sich verpflichten, Eigentum an einer im Inland gelegenen Immobilie zu erwerben, wenn Anteile im Sinne des § 1 Absatz 3 des Grunderwerbsteuergesetzes sich bei ihr vereinigen oder auf sie übergehen, oder wenn sie im Sinne des § 1 Absatz 3a des Grunderwerbsteuergesetzes aufgrund eines Rechtsvorgangs eine wirtschaftliche Beteiligung innehaben. Die Pflicht nach Satz 1 gilt nicht für die in Satz 2 genannten Trustees, wenn ein Trustee die Angaben nach Artikel 1 Nummer 16 Buchstabe a der Richtlinie (EU) 2018/843 und nach § 19 Absatz 1 bereits an ein anderes Register eines Mitgliedstaates der Europäischen Union übermittelt hat und

1. der Trustee in diesem Mitgliedstaat der Europäischen Union ebenfalls einen Wohnsitz oder Sitz unterhält oder
2. einer der Vertragspartner, zu dem ein Trust mit Wohnsitz oder Sitz außerhalb der Europäischen Union ebenfalls eine Geschäftsbeziehung unterhält, in diesem Mitgliedstaat seinen Sitz hat.

(1a) Die Mitteilung hat elektronisch in einer Form zu erfolgen, die ihre elektronische Zugänglichmachung ermöglicht. Der Trust ist in der Mitteilung eindeutig zu bezeichnen. Bei den Angaben zu Art und Umfang des wirtschaftlichen Interesses nach § 19 Absatz 1 Nummer 4 ist anzugeben, woraus nach § 19 Absatz 3 Nummer 2 die Stellung als wirtschaftlich Berechtigter folgt.

(1b) Der registerführenden Stelle ist ferner durch den nach Absatz 1 zur Mitteilung Verpflichteten unverzüglich mitzuteilen, wenn der Trust

1. umbenannt wurde,
2. aufgelöst wurde oder
3. nicht mehr nach Absatz 1 verpflichtet ist.

(2) Die Pflichten der Absätze 1, 1a und 1b gelten entsprechend auch für Treuhänder mit Wohnsitz oder Sitz in Deutschland folgender Rechtsgestaltungen:

1. nichtrechtsfähige Stiftungen, wenn der Stiftungszweck aus Sicht des Stifters eigennützig ist, und
2. Rechtsgestaltungen, die solchen Stiftungen in ihrer Struktur oder Funktion entsprechen.

(3) Die Zentralstelle für Finanztransaktionsuntersuchungen und die Aufsichtsbehörden können im Rahmen ihrer Aufgaben und Befugnisse die von Trustees nach Absatz 1 und von Treuhändern nach Absatz 2 aufbewahrten Angaben einsehen oder sich vorlegen lassen. Die Angaben sind ihnen unverzüglich zur Verfügung zu stellen.

(4) Das Bundesministerium der Finanzen wird ermächtigt, im Einvernehmen mit dem Bundesministerium der Justiz und für Verbraucherschutz durch Rechtsverordnung, die nicht der Zustimmung des Bundesrates bedarf, die Einzelheiten zu regeln, welche Trusts und trustähnlichen Rechtsgestaltungen von § 21 Absatz 1 und 2 erfasst sind und durch welche Merkmale sich diese auszeichnen.

§ 22 Zugängliche Dokumente und Datenübermittlung an das Transparenzregister, Verordnungsermächtigung

(1) Über die Internetseite des Transparenzregisters sind nach Maßgabe des § 23 zugänglich:

1. Eintragungen im Transparenzregister zu Meldungen nach § 20 Absatz 1 Satz 1 und nach § 21 sowie Immobilien nach § 19a,
2. Bekanntmachungen des Bestehens einer Beteiligung nach § 20 Absatz 6 des Aktiengesetzes,
3. Stimmrechtsmitteilungen nach den §§ 40 und 41 des Wertpapierhandelsgesetzes,
4. Listen der Gesellschafter von Gesellschaften mit beschränkter Haftung und Unternehmergesellschaften nach § 8 Absatz 1 Nummer 3, § 40 des Gesetzes betreffend die Gesellschaften mit beschränkter Haftung sowie Gesellschafterverträge gemäß § 8 Absatz 1 Nummer 1 in Verbindung mit § 2 Absatz 1a Satz 2 des Gesetzes betreffend die Gesellschaften mit beschränkter Haftung, sofern diese als Gesellschafterliste gelten, nach § 2 Absatz 1a Satz 4 des Gesetzes betreffend die Gesellschaften mit beschränkter Haftung,
5. Eintragungen im Handelsregister,
6. Eintragungen im Partnerschaftsregister,
7. Eintragungen im Genossenschaftsregister,
8. Eintragungen im Vereinsregister.

Zugänglich in dem nach den besonderen registerrechtlichen Vorschriften für die Einsicht geregelten Umfang sind nur solche Dokumente und Eintragungen nach Satz 1 Nummer 2 bis 8, die aus dem Handelsregister, Genossenschaftsregister, Partnerschaftsregister, Unternehmensregister oder Vereinsregister elektronisch abrufbar sind.

(2) Um die Eröffnung des Zugangs zu den Originaldaten nach Absatz 1 Satz 1 Nummer 2 bis 8 über die Internetseite des Transparenzregisters zu ermöglichen, sind dem Transparenzregister die dafür erforderlichen Daten (Indexdaten) zu übermitteln. Der Betreiber des Unternehmensregisters übermittelt die Indexdaten zu den Originaldaten nach Absatz 1 Satz 1 Nummer 2 und 3 dem Transparenzregister. Die Landesjustizverwaltungen übermitteln die Indexdaten zu den Originaldaten nach Absatz 1 Satz 1 Nummer 4 bis 8 dem Transparenzregister. Die Indexdaten dienen nur der Zugangsvermittlung und dürfen nicht zugänglich gemacht werden.

(3) Das Bundesministerium der Finanzen wird ermächtigt, im Benehmen mit dem Bundesministerium der Justiz und für Verbraucherschutz für die Datenübermittlung nach Absatz 2 Satz 3 durch Rechtsverordnung, die der Zustimmung des Bundesrates bedarf, technische Einzelheiten der Datenübermittlung zwischen den Behörden der Länder und dem Transparenzregister einschließlich der Vorgaben für die zu verwendenden Datenformate und zur Sicherstellung von Datenschutz und Datensicherheit zu regeln. Abweichungen von den Verfahrensregelungen durch Landesrecht sind ausgeschlossen.

(4) Das Bundesministerium der Finanzen wird ermächtigt, im Benehmen mit dem Bundesministerium der Justiz und für Verbraucherschutz durch Rechtsverordnung, die nicht der Zustimmung des Bundesrates bedarf, Registrierungsverfahren für die Mitteilungsverpflichteten nach den §§ 20 und 21 sowie technische Einzelheiten der Datenübermittlung nach Absatz 2 Satz 2 sowie nach den §§ 20 und 21 einschließlich der Vorgaben für die zu verwendenden Datenformate und Formulare sowie zur Sicherstellung von Datenschutz und Datensicherheit zu regeln.

§ 23 Einsichtnahme in das Transparenzregister, Verordnungsermächtigung

(1) Bei Vereinigungen nach § 20 Absatz 1 Satz 1 und Rechtsgestaltungen nach § 21 ist die Einsichtnahme gestattet:

1. den Behörden, Gerichten sowie den in § 2 Absatz 4 genannten Stellen, soweit die Einsichtnahme zur Erfüllung ihrer gesetzlichen Aufgaben erforderlich ist,

2. den Verpflichteten, sofern sie der registerführenden Stelle darlegen, dass die Einsichtnahme zur Erfüllung ihrer Sorgfaltspflichten in einem der in § 10 Absatz 3 und 3a genannten Fälle erfolgt, und
3. allen Mitgliedern der Öffentlichkeit.

In diesen Fällen ist die registerführende Stelle befugt, die zugänglichen Daten an den Einsichtnehmenden zu übermitteln. In den Fällen des Satzes 1 Nummer 1 und 2 übermittelt die registerführende Stelle neben den Angaben nach § 19 Absatz 1 auch die Eigentums- und Kontrollstrukturübersichten nach § 23a Absatz 3a, soweit diese zu den übermittelten Angaben nach § 19 Absatz 1 aufgrund einer abgeschlossenen Unstimmigkeitsmeldung vorhanden sind. Im Fall des Satzes 1 Nummer 3 sind neben den Angaben nach § 19 Absatz 1 Nummer 1 und 4 nur Monat und Jahr der Geburt des wirtschaftlich Berechtigten, sein Wohnsitzland und alle Staatsangehörigkeiten der Einsichtnahme zugänglich und dürfen übermittelt werden. Gegenüber den Behörden, Gerichten, den in § 2 Absatz 4 genannten Stellen und gegenüber Verpflichteten nach § 2 Absatz 1 Nummer 1 bis 3 und 7 sowie gegenüber Notaren sind zusätzlich die Angaben nach § 19a zu allen im Transparenzregister erfassten Immobilien der Einsichtnahme zugänglich und dürfen übermittelt werden.

(2) Auf Antrag des wirtschaftlich Berechtigten beschränkt die registerführende Stelle die Einsichtnahme in das Transparenzregister und die Übermittlung der Daten nach § 19 Absatz 1 vollständig oder teilweise, wenn ihr der wirtschaftlich Berechtigte darlegt, dass der Einsichtnahme und der Übermittlung unter Berücksichtigung aller Umstände des Einzelfalls überwiegende schutzwürdige Interessen des wirtschaftlich Berechtigten entgegenstehen. Schutzwürdige Interessen liegen vor, wenn

1. Tatsachen die Annahme rechtfertigen, dass die Einsichtnahme den wirtschaftlich Berechtigten der Gefahr aussetzen würde, Opfer einer der folgenden Straftaten zu werden:
   a) eines Betrugs (§ 263 des Strafgesetzbuchs),
   b) eines erpresserischen Menschenraubs (§ 239a des Strafgesetzbuchs),
   c) einer Geiselnahme (§ 239b des Strafgesetzbuchs),
   d) einer Erpressung oder räuberischen Erpressung (§§ 253, 255 des Strafgesetzbuchs),
   e) einer strafbaren Handlung gegen Leib oder Leben (§§ 211, 212, 223, 224, 226, 227 des Strafgesetzbuchs),
   f) einer Nötigung (§ 240 des Strafgesetzbuchs),
   g) einer Bedrohung (§ 241 des Strafgesetzbuchs) oder
2. der wirtschaftlich Berechtigte minderjährig oder geschäftsunfähig ist.

Schutzwürdige Interessen des wirtschaftlich Berechtigten liegen nicht vor, wenn sich die Daten bereits aus den in § 22 Absatz 1 genannten Registern ergeben. Die Beschränkung der Einsichtnahme und Übermittlung nach Satz 1 ist nicht möglich gegenüber Behörden, Gerichten und den in § 2 Absatz 4 genannten Stellen, gegenüber Verpflichteten nach § 2 Absatz 1 Nummer 1 bis 3 und 7 sowie gegenüber Notaren. Die registerführende Stelle hat jährlich eine Statistik über die Anzahl der bewilligten Beschränkungen und darüber, ob die Beschränkungen nach Satz 2 Nummer 1 oder 2 erfolgt sind, zu erstellen, auf ihrer Internetseite zu veröffentlichen und an die Europäische Kommission zu übermitteln.

(3) Behörden, Gerichte und die in § 2 Absatz 4 genannte Stellen sowie diejenigen in § 23 Absatz 1 Satz 1 Nummer 2 genannten Verpflichteten, gegenüber denen die Beschränkung der Einsichtnahme und Übermittlung nach § 23 Absatz 2 Satz 4 nicht möglich ist, können die Einsichtnahme

mittels eines durch die registerführende Stelle geschaffenen und nach ihren Vorgaben ausgestalteten automatisierten Einsichtnahmeverfahrens durchführen. Die registerführende Stelle ist befugt, den in Satz 1 genannten Stellen die nach Maßgabe des Absatzes 1 zugänglichen Daten im automatisierten Verfahren zu übermitteln. Bestehen Zweifel daran, dass die Einsichtnahme zur Erfüllung der gesetzlichen Aufgaben einer Behörde, eines Gerichts oder einer in § 2 Absatz 4 genannten Stelle erforderlich ist oder zur Erfüllung der Sorgfaltspflicht eines Verpflichteten nach Satz 1 erfolgt, ist die registerführende Stelle berechtigt, die Verfahren nach den Sätzen 1 und 2 zu sperren. Sie kann die Behörde nach Satz 1 zur Bestätigung, dass die Einsichtnahme zur Erfüllung der gesetzlichen Aufgaben erforderlich ist, auffordern und den Verpflichteten nach Satz 1 dauerhaft auf das für alle Verpflichteten geltende Verfahren nach Absatz 1 verweisen. Die Bestätigung nach Satz 4 hat durch den Dienstvorgesetzten zu erfolgen. Die beteiligten Stellen haben zu gewährleisten, dass für Einsichtnahmen und Datenübermittlungen im automatisierten Verfahren die erforderlichen technischen und organisatorischen Maßnahmen nach den Artikeln 24, 25 und 32 der Verordnung (EU) 2016/679 des Europäischen Parlaments und des Rates vom 27. April 2016 zum Schutz natürlicher Personen bei der Verarbeitung personenbezogener Daten, zum freien Datenverkehr und zur Aufhebung der Richtlinie 95/46/EG zur Sicherstellung von Datenschutz und Datensicherheit getroffen werden, die insbesondere die Vertraulichkeit und Unversehrtheit der Daten gewährleisten.

(4) Die Einsichtnahme ist nur nach vorheriger Online-Registrierung des Nutzers möglich und kann zum Zweck der Kontrolle, wer Einsicht genommen hat, protokolliert werden. Die registerführende Stelle ist nicht befugt, gegenüber Vereinigungen nach § 20 und Rechtsgestaltungen nach § 21 offenzulegen, wer Einsicht in die Angaben genommen hat, die die Vereinigungen und Rechtsgestaltungen zu ihren wirtschaftlich Berechtigten gemacht haben.

(5) Das Transparenzregister erlaubt die Suche nach Vereinigungen nach § 20 Absatz 1 Satz 1 und Rechtsgestaltungen nach § 21 über alle eingestellten Daten sowie über sämtliche Indexdaten.

(6) Die Einsichtnahme und Übermittlung der Daten aus dem Transparenzregister nach Absatz 1 Nummer 1 an einsichtnehmende Behörden, Gerichte und in § 2 Absatz 4 genannte Stellen erfolgt ausschließlich zum Zweck der Erfüllung der jeweiligen gesetzlichen Aufgabe. Die Einsichtnahme und Übermittlung der Daten aus dem Transparenzregister an einsichtnehmende Verpflichtete erfolgt ausschließlich zur Erfüllung der Sorgfaltspflichten des jeweiligen Verpflichteten.

(7) Das Bundesministerium der Finanzen wird ermächtigt, durch Rechtsverordnung, die nicht der Zustimmung des Bundesrates bedarf, die Einzelheiten der Einsichtnahme, Datenübermittlung und Beschränkung, insbesondere der Online-Registrierung und der Protokollierung wie die zu protokollierenden Daten und die Löschungsfrist für die protokollierten Daten nach Absatz 3, der Darlegungsanforderungen für die Einsichtnahme und Übermittlung nach Absatz 1 Satz 1 Nummer 2 und 3 und der Darlegungsanforderungen für die Beschränkung der Einsichtnahme und Übermittlung nach Absatz 2 zu bestimmen.

(8) Auf Antrag ist dem wirtschaftlich Berechtigten durch die registerführende Stelle Auskunft über die nach § 23 Absatz 1 Satz 1 Nummer 3 erfolgten Einsichtnahmen zu erteilen. Der wirtschaftlich Berechtigte hat bei Antragstellung die Vereinigung nach § 20 oder die Rechtsgestaltung nach § 21 anzugeben, für die eine Auskunft beantragt wird. Die Auskunft beinhaltet folgende Informationen:

1. die beauskunfteten personenbezogenen Daten des wirtschaftlich Berechtigten,
2. die monatsweise dargestellte Anzahl der seit der letzten Antragstellung erfolgten Einsichtnahmen,
3. der Zeitpunkt der jeweiligen Einsichtnahmen,
4. eine anonymisierte Auflistung der natürlichen Personen, die Einsicht genommen haben und
5. bei Einsichtnahme durch juristische Personen deren Bezeichnung.

Die beantragte Auskunft ist mindestens einmal im Kalenderjahr, höchstens jedoch einmal im Quartal zu erteilen. Der wirtschaftlich Berechtigte belegt im Rahmen der Antragstellung nach Satz 1 seine Identität und seine Stellung als wirtschaftlich Berechtigter der im Antrag in Bezug genommenen Vereinigung nach § 20 oder Rechtsgestaltung nach § 21 anhand geeigneter Nachweise. Geeignete Nachweise sind solche nach § 12. Die Antragstellung und Auskunftserteilung nach diesem Absatz ist ausschließlich über die Internetseite des Transparenzregisters nach den Vorgaben der registerführenden Stelle möglich.

§ 23a Meldung von Unstimmigkeiten an die registerführende Stelle

(1) Verpflichtete nach § 23 Absatz 1 Satz 1 Nummer 2 haben der registerführenden Stelle Unstimmigkeiten unverzüglich zu melden, die sie zwischen den Angaben über die wirtschaftlich Berechtigten, die im Transparenzregister zugänglich sind, und den ihnen zur Verfügung stehenden Angaben und Erkenntnissen über die wirtschaftlich Berechtigten feststellen. § 43 Absatz 2 gilt entsprechend. Die Aufsichtsbehörden, die Behörde nach § 25 Absatz 6 und nach § 56 Absatz 5 Satz 2 sowie die Zentralstelle für Finanztransaktionsuntersuchungen trifft die Pflicht nach Satz 1, sofern dadurch die Aufgabenwahrnehmung der Behörden nicht beeinträchtigt wird. Eine Unstimmigkeit nach Satz 1 besteht, wenn Eintragungen nach § 20 Absatz 1 und 2 sowie nach § 21 Absatz 1 fehlen, einzelne Angaben zu den wirtschaftlich Berechtigten nach § 19 Absatz 1 abweichen oder wenn abweichende wirtschaftlich Berechtigte ermittelt wurden. Die der Unstimmigkeitsmeldung zugrunde liegende Ermittlung der wirtschaftlich Berechtigten hat nach den Vorgaben des § 3 zu erfolgen.

(2) Die registerführende Stelle hat auf der Internetseite des Transparenzregisters deutlich sichtbar eine Vorkehrung einzurichten, über die Unstimmigkeitsmeldungen nach Absatz 1 abzugeben sind.

(3) Die registerführende Stelle hat die Unstimmigkeitsmeldung nach Absatz 1 unverzüglich zu prüfen. Hierzu kann sie von dem Erstatter der Unstimmigkeitsmeldung, der betroffenen Vereinigung nach § 20 oder der Rechtsgestaltung nach § 21 die zur Aufklärung erforderlichen Informationen und Unterlagen verlangen.

(3a) Im Rahmen der Prüfung der Unstimmigkeitsmeldung erstellt die registerführende Stelle auf Basis der in den anderen Registern vorhandenen Informationen sowie der aufgrund von Nachfragen nach Absatz 3 erhaltenen Informationen und Unterlagen Eigentums- und Kontrollstrukturübersichten der betroffenen Vereinigung nach § 20 oder der Rechtsgestaltung nach § 21, soweit dies im Einzelfall zur Prüfung der Unstimmigkeitsmeldung erforderlich ist. Sie hat diese Übersichten bis zum Ablauf von zwei Jahren nach der Auflösung der Vereinigung nach § 20 und der Rechtsgestaltung nach § 21 aufzubewahren und danach zu löschen. Die Eigentums- und Kontrollstrukturübersicht wird nicht Teil der Eintragung im Transparenzregister. Die Eigentums- und Kontrollstrukturübersichten sollen den Stand wiedergeben, der zum Abschluss der Prüfung der Unstimmigkeitsmeldung vorgelegen hat.

(4) Die registerführende Stelle übergibt die Unstimmigkeitsmeldung mit allen erforderlichen Unterlagen der Behörde nach § 56 Absatz 5 Satz 2 im Rahmen ihrer Zuständigkeit für die Verfolgung von Ordnungswidrigkeiten nach § 56 Absatz 1 Satz 1 Nummer 54 bis 66, wenn

1. sie zu der Erkenntnis gelangt, dass die im Transparenzregister enthaltenen Angaben zum wirtschaftlich Berechtigten nicht zutreffend sind oder
2. sie die Prüfung der Unstimmigkeitsmeldung aufgrund unklarer Sachlage nicht abschließen konnte.

(5) Die registerführende Stelle hat dem Erstatter der Unstimmigkeitsmeldung die von ihr ermittelten Angaben zum wirtschaftlich Berechtigten im Sinne des § 19 Absatz 1 nach Abschluss der Prüfung unverzüglich zu übermitteln. Dabei werden auch die Eigentums- und Kontrollstrukturübersichten nach Absatz 3a an den Erstatter der Meldung übermittelt. Die Eigentums- und Kontrollstrukturübersichten dürfen durch den Erstatter ausschließlich im Rahmen der Erfüllung eigener Sorgfaltspflichten verwendet und nicht weitergegeben werden. Das Verfahren zur Prüfung

der Unstimmigkeitsmeldung gilt als abgeschlossen, wenn die registerführende Stelle oder die Behörde nach § 56 Absatz 5 Satz 2 aufgrund der nach Absatz 3 erlangten Erkenntnisse oder aufgrund einer neuen oder berichtigenden Mitteilung der Vereinigung nach § 20 oder der Rechtsgestaltung nach § 21, die Gegenstand der Unstimmigkeitsmeldung ist, zu dem Ergebnis gekommen ist, dass die Unstimmigkeit ausgeräumt ist.

(6) Nach Eingang der Unstimmigkeitsmeldung nach Absatz 1 hat die registerführende Stelle auf dem Registerauszug sichtbar zu vermerken, dass die Angaben zu den wirtschaftlich Berechtigten der Vereinigung nach § 20 oder der Rechtsgestaltung nach § 21 der Prüfung unterliegen. Der Abschluss des Verfahrens zur Prüfung der Unstimmigkeitsmeldung ist auf dem Registerauszug zu vermerken.

§ 24 Gebühren und Auslagen, Verordnungsermächtigung

(1) Für die Führung des Transparenzregisters erhebt die registerführende Stelle von Vereinigungen nach § 20 und von Rechtsgestaltungen nach § 21 Gebühren. Dies gilt auf Antrag nicht für Vereinigungen nach § 20, die einen steuerbegünstigten Zweck im Sinne der §§ 52 bis 54 der Abgabenordnung verfolgen und dies mittels einer Bescheinigung des zuständigen Finanzamtes gegenüber der registerführenden Stelle nachweisen. Ein Nachweis nach Satz 2 ist nicht erforderlich, wenn im Antrag die Verfolgung der nach den §§ 52 bis 54 der Abgabenordnung steuerbegünstigten Zwecke versichert und das Einverständnis darüber erklärt werden, dass die registerführende Stelle beim zuständigen Finanzamt eine Bestätigung der Verfolgung dieser steuerbegünstigten Zwecke einholen darf. Die registerführende Stelle erhebt keine Gebühren von Vereinigungen nach § 20, wenn sich die Verfolgung der nach den §§ 52 bis 54 der Abgabenordnung steuerbegünstigten Zwecke unmittelbar aus dem Zuwendungsempfängerregister nach § 60b der Abgabenordnung ergibt. Die durch die Gebührenbefreiung entstehenden Mindereinnahmen werden der registerführenden Stelle durch den Bund erstattet.

(2) Für die Einsichtnahme in die dem Transparenzregister nach § 20 Absatz 1 und § 21 mitgeteilten Daten und deren Übermittlung erhebt die registerführende Stelle zur Deckung des Verwaltungsaufwands Gebühren und Auslagen. Dasselbe gilt für die Erstellung von Ausdrucken, Bestätigungen und Beglaubigungen nach § 18 Absatz 4. Behörden, Gerichte und die in § 2 Absatz 4 genannte Stellen haben keine Gebühren und Auslagen nach den Sätzen 1 und 2 zu entrichten. § 8 Absatz 2 Satz 1 des Bundesgebührengesetzes ist nicht anzuwenden.

(2a) Für die Registrierung und Identifizierung von wirtschaftlich Berechtigten im Zusammenhang mit einem Antrag nach § 23 Absatz 6 erhebt die registerführende Stelle zur Deckung des Verwaltungsaufwands Gebühren und Auslagen von den Antragstellern nach § 23 Absatz 6.

(3) Das Bundesministerium der Finanzen wird ermächtigt, durch Rechtsverordnung, die nicht der Zustimmung des Bundesrates bedarf, Einzelheiten zu Folgendem näher zu regeln:

1. die gebührenpflichtigen Tatbestände,
2. die Gebührenschuldner,
3. die Gebührensätze nach festen Sätzen oder als Rahmengebühren,
4. die Auslagenerstattung und
5. das Verfahren für eine Gebührenbefreiung nach Absatz 1 Satz 2.

§ 25 Übertragung der Führung des Transparenzregisters, Verordnungsermächtigung

(1) Das Bundesministerium der Finanzen wird ermächtigt, durch Rechtsverordnung, die nicht der Zustimmung des Bundesrates bedarf, eine juristische Person des Privatrechts mit den Aufgaben der registerführenden Stelle und mit den hierfür erforderlichen Befugnissen zu beleihen.

(2) Eine juristische Person des Privatrechts darf nur beliehen werden, wenn sie die Gewähr für die ordnungsgemäße Erfüllung der ihr übertragenen Aufgaben, insbesondere für den langfristigen und sicheren Betrieb des Transparenzregisters, bietet. Sie bietet die notwendige Gewähr, wenn

1. die natürlichen Personen, die nach Gesetz, dem Gesellschaftsvertrag oder der Satzung die Geschäftsführung und Vertretung ausüben, zuverlässig und fachlich geeignet sind,
2. sie grundlegende Erfahrungen mit der Zugänglichmachung von registerrechtlichen Informationen, insbesondere von Handelsregisterdaten, Gesellschaftsbekanntmachungen und kapitalmarktrechtlichen Informationen, hat,
3. sie die zur Erfüllung ihrer Aufgaben notwendige Organisation sowie technische und finanzielle Ausstattung hat und
4. sie sicherstellt, dass sie die Vorschriften zum Schutz personenbezogener Daten einhält.

(3) Die Dauer der Beleihung ist zu befristen. Sie soll fünf Jahre nicht unterschreiten. Die Möglichkeit, bei Vorliegen eines wichtigen Grundes die Beleihung vor Ablauf der Frist zu beenden, ist vorzusehen. Haben die Voraussetzungen für die Beleihung nicht vorgelegen oder sind sie nachträglich entfallen, soll die Beleihung jederzeit beendet werden können. Es ist sicherzustellen, dass mit Beendigung der Beleihung dem Bundesministerium der Finanzen oder einer von ihm bestimmten Stelle alle für den ordnungsgemäßen Weiterbetrieb des Transparenzregisters erforderlichen Softwareprogramme und Daten unverzüglich zur Verfügung gestellt werden und die Rechte an diesen Softwareprogrammen und an der für das Transparenzregister genutzten Internetadresse übertragen werden.

(4) Der Beliehene ist berechtigt, das kleine Bundessiegel zu führen. Es wird vom Bundesministerium der Finanzen zur Verfügung gestellt. [3]Das kleine Bundessiegel darf ausschließlich zur Beglaubigung von Ausdrucken aus dem Transparenzregister und zu Bestätigungen nach § 18 Absatz 4 genutzt werden.

(5) Der Beliehene ist befugt, die Gebühren nach § 24 zu erheben. Das Gebührenaufkommen steht ihm zu. In der Rechtsverordnung kann das Bundesministerium der Finanzen die Vollstreckung der Gebührenbescheide dem Beliehenen übertragen sowie die Ausgestaltung der Erstattung nach § 24 Absatz 1 Satz 5 näher regeln.

(6) Der Beliehene untersteht der Rechts- und Fachaufsicht durch das Bundesverwaltungsamt. Das Bundesverwaltungsamt kann sich zur Wahrnehmung seiner Aufsichtstätigkeit jederzeit über die Angelegenheiten des Beliehenen unterrichten, insbesondere durch Einholung von Auskünften und Berichten sowie durch das Verlangen nach Vorlage von Aufzeichnungen aller Art, rechtswidrige Maßnahmen beanstanden sowie entsprechende Abhilfe verlangen. Der Beliehene ist verpflichtet, den Weisungen des Bundesverwaltungsamts nachzukommen. Dieses kann, wenn der Beliehene den Weisungen nicht oder nicht fristgerecht nachkommt, die erforderlichen Maßnahmen an Stelle und auf Kosten des Beliehenen selbst durchführen oder durch einen anderen durchführen lassen. Die Bediensteten und sonstigen Beauftragten des Bundesverwaltungsamts sind befugt, zu den Betriebs- und Geschäftszeiten Betriebsstätten, Geschäfts- und Betriebsräume des Beliehenen zu betreten, zu besichtigen und zu prüfen, soweit dies zur Erfüllung ihrer Aufgaben erforderlich ist. Gegenstände oder geschäftliche Unterlagen können im erforderlichen Umfang eingesehen und in Verwahrung genommen werden.

(7) Für den Fall, dass keine juristische Person des Privatrechts beliehen wird, oder für den Fall, dass die Beleihung beendet wird, kann das Bundesministerium der Finanzen die Führung des Transparenzregisters auf eine Bundesoberbehörde in seinem Geschäftsbereich oder im Einvernehmen mit dem zuständigen Bundesministerium auf eine Bundesoberbehörde in dessen Geschäftsbereich übertragen.

§ 26 Europäisches System der Registervernetzung, Verordnungsermächtigung

(1) Die in § 22 Absatz 1 Satz 1 Nummer 1 aufgeführten Daten sind, sofern sie Vereinigungen nach § 20 sowie Rechtsgestaltungen nach § 21 betreffen, über die durch Artikel 22 Absatz 1 der Richtlinie (EU) 2017/1132 des Europäischen Parlaments und des Rates vom 14. Juni 2017 über bestimmte Aspekte des Gesellschaftsrechts geschaffene zentrale Europäische Plattform zugänglich. § 23 Absatz 1 bis 3 gilt entsprechend. Zur Zugänglichmachung über die zentrale Europäische Plattform übermittelt die registerführende Stelle die dem Transparenzregister nach § 20 Absatz 1 und § 21 mitgeteilten Daten sowie die nach Maßgabe der von der Europäischen Kommission gemäß Artikel 31a der Richtlinie (EU) 2018/843 erlassenen Durchführungsakte erforderlichen Daten sowie die Indexdaten nach § 22 Absatz 2 an die zentrale Europäische Plattform nach Artikel 22 Absatz 1 der Richtlinie (EU) 2017/1132 und Artikel 4a Absatz 1 der Richtlinie 2009/101/EG des Europäischen Parlaments und des Rates vom 16. September 2009 zur Koordinierung der Schutzbestimmungen, die in den Mitgliedstaaten den Gesellschaften im Sinne des Artikels 48 Absatz 2 des Vertrags im Interesse der Gesellschafter sowie Dritter vorgeschrieben sind, um diese Bestimmungen gleichwertig zu gestalten (ABl. L 258 vom 1.10.2009, S. 11), die zuletzt durch die Richtlinie 2013/24/EU (ABl. L 158 vom 10.6.2013, S. 365) geändert worden ist, sofern die Übermittlung für die Eröffnung eines Zugangs zu den Originaldaten über den Suchdienst auf der Internetseite der zentralen Europäischen Plattform erforderlich ist.

(2) Das Transparenzregister ist mit den Registern anderer Mitgliedstaaten der Europäischen Union im Sinne von Artikel 22 Absatz 2 der Richtlinie (EU) 2017/1132 über die durch Artikel 22 Absatz 1 der Richtlinie (EU) 2017/1132 geschaffene zentrale Europäische Plattform zu vernetzen. Die Vernetzung der Register der Mitgliedstaaten über die Plattform erfolgt nach Maßgabe der technischen Spezifikationen und Verfahren, die durch von der Europäischen Kommission gemäß Artikel 24 der Richtlinie (EU) 2017/1132 und Artikel 1 Nummer 17 der Richtlinie (EU) 2018/843 erlassene Durchführungsrechtsakte festgelegt werden.

(3) Daten nach § 22 Absatz 1 Satz 1, soweit sie Vereinigungen nach § 20 oder Rechtsgestaltungen nach § 21 betreffen, sind nach Abschluss der Abwicklung und, soweit sie registerlich geführt sind, nach Löschung im Register der juristischen Personen des Privatrechts, eingetragenen Personengesellschaften oder Rechtsgestaltungen noch für einen Zeitraum von mindestens fünf und höchstens zehn Jahren über das Transparenzregister und die durch Artikel 22 Absatz 1 der Richtlinie (EU) 2017/1132 geschaffene zentrale Europäische Plattform zugänglich.

(4) Das Bundesministerium der Finanzen wird im Benehmen mit dem Bundesministerium der Justiz und für Verbraucherschutz ermächtigt, durch Rechtsverordnung, die der Zustimmung des Bundesrates bedarf, die erforderlichen Bestimmungen über die Einzelheiten des elektronischen Datenverkehrs und seiner Abwicklung nach Absatz 1 einschließlich Vorgaben über Datenformate und Zahlungsmodalitäten zu treffen, soweit keine Regelungen in den von der Europäischen Kommission gemäß Artikel 24 der Richtlinie (EU) 2017/1132 und Artikel 31a der Richtlinie (EU) 2018/843 erlassenen Durchführungsrechtsakten enthalten sind.

§ 26a Abruf durch bestimmte Behörden

(1) Die registerführende Stelle übermittelt die erforderlichen Informationen aus dem Transparenzregister an

1. die Zentralstelle für Finanztransaktionsuntersuchungen für Zwecke nach § 28 Absatz 1 Satz 2 Nummer 2, 4 und 8,
2. die Strafverfolgungsbehörden für ihre Aufgabenerfüllung,
3. die Aufsichtsbehörden, soweit dies im Einzelfall für die Erfüllung ihrer Aufgaben nach § 51 erforderlich ist,

4. das Bundeszentralamt für Steuern und die örtlichen Finanzbehörden nach § 6 Absatz 2 Nummer 5 der Abgabenordnung, soweit dies im Einzelfall für die Erfüllung ihrer jeweiligen Aufgaben erforderlich ist,
5. die Verfassungsschutzbehörden des Bundes und der Länder, soweit dies im Einzelfall zur Erfüllung ihrer Aufgaben erforderlich ist,
6. das Zollkriminalamt, soweit dies im Einzelfall zur Erfüllung seiner Aufgaben nach § 4 Absatz 2 und 3 des Zollfahndungsdienstgesetzes erforderlich ist,
7. die nach § 13 des Außenwirtschaftsgesetzes zuständigen Behörden, soweit dies im Einzelfall zur Erfüllung ihrer Aufgaben erforderlich ist,
8. den Bundesnachrichtendienst, soweit dies erforderlich ist
   a) zur politischen Unterrichtung der Bundesregierung, wenn durch die Auskunft Informationen über das Ausland gewonnen werden können, die von außen- und sicherheitspolitischer Bedeutung für die Bundesrepublik Deutschland sind und zu deren Aufklärung das Bundeskanzleramt den Bundesnachrichtendienst beauftragt hat, oder
   b) zur Früherkennung von aus dem Ausland drohenden Gefahren von internationaler Bedeutung, wenn durch die Auskunft Erkenntnisse gewonnen werden können mit Bezug zu den in § 4 Absatz 3 Nummer 1 des BND-Gesetzes genannten Gefahrenbereichen oder zum Schutz der in § 4 Absatz 3 Nummer 2 und 3 des BND-Gesetzes genannten Rechtsgüter,
9. die Zentralstelle für Sanktionsdurchsetzung, soweit dies im Einzelfall zur Erfüllung ihrer Aufgaben erforderlich ist.

(2) Die Übermittlung erfolgt im Wege des automatisierten Abrufs. Die registerführende Stelle richtet für Abfragen nach Absatz 1 einen nach den Vorgaben der registerführenden Stelle ausgestalteten automatisierten Zugriff auf die im Transparenzregister gespeicherten Daten ein, der auch die Suche nach

1. wirtschaftlich Berechtigten einer Vereinigung nach § 20 oder einer Rechtsgestaltung nach § 21 über die Angaben „Name" und „Vorname" sowie zusätzlich „Geburtsdatum", „Wohnort" oder „Staatsangehörigkeit" des wirtschaftlich Berechtigten oder
2. Immobilien über alle Angaben nach § 19a erlaubt. § 23 bleibt unberührt.

(3) Die beteiligten Stellen haben zu gewährleisten, dass für Abfragen nach Absatz 1 dem jeweiligen Stand der Technik entsprechende Maßnahmen zur Sicherstellung von Datenschutz und Datensicherheit getroffen werden, die insbesondere die Vertraulichkeit und Unversehrtheit der Daten gewährleisten.

Abschnitt 5 Zentralstelle für Finanztransaktionsuntersuchungen

§ 27 Zentrale Meldestelle

(1) Zentrale Meldestelle zur Verhinderung, Aufdeckung und Unterstützung bei der Bekämpfung von Geldwäsche und Terrorismusfinanzierung nach Artikel 32 Absatz 1 der Richtlinie (EU) 2015/849 ist die Zentralstelle für Finanztransaktionsuntersuchungen.

(2) Die Zentralstelle für Finanztransaktionsuntersuchungen ist organisatorisch eigenständig und arbeitet im Rahmen ihrer Aufgaben und Befugnisse fachlich unabhängig.

§ 28 Aufgaben, Aufsicht und Zusammenarbeit

(1) Die Zentralstelle für Finanztransaktionsuntersuchungen hat die Aufgabe der Erhebung und Analyse von Informationen im Zusammenhang mit Geldwäsche oder Terrorismusfinanzierung und der Weitergabe dieser Informationen an die zuständigen inländischen öffentlichen Stellen zum Zwecke der Aufklärung, Verhinderung oder Verfolgung solcher Taten. Ihr obliegen in diesem Zusammenhang:

1. die Entgegennahme und Sammlung von Meldungen nach diesem Gesetz,
2. die Durchführung von operativen Analysen einschließlich der Bewertung von Meldungen und sonstigen Informationen,
3. der Informationsaustausch und die Koordinierung mit inländischen Aufsichtsbehörden,
4. die Zusammenarbeit und der Informationsaustausch mit zentralen Meldestellen anderer Staaten,
5. die Untersagung von Transaktionen und die Anordnung von sonstigen Sofortmaßnahmen,
6. die Übermittlung der sie betreffenden Ergebnisse der operativen Analyse nach Nummer 2 und zusätzlicher relevanter Informationen an die zuständigen inländischen öffentlichen Stellen,
7. die Rückmeldung an den Verpflichteten, der eine Meldung nach § 43 Absatz 1 abgegeben hat,
8. die Durchführung von strategischen Analysen und Erstellung von Berichten aufgrund dieser Analysen,
9. der Austausch mit den Verpflichteten sowie mit den inländischen Aufsichtsbehörden und für die Aufklärung, Verhinderung oder Verfolgung der Geldwäsche und der Terrorismusfinanzierung zuständigen inländischen öffentlichen Stellen insbesondere über entsprechende Typologien und Methoden,
10. die Erstellung von Statistiken zu den in Artikel 44 Absatz 2 der Richtlinie (EU) 2015/849 genannten Zahlen und Angaben und die Veröffentlichung einer konsolidierten Statistik auf Jahresbasis in einem Jahresbericht,
11. die Veröffentlichung eines Jahresberichts über die erfolgten operativen Analysen,
12. die Teilnahme an Treffen nationaler und internationaler Arbeitsgruppen und
13. die Wahrnehmung der Aufgaben, die ihr darüber hinaus nach anderen Bestimmungen übertragen worden sind.

(1a) Bei Erfüllung der ihr nach Absatz 1 Satz 1 übertragenen Aufgabe wirkt die Zentralstelle für Finanztransaktionsuntersuchungen auch an der Feststellung von Geldern und wirtschaftlichen Ressourcen bestimmter Personen oder Personengesellschaften mit, die aufgrund eines im Amtsblatt der Europäischen Gemeinschaften oder der Europäischen Union veröffentlichten unmittelbar geltenden Rechtsaktes der Europäischen Gemeinschaften oder der Europäischen Union, die der Durchführung einer vom Rat der Europäischen Union im Bereich der Gemeinsamen Außen- und Sicherheitspolitik beschlossenen wirtschaftlichen Sanktionsmaßnahme dient, einer Verfügungsbeschränkung unterliegen. Absatz 1 Satz 2 gilt entsprechend.

(2) Die Zentralstelle für Finanztransaktionsuntersuchungen untersteht der Aufsicht des Bundesministeriums der Finanzen, die sich in den Fällen des Absatzes 1 Nummer 1, 2, 5 und 6 auf die Rechtsaufsicht beschränkt.

(3) Die Zentralstelle für Finanztransaktionsuntersuchungen sowie die sonstigen für die Aufklärung, Verhütung und Verfolgung der Geldwäsche, Terrorismusfinanzierung und sonstiger Straftaten sowie die zur Gefahrenabwehr zuständigen inländischen öffentlichen Stellen und die inländischen Aufsichtsbehörden arbeiten zur Durchführung dieses Gesetzes zusammen und unterstützen sich gegenseitig.

(4) Die Zentralstelle für Finanztransaktionsuntersuchungen informiert, soweit erforderlich, die für das Besteuerungsverfahren oder den Schutz der sozialen Sicherungssysteme zuständigen Behörden über Sachverhalte, die ihr bei der Wahrnehmung ihrer Aufgaben bekannt werden und die sie nicht an eine andere zuständige staatliche Stelle übermittelt hat.

§ 29 Verarbeitung personenbezogener Daten durch die Zentralstelle für Finanztransaktionsuntersuchungen

(1) Die Zentralstelle für Finanztransaktionsuntersuchungen darf personenbezogene Daten verarbeiten, soweit dies zur Erfüllung ihrer Aufgaben erforderlich ist.

(2) Die Zentralstelle für Finanztransaktionsuntersuchungen darf personenbezogene Daten, die sie zur Erfüllung ihrer Aufgaben gespeichert hat, mit anderen Daten abgleichen, wenn dies nach diesem Gesetz oder nach einem anderen Gesetz zulässig ist.

(3) Die Zentralstelle für Finanztransaktionsuntersuchungen darf personenbezogene Daten, die bei ihr vorhanden sind, zu Fortbildungszwecken oder zu statistischen Zwecken verarbeiten, soweit eine Verarbeitung anonymisierter Daten zu diesen Zwecken nicht möglich ist.

(4) Die Zentralstelle für Finanztransaktionsuntersuchungen stellt durch Schulungen sicher, dass das eingesetzte Personal mit den geltenden europäischen und nationalen Datenschutzbestimmungen vertraut ist.

§ 30 Entgegennahme und Analyse von Meldungen

(1) Die Zentralstelle für Finanztransaktionsuntersuchungen hat zur Erfüllung ihrer Aufgaben folgende Meldungen und Informationen entgegenzunehmen und zu verarbeiten:

1. Meldungen von Verpflichteten nach § 43 sowie Meldungen von Aufsichtsbehörden nach § 44,
2. Mitteilungen von Finanzbehörden nach § 31b der Abgabenordnung,
3. Informationen, die ihr übermittelt werden
   a) nach Artikel 5 Absatz 1 der Verordnung (EG) Nr. 1889/2005 des Europäischen Parlaments und des Rates vom 26. Oktober 2005 über die Überwachung von Barmitteln, die in die Gemeinschaft oder aus der Gemeinschaft verbracht werden (ABl. L 309 vom 25.11.2005, S. 9), und
   b) nach § 12a des Zollverwaltungsgesetzes, und
4. sonstige Informationen aus öffentlichen und nicht öffentlichen Quellen im Rahmen ihres Aufgabenbereiches.

(2) Die Zentralstelle für Finanztransaktionsuntersuchungen analysiert die Meldungen nach den §§ 43 und 44 sowie die Mitteilungen nach § 31b der Abgabenordnung, um zu prüfen, ob der gemeldete Sachverhalt im Zusammenhang mit Geldwäsche, mit Terrorismusfinanzierung oder mit einer sonstigen Straftat steht.

(2a) Die Zentralstelle für Finanztransaktionsuntersuchungen ist befugt, unabhängig vom Vorliegen einer Meldung nach den §§ 43 und 44 Analysen durchzuführen, soweit dies zur Erfüllung ihrer Aufgaben erforderlich ist.

(3) Die Zentralstelle für Finanztransaktionsuntersuchungen kann unabhängig vom Vorliegen einer Meldung Informationen von Verpflichteten einholen, soweit dies zur Erfüllung ihrer Aufgaben erforderlich ist. Zur Beantwortung ihres Auskunftsverlangens gewährt sie dem Verpflichteten eine angemessene Frist. Verpflichtete nach § 2 Absatz 1 Nummer 10 und 12 können die Auskunft verweigern, soweit sich das Auskunftsverlangen auf Informationen bezieht, die sie im Rahmen der Rechtsberatung oder der Prozessvertretung des Vertragspartners erhalten haben. Die Auskunftspflicht bleibt jedoch bestehen, wenn der Verpflichtete weiß, dass der Vertragspartner die

Rechtsberatung für den Zweck der Geldwäsche oder der Terrorismusfinanzierung in Anspruch genommen hat oder nimmt.

§ 31 Auskunftsrecht gegenüber inländischen öffentlichen Stellen, Datenzugriffsrecht, Verordnungsermächtigung

(1) Die Zentralstelle für Finanztransaktionsuntersuchungen kann, soweit es zur Erfüllung ihrer Aufgaben erforderlich ist, bei inländischen öffentlichen Stellen Daten erheben; zu den inländischen öffentlichen Stellen zählt auch die inländische benannte Behörde im Sinne des Artikel 3 Absatz 2 der Richtlinie (EU) 2019/1153. Die inländischen öffentlichen Stellen erteilen der Zentralstelle für Finanztransaktionsuntersuchungen zur Erfüllung von deren Aufgaben auf deren Ersuchen Auskunft, soweit der Auskunft keine Übermittlungsbeschränkungen entgegenstehen.

(2) Die Anfragen sind von der inländischen öffentlichen Stelle unverzüglich zu beantworten. Daten, die mit der Anfrage im Zusammenhang stehen, sind zur Verfügung zu stellen.

(3) Die Zentralstelle für Finanztransaktionsuntersuchungen soll ein automatisiertes Verfahren für die Übermittlung personenbezogener Daten, die bei anderen inländischen öffentlichen Stellen gespeichert sind und zu deren Erhalt die Zentralstelle für Finanztransaktionsuntersuchungen gesetzlich berechtigt ist, durch Abruf einrichten, soweit gesetzlich nichts anderes bestimmt ist und diese Form der Datenübermittlung unter Berücksichtigung der schutzwürdigen Interessen der betroffenen Personen wegen der Vielzahl der Übermittlungen oder wegen ihrer besonderen Eilbedürftigkeit angemessen ist. Zur Kontrolle der Zulässigkeit des automatisierten Abrufverfahrens hat die Zentralstelle für Finanztransaktionsuntersuchungen schriftlich festzulegen:

1. den Anlass und den Zweck des Abgleich- oder Abrufverfahrens,
2. die Dritten, an die übermittelt wird,
3. die Art der zu übermittelnden Daten und
4. die technischen und organisatorischen Maßnahmen zur Gewährleistung des Datenschutzes.

(4) Die Zentralstelle für Finanztransaktionsuntersuchungen ist berechtigt, soweit dies zur Erfüllung ihrer Aufgaben nach § 28 Absatz 1 Satz 2 Nummer 2 erforderlich ist, die in ihrem Informationssystem gespeicherten, personenbezogenen Daten mit den im polizeilichen Informationsverbund nach § 29 Absatz 1 und 2 des Bundeskriminalamtgesetzes enthaltenen, personenbezogenen Daten automatisiert abzugleichen. Wird im Zuge des Abgleichs nach Satz 1 eine Übereinstimmung übermittelter Daten mit im polizeilichen Informationsverbund gespeicherten Daten festgestellt, so erhält die Zentralstelle für Finanztransaktionsuntersuchungen automatisiert die Information über das Vorliegen eines Treffers und ist berechtigt, die dazu im polizeilichen Informationssystem vorhandenen Daten automatisiert abzurufen. Haben die Teilnehmer am polizeilichen Informationsverbund Daten als besonders schutzwürdig eingestuft und aus diesem Grund einen Datenabruf der Zentralstelle für Finanztransaktionsuntersuchungen nach Satz 2 ausgeschlossen, erhält der datenbesitzende Teilnehmer am polizeilichen Informationsverbund automatisiert die Information über das Vorliegen eines Treffers. Zugleich erhält die Zentralstelle für Finanztransaktionsuntersuchungen in den Fällen nach Satz 3 die Information über das Vorliegen eines Treffers sowie die Information, wer datenbesitzender Teilnehmer am polizeilichen Informationsverbund ist Bei Information über das Vorliegen eines Treffers nach Satz 3 obliegt es dem jeweiligen datenbesitzenden Teilnehmer des polizeilichen Informationsverbunds, mit der Zentralstelle für Finanztransaktionsuntersuchungen unverzüglich Kontakt aufzunehmen und ihr die Daten zu übermitteln, soweit dem keine Übermittlungsbeschränkungen entgegenstehen. Die Regelungen der Sätze 1 bis 5 gehen der Regelung des § 29 Absatz 8 des Bundeskriminalamtgesetzes vor. Die Einrichtung eines weitergehenden automatisierten Abrufverfahrens für die Zentralstelle für Finanztransaktionsuntersuchungen ist mit Zustimmung des Bundesministeriums des Innern, für Bau und Heimat, des Bundesministeriums der Finanzen und der Innenministerien und Senat-

sinnenverwaltungen der Länder zulässig, soweit diese Form der Datenübermittlung unter Berücksichtigung der schutzwürdigen Interessen der Betroffenen wegen der Vielzahl der Übermittlungen oder wegen der besonderen Eilbedürftigkeit angemessen ist.

(4a) Die Zentralstelle für Finanztransaktionsuntersuchungen ist berechtigt, soweit dies zur Erfüllung ihrer Aufgaben nach § 28 Absatz 1 Satz 2 Nummer 2 erforderlich ist, unter Angabe des Vornamens, des Nachnamens sowie zusätzlich des Geburtsdatums, des Geburtsortes oder der letzten bekannten Anschrift einer natürlichen Person Auskunft aus dem Zentralen Staatsanwaltschaftlichen Verfahrensregister automatisiert einzuholen. Wird im Zuge der Auskunftseinholung nach Satz 1 eine Übereinstimmung übermittelter Daten mit den im Zentralen Staatsanwaltschaftlichen Verfahrensregister gespeicherten Daten festgestellt, so erhält die Zentralstelle für Finanztransaktionsuntersuchungen automatisiert die Information über das Vorliegen eines Treffers und ist berechtigt, die dazu im Zentralen Staatsanwaltschaftlichen Verfahrensregister vorhandenen Daten automatisiert abzurufen. Die aus dem Zentralen Staatsanwaltschaftlichen Verfahrensregister erhobenen personenbezogenen Daten dürfen nur für die Zwecke der operativen Analyse verwendet werden.

(5) Finanzbehörden erteilen der Zentralstelle für Finanztransaktionsuntersuchungen nach Maßgabe des § 31b Absatz 1 Nummer 5 der Abgabenordnung Auskunft und teilen ihr nach § 31b Absatz 2 der Abgabenordnung die dort genannten Informationen mit. Die Zentralstelle für Finanztransaktionsuntersuchungen darf zur Wahrnehmung ihrer Aufgaben nach § 28 Absatz 1 Satz 2 Nummer 2 folgende, nach § 30 der Abgabenordnung dem Steuergeheimnis unterliegende Daten im automatisierten Verfahren abrufen, soweit aufgrund der Analyse einer Meldung, Mitteilung oder Information nach § 30 Absatz 1 vorliegender Tatsachen diese Daten für die weitere Analyse erforderlich sind:

1. beim Bundeszentralamt für Steuern die nach § 5 Absatz 1 Nummer 13 des Finanzverwaltungsgesetzes vorgehaltenen Daten,
2. bei den Landesfinanzbehörden die zu einem Steuerpflichtigen gespeicherten Grundinformationen, die die Steuernummer, die Gewerbekennzahl, die Grund- und Zusatzkennbuchstaben, die Bankverbindung, die vergebene Umsatzsteuer-Identifikationsnummer, sowie das zuständige Finanzamt umfassen.

Bei Abrufen nach Satz 2 sind hinsichtlich natürlicher Personen der Vorname, der Nachname und die Anschrift oder das Geburtsdatum, hinsichtlich juristischer Personen und Personenvereinigungen der Name oder die Firma sowie der Ort der Geschäftsleitung oder des Sitzes anzugeben. Die Verantwortung für die Zulässigkeit eines Datenabrufs nach Satz 2 trägt die Zentralstelle für Finanztransaktionsuntersuchungen. Die Zentralstelle für Finanztransaktionsuntersuchungen prüft unverzüglich, inwieweit sie die als Antwort übermittelten Daten im konkreten Einzelfall benötigt; nicht benötigte Daten löscht sie unverzüglich. Wird das Ergebnis der Analyse nicht nach § 32 Absatz 2 Satz 1 an die zuständige Strafverfolgungsbehörde übermittelt, werden die nach den Sätzen 1 und 2 erhobenen Daten unverzüglich gelöscht. Im Übrigen gilt für die Verarbeitung der Daten, die die Zentralstelle für Finanztransaktionsuntersuchungen nach Satz 1 oder Satz 2 erhält, § 29 Absatz 1; eine Übermittlung der nach den Sätzen 1 oder 2 erhobenen Daten an die für Verfahren im Sinne des § 32 Absatz 3 Satz 2 Nummer 2 und 3 zuständigen Stellen ist nicht zulässig. Soweit zu befürchten ist, dass ein Datenabruf nach Satz 2 Nummer 1 den Untersuchungszweck eines Ermittlungsverfahrens im Sinne des § 30 Absatz 2 Nummer 1 Buchstabe b der Abgabenordnung gefährdet, so kann die für dieses Verfahren zuständige Finanzbehörde oder die zuständige Staatsanwaltschaft anordnen, dass kein Datenabruf nach Satz 2 erfolgen darf. § 480 Absatz 1 Satz 1 und 2 der Strafprozessordnung findet Anwendung, soweit die Daten Verfahren betreffen, die zu einem Strafverfahren geführt haben. Weitere Einzelheiten des Abrufverfahrens nach Satz 2, insbesondere zu den technischen Formaten der abrufbaren Daten, zur Erteilung und zum Umfang der Abrufberechtigungen, zur Protokollierung und zur Prüfung der Abrufe und sonstiger datenschutzrechtlich erforderlicher technischer und organisatorischer Maßnahmen, regelt eine Rechtsverordnung des Bundesministeriums der Finanzen im Einvernehmen mit dem Bundesministerium der Justiz und für Verbraucherschutz, die der Zustimmung des Bundesrates bedarf. Ein Abruf anderer als der in Satz 2 genannten Daten, die bei den Finanzbehörden gespeichert sind und die nach § 30 der Abgabenordnung dem Steuergeheimnis unterliegen, durch die Zentralstelle für Finanztransaktionsuntersuchungen ist nur zulässig, soweit dies nach § 31b der Abgabenordnung oder sonst in den Steuergesetzen zugelassen ist. Abweichend von den Sätzen 2 bis 9 findet für den Abruf von Daten, die bei den Finanzbehörden der Zollverwaltung gespeichert sind und für deren Erhalt die Zentralstelle für Finanztransaktionsuntersuchungen die gesetzliche Berechtigung hat, Absatz 3 Anwendung.

(5a) Wird von der Verordnungsermächtigung des § 22a des Grunderwerbsteuergesetzes zur elektronischen Übermittlung der Anzeige im Sinne des § 18 des Grunderwerbsteuergesetzes Gebrauch gemacht, darf die Zentralstelle für Finanztransaktionsuntersuchungen unter den Voraussetzungen des Absatzes 5 Satz 2 bei den Landesfinanzbehörden die dort hierzu eingegangenen Datensätze erheben und in sonstiger Weise verarbeiten, soweit Tatsachen die Annahme rechtfertigen, dass die Transaktion einen Zusammenhang mit einem nach § 18 Absatz 1 Satz 1 des Grunderwerbsteuergesetzes anzuzeigenden Vorgang aufweist. Absatz 5 Satz 3 bis 5, 7 und 10 gilt entsprechend.

(6) Verpflichtete nach § 2 Absatz 1 Nummer 1 haben das nach § 24c Absatz 1 des Kreditwesengesetzes zu führende Dateisystem auch für Abrufe der Zentralstelle für Finanztransaktionsuntersuchungen zu führen. Entsprechendes gilt für Verpflichtete nach § 2 Absatz 1 Nummer 3 in Bezug auf das nach § 27 des Zahlungsdiensteaufsichtsgesetzes zu führende Dateisystem sowie für Verpflichtete nach § 2 Absatz 1 Nummer 9 in Bezug auf das nach § 28 des Kapitalanlagegesetzbuchs zu führende Dateisystem. Die Zentralstelle für Finanztransaktionen darf zur Erfüllung ihrer Aufgaben Daten aus diesen Dateisystemen im automatisierten Verfahren abrufen. § 24c Absatz 4 bis 8 des Kreditwesengesetzes gilt entsprechend.

(7) Soweit zur Überprüfung der Personalien des Betroffenen erforderlich, darf die Zentralstelle für Finanztransaktionsuntersuchungen im automatisierten Abrufverfahren nach § 38 des Bundesmeldegesetzes über die in § 38 Absatz 1 des Bundesmeldegesetzes aufgeführten Daten hinaus folgende Daten abrufen:

1. derzeitige Staatsangehörigkeiten,
2. frühere Anschriften, gekennzeichnet nach Haupt- und Nebenwohnung, und
3. Ausstellungsbehörde, Ausstellungsdatum, Gültigkeitsdauer, Seriennummer des Personalausweises, vorläufigen Personalausweises oder Ersatzpersonalausweises, des anerkannten und gültigen Passes oder Passersatzpapiers.

§ 32 Datenübermittlungsverpflichtung an inländische öffentliche Stellen

(1) Meldungen nach § 43 Absatz 1, § 44 sind von der Zentralstelle für Finanztransaktionsuntersuchungen unverzüglich an das Bundesamt für Verfassungsschutz zu übermitteln, soweit tatsächliche Anhaltspunkte dafür bestehen, dass die Übermittlung dieser Informationen für die Erfüllung der Aufgaben des Bundesamtes für Verfassungsschutz erforderlich ist.

(2) Stellt die Zentralstelle für Finanztransaktionsuntersuchungen bei der operativen Analyse fest, dass ein Vermögensgegenstand mit Geldwäsche, mit Terrorismusfinanzierung oder mit einer sonstigen Straftat im Zusammenhang steht, übermittelt sie das Ergebnis ihrer Analyse sowie alle sachdienlichen Informationen unverzüglich an die zuständigen Strafverfolgungsbehörden. Die in Satz 1 genannten Informationen sind außerdem an den Bundesnachrichtendienst zu übermitteln, soweit tatsächliche Anhaltspunkte vorliegen, dass diese Übermittlung für die Erfüllung der Aufgaben des Bundesnachrichtendienstes erforderlich ist. Im Fall von Absatz 1 übermittelt die Zentralstelle für Finanztransaktionsuntersuchungen außerdem dem Bundesamt für Verfassungsschutz zu der zuvor übermittelten Meldung auch das entsprechende Ergebnis ihrer operativen Analyse sowie alle sachdienlichen Informationen.

(3) Die Zentralstelle für Finanztransaktionsuntersuchungen übermittelt von Amts wegen oder auf Ersuchen Daten aus Finanzinformationen und Finanzanalysen, auch soweit sie personenbezogene Daten enthalten, an die Strafverfolgungsbehörden, das Bundesamt für Verfassungsschutz, den Bundesnachrichtendienst oder den Militärischen Abschirmdienst des Bundesministeriums der Verteidigung, soweit dies erforderlich ist für

1. die Aufklärung von Geldwäsche und Terrorismusfinanzierung oder die Durchführung von diesbezüglichen Strafverfahren oder
2. die Aufklärung sonstiger Gefahren und die Durchführung von anderen, nicht von Nummer 1 erfassten Strafverfahren.

Die Zentralstelle für Finanztransaktionsuntersuchungen übermittelt von Amts wegen oder auf Ersuchen Daten aus Finanzinformationen und Finanzanalysen, auch soweit sie personenbezogene enthalten, Daten an andere als in Satz 1 benannte, zuständige inländische öffentliche Stellen, soweit dies erforderlich ist für

1. Besteuerungsverfahren,
2. Verfahren zum Schutz der sozialen Sicherungssysteme oder
3. die Aufgabenwahrnehmung der Aufsichtsbehörden.

(3a) Die Zentralstelle für Finanztransaktionsuntersuchungen übermittelt auf Ersuchen unverzüglich Daten aus Finanzinformationen und Finanzanalysen, auch soweit sie personenbezogene Daten enthalten, an die inländische benannte Behörde im Sinne des Artikel 3 Absatz 2 der Richtlinie (EU) 2019/1153, soweit dies zur Erfüllung ihrer gesetzlichen Aufgaben bei der Verhinderung oder Verfolgung und Ahndung schwerer Straftaten im Sinne des Anhangs I der VO (EU) 2016/794 erforderlich ist.

(3b) Die Zentralstelle für Finanztransaktionsuntersuchungen übermittelt darüber hinaus von Amts wegen oder auf Ersuchen unverzüglich Daten aus Finanzinformationen und Finanzanalysen, auch soweit sie personenbezogene Daten enthalten, an die zuständigen inländischen öffentlichen Stellen, soweit dies für die Überwachung der Einhaltung von durch den Rat der Europäischen Union im Bereich der Gemeinsamen Außen- und Sicherheitspolitik beschlossenen wirtschaftlichen Sanktionsmaßnahmen erforderlich ist.

(4) In den Fällen des Absatzes 3 Satz 1 Nummer 1 und 2 sind die Strafverfolgungsbehörden und das Bundesamt für Verfassungsschutz sowie die inländische benannte Behörde im Sinne des Artikel 3 Absatz 2 der Richtlinie (EU) 2019/1153 berechtigt, die Daten zur Erfüllung ihrer Aufgaben automatisiert bei der Zentralstelle für Finanztransaktionsuntersuchungen abzurufen, soweit dem keine Übermittlungsbeschränkungen entgegenstehen. Zur Kontrolle der Zulässigkeit des automatisierten Abrufverfahrens hat die abrufende Behörde schriftlich festzulegen:

1. den Anlass und den Zweck des Abrufverfahrens,
2. die Dritten, an die übermittelt wird,
3. die Art der zu übermittelnden Daten und
4. die technischen und organisatorischen Maßnahmen zur Gewährleistung des Datenschutzes.

(5) Die Übermittlung nach Absatz 3 und 3b unterbleibt, soweit

1. sich die Bereitstellung der Daten negativ auf den Erfolg laufender Ermittlungen oder Analysen der zuständigen inländischen öffentlichen Stellen auswirken könnte oder
2. die Weitergabe der Daten unverhältnismäßig wäre.

In den Fällen des Absatzes 3a begründet die Zentralstelle für Finanztransaktionsuntersuchungen das Unterbleiben einer Übermittlung gegenüber der ersuchenden Stelle. Soweit ein Abruf nach Absatz 4 zu Daten erfolgt, zu denen Übermittlungsbeschränkungen dem automatisierten Abruf grundsätzlich entgegenstehen, wird die Zentralstelle für Finanztransaktionsuntersuchungen automatisiert durch Übermittlung aller Anfragedaten über die Abfrage unterrichtet. Ihr obliegt es in diesem Fall, unverzüglich mit der anfragenden Behörde Kontakt aufzunehmen, um im Einzelfall zu klären, ob Erkenntnisse nach Absatz 3 übermittelt werden können.

(6) Falls die Strafverfolgungsbehörde ein Strafverfahren aufgrund eines nach Absatz 2 übermittelten Sachverhalts eingeleitet hat, teilt sie den Sachverhalt zusammen mit den zugrunde liegenden Tatsachen der zuständigen Finanzbehörde mit, wenn eine Transaktion festgestellt wird, die für die Finanzverwaltung für die Einleitung oder Durchführung von Besteuerungs- oder Steuerstrafverfahren Bedeutung haben könnte. Zieht die Strafverfolgungsbehörde im Strafverfahren Aufzeichnungen nach § 11 Absatz 1 heran, dürfen auch diese der Finanzbehörde übermittelt werden. Die Mitteilungen und Aufzeichnungen dürfen für Besteuerungsverfahren und für Strafverfahren wegen Steuerstraftaten verwendet werden.

(7) Der Empfänger darf die ihm übermittelten personenbezogenen Daten nur zu dem Zweck verwenden, zu dem sie ihm übermittelt worden sind. Eine Verwendung für andere Zwecke ist zulässig, soweit die Daten auch dafür hätten übermittelt werden dürfen. Im Falle einer Übermittlung nach Absatz 3a ist eine Verwendung für andere Zwecke zulässig, soweit die Daten auch dafür hätten übermittelt werden dürfen und die Zentralstelle für Finanztransaktionsuntersuchungen dieser Verwendung zuvor zugestimmt hat.

§ 32a Datenübermittlung an Europol

(1) Die Zentralstelle für Finanztransaktionsuntersuchungen ist befugt, auf ordnungsgemäß begründete Ersuchen von Europol Finanzinformationen und Finanzanalysen, auch soweit sie personenbezogene Daten enthalten, zu übermitteln, soweit dies in einem Einzelfall im Rahmen der Zuständigkeiten von Europol und zur Erfüllung der Aufgaben von Europol gemäß Artikel 4 der Verordnung (EU) 2016/794 erforderlich und nach Artikel 18 der Verordnung (EU) 2016/794 zulässig ist. Sie übermittelt diese Informationen zeitnah über das Bundeskriminalamt in seiner Aufgabe als nationale Stelle nach § 1 Nummer 1 des Europol-Gesetzes.

(2) Die Übermittlung kann verweigert werden, soweit

1. sich die Bereitstellung der Daten negativ auf den Erfolg laufender Ermittlungen oder Analysen der zuständigen inländischen öffentlichen Stellen auswirken könnte oder
2. die Weitergabe der Daten unverhältnismäßig wäre oder
3. die angeforderten Finanzinformationen und Finanzanalysen Daten enthalten, die von einer zentralen Meldestelle eines ausländischen Staates übermittelt wurden und diese einer Weiterübermittlung nicht zugestimmt hat, es sei denn, die Informationen stammen aus öffentlich zugänglichen Quellen.

Sie unterbleibt darüber hinaus in den in Artikel 7 Absatz 7 der Verordnung (EU) 2016/794 genannten Fällen.

(3) Die Zentralstelle für Finanztransaktionsuntersuchungen hat die Verweigerung einer Übermittlung gegenüber Europol zu begründen.

(4) Die Übermittlung ist mit der Bedingung zu verbinden, dass Europol die ihm übermittelten personenbezogenen Daten nur zu dem Zweck verwenden darf, zu dem sie ihm übermittelt worden sind. Eine Verwendung zu anderen Zwecken bedarf der Zustimmung der Zentralstelle für Finanztransaktionsuntersuchungen.

§ 33 Datenaustausch mit Mitgliedstaaten der Europäischen Union

(1) Der Datenaustausch mit den für die Verhinderung, Aufdeckung und Bekämpfung von Geldwäsche und von Terrorismusfinanzierung zuständigen zentralen Meldestellen anderer Mitgliedstaaten der Europäischen Union ist unabhängig von der Art der Vortat der Geldwäsche und auch dann, wenn die Art der Vortat nicht feststeht, zu gewährleisten. Insbesondere steht eine im Einzelfall abweichende Definition der Steuerstraftaten, die nach nationalem Recht eine taugliche Vortat zur Geldwäsche sein können, einem Informationsaustausch mit zentralen Meldestellen

anderer Mitgliedstaaten der Europäischen Union nicht entgegen. Geht bei der Zentralstelle für Finanztransaktionsuntersuchungen eine Meldung nach § 43 Absatz 1 ein, die die Zuständigkeit eines anderen Mitgliedstaates betrifft, so leitet sie diese Meldung umgehend an die zentrale Meldestelle des betreffenden Mitgliedstaates weiter. Hierzu kann die Zentralstelle für Finanztransaktionsuntersuchungen mit den Zentralstellen anderer Mitgliedstaaten ein System zur verschlüsselten automatisierten Weiterleitung einrichten und betreiben.

(2) Für die Übermittlung der Daten gelten die Vorschriften über die Datenübermittlung im internationalen Bereich nach § 35 Absatz 2 bis 6 entsprechend. § 35 Absatz 2 gilt mit der Maßgabe, dass die Zentralstelle für Finanztransaktionsuntersuchungen bei der Beantwortung eines Auskunftsersuchens die ihr nach diesem Gesetz zur Erhebung und Weiterleitung von Informationen zustehenden Befugnisse zu nutzen hat. § 35 Absatz 2 Satz 4 gilt mit der Maßgabe, dass die Zentralstelle für Finanztransaktionsuntersuchungen die Anfrage zeitnah zu beantworten hat; richtet sich die Anfrage auf Finanzinformationen oder Finanzanalysen, die im Zusammenhang mit Terrorismus oder mit organisierter Kriminalität mit Bezug zu Terrorismus von Belang sein können, so hat sich die Zentralstelle für Finanztransaktionsuntersuchungen um eine umgehende Beantwortung zu bemühen. Die Verantwortung für die Zulässigkeit der Datenübermittlung trägt die Zentralstelle für Finanztransaktionsuntersuchungen. Für den Datenaustausch mit zentralen Meldestellen anderer Mitgliedstaaten nutzt die Zentralstelle für Finanztransaktionsuntersuchungen gesicherte Kommunikationskanäle.

(3) Sind zusätzliche Informationen über einen in Deutschland tätigen Verpflichteten, der in einem anderen Mitgliedstaat der Europäischen Union in einem öffentlichen Register eingetragen ist, erforderlich, richtet die Zentralstelle für Finanztransaktionsuntersuchungen ihr Ersuchen an die zentrale Meldestelle dieses anderen Mitgliedstaates der Europäischen Union. Geht bei der Zentralstelle für Finanztransaktionsuntersuchungen ein Ersuchen einer zentralen Meldestelle eines anderen Mitgliedstaates um zusätzliche Informationen über einen in ihrem Hoheitsgebiet tätigen Verpflichteten ein, der in Deutschland eingetragen ist, so nutzt die Zentralstelle für Finanztransaktionsuntersuchen die ihr nach diesem Gesetz zur Erhebung und Weiterleitung von Informationen zustehenden Befugnisse. Die Übermittlung von Anfragen und Antworten nach den Sätzen 1 und 2 hat unverzüglich zu erfolgen.

(4) Die Zentralstelle für Finanztransaktionsuntersuchungen darf ein Ersuchen um Informationsübermittlung, das eine zentrale Meldestelle eines Mitgliedstaates der Europäischen Union im Rahmen ihrer Aufgabenerfüllung an sie gerichtet hat, nur ablehnen, wenn

1. durch die Informationsübermittlung die innere oder äußere Sicherheit oder andere wesentliche Interessen der Bundesrepublik Deutschland gefährdet werden könnten,
2. im Einzelfall die Informationsübermittlung, auch unter Berücksichtigung des öffentlichen Interesses an der Datenübermittlung, mit den Grundprinzipien des deutschen Rechts nicht in Einklang zu bringen ist,
3. durch die Informationsübermittlung strafrechtliche Ermittlungen oder die Durchführung eines Gerichtsverfahrens behindert oder gefährdet werden könnten oder
4. rechtshilferechtliche Bedingungen ausländischer Stellen entgegenstehen, die von den zuständigen Behörden zu beachten sind.

Die Gründe für die Ablehnung des Informationsersuchens legt die Zentralstelle für Finanztransaktionsuntersuchungen der ersuchenden zentralen Meldestelle angemessen schriftlich dar, außer wenn die operative Analyse noch nicht abgeschlossen ist oder soweit die Ermittlungen hierdurch gefährdet werden könnten.

(5) Übermittelt die Zentralstelle für Finanztransaktionsuntersuchungen einer zentralen Meldestelle eines Mitgliedstaates der Europäischen Union auf deren Ersuchen Informationen, so soll sie in der Regel umgehend und unabhängig von der Art der Vortaten, die damit in Zusammenhang stehen können, ihre Einwilligung dazu erklären, dass diese Informationen an andere Behörden dieses Mitgliedstaates weitergeleitet werden dürfen. Die Zentralstelle für Finanztransaktionsuntersuchungen darf ihre Einwilligung nur aus den in Absatz 4 genannten Gründen verweigern. Die

Gründe für die Verweigerung der Einwilligung legt die Zentralstelle für Finanztransaktionsuntersuchungen angemessen dar. Die Verwendung der Informationen zu anderen Zwecken bedarf der vorherigen Zustimmung der Zentralstelle für Finanztransaktionsuntersuchungen.

(6) Die Zentralstelle für Finanztransaktionsuntersuchungen benennt eine zentrale Kontaktstelle, die für die Annahme von Informationsersuchen der zentralen Meldestellen anderer Mitgliedstaaten nach dieser Vorschrift zuständig ist.

§ 34 Informationsersuchen im Rahmen der internationalen Zusammenarbeit

(1) Die Zentralstelle für Finanztransaktionsuntersuchungen kann die zentralen Meldestellen anderer Staaten, die mit der Verhinderung, Aufdeckung und Bekämpfung von Geldwäsche, von Vortaten der Geldwäsche sowie von Terrorismusfinanzierung befasst sind, um die Erteilung von Auskünften einschließlich der personenbezogenen Daten oder der Übermittlung von Unterlagen ersuchen, wenn diese Informationen und Unterlagen erforderlich sind zur Erfüllung ihrer Aufgaben.

(2) Für ein Ersuchen kann die Zentralstelle für Finanztransaktionsuntersuchungen personenbezogene Daten übermitteln, soweit dies erforderlich ist, um ein berechtigtes Interesse an der begehrten Information glaubhaft zu machen und wenn überwiegende berechtigte Interessen des Betroffenen nicht entgegenstehen.

(3) In dem Ersuchen muss die Zentralstelle für Finanztransaktionsuntersuchungen den Zweck der Datenerhebung offenlegen und die beabsichtigte Weitergabe der Daten an andere inländische öffentliche Stellen mitteilen. Die Zentralstelle für Finanztransaktionsuntersuchungen darf die von einer zentralen Meldestelle eines anderen Staates übermittelten Daten nur verwenden

1. zu den Zwecken, zu denen um die Daten ersucht wurde, und
2. zu den Bedingungen, unter denen die Daten zur Verfügung gestellt wurden.

Sollen die übermittelten Daten nachträglich an eine andere öffentliche Stelle weitergegeben werden oder für einen Zweck genutzt werden, der über die ursprünglichen Zwecke hinausgeht, so ist vorher die Zustimmung der übermittelnden zentralen Meldestelle einzuholen.

§ 35 Datenübermittlung im Rahmen der internationalen Zusammenarbeit

(1) Geht bei der Zentralstelle für Finanztransaktionsuntersuchungen eine Meldung nach § 43 Absatz 1 ein, die die Zuständigkeit eines anderen Staates betrifft, so kann sie diese Meldung umgehend an die zentrale Meldestelle des betreffenden Staates weiterleiten. Sie weist die zentrale Meldestelle des betreffenden Staates darauf hin, dass die personenbezogenen Daten nur zu dem Zweck genutzt werden dürfen, zu dem sie übermittelt worden sind.

(2) Die Zentralstelle für Finanztransaktionsuntersuchungen kann einer zentralen Meldestelle eines anderen Staates auf deren Ersuchen personenbezogene Daten übermitteln

1. für eine von der zentralen Meldestelle des anderen Staates durchzuführende operative Analyse,
2. im Rahmen einer beabsichtigten Sofortmaßnahme nach § 40, soweit Tatsachen darauf hindeuten, dass der Vermögensgegenstand
   a) sich in Deutschland befindet und
   b) im Zusammenhang steht mit einem Sachverhalt, der der zentralen Meldestelle des anderen Staates vorliegt, oder
3. zur Erfüllung der Aufgaben einer anderen ausländischen öffentlichen Stelle, die der Verhinderung, Aufdeckung und Bekämpfung von Geldwäsche oder von Vortaten der Geldwäsche oder von Terrorismusfinanzierung dient.

Sie kann hierbei auf ihr vorliegende Informationen zurückgreifen. Enthalten diese Informationen auch Daten, die von anderen in- oder ausländischen Behörden erhoben oder von diesen übermittelt wurden, so ist eine Weitergabe dieser Daten nur mit Zustimmung dieser Behörden zulässig, es sei denn, die Informationen stammen aus öffentlich zugänglichen Quellen. Die Ersuchen einer zentralen Meldestelle eines anderen Staates sind in angemessener Zeit zu beantworten. Die Zentralstelle für Finanztransaktionsuntersuchungen kann nach Maßgabe der §§ 28, 30 und 31 andere inländische öffentliche Stellen um Auskunft ersuchen oder von Verpflichteten Auskunft verlangen.

(3) Die Übermittlung personenbezogener Daten an eine zentrale Meldestelle eines anderen Staates ist nur zulässig, wenn das Ersuchen mindestens folgende Angaben enthält:

1. die Bezeichnung, die Anschrift und sonstige Kontaktdaten der ersuchenden Behörde,
2. die Gründe des Ersuchens und die Benennung des Zwecks, zu dem die Daten verwendet werden sollen, nach Absatz 2,
3. erforderliche Einzelheiten zur Identität der betroffenen Person, sofern sich das Ersuchen auf eine bekannte Person bezieht,
4. die Beschreibung des Sachverhalts, der dem Ersuchen zugrunde liegt, sowie die Behörde, an die die Daten gegebenenfalls weitergeleitet werden sollen, und
5. die Angabe, inwieweit der Sachverhalt mit Geldwäsche oder mit Terrorismusfinanzierung im Zusammenhang steht.

(4) Die Zentralstelle für Finanztransaktionsuntersuchungen kann auch ohne Ersuchen personenbezogene Daten an eine zentrale Meldestelle eines anderen Staates übermitteln, wenn Tatsachen darauf hindeuten, dass natürliche oder juristische Personen auf dem Hoheitsgebiet dieses Staates Handlungen, die wegen Geldwäsche oder Terrorismusfinanzierung strafbar sind, begangen haben. Dies gilt unabhängig von der Art der Vortat der Geldwäsche und auch, wenn die Art der Vortat nicht feststeht.

(5) Die Verantwortung für die Zulässigkeit der Übermittlung trägt die Zentralstelle für Finanztransaktionsuntersuchungen. Sie kann bei der Übermittlung von Daten an eine ausländische zentrale Meldestelle Einschränkungen und Auflagen für die Verwendung der übermittelten Daten festlegen.

(6) Der Empfänger personenbezogener Daten ist darauf hinzuweisen, dass die personenbezogenen Daten nur zu dem Zweck genutzt werden dürfen, zu dem sie übermittelt worden sind. Sollen die Daten von der ersuchenden ausländischen zentralen Meldestelle an eine andere Behörde in dem Staat weitergeleitet werden, muss die Zentralstelle für Finanztransaktionsuntersuchungen dem unter Berücksichtigung des Zwecks und der schutzwürdigen Interessen des Betroffenen an den Daten zuvor zustimmen. Soweit die Informationen als Beweismittel in einem Strafverfahren verwendet werden sollen, gelten die Regeln der grenzüberschreitenden Zusammenarbeit in Strafsachen.

(7) Die Übermittlung personenbezogener Daten an eine ausländische zentrale Meldestelle unterbleibt, soweit

1. durch die Übermittlung die innere oder äußere Sicherheit oder andere wesentliche Interessen der Bundesrepublik Deutschland verletzt werden könnten,
2. einer Übermittlung besondere bundesgesetzliche Übermittlungsvorschriften entgegenstehen oder
3. im Einzelfall, auch unter Berücksichtigung des besonderen öffentlichen Interesses an der Datenübermittlung, die schutzwürdigen Interessen der betroffenen Person überwiegen.

Zu den schutzwürdigen Interessen der betroffenen Person gehört auch das Vorhandensein eines angemessenen Datenschutzniveaus im Empfängerstaat. Die schutzwürdigen Interessen der betroffenen Person können auch dadurch gewahrt werden, dass der Empfängerstaat oder die empfangende zwischen- oder überstaatliche Stelle im Einzelfall einen angemessenen Schutz der übermittelten Daten garantiert.

(8) Die Übermittlung personenbezogener Daten soll unterbleiben, wenn

1. strafrechtliche Ermittlungen oder die Durchführung eines Gerichtsverfahrens durch die Übermittlung behindert oder gefährdet werden könnten oder
2. nicht gewährleistet ist, dass die ersuchende ausländische zentrale Meldestelle einem gleichartigen deutschen Ersuchen entsprechen würde.

(9) Die Gründe für die Ablehnung eines Informationsersuchens sollen der ersuchenden zentralen Meldestelle angemessen dargelegt werden.

(10) Die Zentralstelle für Finanztransaktionsuntersuchungen hat den Zeitpunkt, die übermittelten Daten sowie die empfangende zentrale Meldestelle aufzuzeichnen. Unterbleibt die Datenübermittlung, so ist dies entsprechend aufzuzeichnen. Sie hat diese Daten drei Jahre aufzubewahren und danach zu löschen.

§ 36 Automatisierter Datenabgleich im europäischen Verbund

Die Zentralstelle für Finanztransaktionsuntersuchungen kann im Verbund mit zentralen Meldestellen anderer Mitgliedstaaten der Europäischen Union ein System zum verschlüsselten automatisierten Abgleich von dazu geeigneten Daten, die die nationalen zentralen Meldestellen im Rahmen ihrer Aufgabenerfüllung erhoben haben, einrichten und betreiben. Zweck dieses Systems ist es, Kenntnis davon zu erlangen, ob zu einer betreffenden Person bereits durch zentrale Meldestellen anderer Mitgliedstaaten der Europäischen Union eine Analyse nach § 30 durchgeführt wurde oder anderweitige Informationen zu dieser Person dort vorliegen.

§ 37 Berichtigung, Einschränkung der Verarbeitung und Löschung personenbezogener Daten aus automatisierter Verarbeitung und bei Speicherung in automatisierten Dateien

(1) Die Zentralstelle für Finanztransaktionsuntersuchungen berichtigt unrichtig gespeicherte personenbezogene Daten, die sie automatisiert verarbeitet.

(2) Die Zentralstelle für Finanztransaktionsuntersuchungen löscht gespeicherte personenbezogene Daten, wenn die Speicherung dieser Daten unzulässig ist oder die Kenntnis dieser Daten für die Aufgabenerfüllung nicht mehr erforderlich ist.

(3) An die Stelle einer Löschung tritt eine Einschränkung der Verarbeitung der gespeicherten personenbezogenen Daten, wenn

1. Anhaltspunkte vorliegen, dass durch die Löschung schutzwürdige Interessen eines Betroffenen beeinträchtigt würden,
2. die Daten für laufende Forschungsarbeiten benötigt werden oder
3. eine Löschung wegen der besonderen Art der Speicherung nur mit unverhältnismäßigem Aufwand möglich ist.

Der eingeschränkten Verarbeitung unterliegende Daten dürfen nur für den Zweck verarbeitet werden, für den die Löschung unterblieben ist. Sie dürfen auch verarbeitet werden, soweit dies zur Durchführung eines laufenden Strafverfahrens unerlässlich ist oder der Betroffene einer Verarbeitung zustimmt.

(4) Die Zentralstelle für Finanztransaktionsuntersuchungen prüft bei der Einzelfallbearbeitung und nach festgesetzten Fristen, ob gespeicherte personenbezogene Daten zu berichtigen, zu löschen oder in der Verarbeitung einzuschränken sind.

(5) Die Fristen beginnen mit dem Tag, an dem die Zentralstelle für Finanztransaktionsuntersuchungen die operative Analyse nach § 30 abgeschlossen hat.

(6) Die Zentralstelle für Finanztransaktionsuntersuchungen ergreift angemessene Maßnahmen, um zu gewährleisten, dass personenbezogene Daten, die unrichtig, unvollständig oder in der Verarbeitung eingeschränkt sind, nicht übermittelt werden. Zu diesem Zweck überprüft sie, soweit durchführbar, die Qualität der Daten vor ihrer Übermittlung. Bei jeder Übermittlung von personenbezogenen Daten fügt sie nach Möglichkeit Informationen bei, die es dem Empfänger gestatten, die Richtigkeit, die Vollständigkeit und die Zuverlässigkeit der personenbezogenen Daten zu beurteilen.

(7) Stellt die Zentralstelle für Finanztransaktionsuntersuchungen fest, dass sie unrichtige, zu löschende oder in der Verarbeitung einzuschränkende personenbezogene Daten übermittelt hat, so teilt sie dem Empfänger dieser Daten die Berichtigung, Löschung oder Einschränkung der Verarbeitung mit, wenn eine Mitteilung erforderlich ist, um schutzwürdige Interessen des Betroffenen zu wahren.

§ 38 Berichtigung, Einschränkung der Verarbeitung und Vernichtung personenbezogener Daten, die weder automatisiert verarbeitet werden noch in einer automatisierten Datei gespeichert sind

(1) Die Zentralstelle für Finanztransaktionsuntersuchungen hält in geeigneter Weise fest, wenn

1. sie feststellt, dass personenbezogene Daten, die weder automatisiert verarbeitet werden noch in einer automatisierten Datei gespeichert sind, unrichtig sind, oder
2. die Richtigkeit der personenbezogenen Daten, die weder automatisiert verarbeitet werden noch in einer automatisierten Datei gespeichert sind, von dem Betroffenen bestritten wird.

(2) Die Zentralstelle für Finanztransaktionsuntersuchungen schränkt die Verarbeitung personenbezogener Daten, die weder automatisiert verarbeitet werden noch in einer automatisierten Datei gespeichert sind, ein, wenn sie im Einzelfall feststellt, dass

1. ohne die Einschränkung der Verarbeitung schutzwürdige Interessen des Betroffenen beeinträchtigt würden und
2. die Daten für die Aufgabenerfüllung nicht mehr erforderlich sind.

Die personenbezogenen Daten sind auch dann in der Verarbeitung einzuschränken, wenn für sie eine Löschungsverpflichtung nach § 37 Absatz 2 besteht.

(3) Die Zentralstelle für Finanztransaktionsuntersuchungen vernichtet die Unterlagen mit personenbezogenen Daten entsprechend den Bestimmungen über die Aufbewahrung von Akten, wenn diese Unterlagen insgesamt zur Erfüllung der Aufgaben der Zentralstelle für Finanztransaktionsuntersuchungen nicht mehr erforderlich sind.

(4) Die Vernichtung unterbleibt, wenn

1. Anhaltspunkte vorliegen, dass anderenfalls schutzwürdige Interessen des Betroffenen beeinträchtigt würden, oder
2. die Daten für laufende Forschungsarbeiten benötigt werden.

In diesen Fällen schränkt die Zentralstelle für Finanztransaktionsuntersuchungen die Verarbeitung der Daten ein und versieht die Unterlagen mit einem Einschränkungsvermerk. Für die Einschränkung gilt § 37 Absatz 3 Satz 2 und 3 entsprechend.

(5) Anstelle der Vernichtung nach Absatz 3 sind die Unterlagen an das zuständige Archiv abzugeben, sofern diesen Unterlagen ein bleibender Wert nach § 3 des Bundesarchivgesetzes vom 10. März 2017 (BGBl. I S. 410), das zuletzt durch Artikel 1 des Gesetzes vom 9. April 2021 (BGBl. I S. 750) geändert worden ist, in der jeweils geltenden Fassung zukommt.

(6) Für den Fall, dass unrichtige, zu löschende oder in der Verarbeitung einzuschränkende personenbezogene Daten übermittelt worden sind, gilt § 37 Absatz 7 entsprechend.

§ 38a Protokollierung von Informationsersuchen, Statistik, Verordnungsermächtigung

(1) Die Zentralstelle für Finanztransaktionsuntersuchungen protokolliert Ersuchen um Auskunft in den Fällen des § 32 Absatz 3a, des § 32a, des § 33 Absatz 2 Satz 3 Halbsatz 2 sowie in den Fällen des § 31, wenn die Zentralstelle für Finanztransaktionsuntersuchungen Daten bei der inländischen benannten Behörde im Sinne des Artikels 3 Absatz 2 der Richtlinie (EU) 2019/1153 erhebt.

(2) Die Protokolle enthalten mindestens folgende Angaben:

1. Die Bezeichnung und Kontaktdaten derjenigen Behörde sowie den Namen derjenigen Person, die das Ersuchen an die Zentralstelle für Finanztransaktionsuntersuchungen gerichtet hat sowie – sofern bekannt – den Namen derjenigen Person, die das Ergebnis des Ersuchens empfängt;
2. das Aktenzeichen des nationalen Falles, hinsichtlich dessen das Ersuchen an die Zentralstelle für Finanztransaktionsuntersuchungen gerichtet wird;
3. den Gegenstand des Ersuchens und
4. alle Maßnahmen, die getroffen werden, um dem Ersuchen nachzukommen.

(3) Die Protokolle werden über einen Zeitraum von fünf Jahren nach ihrer Erstellung zugriffsgeschützt aufbewahrt. Sie dienen ausschließlich dem Zweck der Datenschutzkontrolle. Die Zentralstelle für Finanztransaktionsuntersuchungen stellt auf Anforderung der oder dem Bundesbeauftragten für den Datenschutz und die Informationssicherheit alle erforderlichen Protokolle zur Verfügung. Nach Ablauf der Aufbewahrungsfrist sind die Protokolle unverzüglich zu löschen, sofern sie nicht für laufende Kontrollverfahren erforderlich sind.

(4) Die Zentralstelle für Finanztransaktionsuntersuchungen führt eine Statistik über Ersuchen um Auskunft in den Fällen des § 33 Absatz 2 Satz 3 Halbsatz 2. Sie erhebt hierfür die Zahl der Ersuchen sowie die Reaktionszeit sowie nach Möglichkeit die Kosten der Bearbeitung der Ersuchen und stellt die Daten dem Bundesministerium der Finanzen zur Verfügung. Das Bundesministerium der Finanzen wird ermächtigt, durch Rechtsverordnung, die nicht der Zustimmung des Bundesrates bedarf, das Nähere zu den zu erhebenden Daten, deren Aufbereitung, Auswertung und Bereitstellung zu regeln.

§ 39 Errichtungsanordnung

(1) Die Zentralstelle für Finanztransaktionsuntersuchungen erlässt für jede automatisierte Datei mit personenbezogenen Daten, die sie zur Erfüllung ihrer Aufgaben führt, eine Errichtungsanordnung. Die Errichtungsanordnung bedarf der Zustimmung des Bundesministeriums der Finanzen. Vor Erlass einer Errichtungsanordnung ist die oder der Bundesbeauftragte für den Datenschutz und die Informationsfreiheit anzuhören.

(2) In der Errichtungsanordnung sind festzulegen:

1. die Bezeichnung der Datei,
2. die Rechtsgrundlage und Zweck der Verarbeitung,
3. der Personenkreis, über den Daten gespeichert werden,
4. die Art der zu speichernden personenbezogenen Daten,
5. die Arten der personenbezogenen Daten, die der Erschließung der Datei dienen,
6. die Anlieferung oder Eingabe der zu speichernden Daten,

7. die Voraussetzungen, unter denen in der Datei gespeicherte personenbezogene Daten an welche Empfänger und in welchem Verfahren übermittelt werden,
8. die Fristen für die Überprüfung der gespeicherten Daten und die Dauer der Speicherung,
9. die Protokollierung.

Die Fristen für die Überprüfung der gespeicherten Daten dürfen fünf Jahre nicht überschreiten. Diese richten sich nach dem Zweck der Speicherung sowie nach Art und Bedeutung des Sachverhalts, wobei nach dem Zweck der Speicherung sowie nach Art und Bedeutung des Sachverhalts zu unterscheiden ist.

(3) Ist im Hinblick auf die Dringlichkeit der Aufgabenerfüllung der Zentralstelle für Finanztransaktionsuntersuchungen eine Mitwirkung der in Absatz 1 genannten Stellen nicht möglich, so kann die Generalzolldirektion eine Sofortanordnung treffen. Gleichzeitig unterrichtet die Generalzolldirektion das Bundesministerium der Finanzen und legt ihm die Sofortanordnung vor. Das Verfahren nach Absatz 1 ist unverzüglich nachzuholen.

(4) In angemessenen Abständen ist die Notwendigkeit der Weiterführung oder der Änderung der Errichtungsanordnung zu überprüfen.

§ 40 Sofortmaßnahmen

(1) Liegen der Zentralstelle für Finanztransaktionsuntersuchungen Anhaltspunkte dafür vor, dass eine Transaktion im Zusammenhang mit Geldwäsche oder einer Straftat nach § 18 Absatz 1 des Außenwirtschaftsgesetzes steht oder der Terrorismusfinanzierung dient, so kann sie die Durchführung der Transaktion untersagen, um diesen Anhaltspunkten nachzugehen und die Transaktion zu analysieren. Außerdem kann sie unter den Voraussetzungen des Satzes 1

1. einem Verpflichteten nach § 2 Absatz 1 Nummer 1 bis 3 untersagen,
   a) Verfügungen von einem bei ihm geführten Konto oder Depot auszuführen und
   b) sonstige Finanztransaktionen durchzuführen,
2. einen Verpflichteten nach § 2 Absatz 1 Nummer 1 anweisen, dem Vertragspartner und allen sonstigen Verfügungsberechtigten den Zugang zu einem Schließfach zu verweigern, oder
3. gegenüber einem Verpflichteten anderweitige Anordnungen in Bezug auf eine Transaktion treffen.

(2) Maßnahmen nach Absatz 1 können von der Zentralstelle für Finanztransaktionsuntersuchungen aufgrund des Ersuchens einer zentralen Meldestelle eines anderen Staates getroffen werden. Ein Ersuchen hat die Angaben entsprechend § 35 Absatz 3 zu enthalten. [3]Die Zentralstelle für Finanztransaktionsuntersuchungen soll die Gründe für die Ablehnung eines Ersuchens angemessen darlegen.

(3) Maßnahmen nach Absatz 1 werden von der Zentralstelle für Finanztransaktionsuntersuchungen aufgehoben, sobald oder soweit die Voraussetzungen für die Maßnahmen nicht mehr vorliegen.

(4) Maßnahmen nach Absatz 1 enden

1. spätestens mit Ablauf eines Monats nach Anordnung der Maßnahmen durch die Zentralstelle für Finanztransaktionsuntersuchungen,
2. mit Ablauf des fünften Werktages nach Abgabe des Sachverhalts an die zuständige Strafverfolgungsbehörde, wobei der Samstag nicht als Werktag gilt, oder
3. zu einem früheren Zeitpunkt, wenn ein solcher von der Zentralstelle für Finanztransaktionsuntersuchungen festgelegt wurde.

(5) Die Zentralstelle für Finanztransaktionsuntersuchungen kann Vermögensgegenstände, die einer Maßnahme nach Absatz 1 Satz 2 unterliegen, auf Antrag der betroffenen Person oder einer nichtrechtsfähigen Personenvereinigung freigeben, soweit diese Vermögensgegenstände einem der folgenden Zwecke dienen:

1. der Deckung des notwendigen Lebensunterhalts der Person oder ihrer Familienmitglieder,
2. der Bezahlung von Versorgungsleistungen oder Unterhaltsleistungen oder
3. Vergleichbaren Zwecken.

(6) Gegen Maßnahmen nach Absatz 1 kann der Verpflichtete oder ein anderer Beschwerter Widerspruch erheben. Der Widerspruch hat keine aufschiebende Wirkung.

§ 41 Rückmeldung an den meldenden Verpflichteten

(1) Die Zentralstelle für Finanztransaktionsuntersuchungen bestätigt dem Verpflichteten, der eine Meldung nach § 43 Absatz 1 durch elektronische Datenübermittlung abgegeben hat, unverzüglich den Eingang seiner Meldung.

(2) Die Zentralstelle für Finanztransaktionsuntersuchungen gibt dem Verpflichteten in angemessener Zeit Rückmeldung zur Relevanz seiner Meldung. Der Verpflichtete darf hierdurch erlangte personenbezogene Daten nur zur Verbesserung seines Risikomanagements, der Erfüllung seiner Sorgfaltspflichten und seines Meldeverhaltens nutzen. Er hat diese Daten zu löschen, wenn sie für den jeweiligen Zweck nicht mehr erforderlich sind, spätestens jedoch nach einem Jahr.

§ 42 Benachrichtigung von inländischen öffentlichen Stellen an die Zentralstelle für Finanztransaktionsuntersuchungen

(1) In Strafverfahren, in denen die Zentralstelle für Finanztransaktionsuntersuchungen Informationen weitergeleitet hat, teilt die zuständige Staatsanwaltschaft der Zentralstelle für Finanztransaktionsuntersuchungen die Erhebung der öffentlichen Klage und den Ausgang des Verfahrens einschließlich aller Einstellungsentscheidungen mit. Die Mitteilung erfolgt durch Übersendung einer Kopie der Anklageschrift, der begründeten Einstellungsentscheidung oder des Urteils.

(2) Leitet die Zentralstelle für Finanztransaktionsuntersuchungen Informationen an sonstige inländische öffentliche Stellen weiter, so benachrichtigt die empfangende Stelle die Zentralstelle für Finanztransaktionsuntersuchungen über die abschließende Verwendung der bereitgestellten Informationen und über die Ergebnisse der auf Grundlage der bereitgestellten Informationen durchgeführten Maßnahmen, soweit andere Rechtsvorschriften der Benachrichtigung nicht entgegenstehen. § 30 Absatz 1 der Abgabenordung steht dem nicht entgegen.

Abschnitt 6 Pflichten im Zusammenhang mit Meldungen von Sachverhalten

§ 43 Meldepflicht von Verpflichteten, Verordnungsermächtigung

(1) Liegen Tatsachen vor, die darauf hindeuten, dass

1. ein Vermögensgegenstand, der mit einer Geschäftsbeziehung, einem Maklergeschäft oder einer Transaktion im Zusammenhang steht, aus einer strafbaren Handlung stammt, die eine Vortat der Geldwäsche darstellen könnte,
2. ein Geschäftsvorfall, eine Transaktion oder ein Vermögensgegenstand im Zusammenhang mit Terrorismusfinanzierung steht oder

3. der Vertragspartner seine Pflicht nach § 11 Absatz 6 Satz 3, gegenüber dem Verpflichteten offenzulegen, ob er die Geschäftsbeziehung oder die Transaktion für einen wirtschaftlich Berechtigten begründen, fortsetzen oder durchführen will, nicht erfüllt hat,

so hat der Verpflichtete diesen Sachverhalt unabhängig vom Wert des betroffenen Vermögensgegenstandes oder der Transaktionshöhe unverzüglich der Zentralstelle für Finanztransaktionsuntersuchungen zu melden.

(2) Abweichend von Absatz 1 sind Verpflichtete nach § 2 Absatz 1 Nummer 10 und 12 nicht zur Meldung verpflichtet, wenn sich der meldepflichtige Sachverhalt auf Informationen bezieht, die sie im Rahmen von Tätigkeiten der Rechtsberatung oder Prozessvertretung erhalten haben. Die Meldepflicht bleibt jedoch bestehen, wenn der Verpflichtete weiß, dass der Vertragspartner die Rechtsberatung oder Prozessvertretung für den Zweck der Geldwäsche, der Terrorismusfinanzierung oder einer anderen Straftat genutzt hat oder nutzt, oder ein Fall des Absatzes 6 vorliegt.

(3) Ein Mitglied der Führungsebene eines Verpflichteten hat eine Meldung nach Absatz 1 an die Zentralstelle für Finanztransaktionsuntersuchungen abzugeben, wenn

1. der Verpflichtete über eine Niederlassung in Deutschland verfügt und
2. der zu meldende Sachverhalt im Zusammenhang mit einer Tätigkeit der deutschen Niederlassung steht.

(4) Wenn ein nach Absatz 1 gegenüber der Zentralstelle für Finanztransaktionsuntersuchungen gemeldeter Sachverhalt zugleich die für eine Anzeige nach § 261 Absatz 9 Satz 1 des Strafgesetzbuches erforderlichen Angaben enthält, gilt die Meldung zugleich als Selbstanzeige im Sinne von § 261 Absatz 8 des Strafgesetzbuches. Die Pflicht zur Meldung nach Absatz 1 schließt die Freiwilligkeit der Anzeige nach § 261 Absatz 8 des Strafgesetzbuches nicht aus.

(5) Die Zentralstelle für Finanztransaktionsuntersuchungen kann im Benehmen mit den Aufsichtsbehörden typisierte Transaktionen bestimmen, die stets nach Absatz 1 zu melden sind.

(6) Das Bundesministerium der Finanzen kann im Einvernehmen mit dem Bundesministerium der Justiz und für Verbraucherschutz durch Rechtsverordnung ohne Zustimmung des Bundesrates Sachverhalte bei Erwerbsvorgängen nach § 1 des Grunderwerbsteuergesetzes bestimmen, die von Verpflichteten nach § 2 Absatz 1 Nummer 10 und 12 stets nach Absatz 1 zu melden sind.

§ 44 Meldepflicht von Aufsichtsbehörden

(1) Liegen Tatsachen vor, die darauf hindeuten, dass ein Vermögensgegenstand mit Geldwäsche oder mit Terrorismusfinanzierung im Zusammenhang steht, meldet die Aufsichtsbehörde diese Tatsachen unverzüglich der Zentralstelle für Finanztransaktionsuntersuchungen. Dies gilt nicht, wenn Verpflichtete nach § 2 Absatz 1 Nummer 10 und 12 gemäß § 43 Absatz 2 nicht zur Meldung verpflichtet sind und daher von einer Meldung abgesehen haben.

(2) Absatz 1 gilt entsprechend für Behörden, die für die Überwachung der Aktien-, Devisen- und Finanzderivatemärkte zuständig sind.

§ 45 Form der Meldung, Registrierungspflicht, Ausführung durch Dritte, Verordnungsermächtigung

(1) Die Meldung nach § 43 Absatz 1 oder § 44 hat elektronisch zu erfolgen. Verpflichtete nach § 2 Absatz 1 haben sich unabhängig von der Abgabe einer Verdachtsmeldung bei der Zentralstelle für Finanztransaktionsuntersuchungen elektronisch zu registrieren. Bei einer Störung der elektronischen Datenübermittlung ist die Übermittlung auf dem Postweg zulässig. Meldungen nach § 44 sind aufgrund des besonderen Bedürfnisses nach einem einheitlichen Datenübermittlungsverfahren auch für die aufsichtsführenden Landesbehörden bindend.

(2) Auf Antrag kann die Zentralstelle für Finanztransaktionsuntersuchungen zur Vermeidung von unbilligen Härten auf die elektronische Übermittlung einer Meldung eines Verpflichteten verzichten und die Übermittlung auf dem Postweg genehmigen. Die Ausnahmegenehmigung kann befristet werden.

(3) Für die Übermittlung auf dem Postweg ist der amtliche Vordruck zu verwenden.

(4) Bei Erfüllung der Meldepflicht nach § 43 Absatz 1 kann ein Verpflichteter entsprechend § 6 Absatz 7 auf Dritte zurückgreifen.

(5) Das Bundesministerium der Finanzen kann durch Rechtsverordnung ohne Zustimmung des Bundesrates nähere Bestimmungen über die Form der Meldung nach § 43 Absatz 1 oder § 44 erlassen. Von Absatz 1 und den Regelungen einer Rechtsverordnung nach Satz 1 kann durch Landesrecht nicht abgewichen werden.

§ 46 Durchführung von Transaktionen

(1) Eine Transaktion, wegen der eine Meldung nach § 43 Absatz 1 erfolgt ist, darf frühestens durchgeführt werden, wenn

1. dem Verpflichteten die Zustimmung der Zentralstelle für Finanztransaktionsuntersuchungen oder der Staatsanwaltschaft zur Durchführung übermittelt wurde oder
2. der dritte Werktag nach dem Abgangstag der Meldung verstrichen ist, ohne dass die Durchführung der Transaktion durch die Zentralstelle für Finanztransaktionsuntersuchungen oder die Staatsanwaltschaft untersagt worden ist.

Für die Berechnung der Frist gilt der Samstag nicht als Werktag.

(2) Ist ein Aufschub der Transaktion, bei der Tatsachen vorliegen, die auf einen Sachverhalt nach § 43 Absatz 1 hindeuten, nicht möglich oder könnte durch den Aufschub die Verfolgung einer mutmaßlichen strafbaren Handlung behindert werden, so darf die Transaktion durchgeführt werden. Die Meldung nach § 43 Absatz 1 ist vom Verpflichteten unverzüglich nachzuholen.

§ 47 Verbot der Informationsweitergabe, Verordnungsermächtigung

(1) Ein Verpflichteter darf den Vertragspartner, den Auftraggeber der Transaktion und sonstige Dritte nicht in Kenntnis setzen von

1. einer beabsichtigten oder erstatteten Meldung nach § 43 Absatz 1,
2. einem Ermittlungsverfahren, das aufgrund einer Meldung nach § 43 Absatz 1 eingeleitet worden ist, und
3. einem Auskunftsverlangen nach § 30 Absatz 3 Satz 1.

(2) Das Verbot gilt nicht für eine Informationsweitergabe

1. an staatliche Stellen,
2. zwischen Verpflichteten nach § 2 Absatz 1 Nummer 1 bis 3 und 6 bis 8, die derselben Unternehmensgruppe angehören,
3. zwischen Verpflichteten nach § 2 Absatz 1 Nummer 1 bis 3 und 6 bis 8, die Mutterunternehmen nach § 9 Absatz 1 sind, und ihren in Drittstaaten ansässigen und dort geldwäscherechtlichen Pflichten unterliegenden Zweigstellen und gruppenangehörigen Unternehmen gemäß § 1 Absatz 16 Nummer 2, sofern diese die Maßnahmen nach § 9 Absatz 1 Satz 2 Nummer 1, 3 und 4 wirksam umgesetzt haben,
4. zwischen Verpflichteten nach § 2 Absatz 1 Nummer 10 bis 12 aus Mitgliedstaaten der Europäischen Union oder aus Drittstaaten, in denen die Anforderungen an ein System

zur Verhinderung von Geldwäsche und von Terrorismusfinanzierung denen der Richtlinie (EU) 2015/849 entsprechen, sofern die betreffenden Personen ihre berufliche Tätigkeit

a) selbständig ausüben,

b) angestellt in derselben juristischen Person ausüben oder

c) angestellt in einer Struktur ausüben, die einen gemeinsamen Eigentümer oder eine gemeinsame Leitung hat oder über eine gemeinsame Kontrolle in Bezug auf die Einhaltung der Vorschriften zur Verhinderung der Geldwäsche oder der Terrorismusfinanzierung verfügt,

5. zwischen Verpflichteten nach § 2 Absatz 1 Nummer 1 bis 3, 6, 7, 9, 10 und 12 in Fällen, die sich auf denselben Vertragspartner und auf dieselbe Transaktion beziehen, an der zwei oder mehr Verpflichtete beteiligt sind, wenn

a) die Verpflichteten ihren Sitz in einem Mitgliedstaat der Europäischen Union oder in einem Drittstaat haben, in dem die Anforderungen an ein System zur Verhinderung von Geldwäsche und Terrorismusfinanzierung den Anforderungen der Richtlinie (EU) 2015/849 entsprechen,

b) die Verpflichteten derselben Berufskategorie angehören und

c) für die Verpflichteten vergleichbare Verpflichtungen in Bezug auf das Berufsgeheimnis und auf den Schutz personenbezogener Daten gelten.2Nach Satz 1 Nummer 2 bis 5 weitergegebene Informationen dürfen ausschließlich zum Zweck der Verhinderung der Geldwäsche oder der Terrorismusfinanzierung verwendet werden.

(3) Soweit in diesem oder anderen Gesetzen nicht etwas anderes geregelt ist, dürfen andere staatliche Stellen als die Zentralstelle für Finanztransaktionsuntersuchungen, die Kenntnis von einer nach § 43 Absatz 1 abgegebenen Meldung erlangt haben, diese Informationen nicht weitergeben an

1. den Vertragspartner des Verpflichteten,
2. den Auftraggeber der Transaktion,
3. den wirtschaftlich Berechtigten,
4. eine Person, die von einer der in den Nummern 1 bis 3 genannten Personen als Vertreter oder Bote eingesetzt worden ist, und
5. den Rechtsbeistand, der von einer der in den Nummern 1 bis 4 genannten Personen mandatiert worden ist.

Eine Weitergabe dieser Informationen an diese Personen ist nur zulässig, wenn die Zentralstelle für Finanztransaktionsuntersuchungen vorher ihr Einverständnis erklärt hat und durch die Weitergabe dieser Informationen der ursprüngliche Zweck der Verdachtsmeldung nicht verändert wird.

(4) Nicht als Informationsweitergabe gilt, wenn sich Verpflichtete nach § 2 Absatz 1 Nummer 10 bis 12 bemühen, einen Mandanten davon abzuhalten, eine rechtswidrige Handlung zu begehen.

(5) Verpflichtete nach § 2 Absatz 1 Nummer 1 bis 9 dürfen einander andere als die in Absatz 1 genannten Informationen über konkrete Sachverhalte, die auf Geldwäsche, eine ihrer Vortaten oder Terrorismusfinanzierung hindeutende Auffälligkeiten oder Ungewöhnlichkeiten enthalten, zur Kenntnis geben, wenn sie davon ausgehen können, dass andere Verpflichtete diese Informationen benötigen für

1. die Risikobeurteilung einer entsprechenden oder ähnlichen Transaktion oder Geschäftsbeziehung oder

2. die Beurteilung, ob eine Meldung nach § 43 Absatz 1 oder eine Strafanzeige nach § 158 der Strafprozessordnung erstattet werden sollte.

Die Informationen dürfen auch unter Verwendung von Datenbanken zur Kenntnis gegeben werden, unabhängig davon, ob diese Datenbanken von den Verpflichteten nach § 2 Absatz 1 Nummer 1 bis 9 selbst oder von Dritten betrieben werden. Die weitergegebenen Informationen dürfen ausschließlich zum Zweck der Verhinderung der Geldwäsche, ihrer Vortaten oder der Terrorismusfinanzierung und nur unter den durch den übermittelnden Verpflichteten vorgegebenen Bedingungen verwendet werden.

(6) Das Bundesministerium der Finanzen kann im Einvernehmen mit dem Bundesministerium des Innern, für Bau und Heimat, dem Bundesministerium der Justiz und für Verbraucherschutz und dem Bundesministerium für Wirtschaft und Energie durch Rechtsverordnung ohne Zustimmung des Bundesrates weitere Regelungen treffen, nach denen in Bezug auf Verpflichtete aus Drittstaaten mit erhöhtem Risiko nach Artikel 9 der Richtlinie (EU) 2015/849 keine Informationen weitergegeben werden dürfen.

§ 48 Freistellung von der Verantwortlichkeit

(1) Wer Sachverhalte nach § 43 meldet oder eine Strafanzeige nach § 158 der Strafprozessordnung erstattet, darf deshalb nicht nach zivilrechtlichen oder strafrechtlichen Vorschriften verantwortlich gemacht oder disziplinarrechtlich verfolgt werden, es sei denn, die Meldung oder Strafanzeige ist vorsätzlich oder grob fahrlässig unwahr erstattet worden.

(2) Absatz 1 gilt auch, wenn

1. ein Beschäftigter einen Sachverhalt nach § 43 Absatz 1 seinem Vorgesetzten meldet oder einer Stelle meldet, die unternehmensintern für die Entgegennahme einer solchen Meldung zuständig ist, und
2. ein Verpflichteter oder einer seiner Beschäftigten einem Auskunftsverlangen der Zentralstelle für Finanztransaktionsuntersuchungen nach § 30 Absatz 3 Satz 1 nachkommt.

§ 49 Informationszugang und Schutz der meldenden Beschäftigten

(1) Ist die Analyse aufgrund eines nach § 43 gemeldeten Sachverhalts noch nicht abgeschlossen, so kann die Zentralstelle für Finanztransaktionsuntersuchungen dem Betroffenen auf Anfrage Auskunft über die zu ihm vorliegenden Informationen geben, wenn dadurch der Analysezweck nicht beeinträchtigt wird. Gibt sie dem Betroffenen Auskunft, so macht sie die personenbezogenen Daten der Einzelperson, die die Meldung nach § 43 Absatz 1 abgegeben hat, unkenntlich.

(2) Ist die Analyse aufgrund eines nach § 43 gemeldeten Sachverhalts abgeschlossen, aber nicht an die Strafverfolgungsbehörde übermittelt worden, so kann die Zentralstelle für Finanztransaktionsuntersuchungen auf Anfrage des Betroffenen über die zu ihm vorliegenden Informationen Auskunft geben. Sie verweigert die Auskunft, wenn ein Bekanntwerden dieser Informationen negative Auswirkungen hätte auf

1. internationale Beziehungen,
2. Belange der inneren oder äußeren Sicherheit der Bundesrepublik Deutschland,
3. die Durchführung eines anderen strafrechtlichen Ermittlungsverfahrens oder
4. die Durchführung eines laufenden Gerichtsverfahrens.

In der Auskunft macht sie personenbezogene Daten der Einzelperson, die eine Meldung nach § 43 Absatz 1 abgegeben hat oder die einem Auskunftsverlangen der Zentralstelle für Finanztransaktionsuntersuchungen nachgekommen ist, unkenntlich. Auf Antrag des Betroffenen kann sie Ausnahmen von Satz 3 zulassen, wenn schutzwürdige Interessen des Betroffenen überwiegen.

(3) Die Zentralstelle für Finanztransaktionsuntersuchungen ist nicht mehr befugt, dem Betroffenen Auskunft zu geben, nachdem sie den jeweiligen Sachverhalt an die Strafverfolgungsbehörde übermittelt hat.[2]Ist das Verfahren durch die Staatsanwaltschaft oder das Gericht abgeschlossen worden, ist die Zentralstelle für Finanztransaktionsuntersuchungen wieder befugt, dem Betroffenen Auskunft zu erteilen. In diesem Fall gilt Absatz 2 entsprechend.

(4) Steht die Person, die eine Meldung nach § 43 Absatz 1 abgegeben hat oder die dem Verpflichteten intern einen solchen Sachverhalt gemeldet hat, in einem Beschäftigungsverhältnis zum Verpflichteten, so darf ihr aus der Meldung keine Benachteiligung im Beschäftigungsverhältnis entstehen.

(5) Einer Person, die aufgrund der Abgabe einer Meldung nach § 43 Absatz 1 oder aufgrund der internen Meldung eines solchen Sachverhalts an den Verpflichteten entgegen dem Benachteiligungsverbot des Absatzes 4 einer Benachteiligung im Zusammenhang mit ihrem Beschäftigungsverhältnis ausgesetzt ist, steht bei der zuständigen Aufsichtsbehörde nach § 50 das Recht der Beschwerde zu. Der Rechtsweg bleibt von dem Beschwerdeverfahren unberührt. Dem Beschwerdeführer steht für die Einreichung der Beschwerde nach Satz 1 das vertrauliche Informationssystem der Aufsichtsbehörde nach § 53 Absatz 1 Satz 2 zur Verfügung.

Abschnitt 7 Aufsicht, Zusammenarbeit, Bußgeldvorschriften, Datenschutz

§ 50 Zuständige Aufsichtsbehörde

Zuständige Aufsichtsbehörde für die Durchführung dieses Gesetzes ist

1. die Bundesanstalt für Finanzdienstleistungsaufsicht für
   a) Kreditinstitute mit Ausnahme der Deutschen Bundesbank,
   b) Finanzdienstleistungsinstitute sowie Zahlungsinstitute nach § 1 Absatz 1 Satz 1 Nummer 1 des Zahlungsdiensteaufsichtsgesetzes, E-Geld-Institute nach § 1 Absatz 2 Satz 1 Nummer 1 des Zahlungsdiensteaufsichtsgesetzes und Wertpapierinstitute nach § 2 Absatz 1 des Wertpapierinstitutsgesetzes,
   c) im Inland gelegene Zweigstellen und Zweigniederlassungen von Kreditinstituten mit Sitz im Ausland, von Finanzdienstleistungsinstituten mit Sitz im Ausland, von Zahlungsinstituten mit Sitz im Ausland und von Wertpapierinstituten mit Sitz im Ausland,
   d) Kapitalverwaltungsgesellschaften nach § 17 Absatz 1 des Kapitalanlagegesetzbuchs,
   e) im Inland gelegene Zweigniederlassungen von EU-Verwaltungsgesellschaften nach § 1 Absatz 17 des Kapitalanlagegesetzbuchs sowie von ausländischen AIF-Verwaltungsgesellschaften nach § 1 Absatz 18 des Kapitalanlagegesetzbuchs,
   f) ausländische AIF-Verwaltungsgesellschaften, für die die Bundesrepublik Deutschland Referenzmitgliedstaat ist und die der Aufsicht der Bundesanstalt für Finanzdienstleistungsaufsicht nach § 57 Absatz 1 Satz 3 des Kapitalanlagegesetzbuchs unterliegen,
   g) Zahlungsinstitute und E-Geld-Institute mit Sitz in einem anderen Vertragsstaat des Abkommens über den Europäischen Wirtschaftsraum, Agenten und E-Geld-Agenten nach § 2 Absatz 1 Nummer 4,
   h) Unternehmen und Personen nach § 2 Absatz 1 Nummer 5 und

i) die Kreditanstalt für Wiederaufbau,

2. für Versicherungsunternehmen nach § 2 Absatz 1 Nummer 7 die jeweils zuständige Aufsichtsbehörde für das Versicherungswesen,
3. für Rechtsanwälte und Kammerrechtsbeistände nach § 2 Absatz 1 Nummer 10 die jeweils örtlich zuständige Rechtsanwaltskammer (§§ 60, 163 Satz 4 der Bundesrechtsanwaltsordnung),
4. für Patentanwälte nach § 2 Absatz 1 Nummer 10 die Patentanwaltskammer (§ 53 der Patentanwaltsordnung),
5. für Notare nach § 2 Absatz 1 Nummer 10 der jeweilige Präsident des Landgerichts, in dessen Bezirk der Notar seinen Sitz hat (§ 92 Absatz 1 Nummer 1 der Bundesnotarordnung),
6. für Wirtschaftsprüfer und vereidigte Buchprüfer nach § 2 Absatz 1 Nummer 12 die Wirtschaftsprüferkammer (§ 57 Absatz 2 Nummer 17 der Wirtschaftsprüferordnung),
7. für Steuerberater und Steuerbevollmächtigte nach § 2 Absatz 1 Nummer 12 die jeweils örtlich zuständige Steuerberaterkammer (§ 76 des Steuerberatungsgesetzes),

7a. für Vereine nach § 4 Nummer 11 des Steuerberatungsgesetzes die für die Aufsicht nach § 27 des Steuerberatungsgesetzes zuständige Behörde,

8. für die Veranstalter und Vermittler von Glücksspielen nach § 2 Absatz 1 Nummer 15, soweit das Landesrecht nichts anderes bestimmt, die für die glücksspielrechtliche Aufsicht zuständige Behörde und
9. im Übrigen die jeweils nach Bundes- oder Landesrecht zuständige Stelle.

§ 51 Aufsicht

(1) Die Aufsichtsbehörden üben die Aufsicht über die Verpflichteten aus.

(2) Die Aufsichtsbehörden können im Rahmen der ihnen gesetzlich zugewiesenen Aufgaben die geeigneten und erforderlichen Maßnahmen und Anordnungen treffen, um die Einhaltung der in diesem Gesetz und der in aufgrund dieses Gesetzes ergangenen Rechtsverordnungen festgelegten Anforderungen sicherzustellen. Insbesondere können die Aufsichtsbehörden in diesem Rahmen durch erforderliche Maßnahmen und Anordnungen sicherstellen, dass die Verpflichteten diese Anforderungen auch im Einzelfall einhalten und nicht entgegen diesen Anforderungen Geschäftsbeziehungen begründen oder fortsetzen und Transaktionen durchführen. Sie können hierzu auch die ihnen für sonstige Aufsichtsaufgaben eingeräumten Befugnisse ausüben. Widerspruch und Anfechtungsklage gegen diese Maßnahmen haben keine aufschiebende Wirkung.

(3) Die Aufsichtsbehörde nach § 50 Nummer 1, soweit sich die Aufsichtstätigkeit auf die in § 50 Nummer 1 Buchstabe g und h genannten Verpflichteten oder die in § 50 Nummer 1 Buchstabe b genannten Verpflichteten, soweit sie die Voraussetzungen des § 2 Absatz 6 Nummer 16 des Kreditwesengesetzes erfüllen, bezieht, und die Aufsichtsbehörden nach § 50 Nummer 3 bis 9 können bei den Verpflichteten Prüfungen zur Einhaltung der in diesem Gesetz festgelegten Anforderungen durchführen. Die Prüfungen können ohne besonderen Anlass vor Ort und anderswo erfolgen. Die Aufsichtsbehörden können die Durchführung der Prüfungen vertraglich auf sonstige Personen und Einrichtungen übertragen. Häufigkeit und Intensität der Prüfungen haben sich am Risikoprofil der Verpflichteten im Hinblick auf Geldwäsche und Terrorismusfinanzierung zu orientieren, das in regelmäßigen Abständen und bei Eintritt wichtiger Ereignisse oder Entwicklungen in deren Geschäftsleitung und Geschäftstätigkeit neu zu bewerten ist.

(4) Für Maßnahmen und Anordnungen nach dieser Vorschrift kann die Aufsichtsbehörde nach § 50 Nummer 8 und 9 zur Deckung des Verwaltungsaufwands Kosten erheben.

(5) Die Aufsichtsbehörde nach § 50 Nummer 1, soweit sich die Aufsichtstätigkeit auf die in § 50 Nummer 1 Buchstabe g und h genannten Verpflichteten oder die in § 50 Nummer 1 Buchstabe b genannten Verpflichteten, soweit sie die Voraussetzungen des § 2 Absatz 6 Nummer 16 des

Kreditwesengesetzes erfüllen, bezieht, und die Aufsichtsbehörden nach § 50 Nummer 3 bis 9 können einem Verpflichteten, dessen Tätigkeit einer Zulassung bedarf und durch die Aufsichtsbehörde zugelassen wurde, die Ausübung des Geschäfts oder Berufs vorübergehend untersagen oder ihm gegenüber die Zulassung widerrufen, wenn der Verpflichtete vorsätzlich oder fahrlässig

1. gegen die Bestimmungen dieses Gesetzes, gegen die zur Durchführung dieses Gesetzes erlassenen Verordnungen oder gegen Anordnungen der zuständigen Aufsichtsbehörde verstoßen hat,
2. trotz Verwarnung durch die zuständige Aufsichtsbehörde dieses Verhalten fortsetzt und
3. der Verstoß nachhaltig ist.

Hat ein Mitglied der Führungsebene oder ein anderer Beschäftigter eines Verpflichteten vorsätzlich oder fahrlässig einen Verstoß nach Satz 1 begangen, kann die Aufsichtsbehörde nach § 50 Nummer 1, soweit sich die Aufsichtstätigkeit auf die in § 50 Nummer 1 Buchstabe g und h genannten Verpflichteten oder die in § 50 Nummer 1 Buchstabe b genannten Verpflichteten, soweit sie die Voraussetzungen des § 2 Absatz 6 Nummer 16 des Kreditwesengesetzes erfüllen, bezieht, und können die Aufsichtsbehörden nach § 50 Nummer 3 bis 9 dem Verstoßenden gegenüber ein vorübergehendes Verbot zur Ausübung einer Leitungsposition bei Verpflichteten nach § 2 Absatz 1 aussprechen. Handelt es sich bei der Aufsichtsbehörde nicht um die Behörde, die dem Verpflichteten für die Ausübung seiner Tätigkeit die Zulassung erteilt hat, führt die Zulassungsbehörde auf Verlangen derjenigen Aufsichtsbehörde, die einen Verstoß nach Satz 1 festgestellt hat, das Verfahren entsprechend Satz 1 oder 2 durch.

(5a) Ist die für die Aufsicht über einen Verpflichteten nach § 50 Nummer 1 Buchstabe g und h oder die in § 50 Nummer 1 Buchstabe b genannten Verpflichteten, soweit sie die Voraussetzungen des § 2 Absatz 6 Nummer 16 des Kreditwesengesetzes erfüllen, zuständige Behörde eine Behörde in einem anderen Mitgliedstaat der Europäischen Union oder in einem anderen Vertragsstaat des Abkommens über den Europäischen Wirtschaftsraum, kann die Aufsichtsbehörde nach § 50 Nummer 1, wenn die ausländische Behörde selbst keine Maßnahmen ergreift oder sich die von ihr ergriffenen Maßnahmen als unzureichend erweisen und eine sofortige Abhilfe geboten ist, nach Unterrichtung der zuständigen ausländischen Behörde die zur Behebung eines schweren Verstoßes erforderlichen Maßnahmen ergreifen. Soweit erforderlich, kann sie die Durchführung neuer Geschäfte im Inland untersagen. In dringenden Fällen kann die Aufsichtsbehörde nach § 50 Nummer 1 vor Unterrichtung die erforderlichen Maßnahmen ergreifen. Die Maßnahmen müssen befristet und im Hinblick auf den mit ihnen verfolgten Zweck, der Abwendung schwerer Verstöße gegen die Bestimmungen dieses Gesetzes, gegen die zur Durchführung dieses Gesetzes erlassenen Verordnungen oder gegen Anordnungen der zuständigen Aufsichtsbehörden, angemessen sein. Sie sind zu beenden, wenn die festgestellten schweren Verstöße abgewendet wurden. In dringenden Fällen des Satzes 3 ist die ausländische Behörde über die ergriffenen Maßnahmen unverzüglich zu unterrichten.

(5b) Verpflichtete nach § 2 Absatz 1 Nummer 13 haben sich unter Angabe ihrer konkreten Tätigkeit bei der Aufsichtsbehörde zu registrieren, wenn sie nicht bereits nach anderen Vorschriften einer Anmeldung, Eintragung, Erlaubnis oder Zulassung bedürfen. Soweit nicht nach anderen Vorschriften die Befugnis hierzu besteht, kann die Aufsichtsbehörde Mitglieder der Führungs- und Leitungsebene des Verpflichteten abberufen, soweit begründete Tatsachen die Annahme rechtfertigen, dass diese nicht die erforderliche Eignung oder Zuverlässigkeit besitzen. Die Aufsichtsbehörde kann Verpflichteten, bei denen begründete Tatsachen die Annahme rechtfertigen, dass der wirtschaftlich Berechtigte die erforderliche Eignung oder Zuverlässigkeit nicht besitzt, die Ausübung der Dienstleistung nach § 2 Absatz 1 Nummer 13 untersagen. Absatz 5 Satz 1 und 2 gilt entsprechend.

(6) Die nach § 50 Nummer 9 zuständige Aufsichtsbehörde übt zudem die Aufsicht aus, die ihr übertragen ist nach Artikel 55 Absatz 1 der Verordnung (EU) Nr. 1031/2010 der Kommission vom 12. November 2010 über den zeitlichen und administrativen Ablauf sowie sonstige Aspekte der

Versteigerung von Treibhausgasemissionszertifikaten gemäß der Richtlinie 2003/87/EG des Europäischen Parlaments und des Rates über ein System für den Handel mit Treibhausgasemissionszertifikaten in der Gemeinschaft (ABl. L 302 vom 18.11.2010, S. 1).

(7) Die nach § 50 Nummer 8 und 9 zuständige Aufsichtsbehörde für Verpflichtete nach § 2 Absatz 1 Nummer 15 kann zur Erfüllung ihrer Aufgaben im Einzelfall bei einem Verpflichteten nach § 2 Absatz 1 Nummer 1 oder Nummer 3 Auskünfte einholen zu Zahlungskonten nach § 1 Absatz 17des Zahlungsdiensteaufsichtsgesetzes und zu darüber ausgeführten Zahlungsvorgängen

1. eines Veranstalters oder Vermittlers von Glücksspielen im Internet, unabhängig davon, ob er im Besitz einer glücksspielrechtlichen Erlaubnis ist, sowie
2. eines Spielers.

(8) Die Aufsichtsbehörde stellt den Verpflichteten regelmäßig aktualisierte Auslegungs- und Anwendungshinweise für die Umsetzung der Sorgfaltspflichten und der internen Sicherungsmaßnahmen nach den gesetzlichen Bestimmungen zur Verhinderung von Geldwäsche und von Terrorismusfinanzierung zur Verfügung. Sie kann diese Pflicht auch dadurch erfüllen, dass sie solche Hinweise, die durch Verbände der Verpflichteten erstellt worden sind, genehmigt.

(9) Die Aufsichtsbehörden haben zur Dokumentation ihrer Aufsichtstätigkeit folgende Daten in Form einer Statistik vorzuhalten:

1. Daten zur Aufsichtstätigkeit pro Kalenderjahr, insbesondere:
   a) die Anzahl der in der Aufsichtsbehörde beschäftigten Personen, gemessen in Vollzeitäquivalenten, die mit der Aufsicht über die Verpflichteten nach § 2 Absatz 1 betraut sind;
   b) die Anzahl der durchgeführten Vor-Ort-Prüfungen und der sonstigen ergriffenen Prüfungsmaßnahmen, differenziert nach den betroffenen Verpflichteten nach § 2 Absatz 1;
   c) die Anzahl der Maßnahmen nach Buchstabe b, bei denen die Aufsichtsbehörde eine Pflichtverletzung nach diesem Gesetz oder nach einer auf der Grundlage dieses Gesetzes erlassenen Rechtsverordnung festgestellt hat, sowie die Anzahl der Fälle, in denen die Aufsichtsbehörde anderweitig Kenntnis von einer solchen Pflichtverletzung erlangt hat, und
   d) Art und Umfang der daraufhin von der Aufsichts- und Verwaltungsbehörde rechtskräftig ergriffenen Maßnahmen; dazu gehören die Anzahl
      aa) der erteilten Verwarnungen,
      bb) der festgesetzten Bußgelder einschließlich der jeweiligen Höhe, differenziert danach, ob und inwieweit eine Bekanntmachung nach § 57 erfolgte,
      cc) der angeordneten Abberufungen von Geldwäschebeauftragten oder Mitgliedern der Geschäftsführung,
      dd) der angeordneten Erlaubnisentziehungen,
      ee) der sonstigen ergriffenen Maßnahmen;
   e) Art und Umfang der Maßnahmen, um die Verpflichteten nach § 2 Absatz 1 über die von ihnen einzuhaltenden Sorgfaltspflichten und internen Sicherungsmaßnahmen zu informieren;
2. die Anzahl der von der Aufsichtsbehörde nach § 44 abgegebenen Verdachtsmeldungen pro Kalenderjahr, differenziert nach den betroffenen Verpflichteten nach § 2 Absatz 1.

Die Aufsichtsbehörden haben dem Bundesministerium der Finanzen und der Zentralstelle für Finanztransaktionsuntersuchungen die Daten nach Satz 1 mit Stand zum 31. Dezember des Berichtsjahres bis zum 31. März des Folgejahres in elektronischer Form zu übermitteln. Das Bundesministerium der Finanzen und die Zentralstelle für Finanztransaktionsuntersuchungen können dazu einen gemeinsamen Vordruck vorsehen. Die Aufsichtsbehörden teilen der Zentralstelle für Finanztransaktionsuntersuchungen ihre Kontaktdaten, ihre Angaben zu ihrem Zuständigkeitsbereich und ihre Änderungen der Daten unverzüglich mit.

(10) Die zuständigen Aufsichtsbehörden unterrichten das Bundesministerium der Finanzen vor der Anordnung oder der Anwendung der in § 15 Absatz 5a genannten Maßnahmen. Das Bundesministerium der Finanzen unterrichtet die Europäische Kommission vor der Anordnung oder der Anwendung der in § 15 Absatz 5a genannten Maßnahmen durch die zuständigen Aufsichtsbehörden sowie über den Erlass einer Rechtsverordnung nach § 15 Absatz 10 Satz 1 Nummer 2.

§ 51a Verarbeitung personenbezogener Daten durch Aufsichtsbehörden

(1) Die nach diesem Gesetz zuständigen Aufsichtsbehörden sind befugt, personenbezogene Daten zu verarbeiten, soweit dies zur Erfüllung ihrer gesetzlichen Aufgaben erforderlich ist.

(2) Verarbeiten die nach diesem Gesetz zuständigen Aufsichtsbehörden im Zuge einer aufsichtsrechtlichen Maßnahme nach diesem Gesetz oder auf Grundlage der nach diesem Gesetz ergangenen Rechtsverordnungen personenbezogene Daten, stehen den betroffenen Personen die Rechte aus den Artikeln 15 bis 18 und 20 bis 22 der Verordnung (EU) 2016/679 nicht zu, soweit die Erfüllung der Rechte der betroffenen Personen Folgendes gefährden würde:

1. den Zweck der Maßnahme,
2. die Stabilität der Finanzmärkte der Bundesrepublik Deutschland oder eines oder mehrerer Mitgliedstaaten des Europäischen Wirtschaftsraums,
3. ein sonstiges wichtiges Ziel des allgemeinen öffentlichen Interesses der Bundesrepublik Deutschland oder eines oder mehrerer Mitgliedstaaten des Europäischen Wirtschaftsraums, insbesondere ein wichtiges wirtschaftliches oder finanzielles Interesse oder
4. die Verhütung, Ermittlung, Aufdeckung oder Verfolgung von Straftaten oder die Strafvollstreckung, einschließlich des Schutzes vor und der Abwehr von Gefahren für die öffentliche Sicherheit.

Unter diesen Voraussetzungen ist die zuständige Aufsichtsbehörde auch von den Pflichten nach den Artikeln 12 bis 14, 19 und 34 sowie den Transparenzpflichten nach Artikel 5 der Verordnung (EU) 2016/679 befreit. Die Sätze 1 und 2 gelten entsprechend für Personen und Einrichtungen, derer sich die zuständige Aufsichtsbehörde bei der Durchführung ihrer Aufgaben bedient sowie für die registerführende Stelle.

(3) Die betroffene Person ist über den Wegfall der Beschränkung zu informieren, sofern dies nicht dem Zweck der Beschränkung abträglich ist.

(4) Wird der betroffenen Person in den Fällen des Absatzes 2 Satz 1 bis 3 keine Auskunft erteilt, so ist auf ihr Verlangen je nach Zuständigkeit dem Bundesbeauftragten für den Datenschutz und die Informationsfreiheit oder der nach Landesrecht für den Datenschutz zuständigen Aufsichtsbehörde die Auskunft zu erteilen, soweit nicht im Einzelfall festgestellt wird, dass dadurch die öffentliche Sicherheit des Bundes oder eines Landes oder die Stabilität und Integrität der Finanzmärkte gefährdet würde. Die Mitteilung des Bundesbeauftragten für den Datenschutz und die Informationsfreiheit oder der nach Landesrecht für den Datenschutz zuständigen Aufsichtsbehörde an die betroffene Person über das Ergebnis der datenschutzrechtlichen Prüfung darf keine Rückschlüsse auf den Erkenntnisstand der zuständigen Aufsichtsbehörde und der Personen und Einrichtungen, derer sich die zuständige Aufsichtsbehörde bei der Durchführung ihrer Aufgaben bedient, zulassen, sofern diese nicht einer weitergehenden Auskunft zustimmt.

§ 52 Mitwirkungspflichten

(1) Ein Verpflichteter, die Mitglieder seiner Organe und seine Beschäftigten haben der nach § 50 Nummer 1 zuständigen Aufsichtsbehörde, soweit sich die Aufsichtstätigkeit auf die in § 50 Nummer 1 Buchstabe g und h genannten Verpflichteten bezieht, der nach § 50 Nummer 3 bis 9 zuständigen Aufsichtsbehörde sowie den Personen und Einrichtungen, derer sich diese Aufsichtsbehörden zur Durchführung ihrer Aufgaben bedienen, auf Verlangen unentgeltlich

1. Auskunft über alle Geschäftsangelegenheiten und Transaktionen zu erteilen und
2. Unterlagen vorzulegen,

die für die Einhaltung der in diesem Gesetz festgelegten Anforderungen von Bedeutung sind. Im Rahmen der Pflicht nach Satz 1 Nummer 2 hat der Verpflichtete der Behörde die vorzulegenden Unterlagen im Original, in Form von Kopien oder in digitaler Form auf elektronischem Wege oder auf einem digitalen Speichermedium zur Verfügung zu stellen.

(2) Bei den Prüfungen nach § 51 Absatz 3 ist es den Bediensteten der Aufsichtsbehörde und den sonstigen Personen, derer sich die zuständige Aufsichtsbehörde bei der Durchführung der Prüfungen bedient, gestattet, die Geschäftsräume des Verpflichteten innerhalb der üblichen Betriebs- und Geschäftszeiten zu betreten und zu besichtigen.

(3) Die Betroffenen haben Maßnahmen nach Absatz 2 zu dulden.

(4) Der zur Erteilung einer Auskunft Verpflichtete kann die Auskunft auf solche Fragen verweigern, deren Beantwortung ihn selbst oder einen der in § 383 Absatz 1 Nummer 1 bis 3 der Zivilprozessordnung bezeichneten Angehörigen der Gefahr strafrechtlicher Verfolgung oder eines Verfahrens nach dem Gesetz über Ordnungswidrigkeiten aussetzen würde.

(5) Verpflichtete nach § 2 Absatz 1 Nummer 10 und 12 können die Auskunft auch auf Fragen verweigern, wenn sich diese Fragen auf Informationen beziehen, die sie im Rahmen der Rechtsberatung oder der Prozessvertretung des Vertragspartners erhalten haben. Die Pflicht zur Auskunft bleibt bestehen, wenn der Verpflichtete weiß, dass sein Mandant seine Rechtsberatung für den Zweck der Geldwäsche oder der Terrorismusfinanzierung in Anspruch genommen hat oder nimmt.

(6) Personen, bei denen aufgrund ihrer Geschäftstätigkeit Tatsachen die Annahme rechtfertigen, dass sie Verpflichtete nach § 2 Absatz 1 sind, haben der nach § 50 zuständigen Aufsichtsbehörde auf Verlangen unentgeltlich Auskunft über alle Geschäftsangelegenheiten zu erteilen und Unterlagen vorzulegen, soweit dies für die Feststellung der Verpflichteteneigenschaft erforderlich ist. Absatz 1 Satz 2 sowie die Absätze 4 und 5 gelten entsprechend.

§ 53 Hinweise auf Verstöße

(1) Die Aufsichtsbehörden errichten ein System zur Annahme von Hinweisen zu potenziellen oder tatsächlichen Verstößen gegen dieses Gesetz und gegen auf Grundlage dieses Gesetzes erlassene Rechtsverordnungen und gegen andere Bestimmungen zur Verhinderung von Geldwäsche und von Terrorismusfinanzierung, bei denen es die Aufgabe der Aufsichtsbehörde ist, die Einhaltung der genannten Rechtsvorschriften sicherzustellen oder Verstöße gegen die genannten Rechtsvorschriften zu ahnden. Das System hat die Abgabe von Hinweisen über einen geschützten Kommunikationsweg zu ermöglichen. Die Hinweise können auch anonym abgegeben werden.

(2) Die Aufsichtsbehörden sind zu diesem Zweck befugt, personenbezogene Daten zu verarbeiten, soweit dies zur Erfüllung ihrer Aufgaben erforderlich ist.

(3) Die Aufsichtsbehörden machen die Identität einer Person, die einen Hinweis abgegeben hat, nur bekannt, wenn sie zuvor die ausdrückliche Zustimmung dieser Person eingeholt haben. Sie geben die Identität einer Person, die Gegenstand eines Hinweises ist, nicht bekannt. Die Sätze 1 und 2 gelten nicht, wenn

1. eine Weitergabe der Information im Kontext weiterer Ermittlungen oder nachfolgender Verwaltungs- oder Gerichtsverfahren aufgrund eines Gesetzes erforderlich ist oder
2. die Offenlegung durch einen Gerichtsbeschluss oder in einem Gerichtsverfahren angeordnet wird.

(4) Das Informationsfreiheitsgesetz findet auf die Vorgänge nach dieser Vorschrift keine Anwendung.

(5) Mitarbeiter, die bei Unternehmen und Personen beschäftigt sind, die von den zuständigen Aufsichtsbehörden nach Absatz 1 beaufsichtigt werden, oder bei anderen Unternehmen oder Personen beschäftigt sind, auf die Tätigkeiten von beaufsichtigten Unternehmen oder Personen ausgelagert wurden, und die einen Hinweis nach Absatz 1 abgeben, dürfen wegen dieses Hinweises weder nach arbeitsrechtlichen oder nach strafrechtlichen Vorschriften verantwortlich gemacht noch zum Ersatz von Schäden herangezogen oder anderweitig benachteiligt werden. Satz 1 gilt nicht, wenn der Hinweis vorsätzlich unwahr oder grob fahrlässig unwahr abgegeben worden ist.

(5a) Mitarbeitern im Sinne des Absatzes 5, die aufgrund der Abgabe eines Hinweises nach Absatz 1 und entgegen dem Benachteiligungsverbot des Absatzes 5 einer Benachteiligung im Zusammenhang mit ihrem Beschäftigungsverhältnis ausgesetzt sind, steht bei der zuständigen Aufsichtsbehörde das Recht der Beschwerde zu. Der Rechtsweg bleibt von dem Beschwerdeverfahren unberührt. Dem Beschwerdeführer steht für die Einreichung der Beschwerde nach Satz 1 der geschützte Kommunikationsweg nach Absatz 1 Satz 2 zur Verfügung.

(6) Nicht vertraglich eingeschränkt werden darf die Berechtigung zur Abgabe von Hinweisen nach Absatz 1 durch Mitarbeiter, die beschäftigt sind bei

1. Unternehmen und Personen, die von den Aufsichtsbehörden nach Absatz 1 beaufsichtigt werden, oder
2. anderen Unternehmen oder Personen, auf die Tätigkeiten von beaufsichtigten Unternehmen oder Personen ausgelagert wurden.

Dem entgegenstehende Vereinbarungen sind unwirksam.

(7) Durch die Einrichtung und Führung des Systems zur Abgabe von Hinweisen zu Verstößen werden die Rechte einer Person, die Gegenstand eines Hinweises ist, nicht eingeschränkt, insbesondere nicht die Rechte nach den

1. §§ 28 und 29 des Verwaltungsverfahrensgesetzes,
2. §§ 68 bis 71 der Verwaltungsgerichtsordnung und
3. §§ 137, 140, 141 und 147 der Strafprozessordnung.

§ 54 Verschwiegenheitspflicht

(1) Soweit Personen, die bei den zuständigen Aufsichtsbehörden nach § 50 beschäftigt sind oder für diese Aufsichtsbehörden tätig sind, Aufgaben nach § 51 Absatz 1 erfüllen, dürfen sie die ihnen bei ihrer Tätigkeit bekannt gewordenen Tatsachen nicht unbefugt offenbaren oder verwerten, wenn die Geheimhaltung dieser Tatsachen, insbesondere Geschäfts- und Betriebsgeheimnisse, im Interesse eines von ihnen beaufsichtigten Verpflichteten oder eines Dritten liegt. Satz 1 gilt auch, wenn sie nicht mehr im Dienst sind oder ihre Tätigkeit beendet ist. Die datenschutzrechtlichen Bestimmungen, die von den beaufsichtigten Verpflichteten zu beachten sind, bleiben unberührt.

(2) Absatz 1 gilt auch für andere Personen, die durch dienstliche Berichterstattung Kenntnis von den in Absatz 1 Satz 1 bezeichneten Tatsachen erhalten.

(3) Ein unbefugtes Offenbaren oder Verwerten liegt insbesondere nicht vor, wenn Tatsachen im Sinne von Absatz 1 weitergegeben werden, soweit der Weitergabe keine anderen Rechtsvorschriften entgegenstehen,

1. in zusammengefasster oder aggregierter Form, so dass einzelne Verpflichtete nicht identifiziert werden können, oder
2. an eine der folgenden Stellen, soweit diese Stellen die Informationen zur Erfüllung ihrer Aufgaben benötigen:
   a) an die Strafverfolgungsbehörden, an die für Straf- und Bußgeldsachen zuständigen Behörden und Gerichte,
   b) an andere Stellen, die kraft Gesetzes oder im öffentlichen Auftrag mit der Aufklärung und Verhinderung von Geldwäsche oder von Terrorismusfinanzierung oder mit der Aufsicht über Kredit- und Finanzinstitute im Sinne von Artikel 3 der Richtlinie (EU) 2015/849 betraut sind, sowie an Personen, die von diesen Stellen beauftragt werden,
   c) an die Europäische Zentralbank, soweit sie im Einklang mit der Verordnung (EU) Nr. 1024/2013 des Rates vom 15. Oktober 2013 zur Übertragung besonderer Aufgaben im Zusammenhang mit der Aufsicht über Kreditinstitute auf die Europäische Zentralbank tätig wird,
   d) an die zentralen Meldestellen im Sinne von Artikel 32 Absatz 1 der Richtlinie (EU) 2015/849 und
   e) an andere Stellen, die kraft Gesetzes oder im öffentlichen Auftrag mit der Aufsicht über das allgemeine Risikomanagement oder über die Compliance von Verpflichteten betraut sind, sowie an Personen, die von diesen Stellen beauftragt sind.

(4) Befindet sich eine der in Absatz 3 genannten Stellen in einem anderen Staat oder handelt es sich um eine supranationale Stelle, so dürfen Tatsachen im Sinne von Absatz 1 nur weitergegeben werden, wenn die bei dieser Stelle beschäftigten Personen oder die im Auftrag dieser Stelle handelnden Personen einer Verschwiegenheitspflicht unterliegen, die der Verschwiegenheitspflicht nach den Absätzen 1 bis 3 weitgehend entspricht. Die ausländische oder supranationale Stelle ist von der weitergebenden Stelle darauf hinzuweisen, dass sie die Tatsachen nur zu dem Zweck verwenden darf, zu dessen Erfüllung ihr diese übermittelt werden. Tatsachen, die aus einem anderen Staat stammen, dürfen nur weitergegeben werden

1. mit ausdrücklicher Zustimmung der zuständigen Behörden, die diese Tatsachen mitgeteilt haben, und
2. für solche Zwecke, denen die zuständigen Behörden zugestimmt haben.

§ 55 Zusammenarbeit mit anderen Behörden

(1) Die Aufsichtsbehörden arbeiten zur Verhinderung und zur Bekämpfung von Geldwäsche und von Terrorismusfinanzierung bei der Wahrnehmung ihrer Aufgaben nach § 51 untereinander sowie mit den in § 54 Absatz 3 genannten Stellen umfassend zusammen. Im Rahmen dieser Zusammenarbeit sind die Aufsichtsbehörden verpflichtet, einander von Amts wegen und auf Ersuchen Informationen einschließlich personenbezogener Daten und die Ergebnisse der Prüfungen zu übermitteln, soweit deren Kenntnis für die Erfüllung der Aufgaben der Aufsichtsbehörden nach § 51 erforderlich ist. Die zuständige Aufsichtsbehörde übermittelt im Einzelfall von Amts wegen sämtliche Informationen an die zuständige Verwaltungsbehörde, soweit diese für die Erfüllung der Aufgaben der Verwaltungsbehörde erforderlich sind. Bei Anhaltspunkten für strafrechtliche Verstöße informieren die Aufsichtsbehörden unverzüglich die zuständigen Strafverfolgungsbehörden.

(2) Die nach § 155 Absatz 2 der Gewerbeordnung in Verbindung mit dem jeweiligen Landesrecht nach § 14 Absatz 1 der Gewerbeordnung zuständigen Behörden übermitteln auf Ersuchen den nach § 50 Nummer 9 zuständigen Aufsichtsbehörden kostenfrei die Daten aus der Gewerbeanzeige gemäß den Anlagen 1 bis 3 der Gewerbeanzeigenverordnung über Verpflichtete nach § 2 Absatz 1, soweit die Kenntnis dieser Daten zur Wahrnehmung der Aufgaben der Aufsichtsbehörden nach § 51 erforderlich ist.

(3) Die Registerbehörde nach § 11a Absatz 1 der Gewerbeordnung übermittelt auf Ersuchen den nach § 50 Nummer 9 zuständigen Aufsichtsbehörden kostenfrei die in § 6 der Finanzanlagenvermittlungsverordnung und die in § 8 der Versicherungsvermittlungsverordnung genannten Daten, soweit die Kenntnis dieser Daten zur Wahrnehmung der Aufgaben der Aufsichtsbehörden nach § 51 erforderlich ist.

(4) Weitergehende Befugnisse der Aufsichtsbehörden zur Verarbeitung von personenbezogenen Daten nach anderen Rechtsvorschriften bleiben unberührt.

(5) In grenzüberschreitenden Fällen koordinieren die zusammenarbeitenden Aufsichtsbehörden und die in § 54 Absatz 3 genannten Stellen ihre Maßnahmen. Unterhält ein Verpflichteter, der seinen Sitz in einem anderen Mitgliedstaat der Europäischen Union hat, eine oder mehrere Zweigstellen oder Zweigniederlassungen in Deutschland, so arbeiten die in Satz 1 genannten Aufsichtsbehörden und Stellen mit den zuständigen Behörden des Mitgliedstaats zusammen, in dem der Verpflichtete seinen Hauptsitz hat.

(6) Soweit die Aufsichtsbehörden die Aufsicht über die Verpflichteten nach § 2 Absatz 1 Nummer 1 bis 3 und 6 bis 9 ausüben, stellen sie der Europäischen Bankenaufsichtsbehörde auf deren Verlangen alle Informationen zur Verfügung, die erforderlich sind zur Durchführung von ihren Aufgaben aufgrund der Richtlinie (EU) 2015/849 sowie der Verordnung (EU) Nr. 1093/2010 des Europäischen Parlaments und des Rates vom 24. November 2010 zur Errichtung einer Europäischen Aufsichtsbehörde (Europäische Bankenaufsichtsbehörde), zur Änderung des Beschlusses Nr. 716/2009/EG und zur Aufhebung des Beschlusses 2009/78/EG der Kommission (ABl. L 331 vom 15.12.2010, S. 12). Die Informationen sind zur Verfügung zu stellen nach Maßgabe des Artikels 35 der Verordnung (EU) Nr. 1093/2010.

(6a) Die zuständigen Aufsichtsbehörden unterrichten die Europäische Bankenaufsichtsbehörde über Fälle, in denen bei Verpflichteten nach § 2 Absatz 1 Nummer 1 bis 3 und 6 bis 9, die Mutterunternehmen einer Gruppe sind, eine Umsetzung der in § 9 Absatz 1 Satz 2 Nummer 1, 3 und 4 genannten Maßnahmen nach dem Recht des Drittstaates nicht zulässig ist.

(6b) Die Aufsichtsbehörde nach § 50 Nummer 1 dient in Kooperation mit den weiteren Aufsichtsbehörden nach § 50 Nummer 2 und 9 als Kontaktstelle für die Europäische Bankenaufsichtsbehörde hinsichtlich der Verpflichteten nach § 2 Absatz 1 Nummer 1 bis 3 und 6 bis 9.

(7) Dem Informationsaustausch mit den zuständigen Aufsichtsbehörden anderer Mitgliedstaaten der Europäischen Union stehen nicht entgegen:

1. ein Bezug des Ersuchens zu steuerlichen Belangen,
2. Vorgaben des nationalen Rechts, nach denen die Verpflichteten die Vertraulichkeit oder Geheimhaltung zu wahren haben, außer in Fällen, in denen
   a) die einschlägigen Informationen, auf die sich das Ersuchen bezieht, durch ein Zeugnisverweigerungsrecht geschützt werden oder
   b) ein Berufsgeheimnis gemäß § 43 Absatz 2 Satz 1 greift,
3. die Anhängigkeit eines Ermittlungsverfahrens, einer Untersuchung oder eines Verfahrens in dem ersuchenden Mitgliedstaat, es sei denn, das Ermittlungsverfahren, die Untersuchung oder das Verfahren würde durch die Amtshilfe beeinträchtigt,
4. Unterschiede in der Art und Stellung der ersuchenden und der ersuchten Behörde.

(8) Die zuständigen Aufsichtsbehörden gemäß § 50 Nummer 1 und 2 können mit den zuständigen Behörden von Drittstaaten, die diesen zuständigen Aufsichtsbehörden entsprechen, Kooperationsvereinbarungen zur Zusammenarbeit und zum Austausch von Tatsachen im Sinne von § 54 Absatz 1 schließen. Solche Kooperationsvereinbarungen werden auf Basis der Gegenseitigkeit und nur dann geschlossen, wenn gewährleistet ist, dass die übermittelten Tatsachen zumindest den in § 54 Absatz 1 enthaltenen Anforderungen unterliegen. Die gemäß diesen Kooperationsvereinbarungen weitergegebenen Tatsachen müssen der Erfüllung der aufsichtsrechtlichen Aufgaben dieser Behörden dienen. § 54 Absatz 4 gilt entsprechend.

§ 56 Bußgeldvorschriften

(1) Ordnungswidrig handelt, wer vorsätzlich oder leichtfertig

1. entgegen § 5 Absatz 1 Satz 1 Risiken nicht ermittelt oder nicht bewertet,
2. entgegen § 5 Absatz 2 Nummer 1 und Nummer 2 die Risikoanalyse nicht dokumentiert oder regelmäßig überprüft und gegebenenfalls aktualisiert,
3. entgegen § 6 Absatz 1 keine angemessenen geschäfts- und kundenbezogenen internen Sicherungsmaßnahmen schafft oder entgegen § 6 Absatz 1 Satz 3 die Funktionsfähigkeit der Sicherungsmaßnahmen nicht überwacht oder wer geschäfts- und kundenbezogene interne Sicherungsmaßnahmen nicht regelmäßig oder nicht bei Bedarf aktualisiert,
4. entgegen § 6 Absatz 4 keine Datenverarbeitungssysteme betreibt oder sie nicht aktualisiert,
5. vollziehbaren Anordnung nach § 6 Absatz 9 nicht nachkommt,
6. entgegen § 8 Absatz 1 und 2 eine Angabe, eine Information, Ergebnisse der Untersuchung, Erwägungsgründe oder eine nachvollziehbare Begründung des Bewertungsergebnisses nicht, nicht richtig oder nicht vollständig aufzeichnet oder aufbewahrt,
7. entgegen § 8 Absatz 4 Satz 1 eine Aufzeichnung oder einen sonstigen Beleg nicht fünf Jahre aufbewahrt,
8. entgegen § 9 Absatz 1 Satz 2, auch in Verbindung mit Absatz 4, keine gruppenweit einheitlichen Vorkehrungen, Verfahren und Maßnahmen schafft,
9. entgegen § 9 Absatz 1 Satz 3, auch in Verbindung mit Absatz 4, nicht die wirksame Umsetzung der gruppenweit einheitlichen Pflichten und Maßnahmen sicherstellt,
10. entgegen § 9 Absatz 2, auch in Verbindung mit Absatz 4, nicht sicherstellt, dass die in einem anderen Mitgliedstaat der Europäischen Union befindlichen gruppenangehörigen Unternehmen gemäß § 1 Absatz 16 Nummer 2 bis 4, die dort Pflichten zur Verhinderung von Geldwäsche und Terrorismusfinanzierung unterliegen, die geltenden nationalen Rechtsvorschriften zur Umsetzung der Richtlinie (EU) 2015/849 einhalten,
11. entgegen § 9 Absatz 3 Satz 2, auch in Verbindung mit Absatz 4, nicht sicherstellt, dass die in einem Drittstaat ansässigen Zweigstellen und gruppenangehörigen Unternehmen nach § 1 Absatz 16 Nummer 2 zusätzliche Maßnahmen ergreifen, um dem Risiko der Geldwäsche oder der Terrorismusfinanzierung wirksam zu begegnen, oder die nach § 50 zuständige Aufsichtsbehörde nicht über die getroffenen Maßnahmen informiert,
12. einer vollziehbaren Anordnung nach § 9 Absatz 3 Satz 3, auch in Verbindung mit Absatz 4, zuwiderhandelt,
13. entgegen § 9 Absatz 5 Satz 1 die in Absatz 1 Satz 2 Nummer 1, 3 und 4 genannten Maßnahmen nicht umsetzt,
14. entgegen § 9 Absatz 5 Satz 2 die in Absatz 1 Satz 2 Nummer 3 und 4 genannten Maßnahmen nicht umsetzt,

15. entgegen § 10 Absatz 1 Nummer 1 eine Identifizierung des Vertragspartners oder einer für den Vertragspartner auftretenden Person nicht, nicht richtig, nicht vollständig oder nicht in der vorgeschriebenen Weise vornimmt oder nicht prüft, ob die für den Vertragspartner auftretende Person hierzu berechtigt ist,
16. entgegen § 10 Absatz 1 Nummer 2 nicht prüft, ob der Vertragspartner für einen wirtschaftlich Berechtigten handelt,
17. entgegen § 10 Absatz 1 Nummer 2 den wirtschaftlich Berechtigten nicht identifiziert,
18. entgegen § 10 Absatz 1 Nummer 3 keine Informationen über den Zweck und die angestrebte Art der Geschäftsbeziehung einholt oder diese Informationen nicht bewertet,
19. entgegen § 10 Absatz 1 Nummer 4 nicht oder nicht richtig feststellt, ob es sich bei dem Vertragspartner oder bei dem wirtschaftlich Berechtigten um eine politisch exponierte Person, um ein Familienmitglied oder um eine bekanntermaßen nahestehende Person handelt,
20. entgegen § 10 Absatz 1 Nummer 5 die Geschäftsbeziehung, einschließlich der in ihrem Verlauf durchgeführten Transaktionen, nicht oder nicht richtig kontinuierlich überwacht,
21. entgegen § 10 Absatz 2 Satz 1 den konkreten Umfang der allgemeinen Sorgfaltspflichten nicht entsprechend dem jeweiligen Risiko der Geldwäsche oder Terrorismusfinanzierung bestimmt,
22. entgegen § 10 Absatz 2 Satz 4 oder entgegen § 14 Absatz 1 Satz 2 nicht darlegt, dass der Umfang der von ihm getroffenen Maßnahmen im Hinblick auf die Risiken der Geldwäsche und der Terrorismusfinanzierung als angemessen anzusehen ist,
23. entgegen § 10 Absatz 6 oder Absatz 6a den Sorgfaltspflichten nicht nachkommt,
24. entgegen § 10 Absatz 8 keine Mitteilung macht,
25. entgegen § 10 Absatz 9, § 14 Absatz 3 oder § 15 Absatz 9 in Verbindung mit § 15 Absatz 3 Nummer 1, 3 und 4 die Geschäftsbeziehung begründet, fortsetzt, sie nicht kündigt oder nicht auf andere Weise beendet oder die Transaktion durchführt,
26. entgegen § 11 Absatz 1 Vertragspartner, für diese auftretenden Personen oder wirtschaftlich Berechtigte nicht rechtzeitig identifiziert,
27. entgegen § 11 Absatz 2 die Vertragsparteien, für diese auftretende Personen oder wirtschaftlich Berechtigte nicht oder nicht rechtzeitig identifiziert,
28. entgegen § 11 Absatz 3 Satz 2 keine erneute Identifizierung durchführt,
29. entgegen § 11 Absatz 4 Nummer 1 oder 2 die Angaben nicht oder nicht vollständig erhebt,
30. entgegen § 11 Absatz 5 Satz 1 zur Feststellung der Identität des wirtschaftlich Berechtigten dessen Namen nicht erhebt,
31. § 14 Absatz 2 Satz 2 nicht die Überprüfung von Transaktionen und die Überwachung von Geschäftsbeziehungen in einem Umfang sicherstellt, der es ermöglicht, ungewöhnliche oder verdächtige Transaktionen zu erkennen und zu melden,
32. entgegen § 15 Absatz 2 keine verstärkten Sorgfaltspflichten erfüllt,
33. entgegen § 15 Absatz 4 Satz 1 Nummer 1 in Verbindung mit Absatz 2 oder Absatz 3 Nummer 1 vor der Begründung oder Fortführung einer Geschäftsbeziehung nicht die Zustimmung eines Mitglieds der Führungsebene einholt,
34. entgegen § 15 Absatz 4 Satz 1 Nummer 2 in Verbindung mit Absatz 2 oder Absatz 3 Nummer 1 keine Maßnahmen ergreift,
35. entgegen § 15 Absatz 4 Satz 1 Nummer 3 in Verbindung mit Absatz 2 oder Absatz 3 Nummer 1 die Geschäftsbeziehung keiner verstärkten kontinuierlichen Überwachung unterzieht,

36. entgegen § 15 Absatz 5 Nummer 1 Buchstabe a bis f in Verbindung mit Absatz 3 Nummer 2 keine Informationen einholt,
37. entgegen § 15 Absatz 5 Nummer 2 in Verbindung mit Absatz 3 Nummer 2 nicht die Zustimmung eines Mitglieds der Führungsebene einholt,
38. entgegen § 15 Absatz 5 Nummer 3 in Verbindung mit Absatz 3 Nummer 2 die Geschäftsbeziehung nicht einer verstärkten Überwachung unterzieht,
39. entgegen § 15 Absatz 6 Nummer 1 in Verbindung mit Absatz 3 Nummer 3 die Transaktion nicht untersucht,
40. entgegen § 15 Absatz 6 Nummer 2 in Verbindung mit Absatz 3 Nummer 3 die zugrunde liegende Geschäftsbeziehung keiner verstärkten kontinuierlichen Überwachung unterzieht,
41. entgegen § 15 Absatz 7 Nummer 1 in Verbindung mit Absatz 3 Nummer 4 keine ausreichenden Informationen einholt,
42. entgegen § 15 Absatz 7 Nummer 2 in Verbindung mit Absatz 3 Nummer 4 nicht die Zustimmung eines Mitglieds der Führungsebene einholt,
43. entgegen § 15 Absatz 7 Nummer 3 in Verbindung mit Absatz 3 Nummer 4 die Verantwortlichkeiten nicht festlegt oder nicht dokumentiert,
44. entgegen § 15 Absatz 7 Nummer 4 oder Nummer 5 in Verbindung mit Absatz 3 Nummer 4 keine Maßnahmen ergreift,
45. entgegen § 15 Absatz 5a und 8 einer vollziehbaren Anordnung der Aufsichtsbehörde zuwiderhandelt,
46. entgegen § 16 Absatz 2 einen Spieler zum Glücksspiel zulässt,
47. entgegen § 16 Absatz 3 Einlagen oder andere rückzahlbare Gelder entgegennimmt,
48. entgegen § 16 Absatz 4 Transaktionen des Spielers an den Verpflichteten auf anderen als den in § 16 Absatz 4 Nummer 1 und 2 genannten Wegen zulässt,
49. entgegen § 16 Absatz 5 seinen Informationspflichten nicht nachkommt,
50. entgegen § 16 Absatz 7 Satz 1 Nummer 2 Transaktionen auf ein Zahlungskonto vornimmt,
51. entgegen § 16 Absatz 7 Satz 2 trotz Aufforderung durch die Aufsichtsbehörde den Verwendungszweck nicht hinreichend spezifiziert,
52. entgegen § 16 Absatz 8 Satz 3 die vollständige Identifizierung nicht oder nicht rechtzeitig durchführt,
53. entgegen § 17 Absatz 2 die Erfüllung der Sorgfaltspflichten durch einen Dritten ausführen lässt, der in einem Drittstaat mit hohem Risiko ansässig ist,
54. entgegen § 18 Absatz 3 Informationen nicht oder nicht rechtzeitig zur Verfügung stellt,
55. entgegen § 20 Absatz 1 Angaben zu den wirtschaftlich Berechtigten
    a) nicht einholt,
    b) nicht, nicht richtig oder nicht vollständig aufbewahrt,
    c) nicht auf aktuellem Stand hält oder
    d) nicht, nicht richtig, nicht vollständig oder nicht rechtzeitig der registerführenden Stelle mitteilt,
56. entgegen § 20 Absatz 2 seine Mitteilungspflicht nicht, nicht richtig, nicht vollständig oder nicht rechtzeitig erfüllt,
57. ohne von der mitteilungspflichtigen Vereinigung dazu ermächtigt worden zu sein, der registerführenden Stelle Angaben zu den wirtschaftlich Berechtigten zur Eintragung in das Transparenzregister elektronisch mitteilt,

58. entgegen § 20 Absatz 3 seine Mitteilungspflicht nicht, nicht richtig, nicht vollständig oder nicht rechtzeitig erfüllt,
59. entgegen § 20 Absatz 3a Satz 1 bis 3 oder Absatz 3b Satz 1 seine Mitteilungspflicht nicht, nicht richtig, nicht vollständig oder nicht rechtzeitig erfüllt,
60. entgegen § 20 Absatz 3a Satz 4 oder Absatz 3b Satz 3 seiner Dokumentationspflicht nicht nachkommt,
61. entgegen § 21 Absatz 1 oder 2 Angaben zu den wirtschaftlich Berechtigten
    a) nicht einholt,
    b) nicht, nicht richtig oder nicht vollständig aufbewahrt,
    c) nicht auf aktuellem Stand hält oder
    d) nicht, nicht richtig, nicht vollständig oder nicht rechtzeitig der registerführenden Stelle mitteilt,
62. entgegen § 21 Absatz 1b seine Mitteilungspflicht nicht, nicht richtig nicht vollständig oder nicht rechtzeitig erfüllt,
63. eine unrichtige Mitteilung nach § 20 Absatz 1 oder § 21 Absatz 1 nicht berichtigt,
64. die Einsichtnahme in das Transparenzregister entgegen § 23 Absatz 1 Satz 1 Nummer 2 unter Vorspiegelung falscher Tatsachen erschleicht oder sich auf sonstige Weise widerrechtlich Zugriff auf das Transparenzregister verschafft,
65. entgegen § 23a Absatz 1 Satz 1 seine Mitteilungspflicht nicht erfüllt,
66. als Verpflichteter entgegen § 23a Absatz 3 Informationen oder Dokumente nicht oder nicht rechtzeitig zur Verfügung stellt,
67. entgegen § 30 Absatz 3 einem Auskunftsverlangen nicht, nicht richtig, nicht vollständig oder nicht rechtzeitig nachkommt,
68. entgegen § 40 Absatz 1 Satz 1 oder 2 einer Anordnung oder Weisung nicht, nicht rechtzeitig oder nicht vollständig nachkommt,
69. entgegen § 43 Absatz 1 eine Meldung nicht, nicht richtig, nicht vollständig oder nicht rechtzeitig abgibt,
70. entgegen § 46 Absatz 2 Satz 2 die Meldung nicht unverzüglich nachholt,
71. eine Untersagung nach § 51 Absatz 5 nicht beachtet,
72. Auskünfte nach § 51 Absatz 7 nicht, nicht richtig, nicht vollständig oder nicht rechtzeitig gibt,
73. entgegen § 52 Absatz 1 und 6
    a) Auskünfte nicht, nicht richtig, nicht vollständig oder nicht rechtzeitig erteilt oder
    b) Unterlagen nicht, nicht richtig, nicht vollständig oder nicht rechtzeitig vorlegt oder
74. entgegen § 52 Absatz 3 eine Prüfung nicht duldet.

Die Ordnungswidrigkeit kann bei vorsätzlicher Begehung mit einer Geldbuße bis zu einhundertfünfzigtausend Euro, im Übrigen mit einer Geldbuße bis zu einhunderttausend Euro geahndet werden.

(2) Ordnungswidrig handelt, wer vorsätzlich oder fahrlässig

1. entgegen § 4 Absatz 3 Satz 1 kein Mitglied der Leitungsebene benennt,
2. entgegen § 7 Absatz 1 keinen Geldwäschebeauftragten oder keinen Stellvertreter bestellt,

3. einer vollziehbaren Anordnung nach § 7 Absatz 3 nicht oder nicht rechtzeitig nachkommt,
4. entgegen § 9 Absatz 1 Satz 2, auch in Verbindung mit Absatz 4, keinen Gruppengeldwäschebeauftragten bestellt,
5. entgegen § 15 Absatz 9 in Verbindung mit § 15 Absatz 3 Nummer 2 die Geschäftsbeziehung begründet, fortsetzt, sie nicht kündigt oder nicht auf andere Weise beendet oder die Transaktion durchführt,
6. entgegen § 46 Absatz 1 Satz 1 eine Transaktion durchführt oder
7. entgegen § 47 Absatz 1 in Verbindung mit Absatz 2 den Vertragspartner, den Auftraggeber oder einen Dritten in Kenntnis setzt.

Die Ordnungswidrigkeit kann bei vorsätzlicher Begehung mit einer Geldbuße bis zu einhundertfünfzigtausend Euro, bei leichtfertiger Begehung mit einer Geldbuße bis zu einhunderttausend Euro, im Übrigen mit einer Geldbuße bis zu fünfzigtausend Euro geahndet werden.

(3) Die Ordnungswidrigkeit nach Absatz 1 und bei vorsätzlicher oder leichtfertiger Begehung nach Absatz 2 kann geahndet werden mit einer

1. Geldbuße bis zu einer Million Euro oder
2. Geldbuße bis zum Zweifachen des aus dem Verstoß gezogenen wirtschaftlichen Vorteils,

wenn es sich um einen schwerwiegenden, wiederholten oder systematischen Verstoß handelt. Der wirtschaftliche Vorteil umfasst erzielte Gewinne und vermiedene Verluste und kann geschätzt werden. Gegenüber Verpflichteten gemäß § 2 Absatz 1 Nummer 1 bis 3 und 6 bis 9, die juristische Personen oder Personenvereinigungen sind, kann über Satz 1 hinaus eine höhere Geldbuße verhängt werden. In diesen Fällen darf die Geldbuße den höheren der folgenden Beträge nicht übersteigen:

1. fünf Millionen Euro oder
2. 10 Prozent des Gesamtumsatzes, den die juristische Person oder die Personenvereinigung im Geschäftsjahr, das der Behördenentscheidung vorausgegangen ist, erzielt hat.

Gegenüber Verpflichteten gemäß § 2 Absatz 1 Nummer 1 bis 3 und 6 bis 9, die natürliche Personen sind, kann über Satz 1 hinaus eine Geldbuße bis zu fünf Millionen Euro verhängt werden.

(4) Gesamtumsatz im Sinne des Absatzes 3 Satz 4 Nummer 2 ist

1. bei Kreditinstituten, Zahlungsinstituten, Wertpapierinstituten und Finanzdienstleistungsinstituten nach § 340 des Handelsgesetzbuchs der Gesamtbetrag, der sich ergibt aus dem auf das Institut anwendbaren nationalen Recht im Einklang mit Artikel 27 Nummer 1, 3, 4, 6 und 7 oder Artikel 28 Abschnitt B Nummer 1 bis 4 und 7 der Richtlinie 86/635/EWG des Rates vom 8. Dezember 1986 über den Jahresabschluss und den konsolidierten Abschluss von Banken und anderen Finanzinstituten (ABl. L 372 vom 31.12.1986, S. 1), abzüglich der Umsatzsteuer und sonstiger direkt auf diese Erträge erhobener Steuern,
2. bei Versicherungsunternehmen der Gesamtbetrag, der sich ergibt aus dem auf das Versicherungsunternehmen anwendbaren nationalen Recht im Einklang mit Artikel 63 der Richtlinie 91/674/EWG des Rates vom 19. Dezember 1991 über den Jahresabschluss und den konsolidierten Abschluss von Versicherungsunternehmen (ABl. L 374 vom 31.12.1991, S. 7), abzüglich der Umsatzsteuer und sonstiger direkt auf diese Erträge erhobener Steuern,
3. im Übrigen der Betrag der Nettoumsatzerlöse nach Maßgabe des auf das Unternehmen anwendbaren nationalen Rechts im Einklang mit Artikel 2 Nummer 5 der Richtlinie 2013/34/EU.

Handelt es sich bei der juristischen Person oder Personenvereinigung um ein Mutterunternehmen oder um ein Tochterunternehmen, so ist anstelle des Gesamtumsatzes der juristischen Person oder Personenvereinigung der jeweilige Gesamtbetrag in demjenigen Konzernabschluss des Mutterunternehmens maßgeblich, der für den größten Kreis von Unternehmen aufgestellt wird. Wird der Konzernabschluss für den größten Kreis von Unternehmen nicht nach den in Satz 1 genannten Vorschriften aufgestellt, ist der Gesamtumsatz nach Maßgabe der den in Satz 1 Nummer 1 bis 3 vergleichbaren Posten des Konzernabschlusses zu ermitteln. Ist ein Jahresabschluss oder Konzernabschluss für das maßgebliche Geschäftsjahr nicht verfügbar, so ist der Jahresabschluss oder Konzernabschluss für das unmittelbar vorausgehende Geschäftsjahr maßgeblich. Ist auch der Jahresabschluss oder Konzernabschluss für das unmittelbar vorausgehende Geschäftsjahr nicht verfügbar, so kann der Gesamtumsatz geschätzt werden.

(5) Die jeweils nach § 50 Nummer 1 und 7a bis 9 zuständige Aufsichtsbehörde ist auch Verwaltungsbehörde nach § 36 Absatz 1 Nummer 1 des Gesetzes über Ordnungswidrigkeiten. Für Ordnungswidrigkeiten nach Absatz 1 Satz 1 Nummer 54 bis 66 ist Verwaltungsbehörde nach § 36 Absatz 1 Nummer 1 des Gesetzes über Ordnungswidrigkeiten das Bundesverwaltungsamt.

(5a) Soweit nach Absatz 5 Satz 1 die Finanzbehörde Verwaltungsbehörde ist, gelten § 387 Absatz 2, § 410 Absatz 1 Nummer 2, 6 bis 11, Absatz 2 und § 412 der Abgabenordnung sinngemäß.

(6) Die zuständige Verwaltungsbehörde übermittelt, sofern sie nicht zugleich zuständige Aufsichtsbehörde ist, auf Ersuchen sämtliche Informationen einschließlich personenbezogener Daten an die zuständige Aufsichtsbehörde, soweit die Informationen für die Erfüllung der Aufgaben der Aufsichtsbehörde, insbesondere für die Vorhaltung der Statistik nach § 51 Absatz 9, erforderlich sind.

(7) Die Aufsichtsbehörden überprüfen im Bundeszentralregister, ob eine einschlägige Verurteilung der betreffenden Person vorliegt.

(8) Die zuständigen Aufsichtsbehörden nach § 50 Nummer 1, 2 und 9 informieren die Europäische Bankenaufsichtsbehörde hinsichtlich der Verpflichteten nach § 2 Absatz 1 Nummer 1 bis 3 und 6 bis 9 über

1. die gegen diese Verpflichteten verhängten Geldbußen,
2. sonstige Maßnahmen aufgrund von Verstößen gegen Vorschriften dieses Gesetzes oder anderer Gesetze zur Verhinderung von Geldwäsche oder von Terrorismusfinanzierung und
3. diesbezügliche Rechtsmittelverfahren und deren Ergebnisse.

§ 57 Bekanntmachung von bestandskräftigen Maßnahmen und von unanfechtbaren Bußgeldentscheidungen

(1) Die zuständigen Aufsichts- und Verwaltungsbehörden und die Behörde nach § 56 Absatz 5 Satz 2 haben bestandskräftige Maßnahmen und unanfechtbare Bußgeldentscheidungen, die sie wegen eines Verstoßes gegen dieses Gesetz oder die auf seiner Grundlage erlassenen Rechtsverordnungen verhängt haben, nach Unterrichtung des Adressaten der Maßnahme oder Bußgeldentscheidung auf ihrer oder auf einer gemeinsamen Internetseite bekannt zu machen. Dies gilt auch für gerichtliche Entscheidungen, soweit diese unanfechtbar geworden sind und die Verhängung eines Bußgeldes zum Gegenstand haben. In der Bekanntmachung sind Art und Charakter des Verstoßes und die für den Verstoß verantwortlichen natürlichen Personen und juristischen Personen oder Personenvereinigungen zu benennen.

(2) Die Bekanntmachung nach Absatz 1 ist aufzuschieben, solange die Bekanntmachung

1. das Persönlichkeitsrecht natürlicher Personen verletzen würde oder eine Bekanntmachung personenbezogener Daten aus sonstigen Gründen unverhältnismäßig wäre,

2. die Stabilität der Finanzmärkte der Bundesrepublik Deutschland oder eines oder mehrerer Vertragsstaaten des Abkommens über den Europäischen Wirtschaftsraum gefährden würde oder
3. laufende Ermittlungen gefährden würde.

Anstelle einer Aufschiebung kann die Bekanntmachung auf anonymisierter Basis erfolgen, wenn hierdurch ein wirksamer Schutz nach Satz 1 Nummer 1 gewährleistet ist. Ist vorhersehbar, dass die Gründe der anonymisierten Bekanntmachung innerhalb eines überschaubaren Zeitraums wegfallen werden, so kann die Bekanntmachung der Informationen nach Satz 1 Nummer 1 entsprechend aufgeschoben werden. Die Bekanntmachung erfolgt, wenn die Gründe für den Aufschub entfallen sind.

(3) Eine Bekanntmachung darf nicht erfolgen, wenn die Maßnahmen nach Absatz 2 nicht ausreichend sind, um eine Gefährdung der Finanzmarktstabilität auszuschließen oder die Verhältnismäßigkeit der Bekanntmachung sicherzustellen.

(4) Eine Bekanntmachung muss fünf Jahre auf der Internetseite der Aufsichtsbehörde veröffentlicht bleiben. Abweichend von Satz 1 sind personenbezogene Daten zu löschen, sobald die Bekanntmachung nicht mehr erforderlich ist.

§ 58 (weggefallen)

§ 59 Übergangsregelung

(1) Die Mitteilungen nach § 20 Absatz 1 und § 21 haben erstmals bis zum 1. Oktober 2017 an das Transparenzregister zu erfolgen.

(2) Die Eröffnung des Zugangs zu Eintragungen im Vereinsregister, welche § 22 Absatz 1 Satz 1 Nummer 8 vorsieht, erfolgt ab dem 26. Juni 2018. Bis zum 25. Juni 2018 werden die technischen Voraussetzungen geschaffen, um diejenigen Indexdaten nach § 22 Absatz 2 zu übermitteln, welche für die Eröffnung des Zugangs zu den Originaldaten nach § 22 Absatz 1 Satz 1 Nummer 8 erforderlich sind. Für den Übergangszeitraum vom 26. Juni 2017 bis zum 25. Juni 2018 enthält das Transparenzregister stattdessen einen Link auf das gemeinsame Registerportal der Länder.

(3) § 23 Absatz 3 findet ab dem 1. Januar 2023 Anwendung

(4) Gewährte Befreiungen der Aufsichtsbehörden nach § 50 Nummer 8 gegenüber Verpflichteten nach § 2 Absatz 1 Nummer 15, soweit sie Glücksspiele im Internet veranstalten oder vermitteln, bleiben in Abweichung zu § 16 bis zum 30. Juni 2018 wirksam.

(5) Ist am 25. Juni 2015 ein Gerichtsverfahren betreffend die Verhinderung, Aufdeckung, Ermittlung oder Verfolgung von mutmaßlicher Geldwäsche oder Terrorismusfinanzierung anhängig gewesen und besitzt ein Verpflichteter Informationen oder Unterlagen im Zusammenhang mit diesem anhängigen Verfahren, so darf der Verpflichtete diese Informationen oder Unterlagen bis zum 25. Juni 2020 aufbewahren.

(6) Die Pflicht zur Registrierung nach § 45 Absatz 1 Satz 2 besteht mit Inbetriebnahme des neuen Informationsverbundes der Zentralstelle für Finanztransaktionsuntersuchungen, spätestens jedoch ab dem 1. Januar 2024. Das Bundesministerium der Finanzen gibt den Tag der Inbetriebnahme des neuen Informationsverbundes der Zentralstelle für Finanztransaktionsuntersuchungen im Bundesgesetzblatt bekannt.

(7) Bis zur technischen Umsetzung des Verfahrens nach § 31 Absatz 6, längstens jedoch bis zum 31. Dezember 2023, darf die Zentralstelle für Finanztransaktionsuntersuchungen das Bundeszentralamt für Steuern ersuchen, bei den Kreditinstituten die in § 93b Absatz 1 und 1a der Abgabenordnung bezeichneten Daten, ausgenommen die Identifikationsnummer nach § 139b der Abgabenordnung, abzurufen (§ 93 Absatz 8 der Abgabenordnung). Bei einem Ersuchen nach Satz

1 gilt § 93 Absatz 8a bis 10 der Abgabenordnung entsprechend. Das Bundeszentralamt übermittelt der Zentralstelle für Finanztransaktionsuntersuchungen in Beantwortung des Ersuchens nur solche Daten, die die Zentralstelle nach § 31 Absatz 6 abrufen darf.

(8) Juristische Personen des Privatrechts und eingetragene Personengesellschaften nach § 20 Absatz 1, deren Pflicht zur Mitteilung an das Transparenzregister am 31. Juli 2021 nach der bis einschließlich zum 31. Juli 2021 geltenden Fassung des § 20 Absatz 2 als erfüllt galt, haben die in § 19 Absatz 1 aufgeführten Angaben,

1. sofern es sich um eine Aktiengesellschaft, SE, Kommanditgesellschaft auf Aktien handelt bis zum 31. März 2022,
2. sofern es sich um eine Gesellschaft mit beschränkter Haftung, Genossenschaft, Europäische Genossenschaft oder Partnerschaft handelt bis zum 30. Juni 2022,
3. in allen anderen Fällen bis spätestens zum 31. Dezember 2022

der registerführenden Stelle zur Eintragung in das Transparenzregister mitzuteilen.

(9) § 56 Absatz 1 Nummer 55 und 58 bis 60 sind nicht anwendbar auf juristische Personen des Privatrechts oder eingetragene Personengesellschaften nach § 20 Absatz 1, deren Pflicht zur Mitteilung an das Transparenzregister am 31. Juli 2021 nach der bis einschließlich zum 31. Juli 2021 geltenden Fassung des § 20 Absatz 2 als erfüllt galt,

1. sofern es sich um eine Aktiengesellschaft, SE, Kommanditgesellschaft auf Aktien handelt bis zum 31. März 2023,
2. sofern es sich um eine Gesellschaft mit beschränkter Haftung, Genossenschaft, Europäische Genossenschaft oder Partnerschaft handelt bis zum 30. Juni 2023,
3. in allen anderen Fällen bis spätestens zum 31. Dezember 2023.

(10) Abweichend von § 23a Absatz 1 sind Unstimmigkeitsmeldungen wegen des Fehlens einer Eintragung nach § 20 bis zum 1. April 2023 nicht abzugeben, wenn nach der bis einschließlich zum 31. Juli 2021 geltenden Fassung des § 23a Absatz 1 in Verbindung mit § 20 Absatz 2 keine Pflicht zur Abgabe einer Unstimmigkeitsmeldung an das Transparenzregister bestanden hätte.

(11) § 16a findet keine Anwendung auf Rechtsgeschäfte, die vor dem 1. April 2023 geschlossen wurden.

(12) § 19 Absatz 3 Satz 2 findet ab dem 1. Januar 2023 Anwendung auf Mitteilungen nach § 20. Soweit Vereinigungen vor diesem Zeitpunkt Angaben zur Eintragung in das Transparenzregister mitgeteilt haben, ist eine Aktualisierung nur zu Art und Umfang des wirtschaftlichen Interesses gemäß § 19 Absatz 3 Satz 2 nicht erforderlich.

(13) Soweit Vereinigungen mit Sitz im Ausland von der Pflicht des § 20 Absatz 1 Satz 2 erfasst sind, weil sie seit einem Zeitpunkt vor dem 1. Januar 2020 Eigentum an einer im Inland gelegenen Immobilie halten oder weil sich seit einem Zeitpunkt vor dem 1. August 2021 Anteile im Sinne des § 1 Absatz 3 des Grunderwerbsteuergesetzes bei ihr vereinigen oder sie seit einem Zeitpunkt vor dem 1. August 2021 im Sinne des § 1 Absatz 3a des Grunderwerbsteuergesetzes aufgrund eines Rechtsvorgangs eine wirtschaftliche Beteiligung innehaben, sind die in § 19 Absatz 1 aufgeführten Angaben bis zum 30. Juni 2023 der registerführenden Stelle zur Eintragung in das Transparenzregister mitzuteilen.

(14) § 23 Absatz 1 Satz 3 und § 23a Absatz 5 Satz 2 findet nur auf solche Eigentums- und Kontrollstrukturübersichten Anwendung, bei denen die Prüfung der Unstimmigkeitsmeldung nach dem 30. Juni 2023 abgeschlossen wurde. Die Übermittlung von Eigentums- und Kontrollübersichten aufgrund von Einzelanfragen einer Behörde außerhalb des Einsichtnahmeverfahrens bleibt unberührt.

Anlage 1 (zu den §§ 5, 10, 14, 15)

Faktoren für ein potenziell geringeres Risiko

Die Liste ist eine nicht abschließende Aufzählung von Faktoren und möglichen Anzeichen für ein potenziell geringeres Risiko nach § 14:

1. Faktoren bezüglich des Kundenrisikos:
   a) öffentliche, an einer Börse notierte Unternehmen, die (aufgrund von Börsenordnungen oder von Gesetzes wegen oder aufgrund durchsetzbarer Instrumente) solchen Offenlegungspflichten unterliegen, die Anforderungen an die Gewährleistung einer angemessenen Transparenz hinsichtlich des wirtschaftlichen Eigentümers auferlegen,

   b) öffentliche Verwaltungen oder Unternehmen,

   c) Kunden mit Wohnsitz in geografischen Gebieten mit geringerem Risiko nach Nummer 3.

2. Faktoren bezüglich des Produkt-, Dienstleistungs-, Transaktions- oder Vertriebskanalrisikos:
   a) Lebensversicherungspolicen mit niedriger Prämie,

   b) Versicherungspolicen für Rentenversicherungsverträge, sofern die Verträge weder eine Rückkaufklausel enthalten noch als Sicherheit für Darlehen dienen können,

   c) Rentensysteme und Pensionspläne oder vergleichbare Systeme, die den Arbeitnehmern Altersversorgungsleistungen bieten, wobei die Beiträge vom Gehalt abgezogen werden und die Regeln des Systems den Begünstigten nicht gestatten, ihre Rechte zu übertragen,

   d) Finanzprodukte oder -dienste, die bestimmten Kunden angemessen definierte und begrenzte Dienstleistungen mit dem Ziel der Einbindung in das Finanzsystem („financial inclusion") anbieten,

   e) Produkte, bei denen die Risiken der Geldwäsche und der Terrorismusfinanzierung durch andere Faktoren wie etwa Beschränkungen der elektronischen Geldbörse oder die Transparenz der Eigentumsverhältnisse gesteuert werden (z. B. bestimmte Arten von E-Geld).

3. Faktoren bezüglich des geografischen Risikos - Registrierung, Niederlassung, Wohnsitz in:
   a) Mitgliedstaaten,

   b) Drittstaaten mit gut funktionierenden Systemen zur Verhinderung, Aufdeckung und Bekämpfung von Geldwäsche und von Terrorismusfinanzierung,

   c) Drittstaaten, in denen Korruption und andere kriminelle Tätigkeiten laut glaubwürdigen Quellen schwach ausgeprägt sind,

   d) Drittstaaten, deren Anforderungen an die Verhinderung, Aufdeckung und Bekämpfung von Geldwäsche und von Terrorismusfinanzierung laut glaubwürdigen Quellen (z. B. gegenseitige Evaluierungen, detaillierte Bewertungsberichte oder veröffentlichte Follow-up-Berichte) den überarbeiteten FATF (Financial Action Task Force)-Empfehlungen entsprechen und die diese Anforderungen wirksam umsetzen.

Anlage 2 (zu den §§ 5, 10, 14, 15)

Faktoren für ein potenziell höheres Risiko

Die Liste ist eine nicht erschöpfende Aufzählung von Faktoren und möglichen Anzeichen für ein potenziell höheres Risiko nach § 15:

1. Faktoren bezüglich des Kundenrisikos:
   a) außergewöhnliche Umstände der Geschäftsbeziehung,
   b) Kunden, die in geografischen Gebieten mit hohem Risiko gemäß Nummer 3 ansässig sind,
   c) juristische Personen oder Rechtsvereinbarungen, die als Instrumente für die private Vermögensverwaltung dienen,
   d) Unternehmen mit nominellen Anteilseignern oder als Inhaberpapiere emittierten Aktien,
   e) bargeldintensive Unternehmen,
   f) angesichts der Art der Geschäftstätigkeit als ungewöhnlich oder übermäßig kompliziert erscheinende Eigentumsstruktur des Unternehmens;
   g) der Kunde ist ein Drittstaatsangehöriger, der Aufenthaltsrechte oder die Staatsbürgerschaft eines Mitgliedstaats im Austausch gegen die Übertragung von Kapital, den Kauf von Immobilien oder Staatsanleihen oder Investitionen in Gesellschaften in diesem Mitgliedstaat beantragt;
2. Faktoren bezüglich des Produkt-, Dienstleistungs-, Transaktions- oder Vertriebskanalrisikos:
   a) Betreuung vermögender Privatkunden,
   b) Produkte oder Transaktionen, die Anonymität begünstigen könnten,
   c) Geschäftsbeziehungen oder Transaktionen ohne persönliche Kontakte und ohne bestimmte Sicherungsmaßnahmen wie elektronische Mittel für die Identitätsfeststellung, einschlägige Vertrauensdienste gemäß der Definition in der Verordnung (EU) Nr. 910/2014 oder andere von den einschlägigen nationalen Behörden regulierte, anerkannte, gebilligte oder akzeptierte sichere Verfahren zur Identifizierung aus der Ferne oder auf elektronischem Weg,
   d) Eingang von Zahlungen unbekannter oder nicht verbundener Dritter,
   e) neue Produkte und neue Geschäftsmodelle einschließlich neuer Vertriebsmechanismen sowie Nutzung neuer oder in der Entwicklung begriffener Technologien für neue oder bereits bestehende Produkte;
   f) Transaktionen in Bezug auf Öl, Waffen, Edelmetalle, Tabakerzeugnisse, Kulturgüter und andere Artikel von archäoloischer, historischer, kultureller oder religiöser Bedeutung oder von außergewöhnlichem wissenschaftlichem Wert sowie Elfenbein und geschützte Arten;
3. Faktoren bezüglich des geografischen Risikos:
   a) unbeschadet des Artikels 9 der Richtlinie (EU) 2015/849 ermittelte Länder, deren Finanzsysteme laut glaubwürdigen Quellen (z. B. gegenseitige Evalu-

ierungen, detaillierte Bewertungsberichte oder veröffentlichte Follow-up-Berichte) nicht über hinreichende Systeme zur Verhinderung, Aufdeckung und Bekämpfung von Geldwäsche und Terrorismusfinanzierung verfügen,

b) Drittstaaten, in denen Korruption oder andere kriminelle Tätigkeiten laut glaubwürdigen Quellen signifikant stark ausgeprägt sind,

c) Staaten, gegen die beispielsweise die Europäische Union oder die Vereinten Nationen Sanktionen, Embargos oder ähnliche Maßnahmen verhängt hat oder haben,

d) Staaten, die terroristische Aktivitäten finanziell oder anderweitig unterstützen oder in denen bekannte terroristische Organisationen aktiv sind.

Handelsgesetzbuch

zuletzt geändert durch Artikel 1 des Gesetzes vom 15.7.2022 (BGBl. I S. 1146).

- Auszug -

§ 25

(1) Wer ein unter Lebenden erworbenes Handelsgeschäft unter der bisherigen Firma mit oder ohne Beifügung eines das Nachfolgeverhältnis andeutenden Zusatzes fortführt, haftet für alle im Betrieb des Geschäfts begründeten Verbindlichkeiten des früheren Inhabers. Die in dem Betrieb begründeten Forderungen gelten den Schuldnern gegenüber als auf den Erwerber übergegangen, falls der bisherige Inhaber oder seine Erben in die Fortführung der Firma gewilligt haben.

(2) Eine abweichende Vereinbarung ist einem Dritten gegenüber nur wirksam, wenn sie in das Handelsregister eingetragen und bekanntgemacht oder von dem Erwerber oder dem Veräußerer dem Dritten mitgeteilt worden ist.

(3) Wird die Firma nicht fortgeführt, so haftet der Erwerber eines Handelsgeschäfts für die früheren Geschäftsverbindlichkeiten nur, wenn ein besonderer Verpflichtungsgrund vorliegt, insbesondere wenn die Übernahme der Verbindlichkeiten in handelsüblicher Weise von dem Erwerber bekanntgemacht worden ist.

§ 26

(1) Ist der Erwerber des Handelsgeschäfts auf Grund der Fortführung der Firma oder auf Grund der in § 25 Abs. 3 bezeichneten Kundmachung für die früheren Geschäftsverbindlichkeiten haftbar, so haftet der frühere Geschäftsinhaber für diese Verbindlichkeiten nur, wenn sie vor Ablauf von fünf Jahren fällig und daraus Ansprüche gegen ihn in einer in § 197 Abs. 1 Nr. 3 bis 5 des Bürgerlichen Gesetzbuchs bezeichneten Art festgestellt sind oder eine gerichtliche oder behördliche Vollstreckungshandlung vorgenommen oder beantragt wird; bei öffentlich-rechtlichen Verbindlichkeiten genügt der Erlass eines Verwaltungsakts. Die Frist beginnt im Falle des § 25 Abs. 1 mit dem Ende des Tages, an dem der neue Inhaber der Firma in das Handelsregister des Gerichts der Hauptniederlassung eingetragen wird, im Falle des § 25 Abs. 3 mit dem Ende des Tages, an dem die Übernahme kundgemacht wird. Die für die Verjährung geltenden §§ 204, 206, 210, 211 und 212 Abs. 2 und 3 des Bürgerlichen Gesetzbuches sind entsprechend anzuwenden.

(2) Einer Feststellung in einer in § 197 Abs. 1 Nr. 3 bis 5 des Bürgerlichen Gesetzbuchs bezeichneten Art bedarf es nicht, soweit der frühere Geschäftsinhaber den Anspruch schriftlich anerkannt hat.

§ 27

(1) Wird ein zu einem Nachlaß gehörendes Handelsgeschäft von dem Erben fortgeführt, so finden auf die Haftung des Erben für die früheren Geschäftsverbindlichkeiten die Vorschriften des § 25 entsprechende Anwendung.

(2) Die unbeschränkte Haftung nach § 25 Abs. 1 tritt nicht ein, wenn die Fortführung des Geschäfts vor dem Ablauf von drei Monaten nach dem Zeitpunkt, in welchem der Erbe von dem Anfall der Erbschaft Kenntnis erlangt hat, eingestellt wird. Auf den Lauf der Frist finden die für die Verjährung geltenden Vorschriften des § 210 des Bürgerlichen Gesetzbuchs entsprechende Anwendung. Ist bei dem Ablauf der drei Monate das Recht zur Ausschlagung der Erbschaft noch nicht verloren, so endigt die Frist nicht vor dem Ablauf der Ausschlagungsfrist.

§ 28

(1) Tritt jemand als persönlich haftender Gesellschafter oder als Kommanditist in das Geschäft eines Einzelkaufmanns ein, so haftet die Gesellschaft, auch wenn sie die frühere Firma nicht fortführt, für alle im Betrieb des Geschäfts entstandenen Verbindlichkeiten des früheren Geschäftsinhabers. Die in dem Betrieb begründeten Forderungen gelten den Schuldnern gegenüber als auf die Gesellschaft übergegangen.

(2) Eine abweichende Vereinbarung ist einem Dritten gegenüber nur wirksam, wenn sie in das Handelsregister eingetragen und bekanntgemacht oder von einem Gesellschafter dem Dritten mitgeteilt worden ist.

(3) Wird der frühere Geschäftsinhaber Kommanditist und haftet die Gesellschaft für die im Betrieb seines Geschäfts entstandenen Verbindlichkeiten, so ist für die Begrenzung seiner Haftung § 26 entsprechend mit der Maßgabe anzuwenden, daß die in § 26 Abs. 1 bestimmte Frist mit dem Ende des Tages beginnt, an dem die Gesellschaft in das Handelsregister eingetragen wird. Dies gilt auch, wenn er in der Gesellschaft oder einem ihr als Gesellschafter angehörenden Unternehmen geschäftsführend tätig wird. Seine Haftung als Kommanditist bleibt unberührt.

§ 31

(1) Eine Änderung der Firma oder ihrer Inhaber, die Verlegung der Niederlassung an einen anderen Ort sowie die Änderung der inländischen Geschäftsanschrift ist nach den Vorschriften des § 29 zur Eintragung in das Handelsregister anzumelden.

(2) Das gleiche gilt, wenn die Firma erlischt. Kann die Anmeldung des Erlöschens einer eingetragenen Firma durch die hierzu Verpflichteten nicht auf dem in § 14 bezeichneten Weg herbeigeführt werden, so hat das Gericht das Erlöschen von Amts wegen einzutragen.

§ 124

(1) Die offene Handelsgesellschaft kann unter ihrer Firma Rechte erwerben und Verbindlichkeiten eingehen, Eigentum und andere dingliche Rechte an Grundstücken erwerben, vor Gericht klagen und verklagt werden.

(2) Zur Zwangsvollstreckung in das Gesellschaftsvermögen ist ein gegen die Gesellschaft gerichteter vollstreckbarer Schuldtitel erforderlich.

§ 128

Die Gesellschafter haften für die Verbindlichkeiten der Gesellschaft den Gläubigern als Gesamtschuldner persönlich. Eine entgegenstehende Vereinbarung ist Dritten gegenüber unwirksam.

§ 130

(1) Wer in eine bestehende Gesellschaft eintritt, haftet gleich den anderen Gesellschaftern nach Maßgabe der §§ 128 und 129 für die vor seinem Eintritt begründeten Verbindlichkeiten der Gesellschaft, ohne Unterschied, ob die Firma eine Änderung erleidet oder nicht.

(2) Eine entgegenstehende Vereinbarung ist Dritten gegenüber unwirksam.

§ 159

(1) Die Ansprüche gegen einen Gesellschafter aus Verbindlichkeiten der Gesellschaft verjähren in fünf Jahren nach der Auflösung der Gesellschaft, sofern nicht der Anspruch gegen die Gesellschaft einer kürzeren Verjährung unterliegt.

(2) Die Verjährung beginnt mit dem Ende des Tages, an welchem die Auflösung der Gesellschaft in das Handelsregister des für den Sitz der Gesellschaft zuständigen Gerichts eingetragen wird.

(3) Wird der Anspruch des Gläubigers gegen die Gesellschaft erst nach der Eintragung fällig, so beginnt die Verjährung mit dem Zeitpunkt der Fälligkeit.

(4) Der Neubeginn der Verjährung und ihre Hemmung nach § 204 des Bürgerlichen Gesetzbuchs gegenüber der aufgelösten Gesellschaft wirken auch gegenüber den Gesellschaftern, die der Gesellschaft zur Zeit der Auflösung angehört haben.

§ 160

(1) Scheidet ein Gesellschafter aus der Gesellschaft aus, so haftet er für ihre bis dahin begründeten Verbindlichkeiten, wenn sie vor Ablauf von fünf Jahren nach dem Ausscheiden fällig und daraus Ansprüche gegen ihn in einer in § 197 Abs. 1 Nr. 3 bis 5 des Bürgerlichen Gesetzbuchs bezeichneten Art festgestellt sind oder eine gerichtliche oder behördliche Vollstreckungshandlung vorgenommen oder beantragt wird; bei öffentlich-rechtlichen Verbindlichkeiten genügt der Erlass eines Verwaltungsakts. Die Frist beginnt mit dem Ende des Tages, an dem das Ausscheiden in das Handelsregister des für den Sitz der Gesellschaft zuständigen Gerichts eingetragen wird. Die für die Verjährung geltenden §§ 204, 206, 210, 211 und 212 Abs. 2 und 3 des Bürgerlichen Gesetzbuches sind entsprechend anzuwenden.

(2) Einer Feststellung in einer in § 197 Abs. 1 Nr. 3 bis 5 des Bürgerlichen Gesetzbuchs bezeichneten Art bedarf es nicht, soweit der Gesellschafter den Anspruch schriftlich anerkannt hat.

(3) Wird ein Gesellschafter Kommanditist, so sind für die Begrenzung seiner Haftung für die im Zeitpunkt der Eintragung der Änderung in das Handelsregister begründeten Verbindlichkeiten die Absätze 1 und 2 entsprechend anzuwenden. Dies gilt auch, wenn er in der Gesellschaft oder einem ihr als Gesellschafter angehörenden Unternehmen geschäftsführend tätig wird. Seine Haftung als Kommanditist bleibt unberührt.

§ 161

(1) Eine Gesellschaft, deren Zweck auf den Betrieb eines Handelsgewerbes unter gemeinschaftlicher Firma gerichtet ist, ist eine Kommanditgesellschaft, wenn bei einem oder bei einigen von den Gesellschaftern die Haftung gegenüber den Gesellschaftsgläubigern auf den Betrag einer bestimmten Vermögenseinlage beschränkt ist (Kommanditisten), während bei dem anderen Teil der Gesellschafter eine Beschränkung der Haftung nicht stattfindet (persönlich haftende Gesellschafter).

(2) Soweit nicht in diesem Abschnitt ein anderes vorgeschrieben ist, finden auf die Kommanditgesellschaft die für die offene Handelsgesellschaft geltenden Vorschriften Anwendung.

§ 171

(1) Der Kommanditist haftet den Gläubigern der Gesellschaft bis zur Höhe seiner Einlage unmittelbar; die Haftung ist ausgeschlossen, soweit die Einlage geleistet ist.

(2) Ist über das Vermögen der Gesellschaft das Insolvenzverfahren eröffnet, so wird während der Dauer des Verfahrens das den Gesellschaftsgläubigern nach Absatz 1 zustehende Recht durch den Insolvenzverwalter oder den Sachwalter ausgeübt.

§ 238 – Buchführungspflicht

(1) Jeder Kaufmann ist verpflichtet, Bücher zu führen und in diesen seine Handelsgeschäfte und die Lage seines Vermögens nach den Grundsätzen ordnungsmäßiger Buchführung ersichtlich zu

machen. Die Buchführung muß so beschaffen sein, daß sie einem sachverständigen Dritten innerhalb angemessener Zeit einen Überblick über die Geschäftsvorfälle und über die Lage des Unternehmens vermitteln kann. Die Geschäftsvorfälle müssen sich in ihrer Entstehung und Abwicklung verfolgen lassen.

(2) Der Kaufmann ist verpflichtet, eine mit der Urschrift übereinstimmende Wiedergabe der abgesandten Handelsbriefe (Kopie, Abdruck, Abschrift oder sonstige Wiedergabe des Wortlauts auf einem Schrift-, Bild- oder anderen Datenträger) zurückzubehalten.

§ 239 – Führung der Handelsbücher

(1) Bei der Führung der Handelsbücher und bei den sonst erforderlichen Aufzeichnungen hat sich der Kaufmann einer lebenden Sprache zu bedienen. Werden Abkürzungen, Ziffern, Buchstaben oder Symbole verwendet, muß im Einzelfall deren Bedeutung eindeutig festliegen.

(2) Die Eintragungen in Büchern und die sonst erforderlichen Aufzeichnungen müssen vollständig, richtig, zeitgerecht und geordnet vorgenommen werden.

(3) Eine Eintragung oder eine Aufzeichnung darf nicht in einer Weise verändert werden, daß der ursprüngliche Inhalt nicht mehr feststellbar ist. Auch solche Veränderungen dürfen nicht vorgenommen werden, deren Beschaffenheit es ungewiß läßt, ob sie ursprünglich oder erst später gemacht worden sind.

(4) Die Handelsbücher und die sonst erforderlichen Aufzeichnungen können auch in der geordneten Ablage von Belegen bestehen oder auf Datenträgern geführt werden, soweit diese Formen der Buchführung einschließlich des dabei angewandten Verfahrens den Grundsätzen ordnungsmäßiger Buchführung entsprechen. Bei der Führung der Handelsbücher und der sonst erforderlichen Aufzeichnungen auf Datenträgern muß insbesondere sichergestellt sein, daß die Daten während der Dauer der Aufbewahrungsfrist verfügbar sind und jederzeit innerhalb angemessener Frist lesbar gemacht werden können. Absätze 1 bis 3 gelten sinngemäß.

§ 240 – Inventar

(1) Jeder Kaufmann hat zu Beginn seines Handelsgewerbes seine Grundstücke, seine Forderungen und Schulden, den Betrag seines baren Geldes sowie seine sonstigen Vermögensgegenstände genau zu verzeichnen und dabei den Wert der einzelnen Vermögensgegenstände und Schulden anzugeben.

(2) Er hat demnächst für den Schluß eines jeden Geschäftsjahrs ein solches Inventar aufzustellen. Die Dauer des Geschäftsjahrs darf zwölf Monate nicht überschreiten. Die Aufstellung des Inventars ist innerhalb der einem ordnungsmäßigen Geschäftsgang entsprechenden Zeit zu bewirken.

(3) Vermögensgegenstände des Sachanlagevermögens sowie Roh-, Hilfs- und Betriebsstoffe können, wenn sie regelmäßig ersetzt werden und ihr Gesamtwert für das Unternehmen von nachrangiger Bedeutung ist, mit einer gleichbleibenden Menge und einem gleichbleibenden Wert angesetzt werden, sofern ihr Bestand in seiner Größe, seinem Wert und seiner Zusammensetzung nur geringen Veränderungen unterliegt. Jedoch ist in der Regel alle drei Jahre eine körperliche Bestandsaufnahme durchzuführen.

(4) Gleichartige Vermögensgegenstände des Vorratsvermögens sowie andere gleichartige oder annähernd gleichwertige bewegliche Vermögensgegenstände und Schulden können jeweils zu einer Gruppe zusammengefaßt und mit dem gewogenen Durchschnittswert angesetzt werden.

§ 241 - Inventurvereinfachungsverfahren

(1) Bei der Aufstellung des Inventars darf der Bestand der Vermögensgegenstände nach Art, Menge und Wert auch mit Hilfe anerkannter mathematisch-statistischer Methoden auf Grund von

Stichproben ermittelt werden. Das Verfahren muß den Grundsätzen ordnungsmäßiger Buchführung entsprechen. Der Aussagewert des auf diese Weise aufgestellten Inventars muß dem Aussagewert eines auf Grund einer körperlichen Bestandsaufnahme aufgestellten Inventars gleichkommen.

(2) Bei der Aufstellung des Inventars für den Schluß eines Geschäftsjahrs bedarf es einer körperlichen Bestandsaufnahme der Vermögensgegenstände für diesen Zeitpunkt nicht, soweit durch Anwendung eines den Grundsätzen ordnungsmäßiger Buchführung entsprechenden anderen Verfahrens gesichert ist, daß der Bestand der Vermögensgegenstände nach Art, Menge und Wert auch ohne die körperliche Bestandsaufnahme für diesen Zeitpunkt festgestellt werden kann.

(3) In dem Inventar für den Schluß eines Geschäftsjahrs brauchen Vermögensgegenstände nicht verzeichnet zu werden, wenn

1. der Kaufmann ihren Bestand auf Grund einer körperlichen Bestandsaufnahme oder auf Grund eines nach Absatz 2 zulässigen anderen Verfahrens nach Art Menge und Wert in einem besonderen Inventar verzeichnet hat, das für einen Tag innerhalb der letzten drei Monate vor oder der ersten beiden Monate nach dem Schluß des Geschäftsjahrs aufgestellt ist, und
2. auf Grund des besonderen Inventars durch Anwendung eines den Grundsätzen ordnungsmäßiger Buchführung entsprechenden Fortschreibungs- oder Rückrechnungsverfahrens gesichert ist, daß der am Schluß des Geschäftsjahrs vorhandene Bestand der Vermögensgegenstände für diesen Zeitpunkt ordnungsgemäß bewertet werden kann.

§ 241a – Befreiung von der Pflicht zur Buchführung und Erstellung eines Inventars

Einzelkaufleute, die an den Abschlussstichtagen von zwei aufeinander folgenden Geschäftsjahren nicht mehr als jeweils 600 000 Euro Umsatzerlöse und jeweils 60 000 Euro Jahresüberschuss aufweisen, brauchen die §§ 238 bis 241 nicht anzuwenden. Im Fall der Neugründung treten die Rechtsfolgen schon ein, wenn die Werte des Satzes 1 am ersten Abschlussstichtag nach der Neugründung nicht überschritten werden.

§ 242 – Pflicht zur Aufstellung

(1) Der Kaufmann hat zu Beginn seines Handelsgewerbes und für den Schluß eines jeden Geschäftsjahrs einen das Verhältnis seines Vermögens und seiner Schulden darstellenden Abschluß (Eröffnungsbilanz, Bilanz) aufzustellen. Auf die Eröffnungsbilanz sind die für den Jahresabschluß geltenden Vorschriften entsprechend anzuwenden, soweit sie sich auf die Bilanz beziehen.

(2) Er hat für den Schluß eines jeden Geschäftsjahrs eine Gegenüberstellung der Aufwendungen und Erträge des Geschäftsjahrs (Gewinn- und Verlustrechnung) aufzustellen.

(3) Die Bilanz und die Gewinn- und Verlustrechnung bilden den Jahresabschluß.

(4) Die Absätze 1 bis 3 sind auf Einzelkaufleute im Sinn des § 241a nicht anzuwenden. Im Fall der Neugründung treten die Rechtsfolgen nach Satz 1 schon ein, wenn die Werte des § 241a Satz 1 am ersten Abschlussstichtag nach der Neugründung nicht überschritten werden.

§ 243 – Aufstellungsgrundsatz

(1) Der Jahresabschluß ist nach den Grundsätzen ordnungsmäßiger Buchführung aufzustellen.

(2) Er muß klar und übersichtlich sein.

(3) Der Jahresabschluß ist innerhalb der einem ordnungsmäßigen Geschäftsgang entsprechenden Zeit aufzustellen.

§ 244 – Sprache. Währungseinheit

Der Jahresabschluß ist in deutscher Sprache und in Euro aufzustellen.

§ 245 – Unterzeichnung

Der Jahresabschluß ist vom Kaufmann unter Angabe des Datums zu unterzeichnen. Sind mehrere persönlich haftende Gesellschafter vorhanden, so haben sie alle zu unterzeichnen.

§ 246 – Vollständigkeit. Verrechnungsverbot

(1) Der Jahresabschluss hat sämtliche Vermögensgegenstände, Schulden, Rechnungsabgrenzungsposten sowie Aufwendungen und Erträge zu enthalten, soweit gesetzlich nichts anderes bestimmt ist. Vermögensgegenstände sind in der Bilanz des Eigentümers aufzunehmen; ist ein Vermögensgegenstand nicht dem Eigentümer, sondern einem anderen wirtschaftlich zuzurechnen, hat dieser ihn in seiner Bilanz auszuweisen. Schulden sind in die Bilanz des Schuldners aufzunehmen. Der Unterschiedsbetrag, um den die für die Übernahme eines Unternehmens bewirkte Gegenleistung den Wert der einzelnen Vermögensgegenstände des Unternehmens abzüglich der Schulden im Zeitpunkt der Übernahme übersteigt (entgeltlich erworbener Geschäfts- oder Firmenwert), gilt als zeitlich begrenzt nutzbarer Vermögensgegenstand.

(2) Posten der Aktivseite dürfen nicht mit Posten der Passivseite, Aufwendungen nicht mit Erträgen, Grundstücksrechte nicht mit Grundstückslasten verrechnet werden. Vermögensgegenstände, die dem Zugriff aller übrigen Gläubiger entzogen sind und ausschließlich der Erfüllung von Schulden aus Altersversorgungsverpflichtungen oder vergleichbaren langfristig fälligen Verpflichtungen dienen, sind mit diesen Schulden zu verrechnen; entsprechend ist mit den zugehörigen Aufwendungen und Erträgen aus der Abzinsung und aus dem zu verrechnenden Vermögen zu verfahren. Übersteigt der beizulegende Zeitwert der Vermögensgegenstände den Betrag der Schulden, ist der übersteigende Betrag unter einem gesonderten Posten zu aktivieren.

(3) Die auf den vorhergehenden Jahresabschluss angewandten Ansatzmethoden sind beizubehalten. § 252 Abs. 2 ist entsprechend anzuwenden.

§ 247 – Inhalt der Bilanz

(1) In der Bilanz sind das Anlage- und das Umlaufvermögen, das Eigenkapital, die Schulden sowie die Rechnungsabgrenzungsposten gesondert auszuweisen und hinreichend aufzugliedern.

(2) Beim Anlagevermögen sind nur die Gegenstände auszuweisen, die bestimmt sind, dauernd dem Geschäftsbetrieb zu dienen.

(3) (weggefallen)

§ 248 – Bilanzierungsverbote und -wahlrechte

(1) In die Bilanz dürfen nicht als Aktivposten aufgenommen werden:

1. Aufwendungen für die Gründung eines Unternehmens,
2. Aufwendungen für die Beschaffung des Eigenkapitals und
3. Aufwendungen für den Abschluss von Versicherungsverträgen.

(2) Selbst geschaffene immaterielle Vermögensgegenstände des Anlagevermögens können als Aktivposten in die Bilanz aufgenommen werden. Nicht aufgenommen werden dürfen selbst geschaffene Marken, Drucktitel, Verlagsrechte, Kundenlisten oder vergleichbare immaterielle Vermögensgegenstände des Anlagevermögens.

§ 249 – Rückstellungen

(1) Rückstellungen sind für ungewisse Verbindlichkeiten und für drohende Verluste aus schwebenden Geschäften zu bilden. Ferner sind Rückstellungen zu bilden für

1. im Geschäftsjahr unterlassene Aufwendungen für Instandhaltung, die im folgenden Geschäftsjahr innerhalb von drei Monaten, oder für Abraumbeseitigung, die im folgenden Geschäftsjahr nachgeholt werden,
2. Gewährleistungen, die ohne rechtliche Verpflichtung erbracht werden.

(2) Für andere als die in Absatz 1 bezeichneten Zwecke dürfen Rückstellungen nicht gebildet werden. Rückstellungen dürfen nur aufgelöst werden, soweit der Grund hierfür entfallen ist.

§ 250 – Rechnungsabgrenzungsposten

(1) Als Rechnungsabgrenzungsposten sind auf der Aktivseite Ausgaben vor dem Abschlußstichtag auszuweisen, soweit sie Aufwand für eine bestimmte Zeit nach diesem Tag darstellen.

(2) Auf der Passivseite sind als Rechnungsabgrenzungsposten Einnahmen vor dem Abschlußstichtag auszuweisen, soweit sie Ertrag für eine bestimmte Zeit nach diesem Tag darstellen.

(3) Ist der Erfüllungsbetrag einer Verbindlichkeit höher als der Ausgabebetrag, so darf der Unterschiedsbetrag in den Rechnungsabgrenzungsposten auf der Aktivseite aufgenommen werden. Der Unterschiedsbetrag ist durch planmäßige jährliche Abschreibungen zu tilgen, die auf die gesamte Laufzeit der Verbindlichkeit verteilt werden können.

§ 251 – Haftungsverhältnisse

Unter der Bilanz sind, sofern sie nicht auf der Passivseite auszuweisen sind, Verbindlichkeiten aus der Begebung und Übertragung von Wechseln, aus Bürgschaften, Wechsel- und Scheckbürgschaften und aus Gewährleistungsverträgen sowie Haftungsverhältnisse aus der Bestellung von Sicherheiten für fremde Verbindlichkeiten zu vermerken; sie dürfen in einem Betrag angegeben werden. Haftungsverhältnisse sind auch anzugeben, wenn ihnen gleichwertige Rückgriffsforderungen gegenüberstehen.

§ 252 – Allgemeine Bewertungsgrundsätze

(1) Bei der Bewertung der im Jahresabschluß ausgewiesenen Vermögensgegenstände und Schulden gilt insbesondere folgendes:

1. Die Wertansätze in der Eröffnungsbilanz des Geschäftsjahrs müssen mit denen der Schlußbilanz des vorhergehenden Geschäftsjahrs übereinstimmen.
2. Bei der Bewertung ist von der Fortführung der Unternehmenstätigkeit auszugehen, sofern dem nicht tatsächliche oder rechtliche Gegebenheiten entgegenstehen.
3. Die Vermögensgegenstände und Schulden sind zum Abschlußstichtag einzeln zu bewerten.
4. Es ist vorsichtig zu bewerten, namentlich sind alle vorhersehbaren Risiken und Verluste, die bis zum Abschlußstichtag entstanden sind, zu berücksichtigen, selbst wenn diese erst zwischen dem Abschlußstichtag und dem Tag der Aufstellung des Jahresabschlusses bekanntgeworden sind; Gewinne sind nur zu berücksichtigen, wenn sie am Abschlußstichtag realisiert sind.

5. Aufwendungen und Erträge des Geschäftsjahrs sind unabhängig von den Zeitpunkten der entsprechenden Zahlungen im Jahresabschluß zu berücksichtigen.
6. Die auf den vorhergehenden Jahresabschluss angewandten Bewertungsmethoden sind beizubehalten.

(2) Von den Grundsätzen des Absatzes 1 darf nur in begründeten Ausnahmefällen abgewichen werden.

§ 253 – Zugangs- und Folgebewertung

(1) Vermögensgegenstände sind höchstens mit den Anschaffungs- oder Herstellungskosten, vermindert um die Abschreibungen nach den Absätzen 3 bis 5, anzusetzen. Verbindlichkeiten sind zu ihrem Erfüllungsbetrag und Rückstellungen in Höhe des nach vernünftiger kaufmännischer Beurteilung notwendigen Erfüllungsbetrages anzusetzen. Soweit sich die Höhe von Altersversorgungsverpflichtungen ausschließlich nach dem beizulegenden Zeitwert von Wertpapieren im Sinn des § 266 Abs. 2 A. III. 5 bestimmt, sind Rückstellungen hierfür zum beizulegenden Zeitwert dieser Wertpapiere anzusetzen, soweit er einen garantierten Mindestbetrag übersteigt. Nach § 246 Abs. 2 Satz 2 zu verrechnende Vermögensgegenstände sind mit ihrem beizulegenden Zeitwert zu bewerten. Kleinstkapitalgesellschaften (§ 267a) dürfen eine Bewertung zum beizulegenden Zeitwert nur vornehmen, wenn sie von keiner der in § 264 Absatz 1 Satz 5, § 266 Absatz 1 Satz 4, § 275 Absatz 5 und § 326 Absatz 2 vorgesehenen Erleichterungen Gebrauch machen. Macht eine Kleinstkapitalgesellschaft von mindestens einer der in Satz 5 genannten Erleichterungen Gebrauch, erfolgt die Bewertung der Vermögensgegenstände nach Satz 1, auch soweit eine Verrechnung nach § 246 Absatz 2 Satz 2 vorgesehen ist.

(2) Rückstellungen mit einer Restlaufzeit von mehr als einem Jahr sind mit dem ihrer Restlaufzeit entsprechenden durchschnittlichen Marktzinssatz der vergangenen sieben Geschäftsjahre abzuzinsen. Abweichend von Satz 1 dürfen Rückstellungen für Altersversorgungsverpflichtungen oder vergleichbare langfristig fällige Verpflichtungen pauschal mit dem durchschnittlichen Marktzinssatz abgezinst werden, der sich bei einer angenommenen Restlaufzeit von 15 Jahren ergibt. Die Sätze 1 und 2 gelten entsprechend für auf Rentenverpflichtungen beruhende Verbindlichkeiten, für die eine Gegenleistung nicht mehr zu erwarten ist. Der nach den Sätzen 1 und 2 anzuwendende Abzinsungszinssatz wird von der Deutschen Bundesbank nach Maßgabe einer Rechtsverordnung ermittelt und monatlich bekannt gegeben. In der Rechtsverordnung nach Satz 4, die nicht der Zustimmung des Bundesrates bedarf, bestimmt das Bundesministerium der Justiz im Benehmen mit der Deutschen Bundesbank das Nähere zur Ermittlung der Abzinsungszinssätze, insbesondere die Ermittlungsmethodik und deren Grundlagen, sowie die Form der Bekanntgabe.

(3) Bei Vermögensgegenständen des Anlagevermögens, deren Nutzung zeitlich begrenzt ist, sind die Anschaffungs- oder die Herstellungskosten um planmäßige Abschreibungen zu vermindern. Der Plan muss die Anschaffungs- oder Herstellungskosten auf die Geschäftsjahre verteilen, in denen der Vermögensgegenstand voraussichtlich genutzt werden kann. Kann in Ausnahmefällen die voraussichtliche Nutzungsdauer eines selbst geschaffenen immateriellen Vermögensgegenstands des Anlagevermögens nicht verlässlich geschätzt werden, sind planmäßige Abschreibungen auf die Herstellungskosten über einen Zeitraum von zehn Jahren vorzunehmen. Satz 3 findet auf einen entgeltlich erworbenen Geschäfts- oder Firmenwert entsprechende Anwendung. Ohne Rücksicht darauf, ob ihre Nutzung zeitlich begrenzt ist, sind bei Vermögensgegenständen des Anlagevermögens bei voraussichtlich dauernder Wertminderung außerplanmäßige Abschreibungen vorzunehmen, um diese mit dem niedrigeren Wert anzusetzen, der ihnen am Abschlussstichtag beizulegen ist. Bei Finanzanlagen können außerplanmäßige Abschreibungen auch bei voraussichtlich nicht dauernder Wertminderung vorgenommen werden.

(4) Bei Vermögensgegenständen des Umlaufvermögens sind Abschreibungen vorzunehmen, um diese mit einem niedrigeren Wert anzusetzen, der sich aus einem Börsen- oder Marktpreis am Abschlussstichtag ergibt. Ist ein Börsen- oder Marktpreis nicht festzustellen und übersteigen die Anschaffungs- oder Herstellungskosten den Wert, der den Vermögensgegenständen am Abschlussstichtag beizulegen ist, so ist auf diesen Wert abzuschreiben.

(5) Ein niedrigerer Wertansatz nach Absatz 3 Satz 5 oder 6 und Absatz 4 darf nicht beibehalten werden, wenn die Gründe dafür nicht mehr bestehen. Ein niedrigerer Wertansatz eines entgeltlich erworbenen Geschäfts- oder Firmenwertes ist beizubehalten.

(6) Im Falle von Rückstellungen für Altersversorgungsverpflichtungen ist der Unterschiedsbetrag zwischen dem Ansatz der Rückstellungen nach Maßgabe des entsprechenden durchschnittlichen Marktzinssatzes aus den vergangenen zehn Geschäftsjahren und dem Ansatz der Rückstellungen nach Maßgabe des entsprechenden durchschnittlichen Marktzinssatzes aus den vergangenen sieben Geschäftsjahren in jedem Geschäftsjahr zu ermitteln. Gewinne dürfen nur ausgeschüttet werden, wenn die nach der Ausschüttung verbleibenden frei verfügbaren Rücklagen zuzüglich eines Gewinnvortrags und abzüglich eines Verlustvortrags mindestens dem Unterschiedsbetrag nach Satz 1 entsprechen. Der Unterschiedsbetrag nach Satz 1 ist in jedem Geschäftsjahr im Anhang oder unter der Bilanz darzustellen.

§ 254 – Bildung von Bewertungseinheiten

Werden Vermögensgegenstände, Schulden, schwebende Geschäfte oder mit hoher Wahrscheinlichkeit erwartete Transaktionen zum Ausgleich gegenläufiger Wertänderungen oder Zahlungsströme aus dem Eintritt vergleichbarer Risiken mit Finanzinstrumenten zusammengefasst (Bewertungseinheit), sind § 249 Abs. 1, § 252 Abs. 1 Nr. 3 und 4, § 253 Abs. 1 Satz 1 und § 256a in dem Umfang und für den Zeitraum nicht anzuwenden, in dem die gegenläufigen Wertänderungen oder Zahlungsströme sich ausgleichen. Als Finanzinstrumente im Sinn des Satzes 1 gelten auch Termingeschäfte über den Erwerb oder die Veräußerung von Waren.

§ 255 – Bewertungsmaßstäbe

(1) Anschaffungskosten sind die Aufwendungen, die geleistet werden, um einen Vermögensgegenstand zu erwerben und ihn in einen betriebsbereiten Zustand zu versetzen, soweit sie dem Vermögensgegenstand einzeln zugeordnet werden können. Zu den Anschaffungskosten gehören auch die Nebenkosten sowie die nachträglichen Anschaffungskosten. Anschaffungspreisminderungen, die dem Vermögensgegenstand einzeln zugeordnet werden können, sind abzusetzen.

(2) Herstellungskosten sind die Aufwendungen, die durch den Verbrauch von Gütern und die Inanspruchnahme von Diensten für die Herstellung eines Vermögensgegenstands, seine Erweiterung oder für eine über seinen ursprünglichen Zustand hinausgehende wesentliche Verbesserung entstehen. Dazu gehören die Materialkosten, die Fertigungskosten und die Sonderkosten der Fertigung sowie angemessene Teile der Materialgemeinkosten, der Fertigungsgemeinkosten und des Werteverzehrs des Anlagevermögens, soweit dieser durch die Fertigung veranlasst ist. Bei der Berechnung der Herstellungskosten dürfen angemessene Teile der Kosten der allgemeinen Verwaltung sowie angemessene Aufwendungen für soziale Einrichtungen des Betriebs, für freiwillige soziale Leistungen und für die betriebliche Altersversorgung einbezogen werden, soweit diese auf den Zeitraum der Herstellung entfallen. Forschungs- und Vertriebskosten dürfen nicht einbezogen werden.

(2a) Herstellungskosten eines selbst geschaffenen immateriellen Vermögensgegenstands des Anlagevermögens sind die bei dessen Entwicklung anfallenden Aufwendungen nach Absatz 2. Entwicklung ist die Anwendung von Forschungsergebnissen oder von anderem Wissen für die Neuentwicklung von Gütern oder Verfahren oder die Weiterentwicklung von Gütern oder Verfahren mittels wesentlicher Änderungen. Forschung ist die eigenständige und planmäßige Suche nach neuen wissenschaftlichen oder technischen Erkenntnissen oder Erfahrungen allgemeiner Art, über deren technische Verwertbarkeit und wirtschaftliche Erfolgsaussichten grundsätzlich keine Aussagen gemacht werden können. Können Forschung und Entwicklung nicht verlässlich voneinander unterschieden werden, ist eine Aktivierung ausgeschlossen.

(3) Zinsen für Fremdkapital gehören nicht zu den Herstellungskosten. Zinsen für Fremdkapital, das zur Finanzierung der Herstellung eines Vermögensgegenstands verwendet wird, dürfen angesetzt werden, soweit sie auf den Zeitraum der Herstellung entfallen; in diesem Falle gelten sie als Herstellungskosten des Vermögensgegenstands.

(4) Der beizulegende Zeitwert entspricht dem Marktpreis. Soweit kein aktiver Markt besteht, anhand dessen sich der Marktpreis ermitteln lässt, ist der beizulegende Zeitwert mit Hilfe allgemein anerkannter Bewertungsmethoden zu bestimmen. Lässt sich der beizulegende Zeitwert weder nach Satz 1 noch nach Satz 2 ermitteln, sind die Anschaffungs- oder Herstellungskosten gemäß § 253 Abs. 4 fortzuführen. Der zuletzt nach Satz 1 oder 2 ermittelte beizulegende Zeitwert gilt als Anschaffungs- oder Herstellungskosten im Sinn des Satzes 3.

§ 256 – Bewertungsvereinfachungsverfahren

Soweit es den Grundsätzen ordnungsmäßiger Buchführung entspricht, kann für den Wertansatz gleichartiger Vermögensgegenstände des Vorratsvermögens unterstellt werden, daß die zuerst oder daß die zuletzt angeschafften oder hergestellten Vermögensgegenstände zuerst verbraucht oder veräußert worden sind. § 240 Abs. 3 und 4 ist auch auf den Jahresabschluß anwendbar.

256a – Währungsumrechnung

Auf fremde Währung lautende Vermögensgegenstände und Verbindlichkeiten sind zum Devisenkassamittelkurs am Abschlussstichtag umzurechnen. Bei einer Restlaufzeit von einem Jahr oder weniger sind § 253 Abs. 1 Satz 1 und § 252 Abs. 1 Nr. 4 Halbsatz 2 nicht anzuwenden.

§ 257 – Aufbewahrung von Unterlagen, Aufbewahrungsfristen

(1) Jeder Kaufmann ist verpflichtet, die folgenden Unterlagen geordnet aufzubewahren:

1. Handelsbücher, Inventare, Eröffnungsbilanzen, Jahresabschlüsse, Einzelabschlüsse nach § 325 Abs. 2a, Lageberichte, Konzernabschlüsse, Konzernlageberichte sowie die zu ihrem Verständnis erforderlichen Arbeitsanweisungen und sonstigen Organisationsunterlagen,
2. die empfangenen Handelsbriefe,
3. Wiedergaben der abgesandten Handelsbriefe,
4. Belege für Buchungen in den von ihm nach § 238 Abs. 1 zu führenden Büchern (Buchungsbelege).

(2) Handelsbriefe sind nur Schriftstücke, die ein Handelsgeschäft betreffen.

(3) Mit Ausnahme der Eröffnungsbilanzen und Abschlüsse können die in Absatz 1 aufgeführten Unterlagen auch als Wiedergabe auf einem Bildträger oder auf anderen Datenträgern aufbewahrt werden, wenn dies den Grundsätzen ordnungsmäßiger Buchführung entspricht und sichergestellt ist, daß die Wiedergabe oder die Daten

1. mit den empfangenen Handelsbriefen und den Buchungsbelegen bildlich und mit den anderen Unterlagen inhaltlich übereinstimmen, wenn sie lesbar gemacht werden,
2. während der Dauer der Aufbewahrungsfrist verfügbar sind und jederzeit innerhalb angemessener Frist lesbar gemacht werden können.

Sind Unterlagen auf Grund des § 239 Abs. 4 Satz 1 auf Datenträgern hergestellt worden, können statt des Datenträgers die Daten auch ausgedruckt aufbewahrt werden; die ausgedruckten Unterlagen können auch nach Satz 1 aufbewahrt werden.

(4) Die in Absatz 1 Nr. 1 und 4 aufgeführten Unterlagen sind zehn Jahre, die sonstigen in Absatz 1 aufgeführten Unterlagen sechs Jahre aufzubewahren.

(5) Die Aufbewahrungsfrist beginnt mit dem Schluß des Kalenderjahrs, in dem die letzte Eintragung in das Handelsbuch gemacht, das Inventar aufgestellt, die Eröffnungsbilanz oder der Jahresabschluß festgestellt, der Einzelabschluss nach § 325 Abs. 2a oder der Konzernabschluß aufgestellt, der Handelsbrief empfangen oder abgesandt worden oder der Buchungsbeleg entstanden ist.

§ 261 – Vorlegung von Unterlagen auf Bild- oder Datenträgern

Wer aufzubewahrende Unterlagen nur in der Form einer Wiedergabe auf einem Bildträger oder auf anderen Datenträgern vorlegen kann, ist verpflichtet, auf seine Kosten diejenigen Hilfsmittel zur Verfügung zu stellen, die erforderlich sind, um die Unterlagen lesbar zu machen; soweit erforderlich, hat er die Unterlagen auf seine Kosten auszudrucken oder ohne Hilfsmittel lesbare Reproduktionen beizubringen.

Insolvenzordnung - mit Einführungsgesetz

vom 5.10.1994 (BGBl. I S. 2866), zuletzt geändert durch Artikel 11 des Gesetzes vom 20.7.2022 (BGBl. I S. 1166).

Inhaltsübersicht

Erster Teil – Allgemeine Vorschriften

Zweiter Teil – Eröffnung des Insolvenzverfahrens. Erfaßtes Vermögen und Verfahrensbeteiligte

Erster Abschnitt – Eröffnungsvoraussetzungen und Eröffnungsverfahren

Dritter Abschnitt – Wirkungen des bestätigten Plans, Überwachung der Planerfüllung

Siebter Teil – Koordinierung der Verfahren von Schuldnern, die derselben Unternehmensgruppe angehören

Erster Abschnitt - Allgemeine Bestimmungen

EGInsO

Erster Teil – Allgemeine Vorschriften

§ 1 Ziele des Insolvenzverfahrens

Das Insolvenzverfahren dient dazu, die Gläubiger eines Schuldners gemeinschaftlich zu befriedigen, indem das Vermögen des Schuldners verwertet und der Erlös verteilt oder in einem Insolvenzplan eine abweichende Regelung insbesondere zum Erhalt des Unternehmens getroffen wird. Dem redlichen Schuldner wird Gelegenheit gegeben, sich von seinen restlichen Verbindlichkeiten zu befreien.

§ 2 Amtsgericht als Insolvenzgericht

(1) Für das Insolvenzverfahren ist das Amtsgericht, in dessen Bezirk ein Landgericht seinen Sitz hat, als Insolvenzgericht für den Bezirk dieses Landgerichts ausschließlich zuständig.
(2) Die Landesregierungen werden ermächtigt, zur sachdienlichen Förderung oder schnelleren Erledigung der Verfahren durch Rechtsverordnung andere oder zusätzliche Amtsgerichte zu Insolvenzgerichten zu bestimmen und die Bezirke der Insolvenzgerichte abweichend festzulegen. Die Landesregierungen können die Ermächtigung auf die Landesjustizverwaltungen übertragen.
(3) Rechtsverordnungen nach Absatz 2 sollen je Bezirk eines Oberlandesgerichts ein Insolvenzgericht bestimmen, an dem ein Gruppen-Gerichtsstand nach § 3a begründet werden kann. Die Zuständigkeit des bestimmten Insolvenzgerichts kann innerhalb eines Landes auch über den Bezirk eines Oberlandesgerichts erstreckt werden.

§ 3 Örtliche Zuständigkeit

(1) Örtlich zuständig ist ausschließlich das Insolvenzgericht, in dessen Bezirk der Schuldner seinen allgemeinen Gerichtsstand hat. Liegt der Mittelpunkt einer selbständigen wirtschaftlichen Tätigkeit des Schuldners an einem anderen Ort, so ist ausschließlich das Insolvenzgericht zuständig, in dessen Bezirk dieser Ort liegt.
(2) Hat der Schuldner in den letzten sechs Monaten vor der Antragstellung Instrumente gemäß § 29 des Unternehmensstabilisierungs- und -restrukturierungsgesetzes in Anspruch genommen, ist auch das Gericht örtlich zuständig, das als Restrukturierungsgericht für die Maßnahmen zuständig war.
(3) Sind mehrere Gerichte zuständig, so schließt das Gericht, bei dem zuerst die Eröffnung des Insolvenzverfahrens beantragt worden ist, die übrigen aus.

§ 3a Gruppen-Gerichtsstand

(1) Auf Antrag eines Schuldners, der einer Unternehmensgruppe im Sinne von § 3e angehört (gruppenangehöriger Schuldner), erklärt sich das angerufene Insolvenzgericht für die Insolvenzverfahren über die anderen gruppenangehörigen Schuldner (Gruppen-Folgeverfahren) für zuständig, wenn in Bezug auf den Schuldner ein zulässiger Eröffnungsantrag vorliegt und der Schuldner nicht offensichtlich von untergeordneter Bedeutung für die gesamte Unternehmensgruppe ist. Eine untergeordnete Bedeutung ist in der Regel nicht anzunehmen, wenn im vorangegangenen abgeschlossenen Geschäftsjahr die Zahl der vom Schuldner im Jahresdurchschnitt beschäftigten Arbeitnehmer mehr als 15 Prozent der in der Unternehmensgruppe im Jahresdurchschnitt beschäftigten Arbeitnehmer ausmachte und

1. die Bilanzsumme des Schuldners mehr als 15 Prozent der zusammengefassten Bilanzsumme der Unternehmensgruppe betrug oder
2. die Umsatzerlöse des Schuldners mehr als 15 Prozent der zusammengefassten Umsatzerlöse der Unternehmensgruppe betrugen.

Haben mehrere gruppenangehörige Schuldner zeitgleich einen Antrag nach Satz 1 gestellt oder ist bei mehreren Anträgen unklar, welcher Antrag zuerst gestellt worden ist, ist der Antrag des Schuldners maßgeblich, der im vergangenen abgeschlossenen Geschäftsjahr die meisten Arbeitnehmer beschäftigt hat; die anderen Anträge sind unzulässig. Erfüllt keiner der gruppenangehörigen Schuldner die Voraussetzungen des Satzes 2, kann der Gruppen-Gerichtsstand jedenfalls bei dem Gericht begründet werden, das für die Eröffnung des Verfahrens für den gruppenangehörigen Schuldner zuständig ist, der im vorangegangenen abgeschlossenen Geschäftsjahr im Jahresdurchschnitt die meisten Arbeitnehmer beschäftigt hat.

(2) Bestehen Zweifel daran, dass eine Verfahrenskonzentration am angerufenen Insolvenzgericht im gemeinsamen Interesse der Gläubiger liegt, kann das Gericht den Antrag nach Absatz 1 Satz 1 ablehnen.

(3) Das Antragsrecht des Schuldners geht mit der Eröffnung des Insolvenzverfahrens auf den Insolvenzverwalter und mit der Bestellung eines vorläufigen Insolvenzverwalters, auf den die Verwaltungs- und Verfügungsbefugnis über das Vermögen des Schuldners übergeht, auf diesen über.

(4) Auf Antrag des Schuldners erklärt sich unter den Voraussetzungen des Absatzes 1 das für Gruppen-Folgeverfahren zuständige Gericht, sofern es nach § 34 des Unternehmensstabilisierungs- und -restrukturierungsgesetzes für Entscheidungen in Restrukturierungssachen zuständig ist, als Restrukturierungsgericht auch für Gruppen-Folgeverfahren in Insolvenzsachen nach Absatz 1 für zuständig.

§ 3b Fortbestehen des Gruppen-Gerichtsstands

Ein nach § 3a begründeter Gruppen-Gerichtsstand bleibt von der Nichteröffnung, Aufhebung oder Einstellung des Insolvenzverfahrens über den antragstellenden Schuldner unberührt, solange an diesem Gerichtsstand ein Verfahren über einen anderen gruppenangehörigen Schuldner anhängig ist.

§ 3c Zuständigkeit für Gruppen-Folgeverfahren

(1) Am Gericht des Gruppen-Gerichtsstands ist für Gruppen-Folgeverfahren die Abteilung zuständig, die für das Verfahren zuständig ist, in dem der Gruppen-Gerichtsstand begründet wurde.

(2) Der Antrag auf Eröffnung eines Gruppen-Folgeverfahrens kann auch bei dem nach § 3 Absatz 1 zuständigen Gericht gestellt werden.

§ 3d Verweisung an den Gruppen-Gerichtsstand

(1) Wird die Eröffnung eines Insolvenzverfahrens über das Vermögen eines gruppenangehörigen Schuldners bei einem anderen Insolvenzgericht als dem Gericht des Gruppen-Gerichtsstands beantragt, kann das angerufene Gericht das Verfahren an das Gericht des Gruppen-Gerichtsstands verweisen. Eine Verweisung hat auf Antrag zu erfolgen, wenn der Schuldner unverzüglich

nachdem er Kenntnis von dem Eröffnungsantrag eines Gläubigers erlangt hat, einen zulässigen Eröffnungsantrag bei dem Gericht des Gruppen-Gerichtsstands stellt.
(2) Antragsberechtigt ist der Schuldner. § 3a Absatz 3 gilt entsprechend.
(3) Das Gericht des Gruppen-Gerichtsstands kann den vom Erstgericht bestellten vorläufigen Insolvenzverwalter entlassen, wenn dies erforderlich ist, um nach § 56b eine Person zum Insolvenzverwalter in mehreren oder allen Verfahren über die gruppenangehörigen Schuldner zu bestellen.

§ 3e Unternehmensgruppe

(1) Eine Unternehmensgruppe im Sinne dieses Gesetzes besteht aus rechtlich selbständigen Unternehmen, die den Mittelpunkt ihrer hauptsächlichen Interessen im Inland haben und die unmittelbar oder mittelbar miteinander verbunden sind durch
1. die Möglichkeit der Ausübung eines beherrschenden Einflusses oder
2. eine Zusammenfassung unter einheitlicher Leitung.

(2) Als Unternehmensgruppe im Sinne des Absatzes 1 gelten auch eine Gesellschaft und ihre persönlich haftenden Gesellschafter, wenn zu diesen weder eine natürliche Person noch eine Gesellschaft zählt, an der eine natürliche Person als persönlich haftender Gesellschafter beteiligt ist, oder sich die Verbindung von Gesellschaften in dieser Art fortsetzt.

§ 4 Anwendbarkeit der Zivilprozeßordnung

Für das Insolvenzverfahren gelten, soweit dieses Gesetz nichts anderes bestimmt, die Vorschriften der Zivilprozeßordnung entsprechend. § 128a der Zivilprozessordnung gilt mit der Maßgabe, dass bei Gläubigerversammlungen sowie sonstigen Versammlungen und Terminen die Beteiligten in der Ladung auf die Verpflichtung hinzuweisen sind, wissentliche Ton- und Bildaufzeichnungen zu unterlassen und durch geeignete Maßnahmen sicherzustellen, dass Dritte die Ton- und Bildübertragung nicht wahrnehmen können.

§ 4a Stundung der Kosten des Insolvenzverfahrens

(1) Ist der Schuldner eine natürliche Person und hat er einen Antrag auf Restschuldbefreiung gestellt, so werden ihm auf Antrag die Kosten des Insolvenzverfahrens bis zur Erteilung der Restschuldbefreiung gestundet, soweit sein Vermögen voraussichtlich nicht ausreichen wird, um diese Kosten zu decken. Die Stundung nach Satz 1 umfasst auch die Kosten des Verfahrens über den Schuldenbereinigungsplan und des Verfahrens zur Restschuldbefreiung. Der Schuldner hat dem Antrag eine Erklärung beizufügen, ob ein Versagungsgrund des § 290 Absatz 1 Nummer 1vorliegt. Liegt ein solcher Grund vor, ist eine Stundung ausgeschlossen.
(2) Werden dem Schuldner die Verfahrenskosten gestundet, so wird ihm auf Antrag ein zur Vertretung bereiter Rechtsanwalt seiner Wahl beigeordnet, wenn die Vertretung durch einen Rechtsanwalt trotz der dem Gericht obliegenden Fürsorge erforderlich erscheint. § 121 Abs. 3 bis 5 der Zivilprozessordnung gilt entsprechend.
(3) Die Stundung bewirkt, dass
1. die Bundes- oder Landeskasse
   a) die rückständigen und die entstehenden Gerichtskosten,
   b) die auf sie übergegangenen Ansprüche des beigeordneten Rechtsanwalts nur nach den Bestimmungen, die das Gericht trifft, gegen den Schuldner geltend machen kann;
2. der beigeordnete Rechtsanwalt Ansprüche auf Vergütung gegen den Schuldner nicht geltend machen kann.

Die Stundung erfolgt für jeden Verfahrensabschnitt besonders. Bis zur Entscheidung über die Stundung treten die in Satz 1 genannten Wirkungen einstweilig ein. § 4b Abs. 2 gilt entsprechend.

§ 4b Rückzahlung und Anpassung der gestundeten Beträge

(1) Ist der Schuldner nach Erteilung der Restschuldbefreiung nicht in der Lage, den gestundeten Betrag aus seinem Einkommen und seinem Vermögen zu zahlen, so kann das Gericht die Stundung verlängern und die zu zahlenden Monatsraten festsetzen. § 115 Absatz 1 bis 3 sowie § 120 Absatz 2 der Zivilprozessordnung gelten entsprechend.
(2) Das Gericht kann die Entscheidung über die Stundung und die Monatsraten jederzeit ändern, soweit sich die für sie maßgebenden persönlichen oder wirtschaftlichen Verhältnisse wesentlich geändert haben. Der Schuldner ist verpflichtet, dem Gericht eine wesentliche Änderung dieser Verhältnisse unverzüglich anzuzeigen. § 120a Abs. 1 Satz 1 und 2 der Zivilprozessordnung gilt entsprechend. Eine Änderung zum Nachteil des Schuldners ist ausgeschlossen, wenn seit der Beendigung des Verfahrens vier Jahre vergangen sind.

§ 4c Aufhebung der Stundung

Das Gericht kann die Stundung aufheben, wenn
1. der Schuldner vorsätzlich oder grob fahrlässig unrichtige Angaben über Umstände gemacht hat, die für die Eröffnung des Insolvenzverfahrens oder die Stundung maßgebend sind, oder eine vom Gericht verlangte Erklärung über seine Verhältnisse nicht abgegeben hat;
2. die persönlichen oder wirtschaftlichen Voraussetzungen für die Stundung nicht vorgelegen haben; in diesem Fall ist die Aufhebung ausgeschlossen, wenn seit der Beendigung des Verfahrens vier Jahre vergangen sind;
3. der Schuldner länger als drei Monate mit der Zahlung einer Monatsrate oder mit der Zahlung eines sonstigen Betrages schuldhaft in Rückstand ist;
4. der Schuldner keine angemessene Erwerbstätigkeit ausübt und, wenn er ohne Beschäftigung ist, sich nicht um eine solche bemüht oder eine zumutbare Tätigkeit ablehnt und dadurch die Befriedigung der Insolvenzgläubiger beeinträchtigt; dies gilt nicht, wenn den Schuldner kein Verschulden trifft; § 296 Absatz 2 Satz 2 und 3 gilt entsprechend;
5. die Restschuldbefreiung versagt oder widerrufen wird.

§ 4d Rechtsmittel

(1) Gegen die Ablehnung der Stundung oder deren Aufhebung sowie gegen die Ablehnung der Beiordnung eines Rechtsanwalts steht dem Schuldner die sofortige Beschwerde zu.
(2) Wird die Stundung bewilligt, so steht der Staatskasse die sofortige Beschwerde zu. Diese kann nur darauf gestützt werden, dass nach den persönlichen oder wirtschaftlichen Verhältnissen des Schuldners die Stundung hätte abgelehnt werden müssen.

§ 5 Verfahrensgrundsätze

(1) Das Insolvenzgericht hat von Amts wegen alle Umstände zu ermitteln, die für das Insolvenzverfahren von Bedeutung sind. Es kann zu diesem Zweck insbesondere Zeugen und Sachverständige vernehmen.
(2) Sind die Vermögensverhältnisse des Schuldners überschaubar und ist die Zahl der Gläubiger oder die Höhe der Verbindlichkeiten gering, wird das Verfahren schriftlich durchgeführt. Das Insolvenzgericht kann anordnen, dass das Verfahren oder einzelne seiner Teile mündlich durchgeführt werden, wenn dies zur Förderung des Verfahrensablaufs angezeigt ist. Es kann diese Anordnung jederzeit aufheben oder ändern. Die Anordnung, ihre Aufhebung oder Abänderung sind öffentlich bekannt zu machen.
(3) Die Entscheidungen des Gerichts können ohne mündliche Verhandlung ergehen. Findet eine mündliche Verhandlung statt, so ist § 227 Abs. 3 Satz 1 der Zivilprozeßordnung nicht anzuwenden.
(4) Tabellen und Verzeichnisse können maschinell hergestellt und bearbeitet werden. Die Landesregierungen werden ermächtigt, durch Rechtsverordnung nähere Bestimmungen über die Führung der Tabellen und Verzeichnisse, ihre elektronische Einreichung sowie die elektronische Einreichung der dazugehörigen Dokumente und deren Aufbewahrung zu treffen. Dabei können

sie auch Vorgaben für die Datenformate der elektronischen Einreichung machen. Die Landesregierungen können die Ermächtigung auf die Landesjustizverwaltungen übertragen.
(5) Insolvenzverwalter sollen ein elektronisches Gläubigerinformationssystem vorhalten, mit dem jedem Insolvenzgläubiger, der eine Forderung angemeldet hat, alle Entscheidungen des Insolvenzgerichts, alle an das Insolvenzgericht übersandten Berichte, welche nicht ausschließlich die Forderungen anderer Gläubiger betreffen, und alle die eigenen Forderungen betreffenden Unterlagen in einem gängigen Dateiformat zur Verfügung gestellt werden können. Hat der Schuldner im vorangegangenen Geschäftsjahr mindestens zwei der drei in § 22a Absatz 1 genannten Merkmale erfüllt, muss der Insolvenzverwalter ein elektronisches Gläubigerinformationssystem vorhalten und die in Satz 1 genannten Dokumente unverzüglich zum elektronischen Abruf zur Verfügung stellen. Den Einsichtsberechtigten stellt der Verwalter die für den Zugang erforderlichen Daten unverzüglich zur Verfügung.

§ 6 Sofortige Beschwerde

(1) Die Entscheidungen des Insolvenzgerichts unterliegen nur in den Fällen einem Rechtsmittel, in denen dieses Gesetz die sofortige Beschwerde vorsieht. Die sofortige Beschwerde ist bei dem Insolvenzgericht einzulegen
(2) Die Beschwerdefrist beginnt mit der Verkündung der Entscheidung oder, wenn diese nicht verkündet wird, mit deren Zustellung.
(3) Die Entscheidung über die Beschwerde wird erst mit der Rechtskraft wirksam. Das Beschwerdegericht kann jedoch die sofortige Wirksamkeit der Entscheidung anordnen.

§ 7 (weggefallen)

§ 8 Zustellungen

(1) Die Zustellungen erfolgen von Amts wegen, ohne dass es einer Beglaubigung des zuzustellenden Schriftstücks bedarf. Sie können dadurch bewirkt werden, dass das Schriftstück unter der Anschrift des Zustellungsadressaten zur Post gegeben wird; § 184 Abs. 2 Satz 1, 2 und 4 der Zivilprozessordnung gilt entsprechend. Soll die Zustellung im Inland bewirkt werden, gilt das Schriftstück drei Tage nach Aufgabe zur Post als zugestellt.
(2) An Personen, deren Aufenthalt unbekannt ist, wird nicht zugestellt. Haben sie einen zur Entgegennahme von Zustellungen berechtigten Vertreter, so wird dem Vertreter zugestellt.
(3) Das Insolvenzgericht kann den Insolvenzverwalter beauftragen, die Zustellungen nach Absatz 1 durchzuführen. Zur Durchführung der Zustellung und zur Erfassung in den Akten kann er sich Dritter, insbesondere auch eigenen Personals, bedienen. Der Insolvenzverwalter hat die von ihm nach § 184 Abs. 2 Satz 4 der Zivilprozessordnung angefertigten Vermerke unverzüglich zu den Gerichtsakten zu reichen.

§ 9 Öffentliche Bekanntmachung

(1) Die öffentliche Bekanntmachung erfolgt durch eine zentrale und länderübergreifende Veröffentlichung im Internet*; diese kann auszugsweise geschehen. Dabei ist der Schuldner genau zu bezeichnen, insbesondere sind seine Anschrift und sein Geschäftszweig anzugeben. Die Bekanntmachung gilt als bewirkt, sobald nach dem Tag der Veröffentlichung zwei weitere Tage verstrichen sind.
(2) Das Insolvenzgericht kann weitere Veröffentlichungen veranlassen, soweit dies landesrechtlich bestimmt ist. Das Bundesministerium der Justiz und für Verbraucherschutz wird ermächtigt, durch Rechtsverordnung mit Zustimmung des Bundesrates die Einzelheiten der zentralen und länderübergreifenden Veröffentlichung im Internet zu regeln. Dabei sind insbesondere Löschungsfristen vorzusehen sowie Vorschriften, die sicherstellen, dass die Veröffentlichungen
1. unversehrt, vollständig und aktuell bleiben,

* www.insolvenzbekanntmachungen.de

2. jederzeit ihrem Ursprung nach zugeordnet werden können.
(3) Die öffentliche Bekanntmachung genügt zum Nachweis der Zustellung an alle Beteiligten, auch wenn dieses Gesetz neben ihr eine besondere Zustellung vorschreibt.

§ 10 Anhörung des Schuldners

(1) Soweit in diesem Gesetz eine Anhörung des Schuldners vorgeschrieben ist, kann sie unterbleiben, wenn sich der Schuldner im Ausland aufhält und die Anhörung das Verfahren übermäßig verzögern würde oder wenn der Aufenthalt des Schuldners unbekannt ist. In diesem Fall soll ein Vertreter oder Angehöriger des Schuldners gehört werden.
(2) Ist der Schuldner keine natürliche Person, so gilt Absatz 1 entsprechend für die Anhörung von Personen, die zur Vertretung des Schuldners berechtigt oder an ihm beteiligt sind. Ist der Schuldner eine juristische Person und hat diese keinen organschaftlichen Vertreter (Führungslosigkeit), so können die an ihm beteiligten Personen gehört werden; Absatz 1 Satz 1 gilt entsprechend.

§ 10a Vorgespräch

(1) Ein Schuldner, der mindestens zwei der drei in § 22a Absatz 1 genannten Voraussetzungen erfüllt, hat an dem für ihn zuständigen Insolvenzgericht Anspruch auf ein Vorgespräch über die für das Verfahren relevanten Gegenstände, insbesondere die Voraussetzungen für eine Eigenverwaltung, die Eigenverwaltungsplanung, die Besetzung des vorläufigen Gläubigerausschusses, die Person des vorläufigen Insolvenzverwalters oder Sachwalters, etwaige weitere Sicherungsanordnungen und die Ermächtigung zur Begründung von Masseverbindlichkeiten. Wenn der Schuldner nach Satz 1 keinen Anspruch auf ein Vorgespräch hat, liegt das Angebot eines Vorgesprächs im Ermessen des Gerichts.
(2) Mit Zustimmung des Schuldners kann das Gericht Gläubiger anhören, insbesondere, um deren Bereitschaft für eine Mitgliedschaft in einem vorläufigen Gläubigerausschuss zu erörtern.
(3) Die Abteilung, für die der Richter das Vorgespräch nach Absatz 1 Satz 1 führt, ist in den sechs Monaten nach dem Vorgespräch für das Insolvenzverfahren über das Vermögen des Schuldners zuständig.

Zweiter Teil – Eröffnung des Insolvenzverfahrens. Erfaßtes Vermögen und Verfahrensbeteiligte

Erster Abschnitt – Eröffnungsvoraussetzungen und Eröffnungsverfahren

§ 11 Zulässigkeit des Insolvenzverfahrens

(1) Ein Insolvenzverfahren kann über das Vermögen jeder natürlichen und jeder juristischen Person eröffnet werden. Der nicht rechtsfähige Verein steht insoweit einer juristischen Person gleich.
(2) Ein Insolvenzverfahren kann ferner eröffnet werden:
1. über das Vermögen einer Gesellschaft ohne Rechtspersönlichkeit (offene Handelsgesellschaft, Kommanditgesellschaft, Partnerschaftsgesellschaft, Gesellschaft des Bürgerlichen Rechts, Partenreederei, Europäische wirtschaftliche Interessenvereinigung);
2. nach Maßgabe der §§ 315 bis 334 über einen Nachlaß, über das Gesamtgut einer fortgesetzten Gütergemeinschaft oder über das Gesamtgut einer Gütergemeinschaft, das von den Ehegatten oder Lebenspartnern gemeinschaftlich verwaltet wird.

(3) Nach Auflösung einer juristischen Person oder einer Gesellschaft ohne Rechtspersönlichkeit ist die Eröffnung des Insolvenzverfahrens zulässig, solange die Verteilung des Vermögens nicht vollzogen ist.

§ 12 Juristische Personen des öffentlichen Rechts

(1) Unzulässig ist das Insolvenzverfahren über das Vermögen
1. des Bundes oder eines Landes;
2. einer juristischen Person des öffentlichen Rechts, die der Aufsicht eines Landes untersteht, wenn das Landesrecht dies bestimmt.

(2) Hat ein Land nach Absatz 1 Nr. 2 das Insolvenzverfahren über das Vermögen einer juristischen Person für unzulässig erklärt, so können im Falle der Zahlungsunfähigkeit oder der Überschuldung dieser juristischen Person deren Arbeitnehmer von dem Land die Leistungen verlangen, die sie im Falle der Eröffnung eines Insolvenzverfahrens nach den Vorschriften des Dritten Buches Sozialgesetzbuch über das Insolvenzgeld vom Arbeitsamt und nach den Vorschriften des Gesetzes zur Verbesserung der betrieblichen Altersversorgung vom Träger der Insolvenzversicherung beanspruchen könnten.

§ 13 Eröffnungsantrag

(1) Das Insolvenzverfahren wird nur auf schriftlichen Antrag eröffnet. Antragsberechtigt sind die Gläubiger und der Schuldner. Dem Antrag des Schuldners ist ein Verzeichnis der Gläubiger und ihrer Forderungen beizufügen. Wenn der Schuldner einen Geschäftsbetrieb hat, der nicht eingestellt ist, sollen in dem Verzeichnis besonders kenntlich gemacht werden
1. die höchsten Forderungen,
2. die höchsten gesicherten Forderungen,
3. die Forderungen der Finanzverwaltung,
4. die Forderungen der Sozialversicherungsträger sowie
5. die Forderungen aus betrieblicher Altersversorgung.

Der Schuldner hat in diesem Fall auch Angaben zur Bilanzsumme, zu den Umsatzerlösen und zur durchschnittlichen Zahl der Arbeitnehmer des vorangegangenen Geschäftsjahres zu machen. Die Angaben nach Satz 4 sind verpflichtend, wenn
1. der Schuldner Eigenverwaltung beantragt,
2. der Schuldner die Merkmale des § 22a Absatz 1 erfüllt oder
3. die Einsetzung eines vorläufigen Gläubigerausschusses beantragt wurde.

Dem Verzeichnis nach Satz 3 und den Angaben nach den Sätzen 4 und 5 ist die Erklärung beizufügen, dass die enthaltenen Angaben richtig und vollständig sind.

(2) Der Antrag kann zurückgenommen werden, bis das Insolvenzverfahren eröffnet oder der Antrag rechtskräftig abgewiesen ist.

(3) Ist der Eröffnungsantrag unzulässig, so fordert das Insolvenzgericht den Antragsteller unverzüglich auf, den Mangel zu beheben und räumt ihm hierzu eine angemessene Frist ein.

(4) Das Bundesministerium der Justiz und für Verbraucherschutz wird ermächtigt, durch Rechtsverordnung mit Zustimmung des Bundesrates für die Antragstellung durch den Schuldner ein Formular einzuführen. Soweit nach Satz 1 ein Formular eingeführt ist, muss der Schuldner dieses benutzen. Für Verfahren, die von den Gerichten maschinell bearbeitet, und für solche, die nicht maschinell bearbeitet werden, können unterschiedliche Formulare eingeführt werden.

§ 13a Antrag zur Begründung eines Gruppen-Gerichtsstands

(1) In einem Antrag nach § 3a Absatz 1 sind anzugeben:
1. Name, Sitz, Unternehmensgegenstand sowie Bilanzsumme, Umsatzerlöse und die durchschnittliche Zahl der Arbeitnehmer des letzten Geschäftsjahres der anderen gruppenangehörigen Unternehmen, die nicht lediglich von untergeordneter Bedeutung für die Unternehmensgruppe sind; für die übrigen gruppenangehörigen Unternehmen sollen entsprechende Angaben gemacht werden,
2. aus welchen Gründen eine Verfahrenskonzentration am angerufenen Insolvenzgericht im gemeinsamen Interesse der Gläubiger liegt,
3. ob eine Fortführung oder Sanierung der Unternehmensgruppe oder eines Teils davon angestrebt wird,

4. welche gruppenangehörigen Unternehmen Institute im Sinne des § 1 Absatz 1b des Kreditwesengesetzes, Finanzholding-Gesellschaften im Sinne des § 1 Absatz 3a des Kreditwesengesetzes, Kapitalverwaltungsgesellschaften im Sinne des § 17 Absatz 1 des Kapitalanlagegesetzbuches, Zahlungsdienstleister im Sinne des § 1 Absatz 1 des Zahlungsdiensteaufsichtsgesetzes oder Versicherungsunternehmen im Sinne des § 7 Nummer 33 des Versicherungsaufsichtsgesetzes sind, und
5. die gruppenangehörigen Schuldner, über deren Vermögen die Eröffnung eines Insolvenzverfahrens beantragt oder ein Verfahren eröffnet wurde, einschließlich des zuständigen Insolvenzgerichts und des Aktenzeichens.

(2) Dem Antrag nach § 3a Absatz 1 ist der letzte konsolidierte Abschluss der Unternehmensgruppe beizufügen. Liegt ein solcher nicht vor, sind die letzten Jahresabschlüsse der gruppenangehörigen Unternehmen beizufügen, die nicht lediglich von untergeordneter Bedeutung für die Unternehmensgruppe sind. Die Jahresabschlüsse der übrigen gruppenangehörigen Unternehmen sollen beigefügt werden.

§ 14 Antrag eines Gläubigers

(1) Der Antrag eines Gläubigers ist zulässig, wenn der Gläubiger ein rechtliches Interesse an der Eröffnung des Insolvenzverfahrens hat und seine Forderung und den Eröffnungsgrundglaubhaft macht. Der Antrag wird nicht allein dadurch unzulässig, dass die Forderung erfüllt wird.
(2) Ist der Antrag zulässig, so hat das Insolvenzgericht den Schuldner zu hören.
(3) Wird die Forderung des Gläubigers nach Antragstellung erfüllt, so hat der Schuldner die Kosten des Verfahrens zu tragen, wenn der Antrag als unbegründet abgewiesen wird.

§ 15 Antragsrecht bei juristischen Personen und Gesellschaften ohne Rechtspersönlichkeit

(1) Zum Antrag auf Eröffnung eines Insolvenzverfahrens über das Vermögen einer juristischen Person oder einer Gesellschaft ohne Rechtspersönlichkeit ist außer den Gläubigern jedes Mitglied des Vertretungsorgans, bei einer Gesellschaft ohne Rechtspersönlichkeit oder bei einer Kommanditgesellschaft auf Aktien jeder persönlich haftende Gesellschafter, sowie jeder Abwickler berechtigt. Bei einer juristischen Person ist im Fall der Führungslosigkeit auch jeder Gesellschafter, bei einer Aktiengesellschaft oder einer Genossenschaft zudem auch jedes Mitglied des Aufsichtsrats zur Antragstellung berechtigt.
(2) Wird der Antrag nicht von allen Mitgliedern des Vertretungsorgans, allen persönlich haftenden Gesellschaftern, allen Gesellschaftern der juristischen Person, allen Mitgliedern des Aufsichtsrats oder allen Abwicklern gestellt, so ist er zulässig, wenn der Eröffnungsgrund glaubhaft gemacht wird. Zusätzlich ist bei Antragstellung durch Gesellschafter einer juristischen Person oder Mitglieder des Aufsichtsrats auch die Führungslosigkeit glaubhaft zu machen. Das Insolvenzgericht hat die übrigen Mitglieder des Vertretungsorgans, persönlich haftenden Gesellschafter, Gesellschafter der juristischen Person, Mitglieder des Aufsichtsrats oder Abwickler zu hören.
(3) Ist bei einer Gesellschaft ohne Rechtspersönlichkeit kein persönlich haftender Gesellschafter eine natürliche Person, so gelten die Absätze 1 und 2 entsprechend für die organschaftlichen Vertreter und die Abwickler der zur Vertretung der Gesellschaft ermächtigten Gesellschafter. Entsprechendes gilt, wenn sich die Verbindung von Gesellschaften in dieser Art fortsetzt. Der Schuldner hat die Kosten auch dann zu tragen, wenn der Antrag eines Gläubigers wegen einer zum Zeitpunkt der Antragstellung wirksamen nichtöffentlichen Stabilisierungsanordnung nach dem Unternehmensstabilisierungs- und –restrukturierungsgesetz abgewiesen wird und der Gläubiger von der Stabilisierungsanordnung keine Kenntnis haben konnte.

§ 15a Antragspflicht bei juristischen Personen und Gesellschaften ohne Rechtspersönlichkeit

(1) Wird eine juristische Person zahlungsunfähig oder überschuldet, haben die Mitglieder des Vertretungsorgans oder die Abwickler ohne schuldhaftes Zögern einen Eröffnungsantrag zu stellen. Der Antrag ist spätestens drei Wochen nach Eintritt der Zahlungsunfähigkeit und sechs Wochen nach Eintritt der Überschuldung zu stellen. Das Gleiche gilt für die organschaftlichen Vertreter der zur Vertretung der Gesellschaft ermächtigten Gesellschafter oder die Abwickler bei einer Gesellschaft ohne Rechtspersönlichkeit, bei der kein persönlich haftender Gesellschafter eine natürliche Person ist; dies gilt nicht, wenn zu den persönlich haftenden Gesellschaftern eine andere Gesellschaft gehört, bei der ein persönlich haftender Gesellschafter eine natürliche Person ist.
(2) Bei einer Gesellschaft im Sinne des Absatzes 1 Satz 3 gilt Absatz 1 sinngemäß, wenn die organschaftlichen Vertreter der zur Vertretung der Gesellschaft ermächtigten Gesellschafter ihrerseits Gesellschaften sind, bei denen kein persönlich haftender Gesellschafter eine natürliche Person ist, oder sich die Verbindung von Gesellschaften in dieser Art fortsetzt.
(3) Im Fall der Führungslosigkeit einer Gesellschaft mit beschränkter Haftung ist auch jeder Gesellschafter, im Fall der Führungslosigkeit einer Aktiengesellschaft oder einer Genossenschaft ist auch jedes Mitglied des Aufsichtsrats zur Stellung des Antrags verpflichtet, es sei denn, diese Person hat von der Zahlungsunfähigkeit und der Überschuldung oder der Führungslosigkeit keine Kenntnis.
(4) Mit Freiheitsstrafe bis zu drei Jahren oder mit Geldstrafe wird bestraft, wer entgegen Absatz 1 Satz 1 und 2, auch in Verbindung mit Satz 3 oder Absatz 2 oder Absatz 3, einen Eröffnungsantrag
1. nicht oder nicht rechtzeitig stellt oder
2. nicht richtig stellt.
(5) Handelt der Täter in den Fällen des Absatzes 4 fahrlässig, ist die Strafe Freiheitsstrafe bis zu einem Jahr oder Geldstrafe.
(6) Im Falle des Absatzes 4 Nummer 2, auch in Verbindung mit Absatz 5, ist die Tat nur strafbar, wenn der Eröffnungsantrag rechtskräftig als unzulässig zurückgewiesen wurde.
(7) Auf Vereine und Stiftungen, für die § 42 Absatz 2 des Bürgerlichen Gesetzbuchs gilt, sind die Absätze 1 bis 6 nicht anzuwenden.

§ 15b Zahlungen bei Zahlungsunfähigkeit und Überschuldung; Verjährung

(1) Die nach § 15a Absatz 1 Satz 1 antragspflichtigen Mitglieder des Vertretungsorgans und Abwickler einer juristischen Person dürfen nach dem Eintritt der Zahlungsunfähigkeit oder der Überschuldung der juristischen Person keine Zahlungen mehr für diese vornehmen. Dies gilt nicht für Zahlungen, die mit der Sorgfalt eines ordentlichen und gewissenhaften Geschäftsleiters vereinbar sind.
(2) Zahlungen, die im ordnungsgemäßen Geschäftsgang erfolgen, insbesondere solche Zahlungen, die der Aufrechterhaltung des Geschäftsbetriebs dienen, gelten vorbehaltlich des Absatzes 3 als mit der Sorgfalt eines ordentlichen und gewissenhaften Geschäftsleiters vereinbar. Im Rahmen des für eine rechtzeitige Antragstellung maßgeblichen Zeitraums nach § 15a Absatz 1 Satz 1 und 2 gilt dies nur, solange die Antragspflichtigen Maßnahmen zur nachhaltigen Beseitigung der Insolvenzreife oder zur Vorbereitung eines Insolvenzantrags mit der Sorgfalt eines ordentlichen und gewissenhaften Geschäftsleiters betreiben. Zahlungen, die im Zeitraum zwischen der Stellung des Antrags und der Eröffnung des Verfahrens geleistet werden, gelten auch dann als mit der Sorgfalt eines ordentlichen und gewissenhaften Geschäftsleiters vereinbar, wenn diese mit Zustimmung eines vorläufigen Insolvenzverwalters vorgenommen wurden.
(3) Ist der nach § 15a Absatz 1 Satz 1 und 2 für eine rechtzeitige Antragstellung maßgebliche Zeitpunkt verstrichen und hat der Antragspflichtige keinen Antrag gestellt, sind Zahlungen in der Regel nicht mit der Sorgfalt eines ordentlichen und gewissenhaften Geschäftsleiters vereinbar.
(4) Werden entgegen Absatz 1 Zahlungen geleistet, sind die Antragspflichtigen der juristischen Person zur Erstattung verpflichtet. Ist der Gläubigerschaft der juristischen Person ein geringerer

Schaden entstanden, beschränkt sich die Ersatzpflicht auf den Ausgleich dieses Schadens. Soweit die Erstattung oder der Ersatz zur Befriedigung der Gläubiger der juristischen Person erforderlich ist, wird die Pflicht nicht dadurch ausgeschlossen, dass dieselben in Befolgung eines Beschlusses eines Organs der juristischen Person gehandelt haben. Ein Verzicht der juristischen Person auf Erstattungs- oder Ersatzansprüche oder ein Vergleich der juristischen Person über diese Ansprüche ist unwirksam. Dies gilt nicht, wenn der Erstattungs- oder Ersatzpflichtige zahlungsunfähig ist und sich zur Abwendung des Insolvenzverfahrens mit seinen Gläubigern vergleicht, wenn die Erstattungs- oder Ersatzpflicht in einem Insolvenzplan geregelt wird oder wenn ein Insolvenzverwalter für die juristische Person handelt.
(5) Absatz 1 Satz 1 und Absatz 4 gelten auch für Zahlungen an Personen, die an der juristischen Person beteiligt sind, soweit diese zur Zahlungsunfähigkeit der juristischen Person führen mussten, es sei denn, dies war auch bei Beachtung der in Absatz 1 Satz 2 bezeichneten Sorgfalt nicht erkennbar. Satz 1 ist auf Genossenschaften nicht anwendbar.
(6) Die Absätze 1 bis 5 gelten auch für die nach § 15a Absatz 1 Satz 3 und Absatz 2 zur Stellung des Antrags verpflichteten organschaftlichen Vertreter der zur Vertretung der Gesellschaft ermächtigten Gesellschafter.
(7) Die Ansprüche aufgrund der vorstehenden Bestimmungen verjähren in fünf Jahren. Besteht zum Zeitpunkt der Pflichtverletzung eine Börsennotierung, verjähren die Ansprüche in zehn Jahren.
(8) Eine Verletzung steuerrechtlicher Zahlungspflichten liegt nicht vor, wenn zwischen dem Eintritt der Zahlungsunfähigkeit nach § 17 oder der Überschuldung nach § 19 und der Entscheidung des Insolvenzgerichts über den Insolvenzantrag Ansprüche aus dem Steuerschuldverhältnis nicht oder nicht rechtzeitig erfüllt werden, sofern die Antragspflichtigen ihren Verpflichtungen nach § 15a nachkommen. Wird entgegen der Verpflichtung nach § 15a ein Insolvenzantrag verspätet gestellt, gilt dies nur für die nach Bestellung eines vorläufigen Insolvenzverwalters oder Anordnung der vorläufigen Eigenverwaltung fällig werdenden Ansprüche aus dem Steuerschuldverhältnis. Wird das Insolvenzverfahren nicht eröffnet und ist dies auf eine Pflichtverletzung der Antragspflichtigen zurückzuführen, gelten die Sätze 1 und 2 nicht.

§ 16 Eröffnungsgrund

Die Eröffnung des Insolvenzverfahrens setzt voraus, daß ein Eröffnungsgrund gegeben ist.

§ 17 Zahlungsunfähigkeit

(1) Allgemeiner Eröffnungsgrund ist die Zahlungsunfähigkeit.
(2) Der Schuldner ist zahlungsunfähig, wenn er nicht in der Lage ist, die fälligen Zahlungspflichten zu erfüllen. Zahlungsunfähigkeit ist in der Regel anzunehmen, wenn der Schuldner seine Zahlungen eingestellt hat.

§ 18 Drohende Zahlungsunfähigkeit

(1) Beantragt der Schuldner die Eröffnung des Insolvenzverfahrens, so ist auch die drohende Zahlungsunfähigkeit Eröffnungsgrund.
(2) Der Schuldner droht zahlungsunfähig zu werden, wenn er voraussichtlich nicht in der Lage sein wird, die bestehenden Zahlungspflichten im Zeitpunkt der Fälligkeit zu erfüllen. In aller Regel ist ein Prognosezeitraum von 24 Monaten zugrunde zu legen.
(3) Wird bei einer juristischen Person oder einer Gesellschaft ohne Rechtspersönlichkeit der Antrag nicht von allen Mitgliedern des Vertretungsorgans, allen persönlich haftenden Gesellschaftern oder allen Abwicklern gestellt, so ist Absatz 1 nur anzuwenden, wenn der oder die Antragsteller zur Vertretung der juristischen Person oder der Gesellschaft berechtigt sind.

§ 19 Überschuldung

(1) Bei einer juristischen Person ist auch die Überschuldung Eröffnungsgrund.

(2) Überschuldung liegt vor, wenn das Vermögen des Schuldners die bestehenden Verbindlichkeiten nicht mehr deckt, es sei denn, die Fortführung des Unternehmens in den nächsten zwölf Monaten ist nach den Umständen überwiegend wahrscheinlich. Forderungen auf Rückgewähr von Gesellschafterdarlehen oder aus Rechtshandlungen, die einem solchen Darlehen wirtschaftlich entsprechen, für die gemäß § 39 Abs. 2 zwischen Gläubiger und Schuldner der Nachrang im Insolvenzverfahren hinter den in § 39 Abs. 1 Nr. 1 bis 5 bezeichneten Forderungen vereinbart worden ist, sind nicht bei den Verbindlichkeiten nach Satz 1 zu berücksichtigen.
(3) Ist bei einer Gesellschaft ohne Rechtspersönlichkeit kein persönlich haftender Gesellschafter eine natürliche Person, so gelten die Absätze 1 und 2 entsprechend. Dies gilt nicht, wenn zu den persönlich haftenden Gesellschaftern eine andere Gesellschaft gehört, bei der ein persönlich haftender Gesellschafter eine natürliche Person ist.

§ 20 Auskunfts- und Mitwirkungspflicht im Eröffnungsverfahren. Hinweis auf Restschuldbefreiung.

(1) Ist der Antrag zulässig, so hat der Schuldner dem Insolvenzgericht die Auskünfte zu erteilen, die zur Entscheidung über den Antrag erforderlich sind. Die §§ 97, 98, 101 Abs. 1 Satz 1, 2, Abs. 2 gelten entsprechend, und es auch sonst bei der Erfüllung seiner Aufgaben zu unterstützen.
(2) Ist der Schuldner eine natürliche Person, so soll er darauf hingewiesen werden, dass er nach Maßgabe der §§ 286 bis 303a Restschuldbefreiung erlangen kann.

§ 21 Anordnung vorläufiger Maßnahmen

(1) Das Insolvenzgericht hat alle Maßnahmen zu treffen, die erforderlich erscheinen, um bis zur Entscheidung über den Antrag eine den Gläubigern nachteilige Veränderung in der Vermögenslage des Schuldners zu verhüten. Gegen die Anordnung der Maßnahme steht dem Schuldner die sofortige Beschwerde zu.
(2) Das Gericht kann insbesondere

1. einen vorläufigen Insolvenzverwalter bestellen, für den § 8 Absatz 3 und die §§ 56 bis 56b, 58 bis 66 und 269a entsprechend gelten;

1a. einen vorläufigen Gläubigerausschuss einsetzen, für den § 67 Absatz 2, 3 und die §§ 69 bis 73 entsprechend gelten; zu Mitgliedern des Gläubigerausschusses können auch Personen bestellt werden, die erst mit Eröffnung des Verfahrens Gläubiger werden;

2. dem Schuldner ein allgemeines Verfügungsverbot auferlegen oder anordnen, daß Verfügungen des Schuldners nur mit Zustimmung des vorläufigen Insolvenzverwalters wirksam sind;

3. Maßnahmen der Zwangsvollstreckung gegen den Schuldner untersagen oder einstweilen einstellen, soweit nicht unbewegliche Gegenstände betroffen sind;

4. eine vorläufige Postsperre anordnen, für die die §§ 99, 101 Abs. 1 Satz 1 entsprechend gelten;

5. anordnen, dass Gegenstände, die im Falle der Eröffnung des Verfahrens von § 166 erfasst würden oder deren Aussonderung verlangt werden könnte, vom Gläubiger nicht verwertet oder eingezogen werden dürfen und dass solche Gegenstände zur Fortführung des Unternehmens des Schuldners eingesetzt werden können, soweit sie hierfür von erheblicher Bedeutung sind; § 169 Satz 2 und 3 gilt entsprechend; ein durch die Nutzung eingetretener Wertverlust ist durch laufende Zahlungen an den Gläubiger auszugleichen. Die Verpflichtung zu Ausgleichszahlungen besteht nur, soweit der durch die Nutzung entstehende Wertverlust die Sicherung des absonderungsberechtigten Gläubigers beeinträchtigt. Zieht der vorläufige Insolvenzverwalter eine zur Sicherung eines Anspruchs abgetretene Forderung anstelle des Gläubigers ein, so gelten die §§ 170, 171 entsprechend.

Die Anordnung von Sicherungsmaßnahmen berührt nicht die Wirksamkeit von Verfügungen über Finanzsicherheiten nach § 1 Abs. 17 des Kreditwesengesetzes und die Wirksamkeit der Verrechnung von Ansprüchen und Leistungen aus Zahlungsaufträgen, Aufträgen zwischen Zahlungsdienstleistern oder zwischengeschalteten Stellen oder Aufträgen zur Übertragung von Wertpapieren, die in ein Systeme nach § 1 Abs. 16 des Kreditwesengesetzes eingebracht wurden. Dies

gilt auch dann, wenn ein solches Rechtsgeschäft des Schuldners am Tag der Anordnung getätigt und verrechnet oder eine Finanzsicherheit bestellt wird und der andere Teil nachweist, dass er die Anordnung weder kannte noch hätte kennen müssen; ist der andere Teil ein Systembetreiber oder Teilnehmer in dem System, bestimmt sich der Tag der Anordnung nach dem Geschäftstag im Sinne des § 1 Absatz 16b des Kreditwesengesetzes.
(3) Reichen andere Maßnahmen nicht aus, so kann das Gericht den Schuldner zwangsweise vorführen und nach Anhörung in Haft nehmen lassen. Ist der Schuldner keine natürliche Person, so gilt entsprechendes für seine organschaftlichen Vertreter. Für die Anordnung von Haft gilt § 98 Abs. 3 entsprechend.

§ 22 Rechtsstellung des vorläufigen Insolvenzverwalters

(1) Wird ein vorläufiger Insolvenzverwalter bestellt und dem Schuldner ein allgemeines Verfügungsverbot auferlegt, so geht die Verwaltungs- und Verfügungsbefugnis über das Vermögen des Schuldners auf den vorläufigen Insolvenzverwalter über. In diesem Fall hat der vorläufige Insolvenzverwalter:
1. das Vermögen des Schuldners zu sichern und zu erhalten;
2. ein Unternehmen, das der Schuldner betreibt, bis zur Entscheidung über die Eröffnung des Insolvenzverfahrens fortzuführen, soweit nicht das Insolvenzgericht einer Stillegung zustimmt, um eine erhebliche Verminderung des Vermögens zu vermeiden;
3. zu prüfen, ob das Vermögen des Schuldners die Kosten des Verfahrens decken wird; das Gericht kann ihn zusätzlich beauftragen, als Sachverständiger zu prüfen, ob ein Eröffnungsgrund vorliegt und welche Aussichten für eine Fortführung des Unternehmens des Schuldners bestehen.

(2) Wird ein vorläufiger Insolvenzverwalter bestellt, ohne daß dem Schuldner ein allgemeines Verfügungsverbot auferlegt wird, so bestimmt das Gericht die Pflichten des vorläufigen Insolvenzverwalters. Sie dürfen nicht über die Pflichten nach Absatz 1 Satz 2 hinausgehen.
(3) Der vorläufige Insolvenzverwalter ist berechtigt, die Geschäftsräume des Schuldners zu betreten und dort Nachforschungen anzustellen. Der Schuldner hat dem vorläufigen Insolvenzverwalter Einsicht in seine Bücher und Geschäftspapiere zu gestatten. Er hat ihm alle erforderlichen Auskünfte zu erteilen und ihn bei der Erfüllung seiner Aufgaben zu unterstützen; die §§ 97, 98, 101 Abs. 1 Satz 1, 2, Abs. 2 gelten entsprechend.

§ 22a Bestellung eines vorläufigen Gläubigerausschusses

(1) Das Insolvenzgericht hat einen vorläufigen Gläubigerausschuss nach § 21 Absatz 2 Nummer 1a einzusetzen, wenn der Schuldner im vorangegangenen Geschäftsjahr mindestens zwei der drei nachstehenden Merkmale erfüllt hat:
1. mindestens 6 000 000 Euro Bilanzsumme nach Abzug eines auf der Aktivseite ausgewiesenen Fehlbetrags im Sinne des § 268 Absatz 3 des Handelsgesetzbuchs;
2. mindestens 12 000 000 Euro Umsatzerlöse in den zwölf Monaten vor dem Abschlussstichtag;
3. im Jahresdurchschnitt mindestens fünfzig Arbeitnehmer.

(2) Das Gericht soll auf Antrag des Schuldners, des vorläufigen Insolvenzverwalters oder eines Gläubigers einen vorläufigen Gläubigerausschuss nach § 21 Absatz 2 Nummer 1a einsetzen, wenn Personen benannt werden, die als Mitglieder des vorläufigen Gläubigerausschusses in Betracht kommen und dem Antrag Einverständniserklärungen der benannten Personen beigefügt werden.
(3) Ein vorläufiger Gläubigerausschuss ist nicht einzusetzen, wenn der Geschäftsbetrieb des Schuldners eingestellt ist, die Einsetzung des vorläufigen Gläubigerausschusses im Hinblick auf die zu erwartende Insolvenzmasse unverhältnismäßig ist oder die mit der Einsetzung verbundene Verzögerung zu einer nachteiligen Veränderung der Vermögenslage des Schuldners führt.
(4) Auf Aufforderung des Gerichts hat der Schuldner oder der vorläufige Insolvenzverwalter Personen zu benennen, die als Mitglieder des vorläufigen Gläubigerausschusses in Betracht kommen.

§ 23 Bekanntmachung der Verfügungsbeschränkungen

(1) Der Beschluß, durch den eine der in § 21 Abs. 2 Nr. 2 vorgesehenen Verfügungsbeschränkungen angeordnet und ein vorläufiger Insolvenzverwalter bestellt wird, ist öffentlich bekanntzumachen. Er ist dem Schuldner, den Personen, die Verpflichtungen gegenüber dem Schuldner haben, und dem vorläufigen Insolvenzverwalter besonders zuzustellen. Die Schuldner des Schuldners sind zugleich aufzufordern, nur noch unter Beachtung des Beschlusses zu leisten.
(2) Ist der Schuldner im Handels-, Genossenschafts-, Partnerschafts- oder Vereinsregister eingetragen, so hat die Geschäftsstelle des Insolvenzgerichts dem Registergericht eine Ausfertigung des Beschlusses zu übermitteln.
(3) Für die Eintragung der Verfügungsbeschränkung im Grundbuch, im Schiffsregister, im Schiffsbauregister und im Register über Pfandrechte an Luftfahrzeugen gelten die §§ 32, 33 entsprechend.

§ 24 Wirkungen der Verfügungsbeschränkungen

(1) Bei einem Verstoß gegen eine der in § 21 Abs. 2 Nr. 2 vorgesehenen Verfügungsbeschränkungen gelten die §§ 81, 82 entsprechend.
(2) Ist die Verfügungsbefugnis über das Vermögen des Schuldners auf einen vorläufigen Insolvenzverwalter übergegangen, so gelten für die Aufnahme anhängiger Rechtsstreitigkeiten § 85 Abs. 1 Satz 1 und § 86 entsprechend.

§ 25 Aufhebung der Sicherungsmaßnahmen

(1) Werden die Sicherungsmaßnahmen aufgehoben, so gilt für die Bekanntmachung der Aufhebung einer Verfügungsbeschränkung § 23 entsprechend.
(2) Ist die Verfügungsbefugnis über das Vermögen des Schuldners auf einen vorläufigen Insolvenzverwalter übergegangen, so hat dieser vor der Aufhebung seiner Bestellung aus dem von ihm verwalteten Vermögen die entstandenen Kosten zu berichtigen und die von ihm begründeten Verbindlichkeiten zu erfüllen. Gleiches gilt für die Verbindlichkeiten aus einem Dauerschuldverhältnis, soweit der vorläufige Insolvenzverwalter für das von ihm verwaltete Vermögen die Gegenleistung in Anspruch genommen hat.

§ 26 Abweisung mangels Masse

(1) Das Insolvenzgericht weist den Antrag auf Eröffnung des Insolvenzverfahrens ab, wenn das Vermögen des Schuldners voraussichtlich nicht ausreichen wird, um die Kosten des Verfahrens zu decken. Die Abweisung unterbleibt, wenn ein ausreichender Geldbetrag vorgeschossen wird oder die Kosten nach § 4a gestundet werden. Der Beschluss ist unverzüglich öffentlich bekannt zu machen.
(2) Das Gericht hat die Schuldner, bei denen der Eröffnungsantrag mangels Masse abgewiesen worden ist, in ein Verzeichnis einzutragen (Schuldnerverzeichnis). Die Vorschriften über das Schuldnerverzeichnis nach der Zivilprozeßordnung gelten entsprechend; jedoch beträgt die Löschungsfrist fünf Jahre.
(3) Wer nach Absatz 1 Satz 2 einen Vorschuß geleistet hat, kann die Erstattung des vorgeschossenen Betrages von jeder Person verlangen, die entgegen den Vorschriften des Insolvenz- oder Gesellschaftsrechts den Antrag auf Eröffnung des Insolvenzverfahrens pflichtwidrig und schuldhaft nicht gestellt hat. Ist streitig, ob die Person pflichtwidrig und schuldhaft gehandelt hat, so trifft sie die Beweislast.
(4) Zur Leistung eines Vorschusses nach Absatz 1 Satz 2 ist jede Person verpflichtet, die entgegen den Vorschriften des Insolvenz- oder Gesellschaftsrechts pflichtwidrig und schuldhaft keinen Antrag auf Eröffnung des Insolvenzverfahrens gestellt hat. Ist streitig, ob die Person pflichtwidrig und schuldhaft gehandelt hat, so trifft sie die Beweislast. Die Zahlung des Vorschusses kann der vorläufige Insolvenzverwalter sowie jede Person verlangen, die einen begründeten Vermögensanspruch gegen den Schuldner hat.

§ 26a Vergütung des vorläufigen Insolvenzverwalters

(1) Wird das Insolvenzverfahren nicht eröffnet, setzt das Insolvenzgericht die Vergütung und die zu erstattenden Auslagen des vorläufigen Insolvenzverwalters durch Beschluss fest.
(2) Die Festsetzung erfolgt gegen den Schuldner, es sei denn, der Eröffnungsantrag ist unzulässig oder unbegründet und den antragstellenden Gläubiger trifft ein grobes Verschulden. In diesem Fall sind die Vergütung und die zu erstattenden Auslagen des vorläufigen Insolvenzverwalters ganz oder teilweise dem Gläubiger aufzuerlegen und gegen ihn festzusetzen. Ein grobes Verschulden ist insbesondere dann anzunehmen, wenn der Antrag von vornherein keine Aussicht auf Erfolg hatte und der Gläubiger dies erkennen musste. Der Beschluss ist dem vorläufigen Verwalter und demjenigen, der die Kosten des vorläufigen Insolvenzverwalters zu tragen hat, zuzustellen. Die Vorschriften der Zivilprozessordnung über die Zwangsvollstreckung aus Kostenfestsetzungsbeschlüssen gelten entsprechend.
(3) Gegen den Beschluss steht dem vorläufigen Verwalter und demjenigen, der die Kosten des vorläufigen Insolvenzverwalters zu tragen hat, die sofortige Beschwerde zu. § 567 Absatz 2 der Zivilprozessordnung gilt entsprechend.

§ 27 Eröffnungsbeschluß

(1) Wird das Insolvenzverfahren eröffnet, so ernennt das Insolvenzgericht einen Insolvenzverwalter. § 270 bleibt unberührt.
(2) Der Eröffnungsbeschluß enthält:
1. Firma oder Namen und Vornamen, Geburtsdatum, Registergericht und Registernummer, unter der der Schuldner in das Handelsregister eingetragen ist, Geschäftszweig oder Beschäftigung, gewerbliche Niederlassung oder Wohnung des Schuldners;
2. Namen und Anschrift des Insolvenzverwalters;
3. die Stunde der Eröffnung;
4. die Gründe, aus denen das Gericht von einem einstimmigen Vorschlag des vorläufigen Gläubigerausschusses zur Person des Verwalters abgewichen ist; dabei ist der Name der vorgeschlagenen Person nicht zu nennen;
5. eine abstrakte Darstellung der für personenbezogene Daten geltenden Löschungsfristen nach § 3 der Verordnung zu öffentlichen Bekanntmachungen in Insolvenzverfahren im Internet vom 12. Februar 2002 (BGBl. I S. 677), die zuletzt durch Artikel 2 des Gesetzes vom 13. April 2007 (BGBl. I S. 509) geändert worden ist.

(3) Ist die Stunde der Eröffnung nicht angegeben, so gilt als Zeitpunkt der Eröffnung die Mittagsstunde des Tages, an dem der Beschluß erlassen worden ist.

§ 28 Aufforderungen an die Gläubiger und die Schuldner

(1) Im Eröffnungsbeschluß sind die Gläubiger aufzufordern, ihre Forderungen innerhalb einer bestimmten Frist unter Beachtung des § 174 beim Insolvenzverwalter anzumelden. Die Frist ist auf einen Zeitraum von mindestens zwei Wochen und höchstens drei Monaten festzusetzen.
(2) Im Eröffnungsbeschluß sind die Gläubiger aufzufordern, dem Verwalter unverzüglich mitzuteilen, welche Sicherungsrechte sie an beweglichen Sachen oder an Rechten des Schuldners in Anspruch nehmen. Der Gegenstand, an dem das Sicherungsrecht beansprucht wird, die Art und der Entstehungsgrund des Sicherungsrechts sowie die gesicherte Forderung sind zu bezeichnen. Wer die Mitteilung schuldhaft unterläßt oder verzögert, haftet für den daraus entstehenden Schaden.
(3) Im Eröffnungsbeschluß sind die Personen, die Verpflichtungen gegenüber dem Schuldner haben, aufzufordern, nicht mehr an den Schuldner zu leisten, sondern an den Verwalter.

§ 29 Terminbestimmungen

(1) Im Eröffnungsbeschluß bestimmt das Insolvenzgericht Termine für:
1. eine Gläubigerversammlung, in der auf der Grundlage eines Berichts des Insolvenzverwalters über den Fortgang des Insolvenzverfahrens beschlossen wird (Berichtstermin); der

Termin soll nicht über sechs Wochen und darf nicht über drei Monate hinaus angesetzt werden;
2. eine Gläubigerversammlung, in der die angemeldeten Forderungen geprüft werden (Prüfungstermin); der Zeitraum zwischen dem Ablauf der Anmeldefrist und dem Prüfungstermin soll mindestens eine Woche und höchstens zwei Monate betragen.

(2) Die Termine können verbunden werden. Das Gericht soll auf den Berichtstermin verzichten, wenn die Vermögensverhältnisse des Schuldners überschaubar sind und die Zahl der Gläubiger oder die Höhe der Verbindlichkeiten gering ist.

§ 30 Bekanntmachung des Eröffnungsbeschlusses

(1) Die Geschäftsstelle des Insolvenzgerichts hat den Eröffnungsbeschluß sofort öffentlich bekanntzumachen.
(2) Den Gläubigern und Schuldnern des Schuldners und dem Schuldner selbst ist der Beschluß besonders zuzustellen.
(3) - aufgehoben -

§ 31 Handels-, Genossenschafts-, Partnerschafts- und Vereinsregister

Ist der Schuldner im Handels-, Genossenschafts-, Partnerschafts- oder Vereinsregister eingetragen, so hat die Geschäftsstelle des Insolvenzgerichts dem Registergericht zu übermitteln:
1. im Falle der Eröffnung des Insolvenzverfahrens eine Ausfertigung des Eröffnungsbeschlusses;
2. im Falle der Abweisung des Eröffnungsantrags mangels Masse eine Ausfertigung des abweisenden Beschlusses, wenn der Schuldner eine juristische Person oder eine Gesellschaft ohne Rechtspersönlichkeit ist, die durch die Abweisung mangels Masse aufgelöst wird.

§ 32 Grundbuch

(1) Die Eröffnung des Insolvenzverfahrens ist in das Grundbuch einzutragen:
1. bei Grundstücken, als deren Eigentümer der Schuldner eingetragen ist;
2. bei den für den Schuldner eingetragenen Rechten an Grundstücken und an eingetragenen Rechten, wenn nach der Art des Rechts und den Umständen zu befürchten ist, daß ohne die Eintragung die Insolvenzgläubiger benachteiligt würden.

(2) Soweit dem Insolvenzgericht solche Grundstücke oder Rechte bekannt sind, hat es das Grundbuchamt von Amts wegen um die Eintragung zu ersuchen. Die Eintragung kann auch vom Insolvenzverwalter beim Grundbuchamt beantragt werden.
(3) Werden ein Grundstück oder ein Recht, bei denen die Eröffnung des Verfahrens eingetragen worden ist, vom Verwalter freigegeben oder veräußert, so hat das Insolvenzgericht auf Antrag das Grundbuchamt um Löschung der Eintragung zu ersuchen. Die Löschung kann auch vom Verwalter beim Grundbuchamt beantragt werden.

§ 33 Register für Schiffe und Luftfahrzeuge

Für die Eintragung der Eröffnung des Insolvenzverfahrens in das Schiffsregister, das Schiffsbauregister und das Register für Pfandrechte an Luftfahrzeugen gilt § 32 entsprechend. Dabei treten an die Stelle der Grundstücke die in diese Register eingetragenen Schiffe, Schiffsbauwerke und Luftfahrzeuge, an die Stelle des Grundbuchamts das Registergericht.

§ 34 Rechtsmittel

(1) Wird die Eröffnung des Insolvenzverfahrens abgelehnt, so steht dem Antragsteller und, wenn die Abweisung des Antrags nach § 26 erfolgt, dem Schuldner die sofortige Beschwerde zu.
(2) Wird das Insolvenzverfahren eröffnet, so steht dem Schuldner die sofortige Beschwerde zu.

(3) Sobald eine Entscheidung, die den Eröffnungsbeschluß aufhebt, Rechtskraft erlangt hat, ist die Aufhebung des Verfahrens öffentlich bekanntzumachen. § 200 Abs. 2 Satz 2 gilt entsprechend. Die Wirkungen der Rechtshandlungen, die vom Insolvenzverwalter oder ihm gegenüber vorgenommen worden sind, werden durch die Aufhebung nicht berührt.
(4) Die Absätze 1 bis 3 gelten für Lebenspartner entsprechend.

Zweiter Abschnitt – Insolvenzmasse, Einteilung der Gläubiger

§ 35 Begriff der Insolvenzmasse

(1) Das Insolvenzverfahren erfaßt das gesamte Vermögen, das dem Schuldner zur Zeit der Eröffnung des Verfahrens gehört und das er während des Verfahrens erlangt (Insolvenzmasse).
(2) Übt der Schuldner eine selbstständige Tätigkeit aus oder beabsichtigt er, demnächst eine solche Tätigkeit auszuüben, hat der Insolvenzverwalter ihm gegenüber zu erklären, ob Vermögen aus der selbstständigen Tätigkeit zur Insolvenzmasse gehört und ob Ansprüche aus dieser Tätigkeit im Insolvenzverfahren geltend gemacht werden können. § 295a gilt entsprechend. Auf Antrag des Gläubigerausschusses oder, wenn ein solcher nicht bestellt ist, der Gläubigerversammlung ordnet das Insolvenzgericht die Unwirksamkeit der Erklärung an.
(3) Der Schuldner hat den Verwalter unverzüglich über die Aufnahme oder Fortführung einer selbständigen Tätigkeit zu informieren. Ersucht der Schuldner den Verwalter um die Freigabe einer solchen Tätigkeit, hat sich der Verwalter unverzüglich, spätestens nach einem Monat zu dem Ersuchen zu erklären.
(4) Die Erklärung des Insolvenzverwalters ist dem Gericht gegenüber anzuzeigen. Das Gericht hat die Erklärung und den Beschluss über ihre Unwirksamkeit öffentlich bekannt zu machen.

§ 36 Unpfändbare Gegenstände

(1) Gegenstände, die nicht der Zwangsvollstreckung unterliegen, gehören nicht zur Insolvenzmasse. Die §§ 850, 850a, 850c, 850e, 850f Abs. 1, 850g bis 850l, 851c, 851d, 899 bis 904, 905 Satz 1 und 3 sowie § 906 Absatz 2 bis 4 der Zivilprozessordnung gelten entsprechend. Verfügungen des Schuldners über Guthaben, das nach den Vorschriften der Zivilprozessordnung über die Wirkungen des Pfändungsschutzkontos nicht von der Pfändung erfasst wird, bedürfen zu ihrer Wirksamkeit nicht der Freigabe dieses Kontoguthabens durch den Insolvenzverwalter.
(2) Zur Insolvenzmasse gehören jedoch
1. die Geschäftsbücher des Schuldners; gesetzliche Pflichten zur Aufbewahrung von Unterlagen bleiben unberührt;
2. im Fall einer selbständigen Tätigkeit des Schuldners die Sachen nach § 811 Absatz 1 Nummer 1 Buchstabe b und Tiere nach § 811 Absatz 1 Nummer 8 Buchstabe b der Zivilprozessordnung; hiervon ausgenommen sind Sachen, die für die Fortsetzung einer Erwerbstätigkeit erforderlich sind, welche in der Erbringung persönlicher Leistungen besteht.

(3) Sachen, die zum gewöhnlichen Hausrat gehören und im Haushalt des Schuldners gebraucht werden, gehören nicht zur Insolvenzmasse, wenn ohne weiteres ersichtlich ist, daß durch ihre Verwertung nur ein Erlös erzielt werden würde, der zu dem Wert außer allem Verhältnis steht.
(4) Für Entscheidungen, ob eine Gegenstand nach den in Absatz 1 Satz 2 genannten Vorschriften der Zwangsvollstreckung unterliegt, ist das Insolvenzgericht zuständig. Anstelle eines Gläubigers ist der Insolvenzverwalter antragsberechtigt. Für das Eröffnungsverfahren gelten die Sätze 1 und 2 entsprechend.

§ 37 Gesamtgut bei Gütergemeinschaft

(1) Wird bei dem Güterstand der Gütergemeinschaft das Gesamtgut von einem Ehegatten allein verwaltet und über das Vermögen dieses Ehegatten das Insolvenzverfahren eröffnet, so gehört das Gesamtgut zur Insolvenzmasse. Eine Auseinandersetzung des Gesamtguts findet nicht statt. Durch das Insolvenzverfahren über das Vermögen des anderen Ehegatten wird das Gesamtgut nicht berührt.

(2) Verwalten die Ehegatten das Gesamtgut gemeinschaftlich, so wird das Gesamtgut durch das Insolvenzverfahren über das Vermögen eines Ehegatten nicht berührt.
(3) Absatz 1 ist bei der fortgesetzten Gütergemeinschaft mit der Maßgabe anzuwenden, daß an die Stelle des Ehegatten, der das Gesamtgut allein verwaltet, der überlebende Ehegatte, an die Stelle des anderen Ehegatten die Abkömmlinge treten.

§ 38 Begriff der Insolvenzgläubiger

Die Insolvenzmasse dient zur Befriedigung der persönlichen Gläubiger, die einen zur Zeit der Eröffnung des Insolvenzverfahrens begründeten Vermögensanspruch gegen den Schuldner haben (Insolvenzgläubiger).

§ 39 Nachrangige Insolvenzgläubiger

(1) Im Rang nach den übrigen Forderungen der Insolvenzgläubiger werden in folgender Rangfolge, bei gleichem Rang nach dem Verhältnis ihrer Beträge, berichtigt:
1. die seit der Eröffnung des Insolvenzverfahrens laufenden Zinsen und Säumniszuschläge auf Forderungen der Insolvenzgläubiger;
2. die Kosten, die den einzelnen Insolvenzgläubigern durch ihre Teilnahme am Verfahren erwachsen;
3. Geldstrafen, Geldbußen, Ordnungsgelder und Zwangsgelder sowie solche Nebenfolgen einer Straftat oder Ordnungswidrigkeit, die zu einer Geldzahlung verpflichten;
4. Forderungen auf eine unentgeltliche Leistung des Schuldners;
5. nach Maßgabe der Absätze 4 und 5 Forderungen auf Rückgewähr eines Gesellschafterdarlehens oder Forderungen aus Rechtshandlungen, die einem solchen Darlehen wirtschaftlich entsprechen.

Satz 1 Nummer 5 ist nicht anzuwenden, wenn eine staatliche Förderbank oder eines ihrer Tochterunternehmen einem Unternehmen, an dem die staatliche Förderbank oder eines ihrer Tochterunternehmen beteiligt ist, ein Darlehen gewährt oder eine andere einer Darlehensgewährung wirtschaftlich entsprechende Rechtshandlung vorgenommen hat.
(2) Forderungen, für die zwischen Gläubiger und Schuldner der Nachrang im Insolvenzverfahren vereinbart worden ist, werden im Zweifel nach den in Absatz 1 bezeichneten Forderungen berichtigt.
(3) Die Zinsen der Forderungen nachrangiger Insolvenzgläubiger und die Kosten, die diesen Gläubigern durch ihre Teilnahme am Verfahren entstehen, haben den gleichen Rang wie die Forderungen dieser Gläubiger.
(4) Absatz 1 Nr. 5 gilt für Gesellschaften, die weder eine natürliche Person noch eine Gesellschaft als persönlich haftenden Gesellschafter haben, bei der ein persönlich haftender Gesellschafter eine natürliche Person ist. Erwirbt ein Gläubiger bei drohender oder eingetretener Zahlungsunfähigkeit der Gesellschaft oder bei Überschuldung Anteile zum Zweck ihrer Sanierung, führt dies bis zur nachhaltigen Sanierung nicht zur Anwendung von Absatz 1 Nr. 5 auf seine Forderungen aus bestehenden oder neu gewährten Darlehen oder auf Forderungen aus Rechtshandlungen, die einem solchen Darlehen wirtschaftlich entsprechen.
(5) Absatz 1 Nr. 5 gilt nicht für den nicht geschäftsführenden Gesellschafter einer Gesellschaft im Sinne des Absatzes 4 Satz 1, der mit 10 Prozent oder weniger am Haftkapital beteiligt ist.

§ 40 Unterhaltsansprüche

Familienrechtliche Unterhaltsansprüche gegen den Schuldner können im Insolvenzverfahren für die Zeit nach der Eröffnung nur geltend gemacht werden, soweit der Schuldner als Erbe des Verpflichteten haftet. § 100 bleibt unberührt.

§ 41 Nicht fällige Forderungen

(1) Nicht fällige Forderungen gelten als fällig.

(2) Sind sie unverzinslich, so sind sie mit dem gesetzlichen Zinssatz abzuzinsen. Sie vermindern sich dadurch auf den Betrag, der bei Hinzurechnung der gesetzlichen Zinsen für die Zeit von der Eröffnung des Insolvenzverfahrens bis zur Fälligkeit dem vollen Betrag der Forderung entspricht.

§ 42 Auflösend bedingte Forderungen

Auflösend bedingte Forderungen werden, solange die Bedingung nicht eingetreten ist, im Insolvenzverfahren wie unbedingte Forderungen berücksichtigt.

§ 43 Haftung mehrerer Personen

Ein Gläubiger, dem mehrere Personen für dieselbe Leistung auf das Ganze haften, kann im Insolvenzverfahren gegen jeden Schuldner bis zu seiner vollen Befriedigung den ganzen Betrag geltend machen, den er zur Zeit der Eröffnung des Verfahrens zu fordern hatte.

§ 44 Rechte der Gesamtschuldner und Bürgen

Der Gesamtschuldner und der Bürge können die Forderung, die sie durch eine Befriedigung des Gläubigers künftig gegen den Schuldner erwerben könnten, im Insolvenzverfahren nur dann geltend machen, wenn der Gläubiger seine Forderung nicht geltend macht.

§ 44a Gesicherte Darlehen

In dem Insolvenzverfahren über das Vermögen einer Gesellschaft kann ein Gläubiger nach Maßgabe des § 39 Abs. 1 Nr. 5 für eine Forderung auf Rückgewähr eines Darlehens oder für eine gleichgestellte Forderung, für die ein Gesellschafter eine Sicherheit bestellt oder für die er sich verbürgt hat, nur anteilsmäßige Befriedigung aus der Insolvenzmasse verlangen, soweit er bei der Inanspruchnahme der Sicherheit oder des Bürgen ausgefallen ist.

§ 45 Umrechnung von Forderungen

Forderungen, die nicht auf Geld gerichtet sind oder deren Geldbetrag unbestimmt ist, sind mit dem Wert geltend zu machen, der für die Zeit der Eröffnung des Insolvenzverfahrens geschätzt werden kann. Forderungen, die in ausländischer Währung oder in einer Rechnungseinheit ausgedrückt sind, sind nach dem Kurswert, der zur Zeit der Verfahrenseröffnung für den Zahlungsort maßgeblich ist, in inländische Währung umzurechnen.

§ 46 Wiederkehrende Leistungen

Forderungen auf wiederkehrende Leistungen, deren Betrag und Dauer bestimmt sind, sind mit dem Betrag geltend zu machen, der sich ergibt, wenn die noch ausstehenden Leistungen unter Abzug des in § 41 bezeichneten Zwischenzinses zusammengerechnet werden. Ist die Dauer der Leistungen unbestimmt, so gilt § 45 Satz 1 entsprechend.

§ 47 Aussonderung

Wer auf Grund eines dinglichen oder persönlichen Rechts geltend machen kann, daß ein Gegenstand nicht zur Insolvenzmasse gehört, ist kein Insolvenzgläubiger. Sein Anspruch auf Aussonderung des Gegenstands bestimmt sich nach den Gesetzen, die außerhalb des Insolvenzverfahrens gelten.

§ 48 Ersatzaussonderung

Ist ein Gegenstand, dessen Aussonderung hätte verlangt werden können, vor der Eröffnung des Insolvenzverfahrens vom Schuldner oder nach der Eröffnung vom Insolvenzverwalter unberechtigt veräußert worden, so kann der Aussonderungsberechtigte die Abtretung des Rechts auf die Gegenleistung verlangen, soweit diese noch aussteht. Er kann die Gegenleistung aus der Insolvenzmasse verlangen, soweit sie in der Masse unterscheidbar vorhanden ist.

§ 49 Abgesonderte Befriedigung aus unbeweglichen Gegenständen

Gläubiger, denen ein Recht auf Befriedigung aus Gegenständen zusteht, die der Zwangsvollstreckung in das unbewegliche Vermögen unterliegen (unbewegliche Gegenstände), sind nach Maßgabe des Gesetzes über die Zwangsversteigerung und die Zwangsverwaltung zur abgesonderten Befriedigung berechtigt.

§ 50 Abgesonderte Befriedigung der Pfandgläubiger

(1) Gläubiger, die an einem Gegenstand der Insolvenzmasse ein rechtsgeschäftliches Pfandrecht, ein durch Pfändung erlangtes Pfandrecht oder ein gesetzliches Pfandrecht haben, sind nach Maßgabe der §§ 166 bis 173 für Hauptforderung, Zinsen und Kosten zur abgesonderten Befriedigung aus dem Pfandgegenstand berechtigt.
(2) Das gesetzliche Pfandrecht des Vermieters oder Verpächters kann im Insolvenzverfahren wegen der Miete oder Pacht für eine frühere Zeit als die letzten zwölf Monate vor der Eröffnung des Verfahrens sowie wegen der Entschädigung, die infolge einer Kündigung des Insolvenzverwalters zu zahlen ist, nicht geltend gemacht werden. Das Pfandrecht des Verpächters eines landwirtschaftlichen Grundstücks unterliegt wegen der Pacht nicht dieser Beschränkung.

§ 51 Sonstige Absonderungsberechtigte

Den in § 50 genannten Gläubigern stehen gleich:
1. Gläubiger, denen der Schuldner zur Sicherung eines Anspruchs eine bewegliche Sache übereignet oder ein Recht übertragen hat;
2. Gläubiger, denen ein Zurückbehaltungsrecht an einer Sache zusteht, weil sie etwas zum Nutzen der Sache verwendet haben, soweit ihre Forderung aus der Verwendung den noch vorhandenen Vorteil nicht übersteigt;
3. Gläubiger, denen nach dem Handelsgesetzbuch ein Zurückbehaltungsrecht zusteht;
4. Bund, Länder, Gemeinden und Gemeindeverbände, soweit ihnen zoll- und steuerpflichtige Sachen nach gesetzlichen Vorschriften als Sicherheit für öffentliche Abgaben dienen.

§ 52 Ausfall der Absonderungsberechtigten

Gläubiger, die abgesonderte Befriedigung beanspruchen können, sind Insolvenzgläubiger, soweit ihnen der Schuldner auch persönlich haftet. Sie sind zur anteilsmäßigen Befriedigung aus der Insolvenzmasse jedoch nur berechtigt, soweit sie auf eine abgesonderte Befriedigung verzichten oder bei ihr ausgefallen sind.

§ 53 Massegläubiger

Aus der Insolvenzmasse sind die Kosten des Insolvenzverfahrens und die sonstigen Masseverbindlichkeiten vorweg zu berichtigen.

§ 54 Kosten des Insolvenzverfahrens

Kosten des Insolvenzverfahrens sind:
1. die Gerichtskosten für das Insolvenzverfahren;

2. die Vergütungen und die Auslagen des vorläufigen Insolvenzverwalters, des Insolvenzverwalters und der Mitglieder des Gläubigerausschusses.

§ 55 Sonstige Masseverbindlichkeiten

(1) Masseverbindlichkeiten sind weiter die Verbindlichkeiten:
1. die durch Handlungen des Insolvenzverwalters oder in anderer Weise durch die Verwaltung, Verwertung und Verteilung der Insolvenzmasse begründet werden, ohne zu den Kosten des Insolvenzverfahrens zu gehören;
2. aus gegenseitigen Verträgen, soweit deren Erfüllung zur Insolvenzmasse verlangt wird oder für die Zeit nach der Eröffnung des Insolvenzverfahrens erfolgen muß;
3. aus einer ungerechtfertigten Bereicherung der Masse.

(2) Verbindlichkeiten, die von einem vorläufigen Insolvenzverwalter begründet worden sind, auf den die Verfügungsbefugnis über das Vermögen des Schuldners übergegangen ist, gelten nach der Eröffnung des Verfahrens als Masseverbindlichkeiten. Gleiches gilt für Verbindlichkeiten aus einem Dauerschuldverhältnis, soweit der vorläufige Insolvenzverwalter für das von ihm verwaltete Vermögen die Gegenleistung in Anspruch genommen hat.
(3) Gehen nach Absatz 2 begründete Ansprüche auf Arbeitsentgelt nach § 169 des Dritten Buches Sozialgesetzbuch auf die Bundesanstalt für Arbeit über, so kann die Bundesanstalt diese nur als Insolvenzgläubiger geltend machen. Satz 1 gilt entsprechend für die in § 175 Absatz 1 des Dritten Buches Sozialgesetzbuch bezeichneten Ansprüche, soweit diese gegenüber dem Schuldner bestehen bleiben.
(4) Umsatzsteuerverbindlichkeiten des Insolvenzschuldners, die von einem vorläufigen Insolvenzverwalter oder vom Schuldner mit Zustimmung eines vorläufigen Insolvenzverwalters oder vom Schuldner nach Bestellung eines vorläufigen Sachwalters begründet worden sind, gelten nach Eröffnung des Insolvenzverfahrens als Masseverbindlichkeit. Den Umsatzsteuerverbindlichkeiten stehen die folgenden Verbindlichkeiten gleich:
1. sonstige Ein- und Ausfuhrabgaben,
2. bundesgesetzlich geregelte Verbrauchsteuern,
3. die Luftverkehr- und die Kraftfahrzeugsteuer und
4. die Lohnsteuer.

Dritter Abschnitt Insolvenzverwalter, Organe der Gläubiger

§ 56 Bestellung des Insolvenzverwalters

(1) Zum Insolvenzverwalter ist eine für den jeweiligen Einzelfall geeignete, insbesondere geschäftskundige und von den Gläubigern und dem Schuldner unabhängige natürliche Person zu bestellen, die aus dem Kreis aller zur Übernahme von Insolvenzverwaltungen bereiten Personen auszuwählen ist. Wer als Restrukturierungsbeauftragter oder Sanierungsmoderator in einer Restrukturierungssache des Schuldners tätig war, kann, wenn der Schuldner mindestens zwei der drei in § 22a Absatz 1 genannten Voraussetzungen erfüllt, nur dann zum Insolvenzverwalter bestellt werden, wenn der vorläufige Gläubigerausschuss zustimmt. Die Bereitschaft zur Übernahme von Insolvenzverwaltungen kann auf bestimmte Verfahren beschränkt werden. Die erforderliche Unabhängigkeit wird nicht schon dadurch ausgeschlossen, dass die Person
1. vom Schuldner oder von einem Gläubiger vorgeschlagen worden ist oder
2. den Schuldner vor dem Eröffnungsantrag in allgemeiner Form über den Ablauf eines Insolvenzverfahrens und dessen Folgen beraten hat

(2) Der Verwalter erhält eine Urkunde über seine Bestellung. Bei Beendigung seines Amtes hat er die Urkunde dem Insolvenzgericht zurückzugeben.

§ 56a Gläubigerbeteiligung bei der Verwalterbestellung

(1) Vor der Bestellung des Verwalters ist dem vorläufigen Gläubigerausschuss Gelegenheit zu geben, sich zu den Anforderungen, die an den Verwalter zu stellen sind, und zur Person des

Verwalters zu äußern, soweit dies nicht innerhalb von zwei Werktagen offensichtlich zu einer nachteiligen Veränderung der Vermögenslage des Schuldners führt.
(2) Das Gericht darf von einem einstimmigen Vorschlag des vorläufigen Gläubigerausschusses zur Person des Verwalters nur abweichen, wenn die vorgeschlagene Person für die Übernahme des Amtes nicht geeignet ist. Das Gericht hat bei der Auswahl des Verwalters die vom vorläufigen Gläubigerausschuss beschlossenen Anforderungen an die Person des Verwalters zugrunde zu legen.
(3) Sieht das Gericht mit Rücksicht auf eine nachteilige Veränderung der Vermögenslage des Schuldners von einer Anhörung nach Absatz 1 ab, hat es seine Entscheidung schriftlich zu begründen. Der vorläufige Gläubigerausschuss kann in seiner ersten Sitzung einstimmig eine andere Person als die bestellte zum Insolvenzverwalter wählen.

§ 56b Verwalterbestellung bei Schuldnern derselben Unternehmensgruppe

(1) Wird über das Vermögen von gruppenangehörigen Schuldnern die Eröffnung eines Insolvenzverfahrens beantragt, so haben die angegangenen Insolvenzgerichte sich darüber abzustimmen, ob es im Interesse der Gläubiger liegt, lediglich eine Person zum Insolvenzverwalter zu bestellen. Bei der Abstimmung ist insbesondere zu erörtern, ob diese Person alle Verfahren über die gruppenangehörigen Schuldner mit der gebotenen Unabhängigkeit wahrnehmen kann und ob mögliche Interessenkonflikte durch die Bestellung von Sonderinsolvenzverwaltern ausgeräumt werden können.
(2) Von dem Vorschlag oder den Vorgaben eines vorläufigen Gläubigerausschusses nach § 56a kann das Gericht abweichen, wenn der für einen anderen gruppenangehörigen Schuldner bestellte vorläufige Gläubigerausschuss eine andere Person einstimmig vorschlägt, die sich für eine Tätigkeit nach Absatz 1 Satz 1 eignet. Vor der Bestellung dieser Person ist der vorläufige Gläubigerausschuss anzuhören. Ist zur Auflösung von Interessenkonflikten ein Sonderinsolvenzverwalter zu bestellen, findet § 56a entsprechende Anwendung.

§ 57 Wahl eines anderen Insolvenzverwalters

In der ersten Gläubigerversammlung, die auf die Bestellung des Insolvenzverwalters folgt, können die Gläubiger an dessen Stelle eine andere Person wählen. Die andere Person ist gewählt, wenn neben der in § 76 Abs. 2 genannten Mehrheit auch die Mehrheit der abstimmenden Gläubiger für sie gestimmt hat. Das Gericht kann die Bestellung des Gewählten nur versagen, wenn dieser für die Übernahme des Amtes nicht geeignet ist. Gegen die Versagung steht jedem Insolvenzgläubiger die sofortige Beschwerde zu.

§ 58 Aufsicht des Insolvenzgerichts

(1) Der Insolvenzverwalter steht unter der Aufsicht des Insolvenzgerichts. Das Gericht kann jederzeit einzelne Auskünfte oder einen Bericht über den Sachstand und die Geschäftsführung von ihm verlangen.
(2) Erfüllt der Verwalter seine Pflichten nicht, so kann das Gericht nach vorheriger Androhung Zwangsgeld gegen ihn festsetzen. Das einzelne Zwangsgeld darf den Betrag von fünfundzwanzigtausend Euro nicht übersteigen. Gegen den Beschluß steht dem Verwalter die sofortige Beschwerde zu.
(3) Absatz 2 gilt entsprechend für die Durchsetzung der Herausgabepflichten eines entlassenen Verwalters.

§ 59 Entlassung des Insolvenzverwalters

(1) Das Insolvenzgericht kann den Insolvenzverwalter aus wichtigem Grund aus dem Amt entlassen. Die Entlassung kann von Amts wegen oder auf Antrag des Verwalters, des Schuldners, des Gläubigerausschusses, der Gläubigerversammlung oder eines Insolvenzgläubigers erfolgen. Auf

Antrag des Schuldners oder eines Insolvenzgläubigers erfolgt die Entlassung nur, wenn dies innerhalb von sechs Monaten nach der Bestellung beantragt wird und der Verwalter nicht unabhängig ist; dies ist von dem Antragsteller glaubhaft zu machen. Vor der Entscheidung des Gerichts ist der Verwalter zu hören.
(2) Gegen die Entlassung steht dem Verwalter die sofortige Beschwerde zu. Gegen die Ablehnung des Antrags steht dem Antragsteller die sofortige Beschwerde zu. Hat die Gläubigerversammlung den Antrag gestellt, steht auch jedem Insolvenzgläubiger die sofortige Beschwerde zu.

§ 60 Haftung des Insolvenzverwalters

(1) Der Insolvenzverwalter ist allen Beteiligten zum Schadenersatz verpflichtet, wenn er schuldhaft die Pflichten verletzt, die ihm nach diesem Gesetz obliegen. Er hat für die Sorgfalt eines ordentlichen und gewissenhaften Insolvenzverwalters einzustehen.
(2) Soweit er zur Erfüllung der ihm als Verwalter obliegenden Pflichten Angestellte des Schuldners im Rahmen ihrer bisherigen Tätigkeit einsetzen muß und diese Angestellten nicht offensichtlich ungeeignet sind, hat der Verwalter ein Verschulden dieser Personen nicht gemäß § 278 des Bürgerlichen Gesetzbuchs zu vertreten, sondern ist nur für deren Überwachung und für Entscheidungen von besonderer Bedeutung verantwortlich.

§ 61 Nichterfüllung von Masseverbindlichkeiten

Kann eine Masseverbindlichkeit, die durch eine Rechtshandlung des Insolvenzverwalters begründet worden ist, aus der Insolvenzmasse nicht voll erfüllt werden, so ist der Verwalter dem Massegläubiger zum Schadenersatz verpflichtet. Dies gilt nicht, wenn der Verwalter bei der Begründung der Verbindlichkeit nicht erkennen konnte, daß die Masse voraussichtlich zur Erfüllung nicht ausreichen würde.

§ 62 Verjährung

Die Verjährung des Anspruchs auf Ersatz des Schadens, der aus einer Pflichtverletzung des Insolvenzverwalters entstanden ist, richtet sich nach den Regelungen über die regelmäßige Verjährung nach dem Bürgerlichen Gesetzbuch. Der Anspruch verjährt spätestens in drei Jahren von der Aufhebung oder der Rechtskraft der Einstellung des Insolvenzverfahrens an. Für Pflichtverletzungen, die im Rahmen einer Nachtragsverteilung (§ 203) oder einer Überwachung der Planerfüllung (§ 260) begangen worden sind, gilt Satz 2 mit der Maßgabe, daß an die Stelle der Aufhebung des Insolvenzverfahrens der Vollzug der Nachtragsverteilung oder die Beendigung der Überwachung tritt.

§ 63 Vergütung des Insolvenzverwalters

(1) Der Insolvenzverwalter hat Anspruch auf Vergütung für seine Geschäftsführung und auf Erstattung angemessener Auslagen. Der Regelsatz der Vergütung wird nach dem Wert der Insolvenzmasse zur Zeit der Beendigung des Insolvenzverfahrens berechnet. Dem Umfang und der Schwierigkeit der Geschäftsführung des Verwalters wird durch Abweichungen vom Regelsatz Rechnung getragen.
(2) Sind die Kosten des Verfahrens nach § 4a gestundet, steht dem Insolvenzverwalter für seine Vergütung und seine Auslagen ein Anspruch gegen die Staatskasse zu, soweit die Insolvenzmasse dafür nicht ausreicht.
(3) Die Tätigkeit des vorläufigen Insolvenzverwalters wird gesondert vergütet. Er erhält in der Regel 25 Prozent der Vergütung des Insolvenzverwalters bezogen auf das Vermögen, auf das sich seine Tätigkeit während des Eröffnungsverfahrens erstreckt. Maßgebend für die Wertermittlung ist der Zeitpunkt der Beendigung der vorläufigen Verwaltung oder der Zeitpunkt, ab dem der Gegenstand nicht mehr der vorläufigen Verwaltung unterliegt. Beträgt die Differenz des tatsächlichen Werts der Berechnungsgrundlage der Vergütung zu dem der Vergütung zugrunde gelegten

Wert mehr als 20 Prozent, so kann das Gericht den Beschluss über die Vergütung des vorläufigen Insolvenzverwalters bis zur Rechtskraft der Entscheidung über die Vergütung des Insolvenzverwalters ändern.

§ 64 Festsetzung durch das Gericht

(1) Das Insolvenzgericht setzt die Vergütung und die zu erstattenden Auslagen des Insolvenzverwalters durch Beschluß fest.
(2) Der Beschluß ist öffentlich bekanntzumachen und dem Verwalter, dem Schuldner und, wenn ein Gläubigerausschuß bestellt ist, den Mitgliedern des Ausschusses besonders zuzustellen. Die festgesetzten Beträge sind nicht zu veröffentlichen; in der öffentlichen Bekanntmachung ist darauf hinzuweisen, daß der vollständige Beschluß in der Geschäftsstelle eingesehen werden kann.
(3) Gegen den Beschluß steht dem Verwalter, dem Schuldner und jedem Insolvenzgläubiger die sofortige Beschwerde zu. § 567 Abs. 2 der Zivilprozeßordnung gilt entsprechend.

§ 65 Verordnungsermächtigung

Das Bundesministerium der Justiz und für Verbraucherschutzwird ermächtigt, die Vergütung und die Erstattung der Auslagen des vorläufigen Insolvenzverwalters und des Insolvenzverwalters sowie das hierfür maßgebliche Verfahren durch Rechtsverordnung zu regeln.

§ 66 Rechnungslegung

(1) Der Insolvenzverwalter hat bei der Beendigung seines Amtes einer Gläubigerversammlung Rechnung zu legen.
(2) Vor der Gläubigerversammlung prüft das Insolvenzgericht die Schlußrechnung des Verwalters. Es legt die Schlußrechnung mit den Belegen, mit einem Vermerk über die Prüfung und, wenn ein Gläubigerausschuß bestellt ist, mit dessen Bemerkungen zur Einsicht der Beteiligten aus; es kann dem Gläubigerausschuß für dessen Stellungnahme eine Frist setzen. Der Zeitraum zwischen der Auslegung der Unterlagen und dem Termin der Gläubigerversammlung soll mindestens eine Woche betragen.
(3) Die Gläubigerversammlung kann dem Verwalter aufgeben, zu bestimmten Zeitpunkten während des Verfahrens Zwischenrechnung zu legen. Die Absätze 1 und 2 gelten entsprechend.
(4) Der Insolvenzplan kann eine abweichende Regelung treffen.

§ 67 Einsetzung des Gläubigerausschusses

(1) Vor der ersten Gläubigerversammlung kann das Insolvenzgericht einen Gläubigerausschuß einsetzen.
(2) Im Gläubigerausschuß sollen die absonderungsberechtigten Gläubiger, die Insolvenzgläubiger mit den höchsten Forderungen und die Kleingläubiger vertreten sein. Dem Ausschuß soll ein Vertreter der Arbeitnehmer angehören.
(3) Zu Mitgliedern des Gläubigerausschusses können auch Personen bestellt werden, die keine Gläubiger sind.

§ 68 Wahl anderer Mitglieder

(1) Die Gläubigerversammlung beschließt, ob ein Gläubigerausschuß eingesetzt werden soll. Hat das Insolvenzgericht bereits einen Gläubigerausschuß eingesetzt, so beschließt sie, ob dieser beibehalten werden soll.
(2) Sie kann vom Insolvenzgericht bestellte Mitglieder abwählen und andere oder zusätzliche Mitglieder des Gläubigerausschusses wählen.

§ 69 Aufgaben des Gläubigerausschusses

Die Mitglieder des Gläubigerausschusses haben den Insolvenzverwalter bei seiner Geschäftsführung zu unterstützen und zu überwachen. Sie haben sich über den Gang der Geschäfte zu unterrichten sowie die Bücher und Geschäftspapiere einsehen und den Geldverkehr und -bestand prüfen zu lassen.

§ 70 Entlassung

Das Insolvenzgericht kann ein Mitglied des Gläubigerausschusses aus wichtigem Grund aus dem Amt entlassen. Die Entlassung kann von Amts wegen, auf Antrag des Mitglieds des Gläubigerausschusses oder auf Antrag der Gläubigerversammlung erfolgen. Vor der Entscheidung des Gerichts ist das Mitglied des Gläubigerausschusses zu hören; gegen die Entscheidung steht ihm die sofortige Beschwerde zu.

§ 71 Haftung der Mitglieder des Gläubigerausschusses

Die Mitglieder des Gläubigerausschusses sind den absonderungsberechtigten Gläubigern und den Insolvenzgläubigern zum Schadenersatz verpflichtet, wenn sie schuldhaft die Pflichten verletzen, die ihnen nach diesem Gesetz obliegen. § 62 gilt entsprechend.

§ 72 Beschlüsse des Gläubigerausschusses

Ein Beschluß des Gläubigerausschusses ist gültig, wenn die Mehrheit der Mitglieder an der Beschlußfassung teilgenommen hat und der Beschluß mit der Mehrheit der abgegebenen Stimmen gefaßt worden ist.

§ 73 Vergütung der Mitglieder des Gläubigerausschusses

(1) Die Mitglieder des Gläubigerausschusses haben Anspruch auf Vergütung für ihre Tätigkeit und auf Erstattung angemessener Auslagen. Dabei ist dem Zeitaufwand und dem Umfang der Tätigkeit Rechnung zu tragen.
(2) § 63 Abs. 2 sowie die §§ 64 und 65 gelten entsprechend.

§ 74 Einberufung der Gläubigerversammlung

(1) Die Gläubigerversammlung wird vom Insolvenzgericht einberufen. Zur Teilnahme an der Versammlung sind alle absonderungsberechtigten Gläubiger, alle Insolvenzgläubiger, der Insolvenzverwalter, die Mitglieder des Gläubigerausschusses und der Schuldner berechtigt.
(2) Die Zeit, der Ort und die Tagesordnung der Gläubigerversammlung sind öffentlich bekanntzumachen. Die öffentliche Bekanntmachung kann unterbleiben, wenn in einer Gläubigerversammlung die Verhandlung vertagt wird.

§ 75 Antrag auf Einberufung

(1) Die Gläubigerversammlung ist einzuberufen, wenn dies beantragt wird:
1. vom Insolvenzverwalter;
2. vom Gläubigerausschuß;
3. von mindestens fünf absonderungsberechtigten Gläubigern oder nicht nachrangigen Insolvenzgläubigern, deren Absonderungsrechte und Forderungen nach der Schätzung des Insolvenzgerichts zusammen ein Fünftel der Summe erreichen, die sich aus dem Wert aller Absonderungsrechte und den Forderungsbeträgen aller nicht nachrangigen Insolvenzgläubiger ergibt;

4. von einem oder mehreren absonderungsberechtigten Gläubigern oder nicht nachrangigen Insolvenzgläubigern, deren Absonderungsrechte und Forderungen nach der Schätzung des Gerichts zwei Fünftel der in Nummer 3 bezeichneten Summe erreichen.

(2) Der Zeitraum zwischen dem Eingang des Antrags und dem Termin der Gläubigerversammlung soll höchstens drei Wochen betragen.

(3) Wird die Einberufung abgelehnt, so steht dem Antragsteller die sofortige Beschwerde zu.

§ 76 Beschlüsse der Gläubigerversammlung

(1) Die Gläubigerversammlung wird vom Insolvenzgericht geleitet.

(2) Ein Beschluß der Gläubigerversammlung kommt zustande, wenn die Summe der Forderungsbeträge der zustimmenden Gläubiger mehr als die Hälfte der Summe der Forderungsbeträge der abstimmenden Gläubiger beträgt; bei absonderungsberechtigten Gläubigern, denen der Schuldner nicht persönlich haftet, tritt der Wert des Absonderungsrechts an die Stelle des Forderungsbetrags.

§ 77 Feststellung des Stimmrechts

(1) Ein Stimmrecht gewähren die Forderungen, die angemeldet und weder vom Insolvenzverwalter noch von einem stimmberechtigten Gläubiger bestritten worden sind. Nachrangige Gläubiger sind nicht stimmberechtigt.

(2) Die Gläubiger, deren Forderungen bestritten werden, sind stimmberechtigt, soweit sich in der Gläubigerversammlung der Verwalter und die erschienenen stimmberechtigten Gläubiger über das Stimmrecht geeinigt haben. Kommt es nicht zu einer Einigung, so entscheidet das Insolvenzgericht. Es kann seine Entscheidung auf den Antrag des Verwalters oder eines in der Gläubigerversammlung erschienenen Gläubigers ändern.

(3) Absatz 2 gilt entsprechend

1. für die Gläubiger aufschiebend bedingter Forderungen;
2. für die absonderungsberechtigten Gläubiger.

§ 78 Aufhebung eines Beschlusses der Gläubigerversammlung

(1) Widerspricht ein Beschluß der Gläubigerversammlung dem gemeinsamen Interesse der Insolvenzgläubiger, so hat das Insolvenzgericht den Beschluß aufzuheben, wenn ein absonderungsberechtigter Gläubiger, ein nicht nachrangiger Insolvenzgläubiger oder der Insolvenzverwalter dies in der Gläubigerversammlung beantragt.

(2) Die Aufhebung des Beschlusses ist öffentlich bekanntzumachen. Gegen die Aufhebung steht jedem absonderungsberechtigten Gläubiger und jedem nicht nachrangigen Insolvenzgläubiger die sofortige Beschwerde zu. Gegen die Ablehnung des Antrags auf Aufhebung steht dem Antragsteller die sofortige Beschwerde zu.

§ 79 Unterrichtung der Gläubigerversammlung

Die Gläubigerversammlung ist berechtigt, vom Insolvenzverwalter einzelne Auskünfte und einen Bericht über den Sachstand und die Geschäftsführung zu verlangen. Ist ein Gläubigerausschuß nicht bestellt, so kann die Gläubigerversammlung den Geldverkehr und -bestand des Verwalters prüfen lassen.

Dritter Teil – Wirkungen der Eröffnung des Insolvenzverfahrens

Erster Abschnitt – Allgemeine Wirkungen

§ 80 Übergang des Verwaltungs- und Verfügungsrechts

(1) Durch die Eröffnung des Insolvenzverfahrens geht das Recht des Schuldners, das zur Insolvenzmasse gehörende Vermögen zu verwalten und über es zu verfügen, auf den Insolvenzverwalter über.
(2) Ein gegen den Schuldner bestehendes Veräußerungsverbot, das nur den Schutz bestimmter Personen bezweckt (§§ 135, 136 des Bürgerlichen Gesetzbuchs), hat im Verfahren keine Wirkung. Die Vorschriften über die Wirkungen einer Pfändung oder einer Beschlagnahme im Wege der Zwangsvollstreckung bleiben unberührt.

§ 81 Verfügungen des Schuldners

(1) Hat der Schuldner nach der Eröffnung des Insolvenzverfahrens über einen Gegenstand der Insolvenzmasse verfügt, so ist diese Verfügung unwirksam. Unberührt bleiben die §§ 892, 893 des Bürgerlichen Gesetzbuchs, §§ 16, 17 des Gesetzes über Rechte an eingetragenen Schiffen und Schiffsbauwerken und §§ 16, 17 des Gesetzes über Rechte an Luftfahrzeugen. Dem anderen Teil ist die Gegenleistung aus der Insolvenzmasse zurückzugewähren, soweit die Masse durch sie bereichert ist.
(2) Für eine Verfügung über künftige Forderungen auf Bezüge aus einem Dienstverhältnis des Schuldners oder an deren Stelle tretende laufende Bezüge gilt Absatz 1 auch insoweit, als die Bezüge für die Zeit nach der Beendigung des Insolvenzverfahrens betroffen sind. Das Recht des Schuldners zur Abtretung dieser Bezüge an einen Treuhänder mit dem Ziel der gemeinschaftlichen Befriedigung der Insolvenzgläubiger bleibt unberührt.
(3) Hat der Schuldner am Tag der Eröffnung des Verfahrens verfügt, so wird vermutet, daß er nach der Eröffnung verfügt hat. Eine Verfügung des Schuldners über Finanzsicherheiten im Sinne des § 1 Abs. 17 des Kreditwesengesetzes nach der Eröffnung ist, unbeschadet der §§ 129 bis 147, wirksam, wenn sie am Tag der Eröffnung erfolgt und der andere Teil nachweist, dass er die Eröffnung des Verfahrens weder kannte noch kennen musste.

§ 82 Leistungen an den Schuldner

Ist nach der Eröffnung des Insolvenzverfahrens zur Erfüllung einer Verbindlichkeit an den Schuldner geleistet worden, obwohl die Verbindlichkeit zur Insolvenzmasse zu erfüllen war, so wird der Leistende befreit, wenn er zur Zeit der Leistung die Eröffnung des Verfahrens nicht kannte. Hat er vor der öffentlichen Bekanntmachung der Eröffnung geleistet, so wird vermutet, daß er die Eröffnung nicht kannte.

§ 83 Erbschaft, Fortgesetzte Gütergemeinschaft

(1) Ist dem Schuldner vor der Eröffnung des Insolvenzverfahrens eine Erbschaft oder ein Vermächtnis angefallen oder geschieht dies während des Verfahrens, so steht die Annahme oder Ausschlagung nur dem Schuldner zu. Gleiches gilt von der Ablehnung der fortgesetzten Gütergemeinschaft.
(2) Ist der Schuldner Vorerbe, so darf der Insolvenzverwalter über die Gegenstände der Erbschaft nicht verfügen, wenn die Verfügung im Falle des Eintritts der Nacherbfolge nach § 2115 des Bürgerlichen Gesetzbuchs dem Nacherben gegenüber unwirksam ist.

§ 84 Auseinandersetzung einer Gesellschaft oder Gemeinschaft

(1) Besteht zwischen dem Schuldner und Dritten eine Gemeinschaft nach Bruchteilen, eine andere Gemeinschaft oder eine Gesellschaft ohne Rechtspersönlichkeit, so erfolgt die Teilung oder sonstige Auseinandersetzung außerhalb des Insolvenzverfahrens. Aus dem dabei ermittelten Anteil des Schuldners kann für Ansprüche aus dem Rechtsverhältnis abgesonderte Befriedigung verlangt werden.
(2) Eine Vereinbarung, durch die bei einer Gemeinschaft nach Bruchteilen das Recht, die Aufhebung der Gemeinschaft zu verlangen, für immer oder auf Zeit ausgeschlossen oder eine Kündigungsfrist bestimmt worden ist, hat im Verfahren keine Wirkung. Gleiches gilt für eine Anordnung dieses Inhalts, die ein Erblasser für die Gemeinschaft seiner Erben getroffen hat, und für eine entsprechende Vereinbarung der Miterben.

§ 85 Aufnahme von Aktivprozessen

(1) Rechtsstreitigkeiten über das zur Insolvenzmasse gehörende Vermögen, die zur Zeit der Eröffnung des Insolvenzverfahrens für den Schuldner anhängig sind, können in der Lage, in der sie sich befinden, vom Insolvenzverwalter aufgenommen werden. Wird die Aufnahme verzögert, so gilt § 239 Abs. 2 bis 4 der Zivilprozeßordnung entsprechend.
(2) Lehnt der Verwalter die Aufnahme des Rechtsstreits ab, so können sowohl der Schuldner als auch der Gegner den Rechtsstreit aufnehmen.

§ 86 Aufnahme bestimmter Passivprozesse

(1) Rechtsstreitigkeiten, die zur Zeit der Eröffnung des Insolvenzverfahrens gegen den Schuldner anhängig sind, können sowohl vom Insolvenzverwalter als auch vom Gegner aufgenommen werden, wenn sie betreffen:
1. die Aussonderung eines Gegenstands aus der Insolvenzmasse,
2. die abgesonderte Befriedigung oder
3. eine Masseverbindlichkeit.
(2) Erkennt der Verwalter den Anspruch sofort an, so kann der Gegner einen Anspruch auf Erstattung der Kosten des Rechtsstreits nur als Insolvenzgläubiger geltend machen.

§ 87 Forderungen der Insolvenzgläubiger

Die Insolvenzgläubiger können ihre Forderungen nur nach den Vorschriften über das Insolvenzverfahren verfolgen.

§ 88 Vollstreckung vor Verfahrenseröffnung

(1) Hat ein Insolvenzgläubiger im letzten Monat vor dem Antrag auf Eröffnung des Insolvenzverfahrens oder nach diesem Antrag durch Zwangsvollstreckung eine Sicherung an dem zur Insolvenzmasse gehörenden Vermögen des Schuldners erlangt, so wird diese Sicherung mit der Eröffnung des Verfahrens unwirksam.
(2) Die in Absatz 1 genannte Frist beträgt drei Monate, wenn ein Verbraucherinsolvenzverfahren nach § 304 eröffnet wird.

§ 89 Vollstreckungsverbot

(1) Zwangsvollstreckungen für einzelne Insolvenzgläubiger sind während der Dauer des Insolvenzverfahrens weder in die Insolvenzmasse noch in das sonstige Vermögen des Schuldners zulässig.
(2) Zwangsvollstreckungen in künftige Forderungen auf Bezüge aus einem Dienstverhältnis des Schuldners oder an deren Stelle tretende laufende Bezüge sind während der Dauer des Verfahrens auch für Gläubiger unzulässig, die keine Insolvenzgläubiger sind. Dies gilt nicht für die

Zwangsvollstreckung wegen eines Unterhaltsanspruchs oder einer Forderung aus einer vorsätzlichen unerlaubten Handlung in den Teil der Bezüge, der für andere Gläubiger nicht pfändbar ist.
(3) Über Einwendungen, die auf Grund des Absatzes 1 oder 2 gegen die Zulässigkeit einer Zwangsvollstreckung erhoben werden, entscheidet das Insolvenzgericht. Das Gericht kann vor der Entscheidung eine einstweilige Anordnung erlassen; es kann insbesondere anordnen, daß die Zwangsvollstreckung gegen oder ohne Sicherheitsleistung einstweilen einzustellen oder nur gegen Sicherheitsleistung fortzusetzen sei.

§ 90 Vollstreckungsverbot bei Masseverbindlichkeiten

(1) Zwangsvollstreckungen wegen Masseverbindlichkeiten, die nicht durch eine Rechtshandlung des Insolvenzverwalters begründet worden sind, sind für die Dauer von sechs Monaten seit der Eröffnung des Insolvenzverfahrens unzulässig.
(2) Nicht als derartige Masseverbindlichkeiten gelten die Verbindlichkeiten:
1. aus einem gegenseitigen Vertrag, dessen Erfüllung der Verwalter gewählt hat;
2. aus einem Dauerschuldverhältnis für die Zeit nach dem ersten Termin, zu dem der Verwalter kündigen konnte;
3. aus einem Dauerschuldverhältnis, soweit der Verwalter für die Insolvenzmasse die Gegenleistung in Anspruch nimmt.

§ 91 Ausschluß sonstigen Rechtserwerbs

(1) Rechte an den Gegenständen der Insolvenzmasse können nach der Eröffnung des Insolvenzverfahrens nicht wirksam erworben werden, auch wenn keine Verfügung des Schuldners und keine Zwangsvollstreckung für einen Insolvenzgläubiger zugrunde liegt.
(2) Unberührt bleiben die §§ 878, 892, 893 des Bürgerlichen Gesetzbuchs, § 3 Abs. 3, §§ 16, 17 des Gesetzes über Rechte an eingetragenen Schiffen und Schiffsbauwerken, § 5 Abs. 3, §§ 16, 17 des Gesetzes über Rechte an Luftfahrzeugen und § 20 Abs. 3 der Schiffahrtsrechtlichen Verteilungsordnung.

§ 92 Gesamtschaden

Ansprüche der Insolvenzgläubiger auf Ersatz eines Schadens, den diese Gläubiger gemeinschaftlich durch eine Verminderung des zur Insolvenzmasse gehörenden Vermögens vor oder nach der Eröffnung des Insolvenzverfahrens erlitten haben (Gesamtschaden), können während der Dauer des Insolvenzverfahrens nur vom Insolvenzverwalter geltend gemacht werden. Richten sich die Ansprüche gegen den Verwalter, so können sie nur von einem neu bestellten Insolvenzverwalter geltend gemacht werden.

§ 93 Persönliche Haftung der Gesellschafter

Ist das Insolvenzverfahren über das Vermögen einer Gesellschaft ohne Rechtspersönlichkeit oder einer Kommanditgesellschaft auf Aktien eröffnet, so kann die persönliche Haftung eines Gesellschafters für die Verbindlichkeiten der Gesellschaft während der Dauer des Insolvenzverfahrens nur vom Insolvenzverwalter geltend gemacht werden.

§ 94 Erhaltung einer Aufrechnungslage

Ist ein Insolvenzgläubiger zur Zeit der Eröffnung des Insolvenzverfahrens kraft Gesetzes oder auf Grund einer Vereinbarung zur Aufrechnung berechtigt, so wird dieses Recht durch das Verfahren nicht berührt.

§ 95 Eintritt der Aufrechnungslage im Verfahren

(1) Sind zur Zeit der Eröffnung des Insolvenzverfahrens die aufzurechnenden Forderungen oder eine von ihnen noch aufschiebend bedingt oder nicht fällig oder die Forderungen noch nicht auf gleichartige Leistungen gerichtet, so kann die Aufrechnung erst erfolgen, wenn ihre Voraussetzungen eingetreten sind. Die §§ 41, 45 sind nicht anzuwenden. Die Aufrechnung ist ausgeschlossen, wenn die Forderung, gegen die aufgerechnet werden soll, unbedingt und fällig wird, bevor die Aufrechnung erfolgen kann.
(2) Die Aufrechnung wird nicht dadurch ausgeschlossen, daß die Forderungen auf unterschiedliche Währungen oder Rechnungseinheiten lauten, wenn diese Währungen oder Rechnungseinheiten am Zahlungsort der Forderung, gegen die aufgerechnet wird, frei getauscht werden können. Die Umrechnung erfolgt nach dem Kurswert, der für diesen Ort zur Zeit des Zugangs der Aufrechnungserklärung maßgeblich ist.

§ 96 Unzulässigkeit der Aufrechnung

(1) Die Aufrechnung ist unzulässig,
1. wenn ein Insolvenzgläubiger erst nach der Eröffnung des Insolvenzverfahrens etwas zur Insolvenzmasse schuldig geworden ist,
2. wenn ein Insolvenzgläubiger seine Forderung erst nach der Eröffnung des Verfahrens von einem anderen Gläubiger erworben hat,
3. wenn ein Insolvenzgläubiger die Möglichkeit der Aufrechnung durch eine anfechtbare Rechtshandlung erlangt hat,
4. wenn ein Gläubiger, dessen Forderung aus dem freien Vermögen des Schuldners zu erfüllen ist, etwas zur Insolvenzmasse schuldet.

(2) Absatz 1 sowie § 95 Abs. 1 Satz 3 stehen nicht der Verfügung über Finanzsicherheiten im Sinne des § 1 Abs. 17 des Kreditwesengesetzes oder der Verrechnung von Ansprüchen und Leistungen aus Zahlungsaufträgen, Aufträgen zwischen Zahlungsdienstleistern oder zwischengeschalteten Stellen oder Aufträgen zur Übertragung von Wertpapieren entgegen, die in Systeme im Sinne des § 1 Abs. 16 des Kreditwesengesetzes eingebracht wurden, das der Ausführung solcher Verträge dient, sofern die Verrechnung spätestens am Tage der Eröffnung des Insolvenzverfahrens erfolgt; ist der andere Teil ein Systembetreiber oder Teilnehmer in dem System, bestimmt sich der Tag der Eröffnung nach dem Geschäftstag im Sinne des § 1 Absatz 16b des Kreditwesengesetzes

§ 97 Auskunfts- und Mitwirkungspflichten des Schuldners

(1) Der Schuldner ist verpflichtet, dem Insolvenzgericht, dem Insolvenzverwalter, dem Gläubigerausschuß und auf Anordnung des Gerichts der Gläubigerversammlung über alle das Verfahren betreffenden Verhältnisse Auskunft zu geben. Er hat auch Tatsachen zu offenbaren, die geeignet sind, eine Verfolgung wegen einer Straftat oder einer Ordnungswidrigkeit herbeizuführen. Jedoch darf eine Auskunft, die der Schuldner gemäß seiner Verpflichtung nach Satz 1 erteilt, in einem Strafverfahren oder in einem Verfahren nach dem Gesetz über Ordnungswidrigkeiten gegen den Schuldner oder einen in § 52 Abs. 1 der Strafprozeßordnung bezeichneten Angehörigen des Schuldners nur mit Zustimmung des Schuldners verwendet werden.
(2) Der Schuldner hat den Verwalter bei der Erfüllung von dessen Aufgaben zu unterstützen.
(3) Der Schuldner ist verpflichtet, sich auf Anordnung des Gerichts jederzeit zur Verfügung zu stellen, um seine Auskunfts- und Mitwirkungspflichten zu erfüllen. Er hat alle Handlungen zu unterlassen, die der Erfüllung dieser Pflichten zuwiderlaufen.

§ 98 Durchsetzung der Pflichten des Schuldners

(1) Wenn es zur Herbeiführung wahrheitsgemäßer Aussagen erforderlich erscheint, ordnet das Insolvenzgericht an, daß der Schuldner zu Protokoll an Eides Statt versichert, er habe die von ihm verlangte Auskunft nach bestem Wissen und Gewissen richtig und vollständig erteilt. Die §§ 478 bis 480, 483 der Zivilprozeßordnung gelten entsprechend.

(1a) Das Gericht kann an Stelle des Gerichtsvollziehers die Maßnahmen nach § 802l Absatz 1 Satz 1 der Zivilprozessordnung durchführen, wenn

1. eine Aufforderung zur Auskunftserteilung nach § 97 Absatz 1 nicht zustellbar ist und
   a) die Anschrift, unter der die Zustellung ausgeführt werden sollte, mit der Anschrift übereinstimmt, die von einer der in § 755 Absatz 1 und 2 der Zivilprozessordnung genannten Stellen innerhalb von drei Monaten vor oder nach dem Zustellungsversuch mitgeteilt wurde, oder
   b) die Meldebehörde nach dem Zustellungsversuch die Auskunft erteilt, dass ihr keine derzeitige Anschrift des Schuldners bekannt ist, oder
   c) die Meldebehörde innerhalb von drei Monaten vor der Aufforderung zur Auskunftserteilung die Auskunft erteilt hat, dass ihr keine derzeitige Anschrift des Schuldners bekannt ist;
2. der Schuldner seiner Auskunftspflicht nach § 97 nicht nachkommt oder
3. dies aus anderen Gründen zur Erreichung der Zwecke des Insolvenzverfahrens erforderlich erscheint.

§ 802l Absatz 2 der Zivilprozessordnung ist entsprechend anzuwenden.

(2) Das Gericht kann den Schuldner zwangsweise vorführen und nach Anhörung in Haft nehmen lassen,

1. wenn der Schuldner eine Auskunft oder die eidesstattliche Versicherung oder die Mitwirkung bei der Erfüllung der Aufgaben des Insolvenzverwalters verweigert;
2. wenn der Schuldner sich der Erfüllung seiner Auskunfts- und Mitwirkungspflichten entziehen will, insbesondere Anstalten zur Flucht trifft, oder
3. wenn dies zur Vermeidung von Handlungen des Schuldners, die der Erfüllung seiner Auskunfts- und Mitwirkungspflichten zuwiderlaufen, insbesondere zur Sicherung der Insolvenzmasse, erforderlich ist.

(3) Für die Anordnung von Haft gelten die §§ 904 bis 906, 909, 910 und 913 der Zivilprozeßordnung entsprechend. Der Haftbefehl ist von Amts wegen aufzuheben, sobald die Voraussetzungen für die Anordnung von Haft nicht mehr vorliegen. Gegen die Anordnung der Haft und gegen die Abweisung eines Antrags auf Aufhebung des Haftbefehls wegen Wegfalls seiner Voraussetzungen findet die sofortige Beschwerde statt.

§ 99 Postsperre

(1) Soweit dies erforderlich erscheint, um für die Gläubiger nachteilige Rechtshandlungen des Schuldners aufzuklären oder zu verhindern, ordnet das Insolvenzgericht auf Antrag des Insolvenzverwalters oder von Amts wegen durch begründeten Beschluß an, dass die in dem Beschluss bezeichneten Unternehmen bestimmte oder alle Postsendungen für den Schuldner dem Verwalter zuzuleiten haben. Die Anordnung ergeht nach Anhörung des Schuldners, sofern dadurch nicht wegen besonderer Umstände des Einzelfalls der Zweck der Anordnung gefährdet wird. Unterbleibt die vorherige Anhörung des Schuldners, so ist dies in dem Beschluß gesondert zu begründen und die Anhörung unverzüglich nachzuholen.

(2) Der Verwalter ist berechtigt, die ihm zugeleiteten Sendungen zu öffnen. Sendungen, deren Inhalt nicht die Insolvenzmasse betrifft, sind dem Schuldner unverzüglich zuzuleiten. Die übrigen Sendungen kann der Schuldner einsehen.

(3) Gegen die Anordnung der Postsperre steht dem Schuldner die sofortige Beschwerde zu. Das Gericht hat die Anordnung nach Anhörung des Verwalters aufzuheben, soweit ihre Voraussetzungen fortfallen.

§ 100 Unterhalt aus der Insolvenzmasse

(1) Die Gläubigerversammlung beschließt, ob und in welchem Umfang dem Schuldner und seiner Familie Unterhalt aus der Insolvenzmasse gewährt werden soll.

(2) Bis zur Entscheidung der Gläubigerversammlung kann der Insolvenzverwalter mit Zustimmung des Gläubigerausschusses, wenn ein solcher bestellt ist, dem Schuldner den notwendigen Unterhalt gewähren. In gleicher Weise kann den minderjährigen unverheirateten Kindern des

Schuldners, seinem Ehegatten, seinem früheren Ehegatten , seinem Lebenspartner, seinem früheren Lebenspartner und dem anderen Elternteils seines Kindes hinsichtlich des Anspruchs nach den §§ 1615l, 1615n des Bürgerlichen Gesetzbuchs Unterhalt gewährt werden.

§ 101 Organschaftliche Vertreter. Angestellte

(1) Ist der Schuldner keine natürliche Person, so gelten die §§ 97 bis 99 entsprechend für die Mitglieder des Vertretungs- oder Aufsichtsorgans und die vertretungsberechtigten persönlich haftenden Gesellschafter des Schuldners. § 97 Abs. 1 und § 98 gelten außerdem entsprechend für Personen, die nicht früher als zwei Jahre vor dem Antrag auf Eröffnung des Insolvenzverfahrens aus einer in Satz 1 genannten Stellung ausgeschieden sind; verfügt der Schuldner über keinen Vertreter, gilt dies auch für die Personen, die an ihm beteiligt sind. § 100 gilt entsprechend für die vertretungsberechtigten persönlich haftenden Gesellschafter des Schuldners.
(2) § 97 Abs. 1 Satz 1 gilt entsprechend für Angestellte und frühere Angestellte des Schuldners, sofern diese nicht früher als zwei Jahre vor dem Eröffnungsantrag ausgeschieden sind.
(3) Kommen die in den Absätzen 1 und 2 genannten Personen ihrer Auskunfts- und Mitwirkungspflicht nicht nach, können ihnen im Fall der Abweisung des Antrags auf Eröffnung des Insolvenzverfahrens die Kosten des Verfahrens auferlegt werden.

§ 102 Einschränkung eines Grundrechts

Durch § 21 Abs. 2 Nr. 4 und die §§ 99, 101 Abs. 1 Satz 1 wird das Grundrecht des Briefgeheimnisses sowie des Post- und Fernmeldegeheimnisses (Artikel 10 Grundgesetz) eingeschränkt.

Zweiter Abschnitt – Erfüllung der Rechtsgeschäfte, Mitwirkung des Betriebsrats

§ 103 Wahlrecht des Insolvenzverwalters

(1) Ist ein gegenseitiger Vertrag zur Zeit der Eröffnung des Insolvenzverfahrens vom Schuldner und vom anderen Teil nicht oder nicht vollständig erfüllt, so kann der Insolvenzverwalter anstelle des Schuldners den Vertrag erfüllen und die Erfüllung vom anderen Teil verlangen.
(2) Lehnt der Verwalter die Erfüllung ab, so kann der andere Teil eine Forderung wegen der Nichterfüllung nur als Insolvenzgläubiger geltend machen. Fordert der andere Teil den Verwalter zur Ausübung seines Wahlrechts auf, so hat der Verwalter unverzüglich zu erklären, ob er die Erfüllung verlangen will. Unterläßt er dies, so kann er auf der Erfüllung nicht bestehen.

§ 104 Fixgeschäfte, Finanzleistungen, vertragliches Liquidationsnetting

(1) War die Lieferung von Waren, die einen Markt- oder Börsenpreis haben, genau zu einer festbestimmten Zeit oder innerhalb einer festbestimmten Frist vereinbart und tritt die Zeit oder der Ablauf der Frist erst nach Eröffnung des Insolvenzverfahrens ein, so kann nicht Erfüllung verlangt, sondern nur eine Forderung wegen Nichterfüllung geltend gemacht werden. Dies gilt auch für Geschäfte über Finanzleistungen, die einen Markt- oder Börsenpreis haben und für die eine bestimmte Zeit oder eine bestimmte Frist vereinbart war, die nach der Eröffnung des Verfahrens eintritt oder abläuft. Als Finanzleistungen gelten insbesondere
1. die Lieferung von Edelmetallen,
2. die Lieferung von Finanzinstrumenten oder vergleichbaren Rechten, soweit nicht der Erwerb einer Beteiligung an einem Unternehmen zur Herstellung einer dauernden Verbindung beabsichtigt ist,
3. Geldleistungen,
    a) die in ausländischer Währung oder in einer Rechnungseinheit zu erbringen sind oder

b) deren Höhe unmittelbar oder mittelbar durch den Kurs einer ausländischen Währung oder einer Rechnungseinheit, durch den Zinssatz von Forderungen oder durch den Preis anderer Güter oder Leistungen bestimmt wird,

4. von Nummer 2 nicht ausgeschlossene Lieferungen und Geldleistungen aus derivativen Finanzinstrumenten,
5. Optionen und andere Rechte auf Lieferungen nach Satz 1 oder auf Lieferungen, Geldleistungen, Optionen und Rechte im Sinne der Nummern 1 bis 5,
6. Finanzsicherheiten im Sinne des § 1 Absatz 17 des Kreditwesengesetzes.

Finanzinstrumente im Sinne von Satz 3 Nummer 2 und 4 sind die in Anhang I Abschnitt C der Richtlinie 2014/65/ EU des Europäischen Parlaments und des Rates vom 15. Mai 2014 über Märkte für Finanzinstrumente sowie zur Änderung der Richtlinien 2002/92/EG und 2011/61/EU (ABl. L 173 vom 12.6.2014, S. 349; L 74 vom 18.3.2015, S. 38; L 188 vom 13.7.2016, S. 28; L 273 vom 8.10.2016, S. 35), die zuletzt durch die Richtlinie (EU) 2016/1034 (ABl. L 175 vom 30.6.2016, S. 8) geändert worden ist, genannten Instrumente.

(2) Die Forderung wegen Nichterfüllung bestimmt sich nach dem Markt- oder Börsenwert des Geschäfts. Als Markt- oder Börsenwert gilt

1. der Markt- oder Börsenpreis für ein Ersatzgeschäft, das unverzüglich, spätestens jedoch am fünften Werktag nach der Eröffnung des Verfahrens abgeschlossen wird, oder
2. falls kein Ersatzgeschäft nach Nummer 1 abgeschlossen wird, der Markt- oder Börsenpreis für ein Ersatzgeschäft, das am zweiten Werktag nach der Verfahrenseröffnung hätte abgeschlossen werden können.

Sofern das Marktgeschehen den Abschluss eines Ersatzgeschäfts nach Satz 2 Nummer 1 oder 2 nicht zulässt, ist der Markt- und Börsenwert nach Methoden und Verfahren zu bestimmen, die Gewähr für eine angemessene Bewertung des Geschäfts bieten.

(3) Werden Geschäfte nach Absatz 1 durch einen Rahmenvertrag oder das Regelwerk einer zentralen Gegenpartei im Sinne von § 1 Absatz 31 des Kreditwesengesetzes zu einem einheitlichen Vertrag zusammengefasst, der vorsieht, dass die einbezogenen Geschäfte bei Vorliegen bestimmter Gründe nur einheitlich beendet werden können, gilt die Gesamtheit der einbezogenen Geschäfte als ein Geschäft im Sinne des Absatzes 1. Dies gilt auch dann, wenn zugleich andere Geschäfte einbezogen werden; für letztere gelten die allgemeinen Bestimmungen.

(4) Die Vertragsparteien können abweichende Bestimmungen treffen, sofern diese mit den wesentlichen Grundgedanken der jeweiligen gesetzlichen Regelung vereinbar sind, von der abgewichen wird. Sie können insbesondere vereinbaren,

1. dass die Wirkungen nach Absatz 1 auch vor der Verfahrenseröffnung eintreten, insbesondere bei Stellung des Antrags einer Vertragspartei auf Eröffnung eines Insolvenzverfahrens über das eigene Vermögen oder bei Vorliegen eines Eröffnungsgrundes (vertragliche Beendigung),
2. dass einer vertraglichen Beendigung auch solche Geschäfte nach Absatz 1 unterliegen, bei denen die Ansprüche auf die Lieferung der Ware oder die Erbringung der Finanzleistung vor der Verfahrenseröffnung, aber nach dem für die vertragliche Beendigung vorgesehenen Zeitpunkt fällig werden,
3. dass zwecks Bestimmung des Markt- oder Börsenwerts des Geschäfts
   a) der Zeitpunkt der vertraglichen Beendigung an die Stelle der Verfahrenseröffnung tritt,
   b) die Vornahme des Ersatzgeschäfts nach Absatz 2 Satz 2 Nummer 1 bis zum Ablauf des 20. Werktags nach der vertraglichen Beendigung erfolgen kann, soweit dies für eine wertschonende Abwicklung erforderlich ist,
   c) anstelle des in Absatz 2 Satz 2 Nummer 2 genannten Zeitpunkts ein Zeitpunkt oder Zeitraum zwischen der vertraglichen Beendigung und dem Ablauf des fünften darauf folgenden Werktags maßgeblich ist.

(5) Der andere Teil kann die Forderung wegen Nichterfüllung nur als Insolvenzgläubiger geltend machen.

§ 105 Teilbare Leistungen

Sind die geschuldeten Leistungen teilbar und hat der andere Teil die ihm obliegende Leistung zur Zeit der Eröffnung des Insolvenzverfahrens bereits teilweise erbracht, so ist er mit dem der Teilleistung entsprechenden Betrag seines Anspruchs auf die Gegenleistung Insolvenzgläubiger, auch wenn der Insolvenzverwalter wegen der noch ausstehenden Leistung Erfüllung verlangt. Der andere Teil ist nicht berechtigt, wegen der Nichterfüllung seines Anspruchs auf die Gegenleistung die Rückgabe einer vor der Eröffnung des Verfahrens in das Vermögen des Schuldners übergegangenen Teilleistung aus der Insolvenzmasse zu verlangen.

§ 106 Vormerkung

(1) Ist zur Sicherung eines Anspruchs auf Einräumung oder Aufhebung eines Rechts an einem Grundstück des Schuldners oder an einem für den Schuldner eingetragenen Recht oder zur Sicherung eines Anspruchs auf Änderung des Inhalts oder des Ranges eines solchen Rechts eine Vormerkung im Grundbuch eingetragen, so kann der Gläubiger für seinen Anspruch Befriedigung aus der Insolvenzmasse verlangen. Dies gilt auch, wenn der Schuldner dem Gläubiger gegenüber weitere Verpflichtungen übernommen hat und diese nicht oder nicht vollständig erfüllt sind.
(2) Für eine Vormerkung, die im Schiffsregister, Schiffsbauregister oder Register für Pfandrechte an Luftfahrzeugen eingetragen ist, gilt Absatz 1 entsprechend.

§ 107 Eigentumsvorbehalt

(1) Hat vor der Eröffnung des Insolvenzverfahrens der Schuldner eine bewegliche Sache unter Eigentumsvorbehalt verkauft und dem Käufer den Besitz an der Sache übertragen, so kann der Käufer die Erfüllung des Kaufvertrages verlangen. Dies gilt auch, wenn der Schuldner dem Käufer gegenüber weitere Verpflichtungen übernommen hat und diese nicht oder nicht vollständig erfüllt sind.
(2) Hat vor der Eröffnung des Insolvenzverfahrens der Schuldner eine bewegliche Sache unter Eigentumsvorbehalt gekauft und vom Verkäufer den Besitz an der Sache erlangt, so braucht der Insolvenzverwalter, den der Verkäufer zur Ausübung des Wahlrechts aufgefordert hat, die Erklärung nach § 103 Abs. 2 Satz 2 erst unverzüglich nach dem Berichtstermin abzugeben. Dies gilt nicht, wenn in der Zeit bis zum Berichtstermin eine erhebliche Verminderung des Wertes der Sache zu erwarten ist und der Gläubiger den Verwalter auf diesen Umstand hingewiesen hat.

§ 108 Fortbestehen bestimmter Schuldverhältnisse

(1) Miet- und Pachtverhältnisse des Schuldners über unbewegliche Gegenstände oder Räume sowie Dienstverhältnisse des Schuldners bestehen mit Wirkung für die Insolvenzmasse fort. Dies gilt auch für Miet- und Pachtverhältnisse, die der Schuldner als Vermieter oder Verpächter eingegangen war und die sonstige Gegenstände betreffen, die einem Dritten, der ihre Anschaffung oder Herstellung finanziert hat, zur Sicherheit übertragen wurden.
(2) Ein vom Schuldner als Darlehensgeber eingegangenes Darlehensverhältnis besteht mit Wirkung für die Masse fort, soweit dem Darlehensnehmer der geschuldete Gegenstand zur Verfügung gestellt wurde.
(3) Ansprüche für die Zeit vor der Eröffnung des Insolvenzverfahrens kann der andere Teil nur als Insolvenzgläubiger geltend machen.

§ 109 Schuldner als Mieter oder Pächter

(1) Ein Miet- oder Pachtverhältnis über einen unbeweglichen Gegenstand oder über Räume, das der Schuldner als Mieter oder Pächter eingegangen war, kann der Insolvenzverwalter ohne Rücksicht auf die vereinbarte Vertragsdauer oder einen vereinbarten Ausschluss des Rechts zur ordentlichen Kündigung kündigen; die Kündigungsfrist beträgt drei Monate zum Monatsende, wenn nicht eine kürzere Frist maßgeblich ist. Ist Gegenstand des Mietverhältnisses die Wohnung des Schuldners, so tritt an die Stelle der Kündigung das Recht des Insolvenzverwalters zu erklären,

dass Ansprüche, die nach Ablauf der in Satz 1 genannten Frist fällig werden, nicht im Insolvenzverfahren geltend gemacht werden können. Kündigt der Verwalter nach Satz 1 oder gibt er die Erklärung nach Satz 2 ab, so kann der andere Teil wegen der vorzeitigen Beendigung des Vertragsverhältnisses oder wegen der Folgen der Erklärung als Insolvenzgläubiger Schadenersatz verlangen.
(2) Waren dem Schuldner der unbewegliche Gegenstand oder die Räume zur Zeit der Eröffnung des Verfahrens noch nicht überlassen, so kann sowohl der Verwalter als auch der andere Teil vom Vertrag zurücktreten. Tritt der Verwalter zurück, so kann der andere Teil wegen der vorzeitigen Beendigung des Vertragsverhältnisses als Insolvenzgläubiger Schadenersatz verlangen. Jeder Teil hat dem anderen auf dessen Verlangen binnen zwei Wochen zu erklären, ob er vom Vertrag zurücktreten will; unterläßt er dies, so verliert er das Rücktrittsrecht.

§ 110 Schuldner als Vermieter oder Verpächter

(1) Hatte der Schuldner als Vermieter oder Verpächter eines unbeweglichen Gegenstands oder von Räumen vor der Eröffnung des Insolvenzverfahrens über die Miet- oder Pachtforderung für die spätere Zeit verfügt, so ist diese Verfügung nur wirksam, soweit sie sich auf die Miete oder Pacht für den zur Zeit der Eröffnung des Verfahrens laufenden Kalendermonat bezieht. Ist die Eröffnung nach dem fünfzehnten Tag des Monats erfolgt, so ist die Verfügung auch für den folgenden Kalendermonat wirksam.
(2) Eine Verfügung im Sinne des Absatzes 1 ist insbesondere die Einziehung der Miete oder Pacht. Einer rechtsgeschäftlichen Verfügung steht eine Verfügung gleich, die im Wege der Zwangsvollstreckung erfolgt.
(3) Der Mieter oder der Pächter kann gegen die Miet- oder Pachtforderung für den in Absatz 1 bezeichneten Zeitraum eine Forderung aufrechnen, die ihm gegen den Schuldner zusteht. Die §§ 95 und 96 Nr. 2 bis 4 bleiben unberührt.

§ 111 Veräußerung des Miet- oder Pachtobjekts

Veräußert der Insolvenzverwalter einen unbeweglichen Gegenstand oder Räume, die der Schuldner vermietet oder verpachtet hatte, und tritt der Erwerber anstelle des Schuldners in das Miet- oder Pachtverhältnis ein, so kann der Erwerber das Miet- oder Pachtverhältnis unter Einhaltung der gesetzlichen Frist kündigen. Die Kündigung kann nur für den ersten Termin erfolgen, für den sie zulässig ist.

§ 112 Kündigungssperre

Ein Miet- oder Pachtverhältnis, das der Schuldner als Mieter oder Pächter eingegangen war, kann der andere Teil nach dem Antrag auf Eröffnung des Insolvenzverfahrens nicht kündigen:
1. wegen eines Verzugs mit der Entrichtung der Miete oder Pacht, der in der Zeit vor dem Eröffnungsantrag eingetreten ist;
2. wegen einer Verschlechterung der Vermögensverhältnisse des Schuldners.

§ 113 Kündigung eines Dienstverhältnisses

(1) Ein Dienstverhältnis, bei dem der Schuldner der Dienstberechtigte ist, kann vom Insolvenzverwalter und vom anderen Teil ohne Rücksicht auf eine vereinbarte Vertragsdauer oder einen vereinbarten Ausschluß des Rechts zur ordentlichen Kündigung gekündigt werden. Die Kündigungsfrist beträgt drei Monate zum Monatsende, wenn nicht eine kürzere Frist maßgeblich ist. Kündigt der Verwalter, so kann der andere Teil wegen der vorzeitigen Beendigung des Dienstverhältnisses als Insolvenzgläubiger Schadenersatz verlangen.

§ 114 (weggefallen)

§ 115 Erlöschen von Aufträgen

(1) Ein vom Schuldner erteilter Auftrag, der sich auf das zur Insolvenzmasse gehörende Vermögen bezieht, erlischt durch die Eröffnung des Insolvenzverfahrens.
(2) Der Beauftragte hat, wenn mit dem Aufschub Gefahr verbunden ist, die Besorgung des übertragenen Geschäfts fortzusetzen, bis der Insolvenzverwalter anderweitig Fürsorge treffen kann. Der Auftrag gilt insoweit als fortbestehend. Mit seinen Ersatzansprüchen aus dieser Fortsetzung ist der Beauftragte Massegläubiger.
(3) Solange der Beauftragte die Eröffnung des Verfahrens ohne Verschulden nicht kennt, gilt der Auftrag zu seinen Gunsten als fortbestehend. Mit den Ersatzansprüchen aus dieser Fortsetzung ist der Beauftragte Insolvenzgläubiger.

§ 116 Erlöschen von Geschäftsbesorgungsverträgen

Hat sich jemand durch einen Dienst- oder Werkvertrag mit dem Schuldner verpflichtet, ein Geschäft für diesen zu besorgen, so gilt § 115 entsprechend. Dabei gelten die Vorschriften für die Ersatzansprüche aus der Fortsetzung der Geschäftsbesorgung auch für die Vergütungsansprüche. Satz 1 findet keine Anwendung auf Überweisungsverträge sowie auf Zahlungsaufträge sowie auf Aufträge zwischen Zahlungsdienstleistern oder zwischengeschalteter Stellen und Aufträge zur Übertragung von Wertpapieren; diese bestehen mit Wirkung für die Masse fort.

§ 117 Erlöschen von Vollmachten

(1) Eine vom Schuldner erteilte Vollmacht, die sich auf das zur Insolvenzmasse gehörende Vermögen bezieht, erlischt durch die Eröffnung des Insolvenzverfahrens.
(2) Soweit ein Auftrag oder ein Geschäftsbesorgungsvertrag nach § 115 Abs. 2 fortbesteht, gilt auch die Vollmacht als fortbestehend.
(3) Solange der Bevollmächtigte die Eröffnung des Verfahrens ohne Verschulden nicht kennt, haftet er nicht nach § 179 des Bürgerlichen Gesetzbuchs.

§ 118 Auflösung von Gesellschaften

Wird eine Gesellschaft ohne Rechtspersönlichkeit oder eine Kommanditgesellschaft auf Aktien durch die Eröffnung des Insolvenzverfahrens über das Vermögen eines Gesellschafters aufgelöst, so ist der geschäftsführende Gesellschafter mit den Ansprüchen, die ihm aus der einstweiligen Fortführung eilbedürftiger Geschäfte zustehen, Massegläubiger. Mit den Ansprüchen aus der Fortführung der Geschäfte während der Zeit, in der er die Eröffnung des Insolvenzverfahrens ohne sein Verschulden nicht kannte, ist er Insolvenzgläubiger; § 84 Abs. 1 bleibt unberührt.

§ 119 Unwirksamkeit abweichender Vereinbarungen

Vereinbarungen, durch die im voraus die Anwendung der §§ 103 bis 118 ausgeschlossen oder beschränkt wird, sind unwirksam.

§ 120 Kündigung von Betriebsvereinbarungen

(1) Sind in Betriebsvereinbarungen Leistungen vorgesehen, welche die Insolvenzmasse belasten, so sollen Insolvenzverwalter und Betriebsrat über eine einvernehmliche Herabsetzung der Leistungen beraten. Diese Betriebsvereinbarungen können auch dann mit einer Frist von drei Monaten gekündigt werden, wenn eine längere Frist vereinbart ist.
(2) Unberührt bleibt das Recht, eine Betriebsvereinbarung aus wichtigem Grund ohne Einhaltung einer Kündigungsfrist zu kündigen.

§ 121 Betriebsänderungen und Vermittlungsverfahren

Im Insolvenzverfahren über das Vermögen des Unternehmers gilt § 112 Abs. 2 Satz 1 des Betriebsverfassungsgesetzes mit der Maßgabe, daß dem Verfahren vor der Einigungsstelle nur dann ein Vermittlungsversuch des Präsidenten des Landesarbeitsamts vorangeht, wenn der Insolvenzverwalter und der Betriebsrat gemeinsam um eine solche Vermittlung ersuchen.

§ 122 Gerichtliche Zustimmung zur Durchführung einer Betriebsänderung

(1) Ist eine Betriebsänderung geplant und kommt zwischen Insolvenzverwalter und Betriebsrat der Interessenausgleich nach § 112 des Betriebsverfassungsgesetzes nicht innerhalb von drei Wochen nach Verhandlungsbeginn oder schriftlicher Aufforderung zur Aufnahme von Verhandlungen zustande, obwohl der Verwalter den Betriebsrat rechtzeitig und umfassend unterrichtet hat, so kann der Verwalter die Zustimmung des Arbeitsgerichts dazu beantragen, daß die Betriebsänderung durchgeführt wird, ohne daß das Verfahren nach § 112 Abs. 2 des Betriebsverfassungsgesetzes vorangegangen ist. § 113 Abs. 3 des Betriebsverfassungsgesetzes ist insoweit nicht anzuwenden. Unberührt bleibt das Recht des Verwalters, einen Interessenausgleich nach § 125 zustande zu bringen oder einen Feststellungsantrag nach § 126 zu stellen.
(2) Das Gericht erteilt die Zustimmung, wenn die wirtschaftliche Lage des Unternehmens auch unter Berücksichtigung der sozialen Belange der Arbeitnehmer erfordert, daß die Betriebsänderung ohne vorheriges Verfahren nach § 112 Abs. 2 des Betriebsverfassungsgesetzes durchgeführt wird. Die Vorschriften des Arbeitsgerichtsgesetzes über das Beschlußverfahren gelten entsprechend; Beteiligte sind der Insolvenzverwalter und der Betriebsrat. Der Antrag ist nach Maßgabe des § 61a Abs. 3 bis 6 des Arbeitsgerichtsgesetzes vorrangig zu erledigen.
(3) Gegen den Beschluß des Gerichts findet die Beschwerde an das Landesarbeitsgericht nicht statt. Die Rechtsbeschwerde an das Bundesarbeitsgericht findet statt, wenn sie in dem Beschluß des Arbeitsgerichts zugelassen wird; § 72 Abs. 2 und 3 des Arbeitsgerichtsgesetzes gilt entsprechend. Die Rechtsbeschwerde ist innerhalb eines Monats nach Zustellung der in vollständiger Form abgefaßten Entscheidung des Arbeitsgerichts beim Bundesarbeitsgericht einzulegen und zu begründen.

§ 123 Umfang des Sozialplans

(1) In einem Sozialplan, der nach der Eröffnung des Insolvenzverfahrens aufgestellt wird, kann für den Ausgleich oder die Milderung der wirtschaftlichen Nachteile, die den Arbeitnehmern infolge der geplanten Betriebsänderung entstehen, ein Gesamtbetrag von bis zu zweieinhalb Monatsverdiensten (§ 10 Abs. 3 des Kündigungsschutzgesetzes) der von einer Entlassung betroffenen Arbeitnehmer vorgesehen werden.
(2) Die Verbindlichkeiten aus einem solchen Sozialplan sind Masseverbindlichkeiten. Jedoch darf, wenn nicht ein Insolvenzplan zustande kommt, für die Berichtigung von Sozialplanforderungen nicht mehr als ein Drittel der Masse verwendet werden, die ohne einen Sozialplan für die Verteilung an die Insolvenzgläubiger zur Verfügung stünde. Übersteigt der Gesamtbetrag aller Sozialplanforderungen diese Grenze, so sind die einzelnen Forderungen anteilig zu kürzen.
(3) Sooft hinreichende Barmittel in der Masse vorhanden sind, soll der Insolvenzverwalter mit Zustimmung des Insolvenzgerichts Abschlagszahlungen auf die Sozialplanforderungen leisten. Eine Zwangsvollstreckung in die Masse wegen einer Sozialplanforderung ist unzulässig.

§ 124 Sozialplan vor Verfahrenseröffnung

(1) Ein Sozialplan, der vor der Eröffnung des Insolvenzverfahrens, jedoch nicht früher als drei Monate vor dem Eröffnungsantrag aufgestellt worden ist, kann sowohl vom Insolvenzverwalter als auch vom Betriebsrat widerrufen werden.
(2) Wird der Sozialplan widerrufen, so können die Arbeitnehmer, denen Forderungen aus dem Sozialplan zustanden, bei der Aufstellung eines Sozialplans im Insolvenzverfahren berücksichtigt werden.

(3) Leistungen, die ein Arbeitnehmer vor der Eröffnung des Verfahrens auf seine Forderung aus dem widerrufenen Sozialplan erhalten hat, können nicht wegen des Widerrufs zurückgefordert werden. Bei der Aufstellung eines neuen Sozialplans sind derartige Leistungen an einen von einer Entlassung betroffenen Arbeitnehmer bei der Berechnung des Gesamtbetrags der Sozialplanforderungen nach § 123 Abs. 1 bis zur Höhe von zweieinhalb Monatsverdiensten abzusetzen.

§ 125 Interessenausgleich und Kündigungsschutz

(1) Ist eine Betriebsänderung (§ 111 des Betriebsverfassungsgesetzes) geplant und kommt zwischen Insolvenzverwalter und Betriebsrat ein Interessenausgleich zustande, in dem die Arbeitnehmer, denen gekündigt werden soll, namentlich bezeichnet sind, so ist § 1 des Kündigungsschutzgesetzes mit folgenden Maßgaben anzuwenden:

1. es wird vermutet, daß die Kündigung der Arbeitsverhältnisse der bezeichneten Arbeitnehmer durch dringende betriebliche Erfordernisse, die einer Weiterbeschäftigung in diesem Betrieb oder einer Weiterbeschäftigung zu unveränderten Arbeitsbedingungen entgegenstehen, bedingt ist;
2. die soziale Auswahl der Arbeitnehmer kann nur im Hinblick auf die Dauer der Betriebszugehörigkeit, das Lebensalter und die Unterhaltspflichten und auch insoweit nur auf grobe Fehlerhaftigkeit nachgeprüft werden; sie ist nicht als grob fehlerhaft anzusehen, wenn eine ausgewogene Personalstruktur erhalten oder geschaffen wird.

Satz 1 gilt nicht, soweit sich die Sachlage nach Zustandekommen des Interessenausgleichs wesentlich geändert hat.
(2) Der Interessenausgleich nach Absatz 1 ersetzt die Stellungnahme des Betriebsrats nach § 17 Abs. 3 Satz 2 des Kündigungsschutzgesetzes.

§ 126 Beschlußverfahren zum Kündigungsschutz

(1) Hat der Betrieb keinen Betriebsrat oder kommt aus anderen Gründen innerhalb von drei Wochen nach Verhandlungsbeginn oder schriftlicher Aufforderung zur Aufnahme von Verhandlungen ein Interessenausgleich nach § 125 Abs. 1 nicht zustande, obwohl der Verwalter den Betriebsrat rechtzeitig und umfassend unterrichtet hat, so kann der Insolvenzverwalter beim Arbeitsgericht beantragen festzustellen, daß die Kündigung der Arbeitsverhältnisse bestimmter, im Antrag bezeichneter Arbeitnehmer durch dringende betriebliche Erfordernisse bedingt und sozial gerechtfertigt ist. Die soziale Auswahl der Arbeitnehmer kann nur im Hinblick auf die Dauer der Betriebszugehörigkeit, das Lebensalter und die Unterhaltspflichten nachgeprüft werden.
(2) Die Vorschriften des Arbeitsgerichtsgesetzes über das Beschlußverfahren gelten entsprechend; Beteiligte sind der Insolvenzverwalter, der Betriebsrat und die bezeichneten Arbeitnehmer, soweit sie nicht mit der Beendigung der Arbeitsverhältnisse oder mit den geänderten Arbeitsbedingungen einverstanden sind. § 122 Abs. 2 Satz 3, Abs. 3 gilt entsprechend.
(3) Für die Kosten, die den Beteiligten im Verfahren des ersten Rechtszugs entstehen, gilt § 12a Abs. 1 Satz 1 und 2 des Arbeitsgerichtsgesetzes entsprechend. Im Verfahren vor dem Bundesarbeitsgericht gelten die Vorschriften der Zivilprozeßordnung über die Erstattung der Kosten des Rechtsstreits entsprechend.

§ 127 Klage des Arbeitnehmers

(1) Kündigt der Insolvenzverwalter einem Arbeitnehmer, der in dem Antrag nach § 126 Abs. 1 bezeichnet ist, und erhebt der Arbeitnehmer Klage auf Feststellung, daß das Arbeitsverhältnis durch die Kündigung nicht aufgelöst oder die Änderung der Arbeitsbedingungen sozial ungerechtfertigt ist, so ist die rechtskräftige Entscheidung im Verfahren nach § 126 für die Parteien bindend. Dies gilt nicht, soweit sich die Sachlage nach dem Schluß der letzten mündlichen Verhandlung wesentlich geändert hat.
(2) Hat der Arbeitnehmer schon vor der Rechtskraft der Entscheidung im Verfahren nach § 126 Klage erhoben, so ist die Verhandlung über die Klage auf Antrag des Verwalters bis zu diesem Zeitpunkt auszusetzen.

§ 128 Betriebsveräußerung

(1) Die Anwendung der §§ 125 bis 127 wird nicht dadurch ausgeschlossen, daß die Betriebsänderung, die dem Interessenausgleich oder dem Feststellungsantrag zugrundeliegt, erst nach einer Betriebsveräußerung durchgeführt werden soll. An dem Verfahren nach § 126 ist der Erwerber des Betriebs beteiligt.
(2) Im Falle eines Betriebsübergangs erstreckt sich die Vermutung nach § 125 Abs. 1 Satz 1 Nr. 1 oder die gerichtliche Feststellung nach § 126 Abs. 1 Satz 1 auch darauf, daß die Kündigung der Arbeitsverhältnisse nicht wegen des Betriebsübergangs erfolgt.

Dritter Abschnitt – Insolvenzanfechtung

§ 129 Grundsatz

(1) Rechtshandlungen, die vor der Eröffnung des Insolvenzverfahrens vorgenommen worden sind und die Insolvenzgläubiger benachteiligen, kann der Insolvenzverwalter nach Maßgabe der §§ 130 bis 146 anfechten.
(2) Eine Unterlassung steht einer Rechtshandlung gleich.

§ 130 Kongruente Deckung

(1) Anfechtbar ist eine Rechtshandlung, die einem Insolvenzgläubiger eine Sicherung oder Befriedigung gewährt oder ermöglicht hat,
1. wenn sie in den letzten drei Monaten vor dem Antrag auf Eröffnung des Insolvenzverfahrens vorgenommen worden ist, wenn zur Zeit der Handlung der Schuldner zahlungsunfähig war und wenn der Gläubiger zu dieser Zeit die Zahlungsunfähigkeit kannte oder
2. wenn sie nach dem Eröffnungsantrag vorgenommen worden ist und wenn der Gläubiger zur Zeit der Handlung die Zahlungsunfähigkeit oder den Eröffnungsantrag kannte.

Dies gilt nicht, soweit die Rechtshandlung auf einer Sicherungsvereinbarung beruht, die die Verpflichtung enthält, eine Finanzsicherheit, eine andere oder eine zusätzliche Finanzsicherheit im Sinne des § 1 Abs. 17 des Kreditwesengesetzes zu bestellen, um das in der Sicherungsvereinbarung festgelegte Verhältnis zwischen dem Wert der gesicherten Verbindlichkeiten und dem Wert der geleisteten Sicherheiten wiederherzustellen (Margensicherheit).
(2) Der Kenntnis der Zahlungsunfähigkeit oder des Eröffnungsantrags steht die Kenntnis von Umständen gleich, die zwingend auf die Zahlungsunfähigkeit oder den Eröffnungsantrag schließen lassen.
(3) Gegenüber einer Person, die dem Schuldner zur Zeit der Handlung nahestand (§ 138), wird vermutet, daß sie die Zahlungsunfähigkeit oder den Eröffnungsantrag kannte.

§ 131 Inkongruente Deckung

(1) Anfechtbar ist eine Rechtshandlung, die einem Insolvenzgläubiger eine Sicherung oder Befriedigung gewährt oder ermöglicht hat, die er nicht oder nicht in der Art oder nicht zu der Zeit zu beanspruchen hatte,
1. wenn die Handlung im letzten Monat vor dem Antrag auf Eröffnung des Insolvenzverfahrens oder nach diesem Antrag vorgenommen worden ist,
2. wenn die Handlung innerhalb des zweiten oder dritten Monats vor dem Eröffnungsantrag vorgenommen worden ist und der Schuldner zur Zeit der Handlung zahlungsunfähig war oder
3. wenn die Handlung innerhalb des zweiten oder dritten Monats vor dem Eröffnungsantrag vorgenommen worden ist und dem Gläubiger zur Zeit der Handlung bekannt war, daß sie die Insolvenzgläubiger benachteiligte.

(2) Für die Anwendung des Absatzes 1 Nr. 3 steht der Kenntnis der Benachteiligung der Insolvenzgläubiger die Kenntnis von Umständen gleich, die zwingend auf die Benachteiligung schließen lassen. Gegenüber einer Person, die dem Schuldner zur Zeit der Handlung nahestand (§ 138), wird vermutet, daß sie die Benachteiligung der Insolvenzgläubiger kannte.

§ 132 Unmittelbar nachteilige Rechtshandlungen

(1) Anfechtbar ist ein Rechtsgeschäft des Schuldners, das die Insolvenzgläubiger unmittelbar benachteiligt,
1. wenn es in den letzten drei Monaten vor dem Antrag auf Eröffnung des Insolvenzverfahrens vorgenommen worden ist, wenn zur Zeit des Rechtsgeschäfts der Schuldner zahlungsunfähig war und wenn der andere Teil zu dieser Zeit die Zahlungsunfähigkeit kannte oder
2. wenn es nach dem Eröffnungsantrag vorgenommen worden ist und wenn der andere Teil zur Zeit des Rechtsgeschäfts die Zahlungsunfähigkeit oder den Eröffnungsantrag kannte.

(2) Einem Rechtsgeschäft, das die Insolvenzgläubiger unmittelbar benachteiligt, steht eine andere Rechtshandlung des Schuldners gleich, durch die der Schuldner ein Recht verliert oder nicht mehr geltend machen kann oder durch die ein vermögensrechtlicher Anspruch gegen ihn erhalten oder durchsetzbar wird.
(3) § 130 Abs. 2 und 3 gilt entsprechend.

§ 133 Vorsätzliche Benachteiligung

(1) Anfechtbar ist eine Rechtshandlung, die der Schuldner in den letzten zehn Jahren vor dem Antrag auf Eröffnung des Insolvenzverfahrens oder nach diesem Antrag mit dem Vorsatz, seine Gläubiger zu benachteiligen, vorgenommen hat, wenn der andere Teil zur Zeit der Handlung den Vorsatz des Schuldners kannte. Diese Kenntnis wird vermutet, wenn der andere Teil wußte, daß die Zahlungsunfähigkeit des Schuldners drohte und daß die Handlung die Gläubiger benachteiligte.
(2) Hat die Rechtshandlung dem anderen Teil eine Sicherung oder Befriedigung gewährt oder ermöglicht, beträgt der Zeitraum nach Absatz 1 Satz 1 vier Jahre.
(3) Hat die Rechtshandlung dem anderen Teil eine Sicherung oder Befriedigung gewährt oder ermöglicht, welche dieser in der Art und zu der Zeit beanspruchen konnte, tritt an die Stelle der drohenden Zahlungsunfähigkeit des Schuldners nach Absatz 1 Satz 2 die eingetretene. Hatte der andere Teil mit dem Schuldner eine Zahlungsvereinbarung getroffen oder diesem in sonstiger Weise eine Zahlungserleichterung gewährt, wird vermutet, dass er zur Zeit der Handlung die Zahlungsunfähigkeit des Schuldners nicht kannte.
(4) Anfechtbar ist ein vom Schuldner mit einer nahestehenden Person (§ 138) geschlossener entgeltlicher Vertrag, durch den die Insolvenzgläubiger unmittelbar benachteiligt werden. Die Anfechtung ist ausgeschlossen, wenn der Vertrag früher als zwei Jahre vor dem Eröffnungsantrag geschlossen worden ist oder wenn dem anderen Teil zur Zeit des Vertragsschlusses ein Vorsatz des Schuldners, die Gläubiger zu benachteiligen, nicht bekannt war.

§ 134 Unentgeltliche Leistung

(1) Anfechtbar ist eine unentgeltliche Leistung des Schuldners, es sei denn, sie ist früher als vier Jahre vor dem Antrag auf Eröffnung des Insolvenzverfahrens vorgenommen worden.
(2) Richtet sich die Leistung auf ein gebräuchliches Gelegenheitsgeschenk geringen Werts, so ist sie nicht anfechtbar.

§ 135 Gesellschafterdarlehen

(1) Anfechtbar ist eine Rechtshandlung, die für die Forderung eines Gesellschafters auf Rückgewähr eines Darlehens im Sinne des § 39 Abs. 1 Nr. 5 oder für eine gleichgestellte Forderung

1. Sicherung gewährt hat, wenn die Handlung in den letzten zehn Jahren vor dem Antrag auf Eröffnung des Insolvenzverfahrens oder nach diesem Antrag vorgenommen worden ist, oder
2. Befriedigung gewährt hat, wenn die Handlung im letzten Jahr vor dem Eröffnungsantrag oder nach diesem Antrag vorgenommen worden ist.

(2) Anfechtbar ist eine Rechtshandlung, mit der eine Gesellschaft einem Dritten für eine Forderung auf Rückgewähr eines Darlehens innerhalb der in Absatz 1 Nr. 2 genannten Fristen Befriedigung gewährt hat, wenn ein Gesellschafter für die Forderung eine Sicherheit bestellt hatte oder als Bürge haftete; dies gilt sinngemäß für Leistungen auf Forderungen, die einem Darlehen wirtschaftlich entsprechen.

(3) Wurde dem Schuldner von einem Gesellschafter ein Gegenstand zum Gebrauch oder zur Ausübung überlassen, so kann der Aussonderungsanspruch während der Dauer des Insolvenzverfahrens, höchstens aber für eine Zeit von einem Jahr ab der Eröffnung des Insolvenzverfahrens nicht geltend gemacht werden, wenn der Gegenstand für die Fortführung des Unternehmens des Schuldners von erheblicher Bedeutung ist. Für den Gebrauch oder die Ausübung des Gegenstandes gebührt dem Gesellschafter ein Ausgleich; bei der Berechnung ist der Durchschnitt der im letzten Jahr vor Verfahrenseröffnung geleisteten Vergütung in Ansatz zu bringen, bei kürzerer Dauer der Überlassung ist der Durchschnitt während dieses Zeitraums maßgebend.

(4) § 39 Abs. 4 und 5 gilt entsprechend.

§ 136 Stille Gesellschaft

(1) Anfechtbar ist eine Rechtshandlung, durch die einem stillen Gesellschafter die Einlage ganz oder teilweise zurückgewährt oder sein Anteil an dem entstandenen Verlust ganz oder teilweise erlassen wird, wenn die zugrundeliegende Vereinbarung im letzten Jahr vor dem Antrag auf Eröffnung des Insolvenzverfahrens über das Vermögen des Inhabers des Handelsgeschäfts oder nach diesem Antrag getroffen worden ist. Dies gilt auch dann, wenn im Zusammenhang mit der Vereinbarung die stille Gesellschaft aufgelöst worden ist.

(2) Die Anfechtung ist ausgeschlossen, wenn ein Eröffnungsgrund erst nach der Vereinbarung eingetreten ist.

§ 137 Wechsel- und Scheckzahlungen

(1) Wechselzahlungen des Schuldners können nicht auf Grund des § 130 vom Empfänger zurückgefordert werden, wenn nach Wechselrecht der Empfänger bei einer Verweigerung der Annahme der Zahlung den Wechselanspruch gegen andere Wechselverpflichtete verloren hätte.

(2) Die gezahlte Wechselsumme ist jedoch vom letzten Rückgriffsverpflichteten oder, wenn dieser den Wechsel für Rechnung eines Dritten begeben hatte, von dem Dritten zu erstatten, wenn der letzte Rückgriffsverpflichtete oder der Dritte zu der Zeit, als er den Wechsel begab oder begeben ließ, die Zahlungsunfähigkeit des Schuldners oder den Eröffnungsantrag kannte. § 130 Abs. 2 und 3 gilt entsprechend.

(3) Die Absätze 1 und 2 gelten entsprechend für Scheckzahlungen des Schuldners.

§ 138 Nahestehende Personen

(1) Ist der Schuldner eine natürliche Person, so sind nahestehende Personen:

1. der Ehegatte des Schuldners, auch wenn die Ehe erst nach der Rechtshandlung geschlossen oder im letzten Jahr vor der Handlung aufgelöst worden ist;

1a. der Lebenspartner des Schuldners, auch wenn die Lebenspartnerschaft erst nach der Rechtshandlung eingegangen oder im letzten Jahr vor der Handlung aufgelöst worden ist;

2. Verwandte des Schuldners oder des in Nummer 1 bezeichneten Ehegatten oder des in Nummer 1a bezeichneten Lebenspartners in auf- und absteigender Linie und voll- und halbbürtige Geschwister des Schuldners oder des in Nummer 1 bezeichneten Ehegatten oder des in Nummer 1a bezeichneten Lebenspartners sowie die Ehegatten oder Lebenspartner dieser Personen;

3. Personen, die in häuslicher Gemeinschaft mit dem Schuldner leben oder im letzten Jahr vor der Handlung in häuslicher Gemeinschaft mit dem Schuldner gelebt haben sowie Personen, die sich auf Grund einer dienstvertraglichen Verbindung zum Schuldner über dessen wirtschaftliche Verhältnisse unterrichten können;
4. eine juristische Person oder eine Gesellschaft ohne Rechtspersönlichkeit, wenn der Schuldner oder eine der in den Nummern 1 bis 3 genannten Personen Mitglied des Vertretungs- oder Aufsichtsorgans, persönlich haftender Gesellschafter oder zu mehr als einem Viertel an deren Kapital beteiligt ist oder auf Grund einer vergleichbaren gesellschaftsrechtlichen oder dienstvertraglichen Verbindung die Möglichkeit hat, sich über die wirtschaftlichen Verhältnisse des Schuldners zu unterrichten.

(2) Ist der Schuldner eine juristische Person oder eine Gesellschaft ohne Rechtspersönlichkeit, so sind nahestehende Personen:
1. die Mitglieder des Vertretungs- oder Aufsichtsorgans und persönlich haftende Gesellschafter des Schuldners sowie Personen, die zu mehr als einem Viertel am Kapital des Schuldners beteiligt sind;
2. eine Person oder eine Gesellschaft, die auf Grund einer vergleichbaren gesellschaftsrechtlichen oder dienstvertraglichen Verbindung zum Schuldner die Möglichkeit haben, sich über dessen wirtschaftliche Verhältnisse zu unterrichten;
3. eine Person, die zu einer der in Nummer 1 oder 2 bezeichneten Personen in einer in Absatz 1 bezeichneten persönlichen Verbindung steht; dies gilt nicht, soweit die in Nummer 1 oder 2 bezeichneten Personen kraft Gesetzes in den Angelegenheiten des Schuldners zur Verschwiegenheit verpflichtet sind.

§ 139 Berechnung der Fristen vor dem Eröffnungsantrag

(1) Die in den §§ 88, 130 bis 136 bestimmten Fristen beginnen mit dem Anfang des Tages, der durch seine Zahl dem Tag entspricht, an dem der Antrag auf Eröffnung des Insolvenzverfahrens beim Insolvenzgericht eingegangen ist. Fehlt ein solcher Tag, so beginnt die Frist mit dem Anfang des folgenden Tages.

(2) Sind mehrere Eröffnungsanträge gestellt worden, so ist der erste zulässige und begründete Antrag maßgeblich, auch wenn das Verfahren auf Grund eines späteren Antrags eröffnet worden ist. Ein rechtskräftig abgewiesener Antrag wird nur berücksichtigt, wenn er mangels Masse abgewiesen worden ist.

§ 140 Zeitpunkt der Vornahme einer Rechtshandlung

(1) Eine Rechtshandlung gilt als in dem Zeitpunkt vorgenommen, in dem ihre rechtlichen Wirkungen eintreten.

(2) Ist für das Wirksamwerden eines Rechtsgeschäfts eine Eintragung im Grundbuch, im Schiffsregister, im Schiffsbauregister oder im Register für Pfandrechte an Luftfahrzeugen erforderlich, so gilt das Rechtsgeschäft als vorgenommen, sobald die übrigen Voraussetzungen für das Wirksamwerden erfüllt sind, die Willenserklärung des Schuldners für ihn bindend geworden ist und der andere Teil den Antrag auf Eintragung der Rechtsänderung gestellt hat. Ist der Antrag auf Eintragung einer Vormerkung zur Sicherung des Anspruchs auf die Rechtsänderung gestellt worden, so gilt Satz 1 mit der Maßgabe, daß dieser Antrag an die Stelle des Antrags auf Eintragung der Rechtsänderung tritt.

(3) Bei einer bedingten oder befristeten Rechtshandlung bleibt der Eintritt der Bedingung oder des Termins außer Betracht.

§ 141 Vollstreckbarer Titel

Die Anfechtung wird nicht dadurch ausgeschlossen, daß für die Rechtshandlung ein vollstreckbarer Schuldtitel erlangt oder daß die Handlung durch Zwangsvollstreckung erwirkt worden ist.

§ 142 Bargeschäft

(1) Eine Leistung des Schuldners, für die unmittelbar eine gleichwertige Gegenleistung in sein Vermögen gelangt, ist nur anfechtbar, wenn die Voraussetzungen des § 133 Absatz 1 bis 3 gegeben sind und der andere Teil erkannt hat, dass der Schuldner unlauter handelte.
(2) Der Austausch von Leistung und Gegenleistung ist unmittelbar, wenn er nach Art der ausgetauschten Leistungen und unter Berücksichtigung der Gepflogenheiten des Geschäftsverkehrs in einem engen zeitlichen Zusammenhang erfolgt. Gewährt der Schuldner seinem Arbeitnehmer Arbeitsentgelt, ist ein enger zeitlicher Zusammenhang gegeben, wenn der Zeitraum zwischen Arbeitsleistung und Gewährung des Arbeitsentgelts drei Monate nicht übersteigt. Der Gewährung des Arbeitsentgelts durch den Schuldner steht die Gewährung dieses Arbeitsentgelts durch einen Dritten nach § 267 des Bürgerlichen Gesetzbuchs gleich, wenn für den Arbeitnehmer nicht erkennbar war, dass ein Dritter die Leistung bewirkt hat.

§ 143 Rechtsfolgen

(1) Was durch die anfechtbare Handlung aus dem Vermögen des Schuldners veräußert, weggegeben oder aufgegeben ist, muß zur Insolvenzmasse zurückgewährt werden. Die Vorschriften über die Rechtsfolgen einer ungerechtfertigten Bereicherung, bei der dem Empfänger der Mangel des rechtlichen Grundes bekannt ist, gelten entsprechend. Eine Geldschuld ist nur zu verzinsen, wenn die Voraussetzungen des Schuldnerverzugs oder des § 291 des Bürgerlichen Gesetzbuchs vorliegen; ein darüber hinausgehender Anspruch auf Herausgabe von Nutzungen eines erlangten Geldbetrags ist ausgeschlossen.
(2) Der Empfänger einer unentgeltlichen Leistung hat diese nur zurückzugewähren, soweit er durch sie bereichert ist. Dies gilt nicht, sobald er weiß oder den Umständen nach wissen muß, daß die unentgeltliche Leistung die Gläubiger benachteiligt.
(3) Im Fall der Anfechtung nach § 135 Abs. 2 hat der Gesellschafter, der die Sicherheit bestellt hatte oder als Bürge haftete, die dem Dritten gewährte Leistung zur Insolvenzmasse zu erstatten. Die Verpflichtung besteht nur bis zur Höhe des Betrags, mit dem der Gesellschafter als Bürge haftete oder der dem Wert der von ihm bestellten Sicherheit im Zeitpunkt der Rückgewähr des Darlehens oder der Leistung auf die gleichgestellte Forderung entspricht. Der Gesellschafter wird von der Verpflichtung frei, wenn er die Gegenstände, die dem Gläubiger als Sicherheit gedient hatten, der Insolvenzmasse zur Verfügung stellt

§ 144 Ansprüche des Anfechtungsgegners

(1) Gewährt der Empfänger einer anfechtbaren Leistung das Erlangte zurück, so lebt seine Forderung wieder auf.
(2) Eine Gegenleistung ist aus der Insolvenzmasse zu erstatten, soweit sie in dieser noch unterscheidbar vorhanden ist oder soweit die Masse um ihren Wert bereichert ist. Darüber hinaus kann der Empfänger der anfechtbaren Leistung die Forderung auf Rückgewähr der Gegenleistung nur als Insolvenzgläubiger geltend machen.

§ 145 Anfechtung gegen Rechtsnachfolger

(1) Die Anfechtbarkeit kann gegen den Erben oder einen anderen Gesamtrechtsnachfolger des Anfechtungsgegners geltend gemacht werden.
(2) Gegen einen sonstigen Rechtsnachfolger kann die Anfechtbarkeit geltend gemacht werden:
1. wenn dem Rechtsnachfolger zur Zeit seines Erwerbs die Umstände bekannt waren, welche die Anfechtbarkeit des Erwerbs seines Rechtsvorgängers begründen;
2. wenn der Rechtsnachfolger zur Zeit seines Erwerbs zu den Personen gehörte, die dem Schuldner nahestehen (§ 138), es sei denn, daß ihm zu dieser Zeit die Umstände unbekannt waren, welche die Anfechtbarkeit des Erwerbs seines Rechtsvorgängers begründen;
3. wenn dem Rechtsnachfolger das Erlangte unentgeltlich zugewendet worden ist.

§ 146 Verjährung des Anfechtungsanspruchs

(1) Die Verjährung des Anfechtungsanspruchs richtet sich nach den Regelungen über die regelmäßige Verjährung nach dem Bürgerlichen Gesetzbuch.
(2) Auch wenn der Anfechtungsanspruch verjährt ist, kann der Insolvenzverwalter die Erfüllung einer Leistungspflicht verweigern, die auf einer anfechtbaren Handlung beruht.

§ 147 Rechtshandlungen nach Verfahrenseröffnung

Eine Rechtshandlung, die nach der Eröffnung des Insolvenzverfahrens vorgenommen worden ist und die nach § 81 Abs. 3 Satz 2, §§ 892, 893 des Bürgerlichen Gesetzbuchs, §§ 16, 17 des Gesetzes über Rechte an eingetragenen Schiffen und Schiffsbauwerken und §§ 16, 17 des Gesetzes über Rechte an Luftfahrzeugen wirksam ist, kann nach den Vorschriften angefochten werden, die für die Anfechtung einer vor der Verfahrenseröffnung vorgenommenen Rechtshandlung gelten. Satz 1 findet auf die den in § 96 Abs. 2 genannten Ansprüchen und Leistungen zugrunde liegenden Rechtshandlungen mit der Maßgabe Anwendung, dass durch die Anfechtung nicht die Verrechnung einschließlich des Saldenausgleichs rückgängig gemacht wird oder die betreffenden Zahlungsaufträge, Aufträge zwischen Zahlungsdienstleistern oder zwischengeschalteten Stellen oder Aufträge zur Übertragung von Wertpapieren unwirksam werden.

Vierter Teil – Verwaltung und Verwertung der Insolvenzmasse

Erster Abschnitt – Sicherung der Insolvenzmasse

§ 148 Übernahme der Insolvenzmasse

(1) Nach der Eröffnung des Insolvenzverfahrens hat der Insolvenzverwalter das gesamte zur Insolvenzmasse gehörende Vermögen sofort in Besitz und Verwaltung zu nehmen.
(2) Der Verwalter kann auf Grund einer vollstreckbaren Ausfertigung des Eröffnungsbeschlusses die Herausgabe der Sachen, die sich im Gewahrsam des Schuldners befinden, im Wege der Zwangsvollstreckung durchsetzen. § 766 der Zivilprozeßordnung gilt mit der Maßgabe, daß an die Stelle des Vollstreckungsgerichts das Insolvenzgericht tritt.

§ 149 Wertgegenstände

(1) Der Gläubigerausschuß kann bestimmen, bei welcher Stelle und zu welchen Bedingungen Geld, Wertpapiere und Kostbarkeiten hinterlegt oder angelegt werden sollen. st kein Gläubigerausschuß bestellt oder hat der Gläubigerausschuß noch keinen Beschluß gefaßt, so kann das Insolvenzgericht entsprechendes anordnen.
(2) Die Gläubigerversammlung kann abweichende Regelungen beschließen.

§ 150 Siegelung

Der Insolvenzverwalter kann zur Sicherung der Sachen, die zur Insolvenzmasse gehören, durch den Gerichtsvollzieher oder eine andere dazu gesetzlich ermächtigte Person Siegel anbringen lassen. Das Protokoll über eine Siegelung oder Entsiegelung hat der Verwalter auf der Geschäftsstelle zur Einsicht der Beteiligten niederzulegen.

§ 151 Verzeichnis der Massegegenstände

(1) Der Insolvenzverwalter hat ein Verzeichnis der einzelnen Gegenstände der Insolvenzmasse aufzustellen. Der Schuldner ist hinzuzuziehen, wenn dies ohne eine nachteilige Verzögerung möglich ist.
(2) Bei jedem Gegenstand ist dessen Wert anzugeben. Hängt der Wert davon ab, ob das Unternehmen fortgeführt oder stillgelegt wird, sind beide Werte anzugeben. Besonders schwierige Bewertungen können einem Sachverständigen übertragen werden.
(3) Auf Antrag des Verwalters kann das Insolvenzgericht gestatten, daß die Aufstellung des Verzeichnisses unterbleibt; der Antrag ist zu begründen. Ist ein Gläubigerausschuß bestellt, so kann der Verwalter den Antrag nur mit Zustimmung des Gläubigerausschusses stellen.

§ 152 Gläubigerverzeichnis

(1) Der Insolvenzverwalter hat ein Verzeichnis aller Gläubiger des Schuldners aufzustellen, die ihm aus den Büchern und Geschäftspapieren des Schuldners, durch sonstige Angaben des Schuldners, durch die Anmeldung ihrer Forderungen oder auf andere Weise bekannt geworden sind.
(2) In dem Verzeichnis sind die absonderungsberechtigten Gläubiger und die einzelnen Rangklassen der nachrangigen Insolvenzgläubiger gesondert aufzuführen. Bei jedem Gläubiger sind die Anschrift sowie der Grund und der Betrag seiner Forderung anzugeben. Bei den absonderungsberechtigten Gläubigern sind zusätzlich der Gegenstand, an dem das Absonderungsrecht besteht, und die Höhe des mutmaßlichen Ausfalls zu bezeichnen; § 151 Abs. 2 Satz 2 gilt entsprechend.
(3) Weiter ist anzugeben, welche Möglichkeiten der Aufrechnung bestehen. Die Höhe der Masseverbindlichkeiten im Falle einer zügigen Verwertung des Vermögens des Schuldners ist zu schätzen.

§ 153 Vermögensübersicht

(1) Der Insolvenzverwalter hat auf den Zeitpunkt der Eröffnung des Insolvenzverfahrens eine geordnete Übersicht aufzustellen, in der die Gegenstände der Insolvenzmasse und die Verbindlichkeiten des Schuldners aufgeführt und einander gegenübergestellt werden. Für die Bewertung der Gegenstände gilt § 151 Abs. 2 entsprechend, für die Gliederung der Verbindlichkeiten § 152 Abs. 2 Satz 1.
(2) Nach der Aufstellung der Vermögensübersicht kann das Insolvenzgericht auf Antrag des Verwalters oder eines Gläubigers dem Schuldner aufgeben, die Vollständigkeit der Vermögensübersicht eidesstattlich zu versichern. Die §§ 98, 101 Abs. 1 Satz 1, 2 gelten entsprechend.

§ 154 Niederlegung in der Geschäftsstelle

Das Verzeichnis der Massegegenstände, das Gläubigerverzeichnis und die Vermögensübersicht sind spätestens eine Woche vor dem Berichtstermin in der Geschäftsstelle zur Einsicht der Beteiligten niederzulegen.

§ 155 Handels- und steuerrechtliche Rechnungslegung

(1) Handels- und steuerrechtliche Pflichten des Schuldners zur Buchführung und zur Rechnungslegung bleiben unberührt. In bezug auf die Insolvenzmasse hat der Insolvenzverwalter diese Pflichten zu erfüllen.
(2) Mit der Eröffnung des Insolvenzverfahrens beginnt ein neues Geschäftsjahr. Jedoch wird die Zeit bis zum Berichtstermin in gesetzliche Fristen für die Aufstellung oder die Offenlegung eines Jahresabschlusses nicht eingerechnet.
(3) Für die Bestellung des Abschlußprüfers im Insolvenzverfahren gilt § 318 des Handelsgesetzbuchs mit der Maßgabe, daß die Bestellung ausschließlich durch das Registergericht auf Antrag des Verwalters erfolgt. Ist für das Geschäftsjahr vor der Eröffnung des Verfahrens bereits ein

Abschlußprüfer bestellt, so wird die Wirksamkeit dieser Bestellung durch die Eröffnung nicht berührt.

Zweiter Abschnitt – Entscheidung über die Verwertung

§ 156 Berichtstermin

(1) Im Berichtstermin hat der Insolvenzverwalter über die wirtschaftliche Lage des Schuldners und ihre Ursachen zu berichten. Er hat darzulegen, ob Aussichten bestehen, das Unternehmen des Schuldners im ganzen oder in Teilen zu erhalten, welche Möglichkeiten für einen Insolvenzplan bestehen und welche Auswirkungen jeweils für die Befriedigung der Gläubiger eintreten würden.
(2) Dem Schuldner, dem Gläubigerausschuß, dem Betriebsrat und dem Sprecherausschuß der leitenden Angestellten ist im Berichtstermin Gelegenheit zu geben, zu dem Bericht des Verwalters Stellung zu nehmen. Ist der Schuldner Handels- oder Gewerbetreibender oder Landwirt, so kann auch der zuständigen amtlichen Berufsvertretung der Industrie, des Handels, des Handwerks oder der Landwirtschaft im Termin Gelegenheit zur Äußerung gegeben werden.

§ 157 Entscheidung über den Fortgang des Verfahrens

Die Gläubigerversammlung beschließt im Berichtstermin, ob das Unternehmen des Schuldners stillgelegt oder vorläufig fortgeführt werden soll. Sie kann den Verwalter beauftragen, einen Insolvenzplan auszuarbeiten, und ihm das Ziel des Plans vorgeben. Sie kann ihre Entscheidungen in späteren Terminen ändern.

§ 158 Maßnahmen vor der Entscheidung

(1) Will der Insolvenzverwalter vor dem Berichtstermin das Unternehmen des Schuldners stilllegen oder veräußern, so hat er die Zustimmung des Gläubigerausschusses einzuholen, wenn ein solcher bestellt ist.
(2) Vor der Beschlußfassung des Gläubigerausschusses oder, wenn ein solcher nicht bestellt ist, vor der Stillegung oder Veräußerung des Unternehmens hat der Verwalter den Schuldner zu unterrichten. Das Insolvenzgericht untersagt auf Antrag des Schuldners und nach Anhörung des Verwalters die Stillegung, wenn diese ohne eine erhebliche Verminderung der Insolvenzmasse bis zum Berichtstermin aufgeschoben werden kann.

§ 159 Verwertung der Insolvenzmasse

Nach dem Berichtstermin hat der Insolvenzverwalter unverzüglich das zur Insolvenzmasse gehörende Vermögen zu verwerten, soweit die Beschlüsse der Gläubigerversammlung nicht entgegenstehen.

§ 160 Besonders bedeutsame Rechtshandlungen

(1) Der Insolvenzverwalter hat die Zustimmung des Gläubigerausschusses einzuholen, wenn er Rechtshandlungen vornehmen will, die für das Insolvenzverfahren von besonderer Bedeutung sind. Ist ein Gläubigerausschuß nicht bestellt, so ist die Zustimmung der Gläubigerversammlung einzuholen. Ist die einberufene Gläubigerversammlung beschlussunfähig, gilt die Zustimmung als erteilt; auf diese Folgen sind die Gläubiger bei der Einladung zur Gläubigerversammlung hinzuweisen.
(2) Die Zustimmung nach Absatz 1 ist insbesondere erforderlich,
1. wenn das Unternehmen oder ein Betrieb, das Warenlager im ganzen, ein unbeweglicher Gegenstand aus freier Hand, die Beteiligung des Schuldners an einem anderen Unternehmen, die der Herstellung einer dauernden Verbindung zu diesem Unternehmen dienen soll, oder das Recht auf den Bezug wiederkehrender Einkünfte veräußert werden soll;

2. wenn ein Darlehen aufgenommen werden soll, das die Insolvenzmasse erheblich belasten würde;
3. wenn ein Rechtsstreit mit erheblichem Streitwert anhängig gemacht oder aufgenommen, die Aufnahme eines solchen Rechtsstreits abgelehnt oder zur Beilegung oder zur Vermeidung eines solchen Rechtsstreits ein Vergleich oder ein Schiedsvertrag geschlossen werden soll.

§ 161 Vorläufige Untersagung der Rechtshandlung

In den Fällen des § 160 hat der Insolvenzverwalter vor der Beschlußfassung des Gläubigerausschusses oder der Gläubigerversammlung den Schuldner zu unterrichten, wenn dies ohne nachteilige Verzögerung möglich ist. Sofern nicht die Gläubigerversammlung ihre Zustimmung erteilt hat, kann das Insolvenzgericht auf Antrag des Schuldners oder einer in § 75 Abs. 1 Nr. 3 bezeichneten Mehrzahl von Gläubigern und nach Anhörung des Verwalters die Vornahme der Rechtshandlung vorläufig untersagen und eine Gläubigerversammlung einberufen, die über die Vornahme beschließt.

§ 162 Betriebsveräußerung an besonders Interessierte

(1) Die Veräußerung des Unternehmens oder eines Betriebs ist nur mit Zustimmung der Gläubigerversammlung zulässig, wenn der Erwerber oder eine Person, die an seinem Kapital zu mindestens einem Fünftel beteiligt ist,
1. zu den Personen gehört, die dem Schuldner nahestehen (§ 138),
2. ein absonderungsberechtigter Gläubiger oder ein nicht nachrangiger Insolvenzgläubiger ist, dessen Absonderungsrechte und Forderungen nach der Schätzung des Insolvenzgerichts zusammen ein Fünftel der Summe erreichen, die sich aus dem Wert aller Absonderungsrechte und den Forderungsbeträgen aller nicht nachrangigen Insolvenzgläubiger ergibt.

(2) Eine Person ist auch insoweit im Sinne des Absatzes 1 am Erwerber beteiligt, als ein von der Person abhängiges Unternehmen oder ein Dritter für Rechnung der Person oder des abhängigen Unternehmens am Erwerber beteiligt ist.

§ 163 Betriebsveräußerung unter Wert

(1) Auf Antrag des Schuldners oder einer in § 75 Abs. 1 Nr. 3 bezeichneten Mehrzahl von Gläubigern und nach Anhörung des Insolvenzverwalters kann das Insolvenzgericht anordnen, daß die geplante Veräußerung des Unternehmens oder eines Betriebs nur mit Zustimmung der Gläubigerversammlung zulässig ist, wenn der Antragsteller glaubhaft macht, daß eine Veräußerung an einen anderen Erwerber für die Insolvenzmasse günstiger wäre.
(2) Sind dem Antragsteller durch den Antrag Kosten entstanden, so ist er berechtigt, die Erstattung dieser Kosten aus der Insolvenzmasse zu verlangen, sobald die Anordnung des Gerichts ergangen ist.

§ 164 Wirksamkeit der Handlung

Durch einen Verstoß gegen die §§ 160 bis 163 wird die Wirksamkeit der Handlung des Insolvenzverwalters nicht berührt.

Dritter Abschnitt – Gegenstände mit Absonderungsrechten

§ 165 Verwertung unbeweglicher Gegenstände

Der Insolvenzverwalter kann beim zuständigen Gericht die Zwangsversteigerung oder die Zwangsverwaltung eines unbeweglichen Gegenstands der Insolvenzmasse betreiben, auch wenn an dem Gegenstand ein Absonderungsrecht besteht.

§ 166 Verwertung beweglicher Gegenstände

(1) Der Insolvenzverwalter darf eine bewegliche Sache, an der ein Absonderungsrecht besteht, freihändig verwerten, wenn er die Sache in seinem Besitz hat.
(2) Der Verwalter darf eine Forderung, die der Schuldner zur Sicherung eines Anspruchs abgetreten hat, einziehen oder in anderer Weise verwerten.
(3) Die Absätze 1 und 2 finden keine Anwendung
1. auf Gegenstände, an denen eine Sicherheit zu Gunsten des Betreibers oder des Teilnehmers eines Systems nach § 1 Abs. 16 des Kreditwesengesetzes zur Sicherung seiner Ansprüche aus dem System besteht,
2. auf Gegenstände, an denen eine Sicherheit zu Gunsten der Zentralbank eines Mitgliedstaats der Europäischen Union oder Vertragsstaats des Europäischen Wirtschaftsraums oder zu Gunsten der Europäischen Zentralbank besteht, und
3. auf eine Finanzsicherheit im Sinne des § 1 Abs. 17 des Kreditwesengesetzes.

§ 167 Unterrichtung des Gläubigers

(1) Ist der Insolvenzverwalter nach § 166 Abs. 1 zur Verwertung einer beweglichen Sache berechtigt, so hat er dem absonderungsberechtigten Gläubiger auf dessen Verlangen Auskunft über den Zustand der Sache zu erteilen. Anstelle der Auskunft kann er dem Gläubiger gestatten, die Sache zu besichtigen.
(2) Ist der Verwalter nach § 166 Abs. 2 zur Einziehung einer Forderung berechtigt, so hat er dem absonderungsberechtigten Gläubiger auf dessen Verlangen Auskunft über die Forderung zu erteilen. Anstelle der Auskunft kann er dem Gläubiger gestatten, Einsicht in die Bücher und Geschäftspapiere des Schuldners zu nehmen.

§ 168 Mitteilung der Veräußerungsabsicht

(1) Bevor der Insolvenzverwalter einen Gegenstand, zu dessen Verwertung er nach § 166 berechtigt ist, an einen Dritten veräußert, hat er dem absonderungsberechtigten Gläubiger mitzuteilen, auf welche Weise der Gegenstand veräußert werden soll. Er hat dem Gläubiger Gelegenheit zu geben, binnen einer Woche auf eine andere, für den Gläubiger günstigere Möglichkeit der Verwertung des Gegenstands hinzuweisen.
(2) Erfolgt ein solcher Hinweis innerhalb der Wochenfrist oder rechtzeitig vor der Veräußerung, so hat der Verwalter die vom Gläubiger genannte Verwertungsmöglichkeit wahrzunehmen oder den Gläubiger so zu stellen, wie wenn er sie wahrgenommen hätte.
(3) Die andere Verwertungsmöglichkeit kann auch darin bestehen, daß der Gläubiger den Gegenstand selbst übernimmt. Günstiger ist eine Verwertungsmöglichkeit auch dann, wenn Kosten eingespart werden.

§ 169 Schutz des Gläubigers vor einer Verzögerung der Verwertung

Solange ein Gegenstand, zu dessen Verwertung der Insolvenzverwalter nach § 166 berechtigt ist, nicht verwertet wird, sind dem Gläubiger vom Berichtstermin an laufend die geschuldeten Zinsen aus der Insolvenzmasse zu zahlen. Ist der Gläubiger schon vor der Eröffnung des Insolvenzverfahrens auf Grund einer Anordnung nach § 21 an der Verwertung des Gegenstands gehindert worden, so sind die geschuldeten Zinsen spätestens von dem Zeitpunkt an zu zahlen, der drei Monate nach dieser Anordnung liegt. Die Sätze 1 und 2 gelten nicht, soweit nach der Höhe der Forderung sowie dem Wert und der sonstigen Belastung des Gegenstands nicht mit einer Befriedigung des Gläubigers aus dem Verwertungserlös zu rechnen ist.

§ 170 Verteilung des Erlöses

(1) Nach der Verwertung einer beweglichen Sache oder einer Forderung durch den Insolvenzverwalter sind aus dem Verwertungserlös die Kosten der Feststellung und der Verwertung des Gegenstands vorweg für die Insolvenzmasse zu entnehmen. Aus dem verbleibenden Betrag ist unverzüglich der absonderungsberechtigte Gläubiger zu befriedigen.
(2) Überläßt der Insolvenzverwalter einen Gegenstand, zu dessen Verwertung er nach § 166 berechtigt ist, dem Gläubiger zur Verwertung, so hat dieser aus dem von ihm erzielten Verwertungserlös einen Betrag in Höhe der Kosten der Feststellung sowie des Umsatzsteuerbetrages (§ 171 Abs. 2 Satz 3) vorweg an die Masse abzuführen.

§ 171 Berechnung des Kostenbeitrags

(1) Die Kosten der Feststellung umfassen die Kosten der tatsächlichen Feststellung des Gegenstands und der Feststellung der Rechte an diesem. Sie sind pauschal mit vier vom Hundert des Verwertungserlöses anzusetzen.
(2) Als Kosten der Verwertung sind pauschal fünf vom Hundert des Verwertungserlöses anzusetzen. Lagen die tatsächlich entstandenen, für die Verwertung erforderlichen Kosten erheblich niedriger oder erheblich höher, so sind diese Kosten anzusetzen. Führt die Verwertung zu einer Belastung der Masse mit Umsatzsteuer, so ist der Umsatzsteuerbetrag zusätzlich zu der Pauschale nach Satz 1 oder den tatsächlich entstandenen Kosten nach Satz 2 anzusetzen.

§ 172 Sonstige Verwendung beweglicher Sachen

(1) Der Insolvenzverwalter darf eine bewegliche Sache, zu deren Verwertung er berechtigt ist, für die Insolvenzmasse benutzen, wenn er den dadurch entstehenden Wertverlust von der Eröffnung des Insolvenzverfahrens an durch laufende Zahlungen an den Gläubiger ausgleicht. Die Verpflichtung zu Ausgleichszahlungen besteht nur, soweit der durch die Nutzung entstehende Wertverlust die Sicherung des absonderungsberechtigten Gläubigers beeinträchtigt.
(2) Der Verwalter darf eine solche Sache verbinden, vermischen und verarbeiten, soweit dadurch die Sicherung des absonderungsberechtigten Gläubigers nicht beeinträchtigt wird. Setzt sich das Recht des Gläubigers an einer anderen Sache fort, so hat der Gläubiger die neue Sicherheit insoweit freizugeben, als sie den Wert der bisherigen Sicherheit übersteigt.

§ 173 Verwertung durch den Gläubiger

(1) Soweit der Insolvenzverwalter nicht zur Verwertung einer beweglichen Sache oder einer Forderung berechtigt ist, an denen ein Absonderungsrecht besteht, bleibt das Recht des Gläubigers zur Verwertung unberührt.
(2) Auf Antrag des Verwalters und nach Anhörung des Gläubigers kann das Insolvenzgericht eine Frist bestimmen, innerhalb welcher der Gläubiger den Gegenstand zu verwerten hat. Nach Ablauf der Frist ist der Verwalter zur Verwertung berechtigt.

Fünfter Teil – Befriedigung der Insolvenzgläubiger. Einstellung des Verfahrens

Erster Abschnitt – Feststellung der Forderungen

§ 174 Anmeldung der Forderungen

(1) Die Insolvenzgläubiger haben ihre Forderungen schriftlich beim Insolvenzverwalter anzumelden. Der Anmeldung sollen die Urkunden, aus denen sich die Forderung ergibt, in Abdruck beigefügt werden. Zur Vertretung des Gläubigers im Verfahren nach diesem Abschnitt sind auch Personen befugt, die Inkassodienstleistungen erbringen (registrierte Personen nach § 10 Abs. 1 Satz 1 Nr. 1 des Rechtsdienstleistungsgesetzes).
(2) Bei der Anmeldung sind der Grund und der Betrag der Forderung anzugeben sowie die Tatsachen, aus denen sich nach Einschätzung des Gläubigers ergibt, dass ihr eine vorsätzlich begangene unerlaubte Handlung, eine vorsätzliche pflichtwidrige Verletzung einer gesetzlichen Unterhaltspflicht oder eine Steuerstraftat des Schuldners nach den §§ 370, 373 oder § 374 der Abgabenordnungzugrunde liegt.
(3) Die Forderungen nachrangiger Gläubiger sind nur anzumelden, soweit das Insolvenzgericht besonders zur Anmeldung dieser Forderungen auffordert. Bei der Anmeldung solcher Forderungen ist auf den Nachrang hinzuweisen und die dem Gläubiger zustehende Rangstelle zu bezeichnen.
(4) Die Anmeldung kann durch Übermittlung eines elektronischen Dokuments erfolgen, wenn der Insolvenzverwalter der Übermittlung elektronischer Dokumente ausdrücklich zugestimmt hat. Als Urkunde im Sinne des Absatzes 1 Satz 2 kann in diesem Fall auch eine elektronische Rechnung übermittelt werden. Auf Verlangen des Insolvenzverwalters oder des Insolvenzgerichts sind Ausdrucke, Abschriften oder Originale von Urkunden einzureichen.

§ 175 Tabelle

(1) Der Insolvenzverwalter hat jede angemeldete Forderung mit den in § 174 Abs. 2 und 3 genannten Angaben in eine Tabelle einzutragen. Die Tabelle ist mit den Anmeldungen sowie den beigefügten Urkunden innerhalb des ersten Drittels des Zeitraums, der zwischen dem Ablauf der Anmeldefrist und dem Prüfungstermin liegt, in der Geschäftsstelle des Insolvenzgerichts zur Einsicht der Beteiligten niederzulegen.
(2) Hat ein Gläubiger eine Forderung aus einer vorsätzlich begangenen unerlaubten Handlung, aus einer vorsätzlich pflichtwidrig verletzten gesetzlichen Unterhaltspflicht oder aus einer Steuerstraftat nach den §§ 370, 373 oder § 374 der Abgabenordnung.angemeldet, so hat das Insolvenzgericht den Schuldner auf die Rechtsfolgen des § 302 und auf die Möglichkeit des Widerspruchs hinzuweisen.

§ 176 Verlauf des Prüfungstermins

Im Prüfungstermin werden die angemeldeten Forderungen ihrem Betrag und ihrem Rang nach geprüft. Die Forderungen, die vom Insolvenzverwalter, vom Schuldner oder von einem Insolvenzgläubiger bestritten werden, sind einzeln zu erörtern.

§ 177 Nachträgliche Anmeldungen

(1) Im Prüfungstermin sind auch die Forderungen zu prüfen, die nach dem Ablauf der Anmeldefrist angemeldet worden sind. Widerspricht jedoch der Insolvenzverwalter oder ein Insolvenzgläubiger dieser Prüfung oder wird eine Forderung erst nach dem Prüfungstermin angemeldet, so hat das Insolvenzgericht auf Kosten des Säumigen entweder einen besonderen Prüfungstermin zu bestimmen oder die Prüfung im schriftlichen Verfahren anzuordnen. Für nachträgliche Änderungen der Anmeldung gelten die Sätze 1 und 2 entsprechend.
(2) Hat das Gericht nachrangige Gläubiger nach § 174 Abs. 3 zur Anmeldung ihrer Forderungen aufgefordert und läuft die für diese Anmeldung gesetzte Frist später als eine Woche vor dem Prüfungstermin ab, so ist auf Kosten der Insolvenzmasse entweder ein besonderer Prüfungstermin zu bestimmen oder die Prüfung im schriftlichen Verfahren anzuordnen.
(3) Der besondere Prüfungstermin ist öffentlich bekanntzumachen. Zu dem Termin sind die Insolvenzgläubiger, die eine Forderung angemeldet haben, der Verwalter und der Schuldner besonders zu laden. § 74 Abs. 2 Satz 2 gilt entsprechend.

§ 178 Voraussetzungen und Wirkungen der Feststellung

(1) Eine Forderung gilt als festgestellt, soweit gegen sie im Prüfungstermin oder im schriftlichen Verfahren (§ 177) ein Widerspruch weder vom Insolvenzverwalter noch von einem Insolvenzgläubiger erhoben wird oder soweit ein erhobener Widerspruch beseitigt ist. Ein Widerspruch des Schuldners steht der Feststellung der Forderung nicht entgegen.
(2) Das Insolvenzgericht trägt für jede angemeldete Forderung in die Tabelle ein, inwieweit die Forderung ihrem Betrag und ihrem Rang nach festgestellt ist oder wer der Feststellung widersprochen hat. Auch ein Widerspruch des Schuldners ist einzutragen. Auf Wechseln und sonstigen Schuldurkunden ist vom Urkundsbeamten der Geschäftsstelle die Feststellung zu vermerken.
(3) Die Eintragung in die Tabelle wirkt für die festgestellten Forderungen ihrem Betrag und ihrem Rang nach wie ein rechtskräftiges Urteil gegenüber dem Insolvenzverwalter und allen Insolvenzgläubigern.

§ 179 Streitige Forderungen

(1) Ist eine Forderung vom Insolvenzverwalter oder von einem Insolvenzgläubiger bestritten worden, so bleibt es dem Gläubiger überlassen, die Feststellung gegen den Bestreitenden zu betreiben.
(2) Liegt für eine solche Forderung ein vollstreckbarer Schuldtitel oder ein Endurteil vor, so obliegt es dem Bestreitenden, den Widerspruch zu verfolgen.
(3) Das Insolvenzgericht erteilt dem Gläubiger, dessen Forderung bestritten worden ist, einen beglaubigten Auszug aus der Tabelle. Im Falle des Absatzes 2 erhält auch der Bestreitende einen solchen Auszug. Die Gläubiger, deren Forderungen festgestellt worden sind, werden nicht benachrichtigt; hierauf sollen die Gläubiger vor dem Prüfungstermin hingewiesen werden.

§ 180 Zuständigkeit für die Feststellung

(1) Auf die Feststellung ist im ordentlichen Verfahren Klage zu erheben. Für die Klage ist das Amtsgericht ausschließlich zuständig, bei dem das Insolvenzverfahren anhängig ist oder anhängig war. Gehört der Streitgegenstand nicht zur Zuständigkeit der Amtsgerichte, so ist das Landgericht ausschließlich zuständig, zu dessen Bezirk das Insolvenzgericht gehört.
(2) War zur Zeit der Eröffnung des Insolvenzverfahrens ein Rechtsstreit über die Forderung anhängig, so ist die Feststellung durch Aufnahme des Rechtsstreits zu betreiben.

§ 181 Umfang der Feststellung

Die Feststellung kann nach Grund, Betrag und Rang der Forderung nur in der Weise begehrt werden, wie die Forderung in der Anmeldung oder im Prüfungstermin bezeichnet worden ist.

§ 182 Streitwert

Der Wert des Streitgegenstands einer Klage auf Feststellung einer Forderung, deren Bestand vom Insolvenzverwalter oder von einem Insolvenzgläubiger bestritten worden ist, bestimmt sich nach dem Betrag, der bei der Verteilung der Insolvenzmasse für die Forderung zu erwarten ist.

§ 183 Wirkung der Entscheidung

(1) Eine rechtskräftige Entscheidung, durch die eine Forderung festgestellt oder ein Widerspruch für begründet erklärt wird, wirkt gegenüber dem Insolvenzverwalter und allen Insolvenzgläubigern.
(2) Der obsiegenden Partei obliegt es, beim Insolvenzgericht die Berichtigung der Tabelle zu beantragen.

(3) Haben nur einzelne Gläubiger, nicht der Verwalter, den Rechtsstreit geführt, so können diese Gläubiger die Erstattung ihrer Kosten aus der Insolvenzmasse insoweit verlangen, als der Masse durch die Entscheidung ein Vorteil erwachsen ist.

§ 184 Klage gegen einen Widerspruch des Schuldners

(1) Hat der Schuldner im Prüfungstermin oder im schriftlichen Verfahren (§ 177) eine Forderung bestritten, so kann der Gläubiger Klage auf Feststellung der Forderung gegen den Schuldner erheben. War zur Zeit der Eröffnung des Insolvenzverfahrens ein Rechtsstreit über die Forderung anhängig, so kann der Gläubiger diesen Rechtsstreit gegen den Schuldner aufnehmen.
(2) Liegt für eine solche Forderung ein vollstreckbarer Schuldtitel oder ein Endurteil vor, so obliegt es dem Schuldner binnen einer Frist von einem Monat, die mit dem Prüfungstermin oder im schriftlichen Verfahren mit dem Bestreiten der Forderung beginnt, den Widerspruch zu verfolgen. Nach fruchtlosem Ablauf dieser Frist gilt ein Widerspruch als nicht erhoben. Das Insolvenzgericht erteilt dem Schuldner und dem Gläubiger, dessen Forderung bestritten worden ist, einen beglaubigten Auszug aus der Tabelle und weist den Schuldner auf die Folgen einer Fristversäumung hin. Der Schuldner hat dem Gericht die Verfolgung des Anspruchs nachzuweisen.

§ 185 Besondere Zuständigkeiten

Ist für die Feststellung einer Forderung der Rechtsweg zum ordentlichen Gericht nicht gegeben, so ist die Feststellung bei dem zuständigen anderen Gericht zu betreiben oder von der zuständigen Verwaltungsbehörde vorzunehmen. § 180 Abs. 2 und die §§ 181, 183 und 184 gelten entsprechend. Ist die Feststellung bei einem anderen Gericht zu betreiben, so gilt auch § 182 entsprechend.

§ 186 Wiedereinsetzung in den vorigen Stand

(1) Hat der Schuldner den Prüfungstermin versäumt, so hat ihm das Insolvenzgericht auf Antrag die Wiedereinsetzung in den vorigen Stand zu gewähren. § 51 Abs. 2, § 85 Abs. 2, §§ 233 bis 236 der Zivilprozeßordnung gelten entsprechend.
(2) Die den Antrag auf Wiedereinsetzung betreffenden Schriftsätze sind dem Gläubiger zuzustellen, dessen Forderung nachträglich bestritten werden soll. Das Bestreiten in diesen Schriftsätzen steht, wenn die Wiedereinsetzung erteilt wird, dem Bestreiten im Prüfungstermin gleich.

Zweiter Abschnitt – Verteilung

§ 187 Befriedigung der Insolvenzgläubiger

(1) Mit der Befriedigung der Insolvenzgläubiger kann erst nach dem allgemeinen Prüfungstermin begonnen werden.
(2) Verteilungen an die Insolvenzgläubiger können stattfinden, sooft hinreichende Barmittel in der Insolvenzmasse vorhanden sind. Nachrangige Insolvenzgläubiger sollen bei Abschlagsverteilungen nicht berücksichtigt werden.
(3) Die Verteilungen werden vom Insolvenzverwalter vorgenommen. Vor jeder Verteilung hat er die Zustimmung des Gläubigerausschusses einzuholen, wenn ein solcher bestellt ist.

§ 188 Verteilungsverzeichnis

Vor einer Verteilung hat der Insolvenzverwalter ein Verzeichnis der Forderungen aufzustellen, die bei der Verteilung zu berücksichtigen sind. Das Verzeichnis ist auf der Geschäftsstelle zur Einsicht der Beteiligten niederzulegen. Der Verwalter zeigt dem Gericht die Summe der Forderungen und den für die Verteilung verfügbaren Betrag aus der Insolvenzmasse an; das Gericht hat die angezeigte Summe der Forderungen und den für die Verteilung verfügbaren Betrag öffentlich bekannt zu machen.

§ 189 Berücksichtigung bestrittener Forderungen

(1) Ein Insolvenzgläubiger, dessen Forderung nicht festgestellt ist und für dessen Forderung ein vollstreckbarer Titel oder ein Endurteil nicht vorliegt, hat spätestens innerhalb einer Ausschlußfrist von zwei Wochen nach der öffentlichen Bekanntmachung dem Insolvenzverwalter nachzuweisen, daß und für welchen Betrag die Feststellungsklage erhoben oder das Verfahren in dem früher anhängigen Rechtsstreit aufgenommen ist.
(2) Wird der Nachweis rechtzeitig geführt, so wird der auf die Forderung entfallende Anteil bei der Verteilung zurückbehalten, solange der Rechtsstreit anhängig ist.
(3) Wird der Nachweis nicht rechtzeitig geführt, so wird die Forderung bei der Verteilung nicht berücksichtigt.

§ 190 Berücksichtigung absonderungsberechtigter Gläubiger

(1) Ein Gläubiger, der zur abgesonderten Befriedigung berechtigt ist, hat spätestens innerhalb der in § 189 Abs. 1 vorgesehenen Ausschlußfrist dem Insolvenzverwalter nachzuweisen, daß und für welchen Betrag er auf abgesonderte Befriedigung verzichtet hat oder bei ihr ausgefallen ist. Wird der Nachweis nicht rechtzeitig geführt, so wird die Forderung bei der Verteilung nicht berücksichtigt.
(2) Zur Berücksichtigung bei einer Abschlagsverteilung genügt es, wenn der Gläubiger spätestens innerhalb der Ausschlußfrist dem Verwalter nachweist, daß die Verwertung des Gegenstands betrieben wird, an dem das Absonderungsrecht besteht, und den Betrag des mutmaßlichen Ausfalls glaubhaft macht. In diesem Fall wird der auf die Forderung entfallende Anteil bei der Verteilung zurückbehalten. Sind die Voraussetzungen des Absatzes 1 bei der Schlußverteilung nicht erfüllt, so wird der zurückbehaltene Anteil für die Schlußverteilung frei.
(3) Ist nur der Verwalter zur Verwertung des Gegenstands berechtigt, an dem das Absonderungsrecht besteht, so sind die Absätze 1 und 2 nicht anzuwenden. Bei einer Abschlagsverteilung hat der Verwalter, wenn er den Gegenstand noch nicht verwertet hat, den Ausfall des Gläubigers zu schätzen und den auf die Forderung entfallenden Anteil zurückzubehalten.

§ 191 Berücksichtigung aufschiebend bedingter Forderungen

(1) Eine aufschiebend bedingte Forderung wird bei einer Abschlagsverteilung mit ihrem vollen Betrag berücksichtigt. Der auf die Forderung entfallende Anteil wird bei der Verteilung zurückbehalten.
(2) Bei der Schlußverteilung wird eine aufschiebend bedingte Forderung nicht berücksichtigt, wenn die Möglichkeit des Eintritts der Bedingung so fernliegt, daß die Forderung zur Zeit der Verteilung keinen Vermögenswert hat. In diesem Fall wird ein gemäß Absatz 1 Satz 2 zurückbehaltener Anteil für die Schlußverteilung frei.

§ 192 Nachträgliche Berücksichtigung

Gläubiger, die bei einer Abschlagsverteilung nicht berücksichtigt worden sind und die Voraussetzungen der §§ 189, 190 nachträglich erfüllen, erhalten bei der folgenden Verteilung aus der restlichen Insolvenzmasse vorab einen Betrag, der sie mit den übrigen Gläubigern gleichstellt.

§ 193 Änderung des Verteilungsverzeichnisses

Der Insolvenzverwalter hat die Änderungen des Verzeichnisses, die auf Grund der §§ 189 bis 192 erforderlich werden, binnen drei Tagen nach Ablauf der in § 189 Abs. 1 vorgesehenen Ausschlußfrist vorzunehmen.

§ 194 Einwendungen gegen das Verteilungsverzeichnis

(1) Bei einer Abschlagsverteilung sind Einwendungen eines Gläubigers gegen das Verzeichnis bis zum Ablauf einer Woche nach dem Ende der in § 189 Abs. 1 vorgesehenen Ausschlußfrist bei dem Insolvenzgericht zu erheben.
(2) Eine Entscheidung des Gerichts, durch die Einwendungen zurückgewiesen werden, ist dem Gläubiger und dem Insolvenzverwalter zuzustellen. Dem Gläubiger steht gegen den Beschluß die sofortige Beschwerde zu.
(3) Eine Entscheidung des Gerichts, durch die eine Berichtigung des Verzeichnisses angeordnet wird, ist dem Gläubiger und dem Verwalter zuzustellen und in der Geschäftsstelle zur Einsicht der Beteiligten niederzulegen. Dem Verwalter und den Insolvenzgläubigern steht gegen den Beschluß die sofortige Beschwerde zu. Die Beschwerdefrist beginnt mit dem Tag, an dem die Entscheidung niedergelegt worden ist.

§ 195 Festsetzung des Bruchteils

(1) Für eine Abschlagsverteilung bestimmt der Gläubigerausschuß auf Vorschlag des Insolvenzverwalters den zu zahlenden Bruchteil. Ist kein Gläubigerausschuß bestellt, so bestimmt der Verwalter den Bruchteil.
(2) Der Verwalter hat den Bruchteil den berücksichtigten Gläubigern mitzuteilen.

§ 196 Schlußverteilung

(1) Die Schlußverteilung erfolgt, sobald die Verwertung der Insolvenzmasse mit Ausnahme eines laufenden Einkommens beendet ist.
(2) Die Schlußverteilung darf nur mit Zustimmung des Insolvenzgerichts vorgenommen werden.

§ 197 Schlußtermin

(1) Bei der Zustimmung zur Schlußverteilung bestimmt das Insolvenzgericht den Termin für eine abschließende Gläubigerversammlung. Dieser Termin dient

1. zur Erörterung der Schlußrechnung des Insolvenzverwalters,
2. zur Erhebung von Einwendungen gegen das Schlußverzeichnis und
3. zur Entscheidung der Gläubiger über die nicht verwertbaren Gegenstände der Insolvenzmasse.

(2) Zwischen der öffentlichen Bekanntmachung des Termins und dem Termin soll eine Frist von mindestens einem Monat und höchstens zwei Monaten liegen.
(3) Für die Entscheidung des Gerichts über Einwendungen eines Gläubigers gilt § 194 Abs. 2 und 3 entsprechend.

§ 198 Hinterlegung zurückbehaltener Beträge

Beträge, die bei der Schlußverteilung zurückzubehalten sind, hat der Insolvenzverwalter für Rechnung der Beteiligten bei einer geeigneten Stelle zu hinterlegen.

§ 199 Überschuß bei der Schlußverteilung

Können bei der Schlußverteilung die Forderungen aller Insolvenzgläubiger in voller Höhe berichtigt werden, so hat der Insolvenzverwalter einen verbleibenden Überschuß dem Schuldner herauszugeben. Ist der Schuldner keine natürliche Person, so hat der Verwalter jeder am Schuldner beteiligten Person den Teil des Überschusses herauszugeben, der ihr bei einer Abwicklung außerhalb des Insolvenzverfahrens zustünde.

§ 200 Aufhebung des Insolvenzverfahrens

(1) Sobald die Schlußverteilung vollzogen ist, beschließt das Insolvenzgericht die Aufhebung des Insolvenzverfahrens.
(2) Der Beschluß und der Grund der Aufhebung sind öffentlich bekanntzumachen. Die §§ 31 bis 33 gelten entsprechend.

§ 201 Rechte der Insolvenzgläubiger nach Verfahrensaufhebung

(1) Die Insolvenzgläubiger können nach der Aufhebung des Insolvenzverfahrens ihre restlichen Forderungen gegen den Schuldner unbeschränkt geltend machen.
(2) Die Insolvenzgläubiger, deren Forderungen festgestellt und nicht vom Schuldner im Prüfungstermin bestritten worden sind, können aus der Eintragung in die Tabelle wie aus einem vollstreckbaren Urteil die Zwangsvollstreckung gegen den Schuldner betreiben. Einer nicht bestrittenen Forderung steht eine Forderung gleich, bei der ein erhobener Widerspruch beseitigt ist. Der Antrag auf Erteilung einer vollstreckbaren Ausfertigung aus der Tabelle kann erst nach Aufhebung des Insolvenzverfahrens gestellt werden.
(3) Die Vorschriften über die Restschuldbefreiung bleiben unberührt.

§ 202 Zuständigkeit bei der Vollstreckung

(1) Im Falle des § 201 ist das Amtsgericht, bei dem das Insolvenzverfahren anhängig ist oder anhängig war, ausschließlich zuständig für Klagen:
1. auf Erteilung der Vollstreckungsklausel;
2. durch die nach der Erteilung der Vollstreckungsklausel bestritten wird, daß die Voraussetzungen für die Erteilung eingetreten waren;
3. durch die Einwendungen geltend gemacht werden, die den Anspruch selbst betreffen.

(2) Gehört der Streitgegenstand nicht zur Zuständigkeit der Amtsgerichte, so ist das Landgericht ausschließlich zuständig, zu dessen Bezirk das Insolvenzgericht gehört.

§ 203 Anordnung der Nachtragsverteilung

(1) Auf Antrag des Insolvenzverwalters oder eines Insolvenzgläubigers oder von Amts wegen ordnet das Insolvenzgericht eine Nachtragsverteilung an, wenn nach dem Schlußtermin
1. zurückbehaltene Beträge für die Verteilung frei werden,
2. Beträge, die aus der Insolvenzmasse gezahlt sind, zurückfließen oder
3. Gegenstände der Masse ermittelt werden.

(2) Die Aufhebung des Verfahrens steht der Anordnung einer Nachtragsverteilung nicht entgegen.
(3) Das Gericht kann von der Anordnung absehen und den zur Verfügung stehenden Betrag oder den ermittelten Gegenstand dem Schuldner überlassen, wenn dies mit Rücksicht auf die Geringfügigkeit des Betrags oder den geringen Wert des Gegenstands und die Kosten einer Nachtragsverteilung angemessen erscheint. Es kann die Anordnung davon abhängig machen, daß ein Geldbetrag vorgeschossen wird, der die Kosten der Nachtragsverteilung deckt.

§ 204 Rechtsmittel

(1) Der Beschluß, durch den der Antrag auf Nachtragsverteilung abgelehnt wird, ist dem Antragsteller zuzustellen. Gegen den Beschluß steht dem Antragsteller die sofortige Beschwerde zu.
(2) Der Beschluß, durch den eine Nachtragsverteilung angeordnet wird, ist dem Insolvenzverwalter, dem Schuldner und, wenn ein Gläubiger die Verteilung beantragt hatte, diesem Gläubiger zuzustellen. Gegen den Beschluß steht dem Schuldner die sofortige Beschwerde zu.

§ 205 Vollzug der Nachtragsverteilung

Nach der Anordnung der Nachtragsverteilung hat der Insolvenzverwalter den zur Verfügung stehenden Betrag oder den Erlös aus der Verwertung des ermittelten Gegenstands auf Grund des Schlußverzeichnisses zu verteilen. Er hat dem Insolvenzgericht Rechnung zu legen.

§ 206 Ausschluß von Massegläubigern

Massegläubiger, deren Ansprüche dem Insolvenzverwalter
1. bei einer Abschlagsverteilung erst nach der Festsetzung des Bruchteils,
2. bei der Schlußverteilung erst nach der Beendigung des Schlußtermins oder
3. bei einer Nachtragsverteilung erst nach der öffentlichen Bekanntmachung

bekanntgeworden sind, können Befriedigung nur aus den Mitteln verlangen, die nach der Verteilung in der Insolvenzmasse verbleiben.

Dritter Abschnitt – Einstellung des Verfahrens

§ 207 Einstellung mangels Masse

(1) Stellt sich nach der Eröffnung des Insolvenzverfahrens heraus, daß die Insolvenzmasse nicht ausreicht, um die Kosten des Verfahrens zu decken, so stellt das Insolvenzgericht das Verfahren ein. Die Einstellung unterbleibt, wenn ein ausreichender Geldbetrag vorgeschossen wird oder die Kosten nach § 4a gestundet werden; § 26 Abs. 3 gilt entsprechend.
(2) Vor der Einstellung sind die Gläubigerversammlung, der Insolvenzverwalter und die Massegläubiger zu hören.
(3) Soweit Barmittel in der Masse vorhanden sind, hat der Verwalter vor der Einstellung die Kosten des Verfahrens, von diesen zuerst die Auslagen, nach dem Verhältnis ihrer Beträge zu berichtigen. Zur Verwertung von Massegegenständen ist er nicht mehr verpflichtet.

§ 208 Anzeige der Masseunzulänglichkeit

(1) Sind die Kosten des Insolvenzverfahrens gedeckt, reicht die Insolvenzmasse jedoch nicht aus, um die fälligen sonstigen Masseverbindlichkeiten zu erfüllen, so hat der Insolvenzverwalter dem Insolvenzgericht anzuzeigen, daß Masseunzulänglichkeit vorliegt. Gleiches gilt, wenn die Masse voraussichtlich nicht ausreichen wird, um die bestehenden sonstigen Masseverbindlichkeiten im Zeitpunkt der Fälligkeit zu erfüllen.
(2) Das Gericht hat die Anzeige der Masseunzulänglichkeit öffentlich bekanntzumachen. Den Massegläubigern ist sie besonders zuzustellen.
(3) Die Pflicht des Verwalters zur Verwaltung und zur Verwertung der Masse besteht auch nach der Anzeige der Masseunzulänglichkeit fort.

§ 209 Befriedigung der Massegläubiger

(1) Der Insolvenzverwalter hat die Masseverbindlichkeiten nach folgender Rangordnung zu berichtigen, bei gleichem Rang nach dem Verhältnis ihrer Beträge:
1. die Kosten des Insolvenzverfahrens;
2. die Masseverbindlichkeiten, die nach der Anzeige der Masseunzulänglichkeit begründet worden sind, ohne zu den Kosten des Verfahrens zu gehören;
3. die übrigen Masseverbindlichkeiten, unter diesen zuletzt der nach den §§ 100, 101 Abs. 1 Satz 3 bewilligte Unterhalt.

(2) Als Masseverbindlichkeiten im Sinne des Absatzes 1 Nr. 2 gelten auch die Verbindlichkeiten
1. aus einem gegenseitigen Vertrag, dessen Erfüllung der Verwalter gewählt hat, nachdem er die Masseunzulänglichkeit angezeigt hatte;
2. aus einem Dauerschuldverhältnis für die Zeit nach dem ersten Termin, zu dem der Verwalter nach der Anzeige der Masseunzulänglichkeit kündigen konnte;

3. aus einem Dauerschuldverhältnis, soweit der Verwalter nach der Anzeige der Masseunzulänglichkeit für die Insolvenzmasse die Gegenleistung in Anspruch genommen hat.

§ 210 Vollstreckungsverbot

Sobald der Insolvenzverwalter die Masseunzulänglichkeit angezeigt hat, ist die Vollstreckung wegen einer Masseverbindlichkeit im Sinne des § 209 Abs. 1 Nr. 3 unzulässig.

§ 210a Insolvenzplan bei Masseunzulänglichkeit

Bei Anzeige der Masseunzulänglichkeit gelten die Vorschriften über den Insolvenzplan mit der Maßgabe, dass
1. an die Stelle der nicht nachrangigen Insolvenzgläubiger die Massegläubiger mit dem Rang des § 209 Absatz 1 Nummer 3 treten und
2. an die Stelle der nachrangigen Insolvenzgläubiger die nicht nachrangigen Insolvenzgläubiger treten.

§ 211 Einstellung nach Anzeige der Masseunzulänglichkeit

(1) Sobald der Insolvenzverwalter die Insolvenzmasse nach Maßgabe des § 209 verteilt hat, stellt das Insolvenzgericht das Insolvenzverfahren ein.
(2) Der Verwalter hat für seine Tätigkeit nach der Anzeige der Masseunzulänglichkeit gesondert Rechnung zu legen.
(3) Werden nach der Einstellung des Verfahrens Gegenstände der Insolvenzmasse ermittelt, so ordnet das Gericht auf Antrag des Verwalters oder eines Massegläubigers oder von Amts wegen eine Nachtragsverteilung an. § 203 Abs. 3 und die §§ 204 und 205 gelten entsprechend.

§ 212 Einstellung wegen Wegfalls des Eröffnungsgrunds

Das Insolvenzverfahren ist auf Antrag des Schuldners einzustellen, wenn gewährleistet ist, daß nach der Einstellung beim Schuldner weder Zahlungsunfähigkeit noch drohende Zahlungsunfähigkeit noch, soweit die Überschuldung Grund für die Eröffnung des Insolvenzverfahrens ist, Überschuldung vorliegt. Der Antrag ist nur zulässig, wenn das Fehlen der Eröffnungsgründe glaubhaft gemacht wird.

§ 213 Einstellung mit Zustimmung der Gläubiger

(1) Das Insolvenzverfahren ist auf Antrag des Schuldners einzustellen, wenn er nach Ablauf der Anmeldefrist die Zustimmung aller Insolvenzgläubiger beibringt, die Forderungen angemeldet haben. Bei Gläubigern, deren Forderungen vom Schuldner oder vom Insolvenzverwalter bestritten werden, und bei absonderungsberechtigten Gläubigern entscheidet das Insolvenzgericht nach freiem Ermessen, inwieweit es einer Zustimmung dieser Gläubiger oder einer Sicherheitsleistung gegenüber ihnen bedarf.
(2) Das Verfahren kann auf Antrag des Schuldners vor dem Ablauf der Anmeldefrist eingestellt werden, wenn außer den Gläubigern, deren Zustimmung der Schuldner beibringt, andere Gläubiger nicht bekannt sind.

§ 214 Verfahren bei der Einstellung

(1) Der Antrag auf Einstellung des Insolvenzverfahrens nach § 212 oder § 213 ist öffentlich bekanntzumachen. Er ist in der Geschäftsstelle zur Einsicht der Beteiligten niederzulegen; im Falle des § 213 sind die zustimmenden Erklärungen der Gläubiger beizufügen. Die Insolvenzgläubiger können binnen einer Woche nach der öffentlichen Bekanntmachung schriftlich Widerspruch gegen den Antrag erheben.

(2) Das Insolvenzgericht beschließt über die Einstellung nach Anhörung des Antragstellers, des Insolvenzverwalters und des Gläubigerausschusses, wenn ein solcher bestellt ist. Im Falle eines Widerspruchs ist auch der widersprechende Gläubiger zu hören.
(3) Vor der Einstellung hat der Verwalter die unstreitigen Masseansprüche zu berichtigen und für die streitigen Sicherheit zu leisten.

§ 215 Bekanntmachung und Wirkungen der Einstellung

(1) Der Beschluß, durch den das Insolvenzverfahren nach § 207, 211, 212 oder 213 eingestellt wird, und der Grund der Einstellung sind öffentlich bekanntzumachen. Der Schuldner, der Insolvenzverwalter und die Mitglieder des Gläubigerausschusses sind vorab über den Zeitpunkt des Wirksamwerdens der Einstellung (§ 9 Abs. 1 Satz 3) zu unterrichten. § 200 Abs. 2 Satz 2 gilt entsprechend.
(2) Mit der Einstellung des Insolvenzverfahrens erhält der Schuldner das Recht zurück, über die Insolvenzmasse frei zu verfügen. Die §§ 201, 202 gelten entsprechend.

§ 216 Rechtsmittel

(1) Wird das Insolvenzverfahren nach § 207, 212 oder 213 eingestellt, so steht jedem Insolvenzgläubiger und, wenn die Einstellung nach § 207 erfolgt, dem Schuldner die sofortige Beschwerde zu.
(2) Wird ein Antrag nach § 212 oder § 213 abgelehnt, so steht dem Schuldner die sofortige Beschwerde zu.

Sechster Teil – Insolvenzplan

Erster Abschnitt – Aufstellung des Plans

§ 217 Grundsatz

(1) Die Befriedigung der absonderungsberechtigten Gläubiger und der Insolvenzgläubiger, die Verwertung der Insolvenzmasse und deren Verteilung an die Beteiligten sowie die Verfahrensabwicklung und die Haftung des Schuldners nach der Beendigung des Insolvenzverfahrens können in einem Insolvenzplan abweichend von den Vorschriften dieses Gesetzes geregelt werden. Ist der Schuldner keine natürliche Person, so können auch die Anteils- oder Mitgliedschaftsrechte der am Schuldner beteiligten Personen in den Plan einbezogen werden.
(2) Der Insolvenzplan kann ferner die Rechte der Inhaber von Insolvenzforderungen gestalten, die diesen aus einer von einem verbundenen Unternehmen im Sinne des § 15 des Aktiengesetzes als Bürge, Mitschuldner oder aufgrund einer anderweitig übernommenen Haftung oder an Gegenständen des Vermögens dieses Unternehmens (gruppeninterne Drittsicherheit) zustehen.

§ 218 Vorlage des Insolvenzplans

(1) Zur Vorlage eines Insolvenzplans an das Insolvenzgericht sind der Insolvenzverwalter und der Schuldner berechtigt. Die Vorlage durch den Schuldner kann mit dem Antrag auf Eröffnung des Insolvenzverfahrens verbunden werden. Ein Plan, der erst nach dem Schlußtermin beim Gericht eingeht, wird nicht berücksichtigt.
(2) Hat die Gläubigerversammlung den Verwalter beauftragt, einen Insolvenzplan auszuarbeiten, so hat der Verwalter den Plan binnen angemessener Frist dem Gericht vorzulegen.
(3) Bei der Aufstellung des Plans durch den Verwalter wirken der Gläubigerausschuß, wenn ein solcher bestellt ist, der Betriebsrat, der Sprecherausschuß der leitenden Angestellten und der Schuldner beratend mit.

§ 219 Gliederung des Plans

Der Insolvenzplan besteht aus dem darstellenden Teil und dem gestaltenden Teil. Ihm sind die in den §§ 229 und 230 genannten Anlagen beizufügen.

§ 220 Darstellender Teil

(1) Im darstellenden Teil des Insolvenzplans wird beschrieben, welche Maßnahmen nach der Eröffnung des Insolvenzverfahrens getroffen worden sind oder noch getroffen werden sollen, um die Grundlagen für die geplante Gestaltung der Rechte der Beteiligten zu schaffen.
(2) Der darstellende Teil muss alle sonstigen Angaben zu den Grundlagen und den Auswirkungen des Plans enthalten, die für die Entscheidung der Beteiligten über die Zustimmung zum Plan und für dessen gerichtliche Bestätigung erheblich sind. Er enthält insbesondere eine Vergleichsrechnung, in der die Auswirkungen des Plans auf die voraussichtliche Befriedigung der Gläubiger dargestellt werden. Sieht der Plan eine Fortführung des Unternehmens vor, ist für die Ermittlung der voraussichtlichen Befriedigung ohne Plan in der Regel zu unterstellen, dass das Unternehmen fortgeführt wird. Dies gilt nicht, wenn ein Verkauf des Unternehmens oder eine anderweitige Fortführung aussichtslos ist.
(3) Sieht der Insolvenzplan Eingriffe in die Rechte von Insolvenzgläubigern aus gruppeninternen Drittsicherheiten (§ 217 Absatz 2) vor, sind in die Darstellung auch die Verhältnisse des die Sicherheit gewährenden verbundenen Unternehmens und die Auswirkungen des Plans auf dieses Unternehmen einzubeziehen.

§ 221 Gestaltender Teil

Im gestaltenden Teil des Insolvenzplans wird festgelegt, wie die Rechtsstellung der Beteiligten durch den Plan geändert werden soll. Der Insolvenzverwalter kann durch den Plan bevollmächtigt werden, die zur Umsetzung notwendigen Maßnahmen zu ergreifen und offensichtliche Fehler des Plans zu berichtigen.

§ 222 Bildung von Gruppen

(1) Bei der Festlegung der Rechte der Beteiligten im Insolvenzplan sind Gruppen zu bilden, soweit Beteiligte mit unterschiedlicher Rechtsstellung betroffen sind. Es ist zu unterscheiden zwischen
1. den absonderungsberechtigten Gläubigern, wenn durch den Plan in deren Rechte eingegriffen wird;
2. den nicht nachrangigen Insolvenzgläubigern;
3. den einzelnen Rangklassen der nachrangigen Insolvenzgläubiger, soweit deren Forderungen nicht nach § 225 als erlassen gelten sollen;
4. den am Schuldner beteiligten Personen, wenn deren Anteils- oder Mitgliedschaftsrechte in den Plan einbezogen werden;
5. den Inhabern von Rechten aus gruppeninternen Drittsicherheiten.

(2) Aus den Beteiligten mit gleicher Rechtsstellung können Gruppen gebildet werden, in denen Beteiligte mit gleichartigen wirtschaftlichen Interessen zusammengefaßt werden. Die Gruppen müssen sachgerecht voneinander abgegrenzt werden. Die Kriterien für die Abgrenzung sind im Plan anzugeben.
(3) Die Arbeitnehmer sollen eine besondere Gruppe bilden, wenn sie als Insolvenzgläubiger mit nicht unerheblichen Forderungen beteiligt sind. Für Kleingläubiger und geringfügig beteiligte Anteilsinhaber mit einer Beteiligung am Haftkapital von weniger als 1 Prozent oder weniger als 1 000 Euro können besondere Gruppen gebildet werden.

§ 223 Rechte der Absonderungsberechtigten

(1) Ist im Insolvenzplan nichts anderes bestimmt, so wird das Recht der absonderungsberechtigten Gläubiger zur Befriedigung aus den Gegenständen, an denen Absonderungsrechte bestehen,

vom Plan nicht berührt. Eine abweichende Bestimmung ist hinsichtlich der Finanzsicherheiten im Sinne von § 1 Abs. 17 des Kreditwesengesetzes sowie der Sicherheiten ausgeschlossen, die

1. dem Betreiber oder dem Teilnehmer eines Systems nach § 1 Abs. 16 des Kreditwesengesetzes zur Sicherung seiner Ansprüche aus dem System oder
2. der Zentralbank eines Mitgliedstaats der Europäischen Union oder der Europäischen Zentralbank

gestellt wurden.
(2) Soweit im Plan eine abweichende Regelung getroffen wird, ist im gestaltenden Teil für die absonderungsberechtigten Gläubiger anzugeben, um welchen Bruchteil die Rechte gekürzt, für welchen Zeitraum sie gestundet oder welchen sonstigen Regelungen sie unterworfen werden sollen.

§ 223a Gruppeninterne Drittsicherheiten

Ist im Insolvenzplan nichts anderes bestimmt, so wird das Recht eines Insolvenzgläubigers aus einer gruppeninternen Drittsicherheit (§ 217 Absatz 2) durch den Insolvenzplan nicht berührt. Wird eine Regelung getroffen, ist der Eingriff angemessen zu entschädigen. § 223 Absatz 1 Satz 2 und Absatz 2 gilt entsprechend.

§ 224 Rechte der Insolvenzgläubiger

Für die nicht nachrangigen Gläubiger ist im gestaltenden Teil des Insolvenzplans anzugeben, um welchen Bruchteil die Forderungen gekürzt, für welchen Zeitraum sie gestundet, wie sie gesichert oder welchen sonstigen Regelungen sie unterworfen werden sollen.

§ 225 Rechte der nachrangigen Insolvenzgläubiger

(1) Die Forderungen nachrangiger Insolvenzgläubiger gelten, wenn im Insolvenzplan nichts anderes bestimmt ist, als erlassen.
(2) Soweit im Plan eine abweichende Regelung getroffen wird, sind im gestaltenden Teil für jede Gruppe der nachrangigen Gläubiger die in § 224 vorgeschriebenen Angaben zu machen.
(3) Die Haftung des Schuldners nach der Beendigung des Insolvenzverfahrens für Geldstrafen und die diesen in § 39 Abs. 1 Nr. 3 gleichgestellten Verbindlichkeiten kann durch einen Plan weder ausgeschlossen noch eingeschränkt werden.

§ 225a Rechte der Anteilsinhaber

(1) Die Anteils- oder Mitgliedschaftsrechte der am Schuldner beteiligten Personen bleiben vom Insolvenzplan unberührt, es sei denn, dass der Plan etwas anderes bestimmt.
(2) Im gestaltenden Teil des Plans kann vorgesehen werden, dass Forderungen von Gläubigern in Anteils- oder Mitgliedschaftsrechte am Schuldner umgewandelt werden. Eine Umwandlung gegen den Willen der betroffenen Gläubiger ist ausgeschlossen. Insbesondere kann der Plan eine Kapitalherabsetzung oder -erhöhung, die Leistung von Sacheinlagen, den Ausschluss von Bezugsrechten oder die Zahlung von Abfindungen an ausscheidende Anteilsinhaber vorsehen.
(3) Im Plan kann jede Regelung getroffen werden, die gesellschaftsrechtlich zulässig ist, insbesondere die Fortsetzung einer aufgelösten Gesellschaft oder die Übertragung von Anteils- oder Mitgliedschaftsrechten.
(4) Maßnahmen nach Absatz 2 oder 3 berechtigen nicht zum Rücktritt oder zur Kündigung von Verträgen, an denen der Schuldner beteiligt ist. Sie führen auch nicht zu einer anderweitigen Beendigung der Verträge. Entgegenstehende vertragliche Vereinbarungen sind unwirksam. Von den Sätzen 1 und 2 bleiben Vereinbarungen unberührt, welche an eine Pflichtverletzung des Schuldners anknüpfen, sofern sich diese nicht darin erschöpft, dass eine Maßnahme nach Absatz 2 oder 3 in Aussicht genommen oder durchgeführt wird.

(5) Stellt eine Maßnahme nach Absatz 2 oder 3 für eine am Schuldner beteiligte Person einen wichtigen Grund zum Austritt aus der juristischen Person oder Gesellschaft ohne Rechtspersönlichkeit dar und wird von diesem Austrittsrecht Gebrauch gemacht, so ist für die Bestimmung der Höhe eines etwaigen Abfindungsanspruches die Vermögenslage maßgeblich, die sich bei einer Abwicklung des Schuldners eingestellt hätte. Die Auszahlung des Abfindungsanspruches kann zur Vermeidung einer unangemessenen Belastung der Finanzlage des Schuldners über einen Zeitraum von bis zu drei Jahren gestundet werden. Nicht ausgezahlte Abfindungsguthaben sind zu verzinsen.

§ 226 Gleichbehandlung der Beteiligten

(1) Innerhalb jeder Gruppe sind allen Beteiligten gleiche Rechte anzubieten.
(2) Eine unterschiedliche Behandlung der Beteiligten einer Gruppe ist nur mit Zustimmung aller betroffenen Beteiligten zulässig. In diesem Fall ist dem Insolvenzplan die zustimmende Erklärung eines jeden betroffenen Beteiligten beizufügen.
(3) Jedes Abkommen des Insolvenzverwalters, des Schuldners oder anderer Personen mit einzelnen Beteiligten, durch das diesen für ihr Verhalten bei Abstimmungen oder sonst im Zusammenhang mit dem Insolvenzverfahren ein nicht im Plan vorgesehener Vorteil gewährt wird, ist nichtig.

§ 227 Haftung des Schuldners

(1) Ist im Insolvenzplan nichts anderes bestimmt, so wird der Schuldner mit der im gestaltenden Teil vorgesehenen Befriedigung der Insolvenzgläubiger von seinen restlichen Verbindlichkeiten gegenüber diesen Gläubigern befreit.
(2) Ist der Schuldner eine Gesellschaft ohne Rechtspersönlichkeit oder eine Kommanditgesellschaft auf Aktien, so gilt Absatz 1 entsprechend für die persönliche Haftung der Gesellschafter.

§ 228 Änderung sachenrechtlicher Verhältnisse

Sollen Rechte an Gegenständen begründet, geändert, übertragen oder aufgehoben werden, so können die erforderlichen Willenserklärungen der Beteiligten in den gestaltenden Teil des Insolvenzplans aufgenommen werden. Sind im Grundbuch eingetragene Rechte an einem Grundstück oder an eingetragenen Rechten betroffen, so sind diese Rechte unter Beachtung des § 28 der Grundbuchordnung genau zu bezeichnen. Für Rechte, die im Schiffsregister, im Schiffsbauregister oder im Register für Pfandrechte an Luftfahrzeugen eingetragen sind, gilt Satz 2 entsprechend.

§ 229 Vermögensübersicht. Ergebnis- und Finanzplan

Sollen die Gläubiger aus den Erträgen des vom Schuldner oder von einem Dritten fortgeführten Unternehmens befriedigt werden, so ist dem Insolvenzplan eine Vermögensübersicht beizufügen, in der die Vermögensgegenstände und die Verbindlichkeiten, die sich bei einem Wirksamwerden des Plans gegenüberstünden, mit ihren Werten aufgeführt werden. Ergänzend ist darzustellen, welche Aufwendungen und Erträge für den Zeitraum, während dessen die Gläubiger befriedigt werden sollen, zu erwarten sind und durch welche Abfolge von Einnahmen und Ausgaben die Zahlungsfähigkeit des Unternehmens während dieses Zeitraums gewährleistet werden soll. Dabei sind auch die Gläubiger zu berücksichtigen, die zwar ihre Forderungen nicht angemeldet haben, jedoch bei der Ausarbeitung des Plans bekannt sind.

§ 230 Weitere Anlagen

(1) Ist im Insolvenzplan vorgesehen, daß der Schuldner sein Unternehmen fortführt, und ist der Schuldner eine natürliche Person, so ist dem Plan die Erklärung des Schuldners beizufügen, daß er zur Fortführung des Unternehmens auf der Grundlage des Plans bereit ist. Ist der Schuldner

eine Gesellschaft ohne Rechtspersönlichkeit oder eine Kommanditgesellschaft auf Aktien, so ist dem Plan eine entsprechende Erklärung der Personen beizufügen, die nach dem Plan persönlich haftende Gesellschafter des Unternehmens sein sollen. Die Erklärung des Schuldners nach Satz 1 ist nicht erforderlich, wenn dieser selbst den Plan vorlegt.
(2) Sollen Gläubiger Anteils- oder Mitgliedschaftsrechte oder Beteiligungen an einer juristischen Person, einem nicht rechtsfähigen Verein oder einer Gesellschaft ohne Rechtspersönlichkeit übernehmen, so ist dem Plan die zustimmende Erklärung eines jeden dieser Gläubiger beizufügen.
(3) Hat ein Dritter für den Fall der Bestätigung des Plans Verpflichtungen gegenüber den Gläubigern übernommen, so ist dem Plan die Erklärung des Dritten beizufügen.
(4) Sieht der Insolvenzplan Eingriffe in die Rechte von Gläubigern aus gruppeninternen Drittsicherheiten vor, so ist dem Plan die Zustimmung des verbundenen Unternehmens beizufügen, das die Sicherheit gestellt hat.

§ 231 Zurückweisung des Plans

(1) Das Insolvenzgericht weist den Insolvenzplan von Amts wegen zurück,
1. wenn die Vorschriften über das Recht zur Vorlage und den Inhalt des Plans, insbesondere zur Bildung von Gruppen, nicht beachtet sind und der Vorlegende den Mangel nicht beheben kann oder innerhalb einer angemessenen, vom Gericht gesetzten Frist nicht behebt,
2. wenn ein vom Schuldner vorgelegter Plan offensichtlich keine Aussicht auf Annahme durch die Beteiligten oder auf Bestätigung durch das Gericht hat oder
3. wenn die Ansprüche, die den Beteiligten nach dem gestaltenden Teil eines vom Schuldner vorgelegten Plans zustehen, offensichtlich nicht erfüllt werden können.

Die Entscheidung des Gerichts soll innerhalb von zwei Wochen nach Vorlage des Plans erfolgen.
(2) Hatte der Schuldner in dem Insolvenzverfahren bereits einen Plan vorgelegt, der von den Beteiligten abgelehnt, vom Gericht nicht bestätigt oder vom Schuldner nach der öffentlichen Bekanntmachung des Erörterungstermins zurückgezogen worden ist, so hat das Gericht einen neuen Plan des Schuldners zurückzuweisen, wenn der Insolvenzverwalter mit Zustimmung des Gläubigerausschusses, wenn ein solcher bestellt ist, die Zurückweisung beantragt.
(3) Gegen den Beschluß, durch den der Plan zurückgewiesen wird, steht dem Vorlegenden die sofortige Beschwerde zu.

§ 232 Stellungnahmen zum Plan

(1) Wird der Insolvenzplan nicht zurückgewiesen, so leitet das Insolvenzgericht ihn zur Stellungnahme, insbesondere zur Vergleichsrechnung, zu:
1. dem Gläubigerausschuß, wenn ein solcher bestellt ist, dem Betriebsrat und dem Sprecherausschuß der leitenden Angestellten;
2. dem Schuldner, wenn der Insolvenzverwalter den Plan vorgelegt hat;
3. dem Verwalter, wenn der Schuldner den Plan vorgelegt hat.

(2) Das Gericht kann auch der für den Schuldner zuständigen amtlichen Berufsvertretung der Industrie, des Handels, des Handwerks oder der Landwirtschaft oder anderen sachkundigen Stellen Gelegenheit zur Äußerung geben.
(3) Das Gericht bestimmt eine Frist für die Abgabe der Stellungnahmen. Die Frist soll zwei Wochen nicht überschreiten.
(4) Das Gericht kann den in den Absätzen 1 und 2 Genannten den Plan bereits vor der Entscheidung nach § 231 zur Stellungnahme zuleiten. Enthält eine daraufhin eingehende Stellungnahme neuen Tatsachenvortrag, auf den das Gericht eine Zurückweisungsentscheidung stützen will, hat das Gericht die Stellungnahme dem Planvorleger und den anderen nach Absatz 1 zur Stellungnahme Berechtigten zur Stellungnahme binnen einer Frist von höchstens einer Woche zuzuleiten.

§ 233 Aussetzung von Verwertung und Verteilung

Soweit die Durchführung eines vorgelegten Insolvenzplans durch die Fortsetzung der Verwertung und Verteilung der Insolvenzmasse gefährdet würde, ordnet das Insolvenzgericht auf Antrag des Schuldners oder des Insolvenzverwalters die Aussetzung der Verwertung und Verteilung an. Das Gericht sieht von der Aussetzung ab oder hebt sie auf, soweit mit ihr die Gefahr erheblicher Nachteile für die Masse verbunden ist oder soweit der Verwalter mit Zustimmung des Gläubigerausschusses oder der Gläubigerversammlung die Fortsetzung der Verwertung und Verteilung beantragt.

§ 234 Niederlegung des Plans

Der Insolvenzplan ist mit seinen Anlagen und den eingegangenen Stellungnahmen in der Geschäftsstelle zur Einsicht der Beteiligten niederzulegen.

Zweiter Abschnitt – Annahme und Bestätigung des Plans

§ 235 Erörterungs- und Abstimmungstermin

(1) Das Insolvenzgericht bestimmt einen Termin, in dem der Insolvenzplan und das Stimmrecht der Beteiligten erörtert werden und anschließend über den Plan abgestimmt wird (Erörterungs- und Abstimmungstermin). Der Termin soll nicht über einen Monat hinaus angesetzt werden. Er kann gleichzeitig mit der Einholung der Stellungnahmen nach § 232 anberaumt werden.
(2) Der Erörterungs- und Abstimmungstermin ist öffentlich bekanntzumachen. Dabei ist darauf hinzuweisen, daß der Plan und die eingegangenen Stellungnahmen in der Geschäftsstelle eingesehen werden können. § 74 Abs. 2 Satz 2 gilt entsprechend.
(3) Die Insolvenzgläubiger, die Forderungen angemeldet haben, die absonderungsberechtigten Gläubiger, der Insolvenzverwalter, der Schuldner, der Betriebsrat und der Sprecherausschuß der leitenden Angestellten sind besonders zu laden. Mit der Ladung ist ein Abdruck des Plans oder eine Zusammenfassung seines wesentlichen Inhalts, die der Vorlegende auf Aufforderung einzureichen hat, zu übersenden. Sind die Anteils- oder Mitgliedschaftsrechte der am Schuldner beteiligten Personen in den Plan einbezogen, so sind auch diese Personen gemäß den Sätzen 1 und 2 zu laden; dies gilt nicht für Aktionäre oder Kommanditaktionäre. § 8 Absatz 3 gilt entsprechend. Für börsennotierte Gesellschaften findet § 121 Absatz 4a des Aktiengesetzes entsprechende Anwendung; sie haben eine Zusammenfassung des wesentlichen Inhalts des Plans über ihre Internetseite zugänglich zu machen.

§ 236 Verbindung mit dem Prüfungstermin

Der Erörterungs- und Abstimmungstermin darf nicht vor dem Prüfungstermin stattfinden. Beide Termine können jedoch verbunden werden.

§ 237 Stimmrecht der Insolvenzgläubiger

(1) Für das Stimmrecht der Insolvenzgläubiger bei der Abstimmung über den Insolvenzplan gilt § 77 Abs. 1 Satz 1, Abs. 2 und 3 Nr. 1 entsprechend. Absonderungsberechtigte Gläubiger sind nur insoweit zur Abstimmung als Insolvenzgläubiger berechtigt, als ihnen der Schuldner auch persönlich haftet und sie auf die abgesonderte Befriedigung verzichten oder bei ihr ausfallen; solange der Ausfall nicht feststeht, sind sie mit dem mutmaßlichen Ausfall zu berücksichtigen.
(2) Gläubiger, deren Forderungen durch den Plan nicht beeinträchtigt werden, haben kein Stimmrecht.

§ 238 Stimmrecht der absonderungsberechtigten Gläubiger

(1) Soweit im Insolvenzplan auch die Rechtsstellung absonderungsberechtigter Gläubiger geregelt wird, sind im Termin die Rechte dieser Gläubiger einzeln zu erörtern. Ein Stimmrecht gewähren die Absonderungsrechte, die weder vom Insolvenzverwalter noch von einem absonderungsberechtigten Gläubiger noch von einem Insolvenzgläubiger bestritten werden. Für das Stimmrecht bei streitigen, aufschiebend bedingten oder nicht fälligen Rechten gelten die §§ 41, 77 Abs. 2, 3 Nr. 1 entsprechend.
(2) § 237 Abs. 2 gilt entsprechend.

§ 238a Stimmrecht der Anteilsinhaber

(1) Das Stimmrecht der Anteilsinhaber des Schuldners bestimmt sich allein nach deren Beteiligung am gezeichneten Kapital oder Vermögen des Schuldners. Stimmrechtsbeschränkungen, Sonder- oder Mehrstimmrechte bleiben außer Betracht.
(2) § 237 Absatz 2 gilt entsprechend.

§ 238b Stimmrecht der Berechtigten aus gruppeninternen Drittsicherheiten

Sieht der Plan Eingriffe in Rechte aus gruppeninternen Drittsicherheiten vor, richtet sich das Stimmrecht nach dem Befriedigungsbeitrag, der aus der Geltendmachung der Rechte aus der Drittsicherheit mutmaßlich zu erwarten ist.

§ 239 Stimmliste

Der Urkundsbeamte der Geschäftsstelle hält in einem Verzeichnis fest, welche Stimmrechte den Beteiligten nach dem Ergebnis der Erörterung im Termin zustehen.

§ 240 Änderung des Plans

Der Vorlegende ist berechtigt, einzelne Regelungen des Insolvenzplans auf Grund der Erörterung im Termin inhaltlich zu ändern. Über den geänderten Plan kann noch in demselben Termin abgestimmt werden.

§ 241 Gesonderter Abstimmungstermin

(1) Das Insolvenzgericht kann einen gesonderten Termin zur Abstimmung über den Insolvenzplan bestimmen. In diesem Fall soll der Zeitraum zwischen dem Erörterungstermin und dem Abstimmungstermin nicht mehr als einen Monat betragen.
(2) Zum Abstimmungstermin sind die stimmberechtigten Beteiligten und der Schuldner zu laden. Dies gilt nicht für Aktionäre oder Kommanditaktionäre. Für diese reicht es aus, den Termin öffentlich bekannt zu machen. Für börsennotierte Gesellschaften findet § 121 Absatz 4a des Aktiengesetzes entsprechende Anwendung. Im Fall einer Änderung des Plans ist auf die Änderung besonders hinzuweisen.

§ 242 Schriftliche Abstimmung

(1) Ist ein gesonderter Abstimmungstermin bestimmt, so kann das Stimmrecht schriftlich ausgeübt werden.
(2) Das Insolvenzgericht übersendet den stimmberechtigten Beteiligten nach dem Erörterungstermin den Stimmzettel und teilt ihnen dabei ihr Stimmrecht mit. Die schriftliche Stimmabgabe wird nur berücksichtigt, wenn sie dem Gericht spätestens am Tag vor dem Abstimmungstermin zugegangen ist; darauf ist bei der Übersendung des Stimmzettels hinzuweisen.

§ 243 Abstimmung in Gruppen

Jede Gruppe der stimmberechtigten Beteiligten stimmt gesondert über den Insolvenzplan ab.

§ 244 Erforderliche Mehrheiten

(1) Zur Annahme des Insolvenzplans durch die Gläubiger ist erforderlich, daß in jeder Gruppe
1. die Mehrheit der abstimmenden Gläubiger dem Plan zustimmt und
2. die Summe der Ansprüche der zustimmenden Gläubiger mehr als die Hälfte der Summe der Ansprüche der abstimmenden Gläubiger beträgt.

(2) Gläubiger, denen ein Recht gemeinschaftlich zusteht oder deren Rechte bis zum Eintritt des Eröffnungsgrunds ein einheitliches Recht gebildet haben, werden bei der Abstimmung als ein Gläubiger gerechnet. Entsprechendes gilt, wenn an einem Recht ein Pfandrecht oder ein Nießbrauch besteht.

(3) Für die am Schuldner beteiligten Personen gilt Absatz 1 Nummer 2 entsprechend mit der Maßgabe, dass an die Stelle der Summe der Ansprüche die Summe der Beteiligungen tritt.

§ 245 Obstruktionsverbot

(1) Auch wenn die erforderlichen Mehrheiten nicht erreicht worden sind, gilt die Zustimmung einer Abstimmungsgruppe als erteilt, wenn
1. die Angehörigen dieser Gruppe durch den Insolvenzplan voraussichtlich nicht schlechter gestellt werden, als sie ohne einen Plan stünden,
2. die Angehörigen dieser Gruppe angemessen an dem wirtschaftlichen Wert beteiligt werden, der auf der Grundlage des Plans den Beteiligten zufließen soll, und
3. die Mehrheit der abstimmenden Gruppen dem Plan mit den erforderlichen Mehrheiten zugestimmt hat.

(2) Für eine Gruppe der Gläubiger liegt eine angemessene Beteiligung im Sinne des Absatzes 1 Nummer 2 vor, wenn nach dem Plan
1. kein anderer Gläubiger wirtschaftliche Werte erhält, die den vollen Betrag seines Anspruchs übersteigen,
2. weder ein Gläubiger, der ohne einen Plan mit Nachrang gegenüber den Gläubigern der Gruppe zu befriedigen wäre, noch der Schuldner oder eine an ihm beteiligte Person einen durch Leistung in das Vermögen des Schuldners nicht vollständig ausgeglichenen wirtschaftlichen Wert erhält und
3. kein Gläubiger, der ohne einen Plan gleichrangig mit den Gläubigern der Gruppe zu befriedigen wäre, bessergestellt wird als diese Gläubiger.

Handelt es sich bei dem Schuldner um eine natürliche Person, deren Mitwirkung bei der Fortführung des Unternehmens infolge besonderer, in der Person des Schuldners liegender Umstände unerlässlich ist, um den Planmehrwert zu verwirklichen, und hat sich der Schuldner im Plan zur Fortführung des Unternehmens sowie dazu verpflichtet, die wirtschaftlichen Werte, die er erhält oder behält, zu übertragen, wenn seine Mitwirkung aus von ihm zu vertretenden Gründen vor Ablauf von fünf Jahren oder einer kürzeren, für den Planvollzug vorgesehenen Frist endet, kann eine angemessene Beteiligung der Gläubigergruppe auch dann vorliegen, wenn der Schuldner in Abweichung von Satz 1 Nummer 2 wirtschaftliche Werte erhält. Satz 2 gilt entsprechend für an der Geschäftsführung beteiligte Inhaber von Anteils- oder Mitgliedschaftsrechten.

(2a) Wird die erforderliche Mehrheit in der nach § 222 Absatz 1 Satz 2 Nummer 5 zu bildenden Gruppe nicht erreicht, gelten die Absätze 1 und 2 für diese Gruppe nur, wenn die für den Eingriff vorgesehene Entschädigung die Inhaber der Rechte aus der gruppeninternen Drittsicherheit für den zu erleidenden Rechtsverlust angemessen entschädigt.

(3) Für eine Gruppe der Anteilsinhaber liegt eine angemessene Beteiligung im Sinne des Absatzes 1 Nummer 2 vor, wenn nach dem Plan
1. kein Gläubiger wirtschaftliche Werte erhält, die den vollen Betrag seines Anspruchs übersteigen, und
2. kein Anteilsinhaber, der ohne einen Plan den Anteilsinhabern der Gruppe gleichgestellt wäre, bessergestellt wird als diese.

§ 245a Schlechterstellung bei natürlichen Personen

Ist der Schuldner eine natürliche Person, ist für die Prüfung einer voraussichtlichen Schlechterstellung nach § 245 Absatz 1 Nummer 1 im Zweifel davon auszugehen, dass die Einkommens-, Vermögens- und Familienverhältnisse des Schuldners zum Zeitpunkt der Abstimmung über den Insolvenzplan für die Verfahrensdauer und den Zeitraum, in dem die Insolvenzgläubiger ihre restlichen Forderungen gegen den Schuldner unbeschränkt geltend machen können, maßgeblich bleiben. Hat der Schuldner einen zulässigen Antrag auf Restschuldbefreiung gestellt, ist im Zweifel zudem anzunehmen, dass die Restschuldbefreiung zum Ablauf der Abtretungsfrist des § 287 Absatz 2 erteilt wird.

§ 246 Zustimmung nachrangiger Insolvenzgläubiger

Für die Annahme des Insolvenzplans durch die nachrangigen Insolvenzgläubiger gelten ergänzend folgende Bestimmungen:

1. Die Zustimmung der Gruppen mit einem Rang hinter § 39 Abs. 1 Nr. 3 gilt als erteilt, wenn kein Insolvenzgläubiger durch den Plan besser gestellt wird als die Gläubiger dieser Gruppen.
2. Beteiligt sich kein Gläubiger einer Gruppe an der Abstimmung, so gilt die Zustimmung der Gruppe als erteilt.

§ 246a Zustimmung der Anteilsinhaber

Beteiligt sich keines der Mitglieder einer Gruppe der Anteilsinhaber an der Abstimmung, so gilt die Zustimmung der Gruppe als erteilt.

§ 247 Zustimmung des Schuldners

(1) Die Zustimmung des Schuldners zum Plan gilt als erteilt, wenn der Schuldner dem Plan nicht spätestens im Abstimmungstermin schriftlich widerspricht.

(2) Ein Widerspruch ist im Rahmen des Absatzes 1 unbeachtlich, wenn

1. der Schuldner durch den Plan voraussichtlich nicht schlechter gestellt wird, als er ohne einen Plan stünde, und
2. kein Gläubiger einen wirtschaftlichen Wert erhält, der den vollen Betrag seines Anspruchs übersteigt.

§ 248 Gerichtliche Bestätigung

(1) Nach der Annahme des Insolvenzplans durch die Beteiligten (§§ 244 bis 246a) und der Zustimmung des Schuldners bedarf der Plan der Bestätigung durch das Insolvenzgericht.

(2) Das Gericht soll vor der Entscheidung über die Bestätigung den Insolvenzverwalter, den Gläubigerausschuß, wenn ein solcher bestellt ist, und den Schuldner hören.

§ 248a Gerichtliche Bestätigung einer Planberichtigung

(1) Eine Berichtigung des Insolvenzplans durch den Insolvenzverwalter nach § 221 Satz 2 bedarf der Bestätigung durch das Insolvenzgericht.

(2) Das Gericht soll vor der Entscheidung über die Bestätigung den Insolvenzverwalter, den Gläubigerausschuss, wenn ein solcher bestellt ist, die Gläubiger und die Anteilsinhaber, sofern ihre Rechte betroffen sind, sowie den Schuldner hören.

(3) Die Bestätigung ist auf Antrag zu versagen, wenn ein Beteiligter durch die mit der Berichtigung einhergehende Planänderung voraussichtlich schlechtergestellt wird, als er nach den mit dem Plan beabsichtigten Wirkungen stünde.

(4) Gegen den Beschluss, durch den die Berichtigung bestätigt oder versagt wird, steht den in Absatz 2 genannten Gläubigern und Anteilsinhabern sowie dem Verwalter die sofortige Beschwerde zu. § 253 Absatz 4 gilt entsprechend.

§ 249 Bedingter Plan

Ist im Insolvenzplan vorgesehen, daß vor der Bestätigung bestimmte Leistungen erbracht oder andere Maßnahmen verwirklicht werden sollen, so darf der Plan nur bestätigt werden, wenn diese Voraussetzungen erfüllt sind. Die Bestätigung ist von Amts wegen zu versagen, wenn die Voraussetzungen auch nach Ablauf einer angemessenen, vom Insolvenzgericht gesetzten Frist nicht erfüllt sind.

§ 250 Verstoß gegen Verfahrensvorschriften

Die Bestätigung ist von Amts wegen zu versagen,
1. wenn die Vorschriften über den Inhalt und die verfahrensmäßige Behandlung des Insolvenzplans sowie über die Annahme durch die Beteiligten und die Zustimmung des Schuldners in einem wesentlichen Punkt nicht beachtet worden sind und der Mangel nicht behoben werden kann oder
2. wenn die Annahme des Plans unlauter, insbesondere durch Begünstigung eines Beteiligten, herbeigeführt worden ist.

§ 251 Minderheitenschutz

(1) Auf Antrag eines Gläubigers oder, wenn der Schuldner keine natürliche Person ist, einer am Schuldner beteiligten Person ist die Bestätigung des Insolvenzplans zu versagen, wenn
1. der Antragsteller dem Plan spätestens im Abstimmungstermin schriftlich oder zu Protokoll widersprochen hat und
2. der Antragsteller durch den Plan voraussichtlich schlechtergestellt wird, als er ohne einen Plan stünde; ist der Schuldner eine natürliche Person, gilt § 245a entsprechend.

(2) Der Antrag ist nur zulässig, wenn der Antragsteller spätestens im Abstimmungstermin glaubhaft macht, dass er durch den Plan voraussichtlich schlechtergestellt wird.
(3) Der Antrag ist abzuweisen, wenn im gestaltenden Teil des Plans Mittel für den Fall bereitgestellt werden, dass ein Beteiligter eine Schlechterstellung nachweist. Ob der Beteiligte einen Ausgleich aus diesen Mitteln erhält, ist außerhalb des Insolvenzverfahrens zu klären.

§ 252 Bekanntgabe der Entscheidung

(1) Der Beschluß, durch den der Insolvenzplan bestätigt oder seine Bestätigung versagt wird, ist im Abstimmungstermin oder in einem alsbald zu bestimmenden besonderen Termin zu verkünden. § 74 Abs. 2 Satz 2 gilt entsprechend.
(2) Wird der Plan bestätigt, so ist den Insolvenzgläubigern, die Forderungen angemeldet haben, und den absonderungsberechtigten Gläubigern unter Hinweis auf die Bestätigung ein Abdruck des Plans oder eine Zusammenfassung seines wesentlichen Inhalts zu übersenden. Sind die Anteils- oder Mitgliedschaftsrechte der am Schuldner beteiligten Personen in den Plan einbezogen, so sind auch diesen die Unterlagen zu übersenden; dies gilt nicht für Aktionäre oder Kommanditaktionäre. Die Übersendung eines Abdrucks des Plans oder einer Zusammenfassung seines wesentlichen Inhalts nach den Sätzen 1 und 2 kann unterbleiben, wenn ein Abdruck des Plans mit der Ladung nach § 235 Absatz 2 Satz 2 übersendet und der Plan unverändert angenommen wurde. § 8 Absatz 3 gilt entsprechend. Börsennotierte Gesellschaften haben eine Zusammenfassung des wesentlichen Inhalts des Plans über ihre Internetseite zugänglich zu machen.

§ 253 Rechtsmittel

(1) Gegen den Beschluss, durch den der Insolvenzplan bestätigt oder durch den die Bestätigung versagt wird, steht den Gläubigern, dem Schuldner und, wenn dieser keine natürliche Person ist, den am Schuldner beteiligten Personen die sofortige Beschwerde zu.
(2) Die sofortige Beschwerde gegen die Bestätigung ist nur zulässig, wenn der Beschwerdeführer
1. dem Plan spätestens im Abstimmungstermin schriftlich oder zu Protokoll widersprochen hat,
2. gegen den Plan gestimmt hat und
3. glaubhaft macht, dass er durch den Plan wesentlich schlechtergestellt wird, als er ohne einen Plan stünde, und dass dieser Nachteil nicht durch eine Zahlung aus den in § 251 Absatz 3 genannten Mitteln ausgeglichen werden kann, ist der Schuldner eine natürliche Person, gilt § 245a entsprechend.

(3) Absatz 2 Nummer 1 und 2 gilt nur, wenn in der öffentlichen Bekanntmachung des Termins (§ 235 Absatz 2) und in den Ladungen zum Termin (§ 235 Absatz 3) auf die Notwendigkeit des Widerspruchs und der Ablehnung des Plans besonders hingewiesen wurde.
(4) Auf Antrag des Insolvenzverwalters weist das Landgericht die Beschwerde unverzüglich zurück, wenn das alsbaldige Wirksamwerden des Insolvenzplans vorrangig erscheint, weil die Nachteile einer Verzögerung des Planvollzugs nach freier Überzeugung des Gerichts die Nachteile für den Beschwerdeführer überwiegen; ein Abhilfeverfahren nach § 572 Absatz 1 Satz 1 der Zivilprozessordnung findet nicht statt. Dies gilt nicht, wenn ein besonders schwerer Rechtsverstoß vorliegt. Weist das Gericht die Beschwerde nach Satz 1 zurück, ist dem Beschwerdeführer aus der Masse der Schaden zu ersetzen, der ihm durch den Planvollzug entsteht; die Rückgängigmachung der Wirkungen des Insolvenzplans kann nicht als Schadensersatz verlangt werden. Für Klagen, mit denen Schadensersatzansprüche nach Satz 3 geltend gemacht werden, ist das Landgericht ausschließlich zuständig, das die sofortige Beschwerde zurückgewiesen hat.

Dritter Abschnitt – Wirkungen des bestätigten Plans, Überwachung der Planerfüllung

§ 254 Allgemeine Wirkungen des Plans

(1) Mit der Rechtskraft der Bestätigung des Insolvenzplans treten die im gestaltenden Teil festgelegten Wirkungen für und gegen alle Beteiligten ein.
(2) Die Rechte der Insolvenzgläubiger gegen Mitschuldner und Bürgen des Schuldners sowie die Rechte dieser Gläubiger an Gegenständen, die nicht zur Insolvenzmasse gehören, oder aus einer Vormerkung, die sich auf solche Gegenstände bezieht, werden mit Ausnahme der nach § 223a gestalteten Rechte aus gruppeninternen Drittsicherheiten (§ 217 Absatz 2) durch den Plan nicht berührt. Der Schuldner wird jedoch durch den Plan gegenüber dem Mitschuldner, dem Bürgen oder anderen Rückgriffsberechtigten in gleicher Weise befreit wie gegenüber dem Gläubiger.
(3) Ist ein Gläubiger weitergehend befriedigt worden, als er nach dem Plan zu beanspruchen hat, so begründet dies keine Pflicht zur Rückgewähr des Erlangten.
(4) Werden Forderungen von Gläubigern in Anteils- oder Mitgliedschaftsrechte am Schuldner umgewandelt, kann der Schuldner nach der gerichtlichen Bestätigung keine Ansprüche wegen einer Überbewertung der Forderungen im Plan gegen die bisherigen Gläubiger geltend machen.

§ 254a Rechte an Gegenständen. Sonstige Wirkungen des Plans

(1) Wenn Rechte an Gegenständen begründet, geändert, übertragen oder aufgehoben oder Geschäftsanteile an einer Gesellschaft mit beschränkter Haftung abgetreten werden sollen, gelten die in den Insolvenzplan aufgenommenen Willenserklärungen der Beteiligten als in der vorgeschriebenen Form abgegeben.
(2) Wenn die Anteils- oder Mitgliedschaftsrechte der am Schuldner beteiligten Personen in den Plan einbezogen sind (§ 225a), gelten die in den Plan aufgenommenen Beschlüsse der Anteils-

inhaber oder sonstigen Willenserklärungen der Beteiligten als in der vorgeschriebenen Form abgegeben. Gesellschaftsrechtlich erforderliche Ladungen, Bekanntmachungen und sonstige Maßnahmen zur Vorbereitung von Beschlüssen der Anteilsinhaber gelten als in der vorgeschriebenen Form bewirkt. Der Insolvenzverwalter ist berechtigt, die erforderlichen Anmeldungen beim jeweiligen Registergericht vorzunehmen.
(3) Entsprechendes gilt für die in den Plan aufgenommenen Verpflichtungserklärungen, die einer Maßnahme nach Absatz 1 oder 2 zugrunde liegen.

§ 254bWirkung für alle Beteiligten

Die §§ 254 und 254a gelten auch für Insolvenzgläubiger, die ihre Forderungen nicht angemeldet haben, und für Beteiligte, die dem Insolvenzplan widersprochen haben.

§ 255 Wiederauflebensklausel

(1) Sind auf Grund des gestaltenden Teils des Insolvenzplans Forderungen von Insolvenzgläubigern gestundet oder teilweise erlassen worden, so wird die Stundung oder der Erlaß für den Gläubiger hinfällig, gegenüber dem der Schuldner mit der Erfüllung des Plans erheblich in Rückstand gerät. Ein erheblicher Rückstand ist erst anzunehmen, wenn der Schuldner eine fällige Verbindlichkeit nicht bezahlt hat, obwohl der Gläubiger ihn schriftlich gemahnt und ihm dabei eine mindestens zweiwöchige Nachfrist gesetzt hat.
(2) Wird vor vollständiger Erfüllung des Plans über das Vermögen des Schuldners ein neues Insolvenzverfahren eröffnet, so ist die Stundung oder der Erlaß für alle Insolvenzgläubiger hinfällig.
(3) Im Plan kann etwas anderes vorgesehen werden. Jedoch kann von Absatz 1 nicht zum Nachteil des Schuldners abgewichen werden.

§ 256 Streitige Forderungen. Ausfallforderungen

(1) Ist eine Forderung im Prüfungstermin bestritten worden oder steht die Höhe der Ausfallforderung eines absonderungsberechtigten Gläubigers noch nicht fest, so ist ein Rückstand mit der Erfüllung des Insolvenzplans im Sinne des § 255 Abs. 1 nicht anzunehmen, wenn der Schuldner die Forderung bis zur endgültigen Feststellung ihrer Höhe in dem Ausmaß berücksichtigt, das der Entscheidung des Insolvenzgerichts über das Stimmrecht des Gläubigers bei der Abstimmung über den Plan entspricht. Ist keine Entscheidung über das Stimmrecht getroffen worden, so hat das Gericht auf Antrag des Schuldners oder des Gläubigers nachträglich festzustellen, in welchem Ausmaß der Schuldner vorläufig die Forderung zu berücksichtigen hat.
(2) Ergibt die endgültige Feststellung, daß der Schuldner zuwenig gezahlt hat, so hat er das Fehlende nachzuzahlen. Ein erheblicher Rückstand mit der Erfüllung des Plans ist erst anzunehmen, wenn der Schuldner das Fehlende nicht nachzahlt, obwohl der Gläubiger ihn schriftlich gemahnt und ihm dabei eine mindestens zweiwöchige Nachfrist gesetzt hat.
(3) Ergibt die endgültige Feststellung, daß der Schuldner zuviel gezahlt hat, so kann er den Mehrbetrag nur insoweit zurückfordern, als dieser auch den nicht fälligen Teil der Forderung übersteigt, die dem Gläubiger nach dem Insolvenzplan zusteht.

§ 257 Vollstreckung aus dem Plan

(1) Aus dem rechtskräftig bestätigten Insolvenzplan in Verbindung mit der Eintragung in die Tabelle können die Insolvenzgläubiger, deren Forderungen festgestellt und nicht vom Schuldner im Prüfungstermin bestritten worden sind, wie aus einem vollstreckbaren Urteil die Zwangsvollstreckung gegen den Schuldner betreiben. Einer nicht bestrittenen Forderung steht eine Forderung gleich, bei der ein erhobener Widerspruch beseitigt ist. § 202 gilt entsprechend.
(2) Gleiches gilt für die Zwangsvollstreckung gegen einen Dritten, der durch eine dem Insolvenzgericht eingereichte schriftliche Erklärung für die Erfüllung des Plans neben dem Schuldner ohne Vorbehalt der Einrede der Vorausklage Verpflichtungen übernommen hat.

(3) Macht ein Gläubiger die Rechte geltend, die ihm im Falle eines erheblichen Rückstands des Schuldners mit der Erfüllung des Plans zustehen, so hat er zur Erteilung der Vollstreckungsklausel für diese Rechte und zur Durchführung der Vollstreckung die Mahnung und den Ablauf der Nachfrist glaubhaft zu machen, jedoch keinen weiteren Beweis für den Rückstand des Schuldners zu führen.

§ 258 Aufhebung des Insolvenzverfahrens

(1) Sobald die Bestätigung des Insolvenzplans rechtskräftig ist und der Insolvenzplan nicht etwas anderes vorsieht, beschließt das Insolvenzgericht die Aufhebung des Insolvenzverfahrens.
(2) Vor der Aufhebung hat der Verwalter die unstreitigen fälligen Masseansprüche zu berichtigen und für die streitigen oder nicht fälligen Sicherheit zu leisten. Für die nicht fälligen Masseansprüche kann auch ein Finanzplan vorgelegt werden, aus dem sich ergibt, dass ihre Erfüllung gewährleistet ist.
(3) Der Beschluss enthält den Zeitpunkt der Aufhebung, der frühestens zwei Tage nach der Beschlussfassung liegen soll. Der Beschluss und der Grund der Aufhebung sind öffentlich bekanntzumachen. Der Schuldner, der Insolvenzverwalter und die Mitglieder des Gläubigerausschusses sind vorab über den Zeitpunkt der Aufhebung zu unterrichten. Die §§ 31 bis 33 gelten entsprechend. Ist der Zeitpunkt der Aufhebung nicht angegeben, wird die Aufhebung wirksam, sobald nach dem Tag der Veröffentlichung zwei weitere Tage verstrichen sind:

§ 259 Wirkungen der Aufhebung

(1) Mit der Aufhebung des Insolvenzverfahrens erlöschen die Ämter des Insolvenzverwalters und der Mitglieder des Gläubigerausschusses. Der Schuldner erhält das Recht zurück, über die Insolvenzmasse frei zu verfügen.
(2) Die Vorschriften über die Überwachung der Planerfüllung bleiben unberührt.
(3) Einen anhängigen Rechtsstreit, der die Insolvenzanfechtung zum Gegenstand hat, kann der Verwalter auch nach der Aufhebung des Verfahrens fortführen, wenn dies im gestaltenden Teil des Plans vorgesehen ist. In diesem Fall wird der Rechtsstreit für Rechnung des Schuldners geführt, wenn im Plan keine abweichende Regelung getroffen wird.

§ 259a Vollstreckungsschutz

(1) Gefährden nach der Aufhebung des Verfahrens Zwangsvollstreckungen einzelner Insolvenzgläubiger, die ihre Forderungen bis zum Abstimmungstermin nicht angemeldet haben, die Durchführung des Insolvenzplans, kann das Insolvenzgericht auf Antrag des Schuldners eine Maßnahme der Zwangsvollstreckung ganz oder teilweise aufheben oder längstens für drei Jahre untersagen. Der Antrag ist nur zulässig, wenn der Schuldner die tatsächlichen Behauptungen, die die Gefährdung begründen, glaubhaft macht.
(2) Ist die Gefährdung glaubhaft gemacht, kann das Gericht die Zwangsvollstreckung auch einstweilen einstellen.
(3) Das Gericht hebt seinen Beschluss auf Antrag auf oder ändert ihn ab, wenn dies mit Rücksicht auf eine Änderung der Sachlage geboten ist.

§ 259b Besondere Verjährungsfrist

(1) Die Forderung eines Insolvenzgläubigers, die nicht bis zum Abstimmungstermin angemeldet worden ist, verjährt in einem Jahr.
(2) Die Verjährungsfrist beginnt, wenn die Forderung fällig und der Beschluss rechtskräftig ist, durch den der Insolvenzplan bestätigt wurde.
(3) Die Absätze 1 und 2 sind nur anzuwenden, wenn dadurch die Verjährung einer Forderung früher vollendet wird als bei Anwendung der ansonsten geltenden Verjährungsvorschriften.

(4) Die Verjährung einer Forderung eines Insolvenzgläubigers ist gehemmt, solange wegen Vollstreckungsschutzes nach § 259a nicht vollstreckt werden darf. Die Hemmung endet drei Monate nach Beendigung des Vollstreckungsschutzes

§ 260 Überwachung der Planerfüllung

(1) Im gestaltenden Teil des Insolvenzplans kann vorgesehen werden, daß die Erfüllung des Plans überwacht wird.
(2) Im Falle des Absatzes 1 wird nach der Aufhebung des Insolvenzverfahrens überwacht, ob die Ansprüche erfüllt werden, die den Gläubigern nach dem gestaltenden Teil gegen den Schuldner zustehen.
(3) Wenn dies im gestaltenden Teil vorgesehen ist, erstreckt sich die Überwachung auf die Erfüllung der Ansprüche, die den Gläubigern nach dem gestaltenden Teil gegen eine juristische Person oder Gesellschaft ohne Rechtspersönlichkeit zustehen, die nach der Eröffnung des Insolvenzverfahrens gegründet worden ist, um das Unternehmen oder einen Betrieb des Schuldners zu übernehmen und weiterzuführen (Übernahmegesellschaft).

§ 261 Aufgaben und Befugnisse des Insolvenzverwalters

(1) Die Überwachung ist Aufgabe des Insolvenzverwalters. Die Ämter des Verwalters und der Mitglieder des Gläubigerausschusses und die Aufsicht des Insolvenzgerichts bestehen insoweit fort. § 22 Abs. 3 gilt entsprechend.
(2) Während der Zeit der Überwachung hat der Verwalter dem Gläubigerausschuß, wenn ein solcher bestellt ist, und dem Gericht jährlich über den jeweiligen Stand und die weiteren Aussichten der Erfüllung des Insolvenzplans zu berichten. Unberührt bleibt das Recht des Gläubigerausschusses und des Gerichts, jederzeit einzelne Auskünfte oder einen Zwischenbericht zu verlangen.

§ 262 Anzeigepflicht des Insolvenzverwalters

Stellt der Insolvenzverwalter fest, daß Ansprüche, deren Erfüllung überwacht wird, nicht erfüllt werden oder nicht erfüllt werden können, so hat er dies unverzüglich dem Gläubigerausschuß und dem Insolvenzgericht anzuzeigen. Ist ein Gläubigerausschuß nicht bestellt, so hat der Verwalter an dessen Stelle alle Gläubiger zu unterrichten, denen nach dem gestaltenden Teil des Insolvenzplans Ansprüche gegen den Schuldner oder die Übernahmegesellschaft zustehen.

§ 263 Zustimmungsbedürftige Geschäfte

Im gestaltenden Teil des Insolvenzplans kann vorgesehen werden, daß bestimmte Rechtsgeschäfte des Schuldners oder der Übernahmegesellschaft während der Zeit der Überwachung nur wirksam sind, wenn der Insolvenzverwalter ihnen zustimmt. § 81 Abs. 1 und § 82 gelten entsprechend.

§ 264 Kreditrahmen

(1) Im gestaltenden Teil des Insolvenzplans kann vorgesehen werden, daß die Insolvenzgläubiger nachrangig sind gegenüber Gläubigern mit Forderungen aus Darlehen und sonstigen Krediten, die der Schuldner oder die Übernahmegesellschaft während der Zeit der Überwachung aufnimmt oder die ein Massegläubiger in die Zeit der Überwachung hinein stehen läßt. In diesem Fall ist zugleich ein Gesamtbetrag für derartige Kredite festzulegen (Kreditrahmen). Dieser darf den Wert der Vermögensgegenstände nicht übersteigen, die in der Vermögensübersicht des Plans (§ 229 Satz 1) aufgeführt sind.

(2) Der Nachrang der Insolvenzgläubiger gemäß Absatz 1 besteht nur gegenüber Gläubigern, mit denen vereinbart wird, daß und in welcher Höhe der von ihnen gewährte Kredit nach Hauptforderung, Zinsen und Kosten innerhalb des Kreditrahmens liegt, und gegenüber denen der Insolvenzverwalter diese Vereinbarung schriftlich bestätigt.
(3) § 39 Abs. 1 Nr. 5 bleibt unberührt.

§ 265 Nachrang von Neugläubigern

Gegenüber den Gläubigern mit Forderungen aus Krediten, die nach Maßgabe des § 264 aufgenommen oder stehen gelassen werden, sind nachrangig auch die Gläubiger mit sonstigen vertraglichen Ansprüchen, die während der Zeit der Überwachung begründet werden. Als solche Ansprüche gelten auch die Ansprüche aus einem vor der Überwachung vertraglich begründeten Dauerschuldverhältnis für die Zeit nach dem ersten Termin, zu dem der Gläubiger nach Beginn der Überwachung kündigen konnte.

§ 266 Berücksichtigung des Nachrangs

(1) Der Nachrang der Insolvenzgläubiger und der in § 265 bezeichneten Gläubiger wird nur in einem Insolvenzverfahren berücksichtigt, das vor der Aufhebung der Überwachung eröffnet wird.
(2) In diesem neuen Insolvenzverfahren gehen diese Gläubiger den übrigen nachrangigen Gläubigern im Range vor.

§ 267 Bekanntmachung der Überwachung

(1) Wird die Erfüllung des Insolvenzplans überwacht, so ist dies zusammen mit dem Beschluß über die Aufhebung des Insolvenzverfahrens öffentlich bekanntzumachen.
(2) Ebenso ist bekanntzumachen:
1. im Falle des § 260 Abs. 3 die Erstreckung der Überwachung auf die Übernahmegesellschaft;
2. im Falle des § 263, welche Rechtsgeschäfte an die Zustimmung des Insolvenzverwalters gebunden werden;
3. im Falle des § 264, in welcher Höhe ein Kreditrahmen vorgesehen ist.

(3) § 31 gilt entsprechend. Soweit im Falle des § 263 das Recht zur Verfügung über ein Grundstück, ein eingetragenes Schiff, Schiffsbauwerk oder Luftfahrzeug, ein Recht an einem solchen Gegenstand oder ein Recht an einem solchen Recht beschränkt wird, gelten die §§ 32 und 33 entsprechend.

§ 268 Aufhebung der Überwachung

(1) Das Insolvenzgericht beschließt die Aufhebung der Überwachung,
1. wenn die Ansprüche, deren Erfüllung überwacht wird, erfüllt sind oder die Erfüllung dieser Ansprüche gewährleistet ist oder
2. wenn seit der Aufhebung des Insolvenzverfahrens drei Jahre verstrichen sind und kein Antrag auf Eröffnung eines neuen Insolvenzverfahrens vorliegt.

(2) Der Beschluß ist öffentlich bekanntzumachen. § 267 Abs. 3 gilt entsprechend.

§ 269 Kosten der Überwachung

Die Kosten der Überwachung trägt der Schuldner. Im Falle des § 260 Abs. 3 trägt die Übernahmegesellschaft die durch ihre Überwachung entstehenden Kosten. Siebter Teil Eigenverwaltung

Siebter Teil – Koordinierung der Verfahren von Schuldnern, die derselben Unternehmensgruppe angehören

Erster Abschnitt Allgemeine Bestimmungen

§ 269a Zusammenarbeit der Insolvenzverwalter

Die Insolvenzverwalter gruppenangehöriger Schuldner sind untereinander zur Unterrichtung und Zusammenarbeit verpflichtet, soweit hierdurch nicht die Interessen der Beteiligten des Verfahrens beeinträchtigt werden, für das sie bestellt sind. Insbesondere haben sie auf Anforderung unverzüglich alle Informationen mitzuteilen, die für das andere Verfahren von Bedeutung sein können.

§ 269b Zusammenarbeit der Gerichte

Werden die Insolvenzverfahren über das Vermögen von gruppenangehörigen Schuldnern bei verschiedenen Insolvenzgerichten geführt, sind die Gerichte zur Zusammenarbeit und insbesondere zum Austausch der Informationen verpflichtet, die für das andere Verfahren von Bedeutung sein können. Dies gilt insbesondere für:
1. die Anordnung von Sicherungsmaßnahmen,
2. die Eröffnung des Verfahrens,
3. die Bestellung eines Insolvenzverwalters,
4. wesentliche verfahrensleitende Entscheidungen,
5. den Umfang der Insolvenzmasse und
6. die Vorlage von Insolvenzplänen sowie sonstige Maßnahmen zur Beendigung des Insolvenzverfahrens.

§ 269c Zusammenarbeit der Gläubigerausschüsse

(1) Auf Antrag eines Gläubigerausschusses, der in einem Verfahren über das Vermögen eines gruppenangehörigen Schuldners bestellt ist, kann das Gericht des Gruppen-Gerichtsstands nach Anhörung der anderen Gläubigerausschüsse einen Gruppen-Gläubigerausschuss einsetzen. Jeder Gläubigerausschuss oder vorläufige Gläubigerausschuss eines gruppenangehörigen Schuldners, der nicht von offensichtlich untergeordneter Bedeutung für die gesamte Unternehmensgruppe ist, stellt ein Mitglied des Gruppen-Gläubigerausschusses. Ein weiteres Mitglied dieses Ausschusses wird aus dem Kreis der Vertreter der Arbeitnehmer bestimmt.
(2) Der Gruppen-Gläubigerausschuss unterstützt die Insolvenzverwalter und die Gläubigerausschüsse in den einzelnen Verfahren, um eine abgestimmte Abwicklung dieser Verfahren zu erleichtern. Die §§ 70 bis 73 gelten entsprechend. Hinsichtlich der Vergütung gilt die Tätigkeit als Mitglied im Gruppen-Gläubigerausschuss als Tätigkeit in dem Gläubigerausschuss, den das Mitglied im Gruppen-Gläubigerausschuss vertritt.
(3) Dem Gläubigerausschuss steht in den Fällen der Absätze 1 und 2 ein vorläufiger Gläubigerausschuss gleich.

Zweiter Abschnitt Koordinationsverfahren

§ 269d Koordinationsgericht

(1) Wird über die Vermögen von gruppenangehörigen Schuldnern die Eröffnung von Insolvenzverfahren beantragt oder wurden solche Verfahren eröffnet, kann das für die Eröffnung von Gruppen-Folgeverfahren zuständige Gericht (Koordinationsgericht) auf Antrag ein Koordinationsverfahren einleiten.

(2) Antragsberechtigt ist jeder gruppenangehörige Schuldner. § 3a Absatz 3 findet entsprechende Anwendung. Antragsberechtigt ist auch jeder Gläubigerausschuss oder vorläufige Gläubigerausschuss eines gruppenangehörigen Schuldners auf der Grundlage eines einstimmigen Beschlusses.

§ 269e Verfahrenskoordinator

(1) Das Koordinationsgericht bestellt eine von den gruppenangehörigen Schuldnern und deren Gläubigern unabhängige Person zum Verfahrenskoordinator. Die zu bestellende Person soll von den Insolvenzverwaltern und Sachwaltern der gruppenangehörigen Schuldner unabhängig sein. Die Bestellung eines gruppenangehörigen Schuldners ist ausgeschlossen.
(2) Vor der Bestellung des Verfahrenskoordinators gibt das Koordinationsgericht einem bestellten Gruppen-Gläubigerausschuss Gelegenheit, sich zu der Person des Verfahrenskoordinators und den an ihn zu stellenden Anforderungen zu äußern.

§ 269f Aufgaben und Rechtsstellung des Verfahrenskoordinators

(1) Der Verfahrenskoordinator hat für eine abgestimmte Abwicklung der Verfahren über die gruppenangehörigen Schuldner zu sorgen, soweit dies im Interesse der Gläubiger liegt. Zu diesem Zweck kann er insbesondere einen Koordinationsplan vorlegen. Er kann diesen in den jeweiligen Gläubigerversammlungen erläutern oder durch eine von ihm bevollmächtigte Person erläutern lassen.
(2) Die Insolvenzverwalter und vorläufigen Insolvenzverwalter der gruppenangehörigen Schuldner sind zur Zusammenarbeit mit dem Verfahrenskoordinator verpflichtet. Sie haben ihm auf Aufforderung insbesondere die Informationen mitzuteilen, die er für eine zweckentsprechende Ausübung seiner Tätigkeit benötigt.
(3) Soweit in diesem Teil nichts anderes bestimmt ist, gelten für die Bestellung des Verfahrenskoordinators, für die Aufsicht durch das Insolvenzgericht sowie für die Haftung und Vergütung § 27 Absatz 2 Nummer 4 und die §§ 56 bis 60, 62 bis 65 entsprechend.

§ 269g Vergütung des Verfahrenskoordinators

(1) Der Verfahrenskoordinator hat Anspruch auf Vergütung für seine Tätigkeit und auf Erstattung angemessener Auslagen. Der Regelsatz der Vergütung wird nach dem Wert der zusammengefassten Insolvenzmassen der in das Koordinationsverfahren einbezogenen Verfahren über gruppenangehörige Schuldner berechnet. Dem Umfang und der Schwierigkeit der Koordinationsaufgabe wird durch Abweichungen vom Regelsatz Rechnung getragen. Die §§ 64 und 65 gelten entsprechend.
(2) Die Vergütung des Verfahrenskoordinators ist anteilig aus den Insolvenzmassen der gruppenangehörigen Schuldner zu berichtigen, wobei im Zweifel das Verhältnis des Werts der einzelnen Massen zueinander maßgebend ist.

§ 269h Koordinationsplan

(1) Zur abgestimmten Abwicklung der Insolvenzverfahren über das Vermögen von gruppenangehörigen Schuldnern können der Verfahrenskoordinator und, wenn ein solcher noch nicht bestellt ist, die Insolvenzverwalter der gruppenangehörigen Schuldner gemeinsam dem Koordinationsgericht einen Koordinationsplan zur Bestätigung vorlegen. Der Koordinationsplan bedarf der Zustimmung eines bestellten Gruppen-Gläubigerausschusses. Das Gericht weist den Plan von Amts wegen zurück, wenn die Vorschriften über das Recht zur Vorlage, den Inhalt des Plans oder über die verfahrensmäßige Behandlung nicht beachtet worden sind und die Vorlegenden den Mangel nicht beheben können oder innerhalb einer angemessenen vom Gericht gesetzten Frist nicht beheben.

(2) In dem Koordinationsplan können alle Maßnahmen beschrieben werden, die für eine abgestimmte Abwicklung der Verfahren sachdienlich sind. Insbesondere kann der Plan Vorschläge enthalten:

1. zur Wiederherstellung der wirtschaftlichen Leistungsfähigkeit der einzelnen gruppenangehörigen Schuldner und der Unternehmensgruppe,
2. zur Beilegung gruppeninterner Streitigkeiten,
3. zu vertraglichen Vereinbarungen zwischen den Insolvenzverwaltern.

(3) Gegen den Beschluss, durch den die Bestätigung des Koordinationsplans versagt wird, steht jedem Vorlegenden die sofortige Beschwerde zu. Die übrigen Vorlegenden sind in dem Verfahren zuzuziehen.

§ 269i Abweichungen vom Koordinationsplan

(1) Der Insolvenzverwalter eines gruppenangehörigen Schuldners hat im Berichtstermin den Koordinationsplan zu erläutern, wenn dies nicht durch den Verfahrenskoordinator oder eine von diesem bevollmächtigte Person erfolgt. Der Insolvenzverwalter hat im Anschluss an die Erläuterung zu begründen, von welchen im Plan beschriebenen Maßnahmen er abweichen will. Liegt zum Zeitpunkt des Berichtstermins noch kein Koordinationsplan vor, so kommt der Insolvenzverwalter seinen Pflichten nach den Sätzen 1 und 2 in einer Gläubigerversammlung nach, für die das Insolvenzgericht alsbald einen Termin bestimmt.
(2) Auf Beschluss der Gläubigerversammlung ist der Koordinationsplan einem vom Insolvenzverwalter auszuarbeitenden Insolvenzplan zugrunde zu legen.

Achter Teil - Eigenverwaltung

§ 270 Grundsatz

(1) Der Schuldner ist berechtigt, unter der Aufsicht eines Sachwalters die Insolvenzmasse zu verwalten und über sie zu verfügen, wenn das Insolvenzgericht in dem Beschluss über die Eröffnung des Insolvenzverfahrens die Eigenverwaltung anordnet. Für das Verfahren gelten die allgemeinen Vorschriften, soweit in diesem Teil nichts anderes bestimmt ist.
(2) Die Vorschriften dieses Teils sind auf Verbraucherinsolvenzverfahren nach § 304 nicht anzuwenden.

§ 270a Antrag; Eigenverwaltungsplanung

(1) Der Schuldner fügt dem Antrag auf Anordnung der Eigenverwaltung eine Eigenverwaltungsplanung bei, welche umfasst:

1. einen Finanzplan, der den Zeitraum von sechs Monaten abdeckt und eine fundierte Darstellung der Finanzierungsquellen enthält, durch welche die Fortführung des gewöhnlichen Geschäftsbetriebes und die Deckung der Kosten des Verfahrens in diesem Zeitraum sichergestellt werden soll,
2. ein Konzept für die Durchführung des Insolvenzverfahrens, welches auf Grundlage einer Darstellung von Art, Ausmaß und Ursachen der Krise das Ziel der Eigenverwaltung und die Maßnahmen beschreibt, welche zur Erreichung des Ziels in Aussicht genommen werden,
3. eine Darstellung des Stands von Verhandlungen mit Gläubigern, den am Schuldner beteiligten Personen und Dritten zu den in Aussicht genommenen Maßnahmen,
4. eine Darstellung der Vorkehrungen, die der Schuldner getroffen hat, um seine Fähigkeit sicherzustellen, insolvenzrechtliche Pflichten zu erfüllen, und
5. eine begründete Darstellung etwaiger Mehr- oder Minderkosten, die im Rahmen der Eigenverwaltung im Vergleich zu einem Regelverfahren und im Verhältnis zur Insolvenzmasse voraussichtlich anfallen werden.

(2) Des Weiteren hat der Schuldner zu erklären,

1. ob, in welchem Umfang und gegenüber welchen Gläubigern er sich mit der Erfüllung von Verbindlichkeiten aus Arbeitsverhältnissen, Pensionszusagen oder dem Steuerschuldverhältnis, gegenüber Sozialversicherungsträgern oder Lieferanten in Verzug befindet,
2. ob und in welchen Verfahren zu seinen Gunsten innerhalb der letzten drei Jahre vor dem Antrag Vollstreckungs- oder Verwertungssperren nach diesem Gesetz oder nach dem Unternehmensstabilisierungs- und –restrukturierungsgesetz angeordnet wurden und
3. ob er für die letzten drei Geschäftsjahre seinen Offenlegungspflichten, insbesondere nach den §§ 325 bis 328 oder 339 des Handelsgesetzbuchs nachgekommen ist.

§ 270b Anordnung der vorläufigen Eigenverwaltung

(1) Das Gericht bestellt einen vorläufigen Sachwalter, auf den die §§ 274 und 275 anzuwenden sind (vorläufige Eigenverwaltung), wenn
1. die Eigenverwaltungsplanung des Schuldners vollständig und schlüssig ist und
2. keine Umstände bekannt sind, aus denen sich ergibt, dass die Eigenverwaltungsplanung in wesentlichen Punkten auf unzutreffenden Tatsachen beruht.

Weist die Eigenverwaltungsplanung behebbare Mängel auf, kann das Gericht die vorläufige Eigenverwaltung einstweilen anordnen; in diesem Fall setzt es dem Schuldner eine Frist zur Nachbesserung, die 20 Tage nicht übersteigt.

(2) Sind nach dem gemäß § 270a Absatz 1 Nummer 1 übermittelten Finanzplan die Kosten der Eigenverwaltung und der Fortführung des gewöhnlichen Geschäftsbetriebs nicht gedeckt, übersteigen die nach § 270a Absatz 1 Nummer 5 ausgewiesenen voraussichtlichen Kosten der Eigenverwaltung in wesentlicher Weise die voraussichtlichen Kosten des Regelverfahrens oder sind Umstände bekannt, aus denen sich ergibt, dass
1. Zahlungsrückstände gegenüber Arbeitnehmern oder erhebliche Zahlungsrückstände gegenüber den weiteren in § 270a Absatz 2 Nummer 1 genannten Gläubigern bestehen,
2. zugunsten des Schuldners in den letzten drei Jahren vor der Stellung des Antrags Vollstreckungs- oder Verwertungssperren nach diesem Gesetz oder nach dem Unternehmensstabilisierungs- und -restrukturierungsgesetz angeordnet worden sind oder
3. der Schuldner in einem der letzten drei Jahre vor der Antragstellung gegen die Offenlegungsverpflichtungen, insbesondere nach den §§ 325 bis 328 oder 339 des Handelsgesetzbuchs verstoßen hat,

erfolgt die Bestellung des vorläufigen Sachwalters nur, wenn trotz dieser Umstände zu erwarten ist, dass der Schuldner bereit und in der Lage ist, seine Geschäftsführung an den Interessen der Gläubiger auszurichten.

(3) Einem vorläufigen Gläubigerausschuss ist vor Erlass der Entscheidung nach Absatz 1 oder Absatz 2 Gelegenheit zur Äußerung zu geben. Ohne Äußerung des Gläubigerausschusses darf eine Entscheidung nur ergehen, wenn seit der Antragstellung zwei Werktage vergangen sind oder wenn offensichtlich mit nachteiligen Veränderungen der Vermögenslage des Schuldners zu rechnen ist, die sich nicht anders als durch Bestellung eines vorläufigen Insolvenzverwalters abwenden lassen. An einen die vorläufige Eigenverwaltung unterstützenden einstimmigen Beschluss des vorläufigen Gläubigerausschusses ist das Gericht gebunden. Stimmt der vorläufige Gläubigerausschuss einstimmig gegen die vorläufige Eigenverwaltung, unterbleibt die Anordnung.

(4) Bestellt das Gericht einen vorläufigen Insolvenzverwalter, sind die Gründe hierfür schriftlich darzulegen. § 27 Absatz 2 Nummer 4 gilt entsprechend.

§ 270c Vorläufiges Eigenverwaltungsverfahren

(1) Das Gericht kann den vorläufigen Sachwalter beauftragten, Bericht zu erstatten über
1. die vom Schuldner vorgelegte Eigenverwaltungsplanung, insbesondere, ob diese von den erkannten und erkennbaren tatsächlichen Gegebenheiten ausgeht, schlüssig ist und durchführbar erscheint,
2. die Vollständigkeit und Geeignetheit der Rechnungslegung und Buchführung als Grundlage für die Eigenverwaltungsplanung, insbesondere für die Finanzplanung,

3. das Bestehen von Haftungsansprüchen des Schuldners gegen amtierende oder ehemalige Mitglieder der Organe.

(2) Der Schuldner hat dem Gericht und dem vorläufigen Sachwalter unverzüglich wesentliche Änderungen mitzuteilen, welche die Eigenverwaltungsplanung betreffen.

(3) Das Gericht kann vorläufige Maßnahmen nach § 21 Absatz 1 und 2 Satz 1 Nummer 1a, 3 bis 5 anordnen. Ordnet das Gericht die vorläufige Eigenverwaltung nach § 270b Absatz 1 Satz 2 an, kann es zudem anordnen, dass Verfügungen des Schuldners der Zustimmung durch den vorläufigen Sachwalter bedürfen.

(4) Auf Antrag des Schuldners hat das Gericht anzuordnen, dass der Schuldner Masseverbindlichkeiten begründet. Soll sich die Ermächtigung auf Verbindlichkeiten erstrecken, die im Finanzplan nicht berücksichtigt sind, bedarf dies einer besonderen Begründung. § 55 Absatz 2 gilt entsprechend.

(5) Hat der Schuldner den Eröffnungsantrag bei drohender Zahlungsunfähigkeit gestellt und die Eigenverwaltung beantragt, sieht das Gericht jedoch die Voraussetzungen der Eigenverwaltung als nicht gegeben an, so hat es seine Bedenken dem Schuldner mitzuteilen und diesem Gelegenheit zu geben, den Eröffnungsantrag vor der Entscheidung über die Eröffnung zurückzunehmen.

§ 270d Vorbereitung einer Sanierung; Schutzschirm

(1) Hat der Schuldner mit dem Antrag eine mit Gründen versehene Bescheinigung eines in Insolvenzsachen erfahrenen Steuerberaters, Wirtschaftsprüfers oder Rechtsanwalts oder einer Person mit vergleichbarer Qualifikation vorgelegt, aus der sich ergibt, dass drohende Zahlungsunfähigkeit oder Überschuldung, aber keine Zahlungsunfähigkeit vorliegt und die angestrebte Sanierung nicht offensichtlich aussichtslos ist, so bestimmt das Insolvenzgericht auf Antrag des Schuldners eine Frist zur Vorlage eines Insolvenzplans. Die Frist darf höchstens drei Monate betragen.

(2) Der Aussteller der Bescheinigung nach Absatz 1 darf nicht zum vorläufigen Sachwalter bestellt werden. Der Schuldner kann dem Gericht Vorschläge für die Person des vorläufigen Sachwalters unterbreiten. Das Gericht kann von einem Vorschlag des Schuldners nur abweichen, wenn die vorgeschlagene Person offensichtlich für die Übernahme des Amtes nicht geeignet ist; dies ist vom Gericht schriftlich zu begründen.

(3) Das Gericht hat Maßnahmen nach § 21 Absatz 2 Satz 1 Nummer 3 anzuordnen, wenn der Schuldner dies beantragt.

(4) Der Schuldner oder der vorläufige Sachwalter haben dem Gericht den Eintritt der Zahlungsunfähigkeit unverzüglich anzuzeigen. Nach Aufhebung der Anordnung nach Absatz 1 oder nach Ablauf der Frist entscheidet das Gericht über die Eröffnung des Insolvenzverfahrens.

§ 270e Aufhebung der vorläufigen Eigenverwaltung

(1) Die vorläufige Eigenverwaltung wird durch
Bestellung eines vorläufigen Insolvenzverwalters
aufgehoben, wenn

1. der Schuldner in schwerwiegender Weise gegen insolvenzrechtliche Pflichten verstößt oder sich auf sonstige Weise zeigt, dass er nicht bereit oder in der Lage ist, seine Geschäftsführung am Interesse der Gläubiger auszurichten, insbesondere, wenn sich erweist, dass
   a) der Schuldner die Eigenverwaltungsplanung in wesentlichen Punkten auf unzutreffende Tatsachen gestützt hat oder seinen Pflichten nach § 270c Absatz 2 nicht nachkommt,
   b) die Rechnungslegung und Buchführung so unvollständig oder mangelhaft sind, dass sie keine Beurteilung der Eigenverwaltungsplanung, insbesondere des Finanzplans, ermöglichen,
   c) Haftungsansprüche des Schuldners gegen amtierende oder ehemalige Mitglieder seiner Organe bestehen, deren Durchsetzung in der Eigenverwaltung erschwert werden könnte,

2. Mängel der Eigenverwaltungsplanung nicht innerhalb der gemäß § 270b Absatz 1 Satz 2 gesetzten Frist behoben werden,
3. die Erreichung des Eigenverwaltungsziels, insbesondere eine angestrebte Sanierung sich als aussichtslos erweist,
4. der vorläufige Sachwalter dies mit Zustimmung des vorläufigen Gläubigerausschusses oder der vorläufige Gläubigerausschuss dies beantragt,
5. der Schuldner dies beantragt.

(2) Die vorläufige Eigenverwaltung wird durch Bestellung eines vorläufigen Insolvenzverwalters zudem aufgehoben, wenn ein absonderungsberechtigter Gläubiger oder Insolvenzgläubiger die Aufhebung beantragt und glaubhaft macht, dass die Voraussetzungen für eine Anordnung der vorläufigen Eigenverwaltung nicht vorliegen und ihm durch die Eigenverwaltung erhebliche Nachteile drohen. Vor der Entscheidung über den Antrag ist der Schuldner zu hören. Gegen die Entscheidung steht dem Gläubiger und dem Schuldner die sofortige Beschwerde zu.
(3) Zum vorläufigen Insolvenzverwalter kann der bisherige vorläufige Sachwalter bestellt werden.
(4) Dem vorläufigen Gläubigerausschuss ist vor Erlass der Entscheidung nach Absatz 1 Nummer 1 oder 3 Gelegenheit zur Äußerung zu geben. § 270b Absatz 3 Satz 2 gilt entsprechend. Bestellt das Gericht einen vorläufigen Insolvenzverwalter, sind die Gründe hierfür schriftlich darzulegen. § 27 Absatz 2 Nummer 4 gilt entsprechend.

§ 270f Anordnung der Eigenverwaltung

(1) Die Eigenverwaltung wird auf Antrag des Schuldners angeordnet, es sei denn, eine vorläufige Eigenverwaltung wäre nach § 270b nicht anzuordnen oder nach § 270e aufzuheben.
(2) Anstelle eines Insolvenzverwalters wird ein Sachwalter bestellt. Die Forderungen der Insolvenzgläubiger sind beim Sachwalter anzumelden. Die §§ 32 und 33 sind nicht anzuwenden.
(3) § 270b Absatz 3 und 4 ist entsprechend anzuwenden.

§ 270g Eigenverwaltung bei gruppenangehörigen Schuldnern

Wird die Eigenverwaltung oder die vorläufige Eigenverwaltung bei einem gruppenangehörigen Schuldner angeordnet, unterliegt der Schuldner den Kooperationspflichten des § 269a. Dem eigenverwaltenden Schuldner stehen nach Verfahrenseröffnung die Antragsrechte nach § 3a Absatz 1, § 3d Absatz 2 und § 269d Absatz 2 Satz 2 zu.

§ 271 Nachträgliche Anordnung

Beantragt die Gläubigerversammlung mit der in § 76 Absatz 2 genannten Mehrheit und der Mehrheit der abstimmenden Gläubiger die Eigenverwaltung, so ordnet das Gericht diese an, sofern der Schuldner zustimmt. Zum Sachwalter kann der bisherige Insolvenzverwalter bestellt werden.

§ 272 Aufhebung der Anordnung

(1) Das Insolvenzgericht hebt die Anordnung der Eigenverwaltung auf, wenn
1. der Schuldner in schwerwiegender Weise gegen insolvenzrechtliche Pflichten verstößt oder sich auf sonstige Weise zeigt, dass er nicht bereit oder in der Lage ist, seine Geschäftsführung am Interesse der Gläubiger auszurichten; dies gilt auch dann, wenn sich erweist, dass
   a) der Schuldner die Eigenverwaltungsplanung in wesentlichen Punkten auf unzutreffende Tatsachen gestützt hat,
   b) die Rechnungslegung und Buchführung so unvollständig oder mangelhaft sind, dass sie keine Beurteilung der Eigenverwaltungsplanung, insbesondere des Finanzplans, ermöglichen,
   c) Haftungsansprüche des Schuldners gegen amtierende oder ehemalige Mitglieder des vertretungsberechtigten Organs bestehen, deren Durchsetzung in der Eigenverwaltung erschwert werden könnte,

2. die Erreichung des Eigenverwaltungsziels, insbesondere eine angestrebte Sanierung sich als aussichtslos erweist,
3. dies von der Gläubigerversammlung mit der in § 76 Absatz 2 genannten Mehrheit und der Mehrheit der abstimmenden Gläubiger beantragt wird,
4. dies von einem absonderungsberechtigten Gläubiger oder von einem Insolvenzgläubiger beantragt wird, die Voraussetzungen der Anordnung der Eigenverwaltung des § 270f Absatz 1 in Verbindung mit § 270b Absatz 1 Satz 1 weggefallen sind und dem Antragsteller durch die Eigenverwaltung erhebliche Nachteile drohen,
5. dies vom Schuldner beantragt wird.

(2) Der Antrag eines Gläubigers ist nur zulässig, wenn die in Absatz 1 Nummer 4 genannten Voraussetzungen glaubhaft gemacht werden. Vor der Entscheidung über den Antrag ist der Schuldner zu hören. Gegen die Entscheidung steht dem Gläubiger und dem Schuldner die sofortige Beschwerde zu.
(3) Zum Insolvenzverwalter kann der bisherige Sachwalter bestellt werden.

§ 273 Öffentliche Bekanntmachung

Der Beschluß des Insolvenzgerichts, durch den nach der Eröffnung des Insolvenzverfahrens die Eigenverwaltung angeordnet oder die Anordnung aufgehoben wird, ist öffentlich bekanntzumachen.

§ 274 Rechtsstellung des Sachwalters

(1) Für die Bestellung des Sachwalters, für die Aufsicht des Insolvenzgerichts sowie für die Haftung und die Vergütung des Sachwalters gelten § 27 Absatz 2 Nummer 4, § 54 Nummer 2 und die §§ 56 bis 60, 62 bis 65 entsprechend.
(2) Der Sachwalter hat die wirtschaftliche Lage des Schuldners zu prüfen und die Geschäftsführung sowie die Ausgaben für die Lebensführung zu überwachen. Das Gericht kann anordnen, dass der Sachwalter den Schuldner im Rahmen der Insolvenzgeldvorfinanzierung, der insolvenzrechtlichen Buchführung und der Verhandlungen mit Kunden und Lieferanten unterstützen kann.§ 22 Abs. 3 gilt entsprechend.
(3) Stellt der Sachwalter Umstände fest, die erwarten lassen, daß die Fortsetzung der Eigenverwaltung zu Nachteilen für die Gläubiger führen wird, so hat er dies unverzüglich dem Gläubigerausschuß und dem Insolvenzgericht anzuzeigen. Ist ein Gläubigerausschuß nicht bestellt, so hat der Sachwalter an dessen Stelle die Insolvenzgläubiger, die Forderungen angemeldet haben, und die absonderungsberechtigten Gläubiger zu unterrichten.

§ 275 Mitwirkung des Sachwalters

(1) Verbindlichkeiten, die nicht zum gewöhnlichen Geschäftsbetrieb gehören, soll der Schuldner nur mit Zustimmung des Sachwalters eingehen. Auch Verbindlichkeiten, die zum gewöhnlichen Geschäftsbetrieb gehören, soll er nicht eingehen, wenn der Sachwalter widerspricht.
(2) Der Sachwalter kann vom Schuldner verlangen, daß alle eingehenden Gelder nur vom Sachwalter entgegengenommen und Zahlungen nur vom Sachwalter geleistet werden.

§ 276 Mitwirkung des Gläubigerausschusses

(1)Der Schuldner hat die Zustimmung des Gläubigerausschusses einzuholen, wenn er Rechtshandlungen vornehmen will, die für das Insolvenzverfahren von besonderer Bedeutung sind. § 160 Abs. 1 Satz 2, Abs. 2, § 161 Satz 2 und § 164 gelten entsprechend.
(2) Ist der Schuldner als juristische Person verfasst, so haften auch die Mitglieder des Vertretungsorgans nach Maßgabe der §§ 60 bis 62. Bei einer Gesellschaft ohne Rechtspersönlichkeit gilt dies für die zur Vertretung der Gesellschaft ermächtigten Gesellschafter. Ist kein zur Vertretung der Gesellschaft ermächtigter Gesellschafter eine natürliche Person, gilt dies für die organschaftlichen Vertreter der zur Vertretung ermächtigten Gesellschafter. Satz 3 gilt sinngemäß,

wenn es sich bei den organschaftlichen Vertretern um Gesellschaften ohne Rechtspersönlichkeit handelt, bei denen keine natürliche Person zur organschaftlichen Vertretung ermächtigt ist, oder wenn sich die Verbindung von Gesellschaften in dieser Art fortsetzt.
(3) Die Absätze 1 und 2 finden im Zeitraum zwischen der Anordnung der vorläufigen Eigenverwaltung oder der Anordnung vorläufiger Maßnahmen nach § 270c Absatz 3 und der Verfahrenseröffnung entsprechende Anwendung.

§ 276a Mitwirkung der Überwachungsorgane

Ist der Schuldner eine juristische Person oder eine Gesellschaft ohne Rechtspersönlichkeit, so haben der Aufsichtsrat, die Gesellschafterversammlung oder entsprechende Organe keinen Einfluss auf die Geschäftsführung des Schuldners. Die Abberufung und Neubestellung von Mitgliedern der Geschäftsleitung ist nur wirksam, wenn der Sachwalter zustimmt. Die Zustimmung ist zu erteilen, wenn die Maßnahme nicht zu Nachteilen für die Gläubiger führt.

§ 277 Anordnung der Zustimmungsbedürftigkeit

(1) Auf Antrag der Gläubigerversammlung ordnet das Insolvenzgericht an, daß bestimmte Rechtsgeschäfte des Schuldners nur wirksam sind, wenn der Sachwalter ihnen zustimmt. § 81 Abs. 1 Satz 2 und 3 und § 82 gelten entsprechend. Stimmt der Sachwalter der Begründung einer Masseverbindlichkeit zu, so gilt § 61 entsprechend.
(2) Die Anordnung kann auch auf den Antrag eines absonderungsberechtigten Gläubigers oder eines Insolvenzgläubigers ergehen, wenn sie unaufschiebbar erforderlich ist, um Nachteile für die Gläubiger zu vermeiden. Der Antrag ist nur zulässig, wenn diese Voraussetzung der Anordnung glaubhaft gemacht wird.
(3) Die Anordnung ist öffentlich bekanntzumachen. § 31 gilt entsprechend. Soweit das Recht zur Verfügung über ein Grundstück, ein eingetragenes Schiff, Schiffsbauwerk oder Luftfahrzeug, ein Recht an einem solchen Gegenstand oder ein Recht an einem solchen Recht beschränkt wird, gelten die §§ 32 und 33 entsprechend.

§ 278 Mittel zur Lebensführung des Schuldners

(1) Der Schuldner ist berechtigt, für sich und die in § 100 Abs. 2 Satz 2 genannten Familienangehörigen aus der Insolvenzmasse die Mittel zu entnehmen, die unter Berücksichtigung der bisherigen Lebensverhältnisse des Schuldners eine bescheidene Lebensführung gestatten.
(2) Ist der Schuldner keine natürliche Person, so gilt Absatz 1 entsprechend für die vertretungsberechtigten persönlich haftenden Gesellschafter des Schuldners.

§ 279 Gegenseitige Verträge

Die Vorschriften über die Erfüllung der Rechtsgeschäfte und die Mitwirkung des Betriebsrats (§§ 103 bis 128) gelten mit der Maßgabe, daß an die Stelle des Insolvenzverwalters der Schuldner tritt. Der Schuldner soll seine Rechte nach diesen Vorschriften im Einvernehmen mit dem Sachwalter ausüben. Die Rechte nach den §§ 120, 122 und 126 kann er wirksam nur mit Zustimmung des Sachwalters ausüben.

§ 280 Haftung, Insolvenzanfechtung

Nur der Sachwalter kann die Haftung nach den §§ 92 und 93 für die Insolvenzmasse geltend machen und Rechtshandlungen nach den §§ 129 bis 147 anfechten.

§ 281 Unterrichtung der Gläubiger

(1) Das Verzeichnis der Massegegenstände, das Gläubigerverzeichnis und die Vermögensübersicht (§§ 151 bis 153) hat der Schuldner zu erstellen. Der Sachwalter hat die Verzeichnisse und

die Vermögensübersicht zu prüfen und jeweils schriftlich zu erklären, ob nach dem Ergebnis seiner Prüfung Einwendungen zu erheben sind.
(2) Im Berichtstermin hat der Schuldner den Bericht zu erstatten. Der Sachwalter hat zu dem Bericht Stellung zu nehmen.
(3) Zur Rechnungslegung (§§ 66, 155) ist der Schuldner verpflichtet. Für die Schlußrechnung des Schuldners gilt Absatz 1 Satz 2 entsprechend.

§ 282 Verwertung von Sicherungsgut

(1) Das Recht des Insolvenzverwalters zur Verwertung von Gegenständen, an denen Absonderungsrechte bestehen, steht dem Schuldner zu. Kosten der Feststellung der Gegenstände und der Rechte an diesen werden jedoch nicht erhoben. Als Kosten der Verwertung können nur die tatsächlich entstandenen, für die Verwertung erforderlichen Kosten und der Umsatzsteuerbetrag angesetzt werden.
(2) Der Schuldner soll sein Verwertungsrecht im Einvernehmen mit dem Sachwalter ausüben.

§ 283 Befriedigung der Insolvenzgläubiger

(1) Bei der Prüfung der Forderungen können außer den Insolvenzgläubigern der Schuldner und der Sachwalter angemeldete Forderungen bestreiten. Eine Forderung, die ein Insolvenzgläubiger, der Schuldner oder der Sachwalter bestritten hat, gilt nicht als festgestellt.
(2) Die Verteilungen werden vom Schuldner vorgenommen. Der Sachwalter hat die Verteilungsverzeichnisse zu prüfen und jeweils schriftlich zu erklären, ob nach dem Ergebnis seiner Prüfung Einwendungen zu erheben sind.

§ 284 Insolvenzplan

(1) Ein Auftrag der Gläubigerversammlung zur Ausarbeitung eines Insolvenzplans ist an den Sachwalter oder an den Schuldner zu richten. Der vorläufige Gläubigerausschuss kann einen Auftrag zur Ausarbeitung eines Insolvenzplans an den vorläufigen Sachwalter oder den Schuldner richten. Wird der Auftrag an den Schuldner gerichtet, so wirkt der vorläufige Sachwalter oder der Sachwalter beratend mit.
(2) Eine Überwachung der Planerfüllung ist Aufgabe des Sachwalters.

§ 285 Masseunzulänglichkeit

Masseunzulänglichkeit ist vom Sachwalter dem Insolvenzgericht anzuzeigen.

Neunter Teil – Restschuldbefreiung

§ 286 Grundsatz

Ist der Schuldner eine natürliche Person, so wird er nach Maßgabe der §§ 287 bis 303a von den im Insolvenzverfahren nicht erfüllten Verbindlichkeiten gegenüber den Insolvenzgläubigern befreit.

§ 287 Antrag des Schuldners

(1) Die Restschuldbefreiung setzt einen Antrag des Schuldners voraus, der mit seinem Antrag auf Eröffnung des Insolvenzverfahrens verbunden werden soll. Wird er nicht mit diesem verbunden, so ist er innerhalb von zwei Wochen nach dem Hinweis gemäß § 20 Abs. 2 zu stellen. Der Schuldner hat dem Antrag eine Erklärung beizufügen, ob ein Fall des § 287a Absatz 2 Satz 1 Nummer 1 oder 2 vorliegt. Die Richtigkeit und Vollständigkeit der Erklärung nach Satz 3 hat der Schuldner zu versichern.

(2) Dem Antrag ist die Erklärung des Schuldners beizufügen, dass dieser seine pfändbaren Forderungen auf Bezüge aus einem Dienstverhältnis oder auf an deren Stelle tretende laufende Bezüge für den Zeitraum von drei Jahren nach der Eröffnung des Insolvenzverfahrens (Abtretungsfrist) an einen vom Gericht zu bestimmenden Treuhänder abtritt. Ist dem Schuldner auf Grundlage eines nach dem 30. September 2020 gestellten Antrags bereits einmal Restschuldbefreiung erteilt worden, so beträgt die Abtretungsfrist in einem erneuten Verfahren fünf Jahre; der Schuldner hat dem Antrag eine entsprechende Abtretungserklärung beizufügen.
(3) Vereinbarungen des Schuldners sind insoweit unwirksam, als sie die Abtretungserklärung nach Absatz 2 vereiteln oder beeinträchtigen würden.
(4) Die Insolvenzgläubiger, die Forderungen angemeldet haben, sind bis zum Schlusstermin zu dem Antrag des Schuldners zu hören.

§ 287a Entscheidung des Insolvenzgerichts

(1) Ist der Antrag auf Restschuldbefreiung zulässig, so stellt das Insolvenzgericht durch Beschluss fest, dass der Schuldner Restschuldbefreiung erlangt, wenn er den Obliegenheiten nach den §§ 295 und 295a nachkommt und die Voraussetzungen für eine Versagung nach den §§ 290, 297 bis 298 nicht vorliegen. Der Beschluss ist öffentlich bekannt zu machen. Gegen den Beschluss steht dem Schuldner die sofortige Beschwerde zu.
(2) Der Antrag auf Restschuldbefreiung ist unzulässig, wenn
1. dem Schuldner in den letzten elf Jahren vor dem Antrag auf Eröffnung des Insolvenzverfahrens oder nach diesem Antrag Restschuldbefreiung erteilt oder wenn ihm die Restschuldbefreiung in den letzten fünf Jahren vor dem Antrag auf Eröffnung des Insolvenzverfahrens oder nach diesem Antrag nach § 297 versagt worden ist oder
2. dem Schuldner in den letzten drei Jahren vor dem Antrag auf Eröffnung des Insolvenzverfahrens oder nach diesem Antrag Restschuldbefreiung nach § 290 Absatz 1 Nummer 5, 6 oder 7 oder nach § 296 versagt worden ist; dies gilt auch im Falle des § 297a, wenn die nachträgliche Versagung auf Gründe nach § 290 Absatz 1 Nummer 5, 6 oder 7 gestützt worden ist.

In diesen Fällen hat das Gericht dem Schuldner Gelegenheit zu geben, den Eröffnungsantrag vor der Entscheidung über die Eröffnung zurückzunehmen.

§ 287b Erwerbsobliegenheit des Schuldners

Ab Beginn der Abtretungsfrist bis zur Beendigung des Insolvenzverfahrens obliegt es dem Schuldner, eine angemessene Erwerbstätigkeit auszuüben und, wenn er ohne Beschäftigung ist, sich um eine solche zu bemühen und keine zumutbare Tätigkeit abzulehnen.

§ 288 Bestimmung des Treuhänders

Der Schuldner und die Gläubiger können dem Insolvenzgericht als Treuhänder eine für den jeweiligen Einzelfall geeignete natürliche Person vorschlagen. Wenn noch keine Entscheidung über die Restschuldbefreiung ergangen ist, bestimmt das Gericht zusammen mit der Entscheidung, mit der es die Aufhebung oder die Einstellung des Insolvenzverfahrens wegen Masseunzulänglichkeit beschließt, den Treuhänder, auf den die pfändbaren Bezüge des Schuldners nach Maßgabe der Abtretungserklärung (§ 287 Absatz 2) übergehen.

§ 289 Einstellung des Insolvenzverfahrens

Im Fall der Einstellung des Insolvenzverfahrens kann Restschuldbefreiung nur erteilt werden, wenn nach Anzeige der Masseunzulänglichkeit die Insolvenzmasse nach § 209 verteilt worden ist und die Einstellung nach § 211 erfolgt.

§ 290 Versagung der Restschuldbefreiung

(1) Die Restschuldbefreiung ist durch Beschluss zu versagen, wenn dies von einem Insolvenzgläubiger, der seine Forderung angemeldet hat, beantragt worden ist und wenn

1. der Schuldner in den letzten fünf Jahren vor dem Antrag auf Eröffnung des Insolvenzverfahrens oder nach diesem Antrag wegen einer Straftat nach den §§ 283 bis 283c des Strafgesetzbuchs rechtskräftig zu einer Geldstrafe von mehr als 90 Tagessätzen oder einer Freiheitsstrafe von mehr als drei Monaten verurteilt worden ist,
2. der Schuldner in den letzten drei Jahren vor dem Antrag auf Eröffnung des Insolvenzverfahrens oder nach diesem Antrag vorsätzlich oder grob fahrlässig schriftlich unrichtige oder unvollständige Angaben über seine wirtschaftlichen Verhältnisse gemacht hat, um einen Kredit zu erhalten, Leistungen aus öffentlichen Mitteln zu beziehen oder Leistungen an öffentliche Kassen zu vermeiden,
3. (weggefallen),
4. der Schuldner in den letzten drei Jahren vor dem Antrag auf Eröffnung des Insolvenzverfahrens oder nach diesem Antrag vorsätzlich oder grob fahrlässig die Befriedigung der Insolvenzgläubiger dadurch beeinträchtigt hat, daß er unangemessene Verbindlichkeiten begründet oder Vermögen verschwendet oder ohne Aussicht auf eine Besserung seiner wirtschaftlichen Lage die Eröffnung des Insolvenzverfahrens verzögert hat,
5. der Schuldner Auskunfts- oder Mitwirkungspflichten nach diesem Gesetz vorsätzlich oder grob fahrlässig verletzt hat,
6. der Schuldner in der nach § 287 Absatz 1 Satz 3 vorzulegenden Erklärung und in den nach § 305 Absatz 1 Nummer 3 vorzulegenden Verzeichnissen seines Vermögens und seines Einkommens, seiner Gläubiger und der gegen ihn gerichteten Forderungen vorsätzlich oder grob fahrlässig unrichtige oder unvollständige Angaben gemacht hat oder
7. der Schuldner seine Erwerbsobliegenheit nach § 287b verletzt und dadurch die Befriedigung der Insolvenzgläubiger beeinträchtigt; dies gilt nicht, wenn den Schuldner kein Verschulden trifft; § 296 Absatz 2 Satz 2 und 3 gilt entsprechend

(2) Der Antrag des Gläubigers kann bis zum Schlusstermin oder bis zur Entscheidung nach § 211 Absatz 1 schriftlich gestellt werden; er ist nur zulässig, wenn ein Versagungsgrund glaubhaft gemacht wird. Die Entscheidung über den Versagungsantrag erfolgt nach dem gemäß Satz 1 maßgeblichen Zeitpunkt.
(3) Gegen den Beschluss steht dem Schuldner und jedem Insolvenzgläubiger, der die Versagung der Restschuldbefreiung beantragt hat, die sofortige Beschwerde zu. Der Beschluss ist öffentlich bekannt zu machen.

§ 291 (weggefallen)

§ 292 Rechtsstellung des Treuhänders

(1) Der Treuhänder hat den zur Zahlung der Bezüge Verpflichteten über die Abtretung zu unterrichten. Er hat die Beträge, die er durch die Abtretung erlangt, und sonstige Leistungen des Schuldners oder Dritter von seinem Vermögen getrennt zu halten und einmal jährlich auf Grund des Schlußverzeichnisses an die Insolvenzgläubiger zu verteilen, sofern die nach § 4a gestundeten Verfahrenskosten abzüglich der Kosten für die Beiordnung eines Rechtsanwalts berichtigt sind. § 36 Abs. 1 Satz 2, Abs. 4 gilt entsprechend. „Der Treuhänder kann die Verteilung längstens bis zum Ende der Abtretungsfrist aussetzen, wenn dies angesichts der Geringfügigkeit der zu verteilenden Beträge angemessen erscheint; er hat dies dem Gericht einmal jährlich unter Angabe der Höhe der erlangten Beträge mitzuteilen.
(2) Die Gläubigerversammlung kann dem Treuhänder zusätzlich die Aufgabe übertragen, die Erfüllung der Obliegenheiten des Schuldners zu überwachen. In diesem Fall hat der Treuhänder die Gläubiger unverzüglich zu benachrichtigen, wenn er einen Verstoß gegen diese Obliegenheiten feststellt. Der Treuhänder ist nur zur Überwachung verpflichtet, soweit die ihm dafür zustehende zusätzliche Vergütung gedeckt ist oder vorgeschossen wird.

(3) Der Treuhänder hat bei der Beendigung seines Amtes dem Insolvenzgericht Rechnung zu legen. Die §§ 58 und 59 gelten entsprechend, § 59 jedoch mit der Maßgabe, daß die Entlassung auch wegen anderer Entlassungsgründe als der fehlenden Unabhängigkeit von jedem Insolvenzgläubiger beantragt werden kann und daß die sofortige Beschwerde jedem Insolvenzgläubiger zusteht.

§ 293 Vergütung des Treuhänders

(1) Der Treuhänder hat Anspruch auf Vergütung für seine Tätigkeit und auf Erstattung angemessener Auslagen. Dabei ist dem Zeitaufwand des Treuhänders und dem Umfang seiner Tätigkeit Rechnung zu tragen.
(2) § 63 Abs. 2 sowie die §§ 64 und 65 gelten entsprechend.

§ 294 Gleichbehandlung der Gläubiger

(1) Zwangsvollstreckungen für einzelne Insolvenzgläubiger in das Vermögen des Schuldners sind in dem Zeitraum zwischen Beendigung des Insolvenzverfahrens und dem Ende der Abtretungsfrist nicht zulässig.
(2) Jedes Abkommen des Schuldners oder anderer Personen mit einzelnen Insolvenzgläubigern, durch das diesen ein Sondervorteil verschafft wird, ist nichtig.
(3) Eine Aufrechnung gegen die Forderung auf die Bezüge, die von der Abtretungserklärung erfasst werden, ist nicht zulässig.

§ 295 Obliegenheiten des Schuldners

Dem Schuldner obliegt es, in dem Zeitraum zwischen Beendigung des Insolvenzverfahrens und dem Ende der Abtretungsfrist

1. eine angemessene Erwerbstätigkeit auszuüben und, wenn er ohne Beschäftigung ist, sich um eine solche zu bemühen und keine zumutbare Tätigkeit abzulehnen;
2. Vermögen, das er von Todes wegen oder mit Rücksicht auf ein künftiges Erbrecht oder durch Schenkung erwirbt, zur Hälfte des Wertes sowie Vermögen, das er als Gewinn in einer Lotterie, Ausspielung oder in einem anderen Spiel mit Gewinnmöglichkeit erwirbt, zum vollen Wert an den Treuhänder herauszugeben; von der Herausgabepflicht sind gebräuchliche Gelegenheitsgeschenke und Gewinne von geringem Wert ausgenommen;
3. jeden Wechsel des Wohnsitzes oder der Beschäftigungsstelle unverzüglich dem Insolvenzgericht und dem Treuhänder anzuzeigen, keine von der Abtretungserklärung erfaßten Bezüge und kein von Nummer 2 erfaßtes Vermögen zu verheimlichen und dem Gericht und dem Treuhänder auf Verlangen Auskunft über seine Erwerbstätigkeit oder seine Bemühungen um eine solche sowie über seine Bezüge und sein Vermögen zu erteilen;
4. Zahlungen zur Befriedigung der Insolvenzgläubiger nur an den Treuhänder zu leisten und keinem Insolvenzgläubiger einen Sondervorteil zu verschaffen.
5. keine unangemessenen Verbindlichkeiten im Sinne des § 290 Absatz 1 Nummer 4 zu begründen.

Auf Antrag des Schuldners stellt das Insolvenzgericht fest, ob ein Vermögenserwerb nach Satz 1 Nummer 2 von der Herausgabeobliegenheit ausgenommen ist.

§ 295a Obliegenheiten des Schuldners bei selbständiger Tätigkeit

(1) Soweit der Schuldner eine selbständige Tätigkeit ausübt, obliegt es ihm, die Insolvenzgläubiger durch Zahlungen an den Treuhänder so zu stellen, als wenn er ein angemessenes Dienstverhältnis eingegangen wäre. Die Zahlungen sind kalenderjährlich bis zum 31. Januar des Folgejahres zu leisten.
(2) Auf Antrag des Schuldners stellt das Gericht den Betrag fest, der den Bezügen aus dem nach Absatz 1 zugrunde zu legenden Dienstverhältnis entspricht. Der Schuldner hat die Höhe der Bezüge, die er aus einem angemessenen Dienstverhältnis erzielen könnte, glaubhaft zu machen.

Der Treuhänder und die Insolvenzgläubiger sind vor der Entscheidung anzuhören. Gegen die Entscheidung steht dem Schuldner und jedem Insolvenzgläubiger die sofortige Beschwerde zu.

§ 296 Verstoß gegen Obliegenheiten

(1) Das Insolvenzgericht versagt die Restschuldbefreiung auf Antrag eines Insolvenzgläubigers, wenn der Schuldner in dem Zeitraum zwischen Beendigung des Insolvenzverfahrens und dem Ende der Abtretungsfrist eine seiner Obliegenheiten verletzt und dadurch die Befriedigung der Insolvenzgläubiger beeinträchtigt; dies gilt nicht, wenn den Schuldner kein Verschulden trifft; im Fall des § 295 Satz 1 Nummer 5 bleibt einfache Fahrlässigkeit außer Betracht. Der Antrag kann nur binnen eines Jahres nach dem Zeitpunkt gestellt werden, in dem die Obliegenheitsverletzung dem Gläubiger bekanntgeworden ist. Er ist nur zulässig, wenn die Voraussetzungen der Sätze 1 und 2 glaubhaft gemacht werden.
(2) Vor der Entscheidung über den Antrag sind der Treuhänder, der Schuldner und die Insolvenzgläubiger zu hören. Der Schuldner hat über die Erfüllung seiner Obliegenheiten Auskunft zu erteilen und, wenn es der Gläubiger beantragt, die Richtigkeit dieser Auskunft an Eides Statt zu versichern. Gibt er die Auskunft oder die eidesstattliche Versicherung ohne hinreichende Entschuldigung nicht innerhalb der ihm gesetzten Frist ab oder erscheint er trotz ordnungsgemäßer Ladung ohne hinreichende Entschuldigung nicht zu einem Termin, den das Gericht für die Erteilung der Auskunft oder die eidesstattliche Versicherung anberaumt hat, so ist die Restschuldbefreiung zu versagen.
(3) Gegen die Entscheidung steht dem Antragsteller und dem Schuldner die sofortige Beschwerde zu. Die Versagung der Restschuldbefreiung ist öffentlich bekanntzumachen.

§ 297 Insolvenzstraftaten

(1) Das Insolvenzgericht versagt die Restschuldbefreiung auf Antrag eines Insolvenzgläubigers, wenn der Schuldner in dem Zeitraum zwischen Schlusstermin und Aufhebung des Insolvenzverfahrens oder in dem Zeitraum zwischen Beendigung des Insolvenzverfahrens und dem Ende der Abtretungsfrist wegen einer Straftat nach den §§ 283 bis 283c des Strafgesetzbuchs rechtskräftig zu einer Geldstrafe von mehr als 90 Tagessätzen oder einer Freiheitsstrafe von mehr als drei Monaten verurteilt wird.
(2) § 296 Absatz 1 Satz 2 und 3, Absatz 3 gilt entsprechend.

§ 297a Nachträglich bekannt gewordene Versagungsgründe

(1) Das Insolvenzgericht versagt die Restschuldbefreiung auf Antrag eines Insolvenzgläubigers, wenn sich nach dem Schlusstermin oder im Falle des § 211 nach der Einstellung herausstellt, dass ein Versagungsgrund nach § 290 Absatz 1 vorgelegen hat. Der Antrag kann nur binnen sechs Monaten nach dem Zeitpunkt gestellt werden, zu dem der Versagungsgrund dem Gläubiger bekannt geworden ist. Er ist nur zulässig, wenn glaubhaft gemacht wird, dass die Voraussetzungen der Sätze 1 und 2 vorliegen und dass der Gläubiger bis zu dem gemäß Satz 1 maßgeblichen Zeitpunkt keine Kenntnis von ihnen hatte.
(2) § 296 Absatz 3 gilt entsprechend.

§ 298 Deckung der Mindestvergütung des Treuhänders

(1) Das Insolvenzgericht versagt die Restschuldbefreiung auf Antrag des Treuhänders, wenn die an diesen abgeführten Beträge für das vorangegangene Jahr seiner Tätigkeit die Mindestvergütung nicht decken und der Schuldner den fehlenden Betrag nicht einzahlt, obwohl ihn der Treuhänder schriftlich zur Zahlung binnen einer Frist von mindestens zwei Wochen aufgefordert und ihn dabei auf die Möglichkeit der Versagung der Restschuldbefreiung hingewiesen hat. Dies gilt nicht, wenn die Kosten des Insolvenzverfahrens nach § 4a gestundet werden.

(2) Vor der Entscheidung ist der Schuldner zu hören. Die Versagung unterbleibt, wenn der Schuldner binnen zwei Wochen nach Aufforderung durch das Gericht den fehlenden Betrag einzahlt oder ihm dieser entsprechend § 4a gestundet wird.
(3) § 296 Abs. 3 gilt entsprechend.

§ 299 Vorzeitige Beendigung

Wird die Restschuldbefreiung nach § 296, 297, 297a oder 298 versagt, so enden die Laufzeit der Abtretungserklärung, das Amt des Treuhänders und die Beschränkung der Rechte der Gläubiger mit der Rechtskraft der Entscheidung.

§ 300 Entscheidung über die Restschuldbefreiung

(1) Das Insolvenzgericht entscheidet nach dem regulären Ablauf der Abtretungsfrist über die Erteilung der Restschuldbefreiung. Der Beschluss ergeht nach Anhörung der Insolvenzgläubiger, des Insolvenzverwalters oder Treuhänders und des Schuldners. Eine nach Satz 1 erteilte Restschuldbefreiung gilt als mit Ablauf der Abtretungsfrist erteilt.
(2) Wurden im Insolvenzverfahren keine Forderungen angemeldet oder sind die Insolvenzforderungen befriedigt worden und hat der Schuldner die Kosten des Verfahrens und die sonstigen Masseverbindlichkeiten berichtigt, so entscheidet das Gericht auf Antrag des Schuldners schon vor Ablauf der Abtretungsfrist über die Erteilung der Restschuldbefreiung. Absatz 1 Satz 2 gilt entsprechend. Das Vorliegen der Voraussetzungen nach Satz 1 ist vom Schuldner glaubhaft zu machen. Wird die Restschuldbefreiung nach Satz 1 erteilt, so gelten die §§ 299 und 300a entsprechend.
(3) Das Insolvenzgericht versagt die Restschuldbefreiung auf Antrag eines Insolvenzgläubigers, wenn die Voraussetzungen des § 290 Absatz 1, des § 296 Absatz 1 oder Absatz 2 Satz 3, des § 297 oder des § 297a vorliegen, oder auf Antrag des Treuhänders, wenn die Voraussetzungen des § 298 vorliegen.
(4) Der Beschluss ist öffentlich bekannt zu machen. Gegen den Beschluss steht dem Schuldner und jedem Insolvenzgläubiger, der bei der Anhörung nach Absatz 1 oder Absatz 2 die Versagung der Restschuldbefreiung beantragt oder der das Nichtvorliegen der Voraussetzungen einer vorzeitigen Restschuldbefreiung nach Absatz 2 geltend gemacht hat, die sofortige Beschwerde zu.

§ 300a Neuerwerb im laufenden Insolvenzverfahren

(1) Wird dem Schuldner Restschuldbefreiung erteilt, gehört das Vermögen, das der Schuldner nach Ende der Abtretungsfrist oder nach Eintritt der Voraussetzungen des § 300 Absatz 2 Satz 2 erwirbt, nicht mehr zur Insolvenzmasse. Satz 1 gilt nicht für Vermögensbestandteile, die auf Grund einer Anfechtung des Insolvenzverwalters zur Insolvenzmasse zurückgewährt werden oder die auf Grund eines vom Insolvenzverwalter geführten Rechtsstreits oder auf Grund Verwertungshandlungen des Insolvenzverwalters zur Insolvenzmasse gehören.
(2) Bis zur rechtskräftigen Erteilung der Restschuldbefreiung hat der Verwalter den Neuerwerb, der dem Schuldner zusteht, treuhänderisch zu vereinnahmen und zu verwalten. Nach rechtskräftiger Erteilung der Restschuldbefreiung findet die Vorschrift des § 89 keine Anwendung. Der Insolvenzverwalter hat bei Rechtskraft der Erteilung der Restschuldbefreiung dem Schuldner den Neuerwerb herauszugeben und über die Verwaltung des Neuerwerbs Rechnung zu legen.
(3) Der Insolvenzverwalter hat für seine Tätigkeit nach Absatz 2, sofern Restschuldbefreiung rechtskräftig erteilt wird, gegenüber dem Schuldner Anspruch auf Vergütung und auf Erstattung angemessener Auslagen. § 293 gilt entsprechend.

§ 301 Wirkung der Restschuldbefreiung

(1) Wird die Restschuldbefreiung erteilt, so wirkt sie gegen alle Insolvenzgläubiger. Dies gilt auch für Gläubiger, die ihre Forderungen nicht angemeldet haben.

(2) Die Rechte der Insolvenzgläubiger gegen Mitschuldner und Bürgen des Schuldners sowie die Rechte dieser Gläubiger aus einer zu ihrer Sicherung eingetragenen Vormerkung oder aus einem Recht, das im Insolvenzverfahren zur abgesonderten Befriedigung berechtigt, werden durch die Restschuldbefreiung nicht berührt. Der Schuldner wird jedoch gegenüber dem Mitschuldner, dem Bürgen oder anderen Rückgriffsberechtigten in gleicher Weise befreit wie gegenüber den Insolvenzgläubigern.
(3) Wird ein Gläubiger befriedigt, obwohl er auf Grund der Restschuldbefreiung keine Befriedigung zu beanspruchen hat, so begründet dies keine Pflicht zur Rückgewähr des Erlangten.
(4) Ein allein aufgrund der Insolvenz des Schuldners erlassenes Verbot, eine gewerbliche, geschäftliche, handwerkliche oder freiberufliche Tätigkeit aufzunehmen oder auszuüben, tritt mit Rechtskraft der Erteilung der Restschuldbefreiung außer Kraft. Satz 1 gilt nicht für die Versagung und die Aufhebung einer Zulassung zu einer erlaubnispflichtigen Tätigkeit.

§ 302 Ausgenommene Forderungen

Von der Erteilung der Restschuldbefreiung werden nicht berührt:
1. Verbindlichkeiten des Schuldners aus einer vorsätzlich begangenen unerlaubten Handlung, aus rückständigem gesetzlichen Unterhalt, den der Schuldner vorsätzlich pflichtwidrig nicht gewährt hat, oder aus einem Steuerschuldverhältnis, sofern der Schuldner im Zusammenhang damit wegen einer Steuerstraftat nach den §§ 370, 373 oder § 374 der Abgabenordnung rechtskräftig verurteilt worden ist; der Gläubiger hat die entsprechende Forderung unter Angabe dieses Rechtsgrundes nach § 174 Absatz 2 anzumelden;
2. Geldstrafen und die diesen in § 39 Abs. 1 Nr. 3 gleichgestellten Verbindlichkeiten des Schuldners;
3. Verbindlichkeiten aus zinslosen Darlehen, die dem Schuldner zur Begleichung der Kosten des Insolvenzverfahrens gewährt wurden.

§ 303 Widerruf der Restschuldbefreiung

(1) Auf Antrag eines Insolvenzgläubigers widerruft das Insolvenzgericht die Erteilung der Restschuldbefreiung, wenn
1. sich nachträglich herausstellt, dass der Schuldner eine seiner Obliegenheiten vorsätzlich verletzt und dadurch die Befriedigung der Insolvenzgläubiger erheblich beeinträchtigt hat,
2. sich nachträglich herausstellt, dass der Schuldner während der Abtretungsfrist nach Maßgabe von § 297 Absatz 1 verurteilt worden ist, oder wenn der Schuldner erst nach Erteilung der Restschuldbefreiung wegen einer bis zum Ende der Abtretungsfrist begangenen Straftat nach Maßgabe von § 297 Absatz 1 verurteilt wird oder
3. der Schuldner nach Erteilung der Restschuldbefreiung Auskunfts- oder Mitwirkungspflichten vorsätzlich oder grob fahrlässig verletzt hat, die ihm nach diesem Gesetz während des Insolvenzverfahrens obliegen.

(2) Der Antrag des Gläubigers ist nur zulässig, wenn er innerhalb eines Jahres nach der Rechtskraft der Entscheidung über die Restschuldbefreiung gestellt wird; ein Widerruf nach Absatz 1 Nummer 3 kann bis zu sechs Monate nach rechtskräftiger Aufhebung des Insolvenzverfahrens beantragt werden. Der Gläubiger hat die Voraussetzungen des Widerrufsgrundes glaubhaft zu machen. In den Fällen des Absatzes 1 Nummer 1 hat der Gläubiger zudem glaubhaft zu machen, dass er bis zur Rechtskraft der Entscheidung keine Kenntnis vom Widerrufsgrund hatte.
(3) Vor der Entscheidung sind der Schuldner und in den Fällen des Absatzes 1 Nummer 1 und 3 auch der Treuhänder oder Insolvenzverwalter zu hören. Gegen die Entscheidung steht dem Antragsteller und dem Schuldner die sofortige Beschwerde zu. Die Entscheidung, durch welche die Restschuldbefreiung widerrufen wird, ist öffentlich bekanntzumachen.

§ 303a Eintragung in das Schuldnerverzeichnis

Das Insolvenzgericht ordnet die Eintragung in das Schuldnerverzeichnis nach § 882b der Zivilprozessordnung an. Eingetragen werden Schuldner,

1. denen die Restschuldbefreiung nach den §§ 290, 296, 297 oder 297a oder auf Antrag eines Insolvenzgläubigers nach § 300 Absatz 3 versagt worden ist,
2. deren Restschuldbefreiung widerrufen worden ist.

Es übermittelt die Anordnung unverzüglich elektronisch dem zentralen Vollstreckungsgericht nach § 882h Absatz 1 der Zivilprozessordnung. § 882c Absatz 2 und 3 der Zivilprozessordnung gilt entsprechend.

Zehnter Teil – Verbraucherinsolvenzverfahren

§ 304 Grundsatz

(1) Ist der Schuldner eine natürliche Person, die keine selbständige wirtschaftliche Tätigkeit ausübt oder ausgeübt hat, so gelten für das Verfahren die allgemeinen Vorschriften, soweit in diesem Teil nichts anderes bestimmt ist. Hat der Schuldner eine selbständige wirtschaftliche Tätigkeit ausgeübt, so findet Satz 1 Anwendung, wenn seine Vermögensverhältnisse überschaubar sind und gegen ihn keine Forderungen aus Arbeitsverhältnissen bestehen.
(2) Überschaubar sind die Vermögensverhältnisse im Sinne von Absatz 1 Satz 2 nur, wenn der Schuldner zu dem Zeitpunkt, zu dem der Antrag auf Eröffnung des Insolvenzverfahrens gestellt wird, weniger als 20 Gläubiger hat.

§ 305 Eröffnungsantrag des Schuldners

(1) Mit dem schriftlich einzureichenden Antrag auf Eröffnung des Insolvenzverfahrens oder unverzüglich nach diesem Antrag hat der Schuldner vorzulegen:
1. eine Bescheinigung, die von einer geeigneten Person oder Stelle auf der Grundlage persönlicher Beratung und eingehender Prüfung der Einkommens- und Vermögensverhältnisse des Schuldners ausgestellt ist und aus der sich ergibt, daß eine außergerichtliche Einigung mit den Gläubigern über die Schuldenbereinigung auf der Grundlage eines Plans innerhalb der letzten sechs Monate vor dem Eröffnungsantrag erfolglos versucht worden ist, der Plan ist beizufügen und die wesentlichen Gründe für sein Scheitern sind darzulegen; die Länder können bestimmen, welche Personen oder Stellen als geeignet anzusehen sind;
2. den Antrag auf Erteilung von Restschuldbefreiung (§ 287) oder die Erklärung, daß Restschuldbefreiung nicht beantragt werden soll;
3. ein Verzeichnis des vorhandenen Vermögens und des Einkommens (Vermögensverzeichnis), eine Zusammenfassung des wesentlichen Inhalts dieses Verzeichnisses (Vermögensübersicht), ein Verzeichnis der Gläubiger und ein Verzeichnis der gegen ihn gerichteten Forderungen; den Verzeichnissen und der Vermögensübersicht ist die Erklärung beizufügen, dass die enthaltenen Angaben richtig und vollständig sind;
4. einen Schuldenbereinigungsplan; dieser kann alle Regelungen enthalten, die unter Berücksichtigung der Gläubigerinteressen sowie der Vermögens-, Einkommens- und Familienverhältnisse des Schuldners geeignet sind, zu einer angemessenen Schuldenbereinigung zu führen; in den Plan ist aufzunehmen, ob und inwieweit Bürgschaften, Pfandrechte und andere Sicherheiten der Gläubiger vom Plan berührt werden sollen.

(2) In dem Verzeichnis der Forderungen nach Absatz 1 Nr. 3 kann auch auf beigefügte Forderungsaufstellungen der Gläubiger Bezug genommen werden. Auf Aufforderung des Schuldners sind die Gläubiger verpflichtet, auf ihre Kosten dem Schuldner zur Vorbereitung des Forderungsverzeichnisses eine schriftliche Aufstellung ihrer gegen diesen gerichteten Forderungen zu erteilen; insbesondere haben sie ihm die Höhe ihrer Forderungen und deren Aufgliederung in Hauptforderung, Zinsen und Kosten anzugeben. Die Aufforderung des Schuldners muß einen Hinweis auf einen bereits bei Gericht eingereichten oder in naher Zukunft beabsichtigten Antrag auf Eröffnung eines Insolvenzverfahrens enthalten.
(3) Hat der Schuldner die amtlichen Formulare nach Absatz 5 nicht vollständig ausgefüllt abgegeben, fordert ihn das Insolvenzgericht auf, das Fehlende unverzüglich zu ergänzen Kommt der Schuldner dieser Aufforderung nicht binnen eines Monats nach, so gilt sein Antrag auf Eröffnung

des Insolvenzverfahrens als zurückgenommen. Im Falle des § 306 Abs. 3 Satz 3 beträgt die Frist drei Monate.
(4) Der Schuldner kann sich vor dem Insolvenzgericht von einer geeigneten Person oder einem Angehörigen einer als geeignet anerkannten Stelle im Sinne des Absatzes 1 Nr. 1 vertreten lassen. Für die Vertretung des Gläubigers gilt § 174 Abs. 1 Satz 3 entsprechend.
(5) Das Bundesministerium der Justiz und für Verbraucherschutz wird ermächtigt, durch Rechtsverordnung mit Zustimmung des Bundesrates zur Vereinfachung des Verbraucherinsolvenzverfahrens für die Beteiligten Formulare für die nach Absatz 1 Nummer 1 bis 4 vorzulegenden Bescheinigungen, Anträge und Verzeichnisse einzuführen. Soweit nach Satz 1 Formulare eingeführt sind, muß sich der Schuldner ihrer bedienen. Für Verfahren bei Gerichten, die die Verfahren maschinell bearbeiten, und für Verfahren bei Gerichten, die die Verfahren nicht maschinell bearbeiten, können unterschiedliche Formulare eingeführt werden.

§ 305a Scheitern der außergerichtlichen Schuldenbereinigung

Der Versuch, eine außergerichtliche Einigung mit den Gläubigern über die Schuldenbereinigung herbeizuführen, gilt als gescheitert, wenn ein Gläubiger die Zwangsvollstreckung betreibt, nachdem die Verhandlungen über die außergerichtliche Schuldenbereinigung aufgenommen wurden.

§ 306 Ruhen des Verfahrens

(1) Das Verfahren über den Antrag auf Eröffnung des Insolvenzverfahrens ruht bis zur Entscheidung über den Schuldenbereinigungsplan. Dieser Zeitraum soll drei Monate nicht überschreiten. Das Gericht ordnet nach Anhörung des Schuldners die Fortsetzung des Verfahrens über den Eröffnungsantrag an, wenn nach seiner freien Überzeugung der Schuldenbereinigungsplan voraussichtlich nicht angenommen wird.
(2) Absatz 1 steht der Anordnung von Sicherungsmaßnahmen nicht entgegen. Ruht das Verfahren, so hat der Schuldner in der für die Zustellung erforderlichen Zahl Abschriften des Schuldenbereinigungsplans und der Vermögensübersicht innerhalb von zwei Wochen nach Aufforderung durch das Gericht nachzureichen. § 305 Abs. 3 Satz 2 gilt entsprechend.
(3) Beantragt ein Gläubiger die Eröffnung des Verfahrens, so hat das Insolvenzgericht vor der Entscheidung über die Eröffnung dem Schuldner Gelegenheit zu geben, ebenfalls einen Antrag zu stellen. Stellt der Schuldner einen Antrag, so gilt Absatz 1 auch für den Antrag des Gläubigers. In diesem Fall hat der Schuldner zunächst eine außergerichtliche Einigung nach § 305 Abs. 1 Nr. 1 zu versuchen.

§ 307 Zustellung an die Gläubiger

(1) Das Insolvenzgericht stellt den vom Schuldner genannten Gläubigern den Schuldenbereinigungsplan sowie die Vermögensübersicht zu und fordert die Gläubiger zugleich auf, binnen einer Notfrist von einem Monat zu den in § 305 Abs. 1 Nr. 3 genannten Verzeichnissen und zu dem Schuldenbereinigungsplan Stellung zu nehmen; die Gläubiger sind darauf hinzuweisen, dass die Verzeichnisse beim Insolvenzgericht zur Einsicht niedergelegt sind. Zugleich ist jedem Gläubiger mit ausdrücklichem Hinweis auf die Rechtsfolgen des § 308 Abs. 3 Satz 2 Gelegenheit zu geben, binnen der Frist nach Satz 1 die Angaben über seine Forderungen in dem beim Insolvenzgericht zur Einsicht niedergelegten Forderungsverzeichnis zu überprüfen und erforderlichenfalls zu ergänzen. Auf die Zustellung nach Satz 1 ist § 8 Abs. 1 Satz 2, 3, Abs. 2 und 3 nicht anzuwenden.
(2) Geht binnen der Frist nach Absatz 1 Satz 1 bei Gericht die Stellungnahme eines Gläubigers nicht ein, so gilt dies als Einverständnis mit dem Schuldenbereinigungsplan. Darauf ist in der Aufforderung hinzuweisen.
(3) Nach Ablauf der Frist nach Absatz 1 Satz 1 ist dem Schuldner Gelegenheit zu geben, den Schuldenbereinigungsplan binnen einer vom Gericht zu bestimmenden Frist zu ändern oder zu ergänzen, wenn dies auf Grund der Stellungnahme eines Gläubigers erforderlich oder zur Förde-

rung einer einverständlichen Schuldenbereinigung sinnvoll erscheint. Die Änderungen oder Ergänzungen sind den Gläubigern zuzustellen, soweit dies erforderlich ist. Absatz 1 Satz 1, 3 und Absatz 2 gelten entsprechend.

§ 308 Annahme des Schuldenbereinigungsplans

(1) Hat kein Gläubiger Einwendungen gegen den Schuldenbereinigungsplan erhoben oder wird die Zustimmung nach § 309 ersetzt, so gilt der Schuldenbereinigungsplan als angenommen; das Insolvenzgericht stellt dies durch Beschluß fest. Der Schuldenbereinigungsplan hat die Wirkung eines Vergleichs im Sinne des § 794 Abs. 1 Nr. 1 der Zivilprozeßordnung. Den Gläubigern und dem Schuldner ist eine Ausfertigung des Schuldenbereinigungsplans und des Beschlusses nach Satz 1 zuzustellen.
(2) Die Anträge auf Eröffnung des Insolvenzverfahrens und auf Erteilung von Restschuldbefreiung gelten als zurückgenommen.
(3) Soweit Forderungen in dem Verzeichnis des Schuldners nicht enthalten sind und auch nicht nachträglich bei dem Zustandekommen des Schuldenbereinigungsplans berücksichtigt worden sind, können die Gläubiger von dem Schuldner Erfüllung verlangen. Dies gilt nicht, soweit ein Gläubiger die Angaben über seine Forderung in dem beim Insolvenzgericht zur Einsicht niedergelegten Forderungsverzeichnis nicht innerhalb der gesetzten Frist ergänzt hat, obwohl ihm der Schuldenbereinigungsplan übersandt wurde und die Forderung vor dem Ablauf der Frist entstanden war; insoweit erlischt die Forderung.

§ 309 Ersetzung der Zustimmung

(1) Hat dem Schuldenbereinigungsplan mehr als die Hälfte der benannten Gläubiger zugestimmt und beträgt die Summe der Ansprüche der zustimmenden Gläubiger mehr als die Hälfte der Summe der Ansprüche der benannten Gläubiger, so ersetzt das Insolvenzgericht auf Antrag eines Gläubigers oder des Schuldners die Einwendungen eines Gläubigers gegen den Schuldenbereinigungsplan durch eine Zustimmung. Dies gilt nicht, wenn

1. der Gläubiger, der Einwendungen erhoben hat, im Verhältnis zu den übrigen Gläubigern nicht angemessen beteiligt wird oder
2. dieser Gläubiger durch den Schuldenbereinigungsplan voraussichtlich wirtschaftlich schlechter gestellt wird, als er bei Durchführung des Verfahrens über die Anträge auf Eröffnung des Insolvenzverfahrens und Erteilung von Restschuldbefreiung stünde; hierbei ist im Zweifel zugrunde zu legen, daß die Einkommens-, Vermögens- und Familienverhältnisse des Schuldners zum Zeitpunkt des Antrags nach Satz 1 während der gesamten Dauer des Verfahrens maßgeblich bleiben.

(2) Vor der Entscheidung ist der Gläubiger zu hören. Die Gründe, die gemäß Absatz 1 Satz 2 einer Ersetzung seiner Einwendungen durch eine Zustimmung entgegenstehen, hat er glaubhaft zu machen. Gegen den Beschluß steht dem Antragsteller und dem Gläubiger, dessen Zustimmung ersetzt wird, die sofortige Beschwerde zu. § 4a Abs. 2 gilt entsprechend.
(3) Macht ein Gläubiger Tatsachen glaubhaft, aus denen sich ernsthafte Zweifel ergeben, ob eine vom Schuldner angegebene Forderung besteht oder sich auf einen höheren oder niedrigeren Betrag richtet als angegeben, und hängt vom Ausgang des Streits ab, ob der Gläubiger im Verhältnis zu den übrigen Gläubigern angemessen beteiligt wird (Absatz 1 Satz 2 Nr. 1), so kann die Zustimmung dieses Gläubigers nicht ersetzt werden.

§ 310 Kosten

Die Gläubiger haben gegen den Schuldner keinen Anspruch auf Erstattung der Kosten, die ihnen im Zusammenhang mit dem Schuldenbereinigungsplan entstehen.

§ 311 Aufnahme des Verfahrens über den Eröffnungsantrag

Werden Einwendungen gegen den Schuldenbereinigungsplan erhoben, die nicht gemäß § 309 durch gerichtliche Zustimmung ersetzt werden, so wird das Verfahren über den Eröffnungsantrag von Amts wegen wieder aufgenommen.

§ 312 (weggefallen)

§ 313 (weggefallen)

§ 314 (weggefallen)

Elfter Teil – Besondere Arten des Insolvenzverfahrens

Erster Abschnitt – Nachlaßinsolvenzverfahren

§ 315 Örtliche Zuständigkeit

Für das Insolvenzverfahren über einen Nachlaß ist ausschließlich das Insolvenzgericht örtlich zuständig, in dessen Bezirk der Erblasser zur Zeit seines Todes seinen allgemeinen Gerichtsstand hatte. Lag der Mittelpunkt einer selbständigen wirtschaftlichen Tätigkeit des Erblassers an einem anderen Ort, so ist ausschließlich das Insolvenzgericht zuständig, in dessen Bezirk dieser Ort liegt.

§ 316 Zulässigkeit der Eröffnung

(1) Die Eröffnung des Insolvenzverfahrens wird nicht dadurch ausgeschlossen, daß der Erbe die Erbschaft noch nicht angenommen hat oder daß er für die Nachlaßverbindlichkeiten unbeschränkt haftet.
(2) Sind mehrere Erben vorhanden, so ist die Eröffnung des Verfahrens auch nach der Teilung des Nachlasses zulässig.
(3) Über einen Erbteil findet ein Insolvenzverfahren nicht statt.

§ 317 Antragsberechtigte

(1) Zum Antrag auf Eröffnung des Insolvenzverfahrens über einen Nachlaß ist jeder Erbe, der Nachlaßverwalter sowie ein anderer Nachlaßpfleger, ein Testamentsvollstrecker, dem die Verwaltung des Nachlasses zusteht, und jeder Nachlaßgläubiger berechtigt.
(2) Wird der Antrag nicht von allen Erben gestellt, so ist er zulässig, wenn der Eröffnungsgrund glaubhaft gemacht wird. Das Insolvenzgericht hat die übrigen Erben zu hören.
(3) Steht die Verwaltung des Nachlasses einem Testamentsvollstrecker zu, so ist, wenn der Erbe die Eröffnung beantragt, der Testamentsvollstrecker, wenn der Testamentsvollstrecker den Antrag stellt, der Erbe zu hören.

§ 318 Antragsrecht beim Gesamtgut

(1) Gehört der Nachlaß zum Gesamtgut einer Gütergemeinschaft, so kann sowohl der Ehegatte, der Erbe ist, als auch der Ehegatte, der nicht Erbe ist, aber das Gesamtgut allein oder mit seinem Ehegatten gemeinschaftlich verwaltet, die Eröffnung des Insolvenzverfahrens über den Nachlaß beantragen. Die Zustimmung des anderen Ehegatten ist nicht erforderlich. Die Ehegatten behalten das Antragsrecht, wenn die Gütergemeinschaft endet.

(2) Wird der Antrag nicht von beiden Ehegatten gestellt, so ist er zulässig, wenn der Eröffnungsgrund glaubhaft gemacht wird. Das Insolvenzgericht hat den anderen Ehegatten zu hören.
(3) Die Absätze 1 und 2 gelten für Lebenspartner entsprechend.

§ 319 Antragsfrist

Der Antrag eines Nachlaßgläubigers auf Eröffnung des Insolvenzverfahrens ist unzulässig, wenn seit der Annahme der Erbschaft zwei Jahre verstrichen sind.

§ 320 Eröffnungsgründe

Gründe für die Eröffnung des Insolvenzverfahrens über einen Nachlaß sind die Zahlungsunfähigkeit und die Überschuldung. Beantragt der Erbe, der Nachlaßverwalter oder ein anderer Nachlaßpfleger oder ein Testamentsvollstrecker die Eröffnung des Verfahrens, so ist auch die drohende Zahlungsunfähigkeit Eröffnungsgrund.

§ 321 Zwangsvollstreckung nach Erbfall

Maßnahmen der Zwangsvollstreckung in den Nachlaß, die nach dem Eintritt des Erbfalls erfolgt sind, gewähren kein Recht zur abgesonderten Befriedigung.

§ 322 Anfechtbare Rechtshandlungen des Erben

Hat der Erbe vor der Eröffnung des Insolvenzverfahrens aus dem Nachlaß Pflichtteilsansprüche, Vermächtnisse oder Auflagen erfüllt, so ist diese Rechtshandlung in gleicher Weise anfechtbar wie eine unentgeltliche Leistung des Erben.

§ 323 Aufwendungen des Erben

Dem Erben steht wegen der Aufwendungen, die ihm nach den §§ 1978, 1979 des Bürgerlichen Gesetzbuchs aus dem Nachlaß zu ersetzen sind, ein Zurückbehaltungsrecht nicht zu.

§ 324 Masseverbindlichkeiten

(1) Masseverbindlichkeiten sind außer den in den §§ 54, 55 bezeichneten Verbindlichkeiten:
1. die Aufwendungen, die dem Erben nach den §§ 1978, 1979 des Bürgerlichen Gesetzbuchs aus dem Nachlaß zu ersetzen sind;
2. die Kosten der Beerdigung des Erblassers;
3. die im Falle der Todeserklärung des Erblassers dem Nachlaß zur Last fallenden Kosten des Verfahrens;
4. die Kosten der Eröffnung einer Verfügung des Erblassers von Todes wegen, der gerichtlichen Sicherung des Nachlasses, einer Nachlaßpflegschaft, des Aufgebots der Nachlaßgläubiger und der Inventarerrichtung;
5. die Verbindlichkeiten aus den von einem Nachlaßpfleger oder einem Testamentsvollstrecker vorgenommenen Rechtsgeschäften;
6. die Verbindlichkeiten, die für den Erben gegenüber einem Nachlaßpfleger, einem Testamentsvollstrecker oder einem Erben, der die Erbschaft ausgeschlagen hat, aus der Geschäftsführung dieser Personen entstanden sind, soweit die Nachlaßgläubiger verpflichtet wären, wenn die bezeichneten Personen die Geschäfte für sie zu besorgen gehabt hätten.

(2) Im Falle der Masseunzulänglichkeit haben die in Absatz 1 bezeichneten Verbindlichkeiten den Rang des § 209 Abs. 1 Nr. 3.

§325 Nachlaßverbindlichkeiten

Im Insolvenzverfahren über einen Nachlaß können nur die Nachlaßverbindlichkeiten geltend gemacht werden.

§ 326 Ansprüche des Erben

(1) Der Erbe kann die ihm gegen den Erblasser zustehenden Ansprüche geltend machen.
(2) Hat der Erbe eine Nachlaßverbindlichkeit erfüllt, so tritt er, soweit nicht die Erfüllung nach § 1979 des Bürgerlichen Gesetzbuchs als für Rechnung des Nachlasses erfolgt gilt, an die Stelle des Gläubigers, es sei denn, daß er für die Nachlaßverbindlichkeiten unbeschränkt haftet.
(3) Haftet der Erbe einem einzelnen Gläubiger gegenüber unbeschränkt, so kann er dessen Forderung für den Fall geltend machen, daß der Gläubiger sie nicht geltend macht.

§ 327 Nachrangige Verbindlichkeiten

(1) Im Rang nach den in § 39 bezeichneten Verbindlichkeiten und in folgender Rangfolge, bei gleichem Rang nach dem Verhältnis ihrer Beträge, werden erfüllt:
1. die Verbindlichkeiten gegenüber Pflichtteilsberechtigten;
2. die Verbindlichkeiten aus den vom Erblasser angeordneten Vermächtnissen und Auflagen;
3. (weggefallen)

(2) Ein Vermächtnis, durch welches das Recht des Bedachten auf den Pflichtteil nach § 2307 des Bürgerlichen Gesetzbuchs ausgeschlossen wird, steht, soweit es den Pflichtteil nicht übersteigt, im Rang den Pflichtteilsrechten gleich. Hat der Erblasser durch Verfügung von Todes wegen angeordnet, daß ein Vermächtnis oder eine Auflage vor einem anderen Vermächtnis oder einer anderen Auflage erfüllt werden soll, so hat das Vermächtnis oder die Auflage den Vorrang.
(3) Eine Verbindlichkeit, deren Gläubiger im Wege des Aufgebotsverfahrens ausgeschlossen ist oder nach § 1974 des Bürgerlichen Gesetzbuchs einem ausgeschlossenen Gläubiger gleichsteht, wird erst nach den in § 39 bezeichneten Verbindlichkeiten und, soweit sie zu den in Absatz 1 bezeichneten Verbindlichkeiten gehört, erst nach den Verbindlichkeiten erfüllt, mit denen sie ohne die Beschränkung gleichen Rang hätte. Im übrigen wird durch die Beschränkungen an der Rangordnung nichts geändert.

§ 328 Zurückgewährte Gegenstände

(1) Was infolge der Anfechtung einer vom Erblasser oder ihm gegenüber vorgenommenen Rechtshandlung zur Insolvenzmasse zurückgewährt wird, darf nicht zur Erfüllung der in § 327 Abs. 1 bezeichneten Verbindlichkeiten verwendet werden.
(2) Was der Erbe auf Grund der §§ 1978 bis 1980 des Bürgerlichen Gesetzbuchs zur Masse zu ersetzen hat, kann von den Gläubigern, die im Wege des Aufgebotsverfahrens ausgeschlossen sind oder nach § 1974 des Bürgerlichen Gesetzbuchs einem ausgeschlossenen Gläubiger gleichstehen, nur insoweit beansprucht werden, als der Erbe auch nach den Vorschriften über die Herausgabe einer ungerechtfertigten Bereicherung ersatzpflichtig wäre.

§ 329 Nacherbfolge

Die §§ 323, 324 Abs. 1 Nr. 1 und § 326 Abs. 2, 3 gelten für den Vorerben auch nach dem Eintritt der Nacherbfolge.

§ 330 Erbschaftskauf

(1) Hat der Erbe die Erbschaft verkauft, so tritt für das Insolvenzverfahren der Käufer an seine Stelle.
(2) Der Erbe ist wegen einer Nachlaßverbindlichkeit, die im Verhältnis zwischen ihm und dem Käufer diesem zur Last fällt, wie ein Nachlaßgläubiger zum Antrag auf Eröffnung des Verfahrens

berechtigt. Das gleiche Recht steht ihm auch wegen einer anderen Nachlaßverbindlichkeit zu, es sei denn, daß er unbeschränkt haftet oder daß eine Nachlaßverwaltung angeordnet ist. Die §§ 323, 324 Abs. 1 Nr. 1 und § 326 gelten für den Erben auch nach dem Verkauf der Erbschaft.
(3) Die Absätze 1 und 2 gelten entsprechend für den Fall, daß jemand eine durch Vertrag erworbene Erbschaft verkauft oder sich in sonstiger Weise zur Veräußerung einer ihm angefallenen oder anderweitig von ihm erworbenen Erbschaft verpflichtet hat.

§ 331 Gleichzeitige Insolvenz des Erben

(1) Im Insolvenzverfahren über das Vermögen des Erben gelten, wenn auch über den Nachlaß das Insolvenzverfahren eröffnet oder wenn eine Nachlaßverwaltung angeordnet ist, die §§ 52, 190, 192, 198, 237 Abs. 1 Satz 2 entsprechend für Nachlaßgläubiger, denen gegenüber der Erbe unbeschränkt haftet.
(2) Gleiches gilt, wenn ein Ehegatte der Erbe ist und der Nachlaß zum Gesamtgut gehört, das vom anderen Ehegatten allein verwaltet wird, auch im Insolvenzverfahren über das Vermögen des anderen Ehegatten und, wenn das Gesamtgut von den Ehegatten gemeinschaftlich verwaltet wird, auch im Insolvenzverfahren über das Gesamtgut und im Insolvenzverfahren über das sonstige Vermögen des Ehegatten, der nicht Erbe ist. Satz 1 gilt für Lebenspartner entsprechend.

Zweiter Abschnitt – Insolvenzverfahren über das Gesamtgut einer fortgesetzten Gütergemeinschaft

§ 332 Verweisung auf das Nachlaßinsolvenzverfahren

(1) Im Falle der fortgesetzten Gütergemeinschaft gelten die §§ 315 bis 331 entsprechend für das Insolvenzverfahren über das Gesamtgut.
(2) Insolvenzgläubiger sind nur die Gläubiger, deren Forderungen schon zur Zeit des Eintritts der fortgesetzten Gütergemeinschaft als Gesamtgutsverbindlichkeiten bestanden.
(3) Die anteilsberechtigten Abkömmlinge sind nicht berechtigt, die Eröffnung des Verfahrens zu beantragen. Sie sind jedoch vom Insolvenzgericht zu einem Eröffnungsantrag zu hören.

Dritter Abschnitt – Insolvenzverfahren über das gemeinschaftlich verwaltete Gesamtgut einer Gütergemeinschaft

§ 333 Antragsrecht, Eröffnungsgründe

(1) Zum Antrag auf Eröffnung des Insolvenzverfahrens über das Gesamtgut einer Gütergemeinschaft, das von den Ehegatten gemeinschaftlich verwaltet wird, ist jeder Gläubiger berechtigt, der die Erfüllung einer Verbindlichkeit aus dem Gesamtgut verlangen kann.
(2) Antragsberechtigt ist auch jeder Ehegatte. Wird der Antrag nicht von beiden Ehegatten gestellt, so ist er zulässig, wenn die Zahlungsunfähigkeit des Gesamtguts glaubhaft gemacht wird; das Insolvenzgericht hat den anderen Ehegatten zu hören. Wird der Antrag von beiden Ehegatten gestellt, so ist auch die drohende Zahlungsunfähigkeit Eröffnungsgrund.
(3) Die Absätze 1 und 2 gelten für Lebenspartner entsprechend.

§ 334 Persönliche Haftung der Ehegatten

(1) Die persönliche Haftung der Ehegatten oder Lebenspartner für die Verbindlichkeiten, deren Erfüllung aus dem Gesamtgut verlangt werden kann, kann während der Dauer des Insolvenzverfahrens nur vom Insolvenzverwalter oder vom Sachwalter geltend gemacht werden.
(2) Im Falle eines Insolvenzplans gilt für die persönliche Haftung der Ehegatten § 227 Abs. 1 entsprechend.

Zwölfter Teil - Internationales Insolvenzrecht

Erster Abschnitt - Allgemeine Vorschriften

§ 335 Grundsatz

Das Insolvenzverfahren und seine Wirkungen unterliegen, soweit nichts anderes bestimmt ist, dem Recht des Staats, in dem das Verfahren eröffnet worden ist.

§ 336 Vertrag

über einen unbeweglichen Gegenstand Die Wirkungen des Insolvenzverfahrens auf einen Vertrag, der ein dingliches Recht an einem unbeweglichen Gegenstand oder ein Recht zur Nutzung eines unbeweglichen Gegenstandes betrifft, unterliegen dem Recht des Staats, in dem der Gegenstand belegen ist. Bei einem im Schiffsregister, Schiffsbauregister oder Register für Pfandrechte an Luftfahrzeugen eingetragenen Gegenstand ist das Recht des Staats maßgebend, unter dessen Aufsicht das Register geführt wird.

§ 337 Arbeitsverhältnis

Die Wirkungen des Insolvenzverfahrens auf ein Arbeitsverhältnis unterliegen dem Recht, das nach dem der Verordnung (EG) Nr. 593/2008 des Europäischen Parlaments und des Rates vom 17. Juni 2008 über das auf vertragliche Schuldverhältnisse anzuwendende Recht (Rom I) (ABl. L 177 vom 4.7.2008, S. 6 für das Arbeitsverhältnis maßgebend ist.

§ 338 Aufrechnung

Das Recht eines Insolvenzgläubigers zur Aufrechnung wird von der Eröffnung des Insolvenzverfahrens nicht berührt, wenn er nach dem für die Forderung des Schuldners maßgebenden Recht zur Zeit der Eröffnung des Insolvenzverfahrens zur Aufrechnung berechtigt ist.

§ 329 Insolvenzanfechtung

Eine Rechtshandlung kann angefochten werden, wenn die Voraussetzungen der Insolvenzanfechtung nach dem Recht des Staats der Verfahrenseröffnung erfüllt sind, es sei denn, der Anfechtungsgegner weist nach, dass für die Rechtshandlung das Recht eines anderen Staats maßgebend und die Rechtshandlung nach diesem Recht in keiner Weise angreifbar ist.

§ 340 Organisierte Märkte. Pensionsgeschäfte

(1) Die Wirkungen des Insolvenzverfahrens auf die Rechte und Pflichten der Teilnehmer an einem organisierten Markt nach § 2 Abs. 11 des Wertpapierhandelsgesetzes unterliegen dem Recht des Staats, das für diesen Markt gilt.
(2) Die Wirkungen des Insolvenzverfahrens auf Pensionsgeschäfte im Sinne des § 340b des Handelsgesetzbuchs sowie auf Schuldumwandlungsverträge und Aufrechnungsvereinbarungen unterliegen dem Recht des Staats, das für diese Verträge maßgebend ist.
(3) Für die Teilnehmer an einem System im Sinne von § 1 Abs. 16 des Kreditwesengesetzes gilt Absatz 1 entsprechend.

§ 341 Ausübung von Gläubigerrechten

(1) Jeder Gläubiger kann seine Forderungen im Hauptinsolvenzverfahren und in jedem Sekundärinsolvenzverfahren anmelden.

(2) Der Insolvenzverwalter ist berechtigt, eine in dem Verfahren, für das er bestellt ist, angemeldete Forderung in einem anderen Insolvenzverfahren über das Vermögen des Schuldners anzumelden. Das Recht des Gläubigers, die Anmeldung abzulehnen oder zurückzunehmen, bleibt unberührt.
(3) Der Verwalter gilt als bevollmächtigt, das Stimmrecht aus einer Forderung, die in dem Verfahren, für das er bestellt ist, angemeldet worden ist, in einem anderen Insolvenzverfahren über das Vermögen des Schuldners auszuüben, sofern der Gläubiger keine anderweitige Bestimmung trifft.

§ 342 Herausgabepflicht. Anrechnung

(1) Erlangt ein Insolvenzgläubiger durch Zwangsvollstreckung, durch eine Leistung des Schuldners oder in sonstiger Weise etwas auf Kosten der Insolvenzmasse aus dem Vermögen, das nicht im Staat der Verfahrenseröffnung belegen ist, so hat er das Erlangte dem Insolvenzverwalter herauszugeben. Die Vorschriften über die Rechtsfolgen einer ungerechtfertigten Bereicherung gelten entsprechend.
(2) Der Insolvenzgläubiger darf behalten, was er in einem Insolvenzverfahren erlangt hat, das in einem anderen Staat eröffnet worden ist. Er wird jedoch bei den Verteilungen erst berücksichtigt, wenn die übrigen Gläubiger mit ihm gleichgestellt sind.
(3) Der Insolvenzgläubiger hat auf Verlangen des Insolvenzverwalters Auskunft über das Erlangte zu geben.

Zweiter Abschnitt - Ausländisches Insolvenzverfahren

§ 343 Anerkennung

(1) Die Eröffnung eines ausländischen Insolvenzverfahrens wird anerkannt. Dies gilt nicht,
1. wenn die Gerichte des Staats der Verfahrenseröffnung nach deutschem Recht nicht zuständig sind;
2. soweit die Anerkennung zu einem Ergebnis führt, das mit wesentlichen Grundsätzen des deutschen Rechts offensichtlich unvereinbar ist, insbesondere soweit sie mit den Grundrechten unvereinbar ist.

(2) Absatz 1 gilt entsprechend für Sicherungsmaßnahmen, die nach dem Antrag auf Eröffnung des Insolvenzverfahrens getroffen werden, sowie für Entscheidungen, die zur Durchführung oder Beendigung des anerkannten Insolvenzverfahrens ergangen sind.

§344 Sicherungsmaßnahmen

(1) Wurde im Ausland vor Eröffnung eines Hauptinsolvenzverfahrens ein vorläufiger Verwalter bestellt, so kann auf seinen Antrag das zuständige Insolvenzgericht die Maßnahmen nach § 21 anordnen, die zur Sicherung des von einem inländischen Sekundärinsolvenzverfahren erfassten Vermögens erforderlich erscheinen.
(2) Gegen den Beschluss steht auch dem vorläufigen Verwalter die sofortige Beschwerde zu.

§ 345 Öffentliche Bekanntmachung

(1) Sind die Voraussetzungen für die Anerkennung der Verfahrenseröffnung gegeben, so hat das Insolvenzgericht auf Antrag des ausländischen Insolvenzverwalters den wesentlichen Inhalt der Entscheidung über die Verfahrenseröffnung und der Entscheidung über die Bestellung des Insolvenzverwalters im Inland bekannt zu machen. § 9 Abs. 1 und 2 und § 30 Abs. 1 gelten entsprechend. Ist die Eröffnung des Insolvenzverfahrens bekannt gemacht worden, so ist die Beendigung in gleicher Weise bekannt zu machen.
(2) Hat der Schuldner im Inland eine Niederlassung, so erfolgt die öffentliche Bekanntmachung von Amts wegen. Der Insolvenzverwalter oder ein ständiger Vertreter nach § 13e Abs. 2 Satz 5 Nr. 3 des Handelsgesetzbuchs unterrichtet das nach § 348 Abs. 1 zuständige Insolvenzgericht.

(3) Der Antrag ist nur zulässig, wenn glaubhaft gemacht wird, dass die tatsächlichen Voraussetzungen für die Anerkennung der Verfahrenseröffnung vorliegen. Dem Verwalter ist eine Ausfertigung des Beschlusses, durch den die Bekanntmachung angeordnet wird, zu erteilen. Gegen die Entscheidung des Insolvenzgerichts, mit der die öffentliche Bekanntmachung abgelehnt wird, steht dem ausländischen Verwalter die sofortige Beschwerde zu.

§ 346 Grundbuch

(1) Wird durch die Verfahrenseröffnung oder durch Anordnung von Sicherungsmaßnahmen nach § 343 Abs. 2 oder § 344 Abs. 1 die Verfügungsbefugnis des Schuldners eingeschränkt, so hat das Insolvenzgericht auf Antrag des ausländischen Insolvenzverwalters das Grundbuchamt zu ersuchen, die Eröffnung des Insolvenzverfahrens und die Art der Einschränkung der Verfügungsbefugnis des Schuldners in das Grundbuch einzutragen:
1. bei Grundstücken, als deren Eigentümer der Schuldner eingetragen ist;
2. bei den für den Schuldner eingetragenen Rechten an Grundstücken und an eingetragenen Rechten, wenn nach der Art des Rechts und den Umständen zu befürchten ist, dass ohne die Eintragung die Insolvenzgläubiger benachteiligt würden.
(2) Der Antrag nach Absatz 1 ist nur zulässig, wenn glaubhaft gemacht wird, dass die tatsächlichen Voraussetzungen für die Anerkennung der Verfahrenseröffnung vorliegen. Gegen die Entscheidung des Insolvenzgerichts steht dem ausländischen Verwalter die sofortige Beschwerde zu. Für die Löschung der Eintragung gilt § 32 Abs. 3 Satz 1 entsprechend.
(3) Für die Eintragung der Verfahrenseröffnung in das Schiffsregister, das Schiffsbauregister und das Register für Pfandrechte an Luftfahrzeugen gelten die Absätze 1 und 2 entsprechend.

§ 347 Nachweis der Verwalterbestellung. Unterrichtung des Gerichts

(1) Der ausländische Insolvenzverwalter weist seine Bestellung durch eine beglaubigte Abschrift der Entscheidung, durch die er bestellt worden ist, oder durch eine andere von der zuständigen Stelle ausgestellte Bescheinigung nach. Das Insolvenzgericht kann eine Übersetzung verlangen, die von einer hierzu im Staat der Verfahrenseröffnung befugten Person zu beglaubigen ist.
(2) Der ausländische Insolvenzverwalter, der einen Antrag nach den §§ 344 bis 346 gestellt hat, unterrichtet das Insolvenzgericht über alle wesentlichen Änderungen in dem ausländischen Verfahren und über alle ihm bekannten weiteren ausländischen Insolvenzverfahren über das Vermögen des Schuldners.

§ 348 Zuständiges Insolvenzgericht. Zusammenarbeit der Insolvenzgerichte

(1) Für die Entscheidungen nach den §§ 344 bis 346 ist ausschließlich das Insolvenzgericht zuständig, in dessen Bezirk die Niederlassung oder, wenn eine Niederlassung fehlt, Vermögen des Schuldners belegen ist. § 3 Abs. 3 gilt entsprechend.
(2) Sind die Voraussetzungen für die Anerkennung eines ausländischen Insolvenzverfahrens gegeben oder soll geklärt werden, ob die Voraussetzungen vorliegen, so kann das Insolvenzgericht mit dem ausländischen Insolvenzgericht zusammenarbeiten, insbesondere Informationen weitergeben, die für das ausländische Verfahren von Bedeutung sind.
(3) Die Landesregierungen werden ermächtigt, zur sachdienlichen Förderung oder schnelleren Erledigung der Verfahren durch Rechtsverordnung die Entscheidungen nach den §§ 344 bis 346 für die Bezirke mehrerer Insolvenzgerichte einem von diesen zuzuweisen. Die Landesregierungen können die Ermächtigungen auf die Landesjustizverwaltungen übertragen.
(4) Die Länder können vereinbaren, dass die Entscheidungen nach den §§ 344 bis 346 für mehrere Länder den Gerichten eines Landes zugewiesen werden. Geht ein Antrag nach den §§ 344 bis 346 bei einem unzuständigen Gericht ein, so leitet dieses den Antrag unverzüglich an das zuständige Gericht weiter und unterrichtet hierüber den Antragsteller.

§ 349 Verfügungen über unbewegliche Gegenstände

(1) Hat der Schuldner über einen Gegenstand der Insolvenzmasse, der im Inland im Grundbuch, Schiffsregister, Schiffsbauregister oder Register für Pfandrechte an Luftfahrzeugen eingetragen ist, oder über ein Recht an einem solchen Gegenstand verfügt, so sind die §§ 878, 892, 893 des Bürgerlichen Gesetzbuchs, § 3 Abs. 3, §§ 16, 17 des Gesetzes über Rechte an eingetragenen Schiffen und Schiffsbauwerken und § 5 Abs. 3, §§ 16, 17 des Gesetzes über Rechte an Luftfahrzeugen anzuwenden.
(2) Ist zur Sicherung eines Anspruchs im Inland eine Vormerkung im Grundbuch, Schiffsregister, Schiffsbauregister oder Register für Pfandrechte an Luftfahrzeugen eingetragen, so bleibt § 106 unberührt.

§ 350 Leistung an den Schuldner

Ist im Inland zur Erfüllung einer Verbindlichkeit an den Schuldner geleistet worden, obwohl die Verbindlichkeiten zur Insolvenzmasse des ausländischen Insolvenzverfahrens zu erfüllen war, so wird der Leistende befreit, wenn er zur Zeit der Leistung die Eröffnung des Verfahrens nicht kannte. Hat er vor der öffentlichen Bekanntmachung nach § 345 geleistet, so wird vermutet, dass er die Eröffnung nicht kannte.

§ 351 Dingliche Rechte

(1) Das Recht eines Dritten an einem Gegenstand der Insolvenzmasse, der zur Zeit der Eröffnung des ausländischen Insolvenzverfahrens im Inland belegen war, und das nach inländischem Recht einen Anspruch auf Aussonderung oder auf abgesonderte Befriedigung gewährt, wird von der Eröffnung des ausländischen Insolvenzverfahrens nicht berührt.
(2) Die Wirkungen des ausländischen Insolvenzverfahrens auf Rechte des Schuldners an unbeweglichen Gegenständen, die im Inland belegen sind, bestimmen sich, unbeschadet des § 336 Satz 2, nach deutschem Recht.

§ 352 Unterbrechung und Aufnahme eines Rechtsstreits

(1) Durch die Eröffnung des ausländischen Insolvenzverfahrens wird ein Rechtsstreit unterbrochen, der zur Zeit der Eröffnung anhängig ist und die Insolvenzmasse betrifft. Die Unterbrechung dauert an, bis der Rechtsstreit von einer Person aufgenommen wird, die nach dem Recht des Staats der Verfahrenseröffnung zur Fortführung des Rechtsstreits berechtigt ist, oder bis das Insolvenzverfahren beendet ist.
(2) Absatz 1 gilt entsprechend, wenn die Verwaltungs- und Verfügungsbefugnis über das Vermögen des Schuldners durch die Anordnung von Sicherungsmaßnahmen nach § 343 Abs. 2 auf einen vorläufigen Insolvenzverwalter übergeht.

§ 353 Vollstreckbarkeit ausländischer Entscheidungen

(1) Aus einer Entscheidung, die in dem ausländischen Insolvenzverfahren ergeht, findet die Zwangsvollstreckung nur statt, wenn ihre Zulässigkeit durch ein Vollstreckungsurteil ausgesprochen ist. § 722 Abs 2 und § 723 Abs. 1 der Zivilprozessordnung gelten entsprechend.
(2) Für die in § 343 Abs. 2 genannten Sicherungsmaßnahmen gilt Absatz 1 entsprechend.

Dritter Abschnitt - Partikularverfahren über das Inlandsvermögen

§ 354 Voraussetzungen des Partikularverfahrens

(1) Ist die Zuständigkeit eines deutschen Gerichts zur Eröffnung eines Insolvenzverfahrens über das gesamte Vermögen des Schuldners nicht gegeben, hat der Schuldner jedoch im Inland eine Niederlassung oder sonstiges Vermögen, so ist auf Antrag eines Gläubigers ein besonderes Insolvenzverfahren über das inländische Vermögen des Schuldners (Partikularverfahren) zulässig.
(2) Hat der Schuldner im Inland keine Niederlassung, so ist der Antrag eines Gläubigers auf Eröffnung eines Partikularverfahrens nur zulässig, wenn dieser ein besonderes Interesse an der Eröffnung des Verfahrens hat, insbesondere, wenn er in einem ausländischen Verfahren voraussichtlich erheblich schlechter stehen wird als in einem inländischen Verfahren. Das besondere Interesse ist vom Antragsteller glaubhaft zu machen.
(3) Für das Verfahren ist ausschließlich das Insolvenzgericht zuständig, in dessen Bezirk die Niederlassung oder, wenn eine Niederlassung fehlt, Vermögen des Schuldners belegen ist. § 3 Abs. 3 gilt entsprechend.

§ 355 Restschuldbefreiung. Insolvenzplan

(1) Im Partikularverfahren sind die Vorschriften über die Restschuldbefreiung nicht anzuwenden.
(2) Ein Insolvenzplan, in dem eine Stundung, ein Erlass oder sonstige Einschränkungen der Rechte der Gläubiger vorgesehen sind, kann in diesem Verfahren nur bestätigt werden, wenn alle betroffenen Gläubiger dem Plan zugestimmt haben.

§ 356 Sekundärinsolvenzverfahren

(1) Die Anerkennung eines ausländischen Hauptinsolvenzverfahrens schließt ein Sekundärinsolvenzverfahren über das inländische Vermögen nicht aus. Für das Sekundärinsolvenzverfahren gelten ergänzend die §§ 357 und 358.
(2) Zum Antrag auf Eröffnung des Sekundärinsolvenzverfahrens ist auch der ausländische Insolvenzverwalter berechtigt.
(3) Das Verfahren wird eröffnet, ohne dass ein Eröffnungsgrund festgestellt werden muss.

§ 357 Zusammenarbeit der Insolvenzverwalter

(1) Der Insolvenzverwalter hat dem ausländischen Verwalter unverzüglich alle Umstände mitzuteilen, die für die Durchführung des ausländischen Verfahrens Bedeutung haben können. Er hat dem ausländischen Verwalter Gelegenheit zu geben, Vorschläge für die Verwertung oder sonstige Verwendung des inländischen Vermögens zu unterbreiten.
(2) Der ausländische Verwalter ist berechtigt, an den Gläubigerversammlungen teilzunehmen.
(3) Ein Insolvenzplan ist dem ausländischen Verwalter zur Stellungnahme zuzuleiten. Der ausländische Verwalter ist berechtigt, selbst einen Plan vorzulegen. § 218 Abs. 1 Satz 2 und 3 gilt entsprechend.

§ 358 Überschuss bei der Schlussverteilung

Können bei der Schlussverteilung im Sekundärinsolvenzverfahren alle Forderungen in voller Höhe berichtigt werden, so hat der Insolvenzverwalter einen verbleibenden Überschuss dem ausländischen Verwalter des Hauptinsolvenzverfahrens herauszugeben.

Dreizehnter Teil – Inkrafttreten

§ 359 Verweisung auf das Einführungsgesetz

Dieses Gesetz tritt an dem Tage in Kraft, der durch das Einführungsgesetz zur Insolvenzordnung bestimmt wird.

Auszug aus dem Einführungsgesetz zur Insolvenzordnung (EGInsO)

vom 5.10.1994 (BGBl. I S. 2911), zuletzt geändert durch Artikel 36 des Gesetzes vom 10.8.2021 (BGBl. I S. 3436).

Art 102 Durchführung der Verordnung (EG) Nr. 1346/2000 über Insolvenzverfahren

§ 1 Örtliche Zuständigkeit

(1) Kommt in einem Insolvenzverfahren den deutschen Gerichten nach Artikel 3 Abs. 1 der Verordnung (EG) Nr. 1346/2000 des Rates vom 29. Mai 2000 über Insolvenzverfahren (ABl. EG Nr. L 160 S. 1) die internationale Zuständigkeit zu, ohne dass nach § 3 der Insolvenzordnung ein inländischer Gerichtsstand begründet wäre, so ist das Insolvenzgericht ausschließlich zuständig, in dessen Bezirk der Schuldner den Mittelpunkt seiner hauptsächlichen Interessen hat.
(2) Besteht eine Zuständigkeit der deutschen Gerichte nach Artikel 3 Abs. 2 der Verordnung (EG) Nr. 1346/2000, so ist ausschließlich das Insolvenzgericht zuständig, in dessen Bezirk die Niederlassung des Schuldners liegt. § 3 Abs. 2 der Insolvenzordnung gilt entsprechend.
(3) Unbeschadet der Zuständigkeit nach den Absätzen 1 und 2 ist für Entscheidungen oder sonstige Maßnahmen nach der Verordnung (EG) Nr. 1346/2000 jedes inländische Insolvenzgericht zuständig, in dessen Bezirk Vermögen des Schuldners belegen ist. Die Landesregierungen werden ermächtigt, zur sachdienlichen Förderung oder schnelleren Erledigung der Verfahren durch Rechtsverordnung die Entscheidungen oder Maßnahmen nach der Verordnung (EG) Nr. 1346/2000 für die Bezirke mehrerer Insolvenzgerichte einem von diesen zuzuweisen. Die Landesregierungen können die Ermächtigung auf die Landesjustizverwaltungen übertragen.

§ 2 Begründung des Eröffnungsbeschlusses

Ist anzunehmen, dass sich Vermögen des Schuldners in einem anderen Mitgliedstaat der Europäischen Union befindet, sollen im Eröffnungsbeschluss die tatsächlichen Feststellungen und rechtlichen Erwägungen kurz dargestellt werden, aus denen sich eine Zuständigkeit nach Artikel 3 der Verordnung (EG) Nr. 1346/2000 für die deutschen Gerichte ergibt.

§ 3 Vermeidung von Kompetenzkonflikten

(1) Hat das Gericht eines anderen Mitgliedstaats der Europäischen Union ein Hauptinsolvenzverfahren eröffnet, so ist, solange dieses Insolvenzverfahren anhängig ist, ein bei einem inländischen Insolvenzgericht gestellter Antrag auf Eröffnung eines solchen Verfahrens über das zur Insolvenzmasse gehörende Vermögen unzulässig. Ein entgegen Satz 1 eröffnetes Verfahren darf nicht fortgesetzt werden. Gegen die Eröffnung des inländischen Verfahrens ist auch der Verwalter des ausländischen Hauptinsolvenzverfahrens beschwerdebefugt.

(2) Hat das Gericht eines Mitgliedstaats der Europäischen Union die Eröffnung des Insolvenzverfahrens abgelehnt, weil nach Artikel 3 Abs. 1 der Verordnung (EG) Nr. 1346/2000 die deutschen Gerichte zuständig seien, so darf ein deutsches Insolvenzgericht die Eröffnung des Insolvenzverfahrens nicht ablehnen, weil die Gerichte des anderen Mitgliedstaats zuständig seien.

§ 4 Einstellung des Insolvenzverfahrens zugunsten der Gerichte eines anderen Mitgliedstaats

(1) Darf das Insolvenzgericht ein bereits eröffnetes Insolvenzverfahren nach § 3 Abs. 1 nicht fortsetzen, so stellt es von Amts wegen das Verfahren zugunsten der Gerichte des anderen Mitgliedstaats der Europäischen Union ein. Das Insolvenzgericht soll vor der Einstellung den Insolvenzverwalter, den Gläubigerausschuss, wenn ein solcher bestellt ist, und den Schuldner hören. Wird das Insolvenzverfahren eingestellt, so ist jeder Insolvenzgläubiger beschwerdebefugt.
(2) Wirkungen des Insolvenzverfahrens, die vor dessen Einstellung bereits eingetreten und nicht auf die Dauer dieses Verfahrens beschränkt sind, bleiben auch dann bestehen, wenn sie Wirkungen eines in einem anderen Mitgliedstaat der Europäischen Union eröffneten Insolvenzverfahrens widersprechen, die sich nach der Verordnung (EG) Nr. 1346/2000 auf das Inland erstrecken. Dies gilt auch für Rechtshandlungen, die während des eingestellten Verfahrens vom Insolvenzverwalter oder ihm gegenüber in Ausübung seines Amtes vorgenommen worden sind.
(3) Vor der Einstellung nach Absatz 1 hat das Insolvenzgericht das Gericht des anderen Mitgliedstaats der Europäischen Union, bei dem das Verfahren anhängig ist, über die bevorstehende Einstellung zu unterrichten; dabei soll angegeben werden, wie die Eröffnung des einzustellenden Verfahrens bekannt gemacht wurde, in welchen öffentlichen Büchern und Registern die Eröffnung eingetragen und wer Insolvenzverwalter ist. In dem Einstellungsbeschluss ist das Gericht des anderen Mitgliedstaats zu bezeichnen, zu dessen Gunsten das Verfahren eingestellt wird. Diesem Gericht ist eine Ausfertigung des Einstellungsbeschlusses zu übersenden. § 215 Abs. 2 der Insolvenzordnung ist nicht anzuwenden.

§ 5 Öffentliche Bekanntmachung

(1) Der Antrag auf öffentliche Bekanntmachung des wesentlichen Inhalts der Entscheidungen nach Artikel 21 Abs. 1 der Verordnung (EG) Nr. 1346/2000 ist an das nach § 1 zuständige Gericht zu richten. Das Gericht kann eine Übersetzung verlangen, die von einer hierzu in einem der Mitgliedstaaten der Europäischen Union befugten Person zu beglaubigen ist. § 9 Abs. 1 und 2 und § 30 Abs. 1 der Insolvenzordnung gelten entsprechend.
(2) Besitzt der Schuldner im Inland eine Niederlassung, so erfolgt die öffentliche Bekanntmachung nach Absatz 1 von Amts wegen. Ist die Eröffnung des Insolvenzverfahrens bekannt gemacht worden, so ist die Beendigung in gleicher Weise bekannt zu machen.

§ 6 Eintragung in öffentliche Bücher und Register

(1) Der Antrag auf Eintragung nach Artikel 22 der Verordnung (EG) Nr. 1346/2000 ist an das nach § 1 zuständige Gericht zu richten. Dieses ersucht die Register führende Stelle um Eintragung, wenn nach dem Recht des Staats, in dem das Hauptinsolvenzverfahren eröffnet wurde, die Verfahrenseröffnung ebenfalls eingetragen wird. § 32 Abs. 2 Satz 2 der Insolvenzordnung findet keine Anwendung.
(2) Die Form und der Inhalt der Eintragung richten sich nach deutschem Recht. Kennt das Recht des Staats der Verfahrenseröffnung Eintragungen, die dem deutschen Recht unbekannt sind, so hat das Insolvenzgericht eine Eintragung zu wählen, die der des Staats der Verfahrenseröffnung am nächsten kommt.
(3) Geht der Antrag nach Absatz 1 oder nach § 5 Abs. 1 bei einem unzuständigen Gericht ein, so leitet dieses den Antrag unverzüglich an das zuständige Gericht weiter und unterrichtet hierüber den Antragsteller.

§ 7 Rechtsmittel

Gegen die Entscheidung des Insolvenzgerichts nach § 5 oder § 6 findet die sofortige Beschwerde statt. Die §§ 574 bis 577 der Zivilprozessordnung gelten entsprechend.

§ 8 Vollstreckung aus der Eröffnungsentscheidung

(1) Ist der Verwalter eines Hauptinsolvenzverfahrens nach dem Recht des Staats der Verfahrenseröffnung befugt, auf Grund der Entscheidung über die Verfahrenseröffnung die Herausgabe der Sachen, die sich im Gewahrsam des Schuldners befinden, im Wege der Zwangsvollstreckung durchzusetzen, so gilt für die Vollstreckbarerklärung im Inland Artikel 25 Abs. 1 Unterabs. 1 der Verordnung (EG) Nr. 1346/2000. Für die Verwertung von Gegenständen der Insolvenzmasse im Wege der Zwangsvollstreckung gilt Satz 1 entsprechend.
(2) § 6 Abs. 3 findet entsprechend Anwendung.

§ 9 Insolvenzplan

Sieht ein Insolvenzplan eine Stundung, einen Erlass oder sonstige Einschränkungen der Rechte der Gläubiger vor, so darf er vom Insolvenzgericht nur bestätigt werden, wenn alle betroffenen Gläubiger dem Plan zugestimmt haben.

§ 10 Aussetzung der Verwertung

Wird auf Antrag des Verwalters des Hauptinsolvenzverfahrens nach Artikel 33 der Verordnung (EG) Nr. 1346/2000 in einem inländischen Sekundärinsolvenzverfahren die Verwertung eines Gegenstandes ausgesetzt, an dem ein Absonderungsrecht besteht, so sind dem Gläubiger laufend die geschuldeten Zinsen aus der Insolvenzmasse zu zahlen.

§ 11 Unterrichtung der Gläubiger

Neben dem Eröffnungsbeschluss ist den Gläubigern, die in einem anderen Mitgliedstaat der Europäischen Union ihren gewöhnlichen Aufenthalt, Wohnsitz oder Sitz haben, ein Hinweis zuzustellen, mit dem sie über die Folgen einer nachträglichen Forderungsanmeldung nach § 177 der Insolvenzordnung unterrichtet werden. § 8 der Insolvenzordnung gilt entsprechend.

Art 102a Insolvenzverwalter aus anderen Mitgliedstaaten der Europäischen Union

Angehörige eines anderen Mitgliedstaates der Europäischen Union oder Vertragsstaates des Abkommens über den Europäischen Wirtschaftsraum und Personen, die in einem dieser Staaten ihre berufliche Niederlassung haben, können das Verfahren zur Aufnahme in eine von dem Insolvenzgericht geführte Vorauswahlliste für Insolvenzverwalter über eine einheitliche Stelle nach den Vorschriften des Verwaltungsverfahrensgesetzes abwickeln. Über Anträge auf Aufnahme in eine Vorauswahlliste ist in diesen Fällen innerhalb einer Frist von drei Monaten zu entscheiden. § 42a Absatz 2 Satz 2 bis 4 des Verwaltungsverfahrensgesetzes gilt entsprechend.

Art 102b Durchführung der Verordnung (EU) Nr. 648/2012

§ 1 Ausfallbestimmungen von zentralen Gegenparteien

(1) Die Eröffnung des Insolvenzverfahrens hindert nicht
1. die Durchführung der nach Artikel 48 Absatz 2, 4, 5 Satz 3 und Absatz 6 Satz 3 der Verordnung (EU) Nr. 648/2012 des Europäischen Parlaments und des Rates vom 4. Juli 2012 über OTC-Derivate, zentrale Gegenparteien und Transaktionsregister (ABl. L 201 vom

27.7.2012, S. 1) gebotenen Maßnahmen zur Verwaltung, Glattstellung und sonstigen Abwicklung von Kundenpositionen und Eigenhandelspositionen des Clearingmitglieds,
2. die Durchführung der nach Artikel 48 Absatz 4 bis 6 der Verordnung (EU) Nr. 648/2012 gebotenen Maßnahmen der Übertragung von Kundenpositionen sowie
3. die nach Artikel 48 Absatz 7 der Verordnung (EU) Nr. 648/2012 gebotene Verwendung und Rückgewähr von Kundensicherheiten.

(2) Absatz 1 gilt entsprechend für die Anordnung von Sicherungsmaßnahmen nach § 21 der Insolvenzordnung.

§ 2 Unanfechtbarkeit

Die nach § 1 zulässigen Maßnahmen unterliegen nicht der Insolvenzanfechtung.

Artikel 102c Durchführung der Verordnung (EU) 2015/848 über Insolvenzverfahren

Teil 1 Allgemeine Bestimmungen

§ 1 Örtliche Zuständigkeit; Verordnungsermächtigung

(1) Kommt in einem Insolvenzverfahren den deutschen Gerichten nach Artikel 3 Absatz 1 der Verordnung (EU) 2015/848 des Europäischen Parlaments und des Rates vom 20. Mai 2015 über Insolvenzverfahren (ABl. L 141 vom 5.6.2015, S. 19; L 349 vom 21.12.2016, S. 6), die zuletzt durch die Verordnung (EU) 2017/353 (ABl. L 57 vom 3.3.2017, S. 19) geändert worden ist, die internationale Zuständigkeit zu, ohne dass nach § 3 der Insolvenzordnung ein Gerichtsstand begründet wäre, so ist das Insolvenzgericht ausschließlich örtlich zuständig, in dessen Bezirk der Schuldner den Mittelpunkt seiner hauptsächlichen Interessen hat.
(2) Besteht eine Zuständigkeit der deutschen Gerichte nach Artikel 3 Absatz 2 der Verordnung (EU) 2015/848, so ist das Insolvenzgericht ausschließlich örtlich zuständig, in dessen Bezirk die Niederlassung des Schuldners liegt. § 3 Absatz 2 der Insolvenzordnung gilt entsprechend.
(3) Unbeschadet der Zuständigkeiten nach diesem Artikel ist für Entscheidungen oder sonstige Maßnahmen nach der Verordnung (EU) 2015/848 jedes Insolvenzgericht örtlich zuständig, in dessen Bezirk sich Vermögen des Schuldners befindet. Zur sachdienlichen Förderung oder schnelleren Erledigung von Verfahren nach der Verordnung (EU) 2015/848 werden die Landesregierungen ermächtigt, diese Verfahren durch Rechtsverordnung für die Bezirke mehrerer Insolvenzgerichte einem von diesen zuzuweisen. Die Landesregierungen können die Ermächtigung auf die Landesjustizverwaltungen übertragen.

§ 2 Vermeidung von Kompetenzkonflikten

(1) Hat das Gericht eines anderen Mitgliedstaats der Europäischen Union ein Hauptinsolvenzverfahren eröffnet, so ist, solange dieses Insolvenzverfahren anhängig ist, ein bei einem deutschen Insolvenzgericht gestellter Antrag auf Eröffnung eines solchen Verfahrens über das zur Insolvenzmasse gehörende Vermögen unzulässig. Ein entgegen Satz 1 eröffnetes Verfahren ist nach Maßgabe der Artikel 34 bis 52 der Verordnung (EU) 2015/848 als Sekundärinsolvenzverfahren fortzuführen, wenn eine Zuständigkeit der deutschen Gerichte nach Artikel 3 Absatz 2 der Verordnung (EU) 2015/848 besteht; liegen die Voraussetzungen für eine Fortführung nicht vor, ist es einzustellen.
(2) Hat das Gericht eines Mitgliedstaats der Europäischen Union die Eröffnung des Insolvenzverfahrens abgelehnt, weil nach Artikel 3 Absatz 1 der Verordnung (EU) 2015/848 die deutschen Gerichte zuständig seien, so darf ein deutsches Insolvenzgericht die Eröffnung des Insolvenzverfahrens nicht mit der Begründung ablehnen, dass die Gerichte des anderen Mitgliedstaats zuständig seien.

§ 3 Einstellung des Insolvenzverfahrens zugunsten eines anderen Mitgliedstaats

(1) Vor der Einstellung eines bereits eröffneten Insolvenzverfahrens nach § 2 Absatz 1 Satz 2 soll das Insolvenzgericht den Insolvenzverwalter, den Gläubigerausschuss, wenn ein solcher bestellt ist, und den Schuldner hören. Wird das Insolvenzverfahren eingestellt, so ist jeder Insolvenzgläubiger beschwerdebefugt.
(2) Wirkungen des Insolvenzverfahrens, die vor dessen Einstellung bereits eingetreten und nicht auf die Dauer dieses Verfahrens beschränkt sind, bleiben auch dann bestehen, wenn sie Wirkungen eines in einem anderen Mitgliedstaat der Europäischen Union eröffneten Insolvenzverfahrens widersprechen, die sich nach der Verordnung (EU) 2015/848 auf die Bundesrepublik Deutschland erstrecken. Dies gilt auch für Rechtshandlungen, die während des eingestellten Verfahrens vom Insolvenzverwalter oder ihm gegenüber in Ausübung seines Amtes vorgenommen worden sind.
(3) Vor der Einstellung nach § 2 Absatz 1 Satz 2 hat das Insolvenzgericht das Gericht des anderen Mitgliedstaats der Europäischen Union, bei dem das Verfahren anhängig ist, und den Insolvenzverwalter, der in dem anderen Mitgliedstaat bestellt wurde, über die bevorstehende Einstellung zu unterrichten. Dabei soll angegeben werden, wie die Eröffnung des einzustellenden Verfahrens bekannt gemacht wurde, in welchen öffentlichen Büchern und Registern die Eröffnung eingetragen wurde und wer Insolvenzverwalter ist. In dem Einstellungsbeschluss ist das Gericht des anderen Mitgliedstaats zu bezeichnen, zu dessen Gunsten das Verfahren eingestellt wird. Diesem Gericht ist eine Ausfertigung des Einstellungsbeschlusses zu übersenden. § 215 Absatz 2 der Insolvenzordnung ist nicht anzuwenden.

§ 4 Rechtsmittel nach Artikel 5 der Verordnung (EU) 2015/848

Unbeschadet des § 21 Absatz 1 Satz 2 und des § 34 der Insolvenzordnung steht dem Schuldner und jedem Gläubiger gegen die Entscheidung über die Eröffnung des Hauptinsolvenzverfahrens nach Artikel 3 Absatz 1 der Verordnung (EU) 2015/848 die sofortige Beschwerde zu, wenn nach Artikel 5 Absatz 1 der Verordnung (EU) 2015/848 das Fehlen der internationalen Zuständigkeit für die Eröffnung eines Hauptinsolvenzverfahrens gerügt werden soll. Die §§ 574 bis 577 der Zivilprozessordnung gelten entsprechend, wobei die Entscheidung über die Beschwerde gemäß § 6 Absatz 3 der Insolvenzordnung erst mit Rechtskraft wirksam wird.

§ 5 Zusätzliche Angaben im Eröffnungsantrag des Schuldners

Bestehen Anhaltspunkte dafür, dass auch die internationale Zuständigkeit eines anderen Mitgliedstaats der Europäischen Union für die Eröffnung eines Hauptinsolvenzverfahrens nach Artikel 3 Absatz 1 der Verordnung (EU) 2015/848 begründet sein könnte, so soll der Eröffnungsantrag des Schuldners auch folgende Angaben enthalten:
1. seit wann der Sitz, die Hauptniederlassung oder der gewöhnliche Aufenthalt an dem im Antrag genannten Ort besteht,
2. Tatsachen, aus denen sich ergibt, dass der Schuldner gewöhnlich der Verwaltung seiner Interessen in der Bundesrepublik Deutschland nachgeht,
3. in welchen anderen Mitgliedstaaten sich Gläubiger oder wesentliche Teile des Vermögens befinden oder wesentliche Teile der Tätigkeit ausgeübt werden und
4. ob bereits in einem anderen Mitgliedstaat ein Eröffnungsantrag gestellt oder ein Hauptinsolvenzverfahren eröffnet wurde.

Satz 1 findet keine Anwendung auf die im Verbraucherinsolvenzverfahren nach § 305 Absatz 1 der Insolvenzordnung zu stellenden Anträge.

§ 6 Örtliche Zuständigkeit für Annexklagen

(1) Kommt den deutschen Gerichten infolge der Eröffnung eines Insolvenzverfahrens die Zuständigkeit für Klagen nach Artikel 6 Absatz 1 der Verordnung (EU) 2015/848 zu, ohne dass sich aus

anderen Vorschriften eine örtliche Zuständigkeit ergibt, so wird der Gerichtsstand durch den Sitz des Insolvenzgerichts bestimmt.
(2) Für Klagen nach Artikel 6 Absatz 1 der Verordnung (EU) 2015/848, die nach Artikel 6 Absatz 2 der Verordnung in Zusammenhang mit einer anderen zivil oder handelsrechtlichen Klage gegen denselben Beklagten stehen, ist auch das Gericht örtlich zuständig, das für die andere zivil- oder handelsrechtliche Klage zuständig ist.

§ 7 Öffentliche Bekanntmachung

(1) Der Antrag auf öffentliche Bekanntmachung nach Artikel 28 Absatz 1 der Verordnung (EU) 2015/848 ist an das nach § 1 Absatz 2 zuständige Gericht zu richten.
(2) Der Antrag auf öffentliche Bekanntmachung nach Artikel 28 Absatz 2 der Verordnung (EU) 2015/848 ist an das Insolvenzgericht zu richten, in dessen Bezirk sich der wesentliche Teil des Vermögens des Schuldners befindet. Hat der Schuldner in der Bundesrepublik Deutschland kein Vermögen, so kann der Antrag bei jedem Insolvenzgericht gestellt werden.
(3) Das Gericht kann eine Übersetzung des Antrags verlangen, die von einer hierzu in einem der Mitgliedstaaten der Europäischen Union befugten Person zu beglaubigen ist. § 9 Absatz 1 und 2 und § 30 Absatz 1 der Insolvenzordnung gelten entsprechend. Ist die Eröffnung des Insolvenzverfahrens bekannt gemacht worden, so ist dessen Beendigung in gleicher Weise von Amts wegen bekannt zu machen.
(4) Geht der Antrag nach Absatz 1 bei einem unzuständigen Gericht ein, so leitet dieses den Antrag unverzüglich an das zuständige Gericht weiter und unterrichtet den Antragsteller hierüber.

§ 8 Eintragung in öffentliche Bücher und Register

(1) Der Antrag auf Eintragung nach Artikel 29 Absatz 1 der Verordnung (EU) 2015/848 ist an das nach § 1 Absatz 2 zuständige Gericht zu richten. Er soll mit dem Antrag nach Artikel 28 Absatz 1 der Verordnung (EU) 2015/848 verbunden werden. Das Gericht ersucht die registerführende Stelle um Eintragung. § 32 Absatz 2 Satz 2 der Insolvenzordnung findet keine Anwendung.
(2) Der Antrag auf Eintragung nach Artikel 29 Absatz 2 der Verordnung (EU) 2015/848 ist an das nach § 7 Absatz 2 zuständige Gericht zu richten. Er soll mit dem Antrag nach Artikel 28 Absatz 2 der Verordnung (EU) 2015/848 verbunden werden.
(3) Die Form und der Inhalt der Eintragung richten sich nach deutschem Recht. Kennt das Recht des Mitgliedstaats der Europäischen Union, in dem das Insolvenzverfahren eröffnet worden ist, Eintragungen, die dem deutschen Recht unbekannt sind, so hat das Insolvenzgericht eine Eintragung zu wählen, die der des Mitgliedstaats der Verfahrenseröffnung am nächsten kommt.
(4) § 7 Absatz 4 gilt entsprechend.

§ 9 Rechtsmittel gegen eine Entscheidung nach § 7 oder § 8

Gegen die Entscheidung des Insolvenzgerichts nach § 7 oder § 8 findet die sofortige Beschwerde statt. Die §§ 574 bis 577 der Zivilprozessordnung gelten entsprechend, wobei die Entscheidung über die Beschwerde gemäß § 6 Absatz 3 der Insolvenzordnung erst mit Rechtskraft wirksam wird.

§ 10 Vollstreckung aus der Eröffnungsentscheidung

Ist der Verwalter eines Hauptinsolvenzverfahrens nach dem Recht des Mitgliedstaats der Europäischen Union, in dem das Insolvenzverfahren eröffnet worden ist, befugt, auf Grund der Entscheidung über die Verfahrenseröffnung die Herausgabe der Sachen, die sich im Gewahrsam des Schuldners befinden, im Wege der Zwangsvollstreckung durchzusetzen, so gilt für die Vollstreckung in der Bundesrepublik Deutschland Artikel 32 Absatz 1 Unterabsatz 1 der Verordnung (EU) 2015/848. Für die Verwertung von Gegenständen der Insolvenzmasse im Wege der Zwangsvollstreckung gilt Satz 1 entsprechend.

Teil 2 Sekundärinsolvenzverfahren

Abschnitt 1 Hauptinsolvenzverfahren in der Bundesrepublik Deutschland

§ 11 Voraussetzungen für die Abgabe der Zusicherung

(1) Soll in einem in der Bundesrepublik Deutschland anhängigen Insolvenzverfahren eine Zusicherung nach Artikel 36 der Verordnung (EU) 2015/848 abgegeben werden, hat der Insolvenzverwalter zuvor die Zustimmung des Gläubigerausschusses oder des vorläufigen Gläubigerausschusses nach § 21 Absatz 2 Satz 1 Nummer 1a der Insolvenzordnung einzuholen, sofern ein solcher bestellt ist.
(2) Hat das Insolvenzgericht die Eigenverwaltung angeordnet, gilt Absatz 1 entsprechend.

§ 12 Öffentliche Bekanntmachung der Zusicherung

Der Insolvenzverwalter hat die öffentliche Bekanntmachung der Zusicherung sowie den Termin und das Verfahren zu deren Billigung zu veranlassen. Den bekannten lokalen Gläubigern ist die Zusicherung durch den Insolvenzverwalter besonders zuzustellen; § 8 Absatz 3 Satz 2 und 3 der Insolvenzordnung gilt entsprechend.

§ 13 Benachrichtigung über die beabsichtigte Verteilung

Für die Benachrichtigung nach Artikel 36 Absatz 7 Satz 1 der Verordnung (EU) 2015/848 gilt § 12 Satz 2 entsprechend.

§ 14 Haftung des Insolvenzverwalters bei einer Zusicherung

Für die Haftung des Insolvenzverwalters nach Artikel 36 Absatz 10 der Verordnung (EU) 2015/848 in einem in der Bundesrepublik Deutschland anhängigen Insolvenzverfahren gilt § 92 der Insolvenzordnung entsprechend.

Abschnitt 2 Hauptinsolvenzverfahren in einem anderen Mitgliedstaat der Europäischen Union

§ 15 Insolvenzplan

Sieht ein Insolvenzplan in einem in der Bundesrepublik Deutschland eröffneten Sekundärinsolvenzverfahren eine Stundung, einen Erlass oder sonstige Einschränkungen der Rechte der Gläubiger vor, so darf er vom Insolvenzgericht nur bestätigt werden, wenn alle betroffenen Gläubiger dem Insolvenzplan zugestimmt haben. Satz 1 gilt nicht für Planregelungen, mit denen in Absonderungsrechte eingegriffen wird.

§ 16 Aussetzung der Verwertung

Wird auf Antrag des Verwalters des Hauptinsolvenzverfahrens nach Artikel 46 der Verordnung (EU) 2015/848 in einem in der Bundesrepublik Deutschland eröffneten Sekundärinsolvenzverfahren die Verwertung eines Gegenstandes ausgesetzt, an dem ein Absonderungsrecht besteht, so sind dem Gläubiger laufend die geschuldeten Zinsen aus der Insolvenzmasse zu zahlen.

§ 17 Abstimmung über die Zusicherung

(1) Der Verwalter des Hauptinsolvenzverfahrens führt die Abstimmung über die Zusicherung nach Artikel 36 der Verordnung (EU) 2015/848 durch. Die §§ 222, 243, 244 Absatz 1 und 2 sowie die §§ 245 und 246 der Insolvenzordnung gelten entsprechend.

(2) Im Rahmen der Unterrichtung nach Artikel 36 Absatz 5 Satz 4 der Verordnung (EU) 2015/848 informiert der Verwalter des Hauptinsolvenzverfahrens die lokalen Gläubiger, welche Fernkommunikationsmittel bei der Abstimmung zulässig sind und welche Gruppen für die Abstimmung gebildet wurden. Er hat ferner darauf hinzuweisen, dass diese Gläubiger bei der Anmeldung ihrer Forderungen Urkunden beifügen sollen, aus denen sich ergibt, dass sie lokale Gläubiger im Sinne von Artikel 2 Nummer 11 der Verordnung (EU) 2015/848 sind.

§ 18 Stimmrecht bei der Abstimmung über die Zusicherung

(1) Der Inhaber einer zur Teilnahme an der Abstimmung über die Zusicherung angemeldeten Forderung gilt vorbehaltlich des Satzes 2 auch dann als stimmberechtigt, wenn der Verwalter des Hauptinsolvenzverfahrens oder ein anderer lokaler Gläubiger bestreitet, dass die Forderung besteht oder dass es sich um die Forderung eines lokalen Gläubigers handelt. Hängt das Abstimmungsergebnis von Stimmen ab, die auf bestrittene Forderungen entfallen, kann der Verwalter oder der bestreitende lokale Gläubiger bei dem nach § 1 Absatz 2 zuständigen Gericht eine Entscheidung über das Stimmrecht erwirken, das durch die bestrittenen Forderungen oder eines Teils davon gewährt wird; § 77 Absatz 2 Satz 2 der Insolvenzordnung gilt entsprechend. Die Sätze 1 und 2 gelten auch für aufschiebend bedingte Forderungen. § 237 Absatz 1 Satz 2 der Insolvenzordnung gilt entsprechend.
(2) Im Rahmen des Verfahrens über eine Zusicherung gilt die Bundesagentur für Arbeit als lokaler Gläubiger nach Artikel 36 Absatz 11 der Verordnung (EU) 2015/848.

§ 19 Unterrichtung über das Ergebnis der Abstimmung

Für die Unterrichtung nach Artikel 36 Absatz 5 Satz 4 der Verordnung (EU) 2015/848 gilt § 12 Satz 2 entsprechend.

§ 20 Rechtsbehelfe gegen Entscheidungen über die Eröffnung eines Sekundärinsolvenzverfahrens

(1) Wird unter Hinweis auf die Zusicherung die Eröffnung eines Sekundärinsolvenzverfahrens nach Artikel 38 Absatz 2 der Verordnung (EU) 2015/848 abgelehnt, so steht dem Antragsteller die sofortige Beschwerde zu. Die §§ 574 bis 577 der Zivilprozessordnung gelten entsprechend, wobei die Entscheidung über die Beschwerde gemäß § 6 Absatz 3 der Insolvenzordnung erst mit Rechtskraft wirksam wird.
(2) Wird in der Bundesrepublik Deutschland ein Sekundärinsolvenzverfahren eröffnet, ist der Rechtsbehelf nach Artikel 39 der Verordnung (EU) 2015/848 als sofortige Beschwerde zu behandeln. Die §§ 574 bis 577 der Zivilprozessordnung gelten entsprechend, wobei die Entscheidung über die Beschwerde gemäß § 6 Absatz 3 der Insolvenzordnung erst mit Rechtskraft wirksam wird.

Abschnitt 3 Maßnahmen zur Einhaltung einer Zusicherung

§ 21 Rechtsbehelfe und Anträge nach Artikel 36 der Verordnung (EU) 2015/848

(1) Für Entscheidungen über Anträge nach Artikel 36 Absatz 7 Satz 2 oder Absatz 8 der Verordnung (EU) 2015/848 ist das Insolvenzgericht ausschließlich örtlich zuständig, bei dem das Hauptinsolvenzverfahren anhängig ist. Der Antrag nach Artikel 36 Absatz 7 Satz 2 der Verordnung (EU) 2015/848 muss binnen einer Notfrist von zwei Wochen bei dem Insolvenzgericht gestellt werden. Die Notfrist beginnt mit der Zustellung der Benachrichtigung über die beabsichtigte Verteilung.
(2) Für die Entscheidung über Anträge nach Artikel 36 Absatz 9 der Verordnung (EU) 2015/848 ist das Gericht nach § 1 Absatz 2 zuständig.
(3) Unbeschadet des § 58 Absatz 2 Satz 3 der Insolvenzordnung entscheidet das Gericht durch unanfechtbaren Beschluss.

Teil 3 Insolvenzverfahren über das Vermögen von Mitgliedern einer Unternehmensgruppe

§ 22 Eingeschränkte Anwendbarkeit des § 56b und der §§ 269a bis 269i der Insolvenzordnung

(1) Gehören Unternehmen einer Unternehmensgruppe im Sinne von § 3e der Insolvenzordnung auch einer Unternehmensgruppe im Sinne von Artikel 2 Nummer 13 der Verordnung (EU) 2015/848 an,

1. findet § 269a der Insolvenzordnung keine Anwendung, soweit Artikel 56 der Verordnung (EU) 2015/848 anzuwenden ist,
2. finden § 56b Absatz 1 und § 269b der Insolvenzordnung keine Anwendung, soweit Artikel 57 der Verordnung (EU) 2015/848 anzuwenden ist.

(2) Gehören Unternehmen einer Unternehmensgruppe im Sinne von § 3e der Insolvenzordnung auch einer Unternehmensgruppe im Sinne von Artikel 2 Nummer 13 der Verordnung (EU) 2015/848 an, ist die Einleitung eines Koordinationsverfahrens nach den §§ 269d bis 269i der Insolvenzordnung ausgeschlossen, wenn die Durchführung des Koordinationsverfahrens die Wirksamkeit eines Gruppen-Koordinationsverfahrens nach den Artikeln 61 bis 77 der Verordnung (EU) 2015/848 beeinträchtigen würde.

§ 23 Beteiligung der Gläubiger

(1) Beabsichtigt der Verwalter, die Einleitung eines Gruppen-Koordinationsverfahrens nach Artikel 61 Absatz 1 der Verordnung (EU) 2015/848 zu beantragen und ist die Durchführung eines solchen Verfahrens von besonderer Bedeutung für das Insolvenzverfahren, hat er die Zustimmung nach den §§ 160 und 161 der Insolvenzordnung einzuholen. Dem Gläubigerausschuss sind die in Artikel 61 Absatz 3 der Verordnung (EU) 2015/848 genannten Unterlagen vorzulegen.

(2) Absatz 1 gilt entsprechend

1. für die Erklärung eines Einwands nach Artikel 64 Absatz 1 Buchstabe a der Verordnung (EU) 2015/848 gegen die Einbeziehung des Verfahrens in das Gruppen-Koordinationsverfahren,
2. für den Antrag auf Einbeziehung des Verfahrens in ein bereits eröffnetes Gruppen-Koordinationsverfahren nach Artikel 69 Absatz 1 der Verordnung (EU) 2015/848 sowie
3. für die Zustimmungserklärung zu einem entsprechenden Antrag eines Verwalters, der in einem Verfahren über das Vermögen eines anderen gruppenangehörigen Unternehmens bestellt wurde (Artikel 69 Absatz 2 Buchstabe b der Verordnung (EU) 2015/848).

§ 24 Aussetzung der Verwertung

§ 16 gilt entsprechend bei der Aussetzung

1. der Verwertung auf Antrag des Verwalters eines anderen gruppenangehörigen Unternehmens nach Artikel 60 Absatz 1 Buchstabe b der Verordnung (EU) 2015/848 und
2. des Verfahrens auf Antrag des Koordinators nach Artikel 72 Absatz 2 Buchstabe e der Verordnung (EU) 2015/848.

§ 25 Rechtsbehelf gegen die Entscheidung nach Artikel 69 Absatz 2 der Verordnung (EU) 2015/848

Gegen die Entscheidung des Koordinators nach Artikel 69 Absatz 2 der Verordnung (EU) 2015/848 ist die Erinnerung statthaft. § 573 der Zivilprozessordnung gilt entsprechend.

§ 26 Rechtsmittel gegen die Kostenentscheidung nach Artikel 77 Absatz 4 der Verordnung (EU) 2015/848

Gegen die Entscheidung über die Kosten des Gruppen- Koordinationsverfahrens nach Artikel 77 Absatz 4 der Verordnung (EU) 2015/848 ist die sofortige Beschwerde statthaft. Die §§ 574 bis 577 der Zivilprozessordnung gelten entsprechend, wobei die Entscheidung über die Beschwerde gemäß § 6 Absatz 3 der Insolvenzordnung erst mit Rechtskraft wirksam wird.

Artikel 103 Anwendung des bisherigen Rechts

Auf Konkurs-, Vergleichs- und Gesamtvollstreckungsverfahren, die vor dem 1. Januar 1999 beantragt worden sind, und deren Wirkungen sind weiter die bisherigen gesetzlichen Vorschriften anzuwenden. Gleiches gilt für Anschlußkonkursverfahren, bei denen der dem Verfahren vorausgehende Vergleichsantrag vor dem 1. Januar 1999 gestellt worden ist.

Artikel 103a Überleitungsvorschrift

Auf Insolvenzverfahren, die vor dem 1. Dezember 2001 eröffnet worden sind, sind die bis dahin geltenden gesetzlichen Vorschriften weiter anzuwenden.

Art 103b Überleitungsvorschrift zum Gesetz zur Umsetzung der Richtlinie 2002/47/EG vom 6. Juni 2002 über Finanzsicherheiten und zur Änderung des Hypothekenbankgesetzes und anderer Gesetze

Auf Insolvenzverfahren, die vor dem 9. April 2004 eröffnet worden sind, sind die bis dahin geltenden gesetzlichen Vorschriften weiter anzuwenden.

Art 103c Überleitungsvorschrift zum Gesetz zur Vereinfachung des Insolvenzverfahrens

(1) Auf Insolvenzverfahren, die vor dem Inkrafttreten des Gesetzes zur Vereinfachung des Insolvenzverfahrens vom 13. April 2007 (BGBl. I S. 509) am 1. Juli 2007 eröffnet worden sind, sind mit Ausnahme der §§ 8 und 9 der Insolvenzordnung und der Verordnung zu öffentlichen Bekanntmachungen in Insolvenzverfahren im Internet die bis dahin geltenden gesetzlichen Vorschriften weiter anzuwenden. In solchen Insolvenzverfahren erfolgen alle durch das Gericht vorzunehmenden öffentlichen Bekanntmachungen unbeschadet von Absatz 2 nur nach Maßgabe des § 9 der Insolvenzordnung. § 188 Satz 3 der Insolvenzordnung ist auch auf Insolvenzverfahren anzuwenden, die vor dem Inkrafttreten des Gesetzes zur Neuregelung des Rechtsberatungsrechts vom 12. Dezember 2007 (BGBl. I S. 2840) am 18. Dezember 2007 eröffnet worden sind. In solchen Insolvenzverfahren erfolgen alle durch das Gericht vorzunehmenden öffentlichen Bekanntmachungen unbeschadet von Absatz 2 nur nach Maßgabe des § 9 der Insolvenzordnung. § 188 Satz 3 der Insolvenzordnung ist auch auf Insolvenzverfahren anzuwenden, die vor dem Inkrafttreten des Gesetzes zur Neuregelung des Rechtsberatungsrechts vom 12. Dezember 2007 (BGBl. I S. 2840) am 18. Dezember 2007 eröffnet worden sind

(2) Die öffentliche Bekanntmachung kann bis zum 31. Dezember 2008 zusätzlich zu der elektronischen Bekanntmachung nach § 9 Abs. 1 Satz 1 der Insolvenzordnung in einem am Wohnort oder Sitz des Schuldners periodisch erscheinenden Blatt erfolgen; die Veröffentlichung kann auszugsweise geschehen. Für den Eintritt der Wirkungen der Bekanntmachung ist ausschließlich die Bekanntmachung im Internet nach § 9 Abs. 1 Satz 1 der Insolvenzordnung maßgebend.

Artikel 103e Überleitungsvorschrift zum Haushaltsbegleitgesetz 2011

Auf Insolvenzverfahren, die vor dem 1. Januar 2011 beantragt worden sind, sind die bis dahin geltenden Vorschriften weiter anzuwenden.

Artikel 103f Überleitungsvorschrift zum Gesetz zur Änderung des § 522 der Zivilprozessordnung

Für Entscheidungen über die sofortige Beschwerde nach § 6 der Insolvenzordnung, bei denen die Frist des § 575 der Zivilprozessordnung am 27. Oktober 2011 noch nicht abgelaufen ist, ist die Insolvenzordnung in der bis zum 27. Oktober 2011 geltenden Fassung weiter anzuwenden. Für Entscheidungen über die sofortige Beschwerde nach Artikel 102 § 7 Satz 1 des Einführungsgesetzes zur Insolvenzordnung gilt Satz 1 entsprechend.

Artikel 103g Überleitungsvorschrift zum Gesetz zur weiteren Erleichterung der Sanierung von Unternehmen

Auf Insolvenzverfahren, die vor dem 1. März 2012 beantragt worden sind, sind die bis dahin geltenden Vorschriften weiter anzuwenden. § 18 Absatz 1 Nummer 2 des Rechtspflegergesetzes in der ab dem 1. Januar 2013 geltenden Fassung ist nur auf Insolvenzverfahren anzuwenden, die ab dem 1. Januar 2013 beantragt werden.

Artikel 103h Überleitungsvorschrift zum Gesetz zur Verkürzung des Restschuldbefreiungsverfahrens und zur Stärkung der Gläubigerrechte

Auf Insolvenzverfahren, die vor dem 1. Juli 2014 beantragt worden sind, sind vorbehaltlich der Sätze 2 und 3 die bis dahin geltenden gesetzlichen Vorschriften weiter anzuwenden. Auf Insolvenzverfahren nach den §§ 304 bis 314 der Insolvenzordnung in der vor dem 1. Juli 2014 geltenden Fassung, die vor diesem Datum beantragt worden sind, sind auch die §§ 217 bis 269 der Insolvenzordnung anzuwenden. § 63 Absatz 3 und § 65 der Insolvenzordnung in der ab dem 19. Juli 2013 geltenden Fassung sind auf Insolvenzverfahren, die ab dem 19. Juli 2013 beantragt worden sind, anzuwenden.

Artikel 103i Überleitungsvorschrift zum Bilanzrichtlinie-Umsetzungsgesetz

§ 22a Absatz 1 der Insolvenzordnung in der Fassung des Bilanzrichtlinie-Umsetzungsgesetzes vom 17. Juli 2015 (BGBl. I S. 1245) ist erstmals auf Verfahren anzuwenden, deren Eröffnung nach dem 31. Dezember 2015 beantragt worden ist.

Artikel 103j Überleitungsvorschrift zum Gesetz zur Verbesserung der Rechtssicherheit bei Anfechtungen nach der Insolvenzordnung und nach dem Anfechtungsgesetz

(1) Auf Insolvenzverfahren, die vor dem 5. April 2017 eröffnet worden sind, sind vorbehaltlich des Absatzes 2 die bis dahin geltenden Vorschriften weiter anzuwenden.
(2) Im Rahmen einer Insolvenzanfechtung entstandene Ansprüche auf Zinsen oder die Herausgabe von Nutzungen unterliegen vor dem 5. April 2017 den bis dahin geltenden Vorschriften. Für die Zeit ab dem 5. April 2017 ist auf diese Ansprüche § 143 Absatz 1 Satz 3 der Insolvenzordnung in der ab dem 5. April 2017 geltenden Fassung anzuwenden.

Artikel 103k Überleitungsvorschrift zu Artikel 2 des Gesetzes zur weiteren Verkürzung des Restschuldbefreiungsverfahrens und zur Anpassung pandemiebedingter Vorschriften im Gesellschafts-, Genossenschafts-, Vereins- und Stiftungsrecht sowie im Miet- und Pachtrecht

(1) Auf Insolvenzverfahren, die vor dem 1. Oktober 2020 beantragt worden sind, sind vorbehaltlich des Absatzes 2 die bis dahin geltenden Vorschriften weiter anzuwenden.
(2) Auf Insolvenzverfahren, die im Zeitraum vom 17. Dezember 2019 bis einschließlich 30. September 2020 beantragt worden sind, verkürzt sich die Abtretungsfrist im Sinne des § 287 Absatz 2

der Insolvenzordnung für jeden vollen Monat, der seit dem 16. Juli 2019 bis zur Stellung des Insolvenzantrages vergangen ist, um denselben Zeitraum. Demgemäß beträgt die Abtretungsfrist:

Datum der Stellung des Insolvenzantrages:	Abtretungsfrist:
zwischen dem 17. Dezember 2019 und 16. Januar 2020	fünf Jahre und sieben Monate
zwischen dem 17. Januar 2020 und 16. Februar 2020	fünf Jahre und sechs Monate
zwischen dem 17. Februar 2020 und 16. März 2020	fünf Jahre und fünf Monate
zwischen dem 17. März 2020 und 16. April 2020	fünf Jahre und vier Monate
zwischen dem 17. April 2020 und 16. Mai 2020	fünf Jahre und drei Monate
zwischen dem 17. Mai 2020 und 16. Juni 2020	fünf Jahre und zwei Monate
zwischen dem 17. Juni 2020 und 16. Juli 2020	fünf Jahre und ein Monat
zwischen dem 17. Juli 2020 und 16. August 2020	fünf Jahre
zwischen dem 17. August 2020 und 16. September 2020	vier Jahre und elf Monate
zwischen dem 17. September 2020 und 30. September 2020	vier Jahre und zehn Monate

In Verfahren nach Satz 1 ist eine in der Abtretungserklärung erklärte, anderslautende Abtretungsfrist insoweit unbeachtlich.
(3) Wurde dem Schuldner letztmalig nach den bis einschließlich 30. September 2020 geltenden Vorschriften eine Restschuldbefreiung erteilt, so ist § 287a Absatz 2 Satz 1 Nummer 1 der Insolvenzordnung in der bis einschließlich 30. September 2020 geltenden Fassung weiter anzuwenden.
(4) Wird ein Antrag auf Eröffnung eines Verbraucherinsolvenzverfahrens zwischen dem 31. Dezember 2020 und dem 30. Juni 2021 gestellt, genügt die vom Schuldner vorzulegende Bescheinigung auch dann den in § 305 Absatz 1 Nummer 1 der Insolvenzordnung genannten Anforderungen, wenn sich aus ihr ergibt, dass eine außergerichtliche Einigung mit den Gläubigern über die Schuldenbereinigung auf der Grundlage eines Plans innerhalb der letzten zwölf Monate vor dem Eröffnungsantrag erfolglos versucht worden ist.

Artikel 103m Überleitungsvorschrift zum Sanierungs- und Insolvenzrechtsfortentwicklungsgesetz

Auf Insolvenzverfahren, die vor dem 1. Januar 2021 beantragt worden sind, sind die bis dahin geltenden Vorschriften weiter anzuwenden. § 15b der Insolvenzordnung in der Fassung des Sanierungs- und Insolvenzrechtsfortentwicklungsgesetzes vom 22. Dezember 2020 (BGBl. I S. 3256) ist erstmals auf Zahlungen anzuwenden, die nach dem 31. Dezember 2020 vorgenommen worden sind. Auf Zahlungen, die vor dem 1. Januar 2021 vorgenommen worden sind, sind die bis zum 31. Dezember 2020 geltenden gesetzlichen Vorschriften weiterhin anzuwenden.

Artikel 104 Anwendung des neuen Rechts

In einem Insolvenzverfahren, das nach dem 31. Dezember 1998 beantragt wird, gelten die Insolvenzordnung und dieses Gesetz auch für Rechtsverhältnisse und Rechte, die vor dem 1. Januar 1999 begründet worden sind.

Artikel 105a Überleitungsvorschrift zum Gesetz zur Änderung der Insolvenzordnung und zur Änderung des Gesetzes, betreffend die Einführung der Zivilprozessordnung

(1) Auf Insolvenzverfahren, die vor dem 10. Juni 2016 beantragt worden sind, ist § 104 der Insolvenzordnung in der bis dahin geltenden Fassung anzuwenden.
(2) Auf Insolvenzverfahren, die vor dem 29. Dezember 2016 beantragt worden sind, ist § 104 der Insolvenzordnung in der bis dahin geltenden Fassung anzuwenden.

Artikel 106 Insolvenzanfechtung

Die Vorschriften der Insolvenzordnung über die Anfechtung von Rechtshandlungen sind auf die vor dem 1. Januar 1999 vorgenommenen Rechtshandlungen nur anzuwenden, soweit diese nicht nach dem bisherigen Recht der Anfechtung entzogen oder in geringerem Umfang unterworfen sind.

Artikel 107 Evaluierungsvorschrift zum Gesetz zur Verkürzung des Restschuldbefreiungsverfahrens und zur Stärkung der Gläubigerrechte

(1) Die Bundesregierung berichtet dem Deutschen Bundestag bis zum 30. Juni 2018, in wie vielen Fällen bereits nach drei Jahren eine Restschuldbefreiung erteilt werden konnte. Der Bericht hat auch Angaben über die Höhe der im Insolvenz- und Restschuldbefreiungsverfahren erzielten Befriedigungsquoten zu enthalten.
(2) Sofern sich aus dem Bericht die Notwendigkeit gesetzgeberischer Maßnahmen ergibt, soll die Bundesregierung diese vorschlagen.

Artikel 107a Evaluationsvorschrift zum Gesetz zur weiteren Verkürzung des Restschuldbefreiungsverfahrens und zur Anpassung pandemiebedingter Vorschriften im Gesellschafts-, Genossenschafts-, Vereins- und Stiftungsrecht sowie im Miet- und Pachtrecht

(1) Die Bundesregierung berichtet dem Deutschen Bundestag bis zum 30. Juni 2024, wie sich die Verkürzung des Restschuldbefreiungsverfahrens auf das Antrags-, Zahlungs- und Wirtschaftsverhalten von Verbraucherinnen und Verbrauchern ausgewirkt hat. Der Bericht geht auch auf etwaige Hindernisse ein, die von den bestehenden Möglichkeiten der Speicherung insolvenzbezogener Informationen durch Auskunfteien für einen wirtschaftlichen Neustart nach Erteilung der Restschuldbefreiung ausgehen.
(2) Sofern sich aus dem Bericht die Notwendigkeit gesetzgeberischer Maßnahmen ergibt, soll die Bundesregierung diese vorschlagen.

Artikel 108 Fortbestand der Vollstreckungsbeschränkung

(1) Bei der Zwangsvollstreckung gegen einen Schuldner, über dessen Vermögen ein Gesamtvollstreckungsverfahren durchgeführt worden ist, ist auch nach dem 31. Dezember 1998 die Vollstreckungsbeschränkung des § 18 Abs. 2 Satz 3 der Gesamtvollstreckungsordnung zu beachten.
(2) Wird über das Vermögen eines solchen Schuldners nach den Vorschriften der Insolvenzordnung ein Insolvenzverfahren eröffnet, so sind die Forderungen, die der Vollstreckungsbeschränkung unterliegen, im Rang nach den in § 39 Abs. 1 der Insolvenzordnung bezeichneten Forderungen zu berichtigen.

Artikel 110 Inkrafttreten

(1) Die Insolvenzordnung und dieses Gesetz treten, soweit nichts anderes bestimmt ist, am 1. Januar 1999 in Kraft.

(2) § 2 Abs. 2 und § 7 Abs. 3 der Insolvenzordnung sowie die Ermächtigung der Länder in § 305 Abs. 1 Nr. 1 der Insolvenzordnung treten am Tage nach der Verkündung in Kraft. Gleiches gilt für § 65 der Insolvenzordnung und für § 21 Abs. 2 Nr. 1, § 73 Abs. 2, § 274 Abs. 1, § 293 Abs. 2 und § 313 der Insolvenzordnung, soweit sie § 65 der Insolvenzordnung für entsprechend anwendbar erklären.

(3) Artikel 2 Nr. 9 dieses Gesetzes, soweit darin die Aufhebung von § 2 Abs. 1 Satz 2 des Gesetzes über die Auflösung und Löschung von Gesellschaften und Genossenschaften angeordnet wird, Artikel 22, Artikel 24 Nr. 2, Artikel 32 Nr. 3, Artikel 48 Nr. 4, Artikel 54 Nr. 4 und Artikel 85 Nr. 1 und 2 Buchstabe e, Artikel 87 Nr. 8 Buchstabe d und Artikel 105 dieses Gesetzes treten am Tage nach der Verkündung in Kraft.

Justizvergütungs- und -entschädigungsgesetz - JVEG

vom 5.5.2004 (BGBl. I S. 718, 776), zuletzt geändert durch Artikel 17 des Gesetzes vom 25.6.2021 (BGBl. I S. 2154) geändert.

Inhaltsübersicht

Abschnitt 6 - Schlussvorschriften

Abschnitt 1 - Allgemeine Vorschriften

§ 1 Geltungsbereich und Anspruchsberechtigte

(1) Dieses Gesetz regelt

1. die Vergütung der Sachverständigen, Dolmetscherinnen, Dolmetscher, Übersetzerinnen und Übersetzer, die von dem Gericht, der Staatsanwaltschaft, der Finanzbehörde in den Fällen, in denen diese das Ermittlungsverfahren selbstständig durchführt, der Verwaltungsbehörde im Verfahren nach dem Gesetz über Ordnungswidrigkeiten oder dem Gerichtsvollzieher herangezogen werden;
2. die Entschädigung der ehrenamtlichen Richterinnen und Richter bei den ordentlichen Gerichten und den Gerichten für Arbeitssachen sowie bei den Gerichten der Verwaltungs-, der Finanz- und der Sozialgerichtsbarkeit mit Ausnahme der ehrenamtlichen Richterinnen und Richter in Handelssachen, in berufsgerichtlichen Verfahren oder bei Dienstgerichten sowie
3. die Entschädigung der Zeuginnen, Zeugen und Dritten (§ 23), die von den in Nummer 1 genannten Stellen herangezogen werden.

Eine Vergütung oder Entschädigung wird nur nach diesem Gesetz gewährt. Der Anspruch auf Vergütung nach Satz 1 Nr. 1 steht demjenigen zu, der beauftragt worden ist; dies gilt auch, wenn der Mitarbeiter einer Unternehmung die Leistung erbringt, der Auftrag jedoch der Unternehmung erteilt worden ist.

(2) Dieses Gesetz gilt auch, wenn Behörden oder sonstige öffentliche Stellen von den in Absatz 1 Satz 1 Nr. 1 genannten Stellen zu Sachverständigenleistungen herangezogen werden. Für Angehörige einer Behörde oder einer sonstigen öffentlichen Stelle, die weder Ehrenbeamte noch ehrenamtlich tätig sind, gilt dieses Gesetz nicht, wenn sie ein Gutachten in Erfüllung ihrer Dienstaufgaben erstatten, vertreten oder erläutern.

(3) Einer Heranziehung durch die Staatsanwaltschaft oder durch die Finanzbehörde in den Fällen des Absatzes 1 Satz 1 Nr. 1 steht eine Heranziehung durch die Polizei oder eine andere Strafverfolgungsbehörde im Auftrag oder mit vorheriger Billigung der Staatsanwaltschaft oder der Finanzbehörde gleich. Satz 1 gilt im Verfahren der Verwaltungsbehörde nach dem Gesetz über Ordnungswidrigkeiten entsprechend.

(4) Die Vertrauenspersonen in den Ausschüssen zur Wahl der Schöffen und die Vertrauensleute in den Ausschüssen zur Wahl der ehrenamtlichen Richter bei den Gerichten der Verwaltungs- und der Finanzgerichtsbarkeit werden wie ehrenamtliche Richter entschädigt.

(5) Die Vorschriften dieses Gesetzes über die gerichtliche Festsetzung und die Beschwerde gehen den Regelungen der für das zugrunde liegende Verfahren geltenden Verfahrensvorschriften vor.

§ 2 Geltendmachung und Erlöschen des Anspruchs, Verjährung

(1) Der Anspruch auf Vergütung oder Entschädigung erlischt, wenn er nicht binnen drei Monaten bei der Stelle, die den Berechtigten herangezogen oder beauftragt hat, geltend gemacht wird; hierüber und über den Beginn der Frist ist der Berechtigte zu belehren. Die Frist beginnt

1. im Fall der schriftlichen Begutachtung oder der Anfertigung einer Übersetzung mit Eingang des Gutachtens oder der Übersetzung bei der Stelle, die den Berechtigten beauftragt hat,

2. im Fall der Vernehmung als Sachverständiger oder Zeuge oder der Zuziehung als Dolmetscher mit Beendigung der Vernehmung oder Zuziehung,
3. bei vorzeitiger Beendigung der Heranziehung oder des Auftrags in den Fällen der Nummern 1 und 2 mit der Bekanntgabe der Erledigung an den Berechtigten,
4. in den Fällen des § 23 mit Beendigung der Maßnahme und
5. im Fall der Dienstleistung als ehrenamtlicher Richter oder Mitglied eines Ausschusses im Sinne des § 1 Abs. 4 mit Beendigung der Amtsperiode jedoch nicht vor dem Ende der Amtstätigkeit.

Wird der Berechtigte in den Fällen des Satzes 2 Nummer 1 und 2 in demselben Verfahren, im gerichtlichen Verfahren in demselben Rechtszug, mehrfach herangezogen, ist für den Beginn aller Fristen die letzte Heranziehung maßgebend. Die Frist kann auf begründeten Antrag von der in Satz 1 genannten Stelle verlängert werden; lehnt sie eine Verlängerung ab, hat sie den Antrag unverzüglich dem nach § 4 Abs. 1 für die Festsetzung der Vergütung oder Entschädigung zuständigen Gericht vorzulegen, das durch unanfechtbaren Beschluss entscheidet. Weist das Gericht den Antrag zurück, erlischt der Anspruch, wenn die Frist nach Satz 1 abgelaufen und der Anspruch nicht binnen zwei Wochen ab Bekanntgabe der Entscheidung bei der in Satz 1 genannten Stelle geltend gemacht worden ist. Wurde dem Berechtigten ein Vorschuss nach § 3 bewilligt, so erlischt der Anspruch auf Vergütung oder Entschädigung nur insoweit, als er über den bewilligten Vorschuss hinausgeht.

(2) War der Berechtigte ohne sein Verschulden an der Einhaltung einer Frist nach Absatz 1 gehindert, gewährt ihm das Gericht auf Antrag Wiedereinsetzung in den vorigen Stand, wenn er innerhalb von zwei Wochen nach Beseitigung des Hindernisses den Anspruch beziffert und die Tatsachen glaubhaft macht, welche die Wiedereinsetzung begründen. Ein Fehlen des Verschuldens wird vermutet, wenn eine Belehrung nach Absatz 1 Satz 1 unterblieben oder fehlerhaft ist. Nach Ablauf eines Jahres, von dem Ende der versäumten Frist an gerechnet, kann die Wiedereinsetzung nicht mehr beantragt werden. Gegen die Ablehnung der Wiedereinsetzung findet die Beschwerde statt. Sie ist nur zulässig, wenn sie innerhalb von zwei Wochen eingelegt wird. Die Frist beginnt mit der Zustellung der Entscheidung. § 4 Abs. 4 Satz 1 bis 3 und Abs. 6 bis 8 ist entsprechend anzuwenden.

(3) Der Anspruch auf Vergütung oder Entschädigung verjährt in drei Jahren nach Ablauf des Kalenderjahrs, in dem der nach Absatz 1 Satz 2 maßgebliche Zeitpunkt eingetreten ist. Auf die Verjährung sind die Vorschriften des Bürgerlichen Gesetzbuchs anzuwenden. Durch den Antrag auf gerichtliche Festsetzung (§ 4) wird die Verjährung wie durch Klageerhebung gehemmt. Die Verjährung wird nicht von Amts wegen berücksichtigt.

(4) Der Anspruch auf Erstattung zu viel gezahlter Vergütung oder Entschädigung verjährt in drei Jahren nach Ablauf des Kalenderjahrs, in dem die Zahlung erfolgt ist. § 5 Abs. 3 des Gerichtskostengesetzes gilt entsprechend.

§ 3 Vorschuss

Auf Antrag ist ein angemessener Vorschuss zu bewilligen, wenn dem Berechtigten erhebliche Fahrtkosten oder sonstige Aufwendungen entstanden sind oder voraussichtlich entstehen werden oder wenn die zu erwartende Vergütung für bereits erbrachte Teilleistungen einen Betrag von 1 000 Euro übersteigt.

§ 4 Gerichtliche Festsetzung und Beschwerde

(1) Die Festsetzung der Vergütung, der Entschädigung oder des Vorschusses erfolgt durch gerichtlichen Beschluss, wenn der Berechtigte oder die Staatskasse die gerichtliche Festsetzung beantragt oder das Gericht sie für angemessen hält. Eine Festsetzung der Vergütung ist in der Regel insbesondere dann als angemessen anzusehen, wenn ein Wegfall oder eine Beschränkung des Vergütungsanspruchs nach § 8a Absatz 1 oder 2 Satz 1 in Betracht kommt. Zuständig ist

1. das Gericht, von dem der Berechtigte herangezogen worden ist, bei dem er als ehrenamtlicher Richter mitgewirkt hat oder bei dem der Ausschuss im Sinne des § 1 Abs. 4 gebildet ist;
2. das Gericht, bei dem die Staatsanwaltschaft besteht, wenn die Heranziehung durch die Staatsanwaltschaft oder in deren Auftrag oder mit deren vorheriger Billigung durch die Polizei oder eine andere Strafverfolgungsbehörde erfolgt ist, nach Erhebung der öffentlichen Klage jedoch das für die Durchführung des Verfahrens zuständige Gericht;
3. das Landgericht, bei dem die Staatsanwaltschaft besteht, die für das Ermittlungsverfahren zuständig wäre, wenn die Heranziehung in den Fällen des § 1 Abs. 1 Satz 1 Nr. 1 durch die Finanzbehörde oder in deren Auftrag oder mit deren vorheriger Billigung durch die Polizei oder eine andere Strafverfolgungsbehörde erfolgt ist, nach Erhebung der öffentlichen Klage jedoch das für die Durchführung des Verfahrens zuständige Gericht;
4. das Amtsgericht, in dessen Bezirk der Gerichtsvollzieher seinen Amtssitz hat, wenn die Heranziehung durch den Gerichtsvollzieher erfolgt ist, abweichend davon im Verfahren der Zwangsvollstreckung das Vollstreckungsgericht.

(2) Ist die Heranziehung durch die Verwaltungsbehörde im Bußgeldverfahren erfolgt, werden die zu gewährende Vergütung oder Entschädigung und der Vorschuss durch gerichtlichen Beschluss festgesetzt, wenn der Berechtigte gerichtliche Entscheidung gegen die Festsetzung durch die Verwaltungsbehörde beantragt. Für das Verfahren gilt § 62 des Gesetzes über Ordnungswidrigkeiten.

(3) Gegen den Beschluss nach Absatz 1 können der Berechtige und die Staatskasse Beschwerde einlegen, wenn der Wert des Beschwerdegegenstands 200 Euro übersteigt oder wenn sie das Gericht, das die angefochtene Entscheidung erlassen hat, wegen der grundsätzlichen Bedeutung der zur Entscheidung stehenden Frage in dem Beschluss zulässt.

(4) Soweit das Gericht die Beschwerde für zulässig und begründet hält, hat es ihr abzuhelfen; im Übrigen ist die Beschwerde unverzüglich dem Beschwerdegericht vorzulegen. Beschwerdegericht ist das nächsthöhere Gericht. Eine Beschwerde an einen obersten Gerichtshof des Bundes findet nicht statt. Das Beschwerdegericht ist an die Zulassung der Beschwerde gebunden; die Nichtzulassung ist unanfechtbar.

(5) Die weitere Beschwerde ist nur zulässig, wenn das Landgericht als Beschwerdegericht entschieden und sie wegen der grundsätzlichen Bedeutung der zur Entscheidung stehenden Frage in dem Beschluss zugelassen hat. Sie kann nur darauf gestützt werden, dass die Entscheidung auf einer Verletzung des Rechts beruht; die §§ 546 und 547 der Zivilprozessordnung gelten entsprechend. Über die weitere Beschwerde entscheidet das Oberlandesgericht. Absatz 4 Satz 1 und 4 gilt entsprechend.

(6) Anträge und Erklärungen können ohne Mitwirkung eines Bevollmächtigten schriftlich eingereicht oder zu Protokoll der Geschäftsstelle abgegeben werden; § 129a der Zivilprozessordnung gilt entsprechend. Für die Bevollmächtigung gelten die Regelungen der für das zugrunde liegende Verfahren geltenden Verfahrensordnung entsprechend. Die Beschwerde ist bei dem Gericht einzulegen, dessen Entscheidung angefochten wird.

(7) Das Gericht entscheidet über den Antrag durch eines seiner Mitglieder als Einzelrichter; dies gilt auch für die Beschwerde, wenn die angefochtene Entscheidung von einem Einzelrichter oder einem Rechtspfleger erlassen wurde. Der Einzelrichter überträgt das Verfahren der Kammer oder dem Senat, wenn die Sache besondere Schwierigkeiten tatsächlicher oder rechtlicher Art aufweist oder die Rechtssache grundsätzliche Bedeutung hat. Das Gericht entscheidet jedoch immer ohne Mitwirkung ehrenamtlicher Richter. Auf eine erfolgte oder unterlassene Übertragung kann ein Rechtsmittel nicht gestützt werden.

(8) Die Verfahren sind gebührenfrei. Kosten werden nicht erstattet.

(9) Die Beschlüsse nach den Absätzen 1, 2, 4 und 5 wirken nicht zu Lasten des Kostenschuldners.

§ 4a Abhilfe bei Verletzung des Anspruchs auf rechtliches Gehör

(1) Auf die Rüge eines durch die Entscheidung nach diesem Gesetz beschwerten Beteiligten ist das Verfahren fortzuführen, wenn

1. ein Rechtsmittel oder ein anderer Rechtsbehelf gegen die Entscheidung nicht gegeben ist und
2. das Gericht den Anspruch dieses Beteiligten auf rechtliches Gehör in entscheidungserheblicher Weise verletzt hat.

(2) Die Rüge ist innerhalb von zwei Wochen nach Kenntnis von der Verletzung des rechtlichen Gehörs zu erheben; der Zeitpunkt der Kenntniserlangung ist glaubhaft zu machen. Nach Ablauf eines Jahres seit Bekanntmachung der angegriffenen Entscheidung kann die Rüge nicht mehr erhoben werden. Formlos mitgeteilte Entscheidungen gelten mit dem dritten Tage nach Aufgabe zur Post als bekannt gemacht. Die Rüge ist bei dem Gericht zu erheben, dessen Entscheidung angegriffen wird; § 4 Abs. 6 Satz 1und 2 gilt entsprechend. Die Rüge muss die angegriffene Entscheidung bezeichnen und das Vorliegen der in Absatz 1 Nr. 2 genannten Voraussetzungen darlegen.

(3) Den übrigen Beteiligten ist, soweit erforderlich, Gelegenheit zur Stellungnahme zu geben.

(4) Das Gericht hat von Amts wegen zu prüfen, ob die Rüge an sich statthaft und ob sie in der gesetzlichen Form und Frist erhoben ist. Mangelt es an einem dieser Erfordernisse, so ist die Rüge als unzulässig zu verwerfen. Ist die Rüge unbegründet, weist das Gericht sie zurück. Die Entscheidung ergeht durch unanfechtbaren Beschluss. Der Beschluss soll kurz begründet werden.

(5) Ist die Rüge begründet, so hilft ihr das Gericht ab, indem es das Verfahren fortführt, soweit dies aufgrund der Rüge geboten ist.

(6) Kosten werden nicht erstattet.

§ 4b Elektronische Akte, elektronisches Dokument

In Verfahren nach diesem Gesetz sind die verfahrensrechtlichen Vorschriften über die elektronische Akte und über das elektronische Dokument anzuwenden, die für das Verfahren gelten, in dem der Anspruchsberechtigte herangezogen worden ist.

§ 4c Rechtsbehelfsbelehrung

Jede anfechtbare Entscheidung hat eine Belehrung über den statthaften Rechtsbehelf sowie über die Stelle, bei der dieser Rechtsbehelf einzulegen ist, über deren Sitz und über die einzuhaltende Form zu enthalten.

Abschnitt 2 - Gemeinsame Vorschriften

§ 5 Fahrtkostenersatz

(1) Bei Benutzung von öffentlichen, regelmäßig verkehrenden Beförderungsmitteln werden die tatsächlich entstandenen Auslagen bis zur Höhe der entsprechenden Kosten für die Benutzung der ersten Wagenklasse der Bahn einschließlich der Auslagen für Platzreservierung und Beförderung des notwendigen Gepäcks ersetzt.

(2) Bei Benutzung eines eigenen oder unentgeltlich zur Nutzung überlassenen Kraftfahrzeugs werden

1. dem Zeugen oder dem Dritten (§ 23) zur Abgeltung der Betriebskosten sowie zur Abgeltung der Abnutzung des Kraftfahrzeugs 0,35 Euro,

2. den in § 1 Abs. 1 Satz 1 Nr. 1 und 2 genannten Anspruchsberechtigten zur Abgeltung der Anschaffungs-, Unterhaltungs- und Betriebskosten sowie zur Abgeltung der Abnutzung des Kraftfahrzeugs 0,42 Euro

für jeden gefahrenen Kilometer ersetzt zuzüglich der durch die Benutzung des Kraftfahrzeugs aus Anlass der Reise regelmäßig anfallenden baren Auslagen, insbesondere der Parkentgelte. Bei der Benutzung durch mehrere Personen kann die Pauschale nur einmal geltend gemacht werden. Bei der Benutzung eines Kraftfahrzeugs, das nicht zu den Fahrzeugen nach Absatz 1 oder Satz 1 zählt, werden die tatsächlich entstandenen Auslagen bis zur Höhe der in Satz 1 genannten Fahrtkosten ersetzt; zusätzlich werden die durch die Benutzung des Kraftfahrzeugs aus Anlass der Reise angefallenen regelmäßigen baren Auslagen, insbesondere die Parkentgelte, ersetzt, soweit sie der Berechtigte zu tragen hat.

(3) Höhere als die in Absatz 1 oder Absatz 2 bezeichneten Fahrtkosten werden ersetzt, soweit dadurch Mehrbeträge an Vergütung oder Entschädigung erspart werden oder höhere Fahrtkosten wegen besonderer Umstände notwendig sind.

(4) Für Reisen während der Terminsdauer werden die Fahrtkosten nur insoweit ersetzt, als dadurch Mehrbeträge an Vergütung oder Entschädigung erspart werden, die beim Verbleiben an der Terminsstelle gewährt werden müssten.

(5) Wird die Reise zum Ort des Termins von einem anderen als dem in der Ladung oder Terminsmitteilung bezeichneten oder der zuständigen Stelle unverzüglich angezeigten Ort angetreten oder wird zu einem anderen als zu diesem Ort zurückgefahren, werden Mehrkosten nach billigem Ermessen nur dann ersetzt, wenn der Berechtigte zu diesen Fahrten durch besondere Umstände genötigt war.

§ 6 Entschädigung für Aufwand

(1) Wer innerhalb der Gemeinde, in der der Termin stattfindet, weder wohnt noch berufstätig ist, erhält für die Zeit, während der er aus Anlass der Wahrnehmung des Termins von seiner Wohnung und seinem Tätigkeitsmittelpunkt abwesend sein muss, ein Tagegeld, dessen Höhe sich nach der Verpflegungspauschale zur Abgeltung tatsächlich entstandener, beruflich veranlasster Mehraufwendungen im Inland nach dem Einkommensteuergesetz bemisst.

(2) Ist eine auswärtige Übernachtung notwendig, wird ein Übernachtungsgeld nach den Bestimmungen des Bundesreisekostengesetzes gewährt.

§ 7 Ersatz für sonstige Aufwendungen

(1) Auch die in den §§ 5, 6 und 12 nicht besonders genannten baren Auslagen werden ersetzt, soweit sie notwendig sind. Dies gilt insbesondere für die Kosten notwendiger Vertretungen und notwendiger Begleitpersonen.

(2) Für die Anfertigung von Kopien und Ausdrucken werden ersetzt

1. bis zu einer Größe von DIN A3 0,50 Euro je Seite für die ersten 50 Seiten und 0,15 Euro für jede weitere Seite,
2. in einer Größe von mehr als DIN A3 3 Euro je Seite und
3. für Farbkopien und -ausdrucke bis zu einer Größe von DIN A3 1 Euro je Seite für die ersten 50 Seiten und 0,30 Euro für jede weitere Seite, in einer Größe von mehr als DIN A3 6 Euro je Seite.

Der erhöhte Aufwendungsersatz wird jeweils für die ersten 50 Seiten nach Satz 1 Nummer 1 und 3 gewährt. Die Höhe der Pauschalen ist in derselben Angelegenheit einheitlich zu berechnen. Die Pauschale wird nur für Kopien und Ausdrucke aus Behörden- und Gerichtsakten gewährt, soweit deren Herstellung zur sachgemäßen Vorbereitung oder Bearbeitung der Angelegenheit geboten war, sowie für Kopien und zusätzliche Ausdrucke, die nach Aufforderung durch die heranziehende Stelle angefertigt worden sind. Werden Kopien oder Ausdrucke in einer Größe von mehr als

DIN A3 gegen Entgelt von einem Dritten angefertigt, kann der Berechtigte anstelle der Pauschale die baren Auslagen ersetzt verlangen.

(3) Für die Überlassung von elektronisch gespeicherten Dateien anstelle der in Absatz 2 genannten Kopien und Ausdrucke werden 1,50 Euro je Datei ersetzt. Für die in einem Arbeitsgang überlassenen oder in einem Arbeitsgang auf denselben Datenträger übertragenen Dokumente werden höchstens 5 Euro ersetzt.

Abschnitt 3 - Vergütung von Sachverständigen, Dolmetschern und Übersetzern

§ 8 Grundsatz der Vergütung

(1) Sachverständige, Dolmetscher und Übersetzer erhalten als Vergütung

1. ein Honorar für ihre Leistungen (§§ 9 bis 11),
2. Fahrtkostenersatz (§ 5),
3. Entschädigung für Aufwand (§ 6) sowie
4. Ersatz für sonstige und für besondere Aufwendungen (§§ 7 und 12).

(2) Soweit das Honorar nach Stundensätzen zu bemessen ist, wird es für jede Stunde der erforderlichen Zeit einschließlich notwendiger Reise- und Wartezeiten gewährt. Die letzte bereits begonnene Stunde wird voll gerechnet, wenn sie zu mehr als 30 Minuten für die Erbringung der Leistung erforderlich war; anderenfalls beträgt das Honorar die Hälfte des sich für eine volle Stunde ergebenden Betrags.

(3) Soweit vergütungspflichtige Leistungen oder Aufwendungen auf die gleichzeitige Erledigung mehrerer Angelegenheiten entfallen, ist die Vergütung nach der Anzahl der Angelegenheiten aufzuteilen.

(4) Den Sachverständigen, Dolmetschern und Übersetzern, die ihren gewöhnlichen Aufenthalt im Ausland haben, kann unter Berücksichtigung ihrer persönlichen Verhältnisse, insbesondere ihres regelmäßigen Erwerbseinkommens, nach billigem Ermessen eine höhere als die in Absatz 1 bestimmte Vergütung gewährt werden.

§ 8a Wegfall oder Beschränkung des Vergütungsanspruchs

(1) Der Anspruch auf Vergütung entfällt, wenn der Berechtigte es unterlässt, der heranziehenden Stelle unverzüglich solche Umstände anzuzeigen, die zu seiner Ablehnung durch einen Beteiligten berechtigen, es sei denn, er hat die Unterlassung nicht zu vertreten.

(2) Der Berechtigte erhält eine Vergütung nur insoweit, als seine Leistung bestimmungsgemäß verwertbar ist, wenn er

1. gegen die Verpflichtung aus § 407a Absatz 1 bis 4 Satz 1 der Zivilprozessordnung verstoßen hat, es sei denn, er hat den Verstoß nicht zu vertreten;
2. eine mangelhafte Leistung erbracht hat und er die Mängel nicht in einer von der heranziehenden Stelle gesetzten angemessenen Frist beseitigt; die Einräumung einer Frist zur Mängelbeseitigung ist entbehrlich, wenn die Leistung grundlegende Mängel aufweist oder wenn offensichtlich ist, dass eine Mängelbeseitigung nicht erfolgen kann;
3. im Rahmen der Leistungserbringung grob fahrlässig oder vorsätzlich Gründe geschaffen hat, die einen Beteiligten zur Ablehnung wegen der Besorgnis der Befangenheit berechtigen; oder
4. trotz Festsetzung eines weiteren Ordnungsgeldes seine Leistung nicht vollständig erbracht hat.

Soweit das Gericht die Leistung berücksichtigt, gilt sie als verwertbar. Für die Mängelbeseitigung nach Satz 1 Nummer 2 wird eine Vergütung nicht gewährt.

(3) Steht die geltend gemachte Vergütung erheblich außer Verhältnis zum Wert des Streitgegenstands und hat der Berechtigte nicht rechtzeitig nach § 407a Absatz 4 Satz 2 der Zivilprozessordnung auf diesen Umstand hingewiesen, bestimmt das Gericht nach Anhörung der Beteiligten nach billigem Ermessen eine Vergütung, die in einem angemessenen Verhältnis zum Wert des Streitgegenstands steht.

(4) Übersteigt die Vergütung den angeforderten Auslagenvorschuss erheblich und hat der Berechtigte nicht rechtzeitig nach § 407a Absatz 3 Satz 2 der Zivilprozessordnung auf diesen Umstand hingewiesen, erhält er die Vergütung nur in Höhe des Auslagenvorschusses.

(5) Die Absätze 3 und 4 sind nicht anzuwenden, wenn der Berechtigte die Verletzung der ihm obliegenden Hinweispflicht nicht zu vertreten hat.

§ 9 Honorar für Sachverständige und für Dolmetscher

(1) Das Honorar des Sachverständigen bemisst sich nach der Anlage 1. Die Zuordnung der Leistung zu einem Sachgebiet bestimmt sich nach der Entscheidung über die Heranziehung des Sachverständigen.

(2) Ist die Leistung auf einem Sachgebiet zu erbringen, das nicht in der Anlage 1 aufgeführt ist, so ist sie unter Berücksichtigung der allgemein für Leistungen dieser Art außergerichtlich und außerbehördlich vereinbarten Stundensätze nach billigem Ermessen mit einem Stundensatz zu vergüten, der den höchsten Stundensatz nach der Anlage 1 jedoch nicht übersteigen darf. Ist die Leistung auf mehreren Sachgebieten zu erbringen oder betrifft ein medizinisches oder psychologisches Gutachten mehrere Gegenstände und sind diesen Sachgebieten oder Gegenständen verschiedene Stundensätze zugeordnet, so bemisst sich das Honorar für die gesamte erforderliche Zeit einheitlich nach dem höchsten dieser Stundensätze. Würde die Bemessung des Honorars nach Satz 2 mit Rücksicht auf den Schwerpunkt der Leistung zu einem unbilligen Ergebnis führen, so ist der Stundensatz nach billigem Ermessen zu bestimmen.

(3) Für die Festsetzung des Stundensatzes nach Absatz 2 gilt § 4 entsprechend mit der Maßgabe, dass die Beschwerde gegen die Festsetzung auch dann zulässig ist, wenn der Wert des Beschwerdegegenstands 200 Euro nicht übersteigt. Die Beschwerde ist nur zulässig, solange der Anspruch auf Vergütung noch nicht geltend gemacht worden ist.

(4) Das Honorar des Sachverständigen für die Prüfung, ob ein Grund für die Eröffnung eines Insolvenzverfahrens vorliegt und welche Aussichten für eine Fortführung des Unternehmens des Schuldners bestehen, beträgt 120 Euro je Stunde. Ist der Sachverständige zugleich der vorläufige Insolvenzverwalter oder der vorläufige Sachwalter, so beträgt sein Honorar 95 Euro je Stunde.

(5) Das Honorar des Dolmetschers beträgt für jede Stunde 85 Euro. Der Dolmetscher erhält im Fall der Aufhebung eines Termins, zu dem er geladen war, eine Ausfallentschädigung, wenn

1. die Aufhebung nicht durch einen in seiner Person liegenden Grund veranlasst war,
2. ihm die Aufhebung erst am Terminstag oder an einem der beiden vorhergehenden Tage mitgeteilt worden ist und
3. er versichert, in welcher Höhe er durch die Terminsaufhebung einen Einkommensverlust erlitten hat.

Die Ausfallentschädigung wird bis zu einem Betrag gewährt, der dem Honorar für zwei Stunden entspricht.

(6) Erbringt der Sachverständige oder der Dolmetscher seine Leistung zwischen 23 und 6 Uhr oder an Sonn- oder Feiertagen, so erhöht sich das Honorar um 20 Prozent, wenn die heranziehende Stelle feststellt, dass es notwendig ist, die Leistung zu dieser Zeit zu erbringen. § 8 Absatz 2 Satz 2 gilt sinngemäß.

§ 10 Honorar für besondere Leistungen

(1) Soweit ein Sachverständiger oder ein sachverständiger Zeuge Leistungen erbringt, die in der Anlage 2 bezeichnet sind, bemisst sich das Honorar oder die Entschädigung nach dieser Anlage.

§ 9 Absatz 6 gilt mit der Maßgabe, dass sich das Honorar des Sachverständigen oder die Entschädigung des sachverständigen Zeugen um 20 Prozent erhöht, wenn die Leistung zu mindestens 80 Prozent zwischen 23 und 6 Uhr oder an Sonn- oder Feiertagen erbracht wird.

(2) Für Leistungen der in Abschnitt O des Gebührenverzeichnisses für ärztliche Leistungen (Anlage zur Gebührenordnung für Ärzte) bezeichneten Art bemisst sich das Honorar in entsprechender Anwendung dieses Gebührenverzeichnisses nach dem 1,3fachen Gebührensatz. § 4 Absatz 2 Satz 1, Absatz 2a Satz 1, Absatz 3 und 4 Satz und § 10 der Gebührenordnung für Ärzte gelten entsprechend; im Übrigen bleiben die §§ 7 und 12 unberührt.

(3) Soweit für die Erbringung einer Leistung nach Absatz 1 oder Absatz 2 zusätzliche Zeit erforderlich ist, beträgt das Honorar für jede Stunde der zusätzlichen Zeit 80 Euro.

§ 11 Honorar für Übersetzer

(1) Das Honorar für eine Übersetzung beträgt 1,80 Euro für jeweils angefangene 55 Anschläge des schriftlichen Textes, wenn der Text dem Übersetzer in editierbarer elektronischer Form zur Verfügung gestellt wird (Grundhonorar). Andernfalls beträgt das Honorar 1,95 Euro für jeweils angefangene 55 Anschläge (erhöhtes Honorar). Ist die Übersetzung wegen der besonderen Umstände des Einzelfalls besonders erschwert, insbesondere wegen der häufigen Verwendung von Fachausdrücken, der schweren Lesbarkeit des Textes, einer besonderen Eilbedürftigkeit oder weil es sich um eine in der Bundesrepublik Deutschland selten vorkommende Fremdsprache handelt, so beträgt das Grundhonorar 1,95 Euro und das erhöhte Honorar 2,10 Euro.

(2) Maßgebend für die Anzahl der Anschläge ist der Text in der Zielsprache. Werden jedoch nur in der Ausgangssprache lateinische Schriftzeichen verwendet, ist die Anzahl der Anschläge des Textes in der Ausgangssprache maßgebend. Wäre eine Zählung der Anschläge mit unverhältnismäßigem Aufwand verbunden, so wird deren Anzahl unter Berücksichtigung der durchschnittlichen Anzahl der Anschläge je Zeile nach der Anzahl der Zeilen bestimmt.

(3) Sind mehrere Texte zu übersetzen, ist die Höhe des Honorars für jeden Text gesondert zu bestimmen. Für eine oder für mehrere Übersetzungen aufgrund desselben Auftrags beträgt das Honorar mindestens 20 Euro.

(4) Der Übersetzer erhält ein Honorar wie ein Dolmetscher, wenn

1. die Leistung des Übersetzers in der Überprüfung von Schriftstücken oder von Telekommunikationsaufzeichnungen auf bestimmte Inhalte besteht, ohne dass er insoweit eine schriftliche Übersetzung anfertigen muss, oder
2. die Leistung des Übersetzers darin besteht, aus einer Telekommunikationsaufzeichnung ein Wortprotokoll anzufertigen.

§ 12 Ersatz für besondere Aufwendungen

(1) Soweit in diesem Gesetz nichts anderes bestimmt ist, sind mit der Vergütung nach den §§ 9 bis 11 auch die üblichen Gemeinkosten sowie der mit der Erstattung des Gutachtens oder der Übersetzung üblicherweise verbundene Aufwand abgegolten. Es werden jedoch gesondert ersetzt

1. die für die Vorbereitung und Erstattung des Gutachtens oder der Übersetzung aufgewendeten notwendigen besonderen Kosten, einschließlich der insoweit notwendigen Aufwendungen für Hilfskräfte, sowie die für eine Untersuchung verbrauchten Stoffe und Werkzeuge;
2. für jedes zur Vorbereitung und Erstattung des Gutachtens erforderliche Foto 2 Euro und, wenn die Fotos nicht Teil des schriftlichen Gutachtens sind (§ 7 Absatz 2), 0,50 Euro für den zweiten und jeden weiteren Abzug oder Ausdruck eines Fotos;
3. für die Erstellung des schriftlichen Gutachtens je angefangene 1 000 Anschläge 0,90 Euro, in Angelegenheiten, in denen der Sachverständige ein Honorar nach der Anlage 1 Teil 2

oder der Anlage 2 erhält, 1,50 Euro; ist die Zahl der Anschläge nicht bekannt, ist diese zu schätzen;

4. die auf die Vergütung entfallende Umsatzsteuer, sofern diese nicht nach § 19 Abs. 1 des Umsatzsteuergesetzes unerhoben bleibt;
5. die Aufwendungen für Post- und Telekommunikationsdienstleistungen; Sachverständige und Übersetzer können anstelle der tatsächlichen Aufwendungen eine Pauschale in Höhe von 20 Prozent des Honorars fordern, höchstens jedoch 15 Euro.

(2) Ein auf die Hilfskräfte (Absatz 1 Satz 2 Nr. 1) entfallender Teil der Gemeinkosten wird durch einen Zuschlag von 15 Prozent auf den Betrag abgegolten, der als notwendige Aufwendung für die Hilfskräfte zu ersetzen ist, es sei denn, die Hinzuziehung der Hilfskräfte hat keine oder nur unwesentlich erhöhte Gemeinkosten veranlasst.

§ 13 Besondere Vergütung

(1) Haben sich die Parteien oder Beteiligten dem Gericht gegenüber mit einer bestimmten oder einer von der gesetzlichen Regelung abweichenden Vergütung einverstanden erklärt, wird der Sachverständige, Dolmetscher oder Übersetzer unter Gewährung dieser Vergütung erst herangezogen, wenn ein ausreichender Betrag für die gesamte Vergütung an die Staatskasse gezahlt ist. Hat in einem Verfahren nach dem Gesetz über Ordnungswidrigkeiten die Verfolgungsbehörde eine entsprechende Erklärung abgegeben, bedarf es auch dann keiner Vorschusszahlung, wenn die Verfolgungsbehörde nicht von der Zahlung der Kosten befreit ist. In einem Verfahren, in dem Gerichtskosten in keinem Fall erhoben werden, genügt es, wenn ein die Mehrkosten deckender Betrag gezahlt worden ist, für den die Parteien oder Beteiligten nach Absatz 6 haften.

(2) Die Erklärung nur einer Partei oder eines Beteiligten oder die Erklärung der Strafverfolgungsbehörde oder der Verfolgungsbehörde genügt, soweit sie sich auf den Stundensatz nach § 9 oder bei schriftlichen Übersetzungen auf ein Honorar für jeweils angefangene 55 Anschläge nach § 11 bezieht und das Gericht zustimmt. Die Zustimmung soll nur erteilt werden, wenn das Doppelte des nach § 9 oder § 11 zulässigen Honorars nicht überschritten wird. Vor der Zustimmung hat das Gericht die andere Partei oder die anderen Beteiligten zu hören. Die Zustimmung und die Ablehnung der Zustimmung sind unanfechtbar.

(3) Derjenige, dem Prozess- oder Verfahrenskostenhilfe bewilligt worden ist, kann eine Erklärung nach Absatz 1 nur abgeben, die sich auf den Stundensatz nach § 9 oder bei schriftlichen Übersetzungen auf ein Honorar für jeweils angefangene 55 Anschläge nach § 11 bezieht. Wäre er ohne Rücksicht auf die Prozess- oder Verfahrenskostenhilfe zur vorschussweisen Zahlung der Vergütung verpflichtet, hat er einen ausreichenden Betrag für das gegenüber der gesetzlichen Regelung oder der vereinbarten Vergütung (§ 14) zu erwartende zusätzliche Honorar an die Staatskasse zu zahlen; § 122 Abs. 1 Nr. 1 Buchstabe a der Zivilprozessordnung ist insoweit nicht anzuwenden. Der Betrag wird durch unanfechtbaren Beschluss festgesetzt. Zugleich bestimmt das Gericht, welchem Stundensatz die Leistung des Sachverständigen ohne Berücksichtigung der Erklärungen der Parteien oder Beteiligten zuzuordnen oder mit welchem Betrag für 55 Anschläge in diesem Fall eine Übersetzung zu honorieren wäre.

(4) Ist eine Vereinbarung nach den Absätzen 1 und 3 zur zweckentsprechenden Rechtsverfolgung notwendig und ist derjenige, dem Prozess- oder Verfahrenskostenhilfe bewilligt worden ist, zur Zahlung des nach Absatz 3 Satz 2 erforderlichen Betrags außerstande, bedarf es der Zahlung nicht, wenn das Gericht seiner Erklärung zustimmt. Die Zustimmung soll nur erteilt werden, wenn das Doppelte des nach § 9 oder § 11 zulässigen Honorars nicht überschritten wird. Die Zustimmung und die Ablehnung der Zustimmung sind unanfechtbar.

(5) Im Musterverfahren nach dem Kapitalanleger-Musterverfahrensgesetz ist die Vergütung unabhängig davon zu gewähren, ob ein ausreichender Betrag an die Staatskasse gezahlt ist. Im Fall des Absatzes 2 genügt die Erklärung eines Beteiligten des Musterverfahrens. Die Absätze 3 und 4 sind nicht anzuwenden. Die Anhörung der übrigen Beteiligten des Musterverfahrens kann dadurch ersetzt werden, dass die Vergütungshöhe, für die die Zustimmung des Gerichts erteilt

werden soll, öffentlich bekannt gemacht wird. Die öffentliche Bekanntmachung wird durch Eintragung in das Klageregister nach § 4 des Kapitalanleger-Musterverfahrensgesetzes bewirkt. Zwischen der öffentlichen Bekanntmachung und der Entscheidung über die Zustimmung müssen mindestens vier Wochen liegen.

(6) Schuldet nach den kostenrechtlichen Vorschriften keine Partei oder kein Beteiligter die Vergütung, haften die Parteien oder Beteiligten, die eine Erklärung nach Absatz 1 oder Absatz 3 abgegeben haben, für die hierdurch entstandenen Mehrkosten als Gesamtschuldner, im Innenverhältnis nach Kopfteilen. Für die Strafverfolgungs- oder Verfolgungsbehörde haftet diejenige Körperschaft, der die Behörde angehört, wenn die Körperschaft nicht von der Zahlung der Kosten befreit ist. Der auf eine Partei oder einen Beteiligten entfallende Anteil bleibt unberücksichtigt, wenn das Gericht der Erklärung nach Absatz 4 zugestimmt hat. Der Sachverständige, Dolmetscher oder Übersetzer hat eine Berechnung der gesetzlichen Vergütung einzureichen.

(7) (weggefallen)

§ 14 Vereinbarung der Vergütung

Mit Sachverständigen, Dolmetschern und Übersetzern, die häufiger herangezogen werden, kann die oberste Landesbehörde, für die Gerichte und Behörden des Bundes die oberste Bundesbehörde oder eine von diesen bestimmte Stelle eine Vereinbarung über die zu gewährende Vergütung treffen, deren Höhe die nach diesem Gesetz vorgesehene Vergütung nicht überschreiten darf.

Abschnitt 4 - Entschädigung von ehrenamtlichen Richtern

§ 15 Grundsatz der Entschädigung

(1) Ehrenamtliche Richter erhalten als Entschädigung

1. Fahrtkostenersatz (§ 5),
2. Entschädigung für Aufwand (§ 6),
3. Ersatz für sonstige Aufwendungen (§ 7),
4. Entschädigung für Zeitversäumnis (§ 16),
5. Entschädigung für Nachteile bei der Haushaltsführung (§ 17) sowie
6. Entschädigung für Verdienstausfall (§ 18).

(2) Sofern die Entschädigung nach Stunden bemessen ist, wird sie für die gesamte Dauer der Heranziehung gewährt. Dazu zählen auch notwendige Reise- und Wartezeiten sowie die Zeit, während der der ehrenamtliche Richter infolge der Heranziehung seiner beruflichen Tätigkeit nicht nachgehen konnte. Eine Entschädigung wird für nicht mehr als zehn Stunden je Tag gewährt. Die letzte begonnene Stunde wird voll gerechnet.

(3) Die Entschädigung wird auch gewährt,

1. wenn ehrenamtliche Richter von der zuständigen staatlichen Stelle zu Einführungs- und Fortbildungstagungen herangezogen werden,
2. wenn ehrenamtliche Richter bei den Gerichten der Arbeits- und der Sozialgerichtsbarkeit in dieser Eigenschaft an der Wahl von gesetzlich für sie vorgesehenen Ausschüssen oder an den Sitzungen solcher Ausschüsse teilnehmen (§§ 29, 38 des Arbeitsgerichtsgesetzes, §§ 23, 35 Abs. 1, § 47 des Sozialgerichtsgesetzes).

§ 16 Entschädigung für Zeitversäumnis

Die Entschädigung für Zeitversäumnis beträgt 7 Euro je Stunde.

§ 17 Entschädigung für Nachteile bei der Haushaltsführung

Ehrenamtliche Richter, die einen eigenen Haushalt für mehrere Personen führen, erhalten neben der Entschädigung nach § 16 eine zusätzliche Entschädigung für Nachteile bei der Haushaltsführung von 17 Euro je Stunde, wenn sie nicht erwerbstätig sind oder wenn sie teilzeitbeschäftigt sind und außerhalb ihrer vereinbarten regelmäßigen täglichen Arbeitszeit herangezogen werden. Ehrenamtliche Richter, die ein Erwerbsersatzeinkommen beziehen, stehen erwerbstätigen ehrenamtlichen Richtern gleich. Die Entschädigung von Teilzeitbeschäftigten wird für höchstens zehn Stunden je Tag gewährt abzüglich der Zahl an Stunden, die der vereinbarten regelmäßigen täglichen Arbeitszeit entspricht. Die Entschädigung wird nicht gewährt, soweit Kosten einer notwendigen Vertretung erstattet werden.

§ 18 Entschädigung für Verdienstausfall

Für den Verdienstausfall wird neben der Entschädigung nach § 16 eine zusätzliche Entschädigung gewährt, die sich nach dem regelmäßigen Bruttoverdienst einschließlich der vom Arbeitgeber zu tragenden Sozialversicherungsbeiträge richtet, jedoch höchstens 29 Euro je Stunde beträgt. Die Entschädigung beträgt bis zu 55 Euro je Stunde für ehrenamtliche Richter, die in demselben Verfahren an mehr als 20 Tagen herangezogen oder innerhalb eines Zeitraums von 30 Tagen an mindestens sechs Tagen ihrer regelmäßigen Erwerbstätigkeit entzogen werden. Sie beträgt bis zu 73 Euro je Stunde für ehrenamtliche Richter, die in demselben Verfahren an mehr als 50 Tagen herangezogen werden.

Abschnitt 5 - Entschädigung von Zeugen und Dritten

§ 19 Grundsatz der Entschädigung

(1) Zeugen erhalten als Entschädigung

1. Fahrtkostenersatz (§ 5),
2. Entschädigung für Aufwand (§ 6),
3. Ersatz für sonstige Aufwendungen (§ 7),
4. Entschädigung für Zeitversäumnis (§ 20),
5. Entschädigung für Nachteile bei der Haushaltsführung (§ 21) sowie
6. Entschädigung für Verdienstausfall (§ 22).

Dies gilt auch bei schriftlicher Beantwortung der Beweisfrage.

(2) Sofern die Entschädigung nach Stunden bemessen ist, wird sie für die gesamte Dauer der Heranziehung gewährt. Dazu zählen auch notwendige Reise- und Wartezeiten sowie die Zeit, während der der Zeuge infolge der Heranziehung seiner beruflichen Tätigkeit nicht nachgehen konnte. Die Entschädigung wird für nicht mehr als zehn Stunden je Tag gewährt. Die letzte bereits begonnene Stunde wird voll gerechnet, wenn insgesamt mehr als 30 Minuten auf die Heranziehung entfallen; andernfalls beträgt die Entschädigung die Hälfte des sich für die volle Stunde ergebenden Betrages.

(3) Soweit die Entschädigung durch die gleichzeitige Heranziehung in verschiedenen Angelegenheiten veranlasst ist, ist sie auf diese Angelegenheiten nach dem Verhältnis der Entschädigungen zu verteilen, die bei gesonderter Heranziehung begründet wären.

(4) Den Zeugen, die ihren gewöhnlichen Aufenthalt im Ausland haben, kann unter Berücksichtigung ihrer persönlichen Verhältnisse, insbesondere ihres regelmäßigen Erwerbseinkommens, nach billigem Ermessen eine höhere als die in Absatz 1 Satz 1 bestimmte Entschädigung gewährt werden.

§ 20 Entschädigung für Zeitversäumnis

Die Entschädigung für Zeitversäumnis beträgt 4 Euro je Stunde, soweit weder für einen Verdienstausfall noch für Nachteile bei der Haushaltsführung eine Entschädigung zu gewähren ist, es sei denn, dem Zeugen ist durch seine Heranziehung ersichtlich kein Nachteil entstanden.

§ 21 Entschädigung für Nachteile bei der Haushaltsführung

Zeugen, die einen eigenen Haushalt für mehrere Personen führen, erhalten eine Entschädigung für Nachteile bei der Haushaltsführung von 17 Euro je Stunde, wenn sie nicht erwerbstätig sind oder wenn sie teilzeitbeschäftigt sind und außerhalb ihrer vereinbarten regelmäßigen täglichen Arbeitszeit herangezogen werden. Zeugen, die ein Erwerbsersatzeinkommen beziehen, stehen erwerbstätigen Zeugen gleich. Die Entschädigung von Teilzeitbeschäftigten wird für höchstens zehn Stunden je Tag gewährt abzüglich der Zahl an Stunden, die der vereinbarten regelmäßigen täglichen Arbeitszeit entspricht. Die Entschädigung wird nicht gewährt, soweit Kosten einer notwendigen Vertretung erstattet werden.

§ 22 Entschädigung für Verdienstausfall

Zeugen, denen ein Verdienstausfall entsteht, erhalten eine Entschädigung, die sich nach dem regelmäßigen Bruttoverdienst einschließlich der vom Arbeitgeber zu tragenden Sozialversicherungsbeiträge richtet und für jede Stunde höchstens 25 Euro beträgt. Gefangene, die keinen Verdienstausfall aus einem privatrechtlichen Arbeitsverhältnis haben, erhalten Ersatz in Höhe der entgangenen Zuwendung der Vollzugsbehörde.

§ 23 Entschädigung Dritter

(1) Soweit von denjenigen, die Telekommunikationsdienste erbringen oder daran mitwirken (Telekommunikationsunternehmen), Anordnungen zur Überwachung der Telekommunikation umgesetzt oder Auskünfte erteilt werden, für die in der Anlage 3 zu diesem Gesetz besondere Entschädigungen bestimmt sind, bemisst sich die Entschädigung ausschließlich nach dieser Anlage.

(2) Dritte, die aufgrund einer gerichtlichen Anordnung nach § 142 Abs. 1 Satz 1 oder § 144 Abs. 1 der Zivilprozessordnung Urkunden, sonstige Unterlagen oder andere Gegenstände vorlegen oder deren Inaugenscheinnahme dulden, sowie Dritte, die aufgrund eines Beweiszwecken dienenden Ersuchens der Strafverfolgungs- oder Verfolgungsbehörde

1. Gegenstände herausgeben (§ 95 Abs. 1, § 98a der Strafprozessordnung) oder die Pflicht zur Herausgabe entsprechend einer Anheimgabe der Strafverfolgungs- oder Verfolgungsbehörde abwenden oder
2. in anderen als den in Absatz 1 genannten Fällen Auskunft erteilen,

werden wie Zeugen entschädigt. Bedient sich der Dritte eines Arbeitnehmers oder einer anderen Person, werden ihm die Aufwendungen dafür (§ 7) im Rahmen des § 22 ersetzt; § 19 Abs. 2 und 3 gilt entsprechend. Die Sätze 1 und 2 gelten auch in den Fällen der Ermittlung von Amts wegen nach § 26 des Gesetzes über das Verfahren in Familiensachen und in den Angelegenheiten der freiwilligen Gerichtsbarkeit, sofern der Dritte nicht kraft einer gesetzlichen Regelung zur Herausgabe oder Auskunftserteilung verpflichtet ist.

(3) Die notwendige Benutzung einer eigenen Datenverarbeitungsanlage für Zwecke der Rasterfahndung wird entschädigt, wenn die Investitionssumme für die im Einzelfall benutzte Hard- und Software zusammen mehr als 10 000 Euro beträgt. Die Entschädigung beträgt

1. bei einer Investitionssumme von mehr als 10 000 bis 25 000 Euro für jede Stunde der Benutzung 5 Euro; die gesamte Benutzungsdauer ist auf volle Stunden aufzurunden;
2. bei sonstigen Datenverarbeitungsanlagen

a) neben der Entschädigung nach Absatz 2 für jede Stunde der Benutzung der Anlage bei der Entwicklung eines für den Einzelfall erforderlichen, besonderen Anwendungsprogramms 10 Euro und

b) für die übrige Dauer der Benutzung einschließlich des hierbei erforderlichen Personalaufwands ein Zehnmillionstel der Investitionssumme je Sekunde für die Zeit, in der die Zentraleinheit belegt ist (CPU-Sekunde), höchstens 0,30 Euro je CPU-Sekunde.

Die Investitionssumme und die verbrauchte CPU-Zeit sind glaubhaft zu machen.

(4) Der eigenen elektronischen Datenverarbeitungsanlage steht eine fremde gleich, wenn die durch die Auskunftserteilung entstandenen direkt zurechenbaren Kosten (§ 7) nicht sicher feststellbar sind.

Abschnitt 6 - Schlussvorschriften

§ 24 Übergangsvorschrift

Die Vergütung und die Entschädigung sind nach bisherigem Recht zu berechnen, wenn der Auftrag an den Sachverständigen, Dolmetscher oder Übersetzer vor dem Inkrafttreten einer Gesetzesänderung erteilt oder der Berechtigte vor diesem Zeitpunkt herangezogen worden ist. Dies gilt auch, wenn Vorschriften geändert werden, auf die dieses Gesetz verweist.

§ 25 Übergangsvorschrift aus Anlass des Inkrafttretens dieses Gesetzes

Das Gesetz über die Entschädigung der ehrenamtlichen Richter in der Fassung der Bekanntmachung vom 1. Oktober 1969 (BGBl. I S. 1753), zuletzt geändert durch Artikel 1 Abs. 4 des Gesetzes vom 22. Februar 2002 (BGBl. I S. 981), und das Gesetz über die Entschädigung von Zeugen und Sachverständigen in der Fassung der Bekanntmachung vom 1. Oktober 1969 (BGBl. I S. 1756), zuletzt geändert durch Artikel 1 Abs. 5 des Gesetzes vom 22. Februar 2002 (BGBl. I S. 981), sowie Verweisungen auf diese Gesetze sind weiter anzuwenden, wenn der Auftrag an den Sachverständigen, Dolmetscher oder Übersetzer vor dem 1. Juli 2004 erteilt oder der Berechtigte vor diesem Zeitpunkt herangezogen worden ist. Satz 1 gilt für Heranziehungen vor dem 1. Juli 2004 auch dann, wenn der Berechtigte in derselben Rechtssache auch nach dem 1. Juli 2004 herangezogen worden ist.

Gesetz über die Koordinierung der Entwicklung und des Einsatzes neuer Software der Steuerverwaltung

vom 14.8.2017 (BGBl. I S. 3122, 3129).

Inhaltsübersicht

Abschnitt 1

Allgemeines

§ 1 Anwendungsbereich

(1) Zur erheblichen Verbesserung oder Erleichterung des gleichmäßigen Vollzugs der von den Ländern im Auftrag des Bundes verwalteten Steuern wirken Bund und Länder beim einheitlichen Einsatz von IT-Verfahren und Software sowie ihrer einheitlichen Entwicklung zusammen. Der Gegenstand sowie die Art und Weise des Zusammenwirkens werden durch dieses Gesetz geregelt.

(2) Das Zusammenwirken nach Absatz 1 umfasst die Planung, Beschaffung und Entwicklung sowie den Einsatz, die Pflege und Wartung der einheitlichen IT-Verfahren und der einheitlichen Software.

§ 2 Begriffsbestimmungen

Im Sinne dieses Gesetzes ist oder sind:

1. „Gesamtvorhaben KONSENS" das Zusammenwirken des Bundes und der Länder nach § 1,

2. „IT-Verfahren" die Zusammenfassung mehrerer Software-Entwicklungen,

3. „Hauptversion" eine neue Version einer Software mit signifikant erweiterter Funktionalität,

4. „Vorhabensplan" der jährlich fortzuschreibende Plan der zu entwickelnden IT-Verfahren und Software,

5. „Sourcingstrategie" die Entwicklung, Anpassung und Planung einer Beschaffungsstrategie zum Einsatz interner und externer Unterstützung,

6. „Architektur" eine Beschreibung von IT-, Fach- und Betriebsarchitektur einschließlich der technischen Basis, auf der IT-Verfahren oder Software zur Umsetzung der festgelegten Anforderungen bereitgestellt werden müssen.

Abschnitt 2

Grundsätze des Zusammenwirkens

§ 3 Allgemeine Festlegungen

(1) IT-Standards im Gesamtvorhaben KONSENS müssen offene Standards sein, die den Grundsätzen der Interoperabilität und der Wiederverwendbarkeit entsprechen. Es ist vorrangig auf bestehende Marktstandards abzustellen.

(2) Aufgaben der Entwicklung sowie der Pflege und Wartung von Software sollen in der Art und Weise zugeschnitten und zu Einheiten (IT-Verfahren) zusammengefasst werden, dass sie ausschließlich an einem Entwicklungsstandort eines Auftrag nehmenden Landes wahrgenommen werden können.

§ 4 Entwicklung von IT-Verfahren und Software

(1) IT-Verfahren und Software für den einheitlichen Einsatz werden gemeinsam für Bund und Länder beschafft oder arbeitsteilig in der Art und Weise entwickelt, dass ein Auftrag nehmendes Land oder mehrere Auftrag nehmende Länder die IT-Verfahren oder die Software nach Maßgabe der in einem Lastenheft festgelegten Anforderungen für den Einsatz in den übernehmenden Ländern entwickelt oder entwickeln.

(2) IT-Verfahren und Software sind so zu gestalten, dass sie mit der Architektur in der jeweils aktuellen Fassung im Einklang stehen und ohne inhaltliche Änderung in allen Ländern und beim Bund einsetzbar sind.

(3) Die durch die Steuerungsgruppe Informationstechnik nach § 9 Absatz 5 Nummer 1 Buchstabe k anerkannten unabweisbaren Besonderheiten fließen in die einheitliche Entwicklung ein.

(4) Ist der Einsatz von Standardsoftware wirtschaftlicher als eine Eigenentwicklung, so ist ihr der Vorrang einzuräumen.

§ 5 Einsatz der IT-Verfahren und der Software

(1) Der flächendeckende Einsatz einheitlicher IT-Verfahren oder einheitlicher Software erfolgt entsprechend eines verbindlich festgelegten Release- und Einsatzplans. Der Einsatz soll in nicht mehr als zwei Hauptversionen jährlich erfolgen.

(2) Die Länder sind verpflichtet, ihre Entwicklungs- und Testumgebungen zu vereinheitlichen und die Betriebsumgebungen an den von der Steuerungsgruppe Informationstechnik vorgegebenen IT-Standards und der Betriebsarchitektur auszurichten. Bund und Länder werden ihre Beschaffungen im Bereich der Informationstechnik bereits vor der Freigabe der IT-Verfahren oder der Software so gestalten, dass die Entwicklung und Vorhaltung unterschiedlicher Software-Versionen entbehrlich ist. Spätestens ein Jahr nach der Bereitstellung des Release zum Einsatz in den Ländern sind die IT-Verfahren oder die Software in Betrieb zu nehmen.

(3) Die Aufbau- und Ablauforganisation der Finanzbehörden ist an die einheitlichen IT-Verfahren und die einheitliche Software anzupassen.

§ 6 Pflege und Wartung der IT-Verfahren und der Software

(1) Die Aufgabe der Pflege umfasst sämtliche Maßnahmen zur Erhaltung der Lauffähigkeit von eingesetzten IT-Verfahren und Software, soweit sie nicht der Wartung zugehören. Der Pflege sind vorbehaltlich des Absatzes 2 folgende Maßnahmen zuzuordnen:

1. Bereinigung von Fehlern der eingesetzten Software,
2. geringfügige Anpassung der Schnittstellen,
3. geringfügige Änderungen in der Architektur,
4. geringfügige Funktionserweiterungen oder Funktionsänderungen und
5. Performanceverbesserungsmaßnahmen.

(2) Die Aufgabe der Wartung umfasst sämtliche Maßnahmen zur Erhaltung der Funktionsfähigkeit der eingesetzten IT-Verfahren und Software. Hierzu gehören auch erforderliche fachliche und technische Anpassungen der IT-Infrastruktur.

§ 7 Produktiver Betrieb der IT-Verfahren und der Software

(1) Der produktive Betrieb ist vorbehaltlich abweichender Regelungen in diesem Gesetz je eigene Angelegenheit von Bund und Ländern. Dabei sind die sich aus der Architektur sowie dem länderübergreifenden Einsatz der einheitlichen IT-Verfahren und der einheitlichen Software ergebenden Anforderungen einzuhalten.

(2) Produktions- und Serviceaufgaben können in zentralen Produktions- und Servicestellen erbracht werden, wenn dadurch die Wirtschaftlichkeit des Vorgehens verbessert wird oder dies für länderübergreifend zu erbringende Leistungen notwendig ist. Das Nähere ist von der Steuerungsgruppe Informationstechnik im Einvernehmen mit dem Land zu vereinbaren, das die zentrale Produktions- und Servicestelle betreibt.

(3) IT-Verfahren oder Software können von einer zentralen Produktions- und Servicestelle eingesetzt und administriert werden.

Abschnitt 3

Organisationsstruktur des Gesamtvorhabens KONSENS

Unterabschnitt 1

Verantwortung und Kompetenzen

§ 8 Auftraggeber-Gremium

(1) Es wird ein Auftraggeber-Gremium eingerichtet, dem je ein Vertreter des Bundes sowie der Länder angehören. Den Vorsitz hat der Vertreter des Bundes. Das Auftraggeber-Gremium gibt sich eine Geschäftsordnung.

(2) Der Bund und jedes Land haben jeweils eine Stimme. Ein Beschlussvorschlag ist angenommen, wenn

1. einem Beschlussvorschlag des Bundes nicht mehr als zehn Länder widersprechen oder

2. einem Beschlussvorschlag eines oder mehrerer Länder die Länder mit einfacher Mehrheit zustimmen und der Bund nicht widerspricht.

(3) Enthaltungen der Länder zu einem Beschlussvorschlag gelten nicht als Widerspruch.

(4) Das Auftraggeber-Gremium entscheidet über die grundsätzlichen Angelegenheiten der Zusammenarbeit.

Hierzu gehören:

1. die Vorlage des Vorhabensplans zur Genehmigung an die Finanzminister des Bundes und der Länder,

2. die Vorlage des Gesamtbudgetplans (die jährlichen Finanzbedarfe und die Finanzplanung) und des Berichts über die Ergebnisse des Finanzcontrollings für das Vorjahr zur Genehmigung an die Finanzminister des Bundes und der Länder,

3. die länderübergreifende verbindliche Release- und Einsatzplanung für die IT-Verfahren und die Software sowie

4. die Übertragung von Produktions- und Serviceaufgaben auf zentrale Produktions- und Servicestellen.

(5) Der Vorhabensplan, der Gesamtbudgetplan (die jährlichen Finanzbedarfe und die Finanzplanung) und der Bericht über die Ergebnisse des Finanzcontrollings für das Vorjahr sind den Finanzministern bis zum 31. Oktober eines Jahres vorzulegen.

§ 9 Steuerungsgruppe Informationstechnik

(1) Es wird eine Steuerungsgruppe Informationstechnik eingerichtet, der je ein Vertreter des Bundes sowie der Länder Baden-Württemberg, Bayern, Hessen, Niedersachsen und Nordrhein-

Westfalen angehören. Den Vorsitz hat der Vertreter des Bundes. Die Steuerungsgruppe Informationstechnik gibt sich eine Geschäftsordnung.

(2) Der Bund und die vertretenen Länder haben jeweils eine Stimme. Ein Beschlussvorschlag ist angenommen, wenn

1. einem Beschlussvorschlag des Bundes nicht mehr als zwei Länder widersprechen oder

2. einem Beschlussvorschlag eines oder mehrerer Länder die Länder mit einfacher Mehrheit zustimmen und der Bund nicht widerspricht.

(3) Enthaltungen der Länder zu einem Beschlussvorschlag gelten nicht als Widerspruch.

(4) Beschlüsse der Steuerungsgruppe Informationstechnik binden alle Länder und verpflichten diese zur Umsetzung. Die Entwicklungsstandorte für die IT-Verfahren und die Software sind in den Ländern Baden-Württemberg, Bayern, Hessen, Niedersachsen und Nordrhein-Westfalen angesiedelt.

(5) Die Steuerungsgruppe Informationstechnik hat die Aufgabe, die Strategie und die Architektur im Gesamtvorhaben KONSENS festzulegen und zu steuern.

1. Dazu entscheidet sie insbesondere über:

   a) die grundsätzlichen Festlegungen der Architektur, der IT-Verfahren und der Software,

   b) die grundsätzlichen Festlegungen der Hardware, der IT-Infrastruktur und der IT-Standards, soweit sie für den einheitlichen Betrieb technisch oder wirtschaftlich notwendig sind,

   c) die Festlegung des Gesamtprojektauftrags über die Entwicklung und den Einsatz der IT-Verfahren und der Software zur Umsetzung des genehmigten Vorhabensplans einschließlich der Aufgabenbeschreibungen und Fertigstellungstermine sowie der Besetzung der Gesamtleitung,

   d) die Festlegung der Projektaufträge der Einzelprojekte zur Umsetzung des genehmigten Vorhabensplans einschließlich der Aufgabenbeschreibungen und Fertigstellungstermine sowie der Besetzung der Projektleitung,

   e) die Zuweisung von Aufgaben an ein Auftrag nehmendes Land oder an mehrere Auftrag nehmende Länder,

   f) die Sourcingstrategie,

   g) die Einführung eines Qualitätsmanagement-Systems (einschließlich des Vorgehensmodells),

   h) die von den Auftrag nehmenden Ländern vorgelegten Lastenhefte,

   i) die Regelungen für die Freigabe und die Pflege und Wartung der Software,

   j) die Beschaffung von Standardsoftware und

k) die Anerkennung einer beantragten unabweisbaren Besonderheit nach § 4 Absatz 3, die bei der einheitlichen Entwicklung zu berücksichtigen ist.

2. Dazu wacht sie über:

a) die Steuerung und Durchführung des Gesamtprojekts durch die Gesamtleitung und

b) die Steuerung und Durchführung des Gesamtvorhabens KONSENS (Planung, Beschaffung, Entwicklung, Einsatz, Pflege, Wartung und Betrieb der IT-Verfahren und Software sowie Betrieb der zentralen Produktions- und Servicestellen).

3. Dazu berät und entscheidet sie über die Vorlage an das Auftraggeber-Gremium

a) des Vorhabensplans für das nächste und die folgenden vier Jahre,

b) des Gesamtbudgetplans sowie des Berichts über die Ergebnisse des Finanzcontrollings für das Vorjahr und

c) der länderübergreifenden, verbindlichen Release- und Einsatzplanung für das nächste sowie die folgenden vier Jahre.

(6) Auf Vorschlag des Bundes entscheidet die Steuerungsgruppe Informationstechnik darüber, ob und inwieweit durch ein Auftrag nehmendes Land oder mehrere Auftrag nehmende Länder arbeitsteilig nach Maßgabe dieses Gesetzes IT-Verfahren oder Software, für die der Bund zuständig ist, entwickelt, gepflegt, gewartet oder betrieben werden.

(7) Auf Vorschlag des Bundes entscheidet die Steuerungsgruppe Informationstechnik darüber, ob und inwieweit der Bund für die arbeitsteilige Entwicklung eines IT-Verfahrens oder einer Software Aufgaben nach Maßgabe des § 11 übernimmt.

(8) Die Steuerungsgruppe Informationstechnik benennt für Zwecke des Bundeszuschusses nach § 24 Absatz 4 jährlich ein repräsentatives und auf das Folgejahr terminiertes Kriterium, an dem der Fortschritt des produktiven Einsatzes der IT-Verfahren oder der Software zu bemessen ist. Sie teilt das Kriterium den Finanzministern des Bundes und der Länder bis zum 31. Oktober eines Jahres mit. Die Steuerungsgruppe Informationstechnik berichtet bis zum 31. Oktober des Folgejahres über die Einhaltung des Kriteriums (Nachweis über den produktiven Einsatz).

§ 10 Geschäftsstelle Informationstechnik

Die Geschäftsstelle Informationstechnik ist im Geschäftsbereich des Bundesministeriums der Finanzen angesiedelt. Sie unterstützt die Steuerungsgruppe Informationstechnik organisatorisch und betreibt das interne elektronische Informationssystem für die Aufgaben aus diesem Gesetz. Sie unterstützt bei Bedarf, soweit Aufgaben des Gesamtvorhabens KONSENS betroffen sind, auch die Beratungen des Auftraggeber-Gremiums sowie die vor- und nachgelagerten Beratungen zu den Sitzungen der Steuerungsgruppe Informationstechnik. Über weitere Aufgaben der Geschäftsstelle Informationstechnik entscheidet die Steuerungsgruppe

Informationstechnik.

§ 11 Auftrag nehmendes Land

(1) Auftrag nehmendes Land ist das für eine Aufgabe (Entwicklung, Pflege oder Wartung bestimmter IT-Verfahren oder bestimmter Software) von der Steuerungsgruppe Informationstechnik aus ihrer Mitte bestimmte Land.

(2) Kommt in der Steuerungsgruppe Informationstechnik ein Beschluss über die Bestimmung eines Auftrag nehmenden Landes nicht zustande, kann der Bund ein Land aus der Mitte der Steuerungsgruppe Informationstechnik dazu bestimmen, die Aufgabe zu übernehmen. Dies gilt nicht in den Fällen des § 9 Absatz 6.

(3) Das Auftrag nehmende Land

1. erstellt für die beauftragte Entwicklung eines IT-Verfahrens oder einer Software ein Lastenheft, in das die zuvor erhobenen Anforderungen aufgenommen sind. Auf dessen Grundlage erstellt es einen Projektauftrag einschließlich eines Budget- und Stellenplans und einer Meilensteinplanung und legt ihn der Steuerungsgruppe Informationstechnik zur Entscheidung vor,

2. erstellt für die beauftragte Pflege eines IT-Verfahrens oder einer Software die fortgeschriebene Fassung des Lastenhefts, in die die zuvor erhobenen Anforderungen aufgenommen sind, erstellt auf dieser Grundlage eine Terminplanung für die Durchführung der Pflege und legt das Lastenheft und die Terminplanung der Steuerungsgruppe Informationstechnik zur Entscheidung vor,

3. stimmt das Lastenheft mit den übrigen in der Steuerungsgruppe Informationstechnik vertretenen Ländern sowie Hamburg und dem Bund vor der Zuleitung zur Entscheidung nach Nummer 1 oder 2 an die Steuerungsgruppe Informationstechnik ab. Der Bund ist dafür verantwortlich, dass das Lastenheft den nach § 21a Absatz 1 des Finanzverwaltungsgesetzes zustande gekommenen Verwaltungsgrundsätzen nicht widerspricht,

4. stellt die für die Wahrnehmung seiner Aufgaben erforderlichen Personalkapazitäten zur Verfügung oder wirbt sie bei anderen der in der Steuerungsgruppe Informationstechnik vertretenen Ländern oder durch Beauftragung Externer gemäß der festgelegten Sourcingstrategie ein und

5. unterstützt bei der Einführung der entwickelten IT-Verfahren oder der entwickelten Software. Ab Bereitstellung der entwickelten IT-Verfahren oder der entwickelten Software gewährleistet das Auftrag nehmende Land für längstens ein Jahr die Softwarepflege für die Vorversion der neu eingeführten Software.

§ 12 Übernehmendes Land

Die Länder sind verpflichtet, die durch die Auftrag nehmenden Länder entwickelten IT-Verfahren oder die entwickelte Software einheitlich und entsprechend der festgelegten Release- und Einsatzplanung im eigenen Land einzusetzen (übernehmendes Land).

§ 13 Gesamtleitung

(1) Die operative Steuerung des Gesamtvorhabens KONSENS erfolgt durch die Gesamtleitung.

(2) Die Gesamtleitung setzt sich aus einem Leiter und zwei Stellvertretern zusammen. Über die Besetzung der Gesamtleitung entscheidet die Steuerungsgruppe Informationstechnik auf Vorschlag ihres Vorsitzenden.

(3) Die Gesamtleitung unterliegt den Weisungen der Steuerungsgruppe Informationstechnik. Sie ist ihr gegenüber für den Erfolg des Gesamtprojekts auf der Grundlage des Gesamtprojektauftrags verantwortlich, insbesondere für:

1. die Entwicklung der IT-Verfahren und der Software entsprechend der an sie gestellten Anforderungen,

2. die Freigabe der IT-Verfahren und der Software,

3. die plangemäße Bereitstellung der Releases der Software einschließlich der Nachverfolgung ihres Einsatzes,

4. die Bedienung der Schnittstellen zu den anderen Aufgaben im Gesamtvorhaben KONSENS mit dem Ziel aufeinander abgestimmter Entwicklungs-, Pflege-, Wartungs- und Betriebsanforderungen und -zeitpläne und

5. eine wirtschaftliche Mittel- und Ressourcenbewirtschaftung.

(4) Die Gesamtleitung erstellt

1. einen Vorhabensplan für das nächste sowie die folgenden vier Jahre,

2. eine Release- und Einsatzplanung für das nächste sowie die folgenden vier Jahre sowie

3. einen Gesamtbudgetplan und die Planung des Umfangs der Inanspruchnahme externer Unterstützung auf der Basis der beschlossenen Sourcingstrategie

und legt diese Pläne der Steuerungsgruppe Informationstechnik vor.

(5) Die Gesamtleitung hat bei Beratungen und Entscheidungen der Steuerungsgruppe Informationstechnik ein Anhörungs- und Vorschlagsrecht. Vor Entscheidungen über die Besetzung von Projektleitungen stellt die Steuerungsgruppe Informationstechnik Benehmen mit der Gesamtleitung her.

(6) Drohen andauernde Beratungen im Auftraggeber-Gremium oder in der Steuerungsgruppe Informationstechnik die Besetzung vakanter Projektleitungen innerhalb des Gesamtprojekts um mehr als sechs Monate zu verzögern und sind die Verzögerungen geeignet, den Projekterfolg, insbesondere die fristgerechte Aufgabenerledigung im Gesamtprojekt, zu beeinträchtigen, ist die Gesamtleitung befugt, die vakanten Projektleitungen ersatzweise durch externe Beauftragung zu den marktüblichen Konditionen zu besetzen.

(7) Zur organisatorischen Unterstützung der Gesamtleitung wird ein Projektbüro eingerichtet.

Unterabschnitt 2

Zentrale Organisationseinheiten

§ 14 Zentrale Organisationseinheiten

Die Gesamtleitung wird durch zentrale Organisationseinheiten unterstützt. Diese sind als Stabsstellen bei der Gesamtleitung einzurichten. Sie nehmen übergeordnete Querschnittsaufgaben wahr. Sie unterliegen den Weisungen der Gesamtleitung. Berichte, Planungen und Entscheidungsbedarfe sind der Gesamtleitung und durch diese der Steuerungsgruppe Informationstechnik zur Entscheidung vorzulegen. Zentrale Organisationseinheiten sind insbesondere:

1. das Vorhabensmanagement,

2. das Architekturmanagement,

3. das Release- und Einsatzmanagement,

4. das Qualitätsmanagement,

5. das Anforderungsmanagement und

6. das Multiprojektmanagement.

§ 15 Vorhabensmanagement

(1) Das Vorhabensmanagement unterstützt die Gesamtleitung beim übergreifenden strategischen und operativen IT-Controlling des Gesamtvorhabens KONSENS. Es nimmt Planungs- und Koordinationsaufgaben wahr. Zudem stellt es durch ein standardisiertes Berichtswesen Transparenz über die für die Steuerung des Gesamtvorhabens KONSENS relevanten strategischen und operativen Aspekte her. Insbesondere hat es folgende Aufgaben:

1. der jährliche Entwurf des Vorhabensplans,

2. der jährliche Entwurf des Gesamtbudgetplans,

3. die Erstellung und Fortschreibung der Sourcingstrategie,

4. die Überwachung und Nachverfolgung der Umsetzung der vom Anforderungsmanagement eingebrachten Anforderungen,

5. die Koordination des Informationsmanagements,

6. die Festlegung der im Rahmen des IT-Controllings zu erhebenden Daten und Informationen (Datenerhebung),

7. die Planung, Durchführung und Koordination der Datenerhebung bei den jeweiligen Datenlieferanten zu den festgelegten Erhebungszeitpunkten,

8. die strukturierte Erfassung und Aggregation der erhobenen Daten in Form von Kennzahlen in einem Kennzahlensystem,

9. die adressatengerechte Aufbereitung und Analyse der Daten nach den definierten Kennzahlen und sonstigen Anforderungen einschließlich entsprechender Berichte und

10. die Abstimmung der erhobenen Daten und der aufbereiteten Berichte mit den Datenlieferanten nach Absatz 4.

(2) Das strategische IT-Controlling umfasst

1. IT-Strategiecontrolling,

2. IT-Architekturcontrolling,

3. IT-Anforderungs- und Innovationscontrolling,

4. IT-Portfoliocontrolling,

5. Mittel- und Ressourcencontrolling und

6. IT-Risikocontrolling.

(3) Das operative IT-Controlling umfasst

1. IT-Vorhabenscontrolling,

2. IT-Betriebscontrolling und

3. IT-Beschaffungscontrolling.

(4) Um das IT-Controlling wahrnehmen zu können sind die einzelnen Entwicklungsprogramme und -projekte sowie die zentralen Organisationseinheiten verpflichtet, dem Vorhabensmanagement die zu erhebenden Daten und Informationen zuzuliefern; die gleiche Verpflichtung trifft, auch für den Bereich der Pflege und Wartung, des Einsatzes und Betriebs der IT-Verfahren und Software und der zunehmenden Vereinheitlichung der Entwicklungs- , Test- und Betriebsumgebungen, das jeweilige Auftrag nehmende oder übernehmende Land (Datenlieferanten). Der Bund ist Datenlieferant entsprechend der nach § 9 Absatz 6 und 7 übertragenen oder übernommenen Aufgaben der Entwicklung, der Pflege, der Wartung und des Betriebs.

§ 16 Architekturmanagement

(1) Zur Steuerung der Entwicklung und Pflege von IT-Verfahren und Software werden Anforderungen und IT-Standards im Soll-Bebauungsplan vorgegeben.

(2) Das Architekturmanagement unterstützt die Gesamtleitung bei der Erarbeitung einer Architektur für die IT-Infrastruktur des Gesamtvorhabens KONSENS. Es entwickelt die Architekturfestlegungen für die Entwicklungs-, Test- und Betriebsumgebungen und wacht über deren Einhaltung.

(3) Ziel der Architekturfestlegungen ist die Modernisierung und Vereinheitlichung der IT-Verfahren, der Software sowie der Entwicklungs-, Test- und Betriebsumgebungen. Bei der Erarbeitung orientiert sich das Architekturmanagement auch an neuen technologischen Entwicklungen und nimmt sie erforderlichenfalls in seine Festlegungen auf.

(4) Die Festlegungen des Architekturmanagements sind für die Entwicklungsprogramme und –projekte sowie für die Länder verbindlich, soweit die Steuerungsgruppe Informationstechnik diese Aufgabe an das Architekturmanagement delegiert hat.

(5) Aufgaben des Architekturmanagements sind insbesondere

1. die Ermittlung und Abstimmung von Anforderungen an die Architektur,

2. die Festlegung, Weiterentwicklung und Kontrolle der Einhaltung der Geschäftsarchitektur, Sicherheitsarchitektur, funktionalen Architektur, technischen Zielarchitektur, Infrastrukturarchitektur und Betriebsarchitektur,

3. die Erarbeitung der Facharchitektur unter Einbeziehung der für die Organisations- und Fachanforderungen zuständigen Stellen,

4. die Festlegung der zu nutzenden IT-Standards für eine Integrationsarchitektur (z. B. Webdienste, Schnittstellentechnologien),

5. die Festlegung der einzusetzenden Betriebssysteme und Standardsoftware und

6. die Erarbeitung von IT-Ablaufprozessen.

§ 17 Release- und Einsatzmanagement

(1) Das Release- und Einsatzmanagement unterstützt die Gesamtleitung insbesondere hinsichtlich der Durchführung von Tests und des störungsfreien produktiven Einsatzes der entwickelten IT-Verfahren und der entwickelten Software nach Maßgabe des Release- und Einsatzplanes. Es verfolgt das Ziel, die Integrität des Betriebs zu sichern, indem nur zuvor getestete und zertifizierte IT-Verfahren und Software eingesetzt werden. Dazu plant es Tests, legt die Modalitäten ihrer Durchführung fest, wacht über die Durchführung und bewertet ihr Ergebnis.

(2) Das Release- und Einsatzmanagement entwirft in Abstimmung mit den übernehmenden Ländern eine Planung des Einsatzes der IT-Verfahren und der Software (Release- und Einsatzplan) und wacht über deren Umsetzung.

(3) Aufgaben des Release- und Einsatzmanagements sind insbesondere

1. die Planung, Durchführung, Koordination und Überwachung einer detaillierten und abgestimmten Release und Einsatzplanung einschließlich der Bündelung der Einzel-Releases der Projekte,

2. die Durchführung der zur Zertifizierung der Software im Testcenter KONSENS zu durchlaufenden Tests,

3. die Prüfung der vom Entwicklungsprojekt vorgelegten Dokumentationen,

4. die Zertifizierung und Bereitstellung der Software für den Einsatz in den übernehmenden Ländern,

5. die Erstellung und Fortschreibung der Verfahren zur Installation von Releases und

6. die Kontrolle der Sicherstellung von Pflege und Wartung je Software für das aktuellste Release und seine Vorversion.

§ 18 Qualitätsmanagement

Das Qualitätsmanagement unterstützt die Gesamtleitung bei der Erstellung und Pflege der Qualitätsmanagement-Dokumentation sowie bei der Einführung, Kontrolle und kontinuierlichen Weiterentwicklung des Qualitätsmanagement-Systems.

§ 19 Anforderungsmanagement

(1) Das Anforderungsmanagement ist ein systematischer Ansatz zur Definition, Erfassung, Analyse und Bewertung, Abstimmung und Priorisierung von Anforderungen an die zu entwickelnden IT-Verfahren und die zu entwickelnde Software sowie ihrer Pflege. Es umfasst Maßnahmen zur Steuerung, Kontrolle und Verwaltung dieser Anforderungen. Funktionale und nicht-funktionale Anforderungen werden in Form von Lastenheften beschrieben.

(2) Das Anforderungsmanagement ist zugleich eine zentrale Organisationseinheit nach § 14. Es hat die Aufgabe, die Abstimmung zwischen den zentralen Organisationseinheiten und den im Gesamtvorhaben KONSENS definierten Gremien und Rollen, soweit sie mit der Definition, Erfassung, Analyse und Bewertung von Anforderungen befasst sind, zu koordinieren.

(3) Aufgaben des Anforderungsmanagements als zentrale Organisationseinheit sind insbesondere

1. die Koordination und Abstimmung im Sinne des Absatzes 2 mit dem Ziel, dass nicht einzelne Anforderungen mehrfach, parallel, mit unverhältnismäßigem Aufwand und/oder in widersprüchlicher Weise in mehreren Lastenheften berücksichtigt oder an verschiedenen Stellen des Gesamtvorhabens KONSENS umgesetzt werden,

2. die Beratung bei der Lastenhefterstellung mit dem Ziel, die Lastenhefterstellung im Gesamtvorhaben KONSENS einheitlich zu gestalten,

3. das Erarbeiten von Vorschlägen zur Bündelung der Anforderungen,

4. die Bereitstellung einer einheitlichen Methodik und einer geeigneten Werkzeuglandschaft zur Erstellung der Lastenhefte und ihre sachgerechte Fortschreibung und

5. Qualitätssicherungsmaßnahmen, insbesondere durch Ausführung von Eingangs-Qualitätssicherungen von Lastenheften.

Unterabschnitt 3

Projektstrukturen

§ 20 Allgemeine Festlegungen zum Projektmanagement

(1) Es wird ein einheitliches Projektmanagement für alle Entwicklungsprogramme und -projekte im Gesamtvorhaben KONSENS festgelegt. Es orientiert sich an den für den Bund geltenden Projektmanagementstandards.

(2) Das Gesamtprojekt wird in Anlehnung an international anerkannte Projektmanagementstandards eingerichtet.

(3) Für jedes Projekt sind mindestens folgende Dokumente zu erstellen:

1. ein Projektauftrag,

2. ein Projekthandbuch,

3. eine Gesamtplanung inklusive Meilensteinplan, Netzplan, kritischem Pfad (inklusive Zuarbeiten), Ressourcen (Personal (inklusive Kompetenzprofil), Finanzen) und definierter Ziele,

4. ein Betriebshandbuch,

5. ein Benutzerhandbuch,

6. ein projektspezifisches Sicherheitskonzept/Datenschutzkonzept,

7. die Datenschutz-Folgenabschätzung und

8. ein Projektabschlussbericht.

(4) Für jedes Großprojekt ist ein eigener Lenkungsausschuss einzurichten. Bei sonstigen Projekten kann ein Lenkungsausschuss eingerichtet werden. Ein Großprojekt liegt vor, wenn mindestens die folgenden Kriterien erfüllt sind:

1. es ist eine Softwarezulieferung durch mindestens ein anderes Projekt erforderlich,

2. die geplante Projektlaufzeit beträgt mehr als 23 Monate und

3. das geplante Budget beträgt mehr als 10 Millionen Euro.

(5) Im Lenkungsausschuss sind vertreten:

1. der Projektleiter,

2. der Leiter des zuliefernden Projektes oder die Leiter der zuliefernden Projekte und

3. ein Vertreter des Multiprojektmanagements.

Es können außerdem vertreten sein:

1. die Gesamtleitung, sofern sie es für erforderlich hält, und

2. ein Vertreter des Bundesministeriums der Finanzen, sofern es dies für erforderlich hält.

(6) Bei wesentlichen Änderungen in einem Projekt oder im Gesamtprojekt ist eine von der Steuerungsgruppe Informationstechnik zu genehmigende Anpassung des Projektauftrags erforderlich. Wesentlich sind insbesondere Änderungen, die eine Anpassung des Budgets, der Personalressourcen, der Meilensteinplanung oder der fachlichen Anforderungen erforderlich machen.

(7) Die Eskalation, beispielsweise von Entscheidungsbedarfen, durch die einzelnen Entwicklungsprogramme und -projekte erfolgt ausschließlich über die Gesamtleitung an die Steuerungsgruppe Informationstechnik. Ist für ein Projekt ein Lenkungsausschuss eingerichtet, ist vor einer Eskalation an die Gesamtleitung der Lenkungsausschuss zu befassen.

§ 21 Multiprojektmanagement

(1) Das Multiprojektmanagement unterstützt die Gesamtleitung beim operativen IT-Controlling der Entwicklungsprogramme und -projekte. Aufgaben des Multiprojektmanagements sind insbesondere:

1. die programm- und projektübergreifende Koordination und Abstimmung, insbesondere der Zeitplanung der Projekte untereinander,

2. die Erstellung und Fortschreibung eines programm- und projektübergreifenden Meilensteinplans, Netzplans und kritischen Pfades und

3. die Überwachung der Meilensteine der Entwicklungsprogramme/-projekte.

(2) Das Multiprojektmanagement wird organisatorisch durch ein Projektbüro unterstützt.

§ 22 Entwicklungsprogramme und -projekte

(1) Jeder Entwicklungsauftrag, ausgenommen Aufträge zur Pflege von Software, wird im Rahmen eines Projektes nach Maßgabe der festgelegten Projektstrukturen durchgeführt.

(2) Für jedes Projekt sind ein Projektleiter und ein Stellvertreter auf Vorschlag des Auftrag nehmenden Landes durch Entscheidung der Steuerungsgruppe Informationstechnik im Benehmen mit der Gesamtleitung zu bestellen. Der Projektleiter und dessen Stellvertreter sollen in dieser Funktion dem Projekt für die gesamte Projektlaufzeit zur Verfügung stehen.

(3) Die Projekte sind in der Art und Weise mit personellen Ressourcen auszustatten, dass die Aufgabenerledigung im Projekt nicht durch die Erledigung anderer Aufgaben verzögert wird.

(4) Die Projektleitung ist gegenüber der Gesamtleitung für den Projekterfolg auf der Grundlage des Projektauftrags verantwortlich. Insbesondere verantwortet sie:

1. die Entwicklung des IT-Verfahrens und der einheitlichen Software entsprechend der an sie gestellten Anforderungen,

2. den produktiven Einsatz des IT-Verfahrens und der einheitlichen Software in der Betriebsumgebung des Auftrag nehmenden Landes zum Nachweis der Einsatzeignung gegenüber der Gesamtleitung,

3. die Vorlage und/oder Fortschreibung der in § 20 Absatz 3 genannten Dokumente,

4. die Zulieferung der vom Vorhabensmanagement für Zwecke des IT-Controllings benötigten Daten (§ 15 Absatz 4) und

5. eine regelmäßige Berichterstattung gegenüber dem Multiprojektmanagement über den Fortschritt/die Zielerreichung und etwaige Risiken des Projekts.

(5) Die Projektleitung ist gegenüber der Gesamtleitung weisungsgebunden.

(6) Zur organisatorischen Unterstützung der Projektleitung wird ein Projektbüro eingerichtet.

Abschnitt 4

Budget und Kostentragung

§ 23 Umlagefähige Aufwendungen

(1) Nach diesem Gesetz umzulegende Aufwendungen sind:

1. der Personal- und Sachaufwand, der bei Bund und Ländern für nach diesem Gesetz erbrachte Leistungen anfällt. Der Aufwand für verwaltungsinternes Personal wird nach von Bund und Ländern pauschal festzulegenden Verrechnungssätzen angesetzt. Der Sachaufwand ist nur insoweit gesondert umlagefähig, als er nicht bereits durch die Personalkostenverrechnungssätze abgegolten ist.

2. der Aufwand für die Beschaffung oder Inanspruchnahme von Lizenzen und Geräten für die Entwicklung und den Test der einheitlichen Software.

3. der Aufwand für den Betrieb von zentralen Produktions- und Servicestellen.

(2) Der durch nicht von § 4 Absatz 3 erfasste Besonderheiten entstehende Aufwand sowie der bei Bund und Ländern entstehende Aufwand für den produktiven Betrieb, mit Ausnahme des in § 7 Absatz 2 genannten Aufwands, gehören nicht zu den umlagefähigen Aufwendungen.

(3) Weitere Einzelheiten werden durch das Auftraggeber-Gremium festgelegt.

§ 24 Verteilung der umlagefähigen Aufwendungen, Bundeszuschuss

(1) Zum Zweck der Transparenz sind die umlagefähigen Aufwendungen in folgende Aufwandsarten aufzuteilen:

1. Entwicklungsaufwand,

2. Pflege-/Wartungsaufwand,

3. gemeinschaftlich zu tragender Aufwand für den produktiven Betrieb und

4. Organisationsaufwand.

(2) Die nach § 23 umlagefähigen Aufwendungen sind von den Ländern vorbehaltlich der Absätze 3 und 4 anteilig nach dem Königsteiner Schlüssel zu tragen.

(3) Der Bund trägt 13 Prozent von den um den Zuschuss nach Absatz 4 geminderten umlagefähigen Aufwendungen.

(4) Über die Verpflichtung nach Absatz 3 hinaus gewährt der Bund für das Vorhaben KONSENS innerhalb des Budgets jährlich einen Zuschuss in Höhe von 10 Millionen Euro in monatlichen Abschlagszahlungen. Der Zuschuss ist an den Fortschritt des produktiven Einsatzes einheitlicher IT-Verfahren oder einheitlicher Software (Kriterium) geknüpft. Das Verfahren richtet sich nach § 9 Absatz 8. Stellen die Finanzminister des Bundes und der Länder einvernehmlich fest, dass das im Vorjahr benannte Kriterium nicht erfüllt worden ist, entfällt die Verpflichtung des Bundes für die Zahlung des Zuschusses für das zweite auf die Feststellung folgende Jahr. In diesem Fall treten die Länder in die Verpflichtung des Bundes für das betroffene Jahr für die Zahlung des Zuschusses ein.

§ 25 Budget

(1) Bund und Länder stellen bis zum 1. Februar eines Jahres auf der Basis des Vorhabensplans eine Planung der voraussichtlich auf den Bund und die beteiligten Länder aufzuteilenden Ausgaben für die folgenden vier Jahre zum Zwecke der Veranschlagung in den Haushalten auf.

(2) Bund und Länder erteilen der Steuerungsgruppe Informationstechnik bis zum 31. Oktober eines Jahres auf der Basis des genehmigten Vorhabensplans eine durch geeignete haushaltsrechtliche Maßnahmen abgesicherte Deckungszusage für das Budget der nächsten drei Jahre. Dies gilt nicht für den Zuschuss des Bundes nach § 24 Absatz 4.

(3) Die Steuerungsgruppe Informationstechnik teilt bis zum 15. November eines Jahres den Auftrag nehmenden Ländern die Höhe des auf sie entfallenden Budgetanteils für den in Absatz 2 genannten Zeitraum mit.

§ 26 Zahlungsverfahren

Zahlungsverpflichtungen und die umzulegenden Aufwendungen nach § 24 sind zu verrechnen.

Abschnitt 5

Übergangs- und Schlussvorschriften

§ 27 Nutzungsrecht

(1) Bund und Länder schließen eine Verwaltungsvereinbarung, wonach ihnen an den im Rahmen des Zusammenwirkens nach diesem Gesetz erstellten Arbeitsergebnissen, insbesondere an den entwickelten IT-Verfahren und der entwickelten Software, räumlich und gegenständlich unbeschränkte Nutzungsrechte als ausschließliche Rechte zur gesamten Hand zustehen. Diese Verwaltungsvereinbarung umfasst insbesondere Datenbankrechte sowie sämtliche urheberrechtlichen Nutzungsrechte, vor allem die Rechte zur Vervielfältigung, Verbreitung, Bearbeitung, Digitalisierung, Online-Bereitstellung und zur öffentlichen Wiedergabe der Arbeitsergebnisse und beziehen sich im Fall von Software auf den Objektcode, den Quellcode sowie die entsprechenden Softwaredokumentationen.

(2) Bund und Länder räumen sich nach Inkrafttreten dieses Gesetzes durch die Verwaltungsvereinbarung nach Absatz 1 wechselseitig zur Nutzung für eigene Zwecke einfache, unwiderrufliche, zeitlich unbeschränkte Nutzungsrechte an den künftig im Rahmen des Zusammenwirkens nach diesem Gesetz erstellten Arbeitsergebnissen ein. Diese Nutzungsrechte beziehen sich im Fall von Software auf den Objektcode sowie die entsprechenden Softwaredokumentationen. Die Nutzungsrechte umfassen insbesondere Datenbankrechte sowie sämtliche urheberrechtlichen Nutzungsrechte, vor allem die Rechte zur Vervielfältigung, Verbreitung, Digitalisierung, Online-Bereitstellung und zur öffentlichen Wiedergabe der Arbeitsergebnisse. Ausgenommen ist das Recht zur Bearbeitung, das als einfaches Nutzungsrecht nur dem Auftrag nehmenden Land zusteht.

(3) Bund und Länder räumen sich in der Verwaltungsvereinbarung nach Absatz 1 wechselseitig das Recht ein, anderen juristischen Personen Unterlizenzen einzuräumen, wenn diese der alleinigen oder gemeinsamen Fachaufsicht oder der alleinigen oder gemeinsamen Beteiligungsführung eines oder mehrerer Gebietskörperschaften unterstehen oder privatrechtliche Unternehmen im Sinne des § 53 des Haushaltsgrundsätzegesetzes sind. Die jeweilige Gebietskörperschaft hat die Einräumung einer Unterlizenz der Gesamtleitung anzuzeigen. Die Überlassung der einheitlichen Software an sonstige Dritte muss der Zustimmung aller Mitglieder des Auftraggeber-Gremiums vorbehalten bleiben.

(4) Soweit sich ein Auftrag nehmendes Land externer Unterstützung gemäß § 11 Absatz 3 Nummer 4 bedient, hat es sicherzustellen, dass der Externe allen Gebietskörperschaften Nutzungsrechte in einem den Absätzen 1 und 2 entsprechenden Umfang einräumt. Des Weiteren hat das Auftrag nehmende Land sicherzustellen, dass der Externe für den Fall seiner Miturheberschaft nach § 8 Absatz 4 des Urheberrechtsgesetzes auf seinen Anteil an den Verwertungsrechten zugunsten von Bund und Ländern verzichtet. In gleicher Weise haben die Steuerungsgruppe Informationstechnik und das eine zentrale Produktions- und Servicestelle betreibende Land sicherzustellen, dass Bund und Ländern Nutzungs- und Verwertungsrechte eingeräumt werden.

(5) Die Beschaffung von Standardsoftware ist zulässig, auch wenn Bund und Ländern nur einfache Nutzungsrechte eingeräumt werden können und sich die Nutzungsrechte nicht auf den Quellcode (einschließlich Quellcodedokumentation) beziehen. Sollte ein Anbieter von Standardsoftware lediglich bereit sein, Nutzungsrechte in noch geringerem Umfang einzuräumen, ist vor der Beschaffung die Entscheidung der Steuerungsgruppe Informationstechnik einzuholen.

§ 28 Haftung

(1) Schadensersatzansprüche Dritter gehen zu Lasten derjenigen Gebietskörperschaft, die gegenüber dem Dritten aufgetreten ist.

(2) Eigen- und Fremdschäden sind keine umlagefähigen Aufwendungen.

(3) Für Eigenschäden von Bund und Ländern, die durch einen Bediensteten einer Gebietskörperschaft verschuldet werden, haftet diese in Höhe liquidierter Ersatzansprüche gegen den Bediensteten.

(4) Für Eigenschäden, die durch Inanspruchnahme externer Unterstützung im Sinne des § 11 Absatz 3 Nummer 4 verursacht werden, haftet die den Externen beauftragende Gebietskörperschaft, soweit der Ersatzanspruch gegenüber dem Externen liquidiert wird. Bund und Länder sind verpflichtet, bei Beauftragung Externer eine einheitliche, von der Steuerungsgruppe Informationstechnik zur Verfügung gestellte, Haftungsklausel zu verwenden.

§ 29 Anwendungs- und Übergangsregelung

(1) Die Regelungen dieses Gesetzes sind ab dem 1. Januar 2019 anzuwenden. Gleichzeitig sind die in den Anwendungsbereich dieses Gesetzes fallenden Vereinbarungen im Abkommen zur Regelung der Zusammenarbeit im Vorhaben KONSENS (Koordinierte neue Software-Entwicklung der Steuerverwaltung), mit Ausnahme der an den erstellten Arbeitsergebnissen eingeräumten Nutzungsrechte, nicht mehr anzuwenden.

(2) Die bis zum 31. Dezember 2018 auf der Grundlage des Abkommens zur Regelung der Zusammenarbeit im Vorhaben KONSENS getroffenen Festlegungen zur Beschaffung, arbeitsteiligen Entwicklung und Pflege sowie zum Einsatz einheitlicher IT-Verfahren und einheitlicher Software für das Besteuerungsverfahren haben Bestand, wenn die nach diesem Gesetz eingerichteten Gremien keine abweichende Entscheidung treffen.

Gesetz über das Kreditwesen

in der Neufassung vom 9.9.1998 (BGBl. I S. 2776), zuletzt geändert durch Artikel 6 des Gesetzes vom 19.12.2022 (BGBl. I S. 2606).

- Auszug -

§ 8 Zusammenarbeit mit anderen Stellen

...

(2) Werden gegen Inhaber oder Geschäftsleiter von Instituten sowie gegen Inhaber bedeutender Beteiligungen von Instituten oder deren gesetzliche oder satzungsmäßige Vertreter oder persönlich haftende Gesellschafter oder gegen Personen, die die Geschäfte einer Finanzholding-Gesellschaft oder einer gemischten Finanzholding-Gesellschaft tatsächlich führen, Steuerstrafverfahren eingeleitet oder unterbleibt dies auf Grund einer Selbstanzeige nach § 371 der Abgabenordnung, so steht § 30 der Abgabenordnung Mitteilungen an die Bundesanstalt über das Verfahren und über den zugrunde liegenden Sachverhalt nicht entgegen; das Gleiche gilt, wenn sich das Verfahren gegen Personen richtet, die das Vergehen als Bedienstete eines Instituts oder eines Inhabers einer bedeutenden Beteiligung an einem Institut begangen haben.

§ 24c – Automatisierter Abruf von Kontoinformationen

(1) Ein Kreditinstitut hat ein Dateisystem zu führen, in dem unverzüglich folgende Daten zu speichern sind:

1. die Nummer eines Kontos, das der Verpflichtung zur Legitimationsprüfung nach § 154 Absatz 2 Satz 1 der Abgabenordnung unterliegt, eines Depots oder eines Schließfachs sowie der Tag der Eröffnung und der Tag der Beendigung oder Auflösung,
2. der Vor- und Nachname, die Anschrift, sowie bei natürlichen Personen der Tag der Geburt, des Inhabers und eines Verfügungsberechtigten sowie in den Fällen des § 10 Absatz 1 Nummer 2 des Geldwäschegesetzes der Vor- und Nachname und, soweit erhoben, die Anschrift eines abweichend wirtschaftlich Berechtigten im Sinne des § 3 des Geldwäschegesetzes.

Bei jeder Änderung einer Angabe nach Satz 1 ist unverzüglich ein neuer Datensatz anzulegen. Die Daten sind nach Ablauf von zehn Jahren nach der Auflösung des Kontos oder Depots zu löschen. Im Falle des Satzes 2 ist der alte Datensatz nach Ablauf von drei Jahren nach Anlegung des neuen Datensatzes zu löschen. Das Kreditinstitut hat zu gewährleisten, dass die Bundesanstalt jederzeit Daten aus dem Dateisystem nach Satz 1 in einem von ihr bestimmten Verfahren automatisiert abrufen kann. Es hat durch technische und organisatorische Maßnahmen sicherzustellen, dass ihm Abrufe nicht zur Kenntnis gelangen.

(2) Die Bundesanstalt darf einzelne Daten aus dem Dateisystem nach Absatz 1 Satz 1 abrufen, soweit dies zur Erfüllung ihrer aufsichtlichen Aufgaben nach diesem Gesetz oder dem Geldwäschegesetz, insbesondere im Hinblick auf unerlaubte Bankgeschäfte oder Finanzdienstleistungen oder den Missbrauch der Institute durch Geldwäsche, Terrorismusfinanzierung oder sonstige strafbare Handlungen, die zu einer Gefährdung des Vermögens der Institute führen können, erforderlich ist und besondere Eilbedürftigkeit im Einzelfall vorliegt. Die Zentralstelle für Finanztransaktionsuntersuchungen darf zur Erfüllung ihrer Aufgaben nach dem Geldwäschegesetz gleichermaßen einzelne Daten aus dem Dateisystem nach Absatz 1 Satz 1 abrufen.

(3) Die Bundesanstalt erteilt auf Ersuchen Auskunft aus dem Dateisystem nach Absatz 1 Satz 1

1. den Aufsichtsbehörden gemäß § 9 Abs. 1 Satz 4 Nr. 2, soweit dies zur Erfüllung ihrer aufsichtlichen Aufgaben unter den Voraussetzungen des Absatzes 2 erforderlich ist,

2. den für die Leistung der internationalen Rechtshilfe in Strafsachen sowie im Übrigen für die Verfolgung und Ahndung von Straftaten zuständigen Behörden oder Gerichten, soweit dies für die Erfüllung ihrer gesetzlichen Aufgaben erforderlich ist,

3. der für die Beschränkungen des Kapital- und Zahlungsverkehrs nach dem Außenwirtschaftsgesetz zuständigen nationalen Behörde, soweit dies für die Erfüllung ihrer sich aus dem Außenwirtschaftsgesetz oder Rechtsakten der Europäischen Union im Zusammenhang mit der Einschränkung von Wirtschafts- oder Finanzbeziehungen ergebenden Aufgaben erforderlich ist,

4. nach § 13 Absatz 1 und § 22 Absatz 3 Satz 1 des Außenwirtschaftsgesetzes zuständigen Behörden, soweit dies für die Erfüllung ihrer gesetzlichen Aufgaben erforderlich ist,

5. dem Zollkriminalamt, soweit dies zur Erfüllung seiner gesetzlichen Aufgaben nach § 4 Absatz 2 und 3 des Zollfahndungsdienstgesetzes erforderlich ist und

6. der Zentralstelle für Sanktionsdurchsetzung, soweit dies für die Erfüllung ihrer gesetzlichen Aufgaben erforderlich ist.

Kontenabrufersuchen an die Bundesanstalt sind nach amtlich vorgeschriebenem Datensatz über die amtlich bestimmten Schnittstellen elektronisch zu übermitteln. Die Bundesanstalt kann Ausnahmen von der elektronischen Übermittlung zulassen. Die Bundesanstalt hat die in den Dateisystemen gespeicherten Daten im automatisierten Verfahren abzurufen und sie an die ersuchende Stelle weiter zu übermitteln. Die Bundesanstalt prüft die Zulässigkeit der Übermittlung nur, soweit hierzu besonderer Anlass besteht. Die Verantwortung für die Zulässigkeit der Übermittlung trägt die ersuchende Stelle. Die Bundesanstalt darf zu den in Satz 1 genannten Zwecken ausländischen Stellen Auskunft aus dem Dateisystem nach Absatz 1 Satz 1 nach Maßgabe der allgemeinen datenschutzrechtlichen Vorschriften erteilen. § 9 Abs. 1 Satz 5, 6 und Abs. 2 gilt entsprechend. Die Regelungen über die internationale Rechtshilfe in Strafsachen bleiben unberührt.

(3a) Die Bundesanstalt erteilt auf Ersuchen Auskunft aus den Dateisystemen nach Absatz 1 Satz 1

1. an die inländischen benannten Behörden im Sinne des Artikel 3 Absatz 1 der Richtlinie (EU) 2019/1153 des Europäischen Parlamentes und des Rates vom 20. Juni 2019 zur Festlegung von Vorschriften zur Erleichterung der Nutzung von Finanz- und sonstigen Informationen für die Verhütung, Aufdeckung, Untersuchung oder Verfolgung bestimmter Straftaten und zur Aufhebung des Beschlusses 2000/642/JI des Rates, soweit dies zur Erfüllung ihrer gesetzlichen Aufgaben bei der Verhütung oder Verfolgung schwerer Straftaten im Sinne des Anhangs I der Verordnung (EU) 2016/794 des Europäischen Parlaments und des Rates vom 11. Mai 2016 über die Agentur der Europäischen Union für die Zusammenarbeit auf dem Gebiet der Strafverfolgung (Europol) und zur Ersetzung und Aufhebung der Beschlüsse 2009/371/JI, 2009/934/JI, 2009/935/JI, 2009/936/JI und 2009/968/JI des Rates (ABl. L 135 vom 24.5.2016, S. 53) erforderlich ist oder zur Unterstützung einer strafrechtlichen Ermittlung im Zusammenhang mit einer schweren Straftat;

2. an das Bundeskriminalamt in seiner Funktion als nationale Stelle nach § 1 Nummer 1 des Europol-Gesetzes zum Zwecke der Weitergabe an Europol, soweit dies zur Erfüllung der Aufgaben von Europol gemäß Artikel 4 der Verordnung (EU) 2016/794 im Rahmen der Zuständigkeit von Europol im Einzelfall erforderlich ist.

Die Bundesanstalt hat die Daten im automatisierten Verfahren abzurufen und sie unmittelbar an die ersuchende Stelle weiter zu übermitteln. Absatz 3 Sätze 4 und 6 gelten entsprechend.

(4) Die Bundesanstalt protokolliert bei jedem Abruf

1. das Aktenzeichen,
2. Datum und Uhrzeit des Abrufs,
3. die Art der bei der Durchführung des Abrufs verwendeten Daten,
4. die eindeutige Kennung der Ergebnisse,
5. die Person, die den Abruf durchgeführt hat.

Bei jedem Abruf zum Zweck der Auskunftserteilung auf Ersuchen nach Absatz 3 protokolliert sie zudem die ersuchende Stelle und das Aktenzeichen der ersuchenden Stelle. Bei einem Abruf nach Absatz 3a durch eine inländische benannte Behörde im Sinne des Artikel 3 Absatz 1 Richtlinie (EU) 2019/1153 ist zudem die eindeutige Benutzerkennung derjenigen Person zu protokollieren, die das Ersuchen an die Bundesanstalt gerichtet hat und – sofern abweichend – die Benutzerkennung derjenigen Person, die Ergebnisse weiterübermittelt erhält. Die Protokolle dienen ausschließlich dem Zweck der Datenschutzkontrolle sowie der Sicherstellung der Datensicherheit. Sie werden von der oder dem Datenschutzbeauftragten der Bundesanstalt regelmäßig überprüft und auf Anforderung der oder dem Bundesbeauftragten für den Datenschutz und die Informationssicherheit zur Verfügung gestellt. Protokolle nach Satz 1 und 2 sind 18 Monate, Protokolle nach Satz 3 sind fünf Jahre zugriffsgeschützt aufzubewahren. Nach Ablauf der Aufbewahrungsfrist sind die Protokolle zu löschen, sofern sie nicht für laufende Kontrollverfahren erforderlich sind. Die Bundesanstalt stellt durch besondere Schulungsprogramme sicher, dass das eingesetzte Personal mit den geltenden Bestimmungen unter Einschluss insbesondere der europäischen und nationalen Datenschutzbestimmungen vertraut ist. Die Bundesanstalt führt eine Statistik über Zahl und Bearbeitung von Ersuchen nach Absatz 3a.

(5) Das Kreditinstitut hat in seinem Verantwortungsbereich auf seine Kosten alle Vorkehrungen zu treffen, die für den automatisierten Abruf unter Sicherstellung des Datenschutzes und der Datensicherheit der Daten nach Absatz 1 Satz 1 nach dem jeweiligen Stand der Technik erforderlich sind. Dazu gehören auch, jeweils nach den Vorgaben der Bundesanstalt, die Anschaffung der zur Sicherstellung der Vertraulichkeit und des Schutzes vor unberechtigten Zugriffen erforderlichen Geräte, die Einrichtung eines geeigneten Telekommunikationsanschlusses und die Teilnahme an dem geschlossenen Benutzersystem sowie die laufende Bereitstellung dieser Vorkehrungen. Den Stand der Technik stellt die Bundesanstalt im Benehmen mit dem Bundesamt für Sicherheit in der Informationstechnik in einem von ihr bestimmten Verfahren fest.

(6) Die Bundesanstalt hat dem jeweiligen Stand der Technik entsprechende Maßnahmen zur Sicherstellung von Datenschutz und Datensicherheit zu treffen, die insbesondere die Vertraulichkeit und Unversehrtheit der Daten nach Absatz 1 Satz 1 beim Abruf durch die Bundesanstalt gewährleisten. Die Bundesanstalt hat entsprechende Maßnahmen bei der Weiterübermittlung der Daten nach den Absätzen 3 und 3a zu treffen; diese Maßnahmen müssen im Falle von Ersuchen nach Absatz 3a bei den ersuchenden Behörden eine Zugangsbeschränkung auf einzelne Personen und deren eindeutige Benutzerkennung ermöglichender abgerufenen und weiter übermittelten Daten gewährleisten. Den Stand der Technik stellt die Bundesanstalt im Benehmen mit dem Bundesamt für Sicherheit in der Informationstechnik in einem von ihr bestimmten Verfahren fest.

(7) Das Bundesministerium der Finanzen kann durch Rechtsverordnung Näheres regeln zu den technischen Verfahren des automatisierten Abrufs sowie der Weiterübermittlung, zu Ausnahmen von der Verpflichtung zur Übermittlung im automatisierten Verfahren sowie zur Protokollierung der Abrufe und zur Statistik über Ersuchen. Es kann die Ermächtigung durch Rechtsverordnung auf die Bundesanstalt übertragen.

(8) Soweit die Deutsche Bundesbank Konten und Depots für Dritte führt, gilt sie als Kreditinstitut nach den Absätzen 1, 5 und 6.

Gesetz über Rechte an Luftfahrzeugen

vom 26.2.1959 (BGBl. I S. 57, 223) zuletzt geändert durch Artikel 15 Abs. 19 des Gesetzes vom 4.5.2021 (BGBl. I S. 882).

- Auszug -

§ 53

(1) Soweit die Forderung auf Rückstände von Zinsen oder anderen Nebenleistungen oder auf Erstattung von Kosten der Kündigung und Rechtsverfolgung (§ 29) oder von den in § 38 Abs. 2 bezeichneten Beträgen gerichtet ist, bestimmt sich die Übertragung sowie das Rechtsverhältnis zwischen dem Eigentümer und dem neuen Gläubiger nach den für die Übertragung von Forderungen geltenden allgemeinen Vorschriften.

(2) Die Vorschriften des § 16 über den öffentlichen Glauben des Registers gelten für die im Absatz 1 bezeichneten Ansprüche nicht.

§ 71

(1) Auf Grund der Erweiterung erstreckt sich das Registerpfandrecht auf die zur Zeit der Erweiterung oder später in das Ersatzteillager eingebrachten Ersatzteile. Dies gilt nicht für Ersatzteile, die nicht in das Eigentum des Eigentümers des belasteten Luftfahrzeugs gelangt sind.

(2) Ersatzteile werden von der Haftung nach Absatz 1 frei, wenn sie aus dem Ersatzteillager entfernt werden, bevor sie in Beschlag genommen worden sind.

§ 99

(1) Die Vorschriften in §§ 58, 266, 325 Abs. 4, §§ 592, 720a, 787, 794 Abs. 1 Nr. 5, §§ 800a, 830a, 837a, 847a, 855a, 864, 865, 870a, ausgenommen dessen Absatz 3 Satz 1 zweiter Halbsatz, und in §§ 895, 938, 941 der Zivilprozeßordnung gelten sinngemäß mit der Maßgabe, daß an die Stelle des eingetragenen Schiffes das in der Luftfahrzeugrolle eingetragene Luftfahrzeug und an die Stelle der Schiffshypothek das Registerpfandrecht an einem Luftfahrzeug tritt; § 98 Abs. 2 Satz 2 gilt auch hierbei. Die Zwangsvollstreckung in das Luftfahrzeug umfaßt nicht Ersatzteile, auf die sich ein Registerpfandrecht an dem Luftfahrzeug nach § 71 erstreckt.

(2) Die Vollziehung des Arrestes in ein Luftfahrzeug, das in der Luftfahrzeugrolle oder im Register für Pfandrechte an Luftfahrzeugen eingetragen ist, wird dadurch bewirkt, daß der Gerichtsvollzieher das Luftfahrzeug in Bewachung und Verwahrung nimmt und ein Registerpfandrecht für die Forderung eingetragen wird; die Bewachung und Verwahrung unterbleibt, soweit nach den Vorschriften des Gesetzes über die Unzulässigkeit der Sicherungsbeschlagnahme von Luftfahrzeugen in der im Bundesgesetzblatt Teil III, Gliederungsnummer 310-12, veröffentlichten bereinigten Fassung eine Pfändung unzulässig ist. In der Eintragung des Registerpfandrechts ist der nach § 923 der Zivilprozeßordnung festgestellte Geldbetrag als Höchstbetrag zu bezeichnen, für den das Luftfahrzeug haftet. Im übrigen gelten die Vorschriften des § 867 Abs. 1 und 2 und des § 870a Abs. 3 Satz 1 erster Halbsatz, Satz 2 der Zivilprozeßordnung sinngemäß. Der Antrag auf Eintragung des Registerpfandrechts gilt im Sinne des § 929 Abs. 2, 3 der Zivilprozeßordnung als Vollziehung des Arrestbefehls.

(3) § 942 Abs. 2 Satz 1 der Zivilprozeßordnung ist mit der Maßgabe sinngemäß anzuwenden, daß die einstweilige Verfügung von dem Amtsgericht erlassen werden kann, in dessen Bezirk das Luftfahrt-Bundesamt seinen Sitz hat.

§ 100

Für die Zwangsvollstreckung in Ersatzteile, auf die sich ein Registerpfandrecht an einem Luftfahrzeug nach § 71 erstreckt, gelten die Vorschriften über die Zwangsvollstreckung in körperliche Sachen mit folgenden Maßgaben:

1. Vor der Versteigerung ist das Mindestgebot, auf das der Zuschlag erteilt werden darf, vom Vollstreckungsgericht festzusetzen. Zum Zwecke der Festsetzung des Mindestgebots hat der Gerichtsvollzieher die Pfändung dem Vollstreckungsgericht anzuzeigen; der Anzeige ist eine Abschrift des Pfändungsprotokolls beizufügen. Als Vollstreckungsgericht ist das Amtsgericht zuständig, in dessen Bezirk das Luftfahrt-Bundesamt seinen Sitz hat.

2. Das Mindestgebot (§ 817a ZPO) muß zugleich die Registerpfandrechte, die dem Anspruch des Gläubigers im Range vorgehen, und die aus dem Erlös zu deckenden Kosten der Zwangsvollstreckung decken. Bei der Festsetzung wird ein Registerpfandrecht nur zu dem Teil berücksichtigt, der annähernd dem Verhältnis des Wertes des zu versteigernden Ersatzteils zu dem Wert sämtlicher Gegenstände entspricht, an denen das Registerpfandrecht besteht; erstreckt sich das Registerpfandrecht auch auf Ersatzteile, die sich nicht im Geltungsbereich dieses Gesetzes befinden, so bleibt deren Wert außer Betracht. Die Festsetzung des Mindestgebots kann nicht angefochten werden.

3. Das Vollstreckungsgericht hat die eingetragenen Gläubiger der Registerpfandrechte, die sich nach § 71 auf das Ersatzteil erstrecken und dem Anspruch des Vollstreckungsgläubigers vorgehen, aufzufordern, eine Berechnung der Forderungen einzureichen, für die das Ersatzteil kraft des Registerpfandrechts haftet. Die Aufforderung ist unter Hinweis auf die nachstehenden Rechtsfolgen zuzustellen. Wird die Berechnung nicht binnen einer Frist von einem Monat nach der Zustellung eingereicht, so wird das Registerpfandrecht bei der Festsetzung des Mindestgebots nur insoweit berücksichtigt, als der Betrag der Forderungen oder ihr Höchstbetrag aus dem Register ersichtlich ist. Soweit der Betrag der berechneten Forderungen, der aus dem Register nicht ersichtlich ist, nicht binnen der Frist glaubhaft gemacht wird, bleibt er auf Verlangen des Vollstreckungsgläubigers bei der Festsetzung des Mindestgebots unberücksichtigt.

4. Der Gerichtsvollzieher hat den Erlös beim Vollstreckungsgericht zu hinterlegen, soweit er nicht seine Gebühren vorweg daraus entnehmen darf. Das Vollstreckungsgericht hat den hinterlegten Betrag nach den Vorschriften der Zivilprozeßordnung über das Verteilungsverfahren zu verteilen. Am Verfahren beteiligt sind der Vollstreckungsgläubiger und alle Gläubiger der Registerpfandrechte, die sich nach § 71 auf das Ersatzteil erstrecken. An die Stelle der Frist nach § 873 der Zivilprozeßordnung tritt eine Frist von einem Monat, die mit der Zustellung der Aufforderung beginnt. Bei der Verteilung werden die durch Registerpfandrechte an dem Ersatzteil gesicherten Forderungen nur zu dem Teil berücksichtigt, der dem Wertverhältnis nach Nummer 2 Satz 2 entspricht. Bei der Berechnung der Forderungen eines Gläubigers von Registerpfandrechten, der bis zur Anfertigung des Teilungsplans der an ihn gerichteten Aufforderung nicht nachgekommen ist, wird der Betrag oder der Höchstbetrag zugrunde gelegt, der aus dem Register ersichtlich ist.

§ 106

(1) Es sind sinngemäß anzuwenden

1. auf die Zwangsvollstreckung in ausländische Luftfahrzeuge die Vorschriften für Luftfahrzeuge, die in der Luftfahrzeugrolle eingetragen sind,

2. auf die Zwangsvollstreckung in Ersatzteile, auf die sich das Recht an einem ausländischen Luftfahrzeug erstreckt, die Vorschriften für Ersatzteile, auf die sich das Registerpfandrecht an einem inländischen Luftfahrzeug nach § 71 erstreckt,

3. auf die Zwangsvollstreckung in eine Forderung, für die ein Recht an einem ausländischen Luftfahrzeug besteht, die Vorschriften über die Zwangsvollstreckung in eine Forderung, für die ein Registerpfandrecht im Register für Pfandrechte an Luftfahrzeugen eingetragen ist,

soweit sie nicht die Eintragung in der Luftfahrzeugrolle oder im Register für Pfandrechte an Luftfahrzeugen voraussetzen.

(2) Die Zwangsvollstreckung durch Eintragung eines Registerpfandrechts für die Forderung ist ausgeschlossen.

(3) Bei der Vollziehung des Arrestes in ein ausländisches Luftfahrzeug tritt an die Stelle der Eintragung eines Registerpfandrechts die Pfändung. Die Pfändung begründet ein Pfandrecht an dem gepfändeten Luftfahrzeug; das Recht gewährt dem Gläubiger im Verhältnis zu anderen Rechten dieselben Rechte wie ein Registerpfandrecht.

(4) Bei der Zwangsvollstreckung in Ersatzteile, auf die sich ein Recht an einem ausländischen Luftfahrzeug erstreckt, das nach § 103 mit Vorrang anzuerkennen ist, werden bei der Festsetzung des Mindestgebots und bei der Verteilung des Erlöses nur die Rechte berücksichtigt, die in der Bekanntmachung an dem Lagerungsplatz angeführt sind. Rechte, für die eine Berechnung nicht innerhalb der dafür bestimmten Frist eingereicht ist, bleiben unberücksichtigt.

(5) Wird über ein Recht im Sinne des § 103 nach der Beschlagnahme verfügt und ist die Verfügung nach Artikel IV des Genfer Abkommens vom 19. Juni 1948 (Bundesgesetzbl. 1959 II S. 129) anzuerkennen, so ist sie dem Gläubiger gegenüber wirksam, es sei denn, daß der Schuldner im Zeitpunkt der Verfügung Kenntnis von der Beschlagnahme hatte.

Gesetz über Ordnungswidrigkeiten

in der Neufassung vom 19.2.1987 (BGBl. I S. 602), zuletzt geändert durch Artikel 31 des Gesetzes vom 5.10.2021 (BGBl. I S. 4607).

Auszug -

§ 36 – Sachliche Zuständigkeit der Verwaltungsbehörde

(1) Sachlich zuständig ist

1. die Verwaltungsbehörde, die durch Gesetz bestimmt wird,
2. mangels einer solchen Bestimmung
   a) die fachlich zuständige oberste Landesbehörde oder
   b) das fachlich zuständige Bundesministerium, soweit das Gesetz von Bundesbehörden ausgeführt wird.

(2) Die Landesregierung kann die Zuständigkeit nach Absatz 1 Nr. 2 Buchstabe a durch Rechtsverordnung auf eine andere Behörde oder sonstige Stelle übertragen. Die Landesregierung kann die Ermächtigung auf die oberste Landesbehörde übertragen.

(3) Das nach Absatz 1 Nr. 2 Buchstabe b zuständige Bundesministerium kann seine Zuständigkeit durch Rechtsverordnung, die nicht der Zustimmung des Bundesrates bedarf, auf eine andere Behörde oder sonstige Stelle übertragen.

§ 42 – Übernahme durch die Staatsanwaltschaft

(1) Die Staatsanwaltschaft kann bis zum Erlaß des Bußgeldbescheides die Verfolgung der Ordnungswidrigkeit übernehmen, wenn sie eine Straftat verfolgt, die mit der Ordnungswidrigkeit zusammenhängt. Zwischen einer Straftat und einer Ordnungswidrigkeit besteht ein Zusammenhang, wenn jemand sowohl einer Straftat als auch einer Ordnungswidrigkeit oder wenn hinsichtlich derselben Tat eine Person einer Straftat und eine andere einer Ordnungswidrigkeit beschuldigt wird.

(2) Die Staatsanwaltschaft soll die Verfolgung nur übernehmen, wenn dies zur Beschleunigung des Verfahrens oder wegen des Sachzusammenhangs oder aus anderen Gründen für die Ermittlungen oder die Entscheidung sachdienlich erscheint.

§ 51 – Verfahren bei Zustellungen der Verwaltungsbehörde

(1) Für das Zustellungsverfahren der Verwaltungsbehörde gelten die Vorschriften des Verwaltungszustellungsgesetzes, wenn eine Verwaltungsbehörde des Bundes das Verfahren durchführt, sonst die entsprechenden landesrechtlichen Vorschriften, soweit die Absätze 2 bis 5 nichts anderes bestimmen. Wird ein Dokument mit Hilfe automatischer Einrichtungen erstellt, so wird das so hergestellte Dokument zugestellt.

(2) Ein Bescheid (§ 50 Abs. 1 Satz 2) wird dem Betroffenen zugestellt und, wenn er einen gesetzlichen Vertreter hat, diesem mitgeteilt.

(3) Der gewählte Verteidiger, dessen Bevollmächtigung nachgewiesen ist, sowie der bestellte Verteidiger gelten als ermächtigt, Zustellungen und sonstige Mitteilungen für den Betroffenen in Empfang zu nehmen; für die Zustellung einer Ladung des Betroffenen gilt dies nur, wenn der Verteidiger in der Vollmacht ausdrücklich zur Empfangnahme von Ladungen ermächtigt ist. Zum Nachweis der Bevollmächtigung genügt die Übermittlung einer Kopie der Vollmacht durch den Verteidiger. Die Nachreichung der Vollmacht im Original kann verlangt werden; hierfür kann eine Frist bestimmt werden. Wird ein Bescheid dem Verteidiger nach Satz 1 Halbsatz 1 zugestellt, so

wird der Betroffene hiervon zugleich unterrichtet; dabei erhält er formlos eine Abschrift des Bescheides. Wird ein Bescheid dem Betroffenen zugestellt, so wird der Verteidiger hiervon zugleich unterrichtet, auch wenn eine Vollmacht bei den Akten nicht vorliegt; dabei erhält er formlos eine Abschrift des Bescheides.

(4) Wird die für den Beteiligten bestimmte Zustellung an mehrere Empfangsberechtigte bewirkt, so richtet sich die Berechnung einer Frist nach der zuletzt bewirkten Zustellung.

(5) § 6 Abs. 1 des Verwaltungszustellungsgesetzes und die entsprechenden landesrechtlichen Vorschriften sind nicht anzuwenden. Hat der Betroffene einen Verteidiger, so sind auch § 7 Abs. 1 Satz 1 und 2 und Abs. 2 des Verwaltungszustellungsgesetzes und die entsprechenden landesrechtlichen Vorschriften nicht anzuwenden.

§ 89 – Vollstreckbarkeit der Bußgeldentscheidungen

Bußgeldentscheidungen sind vollstreckbar, wenn sie rechtskräftig geworden sind.

§ 90 – Vollstreckung des Bußgeldbescheides

(1) Der Bußgeldbescheid wird, soweit das Gesetz nichts anderes bestimmt, nach den Vorschriften des Verwaltungs-Vollstreckungsgesetzes vom 27. April 1953 (BGBl. I S. 157) in der jeweils geltenden Fassung vollstreckt, wenn eine Verwaltungsbehörde des Bundes den Bußgeldbescheid erlassen hat, sonst nach den entsprechenden landesrechtlichen Vorschriften.

(2) Die Geldbußen fließen, soweit das Gesetz nichts anderes bestimmt, in die Bundeskasse, wenn eine Verwaltungsbehörde des Bundes den Bußgeldbescheid erlassen hat, sonst in die Landeskasse. Satz 1 gilt für Nebenfolgen, die zu einer Geldzahlung verpflichten, entsprechend.

(3) Ist die Einziehung eines Gegenstandes oder Unbrauchbarmachung einer Sache angeordnet worden, so wird die Anordnung dadurch vollstreckt, daß die Sache dem Betroffenen oder dem Einziehungsbeteiligten weggenommen wird. Wird die Sache bei diesen Personen nicht vorgefunden, so haben sie auf Antrag der Verwaltungsbehörde bei dem Amtsgericht eine eidesstattliche Versicherung über den Verbleib der Sache abzugeben. § 883 Abs. 2 und 3 der Zivilprozeßordnung gilt entsprechend.

(4) Absatz 1 gilt für die Vollstreckung eines von der Verwaltungsbehörde festgesetzten Ordnungsgeldes entsprechend.

§ 91 Vollstreckung der gerichtlichen Bußgeldentscheidung

Für die Vollstreckung der gerichtlichen Bußgeldentscheidung gelten § 451 Abs. 1 und 2, die §§ 459 und 459g Abs. 1 sowie Abs. 2 in Verbindung mit § 459 der Strafprozeßordnung, im Verfahren gegen Jugendliche und Heranwachsende auch § 82 Abs. 1, § 83 Abs. 2 sowie die §§ 84 und 85 Abs. 5 des Jugendgerichtsgesetzes sinngemäß.

§ 92 Vollstreckungsbehörde

Vollstreckungsbehörde im Sinne der nachfolgenden Vorschriften dieses Abschnitts ist in den Fällendes § 90 die Verwaltungsbehörde, die den Bußgeldbescheid erlassen hat, sonst die Stelle, der nach § 91 die Vollstreckung obliegt.

§ 93 Zahlungserleichterungen

(1) Nach Rechtskraft der Bußgeldentscheidung entscheidet über die Bewilligung von Zahlungserleichterungen (§ 18) die Vollstreckungsbehörde.

(2) Die Vollstreckungsbehörde kann eine Entscheidung über Zahlungserleichterungen nach Absatz 1 oder nach § 18 nachträglich ändern oder aufheben. Dabei darf sie von einer vorausgegangenen Entscheidung zum Nachteil des Betroffenen nur auf Grund neuer Tatsachen oder Beweismittel abweichen.

(3) Für Entscheidungen über Zahlungserleichterungen gilt § 66 Abs. 2 Nr. 2 und 3 sinngemäß. Die Entscheidung erstreckt sich auch auf die Kosten des Verfahrens; sie kann auch allein hinsichtlich der Kosten getroffen werden.

(4) Entfällt die Vergünstigung nach § 18 Satz 2, die Geldbuße in bestimmten Teilbeträgen zu zahlen, so wird dies in den Akten vermerkt. Die Vollstreckungsbehörde kann dem Betroffenen erneut eine Zahlungserleichterung bewilligen.

§ 94 Verrechnung von Teilbeträgen

Teilbeträge werden, wenn der Betroffene bei der Zahlung keine Bestimmung trifft, zunächst auf die Geldbuße, dann auf die etwa angeordneten Nebenfolgen, die zu einer Geldzahlung verpflichten, und zuletzt auf die Kosten des Verfahrens angerechnet.

§ 95 Beitreibung der Geldbuße

(1) Die Geldbuße oder der Teilbetrag einer Geldbuße wird vor Ablauf von zwei Wochen nach Eintritt der Fälligkeit nur beigetrieben, wenn auf Grund bestimmter Tatsachen erkennbar ist, daß sich der Betroffene der Zahlung entziehen will.

(2) Ergibt sich, daß dem Betroffenen nach seinen wirtschaftlichen Verhältnissen die Zahlung in absehbarer Zeit nicht möglich ist, so kann die Vollstreckungsbehörde anordnen, daß die Vollstreckung unterbleibt.

§ 96 Anordnung von Erzwingungshaft

(1) Nach Ablauf der in § 95 Abs. 1 bestimmten Frist kann das Gericht auf Antrag der Vollstreckungsbehörde oder, wenn ihm selbst die Vollstreckung obliegt, von Amts wegen Erzwingungshaft anordnen, wenn

1. die Geldbuße oder der bestimmte Teilbetrag einer Geldbuße nicht gezahlt ist,
2. der Betroffene seine Zahlungsunfähigkeit nicht dargetan hat (§ 66 Abs. 2 Nr. 2 Buchstabe b),
3. er nach § 66 Abs. 2 Nr. 3 belehrt ist und
4. keine Umstände bekannt sind, welche seine Zahlungsunfähigkeit ergeben.

(2) Ergibt sich, daß dem Betroffenen nach seinen wirtschaftlichen Verhältnissen nicht zuzumuten ist, den zu zahlenden Betrag der Geldbuße sofort zu entrichten, so bewilligt das Gericht eine Zahlungserleichterung oder überläßt die Entscheidung darüber der Vollstreckungsbehörde. Eine bereits ergangene Anordnung der Erzwingungshaft wird aufgehoben.

(3) Die Dauer der Erzwingungshaft wegen einer Geldbuße darf sechs Wochen, wegen mehrerer in einer Bußgeldentscheidung festgesetzter Geldbußen drei Monate nicht übersteigen. Sie wird, auch unter Berücksichtigung des zu zahlenden Betrages der Geldbuße, nach Tagen bemessen und kann nachträglich nicht verlängert, jedoch abgekürzt werden. Wegen desselben Betrages darf die Erzwingungshaft nicht wiederholt werden.

§ 97 Vollstreckung der Erzwingungshaft

(1) Für die Vollstreckung der Erzwingungshaft gilt § 451 Abs. 1 und 2 der Strafprozeßordnung, im Verfahren gegen Jugendliche und Heranwachsende gelten auch § 82 Abs. 1, § 83 Abs. 2 sowie die §§ 84 und 85 Abs. 5 des Jugendgerichtsgesetzes sinngemäß.

(2) Der Betroffene kann die Vollstreckung der Erzwingungshaft jederzeit dadurch abwenden, daß er den zu zahlenden Betrag der Geldbuße entrichtet.

(3) Macht der Betroffene nach Anordnung der Erzwingungshaft geltend, daß ihm nach seinen wirtschaftlichen Verhältnissen nicht zuzumuten ist, den zu zahlenden Betrag der Geldbuße sofort zu entrichten, so wird dadurch die Vollziehung der Anordnung nicht gehemmt. Das Gericht kann jedoch die Vollziehung aussetzen.

§ 102 Nachträgliches Strafverfahren

(1) Wird nach Rechtskraft des Bußgeldbescheides wegen derselben Handlung die öffentliche Klage erhoben, so soll die Vollstreckungsbehörde die Vollstreckung des Bußgeldbescheides insoweit aussetzen.

(2) Sind die Entscheidungen nach § 86 Abs. 1 und 2 im Strafverfahren unterblieben, so sind sie von dem Gericht nachträglich zu treffen.

§ 103 Gerichtliche Entscheidung

(1) Über Einwendungen gegen
1. die Zulässigkeit der Vollstreckung,
2. die von der Vollstreckungsbehörde nach den §§ 93, 99 Abs. 2 und § 102 Abs. 1 getroffenen Anordnungen,
3. die sonst bei der Vollstreckung eines Bußgeldbescheides getroffenen Maßnahmen

entscheidet das Gericht.

(2) Durch Einwendungen nach Absatz 1 wird die Vollstreckung nicht gehemmt. Das Gericht kann jedoch die Vollstreckung aussetzen.

§ 104 Verfahren bei gerichtlicher Entscheidung

(1) Die bei der Vollstreckung notwendig werdenden gerichtlichen Entscheidungen werden erlassen
1. von dem nach § 68 zuständigen Gericht, wenn ein Bußgeldbescheid zu vollstrecken ist,
2. von dem Gericht des ersten Rechtszuges, wenn eine gerichtliche Bußgeldentscheidung zu vollstrecken ist,
3. von dem Jugendrichter, dem die Vollstreckung einer gerichtlichen Bußgeldentscheidung obliegt, soweit nicht eine Entscheidung nach § 100 Abs. 1 Nr. 2 zu treffen ist,
4. von dem Gericht des ersten Rechtszuges im Strafverfahren, wenn eine Entscheidung nach § 102 Abs. 2 zu treffen ist.

(2) Die Entscheidung ergeht ohne mündliche Verhandlung. Vor der Entscheidung ist den Beteiligten Gelegenheit zu geben, Anträge zu stellen und zu begründen.

(3) Die sofortige Beschwerde ist zulässig gegen die
1. Anordnung der Erzwingungshaft und die Verhängung des Jugendarrestes,
2. nachträgliche Entscheidung über die Einziehung (§ 100 Abs. 1 Nr. 2),
3. gerichtliche Entscheidung in den Fällen des § 103 Abs. 1 Nr. 2 in Verbindung mit § 99 Abs. 2;

dies gilt in den Fällen der Nummern 2 und 3 jedoch nur dann, wenn der Wert des Beschwerdegegenstandes zweihundertfünfzig Euro übersteigt. In den übrigen Fällen ist die Entscheidung nicht anfechtbar.

§ 107 – Gebühren und Auslagen

(1) Im Verfahren der Verwaltungsbehörde bemißt sich die Gebühr nach der Geldbuße, die gegen den Betroffenen im Bußgeldbescheid festgesetzt ist. Wird gegen eine juristische Person oder eine Personenvereinigung eine Geldbuße nach § 30 festgesetzt, so ist von der juristischen Person oder der Personenvereinigung eine Gebühr zu erheben, die sich nach der gegen sie festgesetzten Geldbuße bemißt. Als Gebühr werden bei der Festsetzung einer Geldbuße fünf vom Hundert des Betrages der festgesetzten Geldbuße erhoben, jedoch mindestens 25 Euro und höchstens 7.500 Euro.

(2) Hat die Verwaltungsbehörde im Falle des § 25a des Straßenverkehrsgesetzes eine abschließende Entscheidung getroffen, so beträgt die Gebühr 20 Euro.

(3) Als Auslagen werden erhoben

1. Entgelte für Telegramme;
2. für jede Zustellung mit Zustellungsurkunde, Einschreiben gegen Rückschein oder durch Bedienstete der Verwaltungsbehörde pauschal 3,50 Euro
3. (weggefallen)
4. Auslagen für öffentliche Bekanntmachungen; Auslagen werden nicht erhoben für die Bekanntmachung in einem elektronischen Informations- und Kommunikationssystem, wenn das Entgelt nicht für den Einzelfall oder nicht für ein einzelnes Verfahren berechnet wird
5. nach dem Justizvergütungs- und -entschädigungsgesetz zu zahlende Beträge, und zwar auch dann, wenn aus Gründen der Gegenseitigkeit, der Verwaltungsvereinfachung oder aus vergleichbaren Gründen keine Zahlungen zu leisten sind; ist aufgrund des § 1 Abs. 2 Satz 2 des Justizvergütungs- und -entschädigungsgesetzes keine Vergütung zu zahlen, ist der Betrag zu erheben, der ohne diese Vorschrift zu zahlen wäre; sind die Auslagen durch verschiedene Rechtssachen veranlasst, werden sie auf die einzelnen Rechtssachen angemessen verteilt; Auslagen für Übersetzer, die zur Erfüllung der Rechte blinder oder sehbehinderter Personen herangezogen werden (§ 191a Abs. 1 des Gerichtsverfassungsgesetzes) sowie für Sachverständige, die durch die Untersuchung eines Beschuldigten nach § 43 Absatz 2 des Jugendgerichtsgesetzes entstanden sind, werden nicht, Auslagen für Gebärdensprachdolmetscher werden nur entsprechend den §§ 464c, 467a Abs. 1 Satz 2 in Verbindung mit § 467 Abs. 2 Satz 1 der Strafprozessordnung erhoben;
6. bei Geschäften außerhalb der Dienststelle
   a) die den Bediensteten der Verwaltungsbehörde aufgrund gesetzlicher Vorschriften gewährte Vergütung (Reisekosten, Auslagenersatz),
   b) die Auslagen für die Bereitstellung von Räumen,
   c) für den Einsatz von Dienstkraftfahrzeugen für jeden gefahrenen Kilometer von 0,30 Euro;

   sind die Auslagen durch verschiedene Rechtssachen veranlasst, werden sie auf die einzelnen Rechtssachen angemessen verteilt;
7. an Rechtsanwälte zu zahlende Beträge;
8. Auslagen für die Beförderung von Personen;
9. Beträge, die mittellosen Personen für die Reise zum Ort einer Verhandlung, Vernehmung oder Untersuchung und für die Rückreise gezahlt werden, bis zur Höhe der nach dem Justizvergütungs- und -entschädigungsgesetz an Zeugen zu zahlenden Beträge;
10. an Dritte zu zahlende Beträge für
    a) die Beförderung von Tieren und Sachen mit Ausnahme der für Postdienstleistungen zu zahlenden Entgelte, die Verwahrung von Tieren und Sachen sowie die Fütterung von Tieren;

b) die Durchsuchung oder Untersuchung von Räumen und Sachen einschließlich der die Durchsuchung oder Untersuchung vorbereitenden Maßnahmen;

c) die Bewachung von Schiffen und Luftfahrzeugen;

11. Kosten einer Erzwingungshaft;

12. nach dem Auslandskostengesetz im Rahmen der Amtshilfe zu zahlende Beträge;

13. Gebühren, die an deutsche Behörden für die Erfüllung von deren eigenen Aufgaben zu zahlen sind, und Beträge, die diesen Behörden, öffentlichen Einrichtungen oder deren Bediensteten als Ersatz für Auslagen der in den Nummern 1 bis 11 bezeichneten Art zustehen, und zwar auch dann, wenn aus Gründen der Gegenseitigkeit, der Verwaltungsvereinfachung oder aus vergleichbaren Gründen keine Zahlungen zu leisten sind; die Auslagen sind in ihrer Höhe durch die Höchstsätze für die bezeichneten Auslagen begrenzt;

14. Beträge, die ausländischen Behörden, Einrichtungen oder Personen im Ausland zustehen, sowie Kosten des Amts- und Rechtshilfeverkehrs mit dem Ausland, und zwar auch dann, wenn aus Gründen der Gegenseitigkeit, der Verwaltungsvereinfachung oder aus vergleichbaren Gründen keine Zahlungen zu leisten sind.

(4) Hat eine Verwaltungsbehörde des Bundes den Bußgeldbescheid erlassen, so sind für die Niederschlagung der Kosten bei unrichtiger Sachbehandlung sowie die Niederschlagung, den Erlaß, die Verjährung und die Erstattung von Kosten § 14 Abs. 2 sowie die §§ 19 bis 21 des Verwaltungskostengesetzes vom 23. Juni 1970 (BGBl. I S. 821) in der bis zum 14. August 2013 geltenden Fassung anzuwenden, sonst die entsprechenden landesrechtlichen Vorschriften.

(5) Von demjenigen, der die Versendung von Akten beantragt, werden je durchgeführte Sendung einschließlich der Rücksendung durch Behörden pauschal 12 Euro als Auslagen erhoben. Wird die Akte elektronisch geführt und erfolgt ihre Übermittlung elektronisch, wird eine Pauschale nicht erhoben.

§ 108 – Rechtsbehelf und Vollstreckung

(1) Im Verfahren der Verwaltungsbehörde ist gegen den

1. selbständigen Kostenbescheid,

2. Kostenfestsetzungsbescheid (§ 106) und

3. Ansatz der Gebühren und Auslagen

der Antrag auf gerichtliche Entscheidung nach § 62 zulässig. In den Fällen der Nummern 1 und 2 ist der Antrag innerhalb von zwei Wochen nach Zustellung des Bescheides zu stellen; gegen die Entscheidung des Gerichts ist in den Fällen der Nummer 2 sofortige Beschwerde zulässig, wenn der Wert des Beschwerdegegenstandes zweihundert Euro übersteigt.

(2) Für die Vollstreckung der Kosten des Bußgeldverfahrens gelten die §§ 89 und 90 Abs. 1 entsprechend.

Paßgesetz

vom 19.4.1986 (BGBl. I S. 537), zuletzt geändert durch Artikel 1 des Gesetzes vom 5.7.2021 (BGBl. I S. 2281)

- Auszug -

§ 7 Paßversagung

(1) Der Paß ist zu versagen, wenn bestimmte Tatsachen die Annahme begründen, daß der Paßbewerber

1. die innere oder äußere Sicherheit oder sonstige erhebliche Belange der Bundesrepublik Deutschland gefährdet;

2. sich einer Strafverfolgung oder Strafvollstreckung oder der Anordnung oder der Vollstreckung einer mit Freiheitsentziehung verbundenen Maßregel der Besserung und Sicherung, die im Geltungsbereich dieses Gesetzes gegen ihn schweben, entziehen will;

3. einer Vorschrift des Betäubungsmittelgesetzes über die Einfuhr, Ausfuhr, Durchfuhr oder das Inverkehrbringen von Betäubungsmitteln zuwiderhandeln will;

4. sich seinen steuerlichen Verpflichtungen entziehen oder den Vorschriften des Zoll- und Monopolrechts oder des Außenwirtschaftsrechts zuwiderhandeln oder schwerwiegende Verstöße gegen Einfuhr-, Ausfuhr- oder Durchfuhrverbote oder -beschränkungen begehen will;

5. sich einer gesetzlichen Unterhaltspflicht entziehen will;

6. sich unbefugt zum Wehrdienst außerhalb der Bundeswehr verpflichten will;

7. als Wehrpflichtiger eines Geburtsjahrganges, dessen Erfassung begonnen hat, ohne die nach § 3 Abs. 2 des Wehrpflichtgesetzes erforderliche Genehmigung des Kreiswehrersatzamtes die Bundesrepublik Deutschland für länger als drei Monate verlassen will;

8. als Wehrpflichtiger ohne die nach § 48 Abs. 1 Nr. 5 Buchstabe b oder § 48 Abs. 2 des Wehrpflichtgesetzes erforderliche Genehmigung des Kreiswehrersatzamtes die Bundesrepublik Deutschland verlassen will;

9. als anerkannter Kriegsdienstverweigerer ohne die nach § 23 Abs. 4 des Zivildienstgesetzes erforderliche Genehmigung des Bundesamtes für den Zivildienst die Bundesrepublik Deutschland für länger als drei Monate verlassen will;

10. eine in § 89a des Strafgesetzbuchs beschriebene Handlung vornehmen wird;

11. eine in § 226a des Strafgesetzbuchs beschriebene Handlung vornehmen oder die Vornahme dieser Handlung durch Dritte veranlassen wird.

(2) Von der Paßversagung ist abzusehen, wenn sie unverhältnismäßig ist, insbesondere wenn es genügt, den Geltungsbereich oder die Gültigkeitsdauer des Passes zu beschränken. Die Beschränkung ist im Paß zu vermerken. Fallen die Voraussetzungen für die Beschränkung fort, wird auf Antrag ein neuer Paß ausgestellt.

(3) Die Absätze 1 und 2 gelten auch für die Versagung eines ausschließlich als Paßersatz bestimmten amtlichen Ausweises.

(4) Ein Paß oder Paßersatz zur Einreise in den Geltungsbereich dieses Gesetzes darf nicht versagt werden.

(5) (weggefallen)

§ 8 Paßentziehung

Ein Paß oder ein ausschließlich als Paßersatz bestimmter amtlicher Ausweis kann dem Inhaber entzogen werden, wenn Tatsachen bekanntwerden, die nach § 7 Abs. 1 die Paßversagung rechtfertigen würden.

§ 10 Untersagung der Ausreise

(1) Die für die polizeiliche Kontrolle des grenzüberschreitenden Verkehrs zuständigen Behörden haben einem Deutschen, dem nach § 7 Abs. 1 ein Paß versagt oder nach § 8 ein Paß entzogen worden ist oder gegen den eine Anordnung nach § 6 Abs. 7 des Personalausweisgesetzes ergangen ist, die Ausreise in das Ausland zu untersagen. Sie können einem Deutschen die Ausreise in das Ausland untersagen, wenn Tatsachen die Annahme rechtfertigen, daß bei ihm die Voraussetzungen nach § 7 Abs. 1 vorliegen oder wenn er keinen zum Grenzübertritt gültigen Paß oder Paßersatz mitführt. Sie können einem Deutschen die Ausreise in das Ausland auch untersagen, wenn Tatsachen die Annahme rechtfertigen, daß der Geltungsbereich oder die Gültigkeitsdauer seines Passes nach § 7 Abs. 2 Satz 1 zu beschränken ist.

(2) Die für die polizeiliche Kontrolle des grenzüberschreitenden Verkehrs zuständigen Behörden können einem Deutschen, dem gemäß Absatz 1 Satz 1 die Ausreise in das Ausland zu untersagen ist, in Ausnahmefällen die Ausreise gestatten, wenn er glaubhaft macht, daß er aus einem dringenden Grund in das Ausland reisen muß.

(3) Die Einreise in den Geltungsbereich dieses Gesetzes darf einem Deutschen nicht versagt werden.

Schwarzarbeitsbekämpfungsgesetz - SchwarzArbG -

vom 23. 7.2004 (BGBl. I S. 1842), zuletzt geändert durch Artikel 22 des Gesetzes vom 25.6.2021 (BGBl. I S. 2099).

Abschnitt 1 - Zweck

§ 1 Zweck des Gesetzes

(1) Zweck des Gesetzes ist die Bekämpfung der Schwarzarbeit und illegalen Beschäftigung.

(2) Schwarzarbeit leistet, wer Dienst- oder Werkleistungen erbringt oder ausführen lässt und dabei

1. als Arbeitgeber, Unternehmer oder versicherungspflichtiger Selbstständiger seine sich auf Grund der Dienst- oder Werkleistungen ergebenden sozialversicherungsrechtlichen Melde-, Beitrags- oder Aufzeichnungspflichten nicht erfüllt,
2. als Steuerpflichtiger seine sich auf Grund der Dienst- oder Werkleistungen ergebenden steuerlichen Pflichten nicht erfüllt,
3. als Empfänger von Sozialleistungen seine sich auf Grund der Dienst- oder Werkleistungen ergebenden Mitteilungspflichten gegenüber dem Sozialleistungsträger nicht erfüllt,
4. als Erbringer von Dienst- oder Werkleistungen seiner sich daraus ergebenden Verpflichtung zur Anzeige vom Beginn des selbstständigen Betriebes eines stehenden Gewerbes (§ 14 der Gewerbeordnung) nicht nachgekommen ist oder die erforderliche Reisegewerbekarte (§ 55 der Gewerbeordnung) nicht erworben hat oder
5. als Erbringer von Dienst- oder Werkleistungen ein zulassungspflichtiges Handwerk als stehendes Gewerbe selbstständig betreibt, ohne in der Handwerksrolle eingetragen zu sein (§ 1 der Handwerksordnung).

Schwarzarbeit leistet auch, wer vortäuscht, eine Dienst- oder Werkleistung zu erbringen oder ausführen zu lassen, und wenn er selbst oder ein Dritter dadurch Sozialleistungen nach dem Zweiten oder Dritten Buch Sozialgesetzbuch zu Unrecht bezieht.

(3) Illegale Beschäftigung übt aus, wer

1. Ausländer und Ausländerinnen als Arbeitgeber unerlaubt beschäftigt oder als Entleiher unerlaubt tätig werden lässt,
2. als Ausländer oder Ausländerin unerlaubt eine Erwerbstätigkeit ausübt,
3. als Arbeitgeber Arbeitnehmer und Arbeitnehmerinnen
   a) ohne erforderliche Erlaubnis nach § 1 Absatz 1 Satz 1 des Arbeitnehmerüberlassungsgesetzes,
   b) entgegen den Bestimmungen nach § 1 Absatz 1 Satz 5 und 6, § 1a oder § 1b des Arbeitnehmerüberlassungsgesetzes oder
   c) entgegen § 6a Absatz 2 in Verbindung mit § 6a Absatz 3 des Gesetzes zur Sicherung von Arbeitnehmerrechten in der Fleischwirtschaft

   überlässt oder für sich tätig werden lässt,
4. als Arbeitgeber Arbeitnehmer und Arbeitnehmerinnen beschäftigt, ohne dass die Arbeitsbedingungen nach Maßgabe des Mindestlohngesetzes, des Arbeitnehmer-Entsendegesetzes oder des § 8 Absatz 5 des Arbeitnehmerüberlassungsgesetzes in Verbindung mit

einer Rechtsverordnung nach § 3a Absatz 2 Satz 1 des Arbeitnehmerüberlassungsgesetzes eingehalten werden,

5. als Arbeitgeber Arbeitnehmer und Arbeitnehmerinnen zu ausbeuterischen Arbeitsbedingungen beschäftigt oder

6. als Inhaber oder Dritter Personen entgegen § 6a Absatz 2 des Gesetzes zur Sicherung von Arbeitnehmerrechten in der Fleischwirtschaft tätig werden lässt.

(4) Die Absätze 2 und 3 finden keine Anwendung für nicht nachhaltig auf Gewinn gerichtete Dienst- oder Werkleistungen, die

1. von Angehörigen im Sinne des § 15 der Abgabenordnung oder Lebenspartnern,
2. aus Gefälligkeit,
3. im Wege der Nachbarschaftshilfe oder
4. im Wege der Selbsthilfe im Sinne des § 36 Abs. 2 und 4 des Zweiten Wohnungsbaugesetzes in der Fassung der Bekanntmachung vom 19. August 1994 (BGBl. I S. 2137) oder als Selbsthilfe im Sinne des § 12 Abs. 1 Satz 2 des Wohnraumförderungsgesetzes vom 13. September 2001 (BGBl. I S. 2376), zuletzt geändert durch Artikel 7 des Gesetzes vom 29. Dezember 2003 (BGBl. I S. 3076),

erbracht werden. Als nicht nachhaltig auf Gewinn gerichtet gilt insbesondere eine Tätigkeit, die gegen geringes Entgelt erbracht wird.

Abschnitt 2 - Prüfungen

§ 2 Prüfungsaufgaben

(1) Die Behörden der Zollverwaltung prüfen, ob

1. die sich aus den Dienst- oder Werkleistungen ergebenden Pflichten nach § 28a des Vierten Buches Sozialgesetzbuch erfüllt werden oder wurden,
2. auf Grund der Dienst- oder Werkleistungen oder der Vortäuschung von Dienst- oder Werkleistungen Sozialleistungen nach dem Zweiten oder Dritten Buch Sozialgesetzbuch zu Unrecht bezogen werden oder wurden,
3. die Angaben des Arbeitgebers, die für die Sozialleistungen nach dem Zweiten und Dritten Buch Sozialgesetzbuch erheblich sind, zutreffend bescheinigt wurden,
4. Ausländer und Ausländerinnen
   a) entgegen § 4a Absatz 4 und 5 Satz 1 und 2 des Aufenthaltsgesetzes beschäftigt oder beauftragt werden oder wurden oder
   b) entgegen § 284 Absatz 1 des Dritten Buches Sozialgesetzbuch beschäftigt werden oder wurden,
5. Arbeitnehmer und Arbeitnehmerinnen
   a) ohne erforderliche Erlaubnis nach § 1 Absatz 1 Satz 1 des Arbeitnehmerüberlassungsgesetzes ver- oder entliehen werden oder wurden,
   b) entgegen den Bestimmungen nach § 1 Absatz 1 Satz 5 und 6, § 1a oder § 1b des Arbeitnehmerüberlassungsgesetzes ver- oder entliehen werden oder wurden oder
   c) entgegen § 6a Absatz 2 in Verbindung mit § 6a Absatz 3 des Gesetzes zur Sicherung von Arbeitnehmerrechten in der Fleischwirtschaft ver- oder entliehen werden oder wurden,

6. die Arbeitsbedingungen nach Maßgabe des Mindestlohngesetzes, des Arbeitnehmer-Entsendegesetzes und des § 8 Absatz 5 des Arbeitnehmerüberlassungsgesetzes in Verbindung mit einer Rechtsverordnung nach § 3a Absatz 2 Satz 1 des Arbeitnehmerüberlassungsgesetzes eingehalten werden oder wurden,
7. Arbeitnehmer und Arbeitnehmerinnen zu ausbeuterischen Arbeitsbedingungen beschäftigt werden oder wurden,
8. die Arbeitskraft im öffentlichen Raum entgegen § 5a angeboten oder nachgefragt wird oder wurde und
9. entgegen § 6a oder § 7 Absatz 1 des Gesetzes zur Sicherung von Arbeitnehmerrechten in der Fleischwirtschaft
   a) ein Betrieb oder eine übergreifende Organisation, in dem oder in der geschlachtet wird, Schlachtkörper zerlegt werden oder Fleisch verarbeitet wird, nicht durch einen alleinigen Inhaber geführt wird oder wurde,
   b) die Nutzung eines Betriebes oder einer übergreifenden Organisation, in dem oder in der geschlachtet wird, Schlachtkörper zerlegt werden oder Fleisch verarbeitet wird, ganz oder teilweise einem anderen gestattet wird oder wurde, oder
   c) Personen im Bereich der Schlachtung einschließlich der Zerlegung von Schlachtkörpern sowie im Bereich der Fleischverarbeitung tätig werden oder wurden.

Zur Erfüllung ihrer Mitteilungspflicht nach § 6 Absatz 1 Satz 1 in Verbindung mit § 6 Absatz 4 Nummer 4 prüfen die Behörden der Zollverwaltung im Rahmen ihrer Prüfungen nach Satz 1 auch, ob Anhaltspunkte dafür bestehen, dass Steuerpflichtige den sich aus den Dienst- oder Werkleistungen ergebenden steuerlichen Pflichten im Sinne von § 1 Absatz 2 Satz 1 Nummer 2 nicht nachgekommen sind. Zur Erfüllung ihrer Mitteilungspflicht nach § 6 Absatz 1 Satz 1 in Verbindung mit § 6 Absatz 4 Nummer 4 und 7 prüfen die Behörden der Zollverwaltung im Rahmen ihrer Prüfungen nach Satz 1 auch, ob Anhaltspunkte dafür bestehen, dass Kindergeldempfänger ihren Mitwirkungspflichten nicht nachgekommen sind.

(2) Die Prüfung der Erfüllung steuerlicher Pflichten nach § 1 Absatz 2 Satz 1 Nummer 2 obliegt den zuständigen Landesfinanzbehörden und die Prüfung der Erfüllung kindergeldrechtlicher Mitwirkungspflichten den zuständigen Familienkassen. Die Behörden der Zollverwaltung sind zur Mitwirkung an Prüfungen der Landesfinanzbehörden und der Familienkassen bei der Bundesagentur für Arbeit berechtigt. Grundsätze der Zusammenarbeit der Behörden der Zollverwaltung mit den Landesfinanzbehörden werden von den obersten Finanzbehörden des Bundes und der Länder im gegenseitigen Einvernehmen geregelt. Grundsätze der Zusammenarbeit der Behörden der Zollverwaltung mit den Familienkassen bei der Bundesagentur für Arbeit werden von den Behörden der Zollverwaltung und den Familienkassen bei der Bundesagentur für Arbeit im Einvernehmen mit den Fachaufsichtsbehörden geregelt.

(3) Die nach Landesrecht für die Verfolgung und Ahndung von Ordnungswidrigkeiten nach diesem Gesetz zuständigen Behörden prüfen, ob

1. der Verpflichtung zur Anzeige vom Beginn des selbstständigen Betriebes eines stehenden Gewerbes (§ 14 der Gewerbeordnung) nachgekommen oder die erforderliche Reisegewerbekarte (§ 55 der Gewerbeordnung) erworben wurde,
2. ein zulassungspflichtiges Handwerk als stehendes Gewerbe selbstständig betrieben wird und die Eintragung in die Handwerksrolle vorliegt.

(4) Die Behörden der Zollverwaltung werden bei den Prüfungen nach Absatz 1 unterstützt von

1. den Finanzbehörden,
2. der Bundesagentur für Arbeit, auch in ihrer Funktion als Familienkasse,
3. der Bundesnetzagentur für Elektrizität, Gas, Telekommunikation, Post und Eisenbahnen,

4. den Einzugsstellen (§ 28i des Vierten Buches Sozialgesetzbuch),
5. den Trägern der Rentenversicherung,
6. den Trägern der Unfallversicherung,
7. den gemeinsamen Einrichtungen und den zugelassenen kommunalen Trägern nach dem Zweiten Buch Sozialgesetzbuch sowie der Bundesagentur für Arbeit als Verantwortliche für die zentral verwalteten IT-Verfahren nach § 50 Absatz 3 des Zweiten Buches Sozialgesetzbuch,
8. den nach dem Asylbewerberleistungsgesetz zuständigen Behörden,
9. den in § 71 Abs. 1 bis 3 des Aufenthaltsgesetzes genannten Behörden,
10. dem Bundesamt für Güterverkehr,
11. den nach Landesrecht für die Genehmigung und Überwachung des Gelegenheitsverkehrs mit Kraftfahrzeugen nach § 46 des Personenbeförderungsgesetzes zuständigen Behörden,
12. den nach Landesrecht für die Genehmigung und Überwachung des gewerblichen Güterkraftverkehrs zuständigen Behörden,
13. den für den Arbeitsschutz zuständigen Landesbehörden,
14. den Polizeivollzugsbehörden des Bundes und der Länder auf Ersuchen im Einzelfall,
15. den nach Landesrecht für die Verfolgung und Ahndung von Ordnungswidrigkeiten nach diesem Gesetz zuständigen Behörden,
16. den nach § 14 der Gewerbeordnung für die Entgegennahme der Gewerbeanzeigen zuständigen Stellen,
17. den nach Landesrecht für die Überprüfung der Einhaltung der Vergabe- und Tariftreuegesetze der Länder zuständigen Prüfungs- oder Kontrollstellen,
18. den nach Landesrecht für die Entgegennahme der Anmeldung von Prostituierten nach § 3 des Prostituiertenschutzgesetzes und für die Erlaubniserteilung an Prostitutionsgewerbetreibende nach § 12 des Prostituiertenschutzgesetzes zuständigen Behörden,
19. den nach Landesrecht für die Erlaubniserteilung nach § 34a der Gewerbeordnung zuständigen Behörden und
20. den gemeinsamen Einrichtungen der Tarifvertragsparteien im Sinne des § 4 Absatz 2 des Tarifvertragsgesetzes.

Die Aufgaben dieser Stellen nach anderen Rechtsvorschriften bleiben unberührt. Die Prüfungen können mit anderen Prüfungen der in diesem Absatz genannten Stellen verbunden werden; die Vorschriften über die Unterrichtung und Zusammenarbeit bleiben hiervon unberührt. Verwaltungskosten der unterstützenden Stellen werden nicht erstattet.

§ 2a Mitführungs- und Vorlagepflicht von Ausweispapieren

(1) Bei der Erbringung von Dienst- oder Werkleistungen sind die in folgenden Wirtschaftsbereichen oder Wirtschaftszweigen tätigen Personen verpflichtet, ihren Personalausweis, Pass, Passersatz oder Ausweisersatz mitzuführen und den Behörden der Zollverwaltung auf Verlangen vorzulegen:

1. im Baugewerbe,
2. im Gaststätten- und Beherbergungsgewerbe,
3. im Personenbeförderungsgewerbe,
4. im Speditions-, Transport- und damit verbundenen Logistikgewerbe,
5. im Schaustellergewerbe,
6. bei Unternehmen der Forstwirtschaft,
7. im Gebäudereinigungsgewerbe,

8. bei Unternehmen, die sich am Auf- und Abbau von Messen und Ausstellungen beteiligen,
9. in der Fleischwirtschaft,
10. im Prostitutionsgewerbe,
11. im Wach- und Sicherheitsgewerbe

(2) Der Arbeitgeber hat jeden und jede seiner Arbeitnehmer und Arbeitnehmerinnen nachweislich und schriftlich auf die Pflicht nach Absatz 1 hinzuweisen, diesen Hinweis für die Dauer der Erbringung der Dienst- oder Werkleistungen aufzubewahren und auf Verlangen bei den Prüfungen nach § 2 Abs. 1 vorzulegen.

(3) Die Vorlagepflichten nach den Absätzen 1 und 2 bestehen auch gegenüber den nach Landesrecht für die Verfolgung und Ahndung von Ordnungswidrigkeiten nach diesem Gesetz zuständigen Behörden in den Fällen des § 2 Absatz 3.

§ 3 Befugnisse bei der Prüfung von Personen

(1) Zur Durchführung der Prüfungen nach § 2 Absatz 1 sind die Behörden der Zollverwaltung und die sie gemäß § 2 Absatz 4 unterstützenden Stellen befugt, Geschäftsräume, mit Ausnahme von Wohnungen, und Grundstücke des Arbeitgebers, des Auftraggebers von Dienst- oder Werkleistungen, des Entleihers sowie des Selbstständigen während der Arbeitszeiten der dort tätigen Personen oder während der Geschäftszeiten zu betreten. Dabei sind die Behörden der Zollverwaltung und die sie gemäß § 2 Absatz 4 unterstützenden Stellen befugt,

1. von den Personen, die in den Geschäftsräumen und auf den Grundstücken tätig sind, Auskünfte über ihre Beschäftigungsverhältnisse oder ihre tatsächlichen oder scheinbaren Tätigkeiten einzuholen und
2. Einsicht in Unterlagen zu nehmen, die von diesen Personen mitgeführt werden und von denen anzunehmen ist, dass aus ihnen Umfang, Art oder Dauer ihrer Beschäftigungsverhältnisse oder ihrer tatsächlichen oder scheinbaren Tätigkeiten hervorgehen oder abgeleitet werden können.

(2) Ist eine Person zur Ausführung von Dienst- oder Werkleistungen bei Dritten tätig, gilt Absatz 1 entsprechend. Bietet eine Person im öffentlichen Raum Dienst- oder Werkleistungen an, gilt Absatz 1 Satz 2 entsprechend.

(3) Zur Durchführung der Prüfungen nach § 2 Absatz 1 sind die Behörden der Zollverwaltung und die sie gemäß § 2 Absatz 4 unterstützenden Stellen befugt, die Personalien zu überprüfen

1. der Personen, die in den Geschäftsräumen oder auf dem Grundstück des Arbeitgebers, des Auftraggebers von Dienst- oder Werkleistungen und des Entleihers tätig sind, und
2. des Selbstständigen.

Sie können zu diesem Zweck die in Satz 1 genannten Personen anhalten, sie nach ihren Personalien (Vor-, Familien- und Geburtsnamen, Ort und Tag der Geburt, Beruf, Wohnort, Wohnung und Staatsangehörigkeit) befragen und verlangen, dass sie mitgeführte Ausweispapiere zur Prüfung aushändigen.

(4) Im Verteidigungsbereich darf ein Betretensrecht nur im Einvernehmen mit dem Bundesministerium der Verteidigung ausgeübt werden.

(5) Die Bediensteten der Zollverwaltung dürfen Beförderungsmittel anhalten. Führer von Beförderungsmitteln haben auf Verlangen zu halten und den Zollbediensteten zu ermöglichen, in das Beförderungsmittel zu gelangen und es wieder zu verlassen. Die Zollverwaltung unterrichtet die Polizeivollzugsbehörden der Länder über groß angelegte Kontrollen.

(6) Die Absätze 1 bis 4 gelten entsprechend für die nach Landesrecht für die Verfolgung und Ahndung von Ordnungswidrigkeiten nach diesem Gesetz zuständigen Behörden zur Durchführung von Prüfungen nach § 2 Absatz 3, sofern Anhaltspunkte dafür vorliegen, dass Schwarzarbeit im Sinne des § 1 Absatz 2 Nummer 4 und 5 geleistet wird.

§ 4 Befugnisse bei der Prüfung von Geschäftsunterlagen

(1) Zur Durchführung der Prüfungen nach § 2 Absatz 1 sind die Behörden der Zollverwaltung und die sie gemäß § 2 Absatz 4 unterstützenden Stellen befugt, Geschäftsräume, mit Ausnahme von Wohnungen, und Grundstücke des Arbeitgebers, des Auftraggebers von Dienst- oder Werkleistungen, des Entleihers sowie des Selbstständigen während der Geschäftszeiten zu betreten und dort Einsicht in die Lohn- und Meldeunterlagen, Bücher und andere Geschäftsunterlagen zu nehmen, aus denen Umfang, Art oder Dauer von tatsächlich bestehenden oder vorgespiegelten Beschäftigungsverhältnissen oder Tätigkeiten hervorgehen oder abgeleitet werden können.

(2) Zur Durchführung der Prüfungen nach § 2 Absatz 3 sind die nach Landesrecht für die Verfolgung und Ahndung von Ordnungswidrigkeiten nach diesem Gesetz zuständigen Behörden befugt, Geschäftsräume und Grundstücke einer selbstständig tätigen Person, des Arbeitgebers und des Auftraggebers während der Arbeitszeit der dort tätigen Personen zu betreten und dort Einsicht in Unterlagen zu nehmen, von denen anzunehmen ist, dass aus ihnen Umfang, Art oder Dauer der Ausübung eines Gewerbes, eines Reisegewerbes oder eines zulassungspflichtigen Handwerks oder der Beschäftigungsverhältnisse hervorgehen oder abgeleitet werden können, sofern Anhaltspunkte dafür vorliegen, dass Schwarzarbeit im Sinne des § 1 Absatz 2 Nummer 4 und 5 geleistet wird.

(3) Die Behörden der Zollverwaltung sind zur Durchführung der Prüfungen nach § 2 Abs. 1 befugt, Einsicht in die Unterlagen zu nehmen, aus denen die Vergütung der tatsächlich erbrachten oder vorgetäuschten Dienst- oder Werkleistungen hervorgeht, die natürliche oder juristische Personen oder Personenvereinigungen in Auftrag gegeben haben. Satz 1 gilt im Rahmen der Durchführung der Prüfung nach § 2 Absatz 1 Nummer 4, 5 und 6 entsprechend für Unterlagen, aus denen die Vergütung des Leiharbeitsverhältnisses hervorgeht.

(4) Die Behörden der Zollverwaltung sind zur Durchführung der Prüfungen nach § 2 Abs. 1 befugt, bei dem Auftraggeber, der nicht Unternehmer im Sinne des § 2 des Umsatzsteuergesetzes 1999 ist, Einsicht in die Rechnungen, einen Zahlungsbeleg oder eine andere beweiskräftige Unterlage über ausgeführte Werklieferungen oder sonstige Leistungen im Zusammenhang mit einem Grundstück zu nehmen.

§ 5 Duldungs- und Mitwirkungspflichten

(1) Arbeitgeber, tatsächlich oder scheinbar beschäftigte Arbeitnehmer und Arbeitnehmerinnen, Auftraggeber von Dienst- oder Werkleistungen, tatsächlich oder scheinbar selbstständig tätige Personen und Dritte, die bei einer Prüfung nach § 2 Absatz 1 und 3 angetroffen werden, sowie Entleiher, die bei einer Prüfung nach § 2 Absatz 1 Satz 1 Nummer 5 und 6 angetroffen werden, haben

1. die Prüfung zu dulden und dabei mitzuwirken, insbesondere für die Prüfung erhebliche Auskünfte zu erteilen und die in den §§ 3 und 4 genannten Unterlagen vorzulegen,
2. in den Fällen des § 3 Absatz 1, 2 und 6 sowie des § 4 Absatz 1, 2 und 3 auch das Betreten der Grundstücke und der Geschäftsräume zu dulden und
3. in den Fällen des § 2 Absatz 1 auf Verlangen der Behörden der Zollverwaltung schriftlich oder an Amtsstelle mündlich Auskünfte zu erteilen oder die in den §§ 3 und 4 genannten Unterlagen vorzulegen.

Auskünfte, die die verpflichtete Person oder einen ihrer in § 15 der Abgabenordnung bezeichneten Angehörigen der Gefahr aussetzen würden, wegen einer Straftat oder Ordnungswidrigkeit verfolgt zu werden, können verweigert werden.

(2) Die Behörden der Zollverwaltung sind insbesondere dann befugt, eine mündliche Auskunft an Amtsstelle zu verlangen, wenn trotz Aufforderung keine schriftliche Auskunft erteilt worden ist oder wenn eine schriftliche Auskunft nicht zu einer Klärung des Sachverhalts geführt hat. Über die mündliche Auskunft an Amtsstelle ist auf Antrag des Auskunftspflichtigen eine Niederschrift aufzunehmen. Die Niederschrift soll den Namen der anwesenden Personen, den Ort, den Tag

und den wesentlichen Inhalt der Auskunft enthalten. Sie soll von dem Amtsträger, dem die mündliche Auskunft erteilt wird, und dem Auskunftspflichtigen unterschrieben werden. Den Beteiligten ist eine Abschrift der Niederschrift zu überlassen.

(3) Ausländer sind ferner verpflichtet, ihren Pass, Passersatz oder Ausweisersatz und ihren Aufenthaltstitel, ihre Duldung oder ihre Aufenthaltsgestattung den Behörden der Zollverwaltung auf Verlangen vorzulegen und, sofern sich Anhaltspunkte für einen Verstoß gegen ausländerrechtliche Vorschriften ergeben, zur Übermittlung an die zuständige Ausländerbehörde zu überlassen. Werden die Dokumente einbehalten, erhält der betroffene Ausländer eine Bescheinigung, welche die einbehaltenen Dokumente und die Ausländerbehörde bezeichnet, an die die Dokumente übermittelt werden. Der Ausländer ist verpflichtet, unverzüglich mit der Bescheinigung bei der Ausländerbehörde zu erscheinen. Darauf ist in der Bescheinigung hinzuweisen. Gibt die Ausländerbehörde die einbehaltenen Dokumente zurück oder werden Ersatzdokumente ausgestellt oder vorgelegt, behält die Ausländerbehörde die Bescheinigung ein.

(4) In Fällen des § 4 Absatz 4 haben die Auftraggeber, die nicht Unternehmer im Sinne des § 2 des Umsatzsteuergesetzes 1999 sind, eine Prüfung nach § 2 Abs. 1 zu dulden und dabei mitzuwirken, insbesondere die für die Prüfung erheblichen Auskünfte zu erteilen und die in § 4 Absatz 4 genannten Unterlagen vorzulegen. Absatz 1 Satz 3 gilt entsprechend.

(5) In Datenverarbeitungsanlagen gespeicherte Daten haben der Arbeitgeber und der Auftraggeber sowie der Entleiher im Rahmen einer Prüfung nach § 2 Absatz 1 Nummer 4, 5, 6 und 9 auszusondern und den Behörden der Zollverwaltung auf deren Verlangen auf automatisiert verarbeitbaren Datenträgern oder in Listen zu übermitteln. Der Arbeitgeber und der Auftraggeber sowie der Entleiher im Rahmen einer Prüfung nach § 2 Absatz 1 Nummer 4, 5, 6 und 9 dürfen automatisiert verarbeitbare Datenträger oder Datenlisten, die die erforderlichen Daten enthalten, ungesondert zur Verfügung stellen, wenn die Aussonderung mit einem unverhältnismäßigen Aufwand verbunden wäre und überwiegende schutzwürdige Interessen der betroffenen Person nicht entgegenstehen. In diesem Fall haben die Behörden der Zollverwaltung die Daten zu trennen und die nicht nach Satz 1 zu übermittelnden Daten zu löschen. Soweit die übermittelten Daten für Zwecke der Ermittlung von Straftaten oder Ordnungswidrigkeiten, der Ermittlung von steuerlich erheblichen Sachverhalten oder der Festsetzung von Sozialversicherungsbeiträgen oder Sozialleistungen nicht benötigt werden, sind die Datenträger oder Listen nach Abschluss der Prüfungen nach § 2 Abs. 1 auf Verlangen des Arbeitgebers oder des Auftraggebers zurückzugeben oder die Daten unverzüglich zu löschen.

§ 5a Unzulässiges Anbieten und Nachfragen der Arbeitskraft

(1) Es ist einer Person verboten, ihre Arbeitskraft als Tagelöhner im öffentlichen Raum aus einer Gruppe heraus in einer Weise anzubieten, die geeignet ist, Schwarzarbeit oder illegale Beschäftigung zu ermöglichen. Ebenso ist es einer Person verboten, ein unzulässiges Anbieten der Arbeitskraft dadurch nachzufragen, dass sie ein solches Angebot einholt oder annimmt.

(2) Die Behörden der Zollverwaltung können eine Person, die gegen das Verbot des unzulässigen Anbietens und Nachfragens der Arbeitskraft verstößt, vorübergehend von einem Ort verweisen oder ihr vorübergehend das Betreten eines Ortes verbieten.

§ 6 Unterrichtung von und Zusammenarbeit mit Behörden im Inland und in der Europäischen Union sowie im Europäischen Wirtschaftsraum

(1) Die Behörden der Zollverwaltung und die sie gemäß § 2 Absatz 4 unterstützenden Stellen sind verpflichtet, einander die für deren Prüfungen erforderlichen Informationen einschließlich personenbezogener Daten und die Ergebnisse der Prüfungen zu übermitteln, soweit deren Kenntnis für die Erfüllung der Aufgaben der Behörden oder Stellen erforderlich ist. Die Behörden der Zollverwaltung einerseits und die Strafverfolgungsbehörden und die Polizeivollzugsbehörden andererseits sind verpflichtet, einander die erforderlichen Informationen einschließlich personenbezogener Daten, für die Verhütung und Verfolgung von Straftaten und Ordnungswidrigkeiten,

die in Zusammenhang mit einem der in § 2 Abs. 1 genannten Prüfgegenstände stehen, zu übermitteln. An Strafverfolgungsbehörden und Polizeivollzugsbehörden sind darüber hinaus Informationen einschließlich personenbezogener Daten zu übermitteln, sofern tatsächliche Anhaltspunkte dafür vorliegen, dass diese Informationen für die Verhütung und Verfolgung von Straftaten oder Ordnungswidrigkeiten, die nicht in Zusammenhang mit einem der in § 2 Abs. 1 genannten Prüfgegenstände stehen, erforderlich sind.

(2) Die Behörden der Zollverwaltung dürfen zur Wahrnehmung ihrer Aufgaben nach § 2 Abs. 1 sowie zur Verfolgung von Straftaten oder Ordnungswidrigkeiten die Dateisysteme der Bundesagentur für Arbeit über erteilte Arbeitsgenehmigungen-EU und Zustimmung zur Beschäftigung, über im Rahmen von Werkvertragskontingenten beschäftigte ausländische Arbeitnehmer und Arbeitnehmerinnen sowie über Leistungsempfänger nach dem Dritten Buch Sozialgesetzbuch automatisiert abrufen; die Strafverfolgungsbehörden sind zum automatisierten Abruf nur berechtigt, soweit dies zur Verfolgung von Straftaten oder Ordnungswidrigkeiten erforderlich ist. § 79 Abs. 2 bis 4 des Zehnten Buches Sozialgesetzbuch gilt entsprechend. Die Behörden der Zollverwaltung dürfen, soweit dies zur Verfolgung von Straftaten oder Ordnungswidrigkeiten erforderlich ist, Daten aus den Datenbeständen der Träger der Rentenversicherung automatisiert abrufen; § 150 Absatz 5 Satz 1 des Sechsten Buches Sozialgesetzbuch bleibt unberührt. Die Behörden der Zollverwaltung dürfen, soweit dies zur Vorbereitung und Durchführung von Prüfungen nach § 2 Absatz 1 Satz 1 Nummer 2 und 3 und zur Verhütung und Verfolgung von Straftaten und Ordnungswidrigkeiten, die mit dieser Prüfungsaufgabe zusammenhängen, erforderlich ist, Daten aus folgenden Datenbeständen automatisiert abrufen:

1. die Datenbestände der gemeinsamen Einrichtungen und der zugelassenen kommunalen Träger nach dem Zweiten Buch Sozialgesetzbuch und
2. die Datenbestände der Bundesagentur für Arbeit als verantwortliche Stelle für die zentral verwalteten IT-Verfahren nach § 50 Absatz 3 des Zweiten Buches Sozialgesetzbuch über Leistungsempfänger nach dem Zweiten Buch Sozialgesetzbuch.

Das Bundesministerium für Arbeit und Soziales wird ermächtigt, durch Rechtsverordnung mit Zustimmung des Bundesrates die Voraussetzungen für das Abrufverfahren nach Satz 4 sowie die Durchführung des Abrufverfahrens festzulegen.

(3) Die Behörden der Zollverwaltung dürfen die beim Bundeszentralamt für Steuern nach § 5 Absatz 1 Nummer 13 des Finanzverwaltungsgesetzes vorgehaltenen Daten abrufen, soweit dies zur Wahrnehmung ihrer Prüfungsaufgaben nach § 2 Absatz 1 oder für die damit unmittelbar zusammenhängenden Bußgeld- und Strafverfahren erforderlich ist. Für den Abruf der nach § 30 der Abgabenordnung dem Steuergeheimnis unterliegenden Daten ist ein automatisiertes Verfahren auf Abruf einzurichten. Die Verantwortung für die Zulässigkeit des einzelnen Abrufs trägt die Behörde der Zollverwaltung, die die Daten abruft. Die abrufende Stelle darf die Daten nach Satz 1 zu dem Zweck verarbeiten, zu dem sie die Daten abgerufen hat. Ist zu befürchten, dass ein Datenabruf nach Satz 1 den Untersuchungszweck eines Ermittlungsverfahrens im Sinne des § 30 Absatz 2 Nummer 1 Buchstabe b der Abgabenordnung gefährdet, so kann die für dieses Verfahren zuständige Finanzbehörde oder die zuständige Staatsanwaltschaft anordnen, dass kein Datenabruf erfolgen darf. § 478 Absatz 1 Satz 1 und 2 der Strafprozessordnung findet Anwendung, wenn die Daten Verfahren betreffen, die zu einem Strafverfahren geführt haben. Weitere Einzelheiten insbesondere zum automatischen Verfahren auf Abruf einschließlich der Protokollierung sowie zum Nachweis der aus den Artikeln 24, 25 und 32 der Verordnung (EU) 2016/679 des Europäischen Parlaments und des Rates vom 27. April 2016 zum Schutz natürlicher Personen bei der Verarbeitung personenbezogener Daten, zum freien Datenverkehr und zur Aufhebung der Richtlinie 95/46/EG (Datenschutz-Grundverordnung; ABl. L 119 vom 4.5.2016, S. 1; L 314 vom 22.11.2016, S. 72; L 127 vom 23.5.2018, S. 2) oder § 64 des Bundesdatenschutzgesetzes erforderlichen technischen und organisatorischen Maßnahmen regelt eine Rechtsverordnung des Bundesministeriums der Finanzen, die der Zustimmung des Bundesrates bedarf.

(4) Die Behörden der Zollverwaltung unterrichten die jeweils zuständigen Stellen, wenn sich bei der Durchführung ihrer Aufgaben nach diesem Gesetz Anhaltspunkte ergeben für Verstöße gegen

1. dieses Gesetz,
2. das Arbeitnehmerüberlassungsgesetz,
3. Bestimmungen des Vierten und Siebten Buches Sozialgesetzbuch zur Zahlung von Beiträgen,
4. die Steuergesetze,
5. das Aufenthaltsgesetz,
6. die Mitwirkungspflicht nach § 60 Abs. 1 Satz 1 Nr. 1 und 2 des Ersten Buches Sozialgesetzbuch oder die Meldepflicht nach § 8a des Asylbewerberleistungsgesetzes,
7. das Bundeskindergeldgesetz,
8. die Handwerks- oder Gewerbeordnung,
9. das Güterkraftverkehrsgesetz,
10. das Personenbeförderungsgesetz,
11. sonstige Strafgesetze,
12. das Arbeitnehmer-Entsendegesetz,
13. das Mindestlohngesetz,
14. die Arbeitsschutzgesetze oder
15. die Vergabe- und Tariftreuegesetze der Länder.

Nach § 5 Absatz 3 Satz 1 in Verwahrung genommene Urkunden sind der Ausländerbehörde unverzüglich zu übermitteln.

(5) Bestehen Anhaltspunkte dafür, dass eine nach § 5 Absatz 3 Satz 1 in Verwahrung genommene Urkunde unecht oder verfälscht ist, ist sie an die zuständige Polizeivollzugsbehörde zu übermitteln.

(6) Auf die Zusammenarbeit der Behörden der Zollverwaltung mit Behörden anderer Mitgliedstaaten der Europäischen Union und mit Behörden anderer Vertragsstaaten des Abkommens über den Europäischen Wirtschaftraum gemäß § 20 Absatz 2 des Arbeitnehmer-Entsendegesetzes, § 18 Absatz 2 des Mindestlohngesetzes und § 18 Absatz 6 des Arbeitnehmerüberlassungsgesetzes finden die §§ 8a bis 8e des Verwaltungsverfahrensgesetzes in Verbindung mit Artikel 6 Absatz 1, 2 und 4 bis 9, den Artikeln 7 und 21 der Richtlinie 2014/67/EU des Europäischen Parlaments und des Rates vom 15. Mai 2014 zur Durchsetzung der Richtlinie 96/71/EG über die Entsendung von Arbeitnehmern im Rahmen der Erbringung von Dienstleistungen und zur Änderung der Verordnung (EU) Nr. 1024/2012 über die Verwaltungszusammenarbeit mit Hilfe des Binnenmarkt- Informationssystems („IMI-Verordnung“) (ABl. L 159 vom 28.5.2014, S. 11) Anwendung.

§ 6a Übermittlung personenbezogener Daten an Mitgliedstaaten der Europäischen Union

(1) Die Behörden der Zollverwaltung können personenbezogene Daten, die in Zusammenhang mit einem der in § 2 Absatz 1 genannten Prüfgegenstände stehen, zum Zweck der Verhütung von Straftaten an eine für die Verhütung und Verfolgung zuständige Behörde eines Mitgliedstaates der Europäischen Union übermitteln. Dabei ist eine Übermittlung personenbezogener Daten ohne Ersuchen nur zulässig, wenn im Einzelfall die Gefahr der Begehung einer Straftat im Sinne des Artikels 2 Absatz 2 des Rahmenbeschlusses 2002/584/JI des Rates vom 13. Juni 2002 über den Europäischen Haftbefehl und die Übergabeverfahren zwischen den Mitgliedstaaten (ABl. L 190 vom 18.7.2002, S. 1), der zuletzt durch den Rahmenbeschluss 2009/299/JI (ABl. L 81 vom 27.3.2009, S. 24) geändert worden ist, besteht und konkrete Anhaltspunkte dafür vorliegen, dass die Übermittlung dieser personenbezogenen Daten dazu beitragen könnte, eine solche Straftat zu verhindern.

(2) Die Übermittlung personenbezogener Daten nach Absatz 1 ist nur zulässig, wenn das Ersuchen mindestens folgende Angaben enthält:

1. die Bezeichnung und die Anschrift der ersuchenden Behörde,
2. die Bezeichnung der Straftat, zu deren Verhütung die Daten benötigt werden,
3. die Beschreibung des Sachverhalts, der dem Ersuchen zugrunde liegt,
4. die Benennung des Zwecks, zu dem die Daten erbeten werden,
5. der Zusammenhang zwischen dem Zweck, zu dem die Informationen oder Erkenntnisse erbeten werden, und der Person, auf die sich diese Informationen beziehen,
6. Einzelheiten zur Identität der betroffenen Person, sofern sich das Ersuchen auf eine bekannte Person bezieht, und
7. Gründe für die Annahme, dass sachdienliche Informationen und Erkenntnisse im Inland vorliegen.

(3) Die Datenübermittlung nach Absatz 1 unterbleibt, wenn

1. hierdurch wesentliche Sicherheitsinteressen des Bundes oder der Länder beeinträchtigt würden,
2. die Übermittlung der Daten unverhältnismäßig wäre oder die Daten für die Zwecke, für die sie übermittelt werden sollen, nicht erforderlich sind,
3. die zu übermittelnden Daten bei der ersuchten Behörde nicht vorhanden sind und nur durch das Ergreifen von Zwangsmaßnahmen erlangt werden können oder
4. besondere bundesgesetzliche Verwendungsregelungen entgegenstehen; die Verpflichtung zur Wahrung gesetzlicher Geheimhaltungspflichten oder von Berufs- oder besonderen Amtsgeheimnissen, die nicht auf gesetzlichen Vorschriften beruhen, bleibt unberührt.

(4) Die Übermittlung kann unterbleiben, wenn

1. die Tat, zu deren Verhütung die Daten übermittelt werden sollen, nach deutschem Recht mit einer Freiheitsstrafe von im Höchstmaß einem Jahr oder weniger bedroht ist,
2. die übermittelten Daten als Beweismittel vor einer Justizbehörde verwendet werden sollen,
3. die zu übermittelnden Daten bei der ersuchten Behörde nicht vorhanden sind, jedoch ohne das Ergreifen von Zwangsmaßnahmen erlangt werden können, oder
4. der Erfolg laufender Ermittlungen oder Leib, Leben oder Freiheit einer Person gefährdet würde.

(5) Personenbezogene Daten, die nach dem Rahmenbeschluss 2006/960/JI des Rates vom 18. Dezember 2006 über die Vereinfachung des Austauschs von Informationen und Erkenntnissen zwischen den Strafverfolgungsbehörden der Mitgliedstaaten der Europäischen Union (ABl. L 386 vom 29.12.2006, S. 89, L 75 vom 15.3.2007, S. 26) an die Behörden der Zollverwaltung übermittelt worden sind, dürfen ohne Zustimmung des übermittelnden Staates nur für die Zwecke, für die sie übermittelt wurden, oder zur Abwehr einer gegenwärtigen und erheblichen Gefahr für die öffentliche Sicherheit verarbeitet werden. Für einen anderen Zweck oder als Beweismittel in einem gerichtlichen Verfahren dürfen sie nur verarbeitet werden, wenn der übermittelnde Staat zugestimmt hat. Bedingungen, die der übermittelnde Staat für die Verarbeitung der Daten stellt, sind zu beachten.

(6) Die Behörden der Zollverwaltung erteilen dem übermittelnden Staat auf dessen Ersuchen zu Zwecken der Datenschutzkontrolle Auskunft darüber, wie die übermittelten Daten verarbeitet wurden.

(7) Die Absätze 1 bis 6 finden auch Anwendung auf die Übermittlung von personenbezogenen Daten an für die Verhütung und Verfolgung von Straftaten zuständige Behörden eines Schengen-assoziierten Staates im Sinne von § 91 Absatz 3 des Gesetzes über die internationale Rechtshilfe in Strafsachen.

§ 7 Auskunftsansprüche bei anonymen Angeboten und Werbemaßnahmen

(1) Wurden Angebote oder Werbemaßnahmen ohne Angabe von Name und Anschrift veröffentlicht und bestehen in diesem Zusammenhang Anhaltspunkte für Schwarzarbeit oder illegale Beschäftigung nach § 1, so ist derjenige, der das Angebot oder die Werbemaßnahme veröffentlicht hat, verpflichtet, den Behörden der Zollverwaltung Namen und Anschrift des Auftraggebers des Angebots oder der Werbemaßnahme auf Verlangen unentgeltlich mitzuteilen. Soweit Name und Anschrift nicht vorliegen, sind die Daten mitzuteilen, die eine Identifizierung des Auftraggebers ermöglichen. Bei Anhaltspunkten nach 1 Absatz 2 Satz 1 Nummer 4 oder 5 besteht diese Verpflichtung gegenüber den nach Landesrecht für die Verfolgung und Ahndung von Ordnungswidrigkeiten nach diesem Gesetz zuständigen Behörden.

(2) Die Behörden der Zollverwaltung und die nach Landesrecht für die Verfolgung und Ahndung von Ordnungswidrigkeiten nach diesem Gesetz zuständigen Behörden können zur Erfüllung ihrer Aufgaben nach § 2 Absatz 1 und 3 Auskunft verlangen von demjenigen, der geschäftsmäßig eigene oder fremde Telemedien zur Nutzung bereithält oder den Zugang zur Nutzung vermittelt, über Bestandsdaten gemäß § 2 Absatz 2 Nummer 2 des Telekommunikation-Telemedien-Datenschutz-Gesetzes (§ 22 Absatz 1 Satz 1 des Telekommunikation-Telemedien-Datenschutz-Gesetzes). Die Auskunft nach Satz 1 darf nur verlangt werden, sofern im Einzelfall bei der Veröffentlichung von Angeboten oder Werbemaßnahmen ohne Angabe von Name und Anschrift tatsächliche Anhaltspunkte für Schwarzarbeit oder illegale Beschäftigung nach § 1 vorliegen und die zu erhebenden Daten zur Identifizierung des Auftraggebers erforderlich sind, um Schwarzarbeit oder illegale Beschäftigung aufzudecken. Die Auskunft darf auch anhand einer zu einem bestimmten Zeitpunkt zugewiesenen Internetprotokoll-Adresse verlangt werden (§ 22 Absatz 1 Satz 3 und 4 des Telekommunikation-Telemedien-Datenschutz-Gesetzes), wenn tatsächliche Anhaltspunkte dafür vorliegen, dass die betroffene Person Nutzer des Telemediendienstes ist, bei dem die Daten erhoben werden sollen, mit der Maßgabe, dass ein Auskunftsverlangen die Verhütung einer Straftat nach den §§ 10, 10a oder 11 dieses Gesetzes oder § 266a des Strafgesetzbuches voraussetzt. Die rechtlichen und tatsächlichen Grundlagen des Auskunftsverlangens sind aktenkundig zu machen.

(3) Die betroffene Person ist in den Fällen des Absatzes 2 Satz 3 über die Beauskunftung zu benachrichtigen. Die Benachrichtigung erfolgt, soweit und sobald hierdurch der Zweck der Auskunft nicht vereitelt wird. Sie unterbleibt, wenn ihr überwiegende schutzwürdige Belange Dritter oder der betroffenen Person selbst entgegenstehen. Wird die Benachrichtigung nach Satz 2 zurückgestellt oder nach Satz 3 von ihr abgesehen, sind die Gründe aktenkundig zu machen.

(4) Der auf Grund eines Auskunftsverlangens Verpflichtete hat die zur Auskunftserteilung erforderlichen Daten unverzüglich und vollständig zu übermitteln.

(5) Die die Auskunft verlangende Behörde hat den Verpflichteten für ihr erteilte Auskünfte eine Entschädigung zu gewähren. Der Umfang der Entschädigung bemisst sich nach § 23 und Anlage 3 des Justizvergütungs- und -entschädigungsgesetzes; die Vorschriften über die Verjährung in § 2 Absatz 1 und 4 des Justizvergütungs- und –entschädigungsgesetzes finden entsprechend Anwendung.

Abschnitt 3 - Bußgeld- und Strafvorschriften

§ 8 Bußgeldvorschriften

(1) Ordnungswidrig handelt, wer

1. a) (weggefallen)

   b) (weggefallen)

   c) (weggefallen)

   d) der Verpflichtung zur Anzeige vom Beginn des selbstständigen Betriebes eines stehenden Gewerbes (§ 14 der Gewerbeordnung) nicht nachgekommen ist oder die erforderliche Reisegewerbekarte (§ 55 der Gewerbeordnung) nicht erworben hat oder

e) ein zulassungspflichtiges Handwerk als stehendes Gewerbe selbstständig betreibt, ohne in die Handwerksrolle eingetragen zu sein (§ 1 der Handwerksordnung)

und Dienst- oder Werkleistungen in erheblichem Umfang erbringt oder

2. Dienst- oder Werkleistungen in erheblichem Umfang ausführen lässt, indem er eine oder mehrere Personen beauftragt, von der oder denen er weiß oder fahrlässig nicht weiß, dass diese Leistungen unter vorsätzlichem Verstoß gegen eine in Nummer 1 genannte Vorschrift erbringen.

(2) Ordnungswidrig handelt, wer vorsätzlich oder fahrlässig

1. entgegen § 2a Abs. 1 ein dort genanntes Dokument nicht mitführt oder nicht oder nicht rechtzeitig vorlegt,
2. entgegen § 2a Abs. 2 den schriftlichen Hinweis nicht oder nicht für die vorgeschriebene Dauer aufbewahrt oder nicht oder nicht rechtzeitig vorlegt,
3. entgegen
   a) § 5 Absatz 1 Satz 1 Nummer 1, 2 oder 3 oder
   b) § 5 Absatz 4 Satz 1

   eine Prüfung oder das Betreten eines Grundstücks oder eines Geschäftsraumes nicht duldet oder bei einer Prüfung nicht mitwirkt,
4. entgegen § 5 Absatz 3 Satz 1 ein dort genanntes Dokument nicht oder nicht rechtzeitig vorlegt,
5. entgegen § 5 Absatz 5 Satz 1 Daten nicht, nicht richtig, nicht vollständig, nicht in der vorgeschriebenen Weise oder nicht rechtzeitig übermittelt,
6. entgegen § 5a Absatz 1 Satz 1 seine Arbeitskraft anbietet oder
7. entgegen § 5a Absatz 1 Satz 2 eine Arbeitskraft nachfragt.

(3) Ordnungswidrig handelt, wer als Arbeitgeber eine in § 266a Absatz 2 Nummer 1 oder 2 des Strafgesetzbuches bezeichnete Handlung leichtfertig begeht und dadurch der Einzugsstelle Beiträge des Arbeitnehmers oder der Arbeitnehmerin zur Sozialversicherung einschließlich der Arbeitsförderung oder vom Arbeitgeber zu tragende Beiträge zur Sozialversicherung einschließlich der Arbeitsförderung, unabhängig davon, ob Arbeitsentgelt gezahlt wird, leichtfertig vorenthält.

(4) Ordnungswidrig handelt, wer

1. einen Beleg ausstellt, der in tatsächlicher Hinsicht nicht richtig ist und das Erbringen oder Ausführenlassen einer Dienst- oder Werkleistung vorspiegelt, oder
2. einen in Nummer 1 genannten Beleg in den Verkehr bringt

und dadurch Schwarzarbeit im Sinne des § 1 Absatz 2 oder illegale Beschäftigung im Sinne des § 1 Absatz 3 ermöglicht.

(5) Ordnungswidrig handelt, wer eine in Absatz 4 genannte Handlung begeht und

1. aus grobem Eigennutz für sich oder einen anderen Vermögensvorteile großen Ausmaßes erlangt oder
2. als Mitglied einer Bande handelt, die sich zur fortgesetzten Begehung solcher Taten verbunden hat.

(6) Die Ordnungswidrigkeit kann in den Fällen des Absatzes 5 mit einer Geldbuße bis zu fünfhunderttausend Euro, in den Fällen des Absatzes 4 mit einer Geldbuße bis zu einhunderttausend Euro, in den Fällen des Absatzes 1 Nummer 1 Buchstabe d und e, Nummer 2 in Verbindung mit Nummer 1 Buchstabe d und e sowie in den Fällen des Absatzes 3 mit einer Geldbuße bis zu fünfzigtausend Euro, in den Fällen des Absatzes 2 Nummer 3 Buchstabe a, Nummer 5 und 7 mit

einer Geldbuße bis zu dreißigtausend Euro, in den Fällen des Absatzes 2 Nummer 1 und 6 mit einer Geldbuße bis zu fünftausend Euro und in den übrigen Fällen mit einer Geldbuße bis zu tausend Euro geahndet werden.

(7) Absatz 1 findet keine Anwendung für nicht nachhaltig auf Gewinn gerichtete Dienst- oder Werkleistungen, die

1. von Angehörigen im Sinne des § 15 der Abgabenordnung oder Lebenspartnern,
2. aus Gefälligkeit,
3. im Wege der Nachbarschaftshilfe oder
4. im Wege der Selbsthilfe im Sinne des § 36 Abs. 2 und 4 des Zweiten Wohnungsbaugesetzes in der Fassung der Bekanntmachung vom 19. August 1994 (BGBl. I S. 2137) oder als Selbsthilfe im Sinne des § 12 Abs. 1 Satz 2 des Wohnraumförderungsgesetzes vom 13. September 2001 (BGBl. I S. 2376), zuletzt geändert durch Artikel 7 des Gesetzes vom 29. Dezember 2003 (BGBl. I S. 3076),

erbracht werden. Als nicht nachhaltig auf Gewinn gerichtet gilt insbesondere eine Tätigkeit, die gegen geringes Entgelt erbracht wird.

(8) Das Bundesministerium der Finanzen wird ermächtigt, durch Rechtsverordnung mit Zustimmung des Bundesrates Vorschriften über Regelsätze für Geldbußen wegen einer Ordnungswidrigkeit nach Absatz 1 oder 2 zu erlassen.

(9) Eine Geldbuße wird in den Fällen des Absatzes 3 nicht festgesetzt, wenn der Arbeitgeber spätestens im Zeitpunkt der Fälligkeit oder unverzüglich danach gegenüber der Einzugsstelle

1. schriftlich die Höhe der vorenthaltenen Beiträge mitteilt,
2. schriftlich darlegt, warum die fristgemäße Zahlung nicht möglich ist, obwohl er sich darum ernsthaft bemüht hat, und
3. die vorenthaltenen Beiträge nachträglich innerhalb der von der Einzugsstelle bestimmten angemessenen Frist entrichtet.

§ 9 (weggefallen)

§ 10 Beschäftigung von Ausländern ohne Genehmigung oder ohne Aufenthaltstitel und zu ungünstigen Arbeitsbedingungen

(1) Wer vorsätzlich eine in § 404 Abs. 2 Nr. 3 des Dritten Buches Sozialgesetzbuch bezeichnete Handlung begeht, und den Ausländer zu Arbeitsbedingungen beschäftigt, die in einem auffälligen Missverhältnis zu den Arbeitsbedingungen deutscher Arbeitnehmer und Arbeitnehmerinnen stehen, die die gleiche oder eine vergleichbare Tätigkeit ausüben, wird mit Freiheitsstrafe bis zu drei Jahren oder mit Geldstrafe bestraft.

(2) In besonders schweren Fällen des Absatzes 1 ist die Strafe Freiheitsstrafe von sechs Monaten bis zu fünf Jahren. Ein besonders schwerer Fall liegt in der Regel vor, wenn der Täter gewerbsmäßig oder aus grobem Eigennutz handelt.

§ 10a Beschäftigung von Ausländern ohne Aufenthaltstitel, die Opfer von Menschenhandel sind

Mit Freiheitsstrafe bis zu drei Jahren oder mit Geldstrafe wird bestraft, wer entgegen § 4a Absatz 5 Satz 1 des Aufenthaltsgesetzes einen Ausländer beschäftigt und hierbei eine Lage ausnutzt, in der sich der Ausländer durch eine gegen ihn gerichtete Tat eines Dritten nach 232a Absatz 1 bis 5, den §§ 232b des Strafgesetzbuchs befindet.

§ 11 Erwerbstätigkeit von Ausländern ohne Genehmigung oder ohne Aufenthaltstitel in größerem Umfang oder von minderjährigen Ausländern

(1) Wer

1. gleichzeitig mehr als fünf Ausländer entgegen § 284 Abs. 1 des Dritten Buches Sozialgesetzbuch beschäftigt oder entgegen § 4a Absatz 5 Satz 1 des Aufenthaltsgesetzes beschäftigt oder mit Dienst- oder Werkleistungen beauftragt,
2. eine in
   a) § 404 Abs. 2 Nr. 3 des Dritten Buches Sozialgesetzbuch,
   b) § 404 Abs. 2 Nr. 4 des Dritten Buches Sozialgesetzbuch,
   c) § 98 Absatz 2a Nummer 1" des Aufenthaltsgesetzes oder
   d) § 98 Abs. 3 Nr. 1 des Aufenthaltsgesetzes

   bezeichnete vorsätzliche Handlung beharrlich wiederholt oder
3. entgegen § 4a Absatz 5 Satz 1 des Aufenthaltsgesetzes eine Person unter 18 Jahren beschäftigt

wird mit Freiheitsstrafe bis zu einem Jahr oder mit Geldstrafe bestraft.

(2) Handelt der Täter in den Fällen des Absatzes 1 Nummer 1, Nummer 2 Buchstabe a oder Buchstabe c oder Nummer 3 aus grobem Eigennutz, ist die Strafe Freiheitsstrafe bis zu drei Jahren oder Geldstrafe.

Abschnitt 4 - Ermittlungen

§ 12 Allgemeines zu den Ordnungswidrigkeiten

(1) Verwaltungsbehörden im Sinne des § 36 Abs. 1 Nr. 1 des Gesetzes über Ordnungswidrigkeiten sind

1. (weggefallen)
2. in den Fällen des § 8 Abs. 1 Nr. 1 Buchstabe d und e und Nr. 2 in Verbindung mit Nr. 1 Buchstabe d und e die nach Landesrecht zuständige Behörde,
3. in den Fällen des § 8 Abs. 2 die Behörden der Zollverwaltung sowie die nach Landesrecht zuständige Behörde jeweils für ihren Geschäftsbereich,
4. in den Fällen des § 8 Absatz 3 bis 5 die Behörden der Zollverwaltung.

(2) Die Geldbußen fließen in die Kasse der Verwaltungsbehörde, die den Bußgeldbescheid erlassen hat.

(3) Die nach Absatz 2 zuständige Kasse trägt abweichend von § 105 Abs. 2 des Gesetzes über Ordnungswidrigkeiten die notwendigen Auslagen. Sie ist auch ersatzpflichtig im Sinne des § 110 Abs. 4 des Gesetzes über Ordnungswidrigkeiten.

(4) Die Behörden der Zollverwaltung unterrichten das Gewerbezentralregister über rechtskräftige Bußgeldbescheide nach § 8 Absatz 2 Nummer 3 Buchstabe a und Nummer 5 sowie Absatz 3 bis 5, sofern die Geldbuße mehr als zweihundert Euro beträgt.

(5) Nimmt die Staatsanwaltschaft an der Hauptverhandlung nach § 75 Absatz 2 des Gesetzes über Ordnungswidrigkeiten nicht teil, so gibt das Gericht den Behörden der Zollverwaltung Gelegenheit, die Gründe vorzubringen, die aus ihrer Sicht für die Entscheidung von Bedeutung sind. Dies gilt auch, wenn das Gericht erwägt, das Verfahren einzustellen. Der Vertreter der Behörden der Zollverwaltung erhält in der Hauptverhandlung auf Verlangen das Wort. Ihm ist zu gestatten, Fragen an Betroffene, Zeugen und Sachverständige zu richten.

§ 13 Zusammenarbeit in Bußgeldverfahren

(1) Die Behörden der Zollverwaltung arbeiten insbesondere mit den in § 2 Absatz 4 genannten unterstützenden Stellen zusammen.

(2) Ergeben sich für die in § 2 Absatz 4 Nummer 2 bis 20 genannten unterstützenden Stellen im Zusammenhang mit der Erfüllung ihrer gesetzlichen Aufgaben Anhaltspunkte für in § 8 genannte Verstöße, unterrichten sie die für die Verfolgung und Ahndung von Ordnungswidrigkeiten nach diesem Gesetz zuständigen Behörden. § 31a der Abgabenordnung bleibt unberührt.

(3) Gerichte und Staatsanwaltschaften sollen den nach diesem Gesetz zuständigen Stellen Erkenntnisse übermitteln, die aus ihrer Sicht zur Verfolgung von Ordnungswidrigkeiten nach § 8 erforderlich sind, soweit nicht für das Gericht oder die Staatsanwaltschaft erkennbar ist, dass schutzwürdige Interessen der betroffenen Person oder anderer Verfahrensbeteiligter an dem Ausschluss der Übermittlung überwiegen. Dabei ist zu berücksichtigen, wie gesichert die zu übermittelnden Erkenntnisse sind.

§ 14 Ermittlungsbefugnisse

(1) Die Behörden der Zollverwaltung haben bei der Verfolgung von Straftaten und Ordnungswidrigkeiten, die mit einem der in § 2 Abs. 1 genannten Prüfgegenstände unmittelbar zusammenhängen, die gleichen Befugnisse wie die Polizeivollzugsbehörden nach der Strafprozessordnung und dem Gesetz über Ordnungswidrigkeiten. Ihre Beamten sind insoweit Emittlungspersonen der Staatsanwaltschaft. In den Dienst der Zollverwaltung übergeleitete Angestellte nehmen die Befugnisse nach Satz 1 wahr und sind insoweit Emittlungspersonen der Staatsanwaltschaft, wenn sie

1. das 21. Lebensjahr vollendet haben,
2. am 31. Dezember 2003 im Dienst der Bundesanstalt für Arbeit gestanden haben und
3. dort mindestens zwei Jahre lang zur Bekämpfung der Schwarzarbeit oder der illegalen Beschäftigung eingesetzt waren.

(2) Zur Bekämpfung von Schwarzarbeit und illegaler Beschäftigung können die Behörden der Zollverwaltung, die Polizeibehörden und die Landesfinanzbehörden in Abstimmung mit der Staatsanwaltschaft gemeinsame Ermittlungsgruppen bilden.

(3) Die Behörden der Zollverwaltung dürfen bei der Verfolgung von Straftaten nach Absatz 1 erkennungsdienstliche Maßnahmen nach § 81b der Strafprozessordnung auch zur Vorsorge für künftige Strafverfahren durchführen.

§ 14a Selbstständige Durchführung von Ermittlungsverfahren

(1) Die Behörden der Zollverwaltung führen in den Fällen, in denen ihnen die Befugnisse nach § 14 zustehen, die Ermittlungsverfahren nach Maßgabe dieser Vorschrift und in den Grenzen des § 14b selbstständig durch, wenn die Tat ausschließlich eine Straftat nach § 266a des Strafgesetzbuches darstellt und die Staatsanwaltschaft die Strafsache an die Behörden der Zollverwaltung abgegeben hat. Die allgemeinen Gesetze über das Strafverfahren sind anzuwenden.

(2) Eine Abgabe durch die Staatsanwaltschaft nach Absatz 1 erfolgt nicht, wenn besondere Umstände es angezeigt erscheinen lassen, dass das Ermittlungsverfahren unter der Verantwortung der Staatsanwaltschaft fortzuführen ist. Dies ist insbesondere der Fall, wenn

1. eine Maßnahme nach den §§ 99, 102, 103 oder 104 der Strafprozessordnung beantragt worden ist,
2. eine Maßnahme nach § 100a der Strafprozessordnung beantragt worden ist,
3. die Anordnung der Untersuchungshaft nach § 112 der Strafprozessordnung beantragt worden ist,
4. die Strafsache besondere Schwierigkeiten aufweist,

5. der Beschuldigte außer dieser Tat noch einer anderen, prozessual selbstständigen Straftat beschuldigt wird und die Taten in einem einheitlichen Ermittlungsverfahren verfolgt werden sollen,
6. eine Freiheitsstrafe zu erwarten ist, die nicht im Strafbefehlsverfahren festgesetzt werden kann,
7. gegen die folgenden Personen ermittelt wird:
   a) Mitglieder des Europäischen Parlaments, des Deutschen Bundestages oder einer gesetzgebenden Körperschaft eines Landes,
   b) Mitglieder diplomatischer Vertretungen und andere von der inländischen Gerichtsbarkeit befreite Personen,
   c) Mitglieder einer Truppe oder eines zivilen Gefolges eines NATO-Staates oder deren Angehörige,
   d) Personen, die in den Anwendungsbereich des Jugendgerichtsgesetzes fallen, oder
   e) Personen, bei denen Anhaltspunkte dafür vorliegen, dass sie vermindert schuldfähig (§ 21 des Strafgesetzbuches) oder aus psychischen Gründen in ihrer Verteidigung behindert sind, oder
8. ein Amtsträger der Zollverwaltung der Beteiligung verdächtig ist.

(3) Soll nach Abgabe durch die Staatsanwaltschaft nach Absatz 1 eine Maßnahme nach Absatz 2 Satz 2 Nummer 1 oder 2 beantragt werden, so haben die Behörden der Zollverwaltung nicht die Befugnis, bei Gefahr im Verzug selbst Anordnungen vorzunehmen. Soll nach einer Abgabe durch die Staatsanwaltschaft nach Absatz 1 eine Maßnahme nach Absatz 2 Satz 2 Nummer 2 oder 3 beantragt werden oder ergibt sich nachträglich, dass ein Fall des Absatzes 2 Satz 2 Nummer 4 bis 8 vorliegt, geben die Behörden der Zollverwaltung die Strafsache an die Staatsanwaltschaft zurück.

(4) Im Übrigen können die Behörden der Zollverwaltung die Strafsache jederzeit an die Staatsanwaltschaft zurückgeben, die Staatsanwaltschaft kann die Strafsache jederzeit wieder an sich ziehen.

§ 14b Rechte und Pflichten bei der selbstständigen Durchführung von Ermittlungsverfahren

(1) Führen die Behörden der Zollverwaltung das Ermittlungsverfahren nach § 14a selbstständig durch, so nehmen sie die Rechte und Pflichten wahr, die der Staatsanwaltschaft im Ermittlungsverfahren zustehen.

(2) Sie haben nicht die Befugnis, Ermittlungen durch die Behörden und Beamten des Polizeidienstes vornehmen zu lassen.

(3) Bieten die Ermittlungen genügenden Anlass zur Erhebung der öffentlichen Klage, so beantragt die Behörde der Zollverwaltung über die Staatsanwaltschaft bei dem zuständigen Gericht den Erlass eines Strafbefehls, wenn die Strafsache zur Behandlung im Strafbefehlsverfahren geeignet erscheint; andernfalls legt die Behörde der Zollverwaltung die Akten der Staatsanwaltschaft vor.

(4) Hat die Behörde der Zollverwaltung den Erlass eines Strafbefehls beantragt, so nimmt sie die Rechte und Pflichten der Staatsanwaltschaft wahr, solange nicht nach § 408 Absatz 3 Satz 2 der Strafprozessordnung die Hauptverhandlung anberaumt oder Einspruch gegen den Strafbefehl erhoben ist.

(5) Hat die Behörde der Zollverwaltung den Antrag gestellt, eine Einziehung gemäß § 435 der Strafprozessordnung selbstständig anzuordnen oder eine Geldbuße gegen eine juristische Person oder eine Personenvereinigung gemäß § 444 Absatz 3 der Strafprozessordnung selbstständig festzusetzen, so nimmt sie die Rechte und Pflichten der Staatsanwaltschaft wahr, solange die mündliche Verhandlung nicht beantragt oder vom Gericht angeordnet ist.

§ 14c Sachliche und örtliche Zuständigkeit bei der selbstständigen Durchführung von Ermittlungsverfahren

(1) Sachlich zuständig für die Durchführung des selbstständigen Ermittlungsverfahrens nach § 14a ist das Hauptzollamt.

(2) Örtlich zuständig für die Durchführung des selbstständigen Ermittlungsverfahrens ist das Hauptzollamt,

1. in dessen Bezirk die Straftat begangen oder entdeckt worden ist,
2. das zum Zeitpunkt der Abgabe des Ermittlungsverfahrens durch die Staatsanwaltschaft für die Prüfung gemäß § 2 Absatz 1 zuständig ist oder
3. in dessen Bezirk der Beschuldigte zum Zeitpunkt der Abgabe des Ermittlungsverfahrens seinen Wohnsitz hat; hat der Beschuldigte im räumlichen Geltungsbereich dieses Gesetzes keinen Wohnsitz, so wird die Zuständigkeit durch den Ort des gewöhnlichen Aufenthalts bestimmt.

Sind nach Satz 1 mehrere Hauptzollämter zuständig, so ist das Hauptzollamt örtlich zuständig, an das die Staatsanwaltschaft das Ermittlungsverfahren abgegeben hat.

(3) Ändert sich in den Fällen des Absatzes 2 Satz 1 Nummer 3 der Wohnsitz oder der Ort des gewöhnlichen Aufenthalts des Beschuldigten nach Abgabe des Ermittlungsverfahrens, so ist auch das Hauptzollamt örtlich zuständig, in dessen Bezirk der neue Wohnsitz oder Ort des gewöhnlichen Aufenthalts liegt. Übergibt das nach Absatz 2 örtlich zuständige Hauptzollamt das Ermittlungsverfahren an das nach Satz 1 auch örtlich zuständige Hauptzollamt, so hat es die Staatsanwaltschaft davon in Kenntnis zu setzen.

Abschnitt 5 - Datenschutz

§ 15 Allgemeines

Für die Wahrnehmung der Aufgaben nach diesem Gesetz durch die Behörden der Zollverwaltung gelten hinsichtlich der Sozialdaten die Vorschriften des Zweiten Kapitels des Zehnten Buches Sozialgesetzbuch. Diese Aufgaben gelten in datenschutzrechtlicher Hinsicht auch als Aufgaben nach dem Sozialgesetzbuch. Die Vorschriften des Vierten Abschnitts des Ersten Teils der Abgabenordnung zum Steuergeheimnis bleiben unberührt.

§ 16 Zentrales Informationssystem für die Finanzkontrolle Schwarzarbeit

(1) Die Behörden der Zollverwaltung führen ein zentrales Informationssystem für die Finanzkontrolle Schwarzarbeit, in dem die zur Aufgabenerfüllung nach diesem Gesetz erhobenen und übermittelten Daten automatisiert verarbeitet werden.

(2) Im zentralen Informationssystem für die Finanzkontrolle Schwarzarbeit werden folgende Daten gespeichert:

1. Familienname, frühere Namen, Vornamen, Tag und Ort der Geburt einschließlich Bezirk, Geburtsland, Geschlecht, Staatsangehörigkeiten, Wohnanschriften, Familienstand, Berufsbezeichnung, Steuernummer, Personalausweis und Reisepassnummer, Kontodaten, Sozialversicherungsnummer, bei Unternehmen Name, Sitz, Rechtsform, Registernummer und -ort, Vertretungsverhältnisse des Unternehmens, Adressdaten, Steuernummer, Betriebsnummer, Kontodaten,
2. die Bezeichnung der aktenführenden Dienststelle der Zollverwaltung und das Aktenzeichen und
3. der Zeitpunkt der Einleitung des Verfahrens, der Zeitpunkt der letzten Verfahrenshandlung und der Zeitpunkt der Erledigung des Verfahrens, jeweils durch die Behörden der

Zollverwaltung, sowie der Zeitpunkt und die Art der Erledigung durch das Gericht oder die Staatsanwaltschaft.

Das Bundesministerium der Finanzen kann durch Rechtsverordnung ergänzend weitere Daten bestimmen, soweit diese für die Finanzkontrolle Schwarzarbeit im Rahmen ihrer Aufgaben

1. zur Vorbereitung und Durchführung von Prüfungen nach § 2 Absatz 1, oder
2. zur Verhütung und Verfolgung von Straftaten und Ordnungswidrigkeiten, die mit einem der in § 2 Absatz 1 genannten Prüfgegenstände zusammenhängen,

erforderlich sind.

(3) Im zentralen Informationssystem für die Finanzkontrolle Schwarzarbeit dürfen personenbezogene Daten nur zu folgenden Zwecken verarbeitet werden:

1. zur Vorbereitung und Durchführung von Prüfungen nach § 2 Absatz 1,
2. zur Verhütung und Verfolgung von Straftaten und Ordnungswidrigkeiten, die mit einem der in § 2 Absatz 1 genannten Prüfgegenstände zusammenhängen,
3. zur Besteuerung, soweit sie im Zusammenhang mit der Erbringung von Dienst- oder Werkleistungen steht,
4. zur Erfüllung von Aufgaben, welche den Behörden der Zollverwaltung nach § 5a des Finanzverwaltungsgesetzes oder § 17a des Zollverwaltungsgesetzes zugewiesen sind, und
5. zur Fortbildung im Bereich der Finanzkontrolle Schwarzarbeit, soweit die Daten anonymisiert werden.

(4) Die Generalzolldirektion erstellt für die automatisierte Verarbeitung nach Absatz 1 eine Errichtungsanordnung, die der Zustimmung des Bundesministeriums der Finanzen bedarf. In der Errichtungsanordnung sind festzulegen:

1. die Bezeichnung der des Verantwortlichen,
2. die Rechtsgrundlage und der Zweck der Verarbeitung,
3. der Personenkreis, über den Daten gespeichert werden,
4. die Art und der Inhalt der gespeicherten personenbezogenen Daten,
5. die Arten der personenbezogenen Daten, die der Erschließung der Sammlung dienen,
6. die Anlieferung oder die Eingabe der gespeicherten Daten,
7. die Voraussetzungen, unter denen gespeicherte personenbezogene Daten an welche Empfänger und in welchen Verfahren übermittelt werden,
8. die Prüffristen und die Speicherungsdauer,
9. die Protokollierung sowie
10. die Verpflichtung zur Erstellung und zur Pflege eines Rollen- und Berechtigungskonzeptes.

Die oder der Bundesbeauftragte für den Datenschutz und die Informationsfreiheit ist vor Erlass der Errichtungsanordnung anzuhören.

§ 17 Übermittlung von Daten aus dem zentralen Informationssystem

(1) Die Übermittlung von Daten aus dem zentralen Informationssystem für die Finanzkontrolle Schwarzarbeit erfolgt auf Ersuchen an

1. (weggefallen)
2. die Staatsanwaltschaften für Zwecke der Strafverfolgung,
3. die Polizeivollzugsbehörden des Bundes und der Länder für die Verhütung und Verfolgung von Straftaten und Ordnungswidrigkeiten, die im Zusammenhang mit einem der in § 2 Abs. 1 genannten Prüfgegenstände stehen,

4. die Finanzbehörden der Länder zur Durchführung eines Steuerstraf- oder Steuerordnungswidrigkeitenverfahrens und für die Besteuerung, soweit die Besteuerung im Zusammenhang mit der Erbringung von Dienst- oder Werkleistungen steht oder
5. die Zentralstelle für Finanztransaktionsuntersuchungen zur Erfüllung ihrer Aufgaben nach § 28 Absatz 1 Satz 2 Nummer 2 des Geldwäschegesetzes,
6. die Bundesagentur für Arbeit zur Durchführung von Ordnungswidrigkeitenverfahren wegen Leistungsmissbrauchs und für die damit zusammenhängende Einstellung der Gewährung von Leistungen nach dem Dritten Buch Sozialgesetzbuch,
7. die Bundesagentur für Arbeit zur Durchführung von Ordnungswidrigkeitenverfahren nach dem Arbeitnehmerüberlassungsgesetz sowie für den Widerruf, die Versagung oder die Versagung der Verlängerung der Erlaubnis im Sinne des § 1 Absatz 1 Satz 1 des Arbeitnehmerüberlassungsgesetzes,
8. die Bundesagentur für Arbeit in ihrer Funktion als Familienkasse zur Durchführung von Steuerstrafverfahren und Ordnungswidrigkeitenverfahren und für die damit zusammenhängende Einstellung der Gewährung von Kindergeldleistungen und des Kinderzuschlags,
9. die gemeinsamen Einrichtungen und die zugelassenen kommunalen Träger nach dem Zweiten Buch Sozialgesetzbuch zur Durchführung von Ordnungswidrigkeitenverfahren wegen Leistungsmissbrauchs und für die damit zusammenhängende Leistungsbearbeitung nach dem Zweiten Buch Sozialgesetzbuch oder
10. die Träger nach dem Zwölften Buch Sozialgesetzbuch zur Durchführung von Ordnungswidrigkeitenverfahren wegen Leistungsmissbrauchs und für die damit zusammenhängende Leistungsbearbeitung nach dem Zwölften Buch Sozialgesetzbuch.

Soweit durch eine Übermittlung von Daten die Gefährdung des Untersuchungszwecks eines Ermittlungsverfahrens zu besorgen ist, kann die für dieses Verfahren zuständige Behörde der Zollverwaltung oder die zuständige Staatsanwaltschaft anordnen, dass keine Auskunft erfolgen darf. § 480 Absatz 1 Satz 1 und 2 der Strafprozessordnung findet Anwendung, wenn die Daten Verfahren betreffen, die zu einem Strafverfahren geführt haben.

(2) Die Übermittlung der Daten erfolgt im Wege eines automatisierten Abrufverfahrens oder eines automatisierten Anfrage- und Auskunftsverfahrens, im Fall einer Störung der Datenfernübertragung oder bei außergewöhnlicher Dringlichkeit telefonisch oder durch Telefax. Die beteiligten Stellen haben zu gewährleisten, dass dem jeweiligen Stand der Technik entsprechende Maßnahmen zur Sicherstellung von Datenschutz und Datensicherheit getroffen werden, die insbesondere die Vertraulichkeit und Unversehrtheit der Daten gewährleisten; im Fall der Nutzung allgemein zugänglicher Netze sind dem jeweiligen Stand der Technik entsprechende Verschlüsselungsverfahren anzuwenden. Es gilt § 79 Abs. 2 bis 4 des Zehnten Buches Sozialgesetzbuch.

§ 18 Auskunft an die betroffene Person

Für die Auskunft an die betroffene Person gilt § 83 des Zehnten Buches Sozialgesetzbuch. Die Auskunft bedarf des Einvernehmens der zuständigen Staatsanwaltschaft, wenn sie Daten aus einem Verfahren betrifft, das zu einem Strafverfahren geführt hat.

§ 19 Löschung

Die Daten im zentralen Informationssystem für die Finanzkontrolle Schwarzarbeit und die dazugehörigen Verfahrensakten in Papierform sind nach den Bestimmungen des § 489 der Strafprozessordnung, des § 49c des Gesetzes über Ordnungswidrigkeiten und des § 84 des Zehnten Buches Sozialgesetzbuch zu löschen und zu vernichten, spätestens jedoch

1. ein Jahr nach Ablauf des Kalenderjahres, in dem eine Prüfung nach § 2 ohne Einleitung eines Straf- oder Bußgeldverfahrens abgeschlossen worden ist,

2. fünf Jahre nach Ablauf des Kalenderjahres, in dem ein Straf- oder Bußgeldverfahrens rechtskräftig abgeschlossen worden ist, oder
3. zwei Jahre nach Ablauf des Kalenderjahres, in dem ein Strafverfahren abgeschlossen worden ist, wenn
   a) die Person, über die Daten nach § 16 gespeichert wurden, von dem betreffenden Tatvorwurfrechtskräftig freigesprochen worden ist,
   b) die Eröffnung des Hauptverfahrens unanfechtbar abgelehnt worden ist oder
   c) das Verfahren nicht nur vorläufig eingestellt worden ist.

Abschnitt 6 - Verwaltungsverfahren, Rechtsweg

§ 20 Entschädigung der Zeugen und Sachverständigen

Werden Zeugen und Sachverständige von den Behörden der Zollverwaltung herangezogen, so erhalten sie auf Antrag in entsprechender Anwendung des Justizvergütungs- und -entschädigungsgesetzes eine Entschädigung oder Vergütung.

§ 21 Ausschluss von öffentlichen Aufträgen

(1) Von der Teilnahme an einem Wettbewerb um einen Liefer-, Bau- oder Dienstleistungsauftrag der in den §§ 99 und 100 des Gesetzes gegen Wettbewerbsbeschränkungen genannten Auftraggeber sollen Bewerber bis zu einer Dauer von drei Jahren ausgeschlossen werden, die oder deren nach Satzung oder Gesetz Vertretungsberechtigte nach

1. § 8 Abs. 1 Nr. 2, §§ 10 bis 11,
2. § 404 Abs. 1 oder 2 Nr. 3 des Dritten Buches Sozialgesetzbuch,
3. §§ 15, 15a, 16 Abs. 1 Nr. 1, 1c, 1d, 1f oder 2 des Arbeitnehmerüberlassungsgesetzes oder
4. § 266a Abs. 1 bis 4 des Strafgesetzbuches

zu einer Freiheitsstrafe von mehr als drei Monaten oder einer Geldstrafe von mehr als neunzig Tagessätzen verurteilt oder mit einer Geldbuße von wenigstens zweitausendfünfhundert Euro belegt worden sind. Das Gleiche gilt auch schon vor Durchführung eines Straf- oder Bußgeldverfahrens, wenn im Einzelfall angesichts der Beweislage kein vernünftiger Zweifel an einer schwerwiegenden Verfehlung nach Satz 1 besteht. Die für die Verfolgung oder Ahndung zuständigen Behörden nach Satz 1 Nr. 1 bis 4 dürfen den öffentlichen Auftraggebern nach § 99 des Gesetzes gegen Wettbewerbsbeschränkungen und solchen Stellen, die von öffentlichen Auftraggebern zugelassene Präqualifikationsverzeichnisse oder Unternehmer- und Lieferantenverzeichnisse führen, auf Verlangen die erforderlichen Auskünfte geben. Öffentliche Auftraggeber nach Satz 3 fordern im Rahmen ihrer Tätigkeit Auskünfte aus dem Wettbewerbsregister an oder verlangen vom Bewerber eine Erklärung, dass die Voraussetzungen für einen Ausschluss nach Satz 1 oder 2 nicht vorliegen; auch im Falle einer Erklärung des Bewerbers können öffentliche Auftraggeber Auskünfte aus dem Wettbewerbsregister jederzeit anfordern. Für den Bewerber, der den Zuschlag erhalten soll, fordert der öffentliche Auftraggeber nach Satz 3 bei Aufträgen ab einer Höhe von 30 000 Euro vor Zuschlagserteilung eine Auskunft aus dem Wettbewerbsregister an. Der Bewerber ist vor der Entscheidung über den Ausschluss zu hören.

(2) Eine Verfehlung nach Absatz 1 steht einer Verletzung von Pflichten nach § 241 Abs. 2 des Bürgerlichen Gesetzbuchs gleich.

§ 22 Verwaltungsverfahren

Soweit dieses Gesetz nichts anderes bestimmt, gelten die Vorschriften der Abgabenordnung sinngemäß für das Verwaltungsverfahren der Behörden der Zollverwaltung nach diesem Gesetz.

§ 23 Rechtsweg

In öffentlich-rechtlichen Streitigkeiten über Verwaltungshandeln der Behörden der Zollverwaltung nach diesem Gesetz ist der Finanzrechtsweg gegeben.

Schiffsregisterordnung

Schiffsregisterordnung in der Fassung der Bekanntmachung vom 26.5.1994 (BGBl. I S. 1133), zuletzt geändert durch Artikel 7 Absatz 4 des Gesetzes vom 31.10.2022 (BGBL. I S. 1966).

- Auszug -

....

§ 23

(1) Im Schiffsregister soll eine Eintragung nur auf Antrag erfolgen, soweit nicht etwas anderes vorgeschrieben ist. Der Zeitpunkt, in dem der Antrag beim Registergericht eingeht, soll auf dem Antrag genau vermerkt werden. Der Antrag ist beim Registergericht eingegangen, wenn er einem zur Entgegennahme zuständigen Beamten vorgelegt ist. Wird er zur Niederschrift eines solchen Beamten gestellt, so ist er mit Abschluß der Niederschrift eingegangen.

(2) Antragsberechtigt ist jeder, dessen Recht von der Eintragung betroffen wird oder zu dessen Gunsten die Eintragung erfolgen soll.

...

§ 45

In den Fällen, in denen nach gesetzlicher Vorschrift eine Behörde befugt ist, das Registergericht um eine Eintragung zu ersuchen, erfolgt die Eintragung auf Grund des Ersuchens der Behörde; § 23 Abs. 1 Satz 2, 3 gilt sinngemäß.

Sozialgesetzbuch

- Auszug -

Sozialgesetzbuch - Erstes Buch (I) - Allgemeiner Teil

zuletzt geändert durch Artikel 4 des Gesetzes vom 20.12.2022 (BGBl. I S. 2759).

§ 12 Leistungsträger

Zuständig für die Sozialleistungen sind die in den §§ 18 bis 29 genannten Körperschaften, Anstalten und Behörden (Leistungsträger). Die Abgrenzung ihrer Zuständigkeit ergibt sich aus den besonderen Teilen dieses Gesetzbuchs.

§ 18 Leistungen der Ausbildungsförderung

(1) Nach dem Recht der Ausbildungsförderung können Zuschüsse und Darlehen für den Lebensunterhalt und die Ausbildung in Anspruch genommen werden.
(2) Zuständig sind die Ämter und die Landesämter für Ausbildungsförderung nach Maßgabe der §§ 39, 40, 40a und 45 des Bundesausbildungsförderungsgesetzes.

§ 19 Leistungen der Arbeitsförderung

(1) Nach dem Recht der Arbeitsförderung können in Anspruch genommen werden:
1. Berufsberatung und Arbeitsmarktberatung,
2. Ausbildungsvermittlung und Arbeitsvermittlung,
3. Leistungen
   a) zur Aktivierung und beruflichen Eingliederung,
   b) zur Berufswahl und Berufsausbildung,
   c) zur beruflichen Weiterbildung,
   d) zur Aufnahme einer Erwerbstätigkeit,
   e) zum Verbleib in Beschäftigung,
   f) der Teilhabe behinderter Menschen am Arbeitsleben,
4. Arbeitslosengeld, Teilarbeitslosengeld, Arbeitslosengeld bei Weiterbildung und Insolvenzgeld.

(2) Zuständig sind die Agenturen für Arbeit und die sonstigen Dienststellen der Bundesagentur für Arbeit.

§ 19a Leistungen der Grundsicherung für Arbeitsuchende

(1) Nach dem Recht der Grundsicherung für Arbeitsuchende können in Anspruch genommen werden
1. Leistungen zur Eingliederung in Arbeit,
2. Leistungen zur Sicherung des Lebensunterhalts.

(2) Zuständig sind die Agenturen für Arbeit und die sonstigen Dienststellen der Bundesagentur für Arbeit, sowie die kreisfreien Städte und Kreise, soweit durch Landesrecht nicht andere Träger bestimmt sind. In den Fällen des § 6a des Zweiten Buches ist abweichend von Satz 1 der zugelassene kommunale Träger zuständig.

§ 19b Leistungen bei gleitendem Übergang älterer Arbeitnehmer in den Ruhestand

(1) Nach dem Recht der Förderung eines gleitenden Übergangs älterer Arbeitnehmer in den Ruhestand können in Anspruch genommen werden:
1. Erstattung der Beiträge zur Höherversicherung in der gesetzlichen Rentenversicherung und der nicht auf das Arbeitsentgelt entfallenden Beiträge zur gesetzlichen Rentenversicherung für ältere Arbeitnehmer, die ihre Arbeitszeit verkürzt haben.
2. Erstattung der Aufstockungsbeträge zum Arbeitsentgelt für die Altersteilzeitarbeit.
(2) Zuständig sind die Agenturen für Arbeit und die sonstigen Dienststellen der Bundesagentur für Arbeit.

§ 20

(weggefallen)

§ 21 Leistungen der gesetzlichen Krankenversicherung

(1) Nach dem Recht der gesetzlichen Krankenversicherung können in Anspruch genommen werden:
1. Leistungen zur Förderung der Gesundheit, zur Verhütung und zur Früherkennung von Krankheiten,
2. bei Krankheit Krankenbehandlung, insbesondere
   a) ärztliche und zahnärztliche Behandlung,
   b) Versorgung mit Arznei, Verband-, Heil- und Hilfsmitteln,
   c) häusliche Krankenpflege und Haushaltshilfe,
   d) Krankenhausbehandlung,
   e) medizinische und ergänzende Leistungen zur Rehabilitation,
   f) Betriebshilfe für Landwirte,
   g) Krankengeld,
3. bei Schwangerschaft und Mutterschaft ärztliche Betreuung, Hebammenhilfe, stationäre Entbindung, häusliche Pflege, Haushaltshilfe, Betriebshilfe für Landwirte, Mutterschaftsgeld,
4. Hilfe zur Familienplanung und Leistungen bei durch Krankheit erforderlicher Sterilisation und bei nicht rechtswidrigem Schwangerschaftsabbruch.
5. (weggefallen)
(2) Zuständig sind die Orts-, Betriebs- und Innungskrankenkassen, die Sozialversicherung für Landwirtschaft, Forsten und Gartenbau als landwirtschaftliche Krankenkasse, die Deutsche Rentenversicherung Knappschaft-Bahn-See und die Ersatzkassen.

§ 21a Leistungen der sozialen Pflegeversicherung

(1) Nach dem Recht der sozialen Pflegeversicherung können in Anspruch genommen werden:
1. Leistungen bei häuslicher Pflege:
   a) Pflegesachleistung,
   b) Pflegegeld für selbst beschaffte Pflegehilfen,
   c) häusliche Pflege bei Verhinderung der Pflegeperson,
   d) Pflegehilfsmittel und technische Hilfen,
2. teilstationäre Pflege und Kurzzeitpflege,
3. Leistungen für Pflegepersonen, insbesondere
   a) soziale Sicherung und
   b) Pflegekurse,
4. vollstationäre Pflege.
(2) Zuständig sind die bei den Krankenkassen errichteten Pflegekassen.

§ 21b Leistungen bei Schwangerschaftsabbrüchen

(1) Nach dem Fünften Abschnitt des Schwangerschaftskonfliktgesetzes können bei einem nicht rechtswidrigen oder unter den Voraussetzungen des § 218a Abs. 1 des Strafgesetzbuches vorgenommenen Abbruch einer Schwangerschaft Leistungen in Anspruch genommen werden.
(2) Zuständig sind die Orts-, Betriebs- und Innungskrankenkassen, die Sozialversicherung für Landwirtschaft, Forsten und Gartenbau als landwirtschaftliche Krankenkasse, die Deutsche Rentenversicherung Knappschaft-Bahn-See und die Ersatzkassen.

§ 22 Leistungen der gesetzlichen Unfallversicherung

(1) Nach dem Recht der gesetzlichen Unfallversicherung können in Anspruch genommen werden:
1. Maßnahmen zur Verhütung von Arbeitsunfällen, Berufskrankheiten und arbeitsbedingten Gesundheitsgefahren und zur Ersten Hilfe sowie Maßnahmen zur Früherkennung von Berufskrankheiten und arbeitsbedingten Gesundheitsgefahren,
2. Heilbehandlung, Leistungen zur Teilhabe am Arbeitsleben und andere Leistungen zur Erhaltung, Besserung und Wiederherstellung der Erwerbsfähigkeit sowie zur Erleichterung der Verletzungsfolgen einschließlich wirtschaftlicher Hilfen,
3. Renten wegen Minderung der Erwerbsfähigkeit,
4. Renten an Hinterbliebene, Sterbegeld und Beihilfen,
5. Rentenabfindungen,
6. Haushaltshilfe,
7. Betriebshilfe für Landwirte.

(2) Zuständig sind die gewerblichen Berufsgenossenschaften, die Sozialversicherung für Landwirtschaft, Forsten und Gartenbau als landwirtschaftliche Berufsgenossenschaft, die Gemeindeunfallversicherungsverbände, die Feuerwehr-Unfallkassen, die Eisenbahn-Unfallkasse, die Unfallkasse Post und Telekom, die Unfallkassen der Länder und Gemeinden, die gemeinsamen Unfallkassen für den Landes- und kommunalen Bereich und die Unfallkasse des Bundes.

§ 23 Leistungen der gesetzlichen Rentenversicherung einschließlich der Alterssicherung der Landwirte

(1) Nach dem Recht der gesetzlichen Rentenversicherung einschließlich der Alterssicherung der Landwirte können in Anspruch genommen werden:
1. in der gesetzlichen Rentenversicherung:
   a) Leistungen zur Prävention, Leistungen zur medizinischen Rehabilitation, Leistungen zur Teilhabe am Arbeitsleben, Leistungen zur Nachsorge sowie sonstige Leistungen zur Teilhabe einschließlich wirtschaftlicher Hilfen,
   b) Renten wegen Alters, Renten wegen verminderter Erwerbsfähigkeit und Knappschaftsausgleichsleistung,
   c) Renten wegen Todes,
   d) Witwen- und Witwerrentenabfindungen sowie Beitragserstattungen,
   e) Zuschüsse zu den Aufwendungen für die Krankenversicherung,
   f) Leistungen für Kindererziehung,
2. in der Alterssicherung der Landwirte:
   a) Leistungen zur Prävention, Leistungen zur medizinischen Rehabilitation, Leistungen zur Nachsorge sowie ergänzende und sonstige Leistungen zur Teilhabe einschließlich Betriebs- oder Haushaltshilfe,
   b) Renten wegen Erwerbsminderung und Alters,
   c) Renten wegen Todes,
   d) Beitragszuschüsse,
   e) Betriebs- und Haushaltshilfe oder sonstige Leistungen zur Aufrechterhaltung des Unternehmens der Landwirtschaft.

(2) Zuständig sind

1. in der allgemeinen Rentenversicherung die Regionalträger, die Deutsche Rentenversicherung Bund und die Deutsche Rentenversicherung Knappschaft-Bahn-See,
2. in der knappschaftlichen Rentenversicherung die Deutsche Rentenversicherung Knappschaft-Bahn-See,
3. in der Alterssicherung der Landwirte die Sozialversicherung für Landwirtschaft, Forsten und Gartenbau als landwirtschaftliche Alterskasse.

§ 24 Versorgungsleistungen bei Gesundheitsschäden

(1) Nach dem Recht der sozialen Entschädigung bei Gesundheitsschäden können in Anspruch genommen werden:
1. Heil- und Krankenbehandlung sowie andere Leistungen zur Erhaltung, Besserung und Wiederherstellung der Leistungsfähigkeit einschließlich wirtschaftlicher Hilfen,
2. besondere Hilfen im Einzelfall einschließlich Leistungen zur Teilhabe am Arbeitsleben,
3. Renten wegen anerkannten Schädigungsfolgen,
4. Renten an Hinterbliebene, Bestattungsgeld und Sterbegeld,
5. Kapitalabfindung, insbesondere zur Wohnraumbeschaffung.

(2) Zuständig sind die Versorgungsämter, die Landesversorgungsämter und die orthopädischen Versorgungsstellen. Für die besonderen Hilfen im Einzelfall sind die Kreise und kreisfreien Städte sowie die Hauptfürsorgestellen zuständig. Bei der Durchführung der Heil- und Krankenbehandlung wirken die Träger der gesetzlichen Krankenversicherung mit. Für die Leistungen nach den §§ 80, 81a bis 83a des Soldatenversorgungsgesetzes ist die Bundeswehrverwaltung zuständig.

§ 25 Kindergeld, Kinderzuschlag, Elterngeld und Leistungen für Bildung und Teilhabe

(1) Nach dem Bundeskindergeldgesetz kann nur dann Kindergeld in Anspruch genommen werden, wenn nicht der Familienleistungsausgleich nach § 31 des Einkommensteuergesetzes zur Anwendung kommt. Nach dem Bundeskindergeldgesetz können auch der Kinderzuschlag und Leistungen für Bildung und Teilhabe in Anspruch genommen werden.

(2) Nach dem Recht des Bundeselterngeld- und Elternzeitgesetzes kann Elterngeld in Anspruch genommen werden.

(3) Für die Ausführung des Absatzes 1 sind die nach § 7 des Bundeskindergeldgesetzes bestimmten Stellen und für die Ausführung des Absatzes 2 die nach § 12 des Bundeselterngeld- und Elternzeitgesetzes bestimmten Stellen zuständig.

§ 26 Wohngeld

(1) Nach dem Wohngeldrecht kann als Zuschuß zur Miete oder als Zuschuß zu den Aufwendungen für den eigengenutzten Wohnraum Wohngeld in Anspruch genommen werden.

(2) Zuständig sind die durch Landesrecht bestimmten Behörden.

§ 27 Leistungen der Kinder- und Jugendhilfe

(1) Nach dem Recht der Kinder- und Jugendhilfe können in Anspruch genommen werden:
1. Angebote der Jugendarbeit, der Jugendsozialarbeit und des erzieherischen Jugendschutzes,
2. Angebote zur Förderung der Erziehung in der Familie,
3. Angebote zur Förderung von Kindern in Tageseinrichtungen und in Tagespflege,
4. Hilfe zur Erziehung, Eingliederungshilfe für seelisch behinderte Kinder und Jugendliche sowie Hilfe für junge Volljährige.

(2) Zuständig sind die Kreise und die kreisfreien Städte, nach Maßgabe des Landesrechts auch kreisangehörige Gemeinden; sie arbeiten mit der freien Jugendhilfe zusammen.

§ 28 Leistungen der Sozialhilfe

(1) Nach dem Recht der Sozialhilfe können in Anspruch genommen werden:
1. Hilfe zum Lebensunterhalt,
1a. Grundsicherung im Alter und bei Erwerbsminderung,
2. Hilfen zur Gesundheit,
3. (weggefallen)
4. Hilfe zur Pflege,
5. Hilfe zur Überwindung besonderer sozialer Schwierigkeiten,
6. Hilfe in anderen Lebenslagen sowie die jeweils gebotene Beratung und Unterstützung.
(2) Zuständig sind die Kreise und kreisfreien Städte, die überörtlichen Träger der Sozialhilfe und für besondere Aufgaben die Gesundheitsämter; sie arbeiten mit den Trägern der freien Wohlfahrtspflege zusammen.

§ 28a Leistungen der Eingliederungshilfe

(1) Nach dem Recht der Eingliederungshilfe können in Anspruch genommen werden:
1. Leistungen zur medizinischen Rehabilitation,
2. Leistungen zur Teilhabe am Arbeitsleben,
3. Leistungen zur Teilhabe an Bildung,
4. Leistungen zur Sozialen Teilhabe.
(2) Zuständig sind die durch Landesrecht bestimmten Behörden.

§ 29 Leistungen zur Rehabilitation und Teilhabe behinderter Menschen

(1) Nach dem Recht der Rehabilitation und Teilhabe behinderter Menschen können in Anspruch genommen werden
1. Leistungen zur medizinischen Rehabilitation, insbesondere
   a) Frühförderung behinderter und von Behinderung bedrohter Kinder,
   b) ärztliche und zahnärztliche Behandlung,
   c) Arznei- und Verbandmittel sowie Heilmittel einschließlich physikalischer, Sprach- und Beschäftigungstherapie,
   d) Körperersatzstücke, orthopädische und andere Hilfsmittel,
   e) Belastungserprobung und Arbeitstherapie,
2. Leistungen zur Teilhabe am Arbeitsleben, insbesondere
   a) Hilfen zum Erhalten oder Erlangen eines Arbeitsplatzes,
   b) Berufsvorbereitung, berufliche Anpassung, Ausbildung und Weiterbildung,
   c) sonstige Hilfen zur Förderung der Teilhabe am Arbeitsleben,
2a. Leistungen zur Teilhabe an Bildung, insbesondere
   a) Hilfen zur Schulbildung, insbesondere im Rahmen der allgemeinen Schulpflicht und zum Besuch weiterführender Schulen einschließlich der Vorbereitung hierzu,
   b) Hilfen zur schulischen Berufsausbildung,
   c) Hilfen zur Hochschulbildung,
   d) Hilfen zur schulischen beruflichen Weiterbildung,
3. Leistungen zur Sozialen Teilhabe, insbesondere
   a) Leistungen für Wohnraum,
   b) Assistenzleistungen,
   c) heilpädagogische Leistungen,
   d) Leistungen zur Betreuung in einer Pflegefamilie,
   e) Leistungen zum Erwerb und Erhalt praktischer Kenntnisse und Fähigkeiten,
   f) Leistungen zur Förderung der Verständigung,
   g) Leistungen zur Mobilität,
   h) Hilfsmittel,

4. Unterhaltssichernde und andere ergänzende Leistungen, insbesondere

a) Krankengeld, Versorgungskrankengeld, Verletztengeld, Übergangsgeld, Ausbildungsgeld oder Unterhaltsbeihilfe,,
b) Beiträge zur gesetzlichen Kranken-, Unfall-, Renten- und Pflegeversicherung sowie zur Bundesagentur für Arbeit,
c) Reisekosten,
d) Haushalts- oder Betriebshilfe und Kinderbetreuungskosten,
e) Rehabilitationssport und Funktionstraining,

5. besondere Leistungen und sonstige Hilfen zur Teilhabe schwerbehinderter Menschen am Leben in der Gesellschaft, insbesondere am Arbeitsleben.

(2) Zuständig sind die in den §§ 19 bis 24, 27 und 28 genannten Leistungsträger und die Integrationsämter.

SGB I § 35 Sozialgeheimnis

(1) Jeder hat Anspruch darauf, dass die ihn betreffenden Sozialdaten (§ 67 Absatz 2 Zehntes Buch) von den Leistungsträgern nicht unbefugt verarbeitet werden (Sozialgeheimnis). Die Wahrung des Sozialgeheimnisses umfasst die Verpflichtung, auch innerhalb des Leistungsträgers sicherzustellen, dass die Sozialdaten nur Befugten zugänglich sind oder nur an diese weitergegeben werden. Sozialdaten der Beschäftigten und ihrer Angehörigen dürfen Personen, die Personalentscheidungen treffen oder daran mitwirken können, weder zugänglich sein noch von Zugriffsberechtigten weitergegeben werden. Der Anspruch richtet sich auch gegen die Verbände der Leistungsträger, die Arbeitsgemeinschaften der Leistungsträger und ihrer Verbände, die Datenstelle der Rentenversicherung, die in diesem Gesetzbuch genannten öffentlich-rechtlichen Vereinigungen, Integrationsfachdienste, die Künstlersozialkasse, die Deutsche Post AG, soweit sie mit der Berechnung oder Auszahlung von Sozialleistungen betraut ist, die Behörden der Zollverwaltung, soweit sie Aufgaben nach § 2 des Schwarzarbeitsbekämpfungsgesetzes und § 66 des Zehnten Buches durchführen, die Versicherungsämter und Gemeindebehörden sowie die anerkannten Adoptionsvermittlungsstellen (§ 2 Absatz 3 des Adoptionsvermittlungsgesetzes), soweit sie Aufgaben nach diesem Gesetzbuch wahrnehmen, und die Stellen, die Aufgaben nach § 67c Absatz 3 des Zehnten Buches wahrnehmen. Die Beschäftigten haben auch nach Beendigung ihrer Tätigkeit bei den genannten Stellen das Sozialgeheimnis zu wahren.
(2) Die Vorschriften des Zweiten Kapitels des Zehnten Buches und der übrigen Bücher des Sozialgesetzbuches regeln die Verarbeitung von Sozialdaten abschließend, soweit nicht die Verordnung (EU) 2016/679 des Europäischen Parlaments und des Rates vom 27. April 2016 zum Schutz natürlicher Personen bei der Verarbeitung personenbezogener Daten, zum freien Datenverkehr und zur Aufhebung der Richtlinie 95/46/EG (Datenschutz-Grundverordnung) (ABl. L 119 vom 4.5.2016, S. 1; L 314 vom 22.11.2016, S. 72; L 127 vom 23.5.2018, S. 2) in der jeweils geltenden Fassung unmittelbar gilt. Für die Verarbeitungen von Sozialdaten im Rahmen von nicht in den Anwendungsbereich der Verordnung (EU) 2016/679 fallenden Tätigkeiten finden die Verordnung (EU) 2016/679 und dieses Gesetz entsprechende Anwendung, soweit nicht in diesem oder einem anderen Gesetz Abweichendes geregelt ist.
(2a) Die Verpflichtung zur Wahrung gesetzlicher Geheimhaltungspflichten oder von Berufs- oder besonderen Amtsgeheimnissen, die nicht auf gesetzlichen Vorschriften beruhen, bleibt unberührt.
(3) Soweit eine Übermittlung von Sozialdaten nicht zulässig ist, besteht keine Auskunftspflicht, keine Zeugnispflicht und keine Pflicht zur Vorlegung oder Auslieferung von Schriftstücken, nicht automatisierten Dateisystemen und automatisiert verarbeiteten Sozialdaten.
(4) Betriebs- und Geschäftsgeheimnisse stehen Sozialdaten gleich.
(5) Sozialdaten Verstorbener dürfen nach Maßgabe des Zweiten Kapitels des Zehnten Buches verarbeitet werden. Sie dürfen außerdem verarbeitet werden, wenn schutzwürdige Interessen des Verstorbenen oder seiner Angehörigen dadurch nicht beeinträchtigt werden können.
(6) Die Absätze 1 bis 5 finden neben den in Absatz 1 genannten Stellen auch Anwendung auf solche Verantwortliche oder deren Auftragsverarbeiter,

1. die Sozialdaten im Inland verarbeiten, sofern die Verarbeitung nicht im Rahmen einer Niederlassung in einem anderen Mitgliedstaat der Europäischen Union oder in einem anderen Vertragsstaat des Abkommens über den Europäischen Wirtschaftsraum erfolgt, oder

2. die Sozialdaten im Rahmen der Tätigkeiten einer inländischen Niederlassung verarbeiten.

Sofern die Absätze 1 bis 5 nicht gemäß Satz 1 anzuwenden sind, gelten für den Verantwortlichen oder dessen Auftragsverarbeiter nur die §§ 81 bis 81c des Zehnten Buches.
(7) Bei der Verarbeitung zu Zwecken gemäß Artikel 2 der Verordnung (EU) 2016/679 stehen die Vertragsstaaten des Abkommens über den Europäischen Wirtschaftsraum und die Schweiz den Mitgliedstaaten der Europäischen Union gleich. Andere Staaten gelten insoweit als Drittstaaten.

SGB I § 51 Aufrechnung

(1) Gegen Ansprüche auf Geldleistungen kann der zuständige Leistungsträger mit Ansprüchen gegen den Berechtigten aufrechnen, soweit die Ansprüche auf Geldleistungen nach § 54 Abs. 2 und 4 pfändbar sind.
(2) Mit Ansprüchen auf Erstattung zu Unrecht erbrachter Sozialleistungen und mit Beitragsansprüchen nach diesem Gesetzbuch kann der zuständige Leistungsträger gegen Ansprüche auf laufende Geldleistungen bis zu deren Hälfte aufrechnen, wenn der Leistungsberechtigte nicht nachweist, dass er dadurch hilfebedürftig im Sinne der Vorschriften des Zwölften Buches über die Hilfe zum Lebensunterhalt oder der Grundsicherung für Arbeitsuchende nach dem Zweiten Buch wird.

SGB I § 52 Verrechnung

Der für eine Geldleistung zuständige Leistungsträger kann mit Ermächtigung eines anderen Leistungsträgers dessen Ansprüche gegen den Berechtigten mit der ihm obliegenden Geldleistung verrechnen, soweit nach § 51 die Aufrechnung zulässig ist.

SGB I § 53 Übertragung und Verpfändung

(1) Ansprüche auf Dienst- und Sachleistungen können weder übertragen noch verpfändet werden.
(2) Ansprüche auf Geldleistungen können übertragen und verpfändet werden
1. zur Erfüllung oder zur Sicherung von Ansprüchen auf Rückzahlung von Darlehen und auf Erstattung von Aufwendungen, die im Vorgriff auf fällig gewordene Sozialleistungen zu einer angemessenen Lebensführung gegeben oder gemacht worden sind oder,
2. wenn der zuständige Leistungsträger feststellt, daß die Übertragung oder Verpfändung im wohlverstandenen Interesse des Berechtigten liegt.

(3) Ansprüche auf laufende Geldleistungen, die der Sicherung des Lebensunterhalts zu dienen bestimmt sind, können in anderen Fällen übertragen und verpfändet werden, soweit sie den für Arbeitseinkommen geltenden unpfändbaren Betrag übersteigen.
(4) Der Leistungsträger ist zur Auszahlung an den neuen Gläubiger nicht vor Ablauf des Monats verpflichtet, der dem Monat folgt, in dem er von der Übertragung oder Verpfändung Kenntnis erlangt hat.
(5) Eine Übertragung oder Verpfändung von Ansprüchen auf Geldleistungen steht einer Aufrechnung oder Verrechnung auch dann nicht entgegen, wenn der Leistungsträger beim Erwerb des Anspruchs von der Übertragung oder Verpfändung Kenntnis hatte.
(6) Soweit bei einer Übertragung oder Verpfändung Geldleistungen zu Unrecht erbracht worden sind, sind sowohl der Leistungsberechtigte als auch der neue Gläubiger als Gesamtschuldner dem Leistungsträger zur Erstattung des entsprechenden Betrages verpflichtet. Der Leistungsträger hat den Erstattungsanspruch durch Verwaltungsakt geltend zu machen.

SGB I § 54 Pfändung

(1) Ansprüche auf Dienst- und Sachleistungen können nicht gepfändet werden.

(2) Ansprüche auf einmalige Geldleistungen können nur gepfändet werden, soweit nach den Umständen des Falles, insbesondere nach den Einkommens- und Vermögensverhältnissen des Leistungsberechtigten, der Art des beizutreibenden Anspruchs sowie der Höhe und der Zweckbestimmung der Geldleistung, die Pfändung der Billigkeit entspricht.

(3) Unpfändbar sind Ansprüche auf

1. Elterngeld bis zur Höhe der nach § 10 des Bundeselterngeld- und Elternzeitgesetzes anrechnungsfreien Beträge sowie dem Erziehungsgeld vergleichbare Leistungen der Länder,
2. Mutterschaftsgeld nach § 19 Absatz 1 des Mutterschutzgesetzes, soweit das Mutterschaftsgeld nicht aus einer Teilzeitbeschäftigung während der Elternzeit herrührt, bis zur Höhe des Elterngeldes nach § 2 des Bundeselterngeld- und Elternzeitgesetzes, soweit es die anrechnungsfreien Beträge nach § 10 des Bundeselterngeld und Elternzeitgesetzes nicht übersteigt,

2a. Wohngeld, soweit nicht die Pfändung wegen Ansprüchen erfolgt, die Gegenstand der §§ 9 und 10 des Wohngeldgesetzes sind,

3. Geldleistungen, die dafür bestimmt sind, den durch einen Körper- oder Gesundheitsschaden bedingten Mehraufwand auszugleichen.

(4) Im übrigen können Ansprüche auf laufende Geldleistungen wie Arbeitseinkommen gepfändet werden.

(5) Ein Anspruch des Leistungsberechtigten auf Geldleistungen für Kinder (§ 48 Abs. 1 Satz 2) kann nur wegen gesetzlicher Unterhaltsansprüche eines Kindes, das bei der Festsetzung der Geldleistungen berücksichtigt wird, gepfändet werden. Für die Höhe des pfändbaren Betrages bei Kindergeld gilt:

1. Gehört das unterhaltsberechtigte Kind zum Kreis der Kinder, für die dem Leistungsberechtigten Kindergeld gezahlt wird, so ist eine Pfändung bis zu dem Betrag möglich, der bei gleichmäßiger Verteilung des Kindergeldes auf jedes dieser Kinder entfällt. Ist das Kindergeld durch die Berücksichtigung eines weiteren Kindes erhöht, für das einer dritten Person Kindergeld oder dieser oder dem Leistungsberechtigten eine andere Geldleistung für Kinder zusteht, so bleibt der Erhöhungsbetrag bei der Bestimmung des pfändbaren Betrages des Kindergeldes nach Satz 1 außer Betracht.
2. Der Erhöhungsbetrag (Nummer 1 Satz 2) ist zugunsten jedes bei der Festsetzung des Kindergeldes berücksichtigten unterhaltsberechtigten Kindes zu dem Anteil pfändbar, der sich bei gleichmäßiger Verteilung auf alle Kinder, die bei der Festsetzung des Kindergeldes zugunsten des Leistungsberechtigten berücksichtigt werden, ergibt.

(6) In den Fällen der Absätze 2, 4 und 5 gilt § 53 Abs. 6 entsprechend.

Sozialgesetzbuch - Viertes Buch (IV) - Sozialversicherung

in der Fassung der Bekanntmachung vom 12.11.2009 (BGBl. I 3710, 3973), zuletzt geändert durch Artikel 2 des Gesetzes vom 20.12.2022 (BGBl. I S. 2759).

SGB IV § 24 Säumniszuschlag

(1) Für Beiträge und Beitragsvorschüsse, die der Zahlungspflichtige nicht bis zum Ablauf des Fälligkeitstages gezahlt hat, ist für jeden angefangenen Monat der Säumnis ein Säumniszuschlag von 1 Prozent des rückständigen, auf 50 Euro nach unten abgerundeten Betrages zu zahlen. Eine jeweils gesonderte Abrundung rückständiger Beiträge und Beitragsvorschüsse unterschiedlicher Fälligkeit ohne vorherige Addition ist zulässig. Bei einem rückständigen Betrag unter 150 Euro ist der Säumniszuschlag nicht zu erheben, wenn dieser gesondert anzufordern wäre. Für die Erhebung von Säumniszuschlägen in der gesetzlichen Unfallversicherung gilt § 169 des Siebten Buches.
(1a) (weggefallen)
(2) Wird eine Beitragsforderung durch Bescheid mit Wirkung für die Vergangenheit festgestellt, ist ein darauf entfallender Säumniszuschlag nicht zu erheben, soweit der Beitragsschuldner glaubhaft macht, dass er unverschuldet keine Kenntnis von der Zahlungspflicht hatte.
(3) Hat der Zahlungspflichtige ein Lastschriftmandat zum Einzug der Beiträge erteilt, so sind Säumniszuschläge zu erheben, wenn der Beitragseinzug aus Gründen, die vom Zahlungspflichtigen zu vertreten sind, nicht ausgeführt werden kann oder zurückgerufen wird. Zusätzlich zum Säumniszuschlag soll der Gläubiger vom Zahlungspflichtigen den Ersatz der von einem Geldinstitut erhobenen Entgelte für Rücklastschriften verlangen; dieser Kostenersatz ist wie die Gebühren, die im Zusammenhang mit der Durchsetzung von Beitragsansprüchen erhoben werden, zu behandeln.

SGB IV § 28d Gesamtsozialversicherungsbeitrag

Die Beiträge in der Kranken- oder Rentenversicherung für einen kraft Gesetzes versicherten Beschäftigten oder Hausgewerbetreibenden sowie der Beitrag aus Arbeitsentgelt aus einer versicherungspflichtigen Beschäftigung nach dem Recht der Arbeitsförderung werden als Gesamtsozialversicherungsbeitrag gezahlt. Satz 1 gilt auch für den Beitrag zur Pflegeversicherung für einen in der Krankenversicherung kraft Gesetzes versicherten Beschäftigten. Die nicht nach dem Arbeitsentgelt zu bemessenden Beiträge in der landwirtschaftlichen Krankenversicherung für einen kraft Gesetzes versicherten Beschäftigten gelten zusammen mit den Beiträgen zur Rentenversicherung und Arbeitsförderung im Sinne des Satzes 1 ebenfalls als Gesamtsozialversicherungsbeitrag.

SGB IV § 28f Aufzeichnungspflicht, Nachweise der Beitragsabrechnung und der Beitragszahlung

(1) Der Arbeitgeber hat für jeden Beschäftigten, getrennt nach Kalenderjahren, Entgeltunterlagen im Geltungsbereich dieses Gesetzes in deutscher Sprache zu führen und bis zum Ablauf des auf die letzte Prüfung (§ 28p) folgenden Kalenderjahres geordnet aufzubewahren. Satz 1 gilt nicht hinsichtlich der Beschäftigten in privaten Haushalten. Die landwirtschaftliche Krankenkasse kann wegen der mitarbeitenden Familienangehörigen Ausnahmen zulassen. Für die Aufbewahrung der Beitragsabrechnungen und der Beitragsnachweise gilt Satz 1.
(1a) Bei der Ausführung eines Dienst- oder Werkvertrages im Baugewerbe oder durch Unternehmer im Speditions-, Transport- und damit verbundenen Logistikgewerbe, die im Bereich der Kurier-, Express- und Paketdienste tätig sind und im Auftrag eines anderen Unternehmers Pakete befördern, hat der Unternehmer die Entgeltunterlagen und die Beitragsabrechnung so zu gestalten, dass eine Zuordnung der Arbeitnehmer, des Arbeitsentgelts und des darauf entfallenden Gesamtsozialversicherungsbeitrags zu dem jeweiligen Dienst- oder Werkvertrag möglich ist. Die Pflicht nach Satz 1 ruht für einen Unternehmer im Speditions-, Transport- und damit verbundenen

Logistikgewerbe, der im Bereich der Kurier-, Express- und Paketdienste tätig ist, solange er eine Präqualifikation oder eine Unbedenklichkeitsbescheinigung im Sinne von § 28e Absatz 3f Satz 1 und 2 oder eine Unbedenklichkeitsbescheinigung nach § 150 Absatz 3 Satz 2 des Siebten Buches vorlegen kann.

(1b) Hat ein Arbeitgeber keinen Sitz im Inland, hat er zur Erfüllung der Pflichten nach Absatz 1 Satz 1 einen Bevollmächtigten mit Sitz im Inland zu bestellen. Als Sitz des Arbeitgebers gilt der Beschäftigungsbetrieb des Bevollmächtigten im Inland, in Ermangelung eines solchen der Wohnsitz oder gewöhnliche Aufenthalt des Bevollmächtigten. Im Fall von Satz 2 zweiter Halbsatz findet § 98 Absatz 1 Satz 4 des Zehnten Buches keine Anwendung.

(2) Hat ein Arbeitgeber die Aufzeichnungspflicht nicht ordnungsgemäß erfüllt und können dadurch die Versicherungs- oder Beitragspflicht oder die Beitragshöhe nicht festgestellt werden, kann der prüfende Träger der Rentenversicherung den Beitrag in der Kranken-, Pflege- und Rentenversicherung und zur Arbeitsförderung von der Summe der vom Arbeitgeber gezahlten Arbeitsentgelte geltend machen. Satz 1 gilt nicht, soweit ohne unverhältnismäßig großen Verwaltungsaufwand festgestellt werden kann, dass Beiträge nicht zu zahlen waren oder Arbeitsentgelt einem bestimmten Beschäftigten zugeordnet werden kann. Soweit der prüfende Träger der Rentenversicherung die Höhe der Arbeitsentgelte nicht oder nicht ohne unverhältnismäßig großen Verwaltungsaufwand ermitteln kann, hat er diese zu schätzen. Dabei ist für das monatliche Arbeitsentgelt eines Beschäftigten das am Beschäftigungsort ortsübliche Arbeitsentgelt mitzuberücksichtigen. Der prüfende Träger der Rentenversicherung hat einen auf Grund der Sätze 1, 3 und 4 ergangenen Bescheid insoweit zu widerrufen, als nachträglich Versicherungs- oder Beitragspflicht oder Versicherungsfreiheit festgestellt und die Höhe des Arbeitsentgelts nachgewiesen werden. Die von dem Arbeitgeber auf Grund dieses Bescheides geleisteten Zahlungen sind insoweit mit der Beitragsforderung zu verrechnen.

(3) Der Arbeitgeber hat der Einzugsstelle einen Beitragsnachweis zwei Arbeitstage vor Fälligkeit der Beiträge durch Datenübertragung zu übermitteln; dies gilt nicht hinsichtlich der Beschäftigten in privaten Haushalten bei Verwendung von Haushaltsschecks. Übermittelt der Arbeitgeber den Beitragsnachweis nicht zwei Arbeitstage vor Fälligkeit der Beiträge, so kann die Einzugsstelle das für die Beitragsberechnung maßgebende Arbeitsentgelt schätzen, bis der Nachweis ordnungsgemäß übermittelt wird. Der Beitragsnachweis gilt für die Vollstreckung als Leistungsbescheid der Einzugsstelle und im Insolvenzverfahren als Dokument zur Glaubhaftmachung der Forderungen der Einzugsstelle. Im Beitragsnachweis ist auch die Steuernummer des Arbeitgebers anzugeben, wenn der Beitragsnachweis die Pauschsteuer für geringfügig Beschäftigte enthält.

(4) (weggefallen)

(5) (weggefallen)

Sozialgesetzbuch - Zehntes Buch (X) - Verwaltungsverfahren, Schutz der Sozialdaten, Zusammenarbeit der Leistungsträger und ihre Beziehungen zu Dritten

in der Fassung der Bekanntmachung vom 18.1.2001 (BGBl. I S. 130), zuletzt geändert durch Artikel 19 des Gesetzes vom 20.7.2022 (BGBl. I S. 1237).

SGB X § 21 Beweismittel

(1) Die Behörde bedient sich der Beweismittel, die sie nach pflichtgemäßem Ermessen zur Ermittlung des Sachverhalts für erforderlich hält. Sie kann insbesondere
1. Auskünfte jeder Art, auch elektronisch und als elektronisches Dokument, einholen,
2. Beteiligte anhören, Zeugen und Sachverständige vernehmen oder die schriftliche oder elektronische Äußerung von Beteiligten, Sachverständigen und Zeugen einholen,
3. Urkunden und Akten beiziehen,
4. den Augenschein einnehmen.

Urkunden und Akten können auch in elektronischer Form beigezogen werden, es sei denn, durch Rechtsvorschrift ist etwas anderes bestimmt.
(2) Die Beteiligten sollen bei der Ermittlung des Sachverhalts mitwirken. Sie sollen insbesondere ihnen bekannte Tatsachen und Beweismittel angeben. Eine weitergehende Pflicht, bei der Ermittlung des Sachverhalts mitzuwirken, insbesondere eine Pflicht zum persönlichen Erscheinen oder zur Aussage, besteht nur, soweit sie durch Rechtsvorschrift besonders vorgesehen ist.
(3) Für Zeugen und Sachverständige besteht eine Pflicht zur Aussage oder zur Erstattung von Gutachten, wenn sie durch Rechtsvorschrift vorgesehen ist. Eine solche Pflicht besteht auch dann, wenn die Aussage oder die Erstattung von Gutachten im Rahmen von § 407 der Zivilprozessordnung zur Entscheidung über die Entstehung, Erbringung, Fortsetzung, das Ruhen, die Entziehung oder den Wegfall einer Sozialleistung sowie deren Höhe unabweisbar ist. Die Vorschriften der Zivilprozeßordnung über das Recht, ein Zeugnis oder ein Gutachten zu verweigern, über die Ablehnung von Sachverständigen sowie über die Vernehmung von Angehörigen des öffentlichen Dienstes als Zeugen oder Sachverständige gelten entsprechend. Falls die Behörde Zeugen, Sachverständige und Dritte herangezogen hat, erhalten sie auf Antrag in entsprechender Anwendung des Justizvergütungs- und -entschädigungsgesetzes eine Entschädigung oder Vergütung; mit Sachverständigen kann die Behörde eine Vergütung vereinbaren.
(4) Die Finanzbehörden haben, soweit es im Verfahren nach diesem Gesetzbuch erforderlich ist, Auskunft über die ihnen bekannten Einkommens- oder Vermögensverhältnisse des Antragstellers, Leistungsempfängers, Erstattungspflichtigen, Unterhaltsverpflichteten, Unterhaltsberechtigten oder der zum Haushalt rechnenden Familienmitglieder zu erteilen.

SGB X § 52 Hemmung der Verjährung durch Verwaltungsakt

(1) Ein Verwaltungsakt, der zur Feststellung oder Durchsetzung des Anspruchs eines öffentlich-rechtlichen Rechtsträgers erlassen wird, hemmt die Verjährung dieses Anspruchs. Die Hemmung endet mit Eintritt der Unanfechtbarkeit des Verwaltungsakts oder sechs Monate nach seiner anderweitigen Erledigung.
(2) Ist ein Verwaltungsakt im Sinne des Absatzes 1 unanfechtbar geworden, beträgt die Verjährungsfrist 30 Jahre.

SGB X § 62 Rechtsbehelfe gegen Verwaltungsakte

Für förmliche Rechtsbehelfe gegen Verwaltungsakte gelten, wenn der Sozialrechtsweg gegeben ist, das Sozialgerichtsgesetz, wenn der Verwaltungsrechtsweg gegeben ist, die Verwaltungsgerichtsordnung und die zu ihrer Ausführung ergangenen Rechtsvorschriften, soweit nicht durch Gesetz etwas anderes bestimmt ist; im Übrigen gelten die Vorschriften dieses Gesetzbuches.

SGB X § 63 Erstattung von Kosten im Vorverfahren

(1) Soweit der Widerspruch erfolgreich ist, hat der Rechtsträger, dessen Behörde den angefochtenen Verwaltungsakt erlassen hat, demjenigen, der Widerspruch erhoben hat, die zur zweckentsprechenden Rechtsverfolgung oder Rechtsverteidigung notwendigen Aufwendungen zu erstatten. Dies gilt auch, wenn der Widerspruch nur deshalb keinen Erfolg hat, weil die Verletzung einer Verfahrens- oder Formvorschrift nach § 41 unbeachtlich ist. Aufwendungen, die durch das Verschulden eines Erstattungsberechtigten entstanden sind, hat dieser selbst zu tragen; das Verschulden eines Vertreters ist dem Vertretenen zuzurechnen.
(2) Die Gebühren und Auslagen eines Rechtsanwalts oder eines sonstigen Bevollmächtigten im Vorverfahren sind erstattungsfähig, wenn die Zuziehung eines Bevollmächtigten notwendig war.
(3) Die Behörde, die die Kostenentscheidung getroffen hat, setzt auf Antrag den Betrag der zu erstattenden Aufwendungen fest; hat ein Ausschuss oder Beirat die Kostenentscheidung getroffen, obliegt die Kostenfestsetzung der Behörde, bei der der Ausschuss oder Beirat gebildet ist. Die Kostenentscheidung bestimmt auch, ob die Zuziehung eines Rechtsanwalts oder eines sonstigen Bevollmächtigten notwendig war.

SGB X § 65 Zustellung

(1) Soweit Zustellungen durch Behörden des Bundes, der bundesunmittelbaren Körperschaften, Anstalten und Stiftungen des öffentlichen Rechts vorgeschrieben sind, gelten die §§ 2 bis 10 des Verwaltungszustellungsgesetzes. § 5 Abs. 4 des Verwaltungszustellungsgesetzes und § 178 Abs. 1 Nr. 2 der Zivilprozessordnung sind auf die nach § 73 Absatz 2 Satz 2 Nummer 5 bis 9 und Satz 3 des Sozialgerichtsgesetzes als Bevollmächtigte zugelassenen Personen entsprechend anzuwenden. Diese Vorschriften gelten auch, soweit Zustellungen durch Verwaltungsbehörden der Kriegsopferversorgung vorgeschrieben sind.
(2) Für die übrigen Behörden gelten die jeweiligen landesrechtlichen Vorschriften über das Zustellungsverfahren.

SGB X § 66 Vollstreckung

(1) Für die Vollstreckung zugunsten der Behörden des Bundes, der bundesunmittelbaren Körperschaften, Anstalten und Stiftungen des öffentlichen Rechts gilt das Verwaltungs-Vollstreckungsgesetz. In Angelegenheiten des § 51 des Sozialgerichtsgesetzes ist für die Anordnung der Ersatzzwangshaft das Sozialgericht zuständig. Die oberste Verwaltungsbehörde kann bestimmen, dass die Aufsichtsbehörde nach Anhörung der in Satz 1 genannten Behörden für die Vollstreckung fachlich geeignete Bedienstete als Vollstreckungsbeamte und sonstige hierfür fachlich geeignete Bedienstete dieser Behörde als Vollziehungsbeamte bestellen darf; die fachliche Eignung ist durch einen qualifizierten beruflichen Abschluss, die Teilnahme an einem Lehrgang einschließlich berufspraktischer Tätigkeit oder entsprechende mehrjährige Berufserfahrung nachzuweisen. Die oberste Verwaltungsbehörde kann auch bestimmen, dass die Aufsichtsbehörde nach Anhörung der in Satz 1 genannten Behörden für die Vollstreckung von Ansprüchen auf Gesamtsozialversicherungsbeiträge fachlich geeignete Bedienstete

1. der Verbände der Krankenkassen oder
2. einer bestimmten Krankenkasse

als Vollstreckungsbeamte und sonstige hierfür fachlich geeignete Bedienstete der genannten Verbände und Krankenkassen als Vollziehungsbeamte bestellen darf. Der nach Satz 4 beauftragte Verband der Krankenkassen ist berechtigt, Verwaltungsakte zur Erfüllung der mit der Vollstreckung verbundenen Aufgabe zu erlassen.
(2) Absatz 1 Satz 1 bis 3 gilt auch für die Vollstreckung durch Verwaltungsbehörden der Kriegsopferversorgung; das Land bestimmt die Vollstreckungsbehörde.
(3) Für die Vollstreckung zugunsten der übrigen Behörden gelten die jeweiligen landesrechtlichen Vorschriften über das Verwaltungsvollstreckungsverfahren. Für die landesunmittelbaren Körperschaften, Anstalten und Stiftungen des öffentlichen Rechts gilt Absatz 1 Satz 2 bis 5 entspre-

chend. Abweichend von Satz 1 vollstrecken die nach Landesrecht zuständigen Vollstreckungsbehörden zugunsten der landesunmittelbaren Krankenkassen, die sich über mehr als ein Bundesland erstrecken, nach den Vorschriften des Verwaltungs-Vollstreckungsgesetzes.
(4) Aus einem Verwaltungsakt kann auch die Zwangsvollstreckung in entsprechender Anwendung der Zivilprozessordnung stattfinden. Der Vollstreckungsschuldner soll vor Beginn der Vollstreckung mit einer Zahlungsfrist von einer Woche gemahnt werden. Die vollstreckbare Ausfertigung erteilt der Behördenleiter, sein allgemeiner Vertreter oder ein anderer auf Antrag eines Leistungsträgers von der Aufsichtsbehörde ermächtigter Angehöriger des öffentlichen Dienstes. Bei den Versicherungsträgern und der Bundesanstalt für Arbeit tritt in Satz 3 an die Stelle der Aufsichtsbehörden der Vorstand.

SGB X § 67 Begriffsbestimmungen

(1) Die nachfolgenden Begriffsbestimmungen gelten ergänzend zu Artikel 4 der Verordnung (EU) 2016/679 des Europäischen Parlaments und des Rates vom 27. April 2016 zum Schutz natürlicher Personen bei der Verarbeitung personenbezogener Daten, zum freien Datenverkehr und zur Aufhebung der Richtlinie 95/46/EG (Datenschutz-Grundverordnung) (ABl. L 119 vom 4.5.2016, S. 1; L 314 vom 22.11.2016, S. 72; L 127 vom 23.5.2018, S. 2) in der jeweils geltenden Fassung.
(2) Sozialdaten sind personenbezogene Daten (Artikel 4 Nummer 1 der Verordnung (EU) 2016/679), die von einer in § 35 des Ersten Buches genannten Stelle im Hinblick auf ihre Aufgaben nach diesem Gesetzbuch verarbeitet werden. Betriebs- und Geschäftsgeheimnisse sind alle betriebs- oder geschäftsbezogenen Daten, auch von juristischen Personen, die Geheimnischarakter haben.
(3) Aufgaben nach diesem Gesetzbuch sind, soweit dieses Kapitel angewandt wird, auch
1. Aufgaben auf Grund von Verordnungen, deren Ermächtigungsgrundlage sich im Sozialgesetzbuch befindet,
2. Aufgaben auf Grund von über- und zwischenstaatlichem Recht im Bereich der sozialen Sicherheit,
3. Aufgaben auf Grund von Rechtsvorschriften, die das Erste und das Zehnte Buch für entsprechend anwendbar erklären, und
4. Aufgaben auf Grund des Arbeitssicherheitsgesetzes und Aufgaben, soweit sie den in § 35 des Ersten Buches genannten Stellen durch Gesetz zugewiesen sind. § 8 Absatz 1 Satz 3 des Arbeitssicherheitsgesetzes bleibt unberührt.

(4) Werden Sozialdaten von einem Leistungsträger im Sinne von § 12 des Ersten Buches verarbeitet, ist der Verantwortliche der Leistungsträger. Ist der Leistungsträger eine Gebietskörperschaft, so sind der Verantwortliche die Organisationseinheiten, die eine Aufgabe nach einem der besonderen Teile dieses Gesetzbuches funktional durchführen.
(5) Nicht-öffentliche Stellen sind natürliche und juristische Personen, Gesellschaften und andere Personenvereinigungen des privaten Rechts, soweit sie nicht unter § 81 Absatz 3 fallen.

SGB X § 67a Erhebung von Sozialdaten

(1) Die Erhebung von Sozialdaten durch die in § 35 des Ersten Buches genannten Stellen ist zulässig, wenn ihre Kenntnis zur Erfüllung einer Aufgabe der erhebenden Stelle nach diesem Gesetzbuch erforderlich ist. Dies gilt auch für die Erhebung der besonderen Kategorien personenbezogener Daten im Sinne des Artikels 9 Absatz 1 der Verordnung (EU) 2016/679. § 22 Absatz 2 des Bundesdatenschutzgesetzes gilt entsprechend.
(2) Sozialdaten sind bei der betroffenen Person zu erheben. [2]Ohne ihre Mitwirkung dürfen sie nur erhoben werden
1. bei den in § 35 des Ersten Buches oder in § 69 Absatz 2 genannten Stellen, wenn
   a) diese zur Übermittlung der Daten an die erhebende Stelle befugt sind,
   b) die Erhebung bei der betroffenen Person einen unverhältnismäßigen Aufwand erfordern würde und
   c) keine Anhaltspunkte dafür bestehen, dass überwiegende schutzwürdige Interessen der betroffenen Person beeinträchtigt werden,

2. bei anderen Personen oder Stellen, wenn
   a) eine Rechtsvorschrift die Erhebung bei ihnen zulässt oder die Übermittlung an die erhebende Stelle ausdrücklich vorschreibt oder
   b) aa) die Aufgaben nach diesem Gesetzbuch ihrer Art nach eine Erhebung bei anderen Personen oder Stellen erforderlich machen oder
      bb) die Erhebung bei der betroffenen Person einen unverhältnismäßigen Aufwand erfordern würde

   und keine Anhaltspunkte dafür bestehen, dass überwiegende schutzwürdige Interessen der betroffenen Person beeinträchtigt werden.

SGB X § 67b Speicherung, Veränderung, Nutzung, Übermittlung, Einschränkung der Verarbeitung und Löschung von Sozialdaten

(1) Die Speicherung, Veränderung, Nutzung, Übermittlung, Einschränkung der Verarbeitung und Löschung von Sozialdaten durch die in § 35 des Ersten Buches genannten Stellen ist zulässig, soweit die nachfolgenden Vorschriften oder eine andere Rechtsvorschrift in diesem Gesetzbuch es erlauben oder anordnen. Dies gilt auch für die besonderen Kategorien personenbezogener Daten im Sinne des Artikels 9 Absatz 1 der Verordnung (EU) 2016/679. Die Übermittlung von biometrischen, genetischen oder Gesundheitsdaten ist abweichend von Artikel 9 Absatz 2 Buchstabe b, d bis j der Verordnung (EU) 2016/679 nur zulässig, soweit eine gesetzliche Übermittlungsbefugnis nach den §§ 68 bis 77 oder nach einer anderen Rechtsvorschrift in diesem Gesetzbuch vorliegt. § 22 Absatz 2 des Bundesdatenschutzgesetzes gilt entsprechend.
(2) Zum Nachweis im Sinne des Artikels 7 Absatz 1 der Verordnung (EU) 2016/679, dass die betroffene Person in die Verarbeitung ihrer personenbezogenen Daten eingewilligt hat, soll die Einwilligung schriftlich oder elektronisch erfolgen. Die Einwilligung zur Verarbeitung von genetischen, biometrischen oder Gesundheitsdaten oder Betriebs- oder Geschäftsgeheimnissen hat schriftlich oder elektronisch zu erfolgen, soweit nicht wegen besonderer Umstände eine andere Form angemessen ist. Wird die Einwilligung der betroffenen Person eingeholt, ist diese auf den Zweck der vorgesehenen Verarbeitung, auf die Folgen der Verweigerung der Einwilligung sowie auf die jederzeitige Widerrufsmöglichkeit gemäß Artikel 7 Absatz 3 der Verordnung (EU) 2016/679 hinzuweisen.
(3) Die Einwilligung zur Verarbeitung personenbezogener Daten zu Forschungszwecken kann für ein bestimmtes Vorhaben oder für bestimmte Bereiche der wissenschaftlichen Forschung erteilt werden. Im Bereich der wissenschaftlichen Forschung liegt ein besonderer Umstand im Sinne des Absatzes 2 Satz 2 auch dann vor, wenn durch die Einholung einer schriftlichen oder elektronischen Einwilligung der Forschungszweck erheblich beeinträchtigt würde. In diesem Fall sind die Gründe, aus denen sich die erhebliche Beeinträchtigung des Forschungszweckes ergibt, schriftlich festzuhalten.

SGB X § 67c Zweckbindung sowie Speicherung, Veränderung und Nutzung von Sozialdaten zu anderen Zwecken

(1) Die Speicherung, Veränderung oder Nutzung von Sozialdaten durch die in § 35 des Ersten Buches genannten Stellen ist zulässig, wenn sie zur Erfüllung der in der Zuständigkeit des Verantwortlichen liegenden gesetzlichen Aufgaben nach diesem Gesetzbuch erforderlich ist und für die Zwecke erfolgt, für die die Daten erhoben worden sind. Ist keine Erhebung vorausgegangen, dürfen die Daten nur für die Zwecke geändert oder genutzt werden, für die sie gespeichert worden sind.
(2) Die nach Absatz 1 gespeicherten Daten dürfen von demselben Verantwortlichen für andere Zwecke nur gespeichert, verändert oder genutzt werden, wenn
1. die Daten für die Erfüllung von Aufgaben nach anderen Rechtsvorschriften dieses Gesetzbuches als diejenigen, für die sie erhoben wurden, erforderlich sind,

2. es zur Durchführung eines bestimmten Vorhabens der wissenschaftlichen Forschung oder Planung im Sozialleistungsbereich erforderlich ist und die Voraussetzungen des § 75 Absatz 1, 2 oder 4a Satz 1 vorliegen.

(3) Eine Speicherung, Veränderung oder Nutzung von Sozialdaten ist zulässig wenn sie für die Wahrnehmung von Aufsichts-, Kontroll- und Disziplinarbefugnissen, der Rechnungsprüfung oder der Durchführung von Organisationsuntersuchungen für den Verantwortlichen oder für die Wahrung oder Wiederherstellung der Sicherheit und Funktionsfähigkeit eines informationstechnischen Systems durch das Bundesamt für Sicherheit in der Informationstechnikerforderlich ist. Das gilt auch für die Veränderung oder Nutzung zu Ausbildungs- und Prüfungszwecken durch den Verantwortlichen, soweit nicht überwiegende schutzwürdige Interessen der betroffenen Person entgegenstehen.

(4) Sozialdaten, die ausschließlich zu Zwecken der Datenschutzkontrolle, der Datensicherung oder zur Sicherstellung eines ordnungsgemäßen Betriebes einer Datenverarbeitungsanlage gespeichert werden, dürfen nur für diese Zwecke verändert, genutzt und in der Verarbeitung eingeschränkt werden.

(5) Für Zwecke der wissenschaftlichen Forschung oder Planung im Sozialleistungsbereich erhobene oder gespeicherte Sozialdaten dürfen von den in § 35 des Ersten Buches genannten Stellen nur für ein bestimmtes Vorhaben der wissenschaftlichen Forschung im Sozialleistungsbereich oder der Planung im Sozialleistungsbereich verändert oder genutzt werden. Die Sozialdaten sind zu anonymisieren, sobald dies nach dem Forschungs- oder Planungszweck möglich ist. Bis dahin sind die Merkmale gesondert zu speichern, mit denen Einzelangaben über persönliche oder sachliche Verhältnisse einer bestimmten oder bestimmbaren Person zugeordnet werden können. Sie dürfen mit den Einzelangaben nur zusammengeführt werden, soweit der Forschungs- oder Planungszweck dies erfordert.

SGB X § 67d Übermittlungsgrundsätze

(1) Die Verantwortung für die Zulässigkeit der Bekanntgabe von Sozialdaten durch ihre Weitergabe an einen Dritten oder durch die Einsichtnahme oder den Abruf eines Dritten von zur Einsicht oder zum Abruf bereitgehaltenen Daten trägt die übermittelnde Stelle. Erfolgt die Übermittlung auf Ersuchen des Dritten, an den die Daten übermittelt werden, trägt dieser die Verantwortung für die Richtigkeit der Angaben in seinem Ersuchen.

(2) Sind mit Sozialdaten, die übermittelt werden dürfen, weitere personenbezogene Daten der betroffenen Person oder eines Dritten so verbunden, dass eine Trennung nicht oder nur mit unvertretbarem Aufwand möglich ist, so ist die Übermittlung auch dieser Daten nur zulässig, wenn schutzwürdige Interessen der betroffenen Person oder eines Dritten an deren Geheimhaltung nicht überwiegen; eine Veränderung oder Nutzung dieser Daten ist unzulässig

(3) Die Übermittlung von Sozialdaten ist auch über Vermittlungsstellen im Rahmen einer Auftragsverarbeitung zulässig.

SGB X § 67e Erhebung und Übermittlung zur Bekämpfung von Leistungsmissbrauch und illegaler Ausländerbeschäftigung

Bei der Prüfung nach § 2 des Schwarzarbeitsbekämpfungsgesetzes oder nach § 28p des Vierten Buches darf bei der überprüften Person zusätzlich erfragt werden,

1. ob und welche Art von Sozialleistungen nach diesem Gesetzbuch oder Leistungen nach dem Asylbewerberleistungsgesetz sie bezieht und von welcher Stelle sie diese Leistungen bezieht,
2. bei welcher Krankenkasse sie versichert oder ob sie als Selbständige tätig ist,
3. ob und welche Art von Beiträgen nach diesem Gesetzbuch sie abführt und
4. ob und welche ausländischen Arbeitnehmerinnen und Arbeitnehmer sie mit einer für ihre Tätigkeit erforderlichen Genehmigung und nicht zu ungünstigeren Arbeitsbedingungen als vergleichbare deutsche Arbeitnehmerinnen und Arbeitnehmer beschäftigt.

Zu Prüfzwecken dürfen die Antworten auf Fragen nach Satz 1 Nummer 1 an den jeweils zuständigen Leistungsträger und nach Satz 1 Nummer 2 bis 4 an die jeweils zuständige Einzugsstelle und die Bundesagentur für Arbeit übermittelt werden. Der Empfänger hat die Prüfung unverzüglich durchzuführen.

SGB X § 68 Übermittlung für Aufgaben der Polizeibehörden, der Staatsanwaltschaften, Gerichte und der Behörden der Gefahrenabwehr

(1) Zur Erfüllung von Aufgaben der Polizeibehörden, der Staatsanwaltschaften und Gerichte, der Behörden der Gefahrenabwehr und der Justizvollzugsanstalten dürfen im Einzelfall auf Ersuchen Name, Vorname, Geburtsdatum, Geburtsort, derzeitige Anschrift der betroffenen Person, ihr derzeitiger oder zukünftiger Aufenthaltsort sowie Namen, Vornamen oder Firma und Anschriften ihrer derzeitigen Arbeitgeber übermittelt werden, soweit kein Grund zu der Annahme besteht, dass dadurch schutzwürdige Interessen der betroffenen Person beeinträchtigt werden, und wenn das Ersuchen nicht länger als sechs Monate zurückliegt. Die ersuchte Stelle ist über § 4 Absatz 3 hinaus zur Übermittlung auch dann nicht verpflichtet, wenn sich die ersuchende Stelle die Angaben auf andere Weise beschaffen kann. Satz 2 findet keine Anwendung, wenn das Amtshilfeersuchen zur Durchführung einer Vollstreckung nach § 66 erforderlich ist.
(1a) Zu dem in § 7 Absatz 3 des Internationalen Familienrechtsverfahrensgesetzes bezeichneten Zweck ist es zulässig, der in dieser Vorschrift bezeichneten Zentralen Behörde auf Ersuchen im Einzelfall den derzeitigen Aufenthalt der betroffenen Person zu übermitteln, soweit kein Grund zur Annahme besteht, dass dadurch schutzwürdige Interessen der betroffenen Person beeinträchtigt werden.
(2) Über das Übermittlungsersuchen entscheidet der Leiter oder die Leiterin der ersuchten Stelle, dessen oder deren allgemeiner Stellvertreter oder allgemeine Stellvertreterin oder eine besonders bevollmächtigte bedienstete Person.
(3) Eine Übermittlung der in Absatz 1 Satz 1 genannten Sozialdaten, von Angaben zur Staats- und Religionsangehörigkeit, früherer Anschriften der betroffenen Personen, von Namen und Anschriften früherer Arbeitgeber der betroffenen Personen sowie von Angaben über an betroffene Personen erbrachte oder demnächst zu erbringende Geldleistungen ist zulässig, soweit sie zur Durchführung einer nach Bundes- oder Landesrecht zulässigen Rasterfahndung erforderlich ist. Die Verantwortung für die Zulässigkeit der Übermittlung trägt abweichend von § 67d Absatz 1 Satz 1 der Dritte, an den die Daten übermittelt werden. Die übermittelnde Stelle prüft nur, ob das Übermittlungsersuchen im Rahmen der Aufgaben des Dritten liegt, an den die Daten übermittelt werden, es sei denn, dass besonderer Anlass zur Prüfung der Zulässigkeit der Übermittlung besteht.

SGB X § 69 Übermittlung für die Erfüllung sozialer Aufgaben

(1) Eine Übermittlung von Sozialdaten ist zulässig, soweit sie erforderlich ist

1. für die Erfüllung der Zwecke, für die sie erhoben worden sind, oder für die Erfüllung einer gesetzlichen Aufgabe der übermittelnden Stelle nach diesem Gesetzbuch oder einer solchen Aufgabe des Dritten, an den die Daten übermittelt werden, wenn er eine in § 35 des Ersten Buches genannte Stelle ist,
2. für die Durchführung eines mit der Erfüllung einer Aufgabe nach Nummer 1 zusammenhängenden gerichtlichen Verfahrens einschließlich eines Strafverfahrens oder
3. für die Richtigstellung unwahrer Tatsachenbehauptungen der betroffenen Person im Zusammenhang mit einem Verfahren über die Erbringung von Sozialleistungen; die Übermittlung bedarf der vorherigen Genehmigung durch die zuständige oberste Bundes- oder Landesbehörde.

(2) Für die Erfüllung einer gesetzlichen oder sich aus einem Tarifvertrag ergebenden Aufgabe sind den in § 35 des Ersten Buches genannten Stellen gleichgestellt

1. die Stellen, die Leistungen nach dem Lastenausgleichsgesetz, dem Bundesentschädigungsgesetz, dem Strafrechtlichen Rehabilitierungsgesetz, dem Beruflichen Rehabilitierungsgesetz, dem Gesetz über die Entschädigung für Strafverfolgungsmaßnahmen, dem Unterhaltssicherungsgesetz, dem Beamtenversorgungsgesetz und den Vorschrif-

ten, die auf das Beamtenversorgungsgesetz verweisen, dem Soldatenversorgungsgesetz, dem Anspruchs- und Anwartschaftsüberführungsgesetz und den Vorschriften der Länder über die Gewährung von Blinden- und Pflegegeldleistungen zu erbringen haben,

2. die gemeinsamen Einrichtungen der Tarifvertragsparteien im Sinne des § 4 Absatz 2 des Tarifvertragsgesetzes, die Zusatzversorgungseinrichtungen des öffentlichen Dienstes und die öffentlich-rechtlichen Zusatzversorgungseinrichtungen,
3. die Bezügestellen des öffentlichen Dienstes, soweit sie kindergeldabhängige Leistungen des Besoldungs-, Versorgungs- und Tarifrechts unter Verwendung von personenbezogenen Kindergelddaten festzusetzen haben.

(3) Die Übermittlung von Sozialdaten durch die Bundesagentur für Arbeit an die Krankenkassen ist zulässig, soweit sie erforderlich ist, den Krankenkassen die Feststellung der Arbeitgeber zu ermöglichen, die am Ausgleich der Arbeitgeberaufwendungen nach dem Aufwendungsausgleichsgesetz teilnehmen.

(4) Die Krankenkassen sind befugt, einem Arbeitgeber mitzuteilen, ob die Fortdauer einer Arbeitsunfähigkeit oder eine erneute Arbeitsunfähigkeit eines Arbeitnehmers auf derselben Krankheit beruht; die Übermittlung von Diagnosedaten an den Arbeitgeber ist nicht zulässig.

(5) Die Übermittlung von Sozialdaten ist zulässig für die Erfüllung der gesetzlichen Aufgaben der Rechnungshöfe und der anderen Stellen, auf die § 67c Absatz 3 Satz 1 Anwendung findet.

SGB X § 70 Übermittlung für die Durchführung des Arbeitsschutzes

Eine Übermittlung von Sozialdaten ist zulässig, soweit sie zur Erfüllung der gesetzlichen Aufgaben der für den Arbeitsschutz zuständigen staatlichen Behörden oder der Bergbehörden bei der Durchführung des Arbeitsschutzes erforderlich ist und schutzwürdige Interessen der betroffenen Person nicht beeinträchtigt werden oder das öffentliche Interesse an der Durchführung des Arbeitsschutzes das Geheimhaltungsinteresse der betroffenen Person erheblich überwiegt.

SGB X § 71 Übermittlung für die Erfüllung besonderer gesetzlicher Pflichten und Mitteilungsbefugnisse

(1) Eine Übermittlung von Sozialdaten ist zulässig, soweit sie erforderlich ist für die Erfüllung der gesetzlichen Mitteilungspflichten

1. zur Abwendung geplanter Straftaten nach § 138 des Strafgesetzbuches,
2. zum Schutz der öffentlichen Gesundheit nach § 8 des Infektionsschutzgesetzes,
3. zur Sicherung des Steueraufkommens nach § 22a des Einkommensteuergesetzes und den §§ 93, 97, 105, 111 Absatz 1 und 5, § 116 der Abgabenordnung und § 32b Absatz 3 des Einkommensteuergesetzes, soweit diese Vorschriften unmittelbar anwendbar sind, und zur Mitteilung von Daten der ausländischen Unternehmen, die auf Grund bilateraler Regierungsvereinbarungen über die Beschäftigung von Arbeitnehmern zur Ausführung von Werkverträgen tätig werden, nach § 93a der Abgabenordnung,
4. zur Gewährung und Prüfung des Sonderausgabenabzugs nach § 10 des Einkommensteuergesetzes,
5. zur Überprüfung der Voraussetzungen für die Einziehung der Ausgleichszahlungen und für die Leistung von Wohngeld nach § 33 des Wohngeldgesetzes,
6. zur Bekämpfung von Schwarzarbeit und illegaler Beschäftigung nach dem Schwarzarbeitsbekämpfungsgesetz,
7. zur Mitteilung in das Gewerbezentralregister einzutragender Tatsachen an die Registerbehörde,
8. zur Erfüllung der Aufgaben der statistischen Ämter der Länder und des Statistischen Bundesamtes gemäß § 3 Absatz 1 des Statistikregistergesetzes zum Aufbau und zur Führung des Statistikregisters,
9. zur Aktualisierung des Betriebsregisters nach § 97 Absatz 5 des Agrarstatistikgesetzes,
10. zur Erfüllung der Aufgaben der Deutschen Rentenversicherung Bund als zentraler Stelle nach § 22a und § 91 Absatz 1 Satz 1 des Einkommensteuergesetzes,

11. zur Erfüllung der Aufgaben der Deutschen Rentenversicherung Knappschaft-Bahn-See, soweit sie bei geringfügig Beschäftigten Aufgaben nach dem Einkommensteuergesetz durchführt,
12. zur Erfüllung der Aufgaben des Statistischen Bundesamtes nach § 5a Absatz 1 in Verbindung mit Absatz 3 des Bundesstatistikgesetzes sowie nach § 7 des Registerzensuserprobungsgesetzes zum Zwecke der Entwicklung von Verfahren für die zuverlässige Zuordnung von Personendatensätzen aus ihren Datenbeständen und von Verfahren der Qualitätssicherung eines Registerzensus,
13. nach § 58 des Energiefinanzierungsgesetzes zur Berechnung der Bruttowertschöpfung im Verfahren der Besonderen Ausgleichsregelung,
14. nach § 6 Absatz 3 des Wohnungslosenberichterstattungsgesetzes für die Erhebung über wohnungslose Personen,
15. nach § 4 des Sozialdienstleister-Einsatzgesetzes für die Feststellung des nachträglichen Erstattungsanspruchs oder
16. nach § 5 Absatz 1 des Rentenübersichtsgesetzes zur Erfüllung der Aufgaben der Zentralen Stelle für die Digitale Rentenübersicht.

Erklärungspflichten als Drittschuldner, welche das Vollstreckungsrecht vorsieht, werden durch Bestimmungen dieses Gesetzbuches nicht berührt. Eine Übermittlung von Sozialdaten ist zulässig, soweit sie erforderlich ist für die Erfüllung der gesetzlichen Pflichten zur Sicherung und Nutzung von Archivgut des Bundes nach § 1 Nummer 8 und 9, § 3 Absatz 4, nach den §§ 5 bis 7 sowie nach den §§ 10 bis 13 des Bundesarchivgesetzes oder nach entsprechenden gesetzlichen Vorschriften der Länder, die die Schutzfristen dieses Gesetzes nicht unterschreiten. Eine Übermittlung von Sozialdaten ist auch zulässig, soweit sie erforderlich ist, Meldebehörden nach § 6 Absatz 2 des Bundesmeldegesetzes über konkrete Anhaltspunkte für die Unrichtigkeit oder Unvollständigkeit von diesen auf Grund Melderechts übermittelter Daten zu unterrichten. Zur Überprüfung des Anspruchs auf Kindergeld ist die Übermittlung von Sozialdaten gemäß § 68 Absatz 7 des Einkommensteuergesetzes an die Familienkassen zulässig. Eine Übermittlung von Sozialdaten ist auch zulässig, soweit sie zum Schutz des Kindeswohls nach § 4 Absatz 1 und 5 des Gesetzes zur Kooperation und Information im Kinderschutz erforderlich ist.

(2) Eine Übermittlung von Sozialdaten eines Ausländers ist auch zulässig, soweit sie erforderlich ist

1. im Einzelfall auf Ersuchen der mit der Ausführung des Aufenthaltsgesetzes betrauten Behörden nach § 87 Absatz 1 des Aufenthaltsgesetzes mit der Maßgabe, dass über die Angaben nach § 68 hinaus nur mitgeteilt werden können
   a) für die Entscheidung über den Aufenthalt des Ausländers oder eines Familienangehörigen des Ausländers Daten über die Gewährung oder Nichtgewährung von Leistungen, Daten über frühere und bestehende Versicherungen und das Nichtbestehen einer Versicherung,
   b) für die Entscheidung über den Aufenthalt oder über die ausländerrechtliche Zulassung oder Beschränkung einer Erwerbstätigkeit des Ausländers Daten über die Zustimmung nach § 4a Absatz 2 Satz 1, § 16a Absatz 1 Satz 1 und § 18 Absatz 2 Nummer 2 des Aufenthaltsgesetzes,
   c) für eine Entscheidung über den Aufenthalt des Ausländers Angaben darüber, ob die in § 54 Absatz 2 Nummer 4 des Aufenthaltsgesetzes bezeichneten Voraussetzungen vorliegen, und
   d) durch die Jugendämter für die Entscheidung über den weiteren Aufenthalt oder die Beendigung des Aufenthalts eines Ausländers, bei dem ein Ausweisungsgrund nach den §§ 53 bis 56 des Aufenthaltsgesetzes vorliegt, Angaben über das zu erwartende soziale Verhalten,
2. für die Erfüllung der in § 87 Absatz 2 des Aufenthaltsgesetzes bezeichneten Mitteilungspflichten,
3. für die Erfüllung der in § 99 Absatz 1 Nummer 14 Buchstabe d, f und j des Aufenthaltsgesetzes bezeichneten Mitteilungspflichten, wenn die Mitteilung die Erteilung, den Widerruf oder Beschränkungen der Zustimmung nach § 4 Absatz 2 Satz 1, § 16a Absatz

1 Satz 1 und § 18 Absatz 2 Nummer 2 des Aufenthaltsgesetzes oder eines Versicherungsschutzes oder die Gewährung von Leistungen zur Sicherung des Lebensunterhalts nach dem Zweiten Buch betrifft,

4. für die Erfüllung der in § 6 Absatz 1 Nummer 8 in Verbindung mit Absatz 2 Nummer 6 des Gesetzes über das Ausländerzentralregister bezeichneten Mitteilungspflichten,
5. für die Erfüllung der in § 32 Absatz 1 Satz 1 und 2 des Staatsangehörigkeitsgesetzes bezeichneten Mitteilungspflichten oder
6. für die Erfüllung der nach § 8 Absatz 1c des Asylgesetzes bezeichneten Mitteilungspflichten der Träger der Grundsicherung für Arbeitsuchende.

Daten über die Gesundheit eines Ausländers dürfen nur übermittelt werden,

1. wenn der Ausländer die öffentliche Gesundheit gefährdet und besondere Schutzmaßnahmen zum Ausschluss der Gefährdung nicht möglich sind oder von dem Ausländer nicht eingehalten werden oder
2. soweit sie für die Feststellung erforderlich sind, ob die Voraussetzungen des § 54 Absatz 2 Nummer 4 des Aufenthaltsgesetzes vorliegen.

(2a) Eine Übermittlung personenbezogener Daten eines Leistungsberechtigten nach § 1 des Asylbewerberleistungsgesetzes ist zulässig, soweit sie für die Durchführung des Asylbewerberleistungsgesetzes erforderlich ist.

(3) Eine Übermittlung von Sozialdaten ist zulässig, soweit es nach pflichtgemäßem Ermessen eines Leistungsträgers erforderlich ist, dem Betreuungsgericht die Bestellung eines Betreuers oder eine andere Maßnahme in Betreuungssachen zu ermöglichen. § 9 des Betreuungsorganisationsgesetzes gilt entsprechend. Eine Übermittlung von Sozialdaten ist auch zulässig, soweit sie im Einzelfall für die Erfüllung der Aufgaben der Betreuungsbehörden nach § 8 des Betreuungsorganisationsgesetzes erforderlich ist.

(4) Eine Übermittlung von Sozialdaten ist außerdem zulässig, soweit sie im Einzelfall für die rechtmäßige Erfüllung der in der Zuständigkeit der Zentralstelle für Finanztransaktionsuntersuchungen liegenden Aufgaben nach § 28 Absatz 1 Satz 2 Nummer 2 des Geldwäschegesetzes erforderlich ist. Die Übermittlung ist auf Angaben über Name, Vorname sowie früher geführte Namen, Geburtsdatum, Geburtsort, derzeitige und frühere Anschriften der betroffenen Person sowie Namen und Anschriften seiner derzeitigen und früheren Arbeitgeber beschränkt.

SGB X § 72 Übermittlung für den Schutz der inneren und äußeren Sicherheit

(1) Eine Übermittlung von Sozialdaten ist zulässig, soweit sie im Einzelfall für die rechtmäßige Erfüllung der in der Zuständigkeit der Behörden für Verfassungsschutz, des Bundesnachrichtendienstes, des Militärischen Abschirmdienstes und des Bundeskriminalamtes liegenden Aufgaben erforderlich ist. Die Übermittlung ist auf Angaben über Name und Vorname sowie früher geführte Namen, Geburtsdatum, Geburtsort, derzeitige und frühere Anschriften der betroffenen Person sowie Namen und Anschriften ihrer derzeitigen und früheren Arbeitgeber beschränkt.

(2) Über die Erforderlichkeit des Übermittlungsersuchens entscheidet eine von dem Leiter oder der Leiterin der ersuchenden Stelle bestimmte beauftragte Person, die die Befähigung zum Richteramt haben soll. Wenn eine oberste Bundes- oder Landesbehörde für die Aufsicht über die ersuchende Stelle zuständig ist, ist sie über die gestellten Übermittlungsersuchen zu unterrichten. Bei der ersuchten Stelle entscheidet über das Übermittlungsersuchen der Behördenleiter oder die Behördenleiterin oder dessen oder deren allgemeiner Stellvertreter oder allgemeine Stellvertreterin.

SGB X § 73 Übermittlung für die Durchführung eines Strafverfahrens

(1) Eine Übermittlung von Sozialdaten ist zulässig, soweit sie zur Durchführung eines Strafverfahrens wegen eines Verbrechens oder wegen einer sonstigen Straftat von erheblicher Bedeutung erforderlich ist.

(2) Eine Übermittlung von Sozialdaten zur Durchführung eines Strafverfahrens wegen einer anderen Straftat ist zulässig, soweit die Übermittlung auf die in § 72 Absatz 1 Satz 2 genannten

Angaben und die Angaben über erbrachte oder demnächst zu erbringende Geldleistungen beschränkt ist.
(3) Die Übermittlung nach den Absätzen 1 und 2 ordnet der Richter oder die Richterin an.

SGB X § 74 Übermittlung bei Verletzung der Unterhaltspflicht und beim Versorgungsausgleich

(1) Eine Übermittlung von Sozialdaten ist zulässig, soweit sie erforderlich ist

1. für die Durchführung
   a) eines gerichtlichen Verfahrens oder eines Vollstreckungsverfahrens wegen eines gesetzlichen oder vertraglichen Unterhaltsanspruchs oder eines an seine Stelle getretenen Ersatzanspruchs oder
   b) eines Verfahrens über den Versorgungsausgleich nach § 220 des Gesetzes über das Verfahren in Familiensachen und in den Angelegenheiten der freiwilligen Gerichtsbarkeit oder
2. für die Geltendmachung
   a) eines gesetzlichen oder vertraglichen Unterhaltsanspruchs außerhalb eines Verfahrens nach Nummer 1 Buchstabe a, soweit die betroffene Person nach den Vorschriften des bürgerlichen Rechts, insbesondere nach § 1605 oder nach § 1361 Absatz 4 Satz 4, § 1580 Satz 2, § 1615a oder § 1615l Absatz 3 Satz 1 in Verbindung mit § 1605 des Bürgerlichen Gesetzbuchs, zur Auskunft verpflichtet ist, oder
   b) eines Ausgleichsanspruchs im Rahmen des Versorgungsausgleichs außerhalb eines Verfahrens nach Nummer 1 Buchstabe b, soweit die betroffene Person nach § 4 Absatz 1 des Versorgungsausgleichsgesetzes zur Auskunft verpflichtet ist, oder
3. für die Anwendung der Öffnungsklausel des § 22 Nummer 1 Satz 3 Buchstabe a Doppelbuchstabe bb Satz 2 des Einkommensteuergesetzes auf eine im Versorgungsausgleich auf die ausgleichsberechtigte Person übertragene Rentenanwartschaft, soweit die ausgleichspflichtige Person nach § 22 Nummer 1 Satz 3 Buchstabe a Doppelbuchstabe bb Satz 2 des Einkommensteuergesetzes in Verbindung mit § 4 Absatz 1 des Versorgungsausgleichsgesetzes zur Auskunft verpflichtet ist.

In den Fällen des Satzes 1 Nummer 2 und 3 ist eine Übermittlung nur zulässig, wenn die auskunftspflichtige Person ihre Pflicht, nachdem sie unter Hinweis auf die in diesem Buch enthaltene Übermittlungsbefugnis der in § 35 des Ersten Buches genannten Stellen gemahnt wurde, innerhalb angemessener Frist nicht oder nicht vollständig erfüllt hat. Diese Stellen dürfen die Anschrift der auskunftspflichtigen Person zum Zwecke der Mahnung übermitteln.
(2) Eine Übermittlung von Sozialdaten durch die Träger der gesetzlichen Rentenversicherung und durch die Träger der Grundsicherung für Arbeitsuchende ist auch zulässig, soweit sie für die Erfüllung der nach § 5 des Auslandsunterhaltsgesetzes der zentralen Behörde (§ 4 des Auslandsunterhaltsgesetzes) obliegenden Aufgaben und zur Erreichung der in den §§ 16 und 17 des Auslandsunterhaltsgesetzes bezeichneten Zwecke erforderlich ist.

SGB X § 74a Übermittlung zur Durchsetzung öffentlich-rechtlicher Ansprüche und im Vollstreckungsverfahren

(1) Zur Durchsetzung von öffentlich-rechtlichen Ansprüchen dürfen im Einzelfall auf Ersuchen Name, Vorname, Geburtsdatum, Geburtsort, derzeitige Anschrift der betroffenen Person, ihr derzeitiger oder zukünftiger Aufenthaltsort sowie Namen, Vornamen oder Firma und Anschriften ihrer derzeitigen Arbeitgeber übermittelt werden, soweit kein Grund zu der Annahme besteht, dass dadurch schutzwürdige Interessen der betroffenen Person beeinträchtigt werden, und wenn das Ersuchen nicht länger als sechs Monate zurückliegt. Die ersuchte Stelle ist über § 4 Absatz 3 hinaus zur Übermittlung auch dann nicht verpflichtet, wenn sich die ersuchende Stelle die Angaben auf andere Weise beschaffen kann. Satz 2 findet keine Anwendung, wenn das Amtshilfeersuchen zur Durchführung einer Vollstreckung nach § 66 erforderlich ist.

(2) Zur Durchführung eines Vollstreckungsverfahrens dürfen die Träger der gesetzlichen Rentenversicherung im Einzelfall auf Ersuchen des Gerichtsvollziehers die derzeitige Anschrift der betroffenen Person, ihren derzeitigen oder zukünftigen Aufenthaltsort sowie Namen, Vornamen oder Firma und Anschriften ihrer derzeitigen Arbeitgeber übermitteln, soweit kein Grund zu der Annahme besteht, dass dadurch schutzwürdige Interessen der betroffenen Person beeinträchtigt werden, und das Ersuchen nicht länger als sechs Monate zurückliegt. Die Träger der gesetzlichen Rentenversicherung sind über § 4 Absatz 3 hinaus zur Übermittlung auch dann nicht verpflichtet, wenn sich die ersuchende Stelle die Angaben auf andere Weise beschaffen kann. Die Übermittlung ist nur zulässig, wenn

1. die Ladung zu dem Termin zur Abgabe der Vermögensauskunft an den Schuldner nicht zustellbar ist und
   a) die Anschrift, unter der die Zustellung ausgeführt werden sollte, mit der Anschrift übereinstimmt, die von einer der in § 755 Absatz 1 und 2 der Zivilprozessordnung genannten Stellen innerhalb von drei Monaten vor oder nach dem Zustellungsversuch mitgeteilt wurde, oder
   b) die Meldebehörde nach dem Zustellungsversuch die Auskunft erteilt, dass ihr keine derzeitige Anschrift des Schuldners bekannt ist, oder
   c) die Meldebehörde innerhalb von drei Monaten vor Erteilung des Vollstreckungsauftrags die Auskunft erteilt hat, dass ihr keine derzeitige Anschrift des Schuldners bekannt ist,
2. der Schuldner seiner Pflicht zur Abgabe der Vermögensauskunft in dem dem Ersuchen zugrundeliegenden Vollstreckungsverfahren nicht nachkommt,
3. bei einer Vollstreckung in die in der Vermögensauskunft aufgeführten Vermögensgegenstände eine vollständige Befriedigung des Gläubigers voraussichtlich nicht zu erwarten ist oder
4. die Anschrift oder der derzeitige oder zukünftige Aufenthaltsort des Schuldners trotz Anfrage bei der Meldebehörde nicht bekannt ist.

Der Gerichtsvollzieher hat in seinem Ersuchen zu bestätigen, dass diese Voraussetzungen vorliegen. Das Ersuchen und die Auskunft sind elektronisch zu übermitteln.

(3) Ersucht ein Insolvenzgericht nach § 98 Absatz 1a der Insolvenzordnung die Träger der gesetzlichen Rentenversicherung um Übermittlung des Namens und der Vornamen oder der Firma sowie der Anschrift der derzeitigen Arbeitgeber der betroffenen Person, so dürfen die Träger der gesetzlichen Rentenversicherung diese Daten vorbehaltlich der Sätze 2 bis 4 im Einzelfall übermitteln, wenn versicherungspflichtige Beschäftigungsverhältnisse der betroffenen Person vorliegen. Eine Übermittlung nach Satz 1 ist nur dann zulässig, wenn

1. eine Aufforderung zur Auskunftserteilung nach § 97 Absatz 1 der Insolvenzordnung zur Abgabe der Vermögensauskunft an den Schuldner nicht zustellbar ist und
   a) die Anschrift, unter der die Zustellung ausgeführt werden sollte, mit der Anschrift übereinstimmt, die von einer der in § 755 Absatz 1 und 2 der Zivilprozessordnung genannten Stellen innerhalb von drei Monaten vor oder nach dem Zustellungsversuch mitgeteilt wurde, oder
   b) die Meldebehörde nach dem Zustellungsversuch die Auskunft erteilt, dass ihr keine derzeitige Anschrift des Schuldners bekannt ist, oder
   c) die Meldebehörde innerhalb von drei Monaten vor der Aufforderung zur Auskunftserteilung die Auskunft erteilt hat, dass ihr keine derzeitige Anschrift des Schuldners bekannt ist;
2. der Schuldner seiner Auskunftspflicht nach § 97 der Insolvenzordnung nicht nachkommt oder
3. dies aus anderen Gründen zur Erreichung der Zwecke des Insolvenzverfahrens erforderlich erscheint.

Die Träger der gesetzlichen Rentenversicherung sind zur Übermittlung nicht verpflichtet, wenn sich das Insolvenzgericht die Angaben auf andere Weise beschaffen kann oder wenn Grund zu der Annahme besteht, dass durch die Übermittlung schutzwürdige Interessen der betroffenen Person beeinträchtigt werden; § 4 Absatz 3 bleibt unberührt. Das Insolvenzgericht hat in seinem Ersuchen zu bestätigen, dass die Voraussetzungen des Satzes 2 vorliegen. Das Ersuchen und die Auskunft sind elektronisch zu übermitteln.

SGB X § 75 Übermittlung von Sozialdaten für die Forschung und Planung

(1) Eine Übermittlung von Sozialdaten ist zulässig, soweit sie erforderlich ist für ein bestimmtes Vorhaben

1. der wissenschaftlichen Forschung im Sozialleistungsbereich oder der wissenschaftlichen Arbeitsmarkt- und Berufsforschung oder
2. der Planung im Sozialleistungsbereich durch eine öffentliche Stelle im Rahmen ihrer Aufgaben

und schutzwürdige Interessen der betroffenen Person nicht beeinträchtigt werden oder das öffentliche Interesse an der Forschung oder Planung das Geheimhaltungsinteresse der betroffenen Person erheblich überwiegt. Eine Übermittlung ohne Einwilligung der betroffenen Person ist nicht zulässig, soweit es zumutbar ist, ihre Einwilligung einzuholen. Angaben über den Namen und Vornamen, die Anschrift, die Telefonnummer sowie die für die Einleitung eines Vorhabens nach Satz 1 zwingend erforderlichen Strukturmerkmale der betroffenen Person können für Befragungen auch ohne Einwilligungen übermittelt werden. Der nach Absatz 4 Satz 1 zuständigen Behörde ist ein Datenschutzkonzept vorzulegen.

(2) Ergibt sich aus dem Vorhaben nach Absatz 1 Satz 1 eine Forschungsfrage, die in einem inhaltlichen Zusammenhang mit diesem steht, können hierzu auf Antrag die Frist nach Absatz 4 Satz 5 Nummer 4 zur Verarbeitung der erforderlichen Sozialdaten verlängert oder eine neue Frist festgelegt und weitere erforderliche Sozialdaten übermittelt werden.

(3) Soweit nach Absatz 1 oder 2 besondere Kategorien von Daten im Sinne von Artikel 9 Absatz 1 der Verordnung (EU) 2016/679 an einen Dritten übermittelt oder nach Absatz 4a von einem Dritten verarbeitet werden, sieht dieser bei der Verarbeitung angemessene und spezifische Maßnahmen zur Wahrung der Interessen der betroffenen Person gemäß § 22 Absatz 2 Satz 2 des Bundesdatenschutzgesetzes vor. Ergänzend zu den dort genannten Maßnahmen sind die besonderen Kategorien von Daten im Sinne des Artikels 9 Absatz 1 der Verordnung (EU) 2016/679 zu anonymisieren, sobald dies nach dem Forschungszweck möglich ist.

(4) Die Übermittlung nach Absatz 1 und die weitere Verarbeitung sowie die Übermittlung nach Absatz 2 bedürfen der vorherigen Genehmigung durch die oberste Bundes- oder Landesbehörde, die für den Bereich, aus dem die Daten herrühren, zuständig ist. Die oberste Bundesbehörde kann das Genehmigungsverfahren bei Anträgen von Versicherungsträgern nach § 1 Absatz 1 Satz 1 des Vierten Buches oder von deren Verbänden auf das Bundesversicherungsamt übertragen. Eine Übermittlung von Sozialdaten an eine nicht-öffentliche Stelle und eine weitere Verarbeitung durch diese nach Absatz 2 darf nur genehmigt werden, wenn sich die nicht-öffentliche Stelle gegenüber der Genehmigungsbehörde verpflichtet hat, die Daten nur für den vorgesehenen Zweck zu verarbeiten. Die Genehmigung darf im Hinblick auf die Wahrung des Sozialgeheimnisses nur versagt werden, wenn die Voraussetzungen des Absatzes 1, 2 oder 4a nicht vorliegen. Sie muss

1. den Dritten, an den die Daten übermittelt werden,
2. die Art der zu übermittelnden Sozialdaten und den Kreis der betroffenen Personen,
3. die wissenschaftliche Forschung oder die Planung, zu der die übermittelten Sozialdaten verarbeitet werden dürfen, und
4. den Tag, bis zu dem die übermittelten Sozialdaten verarbeitet werden dürfen,

genau bezeichnen und steht auch ohne besonderen Hinweis unter dem Vorbehalt der nachträglichen Aufnahme, Änderung oder Ergänzung einer Auflage. Nach Ablauf der Frist nach Satz 5 Nummer 4 können die verarbeiteten Daten bis zu zehn Jahre lang gespeichert werden, um eine Nachprüfung der Forschungsergebnisse auf der Grundlage der ursprünglichen Datenbasis sowie eine Verarbeitung für weitere Forschungsvorhaben nach Absatz 2 zu ermöglichen.

(4a) Ergänzend zur Übermittlung von Sozialdaten zu einem bestimmten Forschungsvorhaben nach Absatz 1 Satz 1 kann die Verarbeitung dieser Sozialdaten auch für noch nicht bestimmte, aber inhaltlich zusammenhängende Forschungsvorhaben des gleichen Forschungsbereiches beantragt werden. Die Genehmigung ist unter den Voraussetzungen des Absatzes 4 zu erteilen, wenn sich der Datenempfänger gegenüber der genehmigenden Stelle verpflichtet, auch bei künftigen Forschungsvorhaben im Forschungsbereich die Genehmigungsvoraussetzungen einzuhalten. Die nach Absatz 4 Satz 1 zuständige Behörde kann vom Antragsteller die Vorlage einer

unabhängigen Begutachtung des Datenschutzkonzeptes verlangen. Der Antragsteller ist verpflichtet, der nach Absatz 4 Satz 1 zuständigen Behörde jedes innerhalb des genehmigten Forschungsbereiches vorgesehene Forschungsvorhaben vor dessen Beginn anzuzeigen und dabei die Erfüllung der Genehmigungsvoraussetzungen darzulegen. Mit dem Forschungsvorhaben darf acht Wochen nach Eingang der Anzeige bei der Genehmigungsbehörde begonnen werden, sofern nicht die Genehmigungsbehörde vor Ablauf der Frist mitteilt, dass für das angezeigte Vorhaben ein gesondertes Genehmigungsverfahren erforderlich ist.
(5) Wird die Verarbeitung von Sozialdaten nicht-öffentlichen Stellen genehmigt, hat die genehmigende Stelle durch Auflagen sicherzustellen, dass die der Genehmigung durch Absatz 1, 2 und 4a gesetzten Grenzen beachtet werden.
(6) Ist der Dritte, an den Sozialdaten übermittelt werden, eine nicht-öffentliche Stelle, unterliegt dieser der Aufsicht der gemäß § 40 Absatz 1 des Bundesdatenschutzgesetzes zuständigen Behörde.

SGB X § 76 Einschränkung der Übermittlungsbefugnis bei besonders schutzwürdigen Sozialdaten

(1) Die Übermittlung von Sozialdaten, die einer in § 35 des Ersten Buches genannten Stelle von einem Arzt oder einer Ärztin oder einer anderen in § 203 Absatz 1 und 4 des Strafgesetzbuches genannten Person zugänglich gemacht worden sind, ist nur unter den Voraussetzungen zulässig, unter denen diese Person selbst übermittlungsbefugt wäre.
(2) Absatz 1 gilt nicht
1. im Rahmen des § 69 Absatz 1 Nummer 1 und 2 für Sozialdaten, die im Zusammenhang mit einer Begutachtung wegen der Erbringung von Sozialleistungen oder wegen der Ausstellung einer Bescheinigung übermittelt worden sind, es sei denn, dass die betroffene Person der Übermittlung widerspricht; die betroffene Person ist von dem Verantwortlichen zu Beginn des Verwaltungsverfahrens in allgemeiner Form schriftlich oder elektronisch auf das Widerspruchsrecht hinzuweisen,
1a. im Rahmen der Geltendmachung und Durchsetzung sowie Abwehr eines Erstattungs- oder Ersatzanspruchs,
2. im Rahmen des § 69 Absatz 4 und 5 und des § 71 Absatz 1 Satz 3,
3. im Rahmen des § 94 Absatz 2 Satz 2 des Elften Buches.
(3) Ein Widerspruchsrecht besteht nicht in den Fällen des § 275 Absatz 1 bis 3 und 3b, des § 275c Absatz 1 und des § 275d Absatz 1 des Fünften Buches, soweit die Daten durch Personen nach Absatz 1 übermittelt werden.

SGB X § 77 Übermittlung ins Ausland und an internationale Organisationen

(1) Die Übermittlung von Sozialdaten an Personen oder Stellen in anderen Mitgliedstaaten der Europäischen Union sowie in diesen nach § 35 Absatz 7 des Ersten Buches gleichgestellten Staaten ist zulässig, soweit
1. dies für die Erfüllung einer gesetzlichen Aufgabe der in § 35 des Ersten Buches genannten übermittelnden Stelle nach diesem Gesetzbuch oder zur Erfüllung einer solchen Aufgabe von ausländischen Stellen erforderlich ist, soweit diese Aufgaben wahrnehmen, die denen der in § 35 des Ersten Buches genannten Stellen entsprechen,
2. die Voraussetzungen des § 69 Absatz 1 Nummer 2 oder Nummer 3 oder des § 70 oder einer Übermittlungsvorschrift nach dem Dritten Buch oder dem Arbeitnehmerüberlassungsgesetz vorliegen und die Aufgaben der ausländischen Stelle den in diesen Vorschriften genannten entsprechen,
3. die Voraussetzungen des § 74 vorliegen und die gerichtlich geltend gemachten Ansprüche oder die Rechte des Empfängers den in dieser Vorschrift genannten entsprechen oder
4. die Voraussetzungen des § 73 vorliegen; für die Anordnung einer Übermittlung nach § 73 ist ein inländisches Gericht zuständig.

Die Übermittlung von Sozialdaten unterbleibt, soweit sie zu den in Artikel 6 des Vertrages über die Europäische Union enthaltenen Grundsätzen in Widerspruch stünde.
(2) Absatz 1 gilt entsprechend für die Übermittlung an Personen oder Stellen in einem Drittstaat sowie an internationale Organisationen, wenn deren angemessenes Datenschutzniveau durch Angemessenheitsbeschluss gemäß Artikel 45 der Verordnung (EU) 2016/679 festgestellt wurde.
(3) Liegt kein Angemessenheitsbeschluss vor, ist eine Übermittlung von Sozialdaten an Personen oder Stellen in einem Drittstaat oder an internationale Organisationen abweichend von Artikel 46 Absatz 2 Buchstabe a und Artikel 49 Absatz 1 Unterabsatz 1 Buchstabe g der Verordnung (EU) 2016/679 unzulässig. Eine Übermittlung aus wichtigen Gründen des öffentlichen Interesses nach Artikel 49 Absatz 1 Unterabsatz 1 Buchstabe d und Absatz 4 der Verordnung (EU) 2016/679 liegt nur vor, wenn

1. die Übermittlung in Anwendung zwischenstaatlicher Übereinkommen auf dem Gebiet der sozialen Sicherheit erfolgt, oder
2. soweit die Voraussetzungen des § 69 Absatz 1 Nummer 1 und 2 oder des § 70 vorliegen

und soweit die betroffene Person kein schutzwürdiges Interesse an dem Ausschluss der Übermittlung hat.
(4) Die Stelle, an die die Sozialdaten übermittelt werden, ist auf den Zweck hinzuweisen, zu dessen Erfüllung die Sozialdaten übermittelt werden.

SGB X § 78 Zweckbindung und Geheimhaltungspflicht eines Dritten, an den Daten übermittelt werden

(1) Personen oder Stellen, die nicht in § 35 des Ersten Buches genannt und denen Sozialdaten übermittelt worden sind, dürfen diese nur zu dem Zweck verarbeiten, zu dem sie ihnen befugt übermittelt worden sind. Eine Übermittlung von Sozialdaten nach den §§ 68 bis 77 oder nach einer anderen Rechtsvorschrift in diesem Gesetzbuch an eine nicht-öffentliche Stelle auf deren Ersuchen hin ist nur zulässig, wenn diese sich gegenüber der übermittelnden Stelle verpflichtet hat, die Daten nur für den Zweck zu verarbeiten, zu dem sie ihr übermittelt werden. Die Dritten haben die Daten in demselben Umfang geheim zu halten wie die in § 35 des Ersten Buches genannten Stellen. Sind Sozialdaten an Gerichte oder Staatsanwaltschaften übermittelt worden, dürfen diese gerichtliche Entscheidungen, die Sozialdaten enthalten, weiter übermitteln, wenn eine in § 35 des Ersten Buches genannte Stelle zur Übermittlung an den weiteren Dritten befugt wäre. Abweichend von Satz 4 ist eine Übermittlung nach § 115 des Bundesbeamtengesetzes und nach Vorschriften, die auf diese Vorschrift verweisen, zulässig. Sind Sozialdaten an Polizeibehörden, Staatsanwaltschaften, Gerichte oder Behörden der Gefahrenabwehr übermittelt worden, dürfen diese die Daten unabhängig vom Zweck der Übermittlung sowohl für Zwecke der Gefahrenabwehr als auch für Zwecke der Strafverfolgung und der Strafvollstreckung speichern, verändern, nutzen, übermitteln, in der Verarbeitung einschränken oder löschen.
(2) Werden Daten an eine nicht-öffentliche Stelle übermittelt, so sind die dort beschäftigten Personen, welche diese Daten speichern, verändern, nutzen, übermitteln, in der Verarbeitung einschränken oder löschen, von dieser Stelle vor, spätestens bei der Übermittlung auf die Einhaltung der Pflichten nach Absatz 1 hinzuweisen.
(3) Ergibt sich im Rahmen eines Vollstreckungsverfahrens nach § 66 die Notwendigkeit, dass eine Strafanzeige zum Schutz des Vollstreckungsbeamten erforderlich ist, so dürfen die zum Zweck der Vollstreckung übermittelten Sozialdaten auch zum Zweck der Strafverfolgung gespeichert, verändert, genutzt, übermittelt, in der Verarbeitung eingeschränkt oder gelöscht werden, soweit dies erforderlich ist. Das Gleiche gilt auch für die Klärung von Fragen im Rahmen eines Disziplinarverfahrens.
(4) Sind Sozialdaten an Gerichte oder Staatsanwaltschaften für die Durchführung eines Straf- oder Bußgeldverfahrens übermittelt worden, so dürfen sie nach Maßgabe der §§ 476, 487 Absatz 4 der Strafprozessordnung und der §§ 49b und 49c Absatz 1 des Gesetzes über Ordnungswidrigkeiten für Zwecke der wissenschaftlichen Forschung gespeichert, verändert, genutzt, übermittelt, in der Verarbeitung eingeschränkt oder gelöscht werden.

(5) Behörden der Zollverwaltung dürfen Sozialdaten, die ihnen zum Zweck der Vollstreckung übermittelt worden sind, auch zum Zweck der Vollstreckung öffentlich-rechtlicher Ansprüche anderer Stellen als der in § 35 des Ersten Buches genannten Stellen verarbeiten.

SGB X § 79 Einrichtung automatisierter Verfahren auf Abruf

(1) Die Einrichtung eines automatisierten Verfahrens, das die Übermittlung von Sozialdaten durch Abruf ermöglicht, ist zwischen den in § 35 des Ersten Buches genannten Stellen sowie mit der Deutschen Rentenversicherung Bund als zentraler Stelle zur Erfüllung ihrer Aufgaben nach § 91 Absatz 1 Satz 1 des Einkommensteuergesetzes und der Deutschen Rentenversicherung Knappschaft-Bahn-See, soweit sie bei geringfügig Beschäftigten Aufgaben nach dem Einkommensteuergesetz durchführt, zulässig, soweit dieses Verfahren unter Berücksichtigung der schutzwürdigen Interessen der betroffenen Personen wegen der Vielzahl der Übermittlungen oder wegen ihrer besonderen Eilbedürftigkeit angemessen ist und wenn die jeweiligen Rechts- oder Fachaufsichtsbehörden die Teilnahme der unter ihrer Aufsicht stehenden Stellen genehmigt haben. Das Gleiche gilt gegenüber den in § 69 Absatz 2 und 3 genannten Stellen.
(1a) Die Einrichtung eines automatisierten Verfahrens auf Abruf für ein Dateisystem der Sozialversicherung für Landwirtschaft, Forsten und Gartenbau ist nur gegenüber den Trägern der gesetzlichen Rentenversicherung, der Deutschen Rentenversicherung Bund als zentraler Stelle zur Erfüllung ihrer Aufgaben nach § 91 Absatz 1 Satz 1 des Einkommensteuergesetzes, den Krankenkassen, der Bundesagentur für Arbeit und der Deutschen Post AG, soweit sie mit der Berechnung oder Auszahlung von Sozialleistungen betraut ist, zulässig; dabei dürfen auch Vermittlungsstellen eingeschaltet werden.
(2) Die beteiligten Stellen haben zu gewährleisten, dass die Zulässigkeit des Verfahrens auf Abruf kontrolliert werden kann. Hierzu haben sie schriftlich oder elektronisch festzulegen:
1. Anlass und Zweck des Verfahrens auf Abruf,
2. Dritte, an die übermittelt wird,
3. Art der zu übermittelnden Daten,
4. nach Artikel 32 der Verordnung (EU) 2016/679 erforderliche technische und organisatorische Maßnahmen.

(3) Über die Einrichtung von Verfahren auf Abruf ist in Fällen, in denen die in § 35 des Ersten Buches genannten Stellen beteiligt sind, die der Kontrolle des oder der Bundesbeauftragten für den Datenschutz und die Informationsfreiheit (Bundesbeauftragte) unterliegen, dieser oder diese, sonst die nach Landesrecht für die Kontrolle des Datenschutzes zuständige Stelle rechtzeitig vorher unter Mitteilung der Festlegungen nach Absatz 2 zu unterrichten.
(4) Die Verantwortung für die Zulässigkeit des einzelnen Abrufs trägt der Dritte, an den übermittelt wird. Die speichernde Stelle prüft die Zulässigkeit der Abrufe nur, wenn dazu Anlass besteht. Sie hat mindestens bei jedem zehnten Abruf den Zeitpunkt, die abgerufenen Daten sowie Angaben zur Feststellung des Verfahrens und des für den Abruf Verantwortlichen zu protokollieren; die protokollierten Daten sind spätestens nach sechs Monaten zu löschen. Wird ein Gesamtbestand von Sozialdaten abgerufen oder übermittelt (Stapelverarbeitung), so bezieht sich die Gewährleistung der Feststellung und Überprüfung nur auf die Zulässigkeit des Abrufes oder der Übermittlung des Gesamtbestandes.
(5) Die Absätze 1 bis 4 gelten nicht für den Abruf aus Dateisystemen, die mit Einwilligung der betroffenen Personen angelegt werden und die jedermann, sei es ohne oder nach besonderer Zulassung, zur Benutzung offenstehen.

SGB X § 80 Verarbeitung von Sozialdaten im Auftrag

(1) Die Erteilung eines Auftrags im Sinne des Artikels 28 der Verordnung (EU) 2016/679 zur Verarbeitung von Sozialdaten ist nur zulässig, wenn der Verantwortliche seiner Rechts- oder Fachaufsichtsbehörde rechtzeitig vor der Auftragserteilung
1. den Auftragsverarbeiter, die bei diesem vorhandenen technischen und organisatorischen Maßnahmen und ergänzenden Weisungen,

2. die Art der Daten, die im Auftrag verarbeitet werden sollen, und den Kreis der betroffenen Personen,
3. die Aufgabe, zu deren Erfüllung die Verarbeitung der Daten im Auftrag erfolgen soll, sowie
4. den Abschluss von etwaigen Unterauftragsverhältnissen

schriftlich oder elektronisch anzeigt. Soll eine öffentliche Stelle mit der Verarbeitung von Sozialdaten beauftragt werden, hat diese rechtzeitig vor der Auftragserteilung die beabsichtigte Beauftragung ihrer Rechts- oder Fachaufsichtsbehörde schriftlich oder elektronisch anzuzeigen.

(2) Der Auftrag zur Verarbeitung von Sozialdaten darf nur erteilt werden, wenn die Verarbeitung im Inland, in einem anderen Mitgliedstaat der Europäischen Union, in einem diesem nach § 35 Absatz 7 des Ersten Buches gleichgestellten Staat, oder, sofern ein Angemessenheitsbeschluss gemäß Artikel 45 der Verordnung (EU) 2016/679 vorliegt, in einem Drittstaat oder in einer internationalen Organisation erfolgt.

(3) Die Erteilung eines Auftrags zur Verarbeitung von Sozialdaten durch nicht-öffentliche Stellen ist nur zulässig, wenn

1. beim Verantwortlichen sonst Störungen im Betriebsablauf auftreten können oder
2. die übertragenen Arbeiten beim Auftragsverarbeiter erheblich kostengünstiger besorgt werden können.

Dies gilt nicht, wenn Dienstleister in der Informationstechnik, deren absolute Mehrheit der Anteile oder deren absolute Mehrheit der Stimmen dem Bund oder den Ländern zusteht, mit vorheriger Genehmigung der obersten Dienstbehörde des Verantwortlichen beauftragt werden.

(4) Ist der Auftragsverarbeiter eine in § 35 des Ersten Buches genannte Stelle, gelten neben den §§ 85 und 85a die §§ 9, 13, 14 und 16 des Bundesdatenschutzgesetzes. Bei den in § 35 des Ersten Buches genannten Stellen, die nicht solche des Bundes sind, tritt anstelle des oder der Bundesbeauftragten insoweit die nach Landesrecht für die Kontrolle des Datenschutzes zuständige Stelle. Ist der Auftragsverarbeiter eine nicht-öffentliche Stelle, unterliegt dieser der Aufsicht der gemäß § 40 des Bundesdatenschutzgesetzes zuständigen Behörde.

(5) Absatz 3 gilt nicht bei Verträgen über die Prüfung oder Wartung automatisierter Verfahren oder von Datenverarbeitungsanlagen durch andere Stellen im Auftrag, bei denen ein Zugriff auf Sozialdaten nicht ausgeschlossen werden kann. Die Verträge sind bei zu erwartenden oder bereits eingetretenen Störungen im Betriebsablauf unverzüglich der Rechts- oder Fachaufsichtsbehörde mitzuteilen

SGB X § 81 Recht auf Anrufung, Beauftragte für den Datenschutz

(1) Ist eine betroffene Person der Ansicht, bei der Verarbeitung ihrer Sozialdaten in ihren Rechten verletzt worden zu sein, kann sie sich

1. an den Bundesbeauftragten oder die Bundesbeauftragte wenden, wenn sie eine Verletzung ihrer Rechte durch eine in § 35 des Ersten Buches genannte Stelle des Bundes bei der Wahrnehmung von Aufgaben nach diesem Gesetzbuch behauptet,
2. an die nach Landesrecht für die Kontrolle des Datenschutzes zuständige Stelle wenden, wenn sie die Verletzung ihrer Rechte durch eine andere in § 35 des Ersten Buches genannte Stelle bei der Wahrnehmung von Aufgaben nach diesem Gesetzbuch behauptet.

(2) Bei der Wahrnehmung von Aufgaben nach diesem Gesetzbuch gelten für die in § 35 des Ersten Buches genannten Stellen die §§ 14 bis 16 des Bundesdatenschutzgesetzes. Bei öffentlichen Stellen der Länder, die unter § 35 des Ersten Buches fallen, tritt an die Stelle des oder der Bundesbeauftragten die nach Landesrecht für die Kontrolle des Datenschutzes zuständige Stelle.

(3) Verbände und Arbeitsgemeinschaften der in § 35 des Ersten Buches genannten Stellen oder ihrer Verbände gelten, soweit sie Aufgaben nach diesem Gesetzbuch wahrnehmen und an ihnen Stellen des Bundes beteiligt sind, unbeschadet ihrer Rechtsform als öffentliche Stellen des Bundes, wenn sie über den Bereich eines Landes hinaus tätig werden, anderenfalls als öffentliche Stellen der Länder. Sonstige Einrichtungen der in § 35 des Ersten Buches genannten Stellen oder ihrer Verbände gelten als öffentliche Stellen des Bundes, wenn die absolute Mehrheit der Anteile oder der Stimmen einer oder mehrerer öffentlicher Stellen dem Bund zusteht, anderenfalls als

öffentliche Stellen der Länder. Die Datenstelle der Rentenversicherung nach § 145 Absatz 1 des Sechsten Buches gilt als öffentliche Stelle des Bundes.
(4) Auf die in § 35 des Ersten Buches genannten Stellen, die Vermittlungsstellen nach § 67d Absatz 3 und die Auftragsverarbeiter sind die §§ 5 bis 7 des Bundesdatenschutzgesetzes entsprechend anzuwenden. In räumlich getrennten Organisationseinheiten ist sicherzustellen, dass der oder die Beauftragte für den Datenschutz bei der Erfüllung seiner oder ihrer Aufgaben unterstützt wird. Die Sätze 1 und 2 gelten nicht für öffentliche Stellen der Länder mit Ausnahme der Sozialversicherungsträger und ihrer Verbände. Absatz 2 Satz 2 gilt entsprechend.

SGB X § 81a Gerichtlicher Rechtsschutz

(1) Für Streitigkeiten zwischen einer natürlichen oder juristischen Person und dem oder der Bundesbeauftragten oder der nach Landesrecht für die Kontrolle des Datenschutzes zuständigen Stelle gemäß Artikel 78 Absatz 1 und 2 der Verordnung (EU) 2016/679 aufgrund der Verarbeitung von Sozialdaten im Zusammenhang mit einer Angelegenheit nach § 51 Absatz 1 und 2 des Sozialgerichtsgesetzes ist der Rechtsweg zu den Gerichten der Sozialgerichtsbarkeit eröffnet. Für die übrigen Streitigkeiten gemäß Artikel 78 Absatz 1 und 2 der Verordnung (EU) 2016/679 aufgrund der Verarbeitung von Sozialdaten gilt § 20 des Bundesdatenschutzgesetzes, soweit die Streitigkeiten nicht durch Bundesgesetz einer anderen Gerichtsbarkeit ausdrücklich zugewiesen sind. Satz 1 gilt nicht für Bußgeldverfahren.
(2) Das Sozialgerichtsgesetz ist nach Maßgabe der Absätze 3 bis 7 anzuwenden.
(3) Abweichend von den Vorschriften über die örtliche Zuständigkeit der Sozialgerichte nach § 57 des Sozialgerichtsgesetzes ist für die Verfahren nach Absatz 1 Satz 1 das Sozialgericht örtlich zuständig, in dessen Bezirk der oder die Bundesbeauftragte oder die nach Landesrecht für die Kontrolle des Datenschutzes zuständige Stelle seinen oder ihren Sitz hat, wenn eine Körperschaft oder Anstalt des öffentlichen Rechts oder in Angelegenheiten des sozialen Entschädigungsrechts oder des Schwerbehindertenrechts ein Land klagt.
(4) In den Verfahren nach Absatz 1 Satz 1 sind der oder die Bundesbeauftragte sowie die nach Landesrecht für die Kontrolle des Datenschutzes zuständige Stelle beteiligungsfähig.
(5) Beteiligte eines Verfahrens nach Absatz 1 Satz 1 sind
1. die natürliche oder juristische Person als Klägerin oder Antragstellerin und
2. der oder die Bundesbeauftragte oder die nach Landesrecht für die Kontrolle des Datenschutzes zuständige Stelle als Beklagter oder Beklagte oder als Antragsgegner oder Antragsgegnerin.

§ 69 Nummer 3 des Sozialgerichtsgesetzes bleibt unberührt.
(6) Ein Vorverfahren findet nicht statt.
(7) Der oder die Bundesbeauftragte oder die nach Landesrecht für die Kontrolle des Datenschutzes zuständige Stelle darf gegenüber einer Behörde oder deren Rechtsträger nicht die sofortige Vollziehung (§ 86a Absatz 2 Nummer 5 des Sozialgerichtsgesetzes) anordnen.

SGB X § 81b Klagen gegen den Verantwortlichen oder Auftragsverarbeiter

(1) Für Klagen der betroffenen Person gegen einen Verantwortlichen oder einen Auftragsverarbeiter wegen eines Verstoßes gegen datenschutzrechtliche Bestimmungen im Anwendungsbereich der Verordnung (EU) 2016/679 oder der darin enthaltenen Rechte der betroffenen Person bei der Verarbeitung von Sozialdaten im Zusammenhang mit einer Angelegenheit nach § 51 Absatz 1 und 2 des Sozialgerichtsgesetzes ist der Rechtsweg zu den Gerichten der Sozialgerichtsbarkeit eröffnet.
(2) Ergänzend zu § 57 Absatz 3 des Sozialgerichtsgesetzes ist für Klagen nach Absatz 1 das Sozialgericht örtlich zuständig, in dessen Bezirk sich eine Niederlassung des Verantwortlichen oder Auftragsverarbeiters befindet.
(3) Hat der Verantwortliche oder Auftragsverarbeiter einen Vertreter nach Artikel 27 Absatz 1 der Verordnung (EU) 2016/679 benannt, gilt dieser auch als bevollmächtigt, Zustellungen in sozialgerichtlichen Verfahren nach Absatz 1 entgegenzunehmen. § 63 Absatz 3 des Sozialgerichtsgesetzes bleibt unberührt.

SGB X § 81c Antrag auf gerichtliche Entscheidung bei angenommener Europarechtswidrigkeit eines Angemessenheitsbeschlusses der Europäischen Kommission

Hält der oder die Bundesbeauftragte oder eine nach Landesrecht für die Kontrolle des Datenschutzes zuständige Stelle einen Angemessenheitsbeschluss der Europäischen Kommission, auf dessen Gültigkeit es bei der Entscheidung über die Beschwerde einer betroffenen Person hinsichtlich der Verarbeitung von Sozialdaten ankommt, für europarechtswidrig, so gilt § 21 des Bundesdatenschutzgesetzes.

SGB X § 82 Informationspflichten bei der Erhebung von Sozialdaten bei der betroffenen Person

(1) Die Pflicht zur Information der betroffenen Person gemäß Artikel 13 Absatz 1 Buchstabe e der Verordnung (EU) 2016/679 über Kategorien von Empfängern besteht ergänzend zu der in Artikel 13 Absatz 4 der Verordnung (EU) 2016/679 genannten Ausnahme nur, soweit

1. sie nach den Umständen des Einzelfalles nicht mit der Nutzung oder der Übermittlung von Sozialdaten an diese Kategorien von Empfängern rechnen muss,
2. es sich nicht um Speicherung, Veränderung, Nutzung, Übermittlung, Einschränkung der Verarbeitung oder Löschung von Sozialdaten innerhalb einer in § 35 des Ersten Buches genannten Stelle oder einer Organisationseinheit im Sinne von § 67 Absatz 4 Satz 2 handelt oder
3. es sich nicht um eine Kategorie von in § 35 des Ersten Buches genannten Stellen oder von Organisationseinheiten im Sinne von § 67 Absatz 4 Satz 2 handelt, die auf Grund eines Gesetzes zur engen Zusammenarbeit verpflichtet sind.

(2) Die Pflicht zur Information der betroffenen Person gemäß Artikel 13 Absatz 3 der Verordnung (EU) 2016/679 besteht ergänzend zu der in Artikel 13 Absatz 4 der Verordnung (EU) 2016/679 genannten Ausnahme dann nicht, wenn die Erteilung der Information über die beabsichtigte Weiterverarbeitung

1. die ordnungsgemäße Erfüllung der in der Zuständigkeit des Verantwortlichen liegenden Aufgaben im Sinne des Artikels 23 Absatz 1 Buchstabe a bis e der Verordnung (EU) 2016/679 gefährden würde und die Interessen des Verantwortlichen an der Nichterteilung der Information die Interessen der betroffenen Person überwiegen,
2. die öffentliche Sicherheit oder Ordnung gefährden oder sonst dem Wohl des Bundes oder eines Landes Nachteile bereiten würde und die Interessen des Verantwortlichen an der Nichterteilung der Information die Interessen der betroffenen Person überwiegen oder
3. eine vertrauliche Übermittlung von Daten an öffentliche Stellen gefährden würde.

(3) Unterbleibt eine Information der betroffenen Person nach Maßgabe des Absatzes 2, ergreift der Verantwortliche geeignete Maßnahmen zum Schutz der berechtigten Interessen der betroffenen Person, einschließlich der Bereitstellung der in Artikel 13 Absatz 1 und 2 der Verordnung (EU) 2016/679 genannten Informationen für die Öffentlichkeit in präziser, transparenter, verständlicher und leicht zugänglicher Form in einer klaren und einfachen Sprache. Der Verantwortliche hält schriftlich fest, aus welchen Gründen er von einer Information abgesehen hat. Die Sätze 1 und 2 finden in den Fällen des Absatzes 2 Nummer 3 keine Anwendung.
(4) Unterbleibt die Benachrichtigung in den Fällen des Absatzes 2 wegen eines vorübergehenden Hinderungsgrundes, kommt der Verantwortliche der Informationspflicht unter Berücksichtigung der spezifischen Umstände der Verarbeitung innerhalb einer angemessenen Frist nach Fortfall des Hinderungsgrundes, spätestens jedoch innerhalb von zwei Wochen, nach.
(5) Bezieht sich die Informationserteilung auf die Übermittlung von Sozialdaten durch öffentliche Stellen an die Staatsanwaltschaften und Gerichte im Bereich der Strafverfolgung, an Polizeibehörden, Verfassungsschutzbehörden, den Bundesnachrichtendienst und den Militärischen Abschirmdienst, ist sie nur mit Zustimmung dieser Stelle zulässig.

SGB X § 82a Informationspflichten, wenn Sozialdaten nicht bei der betroffenen Person erhoben wurden

(1) Die Pflicht einer in § 35 des Ersten Buches genannten Stelle zur Information der betroffenen Person gemäß Artikel 14 Absatz 1, 2 und 4 der Verordnung (EU) 2016/679 besteht ergänzend zu den in Artikel 14 Absatz 5 der Verordnung (EU) 2016/679 genannten Ausnahmen nicht,
1. soweit die Erteilung der Information
   a) die ordnungsgemäße Erfüllung der in der Zuständigkeit des Verantwortlichen liegenden Aufgaben gefährden würde oder
   b) die öffentliche Sicherheit oder Ordnung gefährden oder sonst dem Wohle des Bundes oder eines Landes Nachteile bereiten würde, oder
2. soweit die Daten oder die Tatsache ihrer Speicherung nach einer Rechtsvorschrift oder ihrem Wesen nach, insbesondere wegen der überwiegenden berechtigten Interessen eines Dritten geheim gehalten werden müssen

und deswegen das Interesse der betroffenen Person an der Informationserteilung zurücktreten muss.
(2) Werden Sozialdaten bei einer nicht-öffentlichen Stelle erhoben, so ist diese auf die Rechtsvorschrift, die zur Auskunft verpflichtet, sonst auf die Freiwilligkeit hinzuweisen.
(3) Unterbleibt eine Information der betroffenen Person nach Maßgabe des Absatzes 1, ergreift der Verantwortliche geeignete Maßnahmen zum Schutz der berechtigten Interessen der betroffenen Person, einschließlich der Bereitstellung der in Artikel 14 Absatz 1 und 2 der Verordnung (EU) 2016/679 genannten Informationen für die Öffentlichkeit in präziser, transparenter, verständlicher und leicht zugänglicher Form in einer klaren und einfachen Sprache. Der Verantwortliche hält schriftlich fest, aus welchen Gründen er von einer Information abgesehen hat.
(4) In Bezug auf die Pflicht zur Information nach Artikel 14 Absatz 1 Buchstabe e der Verordnung (EU) 2016/679 gilt § 82 Absatz 1 entsprechend.
(5) Bezieht sich die Informationserteilung auf die Übermittlung von Sozialdaten durch öffentliche Stellen an Staatsanwaltschaften und Gerichte im Bereich der Strafverfolgung, an Polizeibehörden, Verfassungsschutzbehörden, den Bundesnachrichtendienst und den Militärischen Abschirmdienst, ist sie nur mit Zustimmung dieser Stellen zulässig.

SGB X § 83 Auskunftsrecht der betroffenen Personen

(1) Das Recht auf Auskunft der betroffenen Person gemäß Artikel 15 der Verordnung (EU) 2016/679 besteht nicht, soweit
1. die betroffene Person nach § 82a Absatz 1, 4 und 5 nicht zu informieren ist oder
2. die Sozialdaten
   a) nur deshalb gespeichert sind, weil sie auf Grund gesetzlicher oder satzungsmäßiger Aufbewahrungsvorschriften nicht gelöscht werden dürfen, oder
   b) ausschließlich zu Zwecken der Datensicherung oder der Datenschutzkontrolle dienen

   und die Auskunftserteilung einen unverhältnismäßigen Aufwand erfordern würde sowie eine Verarbeitung zu anderen Zwecken durch geeignete technische und organisatorische Maßnahmen ausgeschlossen ist.

(2) Die betroffene Person soll in dem Antrag auf Auskunft gemäß Artikel 15 der Verordnung (EU) 2016/679 die Art der Sozialdaten, über die Auskunft erteilt werden soll, näher bezeichnen. Sind die Sozialdaten nicht automatisiert oder nicht in nicht automatisierten Dateisystemen gespeichert, wird die Auskunft nur erteilt, soweit die betroffene Person Angaben macht, die das Auffinden der Daten ermöglichen, und der für die Erteilung der Auskunft erforderliche Aufwand nicht außer Verhältnis zu dem von der betroffenen Person geltend gemachten Informationsinteresse steht. Soweit Artikel 15 und 12 Absatz 3 der Verordnung (EU) 2016/679 keine Regelungen enthalten, bestimmt der Verantwortliche das Verfahren, insbesondere die Form der Auskunftserteilung, nach pflichtgemäßem Ermessen. § 25 Absatz 2 gilt entsprechend.
(3) Die Gründe der Auskunftsverweigerung sind zu dokumentieren. Die Ablehnung der Auskunftserteilung bedarf keiner Begründung, soweit durch die Mitteilung der tatsächlichen und rechtlichen Gründe, auf die die Entscheidung gestützt wird, der mit der Auskunftsverweigerung

verfolgte Zweck gefährdet würde. In diesem Fall ist die betroffene Person darauf hinzuweisen, dass sie sich, wenn die in § 35 des Ersten Buches genannten Stellen der Kontrolle des oder der Bundesbeauftragten unterliegen, an diesen oder diese, sonst an die nach Landesrecht für die Kontrolle des Datenschutzes zuständige Stelle wenden kann.
(4) Wird einer betroffenen Person keine Auskunft erteilt, so kann, soweit es sich um in § 35 des Ersten Buches genannte Stellen handelt, die der Kontrolle es oder der Bundesbeauftragten unterliegen, diese, sonst die nach Landesrecht für die Kontrolle des Datenschutzes zuständige Stelle, auf Verlangen der betroffenen Person prüfen, ob die Ablehnung der Auskunftserteilung rechtmäßig war.
(5) Bezieht sich die Informationserteilung auf die Übermittlung von Sozialdaten durch öffentliche Stellen an Staatsanwaltschaften und Gerichte im Bereich der Strafverfolgung, an Polizeibehörden, Verfassungsschutzbehörden, den Bundesnachrichtendienst und den Militärischen Abschirmdienst, ist sie nur mit Zustimmung dieser Stellen zulässig.

SGB X § 83a Benachrichtigung bei einer Verletzung des Schutzes von Sozialdaten

Ergänzend zu den Meldepflichten gemäß den Artikeln 33 und 34 der Verordnung (EU) 2016/679 meldet die in § 35 des Ersten Buches genannte Stelle die Verletzung des Schutzes von Sozialdaten auch der Rechts- oder Fachaufsichtsbehörde.

SGB X § 84 Recht auf Berichtigung, Löschung, Einschränkung der Verarbeitung und Widerspruch

(1) Ist eine Löschung von Sozialdaten im Fall nicht automatisierter Datenverarbeitung wegen der besonderen Art der Speicherung nicht oder nur mit unverhältnismäßig hohem Aufwand möglich und ist das Interesse der betroffenen Person an der Löschung als gering anzusehen, besteht das Recht der betroffenen Person auf und die Pflicht des Verantwortlichen zur Löschung von Sozialdaten gemäß Artikel 17 Absatz 1 der Verordnung (EU) 2016/679 ergänzend zu den in Artikel 17 Absatz 3 der Verordnung (EU) 2016/679 genannten Ausnahmen nicht. In diesem Fall tritt an die Stelle einer Löschung die Einschränkung der Verarbeitung gemäß Artikel 18 der Verordnung (EU) 2016/679. Die Sätze 1 und 2 finden keine Anwendung, wenn die Sozialdaten unrechtmäßig verarbeitet wurden.
(2) Wird die Richtigkeit von Sozialdaten von der betroffenen Person bestritten und lässt sich weder die Richtigkeit noch die Unrichtigkeit der Daten feststellen, gilt ergänzend zu Artikel 18 Absatz 1 Buchstabe a der Verordnung (EU) 2016/679, dass dies keine Einschränkung der Verarbeitung bewirkt, soweit es um die Erfüllung sozialer Aufgaben geht; die ungeklärte Sachlage ist in geeigneter Weise festzuhalten. Die bestrittenen Daten dürfen nur mit einem Hinweis hierauf verarbeitet werden.
(3) Ergänzend zu Artikel 18 Absatz 1 Buchstabe b und c der Verordnung (EU) 2016/679 gilt Absatz 1 Satz 1 und 2 entsprechend im Fall des Artikels 17 Absatz 1 Buchstabe a und d der Verordnung (EU) 2016/679, solange und soweit der Verantwortliche Grund zu der Annahme hat, dass durch eine Löschung schutzwürdige Interessen der betroffenen Person beeinträchtigt würden. Der Verantwortliche unterrichtet die betroffene Person über die Einschränkung der Verarbeitung, sofern sich die Unterrichtung nicht als unmöglich erweist oder einen unverhältnismäßigen Aufwand erfordern würde.
(4) Sind Sozialdaten für die Zwecke, für die sie erhoben oder auf sonstige Weise verarbeitet wurden, nicht mehr notwendig, gilt ergänzend zu Artikel 17 Absatz 3 Buchstabe b der Verordnung (EU) 2016/679 Absatz 1 entsprechend, wenn einer Löschung satzungsmäßige oder vertragliche Aufbewahrungsfristen entgegenstehen.
(5) Das Recht auf Widerspruch gemäß Artikel 21 Absatz 1 der Verordnung (EU) 2016/679 gegenüber einer öffentlichen Stelle besteht nicht, soweit an der Verarbeitung ein zwingendes öffentliches Interesse besteht, das die Interessen der betroffenen Person überwiegt, oder eine Rechtsvorschrift zur Verarbeitung von Sozialdaten verpflichtet.
(6) § 71 Absatz 1 Satz 3 bleibt unberührt.

SGB X § 85 Strafvorschriften

(1) Für Sozialdaten gelten die Strafvorschriften des § 42 Absatz 1 und 2 des Bundesdatenschutzgesetzes entsprechend.
(2) Die Tat wird nur auf Antrag verfolgt. Antragsberechtigt sind die betroffene Person, der Verantwortliche, der oder die Bundesbeauftragte oder die nach Landesrecht für die Kontrolle des Datenschutzes zuständige Stelle.
(3) Eine Meldung nach § 83a oder nach Artikel 33 der Verordnung (EU) 2016/679 oder eine Benachrichtigung nach Artikel 34 Absatz 1 der Verordnung (EU) 2016/679 dürfen in einem Strafverfahren gegen die melde- oder benachrichtigungspflichtige Person oder gegen einen ihrer in § 52 Absatz 1 der Strafprozessordnung bezeichneten Angehörigen nur mit Zustimmung der melde- oder benachrichtigungspflichtigen Person verwendet werden.

SGB X § 85a Bußgeldvorschriften

(1) Für Sozialdaten gilt § 41 des Bundesdatenschutzgesetzes entsprechend.
(2) Eine Meldung nach § 83a oder nach Artikel 33 der Verordnung (EU) 2016/679 oder eine Benachrichtigung nach Artikel 34 Absatz 1 der Verordnung (EU) 2016/679 dürfen in einem Verfahren nach dem Gesetz über Ordnungswidrigkeiten gegen die melde- oder benachrichtigungspflichtige Person oder einen ihrer in § 52 Absatz 1 der Strafprozessordnung bezeichneten Angehörigen nur mit Zustimmung der melde- oder benachrichtigungspflichtigen Person verwendet werden.
(3) Gegen Behörden und sonstige öffentliche Stellen werden keine Geldbußen verhängt.

Unternehmensstabilisierungs- und - restrukturierungsgesetz - StaRUG -

vom 22.12.20 (BGBl. I S. 3256), zuletzt geändert durch Artikel 12 des Gesetzes vom 20.7.2022 (BGBl. I S. 1166).

Teil 1 - Krisenfrüherkennung und Krisenmanagement

§ 1 Krisenfrüherkennung und Krisenmanagement bei haftungsbeschränkten Unternehmensträgern

(1) Die Mitglieder des zur Geschäftsführung berufenen Organs einer juristischen Person (Geschäftsleiter) wachen fortlaufend über Entwicklungen, welche den Fortbestand der juristischen Person gefährden können. Erkennen sie solche Entwicklungen, ergreifen sie geeignete Gegenmaßnahmen und erstatten den zur Überwachung der Geschäftsleitung berufenen Organen (Überwachungsorganen) unverzüglich Bericht. Berühren die zu ergreifenden Maßnahmen die Zuständigkeiten anderer Organe, wirken die Geschäftsleiter unverzüglich auf deren Befassung hin.

(2) Bei Gesellschaften ohne Rechtspersönlichkeit im Sinne von § 15a Absatz 1 Satz 3 und Absatz 2 der Insolvenzordnung gilt Absatz 1 entsprechend für die Geschäftsleiter der zur Geschäftsführung berufenen Gesellschafter.

(3) Weitergehende Pflichten, die sich aus anderen Gesetzen ergeben, bleiben unberührt.

Teil 2 - Stabilisierungs und Restrukturierungsrahmen

Kapitel1 - Restrukturierungsplan

Abschnitt 1 - Gestaltung von Rechtsverhältnissen

§ 2 Gestaltbare Rechtsverhältnisse

(1) Auf der Grundlage eines Restrukturierungsplans können gestaltet werden:

1. Forderungen, die gegen eine restrukturierungsfähige Person (Schuldner) begründet sind (Restrukturierungsforderungen), und
2. die an Gegenständen des schuldnerischen Vermögens bestehenden Rechte, die im Fall der Eröffnung eines Insolvenzverfahrens zur Absonderung berechtigen würden, es sei denn, es handelt sich bei ihnen um Finanzsicherheiten im Sinne des § 1 Absatz 17 des Kreditwesengesetzes oder um Sicherheiten, die dem Betreiber eines Systems nach § 1 Absatz 16 des Kreditwesengesetzes zur Absicherung seiner Ansprüche aus dem System oder der Zentralbank eines Mitgliedstaats der Europäischen Union oder der Europäischen Zentralbank gestellt wurden (Absonderungsanwartschaften).

(2) Beruhen Restrukturierungsforderungen oder Absonderungsanwartschaften auf einem mehrseitigen Rechtsverhältnis zwischen dem Schuldner und mehreren Gläubigern, so sind auch Einzelbestimmungen in diesem Rechtsverhältnis durch den Restrukturierungsplan gestaltbar. Satz 1 gilt auch für die Bedingungen von Schuldtiteln im Sinne des § 2 Absatz 1 Nummer 3 des Wertpapierhandelsgesetzes und von Verträgen, die zu gleichlautenden Bedingungen mit einer Vielzahl von Gläubigern geschlossen wurden. Beruhen Restrukturierungsforderungen oder Absonderungsanwartschaften auf unterschiedlichen Rechtsverhältnissen und haben die Inhaber der

Forderungen oder Anwartschaften untereinander und mit dem Schuldner Vereinbarungen über die Durchsetzung der gegenüber diesem bestehenden Forderungen oder Anwartschaften und das relative Rangverhältnis der aus der Durchsetzung resultierenden Erlöse getroffen, so sind auch die Bedingungen dieser Vereinbarung durch den Plan gestaltbar.

(3) Ist der Schuldner eine juristische Person oder eine Gesellschaft ohne Rechtspersönlichkeit, können auch die Anteils- oder Mitgliedschaftsrechte der an dem Schuldner beteiligten Personen durch den Restrukturierungsplan gestaltet, sonstige gesellschaftsrechtlich zulässige Regelungen getroffen sowie Anteils- und Mitgliedschaftsrechte übertragen werden.

(4) Der Restrukturierungsplan kann auch die Rechte der Inhaber von Restrukturierungsforderungen gestalten, die diesen aus einer von einem verbundenen Unternehmen im Sinne des § 15 des Aktiengesetzes als Bürge, Mitschuldner oder aufgrund einer anderweitig übernommenen Haftung oder an Gegenständen des Vermögens dieses Unternehmens zustehen (gruppeninterne Drittsicherheit); der Eingriff ist durch eine angemessene Entschädigung zu kompensieren. Satz 1 Halbsatz 2 gilt entsprechend für eine Beschränkung der persönlichen Haftung eines persönlich haftenden Gesellschafters eines als Gesellschaft ohne Rechtspersönlichkeit verfassten Schuldners.

(5) Maßgeblich für die Absätze 1 bis 4 sind die Rechtsverhältnisse zum Zeitpunkt der Unterbreitung des Planangebots (§ 17), im Fall einer Abstimmung im gerichtlichen Planabstimmungsverfahren zum Zeitpunkt der Antragstellung (§ 45). Erwirkt der Schuldner vorher eine Stabilisierungsanordnung (§ 49), tritt an die Stelle des Planangebots oder des Antrags der Zeitpunkt der Erstanordnung.

§ 3 Bedingte und nicht fällige Restrukturierungsforderungen; Forderungen aus gegenseitigen Verträgen

(1) Restrukturierungsforderungen sind auch dann gestaltbar, wenn sie bedingt oder noch nicht fällig sind.

(2) Restrukturierungsforderungen aus gegenseitigen Verträgen sind nur insoweit gestaltbar, als die dem anderen Teil obliegende Leistung bereits erbracht ist.

§ 4 Ausgenommene Rechtsverhältnisse

Einer Gestaltung durch einen Restrukturierungsplan sind unzugänglich:

1. Forderungen von Arbeitnehmern aus oder im Zusammenhang mit dem Arbeitsverhältnis, einschließlich der Rechte aus Zusagen auf betriebliche Altersversorgung,
2. Forderungen aus vorsätzlich begangenen unerlaubten Handlungen und
3. Forderungen nach § 39 Absatz 1 Nummer 3 der Insolvenzordnung.

Handelt es sich bei dem Schuldner um eine natürliche Person, gilt dies auch für Forderungen und Absonderungsanwartschaften, die mit dessen unternehmerischer Tätigkeit in keinem Zusammenhang stehen.

Abschnitt 2 - Anforderungen an den Restrukturierungsplan

§ 5 Gliederung des Restrukturierungsplans

Der Restrukturierungsplan besteht aus einem darstellenden und einem gestaltenden Teil. Er enthält mindestens die nach der Anlage zu diesem Gesetz erforderlichen Angaben. Dem Restrukturierungsplan sind die nach den §§ 14 und 15 erforderlichen Anlagen beizufügen.

§ 6 Darstellender Teil

(1) Der darstellende Teil beschreibt die Grundlagen und die Auswirkungen des Restrukturierungsplans. Der darstellende Teil enthält alle Angaben, die für die Entscheidung der von dem Plan Betroffenen über die Zustimmung zum Plan und für dessen gerichtliche Bestätigung erheblich sind, einschließlich der Krisenursachen und der zur Krisenbewältigung vorzunehmenden Maßnahmen. Soweit Restrukturierungsmaßnahmen vorgesehen sind, die nicht über den gestaltenden Teil des Plans umgesetzt werden können oder sollen, sind sie im darstellenden Teil gesondert hervorzuheben.

(2) Der darstellende Teil enthält insbesondere eine Vergleichsrechnung, in der die Auswirkungen des Restrukturierungsplans auf die Befriedigungsaussichten der Planbetroffenen dargestellt werden. Sieht der Plan eine Fortführung des Unternehmens vor, ist für die Ermittlung der Befriedigungsaussichten ohne Plan zu unterstellen, dass das Unternehmen fortgeführt wird. Dies gilt nicht, wenn ein Verkauf des Unternehmens oder eine anderweitige Fortführung aussichtslos ist.

(3) Sieht der Restrukturierungsplan Eingriffe in die Rechte von Gläubigern aus gruppeninternen Drittsicherheiten (§ 2 Absatz 4) vor, sind in die Darstellung auch die Verhältnisse des die Sicherheit gewährenden verbundenen Unternehmens und die Auswirkungen des Plans auf dieses Unternehmen einzubeziehen.

§ 7 Gestaltender Teil

(1) Der gestaltende Teil des Restrukturierungsplans legt fest, wie die Rechtsstellung der Inhaber der Restrukturierungsforderungen, der Absonderungsanwartschaften, der Rechte aus gruppeninternen Drittsicherheiten und der Anteils- oder Mitgliedschaftsrechte (Planbetroffenen) durch den Plan geändert werden soll.

(2) Soweit Restrukturierungsforderungen oder Absonderungsanwartschaften gestaltet werden, ist zu bestimmen, um welchen Bruchteil diese gekürzt, für welchen Zeitraum sie gestundet, wie sie gesichert und welchen sonstigen Regelungen sie unterworfen werden sollen. Satz 1 gilt entsprechend für die Gestaltung der Rechte aus gruppeninternen Drittsicherheiten (§ 2 Absatz 4).

(3) Soweit vertragliche Nebenbestimmungen oder Vereinbarungen nach § 2 Absatz 2 gestaltet werden, legt der gestaltende Teil fest, wie diese abgeändert werden sollen.

(4) Restrukturierungsforderungen können auch in Anteils- oder Mitgliedschaftsrechte an dem Schuldner umgewandelt werden. Eine Umwandlung gegen den Willen der betroffenen Gläubiger ist ausgeschlossen. Insbesondere kann der Plan eine Kapitalherabsetzung oder -erhöhung, die Leistung von Sacheinlagen, den Ausschluss von Bezugsrechten oder die Zahlung von Abfindungen an ausscheidende an dem Schuldner beteiligte Personen vorsehen. Der Plan kann vorsehen, dass Anteils- oder Mitgliedschaftsrechte übertragen werden. Im Übrigen kann jede Regelung getroffen werden, die gesellschaftsrechtlich zulässig ist. § 225a Absatz 4 und 5 der Insolvenzordnung ist entsprechend anzuwenden.

§ 8 Auswahl der Planbetroffenen

Die Auswahl der Planbetroffenen hat nach sachgerechten Kriterien zu erfolgen, die im darstellenden Teil des Plans anzugeben und zu erläutern sind. Die Auswahl ist sachgerecht, wenn

1. die nicht einbezogenen Forderungen auch in einem Insolvenzverfahren voraussichtlich vollständig erfüllt würden,
2. die in der Auswahl angelegte Differenzierung nach der Art der zu bewältigenden wirtschaftlichen Schwierigkeiten des Schuldners und den Umständen angemessen erscheint, insbesondere, wenn ausschließlich Finanzverbindlichkeiten und die zu deren Sicherung bestellten Sicherheiten gestaltet werden oder die Forderungen von Kleingläubigern, insbesondere Verbrauchern, Klein- und Kleinstunternehmen oder mittleren Unternehmen, unberührt bleiben oder
3. mit Ausnahme der in § 4 genannten Forderungen sämtliche Forderungen einbezogen werden.

§ 9 Einteilung der Planbetroffenen in Gruppen

(1) Bei der Festlegung der Rechte der Planbetroffenen im Restrukturierungsplan sind Gruppen zu bilden, soweit Planbetroffene mit unterschiedlicher Rechtsstellung betroffen sind. Es ist zu unterscheiden zwischen

1. den Inhabern von Absonderungsanwartschaften,
2. den Inhabern von Forderungen, die im Fall der Eröffnung eines Insolvenzverfahrens als nicht nachrangige Insolvenzforderungen geltend zu machen wären, nebst darauf entfallender Zinsen und Säumniszuschläge (einfache Restrukturierungsgläubiger),

3. den Inhabern von Forderungen, die im Fall der Eröffnung eines Insolvenzverfahrens nach § 39 Absatz 1 Nummer 4, 5 oder Absatz 2 der Insolvenzordnung als nachrangige Insolvenzforderungen anzumelden wären (nachrangige Restrukturierungsgläubiger), wobei für jede Rangklasse eine Gruppe zu bilden ist, und
4. den Inhabern von Anteils- oder Mitgliedschaftsrechten.

Sieht der gestaltende Teil des Restrukturierungsplans Eingriffe in die Rechte von Gläubigern aus gruppeninternen Drittsicherheiten vor, bilden die davon betroffenen Gläubiger eigenständige Gruppen.

(2) Die Gruppen können nach Maßgabe wirtschaftlicher Interessen in weitere Gruppen unterteilt werden. Sie müssen sachgerecht voneinander abgegrenzt werden. Die Kriterien für die Abgrenzung sind im Plan anzugeben. Kleingläubiger sind im Rahmen der nach Absatz 1 zu bildenden Gruppen zu eigenständigen Gruppen zusammenzufassen.

§ 10 Gleichbehandlung von Planbetroffenen

(1) Innerhalb jeder Gruppe sind allen Planbetroffenen gleiche Rechte anzubieten.

(2) Eine unterschiedliche Behandlung der Planbetroffenen in einer Gruppe ist nur mit Zustimmung aller Planbetroffenen, zu deren Lasten die unterschiedliche Behandlung geht, zulässig. In diesem Fall ist dem Restrukturierungsplan die zustimmende Erklärung eines jeden Planbetroffenen, zu dessen Lasten die unterschiedliche Behandlung geht, beizufügen.

(3) Jedes Abkommen des Schuldners oder Dritter mit einzelnen Planbetroffenen, durch das diesen für ihr Verhalten bei Abstimmungen oder sonst im Zusammenhang mit dem Restrukturierungsverfahren ein nicht im Plan vorgesehener Vorteil gewährt wird, ist nichtig.

§ 11 Haftung des Schuldners

Ist im Restrukturierungsplan nichts anderes bestimmt, wird der Schuldner mit der im gestaltenden Teil vorgesehenen Befriedigung der Gläubiger von seinen restlichen Verbindlichkeiten gegenüber diesen aus den in den Plan einbezogenen Restrukturierungsforderungen und Absonderungsanwartschaften befreit. Handelt es sich bei dem Schuldner um eine Gesellschaft ohne Rechtspersönlichkeit oder eine Kommanditgesellschaft auf Aktien, so gilt Satz 1 entsprechend für die persönliche Haftung der unbeschränkt haftenden Gesellschafter.

§ 12 Neue Finanzierung

In den Restrukturierungsplan können Regelungen zur Zusage von Darlehen oder sonstigen Krediten aufgenommen werden, die zur Finanzierung der Restrukturierung auf der Grundlage des Plans erforderlich sind (neue Finanzierung). Als neue Finanzierung gilt auch deren Besicherung.

§ 13 Änderung sachenrechtlicher Verhältnisse

Sollen Rechte an Gegenständen begründet, geändert, übertragen oder aufgehoben werden, so können die erforderlichen Willenserklärungen der Beteiligten in den gestaltenden Teil des Restrukturierungsplans aufgenommen werden. Sind im Grundbuch eingetragene Rechte an einem Grundstück oder an eingetragenen Rechten betroffen, so sind diese Rechte unter Beachtung des § 28 der Grundbuchordnung genau zu bezeichnen. Für Rechte, die im Schiffsregister, im Schiffsbauregister oder im Register für Pfandrechte an Luftfahrzeugen eingetragen sind, gilt Satz 2 entsprechend.

§ 14 Erklärung zur Bestandsfähigkeit; Vermögensübersicht; Ergebnis- und Finanzplan

(1) Dem Restrukturierungsplan ist eine begründete Erklärung zu den Aussichten darauf beizufügen, dass die drohende Zahlungsunfähigkeit des Schuldners durch den Plan beseitigt wird und dass die Bestandsfähigkeit des Schuldners sicher- oder wiederhergestellt wird.

(2) Dem Restrukturierungsplan ist eine Vermögensübersicht beizufügen, in der die Vermögensgegenstände und die Verbindlichkeiten, die sich bei Wirksamwerden des Plans gegenüberstünden, mit ihren Werten aufgeführt sind. Zudem ist aufzuführen, welche Aufwendungen und Erträge für den Zeitraum, während dessen die Gläubiger befriedigt werden sollen, zu erwarten sind und durch welche Abfolge von Einnahmen und Ausgaben die Zahlungsfähigkeit des Unternehmens

während dieses Zeitraums gewährleistet werden soll. Dabei sind neben den Restrukturierungsforderungen auch die vom Plan unberührt bleibenden Forderungen sowie die künftig nach dem Plan zu begründenden Forderungen zu berücksichtigen.

§ 15 Weitere beizufügende Erklärungen

(1) Handelt es sich bei dem Schuldner um eine Gesellschaft ohne Rechtspersönlichkeit oder eine Kommanditgesellschaft auf Aktien, so ist dem Restrukturierungsplan eine Erklärung der Personen beizufügen, die nach dem Plan persönlich haftende Gesellschafter des Unternehmens sein sollen, dass sie zur Fortführung des Unternehmens auf der Grundlage des Plans bereit sind.

(2) Sollen Gläubiger Anteils- oder Mitgliedschaftsrechte oder Beteiligungen an einer juristischen Person, einem nicht rechtsfähigen Verein oder einer Gesellschaft ohne Rechtspersönlichkeit übernehmen, so ist dem Restrukturierungsplan die Zustimmungserklärung eines jeden dieser Gläubiger beizufügen.

(3) Hat ein Dritter für den Fall der Bestätigung des Restrukturierungsplans Verpflichtungen gegenüber den Gläubigern übernommen, so ist dem Plan die Erklärung des Dritten beizufügen.

(4) Sieht der Restrukturierungsplan Eingriffe in die Rechte von Gläubigern aus gruppeninternen Drittsicherheiten vor, so ist dem Plan die Zustimmung des verbundenen Unternehmens beizufügen, das die Sicherheit gestellt hat.

§ 16 Checkliste für Restrukturierungspläne

Das Bundesministerium der Justiz und für Verbraucherschutz macht eine Checkliste für Restrukturierungspläne bekannt, welche an die Bedürfnisse von kleinen und mittleren Unternehmen angepasst ist. Die Checkliste wird auf der Internetseite www.bmjv.bund.de veröffentlicht.

Abschnitt 3 - Planabstimmung

Unterabschnitt 1 - Planangebot und Planannahme

§ 17 Planangebot

(1) Das an die Planbetroffenen gerichtete Angebot des Schuldners, den Restrukturierungsplan anzunehmen (Planangebot), hat den deutlichen Hinweis darauf zu enthalten, dass der Plan im Fall seiner mehrheitlichen Annahme und gerichtlichen Bestätigung auch gegenüber Planbetroffenen wirksam wird, die das Angebot nicht annehmen. Dem Planangebot ist der vollständige Restrukturierungsplan nebst Anlagen sowie eine Darstellung der bereits angefallenen und der noch zu erwartenden Kosten des Restrukturierungsverfahrens einschließlich der Vergütung des Restrukturierungsbeauftragten beizufügen.

(2) Aus dem Planangebot muss hervorgehen, mit welchen Forderungen oder Rechten der jeweilige Planbetroffene in den Restrukturierungsplan einbezogen ist, welchen Gruppen der Planbetroffene zugeordnet ist und welche Stimmrechte die ihm zustehenden Forderungen und Rechte gewähren.

(3) Hat der Schuldner vor Abgabe des Planangebots nicht allen Planbetroffenen Gelegenheit zur gemeinschaftlichen Erörterung des Plans oder des Restrukturierungskonzepts gegeben, das durch den Plan umgesetzt werden soll, hat das Planangebot den Hinweis darauf zu enthalten, dass auf Verlangen eines Planbetroffenen oder mehrerer Planbetroffener eine Versammlung der Planbetroffenen zwecks Erörterung des Plans abgehalten wird.

(4) Sofern im Verhältnis zu einzelnen Planbetroffenen nichts anderes vereinbart ist, unterliegt das Planangebot der Schriftform. Bestimmt der Schuldner im Planangebot keine andere Form, unterliegt auch die Plannahme der Schriftform.

§ 18 Auslegung des Planangebots

Im Zweifel ist anzunehmen, dass das Planangebot unter der Bedingung steht, dass sämtliche Planbetroffene zustimmen oder dass der Plan gerichtlich bestätigt wird.

§ 19 Annahmefrist

Für die Annahme des Restrukturierungsplans setzt der Schuldner eine Frist. Die Frist beträgt mindestens 14 Tage. Sie kann kürzer sein, wenn dem Plan ein Restrukturierungskonzept zugrunde liegt, das allen Planbetroffenen seit mindestens 14 Tagen in Textform zugänglich gemacht ist.

§ 20 Abstimmung im Rahmen einer Versammlung der Planbetroffenen

(1) Der Schuldner kann den Restrukturierungsplan im Rahmen einer Versammlung der Planbetroffenen zur Abstimmung stellen. Die Einberufung erfolgt schriftlich. Die Einberufungsfrist beträgt 14 Tage. Räumt der Schuldner die Möglichkeit einer elektronischen Teilnahme ein, beträgt die Frist sieben Tage. Der Einberufung ist der vollständige Restrukturierungsplan nebst Anlagen beizufügen.

(2) Das Planangebot kann vorsehen, dass Planbetroffene auch ohne Anwesenheit an dem Versammlungsort teilnehmen und sämtliche oder einzelne ihrer Rechte ganz oder teilweise im Wege elektronischer Kommunikation ausüben können (elektronische Teilnahme).

(3) Den Vorsitz der Versammlung führt der Schuldner. Er hat jedem Planbetroffenen auf Verlangen Auskunft über den Restrukturierungsplan und die für die sachgemäße Beurteilung des Plans relevanten Verhältnisse sowie im Fall des § 2 Absatz 4 Satz 1 jeder betroffenen Tochtergesellschaft zu erteilen. Planbetroffene haben das Recht, Vorschläge zur Abänderung des Plans zu unterbreiten. Die Vorschläge sind dem Schuldner mindestens einen Tag vor dem Beginn der Versammlung in Textform zugänglich zu machen.

(4) In der Versammlung kann auch dann über den Plan abgestimmt werden, wenn dieser aufgrund der Erörterungen in der Versammlung inhaltlich in einzelnen Punkten abgeändert wird.

(5) Jede Gruppe der Planbetroffenen stimmt gesondert ab. Im Übrigen legt der Schuldner die Modalitäten der Abstimmung fest. Üben Planbetroffene ihr Stimmrecht elektronisch aus, ist diesen der Zugang der elektronisch abgegebenen Stimme elektronisch zu bestätigen. Die Stimmabgabe ist auch ohne Teilnahme an der Versammlung bis zum Ende der Abstimmung möglich.

§ 21 Erörterung des Restrukturierungsplans

(1) Findet eine Abstimmung im Rahmen einer Versammlung der Planbetroffenen nicht statt, ist unter den Voraussetzungen des § 17 Absatz 3 auf Verlangen eines Planbetroffenen eine Versammlung der Planbetroffenen zur Erörterung des Plans abzuhalten.

(2) Die Einberufung erfolgt schriftlich. Die Frist zur Einberufung beträgt mindestens 14 Tage. Räumt der Schuldner die Möglichkeit einer elektronischen Teilnahme ein, beträgt die Frist sieben Tage.

(3) § 20 Absatz 3 gilt entsprechend.

(4) Findet die Versammlung nach Ablauf einer zur Planannahme gesetzten Frist statt, verlängert sich diese bis zum Ablauf des Tags der Versammlung oder bis zu dem Termin, den der Schuldner bis zum Ende der Versammlung bestimmt. Hatte sich ein Planbetroffener bereits zum Planangebot erklärt, entfällt die Bindung an diese Erklärung, wenn er sich binnen der verlängerten Frist erneut erklärt.

§ 22 Dokumentation der Abstimmung

(1) Der Schuldner dokumentiert den Ablauf des Planannahmeverfahrens und hält das Ergebnis der Abstimmung nach Ablauf der Annahmefrist oder nach Durchführung der Abstimmung unverzüglich schriftlich fest. Ist die Auswahl der Planbetroffenen, deren Einteilung in Gruppen oder die Zuweisung von Stimmrechten streitig geworden, ist dies in der Dokumentation zu vermerken.

(2) Die Dokumentation ist den Planbetroffenen unverzüglich zugänglich zu machen.

§ 23 Gerichtliches Planabstimmungsverfahren

Der Schuldner kann den Restrukturierungsplan in einem gerichtlichen Verfahren zur Abstimmung stellen, welches nach den §§ 45 und 46 durchzuführen ist; die §§ 17 bis 22 finden in diesem Fall keine Anwendung.

Unterabschnitt 2 - Stimmrecht und erforderliche Mehrheiten

§ 24 Stimmrecht

(1) Das Stimmrecht richtet sich

1. bei Restrukturierungsforderungen nach deren Betrag, soweit sich aus Absatz 2 nichts anders ergibt,
2. bei Absonderungsanwartschaften und gruppeninternen Drittsicherheiten nach deren Wert und
3. bei Anteils- oder Mitgliedschaftsrechten nach dem Anteil am gezeichneten Kapital oder Vermögen des Schuldners; Stimmrechtsbeschränkungen, Sonder- oder Mehrstimmrechte bleiben außer Betracht.

(2) Für Zwecke der Bestimmung des Stimmrechts, das Restrukturierungsforderungen gewähren, werden angesetzt:

1. bedingte Forderungen mit dem ihnen unter Berücksichtigung der Wahrscheinlichkeit des Bedingungseintritts zukommenden Wert;
2. unverzinsliche Forderungen mit dem Betrag, der sich in Anwendung des § 41 Absatz 2 der Insolvenzordnung durch Abzinsung auf den Tag der Planvorlage ergibt;
3. Forderungen, die auf Geldbeträge unbestimmter Höhe gerichtet oder in ausländischer Währung oder einer Rechnungseinheit ausgedrückt sind, mit dem nach § 45 der Insolvenzordnung zu bestimmenden Wert;
4. auf wiederkehrende Leistungen gerichtete Forderungen mit dem nach Maßgabe des § 46 der Insolvenzordnung bestimmten Wert.

(3) Durch Absonderungsanwartschaften oder gruppeninterne Drittsicherheiten gesicherte Forderungen vermitteln in einer Gruppe von Restrukturierungsgläubigern nur insoweit ein Stimmrecht, wie der Schuldner für die gesicherten Forderungen auch persönlich haftet und der Inhaber der Absonderungsanwartschaft auf diese verzichtet oder mit einer abgesonderten Befriedigung ausfallen würde. Solange der Ausfall nicht feststeht, ist die Forderung mit dem mutmaßlichen Ausfall zu berücksichtigen.

(4) Ist das auf eine Forderung oder ein Recht entfallende Stimmrecht streitig, kann der Schuldner der Abstimmung das Stimmrecht zugrunde legen, das er den Planbetroffenen zugewiesen hat. In der Dokumentation der Abstimmung vermerkt er, dass, inwieweit und aus welchem Grund das Stimmrecht streitig ist.

§ 25 Erforderliche Mehrheiten

(1) Zur Annahme des Restrukturierungsplans ist erforderlich, dass in jeder Gruppe auf die dem Plan zustimmenden Gruppenmitglieder mindestens drei Viertel der Stimmrechte in dieser Gruppe entfallen.

(2) Planbetroffene, denen eine Forderung oder ein Recht gemeinschaftlich zusteht, werden bei der Abstimmung als ein Planbetroffener behandelt. Entsprechendes gilt, wenn an einem Recht ein Pfandrecht oder ein Nießbrauch besteht.

§ 26 Gruppenübergreifende Mehrheitsentscheidung

(1) Wird in einer Gruppe die nach § 25 erforderliche Mehrheit nicht erreicht, gilt die Zustimmung dieser Gruppe als erteilt, wenn

1. die Mitglieder dieser Gruppe durch den Restrukturierungsplan voraussichtlich nicht schlechter gestellt werden als sie ohne einen Plan stünden,
2. die Mitglieder dieser Gruppe angemessen an dem wirtschaftlichen Wert beteiligt werden, der auf der Grundlage des Plans den Planbetroffenen zufließen soll (Planwert), und

3. die Mehrheit der abstimmenden Gruppen dem Plan mit den erforderlichen Mehrheiten zugestimmt hat; wurden lediglich zwei Gruppen gebildet, genügt die Zustimmung der anderen Gruppe; die zustimmenden Gruppen dürfen nicht ausschließlich durch Anteilsinhaber oder nachrangige Restrukturierungsgläubiger gebildet sein.

(2) Wird die nach § 25 erforderliche Mehrheit in einer Gruppe nicht erreicht, die nach § 9 Absatz 1 Satz 3 zu bilden ist, so gelten Absatz 1, § 27 Absatz 1 und § 28 für diese Gruppe nur, wenn die vorgesehene Entschädigung die Inhaber der Rechte aus der gruppeninternen Drittsicherheit für den zu erleidenden Rechtsverlust oder den Verlust der Haftung des persönlich haftenden Gesellschafters angemessen entschädigt.

§ 27 Absolute Priorität

(1) Eine Gruppe von Gläubigern ist angemessen am Planwert beteiligt, wenn

1. kein anderer planbetroffener Gläubiger wirtschaftliche Werte erhält, die den vollen Betrag seines Anspruchs übersteigen,
2. weder ein planbetroffener Gläubiger, der ohne einen Plan in einem Insolvenzverfahren mit Nachrang gegenüber den Gläubigern der Gruppe zu befriedigen wäre, noch der Schuldner oder eine an dem Schuldner beteiligte Person einen nicht durch Leistung in das Vermögen des Schuldners vollständig ausgeglichenen wirtschaftlichen Wert erhält und
3. kein planbetroffener Gläubiger, der in einem Insolvenzverfahren gleichrangig mit den Gläubigern der Gruppe zu befriedigen wäre, bessergestellt wird als diese Gläubiger.

(2) Für eine Gruppe der an dem Schuldner beteiligten Personen liegt eine angemessene Beteiligung am Planwert vor, wenn nach dem Plan

1. kein planbetroffener Gläubiger wirtschaftliche Werte erhält, die den vollen Betrag seines Anspruchs übersteigen, und
2. vorbehaltlich des § 28 Absatz 2 Nummer 1 keine an dem Schuldner beteiligte Person, die ohne Plan den Mitgliedern der Gruppe gleichgestellt wäre, einen wirtschaftlichen Wert behält.

§ 28 Durchbrechung der absoluten Priorität

(1) Der angemessenen Beteiligung einer Gruppe von planbetroffenen Gläubigern am Planwert steht es nicht entgegen, wenn eine von § 27 Absatz 1 Nummer 3 abweichende Regelung nach der Art der zu bewältigenden wirtschaftlichen Schwierigkeiten und nach den Umständen sachgerecht ist. Eine von § 27 Absatz 1 Nummer 3 abweichende Regelung ist nicht sachgerecht, wenn auf die überstimmte Gruppe mehr als die Hälfte der Stimmrechte der Gläubiger der betroffenen Rangklasse entfällt.

(2) Einer angemessenen Beteiligung einer Gruppe von planbetroffenen Gläubigern am Planwert steht es nicht entgegen, wenn der Schuldner oder eine an dem Schuldner beteiligte Person entgegen § 27 Absatz 1 Nummer 2 am Unternehmensvermögen beteiligt bleibt, sofern

1. die Mitwirkung des Schuldners oder der an dem Schuldner beteiligten Person an der Fortführung des Unternehmens infolge besonderer, in seiner Person liegender Umstände unerlässlich ist, um den Planwert zu verwirklichen, und sich der Schuldner oder die an dem Schuldner beteiligte Person im Plan zu der erforderlichen Mitwirkung sowie zur Übertragung der wirtschaftlichen Werte für den Fall verpflichtet, dass seine Mitwirkung aus von ihm zu vertretenden Gründen vor dem Ablauf von fünf Jahren oder einer kürzeren, für den Planvollzug vorgesehenen Frist endet oder
2. die Eingriffe in die Rechte der Gläubiger geringfügig sind, insbesondere, weil die Rechte nicht gekürzt werden und deren Fälligkeiten um nicht mehr als 18 Monate verschoben werden.

Kapitel 2 – Stabilisierungs- und Restrukturierungsinstrumente

Abschnitt 1 - Allgemeine Bestimmungen

Unterabschnitt 1 - Instrumente des Stabilisierungs- und Restrukturierungsrahmens; Verfahren

§ 29 Instrumente des Stabilisierungs- und Restrukturierungsrahmens

(1) Zur nachhaltigen Beseitigung einer drohenden Zahlungsunfähigkeit im Sinne des § 18 Absatz 2 der Insolvenzordnung können die in Absatz 2 genannten Verfahrenshilfen des Stabilisierungs- und Restrukturierungsrahmens (Instrumente) in Anspruch genommen werden.

(2) Instrumente des Stabilisierungs- und Restrukturierungsrahmens im Sinne des Absatzes 1 sind:

1. die Durchführung eines gerichtlichen Planabstimmungsverfahrens (gerichtliche Planabstimmung),
2. die gerichtliche Vorprüfung von Fragen, die für die Bestätigung des Restrukturierungsplans erheblich sind (Vorprüfung),
3. die gerichtliche Anordnung von Regelungen zur Einschränkung von Maßnahmen der individuellen Rechtsdurchsetzung (Stabilisierung) und
4. die gerichtliche Bestätigung eines Restrukturierungsplans (Planbestätigung).

(3) Soweit sich aus den Bestimmungen dieses Gesetzes nichts Abweichendes ergibt, kann der Schuldner die Instrumente des Stabilisierungs- und Restrukturierungsrahmens unabhängig voneinander in Anspruch nehmen.

§ 30 Restrukturierungsfähigkeit

(1) Die Instrumente des Stabilisierungs- und Restrukturierungsrahmens können vorbehaltlich des Absatzes 2 von jedem insolvenzfähigen Schuldner in Anspruch genommen werden. Für natürliche Personen gilt dies nur, soweit sie unternehmerisch tätig sind.

(2) Die Bestimmungen dieses Kapitels sind auf Unternehmen der Finanzbranche im Sinne des § 1 Absatz 19 des Kreditwesengesetzes nicht anzuwenden.

§ 31 Anzeige des Restrukturierungsvorhabens

(1) Voraussetzung für die Inanspruchnahme der Instrumente des Stabilisierungs- und Restrukturierungsrahmens ist die Anzeige des Restrukturierungsvorhabens bei dem zuständigen Restrukturierungsgericht.

(2) Der Anzeige sind beizufügen:

1. der Entwurf eines Restrukturierungsplans oder, sofern ein solcher nach dem Stand des angezeigten Vorhabens noch nicht ausgearbeitet und ausgehandelt werden konnte, ein Konzept für die Restrukturierung, welches auf Grundlage einer Darstellung von Art, Ausmaß und Ursachen der Krise das Ziel der Restrukturierung (Restrukturierungsziel) sowie die Maßnahmen beschreibt, welche zur Erreichung des Restrukturierungsziels in Aussicht genommen werden,
2. eine Darstellung des Stands von Verhandlungen mit Gläubigern, an dem Schuldner beteiligten Personen und Dritten zu den in Aussicht genommenen Maßnahmen und
3. eine Darstellung der Vorkehrungen, welche der Schuldner getroffen hat, um seine Fähigkeit sicherzustellen, seine Pflichten nach diesem Gesetz zu erfüllen.

Der Schuldner hat bei der Anzeige zudem anzugeben, ob die Rechte von Verbrauchern oder von mittleren, kleinen oder Kleinstunternehmen berührt werden sollen, insbesondere, weil deren Forderungen oder Absonderungsanwartschaften durch einen Restrukturierungsplan gestaltet oder die Durchsetzung dieser Forderungen durch eine Stabilisierungsanordnung vorübergehend gesperrt werden sollen. Anzugeben ist auch, ob damit zu rechnen ist, dass das Restrukturierungsziel nur gegen den Widerstand einer nach Maßgabe des § 9 zu bildenden Gruppe durchgesetzt werden kann. Des Weiteren sind frühere Restrukturierungssachen unter Angabe des befassten Gerichts und Aktenzeichens anzugeben.

(3) Mit der Anzeige wird die Restrukturierungssache rechtshängig.

(4) Die Anzeige verliert ihre Wirkung, wenn

1. der Schuldner die Anzeige zurücknimmt,
2. die Entscheidung über die Planbestätigung rechtskräftig wird,
3. das Gericht die Restrukturierungssache nach § 33 aufhebt oder
4. seit der Anzeige sechs Monate oder, sofern der Schuldner die Anzeige zuvor erneuert hat, zwölf Monate vergangen sind.

§ 32 Pflichten des Schuldners

(1) Der Schuldner betreibt die Restrukturierungssache mit der Sorgfalt eines ordentlichen und gewissenhaften Sanierungsgeschäftsführers und wahrt dabei die Interessen der Gesamtheit der Gläubiger. Insbesondere unterlässt er Maßnahmen, welche sich mit dem Restrukturierungsziel nicht vereinbaren lassen oder welche die Erfolgsaussichten der in Aussicht genommenen Restrukturierung gefährden. Mit dem Restrukturierungsziel ist es in der Regel nicht vereinbar, Forderungen zu begleichen oder zu besichern, die durch den Restrukturierungsplan gestaltet werden sollen.

(2) Der Schuldner teilt dem Gericht jede wesentliche Änderung mit, welche den Gegenstand des angezeigten Restrukturierungsvorhabens und die Darstellung des Verhandlungsstands betrifft. Hat der Schuldner eine Stabilisierungsanordnung nach § 49 erwirkt, teilt er auch unverzüglich wesentliche Änderungen mit, welche die Restrukturierungsplanung betreffen. Ist ein Restrukturierungsbeauftragter bestellt, bestehen die Pflichten nach den Sätzen 1 und 2 auch gegenüber dem Restrukturierungsbeauftragten.

(3) Während der Rechtshängigkeit der Restrukturierungssache ist der Schuldner verpflichtet, dem Restrukturierungsgericht den Eintritt einer Zahlungsunfähigkeit im Sinne des § 17 Absatz 2 der Insolvenzordnung unverzüglich anzuzeigen. Handelt es sich bei dem Schuldner um eine juristische Person oder um eine Gesellschaft ohne Rechtspersönlichkeit, für deren Verbindlichkeiten keine natürliche Person als unmittelbarer oder mittelbarer Gesellschafter haftet, steht der Zahlungsunfähigkeit eine Überschuldung im Sinne des § 19 Absatz 2 der Insolvenzordnung gleich.

(4) Der Schuldner ist verpflichtet, dem Gericht unverzüglich anzuzeigen, wenn das Restrukturierungsvorhaben keine Aussicht auf Umsetzung hat, insbesondere, wenn infolge der erkennbar gewordenen ernsthaften und endgültigen Ablehnung des vorgelegten Restrukturierungsplans durch Planbetroffene nicht davon ausgegangen werden kann, dass die für eine Planannahme erforderlichen Mehrheiten erreicht werden können.

§ 33 Aufhebung der Restrukturierungssache

(1) Das Restrukturierungsgericht hebt die Restrukturierungssache von Amts wegen auf, wenn

1. der Schuldner einen Insolvenzantrag stellt oder über das Vermögen des Schuldners ein Insolvenzverfahren eröffnet ist,
2. das Restrukturierungsgericht für die Restrukturierungssache unzuständig ist und der Schuldner innerhalb einer vom Restrukturierungsgericht gesetzten Frist keinen Verweisungsantrag gestellt oder die Anzeige zurückgenommen hat oder
3. der Schuldner in schwerwiegender Weise gegen seine Pflichten zur Mitwirkung und Auskunftserteilung gegenüber dem Gericht oder einem Restrukturierungsbeauftragten verstößt.

(2) Das Gericht hebt die Restrukturierungssache ferner auf, wenn

1. der Schuldner seine Zahlungsunfähigkeit oder Überschuldung nach § 32 Absatz 3 angezeigt hat oder andere Umstände bekannt sind, aus denen sich ergibt, dass der Schuldner

insolvenzreif ist; von einer Aufhebung der Restrukturierungssache kann abgesehen werden, wenn die Eröffnung eines Insolvenzverfahrens mit Blick auf den erreichten Stand in der Restrukturierungssache offensichtlich nicht im Interesse der Gesamtheit der Gläubiger liegen würde; von einer Aufhebung kann auch abgesehen werden, wenn die Zahlungsunfähigkeit oder Überschuldung aus der Kündigung oder sonstigen Fälligstellung einer Forderung resultiert, die nach dem angezeigten Restrukturierungskonzept einer Gestaltung durch den Plan unterworfen werden soll, sofern die Erreichung des Restrukturierungsziels überwiegend wahrscheinlich ist,

2. sich aufgrund einer Anzeige nach § 32 Absatz 4 oder aus sonstigen Umständen ergibt, dass das angezeigte Restrukturierungsvorhaben keine Aussicht auf Umsetzung hat,
3. ihm Umstände bekannt sind, aus denen sich ergibt, dass der Schuldner in schwerwiegender Weise gegen die ihm nach § 32 obliegenden Pflichten verstoßen hat, oder
4. in einer früheren Restrukturierungssache
   a) der Schuldner eine Stabilisierungsanordnung oder eine Planbestätigung erwirkt hat oder
   b) eine Aufhebung nach Nummer 3 oder nach Absatz 1 Nummer 3 erfolgt ist.

Satz 1 Nummer 4 ist nicht anwendbar, wenn der Anlass für die frühere Restrukturierungssache infolge einer nachhaltigen Sanierung bewältigt wurde. Sind seit dem Ende des Anordnungszeitraums oder der Entscheidung über den Antrag auf Planbestätigung in der früheren Restrukturierungssache weniger als drei Jahre vergangen, ist im Zweifel anzunehmen, dass eine nachhaltige Sanierung nicht erfolgt ist. Der Inanspruchnahme von Instrumenten des Restrukturierungsrahmens steht ein in Eigenverwaltung geführtes Insolvenzverfahren gleich.

(3) Eine Aufhebung der Restrukturierungssache unterbleibt, solange das Gericht von einer Aufhebung einer Stabilisierungsanordnung gemäß § 59 Absatz 3 abgesehen hat.

(4) Gegen die Aufhebung der Restrukturierungssache nach den Absätzen 1 bis 3 steht dem Schuldner die sofortige Beschwerde zu.

§ 34 Restrukturierungsgericht; Verordnungsermächtigung

(1) Für Entscheidungen in Restrukturierungssachen ist das Amtsgericht, in dessen Bezirk ein Oberlandesgericht seinen Sitz hat, als Restrukturierungsgericht für den Bezirk des Oberlandesgerichts ausschließlich zuständig. Ist dieses Amtsgericht nicht für Regelinsolvenzsachen zuständig, so ist das Amtsgericht zuständig, das für Regelinsolvenzsachen am Sitz des Oberlandesgerichts zuständig ist.

(2) Die Landesregierungen werden ermächtigt, zur sachdienlichen Förderung oder schnelleren Erledigung von Restrukturierungssachen durch Rechtsverordnung

1. innerhalb eines Bezirks die Zuständigkeit eines anderen, für Regelinsolvenzsachen zuständigen Amtsgerichts zu bestimmen oder
2. die Zuständigkeit eines Restrukturierungsgerichts innerhalb eines Landes zusätzlich auf den Bezirk eines oder mehrerer weiterer Oberlandesgerichte zu erstrecken.

Die Landesregierungen können die Ermächtigung durch Rechtsverordnung auf die Landesjustizverwaltungen übertragen. Mehrere Länder können die Errichtung gemeinsamer Abteilungen eines Amtsgerichts für Restrukturierungssachen oder die Ausdehnung von Gerichtsbezirken für Restrukturierungssachen über die Landesgrenzen hinaus vereinbaren.

§ 35 Örtliche Zuständigkeit

Örtlich zuständig ist ausschließlich das Restrukturierungsgericht, in dessen Bezirk der Schuldner seinen allgemeinen Gerichtsstand hat. Liegt der Mittelpunkt einer wirtschaftlichen Tätigkeit des Schuldners an einem anderen Ort, so ist ausschließlich das Restrukturierungsgericht zuständig, in dessen Bezirk dieser Ort liegt.

§ 36 Einheitliche Zuständigkeit

Für alle Entscheidungen und Maßnahmen in der Restrukturierungssache ist die Abteilung zuständig, die für die erste Entscheidung zuständig war.

§ 37 Gruppen-Gerichtsstand

(1) Auf Antrag eines Schuldners, der einer Unternehmensgruppe im Sinne des § 3e der Insolvenzordnung angehört (gruppenangehöriger Schuldner), erklärt sich das angerufene Restrukturierungsgericht für Restrukturierungssachen anderer gruppenangehöriger Schuldner (Gruppen-Folgeverfahren) für zuständig, wenn dieser Schuldner einen zulässigen Antrag in der Restrukturierungssache gestellt hat und er nicht offensichtlich von untergeordneter Bedeutung für die gesamte Unternehmensgruppe ist.

(2) § 3a Absatz 1 Satz 2 bis 4, Absatz 2, die §§ 3b, 3c Absatz 1, § 3d Absatz 1 Satz 1, Absatz 2 Satz 1 und § 13a der Insolvenzordnung gelten entsprechend.

(3) Auf Antrag des Schuldners erklärt sich unter den Voraussetzungen des Absatzes 1 das für Gruppen-Folgeverfahren in Restrukturierungssachen zuständige Gericht als Insolvenzgericht auch für Gruppen-Folgeverfahren in Insolvenzsachen nach § 3a Absatz 1 der Insolvenzordnung für zuständig.

§ 38 Anwendbarkeit der Zivilprozessordnung

Für Verfahren in Restrukturierungssachen gelten, soweit dieses Gesetz nichts anderes bestimmt, die Vorschriften der Zivilprozessordnung entsprechend. § 128a der Zivilprozessordnung gilt mit der Maßgabe, dass bei Versammlungen und Terminen die Beteiligten in der Ladung auf die Verpflichtung hinzuweisen sind, wissentliche Ton- und Bildaufzeichnungen zu unterlassen und durch geeignete Maßnahmen sicherzustellen, dass Dritte die Ton- und Bildübertragung nicht wahrnehmen können.

§ 39 Verfahrensgrundsätze

(1) Das Restrukturierungsgericht hat von Amts wegen alle Umstände zu ermitteln, die für das Verfahren in der Restrukturierungssache von Bedeutung sind, soweit in diesem Gesetz nichts Abweichendes bestimmt ist. Es kann zu diesem Zweck insbesondere Zeugen und Sachverständige vernehmen.

(2) Der Schuldner hat dem Restrukturierungsgericht die Auskünfte zu erteilen, die zur Entscheidung über seine Anträge erforderlich sind, und es auch sonst bei der Erfüllung seiner Aufgaben zu unterstützen.

(3) Die Entscheidungen des Restrukturierungsgerichts können ohne mündliche Verhandlung ergehen. Findet eine mündliche Verhandlung statt, so ist § 227 Absatz 3 Satz 1 der Zivilprozessordnung nicht anzuwenden.

§ 40 Rechtsmittel

(1) Die Entscheidungen des Restrukturierungsgerichts unterliegen nur in den Fällen einem Rechtsmittel, in denen dieses Gesetz die sofortige Beschwerde vorsieht. Die sofortige Beschwerde ist bei dem Restrukturierungsgericht einzulegen.

(2) Die Beschwerdefrist beginnt mit der Verkündung der Entscheidung oder, wenn diese nicht verkündet wird, mit deren Zustellung.

(3) Die Entscheidung über die Beschwerde wird erst mit der Rechtskraft wirksam. Das Beschwerdegericht kann jedoch die sofortige Wirksamkeit der Entscheidung anordnen.

§ 41 Zustellungen

(1) Zustellungen erfolgen von Amts wegen, ohne dass es einer Beglaubigung des zuzustellenden Schriftstücks bedarf. Sie können dadurch bewirkt werden, dass das Schriftstück unter der Anschrift des Zustellungsadressaten zur Post gegeben wird; § 184 Absatz 2 Satz 1, 2 und 4 der Zivilprozessordnung gilt entsprechend. Soll die Zustellung im Inland bewirkt werden, gilt das Schriftstück drei Tage nach Aufgabe zur Post als zugestellt.

(2) An Personen, deren Aufenthalt unbekannt ist, wird nicht zugestellt. Haben sie einen zur Entgegennahme von Zustellungen berechtigten Vertreter, so wird dem Vertreter zugestellt.

(3) Beauftragt das Gericht den Schuldner mit der Zustellung, erfolgt diese nach Maßgabe der §§ 191 bis 194 der Zivilprozessordnung.

Unterabschnitt 2 - Restrukturierungsrecht

§ 42 Anzeige von Zahlungsunfähigkeit und Überschuldung; Strafvorschrift

(1) Während der Rechtshängigkeit der Restrukturierungssache ruht die Antragspflicht nach § 15a Absatz 1 bis 3 der Insolvenzordnung und § 42 Absatz 2 des Bürgerlichen Gesetzbuchs. Die Antragspflichtigen sind jedoch verpflichtet, dem Restrukturierungsgericht den Eintritt einer Zahlungsunfähigkeit im Sinne des § 17 Absatz 2 der Insolvenzordnung oder einer Überschuldung im Sinne des § 19 Absatz 2 der Insolvenzordnung ohne schuldhaftes Zögern anzuzeigen.

(2) Die Stellung eines den Anforderungen des § 15a der Insolvenzordnung genügenden Insolvenzantrags gilt als rechtzeitige Erfüllung der Anzeigepflicht nach Absatz 1 Satz 2.

(3) Mit Freiheitsstrafe bis zu drei Jahren oder mit Geldstrafe wird bestraft, wer entgegen Absatz 1 Satz 2 den Eintritt der Zahlungsunfähigkeit oder der Überschuldung nicht oder nicht rechtzeitig anzeigt. Handelt der Täter fahrlässig, ist die Strafe Freiheitsstrafe bis zu einem Jahr oder Geldstrafe. Die Sätze 1 und 2 sind nicht anzuwenden auf Vereine und Stiftungen, für die die Pflicht nach Absatz 1 Satz 1 gilt.

(4) Wenn die Anzeige der Restrukturierungssache nach § 31 Absatz 4 ihre Wirkung verliert, leben die nach Absatz 1 Satz 1 ruhenden Antragspflichten wieder auf.

§ 43 Pflichten und Haftung der Organe

(1) Handelt es sich bei dem Schuldner um eine juristische Person oder um eine Gesellschaft ohne Rechtspersönlichkeit im Sinne des § 15a Absatz 1 Satz 3, Absatz 2 der Insolvenzordnung, wirken dessen Geschäftsleiter darauf hin, dass der Schuldner die Restrukturierungssache mit der Sorgfalt eines ordentlichen und gewissenhaften Geschäftsleiters betreibt und die Interessen der Gesamtheit der Gläubiger wahrt. Für die Verletzung dieser Pflicht haften sie dem Schuldner in Höhe des den Gläubigern entstandenen Schadens, es sei denn sie haben die Pflichtverletzung nicht zu vertreten.

(2) Ein Verzicht des Schuldners auf Ansprüche nach Absatz 1 Satz 2 oder ein Vergleich über diese Ansprüche ist unwirksam, soweit der Ersatz zur Befriedigung der Gläubiger erforderlich ist. Dies gilt nicht, wenn sich der Ersatzpflichtige zur Abwendung eines Insolvenzverfahrens über sein Vermögen mit seinen Gläubigern vergleicht, wenn die Ersatzpflicht in einem Insolvenzplan geregelt wird oder wenn für den Ersatzberechtigten ein Insolvenzverwalter handelt.

(3) Ansprüche nach Absatz 1 Satz 2 verjähren in fünf Jahren. Ist der Schuldner zum Zeitpunkt der Pflichtverletzung eine börsennotierte Gesellschaft, verjähren die Ansprüche in zehn Jahren.

§ 44 Verbot von Lösungsklauseln

(1) Die Rechtshängigkeit der Restrukturierungssache oder die Inanspruchnahme von Instrumenten des Stabilisierungs- und Restrukturierungsrahmens durch den Schuldner ist ohne Weiteres kein Grund

1. für die Beendigung von Vertragsverhältnissen, an denen der Schuldner beteiligt ist,
2. für die Fälligstellung von Leistungen oder
3. für ein Recht des anderen Teils, die diesem obliegende Leistung zu verweigern oder die Anpassung oder anderweitige Gestaltung des Vertrags zu verlangen.

Sie berühren ohne Weiteres auch nicht die Wirksamkeit des Vertrags.

(2) Dem Absatz 1 entgegenstehende Vereinbarungen sind unwirksam.

(3) Die Absätze 1 und 2 gelten nicht für Geschäfte nach § 104 Absatz 1 der Insolvenzordnung und Vereinbarungen über das Liquidationsnetting nach § 104 Absatz 3 und 4 der Insolvenzordnung und Finanzsicherheiten im Sinne von § 1 Absatz 17 des Kreditwesengesetzes. Dies gilt

auch für Geschäfte, die im Rahmen eines Systems nach § 1 Absatz 16 des Kreditwesengesetzes der Verrechnung von Ansprüchen und Leistungen unterliegen.

Abschnitt 2 - Gerichtliche Planabstimmung

§ 45 Erörterungs- und Abstimmungstermin

(1) Auf Antrag des Schuldners bestimmt das Restrukturierungsgericht einen Termin, in dem der Restrukturierungsplan und das Stimmrecht der Planbetroffenen erörtert werden und anschließend über den Plan abgestimmt wird. Die Ladungsfrist beträgt mindestens 14 Tage.

(2) Dem Antrag ist der vollständige Restrukturierungsplan nebst Anlagen beizufügen.

(3) Die Planbetroffenen sind zu dem Termin zu laden. Der Ladung ist der vollständige Restrukturierungsplan nebst Anlagen beizufügen. Die Ladung enthält den Hinweis darauf, dass der Termin und die Abstimmung auch dann durchgeführt werden können, wenn nicht alle Planbetroffenen teilnehmen. Das Gericht kann den Schuldner mit der Zustellung der Ladungen beauftragen.

(4) Auf das Verfahren finden die §§ 239 bis 242 der Insolvenzordnung sowie die §§ 24 bis 28 dieses Gesetzes entsprechende Anwendung. Ist streitig, welches Stimmrecht die Forderung, die Absonderungsanwartschaft, die gruppeninterne Drittsicherheit oder das Anteils- oder Mitgliedschaftsrecht einem Planbetroffenen gewährt und lässt sich darüber keine Einigung zwischen den Beteiligten erzielen, legt das Gericht das Stimmrecht fest.

§ 46 Vorprüfungstermin

(1) Auf Antrag des Schuldners bestimmt das Gericht einen gesonderten Termin zur Vorprüfung des Restrukturierungsplans vor dem Erörterungs- und Abstimmungstermin. Gegenstand dieser Vorprüfung kann jede Frage sein, die für die Bestätigung des Restrukturierungsplans erheblich ist, insbesondere,

1. ob die Auswahl der Planbetroffenen und die Einteilung der Planbetroffenen in Gruppen den Anforderungen der §§ 8 und 9 entspricht,
2. welches Stimmrecht eine Restrukturierungsforderung, eine Absonderungsanwartschaft oder ein Anteils- oder Mitgliedschaftsrecht gewährt oder
3. ob dem Schuldner die Zahlungsunfähigkeit droht.

§ 45 Absatz 3 gilt entsprechend. Die Ladungsfrist beträgt mindestens sieben Tage.

(2) Das Ergebnis der Vorprüfung fasst das Gericht in einem Hinweis zusammen.

(3) Das Gericht kann einen Vorprüfungstermin auch von Amts wegen bestimmen, wenn dies zweckmäßig ist.

Abschnitt 3 - Vorprüfung

§ 47 Antrag

Auf Antrag des Schuldners führt das Restrukturierungsgericht auch dann eine Vorprüfung durch, wenn der Restrukturierungsplan nicht im gerichtlichen Verfahren zur Abstimmung gebracht werden soll. Gegenstand einer solchen Vorprüfung kann jede Frage sein, die für die Bestätigung des Restrukturierungsplans erheblich ist. Neben den in § 46 Absatz 1 Satz 2 genannten Gegenständen können dies insbesondere auch die Anforderungen sein, die an das Planabstimmungsverfahren nach den §§ 17 bis 22 zu stellen sind.

§ 48 Verfahren

(1) Die von der Vorprüfungsfrage berührten Planbetroffenen sind anzuhören.

(2) Das Ergebnis der Vorprüfung fasst das Gericht in einem Hinweis zusammen. Der Hinweis soll innerhalb von zwei Wochen nach Antragstellung oder, sofern ein Anhörungstermin stattfindet, innerhalb von zwei Wochen nach diesem Termin ergehen. Für die Ladung zu dem Anhörungstermin gelten § 45 Absatz 3 und § 46 Absatz 1 Satz 4 entsprechend.

Abschnitt 4 - Stabilisierung

§ 49 Stabilisierungsanordnung

(1) Soweit dies zur Wahrung der Aussichten auf die Verwirklichung des Restrukturierungsziels erforderlich ist, ordnet das Restrukturierungsgericht auf Antrag des Schuldners an, dass

1. Maßnahmen der Zwangsvollstreckung gegen den Schuldner untersagt oder einstweilen eingestellt werden (Vollstreckungssperre) und
2. Rechte an Gegenständen des beweglichen Vermögens, die im Fall der Eröffnung eines Insolvenzverfahrens als Ab- oder Aussonderungsrecht geltend gemacht werden könnten, von dem Gläubiger nicht durchgesetzt werden dürfen und dass solche Gegenstände zur Fortführung des Unternehmens des Schuldners eingesetzt werden können, soweit sie hierfür von erheblicher Bedeutung sind (Verwertungssperre).

(2) Forderungen, die nach § 4 einer Gestaltung durch einen Restrukturierungsplan unzugänglich sind, bleiben von einer Anordnung nach Absatz 1 und deren vertragsrechtlichen Wirkungen unberührt. Die Anordnung kann sich im Übrigen gegen einzelne, mehrere oder alle Gläubiger richten.

(3) Die Anordnung nach Absatz 1 kann auch das Recht von Gläubigern zur Durchsetzung von Rechten aus gruppeninternen Drittsicherheiten (§ 2 Absatz 4) sperren.

§ 50 Antrag

(1) Der Schuldner hat die beantragte Stabilisierungsanordnung nach § 49 Absatz 1 ihrem Inhalt, dem Adressatenkreis und der Dauer nach zu bezeichnen.

(2) Der Schuldner fügt dem Antrag eine Restrukturierungsplanung bei, welche umfasst:

1. einen auf den Tag der Antragstellung aktualisierten Entwurf des Restrukturierungsplans oder ein auf diesen Tag aktualisiertes Konzept für die Restrukturierung nach § 31 Absatz 2 Satz 1 Nummer 1,
2. einen Finanzplan, der den Zeitraum von sechs Monaten umfasst und eine fundierte Darstellung der Finanzierungsquellen enthält, durch welche die Fortführung des Unternehmens in diesem Zeitraum sichergestellt werden soll; dabei bleiben Finanzierungsquellen außer Betracht, die sich mit dem Restrukturierungsziel nicht vereinbaren lassen.

(3) Des Weiteren hat der Schuldner zu erklären,

1. ob, in welchem Umfang und gegenüber welchen Gläubigern er sich mit der Erfüllung von Verbindlichkeiten aus Arbeitsverhältnissen, Pensionszusagen oder dem Steuerschuldverhältnis, gegenüber den Sozialversicherungsträgern oder Lieferanten in Verzug befindet,
2. ob und in welchen Verfahren zu seinen Gunsten innerhalb der letzten drei Jahre vor dem Antrag Vollstreckungs- oder Verwertungssperren nach diesem Gesetz oder nach § 21 Absatz 2 Satz 1 Nummer 3 oder 5 der Insolvenzordnung angeordnet wurden und
3. ob er für die letzten drei abgeschlossenen Geschäftsjahre seinen Verpflichtungen aus den §§ 325 bis 328 oder aus § 339 des Handelsgesetzbuchs nachgekommen ist.

§ 51 Voraussetzungen der Stabilisierungsanordnung

(1) Die Stabilisierungsanordnung ergeht, wenn die von dem Schuldner vorgelegte Restrukturierungsplanung vollständig und schlüssig ist und keine Umstände bekannt sind, aus denen sich ergibt, dass

1. die Restrukturierungsplanung oder die Erklärungen zu § 50 Absatz 3 in wesentlichen Punkten auf unzutreffenden Tatsachen beruht oder beruhen,
2. die Restrukturierung aussichtslos ist, weil keine Aussicht darauf besteht, dass ein das Restrukturierungskonzept umsetzender Plan von den Planbetroffenen angenommen oder vom Gericht bestätigt werden würde,
3. der Schuldner noch nicht drohend zahlungsunfähig ist oder

4. die beantragte Anordnung nicht erforderlich ist, um das Restrukturierungsziel zu verwirklichen.

Schlüssig ist die Planung, wenn nicht offensichtlich ist, dass sich das Restrukturierungsziel nicht auf Grundlage der in Aussicht genommenen Maßnahmen erreichen lässt. Weist die Restrukturierungsplanung behebbare Mängel auf, erlässt das Gericht die Anordnung für einen Zeitraum von höchstens 20 Tagen und gibt dem Schuldner auf, die Mängel innerhalb dieses Zeitraums zu beheben.

(2) Sind Umstände bekannt, aus denen sich ergibt, dass

1. erhebliche Zahlungsrückstände gegenüber den in § 50 Absatz 3 Nummer 1 genannten Gläubigern bestehen oder
2. der Schuldner für mindestens eines der letzten drei abgeschlossenen Geschäftsjahre gegen die Offenlegungspflichten nach den §§ 325 bis 328 oder nach § 339 des Handelsgesetzbuchs verstoßen hat,

erfolgt die Stabilisierungsanordnung nur, wenn trotz dieser Umstände zu erwarten ist, dass der Schuldner bereit und in der Lage ist, seine Geschäftsführung an den Interessen der Gläubigergesamtheit auszurichten. Dies gilt auch, wenn zugunsten des Schuldners in den letzten drei Jahren vor der Stellung des Antrags die in § 49 Absatz 1 genannten Vollstreckungs- oder Verwertungssperren oder vorläufige Sicherungsanordnungen nach § 21 Absatz 1 Satz 2 Nummer 3 oder 5 der Insolvenzordnung angeordnet wurden, sofern nicht der Anlass dieser Anordnungen durch eine nachhaltige Sanierung des Schuldners bewältigt wurde.

(3) Liegt zum Zeitpunkt der Stabilisierungsanordnung kein Restrukturierungsplan vor, kann das Gericht dem Schuldner eine Frist setzen, binnen derer der Restrukturierungsplan vorzulegen ist.

(4) Die Stabilisierungsanordnung ist allen Gläubigern, die von ihr betroffen sind, zuzustellen. In öffentlichen Restrukturierungssachen (§ 84) kann auf eine Zustellung verzichtet werden, wenn sich die Anordnung mit Ausnahme der in § 4 genannten Gläubiger gegen alle Gläubiger richtet.

(5) Das Restrukturierungsgericht entscheidet über den Antrag auf Erlass der Stabilisierungsanordnung durch Beschluss. Soweit das Gericht den Antrag zurückweist, steht dem Schuldner gegen den Beschluss die sofortige Beschwerde zu.

§ 52 Folgeanordnung, Neuanordnung

Unter den Voraussetzungen des § 51 Absatz 1 und 2 kann eine Stabilisierungsanordnung auf weitere Gläubiger erstreckt, inhaltlich erweitert oder zeitlich verlängert werden (Folgeanordnung) oder, sofern die Anordnungsdauer bereits überschritten ist, erneuert werden (Neuanordnung).

§ 53 Anordnungsdauer

(1) Die Stabilisierungsanordnung kann für eine Dauer von bis zu drei Monaten ergehen.

(2) Folge- oder Neuanordnungen können nur im Rahmen der Anordnungshöchstdauer nach Absatz 1 ergehen, es sei denn,

1. der Schuldner hat den Gläubigern ein Planangebot unterbreitet und
2. es sind keine Umstände bekannt, aus denen sich ergibt, dass mit einer Plannannahme innerhalb eines Monats nicht zu rechnen ist.

In diesem Fall verlängert sich die Anordnungshöchstdauer um einen Monat und die Anordnung richtet sich ausschließlich gegen Planbetroffene.

(3) Hat der Schuldner die gerichtliche Bestätigung des von den Planbetroffenen angenommenen Restrukturierungsplans beantragt, können Folge- oder Neuanordnungen bis zur Rechtskraft der Planbestätigung, höchstens aber bis zum Ablauf von acht Monaten nach dem Erlass der Erstanordnung ergehen. Dies gilt nicht, wenn der Restrukturierungsplan offensichtlich nicht bestätigungsfähig ist.

(4) Absatz 3 ist nicht anzuwenden, wenn der Mittelpunkt der hauptsächlichen Interessen des Schuldners innerhalb eines Zeitraums von drei Monaten vor der ersten Inanspruchnahme von

Instrumenten des Stabilisierungs- und Restrukturierungsrahmens aus einem anderen Mitgliedstaat der Europäischen Union in das Inland verlegt wurde und keine öffentlichen Bekanntmachungen nach den §§ 84 bis 86 erfolgen.

§ 54 Folgen der Verwertungssperre

(1) Ist eine Verwertungssperre ergangen, sind dem Gläubiger die geschuldeten Zinsen zu zahlen und der durch die Nutzung eintretende Wertverlust ist durch laufende Zahlungen an den Gläubiger auszugleichen. Dies gilt nicht, soweit nach der Höhe der Forderung und der sonstigen Belastung des Gegenstands mit einer Befriedigung des Gläubigers aus dem Verwertungserlös nicht zu rechnen ist.

(2) Zieht der Schuldner nach Maßgabe der vertraglichen Vereinbarungen mit dem Berechtigten Forderungen ein, die zur Sicherung eines Anspruchs abgetreten sind, oder veräußert oder verarbeitet er bewegliche Sachen, an denen Rechte bestehen, die im Fall der Eröffnung eines Insolvenzverfahrens als Aus- oder Absonderungsrechte geltend gemacht werden könnten, sind die dabei erzielten Erlöse an den Berechtigten auszukehren oder unterscheidbar zu verwahren, es sei denn, der Schuldner trifft mit dem Berechtigten eine anderweitige Vereinbarung.

§ 55 Vertragsrechtliche Wirkungen

(1) Ist der Schuldner zum Zeitpunkt der Stabilisierunganordnung einem Gläubiger etwas aus einem Vertrag schuldig, so kann der Gläubiger nicht allein wegen der rückständigen Leistung eine ihm im Anordnungszeitraum obliegende Leistung verweigern oder Vertragsbeendigungs- oder -abänderungsrechte geltend machen; unberührt bleibt das Recht des Gläubigers, die Erbringung des Teils der ihm obliegenden Gegenleistung zu verweigern, der auf die rückständige Leistung des Schuldners entfällt. Ergehen Folge- oder Neuanordnungen, ist der Zeitpunkt der Erstanordnung maßgeblich.

(2) Absatz 1 gilt nicht, wenn der Schuldner für die Fortführung des Unternehmens nicht auf die dem Gläubiger obliegende Leistung angewiesen ist.

(3) Ist der Gläubiger vorleistungspflichtig, hat er das Recht, die ihm obliegende Leistung gegen Sicherheitsleistung oder Zug um Zug gegen die dem Schuldner obliegende Leistung zu erbringen. Absatz 1 berührt nicht das Recht von Darlehensgebern, den Darlehensvertrag vor der Auszahlung des Darlehens wegen einer Verschlechterung der Vermögensverhältnisse des Schuldners oder der Werthaltigkeit der für das Darlehen gestellten Sicherheit zu kündigen (§ 490 Absatz 1 des Bürgerlichen Gesetzbuchs). Satz 2 gilt auch für andere Kreditzusagen.

§ 56 Finanzsicherheiten, Zahlungs- und Abwicklungssysteme, Liquidationsnetting

(1) Die Stabilisierungsanordnung berührt nicht die Wirksamkeit von Verfügungen über Finanzsicherheiten nach § 1 Absatz 17 des Kreditwesengesetzes und die Wirksamkeit der Verrechnung von Ansprüchen und Leistungen aus Zahlungsaufträgen, Aufträgen zwischen Zahlungsdienstleistern oder zwischengeschalteten Stellen oder Aufträgen zur Übertragung von Wertpapieren, die in Systeme nach § 1 Absatz 16 des Kreditwesengesetzes eingebracht wurden. Dies gilt auch dann, wenn ein solches Rechtsgeschäft des Schuldners am Tag der Anordnung getätigt und verrechnet oder eine Finanzsicherheit bestellt wird und der andere Teil nachweist, dass er die Anordnung weder kannte noch hätte kennen müssen; ist der andere Teil ein Systembetreiber oder Teilnehmer in dem System, bestimmt sich der Tag der Anordnung nach dem Geschäftstag im Sinne des § 1 Absatz 16b des Kreditwesengesetzes.

(2) Von der Stabilisierungsanordnung und ihren Wirkungen bleiben Geschäfte, die den Gegenstand einer Vereinbarung über das Liquidationsnetting im Sinne von § 104 Absatz 3 und 4 der Insolvenzordnung bilden können, sowie Vereinbarungen über das Liquidationsnetting unberührt. Die aus dem Liquidationsnetting resultierende Forderung kann einer Vollstreckungssperre und, im Rahmen des nach Absatz 1 Zulässigen, auch einer Verwertungssperre unterworfen werden.

§ 57 Haftung der Organe

Handelt es sich bei dem Schuldner um eine juristische Person oder um eine Gesellschaft ohne Rechtspersönlichkeit im Sinne des § 15a Absatz 1 Satz 3, Absatz 2 der Insolvenzordnung und erwirkt er aufgrund vorsätzlich oder fahrlässig unrichtiger Angaben eine Stabilisierungsanordnung, ist der Geschäftsleiter den davon betroffenen Gläubigern zum Ersatz des Schadens verpflichtet, den diese durch die Anordnung erleiden. Dies gilt nicht, wenn ihn kein Verschulden trifft. Die Sätze 1 und 2 gelten auch für den Ersatz des Schadens, der einem Gläubiger aus einer nicht ordnungsgemäßen Auskehrung oder Verwahrung der Erlöse nach § 54 Absatz 2 entsteht. Für Ansprüche nach den Sätzen 1 und 3 gilt § 43 Absatz 3 entsprechend.

§ 58 Insolvenzantrag

Das Verfahren über den Antrag eines Gläubigers, das Insolvenzverfahren über das Vermögen des Schuldners zu eröffnen, wird für die Anordnungsdauer ausgesetzt.

§ 59 Aufhebung und Beendigung der Stabilisierungsanordnung

(1) Das Restrukturierungsgericht hebt die Stabilisierungsanordnung auf, wenn

1. der Schuldner dies beantragt,
2. die Anzeige nach § 31 Absatz 4 ihre Wirkungen verloren hat oder wenn die Voraussetzungen einer Aufhebung der Restrukturierungssache nach § 31 Absatz 4 Nummer 3, § 33 vorliegen,
3. der Schuldner es versäumt, dem Gericht nach Ablauf einer zu diesem Zweck eingeräumten angemessenen Frist den Entwurf eines Restrukturierungsplans zu übermitteln oder
4. Umstände bekannt sind, aus denen sich ergibt, dass der Schuldner nicht bereit und in der Lage ist, seine Geschäftsführung an den Interessen der Gläubigergesamtheit auszurichten, insbesondere weil
   a) die Restrukturierungsplanung in wesentlichen Punkten auf unzutreffenden Tatsachen beruht oder
   b) die Rechnungslegung und Buchführung des Schuldners so unvollständig oder mangelhaft sind, dass sie eine Beurteilung der Restrukturierungsplanung, insbesondere des Finanzplans, nicht ermöglichen.

(2) Die Stabilisierungsanordnung wird wegen der in Absatz 1 Nummer 2 und 4 genannten Gründe auch auf Antrag eines von der Anordnung betroffenen Gläubigers aufgehoben, wenn dieser das Vorliegen des Beendigungsgrunds glaubhaft macht.

(3) Das Restrukturierungsgericht kann von einer Aufhebung absehen, wenn die Fortdauer der Stabilisierungsanordnung geboten erscheint, um im Interesse der Gesamtheit der Gläubiger einen geordneten Übergang in ein Insolvenzverfahren zu gewährleisten. Das Gericht setzt dem Schuldner eine Frist von höchstens drei Wochen, innerhalb derer er dem Gericht die Beantragung eines Insolvenzverfahrens nachzuweisen hat. Nach Ablauf dieser Frist ist die Stabilisierungsanordnung aufzuheben.

(4) Die Stabilisierungsanordnung endet, wenn der Restrukturierungsplan bestätigt ist oder die Planbestätigung versagt wird.

Abschnitt 5 - Planbestätigung

Unterabschnitt 1 - Bestätigungsverfahren

§ 60 Antrag

(1) Auf Antrag des Schuldners bestätigt das Gericht den von den Planbetroffenen angenommenen Restrukturierungsplan durch Beschluss. Der Antrag kann auch im Erörterungs- und Abstimmungstermin gestellt werden. Ist die Planabstimmung nicht im gerichtlichen Verfahren (§ 45) erfolgt, hat der Schuldner dem Antrag auf Bestätigung des Restrukturierungsplans neben dem zur Abstimmung gestellten Plan und seinen Anlagen die Dokumentation über das Abstimmungsergebnis sowie sämtliche Urkunden und sonstigen Nachweise beizufügen, aus denen sich ergibt, wie die Abstimmung durchgeführt wurde und zu welchem Ergebnis sie geführt hat.

(2) Handelt es sich bei dem Schuldner um eine Gesellschaft ohne Rechtspersönlichkeit oder um eine Kommanditgesellschaft auf Aktien, bedarf der Antrag auf Bestätigung eines Restrukturierungsplans, der die persönlich haftenden Gesellschafter nicht von deren Haftung für die durch den Plan gestalteten Forderungen und Rechte befreit, der Zustimmung aller persönlich haftenden Gesellschafter. Dies gilt nicht, soweit es sich bei den persönlich haftenden Gesellschaftern

1. um juristische Personen handelt oder
2. um Gesellschaften ohne Rechtspersönlichkeit handelt, bei denen kein persönlich haftender Gesellschafter eine natürliche Person ist und kein persönlich haftender Gesellschafter selbst eine Gesellschaft ohne Rechtspersönlichkeit ist, bei der ein persönlich haftender Gesellschafter eine natürliche Person ist oder sich die Verbindung von Gesellschaften in dieser Art fortsetzt.

§ 61 Anhörung

Vor der Entscheidung über die Bestätigung des Restrukturierungsplans kann das Gericht die Planbetroffenen anhören. Ist die Planabstimmung nicht im gerichtlichen Verfahren erfolgt, hat das Gericht einen Termin zur Anhörung der Planbetroffenen durchzuführen. § 45 Absatz 3 und § 46 Absatz 1 Satz 4 gelten entsprechend.

§ 62 Bedingter Restrukturierungsplan

Ist im Restrukturierungsplan vorgesehen, dass vor dessen Bestätigung bestimmte Leistungen erbracht oder andere Maßnahmen verwirklicht werden sollen, wird der Plan nur bestätigt, wenn diese Voraussetzungen erfüllt sind und Versagungsgründe nicht vorliegen.

§ 63 Versagung der Bestätigung

(1) Die Bestätigung des Restrukturierungsplans ist von Amts wegen zu versagen, wenn

1. der Schuldner nicht drohend zahlungsunfähig ist;
2. die Vorschriften über den Inhalt und die verfahrensmäßige Behandlung des Restrukturierungsplans sowie über die Annahme des Plans durch die Planbetroffenen in einem wesentlichen Punkt nicht beachtet worden sind und der Schuldner den Mangel nicht beheben kann oder innerhalb einer angemessenen, vom Restrukturierungsgericht gesetzten Frist nicht behebt oder
3. die Ansprüche, die den Planbetroffenen durch den gestaltenden Teil des Plans zugewiesen werden, und die durch den Plan nicht berührten Ansprüche der übrigen Gläubiger offensichtlich nicht erfüllt werden können.

(2) Liegt ein Mangel nach Absatz 1 Nummer 2 darin begründet, dass infolge einer unzutreffenden Bewertung des Unternehmens die Voraussetzungen für eine gruppenübergreifende Mehrheitsentscheidung nach den §§ 26 bis 28 nicht gegeben sind, so kann die Versagung der Bestätigung auf diesen Mangel nur gestützt werden, wenn ein hierdurch benachteiligter Planbetroffener dies beantragt. Der Antrag ist nur zulässig, wenn der Antragsteller dem Plan bereits im Abstimmungsverfahren widersprochen hat. Ist die Abstimmung außerhalb eines gerichtlichen Abstimmungstermins erfolgt, so gilt dies nur dann, wenn in dem Planangebot oder, sofern eine Versammlung der Planbetroffenen stattgefunden hat, in dem Einberufungsschreiben zu der Versammlung auf die Erforderlichkeit des Widerspruchs und die Folgen eines unterbliebenen Widerspruchs gesondert hingewiesen worden ist.

(3) Sieht der Restrukturierungsplan eine neue Finanzierung vor, ist die Bestätigung zu versagen, wenn das dem Plan zugrunde liegende Restrukturierungskonzept unschlüssig ist oder wenn Umstände bekannt sind, aus denen sich ergibt, dass das Konzept nicht von den tatsächlichen Gegebenheiten ausgeht oder keine begründete Aussicht auf Erfolg vermittelt.

(4) Ist die Planabstimmung nicht im gerichtlichen Verfahren erfolgt, gehen Zweifel an der ordnungsgemäßen Annahme des Restrukturierungsplans durch die Planbetroffenen zulasten des Schuldners. Besteht Streit über das einem Planbetroffenen zustehende Stimmrecht, legt das Gericht seiner Entscheidung das nach Maßgabe des § 24 zu bestimmende Stimmrecht zugrunde.

(5) Die Bestätigung ist auch zu versagen, wenn die Annahme des Restrukturierungsplans unlauter herbeigeführt worden ist, insbesondere durch Begünstigung eines Planbetroffenen.

§ 64 Minderheitenschutz

(1) Auf Antrag eines Planbetroffenen, der gegen den Restrukturierungsplan gestimmt hat, ist die Bestätigung des Plans zu versagen, wenn der Antragsteller durch den Restrukturierungsplan voraussichtlich schlechter gestellt wird als er ohne den Plan stünde. Hat der Schuldner gegen den Inhaber einer Absonderungsanwartschaft eine Vollstreckungs- oder Verwertungssperre erwirkt, die diesen an der Verwertung der Anwartschaft hinderte, bleiben Minderungen im Wert der Anwartschaft, die sich während der Dauer der Anordnung ergeben, für die Bestimmung der Stellung des Berechtigten ohne Plan außer Betracht, es sei denn, die Wertminderung hätte sich auch ohne die Anordnung ergeben.

(2) Der Antrag nach Absatz 1 ist nur zulässig, wenn der Antragsteller bereits im Abstimmungsverfahren dem Plan widersprochen und geltend gemacht hat, dass er durch den Plan voraussichtlich schlechter gestellt wird als er ohne Plan stünde. Ist die Planabstimmung in einem gerichtlichen Erörterungs- und Abstimmungstermin erfolgt, muss der Antragsteller spätestens in diesem Termin glaubhaft machen, durch den Plan voraussichtlich schlechter gestellt zu werden.

(3) Der Antrag nach Absatz 1 ist abzuweisen, wenn im gestaltenden Teil des Restrukturierungsplans Mittel für den Fall bereitgestellt werden, dass ein Planbetroffener eine Schlechterstellung nachweist. Ob der Antragsteller einen Ausgleich aus diesen Mitteln erhält, ist außerhalb der Restrukturierungssache zu klären.

(4) Hat weder eine Versammlung der Planbetroffenen (§ 20) noch ein Erörterungs- und Abstimmungstermin (§ 45) stattgefunden, gilt Absatz 2 Satz 1 nur, wenn im Planangebot besonders auf das Erfordernis der Geltendmachung der voraussichtlichen Schlechterstellung durch den Plan im Abstimmungsverfahren hingewiesen wurde. Hat eine Versammlung der Planbetroffenen stattgefunden, gilt Absatz 2 Satz 1 nur, wenn in dem Einberufungsschreiben besonders auf das Erfordernis der Geltendmachung der voraussichtlichen Schlechterstellung durch den Plan im Abstimmungsverfahren hingewiesen wurde. Absatz 2 Satz 2 gilt nur, wenn in der Ladung besonders auf das Erfordernis der Glaubhaftmachung der voraussichtlichen Schlechterstellung durch den Plan spätestens im Erörterungs- und Abstimmungstermin hingewiesen wurde.

§ 65 Bekanntgabe der Entscheidung

(1) Wird die Entscheidung über den Antrag auf Bestätigung des Restrukturierungsplans nicht im Anhörungstermin oder im Erörterungs- und Abstimmungstermin verkündet, ist sie in einem alsbald zu bestimmenden besonderen Termin zu verkünden.

(2) Wird der Restrukturierungsplan bestätigt, so ist den Planbetroffenen unter Hinweis auf die Bestätigung ein Abdruck des Plans oder eine Zusammenfassung seines wesentlichen Inhalts zuzusenden; für an dem Schuldner beteiligte Aktionäre oder Kommanditaktionäre gilt dies nicht. Börsennotierte Gesellschaften haben eine Zusammenfassung des wesentlichen Inhalts des Plans über ihre Internetseite zugänglich zu machen. Die Übersendung eines Abdrucks des Plans oder eine Zusammenfassung seines wesentlichen Inhalts nach Satz 1 kann unterbleiben, wenn der vor der Abstimmung übersendete Plan unverändert angenommen wurde.

§ 66 Sofortige Beschwerde

(1) Gegen den Beschluss, durch den der Restrukturierungsplan bestätigt wird, steht jedem Planbetroffenen die sofortige Beschwerde zu. Dem Schuldner steht die sofortige Beschwerde zu, wenn die Bestätigung des Restrukturierungsplans abgelehnt worden ist.

(2) Die sofortige Beschwerde gegen die Bestätigung des Restrukturierungsplans ist nur zulässig, wenn der Beschwerdeführer

1. dem Plan im Abstimmungsverfahren widersprochen hat (§ 64 Absatz 2),
2. gegen den Plan gestimmt hat und
3. glaubhaft macht, dass er durch den Plan wesentlich schlechter gestellt wird als er ohne den Plan stünde und dass dieser Nachteil nicht durch eine Zahlung aus den in § 64 Absatz 3 genannten Mitteln ausgeglichen werden kann.

(3) Absatz 2 Nummer 1 und 2 gilt nur, wenn im Einberufungsschreiben oder in der Ladung zum Termin auf die Notwendigkeit des Widerspruchs und der Ablehnung des Plans besonders hingewiesen wurde. Hat weder eine Versammlung der Planbetroffenen (§ 20) noch ein Erörterungs- und Abstimmungstermin (§ 45) stattgefunden, so gilt Absatz 2 Nummer 1 und 2 nur, wenn im Planangebot auf die Notwendigkeit des Widerspruchs und der Ablehnung des Plans besonders hingewiesen wurde.

(4) Auf Antrag des Beschwerdeführers ordnet das Gericht die aufschiebende Wirkung der Beschwerde an, wenn der Vollzug des Restrukturierungsplans mit schwerwiegenden, insbesondere nicht rückgängig zu machenden Nachteilen für den Beschwerdeführer einhergeht, die außer Verhältnis zu den Vorteilen des sofortigen Planvollzugs stehen.

(5) Das Beschwerdegericht weist die Beschwerde gegen die Bestätigung des Restrukturierungsplans auf Antrag des Schuldners unverzüglich zurück, wenn die alsbaldige Rechtskraft der Planbestätigung vorrangig erscheint, weil die Nachteile eines verzögerten Planvollzugs die Nachteile für den Beschwerdeführer überwiegen; ein Abhilfeverfahren findet nicht statt. Dies gilt nicht, wenn ein besonders schwerer Rechtsverstoß vorliegt. Weist das Beschwerdegericht die Beschwerde nach Satz 1 zurück, ist der Schuldner dem Beschwerdeführer zum Ersatz des Schadens verpflichtet, der ihm durch den Planvollzug entsteht; die Rückgängigmachung der Wirkungen des Restrukturierungsplans kann nicht als Schadensersatz verlangt werden. Für Klagen, mit denen Schadensersatzansprüche nach Satz 3 geltend gemacht werden, ist das Landgericht ausschließlich zuständig, das die Beschwerde zurückgewiesen hat.

Unterabschnitt 2 - Wirkungen des bestätigten Plans, Überwachung der Planerfüllung

§ 67 Wirkungen des Restrukturierungsplans

(1) Mit der Bestätigung des Restrukturierungsplans treten die im gestaltenden Teil festgelegten Wirkungen ein. Dies gilt auch im Verhältnis zu Planbetroffenen, die gegen den Plan gestimmt haben oder die an der Abstimmung nicht teilgenommen haben, obgleich sie ordnungsgemäß an dem Abstimmungsverfahren beteiligt worden sind.

(2) Handelt es sich bei dem Schuldner um eine Gesellschaft ohne Rechtspersönlichkeit oder eine Kommanditgesellschaft auf Aktien, wirkt eine Befreiung des Schuldners von Verbindlichkeiten auch zugunsten seiner persönlich haftenden Gesellschafter, sofern im Restrukturierungsplan nichts anderes bestimmt ist.

(3) Die Rechte der Restrukturierungsgläubiger gegen Mitschuldner und Bürgen des Schuldners sowie die Rechte der Gläubiger an Gegenständen, die nicht zum Vermögen des Schuldners gehören, oder aus einer Vormerkung, die sich auf solche Gegenstände bezieht, werden mit Ausnahme der nach § 2 Absatz 4 gestalteten Rechte aus gruppeninternen Drittsicherheiten von dem Restrukturierungsplan nicht berührt. Der Schuldner wird jedoch durch den Plan gegenüber dem Mitschuldner, Bürgen oder sonstigen Rückgriffsberechtigten befreit wie gegenüber dem Gläubiger.

(4) Ist ein Gläubiger weitergehend befriedigt worden, als er es nach dem Restrukturierungsplan zu beanspruchen hat, so begründet dies keine Pflicht zur Rückgewähr des Erlangten.

(5) Werden Restrukturierungsforderungen in Anteils- oder Mitgliedschaftsrechte an dem Schuldner umgewandelt, kann der Schuldner nach der gerichtlichen Bestätigung des Restrukturierungsplans keine Ansprüche wegen einer Überbewertung der Forderungen im Plan gegen die bisherigen Gläubiger geltend machen.

(6) Mit der rechtskräftigen Bestätigung des Restrukturierungsplans gelten Mängel im Verfahren der Planabstimmung sowie Willensmängel von Planangebot und Planannahme als geheilt.

§ 68 Sonstige Wirkungen des Restrukturierungsplans

(1) Wenn Rechte an Gegenständen begründet, geändert, übertragen oder aufgehoben oder Geschäftsanteile an einer Gesellschaft mit beschränkter Haftung abgetreten werden sollen, gelten

die in den Restrukturierungsplan aufgenommenen Willenserklärungen der Planbetroffenen und des Schuldners als in der vorgeschriebenen Form abgegeben.

(2) Die in den Restrukturierungsplan aufgenommenen Beschlüsse und sonstigen Willenserklärungen der Planbetroffenen und des Schuldners gelten als in der vorgeschriebenen Form abgegeben. Gesellschaftsrechtlich erforderliche Ladungen, Bekanntmachungen und sonstige Maßnahmen zur Vorbereitung von Beschlüssen der Planbetroffenen gelten als in der vorgeschriebenen Form bewirkt.

(3) Entsprechendes gilt für die in den Restrukturierungsplan aufgenommenen Verpflichtungserklärungen, die einer Maßnahme nach Absatz 1 oder Absatz 2 zugrunde liegen.

§ 69 Wiederaufleben gestundeter oder erlassener Forderungen

(1) Sind aufgrund des gestaltenden Teils des Restrukturierungsplans einbezogene Restrukturierungsforderungen gestundet oder teilweise erlassen worden, so wird die Stundung oder der Erlass für den Gläubiger hinfällig, gegenüber dem der Schuldner mit der Erfüllung des Plans erheblich in Rückstand gerät. Ein erheblicher Rückstand ist erst anzunehmen, wenn der Schuldner eine fällige Verbindlichkeit nicht bezahlt hat, obwohl der Gläubiger ihn schriftlich gemahnt und ihm dabei eine mindestens zweiwöchige Nachfrist gesetzt hat.

(2) Wird vor vollständiger Erfüllung des Restrukturierungsplans über das Vermögen des Schuldners ein Insolvenzverfahren eröffnet, so ist die Stundung oder der Erlass im Sinne des Absatzes 1 für alle Gläubiger hinfällig.

(3) Im Restrukturierungsplan kann etwas von Absatz 1 oder 2 Abweichendes vorgesehen werden. Jedoch kann von Absatz 1 nicht zum Nachteil des Schuldners abgewichen werden.

§ 70 Streitige Forderungen und Ausfallforderungen

(1) Streitige Restrukturierungsforderungen unterliegen der auf sie anwendbaren Regelung des Restrukturierungsplans in der Höhe, in der sie später festgestellt sind, nicht aber über den Betrag hinaus, der dem Plan zugrunde gelegt wurde.

(2) Ist eine Restrukturierungsforderung im Abstimmungsverfahren bestritten worden oder steht die Höhe der Ausfallforderung des Inhabers einer Absonderungsanwartschaft noch nicht fest, so ist ein Rückstand mit der Erfüllung des Restrukturierungsplans im Sinne des § 69 Absatz 1 nicht anzunehmen, wenn der Schuldner die Forderung bis zur endgültigen Feststellung in der Höhe berücksichtigt, die der Entscheidung über das Stimmrecht bei der Abstimmung über den Plan entspricht. Ist keine Entscheidung des Restrukturierungsgerichts über das Stimmrecht getroffen worden, so hat das Restrukturierungsgericht auf Antrag des Schuldners oder des Gläubigers nachträglich festzustellen, in welchem Ausmaß der Schuldner die Forderung vorläufig zu berücksichtigen hat.

(3) Ergibt die endgültige Feststellung der Forderung, dass der Schuldner zu wenig gezahlt hat, so hat er das Fehlende nachzuzahlen. Ein erheblicher Rückstand mit der Erfüllung des Restrukturierungsplans ist erst anzunehmen, wenn der Schuldner das Fehlende nicht nachzahlt, obwohl der Gläubiger ihn schriftlich gemahnt und ihm dabei eine mindestens zweiwöchige Nachfrist gesetzt hat.

(4) Ergibt die endgültige Feststellung der Forderung, dass der Schuldner zu viel gezahlt hat, so kann er den Mehrbetrag nur insoweit zurückfordern, als dieser auch den nicht fälligen Teil der Forderung übersteigt, die dem Gläubiger nach dem Restrukturierungsplan zusteht.

§ 71 Vollstreckung aus dem Restrukturierungsplan

(1) Aus dem rechtskräftig bestätigten Restrukturierungsplan können die Restrukturierungsgläubiger, deren Forderungen im Bestätigungsbeschluss nicht als bestritten ausgewiesen sind, wie aus einem vollstreckbaren Urteil die Zwangsvollstreckung gegen den Schuldner betreiben. § 202 der Insolvenzordnung gilt entsprechend.

(2) Absatz 1 gilt auch für die Zwangsvollstreckung gegen einen Dritten, der durch eine dem Restrukturierungsgericht eingereichte schriftliche Erklärung für die Erfüllung des Plans neben dem Schuldner ohne Vorbehalt der Einrede der Vorausklage Verpflichtungen übernommen hat.

(3) Macht ein Gläubiger die Rechte geltend, die ihm im Fall eines erheblichen Rückstands des Schuldners mit der Erfüllung des Plans zustehen, so hat er zur Erteilung der Vollstreckungsklausel für diese Rechte und zur Durchführung der Vollstreckung die Mahnung und den Ablauf der Nachfrist glaubhaft zu machen, jedoch keinen weiteren Beweis für den Rückstand des Schuldners zu führen.

(4) Bestand für die einer Planregelung unterliegende Forderung bereits ein vollstreckbarer Titel, tritt der rechtskräftig bestätigte Restrukturierungsplan an dessen Stelle; die weitere Vollstreckung aus dem früheren Titel ist insoweit unzulässig.

§ 72 Planüberwachung

(1) Im gestaltenden Teil des Restrukturierungsplans kann vorgesehen werden, dass die Erfüllung der den Gläubigern nach dem gestaltenden Teil zustehenden Ansprüche überwacht wird.

(2) Die Überwachung ist einem Restrukturierungsbeauftragten zu übertragen.

(3) Stellt der Restrukturierungsbeauftragte fest, dass Ansprüche, deren Erfüllung überwacht wird, nicht erfüllt werden oder nicht erfüllt werden können, so hat er dies unverzüglich dem Restrukturierungsgericht und den Gläubigern anzuzeigen, denen nach dem gestaltenden Teil des Plans Ansprüche gegen den Schuldner zustehen.

(4) Das Restrukturierungsgericht beschließt die Aufhebung der Überwachung, wenn

1. die Ansprüche, deren Erfüllung überwacht wird, erfüllt sind oder wenn gewährleistet ist, dass sie erfüllt werden,
2. seit dem Eintritt der Rechtskraft des Restrukturierungsplans drei Jahre verstrichen sind oder
3. das Insolvenzverfahren über das Vermögen des Schuldners eröffnet oder die Eröffnung mangels Masse abgewiesen wird.

Kapitel 3 – Restrukturierungsbeauftragter

Abschnitt 1 - Bestellung von Amts wegen

§ 73 Bestellung von Amts wegen

(1) Das Restrukturierungsgericht bestellt einen Restrukturierungsbeauftragten, wenn

1. im Rahmen der Restrukturierung die Rechte von Verbrauchern oder mittleren, kleinen oder Kleinstunternehmen berührt werden sollen, weil deren Forderungen oder Absonderungsanwartschaften durch den Restrukturierungsplan gestaltet werden sollen oder die Durchsetzung solcher Forderungen oder Absonderungsanwartschaften durch eine Stabilisierungsanordnung gesperrt werden soll,
2. der Schuldner eine Stabilisierungsanordnung beantragt, welche sich mit Ausnahme der nach § 4 ausgenommenen Forderungen gegen alle oder im Wesentlichen alle Gläubiger richten soll,
3. der Restrukturierungsplan eine Überwachung der Erfüllung der den Gläubigern zustehenden Ansprüche vorsieht (§ 72).

Das Gericht kann im Einzelfall von einer Bestellung absehen, wenn die Bestellung zur Wahrung der Rechte der Beteiligten nicht erforderlich oder offensichtlich unverhältnismäßig ist.

(2) Eine Bestellung erfolgt auch, wenn absehbar ist, dass das Restrukturierungsziel nur gegen den Willen von Inhabern von Restrukturierungsforderungen oder Absonderungsanwartschaften erreichbar ist, ohne deren Zustimmung zum Restrukturierungsplan eine Planbestätigung allein unter den Voraussetzungen des § 26 möglich ist. Dies gilt nicht, wenn an der Restrukturierung allein Unternehmen des Finanzsektors als Planbetroffene beteiligt sind. Den Unternehmen des Finanzsektors stehen Planbetroffene gleich, die als Rechtsnachfolger in die von Unternehmen des Finanzsektors begründeten Forderungen eingetreten sind oder die mit Forderungen aus

geld- oder kapitalmarktgehandelten Instrumenten betroffen werden. Den geld- und kapitalmarktgehandelten Instrumenten stehen nicht verbriefte Instrumente gleich, die zu gleichlautenden Bedingungen ausgegeben wurden.

(3) Das Gericht kann einen Restrukturierungsbeauftragten bestellen, um Prüfungen als Sachverständiger vorzunehmen, insbesondere

1. zu den Bestätigungsvoraussetzungen nach § 63 Absatz 1 Nummer 1, Absatz 3 und § 64 Absatz 1 oder
2. zur Angemessenheit der Entschädigung bei einem Eingriff in gruppeninterne Drittsicherheiten oder einer Beschränkung der Haftung von unbeschränkt haftenden Gesellschaftern.

§ 74 Bestellung

(1) Zum Restrukturierungsbeauftragten ist ein für den jeweiligen Einzelfall geeigneter, in Restrukturierungs- und Insolvenzsachen erfahrener Steuerberater, Wirtschaftsprüfer oder Rechtsanwalt oder eine sonstige natürliche Person mit vergleichbarer Qualifikation zu bestellen, die von den Gläubigern und dem Schuldner unabhängig ist und die aus dem Kreis aller zur Übernahme des Amtes bereiten Personen auszuwählen ist.

(2) Das Restrukturierungsgericht berücksichtigt bei der Auswahl eines Restrukturierungsbeauftragten nach § 73 Absatz 1 und 2 Vorschläge des Schuldners, der Gläubiger und der an dem Schuldner beteiligten Personen. Hat der Schuldner die Bescheinigung eines in Restrukturierungs- und Insolvenzsachen erfahrenen Steuerberaters, Wirtschaftsprüfers, Rechtsanwalts oder einer Person mit vergleichbarer Qualifikation vorgelegt, aus der sich ergibt, dass der Schuldner die Voraussetzungen des § 51 Absatz 1 und 2 erfüllt, kann das Gericht vom Vorschlag des Schuldners nur dann abweichen, wenn die vorgeschlagene Person offensichtlich ungeeignet ist; dies ist zu begründen. Wenn Planbetroffene, auf welche in jeder der nach § 9 gebildeten oder zu bildenden Gruppen von Inhabern von Restrukturierungsforderungen und Absonderungsanwartschaften mehr als 25 Prozent des Stimmrechts entfallen oder voraussichtlich entfallen werden, einen gemeinschaftlichen Vorschlag unterbreiten und wenn keine Bindung des Gerichts nach Satz 2 besteht, kann das Gericht vom gemeinsamen Vorschlag der Planbetroffenen nur dann abweichen, wenn die vorgeschlagene Person offensichtlich ungeeignet ist; dies ist zu begründen.

(3) Folgt das Restrukturierungsgericht einem Vorschlag des Schuldners nach Absatz 2 Satz 2 oder der Planbetroffenen nach Absatz 2 Satz 3, kann es einen weiteren Restrukturierungsbeauftragten bestellen und diesem dessen Aufgaben übertragen; dies gilt nicht für die Aufgaben nach § 76 Absatz 2 Nummer 1 Halbsatz 1 und 2.

§ 75 Rechtsstellung

(1) Der Restrukturierungsbeauftragte steht unter der Aufsicht des Restrukturierungsgerichts. Das Gericht kann jederzeit einzelne Auskünfte oder einen Bericht über den Sachstand verlangen.

(2) Das Restrukturierungsgericht kann den Restrukturierungsbeauftragten aus wichtigem Grund aus dem Amt entlassen. Die Entlassung kann von Amts wegen oder auf Antrag des Restrukturierungsbeauftragten, des Schuldners oder eines Gläubigers erfolgen. Auf Antrag des Schuldners oder eines Gläubigers erfolgt die Entlassung nur, wenn der Beauftragte nicht unabhängig ist; dies ist von dem Antragsteller glaubhaft zu machen. Vor der Entscheidung ist der Restrukturierungsbeauftragte zu hören.

(3) Gegen die Entlassung steht dem Beauftragten die sofortige Beschwerde zu. Gegen die Ablehnung des Antrags steht dem Antragsteller die sofortige Beschwerde zu.

(4) Der Restrukturierungsbeauftragte erfüllt seine Aufgaben mit der gebotenen Sorgfalt und Gewissenhaftigkeit. Er nimmt seine Aufgaben unparteiisch wahr. Verletzt er die ihm obliegenden Pflichten in schuldhafter Weise, ist er den Betroffenen zum Schadensersatz verpflichtet. Die Verjährung des Anspruchs auf Ersatz des Schadens, der aus einer Pflichtverletzung des Restrukturierungsbeauftragten entstanden ist, richtet sich nach den Regelungen über die regelmäßige Verjährung nach dem Bürgerlichen Gesetzbuch. Der Anspruch verjährt spätestens in drei Jahren

nach der Beendigung der Rechtshängigkeit der Restrukturierungssache. Ist eine Planüberwachung angeordnet, tritt an die Stelle des Endes der Rechtshängigkeit der Restrukturierungssache der Abschluss der Planüberwachung.

§ 76 Aufgaben

(1) Stellt der Restrukturierungsbeauftragte Umstände fest, die eine Aufhebung der Restrukturierungssache nach § 33 rechtfertigen, hat er diese dem Restrukturierungsgericht unverzüglich mitzuteilen.

(2) Liegen die Voraussetzungen von § 73 Absatz 1 Nummer 1 oder 2 oder Absatz 2 vor,

1. steht dem Restrukturierungsbeauftragten die Entscheidung darüber zu, wie der Restrukturierungsplan zur Abstimmung gebracht wird; erfolgt die Abstimmung nicht im gerichtlichen Verfahren, leitet der Beauftragte die Versammlung der Planbetroffenen und dokumentiert die Abstimmung; der Beauftragte prüft die Forderungen, Absonderungsanwartschaften, gruppeninternen Drittsicherheiten und Anteils- und Mitgliedschaftsrechte der Planbetroffenen; ist eine Restrukturierungsforderung, Absonderungsanwartschaft oder gruppeninterne Drittsicherheit oder ein Anteils- und Mitgliedschaftsrecht dem Grunde der der Höhe nach streitig oder zweifelhaft, weist er die anderen Planbetroffenen darauf hin und wirkt auf eine Klärung des Stimmrechts im Wege einer Vorprüfung nach den §§ 47 und 48 hin,
2. kann das Gericht dem Beauftragten die Befugnis übertragen,
   a) die wirtschaftliche Lage des Schuldners zu prüfen und dessen Geschäftsführung zu überwachen,
   b) von dem Schuldner zu verlangen, dass eingehende Gelder nur von dem Beauftragten entgegengenommen und Zahlungen nur von dem Beauftragten geleistet werden können,
3. kann das Gericht dem Schuldner aufgeben, dem Beauftragten Zahlungen anzuzeigen und Zahlungen außerhalb des gewöhnlichen Geschäftsbetriebs nur zu tätigen, wenn der Beauftragte zustimmt,
4. hat der Beauftragte auch die Aufgabe, den Schuldner und die Gläubiger bei der Ausarbeitung und Aushandlung des Restrukturierungskonzepts und des auf ihm basierenden Plans zu unterstützen.

(3) Wird zugunsten des Schuldners eine Stabilisierungsanordnung erlassen,

1. prüft der Beauftragte fortlaufend, ob die Anordnungsvoraussetzungen fortbestehen und ob ein Aufhebungsgrund vorliegt; zu diesem Zweck untersucht der Beauftragte die Verhältnisse des Schuldners;
2. steht dem Beauftragten das Recht zu, die Gründe für die Aufhebung der Anordnung geltend zu machen.

(4) Legt der Schuldner einen Restrukturierungsplan zur Bestätigung vor, nimmt der Beauftragte Stellung zur Erklärung nach § 14 Absatz 1. Erfolgt die Bestellung des Beauftragten vor der Planabstimmung, ist die Stellungnahme den Planbetroffenen als weitere Anlage beizufügen. Der Bericht nach Satz 1 stellt auch die Zweifel am Bestehen oder an der Höhe einer Restrukturierungsforderung, einer Absonderungsanwartschaft, einer gruppeninternen Drittsicherheit oder eines Anteils- und Mitgliedschaftsrechts nach Absatz 2 Nummer 1 Halbsatz 4 oder einen diesbezüglichen Streit dar.

(5) Der Schuldner ist verpflichtet, dem Beauftragten die erforderlichen Auskünfte zu erteilen, ihm Einsicht in die Bücher und Geschäftspapiere zu gewähren und ihn bei der Erfüllung seiner Aufgaben zu unterstützen.

(6) Das Restrukturierungsgericht kann den Restrukturierungsbeauftragten beauftragen, die dem Gericht obliegenden Zustellungen durchzuführen. Zur Durchführung der Zustellung und zur Erfassung in den Akten kann der Beauftragte sich Dritter, insbesondere auch eigenen Personals,

bedienen. Er hat die von ihm nach § 184 Absatz 2 Satz 4 der Zivilprozessordnung angefertigten Vermerke unverzüglich zu den Gerichtsakten zu reichen.

Abschnitt 2 - Bestellung auf Antrag

§ 77 Antrag

(1) Auf Antrag des Schuldners bestellt das Restrukturierungsgericht einen Restrukturierungsbeauftragten zur Förderung der Verhandlungen zwischen den Beteiligten (fakultativer Restrukturierungsbeauftragter). Gläubigern steht dieses Recht gemeinschaftlich zu, wenn auf sie mehr als 25 Prozent der Stimmrechte in einer Gruppe entfallen oder voraussichtlich entfallen werden und wenn sie sich zur gesamtschuldnerischen Übernahme der Kosten der Beauftragung verpflichten.

(2) Der Antrag kann darauf gerichtet sein, dem Beauftragten zusätzlich eine oder mehrere Aufgaben nach § 76 zuzuweisen.

§ 78 Bestellung und Rechtsstellung

(1) Auf die Bestellung des fakultativen Restrukturierungsbeauftragten findet § 74 Absatz 1 entsprechende Anwendung.

(2) Wird von Gläubigern, die zusammen alle voraussichtlich in den Restrukturierungsplan einbezogenen Gruppen repräsentieren, ein Vorschlag zur Person des fakultativen Restrukturierungsbeauftragten gemacht, kann das Gericht von diesem nur dann abweichen, wenn die Person offensichtlich ungeeignet ist oder, falls der Beauftragte lediglich zum Zwecke der Förderung der Verhandlungen zwischen den Beteiligten bestellt werden soll, der Schuldner dem Vorschlag widerspricht; eine Abweichung ist zu begründen.

(3) Auf die Rechtsstellung des fakultativen Restrukturierungsbeauftragten findet § 75 entsprechende Anwendung.

§ 79 Aufgaben

Der fakultative Restrukturierungsbeauftragte unterstützt den Schuldner und die Gläubiger bei der Ausarbeitung und Aushandlung des Restrukturierungskonzepts und des auf ihm basierenden Plans.

Abschnitt 3 - Vergütung

§ 80 Vergütungsanspruch

Der Restrukturierungsbeauftragte hat nach Maßgabe der nachfolgenden Bestimmungen Anspruch auf Vergütung (Honorar und Auslagen). Vereinbarungen über die Vergütung sind nur dann wirksam, wenn die nachfolgenden Bestimmungen zum zulässigen Inhalt und zum Verfahren beachtet sind.

§ 81 Regelvergütung

(1) Der Restrukturierungsbeauftragte erhält, soweit er persönlich tätig wird, ein Honorar auf der Grundlage angemessener Stundensätze.

(2) Soweit der unterstützende Einsatz qualifizierter Mitarbeiter erforderlich ist, erhält der Restrukturierungsbeauftragte auch für deren Tätigkeit ein Honorar auf der Grundlage angemessener Stundensätze.

(3) Bei der Bemessung der Stundensätze berücksichtigt das Restrukturierungsgericht die Unternehmensgröße, Art und Umfang der wirtschaftlichen Schwierigkeiten des Schuldners und die Qualifikation des Restrukturierungsbeauftragten sowie der qualifizierten Mitarbeiter. Im Regelfall beläuft sich der Stundensatz für die persönliche Tätigkeit des Restrukturierungsbeauftragten auf bis zu 350 Euro und für die Tätigkeit qualifizierter Mitarbeiter auf bis zu 200 Euro.

(4) Mit der Bestellung des Restrukturierungsbeauftragten setzt das Restrukturierungsgericht die Stundensätze fest. Zugleich bestimmt es auf der Grundlage von Stundenbudgets, die dem voraussichtlichen Aufwand und der Qualifikation des Beauftragten und der qualifizierten Mitarbeiter

angemessen Rechnung tragen, einen Höchstbetrag für das Honorar. Dazu hört das Restrukturierungsgericht die zu bestellende Person und diejenigen an, die die Auslagen nach Nummer 9017 des Kostenverzeichnisses zum Gerichtskostengesetz schulden (Auslagenschuldner).

(5) Die Bestellung eines fakultativen Restrukturierungsbeauftragten soll erst nach Zahlung der Gerichtsgebühr für die Bestellung nach Nummer 2513 des Kostenverzeichnisses zum Gerichtskostengesetz und eines Vorschusses auf die Auslagen nach Nummer 9017 des Kostenverzeichnisses zum Gerichtskostengesetz erfolgen. Erfolgt eine Bestellung von Amts wegen, soll das Restrukturierungsgericht auch über jeden Antrag des Schuldners auf Inanspruchnahme eines Instruments des Stabilisierungs- und Restrukturierungsrahmens erst nach Zahlung der Gerichtsgebühr für die Bestellung nach Nummer 2513 des Kostenverzeichnisses zum Gerichtskostengesetz und eines Vorschusses auf die Auslagen nach Nummer 9017 des Kostenverzeichnisses zum Gerichtskostengesetz entscheiden.

(6) Reichen die der Ermittlung des Höchstbetrags zugrunde gelegten Stundenbudgets für eine sachgerechte Wahrnehmung der Aufgaben und Befugnisse nicht aus, legt der Beauftragte Grund und Ausmaß des Erhöhungsbedarfs unverzüglich dem Restrukturierungsgericht dar. Das Restrukturierungsgericht hat in diesem Fall nach Anhörung der Auslagenschuldner unverzüglich über eine Anpassung der Budgets zu entscheiden. Absatz 5 gilt entsprechend.

(7) Für den Ersatz der Auslagen gelten § 5 Absatz 2 Satz 1 Nummer 2 und die §§ 6, 7 und 12 Absatz 1 Satz 2 Nummer 4 des Justizvergütungs- und –entschädigungsgesetzes entsprechend.

§ 82 Festsetzung der Vergütung

(1) Auf Antrag des Restrukturierungsbeauftragten setzt das Restrukturierungsgericht nach Beendigung des Amtes des Restrukturierungsbeauftragten die Vergütung durch Beschluss fest.

(2) Das Restrukturierungsgericht entscheidet bei der Festsetzung der Vergütung nach Absatz 1 auch darüber, wer in welchem Umfang die Auslagen nach Nummer 9017 des Kostenverzeichnisses zum Gerichtskostengesetz zu tragen hat. Die Auslagen sind dem Schuldner aufzuerlegen. Abweichend von Satz 2 sind die Auslagen bei Bestellung eines fakultativen Restrukturierungsbeauftragten auf Antrag von Gläubigern den antragstellenden Gläubigern aufzuerlegen, soweit sie nicht für Tätigkeiten entstehen, die das Restrukturierungsgericht dem Restrukturierungsbeauftragten von Amts wegen oder auf Antrag des Schuldners übertragen hat.

(3) Gegen die Festsetzung des Stundensatzes nach § 81 Absatz 4, gegen die Bestimmung oder Anpassung des Höchstbetrags nach § 81 Absatz 4 und 6 und gegen die Festsetzung der Vergütung steht dem Restrukturierungsbeauftragten und jedem Auslagenschuldner die sofortige Beschwerde zu.

(4) Auf Antrag des Restrukturierungsbeauftragten ist ein angemessener Vorschuss auszuzahlen, wenn ihm erhebliche Auslagen entstanden sind oder voraussichtlich entstehen werden oder wenn die zu erwartende Vergütung für bereits erbrachte Arbeiten einen Betrag von 10 000 Euro übersteigt.

§ 83 Vergütung in besonderen Fällen

(1) In besonderen Fällen können Stundensätze als Grundlage für das Honorar festgesetzt werden, welche die Höchstbeträge des § 81 Absatz 3 übersteigen, insbesondere, wenn

1. alle voraussichtlichen Auslagenschuldner zustimmen,
2. sich ansonsten keine geeignete Person zur Übernahme des Amtes bereit erklärt oder
3. die dem Restrukturierungsbeauftragten übertragenen Aufgaben unter den besonderen Umständen der Restrukturierungssache den Aufgaben nahekommen, die einem Sachwalter in einem in Eigenverwaltung geführten Insolvenzverfahren übertragen sind, insbesondere, weil eine allgemeine Stabilisierungsanordnung ergeht oder weil in den Restrukturierungsplan mit Ausnahme der nach § 4 auszunehmenden Gläubiger alle oder im Wesentlichen alle Gläubiger und an dem Schuldner beteiligten Personen einbezogen werden.

Im Fall des Satzes 1 Nummer 3 kommt auch eine Vergütung nach anderen Grundsätzen, insbesondere eine Bemessung auf Grundlage des Wertes der in den Restrukturierungsplan einbezogenen Forderungen gegen den Schuldner oder des Unternehmensvermögens in Betracht.

(2) Wenn der Restrukturierungsbeauftragte auf Antrag und auf Vorschlag aller voraussichtlichen Auslagenschuldner bestellt wird und der Restrukturierungsbeauftragte und sämtliche Auslagenschuldner eine Vereinbarung über die Vergütung vorlegen, hat das Gericht diese Vereinbarung der Bemessung der Vergütung zugrunde zu legen, wenn die Vereinbarung nicht zu einer unangemessenen Vergütung führt.

Kapitel 4 - Öffentliche Restrukturierungssachen

§ 84 Antrag und erste Entscheidung

(1) In Verfahren über Restrukturierungssachen erfolgen öffentliche Bekanntmachungen nur, wenn der Schuldner dies beantragt. Der Antrag ist vor der ersten Entscheidung in der Restrukturierungssache zu stellen und kann nur bis zur ersten Entscheidung zurückgenommen werden. Auf den Antrag findet Artikel 102c § 5 des Einführungsgesetzes zur Insolvenzordnung entsprechende Anwendung.

(2) Hat der Schuldner beantragt, dass in den Verfahren in der Restrukturierungssache öffentliche Bekanntmachungen erfolgen sollen, sind in der ersten Entscheidung, die in der Restrukturierungssache ergeht, anzugeben:

1. die Gründe, auf denen die internationale Zuständigkeit des Gerichts beruht, sowie
2. ob die Zuständigkeit auf Artikel 3 Absatz 1 oder Absatz 2 der Verordnung (EU) 2015/848 des Europäischen Parlaments und des Rates vom 20. Mai 2015 über Insolvenzverfahren (ABl. L 141 vom 5.6.2015, S. 19; L 349 vom 21.12.2016, S. 6) in der jeweils geltenden Fassung beruht.

Öffentlich bekannt zu machen sind die in Artikel 24 Absatz 2 der Verordnung (EU) 2015/848 genannten Angaben. Artikel 102c § 4 des Einführungsgesetzes zur Insolvenzordnung ist entsprechend anzuwenden.

§ 85 Besondere Bestimmungen

(1) Öffentlich bekannt zu machen sind neben den in § 84 Absatz 2 Satz 2 genannten Angaben:

1. Ort und Zeit gerichtlicher Termine,
2. die Bestellung und Abberufung eines Restrukturierungsbeauftragten,
3. sämtliche gerichtliche Entscheidungen, die in der Restrukturierungssache ergehen.

(2) Erfolgen öffentliche Bekanntmachungen nach Absatz 1, ist eine Zustellung von Ladungen zu Terminen gegenüber Aktionären, Kommanditaktionären und Inhabern von Schuldverschreibungen nicht erforderlich. Handelt es sich bei dem Schuldner um eine börsennotierte Aktiengesellschaft, findet § 121 Absatz 4a des Aktiengesetzes entsprechende Anwendung.

§ 86 Öffentliche Bekanntmachung; Verordnungsermächtigung

(1) Die öffentliche Bekanntmachung erfolgt durch eine zentrale und länderübergreifende Veröffentlichung im Internet; diese kann auszugsweise geschehen. Die Bekanntmachung gilt als bewirkt, sobald nach dem Tag der Veröffentlichung zwei weitere Tage verstrichen sind.

(2) Das Bundesministerium der Justiz und für Verbraucherschutz wird ermächtigt, durch Rechtsverordnung mit Zustimmung des Bundesrates die Einzelheiten der zentralen und länderübergreifenden Veröffentlichung im Internet zu regeln. Dabei sind insbesondere Löschungsfristen vorzusehen sowie Vorschriften, die sicherstellen, dass die Veröffentlichungen

1. unversehrt, vollständig, sachlich richtig und aktuell bleiben,
2. jederzeit ihrem Ursprung nach zugeordnet werden können.

(3) Die öffentliche Bekanntmachung genügt zum Nachweis der Zustellung an alle Beteiligten, auch wenn dieses Gesetz neben ihr eine besondere Zustellung vorschreibt.

§ 87 Restrukturierungsforum; Verordnungsermächtigung[1]

(1) Planbetroffene können im Restrukturierungsforum des Bundesanzeigers andere Planbetroffene auffordern, das Stimmrecht im Rahmen einer Planabstimmung in bestimmter Weise auszuüben, eine Stimmrechtsvollmacht zu erteilen oder einen Vorschlag zur Änderung des vorgelegten Restrukturierungsplans zu unterstützen.

(2) Die Aufforderung hat die folgenden Angaben zu enthalten:

1. den Namen und eine Anschrift des Planbetroffenen,
2. den Schuldner,
3. das Restrukturierungsgericht und das Aktenzeichen der Restrukturierungssache,
4. den Vorschlag für die Stimmrechtsausübung, für die Stimmrechtsvollmacht oder zur Änderung des Plans und
5. den Tag der Versammlung der Planbetroffenen oder des Fristablaufs zur Annahme des Planangebots.

(3) Die Aufforderung kann auf eine Begründung auf der Internetseite des Auffordernden und deren elektronische Adresse hinweisen.

(4) Der Schuldner kann im Restrukturierungsforum des Bundesanzeigers auf eine Stellungnahme zu der Aufforderung auf seiner Internetseite hinweisen.

(5) Das Bundesministerium der Justiz und für Verbraucherschutz wird ermächtigt, durch Rechtsverordnung, die nicht der Zustimmung des Bundesrates bedarf, die äußere Gestaltung des Restrukturierungsforums und weitere Einzelheiten insbesondere zu der Aufforderung, dem Hinweis, den Entgelten, zu Löschungsfristen, zum Löschungsanspruch, zu Missbrauchsfällen und zur Einsichtnahme zu regeln.

§ 88 Anwendbarkeit des Artikels 102c des Einführungsgesetzes zur Insolvenzordnung

In öffentlichen Restrukturierungssachen ist Artikel 102c §§ 1, 2, 3 Absatz 1 und 3, die §§ 6, 15, 25 und 26 des Einführungsgesetzes zur Insolvenzordnung entsprechend anwendbar.

Kapitel 5 – Anfechtungs- und Haftungsrecht

§ 89 Rechtshandlungen, die während der Rechtshängigkeit der Restrukturierungssache vorgenommen werden

(1) Die Annahme eines sittenwidrigen Beitrags zur Insolvenzverschleppung oder einer Rechtshandlung, die mit dem Vorsatz einer Benachteiligung der Gläubiger vorgenommen wurde, kann nicht allein darauf gestützt werden, dass ein an der Rechtshandlung Beteiligter Kenntnis davon hatte, dass die Restrukturierungssache rechtshängig war oder dass der Schuldner Instrumente des Stabilisierungs- und Restrukturierungsrahmens in Anspruch nahm.

(2) Hebt das Gericht nach einer Anzeige der Zahlungsunfähigkeit oder Überschuldung die Restrukturierungssache nicht nach § 33 Absatz 2 Satz 1 Nummer 1 auf, so gilt Absatz 1 auch für die Kenntnis der Zahlungsunfähigkeit oder Überschuldung.

(3) Hat der Schuldner eine Zahlungsunfähigkeit oder Überschuldung nach § 32 Absatz 3 angezeigt, so gilt bis zur Aufhebung der Restrukturierungssache nach § 33 Absatz 2 Satz 1 Nummer 1 jede Zahlung im ordnungsgemäßen Geschäftsgang, insbesondere Zahlungen, die für die Fortführung der gewöhnlichen Geschäftstätigkeit und die Vorbereitung und Umsetzung des angezeigten Restrukturierungsvorhabens erforderlich sind, als mit der Sorgfalt eines ordentlichen Geschäftsleiters vereinbar. Das gilt nicht für Zahlungen, die bis zu der absehbar zu erwartenden Entscheidung des Restrukturierungsgerichts zurückgehalten werden können, ohne dass damit Nachteile für eine Fortsetzung des Restrukturierungsvorhabens verbunden sind.

§ 90 Planfolgen und Planvollzug

(1) Die Regelungen eines rechtskräftig bestätigten Restrukturierungsplans und Rechtshandlungen, die im Vollzug eines solchen Plans erfolgen, sind mit Ausnahme von Forderungen im Rang des § 39 Absatz 1 Nummer 5 der Insolvenzordnung und Sicherheitsleistungen, die nach § 135 der Insolvenzordnung oder den §§ 6 und 6a des Anfechtungsgesetzes anfechtbar sind, bis zur nachhaltigen Restrukturierung einer Anfechtung nur zugänglich, wenn die Bestätigung auf der Grundlage unrichtiger oder unvollständiger Angaben des Schuldners erfolgte und dem anderen Teil dies bekannt war.

(2) Sieht der gestaltende Teil des Restrukturierungsplans die Übertragung des gesamten schuldnerischen Vermögens oder wesentlicher Teile davon vor, gilt Absatz 1 nur, soweit sichergestellt wird, dass die Gläubiger, die nicht planbetroffen sind, sich gegenüber den Planbetroffenen vorrangig aus der dem Wert des Gegenstands der Übertragung angemessenen Gegenleistung befriedigen können.

§ 91 Berechnung von Fristen

In die Fristen der §§ 3 bis 6a des Anfechtungsgesetzes sowie der §§ 88, 130 bis 136 der Insolvenzordnung wird die Zeit der Rechtshängigkeit der Restrukturierungssache nicht eingerechnet.

Kapitel 6 – Arbeitnehmerbeteiligung, Gläubigerbeirat

§ 92 Beteiligungsrechte nach dem Betriebsverfassungsgesetz

Die Verpflichtungen des Schuldners gegenüber den Arbeitnehmervertretungsorganen und deren Beteiligungsrechte nach dem Betriebsverfassungsgesetz bleiben von diesem Gesetz unberührt.

§ 93 Gläubigerbeirat

(1) Sollen in einer Restrukturierungssache mit Ausnahme der in § 4 genannten Forderungen die Forderungen aller Gläubiger durch einen Restrukturierungsplan gestaltet werden, und weist die Restrukturierungssache gesamtverfahrensartige Züge auf, kann das Gericht einen Gläubigerbeirat einsetzen. § 21 Absatz 2 Satz 1 Nummer 1a der Insolvenzordnung gilt entsprechend. In dem Beirat können auch nicht planbetroffene Gläubiger vertreten sein.

(2) Ist ein Gläubigerbeirat eingerichtet, tritt an die Stelle des gemeinschaftlichen Vorschlags der Planbetroffenen nach § 74 Absatz 2 Satz 3 der einstimmige Beschluss des Gläubigerbeirats.

(3) Die Mitglieder des Beirats unterstützen und überwachen den Schuldner bei seiner Geschäftsführung. Der Schuldner zeigt dem Beirat die Inanspruchnahme der Instrumente des Stabilisierungs- und Restrukturierungsrahmens an.

(4) Die Mitglieder des Gläubigerbeirates haben Anspruch auf Vergütung für ihre Tätigkeit und auf Erstattung angemessener Auslagen. Die Höhe der Vergütung richtet sich nach § 17 der Insolvenzrechtlichen Vergütungsverordnung.

Teil 3 - Sanierungsmoderation

§ 94 Antrag

(1) Auf Antrag eines restrukturierungsfähigen Schuldners bestellt das Gericht eine geeignete, insbesondere geschäftskundige und von den Gläubigern und dem Schuldner unabhängige natürliche Person zum Sanierungsmoderator. Dies gilt nicht, wenn der Schuldner offensichtlich zahlungsunfähig ist. Handelt es sich bei dem Schuldner um eine juristische Person oder eine Person ohne Rechtspersönlichkeit, für deren Verbindlichkeiten keine natürliche Person als unmittelbarer oder mittelbarer Gesellschafter haftet, gilt Satz 2 auch bei einer offensichtlichen Überschuldung.

(2) Im Antrag sind anzugeben:

1. der Gegenstand des Unternehmens und
2. die Art der wirtschaftlichen oder finanziellen Schwierigkeiten.

Dem Antrag sind ein Verzeichnis der Gläubiger und ein Verzeichnis des Vermögens sowie die Erklärung des Schuldners beizufügen, nicht zahlungsunfähig zu sein. Handelt es sich bei dem Schuldner um eine juristische Person oder eine Person ohne Rechtspersönlichkeit, für deren Verbindlichkeiten keine natürliche Person als unmittelbarer oder mittelbarer Gesellschafter haftet, hat sich die Erklärung auch darauf zu erstrecken, dass keine Überschuldung vorliegt.

(3) Der Antrag ist an das für Restrukturierungssachen zuständige Gericht zu richten.

§ 95 Bestellung

(1) Die Bestellung des Sanierungsmoderators erfolgt für einen Zeitraum von bis zu drei Monaten. Auf Antrag des Moderators, welcher der Zustimmung des Schuldners und der in die Verhandlungen einbezogenen Gläubiger bedarf, kann der Bestellungszeitraum um bis zu drei weitere Monate verlängert werden. Wird innerhalb dieses Zeitraums die Bestätigung eines Sanierungsvergleichs nach § 97 beantragt, verlängert sich die Bestellung bis zur Entscheidung über die Bestätigung des Vergleichs.

(2) Die Bestellung wird nicht öffentlich bekannt gemacht.

§ 96 Sanierungsmoderation

(1) Der Sanierungsmoderator vermittelt zwischen dem Schuldner und seinen Gläubigern bei der Herbeiführung einer Lösung zur Überwindung der wirtschaftlichen oder finanziellen Schwierigkeiten.

(2) Der Schuldner gewährt dem Moderator Einblick in seine Bücher und Geschäftsunterlagen und erteilt ihm die angeforderten zweckmäßigen Auskünfte.

(3) Der Sanierungsmoderator erstattet dem Gericht über den Fortgang der Sanierungsmoderation monatlich schriftlich Bericht. Der Bericht enthält mindestens Angaben über

1. die Art und Ursachen der wirtschaftlichen oder finanziellen Schwierigkeiten;
2. den Kreis der in die Verhandlungen einbezogenen Gläubiger und sonstigen Beteiligten;
3. den Gegenstand der Verhandlungen und
4. das Ziel und den voraussichtlichen Fortgang der Verhandlungen.

(4) Der Sanierungsmoderator zeigt dem Gericht eine ihm bekannt gewordene Zahlungsunfähigkeit des Schuldners an. Handelt es sich bei dem Schuldner um eine juristische Person oder um eine Gesellschaft ohne Rechtspersönlichkeit, bei der kein persönlich haftender Gesellschafter eine natürliche Person ist, gilt dies auch für die Überschuldung des Schuldners.

(5) Der Sanierungsmoderator steht unter der Aufsicht des Restrukturierungsgerichts. Das Restrukturierungsgericht kann den Sanierungsmoderator aus wichtigem Grund aus dem Amt entlassen. Vor der Entscheidung ist der Sanierungsmoderator zu hören.

§ 97 Bestätigung eines Sanierungsvergleichs

(1) Ein Sanierungsvergleich, den der Schuldner mit seinen Gläubigern schließt und an dem sich auch Dritte beteiligen können, kann auf Antrag des Schuldners durch das Restrukturierungsgericht bestätigt werden. Die Bestätigung wird versagt, wenn das dem Vergleich zugrunde liegende Sanierungskonzept

1. nicht schlüssig ist oder nicht von den tatsächlichen Gegebenheiten ausgeht oder
2. keine vernünftige Aussicht auf Erfolg hat.

(2) Der Sanierungsmoderator nimmt zu den Voraussetzungen des Absatzes 1 Satz 2 schriftlich Stellung.

(3) Ein nach Absatz 1 bestätigter Sanierungsvergleich ist nur unter den Voraussetzungen des § 90 anfechtbar.

§ 98 Vergütung

(1) Der Sanierungsmoderator hat Anspruch auf eine angemessene Vergütung. Diese bemisst sich nach dem Zeit- und Sachaufwand der mit der Sanierungsmoderation verbundenen Aufgaben.

(2) Die §§ 80 bis 83 finden entsprechende Anwendung.

§ 99 Abberufung

(1) Der Sanierungsmoderator wird abberufen:

1. auf eigenen Antrag oder auf Antrag des Schuldners,
2. von Amts wegen, wenn dem Restrukturierungsgericht durch den Moderator die Insolvenzreife des Schuldners angezeigt wurde.

(2) Wird der Moderator nach Absatz 1 Nummer 1 abberufen, bestellt das Gericht auf Antrag des Schuldners einen anderen Moderator.

§ 100 Übergang in den Stabilisierungs- und Restrukturierungsrahmen

(1) Nimmt der Schuldner Instrumente des Stabilisierungs- und Restrukturierungsrahmens in Anspruch, bleibt der Sanierungsmoderator im Amt, bis der Bestellungszeitraum abläuft, er nach § 99 abberufen wird oder ein Restrukturierungsbeauftragter bestellt wird.

(2) Das Restrukturierungsgericht kann den Sanierungsmoderator zum Restrukturierungsbeauftragten bestellen.

Teil 4 - Frühwarnsysteme

§ 101 Informationen zu Frühwarnsystemen

Informationen über die Verfügbarkeit der von öffentlichen Stellen bereitgestellten Instrumentarien zur frühzeitigen Identifizierung von Krisen werden vom Bundesministerium der Justiz und für Verbraucherschutz unter seiner Internetadresse www.bmjv.bund.de bereitgestellt.

§ 102 Hinweis- und Warnpflichten

Bei der Erstellung eines Jahresabschlusses für einen Mandanten haben Steuerberater, Steuerbevollmächtigte, Wirtschaftsprüfer, vereidigte Buchprüfer und Rechtsanwälte den Mandanten auf das Vorliegen eines möglichen Insolvenzgrundes nach den §§ 17 bis 19 der Insolvenzordnung und die sich daran anknüpfenden Pflichten der Geschäftsleiter und Mitglieder der Überwachungsorgane hinzuweisen, wenn entsprechende Anhaltspunkte offenkundig sind und sie annehmen müssen, dass dem Mandanten die mögliche Insolvenzreife nicht bewusst ist.

Anlage (zu § 5 Satz 2)

Notwendige Angaben im Restrukturierungsplan

Neben den sich aus den §§ 5 bis 15 ergebenden Angaben hat der Restrukturierungsplan mindestens die folgenden Angaben zu enthalten:

1. Firma oder Namen und Vornamen, Geburtsdatum, Registergericht und Registernummer, unter der der Schuldner in das Handelsregister eingetragen ist, Geschäftszweig oder Beschäftigung, gewerbliche Niederlassungen oder Wohnung des Schuldners und bei mehreren Niederlassungen die Hauptniederlassung;
2. die Vermögenswerte und Verbindlichkeiten des Schuldners zum Zeitpunkt der Vorlage des Restrukturierungsplans, einschließlich einer Bewertung der Vermögenswerte, eine Beschreibung der wirtschaftlichen Situation des Schuldners und der Position der Arbeitnehmer sowie eine Beschreibung der Ursachen und des Umfangs der wirtschaftlichen Schwierigkeiten des Schuldners;
3. die Planbetroffenen, die entweder namentlich zu benennen oder unter hinreichend konkreter Bezeichnung der Forderungen oder Rechte zu beschreiben sind;
4. die Gruppen, in welche die Planbetroffenen für die Zwecke der Annahme des Restrukturierungsplans unterteilt wurden, und die auf deren Forderungen und Rechte entfallenden Stimmrechte;

5. die Gläubiger, Inhaber von Absonderungsanwartschaften sowie Inhaber von Anteils- oder Mitgliedschaftsrechten, die nicht in den Restrukturierungsplan einbezogen wurden, zusammen mit einer Erläuterung der Gründe für die unterbliebene Einbeziehung; eine Beschreibung unter Bezugnahme auf Kategorien gleichartiger Gläubiger, Inhaber von Absonderungsanwartschaften sowie Inhaber von Anteils- oder Mitgliedschaftsrechten genügt, wenn dadurch die Überprüfung der sachgerechten Abgrenzung nach § 8 nicht erschwert wird;
6. Name und Anschrift des Restrukturierungsbeauftragten, sofern ein solcher bestellt ist;
7. die Auswirkungen des Restrukturierungsvorhabens auf die Beschäftigungsverhältnisse sowie Entlassungen und Kurzarbeiterregelungen und die Modalitäten der Unterrichtung und Anhörung der Arbeitnehmervertretung;
8. sofern der Restrukturierungsplan eine neue Finanzierung (§ 12) vorsieht, die Gründe für die Erforderlichkeit dieser Finanzierung.

Steuerberatungsgesetz

in der Fassung der Bekanntmachung vom 4.11.1975 (BGBl. I S. 2735, BStBl I S. 1082), zuletzt geändert durch Artikel 34 des Gesetzes vom 16.12.2022 (BGBl. I S. 2294).

- Auszug -

§ 1 Anwendungsbereich

(1) Dieses Gesetz ist anzuwenden auf die Hilfeleistung
1. in Angelegenheiten, die durch Bundesrecht, Recht der Europäischen Union oder der Vertragsstaaten des Abkommens über den Europäischen Wirtschaftsraum geregelte Steuern und Vergütungen betreffen, soweit diese durch Bundesfinanzbehörden oder durch Landesfinanzbehörden verwaltet werden,
2. in Angelegenheiten, die die Realsteuern oder die Grunderwerbsteuer betreffen,
3. in Angelegenheiten, die durch Landesrecht oder auf Grund einer landesrechtlichen Ermächtigung geregelte Steuern betreffen,
4. in Monopolsachen,
5. in sonstigen von Bundesfinanzbehörden oder Landesfinanzbehörden verwalteten Angelegenheiten, soweit für diese durch Bundesgesetz oder Landesgesetz der Finanzrechtsweg eröffnet ist.

(2) Die Hilfeleistung in Steuersachen umfaßt auch
1. die Hilfeleistung in Steuerstrafsachen und in Bußgeldsachen wegen einer Steuerordnungswidrigkeit,
2. die Hilfeleistung bei der Führung von Büchern und Aufzeichnungen sowie bei der Aufstellung von Abschlüssen, die für die Besteuerung von Bedeutung sind
3. die Hilfeleistung bei der Einziehung von Steuererstattungs- oder Vergütungsansprüchen.

(3) Die Vorschriften der einzelnen Verfahrensordnungen über die Zulassung von Bevollmächtigten und Beiständen bleiben unberührt.
(4) Das Berufsqualifikationsfeststellungsgesetz findet mit Ausnahme des § 17 keine Anwendung.

§ 2 Geschäftsmäßige Hilfeleistung

(1) Die Hilfeleistung in Steuersachen darf geschäftsmäßig nur von Personen und Vereinigungen ausgeübt werden, die hierzu befugt sind. Dies gilt ohne Unterschied für hauptberufliche, nebenberufliche, entgeltliche oder unentgeltliche Tätigkeiten und dient dem Schutz der Rechtssuchenden, des Rechtsverkehrs und der Rechtsordnung vor unqualifizierter Hilfeleistung in Steuersachen.
(2) Geschäftsmäßige Hilfeleistung in Steuersachen ist jede Tätigkeit in fremden Angelegenheiten im Anwendungsbereich dieses Gesetzes, sobald sie eine rechtliche Prüfung des Einzelfalls erfordert.

§ 3 Befugnis zu unbeschränkter Hilfeleistung in Steuersachen

Zur geschäftsmäßigen Hilfeleistung in Steuersachen sind befugt:
1. Steuerberater, Steuerbevollmächtigte, Rechtsanwälte, niedergelassene europäische Rechtsanwälte, Wirtschaftsprüfer und vereidigte Buchprüfer,
2. Berufsausübungsgesellschaften nach den §§ 49 und 50 und im Sinne der Bundesrechtsanwaltsordnung,
3. Gesellschaften nach § 44b Absatz 1 der Wirtschaftsprüferordnung, deren Gesellschafter oder Partner ausschließlich Wirtschaftsprüfer oder vereidigte Buchprüfer sind, sowie Wirtschaftsprüfungsgesellschaften und Buchprüfungsgesellschaften.

4. (weggefallen)

§ 3a Befugnis zu vorübergehender und gelegentlicher Hilfeleistung in Steuersachen

(1) Personen, die in einem anderen Mitgliedstaat der Europäischen Union oder in einem anderen Vertragsstaat des Abkommens über den Europäischen Wirtschaftsraum oder in der Schweiz beruflich niedergelassen sind und dort befugt geschäftsmäßig Hilfe in Steuersachen nach dem Recht des Niederlassungsstaates leisten, sind zur vorübergehenden und gelegentlichen geschäftsmäßigen Hilfeleistung in Steuersachen im Anwendungsbereich dieses Gesetzes befugt. Die vorübergehende und gelegentliche geschäftsmäßige Hilfeleistung in Steuersachen kann vom Staat der Niederlassung aus erfolgen. Der Umfang der Befugnis zur Hilfeleistung in Steuersachen im Inland richtet sich nach dem Umfang dieser Befugnis im Niederlassungsstaat. Bei ihrer Tätigkeit im Inland unterliegen sie denselben Berufsregeln wie die in § 3 genannten Personen. Wenn weder der Beruf noch die Ausbildung zu diesem Beruf im Staat der Niederlassung reglementiert ist, gilt die Befugnis zur geschäftsmäßigen Hilfeleistung in Steuersachen im Inland nur, wenn die Person den Beruf in einem oder in mehreren Mitgliedstaaten oder Vertragsstaaten oder der Schweiz während der vorhergehenden zehn Jahre mindestens ein Jahr lang ausgeübt hat. Ob die geschäftsmäßige Hilfeleistung in Steuersachen vorübergehend und gelegentlich erfolgt, ist insbesondere anhand ihrer Dauer, Häufigkeit, regelmäßiger Wiederkehr und Kontinuität zu beurteilen.

(2) Die geschäftsmäßige Hilfeleistung in Steuersachen nach Absatz 1 ist nur zulässig, wenn die Person vor der ersten Erbringung im Inland der zuständigen Stelle schriftlich oder elektronisch Meldung erstattet. Zuständige Stelle ist für Personen aus:

1. Finnland die Steuerberaterkammer Berlin,
2. Polen die Steuerberaterkammer Brandenburg,
3. Zypern die Steuerberaterkammer Bremen,
4. den Niederlanden und Bulgarien die Steuerberaterkammer Düsseldorf,
5. Schweden und Island die Steuerberaterkammer Hamburg,
6. Portugal und Spanien die Steuerberaterkammer Hessen,
7. Belgien die Steuerberaterkammer Köln,
8. Estland, Lettland, Litauen die Steuerberaterkammer Mecklenburg-Vorpommern,
9. Italien, Kroatien und Österreich die Steuerberaterkammer München,
10. Rumänien und Liechtenstein die Steuerberaterkammer Nordbaden,
11. Tschechien die Steuerberaterkammer Nürnberg,
12. Frankreich die Steuerberaterkammer Rheinland-Pfalz,
13. Luxemburg die Steuerberaterkammer Saarland,
14. Ungarn die Steuerberaterkammer des Freistaates Sachsen,
15. der Slowakei die Steuerberaterkammer Sachsen-Anhalt,
16. Dänemark und Norwegen die Steuerberaterkammer Schleswig-Holstein,
17. Griechenland die Steuerberaterkammer Stuttgart,
18. der Schweiz die Steuerberaterkammer Südbaden,
19. Malta und Slowenien die Steuerberaterkammer Thüringen,
20. Irland die Steuerberaterkammer Westfalen-Lippe.

Die Meldung der Person muss enthalten:

1. den Familiennamen und die Vornamen, den Namen oder die Firma einschließlich der gesetzlichen Vertreter,
2. das Geburts- oder Gründungsjahr,
3. die Geschäftsanschrift einschließlich der Anschriften aller Zweigstellen,
4. die Berufsbezeichnung, unter der die Tätigkeit im Inland zu erbringen ist,
5. eine Bescheinigung darüber, dass die Person in einem Mitgliedstaat der Europäischen Union, in einem anderen Vertragsstaat des Abkommens über den Europäischen Wirtschaftsraum oder in der Schweiz rechtmäßig zur geschäftsmäßigen Hilfeleistung in Steuersachen niedergelassen ist und dass ihr die Ausübung dieser Tätigkeit zum Zeitpunkt der Vorlage der Bescheinigung nicht, auch nicht vorübergehend, untersagt ist,

6. einen Nachweis über die Berufsqualifikation
7. einen Nachweis darüber, dass die Person den Beruf in einem oder in mehreren Mitgliedstaaten oder Vertragsstaaten oder der Schweiz während der vorhergehenden zehn Jahre mindestens ein Jahr lang ausgeübt hat, wenn weder der Beruf noch die Ausbildung zu diesem Beruf im Staat der Niederlassung reglementiert ist,
8. eine Information über Einzelheiten zur Berufshaftpflichtversicherung oder eines anderen individuellen oder kollektiven Schutzes in Bezug auf die Berufshaftpflicht.

Die Meldung ist jährlich zu wiederholen, wenn die Person nach Ablauf eines Kalenderjahres erneut nach Absatz 1 geschäftsmäßig Hilfeleistung in Steuersachen im Inland erbringen will. In diesem Fall sind die Bescheinigung nach Satz 3 Nr. 5 und die Information nach Satz 3 Nr. 8 erneut vorzulegen. Die Meldung berechtigt die Person zur geschäftsmäßigen Hilfeleistung in Steuersachen nach Absatz 1 im gesamten Hoheitsgebiet der Bundesrepublik Deutschland. § 74a gilt entsprechend.

(3) Sobald die Meldung nach Absatz 2 vollständig vorliegt, veranlasst die zuständige Stelle eine vorübergehende Eintragung der Angaben nach Absatz 2 Satz 3 Nr. 1 bis 4 im Berufsregister oder ihre Verlängerung um ein Jahr. Die jeweilige Eintragung erfolgt unter Angabe der zuständigen Stelle und des Datums der Eintragung. Das Verfahren ist kostenfrei.

(4) Registrierte Personen nach Absatz 3 oder ihre Rechtsnachfolger müssen der zuständigen Stelle alle Änderungen der Angaben nach Absatz 2 Satz 3 Nr. 1 bis 4 unverzüglich schriftlich mitteilen.

(5) Personen, die nach Absatz 1 geschäftsmäßig Hilfeleistung in Steuersachen im Inland erbringen, dürfen dabei nur unter der Berufsbezeichnung in den Amtssprachen des Niederlassungsstaates tätig werden, unter der sie ihre Dienste im Niederlassungsstaat anbieten. Wer danach berechtigt ist, die Berufsbezeichnung „Steuerberater" / „Steuerberaterin", „Steuerbevollmächtigter" / „Steuerbevollmächtigte" oder „Steuerberatungsgesellschaft" zu führen, hat zusätzlich die Berufsorganisation, der er im Niederlassungsstaat angehört, sowie den Niederlassungsstaat anzugeben. Eine Verwechslung mit den genannten Berufsbezeichnungen muss ausgeschlossen sein.

(6) Die zuständige Stelle kann einer nach Absatz 1 geschäftsmäßig Hilfe in Steuersachen leistenden Person die weitere Erbringung ihrer Dienste im Inland untersagen, wenn

1. die Person im Staat der Niederlassung nicht mehr rechtmäßig niedergelassen ist oder ihr die Ausübung der Tätigkeit dort untersagt wird,
2. sie nicht über die für die Ausübung der Berufstätigkeit im Inland erforderlichen deutschen Sprachkenntnisse verfügt,
3. sie wiederholt eine unrichtige Berufsbezeichnung führt oder
4. sie die Befugnis zu vorübergehender und gelegentlicher geschäftsmäßigen Hilfeleistung in Steuersachen überschreitet.

Die vorübergehende Eintragung im Berufsregister gemäß Absatz 3 Satz 1 wird gelöscht, wenn die Untersagungsverfügung nach Satz 1 unanfechtbar geworden ist. Über die Löschung aus dem Berufsregister wegen Überschreitens der Befugnis zu vorübergehender und gelegentlicher geschäftsmäßigen Hilfeleistung in Steuersachen sind diejenigen Finanzbehörden zu unterrichten, die eine Mitteilung nach § 5 Absatz 4 erstattet haben.

(7) Die zuständigen Stellen arbeiten mit den zuständigen Stellen in den anderen Mitgliedstaaten der Europäischen Union, in den anderen Vertragsstaaten des Abkommens über den Europäischen Wirtschaftsraum und in der Schweiz zusammen und übermitteln auf Anfrage:

1. Informationen über die Rechtmäßigkeit der Niederlassung und die gute Führung des Dienstleisters;
2. Informationen darüber, dass keine berufsbezogenen disziplinarischen oder strafrechtlichen Sanktionen vorliegen;
3. Informationen, die im Falle von Beschwerden eines Dienstleistungsempfängers gegen einen Dienstleister für ein ordnungsgemäßes Beschwerdeverfahren erforderlich sind.

Die zuständigen Stellen können bei berechtigten Zweifeln an der Rechtmäßigkeit der Niederlassung des Dienstleisters in einem anderen Staat, an seiner guten Führung oder daran, dass keine berufsbezogenen disziplinarischen oder strafrechtlichen Sanktionen vorliegen, alle aus ihrer Sicht zur Beurteilung des Sachverhalts erforderlichen Informationen bei den zuständigen Stellen des anderen Staates anfordern. § 30 der Abgabenordnung steht den Sätzen 1 und 2 nicht entgegen.

§ 3b Verzeichnis der nach § 3a zur vorübergehenden und gelegentlichen Hilfeleistung in Steuersachen befugten Personen

(1) Die Bundessteuerberaterkammer führt ein elektronisches Verzeichnis aller Personen, die gemäß § 3a Absatz 3 Satz 1 als zur vorübergehenden und gelegentlichen Hilfeleistung in Steuersachen befugt vorübergehend im Berufsregister der zuständigen Steuerberaterkammer eingetragen sind. Das Verzeichnis dient der Information der Behörden und Gerichte, der Rechtsuchenden sowie anderer am Rechtsverkehr Beteiligter. Die Steuerberaterkammern geben die im Berufsregister gemäß § 3a Absatz 3 Satz 1 vorübergehend gespeicherten Daten im automatisierten Verfahren in das von der Bundessteuerberaterkammer geführte Verzeichnis ein. Die zuständige Steuerberaterkammer trägt die datenschutzrechtliche Verantwortung für die von ihr in das Verzeichnis eingegebenen Daten, insbesondere für die Rechtmäßigkeit der Erhebung, die Vollständigkeit und die Richtigkeit der Daten. Der Abruf einzelner Daten aus dem Gesamtverzeichnis steht jedem unentgeltlich zu.
(2) In das Verzeichnis sind einzutragen:
1. bei natürlichen Personen der Familienname und die Vornamen, das Geburtsjahr, die Geschäftsanschrift einschließlich der Anschriften aller Zweigstellen, die Berufsbezeichnung, unter der die Tätigkeit nach § 3a Absatz 5 im Inland zu erbringen ist, sowie der Name und die Anschrift der nach § 3a Absatz 2 Satz 2 zuständigen Steuerberaterkammer;
2. bei juristischen Personen und Personengesellschaften der Name oder die Firma, das Gründungsjahr, die Geschäftsanschrift einschließlich der Anschriften aller Zweigstellen, der Familienname und die Vornamen der gesetzlichen Vertreter, die Berufsbezeichnung, unter der die Tätigkeit nach § 3a Absatz 5 im Inland zu erbringen ist, der Name und die Anschrift der nach § 3a Absatz 2 Satz 2 zuständigen Steuerberaterkammer.

§ 3c Befugnis juristischer Personen und Vereinigungen zu vorübergehender und gelegentlicher Hilfeleistung in Steuersachen

Die §§ 3a und 3b gelten entsprechend für juristische Personen und Vereinigungen.

§ 3d Partieller Zugang, Voraussetzungen und Antrag

(1) Eine Erlaubnis zu beschränkter geschäftsmäßiger Hilfeleistung in Steuersachen (partieller Zugang) wird im Einzelfall auf Antrag erteilt, wenn
1. der Antragsteller in einem anderen Mitgliedstaat der Europäischen Union oder in einem anderen Vertragsstaat des Abkommens über den Europäischen Wirtschaftsraum oder in der Schweiz (Herkunftsmitgliedstaat) zur Ausübung der beantragten Hilfeleistung in Steuersachen uneingeschränkt qualifiziert ist,
2. die Unterschiede zwischen der Tätigkeit des Antragstellers und der Tätigkeit eines Steuerberaters oder Steuerbevollmächtigten im Sinne des § 3 so groß sind, dass deren Ausgleich der Anforderung gleichkäme, die Befähigung für den Beruf des Steuerberaters nach § 37 zu erwerben und
3. die Tätigkeit des Antragstellers sich von den anderen Tätigkeiten, die von einem Steuerberater oder Steuerbevollmächtigten im Sinne des § 3 zu erbringen sind, objektiv trennen lässt.

Für die Prüfung der Trennbarkeit der Tätigkeiten nach Satz 1 Nummer 3 berücksichtigt die zuständige Stelle, ob die Tätigkeit im Herkunftsmitgliedstaat eigenständig ausgeübt werden kann.
(2) Der partielle Zugang ist bei der zuständigen Stelle zu beantragen. Die zuständige Stelle bestimmt sich nach Maßgabe des § 3a Absatz 2 Satz 2. Im Einvernehmen mit dieser, kann eine andere Steuerberaterkammer über die Gewährung des partiellen Zugangs entscheiden. Das Einvernehmen ist in die Satzungen der beteiligten Steuerberaterkammern aufzunehmen.
(3) Der Antrag nach Absatz 1 muss enthalten:

1. den Familiennamen und den oder die Vornamen des Antragstellers,
2. das Geburtsdatum,
3. die Anschrift der beruflichen Niederlassung,
4. die Berufsbezeichnung, unter der die Tätigkeit im Inland erbracht werden soll,
5. die Tätigkeiten oder Tätigkeitsbereiche, die im Inland erbracht werden sollen,
6. einen Nachweis über die Berufsqualifikation,
7. eine Information über Einzelheiten zur Berufshaftpflichtversicherung oder eines anderen individuellen oder kollektiven Schutzes in Bezug auf die Berufshaftpflicht

§ 3e Erlaubnis zum partiellen Zugang

(1) Die Gewährung des partiellen Zugangs berechtigt die Person zur geschäftsmäßigen Hilfeleistung in Steuersachen im gesamten Hoheitsgebiet der Bundesrepublik Deutschland, beschränkt auf die Tätigkeit, für die partieller Zugang gewährt wurde. Der Umfang der Befugnis zur Hilfeleistung in Steuersachen in dem betreffenden Teilbereich im Inland richtet sich nach dem Umfang dieser Befugnis im Herkunftsmitgliedstaat. Bei der Ausübung der Tätigkeit sind die Berufsbezeichnung des Herkunftsmitgliedstaates und der Herkunftsmitgliedstaat anzugeben. Eine Verwechslung mit der Berufsbezeichnung nach § 43 muss ausgeschlossen sein. Dem Auftraggeber ist der Umfang des Tätigkeitsbereichs vor Leistungsbeginn in Textform mitzuteilen. Im Übrigen gelten die Vorschriften des Dritten Abschnitts des Zweiten Teils.
(2) Die nach § 3d Absatz 2 Satz 2 zuständige Stelle kann alle aus ihrer Sicht zur Beurteilung des Antrags auf partiellen Zugang erforderlichen Informationen bei den zuständigen Stellen im Herkunftsmitgliedstaat einholen bei berechtigten Zweifeln
1. an der Befugnis des Antragstellers zur Hilfeleistung in Steuersachen im Herkunftsmitgliedstaat (§ 3d Absatz 1 Nummer 1),
2. an der guten Führung des Antragstellers oder
3. daran, dass keine berufsbezogenen disziplinarischen oder strafrechtlichen Sanktionen gegen den Antragsteller vorliegen.

§ 30 der Abgabenordnung steht Satz 1 nicht entgegen.
(3) Der partielle Zugang kann verweigert werden, wenn die Verweigerung
1. durch zwingende Gründe des Allgemeininteresses gerechtfertigt ist,
2. geeignet ist, die Erreichung des verfolgten Ziels nach § 2 Absatz 1 Satz 2 zu gewährleisten, und
3. nicht über das hinausgeht, was zur Erreichung dieses Ziels erforderlich ist.

(4) Die partiell zugelassene Person ist mit den Angaben nach § 3d Absatz 3 Nummer 1 bis 4, der zuständigen Stelle und dem Datum der Erteilung des partiellen Zugangs in das Berufsregister einzutragen. Änderungen der Angaben nach § 3d Absatz 3 Nummer 1, 3 bis 5 und 7 sind der zuständigen Stelle unverzüglich schriftlich oder elektronisch mitzuteilen. Die Eintragung der partiell zugelassenen Person ist zu löschen, wenn die partiell zugelassene Person auf diese Erlaubnis verzichtet oder der partielle Zugang unanfechtbar untersagt worden ist.
(5) Das Verfahren ist gebührenfrei.

§ 3f Untersagung des partiellen Zugangs

Die zuständige Stelle kann einer partiell zugelassenen Person die weitere Hilfeleistung in Steuersachen untersagen, wenn
1. der Person im Herkunftsmitgliedstaat die Ausübung der Tätigkeit untersagt wurde,
2. die Person im Einzelfall nicht über die für die konkrete Ausübung der Berufstätigkeit im Inland erforderlichen deutschen Sprachkenntnisse verfügt,
3. die Person wiederholt eine unrichtige Berufsbezeichnung führt,
4. die Person die Befugnis zu beschränkter geschäftsmäßiger Hilfeleistung in Steuersachen nach § 3e Absatz 1 Satz 1 und 2 überschreitet oder
5. die Person besonders schwerwiegend oder wiederholt gegen die Pflichten nach § 3e Absatz 1 Satz 3 bis 6 verstößt.

§ 3g Elektronisches Verzeichnis der partiell zugelassenen Personen

(1) Die Bundessteuerberaterkammer führt ein elektronisches Verzeichnis aller Personen, denen nach § 3d Absatz 1 ein partieller Zugang erteilt worden ist und die nach § 3e Absatz 4 in das Berufsregister eingetragen sind. Das Verzeichnis dient der Information der Behörden und Gerichte, der Rechtsuchenden sowie anderer am Rechtsverkehr Beteiligter. Die Steuerberaterkammern geben die im Berufsregister nach § 3e Absatz 4 gespeicherten Daten im automatisierten Verfahren in das von der Bundessteuerberaterkammer geführte Verzeichnis ein. Die zuständige Steuerberaterkammer trägt die datenschutzrechtliche Verantwortung für die von ihr in das Verzeichnis eingegebenen Daten, insbesondere für die Rechtmäßigkeit der Erhebung, die Vollständigkeit und die Richtigkeit der Daten. Der Abruf einzelner Daten aus dem Gesamtverzeichnis steht jedermann unentgeltlich zu.

(2) In das elektronische Verzeichnis sind einzutragen:

1. bei natürlichen Personen der Familienname und den oder die Vornamen, das Geburtsdatum, die Anschrift der beruflichen Niederlassung einschließlich der Anschriften aller Beratungsstellen, die Berufsbezeichnung, unter der die Tätigkeit nach § 3e Absatz 1 Satz 2 im Inland zu erbringen ist, sowie der Name und die Anschrift der nach § 3d Absatz 2 Satz 2 zuständigen Steuerberaterkammer;
2. bei juristischen Personen und Personengesellschaften der Name oder die Firma, das Gründungsjahr, die Anschrift einschließlich der Anschriften aller weiterer Beratungsstellen, der Familienname, den oder die Vornamen der gesetzlichen Vertreter, die Berufsbezeichnung, unter der die Tätigkeit nach § 3e Absatz 1 Satz 2 im Inland zu erbringen ist, sowie der Name und die Anschrift der nach § 3d Absatz 2 Satz 2 zuständigen Steuerberaterkammer.

§ 4 Befugnis zu beschränkter Hilfeleistung in Steuersachen

Zur geschäftsmäßigen Hilfeleistung in Steuersachen sind ferner befugt:

1. Notare im Rahmen ihrer Befugnisse nach der Bundesnotarordnung,
2. Patentanwälte im Rahmen ihrer Befugnisse nach der Patentanwaltsordnung,
3. Behörden und Körperschaften des öffentlichen Rechts sowie die überörtlichen Prüfungseinrichtungen für Körperschaften und Anstalten des öffentlichen Rechts im Rahmen ihrer Zuständigkeit,
4. Verwahrer und Verwalter fremden oder zu treuen Händen oder zu Sicherungszwecken übereigneten Vermögens, soweit sie hinsichtlich dieses Vermögens Hilfe in Steuersachen leisten,
5. Unternehmer, die ein Handelsgewerbe betreiben, soweit sie in unmittelbarem Zusammenhang mit einem Geschäft, das zu ihrem Handelsgewerbe gehört, ihren Kunden Hilfe in Steuersachen leisten,
6. genossenschaftliche Prüfungs- und Spitzenverbände und genossenschaftliche Treuhandstellen, soweit sie im Rahmen ihres Aufgabenbereichs den Mitgliedern der Prüfungs- und Spitzenverbände Hilfe in Steuersachen leisten,
7. als Berufsvertretung oder auf ähnlicher Grundlage gebildete Vereinigungen, soweit sie im Rahmen ihres Aufgabenbereichs ihren Mitgliedern Hilfe in Steuersachen leisten; § 95 des Bundesvertriebenengesetzes bleibt unberührt,
8. als Berufsvertretung oder auf ähnlicher Grundlage gebildete Vereine von Land- und Forstwirten, zu deren satzungsmäßiger Aufgabe die Hilfeleistung für land- und forstwirtschaftliche Betriebe im Sinne des Bewertungsgesetzes gehört, soweit sie diese Hilfe durch Personen leisten, die berechtigt sind, die Bezeichnung „Landwirtschaftliche Buchstelle“ zu führen, und die Hilfe nicht die Ermittlung der Einkünfte aus selbständiger Arbeit oder aus Gewerbebetrieb betrifft, es sei denn, daß es sich hierbei um Nebeneinkünfte handelt, die üblicherweise bei Landwirten vorkommen,
9. a) Speditionsunternehmen, soweit sie Hilfe in Eingangsabgabensachen oder bei der verbrauchsteuerlichen Behandlung von Waren im Warenverkehr mit anderen Mitgliedstaaten der Europäischen Union leisten,
   b) sonstige gewerbliche Unternehmen, soweit sie im Zusammenhang mit der Zollbehandlung Hilfe in Eingangsabgabensachen leisten,

c) die in den Buchstaben a und b genannten Unternehmen, soweit sie für Unternehmer im Sinne des § 22a des Umsatzsteuergesetzes Hilfe in Steuersachen nach § 22b des Umsatzsteuergesetzes leisten und im Geltungsbereich dieses Gesetzes ansässig sind, nicht Kleinunternehmer im Sinne des § 19 des Umsatzsteuergesetzes und nicht von der Fiskalvertretung nach § 22e des Umsatzsteuergesetzes ausgeschlossen sind,

10. Arbeitgeber, soweit sie für ihre Arbeitnehmer Hilfe bei lohnsteuerlichen Sachverhalten oder bei Sachverhalten des Familienleistungsausgleichs im Sinne des Einkommensteuergesetzes leisten,

11. Lohnsteuerhilfevereine, soweit sie für ihre Mitglieder Hilfe in Steuersachen leisten, wenn diese
   a) Einkünfte aus nichtselbständiger Arbeit, sonstige Einkünfte aus wiederkehrenden Bezügen (§ 22 Nr. 1 des Einkommensteuergesetzes), Einkünfte aus Unterhaltsleistungen (§ 22 Nr. 1a des Einkommensteuergesetzes) oder Einkünfte aus Leistungen nach § 22 Nr. 5 des Einkommensteuergesetzes erzielen,
   b) keine Einkünfte aus Land- und Forstwirtschaft, aus Gewerbebetrieb oder aus selbständiger Arbeit erzielen oder umsatzsteuerpflichtige Umsätze ausführen, es sei denn, die den Einkünften zugrunde liegenden Einnahmen sind nach § 3 Nummer 3 Nummer 12, 26, 26a, 26b oder 72 des Einkommensteuergesetzes in voller Höhe steuerfrei, und
   c) Einnahmen aus anderen Einkunftsarten haben, die insgesamt die Höhe von achtzehntausend Euro, im Falle der Zusammenveranlagung von sechsunddreißigtausend Euro, nicht übersteigen und im Veranlagungsverfahren zu erklären sind oder auf Grund eines Antrags des Steuerpflichtigen erklärt werden. An die Stelle der Einnahmen tritt in Fällen des § 20 Absatz 2 des Einkommensteuergesetzes der Gewinn im Sinne des § 20 Absatz 4 des Einkommensteuergesetzes und in den Fällen des § 23 Absatz 1 des Einkommensteuergesetzes der Gewinn im Sinne des § 23 Absatz 3 Satz 1 des Einkommensteuergesetzes; Verluste bleiben unberücksichtigt.

   Die Befugnis erstreckt sich nur auf die Hilfeleistung bei der Einkommensteuer und ihren Zuschlagsteuern. Soweit zulässig, berechtigt sie auch zur Hilfeleistung bei der Eigenheimzulage und der Investitionszulage nach den §§ 3 bis 4 des Investitionszulagengesetzes 1999, bei mit Kinderbetreuungskosten im Sinne von § 10 Absatz 1 Nummer 5 des Einkommensteuergesetzes sowie bei mit haushaltsnahen Beschäftigungsverhältnissen im Sinne des § 35a des Einkommensteuergesetzes zusammenhängenden Arbeitgeberaufgaben sowie zur Hilfe bei Sachverhalten des Familienleistungsausgleichs im Sinne des Einkommensteuergesetzes und der sonstigen Zulagen und Prämien, auf die die Vorschriften der Abgabenordnung anzuwenden sind Mitglieder, die arbeitslos geworden sind, dürfen weiterhin beraten werden.

12. Kreditinstitute, soweit sie in Vertretung der Gläubiger von Kapitalerträgen Anträge auf Erstattung von Kapitalertragsteuer nach § 44a Absatz 9 oder § 50c des Einkommensteuergesetzes oder nach § 11 Absatz 1 des Investmentsteuergesetzes stellen,

13. öffentlich bestellte versicherungsmathematische Sachverständige, soweit sie in unmittelbarem Zusammenhang mit der Berechnung von Pensionsrückstellungen, versicherungstechnischen Rückstellungen und Zuführungen zu Pensions- und Unterstützungskassen ihren Auftraggebern Hilfe in Steuersachen leisten,

14. diejenigen, die Verträge im Sinne des § 2 Abs. 1 Wohnungsbau-Prämiengesetz schließen oder vermitteln, soweit sie bei der Ausfüllung von Anträgen auf Wohnungsbauprämie Hilfe leisten,

15. Stellen, die durch Landesrecht als geeignet im Sinne des § 305 Abs. 1 Nr. 1 der Insolvenzordnung anerkannt sind, im Rahmen ihres Aufgabenbereichs,

16. a) diejenigen, die Verträge im Sinne des § 1 Abs. 1 und 1a des Altersvorsorgeverträge-Zertifizierungsgesetzes schließen oder vermitteln,
   b) die in § 82 Abs. 2 Satz 1 Buchstabe a des Einkommensteuergesetzes genannten Versorgungseinrichtungen,

soweit sie im Rahmen des Vertragsabschlusses, der Durchführung des Vertrages oder der Antragstellung nach § 89 des Einkommensteuergesetzes Hilfe leisten.

§ 5 Verbot der unbefugten Hilfeleistung in Steuersachen, Missbrauch von Berufsbezeichnungen

(1) Andere als die in den §§ 3, 3a, § 3d oder 4 bezeichneten Personen und Vereinigungen dürfen nicht geschäftsmäßig Hilfe in Steuersachen leisten, insbesondere nicht geschäftsmäßig Rat in Steuersachen erteilen. Die in den §§ 3a, § 3d und 4 bezeichneten Personen und Vereinigungen dürfen nur im Rahmen ihrer Befugnis geschäftsmäßig Hilfe in Steuersachen leisten.
(2) Werden den Finanzbehörden oder den Steuerberaterkammern Tatsachen bekannt, die den Verdacht begründen, dass eine Person oder Vereinigung entgegen Absatz 1 geschäftsmäßig Hilfe in Steuersachen leistet, so haben sie diese Tatsachen der für das Bußgeldverfahren zuständigen Stelle mitteilen. Werden den Finanzbehörden Tatsachen bekannt, die darauf hinweisen, dass eine Person oder Vereinigung entgegen Absatz 1 geschäftsmäßig Hilfe in Steuersachen leistet, so können sie diese Tatsachen der zuständigen Steuerberaterkammer zum Zwecke der Prüfung der Geltendmachung von Ansprüchen nach den Vorschriften des Gesetzes gegen den unlauteren Wettbewerb (§ 76 Absatz 11) mitteilen.
(3) Die Finanzbehörden oder die Steuerberaterkammern haben der für das Strafverfahren, das Bußgeldverfahren oder ein berufsaufsichtliches Verfahren zuständigen Stelle ihnen bekannte Tatsachen mitzuteilen, die den Verdacht begründen, dass
1. Personen, die geschäftsmäßig Hilfe in Steuersachen leisten, entgegen § 132a Absatz 1 Nummer 2 des Strafgesetzbuches die Berufsbezeichnungen „Steuerberater", „Steuerbevollmächtigter", „Rechtsanwalt", „Wirtschaftsprüfer" oder „vereidigter Buchprüfer" führen,
2. Vereinigungen, die geschäftsmäßig Hilfe in Steuersachen leisten, entgegen § 161 dieses Gesetzes unbefugt die Bezeichnungen „Steuerberatungsgesellschaft", „Lohnsteuerhilfeverein", „Landwirtschaftliche Buchstelle" oder unbefugt den Zusatz „und Partner", „Partnerschaft" (§ 2 Absatz 1 Satz 1 des Partnerschaftsgesellschaftsgesetzes), „mit beschränkter Berufshaftung" oder jeweilige Abkürzungen (§ 8 Absatz 4 des Partnerschaftsgesellschaftsgesetzes) oder entgegen § 133 der Wirtschaftsprüferordnung die Bezeichnungen „Wirtschaftsprüfungsgesellschaft" oder „Buchprüfungsgesellschaft" führen

(4) Werden den Finanzbehörden Tatsachen bekannt, die darauf hinweisen, dass Personen oder Vereinigungen die ihnen nach § 3a zustehende Befugnis zu vorübergehender und gelegentlicher geschäftsmäßiger Hilfeleistung in Steuersachen überschreiten, so haben die Finanzbehörden diese Tatsachen der zuständigen Steuerberaterkammer mitzuteilen. Satz 1 gilt entsprechend, wenn den Finanzbehörden Tatsachen bekannt werden, die darauf hinweisen, dass Personen oder Vereinigungen die ihnen erteilte Erlaubnis zum partiellen Zugang nach § 3d überschreiten.
(5) § 30 der Abgabenordnung steht den Mitteilungen nach den Absätzen 2, 3 und 4 nicht entgegen.

§ 6 Ausnahmen vom Verbot der unbefugten Hilfeleistung in Steuersachen

Das Verbot des § 5 gilt nicht für
1. die Erstattung wissenschaftlich begründeter Gutachten,
2. die unentgeltliche Hilfeleistung in Steuersachen für Angehörige im Sinne des § 15 der Abgabenordnung,
3. die Durchführung mechanischer Arbeitsgänge bei der Führung von Büchern und Aufzeichnungen, die für die Besteuerung von Bedeutung sind; hierzu gehören nicht das Kontieren von Belegen und das Erteilen von Buchungsanweisungen,
4. das Buchen laufender Geschäftsvorfälle, die laufende Lohnabrechnung und das Fertigen der Lohnsteuer-Anmeldungen, soweit diese Tätigkeiten verantwortlich durch Personen erbracht werden, die nach Bestehen der Abschlußprüfung in einem kaufmännischen Ausbildungsberuf oder nach Erwerb einer gleichwertigen Vorbildung mindestens drei Jahre auf dem Gebiet des Buchhaltungswesens in einem Umfang von mindestens 16 Wochenstunden praktisch tätig gewesen sind.

§ 7 Untersagung der Hilfeleistung in Steuersachen

(1) Das Finanzamt kann die Hilfeleistung in Steuersachen untersagen,
1. wenn die Tätigkeit durch eine Person oder Vereinigung ausgeübt wird, die nicht unter § 3, 3a, 3d oder § 4 fällt,
2. wenn bei einer Tätigkeit nach den §§ 3a, 3d, 4 und 6 die jeweiligen Befugnisse überschritten werden,
3. wenn eine Tätigkeit als Arbeitnehmer zur Umgehung des Verbots nach § 5 missbraucht wird.

(2) Die für die Finanzverwaltung zuständige oberste Landesbehörde kann den in § 4 Nr. 7 bezeichneten Vereinigungen im Einvernehmen mit den fachlich beteiligten obersten Landesbehörden die Hilfeleistung in Steuersachen ganz oder teilweise untersagen, wenn eine sachgemäße Tätigkeit nicht gewährleistet ist. Dies gilt nicht, wenn eine der in § 3 Nr. 1 aufgeführten Personen die Hilfeleistung in Steuersachen leitet.

(3) Diejenige Finanzbehörde, in deren Zuständigkeitsbereich die nach Absatz 1 zu untersagende Hilfeleistung in Steuersachen geleistet wird, kann diese Hilfeleistung in Steuersachen in ihrem Zuständigkeitsbereich untersagen. Die Finanzbehörde ist befugt, andere Finanzbehörden über die Untersagung nach Satz 1 zu unterrichten. § 30 der Abgabenordnung steht dem nicht entgegen.

§ 8 Werbung

(1) Auf eigene Dienste oder Dienste Dritter zur geschäftsmäßigen Hilfeleistung in Steuersachen darf hingewiesen werden, soweit über die Tätigkeit in Form und Inhalt sachlich unterrichtet wird.

(2) Werbung, die auf die Erteilung eines Auftrags zur geschäftsmäßigen Hilfeleistung in Steuersachen im Einzelfall gerichtet ist, ist verboten. Dies gilt nicht für die Durchführung der Tätigkeiten nach § 6 Nr. 3 und 4.

(3) Die in § 3 Nr. 1 bis 3 bezeichneten Personen und Gesellschaften dürfen auf ihre Befugnis zur Hilfeleistung in Steuersachen nach den für sie geltenden berufsrechtlichen Vorschriften hinweisen.

(4) Die in § 6 Nr. 4 bezeichneten Personen dürfen auf ihre Befugnisse zur Hilfeleistung in Steuersachen hinweisen und sich als Buchhalter bezeichnen. Personen, die den anerkannten Abschluss „Geprüfter Bilanzbuchhalter/Geprüfte Bilanzbuchhalterin“ oder „Steuerfachwirt/ Steuerfachwirtin“ erworben haben, dürfen unter dieser Bezeichnung werben. Die genannten Personen dürfen dabei nicht gegen das Gesetz gegen den unlauteren Wettbewerb verstoßen.

§ 9 Vergütung

Die Abgabe oder Entgegennahme eines Teils der Gebühren oder sonstiger Vorteile für die Vermittlung von Aufträgen, gleichviel ob im Verhältnis zu einem Steuerberater oder Steuerbevollmächtigten oder zu einem Dritten gleich welcher Art, ist unzulässig.

§ 9a Erfolgshonorar

(1) Vereinbarungen, durch die eine Vergütung für eine Hilfeleistung in Steuersachen oder ihre Höhe vom Ausgang der Sache oder vom Erfolg der Tätigkeit abhängig gemacht wird oder nach denen der Steuerberater oder Steuerbevollmächtigte einen Teil der zu erzielenden Steuerermäßigung, Steuerersparnis oder Steuervergütung als Honorar erhält (Erfolgshonorar), sind unzulässig, soweit nachfolgend nichts anderes bestimmt ist. Vereinbarungen, durch die der Steuerberater oder Steuerbevollmächtigte sich verpflichtet, Gerichtskosten, Verwaltungskosten oder Kosten anderer Beteiligter zu tragen, sind unzulässig.

(2) Ein Erfolgshonorar darf nur für den Einzelfall und nur dann vereinbart werden, wenn der Auftraggeber bei verständiger Betrachtung ohne die Vereinbarung eines Erfolgshonorars von der Rechtsverfolgung abgehalten würde. Dabei darf für den Fall des Misserfolgs vereinbart werden,

dass keine oder eine geringere als die gesetzliche Vergütung zu zahlen ist, wenn für den Erfolgsfall ein angemessener Zuschlag auf die gesetzliche Vergütung vereinbart wird.

(3) Die Vereinbarung bedarf der Textform. Sie muss als Vergütungsvereinbarung oder in vergleichbarer Weise bezeichnet werden, von anderen Vereinbarungen deutlich abgesetzt sein und darf nicht in der Vollmacht enthalten sein. Die Vereinbarung muss enthalten:

1. die voraussichtliche gesetzliche Vergütung und gegebenenfalls die erfolgsunabhängige vertragliche Vergütung, zu der der Steuerberater oder Steuerbevollmächtigte bereit wäre, den Auftrag zu übernehmen, sowie
2. die Angabe, welche Vergütung bei Eintritt welcher Bedingungen verdient sein soll.

(4) In der Vereinbarung sind außerdem die wesentlichen Gründe anzugeben, die für die Bemessung des Erfolgshonorars bestimmend sind. Ferner ist ein Hinweis aufzunehmen, dass die Vereinbarung keinen Einfluss auf die gegebenenfalls vom Auftraggeber zu zahlenden Gerichtskosten, Verwaltungskosten und die von ihm zu erstattenden Kosten anderer Beteiligter hat.

(5) Aus einer Vergütungsvereinbarung, die nicht den Anforderungen der Absätze 2 und 3 entspricht, kann der Steuerberater oder Steuerbevollmächtigte keine höhere als die gesetzliche Vergütung fordern. Die Vorschriften des bürgerlichen Rechts über die ungerechtfertigte Bereicherung bleiben unberührt.

§ 10 Übermittlung von Daten

(1) Gerichte und Behörden einschließlich der Berufskammern übermitteln der für die Entscheidung zuständigen Stelle diejenigen Daten über Personen und Berufsausübungsgesellschaften, deren Kenntnis aus Sicht der übermittelnden Stelle erforderlich ist für

1. die Zulassung zur Prüfung oder die Befreiung von der Prüfung zum Steuerberater,
2. die Bestellung oder Wiederbestellung oder die Rücknahme oder den Widerruf der Bestellung als Steuerberater oder Steuerbevollmächtigter,
3. die Anerkennung, die Rücknahme oder den Widerruf der Anerkennung als Berufsausübungsgesellschaft oder als Lohnsteuerhilfeverein,
4. die Einleitung oder Durchführung eines berufsaufsichtlichen Verfahrens,
5. die Überprüfung der Voraussetzungen für die Bestellung eines Beratungsstellenleiters im Sinne des § 23 Absatz 3 oder
6. eine Untersagung nach § 3f.

(2) Die Übermittlung nach Absatz 1 unterbleibt,

1. soweit sie schutzwürdige Interessen einer betroffenen Person beeinträchtigen würde und das Informationsinteresse des Empfängers das Interesse der betroffenen Person an dem Unterbleiben der Übermittlung nicht überwiegt oder
2. soweit besondere gesetzliche Verwendungsregelungen entgegenstehen.

Satz 1 Nummer 2 gilt nicht für die Verschwiegenheitspflichten der für eine Berufskammer eines freien Berufs im Geltungsbereich dieses Gesetzes tätigen Personen und für das Steuergeheimnis nach § 30 der Abgabenordnung.

§ 10a Mitteilung über den Ausgang eines Bußgeldverfahrens wegen unbefugter Hilfeleistung in Steuersachen

(1) Liegen tatsächliche Anhaltspunkte dafür vor, das die unbefugte Hilfeleistung in Steuersachen fortgesetzt wird, sind die Finanzbehörden verpflichtet, die Steuerberaterkammer, in deren Bezirk die Person Hilfe in Steuersachen geleistet hat, über den Ausgang eines nach § 160 eingeleiteten Bußgeldverfahrens zu unterrichten und ihr die Tatsachen mitzuteilen, die für die Geltendmachung von Ansprüchen nach den Vorschriften des Gesetzes gegen den unlauteren Wettbewerb erforderlich sind. § 30 der Abgabenordnung steht dem nicht entgegen.

(2) Wird die Hilfe in Steuersachen in verschiedenen Kammerbezirken geleistet, ist die Mitteilung an die Steuerberaterkammer zu richten, in deren Bezirk die Person ihre Geschäftsleitung unterhält, hilfsweise in deren Bezirk die Tätigkeit vorwiegend ausgeübt wird. Ergibt sich die örtliche Zuständigkeit einer Steuerberaterkammer nicht aus Absatz 1 Satz 1 oder Absatz 2 Satz 1, ist die

Steuerberaterkammer zuständig, in deren Kammerbezirk die Finanzbehörde, die das Bußgeldverfahren nach § 160 eingeleitet hat, ihren Sitz hat.

§ 10b Vorwarnmechanismus

(1) Wird bei einer Person, die die Anerkennung einer Berufsqualifikation nach der Richtlinie 2005/36/EG des Europäischen Parlaments und des Rates vom 7. September 2005 über die Anerkennung von Berufsqualifikationen (ABl. L 255 vom 30.9.2005, S. 22) in der jeweils geltenden Fassung beantragt hat, gerichtlich festgestellt, dass sie dabei gefälschte Berufsqualifikationsnachweise verwendet hat, unterrichtet die zuständige Steuerberaterkammer, soweit die Unterrichtung nicht bereits durch das zuständige Gericht erfolgt ist, die zuständigen Behörden der anderen Mitgliedstaaten der Europäischen Union, der anderen Vertragsstaaten des Abkommens über den Europäischen Wirtschaftsraum oder der Schweiz über die Identität dieser Person, insbesondere über Name, Vorname, Geburtsdatum und Geburtsort, und den Umstand, dass diese Person gefälschte Berufsqualifikationsnachweise verwendet hat (Warnmitteilung). Die Warnmitteilung erfolgt unverzüglich, spätestens jedoch drei Tage nach Unanfechtbarkeit der Feststellung. Sie ist über das durch die Verordnung (EU) Nr. 1024/2012 des Europäischen Parlaments und des Rates vom 25. Oktober 2012 über die Verwaltungszusammenarbeit mit Hilfe des Binnenmarkt-Informationssystems und zur Aufhebung der Entscheidung 2008/49/EG der Kommission (ABl. L 316 vom 14.11.2012, S. 1) eingerichtete Binnenmarkt-Informationssystem zu übermitteln.
(2) Zeitgleich mit der Warnmitteilung nach Absatz 1 Satz 1 unterrichtet die zuständige Stelle, die die Warnmitteilung getätigt hat, die betroffene Person über die Warnmitteilung und ihren Inhalt schriftlich unter Beifügung einer Rechtsbehelfsbelehrung. Wird ein Rechtsbehelf gegen die Warnmitteilung eingelegt, ergänzt die Stelle, die die Warnmitteilung getätigt hat, die Warnmitteilung um einen entsprechenden Hinweis.

§ 11 Verarbeitung personenbezogener Daten

(1) Soweit es zur Erfüllung der Aufgaben nachdiesem Gesetz erforderlich ist, dürfen personenbezogene Daten verarbeitet werden. Personenbezogene Daten dürfen auch für Zwecke künftiger Verfahren nach diesem Gesetz verarbeitet werden. Besondere Kategorien personenbezogener Daten gemäß Artikel 9 Absatz 1 der Verordnung (EU) 2016/679 des Europäischen Parlaments und des Rates vom 27. April 2016 zum Schutz natürlicher Personen bei der Verarbeitung personenbezogener Daten, zum freien Datenverkehr und zur Aufhebung der Richtlinie 95/46/EG (Datenschutz-Grundverordnung) (ABl. L 119 vom 4.5.2016, S. 1; L 314 vom 22.11.2016, S. 72) dürfen gemäß Artikel 9 Absatz 2 Buchstabe g der Datenschutz-Grundverordnung (EU) 2016/679 in diesem Rahmen verarbeitet werden.
(2) Die Verarbeitung personenbezogener Daten durch Personen und Gesellschaften nach § 3 erfolgt unter Beachtung der für sie geltenden Berufspflichten weisungsfrei. Die Personen und Gesellschaften nach § 3 sind bei Verarbeitung sämtlicher personenbezogener Daten ihrer Mandanten Verantwortliche gemäß Artikel 4 Nummer 7 der Datenschutz-Grundverordnung (EU) 2016/679. Besondere Kategorien personenbezogener Daten gemäß Artikel 9 Absatz 1 der Verordnung (EU) 2016/679 dürfen gemäß Artikel 9 Absatz 2 Buchstabe g der Datenschutz-Grundverordnung (EU) 2016/679 in diesem Rahmen verarbeitet werden.
(3) § 30 der Abgabenordnung steht dem nicht entgegen.

§ 12 Hilfeleistung im Abgabenrecht fremder Staaten

Personen und Vereinigungen im Sinne des § 3 Nr. 1 bis 3 sind in Angelegenheiten, die das Abgabenrecht fremder Staaten betreffen, zur geschäftsmäßigen Hilfe in Steuersachen befugt. Die entsprechenden Befugnisse Dritter auf Grund anderer Rechtsvorschriften bleiben unberührt.
...

§ 154 Bestehende Gesellschaften

(1) Steuerberatungsgesellschaften, die am 16. Juni 1989 anerkannt sind, bleiben anerkannt. Dies gilt auch, wenn die Gesellschaft zur Übernahme der Mandanten einer Einrichtung gemäß § 4 Nr. 3, 7 und 8 gegründet wurde oder später die Mandanten einer solchen Einrichtung übernommen hat. Verändert sich nach dem 31. Dezember 1990 der Bestand der Gesellschafter oder das Verhältnis ihrer Beteiligungen oder Stimmrechte durch Rechtsgeschäft oder Erbfall und geht der Anteil oder das Stimmrecht nicht auf einen Gesellschafter über, der die Voraussetzungen des §§ 49 und 50 erfüllt, so hat die zuständige Steuerberaterkammer nach § 55 Absatz 3 zu verfahren. Sie kann vom Widerruf der Anerkennung absehen, wenn Anteile von einer Körperschaft des öffentlichen Rechts im Zusammenhang mit der Überragung von Aufgaben auf eine andere Körperschaft des öffentlichen Rechts übergehen.

(2) Absatz 1 Satz 3 und 4 gilt auch für unmittelbar oder mittelbar an Berufsausübungsgesellschaften beteiligte Gesellschaften, wenn sie nicht die Kapitalbindungsvorschriften des §§ 49 und 50 dieses Gesetzes oder des § 28 Abs. 4 der Wirtschaftsprüferordnung erfüllen. Auf Antrag kann auf Grund einer von der zuständigen Steuerberaterkammer erteilten Ausnahmegenehmigung von der Anwendung des Satzes 1 abgesehen werden, wenn

1. sich der Bestand der Gesellschafter einer beteiligten Gesellschaft und das Verhältnis ihrer Beteiligungen oder Stimmrechte dadurch ändert, dass ein Gesellschafter aus der beteiligten Gesellschaft ausscheidet und infolgedessen sein Anteil oder Stimmrecht auf einen Gesellschafter übergeht, der vor dem 19. Mai 1994 Gesellschafter der beteiligten Gesellschaft war, und die beteiligte Gesellschaft, bei der die Änderung eintritt, vor der Änderung von Berufsvertretungen desselben Berufs gebildet wurde, oder
2. sich der Bestand der Gesellschafter einer beteiligten Gesellschaft und das Verhältnis ihrer Beteiligungen oder Stimmrechte in den vorangegangenen Jahren jeweils nur geringfügig geändert hat, oder
3. sich der Bestand der Gesellschafter einer beteiligten Gesellschaft und das Verhältnis ihrer Beteiligungen oder Stimmrechte ändert und dies auf einen Strukturwandel im landwirtschaftlichen Bereich zurückzuführen ist.

§ 155 Übergangsvorschriften aus Anlass des Vierten Gesetzes zur Änderung des Steuerberatungsgesetzes

(1) Gesellschaften und Personenvereinigungen, die nach § 4 Nr. 8 in der am 15. Juni 1989 geltenden Fassung zur geschäftsmäßigen Hilfeleistung in Steuersachen befugt waren, behalten diese Befugnis, soweit diese Hilfe durch gesetzliche Vertreter oder leitende Angestellte geleistet wird, die unter § 3 fallen, und die Hilfe nicht die Ermittlung der Einkünfte aus selbständiger Arbeit oder aus Gewerbebetrieb betrifft, es sei denn, dass es sich hierbei um Nebeneinkünfte handelt, die üblicherweise bei Landwirten vorkommen. Die Befugnis zur geschäftsmäßigen Hilfeleistung in Steuersachen erlischt, wenn sie nicht nach dem 16. Juni 1999 durch Personen geleistet wird, die berechtigt sind, die Bezeichnung "Landwirtschaftliche Buchstelle" zu führen. Die für die Finanzverwaltung zuständige oberste Landesbehörde kann die Frist um bis zu zwei Jahre verlängern, wenn dies nach Lage des einzelnen Falles angemessen ist.

(2) Vereinigungen im Sinne des Absatzes 1, die am 16. Juni 1989 befugt waren, die Bezeichnung "Landwirtschaftliche Buchstelle" zu führen, dürfen diese Bezeichnung als Zusatz zum Namen der Vereinigung weiter führen, wenn mindestens ein leitender Angestellter berechtigt ist, diese Bezeichnung als Zusatz zur Berufsbezeichnung zu führen.

(3) Die in § 36 Absatz 1 Satz 1 Nummer 2 und Absatz 2 Nummer 1 bestimmte Reihenfolge der Vorbildungsvoraussetzungen gilt nicht für Tätigkeiten, die vor dem 16. Juni 1989 ausgeübt worden sind.

§ 156 Übergangsvorschriften aus Anlass des Sechsten Gesetzes zur Änderung des Steuerberatungsgesetzes

§ 36 Absatz 1 Satz 1 Nummer 2 und Absatz 3 gilt für Bewerber, die in dem in Artikel 3 des Einigungsvertrages genannten Gebiet einen Fachschulabschluss erworben und mit der Fachschulausbildung vor dem 1. Januar 1991 begonnen haben, mit der Maßgabe, dass sie nach dem Fachschulabschluss vier Jahre praktisch tätig gewesen sind.

§ 157 Übergangsvorschriften aus Anlass des Gesetzes zur Änderung von Vorschriften über die Tätigkeit der Steuerberater

(1) Prozessagenten im Sinne des § 11 in der bis zum 30. Juni 2000 geltenden Fassung sind weiterhin zur geschäftsmäßigen Hilfeleistung in Steuersachen befugt.
(2) Stundenbuchhalter im Sinne von § 12 Abs. 2 in der bis zum 30. Juni 2000 geltenden Fassung sind weiterhin zur beschränkten geschäftsmäßigen Hilfe in Steuersachen befugt.
(3) Die vorläufige Bestellung von Steuerberatern und Steuerbevollmächtigten, deren Bestellung nach Maßgabe des § 40a Abs. 1 Satz 6 in der bis zum 30. Juni 2000 geltenden Fassung nicht mit Ablauf des 31. Dezember 1997 erloschen ist, gilt weiter und erlischt erst mit Eintritt der Bestandskraft der Rücknahmeentscheidung nach § 46 Abs. 1 Satz 2 in der bis zum 30. Juni 2000 geltenden Fassung. Soweit in diesen Fällen auf Grund rechtskräftiger Gerichtsentscheidungen endgültige Bestellungen vorzunehmen sind, gilt § 40a Abs. 1 Satz 3 bis 5 in der bis zum 30. Juni 2000 geltenden Fassung weiter.
(4) Die Vorschriften dieses Gesetzes über die Zulassung zur Prüfung in der ab dem 1. Juli 2000 geltenden Fassung sind erstmals auf die Zulassung zur Prüfung im Jahr 2001 anzuwenden.
(5) Auf Prüfungen, die vor dem 1. November 2000 begonnen haben, sind die Vorschriften dieses Gesetzes in der bis zum 30. Juni 2000 geltenden Fassung weiter anzuwenden.
(6) Die den Steuerberaterkammern zugewiesenen Aufgaben des Ersten und Zweiten Unterabschnitts des Zweiten Abschnitts des Zweiten Teils dieses Gesetzes in der ab dem 1. Juli 2000 geltenden Fassung werden bis zum 31. Dezember 2000 von den bisher zuständigen Behörden der Finanzverwaltung wahrgenommen.
(7) (weggefallen)

...

§ 157b Anwendungsvorschrift

§ 154 Absatz 2 Satz 2 Nummer 2 in der Fassung des Artikels 14 des Gesetzes vom 16. Juli 2009 (BGBl. I S. 1959) ist auf alle bei Inkrafttreten dieser Vorschrift nicht bestandskräftig abgeschlossenen Verfahren anzuwenden.

§ 160 Unbefugte Hilfeleistung in Steuersachen

(1) Ordnungswidrig handelt, wer entgegen § 5 Abs. 1 oder entgegen einer vollziehbaren Untersagung nach § 7 geschäftsmäßig Hilfe in Steuersachen leistet.
(2) Die Ordnungswidrigkeit kann mit einer Geldbuße bis zu fünftausend Euro geahndet werden.

§ 163 Pflichtverletzung von Personen, deren sich der Verein bei der Hilfeleistung in Steuersachen im Rahmen der Befugnis nach § 4 Nr. 11 bedient

(1) Ordnungswidrig handelt, wer entgegen § 26 Abs. 2 in Verbindung mit der Hilfeleistung in Steuersachen im Rahmen der Befugnis nach § 4 Nr. 11 eine andere wirtschaftliche Tätigkeit ausübt.
(2) Die Ordnungswidrigkeit kann mit einer Geldbuße bis zu fünfundzwanzigtausend Euro geahndet werden.

§ 164a Verwaltungsverfahren

(1) Die Durchführung des Verwaltungsverfahrens in öffentlich-rechtlichen und berufsrechtlichen Angelegenheiten, die durch den Ersten Teil, den Zweiten und Sechsten Abschnitt des Zweiten Teils und den Ersten Abschnitt des Dritten Teils dieses Gesetzes geregelt werden, richtet sich nach der Abgabenordnung. Das Verfahren kann über eine einheitliche Stelle abgewickelt werden. Dafür gelten die Vorschriften des Verwaltungsverfahrensgesetzes entsprechend.
(2) Die Vollziehung der Rücknahme oder des Widerrufs der Anerkennung als Lohnsteuerhilfeverein (§ 20), der Anordnung der Schließung einer Beratungsstelle (§ 28 Abs. 3), der Rücknahme oder des Widerrufs der Bestellung als Steuerberater oder Steuerbevollmächtigter (§ 46) oder der Anerkennung als Steuerberatungsgesellschaft (§ 55) ist bis zum Eintritt der Unanfechtbarkeit gehemmt; § 361 Abs. 4 Sätze 2 und 3 der Abgabenordnung und § 69 Abs. 5 Sätze 2 bis 4 der Finanzgerichtsordnung bleiben unberührt. In den Fällen des Satzes 1 kann daneben die Ausübung der Hilfeleistung in Steuersachen mit sofortiger Wirkung untersagt werden, wenn es das öffentliche Interesse erfordert.
(3) In finanzgerichtlichen Verfahren in Angelegenheiten der §§ 37, 37a und 39a wird die für die Finanzverwaltung zuständige oberste Landesbehörde durch die zuständige Steuerberaterkammer vertreten. Die der für die Finanzverwaltung zuständigen obersten Landesbehörde in Verfahren nach Satz 1 auferlegten Kosten werden von der zuständigen Steuerberaterkammer unmittelbar an den Kostengläubiger gezahlt. Die für die Finanzverwaltung zuständige oberste Landesbehörde wird insoweit von ihrer Zahlungsverpflichtung gegenüber dem Kostengläubiger befreit. Die zuständige Steuerberaterkammer kann für eigene Aufwendungen in Verfahren nach Satz 1 und für die Zahlung nach Satz 2 keinen Ersatz von der für die Finanzverwaltung zuständigen obersten Landesbehörde verlangen.

Strafgesetzbuch (mit Einführungsgesetz)

in der Neufassung vom 13.11.1998 (BGBl. I S. 3322), zuletzt geändert durch Artikel 4 des Gesetzes vom 4.12.2022 (BGBl. I S. 2146).

- Auszug -

§ 11 – Personen- und Sachbegriffe

(1) Im Sinne dieses Gesetzes ist

...

2a. Europäischer Amtsträger:

wer

a) Mitglied der Europäischen Kommission, der Europäischen Zentralbank, des Rechnungshofs oder eines Gerichts der Europäischen Union ist,

b) Beamter oder sonstiger Bediensteter der Europäischen Union oder einer auf der Grundlage des Rechts der Europäischen Union geschaffenen Einrichtung ist oder

c) mit der Wahrnehmung von Aufgaben der Europäischen Union oder von Aufgaben einer auf der Grundlage des Rechts der Europäischen Union geschaffenen Einrichtung beauftragt ist;

3. Richter:
wer nach deutschem Recht Berufsrichter oder ehrenamtlicher Richter ist;

4. für den öffentlichen Dienst besonders Verpflichteter:
wer, ohne Amtsträger zu sein,

a) bei einer Behörde oder bei einer sonstigen Stelle, die Aufgaben der öffentlichen Verwaltung wahrnimmt, oder

b) bei einem Verband oder sonstigen Zusammenschluß, Betrieb oder Unternehmen, die für eine Behörde oder für eine sonstige Stelle Aufgaben der öffentlichen Verwaltung ausführen,

beschäftigt oder für sie tätig und auf die gewissenhafte Erfüllung seiner Obliegenheiten auf Grund eines Gesetzes förmlich verpflichtet ist;

...

§ 45 – Verlust der Amtsfähigkeit, der Wählbarkeit und des Stimmrechts

(1) Wer wegen eines Verbrechens zu Freiheitsstrafe von mindestens einem Jahr verurteilt wird, verliert für die Dauer von fünf Jahren die Fähigkeit, öffentliche Ämter zu bekleiden und Rechte aus öffentlichen Wahlen zu erlangen.

(2) Das Gericht kann dem Verurteilten für die Dauer von zwei bis zu fünf Jahren die in Absatz 1 bezeichneten Fähigkeiten aberkennen, soweit das Gesetz es besonders vorsieht.

(3) Mit dem Verlust der Fähigkeit, öffentliche Ämter zu bekleiden, verliert der Verurteilte zugleich die entsprechenden Rechtsstellungen und Rechte, die er innehat.

(4) Mit dem Verlust der Fähigkeit, Rechte aus öffentlichen Wahlen zu erlangen, verliert der Verurteilte zugleich die entsprechenden Rechtsstellungen und Rechte, die er innehat, soweit das Gesetz nichts anderes bestimmt.

(5) Das Gericht kann dem Verurteilten für die Dauer von zwei bis zu fünf Jahren das Recht, in öffentlichen Angelegenheiten zu wählen oder zu stimmen, aberkennen, soweit das Gesetz es besonders vorsieht.

§ 73 – Einziehung von Taterträgen bei Tätern und Teilnehmern

(1) Hat der Täter oder Teilnehmer durch eine rechtswidrige Tat oder für sie etwas erlangt, so ordnet das Gericht dessen Einziehung an.

(2) Hat der Täter oder Teilnehmer Nutzungen aus dem Erlangten gezogen, so ordnet das Gericht auch deren Einziehung an.

(3) Das Gericht kann auch die Einziehung der Gegenstände anordnen, die der Täter oder Teilnehmer erworben hat

1. durch Veräußerung des Erlangten oder als Ersatz für dessen Zerstörung, Beschädigung oder Entziehung oder
2. auf Grund eines erlangten Rechts.

§ 73a – Erweiterte Einziehung von Taterträgen bei Tätern und Teilnehmern

(1) Ist eine rechtswidrige Tat begangen worden, so ordnet das Gericht die Einziehung von Gegenständen des Täters oder Teilnehmers auch dann an, wenn diese Gegenstände durch andere rechtswidrige Taten oder für sie erlangt worden sind.

(2) Hat sich der Täter oder Teilnehmer vor der Anordnung der Einziehung nach Absatz 1 an einer anderen rechtswidrigen Tat beteiligt und ist erneut über die Einziehung seiner Gegenstände zu entscheiden, berücksichtigt das Gericht hierbei die bereits ergangene Anordnung.

§ 73b – Einziehung von Taterträgen bei anderen

(1) Die Anordnung der Einziehung nach den §§ 73 und 73a richtet sich gegen einen anderen, der nicht Täter oder Teilnehmer ist, wenn

1. er durch die Tat etwas erlangt hat und der Täter oder Teilnehmer für ihn gehandelt hat,
2. ihm das Erlangte
   a) unentgeltlich oder ohne rechtlichen Grund übertragen wurde oder
   b) übertragen wurde und er erkannt hat oder hätte erkennen müssen, dass das Erlangte aus einer rechtswidrigen Tat herrührt, oder
3. das Erlangte auf ihn
   a) als Erbe übergegangen ist oder
   b) als Pflichtteilsberechtigter oder Vermächtnisnehmer übertragen worden ist.

Satz 1 Nummer 2 und 3 findet keine Anwendung, wenn das Erlangte zuvor einem Dritten, der nicht erkannt hat oder hätte erkennen müssen, dass das Erlangte aus einer rechtswidrigen Tat herrührt, entgeltlich und mit rechtlichem Grund übertragen wurde.

(2) Erlangt der andere unter den Voraussetzungen des Absatzes 1 Satz 1 Nummer 2 oder Nummer 3 einen Gegenstand, der dem Wert des Erlangten entspricht, oder gezogene Nutzungen, so ordnet das Gericht auch deren Einziehung an.

(3) Unter den Voraussetzungen des Absatzes 1 Satz 1 Nummer 2 oder Nummer 3 kann das Gericht auch die Einziehung dessen anordnen, was erworben wurde

1. durch Veräußerung des erlangten Gegenstandes oder als Ersatz für dessen Zerstörung, Beschädigung oder Entziehung oder
2. auf Grund eines erlangten Rechts.

§ 73c – Einziehung des Wertes von Taterträgen

Ist die Einziehung eines Gegenstandes wegen der Beschaffenheit des Erlangten oder aus einem anderen Grund nicht möglich oder wird von der Einziehung eines Ersatzgegenstandes nach § 73 Absatz 3 oder nach § 73b Absatz 3 abgesehen, so ordnet das Gericht die Einziehung eines Geldbetrages an, der dem Wert des Erlangten entspricht. Eine solche Anordnung trifft das Gericht auch neben der Einziehung eines Gegenstandes, soweit dessen Wert hinter dem Wert des zunächst Erlangten zurückbleibt.

§ 73d – Bestimmung des Wertes des Erlangten; Schätzung

(1) Bei der Bestimmung des Wertes des Erlangten sind die Aufwendungen des Täters, Teilnehmers oder des anderen abzuziehen. Außer Betracht bleibt jedoch das, was für die Begehung der Tat oder für ihre Vorbereitung aufgewendet oder eingesetzt worden ist, soweit es sich nicht um Leistungen zur Erfüllung einer Verbindlichkeit gegenüber dem Verletzten der Tat handelt.

(2) Umfang und Wert des Erlangten einschließlich der abzuziehenden Aufwendungen können geschätzt werden.

§ 73e – Ausschluss der Einziehung des Tatertrages oder des Wertersatzes

(1) Die Einziehung nach den §§ 73 bis 73c ist ausgeschlossen, soweit der Anspruch, der dem Verletzten aus der Tat auf Rückgewähr des Erlangten oder auf Ersatz des Wertes des Erlangten erwachsen ist, erloschen ist. Dies gilt nicht für Ansprüche, die durch Verjährung erloschen sind.

(2) In den Fällen des § 73b, auch in Verbindung mit § 73c, ist die Einziehung darüber hinaus ausgeschlossen, soweit der Wert des Erlangten zur Zeit der Anordnung nicht mehr im Vermögen des Betroffenen vorhanden ist, es sei denn, dem Betroffenen waren die Umstände, welche die Anordnung der Einziehung gegen den Täter oder Teilnehmer ansonsten zugelassen hätten, zum Zeitpunkt des Wegfalls der Bereicherung bekannt oder infolge von Leichtfertigkeit unbekannt.

§ 74 – Einziehung von Tatprodukten, Tatmitteln und Tatobjekten bei Tätern und Teilnehmern

(1) Gegenstände, die durch eine vorsätzliche Tat hervorgebracht (Tatprodukte) oder zu ihrer Begehung oder Vorbereitung gebraucht worden oder bestimmt gewesen sind (Tatmittel), können eingezogen werden.

(2) Gegenstände, auf die sich eine Straftat bezieht (Tatobjekte), unterliegen der Einziehung nach der Maßgabe besonderer Vorschriften.

(3) Die Einziehung ist nur zulässig, wenn die Gegenstände zur Zeit der Entscheidung dem Täter oder Teilnehmer gehören oder zustehen. Das gilt auch für die Einziehung, die durch eine besondere Vorschrift über Absatz 1 hinaus vorgeschrieben oder zugelassen ist.

§ 74a – Einziehung von Tatprodukten, Tatmitteln und Tatobjekten bei anderen

Verweist ein Gesetz auf diese Vorschrift, können Gegenstände abweichend von § 74 Absatz 3 auch dann eingezogen werden, wenn derjenige, dem sie zur Zeit der Entscheidung gehören oder zustehen,

1. mindestens leichtfertig dazu beigetragen hat, dass sie als Tatmittel verwendet worden oder Tatobjekt gewesen sind, oder
2. sie in Kenntnis der Umstände, welche die Einziehung zugelassen hätten, in verwerflicher Weise erworben hat.

§ 74b – Sicherungseinziehung

(1) Gefährden Gegenstände nach ihrer Art und nach den Umständen die Allgemeinheit oder besteht die Gefahr, dass sie der Begehung rechtswidriger Taten dienen werden, können sie auch dann eingezogen werden, wenn

1. der Täter oder Teilnehmer ohne Schuld gehandelt hat oder
2. die Gegenstände einem anderen als dem Täter oder Teilnehmer gehören oder zustehen.

(2) In den Fällen des Absatzes 1 Nummer 2 wird der andere aus der Staatskasse unter Berücksichtigung des Verkehrswertes des eingezogenen Gegenstandes angemessen in Geld entschädigt. Das Gleiche gilt, wenn der eingezogene Gegenstand mit dem Recht eines anderen belastet ist, das durch die Entscheidung erloschen oder beeinträchtigt ist.

(3) Eine Entschädigung wird nicht gewährt, wenn

1. der nach Absatz 2 Entschädigungsberechtigte
   a) mindestens leichtfertig dazu beigetragen hat, dass der Gegenstand als Tatmittel verwendet worden oder Tatobjekt gewesen ist, oder
   b) den Gegenstand oder das Recht an dem Gegenstand in Kenntnis der Umstände, welche die Einziehung zulassen, in verwerflicher Weise erworben hat oder
2. es nach den Umständen, welche die Einziehung begründet haben, auf Grund von Rechtsvorschriften außerhalb des Strafrechts zulässig wäre, dem Entschädigungsberechtigten den Gegenstand oder das Recht an dem Gegenstand ohne Entschädigung dauerhaft zu entziehen.

Abweichend von Satz 1 kann eine Entschädigung jedoch gewährt werden, wenn es eine unbillige Härte wäre, sie zu versagen.

§ 74c – Einziehung des Wertes von Tatprodukten, Tatmitteln und Tatobjekten bei Tätern und Teilnehmern

(1) Ist die Einziehung eines bestimmten Gegenstandes nicht möglich, weil der Täter oder Teilnehmer diesen veräußert, verbraucht oder die Einziehung auf andere Weise vereitelt hat, so kann das Gericht gegen ihn die Einziehung eines Geldbetrages anordnen, der dem Wert des Gegenstandes entspricht.

(2) Eine solche Anordnung kann das Gericht auch neben oder statt der Einziehung eines Gegenstandes treffen, wenn ihn der Täter oder Teilnehmer vor der Entscheidung über die Einziehung mit dem Recht eines Dritten belastet hat, dessen Erlöschen nicht oder ohne Entschädigung nicht angeordnet werden kann (§ 74b Absatz 2 und 3 und § 75 Absatz 2). Trifft das Gericht die Anordnung neben der Einziehung, bemisst sich die Höhe des Wertersatzes nach dem Wert der Belastung des Gegenstandes.

(3) Der Wert des Gegenstandes und der Belastung kann geschätzt werden.

§ 74d – Einziehung von Verkörperungen eines Inhalts und Unbrauchbarmachung

(1) Verkörperungen eines Inhalts (§ 11 Absatz 3), dessen vorsätzliche Verbreitung den Tatbestand eines Strafgesetzes verwirklichen würde, werden eingezogen, wenn der Inhalt durch eine rechtswidrige Tat verbreitet oder zur Verbreitung bestimmt worden ist. Zugleich wird angeordnet, dass die zur Herstellung der Verkörperungen gebrauchten oder bestimmten Vorrichtungen, die Vorlage für die Vervielfältigung waren oder sein sollten, unbrauchbar gemacht werden.

(2) Die Einziehung erstreckt sich nur auf die Verkörperungen, die sich im Besitz der bei der Verbreitung oder deren Vorbereitung mitwirkenden Personen befinden oder öffentlich ausgelegt oder beim Verbreiten durch Versenden noch nicht dem Empfänger ausgehändigt worden sind.

(3) Absatz 1 gilt entsprechend für Verkörperungen eines Inhalts (§ 11 Absatz 3), dessen vorsätzliche Verbreitung nur bei Hinzutreten weiterer Tatumstände den Tatbestand eines Strafgesetzes verwirklichen würde. Die Einziehung und Unbrauchbarmachung werden jedoch nur angeordnet, soweit

1. die Verkörperungen und die in Absatz 1 Satz 2 bezeichneten Vorrichtungen sich im Besitz des Täters, des Teilnehmers oder eines anderen befinden, für den der Täter oder Teilnehmer gehandelt hat, oder von diesen Personen zur Verbreitung bestimmt sind und
2. die Maßnahmen erforderlich sind, um ein gesetzwidriges Verbreiten durch die in Nummer 1 bezeichneten Personen zu verhindern.

(4) Dem Verbreiten im Sinne der Absätze 1 bis 3 steht es gleich, wenn ein Inhalt (§ 11 Absatz 3) der Öffentlichkeit zugänglich gemacht wird.

(5) Stand das Eigentum an der Sache zur Zeit der Rechtskraft der Entscheidung über die Einziehung oder Unbrauchbarmachung einem anderen als dem Täter oder Teilnehmer zu oder war der Gegenstand mit dem Recht eines Dritten belastet, das durch die Entscheidung erloschen oder beeinträchtigt ist, wird dieser aus der Staatskasse unter Berücksichtigung des Verkehrswertes angemessen in Geld entschädigt. § 74b Absatz 3 gilt entsprechend.

§ 74e – Sondervorschrift für Organe und Vertreter

Hat jemand

1. als vertretungsberechtigtes Organ einer juristischen Person oder als Mitglied eines solchen Organs,
2. als Vorstand eines nicht rechtsfähigen Vereins oder als Mitglied eines solchen Vorstandes,
3. als vertretungsberechtigter Gesellschafter einer rechtsfähigen Personengesellschaft,
4. als Generalbevollmächtigter oder in leitender Stellung als Prokurist oder Handlungsbevollmächtigter einer juristischen Person oder einer in Nummer 2 oder 3 genannten Personenvereinigung oder
5. als sonstige Person, die für die Leitung des Betriebs oder Unternehmens einer juristischen Person oder einer in Nummer 2 oder 3 genannten Personenvereinigung verantwortlich handelt, wozu auch die Überwachung der Geschäftsführung oder die sonstige Ausübung von Kontrollbefugnissen in leitender Stellung gehört,

eine Handlung vorgenommen, die ihm gegenüber unter den übrigen Voraussetzungen der §§ 74 bis 74c die Einziehung eines Gegenstandes oder des Wertersatzes zulassen oder den Ausschluss der Entschädigung begründen würde, wird seine Handlung bei Anwendung dieser Vorschriften dem Vertretenen zugerechnet. § 14 Absatz 3 gilt entsprechend.

§ 74f – Grundsatz der Verhältnismäßigkeit

(1) Ist die Einziehung nicht vorgeschrieben, so darf sie in den Fällen der §§ 74 und 74a nicht angeordnet werden, wenn sie zur begangenen Tat und zum Vorwurf, der den von der Einziehung Betroffenen trifft, außer Verhältnis stünde. In den Fällen der §§ 74 bis 74b und 74d ordnet das Gericht an, dass die Einziehung vorbehalten bleibt, wenn ihr Zweck auch durch eine weniger einschneidende Maßnahme erreicht werden kann. In Betracht kommt insbesondere die Anweisung,

1. die Gegenstände unbrauchbar zu machen,
2. an den Gegenständen bestimmte Einrichtungen oder Kennzeichen zu beseitigen oder die Gegenstände sonst zu ändern oder
3. über die Gegenstände in bestimmter Weise zu verfügen.

Wird die Anweisung befolgt, wird der Vorbehalt der Einziehung aufgehoben; andernfalls ordnet das Gericht die Einziehung nachträglich an. Ist die Einziehung nicht vorgeschrieben, kann sie auf einen Teil der Gegenstände beschränkt werden.

(2) In den Fällen der Unbrauchbarmachung nach § 74d Absatz 1 Satz 2 und Absatz 3 gilt Absatz 1 Satz 2 und 3 entsprechend.

§ 75 – Wirkung der Einziehung

(1) Wird die Einziehung eines Gegenstandes angeordnet, so geht das Eigentum an der Sache oder das Recht mit der Rechtskraft der Entscheidung auf den Staat über, wenn der Gegenstand

1. dem von der Anordnung Betroffenen zu dieser Zeit gehört oder zusteht oder
2. einem anderen gehört oder zusteht, der ihn für die Tat oder andere Zwecke in Kenntnis der Tatumstände gewährt hat.

In anderen Fällen geht das Eigentum an der Sache oder das Recht mit Ablauf von sechs Monaten nach der Mitteilung der Rechtskraft der Einziehungsanordnung auf den Staat über, es sei denn, dass vorher derjenige, dem der Gegenstand gehört oder zusteht, sein Recht bei der Vollstreckungsbehörde anmeldet.

(2) Im Übrigen bleiben Rechte Dritter an dem Gegenstand bestehen. In den in § 74b bezeichneten Fällen ordnet das Gericht jedoch das Erlöschen dieser Rechte an. In den Fällen der §§ 74 und 74a kann es das Erlöschen des Rechts eines Dritten anordnen, wenn der Dritte

1. wenigstens leichtfertig dazu beigetragen hat, dass der Gegenstand als Tatmittel verwendet worden oder Tatobjekt gewesen ist, oder
2. das Recht an dem Gegenstand in Kenntnis der Umstände, welche die Einziehung zulassen, in verwerflicher Weise erworben hat.

(3) Bis zum Übergang des Eigentums an der Sache oder des Rechts wirkt die Anordnung der Einziehung oder die Anordnung des Vorbehalts der Einziehung als Veräußerungsverbot im Sinne des § 136 des Bürgerlichen Gesetzbuchs.

(4) In den Fällen des § 111d Absatz 1 Satz 2 der Strafprozessordnung findet § 91 der Insolvenzordnung keine Anwendung.

§ 76 – Nachträgliche Anordnung der Einziehung des Wertersatzes

Ist die Anordnung der Einziehung eines Gegenstandes unzureichend oder nicht ausführbar, weil nach der Anordnung eine der in den §§ 73c oder 74c bezeichneten Voraussetzungen eingetreten oder bekanntgeworden ist, so kann das Gericht die Einziehung des Wertersatzes nachträglich anordnen.

§ 76a – Selbständige Einziehung

(1) Kann wegen der Straftat keine bestimmte Person verfolgt oder verurteilt werden, so ordnet das Gericht die Einziehung oder die Unbrauchbarmachung selbständig an, wenn die Voraussetzungen, unter denen die Maßnahme vorgeschrieben ist, im Übrigen vorliegen. Ist sie zugelassen, so kann das Gericht die Einziehung unter den Voraussetzungen des Satzes 1 selbständig anordnen. Die Einziehung wird nicht angeordnet, wenn Antrag, Ermächtigung oder Strafverlangen fehlen oder bereits rechtskräftig über sie entschieden worden ist.

(2) Unter den Voraussetzungen der §§ 73, 73b und 73c ist die selbständige Anordnung der Einziehung des Tatertrages und die selbständige Einziehung des Wertes des Tatertrages auch dann zulässig, wenn die Verfolgung der Straftat verjährt ist. Unter den Voraussetzungen der §§ 74b und 74d gilt das Gleiche für die selbständige Anordnung der Sicherungseinziehung, der Einziehung von Verkörperungen eines Inhalts und der Unbrauchbarmachung.

(3) Absatz 1 ist auch anzuwenden, wenn das Gericht von Strafe absieht oder wenn das Verfahren nach einer Vorschrift eingestellt wird, die dies nach dem Ermessen der Staatsanwaltschaft oder des Gerichts oder im Einvernehmen beider zulässt.

(4) Ein wegen des Verdachts einer in Satz 3 genannten Straftat sichergestellter Gegenstand sowie daraus gezogene Nutzungen sollen auch dann selbständig eingezogen werden, wenn der

Gegenstand aus einer rechtswidrigen Tat herrührt und der von der Sicherstellung Betroffene nicht wegen der ihr zugrundeliegenden Straftat verfolgt oder verurteilt werden kann. Wird die Einziehung eines Gegenstandes angeordnet, so geht das Eigentum an der Sache oder das Recht mit der Rechtskraft der Entscheidung auf den Staat über; § 75 Absatz 3 gilt entsprechend. Straftaten im Sinne des Satzes 1 sind

1. aus diesem Gesetz:
   a) Vorbereitung einer schweren staatsgefährdenden Gewalttat nach § 89a und Terrorismusfinanzierung nach § 89c Absatz 1 bis 4,
   b) Bildung krimineller Vereinigungen nach § 129 Absatz 1 und Bildung terroristischer Vereinigungen nach § 129a Absatz 1, 2, 4, 5, jeweils auch in Verbindung mit § 129b Absatz 1,
   c) Zuhälterei nach § 181a Absatz 1, auch in Verbindung mit Absatz 3,
   d) Verbreitung, Erwerb und Besitz kinderpornografischer Inhalte in den Fällen des § 184b Absatz 2,
   e) gewerbs- und bandenmäßige Begehung des Menschenhandels, der Zwangsprostitution und der Zwangsarbeit nach den §§ 232 bis 232b sowie bandenmäßige Ausbeutung der Arbeitskraft und Ausbeutung unter Ausnutzung einer Freiheitsberaubung nach den §§ 233 und 233a,
   f) Geldwäsche nach § 261 Absatz 1 und 2,
2. aus der Abgabenordnung:
   a) Steuerhinterziehung unter den in § 370 Absatz 3 Nummer 5 genannten Voraussetzungen,
   b) gewerbsmäßiger, gewaltsamer und bandenmäßiger Schmuggel nach § 373,
   c) Steuerhehlerei im Fall des § 374 Absatz 2,
3. aus dem Asylgesetz:
   a) Verleitung zur missbräuchlichen Asylantragstellung nach § 84 Absatz 3,
   b) gewerbs- und bandenmäßige Verleitung zur missbräuchlichen Asylantragstellung nach § 84a,
4. aus dem Aufenthaltsgesetz:
   a) Einschleusen von Ausländern nach § 96 Absatz 2,
   b) Einschleusen mit Todesfolge sowie gewerbs- und bandenmäßiges Einschleusen nach § 97,
5. aus dem Außenwirtschaftsgesetz:

   vorsätzliche Straftaten nach den §§ 17 und 18,
6. aus dem Betäubungsmittelgesetz:
   a) Straftaten nach einer in § 29 Absatz 3 Satz 2 Nummer 1 in Bezug genommenen Vorschrift unter den dort genannten Voraussetzungen,
   b) Straftaten nach den §§ 29a, 30 Absatz 1 Nummer 1, 2 und 4 sowie den §§ 30a und 30b,
7. aus dem Gesetz über die Kontrolle von Kriegswaffen:
   a) Straftaten nach § 19 Absatz 1 bis 3 und § 20 Absatz 1 und 2 sowie § 20a Absatz 1 bis 3, jeweils auch in Verbindung mit § 21,
   b) Straftaten nach § 22a Absatz 1 bis 3,
8. aus dem Waffengesetz:
   a) Straftaten nach § 51 Absatz 1 bis 3,
   b) Straftaten nach § 52 Absatz 1 Nummer 1 und 2 Buchstabe c und d sowie Absatz 5 und 6.

§ 76b – Verjährung der Einziehung von Taterträgen und des Wertes von Taterträgen

(1) Die erweiterte und die selbständige Einziehung des Tatertrages oder des Wertes des Tatertrages nach den §§ 73a und 76a verjähren in 30 Jahren. Die Verjährung beginnt mit der Beendigung der rechtswidrigen Tat, durch oder für die der Täter oder Teilnehmer oder der andere im Sinne des § 73b etwas erlangt hat. Die §§ 78b und 78c gelten entsprechend.

(2) In den Fällen des § 78 Absatz 2 und des § 5 des Völkerstrafgesetzbuches verjähren die erweiterte und die selbständige Einziehung des Tatertrages oder des Wertes des Tatertrages nach den §§ 73a und 76a nicht.

§ 78 – Verjährungsfrist

(1) Die Verjährung schließt die Ahndung der Tat und die Anordnung von Maßnahmen (§ 11 Abs. 1 Nr. 8) aus. § 76a Abs. 2 bleibt unberührt.

(2) Verbrechen nach § 211 (Mord) verjähren nicht.

(3) Soweit die Verfolgung verjährt, beträgt die Verjährungsfrist

1. dreißig Jahre bei Taten, die mit lebenslanger Freiheitsstrafe bedroht sind,
2. zwanzig Jahre bei Taten, die im Höchstmaß mit Freiheitsstrafen von mehr als zehn Jahren bedroht sind,
3. zehn Jahre bei Taten, die im Höchstmaß mit Freiheitsstrafen von mehr als fünf Jahren bis zu zehn Jahren bedroht sind,
4. fünf Jahre bei Taten, die im Höchstmaß mit Freiheitsstrafen von mehr als einem Jahr bis zu fünf Jahren bedroht sind,
5. drei Jahre bei den übrigen Taten.

(4) Die Frist richtet sich nach der Strafdrohung des Gesetzes, dessen Tatbestand die Tat verwirklicht, ohne Rücksicht auf Schärfungen oder Milderungen, die nach den Vorschriften des Allgemeinen Teils oder für besonders schwere oder minder schwere Fälle vorgesehen sind.

§ 78a – Beginn

Die Verjährung beginnt, sobald die Tat beendet ist. Tritt ein zum Tatbestand gehörender Erfolg erst später ein, so beginnt die Verjährung mit diesem Zeitpunkt.

§ 78b – Ruhen

(1) Die Verjährung ruht

1. bis zur Vollendung des 30. Lebensjahres des Opfers bei Straftaten nach den §§ 174 bis 174c, 176 bis 178, 182, 184b Absatz 1 Satz 1 Nummer 3, auch in Verbindung mit Absatz 2, §§ 225, 226a und 237,
2. solange nach dem Gesetz die Verfolgung nicht begonnen oder nicht fortgesetzt werden kann; dies gilt nicht, wenn die Tat nur deshalb nicht verfolgt werden kann, weil Antrag, Ermächtigung oder Strafverlangen fehlen.

(2) Steht der Verfolgung entgegen, daß der Täter Mitglied des Bundestages oder eines Gesetzgebungsorgans eines Landes ist, so beginnt die Verjährung erst mit Ablauf des Tages zu ruhen, an dem

1. die Staatsanwaltschaft oder eine Behörde oder ein Beamter des Polizeidienstes von der Tat und der Person des Täters Kenntnis erlangt oder
2. eine Strafanzeige oder ein Strafantrag gegen den Täter angebracht wird (§ 158 der Strafprozeßordnung).

(3) Ist vor Ablauf der Verjährungsfrist ein Urteil des ersten Rechtszuges ergangen, so läuft die Verjährungsfrist nicht vor dem Zeitpunkt ab, in dem das Verfahren rechtskräftig abgeschlossen ist.

(4) Droht das Gesetz strafschärfend für besonders schwere Fälle Freiheitsstrafe von mehr als fünf Jahren an und ist das Hauptverfahren vor dem Landgericht eröffnet worden, so ruht die Verjährung in den Fällen des § 78 Abs. 3 Nr. 4 ab Eröffnung des Hauptverfahrens, höchstens jedoch für einen Zeitraum von fünf Jahren; Absatz 3 bleibt unberührt.

(5) Hält sich der Täter in einem ausländischen Staat auf und stellt die zuständige Behörde ein förmliches Auslieferungsersuchen an diesen Staat, ruht die Verjährung ab dem Zeitpunkt des Zugangs des Ersuchens beim ausländischen Staat

1. bis zur Übergabe des Täters an die deutschen Behörden,
2. bis der Täter das Hoheitsgebiet des ersuchten Staates auf andere Weise verlassen hat,
3. bis zum Eingang der Ablehnung dieses Ersuchens durch den ausländischen Staat bei den deutschen Behörden oder
4. bis zur Rücknahme dieses Ersuchens.

Lässt sich das Datum des Zugangs des Ersuchens beim ausländischen Staat nicht ermitteln, gilt das Ersuchen nach Ablauf von einem Monat seit der Absendung oder Übergabe an den ausländischen Staat als zugegangen, sofern nicht die ersuchende Behörde Kenntnis davon erlangt, dass das Ersuchen dem ausländischen Staat tatsächlich nicht oder erst zu einem späteren Zeitpunkt zugegangen ist. Satz 1 gilt nicht für ein Auslieferungsersuchen, für das im ersuchten Staat auf Grund des Rahmenbeschlusses des Rates vom 13. Juni 2002 über den Europäischen Haftbefehl und die Übergabeverfahren zwischen den Mitgliedstaaten (ABl. EG Nr. L 190 S. 1) oder auf Grund völkerrechtlicher Vereinbarung eine § 83c des Gesetzes über die internationale Rechtshilfe in Strafsachen vergleichbare Fristenregelung besteht.

(6) In den Fällen des § 78 Absatz 3 Nummer 1 bis 3 ruht die Verjährung ab der Übergabe der Person an den Internationalen Strafgerichtshof oder den Vollstreckungsstaat bis zu ihrer Rückgabe an die deutschen Behörden oder bis zu ihrer Freilassung durch den Internationalen Strafgerichtshof oder den Vollstreckungsstaat.

§ 78c – Unterbrechung

(1) Die Verjährung wird unterbrochen durch

1. die erste Vernehmung des Beschuldigten, die Bekanntgabe, daß gegen ihn das Ermittlungsverfahren eingeleitet ist, oder die Anordnung dieser Vernehmung oder Bekanntgabe,
2. jede richterliche Vernehmung des Beschuldigten oder deren Anordnung,
3. jede Beauftragung eines Sachverständigen durch den Richter oder Staatsanwalt, wenn vorher der Beschuldigte vernommen oder ihm die Einleitung des Ermittlungsverfahrens bekanntgegeben worden ist,
4. jede richterliche Beschlagnahme- oder Durchsuchungsanordnung und richterliche Entscheidungen, welche diese aufrechterhalten,
5. den Haftbefehl, den Unterbringungsbefehl, den Vorführungsbefehl und richterliche Entscheidungen, welche diese aufrechterhalten,
6. die Erhebung der öffentlichen Klage,
7. die Eröffnung des Hauptverfahrens,
8. jede Anberaumung einer Hauptverhandlung,
9. den Strafbefehl oder eine andere dem Urteil entsprechende Entscheidung,

10. die vorläufige gerichtliche Einstellung des Verfahrens wegen Abwesenheit des Angeschuldigten sowie jede Anordnung des Richters oder Staatsanwalts, die nach einer solchen Einstellung des Verfahrens oder im Verfahren gegen Abwesende zur Ermittlung des Aufenthalts des Angeschuldigten oder zur Sicherung von Beweisen ergeht,

11. die vorläufige gerichtliche Einstellung des Verfahrens wegen Verhandlungsunfähigkeit des Angeschuldigten sowie jede Anordnung des Richters oder Staatsanwalts, die nach einer solchen Einstellung des Verfahrens zur Überprüfung der Verhandlungsfähigkeit des Angeschuldigten ergeht, oder

12. jedes richterliche Ersuchen, eine Untersuchungshandlung im Ausland vorzunehmen.

Im Sicherungsverfahren und im selbständigen Verfahren wird die Verjährung durch die dem Satz 1 entsprechenden Handlungen zur Durchführung des Sicherungsverfahrens oder des selbständigen Verfahrens unterbrochen.

(2) Die Verjährung ist bei einer schriftlichen Anordnung oder Entscheidung in dem Zeitpunkt unterbrochen, in dem die Anordnung oder Entscheidung abgefasst wird. Ist das Dokument nicht alsbald nach der Abfassung in den Geschäftsgang gelangt, so ist der Zeitpunkt maßgebend, in dem es tatsächlich in den Geschäftsgang gegeben worden ist.

(3) Nach jeder Unterbrechung beginnt die Verjährung von neuem. Die Verfolgung ist jedoch spätestens verjährt, wenn seit dem in § 78a bezeichneten Zeitpunkt das Doppelte der gesetzlichen Verjährungsfrist und, wenn die Verjährungsfrist nach besonderen Gesetzen kürzer ist als drei Jahre, mindestens drei Jahre verstrichen sind. § 78b bleibt unberührt.

(4) Die Unterbrechung wirkt nur gegenüber demjenigen, auf den sich die Handlung bezieht.

(5) Wird ein Gesetz, das bei der Beendigung der Tat gilt, vor der Entscheidung geändert und verkürzt sich hierdurch die Frist der Verjährung, so bleiben Unterbrechungshandlungen, die vor dem Inkrafttreten des neuen Rechts vorgenommen worden sind, wirksam, auch wenn im Zeitpunkt der Unterbrechung die Verfolgung nach dem neuen Recht bereits verjährt gewesen wäre.

§ 113 – Widerstand gegen Vollstreckungsbeamte

(1) Wer einem Amtsträger oder Soldaten der Bundeswehr, der zur Vollstreckung von Gesetzen, Rechtsverordnungen, Urteilen, Gerichtsbeschlüssen oder Verfügungen berufen ist, bei der Vornahme einer solchen Diensthandlung mit Gewalt oder durch Drohung mit Gewalt Widerstand leistet, wird mit Freiheitsstrafe bis zu drei Jahren oder mit Geldstrafe bestraft.

(2) In besonders schweren Fällen ist die Strafe Freiheitsstrafe von sechs Monaten bis zu fünf Jahren. Ein besonders schwerer Fall liegt in der Regel vor, wenn

1. der Täter oder ein anderer Beteiligter eine Waffe oder ein anderes gefährliches Werkzeug bei sich führt,

2. der Täter durch eine Gewalttätigkeit den Angegriffenen in die Gefahr des Todes oder einer schweren Gesundheitsschädigung bringt oder

3. die Tat mit einem anderen Beteiligten gemeinschaftlich begangen wird.

(3) Die Tat ist nicht nach dieser Vorschrift strafbar, wenn die Diensthandlung nicht rechtmäßig ist. Dies gilt auch dann, wenn der Täter irrig annimmt, die Diensthandlung sei rechtmäßig.

(4) Nimmt der Täter bei Begehung der Tat irrig an, die Diensthandlung sei nicht rechtmäßig, und konnte er den Irrtum vermeiden, so kann das Gericht die Strafe nach seinem Ermessen mildern (§ 49 Abs. 2) oder bei geringer Schuld von einer Bestrafung nach dieser Vorschrift absehen. Konnte der Täter den Irrtum nicht vermeiden und war ihm nach den ihm bekannten Umständen auch nicht zuzumuten, sich mit Rechtsbehelfen gegen die vermeintlich rechtswidrige Diensthandlung zu wehren, so ist die Tat nicht nach dieser Vorschrift strafbar; war ihm dies zuzumuten, so kann das Gericht die Strafe nach seinem Ermessen mildern (§ 49 Abs. 2) oder von einer Bestrafung nach dieser Vorschrift absehen.

§ 114 – Tätlicher Angriff auf Vollstreckungsbeamte

(1) Wer einen Amtsträger oder Soldaten der Bundeswehr, der zur Vollstreckung von Gesetzen, Rechtsverordnungen, Urteilen, Gerichtsbeschlüssen oder Verfügungen berufen ist, bei einer Diensthandlung tätlich angreift, wird mit Freiheitsstrafe von drei Monaten bis zu fünf Jahren bestraft.

(2) § 113 Absatz 2 gilt entsprechend.

(3) § 113 Absatz 3 und 4 gilt entsprechend, wenn die Diensthandlung eine Vollstreckungshandlung im Sinne des § 113 Absatz 1 ist.

§ 115 – Widerstand gegen oder tätlicher Angriff auf Personen, die Vollstreckungsbeamten gleichstehen

(1) Zum Schutz von Personen, die die Rechte und Pflichten eines Polizeibeamten haben oder Ermittlungspersonen der Staatsanwaltschaft sind, ohne Amtsträger zu sein, gelten die §§ 113 und 114 entsprechend.

(2) Zum Schutz von Personen, die zur Unterstützung bei der Diensthandlung hinzugezogen sind, gelten die §§ 113 und 114 entsprechend.

(3) Nach § 113 wird auch bestraft, wer bei Unglücksfällen, gemeiner Gefahr oder Not Hilfeleistende der Feuerwehr, des Katastrophenschutzes, eines ärztlichen Notdienstes oder einer Notaufnahme, eines Rettungsdienstes durch Gewalt oder durch Drohung mit Gewalt behindert. Nach § 114 wird bestraft, wer die Hilfeleistenden in diesen Situationen tätlich angreift.

§ 136 – Verstrickungsbruch, Siegelbruch

(1) Wer eine Sache, die gepfändet oder sonst dienstlich in Beschlag genommen ist, zerstört, beschädigt, unbrauchbar macht oder in anderer Weise ganz oder zum Teil der Verstrickung entzieht, wird mit Freiheitsstrafe bis zu einem Jahr oder mit Geldstrafe bestraft.

(2) Ebenso wird bestraft, wer ein dienstliches Siegel beschädigt, ablöst oder unkenntlich macht, das angelegt ist, um Sachen in Beschlag zu nehmen, dienstlich zu verschließen oder zu bezeichnen, oder wer den durch ein solches Siegel bewirkten Verschluß ganz oder zum Teil unwirksam macht.

(3) Die Tat ist nicht nach den Absätzen 1 und 2 strafbar, wenn die Pfändung, die Beschlagnahme oder die Anlegung des Siegels nicht durch eine rechtmäßige Diensthandlung vorgenommen ist. Dies gilt auch dann, wenn der Täter irrig annimmt, die Diensthandlung sei rechtmäßig.

(4) § 113 Abs. 4 gilt sinngemäß.

§ 148 – Wertzeichenfälschung

(1) Mit Freiheitsstrafe bis zu fünf Jahren oder mit Geldstrafe wird bestraft, wer

1. amtliche Wertzeichen in der Absicht nachmacht, daß sie als echt verwendet oder in Verkehr gebracht werden oder daß ein solches Verwenden oder Inverkehrbringen ermöglicht werde, oder amtliche Wertzeichen in dieser Absicht so verfälscht, daß der Anschein eines höheren Wertes hervorgerufen wird,
2. falsche amtliche Wertzeichen in dieser Absicht sich verschafft oder
3. falsche amtliche Wertzeichen als echt verwendet, feilhält oder in Verkehr bringt.

(2) Wer bereits verwendete amtliche Wertzeichen, an denen das Entwertungszeichen beseitigt worden ist, als gültig verwendet oder in Verkehr bringt, wird mit Freiheitsstrafe bis zu einem Jahr oder mit Geldstrafe bestraft.

(3) Der Versuch ist strafbar.

§ 149 – Vorbereitung der Fälschung von Geld und Wertzeichen

(1) Wer eine Fälschung von Geld oder Wertzeichen vorbereitet, indem er

1. Platten, Formen, Drucksätze, Druckstöcke, Negative, Matrizen, Computerprogramme oder ähnliche Vorrichtungen, die ihrer Art nach zur Begehung der Tat geeignet sind,
2. Papier, das einer solchen Papierart gleicht oder zum Verwechseln ähnlich ist, die zur Herstellung von Geld oder amtlichen Wertzeichen bestimmt und gegen Nachahmung besonders gesichert ist, oder
3. Hologramme oder andere Bestandteile, die der Sicherung gegen Fälschung dienen,

herstellt, sich oder einem anderen verschafft, feilhält, verwahrt oder einem anderen überläßt, wird, wenn er eine Geldfälschung vorbereitet, mit Freiheitsstrafe bis zu fünf Jahren oder mit Geldstrafe, sonst mit Freiheitsstrafe bis zu zwei Jahren oder mit Geldstrafe bestraft.

(2) Nach Absatz 1 wird nicht bestraft, wer freiwillig

1. die Ausführung der vorbereiteten Tat aufgibt und eine von ihm verursachte Gefahr, daß andere die Tat weiter vorbereiten oder sie ausführen, abwendet oder die Vollendung der Tat verhindert und
2. die Fälschungsmittel, soweit sie noch vorhanden und zur Fälschung brauchbar sind, vernichtet, unbrauchbar macht, ihr Vorhandensein einer Behörde anzeigt oder sie dort abliefert.

(3) Wird ohne Zutun des Täters die Gefahr, daß andere die Tat weiter vorbereiten oder sie ausführen, abgewendet oder die Vollendung der Tat verhindert, so genügt an Stelle der Voraussetzungen des Absatzes 2 Nr. 1 das freiwillige und ernsthafte Bemühen des Täters, dieses Ziel zu erreichen.

§ 156 – Falsche Versicherung an Eides Statt

Wer vor einer zur Abnahme einer Versicherung an Eides Statt zuständigen Behörde eine solche Versicherung falsch abgibt oder unter Berufung auf eine solche Versicherung falsch aussagt, wird mit Freiheitsstrafe bis zu drei Jahren oder mit Geldstrafe bestraft.

§ 164 – Falsche Verdächtigung

(1) Wer einen anderen bei einer Behörde oder einem zur Entgegennahme von Anzeigen zuständigen Amtsträger oder militärischen Vorgesetzten oder öffentlich wider besseres Wissen einer rechtswidrigen Tat oder der Verletzung einer Dienstpflicht in der Absicht verdächtigt, ein behördliches Verfahren oder andere behördliche Maßnahmen gegen ihn herbeizuführen oder fortdauern zu lassen, wird mit Freiheitsstrafe bis zu fünf Jahren oder mit Geldstrafe bestraft.

(2) Ebenso wird bestraft, wer in gleicher Absicht bei einer der in Absatz 1 bezeichneten Stellen oder öffentlich über einen anderen wider besseres Wissen eine sonstige Behauptung tatsächlicher Art aufstellt, die geeignet ist, ein behördliches Verfahren oder andere behördliche Maßnahmen gegen ihn herbeizuführen oder fortdauern zu lassen.

(3) Mit Freiheitsstrafe von sechs Monaten bis zu zehn Jahren wird bestraft, wer die falsche Verdächtigung begeht, um eine Strafmilderung oder ein Absehen von Strafe nach § 46b dieses Gesetzes, § 31 des Betäubungsmittelgesetzes oder § 4a des Anti-Doping-Gesetzes zu erlangen. In minder schweren Fällen ist die Strafe Freiheitsstrafe von drei Monaten bis zu fünf Jahren.

§ 185 – Beleidigung

Die Beleidigung wird mit Freiheitsstrafe bis zu einem Jahr oder mit Geldstrafe und, wenn die Beleidigung öffentlich, in einer Versammlung, durch Verbreiten von Schriften (§ 11 Absatz 3) oder mittels einer Tätlichkeit begangen wird, mit Freiheitsstrafe bis zu zwei Jahren oder mit Geldstrafe bestraft.

§ 186 – Üble Nachrede

Wer in Beziehung auf einen anderen eine Tatsache behauptet oder verbreitet, welche denselben verächtlich zu machen oder in der öffentlichen Meinung herabzuwürdigen geeignet ist, wird, wenn nicht diese Tatsache erweislich wahr ist, mit Freiheitsstrafe bis zu einem Jahr oder mit Geldstrafe und, wenn die Tat öffentlich in einer Versammlung oder durch Verbreiten eines Inhalts (§ 11 Absatz 3) begangen ist, mit Freiheitsstrafe bis zu zwei Jahren oder mit Geldstrafe bestraft.

§ 187 – Verleumdung

Wer wider besseres Wissen in Beziehung auf einen anderen eine unwahre Tatsache behauptet oder verbreitet, welche denselben verächtlich zu machen oder in der öffentlichen Meinung herabzuwürdigen oder dessen Kredit zu gefährden geeignet ist, wird mit Freiheitsstrafe bis zu zwei Jahren oder mit Geldstrafe und, wenn die Tat öffentlich, in einer Versammlung oder durch Verbreiten eines Inhalts (§ 11 Absatz 3) begangen ist, mit Freiheitsstrafe bis zu fünf Jahren oder mit Geldstrafe bestraft.

§ 223 – Körperverletzung

(1) Wer eine andere Person körperlich mißhandelt oder an der Gesundheit schädigt, wird mit Freiheitsstrafe bis zu fünf Jahren oder mit Geldstrafe bestraft.

(2) Der Versuch ist strafbar.

§ 224 – Gefährliche Körperverletzung

(1) Wer die Körperverletzung

1. durch Beibringung von Gift oder anderen gesundheitsschädlichen Stoffen,
2. mittels einer Waffe oder eines anderen gefährlichen Werkzeugs,
3. mittels eines hinterlistigen Überfalls,
4. mit einem anderen Beteiligten gemeinschaftlich oder
5. mittels einer das Leben gefährdenden Behandlung

begeht, wird mit Freiheitsstrafe von sechs Monaten bis zu zehn Jahren, in minder schweren Fällen mit Freiheitsstrafe von drei Monaten bis zu fünf Jahren bestraft.

(2) Der Versuch ist strafbar.

§ 229 – Fahrlässige Körperverletzung

Wer durch Fahrlässigkeit die Körperverletzung einer anderen Person verursacht, wird mit Freiheitsstrafe bis zu drei Jahren oder mit Geldstrafe bestraft.

§ 239 – Freiheitsberaubung

(1) Wer einen Menschen einsperrt oder auf andere Weise der Freiheit beraubt, wird mit Freiheitsstrafe bis zu fünf Jahren oder mit Geldstrafe bestraft.

(2) Der Versuch ist strafbar.

(3) Auf Freiheitsstrafe von einem Jahr bis zu zehn Jahren ist zu erkennen, wenn der Täter

1. das Opfer länger als eine Woche der Freiheit beraubt oder
2. durch die Tat oder eine während der Tat begangene Handlung eine schwere Gesundheitsschädigung des Opfers verursacht.

(4) Verursacht der Täter durch die Tat oder eine während der Tat begangene Handlung den Tod des Opfers, so ist die Strafe Freiheitsstrafe nicht unter drei Jahren.

(5) In minder schweren Fällen des Absatzes 3 ist auf Freiheitsstrafe von sechs Monaten bis zu fünf Jahren, in minder schweren Fällen des Absatzes 4 auf Freiheitsstrafe von einem Jahr bis zu zehn Jahren zu erkennen.

§ 240 – Nötigung

(1) Wer einen Menschen rechtswidrig mit Gewalt oder durch Drohung mit einem empfindlichen Übel zu einer Handlung, Duldung oder Unterlassung nötigt, wird mit Freiheitsstrafe bis zu drei Jahren oder mit Geldstrafe bestraft.

(2) Rechtswidrig ist die Tat, wenn die Anwendung der Gewalt oder die Androhung des Übels zu dem angestrebten Zweck als verwerflich anzusehen ist.

(3) Der Versuch ist strafbar.

(4) In besonders schweren Fällen ist die Strafe Freiheitsstrafe von sechs Monaten bis zu fünf Jahren. Ein besonders schwerer Fall liegt in der Regel vor, wenn der Täter

1. eine Schwangere zum Schwangerschaftsabbruch nötigt oder
2. seine Befugnisse oder seine Stellung als Amtsträger mißbraucht.

§ 241 – Bedrohung

(1) Wer einen Menschen mit der Begehung einer gegen ihn oder eine ihm nahestehende Person gerichteten rechtswidrigen Tat gegen die sexuelle Selbstbestimmung, die körperliche Unversehrtheit, die persönliche Freiheit oder gegen eine Sache von bedeutendem Wert bedroht, wird mit Freiheitsstrafe bis zu einem Jahr oder mit Geldstrafe bestraft.

(2) Wer einen Menschen mit der Begehung eines gegen ihn oder eine ihm nahestehende Person gerichteten Verbrechens bedroht, wird mit Freiheitsstrafe bis zu zwei Jahren oder mit Geldstrafe bestraft.

(3) Ebenso wird bestraft, wer wider besseres Wissen einem Menschen vortäuscht, dass die Verwirklichung eines gegen ihn oder eine ihm nahestehende Person gerichteten Verbrechens bevorstehe.

(4) Wird die Tat öffentlich, in einer Versammlung oder durch Verbreiten von Schriften (§ 11 Absatz 3) begangen, ist in den Fällen des Absatzes 1 auf Freiheitsstrafe bis zu zwei Jahren oder auf Geldstrafe und in den Fällen der Absätze 2 und 3 auf Freiheitsstrafe bis zu drei Jahren oder auf Geldstrafe zu erkennen.

(5) Die für die angedrohte Tat geltenden Vorschriften über den Strafantrag sind entsprechend anzuwenden.

§ 257 – Begünstigung

(1) Wer einem anderen, der eine rechtswidrige Tat begangen hat, in der Absicht Hilfe leistet, ihm die Vorteile der Tat zu sichern, wird mit Freiheitsstrafe bis zu fünf Jahren oder mit Geldstrafe bestraft.

(2) Die Strafe darf nicht schwerer sein als die für die Vortat angedrohte Strafe.

(3) Wegen Begünstigung wird nicht bestraft, wer wegen Beteiligung an der Vortat strafbar ist. Dies gilt nicht für denjenigen, der einen an der Vortat Unbeteiligten zur Begünstigung anstiftet.

(4) Die Begünstigung wird nur auf Antrag, mit Ermächtigung oder auf Strafverlangen verfolgt, wenn der Begünstiger als Täter oder Teilnehmer der Vortat nur auf Antrag, mit Ermächtigung oder auf Strafverlangen verfolgt werden könnte. § 248a gilt sinngemäß.

§ 261 – Geldwäsche

(1) Wer einen Gegenstand, der aus einer rechtswidrigen Tat herrührt,

1. verbirgt,
2. in der Absicht, dessen Auffinden, dessen Einziehung oder die Ermittlung von dessen Herkunft zu vereiteln, umtauscht, überträgt oder verbringt,
3. sich oder einem Dritten verschafft oder
4. verwahrt oder für sich oder einen Dritten verwendet, wenn er dessen Herkunft zu dem Zeitpunkt gekannt hat, zu dem er ihn erlangt hat,

wird mit Freiheitsstrafe bis zu fünf Jahren oder mit Geldstrafe bestraft. In den Fällen des Satzes 1 Nummer 3 und 4 gilt dies nicht in Bezug auf einen Gegenstand, den ein Dritter zuvor erlangt hat, ohne hierdurch eine rechtswidrige Tat zu begehen. Wer als Strafverteidiger ein Honorar für seine Tätigkeit annimmt, handelt in den Fällen des Satzes 1 Nummer 3 und 4 nur dann vorsätzlich, wenn er zu dem Zeitpunkt der Annahme des Honorars sichere Kenntnis von dessen Herkunft hatte.

(2) Ebenso wird bestraft, wer Tatsachen, die für das Auffinden, die Einziehung oder die Ermittlung der Herkunft eines Gegenstands nach Absatz 1 von Bedeutung sein können, verheimlicht oder verschleiert.

(3) Der Versuch ist strafbar.

(4) Wer eine Tat nach Absatz 1 oder Absatz 2 als Verpflichteter nach § 2 des Geldwäschegesetzes begeht, wird mit Freiheitsstrafe von drei Monaten bis zu fünf Jahren bestraft.

(5) In besonders schweren Fällen ist die Strafe Freiheitsstrafe von sechs Monaten bis zu zehn Jahren. Ein besonders schwerer Fall liegt in der Regel vor, wenn der Täter gewerbsmäßig handelt oder als Mitglied einer Bande, die sich zur fortgesetzten Begehung von Geldwäsche verbunden hat.

(6) Wer in den Fällen des Absatzes 1 oder 2 leichtfertig nicht erkennt, dass es sich um einen Gegenstand nach Absatz 1 handelt, wird mit Freiheitsstrafe bis zu zwei Jahren oder mit Geldstrafe bestraft. Satz 1 gilt in den Fällen des Absatzes 1 Satz 1 Nummer 3 und 4 nicht für einen Strafverteidiger, der ein Honorar für seine Tätigkeit annimmt.

(7) Wer wegen Beteiligung an der Vortat strafbar ist, wird nach den Absätzen 1 bis 6 nur dann bestraft, wenn er den Gegenstand in den Verkehr bringt und dabei dessen rechtswidrige Herkunft verschleiert.

(8) Nach den Absätzen 1 bis 6 wird nicht bestraft,

1. wer die Tat freiwillig bei der zuständigen Behörde anzeigt oder freiwillig eine solche Anzeige veranlasst, wenn nicht die Tat zu diesem Zeitpunkt bereits ganz oder zum Teil entdeckt war und der Täter dies wusste oder bei verständiger Würdigung der Sachlage damit rechnen musste, und
2. in den Fällen des Absatzes 1 oder des Absatzes 2 unter den in Nummer 1 genannten Voraussetzungen die Sicherstellung des Gegenstandes bewirkt.

(9) Einem Gegenstand im Sinne des Absatzes 1 stehen Gegenstände, die aus einer im Ausland begangenen Tat herrühren, gleich, wenn die Tat nach deutschem Strafrecht eine rechtswidrige Tat wäre und

1. am Tatort mit Strafe bedroht ist oder
2. nach einer der folgenden Vorschriften und Übereinkommen der Europäischen Union mit Strafe zu bedrohen ist:
   a) Artikel 2 oder Artikel 3 des Übereinkommens vom 26. Mai 1997 aufgrund von Artikel K.3 Absatz 2 Buchstabe c des Vertrags über die Europäische Union über die Bekämpfung der Bestechung, an der Beamte der Europäischen Gemeinschaften oder der Mitgliedstaaten der Europäischen Union beteiligt sind (BGBl. 2002 II S. 2727, 2729),
   b) Artikel 1 des Rahmenbeschlusses 2002/946/JI des Rates vom 28. November 2002 betreffend die Verstärkung des strafrechtlichen Rahmens für die Bekämpfung der

Beihilfe zur unerlaubten Ein- und Durchreise und zum unerlaubten Aufenthalt (ABl. L 328 vom 5.12.2002, S. 1),

c) Artikel 2 oder Artikel 3 des Rahmenbeschlusses 2003/568/JI des Rates vom 22. Juli 2003 zur Bekämpfung der Bestechung im privaten Sektor (ABl. L 192 vom 31.7.2003, S. 54),

d) Artikel 2 oder Artikel 3 des Rahmenbeschlusses 2004/757/JI des Rates vom 25. Oktober 2004 zur Festlegung von Mindestvorschriften über die Tatbestandsmerkmale strafbarer Handlungen und die Strafen im Bereich des illegalen Drogenhandels (ABl. L 335 vom 11.11.2004, S. 8), der zuletzt durch die Delegierte Richtlinie (EU) 2019/369 (ABl. L 66 vom 7.3.2019, S. 3) geändert worden ist,

e) Artikel 2 Buchstabe a des Rahmenbeschlusses 2008/841/JI des Rates vom 24. Oktober 2008 zur Bekämpfung der organisierten Kriminalität (ABl. L 300 vom 11.11.2008, S. 42),

f) Artikel 2 oder Artikel 3 der Richtlinie 2011/36/EU des Europäischen Parlaments und des Rates vom 5. April 2011 zur Verhütung und Bekämpfung des Menschenhandels und zum Schutz seiner Opfer sowie zur Ersetzung des Rahmenbeschlusses 2002/629/JI des Rates (ABl. L 101 vom 15.4.2011, S. 1),

g) den Artikeln 3 bis 8 der Richtlinie 2011/93/EU des Europäischen Parlaments und des Rates vom 13. Dezember 2011 zur Bekämpfung des sexuellen Missbrauchs und der sexuellen Ausbeutung von Kindern sowie der Kinderpornografie sowie zur Ersetzung des Rahmenbeschlusses 2004/68/JI des Rates (ABl. L 335 vom 17.12.2011, S. 1; L 18 vom 21.1.2012, S. 7) oder

h) den Artikeln 4 bis 9 Absatz 1 und 2 Buchstabe b oder den Artikeln 10 bis 14 der Richtlinie (EU) 2017/541 des Europäischen Parlaments und des Rates vom 15. März 2017 zur Terrorismusbekämpfung und zur Ersetzung des Rahmenbeschlusses 2002/475/JI des Rates und zur Änderung des Beschlusses 2005/671/JI des Rates (ABl. L 88 vom 31.3.2017, S. 6).

(10) Gegenstände, auf die sich die Straftat bezieht, können eingezogen werden. § 74a ist anzuwenden. Die §§ 73 bis 73e bleiben unberührt und gehen einer Einziehung nach § 74 Absatz 2, auch in Verbindung mit den §§ 74a und 74c, vor.

§ 264 – Subventionsbetrug

(1) Mit Freiheitsstrafe bis zu fünf Jahren oder mit Geldstrafe wird bestraft, wer

1. einer für die Bewilligung einer Subvention zuständigen Behörde oder einer anderen in das Subventionsverfahren eingeschalteten Stelle oder Person (Subventionsgeber) über subventionserhebliche Tatsachen für sich oder einen anderen unrichtige oder unvollständige Angaben macht, die für ihn oder den anderen vorteilhaft sind,
2. einen Gegenstand oder eine Geldleistung, deren Verwendung durch Rechtsvorschriften oder durch den Subventionsgeber im Hinblick auf eine Subvention beschränkt ist, entgegen der Verwendungsbeschränkung verwendet,
3. den Subventionsgeber entgegen den Rechtsvorschriften über die Subventionsvergabe über subventionserhebliche Tatsachen in Unkenntnis läßt oder
4. in einem Subventionsverfahren eine durch unrichtige oder unvollständige Angaben erlangte Bescheinigung über eine Subventionsberechtigung oder über subventionserhebliche Tatsachen gebraucht.

(2) In besonders schweren Fällen ist die Strafe Freiheitsstrafe von sechs Monaten bis zu zehn Jahren. Ein besonders schwerer Fall liegt in der Regel vor, wenn der Täter

1. aus grobem Eigennutz oder unter Verwendung nachgemachter oder verfälschter Belege für sich oder einen anderen eine nicht gerechtfertigte Subvention großen Ausmaßes erlangt,

2. seine Befugnisse oder seine Stellung als Amtsträger oder Europäischer Amtsträger mißbraucht oder
3. die Mithilfe eines Amtsträgers oder Europäischer Amtsträgers ausnutzt, der seine Befugnisse oder seine Stellung mißbraucht.

(3) § 263 Abs. 5 gilt entsprechend.

(4) In den Fällen des Absatzes 1 Nummer 2 ist der Versuch strafbar

(5) Wer in den Fällen des Absatzes 1 Nr. 1 bis 3 leichtfertig handelt, wird mit Freiheitsstrafe bis zu drei Jahren oder mit Geldstrafe bestraft.

(6) Nach den Absätzen 1 und 5 wird nicht bestraft, wer freiwillig verhindert, daß auf Grund der Tat die Subvention gewährt wird. Wird die Subvention ohne Zutun des Täters nicht gewährt, so wird er straflos, wenn er sich freiwillig und ernsthaft bemüht, das Gewähren der Subvention zu verhindern.

(7) Neben einer Freiheitsstrafe von mindestens einem Jahr wegen einer Straftat nach den Absätzen 1 bis 3 kann das Gericht die Fähigkeit, öffentliche Ämter zu bekleiden, und die Fähigkeit, Rechte aus öffentlichen Wahlen zu erlangen, aberkennen (§ 45 Abs. 2). Gegenstände, auf die sich die Tat bezieht, können eingezogen werden; § 74a ist anzuwenden.

(8) Subvention im Sinne dieser Vorschrift ist

1. eine Leistung aus öffentlichen Mitteln nach Bundes- oder Landesrecht an Betriebe oder Unternehmen, die wenigstens zum Teil
   a) ohne marktmäßige Gegenleistung gewährt wird und
   b) der Förderung der Wirtschaft dienen soll;
2. eine Leistung aus öffentlichen Mitteln nach dem Recht der Europäischen Union, die wenigstens zum Teil ohne marktmäßige Gegenleistung gewährt wird.

Betrieb oder Unternehmen im Sinne des Satzes 1 Nr. 1 ist auch das öffentliche Unternehmen.

(9) Subventionserheblich im Sinne des Absatzes 1 sind Tatsachen,

1. die durch Gesetz oder auf Grund eines Gesetzes von dem Subventionsgeber als subventionserheblich bezeichnet sind oder
2. von denen die Bewilligung, Gewährung, Rückforderung, Weitergewährung oder das Belassen einer Subvention oder eines Subventionsvorteils gesetzlich oder nach dem Subventionsvertrag abhängig ist.

§ 283 – Bankrott

(1) Mit Freiheitsstrafe bis zu fünf Jahren oder mit Geldstrafe wird bestraft, wer bei Überschuldung oder bei drohender oder eingetretener Zahlungsunfähigkeit

1. Bestandteile seines Vermögens, die im Falle der Eröffnung des Insolvenzverfahrens zur Insolvenzmasse gehören, beiseite schafft oder verheimlicht oder in einer den Anforderungen einer ordnungsgemäßen Wirtschaft widersprechenden Weise zerstört, beschädigt oder unbrauchbar macht,
2. in einer den Anforderungen einer ordnungsgemäßen Wirtschaft widersprechenden Weise Verlust- oder Spekulationsgeschäfte oder Differenzgeschäfte mit Waren oder Wertpapieren eingeht oder durch unwirtschaftliche Ausgaben, Spiel oder Wette übermäßige Beträge verbraucht oder schuldig wird,
3. Waren oder Wertpapiere auf Kredit beschafft und sie oder die aus diesen Waren hergestellten Sachen erheblich unter ihrem Wert in einer den Anforderungen einer ordnungsgemäßen Wirtschaft widersprechenden Weise veräußert oder sonst abgibt,
4. Rechte anderer vortäuscht oder erdichtete Rechte anerkennt,
5. Handelsbücher, zu deren Führung er gesetzlich verpflichtet ist, zu führen unterlässt oder so führt oder verändert, daß die Übersicht über seinen Vermögensstand erschwert wird,

6. Handelsbücher oder sonstige Unterlagen, zu deren Aufbewahrung ein Kaufmann nach Handelsrecht verpflichtet ist, vor Ablauf der für Buchführungspflichtige bestehende Aufbewahrungsfristen beiseite schafft, verheimlicht, zerstört oder beschädigt und dadurch die Übersicht über seinen Vermögensstand erschwert,
7. entgegen dem Handelsrecht
   a) Bilanzen so aufstellt, daß die Übersicht über seinen Vermögensstand erschwert wird, oder
   b) es unterläßt, die Bilanz seines Vermögens oder das Inventar in der vorgeschriebenen Zeit aufzustellen, oder
8. in einer anderen, den Anforderungen einer ordnungsgemäßen Wirtschaft grob widersprechenden Weise seinen Vermögensstand verringert oder seine wirklichen geschäftlichen Verhältnisse verheimlicht oder verschleiert.

(2) Ebenso wird bestraft, wer durch eine der in Absatz 1 bezeichneten Handlungen seine Überschuldung oder Zahlungsunfähigkeit herbeiführt.

(3) Der Versuch ist strafbar.

(4) Wer in den Fällen

1. des Absatzes 1 die Überschuldung oder die drohende oder eingetretene Zahlungsunfähigkeit fahrlässig nicht kennt oder
2. des Absatzes 2 die Überschuldung oder Zahlungsunfähigkeit leichtfertig verursacht,

wird mit Freiheitsstrafe bis zu zwei Jahren oder mit Geldstrafe bestraft.

(5) Wer in den Fällen

1. des Absatzes 1 Nr. 2, 5 oder 7 fahrlässig handelt und die Überschuldung oder die drohende oder eingetretene Zahlungsunfähigkeit wenigstens fahrlässig nicht kennt oder
2. des Absatzes 2 in Verbindung mit Absatz 1 Nr. 2, 5 oder 7 fahrlässig handelt und die Überschuldung oder Zahlungsunfähigkeit wenigstens leichtfertig verursacht,

wird mit Freiheitsstrafe bis zu zwei Jahren oder mit Geldstrafe bestraft.

(6) Die Tat ist nur dann strafbar, wenn der Täter seine Zahlungen eingestellt hat oder über sein Vermögen das Insolvenzverfahren eröffnet oder der Eröffnungsantrag mangels Masse abgewiesen worden ist.

§ 283a – Besonders schwerer Fall des Bankrotts

In besonders schweren Fällen des § 283 Abs. 1 bis 3 wird der Bankrott mit Freiheitsstrafe von sechs Monaten bis zu zehn Jahren bestraft. Ein besonders schwerer Fall liegt in der Regel vor, wenn der Täter

1. aus Gewinnsucht handelt oder
2. wissentlich viele Personen in die Gefahr des Verlustes ihrer ihm anvertrauten Vermögenswerte oder in wirtschaftliche Not bringt.

§ 283b – Verletzung der Buchführungspflicht

(1) Mit Freiheitsstrafe bis zu zwei Jahren oder mit Geldstrafe wird bestraft, wer

1. Handelsbücher, zu deren Führung er gesetzlich verpflichtet ist, zu führen unterlässt oder so führt oder verändert, daß die Übersicht über seinen Vermögensstand erschwert wird,
2. Handelsbücher oder sonstige Unterlagen, zu deren Aufbewahrung er nach Handelsrecht verpflichtet ist, vor Ablauf der gesetzlichen Aufbewahrungsfristen beiseite schafft, verheimlicht, zerstört oder beschädigt und dadurch die Übersicht über seinen Vermögensstand erschwert,
3. entgegen dem Handelsrecht

a) Bilanzen so aufstellt, daß die Übersicht über seinen Vermögensstand erschwert wird, oder

b) es unterläßt, die Bilanz seines Vermögens oder das Inventar in der vorgeschriebenen Zeit aufzustellen.

(2) Wer in den Fällen des Absatzes 1 Nr. 1 oder 3 fahrlässig handelt, wird mit Freiheitsstrafe bis zu einem Jahr oder mit Geldstrafe bestraft.

(3) § 283 Abs. 6 gilt entsprechend.

§ 283c – Gläubigerbegünstigung

(1) Wer in Kenntnis seiner Zahlungsunfähigkeit einem Gläubiger eine Sicherheit oder Befriedigung gewährt, die dieser nicht oder nicht in der Art oder nicht zu der Zeit zu beanspruchen hat, und ihn dadurch absichtlich oder wissentlich vor den übrigen Gläubigern begünstigt, wird mit Freiheitsstrafe bis zu zwei Jahren oder mit Geldstrafe bestraft.

(2) Der Versuch ist strafbar.

(3) § 283 Abs. 6 gilt entsprechend.

§ 355 – Verletzung des Steuergeheimnisses

(1) Wer unbefugt

1. personenbezogene Daten eines anderen, die ihm als Amtsträger

   a) in einem Verwaltungsverfahren, einem Rechnungsprüfungsverfahren oder einem gerichtlichen Verfahren in Steuersachen,

   b) in einem Strafverfahren wegen einer Steuerstraftat oder in einem Bußgeldverfahren wegen einer Steuerordnungswidrigkeit,

   c) im Rahmen einer Weiterverarbeitung nach § 29c Absatz 1 Satz 1 Nummer 4, 5 oder 6 der Abgabenordnung oder aus anderem dienstlichen Anlass, insbesondere durch Mitteilung einer Finanzbehörde oder durch die gesetzlich vorgeschriebene Vorlage eines Steuerbescheids oder einer Bescheinigung über die bei der Besteuerung getroffenen Feststellungen

   bekannt geworden sind, oder

2. ein fremdes Betriebs- oder Geschäftsgeheimnis, das ihm als Amtsträger in einem der in Nummer 1 genannten Verfahren bekannt geworden ist,

offenbart oder verwertet, wird mit Freiheitsstrafe bis zu zwei Jahren oder mit Geldstrafe bestraft. Personenbezogene Daten eines anderen oder fremde Betriebs- oder Geschäftsgeheimnisse sind dem Täter auch dann als Amtsträger in einem in Satz 1 Nummer 1 genannten Verfahren bekannt geworden, wenn sie sich aus Daten ergeben, zu denen er Zugang hatte und die er unbefugt abgerufen hat. Informationen, die sich auf identifizierte oder identifizierbare verstorbene natürliche Personen oder Körperschaften, rechtsfähige oder nicht rechtsfähige Personenvereinigungen oder Vermögensmassen beziehen, stehen personenbezogenen Daten eines anderen gleich.

(2) Den Amtsträgern im Sinne des Absatzes 1 stehen gleich

1. die für den öffentlichen Dienst besonders Verpflichteten,
2. amtlich zugezogene Sachverständige und
3. die Träger von Ämtern der Kirchen und anderen Religionsgesellschaften des öffentlichen Rechts.

(3) Die Tat wird nur auf Antrag des Dienstvorgesetzten oder des Verletzten verfolgt. Bei Taten amtlich zugezogener Sachverständiger ist der Leiter der Behörde, deren Verfahren betroffen ist, neben dem Verletzten antragsberechtigt.

Einführungsgesetz zum Strafgesetzbuch

vom 2.3.1974 (BGBl. I S. 469), zuletzt geändert durch Artikel 4 des Gesetzes vom 11.7.2022 (BGBl. I S. 1082).

(Auszug)

Artikel 7 – Zahlungserleichterungen bei Ordnungsgeld

(1) Ist dem Betroffenen nach seinen wirtschaftlichen Verhältnissen nicht zuzumuten, das Ordnungsgeld sofort zu zahlen, so wird ihm eine Zahlungsfrist bewilligt oder gestattet, das Ordnungsgeld in bestimmten Teilbeträgen zu zahlen. Dabei kann angeordnet werden, daß die Vergünstigung, das Ordnungsgeld in bestimmten Teilbeträgen zu zahlen, entfällt, wenn der Betroffene einen Teilbetrag nicht rechtzeitig zahlt.

(2) Nach Festsetzung des Ordnungsgeldes entscheidet über die Bewilligung von Zahlungserleichterungen nach Absatz 1 die Stelle, der die Vollstreckung des Ordnungsgeldes obliegt. Sie kann eine Entscheidung über Zahlungserleichterungen nachträglich ändern oder aufheben. Dabei darf sie von einer vorausgegangenen Entscheidung zum Nachteil des Betroffenen nur auf Grund neuer Tatsachen oder Beweismittel abweichen.

(3) Entfällt die Vergünstigung nach Absatz 1 Satz 2, das Ordnungsgeld in bestimmten Teilbeträgen zu zahlen, so wird dies in den Akten vermerkt. Dem Betroffenen kann erneut eine Zahlungserleichterung bewilligt werden.

(4) Über Einwendungen gegen Anordnungen nach den Absätzen 2 und 3 entscheidet die Stelle, die das Ordnungsgeld festgesetzt hat, wenn einer anderen Stelle die Vollstreckung obliegt.

Artikel 8 – Nachträgliche Entscheidungen über die Ordnungshaft

(1) Kann das Ordnungsgeld nicht beigetrieben werden und ist die Festsetzung der für diesen Fall vorgesehenen Ordnungshaft unterblieben, so wandelt das Gericht das Ordnungsgeld nachträglich in Ordnungshaft um. Das Gericht entscheidet nach Anhörung der Beteiligten durch Beschluß.

(2) Das Gericht ordnet an, daß die Vollstreckung der Ordnungshaft, die an Stelle eines uneinbringlichen Ordnungsgeldes festgesetzt worden ist, unterbleibt, wenn die Vollstreckung für den Betroffenen eine unbillige Härte wäre.

Artikel 9 – Verjährung von Ordnungsmitteln

(1) Die Verjährung schließt die Festsetzung von Ordnungsgeld und Ordnungshaft aus. Die Verjährungsfrist beträgt, soweit das Gesetz nichts anderes bestimmt, zwei Jahre. Die Verjährung beginnt, sobald die Handlung beendet ist. Die Verjährung ruht, solange nach dem Gesetz das Verfahren zur Festsetzung des Ordnungsgeldes nicht begonnen oder nicht fortgesetzt werden kann.

(2) Die Verjährung schließt auch die Vollstreckung des Ordnungsgeldes und der Ordnungshaft aus. Die Verjährungsfrist beträgt zwei Jahre. Die Verjährung beginnt, sobald das Ordnungsmittel vollstreckbar ist. Die Verjährung ruht, solange

1. nach dem Gesetz die Vollstreckung nicht begonnen oder nicht fortgesetzt werden kann,
2. die Vollstreckung ausgesetzt ist oder
3. eine Zahlungserleichterung bewilligt ist.

Artikel 315a – Vollstreckungs- und Verfolgungsverjährung für in der Deutschen Demokratischen Republik verfolgte und abgeurteilte Taten; Verjährung für während der Herrschaft des SED-Unrechtsregimes nicht geahndete Taten

(1) Soweit die Verjährung der Verfolgung oder der Vollstreckung nach dem Recht der Deutschen Demokratischen Republik bis zum Wirksamwerden des Beitritts nicht eingetreten war, bleibt es dabei. Dies gilt auch, soweit für die Tat vor dem Wirksamwerden des Beitritts auch das Strafrecht der Bundesrepublik Deutschland gegolten hat. Die Verfolgungsverjährung gilt als am Tag des Wirksamwerdens des Beitritts unterbrochen; § 78c Abs. 3 des Strafgesetzbuches bleibt unberührt.

(2) Die Verfolgung von Taten, die in dem in Artikel 3 des Einigungsvertrages genannten Gebiet begangen worden sind und die im Höchstmaß mit Freiheitsstrafe von mehr als einem Jahr bis zu fünf Jahren bedroht sind, verjährt frühestens mit Ablauf des 2. Oktober 2000, die Verfolgung der in diesem Gebiet vor Ablauf des 2. Oktober 1990 begangenen und im Höchstmaß mit Freiheitsstrafe bis zu einem Jahr oder mit Geldstrafe bedrohten Taten frühestens mit Ablauf des 31. Dezember 1995.

(3) Verbrechen, die den Tatbestand des Mordes (§ 211 des Strafgesetzbuches) erfüllen, für welche sich die Strafe jedoch nach dem Recht der Deutschen Demokratischen Republik bestimmt, verjähren nicht.

(4) Die Absätze 2 und 3 gelten nicht für Taten, deren Verfolgung am 30. September 1993 bereits verjährt war.

(5) Bei der Berechnung der Verjährungsfrist für die Verfolgung von Taten, die während der Herrschaft des SED-Unrechtsregimes begangen wurden, aber entsprechend dem ausdrücklichen oder mutmaßlichen Willen der Staats- und Parteiführung der ehemaligen Deutschen Demokratischen Republik aus politischen oder sonst mit wesentlichen Grundsätzen einer freiheitlichen rechtsstaatlichen Ordnung unvereinbaren Gründen nicht geahndet worden sind, bleibt die Zeit vom 11. Oktober 1949 bis 2. Oktober 1990 außer Ansatz. In dieser Zeit hat die Verjährung geruht.

Artikel 316h – Übergangsvorschrift zum Gesetz zur Reform der strafrechtlichen Vermögensabschöpfung

Wird über die Anordnung der Einziehung des Tatertrages oder des Wertes des Tatertrages wegen einer Tat, die vor dem 1. Juli 2017 begangen worden ist, nach diesem Zeitpunkt entschieden, sind abweichend von § 2 Absatz 5 des Strafgesetzbuches die §§ 73 bis 73c, 75 Absatz 1 und 3 sowie die §§ 73d, 73e, 76, 76a, 76b und 78 Absatz 1 Satz 2 des Strafgesetzbuches in der Fassung des Gesetzes zur Reform der strafrechtlichen Vermögensabschöpfung vom 13. April 2017 (BGBl. I S. 872) anzuwenden. Die Vorschriften des Gesetzes zur Reform der strafrechtlichen Vermögensabschöpfung vom 13. April 2017 (BGBl. I S. 872) sind nicht in Verfahren anzuwenden, in denen bis zum 1. Juli 2017 bereits eine Entscheidung über die Anordnung des Verfalls oder des Verfalls von Wertersatz ergangen ist.

Artikel 316j - Übergangsvorschrift zum Jahressteuergesetz 2020

Wird über die Anordnung der Einziehung des Tatertrages oder des Wertes des Tatertrages wegen einer Tat, die vor dem 29. Dezember 2020 begangen worden ist, nach diesem Zeitpunkt entschieden, so ist abweichend von § 2 Absatz 5 des Strafgesetzbuches § 73e Absatz 1 Satz 2 des Strafgesetzbuches in der am 29. Dezember 2020 geltenden Fassung anzuwenden, wenn

1. es sich um eine unter den in § 370 Absatz 3 Satz 2 Nummer 1 der Abgabenordnung genannten Voraussetzungen begangene Tat handelt oder
2. das Erlöschen im Sinne von § 73e Absatz 1 Satz 2 des Strafgesetzbuches durch Verjährung nach § 47 der Abgabenordnung nach dem 1. Juli 2020 eingetreten ist oder
3. das Erlöschen im Sinne von § 73e Absatz 1 Satz 2 des Strafgesetzbuches nach dem 29. Dezember 2020 eingetreten ist.

Artikel 316k – Übergangsvorschrift zum Gesetz zur Verbesserung der strafrechtlichen Bekämpfung der Geldwäsche

Für die Einziehung von Gegenständen, die nach dem 17. März 2021 sichergestellt worden sind, gilt abweichend von § 2 Absatz 5 des Strafgesetzbuches § 76a Absatz 4 des Strafgesetzbuches in der ab dem 18. März 2021 geltenden Fassung; in allen anderen Fällen gilt das bisherige Recht.

Strafprozessordnung

in der Neufassung vom 7.4.1987 (BGBl. I S. 1074, 1319), zuletzt geändert durch Artikel 2 des Gesetzes vom 25.3.2022 (BGBl. I S. 571).

- Auszug -

§ 3 Begriff des Zusammenhanges

Ein Zusammenhang ist vorhanden, wenn eine Person mehrerer Straftaten beschuldigt wird oder wenn bei einer Tat mehrere Personen als Täter, Teilnehmer oder der Datenhehlerei, Begünstigung, Strafvereitelung oder Hehlerei beschuldigt werden.

§ 94 Sicherstellung und Beschlagnahme von Gegenständen zu Beweiszwecken

(1) Gegenstände, die als Beweismittel für die Untersuchung von Bedeutung sein können, sind in Verwahrung zu nehmen oder in anderer Weise sicherzustellen.

(2) Befinden sich die Gegenstände in dem Gewahrsam einer Person und werden sie nicht freiwillig herausgegeben, so bedarf es der Beschlagnahme.

(3) Die Absätze 1 und 2 gelten auch für Führerscheine, die der Einziehung unterliegen.

(4) Die Herausgabe beweglicher Sachen richtet sich nach den §§ 111n und 111o.

§ 100a Telekommunikationsüberwachung

(1) Auch ohne Wissen der Betroffenen darf die Telekommunikation überwacht und aufgezeichnet werden, wenn

1. bestimmte Tatsachen den Verdacht begründen, dass jemand als Täter oder Teilnehmer eine in Absatz 2 bezeichnete schwere Straftat begangen, in Fällen, in denen der Versuch strafbar ist, zu begehen versucht, oder durch eine Straftat vorbereitet hat,
2. die Tat auch im Einzelfall schwer wiegt und
3. die Erforschung des Sachverhalts oder die Ermittlung des Aufenthaltsortes des Beschuldigten auf andere Weise wesentlich erschwert oder aussichtslos wäre.

Die Überwachung und Aufzeichnung der Telekommunikation darf auch in der Weise erfolgen, dass mit technischen Mitteln in von dem Betroffenen genutzte informationstechnische Systeme eingegriffen wird, wenn dies notwendig ist, um die Überwachung und Aufzeichnung insbesondere in unverschlüsselter Form zu ermöglichen. 3Auf dem informationstechnischen System des Betroffenen gespeicherte Inhalte und Umstände der Kommunikation dürfen überwacht und aufgezeichnet werden, wenn sie auch während des laufenden Übertragungsvorgangs im öffentlichen Telekommunikationsnetz in verschlüsselter Form hätten überwacht und aufgezeichnet werden können.

(2) Schwere Straftaten im Sinne des Absatzes 1 Nr. 1 sind:

1. aus dem Strafgesetzbuch:
   a) Straftaten des Friedensverrats, des Hochverrats und der Gefährdung des demokratischen Rechtsstaates sowie des Landesverrats und der Gefährdung der äußeren Sicherheit nach den §§ 80a bis 82, 84 bis 86, 87 bis 89, 94 bis 100a,
   b) Bestechlichkeit und Bestechung von Mandatsträgern nach § 108e,
   c) Straftaten gegen die Landesverteidigung nach den §§ 109d bis 109h,

d) Straftaten gegen die öffentliche Ordnung nach § 127 Absatz 3 und 4 sowie den §§ 129 bis 130,

e) Geld- und Wertzeichenfälschung nach den §§ 146 und 151, jeweils auch in Verbindung mit § 152, sowie nach § 152a Abs. 3 und § 152b Abs. 1 bis 4,

f) Straftaten gegen die sexuelle Selbstbestimmung in den Fällen der §§ 176, 176c, 176d und, unter den in § 177 Absatz 6 Satz 2 Nummer 2 genannten Voraussetzungen, des § 177,

g) Verbreitung, Erwerb und Besitz kinder- und jugendpornographischer Inhalte nach § 184b, § 184c Absatz 2,

h) Mord und Totschlag nach den §§ 211 und 212,

i) Straftaten gegen die persönliche Freiheit nach den §§ 232, 232a Absatz 1 bis 5, den §§ 232b, 233 Absatz 2, den §§ 233a, 234, 234a, 239a und 239b,

j) Bandendiebstahl nach § 244 Abs. 1 Nr. 2, Wohnungseinbruchdiebstahl nach § 244 Absatz 4 und schwerer Bandendiebstahl nach § 244a,

k) Straftaten des Raubes und der Erpressung nach den §§ 249 bis 255,

l) gewerbsmäßige Hehlerei, Bandenhehlerei und gewerbsmäßige Bandenhehlerei nach den §§ 260 und 260a,

m) Geldwäsche nach § 261, wenn die Vortat eine der in den Nummern 1 bis 11 genannten schweren Straftaten ist,

n) Betrug und Computerbetrug unter den in § 263 Abs. 3 Satz 2 genannten Voraussetzungen und im Falle des § 263 Abs. 5, jeweils auch in Verbindung mit § 263a Abs. 2,

o) Subventionsbetrug unter den in § 264 Abs. 2 Satz 2 genannten Voraussetzungen und im Falle des § 264 Abs. 3 in Verbindung mit § 263 Abs. 5,

p) Sportwettbetrug und Manipulation von berufssportlichen Wettbewerben unter den in § 265e Satz 2 genannten Voraussetzungen,

q) Vorenthalten und Veruntreuen von Arbeitsentgelt unter den in § 266a Absatz 4 Satz 2 Nummer 4 genannten Voraussetzungen,

r) Straftaten der Urkundenfälschung unter den in § 267 Abs. 3 Satz 2 genannten Voraussetzungen und im Fall des § 267 Abs. 4, jeweils auch in Verbindung mit § 268 Abs. 5 oder § 269 Abs. 3, sowie nach § 275 Abs. 2 und § 276 Abs. 2,

s) Bankrott unter den in § 283a Satz 2 genannten Voraussetzungen,

t) Straftaten gegen den Wettbewerb nach § 298 und, unter den in § 300 Satz 2 genannten Voraussetzungen, nach § 299,

u) gemeingefährliche Straftaten in den Fällen der §§ 306 bis 306c, 307 Abs. 1 bis 3, des § 308 Abs. 1 bis 3, des § 309 Abs. 1 bis 4, des § 310 Abs. 1, der §§ 313, 314, 315 Abs. 3, des § 315b Abs. 3 sowie der §§ 316a und 316c,

v) Bestechlichkeit und Bestechung nach den §§ 332 und 334,

2. aus der Abgabenordnung:

a) Steuerhinterziehung unter den in § 370 Absatz 3 Satz 2 Nummer 1 genannten Voraussetzungen, sofern der Täter als Mitglied einer Bande, die sich zur fortgesetzten Begehung von Taten nach § 370 Absatz 1 verbunden hat, handelt, oder unter den in § 370 Absatz 3 Satz 2 Nummer 5 genannten Voraussetzungen,

b) gewerbsmäßiger, gewaltsamer und bandenmäßiger Schmuggel nach § 373,

c) Steuerhehlerei im Falle des § 374 Abs. 2,

3. aus dem Anti-Doping-Gesetz:

Straftaten nach § 4 Absatz 4 Nummer 2 Buchstabe b,

4. aus dem Asylgesetz:
   a) Verleitung zur missbräuchlichen Asylantragstellung nach § 84 Abs. 3,
   b) gewerbs- und bandenmäßige Verleitung zur missbräuchlichen Asylantragstellung nach § 84a,
5. aus dem Aufenthaltsgesetz:
   a) Einschleusen von Ausländern nach § 96 Abs. 2,
   b) Einschleusen mit Todesfolge und gewerbs- und bandenmäßiges Einschleusen nach § 97,

5a. aus dem Ausgangsstoffgesetz:
   Straftaten nach § 13 Absatz 3,
6. aus dem Außenwirtschaftsgesetz:
   vorsätzliche Straftaten nach den §§ 17 und 18 des Außenwirtschaftsgesetzes,
7. aus dem Betäubungsmittelgesetz:
   a) Straftaten nach einer in § 29 Abs. 3 Satz 2 Nr. 1 in Bezug genommenen Vorschrift unter den dort genannten Voraussetzungen,
   b) Straftaten nach den §§ 29a, 30 Abs. 1 Nr. 1, 2 und 4 sowie den §§ 30a und 30b,
8. aus dem Grundstoffüberwachungsgesetz:
   Straftaten nach § 19 Abs. 1 unter den in § 19 Abs. 3 Satz 2 genannten Voraussetzungen,
9. aus dem Gesetz über die Kontrolle von Kriegswaffen:
   a) Straftaten nach § 19 Abs. 1 bis 3 und § 20 Abs. 1 und 2 sowie § 20a Abs. 1 bis 3, jeweils auch in Verbindung mit § 21,
   b) Straftaten nach § 22a Abs. 1 bis 3,

9a. aus dem Neue-psychoaktive-Stoffe-Gesetz:
   Straftaten nach § 4 Absatz 3 Nummer 1 Buchstabe a,
10. aus dem Völkerstrafgesetzbuch:
   a) Völkermord nach § 6,
   b) Verbrechen gegen die Menschlichkeit nach § 7,
   c) Kriegsverbrechen nach den §§ 8 bis 12,
   d) Verbrechen der Aggression nach § 13,
11. aus dem Waffengesetz:
   a) Straftaten nach § 51 Abs. 1 bis 3,
   b) Straftaten nach § 52 Abs. 1 Nr. 1 und 2 Buchstabe c und d sowie Abs. 5 und 6.

(3) Die Anordnung darf sich nur gegen den Beschuldigten oder gegen Personen richten, von denen auf Grund bestimmter Tatsachen anzunehmen ist, dass sie für den Beschuldigten bestimmte oder von ihm herrührende Mitteilungen entgegennehmen oder weitergeben oder dass der Beschuldigte ihren Anschluss oder ihr informationstechnisches System benutzt.

(4) Auf Grund der Anordnung einer Überwachung und Aufzeichnung der Telekommunikation hat jeder, der Telekommunikationsdienste erbringt oder daran mitwirkt, dem Gericht, der Staatsanwaltschaft und ihren im Polizeidienst tätigen Ermittlungspersonen (§ 152 des Gerichtsverfassungsgesetzes) diese Maßnahmen zu ermöglichen und die erforderlichen Auskünfte unverzüglich zu erteilen. Ob und in welchem Umfang hierfür Vorkehrungen zu treffen sind, bestimmt sich nach dem Telekommunikationsgesetz und der Telekommunikations-Überwachungsverordnung. § 95 Absatz 2 gilt entsprechend.

(5) Bei Maßnahmen nach Absatz 1 Satz 2 und 3 ist technisch sicherzustellen, dass

1. ausschließlich überwacht und aufgezeichnet werden können:

a) die laufende Telekommunikation (Absatz 1 Satz 2), oder

b) Inhalte und Umstände der Kommunikation, die ab dem Zeitpunkt der Anordnung nach § 100e Absatz 1 auch während des laufenden Übertragungsvorgangs im öffentlichen Telekommunikationsnetz hätten überwacht und aufgezeichnet werden können (Absatz 1 Satz 3),

2. an dem informationstechnischen System nur Veränderungen vorgenommen werden, die für die Datenerhebung unerlässlich sind, und

3. die vorgenommenen Veränderungen bei Beendigung der Maßnahme, soweit technisch möglich, automatisiert rückgängig gemacht werden.

Das eingesetzte Mittel ist nach dem Stand der Technik gegen unbefugte Nutzung zu schützen. Kopierte Daten sind nach dem Stand der Technik gegen Veränderung, unbefugte Löschung und unbefugte Kenntnisnahme zu schützen.

(6) Bei jedem Einsatz des technischen Mittels sind zu protokollieren

1. die Bezeichnung des technischen Mittels und der Zeitpunkt seines Einsatzes,

2. die Angaben zur Identifizierung des informationstechnischen Systems und die daran vorgenommenen nicht nur flüchtigen Veränderungen,

3. die Angaben, die die Feststellung der erhobenen Daten ermöglichen, und

4. die Organisationseinheit, die die Maßnahme durchführt.

§ 110 Durchsicht von Papieren und elektronischen Speichermedien

(1) Die Durchsicht der Papiere des von der Durchsuchung Betroffenen steht der Staatsanwaltschaft und auf deren Anordnung ihren Ermittlungspersonen (§ 152 des Gerichtsverfassungsgesetzes) zu.

(2) Im Übrigen sind Beamte zur Durchsicht der aufgefundenen Papiere nur dann befugt, wenn der Inhaber die Durchsicht genehmigt. Andernfalls haben sie die Papiere, deren Durchsicht sie für geboten erachten, in einem Umschlag, der in Gegenwart des Inhabers mit dem Amtssiegel zu verschließen ist, an die Staatsanwaltschaft abzuliefern.

(3) Nach Maßgabe der Absätze 1 und 2 ist auch die Durchsicht von elektronischen Speichermedien bei dem von der Durchsuchung Betroffenen zulässig. Diese Durchsicht darf auch auf hiervon räumlich getrennte Speichermedien erstreckt werden, soweit auf sie von dem elektronischen Speichermedium aus zugegriffen werden kann, wenn andernfalls der Verlust der gesuchten Daten zu befürchten ist. Daten, die für die Untersuchung von Bedeutung sein können, dürfen gesichert werden.

(4) Werden Papiere zur Durchsicht mitgenommen oder Daten vorläufig gesichert, gelten die §§ 95a und 98 Absatz 2 entsprechend.

§ 111b Beschlagnahme zur Sicherung der Einziehung oder Unbrauchbarmachung

(1) Ist die Annahme begründet, dass die Voraussetzungen der Einziehung oder Unbrauchbarmachung eines Gegenstandes vorliegen, so kann er zur Sicherung der Vollstreckung beschlagnahmt werden. Liegen dringende Gründe für diese Annahme vor, so soll die Beschlagnahme angeordnet werden. § 94 Absatz 3 bleibt unberührt.

(2) Die §§ 102 bis 110 gelten entsprechend.

§ 111c Vollziehung der Beschlagnahme

(1) Die Beschlagnahme einer beweglichen Sache wird dadurch vollzogen, dass die Sache in Gewahrsam genommen wird. Die Beschlagnahme kann auch dadurch vollzogen werden, dass sie durch Siegel oder in anderer Weise kenntlich gemacht wird.

(2) Die Beschlagnahme einer Forderung oder eines anderen Vermögensrechtes, das nicht den Vorschriften über die Zwangsvollstreckung in das unbewegliche Vermögen unterliegt, wird durch Pfändung vollzogen. Die Vorschriften der Zivilprozessordnung über die Zwangsvollstreckung in Forderungen und andere Vermögensrechte sind insoweit sinngemäß anzuwenden. Die Aufforderung zur Abgabe der in § 840 Absatz 1 der Zivilprozessordnung bezeichneten Erklärungen ist in den Pfändungsbeschluss aufzunehmen.

(3) Die Beschlagnahme eines Grundstücks oder eines Rechts, das den Vorschriften über die Zwangsvollstreckung in das unbewegliche Vermögen unterliegt, wird durch ihre Eintragung im Grundbuch vollzogen. Die Vorschriften des Gesetzes über die Zwangsversteigerung und Zwangsverwaltung über den Umfang der Beschlagnahme bei der Zwangsversteigerung gelten entsprechend.

(4) Die Beschlagnahme eines Schiffes, eines Schiffsbauwerks oder eines Luftfahrzeugs wird nach Absatz 1 vollzogen. Ist der Gegenstand im Schiffs- oder Schiffsbauregister oder im Register für Pfandrechte an Luftfahrzeugen eingetragen, ist die Beschlagnahme in diesem Register einzutragen. Zu diesem Zweck können eintragungsfähige Schiffsbauwerke oder Luftfahrzeuge zur Eintragung angemeldet werden; die Vorschriften, die bei der Anmeldung durch eine Person, die auf Grund eines vollstreckbaren Titels eine Eintragung im Register verlangen kann, anzuwenden sind, gelten hierbei entsprechend.

§ 111d Wirkung der Vollziehung der Beschlagnahme; Rückgabe beweglicher Sachen

(1) Die Vollziehung der Beschlagnahme eines Gegenstandes hat die Wirkung eines Veräußerungsverbotes im Sinne des § 136 des Bürgerlichen Gesetzbuchs. Die Wirkung der Beschlagnahme wird von der Eröffnung des Insolvenzverfahrens über das Vermögen des Betroffenen nicht berührt; Maßnahmen nach § 111c können in einem solchen Verfahren nicht angefochten werden.

(2) Eine beschlagnahmte bewegliche Sache kann dem Betroffenen zurückgegeben werden, wenn er einen den Wert der Sache entsprechenden Geldbetrag beibringt. Der beigebrachte Betrag tritt an die Stelle der Sache. Sie kann dem Betroffenen auch unter dem Vorbehalt jederzeitigen Widerrufs zur vorläufigen weiteren Benutzung bis zum Abschluss des Verfahrens überlassen werden; die Maßnahme kann davon abhängig gemacht werden, dass der Betroffene Sicherheit leistet oder bestimmte Auflagen erfüllt.

(3) Beschlagnahmtes Bargeld kann hinterlegt oder auf ein Konto der Justiz eingezahlt werden. Der mit der Einzahlung entstandene Auszahlungsanspruch tritt an die Stelle des Bargeldes.

§ 111e Vermögensarrest zur Sicherung der Wertersatzeinziehung

(1) Ist die Annahme begründet, dass die Voraussetzungen der Einziehung von Wertersatz vorliegen, so kann zur Sicherung der Vollstreckung der Vermögensarrest in das bewegliche und unbewegliche Vermögen des Betroffenen angeordnet werden. Liegen dringende Gründe für diese Annahme vor, so soll der Vermögensarrest angeordnet werden.

(2) Der Vermögensarrest kann auch zur Sicherung der Vollstreckung einer Geldstrafe und der voraussichtlichen Kosten des Strafverfahrens angeordnet werden, wenn gegen den Beschuldigten ein Urteil ergangen oder ein Strafbefehl erlassen worden ist.

(3) Zur Sicherung der Vollstreckungskosten ergeht kein Arrest.

(4) In der Anordnung ist der zu sichernde Anspruch unter Angabe des Geldbetrages zu bezeichnen. Zudem ist in der Anordnung ein Geldbetrag festzusetzen, durch dessen Hinterlegung der Betroffene die Vollziehung des Arrestes abwenden und die Aufhebung der Vollziehung des Arrestes verlangen kann; § 108 Absatz 1 der Zivilprozessordnung gilt entsprechend.

(5) Die §§ 102 bis 110 gelten entsprechend.

(6) Die Möglichkeit einer Anordnung nach § 324 der Abgabenordnung steht einer Anordnung nach Absatz 1 nicht entgegen.

§ 111f Vollziehung des Vermögensarrestes

(1) Der Vermögensarrest in eine bewegliche Sache, in eine Forderung oder ein anderes Vermögensrecht, das nicht der Zwangsvollstreckung in das unbewegliche Vermögen unterliegt, wird durch Pfändung vollzogen. Die §§ 928 und 930 der Zivilprozessordnung gelten sinngemäß. § 111c Absatz 2 Satz 3 gilt entsprechend.

(2) Der Vermögensarrest in ein Grundstück oder ein Recht, das den Vorschriften über die Zwangsvollstreckung in das unbewegliche Vermögen unterliegt, wird durch Eintragung einer Sicherungshypothek bewirkt. Die §§ 928 und 932 der Zivilprozessordung gelten sinngemäß.

(3) Der Vermögensarrest in ein Schiff, ein Schiffsbauwerk oder ein Luftfahrzeug wird nach Absatz 1 bewirkt. Ist der Gegenstand im Schiffs- oder Schiffsbauregister oder im Register für Pfandrechte an Luftfahrzeugen eingetragen, gelten die §§ 928 und 931 der Zivilprozessordung sinngemäß.

(4) In den Fällen der Absätze 2 und 3 Satz 2 wird auch das Veräußerungsverbot nach § 111h Absatz 1 Satz 1 in Verbindung mit § 136 des Bürgerlichen Gesetzbuchs eingetragen.

§ 111g Aufhebung der Vollziehung des Vermögensarrestes

(1) Hinterlegt der Betroffene den nach § 111e Absatz 4 festgesetzten Geldbetrag, wird die Vollziehungsmaßnahme aufgehoben.

(2) Ist der Arrest wegen einer Geldstrafe oder der voraussichtlich entstehenden Kosten des Strafverfahrens angeordnet worden, so ist eine Vollziehungsmaßnahme auf Antrag des Beschuldigten aufzuheben, soweit der Beschuldigte den Pfandgegenstand zur Aufbringung der Kosten seiner Verteidigung, seines Unterhalts oder des Unterhalts seiner Familie benötigt.

§ 111h Wirkung der Vollziehung des Vermögensarrestes

(1) Die Vollziehung des Vermögensarrestes in einen Gegenstand hat die Wirkung eines Veräußerungsverbots im Sinne des § 136 des Bürgerlichen Gesetzbuchs. Für das Sicherungsrecht, das in Vollziehung des Vermögensarrestes entsteht, gilt § 80 Absatz 2 Satz 2 der Insolvenzordnung.

(2) Zwangsvollstreckungen in Gegenstände, die im Wege der Arrestvollziehung nach § 111f gesichert worden sind, sind während der Dauer der Arrestvollziehung nicht zulässig. Die Vollziehung einer Arrestanordnung nach § 324 der Abgabenordnung bleibt unberührt, soweit der Arrestanspruch aus der Straftat erwachsen ist.

§ 111i Insolvenzverfahren

(1) Ist jemandem aus der Tat ein Anspruch auf Ersatz des Wertes des Erlangten erwachsen und wird das Insolvenzverfahren über das Vermögen des Arrestschuldners eröffnet, so erlischt das Sicherungsrecht nach § 111h Absatz 1 an dem Gegenstand oder an dem durch dessen Verwertung erzielten Erlös, sobald dieser vom Insolvenzbeschlag erfasst wird. Das Sicherungsrecht erlischt nicht an Gegenständen, die in einem Staat belegen sind, in dem die Eröffnung des Insolvenzverfahrens nicht anerkannt wird. Die Sätze 1 und 2 gelten entsprechend für das Pfandrecht an der nach § 111g Absatz 1 hinterlegten Sicherheit.

(2) Sind mehrere Anspruchsberechtigte im Sinne des Absatzes 1 Satz 1 vorhanden und reicht der Wert des in Vollziehung des Vermögensarrestes gesicherten Gegenstandes oder des durch seine Verwertung erzielten Erlöses zur Befriedigung der von ihnen geltend gemachten Ansprüche nicht aus, so stellt die Staatsanwaltschaft einen Antrag auf Eröffnung des Insolvenzverfahrens über das Vermögen des Arrestschuldners. Die Staatsanwaltschaft sieht von der Stellung eines Eröffnungsantrags ab, wenn begründete Zweifel daran bestehen, dass das Insolvenzverfahren auf Grund des Antrags eröffnet wird.

(3) Verbleibt bei der Schlussverteilung ein Überschuss, so erwirbt der Staat bis zur Höhe des Vermögensarrestes ein Pfandrecht am Anspruch des Schuldners auf Herausgabe des Überschusses. In diesem Umfang hat der Insolvenzverwalter den Überschuss an die Staatsanwaltschaft herauszugeben.

§ 111j Verfahren bei der Anordnung der Beschlagnahme und des Vermögensarrestes

(1) Beschlagnahme und Vermögensarrest werden durch das Gericht angeordnet. Bei Gefahr im Verzug kann die Anordnung auch durch die Staatsanwaltschaft erfolgen. Unter der Voraussetzung des Satzes 2 sind zur Beschlagnahme einer beweglichen Sache auch die Ermittlungspersonen der Staatsanwaltschaft (§ 152 des Gerichtsverfassungsgesetzes) befugt.

(2) Hat die Staatsanwaltschaft die Beschlagnahme oder den Arrest angeordnet, so beantragt sie innerhalb einer Woche die gerichtliche Bestätigung der Anordnung. Dies gilt nicht, wenn die Beschlagnahme einer beweglichen Sache angeordnet ist. Der Betroffene kann in allen Fällen die Entscheidung des Gerichts beantragen. Die Zuständigkeit des Gerichts bestimmt sich nach § 162.

§ 111k Verfahren bei der Vollziehung der Beschlagnahme und des Vermögensarrestes

(1) Beschlagnahme und Vermögensarrest werden durch die Staatsanwaltschaft vollzogen. Die erforderlichen Eintragungen in das Grundbuch und in die in § 111c Absatz 4 genannten Register sowie die in § 111c Absatz 4 genannten Anmeldungen werden auf Ersuchen der Staatsanwaltschaft bewirkt. Soweit ein Arrest nach den Vorschriften über die Pfändung in bewegliche Sachen zu vollziehen ist, kann dies durch die in § 2 des Justizbeitreibungsgesetzes bezeichnete Behörde, den Gerichtsvollzieher, die Staatsanwaltschaft oder durch deren Ermittlungspersonen (§ 152 des Gerichtsverfassungsgesetzes) vollzogen werden. Die Beschlagnahme beweglicher Sachen kann auch durch die Ermittlungspersonen der Staatsanwaltschaft (§ 152 des Gerichtsverfassungsgesetzes) vollzogen werden. § 98 Absatz 4 gilt entsprechend.

(2) Für die Zustellung gilt § 37 Absatz 1 mit der Maßgabe, dass auch die Ermittlungspersonen der Staatsanwaltschaft (§ 152 des Gerichtsverfassungsgesetzes) mit der Ausführung beauftragt werden können. Für Zustellungen an ein im Inland zum Geschäftsbetrieb befugtes Kreditinstitut gelten die §§ 173 und 175 der Zivilprozessordnung entsprechend.

(3) Gegen Maßnahmen, die in Vollziehung der Beschlagnahme oder des Vermögensarrestes getroffen werden, kann der Betroffene die Entscheidung des nach § 162 zuständigen Gerichts beantragen.

§ 111l Mitteilungen

(1) Die Staatsanwaltschaft teilt die Vollziehung der Beschlagnahme oder des Vermögensarrests demjenigen mit, dem ein Anspruch auf Rückgewähr des Erlangten oder auf Ersatz des Wertes des Erlangten aus der Tat erwachsen ist.

(2) In den Fällen der Beschlagnahme einer beweglichen Sache ist die Mitteilung mit dem Hinweis auf den Regelungsgehalt des Verfahrens über die Herausgabe nach den §§ 111n und 111o zu verbinden.

(3) Wird ein Vermögensarrest vollzogen, so fordert die Staatsanwaltschaft den Anspruchsinhaber zugleich mit der Mitteilung auf zu erklären, ob und in welcher Höhe er den Anspruch auf Ersatz des Wertes des Erlangten, der ihm aus der Tat erwachsen ist, geltend machen wolle. Die Mitteilung ist mit dem Hinweis auf den Regelungsgehalt des § 111h Absatz 2 und der Verfahren nach § 111i Absatz 2, § 459h Absatz 2 sowie § 459k zu verbinden.

(4) Die Mitteilung kann durch einmalige Bekanntmachung im Bundesanzeiger erfolgen, wenn eine Mitteilung gegenüber jedem einzelnen mit unverhältnismäßigem Aufwand verbunden wäre. Zusätzlich kann die Mitteilung auch in anderer geeigneter Weise veröffentlicht werden. Gleiches gilt, wenn unbekannt ist, wem ein Anspruch auf Rückgewähr des Erlangten oder auf Ersatz des Wertes des Erlangten aus der Tat erwachsen ist, oder wenn der Anspruchsinhaber unbekannten Aufenthalts ist. Personendaten dürfen nur veröffentlicht werden, soweit ihre Angabe zur Wahrung der Rechte der Anspruchsinhaber unerlässlich ist. Nach Beendigung der Sicherungsmaßnahmen veranlasst die Staatsanwaltschaft die Löschung der Bekanntmachung.

§ 111m Verwaltung beschlagnahmter oder gepfändeter Gegenstände

(1) Die Verwaltung von Gegenständen, die nach § 111c beschlagnahmt oder auf Grund eines Vermögensarrestes nach § 111f gepfändet worden sind, obliegt der Staatsanwaltschaft. Sie kann ihre Ermittlungspersonen (§ 152 des Gerichtsverfassungsgesetzes) oder den Gerichtsvollzieher mit der Verwaltung beauftragen. In geeigneten Fällen kann auch eine andere Person mit der Verwaltung beauftragt werden.

(2) Gegen Maßnahmen, die im Rahmen der Verwaltung nach Absatz 1 getroffen werden, kann der Betroffene die Entscheidung des nach § 162 zuständigen Gerichts beantragen.

§ 111n Herausgabe beweglicher Sachen

(1) Wird eine bewegliche Sache, die nach § 94 beschlagnahmt oder auf andere Weise sichergestellt oder nach § 111c Absatz 1 beschlagnahmt worden ist, für Zwecke des Strafverfahrens nicht mehr benötigt, so wird sie an den letzten Gewahrsamsinhaber herausgegeben.

(2) Abweichend von Absatz 1 wird die Sache an denjenigen herausgegeben, dem sie durch die Straftat unmittelbar entzogen worden ist, wenn dieser bekannt ist.

(3) Steht der Herausgabe nach Absatz 1 oder Absatz 2 der Anspruch eines Dritten entgegen, wird die Sache an den Dritten herausgegeben, wenn dieser bekannt ist.

(4) Die Herausgabe erfolgt nur, wenn ihre Voraussetzungen offenkundig sind.

§ 111o Verfahren bei der Herausgabe

(1) Über die Herausgabe entscheidet im vorbereitenden Verfahren und nach rechtskräftigem Abschluss des Verfahrens die Staatsanwaltschaft, im Übrigen das mit der Sache befasste Gericht.

(2) Gegen die Verfügung der Staatsanwaltschaft können die Betroffenen die Entscheidung des nach § 162 zuständigen Gerichts beantragen.

§ 111p Notveräußerung

(1) Ein Gegenstand, der nach § 111c beschlagnahmt oder nach § 111f gepfändet worden ist, kann veräußert werden, wenn sein Verderb oder ein erheblicher Wertverlust droht oder seine Aufbewahrung, Pflege oder Erhaltung mit erheblichen Kosten oder Schwierigkeiten verbunden ist (Notveräußerung). Der Erlös tritt an die Stelle des veräußerten Gegenstandes.

(2) Die Notveräußerung wird durch die Staatsanwaltschaft angeordnet. Ihren Ermittlungspersonen (§ 152 des Gerichtsverfassungsgesetzes) steht diese Befugnis zu, wenn der Gegenstand zu verderben droht, bevor die Entscheidung der Staatsanwaltschaft herbeigeführt werden kann.

(3) Die von der Beschlagnahme oder Pfändung Betroffenen sollen vor der Anordnung gehört werden. Die Anordnung sowie Zeit und Ort der Veräußerung sind ihnen, soweit dies ausführbar erscheint, mitzuteilen.

(4) Die Durchführung der Notveräußerung obliegt der Staatsanwaltschaft. Die Staatsanwaltschaft kann damit auch ihre Ermittlungspersonen (§ 152 des Gerichtsverfassungsgesetzes) beauftragen. Für die Notveräußerung gelten im Übrigen die Vorschriften der Zivilprozessordnung über die Verwertung von Gegenständen sinngemäß.

(5) Gegen die Notveräußerung und ihre Durchführung kann der Betroffene die Entscheidung des nach § 162 zuständigen Gerichts beantragen. Das Gericht, in dringenden Fällen der Vorsitzende, kann die Aussetzung der Veräußerung anordnen.

§ 111q Beschlagnahme von Verkörperungen eines Inhalts und Vorrichtungen

(1) Die Beschlagnahme einer Verkörperung eines Inhalts (§ 11 Absatz 3 des Strafgesetzbuches) oder einer Vorrichtung im Sinne des § 74d des Strafgesetzbuches darf nach § 111b Absatz 1 nicht angeordnet werden, wenn ihre nachteiligen Folgen, insbesondere die Gefährdung des öffentlichen Interesses an unverzögerter Verbreitung, offenbar außer Verhältnis zu der Bedeutung der Sache stehen.

(2) Ausscheidbare Teile der Verkörperung, die nichts Strafbares enthalten, sind von der Beschlagnahme auszuschließen. Die Beschlagnahme kann in der Anordnung weiter beschränkt werden.

(3) Die Beschlagnahme kann dadurch abgewendet werden, dass der Betroffene den Teil eines Inhalts, der zur Beschlagnahme Anlass gibt, von der Vervielfältigung oder der Verbreitung ausschließt.

(4) Die Beschlagnahme einer periodisch erscheinenden Verkörperung eines Inhalts (§ 11 Absatz 3 des Strafgesetzbuches) oder einer zu deren Herstellung gebrauchten oder bestimmten Vorrichtung im Sinne des § 74d des Strafgesetzbuches ordnet das Gericht an. Die Beschlagnahme einer anderen Schrift oder einer zu deren Herstellung gebrauchten oder bestimmten Vorrichtung im Sinne des § 74d des Strafgesetzbuches kann bei Gefahr in Verzug auch die Staatsanwaltschaft anordnen. Die Anordnung der Staatsanwaltschaft tritt außer Kraft, wenn sie nicht binnen drei Tagen von dem Gericht bestätigt wird. In der Anordnung der Beschlagnahme ist der genaue Inhalt, der zur Beschlagnahme Anlass gibt, zu bezeichnen.

(5) Eine Beschlagnahme nach Absatz 4 ist aufzuheben, wenn nicht binnen zwei Monaten die öffentliche Klage erhoben oder die selbständige Einziehung beantragt ist. Reicht die in Satz 1 bezeichnete Frist wegen des besonderen Umfanges der Ermittlungen nicht aus, kann das Gericht auf Antrag der Staatsanwaltschaft die Frist um weitere zwei Monate verlängern. Der Antrag kann einmal wiederholt werden. Vor Erhebung der öffentlichen Klage oder vor Beantragung der selbständigen Einziehung ist die Beschlagnahme aufzuheben, wenn die Staatsanwaltschaft dies beantragt.

§ 138 Wahlverteidiger

(1) Zu Verteidigern können Rechtsanwälte sowie die Rechtslehrer an deutschen Hochschulen im Sinne des Hochschulrahmengesetzes mit Befähigung zum Richteramt gewählt werden.

(2) Andere Personen können nur mit Genehmigung des Gerichts gewählt werden. Gehört die gewählte Person im Fall der notwendigen Verteidigung nicht zu den Personen, die zu Verteidigern bestellt werden dürfen, kann sie zudem nur in Gemeinschaft mit einer solchen als Wahlverteidiger zugelassen werden.

(3) Können sich Zeugen, Privatkläger, Nebenkläger, Nebenklagebefugte und Verletzte eines Rechtsanwalts als Beistand bedienen oder sich durch einen solchen vertreten lassen, können sie nach Maßgabe der Absätze 1 und 2 Satz 1 auch die übrigen dort genannten Personen wählen.

§ 153 Absehen von der Verfolgung bei Geringfügigkeit

(1) Hat das Verfahren ein Vergehen zum Gegenstand, so kann die Staatsanwaltschaft mit Zustimmung des für die Eröffnung des Hauptverfahrens zuständigen Gerichts von der Verfolgung absehen, wenn die Schuld des Täters als gering anzusehen wäre und kein öffentliches Interesse an der Verfolgung besteht. Der Zustimmung des Gerichtes bedarf es nicht bei einem Vergehen, das nicht mit einer im Mindestmaß erhöhten Strafe bedroht ist und bei dem die durch die Tat verursachten Folgen gering sind.

(2) Ist die Klage bereits erhoben, so kann das Gericht in jeder Lage des Verfahrens unter den Voraussetzungen des Absatzes 1 mit Zustimmung der Staatsanwaltschaft und des Angeschuldigten das Verfahren einstellen. Der Zustimmung des Angeschuldigten bedarf es nicht, wenn die Hauptverhandlung aus den in § 205 angeführten Gründen nicht durchgeführt werden kann oder in den Fällen des § 231 Abs. 2 und der §§ 232 und 233 in seiner Abwesenheit durchgeführt wird. Die Entscheidung ergeht durch Beschluß. Der Beschluß ist nicht anfechtbar.

§ 153a Absehen von der Verfolgung unter Auflagen und Weisungen

(1) Mit Zustimmung des für die Eröffnung des Hauptverfahrens zuständigen Gerichts und des Beschuldigten kann die Staatsanwaltschaft bei einem Vergehen vorläufig von der Erhebung der öffentlichen Klage absehen und zugleich dem Beschuldigten Auflagen und Weisungen erteilen, wenn diese geeignet sind, das öffentliche Interesse an der Strafverfolgung zu beseitigen, und die Schwere der Schuld nicht entgegensteht. Als Auflagen oder Weisungen kommen insbesondere in Betracht,

1. zur Wiedergutmachung des durch die Tat verursachten Schadens eine bestimmte Leistung zu erbringen,
2. einen Geldbetrag zugunsten einer gemeinnützigen Einrichtung oder der Staatskasse zu zahlen,
3. sonst gemeinnützige Leistungen zu erbringen,
4. Unterhaltspflichten in einer bestimmten Höhe nachzukommen,
5. sich ernsthaft zu bemühen, einen Ausgleich mit dem Verletzten zu erreichen (Täter-Opfer-Ausgleich) und dabei seine Tat ganz oder zum überwiegenden Teil wieder gut zu machen oder deren Wiedergutmachung zu erstreben,
6. an einem sozialen Trainingskurs teilzunehmen oder
7. an einem Aufbauseminar nach § 2b Absatz 2 Satz 2 oder an einem Fahreignungsseminar nach § 4a des Straßenverkehrsgesetzes teilzunehmen.

Zur Erfüllung der Auflagen und Weisungen setzt die Staatsanwaltschaft dem Beschuldigten eine Frist, die in den Fällen des Satzes 2 Nummer. 1 bis 3, 5 und 7 höchstens sechs Monate, in den Fällen des Satzes 2 Nummer 4 und 6 höchstens ein Jahr beträgt. Die Staatsanwaltschaft kann Auflagen und Weisungen nachträglich aufheben und die Frist einmal für die Dauer von drei Monaten verlängern; mit Zustimmung des Beschuldigten kann sie auch Auflagen und Weisungen nachträglich auferlegen und ändern. Erfüllt der Beschuldigte die Auflagen und Weisungen, so kann die Tat nicht mehr als Vergehen verfolgt werden. Erfüllt der Beschuldigte die Auflagen und Weisungen nicht, so werden Leistungen, die er zu ihrer Erfüllung erbracht hat, nicht erstattet. § 153 Abs. 1 Satz 2 gilt in den Fällen des Satzes 2 Nummer 1 bis 6 entsprechend. § 246a Absatz 2 gilt entsprechend.

(2) Ist die Klage bereits erhoben, so kann das Gericht mit Zustimmung der Staatsanwaltschaft und des Angeschuldigten das Verfahren vorläufig einstellen und zugleich dem Angeschuldigten die in Absatz 1 Satz 1 und 2 bezeichneten Auflagen und Weisungen erteilen. Absatz 1 Satz 3 bis 6 und 8 gilt entsprechend. Die Entscheidung nach Satz 1 ergeht durch Beschluß. Der Beschluß ist nicht anfechtbar. Satz 4 gilt auch für eine Feststellung, daß gemäß Satz 1 erteilte Auflagen und Weisungen erfüllt worden sind.

(3) Während des Laufes der für die Erfüllung der Auflagen und Weisungen gesetzten Frist ruht die Verjährung.

(4) § 155b findet im Fall des Absatzes 1 Satz 2 Nummer 6, auch in Verbindung mit Absatz 2, entsprechende Anwendung mit der Maßgabe, dass personenbezogene Daten aus dem Strafverfahren, die nicht den Beschuldigten betreffen, an die mit der Durchführung des sozialen Trainingskurses befasste Stelle nur übermittelt werden dürfen, soweit die betroffenen Personen in die Übermittlung eingewilligt haben. Satz 1 gilt entsprechend, wenn nach sonstigen strafrechtlichen Vorschriften die Weisung erteilt wird, an einem sozialen Trainingskurs teilzunehmen.

§ 223 Vernehmungen durch beauftragte oder ersuchte Richter

(1) Wenn dem Erscheinen eines Zeugen oder Sachverständigen in der Hauptverhandlung für eine längere oder ungewisse Zeit Krankheit oder Gebrechlichkeit oder andere nicht zu beseitigende Hindernisse entgegenstehen, so kann das Gericht seine Vernehmung durch einen beauftragten oder ersuchten Richter anordnen.

(2) Dasselbe gilt, wenn einem Zeugen oder Sachverständigen das Erscheinen wegen großer Entfernung nicht zugemutet werden kann.

(3) (weggefallen)

§ 233 Entbindung des Angeklagten von der Pflicht zum Erscheinen

(1) Der Angeklagte kann auf seinen Antrag von der Verpflichtung zum Erscheinen in der Hauptverhandlung entbunden werden, wenn nur Freiheitsstrafe bis zu sechs Monaten, Geldstrafe bis zu einhundertachtzig Tagessätzen, Verwarnung mit Strafvorbehalt, Fahrverbot, Einziehung, Vernichtung oder Unbrauchbarmachung, allein oder nebeneinander, zu erwarten ist. Eine höhere Strafe oder eine Maßregel der Besserung und Sicherung darf in seiner Abwesenheit nicht verhängt werden. Die Entziehung der Fahrerlaubnis ist zulässig.

(2) Wird der Angeklagte von der Verpflichtung zum Erscheinen in der Hauptverhandlung entbunden, so muß er durch einen beauftragten oder ersuchten Richter über die Anklage vernommen werden. Dabei wird er über die bei Verhandlung in seiner Abwesenheit zulässigen Rechtsfolgen belehrt sowie befragt, ob er seinen Antrag auf Befreiung vom Erscheinen in der Hauptverhandlung aufrechterhalte. Statt eines Ersuchens oder einer Beauftragung nach Satz 1 kann außerhalb der Hauptverhandlung auch das Gericht die Vernehmung über die Anklage in der Weise durchführen, dass sich der Angeklagte an einem anderen Ort als das Gericht aufhält und die Vernehmung zeitgleich in Bild und Ton an den Ort, an dem sich der Angeklagte aufhält, und in das Sitzungszimmer übertragen wird.

(3) Von dem zum Zweck der Vernehmung anberaumten Termin sind die Staatsanwaltschaft und der Verteidiger zu benachrichtigen; ihrer Anwesenheit bei der Vernehmung bedarf es nicht. Das Protokoll über die Vernehmung ist in der Hauptverhandlung zu verlesen.

§ 408 Richterliche Entscheidung über einen Strafbefehlsantrag

(1) Hält der Vorsitzende des Schöffengerichts die Zuständigkeit des Strafrichters für begründet, so gibt er die Sache durch Vermittlung der Staatsanwaltschaft an diesen ab; der Beschluß ist für den Strafrichter bindend, der Staatsanwaltschaft steht sofortige Beschwerde zu. Hält der Strafrichter die Zuständigkeit des Schöffengerichts für begründet, so legt er die Akten durch Vermittlung der Staatsanwaltschaft dessen Vorsitzenden zur Entscheidung vor.

(2) Erachtet der Richter den Angeschuldigten nicht für hinreichend verdächtig, so lehnt er den Erlaß eines Strafbefehls ab. Die Entscheidung steht dem Beschluß gleich, durch den die Eröffnung des Hauptverfahrens abgelehnt worden ist (§§ 204, 210 Abs. 2, § 211).

(3) Der Richter hat dem Antrag der Staatsanwaltschaft zu entsprechen, wenn dem Erlaß des Strafbefehls keine Bedenken entgegenstehen. Er beraumt Hauptverhandlung an, wenn er Bedenken hat, ohne eine solche zu entscheiden, oder wenn er von der rechtlichen Beurteilung im Strafbefehlsantrag abweichen oder eine andere als die beantragte Rechtsfolge festsetzen will und die Staatsanwaltschaft bei ihrem Antrag beharrt. Mit der Ladung ist dem Angeklagten eine Abschrift des Strafbefehlsantrags ohne die beantragte Rechtsfolge mitzuteilen.

§ 408a Strafbefehlsantrag nach Eröffnung des Hauptverfahrens

(1) Ist das Hauptverfahren bereits eröffnet, so kann im Verfahren vor dem Strafrichter und dem Schöffengericht die Staatsanwaltschaft einen Strafbefehlsantrag stellen, wenn die Voraussetzungen des § 407 Abs. 1 Satz 1 und 2 vorliegen und wenn der Durchführung einer Hauptverhandlung

das Ausbleiben oder die Abwesenheit des Angeklagten oder ein anderer wichtiger Grund entgegensteht. In der Hauptverhandlung kann der Staatsanwalt den Antrag mündlich stellen; der wesentliche Inhalt des Strafbefehlsantrages ist in das Sitzungsprotokoll aufzunehmen. § 407 Abs. 1 Satz 4, § 408 finden keine Anwendung.

(2) Der Richter hat dem Antrag zu entsprechen, wenn die Voraussetzungen des § 408 Abs. 3 Satz 1 vorliegen. Andernfalls lehnt er den Antrag durch unanfechtbaren Beschluß ab und setzt das Hauptverfahren fort.

§ 421 Absehen von der Einziehung

(1) Das Gericht kann mit Zustimmung der Staatsanwaltschaft von der Einziehung absehen, wenn

1. das Erlangte nur einen geringen Wert hat,
2. die Einziehung nach den §§ 74 und 74c des Strafgesetzbuchs neben der zu erwartenden Strafe oder Maßregel der Besserung und Sicherung nicht ins Gewicht fällt oder
3. das Verfahren, soweit es die Einziehung betrifft, einen unangemessenen Aufwand erfordern oder die Herbeiführung der Entscheidung über die anderen Rechtsfolgen der Tat unangemessen erschweren würde.

(2) Das Gericht kann die Wiedereinbeziehung in jeder Lage des Verfahrens anordnen. Einem darauf gerichteten Antrag der Staatsanwaltschaft hat es zu entsprechen. § 265 gilt entsprechend.

(3) Im vorbereitenden Verfahren kann die Staatsanwaltschaft das Verfahren auf die anderen Rechtsfolgen beschränken. Die Beschränkung ist aktenkundig zu machen.

§ 422 Abtrennung der Einziehung

Würde die Herbeiführung einer Entscheidung über die Einziehung nach den §§ 73 bis 73c des Strafgesetzbuches die Entscheidung über die anderen Rechtsfolgen der Tat unangemessen erschweren oder verzögern, kann das Gericht das Verfahren über die Einziehung abtrennen. Das Gericht kann die Verbindung in jeder Lage des Verfahrens wieder anordnen.

§ 423 Einziehung nach Abtrennung

(1) Trennt das Gericht das Verfahren nach § 422 ab, trifft es die Entscheidung über die Einziehung nach der Rechtskraft des Urteils in der Hauptsache. Das Gericht ist an die Entscheidung in der Hauptsache und die tatsächlichen Feststellungen, auf denen diese beruht, gebunden.

(2) Die Entscheidung über die Einziehung soll spätestens sechs Monate nach dem Eintritt der Rechtskraft des Urteils in der Hauptsache getroffen werden.

(3) Das Gericht entscheidet durch Beschluss. Die Entscheidung ist mit sofortiger Beschwerde anfechtbar.

(4) Abweichend von Absatz 3 kann das Gericht anordnen, dass die Entscheidung auf Grund mündlicher Verhandlung durch Urteil ergeht. Das Gericht muss die Anordnung nach Satz 1 treffen, wenn die Staatsanwaltschaft oder derjenige, gegen den sich die Einziehung richtet, dies beantragt. Die §§ 324 und 427 bis 431 gelten entsprechend; ergänzend finden die Vorschriften über die Hauptverhandlung entsprechende Anwendung.

§ 424 Einziehungsbeteiligte am Strafverfahren

(1) Richtet sich die Einziehung gegen eine Person, die nicht Beschuldigter ist, so wird sie auf Anordnung des Gerichts am Strafverfahren beteiligt, soweit dieses die Einziehung betrifft (Einziehungsbeteiligter).

(2) Die Anordnung der Verfahrensbeteiligung unterbleibt, wenn derjenige, der von ihr betroffen wäre, bei Gericht oder bei der Staatsanwaltschaft schriftlich oder zu Protokoll oder bei einer anderen Behörde schriftlich erklärt, dass er gegen die Einziehung des Gegenstandes keine Einwendungen vorbringen wolle. War die Anordnung zum Zeitpunkt der Erklärung bereits ergangen, wird sie aufgehoben.

(3) Die Verfahrensbeteiligung kann bis zum Ausspruch der Einziehung und, wenn eine zulässige Berufung eingelegt ist, bis zur Beendigung der Schlussvorträge im Berufungsverfahren angeordnet werden.

(4) Der Beschluss, durch den die Verfahrensbeteiligung angeordnet wird, kann nicht angefochten werden. Wird die Verfahrensbeteiligung abgelehnt, ist sofortige Beschwerde zulässig.

(5) Durch die Verfahrensbeteiligung wird der Fortgang des Verfahrens nicht aufgehalten.

§ 425 Absehen von der Verfahrensbeteiligung

(1) In den Fällen der §§ 74a und 74b des Strafgesetzbuches kann das Gericht von der Anordnung der Verfahrensbeteiligung absehen, wenn wegen bestimmter Tatsachen anzunehmen ist, dass sie nicht ausgeführt werden kann.

(2) Absatz 1 gilt entsprechend, wenn

1. eine Partei, Vereinigung oder Einrichtung außerhalb des räumlichen Geltungsbereichs dieses Gesetzes zu beteiligen wäre, die Bestrebungen gegen den Bestand oder die Sicherheit der Bundesrepublik Deutschland oder gegen einen der in § 92 Absatz 2 des Strafgesetzbuches bezeichneten Verfassungsgrundsätze verfolgt, und
2. den Umständen nach anzunehmen ist, dass diese Partei, Vereinigung oder Einrichtung oder einer ihrer Mittelsmänner den Gegenstand zur Förderung ihrer Bestrebungen zur Verfügung gestellt hat.

Vor der Entscheidung über die Einziehung des Gegenstandes ist der Besitzer der Sache oder der zur Verfügung über das Recht Befugte zu hören, wenn dies ausführbar ist.

§ 426 Anhörung von möglichen Einziehungsbeteiligten im vorbereitenden Verfahren

(1) Ergeben sich im vorbereitenden Verfahren Anhaltspunkte dafür, dass jemand als Einziehungsbeteiligter in Betracht kommt, ist er zu hören. Dies gilt nur, wenn die Anhörung ausführbar erscheint. § 425 Absatz 2 gilt entsprechend.

(2) Erklärt derjenige, der als Einziehungsbeteiligter in Betracht kommt, dass er gegen die Einziehung Einwendungen vorbringen wolle, gelten im Fall seiner Vernehmung die Vorschriften über die Vernehmung des Beschuldigten insoweit entsprechend, als seine Verfahrensbeteiligung in Betracht kommt.

§ 427 Befugnisse des Einziehungsbeteiligten im Hauptverfahren

(1) Von der Eröffnung des Hauptverfahrens an hat der Einziehungsbeteiligte, soweit dieses Gesetz nichts anderes bestimmt, die Befugnisse, die einem Angeklagten zustehen. Im beschleunigten Verfahren gilt dies vom Beginn der Hauptverhandlung, im Strafbefehlsverfahren vom Erlass des Strafbefehls an.

(2) Das Gericht kann zur Aufklärung des Sachverhalts das persönliche Erscheinen des Einziehungsbeteiligten anordnen. Bleibt der Einziehungsbeteiligte, dessen persönliches Erscheinen angeordnet ist, ohne genügende Entschuldigung aus, so kann das Gericht seine Vorführung anordnen, wenn er unter Hinweis auf diese Möglichkeit durch Zustellung geladen worden ist.

§ 428 Vertretung des Einziehungsbeteiligten

(1) Der Einziehungsbeteiligte kann sich in jeder Lage des Verfahrens durch einen Rechtsanwalt mit nachgewiesener Vertretungsvollmacht vertreten lassen. Die für die Verteidigung geltenden Vorschriften der §§ 137 bis 139, 145a bis 149 und 218 sind entsprechend anzuwenden.

(2) Der Vorsitzende bestellt dem Einziehungsbeteiligten auf Antrag oder von Amts wegen einen Rechtsanwalt, wenn wegen der Schwierigkeit der Sach- oder Rechtslage, soweit sie die Einziehung betrifft, die Mitwirkung eines Rechtsanwalts geboten erscheint oder wenn ersichtlich ist, dass der Einziehungsbeteiligte seine Rechte nicht selbst wahrnehmen kann. Dem Antrag eines seh-, hör- oder sprachbehinderten Einziehungsbeteiligten ist zu entsprechen.

(3) Für das vorbereitende Verfahren gilt Absatz 1 entsprechend.

§ 429 Terminsnachricht an den Einziehungsbeteiligten

(1) Dem Einziehungsbeteiligten wird der Termin zur Hauptverhandlung durch Zustellung bekanntgemacht; § 40 gilt entsprechend.

(2) Mit der Terminsnachricht wird dem Einziehungsbeteiligten, soweit er an dem Verfahren beteiligt ist, die Anklageschrift und in den Fällen des § 207 Absatz 2 der Eröffnungsbeschluss mitgeteilt.

(3) Zugleich wird der Einziehungsbeteiligte darauf hingewiesen, dass

1. auch ohne ihn verhandelt werden kann,
2. er sich durch einen Rechtsanwalt mit nachgewiesener Vertretungsvollmacht vertreten lassen kann und
3. über die Einziehung auch ihm gegenüber entschieden wird.

§ 430 Stellung in der Hauptverhandlung

(1) Bleibt der Einziehungsbeteiligte in der Hauptverhandlung trotz ordnungsgemäßer Terminsnachricht aus, kann ohne ihn verhandelt werden; § 235 ist nicht anzuwenden. Gleiches gilt, wenn sich der Einziehungsbeteiligte aus der Hauptverhandlung entfernt oder bei der Fortsetzung einer unterbrochenen Hauptverhandlung ausbleibt.

(2) Auf Beweisanträge des Einziehungsbeteiligten zur Frage der Schuld des Angeklagten ist § 244 Absatz 3 Satz 2, Absatz 4 bis 6 nicht anzuwenden.

(3) Ordnet das Gericht die Einziehung eines Gegenstandes nach § 74b Absatz 1 des Strafgesetzbuches an, ohne dass eine Entschädigung nach § 74b Absatz 2 des Strafgesetzbuches zu gewähren ist, spricht es zugleich aus, dass dem Einziehungsbeteiligten eine Entschädigung nicht zusteht. Dies gilt nicht, wenn das Gericht eine Entschädigung des Einziehungsbeteiligten nach § 74b Absatz 3 Satz 2 des Strafgesetzbuches für geboten hält; in diesem Fall entscheidet es zugleich über die Höhe der Entschädigung. Das Gericht weist den Einziehungsbeteiligten zuvor auf die Möglichkeit einer solchen Entscheidung hin und gibt ihm Gelegenheit, sich zu äußern.

(4) War der Einziehungsbeteiligte bei der Verkündung des Urteils nicht zugegen und auch nicht vertreten, so beginnt die Frist zur Einlegung eines Rechtsmittels mit der Zustellung der Urteilsformel an ihn. Bei der Zustellung des Urteils kann das Gericht anordnen, dass Teile des Urteils, welche die Einziehung nicht betreffen, ausgeschieden werden.

§ 431 Rechtsmittelverfahren

(1) Im Rechtsmittelverfahren erstreckt sich die Prüfung, ob die Einziehung dem Einziehungsbeteiligten gegenüber gerechtfertigt ist, auf den Schuldspruch des angefochtenen Urteils nur, wenn der Einziehungsbeteiligte

1. insoweit Einwendungen vorbringt und

2. im vorausgegangenen Verfahren ohne sein Verschulden zum Schuldspruch nicht gehört worden ist.

Erstreckt sich hiernach die Prüfung auch auf den Schuldspruch, legt das Gericht die zur Schuld getroffenen Feststellungen zugrunde, soweit nicht das Vorbringen des Einziehungsbeteiligten eine erneute Prüfung erfordert.

(2) Im Berufungsverfahren gilt Absatz 1 nicht, wenn zugleich auf ein Rechtsmittel eines anderen Beteiligten über den Schuldspruch zu entscheiden ist.

(3) Im Revisionsverfahren sind die Einwendungen gegen den Schuldspruch innerhalb der Begründungsfrist vorzubringen.

(4) Wird nur die Entscheidung über die Höhe der Entschädigung angefochten, kann über das Rechtsmittel durch Beschluss entschieden werden, wenn die Beteiligten nicht widersprechen. Das Gericht weist sie zuvor auf die Möglichkeit eines solchen Verfahrens und des Widerspruchs hin und gibt ihnen Gelegenheit, sich zu äußern.

§ 432 Einziehung durch Strafbefehl

(1) Wird die Einziehung durch Strafbefehl angeordnet, so wird der Strafbefehl auch dem Einziehungsbeteiligten zugestellt, soweit er an dem Verfahren beteiligt ist. § 429 Absatz 3 Nummer 2 gilt entsprechend.

(2) Ist nur über den Einspruch des Einziehungsbeteiligten zu entscheiden, so gilt § 434 Absatz 2 und 3 entsprechend.

§ 433 Nachverfahren

(1) Ist die Einziehung rechtskräftig angeordnet worden und macht jemand glaubhaft, dass er seine Rechte als Einziehungsbeteiligter ohne sein Verschulden weder im Verfahren des ersten Rechtszuges noch im Berufungsverfahren hat wahrnehmen können, so kann er in einem Nachverfahren geltend machen, dass die Einziehung ihm gegenüber nicht gerechtfertigt sei.

(2) Das Nachverfahren ist binnen eines Monats nach Ablauf des Tages zu beantragen, an dem der Antragsteller von der rechtskräftigen Entscheidung Kenntnis erlangt hat. Der Antrag ist unzulässig, wenn seit Eintritt der Rechtskraft zwei Jahre verstrichen sind und die Vollstreckung beendet ist.

(3) Durch den Antrag auf Durchführung des Nachverfahrens wird die Vollstreckung der Anordnung der Einziehung nicht gehemmt; das Gericht kann jedoch einen Aufschub sowie eine Unterbrechung der Vollstreckung anordnen. Wird in den Fällen des § 73b des Strafgesetzbuches, auch in Verbindung mit § 73c des Strafgesetzbuches, unter den Voraussetzungen des Absatzes 1 ein Nachverfahren beantragt, sollen bis zu dessen Abschluss Vollstreckungsmaßnahmen gegen den Antragsteller unterbleiben.

(4) Für den Umfang der Prüfung gilt § 431 Absatz 1 entsprechend. Wird das vom Antragsteller behauptete Recht nicht erwiesen, ist der Antrag unbegründet.

(5) Vor der Entscheidung kann das Gericht unter den Voraussetzungen des § 421 Absatz 1 mit Zustimmung der Staatsanwaltschaft die Anordnung der Einziehung aufheben.

(6) Eine Wiederaufnahme des Verfahrens nach § 359 Nummer 5 zu dem Zweck, die Einwendungen nach Absatz 1 geltend zu machen, ist ausgeschlossen.

§ 434 Entscheidung im Nachverfahren

(1) Die Entscheidung über die Einziehung im Nachverfahren trifft das Gericht des ersten Rechtszuges.

(2) Das Gericht entscheidet durch Beschluss, gegen den sofortige Beschwerde zulässig ist.

(3) Über einen zulässigen Antrag wird auf Grund mündlicher Verhandlung durch Urteil entschieden, wenn die Staatsanwaltschaft oder sonst der Antragsteller es beantragt oder das Gericht dies anordnet; die Vorschriften über die Hauptverhandlung gelten entsprechend. Wer gegen das Urteil eine zulässige Berufung eingelegt hat, kann gegen das Berufungsurteil nicht mehr Revision einlegen.

(4) Ist durch Urteil entschieden, so gilt § 431 Absatz 4 entsprechend.

§ 435 Selbständiges Einziehungsverfahren

(1) Die Staatsanwaltschaft und der Privatkläger können den Antrag stellen, die Einziehung selbständig anzuordnen, wenn dies gesetzlich zulässig und die Anordnung nach dem Ergebnis der Ermittlungen zu erwarten ist. Die Staatsanwaltschaft kann insbesondere von dem Antrag absehen, wenn das Erlangte nur einen geringen Wert hat oder das Verfahren einen unangemessenen Aufwand erfordern würde.

(2) In dem Antrag ist der Gegenstand oder der Geldbetrag, der dessen Wert entspricht, zu bezeichnen. Ferner ist anzugeben, welche Tatsachen die Zulässigkeit der selbständigen Einziehung begründen. Im Übrigen gilt § 200 entsprechend.

(3) Für das weitere Verfahren gelten die §§ 201 bis 204, 207, 210 und 211 entsprechend, soweit dies ausführbar ist. Im Übrigen finden die §§ 424 bis 430 und 433 entsprechende Anwendung.

(4) Für Ermittlungen, die ausschließlich der Durchführung des selbständigen Einziehungsverfahrens dienen, gelten sinngemäß die Vorschriften über das Strafverfahren. Ermittlungsmaßnahmen, die nur gegen einen Beschuldigten zulässig sind, und verdeckte Maßnahmen im Sinne des § 101 Absatz 1 sind nicht zulässig.

§ 436 Entscheidung im selbständigen Einziehungsverfahren

(1) Die Entscheidung über die selbständige Einziehung trifft das Gericht, das im Fall der Strafverfolgung einer bestimmten Person zuständig wäre. Für die Entscheidung über die selbständige Einziehung ist örtlich zuständig auch das Gericht, in dessen Bezirk der Gegenstand sichergestellt worden ist.

(2) § 423 Absatz 1 Satz 2 und § 434 Absatz 2 bis 4 gelten entsprechend.

§ 437 Besondere Regelungen für das selbständige Einziehungsverfahren

Bei der Entscheidung über die selbständige Einziehung nach § 76a Absatz 4 des Strafgesetzbuches kann das Gericht seine Überzeugung davon, dass der Gegenstand aus einer rechtswidrigen Tat herrührt, insbesondere auf ein grobes Missverhältnis zwischen dem Wert des Gegenstandes und den rechtmäßigen Einkünften des Betroffenen stützen. Darüber hinaus kann es bei seiner Entscheidung insbesondere auch berücksichtigen

1. das Ergebnis der Ermittlungen zu der Tat, die Anlass für das Verfahren war,
2. die Umstände, unter denen der Gegenstand aufgefunden und sichergestellt worden ist, sowie
3. die sonstigen persönlichen und wirtschaftlichen Verhältnisse des Betroffenen.

§ 438 Nebenbetroffene am Strafverfahren

(1) Ist über die Einziehung eines Gegenstandes zu entscheiden, ordnet das Gericht an, dass eine Person, die weder Angeschuldigte ist noch als Einziehungsbeteiligte in Betracht kommt, als Nebenbetroffene an dem Verfahren beteiligt wird, soweit es die Einziehung betrifft, wenn es glaubhaft erscheint, dass

1. dieser Person der Gegenstand gehört oder zusteht oder

2. diese Person an dem Gegenstand ein sonstiges Recht hat, dessen Erlöschen nach § 75 Absatz 2 Satz 2 und 3 des Strafgesetzbuches im Falle der Einziehung angeordnet werden könnte.

Für die Anordnung der Verfahrensbeteiligung gelten § 424 Absatz 2 bis 5 und § 425 entsprechend.

(2) Das Gericht kann anordnen, dass sich die Beteiligung nicht auf die Frage der Schuld des Angeschuldigten erstreckt, wenn

1. die Einziehung im Fall des Absatzes 1 Nummer 1 nur unter der Voraussetzung in Betracht kommt, dass der Gegenstand demjenigen gehört oder zusteht, gegen den sich die Einziehung richtet, oder
2. der Gegenstand nach den Umständen, welche die Einziehung begründen können, auch auf Grund von Rechtsvorschriften außerhalb des Strafrechts ohne Entschädigung dauerhaft entzogen werden könnte.

§ 424 Absatz 4 Satz 2 gilt entsprechend.

(3) Im Übrigen gelten die §§ 426 bis 434 entsprechend mit der Maßgabe, dass in den Fällen des § 432 Absatz 2 und des § 433 das Gericht den Schuldspruch nicht nachprüft, wenn nach den Umständen, welche die Einziehung begründet haben, eine Anordnung nach Absatz 2 zulässig wäre.

§ 439 Der Einziehung gleichstehende Rechtsfolgen

Vernichtung, Unbrauchbarmachung und Beseitigung eines gesetzwidrigen Zustandes stehen im Sinne der §§ 421 bis 436 der Einziehung gleich.

§ 444 Verfahren

(1) Ist im Strafverfahren über die Festsetzung einer Geldbuße gegen eine juristische Person oder eine Personenvereinigung zu entscheiden (§ 30 des Gesetzes über Ordnungswidrigkeiten), so ordnet das Gericht deren Beteiligung an dem Verfahren an, soweit es die Tat betrifft. § 424 Absatz 3 und 4 gilt entsprechend.

(2) Die juristische Person oder die Personenvereinigung wird zur Hauptverhandlung geladen; bleibt ihr Vertreter ohne genügende Entschuldigung aus, so kann ohne sie verhandelt werden. Für ihre Verfahrensbeteiligung gelten im übrigen die §§ 426 bis 428, 429 Absatz 2 und 3 Nummer 1, § 430 Absatz 2 und 4, § 431 Absatz 1 bis 3, § 432 Absatz 1 und, soweit nur über ihren Einspruch zu entscheiden ist, § 434 Absatz 2 und 3 sinngemäß.

(3) Für das selbständige Verfahren gelten die §§ 435, 436 Absatz 1 und 2 in Verbindung mit § 434 Absatz 2 oder 3 sinngemäß. Örtlich zuständig ist auch das Gericht, in dessen Bezirk die juristische Person oder die Personenvereinigung ihren Sitz oder eine Zweigniederlassung hat.

§ 459g Vollstreckung von Nebenfolgen

(1) Die Anordnung der Einziehung oder der Unbrauchbarmachung einer Sache wird dadurch vollstreckt, dass die Sache demjenigen, gegen den sich die Anordnung richtet, weggenommen wird. Für die Vollstreckung gelten die Vorschriften des Justizbeitreibungsgesetzes.

(2) Für die Vollstreckung der Nebenfolgen, die zu einer Geldzahlung verpflichten, gelten die §§ 459, 459a sowie 459c Absatz 1 und 2 entsprechend.

(3) Für die Vollstreckung nach den Absätzen 1 und 2 gelten außerdem die §§ 94 bis 98 entsprechend mit Ausnahme von § 98 Absatz 2 Satz 3, die §§ 102 bis 110, § 111c Absatz 1 und 2, § 111f Absatz 1, § 111k Absatz 1 und 2 sowie § 131 Absatz 1. § 457 Absatz 1 bleibt unberührt. Vor gerichtlichen Entscheidungen unterbleibt die Anhörung des Betroffenen, wenn sie den Zweck der Anordnung gefährden würde.

(4) Das Gericht ordnet den Ausschluss der Vollstreckung der Einziehung nach den §§ 73 bis 73c des Strafgesetzbuchs an, soweit der aus der Tat erwachsene Anspruch auf Rückgewähr des Erlangten oder auf Ersatz des Wertes des Erlangten erloschen ist. Dies gilt nicht für Ansprüche, die durch Verjährung erloschen sind.

(5) In den Fällen des Absatzes 2 unterbleibt auf Anordnung des Gerichts die Vollstreckung, soweit sie unverhältnismäßig wäre. Die Vollstreckung wird auf Anordnung des Gerichts wieder aufgenommen, wenn nachträglich Umstände bekannt werden oder eintreten, die einer Anordnung nach Satz 1 entgegenstehen. Vor der Anordnung nach Satz 2 unterbleibt die Anhörung des Betroffenen, wenn sie den Zweck der Anordnung gefährden würde. Die Anordnung nach Satz 1 steht Ermittlungen dazu, ob die Voraussetzungen für eine Wiederaufnahme der Vollstreckung vorliegen, nicht entgegen.

§ 459h Entschädigung

(1) Ein nach den §§ 73 bis 73b des Strafgesetzbuches eingezogener Gegenstand wird demjenigen, dem ein Anspruch auf Rückgewähr des Erlangten aus der Tat erwachsen ist, oder dessen Rechtsnachfolger zurückübertragen. Gleiches gilt, wenn der Gegenstand nach § 76a Absatz 1 des Strafgesetzbuches, auch in Verbindung mit § 76a Absatz 3 des Strafgesetzbuches, eingezogen worden ist. In den Fällen des § 75 Absatz 1 Satz 2 des Strafgesetzbuches wird der eingezogene Gegenstand demjenigen, dem der Gegenstand gehört oder zusteht, herausgegeben, wenn dieser sein Recht fristgerecht bei der Vollstreckungsbehörde angemeldet hat.

(2) Hat das Gericht die Einziehung des Wertersatzes nach den §§ 73c und 76a Absatz 1 Satz 1 des Strafgesetzbuches, auch in Verbindung mit § 76a Absatz 3 des Strafgesetzbuches, angeordnet, wird der Erlös aus der Verwertung der auf Grund des Vermögensarrestes oder der Einziehungsanordnung gepfändeten Gegenstände demjenigen, dem ein Anspruch auf Ersatz des Wertes des Erlangten aus der Tat erwachsen ist, oder an dessen Rechtsnachfolger ausgekehrt. § 111i gilt entsprechend.

§ 459i Mitteilungen

(1) Der Eintritt der Rechtskraft der Einziehungsanordnung nach den §§ 73 bis 73c und 76a Absatz 1 Satz 1 des Strafgesetzbuches, auch in Verbindung mit § 76a Absatz 3 des Strafgesetzbuches, wird demjenigen, dem ein Anspruch auf Rückgewähr des Erlangten oder auf Ersatz des Wertes des Erlangten aus der Tat erwachsen ist, unverzüglich mitgeteilt. Die Mitteilung ist zuzustellen; § 111l Absatz 4 gilt entsprechend.

(2) Die Mitteilung ist im Fall der Einziehung des Gegenstandes mit dem Hinweis auf den Anspruch nach § 459h Absatz 1 und auf das Verfahren nach § 459j zu verbinden. Im Fall der Einziehung des Wertersatzes ist sie mit dem Hinweis auf den Anspruch nach § 459h Absatz 2 und das Verfahren nach den §§ 459k bis 459m zu verbinden.

§ 459j Verfahren bei Rückübertragung und Herausgabe

(1) Der Anspruchsinhaber hat seinen Anspruch auf Rückübertragung oder Herausgabe nach § 459h Absatz 1 binnen sechs Monaten nach der Mitteilung der Rechtskraft der Einziehungsanordnung bei der Vollstreckungsbehörde anzumelden.

(2) Ergibt sich die Anspruchsberechtigung des Antragstellers ohne weiteres aus der Einziehungsanordnung und den ihr zugrundeliegenden Feststellungen, so wird der eingezogene Gegenstand an den Antragsteller zurückübertragen oder herausgegeben. Andernfalls bedarf es der Zulassung durch das Gericht. Das Gericht lässt die Rückübertragung oder Herausgabe nach Maßgabe des § 459h Absatz 1 zu. Die Zulassung ist zu versagen, wenn der Antragsteller seine Anspruchsberechtigung nicht glaubhaft macht; § 294 der Zivilprozessordnung ist anzuwenden.

(3) Vor der Entscheidung über die Rückübertragung oder Herausgabe ist derjenige, gegen den sich die Anordnung der Einziehung richtet, zu hören. Dies gilt nur, wenn die Anhörung ausführbar erscheint.

(4) Bei Versäumung der in Absatz 1 Satz 1 genannten Frist ist unter den in den §§ 44 und 45 bezeichneten Voraussetzungen die Wiedereinsetzung in den vorigen Stand zu gewähren.

(5) Unbeschadet des Verfahrens nach Absatz 1 kann der Anspruchsinhaber seinen Anspruch auf Rückübertragung oder Herausgabe nach § 459h Absatz 1 geltend machen, indem er ein vollstreckbares Endurteil im Sinne des § 704 der Zivilprozessordnung oder einen anderen Vollstreckungstitel im Sinne des § 794 der Zivilprozessordnung vorlegt, aus dem sich der geltend gemachte Anspruch ergibt.

§ 459k Verfahren bei Auskehrung des Verwertungserlöses

(1) Der Anspruchsinhaber hat seinen Anspruch auf Auskehrung des Verwertungserlöses nach § 459h Absatz 2 binnen sechs Monaten nach der Mitteilung der Rechtskraft der Einziehungsanordnung bei der Vollstreckungsbehörde anzumelden. Bei der Anmeldung ist die Höhe des Anspruchs zu bezeichnen.

(2) Ergeben sich die Anspruchsberechtigung des Antragstellers und die Anspruchshöhe ohne weiteres aus der Einziehungsanordnung und den ihr zugrunde liegenden Feststellungen, so wird der Verwertungserlös in diesem Umfang an den Antragsteller ausgekehrt. Andernfalls bedarf es der Zulassung durch das Gericht. Das Gericht lässt die Auskehrung des Verwertungserlöses nach Maßgabe des § 459h Absatz 2 zu. Die Zulassung ist zu versagen, wenn der Antragsteller seine Anspruchsberechtigung nicht glaubhaft macht; § 294 der Zivilprozessordnung ist anzuwenden.

(3) Vor der Entscheidung über die Auskehrung ist derjenige, gegen den sich die Anordnung der Einziehung richtet, zu hören. Dies gilt nur, wenn die Anhörung ausführbar erscheint.

(4) Bei Versäumung der in Absatz 1 Satz 1 genannten Frist ist unter den in den §§ 44 und 45 bezeichneten Voraussetzungen die Wiedereinsetzung in den vorigen Stand zu gewähren.

(5) Unbeschadet des Verfahrens nach Absatz 1 kann der Anspruchsinhaber seinen Anspruch auf Auskehrung des Verwertungserlöses nach § 459h Absatz 2 geltend machen, indem er ein vollstreckbares Endurteil im Sinne des § 704 der Zivilprozessordnung oder einen anderen Vollstreckungstitel im Sinne des § 794 der Zivilprozessordnung vorlegt, aus dem sich der geltend gemachte Anspruch ergibt. Einem vollstreckbaren Endurteil im Sinne des § 704 der Zivilprozessordnung stehen bestandskräftige öffentlich-rechtliche Vollstreckungstitel über Geldforderungen gleich.

§ 459l Ansprüche des Betroffenen

(1) Legt derjenige, gegen den sich die Anordnung der Einziehung richtet, ein vollstreckbares Endurteil im Sinne des § 704 der Zivilprozessordnung oder einen anderen Vollstreckungstitel im Sinne des § 794 der Zivilprozessordnung vor, aus dem sich ergibt, dass der Anspruch auf Rückgewähr des Erlangten aus der Tat erwachsen ist, kann er verlangen, dass der eingezogene Gegenstand nach Maßgabe des § 459h Absatz 1 an den Anspruchsinhaber zurückübertragen oder herausgegeben wird. § 459j Absatz 2 gilt entsprechend.

(2) Befriedigt derjenige, gegen den sich die Anordnung der Einziehung des Wertersatzes richtet, den Anspruch, der dem Anspruchsinhaber aus der Tat auf Rückgewähr des Erlangten oder auf Ersatz des Wertes des Erlangten erwachsen ist, kann er im Umfang der Befriedigung Ausgleich aus dem Verwertungserlös verlangen, soweit unter den Voraussetzungen des § 459k Absatz 2 Satz 1 der Verwertungserlös an den Anspruchsinhaber nach § 459h Absatz 2 auszukehren gewesen wäre. § 459k Absatz 2 Satz 2 bis 4 gilt entsprechend. Die Befriedigung des Anspruchs muss in allen Fällen durch eine Quittung des Anspruchsinhabers glaubhaft gemacht werden. Der Anspruchsinhaber ist vor der Entscheidung über den Ausgleichsanspruch zu hören, wenn dies ausführbar erscheint.

§ 459m Entschädigung in sonstigen Fällen

(1) In den Fällen des § 111i Absatz 3 wird der Überschuss an den Anspruchsinhaber ausgekehrt, der ein vollstreckbares Endurteil im Sinne des § 704 der Zivilprozessordnung oder einen anderen Vollstreckungstitel im Sinne des § 794 der Zivilprozessordnung vorlegt, aus dem sich der geltend gemachte Anspruch ergibt. § 459k Absatz 2 und 5 Satz 2 gilt entsprechend. Die Auskehrung ist ausgeschlossen, wenn zwei Jahre seit der Aufhebung des Insolvenzverfahrens verstrichen sind. In den Fällen des § 111i Absatz 2 gelten die Sätze 1 bis 3 entsprechend, wenn ein Insolvenzverfahren nicht durchgeführt wird.

(2) Absatz 1 Satz 1 und 2 gilt entsprechend, wenn nach Aufhebung des Insolvenzverfahrens oder nach Abschluss der Auskehrung des Verwertungserlöses bei der Vollstreckung der Wertersatzeinziehung nach den §§ 73c und 76a Absatz 1 Satz 1 des Strafgesetzbuches, auch in Verbindung mit § 76a Absatz 3 des Strafgesetzbuches, ein Gegenstand gepfändet wird.

§ 459n Zahlungen auf Wertersatzeinziehung

Leistet derjenige, gegen den sich die Anordnung richtet, Zahlungen auf die Anordnung der Einziehung des Wertersatzes nach den §§ 73c und 76a Absatz 1 Satz 1 des Strafgesetzbuches, auch in Verbindung mit § 76a Absatz 3 des Strafgesetzbuches, so gelten § 459h Absatz 2 sowie die §§ 459k und 459m entsprechend.

§ 459o Einwendungen gegen vollstreckungsrechtliche Entscheidungen

Über Einwendungen gegen die Entscheidung der Vollstreckungsbehörde nach den §§ 459a, 459c, 459e sowie 459g bis 459m entscheidet das Gericht.

§ 464 Kosten- und Auslagenentscheidung; sofortige Beschwerde

(1) Jedes Urteil, jeder Strafbefehl und jede eine Untersuchung einstellende Entscheidung muß darüber Bestimmung treffen, von wem die Kosten des Verfahrens zu tragen sind.

(2) Die Entscheidung darüber, wer die notwendigen Auslagen trägt, trifft das Gericht in dem Urteil oder in dem Beschluß, der das Verfahren abschließt.

(3) Gegen die Entscheidung über die Kosten und die notwendigen Auslagen ist sofortige Beschwerde zulässig; sie ist unzulässig, wenn eine Anfechtung der in Absatz 1 genannten Hauptentscheidung durch den Beschwerdeführer nicht statthaft ist. Das Beschwerdegericht ist an die tatsächlichen Feststellungen, auf denen die Entscheidung beruht, gebunden. Wird gegen das Urteil, soweit es die Entscheidung über die Kosten und die notwendigen Auslagen betrifft, sofortige Beschwerde und im übrigen Berufung oder Revision eingelegt, so ist das Berufungs- oder Revisionsgericht, solange es mit der Berufung oder Revision befaßt ist, auch für die Entscheidung über die sofortige Beschwerde zuständig.

§ 464a Kosten des Verfahrens; notwendige Auslagen

(1) Kosten des Verfahrens sind die Gebühren und Auslagen der Staatskasse. Zu den Kosten gehören auch die durch die Vorbereitung der öffentlichen Klage entstandenen sowie die Kosten der Vollstreckung einer Rechtsfolge der Tat. Zu den Kosten eines Antrags auf Wiederaufnahme des durch ein rechtskräftiges Urteil abgeschlossenen Verfahrens gehören auch die zur Vorbereitung eines Wiederaufnahmeverfahrens (§§ 364a und 364b) entstandenen Kosten, soweit sie durch einen Antrag des Verurteilten verursacht sind.

(2) Zu den notwendigen Auslagen eines Beteiligten gehören auch

1. die Entschädigung für eine notwendige Zeitversäumnis nach den Vorschriften, die für die Entschädigung von Zeugen gelten, und
2. die Gebühren und Auslagen eines Rechtsanwalts, soweit sie nach § 91 Abs. 2 der Zivilprozeßordnung zu erstatten sind.

§ 492 Zentrales staatsanwaltschaftliches Verfahrensregister

(1) Das Bundesamt für Justiz (Registerbehörde) führt ein zentrales staatsanwaltschaftliches Verfahrensregister.

(2) In das Register sind

1. die Personendaten des Beschuldigten und, soweit erforderlich, andere zur Identifizierung geeignete Merkmale,
2. die zuständige Stelle und das Aktenzeichen,
3. die nähere Bezeichnung der Straftaten, insbesondere die Tatzeiten, die Tatorte und die Höhe etwaiger Schäden,
4. die Tatvorwürfe durch Angabe der gesetzlichen Vorschriften,
5. Die Einleitung des Verfahrens sowie die Verfahrenserledigungen bei der Staatsanwaltschaft und bei Gericht nebst Angabe der gesetzlichen Vorschriften

einzutragen. Die Daten dürfen nur für Strafverfahren gespeichert und verändert werden.

(3) Die Staatsanwaltschaften teilen die einzutragenden Daten der Registerbehörde zu dem in Absatz 2 Satz 2 genannten Zweck mit. Auskünfte aus dem Verfahrensregister dürfen nur Strafverfolgungsbehörden für Zwecke eines Strafverfahrens erteilt werden. Dem Bundeskriminalamt dürfen Auskünfte auch erteilt werden, soweit dies im Einzelfall zur Erfüllung seiner Aufgaben nach § 5 Absatz 1, § 6 Absatz 1 oder § 7 Absatz 1 und 2 des Bundeskriminalamtgesetzes erforderlich ist. § 5 Abs. 5 Satz 1 Nr. 2 des Waffengesetzes, § 8a Absatz 5 Satz 1 Nummer 2 des Sprengstoffgesetzes, § 7 Absatz 3 Satz 1 Nummer 3 des Luftsicherheitsgesetzes, § 12 Absatz 1 Nummer 2 des Sicherheitsüberprüfungsgesetzes und § 31 Absatz 4a Satz 1 des Geldwäschegesetzes bleiben unberührt; die Auskunft über die Eintragung wird insoweit im Einvernehmen mit der Staatsanwaltschaft, die die personenbezogenen Daten zur Eintragung in das Verfahrensregister mitgeteilt hat, erteilt, wenn hiervon eine Gefährdung des Untersuchungszwecks nicht zu besorgen ist.

(4) Die in Absatz 2 Satz 1 Nummer 1 und 2 und, wenn dies erforderlich ist, Nummer 3 und 4 genannten Daten dürfen nach Maßgabe des § 18 Abs. 3 des Bundesverfassungsschutzgesetzes, auch in Verbindung mit § 10 Abs. 2 des Gesetzes über den Militärischen Abschirmdienst und § 10 Absatz 3 des BND-Gesetzes, auf Ersuchen auch an die Verfassungsschutzbehörden des Bundes und der Länder, den Militärischen Abschirmdienst und den Bundesnachrichtendienst übermittelt werden. § 18 Abs. 5 Satz 2 des Bundesverfassungsschutzgesetzes gilt entsprechend.

(4a) Kann die Registerbehörde eine Mitteilung oder ein Ersuchen einem Datensatz nicht eindeutig zuordnen, übermittelt sie an die ersuchende Stelle zur Identitätsfeststellung Datensätze zu Personen mit ähnlichen Personalien. Nach erfolgter Identifizierung hat die ersuchende Stelle alle Daten, die sich nicht auf die betroffene Person beziehen, unverzüglich zu löschen. Ist eine Identifizierung nicht möglich, sind alle übermittelten Daten zu löschen. In der Rechtsverordnung nach § 494 Abs. 4 ist die Anzahl der Datensätze, die auf Grund eines Abrufs übermittelt werden dürfen, auf das für eine Identifizierung notwendige Maß zu begrenzen.

(5) Die Verantwortung für die Zulässigkeit der Übermittlung trägt der Empfänger. Die Registerbehörde prüft die Zulässigkeit der Übermittlung nur, wenn besonderer Anlaß hierzu besteht.

(6) Die Daten dürfen unbeschadet des Absatzes 3 Satz 3 und 4 sowie des Absatzes 4 nur in Strafverfahren verwendet werden

Strafvollzugsgesetz

vom 16.3.1976 (BGBl. I S. 581, 2088; 1977 I S. 436), zuletzt geändert durch Artikel 27 des Gesetzes vom 5.10.2021 (BGBl. I S. 4607).

- Auszug -

§ 171 – Grundsatz

Für den Vollzug einer gerichtlich angeordneten Ordnungs-, Sicherungs-, Zwangs- und Erzwingungshaft gelten § 119 Absatz 5 und 6 der Strafprozessordnung sowie die Vorschriften über den Vollzug der Freiheitsstrafe (§§ 3 bis 49 sowie 51 bis 121b) entsprechend, soweit nicht Eigenart und Zweck der Haft entgegenstehen oder im Folgenden etwas anderes bestimmt ist.

§ 171a – Fixierung

(1) Eine Fesselung, durch die die Bewegungsfreiheit des Gefangenen vollständig aufgehoben wird (Fixierung), ist nur zulässig, soweit und solange eine gegenwärtige erhebliche Gefahr von Gewalttätigkeiten gegen Personen, der Selbsttötung oder der Selbstverletzung besteht und die Fixierung zur Abwehr dieser Gefahr unerlässlich ist.

(2) Eine absehbar kurzfristige Fixierung wird durch die Anstaltsleitung angeordnet. Bei Gefahr im Verzug können auch andere zuständige Bedienstete der Anstalt die Fixierung vorläufig anordnen. Die Entscheidung der Anstaltsleitung ist unverzüglich einzuholen.

(3) Eine nicht nur kurzfristige Fixierung bedarf der vorherigen Anordnung durch das Gericht. Bei Gefahr im Verzug kann die Anordnung der Fixierung durch die Anstaltsleitung oder einen anderen zuständigen Bediensteten der Anstalt getroffen werden. Ein Arzt ist unverzüglich hinzuzuziehen. Die richterliche Entscheidung ist unverzüglich herbeizuführen. Einer richterlichen Entscheidung bedarf es nicht oder nicht mehr, wenn bereits zu Beginn der Fixierung abzusehen ist, dass die Entscheidung erst nach Wegfall des Grundes der Fixierung ergehen wird, oder wenn die Fixierung vor der Herbeiführung der richterlichen Entscheidung tatsächlich beendet und auch keine Wiederholung zu erwarten ist. Ist eine richterliche Entscheidung beantragt und die Fixierung vor deren Erlangung beendet worden, so ist dies dem Gericht unverzüglich mitzuteilen.

(4) Während der Dauer der Fixierung stellt ein Arzt eine angemessene medizinische Überwachung des Gefangenen sicher. Geschulte Vollzugsbedienstete stellen durch ständigen Sicht- und Sprechkontakt die Betreuung des Gefangenen sicher.

(5) Die Anordnung, die maßgeblichen Gründe hierfür, ihre Durchsetzung, ihre Dauer und die Art der Überwachung sind durch die Anstalt zu dokumentieren.

(6) Nach Beendigung einer Fixierung, die nicht gerichtlich angeordnet wurde, ist der Gefangene durch den Arzt auf sein Recht hinzuweisen, die Zulässigkeit der durchgeführten Maßnahme beim zuständigen Gericht überprüfen zu lassen. Der Hinweis ist aktenkundig zu machen.

§ 172 – Unterbringung

Eine gemeinsame Unterbringung während der Arbeit, Freizeit und Ruhezeit (§§ 17 und 18) ist nur mit Einwilligung des Gefangenen zulässig. Dies gilt nicht, wenn Ordnungshaft in Unterbrechung einer Strafhaft oder einer Unterbringung im Vollzug einer freiheitsentziehenden Maßregel der Besserung und Sicherung vollzogen wird.

§ 173 – Kleidung, Wäsche und Bettzeug

Der Gefangene darf eigene Kleidung, Wäsche und eigenes Bettzeug benutzen, wenn Gründe der Sicherheit nicht entgegenstehen und der Gefangene für Reinigung, Instandsetzung und regelmäßigen Wechsel auf eigene Kosten sorgt.

§ 174 – Einkauf

Der Gefangene darf Nahrungs- und Genußmittel sowie Mittel zur Körperpflege in angemessenem Umfang durch Vermittlung der Anstalt auf eigene Kosten erwerben.

§ 175 – Arbeit

Der Gefangene ist zu einer Arbeit, Beschäftigung oder Hilfstätigkeit nicht verpflichtet.

§ 179 – Datenerhebung

(1) Die Vollzugsbehörde darf personenbezogene Daten erheben, soweit deren Kenntnis für den ihr nach diesem Gesetz aufgegebenen Vollzug der Haft nach § 171 erforderlich ist.

(2) Personenbezogene Daten sind bei der betroffenen Person zu erheben. Ohne ihre Mitwirkung dürfen sie nur erhoben werden,

1. wenn eine Rechtsvorschrift dies vorsieht oder zwingend voraussetzt oder
2. wenn
   a) die zu erfüllende Aufgabe ihrer Art nach eine Erhebung bei anderen Personen oder Stellen erforderlich macht oder
   b) die Erhebung bei der betroffenen Person einen unverhältnismäßigen Aufwand erfordern würde

   und keine Anhaltspunkte dafür bestehen, dass überwiegende schutzwürdige Interessen der betroffenen Person beeinträchtigt werden.

(2a) Werden personenbezogene Daten bei der betroffenen Person auf Grund einer Rechtsvorschrift erhoben, die zur Auskunft verpflichtet, oder ist die Erteilung der Auskunft Voraussetzung für die Gewährung von Rechtsvorteilen, so ist die betroffene Person hierauf, sonst auf die Freiwilligkeit ihrer Angaben hinzuweisen. Soweit nach den Umständen des Einzelfalls erforderlich oder auf Verlangen, ist sie über die Rechtsvorschrift und über die Folgen der Verweigerung von Angaben aufzuklären. Werden personenbezogene Daten statt bei der betroffenen Person bei einer nicht-öffentlichen Stelle erhoben, so ist die Stelle auf die Rechtsvorschrift, die zur Auskunft verpflichtet, sonst auf die Freiwilligkeit ihrer Angaben hinzuweisen.

(3) Daten über Personen, die nicht Gefangene sind, dürfen ohne ihre Mitwirkung bei Personen oder Stellen außerhalb der Vollzugsbehörde nur erhoben werden, wenn sie für die Sicherheit der Anstalt oder die Sicherung des Vollzuges der Haft nach § 171 unerläßlich sind und die Art der Erhebung schutzwürdige Interessen der betroffenen Personen nicht beeinträchtigt.

(4) Die Rechte und Pflichten nach den Artikeln 13 und 14 der Verordnung (EU) 2016/679 des Europäischen Parlaments und des Rates vom 27. April 2016 zum Schutz natürlicher Personen bei der Verarbeitung personenbezogener Daten, zum freien Datenverkehr und zur Aufhebung der Richtlinie 95/46/EG (Datenschutz-Grundverordnung) (ABl. L 119 vom 4.5.2016, S. 1; L 314 vom 22.11.2016, S. 72; L 127 vom 23.5.2018, S. 2) bestehen ergänzend zu den in diesen Vorschriften genannten Ausnahmen nicht, wenn

1. bei der Erhebung personenbezogener Daten ohne Kenntnis der betroffenen Person andernfalls der Vollzug der Haft nach § 171 gefährdet wird oder

2. bei der Erhebung der Daten bei anderen Personen oder Stellen die Daten nach einer Rechtsvorschrift oder ihrem Wesen nach, namentlich wegen des überwiegenden berechtigten Interesses eines Dritten, geheim gehalten werden müssen.

§ 180 – Verarbeitung

(1) Die Vollzugsbehörde darf personenbezogene Daten verarbeiten, soweit dies für den ihr nach diesem Gesetz aufgegebenen Vollzug der Haft nach § 171 erforderlich ist. Die Vollzugsbehörde kann einen Gefangenen verpflichten, einen Lichtbildausweis mit sich zu führen, wenn dies aus Gründen der Sicherheit oder Ordnung der Anstalt erforderlich ist.

(2) Für die Verarbeitung personenbezogener Daten zu einem anderen Zweck als zu demjenigen, zu dem die Daten erhoben wurden, findet § 23 des Bundesdatenschutzgesetzes Anwendung.

(3) Über die in Absatz 1 und § 23 des Bundesdatenschutzgesetzes genannten Zwecke hinaus dürfen zuständigen öffentlichen Stellen personenbezogene Daten übermittelt werden, soweit dies für folgende Zwecke erforderlich ist:

1. gesetzlich angeordnete Statistiken der Rechtspflege,
2. Entscheidungen über Leistungen, die mit der Aufnahme in einer Justizvollzugsanstalt entfallen oder sich mindern,
3. die Einleitung von Hilfsmaßnahmen für Angehörige (§ 11 Absatz 1 Nummer 1 des Strafgesetzbuches) des Gefangenen,
4. dienstliche Maßnahmen der Bundeswehr im Zusammenhang mit der Aufnahme und Entlassung von Soldaten,
5. ausländerrechtliche Maßnahmen oder
6. die Durchführung der Besteuerung.

Eine Übermittlung für andere Zwecke ist auch zulässig, soweit eine andere gesetzliche Vorschrift dies vorsieht und sich dabei ausdrücklich auf personenbezogene Daten über Gefangene bezieht.

(4) Öffentlichen und nicht-öffentlichen Stellen darf die Vollzugsbehörde auf schriftlichen Antrag mitteilen, ob sich eine Person in Haft befindet sowie ob und wann ihre Entlassung voraussichtlich innerhalb eines Jahres bevorsteht, soweit

1. die Mitteilung zur Erfüllung der in der Zuständigkeit der öffentlichen Stelle liegenden Aufgaben erforderlich ist oder
2. von nicht-öffentlichen Stellen ein berechtigtes Interesse an dieser Mitteilung glaubhaft dargelegt wird und der Gefangene kein schutzwürdiges Interesse an dem Ausschluß der Übermittlung hat.

Der Gefangene wird vor der Mitteilung gehört, es sei denn, es ist zu besorgen, daß dadurch die Verfolgung des Interesses des Antragstellers vereitelt oder wesentlich erschwert werden würde, und eine Abwägung ergibt, daß dieses Interesse des Antragstellers das Interesse des Gefangenen an seiner vorherigen Anhörung überwiegt. Ist die Anhörung unterblieben, wird der betroffene Gefangene über die Mitteilung der Vollzugsbehörde nachträglich unterrichtet.

(5) Akten mit personenbezogenen Daten dürfen nur anderen Vollzugsbehörden, den zur Dienst- oder Fachaufsicht oder zu dienstlichen Weisungen befugten Stellen sowie den für Haftentscheidungen zuständigen Gerichten sowie den Strafvollstreckungs- und Strafverfolgungsbehörden überlassen werden; die Überlassung an andere öffentliche Stellen ist zulässig, soweit die Erteilung einer Auskunft einen unvertretbaren Aufwand erfordert oder nach Darlegung der Akteneinsicht begehrenden Stellen für die Erfüllung der Aufgabe nicht ausreicht. Entsprechendes gilt für die Überlassung von Akten an die von der Vollzugsbehörde mit Gutachten beauftragten Stellen.

(6) Sind mit personenbezogenen Daten, die nach den Absätzen 1 bis 3 übermittelt werden dürfen, weitere personenbezogene Daten der betroffenen Person oder eines Dritten in Akten so verbunden, dass eine Trennung nicht oder nur mit unvertretbarem Aufwand möglich ist, so ist die Übermittlung auch dieser Daten zulässig, soweit nicht berechtigte Interessen der betroffenen Person oder eines Dritten an deren Geheimhaltung offensichtlich überwiegen; eine Verarbeitung dieser Daten durch den Empfänger ist unzulässig.

(7) Personenbezogene Daten, die bei der Überwachung der Besuche oder des Schriftwechsels sowie bei der Überwachung des Inhaltes von Paketen bekanntgeworden sind, dürfen nur für die in § 23 Absatz 1 Nummer 3 bis 5 des Bundesdatenschutzgesetzes aufgeführten Zwecke, für das gerichtliche Verfahren nach den §§ 109 bis 121 oder zur Wahrung der Sicherheit oder Ordnung der Anstalt verarbeitet werden.

(8) Personenbezogene Daten, die gemäß § 179 Abs. 3 über Personen, die nicht Gefangene sind, erhoben worden sind, dürfen nur zur Erfüllung des Erhebungszweckes, für die in § 23 Absatz 1 Nummer 3 und 5 des Bundesdatenschutzgesetzes geregelten Zwecke oder zur Verhinderung oder Verfolgung von Straftaten von erheblicher Bedeutung verarbeitet werden.

(9) Die Übermittlung von personenbezogenen Daten unterbleibt, soweit die in § 182 Abs. 2, § 184 Abs. 2 und 4 geregelten Einschränkungen oder besondere gesetzliche Verwendungsregelungen entgegenstehen.

(10) Die Verantwortung für die Zulässigkeit der Übermittlung trägt die Vollzugsbehörde. Erfolgt die Übermittlung auf Ersuchen einer öffentlichen Stelle, trägt diese die Verantwortung. In diesem Fall prüft die Vollzugsbehörde nur, ob das Übermittlungsersuchen im Rahmen der Aufgaben des Empfängers liegt und die Absätze 7 bis 9 der Übermittlung nicht entgegenstehen, es sei denn, daß besonderer Anlaß zur Prüfung der Zulässigkeit der Übermittlung besteht.

(11) Die Unterrichtungspflicht nach Artikel 19 Satz 2 der Verordnung (EU) 2016/679 besteht nicht, soweit durch eine solche Unterrichtung der Zweck der Übermittlung der Daten gefährdet würde.

§ 181 – Zweckbindung bei Übermittlungen

(1) Von der Vollzugsbehörde an eine öffentliche Stelle übermittelte personenbezogene Daten dürfen nur zu dem Zweck verarbeitet werden, zu dessen Erfüllung sie übermittelt worden sind. Der Empfänger darf die Daten für andere Zwecke nur verarbeiten, soweit sie ihm auch für diese Zwecke hätten übermittelt werden dürfen.

(2) Die Übermittlung an eine nicht-öffentliche Stelle ist nur zulässig, wenn diese sich gegenüber der übermittelnden Vollzugsbehörde verpflichtet hat, die Daten nur für den Zweck zu verarbeiten, zu dessen Erfüllung sie ihr übermittelt werden. Eine Verarbeitung dieser Daten für andere Zwecke ist zulässig, wenn die Daten auch für diese Zwecke hätten übermittelt werden dürfen und die übermittelnde Vollzugsbehörde zugestimmt hat.

§ 182 – Schutz besonderer Kategorien personenbezogener Daten

(1) Das religiöse oder weltanschauliche Bekenntnis eines Gefangenen und personenbezogene Daten, die anläßlich ärztlicher Untersuchungen erhoben worden sind, dürfen in der Anstalt nicht allgemein kenntlich gemacht werden. Andere personenbezogene Daten über den Gefangenen dürfen innerhalb der Anstalt allgemein kenntlich gemacht werden, soweit dies für ein geordnetes Zusammenleben in der Anstalt erforderlich ist; § 180 Absatz 7 bis 9 bleibt unberührt.

(2) Personenbezogene Daten, die den in § 203 Absatz 1 Nummer 1, 2 und 6 des Strafgesetzbuchs genannten Personen von einem Gefangenen als Geheimnis anvertraut oder über einen Gefangenen sonst bekanntgeworden sind, unterliegen auch gegenüber der Vollzugsbehörde der Schweigepflicht. Die in § 203 Absatz 1 Nummer 1, 2 und 6 des Strafgesetzbuchs genannten

Personen haben sich gegenüber dem Anstaltsleiter zu offenbaren, soweit dies für die Aufgabenerfüllung der Vollzugsbehörde oder zur Abwehr von erheblichen Gefahren für Leib oder Leben des Gefangenen oder Dritter erforderlich ist. Der Arzt ist zur Offenbarung ihm im Rahmen der allgemeinen Gesundheitsfürsorge bekanntgewordener Geheimnisse befugt, soweit dies für die Aufgabenerfüllung der Vollzugsbehörde unerläßlich oder zur Abwehr von erheblichen Gefahren für Leib oder Leben des Gefangenen oder Dritter erforderlich ist. Sonstige Offenbarungsbefugnisse bleiben unberührt. Der Gefangene ist vor der Erhebung über die nach den Sätzen 2 und 3 bestehenden Offenbarungsbefugnisse zu unterrichten.

(3) Die nach Absatz 2 offenbarten Daten dürfen nur für den Zweck, für den sie offenbart wurden oder für den eine Offenbarung zulässig gewesen wäre, und nur unter denselben Voraussetzungen verarbeitet werden, unter denen eine in § 203 Absatz 1 Nummer 1, 2 und 6 des Strafgesetzbuchs genannte Person selbst hierzu befugt wäre. Der Anstaltsleiter kann unter diesen Voraussetzungen die unmittelbare Offenbarung gegenüber bestimmten Anstaltsbediensteten allgemein zulassen.

(4) Sofern Ärzte oder Psychologen außerhalb des Vollzuges mit der Untersuchung oder Behandlung eines Gefangenen beauftragt werden, gilt Absatz 2 mit der Maßgabe entsprechend, daß der beauftragte Arzt oder Psychologe auch zur Unterrichtung des Anstaltsarztes oder des in der Anstalt mit der Behandlung des Gefangenen betrauten Psychologen befugt sind.

§ 183 – Schutz der Daten in Akten und Dateisystemen

(1) Der einzelne Vollzugsbedienstete darf sich von personenbezogenen Daten nur Kenntnis verschaffen, soweit dies zur Erfüllung der ihm obliegenden Aufgabe oder für die Zusammenarbeit nach § 154 Abs. 1 erforderlich ist.

(2) Akten und Dateisysteme mit personenbezogenen Daten sind nach den Artikeln 24, 25 und 32 der Verordnung (EU) 2016/679 durch die erforderlichen technischen und organisatorischen Maßnahmen gegen unbefugten Zugang und unbefugten Gebrauch zu schützen. Gesundheitsakten und Krankenblätter sind getrennt von anderen Unterlagen zu führen und besonders zu sichern.

§ 184 – Berichtigung, Löschung und Einschränkung der Verarbeitung

(1) Die in Dateisystemen gespeicherten personenbezogenen Daten sind spätestens zwei Jahre nach der Entlassung des Gefangenen oder der Verlegung des Gefangenen in eine andere Anstalt zu löschen. Hiervon können bis zum Ablauf der Aufbewahrungsfrist für die Gefangenenpersonalakte die Angaben über Familienname, Vorname, Geburtsname, Geburtstag, Geburtsort, Eintritts- und Austrittsdatum des Gefangenen ausgenommen werden, soweit dies für das Auffinden der Gefangenenpersonalakte erforderlich ist.

(2) Personenbezogene Daten in Akten dürfen nach Ablauf von zwei Jahren seit der Entlassung des Gefangenen nur verarbeitet werden, soweit dies

1. zur Verfolgung von Straftaten,
2. für die Durchführung wissenschaftlicher Forschungsvorhaben gemäß § 186 Absatz 1,
3. zur Behebung einer bestehenden Beweisnot,
4. zur Feststellung, Durchsetzung oder Abwehr von Rechtsansprüchen im Zusammenhang mit dem Vollzug einer Haft nach § 171

unerläßlich ist. Diese Verwendungsbeschränkungen enden, wenn der Gefangene erneut zum Vollzug einer Haft nach § 171 aufgenommen wird oder die betroffene Person eingewilligt hat.

(3) Bei der Aufbewahrung von Akten mit nach Absatz 2 der eingeschränkten Verarbeitung unterliegenden Daten dürfen folgende Fristen nicht überschritten werden:

Gefangenenpersonalakten, Gesundheitsakten und Krankenblätter 20 Jahre,

Gefangenenbücher 30 Jahre.

es gilt nicht, wenn aufgrund bestimmter Tatsachen anzunehmen ist, daß die Aufbewahrung für die in Absatz 2 Satz 1 genannten Zwecke weiterhin erforderlich ist. Die Aufbewahrungsfrist beginnt mit dem auf das Jahr der aktenmäßigen Weglegung folgenden Kalenderjahr. Die archivrechtlichen Vorschriften des Bundes und der Länder bleiben unberührt.

(4) Wird festgestellt, daß unrichtige Daten übermittelt worden sind, ist dies dem Empfänger mitzuteilen, wenn dies zur Wahrung schutzwürdiger Interessen der betroffenen Person erforderlich ist.

(5) (weggefallen)

§ 185 – Auskunft an den die betroffene Person, Akteneinsicht

Das Recht auf Auskunft der betroffenen Person gemäß Artikel 15 der Verordnung (EU) 2016/679 besteht nicht, soweit die Voraussetzungen einer Ausnahme nach § 34 Absatz 1 des Bundesdatenschutzgesetzes vorliegen. Steht der betroffenen Person ein Recht auf Auskunft zu, erhält sie Akteneinsicht, soweit eine Auskunft für die Wahrnehmung ihrer rechtlichen Interessen nicht ausreicht und sie hierfür auf die Einsichtnahme angewiesen ist. An die Stelle der oder des Bundesbeauftragten in § 34 Absatz 3 des Bundesdatenschutzgesetzes tritt die oder der Landesbeauftragte für den Datenschutz, an die Stelle der obersten Bundesbehörde tritt die entsprechende Landesbehörde.

§ 186 – Auskunft und Akteneinsicht für wissenschaftliche Zwecke und zur Wahrnehmung der Aufgaben des Europäischen Ausschusses zur Verhütung von Folter und unmenschlicher oder erniedrigender Behandlung oder Strafe

(1) Für die Auskunft und Akteneinsicht für wissenschaftliche Zwecke gilt § 476 der Strafprozessordnung entsprechend.

(2) Den Mitgliedern einer Delegation des Europäischen Ausschusses zur Verhütung von Folter und unmenschlicher oder erniedrigender Behandlung oder Strafe wird während des Besuchs in der Anstalt Einsicht in die Gefangenenpersonalakten, Gesundheitsakten und Krankenblätter gewährt oder Auskunft aus diesen Akten erteilt, soweit dies zur Wahrnehmung der Aufgaben des Ausschusses unbedingt erforderlich ist.

Verpflichtungsgesetz

vom 2.3.1974 (BGBl. I S. 469, 547), geändert durch § 1 Nr. 4 des Gesetzes vom 15.8.1974 (BGBl. I S. 1942)

- Auszug -

§ 1

(1) Auf die gewissenhafte Erfüllung seiner Obliegenheiten soll verpflichtet werden, wer, ohne Amtsträger (§ 11 Abs. 1 Nr. 2 des Strafgesetzbuches) zu sein,

1. bei einer Behörde oder bei einer sonstigen Stelle, die Aufgaben der öffentlichen Verwaltung wahrnimmt, beschäftigt oder für sie tätig ist,
2. bei einem Verband oder sonstigen Zusammenschluß, einem Betrieb oder Unternehmen, die für eine Behörde oder sonstige Stelle Aufgaben der öffentlichen Verwaltung ausführen, beschäftigt oder für sie tätig ist oder
3. als Sachverständiger öffentlich bestellt ist.

(2) Die Verpflichtung wird mündlich vorgenommen. Dabei ist auf die strafrechtlichen Folgen einer Pflichtverletzung hinzuweisen.

(3) Über die Verpflichtung wird eine Niederschrift aufgenommen, die der Verpflichtete mit unterzeichnet. Er erhält eine Abschrift der Niederschrift; davon kann abgesehen werden, wenn dies im Interesse der inneren oder äußeren Sicherheit der Bundesrepublik Deutschland geboten ist.

(4) Welche Stelle für die Verpflichtung zuständig ist, bestimmt

1. in den Fällen des Absatzes 1 Nr. 1 und 2 bei Behörden oder sonstigen Stellen nach Bundesrecht die jeweils zuständige oberste Dienstaufsichtsbehörde oder, soweit eine Dienstaufsicht nicht besteht, die oberste Fachaufsichtsbehörde,
2. in allen übrigen Fällen diejenige Behörde, die von der Landesregierung durch Rechtsverordnung bestimmt wird.

§ 2

(1) Wer, ohne Amtsträger zu sein, auf Grund des § 1 der Verordnung gegen Bestechung und Geheimnisverrat nichtbeamteter Personen in der Fassung der Bekanntmachung vom 22. Mai 1943 (Reichsgesetzbl. I S. 351) förmlich verpflichtet worden ist, steht einem nach § 1 Verpflichteten gleich.

(2) Wer, ohne Amtsträger zu sein,

1. als Arbeitnehmer des öffentlichen Dienstes nach einer tarifrechtlichen Regelung oder
2. auf Grund eines Gesetzes oder aus einem sonstigen Rechtsgrund

zur gewissenhaften Erfüllung seiner Obliegenheiten verpflichtet worden ist, steht einem nach § 1 Verpflichteten gleich, wenn die Voraussetzungen des § 1 Abs. 2 erfüllt sind.

...

Allgemeine Verwaltungsvorschrift über die Durchführung der Vollstreckung nach der Abgabenordnung - Vollstreckungsanweisung (VollstrA) -

vom 13. März 1980 (BStBl I S. 112), zuletzt geändert durch Artikel 1 der Allgemeinen Verwaltungsvorschrift vom 23.10.2017 (BStBl I S. 1374)

Inhaltsübersicht

Erster Teil - Allgemeine Vorschriften

Allgemeines

1 Anwendungsbereich

(1) Die Vollstreckungsanweisung gilt für das Vollstreckungsverfahren der Bundes- und Landesfinanzbehörden. In gerichtlichen Vollstreckungsverfahren ist die Vollstreckungsanweisung nicht anzuwenden.

(2) Die Vollstreckungsanweisung gilt namentlich für die Vollstreckung von

1. Steuern einschließlich Zöllen und Abschöpfungen (§ 3 Abs. 1 AO) sowie Steuervergütungen,
2. steuerlichen Nebenleistungen (§ 3 Abs. 4 AO),
3. vom Vollstreckungsschuldner zurückzuzahlenden Beträgen, die ihm ohne rechtlichen Grund erstattet oder vergütet worden sind (§ 37 Abs. 2 AO),
4. Geldbußen (§§ 377 bis 383, § 412 Abs. 2 AO),
5. Ordnungsgeldern und
6. Kosten des Bußgeldverfahrens (§ 412 Abs. 2 AO).

Für die Vollstreckung der in Satz 1 Nr. 4 bis 6 bezeichneten Geldleistungen gelten die Vorschriften der Vollstreckungsanweisung nur, soweit sich aus dem Gesetz nichts anderes ergibt (vgl. §§ 89 bis 104 OWiG i. V. m. § 412 Abs. 2 AO; Artikel 7, 8 und 9 Abs. 2 EGStGB).

(3) Über die Ausführung der Vollstreckung durch Vollziehungsbeamte enthält die allgemeine Verwaltungsvorschrift für Vollziehungsbeamte der Finanzverwaltung (Vollziehungsanweisung) nähere Bestimmungen.

2 Vollstreckungsbehörden

Vollstreckungsbehörden sind die Finanzämter und die Hauptzollämter sowie die Landesfinanzbehörden, denen durch eine Rechtsverordnung nach § 17 Absatz 2 Satz 3 Nummer 3 des Finanzverwaltungsgesetzes die landesweite Zuständigkeit für Kassengeschäfte und das Erhebungsverfahren einschließlich der Vollstreckung übertragen worden ist (§ 249 Absatz 1 Satz 3 der Abgabenordnung)

3 Vollstreckungsschuldner

(1) Als Vollstreckungsschuldner im Sinne dieser Bestimmungen gilt derjenige, gegen den sich ein Vollstreckungsverfahren tatsächlich richtet, unabhängig davon, ob seine Inanspruchnahme zu Recht erfolgt (§ 253 AO).

(2) Das Vollstreckungsverfahren kann sich auch gegen denjenigen richten, der kraft Gesetzes, zum Beispiel nach den §§ 69 bis 75 der Abgabenordnung, den § 2382 des Bürgerlichen Gesetzbuches, den §§ 25, 128 des Handelsgesetzbuches oder nach den Einzelsteuergesetzen, für eine

Steuer haftet und durch Haftungsbescheid in Anspruch genommen worden ist (§ 191 Abs. 1 AO). Wer sich auf Grund eines Vertrages verpflichtet hat, für die Steuer eines anderen einzustehen, kann nur nach den Vorschriften des bürgerlichen Rechts in Anspruch genommen werden (§ 192 AO).

(3) Vollstreckungsschuldner ist auch derjenige, der kraft Gesetzes verpflichtet ist, die Vollstreckung zu dulden und durch Duldungsbescheid in Anspruch genommen worden ist (§§ 77, 191 Abs. 1 AO); zum Beispiel Ehegatten und Lebenspartner (Abschnitt 27), Nießbraucher (Abschnitt 28), Erben (Abschnitte 29 bis 31) und Rechtsnachfolger im Sinne des § 323 der Abgabenordnung.

Vollstreckbarkeit von Verwaltungsakten

4 Vollstreckbarkeit von Verwaltungsakten

Verwaltungsakte können vollstreckt werden, soweit nicht ihre Vollziehung ausgesetzt ist (§ 251 Abs. 1 AO). In Insolvenzverfahren (Abschnitt 57 bis 64) ist § 251 Abs. 2, 3 der Abgabenordnung zu beachten.

Einstellung, Beschränkung, Aufhebung und Unbilligkeit der Vollstreckung

5 Einstellung und Beschränkung der Vollstreckung

(1) Die Vollstreckung ist nach § 257 der Abgabenordnung einzustellen oder zu beschränken, sobald

1. die Vollstreckbarkeitsvoraussetzung des § 251 Abs. 1 der Abgabenordnung weggefallen ist,
2. der Verwaltungsakt, aus dem vollstreckt wird, aufgehoben wird,
3. der Anspruch auf die Leistung erloschen ist, zum Beispiel durch Zahlung, Aufrechnung, Erlass, Verjährung (§ 47 AO),
4. die Leistung gestundet worden ist (§ 222 AO).

(2) In den Fällen des Absatzes 1 Nr. 2 und 3 sind bereits getroffene Vollstreckungsmaßnahmen aufzuheben. Ist der Verwaltungsakt durch eine gerichtliche Entscheidung aufgehoben worden, so gilt dies nur, soweit die Entscheidung unanfechtbar geworden ist und nicht auf Grund der Entscheidung ein neuer Verwaltungsakt zu erlassen ist. Ist die Leistung gestundet oder die Vollziehung eines angefochtenen Verwaltungsaktes ausgesetzt worden, bleiben die Vollstreckungsmaßnahmen bestehen, soweit nicht ihre Aufhebung ausdrücklich angeordnet oder die Rückwirkung der Aufhebung der Vollziehung verfügt worden ist. Bleiben Vollstreckungsmaßnahmen bestehen, unterbleiben für die Dauer einer Stundung oder Aussetzung der Vollziehung weitere Maßnahmen zur Durchführung der Vollstreckung, wie zum Beispiel die Verwertung gepfändeter Sachen.

(3) Ist die Aufteilung einer Gesamtschuld nach den §§ 268 bis 280 der Abgabenordnung beantragt worden, dürfen Vollstreckungsmaßnahmen, solange über den Antrag durch die für die Steuerfestsetzung zuständige Stelle nicht unanfechtbar entschieden worden ist, nur insoweit durchgeführt werden, als dies zur Sicherung des Anspruchs erforderlich ist. Sicherungsmaßnahmen können gegen jeden der Schuldner wegen des Gesamtanspruchs ergriffen werden. Nach der Aufteilung darf die Vollstreckung nur nach Maßgabe der auf die einzelnen Schuldner entfallenden Beträge durchgeführt werden (§ 278 Abs. 1 AO), soweit nicht nach § 278 Abs. 2 der Abgabenordnung eine weitergehende Inanspruchnahme möglich ist.

(4) Hat der Vollstreckungsschuldner wegen Rückständen, die der Vollstreckungsstelle bereits mitgeteilt worden sind, Stundung (§ 222 AO), Erlass (§ 227 AO) oder Aussetzung der Vollziehung (§ 361 AO, § 69 Abs. 2 FGO) beantragt, soll über die Anträge unverzüglich entschieden werden.

Die für die Entscheidung über den Antrag zuständige Stelle soll die Vollstreckungsstelle über das Vorliegen des Antrags unterrichten - soweit der Antrag der Vollstreckungsstelle nicht bereits bekannt ist - und sich zu den Erfolgsaussichten des Antrags äußern. Hat der Vollstreckungsschuldner bei Gericht Antrag auf vorläufigen Rechtsschutz gestellt (§ 69 Abs. 3, § 114 FGO), hat die Vollstreckungsstelle mit dem Gericht wegen des weiteren Vorgehens Verbindung aufzunehmen. Die Vollstreckungsstelle hat sodann zu entscheiden, ob Vollstreckungsmaßnahmen eingeleitet oder bereits begonnene Vollstreckungsverfahren eingestellt, beschränkt oder fortgeführt werden sollen. Das Vollstreckungsverfahren ist einzuleiten oder fortzuführen, wenn die Anträge aussichtslos erscheinen, wenn sie offensichtlich nur den Zweck verfolgen, das Vollstreckungsverfahren hinauszuschieben oder wenn Gefahr im Verzug besteht; entsprechendes gilt, wenn bei Gericht Antrag auf vorläufigen Rechtsschutz gestellt worden ist (§§ 69, 114 FGO).

6 Aufhebung von Vollstreckungsmaßnahmen

(1) Soweit nach Abschnitt 5 Abs. 2 bereits getroffene Vollstreckungsmaßnahmen aufzuheben sind, ist im Einzelnen wie folgt zu verfahren:

1. Pfändungen (Sachpfändungen, Pfändungen von Forderungen und anderen Vermögensrechten) sind aufzuheben.
2. Ist dem Vollziehungsbeamten Vollstreckungsauftrag erteilt worden (vgl. Abschnitt 34), ist er anzuweisen, keine weiteren Vollstreckungsmaßnahmen mehr zu ergreifen.
3. Der Antrag auf Eintragung einer Sicherungshypothek (Abschnitte 45 bis 47) ist durch schriftliche Erklärung gegenüber dem Grundbuchamt zurückzunehmen, wenn die Sicherungshypothek noch nicht eingetragen ist (§§ 29, 31 GBO). Ist die Sicherungshypothek bereits eingetragen, bleibt es dem Grundstückseigentümer überlassen, das Grundbuch berichtigen zu lassen. Dem Vollstreckungsschuldner oder einem anderen Berechtigten, zum Beispiel einem Dritten, auf den durch Entrichtung des beizutreibenden Betrages der Anspruch des Gläubigers gemäß §§ 268, 1150 des Bürgerlichen Gesetzbuches übergegangen ist, ist eine Zahlungsbestätigung und löschungsfähige Quittung oder Löschungsbewilligung zu erteilen.
4. Der Antrag auf Zwangsversteigerung oder Zwangsverwaltung (Abschnitte 45 bis 48) ist durch schriftliche Erklärung gegenüber dem Vollstreckungsgericht, durch mündliche Erklärung im Versteigerungstermin (zur Aufnahme in die Sitzungsniederschrift) oder zu Protokoll des Urkundsbeamten des Vollstreckungsgerichts zurückzunehmen. Der Antrag auf Zwangsversteigerung kann bis zur Erteilung des Zuschlags, der Antrag auf Zwangsverwaltung kann jederzeit zurückgenommen werden. Der Insolvenzantrag (Abschnitt 58) ist - im Hinblick auf die Kostenfolge (§ 91a ZPO) - schriftlich gegenüber dem Insolvenzgericht für erledigt zu erklären. Der Insolvenzantrag kann nicht mehr für erledigt erklärt werden, wenn das Gericht den Beschluss über die Eröffnung verkündet, einem Beteiligten zugestellt oder öffentlich bekannt gemacht hat. Bei Erlöschen des Anspruchs durch Zahlung wird auf § 14 Absatz 1 Satz 2 der Insolvenzordnung sowie § 14 Absatz 3 der Insolvenzordnung hingewiesen.

(2) Sind die Voraussetzungen für eine Aufhebung oder Beschränkung der Vollstreckung nur zum Teil gegeben, so sind die Vollstreckungsmaßnahmen entsprechend zu beschränken. In den Fällen des Absatzes 1 Nr. 3 ist ein Eintragungsantrag immer zurückzunehmen, wenn der verbleibende Betrag siebenhundertfünfzig Euro nicht übersteigt (vgl. § 866 Abs. 3 ZPO).

7 Unbilligkeit der Vollstreckung

(1) Soweit im Einzelfall die Vollstreckung unbillig ist, kann die Vollstreckungsbehörde die Vollstreckung über die in den Abschnitten 5, 6 gezogenen Grenzen hinaus einstweilen einstellen, beschränken oder eine Vollstreckungsmaßnahme aufheben (§ 258 AO). Die Entscheidung hierüber ist von der Vollstreckungsbehörde nach pflichtgemäßem Ermessen (§ 5 AO) zu treffen. Die Einstellung oder Beschränkung ist nicht von einem Antrag des Vollstreckungsschuldners abhängig.

(2) Unbilligkeit im Sinne des Absatzes 1 ist anzunehmen, wenn die Vollstreckung oder eine einzelne Vollstreckungsmaßnahme dem Vollstreckungsschuldner einen unangemessenen Nachteil

bringen würde, der durch kurzfristiges Zuwarten oder durch eine andere Vollstreckungsmaßnahme vermieden werden könnte. Nachteile, die üblicherweise mit der Vollstreckung oder der einzelnen Vollstreckungsmaßnahme verbunden sind, begründen keine Unbilligkeit.

(3) Bei Maßnahmen nach Absatz 1 Satz 1 sind grundsätzlich Säumniszuschläge weiter zu erheben. Wird die Maßnahme dem Vollstreckungsschuldner mitgeteilt, so ist er hierauf hinzuweisen.

Vollstreckungsersuchen

8 Amtshilfe

(1) Wird die Ausführung von Vollstreckungsmaßnahmen außerhalb der örtlichen Zuständigkeit der Vollstreckungsbehörde erforderlich, so ist die örtlich zuständige Vollstreckungsbehörde um die Durchführung zu ersuchen. Das gleiche gilt für Maßnahmen, die nicht Vollstreckungshandlungen sind, aber mit der Vollstreckung im Zusammenhang stehen, zum Beispiel die Vernehmung von Auskunftspersonen. Unberührt bleiben die Vorschriften der §§ 111 bis 115 der Abgabenordnung über die Rechts- und Amtshilfe sowie entsprechende bundes- und landesrechtliche Regelungen, soweit Geldleistungen, die nicht auf Grund von Steuergesetzen gefordert werden, von den Finanzämtern, den Hauptzollämtern oder den Landesfinanzbehörden, denen durch eine Rechtsverordnung nach § 17 Absatz 2 Satz 3 Nummer 3 des Finanzverwaltungsgesetzes die landesweite Zuständigkeit für Kassengeschäfte und das Erhebungsverfahren einschließlich der Vollstreckung übertragen worden ist, als Vollstreckungsbehörden zu vollstrecken sind.

(2) Amtshilfe kommt regelmäßig in Betracht, wenn in bewegliche Sachen außerhalb der örtlichen Zuständigkeit der Vollstreckungsbehörde vollstreckt werden soll. Bei der Vollstreckung in Forderungen, andere Vermögensrechte und in das unbewegliche Vermögen soll um Amtshilfe nur ersucht werden, wenn dies nach Sachlage geboten erscheint.

(3) Bei Gefahr im Verzug kann die Vollstreckungsbehörde auch ohne Ersuchen tätig werden. Die örtlich zuständige Vollstreckungsbehörde ist hiervon unverzüglich zu unterrichten (§ 29 AO).

(4) Das Ersuchen um Amtshilfe soll von der Vollstreckungsbehörde schriftlich gestellt werden. Bei Gefahr im Verzug kann das Ersuchen auch mündlich erfolgen. In diesem Fall ist das Ersuchen jedoch unverzüglich schriftlich zu bestätigen. Das Ersuchen kann auf eine bestimmte genau zu bezeichnende Maßnahme beschränkt werden. Wird das Ersuchen lediglich aus Zweckmäßigkeitsgründen gestellt, ist dies besonders zu begründen. Im Übrigen soll das Ersuchen die in Abschnitt 34 Abs. 2 Nr. 1 bis 8 und 11 genannten Angaben enthalten. Die Vollstreckbarkeit des Anspruchs ist zu bestätigen.

(5) Vollstreckungsersuchen der Vollstreckungsbehörden sollen nicht gestellt werden, wenn die Summe der rückständigen Beträge weniger als sechsunddreißig Euro beträgt.

9 Ausführung von Vollstreckungsersuchen

(1) Soweit eine Vollstreckungsbehörde auf Ersuchen einer anderen Vollstreckungsbehörde Vollstreckungsmaßnahmen ausführt, tritt sie an die Stelle der anderen Vollstreckungsbehörde. Die ersuchte Vollstreckungsbehörde hat die Vollstreckung im eigenen Namen zu betreiben. Pfändungspfandrechte werden von der Körperschaft erworben, der die ersuchte Vollstreckungsbehörde angehört. Für die Vollstreckbarkeit des Anspruchs bleibt die ersuchende Vollstreckungsbehörde verantwortlich (§ 250 Abs. 1 AO). Sind die Voraussetzungen für eine Einstellung oder Beschränkung der Vollstreckung nach Abschnitt 5 gegeben, ist dies der ersuchten Vollstreckungsbehörde unverzüglich mitzuteilen.

(2) Hält sich die ersuchte Vollstreckungsbehörde für unzuständig oder hält sie die Handlung, um die sie ersucht worden ist, für unzulässig oder unzweckmäßig, teilt sie ihre Bedenken der ersuchenden Vollstreckungsbehörde mit. Kommt zwischen den Vollstreckungsbehörden eine Einigung nicht zustande, entscheidet die Aufsichtsbehörde der ersuchten Vollstreckungsbehörde (§ 250 Abs. 2 AO). Steht zweifelsfrei fest, dass für die Durchführung des Vollstreckungsersu-

chens eine andere als die ersuchte Vollstreckungsbehörde zuständig ist, ist das Vollstreckungsersuchen an die zuständige Vollstreckungsbehörde weiterzuleiten. Die ersuchende Vollstreckungsbehörde ist über die Abgabe zu unterrichten.

10 Zwischenstaatliche Vollstreckungshilfe

Die Erledigung zwischenstaatlicher Rechts- und Amtshilfeersuchen ist in § 117 der Abgabenordnung geregelt. Vollstreckungsersuchen anderer Staaten sind nach den Vorschriften der Abgabenordnung zu erledigen, soweit die Voraussetzungen für die Gewährung von Amtshilfe gegeben sind.

Einwendungen gegen die Vollstreckung, Rechtsbehelfe

11 Einwendungen gegen die Vollstreckung

(1) Die Durchführung der Vollstreckung wird nicht dadurch gehindert, dass der Vollstreckungsschuldner Einwendungen gegen den zu vollstreckenden Verwaltungsakt, zum Beispiel gegen die Steuerfestsetzung erhebt. Einwendungen dieser Art sind außerhalb des Vollstreckungsverfahrens mit den hierfür zugelassenen Rechtsbehelfen zu verfolgen (§ 256 AO).

(2) Bei Einwendungen gegen die Zulässigkeit der Vollstreckung selbst ist die Vollstreckung gegebenenfalls nach Maßgabe des Abschnitts 5 einzustellen oder zu beschränken, wenn die Voraussetzungen hierfür nachgewiesen werden. Kann der Nachweis nicht geführt werden, ist die Vollstreckung in der Regel fortzusetzen. Der Vollstreckungsschuldner kann gegebenenfalls außerhalb des Vollstreckungsverfahrens den Erlass eines Verwaltungsaktes nach § 218 Abs. 2 der Abgabenordnung beantragen.

(3) Absatz 2 gilt entsprechend, wenn der Steuerpflichtige gegen den zu vollstreckenden Anspruch die Aufrechnung erklärt. Die Aufrechnung ist nur zulässig mit unbestrittenen oder rechtskräftig festgestellten fälligen Gegenansprüchen (§ 226 Abs. 3 AO). Das Erfordernis der Kassengleichheit (§ 395 BGB) findet keine Anwendung. Besteht keine Kassengleichheit, ist die Behörde, die den geschuldeten Betrag auszuzahlen hat, um Auskunft zu ersuchen, ob der Anspruch des Steuerpflichtigen unbestritten oder rechtskräftig festgestellt und fällig ist. Will der Steuerpflichtige mit einer noch nicht fälligen, aber in Kürze fällig werdenden Gegenforderung aufrechnen, ist in der Regel zu prüfen, ob die Vollstreckung einstweilen einzustellen oder zu beschränken ist (vgl. Abschnitt 7). Wegen der Aufrechnung gegenüber dem Steuerpflichtigen wird auf Abschnitt 22 Abs. 4 hingewiesen.

(4) Ist die Vollziehung des Verwaltungsaktes gegen Sicherheitsleistung ausgesetzt, ist die Vollstreckung in der Regel erst einzustellen oder zu beschränken, wenn die Leistung der Sicherheit nachgewiesen ist.

12 Rechtsbehelfsverfahren

(1) Bei Streitigkeiten wegen Vollstreckungsmaßnahmen sind die Rechtsbehelfe der Abgabenordnung und der Finanzgerichtsordnung gegeben, soweit nichts anderes bestimmt ist.

(2) Rechtsbehelf gegen Maßnahmen der Vollstreckung ist vorbehaltlich des Abschnitts 13 der Einspruch (§ 347 AO). Er ist unzulässig vor Beginn und nach Beendigung der Vollstreckungsmaßnahme, gegen die er sich richtet. Auf die Bestimmungen der Abschnitte 22 Abs. 5 und 34 Abs. 5 Satz 2 wird hingewiesen.

(3) Zur Einlegung des Einspruchs ist nur befugt, wer geltend macht, durch eine Vollstreckungsmaßnahme beschwert zu sein. Durch Einlegung des Einspruchs wird die Vollstreckung vorbehaltlich des Abschnitts 52 Abs. 3 Satz 1 Nr. 2 nicht gehemmt.

13 Rechte Dritter

(1) Über Einwendungen Dritter nach §§ 262, 293 der Abgabenordnung hat die Vollstreckungsstelle unverzüglich zu entscheiden. Gibt die Vollstreckung den Einwendungen nicht statt, soll sie auf die Möglichkeit der Klage vor den ordentlichen Gerichten hinweisen.

(2) Für die Klage ist ausschließlich das ordentliche Gericht zuständig, in dessen Bezirk die Vollstreckung erfolgt (§ 262 Abs. 3 AO). Bei der Pfändung einer Forderung oder eines sonstigen Vermögensrechts richtet sich die Zuständigkeit nach dem Sitz der pfändenden Vollstreckungsbehörde. Bei der Vollstreckung in das unbewegliche Vermögen ist das Gericht der belegenen Sache zuständig.

(3) Die Vollstreckung wird durch Einwendungen und durch Klage nach Absatz 1 und 2 nicht gehemmt. Das Prozessgericht kann die Einstellung der Vollstreckung und die Aufhebung von Vollstreckungsmaßnahmen nach §§ 769, 770 der Zivilprozessordnung einstweilig anordnen (§ 262 Abs. 2 AO).

(4) Besteht das Recht des Dritten in einem Pfand- oder Vorzugsrecht an einer Sache, die nicht in seinem Besitz ist, kann er der Pfändung nicht widersprechen, sondern lediglich vorzugsweise Befriedigung verlangen (§ 293 AO). Macht der Pfandberechtigte sein Recht gegenüber der Vollstreckungsstelle geltend, ist entsprechend Absatz 1 zu verfahren. Die Vollstreckung ist auch dann fortzusetzen, wenn der Dritte seinen Anspruch auf vorzugsweise Befriedigung im Wege der Klage geltend macht. Für die Klage auf vorzugsweise Befriedigung ist das ordentliche Gericht zuständig, in dessen Bezirk gepfändet worden ist (§ 293 Abs. 2 AO).

Niederschlagung

14 Niederschlagung

(1) Ansprüche aus dem Steuerschuldverhältnis (§ 37 der Abgabenordnung) sollen niedergeschlagen werden, wenn zu erwarten ist, dass

1. die Erhebung keinen Erfolg haben wird (§ 261 Nummer 1 der Abgabenordnung) oder
2. die Kosten der Erhebung außer Verhältnis zu dem zu erhebenden Betrag stehen werden (§ 261 Nummer 2 der Abgabenordnung).

Dies gilt auch für Ordnungsgelder sowie für Kosten auf Grund von Bescheiden der Finanzbehörden im Bußgeldverfahren (§ 412 Absatz 2, 3 der Abgabenordnung).

(2) Die Niederschlagung ist eine verwaltungsinterne Maßnahme der Vollstreckungsbehörde; sie führt nicht zum Erlöschen der Ansprüche. Bis zum Erlöschen des Anspruchs (§ 47 AO) ist seine jederzeitige Geltendmachung möglich.

(3) Die Niederschlagung soll dem Vollstreckungsschuldner nicht mitgeteilt werden. Wird sie dennoch mitgeteilt, soll zum Ausdruck gebracht werden, dass die Niederschlagung nicht die Wirkung einer Stundung oder eines Erlasses hat.

15 Entscheidung über die Niederschlagung

(1) Ob die Kosten der Erhebung außer Verhältnis zum niederzuschlagenden Betrag stehen, ist nach den Verhältnissen des Einzelfalles zu entscheiden. Im Regelfall kann davon ausgegangen werden, dass die Kosten der Erhebung außer Verhältnis zu dem geschuldeten Betrag stehen, wenn

1. die Summe der rückständigen Beträge weniger als sechsunddreißig Euro beträgt, es sei denn, der Vollstreckungsauftrag kann zusammen mit Vollstreckungsaufträgen gegen andere Vollstreckungsschuldner ohne übermäßigen Zeitaufwand ausgeführt werden,
2. die Summe der rückständigen Beträge weniger als zweihundertfünfzig Euro beträgt, die Vollstreckung in das bewegliche Vermögen durch den Vollziehungsbeamten erfolglos verlaufen

ist und andere Vollstreckungsmöglichkeit, zum Beispiel Lohn- oder Kontenpfändungen, auch nach Auswertung der Steuerakten, nicht ersichtlich sind,

3. die Summe der rückständigen Beträge weniger als zweihundertfünfzig Euro beträgt, der Vollstreckungsschuldner aber unbekannt verzogen ist, Aufenthaltsermittlungen bei den zuständigen Behörden erfolglos verlaufen sind und im Übrigen auch keine Vollstreckungsmöglichkeiten nach Nummer 2 bestehen.

(2) Erkennt die Vollstreckungsbehörde, dass die Erhebung keinen Erfolg haben wird, zum Beispiel wegen Zahlungsunfähigkeit des Vollstreckungsschuldners oder weil der Vollstreckungsschuldner unbekannt verzogen ist und Aufenthaltsermittlungen erfolglos geblieben sind, soll die Prüfung, ob andere Personen den rückständigen Betrag schulden oder dafür haften, möglichst frühzeitig veranlasst werden. Die Niederschlagung ist erst zu verfügen, wenn zu erwarten ist, dass die rückständigen Beträge weder vom Vollstreckungsschuldner noch von einem Dritten eingezogen werden können. Nach der Eröffnung eines Verfahrens nach der Insolvenzordnung sind Abgabenforderungen, soweit es sich um Insolvenzforderungen handelt, mit Überwachung niederzuschlagen; die Prüfung der Inanspruchnahme Dritter bleibt unberührt.

(3) Die Niederschlagung bedarf der Genehmigung der vorgesetzten Finanzbehörde, wenn der niedergeschlagene Betrag die von den obersten Finanzbehörden festgesetzte Grenze überschreitet oder die Genehmigung aus sonstigen Gründen der vorgesetzten Finanzbehörde vorbehalten ist. Der Genehmigungsvorbehalt gilt nicht für Niederschlagungen im Sinne des Absatzes 2 Satz 3.

(4) Der Grund für die Niederschlagung ist festzuhalten.

16 Anzeige der Niederschlagung

Die Vollstreckungsstelle hat die Kasse, bei der die niedergeschlagenen Beträge zum Soll stehen, von der Niederschlagung zu unterrichten. Im automatisierten Verfahren ist die Niederschlagung der Datenerfassungsstelle zur Datenerfassung mitzuteilen; diese Mitteilung entfällt, wenn der Rückstand in einem vereinfachten maschinellen Verfahren niedergeschlagen worden ist. Die Veranlagungs- oder Festsetzungsstelle ist mit Ausnahme der Fälle des Abschnitts 15 Abs. 1 Satz 2 ebenfalls über die Niederschlagung in Kenntnis zu setzen. Im Bereich der Zollverwaltung gilt die in Satz 3 enthaltene Ausnahmeregelung grundsätzlich nicht. Bei der Niederschlagung von Kraftfahrzeugsteuer ist eine Mitteilung an die Festsetzungsstelle nicht erforderlich.

17 Überwachung der Niederschlagung

(1) In Fällen der Niederschlagung wegen mangelnder Erfolgsaussicht der Vollstreckung hat die Vollstreckungsstelle - insbesondere bei größeren Rückständen - stichprobenweise vor dem Eintritt der Verjährung die Vermögens- und Einkommensverhältnisse des Vollstreckungsschuldners zu prüfen (Abschnitt 20 Abs. 2), gegebenenfalls die Verjährung durch Maßnahmen nach § 231 der Abgabenordnung zu unterbrechen und die Vollstreckung fortzusetzen. Das Ergebnis der Prüfung ist in geeigneter Form festzuhalten. Auf eine Überwachung kann verzichtet werden, sobald feststeht, dass mit einer künftigen Realisierung der Ansprüche mit Sicherheit nicht mehr zu rechnen ist, z.B. im Falle des Nachlassinsolvenzverfahrens oder der aufgelösten Gesellschaft ohne Haftungsschuldner.

(2) Zahlungen auf niedergeschlagene Rückstände sollen auf der Rückstandsanzeige oder auf der Niederschlagungsverfügung vermerkt werden, sofern ihre Berücksichtigung nicht in anderer Form sichergestellt ist.

18 Vollstreckung gegen juristische Personen des öffentlichen Rechts

(1) Gegen den Bund oder ein Land ist die Vollstreckung nicht zulässig (§ 255 Abs. 1 Satz 1 AO).

(2) Gegen juristische Personen des öffentlichen Rechts, die der Staatsaufsicht unterliegen, zum Beispiel Gemeinden, Gemeindeverbände, Handels- und Handwerkskammern und Sozialversicherungsträger, ist die Vollstreckung nur mit Zustimmung der Aufsichtsbehörde des Vollstreckungsschuldners zulässig. Die Aufsichtsbehörde bestimmt den Zeitpunkt der Vollstreckung und die Vermögensgegenstände, in die vollstreckt werden kann (§ 255 Abs. 1 Satz 2 und 3 AO).

(3) Ist der Vollstreckungsstelle ein Rückstand angezeigt worden, der von einem der in Absatz 1 und Absatz 2 Satz 1 genannten Schuldner zu entrichten ist, wendet sich die Vollstreckungsstelle zunächst an die Stelle, der es obliegt, zur Zahlung des Rückstands Anweisung zu erteilen. Wird dabei kein Einvernehmen erreicht, berichtet die Vollstreckungsstelle hierüber der vorgesetzten Finanzbehörde. Diese versucht sodann, gegebenenfalls durch Einschaltung der obersten Finanzbehörde, zu einer Regelung der Angelegenheit zu gelangen.

(4) Gegenüber öffentlich-rechtlichen Kreditinstituten gelten die Beschränkungen der Absätze 2 und 3 nicht (§ 255 Abs. 2 AO).

Zweiter Teil - Anordnung und Durchführung der Vollstreckung

Allgemeines

19 Voraussetzungen für den Beginn der Vollstreckung

(1) Soweit nichts anderes bestimmt ist, darf die Vollstreckung nach § 254 Abs. 1 der Abgabenordnung erst beginnen, wenn die Leistung fällig ist, der Vollstreckungsschuldner zur Leistung aufgefordert worden (Leistungsgebot) und seit der Aufforderung mindestens eine Woche verstrichen ist. Der Erlass des Leistungsgebotes ist keine Maßnahme der Vollstreckung; es wird regelmäßig mit dem zu vollstreckenden Verwaltungsakt verbunden. Ein besonderes Leistungsgebot ist jedoch dann erforderlich, wenn der Verwaltungsakt gegen den Rechtsnachfolger wirkt, ohne ihm bekannt gegeben zu sein (§ 254 i.V.m. § 45 AO); dies gilt nicht im Fall der Vollstreckung nach Abschnitt 30 Abs. 2. Hat der Vollstreckungsschuldner eine von ihm auf Grund einer Steueranmeldung geschuldete Leistung nicht erbracht, ist weder ein Leistungsgebot noch die Einhaltung der Wochenfrist erforderlich.

(2) Ein Leistungsgebot wegen der Säumniszuschläge, Zinsen und Vollstreckungskosten ist nicht erforderlich, wenn sie zusammen mit dem Hauptanspruch beigetrieben werden (§ 254 Abs. 2 AO).

(3) Vollstreckungsmaßnahmen sind nicht deshalb unzulässig, weil eine nach § 259 der Abgabenordnung gebotene Mahnung unterblieben oder vor Ablauf der Mahnfrist mit der Vollstreckung begonnen worden ist.

20 Vorbereitung der Vollstreckung

(1) Nach Eingang der Rückstandsanzeige prüft die Vollstreckungsstelle, ob und welche Vollstreckungsmaßnahmen ergriffen werden sollen.

(2) Zur Vorbereitung der Vollstreckung können die Finanzbehörden die Vermögens- und Einkommensverhältnisse des Vollstreckungsschuldners ermitteln (§ 249 Abs. 2 Satz 1 AO); §§ 85 bis 107 und §§ 111 bis 117 der Abgabenordnung sind insoweit anwendbar. Unter den Voraussetzungen des § 93 der Abgabenordnung können auch Dritte und Vorlagepflichtige zur Auskunft herangezogen werden. Zur Ermittlung der Vermögens- und Einkommensverhältnisse kann die Vollstreckungsstelle auch die Durchführung einer Außenprüfung anregen (§§ 193 bis 203 AO) oder gegebenenfalls die Steuerfahndung oder Zollfahndung um Mitwirkung ersuchen (§ 208 Abs. 2 Nr. 1 AO).

(3) Werden nichtsteuerliche Geldleistungen vollstreckt, darf die Finanzbehörde alle ihr bekannt gewordenen und nach § 30 der Abgabenordnung geschützten Daten verwenden (§ 249 Abs. 2 Satz 2 AO). Soweit die Finanzbehörde zur Vorbereitung der Vollstreckung Ermittlungen auf

Grund außersteuerlicher Rechtsvorschriften durchführt, stehen ihr die Ermittlungsbefugnisse nach Absatz 2 nicht zur Verfügung.

(4) Die Vollstreckung soll nicht versucht werden, wenn sie nach den Vermögens- und Einkommensverhältnissen des Vollstreckungsschuldners aussichtslos erscheint. Die Vollstreckungsstelle kann in geeigneten Fällen vom Vollstreckungsschuldner die Vorlage eines Vermögensverzeichnisses verlangen.

21 Anfechtung außerhalb des Insolvenzverfahrens

(1) Erlangt die Finanzbehörde Kenntnis von Vermögensübertragungen durch den Steuerpflichtigen auf Dritte, so ist die Anfechtung der zugrunde liegenden Rechtshandlungen nach dem Gesetz über die Anfechtung von Rechtshandlungen eines Schuldners außerhalb des Insolvenzverfahrens (AnfG) zu prüfen. Bestehen keine fälligen Ansprüche, ist zu prüfen, ob Leistungsgebote als Voraussetzung für das Anfechtungsverfahren zu erlassen sind.

(2) Die Anfechtung wegen Ansprüchen aus dem Steuerschuldverhältnis erfolgt durch Duldungsbescheid (§ 191 AO in Verbindung mit den Vorschriften des Anfechtungsgesetzes), soweit sie nicht einredeweise (§ 9 AnfG) geltend zu machen ist. Durch Duldungsbescheid kann auch Wertersatz gefordert werden (Hinweise auf §§ 812 ff. BGB), wenn der Dritte nicht in der Lage ist, der Vollstreckungsbehörde den erhaltenen Gegenstand zur Verfügung zu stellen.

22 Anordnung der Vollstreckung

(1) Vor Anordnung der Vollstreckung hat die Vollstreckungsstelle, soweit dies nach dem Inhalt der Rückstandsanzeige oder des der Vollstreckungsstelle zugeleiteten Leistungsgebotes möglich ist, zu prüfen,

1. ob dem Vollstreckungsschuldner das Leistungsgebot bekannt gegeben und seit der Bekanntgabe mindestens eine Woche verstrichen ist,
2. ob die Leistung fällig und
3. ob der Vollstreckungsschuldner gemahnt oder vor Eintritt der Fälligkeit an die Zahlung erinnert worden ist.

Bei der Vollstreckung von Geldbußen und Kosten des Bußgeldverfahrens (Abschnitt 1 Abs. 2 Nr. 4 und 6) ist außerdem zu prüfen, ob die Rechtskraft eingetreten ist. Führt die Prüfung zu Beanstandungen, hat sich die Vollstreckungsstelle mit der Kasse oder der für den Erlass des Leistungsgebotes zuständigen Stelle (Veranlagungsstelle, Festsetzungsstelle) in Verbindung zu setzen.

(2) Stellt die Vollstreckungsstelle fest, dass ein nach Abschnitt 19 erforderliches Leistungsgebot dem Vollstreckungsschuldner nicht bekannt gegeben worden ist, holt sie die Bekanntgabe nach oder ersucht die Veranlagungs- oder Festsetzungsstelle um Bekanntgabe des Leistungsgebots. Ist die Mahnung unterblieben, soll die Vollstreckungsstelle sie nachholen, wenn zu erwarten ist, dass sich dadurch Vollstreckungsmaßnahmen erübrigen.

(3) Ergibt die Prüfung nach Absatz 1, dass die Voraussetzungen für den Beginn der Vollstreckung gegeben sind, ordnet die Vollstreckungsstelle die Vollstreckung durch Erlass der Pfändungsverfügung, Erteilung des Vollstreckungsauftrages oder Einleitung sonstiger Vollstreckungsmaßnahmen an. Eine besondere Anordnungsverfügung wird in der Regel nicht erlassen.

(4) Die Vollstreckung soll nicht angeordnet werden, wenn mit der zu vollstreckenden Forderung gegen Ansprüche des Vollstreckungsschuldners aufgerechnet werden kann; der Grundsatz der Kassengleichheit (§ 395 BGB) und das Erfordernis des Unbestrittenseins oder der rechtskräftigen Feststellung der Forderung des Vollstreckungsschuldners gilt insoweit nicht. Gegen Ansprüche des Vollstreckungsschuldners, die von der Kasse einer anderen Finanzbehörde oder von einer anderen öffentlichen Kasse zu begleichen sind, soll eine Aufrechnung nur erklärt werden, wenn die Kasse, die den geschuldeten Betrag auszuzahlen hat, nicht mit eigenen Gegenforderungen aufrechnen kann. Die Aufrechnung ist schriftlich zu erklären. In der Aufrechnungserklärung sind

die Ansprüche, die gegeneinander aufgerechnet werden, nach Grund und Betrag genau zu bezeichnen. Je eine Ausfertigung der Aufrechnungserklärung ist dem Vollstreckungsschuldner und den beteiligten Kassen zu übersenden.

(5) Die Anordnung der Vollstreckung ist eine verwaltungsinterne - nicht anfechtbare - Maßnahme, die dem Vollstreckungsschuldner nicht bekannt gegeben wird. Die Vollstreckungsstelle kann jedoch aus Gründen der Zweckmäßigkeit dem Vollstreckungsschuldner ankündigen, dass demnächst Vollstreckungsmaßnahmen ergriffen werden, wenn damit zu rechnen ist, dass er daraufhin leisten wird; auch gegen diese Ankündigung ist kein förmlicher Rechtsbehelf gegeben.

23 Einleitung der Vollstreckung

(1) Mit Einleitung der Vollstreckung hat die Vollstreckungsstelle zu entscheiden, welche Maßnahmen ergriffen werden sollen. In Betracht kommen folgende Möglichkeiten:

1. Die Vollstreckungsstelle führt die Vollstreckung selbst aus (Abschnitt 25; zum Beispiel Vollstreckung in Forderungen und andere Vermögensrechte).
2. Die Vollstreckungsstelle beauftragt den Vollziehungsbeamten, die Vollstreckung auszuführen (Abschnitte 24, 34; zum Beispiel Vollstreckung in bewegliche Sachen).
3. Die Vollstreckungsstelle stellt beim Amtsgericht als Vollstreckungs- oder Insolvenzgericht oder beim Grundbuchamt den Antrag, Vollstreckungsmaßnahmen zu ergreifen (Abschnitte 26, 45 bis 51, 58; zum Beispiel Antrag auf Zwangsversteigerung, Zwangsverwaltung oder Eintragung einer Sicherungshypothek).
4. Die Vollstreckungsstelle macht den Anspruch des Vollstreckungsgläubigers in einem Insolvenzverfahren geltend (Abschnitte 57 ff.; zum Beispiel durch Anmeldung beim Insolvenzverwalter).
5. Die Vollstreckungsstelle ersucht eine andere Behörde, die Vollstreckung auszuführen (Abschnitte 8 bis 10; zum Beispiel Vollstreckung im Bezirk einer anderen Vollstreckungsbehörde).
6. Die Vollstreckungsstelle nimmt einen Dritten nach dem Anfechtungsgesetz in Anspruch (Abschnitt 21; zum Beispiel auf Grund eines Duldungsbescheides, § 191 AO i.V.m. den Vorschriften des Anfechtungsgesetzes).

(2) Soweit die Zulässigkeit einzelner Vollstreckungsmaßnahmen nicht durch besondere Bestimmungen (Abschnitt 45 Abs. 3 Satz 1 und Abs. 4, Abschnitt 60 Abs. 1) eingeschränkt ist, entscheidet die Vollstreckungsstelle nach pflichtgemäßem Ermessen über die zu treffenden Vollstreckungsmaßnahmen. In erster Linie sollen solche Vollstreckungsmaßnahmen ergriffen werden, von denen nach den besonderen Umständen des Falles bei angemessener Berücksichtigung der Belange des Vollstreckungsschuldners am schnellsten und sichersten ein Erfolg zu erwarten ist. Die beabsichtigte Vollstreckungsmaßnahme muss in angemessenem Verhältnis zu dem erstrebten Erfolg stehen; die Höhe der Forderung den mit ihr verbundenen Verwaltungsaufwand rechtfertigen.

(3) Mehrere Vollstreckungsmaßnahmen können gleichzeitig ergriffen werden, wenn es zur Deckung der Rückstände einschließlich der Kosten der Vollstreckung erforderlich ist. Besteht für den Anspruch des Vollstreckungsgläubigers ein Pfandrecht an einer beweglichen Sache des Vollstreckungsschuldners und hat der Vollstreckungsgläubiger das Pfand im Besitz (im unmittelbaren oder mittelbaren Besitz, im Alleinbesitz oder Mitbesitz), soll in das übrige Vermögen des Vollstreckungsschuldners oder in das Vermögen eines anderen Gesamtschuldners insoweit nicht vollstreckt werden, als der Anspruch des Vollstreckungsgläubigers durch den Wert des Pfandes gedeckt ist. Haftet das Pfand noch für andere Ansprüche des Vollstreckungsgläubigers, gilt Satz 2 insoweit, als die anderen Ansprüche durch den Wert des Pfandes gedeckt sind. Außer einer derartigen Überpfändung ist auch jede andere Übersicherung, zum Beispiel durch Sicherungsübereignung, zu vermeiden. Sätze 2 und 3 gelten nicht im Rahmen der Sachhaftung nach § 76 der Abgabenordnung. Inhaberpapiere und Orderpapiere gelten als bewegliche Sachen im Sinne der Sätze 2 und 3.

(4) Führen Vollstreckungsmaßnahmen nicht zum Erfolg oder erscheinen sie aussichtslos, ist zu prüfen, ob die Löschung im Handels- oder Genossenschaftsregister (Abschnitt 65), ein gewerbe- und berufsrechtliches Untersagungsverfahren, eine Maßnahme nach dem Pass- oder Aufenthaltsgesetz (Abschnitt 66) oder eine Abmeldung von Fahrzeugen von Amts wegen (Abschnitt 67) in Betracht kommt.

24 Ausführung der Vollstreckung durch Vollziehungsbeamte

(1) Mit der Ausführung der Vollstreckung kann die Vollstreckungsstelle einen Vollziehungsbeamten insbesondere in folgenden Fällen beauftragen:

1. Vollstreckung in bewegliche Sachen einschließlich der auf den Inhaber oder auf Namen lautenden Wertpapiere sowie der vom Boden noch nicht getrennten Früchte (§§ 285 bis 308 AO),
2. Pfändung von Forderungen aus Wechseln und anderen Papieren, die durch Indossament übertragen werden können, zum Beispiel Wechsel, kaufmännische Orderpapiere (§ 312 AO),
3. Vollstreckung zur Herausgabe von Sachen (§ 310 Absatz 1 Satz 2, § 315 Absatz 2 Satz 5, § 321 Absatz 4 zweiter Halbsatz AO),
4. Entgegennahme und Verwertung von Sachen in den Fällen des § 318 Abs. 2 der Abgabenordnung,
5. Verwertung von Forderungen und anderen Vermögensrechten in den Fällen des § 317 der Abgabenordnung.

(2) Ein Vollziehungsbeamter kann auch beauftragt werden, zur Feststellung von Forderungen und anderen Vermögensrechten in die Geschäftsbücher Einsicht zu nehmen.

(3) Vollziehungsbeamte im Sinne des Absatzes 1 sind Amtsträger, die zur Ausführung von Vollstreckungsmaßnahmen ständig eingesetzt oder mit der Ausführung solcher Vollstreckungsmaßnahmen in Einzelfällen beauftragt worden sind.

25 Ausführung der Vollstreckung durch die Vollstreckungsstelle

Der Vollstreckungsstelle obliegen namentlich folgende Maßnahmen:

1. Pfändung und Einziehung von Forderungen und anderen Vermögensrechten (Abschnitte 41 bis 44); dies gilt nicht, soweit die Vollstreckung in Forderungen, die in Wertpapieren verbrieft sind, durch den Vollziehungsbeamten auszuführen ist (Abschnitt 24 Absatz 1 Nummer 1, 2),
2. Antrag auf Eintragung einer Sicherungshypothek, auf Zwangsverwaltung oder Zwangsversteigerung (Abschnitte 45 bis 51),
3. Abnahme der Vermögensauskunft und Anordnung der Eintragung in das Schuldnerverzeichnis (Abschnitt 52)
4. Abnahme der eidesstattlichen Versicherung (Abschnitt 53),
5. Anmeldung von Steuerforderungen im Insolvenzverfahren (Abschnitte 60, 63),
6. Antrag auf Eröffnung des Insolvenzverfahrens (Abschnitt 58).

26 Vollstreckungs- und Insolvenzantrag

(1) Die Vollstreckungsstelle stellt bei der zuständigen Stelle die erforderlichen Anträge, wenn

1. in das unbewegliche Vermögen vollstreckt (§ 322 AO) oder
2. über das Vermögen des Vollstreckungsschuldners das Insolvenzverfahren eröffnet

werden soll. Zuständig für die Entgegennahme von Anträgen auf Zwangsversteigerung, Zwangsverwaltung oder die Eröffnung des Insolvenzverfahrens ist das zuständige Amtsgericht als Vollstreckungs- oder Insolvenzgericht, für die Entgegennahme von Anträgen auf Eintragung einer Sicherungshypothek das zuständige Grundbuchamt.

(2) Der Antrag ist schriftlich zu stellen. Er soll die in Abschnitt 34 Abs. 2 Nr. 1 bis 7 und 11 erster Halbsatz bezeichneten Angaben enthalten. Bei der Vollstreckung in das unbewegliche Vermögen ist zu bestätigen, dass die gesetzlichen Voraussetzungen für die Vollstreckung vorliegen (§ 322 Abs. 3 Satz 2 AO).

(3) Die Frage, ob der zu vollstreckende Anspruch besteht und vollstreckbar ist, unterliegt nicht der Beurteilung der in Absatz 1 Satz 2 genannten Stellen (vgl. § 322 Abs. 3 Satz 3 AO).

(4) Ein Antrag im vorstehenden Sinne liegt nicht vor, wenn die in Absatz 1 Satz 2 genannten Stellen um Mitwirkung bei Vollstreckungsmaßnahmen ersucht werden. Dies gilt namentlich für Ersuchen um

1. Eintragung in das Grundbuch, wenn die Vollstreckungsstelle eine Forderung, für die eine Hypothek besteht, oder eine Grundschuld, eine Rentenschuld oder eine Reallast pfändet (§ 310 Abs. 1 Satz 3, § 321 Abs. 6 AO, §§ 29, 30 GBO),
2. Bestellung eines Treuhänders in den Fällen des § 318 Abs. 3 der Abgabenordnung,
3. Einleitung des gerichtlichen Verteilungsverfahrens (§ 308 Abs. 4, § 320 AO),
4. Berichtigung des Grundbuchs (vgl. Abschnitt 46 Abs. 2 Satz 2 und Abs. 3 Satz 1).

Ersuchen der in Nummern 1 und 4 bezeichneten Art sind an das Grundbuchamt und Ersuchen der in Nummern 2 und 3 genannten Art sind an das Amtsgericht als Vollstreckungsgericht zu richten.

Vollstreckung gegen Ehegatten, Lebenspartner, Nießbraucher, Erben, nichtrechtsfähige Personenvereinigungen

27 Vollstreckung gegen Ehegatten oder Lebenspartner

(1) Für die Vollstreckung gegen Ehegatten oder gegen Lebenspartner sind die Vorschriften der §§ 739, 740, 741, 743, 744a und 745 der Zivilprozessordnung entsprechend anzuwenden (§ 263 AO).

(2) Zugunsten der Gläubiger eines Ehegatten oder eines Lebenspartners wird vermutet, dass die im Besitz eines Ehegatten oder eines Lebenspartners oder beider Ehegatten oder beider Lebenspartner befindlichen beweglichen Sachen dem Schuldner gehören (§ 1362 BGB, § 8 LPartG). Soweit die Eigentumsvermutung nach § 1362 des Bürgerlichen Gesetzbuches reicht, gilt, unbeschadet der Rechte Dritter, für die Durchführung der Vollstreckung nur der Schuldner als Gewahrsamsinhaber und Besitzer (§ 739 ZPO). Bei ausschließlich zum persönlichen Gebrauch eines Ehegatten oder eines Lebenspartners bestimmten Sachen wird im Verhältnis der Ehegatten oder der Lebenspartner zueinander und zu den Gläubigern vermutet, dass sie dem Ehegatten oder dem Lebenspartner gehören, für dessen Gebrauch sie bestimmt sind. Leben die Ehegatten oder die Lebenspartner getrennt, so gilt die Eigentumsvermutung nicht hinsichtlich der Sachen, die sich im Besitz des Ehegatten oder des Lebenspartners befinden, der nicht Schuldner ist. In diesem Fall ist davon auszugehen, dass der Schuldner nur an den Sachen Gewahrsam hat, die sich in seiner tatsächlichen Gewalt befinden.

(3) Die Vollstreckung gegen Ehegatten oder gegen Lebenspartner, die im Güterstand der Zugewinngemeinschaft (gesetzlicher Güterstand) oder in Gütertrennung leben, findet nur in das Vermögen des zur Leistung verpflichteten Ehegatten oder des zur Leistung verpflichteten Lebenspartners statt.

(4) Leben die Ehegatten oder die Lebenspartner in Gütergemeinschaft (§§ 1415 bis 1518 BGB, § 7 LPartG) und verwaltet einer von ihnen das Gesamtgut allein, ist zur Vollstreckung in das Gesamtgut ein Leistungsgebot (Haftungsbescheid/Duldungsbescheid) gegen diesen Ehegatten

oder gegen diesen Lebenspartner erforderlich und genügend. Verwalten die Ehegatten oder die Lebenspartner das Gesamtgut gemeinschaftlich, ist die Vollstreckung in das Gesamtgut nur zulässig, wenn gegen beide Ehegatten oder gegen beide Lebenspartner ein Leistungsgebot vorliegt (§ 740 ZPO). Betreibt ein Ehegatte oder ein Lebenspartner, der das Gesamtgut nicht oder nicht allein verwaltet, selbständig ein Erwerbsgeschäft, so genügt zur Vollstreckung in das Gesamtgut ein Leistungsgebot gegen diesen Ehegatten oder gegen diesen Lebenspartner, es sei denn, dass bei Bekanntgabe des Leistungsgebots ein Einspruch gegen den Betrieb des Erwerbsgeschäfts oder ein Widerruf der Einwilligung des anderen Ehegatten oder des anderen Lebenspartners zu dessen Betrieb im Güterrechtsregister eingetragen war (§ 741 ZPO).

(5) Nach Beendigung der Gütergemeinschaft ist vor der Auseinandersetzung die Vollstreckung in das Gesamtgut nur zulässig, wenn sich das Leistungsgebot gegen beide Ehegatten oder gegen beide Lebenspartner richtet oder der eine Ehegatte oder der eine Lebenspartner zur Leistung und der andere zur Duldung der Vollstreckung verpflichtet ist (§ 743 ZPO). Eine Duldungspflicht des anderen Ehegatten oder des anderen Lebenspartners besteht in Ansehung des Gesamtgutes nur hinsichtlich einer Gesamtgutsverbindlichkeit (§ 1437 BGB). Wird eine Gesamtgutsverbindlichkeit in diesem Fall nicht vor der Auseinandersetzung berichtigt (§ 1475 BGB), so haftet der zuvor duldungspflichtige Ehegatte oder der zuvor duldungspflichtige Lebenspartner auch persönlich als Gesamtschuldner mit den zugeteilten Gegenständen (§ 1480 BGB).

(6) Für Ehegatten, die bis zum Ablauf des 2. Oktober 1990 im gesetzlichen Güterstand der Eigentums- und Vermögensgemeinschaft des Familiengesetzbuchs der Deutschen Demokratischen Republik gelebt haben, gelten mit Wirkung vom 3. Oktober 1990 die Bestimmungen des Bürgerlichen Gesetzbuches über den gesetzlichen Güterstand der Zugewinngemeinschaft. Dies gilt nicht, wenn die Ehegatten vor der zuständigen Stelle in der vorgeschriebenen Form bis zum 2. Oktober 1992 erklärt haben, dass der bisherige gesetzliche Güterstand weitergelten soll. Ist eine Erklärung nach Satz 2 nicht abgegeben worden, gilt die widerlegbare Vermutung, dass das gemeinschaftliche Eigentum der Ehegatten Bruchteilseigentum zu gleichen Bruchteilen geworden ist, sofern sich nicht aus dem Grundbuch andere Bruchteile ergeben oder im Güterrechtsregister des Amtsgerichts keine Eintragung über die Beibehaltung des alten Güterstands erfolgt ist (Artikel 234 §§ 4, 4a EGBGB). Leben die Ehegatten im Güterstand der Eigentums- und Vermögensgemeinschaft, sind für die Vollstreckung in das Gesamtgut die Vorschriften der §§ 740 bis 744, 774 und 860 der Zivilprozessordnung entsprechend anzuwenden (§ 744a ZPO).

(7) Im Fall der fortgesetzten Gütergemeinschaft ist zur Vollstreckung in das Gesamtgut ein gegen den überlebenden Ehegatten oder gegen den überlebenden Lebenspartner ergangenes Leistungsgebot erforderlich und genügend (§ 745 Absatz 1 ZPO). Ein vor Eintritt der fortgesetzten Gütergemeinschaft ergangenes Leistungsgebot ist zur Vollstreckung in das Gesamtgut nur dann hinreichend, wenn es gegen den überlebenden Ehegatten oder gegen den überlebenden Lebenspartner gerichtet war oder die Vollstreckung in das Gesamtgut bereits begonnen hatte. Andernfalls ist das Leistungsgebot dem überlebenden Ehegatten oder dem überlebenden Lebenspartner nochmals bekanntzugeben.

(8) Nach Beendigung der fortgesetzten Gütergemeinschaft gelten die Vorschriften des Absatzes 5 mit der Maßgabe, dass an die Stelle des Ehegatten oder des Lebenspartners, der das Gesamtgut allein verwaltet, der überlebende Ehegatte oder der überlebende Lebenspartner und an die Stelle des anderen Ehegatten oder des anderen Lebenspartners die anteilsberechtigten Abkömmlinge treten (§ 745 Absatz 2 ZPO).

28 Vollstreckung in Nießbrauch an einem Vermögen

(1) Für die Vollstreckung in Gegenstände, die dem Nießbrauch an einem Vermögen unterliegen, ist § 737 der Zivilprozessordnung entsprechend anzuwenden (§ 264 AO).

(2) Aus Leistungsgeboten wegen Forderungen, die vor der Bestellung eines Nießbrauchs an einem Vermögen (§ 1085 BGB) gegen den Besteller entstanden sind, kann in Gegenstände des dem Nießbrauch unterliegenden Vermögens vollstreckt werden, wenn gegen den Nießbraucher ein vollstreckbares Leistungsgebot auf Duldung der Vollstreckung ergangen ist (§ 737 Abs. 1 ZPO; § 1086 BGB). Für die Dauer des Nießbrauchs haftet der Nießbraucher persönlich neben

dem Besteller gesamtschuldnerisch für Zinsen solcher Forderungen gegen den Besteller, die vor Bestellung des Nießbrauchs an dem Vermögen entstanden und verzinslich waren, sowie unter den gleichen Voraussetzungen für diejenigen wiederkehrenden Leistungen, die bei ordnungsgemäßer Verwaltung aus den Einkünften des Vermögens bestritten werden (§ 1088 BGB). Die Haftung nach Satz 2 ist durch Haftungsbescheid geltend zu machen (§§ 191, 219 AO).

(3) Absatz 2 gilt bei dem Nießbrauch an einer Erbschaft für die Nachlassverbindlichkeiten entsprechend (§ 737 Abs. 2 ZPO).

29 Vollstreckung in einen Nachlass und gegen Erben; Grundsatz

Für die Vollstreckung gegen Erben sind die Vorschriften der §§ 1958, 1960 Abs. 3, § 1961 des Bürgerlichen Gesetzbuches sowie der §§ 747, 748, 778, 779, 781 bis 784 der Zivilprozessordnung entsprechend anzuwenden (§ 265 AO). Für die Vollstreckung gegen einen Vermächtnisnehmer sind § 781 der Zivilprozessordnung und § 2187 des Bürgerlichen Gesetzbuches entsprechend anzuwenden (§ 266 AO).

30 Vollstreckung in den Nachlass vor und nach Annahme der Erbschaft

(1) Solange der Erbe die Erbschaft nicht angenommen hat, ist eine Vollstreckung wegen eines Anspruchs, der sich gegen den Nachlass richtet, nur in den Nachlass zulässig (§ 778 Abs. 1 ZPO).

(2) Eine Vollstreckung, die vor dem Tode des Schuldners bereits begonnen hatte, wird in seinen Nachlass fortgesetzt, ohne dass es eines weiteren Leistungsgebots oder dessen erneuter Bekanntgabe gegen den Erben, Nachlasspfleger oder ähnliche Personen bedarf. Die Vollstreckung kann auf alle Gegenstände ausgedehnt werden, die zum Nachlass gehören. Ist bei einer Vollstreckungshandlung die Zuziehung des Schuldners nötig, so hat, wenn die Erbschaft noch nicht angenommen oder der Erbe unbekannt oder es ungewiss ist, ob er die Erbschaft angenommen hat, die Vollstreckungsstelle bei dem Amtsgericht, in dessen Bezirk die Vollstreckung ausgeführt werden soll, die Bestellung eines einstweiligen besonderen Vertreters zu beantragen. Die Bestellung hat zu unterbleiben, wenn ein Nachlasspfleger bestellt ist oder wenn die Verwaltung des Nachlasses einem Testamentsvollstrecker zusteht (§ 779 ZPO).

(3) Hat die Vollstreckung zu Lebzeiten des Schuldners noch nicht begonnen, ist sie in den Nachlass vor Annahme der Erbschaft nur zulässig, wenn auf Antrag der Vollstreckungsbehörde ein Nachlasspfleger bestellt (§ 1961 BGB) und diesem das Leistungsgebot, aus dem vollstreckt werden soll, bekannt gegeben worden ist. Die Bestellung eines Nachlasspflegers ist nicht erforderlich, wenn ein verwaltungsbefugter Testamentsvollstrecker vorhanden ist (§ 2213 BGB). Der Testamentsvollstrecker tritt insoweit an die Stelle eines Nachlasspflegers. Steht dem Testamentsvollstrecker keine Verwaltungsbefugnis oder eine solche nur hinsichtlich einzelner Nachlassgegenstände zu, so bedarf es vor Annahme der Erbschaft durch den Erben der Bestellung eines Nachlasspflegers, dem das Leistungsgebot bekannt zu geben ist; zur Vollstreckung in die der Verwaltung des Testamentsvollstreckers unterliegenden Nachlassgegenstände ist das Leistungsgebot auch ihm bekannt zu geben.

(4) Zur Vollstreckung in einen Nachlass wegen einer Forderung, die vor dem Tode des Erblassers begründet, jedoch diesem gegenüber noch nicht geltend gemacht worden ist, bedarf es eines Leistungsgebots gegen den Nachlasspfleger oder den verwaltungsbefugten Testamentsvollstrecker, solange der Erbe die Erbschaft noch nicht angenommen hat. Die Bestellung eines Nachlasspflegers ist gegebenenfalls zu beantragen. Absatz 2 Satz 4 gilt entsprechend.

(5) Ist der Schuldner von mehreren Personen beerbt worden, ist zur Vollstreckung in den Nachlass ein gegen alle Erben ergangenes Leistungsgebot erforderlich (§ 747 ZPO). Im Übrigen sind die Absätze 1 bis 4, 6 entsprechend anzuwenden.

(6) Unterliegt ein Nachlass der Verwaltung eines Testamentsvollstreckers, so ist zur Vollstreckung in den Nachlass ein Leistungsgebot gegen den Testamentsvollstrecker auch dann erforderlich und genügend, wenn der Erbe die Erbschaft angenommen hat. Nach Annahme der Erbschaft durch den Erben ist zur Vollstreckung in den der Verwaltung eines Testamentsvollstreckers unterliegenden Nachlass ein auf Duldung gerichtetes Leistungsgebot gegen diesen genügend, wenn dem Erben das auf Zahlung gerichtete Leistungsgebot bekannt gegeben worden ist (§ 748 ZPO).

(7) Wegen eigener Verbindlichkeiten des Erben ist eine Vollstreckung in den Nachlass vor Annahme der Erbschaft nicht zulässig (§ 778 Abs. 2 ZPO).

(8) Ein Leistungsgebot gegen den Erben wegen Steuerschulden des Erblassers ist vor Annahme der Erbschaft nicht zulässig (§ 1958 BGB). In diesen Fällen ist nach Absatz 3 zu verfahren (§§ 1960, 1961 BGB). Der Annahme der Erbschaft steht der Ablauf der Ausschlagungsfrist des § 1944 des Bürgerlichen Gesetzbuches gleich.

31 Beschränkung der Haftung des Erben und des Vermächtnisnehmers

(1) Der Erbe kann auch nach Annahme der Erbschaft oder Ablauf der Ausschlagungsfrist die Haftung auf den Nachlass beschränken. Die Beschränkung der Erbenhaftung bleibt unberücksichtigt, bis auf Grund derselben von dem Erben Einwendungen gegen die Vollstreckung erhoben werden (§ 781 ZPO). Einwendungen dieser Art sind als Einspruch nach § 347 der Abgabenordnung zu behandeln und können sein:

1. die Dreimonatseinrede nach § 2014 des Bürgerlichen Gesetzbuches; danach ist der Erbe berechtigt, die Berichtigung einer Steuerschuld des Erblassers bis zum Ablauf der ersten drei Monate nach der Annahme der Erbschaft, jedoch nicht über die Errichtung des Inventars hinaus (Absatz 3 Nr. 1), zu verweigern,
2. die Aufgebotseinrede nach § 2015 des Bürgerlichen Gesetzbuches; danach ist der Erbe berechtigt, die Berichtigung einer Steuerschuld des Erblassers bis zur Beendigung des Aufgebotsverfahrens zu verweigern, wenn er innerhalb eines Jahres nach Annahme der Erbschaft Antrag auf Erlass des Aufgebots der Nachlassgläubiger gestellt hat und der Antrag zugelassen ist,
3. die Beschränkung der Haftung für Steuerschulden des Erblassers, wenn Nachlassverwaltung angeordnet oder Nachlassinsolvenzverfahren eröffnet ist (§ 1975 BGB),
4. die Ausschließungseinrede nach § 1973 des Bürgerlichen Gesetzbuches; danach kann der Erbe die Befriedigung eines im Aufgebotsverfahren ausgeschlossenen Steuergläubigers verweigern, soweit der Nachlass durch die Befriedigung der nicht ausgeschlossenen Gläubiger erschöpft wird,
5. die Verschweigungseinrede nach § 1974 des Bürgerlichen Gesetzbuches; danach kann der Erbe die Berichtigung einer Steuerschuld des Erblassers verweigern, wenn der Steuergläubiger seine Forderung später als fünf Jahre nach dem Erbfall dem Erben gegenüber geltend macht, soweit der Nachlass durch die Befriedigung der übrigen Nachlassgläubiger erschöpft wird, es sei denn, dass dem Erben die Forderung vor Ablauf der fünf Jahre bekannt geworden oder diese im Aufgebotsverfahren angemeldet worden ist,
6. die Erschöpfungseinrede nach § 1990 des Bürgerlichen Gesetzbuches; danach kann der Erbe die Berichtigung einer Steuerschuld des Erblassers insoweit verweigern, als der Nachlass hierzu nicht ausreicht,
7. die Auseinandersetzungseinrede nach § 2059 des Bürgerlichen Gesetzbuches; danach kann bei mehreren Miterben jeder Erbe bis zur Teilung des Nachlasses die Berichtigung von Steuerschulden des Erblassers aus seinem persönlichen Vermögen verweigern.

Die Einreden des Erben nach Nummern 1 und 2 führen dazu, dass die Vollstreckung innerhalb der genannten Fristen auf solche Maßnahmen beschränkt wird, die zur Vollziehung eines Arrests zulässig sind (§ 782 ZPO). Die Einreden des Erben nach Nummer 3 schließen auch nach Beendigung der Nachlassverwaltung oder des Nachlassinsolvenzverfahrens die Vollstreckung in das persönliche Vermögen des Erben aus. Im Falle der Nummern 4 und 5 ist der Erbe weiterhin verpflichtet, einen Überschuss aus der Verwertung des Nachlasses nach den Vorschriften über die ungerechtfertigte Bereicherung herauszugeben. Pfandgläubiger und Gläubiger, die im Insolvenzverfahren Pfandgläubigern gleichstehen, sowie Gläubiger, für die dingliche Rechte an unbeweglichen Nachlassgegenständen bestehen, werden hinsichtlich dieser Gegenstände in ihrem Befriedigungsrecht nicht berührt. Unabhängig von der rechtlichen Wirkung der Einreden des Erben bleibt die Vollstreckung in den Nachlass nach Abschnitt 30 zulässig.

(2) Hinsichtlich der Nachlassgegenstände kann der Erbe die Beschränkung der Vollstreckung nach Absatz 1 Nr. 1 und 2 auch wegen seiner persönlichen Steuerschulden verlangen, es sei denn, er haftet für die Nachlassverbindlichkeiten unbeschränkt (§ 783 ZPO). Soweit Nachlassverwaltung angeordnet oder ein Nachlassinsolvenzverfahren eröffnet ist, kann der Erbe verlangen, dass Vollstreckungsmaßnahmen wegen Steuerschulden des Erblassers in sein nicht zum Nachlass gehörendes Vermögen aufgehoben werden, es sei denn, dass er für die Nachlassverbindlichkeiten unbeschränkt haftet (§ 784 ZPO). Die Rechte aus den Sätzen 1 und 2 kann der Erbe mit dem Einspruch nach § 347 der Abgabenordnung geltend machen.

(3) Der Erbe haftet unbeschränkt mit dem Nachlass und seinem eigenen Vermögen für Steuerschulden des Erblassers, wenn er

1. die nach § 1994 des Bürgerlichen Gesetzbuches auf Antrag des Gläubigers gesetzte Frist zur Inventarerrichtung versäumt hat,
2. Inventaruntreue im Sinne des § 2005 des Bürgerlichen Gesetzbuches begangen hat,
3. auf die Beschränkung der Erbenhaftung gegenüber den Nachlassgläubigern oder dem Verfahren betreibenden Gläubiger verzichtet hat.

Die Vollstreckungsstelle hat gegebenenfalls auf die Errichtung eines Inventars hinzuwirken (§ 1994 BGB).

(4) Der Vermächtnisnehmer haftet bei geltend gemachter Erschöpfungseinrede (§ 2187 Abs. 3, § 1992 BGB) nur mit dem Wert des vermachten Gegenstandes. Im Übrigen gilt Absatz 1 Nr. 6 entsprechend.

32

(weggefallen)

33 Vollstreckung gegen eine nichtrechtsfähige Personenvereinigung

(1) Zur Vollstreckung in das Vermögen einer nichtrechtsfähigen Personenvereinigung, die als solche steuerpflichtig ist, ist ein Leistungsgebot gegen diese Personenvereinigung erforderlich. Das gleiche gilt für Zweckvermögen und sonstige einer juristischen Person ähnliche steuerpflichtige Gebilde (§ 267 AO).

(2) Die Vollstreckung in das Vermögen eines Gesellschafters oder eines Mitglieds einer Vereinigung im Sinne des Absatzes 1 ist nur auf Grund eines gegen den einzelnen Gesellschafter oder das einzelne Mitglied gerichteten Haftungsbescheides und Leistungsgebotes möglich (§ 191 Abs. 1 und 4, § 249 Abs. 1 und § 254 Abs. 1 AO).

Dritter Teil - Vollstreckung in das bewegliche und unbewegliche Vermögen

Vollstreckung in Sachen

34 Vollstreckungsauftrag

(1) Der Vollstreckungsauftrag ist dem Vollziehungsbeamten schriftlich oder elektronisch zu erteilen.

(2) Der Vollstreckungsauftrag soll enthalten:

1. die Steuernummer oder Sollbuchnummer, unter der der Rückstand zum Soll steht. Steht der Rückstand bei einer anderen Kasse als der für die Vollstreckungsstelle zuständigen Kasse zum Soll, soll die andere Kasse in dem Vollstreckungsauftrag angegeben werden,
2. Familienname, Vornamen und Anschrift, gegebenenfalls auch Betriebsanschrift, des Vollstreckungsschuldners,
3. die Bezeichnung des beizutreibenden Geldbetrages und des Schuldgrundes, zum Beispiel Steuerart, Entrichtungszeitraum (§ 260 AO),
4. die Angabe des Tages, bis zu dem die aufgeführten Säumniszuschläge berechnet worden sind,
5. (weggefallen)
6. den Betrag der Kosten der Vollstreckung, die vor Erteilung des Vollstreckungsauftrages entstanden sind,
7. die Feststellung, dass der Vollstreckungsschuldner die Leistung (Nummer 3) sowie die Kosten (Nummern 5, 6) schuldet,
8. die Bezeichnung der Vollstreckungsmaßnahmen, die getroffen werden sollen, zum Beispiel die Pfändung beweglicher Sachen; richtet sich die Vollstreckung gegen die in Abschnitt 3 Abs. 3 bezeichneten Personen oder ist die Vollstreckung gegenständlich zu beschränken, zum Beispiel nach §§ 74, 75 der Abgabenordnung, ist auch das Vermögen, in das vollstreckt werden soll, aufzuführen,
9. die Anweisung an den Vollziehungsbeamten, den Auftrag innerhalb einer bestimmten Frist auszuführen,
10. den Hinweis, dass der Vollziehungsbeamte befugt ist, die geschuldete Leistung anzunehmen und über den Empfang Quittung zu erteilen,
11. die Unterschrift eine zuständigen Bediensteten der Vollstreckungsstelle der Vollstreckungsbehörde; bei mit Hilfe automatischer Einrichtungen erstellten Vollstreckungsaufträgen kann die Unterschrift fehlen.

(3) Soweit die in Absatz 2 geforderten Angaben bereits in der Rückstandsanzeige oder dem Vollstreckungsersuchen enthalten sind, kann in dem Vollstreckungsauftrag, wenn er damit fest verbunden ist, darauf Bezug genommen werden.

(4) Für die in einer Rückstandsanzeige zusammengefassten Rückstände wird nur ein Vollstreckungsauftrag erteilt. Liegen für einen Vollstreckungsschuldner mehrere Rückstandsanzeigen vor, kann für sämtliche Rückstände ein gemeinsamer Vollstreckungsauftrag erteilt werden.

(5) Der Vollstreckungsauftrag soll dem Vollziehungsbeamten nicht vor Ablauf der in Abschnitt 22 Abs. 1 Nr. 1 genannten Frist ausgehändigt werden. Der Vollstreckungsauftrag ist nicht anfechtbar (vgl. Abschnitt 22 Abs. 5 Satz 1).

35 Vollstreckung in bewegliche Sachen

Die Vollstreckung in bewegliche Sachen obliegt den Vollziehungsbeamten (§ 285 Abs. 1 AO). Das Verfahren regelt die allgemeine Verwaltungsvorschrift für Vollziehungsbeamte der Finanzverwaltung. Die Vollstreckungsstelle bestimmt den Einsatz und überwacht die Tätigkeit der Vollziehungsbeamten. Die Überprüfung hat sich auch darauf zu erstrecken, dass von den Vollziehungsbeamten die Vorschriften über Kosten, Pfändungsverbote und -beschränkungen, Vorwegpfändungen, Austauschpfändungen, vorläufige Austauschpfändungen und Schätzung der Sachen (§ 295 AO, § 811 bis 812 und 813 Abs. 1 bis 3 ZPO) eingehalten werden und Niederschriften und andere öffentliche Urkunden (§§ 415 bis 418 ZPO) in ihrer Beweiskraft nicht durch Mängel (vgl. § 419 ZPO) beeinträchtigt sind.

36 Verwertung gepfändeter Sachen

(1) Gepfändete Sachen und Sicherheiten (§ 327 AO) sind auf schriftliche Anordnung der Vollstreckungsstelle zu versteigern (§ 296 Abs. 1 AO). In der Versteigerungsanordnung ist eine Frist zu bestimmen, innerhalb welcher die Versteigerung auszuführen ist. Die gepfändeten Sachen dürfen nicht vor Ablauf einer Woche seit dem Tag der Pfändung versteigert werden, sofern sich nicht der Vollstreckungsschuldner mit einer früheren Versteigerung einverstanden erklärt oder diese erforderlich ist, um die Gefahr einer beträchtlichen Wertverringerung abzuwenden oder unverhältnismäßige Kosten längerer Aufbewahrung zu vermeiden (§ 298 Abs. 1 AO).

(2) Die Versteigerung wird durch den Vollziehungsbeamten oder eine andere Person ausgeführt. Ist die andere Person Angehöriger der Vollstreckungsbehörde, sind die Vorschriften der Abschnitte 51 bis 55 der Vollziehungsanweisung zu beachten. Wird nach Maßgabe des § 305 der Abgabenordnung eine andere Person mit der Versteigerung beauftragt, ist in der Versteigeirungsanordnung zu bestimmen, dass der Versteigerungserlös an die Kasse der Vollstreckungsbehörde abzuliefern ist.

37 Verwertung gepfändeter Wertpapiere

(1) Gepfändete Wertpapiere, die einen Börsen- oder Marktpreis haben, sind von der Vollstreckungsstelle unverzüglich durch ein Kreditinstitut zum Tageskurs zu verkaufen. Wertpapiere ohne Börsen- oder Marktpreis sind nach Abschnitt 36 nach den allgemeinen Vorschriften zu versteigern, sofern keine besondere Verwertung (Abschnitt 39, § 305 AO) zweckmäßig ist.

(2) Lautet ein gepfändetes Wertpapier auf einen Namen, so ist die Vollstreckungsstelle berechtigt, die Umschreibung auf den Namen des Käufers oder, wenn es sich um ein auf einen Namen umgeschriebenes Inhaberpapier handelt, die Rückverwandlung in ein Inhaberpapier zu erwirken und die hierzu erforderlichen Erklärungen an Stelle des Vollstreckungsschuldners abzugeben (§ 303 AO).

(3) Sind Forderungen aus Wechseln und anderen Papieren, die durch Indossament übertragen werden können, gepfändet worden (§ 312 AO), ordnet die Vollstreckungsstelle die Einziehung der Forderung durch besondere Verfügung an (§ 314 AO). Die Bestimmungen der Abschnitte 41 bis 44 gelten entsprechend.

38 Verwertung von Kostbarkeiten

Hat der Vollziehungsbeamte Kostbarkeiten gepfändet, lässt die Vollstreckungsstelle die Pfandsachen nach ihrem Verkaufswert, Gold- und Silbersachen auch nach ihrem Metallwert, durch einen Sachverständigen schätzen (§ 295 Satz 1 AO i.V.m. § 813 Abs. 1 Satz 2 ZPO). In der Versteigerungsanordnung ist anzugeben, wie hoch der Sachverständige den Verkaufswert, bei Gold- und Silbersachen auch den Metallwert, der Pfandsachen geschätzt hat. Der mit der Versteigerung Beauftragte darf Gold- oder Silbersachen nicht unter ihrem Metallwert zuschlagen (§ 300 Abs. 3 Satz 1 AO). Wird ein Gebot, das den Metallwert erreicht, nicht abgegeben, so lässt die Vollstreckungsstelle die Gold- oder Silbersachen aus freier Hand verkaufen. Der Verkaufspreis darf den Gold- oder Silberwert und die Hälfte des gewöhnlichen Verkaufswerts nicht unterschreiten.

39 Besondere Verwertung

Auf Antrag des Vollstreckungsschuldners oder aus besonderen Zweckmäßigkeitsgründen kann die Vollstreckungsstelle anordnen, dass eine gepfändete Sache in anderer Weise, als in den vorstehenden Abschnitten bestimmt ist, zu verwerten ist (§ 305 AO). Als andere Art der Verwertung kommt zum Beispiel der freihändige Verkauf einer Pfandsache in Betracht. Besondere Zweckmäßigkeitsgründe für eine abweichende Verwertung liegen in der Regel vor, wenn durch sie der Zweck der Verwertung, die Erzielung eines möglichst hohen Erlöses - unter Vermeidung ungebührlicher Nachteile für den Vollstreckungsschuldner -, besser erreicht wird. Über einen Antrag des Vollstreckungsschuldners hat die Vollstreckungsstelle nach pflichtgemäßem Ermessen zu entscheiden. Liegt kein Antrag des Vollstreckungsschuldners vor, soll der Vollstreckungsschuldner vor Anordnung der besonderen Verwertung angehört werden.

40 Aussetzung der Verwertung gepfändeter Sachen

Die Vollstreckungsstelle kann die Verwertung gepfändeter Sachen unter Anordnung von Zahlungsfristen zeitweilig aussetzen, wenn die alsbaldige Verwertung unbillig wäre (§ 297 AO). Neben dem Vorliegen von Billigkeitsgründen ist weitere Voraussetzung für eine Aussetzung der Verwertung, dass hinreichende Anhaltspunkte dafür vorliegen, dass der Vollstreckungsschuldner die in Aussicht genommenen Zahlungsfristen einhalten kann und will. Keine Billigkeitsgründe liegen vor, wenn der Vollstreckungsschuldner nur die Verwertung hinauszögern will.

Vollstreckung in Forderungen und andere Vermögensrechte

41 Pfändung und Einziehung einer Geldforderung

(1) Soll eine Geldforderung, die dem Vollstreckungsschuldner gegen einen Dritten (Drittschuldner) zusteht, gepfändet und eingezogen werden, hat die Vollstreckungsstelle die Pfändung schriftlich zu verfügen und die Einziehung der gepfändeten Forderung anzuordnen (§ 309 Abs. 1, § 314 Abs. 1 AO). Hierbei sind Beschränkungen und Verbote, die nach §§ 850 bis 852 der Zivilprozessordnung und anderen gesetzlichen Bestimmungen für die Pfändung von Forderungen und Ansprüchen bestehen, zu beachten (§ 319 AO).

(2) Die Pfändungsverfügung muss enthalten:

1. Familienname, Vornamen, Anschrift des Vollstreckungsschuldners,
2. den beizutreibenden Geldbetrag und den Schuldgrund, zum Beispiel Steuerart, Entrichtungszeitraum (§ 260 AO), wobei es genügt, wenn diese Angaben aus einer der Pfändungsverfügung beigefügten Anlage hervorgehen; in der an den Drittschuldner zuzustellenden Pfändungsverfügung ist der beizutreibende Geldbetrag nur in einer Summe, ohne Angabe der Steuerarten und der Zeiträume, für die er geschuldet wird, anzugeben (§ 309 Abs. 2 Satz 2 AO).
3. die Kosten für bisher ergriffene Vollstreckungsmaßnahmen und die Kosten für den Erlass der Pfändungsverfügung,
4. die Feststellung, dass der Vollstreckungsschuldner die in Nummern 2, 3 bezeichneten Beträge schuldet,
5. die Bezeichnung der Forderung, die dem Vollstreckungsschuldner gegen den Drittschuldner zusteht (Absatz 4), sowie den Ausspruch, dass wegen der in Nummern 2, 3 bezeichneten Beträge die Forderung gepfändet wird.
6. das an den Drittschuldner zu richtende Verbot, an den Vollstreckungsschuldner zu zahlen, sowie das an den Vollstreckungsschuldner zu richtende Gebot, sich jeder Verfügung über die Forderung, insbesondere ihrer Einziehung, zu enthalten,

7. die Unterschrift eines zuständigen Bediensteten der Vollstreckungsstelle; dies gilt nicht, wenn die Pfändungsverfügung formularmäßig oder mit Hilfe automatisierter Einrichtungen erlassen wird.

(3) Die Pfändungsverfügung soll ferner die Aufforderung an den Drittschuldner enthalten, binnen zwei Wochen, von der Zustellung der Pfändungsverfügung an gerechnet, zu erklären:

1. ob und inwieweit er die Forderung als begründet anerkenne und bereit sei zu zahlen,
2. ob und welche Ansprüche andere Personen an die Forderung erheben,
3. ob und wegen welcher Ansprüche die Forderung bereits für andere Gläubiger gepfändet sei,
4. ob innerhalb der letzten zwölf Monate im Hinblick auf das Konto, dessen Guthaben gepfändet worden ist, nach § 850l der Zivilprozessordnung die Unpfändbarkeit des Guthabens angeordnet worden ist, und
5. ob es sich bei dem Konto, dessen Guthaben gepfändet worden ist, um ein Pfändungsschutzkonto im Sinne des § 850k Absatz 7 der Zivilprozessordnung handelt.

(4) In der Pfändungsverfügung ist die Forderung, die gepfändet wird (Absatz 2 Nr. 5), so eindeutig zu bezeichnen, dass kein Zweifel am Gegenstand der Pfändung möglich ist. Dazu gehört die Angabe des Drittschuldners und des Schuldgrundes, zum Beispiel Lohn, Darlehen, Mietzins, Pachtzins, Kaufpreis, Sparkasseneinlage. Bei Pfändung einer Forderung, für die eine Hypothek besteht, sind, soweit nicht nach § 310 Abs. 3 der Abgabenordnung zu verfahren ist, außer den Angaben, die zur Bezeichnung der Forderung dienen, eine Angabe über die Art der Hypothek, zum Beispiel Briefhypothek oder Buchhypothek, und die Bezeichnung des belasteten Grundstücks in die Pfändungsverfügung aufzunehmen.

(5) Die Anordnung der Einziehung (Einziehungsverfügung) soll regelmäßig mit der Pfändungsverfügung verbunden werden. Sie soll die Aufforderung an den Drittschuldner enthalten, in Höhe der Pfändung den von ihm geschuldeten Betrag bei Eintritt der Fälligkeit an die zuständige Kasse zu zahlen.

(6) Eine Zahlungsaufforderung an den Drittschuldner (Absatz 5 Satz 2) ist in die Einziehungsverfügung nicht aufzunehmen, wenn der Drittschuldner nur gegen Aushändigung oder Vorlegung einer über die Forderung ausgestellten Urkunde, zum Beispiel eines Sparkassenbuchs, zur Zahlung verpflichtet ist und die Urkunde dem Drittschuldner nicht zusammen mit der Einziehungsverfügung ausgehändigt werden kann. In diesem Fall muss die Vollstreckungsstelle zunächst die Einziehungsverfügung dem Drittschuldner zustellen und dies dem Vollstreckungsschuldner mitteilen, sich die Urkunde verschaffen (§ 315 Abs. 2 AO) und nach Eintritt der Fälligkeit gegen Aushändigung oder unter Vorlage der Urkunde die gepfändete Forderung bei dem Drittschuldner einziehen.

(7) Die Pfändungsverfügung und die Einziehungsverfügung sind dem Drittschuldner in der Regel durch die Post mit Zustellungsurkunde zuzustellen. Richtet sich die gepfändete Forderung gegen mehrere Drittschuldner, zum Beispiel gegen Miterben, ist die Zustellung an jeden erforderlich.

(8) Nach Zustellung der Pfändungsverfügung und Einziehungsverfügung an den Drittschuldner hat die Vollstreckungsstelle dem Vollstreckungsschuldner eine Abschrift der Pfändungsverfügung und Einziehungsverfügung zu übersenden und mitzuteilen, an welchem Tag die Zustellung an den Drittschuldner erfolgt ist.

42 Pfändung und Einziehung eines Herausgabeanspruchs und anderer Vermögensrechte

(1) Für die Pfändung von Ansprüchen auf Herausgabe oder Leistung von Sachen, zum Beispiel beweglichen Sachen, Liegenschaften, Schiffen, Luftfahrzeugen, die dem Vollstreckungsschuldner gegen einen Dritten - Drittschuldner - zustehen, gelten die Bestimmungen des Abschnitts 41 entsprechend. In der Einziehungsverfügung ordnet die Vollstreckungsstelle an, dass der Drittschuldner nach Eintritt der Fälligkeit

1. bewegliche Sachen an einen in der Einziehungsverfügung zu bezeichnenden Vollziehungsbeamten,

2. unbewegliche Sachen an einen vom Amtsgericht als Vollstreckungsgericht zu bestellenden Treuhänder herauszugeben hat (§ 318 Abs. 2 bis 4 AO).

(2) Die Vollstreckungsstelle hat

1. in den Fällen des Absatzes 1 Nr. 1 den Vollziehungsbeamten mit der Entgegennahme der Sache zu beauftragen (Abschnitt 24 Nr. 4),
2. in den Fällen des Absatzes 1 Nr. 2 bei dem zuständigen Amtsgericht als Vollstreckungsgericht die Bestellung eines Treuhänders zu beantragen. Dem Antrag ist eine Ausfertigung der Pfändungsverfügung und Einziehungsverfügung beizufügen. Den Beschluss, durch den das Amtsgericht als Vollstreckungsgericht den Treuhänder bestellt, lässt die Vollstreckungsstelle dem Drittschuldner und dem Vollstreckungsschuldner zustellen; dies kann zusammen mit der Zustellung der Pfändungsverfügung und Einziehungsverfügung geschehen.

(3) Die Pfändung in andere Vermögensrechte, die nicht Gegenstand der Vollstreckung in das unbewegliche Vermögen sind, zum Beispiel Anteilsrechte an einer OHG, KG, GmbH, Urheberrechte, Patentrechte, richtet sich nach § 321 der Abgabenordnung.

43 Pfändung einer durch Hypothek gesicherten Forderung

(1) Wird eine Forderung gepfändet, für die eine Buchhypothek (§ 1116 Abs. 2, § 1185 Abs. 1 BGB) besteht, ersucht die Vollstreckungsbehörde, soweit nicht § 1159 oder § 1187 des Bürgerlichen Gesetzbuches anzuwenden ist (vgl. § 310 Abs. 3 AO), das Grundbuchamt, die Pfändung in das Grundbuch einzutragen. Dem Ersuchen ist eine Ausfertigung der Pfändungsverfügung beizufügen (§§ 29, 30 GBO).

(2) Wird eine Forderung gepfändet, für die eine Briefhypothek (§ 1116 Abs. 1 BGB) besteht, stellt die Vollstreckungsbehörde, soweit nicht § 1159 des Bürgerlichen Gesetzbuches anzuwenden ist (vgl. § 310 Abs. 3 AO), dem Vollstreckungsschuldner die Pfändungsverfügung mit der Aufforderung zu, den Hypothekenbrief unverzüglich an die Vollstreckungsbehörde herauszugeben. Wird mit der Zustellung ein Vollziehungsbeamter beauftragt, kann ihm gleichzeitig der Auftrag auf Wegnahme des Hypothekenbriefes erteilt werden (§ 310 Absatz 1 Satz 2, § 315 Absatz 2 Satz 2 AO).

(3) Wird die Pfändungsverfügung und Einziehungsverfügung vor der Übergabe des Hypothekenbriefes oder der Eintragung der Pfändung in das Grundbuch dem Drittschuldner zugestellt, so gilt die Pfändung diesem gegenüber mit der Zustellung als bewirkt (§ 310 Abs. 2 AO). In einer mit der Pfändungsverfügung verbundenen Einziehungsverfügung ist darauf hinzuweisen, dass die Einziehungsverfügung erst mit der Eintragung der Pfändung im Grundbuch oder der Übergabe des Hypothekenbriefes an die Vollstreckungsbehörde wirksam wird. Der Hinweis nach Satz 2 ist nicht erforderlich, wenn der Hypothekenbrief bereits vom Vollziehungsbeamten im Wege der Hilfspfändung in Besitz genommen worden ist. Sobald die Einziehungsverfügung wirksam geworden ist, hat die Vollstreckungsstelle den Drittschuldner hierüber unverzüglich zu unterrichten.

44 Weiteres Verfahren bei der Pfändung von Forderungen

(1) Hängt die Fälligkeit der vom Drittschuldner geschuldeten Leistung von einer Kündigung ab, ist die Vollstreckungsbehörde auf Grund der Einziehungsverfügung (§ 315 Abs. 1 AO) berechtigt, das dem Vollstreckungsschuldner zustehende Kündigungsrecht auszuüben.

(2) Die Vollstreckungsstelle hat den Eingang der Drittschuldnererklärung zu überwachen. Sie kann ein Zwangsgeld festsetzen, wenn die Erklärung nicht abgegeben wird (§ 316 Abs. 2 Satz 3 AO).

(3) Leistet der Drittschuldner nicht oder erhebt er unbegründete Einwendungen, soll die Vollstreckungsbehörde unverzüglich gegen ihn vorgehen (§ 316 Abs. 3 AO, § 842 ZPO). Klagt die Vollstreckungsbehörde gegen den Drittschuldner, ist dem Vollstreckungsschuldner der Streit zu verkünden (§ 316 Abs. 3 AO, § 841 ZPO). Erscheint es nicht angebracht, gegen den Drittschuldner vorzugehen, ist die Pfändung insoweit aufzuheben. Die Aufhebung ist dem Drittschuldner und dem Vollstreckungsschuldner mitzuteilen.

(4) Die Vollstreckungsstelle soll dem Vollstreckungsschuldner eine Bescheinigung erteilen, dass seine Rückstände in Höhe der vom Drittschuldner geleisteten Zahlungen getilgt worden sind. Urkunden über die gepfändete Forderung sind, soweit sie nicht dem Drittschuldner auszuhändigen sind, dem Vollstreckungsschuldner zurückzugeben, sobald die Pfändung erledigt oder aufgehoben ist. Dies gilt auch für Gegenstände, die zur Sicherung der dem Vollstreckungsschuldner gegen den Drittschuldner zustehenden Forderung dienen. Ist die Pfändung einer Forderung, für die eine Hypothek besteht, in das Grundbuch eingetragen worden, bleibt nach Erledigung oder Aufhebung der Pfändung die Berichtigung des Grundbuchs dem Vollstreckungsschuldner überlassen. Dem Vollstreckungsschuldner ist eine Bescheinigung in grundbuchmäßiger Form (§ 29 GBO) zu erteilen.

Vollstreckung in das unbewegliche Vermögen

45 Gegenstand und Voraussetzung der Vollstreckung in das unbewegliche Vermögen

(1) Der Vollstreckung in das unbewegliche Vermögen unterliegen außer den Grundstücken die Berechtigungen, für welche die sich auf Grundstücke beziehenden Vorschriften gelten (sog. grundstücksgleiche Rechte, wie zum Beispiel Erbbaurechte, Kohlenabbaugerechtigkeiten), die im Schiffsregister eingetragenen Schiffe, die Schiffsbauwerke und Schwimmdocks, die im Schiffsbauregister eingetragen sind oder in dieses Register eingetragen werden können, sowie die Luftfahrzeuge, die in der Luftfahrzeugrolle eingetragen sind oder nach Löschung in der Luftfahrzeugrolle noch in dem Register für Pfandrechte an Luftfahrzeugen eingetragen sind (§ 322 Abs. 1 AO). Wegen der anzuwendenden Vorschriften wird auf § 322 Abs. 1 Satz 2, Abs. 2 der Abgabenordnung verwiesen.

(2) Soll in das unbewegliche Vermögen vollstreckt werden, hat die Vollstreckungsstelle zu entscheiden, ob die Eintragung einer Sicherungshypothek, Zwangsversteigerung, Zwangsverwaltung oder mehrere dieser Vollstreckungsmaßnahmen nebeneinander beantragt werden sollen.

(3) Die Eintragung einer Sicherungshypothek darf nur beantragt werden, wenn der rückständige Betrag siebenhundertfünfzig Euro übersteigt; Zinsen (Abschnitt 1 Abs. 2 Nr. 2) bleiben dabei unberücksichtigt, soweit sie als Nebenforderungen geltend gemacht sind. Verschiedene Forderungen der Vollstreckungsbehörde werden bei der Berechnung der Wertgrenze zusammengerechnet (§ 866 Abs. 3 ZPO).

(4) Zwangsversteigerung oder Zwangsverwaltung soll nur beantragt werden, wenn festgestellt ist, dass der Geldbetrag durch Vollstreckung in das bewegliche Vermögen nicht beigetrieben werden kann (§ 322 Abs. 4 AO), oder wenn die Vollstreckung in das bewegliche Vermögen die Belange des Vollstreckungsschuldners in nicht vertretbarer Weise beeinträchtigen würde.

46 Verfahren

(1) Die Eintragung einer Sicherungshypothek, die Zwangsversteigerung oder die Zwangsverwaltung eines Grundstücks kann beantragt werden, wenn der Vollstreckungsschuldner im Grundbuch als Eigentümer eingetragen ist (§ 39 Abs. 1 GBO; § 17 Abs. 1, § 146 Abs. 1 ZVG). Wegen eines Anspruchs aus einem im Grundbuch eingetragenen Rechts kann die Zwangsverwaltung eines dem Vollstreckungsschuldner gehörigen Grundstücks auch dann beantragt werden, wenn der Vollstreckungsschuldner zwar nicht als Eigentümer im Grundbuch eingetragen ist, aber das Grundstück im Eigenbesitz hat (§ 147 Abs. 1 ZVG).

(2) Ist ein Grundstück, dessen Eigentümer der Vollstreckungsschuldner ist, im Grundbuch nicht auf seinen Namen eingetragen, kann die Eintragung einer Sicherungshypothek, die Zwangsversteigerung oder die Zwangsverwaltung unbeschadet Abschnitt 48 erst beantragt werden, nachdem seine Eintragung als Eigentümer des Grundstücks erfolgt ist. Die Vollstreckungsstelle kann die Berichtigung des Grundbuchs beantragen, wenn sie seine Unrichtigkeit durch öffentliche Urkunden (§ 415 ZPO) nachweisen kann (§§ 14, 22 Abs. 1, § 29 Abs. 1 Satz 2 GBO; vgl. § 792

ZPO). Kann die Vollstreckungsstelle diesen Nachweis nicht führen, kann sie den Anspruch auf Zustimmung zur Berichtigung des Grundbuchs, der dem Vollstreckungsschuldner gegen den im Grundbuch Eingetragenen zusteht, pfänden (§ 894 BGB; § 321 Abs. 1, 3 AO).

(3) Bei gemeinschaftlichem Eigentum von Ehegatten ist die Berichtigung des Grundbuchs zu beantragen, wenn die Ehegatten keine Erklärung nach Artikel 234 § 4 Abs. 2 Satz 1 des Einführungsgesetzes zum Bürgerlichen Gesetzbuch abgegeben haben und gemeinschaftliches Eigentum zu Eigentum zu gleichen Bruchteilen geworden ist (§ 14 GBBerG, § 14 GBO). Der für die Berichtigung des Grundbuchs erforderliche Nachweis, dass eine Erklärung nach Artikel 234 § 4 Abs. 2 und 3 des Einführungsgesetzes zum Bürgerlichen Gesetzbuch nicht abgegeben wurde, kann durch Berufung auf die Vermutung nach Artikel 234 § 4a Abs. 3 des Einführungsgesetzes zum Bürgerlichen Gesetzbuch, durch übereinstimmende Erklärung beider Ehegatten oder bei dem Ableben eines von ihnen durch Versicherung des überlebenden Ehegatten erbracht werden. Beim Ableben beider Ehegatten genügt eine entsprechende Versicherung der Erben. Die Erklärung, die Versicherung und der Antrag bedürfen nicht der in § 29 Grundbuchordnung vorgesehenen Form.

(4) Der Antrag, der auf Eintragung einer Sicherungshypothek gerichtet ist, muss das zu belastende Grundstück übereinstimmend mit dem Grundbuch oder durch Hinweis auf das Grundbuchblatt bezeichnen (§ 28 Satz 1 GBO). Sollen mehrere Grundstücke des Vollstreckungsschuldners mit der Sicherungshypothek belastet werden, hat die Vollstreckungsstelle in dem Antrag zu bestimmen, wie der Geldbetrag auf die einzelnen Grundstücke verteilt werden soll (§ 867 Abs. 2 Satz 1 ZPO); die Mindestsumme von siebenhundertfünfzig Euro (§ 866 Abs. 3 Satz 1 ZPO) muss auch für die entsprechenden Teile jeweils eingehalten werden.

(5) In dem Antrag auf Zwangsversteigerung oder auf Zwangsverwaltung eines Grundstücks ist das Grundstück, in das vollstreckt werden soll, zu bezeichnen (§ 16 Abs. 1, § 146 Abs. 1 ZVG). Dem Antrag ist eine Bescheinigung des Grundbuchamts darüber beizufügen, wer als Eigentümer des Grundstücks im Grundbuch eingetragen ist. Gehören Vollstreckungsgericht und Grundbuchamt demselben Amtsgericht an, kann die Beibringung durch Bezugnahme auf das Grundbuch ersetzt werden (§ 17 Abs. 2 Satz 2, § 146 Abs. 1 ZVG).

(6) In dem Antrag auf Eintragung einer Sicherungshypothek, auf Zwangsversteigerung oder Zwangsverwaltung ist zu bestätigen, dass die gesetzlichen Voraussetzungen für die Vollstreckung vorliegen (§ 322 Abs. 3 Satz 2 AO). Der Antrag ist dem Vollstreckungsgericht oder Grundbuchamt in der Regel gegen Empfangsbekenntnis - zuzustellen. Nach der Zustellung hat die Vollstreckungsstelle dem Vollstreckungsschuldner eine Durchschrift des Antrags zu übersenden.

47 Verfahren in Erbfällen

(1) Wird bei Vollstreckung gegen einen Erben die Eintragung einer Sicherungshypothek auf ein Grundstück beantragt, das im Grundbuch noch auf den Namen des Erblassers eingetragen ist, ist zum Zwecke der vorherigen Umschreibung die Erbfolge durch öffentliche Urkunden nachzuweisen (§ 29 Abs. 1, § 35 GBO). Soweit die nach Satz 1 erforderlichen Urkunden bei den Akten des Grundbuchamts sind, soll die Vollstreckungsstelle in dem Antrag auf die Urkunden Bezug nehmen. Befinden sich die Urkunden bei den Akten eines anderen Grundbuchamts, hat die Vollstreckungsstelle die Urkunden zu beschaffen (vgl. § 792 ZPO) und sie mit dem Antrag dem Grundbuchamt vorzulegen. Abweichend von Satz 1 kann die Eintragung einer Sicherungshypothek für Rückstände des Erblassers, für die der Vollstreckungsschuldner als Gesamtrechtsnachfolger in Anspruch genommen wird, auch ohne vorherige Umschreibung beantragt werden, wenn dem Erblasser bereits das Leistungsgebot bekannt gegeben worden war (vgl. § 40 Abs. 1 GBO).

(2) Die Zwangsversteigerung oder Zwangsverwaltung eines ererbten Grundstücks kann auch dann beantragt werden, wenn anstelle des Vollstreckungsschuldners noch der Erblasser als Eigentümer eingetragen ist (§ 17 Abs. 1, § 146 Abs. 1 ZVG). Es genügt, wenn die Erbfolge durch Urkunden glaubhaft gemacht wird, sofern sie nicht bei dem Amtsgericht als Vollstreckungsgericht offenkundig ist (§ 17 Abs. 3 ZVG).

(3) Richtet sich die Vollstreckung gegen einen Nachlasspfleger oder Nachlassverwalter, kann die Eintragung einer Sicherungshypothek, die Zwangsversteigerung oder die Zwangsverwaltung

auch in ein zum Nachlass gehöriges Grundstück beantragt werden, das im Grundbuch noch auf den Namen des Erblassers eingetragen ist, selbst wenn gegen den Erblasser kein Leistungsgebot ergangen war. Entsprechendes gilt, wenn gegen einen Testamentsvollstrecker in ein Grundstück vollstreckt werden soll, das seiner Verwaltung unterliegt (§ 40 GBO; § 17 Abs. 1, § 146 Abs. 1 ZVG). Die Erbfolge und die Bestellung zum Nachlasspfleger oder Nachlassverwalter bzw. die Befugnis des Testamentsvollstreckers, über das Grundstück zu verfügen, sind bei Eintragung einer Sicherungshypothek entsprechend Absatz 1 Sätze 1 bis 3 und bei Zwangsversteigerung oder Zwangsverwaltung entsprechend Absatz 2 Satz 2 darzulegen.

48 Verfahren bei nachfolgendem Eigentumswechsel

Ist nach Eintragung einer Sicherungshypothek, einer Schiffshypothek oder eines Registerpfandrechts an einem Luftfahrzeug ein Eigentumswechsel eingetreten, hat die Vollstreckungsstelle gegen den Rechtsnachfolger einen Duldungsbescheid zu erlassen (Abschnitte 3 Abs. 3, 19 Abs. 1), bevor sie die Zwangsversteigerung oder die Zwangsverwaltung aus diesem Recht beantragt (§ 323 AO). Ein Duldungsbescheid ist in den Fällen des Abschnitts 30 Abs. 2 Satz 1 nicht erforderlich.

49 Rechtsmittel gegen Entscheidungen des Grundbuchamts und des Vollstreckungsgerichts

(1) Lehnt das Grundbuchamt einen Antrag auf Eintragung einer Sicherungshypothek ab, so steht der Vollstreckungsbehörde gegen die Entscheidung die Beschwerde zu (§§ 71 bis 81 GBO). Die Beschwerde kann durch Beschwerdeschrift beim Grundbuchamt oder beim Beschwerdegericht (Landgericht) eingelegt werden (§ 73 GBO). Gegen die Entscheidung des Beschwerdegerichts ist die weitere Beschwerde gegeben, wenn die Entscheidung auf einer Verletzung des Rechts beruht (§ 78 GBO). Die weitere Beschwerde kann beim Grundbuchamt, Landgericht oder Oberlandesgericht eingelegt werden (§ 80 GBO). Beschwerde und weitere Beschwerde sind unbefristet.

(2) Gegen Entscheidungen des Amtsgerichts als Vollstreckungsgericht über einen Antrag auf Anordnung der Zwangsversteigerung oder der Zwangsverwaltung oder auf Zulassung des Beitritts zu einem Zwangsversteigerungs- oder Zwangsverwaltungsverfahren steht der Vollstreckungsbehörde der Rechtsbehelf der sofortigen Beschwerde zu. Die sofortige Beschwerde ist binnen einer Notfrist von zwei Wochen bei dem Gericht, dessen Entscheidung angefochten wird, oder bei dem Beschwerdegericht einzulegen; die Frist beginnt mit der Zustellung der Entscheidung, spätestens mit Ablauf von fünf Monaten nach der Verkündung des Beschlusses (§ 96 ZVG, § 569 ZPO). Gegen die Entscheidung des Beschwerdegerichts über die sofortige Beschwerde ist die Rechtsbeschwerde gegeben, wenn sie im Beschluss zugelassen ist (§ 574 Abs. 1 Nr. 2 ZPO). Die Rechtsbeschwerde ist binnen einer Notfrist von einem Monat nach Zustellung des Beschlusses über die sofortige Beschwerde bei dem Rechtsbeschwerdegericht einzulegen (§ 575 ZPO).

50 Behandlung öffentlicher Lasten bei der Zwangsversteigerung oder Zwangsverwaltung

(1) Ansprüche auf Entrichtung öffentlicher Lasten eines Grundstücks gewähren im Zwangsversteigerungsverfahren ein Recht auf Befriedigung aus dem Grundstück (§ 10 Abs. 1 Nr. 3, 7 ZVG). Im Zwangsverwaltungsverfahren werden laufende Beträge öffentlicher Lasten ohne weiteres Verfahren aus den Überschüssen gezahlt (§ 155 Abs. 2, § 156 Abs. 1 ZVG). Zu den öffentlichen Lasten des Grundstücks gehört eine Steuer dann, wenn das Bestehen und der Umfang der Steuerpflicht von dem Vorhandensein und von den Eigenschaften des Grundstücks abhängt, zum Beispiel die Grundsteuer und Hypothekengewinnabgabe. Steuern, die an die persönlichen Verhältnisse des Steuerpflichtigen anknüpfen (wie beispielsweise die Einkommensteuer oder die Körperschaftsteuer), sind vom Zwangsverwalter als Vermögensverwalter im Sinne des § 34 Ab-

satz 3 in Verbindung mit Absatz 1 der Abgabenordung zu entrichten, soweit sie aus steuerpflichtigen Einkünften, die aus dem im Zwangsverwaltungsverfahren beschlagnahmten Grundstück erzielt werden, herrühren.

(2) Die in Absatz 1 Satz 1 bezeichneten Ansprüche werden - soweit sie nicht aus dem Grundbuch ersichtlich sind - bei der Verteilung des Versteigerungserlöses nur dann berücksichtigt, wenn sie spätestens in dem Termin, den das Amtsgericht als Vollstreckungsgericht zur Verteilung des Versteigerungserlöses anberaumt hat, bei diesem angemeldet worden sind (§ 114 ZVG). Zwecks Rangwahrung sind die Ansprüche spätestens bis zum Versteigerungstermin anzumelden (§ 37 Nr. 4, § 110 ZVG).

(3) Verwaltet die Finanzbehörde Abgaben, die unter die Bestimmung des Absatzes 1 Satz 1 fallen, hat die Vollstreckungsstelle sobald sie von der Anordnung der Zwangsversteigerung oder Zwangsverwaltung Kenntnis erlangt, bei der Kasse und der Veranlagungs- oder Festsetzungsstelle festzustellen, inwieweit rückständige oder laufende Ansprüche beim Amtsgericht als Vollstreckungsgericht anzumelden sind. Die Anmeldung hat schriftlich zu erfolgen. Sie soll die in Abschnitt 34 Abs. 2 Nr. 1 bis 7 und 11 erster Halbsatz genannten Angaben sowie die Bezeichnung des Grundstücks enthalten. Soweit nicht nur laufende, sondern auch rückständige Beträge angemeldet werden, sollen die Zeitpunkte, an denen die Beträge fällig geworden sind, in der Anmeldung angegeben werden.

51 Versteigerungstermin

(1) Die Vollstreckungsbehörde soll in dem Versteigerungstermin vertreten sein. Wird das Mindestgebot nicht erreicht, so soll sie unter den Voraussetzungen des § 74 a des Gesetzes über die Zwangsversteigerung und die Zwangsverwaltung die Versagung des Zuschlags beantragen, soweit der Zuschlag nicht bereits nach § 85 a dieses Gesetzes zu versagen ist.

(2) In geeigneten Fällen kann die Vollstreckungsbehörde mit vorheriger Zustimmung der vorgesetzten Finanzbehörde im Versteigerungstermin auch als Mitbietender auftreten. Die obersten Finanzbehörden des Bundes und der Länder können das Verfahren im Einzelnen in eigener Zuständigkeit und auch abweichend von Satz 1 regeln.

Eidesstattliche Versicherung

52 Vermögensauskunft

(1) Der Vollstreckungsschuldner hat der Vollstreckungsbehörde auf deren Verlangen für die Vollstreckung einer Forderung Auskunft über sein Vermögen nach Maßgabe des § 284 der Abgabenordnung zu erteilen, wenn er die Forderung nicht binnen zwei Wochen begleicht, nachdem ihn die Vollstreckungsbehörde unter Hinweis auf die Verpflichtung zur Abgabe der Vermögensauskunft zur Zahlung aufgefordert hat. Die Ladung zu dem Termin zur Abgabe der Vermögensauskunft liegt im Ermessen der Vollstreckungsbehörde und kann mit der Fristsetzung zur Begleichung der Forderung verbunden werden. Sie ist dem Vollstreckungsschuldner selbst zuzustellen. Der Termin zur Abgabe der Vermögensauskunft soll nicht vor Ablauf eines Monats nach Zustellung der Ladung bestimmt werden. Ein Rechtsbehelf gegen die Anordnung der Abgabe der Vermögensauskunft hat keine aufschiebende Wirkung. Der Vollstreckungsschuldner hat die zur Vermögensauskunft erforderlichen Unterlagen im Termin vorzulegen. Hierüber, über seine Rechte und Pflichten nach § 284 Absatz 2 und 3 der Abgabenordnung, über die Folgen einer unentschuldigten Terminversäumnis oder einer Verletzung seiner Auskunftspflichten sowie über die Möglichkeit einer Eintragung in das Schuldnerverzeichnis bei Abgabe der Vermögensauskunft ist der Vollstreckungsschuldner bei der Ladung zu belehren (§ 284 Absatz 6 AO).

(2) Die Vollstreckungsbehörde hat von Amts wegen festzustellen, ob beim zentralen Vollstreckungsgericht nach § 802k Absatz 1 der Zivilprozessordnung in den letzten zwei Jahren ein auf Grund einer Vermögensauskunft des Schuldners erstelltes Vermögensverzeichnis hinterlegt

wurde. Hat der Vollstreckungsschuldner innerhalb der letzten zwei Jahre eine Vermögensauskunft abgegeben, ist eine erneute Abgabe nur zulässig, wenn anzunehmen ist, dass sich seine Vermögensverhältnisse wesentlich geändert haben (§ 284 Absatz 4 AO).

(3) Für die Abnahme der Vermögensauskunft ist grundsätzlich die Vollstreckungsbehörde zuständig, in deren Bezirk sich der Wohnsitz oder der gewöhnliche Aufenthaltsort des Vollstreckungsschuldners befindet (§ 284 Absatz 5 AO). Die Abnahme der Vermögensauskunft darf nicht erzwungen werden, wenn der Vollstreckungsschuldner nicht bereit ist, die Vermögensauskunft vor einer anderen als der für seinen Wohnsitz örtlich zuständigen Vollstreckungsbehörde abzugeben. In diesem Falle hat die Vollstreckungsbehörde, die die Vollstreckung betreibt, die für den Wohnsitz des Vollstreckungsschuldners zuständige Vollstreckungsbehörde um Abnahme der Vermögensauskunft zu ersuchen.

(4) Im Termin zur Abgabe der Vermögensauskunft erstellt die Vollstreckungsbehörde anhand der vom Vollstreckungsschuldner nach § 284 Absatz 1 und 2 der Abgabenordnung zu machenden Angaben ein elektronisches Dokument (Vermögensverzeichnis). Das elektronische Dokument sollte maschinenschriftlich erstellt werden. Das erstellte Vermögensverzeichnis ist dem Vollstreckungsschuldner vorzulesen oder zur Durchsicht auf dem Bildschirm wiederzugeben. Auf Verlangen ist ihm ein Ausdruck zu erteilen. Der Vollstreckungsschuldner hat zu Protokoll an Eides statt zu versichern, dass er seine im Vermögensverzeichnis gemachten Angaben nach bestem Wissen und Gewissen richtig und vollständig gemacht hat. Die Abnahme der eidesstattlichen Versicherung liegt nicht im Ermessen der Vollstreckungsbehörde. Vor Abnahme der eidesstattlichen Versicherung hat die Vollstreckungsbehörde den Vollstreckungsschuldner über die strafrechtlichen Folgen einer unrichtigen oder unvollständigen Vermögensauskunft zu belehren. Das Vermögensverzeichnis ist von der Vollstreckungsbehörde bei dem zentralen Vollstreckungsgericht nach § 802k Absatz 1 der Zivilprozessordnung zu hinterlegen. Die Vollstreckungsbehörde hat das Vermögensverzeichnis auszuwerten und sich hieraus ergebende Vollstreckungsmöglichkeiten zeitnah zu nutzen.

(5) Verweigert der Vollstreckungsschuldner ohne Grund die Abgabe der Vermögensauskunft oder erscheint er ohne ausreichende Entschuldigung nicht zu dem zur Abgabe der Vermögensauskunft anberaumten Termin vor der zuständigen Vollstreckungsbehörde (§ 284 Absatz 5 Satz 1 AO), kann die Vollstreckungsbehörde, die die Vollstreckung betreibt, das Amtsgericht, in dessen Bezirk der Vollstreckungsschuldner zum Zeitpunkt der Zahlungsaufforderung nach § 284 Absatz 1 Satz 1 der Abgabenordnung seinen Wohnsitz oder in Ermangelung eines solchen seinen Aufenthaltsort hat, um Anordnung der Erzwingungshaft ersuchen (§ 284 Absatz 8 AO). Das Ersuchen ist dem Amtsgericht zuzustellen, in der Regel gegen Empfangsbekenntnis. Gleichzeitig ist dem Vollstreckungsschuldner eine Durchschrift des Ersuchens zu übersenden. Lehnt das Amtsgericht den Antrag der Vollstreckungsbehörde auf Anordnung der Erzwingungshaft ab, ist gegen den Beschluss die sofortige Beschwerde (§ 567 ZPO) sowie gegen eine ablehnende Beschwerdeentscheidung die Rechtsbeschwerde (§ 574 ZPO), soweit diese zugelassen worden ist, möglich.

(6) Für die Verhaftung des Vollstreckungsschuldners auf Grund der Haftanordnung des Amtsgerichts ist der Gerichtsvollzieher zuständig. Die Vorschriften der §§ 802g bis 802j der Zivilprozessordnung sind entsprechend anzuwenden. Die Vollstreckungsbehörde hat dem Gerichtsvollzieher den geschuldeten Betrag sowie den Schuldgrund mitzuteilen und ihn zu ermächtigen, den geschuldeten Betrag anzunehmen und über den Empfang Quittung zu erteilen. Über Rückstandsminderungen nach dem Antrag auf Vollzug des Haftbefehls ist der zuständige Gerichtsvollzieher unverzüglich zu informieren. Der Vollstreckungsschuldner kann die Verhaftung dadurch abwenden, dass er den geschuldeten Betrag in voller Höhe an den Gerichtsvollzieher zahlt oder nachweist, dass er den Betrag entrichtet hat oder dass ihm eine Zahlungsfrist bewilligt worden oder die Schuld erloschen ist. Die Verhaftung kann auch dadurch abgewendet werden, dass der Vollstreckungsschuldner dem Gerichtsvollzieher eine Entscheidung vorlegt, aus der sich die Unzulässigkeit der Maßnahme ergibt. Ist der verhaftete Vollstreckungsschuldner zur Abgabe der Vermögensauskunft bereit (§ 802i ZPO), hat ihn der Gerichtsvollzieher grundsätzlich der Vollstreckungsbehörde zur Abnahme der Vermögensauskunft vorzuführen. Abweichend hiervon kann die Vermögensauskunft von dem Gerichtsvollzieher abgenommen werden, wenn sich der Sitz

der Vollstreckungsbehörde nicht im Bezirk des für den Gerichtsvollzieher zuständigen Amtsgerichts befindet oder die Abnahme der Vermögensauskunft durch die Vollstreckungsbehörde nicht möglich ist. Gibt der Vollstreckungsschuldner nicht innerhalb einer sechsmonatigen Haftzeit die Vermögensauskunft beim Gerichtsvollzieher ab, kann der Vollstreckungsschuldner auch auf Antrag eines anderen Gläubigers innerhalb der folgenden zwei Jahre nur unter den Voraussetzungen des § 802d der Zivilprozessordnung erneut zur Abgabe einer Vermögensauskunft durch Haft angehalten werden (§ 802j Absatz 3 ZPO). Entfallen die Voraussetzungen für den Vollzug des Haftbefehls nachträglich endgültig, ist das zuständige Amtsgericht um Aufhebung des Haftbefehls zu ersuchen.

(7) Die Vollstreckungsbehörde kann nach § 284 Absatz 9 der Abgabenordnung die Eintragung des Vollstreckungsschuldners in das Schuldnerverzeichnis anordnen wenn

1. der Vollstreckungsschuldner seiner Verpflichtung zur Abgabe der Vermögensauskunft nicht nachgekommen ist,
2. eine Vollstreckung nach dem Inhalt des Vermögensverzeichnisses offensichtlich nicht geeignet wäre, zu einer vollständigen Befriedigung der Forderung zu führen oder
3. der Vollstreckungsschuldner nicht innerhalb eines Monats nach Abgabe der Vermögensauskunft die Forderung, wegen derer die Vermögensauskunft verlangt wurde, vollständig befriedigt.

In Fällen, in denen der Vollstreckungsschuldner innerhalb der letzten zwei Jahre bereits eine Vermögensauskunft nach § 284 der Abgabenordnung oder § 802c der Zivilprozessordnung abgegeben hat und dadurch die Sperrwirkung für die Abnahme einer neuen Vermögensauskunft eingetreten ist (§ 284 Absatz 4 AO), kann die Vollstreckungsbehörde eine isolierte Eintragung des Vollstreckungsschuldners in das Schuldnerverzeichnis ohne vorherige Zahlungsaufforderung nach § 284 Absatz 1 Satz 1 der Abgabenordnung anordnen, wenn vollstreckbare Ansprüche bestehen und

1. eine Vollstreckung dieser Forderungen nach dem Inhalt des Vermögensverzeichnisses nicht zur vollständigen Befriedigung der Ansprüche führen würde (§ 284 Absatz 9 Nummer 2 zweite Alternative AO)

oder

2. der Vollstreckungsschuldner diese Ansprüche nicht innerhalb eines Monats befriedigt, nachdem er auf die Möglichkeit der Eintragung in das Schuldnerverzeichnis hingewiesen worden ist (§ 284 Absatz 9 Nummer 3 Satz 2 AO).

(8) Die Eintragungsanordnung, welche dem Vollstreckungsschuldner zuzustellen ist, ist eine Ermessensentscheidung, die kurz begründet werden soll. Nach Ablauf eines Monats seit der Zustellung hat die Vollstreckungsbehörde die Eintragungsanordnung dem zentralen Vollstreckungsgericht nach § 882h Absatz 1 der Zivilprozessordnung mit den folgenden Daten (§ 882b Absatz 2 und 3 ZPO) elektronisch zu übermitteln:

- den Namen, den Vornamen und den Geburtsnamen des Vollstreckungsschuldners sowie die Firma und deren Nummer im Handelsregister,
- das Geburtsdatum, den Geburtsort des Vollstreckungsschuldners,
- die Wohnsitze oder den Sitz des Vollstreckungsschuldners,
- das Aktenzeichen der Finanzbehörde.
- das Datum der Eintragungsanordnung,
- den Grund für die Eintragungsanordnung,
- einschließlich abweichender Personendaten.

Ein Rechtsbehelf gegen die Eintragungsanordnung hat keine aufschiebende Wirkung. Liegen allerdings Anträge auf Aussetzung der Vollziehung gemäß § 361 der Abgabenordnung, § 69 der Finanzgerichtsordnung vor, die Aussicht auf Erfolg haben, ist die Übermittlung an das zentrale Vollstreckungsgericht zunächst zurück zu stellen (§ 284 Absatz 10 AO).

Nach der Eintragung in das Schuldnerverzeichnis sind Entscheidungen über Rechtsbehelfe gegen die Eintragungsanordnung dem zentralen Vollstreckungsgericht elektronisch zu übermitteln (§ 284 Absatz 11 AO).

(9) Ist der Vollstreckungsschuldner nicht selbst handlungsfähig (§ 79 AO), ist die Vermögensauskunft vom Vertreter des Vollstreckungsschuldners abzugeben.

(10) Hat ein Vollstreckungsschuldner in einer auf Betreiben der Vollstreckungsbehörde abgelegten Vermögensauskunft vorsätzlich unvollständige oder falsche Angaben gemacht (§ 156 StGB), darf nach § 30 Absatz 5 der Abgabenordnung bei der Strafverfolgungsbehörde Strafanzeige erstattet werden.

53 Eidesstattliche Versicherung

Die Abgabe einer eidesstattlichen Versicherung kann verlangt werden, wenn der Vollstreckungsschuldner die zur Geltendmachung einer von der Vollstreckungsbehörde gepfändeten Forderung nötige Auskunft verweigert. Sie kann auch verlangt werden, wenn wegen Herausgabe einer Urkunde, die über eine gepfändete Forderung des Vollstreckungsschuldners besteht, die Vollstreckung gegen den Vollstreckungsschuldner versucht, die Urkunde aber nicht vorgefunden worden ist (§ 315 Absatz 2, 3 AO). Die Abnahme der eidesstattlichen Versicherung steht im Ermessen der Finanzbehörde. Die Vorschriften des Abschnitts 52 Absatz 1, 3, 5, 6, 9 und 10 sind sinngemäß anzuwenden.

Vierter Teil - Arrest

54 Dinglicher Arrest

(1) Gegen den Steuerschuldner und den Haftungsschuldner sowie gegen den Duldungspflichtigen kann die für die Steuerfestsetzung zuständige Finanzbehörde den dinglichen Arrest (§ 324 AO) anordnen, wenn folgende Voraussetzungen vorliegen:

1. Ein Arrestanspruch: Es muss glaubhaft sein, dass der Finanzbehörde ein Anspruch auf eine Geldleistung gegen den Schuldner oder Duldungspflichtigen zusteht. Es ist nicht erforderlich, dass der Anspruch zahlenmäßig feststeht; es genügt, dass er begründet ist, auch wenn er bedingt oder betagt ist.
2. Ein Arrestgrund: Es muss zu besorgen sein, dass ohne die Anordnung des Arrestes die Vollstreckung des Anspruchs vereitelt oder wesentlich erschwert würde. Liegt ein Leistungsgebot oder eine Steueranmeldung vor (Abschnitt 19), auf Grund deren vollstreckt werden kann, besteht kein Arrestgrund.

(2) Der dingliche Arrest wird schriftlich angeordnet. Die Arrestanordnung muss enthalten:

1. Familienname, Vornamen, Wohnort und Wohnung des Arrestschuldners,
2. die Tatsachen, aus denen sich Bestehen und Höhe des Arrestanspruchs (Absatz 1 Nr. 1) ergeben. Umfasst eine Arrestanordnung mehrere Ansprüche, sind die Beträge einzeln anzugeben,
3. die Tatsachen, aus denen sich der Arrestgrund (Absatz 1 Nr. 2) ergibt,
4. den Ausspruch, dass zur Sicherung des Arrestanspruchs der dingliche Arrest in das Vermögen des Arrestschuldners angeordnet wird. Die Arrestanordnung muss einen bestimmten Geldbetrag (Arrestsumme) bezeichnen, bis zu dessen Höhe der Arrest vollzogen werden kann. Ein Leistungsgebot (Abschnitt 19) darf in die Arrestanordnung nicht aufgenommen werden,
5. die Angabe des Geldbetrages, bei dessen Hinterlegung die Vollziehung des Arrestes gehemmt und der vollzogene Arrest aufzuheben ist (Hinterlegungssumme). Die Hinterlegungssumme ist so zu bemessen, dass Hauptanspruch und Nebenleistungen gedeckt sind,

6. die Unterschrift eines zuständigen Bediensteten und den Abdruck des Dienststempels der Finanzbehörde.

(3) Die Arrestanordnung hat eine Rechtsbehelfsbelehrung zu enthalten. Als Rechtsbehelf ist sowohl der Einspruch nach § 347 Abs. 1 der Abgabenordnung als auch die Anfechtungsklage nach § 45 Abs. 4 der Finanzgerichtsordnung gegeben.

(4) Die Arrestanordnung ist dem Arrestschuldner zuzustellen. Eine Ausfertigung der Arrestanordnung ist zum Zwecke der Vollziehung (Abschnitt 55) unverzüglich der Vollstreckungsstelle zuzuleiten.

(5) Die Arrestanordnung ist aufzuheben, wenn nach ihrem Erlass Umstände bekannt werden, die die Arrestanordnung nicht mehr gerechtfertigt erscheinen lassen (§ 325 AO). Absatz 2 Satz 1 und Absatz 4 Satz 2 finden entsprechende Anwendung. Die Aufhebung der Arrestanordnung ist dem Arrestschuldner mitzuteilen.

55 Vollziehung des Arrestes

(1) Die Vollziehung einer Arrestanordnung obliegt der Vollstreckungsstelle. Die Vollziehung wird nicht dadurch gehemmt, dass der Arrestschuldner gegen die Arrestanordnung Einspruch einlegt oder Anfechtungsklage erhebt (§ 361 Abs. 1 AO, § 69 Abs. 1 FGO). Auf die Vollziehung des Arrestes sind die §§ 930 bis 932 der Zivilprozessordnung sowie § 99 Abs. 2 und § 106 Abs. 1, 3 und 5 des Gesetzes über Rechte an Luftfahrzeugen entsprechend anzuwenden; an die Stelle des Arrestgerichts und des Vollstreckungsgerichts tritt die Vollstreckungsbehörde, an die Stelle des Gerichtsvollziehers der Vollziehungsbeamte. Soweit auf die Vorschriften über die Pfändung verwiesen wird, sind die entsprechenden Vorschriften der Abgabenordnung anzuwenden. Gepfändete bewegliche Sachen dürfen grundsätzlich nicht verwertet werden. Bei der Pfändung von Forderungen und anderen Vermögensrechten darf grundsätzlich die Einziehung nicht angeordnet werden. Es kann jedoch verlangt werden, dass die geschuldete Leistung bei Fälligkeit der Schuld hinterlegt wird. Soll der Arrest in ein Grundstück vollzogen werden, kann nur Eintragung einer Sicherungshypothek (Arresthypothek) beantragt werden; Zwangsverwaltung oder Zwangsversteigerung sind nicht statthaft (§ 932 ZPO).

(2) Die Vorschriften der §§ 254, 259 der Abgabenordnung gelten für die Arrestvollziehung nicht. Die Vollziehung der Arrestanordnung ist unzulässig, wenn seit dem Tag, an dem die Anordnung unterzeichnet worden ist, ein Monat verstrichen ist (§ 324 Abs. 3 AO). Die Vollziehung ist auch schon vor der Zustellung an den Arrestschuldner zulässig; sie ist jedoch ohne Wirkung, wenn die Zustellung nicht innerhalb einer Woche nach der Vollziehung und innerhalb eines Monats seit der Unterzeichnung erfolgt. Bei Zustellung im Ausland und öffentlicher Zustellung gilt § 169 Abs. 1 Satz 3 der Abgabenordnung entsprechend.

(3) Auf Grund der Arrestanordnung kann der Arrestschuldner unter den Voraussetzungen des § 284 der Abgabenordnung zur Abgabe der Vermögensauskunft geladen werden. § 284 der Abgabenordnung und der Abschnitt 52 sind entsprechend anzuwenden. Ferner kann der Arrestschuldner zur Leistung der eidesstattlichen Versicherung herangezogen werden, wenn ein Versuch, den Arrest in das bewegliche Vermögen des Arrestschuldners zu vollziehen oder nach Maßgabe des § 315 Absatz 2 Satz 2 der Abgabenordnung eine Urkunde, zum Beispiel einen Hypotheken- oder Grundschuldbrief gem. § 310 Absatz 1 Satz 1 oder § 321 Absatz 6 der Abgabenordnung, zu erlangen, erfolglos geblieben ist. Die Vorschriften des § 315 Absatz 3, 4 der Abgabenordnung und des Abschnitts 53 Sätze 2 und 3 sind entsprechend anzuwenden.

(4) Hat der Arrestschuldner oder ein Dritter den Betrag der Hinterlegungssumme (Abschnitt 54 Abs. 2 Nr. 5 Satz 1) in Geld hinterlegt, hat die Vollstreckungsstelle von Maßnahmen der Arrestvollziehung Abstand zu nehmen. Das gleiche gilt, wenn mit Genehmigung der Vollstreckungsstelle in anderer Weise als durch Hinterlegung von Geld Sicherheit für den Betrag der Hinterlegungssumme geleistet wird (§§ 241, 246, 247 AO).

(5) Wird der Anspruch, zu dessen Sicherung der dingliche Arrest angeordnet worden ist, nicht erfüllt, hat die Vollstreckungsbehörde, sobald für den Anspruch ein vollstreckbares Leistungsge-

bot vorliegt (§ 254 AO), Sicherheiten, die der Arrestschuldner zur Abwendung der Arrestvollziehung (Absatz 4) bestellt oder die Vollstreckungsbehörde durch Vollziehung des Arrestes erlangt hat, zu verwerten (vgl. § 327 AO). Die Verwertung der Sicherheiten obliegt der Vollstreckungsstelle. Mit der Verwertung darf erst begonnen werden, wenn dem Vollstreckungsschuldner die Verwertungsabsicht schriftlich bekannt gegeben und seit der Bekanntgabe mindestens eine Woche verstrichen ist. Ein Pfandrecht, das an einem Vermögensgegenstand des Vollstreckungsschuldners besteht, wird in gleicher Weise verwertet wie ein durch Vollstreckung erlangtes Pfandrecht. Bei der Pfändung von Forderungen und anderen Vermögensrechten ist die Einziehung anzuordnen, sofern nicht auf andere Art zu verwerten ist.

56 Persönlicher Sicherheitsarrest

(1) Die für die Steuerfestsetzung zuständige Finanzbehörde kann bei dem Amtsgericht, in dessen Bezirk die Finanzbehörde ihren Sitz hat oder sich der Pflichtige befindet, einen Antrag auf Anordnung eines persönlichen Sicherheitsarrestes (§ 326 AO) stellen, wenn ein Arrestanspruch und ein Arrestgrund (vgl. Abschnitt 54 Abs. 1 Nr. 1 und 2) vorliegen. Der Antrag ist nur zulässig, wenn andere Mittel zur Sicherung der Vollstreckung, namentlich der dingliche Arrest, ohne Erfolg waren oder voraussichtlich keinen Erfolg haben werden.

(2) In dem Antrag hat die Finanzbehörde den Anspruch nach Art und Höhe sowie die Tatsachen anzugeben, die den besonderen Arrestgrund für den persönlichen Sicherheitsarrest ergeben.

(3) Die Finanzbehörde bedarf für den Antrag auf Anordnung des persönlichen Sicherheitsarrestes der Zustimmung der vorgesetzten Finanzbehörde. Die Zustimmung soll vor Absendung des Antrages eingeholt werden. Ist Gefahr im Verzug, darf der Antrag auch ohne vorherige Zustimmung gestellt werden. In diesem Falle ist die Genehmigung der vorgesetzten Finanzbehörde unverzüglich einzuholen. Wird diese versagt, ist der Antrag umgehend zurückzunehmen.

(4) Die Anordnung und Aufhebung des persönlichen Sicherheitsarrestes erfolgen durch das Amtsgericht, in dessen Bezirk die Finanzbehörde ihren Sitz hat oder sich der Pflichtige befindet.

Fünfter Teil - Insolvenzverfahren

57 Verfahrensarten

(1) Das Insolvenzrecht unterscheidet zwischen

1. dem Regelinsolvenzverfahren (§§ 1 bis 285 InsO),

2 dem Verbraucherinsolvenzverfahren (§§ 304 bis 311 InsO),

3. besonderen Arten eines Insolvenzverfahrens (§§ 315 bis 334 InsO; zum Beispiel der Nachlassinsolvenz).

(2) Das Regelinsolvenzverfahren wird durchgeführt, soweit nicht ein Verbraucherinsolvenzverfahren (Absatz 3) oder ein Verfahren nach §§ 315 bis 334 der Insolvenzordnung in Betracht kommt. Im Regel- und Verbraucherinsolvenzverfahren wird die gemeinschaftliche Befriedigung der Gläubiger dadurch erreicht, dass entweder das Vermögen des Schuldners verwertet und der Erlös verteilt oder in einem Insolvenzplan eine abweichende Regelung getroffen wird (Abschnitte 60, 61)

(3) Bei natürlichen Personen, die keine selbständige wirtschaftliche Tätigkeit ausüben oder ausgeübt haben (§ 304 Abs. 1 Satz 1 InsO), wird das Verbraucherinsolvenzverfahren durchgeführt (Abschnitt 63). Bei natürlichen Personen, die eine selbständige wirtschaftliche Tätigkeit ausgeübt haben, wird das Verbraucherinsolvenzverfahren durchgeführt, wenn ihre Vermögensverhältnisse überschaubar sind und gegen sie keine Forderungen aus Arbeitsverhältnissen bestehen (§ 304 Abs. 1 Satz 2 InsO).

(4) Ist der Schuldner eine natürliche Person, so kann er im Regel- oder Verbraucherinsolvenzverfahren einen Antrag auf Durchführung des Restschuldbefreiungsverfahrens stellen (Abschnitt 64)“

58 Eröffnungsantrag der Vollstreckungsbehörde

(1) Der Antrag, über das Vermögen des Vollstreckungsschuldners das Insolvenzverfahren zu eröffnen, kann gestellt werden, wenn dem Vollstreckungsgläubiger eine Geldforderung zusteht, bei der die Voraussetzungen für die Einzelvollstreckung vorliegen (Abschnitt 4, § 254 AO) und ein Insolvenzgrund (Absatz 2) glaubhaft gemacht werden kann (§ 14 InsO).

(2) Die Eröffnung des Insolvenzverfahrens setzt die Zahlungsunfähigkeit des Vollstreckungsschuldners voraus, soweit nicht auch Überschuldung als Insolvenzgrund bestimmt ist. Zahlungsunfähigkeit liegt vor, wenn der Schuldner nicht in der Lage ist, seine fälligen Zahlungspflichten zu erfüllen. In der Regel ist Zahlungsunfähigkeit anzunehmen, wenn Zahlungseinstellung erfolgt ist (§ 17 Abs. 2 InsO). Für die Eröffnung des Insolvenzverfahrens über das Vermögen von juristischen Personen des Privatrechts, von Personengesellschaften (§ 11 Abs. 2 Nr. 1 InsO), wenn kein persönlich haftender Gesellschafter eine natürliche Person ist, oder eines nicht rechtsfähigen Vereins, der als Verein verklagt werden kann (§ 11 Abs. 1 Satz 2 InsO, § 54 BGB, § 50 Abs. 2 ZPO), oder einen Nachlass (§ 320 InsO) bildet sowohl die Zahlungsunfähigkeit als auch die Überschuldung einen Insolvenzgrund. Überschuldung liegt vor, wenn das Vermögen die bestehenden Verbindlichkeiten nicht mehr deckt (§ 19 Abs. 2 InsO). Für eingetragene Genossenschaften enthält § 98 des Genossenschaftsgesetzes Sondervorschriften

(3) Ein Antrag auf Eröffnung des Insolvenzverfahrens obliegt grundsätzlich der Vollstreckungsbehörde, die die Vollstreckung betreibt. Er muss Angaben zu den geschuldeten Beträgen und zum Insolvenzgrund enthalten.

(4) Lehnt das Insolvenzgericht (§ 3 InsO) einen Antrag auf Eröffnung des Insolvenzverfahrens ab, steht der Vollstreckungsbehörde gegen die Entscheidung das Rechtsmittel der sofortigen Beschwerde zu (§ 34 Absatz 1 InsO). Die Beschwerde ist binnen einer Notfrist von zwei Wochen bei dem Insolvenzgericht, dessen Entscheidung angefochten wird (§ 6 Absatz 1 Satz 2 InsO), durch Beschwerdeschrift einzureichen (§ 4 InsO, § 569 ZPO). Die Frist beginnt mit der Verkündung der Entscheidung (§ 6 Absatz 2 InsO).“

59 Kostenvorschuss

(1) Macht das Insolvenzgericht die Eröffnung des Insolvenzverfahrens von der Leistung eines Kostenvorschusses abhängig, so ist dieser in der Regel erst dann einzuzahlen, wenn sich aus den Ermittlungen des Insolvenzgerichts oder nach Aktenlage ergibt, dass voraussichtlich mit einer Insolvenzmasse zu rechnen ist, die eine nennenswerte Befriedigung erwarten lässt (zum Beispiel durch Insolvenzanfechtung). Das kann der Fall sein, wenn durch weitere Sachverhaltsaufklärung, zum Beispiel durch eidliche Vernehmung des Schuldners oder auf Grund der Auskunfts- und Mitwirkungspflichten des Schuldners oder Dritter gemäß §§ 5, 97 ff. InsO, mit Hinweisen auf verwertbares Vermögen gerechnet werden kann, oder Auslandsvermögen zu vermuten ist.

(2) Hat die Vollstreckungsbehörde einen Vorschuss geleistet, so kann dieser im Fall der nicht vollständigen Rückerstattung aus der Masse von Personen zurückverlangt werden, die eine rechtzeitige Antragstellung pflichtwidrig und schuldhaft unterlassen haben (§ 26 Abs. 3 InsO).

60 Steuerforderungen im Insolvenzverfahren

(1) Die persönlichen Ansprüche des Vollstreckungsgläubigers gegen den Vollstreckungsschuldner (Abschnitt 3 Absatz 1, 2) sind, soweit sie zur Zeit der Eröffnung des Insolvenzverfahrens begründet sind - vorbehaltlich § 55 Absatz 2 und 4 der Insolvenzordnung -, in der Regel Insolvenzforderungen (§ 38 InsO). Dies gilt auch, wenn dem Vollstreckungsgläubiger neben dem persönlichen Anspruch ein Recht auf abgesonderte Befriedigung zusteht (§§ 49 bis 51, 165 bis 173 InsO). Geldbußen, Ordnungsgelder, Zwangsgelder sowie ab Verfahrenseröffnung anfallende Zinsen und Säumniszuschläge sind nachrangige Insolvenzforderungen im Sinne von § 39 der Insolvenzordnung.

(2) Ist über das Vermögen eines Vollstreckungsschuldners das Insolvenzverfahren eröffnet worden, können die Insolvenzgläubiger ihre Ansprüche während der Dauer des Verfahrens weder in

das zum Zeitpunkt der Eröffnung vorhandene noch in das danach vom Schuldner erworbene Vermögen (sog. Neuerwerb) im Wege der Einzelzwangsvollstreckung verfolgen (§ 89 InsO). Für die Geltendmachung der Abgabenforderungen sind grundsätzlich die Vorschriften der Insolvenzordnung maßgeblich (§ 251 Abs. 2 Satz 1 AO). Während des Insolvenzverfahrens dürfen hinsichtlich der Insolvenzforderungen Verwaltungsakte über die Festsetzung und Anforderung von Ansprüchen aus dem Steuerschuldverhältnis nicht mehr ergehen. Bescheide, die einen Erstattungsanspruch zugunsten der Insolvenzmasse festsetzen, können bekannt gegeben werden. Durch die Eröffnung des Insolvenzverfahrens wird der Erlass von Steuermess- und Feststellungsbescheiden gehindert, soweit diese ausschließlich Besteuerungsgrundlagen feststellen, auf deren Grundlage Insolvenzforderungen anzumelden sind. In Gewerbesteuerfällen teilt die Festsetzungsstelle der steuerberechtigten Körperschaft den berechneten Messbetrag formlos für Zwecke der Anmeldung im Insolvenzverfahren mit.

(3) Sobald die Vollstreckungsstelle von der Eröffnung des Insolvenzverfahrens (§ 30 InsO) Kenntnis erlangt, sind alle in Betracht kommenden Festsetzungsstellen, evtl. auch Stellen anderer Finanzbehörden (zum Beispiel der für die Festsetzung der Erbschaft- und Schenkungsteuer zuständigen Finanzbehörde), zu informieren. Diese haben zu ermitteln, ob außer den bereits angezeigten Ansprüchen noch weitere Abgabenforderungen gegen den Schuldner bestehen. Dazu gehören auch Forderungen, die noch nicht festgesetzt, aber im Zeitpunkt der Eröffnung bereits begründet sind.

(4) Verbindlichkeiten des Insolvenzschuldners aus dem Steuerschuldverhältnis, die von einem vorläufigen Insolvenzverwalter oder vom Schuldner mit Zustimmung eines vorläufigen Insolvenzverwalters begründet worden sind, gelten nach Eröffnung des Insolvenzverfahrens als Masseverbindlichkeit (§ 55 Absatz 4 der Insolvenzordnung). Hat dagegen das Insolvenzgericht im Antragsverfahren zur Sicherung der Masse einen vorläufigen Insolvenzverwalter bestellt und dem Schuldner ein allgemeines Verfügungsverbot auferlegt (§ 21 Absatz 2 Nummer 1, 2 erste Alternative der Insolvenzordnung), ist Absatz 2 Satz 2 bis 5 entsprechend anzuwenden. Ab diesem Zeitpunkt begründete Abgabenansprüche gelten nach der Eröffnung des Verfahrens als sonstige Masseverbindlichkeiten (§ 55 Absatz 2 der Insolvenzordnung). Nur die bis zum Zeitpunkt der Bestellung des vorläufigen Verwalters begründeten Abgabenforderungen sind Insolvenzforderungen. Wird das Verfahren nicht eröffnet, hat der vorläufige Insolvenzverwalter die von ihm begründeten Abgabenforderungen aus dem von ihm verwalteten Vermögen zu erfüllen (§ 25 Absatz 2 der Insolvenzordnung).

(5) Hat das Insolvenzgericht im Eröffnungsbeschluss angeordnet, dass dem Verwalter vorab mitzuteilen ist, ob Sicherungsrechte an Sachen und Rechten des Schuldners in Anspruch genommen werden, sind die erforderlichen Angaben zu Pfändungspfand- und sonstigen Sicherungsrechten unverzüglich dem Insolvenzverwalter bekannt zu geben (§ 28 Abs. 2 InsO).

(6) Die Abgabenforderungen sind innerhalb der gesetzten Frist schriftlich beim Insolvenzverwalter - im Fall der Eigenverwaltung beim Sachwalter - anzumelden (§§ 87, 27, 28 Absatz 1, § 174 Absatz 1, § 270c Satz 2 InsO), soweit nicht die Möglichkeit einer Aufrechnung (§§ 94 bis 96 InsO) besteht. Dies gilt auch, soweit außer dem Schuldner noch ein anderer die Leistung schuldet oder dafür haftet. Die Anmeldung soll die in Abschnitt 34 Absatz 2 Nrn. 1 bis 7 und 11 erster Halbsatz bezeichneten Angaben sowie eine Erklärung darüber enthalten, ob für die Abgabenforderung abgesonderte Befriedigung begehrt wird (§§ 49 bis 52, 174 InsO). Die Anmeldung soll ferner einen Hinweis darauf enthalten, welche Forderungen vor der Eröffnung festgesetzt oder vorangemeldet und welche unanfechtbar sind. Nachrangige Abgabenforderungen im Sinne des § 39 der Insolvenzordnung sind nur anzumelden, soweit das Insolvenzgericht hierzu ausdrücklich auffordert (§ 174 Absatz 3 InsO); das Vollstreckungsverbot (§ 89 InsO) bleibt unberührt. Abgabenansprüche können auch nach Ablauf der Frist jederzeit nachgemeldet werden (§ 177 InsO). Liegt der Forderung eine Steuerstraftat des Schuldners nach den §§ 370, 373 oder § 374 der Abgabenordnung zugrunde, sind neben dem Grund und dem Betrag der Forderung auch die Tatsachen, aus denen sich nach Einschätzung der Finanzbehörde eine entsprechende Steuerstraftat ergibt, anzugeben.

(7) Ist eine zur Tabelle angemeldete Abgabenforderung vom Verwalter oder einem Insolvenzgläubiger im Prüfungstermin bestritten worden, erteilt das Insolvenzgericht einen beglaubigten

Auszug aus der Tabelle. Die Vollstreckungsbehörde hat den Anspruch zeitnah durch Erlass eines Feststellungsbescheides gemäß § 251 Abs. 3 der Abgabenordnung selbst zu verfolgen, soweit die Eigenschaft als Insolvenzforderung bestritten wird oder der Schuldner vor Eröffnung des Insolvenzverfahrens weder einen Festsetzungsbescheid noch ein Leistungsgebot erhalten oder - wenn die Vollstreckbarkeit von einer Steueranmeldung (§§ 167, 168 AO) abhängt - keine Steueranmeldung abgegeben hat (nicht titulierte Forderungen, § 179 Abs. 1 InsO). Es bleibt jedoch der Vollstreckungsbehörde - insbesondere zur Erlangung des Stimmrechts (§ 77 InsO) - unbenommen, den Widerspruch auch dann zu verfolgen, wenn der Schuldner bereits vor der Eröffnung des Insolvenzverfahrens einen Festsetzungsbescheid bzw. ein Leistungsgebot erhalten oder eine Steueranmeldung abgegeben hat (titulierte Forderung, § 179 Abs. 2 InsO). Die Verfolgung der bestrittenen und im Zeitpunkt der Verfahrenseröffnung bereits bestandskräftigen titulierten Forderungen kann durch Feststellungsbescheid gemäß § 251 Abs. 3 der Abgabenordnung geschehen; festzustellen ist lediglich, dass die angemeldete Forderung bestandskräftig festgesetzt ist und die Voraussetzungen für eine Wiedereinsetzung (§ 110 AO) oder eine Korrektur (§§ 129 ff., 164, 165, 172 ff. AO) nicht vorliegen. Eine durch die Verfahrenseröffnung oder die Bestellung eines vorläufigen Insolvenzverwalters mit Verwaltungs- und Verfügungsbefugnis (§ 22 Abs. 1 InsO) unterbrochene Rechtsbehelfsfrist wird durch schriftliche Erklärung gegenüber dem Bestreitenden in Lauf gesetzt. § 240 Satz 1 und § 249 Abs. 1 ZPO sind entsprechend anzuwenden. War zu diesem Zeitpunkt bereits ein Einspruch anhängig, ist das Steuerstreitverfahren aufzunehmen (§ 180 Abs. 2 InsO). Die für eine Feststellung der bestrittenen Forderungen erforderlichen Maßnahmen werden auf Veranlassung der Vollstreckungsstelle von den Festsetzungsstellen oder den Rechtsbehelfsstellen betrieben. Das Bestreiten der Abgabenforderungen durch den Schuldner hindert deren Feststellung nicht (§ 178 Abs. 1 InsO). Verfolgt die Vollstreckungsbehörde den Anspruch gegenüber dem Schuldner, um nach Beendigung oder Aufhebung des Insolvenzverfahrens über einen vollstreckbaren Titel zu verfügen, sind während der Verfahrensdauer lediglich feststellende Verwaltungsakte zulässig.

61 Insolvenzplan

(1) In einem Insolvenzplan, der nur vom Verwalter oder vom Schuldner eingebracht werden kann, können die Beteiligten - insbesondere mit dem Ziel der (Teil-)Sanierung - von den Regelungen der Insolvenzordnung abweichende Vereinbarungen treffen. Von den Forderungen werden durch die Regelungen des Insolvenzplans ausschließlich Insolvenzforderungen im Sinne der §§ 38, 39 der Insolvenzordnung betroffen Die Vollstreckungsbehörde kann im Rahmen der Gläubigerversammlung auf die Erstellung und den Inhalt eines Insolvenzplans einwirken (§§ 74 ff., 157 InsO).

(2) Weist das Insolvenzgericht den Plan nicht gemäß § 231 der Insolvenzordnung zurück, hat es diesen mit den Stellungnahmen der Beteiligten (§ 232 InsO) in der Geschäftsstelle zur Einsichtnahme niederzulegen (§ 234 InsO), einen Erörterungs- und Abstimmungstermin zu bestimmen (§ 235 Abs. 1 InsO) und die Insolvenzgläubiger unter Beifügung des Plans beziehungsweise einer Zusammenfassung des wesentlichen Inhalts zu laden (§ 235 Abs. 3 InsO). Nach Eingang des Plans hat die Vollstreckungsstelle unter Einbindung der weiterhin beteiligten Dienststellen zu prüfen, ob sämtliche angemeldeten Ansprüche enthalten sind, der Planvorschlag nach den im Plan beziehungsweise in den Anlagen hierzu dargestellten wirtschaftlichen Verhältnissen und der voraussichtlichen Entwicklung der wirtschaftlichen Lage realisierbar ist und die Regelungen im gestaltenden Teil des Plans (Zahlungen, Verzichte) im Verhältnis zu den anderen Gläubigern angemessen sind. Es ist insbesondere darauf zu achten, dass die Vollstreckungsbehörde durch den Plan nicht schlechter gestellt wird, als sie ohne den Plan stünde. Soweit absehbar ist, dass zum Beispiel infolge erheblicher Steuerforderungen oder der Beteiligung mehrerer Vollstreckungsbehörden eine zeitaufwendige Prüfung notwendig ist, sollte die Vollstreckungsstelle den Insolvenzplan und die von den Beteiligten eingegangenen Stellungnahmen auch vorab bei der Geschäftsstelle des Gerichts einsehen (§ 235 Abs. 2 InsO).

(3) Hat der Insolvenzverwalter oder ein stimmberechtigter Gläubiger angemeldete Forderungen oder Absonderungsrechte bestritten, ist das Feststellungsverfahren zeitnah zu betreiben (Ab-

schnitt 60 Abs. 7), weil zunächst nur die bereits festgestellten Forderungen und Absonderungsrechte ein Stimmrecht gewähren (§§ 237, 238 in Verbindung mit § 77 Abs. 1 Satz 1, Abs. 2 und Abs. 3 Nr. 1 InsO).

(4) Für die Zustimmung zum Insolvenzplan sind weitgehend wirtschaftliche Gesichtspunkte maßgeblich. Eine Zustimmung kommt regelmäßig dann nicht in Betracht, wenn

- auf Grund des bisherigen Verhaltens nicht mit der ordnungsgemäßen Erfüllung steuerlicher Pflichten zu rechnen ist,
- die Planvereinbarungen voraussichtlich nicht eingehalten werden oder
- die Vollstreckungsbehörde durch den Insolvenzplan schlechter gestellt wäre, als sie bei Fortführung des Insolvenzverfahrens stünde.

Neben der ausdrücklichen Ablehnung bei der Abstimmung hat die Vollstreckungsbehörde dem Insolvenzplan spätestens im Abstimmungstermin schriftlich oder zu Protokoll der Geschäftsstelle zu widersprechen (§ 251 InsO). Bei der Zustimmung zu einem Insolvenzplan hat die Vollstreckungsbehörde darauf zu achten, dass die Wiederauflebensklausel des § 255 der Insolvenzordnung nicht ausgeschlossen ist (Absatz 7).

(5) Die Annahme des Insolvenzplans setzt voraus, dass die Gläubiger beziehungsweise - im Regelfall der Einteilung der Gläubiger in mehrere Gruppen (§ 222 InsO) - die einzelnen Gruppen mehrheitlich (Kopf- und Summenmehrheit) zugestimmt haben (§§ 243, 244 InsO) oder die fehlende Zustimmung einer Abstimmungsgruppe ersetzt worden ist (§ 245 InsO). Der Plan bedarf außerdem der Bestätigung durch das Insolvenzgericht (§ 248 InsO). Die gerichtliche Prüfung umfasst auf Antrag auch die Rechte der Vollstreckungsbehörde, die dem Plan auf Grund ihrer wirtschaftlichen Schlechterstellung nicht zugestimmt und spätestens im Abstimmungstermin widersprochen hat (Minderheitenschutz, § 251 InsO). Die Vollstreckungsbehörde hat die Voraussetzungen des Minderheitenschutzes im Antrag glaubhaft zu machen. Gegen die Entscheidung des Gerichts ist die sofortige Beschwerde zulässig (§ 253 InsO; vgl. Abschnitt 58 Abs. 4).

(6) Die im bestätigten Insolvenzplan festgelegten Rechtswirkungen treten kraft Gesetzes ein (§ 254 Absatz 1 der Insolvenzordnung). Nach der rechtskräftigen Bestätigung eines Insolvenzplanes und der damit verbundenen Aufhebung des Insolvenzverfahrens ist eine Änderung der Steuerfestsetzung, die zum Wegfall der bereits in der Tabelle und dem Insolvenzplan festgestellten Forderung der Finanzbehörde führen soll, unzulässig. Soweit auf Abgabenforderungen verzichtet wurde, werden diese zu so genannten unvollkommenen Forderungen, die gegenüber dem Schuldner nicht mehr geltend gemacht werden können (Vollstreckungs- und Aufrechnungsverbot). Etwaige Haftungsschuldner können aber weiterhin in Anspruch genommen werden, soweit nicht ein Haftungsausschluss nach § 227 Absatz 2 der Insolvenzordnung in Betracht kommt. § 191 Absatz 5 Nummer 2 der Abgabenordnung ist insoweit nicht anwendbar.

(7) Die Vollstreckungsstelle hat die Erfüllung des Plans zu überwachen. Hält der Schuldner die Zahlungsverpflichtungen gegenüber der Vollstreckungsbehörde nicht ein, ist er schriftlich zu mahnen und ihm eine Frist von mindestens zwei Wochen zur Nachentrichtung des Betrags zu setzen (§ 255 Abs. 1 Satz 2 InsO). Wird der Rückstand nicht beglichen, ist die Insolvenzplanstundung oder der Insolvenzplanerlass - vorbehaltlich anders lautender Regelungen im Insolvenzplan - gegenüber der Vollstreckungsbehörde hinfällig. In diesem Fall ist der Schuldner zur Zahlung des gesamten Rückstandes einschließlich der nach dem Plan als erlassen geltenden Beträge aufzufordern. Erforderlichenfalls ist die Vollstreckung wegen der Gesamtrückstände zu veranlassen. Auf Grund der Erkenntnisse aus dem bisherigen Verfahren kommt auch ein erneuter Insolvenzantrag in Betracht.

(8) Die Vollstreckungsstelle hat darauf zu achten, dass der Insolvenzverwalter die steuerlichen Masseansprüche pflichtgemäß erfüllt beziehungsweise Sicherheit leistet (§ 258 Abs. 2 InsO).

62 Gläubigerausschuss

(1) Wird im Insolvenzverfahren ein (vorläufiger) Gläubigerausschuss bestellt (§§ 22a, 67 bis 73 InsO) und ist das Insolvenzverfahren für den Insolvenzgläubiger von besonderer Bedeutung, kann die Vollstreckungsbehörde darauf hinwirken, dass die erhebungsberechtigte Körperschaft -

vertreten durch die Vollstreckungsbehörde - in den Gläubigerausschuss gewählt wird. Eine besondere Bedeutung kann sich namentlich daraus ergeben, dass erhebliche Abgabenforderungen bestehen und ein Insolvenzplan eingereicht wurde oder aufgestellt werden soll.

(2) Ist ein Gläubigerausschuss nicht bestellt und liegen Umstände nach Absatz 1 vor, die eine Bestellung als zweckmäßig erscheinen lassen, soll die Vollstreckungsbehörde gegebenenfalls die Bestellung eines Gläubigerausschusses anregen.

63 Verbraucherinsolvenzverfahren

(1) Bevor ein Schuldner einen Antrag auf Eröffnung eines Insolvenzverfahrens stellen kann, muss er versuchen eine außergerichtliche Einigung mit den Gläubigern über die Schuldenbereinigung herbeizuführen (§ 305 Absatz 1 Nummer 1 InsO). Der Versuch gilt als gescheitert, wenn ein Gläubiger die Zwangsvollstreckung betreibt, nachdem Verhandlungen über die außergerichtliche Schuldenbereinigung aufgenommen wurden (§ 305a InsO). Hat der Schuldner nach dem Scheitern eines außergerichtlichen Einigungsversuches einen Antrag auf Eröffnung des Insolvenzverfahrens unter Beifügung eines Schuldenbereinigungsplans gestellt (§ 305 InsO), ruht die Entscheidung über den Insolvenzantrag (§ 306 Absatz 1 InsO). Das Insolvenzgericht stellt den vom Schuldner eingereichten Schuldenbereinigungsplan sowie die Vermögensübersicht an die Gläubiger zu, sofern es nicht nach Anhörung des Schuldners zu der Überzeugung gelangt ist, dass der Schuldenbereinigungsplan voraussichtlich nicht angenommen wird (Absatz 4). Die übrigen in § 305 Absatz 1 Nummer 3 der Insolvenzordnung genannten Verzeichnisse werden beim Insolvenzgericht zur Einsicht niedergelegt (§ 307 Absatz 1 InsO).

(2) Der angenommene Schuldenbereinigungsplan hat die Wirkung eines (Prozess-)Vergleichs im Sinne des § 794 Abs. 1 Nr. 1 der Zivilprozessordnung (§ 308 Abs. 1 Satz 2 InsO). Diese Rechtswirkung tritt kraft Gesetzes auch für Abgabenforderungen ein. Stehen der Vollstreckungsbehörde aus dem angenommenen Schuldenbereinigungsplan Zahlungsansprüche oder sonstige Rechte zu, hat sie die im Plan festgelegte Befriedigung zu überwachen. Abgabenansprüche, die nach Ablauf der Notfrist entstanden sind, werden vom Schuldenbereinigungsplan nicht berührt und können uneingeschränkt geltend gemacht werden. Gleiches gilt, wenn der Vollstreckungsbehörde ein Schuldenbereinigungsplan nicht zugestellt wurde und daher keine Möglichkeit zur Mitwirkung bestand (§ 308 Abs. 3 InsO).

(3) Hat die Vollstreckungsbehörde dem Schuldenbereinigungsplan widersprochen und teilt das Insolvenzgericht mit, dass es beabsichtige, die Zustimmung der Vollstreckungsbehörde zum Schuldenbereinigungsplan zu ersetzen, hat diese die Gründe, die einer Zustimmungsersetzung entgegenstehen (§ 309 Abs. 1 Satz 2 und Abs. 3 InsO), dem Gericht vorzutragen und glaubhaft zu machen; gegen den Beschluss des Gerichts ist die sofortige Beschwerde zulässig (§ 309 Abs. 2 InsO; vgl. Abschnitt 58 Abs. 4).

(4) Das Verfahren über den Eröffnungsantrag wird wieder aufgenommen, wenn das Insolvenzgericht nach Anhörung des Schuldners zu der Überzeugung gelangt, dass der Schuldenbereinigungsplan voraussichtlich nicht angenommen wird (§ 306 Absatz 1 Satz 3 InsO) oder Einwendungen gegen den Schuldenbereinigungsplan erhoben werden, die vom Gericht nicht gemäß § 309 der Insolvenzordnung durch gerichtliche Zustimmung ersetzt werden (§ 311 InsO). Für das Insolvenzverfahren finden grundsätzlich die allgemeinen Vorschriften Anwendung. Auch ein Insolvenzplan kann durchgeführt werden. Die Regelungen zur Eigenverwaltung gelten jedoch nicht (§ 270 Absatz 1 Satz 3 InsO).

64 Restschuldbefreiung

(1) Ist ein Antrag auf Restschuldbefreiung zulässig, so stellt das Insolvenzgericht durch Beschluss fest, dass der Schuldner Restschuldbefreiung erlangt, wenn er den Obliegenheiten nach § 295 der Insolvenzordnung nachkommt und die Voraussetzungen für eine Versagung nach den §§ 290, 297 bis 298 der Insolvenzordnung nicht vorliegen (§ 287a Absatz 1 InsO). Liegen Versagungsgründe nach § 290 der Insolvenzordnung vor, so soll die Finanzbehörde bis zum

Schlusstermin oder bis zur Entscheidung der Einstellung des Verfahrens wegen Masseunzulänglichkeit die Versagung der Restschuldbefreiung schriftlich beantragen und glaubhaft machen (§ 290 Absatz 2 InsO). Stellt sich nach dem Schlusstermin heraus, dass Versagungsgründe vorlagen, kann ein Antrag auf Versagung der Restschuldbefreiung binnen sechs Monaten nach Kenntniserlangung durch den Gläubiger nachgeholt werden (§ 297a InsO).

(2) Vollstreckungsmaßnahmen wegen der Insolvenzforderungen in das Vermögen des Schuldners sind in dem Zeitraum zwischen Beendigung des Insolvenzverfahrens und dem Ende der Abtretungsfrist unzulässig (§ 294 Absatz 1 InsO). Wird der Vollstreckungsstelle oder einer anderen beteiligten Dienststelle bekannt, dass der Schuldner Obliegenheiten verletzt und dadurch die Befriedigung der Insolvenzgläubiger beeinträchtigt, soll die Vollstreckungsbehörde beim Insolvenzgericht einen schriftlichen Antrag auf Versagung der Restschuldbefreiung stellen und ihre Angaben durch entsprechende Unterlagen glaubhaft machen (§§ 295, 296 InsO). Gegen die Entscheidung des Gerichts ist die sofortige Beschwerde gegeben. Unter den Voraussetzungen des § 303 der Insolvenzordnung kann die Restschuldbefreiung widerrufen werden.

(3) Das Insolvenzgericht entscheidet nach Anhörung der Insolvenzgläubiger, des Insolvenzverwalters oder Treuhänders und des Schuldners durch Beschluss über die Erteilung der Restschuldbefreiung, wenn die Abtretungsfrist ohne vorzeitige Beendigung des Restschuldbefreiungsverfahrens verstrichen ist (§ 300 Absatz 1 Satz 1 InsO). Die Abtretungsfrist kann unter den weiteren Voraussetzungen des § 300 Absatz 1 Satz 2 und Absatz 2 der Insolvenzordnung vorzeitig beendet und dem Schuldner die Restschuldbefreiung erteilt werden. Gegen den Beschluss über die Erteilung der Restschuldbefreiung steht den Gläubigern unter den Voraussetzungen des § 300 Absatz 4 der Insolvenzordnung die sofortige Beschwerde zu. Wird die Restschuldbefreiung erteilt, wirkt sie gegen alle Insolvenzgläubiger, auch wenn diese ihre Forderungen nicht angemeldet haben (§ 301 InsO). Die Vollstreckungsbehörde kann deshalb die vom Verfahren betroffenen Abgabenforderungen nicht mehr gegen den Schuldner geltend machen. Haftungs- oder andere Gesamtschuldner können jedoch weiterhin in Anspruch genommen werden (§ 301 Absatz 2 InsO).

(4) Von der Restschuldbefreiung werden unter anderem Geldstrafen, Geldbußen, Zwangsgelder sowie Ansprüche aus dem Steuerschuldverhältnis, sofern der Schuldner im Zusammenhang damit wegen einer Steuerstraftat nach den §§ 370, 373 oder 374 der Abgabenordnung rechtskräftig verurteilt worden ist und die Finanzbehörde die entsprechende Forderung unter Angabe dieses Rechtsgrundes gem. § 174 Absatz 2 der Insolvenzordnung angemeldet hat, nicht berührt (§ 302 InsO).

Sechster Teil - Löschung, gewerbe- und berufsrechtliche Verfahren, Maßnahmen nach dem Pass- sowie Aufenthaltsgesetz, Abmeldung von Fahrzeugen von Amts wegen

65 Löschung im Handelsregister oder im Genossenschaftsregister

Während des Vollstreckungsverfahrens ist bei gegebenem Anlass zu prüfen, ob Tatbestände vorliegen, die zur Einleitung eines Verfahrens nach den §§ 393 ff. des Gesetzes über das Verfahren in Familiensachen und in den Angelegenheiten der freiwilligen Gerichtsbarkeit führen können. Gegebenenfalls ist beim zuständigen Handelsregister die Löschung zu beantragen. Das Registergericht ist darauf hinzuweisen, dass die im Rahmen der Auskunftserteilung übersandten Unterlagen nicht der Akteneinsicht unterliegen (§ 379 Absatz 2 Satz 2 FamFG).

66 Gewerbe- und berufsrechtliche, pass- und ausländerrechtliche Maßnahmen

(1) Ergibt sich aus der Art der zu vollstreckenden Rückstände, den Umständen ihres Entstehens, ihrer Höhe oder aus Eigenschaften der zur Vertretung berechtigten Person (vgl. § 45 GewO),

dass Unzuverlässigkeit in gewerbe- oder berufsrechtlichem Sinne vorliegt, sind bei der zuständigen Behörde

1. die Untersagung der Ausübung eines Gewerbes oder
2. die Rücknahme oder der Widerruf einer gewerberechtlichen Erlaubnis oder ähnliche gewerberechtliche Maßnahmen oder
3. ein berufsrechtliches Verfahren

anzuregen.

(2) Ist der Vollstreckungsschuldner eine ausländische natürliche Person, so ist, gegebenenfalls neben den Maßnahmen nach Absatz 1, die zuständige Ausländerbehörde nach § 87 Abs. 2 Nr. 3 des Aufenthaltgesetzes über den Ausweisungsgrund (§ 55 Abs. 1 in Verbindung mit § 55 Abs. 2 Nr. 2 des Aufenthaltsgesetzes) zu unterrichten und zu bitten, die Möglichkeit einer Ausweisung zu prüfen. Die für eine Ausweisung nach dem Aufenthaltgesetz erforderlichen Daten sind nach Maßgabe des § 88 Abs. 3 des Aufenthaltgesetzes mitzuteilen.

(3) Rechtfertigen Tatsachen die Annahme, dass eine natürliche Person versucht, sich durch Verlassen des Geltungsbereichs der Abgabenordnung Vollstreckungsmaßnahmen zu entziehen, oder ist dies bereits eingetreten, so ist die jeweils zuständige Behörde um Entziehung des Passes nach § 7 Absatz 1 Nummer 4 und § 8 des Passgesetzes, um die Anordnung nach § 6 Absatz 7 des Personalausweisgesetzes oder um Erlass eines Ausreiseverbots nach § 46 Absatz 2 in Verbindung mit § 88 Absatz 3 des Aufenthaltsgesetzes zu ersuchen. Hält sich der Vollstreckungsschuldner im Ausland auf, so kann die zuständige deutsche diplomatische Vertretung als Passbehörde ersucht werden, die Gültigkeit des Reisepasses des Vollstreckungsschuldners dahin zu beschränken, dass er nur für die Rückreise in die Bundesrepublik Deutschland gültig ist.

67 Abmeldung von Fahrzeugen von Amts wegen

Bei der Vollstreckung wegen Kraftfahrzeugsteuer kann die Abmeldung eines Fahrzeugs nach § 14 des Kraftfahrzeugsteuergesetzes betrieben werden. Die Abmeldung soll in der Regel erst nach einem erfolglosen Vollstreckungsversuch erfolgen; abweichend hiervon kann das Abmeldungsverfahren bereits nach der ersten erfolglosen Mahnung eingeleitet werden, wenn der Vollstreckungsschuldner die Kraftfahrzeugsteuer wiederholt erst nach Beginn der Vollstreckung entrichtet hat oder feststeht, dass die Vollstreckung keinen Erfolg verspricht.

Siebenter Teil - Schlussvorschriften

68 Inkrafttreten

Diese allgemeine Verwaltungsvorschrift tritt am 1. März 1980 in Kraft.

Allgemeine Verwaltungsvorschrift für Vollziehungsbeamte der Finanzverwaltung - Vollziehungsanweisung (VollzA) -

vom 29.4.1980 (BStBl I S. 194), zuletzt geändert durch Artikel 2 der Allgemeinen Verwaltungsvorschrift vom 23.10.2017 (BStBl I S. 1374).

Erster Teil - Allgemeines

Zweiter Teil - Ausführung der Vollstreckung

Vollstreckungsauftrag

Hauptleistung; Nebenleistungen

Aufnahme von Urkunden

Leistung zur Abwendung der Vollstreckung

Verhalten des Vollziehungsbeamten bei Nichtleistung, Widerstand und Einwendungen; Durchsuchung, Öffnen von Wohnungen

Pfändung

Wegnahme von Sachen; Entgegennahme von Sachen

Verwertung

Aufhebung der Pfändung; Rückgabe von Pfandstücken

Abführung an die zuständige Kasse

Rechenschaftsablegung

Sondervorschriften für die Zollverwaltung

Dritter Teil - Schlussvorschriften

Erster Teil - Allgemeines

1. Inhalt; Anwendungsbereich

(1) Die Vollziehungsanweisung enthält nähere Bestimmungen über die Ausführung der Vollstreckung, soweit sie durch Vollziehungsbeamte der Vollstreckungsbehörden (Finanzämter, Hauptzollämter und Landesfinanzbehörden, denen durch eine Rechtsverordnung nach § 17 Absatz 2 Satz 3 Nummer 3 des Finanzverwaltungsgesetzes die landesweite Zuständigkeit für Kassengeschäfte und das Erhebungsverfahren einschließlich der Vollstreckung übertragen worden ist) durchgeführt wird. Die Vollziehungsanweisung ist für die Vollziehungsbeamten der Bundes- und Landesfinanzbehörden verbindlich.

(2) Die Vollziehungsanweisung enthält keine Bestimmungen über die Dienstverrichtungen, die den Vollziehungsbeamten außerhalb der Vollstreckung, zum Beispiel bei Zustellungen, obliegt.

(3) Die Vollziehungsanweisung soll dem Vollziehungsbeamten das Verständnis der gesetzlichen Vorschriften erleichtern. Hat der Vollziehungsbeamte bei der Anwendung der Vollziehungsanweisung Zweifel, so hat er sich an die Vollstreckungsstelle zu wenden.

(4) In den Fällen, in denen die Vollziehungsanweisung den Begriff Vollstreckungsstelle verwendet, gilt dies uneingeschränkt auch für Erhebungsstellen.

2. Örtliche Abgrenzung der Amtstätigkeit

Der Vollziehungsbeamte führt die ihm erteilten Aufträge nur im Bezirk der Vollstreckungsbehörde aus, der er angehört. Außerhalb dieses Bezirks darf er nur auf Grund eines besonderen Auftrags der Vollstreckungsbehörde, der er angehört, tätig werden.

3. Ausschließung von der Amtstätigkeit

(1) Nach § 82 der Abgabenordnung darf der Vollziehungsbeamte bei der Vollstreckung nicht mitwirken, wenn

1. er selbst beteiligt ist,
2. ein Angehöriger von ihm beteiligt ist,
3. er einen Beteiligten kraft Gesetzes oder Vollmacht allgemein oder in der gleichen Sache vertritt,

4. ein Angehöriger von ihm für einen Beteiligten in der gleichen Sache Hilfe in Steuersachen leistet,

5. er bei einem Beteiligten gegen Entgelt beschäftigt ist oder bei ihm als Mitglied des Vorstandes, des Aufsichtsrates oder eines gleichartigen Organs tätig ist; dies gilt nicht, wenn seine Anstellungskörperschaft Beteiligte ist,

6. er außerhalb seiner amtlichen Eigenschaft in der Angelegenheit ein Gutachten abgegeben oder sonst tätig geworden ist.

Bei Gefahr in Verzug dürfen jedoch unaufschiebbare Maßnahmen getroffen werden.

(2) Beteiligt ist insbesondere derjenige, dessen Belange durch die Vollstreckungsmaßnahme berührt werden, weil er selbst die beizutreibende Leistung schuldet oder neben dem Schuldner für die Leistung haftet oder zur Duldung der Vollstreckung verpflichtet ist.

(3) Nach § 15 der Abgabenordnung sind Angehörige des Vollziehungsbeamten im Sinne des Absatzes 1 Nr. 2 und 4:

1. der Verlobte,

2. der Ehegatte, oder der Lebenspartner

3. Verwandte und Verschwägerte gerader Linie, zum Beispiel Kinder, Enkel, Eltern, Großeltern oder Schwiegereltern, Schwiegersöhne, Schwiegertöchter, Stiefeltern, Stiefkinder,

4. Geschwister,

5. Kinder der Geschwister,

6. Ehegatten oder Lebenspartner der Geschwister und Geschwister der Ehegatten oder der Lebenspartner,

7. Geschwister der Eltern,

8. Personen, die durch ein auf längere Dauer angelegtes Pflegeverhältnis mit häuslicher Gemeinschaft wie Eltern und Kind miteinander verbunden sind (Pflegeeltern und Pflegekinder).

Angehörige sind die in Satz 1 aufgeführten Personen auch dann, wenn

1. in den Fällen der Nummern 2, 3 und 6 die die Beziehung begründende Ehe oder Lebenspartnerschaft nicht mehr besteht,

2. in den Fällen der Nummern 3 bis 7 die Verwandtschaft oder Schwägerschaft durch Annahme als Kind erloschen ist,

3. im Falle der Nummer 8 die häusliche Gemeinschaft nicht mehr besteht, sofern die Personen weiterhin wie Eltern und Kind miteinander verbunden sind.

(4) Hat der Vollziehungsbeamte einen Auftrag in einer Vollstreckungssache erhalten, bei der er nach den Absätzen 1 bis 3 nicht mitwirken darf, so hat er unverzüglich den Sachverhalt der Vollstreckungsstelle darzulegen.

4. Amtsenthaltung wegen Befangenheit

(1) Hält sich der Vollziehungsbeamte für befangen oder wird von einem Beteiligten Befangenheit des Vollziehungsbeamten behauptet, hat der Vollziehungsbeamte unverzüglich die Vollstreckungsstelle und den Leiter der Behörde oder den von ihm Beauftragten zu unterrichten und sich auf dessen Anordnung der Mitwirkung zu enthalten (§ 83 Abs. 1 Satz 1 der Abgabenordnung).

(2) Befangenheit ist anzunehmen, wenn ein Grund vorliegt, der geeignet ist, Mißtrauen gegen die Unparteilichkeit des Vollziehungsbeamten zu rechtfertigen. Dies gilt insbesondere, wenn der Vollziehungsbeamte wegen persönlicher oder wirtschaftlicher Beziehungen nicht ohne Vorurteil dem Beteiligten (Abschnitt 3 Abs. 2) gegenübersteht.

5. Steuergeheimnis

(1) Nach § 30 der Abgabenordnung darf der Vollziehungsbeamte Verhältnisse eines anderen sowie Betriebs- oder Geschäftsgeheimnisse, die ihm dienstlich bekanntgeworden sind, nicht unbefugt offenbaren oder verwerten. Diese Pflichten enden auch nicht, wenn der Vollziehungsbeamte aus dem Vollstreckungsdienst oder aus dem Dienst der Finanzverwaltung ausscheidet.

(2) Die Verletzung der Steuergeheimnisse (Absatz 1) ist mit Strafe bedroht (§ 355 StGB).

6. Ausweise

Als Ausweise dienen dem Vollziehungsbeamten:

1. ein den Vollziehungsbeamten zur Vornahme von Vollstreckungshandlungen allgemein ermächtigender Ausweis (Dienstausweis). Der Vollziehungsbeamte hat den Dienstausweis im Dienst bei sich zu führen und auf Verlangen vorzuzeigen. Der Dienstausweis ist mit einem Lichtbild des Vollziehungsbeamten und mit dem Abdruck des Dienststempels der Vollstreckungsbehörde zu versehen.

2. ein den Vollziehungsbeamten zur Vornahme der einzelnen Vollstreckungshandlung ermächtigender schriftlicher oder elektronischer Vollstreckungsauftrag. Der Vollstreckungsauftrag ist auf Verlangen bei Vornahme der Vollstreckungshandlung vorzuzeigen.

Zweiter Teil - Ausführung der Vollstreckung

Vollstreckungsauftrag

7. Vollstreckungsauftrag

(1) Der Vollziehungsbeamte hat die Aufträge auszuführen, die ihm die Vollstreckungsstelle erteilt.

(2) Der Vollziehungsbeamte darf eine Vollstreckungsmaßnahme nur auf Grund eines besonderen schriftlichen oder elektronischen Auftrags (Vollstreckungsauftrag) der Vollstreckungsstelle ergreifen. Er darf nur die in dem Vollstreckungsauftrag angeordneten Vollstreckungsmaßnahmen, zum Beispiel Pfändung, Versteigerung, freihändigen Verkauf, und diese Maßnahmen nur gegen denjenigen Vollstreckungsschuldner treffen, der in dem Vollstreckungsauftrag bezeichnet ist. Der Vollziehungsbeamte darf also zum Beispiel auf Grund eines Vollstreckungsauftrags gegen eine offene Handelsgesellschaft nicht gegen deren Gesellschafter persönlich vorgehen.

(3) Soweit bei Ausführung des Vollstreckungsauftrags der Vollziehungsbeamte Entscheidungen nach seinem Ermessen zu treffen hat, zum Beispiel darüber, welche Sachen des Vollstreckungsschuldners zu pfänden sind, hat er nach Recht und Billigkeit zu entscheiden.

(4) Dem Vollziehungsbeamten steht kein Prüfungsrecht darüber zu, ob die Voraussetzungen erfüllt sind, die nach der Abgabenordnung und der Vollstreckungsanweisung für den Vollstreckungsauftrag bestehen. Auf offensichtliche Unrichtigkeiten oder Unzweckmäßigkeiten hat jedoch der Vollziehungsbeamte die Vollstreckungsstelle aufmerksam zu machen.

(5) Gegenüber dem Vollstreckungsschuldner hat sich der Vollziehungsbeamte jeder Stellungnahme zu der Entstehung und der Berechtigung der beizutreibenden Leistung zu enthalten. Er ist nicht berechtigt, Zahlungsvereinbarungen mit ihm zu treffen. Bezüglich möglicher Billigkeitsmaßnahmen ist an den Innendienst zu verweisen.

8. Rücksichtnahme auf die Belange des Vollstreckungsgläubigers und des Vollstreckungsschuldners

(1) Der Vollziehungsbeamte hat den ihm erteilten Vollstreckungsauftrag ohne Rücksicht auf die für die Erledigung bestimmte Frist (Abschnitt 9) schnell und nachdrücklich auszuführen.

(2) Neben den Belangen des Vollstreckungsgläubigers hat der Vollziehungsbeamte die Belange des Vollstreckungsschuldners zu wahren, soweit hierdurch der Erfolg der Vollstreckung nicht beeinträchtigt wird. Der Vollziehungsbeamte hat auch auf Wünsche, die der Vollstreckungsschuldner hinsichtlich der Ausführung der Vollstreckung, insbesondere hinsichtlich der Auswahl der zu pfändenden Sachen, äußert, Rücksicht zu nehmen, wenn dies ohne besondere Kosten und Schwierigkeiten und ohne Beeinträchtigung des Erfolgs der Vollstreckung möglich ist.

(3) Der Vollziehungsbeamte hat alle nicht unbedingt erforderlichen Kosten und Aufwendungen zu vermeiden.

(4) Pfandstücke sind pfleglich zu behandeln.

(5) Der Vollziehungsbeamte hat auch sonst jede unnötige Schädigung des Vollstreckungsschuldners zu vermeiden. Insbesondere hat er darauf zu achten, daß die Vollstreckungshandlung möglichst wenig Aufsehen erregt.

9. Frist für die Erledigung des Vollstreckungsauftrags

(1) In jedem Vollstreckungsauftrag ist eine Frist bestimmt, innerhalb welcher der Vollstreckungsauftrag auszuführen und über die Ausführung Rechenschaft abzulegen ist.

(2) Kann der Vollziehungsbeamte einen Vollstreckungsauftrag ausnahmsweise nicht fristgerecht erledigen, so hat er ihn bis zum Ablauf der Frist der Vollstreckungsstelle zurückzugeben; dabei hat er die Gründe der Nichtausführung schriftlich oder elektronisch anzugeben. Eine Verzögerung kann zu Nachteilen für den Vollstreckungsgläubiger führen, selbst wenn die dem Vollziehungsbeamten gesetzte Frist nicht überschritten wird. Bei einer Verzögerung ist der Vollziehungsbeamte unter Umständen schadensersatzpflichtig.

(3) Den Empfang der Vollstreckungsaufträge hat der Vollziehungsbeamte zu bescheinigen. Im Bereich der Zollverwaltung bedarf es dieser Empfangsbescheinigung nicht, wenn dem Vollziehungsbeamten die Vollstreckungsaufträge übersandt werden. Die pünktliche Rückgabe aller Vollstreckungsaufträge durch den Vollziehungsbeamten wird überwacht.

(4) Für die Abführung von Zahlungsmitteln (Abschnitt 15 Abs. 1, Abschnitt 58) und anderen Sachen (Abschnitt 59) an die zuständige Kasse gelten die besonderen Fristbestimmungen des Abschnitts 58 Abs. 2.

10. Zeit der Vollstreckung

(1) Nach § 289 der Abgabenordnung darf eine Vollstreckungshandlung zur Nachtzeit (21 bis 6 Uhr) sowie an Sonntagen und staatlich anerkannten allgemeinen Feiertagen nur mit schriftlicher oder elektronischer Erlaubnis der Vollstreckungsbehörde vorgenommen werden. Die Erlaubnis ist auf Verlangen bei der Vollstreckungshandlung vorzuzeigen.

(2) Rechnet der Vollziehungsbeamte damit, daß eine zur Tageszeit begonnene Vollstreckungshandlung sich in die Nachtzeit erstrecken wird, so hat er dies rechtzeitig der Vollstreckungsstelle anzuzeigen. Die Vollstreckungsstelle wird gegebenenfalls vorsorglich anordnen, daß die Vollstreckung in die Nachtzeit fortzusetzen ist.

(3) (weggefallen)

11. Einstellung und Beschränkung der Vollstreckung

(1) Der Vollziehungsbeamte darf die Vollstreckung grundsätzlich nur auf ausdrückliche Weisung der Vollstreckungsstelle einstellen und beschränken (§§ 257, 258 AO) sowie die Verwertung gepfändeter Sachen aussetzen (§ 297 AO).

(2) Auch ohne eine derartige Weisung hat der Vollziehungsbeamte den Vollstreckungsauftrag vorläufig nicht auszuführen, wenn

1. ihm durch eine Mitteilung der zuständigen Stelle, durch Vorlage eines Verwaltungsaktes oder einer gerichtlichen Entscheidung nachgewiesen wird, daß
   a) die beizutreibende Hauptschuld erloschen ist, zum Beispiel durch Zahlung, Aufrechnung, Erlaß und Verjährung (§ 47 AO),
   b) die beizutreibende Hauptschuld gestundet ist (§ 222 AO),
   c) die Vollziehung des zu vollstreckenden Verwaltungsaktes ausgesetzt ist (§ 361 AO, § 69 FGO),
   d) die Vollstreckung eingestellt oder beschränkt ist (§§ 257, 258 AO),
   e) der Verwaltungsakt, der vollstreckt werden soll, aufgehoben worden ist,
   f) im Falle der Vollstreckung eines festgesetzten Zwangsgeldes der Vollzug einzustellen ist (§ 335 AO),
2. ihm nachgewiesen wird, daß die beizutreibende Hauptschuld eingezahlt worden ist. Als Nachweis können zum Beispiel in Betracht kommen: Bestätigung eines Kreditinstituts, Quittung einer Kasse oder Zahlstelle. Durch Vorlage einer Einlieferungsbescheinigung für einen Brief mit Wertangabe kann die Vollstreckung nicht abgewendet werden,
3. ihm gegenüber die einer Zwangsgeldfestsetzung zugrundeliegende Anordnung erfüllt, zum Beispiel eine angeforderte Steuererklärung abgegeben wird.

In den Fällen der Nummer 1 Buchstabe a, b und e sowie der Nummer 2 sind noch bestehende steuerliche Nebenleistungen beizutreiben, wenn die Voraussetzungen für die Vollstreckung nach § 254 Abs. 1 der Abgabenordnung vorliegen.

(3) Beziehen sich die Nachweise, nach denen nach Absatz 2 der Vollstreckungsauftrag vorläufig nicht auszuführen ist, nur auf einen Teil der beizutreibenden Hauptschuld, hat der Vollziehungsbeamte den Vollstreckungsauftrag hinsichtlich des verbleibenden Rückstands auszuführen.

(4) Von einer Pfändung in Vollziehung eines Arrestes hat der Vollziehungsbeamte abzusehen, wenn die Hinterlegungssumme (der in der Arrestanordnung bezeichnete Geldbetrag, durch dessen Hinterlegung der Arrestschuldner die Einstellung der Arrestvollziehung erreichen kann) gezahlt wird oder wenn dem Vollziehungsbeamten urkundlich nachgewiesen wird, daß sie hinterlegt worden ist. Absatz 3 gilt entsprechend.

(5) Führt der Vollziehungsbeamte den Vollstreckungsauftrag vorläufig nicht oder nur zum Teil aus, hat er dies der Vollstreckungsstelle unverzüglich anzuzeigen. Gerichtliche Entscheidungen sind unter Angabe des Gerichts, des Datums und des Aktenzeichens genau zu bezeichnen.

12. Tod des Vollstreckungsschuldners

(1) Ist der Vollstreckungsschuldner gestorben, bevor der Vollziehungsbeamte mit der Ausführung des Vollstreckungsauftrags gegen den Vollstreckungsschuldner begonnen hatte, so hat der Vollziehungsbeamte von Vollstreckungsmaßnahmen abzusehen und dies der Vollstreckungsstelle unverzüglich anzuzeigen.

(2) Ist der Vollstreckungsschuldner nach Ausführung des Vollstreckungsauftrags, aber vor Ausführung eines Ergänzungsauftrags, insbesondere eines Versteigerungsauftrags oder eines Auftrags zum freihändigen Verkauf, gestorben, so hat der Vollziehungsbeamte den Ergänzungsauftrag auszuführen.

13. Insolvenzverfahren

(1) Der Vollziehungsbeamte hat von Vollstreckungsmaßnahmen abzusehen, wenn ihm vor Ausführung des Vollstreckungsauftrags nachgewiesen wird, dass über das Vermögen, in das vollstreckt werden soll, das Insolvenzverfahren eröffnet worden ist.

(2) Vor Eröffnung des Insolvenzverfahrens hat der Vollziehungsbeamte von der Ausführung des Vollstreckungsauftrags nur dann abzusehen, wenn ihm die Anordnung des Gerichts über die Einstellung oder Untersagung der Vollstreckung gemäß § 21 Abs. 2 Nr. 3 der Insolvenzordnung nachgewiesen wird.

(3) Die Gründe, warum der Vollziehungsbeamte den Auftrag nicht ausgeführt hat, sind im Rechenschaftsvermerk über die Ausführung des Vollstreckungsauftrags (Abschnitt 23) anzugeben. Insbesondere hat der Vollziehungsbeamte dabei den Beschluss über die Eröffnung des Insolvenzverfahrens und andere gerichtliche Anordnungen, welche die Vollstreckung betreffen (Absatz 2), unter Angabe des Gerichts, des Datums und des Aktenzeichens aufzuführen.

(4) Ist der Vollstreckungsauftrag nach Eröffnung des Insolvenzverfahrens erteilt worden und enthält er die Weisung, trotz Eröffnung des Insolvenzverfahrens zu vollstrecken, insbesondere in bestimmte Gegenstände, die in dem Vollstreckungsauftrag bezeichnet sind, so hat der Vollziehungsbeamte nach dieser Weisung zu verfahren.

(5) Wird nach Durchführung des Vollstreckungsauftrags das Insolvenzverfahren eröffnet, so hat der Vollziehungsbeamte einen Ergänzungsauftrag, insbesondere einen Versteigerungsauftrag oder einen Auftrag zum freihändigen Verkauf, auszuführen, den die Vollstreckungsstelle in Kenntnis der Eröffnung des Insolvenzverfahrens erteilt hat.

14. Vollstreckung gegen deutsche Soldaten

Für die Vollstreckung gegen deutsche Soldaten gelten keine gesetzliche Sondervorschriften. Es ist jedoch folgendes zu beachten:

1. Ist ein Vollstreckungsauftrag in Räumen der Bundeswehr oder an Bord eines Schiffes der Bundeswehr durchzuführen, so ist eine vorherige Anzeige an die militärische Dienststelle des Vollstreckungsschuldners erforderlich.

2. Der Vollziehungsbeamte ist befugt, in Sachen zu vollstrecken, die sich im Alleingewahrsam, das heißt in der tatsächlichen Gewalt des Vollstreckungsschuldners, befinden. Ein Soldat, der in einer Gemeinschaftsunterkunft wohnt, hat Alleingewahrsam an ihm gehörenden Sachen, die sich in dem ihm zugewiesenen Wohnraum befinden. Der Vollziehungsbeamte kann verlangen, daß ihm Zutritt zu dem Wohnraum des Soldaten gewährt wird, gegen den vollstreckt werden soll. An Sachen, die sich in anderen militärischen Räumen befinden, hat ein Soldat regelmäßig keinen Alleingewahrsam. Alleingewahrsam liegt jedoch vor, wenn der Soldat diese Sachen so aufbewahrt, daß sie nur seinem Zugriff unterliegen. Zur Durchsuchung benötigt der Vollziehungsbeamte eine richterliche Durchsuchungsanordnung, es sei denn, der Vollstreckungsschuldner willigt ein oder es besteht Gefahr im Verzug.

3. Wird dem Vollziehungsbeamten aus Gründen des Geheimnisschutzes das Betreten von Räumen, Anlagen, Schiffen oder sonstigen Fahrzeugen verweigert, so hat er sich mit dem Disziplinarvorgesetzten des Soldaten in Verbindung zu setzen, damit die Voll-

streckung trotzdem durchgeführt werden kann. Dies kann zum Beispiel dadurch geschehen, daß dem Vollziehungsbeamten die gesamte Habe des Soldaten an einem Ort vorgelegt wird, den der Vollziehungsbeamte betreten darf.

4. Zur Wahrung des Steuergeheimnisses (Abschnitt 5) dürfen der Dienststelle und einem Vorgesetzten Verhältnisse des Vollstreckungsschuldners nur insoweit offenbart werden, als es zur Durchführung des Vollstreckungsauftrags notwendig ist.

Hauptleistung, Nebenleistung

15. Grundbegriffe

(1) Zahlungsmittel sind:

1. Bargeld (amtliche Banknoten und Münzen in Euro und Cent).
2. Schecks, die auf Euro lauten und auf Kreditinstitute im Inland gezogen sind (Schecks, die von dem Zahlenden oder von einem anderen ausgestellt sind).

(2) Wertpapiere sind Urkunden, die das in ihnen verbriefte Recht derart verkörpern, dass sie selbst zum Träger des Rechts werden und dass der Besitz der Urkunden zur Ausübung des Rechts notwendig ist.

(3) Bei den Wertpapieren unterscheidet man:

1. Wertpapiere, die auf den Inhaber oder auf den Namen lauten. Beispiele: Aktien, Kuxe, Schuldverschreibungen auf den Inhaber (auch Grundschuld- und Rentenschuldbriefe, die auf den Inhaber lauten), Zinsscheine, Gewinnanteilscheine, Erneuerungsscheine.
2. Wertpapiere, die an den Order lauten. Beispiele: Wechsel, an Order gestellte kaufmännische Anweisungen und Verpflichtungsscheine, an Order gestellte Konnossemente der Seeschiffer, an Order gestellte Lagerscheine, Ladescheine, Bodmereibriefe und Transportversicherungspolicen.

(4) Urkunden, die nicht Träger eines Rechts sind, gehören auch dann nicht zu den Wertpapieren, wenn in den Urkunden ein Recht verbrieft ist. Beispiele: Sparbücher, auf den Inhaber lautende Versicherungsscheine, Hypothekenbriefe, nicht auf den Inhaber lautende Grundschuld- und Rentenschuldbriefe.

(5) Wertzeichen sind: Steuer- und Stempelmarken, Postwertzeichen, Versicherungsmarken, statistische Marken und Steuerzeichen.

(6) Kostbarkeiten sind: Gold- und Silbersachen, Gegenstände aus anderem Edelmetall, zum Beispiel Schmucksachen und Uhren aus Platin, Edelsteine, Kunstgegenstände und andere bewegliche Sachen, die im Verhältnis zu ihrem Umfang oder Gewicht einen außerordentlich hohen Wert haben.

16. Säumniszuschläge

Im Vollstreckungsauftrag ist der Tag angegeben, bis zu dem die darin aufgeführten Säumniszuschläge berechnet worden sind. Die für eine spätere Zeit beizutreibenden Säumniszuschläge hat der Vollziehungsbeamte nach § 240 der Abgabenordnung zu berechnen.

17. Kosten

(1) Mit dem beizutreibenden Hauptanspruch hat der Vollziehungsbeamte auch die Kosten der Vollstreckung beizutreiben.

(2) Die Kosten der Vollstreckung sind ihrem Betrag nach in dem Vollstreckungsauftrag anzugeben, soweit sie vor Erteilung des Vollstreckungsauftrags entstanden sind.

(3) Die Kosten der Vollstreckung, die durch die Ausführung des Vollstreckungsauftrags entstehen, hat der Vollziehungsbeamte nach den §§ 337 bis 345 der Abgabenordnung zu berechnen.

(4) Die Kosten, die dadurch entstehen, daß der Vollziehungsbeamte Zahlungsmittel oder Sachen, mit deren Wegnahme er beauftragt worden ist (Abschnitt 50 Abs. 1), an die zuständige Kasse abführt, gehören nicht zu den Kosten der Vollstreckung.

18. Entschädigung von Zeugen und Sachverständigen, Vergütung an Hilfspersonen

(1) Zieht der Vollziehungsbeamte bei der Ausführung der Vollstreckung Zeugen, Auskunftspersonen oder Sachverständige hinzu, bestimmt sich deren Vergütung oder Entschädigung nach § 107 der Abgabenordnung in Verbindung mit dem Justizvergütungs- und -entschädigungsgesetz

(2) Zieht der Vollziehungsbeamte bei der Ausführung der Vollstreckung eine andere Hilfsperson, zum Beispiel einen Handwerker, Hüter oder Fuhrunternehmer, hinzu, so soll er mit der Hilfsperson, sofern sie ihre Dienste nicht unentgeltlich zur Verfügung stellt, bei Vertragsschluss eine Vergütung vereinbaren.

(3) Wird ein gepfändetes Tier einem Hüter übergeben oder in dem Gewahrsam des Vollstreckungsschuldners oder des sonstigen Gewahrsamsinhabers belassen, so kann der Vollziehungsbeamte mit dem Betreffenden vereinbaren, daß dieser als Entgelt für die Fütterung und Pflege des Tieres dessen gewöhnliche Nutzung, zum Beispiel die Milch einer gepfändeten Kuh, verbrauchen darf.

(4) In allen Fällen, in denen eine Vergütung vereinbart oder bestimmt wird, sind die Preise zu Grunde zu legen, die für derartige Leistungen ortsüblich sind. Beansprucht die Hilfsperson eine Vergütung und kann über deren Höhe bei Vertragsschluss keine Einigung erzielt werden, so hat der Vollziehungsbeamte zu vereinbaren, dass ihm die Bestimmung der Gegenleistung (§ 316 des Bürgerlichen Gesetzbuchs) zusteht. Nachdem die Hilfsperson ihre Tätigkeit ausgeübt hat, bestimmt der Vollziehungsbeamte unverzüglich den Vergütungsbetrag (Gegenleistung). Bei Einwendungen gegen die Höhe der Vergütung hat er die Hilfsperson an die Vollstreckungsstelle zu verweisen.

(5) Die Vergütung soll in der Regel erst ausgezahlt werden, nachdem die Hilfsperson ihre Tätigkeit beendet hat. Die Geldbeträge hierfür hat der Vollziehungsbeamte erforderlichenfalls (Hinweis auf Abschnitt 58 Abs. 1 Satz 1) bei der Vollstreckungsstelle anzufordern.

(6) Der Vollziehungsbeamte hat sich die bei Ausführung der Vollstreckung geleisteten Zahlungen für Auslagen quittieren zu lassen.

(7) In die Niederschrift über eine Vollstreckungshandlung, bei der eine Entschädigung oder Vergütung nach Zeit in Betracht kommt, sind die für das Bemessen der Entschädigung oder Vergütung erforderlichen Zeitangaben aufzunehmen.

Aufnahme von Urkunden

19. Aufnahme von Urkunden

(1) Bei der Vollstreckung hat der Vollziehungsbeamte auch Urkunden aufzunehmen, zum Beispiel Niederschriften, Quittungen, Nachweisungen, Rechenschaftsvermerke, Pfandanzeigen. Diese Tätigkeit erfordert besondere Sorgfalt und Gewissenhaftigkeit. Jede Verletzung der Wahrheit - selbst in nebensächlichen Punkten - kann eine disziplinarrechtliche, unter Umständen eine strafrechtliche Ahndung zur Folge haben.

(2) Bei der Aufnahme von Urkunden hat der Vollziehungsbeamte vorbehaltlich besonderer Bestimmungen, die für einzelne Urkunden getroffen sind (z. B. Abschnitt 21 und 44 VollzA), die folgenden allgemeinen Regeln zu beachten:

1. Urkunden können schriftlich oder elektronisch aufgenommen werden. Die Urkunde muss den Ort und das Datum der Aufnahme, den Namen und die Dienststelle des Vollziehungsbeamten sowie die Angabe „Vollziehungsbeamter“ enthalten.

   Schriftliche Urkunden sind vom Vollziehungsbeamten zu unterschreiben.

2. Die Urkunde, insbesondere auch die Unterschrift des Vollziehungsbeamten, muß leserlich sein. Es dürfen nur urkundenechte Tinte, Kugelschreiber mit Mine auf der Grundlage der Norm DIN 16554 / ISO 12757-2 oder sonstige von den für die Finanzverwaltung zuständigen obersten Bundes- oder Landesbehörden zugelassene Schreibmittel, nicht dagegen Bleistift oder ein anderer Trockenstift, verwendet werden. DIN-Normen, auf die in dieser Vorschrift Bezug genommen wird, sind im Beuth-Verlag GmbH, Berlin und Köln (www.beuth.de) erschienen und beim Deutschen Patent- und Markenamt archivmäßig gesichert. Ein Stempel darf zur Unterschrift nicht gebraucht werden. Eine Pfandanzeige im Freien kann mit Farbe geschrieben werden.

3. Radieren oder Überkleben ist untersagt. Bei Änderungen muß der ursprüngliche Text lesbar bleiben; Datum und Namenszeichen sind beizufügen.

4. Urkunden aus mehreren Bogen oder Blättern sind zu heften oder in sonst geeigneter Weise zu verbinden.

5. Bei der Aufnahme elektronischer Urkunden dürfen ausschließlich solche technischen Hilfsmittel verwendet werden, die von der zuständigen Bundes- oder Landesbehörde zu diesen Zwecken zugelassen wurden.

20. Niederschrift

(1) Der Vollziehungsbeamte hat über jede Vollstreckungshandlung eine auf den Vollstreckungsschuldner bezogene Niederschrift aufzunehmen. Bei mehreren Vollstreckungsaufträgen gegen einen Vollstreckungsschuldner und bei ein und derselben Vollstreckungsmaßnahme, zum Beispiel Pfändung oder Versteigerung, hat der Vollziehungsbeamte, wenn er diese Vollstreckungsaufträge gleichzeitig ausführt, nur eine Niederschrift aufzunehmen. Wird der beizutreibende Geldbetrag nach der Aufforderung zur Leistung ohne Vorbehalt oder Bedingung an den Vollziehungsbeamten gezahlt, ohne daß der Vollziehungsbeamte eine Vollstreckungsmaßnahme ergriffen hat, so ist keine Niederschrift erforderlich. Sie wird in diesem Fall durch die für die zuständige Kasse bestimmte Ausfertigung der Quittung ersetzt.

(2) Eine Niederschrift ist insbesondere aufzunehmen über

1. die Annahme von Zahlungen mit Vorbehalt oder von anderen Leistungen,
2. die Durchsuchung des Besitztums des Vollstreckungsschuldners, zum Beispiel der Räume und Behältnisse, erforderlichenfalls auch der Kleidung am Körper des Vollstreckungsschuldners,
3. die Pfändung sowie eine Anschlußpfändung,
4. das Wegschaffen gepfändeter Sachen, auch wenn gepfändete Sachen, die zunächst im Gewahrsam des Vollstreckungsschuldners belassen worden waren, nachträglich weggeschafft werden,
5. die Wegnahme und die Entgegennahme von Sachen,
6. die Aufhebung der Pfändung und die Rückgabe von Pfandstücken,

7. die Verwertung (die Versteigerung oder den freihändigen Verkauf) gepfändeter Sachen.

(3) Die Niederschrift soll in unmittelbarem Anschluß an die Vollstreckungshandlung, und zwar, wenn nicht besondere Umstände etwas anderes gebieten, an Ort und Stelle aufgenommen werden. Dauert die Vollstreckungshandlung, zum Beispiel eine Versteigerung, mehrere Tage, so ist die Niederschrift an jedem Tag abzuschließen und zu unterzeichnen.

(4) Die Niederschrift muß folgende Angaben enthalten:

1. die Bezeichnung der Vollstreckungshandlung unter Hervorheben der wesentlichen Vorgänge. Hierzu gehören die Aufforderungen und Mitteilungen des Vollziehungsbeamten, zum Beispiel die Aufforderung zur Leistung und das Vorzeigen des Vollstreckungsauftrags. Konnten diese nicht mündlich abgegeben werden, so soll er auch dies in der Niederschrift vermerken,

2. die Namen der Personen, mit denen verhandelt worden ist, sowie die Namen der zugezogenen Zeugen, Sachverständigen und sonstigen Hilfspersonen. Erklärungen zur Vollstreckung, die von dem Vollstreckungsschuldner oder einer anderen Person abgegeben werden, sollen in die Niederschrift aufgenommen werden,

3. das Ergebnis der Vollstreckung, und zwar auch bei fruchtloser Vollstreckung. Beispiele: eine Pfändung ist nicht möglich, eine wegzunehmende Sache wird nicht vorgefunden, eine entgegenzunehmende Sache wird nicht herausgegeben,

4. die Unterschriften der in Nummer 2 Satz 1 bezeichneten Personen sowie die Feststellung, dass die Niederschrift den Unterzeichnern vorgelesen oder zur Durchsicht vorgelegt und genehmigt worden ist. Hat eine der Personen nicht unterzeichnet, so ist der Grund anzugeben. Bei elektronisch erstellten Niederschriften ist die Unterschrift der in Nr. 2 Satz 1 bezeichneten Personen nicht erforderlich (§ 291 Abs. 4 AO).

(5) In den Vordrucken ist Nichtzutreffendes zu streichen. Wird in einem Vordruck ein Raum nicht für Eintragungen verwendet, so ist der Raum durch Striche derart auszufüllen, daß spätere Eintragungen nicht möglich sind. Reicht der in einem Vordruck vorgesehene Raum nicht aus, so sind Eintragungen, die auf dem Vordruck selbst nicht untergebracht werden können, in einer Anlage zur Niederschrift aufzunehmen. Die Anlage ist ebenfalls von dem Vollziehungsbeamten und den in Absatz 4 Nr. 2 Satz 1 bezeichneten Personen zu unterschreiben.

(6) Der Vollziehungsbeamte darf eine von ihm bereits unterschriebene Niederschrift nachträglich nicht eigenmächtig ändern. Spätere Zusätze sind in der Regel auf den Rand oder hinter den Schluß der Urkunde zu setzen und von dem Vollziehungsbeamten unter Angabe des Datums besonders zu unterschreiben.

(7) Im übrigen wird auf die besonderen Bestimmungen über die Niederschriften bei den verschiedenen Vollstreckungsmaßnahmen verwiesen (Hinweis insbesondere auf Abschnitt 18 Abs. 7, Abschnitt 25 Abs. 2, Abschnitt 28 Abs. 2, Abschnitt 34 Abs. 1, Abschnitt 35 Abs. 5, Abschnitt 36 Abs. 2, Abschnitte 38, 43 Abs. 6, Abschnitt 46 Abs. 2 und 3, Abschnitt 47 Abs. 4, Abschnitte 48, 49, 50 Abs. 3, Abschnitte 55, 56 Abs. 2).

(8) Die Vollstreckungsstelle kann den in Absatz 4 Nr. 2 Satz 1 bezeichneten Zeugen eine Mehrausfertigung der Urkunde erteilen.

21. Quittungen

(1) Der Vollziehungsbeamte hat unaufgefordert eine Quittung auf einem Vordruck des amtlichen Quittungsblocks zu erteilen, wenn er

1. eine Leistung - auch den Erlös aus einer Versteigerung oder aus einem freihändigen Verkauf - annimmt oder

2. gepfändetes Geld oder sonstige Pfandstücke an sich nimmt (Abschnitt 44 Abs. 2 Nr. 1 und Abs. 6, Abschnitt 52 Abs. 1) oder

3. eine Sache wegnimmt (Abschnitt 50 Abs. 1) oder entgegennimmt (Abschnitt 50 Abs. 2).

(2) Bei Zahlungsmitteln hat der Vollziehungsbeamte in der Quittung anzugeben, wie er den beigebrachten Geldbetrag auf Hauptschuld, Zinsen, Säumniszuschläge und Kosten, gegebenenfalls auch auf die einzelnen Steuerarten und Zeitabschnitte, anrechnet (wegen der Anrechnung selbst vgl. Abschnitt 27). Dies gilt nicht für den Erlös aus einer Versteigerung oder aus einem freihändigen Verkauf; hier hat die Quittung, die dem Ersteigerer oder dem Käufer zu erteilen ist, nur den gezahlten Betrag zu enthalten. Erstreckt sich eine Quittung über mehrere Geldbeträge, so ist die Gesamtsumme zu bilden.

(3) Wird durch Übergabe eines Schecks gezahlt, ist auf beide Ausfertigungen der Quittung zu setzen: "Mit Scheck gezahlt. Eingang vorbehalten. Ohne Gewähr für rechtzeitige Vorlegung." Ist nur zum Teil mit Scheck gezahlt worden, ist vor den Vermerk der Betrag zu setzen.

(4) Bei Sachen, die nicht Zahlungsmittel sind, hat der Vollziehungsbeamte in der Quittung die Sachen - gegebenenfalls unter Angabe des Zustands - genau zu bezeichnen. Bescheinigungen über die Echtheit oder den Wert dürfen nicht abgegeben werden. Insbesondere sind anzugeben

1. bei vertretbaren Sachen:

   Maß, Zahl oder Gewicht, wobei nur gleichartige und gleichwertige Gegenstände zusammenzufassen sind,

2. bei Wertpapieren, die auf den Inhaber oder auf den Namen lauten:

   Nennwert, Nummer oder sonstige Unterscheidungsmerkmale sowie Zins- oder Gewinnanteil- und Erneuerungsscheine, die sich bei dem Stammpapier befinden,

3. bei Wechseln oder anderen Wertpapieren, die an Order lauten:

   Art und Umfang der Forderung, Namen des Gläubigers und Schuldners, Ort und Tag der Ausstellung, Fälligkeitstag, falls er aus der Urkunde ersichtlich ist.

(5) Der Vollziehungsbeamte hat die Quittung im Durchschreibeverfahren auszustellen und zu unterschreiben. Die erste Ausfertigung erhält der Leistende, die zweite Ausfertigung behält der Vollziehungsbeamte zur Übergabe an die zuständige Kasse. Händigt der Vollziehungsbeamte die für den Leistenden bestimmte Ausfertigung nicht aus, so hat der Vollziehungsbeamte auch diese der zuständigen Kasse zu übergeben.

(6) Den Quittungsblock gibt die zuständige Kasse gegen Empfangsbescheinigung aus. Der Vollziehungsbeamte erhält in der Regel nur einen Block. In der Empfangsbescheinigung ist die Nummer des Blocks anzugeben. Wird ein unvollständiger Block zugeteilt, so sind auch die Nummern der in ihm enthaltenen Quittungsblätter zu vermerken. Bei Aushändigen des Blocks haben der aushändigende Beamte und der Vollziehungsbeamte zu prüfen, ob in dem Block sämtliche Blätter enthalten sind, die nach der Empfangsbescheinigung vorhanden sein sollen.

(7) Der Vollziehungsbeamte hat bei Beendigung oder längerer Unterbrechung seiner Verwendung im Vollstreckungsaußendienst, zum Beispiel durch Urlaub oder Krankheit, einen nicht vollständig aufgebrauchten Quittungsblock gegen Empfangsbescheinigung an die zuständige Kasse zurückzugeben.

(8) Verschriebene oder unbrauchbar gewordene Quittungsvordrucke darf der Vollziehungsbeamte nicht vernichten. In diesen Fällen hat er beide Ausfertigungen der Vordrucke mit zugelassenem Schreibmittel (Abschnitt 19 Abs. 2 Nr. 2 Satz 2) zu durchkreuzen und der zuständigen Kasse zusammen mit den Zweitausfertigungen der übrigen Quittungen zu übergeben.

(9) Den Verlust eines Quittungsblocks oder einzelner Quittungsvordrucke hat der Vollziehungsbeamte unverzüglich dem Kassenleiter oder dem zuständigen Sachgebietsleiter und dem Kassenaufsichtsbeamten anzuzeigen.

22. Nachweisung Vz

(1) Der Vollziehungsbeamte hat alle Zahlungsmittel, die er an die zuständige Kasse abzuführen hat (Abschnitt 58), in eine Nachweisung Vz einzutragen. Im Bereich der Zollverwaltung darf der Vollziehungsbeamte nach näherer Weisung des Zahlstellenverwalters von dem Aufstellen einer Nachweisung Vz absehen.

(2) Der Vollziehungsbeamte hat für die in Absatz 1 bezeichneten Zahlungsmittel die Nachweisung Vz in der Weise aufzustellen, daß er an Hand der Quittungen die Zahlungsmittel, die er im Laufe des Tages bei dem Ausführen der verschiedenen Vollstreckungsaufträge beigebracht hat, einzeln in die Nachweisung Vz einträgt. Erlöse, die der Vollziehungsbeamte durch Versteigerung oder freihändigen Verkauf erzielt hat, sind nach Abzug der Auslagen (Abschnitt 18 Abs. 6; Hinweis auch auf Abschnitt 58 Abs. 1) in der Nachweisung Vz in die Spalte für Verwahrungen einzutragen.

(3) Die Zahlung durch Scheck hat der Vollziehungsbeamte in der Vermerkspalte der Nachweisung Vz anzugeben.

(4) Die für die Finanzverwaltung zuständige oberste Bundes- oder Landesbehörde bestimmt, in welcher Art und Weise der Vollziehungsbeamte täglich Nachweisungen Vz aufzustellen hat.

(5) Der Vollziehungsbeamte hat die Zahlungsmittel in der Nachweisung Vz zusammenzurechnen. Hat er an einem Tag mehrere Nachweisungen Vz aufgestellt, so hat er auf einer von ihnen die Summen der Zahlungsmittel, die in den einzelnen Nachweisungen Vz eingetragen sind, zusammenzustellen und die Gesamtsumme zu bilden.

(6) In den Nachweisungen Vz sind die Block- und Blattnummern der Quittungen anzugeben.

(7) Auf den Zweitausfertigungen der Quittungen sind die Nummer der Nachweisung Vz und die laufende Nummer, unter der der Betrag in der Nachweisung Vz eingetragen ist, zu vermerken.

23. Rechenschaftsvermerk

Der Vollziehungsbeamte hat auf den Vollstreckungsauftrag oder auf ein damit zu verbindendes Blatt einen Rechenschaftsvermerk zu setzen. Bei elektronisch erteilten Vollstreckungsaufträgen ist der Rechenschaftsvermerk elektronisch zu erstellen und zu übermitteln. Der Rechenschaftsvermerk hat Folgendes zu enthalten:

1. Angaben über die Ausführung des Vollstreckungsauftrags, insbesondere über das Ergebnis der Vollstreckung. Hält der Vollziehungsbeamte besondere Maßnahmen für erforderlich, zum Beispiel alsbaldige Versteigerung gepfändeter Tiere oder Versteigerung außerhalb des Pfändungsorts, so soll er dies in dem Rechenschaftsvermerk angeben,
2. eine Zusammenstellung über die Verwendung des beigebrachten Gesamtbetrags. Aus dieser Zusammenstellung muß hervorgehen, welche Beträge der Vollziehungsbeamte
   a) für Auslagen (Abschnitt 18 Abs. 6) verwendet,
   b) an die zuständige Kasse oder
   c) an den Vollstreckungsschuldner oder einen sonstigen Berechtigten abgeführt hat.

Leistung zur Abwendung der Vollstreckung

24. Aufforderung zur Leistung

(1) Bevor der Vollziehungsbeamte pfändet oder Sachen wegnimmt, hat er den Vollstreckungsschuldner zur Leistung aufzufordern. Dies kann nicht nur innerhalb des Besitztums, zum Beispiel Wohnung, Geschäftsräume, Werkstatt, Stallung, Hof, des Vollstreckungsschuldners geschehen, sondern auch außerhalb, wenn es kein größeres Aufsehen erregt.

(2) Wird nicht der Vollstreckungsschuldner, in dessen Besitztum aber eine erwachsene Person (Familienangehöriger, Mitbewohner, Bevollmächtigter oder Beschäftigter) angetroffen, von der angenommen werden kann, daß sie befugt ist, über die Geldmittel des Vollstreckungsschuldners zu verfügen, so fordert der Vollziehungsbeamte diese Person zur Leistung auf. Ist niemand im Besitztum des Vollstreckungsschuldners anwesend, so verfährt der Vollziehungsbeamte nach Abschnitt 29.

25. Annahme der Leistung (Allgemeines)

(1) Der Vollziehungsbeamte ist, solange er mit der Vollstreckung beauftragt ist und soweit nicht Absatz 4 Platz greift, berechtigt und verpflichtet, die beizutreibende Leistung, insbesondere den beizutreibenden Geldbetrag, anzunehmen. Dies gilt auch für eine angebotene Teilleistung. Die Annahme durch den Vollziehungsbeamten bewirkt, daß der Vollstreckungsschuldner der Leistung entsprechend befreit wird. Bei Zahlung mit Scheck hängt die Befreiung von der Einlösung ab.

(2) Macht der Leistende dem Vollziehungsbeamten gegenüber einen Vorbehalt oder stellt er eine Bedingung, so hat der Vollziehungsbeamte den Vorbehalt oder die Bedingung in die Niederschrift aufzunehmen und den Leistenden darauf hinzuweisen, daß ihm die Vollstreckungsstelle schriftlich mitteilen wird, ob die Vollstreckungsbehörde den Vorbehalt oder die Bedingung annimmt.

(3) Der Vollziehungsbeamte darf nur mit schriftlichem oder elektronischem Vollstreckungsauftrag Leistungen, insbesondere Zahlungsmittel, zur Abführung an die zuständige Kasse annehmen. Wird dem Vollziehungsbeamten eine Leistung angeboten, zu deren Annahme er nicht befugt ist, hat er den Anbietenden aufzufordern, den Betrag an die zuständige Kasse zu überweisen.

(4) Ist die zuständige Kasse für die Übergabe von Zahlungsmitteln gegen Quittung geschlossen, kann der Vollziehungsbeamte mit Zustimmung des Sachgebietsleiters in Ausnahmefällen Zahlungsmittel im Dienstgebäude annehmen, sofern er mit der Beitreibung des ihm angebotenen Betrages beauftragt ist.

26. Annahme der Leistung (Einzelheiten)

(1) Der Vollziehungsbeamte darf die im Abschnitt 15 Abs. 1 bezeichneten Zahlungsmittel als Einzahlung annehmen, soweit nicht im folgenden Einschränkungen gemacht sind.

(2) Schecks darf der Vollziehungsbeamte als Einzahlung nicht annehmen, wenn

1. in Orderschecks ein anderer als die zuständige Kasse vom Aussteller als Zahlungsempfänger bezeichnet ist, es sei denn, dass sich der Vollstreckungsschuldner durch eine ununterbrochene Reihe von Indossamenten - auch Blankoindossamenten - als rechtmäßiger Inhaber ausweist und sein Recht durch Indossament - auch Blankoindossament - auf die zuständige Kasse überträgt,

2. sie mit dem Vermerk "nicht an Order" oder mit einem gleichbedeutenden Vermerk versehen sind (Rektaschecks),

3. sie bei dem Vermerk "nur zur Verrechnung" einen Zusatz wie "nur zur Verrechnung mit ..." (Angabe einer Firma oder einer sonstigen Stelle, mit der allein die Verrechnung stattfindet) enthalten, auch wenn dieser Zusatz gestrichen ist,

4. deren Ausstellungsdatum so weit zurückliegt, dass sie von der zuständigen Kasse innerhalb der Vorlegungsfrist, das heißt binnen acht Tagen vom Beginn des Ausstellungstages an gerechnet, weder dem bezogenen Kreditinstitut vorgelegt, noch in eine Abrechnungsstelle (Artikel 31 ScheckG) eingeliefert werden könnten.

Der Vollziehungsbeamte hat darüber hinausgehende einschränkende Regelungen der zuständigen obersten Bundes- oder Landesfinanzbehörde über die Annahme von Schecks zu beachten.

(3) Der Vollziehungsbeamte soll Schecks nicht als Einzahlung annehmen, wenn

1. zu befürchten ist, dass sie mangels Deckung nicht sofort eingelöst werden,

2. ihm bekannt ist, dass der Vollstreckungsschuldner und Aussteller des Papiers wiederholt ungedeckte Schecks eingereicht hat.

Dies gilt nicht für Schecks, die von einer Stelle der Deutschen Bundesbank bestätigt sind, wenn sie der Deutschen Bundesbank innerhalb der in dem Bestätigungsvermerk angegebenen Frist vorgelegt werden können.

(4) Schecks, die bei Annahme durch den Vollziehungsbeamten nicht den Vermerk "nur zur Verrechnung" tragen, sind sofort mit diesem Vermerk zu versehen. Ein Blankoindossament ist bei Orderschecks durch den Vermerk "an ... (Bezeichnung der zuständigen Kasse)" zu vervollständigen.

(5) Bei Annahme von Zahlungsmitteln hat der Vollziehungsbeamte in Gegenwart des Einzahlers Bargeld auf Echtheit und Vollzähligkeit, Schecks auf Echtheit und Vollständigkeit (Rechtsgültigkeit) zu prüfen. Nachgemachtes, verfälschtes oder verdächtiges Bargeld ist anzuhalten und mit einer schriftlichen Anzeige an die zuständige Kasse abzuführen; dem Betroffenen ist darüber eine Bescheinigung folgenden Inhalts zu erteilen:

Die Münze(n)/Banknote(n) über ..... Euro mit der Kennzeichnung (Buchstabe, Jahreszahl, Nummer, Ausgabedatum)

....

wurde(n) als Falschstück(e)/wegen Zweifels an der Echtheit angehalten.

Ort, Tag, Unterschrift des Vollziehungsbeamten, Vollziehungsbeamter des/der (- Bezeichnung der Vollstreckungsbehörde -).

Schecks, deren Rechtsgültigkeit zweifelhaft ist, sind zurückzuweisen.

(6) Mehrbeträge an Bargeld sind dem Einzahler zurückzugeben; Minderbeträge sind sofort nachzufordern. Ist die sofortige Rückgabe von Mehrbeträgen nicht möglich, hat der Vollziehungsbeamte sie mit den übrigen angenommenen Zahlungsmitteln an die zuständige Kasse abzuführen. Wird mit Scheck gezahlt, werden Mehrbeträge dem Einzahler nicht von dem Vollziehungsbeamten, sondern von der zuständigen Kasse zurückgezahlt oder entsprechend den Angaben des Vollstreckungsschuldners gebucht, sobald der Scheck eingelöst worden ist.

27. Anrechnung von Teilzahlungen und Teilerlösen

(1) Eine Zahlung des Vollstreckungsschuldners nach Aufforderung durch den Vollziehungsbeamten zur Abwendung der Vollstreckung, die nicht sämtliche Schulden deckt, erfolgt in der Regel

nicht freiwillig. Der Vollziehungsbeamte bestimmt in diesen Fällen die Reihenfolge der Tilgung (§ 225 Absatz 3 AO).

(2) Liegt abweichend von Absatz 1 eine freiwillige Zahlung vor, ist diese auf die Schuld anzurechnen, die der Einzahler bestimmt. Dies gilt auch dann, wenn bereits Vollstreckungsmaßnahmen ergriffen worden sind, zum Beispiel wenn schon gepfändet oder mit der Versteigerung begonnen worden ist. Trifft der Einzahler keine Zahlungsbestimmung, ist nach § 225 Absatz 2 der Abgabenordnung zu verfahren.

(3) Deckt der Erlös, den der Vollziehungsbeamte durch Versteigerung oder freihändigen Verkauf erzielt hat, nach Abzug der Auslagen (Abschnitt 18 Absatz 6; Hinweis auf Abschnitt 58 Absatz 1) nicht sämtliche Schulden, so bestimmt die Vollstreckungsstelle die Reihenfolge der Tilgung.

Verhalten des Vollziehungsbeamten bei Nichtleistung, Widerstand und Einwendungen; Durchsuchung, Öffnen von Wohnungen

28. Verhalten bei Nichtleistung; Durchsuchung

(1) Soweit nicht geleistet wird oder eine Aufforderung zur Leistung nach Abschnitt 24 Abs. 2 Satz 1 nicht erfolgen kann, hat der Vollziehungsbeamte die Pfändung, in den Fällen des Abschnitts 50 Abs. 1 die Wegnahme, von Sachen zu versuchen.

(2) Die Durchsuchung von Wohnungen (Wohn-, Betriebs-, Arbeits- und Geschäftsräume, dazugehörige Nebenräume sowie das angrenzende befriedete Besitztum wie zum Beispiel Hofraum, Hofgarten), das heißt das Eindringen in die Wohnung oder das Verweilen darin zum Zwecke der Durchführung von Vollstreckungsmaßnahmen, ist nur zulässig,

1. wenn die angetroffene Person (der Vollstreckungsschuldner, ein erwachsener Familienangehöriger, Mitbewohner, Bevollmächtigter oder Beschäftigter) die Durchsuchung freiwillig gestattet. Wird die Einwilligung zur Durchsuchung verweigert oder eine erteilte Einwilligung widerrufen, hat der Vollziehungsbeamte, außer bei Gefahr im Verzug, von weiteren Vollstreckungsmaßnahmen abzusehen;

2. wenn Gefahr im Verzug besteht. Gefahr im Verzug liegt vor, wenn anzunehmen ist, dass infolge der Verzögerung, die durch die Erwirkung der richterlichen Anordnung eintreten würde, der Erfolg der Durchsuchung gefährdet wäre, zum Beispiel weil Anhaltspunkte dafür sprechen, dass der Schuldner pfändbare Sachen in der Zwischenzeit beiseite schafft. Das Vorliegen von Gefahr im Verzug ist insbesondere zu prüfen, wenn an pfändbaren Sachen offensichtlich nur Bargeld oder Kostbarkeiten vorhanden sind oder bei der Vollziehung einer Arrestanordnung;

3. oder wenn eine richterliche Anordnung zur Durchsuchung der Wohnung vorliegt. Den erforderlichen Antrag stellt die Vollstreckungsstelle. Die Anordnung ist bei der Vollstreckungshandlung vorzuzeigen.

Das Vorzeigen der Durchsuchungsanordnung, die Erklärungen der angetroffenen Personen sowie festgestellte Anhaltspunkte für das Vorliegen einer Gefahr im Verzug sind in die Niederschrift (Abschnitt 20 Abs. 7, Abschnitt 49 Abs. 2) aufzunehmen.

(3) Liegt eine der Voraussetzungen des Absatzes 2 vor, ist der Vollziehungsbeamte befugt, die Wohnung des Vollstreckungsschuldners zu durchsuchen, soweit der Zweck der Vollstreckung es erfordert. Die Durchsuchung kann sich erforderlichenfalls auch auf die Kleidung am Körper des Vollstreckungsschuldners erstrecken. In diesem Fall hat der Vollziehungsbeamte Durchsuchungen bei Personen anderen Geschlechts durch eine zuverlässige Hilfsperson des entsprechenden Geschlechts vornehmen zu lassen.

(4) Verschlossene Türen und Behältnisse darf der Vollziehungsbeamte von einem geeigneten Handwerker oder einer anderen geeigneten Hilfskraft öffnen lassen. Türen und Behältnisse, für die der Vollziehungsbeamte die Schlüssel erhält, kann er selbst öffnen.

29. Öffnen von Wohnungen

(1) Wird in den Wohn- und Geschäftsräumen des Vollstreckungsschuldners weder der Vollstreckungsschuldner noch ein erwachsener Familienangehöriger, Mitbewohner, Bevollmächtigter oder Beschäftigter angetroffen, hat der Vollziehungsbeamte die Wohn- und Geschäftsräume des Vollstreckungsschuldners nur dann gewaltsam öffnen zu lassen, wenn Gefahr im Verzug besteht (Abschnitt 28 Abs. 2 Nr. 2) oder der Vollziehungsbeamte bei einem vorhergegangenen Vollstreckungsversuch eine entsprechende Ankündigung (unter Hinweis auf § 287 der Abgabenordnung, § 288 des Strafgesetzbuchs und eine - gegebenenfalls. noch zu beantragende - Durchsuchungsanordnung) und eine Zahlungsaufforderung verschlossen hinterlassen hat, die Voraussetzungen des Abschnitts 28 Abs. 2 Nr. 3 vorliegen und keine Anhaltspunkte bestehen, dass die Vollstreckung erfolglos bleiben wird Im übrigen kann der Vollziehungsbeamte von der gewaltsamen Öffnung der Wohn- und Geschäftsräume absehen, wenn dies nach Lage der Verhältnisse angebracht erscheint.

(2) Bei der Öffnung der Wohn- und Geschäftsräume in den Fällen des Absatzes 1 Satz 1 hat der Vollziehungsbeamte zwei Erwachsene oder einen Gemeinde- oder Polizeibeamten als Zeugen zuzuziehen. Die Zeugen sollen die Niederschrift mit unterschreiben. Bei einer elektronisch erstellten Niederschrift ist die Unterschrift der Zeugen nicht erforderlich.

(3) Die Vollstreckungsstelle kann den Zeugen eine Mehrausfertigung der Urkunde erteilen.

30. Verhalten bei Widerstand

(1) Trifft der Vollziehungsbeamte bei einer Vollstreckung auf Widerstand, so darf er Gewalt anwenden. Widerstand ist dann gegeben, wenn die Ausführung des Amtsgeschäfts nicht ohne Gewalt möglich erscheint. Abschnitt 28 Abs. 2 ist zu beachten.

(2) Bei Widerstand hat der Vollziehungsbeamte zwei Erwachsene oder einen Gemeinde- oder Polizeibeamten als Zeugen zuzuziehen. Dies gilt auch dann, wenn der Vollziehungsbeamte den Widerstand allein brechen könnte.

(3) Rechnet der Vollziehungsbeamte damit, daß er bei einer Vollstreckung Widerstand finden und zur Überwindung des Widerstandes polizeilicher Unterstützung bedürfen wird, so hat er dies der Vollstreckungsstelle anzuzeigen, die das Weitere veranlaßt. In dringenden Fällen und in Fällen, in denen dem Vollziehungsbeamten bei einer bereits begonnenen Vollstreckung Widerstand angedroht oder geleistet wird, kann der Vollziehungsbeamte die Unterstützung durch die Polizei unmittelbar anfordern.

(4) In Gegenwart der zugezogenen Zeugen soll der Vollziehungsbeamte darauf hinweisen, daß das Leisten von Widerstand schwere strafrechtliche Folgen hat. Die Zeugen sollen die Niederschrift mit unterschreiben, wenn in ihrer Gegenwart Widerstand geleistet wurde. Bei einer elektronisch erstellten Niederschrift ist die Unterschrift der Zeugen nicht erforderlich.

(5) Die Vollstreckungsstelle kann den Zeugen eine Mehrausfertigung der Urkunde erteilen.

31. Verhalten bei Einwendungen

(1) Durch Einwendungen des Vollstreckungsschuldners oder eines Dritten darf sich der Vollziehungsbeamte regelmäßig nicht von der Ausführung der Vollstreckung abhalten lassen.

(2) Der Vollziehungsbeamte hat den Vollstreckungsschuldner an die zuständige Stelle, die den der Vollstreckung zu Grunde liegenden Verwaltungsakt erlassen hat, zu verweisen, den Vollstreckungsauftrag aber auszuführen, wenn der Vollstreckungsschuldner

1. einwendet, der Anspruch auf die beizutreibende Leistung sei nicht oder nicht in voller Höhe entstanden, oder

2. bei Einkommensteuer- oder Vermögensteuerrückständen beantragt, nach § 268 der Abgabenordnung die Vollstreckung auf den Steuerbetrag zu beschränken, der sich bei einer Aufteilung der im Zeitpunkt der Einleitung der Vollstreckung rückständigen Steuer ergibt.

Dasselbe gilt vorbehaltlich des Abschnitts 11 auch, wenn der Vollstreckungsschuldner einwendet, dass

1. der Anspruch erloschen oder gestundet,
2. die Anordnung der Vollstreckung unzulässig oder
3. der Vollzug eines Zwangsgeldes nach § 335 der Abgabenordnung einzustellen sei.

In diesen Fällen ist der Vollstreckungsschuldner an die zuständige Vollstreckungsbehörde zu verweisen, die den Vollstreckungsauftrag erteilt hat.

(3) Wendet sich der Vollstreckungsschuldner gegen Vollstreckungsmaßnahmen, so hat der Vollziehungsbeamte ihn an die Vollstreckungsstelle zu verweisen. Dies hat insbesondere zu geschehen, wenn geltend gemacht wird,

1. der Vollziehungsbeamte sei zur Ausführung der Vollstreckung nicht zuständig,
2. der Vollziehungsbeamte sei bei Ausführung der Vollstreckung nicht im Besitz eines Vollstreckungsauftrags oder habe die Grenzen überschritten, die sich aus dem Vollstreckungsauftrag ergäben,
3. mit der Ausführung der Vollstreckung sei vorzeitig begonnen worden,
4. eine Überpfändung sei erfolgt,
5. Gegenstände, die der Pfändung nicht unterlägen, seien gepfändet worden,
6. der Vollstreckungsschuldner sei nicht verpflichtet, die Kosten der Vollstreckung zu tragen, oder die Kosten seien nicht richtig berechnet.

Wendet der Vollstreckungsschuldner ein, einem Dritten stehe an dem Gegenstand der Vollstreckung ein die Veräußerung hinderndes Recht zu oder zugunsten eines Dritten bestehe ein Veräußerungsverbot, hat der Vollziehungsbeamte ihn darauf hinzuweisen, daß der Berechtigte seine Ansprüche gegenüber der Vollstreckungsstelle geltend zu machen hat.

(4) Auch einen Dritten, der Einwendungen gegen die vorgenommene Pfändung erhebt, hat der Vollziehungsbeamte an die Vollstreckungsstelle zu verweisen. Dies gilt insbesondere, wenn geltend gemacht wird,

1. der Vollziehungsbeamte habe eine im Gewahrsam des Dritten befindliche Sache gepfändet, zu deren Herausgabe der Dritte nicht bereit gewesen sei,
2. dem Dritten stehe an dem Gegenstand der Vollstreckung ein die Veräußerung hinderndes Recht zu oder zugunsten des Dritten bestehe ein Veräußerungsverbot.

Der Vollziehungsbeamte hat aber die sofortige Entscheidung der Vollstreckungsstelle - gegebenenfalls fernmündlich - herbeizuführen und erforderlichenfalls den betreffenden Gegenstand von der Versteigerung auszunehmen, wenn der Dritte die Einwendungen erst in dem Versteigerungstermin vorbringt und glaubhaft macht, daß seine Einwendungen berechtigt sind.

Pfändung

32. Allgemeines

(1) Der Pfändung unterliegen die im Gewahrsam des Vollstreckungsschuldners oder eines zur Herausgabe bereiten Dritten befindlichen beweglichen Sachen des Vollstreckungsschuldners, sofern sie nicht nach den Abschnitten 33 bis 40 von der Pfändung ausgenommen sind.

(2) Der Auftrag zur Pfändung beweglicher Sachen bezieht sich auch auf

1. Wertpapiere, die auf den Inhaber oder auf den Namen lauten (Abschnitt 15 Abs. 3 Nr. 1).
2. Früchte, die vom Boden noch nicht getrennt sind (Abschnitt 39).

(3) Lautet der Vollstreckungsauftrag lediglich auf Pfändung beweglicher Sachen, so darf der Vollziehungsbeamte Wechsel und sonstige Wertpapiere, die an Order lauten (Abschnitt 15 Absatz 3 Nummer 2), nicht wegnehmen. Regelmäßig erteilt jedoch die Vollstreckungsstelle mit dem Auftrag, bewegliche Sachen zu pfänden, zugleich auch den Auftrag, Wechsel und sonstige Wertpapiere, die an Order lauten, wegzunehmen.

(4) Auch der erweiterte Auftrag nach Absatz 3 Satz 2 ermächtigt den Vollziehungsbeamten an sich nicht, die in Abschnitt 15 Abs. 4 bezeichneten Urkunden, sog. Beweisurkunden, wie zum Beispiel Sparbücher, auf den Inhaber lautende Versicherungsscheine usw., wegzunehmen, da es sich bei diesen Urkunden nicht um Wertpapiere handelt. Der Vollziehungsbeamte darf diese Urkunden vielmehr grundsätzlich nur auf Grund eines besonderen Auftrags der Vollstreckungsstelle (Abschnitt 50 Abs. 1) wegnehmen. Findet der Vollziehungsbeamte aber solche Urkunden bei dem Vollstreckungsschuldner vor, ohne mit ihrer Wegnahme ausdrücklich beauftragt zu sein, so kann er die Urkunden unter unverzüglicher Anzeige an die Vollstreckungsstelle vorläufig in Besitz nehmen (Hilfspfändung). Abschnitte 21, 48 und 59 sind anzuwenden. Das Weitere veranlaßt die Vollstreckungsstelle.

33. Unpfändbare Sachen und Tiere

(1) Die folgenden Sachen darf der Vollziehungsbeamte nicht pfänden, und zwar auch dann nicht, wenn der Vollstreckungsschuldner der Pfändung zustimmt:

1. die dem persönlichen Gebrauch oder dem Haushalt dienenden Sachen, insbesondere Kleidungsstücke, Wäsche, Betten, Haus- und Küchengerät, soweit der Vollstreckungsschuldner ihrer zu einer seiner Berufstätigkeit und seiner Verschuldung angemessenen, bescheidenen Lebens- und Haushaltsführung bedarf; ferner Gartenhäuser, Wohnlauben und ähnliche, Wohnzwecken dienende Einrichtungen, die der Vollstreckung in das bewegliche Vermögen unterliegen und deren der Vollstreckungsschuldner oder seine Familie zur ständigen Unterkunft bedarf,
2. die für den Vollstreckungsschuldner, seine Familie und seine Hausangehörigen, die ihm im Haushalt helfen, auf vier Wochen erforderlichen Nahrungs-, Feuerungs- und Beleuchtungsmittel oder, soweit für diesen Zeitraum solche Vorräte nicht vorhanden sind und ihre Beschaffung auf anderem Wege nicht gesichert ist, den zur Beschaffung erforderlichen Geldbetrag. Zur Familie im Sinne dieser Bestimmung gehören nur die mit dem Vollstreckungsschuldner in häuslicher Gemeinschaft zusammen wohnenden und wirtschaftlich von ihm abhängigen Familienmitglieder,
3. Kleintiere in beschränkter Zahl sowie eine Milchkuh oder nach Wahl des Vollstreckungsschuldners statt einer Milchkuh insgesamt zwei Schweine, Ziegen oder Schafe, wenn diese Tiere für die Ernährung des Vollstreckungsschuldners, seiner Familie (Nummer 2 Satz 2) oder Hausangehörigen, die ihm im Haushalt, in der Landwirtschaft oder im Gewerbe helfen, erforderlich sind; ferner die zur Fütterung und zur Streu auf

vier Wochen erforderlichen Vorräte oder, soweit solche Vorräte nicht vorhanden sind und ihre Beschaffung für diesen Zeitraum auf anderem Wege nicht gesichert ist, der zu ihrer Beschaffung erforderliche Geldbetrag,

4. a) bei Personen, die Landwirtschaft betreiben, zum Beispiel auch beim Pächter, das zum Wirtschaftsbetrieb erforderliche Gerät und Vieh nebst dem nötigen Dünger sowie die landwirtschaftlichen Erzeugnisse, soweit sie zur Sicherung des Unterhalts des Vollstreckungsschuldners, seiner Familie (Nummer 2 Satz 2) und seiner Arbeitnehmer oder zur Fortführung der Wirtschaft bis zur nächsten Ernte gleicher oder ähnlicher Erzeugnisse erforderlich sind. Das auf einem Landgut befindliche, zum Landwirtschaftsbetrieb bestimmte - also nicht bloß das zu dem Landwirtschaftsbetrieb notwendige - Gerät und Vieh ist Zubehör des Landguts (Abschnitt 40 Abs. 3 Nr. 2) und kann insoweit nicht gepfändet werden, als die Zubehörstücke dem Grundstückseigentümer gehören,

   b) bei Arbeitnehmern in landwirtschaftlichen Betrieben die ihnen als Vergütung gelieferten Naturalien, soweit der Vollstreckungsschuldner ihrer zu seinem und seiner Familie (Nummer 2 Satz 2) Unterhalt bedarf,

5. bei Personen, die aus ihrer körperlichen oder geistigen Arbeit oder sonstigen persönlichen Leistungen ihren Erwerb ziehen, die zur Fortsetzung dieser Erwerbstätigkeit erforderlichen Gegenstände,

6. bei den Witwen und minderjährigen Erben der unter Nummer 5 bezeichneten Personen, wenn sie die Erwerbstätigkeit für ihre Rechnung durch einen Stellvertreter fortführen, die zur Fortführung dieser Erwerbstätigkeit erforderlichen Gegenstände,

7. Dienstkleidungsstücke sowie Dienstausrüstungsgegenstände, soweit sie dem Gebrauch des Vollstreckungsschuldners bestimmt sind, sowie bei Beamten, Geistlichen, Rechtsanwälten, Notaren, Ärzten und Hebammen die zur Ausübung des Berufs erforderlichen Gegenstände einschließlich angemessener Kleidung,

8. bei Personen, die wiederkehrende Einkünfte der in den §§ 850 bis 850 b der Zivilprozeßordnung bezeichneten Art beziehen, ein Geldbetrag, der dem der Pfändung nicht unterworfenen Teil der Einkünfte für die Zeit von der Pfändung bis zu dem nächsten Zahlungstermin entspricht,

9. die zu dem Betrieb einer Apotheke unentbehrlichen Geräte, Gefäße und Waren,

10. die Bücher, die zum Gebrauch des Vollstreckungsschuldners und seiner Familie (Nummer 2 Satz 2) in der Kirche, Schule, sonstigen Unterrichtsanstalten oder bei der häuslichen Andacht bestimmt sind,

11. die in Gebrauch genommenen Haushaltungs- und Geschäftsbücher, die Familienpapiere sowie die Trauringe, Orden und Ehrenzeichen,

12. künstliche Gliedmaßen, Brillen und andere wegen körperlicher Gebrechen notwendige Hilfsmittel, soweit diese Gegenstände zum Gebrauch des Vollstreckungsschuldners und seiner Familie (Nummer 2 Satz 2) bestimmt sind,

13. die zur unmittelbaren Verwendung für die Bestattung bestimmten Gegenstände,

14. die Nutzungen der Erbschaft bei Einsetzung eines Nacherben sowie die Nutzungen des Gesamtguts einer fortgesetzten Gütergemeinschaft in den Fällen des § 863 der Zivilprozeßordnung,

15. die Fahrbetriebsmittel aller Eisenbahnen, die Güter oder Personen im öffentlichen Verkehr befördern (Gesetz betreffend die Unzulässigkeit der Pfändung von Eisenbahnfahrbetriebsmitteln in der im Bundesgesetzblatt Teil III, Gliederungs-Nr. 310-11 veröffentlichten bereinigten Fassung),

16. Vorrichtungen, die ausschließlich zur Vervielfältigung oder Funksendung eines Werkes im Sinne des Urheberrechtsgesetzes, sowie zur Vorführung eines Filmwerkes bestimmt sind, wie Formen, Platten, Steine, Druckstöcke, Matrizen, Negative, Filmstreifen und dergleichen. Gleiches gilt nach näherer Bestimmung des § 119 Abs. 3 des Urheberrechtsgesetzes für bestimmte Ausgaben, Lichtbilder und Bild- und Tonträger.

(2) Originale von Werken im Sinne des Urheberrechtsgesetzes dürfen im Vollstreckungsverfahren gegen den Urheber oder dessen Rechtsnachfolger nur gepfändet werden, wenn der Urheber oder dessen Rechtsnachfolger oder im Falle des § 28 Abs. 2 des Urheberrechtsgesetzes der Testamentsvollstrecker einwilligt oder wenn es einer Einwilligung nach § 114 Abs. 2 oder § 116 Abs. 2 des Urheberrechtsgesetzes nicht bedarf. Dies gilt nach Maßgabe des § 118 des Urheberrechtsgesetzes sinngemäß für wissenschaftliche Ausgaben und Lichtbilder.

(3) Tiere, die im häuslichen Bereich und nicht zu Erwerbszwecken gehalten werden, sind der Pfändung nicht unterworfen. Eine Pfändung ist jedoch wegen des hohen Wertes des Tieres zulässig, wenn die Unpfändbarkeit für den Vollstreckungsgläubiger eine Härte bedeuten würde, die auch unter Würdigung der Belange des Tierschutzes und der berechtigten Interessen des Schuldners nicht zu rechtfertigen ist.

34. Künftiger Wegfall der Unpfändbarkeit, Vorwegpfändung; künftiger Wegfall der Pfändbarkeit

(1) Ist zu erwarten, daß eine nach Abschnitt 33 unpfändbare Sache demnächst pfändbar wird, zum Beispiel wegen eines bevorstehenden Berufswechsels des Vollstreckungsschuldners, so kann sie der Vollstreckungsbeamte pfänden (Vorwegpfändung). Er soll dies insbesondere tun, wenn er andere pfändbare Sachen von ausreichendem Wert nicht vorfindet. Er muß die gepfändete Sache aber im Gewahrsam des Vollstreckungsschuldners belassen. In der Pfändungsniederschrift (Abschnitt 48) muß der Vollziehungsbeamte ausführen, daß es sich um eine vorweggenommene Pfändung handelt; ferner soll er angeben, wann die Sache voraussichtlich pfändbar wird. Die Vollstreckung darf nur auf schriftliche oder elektronische Weisung der Vollstreckungsstelle fortgesetzt, insbesondere die Sache weggenommen und verwertet werden, wenn die Sache pfändbar geworden ist.Ist die Sache nicht binnen eines Jahres pfändbar geworden, so ist die Pfändung auf schriftliche Weisung der Vollstreckungsstelle aufzuheben. Hierbei ist nach Abschnitt 57 Abs. 1, 2 und 4 bis 7 zu verfahren.

(2) Der Vollziehungsbeamte ist nicht berechtigt, eine Pfändung deshalb zu unterlassen, weil die zu pfändende Sache wahrscheinlich demnächst unpfändbar wird.

35. Austauschpfändung

(1) Die Vollstreckungsstelle kann die Pfändung einer nach Abschnitt 33 Abs. 1 Nrn. 1, 5 und 6 unpfändbaren Sache mit der Maßgabe anordnen, daß dem Vollstreckungsschuldner vor der Wegnahme der Sache ein Ersatzstück, das dem geschützten Verwendungszweck genügt, oder der zur Beschaffung eines solchen Ersatzstücks erforderliche Geldbetrag überlassen wird. Die Vollstreckungsstelle setzt den Wert des Ersatzstücks oder den zur Ersatzbeschaffung erforderlichen Geldbetrag fest.

(2) Ist die rechtzeitige Ersatzbeschaffung dem Vollstreckungsgläubiger nicht möglich oder nicht zuzumuten, so kann die Vollstreckungsstelle die Pfändung mit der Maßgabe anordnen, daß dem Vollstreckungsschuldner der zur Ersatzbeschaffung notwendige - und von der Vollstreckungsstelle festgesetzte - Geldbetrag aus dem Verwertungserlös überlassen wird.

(3) Der Verwaltungsakt, mit dem die Vollstreckungsstelle die Austauschpfändung anordnet, ist dem Vollstreckungsschuldner und den sonst Beteiligten zuzustellen. Mit der Zustellung kann der Vollziehungsbeamte - in der Regel gleichzeitig mit der Aushändigung des Vollstreckungsauftrags zur Pfändung der Sache - beauftragt werden; die Zustellung erfolgt nach § 5 des Verwaltungszustellungsgesetzes gegen Empfangsbekenntnis. Der Vollziehungsbeamte soll in diesem Fall zunächst den Verwaltungsakt zustellen und anschließend die Sache pfänden.

(4) Ordnet die Vollstreckungsstelle die Austauschpfändung nach Absatz 1 an, so veranlaßt sie auch die vorschußweise Auszahlung des zur Beschaffung notwendigen Geldbetrags durch die zuständige Kasse und gegebenenfalls die Beschaffung des erforderlichen Ersatzstücks. Mit der Entgegennahme des Geldbetrags und der Beschaffung des Ersatzstücks kann der Vollziehungsbeamte beauftragt werden.

(5) Abgesehen von den Fällen des Abschnitts 36 führt der Vollziehungsbeamte die Austauschpfändung und die damit zusammenhängenden Maßnahmen nur auf besondere Weisung der Vollstreckungsstelle durch. Er übergibt in den Fällen des Absatzes 1 dem Vollstreckungsschuldner spätestens bei der Wegnahme der Sache das Ersatzstück oder den zur Ersatzbeschaffung erforderlichen Geldbetrag gegen Quittung und vermerkt dies in der Pfändungsniederschrift (Abschnitt 48).

(6) Soll dem Vollstreckungsschuldner der zur Ersatzbeschaffung notwendige Geldbetrag nach Absatz 2 aus dem Verwertungserlös überlassen werden, so hat der Vollziehungsbeamte die Sache zu pfänden und sie zunächst im Gewahrsam des Vollstreckungsschuldners zu belassen. Zur Wegnahme der Sache ist der Vollziehungsbeamte nur auf Grund eines besonderen Auftrags der Vollstreckungsstelle befugt, der ihm erst erteilt werden kann, nachdem die Entscheidung, mit der die Vollstreckungsstelle die Austauschpfändung angeordnet hat, unanfechtbar geworden ist. Wird der Vollziehungsbeamte mit der Verwertung der Sache beauftragt (Abschnitt 51), so wird er gleichzeitig angewiesen, den zur Ersatzbeschaffung erforderlichen Geldbetrag vorweg aus dem Erlös zu entnehmen und dem Vollstreckungsschuldner gegen Quittung auszuhändigen. Den ausgehändigten Betrag hat der Vollziehungsbeamte in der Zusammenstellung nach Abschnitt 23 Nr. 2 nach den "Auslagen" besonders auszuweisen.

(7) Der dem Vollstreckungsschuldner an Stelle eines Ersatzstücks überlassene Geldbetrag ist unpfändbar.

36. Vorläufige Austauschpfändung

(1) Ohne vorherige Anordnung der Vollstreckungsstelle darf der Vollziehungsbeamte eine Austauschpfändung durchführen (vorläufige Austauschpfändung), wenn die folgenden Voraussetzungen gleichzeitig gegeben sind:

1. im Gewahrsam des Vollstreckungsschuldners dürfen außerhalb der beabsichtigten Austauschpfändung pfändbare Sachen nicht vorgefunden werden oder aber zur Befriedigung nicht ausreichen.

2. Es muß zu erwarten sein, daß der Verwertungserlös den Wert des Ersatzstücks erheblich übersteigen wird.

3. Die vorläufige Austauschpfändung muß nach Lage der Verhältnisse angemessen erscheinen.

(2) Der Vollziehungsbeamte hat die vorläufig gepfändeten Sachen im Gewahrsam des Vollstreckungsschuldners zu belassen. In der Pfändungsniederschrift (Abschnitt 48) hat er zu vermerken, daß es sich um eine vorläufige Austauschpfändung handelt. Außerdem hat er in jedem Fall den gewöhnlichen Verkaufswert und den Schätzwert der gepfändeten Sachen (Abschnitt 48 Abs. 1 Nr. 4) anzugeben und vorzuschlagen, welches Ersatzstück nach Art und besonderen Eigenschaften dem geschützten Verwendungszweck genügt.

(3) Für die weiteren Maßnahmen (Wegnahme und Verwertung der Pfandsachen oder Aufhebung der Pfändung) erhält der Vollziehungsbeamte nähere Weisungen durch die Vollstreckungsstelle. Er darf von sich aus die Pfändung nur unter den Voraussetzungen des Abschnitts 57 Abs. 1 aufheben.

37. Unpfändbarkeit von Gegenständen, deren Veräußerung unzulässig ist

Gegenstände, deren Veräußerung unzulässig ist, dürfen nicht gepfändet werden; das gilt insbesondere für Sachen, die gewerbliche Schutzrechte, Vorschriften zum Schutz geographischer Angaben und Ursprungsbezeichnungen sowie Alleinverkaufsrechte verletzten. Gewerbliche Schutzrechte sind Marken-, Patent-, Gebrauchsmuster- und Urheberrechte sowie die Rechte über Geschmacksmuster, Sortenschutz und Halbleitertopographie. Lebensmittel dürfen nur gepfändet werden, wenn sie nach den Vorschriften des Lebensmittelrechts als solche in Verkehr gebracht werden dürfen oder wenn anderweitige Verwertungsmöglichkeiten in Betracht kommen.

38. Pfändung von Barmitteln aus Miet- und Pachtzinszahlungen

Barmittel aus Miet- und Pachtzinszahlungen sollen nicht gepfändet werden, wenn offenkundig ist, daß sie für den Vollstreckungsschuldner zur laufenden Unterhaltung des Grundstücks, zur Vornahme notwendiger Instandsetzungsarbeiten und zur Befriedigung von Ansprüchen unentbehrlich sind, die bei einer Vollstreckung in das Grundstück dem Anspruch des Vollstreckungsgläubigers nach § 10 des Gesetzes über die Zwangsversteigerung und die Zwangsverwaltung vorgehen würden. Sind diese Voraussetzungen nicht offenkundig, so hat der Vollziehungsbeamte die Pfändung durchzuführen. Erhebt der Vollstreckungsschuldner gegen die Pfändung Einwendungen nach Satz 1, so hat ihn der Vollziehungsbeamte an die Vollstreckungsstelle zu verweisen. Außerdem hat er ihn darüber zu belehren, daß die Vollstreckungsstelle einen Antrag auf Aufhebung der Pfändung, der nicht binnen zwei Wochen nach der Pfändung gestellt wird, unter Umständen ohne sachliche Prüfung zurückweisen kann. Die Belehrung ist in der Pfändungsniederschrift (Abschnitt 48) zu vermerken.

39. Unpfändbarkeit von Grundstücksbestandteilen; Pfändbarkeit von Früchten, die vom Boden noch nicht getrennt sind

(1) Der Vollziehungsbeamte darf grundsätzlich Bestandteile eines Grundstücks nicht pfänden. Dazu gehören unter anderem:

1. Gebäude und Maschinen, es sei denn, daß sie nur zu einem vorübergehenden Zweck mit dem Grund und Boden fest verbunden sind, zum Beispiel, wenn sie ein Mieter auf die Dauer des Mietvertrags mit dem Grundstück des Vermieters verbunden hat, oder daß sie in Ausübung eines Rechts an einem fremden Grundstück, zum Beispiel Erbbaurecht, Nießbrauch, Grunddienstbarkeit, Überbaurecht und ähnlichem dinglichen Recht, von dem Berechtigten mit dem Grundstück verbunden worden sind. Der Vollziehungsbeamte darf aber auch auf Grund eines Erbbaurechts oder eines Überbaurechts errichtete Gebäude nicht pfänden, weil diese der Vollstreckung in das unbewegliche Vermögen unterliegen,

2. Grundstückserzeugnisse, solange sie mit dem Boden zusammenhängen, zum Beispiel das auf dem Grundstück stehende schlagbare Holz,

3. Mineralien, Torf und dergleichen, solange sie noch nicht gewonnen (von dem Grundstück noch nicht getrennt) sind.

(2) Pfändbar sind hingegen Garten-, Feld- und ähnliche Früchte, die vom Boden noch nicht getrennt sind, wenn

1. ihre Reife innerhalb eines Monats bevorsteht,

2. sie nicht nach Abschnitt 33 Abs. 1 Nr. 4 Buchst a unpfändbar sind und

3. sie nicht bereits durch Vollstreckung in das unbewegliche Vermögen beschlagnahmt worden sind.

Die Beschlagnahme im Weg der Vollstreckung in das unbewegliche Vermögen des Verpächters berührt nicht das Recht des Pächters auf Fruchtgenuß und schließt deshalb auch nicht eine Vollstreckung gegen den Pächter durch Pfändung ungetrennter Garten-, Feld- und ähnlicher Früchte aus.

40. Unpfändbarkeit von Grundstückszubehör und Schiffszubehör; Pfändbarkeit der vom Boden bereits getrennten Grundstückserzeugnisse und sonstigen Grundstücksbestandteile

(1) Das Zubehör eines Grundstücks kann nicht gepfändet werden, soweit die Zubehörstücke dem Grundstückseigentümer gehören.

(2) Zubehör eines Grundstücks sind bewegliche Sachen, die, ohne Bestandteile des Grundstücks zu sein, dem wirtschaftlichen Zweck des Grundstücks zu dienen bestimmt sind und zu dem Grundstück in einem dieser Bestimmung entsprechenden räumlichen Verhältnis stehen. Eine Sache ist nicht Grundstückszubehör, wenn sie im Verkehr nicht als solches angesehen wird. Wird eine Sache vorübergehend für den wirtschaftlichen Zweck eines Grundstücks benutzt, so wird sie dadurch noch nicht Zubehör des Grundstücks. Wird eine zum Zubehör eines Grundstücks gehörende Sache vorübergehend von dem Grundstück entfernt, so verliert sie dadurch nicht die Eigenschaft als Zubehör dieses Grundstücks.

(3) Beispiele von Grundstückszubehör:

1. Zubehör eines für einen gewerblichen Betrieb dauernd eingerichteten Gebäudes sind insbesondere die in dem Gebäude befindlichen, zu dem Gewerbebetrieb bestimmten Maschinen und sonstigen Gerätschaften, wenn sie nicht Bestandteile des Grundstücks geworden sind,

2. Zubehör eines Landguts sind insbesondere

   a) das auf dem Landgut befindliche, zum Landwirtschaftsbetrieb bestimmte - also nicht bloß das zu dem Landwirtschaftsbetrieb notwendige - Gerät und Vieh,

   b) die landwirtschaftlichen Erzeugnisse, soweit sie zur Fortführung der Landwirtschaft bis zu der Zeit erforderlich sind, zu der gleiche oder ähnliche Erzeugnisse voraussichtlich gewonnen werden,

   c) der vorhandene, auf dem Gut gewonnene Dünger.

(4) Das Zubehör eines im Schiffsregister eingetragenen Schiffs kann insoweit nicht gepfändet werden, als die Zubehörstücke dem Schiffseigentümer gehören. Zubehör eines Seeschiffs sind auch die Schiffsboote.

(5) Sind Erzeugnisse eines Grundstücks oder sonstige Bestandteile eines Grundstücks von dem Boden getrennt worden, so können sie - vorbehaltlich des Abschnitts 33 Abs. 1 Nr. 4 Buchstabe a - gepfändet werden, solange sie nicht durch Vollstreckung in das unbewegliche Vermögen beschlagnahmt worden sind.

41. Unzulässigkeit von Überpfändungen

(1) Die Pfändung darf nicht weiter ausgedehnt werden, als es zur Deckung der beizutreibenden Geldbeträge erforderlich ist. Der Vollziehungsbeamte rechnet deshalb den von ihm geschätzten, voraussichtlich erzielbaren Erlös der Pfandstücke (Abschnitt 48 Abs. 1 Nr. 4) laufend zusammen

und vergleicht diese Summe mit der Summe der beizutreibenden Geldbeträge, um Überpfändungen zu vermeiden.

(2) Der Vollziehungsbeamte darf die Pfändung über die im Absatz 1 bezeichnete Grenze hinaus erstrecken, wenn der Vollstreckungsschuldner oder ein Dritter Einwendungen gegen die Pfändung bestimmter Sachen erhebt oder ankündigt und der Vollziehungsbeamte im Zweifel darüber ist, welche Pfandstücke zur Deckung der beizutreibenden Geldbeträge verwendbar bleiben werden.

42. Auswahl der zu pfändenden Sachen

(1) Der Vollziehungsbeamte hat in erster Linie bares Geld, Kostbarkeiten und Wertpapiere, die auf den Inhaber oder auf Namen lauten, zu pfänden. Deckt der gepfändete Geldbetrag nicht die gesamten beizutreibenden Geldbeträge, hat der Vollziehungsbeamte den Teilbetrag nach Abschnitt 27 Absatz 1 anzurechnen.

(2) Die Pfändung hat zu unterbleiben, wenn die Verwertung der Sachen einen Überschuß über die Kosten der Vollstreckung nicht erwarten läßt. Auch pfändbare Gegenstände, die zum gewöhnlichen Hausrat gehören und im Haushalt des Vollstreckungsschuldners gebraucht werden, sollen nicht gepfändet werden, wenn ohne weiteres ersichtlich ist, daß durch ihre Verwertung nur ein Erlös erzielt werden würde, der zu dem Wert außer allem Verhältnis steht.

(3) Sachen, deren Aufbewahren, Unterhalten oder Fortschaffen unverhältnismäßige Kosten verursachen würden oder deren Verwerten schwierig oder nur mit großem Verlust für den Vollstreckungsschuldner möglich wäre, und Gegenstände, deren Pfändbarkeit zweifelhaft ist, sind nur zu pfänden, wenn andere Sachen nicht in ausreichendem Maß vorhanden sind.

(4) Sachen, die bereits für andere Gläubiger gepfändet sind, soll der Vollziehungsbeamte nur dann pfänden, wenn

1. andere zur Befriedigung des Vollstreckungsgläubigers ausreichende pfändbare Sachen nicht vorgefunden werden; in diesem Fall ist die weitere Pfändung regelmäßig auch dann vorzunehmen, wenn nicht zu erwarten ist, daß nach Befriedigung der vorausgehenden Gläubiger noch ein Überschuß verbleiben wird,

2. die Vollstreckungsstelle die weitere Pfändung ausdrücklich angeordnet hat oder

3. der Vollziehungsbeamte aus besonderen Gründen die weitere Pfändung für zweckentsprechender hält als die Pfändung anderer noch nicht gepfändeter Sachen.

(5) Lautet der Vollstreckungsauftrag nicht nur auf Pfändung beweglicher Sachen, sondern auch auf Wegnahme von Wechseln und sonstigen Wertpapieren, die an Order lauten (vgl. Abschnitt 32 Abs. 3 Satz 2), so soll der Vollziehungsbeamte solche Wertpapiere nur dann wegnehmen, wenn andere Pfandstücke nicht vorhanden sind oder zur Befriedigung des Vollstreckungsgläubigers voraussichtlich nicht ausreichen.

(6) Sachen, die dem Vollstreckungsgläubiger zur Sicherung übereignet sind, soll der Vollziehungsbeamte nur auf besondere Anordnung der Vollstreckungsstelle pfänden.

43. Beachtung des Gewahrsams

(1) Bei Sachen, die sich im Gewahrsam (in der tatsächlichen Gewalt) des Vollstreckungsschuldners befinden, hat der Vollziehungsbeamte nicht zu prüfen, ob sie zum Vermögen des Vollstreckungsschuldners gehören.

(2) Bei den im Besitz eines Ehegatten oder beider Ehegatten befindlichen beweglichen Sachen gilt zugunsten des Vollstreckungsgläubigers nur der Vollstreckungsschuldner oder die Vollstreckungsschuldnerin, unbeschadet der Rechte Dritter, für die Durchführung der Vollstreckung als Gewahrsamsinhaber und Besitzer, es sei denn, die Ehegatten leben getrennt und die Sachen

befinden sich im Besitz des Ehegatten, der nicht Vollstreckungsschuldner ist. Inhaberpapiere und Orderpapiere, die mit Blankoindossament versehen sind, stehen den beweglichen Sachen gleich. Bei den ausschließlich zum persönlichen Gebrauch eines Ehegatten bestimmten Sachen gilt für die Durchführung der Vollstreckung, unbeschadet der Rechte Dritter, nur der Ehegatte zugunsten des Vollstreckungsgläubigers als Gewahrsamsinhaber und Besitzer, für dessen Gebrauch sie bestimmt sind. Die Sätze 1 bis 3 gelten für Lebenspartner im Sinne des Lebenspartnerschaftsgesetzes entsprechend.

(3) Gewahrsam kann der Vollstreckungsschuldner unter Umständen auch an Sachen haben, sie sich in den Räumen eines Dritten befinden. Beispiel: Der Untermieter, gegen den sich die Vollstreckung richtet, verwahrt einen Teil seiner Sachen, die er in dem ihm vermieteten Zimmer nicht unterbringen kann, in anderen Räumen des Vermieters. In solchen Fällen ist der Vollziehungsbeamte auch berechtigt, die Räume des Dritten zur Durchführung der Vollstreckung zu betreten. Abschnitt 28 gilt entsprechend. Sachen, die der gesetzliche Vertreter des Vollstreckungsschuldners für diesen im Gewahrsam hat, sind so zu behandeln, als ob sie sich im Gewahrsam des Vollstreckungsschuldners befänden.

(4) Hausangestellte, Gewerbegehilfen und andere Personen in ähnlich abhängiger Stellung, zum Beispiel Kellner, erlangen als Besitzdiener keinen Gewahrsam an Sachen, die ihnen von dem Dienstherrn überlassen worden sind. Der Vollziehungsbeamte darf solche Sachen auch gegen den Willen des Besitzdieners auf Grund eines Vollstreckungsauftrags gegen den Dienstherrn pfänden. Abschnitt 28 ist zu beachten. Den Widerstand des Besitzdieners kann der Vollziehungsbeamte mit Gewalt brechen (Abschnitt 30).

(5) Von der Vollstreckung in Sachen, die sich im Gewahrsam des Vollstreckungsschuldners befinden, soll sich der Vollziehungsbeamte in der Regel nicht dadurch abhalten lassen, daß geltend gemacht wird, einem Dritten stehe an der Sache ein die Veräußerung hinderndes Recht zu oder es bestehe ein Veräußerungsverbot zugunsten eines Dritten. Findet jedoch der Vollziehungsbeamte im Gewahrsam des Vollstreckungsschuldners Sachen, die nach den besonderen Umständen des Falls, insbesondere nach den Geschäftsgebräuchen, zweifellos nicht dem Vollstreckungsschuldner gehören, zum Beispiel dem Handwerker zur Reparatur, dem Frachtführer zum Transport oder dem Pfandleiher zum Pfand übergebene Sachen; als Eigentum eines Dritten gekennzeichnetes Leergut; Filmkopien bei einem Lichtspielhausbesitzer; Klagewechsel in den Akten eines Rechtsanwalts, so hat der Vollziehungsbeamte von der Pfändung dieser Sachen abzusehen.

(6) Der Pfändung unterliegen auch diejenigen beweglichen Sachen des Vollstreckungsschuldners, die sich im Gewahrsam der Vollstreckungsbehörde oder eines zur Herausgabe bereiten Dritten befinden. Eine im gemeinsamen Gewahrsam des Vollstreckungsschuldners und eines Dritten befindliche Sache kann nur mit Zustimmung des Dritten gepfändet werden. Die Erklärung des Dritten, daß er zur Herausgabe bereit sei (der Pfändung zustimme), muß unbedingt sein, wenn nicht die Bedingungen von allen Beteiligten angenommen werden. Die Erklärung muß auch ergeben, daß der Dritte mit der Verwertung der Sache einverstanden ist. Nach der Pfändung kann die Erklärung nicht mehr wirksam widerrufen werden.

(7) Soll nicht in das Vermögen des Vollstreckungsschuldners vollstreckt werden, sondern in ein von ihm verwaltetes fremdes Vermögen, zum Beispiel in den von einem Testamentsvollstrecker verwalteten Nachlaß, so reicht die Feststellung, daß sich pfändbare Sachen im Gewahrsam des Vollstreckungsschuldners befinden, als Voraussetzung für deren Pfändung nicht aus. Der Vollziehungsbeamte hat vielmehr in diesen Fällen auch zu prüfen, ob die Sachen zu dem der Vollstreckung unterworfenen Vermögen gehören, das in dem Vollstreckungsauftrag besonders bezeichnet ist.

44. Durchführung der Pfändung

(1) Der Erfolg einer Pfändung hängt vom rechtzeitigen Ausführen und genauen Beachten aller Formvorschriften ab. Durch die ordnungsmäßige Pfändung erwirbt die Körperschaft, der die Vollstreckungsbehörde angehört, ein Pfandrecht an der Sache. Für den Rang des Pfandrechts ist der Zeitpunkt der Pfändung maßgebend. Das durch eine frühere Pfändung begründete Pfandrecht geht also dem durch eine spätere Pfändung entstandenen vor.

(2) Der Vollziehungsbeamte pfändet indem er

1. Zahlungsmittel (Abschnitt 15 Abs. 1), fremde Geldsorten, Wertpapiere (Abschnitt 15 Abs. 2 und 3), Wertzeichen (Abschnitt 15 Abs. 5) und Kostbarkeiten (Abschnitt 15 Abs. 6) an sich nimmt,

2. andere Sachen mit dem Pfandzeichen versieht.

(3) Pfandzeichen sind an einer nicht zu übersehenden Stelle so anzubringen, daß sie ohne näheres Nachforschen für jedermann erkennbar sind. Für eine Mehrzahl von Pfandstücken, insbesondere eine Menge von Waren oder anderen vertretbaren Sachen, die sich in einem Behältnis oder einer Umhüllung befinden oder mit Zustimmung des Vollstreckungsschuldners in einem abgesonderten Raum untergebracht werden, genügt ein gemeinschaftliches Pfandzeichen nur dann, wenn ohne seine Zerstörung kein Stück aus dem Behältnis, der Umhüllung oder dem Raum entfernt werden kann. Die Schlüssel versiegelter Behältnisse oder Räume hat der Vollziehungsbeamte an sich zu nehmen.

(4) Kann an einer Sache, die unter Absatz 2 Nr. 2 fällt, ein Pfandzeichen nicht angebracht werden oder reicht das Pfandzeichen nicht aus, um die Pfändung erkennbar zu machen, so ist an dem Ort, an dem sich die gepfändete Sache befindet, zum Beispiel auf dem Lagerboden, auf dem Speicher, im Viehstall oder - bei Pfändung von Früchten, die vom Boden noch nicht getrennt sind - auf oder bei dem Grundstück, ein auf die Pfändung hinweisendes Schriftstück (Pfandanzeige) so anzubringen, daß jedermann davon Kenntnis nehmen und daraus ersehen kann, welche Sache gepfändet ist. Die Pfandanzeige muß die im Abschnitt 19 Abs. 2 Nr. 1 bezeichneten Angaben und eine genaue Bezeichnung des Pfandstücks oder der Pfandstücke enthalten. Wird von den Vorräten des Vollstreckungsschuldners nur ein Teil gepfändet (Abschnitt 33 Abs. 1 Nrn. 2 bis 4, Abschnitt 40 Abs. 3 Nr. 2, Abschnitt 40 Abs. 5), so ist dieser von dem Teil, der dem Vollstreckungsschuldner belassen wird, erkennbar zu trennen.

(5) Ist nach der Pfändung ein Pfandzeichen oder eine Pfandanzeige beschädigt oder entfernt worden oder abgefallen, so hat der Vollziehungsbeamte, sobald er davon Kenntnis erhält, ein neues Pfandzeichen oder eine neue Pfandanzeige unter Aufnahme einer kurzen Niederschrift anzubringen. Besteht der Verdacht des Pfandbruchs, so hat der Vollziehungsbeamte dies der Vollstreckungsbehörde unverzüglich anzuzeigen.

(6) Eine Sache, die unter Absatz 2 Nr. 2 fällt, kann der Vollziehungsbeamte auch pfänden, indem er die Sache an sich nimmt. Dies hat der Vollziehungsbeamte aber nur zu tun, wenn

1. die Befriedigung des Vollstreckungsgläubigers andernfalls gefährdet wäre oder

2. der Vollstreckungsschuldner oder Gewahrsamsinhaber die Fortschaffung der Sache verlangt.

Wird die Sache dem Vollstreckungsschuldner zurückgegeben, so hat der Vollziehungsbeamte Pfandzeichen oder aber eine Pfandanzeige anzubringen, wenn die Pfändung aufrechterhalten werden soll.

(7) Eine unter Absatz 2 Nr. 2 fallende Sache, die der Vollziehungsbeamte an sich nimmt, jedoch nicht der zuständigen Kasse übergibt oder übergeben kann, hat er unverzüglich in die von der Vollstreckungsstelle bestimmte Pfandkammer oder in eine öffentliche Niederlage einzuliefern. Ist dies nicht möglich oder zweckmäßig, so hat er einen zuverlässigen Verwahrer oder Hüter zu

bestellen, der auch im Dienst des Vollstreckungsschuldners stehen kann. Den Empfang der Sachen hat der Vollziehungsbeamte sich von dem Verwahrer oder Hüter quittieren zu lassen. Bei Tieren hat der Vollziehungsbeamte den Hüter auch mit der Pflege und Fütterung zu beauftragen. Wegen der Vergütung Hinweis auf Abschnitt 18.

(8) Nimmt der Vollziehungsbeamte die Pfandstücke nicht an sich, so hat er den Vollstreckungsschuldner oder den Gewahrsamsinhaber darauf hinzuweisen, daß

1. durch das Anbringen des Pfandzeichens oder der Pfandanzeige der Besitz der Pfandstücke auf den Vollstreckungsgläubiger übergegangen ist,
2. die gepfändete Sache nicht veräußert, weggeschafft, verbraucht, beschädigt oder zerstört werden darf,
3. das Pfandzeichen oder die Pfandanzeige nicht beschädigt oder entfernt werden darf,
4. auch sonst alles unterbleiben muß, was die Rechte des Vollstreckungsgläubigers beeinträchtigen könnte,
5. vorstehendes nicht nur für den Vollstreckungsschuldner, sondern auch für jeden anderen gilt und
6. Zuwiderhandlungen strafbar sind.

Ist bei einer Pfändung nicht der Vollstreckungsschuldner, wohl aber eine erwachsene Person anwesend, die zur Familie des Vollstreckungsschuldners gehört oder bei ihm oder seiner Familie beschäftigt ist, so ist dieser Person gegenüber entsprechend zu verfahren.

45. Pfändung bei Landwirten

(1) Sollen in einem landwirtschaftlichen Betrieb Gerät, Vieh, Dünger oder landwirtschaftliche Erzeugnisse gepfändet werden (wegen der Einschränkungen, denen solche Pfändungen unterliegen, Hinweis auf Abschnitt 33 Abs. 1 Nrn. 3 und 4 Buchstabe a, Abschnitt 37 Satz 2, Abschnitt 39 Abs. 2 und Abschnitt 40), so soll der Vollziehungsbeamte einen landwirtschaftlichen Sachverständigen zuziehen, wenn anzunehmen ist, dass der Wert der zu pfändenden Sachen den Betrag von 1 000 Euro übersteigt. Das gleiche gilt, wenn - auch bei einem Nichtlandwirt - Früchte gepfändet werden sollen, die vom Boden noch nicht getrennt sind. Haben die zu pfändenden Sachen voraussichtlich einen niedrigeren Wert, so kann der Vollziehungsbeamte einen landwirtschaftlichen Sachverständigen zuziehen. Der Vollziehungsbeamte soll dies tun, wenn der Vollstreckungsschuldner es verlangt und wenn dadurch weder die Vollstreckung verzögert wird noch unverhältnismäßige Kosten entstehen.

(2) Der Vollziehungsbeamte hat mit dem Sachverständigen hinsichtlich der in Aussicht genommenen Pfändung zu erörtern:

1. ob die Sachen nach Abschnitt 33 Abs. 1 Nr. 4 Buchstabe a oder Abschnitt 40 von der Pfändung ausgenommen sind oder der Pfändung unterliegen,
2. ob die gewöhnliche Zeit der Reife der von dem Boden noch nicht getrennten Früchte binnen einem Monat zu erwarten ist und ob die Früchte ganz oder zum Teil zur Fortführung der Landwirtschaft des Vollstreckungsschuldners bis zu der Zeit erforderlich sind, zu der gleiche oder ähnliche Erzeugnisse voraussichtlich gewonnen werden,
3. welchen Wert die Sachen haben.

(3) Über die in Absatz 2 bezeichneten Fragen hat der Sachverständige sich gutachtlich (mündlich oder schriftlich) zu äußern. Wegen einer etwaigen Entschädigung Hinweis auf Abschnitt 18. Das Gutachten ist für den Vollziehungsbeamten nicht bindend. Er soll jedoch von dem Gutachten nur aus besonderen, gewichtigen Gründen abweichen. Das Gutachten ist in die Pfändungsniederschrift aufzunehmen, wenn es mündlich erstattet wird (Abschnitt 48 Abs. 1 Nr. 10).

(4) Erscheint der Sachverständige nicht oder verweigert er das Gutachten, so stehen dem Vollziehungsbeamten gegen ihn keine Zwangsmittel zu. Der Vollziehungsbeamte ist auch nicht befugt, von dem Sachverständigen eine Beeidigung des Gutachtens, eine eidesstattliche Versicherung oder eine sonstige Versicherung der Richtigkeit zu fordern.

46. Pfändung von Kraftfahrzeugen

(1) Bei der Pfändung von Kraftfahrzeugen oder Kraftfahrzeuganhängern, die sich im Gewahrsam des Vollstreckungsschuldners befinden, wird in der Regel davon auszugehen sein, daß die Befriedigung des Vollstreckungsgläubigers gefährdet ist, wenn die Fahrzeuge im Gewahrsam des Vollstreckungsschuldners verbleiben (Abschnitt 44 Abs. 6 Nr. 1). Der Vollziehungsbeamte soll daher Kraftfahrzeuge oder Kraftfahrzeuganhänger, insbesondere wenn die Zulassungsbescheinigung Teil I nicht vorgefunden wird (Absatz 3), nicht durch Anbringen eines Pfandzeichens oder einer Pfandanzeige, sondern durch Wegnahme pfänden (Abschnitt 44 Abs. 6 und 7), außer wenn die Vollstreckungsstelle damit einverstanden ist, daß die Fahrzeuge im Gewahrsam des Vollstreckungsschuldners bleiben.

(2) Der Vollziehungsbeamte hat bei der Pfändung von Kraftfahrzeugen oder Kraftfahrzeuganhängern die Fahrzeugdokumente (Zulassungsbescheinigung Teil I -*vormals Fahrzeugschein*- und die Zulassungsbescheinigung Teil II -*vormals Fahrzeugbrief*-) an sich zu nehmen, wenn er diese Papiere bei dem Vollstreckungsschuldner vorfindet.

(3) Findet er die Zulassungsbescheinigung Teil I nicht, so hat er dies in der Pfändungsniederschrift (Abschnitt 48) zu vermerken.

(4) Findet er die Zulassungsbescheinigung Teil II nicht, so hat er den Vollstreckungsschuldner oder bei der Vollstreckung anwesende Personen, zum Beispiel Familienangehörige, beim Vollstreckungsschuldner Beschäftigte, nach dem Verbleib der Bescheinigung zu befragen und das Ergebnis in die Pfändungsniederschrift aufzunehmen. Befindet sich die Zulassungsbescheinigung Teil II angeblich bei einem Dritten, so vermerkt der Vollziehungsbeamte in der Pfändungsniederschrift auch dessen Namen und Anschrift sowie die Gründe, weshalb die Bescheinigung sich dort befinden soll, zum Beispiel: "Eigentumsvorbehalt".

Hat der Vollziehungsbeamte die Zulassungsbescheinigung Teil II nicht an sich nehmen können, so kann er den Vollstreckungsschuldner darauf hinweisen, daß die Vollstreckungsstelle die Pfändung voraussichtlich der Kraftfahrzeugzulassungsstelle mitteilen wird.

(5) Der Vollziehungsbeamte soll ein gepfändetes Kraftfahrzeug nicht selbst steuern, auch wenn er einen Führerschein hat. Ist der Vollstreckungsschuldner nicht bereit, selbst das Fahrzeug sofort zu überführen, so hat der Vollziehungsbeamte eine geeignete Hilfsperson, zum Beispiel ein Abschleppunternehmen, damit zu beauftragen.

(6) Kann der Vollziehungsbeamte, obwohl die Voraussetzungen hierfür gegeben wären, das Kraftfahrzeug nicht nach den Absätzen 1 und 5 wegnehmen, zum Beispiel wegen fehlender Unterbringungsmöglichkeiten, und erscheint die Wegnahme der Zulassungsdokumente nicht ausreichend, um die missbräuchliche Benutzung des Kraftfahrzeugs zu verhindern, so hat der Vollziehungsbeamte zusätzlich noch andere geeignete Sicherungsmaßnahmen zu treffen, wie zum Beispiel die Abnahme und Verwahrung des amtlichen Kennzeichens, wenn das Kraftfahrzeug auf privatem Gelände abgestellt ist, oder das Anbringen einer „Parkkralle“.

47. Pfändung bereits gepfändeter Sachen

(1) Sind Sachen bereits gepfändet worden, so sind dadurch weitere Pfändungen nicht ausgeschlossen. Die weiteren Pfändungen können wie eine Erstpfändung vorgenommen werden. Es genügt aber auch die Erklärung des Vollziehungsbeamten, daß er die schon gepfändeten Sachen zur Deckung der ihrer Art und Höhe nach zu bezeichnenden Beträge pfändet (Anschlußpfändung). Die Erklärung soll regelmäßig angesichts der Pfandsache abgegeben werden.

(2) Eine Anschlußpfändung ist nur dann rechtswirksam, wenn eine rechtswirksame Erstpfändung vorliegt. Der Vollziehungsbeamte hat sich deshalb zu vergewissern, daß die Erstpfändung rechtswirksam erfolgt ist und noch besteht und welche Sachen von ihr betroffen sind. Er hat deshalb möglichst die Niederschrift über die Erstpfändung einzusehen, auch bei Pfandstücken, die sich im Gewahrsam des Vollstreckungsschuldners oder eines Dritten befinden, an Ort und Stelle nachzusehen, ob die Pfandstücke noch vorhanden sind und die Pfändung noch ersichtlich ist. Hat ein Dritter die Pfandstücke in Gewahrsam, so ist zur Anschlußpfändung seine Zustimmung nicht erforderlich, wenn er in die Erstpfändung eingewilligt hatte.

(3) Der Vollziehungsbeamte soll schon gepfändete Sachen regelmäßig durch Anschlußpfändung und nicht in den Formen einer Erstpfändung pfänden, es sei denn, daß die Rechtswirksamkeit oder das Fortbestehen der vorangegangenen Pfändung zweifelhaft oder die Wirksamkeit einer Anschlußpfändung aus sonstigen Gründen fraglich ist.

(4) Nimmt der Vollziehungsbeamte eine Anschlußpfändung vor, so hat er die Erklärung unter genauer Bezeichnung der Zeit und des Orts in die Pfändungsniederschrift aufzunehmen. Eine Mehrausfertigung der Pfändungsniederschrift erhält der Vollstreckungsschuldner nur nach Maßgabe des Abschnitts 48 Abs. 2 Nr. 1.

(5) Ist die Erstpfändung im Auftrag einer anderen Vollstreckungsbehörde oder durch einen Gerichtsvollzieher erfolgt, übersendet die Vollstreckungsstelle dieser Vollstreckungsbehörde oder dem Gerichtsvollzieher eine Abschrift der Niederschrift über die weitere Pfändung (§ 307 Abs. 2 AO). Die Anschlußpfändung ist unabhängig von der Übersendung bereits mit der Abgabe der im Absatz 1 Satz 3 vorgesehenen Erklärung bewirkt.

48. Niederschrift über die Pfändung

(1) Der Vollziehungsbeamte muß in der Pfändungsniederschrift die in Abschnitt 19 Abs. 2 Nr. 1 bezeichneten Angaben machen. Darüber hinaus hat die Niederschrift - außer den allgemeinen Angaben nach Abschnitt 20 Abs. 4 und den besonderen Angaben im Einzelfall nach Abschnitt 18 Abs. 7, Abschnitt 25 Abs. 2, Abschnitt 28 Abs. 2, Abschnitt 29 Abs. 2, Abschnitt 30 Abs. 4, Abschnitt 34 Abs. 1, Abschnitt 35 Abs. 5, Abschnitt 36 Abs. 2, Abschnitte 38, 46 Abs. 3 und 4 sowie Abschnitt 47 Abs. 4 - noch die folgenden Angaben zu enthalten:

1. die Uhrzeit, zu der die Pfändung erfolgt,
2. die beizutreibenden Geldbeträge,
3. die genaue Bezeichnung der gepfändeten Sachen (Abschnitt 21 Abs. 5 ist entsprechend anzuwenden),
4. den gewöhnlichen Verkaufswert (den im freien Verkehr am Ort für Sachen gleicher Art und Güte durchschnittlich erzielbaren Preis) und den Schätzwert (den bei einer Versteigerung voraussichtlich erzielbaren Erlös) der einzelnen gepfändeten Sachen; dabei sollen die Schätzwerte, die der Vollziehungsbeamte für die einzelnen Sachen ansetzt, zusammengerechnet werden, damit eine Überpfändung (Abschnitt 41) vermieden wird,
5. die Art, wie der Vollziehungsbeamte die Pfändung kenntlich gemacht hat, zum Beispiel durch Pfandzeichen; hat der Vollziehungsbeamte eine Pfandanzeige angebracht, so soll er die gepfändeten Sachen nach Nummern 3 und 4 einzeln aufführen und bewerten sowie der Niederschrift eine Mehrausfertigung der Pfandanzeige beifügen,
6. das mit einem Hüter oder Verwahrer bei deren Bestellung Vereinbarte,
7. den Grund, weshalb der Vollziehungsbeamte Pfandstücke aus dem Gewahrsam des Vollstreckungsschuldners entfernt hat, sofern es sich nicht um Zahlungsmittel fremde Geldsorten, Wertpapiere, Wertzeichen oder Kostbarkeiten handelt Abschnitt 44 Abs. 6; Hinweis auch auf Abschnitt 46 Abs. 4),

8. die genaue Bezeichnung der durch Hilfspfändung nach Abschnitt 32 Abs. 4 weggenommenen Beweisurkunden (Abschnitt 15 Abs. 4),

9. die Lage des Grundstücks und seinen ungefähren Flächeninhalt, wenn der Vollziehungsbeamte Früchte gepfändet hat, die vom Boden noch nicht getrennt sind, sowie den Zeitpunkt, wann die Reife der Früchte voraussichtlich eintritt,

10. den Inhalt des von einem Sachverständigen, insbesondere einem landwirtschaftlichen Sachverständigen erstatteten Gutachtens, wenn es nicht schriftlich abgegeben wurde und gegebenenfalls der Grund, warum der Vollziehungsbeamte dem Gutachten nicht gefolgt ist,

11. den Namen des Verkäufers oder Sicherungsnehmers, die diesen gegenüber bestehende Restschuld des Vollstreckungsschuldners und die Tilgungsvereinbarungen, wenn der Vollstreckungsschuldner unter Vorlage des Vertrags geltend macht, daß die gepfändete Sache unter Eigentumsvorbehalt geliefert oder vom Vollstreckungsschuldner sicherungshalber einem Dritten (Sicherungsnehmer) übereignet worden ist.

(2) Eine Mehrausfertigung der Niederschrift, die über eine Pfändung oder auch weitere Pfändungen aufgenommen worden ist, erteilt die Vollstreckungsstelle

1. dem Vollstreckungsschuldner, wenn er es verlangt oder wenn in seiner Abwesenheit gepfändet worden ist oder wenn Sachen gepfändet worden sind, die sich nicht in seinem Gewahrsam befinden,

2. dem Gewahrsamsinhaber, wenn er es verlangt,

3. der anderen Vollstreckungsbehörde oder dem Gerichtsvollzieher, der die Erstpfändung durchgeführt hatte (Abschnitt 47 Abs. 5).

49. Niederschrift über eine fruchtlose Pfändung

(1) Bleibt die Pfändung ganz oder teilweise fruchtlos, kann sich die Niederschrift - mit Ausnahme der Angaben nach Absatz 2 - auf die allgemeine Bemerkung beschränken, daß der Vollstreckungsschuldner keine Sachen oder nur solche Sachen besitze, die der Pfändung nicht unterworfen sind oder durch deren Verwertung ein Überschuß über die Kosten der Vollstreckung nicht zu erwarten ist.

(2) Der Vollziehungsbeamte muß in der Niederschrift über eine fruchtlose Pfändung die Angaben nach Abschnitt 19 Abs. 2 Nr. 1 machen. Darüber hinaus hat die Niederschrift - außer den Angaben nach Abschnitt 20 Abs. 4 und Abschnitt 28 Abs. 2 - noch die folgenden Angaben enthalten:

1. die Bezeichnung der vorgefundenen unpfändbaren Sachen von besonderem Wert,

2. die genaue Bezeichnung vorgefundener Beweisurkunden (Abschnitt 15 Abs. 4); wegen der Niederschrift bei ihrer Hilfspfändung Hinweis auf Abschnitt 48 Abs. 1 Nr. 8.

49a. Ermittlung der persönlichen und wirtschaftlichen Verhältnisse

Ist die Pfändung ganz oder teilweise fruchtlos geblieben, hat der Vollziehungsbeamte Feststellungen über die persönlichen und wirtschaftlichen Verhältnisse des Vollstreckungsschuldners zu treffen. Er hat den Vollstreckungsschuldner insbesondere danach zu fragen, ob er weitere Sachen, pfändbare Forderungen oder andere Vermögenswerte besitzt und ob und wann er oder der gesetzliche Vertreter für den Vollstreckungsschuldner eine Vermögensauskunft abgegeben hat. Bekannt gewordene Forderungen sind unter Angabe des Schuldners nach Grund und Höhe möglichst genau zu bezeichnen.

Wegnahme von Sachen, Entgegennahme von Sachen

50. Wegnahme von Sachen; Entgegennahme von Sachen

(1) Von den Fällen, in denen der Vollziehungsbeamte Sachen pfändet und an sich nimmt (Abschnitt 44 Abs. 2 Nr. 1 und Abs. 6) oder gepfändete Sachen zur Verwertung abholt (Abschnitt 52 Abs. 1), sind die Fälle zu unterscheiden, in denen die Vollstreckungsstelle den Vollziehungsbeamten damit beauftragt, die Herausgabe von Sachen zu erwirken (die Sachen nötigenfalls mit Gewalt wegzunehmen). In der Regel handelt es sich hierbei um die Wegnahme von Wertpapieren, die an Order lauten, oder um die Wegnahme von Beweisurkunden (Abschnitt 15 Abs. 4). Soll die Herausgabe von Sachen erwirkt werden oder die Wegnahme von Sachen erfolgen, so erhält der Vollziehungsbeamte von der Vollstreckungsstelle außer dem Vollstreckungsauftrag erforderlichenfalls nähere mündliche Weisungen. Abschnitte 28 und 29 gelten entsprechend.

(2) Wird der Vollziehungsbeamte mit der Entgegennahme von Sachen bei einem Dritten beauftragt, weil der Anspruch des Vollstreckungsschuldners gegen den Drittschuldner auf Herausgabe der Sachen gepfändet wurde, so ist der Vollziehungsbeamte nicht befugt, die Sachen dem Drittschuldner wegzunehmen; der Vollziehungsbeamte darf also nicht Gewalt anwenden.

(3) In der Niederschrift, die in den Fällen der Absätze 1 und 2 aufzunehmen ist, sind die weg- oder entgegengenommenen Sachen genau zu bezeichnen. Abschnitt 21 Abs. 5 ist entsprechend anzuwenden.

(4) Der Vollziehungsbeamte hat mit Sachen, die er weg- oder entgegengenommen hat, nach Abschnitt 44 Abs. 7 und Abschnitt 59 zu verfahren.

Verwertung

51. Versteigerungsauftrag; Auftrag zum freihändigen Verkauf

(1) Ist der Vollziehungsbeamte beauftragt worden, bewegliche Sachen zu pfänden, weg- oder entgegenzunehmen, so ist er auf Grund dieses Auftrags nicht befugt, die Sachen zu verwerten. Dies darf er nur, wenn er einen besonderen schriftlichen Verwertungsauftrag (Versteigerungsauftrag oder Auftrag zum freihändigen Verkauf) von der Vollstreckungsstelle erhalten hat. Die Entscheidung darüber, ob Sachen verwertet werden sollen, steht ausschließlich der Vollstreckungsstelle zu.

(2) Soll eine Sache verwertet werden, die zuerst von dem Vollziehungsbeamten der Vollstreckungsbehörde und alsdann von einem anderen Vollziehungsbeamten oder von einem Gerichtsvollzieher gepfändet worden ist, so enthält der von der Vollstreckungsstelle erteilte Verwertungsauftrag die Anordnung, dass die Verwertung zur Begleichung sämtlicher Ansprüche zu erfolgen hat, derentwegen die Sache gepfändet worden ist, also auch zum Zweck der Befriedigung des Gläubigers, in dessen Auftrag die weitere Pfändung - Abschnitt 47 - vorgenommen worden ist.

(3) Sind vom Boden noch nicht getrennte Früchte gepfändet worden, so bestimmt die Vollstreckungsstelle auch, wenn sie die Verwertung der Früchte anordnet, ob die Früchte vor ihrer Verwertung abzuernten sind.

(4) Die Vollstreckungsstelle bestimmt Art und Weise sowie Ort und Zeit der Versteigerung und benachrichtigt den Vollstreckungsschuldner, gegebenenfalls auch die Gläubiger, die eine weitere Pfändung vorgenommen haben. Bei einer Versteigerung nach § 296 Abs. 1 Satz 2 Nr. 1 AO werden Ort und Zeit der Versteigerung öffentlich bekannt gemacht. Über die Möglichkeit von Versteigerungen nach § 296 Abs. 1 Satz 2 Nr. 2 AO wird durch ständigen Aushang in der Finanzbehörde allgemein informiert.

(5) Sind Kostbarkeiten gepfändet worden, so lässt die Vollstreckungsstelle, bevor sie den Versteigerungsauftrag oder den Auftrag zum freihändigen Verkauf erteilt, die Pfandstücke auf ihren gewöhnlichen Verkaufswert, Gold- und Silbersachen auch auf ihren Gold- oder Silberwert durch

einen Sachverständigen schätzen. Im übrigen kann die Vollstreckungsstelle, insbesondere bei anderen Pfandstücken mit einem Schätzwert von mehr als 1 000 Euro für das Einzelstück, einen Sachverständigen damit beauftragen, die gewöhnlichen Verkaufswerte und die Schätzwerte nachzuprüfen, die der Vollziehungsbeamte angesetzt hat (Abschnitt 48 Abs. 1 Nr. 4).

(6) Zusammen mit dem Verwertungsauftrag erhält der Vollziehungsbeamte von der Vollstreckungsstelle die Urkunden, die im bisherigen Verlauf der Vollstreckung entstanden und für die Durchführung des Verwertungsauftrags erforderlich sind, zum Beispiel Pfändungsniederschrift - Abschnitt 48 -; Gutachten, welche die Vollstreckungsstelle nach Absatz 5 eingeholt hat; Urkunden über weitere Pfändungen in den Fällen des Absatzes 2; die Fahrzeugdokumente - Abschnitt 46 -, die dem Erwerber übergeben werden sollen usw.

(7) Mit dem Verwertungsauftrag erteilt die Vollstreckungsstelle ferner dem Vollziehungsbeamten, soweit erforderlich, genauere Anweisungen nach Maßgabe der Richtlinien für die Verwertung von beweglichen Sachen, zum Beispiel „Dienstvorschrift für die Verwertungsstellen der Bundesfinanzverwaltung“, Elektronische Vorschriftensammlung Bundesfinanzverwaltung - E-VSF S 16 25.

52. Vorbereitung der Versteigerung

(1) Der Vollziehungsbeamte hat die zur Versteigerung bestimmten Sachen rechtzeitig bereitzustellen. Er ist auf Grund des Versteigerungsauftrags befugt, die im Gewahrsam der Vollstreckungsbehörde oder des Vollstreckungsschuldners oder eines Dritten befindlichen Pfandstücke an sich zu nehmen. Abschnitt 28 Abs. 2 ist zu beachten.

(2) An Hand der Pfändungsniederschrift (Abschnitt 48) und der sonstigen Aktenvorgänge hat der Vollziehungsbeamte die Pfandstücke, die er zur Versteigerung bereitstellt auf ihre Vollständigkeit und Unversehrtheit zu prüfen. Bei Nahrungs- und Genußmitteln sowie anderen dem Verderben ausgesetzten Verbrauchsgegenständen muß sich der Vollziehungsbeamte davon überzeugen, daß die Sachen unverdorben sind. In Zweifelsfällen ist ein Sachverständiger zur Prüfung zuzuziehen. Fehlen einzelne Pfandstücke oder sind sie beschädigt oder verdorben, so hat der Vollziehungsbeamte dem Versteigerungsauftrag einen entsprechenden Vermerk beizufügen und dies außerdem der Vollstreckungsstelle zur Bekanntgabe an den Vollstreckungsschuldner mitzuteilen. Ist der Vollstreckungsschuldner im Versteigerungstermin anwesend, so macht der Vollziehungsbeamte ihn auf die Mängel der Pfandstücke aufmerksam.

(3) Hat die Vollstreckungsstelle angeordnet, daß Früchte, die zur Zeit der Pfändung noch nicht vom Boden getrennt waren, abgeerntet und alsdann erst versteigert werden, so hat der Vollziehungsbeamte die Früchte abernten zu lassen. Diese Arbeiten hat er soweit zu beaufsichtigen, als es erforderlich ist, um den Ernteertrag mit Sicherheit festzustellen. Er hat auch dafür zu sorgen, daß die geernteten Früchte bis zur Versteigerung sicher untergebracht und verwahrt werden.

53. Gesetzliche Versteigerungsbedingungen

(1) Der Versteigerung werden die gesetzlichen Versteigerungsbedingungen zugrunde gelegt (Absätze 2 bis 7). Außer diesen kann der Vollziehungsbeamte für eine Versteigerung noch weitere Versteigerungsbedingungen setzen, wenn dies nach den besonderen Umständen des Falls zweckmäßig ist.

(2) Der Zuschlag ist dem Meistbietenden zu erteilen. Dem Zuschlag soll ein dreimaliger Aufruf vorausgehen. Die Verpflichtung eines jeden Bieters erlischt, wenn ein Übergebot abgegeben oder die Versteigerung ohne Erteilung des Zuschlags geschlossen wird.

(3) Der Vollstreckungsschuldner und, falls ein zu versteigernder Gegenstand einem anderen als dem Vollstreckungsschuldner gehört, der Eigentümer dürfen bei der Versteigerung mitbieten. Das Gebot des Vollstreckungsschuldners oder des Eigentümers darf zurückgewiesen werden, wenn der von ihm gebotene Betrag nicht sofort bar gezahlt wird.

(4) Der Vollziehungsbeamte und etwa zugezogene Gehilfen dürfen in der Versteigerung nicht mitbieten. Der Vollziehungsbeamte darf auch seinen Angehörigen (Abschnitt 3 Abs. 3) das Bieten nicht gestatten.

(5) Eine zugeschlagene Sache darf gegen Barzahlung ausgehändigt werden.

(6) Hat der Vollziehungsbeamte nicht nach Absatz 1 Satz 2 einen früheren Zeitpunkt bekanntgegeben, so muß der Meistbietende die Ablieferung der Sache gegen Zahlung des beim Zuschlag genannten Betrags vor dem Schluß des Versteigerungstermins verlangen. Wird das Verlangen nicht rechtzeitig gestellt, so wird die Sache anderweitig versteigert. Der Meistbietende wird dabei zu einem weiteren Gebot nicht zugelassen. Er haftet für einen etwaigen Ausfall; auf den Mehrerlös hat er keinen Anspruch.

(7) Der Erwerber eines Pfandstücks hat keinen Anspruch auf Gewährleistung wegen eines Mangels im Recht oder wegen eines Sachmangels.

(8) Bei einer Versteigerung nach § 296 Abs. 1 Satz 2 Nr. 2 AO gelten abweichend von den Absätzen 1 bis 6 die Bedingungen der Internetplattform www.zoll-auktion.de.

54. Versteigerung

(1) Nach Eröffnung des Versteigerungstermins hat der Vollziehungsbeamte zunächst die gesetzlichen Versteigerungsbedingungen (insbesondere Abschnitt 53 Abs. 7) und etwaige weitere Versteigerungsbedingungen bekannt zu geben. Bei einer Versteigerung nach § 296 Abs. 1 Satz 2 Nr. 2 AO sind die Bedingungen auf der Internetplattform www.zoll-auktion.de einsehbar.

(2) Der Vollziehungsbeamte darf von den Versteigerungsbedingungen nach Abschnitt 53 nur hinsichtlich der Entrichtung des beim Zuschlag genannten Betrags absehen. Er bedarf hierzu der vorherigen Zustimmung der Vollstreckungsstelle. Insbesondere darf der Vollziehungsbeamte eine Frist zur Entrichtung des Geldes nur mit Einwilligung der Vollstreckungsstelle einräumen.

(3) Für jede zu versteigernde Sache hat der Vollziehungsbeamte einen Betrag festzusetzen, unter dem ein Gebot nicht angenommen wird (Mindestgebot). Das Mindestgebot hat mindestens die Hälfte des gewöhnlichen Verkaufswerts (Abschnitt 48 Abs. 1 Nr. 4) zu erreichen. Bei Gold- und Silbersachen darf es darüber hinaus nicht unter dem Gold- oder Silberwert liegen. Wurden bei einfuhrabgaben- und/oder verbrauchsteuerpflichtigen Waren die Einfuhrabgaben und/oder die Verbrauchsteuer noch nicht entrichtet, so muss das Mindestgebot so hoch sein, dass diese gedeckt sind. Der gewöhnliche Verkaufswert und das Mindestgebot sind beim Ausbieten bekannt zu geben.

(4) Bei einer Versteigerung nach § 296 Abs. 1 Satz 2 Nr. 1 AO hat der Vollziehungsbeamte nach Bekanntgabe der Versteigerungsbedingungen die Sachen den Erschienenen zur Besichtigung vorzuzeigen und die Anwesenden zum Bieten aufzufordern. Bei einer Versteigerung nach § 296 Abs. 1 Satz 2 Nr. 2 AO sind die Sachen nach Art, Güte und Beschaffenheit zutreffend zu beschreiben. Diese Beschreibung ist durch Fotografien und ggf. durch Gutachten zu ergänzen. In der Beschreibung können Angaben zu Art und Kosten eines möglichen Versands gemacht werden.

(5) Bei Bestimmung der Reihenfolge, in der die Sachen ausgeboten werden, hat der Vollziehungsbeamte Wünsche des Vollstreckungsschuldners nach Möglichkeit zu berücksichtigen. Die Sachen können einzeln, in Teilposten oder zusammen ausgeboten werden. Insbesondere können Sachen gleicher Art oder Sachen, die zu einem Sachinbegriff gehören, zum Beispiel eine Zimmereinrichtung, zusammengefasst werden. Bei Einzelausgebot von Sachen, die sich zum Gesamtausgebot eignen, kann der Zuschlag davon abhängig gemacht werden, dass bei einem Gesamtausgebot kein höherer Gesamterlös erzielt wird, dies gilt nicht bei einer Versteigerung nach § 296 Abs. 1 Satz 2 Nr. 2 AO.

(6) Der Zuschlag ist unparteiisch zu erteilen. Insbesondere darf der Zuschlag nicht zugunsten des einen oder des anderen Bieters übereilt erteilt werden. Der Zuschlag ist zu versagen, wenn das

Mindestgebot nicht erreicht wird. In diesem Fall ordnet die Vollstreckungsstelle weitere Maßnahmen an.

(7) Die Versteigerung mehrerer gepfändeter Sachen eines Vollstreckungsschuldners ist einzustellen, sobald der Erlös ausreicht, um alle beizutreibenden Beträge einschließlich der Kosten der Vollstreckung zu decken.

(8) Wurden für einfuhrabgaben- und/oder verbrauchsteuerpflichtige Waren die Einfuhrabgaben und/oder die Verbrauchsteuer noch nicht entrichtet, so dürfen die Gegenstände erst ausgehändigt werden, nachdem die Einfuhrabgaben- und/oder Verbrauchsteuerbelange gewahrt sind.

(9) Alle Sachen sind grundsätzlich nur gegen Empfangsbescheinigung auszuhändigen. Im Falle der Versendung genügt der Nachweis der Übergabe des Versandgutes an die zur Ausführung der Versendung bestimmte Person.

(10) Dem Ersteher eines Kraftfahrzeugs oder Kraftfahrzeuganhängers hat der Vollziehungsbeamte bei der Übergabe die Fahrzeugdokumente gegen Empfangsbescheinigung auszuhändigen, soweit diese nicht im Falle einer Versteigerung nach § 296 Abs. 1 Satz 2 Nr. 2 AO bereits vorher an den Ersteher zugestellt wurden. Hat der Vollziehungsbeamte die Fahrzeugdokumente nicht in Händen (Abschnitt 51 Abs. 6), so verweist er den Ersteher an die Vollstreckungsstelle.

55. Niederschrift über die Versteigerung

Der Vollziehungsbeamte muß in der Niederschrift über eine Versteigerung die Angaben nach Abschnitt 19 Abs. 2 Nr. 1 machen. Darüber hinaus hat die Niederschrift - außer den Angaben nach Abschnitt 20 Abs. 4 - noch folgendes zu enthalten:

1. den beizutreibenden Geldbetrag, bei mehreren Pfändungen alle beizutreibenden Geldbeträge,

2. bei einer Versteigerung nach § 296 Abs. 1 Satz 2 Nr. 1 AO die Angabe, dass die gesetzlichen Versteigerungsbedingungen bekannt gegeben worden sind; hat der Vollziehungsbeamte für eine Versteigerung außer den gesetzlichen Versteigerungsbedingungen noch weitere Versteigerungsbedingungen bekannt gegeben, so sind auch diese in die Niederschrift aufzunehmen,

3. die Bezeichnung der ausgebotenen Sachen und die dafür vom Vollziehungsbeamten und gegebenenfalls von einem Sachverständigen (Abschnitt 51 Abs. 5) angegebenen gewöhnlichen Verkaufswerte (Abschnitt 48 Abs. 1 Nr. 4), bei Gold- und Silbersachen auch den von einem Sachverständigen geschätzten Gold- oder Silberwert,

4. bei einer Versteigerung nach § 296 Abs. 1 Satz 2 Nr. 2 AO den Zeitraum, in dem die Sache angeboten wurde,

5. im Fall des Zuschlags das Meistgebot, Name und Anschrift des Erstehers sowie die Angabe, ob der Betrag entrichtet und die Sache dem Ersteher ausgehändigt worden ist; weiter die Unterschrift von Personen, denen ein Zuschlag erteilt worden ist, oder, wenn eine dieser Personen nicht unterschrieben hat, den Grund dafür,

6. die Angabe, warum für eine ausgebotene Sache der Zuschlag nicht erteilt worden ist. Beispiel: es ist kein Gebot abgegeben worden, welches das Mindestgebot erreicht.

56. Freihändiger Verkauf

(1) Beim freihändigen Verkauf von Sachen hat der Vollziehungsbeamte darauf bedacht zu sein, daß er einen möglichst hohen Preis erzielt. Die Vollstreckungsstelle setzt einen Mindestpreis fest. Abschnitt 53 Abs. 4, 5 und 7 und Abschnitt 54 Abs. 2 und 3 gelten entsprechend.

(2) Der Vollziehungsbeamte muß in der Niederschrift über einen freihändigen Verkauf die Angaben nach Abschnitt 19 Abs. 2 Nr. 1 machen. Darüber hinaus hat die Niederschrift - außer den Angaben nach Abschnitt 20 Abs. 4 - noch folgendes zu enthalten:

1. den beizutreibenden Geldbetrag, bei mehreren Pfändungen alle beizutreibenden Geldbeträge,

2. die Bezeichnung der verkauften Sachen und die dafür vom Vollziehungsbeamten und gegebenenfalls von einem Sachverständigen (Abschnitt 51 Abs. 5) angegebenen gewöhnlichen Verkaufswerte (Abschnitt 48 Abs. 1 Nr. 4), bei Gold- und Silbersachen auch den von einem Sachverständigen geschätzten Gold- oder Silberwert,

3. die Abreden mit dem Käufer,

4. die Angabe, daß der Käufer eines Pfandstücks auf den Ausschluß jedes Gewährleistungsanspruchs wegen eines Mangels im Recht oder wegen eines Sachmangels hingewiesen worden ist,

5. eine Angabe darüber, ob das Kaufgeld entrichtet und die Sache dem Käufer ausgehändigt worden ist,

6. die Unterschrift des Käufers unter Angabe seiner Anschrift oder, wenn der Käufer nicht unterschrieben hat, den Grund dafür. Bei Kleinverkäufen kann die Vollstreckungsstelle auf das namentliche Festhalten des Käufers verzichten.

Aufhebung der Pfändung, Rückgabe von Pfandstücken

57. Aufhebung der Pfändung; Rückgabe von Pfandstücken

(1) Sind durch eine Zahlung, die nach der Pfändung an den Vollziehungsbeamten geleistet wird, oder durch den Erlös, den der Vollziehungsbeamte durch die Verwertung eines Teils der Pfandstücke erzielt, alle beizutreibenden Geldbeträge gedeckt, so hat der Vollziehungsbeamte die Pfandstücke, deren Verwertung nun nicht mehr erforderlich ist, freizugeben, wenn sie sich in seinem Gewahrsam oder aber im Gewahrsam des Vollstreckungsschuldners oder eines Dritten befinden. Gepfändete Sachen, die in den Büchern der zuständigen Kasse gebucht sind, darf der Vollziehungsbeamte erst freigeben, wenn die zuständige Kasse ihm die Sachen wieder herausgegeben hat.

(2) Sind die Voraussetzungen des Absatzes 1 Satz 1 nicht gegeben, so darf der Vollziehungsbeamte eine Pfändung nur auf schriftliche Weisung der Vollstreckungsstelle aufheben. Dies gilt zum Beispiel auch dann, wenn der Vollziehungsbeamte sich nachträglich davon überzeugt, daß eine von ihm vorgenommene Pfändung unrechtmäßig gewesen ist.

(3) Befinden sich die freizugebenden Sachen im Gewahrsam des Vollziehungsbeamten, so hat er sie dem Empfangsberechtigten gegen Quittung zu übergeben. Abschnitt 21 Abs. 5 gilt entsprechend. Ist der Empfangsberechtigte nicht anwesend, oder ist er zur Entgegennahme der Sachen nicht bereit, so hat der Vollziehungsbeamte dies der Vollstreckungsstelle unverzüglich anzuzeigen. Abschnitt 44 Abs. 7 und Abschnitt 59 sind zu beachten.

(4) Befinden sich die freizugebenden Sachen im Gewahrsam des Vollstreckungsschuldners, so wird ihm die Aufhebung der Pfändung mitgeteilt. Befinden sich die freizugebenden Sachen im Gewahrsam eines Dritten, so wird dem Vollstreckungsschuldner und dem Dritten mitgeteilt, daß die Pfändung der Sachen aufgehoben wird. Hatte ein Gerichtsvollzieher oder ein Vollziehungsbeamter eine weitere Pfändung (Abschnitt 47) vorgenommen, so ist die Aufhebung der Pfändung auch diesem Gerichtsvollzieher oder aber der betreffenden Vollstreckungsbehörde mitzuteilen.

(5) Die Eröffnungen nach Absatz 4 teilt die Vollstreckungsstelle in der Regel schriftlich mit. In den Fällen des Absatzes 1 Satz 1 ist der Vollziehungsbeamte zuständig.

(6) Die Mitteilung an den Vollstreckungsschuldner (Absatz 4 Sätze 1 und 2) enthält in der Regel den Hinweis, daß der Vollstreckungsschuldner ermächtigt ist, die Pfandzeichen zu entfernen. Wird der Vollziehungsbeamte jedoch beauftragt, die Pfandzeichen zu entfernen, so darf er nicht seinerseits den Vollstreckungsschuldner zur Entfernung der Pfandzeichen ermächtigen.

(7) Die Mitteilung an den Dritten (Absatz 4 Satz 2) enthält die Ermächtigung, die Pfandstücke an den Vollstreckungsschuldner herauszugeben.

Abführung an die zuständige Kasse

58. Abführung von Zahlungsmitteln

(1) Aus dem beigebrachten (an den Vollziehungsbeamten gezahlten oder durch ihn beigetriebenen) Geldbetrag hat der Vollziehungsbeamte die Auslagen zu begleichen, die ihm bei Ausführung des Vollstreckungsauftrags und eines etwaigen Ergänzungsauftrags, zum Beispiel eines Verwertungsauftrags, entstanden sind. Übersteigt der nach Begleichung der Auslagen verbleibende Betrag die beizutreibenden Geldbeträge, so hat der Vollziehungsbeamte den Überschuß an den Berechtigten gegen Quittung abzuliefern.

(2) Die beigebrachten Zahlungsmittel sind - gegebenenfalls nach Abzug der Auslagen - an die zuständige Kasse der Vollstreckungsbehörde abzuführen, dem der Vollziehungsbeamte angehört. Die oberste Landesfinanzbehörde kann bestimmen, daß der Vollziehungsbeamte die für andere Stellen aufgrund von Vollstreckungsersuchen beigebrachten Geldbeträge unmittelbar an die für diese Stellen zuständigen Kassen abführt, und hierzu Einzelheiten des Verfahrens regeln. Kann der Vollziehungsbeamte die beigebrachten Geldbeträge nicht mehr am selben Tag bei der zuständigen Kasse einzahlen oder ist diese nach § 224 Abs. 4 der Abgabenordnung für den baren Zahlungsverkehr geschlossen, sind die Geldbeträge gebührenfrei bei einer Zweigstelle der Deutschen Bundesbank oder, falls dies nicht möglich ist, bei einem Kreditinstitut oder bei der nächstgelegenen Postfiliale auf das Konto der zuständigen Kasse einzuzahlen. Ist dies am selben Tag nicht möglich, sind die Beträge spätestens am nächsten Werktag unverzüglich bei der zuständigen Kasse oder nach Satz 3 einzuzahlen. Der Einlieferungsschein oder die Einzahlungsbescheinigung verbleibt beim Vollziehungsbeamten. Schecks, die der Vollziehungsbeamte nicht persönlich der zuständigen Kasse übergibt, hat er, nachdem er sie als Verrechnungsscheck gekennzeichnet hat (Abschnitt 26 Abs. 4), unverzüglich der zuständigen Kasse durch einfachen Brief zu übersenden.

(3) Die im Laufe eines Tages bei der Ausführung der verschiedenen Vollstreckungsaufträge beigebrachten Zahlungsmittel, die der Vollziehungsbeamte nach Absatz 2 an die zuständige Kasse abzuführen hat, soll er möglichst in einer Summe abliefern. Es hat also abzuführen:

1. an Tagen, an denen er nur eine Nachweisung Vz aufzustellen hat (Abschnitt 22 Abs. 4 und 5); die Summe der in dieser Nachweisung Vz eingetragenen Zahlungsmittel,

2. an Tagen, an denen er mehrere Nachweisungen Vz aufzustellen hat (Abschnitt 22 Abs. 5 und 6);die Gesamtsumme der in diese Nachweisungen Vz eingetragenen Zahlungsmittel.

(4) Bei der Abführung an die zuständige Kasse hat der Vollziehungsbeamte die Nachweisungen Vz zu übergeben und ihnen beizufügen:

1. die Vollstreckungsaufträge, soweit diese von der zuständigen Kasse benötigt werden, zum Beispiel zur Abwicklung des Zahlungsverkehrs bei Vollstreckungsersuchen.

2. die Zweitausfertigungen und die nicht ausgehändigten Erstausfertigungen der Quittungen.

(5) Zahlt der Vollziehungsbeamte Geldbeträge, die er an die zuständige Kasse abzuführen hat, auf deren Konto ein (Absatz 2), hat er danach die Nachweisungen Vz zusammen mit den in Absatz 4 genannten Unterlagen unverzüglich der zuständigen Kasse einzusenden, wenn er nicht diese Urkunden am Vormittag des auf die Einzahlung folgenden oder übernächsten Arbeitstag persönlich der zuständigen Kasse übergeben kann. Setzt sich der eingezahlte Betrag aus den Summen mehrerer Nachweisungen Vz zusammen, sind auf dem Gutschriftsbeleg für den Empfänger die Summen anzugeben, die auf die einzelnen Nachweisungen Vz entfallen.

(6) Bis zur Abführung hat der Vollziehungsbeamte die Zahlungsmittel sicher aufzubewahren und von seinen eigenen Zahlungsmitteln getrennt zu halten.

(7) Für die Beförderung von Zahlungsmitteln wird im Hinblick auf die einzuhaltenden Sicherungsmaßnahmen auf die von den für die Finanzverwaltung zuständigen obersten Bundes- oder Landesbehörden hierzu getroffenen besonderen Bestimmungen hingewiesen.

(8) Der Vollziehungsbeamte erhält von der zuständigen Kasse über die persönlich übergebenen Zahlungsmittel eine Empfangsbescheinigung.

(9) Die Oberfinanzdirektion kann anordnen, daß die vom Vollziehungsbeamten beigebrachten Zahlungsmittel an eine andere Zollzahlstelle anstatt an die Zahlstelle seines Hauptzollamts abgeführt werden.

59. Abführung anderer Sachen

(1) Wertpapiere, Beweisurkunden, Wertzeichen oder Kostbarkeiten (wegen der Begriffe Hinweis auf Abschnitt 15 Abs. 2 bis 6), die der Vollziehungsbeamte entweder gepfändet und an sich genommen (Abschnitt 44 Abs. 2 Nr. 1), vorläufig in Besitz genommen (Abschnitt 32 Abs. 4), weggenommen (Abschnitt 50 Abs. 1) oder entgegengenommen (Abschnitt 50 Abs. 2) hat, sind an die zuständige Kasse abzuführen. Soweit nötig, sind die Sachen dabei zu kennzeichnen, daß eine Verwechslung ausgeschlossen ist.

(2) Bei anderen, nicht unter Absatz 1 fallenden Sachen, die der Vollziehungsbeamte entweder gepfändet und an sich genommen (Abschnitt 44 Abs. 6), weggenommen (Abschnitt 50 Abs. 1) oder entgegengenommen (Abschnitt 50 Abs. 2) hat, muß der Vollziehungsbeamte nach Abschnitt 44 Abs. 7 verfahren.

(3) Bei der Abführung an die zuständige Kasse sind die Zweitausfertigungen und nicht ausgehändigten Erstausfertigungen der Quittungen mit zu übergeben. In den übrigen Fällen sind die Zweitausfertigungen und nicht ausgehändigten Erstausfertigungen der Quittungen der zuständigen Kasse zu übergeben, alle anderen Unterlagen verbleiben bei der Vollstreckungsstelle.

(4) Die Absätze 1 bis 3 gelten auch, wenn

1. die Vollstreckung für eine andere Stelle als die Vollstreckungsbehörde, der der Vollziehungsbeamte angehört, ausgeführt worden ist,

2. die zuständige Kasse eine Sache dem Vollziehungsbeamten zur Verwertung herausgegeben hatte, der Vollziehungsbeamte aber die Sache nicht versteigert oder freihändig verkauft hat.

(5) Bei der Abführung von anderen Sachen als Zahlungsmitteln (Absätze 1, 2 und 4) sind vor allem die Fristbestimmungen des Abschnitts 58 Abs. 2 und die Bestimmungen des Abschnitts 58 Abs. 7 bis 9 entsprechend anzuwenden.

Rechenschaftsablegung

60. Rechenschaftsablegung

(1) Über die Ausführung des Vollstreckungsauftrags und eines etwaigen Ergänzungsauftrags, zum Beispiel eines Verwertungsauftrags, hat der Vollziehungsbeamte der Vollstreckungsstelle schriftlich oder elektronisch Rechenschaft abzulegen. Dies hat alsbald nach Ausführung des Auftrags und innerhalb der im Auftrag gesetzten Frist dadurch zu geschehen, dass der Vollziehungsbeamte den Rechenschaftsvermerk (Abschnitt 23) der Vollstreckungsstelle vorlegt oder elektronisch übersendet.

(2) Hat der Vollziehungsbeamte nach Abschnitt 58 Abs. 4 den Vollstreckungsauftrag der zuständigen Kasse zu übergeben, leitet die zuständige Kasse den Vollstreckungsauftrag mit dem Rechenschaftsvermerk der Vollstreckungsstelle zu.

(3) Bei der Vorlage (Absatz 1 Satz 2) oder Weiterleitung (Absatz 2) an die Vollstreckungsstelle sind dem Vollstreckungsauftrag oder dem Ergänzungsauftrag, der den Rechenschaftsvermerk enthält, als Anlagen beizufügen:

1. Niederschriften, die bei der Ausführung des Vollstreckungsauftrags entstanden sind,
2. Feststellungen des Vollziehungsbeamten über die persönlichen und wirtschaftlichen Verhältnisse des Vollstreckungsschuldners,
3. Quittungen oder sonstige Belege über Auslagen, die dem Vollziehungsbeamten bei Ausführung der Vollstreckung entstanden sind,
4. Quittungen oder sonstige Belege über einen Überschuß, den der Vollziehungsbeamte an den Berechtigten abgeführt hat (Abschnitt 58 Abs. 1).

(4) Ergeben sich beim Nachprüfen durch die Vollstreckungsstelle an Hand der Rechenschaftsablegung Beanstandungen, so hat der Vollziehungsbeamte diesen nach den Weisungen der Vollstreckungsstelle abzuhelfen.

Sondervorschriften für die Zollverwaltung

61. Sondervorschriften für die Zollverwaltung

Im Bereich der Zollverwaltung tritt an die Stelle der zuständigen Kasse die Zahlstelle des Hauptzollamts.

Dritter Teil - Schlußvorschriften

62. Inkrafttreten

Diese allgemeine Verwaltungsvorschrift tritt am 1. Mai 1980 in Kraft. Gleichzeitig tritt die Geschäftsanweisung für die Vollziehungsbeamten der Finanzverwaltung vom 17. März 1960 (Beilage zum BAnz Nr. 58 vom 24. März 1960) außer Kraft.

Verwaltungszustellungsgesetz

vom 12.8.2005 (BGBl. I S. 2354; BStBl I S. 855), zuletzt geändert durch Artikel 6 des Gesetzes vom 10.8.2021 (BGBl. I S.3436)

§ 1 Anwendungsbereich

(1) Die Vorschriften dieses Gesetzes gelten für das Zustellungsverfahren der Bundesbehörden, der bundesunmittelbaren Körperschaften, Anstalten und Stiftungen des öffentlichen Rechts und der Landesfinanzbehörden.

(2) Zugestellt wird, soweit dies durch Rechtsvorschrift oder behördliche Anordnung bestimmt ist.

§ 2 Allgemeines

(1) Zustellung ist die Bekanntgabe eines schriftlichen oder elektronischen Dokuments in der in diesem Gesetz bestimmten Form.

(2) Die Zustellung wird durch einen Erbringer von Postdienstleistungen (Post), einen nach § 17 des De-Mail-Gesetzes akkreditierten Diensteanbieter oder durch die Behörde ausgeführt. Daneben gelten die in den §§ 9 und 10 geregelten Sonderarten der Zustellung.

(3) Die Behörde hat die Wahl zwischen den einzelnen Zustellungsarten. § 5 Absatz 5 Satz 2 bleibt unberührt.

§ 3 Zustellung durch die Post mit Zustellungsurkunde

(1) Soll durch die Post mit Zustellungsurkunde zugestellt werden, übergibt die Behörde der Post den Zustellungsauftrag, das zuzustellende Dokument in einem verschlossenen Umschlag und einen vorbereiteten Vordruck einer Zustellungsurkunde.

(2) Für die Ausführung der Zustellung gelten die §§ 177 bis 182 der Zivilprozessordnung entsprechend. Im Fall des § 181 Abs. 1 der Zivilprozessordnung kann das zuzustellende Dokument bei einer von der Post dafür bestimmten Stelle am Ort der Zustellung oder am Ort des Amtsgerichts, in dessen Bezirk der Ort der Zustellung liegt, niedergelegt werden oder bei der Behörde, die den Zustellungsauftrag erteilt hat, wenn sie ihren Sitz an einem der vorbezeichneten Orte hat. Für die Zustellungsurkunde, den Zustellungsauftrag, den verschlossenen Umschlag nach Absatz 1 und die schriftliche Mitteilung nach § 181 Abs. 1 Satz 3 der Zivilprozessordnung sind die Vordrucke nach der Zustellungsvordruckverordnung zu verwenden.

§ 4 Zustellung durch die Post mittels Einschreiben

(1) Ein Dokument kann durch die Post mittels Einschreiben durch Übergabe oder mittels Einschreiben mit Rückschein zugestellt werden.

(2) Zum Nachweis der Zustellung genügt der Rückschein. Im Übrigen gilt das Dokument am dritten Tag nach der Aufgabe zur Post als zugestellt, es sei denn, dass es nicht oder zu einem späteren Zeitpunkt zugegangen ist. Im Zweifel hat die Behörde den Zugang und dessen Zeitpunkt nachzuweisen. Der Tag der Aufgabe zur Post ist in den Akten zu vermerken.

§ 5 Zustellung durch die Behörde gegen Empfangsbekenntnis; elektronische Zustellung

(1) Bei der Zustellung durch die Behörde händigt der zustellende Bedienstete das Dokument dem Empfänger in einem verschlossenen Umschlag aus. Das Dokument kann auch offen ausgehändigt werden, wenn keine schutzwürdigen Interessen des Empfängers entgegenstehen. Der Empfänger hat ein mit dem Datum der Aushändigung versehenes Empfangsbekenntnis zu unterschreiben. Der Bedienstete vermerkt das Datum der Zustellung auf dem Umschlag des auszuhändigenden Dokuments oder bei offener Aushändigung auf dem Dokument selbst.

(2) Die §§ 177 bis 181 der Zivilprozessordnung sind anzuwenden. Zum Nachweis der Zustellung ist in den Akten zu vermerken:

1. im Fall der Ersatzzustellung in der Wohnung, in Geschäftsräumen und Einrichtungen nach § 178 der Zivilprozessordnung der Grund, der diese Art der Zustellung rechtfertigt,
2. im Fall der Zustellung bei verweigerter Annahme nach § 179 der Zivilprozessordnung, wer die Annahme verweigert hat und dass das Dokument am Ort der Zustellung zurückgelassen oder an den Absender zurückgesandt wurde sowie der Zeitpunkt und der Ort der verweigerten Annahme,
3. in den Fällen der Ersatzzustellung nach den §§ 180 und 181 der Zivilprozessordnung der Grund der Ersatzzustellung sowie wann und wo das Dokument in einen Briefkasten eingelegt oder sonst niedergelegt und in welcher Weise die Niederlegung schriftlich mitgeteilt wurde.

Im Fall des § 181 Abs. 1 der Zivilprozessordnung kann das zuzustellende Dokument bei der Behörde, die den Zustellungsauftrag erteilt hat, niedergelegt werden, wenn diese Behörde ihren Sitz am Ort der Zustellung oder am Ort des Amtsgerichts hat, in dessen Bezirk der Ort der Zustellung liegt.

(3) Zur Nachtzeit, an Sonntagen und allgemeinen Feiertagen darf nach den Absätzen 1 und 2 im Inland nur mit schriftlicher oder elektronischer Erlaubnis des Behördenleiters zugestellt werden. Die Nachtzeit umfasst die Stunden von 21 bis 6 Uhr. Die Erlaubnis ist bei der Zustellung abschriftlich mitzuteilen. Eine Zustellung, bei der diese Vorschriften nicht beachtet sind, ist wirksam, wenn die Annahme nicht verweigert wird.

(4) Das Dokument kann an Behörden, Körperschaften, Anstalten und Stiftungen des öffentlichen Rechts, an Rechtsanwälte, Patentanwälte, Notare, Steuerberater, Steuerbevollmächtigte, Wirtschaftsprüfer, vereidigte Buchprüfer, Berufsausübungsgesellschaften im Sinne der Bundesrechtsanwaltsordnung, der Patentanwaltsordnung und des Steuerberatungsgesetzes, Wirtschaftsprüfungsgesellschaften und Buchprüfungsgesellschaften auch auf andere Weise, auch elektronisch, gegen Empfangsbekenntnis zugestellt werden.

(5) Ein elektronisches Dokument kann im Übrigen unbeschadet des Absatzes 4 elektronisch zugestellt werden, soweit der Empfänger hierfür einen Zugang eröffnet. Es ist elektronisch zuzustellen, wenn auf Grund einer Rechtsvorschrift ein Verfahren auf Verlangen des Empfängers in elektronischer Form abgewickelt wird. Für die Übermittlung ist das Dokument mit einer qualifizierten elektronischen Signatur zu versehen und gegen unbefugte Kenntnisnahme Dritter zu schützen.

(6) Bei der elektronischen Zustellung ist die Übermittlung mit dem Hinweis „Zustellung gegen Empfangsbekenntnis" einzuleiten. Die Übermittlung muss die absendende Behörde, den Namen und die Anschrift des Zustellungsadressaten sowie den Namen des Bediensteten erkennen lassen, der das Dokument zur Übermittlung aufgegeben hat.

(7) Zum Nachweis der Zustellung nach den Absätzen 4 und 5 genügt das mit Datum und Unterschrift versehene Empfangsbekenntnis, das an die Behörde durch die Post oder elektronisch zurückzusenden ist. Ein elektronisches Dokument gilt in den Fällen des Absatzes 5 Satz 2 am

dritten Tag nach der Absendung an den vom Empfänger hierfür eröffneten Zugang als zugestellt, wenn der Behörde nicht spätestens an diesem Tag ein Empfangsbekenntnis nach Satz 1 zugeht. Satz 2 gilt nicht, wenn der Empfänger nachweist, dass das Dokument nicht oder zu einem späteren Zeitpunkt zugegangen ist. Der Empfänger ist in den Fällen des Absatzes 5 Satz 2 vor der Übermittlung über die Rechtsfolgen nach den Sätzen 2 und 3 zu belehren. Zum Nachweis der Zustellung ist von der absendenden Behörde in den Akten zu vermerken, zu welchem Zeitpunkt und an welchen Zugang das Dokument gesendet wurde. Der Empfänger ist über den Eintritt der Zustellungsfiktion nach Satz 2 zu benachrichtigen.

§ 5a Elektronische Zustellung gegen Abholbestätigung über De-Mail-Dienste

(1) Die elektronische Zustellung kann unbeschadet des § 5 Absatz 4 und 5 Satz 1 und 2 durch Übermittlung der nach § 17 des De-Mail-Gesetzes akkreditierten Diensteanbieter gegen Abholbestätigung nach § 5 Absatz 9 des De-Mail-Gesetzes an das De-Mail-Postfach des Empfängers erfolgen. Für die Zustellung nach Satz 1 ist § 5 Absatz 4 und 6 mit der Maßgabe anzuwenden, dass an die Stelle des Empfangsbekenntnisses die Abholbestätigung tritt.

(2) Der nach § 17 des De-Mail-Gesetzes akkreditierte Diensteanbieter hat eine Versandbestätigung nach § 5 Absatz 7 des De-Mail-Gesetzes und eine Abholbestätigung nach § 5 Absatz 9 des De-Mail-Gesetzes zu erzeugen. Er hat diese Bestätigungen unverzüglich der absendenden Behörde zu übermitteln.

(3) Zum Nachweis der elektronischen Zustellung genügt die Abholbestätigung nach § 5 Absatz 9 des De-Mail-Gesetzes. Für diese gelten § 371 Absatz 1 Satz 2 und § 371a Absatz 3 der Zivilprozessordnung.

(4) Ein elektronisches Dokument gilt in den Fällen des § 5 Absatz 5 Satz 2 am dritten Tag nach der Absendung an das De-Mail-Postfach des Empfängers als zugestellt, wenn er dieses Postfach als Zugang eröffnet hat und der Behörde nicht spätestens an diesem Tag eine elektronische Abholbestätigung nach § 5 Absatz 9 des De-Mail-Gesetzes zugeht. Satz 1 gilt nicht, wenn der Empfänger nachweist, dass das Dokument nicht oder zu einem späteren Zeitpunkt zugegangen ist. Der Empfänger ist in den Fällen des § 5 Absatz 5 Satz 2 vor der Übermittlung über die Rechtsfolgen nach den Sätzen 1 und 2 zu belehren. Als Nachweis der Zustellung nach Satz 1 dient die Versandbestätigung nach § 5 Absatz 7 des De-Mail-Gesetzes oder ein Vermerk der absendenden Behörde in den Akten, zu welchem Zeitpunkt und an welches De-Mail-Postfach das Dokument gesendet wurde. Der Empfänger ist über den Eintritt der Zustellungsfiktion nach Satz 1 elektronisch zu benachrichtigen.

§ 6 Zustellung an gesetzliche Vertreter

(1) Bei Geschäftsunfähigen oder beschränkt Geschäftsfähigen ist an ihre gesetzlichen Vertreter zuzustellen. Gleiches gilt bei Personen, für die ein Betreuer bestellt ist, soweit der Aufgabenkreis des Betreuers reicht. Das zugestellte Dokument ist der betreuten Person nach Wahl der Behörde abschriftlich mitzuteilen oder elektronisch zu übermitteln.

(2) Bei Behörden wird an den Behördenleiter, bei juristischen Personen, nicht rechtsfähigen Personenvereinigungen und Zweckvermögen an ihre gesetzlichen Vertreter zugestellt. § 34 Abs. 2 der Abgabenordnung bleibt unberührt.

(3) Bei mehreren gesetzlichen Vertretern oder Behördenleitern genügt die Zustellung an einen von ihnen.

(4) Der zustellende Bedienstete braucht nicht zu prüfen, ob die Anschrift den Vorschriften der Absätze 1 bis 3 entspricht.

§ 7 Zustellung an Bevollmächtigte

(1) Zustellungen können an den allgemeinen oder für bestimmte Angelegenheiten bestellten Bevollmächtigten gerichtet werden. Sie sind an ihn zu richten, wenn er schriftliche Vollmacht vorgelegt hat. Ist ein Bevollmächtigter für mehrere Beteiligte bestellt, so genügt die Zustellung eines Dokuments an ihn für alle Beteiligten.

(2) Einem Zustellungsbevollmächtigten mehrerer Beteiligter sind so viele Ausfertigungen oder Abschriften zuzustellen, als Beteiligte vorhanden sind.

(3) Auf § 180 Abs. 2 der Abgabenordnung beruhende Regelungen und § 183 der Abgabenordnung bleiben unberührt.

§ 8 Heilung von Zustellungsmängeln

Lässt sich die formgerechte Zustellung eines Dokuments nicht nachweisen oder ist es unter Verletzung zwingender Zustellungsvorschriften zugegangen, gilt es als in dem Zeitpunkt zugestellt, in dem es dem Empfangsberechtigten tatsächlich zugegangen ist, im Fall des § 5 Abs. 5 in dem Zeitpunkt, in dem der Empfänger das Empfangsbekenntnis zurückgesendet hat.

§ 9 Zustellung im Ausland

(1) Eine Zustellung im Ausland erfolgt

1. durch Einschreiben mit Rückschein, soweit die Zustellung von Dokumenten unmittelbar durch die Post völkerrechtlich zulässig ist,
2. auf Ersuchen der Behörde durch die Behörden des fremden Staates oder durch die zuständige diplomatische oder konsularische Vertretung der Bundesrepublik Deutschland,
3. auf Ersuchen der Behörde durch das Auswärtige Amt an eine Person, die das Recht der Immunität genießt und zu einer Vertretung der Bundesrepublik Deutschland im Ausland gehört, sowie an Familienangehörige einer solchen Person, wenn diese das Recht der Immunität genießen, oder
4. durch Übermittlung elektronischer Dokumente, soweit dies völkerrechtlich zulässig ist.

(2) Zum Nachweis der Zustellung nach Absatz 1 Nr. 1 genügt der Rückschein. Die Zustellung nach Absatz 1 Nr. 2 und 3 wird durch das Zeugnis der ersuchten Behörde nachgewiesen. Der Nachweis der Zustellung gemäß Absatz 1 Nr. 4 richtet sich nach § 5 Abs. 7 Satz 1 bis 3 und 5 sowie nach § 5a Absatz 3 und 4 Satz 1, 2 und 4.

(3) Die Behörde kann bei der Zustellung nach Absatz 1 Nr. 2 und 3 anordnen, dass die Person, an die zugestellt werden soll, innerhalb einer angemessenen Frist einen Zustellungsbevollmächtigten benennt, der im Inland wohnt oder dort einen Geschäftsraum hat. Wird kein Zustellungsbevollmächtigter benannt, können spätere Zustellungen bis zur nachträglichen Benennung dadurch bewirkt werden, dass das Dokument unter der Anschrift der Person, an die zugestellt werden soll, zur Post gegeben wird. Das Dokument gilt am siebenten Tag nach Aufgabe zur Post als zugestellt, wenn nicht feststeht, dass es den Empfänger nicht oder zu einem späteren Zeitpunkt erreicht hat. Die Behörde kann eine längere Frist bestimmen. In der Anordnung nach Satz 1 ist auf diese Rechtsfolgen hinzuweisen. Zum Nachweis der Zustellung ist in den Akten zu vermerken, zu welcher Zeit und unter welcher Anschrift das Dokument zur Post gegeben wurde. Ist durch Rechtsvorschrift angeordnet, dass ein Verwaltungsverfahren über eine einheitliche Stelle nach den Vorschriften des Verwaltungsverfahrensgesetzes abgewickelt werden kann, finden die Sätze 1 bis 6 keine Anwendung.

§ 10 Öffentliche Zustellung

(1) Die Zustellung kann durch öffentliche Bekanntmachung erfolgen, wenn

1. der Aufenthaltsort des Empfängers unbekannt ist und eine Zustellung an einen Vertreter oder Zustellungsbevollmächtigten nicht möglich ist,

2. bei juristischen Personen, die zur Anmeldung einer inländischen Geschäftsanschrift zum Handelsregister verpflichtet sind, eine Zustellung weder unter der eingetragenen Anschrift noch unter einer im Handelsregister eingetragenen Anschrift einer für Zustellungen empfangsberechtigten Person oder einer ohne Ermittlungen bekannten anderen inländischen Anschrift möglich ist oder
3. sie im Fall des § 9 nicht möglich ist oder keinen Erfolg verspricht.

Die Anordnung über die öffentliche Zustellung trifft ein zeichnungsberechtigter Bediensteter.

(2) Die öffentliche Zustellung erfolgt durch Bekanntmachung einer Benachrichtigung an der Stelle, die von der Behörde hierfür allgemein bestimmt ist, oder durch Veröffentlichung einer Benachrichtigung im Bundesanzeiger. Die Benachrichtigung muss

1. die Behörde, für die zugestellt wird,
2. den Namen und die letzte bekannte Anschrift des Zustellungsadressaten,
3. das Datum und das Aktenzeichen des Dokuments sowie
4. die Stelle, wo das Dokument eingesehen werden kann,

erkennen lassen. Die Benachrichtigung muss den Hinweis enthalten, dass das Dokument öffentlich zugestellt wird und Fristen in Gang gesetzt werden können, nach deren Ablauf Rechtsverluste drohen können. Bei der Zustellung einer Ladung muss die Benachrichtigung den Hinweis enthalten, dass das Dokument eine Ladung zu einem Termin enthält, dessen Versäumung Rechtsnachteile zur Folge haben kann. In den Akten ist zu vermerken, wann und wie die Benachrichtigung bekannt gemacht wurde. Das Dokument gilt als zugestellt, wenn seit dem Tag der Bekanntmachung der Benachrichtigung zwei Wochen vergangen sind.

Wechselgesetz

in der im Bundesgesetzblatt Teil III, Gliederungsnummer 4133-1, veröffentlichten bereinigten Fassung, zuletzt geändert durch Artikel 201 der Verordnung vom 31.12.2015 (BGBl. I S. 1474).

- Auszug -

Artikel 28

(1) Der Bezogene wird durch die Annahme verpflichtet, den Wechsel bei Verfall zu bezahlen.

(2) Mangels Zahlung hat der Inhaber, auch wenn er der Aussteller ist, gegen den Annehmer einen unmittelbaren Anspruch aus dem Wechsel auf alles, was auf Grund der Artikel 48 und 49 gefordert werden kann.

Artikel 78

(1) Der Aussteller eines eigenen Wechsels haftet in der gleichen Weise wie der Annehmer eines gezogenen Wechsels.

(2) Eigene Wechsel, die auf eine bestimmte Zeit nach Sicht lauten, müssen dem Aussteller innerhalb der in Artikel 23 bezeichneten Fristen zur Sicht vorgelegt werden. Die Sicht ist von dem Aussteller auf dem Wechsel unter Angabe des Tages und Beifügung der Unterschrift zu bestätigen. Die Nachsichtfrist läuft vom Tag des Sichtvermerks. Weigert sich der Aussteller, die Sicht unter Angabe des Tages zu bestätigen, so ist dies durch einen Protest festzustellen (Artikel 25); die Nachsichtfrist läuft dann vom Tag des Protests.

Zollverwaltungsgesetz

vom 21.12.1992 (BGBl 1992 I S. 2125; 1993 I S. 2493), zuletzt geändert durch Artikel 6 Absatz 6 des Gesetzes vom 5.7.2021 (BGBl. I S. 2274).

- Auszug -

Teil I - Erfassung des Warenverkehrs

§ 1 Aufgaben der Zollverwaltung

(1) Der Verkehr mit Waren über die Grenze des Zollgebiets der Europäischen Union (Zollgebiet der Union) sowie über die Grenzen von Freizonen im Sinne des Artikels 243 des Zollkodex der Union wird im Geltungsbereich dieses Gesetzes zollamtlich überwacht. Die zollamtliche Überwachung sichert insbesondere die Erhebung der Einfuhr- und Ausfuhrabgaben sowie die Einhaltung des Zollrechts. Einfuhr- und Ausfuhrabgaben im Sinne dieses Gesetzes sind die im Zollkodex der Union geregelten Abgaben sowie die Einfuhrumsatzsteuer und die anderen für eingeführte Waren zu erhebenden Verbrauchsteuern. Zollkodex der Union bezeichnet die Verordnung (EU) Nr. 952/2013 des Europäischen Parlaments und des Rates vom 9. Oktober 2013 zur Festlegung des Zollkodex der Union (ABl. L 269 vom 10.10.2013, S. 1, L 287, S. 90) in der jeweils geltenden Fassung.

(2) Der Verkehr mit verbrauchsteuerpflichtigen Waren über die Grenze des deutschen Verbrauchsteuererhebungsgebietes wird zollamtlich überwacht.

(3) Die zollamtliche Überwachung sichert darüber hinaus die Einhaltung der gemeinschaftlichen oder nationalen Vorschriften, die das Verbringen von Waren in den, durch den und aus dem Geltungsbereich dieses Gesetzes verbieten oder beschränken (Verbote und Beschränkungen).

(4) Der Verkehr mit Barmitteln und gleichgestellten Zahlungsmitteln in den, aus dem und durch den Geltungsbereich dieses Gesetzes wird unbeschadet der Absätze 1 bis 3 und 6, der §§ 10 bis 12 und der §§ 209 bis 211 der Abgabenordnung zollamtlich überwacht. Unbeschadet von Satz 1 erfolgt die Überwachung von begleiteten und unbegleiteten Barmitteln über die Außengrenzen der Europäischen Union in den oder aus dem Geltungsbereich dieses Gesetzes gemäß der Verordnung (EU) 2018/1672 des Europäischen Parlaments und des Rates vom 23. Oktober 2018 über die Überwachung von Barmitteln, die in die Union oder aus der Union verbracht werden (ABl. L 284 vom 12.11.2018, S. 6). Barmittel im Sinne des Satzes 1 sind die in Artikel 2 Absatz 1 Buchstabe a der Verordnung (EU) 2018/1672 genannten Zahlungsinstrumente. Gleichgestellte Zahlungsmittel im Sinne des Satzes 1 sind Edelmetalle, Edelsteine, Wertpapiere im Sinne des § 1 des Depotgesetzes und des § 808 des Bürgerlichen Gesetzbuchs, soweit es sich bei diesen nicht bereits um Barmittel nach Satz 3 handelt.

(5) Die Behörden des Zollfahndungsdienstes erforschen und verfolgen die Geldwäsche, sofern diese im Zusammenhang steht mit

1. dem grenzüberschreitenden Verkehr von Barmitteln und gleichgestellten Zahlungsmitteln oder

2. Straftaten, die in die Ermittlungszuständigkeit der Zollbehörden fallen.

Darüber hinaus wirken die Behörden des Zollfahndungsdienstes im Rahmen des Absatzes 4 bei der Bekämpfung sonstiger Straftaten und Zuwiderhandlungen mit. Die Mitwirkung umfasst insbesondere Maßnahmen zur Aufklärung der Herkunft und des Verwendungszwecks festgestellter Barmittel oder gleichgestellter Zahlungsmittel.

(6) Die Zollverwaltung erfüllt im Übrigen die Aufgaben, die ihr durch andere Rechtsvorschriften zugewiesen sind.

Teil III - Befugnisse der Zollverwaltung

§ 10 Zollamtliche Überwachung

(1) Unbeschadet der §§ 209 bis 211 der Abgabenordnung können die Bediensteten der Zollverwaltung zur Durchführung der in § 1 genannten Aufgaben im grenznahen Raum (§ 14 Abs. 1) Personen und Beförderungsmittel anhalten. Die zum Anhalten aufgeforderte Person hat auf Verlangen der Zollbediensteten stehenzubleiben und sich auszuweisen. Führer von Beförderungsmitteln haben auf Verlangen zu halten und die Beförderungspapiere vorzulegen. Sie haben den Zollbediensteten auf Verlangen auch zu ermöglichen, an Bord und von Bord zu gelangen. Gepäck, Beförderungsmittel und ihre Ladung können zur Feststellung der Einhaltung der Zollvorschriften an Ort und Stelle oder einem anderen geeigneten Ort geprüft werden. Die von der Prüfung Betroffenen haben auf Verlangen die Herkunft der Waren anzugeben, die Entnahme von unentgeltlichen Proben zu dulden und die nach den Umständen erforderliche Hilfe zu leisten.

(2) Für örtlich und zeitlich begrenzte Kontrollen außerhalb des grenznahen Raums gilt Absatz 1, wenn Grund zu der Annahme besteht, daß Waren, die der zollamtlichen Überwachung nach dem gemeinschaftlichen Zollrecht oder diesem Gesetz unterliegen, von Personen oder in Beförderungsmitteln mitgeführt werden.

(3) Personen können bei Vorliegen zureichender tatsächlicher Anhaltspunkte dafür, daß sie vorschriftswidrig Waren mitführen, die der zollamtlichen Überwachung nach dem gemeinschaftlichen Zollrecht oder diesem Gesetz unterliegen, angehalten und an einem hierfür geeigneten Ort körperlich durchsucht werden. Personen dürfen nur von Bediensteten ihres Geschlechts durchsucht werden; dies gilt nicht, wenn eine sofortige Durchsuchung zum Schutz gegen eine Gefahr für Leib oder Leben erforderlich ist. Personen können festgehalten und zur Dienststelle oder einer sonstigen geeigneten Örtlichkeit mitgenommen werden, wenn die Durchsuchung auf andere Weise nicht oder nur unter erheblichen Schwierigkeiten durchgeführt werden kann.

(3a) Im Rahmen der Erfassung des Warenverkehrs kann durch Überholung am Ort der Gestellung geprüft werden, ob Nichtgemeinschaftswaren eingeführt worden sind oder ob der Gestellungspflicht vollständig genügt worden ist. Stehen dafür erforderliche Einrichtungen am Amtsplatz oder einem anderen für die Gestellung zugelassenen Ort nicht zur Verfügung, so kann für die Überholung der nächste geeignete Ort bestimmt werden. Der Gestellungspflichtige hat die Überholung zu ermöglichen. Er hat dabei selbst oder durch andere auf seine Kosten und Gefahr die erforderliche Hilfe nach zollamtlicher Anweisung zu leisten. Er hat auf Verlangen schwer feststellbare, zur Aufnahme von Waren geeignete Stellen anzugeben sowie Beschreibungen des Beförderungsmittels, Verzeichnisse der Ausrüstungsstücke und Ersatzteile und andere Unterlagen über das Beförderungsmittel vorzulegen. Diese Pflichten treffen für das Beförderungsmittel den Fahrzeugführer.

(4) Die Postdienstleister sind verpflichtet, den Zollbediensteten für die Durchführung der Aufgaben nach Satz 2 während der Betriebs- und Geschäftszeiten Zutritt zu ihren Geschäfts- und Betriebsräumen zu gewähren. Die Zollbediensteten

1. prüfen, ob der Postdienstleister seiner Verpflichtung gemäß § 5 Absatz 1 nachgekommen ist,

2. überprüfen die Postsendungen, die der Postdienstleister gemäß § 5 Absatz 1 anzuzeigen und auf Verlangen vorzulegen hat, sofern diese noch nicht gemäß § 5 Absatz 1 bei der zuständigen Zollstelle angezeigt oder vorgelegt wurden,

3. führen zur Erfüllung der in § 1 Absatz 4 und 5 genannten Aufgaben stichprobenweise oder risikoorientierte Zollkontrollen durch oder

4. führen alle anderen stichprobenweisen oder risikoorientierten Zollkontrollen durch, die erforderlich sind, um die ordnungsgemäße Anwendung der zollrechtlichen und sonstigen Vorschriften über den Eingang, den Ausgang, den Versand, die Beförderung und die besondere Verwendung von Waren, die zwischen dem Zollgebiet der Union und

Drittländern oder zwischen den Mitgliedstaaten der Europäischen Union befördert werden, sowie über das Vorhandensein von Waren ohne Unionsstatus zu gewährleisten.

Die Sätze 1 und 2 finden entsprechende Anwendung auf Fahrzeuge, die sich auf den Betriebsgrundstücken der Postdienstleister befinden und die für den Transport von Postsendungen genutzt werden.

(4a) Der Postdienstleister hat die im Rahmen der Kontrollen nach Absatz 4 Satz 2 Nummer 1, 3 und 4 von den Zollbediensteten ausgewählten Postsendungen auf Verlangen vorzulegen. Er trägt die ihm hierdurch entstehenden Kosten. Die Zollbediensteten dürfen Postsendungen, die nach Satz 1 oder § 5 Absatz 1 anzuzeigen und auf Verlangen vorzulegen sind, sowie solche, die der zollamtlichen Kontrolle nach den Absätzen 1, 2 und 3a unterliegen, öffnen und prüfen.

(5) Das Grundrecht auf Freiheit der Person, das Brief- und Postgeheimnis sowie das Grundrecht auf Unverletzlichkeit der Wohnung (Artikel 2 Abs. 2, Artikel 10 und Artikel 13 Abs. 1 des Grundgesetzes) werden nach Maßgabe der Absätze 1 bis 4a eingeschränkt.

§ 10a Zollbedienstete in den Vollzugsbereichen der Zollverwaltung; Befugnisse bei Sicherungs- und Schutzmaßnahmen

(1) Zollbedienstete in den Vollzugsbereichen der Zollverwaltung im Sinne dieses Gesetzes sind die in § 9 Nummer 2 und 8 des Gesetzes über den unmittelbaren Zwang bei Ausübung öffentlicher Gewalt durch Vollzugsbeamte des Bundes genannten Personen.

(2) Bei der Wahrnehmung von Aufgaben nach § 1 und von anderen durch Rechtsvorschriften zugewiesenen Aufgaben sind die Zollbediensteten in den Vollzugsbereichen der Zollverwaltung zur Sicherung ihrer selbst, anderer Zollbediensteter sowie von Einrichtungen und Einsatzmitteln der Zollverwaltung, soweit diese Einrichtungen und Einsatzmittel für die Durchführung der Aufgaben der Zollverwaltung erforderlich sind, befugt,

1. die Identität von Personen festzustellen; § 23 Absatz 3 Satz 1, 2, 4 und 5 des Bundespolizeigesetzes gilt entsprechend,
2. personenbezogene Daten mit dem Inhalt von Dateien abzugleichen, die sie selbst führen oder für die sie die Berechtigung zum Abruf haben,
3. eine Person vorübergehend von einem Ort zu verweisen oder ihr vorübergehend das Betreten eines Ortes zu verbieten,
4. eine Person an Ort und Stelle zu durchsuchen, die auf Grund dieses Gesetzes oder einer anderen Rechtsvorschrift festgehalten werden kann oder wenn zureichende tatsächliche Anhaltspunkte dafür bestehen, dass sie Waffen, Explosionsmittel oder andere gefährliche Gegenständemit sich führt; § 10 Absatz 3 Satz 2 und 3 gilt entsprechend,
5. eine Sache zu durchsuchen, wenn sie von einer Person mitgeführt wird, die nach Nummer 4 durchsucht werden darf oder zureichende tatsächliche Anhaltspunkte bestehen, dass sich in ihr Sachen befinden, die sichergestellt werden dürfen; § 44 Absatz 4 des Bundespolizeigesetzes gilt entsprechend,
6. eine Sache sicherzustellen, wenn sie von einer Person mitgeführt wird, die nach diesem Gesetz oder anderen Rechtsvorschriften festgehalten werden kann, und die Sache von der Person verwendet werden kann, um Leben oder Gesundheit anderer zu schädigen, fremde Sachen zu beschädigen oder sich dem Gewahrsam zu entziehen; die §§ 48 bis 50 des Bundespolizeigesetzes gelten entsprechend.

Des Weiteren sind sie befugt, eine Person in Gewahrsam zu nehmen, wenn dies unerlässlich ist, um einen rechtswidrigen Angriff auf Leib und Leben abzuwehren. § 40 Absatz 1 und 2 sowie die §§ 41 und 42 Absatz 1 Satz 1 und Absatz 2 des Bundespolizeigesetzes gelten entsprechend. Die Maßnahmen sind nur zulässig, soweit sie zur Erfüllung der in Satz 1 genannten Aufgaben oder zur Abwehr einer im Einzelfall bestehenden Gefahr für Leib, Leben, Gesundheit, Freiheit der Willensentschließung oder -betätigung einer Person oder zum Schutz von Einrichtungen und Einsatzmitteln der Zollverwaltung erforderlich sind.

(3) Die §§ 15 bis 20 des Bundespolizeigesetzes gelten entsprechend.

§ 11 Datenübermittlung ins Ausland sowie an über- oder zwischenstaatliche Stellen

(1) Die Dienststellen der Zollverwaltung, die Aufgaben nach § 1 wahrnehmen, können an Zoll-, Polizei-, Justiz- und Verwaltungsbehörden sowie an sonstige für die Verhütung oder Verfolgung von Straftaten zuständige öffentliche Stellen anderer Staaten sowie zwischen- und überstaatliche Stellen, die mit Aufgaben der Verhütung oder Verfolgung von Straftaten befasst sind, personenbezogene Daten übermitteln, soweit dies erforderlich ist

1. zur Erfüllung einer ihnen nach diesem Gesetz obliegenden Aufgabe,
2. zur Verfolgung von Straftaten und zur Strafvollstreckung nach Maßgabe der Vorschriften über die internationale Rechtshilfe in strafrechtlichen Angelegenheiten oder der Vorschriften über die Zusammenarbeit mit dem Internationalen Strafgerichtshof oder
3. zur Abwehr einer im Einzelfall bestehenden erheblichen Gefahr für die öffentliche Sicherheit.

Gleiches gilt, wenn Anhaltspunkte dafür vorliegen, dass Straftaten von erheblicher Bedeutung begangen werden sollen.

(2) Die in Absatz 1 genannten Dienststellen tragen die Verantwortung für die Zulässigkeit der Übermittlung; sie haben die Übermittlung und ihren Anlass aufzuzeichnen. Der Dritte, an den übermittelt wird, ist darauf hinzuweisen, dass die Daten nur zu dem Zweck genutzt werden dürfen, zu dem sie übermittelt worden sind. Ferner ist ihm der vorgesehene Löschungszeitpunkt mitzuteilen. Die Übermittlung personenbezogener Daten unterbleibt, soweit Grund zu der Annahme besteht, dass durch sie gegen den Zweck eines deutschen Gesetzes verstoßen würde. Die Übermittlung personenbezogener Daten unterbleibt, soweit, auch unter Berücksichtigung des besonderen öffentlichen Interesses an der Datenübermittlung, im Einzelfall schutzwürdige Interessen der betroffenen Person überwiegen. Zu den schutzwürdigen Interessen der betroffenen Person gehört auch das Vorhandensein eines angemessenen Datenschutzniveaus im Empfängerstaat. Die schutzwürdigen Interessen der betroffenen Person können auch dadurch gewahrt werden, dass der Empfängerstaat oder die empfangende zwischen- oder überstaatliche Stelle im Einzelfall einen angemessenen Schutz der übermittelten Daten garantiert.

(3) § 3 Absatz 7 des Zollfahndungsdienstgesetzes ist auf die §§ 11 bis 11b anzuwenden

§ 11a Übermittlung personenbezogener Daten an Mitgliedstaaten der Europäischen Union

(1) Auf ein Ersuchen einer Polizeibehörde oder einer sonstigen für die Verhütung und Verfolgung von Straftaten zuständigen öffentlichen Stelle eines Mitgliedstaates der Europäischen Union können die in § 11 Absatz 1 Satz 1 genannten Dienststellen der Zollverwaltung personenbezogene Daten zum Zweck der Verhütung von Straftaten übermitteln. Für die Übermittlung dieser Daten gelten die Vorschriften über die Datenübermittlung im innerstaatlichen Bereich entsprechend.

(2) Die Übermittlung personenbezogener Daten nach Absatz 1 ist nur zulässig, wenn das Ersuchen mindestens folgende Angaben enthält:

1. die Bezeichnung und die Anschrift der ersuchenden Behörde,
2. die Bezeichnung der Straftat, zu deren Verhütung die Daten benötigt werden,
3. die Beschreibung des Sachverhalts, der dem Ersuchen zugrunde liegt,

4. die Benennung des Zwecks, zu dem die Daten erbeten werden,
5. den Zusammenhang zwischen dem Zweck, zu dem die Informationen oder Erkenntnisse erbeten werden, und der Person, auf die sich diese Informationen beziehen,
6. Einzelheiten zur Identität der betroffenen Person, sofern sich das Ersuchen auf eine bekannte Person bezieht, und
7. Gründe für die Annahme, dass sachdienliche Informationen und Erkenntnisse im Inland vorliegen.

(3) Die in § 11 Absatz 1 Satz 1 genannten Dienststellen der Zollverwaltung können auch ohne Ersuchen personenbezogene Daten an eine Polizeibehörde oder eine sonstige für die Verhütung und Verfolgung von Straftaten zuständige öffentliche Stelle eines Mitgliedstaates der Europäischen Union übermitteln, wenn im Einzelfall die Gefahr der Begehung einer Straftat im Sinne des Artikels 2 Absatz 2 des Rahmenbeschlusses 2002/584/JI des Rates vom 13. Juni 2002 über den Europäischen Haftbefehl und die Übergabeverfahren zwischen den Mitgliedstaaten (ABl. L 190 vom 18.7.2002, S. 1), der zuletzt durch den Rahmenbeschluss 2009/299/JI (ABl. L 81 vom 27.3.2009, S. 24) geändert worden ist, besteht und konkrete Anhaltspunkte dafür vorliegen, dass die Übermittlung dieser personenbezogenen Daten dazu beitragen könnte, eine solche Straftat zu verhindern. Für die Übermittlung dieser Daten gelten die Vorschriften über die Datenübermittlung im innerstaatlichen Bereich entsprechend.

(4) Die Datenübermittlung nach den Absätzen 1 und 3 unterbleibt auch dann, wenn

1. hierdurch wesentliche Sicherheitsinteressen des Bundes oder der Länder beeinträchtigt würden,
2. die Übermittlung der Daten zu den in Artikel 6 des Vertrages über die Europäische Union enthaltenen Grundsätzen in Widerspruch stünde,
3. die zu übermittelnden Daten bei der ersuchten Behörde nicht vorhanden sind und nur durch das Ergreifen von Zwangsmaßnahmen erlangt werden können oder
4. die Übermittlung der Daten unverhältnismäßig wäre oder die Daten für die Zwecke, für die sie übermittelt werden sollen, nicht erforderlich sind.

(5) Die Datenübermittlung nach den Absätzen 1 und 3 kann darüber hinaus auch dann unterbleiben, wenn

1. die zu übermittelnden Daten bei den in § 11 Absatz 1 Satz 1 genannten Dienststellen der Zollverwaltung nicht vorhanden sind, jedoch ohne das Ergreifen von Zwangsmaßnahmen erlangt werden können,
2. hierdurch der Erfolg laufender Ermittlungen oder Leib, Leben oder Freiheit einer Person gefährdet würde oder
3. die Tat, zu deren Verhütung die Daten übermittelt werden sollen, nach deutschem Recht mit einer Freiheitsstrafe von im Höchstmaß einem Jahr oder weniger bedroht ist.

(6) Die Zulässigkeit der Übermittlung personenbezogener Daten durch die in § 11 Absatz 1 Satz 1 genannten Dienststellen der Zollverwaltung an eine Polizeibehörde oder eine sonstige für die Verhütung und Verfolgung von Straftaten zuständige öffentliche Stelle eines Mitgliedstaates der Europäischen Union auf der Grundlage von § 11 oder besonderer völkerrechtlicher Vereinbarungen bleibt unberührt.

(7) Als Polizeibehörde oder sonstige für die Verhütung und Verfolgung von Straftaten zuständige öffentliche Stelle eines Mitgliedstaates der Europäischen Union im Sinne der Absätze 1 und 3 gilt jede Stelle, die von diesem Staat gemäß Artikel 2 Buchstabe a des Rahmenbeschlusses 2006/960/JI des Rates vom 18. Dezember 2006 über die Vereinfachung des Austauschs von Informationen und Erkenntnissen zwischen den Strafverfolgungsbehörden der Mitgliedstaaten

der Europäischen Union (ABl. L 386 vom 29.12.2006, S. 89, L 75 vom 15.3.2007, S. 26) benannt wurde.

(8) Die Absätze 1 bis 7 finden auch Anwendung auf die Übermittlung von personenbezogenen Daten an Polizeibehörden oder sonstige für die Verhütung und Verfolgung von Straftaten zuständige öffentliche Stellen eines Schengen-assoziierten Staates im Sinne von § 91 Absatz 3 des Gesetzes über die internationale Rechtshilfe in Strafsachen.

§ 11b Verwendung von nach dem Rahmenbeschluss 2006/960/JI des Rates übermittelten Daten

(1) Daten, die nach dem Rahmenbeschluss 2006/960/JI an die in § 11 Absatz 1 Satz 1 genannten Dienststellen der Zollverwaltung übermittelt worden sind, dürfen nur für die Zwecke, für die sie übermittelt wurden, oder zur Abwehr einer gegenwärtigen und erheblichen Gefahr für die öffentliche Sicherheit verwendet werden. Für einen anderen Zweck oder als Beweismittel in einem gerichtlichen Verfahren dürfen sie nur verwendet werden, wenn der übermittelnde Staat zugestimmt hat. Von dem übermittelnden Staat für die Verwendung der Daten gestellte Bedingungen sind zu beachten.

(2) Die in § 11 Absatz 1 Satz 1 genannten Dienststellen der Zollverwaltung erteilen dem übermittelnden Staat auf dessen Ersuchen zu Zwecken der Datenschutzkontrolle Auskunft darüber, wie die übermittelten Daten verwendet wurden.

§ 12a Überwachung des grenzüberschreitenden Verkehrs mit Barmitteln und gleichgestellten Zahlungsmitteln

(1) Auf Verlangen der Zollbediensteten müssen natürliche Personen Barmittel und gleichgestellte Zahlungsmittel im Gesamtwert von 10 000 Euro oder mehr, die sie in den, aus dem oder durch den Geltungsbereich dieses Gesetzes verbringen, nach Art, Zahl und Wert anzeigen sowie die Herkunft, den wirtschaftlich Berechtigten und den Verwendungszweck dieser Barmittel und gleichgestellter Zahlungsmittel darlegen. Gesamtwert im Sinne des Satzes 1 ist die Summe der Barmittel und gleichgestellten Zahlungsmittel.

(2) Werden unbegleitete Barmittel und gleichgestellte Zahlungsmittel im Gesamtwert von 10 000 Euro oder mehr in den, aus dem oder durch den Geltungsbereich dieses Gesetzes verbracht, können die Zollbediensteten den Absender, den Empfänger oder einen Vertreter dieser Personen auffordern, binnen einer Frist von 30 Tagen eine Offenlegungserklärung abzugeben. Für den Inhalt der Offenlegungserklärung gilt Artikel 4 Absatz 2 Verordnung (EU) 2018/1672 entsprechend. Bis zur Vorlage der Offenlegungserklärung können die Barmittel oder gleichgestellten Zahlungsmittel sichergestellt werden.

(3) Beauftragte von Verpflichteten nach § 2 Absatz 1 Nummer 1 bis 9 des Geldwäschegesetzes sind von den Verpflichtungen nach Absatz 1 ausgenommen, sofern der Transport von Barmitteln oder gleichgestellten Zahlungsmitteln ausschließlich zwischen diesen Verpflichteten erfolgt. Auf Verlangen der Zollbediensteten müssen die Beauftragten nachweisen, dass die Voraussetzungen für die Befreiung von der Anzeigepflicht nach Absatz 2 vorliegen.

(4) Zur Überprüfung der Einhaltung der Vorgaben der Absätze 1 bis 3 haben die Zollbediensteten die Befugnisse nach § 10. Im Bereich der Grenzen zu anderen Mitgliedstaaten der Europäischen Union ist § 10 Absatz 1 entsprechend anzuwenden.

(5) Zum Nachweis der Herkunft, des wirtschaftlich Berechtigten und des Verwendungszwecks der Barmittel oder gleichgestellter Zahlungsmittel muss der Betroffene oder wirtschaftlich Berechtigte auf Verlangen der Zollbediensteten geeignete Belege, Urkunden oder sonstige Dokumente vorlegen. Die Mitteilungen und Aufzeichnungen dürfen auch für Besteuerungsverfahren und für Strafverfahren wegen Steuerstraftaten verwendet werden. Unbeschadet des Absatzes 7 gelten die §§ 102 und 103 der Abgabenordnung entsprechend.

(6) Ist es zum Nachweis der Herkunft, des wirtschaftlich Berechtigten oder des Verwendungszwecks der Barmittel oder gleichgestellten Zahlungsmittel erforderlich, dürfen die Zollbehörden personenbezogene Daten bei nicht öffentlichen Stellen erheben, soweit die Sachverhaltsaufklärung durch den Betroffenen nicht zum Ziel führt oder keinen Erfolg verspricht. Es können Auskunftsersuchen gegenüber Verpflichteten nach § 2 Absatz 1 Nummer 1 bis 6 des Geldwäschegesetzes gestellt werden. Die nicht öffentlichen Stellen müssen den Zollbehörden die zur Aufklärung des Sachverhalts erforderlichen Auskünfte auf Verlangen innerhalb von drei Werktagen erteilen. Die §§ 102 und 103 der Abgabenordnung gelten entsprechend.

(7) Werden Barmittel oder gleichgestellte Zahlungsmittel sowie die zugehörigen Behältnisse und Umschließungen in den, aus dem oder durch den Geltungsbereich dieses Gesetzes verbracht, können die Zollbediensteten diese bis zu 30 Tage nach dem Auffinden sicherstellen und in zollamtliche Verwahrung nehmen, um die Herkunft oder den Verwendungszweck aufzuklären, wenn

1. die Anmeldepflicht für begleitete Barmittel nach Artikel 3 oder die Offenlegungspflicht für unbegleitete Barmittel nach Artikel 4 der Verordnung (EU) 2018/1672 nicht eingehalten wird,

2. die Anzeigepflicht für begleitete Barmittel nach Absatz 1 oder die Offenlegungspflicht für unbegleitete Barmittel nach Absatz 2 nicht eingehalten wird oder

3. Grund zu der Annahme besteht, dass die Barmittel oder gleichgestellten Zahlungsmittel

   a) zum Zweck der Geldwäsche nach § 261 des Strafgesetzbuchs,

   b) zum Zweck der Terrorismusfinanzierung nach § 89a Absatz 2a, § 89c des Strafgesetzbuchs,

   c) zum Zweck der Finanzierung einer terroristischen Vereinigung nach § 129a, auch in Verbindung mit § 129b des Strafgesetzbuchs oder

   d) im Zusammenhang mit einer kriminellen Tätigkeit nach Artikel 3 Nummer 4 der Richtlinie (EU) 2015/849

verbracht werden. Diese Frist kann durch Entscheidung des Gerichts einmalig auf 90 Tage verlängert werden. Zur Bekanntmachung der Entscheidung genügt eine formlose Mitteilung. Zuständig ist das Amtsgericht, in dessen Bezirk die Sicherstellung erfolgt ist. Der Widerspruch und die Anfechtungsklage gegen die Sicherstellung nach Satz 1 haben keine aufschiebende Wirkung. Sobald die Voraussetzungen für die Sicherstellung weggefallen sind, sind die Barmittel oder gleichgestellten Zahlungsmittel an denjenigen herauszugeben, bei dem sie sichergestellt worden sind. Ist die Herausgabe an ihn nicht möglich, können sie an einen anderen herausgegeben werden, der seine Berechtigung glaubhaft macht.

(8) Die Zollbehörden dürfen, soweit dies zur Erfüllung ihrer Aufgaben nach § 1 Absatz 4 und 5 und nach den Absätzen 1 bis 7 erforderlich ist, personenbezogene Daten verarbeiten. Die Verarbeitung weiterer Daten, die nicht unmittelbar im Zusammenhang mit dem Verbringen ersetzt von Barmitteln oder gleichgestellten Zahlungsmitteln in den, aus dem oder durch den Geltungsbereich dieses Gesetzesstehen, ist nur zulässig, wenn

1. es zur Verfolgung von Straftaten oder Ordnungswidrigkeiten erforderlich ist,

2. es zur Abwehr erheblicher Nachteile für das Gemeinwohl oder einer erheblichen Gefahr für die öffentliche Sicherheit erforderlich ist,

3. die Kenntnis der Daten von Bedeutung sein kann für die Durchführung eines Verwaltungsverfahrens in Steuersachen sowie für die Verhinderung, Aufdeckung und Bekämpfung von Geldwäsche und Terrorismusfinanzierung oder

4. die Kenntnis der Daten von Bedeutung sein kann für die Durchführung eines Verwaltungsverfahrens wegen unerlaubter Finanztransferdienstleistungen.

Die Zollbehörden haben die Daten nach den Sätzen 1 und 2 an die zuständigen Strafverfolgungsbehörden, Finanzbehörden, Verwaltungsbehörden, Sozialleistungsträger, die Zentralstelle für Finanztransaktionsuntersuchungen eingefügt. sowie die Bundesanstalt für Finanzdienstleistungsaufsicht zu übermitteln. Die Übermittlung an die Nachrichtendienste richtet sich nach § 18 des Bundesverfassungsschutzgesetzes, § 10 des MAD-Gesetzes und § 10 des BND-Gesetzes sowie den landesrechtlichen Vorschriften.

§ 12b Befugnisse der Zollfahndungsämter bei der Verfolgung der internationalen organisierten Geldwäsche

Die Zollfahndungsämter und ihre Beamten haben bei der Erfüllung ihrer Aufgaben nach § 1 Abs. 3c dieselben Rechte und Pflichten wie die Behörden und Beamten des Polizeidienstes nach den Vorschriften der Strafprozessordnung; ihre Beamten sind Ermittlungspersonen der Staatsanwaltschaft.

§ 12c Amtshandlungen von Beamten der Bundespolizei im Zuständigkeitsbereich der Zollverwaltung

(1) Das Bundesministerium der Finanzen kann im Einvernehmen mit dem Bundesministerium des Innern, für Bau und Heimat Beamte der Bundespolizei damit betrauen, Aufgaben der Zollverwaltung nach § 1 Absatz 4 Satz 1 bei der Erfüllung von Aufgaben der Bundespolizei wahrzunehmen.

(2) Nehmen Beamte der Bundespolizei Aufgaben wahr, die ihnen nach Absatz 1 übertragen wurden, so haben sie dieselben Befugnisse wie die Zollbediensteten. Ihre Maßnahmen gelten als Maßnahmen der Zollverwaltung. Das Bundesministerium der Finanzen und die nachgeordneten Zolldienststellen üben ihnen gegenüber insoweit Fachaufsicht aus.

§ 12d Amtshandlungen von Zollbediensteten in den Vollzugsbereichen der Zollverwaltung im Zuständigkeitsbereich eines Landes

Zollbedienstete in den Vollzugsbereichen der Zollverwaltung dürfen nach Maßgabe des jeweiligen Landesrechts im Zuständigkeitsbereich des Landes polizeiliche Amtshandlungen vornehmen, wenn die zuständige Polizeibehörde die erforderlichen Maßnahmen nicht rechtzeitig treffen kann.

§ 12e Überwachung des grenzüberschreitenden Verkehrs mit verbrauchsteuerpflichtigen Waren

(1) Zollbedienstete können Waren sowie dazugehörige Behältnisse und Umschließungen bis zum Ablauf des fünften Werktages nach dem Auffinden sicherstellen und in zollamtliche Verwahrung nehmen, wenn Grund zu der Annahme besteht, dass im grenzüberschreitenden Verkehr beförderte verbrauchsteuerpflichtige Waren oder zur Herstellung solcher Waren geeignete Waren und Geräte in der Absicht der Begehung einer Steuerstraftat nach § 369 der Abgabenordnung verbracht werden sollen. Die Maßnahmen nach Satz 1 dienen der Überprüfung der Rechtmäßigkeit des Verwendungszwecks der Waren. § 12a Absatz 7 Satz 2 bis 6 gilt entsprechend.

(2) Betroffene Personen haben auf Aufforderung durch Belege nachzuweisen, dass ein Abnehmer die Lieferung tatsächlich erhalten wird und zur Abnahme berechtigt ist. Die Voraussetzungen müssen sich aus den Belegen eindeutig und leicht nachprüfbar ergeben. Die §§ 102 und 103 der Abgabenordnung gelten entsprechend. Die Belege dürfen auch für Besteuerungsverfahren und für Strafverfahren wegen Steuerstraftaten verwendet werden; § 30 Absatz 4 Nummer 3 und 5 der Abgabenordnung bleibt unberührt.

(3) § 12a Absatz 8 gilt entsprechend.

§ 31a Bußgeldvorschriften

(1) Ordnungswidrig handelt, wer vorsätzlich oder fahrlässig

1. entgegen

   a) § 5 Absatz 1 Satz 1 oder § 10 Absatz 4a Satz 1 oder

   b) § 12a Absatz 5 Satz 1

   eine Postsendung oder ein dort genanntes Dokument nicht oder nicht rechtzeitig vorlegt,

2. entgegen

   a) § 5 Absatz 1 Satz 1 oder

   b) § 12a Absatz 1 Satz 1

   eine Anzeige nicht, nicht richtig, nicht vollständig oder nicht rechtzeitig erstattet,

3. entgegen § 10 Absatz 4 Satz 1 Zutritt nicht gewährt,

4. einer vollziehbaren Anordnung nach § 12a Absatz 2 Satz 1 zuwiderhandelt,

5. entgegen § 12a Absatz 6 Satz 3 eine Auskunft nicht, nicht richtig, nicht vollständig oder nicht rechtzeitig erteilt oder

6. entgegen § 12e Absatz 2 Satz 1 einen Nachweis nicht oder nicht rechtzeitig erbringt.

(2) Ordnungswidrig handelt, wer vorsätzlich oder fahrlässig entgegen Artikel 139 Absatz 1 oder Absatz 2 Satz 1 der Verordnung (EU) Nr. 952/2013 des Europäischen Parlaments und des Rates vom 9. Oktober 2013 zur Festlegung des Zollkodex der Union (ABl. L 269 vom 10.10.2013, S. 1) in Verbindung mit § 4 Absatz 1 eine dort genannte Ware nicht, nicht richtig, nicht vollständig oder nicht rechtzeitig gestellt.

(3) Ordnungswidrig handelt, wer gegen die Verordnung (EU) 2018/1672 des Europäischen Parlaments und des Rates vom 23. Oktober 2018 über die Überwachung von Barmitteln, die in die Union oder aus der Union verbracht werden, und zur Aufhebung der Verordnung (EG) Nr. 1889/2005 (ABl. L 284 vom 12.11.2018, S. 6; L 435 vom 23.12.2018, S. 79) verstößt, indem er vorsätzlich oder fahrlässig

1. entgegen Artikel 3 Absatz 1 Satz 1 einen dort genannten Bargeldbetrag nicht oder nicht bis zum Zeitpunkt der Ein- oder Ausreise anmeldet oder Barmittel nicht oder nicht zum Zeitpunkt der Kontrolle zur Verfügung stellt oder

2. einer vollziehbaren Anordnung nach Artikel 4 Absatz 1 Satz 1 zuwiderhandelt.

(4) Die Ordnungswidrigkeit kann in den Fällen des Absatzes 1 Nummer 2 Buchstabe b und des Absatzes 3 mit einer Geldbuße bis zu einer Million Euro, in den Fällen des Absatzes 1 Nummer 1 Buchstabe b und Nummer 6 mit einer Geldbuße bis zu fünfzigtausend Euro und in den übrigen Fällen mit einer Geldbuße bis zu dreißigtausend Euro geahndet werden.

(5) Verwaltungsbehörde im Sinne des § 36 Absatz 1 Nummer 1 des Gesetzes über Ordnungswidrigkeiten ist das Hauptzollamt.

(6) Die Hauptzollämter und ihre Beamten haben bei Ordnungswidrigkeiten nach den Absätzen 1 bis 3 dieselben Rechte und Pflichten wie die Behörden und Beamten des Polizeidienstes nach dem Gesetz über Ordnungswidrigkeiten; die Beamten sind insoweit Ermittlungspersonen der Staatsanwaltschaft.

Zivilprozessordnung

in der Neufassung vom 5.12.2005 (BGBl. I S. 3202), zuletzt geändert durch Artikel 2 des Gesetzes vom 7.11.2022 (BGBl. I S. 1982).

- Auszug -

§ 41 Ausschluss von der Ausübung des Richteramtes

Ein Richter ist von der Ausübung des Richteramtes kraft Gesetzes ausgeschlossen:

1. in Sachen, in denen er selbst Partei ist oder bei denen er zu einer Partei in dem Verhältnis eines Mitberechtigten, Mitverpflichteten oder Regresspflichtigen steht;

2. in Sachen seines Ehegatten, auch wenn die Ehe nicht mehr besteht;

2a. in Sachen seines Lebenspartners, auch wenn die Lebenspartnerschaft nicht mehr besteht;

3. in Sachen einer Person, mit der er in gerader Linie verwandt oder verschwägert, in der Seitenlinie bis zum dritten Grad verwandt oder bis zum zweiten Grad verschwägert ist oder war;

4. in Sachen, in denen er als Prozessbevollmächtigter oder Beistand einer Partei bestellt oder als gesetzlicher Vertreter einer Partei aufzutreten berechtigt ist oder gewesen ist;

5. in Sachen, in denen er als Zeuge oder Sachverständiger vernommen ist;

6. in Sachen, in denen er in einem früheren Rechtszug oder im schiedsrichterlichen Verfahren bei dem Erlass der angefochtenen Entscheidung mitgewirkt hat, sofern es sich nicht um die Tätigkeit eines Beauftragten oder ersuchten Richters handelt;

7. in Sachen wegen überlanger Gerichtsverfahren, wenn er in dem beanstandeten Verfahren in einem Rechtszug mitgewirkt hat, auf dessen Dauer der Entschädigungsanspruch gestützt wird;

8. in Sachen, in denen er an einem Mediationsverfahren oder einem anderen Verfahren der außergerichtlichen Konfliktbeilegung mitgewirkt hat

§ 42 Ablehnung eines Richters

(1) Ein Richter kann sowohl in den Fällen, in denen er von der Ausübung des Richteramts kraft Gesetzes ausgeschlossen ist, als auch wegen Besorgnis der Befangenheit abgelehnt werden.

(2) Wegen Besorgnis der Befangenheit findet die Ablehnung statt, wenn ein Grund vorliegt, der geeignet ist, Misstrauen gegen die Unparteilichkeit eines Richters zu rechtfertigen.

(3) Das Ablehnungsrecht steht in jedem Fall beiden Parteien zu.

§ 43 Verlust des Ablehnungsrechts

Eine Partei kann einen Richter wegen Besorgnis der Befangenheit nicht mehr ablehnen, wenn sie sich bei ihm, ohne den ihr bekannten Ablehnungsgrund geltend zu machen, in eine Verhandlung eingelassen oder Anträge gestellt hat.

§ 44 Ablehnungsgesuch

(1) Das Ablehnungsgesuch ist bei dem Gericht, dem der Richter angehört, anzubringen; es kann vor der Geschäftsstelle zu Protokoll erklärt werden.

(2) Der Ablehnungsgrund ist glaubhaft zu machen; zur Versicherung an Eides statt darf die Partei nicht zugelassen werden. Zur Glaubhaftmachung kann auf das Zeugnis des abgelehnten Richters Bezug genommen werden.

(3) Der abgelehnte Richter hat sich über den Ablehnungsgrund dienstlich zu äußern.

(4) Wird ein Richter, bei dem die Partei sich in eine Verhandlung eingelassen oder Anträge gestellt hat, wegen Besorgnis der Befangenheit abgelehnt, so ist glaubhaft zu machen, dass der Ablehnungsgrund erst später entstanden oder der Partei bekannt geworden sei. Das Ablehnungsgesuch ist unverzüglich anzubringen.

§ 45 Entscheidung über das Ablehnungsgesuch

(1) Über das Ablehnungsgesuch entscheidet das Gericht, dem der Abgelehnte angehört, ohne dessen Mitwirkung.

(2) Wird ein Richter beim Amtsgericht abgelehnt, so entscheidet ein anderer Richter des Amtsgerichts über das Gesuch. Einer Entscheidung bedarf es nicht, wenn der abgelehnte Richter das Ablehnungsgesuch für begründet hält.

(3) Wird das zur Entscheidung berufene Gericht durch Ausscheiden des abgelehnten Mitglieds beschlussunfähig, so entscheidet das im Rechtszug zunächst höhere Gericht.

§ 46 Entscheidung und Rechtsmittel

(1) Die Entscheidung über das Ablehnungsgesuch ergeht durch Beschluss.

(2) Gegen den Beschluss, durch den das Gesuch für begründet erklärt wird, findet kein Rechtsmittel, gegen den Beschluss, durch den das Gesuch für unbegründet erklärt wird, findet sofortige Beschwerde statt.

§ 47 Unaufschiebbare Amtshandlungen

(1) Ein abgelehnter Richter hat vor Erledigung des Ablehnungsgesuchs nur solche Handlungen vorzunehmen, die keinen Aufschub gestatten.

(2) Wird ein Richter während der Verhandlung abgelehnt und würde die Entscheidung über die Ablehnung eine Vertagung der Verhandlung erfordern, so kann der Termin unter Mitwirkung des abgelehnten Richters fortgesetzt werden. Wird die Ablehnung für begründet erklärt, so ist der nach Anbringung des Ablehnungsgesuchs liegende Teil der Verhandlung zu wiederholen.

§ 48 Selbstablehnung; Ablehnung von Amts wegen

Das für die Erledigung eines Ablehnungsgesuchs zuständige Gericht hat auch dann zu entscheiden, wenn ein solches Gesuch nicht angebracht ist, ein Richter aber von einem Verhältnis Anzeige macht, das seine Ablehnung rechtfertigen könnte, oder wenn aus anderer Veranlassung Zweifel darüber entstehen, ob ein Richter kraft Gesetzes ausgeschlossen sei.

§ 49 Urkundsbeamte

Die Vorschriften dieses Titels sind auf den Urkundsbeamten der Geschäftsstelle entsprechend anzuwenden; die Entscheidung ergeht durch das Gericht, bei dem er angestellt ist.

§ 50 Parteifähigkeit

(1) Parteifähig ist, wer rechtsfähig ist.

(2) Ein Verein, der nicht rechtsfähig ist, kann klagen und verklagt werden; in dem Rechtsstreit hat der Verein die Stellung eines rechtsfähigen Vereins.

§ 53 Prozessunfähigkeit bei Betreuung oder Pflegschaft

Wird in einem Rechtsstreit eine prozessfähige Person durch einen Betreuer oder Pfleger vertreten, so steht sie für den Rechtsstreit einer nicht prozessfähigen Person gleich.

§ 54 Besondere Ermächtigung zu Prozesshandlungen

Einzelne Prozesshandlungen, zu denen nach den Vorschriften des bürgerlichen Rechts eine besondere Ermächtigung erforderlich ist, sind ohne sie gültig, wenn die Ermächtigung zur Prozessführung im Allgemeinen erteilt oder die Prozessführung auch ohne eine solche Ermächtigung im Allgemeinen statthaft ist.

§ 55 Prozessfähigkeit von Ausländern

Ein Ausländer, dem nach dem Recht seines Landes die Prozessfähigkeit mangelt, gilt als prozessfähig, wenn ihm nach dem Recht des Prozessgerichts die Prozessfähigkeit zusteht.

§ 56 Prüfung von Amts wegen

(1) Das Gericht hat den Mangel der Parteifähigkeit, der Prozessfähigkeit, der Legitimation eines gesetzlichen Vertreters und der erforderlichen Ermächtigung zur Prozessführung von Amts wegen zu berücksichtigen.

(2) Die Partei oder deren gesetzlicher Vertreter kann zur Prozessführung mit Vorbehalt der Beseitigung des Mangels zugelassen werden, wenn mit dem Verzug Gefahr für die Partei verbunden ist. Das Endurteil darf erst erlassen werden, nachdem die für die Beseitigung des Mangels zu bestimmende Frist abgelaufen ist.

§ 57 Prozesspfleger

(1) Soll eine nicht prozessfähige Partei verklagt werden, die ohne gesetzlichen Vertreter ist, so hat ihr der Vorsitzende des Prozessgerichts, falls mit dem Verzug Gefahr verbunden ist, auf Antrag bis zu dem Eintritt des gesetzlichen Vertreters einen besonderen Vertreter zu bestellen.

(2) Der Vorsitzende kann einen solchen Vertreter auch bestellen, wenn in den Fällen des § 20 eine nicht prozessfähige Person bei dem Gericht ihres Aufenthaltsortes verklagt werden soll.

§ 58 Prozesspfleger bei herrenlosem Grundstück oder Schiff

(1) Soll ein Recht an einem Grundstück, das von dem bisherigen Eigentümer nach § 928 des Bürgerlichen Gesetzbuchs aufgegeben und von dem Aneignungsberechtigten noch nicht erworben worden ist, im Wege der Klage geltend gemacht werden, so hat der Vorsitzende des Prozessgerichts auf Antrag einen Vertreter zu bestellen, dem bis zur Eintragung eines neuen Eigentümers die Wahrnehmung der sich aus dem Eigentum ergebenden Rechte und Verpflichtungen im Rechtsstreit obliegt.

(2) Absatz 1 gilt entsprechend, wenn im Wege der Klage ein Recht an einem eingetragenen Schiff oder Schiffsbauwerk geltend gemacht werden soll, das von dem bisherigen Eigentümer nach § 7 des Gesetzes über Rechte an eingetragenen Schiffen und Schiffsbauwerken vom 15. November 1940 (RGBl. I S. 1499) aufgegeben und von dem Aneignungsberechtigten noch nicht erworben worden ist.

§ 59 Streitgenossenschaft bei Rechtsgemeinschaft oder Identität des Grundes

Mehrere Personen können als Streitgenossen gemeinschaftlich klagen oder verklagt werden, wenn sie hinsichtlich des Streitgegenstandes in Rechtsgemeinschaft stehen oder wenn sie aus demselben tatsächlichen und rechtlichen Grund berechtigt oder verpflichtet sind.

§ 60 Streitgenossenschaft bei Gleichartigkeit der Ansprüche

Mehrere Personen können auch dann als Streitgenossen gemeinschaftlich klagen oder verklagt werden, wenn gleichartige und auf einem im Wesentlichen gleichartigen tatsächlichen und rechtlichen Grund beruhende Ansprüche oder Verpflichtungen den Gegenstand des Rechtsstreits bilden.

§ 61 Wirkung der Streitgenossenschaft

Streitgenossen stehen, soweit nicht aus den Vorschriften des bürgerlichen Rechts oder dieses Gesetzes sich ein anderes ergibt, dem Gegner dergestalt als Einzelne gegenüber, dass die Handlungen des einen Streitgenossen dem anderen weder zum Vorteil noch zum Nachteil gereichen.

§ 62 Notwendige Streitgenossenschaft

(1) Kann das streitige Rechtsverhältnis allen Streitgenossen gegenüber nur einheitlich festgestellt werden oder ist die Streitgenossenschaft aus einem sonstigen Grund eine notwendige, so werden, wenn ein Termin oder eine Frist nur von einzelnen Streitgenossen versäumt wird, die säumigen Streitgenossen als durch die nicht säumigen vertreten angesehen.

(2) Die säumigen Streitgenossen sind auch in dem späteren Verfahren zuzuziehen.

§ 63 Prozessbetrieb; Ladungen

Das Recht zur Betreibung des Prozesses steht jedem Streitgenossen zu; zu allen Terminen sind sämtliche Streitgenossen zu laden.

§ 91 Grundsatz und Umfang der Kostenpflicht

(1) Die unterliegende Partei hat die Kosten des Rechtsstreits zu tragen, insbesondere die dem Gegner erwachsenen Kosten zu erstatten, soweit sie zur zweckentsprechenden Rechtsverfolgung oder Rechtsverteidigung notwendig waren. Die Kostenerstattung umfasst auch die Entschädigung des Gegners für die durch notwendige Reisen oder durch die notwendige Wahrnehmung von Terminen entstandene Zeitversäumnis; die für die Entschädigung von Zeugen geltenden Vorschriften sind entsprechend anzuwenden.

(2) Die gesetzlichen Gebühren und Auslagen des Rechtsanwalts der obsiegenden Partei sind in allen Prozessen zu erstatten, Reisekosten eines Rechtsanwalts, der nicht in dem Bezirk des Prozessgerichts niedergelassen ist und am Ort des Prozessgerichts auch nicht wohnt, jedoch nur insoweit, als die Zuziehung zur zweckentsprechenden Rechtsverfolgung oder Rechtsverteidigung notwendig war. Die Kosten mehrerer Rechtsanwälte sind nur insoweit zu erstatten, als sie die Kosten eines Rechtsanwalts nicht übersteigen oder als in der Person des Rechtsanwalts ein Wechsel eintreten musste. In eigener Sache sind dem Rechtsanwalt die Gebühren und Auslagen zu erstatten, die er als Gebühren und Auslagen eines bevollmächtigten Rechtsanwalts erstattet verlangen könnte.

(3) Zu den Kosten des Rechtsstreits im Sinne der Absätze 1, 2 gehören auch die Gebühren, die durch ein Güteverfahren vor einer durch die Landesjustizverwaltung eingerichteten oder anerkannten Gütestelle entstanden sind; dies gilt nicht, wenn zwischen der Beendigung des Güteverfahrens und der Klageerhebung mehr als ein Jahr verstrichen ist.

(4) Zu den Kosten des Rechtsstreits im Sinne von Absatz 1 gehören auch Kosten, die die obsiegende Partei der unterlegenen Partei im Verlaufe des Rechtsstreits gezahlt hat.

(5) Wurde in einem Rechtsstreit über einen Anspruch nach Absatz 1 Satz 1 entschieden, so ist die Verjährung des Anspruchs gehemmt, bis die Entscheidung rechtskräftig geworden ist oder der Rechtsstreit auf andere Weise beendet wird.

§ 114 Voraussetzungen

(1) Eine Partei, die nach ihren persönlichen und wirtschaftlichen Verhältnissen die Kosten der Prozeßführung nicht, nur zum Teil oder nur in Raten aufbringen kann, erhält auf Antrag Prozeßkostenhilfe, wenn die beabsichtigte Rechtsverfolgung oder Rechtsverteidigung hinreichende Aussicht auf Erfolg bietet und nicht mutwillig erscheint. Für die grenzüberschreitende Prozesskostenhilfe innerhalb der Europäischen Union gelten ergänzend die §§ 1076 bis 1078.

(2) Mutwillig ist die Rechtsverfolgung oder Rechtsverteidigung, wenn eine Partei, die keine Prozesskostenhilfe beansprucht, bei verständiger Würdigung aller Umstände von der Rechtsverfolgung oder Rechtsverteidigung absehen würde, obwohl eine hinreichende Aussicht auf Erfolg besteht.

§ 115 Einsatz von Einkommen und Vermögen

(1) Die Partei hat ihr Einkommen einzusetzen. Zum Einkommen gehören alle Einkünfte in Geld oder Geldeswert. Von ihm sind abzusetzen:

1 a) die in § 82 Abs. 2 des Zwölften Buches Sozialgesetzbuch bezeichneten Beträge;

b) bei Parteien, die ein Einkommen aus Erwerbstätigkeit erzielen, ein Betrag in Höhe von 50 vom Hundert des Regelsatzes, der für den alleinstehenden oder alleinerziehenden Leistungsberechtigten vom Bund gemäß der Regelbedarfsstufe 1 nach der Anlage zu § 28 des Zwölften Buches Sozialgesetzbuch festgesetzt oder fortgeschrieben worden ist;

2. a) für die Partei und ihren Ehegatten oder ihren Lebenspartner jeweils ein Betrag in Höhe des um 10 vom Hundert erhöhten Regelsatzes, der für den alleinstehenden oder alleinerziehenden Leistungsberechtigten vom Bund gemäß der Regelbedarfsstufe 1 nach der Anlage zu § 28 des Zwölften Buches Sozialgesetzbuch festgesetzt oder fortgeschrieben worden ist;

b) bei weiteren Unterhaltsleistungen auf Grund gesetzlicher Unterhaltspflicht für jede unterhaltsberechtigte Person jeweils ein Betrag in Höhe des um 10 vom Hundert erhöhten höchsten Regelsatzes, der für eine Person ihres Alters gemäß den Regelbedarfsstufen 3 bis 6 nach der Anlage zu § 28 des Zwölften Buches Sozialgesetzbuch festgesetzt oder fortgeschrieben worden ist;

3. die Kosten der Unterkunft und Heizung, soweit sie nicht in einem auffälligen Missverhältnis zu den Lebensverhältnissen der Partei stehen;

4. Mehrbedarfe nach § 21 des Zweiten Buches Sozialgesetzbuch und nach § 30 des Zwölften Buches Sozialgesetzbuch;

5. weitere Beträge, soweit dies mit Rücksicht auf besondere Belastungen angemessen ist; § 1610a des Bürgerlichen Gesetzbuchs gilt entsprechend.

Maßgeblich sind die Beträge, die zum Zeitpunkt der Bewilligung der Prozesskostenhilfe gelten. Soweit am Wohnsitz der Partei aufgrund einer Neufestsetzung oder Fortschreibung nach § 29 Absatz 2 bis 4 des Zwölften Buches Sozialgesetzbuch höhere Regelsätze gelten, sind diese heranzuziehen. Das Bundesministerium der Justiz und für Verbraucherschutz gibt bei jeder Neufestsetzung oder jeder Fortschreibung die maßgebenden Beträge nach Satz 3 Nummer 1 Buchstabe b und Nummer 2 und nach Satz 5 im Bundesgesetzblatt bekannt. Diese Beträge sind, soweit sie nicht volle Euro ergeben, bis zu 0,49 Euro abzurunden und von 0,50 Euro an aufzurunden. Die Unterhaltsfreibeträge nach Satz 3 Nr. 2 vermindern sich um eigenes Einkommen der unterhaltsberechtigten Person. Wird eine Geldrente gezahlt, so ist sie an Stelle des Freibetrages abzusetzen, soweit dies angemessen ist.

(2) Von dem nach den Abzügen verbleibenden Teil des monatlichen Einkommens (einzusetzendes Einkommen) sind Monatsraten in Höhe der Hälfte des einzusetzenden Einkommens festzusetzen; die Monatsraten sind auf volle Euro abzurunden. Beträgt die Höhe einer Monatsrate weniger als 10 Euro, ist von der Festsetzung von Monatsraten abzusehen. Bei einem einzusetzenden Einkommen von mehr als 600 Euro beträgt die Monatsrate 300 Euro zuzüglich des Teils des einzusetzenden Einkommens, der 600 Euro übersteigt. Unabhängig von der Zahl der Rechtszüge sind höchstens 48 Monatsraten aufzubringen.

(3) Die Partei hat ihr Vermögen einzusetzen, soweit dies zumutbar ist. § 90 des Zwölften Buches Sozialgesetzbuch gilt entsprechend.

(4) Prozesskostenhilfe wird nicht bewilligt, wenn die Kosten der Prozessführung der Partei vier Monatsraten und die aus dem Vermögen aufzubringenden Teilbeträge voraussichtlich nicht übersteigen.

§ 116 Partei kraft Amtes; juristische Person; parteifähige Vereinigung

Prozesskostenhilfe erhalten auf Antrag

1. eine Partei kraft Amtes, wenn die Kosten aus der verwalteten Vermögensmasse nicht aufgebracht werden können und den am Gegenstand des Rechtsstreits wirtschaftlich Beteiligten nicht zuzumuten ist, die Kosten aufzubringen;
2. eine juristische Person oder parteifähige Vereinigung, die im Inland, in einem anderen Mitgliedstaat der Europäischen Union oder einem anderen Vertragsstaat des Abkommens über den Europäischen Wirtschaftsraum gegründet und dort ansässig ist, wenn die Kosten weder von ihr noch von den am Gegenstand des Rechtsstreits wirtschaftlich Beteiligten aufgebracht werden können und wenn die Unterlassung der Rechtsverfolgung oder Rechtsverteidigung allgemeinen Interessen zuwiderlaufen würde.

§ 114 Absatz 1 Satz 1 letzter Halbsatz und Absatz 2 ist anzuwenden. Können die Kosten nur zum Teil oder nur in Teilbeträgen aufgebracht werden, so sind die entsprechenden Beträge zu zahlen.

§ 117 Antrag

(1) Der Antrag auf Bewilligung der Prozesskostenhilfe ist bei dem Prozessgericht zu stellen; er kann vor der Geschäftsstelle zu Protokoll erklärt werden. In dem Antrag ist das Streitverhältnis unter Angabe der Beweismittel darzustellen. Der Antrag auf Bewilligung von Prozesskostenhilfe für die Zwangsvollstreckung ist bei dem für die Zwangsvollstreckung zuständigen Gericht zu stellen.

(2) Dem Antrag sind eine Erklärung der Partei über ihre persönlichen und wirtschaftlichen Verhältnisse (Familienverhältnisse, Beruf, Vermögen, Einkommen und Lasten) sowie entsprechende Belege beizufügen. Die Erklärung und die Belege dürfen dem Gegner nur mit Zustimmung der Partei zugänglich gemacht werden.

(3) Das Bundesministerium der Justiz und für Verbraucherschutz wird ermächtigt, zur Vereinfachung und Vereinheitlichung des Verfahrens durch Rechtsverordnung mit Zustimmung des Bundesrates Formulare für die Erklärung einzuführen. Die Formulare enthalten die nach § 120a Absatz 2 Satz 4 erforderliche Belehrung.

(4) Soweit Formulare für die Erklärung eingeführt sind, muss sich die Partei ihrer bedienen.

§ 118 Bewilligungsverfahren

(1) Dem Gegner ist Gelegenheit zur Stellungnahme zu geben, ob er die Voraussetzungen für die Bewilligung von Prozesskostenhilfe für gegeben hält, soweit dies aus besonderen Gründen nicht unzweckmäßig erscheint. Die Stellungnahme kann vor der Geschäftsstelle zu Protokoll erklärt werden. Das Gericht kann die Parteien zur mündlichen Erörterung laden, wenn eine Einigung zu erwarten ist; ein Vergleich ist zu gerichtlichem Protokoll zu nehmen. Dem Gegner entstandene

Kosten werden nicht erstattet. Die durch die Vernehmung von Zeugen und Sachverständigen nach Absatz 2 Satz 3 entstandenen Auslagen sind als Gerichtskosten von der Partei zu tragen, der die Kosten des Rechtsstreits auferlegt sind.

(2) Das Gericht kann verlangen, dass der Antragsteller seine tatsächlichen Angaben glaubhaft macht, es kann insbesondere auch die Abgabe einer Versicherung an Eides statt fordern. Es kann Erhebungen anstellen, insbesondere die Vorlegung von Urkunden anordnen und Auskünfte einholen. Zeugen und Sachverständige werden nicht vernommen, es sei denn, dass auf andere Weise nicht geklärt werden kann, ob die Rechtsverfolgung oder Rechtsverteidigung hinreichende Aussicht auf Erfolg bietet und nicht mutwillig erscheint; eine Beeidigung findet nicht statt. Hat der Antragsteller innerhalb einer von dem Gericht gesetzten Frist Angaben über seine persönlichen und wirtschaftlichen Verhältnisse nicht glaubhaft gemacht oder bestimmte

Fragen nicht oder ungenügend beantwortet, so lehnt das Gericht die Bewilligung von Prozesskostenhilfe insoweit ab.

(3) Die in Absatz 1, 2 bezeichneten Maßnahmen werden von dem Vorsitzenden oder einem von ihm beauftragten Mitglied des Gerichts durchgeführt.

§ 119 Bewilligung

(1) Die Bewilligung der Prozesskostenhilfe erfolgt für jeden Rechtszug besonders. In einem höheren Rechtszug ist nicht zu prüfen, ob die Rechtsverfolgung oder Rechtsverteidigung hinreichende Aussicht auf Erfolg bietet oder mutwillig erscheint, wenn der Gegner das Rechtsmittel eingelegt hat.

(2) Die Bewilligung von Prozesskostenhilfe für die Zwangsvollstreckung in das bewegliche Vermögen umfasst alle Vollstreckungshandlungen im Bezirk des Vollstreckungsgerichts einschließlich des Verfahrens auf Abgabe der Vermögensauskunft und der eidesstattlichen Versicherung.

§ 120 Festsetzung von Zahlungen

(1) Mit der Bewilligung der Prozesskostenhilfe setzt das Gericht zu zahlende Monatsraten und aus dem Vermögen zu zahlende Beträge fest. Setzt das Gericht nach § 115 Abs. 1 Satz 3 Nummer 5 mit Rücksicht auf besondere Belastungen von dem Einkommen Beträge ab und ist anzunehmen, dass die Belastungen bis zum Ablauf von vier Jahren ganz oder teilweise entfallen werden, so setzt das Gericht zugleich diejenigen Zahlungen fest, die sich ergeben, wenn die Belastungen nicht oder nur in verringertem Umfang berücksichtigt werden, und bestimmt den Zeitpunkt, von dem an sie zu erbringen sind.

(2) Die Zahlungen sind an die Landeskasse zu leisten, im Verfahren vor dem Bundesgerichtshof an die Bundeskasse, wenn Prozesskostenhilfe in einem vorherigen Rechtszug nicht bewilligt worden ist.

(3) Das Gericht soll die vorläufige Einstellung der Zahlungen bestimmen,

1. wenn die Zahlungen der Partei die voraussichtlich entstehenden Kosten decken;

2. wenn die Partei, ein ihr beigeordneter Rechtsanwalt oder die Bundes- oder Landeskasse die Kosten gegen einen anderen am Verfahren Beteiligten geltend machen kann.

(4) (weggefallen)

§ 120a Änderung der Bewilligung

(1) Das Gericht soll die Entscheidung über die zu leistenden Zahlungen ändern, wenn sich die für die Prozesskostenhilfe maßgebenden persönlichen oder wirtschaftlichen Verhältnisse wesentlich verändert haben. Eine Änderung der nach § 115 Absatz 1 Satz 3 Nummer 1 Buchstabe b und Nummer 2 maßgebenden Beträge ist nur auf Antrag und nur dann zu berücksichtigen, wenn sie dazu führt, dass keine Monatsrate zu zahlen ist. Auf Verlangen des Gerichts muss die Partei jederzeit erklären, ob eine Veränderung der Verhältnisse eingetreten ist. Eine Änderung

zum Nachteil der Partei ist ausgeschlossen, wenn seit der rechtskräftigen Entscheidung oder der sonstigen Beendigung des Verfahrens vier Jahre vergangen sind.

(2) Verbessern sich vor dem in Absatz 1 Satz 4 genannten Zeitpunkt die wirtschaftlichen Verhältnisse der Partei wesentlich oder ändert sich ihre Anschrift, hat sie dies dem Gericht unverzüglich mitzuteilen. Bezieht die Partei ein laufendes monatliches Einkommen, ist eine Einkommensverbesserung nur wesentlich, wenn die Differenz zu dem bisher zu Grunde gelegten Bruttoeinkommen nicht nur einmalig 100 Euro übersteigt. Satz 2 gilt entsprechend, soweit abzugsfähige Belastungen entfallen. Hierüber und über die Folgen eines Verstoßes ist die Partei bei der Antragstellung in dem gemäß § 117 Absatz 3 eingeführten Formular zu belehren.

(3) Eine wesentliche Verbesserung der wirtschaftlichen Verhältnisse kann insbesondere dadurch eintreten, dass die Partei durch die Rechtsverfolgung oder Rechtsverteidigung etwas erlangt. Das Gericht soll nach der rechtskräftigen Entscheidung oder der sonstigen Beendigung des Verfahrens prüfen, ob eine Änderung der Entscheidung über die zu leistenden Zahlungen mit Rücksicht auf das durch die Rechtsverfolgung oder Rechtsverteidigung Erlangte geboten ist. Eine Änderung der Entscheidung ist ausgeschlossen, soweit die Partei bei rechtzeitiger Leistung des durch die Rechtsverfolgung oder Rechtsverteidigung Erlangten ratenfreie Prozesskostenhilfe erhalten hätte.

(4) Für die Erklärung über die Änderung der persönlichen oder wirtschaftlichen Verhältnisse nach Absatz 1 Satz 3 muss die Partei das gemäß § 117 Absatz 3 eingeführte Formular benutzen. Für die Überprüfung der persönlichen und wirtschaftlichen Verhältnisse gilt § 118 Absatz 2 entsprechend.

§ 121 Beiordnung eines Rechtsanwalts

(1) Ist eine Vertretung durch Anwälte vorgeschrieben, wird der Partei ein zur Vertretung bereiter Rechtsanwalt ihrer Wahl beigeordnet.

(2) Ist eine Vertretung durch Anwälte nicht vorgeschrieben, wird der Partei auf ihren Antrag ein zur Vertretung bereiter Rechtsanwalt ihrer Wahl beigeordnet, wenn die Vertretung durch einen Rechtsanwalt erforderlich erscheint oder der Gegner durch einen Rechtsanwalt vertreten ist.

(3) Ein nicht in dem Bezirk des Prozessgerichts niedergelassener Rechtsanwalt kann nur beigeordnet werden, wenn dadurch weitere Kosten nicht entstehen.

(4) Wenn besondere Umstände dies erfordern, kann der Partei auf ihren Antrag ein zur Vertretung bereiter Rechtsanwalt ihrer Wahl zur Wahrnehmung eines Termins zur Beweisaufnahme vor dem ersuchten Richter oder zur Vermittlung des Verkehrs mit dem Prozessbevollmächtigten beigeordnet werden.

(5) Findet die Partei keinen zur Vertretung bereiten Anwalt, ordnet der Vorsitzende ihr auf Antrag einen Rechtsanwalt bei.

§ 122 Wirkung der Prozesskostenhilfe

(1) Die Bewilligung der Prozesskostenhilfe bewirkt, dass

1. die Bundes- oder Landeskasse

   a) die rückständigen und die entstehenden Gerichtskosten und Gerichtsvollzieherkosten,

   b) die auf sie übergegangenen Ansprüche der beigeordneten Rechtsanwälte gegen die Partei nur nach den Bestimmungen, die das Gericht trifft, gegen die Partei geltend machen kann,

2. die Partei von der Verpflichtung zur Sicherheitsleistung für die Prozesskosten befreit ist,

3. die beigeordneten Rechtsanwälte Ansprüche auf Vergütung gegen die Partei nicht geltend machen können.

(2) Ist dem Kläger, dem Berufungskläger oder dem Revisionskläger Prozesskostenhilfe bewilligt und ist nicht bestimmt worden, dass Zahlungen an die Bundes- oder Landeskasse zu leisten sind, so hat dies für den Gegner die einstweilige Befreiung von den in Absatz 1 Nr. 1 Buchstabe a bezeichneten Kosten zur Folge.

§ 123 Kostenerstattung

Die Bewilligung der Prozesskostenhilfe hat auf die Verpflichtung, die dem Gegner entstandenen Kosten zu erstatten, keinen Einfluss.

§ 124 Aufhebung der Bewilligung

Das Gericht soll die Bewilligung der Prozesskostenhilfe aufheben, wenn

1. die Partei durch unrichtige Darstellung des Streitverhältnisses die für die Bewilligung der Prozesskostenhilfe maßgebenden Voraussetzungen vorgetäuscht hat;

2. die Partei absichtlich oder aus grober Nachlässigkeit unrichtige Angaben über die persönlichen oder wirtschaftlichen Verhältnisse gemacht oder eine Erklärung nach § 120a Absatz 1 Satz 3 nicht oder ungenügend abgegeben hat;

3. die persönlichen oder wirtschaftlichen Voraussetzungen für die Prozesskostenhilfe nicht vorgelegen haben; in diesem Fall ist die Aufhebung ausgeschlossen, wenn seit der rechtskräftigen Entscheidung oder sonstigen Beendigung des Verfahrens vier Jahre vergangen sind;

4. die Partei entgegen § 120a Absatz 2 Satz 1 bis 3 dem Gericht wesentliche Verbesserungen ihrer Einkommens- und Vermögensverhältnisse oder Änderungen ihrer Anschrift absichtlich oder aus grober Nachlässigkeit unrichtig oder nicht unverzüglich mitgeteilt hat;

5. die Partei länger als drei Monate mit der Zahlung einer Monatsrate oder mit der Zahlung eines sonstigen Betrages im Rückstand ist.

(2) Das Gericht kann die Bewilligung der Prozesskostenhilfe aufheben, soweit die von der Partei beantragte Beweiserhebung auf Grund von Umständen, die im Zeitpunkt der Bewilligung der Prozesskostenhilfe noch nicht berücksichtigt werden konnten, keine hinreichende Aussicht auf Erfolg bietet oder der Beweisantritt mutwillig erscheint.

§ 125 Einziehung der Kosten

(1) Die Gerichtskosten und die Gerichtsvollzieherkosten können von dem Gegner erst eingezogen werden, wenn er rechtskräftig in die Prozesskosten verurteilt ist.

(2) Die Gerichtskosten, von deren Zahlung der Gegner einstweilen befreit ist, sind von ihm einzuziehen, soweit er rechtskräftig in die Prozesskosten verurteilt oder der Rechtsstreit ohne Urteil über die Kosten beendet ist.

§ 126 Beitreibung der Rechtsanwaltskosten

(1) Die für die Partei bestellten Rechtsanwälte sind berechtigt, ihre Gebühren und Auslagen von dem in die Prozesskosten verurteilten Gegner im eigenen Namen beizutreiben.

(2) Eine Einrede aus der Person der Partei ist nicht zulässig. Der Gegner kann mit Kosten aufrechnen, die nach der in demselben Rechtsstreit über die Kosten erlassenen Entscheidung von der Partei zu erstatten sind.

§ 127 Entscheidungen

(1) Entscheidungen im Verfahren über die Prozesskostenhilfe ergehen ohne mündliche Verhandlung. Zuständig ist das Gericht des ersten Rechtszuges; ist das Verfahren in einem höheren Rechtszug anhängig, so ist das Gericht dieses Rechtszuges zuständig. Soweit die Gründe der Entscheidung Angaben über die persönlichen und wirtschaftlichen Verhältnisse der Partei enthalten, dürfen sie dem Gegner nur mit Zustimmung der Partei zugänglich gemacht werden.

(2) Die Bewilligung der Prozesskostenhilfe kann nur nach Maßgabe des Absatzes 3 angefochten werden. Im Übrigen findet die sofortige Beschwerde statt; dies gilt nicht, wenn der Streitwert der Hauptsache den in § 511 genannten Betrag nicht übersteigt, es sei denn, das Gericht hat ausschließlich die persönlichen oder wirtschaftlichen Voraussetzungen für die Prozesskostenhilfe verneint. Die Notfrist beträgt einen Monat.

(3) Gegen die Bewilligung der Prozesskostenhilfe findet die sofortige Beschwerde der Staatskasse statt, wenn weder Monatsraten noch aus dem Vermögen zu zahlende Beträge festgesetzt worden sind. Die Beschwerde kann nur darauf gestützt werden, dass die Partei gemäß § 115 Absatz 1 bis 3 nach ihren persönlichen und wirtschaftlichen Verhältnissen Zahlungen zu leisten oder gemäß § 116 Satz 3 Beträge zu zahlen hat. Die Notfrist beträgt einen Monat und beginnt mit der Bekanntgabe des Beschlusses. Nach Ablauf von drei Monaten seit der Verkündung der Entscheidung ist die Beschwerde unstatthaft. Wird die Entscheidung nicht verkündet, so tritt an die Stelle der Verkündung der Zeitpunkt, in dem die unterschriebene Entscheidung der Geschäftsstelle übermittelt wird. Die Entscheidung wird der Staatskasse nicht von Amts wegen mitgeteilt.

(4) Die Kosten des Beschwerdeverfahrens werden nicht erstattet.

§ 128 Grundsatz der Mündlichkeit; schriftliches Verfahren

(1) Die Parteien verhandeln über den Rechtsstreit vor dem erkennenden Gericht mündlich.

(2) Mit Zustimmung der Parteien, die nur bei einer wesentlichen Änderung der Prozesslage widerruflich ist, kann das Gericht eine Entscheidung ohne mündliche Verhandlung treffen. Es bestimmt alsbald den Zeitpunkt, bis zu dem Schriftsätze eingereicht werden können, und den Termin zur Verkündung der Entscheidung. Eine Entscheidung ohne mündliche Verhandlung ist unzulässig, wenn seit der Zustimmung der Parteien mehr als drei Monate verstrichen sind.

(3) Ist nur noch über die Kosten oder Nebenforderungen zu entscheiden, kann die Entscheidung ohne mündliche Verhandlung ergehen.

(4) Entscheidungen des Gerichts, die nicht Urteile sind, können ohne mündliche Verhandlung

§ 130a Elektronisches Dokument; Verordnungsermächtigung

(1) Vorbereitende Schriftsätze und deren Anlagen, schriftlich einzureichende Anträge und Erklärungen der Parteien sowie schriftlich einzureichende Auskünfte, Aussagen, Gutachten, Übersetzungen und Erklärungen Dritter können nach Maßgabe der folgenden Absätze als elektronische Dokumente bei Gericht eingereicht werden.

(2) Das elektronische Dokument muss für die Bearbeitung durch das Gericht geeignet sein. Die Bundesregierung bestimmt durch Rechtsverordnung mit Zustimmung des Bundesrates technische Rahmenbedingungen für die Übermittlung und die Eignung zur Bearbeitung durch das Gericht.

(3) Das elektronische Dokument muss mit einer qualifizierten elektronischen Signatur der verantwortenden Person versehen sein oder von der verantwortenden Person signiert und auf einem sicheren Übermittlungsweg eingereicht werden. Satz 1 gilt nicht für Anlagen, die vorbereitenden Schriftsätzen beigefügt sind.

(4) Sichere Übermittlungswege sind

1. der Postfach- und Versanddienst eines De-Mail-Kontos, wenn der Absender bei Versand der Nachricht sicher im Sinne des § 4 Absatz 1 Satz 2 des De-Mail-Gesetzes angemeldet ist und er sich die sichere Anmeldung gemäß § 5 Absatz 5 des De-Mail-Gesetzes bestätigen lässt,

2. der Übermittlungsweg zwischen den besonderen elektronischen Anwaltspostfächern nach den §§ 31a und 31b der Bundesrechtsanwaltsordnung oder einem entsprechenden, auf gesetzlicher Grundlage errichteten elektronischen Postfach und der elektronischen Poststelle des Gerichts,

3. der Übermittlungsweg zwischen einem nach Durchführung eines Identifizierungsverfahrens eingerichteten Postfach einer Behörde oder einer juristischen Person des öffentlichen Rechts und der elektronischen Poststelle des Gerichts,

4. der Übermittlungsweg zwischen einem nach Durchführung eines Identifizierungsverfahrens eingerichteten elektronischen Postfach einer natürlichen oder juristischen Person oder einer sonstigen Vereinigung und der elektronischen Poststelle des Gerichts,

5. der Übermittlungsweg zwischen einem nach Durchführung eines Identifizierungsverfahrens genutzten Postfach- und Versanddienst eines Nutzerkontos im Sinne des § 2 Absatz 5 des Onlinezugangsgesetzes und der elektronischen Poststelle des Gerichts,

6. sonstige bundeseinheitliche Übermittlungswege, die durch Rechtsverordnung der Bundesregierung mit Zustimmung des Bundesrates festgelegt werden, bei denen die Authentizität und Integrität der Daten sowie die Barrierefreiheit gewährleistet sind.

Das Nähere zu den Übermittlungswegen gemäß Satz 1 Nummer 3 bis 5 regelt die Rechtsverordnung nach Absatz 2 Satz 2.

(5) Ein elektronisches Dokument ist eingegangen, sobald es auf der für den Empfang bestimmten Einrichtung des Gerichts gespeichert ist. Dem Absender ist eine automatisierte Bestätigung über den Zeitpunkt des Eingangs zu erteilen.

(6) Ist ein elektronisches Dokument für das Gericht zur Bearbeitung nicht geeignet, ist dies dem Absender unter Hinweis auf die Unwirksamkeit des Eingangs unverzüglich mitzuteilen. Das Dokument gilt als zum Zeitpunkt der früheren Einreichung eingegangen, sofern der Absender es unverzüglich in einer für das Gericht zur Bearbeitung geeigneten Form nachreicht und glaubhaft macht, dass es mit dem zuerst eingereichten Dokument inhaltlich übereinstimmt.

§ 159 Protokollaufnahme

(1) Über die Verhandlung und jede Beweisaufnahme ist ein Protokoll aufzunehmen. Für die Protokollführung kann ein Urkundsbeamter der Geschäftsstelle zugezogen werden, wenn dies auf Grund des zu erwartenden Umfangs des Protokolls, in Anbetracht der besonderen Schwierigkeit der Sache oder aus einem sonstigen wichtigen Grund erforderlich ist.

(2) Absatz 1 gilt entsprechend für Verhandlungen, die außerhalb der Sitzung vor Richtern beim Amtsgericht oder vor beauftragten oder ersuchten Richtern stattfinden. Ein Protokoll über eine Güteverhandlung oder weitere Güteversuche vor einem Güterichter nach § 278 Absatz 5 wird nur auf übereinstimmenden Antrag der Parteien aufgenommen

§ 160 Inhalt des Protokolls

(1) Das Protokoll enthält

1. den Ort und den Tag der Verhandlung;

2. die Namen der Richter, des Urkundsbeamten der Geschäftsstelle und des etwa zugezogenen Dolmetschers;

3. die Bezeichnung des Rechtsstreits;

4. die Namen der erschienenen Parteien, Nebenintervenienten, Vertreter, Bevollmächtigten, Beistände, Zeugen und Sachverständigen und im Falle des § 128a den Ort, von dem aus sie an der Verhandlung teilnehmen;

5. die Angabe, dass öffentlich verhandelt oder die Öffentlichkeit ausgeschlossen worden ist.

(2) Die wesentlichen Vorgänge der Verhandlung sind aufzunehmen.

(3) Im Protokoll sind festzustellen

1. Anerkenntnis, Anspruchsverzicht und Vergleich;

2. die Anträge;

3. Geständnis und Erklärung über einen Antrag auf Parteivernehmung sowie sonstige Erklärungen, wenn ihre Feststellung vorgeschrieben ist;

4. die Aussagen der Zeugen, Sachverständigen und vernommenen Parteien; bei einer wiederholten Vernehmung braucht die Aussage nur insoweit in das Protokoll aufgenommen zu werden, als sie von der früheren abweicht;

5. das Ergebnis eines Augenscheins;

6. die Entscheidungen (Urteile, Beschlüsse und Verfügungen) des Gerichts;

7. die Verkündung der Entscheidungen;

8. die Zurücknahme der Klage oder eines Rechtsmittels;

9. der Verzicht auf Rechtsmittel;

10. das Ergebnis der Güteverhandlung.

(4) Die Beteiligten können beantragen, dass bestimmte Vorgänge oder Äußerungen in das Protokoll aufgenommen werden. Das Gericht kann von der Aufnahme absehen, wenn es auf die Feststellung des Vorgangs oder der Äußerung nicht ankommt. Dieser Beschluss ist unanfechtbar; er ist in das Protokoll aufzunehmen.

(5) Der Aufnahme in das Protokoll steht die Aufnahme in eine Schrift gleich, die dem Protokoll als Anlage beigefügt und in ihm als solche bezeichnet ist.

§ 160a Vorläufige Protokollaufzeichnung

(1) Der Inhalt des Protokolls kann in einer gebräuchlichen Kurzschrift, durch verständliche Abkürzungen oder auf einem Ton- oder Datenträger vorläufig aufgezeichnet werden.

(2) Das Protokoll ist in diesem Fall unverzüglich nach der Sitzung herzustellen. Soweit Feststellungen nach § 160 Abs. 3 Nr. 4 und 5 mit einem Tonaufnahmegerät vorläufig aufgezeichnet worden sind, braucht lediglich dies in dem Protokoll vermerkt zu werden. Das Protokoll ist um die Feststellungen zu ergänzen, wenn eine Partei dies bis zum rechtskräftigen Abschluss des Verfahrens beantragt oder das Rechtsmittelgericht die Ergänzung anfordert. Sind Feststellungen nach § 160 Abs. 3 Nr. 4 unmittelbar aufgenommen und ist zugleich das wesentliche Ergebnis der Aussagen vorläufig aufgezeichnet worden, so kann eine Ergänzung des Protokolls nur um das wesentliche Ergebnis der Aussagen verlangt werden.

(3) Die vorläufigen Aufzeichnungen sind zu den Prozessakten zu nehmen oder, wenn sie sich nicht dazu eignen, bei der Geschäftsstelle mit den Prozessakten aufzubewahren. Aufzeichnungen auf Ton- oder Datenträgern können gelöscht werden,

1. soweit das Protokoll nach der Sitzung hergestellt oder um die vorläufig aufgezeichneten Feststellungen ergänzt ist, wenn die Parteien innerhalb eines Monats nach Mitteilung der Abschrift keine Einwendungen erhoben haben;

2. nach rechtskräftigem Abschluss des Verfahrens.

Soweit das Gericht über eine zentrale Datenspeichereinrichtung verfügt, können die vorläufigen Aufzeichnungen an Stelle der Aufbewahrung nach Satz 1 auf der zentralen Datenspeichereinrichtung gespeichert werden

(4) Die endgültige Herstellung durch Aufzeichnung auf Datenträger in der Form des § 130b ist möglich.

§ 161 Entbehrliche Feststellungen

(1) Feststellungen nach § 160 Abs. 3 Nr. 4 und 5 brauchen nicht in das Protokoll aufgenommen zu werden,

1. wenn das Prozessgericht die Vernehmung oder den Augenschein durchführt und das Endurteil der Berufung oder der Revision nicht unterliegt;
2. soweit die Klage zurückgenommen, der geltend gemachte Anspruch anerkannt oder auf ihn verzichtet wird, auf ein Rechtsmittel verzichtet oder der Rechtsstreit durch einen Vergleich beendet wird.

(2) In dem Protokoll ist zu vermerken, dass die Vernehmung oder der Augenschein durchgeführt worden ist. § 160a Abs. 3 gilt entsprechend.

§ 162 Genehmigung des Protokolls

(1) Das Protokoll ist insoweit, als es Feststellungen nach § 160 Abs. 3 Nr. 1, 3, 4, 5, 8, 9 oder zu Protokoll erklärte Anträge enthält, den Beteiligten vorzulesen oder zur Durchsicht vorzulegen. Ist der Inhalt des Protokolls nur vorläufig aufgezeichnet worden, so genügt es, wenn die Aufzeichnungen vorgelesen oder abgespielt werden. In dem Protokoll ist zu vermerken, dass dies geschehen und die Genehmigung erteilt ist oder welche Einwendungen erhoben worden sind.

(2) Feststellungen nach § 160 Abs. 3 Nr. 4 brauchen nicht abgespielt zu werden, wenn sie in Gegenwart der Beteiligten unmittelbar aufgezeichnet worden sind; der Beteiligte, dessen Aussage aufgezeichnet ist, kann das Abspielen verlangen. Soweit Feststellungen nach § 160 Abs. 3 Nr. 4 und 5 in Gegenwart der Beteiligten diktiert worden sind, kann das Abspielen, das Vorlesen oder die Vorlage zur Durchsicht unterbleiben, wenn die Beteiligten nach der Aufzeichnung darauf verzichten; in dem Protokoll ist zu vermerken, dass der Verzicht ausgesprochen worden ist.

§ 163 Unterschreiben des Protokolls

(1) Das Protokoll ist von dem Vorsitzenden und von dem Urkundsbeamten der Geschäftsstelle zu unterschreiben. Ist der Inhalt des Protokolls ganz oder teilweise mit einem Tonaufnahmegerät vorläufig aufgezeichnet worden, so hat der Urkundsbeamte der Geschäftsstelle die Richtigkeit der Übertragung zu prüfen und durch seine Unterschrift zu bestätigen; dies gilt auch dann, wenn der Urkundsbeamte der Geschäftsstelle zur Sitzung nicht zugezogen war.

(2) Ist der Vorsitzende verhindert, so unterschreibt für ihn der älteste beisitzende Richter; war nur ein Richter tätig und ist dieser verhindert, so genügt die Unterschrift des zur Protokollführung zugezogenen Urkundsbeamten der Geschäftsstelle. Ist dieser verhindert, so genügt die Unterschrift des Richters. Der Grund der Verhinderung soll im Protokoll vermerkt werden.

§ 164 Protokollberichtigung

(1) Unrichtigkeiten des Protokolls können jederzeit berichtigt werden.

(2) Vor der Berichtigung sind die Parteien und, soweit es die in § 160 Abs. 3 Nr. 4 genannten Feststellungen betrifft, auch die anderen Beteiligten zu hören.

(3) Die Berichtigung wird auf dem Protokoll vermerkt; dabei kann auf eine mit dem Protokoll zu verbindende Anlage verwiesen werden. Der Vermerk ist von dem Richter, der das Protokoll un-

terschrieben hat, oder von dem allein tätig gewesenen Richter, selbst wenn dieser an der Unterschrift verhindert war, und von dem Urkundsbeamten der Geschäftsstelle, soweit er zur Protokollführung zugezogen war, zu unterschreiben.

(4) Erfolgt der Berichtigungsvermerk in der Form des § 130b, ist er in einem gesonderten elektronischen Dokument festzuhalten. Das Dokument ist mit dem Protokoll untrennbar zu verbinden.

§ 165 Beweiskraft des Protokolls

Die Beachtung der für die Verhandlung vorgeschriebenen Förmlichkeiten kann nur durch das Protokoll bewiesen werden. Gegen seinen diese Förmlichkeiten betreffenden Inhalt ist nur der Nachweis der Fälschung zulässig.

Zustellungen von Amts wegen

§ 166 Zustellung

(1) Zustellung ist die Bekanntgabe eines Dokuments an eine Person in der in diesem Titel bestimmten Form.

(2) Dokumente, deren Zustellung vorgeschrieben oder vom Gericht angeordnet ist, sind von Amts wegen zuzustellen, soweit nicht anderes bestimmt ist.

§ 167 Rückwirkung der Zustellung

Soll durch die Zustellung eine Frist gewahrt werden oder die Verjährung neu beginnen oder nach § 204 des Bürgerlichen Gesetzbuchs gehemmt werden, tritt diese Wirkung bereits mit Eingang des Antrags oder der Erklärung ein, wenn die Zustellung demnächst erfolgt.

§ 168 Aufgaben der Geschäftsstelle

(1) Die Geschäftsstelle führt die Zustellung nach §§ 173 bis 176 Absatz 1 aus. Sie kann einen nach § 33 Abs. 1 des Postgesetzes beliehenen Unternehmer (Post) oder einen Justizbediensteten mit der Ausführung der Zustellung beauftragen. Den Auftrag an die Post erteilt die Geschäftsstelle auf dem dafür vorgesehenen Vordruck.

(2) Der Vorsitzende des Prozessgerichts oder ein von ihm bestimmtes Mitglied können einen Gerichtsvollzieher oder eine andere Behörde mit der Ausführung der Zustellung beauftragen, wenn eine Zustellung nach Absatz 1 keinen Erfolg verspricht.

§ 169 Bescheinigung des Zeitpunktes der Zustellung; Beglaubigung

(1) Die Geschäftsstelle bescheinigt auf Antrag den Zeitpunkt der Zustellung.

(2) Die Beglaubigung der zuzustellenden Schriftstücke wird von der Geschäftsstelle vorgenommen. Dies gilt auch, soweit von einem Anwalt eingereichte Schriftstücke nicht bereits von diesem beglaubigt wurden.

(3) Eine in Papierform zuzustellende Abschrift kann auch durch maschinelle Bearbeitung beglaubigt werden. Anstelle der handschriftlichen Unterzeichnung ist die Abschrift mit dem Gerichtssiegel zu versehen. Dasselbe gilt, wenn eine Abschrift per Telekopie zugestellt wird.

(4) Ein Schriftstück oder ein elektronisches Dokument kann in beglaubigter elektronischer Abschrift zugestellt werden. Die Beglaubigung erfolgt mit einer qualifizierten elektronischen Signatur des Urkundsbeamten der Geschäftsstelle.

(5) Ein elektronisches Dokument kann ohne Beglaubigung elektronisch zugestellt werden, wenn es

1. nach § 130a oder § 130b Satz 1 mit einer qualifizierten elektronischen Signatur der verantwortenden Personen versehen ist,

2. nach § 130a auf einem sicheren Übermittlungsweg eingereicht wurde und mit einem Authentizitäts- und Integritätsnachweis versehen ist oder

3. nach Maßgabe des § 298a errichtet wurde und mit einem Übertragungsnachweis nach § 298a Absatz 2 Satz 3 oder 4 versehen ist.

§ 170 Zustellung an Vertreter

(1) Bei nicht prozessfähigen Personen ist an ihren gesetzlichen Vertreter zuzustellen. Die Zustellung an die nicht prozessfähige Person ist unwirksam.

(2) Ist der Zustellungsadressat keine natürliche Person, genügt die Zustellung an den Leiter.

(3) Bei mehreren gesetzlichen Vertretern oder Leitern genügt die Zustellung an einen von ihnen.

170a Zustellung bei rechtlicher Betreuung

(1) Wird an eine Person zugestellt, für die ein Betreuer bestellt ist, ist diesem eine Abschrift des zugestellten Dokuments mitzuteilen, soweit er bekannt ist und sein Aufgabenkreis betroffen ist.

(2) Wird nach § 170 Absatz 1 an den Betreuer zugestellt, ist dem Betreuten eine Abschrift des zugestellten Dokuments mitzuteilen.

§ 171 Zustellung an Bevollmächtigte

An den rechtsgeschäftlich bestellten Vertreter kann mit gleicher Wirkung wie an den Vertretenen zugestellt werden. Der Vertreter hat eine schriftliche Vollmacht vorzulegen.

§ 172 Zustellung an Prozessbevollmächtigte

(1) In einem anhängigen Verfahren hat die Zustellung an den für den Rechtszug bestellten Prozessbevollmächtigten zu erfolgen. Das gilt auch für die Prozesshandlungen, die das Verfahren vor diesem Gericht infolge eines Einspruchs, einer Aufhebung des Urteils dieses Gerichts, einer Wiederaufnahme des Verfahrens, einer Rüge nach § 321a oder eines neuen Vorbringens in dem Verfahren der Zwangsvollstreckung betreffen. Das Verfahren vor dem Vollstreckungsgericht gehört zum ersten Rechtszug.

(2) Ein Schriftsatz, durch den ein Rechtsmittel eingelegt wird, ist dem Prozessbevollmächtigten des Rechtszuges zuzustellen, dessen Entscheidung angefochten wird. Wenn bereits ein Prozessbevollmächtigter für den höheren Rechtszug bestellt ist, ist der Schriftsatz diesem zuzustellen. Der Partei ist selbst zuzustellen, wenn sie einen Prozessbevollmächtigten nicht bestellt hat.

§ 173 Zustellung von elektronischen Dokumenten

(1) Ein elektronisches Dokument kann elektronisch nur auf einem sicheren Übermittlungsweg zugestellt werden.

(2) Einen sicheren Übermittlungsweg für die elektronische Zustellung eines elektronischen Dokuments haben zu eröffnen:

1. Rechtsanwälte, Notare, Gerichtsvollzieher, Steuerberater sowie

2. Behörden, Körperschaften oder Anstalten des öffentlichen Rechts.

Sonstige in professioneller Eigenschaft am Prozess beteiligte Personen, Vereinigungen und Organisationen, bei denen von einer erhöhten Zuverlässigkeit ausgegangen werden kann, sollen einen sicheren Übermittlungsweg für die elektronische Zustellung eröffnen.

(3) Die elektronische Zustellung an die in Absatz 2 Genannten wird durch ein elektronisches Empfangsbekenntnis nachgewiesen, das an das Gericht zu übermitteln ist. Für die Übermittlung ist der vom Gericht mit der Zustellung zur Verfügung gestellte strukturierte Datensatz zu verwenden. Stellt das Gericht keinen strukturierten Datensatz zur Verfügung, so ist dem Gericht das elektronische Empfangsbekenntnis als elektronisches Dokument (§ 130a) zu übermitteln.

(4) An andere als die in Absatz 2 Genannten kann ein elektronisches Dokument elektronisch nur zugestellt werden, wenn sie der Zustellung elektronischer Dokumente für das jeweilige Verfahren zugestimmt haben. Die Zustimmung gilt mit der Einreichung eines elektronischen Dokuments im jeweiligen Verfahren auf einem sicheren Übermittlungsweg als erteilt. Andere als natürliche Personen können die Zustimmung auch allgemein erteilen. Ein elektronisches Dokument gilt am dritten Tag nach dem auf der automatisierten Eingangsbestätigung ausgewiesenen Tag des Eingangs in dem vom Empfänger eröffneten elektronischen Postfach als zugestellt. Satz 4 gilt nicht, wenn der Empfänger nachweist, dass das Dokument nicht oder zu einem späteren Zeitpunkt zugegangen ist.

§ 174 Zustellung durch Aushändigung an der Amtsstelle

Ein Schriftstück kann dem Adressaten oder seinem rechtsgeschäftlich bestellten Vertreter durch Aushändigung an der Amtsstelle zugestellt werden. Zum Nachweis der Zustellung ist auf dem Schriftstück und in den Akten zu vermerken, dass es zum Zwecke der Zustellung ausgehändigt wurde und wann das geschehen ist; bei Aushändigung an den Vertreter ist dies mit dem Zusatz zu vermerken, an wen das Schriftstück ausgehändigt wurde und dass die Vollmacht nach § 171 Satz 2 vorgelegt wurde. Der Vermerk ist von dem Bediensteten zu unterschreiben, der die Aushändigung vorgenommen hat.

§ 175 Zustellung von Schriftstücken gegen Empfangsbekenntnis

(1) Ein Schriftstück kann den in § 173 Absatz 2 Genannten gegen Empfangsbekenntnis zugestellt werden.

(2) Eine Zustellung gegen Empfangsbekenntnis kann auch durch Telekopie erfolgen. Die Übermittlung soll mit dem Hinweis „Zustellung gegen Empfangsbekenntnis“ eingeleitet werden und die absendende Stelle, den Namen und die Anschrift des Zustellungsadressaten sowie den Namen des Justizbediensteten erkennen lassen, der das Dokument zur Übermittlung aufgegeben hat.

(3) Die Zustellung nach den Absätzen 1 und 2 wird durch das mit Datum und Unterschrift des Adressaten versehene Empfangsbekenntnis nachgewiesen.

(4) Das Empfangsbekenntnis muss schriftlich, durch Telekopie oder als elektronisches Dokument (§ 130a) an das Gericht gesandt werden.

§ 176 Zustellung durch Einschreiben mit Rückschein; Zustellungsauftrag

(1) Ein Schriftstück kann durch Einschreiben mit Rückschein zugestellt werden. Zum Nachweis der Zustellung genügt der Rückschein.

(2) Wird die Post, ein Justizbediensteter oder ein Gerichtsvollzieher mit der Zustellung eines Schriftstücks beauftragt oder wird eine andere Behörde um die Zustellung ersucht, so übergibt die Geschäftsstelle das zuzustellende Schriftstück in einem verschlossenen Umschlag und ein vorbereitetes Formular einer Zustellungsurkunde. Die Zustellung erfolgt nach den §§ 177 bis 181.

§ 177 Ort der Zustellung

Das Schriftstück kann der Person, der zugestellt werden soll, an jedem Ort übergeben werden, an dem sie angetroffen wird.

§ 178 Ersatzzustellung in der Wohnung, in Geschäftsräumen und Einrichtungen

(1) Wird die Person, der zugestellt werden soll, in ihrer Wohnung, in dem Geschäftsraum oder in einer Gemeinschaftseinrichtung, in der sie wohnt, nicht angetroffen, kann das Schriftstück zugestellt werden

1. in der Wohnung einem erwachsenen Familienangehörigen, einer in der Familie beschäftigten Person oder einem erwachsenen ständigen Mitbewohner,

2. in Geschäftsräumen einer dort beschäftigten Person,

3. in Gemeinschaftseinrichtungen dem Leiter der Einrichtung oder einem dazu ermächtigten Vertreter.

(2) Die Zustellung an eine der in Absatz 1 bezeichneten Person ist unwirksam, wenn diese an dem Rechtsstreit als Gegner der Person, der zugestellt werden soll, beteiligt ist.

§ 179 Zustellung bei verweigerter Annahme

Wird die Annahme des zuzustellenden Schriftstücks unberechtigt verweigert, so ist das Schriftstück in der Wohnung oder in dem Geschäftsraum zurückzulassen. Hat der Zustellungsadressat keine Wohnung oder ist kein Geschäftsraum vorhanden, ist das zuzustellende Schriftstück zurückzusenden. Mit der Annahmeverweigerung gilt das Schriftstück als zugestellt.

§ 180 Ersatzzustellung durch Einlegen in den Briefkasten

Ist die Zustellung nach § 178 Abs. 1 Nr. 1 oder 2 nicht ausführbar, kann das Schriftstück in einen zu der Wohnung oder dem Geschäftsraum gehörenden Briefkasten oder in eine ähnliche Vorrichtung eingelegt werden, die der Adressat für den Postempfang eingerichtet hat und die in der allgemein üblichen Art für eine sichere Aufbewahrung geeignet ist. Mit der Einlegung gilt das Schriftstück als zugestellt. Der Zusteller vermerkt auf dem Umschlag des zuzustellenden Schriftstücks das Datum der Zustellung.

§ 181 Ersatzzustellung durch Niederlegung

(1) Ist die Zustellung nach § 178 Abs. 1 Nr. 3 oder § 180 nicht ausführbar, kann das zuzustellende Schriftstück auf der Geschäftsstelle des Amtsgerichts, in dessen Bezirk der Ort der Zustellung liegt, niedergelegt werden. Wird die Post mit der Ausführung der Zustellung beauftragt, ist das zuzustellende Schriftstück am Ort der Zustellung oder am Ort des Amtsgerichts bei einer von der Post dafür bestimmten Stelle niederzulegen. Über die Niederlegung ist eine schriftliche Mitteilung auf dem vorgesehenen Formular unter der Anschrift der Person, der zugestellt werden soll, in der bei gewöhnlichen Briefen üblichen Weise abzugeben oder, wenn das nicht möglich ist, an der Tür der Wohnung, des Geschäftsraums oder der Gemeinschaftseinrichtung anzuheften. Das Schriftstück gilt mit der Abgabe der schriftlichen Mitteilung als zugestellt. Der Zusteller vermerkt auf dem Umschlag des zuzustellenden Schriftstücks das Datum der Zustellung.

(2) Das niedergelegte Schriftstück ist drei Monate zur Abholung bereitzuhalten. Nicht abgeholte Schriftstücke sind danach an den Absender zurückzusenden.

§ 182 Zustellungsurkunde

(1) Zum Nachweis der Zustellung nach den §§ 171, 177 bis 181 ist eine Urkunde auf dem hierfür vorgesehenen Formular anzufertigen. Für diese Zustellungsurkunde gilt § 418.

(2) Die Zustellungsurkunde muss enthalten:

1. die Bezeichnung der Person, der zugestellt werden soll,

2. die Bezeichnung der Person, an die der Brief oder das Schriftstück übergeben wurde,

3. im Falle des § 171 die Angabe, dass die Vollmachtsurkunde vorgelegen hat,

4. im Falle der §§ 178, 180 die Angabe des Grundes, der diese Zustellung rechtfertigt und wenn nach § 181 verfahren wurde, die Bemerkung, wie die schriftliche Mitteilung abgegeben wurde,

5. im Falle des § 179 die Erwähnung, wer die Annahme verweigert hat und dass der Brief am Ort der Zustellung zurückgelassen oder an den Absender zurückgesandt wurde,

6. die Bemerkung, dass der Tag der Zustellung auf dem Umschlag, der das zuzustellende Schriftstück enthält, vermerkt ist,

7. den Ort, das Datum und auf Anordnung der Geschäftsstelle auch die Uhrzeit der Zustellung,

8. Name, Vorname und Unterschrift des Zustellers sowie die Angabe des beauftragten Unternehmens oder der ersuchten Behörde.

(3) Die Zustellungsurkunde ist der Geschäftsstelle in Urschrift oder als elektronisches Dokument unverzüglich zurückzuleiten.

§ 183 Zustellung im Ausland

(1) Für die Durchführung

1. der Verordnung (EU) 2020/1784 des Europäischen Parlaments und des Rates vom 25. November 2020 über die Zustellung gerichtlicher und außergerichtlicher Schriftstücke in Zivil- oder Handelssachen in den Mitgliedstaaten (Zustellung von Schriftstücken) (ABl. L 405 vom 2.12.2020, S. 40; L 173 vom 30.6.2022, S. 133) in ihrer jeweils geltenden Fassung sowie

2. des Abkommens zwischen der Europäischen Gemeinschaft und dem Königreich Dänemark vom 19. Oktober 2005 über die Zustellung gerichtlicher und außergerichtlicher Schriftstücke in Zivil- oder Handelssachen (ABl. L 300 vom 17.11.2005, S. 55; L 120 vom 5.5.2006, S. 23), das durch die Mitteilung Dänemarks vom 22. Dezember 2020 (ABl. L 19 vom 21.1.2021, S. 1) geändert worden ist,

gelten § 1067 Absatz 1, § 1069 Absatz 1 sowie die §§ 1070 und 1071. Soweit nicht für die Zustellung im Ausland die vorgenannten Regelungen maßgeblich sind, gelten für die Zustellung im Ausland die Absätze 2 bis 6.

(2) Eine Zustellung im Ausland ist nach den völkerrechtlichen Vereinbarungen vorzunehmen die im Verhältnis zu dem jeweiligen Staat gelten. Wenn Schriftstücke aufgrund solcher Vereinbarungen unmittelbar durch die Post zugestellt werden dürfen, dann soll dies durch Einschreiben mit Rückschein oder mittels eines gleichwertigen Nachweises bewirkt werden, anderenfalls soll die Zustellung auf Ersuchen des Vorsitzenden des Prozessgerichts unmittelbar durch die Behörden des fremden Staates erfolgen. Eine Zustellung durch die zuständige deutsche Auslandsvertretung soll nur in den Fällen des Absatzes 4 erfolgen.

(3) Bestehen keine völkerrechtlichen Vereinbarungen zur Zustellung, so erfolgt die Zustellung vorbehaltlich des Absatzes 4 auf Ersuchen des Vorsitzenden des Prozessgerichts durch die Behörden des ausländischen Staates.

(4) Folgende Zustellungen in den Fällen der Absätze 2 und 3 erfolgen auf Ersuchen des Vorsitzenden des Prozessgerichts durch die zuständige deutsche Auslandsvertretung:

1. Zustellungen, deren Erledigung durch die Behörden des ausländischen Staates nicht oder nicht innerhalb einer angemessenen Zeit zu erwarten ist oder für die ein sonstiger begründeter Ausnahmefall vorliegt,

2. Zustellungen an ausländische Staaten sowie

3. Zustellungen an entsandte Beschäftigte einer deutschen Auslandsvertretung und die in ihrer Privatwohnung lebenden Personen.

(5) Zum Nachweis der Zustellung nach Absatz 2 Satz 2 erster Halbsatz genügt der Rückschein oder ein gleichwertiger Nachweis. Im Übrigen wird die Zustellung durch das Zeugnis der ersuchten Behörde nachgewiesen.

(6) Soweit völkerrechtliche Vereinbarungen eine Zustellung außergerichtlicher Schriftstücke ermöglichen, ist für die Übermittlung solcher Schriftstücke in das Ausland das Amtsgericht zuständig, in dessen Bezirk die Person, die die Zustellung betreibt, ihren Wohnsitz oder gewöhnlichen Aufenthalt hat. Bei notariellen Urkunden ist auch das Amtsgericht zuständig, in dessen Bezirk der

beurkundende Notar seinen Amtssitz hat. Bei juristischen Personen tritt an die Stelle des Wohnsitzes oder des gewöhnlichen Aufenthalts der Sitz der juristischen Person.

§ 184 Zustellungsbevollmächtigter; Zustellung durch Aufgabe zur Post

(1) Das Gericht kann bei der Zustellung nach § 183 Absatz 2 bis 5 anordnen, dass die Partei innerhalb einer angemessenen Frist einen Zustellungsbevollmächtigten benennt, der im Inland wohnt oder dort einen Geschäftsraum hat, falls sie nicht einen Prozessbevollmächtigten bestellt hat. Wird kein Zustellungsbevollmächtigter benannt, so können spätere Zustellungen bis zur nachträglichen Benennung dadurch bewirkt werden, dass das Schriftstück unter der Anschrift der Partei zur Post gegeben wird.

(2) Das Schriftstück gilt zwei Wochen nach Aufgabe zur Post als zugestellt. Das Gericht kann eine längere Frist bestimmen. In der Anordnung nach Absatz 1 ist auf diese Rechtsfolgen hinzuweisen. Zum Nachweis der Zustellung ist in den Akten zu vermerken, zu welcher Zeit und unter welcher Anschrift das Schriftstück zur Post gegeben wurde.

§ 185 Öffentliche Zustellung

Die Zustellung kann durch öffentliche Bekanntmachung (öffentliche Zustellung) erfolgen, wenn

1. der Aufenthaltsort einer Person unbekannt und eine Zustellung an einen Vertreter oder Zustellungsbevollmächtigten nicht möglich ist,
2. bei juristischen Personen, die zur Anmeldung einer inländischen Geschäftsanschrift zum Handelsregister verpflichtet sind, eine Zustellung weder unter der eingetragenen Anschrift noch unter einer im Handelsregister eingetragenen Anschrift einer für Zustellungen empfangsberechtigten Person oder einer ohne Ermittlungen bekannten anderen inländischen Anschrift möglich ist,
3. eine Zustellung im Ausland nicht möglich ist oder keinen Erfolg verspricht oder
4. die Zustellung nicht erfolgen kann, weil der Ort der Zustellung die Wohnung einer Person ist, die nach den §§ 18 bis 20 des Gerichtsverfassungsgesetzes der Gerichtsbarkeit nicht unterliegt.

§ 186 Bewilligung und Ausführung der öffentlichen Zustellung

(1) Über die Bewilligung der öffentlichen Zustellung entscheidet das Prozessgericht. Die Entscheidung kann ohne mündliche Verhandlung ergehen.

(2) Die öffentliche Zustellung erfolgt durch Aushang einer Benachrichtigung an der Gerichtstafel oder durch Veröffentlichung der Benachrichtigung in einem elektronischen Informations- und Kommunikationssystem, das im Gericht öffentlich zugänglich ist. Die Benachrichtigung muss erkennen lassen

1. die Person, für die zugestellt wird,
2. den Namen und die letzte bekannte Anschrift des Zustellungsadressaten,
3. das Datum, das Aktenzeichen des Schriftstücks und die Bezeichnung des Prozessgegenstandes sowie
4. die Stelle, wo das Schriftstück eingesehen werden kann.

Die Benachrichtigung muss den Hinweis enthalten, dass ein Schriftstück öffentlich zugestellt wird und Fristen in Gang gesetzt werden können, nach deren Ablauf Rechtsverluste drohen können. Bei der Zustellung einer Ladung muss die Benachrichtigung den Hinweis enthalten, dass das Schriftstück eine Ladung zu einem Termin enthält, dessen Versäumung Rechtsnachteile zur Folge haben kann.

(3) In den Akten ist zu vermerken, wann die Benachrichtigung ausgehängt und wann sie abgenommen wurde.

§ 187 Veröffentlichung der Benachrichtigung

Das Prozessgericht kann zusätzlich anordnen, dass die Benachrichtigung einmal oder mehrfach im Bundesanzeiger oder in anderen Blättern zu veröffentlichen ist.

§ 188 Zeitpunkt der öffentlichen Zustellung

Das Schriftstück gilt als zugestellt, wenn seit dem Aushang der Benachrichtigung ein Monat vergangen ist. Das Prozessgericht kann eine längere Frist bestimmen.

§ 189 Heilung von Zustellungsmängeln

Lässt sich die formgerechte Zustellung eines Dokuments nicht nachweisen oder ist das Dokument unter Verletzung zwingender Zustellungsvorschriften zugegangen, so gilt es in dem Zeitpunkt als zugestellt, in dem das Dokument der Person, an die die Zustellung dem Gesetz gemäß gerichtet war oder gerichtet werden konnte, tatsächlich zugegangen ist.

§ 190 Einheitliche Zustellungsvordrucke

Das Bundesministerium der Justiz und für Verbraucherschutz wird ermächtigt, durch Rechtsverordnung mit Zustimmung des Bundesrates zur Vereinfachung und Vereinheitlichung der Zustellung Formulare einzuführen.

Zustellungen auf Betreiben der Parteien

§ 191 Zustellung

Ist eine Zustellung auf Betreiben der Parteien zugelassen oder vorgeschrieben, finden die Vorschriften über die Zustellung von Amts wegen entsprechende Anwendung, soweit sich nicht aus den nachfolgenden Vorschriften Abweichungen ergeben.

§ 192 Zustellung durch Gerichtsvollzieher

Die von den Parteien zu betreibenden Zustellungen erfolgen unbeschadet der Zustellung im Ausland (§ 183) durch den Gerichtsvollzieher. Im Verfahren vor dem Amtsgericht kann die Partei den Gerichtsvollzieher durch Vermittlung durch die Geschäftsstelle des Prozessgerichts mit der Zustellung beauftragen. Insoweit hat diese den Gerichtsvollzieher mit der Zustellung zu beauftragen.

§ 193 Zustellung von Schriftstücken

(1) Soll ein Dokument als Schriftstück zugestellt werden, so übermittelt die Partei dem Gerichtsvollzieher das zuzustellende Dokument

1. in Papierform zusammen mit den erforderlichen Abschriften oder

2. als elektronisches Dokument auf einem sicheren Übermittlungsweg.

Im Falle des Satzes 1 Nummer 1 beglaubigt der Gerichtsvollzieher die Abschriften; er kann fehlende Abschriften selbst herstellen. Im Falle des Satzes 1 Nummer 2 fertigt der Gerichtsvollzieher die erforderlichen Abschriften als Ausdrucke selbst und beglaubigt diese.

(2) Der Gerichtsvollzieher beurkundet im Falle des Absatzes 1 Satz 1 Nummer 1 auf der Urschrift des zuzustellenden Schriftstücks oder auf dem mit der Urschrift zu verbindenden hierfür vorgesehenen Formular die Ausführung der Zustellung nach § 182 Abs. 2 und vermerkt die Person, in deren Auftrag er zugestellt hat. Im Falle des Absatzes 1 Satz 1 Nummer 2 gilt Satz 1 mit der Maßgabe, dass der Gerichtsvollzieher die Beurkundung auf einem Ausdruck des zuzustellenden elektronischen Dokuments oder auf dem mit dem Ausdruck zu verbindenden hierfür vorgesehenen Formular vornimmt. Bei Zustellung durch Aufgabe zur Post ist das Datum und die Anschrift, unter der die Aufgabe erfolgte, zu vermerken.

(3) Der Gerichtsvollzieher vermerkt auf dem zu übergebenden Schriftstück den Tag der Zustellung, sofern er nicht eine beglaubigte Abschrift der Zustellungsurkunde übergibt.

(4) Die Zustellungsurkunde ist der Partei zu übermitteln, für die zugestellt wurde.

§ 193a Zustellung von elektronischen Dokumenten

(1) Soll ein Dokument als elektronisches Dokument zugestellt werden, so übermittelt die Partei dem Gerichtsvollzieher das zuzustellende Dokument

1. elektronisch auf einem sicheren Übermittlungsweg oder

2. als Schriftstück.

Im Falle des Satzes 1 Nummer 2 überträgt der Gerichtsvollzieher das Schriftstück in ein elektronisches Dokument.

(2) Als Nachweis der Zustellung dient die automatisierte Eingangsbestätigung. Der Zeitpunkt der Zustellung ist der in der automatisierten Eingangsbestätigung ausgewiesene Zeitpunkt des Eingangs in dem vom Empfänger eröffneten elektronischen Postfach. Im Falle des Absatzes 1 Satz 1 Nummer 1 ist die automatisierte Eingangsbestätigung mit dem zuzustellenden elektronischen Dokument zu verbinden und der Partei zu übermitteln, für die zugestellt wurde. Im Falle des Absatzes 1 Satz 1 Nummer 2 fertigt der Gerichtsvollzieher einen Ausdruck der automatisierten Eingangsbestätigung, verbindet den Ausdruck mit dem zuzustellenden Schriftstück und übermittelt dieses der Partei, für die zugestellt wurde.

§ 194 Zustellungsauftrag

(1) Beauftragt der Gerichtsvollzieher die Post mit der Ausführung der Zustellung, vermerkt er auf dem zuzustellenden Schriftstück, im Auftrag welcher Person er es der Post übergibt. Auf der Urschrift des zuzustellenden Schriftstücks oder auf einem mit ihr zu verbindenden Übergabebogen bezeugt er, dass die mit der Anschrift des Zustellungsadressaten, der Bezeichnung des absendenden Gerichtsvollziehers und einem Aktenzeichen versehene Sendung der Post übergeben wurde.

(2) Die Post leitet die Zustellungsurkunde unverzüglich an den Gerichtsvollzieher zurück.

§ 195 Zustellung von Anwalt zu Anwalt

(1) Sind die Parteien durch Anwälte vertreten, so kann ein Dokument auch dadurch zugestellt werden, dass der zustellende Anwalt das Dokument dem anderen Anwalt übermittelt (Zustellung von Anwalt zu Anwalt). Auch Schriftsätze, die nach den Vorschriften dieses Gesetzes vom Amts wegen zugestellt werden, können stattdessen von Anwalt zu Anwalt zugestellt werden, wenn nicht gleichzeitig dem Gegner eine gerichtliche Anordnung mitzuteilen ist. In dem Schriftsatz soll die Erklärung enthalten sein, dass von Anwalt zu Anwalt zugestellt werde. Die Zustellung ist dem Gericht, sofern dies für die zu treffende Entscheidung erforderlich ist, nachzuweisen. Für die Zustellung von Anwalt zu Anwalt gelten § 173 Absatz 1 und § 175 Absatz 2 Satz 1 entsprechend.

(2) Zum Nachweis der Zustellung eines Schriftstücks genügt das mit Datum und Unterschrift versehene Empfangsbekenntnis desjenigen Anwalts, dem zugestellt worden ist. § 175 Absatz 4 gilt entsprechend. Die Zustellung eines elektronischen Dokuments ist durch ein elektronisches Empfangsbekenntnis in Form eines strukturierten Datensatzes nachzuweisen. Der Anwalt, der zustellt, hat dem anderen Anwalt auf Verlangen eine Bescheinigung über die Zustellung zu erteilen.

§ 222 Fristberechnung

(1) Für die Berechnung der Fristen gelten die Vorschriften des Bürgerlichen Gesetzbuchs.

(2) Fällt das Ende einer Frist auf einen Sonntag, einen allgemeinen Feiertag oder einen Sonnabend, so endet die Frist mit Ablauf des nächsten Werktages.

(3) Bei der Berechnung einer Frist, die nach Stunden bestimmt ist, werden Sonntage, allgemeine Feiertage und Sonnabende nicht mitgerechnet.

§ 223

(weggefallen)

§ 224 Fristkürzung; Fristverlängerung

(1) Durch Vereinbarung der Parteien können Fristen, mit Ausnahme der Notfristen, abgekürzt werden. Notfristen sind nur diejenigen Fristen, die in diesem Gesetz als solche bezeichnet sind.

(2) Auf Antrag können richterliche und gesetzliche Fristen abgekürzt oder verlängert werden, wenn erhebliche Gründe glaubhaft gemacht sind, gesetzliche Fristen jedoch nur in den besonders bestimmten Fällen.

(3) Im Falle der Verlängerung wird die neue Frist von dem Ablauf der vorigen Frist an berechnet, wenn nicht im einzelnen Fall ein anderes bestimmt ist.

§ 225 Verfahren bei Friständerung

(1) Über das Gesuch um Abkürzung oder Verlängerung einer Frist kann ohne mündliche Verhandlung entschieden werden.

(2) Die Abkürzung oder wiederholte Verlängerung darf nur nach Anhörung des Gegners bewilligt werden.

(3) Eine Anfechtung des Beschlusses, durch den das Gesuch um Verlängerung einer Frist zurückgewiesen ist, findet nicht statt.

§ 226 Abkürzung von Zwischenfristen

(1) Einlassungsfristen, Ladungsfristen sowie diejenigen Fristen, die für die Zustellung vorbereitender Schriftsätze bestimmt sind, können auf Antrag abgekürzt werden.

(2) Die Abkürzung der Einlassungs- und der Ladungsfristen wird dadurch nicht ausgeschlossen, dass infolge der Abkürzung die mündliche Verhandlung durch Schriftsätze nicht vorbereitet werden kann.

(3) Der Vorsitzende kann bei Bestimmung des Termins die Abkürzung ohne Anhörung des Gegners und des sonst Beteiligten verfügen; diese Verfügung ist dem Beteiligten abschriftlich mitzuteilen.

§ 227 Terminsänderung

(1) Aus erheblichen Gründen kann ein Termin aufgehoben oder verlegt sowie eine Verhandlung vertagt werden. Erhebliche Gründe sind insbesondere nicht

1. das Ausbleiben einer Partei oder die Ankündigung, nicht zu erscheinen, wenn nicht das Gericht dafür hält, dass die Partei ohne ihr Verschulden am Erscheinen verhindert ist;
2. die mangelnde Vorbereitung einer Partei, wenn nicht die Partei dies genügend entschuldigt;
3. das Einvernehmen der Parteien allein.

(2) Die erheblichen Gründe sind auf Verlangen des Vorsitzenden, für eine Vertagung auf Verlangen des Gerichts glaubhaft zu machen.

(3) Ein für die Zeit vom 1. Juli bis 31. August bestimmter Termin, mit Ausnahme eines Termins zur Verkündung einer Entscheidung, ist auf Antrag innerhalb einer Woche nach Zugang der Ladung oder Terminsbestimmung zu verlegen. Dies gilt nicht für

1. Arrestsachen oder die eine einstweilige Verfügung oder einstweilige Anordnung betreffenden Sachen,

2. Streitigkeiten wegen Überlassung, Benutzung, Räumung oder Herausgabe von Räumen oder wegen Fortsetzung des Mietverhältnisses über Wohnraum auf Grund der §§ 574 bis 574b des Bürgerlichen Gesetzbuchs,

3. (weggefallen)

4. Wechsel- oder Scheckprozesse,

5. Bausachen, wenn über die Fortsetzung eines angefangenen Baues gestritten wird,

6. Streitigkeiten wegen Überlassung oder Herausgabe einer Sache an eine Person, bei der die Sache nicht der Pfändung unterworfen ist,

7. Zwangsvollstreckungsverfahren oder

8. Verfahren der Vollstreckbarerklärung oder zur Vornahme richterlicher Handlungen im Schiedsverfahren;

dabei genügt es, wenn nur einer von mehreren Ansprüchen die Voraussetzungen erfüllt. Wenn das Verfahren besonderer Beschleunigung bedarf, ist dem Verlegungsantrag nicht zu entsprechen.

(4) Über die Aufhebung sowie Verlegung eines Termins entscheidet der Vorsitzende ohne mündliche Verhandlung; über die Vertagung einer Verhandlung entscheidet das Gericht. Die Entscheidung ist kurz zu begründen. Sie ist unanfechtbar.

§ 240 Unterbrechung durch Insolvenzverfahren

Im Falle der Eröffnung des Insolvenzverfahrens über das Vermögen einer Partei wird das Verfahren, wenn es die Insolvenzmasse betrifft, unterbrochen, bis es nach den für das Insolvenzverfahren geltenden Vorschriften aufgenommen oder das Insolvenzverfahren beendet wird. Entsprechendes gilt, wenn die Verwaltungs- und Verfügungsbefugnis über das Vermögen des Schuldners auf einen vorläufigen Insolvenzverwalter übergeht.

§ 249 Wirkung von Unterbrechung und Aussetzung

(1) Die Unterbrechung und Aussetzung des Verfahrens hat die Wirkung, dass der Lauf einer jeden Frist aufhört und nach Beendigung der Unterbrechung oder Aussetzung die volle Frist von neuem zu laufen beginnt.

(2) Die während der Unterbrechung oder Aussetzung von einer Partei in Ansehung der Hauptsache vorgenommenen Prozesshandlungen sind der anderen Partei gegenüber ohne rechtliche Wirkung.

(3) Durch die nach dem Schluss einer mündlichen Verhandlung eintretende Unterbrechung wird die Verkündung der auf Grund dieser Verhandlung zu erlassenden Entscheidung nicht gehindert.

§ 264 Keine Klageänderung

Als eine Änderung der Klage ist es nicht anzusehen, wenn ohne Änderung des Klagegrundes

1. die tatsächlichen oder rechtlichen Anführungen ergänzt oder berichtigt werden;

2. der Klageantrag in der Hauptsache oder in Bezug auf Nebenforderungen erweitert oder beschränkt wird;

3. statt des ursprünglich geforderten Gegenstandes wegen einer später eingetretenen Veränderung ein anderer Gegenstand oder das Interesse gefordert wird.

§ 273 Vorbereitung des Termins

(1) Das Gericht hat erforderliche vorbereitende Maßnahmen rechtzeitig zu veranlassen.

(2) Zur Vorbereitung jedes Termins kann der Vorsitzende oder ein von ihm bestimmtes Mitglied des Prozessgerichts insbesondere

1. den Parteien die Ergänzung oder Erläuterung ihrer vorbereitenden Schriftsätze aufgeben, insbesondere eine Frist zur Erklärung über bestimmte klärungsbedürftige Punkte setzen;
2. Behörden oder Träger eines öffentlichen Amtes um Mitteilung von Urkunden oder um Erteilung amtlicher Auskünfte ersuchen;
3. das persönliche Erscheinen der Parteien anordnen;
4. Zeugen, auf die sich eine Partei bezogen hat, und Sachverständige zur mündlichen Verhandlung laden sowie eine Anordnung nach § 378 treffen;
5. Anordnungen nach den §§ 142, 144 treffen.

(3) Anordnungen nach Absatz 2 Nr. 4 und, soweit die Anordnungen nicht gegenüber einer Partei zu treffen sind, 5 sollen nur ergehen, wenn der Beklagte dem Klageanspruch bereits widersprochen hat. Für die Anordnungen nach Absatz 2 Nr. 4 gilt § 379 entsprechend.

(4) Die Parteien sind von jeder Anordnung zu benachrichtigen. Wird das persönliche Erscheinen der Parteien angeordnet, so gelten die Vorschriften des § 141 Abs. 2, 3.

§ 278 Gütliche Streitbeilegung, Güteverhandlung, Vergleich

(1) Das Gericht soll in jeder Lage des Verfahrens auf eine gütliche Beilegung des Rechtsstreits oder einzelner Streitpunkte bedacht sein.

(2) Der mündlichen Verhandlung geht zum Zwecke der gütlichen Beilegung des Rechtsstreits eine Güteverhandlung voraus, es sei denn, es hat bereits ein Einigungsversuch vor einer außergerichtlichen Gütestelle stattgefunden oder die Güteverhandlung erscheint erkennbar aussichtslos. Das Gericht hat in der Güteverhandlung den Sach- und Streitstand mit den Parteien unter freier Würdigung aller Umstände zu erörtern und, soweit erforderlich, Fragen zu stellen. Die erschienenen Parteien sollen hierzu persönlich gehört werden. 128a Absatz 1 und 3 gilt entsprechend.

(3) Für die Güteverhandlung sowie für weitere Güteversuche soll das persönliche Erscheinen der Parteien angeordnet werden. § 141 Abs. 1 Satz 2, Abs. 2 und 3 gilt entsprechend.

(4) Erscheinen beide Parteien in der Güteverhandlung nicht, ist das Ruhen des Verfahrens anzuordnen.

(5) Das Gericht kann die Parteien für die Güteverhandlung sowie für weitere Güteversuche vor einen hierfür bestimmten und nicht entscheidungsbefugten Richter (Güterichter) verweisen. Der Güterichter kann alle Methoden der Konfliktbeilegung einschließlich der Mediation einsetzen.

(6) Ein gerichtlicher Vergleich kann auch dadurch geschlossen werden, dass die Parteien dem Gericht einen schriftlichen Vergleichsvorschlag unterbreiten oder einen schriftlichen oder zu Protokoll der mündlichen Verhandlung erklärten Vergleichsvorschlag des Gerichts durch Schriftsatz oder durch Erklärung zu Protokoll der mündlichen Verhandlung gegenüber dem Gericht annehmen. Das Gericht stellt das Zustandekommen und den Inhalt eines nach Satz 1 geschlossenen Vergleichs durch Beschluss fest. § 164 gilt entsprechend.

§ 278a Mediation, außergerichtliche Konfliktbeilegung

(1) Das Gericht kann den Parteien eine Mediation oder ein anderes Verfahren der außergerichtlichen Konfliktbeilegung vorschlagen.

(2) Entscheiden sich die Parteien zur Durchführung einer Mediation oder eines anderen Verfahrens der außergerichtlichen Konfliktbeilegung, ordnet das Gericht das Ruhen des Verfahrens an.

§ 299a Datenträgerarchiv

Sind die Prozessakten nach ordnungsgemäßen Grundsätzen zur Ersetzung der Urschrift auf einen Bild- oder anderen Datenträger übertragen worden und liegt der schriftliche Nachweis darüber vor, dass die Wiedergabe mit der Urschrift übereinstimmt, so können Ausfertigungen, Auszüge und Abschriften von dem Bild- oder dem Datenträger erteilt werden. Auf der Urschrift anzubringende Vermerke werden in diesem Fall bei dem Nachweis angebracht.

§ 310 Termin der Urteilsverkündung

(1) Das Urteil wird in dem Termin, in dem die mündliche Verhandlung geschlossen wird, oder in einem sofort anzuberaumenden Termin verkündet. Dieser wird nur dann über drei Wochen hinaus angesetzt, wenn wichtige Gründe, insbesondere der Umfang oder die Schwierigkeit der Sache, dies erfordern.

(2) Wird das Urteil nicht in dem Termin, in dem die mündliche Verhandlung geschlossen wird, verkündet, so muss es bei der Verkündung in vollständiger Form abgefasst sein.

(3) Bei einem Anerkenntnisurteil und einem Versäumnisurteil, die nach §§ 307, 331 Abs. 3 ohne mündliche Verhandlung ergehen, wird die Verkündung durch die Zustellung des Urteils ersetzt. Dasselbe gilt bei einem Urteil, das den Einspruch gegen ein Versäumnisurteil verwirft (§ 341 Abs. 2).

§ 315 Unterschrift der Richter

(1) Das Urteil ist von den Richtern, die bei der Entscheidung mitgewirkt haben, zu unterschreiben. Ist ein Richter verhindert, seine Unterschrift beizufügen, so wird dies unter Angabe des Verhinderungsgrundes von dem Vorsitzenden und bei dessen Verhinderung von dem ältesten beisitzenden Richter unter dem Urteil vermerkt.

(2) Ein Urteil, das in dem Termin, in dem die mündliche Verhandlung geschlossen wird, verkündet wird, ist vor Ablauf von drei Wochen, vom Tage der Verkündung an gerechnet, vollständig abgefasst der Geschäftsstelle zu übermitteln. Kann dies ausnahmsweise nicht geschehen, so ist innerhalb dieser Frist das von den Richtern unterschriebene Urteil ohne Tatbestand und Entscheidungsgründe der Geschäftsstelle zu übermitteln. In diesem Fall sind Tatbestand und Entscheidungsgründe alsbald nachträglich anzufertigen, von den Richtern besonders zu unterschreiben und der Geschäftsstelle zu übermitteln.

(3) Der Urkundsbeamte der Geschäftsstelle hat auf dem Urteil den Tag der Verkündung oder der Zustellung nach § 310 Abs. 3 zu vermerken und diesen Vermerk zu unterschreiben. Werden die Prozessakten elektronisch geführt, hat der Urkundsbeamte der Geschäftsstelle den Vermerk in einem gesonderten Dokument festzuhalten. Das Dokument ist mit dem Urteil untrennbar zu verbinden.

§ 318 Bindung des Gerichts

Das Gericht ist an die Entscheidung, die in den von ihm erlassenen End- und Zwischenurteilen enthalten ist, gebunden.

§ 321 Ergänzung des Urteils

(1) Wenn ein nach dem ursprünglich festgestellten oder nachträglich berichtigten Tatbestand von einer Partei geltend gemachter Haupt- oder Nebenanspruch oder wenn der Kostenpunkt bei der Endentscheidung ganz oder teilweise übergangen ist, so ist auf Antrag das Urteil durch nachträgliche Entscheidung zu ergänzen.

(2) Die nachträgliche Entscheidung muss binnen einer zweiwöchigen Frist, die mit der Zustellung des Urteils beginnt, durch Einreichung eines Schriftsatzes beantragt werden.

(3) Auf einen Antrag, der die Ergänzung des Urteils um einen Hauptanspruch zum Gegenstand hat, ist ein Termin zur mündlichen Verhandlung anzuberaumen. Dem Gegner des Antragstellers ist mit der Ladung zu diesem Termin der den Antrag enthaltende Schriftsatz zuzustellen. Über einen Antrag, der die Ergänzung des Urteils um einen Nebenanspruch oder den Kostenpunkt zum Gegenstand hat, kann ohne mündliche Verhandlung entschieden werden, wenn die Bedeutung der Sache keine mündliche Verhandlung erfordert; § 128 Absatz 2 Satz 2 gilt entsprechend.

(4) Eine mündliche Verhandlung hat nur den nicht erledigten Teil des Rechtsstreits zum Gegenstand.

§ 331 Versäumnisurteil gegen den Beklagten

(1) Beantragt der Kläger gegen den im Termin zur mündlichen Verhandlung nicht erschienenen Beklagten das Versäumnisurteil, so ist das tatsächliche mündliche Vorbringen des Klägers als zugestanden anzunehmen. Dies gilt nicht für Vorbringen zur Zuständigkeit des Gerichts nach § 29 Abs. 2, § 38.

(2) Soweit es den Klageantrag rechtfertigt, ist nach dem Antrag zu erkennen; soweit dies nicht der Fall, ist die Klage abzuweisen.

(3) Hat der Beklagte entgegen § 276 Abs. 1 Satz 1, Abs. 2 nicht rechtzeitig angezeigt, dass er sich gegen die Klage verteidigen wolle, so trifft auf Antrag des Klägers das Gericht die Entscheidung ohne mündliche Verhandlung; dies gilt nicht, wenn die Erklärung des Beklagten noch eingeht, bevor das von den Richtern unterschriebene Urteil der Geschäftsstelle übermittelt ist. Der Antrag kann schon in der Klageschrift gestellt werden. Eine Entscheidung ohne mündliche Verhandlung ist auch insoweit zulässig, als das Vorbringen des Klägers den Klageantrag in einer Nebenforderung nicht rechtfertigt, sofern der Kläger vor der Entscheidung auf diese Möglichkeit hingewiesen worden ist.

§ 336 Rechtsmittel bei Zurückweisung

(1) Gegen den Beschluss, durch den der Antrag auf Erlass des Versäumnisurteils zurückgewiesen wird, findet sofortige Beschwerde statt. Wird der Beschluss aufgehoben, so ist die nicht erschienene Partei zu dem neuen Termin nicht zu laden.

(2) Die Ablehnung eines Antrages auf Entscheidung nach Lage der Akten ist unanfechtbar.

§ 358 Notwendigkeit eines Beweisbeschlusses

Erfordert die Beweisaufnahme ein besonderes Verfahren, so ist es durch Beweisbeschluss anzuordnen.

§ 358a Beweisbeschluss und Beweisaufnahme vor mündlicher Verhandlung

Das Gericht kann schon vor der mündlichen Verhandlung einen Beweisbeschluss erlassen. Der Beschluss kann vor der mündlichen Verhandlung ausgeführt werden, soweit er anordnet

1. eine Beweisaufnahme vor dem beauftragten oder ersuchten Richter,
2. die Einholung amtlicher Auskünfte,
3. eine schriftliche Beantwortung der Beweisfrage nach § 377 Abs. 3,
4. die Begutachtung durch Sachverständige,
5. die Einnahme eines Augenscheins.

§ 359 Inhalt des Beweisbeschlusses

Der Beweisbeschluss enthält:

1. die Bezeichnung der streitigen Tatsachen, über die der Beweis zu erheben ist;

2. die Bezeichnung der Beweismittel unter Benennung der zu vernehmenden Zeugen und Sachverständigen oder der zu vernehmenden Partei;

3. die Bezeichnung der Partei, die sich auf das Beweismittel berufen hat.

§ 360 Änderung des Beweisbeschlusses

Vor der Erledigung des Beweisbeschlusses kann keine Partei dessen Änderung auf Grund der früheren Verhandlungen verlangen. Das Gericht kann jedoch auf Antrag einer Partei oder von Amts wegen den Beweisbeschluss auch ohne erneute mündliche Verhandlung insoweit ändern, als der Gegner zustimmt oder es sich nur um die Berichtigung oder Ergänzung der im Beschluss angegebenen Beweistatsachen oder um die Vernehmung anderer als der im Beschluss angegebenen Zeugen oder Sachverständigen handelt. Die gleiche Befugnis hat der beauftragte oder ersuchte Richter. Die Parteien sind tunlichst vorher zu hören und in jedem Fall von der Änderung unverzüglich zu benachrichtigen.

§ 361 Beweisaufnahme durch beauftragten Richter

(1) Soll die Beweisaufnahme durch ein Mitglied des Prozessgerichts erfolgen, so wird bei der Verkündung des Beweisbeschlusses durch den Vorsitzenden der beauftragte Richter bezeichnet und der Termin zur Beweisaufnahme bestimmt.

(2) Ist die Terminsbestimmung unterblieben, so erfolgt sie durch den beauftragten Richter, wird er verhindert, den Auftrag zu vollziehen, so ernennt der Vorsitzende ein anderes Mitglied.

§ 362 Beweisaufnahme durch ersuchten Richter

(1) Soll die Beweisaufnahme durch ein anderes Gericht erfolgen, so ist das Ersuchungsschreiben von dem Vorsitzenden zu erlassen.

(2) Die auf die Beweisaufnahme sich beziehenden Verhandlungen übermittelt der ersuchte Richter der Geschäftsstelle des Prozessgerichts in Urschrift; die Geschäftsstelle benachrichtigt die Parteien von dem Eingang.

§ 363 Beweisaufnahme im Ausland

(1) Für die Durchführung der Verordnung (EU) 2020/1783 des Europäischen Parlaments und des Rates vom 25. November 2020 über die Zusammenarbeit zwischen den Gerichten der Mitgliedstaaten auf dem Gebiet der Beweisaufnahme in Zivil- oder Handelssachen (Beweisaufnahme) (ABl. L 405 vom 2.12.2020, S. 1) in ihrer jeweils geltenden Fassung gelten die §§ 1072 und 1073. Soweit die Verordnung (EU) 2020/1783 für die Beweisaufnahme im Ausland nicht maßgeblich ist, gelten hierfür die Absätze 2 und 3.

(2) Die Beweisaufnahme im Ausland ist nach denjenigen völkerrechtlichen Vereinbarungen vorzunehmen, die im Verhältnis zu dem jeweiligen Staat gelten. Das Ersuchen zur Durchführung der Beweisaufnahme im Ausland ist von dem Vorsitzenden des Prozessgerichts zu stellen. Sieht eine völkerrechtliche Vereinbarung mehrere Wege zur Aufnahme von Beweisen vor, soll die Beweisaufnahme nur dann durch einen deutschen Konsularbeamten erfolgen, wenn ihre Erledigung durch die Behörden des ausländischen Staates nicht oder nicht innerhalb einer angemessenen Zeit zu erwarten ist oder ein sonstiger begründeter Ausnahmefall vorliegt.

(3) Bestehen keine völkerrechtlichen Vereinbarungen zur Beweisaufnahme im Ausland, ersucht der Vorsitzende des Prozessgerichts die Behörden des ausländischen Staates um Aufnahme des Beweises. Ist eine Beweisaufnahme durch diese nicht oder nicht innerhalb einer angemessenen Zeit zu erwarten oder liegt sonst ein begründeter Ausnahmefall vor, so kann der Vorsitzende des Prozessgerichts deutsche Konsularbeamte um Aufnahme des Beweises ersuchen.

§ 364 Parteimitwirkung bei Beweisaufnahme im Ausland

(1) Wird eine ausländische Behörde ersucht, den Beweis aufzunehmen, so kann das Gericht anordnen, dass der Beweisführer das Ersuchungsschreiben zu besorgen und die Erledigung des Ersuchens zu betreiben habe.

(2) Das Gericht kann sich auf die Anordnung beschränken, dass der Beweisführer eine den Gesetzen des fremden Staates entsprechende öffentliche Urkunde über die Beweisaufnahme beizubringen habe.

(3) In beiden Fällen ist in dem Beweisbeschluss eine Frist zu bestimmen, binnen der von dem Beweisführer die Urkunde auf der Geschäftsstelle niederzulegen ist. Nach fruchtlosem Ablauf dieser Frist kann die Urkunde nur benutzt werden, wenn dadurch das Verfahren nicht verzögert wird.

(4) Der Beweisführer hat den Gegner, wenn möglich, von dem Ort und der Zeit der Beweisaufnahme so zeitig in Kenntnis zu setzen, dass dieser seine Rechte in geeigneter Weise wahrzunehmen vermag. Ist die Benachrichtigung unterblieben, so hat das Gericht zu ermessen, ob und inwieweit der Beweisführer zur Benutzung der Beweisverhandlung berechtigt ist.

§ 365 Abgabe durch beauftragten oder ersuchten Richter

Der beauftragte oder ersuchte Richter ist ermächtigt, falls sich später Gründe ergeben, welche die Beweisaufnahme durch ein anderes Gericht sachgemäß erscheinen lassen, dieses Gericht um die Aufnahme des Beweises zu ersuchen. Die Parteien sind von dieser Verfügung in Kenntnis zu setzen.

§ 366 Zwischenstreit

(1) Erhebt sich bei der Beweisaufnahme vor einem beauftragten oder ersuchten Richter ein Streit, von dessen Erledigung die Fortsetzung der Beweisaufnahme abhängig und zu dessen Entscheidung der Richter nicht berechtigt ist, so erfolgt die Erledigung durch das Prozessgericht.

(2) Der Termin zur mündlichen Verhandlung über den Zwischenstreit ist von Amts wegen zu bestimmen und den Parteien bekannt zu machen.

§ 367 Ausbleiben der Partei

(1) Erscheint eine Partei oder erscheinen beide Parteien in dem Termin zur Beweisaufnahme nicht, so ist die Beweisaufnahme gleichwohl insoweit zu bewirken, als dies nach Lage der Sache geschehen kann.

(2) Eine nachträgliche Beweisaufnahme oder eine Vervollständigung der Beweisaufnahme st bis zum Schluss derjenigen mündlichen Verhandlung, auf die das Urteil ergeht, auf Antrag anzuordnen, wenn das Verfahren dadurch nicht verzögert wird oder wenn die Partei glaubhaft macht, dass sie ohne ihr Verschulden außerstande gewesen sei, in dem früheren Termin zu erscheinen, und im Falle des Antrags auf Vervollständigung, dass durch ihr Nichterscheinen eine wesentliche Unvollständigkeit der Beweisaufnahme veranlasst sei.

§ 368 Neuer Beweistermin

Wird ein neuer Termin zur Beweisaufnahme oder zu ihrer Fortsetzung erforderlich, so ist dieser Termin, auch wenn der Beweisführer oder beide Parteien in dem früheren Termin nicht erschienen waren, von Amts wegen zu bestimmen.

§ 369 Ausländische Beweisaufnahme

Entspricht die von einer ausländischen Behörde vorgenommene Beweisaufnahme den für das Prozessgericht geltenden Gesetzen, so kann daraus, dass sie nach den ausländischen Gesetzen mangelhaft ist, kein Einwand entnommen werden.

§ 370 Fortsetzung der mündlichen Verhandlung

(1) Erfolgt die Beweisaufnahme vor dem Prozessgericht, so ist der Termin, in dem die Beweisaufnahme stattfindet, zugleich zur Fortsetzung der mündlichen Verhandlung bestimmt.

(2) In dem Beweisbeschluss, der anordnet, dass die Beweisaufnahme vor einem beauftragten oder ersuchten Richter erfolgen solle, kann zugleich der Termin zur Fortsetzung der mündlichen Verhandlung vor dem Prozessgericht bestimmt werden. Ist dies nicht geschehen, so wird nach Beendigung der Beweisaufnahme dieser Termin von Amts wegen bestimmt und den Parteien bekannt gemacht.

§ 371 Beweis durch Augenschein

(1) Der Beweis durch Augenschein wird durch Bezeichnung des Gegenstandes des Augenscheins und durch die Angabe der zu beweisenden Tatsachen angetreten. Ist ein elektronisches Dokument Gegenstand des Beweises, wird der Beweis durch Vorlegung oder Übermittlung der Datei angetreten.

(2) Befindet sich der Gegenstand nach der Behauptung des Beweisführers nicht in seinem Besitz, so wird der Beweis außerdem durch den Antrag angetreten, zur Herbeischaffung des Gegenstandes eine Frist zu setzen oder eine Anordnung nach § 144 zu erlassen. Die §§ 422 bis 432 gelten entsprechend.

(3) Vereitelt eine Partei die ihr zumutbare Einnahme des Augenscheins, so können die Behauptungen des Gegners über die Beschaffenheit des Gegenstandes als bewiesen angesehen werden.

§ 371a Beweiskraft elektronischer Dokumente

(1) Auf private elektronische Dokumente, die mit einer qualifizierten elektronischen Signatur versehen sind, finden die Vorschriften über die Beweiskraft privater Urkunden entsprechende Anwendung. Der Anschein der Echtheit einer in elektronischer Form vorliegenden Erklärung, der sich auf Grund der Prüfung der qualifizierten elektronischen Signatur nach Artikel 32 der Verordnung (EU) Nr. 910/2014 des Europäischen Parlaments und des Rates vom 23. Juli 2014 über elektronische Identifizierung und Vertrauensdienste für elektronische Transaktionen im Binnenmarkt und zur Aufhebung der Richtlinie 1999/93/EG (ABl. L 257 vom 28.8.2014, S. 73) ergibt, kann nur durch Tatsachen erschüttert werden, die ernstliche Zweifel daran begründen, dass die Erklärung von der verantwortenden Person abgegeben worden ist.

(2) Hat sich eine natürliche Person bei einem ihr allein zugeordneten De-Mail-Konto sicher angemeldet (§ 4 Absatz 1 Satz 2 des De-Mail-Gesetzes), so kann für eine von diesem De-Mail- Konto versandte elektronische Nachricht der Anschein der Echtheit, der sich aus der Überprüfung der Absenderbestätigung gemäß § 5 Absatz 5 des De-Mail-Gesetzes ergibt, nur durch Tatsachen erschüttert werden, die ernstliche Zweifel daran begründen, dass die Nachricht von dieser Person mit diesem Inhalt versandt wurde.

(3) Auf elektronische Dokumente, die von einer öffentlichen Behörde innerhalb der Grenzen ihrer Amtsbefugnisse oder von einer mit öffentlichem Glauben versehenen Person innerhalb des ihr zugewiesenen Geschäftskreises in der vorgeschriebenen Form erstellt worden sind (öffentliche elektronische Dokumente), finden die Vorschriften über die Beweiskraft öffentlicher Urkunden entsprechende Anwendung. Ist das Dokument von der erstellenden öffentlichen Behörde oder von der mit öffentlichem Glauben versehenen Person mit einer qualifizierten elektronischen Signatur versehen, gilt § 437 entsprechend. Das Gleiche gilt, wenn das Dokument im Auftrag der erstellenden öffentlichen Behörde oder der mit öffentlichem Glauben versehenen Person durch einen akkreditierten Diensteanbieter mit seiner qualifizierten elektronischen Signatur gemäß § 5 Absatz 5 des De-Mail-Gesetzes versehen ist und die Absenderbestätigung die erstellende öffentliche Behörde oder die mit öffentlichem Glauben versehene Person als Nutzer des De-Mail-Kontos ausweist.

§ 371b Beweiskraft gescannter öffentlicher Urkunden

Wird eine öffentliche Urkunde nach dem Stand der Technik von einer öffentlichen Behörde oder von einer mit öffentlichem Glauben versehenen Person in ein elektronisches Dokument übertragen und liegt die Bestätigung vor, dass das elektronische Dokument mit der Urschrift bildlich und inhaltlich übereinstimmt, finden auf das elektronische Dokument die Vorschriften über die Beweiskraft öffentlicher Urkunden entsprechende Anwendung. Sind das Dokument und die Bestätigung mit einer qualifizierten elektronischen Signatur versehen, gilt § 437 entsprechend.

§ 372 Beweisaufnahme

(1) Das Prozessgericht kann anordnen, dass bei der Einnahme des Augenscheins ein oder mehrere Sachverständige zuzuziehen seien.

(2) Es kann einem Mitglied des Prozessgerichts oder einem anderen Gericht die Einnahme des Augenscheins übertragen, auch die Ernennung der zuzuziehenden Sachverständigen überlassen.

§ 372a Untersuchungen zur Feststellung der Abstammung

(1) Soweit es zur Feststellung der Abstammung erforderlich ist, hat jede Person Untersuchungen, insbesondere die Entnahme von Blutproben, zu dulden, es sei denn, dass die Untersuchung dem zu Untersuchenden nicht zugemutet werden kann.

(2) Die §§ 386 bis 390 gelten entsprechend. Bei wiederholter unberechtigter Verweigerung der Untersuchung kann auch unmittelbarer Zwang angewendet, insbesondere die zwangsweise Vorführung zur Untersuchung angeordnet werden.

§ 373 Beweisantritt

Der Zeugenbeweis wird durch die Benennung der Zeugen und die Bezeichnung der Tatsachen, über welche die Vernehmung der Zeugen stattfinden soll, angetreten.

§ 374

(weggefallen)

§ 375 Beweisaufnahme durch beauftragten oder ersuchten Richter

(1) Die Aufnahme des Zeugenbeweises darf einem Mitglied des Prozessgerichts oder einem anderen Gericht nur übertragen werden, wenn von vornherein anzunehmen ist, dass das Prozessgericht das Beweisergebnis auch ohne unmittelbaren Eindruck von dem Verlauf der Beweisaufnahme sachgemäß zu würdigen vermag, und

1. wenn zur Ausmittlung der Wahrheit die Vernehmung des Zeugen an Ort und Stelle dienlich erscheint oder nach gesetzlicher Vorschrift der Zeuge nicht an der Gerichtsstelle, sondern an einem anderen Ort zu vernehmen ist;

2. wenn der Zeuge verhindert ist, vor dem Prozessgericht zu erscheinen und eine Zeugenvernehmung nach § 128a Abs. 2 nicht stattfindet;

3. wenn dem Zeugen das Erscheinen vor dem Prozessgericht wegen großer Entfernung unter Berücksichtigung der Bedeutung seiner Aussage nicht zugemutet werden kann und eine Zeugenvernehmung nach § 128a Abs. 2 nicht stattfindet.

(1a) Einem Mitglied des Prozessgerichts darf die Aufnahme des Zeugenbeweises auch dann übertragen werden, wenn dies zur Vereinfachung der Verhandlung vor dem Prozessgericht zweckmäßig erscheint und wenn von vornherein anzunehmen ist, dass das Prozessgericht das Beweisergebnis auch ohne unmittelbaren Eindruck von dem Verlauf der Beweisaufnahme sachgemäß zu würdigen vermag.

(2) Der Bundespräsident ist in seiner Wohnung zu vernehmen.

§ 376 Vernehmung bei Amtsverschwiegenheit

(1) Für die Vernehmung von Richtern, Beamten und anderen Personen des öffentlichen Dienstes als Zeugen über Umstände, auf die sich ihre Pflicht zur Amtsverschwiegenheit bezieht, und für die Genehmigung zur Aussage gelten die besonderen beamtenrechtlichen Vorschriften.

(2) Für die Mitglieder des Bundestages, eines Landtages, der Bundes- oder einer Landesregierung sowie für die Angestellten einer Fraktion des Bundestages oder eines Landtages gelten die für sie maßgebenden besonderen Vorschriften.

(3) Eine Genehmigung in den Fällen der Absätze 1, 2 ist durch das Prozessgericht einzuholen und dem Zeugen bekannt zu machen.

(4) Der Bundespräsident kann das Zeugnis verweigern, wenn die Ablegung des Zeugnisses dem Wohl des Bundes oder eines deutschen Landes Nachteile bereiten würde.

(5) Diese Vorschriften gelten auch, wenn die vorgenannten Personen nicht mehr im öffentlichen Dienst oder Angestellte einer Fraktion sind oder ihre Mandate beendet sind, soweit es sich um Tatsachen handelt, die sich während ihrer Dienst-, Beschäftigungs- oder Mandatszeit ereignet haben oder ihnen während ihrer Dienst-, Beschäftigungs- oder Mandatszeit zur Kenntnis gelangt sind.

§ 377 Zeugenladung

(1) Die Ladung der Zeugen ist von der Geschäftsstelle unter Bezugnahme auf den Beweisbeschluss auszufertigen und von Amts wegen mitzuteilen. Sie wird, sofern nicht das Gericht die Zustellung anordnet, formlos übermittelt.

(2) Die Ladung muss enthalten:

1. die Bezeichnung der Parteien;
2. den Gegenstand der Vernehmung;
3. die Anweisung, zur Ablegung des Zeugnisses bei Vermeidung der durch das Gesetz angedrohten Ordnungsmittel in dem nach Zeit und Ort zu bezeichnenden Termin zu erscheinen.

(3) Das Gericht kann eine schriftliche Beantwortung der Beweisfrage anordnen, wenn es dies im Hinblick auf den Inhalt der Beweisfrage und die Person des Zeugen für ausreichend erachtet. Der Zeuge ist darauf hinzuweisen, dass er zur Vernehmung geladen werden kann. Das Gericht ordnet die Ladung des Zeugen an, wenn es dies zur weiteren Klärung der Beweisfrage für notwendig erachtet.

§ 378 Aussageerleichternde Unterlagen

(1) Soweit es die Aussage über seine Wahrnehmungen erleichtert, hat der Zeuge Aufzeichnungen und andere Unterlagen einzusehen und zu dem Termin mitzubringen, wenn ihm dies gestattet und zumutbar ist. Die §§ 142 und 429 bleiben unberührt.

(2) Kommt der Zeuge auf eine bestimmte Anordnung des Gerichts der Verpflichtung nach Absatz 1 nicht nach, so kann das Gericht die in § 390 bezeichneten Maßnahmen treffen; hierauf ist der Zeuge vorher hinzuweisen.

§ 379 Auslagenvorschuss

Das Gericht kann die Ladung des Zeugen davon abhängig machen, dass der Beweisführer einen hinreichenden Vorschuss zur Deckung der Auslagen zahlt, die der Staatskasse durch die Vernehmung des Zeugen erwachsen. Wird der Vorschuss nicht innerhalb der bestimmten Frist gezahlt, so unterbleibt die Ladung, wenn die Zahlung nicht so zeitig nachgeholt wird, dass die Vernehmung durchgeführt werden kann, ohne dass dadurch nach der freien Überzeugung des Gerichts das Verfahren verzögert wird.

§ 380 Folgen des Ausbleibens des Zeugen

(1) Einem ordnungsgemäß geladenen Zeugen, der nicht erscheint, werden, ohne dass es eines Antrages bedarf, die durch das Ausbleiben verursachten Kosten auferlegt. Zugleich wird gegen ihn ein Ordnungsgeld und für den Fall, dass dieses nicht beigetrieben werden kann, Ordnungshaft festgesetzt.

(2) Im Falle wiederholten Ausbleibens wird das Ordnungsmittel noch einmal festgesetzt; auch kann die zwangsweise Vorführung des Zeugen angeordnet werden.

(3) Gegen diese Beschlüsse findet die sofortige Beschwerde statt.

§ 381 Genügende Entschuldigung des Ausbleibens

(1) Die Auferlegung der Kosten und die Festsetzung eines Ordnungsmittels unterbleiben, wenn das Ausbleiben des Zeugen rechtzeitig genügend entschuldigt wird. Erfolgt die Entschuldigung nach Satz 1 nicht rechtzeitig, so unterbleiben die Auferlegung der Kosten und die Festsetzung eines Ordnungsmittels nur dann, wenn glaubhaft gemacht wird, dass den Zeugen an der Verspätung der Entschuldigung kein Verschulden trifft. Erfolgt die genügende Entschuldigung oder die Glaubhaftmachung nachträglich, so werden die getroffenen Anordnungen unter den Voraussetzungen des Satzes 2 aufgehoben.

(2) Die Anzeigen und Gesuche des Zeugen können schriftlich oder zum Protokoll der Geschäftsstelle oder mündlich in dem zur Vernehmung bestimmten neuen Termin angebracht werden.

§ 382 Vernehmung an bestimmten Orten

(1) Die Mitglieder der Bundesregierung oder einer Landesregierung sind an ihrem Amtssitz oder, wenn sie sich außerhalb ihres Amtssitzes aufhalten, an ihrem Aufenthaltsort zu vernehmen.

(2) Die Mitglieder des Bundestages, des Bundesrates, eines Landtages oder einer zweiten Kammer sind während ihres Aufenthaltes am Sitz der Versammlung dort zu vernehmen.

(3) Zu einer Abweichung von den vorstehenden Vorschriften bedarf es:

- für die Mitglieder der Bundesregierung der Genehmigung der Bundesregierung,
- für die Mitglieder einer Landesregierung der Genehmigung der Landesregierung,
- für die Mitglieder einer der im Absatz 2 genannten Versammlungen der Genehmigung dieser Versammlung.

§ 386 Erklärung der Zeugnisverweigerung

(1) Der Zeuge, der das Zeugnis verweigert, hat vor dem zu seiner Vernehmung bestimmten Termin schriftlich oder zum Protokoll der Geschäftsstelle oder in diesem Termin die Tatsachen, auf die er die Weigerung gründet, anzugeben und glaubhaft zu machen.

(2) Zur Glaubhaftmachung genügt in den Fällen des § 383 Nr. 4, 6 die mit Berufung auf einen geleisteten Diensteid abgegebene Versicherung.

(3) Hat der Zeuge seine Weigerung schriftlich oder zum Protokoll der Geschäftsstelle erklärt, so ist er nicht verpflichtet, in dem zu seiner Vernehmung bestimmten Termin zu erscheinen.

(4) Von dem Eingang einer Erklärung des Zeugen oder von der Aufnahme einer solchen zum Protokoll hat die Geschäftsstelle die Parteien zu benachrichtigen.

§ 387 Zwischenstreit über Zeugnisverweigerung

(1) Über die Rechtmäßigkeit der Weigerung wird von dem Prozessgericht nach Anhörung der Parteien entschieden.

(2) Der Zeuge ist nicht verpflichtet, sich durch einen Anwalt vertreten zu lassen.

(3) Gegen das Zwischenurteil findet sofortige Beschwerde statt.

§ 388 Zwischenstreit über schriftliche Zeugnisverweigerung

Hat der Zeuge seine Weigerung schriftlich oder zum Protokoll der Geschäftsstelle erklärt und ist er in dem Termin nicht erschienen, so hat auf Grund seiner Erklärungen ein Mitglied des Prozessgerichts Bericht zu erstatten.

§ 389 Zeugnisverweigerung vor beauftragtem oder ersuchtem Richter

(1) Erfolgt die Weigerung vor einem beauftragten oder ersuchten Richter, so sind die Erklärungen des Zeugen, wenn sie nicht schriftlich oder zum Protokoll der Geschäftsstelle abgegeben sind, nebst den Erklärungen der Parteien in das Protokoll aufzunehmen.

(2) Zur mündlichen Verhandlung vor dem Prozessgericht werden der Zeuge und die Parteien von Amts wegen geladen.

(3) Auf Grund der von dem Zeugen und den Parteien abgegebenen Erklärungen hat ein Mitglied des Prozessgerichts Bericht zu erstatten. Nach dem Vortrag des Berichterstatters können der Zeuge und die Parteien zur Begründung ihrer Anträge das Wort nehmen; neue Tatsachen oder Beweismittel dürfen nicht geltend gemacht werden.

§ 390 Folgen der Zeugnisverweigerung

(1) Wird das Zeugnis oder die Eidesleistung ohne Angabe eines Grundes oder aus einem rechtskräftig für unerheblich erklärten Grund verweigert, so werden dem Zeugen, ohne dass es eines Antrages bedarf, die durch die Weigerung verursachten Kosten auferlegt. Zugleich wird gegen ihn ein Ordnungsgeld und für den Fall, dass dieses nicht beigetrieben werden kann, Ordnungshaft festgesetzt.

(2) Im Falle wiederholter Weigerung ist auf Antrag zur Erzwingung des Zeugnisses die Haft anzuordnen, jedoch nicht über den Zeitpunkt der Beendigung des Prozesses in dem Rechtszug hinaus. Die Vorschriften über die Haft im Zwangsvollstreckungsverfahren gelten entsprechend.

(3) Gegen die Beschlüsse findet die sofortige Beschwerde statt.

§ 391 Zeugenbeeidigung

Ein Zeuge ist, vorbehaltlich der sich aus § 393 ergebenden Ausnahmen, zu beeidigen, wenn das Gericht dies mit Rücksicht auf die Bedeutung der Aussage oder zur Herbeiführung einer wahrheitsgemäßen Aussage für geboten erachtet und die Parteien auf die Beeidigung nicht verzichten.

§ 392 Nacheid; Eidesnorm

Die Beeidigung erfolgt nach der Vernehmung. Mehrere Zeugen können gleichzeitig beeidigt werden. Die Eidesnorm geht dahin, dass der Zeuge nach bestem Wissen die reine Wahrheit gesagt und nichts verschwiegen habe.

§ 393 Uneidliche Vernehmung

Personen, die zur Zeit der Vernehmung das 16. Lebensjahr noch nicht vollendet oder wegen mangelnder Verstandesreife oder wegen Verstandesschwäche von dem Wesen und der Bedeutung des Eides keine genügende Vorstellung haben, sind unbeeidigt zu vernehmen.

§ 394 Einzelvernehmung

(1) Jeder Zeuge ist einzeln und in Abwesenheit der später abzuhörenden Zeugen zu vernehmen.

(2) Zeugen, deren Aussagen sich widersprechen, können einander gegenübergestellt werden.

§ 395 Wahrheitsermahnung; Vernehmung zur Person

(1) Vor der Vernehmung wird der Zeuge zur Wahrheit ermahnt und darauf hingewiesen, dass er in den vom Gesetz vorgesehenen Fällen unter Umständen seine Aussage zu beeidigen habe.

(2) Die Vernehmung beginnt damit, dass der Zeuge über Vornamen und Zunamen, Alter, Stand oder Gewerbe und Wohnort befragt wird. Erforderlichenfalls sind ihm Fragen über solche Umstände, die seine Glaubwürdigkeit in der vorliegenden Sache betreffen, insbesondere über seine Beziehungen zu den Parteien vorzulegen.

§ 396 Vernehmung zur Sache

(1) Der Zeuge ist zu veranlassen, dasjenige, was ihm von dem Gegenstand seiner Vernehmung bekannt ist, im Zusammenhang anzugeben.

(2) Zur Aufklärung und zur Vervollständigung der Aussage sowie zur Erforschung des Grundes, auf dem die Wissenschaft des Zeugen beruht, sind nötigenfalls weitere Fragen zu stellen.

(3) Der Vorsitzende hat jedem Mitglied des Gerichts auf Verlangen zu gestatten, Fragen zu stellen.

§ 397 Fragerecht der Parteien

(1) Die Parteien sind berechtigt, dem Zeugen diejenigen Fragen vorlegen zu lassen, die sie zur Aufklärung der Sache oder der Verhältnisse des Zeugen für dienlich erachten.

(2) Der Vorsitzende kann den Parteien gestatten und hat ihren Anwälten auf Verlangen zu gestatten, an den Zeugen unmittelbar Fragen zu richten.

(3) Zweifel über die Zulässigkeit einer Frage entscheidet das Gericht.

§ 398 Wiederholte und nachträgliche Vernehmung

(1) Das Prozessgericht kann nach seinem Ermessen die wiederholte Vernehmung eines Zeugen anordnen.

(2) Hat ein beauftragter oder ersuchter Richter bei der Vernehmung die Stellung der von einer Partei angeregten Frage verweigert, so kann das Prozessgericht die nachträgliche Vernehmung des Zeugen über diese Frage anordnen.

(3) Bei der wiederholten oder der nachträglichen Vernehmung kann der Richter statt der nochmaligen Beeidigung den Zeugen die Richtigkeit seiner Aussage unter Berufung auf den früher geleisteten Eid versichern lassen.

§ 399 Verzicht auf Zeugen

Die Partei kann auf einen Zeugen, den sie vorgeschlagen hat, verzichten; der Gegner kann aber verlangen, dass der erschienene Zeuge vernommen und, wenn die Vernehmung bereits begonnen hat, dass sie fortgesetzt werde.

§ 400 Befugnisse des mit der Beweisaufnahme betrauten Richters

Der mit der Beweisaufnahme betraute Richter ist ermächtigt, im Falle des Nichterscheinens oder der Zeugnisverweigerung die gesetzlichen Verfügungen zu treffen, auch sie, soweit dies überhaupt zulässig ist, selbst nach Erledigung des Auftrages wieder aufzuheben, über die Zulässigkeit einer dem Zeugen vorgelegten Frage vorläufig zu entscheiden und die nochmalige Vernehmung eines Zeugen vorzunehmen.

§ 401 Zeugenentschädigung

Der Zeuge wird nach dem Justizvergütungs- und -entschädigungsgesetz entschädigt.

§ 402 Anwendbarkeit der Vorschriften für Zeugen

Für den Beweis durch Sachverständige gelten die Vorschriften über den Beweis durch Zeugen entsprechend, insoweit nicht in den nachfolgenden Paragraphen abweichende Vorschriften enthalten sind.

§ 403 Beweisantritt

Der Beweis wird durch die Bezeichnung der zu begutachtenden Punkte angetreten.

§ 404 Sachverständigenauswahl

(1) Die Auswahl der zuzuziehenden Sachverständigen und die Bestimmung ihrer Anzahl erfolgt durch das Prozessgericht. Es kann sich auf die Ernennung eines einzigen Sachverständigen beschränken. An Stelle der zuerst ernannten Sachverständigen kann es andere ernennen.

(2) Vor der Ernennung können die Parteien zur Person des Sachverständigen gehört werden.

(3) Sind für gewisse Arten von Gutachten Sachverständige öffentlich bestellt, so sollen andere Personen nur dann gewählt werden, wenn besondere Umstände es erfordern.

(4) Das Gericht kann die Parteien auffordern, Personen zu bezeichnen, die geeignet sind, als Sachverständige vernommen zu werden.

(5) Einigen sich die Parteien über bestimmte Personen als Sachverständige, so hat das Gericht dieser Einigung Folge zu geben; das Gericht kann jedoch die Wahl der Parteien auf eine bestimmte Anzahl beschränken.

§ 404a Leitung der Tätigkeit des Sachverständigen

(1) Das Gericht hat die Tätigkeit des Sachverständigen zu leiten und kann ihm für Art und Umfang seiner Tätigkeit Weisungen erteilen.

(2) Soweit es die Besonderheit des Falles erfordert, soll das Gericht den Sachverständigen vor Abfassung der Beweisfrage hören, ihn in seine Aufgabe einweisen und ihm auf Verlangen den Auftrag erläutern.

(3) Bei streitigem Sachverhalt bestimmt das Gericht, welche Tatsachen der Sachverständige der Begutachtung zugrunde legen soll.

(4) Soweit es erforderlich ist, bestimmt das Gericht, in welchem Umfang der Sachverständige zur Aufklärung der Beweisfrage befugt ist, inwieweit er mit den Parteien in Verbindung treten darf und wann er ihnen die Teilnahme an seinen Ermittlungen zu gestatten hat.

(5) Weisungen an den Sachverständigen sind den Parteien mitzuteilen. Findet ein besonderer Termin zur Einweisung des Sachverständigen statt, so ist den Parteien die Teilnahme zu gestatten.

§ 405 Auswahl durch den mit der Beweisaufnahme betrauten Richter

Das Prozessgericht kann den mit der Beweisaufnahme betrauten Richter zur Ernennung der Sachverständigen ermächtigen. Er hat in diesem Falle die Befugnisse und Pflichten des Prozessgerichts nach den §§ 404, 404a.

§ 406 Ablehnung eines Sachverständigen

(1) Ein Sachverständiger kann aus denselben Gründen, die zur Ablehnung eines Richters berechtigen, abgelehnt werden. Ein Ablehnungsgrund kann jedoch nicht daraus entnommen werden, dass der Sachverständige als Zeuge vernommen worden ist.

(2) Der Ablehnungsantrag ist bei dem Gericht oder Richter, von dem der Sachverständige ernannt ist, vor seiner Vernehmung zu stellen, spätestens jedoch binnen zwei Wochen nach Verkündung

oder Zustellung des Beschlusses über die Ernennung. Zu einem späteren Zeitpunkt ist die Ablehnung nur zulässig, wenn der Antragsteller glaubhaft macht, dass er ohne sein Verschulden verhindert war, den Ablehnungsgrund früher geltend zu machen. Der Antrag kann vor der Geschäftsstelle zu Protokoll erklärt werden.

(3) Der Ablehnungsgrund ist glaubhaft zu machen; zur Versicherung an Eides statt darf die Partei nicht zugelassen werden.

(4) Die Entscheidung ergeht von dem im zweiten Absatz bezeichneten Gericht oder Richter durch Beschluss.

(5) Gegen den Beschluss, durch den die Ablehnung für begründet erklärt wird, findet kein Rechtsmittel, gegen den Beschluss, durch den sie für unbegründet erklärt wird, findet sofortige Beschwerde statt.

§ 407 Pflicht zur Erstattung des Gutachtens

(1) Der zum Sachverständigen Ernannte hat der Ernennung Folge zu leisten, wenn er zur Erstattung von Gutachten der erforderten Art öffentlich bestellt ist oder wenn er die Wissenschaft, die Kunst oder das Gewerbe, deren Kenntnis Voraussetzung der Begutachtung ist, öffentlich zum Erwerb ausübt oder wenn er zur Ausübung derselben öffentlich bestellt oder ermächtigt ist.

(2) Zur Erstattung des Gutachtens ist auch derjenige verpflichtet, der sich hierzu vor Gericht bereit erklärt hat.

§ 407a Weitere Pflichten des Sachverständigen

(1) Der Sachverständige hat unverzüglich zu prüfen, ob der Auftrag in sein Fachgebiet fällt und ohne die Hinzuziehung weiterer Sachverständiger sowie innerhalb der vom Gericht gesetzten Frist erledigt werden kann. Ist das nicht der Fall, so hat der Sachverständige das Gericht unverzüglich zu verständigen.

(2) Der Sachverständige hat unverzüglich zu prüfen, ob ein Grund vorliegt, der geeignet ist, Misstrauen gegen seine Unparteilichkeit zu rechtfertigen. Der Sachverständige hat dem Gericht solche Gründe unverzüglich mitzuteilen. Unterlässt er dies, kann gegen ihn ein Ordnungsgeld festgesetzt werden.

(3) Der Sachverständige ist nicht befugt, den Auftrag auf einen anderen zu übertragen. Soweit er sich der Mitarbeit einer anderen Person bedient, hat er diese namhaft zu machen und den Umfang ihrer Tätigkeit anzugeben, falls es sich nicht um Hilfsdienste von untergeordneter Bedeutung handelt.

(4) Hat der Sachverständige Zweifel an Inhalt und Umfang des Auftrages, so hat er unverzüglich eine Klärung durch das Gericht herbeizuführen. Erwachsen voraussichtlich Kosten, die erkennbar außer Verhältnis zum Wert des Streitgegenstandes stehen oder einen angeforderten Kostenvorschuss erheblich übersteigen, so hat der Sachverständige rechtzeitig hierauf hinzuweisen.

(5) Der Sachverständige hat auf Verlangen des Gerichts die Akten und sonstige für die Begutachtung beigezogene Unterlagen sowie Untersuchungsergebnisse unverzüglich herauszugeben oder mitzuteilen. Kommt er dieser Pflicht nicht nach, so ordnet das Gericht die Herausgabe an.

(6) Das Gericht soll den Sachverständigen auf seine Pflichten hinweisen.

§ 408 Gutachtenverweigerungsrecht

(1) Dieselben Gründe, die einen Zeugen berechtigen, das Zeugnis zu verweigern, berechtigen einen Sachverständigen zur Verweigerung des Gutachtens. Das Gericht kann auch aus anderen Gründen einen Sachverständigen von der Verpflichtung zur Erstattung des Gutachtens entbinden.

(2) Für die Vernehmung eines Richters, Beamten oder einer anderen Person des öffentlichen Dienstes als Sachverständigen gelten die besonderen beamtenrechtlichen Vorschriften. Für die

Mitglieder der Bundes- oder einer Landesregierung gelten die für sie maßgebenden besonderen Vorschriften.

(3) Wer bei einer richterlichen Entscheidung mitgewirkt hat, soll über Fragen, die den Gegenstand der Entscheidung gebildet haben, nicht als Sachverständiger vernommen werden.

§ 409 Folgen des Ausbleibens oder der Gutachtenverweigerung

(1) Wenn ein Sachverständiger nicht erscheint oder sich weigert, ein Gutachten zu erstatten, obgleich er dazu verpflichtet ist, oder wenn er Akten oder sonstige Unterlagen zurückbehält, werden ihm die dadurch verursachten Kosten auferlegt. Zugleich wird gegen ihn ein Ordnungsgeld festgesetzt. Im Falle wiederholten Ungehorsams kann das Ordnungsgeld noch einmal festgesetzt werden.

(2) Gegen den Beschluss findet sofortige Beschwerde statt.

§ 410 Sachverständigenbeeidigung

(1) Der Sachverständige wird vor oder nach Erstattung des Gutachtens beeidigt. Die Eidesnorm geht dahin, dass der Sachverständige das von ihm erforderte Gutachten unparteiisch und nach bestem Wissen und Gewissen erstatten werde oder erstattet habe.

(2) Ist der Sachverständige für die Erstattung von Gutachten der betreffenden Art im Allgemeinen beeidigt, so genügt die Berufung auf den geleisteten Eid; sie kann auch in einem schriftlichen Gutachten erklärt werden.

§ 411 Schriftliches Gutachten

(1) Wird schriftliche Begutachtung angeordnet, setzt das Gericht dem Sachverständigen eine Frist, innerhalb derer er das von ihm unterschriebene Gutachten zu übermitteln hat.

(2) Versäumt ein zur Erstattung des Gutachtens verpflichteter Sachverständiger die Frist, so soll gegen ihn ein Ordnungsgeld festgesetzt werden. Das Ordnungsgeld muss vorher unter Setzung einer Nachfrist angedroht werden. Im Falle wiederholter Fristversäumnis kann das Ordnungsgeld in der gleichen Weise noch einmal festgesetzt werden. Das einzelne Ordnungsgeld darf 3 000 Euro nicht übersteigen. § 409 Abs. 2 gilt entsprechend.

(3) Das Gericht kann das Erscheinen des Sachverständigen anordnen, damit er das schriftliche Gutachten erläutere. Das Gericht kann auch eine schriftliche Erläuterung oder Ergänzung des Gutachtens anordnen.

(4) Die Parteien haben dem Gericht innerhalb eines angemessenen Zeitraums ihre Einwendungen gegen das Gutachten, die Begutachtung betreffende Anträge und Ergänzungsfragen zu dem schriftlichen Gutachten mitzuteilen. Das Gericht kann ihnen hierfür eine Frist setzen; § 296 Abs. 1, 4 gilt entsprechend.

§ 411a Verwertung von Sachverständigengutachten aus anderen Verfahren

Die schriftliche Begutachtung kann durch die Verwertung eines gerichtlich oder staatsanwaltschaftlich eingeholten Sachverständigengutachtens aus einem anderen Verfahren ersetzt werden.

§ 412 Neues Gutachten

(1) Das Gericht kann eine neue Begutachtung durch dieselben oder durch andere Sachverständige anordnen, wenn es das Gutachten für ungenügend erachtet.

(2) Das Gericht kann die Begutachtung durch einen anderen Sachverständigen anordnen, wenn ein Sachverständiger nach Erstattung des Gutachtens mit Erfolg abgelehnt ist.

§ 413 Sachverständigenvergütung

Der Sachverständige erhält eine Vergütung nach dem Justizvergütungs- und –entschädigungsgesetz.

§ 414 Sachverständige Zeugen

Insoweit zum Beweis vergangener Tatsachen oder Zustände, zu deren Wahrnehmung eine besondere Sachkunde erforderlich war, sachkundige Personen zu vernehmen sind, kommen die Vorschriften über den Zeugenbeweis zur Anwendung.

§ 415 Beweiskraft öffentlicher Urkunden über Erklärungen

(1) Urkunden, die von einer öffentlichen Behörde innerhalb der Grenzen ihrer Amtsbefugnisse oder von einer mit öffentlichem Glauben versehenen Person innerhalb des ihr zugewiesenen Geschäftskreises in der vorgeschriebenen Form aufgenommen sind (öffentliche Urkunden), begründen, wenn sie über eine vor der Behörde oder der Urkundsperson abgegebene Erklärung errichtet sind, vollen Beweis des durch die Behörde oder die Urkundsperson beurkundeten Vorganges.

(2) Der Beweis, dass der Vorgang unrichtig beurkundet sei, ist zulässig.

§ 416 Beweiskraft von Privaturkunden

Privaturkunden begründen, sofern sie von den Ausstellern unterschrieben oder mittels notariell beglaubigten Handzeichens unterzeichnet sind, vollen Beweis dafür, dass die in ihnen enthaltenen Erklärungen von den Ausstellern abgegeben sind.

§ 416a Beweiskraft des Ausdrucks eines öffentlichen elektronischen Dokuments

Der mit einem Beglaubigungsvermerk versehene Ausdruck eines öffentlichen elektronischen Dokuments gemäß § 371a Absatz 3, den eine öffentliche Behörde innerhalb der Grenzen ihrer Amtsbefugnisse oder eine mit öffentlichem Glauben versehene Person innerhalb des ihr zugewiesenen Geschäftskreises in der vorgeschriebenen Form erstellt hat, sowie der Ausdruck eines gerichtlichen elektronischen Dokuments, der einen Vermerk des zuständigen Gerichts gemäß § 298 Absatz 3 enthält, stehen einer öffentlichen Urkunde in beglaubigter Abschrift gleich.

§ 417 Beweiskraft öffentlicher Urkunden über amtliche Anordnung, Verfügung oder Entscheidung

Die von einer Behörde ausgestellten, eine amtliche Anordnung, Verfügung oder Entscheidung enthaltenden öffentlichen Urkunden begründen vollen Beweis ihres Inhalts.

§ 418 Beweiskraft öffentlicher Urkunden mit anderem Inhalt

(1) Öffentliche Urkunden, die einen anderen als den in den §§ 415, 417 bezeichneten Inhalt haben, begründen vollen Beweis der darin bezeugten Tatsachen.

(2) Der Beweis der Unrichtigkeit der bezeugten Tatsachen ist zulässig, sofern nicht die Landesgesetze diesen Beweis ausschließen oder beschränken.

(3) Beruht das Zeugnis nicht auf eigener Wahrnehmung der Behörde oder der Urkundsperson, so ist die Vorschrift des ersten Absatzes nur dann anzuwenden, wenn sich aus den Landesgesetzen ergibt, dass die Beweiskraft des Zeugnisses von der eigenen Wahrnehmung unabhängig ist.

§ 419 Beweiskraft mangelbehafteter Urkunden

Inwiefern Durchstreichungen, Radierungen, Einschaltungen oder sonstige äußere Mängel die Beweiskraft einer Urkunde ganz oder teilweise aufheben oder mindern, entscheidet das Gericht nach freier Überzeugung.

§ 420 Vorlegung durch Beweisführer; Beweisantritt

Der Beweis wird durch die Vorlegung der Urkunde angetreten.

§ 450 Beweisbeschluss

(1) Die Vernehmung einer Partei wird durch Beweisbeschluss angeordnet. Die Partei ist, wenn sie bei der Verkündung des Beschlusses nicht persönlich anwesend ist, zu der Vernehmung unter Mitteilung des Beweisbeschlusses von Amts wegen zu laden. Die Ladung ist der Partei selbst mitzuteilen, auch wenn sie einen Prozessbevollmächtigten bestellt hat; der Zustellung bedarf die Ladung nicht.

(2) Die Ausführung des Beschlusses kann ausgesetzt werden, wenn nach seinem Erlass über die zu beweisende Tatsache neue Beweismittel vorgebracht werden. Nach Erhebung der neuen Beweise ist von der Parteivernehmung abzusehen, wenn das Gericht die Beweisfrage für geklärt erachtet.

§ 451 Ausführung der Vernehmung

Für die Vernehmung einer Partei gelten die Vorschriften der §§ 375, 376, 395 Abs. 1, Abs. 2 Satz 1 und der §§ 396, 397, 398 entsprechend.

§ 452 Beeidigung der Partei

(1) Reicht das Ergebnis der unbeeidigten Aussage einer Partei nicht aus, um das Gericht von der Wahrheit oder Unwahrheit der zu erweisenden Tatsache zu überzeugen, so kann es anordnen, dass die Partei ihre Aussage zu beeidigen habe. Waren beide Parteien vernommen, so kann die Beeidigung der Aussage über dieselben Tatsachen nur von einer Partei gefordert werden.

(2) Die Eidesnorm geht dahin, dass die Partei nach bestem Wissen die reine Wahrheit gesagt und nichts verschwiegen habe.

(3) Der Gegner kann auf die Beeidigung verzichten.

(4) Die Beeidigung einer Partei, die wegen wissentlicher Verletzung der Eidespflicht rechtskräftig verurteilt ist, ist unzulässig.

§ 453 Beweiswürdigung bei Parteivernehmung

(1) Das Gericht hat die Aussage der Partei nach § 286 frei zu würdigen.
(2) Verweigert die Partei die Aussage oder den Eid, so gilt § 446 entsprechend.

§ 454 Ausbleiben der Partei

(1) Bleibt die Partei in dem zu ihrer Vernehmung oder Beeidigung bestimmten Termin aus, so entscheidet das Gericht unter Berücksichtigung aller Umstände, insbesondere auch etwaiger von der Partei für ihr Ausbleiben angegebener Gründe, nach freiem Ermessen, ob die Aussage als verweigert anzusehen ist.

(2) War der Termin zur Vernehmung oder Beeidigung der Partei vor dem Prozessgericht bestimmt, so ist im Falle ihres Ausbleibens, wenn nicht das Gericht die Anberaumung eines neuen Vernehmungstermins für geboten erachtet, zur Hauptsache zu verhandeln.

§ 455 Prozessunfähige

(1) Ist eine Partei nicht prozessfähig, so ist vorbehaltlich der Vorschrift im Absatz 2 ihr gesetzlicher Vertreter zu vernehmen. Sind mehrere gesetzliche Vertreter vorhanden, so gilt § 449 entsprechend.

(2) Minderjährige, die das 16. Lebensjahr vollendet haben, können über Tatsachen, die in ihren eigenen Handlungen bestehen oder Gegenstand ihrer Wahrnehmung gewesen sind, vernommen und auch nach § 452 beeidigt werden, wenn das Gericht dies nach den Umständen des Falles

für angemessen erachtet. Das Gleiche gilt von einer prozessfähigen Person, die in dem Rechtsstreit durch einen Betreuer oder Pfleger vertreten wird.

§§ 456 - 477

(weggefallen)

§ 478 Eidesleistung in Person

Der Eid muss von dem Schwurpflichtigen in Person geleistet werden.

§ 479 Eidesleistung vor beauftragtem oder ersuchtem Richter

(1) Das Prozessgericht kann anordnen, dass der Eid vor einem seiner Mitglieder oder vor einem anderen Gericht geleistet werde, wenn der Schwurpflichtige am Erscheinen vor dem Prozessgericht verhindert ist oder sich in großer Entfernung von dessen Sitz aufhält und die Leistung des Eides nach § 128a Abs. 2 nicht stattfindet.

(2) Der Bundespräsident leistet den Eid in seiner Wohnung vor einem Mitglied des Prozessgerichts oder vor einem anderen Gericht.

§ 480 Eidesbelehrung

Vor der Leistung des Eides hat der Richter den Schwurpflichtigen in angemessener Weise über die Bedeutung des Eides sowie darüber zu belehren, dass er den Eid mit religiöser oder ohne religiöse Beteuerung leisten kann.

§ 481 Eidesleistung; Eidesformel

(1) Der Eid mit religiöser Beteuerung wird in der Weise geleistet, dass der Richter die Eidesnorm mit der Eingangsformel:

"Sie schwören bei Gott dem Allmächtigen und Allwissenden"

vorspricht und der Schwurpflichtige darauf die Worte spricht (Eidesformel):

"Ich schwöre es, so wahr mir Gott helfe."

(2) Der Eid ohne religiöse Beteuerung wird in der Weise geleistet, dass der Richter die Eidesnorm mit der Eingangsformel:

"Sie schwören"

vorspricht und der Schwurpflichtige darauf die Worte spricht (Eidesformel):

"Ich schwöre es."

(3) Gibt der Schwurpflichtige an, dass er als Mitglied einer Religions- oder Bekenntnisgemeinschaft eine Beteuerungsformel dieser Gemeinschaft verwenden wolle, so kann er diese dem Eid anfügen.

(4) Der Schwörende soll bei der Eidesleistung die rechte Hand erheben.

(5) Sollen mehrere Personen gleichzeitig einen Eid leisten, so wird die Eidesformel von jedem Schwurpflichtigen einzeln gesprochen.

§ 482

(weggefallen)

§ 483 Eidesleistung sprach- oder hörbehinderter Personen

(1) Eine hör- oder sprachbehinderte Person leistet den Eid nach ihrer Wahl mittels Nachsprechens der Eidesformel, mittels Abschreibens und Unterschreibens der Eidesformel oder mit Hilfe einer die Verständigung ermöglichenden Person, die vom Gericht hinzuzuziehen ist. Das Gericht

hat die geeigneten technischen Hilfsmittel bereitzustellen. Die hör- oder sprachbehinderte Person ist auf ihr Wahlrecht hinzuweisen.

(2) Das Gericht kann eine schriftliche Eidesleistung verlangen oder die Hinzuziehung einer die Verständigung ermöglichenden Person anordnen, wenn die hör- oder sprachbehinderte Person von ihrem Wahlrecht nach Absatz 1 keinen Gebrauch gemacht hat oder eine Eidesleistung in der nach Absatz 1 gewählten Form nicht oder nur mit unverhältnismäßigem Aufwand möglich ist.

§ 484 Eidesgleiche Bekräftigung

(1) Gibt der Schwurpflichtige an, dass er aus Glaubens- oder Gewissensgründen keinen Eid leisten wolle, so hat er eine Bekräftigung abzugeben. Diese Bekräftigung steht dem Eid gleich; hierauf ist der Verpflichtete hinzuweisen.

(2) Die Bekräftigung wird in der Weise abgegeben, dass der Richter die Eidesnorm als Bekräftigungsnorm mit der Eingangsformel:

"Sie bekräftigen im Bewusstsein Ihrer Verantwortung vor Gericht"

vorspricht und der Verpflichtete darauf spricht:

"Ja".

(3) § 481 Abs. 3, 5, § 483 gelten entsprechend.

§ 485 Zulässigkeit

(1) Während oder außerhalb eines Streitverfahrens kann auf Antrag einer Partei die Einnahme des Augenscheins, die Vernehmung von Zeugen oder die Begutachtung durch einen Sachverständigen angeordnet werden, wenn der Gegner zustimmt oder zu besorgen ist, dass das Beweismittel verloren geht oder seine Benutzung erschwert wird.

(2) Ist ein Rechtsstreit noch nicht anhängig, kann eine Partei die schriftliche Begutachtung durch einen Sachverständigen beantragen, wenn sie ein rechtliches Interesse daran hat, dass

1. der Zustand einer Person oder der Zustand oder Wert einer Sache,
2. die Ursache eines Personenschadens, Sachschadens oder Sachmangels,
3. der Aufwand für die Beseitigung eines Personenschadens, Sachschadens oder Sachmangels festgestellt wird. Ein rechtliches Interesse ist anzunehmen, wenn die Feststellung der Vermeidung eines Rechtsstreits dienen kann.

(3) Soweit eine Begutachtung bereits gerichtlich angeordnet worden ist, findet eine neue Begutachtung nur statt, wenn die Voraussetzungen des § 412 erfüllt sind.

§ 486 Zuständiges Gericht

(1) Ist ein Rechtsstreit anhängig, so ist der Antrag bei dem Prozessgericht zu stellen.

(2) Ist ein Rechtsstreit noch nicht anhängig, so ist der Antrag bei dem Gericht zu stellen, das nach dem Vortrag des Antragstellers zur Entscheidung in der Hauptsache berufen wäre. In dem nachfolgenden Streitverfahren kann sich der Antragsteller auf die Unzuständigkeit des Gerichts nicht berufen.

(3) In Fällen dringender Gefahr kann der Antrag auch bei dem Amtsgericht gestellt werden, in dessen Bezirk die zu vernehmende oder zu begutachtende Person sich aufhält oder die in Augenschein zu nehmende oder zu begutachtende Sache sich befindet.

(4) Der Antrag kann vor der Geschäftsstelle zu Protokoll erklärt werden.

§ 487 Inhalt des Antrages

Der Antrag muss enthalten:

1. die Bezeichnung des Gegners;
2. die Bezeichnung der Tatsachen, über die Beweis erhoben werden soll;
3. die Benennung der Zeugen oder die Bezeichnung der übrigen nach § 485 zulässigen Beweismittel;
4. die Glaubhaftmachung der Tatsachen, die die Zulässigkeit des selbständigen Beweisverfahrens und die Zuständigkeit des Gerichts begründen sollen.

§§ 488, 489

(weggefallen)

§ 490 Entscheidung über den Antrag

(1) Über den Antrag entscheidet das Gericht durch Beschluss.

(2) In dem Beschluss, durch welchen dem Antrag stattgegeben wird, sind die Tatsachen, über die der Beweis zu erheben ist, und die Beweismittel unter Benennung der zu vernehmenden Zeugen und Sachverständigen zu bezeichnen. Der Beschluss ist nicht anfechtbar.

§ 491 Ladung des Gegners

(1) Der Gegner ist, sofern es nach den Umständen des Falles geschehen kann, unter Zustellung des Beschlusses und einer Abschrift des Antrags zu dem für die Beweisaufnahme bestimmten Termin so zeitig zu laden, dass er in diesem Termin seine Rechte wahrzunehmen vermag.

(2) Die Nichtbefolgung dieser Vorschrift steht der Beweisaufnahme nicht entgegen.

§ 492 Beweisaufnahme

(1) Die Beweisaufnahme erfolgt nach den für die Aufnahme des betreffenden Beweismittels überhaupt geltenden Vorschriften.

(2) Das Protokoll über die Beweisaufnahme ist bei dem Gericht, das sie angeordnet hat, aufzubewahren.

(3) Das Gericht kann die Parteien zur mündlichen Erörterung laden, wenn eine Einigung zu erwarten ist; ein Vergleich ist zu gerichtlichem Protokoll zu nehmen.

§ 493 Benutzung im Prozess

(1) Beruft sich eine Partei im Prozess auf Tatsachen, über die selbständig Beweis erhoben worden ist, so steht die selbständige Beweiserhebung einer Beweisaufnahme vor dem Prozessgericht gleich.

(2) War der Gegner in einem Termin im selbständigen Beweisverfahren nicht erschienen, so kann das Ergebnis nur benutzt werden, wenn der Gegner rechtzeitig geladen war.

§ 494 Unbekannter Gegner

(1) Wird von dem Beweisführer ein Gegner nicht bezeichnet, so ist der Antrag nur dann zulässig, wenn der Beweisführer glaubhaft macht, dass er ohne sein Verschulden außerstande sei, den Gegner zu bezeichnen.

(2) Wird dem Antrag stattgegeben, so kann das Gericht dem unbekannten Gegner zur Wahrnehmung seiner Rechte bei der Beweisaufnahme einen Vertreter bestellen.

§ 494a Frist zur Klageerhebung

(1) Ist ein Rechtsstreit nicht anhängig, hat das Gericht nach Beendigung der Beweiserhebung auf Antrag ohne mündliche Verhandlung anzuordnen, dass der Antragsteller binnen einer zu bestimmenden Frist Klage zu erheben hat.

(2) Kommt der Antragsteller dieser Anordnung nicht nach, hat das Gericht auf Antrag durch Beschluss auszusprechen, dass er die dem Gegner entstandenen Kosten zu tragen hat. Die Entscheidung unterliegt der sofortigen Beschwerde.

§ 567 Sofortige Beschwerde; Anschlussbeschwerde

(1) Die sofortige Beschwerde findet statt gegen die im ersten Rechtszug ergangenen Entscheidungen der Amtsgerichte und Landgerichte, wenn

1. dies im Gesetz ausdrücklich bestimmt ist oder
2. es sich um solche eine mündliche Verhandlung nicht erfordernde Entscheidungen handelt, durch die ein das Verfahren betreffendes Gesuch zurückgewiesen worden ist.

(2) Gegen Entscheidungen über Kosten ist die Beschwerde nur zulässig, wenn der Wert des Beschwerdegegenstands 200 Euro übersteigt.

(3) Der Beschwerdegegner kann sich der Beschwerde anschließen, selbst wenn er auf die Beschwerde verzichtet hat oder die Beschwerdefrist verstrichen ist. Die Anschließung verliert ihre Wirkung, wenn die Beschwerde zurückgenommen oder als unzulässig verworfen wird.

§ 568 Originärer Einzelrichter

Das Beschwerdegericht entscheidet durch eines seiner Mitglieder als Einzelrichter, wenn die angefochtene Entscheidung von einem Einzelrichter oder einem Rechtspfleger erlassen wurde. Der Einzelrichter überträgt das Verfahren dem Beschwerdegericht zur Entscheidung in der im Gerichtsverfassungsgesetz vorgeschriebenen Besetzung, wenn

1. die Sache besondere Schwierigkeiten tatsächlicher oder rechtlicher Art aufweist

oder

2. die Rechtssache grundsätzliche Bedeutung hat.

Auf eine erfolgte oder unterlassene Übertragung kann ein Rechtsmittel nicht gestützt werden.

§ 569 Frist und Form

(1) Die sofortige Beschwerde ist, soweit keine andere Frist bestimmt ist, binnen einer Notfrist von zwei Wochen bei dem Gericht, dessen Entscheidung angefochten wird, oder bei dem Beschwerdegericht einzulegen. Die Notfrist beginnt, soweit nichts anderes bestimmt ist, mit der Zustellung der Entscheidung, spätestens mit dem Ablauf von fünf Monaten nach der Verkündung des Beschlusses. Liegen die Erfordernisse der Nichtigkeits- oder der Restitutionsklage vor, so kann die Beschwerde auch nach Ablauf der Notfrist innerhalb der für diese Klagen geltenden Notfristen erhoben werden.

(2) Die Beschwerde wird durch Einreichung einer Beschwerdeschrift eingelegt. Die Beschwerdeschrift muss die Bezeichnung der angefochtenen Entscheidung sowie die Erklärung enthalten, dass Beschwerde gegen diese Entscheidung eingelegt werde.

(3) Die Beschwerde kann auch durch Erklärung zu Protokoll der Geschäftsstelle eingelegt werden, wenn

1. der Rechtsstreit im ersten Rechtszug nicht als Anwaltsprozess zu führen ist oder war,
2. die Beschwerde die Prozesskostenhilfe betrifft oder
3. sie von einem Zeugen, Sachverständigen oder Dritten im Sinne der §§ 142, 144 erhoben wird.

§ 570 Aufschiebende Wirkung; einstweilige Anordnungen

(1) Die Beschwerde hat nur dann aufschiebende Wirkung, wenn sie die Festsetzung eines Ordnungs- oder Zwangsmittels zum Gegenstand hat.

(2) Das Gericht oder der Vorsitzende, dessen Entscheidung angefochten wird, kann die Vollziehung der Entscheidung aussetzen.

(3) Das Beschwerdegericht kann vor der Entscheidung eine einstweilige Anordnung erlassen; es kann insbesondere die Vollziehung der angefochtenen Entscheidung aussetzen.

§ 571 Begründung, Präklusion, Ausnahmen vom Anwaltszwang

(1) Die Beschwerde soll begründet werden.

(2) Die Beschwerde kann auf neue Angriffs- und Verteidigungsmittel gestützt werden. Sie kann nicht darauf gestützt werden, dass das Gericht des ersten Rechtszuges seine Zuständigkeit zu Unrecht angenommen hat.

(3) Der Vorsitzende oder das Beschwerdegericht kann für das Vorbringen von Angriffs- und Verteidigungsmitteln eine Frist setzen. Werden Angriffs- und Verteidigungsmittel nicht innerhalb der Frist vorgebracht, so sind sie nur zuzulassen, wenn nach der freien Überzeugung des Gerichts ihre Zulassung die Erledigung des Verfahrens nicht verzögern würde oder wenn die Partei die Verspätung genügend entschuldigt. Der Entschuldigungsgrund ist auf Verlangen des Gerichts glaubhaft zu machen.

(4) Ordnet das Gericht eine schriftliche Erklärung an, so kann diese zu Protokoll der Geschäftsstelle abgegeben werden, wenn die Beschwerde zu Protokoll der Geschäftsstelle eingelegt werden darf (§ 569 Abs. 3).

§ 572 Gang des Beschwerdeverfahrens

(1) Erachtet das Gericht oder der Vorsitzende, dessen Entscheidung angefochten wird, die Beschwerde für begründet, so haben sie ihr abzuhelfen; andernfalls ist die Beschwerde unverzüglich dem Beschwerdegericht vorzulegen. § 318 bleibt unberührt.

(2) Das Beschwerdegericht hat von Amts wegen zu prüfen, ob die Beschwerde an sich statthaft und ob sie in der gesetzlichen Form und Frist eingelegt ist. Mangelt es an einem dieser Erfordernisse, so ist die Beschwerde als unzulässig zu verwerfen.

(3) Erachtet das Beschwerdegericht die Beschwerde für begründet, so kann es dem Gericht oder Vorsitzenden, von dem die beschwerende Entscheidung erlassen war, die erforderliche Anordnung übertragen.

(4) Die Entscheidung über die Beschwerde ergeht durch Beschluss.

§ 573 Erinnerung

(1) Gegen die Entscheidungen des beauftragten oder ersuchten Richters oder des Urkundsbeamten der Geschäftsstelle kann binnen einer Notfrist von zwei Wochen die Entscheidung des Gerichts beantragt werden (Erinnerung). Die Erinnerung ist schriftlich oder zu Protokoll der Geschäftsstelle einzulegen. § 569 Abs. 1 Satz 1 und 2, Abs. 2 und die §§ 570 und 572 gelten entsprechend.

(2) Gegen die im ersten Rechtszug ergangene Entscheidung des Gerichts über die Erinnerung findet die sofortige Beschwerde statt.

(3) Die Vorschrift des Absatzes 1 gilt auch für die Oberlandesgerichte und den Bundesgerichtshof.

§ 574 Rechtsbeschwerde; Anschlussrechtsbeschwerde

(1) Gegen einen Beschluss ist die Rechtsbeschwerde statthaft, wenn

1. dies im Gesetz ausdrücklich bestimmt ist oder
2. das Beschwerdegericht, das Berufungsgericht oder das Oberlandesgericht im ersten Rechtszug sie in dem Beschluss zugelassen hat.

§ 542 Abs. 2 gilt entsprechend.

(2) In den Fällen des Absatzes 1 Nr. 1 ist die Rechtsbeschwerde nur zulässig, wenn

1. die Rechtssache grundsätzliche Bedeutung hat oder

2. die Fortbildung des Rechts oder die Sicherung einer einheitlichen Rechtsprechung eine Entscheidung des Rechtsbeschwerdegerichts erfordert.

(3) In den Fällen des Absatzes 1 Nr. 2 ist die Rechtsbeschwerde zuzulassen, wenn die Voraussetzungen des Absatzes 2 vorliegen. Das Rechtsbeschwerdegericht ist an die Zulassung gebunden.

(4) Der Rechtsbeschwerdegegner kann sich bis zum Ablauf einer Notfrist von einem Monat nach der Zustellung der Begründungsschrift der Rechtsbeschwerde durch Einreichen der Rechtsbeschwerdeanschlussschrift beim Rechtsbeschwerdegericht anschließen, auch wenn er auf die Rechtsbeschwerde verzichtet hat, die Rechtsbeschwerdefrist verstrichen oder die Rechtsbeschwerde nicht zugelassen worden ist. Die Anschlussbeschwerde ist in der Anschlussschrift zu begründen. Die Anschließung verliert ihre Wirkung, wenn die Rechtsbeschwerde zurückgenommen oder als unzulässig verworfen wird.

§ 575 Frist, Form und Begründung der Rechtsbeschwerde

(1) Die Rechtsbeschwerde ist binnen einer Notfrist von einem Monat nach Zustellung des Beschlusses durch Einreichen einer Beschwerdeschrift bei dem Rechtsbeschwerdegericht einzulegen. Die Rechtsbeschwerdeschrift muss enthalten:

1. die Bezeichnung der Entscheidung, gegen die die Rechtsbeschwerde gerichtet wird und

2. die Erklärung, dass gegen diese Entscheidung Rechtsbeschwerde eingelegt werde.

Mit der Rechtsbeschwerdeschrift soll eine Ausfertigung oder beglaubigte Abschrift der angefochtenen Entscheidung vorgelegt werden.

(2) Die Rechtsbeschwerde ist, sofern die Beschwerdeschrift keine Begründung enthält, binnen einer Frist von einem Monat zu begründen. Die Frist beginnt mit der Zustellung der angefochtenen Entscheidung. § 551 Abs. 2 Satz 5 und 6 gilt entsprechend.

(3) Die Begründung der Rechtsbeschwerde muss enthalten:

1. die Erklärung, inwieweit die Entscheidung des Beschwerdegerichts oder des Berufungsgerichts angefochten und deren Aufhebung beantragt werde (Rechtsbeschwerdeanträge),

2. in den Fällen des § 574 Abs. 1 Nr. 1 eine Darlegung zu den Zulässigkeitsvoraussetzungen des § 574 Abs. 2,

3. die Angabe der Rechtsbeschwerdegründe, und zwar

   a) die bestimmte Bezeichnung der Umstände, aus denen sich die Rechtsverletzung ergibt;

   b) soweit die Rechtsbeschwerde darauf gestützt wird, dass das Gesetz in Bezug auf das Verfahren verletzt sei, die Bezeichnung der Tatsachen, die den Mangel ergeben.

(4) Die allgemeinen Vorschriften über die vorbereitenden Schriftsätze sind auch auf die Beschwerde- und die Begründungsschrift anzuwenden. Die Beschwerde- und die Begründungsschrift sind der Gegenpartei zuzustellen.

(5) Die §§ 541 und 570 Abs. 1, 3 gelten entsprechend.

§ 576 Gründe der Rechtsbeschwerde

(1) Die Rechtsbeschwerde kann nur darauf gestützt werden, dass die Entscheidung auf der Verletzung des Bundesrechts oder einer Vorschrift beruht, deren Geltungsbereich sich über den Bezirk eines Oberlandesgerichts hinaus erstreckt.

(2) Die Rechtsbeschwerde kann nicht darauf gestützt werden, dass das Gericht des ersten Rechtszuges seine Zuständigkeit zu Unrecht angenommen oder verneint hat.

(3) Die §§ 546, 547, 556 und 560 gelten entsprechend.

§ 577 Prüfung und Entscheidung der Rechtsbeschwerde

(1) Das Rechtsbeschwerdegericht hat von Amts wegen zu prüfen, ob die Rechtsbeschwerde an sich statthaft und ob sie in der gesetzlichen Form und Frist eingelegt und begründet ist. Mangelt es an einem dieser Erfordernisse, so ist die Rechtsbeschwerde als unzulässig zu verwerfen.

(2) Der Prüfung des Rechtsbeschwerdegerichts unterliegen nur die von den Parteien gestellten Anträge. Das Rechtsbeschwerdegericht ist an die geltend gemachten Rechtsbeschwerdegründe nicht gebunden. Auf Verfahrensmängel, die nicht von Amts wegen zu berücksichtigen sind, darf die angefochtene Entscheidung nur geprüft werden, wenn die Mängel nach § 575 Abs. 3 und § 574 Abs. 4 Satz 2 gerügt worden sind. § 559 gilt entsprechend.

(3) Ergibt die Begründung der angefochtenen Entscheidung zwar eine Rechtsverletzung, stellt die Entscheidung selbst aber aus anderen Gründen sich als richtig dar, so ist die Rechtsbeschwerde zurückzuweisen.

(4) Wird die Rechtsbeschwerde für begründet erachtet, ist die angefochtene Entscheidung aufzuheben und die Sache zur erneuten Entscheidung zurückzuverweisen. § 562 Abs. 2 gilt entsprechend. Die Zurückverweisung kann an einen anderen Spruchkörper des Gerichts erfolgen, das die angefochtene Entscheidung erlassen hat. Das Gericht, an das die Sache zurückverwiesen ist, hat die rechtliche Beurteilung, die der Aufhebung zugrunde liegt, auch seiner Entscheidung zugrunde zu legen.

(5) Das Rechtsbeschwerdegericht hat in der Sache selbst zu entscheiden, wenn die Aufhebung der Entscheidung nur wegen Rechtsverletzung bei Anwendung des Rechts auf das festgestellte Sachverhältnis erfolgt und nach letzterem die Sache zur Endentscheidung reif ist. § 563 Abs. 4 gilt entsprechend.

(6) Die Entscheidung über die Rechtsbeschwerde ergeht durch Beschluss. § 564 gilt entsprechend. Im Übrigen kann von einer Begründung abgesehen werden, wenn sie nicht geeignet wäre, zur Klärung von Rechtsfragen grundsätzlicher Bedeutung, zur Fortbildung des Rechts oder zur Sicherung einer einheitlichen Rechtsprechung beizutragen.

§ 578 Arten der Wiederaufnahme

(1) Die Wiederaufnahme eines durch rechtskräftiges Endurteil geschlossenen Verfahrens kann durch Nichtigkeitsklage und durch Restitutionsklage erfolgen.

(2) Werden beide Klagen von derselben Partei oder von verschiedenen Parteien erhoben, so ist die Verhandlung und Entscheidung über die Restitutionsklage bis zur rechtskräftigen Entscheidung über die Nichtigkeitsklage auszusetzen.

§ 579 Nichtigkeitsklage

(1) Die Nichtigkeitsklage findet statt:

1. wenn das erkennende Gericht nicht vorschriftsmäßig besetzt war;
2. wenn ein Richter bei der Entscheidung mitgewirkt hat, der von der Ausübung des Richteramts kraft Gesetzes ausgeschlossen war, sofern nicht dieses Hindernis mittels eines Ablehnungsgesuchs oder eines Rechtsmittels ohne Erfolg geltend gemacht ist;

3. wenn bei der Entscheidung ein Richter mitgewirkt hat, obgleich er wegen Besorgnis der Befangenheit abgelehnt und das Ablehnungsgesuch für begründet erklärt war;

4. wenn eine Partei in dem Verfahren nicht nach Vorschrift der Gesetze vertreten war, sofern sie nicht die Prozessführung ausdrücklich oder stillschweigend genehmigt hat.

(2) In den Fällen der Nummern 1, 3 findet die Klage nicht statt, wenn die Nichtigkeit mittels eines Rechtsmittels geltend gemacht werden konnte.

§ 580 Restitutionsklage

Die Restitutionsklage findet statt:

1. wenn der Gegner durch Beeidigung einer Aussage, auf die das Urteil gegründet ist, sich einer vorsätzlichen oder fahrlässigen Verletzung der Eidespflicht schuldig gemacht hat;

2. wenn eine Urkunde, auf die das Urteil gegründet ist, fälschlich angefertigt oder verfälscht war;

3. wenn bei einem Zeugnis oder Gutachten, auf welches das Urteil gegründet ist, der Zeuge oder Sachverständige sich einer strafbaren Verletzung der Wahrheitspflicht schuldig gemacht hat;

4. wenn das Urteil von dem Vertreter der Partei oder von dem Gegner oder dessen Vertreter durch eine in Beziehung auf den Rechtsstreit verübte Straftat erwirkt ist;

5. wenn ein Richter bei dem Urteil mitgewirkt hat, der sich in Beziehung auf den Rechtsstreit einer strafbaren Verletzung seiner Amtspflichten gegen die Partei schuldig gemacht hat;

6. wenn das Urteil eines ordentlichen Gerichts, eines früheren Sondergerichts oder eines Verwaltungsgerichts, auf welches das Urteil gegründet ist, durch ein anderes rechtskräftiges Urteil aufgehoben ist;

7. wenn die Partei

   a) ein in derselben Sache erlassenes, früher rechtskräftig gewordenes Urteil oder

   b) eine andere Urkunde auffindet oder zu benutzen in den Stand gesetzt wird, die eine ihr günstigere Entscheidung herbeigeführt haben würde;

8. wenn der Europäische Gerichtshof für Menschenrechte eine Verletzung der Europäischen Konvention zum Schutz der Menschenrechte und Grundfreiheiten oder ihrer Protokolle festgestellt hat und das Urteil auf dieser Verletzung beruht.

§ 581 Besondere Voraussetzungen der Restitutionsklage

(1) In den Fällen des vorhergehenden Paragraphen Nummern 1 bis 5 findet die Restitutionsklage nur statt, wenn wegen der Straftat eine rechtskräftige Verurteilung ergangen ist oder wenn die Einleitung oder Durchführung eines Strafverfahrens aus anderen Gründen als wegen Mangels an Beweis nicht erfolgen kann.

(2) Der Beweis der Tatsachen, welche die Restitutionsklage begründen, kann durch den Antrag auf Parteivernehmung nicht geführt werden.

§ 582 Hilfsnatur der Restitutionsklage

Die Restitutionsklage ist nur zulässig, wenn die Partei ohne ihr Verschulden außerstande war, den Restitutionsgrund in dem früheren Verfahren, insbesondere durch Einspruch oder Berufung oder mittels Anschließung an eine Berufung, geltend zu machen.

§ 583 Vorentscheidungen

Mit den Klagen können Anfechtungsgründe, durch die eine dem angefochtenen Urteil vorausgegangene Entscheidung derselben oder einer unteren Instanz betroffen wird, geltend gemacht werden, sofern das angefochtene Urteil auf dieser Entscheidung beruht.

§ 584 Ausschließliche Zuständigkeit für Nichtigkeits- und Restitutionsklagen

(1) Für die Klagen ist ausschließlich zuständig: das Gericht, das im ersten Rechtszug erkannt hat; wenn das angefochtene Urteil oder auch nur eines von mehreren angefochtenen Urteilen von dem Berufungsgericht erlassen wurde oder wenn ein in der Revisionsinstanz erlassenes Urteil auf Grund des § 580 Nr. 1 bis 3, 6, 7 angefochten wird, das Berufungsgericht; wenn ein in der Revisionsinstanz erlassenes Urteil auf Grund der §§ 579, 580 Nr. 4, 5 angefochten wird, das Revisionsgericht.

(2) Sind die Klagen gegen einen Vollstreckungsbescheid gerichtet, so gehören sie ausschließlich vor das Gericht, das für eine Entscheidung im Streitverfahren zuständig gewesen wäre.

§ 585 Allgemeine Verfahrensgrundsätze

Für die Erhebung der Klagen und das weitere Verfahren gelten die allgemeinen Vorschriften entsprechend, sofern nicht aus den Vorschriften dieses Gesetzes sich eine Abweichung ergibt.

§ 586 Klagefrist

(1) Die Klagen sind vor Ablauf der Notfrist eines Monats zu erheben.

(2) Die Frist beginnt mit dem Tag, an dem die Partei von dem Anfechtungsgrund Kenntnis erhalten hat, jedoch nicht vor eingetretener Rechtskraft des Urteils. Nach Ablauf von fünf Jahren, von dem Tag der Rechtskraft des Urteils an gerechnet, sind die Klagen unstatthaft.

(3) Die Vorschriften des vorstehenden Absatzes sind auf die Nichtigkeitsklage wegen mangelnder Vertretung nicht anzuwenden; die Frist für die Erhebung der Klage läuft von dem Tag, an dem der Partei und bei mangelnder Prozessfähigkeit ihrem gesetzlichen Vertreter das Urteil zugestellt ist.

(4) Die Vorschrift des Absatzes 2 Satz 2 ist auf die Restitutionsklage nach § 580 Nummer 8 nicht anzuwenden.

§ 587 Klageschrift

In der Klage muss die Bezeichnung des Urteils, gegen das die Nichtigkeits- oder Restitutionsklage gerichtet wird, und die Erklärung, welche dieser Klagen erhoben wird, enthalten sein.

§ 588 Inhalt der Klageschrift

(1) Als vorbereitender Schriftsatz soll die Klage enthalten:

1. die Bezeichnung des Anfechtungsgrundes;
2. die Angabe der Beweismittel für die Tatsachen, die den Grund und die Einhaltung der Notfrist ergeben;
3. die Erklärung, inwieweit die Beseitigung des angefochtenen Urteils und welche andere Entscheidung in der Hauptsache beantragt werde.

(2) Dem Schriftsatz, durch den eine Restitutionsklage erhoben wird, sind die Urkunden, auf die sie gestützt wird, in Urschrift oder in Abschrift beizufügen. Befinden sich die Urkunden nicht in den Händen des Klägers, so hat er zu erklären, welchen Antrag er wegen ihrer Herbeischaffung zu stellen beabsichtigt.

§ 589 Zulässigkeitsprüfung

(1) Das Gericht hat von Amts wegen zu prüfen, ob die Klage an sich statthaft und ob sie in der gesetzlichen Form und Frist erhoben sei. Mangelt es an einem dieser Erfordernisse, so ist die Klage als unzulässig zu verwerfen.

(2) Die Tatsachen, die ergeben, dass die Klage vor Ablauf der Notfrist erhoben ist, sind glaubhaft zu machen.

§ 590 Neue Verhandlung

(1) Die Hauptsache wird, insoweit sie von dem Anfechtungsgrunde betroffen ist, von neuem verhandelt.

(2) Das Gericht kann anordnen, dass die Verhandlung und Entscheidung über Grund und Zulässigkeit der Wiederaufnahme des Verfahrens vor der Verhandlung über die Hauptsache erfolge. In diesem Fall ist die Verhandlung über die Hauptsache als Fortsetzung der Verhandlung über Grund und Zulässigkeit der Wiederaufnahme des Verfahrens anzusehen.

(3) Das für die Klagen zuständige Revisionsgericht hat die Verhandlung über Grund und Zulässigkeit der Wiederaufnahme des Verfahrens zu erledigen, auch wenn diese Erledigung von der Feststellung und Würdigung bestrittener Tatsachen abhängig ist.

§ 591 Rechtsmittel

Rechtsmittel sind insoweit zulässig, als sie gegen die Entscheidungen der mit den Klagen befassten Gerichte überhaupt stattfinden.

§ 707 Einstweilige Einstellung der Zwangsvollstreckung

(1) Wird die Wiedereinsetzung in den vorigen Stand oder eine Wiederaufnahme des Verfahrens beantragt oder die Rüge nach § 321a erhoben oder wird der Rechtsstreit nach der Verkündung eines Vorbehaltsurteils fortgesetzt, so kann das Gericht auf Antrag anordnen, dass die Zwangsvollstreckung gegen oder ohne Sicherheitsleistung einstweilen eingestellt werde oder nur gegen Sicherheitsleistung stattfinde und dass die Vollstreckungsmaßregeln gegen Sicherheitsleistung aufzuheben seien. Die Einstellung der Zwangsvollstreckung ohne Sicherheitsleistung ist nur zulässig, wenn glaubhaft gemacht wird, dass der Schuldner zur Sicherheitsleistung nicht in der Lage ist und die Vollstreckung einen nicht zu ersetzenden Nachteil bringen würde.

(2) Die Entscheidung ergeht durch Beschluss. Eine Anfechtung des Beschlusses findet nicht statt.

§ 737 Zwangsvollstreckung bei Vermögens- oder Erbschaftsnießbrauch

(1) Bei dem Nießbrauch an einem Vermögen ist wegen der vor der Bestellung des Nießbrauchs entstandenen Verbindlichkeiten des Bestellers die Zwangsvollstreckung in die dem Nießbrauch unterliegenden Gegenstände ohne Rücksicht auf den Nießbrauch zulässig, wenn der Besteller zu der Leistung und der Nießbraucher zur Duldung der Zwangsvollstreckung verurteilt ist.

(2) Das Gleiche gilt bei dem Nießbrauch an einer Erbschaft für die Nachlassverbindlichkeiten.

§ 739 Gewahrsamsvermutung bei Zwangsvollstreckung gegen Ehegatten und Lebenspartner

(1) Wird zugunsten der Gläubiger eines der Ehegatten gemäß § 1362 des Bürgerlichen Gesetzbuchs vermutet, dass der Schuldner Eigentümer beweglicher Sachen ist, so gilt, unbeschadet der Rechte Dritter, für die Durchführung der Zwangsvollstreckung nur der Schuldner als Gewahrsamsinhaber und Besitzer.

(2) Absatz 1 gilt entsprechend für die Vermutung des § 8 Abs. 1 des Lebenspartnerschaftsgesetzes zugunsten der Gläubiger eines der Lebenspartner.

§ 740 Zwangsvollstreckung in das Gesamtgut

(1) Leben die Ehegatten oder Lebenspartner in Gütergemeinschaft und verwaltet einer von ihnen das Gesamtgut allein, so ist zur Zwangsvollstreckung in das Gesamtgut ein Urteil gegen diesen Ehegatten oder Lebenspartner erforderlich und genügend.

(2) Verwalten die Ehegatten oder Lebenspartner das Gesamtgut gemeinschaftlich, so ist die Zwangsvollstreckung in das Gesamtgut nur zulässig, wenn beide Ehegatten oder Lebenspartner zur Leistung verurteilt sind.

§ 741 Zwangsvollstreckung in das Gesamtgut bei Erwerbsgeschäft

Betreibt ein Ehegatte, der in Gütergemeinschaft lebt und das Gesamtgut nicht oder nicht allein verwaltet, selbständig ein Erwerbsgeschäft, so genügt zur Zwangsvollstreckung in das Gesamtgut ein gegen ihn ergangenes Urteil.

§ 742 Vollstreckbare Ausfertigung bei Gütergemeinschaft während des Rechtsstreits

Ist die Gütergemeinschaft erst eingetreten, nachdem ein von einem Ehegatten oder Lebenspartner oder gegen einen Ehegatten oder Lebenspartner geführter Rechtsstreit rechtshängig geworden ist, und verwaltet dieser Ehegatte oder Lebenspartner das Gesamtgut nicht oder nicht allein, so sind auf die Erteilung einer in Ansehung des Gesamtgutes vollstreckbaren Ausfertigung des Urteils für oder gegen den anderen Ehegatten oder Lebenspartner die Vorschriften der §§ 727, 730 bis 732 entsprechend anzuwenden.

§ 743 Beendete Gütergemeinschaft

Nach der Beendigung der Gütergemeinschaft ist vor der Auseinandersetzung die Zwangsvollstreckung in das Gesamtgut nur zulässig, wenn

1. beide Ehegatten oder Lebenspartner zu der Leistung verurteilt sind oder
2. der eine Ehegatte oder Lebenspartner zu der Leistung verurteilt ist und der andere zur Duldung der Zwangsvollstreckung.

§ 744 Vollstreckbare Ausfertigung bei beendeter Gütergemeinschaft

Ist die Beendigung der Gütergemeinschaft nach der Beendigung eines Rechtsstreits des Ehegatten oder Lebenspartners eingetreten, der das Gesamtgut allein verwaltet, so sind auf die Erteilung einer in Ansehung des Gesamtgutes vollstreckbaren Ausfertigung des Urteils gegen den anderen Ehegatten oder Lebenspartner die Vorschriften der §§ 727, 730 bis 732 entsprechend anzuwenden.

§ 744a Zwangsvollstreckung bei Eigentums- und Vermögensgemeinschaft

Leben die Ehegatten gemäß Artikel 234 § 4 Abs. 2 des Einführungsgesetzes zum Bürgerlichen Gesetzbuch im Güterstand der Eigentums- und Vermögensgemeinschaft, sind für die Zwangsvollstreckung in Gegenstände des gemeinschaftlichen Eigentums und Vermögens die §§ 740 bis 744, 774 und 860 entsprechend anzuwenden.

§ 745 Zwangsvollstreckung bei fortgesetzter Gütergemeinschaft

(1) Im Falle der fortgesetzten Gütergemeinschaft ist zur Zwangsvollstreckung in das Gesamtgut ein gegen den überlebenden Ehegatten oder Lebenspartner ergangenes Urteil erforderlich und genügend.

(2) Nach der Beendigung der fortgesetzten Gütergemeinschaft gelten die §§ 743 und 744 mit der Maßgabe, dass

1. an die Stelle desjenigen Ehegatten oder Lebenspartners, der das Gesamtgut allein verwaltet, der überlebende Ehegatte oder Lebenspartner tritt und

2. an die Stelle des anderen Ehegatten oder Lebenspartners die anteilsberechtigten Abkömmlinge treten.

§ 747 Zwangsvollstreckung in ungeteilten Nachlass

Zur Zwangsvollstreckung in einen Nachlass ist, wenn mehrere Erben vorhanden sind, bis zur Teilung ein gegen alle Erben ergangenes Urteil erforderlich.

§ 748 Zwangsvollstreckung bei Testamentsvollstrecker

(1) Unterliegt ein Nachlass der Verwaltung eines Testamentsvollstreckers, so ist zur Zwangsvollstreckung in den Nachlass ein gegen den Testamentsvollstrecker ergangenes Urteil erforderlich und genügend.

(2) Steht dem Testamentsvollstrecker nur die Verwaltung einzelner Nachlassgegenstände zu, so ist die Zwangsvollstreckung in diese Gegenstände nur zulässig, wenn der Erbe zu der Leistung, der Testamentsvollstrecker zur Duldung der Zwangsvollstreckung verurteilt ist.

(3) Zur Zwangsvollstreckung wegen eines Pflichtteilanspruchs ist im Falle des Absatzes 1 wie im Falle des Absatzes 2 ein sowohl gegen den Erben als gegen den Testamentsvollstrecker ergangenes Urteil erforderlich.

§ 757a Auskunfts- und Unterstützungsersuchen

(1) Der Gerichtsvollzieher kann die zuständige Polizeidienststelle um Auskunft ersuchen, ob nach polizeilicher Einschätzung bei einer durchzuführenden Vollstreckungshandlung eine Gefahr für Leib oder Leben des Gerichtsvollziehers oder einer weiteren an der Vollstreckungshandlung beteiligten Person besteht.

(2) In dem Auskunftsersuchen nach Absatz 1 ist Folgendes anzugeben:

1. Art und Ort der Vollstreckungshandlung,
2. Vornamen und Name des Schuldners,
3. soweit bekannt Geburtsname, Geburtsdatum und Geburtsort des Schuldners sowie
4. Wohnanschrift des Schuldners.

(3) Erteilt die Polizeidienststelle die Auskunft, dass nach polizeilicher Einschätzung eine Gefahr nach Absatz 1 besteht, so kann der Gerichtsvollzieher um Unterstützung durch die polizeilichen Vollzugsorgane bei der durchzuführenden Vollstreckungshandlung nachsuchen. Ein Unterstützungsersuchen kann der Gerichtsvollzieher auch zusammen mit einem Auskunftsersuchen nach Absatz 1 stellen.

(4) Der Gerichtsvollzieher kann auch ohne Auskunftsersuchen ein Unterstützungsersuchen stellen, wenn

1. Anhaltspunkte für das Bestehen einer Gefahr nach Absatz 1 vorliegen oder
2. sich die Gefahr aus der Art der Vollstreckungshandlung ergibt.

Auf Unterstützungsersuchen nach Satz 1 ist Absatz 2 entsprechend anzuwenden; bei Unterstützungsersuchen nach Satz 1 Nummer 1 hat der Gerichtsvollzieher zusätzlich die tatsächlichen Anhaltspunkte für das Vorliegen einer Gefahr nach Absatz 1 und, sofern die Gefahr von einer dritten Person ausgeht, die ihm bekannten Daten nach Absatz 2 Nummer 2 bis 4 über die dritte Person anzugeben.

(5) Über die Durchführung eines Auskunfts- oder eines Unterstützungsersuchens setzt der Gerichtsvollzieher den Schuldner oder, sofern Daten einer dritten Person nach Absatz 4 Satz 2 Halbsatz 2 übermittelt worden sind, die dritte Person unverzüglich nach Erledigung des Vollstreckungsauftrags in Kenntnis. Abweichend von § 760 Satz 1 darf in Bezug auf Inhalte der Akten

des Gerichtsvollziehers, die in Zusammenhang mit einem Auskunfts- oder einem Unterstützungsersuchen stehen, neben dem Schuldner nur der dritten Person, deren Daten übermittelt worden sind, Akteneinsicht gestattet und eine Abschrift erteilt werden; § 760 Satz 2 bleibt unberührt.

§ 758a Richterliche Durchsuchungsanordnung; Vollstreckung zur Unzeit

(1) Die Wohnung des Schuldners darf ohne dessen Einwilligung nur auf Grund einer Anordnung des Richters bei dem Amtsgericht durchsucht werden, in dessen Bezirk die Durchsuchung erfolgen soll. Dies gilt nicht, wenn die Einholung der Anordnung den Erfolg der Durchsuchung gefährden würde.

(2) Auf die Vollstreckung eines Titels auf Räumung oder Herausgabe von Räumen und auf die Vollstreckung eines Haftbefehls nach § 802g ist Absatz 1 nicht anzuwenden.

(3) Willigt der Schuldner in die Durchsuchung ein oder ist eine Anordnung gegen ihn nach Absatz 1 Satz 1 ergangen oder nach Absatz 1 Satz 2 entbehrlich, so haben Personen, die Mitgewahrsam an der Wohnung des Schuldners haben, die Durchsuchung zu dulden. Unbillige Härten gegenüber Mitgewahrsamsinhabern sind zu vermeiden.

(4) Der Gerichtsvollzieher nimmt eine Vollstreckungshandlung zur Nachtzeit und an Sonn- und Feiertagen nicht vor, wenn dies für den Schuldner und die Mitgewahrsamsinhaber eine unbillige Härte darstellt oder der zu erwartende Erfolg in einem Missverhältnis zu dem Eingriff steht, in Wohnungen nur auf Grund einer besonderen Anordnung des Richters bei dem Amtsgericht. Die Nachtzeit umfasst die Stunden von 21 bis 6 Uhr.

(5) Die Anordnung nach Absatz 1 ist bei der Zwangsvollstreckung vorzuzeigen.

(6) Das Bundesministerium der Justiz und für Verbraucherschutz wird ermächtigt, durch Rechtsverordnung mit Zustimmung des Bundesrates Formulare für den Antrag auf Erlass einer richterlichen Durchsuchungsanordnung nach Absatz 1 einzuführen. Soweit nach Satz 1 Formulare eingeführt sind, muss sich der Antragsteller ihrer bedienen. Für Verfahren bei Gerichten, die die Verfahren elektronisch bearbeiten, und für Verfahren bei Gerichten, die die Verfahren nicht elektronisch bearbeiten, können unterschiedliche Formulare eingeführt werden.

§ 759 Zuziehung von Zeugen

Wird bei einer Vollstreckungshandlung Widerstand geleistet oder ist bei einer in der Wohnung des Schuldners vorzunehmenden Vollstreckungshandlung weder der Schuldner noch ein erwachsener Familienangehöriger, eine in der Familie beschäftigte Person oder ein erwachsener ständiger Mitbewohner anwesend, so hat der Gerichtsvollzieher zwei erwachsene Personen oder einen Gemeinde- oder Polizeibeamten als Zeugen zuzuziehen.

§ 767 Vollstreckungsabwehrklage

(1) Einwendungen, die den durch das Urteil festgestellten Anspruch selbst betreffen, sind von dem Schuldner im Wege der Klage bei dem Prozessgericht des ersten Rechtszuges geltend zu machen.

(2) Sie sind nur insoweit zulässig, als die Gründe, auf denen sie beruhen, erst nach dem Schluss der mündlichen Verhandlung, in der Einwendungen nach den Vorschriften dieses Gesetzes spätestens hätten geltend gemacht werden müssen, entstanden sind und durch Einspruch nicht mehr geltend gemacht werden können.

(3) Der Schuldner muss in der von ihm zu erhebenden Klage alle Einwendungen geltend machen, die er zur Zeit der Erhebung der Klage geltend zu machen imstande war.

§ 769 Einstweilige Anordnungen

(1) Das Prozessgericht kann auf Antrag anordnen, dass bis zum Erlass des Urteils über die in den §§ 767, 768 bezeichneten Einwendungen die Zwangsvollstreckung gegen oder ohne Sicher-

heitsleistung eingestellt oder nur gegen Sicherheitsleistung fortgesetzt werde und dass Vollstreckungsmaßregeln gegen Sicherheitsleistung aufzuheben seien. Es setzt eine Sicherheitsleistung für die Einstellung der Zwangsvollstreckung nicht fest, wenn der Schuldner zur Sicherheitsleistung nicht in der Lage ist und die Rechtsverfolgung durch ihn hinreichende Aussicht auf Erfolg bietet. Die tatsächlichen Behauptungen, die den Antrag begründen, sind glaubhaft zu machen.

(2) In dringenden Fällen kann das Vollstreckungsgericht eine solche Anordnung erlassen, unter Bestimmung einer Frist, innerhalb der die Entscheidung des Prozessgerichts beizubringen sei. Nach fruchtlosem Ablauf der Frist wird die Zwangsvollstreckung fortgesetzt.

(3) Die Entscheidung über diese Anträge ergeht durch Beschluss.

(4) Im Fall der Anhängigkeit einer auf Herabsetzung gerichteten Abänderungsklage gelten die Absätze 1 bis 3 entsprechend.

§ 770 Einstweilige Anordnungen im Urteil

Das Prozessgericht kann in dem Urteil, durch das über die Einwendungen entschieden wird, die in dem vorstehenden Paragraphen bezeichneten Anordnungen erlassen oder die bereits erlassenen Anordnungen aufheben, abändern der bestätigen. Für die Anfechtung einer solchen Entscheidung gelten die Vorschriften des § 718 entsprechend.

§ 771 Drittwiderspruchsklage

(1) Behauptet ein Dritter, dass ihm an dem Gegenstand der Zwangsvollstreckung ein die Veräußerung hinderndes Recht zustehe, so ist der Widerspruch gegen die Zwangsvollstreckung im Wege der Klage bei dem Gericht geltend zu machen, in dessen Bezirk die Zwangsvollstreckung erfolgt.

(2) Wird die Klage gegen den Gläubiger und den Schuldner gerichtet, so sind diese als Streitgenossen anzusehen.

(3) Auf die Einstellung der Zwangsvollstreckung und die Aufhebung der bereits getroffenen Vollstreckungsmaßregeln sind die Vorschriften der §§ 769, 770 entsprechend anzuwenden. Die Aufhebung einer Vollstreckungsmaßregel ist auch ohne Sicherheitsleistung zulässig.

§ 772 Drittwiderspruchsklage bei Veräußerungsverbot

Solange ein Veräußerungsverbot der in den §§ 135, 136 des Bürgerlichen Gesetzbuchs bezeichneten Art besteht, soll der Gegenstand, auf den es sich bezieht, wegen eines persönlichen Anspruchs oder auf Grund eines infolge des Verbots unwirksamen Rechts nicht im Wege der Zwangsvollstreckung veräußert oder überwiesen werden. Auf Grund des Veräußerungsverbots kann nach Maßgabe des § 771 Widerspruch erhoben werden.

§ 773 Drittwiderspruchsklage des Nacherben

Ein Gegenstand, der zu einer Vorerbschaft gehört, soll nicht im Wege der Zwangsvollstreckung veräußert oder überwiesen werden, wenn die Veräußerung oder die Überweisung im Falle des Eintritts der Nacherbfolge nach § 2115 des Bürgerlichen Gesetzbuchs dem Nacherben gegenüber unwirksam ist. Der Nacherbe kann nach Maßgabe des § 771 Widerspruch erheben.

§ 774 Drittwiderspruchsklage des Ehegatten oder Lebenspartners

Findet nach § 741 die Zwangsvollstreckung in das Gesamtgut statt, so kann ein Ehegatte oder Lebenspartner nach Maßgabe des § 771 Widerspruch erheben, wenn das gegen den anderen Ehegatten ergangene Urteil in Ansehung des Gesamtgutes ihm gegenüber unwirksam ist.

§ 778 Zwangsvollstreckung vor Erbschaftsannahme

(1) Solange der Erbe die Erbschaft nicht angenommen hat, ist eine Zwangsvollstreckung wegen eines Anspruchs, der sich gegen den Nachlass richtet, nur in den Nachlass zulässig.

(2) Wegen eigener Verbindlichkeiten des Erben ist eine Zwangsvollstreckung in den Nachlass vor der Annahme der Erbschaft nicht zulässig.

§ 779 Fortsetzung der Zwangsvollstreckung nach dem Tod des Schuldners

(1) Eine Zwangsvollstreckung, die zur Zeit des Todes des Schuldners gegen ihn bereits begonnen hatte, wird in seinen Nachlass fortgesetzt.

(2) Ist bei einer Vollstreckungshandlung die Zuziehung des Schuldners nötig, so hat, wenn die Erbschaft noch nicht angenommen oder wenn der Erbe unbekannt oder es ungewiss ist, ob er die Erbschaft angenommen hat, das Vollstreckungsgericht auf Antrag des Gläubigers dem Erben einen einstweiligen besonderen Vertreter zu bestellen. Die Bestellung hat zu unterbleiben, wenn ein Nachlasspfleger bestellt ist oder wenn die Verwaltung des Nachlasses einem Testamentsvollstrecker zusteht.

§ 781 Beschränkte Erbenhaftung in der Zwangsvollstreckung

Bei der Zwangsvollstreckung gegen den Erben des Schuldners bleibt die Beschränkung der Haftung unberücksichtigt, bis auf Grund derselben gegen die Zwangsvollstreckung von dem Erben Einwendungen erhoben werden.

§ 782 Einreden des Erben gegen Nachlassgläubiger

Der Erbe kann auf Grund der ihm nach den §§ 2014, 2015 des Bürgerlichen Gesetzbuchs zustehenden Einreden nur verlangen, dass die Zwangsvollstreckung für die Dauer der dort bestimmten Fristen auf solche Maßregeln beschränkt wird, die zur Vollziehung eines Arrestes zulässig sind. Wird vor dem Ablauf der Frist die Eröffnung des Nachlassinsolvenzverfahrens beantragt, so ist auf Antrag die Beschränkung der Zwangsvollstreckung auch nach dem Ablauf der Frist aufrechtzuerhalten, bis über die Eröffnung des Insolvenzverfahrens rechtskräftig entschieden ist.

§ 783 Einreden des Erben gegen persönliche Gläubiger

In Ansehung der Nachlassgegenstände kann der Erbe die Beschränkung der Zwangsvollstreckung nach § 782 auch gegenüber den Gläubigern verlangen, die nicht Nachlassgläubiger sind, es sei denn, dass er für die Nachlassverbindlichkeiten unbeschränkt haftet.

§ 784 Zwangsvollstreckung bei Nachlassverwaltung und -insolvenzverfahren

(1) Ist eine Nachlassverwaltung angeordnet oder das Nachlassinsolvenzverfahren eröffnet, so kann der Erbe verlangen, dass Maßregeln der Zwangsvollstreckung, die zugunsten eines Nachlassgläubigers in sein nicht zum Nachlass gehörendes Vermögen erfolgt sind, aufgehoben werden, es sei denn, dass er für die Nachlassverbindlichkeiten unbeschränkt haftet.

(2) Im Falle der Nachlassverwaltung steht dem Nachlassverwalter das gleiche Recht gegenüber Maßregeln der Zwangsvollstreckung zu, die zugunsten eines anderen Gläubigers als eines Nachlassgläubigers in den Nachlass erfolgt sind.

§ 786 Vollstreckungsabwehrklage bei beschränkter Haftung

(1) Die Vorschriften des § 780 Abs. 1 und der §§ 781 bis 785 sind auf die nach § 1489 des Bürgerlichen Gesetzbuchs eintretende beschränkte Haftung, die Vorschriften des § 780 Abs. 1 und der §§ 781, 785 sind auf die nach den §§ 1480, 1504, 1629a, 2187 des Bürgerlichen Gesetzbuchs eintretende beschränkte Haftung entsprechend anzuwenden.

(2) Bei der Zwangsvollstreckung aus Urteilen, die bis zum Inkrafttreten des Minderjährigenhaftungsbeschränkungsgesetzes vom 25. August 1998 (BGBl. I S. 2487) am 1. Juli 1999 ergangen sind, kann die Haftungsbeschränkung nach § 1629a des Bürgerlichen Gesetzbuchs auch dann geltend gemacht werden, wenn sie nicht gemäß § 780 Abs. 1 dieses Gesetzes im Urteil vorbehalten ist.

§ 792 Erteilung von Urkunden an Gläubiger

Bedarf der Gläubiger zum Zwecke der Zwangsvollstreckung eines Erbscheins oder einer anderen Urkunde, die dem Schuldner auf Antrag von einer Behörde, einem Beamten oder einem Notar zu erteilen ist, so kann er die Erteilung an Stelle des Schuldners verlangen.

§ 793 Sofortige Beschwerde

Gegen Entscheidungen, die im Zwangsvollstreckungsverfahren ohne mündliche Verhandlung ergehen können, findet sofortige Beschwerde statt.

§ 802a Grundsätze der Vollstreckung; Regelbefugnisse des Gerichtsvollziehers

(1) Der Gerichtsvollzieher wirkt auf eine zügige, vollständige und Kosten sparende Beitreibung von Geldforderungen hin.

(2) Auf Grund eines entsprechenden Vollstreckungsauftrags und der Übergabe der vollstreckbaren Ausfertigung ist der Gerichtsvollzieher unbeschadet weiterer Zuständigkeiten befugt,

1. eine gütliche Erledigung der Sache (§ 802b) zu versuchen,
2. eine Vermögensauskunft des Schuldners (§ 802c) einzuholen,
3. Auskünfte Dritter über das Vermögen des Schuldners (§ 802l) einzuholen,
4. die Pfändung und Verwertung körperlicher Sachen zu betreiben,
5. eine Vorpfändung (§ 845) durchzuführen; hierfür bedarf es nicht der vorherigen Erteilung einer vollstreckbaren Ausfertigung und der Zustellung des Schuldtitels.

Die Maßnahmen sind in dem Vollstreckungsauftrag zu bezeichnen, die Maßnahme nach Satz 1 Nr. 1 jedoch nur dann, wenn sich der Auftrag hierauf beschränkt.

§ 802b Gütliche Erledigung; Vollstreckungsaufschub bei Zahlungsvereinbarung

(1) Der Gerichtsvollzieher soll in jeder Lage des Verfahrens auf eine gütliche Erledigung bedacht sein.

(2) Hat der Gläubiger eine Zahlungsvereinbarung nicht ausgeschlossen, so kann der Gerichtsvollzieher dem Schuldner eine Zahlungsfrist einräumen oder eine Tilgung durch Teilleistungen (Ratenzahlung) gestatten, sofern der Schuldner glaubhaft darlegt, die nach Höhe und Zeitpunkt festzusetzenden Zahlungen erbringen zu können. Soweit ein Zahlungsplan nach Satz 1 festgesetzt wird, ist die Vollstreckung aufgeschoben. Die Tilgung soll binnen zwölf Monaten abgeschlossen sein.

(3) Der Gerichtsvollzieher unterrichtet den Gläubiger unverzüglich über den gemäß Absatz 2 festgesetzten Zahlungsplan und den Vollstreckungsaufschub. Widerspricht der Gläubiger unverzüglich, so wird der Zahlungsplan mit der Unterrichtung des Schuldners hinfällig; zugleich endet der Vollstreckungsaufschub. Dieselben Wirkungen treten ein, wenn der Schuldner mit einer festgesetzten Zahlung ganz oder teilweise länger als zwei Wochen in Rückstand gerät.

§ 802c Vermögensauskunft des Schuldners

(1) Der Schuldner ist verpflichtet, zum Zwecke der Vollstreckung einer Geldforderung auf Verlangen des Gerichtsvollziehers Auskunft über sein Vermögen nach Maßgabe der folgenden Vorschriften zu erteilen sowie seinen Geburtsnamen, sein Geburtsdatum und seinen Geburtsort anzugeben. Handelt es sich bei dem Vollstreckungsschuldner um eine juristische Person oder um eine Personenvereinigung, so hat er seine Firma, die Nummer des Registerblatts im Handelsregister und seinen Sitz anzugeben.

(2) Zur Auskunftserteilung hat der Schuldner alle ihm gehörenden Vermögensgegenstände anzugeben. Bei Forderungen sind Grund und Beweismittel zu bezeichnen. Ferner sind anzugeben:

1. die entgeltlichen Veräußerungen des Schuldners an eine nahestehende Person (§ 138 der Insolvenzordnung), die dieser in den letzten zwei Jahren vor dem Termin nach § 802f Abs. 1 und bis zur Abgabe der Vermögensauskunft vorgenommen hat;

2. die unentgeltlichen Leistungen des Schuldners, die dieser in den letzten vier Jahren vor dem Termin nach § 802f Abs. 1 und bis zur Abgabe der Vermögensauskunft vorgenommen hat, sofern sie sich nicht auf gebräuchliche Gelegenheitsgeschenke geringen Wertes richteten.

Sachen, die nach § 811 Absatz 1 Nummer 1 Buchstabe a und Nummer 2 der Pfändung offensichtlich nicht unterworfen sind, brauchen nicht angegeben zu werden, es sei denn, dass eine Austauschpfändung in Betracht kommt.

(3) Der Schuldner hat zu Protokoll an Eides statt zu versichern, dass er die Angaben nach den Absätzen 1 und 2 nach bestem Wissen und Gewissen richtig und vollständig gemacht habe. Die Vorschriften der §§ 478 bis 480, 483 gelten entsprechend.

§ 802d Weitere Vermögensauskunft

(1) Der Schuldner ist innerhalb von zwei Jahren nach Abgabe der Vermögensauskunft nach § 802c oder nach § 284 der Abgabenordnung nicht verpflichtet, eine weitere Vermögensauskunft abzugeben, es sei denn, ein Gläubiger macht Tatsachen glaubhaft, die auf eine wesentliche Veränderung der Vermögensverhältnisse des Schuldners schließen lassen. Besteht keine Pflicht zur Abgabe einer Vermögensauskunft nach Satz 1, leitet der Gerichtsvollzieher dem Gläubiger einen Ausdruck des letzten abgegebenen Vermögensverzeichnisses zu; ein Verzicht des Gläubigers auf die Zuleitung ist unbeachtlich. Der Gläubiger darf die erlangten Daten nur zu Vollstreckungszwecken verarbeiten und hat die Daten nach Zweckerreichung zu löschen; hierauf ist er vom Gerichtsvollzieher hinzuweisen. Von der Zuleitung eines Ausdrucks nach Satz 2 setzt der Gerichtsvollzieher den Schuldner in Kenntnis und belehrt ihn über die Möglichkeit der Eintragung in das Schuldnerverzeichnis (§ 882c).

(2) Anstelle der Zuleitung eines Ausdrucks kann dem Gläubiger auf Antrag das Vermögensverzeichnis als elektronisches Dokument übermittelt werden, wenn dieses mit einer qualifizierten elektronischen Signatur versehen und gegen unbefugte Kenntnisnahme geschützt ist.

§ 802e Zuständigkeit

(1) Für die Abnahme der Vermögensauskunft und der eidesstattlichen Versicherung ist der Gerichtsvollzieher bei dem Amtsgericht zuständig, in dessen Bezirk der Schuldner im Zeitpunkt der Auftragserteilung seinen Wohnsitz oder in Ermangelung eines solchen seinen Aufenthaltsort hat.

(2) Ist der angegangene Gerichtsvollzieher nicht zuständig, so leitet er die Sache auf Antrag des Gläubigers an den zuständigen Gerichtsvollzieher weiter.

§ 802f Verfahren zur Abnahme der Vermögensauskunft

(1) Zur Abnahme der Vermögensauskunft setzt der Gerichtsvollzieher dem Schuldner für die Begleichung der Forderung eine Frist von zwei Wochen. Zugleich bestimmt er für den Fall, dass die Forderung nach Fristablauf nicht vollständig beglichen ist, einen Termin zur Abgabe der Vermögensauskunft alsbald nach Fristablauf und lädt den Schuldner zu diesem Termin in seine Geschäftsräume. Der Schuldner hat die zur Abgabe der Vermögensauskunft erforderlichen Unterlagen im Termin beizubringen. Der Fristsetzung nach Satz 1 bedarf es nicht, wenn der Gerichtsvollzieher den Schuldner bereits zuvor zur Zahlung aufgefordert hat und seit dieser Aufforderung zwei Wochen verstrichen sind, ohne dass die Aufforderung Erfolg hatte.

(2) Abweichend von Absatz 1 kann der Gerichtsvollzieher bestimmen, dass die Abgabe der Vermögensauskunft in der Wohnung des Schuldners stattfindet. Der Schuldner kann dieser Bestimmung binnen einer Woche gegenüber dem Gerichtsvollzieher widersprechen. Andernfalls gilt der Termin als pflichtwidrig versäumt, wenn der Schuldner in diesem Termin aus Gründen, die er zu vertreten hat, die Vermögensauskunft nicht abgibt.

(3) Mit der Terminsladung ist der Schuldner über die nach § 802c Abs. 2 erforderlichen Angaben zu belehren. Der Schuldner ist über seine Rechte und Pflichten nach den Absätzen 1 und 2, über die Folgen einer unentschuldigten Terminssäumnis oder einer Verletzung seiner Auskunftspflichten sowie über die Möglichkeit der Einholung von Auskünften Dritter nach § 802l und der Eintragung in das Schuldnerverzeichnis bei Abgabe der Vermögensauskunft nach § 882c zu belehren.

(4) Zahlungsaufforderungen, Ladungen, Bestimmungen und Belehrungen nach den Absätzen 1 bis 3 sind dem Schuldner zuzustellen, auch wenn dieser einen Prozessbevollmächtigten bestellt hat; einer Mitteilung an den Prozessbevollmächtigten bedarf es nicht. Dem Gläubiger ist die Terminsbestimmung nach Maßgabe des § 357 Abs. 2 mitzuteilen.

(5) Der Gerichtsvollzieher errichtet in einem elektronischen Dokument eine Aufstellung mit den nach § 802c Absatz 1 und 2 erforderlichen Angaben (Vermögensverzeichnis). Diese Angaben sind dem Schuldner vor Abgabe der Versicherung nach § 802c Abs. 3 vorzulesen oder zur Durchsicht auf einem Bildschirm wiederzugeben. Dem Schuldner ist auf Verlangen ein Ausdruck zu erteilen.

(6) Der Gerichtsvollzieher hinterlegt das Vermögensverzeichnis bei dem zentralen Vollstreckungsgericht nach § 802k Abs. 1 und leitet dem Gläubiger unverzüglich einen Ausdruck zu. Der Ausdruck muss den Vermerk enthalten, dass er mit dem Inhalt des Vermögensverzeichnisses übereinstimmt; § 802d Abs. 1 Satz 3 und Abs. 2 gilt entsprechend.

§ 802g Erzwingungshaft

(1) Auf Antrag des Gläubigers erlässt das Gericht gegen den Schuldner, der dem Termin zur Abgabe der Vermögensauskunft unentschuldigt fernbleibt oder die Abgabe der Vermögensauskunft gemäß § 802c ohne Grund verweigert, zur Erzwingung der Abgabe einen Haftbefehl. In dem Haftbefehl sind der Gläubiger, der Schuldner und der Grund der Verhaftung zu bezeichnen. Einer Zustellung des Haftbefehls vor seiner Vollziehung bedarf es nicht.

(2) Die Verhaftung des Schuldners erfolgt durch einen Gerichtsvollzieher. Der Gerichtsvollzieher händigt dem Schuldner von Amts wegen bei der Verhaftung eine beglaubigte Abschrift des Haftbefehls aus.

§ 802h Unzulässigkeit der Haftvollstreckung

(1) Die Vollziehung des Haftbefehls ist unstatthaft, wenn seit dem Tag, an dem der Haftbefehl erlassen wurde, zwei Jahre vergangen sind.

(2) Gegen einen Schuldner, dessen Gesundheit durch die Vollstreckung der Haft einer nahen und erheblichen Gefahr ausgesetzt würde, darf, solange dieser Zustand dauert, die Haft nicht vollstreckt werden.

§ 802i Vermögensauskunft des verhafteten Schuldners

(1) Der verhaftete Schuldner kann zu jeder Zeit bei dem Gerichtsvollzieher des Amtsgerichts des Haftortes verlangen, ihm die Vermögensauskunft abzunehmen. Dem Verlangen ist unverzüglich stattzugeben; § 802f Abs. 5 gilt entsprechend. Dem Gläubiger wird die Teilnahme ermöglicht, wenn er dies beantragt hat und seine Teilnahme nicht zu einer Verzögerung der Abnahme führt.

(2) Nach Abgabe der Vermögensauskunft wird der Schuldner aus der Haft entlassen. § 802f Abs. 5 und 6 gilt entsprechend.

(3) Kann der Schuldner vollständige Angaben nicht machen, weil er die erforderlichen Unterlagen nicht bei sich hat, so kann der Gerichtsvollzieher einen neuen Termin bestimmen und die Vollziehung des Haftbefehls bis zu diesem Termin aussetzen. § 802f gilt entsprechend; der Setzung einer Zahlungsfrist bedarf es nicht.

§ 802j Dauer der Haft; erneute Haft

(1) Die Haft darf die Dauer von sechs Monaten nicht übersteigen. Nach Ablauf der sechs Monate wird der Schuldner von Amts wegen aus der Haft entlassen.

(2) Gegen den Schuldner, der ohne sein Zutun auf Antrag des Gläubigers aus der Haft entlassen ist, findet auf Antrag desselben Gläubigers eine Erneuerung der Haft nicht statt.

(3) Ein Schuldner, gegen den wegen Verweigerung der Abgabe der Vermögensauskunft eine Haft von sechs Monaten vollstreckt ist, kann innerhalb der folgenden zwei Jahre auch auf Antrag eines anderen Gläubigers nur unter den Voraussetzungen des § 802d von neuem zur Abgabe einer solchen Vermögensauskunft durch Haft angehalten werden.

§ 802k Zentrale Verwaltung der Vermögensverzeichnisse

(1) Nach § 802f Abs. 6 dieses Gesetzes oder nach § 284 Abs. 7 Satz 4 der Abgabenordnung zu hinterlegende Vermögensverzeichnisse werden landesweit von einem zentralen Vollstreckungsgericht in elektronischer Form verwaltet. Die Vermögensverzeichnisse können über eine zentrale und länderübergreifende Abfrage im Internet eingesehen und abgerufen werden. Gleiches gilt für Vermögensverzeichnisse, die auf Grund einer § 284 Abs. 1 bis 7 der Abgabenordnung gleichwertigen bundesgesetzlichen oder landesgesetzlichen Regelung errichtet wurden, soweit diese Regelung die Hinterlegung anordnet. Ein Vermögensverzeichnis nach Satz 1 oder Satz 2 ist nach Ablauf von zwei Jahren seit Abgabe der Auskunft oder bei Eingang eines neuen Vermögensverzeichnisses zu löschen.

(2) Die Gerichtsvollzieher können die von den zentralen Vollstreckungsgerichten nach Absatz 1 verwalteten Vermögensverzeichnisse zu Vollstreckungszwecken abrufen. Den Gerichtsvollziehern stehen Vollstreckungsbehörden gleich, die

1. Vermögensauskünfte nach § 284 der Abgabenordnung verlangen können,
2. durch Bundesgesetz oder durch Landesgesetz dazu befugt sind, vom Schuldner Auskunft über sein Vermögen zu verlangen, wenn diese Auskunftsbefugnis durch die Errichtung eines nach Absatz 1 zu hinterlegenden Vermögensverzeichnisses ausgeschlossen wird, oder
3. durch Bundesgesetz oder durch Landesgesetz dazu befugt sind, vom Schuldner die Abgabe einer Vermögensauskunft nach § 802c gegenüber dem Gerichtsvollzieher zu verlangen.

Zur Einsicht befugt sind ferner Vollstreckungsgerichte, Insolvenzgerichte und Registergerichte sowie Strafverfolgungsbehörden, soweit dies zur Erfüllung der ihnen obliegenden Aufgaben erforderlich ist.

(3) Die Landesregierungen bestimmen durch Rechtsverordnung, welches Gericht die Aufgaben des zentralen Vollstreckungsgerichts nach Absatz 1 wahrzunehmen hat. Sie können diese Befugnis auf die Landesjustizverwaltungen übertragen. Das zentrale Vollstreckungsgericht nach Absatz 1 kann andere Stellen mit der Datenverarbeitung beauftragen; die datenschutzrechtlichen Vorschriften über die Verarbeitung personenbezogener Daten im Auftrag sind zu beachten.

(4) Das Bundesministerium der Justiz und für Verbraucherschutz wird ermächtigt, durch Rechtsverordnung mit Zustimmung des Bundesrates die Einzelheiten des Inhalts, der Form, Aufnahme, Übermittlung, Verwaltung und Löschung der Vermögensverzeichnisse nach § 802f Abs. 5 dieses Gesetzes und nach § 284 Abs. 7 der Abgabenordnung oder gleichwertigen Regelungen im Sinne von Absatz 1 Satz 2 sowie der Einsichtnahme, insbesondere durch ein automatisiertes Abrufverfahren, zu regeln. Die Rechtsverordnung hat geeignete Regelungen zur Sicherung des Datenschutzes und der Datensicherheit vorzusehen. Insbesondere ist sicherzustellen, dass die Vermögensverzeichnisse

1. bei der Übermittlung an das zentrale Vollstreckungsgericht nach Absatz 1 sowie bei der Weitergabe an die anderen Stellen nach Absatz 3 Satz 3 gegen unbefugte Kenntnisnahme geschützt sind,
2. unversehrt und vollständig wiedergegeben werden,
3. jederzeit ihrem Ursprung nach zugeordnet werden können und
4. nur von registrierten Nutzern abgerufen werden können und jeder Abrufvorgang protokolliert wird.

(5) Macht eine betroffene Person das Auskunftsrecht nach Artikel 15 Absatz 1 der Verordnung (EU) 2016/679 des Europäischen Parlaments und des Rates vom 27. April 2016 zum Schutz natürlicher Personen bei der Verarbeitung personenbezogener Daten, zum freien Datenverkehr und zur Aufhebung der Richtlinie 95/46/EG (Datenschutz-Grundverordnung) (ABl. L 119 vom 4.5.2016, S. 1; L 314 vom 22.11.2016, S. 72; L 127 vom 23.5.2018, S. 2) in Bezug auf personenbezogene Daten geltend, die in den von den zentralen Vollstreckungsgerichten nach Absatz 1 verwalteten Vermögensverzeichnissen enthalten sind, so sind der betroffenen Person im Hinblick auf die Empfänger, denen die personenbezogenen Daten offengelegt worden sind oder noch offengelegt werden, nur die Kategorien berechtigter Empfänger mitzuteilen. Das Widerspruchsrecht gemäß Artikel 21 der Verordnung (EU) 2016/679 findet in Bezug auf die personenbezogenen Daten, die in den von den zentralen Vollstreckungsgerichten nach Absatz 1 verwalteten Vermögensverzeichnissen enthalten sind, keine Anwendung.

§ 802l Auskunftsrechte des Gerichtsvollziehers

(1) Der Gerichtsvollzieher darf vorbehaltlich der Sätze 2 und 3 folgende Maßnahmen durchführen, soweit sie zur Vollstreckung erforderlich sind:

1. Erhebung des Namens und der Vornamen oder der Firma sowie der Anschrift der derzeitigen Arbeitgeber des Schuldners bei den Trägern der gesetzlichen Rentenversicherung und bei einer berufsständischen Versorgungseinrichtung im Sinne des § 6 Absatz 1 Satz 1 Nummer 1 des Sechsten Buches Sozialgesetzbuch;
2. Ersuchen an das Bundeszentralamt für Steuern, bei den Kreditinstituten die in § 93b Absatz 1 und 1a der Abgabenordnung bezeichneten Daten, ausgenommen die Identifikationsnummer nach § 139b der Abgabenordnung, abzurufen (§ 93 Absatz 8 der Abgabenordnung);
3. Erhebung der Fahrzeug- und Halterdaten nach § 33 Absatz 1 des Straßenverkehrsgesetzes beim Kraftfahrt-Bundesamt zu einem Fahrzeug, als dessen Halter der Schuldner eingetragen ist.

Maßnahmen nach Satz 1 sind nur zulässig, wenn

1. die Ladung zu dem Termin zur Abgabe der Vermögensauskunft an den Schuldner nicht zustellbar ist und
   a) die Anschrift, unter der die Zustellung ausgeführt werden sollte, mit der Anschrift übereinstimmt, die von einer der in § 755 Absatz 1 und 2 genannten Stellen innerhalb von drei Monaten vor oder nach dem Zustellungsversuch mitgeteilt wurde, oder
   b) die Meldebehörde nach dem Zustellungsversuch die Auskunft erteilt, dass ihr keine derzeitige Anschrift des Schuldners bekannt ist, oder
   c) die Meldebehörde innerhalb von drei Monaten vor Erteilung des Vollstreckungsauftrags die Auskunft erteilt hat, dass ihr keine derzeitige Anschrift des Schuldners bekannt ist;

2. der Schuldner seiner Pflicht zur Abgabe der Vermögensauskunft in dem der Maßnahme nach Satz 1 zugrundeliegenden Vollstreckungsverfahren nicht nachkommt oder

3. bei einer Vollstreckung in die in der Vermögensauskunft aufgeführten Vermögensgegenstände eine vollständige Befriedigung des Gläubigers nicht zu erwarten ist.

Die Erhebung nach Satz 1 Nummer 1 bei einer berufsständischen Versorgungseinrichtung ist zusätzlich zu den Voraussetzungen des Satzes 2 nur zulässig, wenn der Gläubiger die berufsständische Versorgungseinrichtung bezeichnet und tatsächliche Anhaltspunkte nennt, die nahelegen, dass der Schuldner Mitglied dieser berufsständischen Versorgungseinrichtung ist.

(2) Daten, die für die Zwecke der Vollstreckung nicht erforderlich sind, hat der Gerichtsvollzieher unverzüglich zu löschen oder deren Verarbeitung einzuschränken. Die Löschung ist zu protokollieren.

(3) Über das Ergebnis einer Erhebung oder eines Ersuchens nach Absatz 1 setzt der Gerichtsvollzieher den Gläubiger unter Beachtung des Absatzes 2 unverzüglich und den Schuldner innerhalb von vier Wochen nach Erhalt in Kenntnis. § 802d Absatz 1 Satz 3 und Absatz 2 gilt entsprechend.

(4) Nach Absatz 1 Satz 1 erhobene Daten, die innerhalb der letzten drei Monate bei dem Gerichtsvollzieher eingegangen sind, darf dieser auch einem weiteren Gläubiger übermitteln, wenn die Voraussetzungen für die Datenerhebung auch bei diesem Gläubiger vorliegen. Der Gerichtsvollzieher hat dem weiteren Gläubiger die Tatsache, dass die Daten in einem anderen Verfahren erhoben wurden, und den Zeitpunkt ihres Eingangs bei ihm mitzuteilen. Eine erneute Auskunft ist auf Antrag des weiteren Gläubigers einzuholen, wenn Anhaltspunkte dafür vorliegen, dass seit dem Eingang der Auskunft eine Änderung der Vermögensverhältnisse, über die nach Absatz 1 Satz 1 Auskunft eingeholt wurde, eingetreten ist.

(5) Übermittelt der Gerichtsvollzieher Daten nach Absatz 4 Satz 1 an einen weiteren Gläubiger, so hat er den Schuldner davon innerhalb von vier Wochen nach der Übermittlung in Kenntnis zu setzen; § 802d Absatz 1 Satz 3 und Absatz 2 gilt entsprechend.

§ 807 Abnahme der Vermögensauskunft nach Pfändungsversuch

(1) Hat der Gläubiger die Vornahme der Pfändung beim Schuldner beantragt und

1. hat der Schuldner die Durchsuchung (§ 758) verweigert oder

2. ergibt der Pfändungsversuch, dass eine Pfändung voraussichtlich nicht zu einer vollständigen Befriedigung des Gläubigers führen wird,

so kann der Gerichtsvollzieher dem Schuldner die Vermögensauskunft auf Antrag des Gläubigers abweichend von § 802f sofort abnehmen. § 802f Abs. 5 und 6 findet Anwendung.

(2) Der Schuldner kann einer sofortigen Abnahme widersprechen. In diesem Fall verfährt der Gerichtsvollzieher nach § 802f; der Setzung einer Zahlungsfrist bedarf es nicht.

§ 811 Unpfändbare Sachen und Tiere

(1) Nicht der Pfändung unterliegen

1. Sachen, die der Schuldner oder eine Person, mit der er in einem gemeinsamen Haushalt zusammenlebt, benötigt

   a) für eine bescheidene Lebens- und Haushaltsführung;

   b) für die Ausübung einer Erwerbstätigkeit oder eine damit in Zusammenhang stehende Aus- oder Fortbildung;

   c) aus gesundheitlichen Gründen;

d) zur Ausübung von Religion oder Weltanschauung oder als Gegenstand religiöser oder weltanschaulicher Verehrung, wenn ihr Wert 500 Euro nicht übersteigt;

2. Gartenhäuser, Wohnlauben und ähnliche Einrichtungen, die der Schuldner oder dessen Familie als ständige Unterkunft nutzt und die der Zwangsvollstreckung in das bewegliche Vermögen unterliegen;

3. Bargeld

a) für den Schuldner, der eine natürliche Person ist, in Höhe von einem Fünftel,

b) für jede weitere Person, mit der der Schuldner in einem gemeinsamen Haushalt zusammenlebt, in Höhe von einem Zehntel

des täglichen Freibetrages nach § 850c Absatz 1 Nummer 3 in Verbindung mit Absatz 4 Nummer 1 für jeden Kalendertag ab dem Zeitpunkt der Pfändung bis zu dem Ende des Monats, in dem die Pfändung bewirkt wird; der Gerichtsvollzieher kann im Einzelfall nach pflichtgemäßem Ermessen einen abweichenden Betrag festsetzen;

4. Unterlagen, zu deren Aufbewahrung eine gesetzliche Verpflichtung besteht oder die der Schuldner oder eine Person, mit der er in einem gemeinsamen Haushalt zusammenlebt, zu Buchführungs- oder Dokumentationszwecken benötigt;

5. private Aufzeichnungen, durch deren Verwertung in Persönlichkeitsrechte eingegriffen wird;

6. öffentliche Urkunden, die der Schuldner, dessen Familie oder eine Person, mit der er in einem gemeinsamen Haushalt zusammenlebt, für Beweisführungszwecke benötigt;

7. Trauringe, Orden und Ehrenzeichen;

8. Tiere, die der Schuldner oder eine Person, mit der er in einem gemeinsamen Haushalt zusammenlebt,

a) nicht zu Erwerbszwecken hält oder

b) für die Ausübung einer Erwerbstätigkeit benötigt,

sowie das für diese Tiere erforderliche Futter und die erforderliche Streu.

(2) Eine in Absatz 1 Nummer 1 Buchstabe a und b sowie Nummer 2 bezeichnete Sache oder ein in Absatz 1 Nummer 8 Buchstabe b bezeichnetes Tier kann abweichend von Absatz 1 gepfändet werden, wenn der Verkäufer wegen einer durch Eigentumsvorbehalt gesicherten Geldforderung aus dem Verkauf der Sache oder des Tieres vollstreckt. Die Vereinbarung des Eigentumsvorbehaltes ist durch eine Urkunde nachzuweisen.

(3) Auf Antrag des Gläubigers lässt das Vollstreckungsgericht die Pfändung eines in Absatz 1 Nummer 8 Buchstabe a bezeichneten Tieres zu, wenn dieses einen hohen Wert hat und die Unpfändbarkeit für den Gläubiger eine Härte bedeuten würde, die auch unter Würdigung der Belange des Tierschutzes und der berechtigten Interessen des Schuldners nicht zu rechtfertigen ist.

(4) Sachen, die der Schuldner für eine Lebens- und Haushaltsführung benötigt, die nicht als bescheiden angesehen werden kann, sollen nicht gepfändet werden, wenn offensichtlich ist, dass durch ihre Verwertung nur ein Erlös erzielt würde, der in keinem Verhältnis zum Anschaffungswert steht.

§ 811a Austauschpfändung

(1) Die Pfändung einer nach § 811 Absatz 1 Nummer 1 Buchstabe a und b und Nummer 2 unpfändbaren Sache kann zugelassen werden, wenn der Gläubiger dem Schuldner vor der Wegnahme der Sache ein Ersatzstück, das dem geschützten Verwendungszweck genügt, oder den zur Beschaffung eines solchen Ersatzstückes erforderlichen Geldbetrag überlässt; ist dem Gläubiger die rechtzeitige Ersatzbeschaffung nicht möglich oder nicht zuzumuten, so kann die Pfändung mit der Maßgabe zugelassen werden, dass dem Schuldner der zur Ersatzbeschaffung erforderliche Geldbetrag aus dem Vollstreckungserlös überlassen wird (Austauschpfändung).

(2) Über die Zulässigkeit der Austauschpfändung entscheidet das Vollstreckungsgericht auf Antrag des Gläubigers durch Beschluss. Das Gericht soll die Austauschpfändung nur zulassen, wenn sie nach Lage der Verhältnisse angemessen ist, insbesondere wenn zu erwarten ist, dass der Vollstreckungserlös den Wert des Ersatzstückes erheblich übersteigen werde. Das Gericht setzt den Wert eines vom Gläubiger angebotenen Ersatzstückes oder den zur Ersatzbeschaffung erforderlichen Betrag fest. Bei der Austauschpfändung nach Absatz 1 Halbsatz 1 ist der festgesetzte Betrag dem Gläubiger aus dem Vollstreckungserlös zu erstatten; er gehört zu den Kosten der Zwangsvollstreckung.

(3) Der dem Schuldner überlassene Geldbetrag ist unpfändbar.

(4) Bei der Austauschpfändung nach Absatz 1 Halbsatz 2 ist die Wegnahme der gepfändeten Sache erst nach Rechtskraft des Zulassungsbeschlusses zulässig.

§ 811b Vorläufige Austauschpfändung

(1) Ohne vorgängige Entscheidung des Gerichts ist eine vorläufige Austauschpfändung zulässig, wenn eine Zulassung durch das Gericht zu erwarten ist. Der Gerichtsvollzieher soll die Austauschpfändung nur vornehmen, wenn zu erwarten ist, dass der Vollstreckungserlös den Wert des Ersatzstückes erheblich übersteigen wird.

(2) Die Pfändung ist aufzuheben, wenn der Gläubiger nicht binnen einer Frist von zwei Wochen nach Benachrichtigung von der Pfändung einen Antrag nach § 811a Abs. 2 bei dem Vollstreckungsgericht gestellt hat oder wenn ein solcher Antrag rechtskräftig zurückgewiesen ist.

(3) Bei der Benachrichtigung ist dem Gläubiger unter Hinweis auf die Antragsfrist und die Folgen ihrer Versäumung mitzuteilen, dass die Pfändung als Austauschpfändung erfolgt ist.

(4) Die Übergabe des Ersatzstückes oder des zu seiner Beschaffung erforderlichen Geldbetrages an den Schuldner und die Fortsetzung der Zwangsvollstreckung erfolgen erst nach Erlass des Beschlusses gemäß § 811a Abs. 2 auf Anweisung des Gläubigers. § 811a Abs. 4 gilt entsprechend.

§ 811c Vorwegpfändung

(1) Ist zu erwarten, dass eine Sache demnächst pfändbar wird, so kann sie gepfändet werden, ist aber im Gewahrsam des Schuldners zu belassen. Die Vollstreckung darf erst fortgesetzt werden, wenn die Sache pfändbar geworden ist.

(2) Die Pfändung ist aufzuheben, wenn die Sache nicht binnen eines Jahres pfändbar geworden ist.

§ 812 Pfändung von Hausrat

Gegenstände, die zum gewöhnlichen Hausrat gehören und im Haushalt des Schuldners gebraucht werden, sollen nicht gepfändet werden, wenn ohne weiteres ersichtlich ist, dass durch ihre Verwertung nur ein Erlös erzielt werden würde, der zu dem Wert außer allem Verhältnis steht.

§ 813 Schätzung

(1) Die gepfändeten Sachen sollen bei der Pfändung auf ihren gewöhnlichen Verkaufswert geschätzt werden. Die Schätzung des Wertes von Kostbarkeiten soll einem Sachverständigen übertragen werden. In anderen Fällen kann das Vollstreckungsgericht auf Antrag des Gläubigers oder des Schuldners die Schätzung durch einen Sachverständigen anordnen.

(2) Ist die Schätzung des Wertes bei der Pfändung nicht möglich, so soll sie unverzüglich nachgeholt und ihr Ergebnis nachträglich in dem Pfändungsprotokoll vermerkt werden. Werden die Akten des Gerichtsvollziehers elektronisch geführt, so ist das Ergebnis der Schätzung in einem gesonderten elektronischen Dokument zu vermerken. Das Dokument ist mit dem Pfändungsprotokoll untrennbar zu verbinden.

(3) Sollen bei Personen, die Landwirtschaft betreiben,

1. Früchte, die vom Boden noch nicht getrennt sind,
2. Sachen nach § 811 Absatz 1 Nummer 1 Buchstabe b,
3. Tiere nach § 811 Absatz 1 Nummer 8 Buchstabe b oder
4. landwirtschaftliche Erzeugnisse

gepfändet werden, so soll ein landwirtschaftlicher Sachverständiger herangezogen werden, sofern anzunehmen ist, dass der Wert dieser Sachen und Tiere insgesamt den Betrag von 2 000 Euro übersteigt.

(4) Die Landesjustizverwaltung kann bestimmen, dass auch in anderen Fällen ein Sachverständiger zugezogen werden soll.

§ 828 Zuständigkeit des Vollstreckungsgerichts

(1) Die gerichtlichen Handlungen, welche die Zwangsvollstreckung in Forderungen und andere Vermögensrechte zum Gegenstand haben, erfolgen durch das Vollstreckungsgericht.

(2) Als Vollstreckungsgericht ist das Amtsgericht, bei dem der Schuldner im Inland seinen allgemeinen Gerichtsstand hat, und sonst das Amtsgericht zuständig, bei dem nach § 23 gegen den Schuldner Klage erhoben werden kann.

(3) Ist das angegangene Gericht nicht zuständig, gibt es die Sache auf Antrag des Gläubigers an das zuständige Gericht ab. Die Abgabe ist nicht bindend.

§ 829 Pfändung einer Geldforderung

(1) Soll eine Geldforderung gepfändet werden, so hat das Gericht dem Drittschuldner zu verbieten, an den Schuldner zu zahlen. Zugleich hat das Gericht an den Schuldner das Gebot zu erlassen, sich jeder Verfügung über die Forderung, insbesondere ihrer Einziehung, zu enthalten. Die Pfändung mehrerer Geldforderungen gegen verschiedene Drittschuldner soll auf Antrag des Gläubigers durch einheitlichen Beschluss ausgesprochen werden, soweit dies für Zwecke der Vollstreckung geboten erscheint und kein Grund zu der Annahme besteht, dass schutzwürdige Interessen der Drittschuldner entgegenstehen.

(2) Der Gläubiger hat den Beschluss dem Drittschuldner zustellen zu lassen. Der Gerichtsvollzieher hat dem Schuldner den Beschluss mit dem Zustellungsnachweis sofort zuzustellen, sofern nicht eine öffentliche Zustellung erforderlich ist. An Stelle einer an den Schuldner im Ausland zu bewirkenden Zustellung erfolgt die Zustellung durch Aufgabe zur Post, sofern die Zustellung nicht nach unmittelbar anwendbaren Regelungen der Europäischen Union zu bewirken ist.

(3) Mit der Zustellung des Beschlusses an den Drittschuldner ist die Pfändung als bewirkt anzusehen.

(4) Das Bundesministerium der Justiz und für Verbraucherschutz wird ermächtigt, durch Rechtsverordnung mit Zustimmung des Bundesrates Formulare für den Antrag auf Erlass eines Pfändungs- und Überweisungsbeschlusses einzuführen. Soweit nach Satz 1 Formulare eingeführt sind, muss sich der Antragsteller ihrer bedienen. Für Verfahren bei Gerichten, die die Verfahren elektronisch bearbeiten, und für Verfahren bei Gerichten, die die Verfahren nicht elektronisch bearbeiten, können unterschiedliche Formulare eingeführt werden.

§ 833a Pfändungsumfang bei Kontoguthaben

Die Pfändung des Guthabens eines Kontos bei einem Kreditinstitut umfasst das am Tag der Zustellung des Pfändungsbeschlusses bei dem Kreditinstitut bestehende Guthaben sowie die Tagesguthaben der auf die Pfändung folgenden Tage.

§ 835 Überweisung einer Geldforderung

(1) Die gepfändete Geldforderung ist dem Gläubiger nach seiner Wahl zur Einziehung oder an Zahlungs statt zum Nennwert zu überweisen.

(2) Im letzteren Fall geht die Forderung auf den Gläubiger mit der Wirkung über, dass er, soweit die Forderung besteht, wegen seiner Forderung an den Schuldner als befriedigt anzusehen ist.

(3) Die Vorschriften des § 829 Abs. 2, 3 sind auf die Überweisung entsprechend anzuwenden. Wird ein bei einem Kreditinstitut gepfändetes Guthaben eines Schuldners, der eine natürliche Person ist, dem Gläubiger überwiesen, so darf erst vier Wochen nach der Zustellung des Überweisungsbeschlusses an den Drittschuldner aus dem Guthaben an den Gläubiger geleistet oder der Betrag hinterlegt werden; ist künftiges Guthaben gepfändet worden, ordnet das Vollstreckungsgericht auf Antrag zusätzlich an, dass erst einen Monat nach der Gutschrift von eingehenden Zahlungen an den Gläubiger geleistet oder der Betrag hinterlegt werden darf.

(4) Wenn nicht wiederkehrend zahlbare Vergütungen eines Schuldners, der eine natürliche Person ist, für persönlich geleistete Arbeiten oder Dienste oder sonstige Einkünfte, die kein Arbeitseinkommen sind, dem Gläubiger überwiesen werden, so darf der Drittschuldner erst einen Monat nach der Zustellung des Überweisungsbeschlusses an den Gläubiger leisten oder den Betrag hinterlegen.

§ 841 Pflicht zur Streitverkündung

Der Gläubiger, der die Forderung einklagt, ist verpflichtet, dem Schuldner gerichtlich den Streit zu verkünden, sofern nicht eine Zustellung im Ausland oder eine öffentliche Zustellung erforderlich wird.

§ 842 Schadenersatz bei verzögerter Beitreibung

Der Gläubiger, der die Beitreibung einer ihm zur Einziehung überwiesenen Forderung verzögert, haftet dem Schuldner für den daraus entstehenden Schaden.

§ 843 Verzicht des Pfandgläubigers

Der Gläubiger kann auf die durch Pfändung und Überweisung zur Einziehung erworbenen Rechte unbeschadet seines Anspruchs verzichten. Die Verzichtleistung erfolgt durch eine dem Schuldner zuzustellende Erklärung. Die Erklärung ist auch dem Drittschuldner zuzustellen.

§ 845 Vorpfändung

(1) Schon vor der Pfändung kann der Gläubiger auf Grund eines vollstreckbaren Schuldtitels durch den Gerichtsvollzieher dem Drittschuldner und dem Schuldner die Benachrichtigung, dass die Pfändung bevorstehe, zustellen lassen mit der Aufforderung an den Drittschuldner, nicht an den Schuldner zu zahlen, und mit der Aufforderung an den Schuldner, sich jeder Verfügung über die Forderung, insbesondere ihrer Einziehung, zu enthalten. Der Gerichtsvollzieher hat die Benachrichtigung mit den Aufforderungen selbst anzufertigen, wenn er von dem Gläubiger hierzu

ausdrücklich beauftragt worden ist. An Stelle einer an den Schuldner im Ausland zu bewirkenden Zustellung erfolgt die Zustellung durch Aufgabe zur Post, sofern die Zustellung nicht nach unmittelbar anwendbaren Regelungen der Europäischen Union zu bewirken ist.

(2) Die Benachrichtigung an den Drittschuldner hat die Wirkung eines Arrestes (§ 930), sofern die Pfändung der Forderung innerhalb eines Monats bewirkt wird. Die Frist beginnt mit dem Tag, an dem die Benachrichtigung zugestellt ist.

§ 850 Pfändungsschutz für Arbeitseinkommen

(1) Arbeitseinkommen, das in Geld zahlbar ist, kann nur nach Maßgabe der §§ 850a bis 850i gepfändet werden.

(2) Arbeitseinkommen im Sinne dieser Vorschrift sind die Dienst- und Versorgungsbezüge der Beamten, Arbeits- und Dienstlöhne, Ruhegelder und ähnliche nach dem einstweiligen oder dauernden Ausscheiden aus dem Dienst- oder Arbeitsverhältnis gewährte fortlaufende Einkünfte, ferner Hinterbliebenenbezüge sowie sonstige Vergütungen für Dienstleistungen aller Art, die die Erwerbstätigkeit des Schuldners vollständig oder zu einem wesentlichen Teil in Anspruch nehmen.

(3) Arbeitseinkommen sind auch die folgenden Bezüge, soweit sie in Geld zahlbar sind:

a) Bezüge, die ein Arbeitnehmer zum Ausgleich für Wettbewerbsbeschränkungen für die Zeit nach Beendigung seines Dienstverhältnisses beanspruchen kann;

b) Renten, die auf Grund von Versicherungsverträgen gewährt werden, wenn diese Verträge zur Versorgung des Versicherungsnehmers oder seiner unterhaltsberechtigten Angehörigen eingegangen sind.

(4) Die Pfändung des in Geld zahlbaren Arbeitseinkommens erfasst alle Vergütungen, die dem Schuldner aus der Arbeits- oder Dienstleistung zustehen, ohne Rücksicht auf ihre Benennung oder Berechnungsart.

§ 850a Unpfändbare Bezüge

Unpfändbar sind

1. zur Hälfte die für die Leistung von Mehrarbeitsstunden gezahlten Teile des Arbeitseinkommens;
2. die für die Dauer eines Urlaubs über das Arbeitseinkommen hinaus gewährten Bezüge, Zuwendungen aus Anlass eines besonderen Betriebsereignisses und Treugelder, soweit sie den Rahmen des Üblichen nicht übersteigen;
3. Aufwandsentschädigungen, Auslösungsgelder und sonstige soziale Zulagen für auswärtige Beschäftigungen, das Entgelt für selbstgestelltes Arbeitsmaterial, Gefahrenzulagen sowie Schutz- und Erschwerniszulagen, soweit diese Bezüge den Rahmen des Üblichen nicht übersteigen;
4. Weihnachtsvergütungen bis zu der Hälfte des Betrages, dessen Höhe sich nach Aufrundung des monatlichen Freibetrages nach § 850c Absatz 1 in Verbindung mit Absatz 4 auf den nächsten vollen 10-Euro-Betrag ergibt;
5. Geburtsbeihilfen sowie Beihilfen aus Anlass der Eingehung einer Ehe oder Begründung einer Lebenspartnerschaft, sofern die Vollstreckung wegen anderer als der aus Anlass der der Geburt, der Eingehung einer Ehe oder der Begründung einer Lebenspartnerschaft entstandenen Ansprüche betrieben wird;
6. Erziehungsgelder, Studienbeihilfen und ähnliche Bezüge;
7. Sterbe- und Gnadenbezüge aus Arbeits- oder Dienstverhältnissen;

8. Blindenzulagen.

§ 850b Bedingt pfändbare Bezüge

(1) Unpfändbar sind ferner

1. Renten, die wegen einer Verletzung des Körpers oder der Gesundheit zu entrichten sind;
2. Unterhaltsrenten, die auf gesetzlicher Vorschrift beruhen, sowie die wegen Entziehung einer solchen Forderung zu entrichtenden Renten;
3. fortlaufende Einkünfte, die ein Schuldner aus Stiftungen oder sonst auf Grund der Fürsorge und Freigebigkeit eines Dritten oder auf Grund eines Altenteils oder Auszugsvertrags bezieht;
4. Bezüge aus Witwen-, Waisen-, Hilfs- und Krankenkassen, die ausschließlich oder zu einem wesentlichen Teil zu Unterstützungszwecken gewährt werden, ferner Ansprüche aus Lebensversicherungen, die nur auf den Todesfall des Versicherungsnehmers abgeschlossen sind, wenn die Versicherungssumme 5 400 Euro nicht übersteigt.

(2) Diese Bezüge können nach den für Arbeitseinkommen geltenden Vorschriften gepfändet werden, wenn die Vollstreckung in das sonstige bewegliche Vermögen des Schuldners zu einer vollständigen Befriedigung des Gläubigers nicht geführt hat oder voraussichtlich nicht führen wird und wenn nach den Umständen des Falles, insbesondere nach der Art des beizutreibenden Anspruchs und der Höhe der Bezüge, die Pfändung der Billigkeit entspricht.

(3) Das Vollstreckungsgericht soll vor seiner Entscheidung die Beteiligten hören.

§ 850c Pfändungsgrenzen für Arbeitseinkommen

(1) Arbeitseinkommen ist unpfändbar, wenn es, je nach dem Zeitraum, für den es gezahlt wird, nicht mehr als

1. 1 178,59 Euro monatlich,
2. 271,24 Euro wöchentlich oder
3. 54,25 Euro täglich

beträgt.

(2) Gewährt der Schuldner auf Grund einer gesetzlichen Verpflichtung seinem Ehegatten, einem früheren Ehegatten, seinem Lebenspartner, einem früheren Lebenspartner, einem Verwandten oder nach den §§ 1615l und 1615n des Bürgerlichen Gesetzbuchs einem Elternteil Unterhalt, so erhöht sich der Betrag nach Absatz 1 für die erste Person, der Unterhalt gewährt wird, und zwar um

1. 443,57 Euro monatlich,
2. 102,08 Euro wöchentlich oder
3. 20,42 Euro täglich.

Für die zweite bis fünfte Person, der Unterhalt gewährt wird, erhöht sich der Betrag nach Absatz 1 um je

1. 247,12 Euro monatlich,
2. 56,87 Euro wöchentlich oder
3. 11,37 Euro täglich.

(3) Übersteigt das Arbeitseinkommen den Betrag nach Absatz 1, so ist es hinsichtlich des überschießenden Teils in Höhe von drei Zehnteln unpfändbar. Gewährt der Schuldner nach Absatz 2 Unterhalt, so sind für die erste Person weitere zwei Zehntel und für die zweite bis fünfte Person jeweils ein weiteres Zehntel unpfändbar. Der Teil des Arbeitseinkommens, der

1. 3 613,08 Euro monatlich,
2. 831,50 Euro wöchentlich oder
3. 166,30 Euro täglich

übersteigt, bleibt bei der Berechnung des unpfändbaren Betrages unberücksichtigt.

(4) Das Bundesministerium der Justiz und für Verbraucherschutz macht im Bundesgesetzblatt Folgendes bekannt (Pfändungsfreigrenzenbekanntmachung):

1. die Höhe des unpfändbaren Arbeitseinkommens nach Absatz 1,
2. die Höhe der Erhöhungsbeträge nach Absatz 2,
3. die Höhe der in Absatz 3 Satz 3 genannten Höchstbeträge.

Die Beträge werden jeweils zum 1. Juli eines Jahres entsprechend der im Vergleich zum jeweiligen Vorjahreszeitraum sich ergebenden prozentualen Entwicklung des Grundfrei-betrages nach § 32a Absatz 1 Satz 2 Nummer 1 des Einkommensteuergesetzes angepasst; der Berechnung ist die am 1. Januar des jeweiligen Jahres geltende Fassung des § 32a Absatz 1 Satz 2 Nummer 1 des Einkommensteuergesetzes zugrunde zu legen.

(5) Um den nach Absatz 3 pfändbaren Teil des Arbeitseinkommens zu berechnen, ist das Arbeitseinkommen, gegebenenfalls nach Abzug des nach Absatz 3 Satz 3 pfändbaren Betrages, auf eine Zahl abzurunden, die bei einer Auszahlung für

1. Monate bei einer Teilung durch 10 eine natürliche Zahl ergibt,
2. Wochen bei einer Teilung durch 2,5 eine natürliche Zahl ergibt,
3. Tage bei einer Teilung durch 0,5 eine natürliche Zahl ergibt.

Die sich aus der Berechnung nach Satz 1 ergebenden Beträge sind in der Pfändungsfreigrenzenbekanntmachung als Tabelle enthalten. Im Pfändungsbeschluss genügt die Bezugnahme auf die Tabelle.

(6) Hat eine Person, welcher der Schuldner auf Grund gesetzlicher Verpflichtung Unterhalt gewährt, eigene Einkünfte, so kann das Vollstreckungsgericht auf Antrag des Gläubigers nach billigem Ermessen bestimmen, dass diese Person bei der Berechnung des unpfändbaren Teils des Arbeitseinkommens ganz oder teilweise unberücksichtigt bleibt; soll die Person nur teilweise berücksichtigt werden, so ist Absatz 5 Satz 3 nicht anzuwenden.

§ 850d Pfändbarkeit bei Unterhaltsansprüchen

(1) Wegen der Unterhaltsansprüche, die kraft Gesetzes einem Verwandten, dem Ehegatten, einem früheren Ehegatten, dem Lebenspartner, einem früheren Lebenspartner oder nach §§ 1615l, 1615n des Bürgerlichen Gesetzbuchs einem Elternteil zustehen, sind das Arbeitseinkommen und die in § 850a Nr. 1, 2 und 4 genannten Bezüge ohne die in § 850c bezeichneten Beschränkungen pfändbar. Dem Schuldner ist jedoch so viel zu belassen, als er für seinen notwendigen Unterhalt und zur Erfüllung seiner laufenden gesetzlichen Unterhaltspflichten gegenüber den dem Gläubiger vorgehenden Berechtigten oder zur gleichmäßigen Befriedigung der dem Gläubiger gleichstehenden Berechtigten bedarf; von den in § 850a Nr. 1, 2 und 4 genannten Bezügen hat ihm mindestens die Hälfte des nach § 850a unpfändbaren Betrages zu verbleiben. Der dem Schuldner hiernach verbleibende Teil seines Arbeitseinkommens darf den Betrag nicht übersteigen, der ihm nach den Vorschriften des § 850c gegenüber nicht bevorrechtigten Gläubigern zu verbleiben hätte. Für die Pfändung wegen der Rückstände, die länger als ein Jahr vor dem Antrag auf Erlass

des Pfändungsbeschlusses fällig geworden sind, gelten die Vorschriften dieses Absatzes insoweit nicht, als nach Lage der Verhältnisse nicht anzunehmen ist, dass der Schuldner sich seiner Zahlungspflicht absichtlich entzogen hat.

(2) Mehrere nach Absatz 1 Berechtigte sind mit ihren Ansprüchen in der Reihenfolge nach § 1609 des Bürgerlichen Gesetzbuchs und § 16 des Lebenspartnerschaftsgesetzes zu berücksichtigen, wobei mehrere gleich nahe Berechtigte untereinander den gleichen Rang haben.

(3) Bei der Vollstreckung wegen der in Absatz 1 bezeichneten Ansprüche sowie wegen der aus Anlass einer Verletzung des Körpers oder der Gesundheit zu zahlenden Renten kann zugleich mit der Pfändung wegen fälliger Ansprüche auch künftig fällig werdendes Arbeitseinkommen wegen der dann jeweils fällig werdenden Ansprüche gepfändet und überwiesen werden.

§ 850e Berechnung des pfändbaren Arbeitseinkommens

Für die Berechnung des pfändbaren Arbeitseinkommens gilt Folgendes:

1. Nicht mitzurechnen sind die nach § 850a der Pfändung entzogenen Bezüge, ferner Beträge, die unmittelbar auf Grund steuerrechtlicher oder sozialrechtlicher Vorschriften zur Erfüllung gesetzlicher Verpflichtungen des Schuldners abzuführen sind. Diesen Beträgen stehen gleich die auf den Auszahlungszeitraum entfallenden Beträge, die der Schuldner

   a) nach den Vorschriften der Sozialversicherungsgesetze zur Weiterversicherung entrichtet oder

   b) an eine Ersatzkasse oder an ein Unternehmen der privaten Krankenversicherung leistet, soweit sie den Rahmen des Üblichen nicht übersteigen.

2. Mehrere Arbeitseinkommen sind auf Antrag vom Vollstreckungsgericht bei der Pfändung zusammenzurechnen. Der unpfändbare Grundbetrag ist in erster Linie dem Arbeitseinkommen zu entnehmen, das die wesentliche Grundlage der Lebenshaltung des Schuldners bildet.

2a. Mit Arbeitseinkommen sind auf Antrag auch Ansprüche auf laufende Geldleistungen nach dem Sozialgesetzbuch zusammenzurechnen, soweit diese der Pfändung unterworfen sind. Der unpfändbare Grundbetrag ist, soweit die Pfändung nicht wegen gesetzlicher Unterhaltsansprüche erfolgt, in erster Linie den laufenden Geldleistungen nach dem Sozialgesetzbuch zu entnehmen. Ansprüche auf Geldleistungen für Kinder dürfen mit Arbeitseinkommen nur zusammengerechnet werden, soweit sie nach § 76 des Einkommensteuergesetzes oder nach § 54 Abs. 5 des Ersten Buches Sozialgesetzbuch gepfändet werden können.

3. Erhält der Schuldner neben seinem in Geld zahlbaren Einkommen auch Naturalleistungen, so sind Geld- und Naturalleistungen zusammenzurechnen. In diesem Fall ist der in Geld zahlbare Betrag insoweit pfändbar, als der nach § 850c unpfändbare Teil des Gesamteinkommens durch den Wert der dem Schuldner verbleibenden Naturalleistungen gedeckt ist.

4. Trifft eine Pfändung, eine Abtretung oder eine sonstige Verfügung wegen eines der in § 850d bezeichneten Ansprüche mit einer Pfändung wegen eines sonstigen Anspruchs zusammen, so sind auf die Unterhaltsansprüche zunächst die gemäß § 850d der Pfändung in erweitertem Umfang unterliegenden Teile des Arbeitseinkommens zu verrechnen. Die Verrechnung nimmt auf Antrag eines Beteiligten das Vollstreckungsgericht vor. Der Drittschuldner kann, solange ihm eine Entscheidung des Vollstreckungsgerichts nicht zugestellt ist, nach dem Inhalt der ihm bekannten Pfändungsbeschlüsse, Abtretungen und sonstigen Verfügungen mit befreiender Wirkung leisten.

§ 850f Änderung des unpfändbaren Betrages

(1) Das Vollstreckungsgericht kann dem Schuldner auf Antrag von dem nach den Bestimmungen der §§ 850c, 850d und 850i pfändbaren Teil seines Arbeitseinkommens einen Teil belassen, wenn

1. der Schuldner nachweist, dass bei Anwendung der Pfändungsfreigrenzen entsprechend § 850c der notwendige Lebensunterhalt im Sinne des Dritten und Vierten Kapitels des Zwölften Buches Sozialgesetzbuch oder nach Kapitel 3 Abschnitt 2 des Zweiten Buches Sozialgesetzbuch für sich und für die Personen, denen er gesetzlich zum Unterhalt verpflichtet ist, nicht gedeckt ist,

2. besondere Bedürfnisse des Schuldners aus persönlichen oder beruflichen Gründen oder

3. der besondere Umfang der gesetzlichen Unterhaltspflichten des Schuldners, insbesondere die Zahl der Unterhaltsberechtigten, dies erfordern

und überwiegende Belange des Gläubigers nicht entgegenstehen.

(2) Wird die Zwangsvollstreckung wegen einer Forderung aus einer vorsätzlich begangenen unerlaubten Handlung betrieben, so kann das Vollstreckungsgericht auf Antrag des Gläubigers den pfändbaren Teil des Arbeitseinkommens ohne Rücksicht auf die in § 850c vorgesehenen Beschränkungen bestimmen; dem Schuldner ist jedoch so viel zu belassen, wie er für seinen notwendigen Unterhalt und zur Erfüllung seiner laufenden gesetzlichen Unterhaltspflichten bedarf.

(3) weggefallen

§ 850g Änderung der Unpfändbarkeitsvoraussetzungen

Ändern sich die Voraussetzungen für die Bemessung des unpfändbaren Teils des Arbeitseinkommens, so hat das Vollstreckungsgericht auf Antrag des Schuldners oder des Gläubigers den Pfändungsbeschluss entsprechend zu ändern. Antragsberechtigt ist auch ein Dritter, dem der Schuldner kraft Gesetzes Unterhalt zu gewähren hat. Der Drittschuldner kann nach dem Inhalt des früheren Pfändungsbeschlusses mit befreiender Wirkung leisten, bis ihm der Änderungsbeschluss zugestellt wird.

§ 850h Verschleiertes Arbeitseinkommen

(1) Hat sich der Empfänger der vom Schuldner geleisteten Arbeiten oder Dienste verpflichtet, Leistungen an einen Dritten zu bewirken, die nach Lage der Verhältnisse ganz oder teilweise eine Vergütung für die Leistung des Schuldners darstellen, so kann der Anspruch des Drittberechtigten insoweit auf Grund des Schuldtitels gegen den Schuldner gepfändet werden, wie wenn der Anspruch dem Schuldner zustände. Die Pfändung des Vergütungsanspruchs des Schuldners umfasst ohne weiteres den Anspruch des Drittberechtigten. Der Pfändungsbeschluss ist dem Drittberechtigten ebenso wie dem Schuldner zuzustellen.

(2) Leistet der Schuldner einem Dritten in einem ständigen Verhältnis Arbeiten oder Dienste, die nach Art und Umfang üblicherweise vergütet werden, unentgeltlich oder gegen eine unverhältnismäßig geringe Vergütung, so gilt im Verhältnis des Gläubigers zu dem Empfänger der Arbeits- und Dienstleistungen eine angemessene Vergütung als geschuldet. Bei der Prüfung, ob diese Voraussetzungen vorliegen, sowie bei der Bemessung der Vergütung ist auf alle Umstände des Einzelfalles, insbesondere die Art der Arbeits- und Dienstleistung, die verwandtschaftlichen oder sonstigen Beziehungen zwischen dem Dienstberechtigten und dem Dienstverpflichteten und die wirtschaftliche Leistungsfähigkeit des Dienstberechtigten Rücksicht zu nehmen.

§ 850i Pfändungsschutz bei sonstigen Einkünften

(1) Werden nicht wiederkehrend zahlbare Vergütungen für persönlich geleistete Arbeiten oder Dienste oder sonstige Einkünfte, die kein Arbeitseinkommen sind, gepfändet, so hat das Gericht dem Schuldner auf Antrag während eines angemessenen Zeitraums so viel zu belassen, als ihm

nach freier Schätzung des Gerichts verbleiben würde, wenn sein Einkommen aus laufendem Arbeits- oder Dienstlohn bestünde. Bei der Entscheidung sind die wirtschaftlichen Verhältnisse des Schuldners, insbesondere seine sonstigen Verdienstmöglichkeiten, frei zu würdigen. Der Antrag des Schuldners ist insoweit abzulehnen, als überwiegende Belange des Gläubigers entgegenstehen.

(2) Die Vorschriften des § 27 des Heimarbeitsgesetzes vom 14. März 1951 (BGBl. I S. 191) bleiben unberührt.

(3) Die Bestimmungen der Versicherungs-, Versorgungs- und sonstigen gesetzlichen Vorschriften über die Pfändung von Ansprüchen bestimmter Art bleiben unberührt.

§ 850k Einrichtung und Beendigung des Pfändungsschutzkontos

(1) Eine natürliche Person kann jederzeit von dem Kreditinstitut verlangen, dass ein von ihr dort geführtes Zahlungskonto als Pfändungsschutzkonto geführt wird. Satz 1 gilt auch, wenn das Zahlungskonto zum Zeitpunkt des Verlangens einen negativen Saldo aufweist. Ein Pfändungsschutzkonto darf jedoch ausschließlich auf Guthabenbasis geführt werden.

(2) Ist Guthaben auf dem Zahlungskonto bereits gepfändet worden, kann der Schuldner die Führung dieses Kontos als Pfändungsschutzkonto zum Beginn des vierten auf sein Verlangen folgenden Geschäftstages fordern. Das Vertragsverhältnis zwischen dem Kontoinhaber und dem Kreditinstitut bleibt im Übrigen unberührt.

(3) Jede Person darf nur ein Pfändungsschutzkonto unterhalten. Bei dem Verlangen nach Absatz 1 hat der Kunde gegenüber dem Kreditinstitut zu versichern, dass er kein weiteres Pfändungsschutzkonto unterhält.

(4) Unterhält ein Schuldner entgegen Absatz 3 Satz 1 mehrere Zahlungskonten als Pfändungsschutzkonten, ordnet das Vollstreckungsgericht auf Antrag des Gläubigers an, dass nur das von dem Gläubiger in seinem Antrag bezeichnete Zahlungskonto dem Schuldner als Pfändungsschutzkonto verbleibt. Der Gläubiger hat den Umstand, dass ein Schuldner entgegen Satz 1 mehrere Zahlungskonten als Pfändungsschutzkonten unterhält, durch Vorlage entsprechender Erklärungen der Drittschuldner glaubhaft zu machen. Eine Anhörung des Schuldners durch das Vollstreckungsgericht unterbleibt. Die Anordnung nach Satz 1 ist allen Drittschuldnern zuzustellen. Mit der Zustellung der Anordnung an diejenigen Kreditinstitute, deren Zahlungskonten nicht zum Pfändungsschutzkonto bestimmt sind, entfallen die Wirkungen dieser Pfändungsschutzkonten.

(5) Der Kontoinhaber kann mit einer Frist von mindestens vier Geschäftstagen zum Monatsende von dem Kreditinstitut verlangen, dass das dort geführte Pfändungsschutzkonto als Zahlungskonto ohne Pfändungsschutz geführt wird. Absatz 2 Satz 2 gilt entsprechend.

§ 850l Pfändung des Gemeinschaftskontos

(1) Unterhält der Schuldner, der eine natürliche Person ist, mit einer anderen natürlichen oder mit einer juristischen Person oder mit einer Mehrheit von Personen ein Gemeinschaftskonto und wird Guthaben auf diesem Konto gepfändet, so darf das Kreditinstitut erst nach Ablauf von einem Monat nach Zustellung des Überweisungsbeschlusses aus dem Guthaben an den Gläubiger leisten oder den Betrag hinterlegen. Satz 1 gilt auch für künftiges Guthaben.

(2) Ist der Schuldner eine natürliche Person, kann er innerhalb des Zeitraums nach Absatz 1 Satz 1 von dem Kreditinstitut verlangen, bestehendes oder künftiges Guthaben von dem Gemeinschaftskonto auf ein bei dem Kreditinstitut allein auf seinen Namen lautendes Zahlungskonto zu übertragen. Wird Guthaben nach Satz 1 übertragen und verlangt der Schuldner innerhalb des Zeitraums nach Absatz 1 Satz 1, dass das Zahlungskonto als Pfändungsschutzkonto geführt wird, so gelten für die Einrichtung des Pfändungsschutzkontos § 850k und für das übertragene Guthaben die Regelungen des Buches 8 Abschnitt 4. Für die Übertragung nach Satz 1 ist eine Mitwirkung anderer Kontoinhaber oder des Gläubigers nicht erforderlich. Der Übertragungsbetrag beläuft sich auf den Kopfteil des Schuldners an dem Guthaben. Sämtliche Kontoinhaber und der

Gläubiger können sich auf eine von Satz 4 abweichende Aufteilung des Übertragungsbetrages einigen; die Vereinbarung ist dem Kreditinstitut in Textform mitzuteilen.

(3) Absatz 2 Satz 1 und 3 bis 5 ist auf natürliche Personen, mit denen der Schuldner das Gemeinschaftskonto unterhält, entsprechend anzuwenden.

(4) Die Wirkungen von Pfändung und Überweisung von Guthaben auf dem Gemeinschaftskonto setzen sich an dem nach Absatz 2 Satz 1 auf ein Einzelkonto des Schuldners übertragenen Guthaben fort; sie setzen sich nicht an dem Guthaben fort, das nach Absatz 3 übertragen wird.

§ 851 Nicht übertragbare Forderungen

(1) Eine Forderung ist in Ermangelung besonderer Vorschriften der Pfändung nur insoweit unterworfen, als sie übertragbar ist.

(2) Eine nach § 399 des Bürgerlichen Gesetzbuchs nicht übertragbare Forderung kann insoweit gepfändet und zur Einziehung überwiesen werden, als der geschuldete Gegenstand der Pfändung unterworfen ist.

§ 851a Pfändungsschutz für Landwirte

(1) Die Pfändung von Forderungen, die einem die Landwirtschaft betreibenden Schuldner aus dem Verkauf von landwirtschaftlichen Erzeugnissen zustehen, ist auf seinen Antrag vom Vollstreckungsgericht insoweit aufzuheben, als die Einkünfte zum Unterhalt des Schuldners, seiner Familie und seiner Arbeitnehmer oder zur Aufrechterhaltung einer geordneten Wirtschaftsführung unentbehrlich sind.

(2) Die Pfändung soll unterbleiben, wenn offenkundig ist, dass die Voraussetzungen für die Aufhebung der Zwangsvollstreckung nach Absatz 1 vorliegen.

§ 851b Pfändungsschutz bei Miet- und Pachtzinsen

(1) Die Pfändung von Miete und Pacht ist auf Antrag des Schuldners vom Vollstreckungsgericht insoweit aufzuheben, als diese Einkünfte für den Schuldner zur laufenden Unterhaltung des Grundstücks, zur Vornahme notwendiger Instandsetzungsarbeiten und zur Befriedigung von Ansprüchen unentbehrlich sind, die bei einer Zwangsvollstreckung in das Grundstück dem Anspruch des Gläubigers nach § 10 des Gesetzes über die Zwangsversteigerung und die Zwangsverwaltung vorgehen würden. Das Gleiche gilt von der Pfändung von Barmitteln und Guthaben, die aus Miet- oder Pachtzahlungen herrühren und zu den in Satz 1 bezeichneten Zwecken unentbehrlich sind.

(2) Wird der Antrag nicht binnen einer Frist von zwei Wochen gestellt, so ist er ohne sachliche Prüfung zurückzuweisen, wenn das Vollstreckungsgericht der Überzeugung ist, dass der Schuldner den Antrag in der Absicht der Verschleppung oder aus grober Nachlässigkeit nicht früher gestellt hat. Die Frist beginnt mit der Pfändung.

(3) Anordnungen nach Absatz 1 können mehrmals ergehen und, soweit es nach Lage der Verhältnisse geboten ist, auf Antrag aufgehoben oder abgeändert werden.

(4) Vor den in den Absätzen 1 und 3 bezeichneten Entscheidungen ist, soweit dies ohne erhebliche Verzögerung möglich ist, der Gläubiger zu hören. Die für die Entscheidung wesentlichen tatsächlichen Verhältnisse sind glaubhaft zu machen. Die Pfändung soll unterbleiben, wenn offenkundig ist, dass die Voraussetzungen für die Aufhebung der Zwangsvollstreckung nach Absatz 1 vorliegen.

§ 851c Pfändungsschutz bei Altersrenten

(1) Ansprüche auf Leistungen, die auf Grund von Verträgen gewährt werden, dürfen nur wie Arbeitseinkommen gepfändet werden, wenn

1. die Leistung in regelmäßigen Zeitabständen lebenslang und nicht vor Vollendung des 60. Lebensjahres oder nur bei Eintritt der Berufsunfähigkeit gewährt wird,

2. über die Ansprüche aus dem Vertrag nicht verfügt werden darf,

3. die Bestimmung von Dritten mit Ausnahme von Hinterbliebenen als Berechtigte ausgeschlossen ist und

4. die Zahlung einer Kapitalleistung, ausgenommen eine Zahlung für den Todesfall, nicht vereinbart wurde.

(2) Beträge, die der Schuldner anspart, um in Erfüllung eines Vertrages nach Absatz 1 eine angemessene Alterssicherung aufzubauen, unterliegen nicht der Pfändung, soweit sie

1. jährlich nicht mehr betragen als

   a) 6 000 Euro bei einem Schuldner vom 18. bis zum vollendeten 27. Lebensjahr und

   b) 7 000 Euro bei einem Schuldner vom 28. bis zum vollendeten 67. Lebensjahr und

2. einen Gesamtbetrag von 340 000 Euro nicht übersteigen.

Die in Satz 1 genannten Beträge werden jeweils zum 1. Juli eines jeden fünften Jahres entsprechend der Entwicklung auf dem Kapitalmarkt, des Sterblichkeitsrisikos und der Höhe der Pfändungsfreigrenze angepasst und die angepassten Beträge vom Bundesministerium der Justiz und für Verbraucherschutz in der Pfändungsfreigrenzenbekanntmachung im Sinne des § 850c Absatz 4 Satz 1 bekannt gemacht. Übersteigt der Rückkaufwert der Alterssicherung den unpfändbaren Betrag, sind drei Zehntel des überschießenden Betrags unpfändbar. Satz 3 gilt nicht für den Teil des Rückkaufwerts, der den dreifachen Wert des in Satz 1 Nummer 2 genannten Betrags übersteigt.

(3) § 850e Nr. 2 und 2a gilt entsprechend.

§ 851d Pfändungsschutz bei steuerlich gefördertem Altersvorsorgevermögen

Monatliche Leistungen in Form einer lebenslangen Rente oder monatlicher Ratenzahlungen im Rahmen eines Auszahlungsplans nach § 1 Abs. 1 Satz 1 Nr. 4 des Altersvorsorgeverträge-Zertifizierungsgesetzes aus steuerlich gefördertem Altersvorsorgevermögen sind wie Arbeitseinkommen pfändbar.

§ 852 Beschränkt pfändbare Forderungen

(1) Der Pflichtteilsanspruch ist der Pfändung nur unterworfen, wenn er durch Vertrag anerkannt oder rechtshängig geworden ist.

(2) Das Gleiche gilt für den nach § 528 des Bürgerlichen Gesetzbuchs dem Schenker zustehenden Anspruch auf Herausgabe des Geschenkes sowie für den Anspruch eines Ehegatten oder Lebenspartners auf den Ausgleich des Zugewinns.

§ 853 Mehrfache Pfändung einer Geldforderung

Ist eine Geldforderung für mehrere Gläubiger gepfändet, so ist der Drittschuldner berechtigt und auf Verlangen eines Gläubigers, dem die Forderung überwiesen wurde, verpflichtet, unter Anzeige der Sachlage und unter Aushändigung der ihm zugestellten Beschlüsse an das Amtsgericht, dessen Beschluss ihm zuerst zugestellt ist, den Schuldbetrag zu hinterlegen.

§ 854 Mehrfache Pfändung eines Anspruchs auf bewegliche Sachen

(1) Ist ein Anspruch, der eine bewegliche körperliche Sache betrifft, für mehrere Gläubiger gepfändet, so ist der Drittschuldner berechtigt und auf Verlangen eines Gläubigers, dem der Anspruch überwiesen wurde, verpflichtet, die Sache unter Anzeige der Sachlage und unter Aushändigung der ihm zugestellten Beschlüsse dem Gerichtsvollzieher herauszugeben, der nach dem

ihm zuerst zugestellten Beschluss zur Empfangnahme der Sache ermächtigt ist. Hat der Gläubiger einen solchen Gerichtsvollzieher nicht bezeichnet, so wird dieser auf Antrag des Drittschuldners von dem Amtsgericht des Ortes ernannt, wo die Sache herauszugeben ist.

(2) Ist der Erlös zur Deckung der Forderungen nicht ausreichend und verlangt der Gläubiger, für den die zweite oder eine spätere Pfändung erfolgt ist, ohne Zustimmung der übrigen beteiligten Gläubiger eine andere Verteilung als nach der Reihenfolge der Pfändungen, so hat der Gerichtsvollzieher die Sachlage unter Hinterlegung des Erlöses dem Amtsgericht anzuzeigen, dessen Beschluss dem Drittschuldner zuerst zugestellt ist. Dieser Anzeige sind die Dokumente beizufügen, die sich auf das Verfahren beziehen.

(3) In gleicher Weise ist zu verfahren, wenn die Pfändung für mehrere Gläubiger gleichzeitig bewirkt ist.

§ 855 Mehrfache Pfändung eines Anspruchs auf eine unbewegliche Sache

Betrifft der Anspruch eine unbewegliche Sache, so ist der Drittschuldner berechtigt und auf Verlangen eines Gläubigers, dem der Anspruch überwiesen wurde, verpflichtet, die Sache unter Anzeige der Sachlage und unter Aushändigung der ihm zugestellten Beschlüsse an den von dem Amtsgericht der belegenen Sache ernannten oder auf seinen Antrag zu ernennenden Sequester herauszugeben.

§ 855a Mehrfache Pfändung eines Anspruchs auf ein Schiff

(1) Betrifft der Anspruch ein eingetragenes Schiff, so ist der Drittschuldner berechtigt und auf Verlangen eines Gläubigers, dem der Anspruch überwiesen wurde, verpflichtet, das Schiff unter Anzeige der Sachlage und unter Aushändigung der Beschlüsse dem Treuhänder herauszugeben, der in dem ihm zuerst zugestellten Beschluss bestellt ist.

(2) Absatz 1 gilt sinngemäß, wenn der Anspruch ein Schiffsbauwerk betrifft, das im Schiffsbauregister eingetragen ist oder in dieses Register eingetragen werden kann.

§ 856 Klage bei mehrfacher Pfändung

(1) Jeder Gläubiger, dem der Anspruch überwiesen wurde, ist berechtigt, gegen den Drittschuldner Klage auf Erfüllung der nach den Vorschriften der §§ 853 bis 855 diesem obliegenden Verpflichtungen zu erheben.

(2) Jeder Gläubiger, für den der Anspruch gepfändet ist, kann sich dem Kläger in jeder Lage des Rechtsstreits als Streitgenosse anschließen.

(3) Der Drittschuldner hat bei dem Prozessgericht zu beantragen, dass die Gläubiger, welche die Klage nicht erhoben und dem Kläger sich nicht angeschlossen haben, zum Termin zur mündlichen Verhandlung geladen werden.

(4) Die Entscheidung, die in dem Rechtsstreit über den in der Klage erhobenen Anspruch erlassen wird, ist für und gegen sämtliche Gläubiger wirksam.

(5) Der Drittschuldner kann sich gegenüber einem Gläubiger auf die ihm günstige Entscheidung nicht berufen, wenn der Gläubiger zum Termin zur mündlichen Verhandlung nicht geladen worden ist.

§ 858 Zwangsvollstreckung in Schiffspart

(1) Für die Zwangsvollstreckung in die Schiffspart (§§ 489 ff. des Handelsgesetzbuchs) gilt § 857 mit folgenden Abweichungen.

(2) Als Vollstreckungsgericht ist das Amtsgericht zuständig, bei dem das Register für das Schiff geführt wird.

(3) Die Pfändung bedarf der Eintragung in das Schiffsregister; die Eintragung erfolgt auf Grund des Pfändungsbeschlusses. Der Pfändungsbeschluss soll dem Korrespondentreeder zugestellt

werden; wird der Beschluss diesem vor der Eintragung zugestellt, so gilt die Pfändung ihm gegenüber mit der Zustellung als bewirkt.

(4) Verwertet wird die gepfändete Schiffspart im Wege der Veräußerung. Dem Antrag auf Anordnung der Veräußerung ist ein Auszug aus dem Schiffsregister beizufügen, der alle das Schiff und die Schiffspart betreffenden Eintragungen enthält; der Auszug darf nicht älter als eine Woche sein.

(5) Ergibt der Auszug aus dem Schiffsregister, dass die Schiffspart mit einem Pfandrecht belastet ist, das einem anderen als dem betreibenden Gläubiger zusteht, so ist die Hinterlegung des Erlöses anzuordnen. Der Erlös wird in diesem Fall nach den Vorschriften der §§ 873 bis 882 verteilt; Forderungen, für die ein Pfandrecht an der Schiffspart eingetragen ist, sind nach dem Inhalt des Schiffsregisters in den Teilungsplan aufzunehmen.

§ 859 Pfändung von Gesamthandanteilen

(1) Der Anteil eines Gesellschafters an dem Gesellschaftsvermögen einer nach § 705 des Bürgerlichen Gesetzbuchs eingegangenen Gesellschaft ist der Pfändung unterworfen. Der Anteil eines Gesellschafters an den einzelnen zu dem Gesellschaftsvermögen gehörenden Gegenständen ist der Pfändung nicht unterworfen.

(2) Die gleichen Vorschriften gelten für den Anteil eines Miterben an dem Nachlass und an den einzelnen Nachlassgegenständen.

§ 860 Pfändung von Gesamtgutanteilen

(1) Bei dem Güterstand der Gütergemeinschaft ist der Anteil eines Ehegatten oder Lebenspartners an dem Gesamtgut und an den einzelnen dazu gehörenden Gegenständen der Pfändung nicht unterworfen. Das gleiche gilt bei der fortgesetzten Gütergemeinschaft von den Anteilen des überlebenden Ehegatten oder Lebenspartners und der Abkömmlinge.

(2) Nach der Beendigung der Gemeinschaft ist der Anteil an dem Gesamtgut zugunsten der Gläubiger des Anteilsberechtigten der Pfändung unterworfen.

§§ 861 u. 862

- aufgehoben -

§ 863 Pfändungsbeschränkungen bei Erbschaftsnutzungen

(1) Ist der Schuldner als Erbe nach § 2338 des Bürgerlichen Gesetzbuchs durch die Einsetzung eines Nacherben beschränkt, so sind die Nutzungen der Erbschaft der Pfändung nicht unterworfen, soweit sie zur Erfüllung der dem Schuldner seinem Ehegatten, seinem früheren Ehegatten, seinem Lebenspartner, einem früheren Lebenspartner oder seinen Verwandten gegenüber gesetzlich obliegenden Unterhaltspflicht und zur Bestreitung seines standesmäßigen Unterhalts erforderlich sind. Das Gleiche gilt, wenn der Schuldner nach § 2338 des Bürgerlichen Gesetzbuchs durch die Ernennung eines Testamentsvollstreckers beschränkt ist, für seinen Anspruch auf den jährlichen Reinertrag.

(2) Die Pfändung ist unbeschränkt zulässig, wenn der Anspruch eines Nachlassgläubigers oder ein auch dem Nacherben oder dem Testamentsvollstrecker gegenüber wirksames Recht geltend gemacht wird.

(3) Diese Vorschriften gelten entsprechend, wenn der Anteil eines Abkömmlings an dem Gesamtgut der fortgesetzten Gütergemeinschaft nach § 1513 Abs. 2 des Bürgerlichen Gesetzbuchs einer Beschränkung der im Absatz 1 bezeichneten Art unterliegt.

§ 864 Gegenstand der Immobiliarvollstreckung

(1) Der Zwangsvollstreckung in das unbewegliche Vermögen unterliegen außer den Grundstücken die Berechtigungen, für welche die sich auf Grundstücke beziehenden Vorschriften gelten,

die im Schiffsregister eingetragenen Schiffe und die Schiffsbauwerke, die im Schiffsbauregister eingetragen sind oder in dieses Register eingetragen werden können.

(2) Die Zwangsvollstreckung in den Bruchteil eines Grundstücks, einer Berechtigung der im Absatz 1 bezeichneten Art oder eines Schiffes oder Schiffsbauwerks ist nur zulässig, wenn der Bruchteil in dem Anteil eines Miteigentümers besteht oder wenn sich der Anspruch des Gläubigers auf ein Recht gründet, mit dem der Bruchteil als solcher belastet ist.

§ 865 Verhältnis zur Mobiliarvollstreckung

(1) Die Zwangsvollstreckung in das unbewegliche Vermögen umfasst auch die Gegenstände, auf die sich bei Grundstücken und Berechtigungen die Hypothek, bei Schiffen oder Schiffsbauwerken die Schiffshypothek erstreckt.

(2) Diese Gegenstände können, soweit sie Zubehör sind, nicht gepfändet werden. Im Übrigen unterliegen sie der Zwangsvollstreckung in das bewegliche Vermögen, solange nicht ihre Beschlagnahme im Wege der Zwangsvollstreckung in das unbewegliche Vermögen erfolgt ist.

§ 866 Arten der Vollstreckung

(1) Die Zwangsvollstreckung in ein Grundstück erfolgt durch Eintragung einer Sicherungshypothek für die Forderung, durch Zwangsversteigerung und durch Zwangsverwaltung.

(2) Der Gläubiger kann verlangen, dass eine dieser Maßregeln allein oder neben den übrigen ausgeführt werde.

(3) Eine Sicherungshypothek (Absatz 1) darf nur für einen Betrag von mehr als 750 Euro eingetragen werden; Zinsen bleiben dabei unberücksichtigt, soweit sie als Nebenforderung geltend gemacht sind. Auf Grund mehrerer demselben Gläubiger zustehender Schuldtitel kann eine einheitliche Sicherungshypothek eingetragen werden.

§ 867 Zwangshypothek

(1) Die Sicherungshypothek wird auf Antrag des Gläubigers in das Grundbuch eingetragen; die Eintragung ist auf dem vollstreckbaren Titel zu vermerken. Mit der Eintragung entsteht die Hypothek. Das Grundstück haftet auch für die dem Schuldner zur Last fallenden Kosten der Eintragung.

(2) Sollen mehrere Grundstücke des Schuldners mit der Hypothek belastet werden, so ist der Betrag der Forderung auf die einzelnen Grundstücke zu verteilen. Die Größe der Teile bestimmt der Gläubiger; für die Teile gilt § 866 Abs. 3 Satz 1 entsprechend.

(3) Zur Befriedigung aus dem Grundstück durch Zwangsversteigerung genügt der vollstreckbare Titel, auf dem die Eintragung vermerkt ist.

§ 868 Erwerb der Zwangshypothek durch den Eigentümer

(1) Wird durch eine vollstreckbare Entscheidung die zu vollstreckende Entscheidung oder ihre vorläufige Vollstreckbarkeit aufgehoben oder die Zwangsvollstreckung für unzulässig erklärt oder deren Einstellung angeordnet, so erwirbt der Eigentümer des Grundstücks die Hypothek.

(2) Das Gleiche gilt, wenn durch eine gerichtliche Entscheidung die einstweilige Einstellung der Vollstreckung und zugleich die Aufhebung der erfolgten Vollstreckungsmaßregeln angeordnet wird oder wenn die zur Abwendung der Vollstreckung nachgelassene Sicherheitsleistung oder Hinterlegung erfolgt.

§ 869 Zwangsversteigerung und Zwangsverwaltung

Die Zwangsversteigerung und die Zwangsverwaltung werden durch ein besonderes Gesetz geregelt.

§ 870 Grundstücksgleiche Rechte

Auf die Zwangsvollstreckung in eine Berechtigung, für welche die sich auf Grundstücke beziehenden Vorschriften gelten, sind die Vorschriften über die Zwangsvollstreckung in Grundstücke entsprechend anzuwenden.

§ 870a Zwangsvollstreckung in ein Schiff oder Schiffsbauwerk

(1) Die Zwangsvollstreckung in ein eingetragenes Schiff oder in ein Schiffsbauwerk, das im Schiffsbauregister eingetragen ist oder in dieses Register eingetragen werden kann, erfolgt durch Eintragung einer Schiffshypothek für die Forderung oder durch Zwangsversteigerung. Die Anordnung einer Zwangsversteigerung eines Seeschiffs ist unzulässig, wenn sich das Schiff auf der Reise befindet und nicht in einem Hafen liegt.

(2) § 866 Abs. 2, 3, § 867 gelten entsprechend.

(3) Wird durch eine vollstreckbare Entscheidung die zu vollstreckende Entscheidung oder ihre vorläufige Vollstreckbarkeit aufgehoben oder die Zwangsvollstreckung für unzulässig erklärt oder deren Einstellung angeordnet, so erlischt die Schiffshypothek; § 57 Abs. 3 des Gesetzes über Rechte an eingetragenen Schiffen und Schiffsbauwerken vom 15. November 1940 (RGBl. I S. 1499) ist anzuwenden. Das Gleiche gilt, wenn durch eine gerichtliche Entscheidung die einstweilige Einstellung der Zwangsvollstreckung und zugleich die Aufhebung der erfolgten Vollstreckungsmaßregeln angeordnet wird oder wenn die zur Abwendung der Vollstreckung nachgelassene Sicherheitsleistung oder Hinterlegung erfolgt.

§ 871 Landesrechtlicher Vorbehalt bei Eisenbahnen

Unberührt bleiben die landesgesetzlichen Vorschriften, nach denen, wenn ein anderer als der Eigentümer einer Eisenbahn oder Kleinbahn den Betrieb der Bahnkraft eigenen Nutzungsrechts ausübt, das Nutzungsrecht und gewisse dem Betriebe gewidmete Gegenstände in Ansehung der Zwangsvollstreckung zum unbeweglichen Vermögen gehören und die Zwangsvollstreckung abweichend von den Vorschriften des Bundesrechts geregelt ist.

§ 873 Aufforderung des Verteilungsgerichts

Das zuständige Amtsgericht (§§ 853, 854) hat nach Eingang der Anzeige über die Sachlage an jeden der beteiligten Gläubiger die Aufforderung zu erlassen, binnen zwei Wochen eine Berechnung der Forderung an Kapital, Zinsen, Kosten und sonstigen Nebenforderungen einzureichen.

§ 874 Teilungsplan

(1) Nach Ablauf der zweiwöchigen Fristen wird von dem Gericht ein Teilungsplan angefertigt.

(2) Der Betrag der Kosten des Verfahrens ist von dem Bestand der Masse vorweg in Abzug zu bringen.

(3) Die Forderung eines Gläubigers, der bis zur Anfertigung des Teilungsplanes der an ihn gerichteten Aufforderung nicht nachgekommen ist, wird nach der Anzeige und deren Unterlagen berechnet. Eine nachträgliche Ergänzung der Forderung findet nicht statt.

§ 875 Terminsbestimmung

(1) Das Gericht hat zur Erklärung über den Teilungsplan sowie zur Ausführung der Verteilung einen Termin zu bestimmen. Der Teilungsplan muss spätestens drei Tage vor dem Termin auf der Geschäftsstelle zur Einsicht der Beteiligten niedergelegt werden.

(2) Die Ladung des Schuldners zu dem Termin ist nicht erforderlich, wenn sie durch Zustellung im Ausland oder durch öffentliche Zustellung erfolgen müsste.

§ 876 Termin zur Erklärung und Ausführung

Wird in dem Termin ein Widerspruch gegen den Plan nicht erhoben, so ist dieser zur Ausführung zu bringen. Erfolgt ein Widerspruch, so hat sich jeder dabei beteiligte Gläubiger sofort zu erklären. Wird der Widerspruch von den Beteiligten als begründet anerkannt oder kommt anderweit eine Einigung zustande, so ist der Plan demgemäß zu berichtigen. Wenn ein Widerspruch sich nicht erledigt, so wird der Plan insoweit ausgeführt, als er durch den Widerspruch nicht betroffen wird.

§ 877 Säumnisfolgen

(1) Gegen einen Gläubiger, der in dem Termin weder erschienen ist noch vor dem Termin bei dem Gericht Widerspruch erhoben hat, wird angenommen, dass er mit der Ausführung des Planes einverstanden sei.

(2) Ist ein in dem Termin nicht erschienener Gläubiger bei dem Widerspruch beteiligt, den ein anderer Gläubiger erhoben hat, so wird angenommen, dass er diesen Widerspruch nicht als begründet anerkenne.

§ 878 Widerspruchsklage

(1) Der widersprechende Gläubiger muss ohne vorherige Aufforderung binnen einer Frist von einem Monat, die mit dem Terminstag beginnt, dem Gericht nachweisen, dass er gegen die beteiligten Gläubiger Klage erhoben habe. Nach fruchtlosem Ablauf dieser Frist wird die Ausführung des Planes ohne Rücksicht auf den Widerspruch angeordnet.

(2) Die Befugnis des Gläubigers, der dem Plan widersprochen hat, ein besseres Recht gegen den Gläubiger, der einen Geldbetrag nach dem Plan erhalten hat, im Wege der Klage geltend zu machen, wird durch die Versäumung der Frist und durch die Ausführung des Planes nicht ausgeschlossen.

§ 879 Zuständigkeit für die Widerspruchsklage

(1) Die Klage ist bei dem Verteilungsgericht und, wenn der Streitgegenstand zur Zuständigkeit der Amtsgerichte nicht gehört, bei dem Landgericht zu erheben, in dessen Bezirk das Verteilungsgericht seinen Sitz hat.

(2) Das Landgericht ist für sämtliche Klagen zuständig, wenn seine Zuständigkeit nach dem Inhalt der erhobenen und in dem Termin nicht zur Erledigung gelangten Widersprüche auch nur bei einer Klage begründet ist, sofern nicht die sämtlichen beteiligten Gläubiger vereinbaren, dass das Verteilungsgericht über alle Widersprüche entscheiden solle.

§ 880 Inhalt des Urteils

In dem Urteil, durch das über einen erhobenen Widerspruch entschieden wird, ist zugleich zu bestimmen, an welche Gläubiger und in welchen Beträgen der streitige Teil der Masse auszuzahlen sei. Wird dies nicht für angemessen erachtet, so ist die Anfertigung eines neuen Planes und ein anderweites Verteilungsverfahren in dem Urteil anzuordnen.

§ 881 Versäumnisurteil

Das Versäumnisurteil gegen einen widersprechenden Gläubiger ist dahin zu erlassen, dass der Widerspruch als zurückgenommen anzusehen sei.

§ 882 Verfahren nach dem Urteil

Auf Grund des erlassenen Urteils wird die Auszahlung oder das anderweite Verteilungsverfahren von dem Verteilungsgericht angeordnet.

§ 882b Inhalt des Schuldnerverzeichnisses

(1) Das zentrale Vollstreckungsgericht nach § 882h Abs. 1 führt ein Verzeichnis (Schuldnerverzeichnis) derjenigen Personen,

1. deren Eintragung der Gerichtsvollzieher nach Maßgabe des § 882c angeordnet hat;

2. deren Eintragung die Vollstreckungsbehörde nach Maßgabe des § 284 Abs. 9 der Abgabenordnung angeordnet hat; einer Eintragungsanordnung nach § 284 Abs. 9 der Abgabenordnung steht die Anordnung der Eintragung in das Schuldnerverzeichnis durch eine Vollstreckungsbehörde gleich, die auf Grund einer gleichwertigen Regelung durch Bundesgesetz oder durch Landesgesetz ergangen ist;

3. deren Eintragung das Insolvenzgericht nach Maßgabe des § 26 Absatz 2 oder des § 303a der Insolvenzordnung angeordnet hat.

(2) Im Schuldnerverzeichnis werden angegeben:

1. Name, Vorname und Geburtsname des Schuldners sowie die Firma und deren Nummer des Registerblatts im Handelsregister,

2. Geburtsdatum und Geburtsort des Schuldners,

3. Wohnsitze des Schuldners oder Sitz des Schuldners,

einschließlich abweichender Personendaten.

(3) Im Schuldnerverzeichnis werden weiter angegeben:

1. Aktenzeichen und Gericht oder Vollstreckungsbehörde der Vollstreckungssache oder des Insolvenzverfahrens,

2. im Fall des Absatzes 1 Nr. 1 das Datum der Eintragungsanordnung und der gemäß § 882c zur Eintragung führende Grund,

3. im Fall des Absatzes 1 Nr. 2 das Datum der Eintragungsanordnung und der gemäß § 284 Abs. 9 der Abgabenordnung oder einer gleichwertigen Regelung im Sinne von Absatz 1 Nr. 2 Halbsatz 2 zur Eintragung führende Grund,

4. im Fall des Absatzes 1 Nummer 3 das Datum der Eintragungsanordnung sowie die Feststellung, dass ein Antrag auf Eröffnung des Insolvenzverfahrens über das Vermögen des Schuldners mangels Masse gemäß § 26 Absatz 1 Satz 1 der Insolvenzordnung abgewiesen wurde, oder bei einer Eintragung gemäß § 303a der Insolvenzordnung der zur Eintragung führende Grund und das Datum der Entscheidung des Insolvenzgerichts.

§ 882c Eintragungsanordnung

(1) Der zuständige Gerichtsvollzieher ordnet von Amts wegen die Eintragung des Schuldners in das Schuldnerverzeichnis an, wenn

1. der Schuldner seiner Pflicht zur Abgabe der Vermögensauskunft nicht nachgekommen ist;

2. eine Vollstreckung nach dem Inhalt des Vermögensverzeichnisses offensichtlich nicht geeignet wäre, zu einer vollständigen Befriedigung des Gläubigers zu führen, auf

   dessen Antrag die Vermögensauskunft erteilt oder dem die erteilte Auskunft zugeleitet wurde, oder

3. der Schuldner dem Gerichtsvollzieher nicht innerhalb eines Monats nach Abgabe der Vermögensauskunft oder Bekanntgabe der Zuleitung nach § 802d Abs. 1 Satz 2 die vollständige Befriedigung des Gläubigers nachweist, auf dessen Antrag die Vermögensauskunft erteilt oder dem die erteilte Auskunft zugeleitet wurde. Dies gilt nicht, solange ein Zahlungsplan nach § 802b festgesetzt und nicht hinfällig ist.

Die Anordnung der Eintragung des Schuldners in das Schuldnerverzeichnis ist Teil des Vollstreckungsverfahrens.

(2) Die Eintragungsanordnung soll kurz begründet werden. Der Gerichtsvollzieher stellt sie dem Schuldner von Amts wegen zu, soweit sie ihm nicht mündlich bekannt gegeben und in das Protokoll aufgenommen wird (§ 763 Absatz 1). Über die Bewilligung der öffentlichen Zustellung entscheidet abweichend von § 186 Absatz 1 Satz 1 der Gerichtsvollzieher.

(3) Die Eintragungsanordnung hat die in § 882b Abs. 2 und 3 genannten Daten zu enthalten. Sind dem Gerichtsvollzieher die nach § 882b Abs. 2 Nr. 1 bis 3 im Schuldnerverzeichnis anzugebenden Daten nicht bekannt, holt er Auskünfte bei den in § 755 Abs. 1 und 2 Satz 1 Nr. 1 genannten Stellen ein, um die erforderlichen Daten zu beschaffen. Hat der Gerichtsvollzieher Anhaltspunkte dafür, dass zugunsten des Schuldners eine Auskunftssperre gemäß § 51 des Bundesmeldegesetzes eingetragen oder ein bedingter Sperrvermerk gemäß § 52 des Bundesmeldegesetzes eingerichtet wurde, hat der Gerichtsvollzieher den Schuldner auf die Möglichkeit eines Vorgehens nach § 882f Absatz 2 hinzuweisen.

§ 882d Vollziehung der Eintragungsanordnung

(1) Gegen die Eintragungsanordnung nach § 882c kann der Schuldner binnen zwei Wochen seit Bekanntgabe Widerspruch beim zuständigen Vollstreckungsgericht einlegen. Der Widerspruch hemmt nicht die Vollziehung. Nach Ablauf der Frist des Satzes 1 übermittelt der Gerichtsvollzieher die Anordnung unverzüglich elektronisch dem zentralen Vollstreckungsgericht nach § 882h Abs. 1. Dieses veranlasst die Eintragung des Schuldners. Wird dem Gerichtsvollzieher vor der Übermittlung der Anordnung nach Satz 3 bekannt, dass die Voraussetzungen für die Eintragung nicht oder nicht mehr vorliegen, hebt er die Anordnung auf und unterrichtet den Schuldner hierüber.

(2) Auf Antrag des Schuldners kann das Vollstreckungsgericht anordnen, dass die Eintragung einstweilen ausgesetzt wird. Das zentrale Vollstreckungsgericht nach § 882h Abs. 1 hat von einer Eintragung abzusehen, wenn ihm die Ausfertigung einer vollstreckbaren Entscheidung vorgelegt wird, aus der sich ergibt, dass die Eintragungsanordnung einstweilen ausgesetzt ist.

(3) Über die Rechtsbehelfe nach den Absätzen 1 und 2 ist der Schuldner mit der Bekanntgabe der Eintragungsanordnung zu belehren. Das Gericht, das über die Rechtsbehelfe entschieden hat, übermittelt seine Entscheidung dem zentralen Vollstreckungsgericht nach § 882h Abs. 1 elektronisch.

§ 882e Löschung

(1) Eine Eintragung im Schuldnerverzeichnis wird nach Ablauf von drei Jahren seit dem Tag der Eintragungsanordnung von dem zentralen Vollstreckungsgericht nach § 882h Abs. 1 gelöscht.

(2) Über Einwendungen gegen die Löschung nach Absatz 1 oder ihre Versagung entscheidet der Urkundsbeamte der Geschäftsstelle. Gegen seine Entscheidung findet die Erinnerung nach § 573 statt.

(3) Abweichend von Absatz 1 wird eine Eintragung auf Anordnung des zentralen Vollstreckungsgerichts nach § 882h Abs. 1 gelöscht, wenn diesem

1. die vollständige Befriedigung des Gläubigers nachgewiesen worden ist;
2. das Fehlen oder der Wegfall des Eintragungsgrundes bekannt geworden ist oder
3. die Ausfertigung einer vollstreckbaren Entscheidung vorgelegt wird, aus der sich ergibt, dass die Eintragungsanordnung aufgehoben oder einstweilen ausgesetzt ist.

(4) Wird dem zentralen Vollstreckungsgericht nach § 882h Abs. 1 bekannt, dass der Inhalt einer Eintragung von Beginn an fehlerhaft war, wird die Eintragung durch den Urkundsbeamten der Geschäftsstelle geändert. Wird der Schuldner oder ein Dritter durch die Änderung der Eintragung beschwert, findet die Erinnerung nach § 573 statt.

§ 882f Einsicht in das Schuldnerverzeichnis

(1) Die Einsicht in das Schuldnerverzeichnis ist jedem gestattet, der darlegt, Angaben nach § 882b zu benötigen:

1. für Zwecke der Zwangsvollstreckung;
2. um gesetzliche Pflichten zur Prüfung der wirtschaftlichen Zuverlässigkeit zu erfüllen;
3. um Voraussetzungen für die Gewährung von öffentlichen Leistungen zu prüfen;
4. um wirtschaftliche Nachteile abzuwenden, die daraus entstehen können, dass Schuldner ihren Zahlungsverpflichtungen nicht nachkommen;
5. für Zwecke der Strafverfolgung und der Strafvollstreckung;
6. zur Auskunft über ihn selbst betreffende Eintragungen;
7. für Zwecke der Dienstaufsicht über Justizbedienstete, die mit dem Schuldnerverzeichnis befasst sind.

Die Informationen dürfen nur für den Zweck verarbeitet werden, für den sie übermittelt worden sind; sie sind nach Zweckerreichung zu löschen. Nichtöffentliche Stellen sind darauf bei der Übermittlung hinzuweisen.

(2) Das Recht auf Einsichtnahme durch Dritte erstreckt sich nicht auf Angaben nach § 882b Absatz 2 Nummer 3, wenn glaubhaft gemacht wird, dass zugunsten des Schuldners eine Auskunftssperre gemäß § 51 des Bundesmeldegesetzes eingetragen oder ein bedingter Sperrvermerk gemäß § 52 des Bundesmeldegesetzes eingerichtet wurde. Der Schuldner hat das Bestehen einer solchen Auskunftssperre oder eines solchen Sperrvermerks gegenüber dem Gerichtsvollzieher glaubhaft zu machen. Satz 2 gilt entsprechend gegenüber dem zentralen Vollstreckungsgericht, wenn die Eintragungsanordnung an dieses gemäß § 882d Absatz 1 Satz 3 übermittelt worden ist. Satz 1 ist nicht anzuwenden auf die Einsichtnahme in das Schuldnerverzeichnis durch Gerichte und Behörden für die in Absatz 1 Satz 1 Nummer 2 und 5 bezeichneten Zwecke.

§ 882g Erteilung von Abdrucken

(1) Aus dem Schuldnerverzeichnis können auf Antrag Abdrucke zum laufenden Bezug erteilt werden, auch durch Übermittlung in einer nur maschinell lesbaren Form. Bei der Übermittlung in einer nur maschinell lesbaren Form gelten die von der Landesjustizverwaltung festgelegten Datenübertragungsregeln. Liegen die Voraussetzungen des § 882f Absatz 2 vor, dürfen Abdrucke insoweit nicht erteilt werden.

(2) Abdrucke erhalten:

1. Industrie- und Handelskammern sowie Körperschaften des öffentlichen Rechts, in denen Angehörige eines Berufes kraft Gesetzes zusammengeschlossen sind (Kammern),
2. Antragsteller, die Abdrucke zur Errichtung und Führung nichtöffentlicher zentraler Schuldnerverzeichnisse verwenden, oder
3. Antragsteller, deren berechtigtem Interesse durch Einzeleinsicht in die Länderschuldnerverzeichnisse oder durch den Bezug von Listen nach Absatz 5 nicht hinreichend Rechnung getragen werden kann.

(3) Die Abdrucke sind vertraulich zu behandeln und dürfen Dritten nicht zugänglich gemacht werden. Nach der Beendigung des laufenden Bezugs sind die Abdrucke unverzüglich zu vernichten; Auskünfte dürfen nicht mehr erteilt werden.

(4) Die Kammern dürfen ihren Mitgliedern oder den Mitgliedern einer anderen Kammer Auskünfte erteilen. Andere Bezieher von Abdrucken dürfen Auskünfte erteilen, soweit dies zu ihrer ord-

nungsgemäßen Tätigkeit gehört. Absatz 3 gilt entsprechend. Die Auskünfte dürfen auch im automatisierten Abrufverfahren erteilt werden, soweit dieses Verfahren unter Berücksichtigung der schutzwürdigen Interessen der Betroffenen und der Geschäftszwecke der zum Abruf berechtigten Stellen angemessen ist.

(5) Die Kammern dürfen die Abdrucke in Listen zusammenfassen oder hiermit Dritte beauftragen; sie haben diese bei der Durchführung des Auftrags zu beaufsichtigen. Die Listen dürfen den Mitgliedern von Kammern auf Antrag zum laufenden Bezug überlassen werden. Für den Bezug der Listen gelten Absatz 2 Nr. 3 und Absatz 3 entsprechend. Die Bezieher der Listen dürfen Auskünfte nur jemandem erteilen, dessen Belange sie kraft Gesetzes oder Vertrages wahrzunehmen haben.

(6) Für Abdrucke, Listen und Aufzeichnungen über eine Eintragung im Schuldnerverzeichnis, die auf der Verarbeitung von Abdrucken oder Listen oder auf Auskünften über Eintragungen im Schuldnerverzeichnis beruhen, gilt § 882e Abs. 1 entsprechend. Über vorzeitige Löschungen (§ 882e Abs. 3) sind die Bezieher von Abdrucken innerhalb eines Monats zu unterrichten. Sie unterrichten unverzüglich die Bezieher von Listen (Absatz 5 Satz 2). In den auf Grund der Abdrucke und Listen erstellten Aufzeichnungen sind die Eintragungen unverzüglich zu löschen. Listen sind auch unverzüglich zu vernichten, soweit sie durch neue ersetzt werden.

(7) In den Fällen des Absatzes 2 Nr. 2 und 3 sowie des Absatzes 5 gilt für nichtöffentliche Stellen § 40 des Bundesdatenschutzgesetzes mit der Maßgabe, dass die Aufsichtsbehörde auch die Verarbeitung dieser personenbezogenen Daten in oder aus Akten überwacht. Entsprechendes gilt für nichtöffentliche Stellen, die von den in Absatz 2 genannten Stellen Auskünfte erhalten haben.

(8) Das Bundesministerium der Justiz und für Verbraucherschutz wird ermächtigt, durch Rechtsverordnung mit Zustimmung des Bundesrates

1. Vorschriften über den Bezug von Abdrucken nach den Absätzen 1 und 2 und das Bewilligungsverfahren sowie den Bezug von Listen nach Absatz 5 zu erlassen;

2. Einzelheiten der Einrichtung und Ausgestaltung automatisierter Abrufverfahren nach Absatz 4 Satz 4, insbesondere der Protokollierung der Abrufe für Zwecke der Datenschutzkontrolle, zu regeln;

3. die Erteilung und Aufbewahrung von Abdrucken aus dem Schuldnerverzeichnis, die Anfertigung, Verwendung und Weitergabe von Listen, die Mitteilung und den Vollzug von Löschungen und den Ausschluss vom Bezug von Abdrucken und Listen näher zu regeln, um die ordnungsgemäße Behandlung der Mitteilungen, den Schutz vor unbefugter Verwendung und die rechtzeitige Löschung von Eintragungen sicherzustellen;

4. zur Durchsetzung der Vernichtungs- und Löschungspflichten im Fall des Widerrufs der Bewilligung die Verhängung von Zwangsgeldern vorzusehen; das einzelne Zwangsgeld darf den Betrag von 25 000 Euro nicht übersteigen

§ 882h Zuständigkeit; Ausgestaltung des Schuldnerverzeichnisses

(1) Das Schuldnerverzeichnis wird für jedes Land von einem zentralen Vollstreckungsgericht geführt. Der Inhalt des Schuldnerverzeichnisses kann über eine zentrale und länderübergreifende Abfrage im Internet eingesehen werden. Die Länder können Einzug und Verteilung der Gebühren sowie weitere Abwicklungsaufgaben im Zusammenhang mit der Abfrage nach Satz 2 auf die zuständige Stelle eines Landes übertragen.

(2) Die Landesregierungen bestimmen durch Rechtsverordnung, welches Gericht die Aufgaben des zentralen Vollstreckungsgerichts nach Absatz 1 wahrzunehmen hat. § 802k Abs. 3 Satz 2 und 3 gilt entsprechend. Die Führung des Schuldnerverzeichnisses stellt eine Angelegenheit der Justizverwaltung dar.

(3) Das Bundesministerium der Justiz und für Verbraucherschutz wird ermächtigt, durch Rechtsverordnung mit Zustimmung des Bundesrates die Einzelheiten zu Form und Übermittlung der Eintragungsanordnungen nach § 882b Abs. 1 und der Entscheidungen nach § 882d Abs. 3 Satz 2 dieses Gesetzes und § 284 Abs. 10 Satz 2 der Abgabenordnung oder gleichwertigen Regelungen im Sinne von § 882b Abs. 1 Nr. 2 Halbsatz 2 dieses Gesetzes sowie zum Inhalt des Schuldnerverzeichnisses und zur Ausgestaltung der Einsicht insbesondere durch ein automatisiertes Abrufverfahren zu regeln. Die Rechtsverordnung hat geeignete Regelungen zur Sicherung des Datenschutzes und der Datensicherheit vorzusehen. Insbesondere ist sicherzustellen, dass die Daten

1. bei der elektronischen Übermittlung an das zentrale Vollstreckungsgericht nach Absatz 1 sowie bei der Weitergabe an eine andere Stelle nach Absatz 2 Satz 2 gegen unbefugte Kenntnisnahme geschützt sind,
2. unversehrt und vollständig wiedergegeben werden,
3. jederzeit ihrem Ursprung nach zugeordnet werden können und
4. nur von registrierten Nutzern nach Angabe des Verwendungszwecks abgerufen werden können, jeder Abrufvorgang protokolliert wird und Nutzer im Fall des missbräuchlichen Datenabrufs oder einer missbräuchlichen Datenverarbeitung von der Einsichtnahme ausgeschlossen werden können.

Die Daten der Nutzer dürfen nur für die in Satz 3 Nr. 4 genannten Zwecke verarbeitet werden.

§ 882i Rechte der Betroffenen

(1) Das Auskunftsrecht nach Artikel 15 Absatz 1 und das Recht auf Erhalt einer Kopie nach Artikel 15 Absatz 3 der Verordnung (EU) 2016/679 wird in Bezug auf die personenbezogenen Daten, die im Schuldnerverzeichnis und in den an das zentrale Vollstreckungsgericht übermittelten Anordnungen der Eintragung in das Schuldnerverzeichnis enthalten sind, dadurch gewährt, dass die betroffene Person Einsicht in das Schuldnerverzeichnis über die zentrale und länderübergreifende Abfrage im Internet nach § 882h Absatz 1 Satz 2 nehmen kann. Eine Information der betroffenen Person über konkrete Empfänger, gegenüber denen die in Satz 1 genannten personenbezogenen Daten offengelegt werden, erfolgt nur insoweit, als Daten zu diesen Empfängern nach den Vorschriften für Zwecke der Datenschutzkontrolle zu speichern sind.

(2) Hinsichtlich der im Schuldnerverzeichnis enthaltenen personenbezogenen Daten kann das Recht auf Berichtigung nach Artikel 16 der Verordnung (EU) 2016/679 nur unter den Voraussetzungen ausgeübt werden, die in § 882e für Löschungen von Eintragungen oder die Änderung fehlerhafter Eintragungen vorgesehen sind.

(3) Das Widerspruchsrecht gemäß Artikel 21 der Verordnung (EU) 2016/679 gilt nicht in Bezug auf die personenbezogenen Daten, die im Schuldnerverzeichnis und in den an das zentrale Vollstreckungsgericht übermittelten Anordnungen der Eintragung in das Schuldnerverzeichnis enthalten sind.

§ 899 Pfändungsfreier Betrag; Übertragung

(1) Wird Guthaben auf dem Pfändungsschutzkonto des Schuldners gepfändet, kann der Schuldner jeweils bis zum Ende des Kalendermonats aus dem Guthaben über einen Betrag verfügen, dessen Höhe sich nach Aufrundung des monatlichen Freibetrages nach § 850c Absatz 1 in Verbindung mit Absatz 4 auf den nächsten vollen 10-Euro-Betrag ergibt; insoweit wird das Guthaben nicht von der Pfändung erfasst. Satz 1 gilt entsprechend, wenn Guthaben auf einem Zahlungskonto des Schuldners gepfändet ist, das vor Ablauf von einem Monat seit der Zustellung des Überweisungsbeschlusses an den Drittschuldner in ein Pfändungsschutzkonto umgewandelt wird. § 900 Absatz 2 bleibt unberührt.

(2) Hat der Schuldner in dem jeweiligen Kalendermonat nicht über Guthaben in Höhe des gesamten nach Absatz 1 pfändungsfreien Betrages verfügt, wird dieses nicht verbrauchte Guthaben in

den drei nachfolgenden Kalendermonaten zusätzlich zu dem nach Absatz 1 geschützten Guthaben nicht von der Pfändung erfasst. Verfügungen sind jeweils mit dem Guthaben zu verrechnen, das zuerst dem Pfändungsschutzkonto gutgeschrieben wurde.

(3) Einwendungen gegen die Höhe eines pfändungsfreien Betrages hat der Schuldner dem Kreditinstitut spätestens bis zum Ablauf des sechsten auf die Berechnung des jeweiligen pfändungsfreien Betrages folgenden Kalendermonats mitzuteilen. Nach Ablauf dieser Frist kann der Schuldner nur Einwendungen geltend machen, deren verspätete Geltendmachung er nicht zu vertreten hat.

§ 900 Moratorium bei Überweisung an den Gläubiger

(1) Wird künftiges Guthaben auf einem Pfändungsschutzkonto gepfändet und dem Gläubiger überwiesen, darf der Drittschuldner erst nach Ablauf des Kalendermonats, der auf die jeweilige Gutschrift folgt, an den Gläubiger leisten oder den Betrag hinterlegen; eine Verlängerung des in § 899 Absatz 2 bezeichneten Zeitraums erfolgt dadurch nicht. Auf Antrag des Gläubigers kann das Vollstreckungsgericht eine von Satz 1 erster Halbsatz abweichende Anordnung treffen, wenn sonst unter Würdigung des Schutzbedürfnisses des Schuldners für den Gläubiger eine unzumutbare Härte entstünde.

(2) Guthaben, aus dem bis zum Ablauf der Frist des Absatzes 1 nicht an den Gläubiger geleistet oder das bis zu diesem Zeitpunkt nicht hinterlegt werden darf, ist in dem auf die Gutschrift folgenden Kalendermonat Guthaben im Sinne des § 899 Absatz 1 Satz 1.

§ 901 Verbot der Aufrechnung und Verrechnung

(1) Verlangt eine natürliche Person von dem Kreditinstitut, dass ein von ihr dort geführtes Zahlungskonto, das einen negativen Saldo aufweist, als Pfändungsschutzkonto geführt wird, darf das Kreditinstitut ab dem Verlangen nicht mit seinen Forderungen gegen Forderungen des Kontoinhabers aufrechnen oder einen zugunsten des Kontoinhabers bestehenden Saldo mit einem zugunsten des Kreditinstituts bestehenden Saldo verrechnen, soweit die Gutschrift auf dem Zahlungskonto als Guthaben auf einem Pfändungsschutzkonto nicht von der Pfändung erfasst sein würde.

(2) Das Verbot der Aufrechnung und Verrechnung nach Absatz 1 gilt für ein Zahlungskonto, auf das sich eine Pfändung erstreckt, bereits ab dem Zeitpunkt der Kenntnis des Kreditinstituts von der Pfändung. Das Verbot der Aufrechnung oder Verrechnung entfällt jedoch, wenn der Schuldner nicht gemäß § 899 Absatz 1 Satz 2 verlangt, dass das Zahlungskonto als Pfändungsschutzkonto geführt wird.

(3) Gutschriften auf dem Zahlungskonto, die nach Absatz 1 oder 2 dem Verbot der Aufrechnung und Verrechnung unterliegen, sind als Guthaben auf das Pfändungsschutz-konto zu übertragen. Im Fall des Absatzes 2 erfolgt die Übertragung jedoch nur, wenn der Schuldner gemäß § 899 Absatz 1 Satz 2 verlangt, dass das Zahlungskonto als Pfändungsschutzkonto geführt wird.

§ 902 Erhöhungsbeträge

Neben dem pfändungsfreien Betrag nach § 899 Absatz 1 Satz 1 werden folgende Erhöhungsbeträge nicht von der Pfändung des Guthabens auf einem Pfändungsschutzkonto erfasst:

1. die pfändungsfreien Beträge nach § 850c Absatz 2 in Verbindung mit Absatz 4, wenn der Schuldner
   a) einer Person oder mehreren Personen auf Grund gesetzlicher Verpflichtung Unterhalt gewährt;
   b) Geldleistungen nach dem Zweiten oder Zwölften Buch Sozialgesetzbuch für Personen entgegennimmt, die mit ihm in einer Bedarfsgemeinschaft im Sinne des § 7 Absatz 3 des Zweiten Buches Sozialgesetzbuch oder in einer Gemeinschaft nach den §§ 19, 20, 27, 39 Satz 1 oder § 43 des Zwölften Buches

Sozialgesetzbuch leben und denen er nicht auf Grund gesetzlicher Vorschriften zum Unterhalt verpflichtet ist;

c) Geldleistungen nach dem Asylbewerberleistungsgesetz für Personen entgegennimmt, mit denen er in einem gemeinsamen Haushalt zusammenlebt und denen er nicht auf Grund gesetzlicher Vorschriften zum Unterhalt verpflichtet ist;

2. Geldleistungen im Sinne des § 54 Absatz 2 oder Absatz 3 Nummer 3 des Ersten Buches Sozialgesetzbuch;

3. Geldleistungen gemäß § 5 Absatz 1 des Gesetzes zur Errichtung einer Stiftung „Mutter und Kind – Schutz des ungeborenen Lebens";

4. Geldleistungen, die dem Schuldner selbst nach dem Zweiten oder Zwölften Buch Sozialgesetzbuch oder dem Asylbewerberleistungsgesetz gewährt werden, in dem Umfang, in dem diese den pfändungsfreien Betrag nach § 899 Absatz 1 Satz 1 übersteigen;

5. das Kindergeld nach dem Einkommensteuergesetz und andere gesetzliche Geldleistungen für Kinder, es sei denn, dass wegen einer Unterhaltsforderung des Kindes, für das die Leistungen gewährt oder bei dem sie berücksichtigt werden, gepfändet wird;

6. Geldleistungen, die dem Schuldner nach landesrechtlichen oder anderen als in den Nummern 1 bis 5 genannten bundesrechtlichen Rechtsvorschriften gewährt werden, in welchen die Unpfändbarkeit der Geldleistung festgelegt wird.

Für die Erhöhungsbeträge nach Satz 1 gilt § 899 Absatz 2 entsprechend.

§ 903 Nachweise über Erhöhungsbeträge

(1) Das Kreditinstitut kann aus Guthaben, soweit es als Erhöhungsbetrag unpfändbar ist, mit befreiender Wirkung gegenüber dem Schuldner an den Gläubiger leisten, bis der Schuldner dem Kreditinstitut nachweist, dass es sich um Guthaben handelt, das nach § 902 nicht von der Pfändung erfasst wird. Der Nachweis ist zu führen durch Vorlage einer Bescheinigung

1. der Familienkasse, des Sozialleistungsträgers oder einer mit der Gewährung von Geldleistungen im Sinne des § 902 Satz 1 befassten Einrichtung,

2. des Arbeitgebers oder

3. einer geeigneten Person oder Stelle im Sinne des § 305 Absatz 1 Nummer 1 der Insolvenzordnung.

(2) Das Kreditinstitut hat Bescheinigungen nach Absatz 1 Satz 2 für die Dauer zu beachten, für die sie ausgestellt sind. Unbefristete Bescheinigungen hat das Kreditinstitut für die Dauer von zwei Jahren zu beachten. Nach Ablauf des in Satz 2 genannten Zeitraums kann das Kreditinstitut von dem Kontoinhaber, der eine Bescheinigung nach Absatz 1 Satz 2 vorgelegt hat, die Vorlage einer neuen Bescheinigung verlangen. Vor Ablauf des in Satz 2 genannten Zeitraums kann das Kreditinstitut eine neue Bescheinigung verlangen, wenn tatsächliche Anhaltspunkte bestehen, die die Annahme rechtfertigen, dass die Angaben in der Bescheinigung unrichtig sind oder nicht mehr zutreffen.

(3) Jede der in Absatz 1 Satz 2 Nummer 1 genannten Stellen, die Leistungen im Sinne des § 902 Satz 1 Nummer 1 Buchstabe b und c sowie Nummer 2 bis 6 durch Überweisung auf ein Zahlungskonto des Schuldners erbringt, ist verpflichtet, auf Antrag des Schuldners eine Bescheinigung nach Absatz 1 Satz 2 über ihre Leistungen auszustellen. Die Bescheinigung muss folgende Angaben enthalten:

1. die Höhe der Leistung,

2. in welcher Höhe die Leistung zu welcher der in § 902 Satz 1 Nummer 1 Buchstabe b und c sowie Nummer 2 bis 6 genannten Leistungsarten gehört,

3. für welchen Zeitraum die Leistung gewährt wird.

Darüber hinaus ist die in Absatz 1 Satz 2 Nummer 1 genannte Stelle verpflichtet, soweit sie Kenntnis hiervon hat, Folgendes zu bescheinigen:

1. die Anzahl der Personen, denen der Schuldner auf Grund gesetzlicher Verpflichtung Unterhalt gewährt,

2. das Geburtsdatum der minderjährigen unterhaltsberechtigten Personen.

(4) Das Kreditinstitut hat die Angaben in der Bescheinigung nach Absatz 1 Satz 2 ab dem zweiten auf die Vorlage der Bescheinigung folgenden Geschäftstag zu beachten.

§ 904 Nachzahlung von Leistungen

(1) Werden laufende Geldleistungen zu einem späteren Zeitpunkt als dem Monat, auf den sich die Leistungen beziehen, ausbezahlt, so werden sie von der Pfändung des Guthabens auf dem Pfändungsschutzkonto nicht erfasst, wenn es sich um Geldleistungen gemäß § 902 Satz 1 Nummer 1 Buchstabe b oder c oder Nummer 4 bis 6 handelt.

(2) Laufende Geldleistungen nach dem Sozialgesetzbuch, die nicht in Absatz 1 genannt sind, sowie Arbeitseinkommen nach § 850 Absatz 2 und 3 werden von der Pfändung des Guthabens auf dem Pfändungsschutzkonto nicht erfasst, wenn der nachgezahlte Betrag 500 Euro nicht übersteigt.

(3) Laufende Geldleistungen nach Absatz 2, bei denen der nachgezahlte Betrag 500 Euro übersteigt, werden von der Pfändung des Guthabens auf dem Pfändungsschutzkonto nicht erfasst, soweit der für den jeweiligen Monat nachgezahlte Betrag in dem Monat, auf den er sich bezieht, nicht zu einem pfändbaren Guthaben geführt hätte. Wird die Nachzahlung pauschal und für einen Bewilligungszeitraum gewährt, der länger als ein Monat ist, ist die Nachzahlungssumme zu gleichen Teilen auf die Zahl der betroffenen Monate aufzuteilen.

(4) Für Nachzahlungen von Leistungen nach den Absätzen 1 und 2 gilt § 903 Absatz 1, 3 Satz 1 und Absatz 4 entsprechend.

(5) Für die Festsetzung der Höhe des pfändungsfreien Betrages in den Fällen des Absatzes 3 ist das Vollstreckungsgericht zuständig. Entscheidungen nach Satz 1 ergehen auf Antrag des Schuldners durch Beschluss. Der Beschluss nach Satz 2 gilt als Bescheinigung im Sinne des § 903 Absatz 1 Satz 2.

§ 905 Festsetzung der Erhöhungsbeträge durch das Vollstreckungsgericht

Macht der Schuldner glaubhaft, dass er eine Bescheinigung im Sinne des § 903 Absatz 1 Satz 2, um deren Erteilung er

1. zunächst bei einer in § 903 Absatz 1 Satz 2 Nummer 1 genannten Stelle, von der er eine Leistung bezieht, und nachfolgend

2. bei einer weiteren Stelle, die zur Erteilung der Bescheinigung berechtigt ist,

nachgesucht hat, nicht in zumutbarer Weise von diesen Stellen erlangen konnte, hat das Vollstreckungsgericht in dem Beschluss auf Antrag die Erhöhungsbeträge nach § 902 festzusetzen und die Angaben nach § 903 Absatz 3 Satz 2 zu bestimmen. Dabei hat das Vollstreckungsgericht den Schuldner auf die Möglichkeit der Stellung eines Antrags nach § 907 Absatz 1 Satz 1 hinzuweisen, wenn nach dem Vorbringen des Schuldners unter Beachtung der von ihm vorgelegten Unterlagen die Voraussetzungen dieser Vorschrift erfüllt sein könnten. Der Beschluss des Vollstreckungsgerichts nach Satz 1 gilt als Bescheinigung im Sinne des § 903 Absatz 1 Satz 2.

§ 906 Festsetzung eines abweichenden pfändungsfreien Betrages durch das Vollstreckungsgericht

(1) Wird Guthaben wegen einer der in § 850d oder § 850f Absatz 2 bezeichneten Forderungen gepfändet, tritt an die Stelle der nach § 899 Absatz 1 und § 902 Satz 1 pfändungs-freien Beträge der vom Vollstreckungsgericht im Pfändungsbeschluss belassene Betrag. In den Fällen des § 850d Absatz 1 und 2 kann das Vollstreckungsgericht auf Antrag einen von Satz 1 abweichenden pfändungsfreien Betrag festlegen.

(2) Das Vollstreckungsgericht setzt auf Antrag einen von § 899 Absatz 1 und § 902 Satz 1 abweichenden pfändungsfreien Betrag fest, wenn sich aus einer bundes- oder landesrechtlichen Vorschrift eine solche Abweichung ergibt.

(3) In den Fällen des Absatzes 1 Satz 2 und des Absatzes 2

1. ist der Betrag in der Regel zu beziffern,
2. hat das Vollstreckungsgericht zu prüfen, ob eine der in § 732 Absatz 2 bezeichneten Anordnungen zu erlassen ist, und
3. gilt § 905 Satz 2 entsprechend.

(4) Für Beträge, die nach den Absätzen 1 oder 2 festgesetzt sind, gilt § 899 Absatz 2 entsprechend.

§ 907 Festsetzung der Unpfändbarkeit von Kontoguthaben auf dem Pfändungsschutzkonto

(1) Auf Antrag des Schuldners kann das Vollstreckungsgericht festsetzen, dass das Guthaben auf dem Pfändungsschutzkonto für die Dauer von bis zu zwölf Monaten der Pfändung nicht unterworfen ist, wenn der Schuldner

1. nachweist, dass dem Konto in den letzten sechs Monaten vor Antragstellung ganz überwiegend nur unpfändbare Beträge gutgeschrieben worden sind, und
2. glaubhaft macht, dass auch innerhalb der nächsten sechs Monate ganz überwiegend nur die Gutschrift unpfändbarer Beträge zu erwarten ist.

Die Festsetzung ist abzulehnen, wenn ihr überwiegende Belange des Gläubigers entgegenstehen.

(2) Auf Antrag jedes Gläubigers ist die Festsetzung der Unpfändbarkeit aufzuheben, wenn deren Voraussetzungen nicht mehr vorliegen oder die Festsetzung den überwiegenden Belangen des den Antrag stellenden Gläubigers entgegensteht. Der Schuldner hat die Gläubiger auf eine wesentliche Veränderung seiner Vermögensverhältnisse unverzüglich hinzuweisen.

§ 908 Aufgaben des Kreditinstituts

(1) Das Kreditinstitut ist dem Schuldner zur Leistung aus dem nicht von der Pfändung erfassten Guthaben im Rahmen des vertraglich Vereinbarten verpflichtet.

(2) Das Kreditinstitut informiert den Schuldner in einer für diesen geeigneten und zumutbaren Weise über

1. das im laufenden Kalendermonat noch verfügbare von der Pfändung nicht erfasste Guthaben und
2. den Betrag, der mit Ablauf des laufenden Kalendermonats nicht mehr pfändungsfrei ist.

(3) Das Kreditinstitut hat dem Kontoinhaber die Absicht, eine neue Bescheinigung nach § 903 Absatz 2 Satz 3 zu verlangen, mindestens zwei Monate vor dem Zeitpunkt, ab dem es die ihm vorliegende Bescheinigung nicht mehr berücksichtigen will, mitzuteilen.

§ 909 Datenweitergabe; Löschungspflicht

(1) Das Kreditinstitut darf zum Zwecke der Überprüfung der Richtigkeit der Versicherung nach § 850k Absatz 3 Satz 2 Auskunfteien mitteilen, dass es für den Kontoinhaber ein Pfändungsschutzkonto führt. Nur zu diesem Zweck dürfen die Auskunfteien diese Angabe verarbeiten und sie nur auf Anfrage anderer Kreditinstitute an diese übermitteln. Die Verarbeitung zu einem anderen Zweck ist auch mit Einwilligung des Kontoinhabers unzulässig.

(2) Wird das Pfändungsschutzkonto für den Kontoinhaber nicht mehr geführt, hat das Kreditinstitut die Auskunfteien, die nach Absatz 1 Satz 1 eine Mitteilung erhalten haben, unverzüglich zu unterrichten. Die Auskunfteien haben nach Erhalt dieser Unterrichtung die Angabe über die Führung des Pfändungsschutzkontos unverzüglich zu löschen.

§ 910 Verwaltungsvollstreckung

Die §§ 850k und 850l sowie die Regelungen dieses Abschnitts gelten auch bei einer Pfändung von Kontoguthaben wegen Forderungen, die im Wege der Verwaltungsvoll-streckung nach Bundesrecht beigetrieben werden. Mit Ausnahme der Fälle des § 850k Absatz 4 Satz 1, des § 904 Absatz 5 und des § 907 tritt die Vollstreckungsbehörde an die Stelle des Vollstreckungsgerichts.

§ 920 Arrestgesuch

(1) Das Gesuch soll die Bezeichnung des Anspruchs unter Angabe des Geldbetrages oder des Geldwertes sowie die Bezeichnung des Arrestgrundes enthalten.

(2) Der Anspruch und der Arrestgrund sind glaubhaft zu machen.

(3) Das Gesuch kann vor der Geschäftsstelle zu Protokoll erklärt werden.

§ 921 Entscheidung über das Arrestgesuch

Das Gericht kann, auch wenn der Anspruch oder der Arrestgrund nicht glaubhaft gemacht ist, den Arrest anordnen, sofern wegen der dem Gegner drohenden Nachteile Sicherheit geleistet wird. Es kann die Anordnung des Arrestes von einer Sicherheitsleistung abhängig machen, selbst wenn der Anspruch und der Arrestgrund glaubhaft gemacht sind.

§ 922 Arresturteil und Arrestbeschluss

(1) Die Entscheidung über das Gesuch ergeht im Falle einer mündlichen Verhandlung durch Endurteil, andernfalls durch Beschluss. Die Entscheidung, durch die der Arrest angeordnet wird, ist zu begründen, wenn sie im Ausland geltend gemacht werden soll.

(2) Den Beschluss, durch den ein Arrest angeordnet wird, hat die Partei, die den Arrest erwirkt hat, zustellen zu lassen.

(3) Der Beschluss, durch den das Arrestgesuch zurückgewiesen oder vorherige Sicherheitsleistung für erforderlich erklärt wird, ist dem Gegner nicht mitzuteilen.

§ 923 Abwendungsbefugnis

In dem Arrestbefehl ist ein Geldbetrag festzustellen, durch dessen Hinterlegung die Vollziehung des Arrestes gehemmt und der Schuldner zu dem Antrag auf Aufhebung des vollzogenen Arrestes berechtigt wird.

§ 924 Widerspruch

(1) Gegen den Beschluss, durch den ein Arrest angeordnet wird, findet Widerspruch statt.

(2) Die widersprechende Partei hat in dem Widerspruch die Gründe darzulegen, die sie für die Aufhebung des Arrestes geltend machen will. Das Gericht hat Termin zur mündlichen Verhandlung von Amts wegen zu bestimmen. Ist das Arrestgericht ein Amtsgericht, so ist der Widerspruch unter Angabe der Gründe, die für die Aufhebung des Arrestes geltend gemacht werden sollen, schriftlich oder zum Protokoll der Geschäftsstelle zu erheben.

(3) Durch Erhebung des Widerspruchs wird die Vollziehung des Arrestes nicht gehemmt. Das Gericht kann aber eine einstweilige Anordnung nach § 707 treffen; § 707 Abs. 1 Satz 2 ist nicht anzuwenden.

§ 925 Entscheidung nach Widerspruch

(1) Wird Widerspruch erhoben, so ist über die Rechtmäßigkeit des Arrestes durch Endurteil zu entscheiden.

(2) Das Gericht kann den Arrest ganz oder teilweise bestätigen, abändern oder aufheben, auch die Bestätigung, Abänderung oder Aufhebung von einer Sicherheitsleistung abhängig machen.

§ 926 Anordnung der Klageerhebung

(1) Ist die Hauptsache nicht anhängig, so hat das Arrestgericht auf Antrag ohne mündliche Verhandlung anzuordnen, dass die Partei, die den Arrestbefehl erwirkt hat, binnen einer zu bestimmenden Frist Klage zu erheben habe.

(2) Wird dieser Anordnung nicht Folge geleistet, so ist auf Antrag die Aufhebung des Arrestes durch Endurteil auszusprechen.

§ 927 Aufhebung wegen veränderter Umstände

(1) Auch nach der Bestätigung des Arrestes kann wegen veränderter Umstände, insbesondere wegen Erledigung des Arrestgrundes oder auf Grund des Erbietens zur Sicherheitsleistung die Aufhebung des Arrestes beantragt werden.

(2) Die Entscheidung ist durch Endurteil zu erlassen; sie ergeht durch das Gericht, das den Arrest angeordnet hat, und wenn die Hauptsache anhängig ist, durch das Gericht der Hauptsache.

§ 928 Vollziehung des Arrestes

Auf die Vollziehung des Arrestes sind die Vorschriften über die Zwangsvollstreckung entsprechend anzuwenden, soweit nicht die nachfolgenden Paragraphen abweichende Vorschriften enthalten.

§ 929 Vollstreckungsklausel; Vollziehungsfrist

(1) Arrestbefehle bedürfen der Vollstreckungsklausel nur, wenn die Vollziehung für einen anderen als den in dem Befehl bezeichneten Gläubiger oder gegen einen anderen als den in dem Befehl bezeichneten Schuldner erfolgen soll.

(2) Die Vollziehung des Arrestbefehls ist unstatthaft, wenn seit dem Tag, an dem der Befehl verkündet oder der Partei, auf deren Gesuch er erging, zugestellt ist, ein Monat verstrichen ist. Kann ein ausländischer Sicherungstitel im Inland ohne vorherige Vollstreckbarerklärung vollzogen werden, so beträgt die Frist nach Satz 1 zwei Monate.

(3) Die Vollziehung ist vor der Zustellung des Arrestbefehls an den Schuldner zulässig. Sie ist jedoch ohne Wirkung, wenn die Zustellung nicht innerhalb einer Woche nach der Vollziehung und vor Ablauf der für diese im vorhergehenden Absatz bestimmten Frist erfolgt.

§ 930 Vollziehung in bewegliches Vermögen und Forderungen

(1) Die Vollziehung des Arrestes in bewegliches Vermögen wird durch Pfändung bewirkt. Die Pfändung erfolgt nach denselben Grundsätzen wie jede andere Pfändung und begründet ein Pfandrecht mit den im § 804 bestimmten Wirkungen. Für die Pfändung einer Forderung ist das Arrestgericht als Vollstreckungsgericht zuständig.

(2) Gepfändetes Geld und ein im Verteilungsverfahren auf den Gläubiger fallender Betrag des Erlöses werden hinterlegt.

(3) Das Vollstreckungsgericht kann auf Antrag anordnen, dass eine bewegliche körperliche Sache, wenn sie der Gefahr einer beträchtlichen Wertverringerung ausgesetzt ist oder wenn ihre

Aufbewahrung unverhältnismäßige Kosten verursachen würde, versteigert und der Erlös hinterlegt werde.

(4) Die Vollziehung des Arrestes in ein nicht eingetragenes Seeschiff ist unzulässig, wenn sich das Schiff auf der Reise befindet und nicht in einem Hafen liegt

§ 931 Vollziehung in eingetragenes Schiff oder Schiffsbauwerk

(1) Die Vollziehung des Arrestes in ein eingetragenes Schiff oder Schiffsbauwerk wird durch Pfändung nach den Vorschriften über die Pfändung beweglicher Sachen mitfolgenden Abweichungen bewirkt.

(2) Die Pfändung begründet ein Pfandrecht an dem gepfändeten Schiff oder Schiffsbauwerk; das Pfandrecht gewährt dem Gläubiger im Verhältnis zu anderen Rechten dieselben Rechte wie eine Schiffshypothek.

(3) Die Pfändung wird auf Antrag des Gläubigers vom Arrestgericht als Vollstreckungsgericht angeordnet; das Gericht hat zugleich das Registergericht um die Eintragung einer Vormerkung zur Sicherung des Arrestpfandrechts in das Schiffsregister oder Schiffsbauregister zu ersuchen; die Vormerkung erlischt, wenn die Vollziehung des Arrestes unstatthaft wird.

(4) Der Gerichtsvollzieher hat bei der Vornahme der Pfändung das Schiff oder Schiffsbauwerk in Bewachung und Verwahrung zu nehmen.

(5) Ist zur Zeit der Arrestvollziehung die Zwangsversteigerung des Schiffes oder Schiffsbauwerks eingeleitet, so gilt die in diesem Verfahren erfolgte Beschlagnahme des Schiffes oder Schiffsbauwerks als erste Pfändung im Sinne des § 826; die Abschrift des Pfändungsprotokolls ist dem Vollstreckungsgericht einzureichen.

(6) Das Arrestpfandrecht wird auf Antrag des Gläubigers in das Schiffsregister oder Schiffsbauregister eingetragen; der nach § 923 festgestellte Geldbetrag ist als der Höchstbetrag zu bezeichnen, für den das Schiff oder Schiffsbauwerk haftet. Im Übrigen gelten der § 867 Abs. 1 und 2 und der § 870a Abs. 3 entsprechend, soweit nicht vorstehend etwas anderes bestimmt ist.

(7) Die Vollziehung des Arrestes in ein eingetragenes Seeschiff ist unzulässig, wenn sich das Schiff auf der Reise befindet und nicht in einem Hafen liegt.

§ 932 Arresthypothek

(1) Die Vollziehung des Arrestes in ein Grundstück oder in eine Berechtigung, für welche die sich auf Grundstücke beziehenden Vorschriften gelten, erfolgt durch Eintragung einer Sicherungshypothek für die Forderung; der nach § 923 festgestellte Geldbetrag ist als der Höchstbetrag zu bezeichnen, für den das Grundstück oder die Berechtigung haftet. Ein Anspruch nach § 1179a oder § 1179b des Bürgerlichen Gesetzbuchs steht dem Gläubiger oder im Grundbuch eingetragenen Gläubiger der Sicherungshypothek nicht zu.

(2) Im Übrigen gelten die Vorschriften des § 866 Abs. 3 Satz 1, des § 867 Abs. 1 und 2 und des § 868.

(3) Der Antrag auf Eintragung der Hypothek gilt im Sinne des § 929 Abs. 2, 3 als Vollziehung des Arrestbefehls.

§ 933 Vollziehung des persönlichen Arrestes

Die Vollziehung des persönlichen Sicherheitsarrestes richtet sich, wenn sie durch Haft erfolgt, nach den Vorschriften der §§ 802g, 802h und 802j Abs. 1 und 2 und, wenn sie durch sonstige Beschränkung der persönlichen Freiheit erfolgt, nach den vom Arrestgericht zu treffenden besonderen Anordnungen, für welche die Beschränkungen der Haft maßgebend sind. In den Haftbefehl ist der nach § 923 festgestellte Geldbetrag aufzunehmen.

§ 934 Aufhebung der Arrestvollziehung

(1) Wird der in dem Arrestbefehl festgestellte Geldbetrag hinterlegt, so wird der vollzogene Arrest von dem Vollstreckungsgericht aufgehoben.

(2) Das Vollstreckungsgericht kann die Aufhebung des Arrestes auch anordnen, wenn die Fortdauer besondere Aufwendungen erfordert und die Partei, auf deren Gesuch der Arrest verhängt wurde, den nötigen Geldbetrag nicht vorschießt.

(3) Die in diesem Paragraphen erwähnten Entscheidungen ergehen durch Beschluss.

(4) Gegen den Beschluss, durch den der Arrest aufgehoben wird, findet sofortige Beschwerde statt.

§ 938 Inhalt der einstweiligen Verfügung

(1) Das Gericht bestimmt nach freien Ermessen, welche Anordnungen zur Erreichung des Zweckes erforderlich sind.

(2) Die einstweilige Verfügung kann auch in einer Sequestration sowie darin bestehen, dass dem Gegner eine Handlung geboten oder verboten, insbesondere die Veräußerung, Belastung oder Verpfändung eines Grundstücks oder eines eingetragenen Schiffes oder Schiffsbauwerks untersagt wird.

§ 939 Aufhebung gegen Sicherheitsleistung

Nur unter besonderen Umständen kann die Aufhebung einer einstweiligen Verfügung gegen Sicherheitsleistung gestattet werden.

§ 941 Ersuchen um Eintragungen im Grundbuch usw.

Hat auf Grund der einstweiligen Verfügung eine Eintragung in das Grundbuch, das Schiffsregister oder das Schiffsbauregister zu erfolgen, so ist das Gericht befugt, das Grundbuchamt oder die Registerbehörde um die Eintragung zu ersuchen.

§ 945 Schadensersatzpflicht

Erweist sich die Anordnung eines Arrestes oder einer einstweiligen Verfügung als von Anfang an ungerechtfertigt oder wird die angeordnete Maßregel auf Grund des § 926 Abs. 2 oder des § 942 Abs. 3 aufgehoben, so ist die Partei, welche die Anordnung erwirkt hat, verpflichtet, dem Gegner den Schaden zu ersetzen, der ihm aus der Vollziehung der angeordneten Maßregel oder dadurch entsteht, dass er Sicherheit leistet, um die Vollziehung abzuwenden oder die Aufhebung der Maßregel zu erwirken.

§ 946 Zuständigkeit

(1) Für den Erlass des Beschlusses zur vorläufigen Kontenpfändung nach der Verordnung (EU) Nr. 655/2014 des Europäischen Parlaments und des Rates vom 15. Mai 2014 zur Einführung eines Verfahrens für einen Europäischen Beschluss zur vorläufigen Kontenpfändung im Hinblick auf die Erleichterung der grenzüberschreitenden Eintreibung von Forderungen in Zivil- und Handelssachen (ABl. L 189 vom 27.6.2014, S. 59) ist das Gericht der Hauptsache zuständig. Die §§ 943 und 944 gelten entsprechend.

(2) Hat der Gläubiger bereits eine öffentliche Urkunde (Artikel 4 Nummer 10 der Verordnung (EU) Nr. 655/2014) erwirkt, in der der Schuldner verpflichtet wird, die Forderung zu erfüllen, ist das Gericht zuständig, in dessen Bezirk die Urkunde errichtet worden ist.

§ 947 Verfahren

(1) Der Gläubiger kann sich in dem Verfahren auf Erlass des Beschlusses zur vorläufigen Kontenpfändung aller Beweismittel sowie der Versicherung an Eides statt bedienen. Nur eine Beweisaufnahme, die sofort erfolgen kann, ist statthaft.

(2) Das Gericht darf die ihm nach Artikel 14 Absatz 6 der Verordnung (EU) Nr. 655/2014 übermittelten Kontoinformationen für die Zwecke des jeweiligen Verfahrens auf Erlass eines Beschlusses zur vorläufigen Kontenpfändung speichern, übermitteln und nutzen. Soweit übermittelte Kontoinformationen für den Erlass des Beschlusses zur vorläufigen Kontenpfändung nicht erforderlich sind, sind sie unverzüglich zu löschen oder ist deren Verarbeitung einzuschränken. Die Löschung ist zu protokollieren. § 802d Absatz 1 Satz 3 gilt entsprechend.

§ 948 Ersuchen um Einholung von Kontoinformationen

(1) Zuständige Auskunftsbehörde gemäß Artikel 14 der Verordnung (EU) Nr. 655/2014 für die Einholung von Kontoinformationen ist das Bundesamt für Justiz.

(2) Zum Zweck der Einholung von Kontoinformationen nach Artikel 14 der Verordnung (EU) Nr. 655/2014 darf das Bundesamt für Justiz das Bundeszentralamt für Steuern ersuchen, bei den Kreditinstituten die in § 93b Absatz 1 der Abgabenordnung bezeichneten Daten abzurufen (§ 93 Absatz 8 der Abgabenordnung).

(3) Das Bundesamt für Justiz protokolliert die eingehenden Ersuchen um Einholung von Kontoinformationen gemäß Artikel 14 der Verordnung (EU) Nr. 655/2014. Zu protokollieren sind ebenfalls die Bezeichnung der ersuchenden Stelle eines anderen Mitgliedstaates der Europäischen Union, der Abruf der in § 93b Absatz 1 der Abgabenordnung bezeichneten Daten und der Zeitpunkt des Eingangs dieser Daten sowie die Weiterleitung der eingegangenen Daten an die ersuchende Stelle. Das Bundesamt für Justiz löscht den Inhalt der eingeholten Kontoinformationen unverzüglich nach deren Übermittlung an die ersuchende Stelle; die Löschung ist zu protokollieren.

§ 949 Nicht rechtzeitige Einleitung des Hauptsacheverfahrens

(1) Ein im Inland erlassener Beschluss zur vorläufigen Kontenpfändung wird nach Artikel 10 Absatz 2 Unterabsatz 1 der Verordnung (EU) Nr. 655/2014 durch Beschluss widerrufen.

(2) Zuständige Stelle, an die gemäß Artikel 10 Absatz 2 Unterabsatz 3 der Verordnung (EU) Nr. 655/2014 das Widerrufsformblatt zu übermitteln ist, ist das Amtsgericht, in dessen Bezirk das Vollstreckungsverfahren stattfinden soll oder stattgefunden hat. Ist ein in einem anderen Mitgliedstaat der Europäischen Union erlassener Beschluss zur vorläufigen Kontenpfändung im Inland zu vollziehen, hat das Amtsgericht nach Satz 1 den Beschluss, durch den das Gericht den Beschluss zur vorläufigen Kontenpfändung widerrufen hat, der Bank im Sinne des Artikels 4 Nummer 2 der Verordnung (EU) Nr. 655/2014 zuzustellen.

§ 950 Anwendbare Vorschriften

Auf die Vollziehung des Beschlusses zur vorläufigen Kontenpfändung sind die Vorschriften des Achten Buchs über die Zwangsvollstreckung sowie § 930 Absatz 1 Satz 2 entsprechend anzuwenden, soweit die Verordnung (EU) Nr. 655/2014 und die §§ 951 bis 957 keine abweichenden Vorschriften enthalten.

§ 951 Vollziehung von im Inland erlassenen Beschlüssen

(1) Ist ein im Inland erlassener Beschluss zur vorläufigen Kontenpfändung im Inland zu vollziehen, hat der Gläubiger, der seinen Wohnsitz in einem anderen Mitgliedstaat der Europäischen Union hat, den Beschluss der Bank zustellen zu lassen. Ist der Beschluss in einem anderen Mitgliedstaat der Europäischen Union zu vollziehen, hat der Gläubiger die Zustellung gemäß Artikel 23 Absatz 3 Unterabsatz 1 der Verordnung (EU) Nr. 655/2014 an die Bank zu veranlassen.

(2) Das Gericht, das den Beschluss erlassen hat, lässt dem Schuldner den Beschluss nach Artikel 28 der Verordnung (EU) Nr. 655/2014 zustellen; diese Zustellung gilt als Zustellung auf Betreiben des Gläubigers (§ 191). Eine Übersetzung oder Transliteration, die nach Artikel 28 Absatz 5 in Verbindung mit Artikel 49 Absatz 1 der Verordnung (EU) Nr. 655/2014 erforderlich ist, hat der Gläubiger bereitzustellen.

§ 952 Vollziehung von in einem anderen Mitgliedstaat erlassenen Beschlüssen

(1) Zuständige Stelle ist

1. in den in Artikel 23 Absatz 3, 5 und 6, Artikel 25 Absatz 3 und Artikel 27 Absatz 2 der Verordnung (EU) Nr. 655/2014 bezeichneten Fällen das Amtsgericht, in dessen Bezirk das Vollstreckungsverfahren stattfinden soll oder stattgefunden hat,

2. in den in Artikel 28 Absatz 3 der Verordnung (EU) Nr. 655/2014 bezeichneten Fällen das Amtsgericht, in dessen Bezirk der Schuldner seinen Wohnsitz hat.

(2) Das nach Absatz 1 Nummer 1 zuständige Amtsgericht hat

1. in den in Artikel 23 Absatz 3 der Verordnung (EU) Nr. 655/2014 bezeichneten Fällen der Bank den Beschluss zur vorläufigen Kontenpfändung zuzustellen,
2. in den in Artikel 27 Absatz 2 der Verordnung (EU) Nr. 655/2014 bezeichneten Fällen der Bank die Freigabeerklärung des Gläubigers zuzustellen.

§ 953 Rechtsbehelfe des Gläubigers

(1) Gegen die Ablehnung des Antrags auf Erlass eines Beschlusses zur vorläufigen Kontenpfändung und gegen den Widerruf des Beschlusses zur vorläufigen Kontenpfändung (§ 949 Absatz 1), soweit sie durch das Gericht des ersten Rechtszuges erfolgt sind, findet die sofortige Beschwerde statt.

(2) Die in Artikel 21 Absatz 2 Satz 1 der Verordnung (EU) Nr. 655/2014 bezeichnete Frist von 30 Tagen für die Einlegung des Rechtsbehelfs beginnt mit der Zustellung der Entscheidung an den Gläubiger. Dies gilt auch in den Fällen des § 321a Absatz 2 für die Ablehnung des Antrags auf Erlass des Beschlusses durch das Berufungsgericht.

(3) Die sofortige Beschwerde gegen den Widerruf des Beschlusses zur vorläufigen Kontenpfändung ist innerhalb einer Notfrist von einem Monat ab Zustellung einzulegen.

§ 954 Rechtsbehelfe nach den Artikeln 33 bis 35 der Verordnung (EU) Nr. 655/2014

(1) Über den Rechtsbehelf des Schuldners gegen einen im Inland erlassenen Beschluss zur vorläufigen Kontenpfändung nach Artikel 33 Absatz 1 der Verordnung (EU) Nr. 655/2014 (Widerspruch) entscheidet das Gericht, das den Beschluss erlassen hat. Die Entscheidung ergeht durch Beschluss. Die Sätze 1 und 2 gelten entsprechend für den Widerspruch des Schuldners gemäß Artikel 33 Absatz 2 der Verordnung (EU) Nr. 655/2014 gegen die Entscheidung nach Artikel 12 der Verordnung (EU) Nr. 655/2014.

(2) Über den Rechtsbehelf des Schuldners wegen Einwendungen gegen die Vollziehung eines Beschlusses zur vorläufigen Kontenpfändung im Inland nach Artikel 34 der Verordnung (EU) Nr. 655/2014 entscheidet das Vollstreckungsgericht (§ 764 Absatz 2). Für den Antrag nach Artikel 34 Absatz 1 Buchstabe a der Verordnung (EU) Nr. 655/2014 gelten § 906 Absatz 1 Satz 2, Absatz 2 und § 907 entsprechend.

(3) Über Rechtsbehelfe, die nach Artikel 35 Absatz 3 und 4 der Verordnung (EU) Nr. 655/2014 im Vollstreckungsmitgliedstaat eingelegt werden, entscheidet ebenfalls das Vollstreckungsgericht. Sofern nach Artikel 35 der Verordnung (EU) Nr. 655/2014 das Gericht zuständig ist, das den Beschluss zur vorläufigen Kontenpfändung erlassen hat, ergeht die Entscheidung durch Beschluss.

(4) Zuständige Stelle ist in den Fällen des Artikels 36 Absatz 5 Unterabsatz 2 der Verordnung (EU) Nr. 655/2014 das Amtsgericht, in dessen Bezirk das Vollstreckungsverfahren stattfinden soll oder stattgefunden hat. Dieses hat den Beschluss der Bank zuzustellen.

§ 955 Sicherheitsleistung nach Artikel 38 der Verordnung (EU) Nr. 655/2014

Für die Entscheidung über Anträge des Schuldners auf Beendigung der Vollstreckung wegen erbrachter Sicherheitsleistung nach Artikel 38 Absatz 1 Buchstabe b der Verordnung (EU) Nr. 655/2014 ist das Vollstreckungsgericht zuständig. Die Entscheidung nach Artikel 38 Absatz 1 der Verordnung (EU) Nr. 655/Anhang ergeht durch Beschluss.

§ 956 Rechtsmittel gegen die Entscheidungen nach § 954 Absatz 1 bis 3 und § 955

(1) Gegen die Entscheidungen des Vollstreckungsgerichts nach § 954 Absatz 2 und 3 Satz 1 sowie nach § 955 Satz 1 findet die sofortige Beschwerde statt. Dies gilt auch für Entscheidungen des Gerichts des ersten Rechtszugs in den Fällen des § 954 Absatz 1 und 3 Satz 2 sowie des § 955 Satz 2.

(2) Die sofortige Beschwerde ist innerhalb einer Notfrist von einem Monat ab Zustellung der Entscheidung einzulegen.

§ 957 Ausschluss der Rechtsbeschwerde

In Verfahren zur grenzüberschreitenden vorläufigen Kontenpfändung nach der Verordnung (EU) Nr. 655/2014 findet die Rechtsbeschwerde nicht statt.

§ 958 Schadensersatz

Erweist sich die Anordnung eines Beschlusses zur vorläufigen Kontenpfändung, der im Inland vollzogen worden ist, als von Anfang an ungerechtfertigt, so ist der Gläubiger verpflichtet, dem Schuldner den Schaden zu ersetzen, der ihm aus der Vollziehung des Beschlusses oder dadurch entsteht, dass er Sicherheit leistet, um die Freigabe der vorläufig gepfändeten Gelder oder die Beendigung der Vollstreckung zu erwirken. Im Übrigen richtet sich die Haftung des Gläubigers gegenüber dem Schuldner nach Artikel 13 Absatz 1 und 2 der Verordnung (EU) Nr. 655/2014.

§ 959 Verordnungsermächtigung

(1) Die Landesregierungen können die Aufgaben nach Artikel 10 Absatz 2, Artikel 23 Absatz 3, 5 und 6, Artikel 25 Absatz 3, Artikel 27 Absatz 2, Artikel 28 Absatz 3 sowie Artikel 36 Absatz 5 Unterabsatz 2 und 3 der Verordnung (EU) Nr. 655/2014 einem Amtsgericht für die Bezirke mehrerer Amtsgerichte durch Rechtsverordnung zuweisen.

(2) Die Landesregierungen können die Ermächtigung nach Absatz 1 durch Rechtsverordnung einer obersten Landesbehörde übertragen.

Gesetz über die Zwangsversteigerung und die Zwangsverwaltung

vom 24.3.1897 (RGBl 1897, S. 97), zuletzt geändert durch Artikel 24 des Gesetzes vom 19. 12.2022 (BGBl. I S. 2606).

- Auszug -

§ 10

(1) Ein Recht auf Befriedigung aus dem Grundstück gewähren nach folgender Rangordnung, bei gleichem Rang nach dem Verhältnis ihrer Beträge:

1. der Anspruch eines die Zwangsverwaltung betreibenden Gläubigers auf Ersatz seiner Ausgaben zur Erhaltung oder nötigen Verbesserung des Grundstücks, im Falle der Zwangsversteigerung jedoch nur, wenn die Verwaltung bis zum Zuschlag fortdauert und die Ausgaben nicht aus den Nutzungen des Grundstücks erstattet werden können;

1a. im Falle einer Zwangsversteigerung, bei der das Insolvenzverfahren über das Vermögen des Schuldners eröffnet ist, die zur Insolvenzmasse gehörenden Ansprüche auf Ersatz der Kosten der Feststellung der beweglichen Gegenstände, auf die sich die Versteigerung erstreckt; diese Kosten sind nur zu erheben, wenn ein Insolvenzverwalter bestellt ist, und pauschal mit vier vom Hundert des Wertes anzusetzen, der nach § 74a Abs. 5 Satz 2 festgesetzt worden ist;

2. bei Vollstreckung in ein Wohnungseigentum die daraus fälligen Ansprüche auf Zahlung der Beiträge zu den Lasten und Kosten des gemeinschaftlichen Eigentums oder des Sondereigentums, die nach § 16 Abs. 2, § 28 Absatz 1 und 2 des Wohnungseigentumsgesetzes geschuldet werden, einschließlich der Vorschüsse und Rückstellungen sowie der Rückgriffsansprüche einzelner Wohnungseigentümer. Das Vorrecht erfasst die laufenden und die rückständigen Beträge aus dem Jahr der Beschlagnahme und den letzten zwei Jahren. Das Vorrecht einschließlich aller Nebenleistungen ist begrenzt auf Beträge in Höhe von nicht mehr als 5 vom Hundert des nach § 74a Abs. 5 festgesetzten Wertes. Die Anmeldung erfolgt durch die Gemeinschaft der Wohnungseigentümer. Rückgriffsansprüche einzelner Wohnungseigentümer werden von diesen angemeldet;

3. die Ansprüche auf Entrichtung der öffentlichen Lasten des Grundstücks wegen der aus den letzten vier Jahren rückständigen Beträge; wiederkehrende Leistungen, insbesondere Grundsteuern, Zinsen, Zuschläge oder Rentenleistungen, sowie Beträge, die zur allmählichen Tilgung einer Schuld als Zuschlag zu den Zinsen zu entrichten sind, genießen dieses Vorrecht nur für die laufenden Beträge und für die Rückstände aus den letzten zwei Jahren. Untereinander stehen öffentliche Grundstückslasten, gleichviel ob sie auf Bundes- oder Landesrecht beruhen, im Range gleich. Die Vorschriften des § 112 Abs. 1 und der §§ 113 und 116 des Gesetzes über den Lastenausgleich vom 14. August 1952 (Bundesgesetzbl. I S. 446) bleiben unberührt;

4. die Ansprüche aus Rechten an dem Grundstück, soweit sie nicht infolge der Beschlagnahme dem Gläubiger gegenüber unwirksam sind, einschließlich der Ansprüche auf Beträge, die zur allmählichen Tilgung einer Schuld als Zuschlag zu den Zinsen zu entrichten sind; Ansprüche auf wiederkehrende Leistungen, insbesondere Zinsen, Zuschläge, Verwaltungskosten oder Rentenleistungen, genießen das Vorrecht dieser Klasse nur wegen der laufenden und der aus den letzten zwei Jahren rückständigen Beträge;

5. der Anspruch des Gläubigers, soweit er nicht in einer der vorhergehenden Klassen zu befriedigen ist;

6. die Ansprüche der vierten Klasse, soweit sie infolge der Beschlagnahme dem Gläubiger gegenüber unwirksam sind;
7. die Ansprüche der dritten Klasse wegen der älteren Rückstände;
8. die Ansprüche der vierten Klasse wegen der älteren Rückstände.

(2) Das Recht auf Befriedigung aus dem Grundstück besteht auch für die Kosten der Kündigung und der die Befriedigung aus dem Grundstück bezweckenden Rechtsverfolgung.

(3) Für die Vollstreckung mit dem Range nach Absatz 1 Nummer 2genügt ein Titel, aus dem die Verpflichtung des Schuldners zur Zahlung, die Art und der Bezugszeitraum des Anspruchs sowie seine Fälligkeit zu erkennen sind. Soweit die Art und der Bezugszeitraum des Anspruchs sowie seine Fälligkeit nicht aus dem Titel zu erkennen sind, sind sie in sonst geeigneter Weise glaubhaft zu machen

§ 16

(1) Der Antrag soll das Grundstück, den Eigentümer, den Anspruch und den vollstreckbaren Titel bezeichnen.

(2) Die für den Beginn der Zwangsvollstreckung erforderlichen Urkunden sind dem Antrag beizufügen.

§ 17

(1) Die Zwangsversteigerung darf nur angeordnet werden, wenn der Schuldner als Eigentümer des Grundstücks eingetragen oder wenn er Erbe des eingetragenen Eigentümers ist.

(2) Die Eintragung ist durch ein Zeugnis des Grundbuchamts nachzuweisen. Gehören Vollstreckungsgericht und Grundbuchamt demselben Amtsgericht an, so genügt statt des Zeugnisses die Bezugnahme auf das Grundbuch.

(3) Die Erbfolge ist durch Urkunden glaubhaft zu machen, sofern sie nicht bei dem Gericht offenkundig ist

§ 30g Vollzug der Vollstreckungssperre bei Stabilisierungsmaßnahmen

(1) Hat das Restrukturierungsgericht eine Vollstreckungssperre nach § 49 Absatz 1 Nummer 1 des Unternehmensstabilisierungs- und –restrukturierungsgesetzes angeordnet, die auch unbewegliches Vermögen des Schuldners erfasst, so ist das Verfahren auf Antrag des Schuldners einstweilen einzustellen. Der Antrag ist abzulehnen, wenn die Einstellung dem betreibenden Gläubiger unter Berücksichtigung seiner wirtschaftlichen Verhältnisse nicht zuzumuten ist.

(2) Die einstweilige Einstellung ist mit der Auflage anzuordnen, dass dem betreibenden Gläubiger laufend die geschuldeten Zinsen zu zahlen sind und ein durch die Nutzung entstehender Wertverlust durch laufende Zahlungen auszugleichen ist. Dies gilt nicht, soweit nach der Höhe der Forderung sowie dem Wert und der sonstigen Belastung des Grundstücks nicht mit einer Befriedigung des Gläubigers aus dem Versteigerungserlös zu rechnen ist.

(3) Das Verfahren wird auf Antrag des Gläubigers fortgesetzt, wenn die Voraussetzungen für die einstweilige Einstellung entfallen sind, wenn die Auflagen nach Absatz 2 nicht beachtet werden oder der Schuldner der Fortsetzung zustimmt. Vor der Entscheidung des Gerichts ist der Schuldner zu hören.

§ 37

Die Terminsbestimmung muß enthalten:

1. die Bezeichnung des Grundstücks;
2. Zeit und Ort des Versteigerungstermins;
3. die Angabe, daß die Versteigerung im Wege der Zwangsvollstreckung erfolgt;
4. die Aufforderung, Rechte, soweit sie zur Zeit der Eintragung des Versteigerungsvermerks aus dem Grundbuch nicht ersichtlich waren, spätestens im Versteigerungstermin

vor der Aufforderung zur Abgabe von Geboten anzumelden und, wenn der Gläubiger widerspricht, glaubhaft zu machen, widrigenfalls die Rechte bei der Feststellung des geringsten Gebots nicht berücksichtigt und bei der Verteilung des Versteigerungserlöses dem Anspruch des Gläubigers und den übrigen Rechten nachgesetzt werden würden;

5. die Aufforderung an diejenigen, welche ein der Versteigerung entgegenstehendes Recht haben, vor der Erteilung des Zuschlags die Aufhebung oder einstweilige Einstellung des Verfahrens herbeizuführen, widrigenfalls für das Recht der Versteigerungserlös an die Stelle des versteigerten Gegenstandes treten würde.

§ 74a

(1) Bleibt das abgegebene Meistgebot einschließlich des Kapitalwertes der nach den Versteigerungsbedingungen bestehenbleibenden Rechte unter sieben Zehnteilen des Grundstückswertes, so kann ein Berechtigter, dessen Anspruch ganz oder teilweise durch das Meistgebot nicht gedeckt ist, aber bei einem Gebot in der genannten Höhe voraussichtlich gedeckt sein würde, die Versagung des Zuschlags beantragen. Der Antrag ist abzulehnen, wenn der betreibende Gläubiger widerspricht und glaubhaft macht, daß ihm durch die Versagung des Zuschlags ein unverhältnismäßiger Nachteil erwachsen würde.

(2) Der Antrag auf Versagung des Zuschlags kann nur bis zum Schluß der Verhandlung über den Zuschlag gestellt werden; das gleiche gilt von der Erklärung des Widerspruchs.

(3) Wird der Zuschlag gemäß Absatz 1 versagt, so ist von Amts wegen ein neuer Versteigerungstermin zu bestimmen. Der Zeitraum zwischen den beiden Terminen soll, sofern nicht nach den besonderen Verhältnissen des Einzelfalles etwas anderes geboten ist, mindestens drei Monate betragen, darf aber sechs Monate nicht übersteigen.

(4) In dem neuen Versteigerungstermin darf der Zuschlag weder aus den Gründen des Absatzes 1 noch aus denen des § 85a Abs. 1 versagt werden.

(5) Der Grundstückswert (Verkehrswert) wird vom Vollstreckungsgericht, nötigenfalls nach Anhörung von Sachverständigen, festgesetzt. Der Wert der beweglichen Gegenstände, auf die sich die Versteigerung erstreckt, ist unter Würdigung aller Verhältnisse frei zu schätzen. Der Beschluß über die Festsetzung des Grundstückswertes ist mit der sofortigen Beschwerde anfechtbar. Der Zuschlag oder die Versagung des Zuschlags können mit der Begründung, daß der Grundstückswert unrichtig festgesetzt sei, nicht angefochten werden.

§ 85a

(1) Der Zuschlag ist ferner zu versagen, wenn das abgegebene Meistgebot einschließlich des Kapitalwertes der nach den Versteigerungsbedingungen bestehenbleibenden Rechte die Hälfte des Grundstückswertes nicht erreicht.

(2) § 74a Abs. 3, 5 ist entsprechend anzuwenden. In dem neuen Versteigerungstermin darf der Zuschlag weder aus den Gründen des Absatzes 1 noch aus denen des § 74a Abs. 1 versagt werden.

(3) Ist das Meistgebot von einem zur Befriedigung aus dem Grundstück Berechtigten abgegeben worden, so ist Absatz 1 nicht anzuwenden, wenn das Gebot einschließlich des Kapitalwertes der nach den Versteigerungsbedingungen bestehenbleibenden Rechte zusammen mit dem Betrag, mit dem der Meistbietende bei der Verteilung des Erlöses ausfallen würde, die Hälfte des Grundstückswertes erreicht.

§ 95

Gegen eine Entscheidung, die vor der Beschlußfassung über den Zuschlag erfolgt, kann die sofortige Beschwerde nur eingelegt werden, soweit die Entscheidung die Anordnung, Aufhebung, einstweilige Einstellung oder Fortsetzung des Verfahrens betrifft.

§ 110

Rechte, die ungeachtet der im § 37 Nr. 4 bestimmten Aufforderung nicht rechtzeitig angemeldet oder glaubhaft gemacht worden sind, stehen bei der Verteilung den übrigen Rechten nach.

§ 146

(1) Auf die Anordnung der Zwangsverwaltung finden die Vorschriften über die Anordnung der Zwangsversteigerung entsprechende Anwendung, soweit sich nicht aus den §§ 147 bis 151 ein anderes ergibt.

(2) Von der Anordnung sind nach dem Eingang der im § 19 Abs. 2 bezeichneten Mitteilungen des Grundbuchamts die Beteiligten zu benachrichtigen.

§ 147

(1) Wegen des Anspruchs aus einem eingetragenen Recht findet die Zwangsverwaltung auch dann statt, wenn die Voraussetzungen des § 17 Abs. 1 nicht vorliegen, der Schuldner aber das Grundstück im Eigenbesitz hat.

(2) Der Besitz ist durch Urkunden glaubhaft zu machen, sofern er nicht bei dem Gericht offenkundig ist.

§ 155

(1) Aus den Nutzungen des Grundstücks sind die Ausgaben der Verwaltung sowie die Kosten des Verfahrens mit Ausnahme derjenigen, welche durch die Anordnung des Verfahrens oder den Beitritt eines Gläubigers entstehen, vorweg zu bestreiten.

(2) Die Überschüsse werden auf die in § 10 Abs. 1 Nr. 1 bis 5 bezeichneten Ansprüche verteilt. Hierbei werden in der zweiten, dritten und vierten Rangklasse jedoch nur Ansprüche auf laufende wiederkehrende Leistungen, einschließlich der Rentenleistungen, sowie auf diejenigen Beträge berücksichtigt, die zur allmählichen Tilgung einer Schuld als Zuschlag zu den Zinsen zu entrichten sind. Abzahlungsbeträge auf eine unverzinsliche Schuld sind wie laufende wiederkehrende Leistungen zu berücksichtigen, soweit sie fünf vom Hundert des ursprünglichen Schuldbetrages nicht übersteigen.

(3) Hat der eine Zwangsverwaltung betreibende Gläubiger für Instandsetzungs-, Ergänzungs- oder Umbauarbeiten an Gebäuden Vorschüsse gewährt, so sind diese zum Satz von einhalb vom Hundert über dem Zinssatz der Spitzenrefinanzierungsfazilität der Europäischen Zentralbank (SFR-Zinssatz) zu verzinsen. Die Zinsen genießen bei der Zwangsverwaltung und der Zwangsversteigerung dasselbe Vorrecht wie die Vorschüsse selbst.

(4) Hat der Zwangsverwalter oder, wenn der Schuldner zum Verwalter bestellt ist, der Schuldner mit Zustimmung der Aufsichtsperson Düngemittel, Saatgut oder Futtermittel angeschafft, die im Rahmen der bisherigen Wirtschaftsweise zur ordnungsmäßigen Aufrechterhaltung des Betriebs benötigt werden, so haben Ansprüche aus diesen Lieferungen den in § 10 Abs. 1 Nr. 1 bezeichneten Rang. Das gleiche gilt von Krediten, die zur Bezahlung dieser Lieferungen in der für derartige Geschäfte üblichen Weise aufgenommen sind.

§ 156

(1) Die laufenden Beträge der öffentlichen Lasten sind von dem Verwalter ohne weiteres Verfahren zu berichtigen. Dies gilt auch bei der Vollstreckung in ein Wohnungseigentum für die laufenden Beträge der daraus fälligen Ansprüche auf Zahlung der Beiträge zu den Lasten und Kosten des gemeinschaftlichen Eigentums oder des Sondereigentums, die nach § 16 Abs. 2, § 28 Absatz 1 und 2 des Wohnungseigentumsgesetzes geschuldet werden, einschließlich der Vorschüsse und Rückstellungen sowie der Rückgriffsansprüche einzelner Wohnungseigentümer. Die Vorschrift des § 10 Abs. 1 Nr. 2 Satz 3 findet keine Anwendung.

(2) Ist zu erwarten, daß auch auf andere Ansprüche Zahlungen geleistet werden können, so wird nach dem Eingang der im § 19 Abs. 2 bezeichneten Mitteilungen des Grundbuchamts der Verteilungstermin bestimmt. In dem Termin wird der Teilungsplan für die ganze Dauer des Verfahrens aufgestellt. Die Terminsbestimmung ist den Beteiligten sowie dem Verwalter zuzustellen. Die Vorschriften des § 105 Abs. 2 Satz 2, des § 113 Abs. 1 und der §§ 114, 115, 124, 126 finden entsprechende Anwendung.

§ 171

(1) Auf die Zwangsversteigerung eines ausländischen Schiffs, das, wenn es ein deutsches Schiff wäre, in das Schiffsregister eingetragen werden müßte, sind die Vorschriften des Ersten Abschnitts entsprechend anzuwenden, soweit sie nicht die Eintragung im Schiffsregister voraussetzen und sich nicht aus den folgenden Vorschriften etwas anderes ergibt.

(2) Als Vollstreckungsgericht ist das Amtsgericht zuständig, in dessen Bezirk sich das Schiff befindet; § 1 Abs. 2 gilt entsprechend. Die Zwangsversteigerung darf, soweit sich nicht aus den Vorschriften des Handelsgesetzbuchs oder des Gesetzes, betreffend die privatrechtlichen Verhältnisse der Binnenschiffahrt, etwas anderes ergibt, nur angeordnet werden, wenn der Schuldner das Schiff im Eigenbesitz hat; die hiernach zur Begründung des Antrags auf Zwangsversteigerung erforderlichen Tatsachen sind durch Urkunden glaubhaft zu machen, soweit sie nicht beim Gericht offenkundig sind.

(3) Die Terminsbestimmung muß die Aufforderung an alle Berechtigten, insbesondere an die Schiffsgläubiger, enthalten, ihre Rechte spätestens im Versteigerungstermin vor der Aufforderung zur Abgabe von Geboten anzumelden und, wenn der Gläubiger widerspricht, glaubhaft zu machen, widrigenfalls die Rechte bei der Verteilung des Versteigerungserlöses dem Anspruch des Gläubigers und den übrigen Rechten nachgesetzt werden würden. Die Terminsbestimmung soll, soweit es ohne erhebliche Verzögerung des Verfahrens tunlich ist, auch den aus den Schiffspapieren ersichtlichen Schiffsgläubigern und sonstigen Beteiligten zugestellt und, wenn das Schiff im Schiffsregister eines fremden Staates eingetragen ist, der Registerbehörde mitgeteilt werden.

(4) Die Vorschriften über das geringste Gebot sind nicht anzuwenden. Das Meistgebot ist in seinem ganzen Betrag durch Zahlung zu berichtigen.

(5) Die Vorschriften der §§ 165, 166, 168 Abs. 1 und 3, §§ 169a, 170 Abs. 1 sind anzuwenden. Die vom Gericht angeordnete Überwachung und Verwahrung des Schiffs darf erst aufgehoben und das Schiff dem Ersteher erst übergeben werden, wenn die Berichtigung des Meistgebots oder die Einwilligung der Beteiligten nachgewiesen wird.

§ 171h

Auf die Zwangsversteigerung eines ausländischen Luftfahrzeugs sind die Vorschriften in §§ 171a bis 171g entsprechend anzuwenden, soweit sich nicht aus den §§ 171i bis 171n anderes ergibt.

§ 171i

(1) In der dritten Klasse (§ 10 Abs. 1 Nr. 3) werden nur befriedigt Gebühren, Zölle, Bußen und Geldstrafen auf Grund von Vorschriften über Luftfahrt, Zölle und Einwanderung.

(2) In der vierten Klasse (§ 10 Abs. 1 Nr. 4) genießen Ansprüche auf Zinsen aus Rechten nach § 103 des Gesetzes über Rechte an Luftfahrzeugen vom 26. Februar 1959 (Bundesgesetzbl. I S. 57) das Vorrecht dieser Klasse wegen der laufenden und der aus den letzten drei Geschäftsjahren rückständigen Beträge.

§ 171k

Wird das Luftfahrzeug nach der Beschlagnahme veräußert oder mit einem Recht nach § 103 des Gesetzes über Rechte an Luftfahrzeugen belastet und ist die Veräußerung oder Belastung nach

Artikel VI des Genfer Abkommens vom 19. Juni 1948 (Bundesgesetzbl. 1959 II S. 129) anzuerkennen, so ist die Verfügung dem Gläubiger gegenüber wirksam, es sei denn, daß der Schuldner im Zeitpunkt der Verfügung Kenntnis von der Beschlagnahme hatte.

§ 171l

(1) Das Vollstreckungsgericht teilt die Anordnung der Zwangsversteigerung tunlichst durch Luftpost der Behörde mit, die das Register führt, in dem die Rechte an dem Luftfahrzeug eingetragen sind.

(2) Der Zeitraum zwischen der Anberaumung des Termins und dem Termin muß mindestens sechs Wochen betragen. Die Zustellung der Terminsbestimmung an Beteiligte, die im Ausland wohnen, wird durch Aufgabe zur Post bewirkt. Die Postsendung muß mit der Bezeichnung "Einschreiben" versehen werden. Sie soll tunlichst durch Luftpost befördert werden. Der betreffende Gläubiger hat die bevorstehende Versteigerung mindestens einen Monat vor dem Termin an dem Ort, an dem das Luftfahrzeug eingetragen ist, nach den dort geltenden Bestimmungen öffentlich bekanntzumachen.

§ 171m

Die Beschwerde gegen die Erteilung des Zuschlags ist binnen sechs Monaten einzulegen. Sie kann auf die Gründe des § 100 nur binnen einer Notfrist von zwei Wochen, danach nur noch darauf gestützt werden, daß die Vorschriften des § 171l Abs. 2 verletzt sind.

§ 171n

Erlischt durch den Zuschlag das Recht zum Besitz eines Luftfahrzeugs auf Grund eines für einen Zeitraum von sechs oder mehr Monaten abgeschlossenen Mietvertrages, so gelten die Vorschriften über den Ersatz für einen Nießbrauch entsprechend.

Datenschutz im Steuerverwaltungsverfahren seit dem 25. Mai 2018; Neuregelungen durch die Datenschutz-Grundverordnung und Änderungen der AO durch das Gesetz zur Änderung des Bundesversorgungsgesetzes und anderer Vorschriften vom 17. Juli 2017

(BMF-Schreiben vom 13.1.2020 - IV A 3 - S 0130/19/10017:004 -, BStBl I S. 143, geändert durch das BMF-Schreiben vom 17.6.2021 - IV A 3 - S 0130/19/10017:004 -, BStBl I S. 809)*

Seit dem 25. Mai 2018 ist die Verordnung (EU) 2016/679 des Europäischen Parlaments und des Rates vom 27. April 2016 zum Schutz natürlicher Personen bei der Verarbeitung personenbezogener Daten, zum freien Datenverkehr und zur Aufhebung der Richtlinie 95/46/EG (Datenschutz-Grundverordnung) (ABl. L 119 vom 4. Mai 2016, S. 1; L 314 vom 22. November 2016, S. 72) - im Folgenden: DSGVO - unmittelbar geltendes Recht in allen Mitgliedstaaten der Europäischen Union. Ziel der DSGVO ist ein gleichwertiges Schutzniveau für die Rechte und Freiheiten von natürlichen Personen bei der Verarbeitung von Daten in allen Mitgliedstaaten.

Ihrem Charakter als Grundverordnung folgend, enthält die DSGVO konkrete, an die Mitgliedstaaten gerichtete Regelungsaufträge sowie mehrere Öffnungsklauseln für den nationalen Gesetzgeber. Durch das Datenschutz-Anpassungs- und -Umsetzungsgesetz EU vom 30. Juni 2017 (BGBl. I S. 2097) und das Gesetz zur Änderung des Bundesversorgungsgesetzes und anderer Vorschriften vom 17. Juli 2017 (BGBl. I S. 2541) wurden das Bundesdatenschutzgesetz (BDSG), das FVG und die AO mit Wirkung ab dem 25. Mai 2018 an die DSGVO angepasst.

Im Einvernehmen mit den obersten Finanzbehörden der Länder gilt bei Anwendung der DSGVO und der AO seit dem 25. Mai 2018 in allen offenen Fällen Folgendes:

I. Anwendungsbereich der DSGVO und der Datenschutzvorschriften der AO sowie der Steuergesetze

1. Unmittelbare Anwendung der DSGVO

1 Seit DSGVO gilt in ihrem Anwendungsbereich (vgl. Art. 2 DSGVO) unmittelbar. Dies bedeutet, dass ihre Regelungen in den Mitgliedstaaten der EU verbindlich sind, ohne dass es einer nationalen Umsetzung bedarf. Sie gehen nationalen Rechtsvorschriften vor. Dies ergibt sich aus Art. 288 des Vertrages über die Arbeitsweise der Europäischen Union (AEUV). Darin heißt es: „Die Verordnung hat allgemeine Geltung. Sie ist in allen ihren Teilen verbindlich und gilt unmittelbar in jedem Mitgliedstaat.“ Dies ist in § 2a Abs. 3 AO nochmals ausdrücklich als Hinweis aufgenommen worden (Anwendungsvorrang). Die Regelungen der DSGVO dürfen im nationalen Recht grundsätzlich nicht wiederholt werden (**Wiederholungsverbot**).

2 Die Regelungen der DSGVO sind auch im Verwaltungsverfahren in Steuersachen **nach der AO** unmittelbar anzuwenden. Sie gelten damit insbesondere für

* Inhaltsverzeichnis hier nicht abgedruckt

- Bundesfinanzbehörden, soweit sie bundesgesetzlich geregelte Steuern verwalten (§ 1 Abs. 1 Satz 1 AO) oder den grenzüberschreitenden Warenverkehr überwachen (§ 2a Abs. 2 AO),

- Landesfinanzbehörden, soweit sie bundesgesetzlich geregelte Steuern verwalten (§ 1 Abs. 1 Satz 1 AO) und

- Gemeinden, soweit sie Realsteuern verwalten (§ 1 Abs. 2 Nr. 1 AO).

3 Zum Verwaltungsverfahren in Steuersachen nach der AO gehören insbesondere die **Ermittlung der Steuerpflichtigen und der steuerrelevanten Sachverhalte** (ggf. auch im Rahmen einer Außenprüfung, Lohnsteuer-Außenprüfung, Umsatzsteuer-Sonderprüfung, Lohnsteuer-Nachschau, Umsatzsteuer-Nachschau oder Kassen-Nachschau), die **Festsetzung und Erhebung** von Steuern, Steuervergütungen und steuerlichen Nebenleistungen einschließlich der **Vollstreckung** dieser Ansprüche, die Inanspruchnahme von **Haftungsschuldnern** sowie das **außergerichtliche Rechtsbehelfsverfahren**.

4 Die AO und die Steuergesetze enthalten **ergänzende bereichsspezifische Regelungen** zur Rechtmäßigkeit der Verarbeitung und Weiterverarbeitung personenbezogener Daten durch Finanzbehörden sowie andere öffentliche oder nicht-öffentliche Stellen (vgl. § 2a Abs. 1 Satz 1 AO). Außerdem enthält die AO Beschränkungen der Rechte der Betroffenen nach Kapitel III der DSGVO (siehe Rn. 29 ff.).

5 Die **Regelungen des BDSG** gelten für Finanzbehörden im Anwendungsbereich der AO nur, soweit dies in der AO ausdrücklich bestimmt ist (§ 2a Abs. 1 Satz 2 AO). **Landesdatenschutzgesetze** gelten im Anwendungsbereich der AO nicht.

2. Entsprechende Anwendung der DSGVO - § 2a Abs. 5 AO

6 Die DSGVO gilt unmittelbar nur für personenbezogene Daten **lebender natürlicher Personen**. § 2a Abs. 5 AO erweitert diesen Anwendungsbereich. Hiernach gelten die datenschutzrechtlichen Vorschriften der DSGVO, der AO und der Steuergesetze über die Verarbeitung personenbezogener Daten (lebender) natürlicher Personen des Weiteren entsprechend für Informationen, die sich auf identifizierte oder identifizierbare (vgl. Rn. 9)

1. **verstorbene natürliche Personen** oder

2. **Körperschaften, rechtsfähige oder nicht rechtsfähige Personenvereinigungen oder Vermögensmassen**

beziehen.

Soweit die AO (z. B. in § 30 Abs. 2 AO) oder dieses Schreiben die Begriffe „personenbezogene Daten“ oder „betroffene Person“ verwendet, gelten die jeweiligen Bestimmungen somit auch für Informationen entsprechend, die sich auf eine verstorbene natürliche Person oder auf eine Körperschaft, rechtsfähige oder nicht rechtsfähige Personenvereinigung oder Vermögensmasse beziehen.

3. Keine Anwendung der DSGVO in Steuerstraf- und -bußgeldverfahren - § 2a Abs. 4 AO

7 Die DSGVO gilt nicht für die Verarbeitung personenbezogener Daten zum Zweck der Verhütung, Ermittlung, Aufdeckung, Verfolgung oder Ahndung von **Steuerstraftaten**

oder Steuerordnungswidrigkeiten (Art. 2 Abs. 2 Buchst. d DSGVO). Insoweit gelten die Vorschriften des Ersten und des Dritten Teils des BDSG, soweit gesetzlich nichts anderes bestimmt ist (§ 2a Abs. 4 AO). Abweichende gesetzliche Regelungen können sich z. B. aus der AO, der StPO oder über § 1 Abs. 1 Nr. 2 BDSG aus den Landesdatenschutzgesetzen ergeben.

II. Verarbeitung und Weiterverarbeitung personenbezogener Daten durch Finanzbehörden

1. Begriffsdefinitionen - Art. 4 und 9 Abs. 1 DSGVO

8 Soweit die AO oder die Steuergesetze Begriffe i. S. d. Art. 4 DSGVO verwenden (z. B. „personenbezogene Daten", „Verarbeitung", „Verantwortlicher" oder „Dateisystem"), sind die **Legaldefinitionen der DSGVO** verbindlich.

9 **„Personenbezogene Daten"** definiert Art. 4 Nr. 1 DSGVO als Informationen, die sich auf eine identifizierte oder identifizierbare (lebende) natürliche Person (= „betroffene Person") beziehen. Als identifizierbar wird eine natürliche Person angesehen, die direkt oder indirekt, insbesondere mittels Zuordnung zu einer Kennung wie einem Namen, zu einer Kennnummer, zu Standortdaten, zu einer Online-Kennung oder zu einem oder mehreren besonderen Merkmalen, die Ausdruck der physischen, physiologischen, genetischen, psychischen, wirtschaftlichen, kulturellen oder sozialen Identität dieser natürlichen Person sind, identifiziert werden kann.

10 **„Besondere Kategorien personenbezogener Daten"** definiert Art. 9 Abs. 1 DSGVO als Daten, aus denen die rassische und ethnische Herkunft, politische Meinungen, religiöse oder weltanschauliche Überzeugungen oder die Gewerkschaftszugehörigkeit hervorgeht, sowie genetische oder biometrische Daten zur eindeutigen Identifizierung einer natürlichen Person, Gesundheitsdaten oder Daten zum Sexualleben oder der sexuellen Orientierung einer natürlichen Person. Laut Erwägungsgrund 10 Satz 5 der DSGVO werden besondere Kategorien personenbezogener Daten auch als **sensible Daten** bezeichnet. Im Folgenden sollen diese Daten der besseren Lesbarkeit halber als „sensible Daten" bezeichnet werden.

11 Die **„Verarbeitung personenbezogener Daten"** ist der Oberbegriff und umfasst nach Art. 4 Nr. 2 DSGVO insbesondere folgende **Vorgänge oder Vorgangsreihen**:

- das Erheben (vgl. Rn. 12),
- das Erfassen,
- die Organisation,
- das Ordnen,
- die Speicherung,
- die Anpassung oder Veränderung,
- das Auslesen,
- das Abfragen,
- die Verwendung,

- die Offenlegung (vgl. Rn.13),
- den Abgleich oder die Verknüpfung,
- die Einschränkung, das Löschen oder die Vernichtung.

Dabei ist es unbeachtlich, ob diese Verarbeitung mit Hilfe automatisierter Verfahren oder manuell ausgeführt werden.

12 Unter **„Erheben“** ist das Beschaffen von personenbezogenen Daten zu verstehen, wenn die erhebende Stelle Kenntnis von den personenbezogenen Daten oder Verfügungsmacht über die Daten erlangt, beispielweise durch die Steuererklärung, eine Auskunft nach § 93 AO, eine Außenprüfung, eine gesetzlich vorgeschriebene Anzeige/Mitteilung oder eine Recherche in Zeitungen oder in elektronischen Medien/Abrufverfahren.

13 Die **„Offenlegung“** kann durch Übermittlung, Verbreitung oder eine andere Form der Bereitstellung erfolgen. Sie umfasst jeden bewussten Vorgang, durch den personenbezogene Daten vom Bereich des Verantwortlichen in den Bereich eines Dritten gelangen können. Anlass, Zweck und Rechtsgrundlage des Offenlegens sind unerheblich. Der im Steuerrecht verwendete Begriff des **Offenbarens** i. S. d. § 30 AO ist eine Form des Offenlegens geschützter Daten i. S. d. Art. 4 Nr. 2 DSGVO (vgl. Nr. 3 des AEAO zu § 30).

14 **„Verantwortlicher“** ist nach Art. 4 Nr. 7 DSGVO die natürliche oder juristische Person, Behörde, Einrichtung oder andere Stelle, die allein oder gemeinsam mit anderen über die Zwecke und Mittel der Verarbeitung von personenbezogenen Daten entscheidet. Soweit im Folgenden die **„verantwortliche Finanzbehörde“** angesprochen wird, ist die Finanzbehörde gemeint, die jeweils über die Zwecke und Mittel der Verarbeitung von personenbezogenen Daten entscheidet. Im Regelfall ist dies die im Einzelfall sachlich und örtlich zuständige Finanzbehörde. Stellen, die nach § 20 Abs. 3 FVG technische Hilfstätigkeiten für die sachlich und örtlich zuständigen Finanzbehörden erbringen, sind nicht „Verantwortliche“ i. S. d. Art. 4 Nr. 7 DSGVO, sondern „Auftragsverarbeiter“ i. S. d. Art. 4 Nr. 8 DSGVO. In den Fällen des § 29a AO bleibt also verantwortliche Finanzbehörde das örtlich zuständige Finanzamt und nicht das unterstützende Finanzamt.

2. Allgemeine Grundsätze für die Verarbeitung personenbezogener Daten - Art. 5 DSGVO

15 Art. 5 DSGVO bestimmt **folgende Grundsätze für die Verarbeitung personenbezogener Daten:**

- Rechtmäßigkeit,
- Verarbeitung nach Treu und Glauben,
- Transparenz,
- Zweckbindung,
- Datenminimierung,
- Richtigkeit,

- Speicherbegrenzung,
- Integrität und Vertraulichkeit sowie
- Rechenschaftspflicht des Verantwortlichen.

3. Zulässigkeit der Verarbeitung personenbezogener Daten durch Finanzbehörden - § 29b AO

16 Die DSGVO ist gesetzestechnisch als „Verbot mit Erlaubnisvorbehalt" konzipiert worden. Deswegen benötigen rechtmäßige Datenverarbeitungen immer eine Erlaubnis, andernfalls sind sie „datenschutzwidrig" und damit rechtswidrig. Im öffentlichen Bereich (d.h. auch in Verwaltungsverfahren in Steuersachen nach der AO) ist die **Verarbeitung** personenbezogener Daten nur **rechtmäßig, wenn** die Verarbeitung

- zur Erfüllung einer rechtlichen Verpflichtung erforderlich ist, der der Verantwortliche unterliegt (Art. 6 Abs. 1 Satz 1 Buchst. c DSGVO) oder
- für die Wahrnehmung einer Aufgabe erforderlich ist, die im öffentlichen Interesse liegt oder in Ausübung öffentlicher Gewalt erfolgt, die dem Verantwortlichen übertragen wurde (Art. 6 Abs. 1 Satz 1 Buchst. e DSGVO).

17 Die **Rechtsgrundlage für Verarbeitungen** gem. Art. 6 Abs. 1 Satz 1 Buchst. c und e DSGVO muss durch Unionsrecht (z. B. EU-Verordnungen wie die Zusammenarbeitsverordnung - VO EU 904/2010) oder das Recht der Mitgliedstaaten, dem der Verantwortliche unterliegt, festgelegt sein (Art. 6 Abs. 3 Satz 1 DSGVO).

18 **§ 29b Abs. 1 AO ist die nationale Rechtsgrundlage für die Verarbeitung personenbezogener Daten** i. S. d. Art. 6 Abs. 3 Satz 1 DSGVO durch Finanzbehörden in Verwaltungsverfahren in Steuersachen nach der AO. Hiernach dürfen Finanzbehörden personenbezogene Daten verarbeiten, wenn dies zur Erfüllung der ihnen obliegenden Aufgaben oder in Ausübung öffentlicher Gewalt, die ihnen übertragen wurde, erforderlich ist. Die den Finanzbehörden obliegenden Aufgaben und öffentlich-rechtlichen Befugnisse ergeben sich aus der AO (vgl. § 85 AO) und den Steuergesetzen. Die Zulässigkeit der Verarbeitung personenbezogener Daten zu anderen Zwecken durch Finanzbehörden richtet sich nach § 29c AO (siehe Rn. 23 ff.).

19 **Sensible Daten** (siehe Rn. 10) dürfen nur in den in Art. 9 Abs. 2 DSGVO genannten Fällen verarbeitet werden.

20 **§ 29b Abs. 2 AO ist die nationale Rechtsgrundlage für die Verarbeitung sensibler Daten** i. S. d. Art. 9 Abs. 2 Buchst. g DSGVO in Verwaltungsverfahren in Steuersachen nach der AO durch Finanzbehörden. Die Verarbeitung sensibler Daten durch eine Finanzbehörde ist hiernach zulässig, soweit die Verarbeitung aus Gründen eines erheblichen öffentlichen Interesses erforderlich ist und soweit die Interessen des Verantwortlichen an der Datenverarbeitung die Interessen der betroffenen Person überwiegen. Ein erhebliches öffentliches Interesse liegt insbesondere vor, wenn Steuergesetze ausdrücklich an sensible Daten anknüpfen (sei es z. B. beim Abzug von Werbungskosten, Sonderausgaben oder außergewöhnlichen Belastungen).

21 In diesem Fall sind **angemessene und spezifische Maßnahmen zur Wahrung der Interessen der betroffenen Person** vorzusehen. § 22 Abs. 2 Satz 2 BDSG ist dabei entsprechend anzuwenden (§ 29b Abs. 2 Satz 2 2. HS AO). Im Hinblick auf den Schutz personenbezogener Daten nach § 30 AO und § 355 StGB ist sowohl für sensible Daten als auch für die übrigen personenbezogenen Daten das gleiche Datenschutzniveau zu

wählen und es sind entsprechende Maßnahmen zu treffen. Das Datenschutzniveau orientiert sich am Schutzniveau für die Verarbeitung sensibler Daten.

Bei Verarbeitungstätigkeiten im Anwendungsbereich der AO ist daher aus rechtlicher Sicht keine zusätzliche Einteilung in datenschutzrechtliche Schutzstufen erforderlich.

22 Art. 6 Abs. 4 DSGVO i. V. m. § 29b AO gestattet die **Verarbeitung der Daten lediglich zu dem Zweck, zu dem sie erhoben worden sind**. Zweck ist die Durchführung des jeweiligen Verwaltungsverfahrens in Steuersachen nach der AO (vgl. Rn. 2 und 3), differenziert nach Abgabeart (Steuer zuzüglich steuerliche Nebenleistungen), Besteuerungszeitraum/-zeitpunkt und Steuerschuldner. Für gesonderte und gesonderte und einheitliche Feststellungen gilt Entsprechendes.

So ist z. B. **Zweck der Verarbeitung** der im Rahmen der Einkommensteuererklärung erhobenen personenbezogenen Daten für das Jahr 2017 die Festsetzung und Erhebung der Einkommensteuer für 2017 (ggf. einschließlich der Ermittlung der Besteuerungsgrundlagen durch eine Außenprüfung oder durch ein Auskunftsersuchen gegenüber einem Dritten, der Vollstreckung, der Haftungsinanspruchnahme eines Dritten oder der Durchführung eines außergerichtlichen Rechtsbehelfsverfahrens).

4. Weiterverarbeitung personenbezogener Daten durch Finanzbehörden - § 29c AO

23 Personenbezogene Daten, die zu einem bestimmten Zweck erhoben wurden, dürfen nicht einfach für andere Zwecke weiterverwendet werden. Werden personenbezogene Daten zu einem anderen Zweck als zu demjenigen, zu dem sie erhoben oder erfasst wurden, verarbeitet (sogen. **Weiterverarbeitung**), muss eine entsprechende Ermächtigung durch eine Rechtsvorschrift der Union (z. B. EU-Verordnungen wie die Zusammenarbeitsverordnung - VO EU 904/2010) oder der Mitgliedstaaten, die in einer demokratischen Gesellschaft eine notwendige und verhältnismäßige Maßnahme zum Schutz der in Art. 23 Abs. 1 DSGVO genannten Ziele darstellt, vorhanden sein (Art. 6 Abs. 4 DSGVO).

24 **§ 29c Abs. 1 AO ist die nationale Rechtsgrundlage für die Weiterverarbeitung** personenbezogener Daten i. S. d. Art. 6 Abs. 4 DSGVO durch Finanzbehörden.

25 Die Weiterverarbeitung personenbezogener Daten durch Finanzbehörden ist im Rahmen ihrer Aufgabenerfüllung insbesondere in folgenden Fällen zulässig:

- Die Weiterverarbeitung dient einem
  - anderen **Verwaltungsverfahren in Steuersachen**,
  - **Rechnungsprüfungsverfahren in Steuersachen,**
  - **gerichtlichen Verfahren in Steuersachen,**
  - **Strafverfahren wegen einer Steuerstraftat oder**
  - **Bußgeldverfahren wegen einer Steuerordnungswidrigkeit**

  (§ 29c Abs. 1 Satz 1 Nr. 1 AO).

- Es liegen die gesetzlichen Voraussetzungen vor, die nach § 30 Abs. 4 oder 5 AO eine **Offenbarung der Daten** zulassen würden, oder es ist zu prüfen, ob diese Voraussetzungen vorliegen (§ 29c Abs. 1 Satz 1 Nr. 2 AO).

- Die Weiterverarbeitung ist für die **Wahrnehmung von Aufsichts-, Steuerungs- und Disziplinarbefugnissen der Finanzbehörde** erforderlich (§ 29c Abs. 1 Satz 1 Nr. 6 1. Alt. AO). Hierbei dürfen die Daten nur durch Personen verarbeitet werden, die nach § 30 AO zur Wahrung des Steuergeheimnisses verpflichtet sind (§ 29c Abs. 1 Satz 3 AO). Eine Weiterverarbeitung für die **Wahrnehmung von Disziplinarbefugnissen anderer Behörden** ist unter den Voraussetzungen des § 29c Abs. 1 Satz 1 Nr. 2 AO i. V. m. § 30 Abs. 4 Nr. 5 AO zulässig.

- Die Veränderung oder Nutzung personenbezogener Daten ist zu **Ausbildungs- und Prüfungszwecken** durch die Finanzbehörde erforderlich und überwiegende schutzwürdige Interessen der betroffenen Person stehen dem nicht entgegen (§ 29c Abs. 1 Satz 1 Nr. 6 2. Alt. AO). Hierbei dürfen die Daten nur durch Personen verarbeitet werden, die nach § 30 AO zur Wahrung des Steuergeheimnisses verpflichtet sind (§ 29c Abs. 1 Satz 3 AO).

26 Eine **Weiterverarbeitung** i. S. d. § 29c Abs. 1 AO liegt auch dann vor, wenn sie **durch denselben Amtsträger** erfolgt, der die ursprüngliche Verarbeitung i. S. d. § 29b AO ausgeführt hat (z. B. Daten aus der ESt-Veranlagung werden durch denselben Amtsträger i. R. d. USt-Festsetzung verwendet). Sofern die Daten darüber hinaus einem Dritten offenbart werden sollen, muss eine Befugnis i. S. d. § 30 Abs. 4 oder 5 AO gegeben sein.

27 Die **Weiterverarbeitung sensibler Daten** ist unter den Voraussetzungen des § 29c Abs. 2 AO zulässig.

III. Steuergeheimnis - § 30 AO

28 Auf die Regelungen im AEAO zu § 30 (vgl. BMF-Schreiben vom 12. Januar 2018 - IV A 3 - S 0062/18/10001-) wird verwiesen.

IV. Rechte der betroffenen Person - Art. 12 bis 22 DSGVO, §§ 32a bis 32f AO

29 Die von der Datenverarbeitung betroffenen Personen haben nach Art. 12 bis 22 DSGVO verschiedene Rechte, bzw. den Verantwortlichen obliegen hiernach gegenüber den betroffenen Personen bestimmte Pflichten. Der nationale Gesetzgeber hat im Anwendungsbereich der AO von der ihm eingeräumten Regelungsbefugnis Gebrauch gemacht und die Betroffenenrechte modifiziert. Die Betroffenenrechte werden ergänzend zur DSGVO durch §§ 32a bis 32f AO eingeschränkt.

1. Transparente Information, Kommunikation und Modalitäten für die Ausübung der Rechte der betroffenen Person - Art. 12 DSGVO, § 32d AO

30 Die verantwortliche Finanzbehörde muss nach Art. 12 Abs. 1 Satz 1 DSGVO der betroffenen Person alle Informationen gem. den Art. 13 und 14 DSGVO und alle Mitteilungen gem. den Art. 15 bis 22 und Art. 34 DSGVO, die sich auf die Verarbeitung beziehen, **in präziser, transparenter, verständlicher und leicht zugänglicher Form in einer klaren und einfachen Sprache** übermitteln.

31 Die **Übermittlung der Informationen** erfolgt nach Art. 12 Abs. 1 Satz 2 DSGVO **schriftlich** oder in anderer Form, ggf. auch **elektronisch**. Bei der elektronischen Übermittlung personenbezogener Daten ist § 87a Abs. 7 oder 8 AO entsprechend anzuwenden (§ 32d Abs. 3 AO).

32 Soweit der Erteilung der Information oder Auskunft keine Rechtsgründe entgegenstehen, bestimmt die Finanzbehörde die Form der Informations- oder Auskunftserteilung gem. § 32d AO grundsätzlich nach pflichtgemäßem Ermessen. Wenn sie es für zweckmäßig hält, kann die Information oder Auskunft auch im Wege der Akteneinsicht erteilt werden.

33 Hat die betroffene Person einen Bevollmächtigten i. S. d. § 80 Abs. 1 AO bestellt, soll die Information bzw. die Auskunft dem Bevollmächtigten erteilt werden, sofern keine Anhaltspunkte für einen abweichenden Willen der betroffenen Person zu erkennen sind. Von einem abweichenden Willen der betroffenen Person ist z. B. auszugehen, wenn sie persönlich einen Auskunftsantrag nach Art. 15 DSGVO gestellt hat.

34 Die verantwortliche Finanzbehörde muss der betroffenen Person nach Art. 12 Abs. 3 Satz 1 DSGVO **Informationen** über die auf Antrag gem. den Art. 15 bis 22 DSGVO ergriffenen Maßnahmen **unverzüglich, in jedem Fall aber innerhalb eines Monats nach Eingang des Antrags** zur Verfügung stellen.

35 Kann diese **Frist** wegen der Komplexität und der Anzahl der Anträge nicht eingehalten werden, sind die Informationen innerhalb von zwei weiteren Monaten zur Verfügung zu stellen (Art. 12 Abs. 3 Satz 2 DSGVO). Die betroffene Person ist hierüber innerhalb eines Monats nach Eingang des Antrags, zusammen mit den Gründen für die Verzögerung, zu unterrichten (Art. 12 Abs. 3 Satz 3 DSGVO).

36 Wird die verantwortliche Finanzbehörde auf den Antrag der betroffenen Person hin nicht tätig, muss sie die betroffene Person ohne Verzögerung, spätestens aber innerhalb eines Monats nach Eingang des Antrags über die Gründe hierfür und über die Möglichkeit unterrichten, Beschwerde bei der Datenschutzaufsichtsbehörde (vgl. Art. 77 DSGVO) oder einen gerichtlichen Rechtsbehelf (vgl. Art. 79 DSGVO) einzulegen (Art. 12 Abs. 4 DSGVO).

37 Informationen gem. Art. 13 und 14 DSGVO sowie alle Mitteilungen und Maßnahmen gem. Art. 15 bis 22 und Art. 34 DSGVO werden grundsätzlich unentgeltlich zur Verfügung gestellt (Art. 12 Abs. 5 Satz 1 DSGVO).

38 Bei **offenkundig unbegründeten oder** - insbesondere im Fall von häufiger Wiederholung - **exzessiven Anträgen** einer betroffenen Person kann die verantwortliche Finanzbehörde nach Art. 12 Abs. 5 Satz 2 Buchst. b DSGVO sich weigern, aufgrund des Antrags tätig zu werden. Die verantwortliche Finanzbehörde hat den Nachweis für den offenkundig unbegründeten oder exzessiven Charakter des Antrags zu erbringen (Art. 12 Abs. 5 Satz 3 DSGVO).

2. Informationspflicht bei Erhebung von personenbezogenen Daten

39 Nach Art. 13 und 14 DSGVO obliegen der verantwortlichen Finanzbehörde Informationspflichten gegenüber der betroffenen Person, wenn sie personenbezogene Daten zu dieser Person **erhebt** oder beabsichtigt, diese **weiterzuverarbeiten**. Siehe dazu auch die Übersicht in Anlage 1.

a) Bei der betroffenen Person erhobene personenbezogene Daten - Art. 13 DSGVO, § 32a AO

aa) Informationspflicht von Amts wegen

40 Im Fall der Erhebung personenbezogener Daten bei der betroffenen Person muss die verantwortliche Finanzbehörde nach Art. 13 Abs. 1 und 2 DSGVO der betroffenen Person die in diesen Regelungen genannten Daten und Informationen spätestens im Zeitpunkt der Erhebung **von Amts wegen mitteilen**.

41 Mitzuteilen sind hiernach insbesondere:

- der Name und die Kontaktdaten der verantwortlichen Finanzbehörde sowie ggf. ihres Vertreters oder ihres Datenschutzbeauftragten;
- die Zwecke, für die die personenbezogenen Daten verarbeitet werden sollen (vgl. Rn. 25);
- die Rechtsgrundlage für die Verarbeitung;
- ggf. die Empfänger oder Kategorien von Empfängern der personenbezogenen Daten;
- die Dauer, für die die personenbezogenen Daten gespeichert werden oder, falls dies nicht möglich ist, die Kriterien für die Festlegung dieser Dauer;
- das Bestehen eines Rechts auf Auskunft über die betreffenden personenbezogenen Daten sowie auf Berichtigung oder Löschung oder auf Einschränkung der Verarbeitung oder eines Widerspruchsrechts gegen die Verarbeitung;
- das Bestehen eines Beschwerderechts bei der oder dem Bundesbeauftragen für den Datenschutz und die Informationsfreiheit (BfDI);
- ggf. das Bestehen einer gesetzlichen Pflicht zur Bereitstellung der personenbezogenen Daten durch die betroffene Person;
- ggf. welche mögliche Folgen die Nichtbereitstellung hätte.

42 Beabsichtigt die verantwortliche Finanzbehörde, die personenbezogenen Daten für einen anderen Zweck weiterzuverarbeiten als den, für den die personenbezogenen Daten erhoben wurden, muss sie der betroffenen Person vor dieser **Weiterverarbeitung** von Amts wegen Informationen über diesen anderen Zweck und alle anderen maßgeblichen Informationen zur Verfügung stellen (Art. 13 Abs. 3 DSGVO).

43 Diese Informationspflichten (Rn. 40 bis 42) können soweit möglich auch in allgemeiner Form (beispielsweise durch ein allgemeines Informationsschreiben mit Hinweis auf ein - z. B. im Internet - veröffentlichtes Merkblatt) erfüllt werden (§ 32d Abs. 2 AO). Im Fall elektronischer Übermittlung der Information ist § 87a Abs. 7 oder 8 AO entsprechend anzuwenden (§ 32d Abs. 3 AO).

bb) Ausnahmen von der Informationspflicht

44 Die o. g. Informationspflichten gem. Art. 13 Abs. 1 bis 3 DSGVO bestehen nach Art. 13 Abs. 4 DSGVO nicht, wenn und soweit die betroffene Person bereits über die Informationen verfügt. Hiervon ist auszugehen, soweit ein allgemeines Informations-schreiben

gem. § 32d Abs. 2 AO mit Hinweis auf ein - z. B. im Internet - veröffentlichtes Merkblatt übermittelt worden ist.

45 Darüber hinaus besteht die Informationspflicht bei beabsichtigter Weiterverarbeitung (vgl. Art. 13 Abs. 3 DSGVO) nach Art. 23 Abs. 1 DSGVO i. V. m. § 32a Abs. 1 AO **in folgenden Fällen nicht:**

46 - die Erteilung der Information würde die ordnungsgemäße Erfüllung der in der Zuständigkeit der Finanzbehörden liegenden Aufgaben gefährden (vgl. Rn. 50 und 51) und die Interessen der Finanzbehörden an der Nichterteilung der Information überwiegen die Interessen der betroffenen Person (§ 32a Abs 1 Nr. 1 i. V. m. Abs. 2 AO),

47 - die Erteilung der Information würde die öffentliche Sicherheit oder Ordnung gefährden oder sonst dem Wohl des Bundes oder eines Landes Nachteile bereiten und die Interessen der Finanzbehörde an der Nichterteilung der Information überwiegen die Interessen der betroffenen Person (§ 32a Abs. 1 Nr. 2 AO),

48 - die Erteilung der Information würde den Rechtsträger der Finanzbehörde (d. h. Bund, Land oder Gemeinde) in der Geltendmachung, Ausübung oder Verteidigung zivilrechtlicher Ansprüche oder in der Verteidigung gegen ihn geltend gemachter zivilrechtlicher Ansprüche (z. B. Amtshaftungsansprüche, Schadenersatzansprüche, Insolvenzanfechtungsansprüche) beeinträchtigen (§ 32a Abs. 1 Nr. 3 AO); diese Ausnahme gilt allerdings nicht, wenn die Finanzbehörde nach dem Zivilrecht zur Information verpflichtet ist, oder

49 - die Erteilung der Information würde eine vertrauliche Offenbarung geschützter Daten gegenüber öffentlichen Stellen gefährden (§ 32a Abs. 1 Nr. 4 AO). Beispiele:

- Mitteilungen zur Bekämpfung der illegalen Beschäftigung und des Leistungsmissbrauchs (§ 31a AO),
- Mitteilungen zur Bekämpfung der Geldwäsche und der Terrorismusfinanzierung (§ 31b AO) und
- Mitteilungen an Strafverfolgungsbehörden.

50 Die ordnungsgemäße Erfüllung der in der Zuständigkeit der Finanzbehörden liegenden Aufgaben wird nach § 32a Abs. 2 Nr. 1 AO insbesondere gefährdet, wenn die Erteilung der Information den Betroffenen oder Dritte in die Lage versetzen könnte,

a) steuerlich bedeutsame Sachverhalte zu verschleiern,

b) steuerlich bedeutsame Spuren zu verwischen oder

c) Art und Umfang der Erfüllung steuerlicher Mitwirkungspflichten auf den Kenntnisstand der Finanzbehörden einzustellen,

und damit die Aufdeckung steuerlich bedeutsamer Sachverhalte wesentlich erschwert würde.

Beispiele:

- Mitteilungen an die Steuerfahndung,

- Mitteilungen an die für Steuerstrafverfahren und Steuerordnungswidrigkeitenverfahren zuständigen Stellen,
- Kontrollmitteilungen,
- Verwendung von Informationen (Bankverbindung, Vermögen usw.) für die Vollstreckung anderer Steuern derselben betroffenen Person.

51 Die ordnungsgemäße Erfüllung der in der Zuständigkeit der Finanzbehörden liegenden Aufgaben wird nach § 32a Abs. 2 Nr. 2 AO insbesondere auch dann gefährdet, wenn die Erteilung der Information Rückschlüsse auf die Ausgestaltung automationsgestützter Risikomanagementsysteme oder auf geplante Kontroll- oder Prüfungsmaßnahmen zulassen und damit die Aufdeckung steuerlich bedeutsamer Sachverhalte wesentlich erschwert würde.

52 **Unterbleibt eine Information** der betroffenen Person nach § 32a Abs. 1 Nr. 1 bis 4 AO, muss die verantwortliche Finanzbehörde nach § 32a Abs. 3 AO **geeignete Maßnahmen** zum Schutz der berechtigten Interessen der betroffenen Person (Recht auf Information) treffen (z. B. Wiedervorlage und erneute Prüfung bei einem nur vorübergehenden Hinderungsgrund). Die Gründe für die Entscheidung, die betroffene Person nicht zu informieren, sind zu dokumentieren.

53 Im Fall eines vorübergehenden Hinderungsgrundes muss die verantwortliche Finanzbehörde der Informationspflicht unter Berücksichtigung der spezifischen Umstände der Verarbeitung innerhalb einer angemessenen Frist nach Fortfall des Hinderungsgrundes (z. B. Durchführung der Vollstreckungsmaßnahme) nachkommen, spätestens jedoch innerhalb von zwei Wochen (§ 32a Abs. 4 AO).

54 Bezieht sich die Informationserteilung auf die Übermittlung personenbezogener Daten durch Finanzbehörden an Verfassungsschutzbehörden, den Bundesnachrichtendienst, den Militärischen Abschirmdienst und, soweit die Sicherheit des Bundes berührt wird, andere Behörden des Bundesministeriums der Verteidigung, ist sie nach § 32a Abs. 5 AO nur mit Zustimmung dieser Stellen zulässig.

b) Bei Dritten erhobene personenbezogene Daten - Art. 14 DSGVO, § 32b AO

aa) Informationspflicht von Amts wegen

55 Im Fall der Erhebung personenbezogener Daten bei Dritten muss die verantwortliche **Finanzbehörde** nach Art. 14 Abs. 1 und 2 DSGVO der betroffenen Person die in diesen Regelungen genannten Daten und **Informationen von Amts wegen mitteilen**.

56 Ergänzend zu den nach Art. 13 DSGVO mitzuteilenden Daten und Informationen (vgl. Rn. 40 ff.) müssen der betroffenen Person hiernach **insbesondere** auch **folgende Daten und Informationen** mitgeteilt werden:

- die Kategorien personenbezogener Daten,
- aus welcher Quelle die personenbezogenen Daten stammen und
- ggf. ob sie aus öffentlich zugänglichen Quellen stammen.

57 Die verantwortliche Finanzbehörde muss die vorgenannten Informationen grundsätzlich innerhalb einer angemessenen Frist nach Erlangung der personenbezogenen Daten, spätestens jedoch **innerhalb eines Monats** mitteilen (Art. 14 Abs. 3 Buchst. a DSGVO). Falls die personenbezogenen Daten zur Kommunikation mit der betroffenen

Person verwendet werden sollen, müssen die vorgenannten Informationen spätestens zum Zeitpunkt der ersten Mitteilung an sie mitgeteilt werden (Art. 14 Abs. 3 Buchst. b DSGVO). Falls die Offenlegung an einen anderen Empfänger beabsichtigt ist, müssen die vorgenannten Informationen spätestens zum Zeitpunkt der ersten Offenlegung mitgeteilt werden (Art. 14 Abs. 3 Buchst. c DSGVO).

58 Im Fall elektronischer Übermittlung der Information ist § 87a Abs. 7 oder 8 AO entsprechend anzuwenden (§ 32d Abs. 3 AO).

59 Beabsichtigt die verantwortliche Finanzbehörde, die personenbezogenen Daten für einen anderen Zweck weiterzuverarbeiten als den, für den die personenbezogenen Daten erhoben wurden, muss sie der betroffenen Person vor dieser **Weiterverarbeitung** von Amts wegen Informationen über diesen anderen Zweck und alle anderen maßgeblichen Informationen zur Verfügung stellen (Art. 14 Abs. 4 DSGVO).

bb) Ausnahmen von der Informationspflicht

60 Die o. g. Informationspflichten gem. Art. 14 Abs. 1 bis 4 DSGVO bestehen nach Art. 14 Abs. 5 DSGVO nicht, wenn und soweit

a) die betroffene Person bereits über die Informationen verfügt (hiervon ist auszugehen, soweit ein allgemeines Informationsschreiben gem. § 32d Abs. 2 AO mit Hinweis auf ein - z. B. im Internet - veröffentlichtes Merkblatt übermittelt worden ist);

b) die Erteilung dieser Informationen sich als unmöglich erweist oder einen unverhältnismäßigen Aufwand erfordern würde (vgl. dazu im Einzelnen Art. 14 Abs. 5 Buchst. b DSGVO);

c) die Erlangung der Information durch die Finanzbehörde oder die Offenlegung der Information gegenüber Dritten durch Rechtsvorschriften der Union oder der Mitgliedstaaten ausdrücklich geregelt ist (z. B. § 22a EStG i. V. m. § 93c AO) oder

d) die personenbezogenen Daten gemäß dem Unionsrecht oder dem Recht der Mitgliedstaaten dem Berufsgeheimnis, einschließlich einer satzungsmäßigen Geheimhaltungspflicht, unterliegen und daher vertraulich behandelt werden müssen.

61 Darüber hinaus besteht nach Art. 23 Abs. 1 DSGVO i. V. m. § 32b Abs. 1 AO in folgenden Fällen keine Informationspflicht:

- soweit die Erteilung der Information

  a) die ordnungsgemäße Erfüllung der in der Zuständigkeit der Finanzbehörden (vgl. dazu § 32a Abs. 2 AO sowie Rn. 50 und 51) oder anderer öffentlicher Stellen liegenden Aufgaben i. S. d. Art. 23 Abs. 1 Buchst. d bis h DSGVO gefährden würde oder

  b) die öffentliche Sicherheit oder Ordnung gefährden oder sonst dem Wohl des Bundes oder eines Landes Nachteile bereiten würde

  oder

- wenn die Daten, ihre Herkunft, ihre Empfänger oder die Tatsache ihrer Verarbeitung nach § 30 AO oder einer anderen Rechtsvorschrift oder ihrem Wesen nach, insbesondere wegen überwiegender berechtigter Interessen eines Dritten i. S. d. Art. 23 Abs. 1 Buchst. i DSGVO, geheim gehalten werden müssen

und deswegen das Interesse der betroffenen Person an der Informationserteilung zurücktreten muss.

62 Bezieht sich die Informationserteilung auf die Übermittlung personenbezogener Daten durch Finanzbehörden an Verfassungsschutzbehörden, den Bundesnachrichtendienst, den Militärischen Abschirmdienst und, soweit die Sicherheit des Bundes berührt wird, andere Behörden des Bundesministeriums der Verteidigung, ist sie nur mit Zustimmung dieser Stellen zulässig (§ 32b Abs. 2 AO).

63 Unterbleibt eine Information der betroffenen Person nach § 32b Abs. 1 Nr. 1 und 2 AO, gelten die Regelungen in Rn. 52 entsprechend.

3. Auskunftsrecht der betroffenen Person - Art. 15 DSGVO, § 32c AO

a) Auskunftspflicht auf Antrag

64 Die **betroffene Person hat das Recht**, von der verantwortlichen Finanzbehörde eine Bestätigung darüber zu verlangen, ob sie betreffende personenbezogene Daten von der Finanzbehörde verarbeitet werden; ist dies der Fall, hat sie ein Recht auf Aus-kunft über diese personenbezogenen Daten und auf die in Art. 15 Abs. 1 Buchst. a bis h DSGVO genannten Informationen (**Auskunft auf Antrag**). Der Antrag kann formlos gestellt werden und bedarf keiner Begründung (zur Benennung der Daten, über die Auskunft erteilt werden soll, vgl. Rn. 69). Der Insolvenzverwalter ist hinsichtlich der Steuerdaten des Insolvenzschuldners nicht „betroffene Person" im Sinne des Art. 4 Nr. 1, Art. 15 Abs. 1 DSGVO, weil der Auskunftsanspruch des Insolvenzschuldners aus Art. 15 DSGVO nicht gemäß § 80 Abs. 1 InsO in die Verwaltungs- und Verfügungsbefugnis des Insolvenzverwalters übergeht (BVerwG-Urteil vom 16. September 2020, 6 C 10/19, BFH/NV 2021 S. 287).

65 Soweit sich aus dem Antrag nicht etwas anderes ergibt, sind der betroffenen Person neben den verarbeiteten personenbezogenen Daten **insbesondere folgende Informationen mitzuteilen:**

- die Zwecke der Verarbeitung (vgl. Rn. 25);
- die Empfänger, gegenüber denen die personenbezogenen Daten offengelegt worden sind oder noch offengelegt werden, insbesondere Empfänger in Drittländern oder internationale Organisationen;
- falls möglich die geplante Dauer, für die die personenbezogenen Daten gespeichert werden, oder, falls dies nicht möglich ist, die Kriterien für die Festlegung dieser Dauer (vgl. hierzu § 17 BuchO i. V. m. AufbewBest-FV).

66 Die verantwortliche Finanzbehörde muss der betroffenen Person eine **Zusammenstellung der personenbezogenen Daten**, die Gegenstand der Verarbeitung sind, unentgeltlich **zur Verfügung stellen** (Art. 15 Abs. 3 Satz 1 DSGVO). Die Rechte Dritter - insbesondere auf Wahrung des Steuergeheimnisses - sind hierbei zu schützen (Art. 15 Abs. 4 DSGVO).

Die Pflicht nach Art. 15 Abs. 3 Satz 1 DSGVO ist nicht mit einem allgemeinen Akteneinsichtsrecht gleichzusetzen. Ein grundsätzlicher Anspruch auf Akteneinsicht besteht im Verwaltungsverfahren in Steuersachen nach der AO nicht. Hält die Finanzbehörde es für zweckmäßig, kann sie eine Auskunft im Wege der Akteneinsicht erteilen (§ 32d Abs. 1 AO, vgl. Rn. 32).

§ 78 FGO, wonach die Beteiligten im finanzgerichtlichen Verfahren das Recht haben, die dem Gericht vorgelegten Akten einzusehen, bleibt unberührt. Zu diesen Akten gehören die den Streitfall betreffenden Akten, die die Finanzbehörde nach Empfang der Klageschrift an das Gericht zu übermitteln hat (§ 71 Abs. 2 FGO).

67 Stellt die betroffene Person den Auskunftsantrag elektronisch, sind die Informationen in einem gängigen elektronischen Format zur Verfügung zu stellen, sofern sie nichts anderes angibt (Art. 15 Abs. 3 Satz 3 DSGVO). Hierbei ist § 87a Abs. 7 oder 8 AO entsprechend anzuwenden (§ 32d Abs. 3 AO).

b) Ausnahmen von der Auskunftspflicht

68 Der nationale Gesetzgeber hat Ausnahmen von diesem Auskunftsrecht festgelegt. Nach Art. 23 Abs. 1 DSGVO i. V. m. § 32c Abs. 1 AO besteht insbesondere **kein Auskunftsrecht der betroffenen Person, soweit**

- die betroffene Person nach § 32b Abs. 1 Nr. 1 oder 2 oder Abs. 2 AO nicht zu informieren ist (vgl. dazu im Einzelnen Rn. 61 f.),

- die Auskunftserteilung den Rechtsträger der Finanzbehörde in der Geltendmachung, Ausübung oder Verteidigung zivilrechtlicher Ansprüche oder in der Verteidigung gegen ihn geltend gemachter zivilrechtlicher Ansprüche i. S. d. Art. 23 Abs. 1 Buchst. j DSGVO beeinträchtigen würde; Auskunftspflichten der Finanzbehörde nach dem Zivilrecht bleiben hiervon allerdings unberührt (vgl. Rn. 48),

- die personenbezogenen Daten ausschließlich Zwecken der Datensicherung oder der Datenschutzkontrolle dienen (vgl. z. B. § 6 StDAV) und die Auskunftserteilung einen unverhältnismäßigen Aufwand erfordern würde und eine Verarbeitung zu anderen Zwecken durch geeignete technische und organisatorische Maßnahmen ausgeschlossen ist.

69 Pauschal gestellte Auskunftsanträge müssen im Regelfall durch die betroffene Person präzisiert werden. Denn die betroffene Person soll in dem Auskunftsantrag die Art der personenbezogenen Daten, über die Auskunft erteilt werden soll, näher bezeichnen (§ 32c Abs. 2 AO i. V. m. Erwägungsgrund 63 Satz 7 der DSGVO). Ein präzisierter Auskunftsantrag ist erforderlich, weil die Finanzbehörde zu einer betroffenen Person in der Regel eine große Menge personenbezogener Daten verarbeitet. Macht die betroffene Person auch auf Nachfrage keine sachdienlichen Angaben, kann ein Fall des Art. 12 Abs. 5 Satz 2 DSGVO vorliegen (vgl. Rn. 38).

70 Die **Ablehnung der Auskunftserteilung ist** gegenüber der betroffenen Person **zu begründen**. Eine Begründung unterbleibt, soweit der mit der Auskunftsablehnung verfolgte Zweck gefährdet würde (§ 32c Abs. 4 Satz 1 AO).

71 Die zum Zweck der Auskunftserteilung an die betroffene Person und zu deren Vorbereitung gespeicherten Daten dürfen nur für diesen Zweck sowie für Zwecke der Datenschutzkontrolle verarbeitet werden; für andere Zwecke ist die Verarbeitung nach Maßgabe des Art. 18 DSGVO einzuschränken (§ 32c Abs. 4 Satz 2 AO; vgl. Rn. 83 f.).

72 Soweit eine Finanzbehörde die Erteilung einer **Auskunft** ablehnt, ist die Auskunft **auf Verlangen** der betroffenen Person grundsätzlich der oder dem **BfDI zu erteilen**. Dies gilt nicht, soweit die jeweils zuständige oberste Finanzbehörde im Einzelfall feststellt,

dass dadurch die Sicherheit des Bundes oder eines Landes gefährdet würde (§ 32c Abs. 5 Satz 1 AO).

73 Die Mitteilung der oder des BfDI an die betroffene Person über das **Ergebnis der datenschutzrechtlichen Prüfung** der Auskunftsverweigerung **darf keine Rückschlüsse** auf den Erkenntnisstand der Finanzbehörde **zulassen**, sofern diese nicht einer weitergehenden Auskunft zustimmt (§ 32c Abs. 5 Satz 2 AO).

4. Auskunfts- und Informationsrechte nach dem Informationsfreiheitsgesetz (IFG) oder entsprechenden Landesgesetzen - § 32e AO

74 Soweit die betroffene Person oder ein Dritter nach dem IFG oder nach entsprechenden Gesetzen der Länder gegenüber der Finanzbehörde einen Anspruch auf Zugang zu geschützten Daten i. S. d. § 30 Abs. 2 AO hat, gelten Art. 12 bis 15 DSGVO i. V. m. mit den §§ 32a bis 32d AO entsprechend (§ 32e Satz 1 AO). Weitergehende Informationsansprüche über geschützte Daten sind insoweit ausgeschlossen. Damit soll sichergestellt werden, dass anderweitige Informationszugangsansprüche insoweit nicht weitergehen als die Rechte der betroffenen Personen nach der DSGVO und der AO. Zum Rechtsweg siehe Rn. 106.

5. Recht auf Berichtigung - Art. 16 DSGVO, § 32f Abs. 1 AO

75 Nach Art. 16 DSGVO hat die **betroffene Person das Recht**, von der verantwortlichen Finanzbehörde unverzüglich die **Berichtigung** sie betreffender unrichtiger personenbezogener Daten **zu verlangen**. Unter Berücksichtigung der Zwecke der Verarbeitung hat die betroffene Person außerdem das Recht, die Vervollständigung unvollständiger personenbezogener Daten - auch mittels einer ergänzenden Erklärung - zu verlangen.

76 Bestreitet die betroffene Person die Richtigkeit sie betreffender personenbezogener Daten und lässt sich weder die Richtigkeit noch die Unrichtigkeit der Daten feststellen, bewirkt dies nach § 32f Abs. 1 AO **keine Einschränkung der Verarbeitung** (vgl. Art. 4 Nr. 3 DSGVO), **soweit die Daten einem Verwaltungsakt zugrunde liegen**, der nicht mehr aufgehoben, geändert oder berichtigt werden kann. Die ungeklärte Sach-lage ist in diesem Fall allerdings **in geeigneter Weise festzuhalten (z. B. schriftlicher oder elektronischer Aktenvermerk)**. Die bestrittenen Daten dürfen nur mit einem Hinweis hierauf verarbeitet werden.

6. Recht auf Löschung - Art. 17 DSGVO, § 32f Abs. 2 AO

77 Die **betroffene Person hat das Recht**, von der verantwortlichen Finanzbehörde zu verlangen, dass sie betreffende personenbezogene **Daten** unverzüglich **gelöscht werden**, und der Verantwortliche ist dann verpflichtet, personenbezogene Daten unverzüglich zu löschen, sofern einer der in Art. 17 Abs. 1 Buchst. a bis f DSGVO genannten Gründe zutrifft. In Betracht kommen insbesondere folgende **Gründe**:

- Die personenbezogenen Daten sind für die Zwecke, für die sie erhoben oder auf sonstige Weise verarbeitet wurden, nicht mehr notwendig. Anhaltspunkte für die Dauer der Notwendigkeit der Datenspeicherung ergeben sich aus § 17 BuchO i. V. m. AufbewBest-FV.

- Die betroffene Person legt gem. Art. 21 Abs. 1 DSGVO Widerspruch gegen die Verarbeitung ein und es liegen keine vorrangigen berechtigten Gründe für die Verarbeitung vor (vgl. Rn. 88).

- Die personenbezogenen Daten wurden unrechtmäßig verarbeitet.

78 **Das Recht** der betroffenen Person, die **Löschung** personenbezogener Daten verlangen zu dürfen, und die damit verbundene Pflicht der verantwortlichen Finanzbehörde zur Löschung nach Art. 17 Abs. 1 DSGVO gelten nach Art. 17 Abs. 3 DSGVO allerdings **insbesondere nicht, soweit** die Verarbeitung erforderlich ist

- zur Erfüllung einer rechtlichen Verpflichtung, die die Verarbeitung nach dem Recht der Union oder der Mitgliedstaaten durch die verantwortliche Finanzbehörde erfordert,

- zur Wahrnehmung einer Aufgabe, die im öffentlichen Interesse liegt oder in Ausübung öffentlicher Gewalt erfolgt, die der verantwortlichen Finanzbehörde übertragen wurde, oder

- zur Geltendmachung, Ausübung oder Verteidigung von Rechtsansprüchen.

79 Sind die personenbezogenen Daten für die Zwecke, für die sie erhoben oder auf sonstige Weise verarbeitet wurden, nicht mehr notwendig, oder wurden sie unrecht-mäßig verarbeitet, ist **anstelle ihrer Löschung die Verarbeitung einzuschränken**,

a) soweit die Daten einem Verwaltungsakt zugrunde liegen, der nicht mehr aufgehoben, geändert oder berichtigt werden kann, und

b) die Finanzbehörde Grund zu der Annahme hat, dass durch eine Löschung schutzwürdige Interessen der betroffenen Person beeinträchtigt würden

(§ 32f Abs. 3 Satz 1 AO). Dies ist in geeigneter Weise festzuhalten **(z. B. schriftlicher oder elektronischer Aktenvermerk)**. Die **Finanzbehörde unterrichtet** außerdem **die betroffene Person** über die Einschränkung der Verarbeitung, sofern sich die Unterrichtung nicht als unmöglich erweist oder einen unverhältnismäßigen Aufwand erfordern würde.

80 Im Fall nicht automatisierter Datenverarbeitung besteht das Recht der betroffenen Person auf und die Pflicht der Finanzbehörde zur Löschung personenbezogener Daten nicht, wenn eine Löschung wegen der besonderen Art der Speicherung nicht oder nur mit unverhältnismäßig hohem Aufwand möglich (z. B. Verfilmung) und das Interesse der betroffenen Person an der Löschung als gering anzusehen ist (§ 32f Abs. 2 Satz 1 AO). In diesem Fall tritt an die Stelle einer Löschung die Einschränkung der Verarbeitung gem. Art. 18 DSGVO (§ 32f Abs. 2 Satz 2 AO). Die Sätze 1 und 2 gelten nach § 32f Abs. 2 Satz 3 AO allerdings nicht, wenn die personenbezogenen Daten unrechtmäßig verarbeitet wurden.

7. Recht auf Einschränkung der Verarbeitung - Art. 18 DSGVO

81 Die betroffene Person hat nach Art. 18 Abs. 1 DSGVO das Recht, von der verantwortlichen Finanzbehörde die Einschränkung der Verarbeitung zu verlangen, wenn eine der in Art. 18 Abs. 1 Buchst. a bis d DSGVO genannten Voraussetzungen gegeben ist. Die Einschränkung der Verarbeitung bedeutet die Markierung gespeicherter personenbezogener Daten mit dem Ziel, ihre künftige Verarbeitung einzuschränken (Art. 4 Nr. 3 DSGVO).

82 Eine Einschränkung der Verarbeitung kommt nach Art. 18 Abs. 1 DSGVO insbesondere in Betracht, wenn

a) die Richtigkeit der personenbezogenen Daten von der betroffenen Person bestritten wird (vgl. Rn. 75), und zwar für eine Dauer, die es der verantwortlichen Finanzbehörde ermöglicht, die Richtigkeit der personenbezogenen Daten zu überprüfen,

b) die Verarbeitung unrechtmäßig ist und die betroffene Person die Löschung der personenbezogenen Daten nach Art. 17 DSGVO ablehnt und stattdessen die Einschränkung der Nutzung der personenbezogenen Daten verlangt,

c) die verantwortliche Finanzbehörde die personenbezogenen Daten für die Zwecke der Verarbeitung nicht länger benötigt, die betroffene Person sie jedoch zur Geltendmachung, Ausübung oder Verteidigung von Rechtsansprüchen benötigt, oder

d) die betroffene Person Widerspruch gegen die Verarbeitung gem. Art. 21 Abs. 1 DSGVO eingelegt hat, solange noch nicht feststeht, ob die berechtigten Gründe der verantwortlichen Finanzbehörde gegenüber denen der betroffenen Person überwiegen.

83 Wurde die Verarbeitung personenbezogener Daten gem. Art. 18 Abs. 1 DSGVO eingeschränkt, dürfen diese Daten - von ihrer Speicherung abgesehen - nach Art. 18 Abs. 2 DSGVO nur

- zur Geltendmachung, Ausübung oder Verteidigung von Rechtsansprüchen oder zum Schutz der Rechte einer anderen natürlichen oder juristischen Person oder
- aus Gründen eines wichtigen öffentlichen Interesses der Union oder eines Mitgliedstaats

verarbeitet werden. Ein wichtiges öffentliches Interesse in diesem Sinne ist die gesetzmäßige und gleichmäßige Besteuerung (vgl. Art. 23 Abs. 1 Buchst. e DSGVO).

84 Die betroffene Person, die eine Einschränkung der Verarbeitung gem. Art. 18 Abs. 1 DSGVO erwirkt hat, wird von der verantwortlichen Finanzbehörde unterrichtet, bevor die Einschränkung der Verarbeitung aufgehoben wird (Art. 18 Abs. 3 DSGVO).

8. Mitteilungspflicht der verantwortlichen Finanzbehörde im Zusammenhang mit der Berichtigung oder Löschung personenbezogener Daten oder der Einschränkung der Verarbeitung - Art. 19 DSGVO

85 Die verantwortliche **Finanzbehörde muss** nach Art. 19 DSGVO allen Empfängern, denen personenbezogene Daten offengelegt wurden, **jede auf Verlangen der betroffenen Person nach Art. 16, Art. 17 Abs. 1 und Art. 18 DSGVO erfolgte Berichtigung oder Löschung** der personenbezogenen Daten oder Einschränkung ihrer Verarbeitung **mitteilen**, es sei denn, dies erweist sich als unmöglich oder ist mit einem unverhältnismäßigen Aufwand verbunden. Die verantwortliche Finanzbehörde muss die betroffene Person über diese Empfänger informieren, wenn die betroffene Person dies verlangt.

9. Recht auf Datenübertragbarkeit - Art. 20 DSGVO

86 Art. 20 DSGVO ist im Verwaltungsverfahren in Steuersachen nach der AO nicht anzuwenden, da die Verarbeitung personenbezogener Daten nicht auf Grundlage einer Einwilligung erfolgt (vgl. Erwägungsgrund 68 Satz 3 ff. der DSGVO).

10. Widerspruchsrecht - Art. 21 DSGVO, § 32f Abs. 5 AO

87 Die **betroffene Person** hat nach Art. 21 Abs. 1 Satz 1 DSGVO das Recht, aus Gründen, die sich aus ihrer besonderen Situation ergeben, **jederzeit gegen die Verarbeitung** sie betreffender personenbezogener Daten, die aufgrund von Art. 6 Abs. 1 Buchst. e oder f DSGVO erfolgt, **Widerspruch einzulegen**. Die betroffene Person muss spätestens zum Zeitpunkt der ersten Kommunikation mit ihr ausdrücklich auf das Widerspruchsrecht hingewiesen werden; dieser Hinweis hat in einer verständlichen und von anderen Informationen getrennten Form zu erfolgen (Art. 21 Abs. 4 DSGVO), beispielsweise durch Aufnahme in ein allgemeines Informationsschreiben gem. § 32d Abs. 2 AO mit Hinweis auf ein - z. B. im Internet - veröffentlichtes Merkblatt.

88 Die **verantwortliche Finanzbehörde verarbeitet** nach Eingang eines solchen Widerspruchs die personenbezogenen **Daten nicht mehr, es sei denn**, sie kann zwingende **schutzwürdige Gründe für die Verarbeitung nachweisen**, die die Interessen, Rechte und Freiheiten der betroffenen Person überwiegen, oder die Verarbeitung dient der Geltendmachung, Ausübung oder Verteidigung von Rechtsansprüchen (Art. 21 Abs. 1 Satz 2 DSGVO).

89 Das **Recht auf Widerspruch** gem. Art. 21 Abs. 1 DSGVO gegenüber einer Finanzbehörde besteht nach § 32f Abs. 5 AO außerdem **nicht, soweit**

- an der Verarbeitung ein **zwingendes öffentliches Interesse besteht**, das die Interessen der betroffenen Person überwiegt, oder
- eine Rechtsvorschrift zur Verarbeitung verpflichtet.

Ein zwingendes öffentliches Interesse liegt insbesondere in den Fällen des § 30 Abs. 4 Nr. 5 AO vor. Rechtsvorschriften, die zur Verarbeitung verpflichten, sind z. B. §§ 85, 88 AO, aber auch gesetzliche Regelungen, die die Finanzbehörde zur Offenbarung verpflichten (z. B. §§ 31a, 31b AO).

11. Automatisierte Entscheidungen im Einzelfall - Art. 22 DSGVO

90 Die betroffene Person hat nach Art. 22 Abs. 1 DSGVO das **Recht, nicht** einer ausschließlich auf **einer automatisierten** Verarbeitung beruhenden **Entscheidung unterworfen zu werden**, die ihr gegenüber rechtliche Wirkung entfaltet oder sie in ähnlicher Weise erheblich beeinträchtigt. Art. 22 Abs. 1 DSGVO gilt nach Art. 22 Abs. 2 DSGVO allerdings nicht, wenn die Entscheidung aufgrund von Rechtsvorschriften der Union oder der Mitgliedstaaten, denen die verantwortliche Finanzbehörde unterliegt, zulässig ist und diese Rechtsvorschriften angemessene Maßnahmen zur Wahrung der Rechte und Freiheiten sowie der berechtigten Interessen der betroffenen Person enthalten (vgl. § 155 Abs. 4 AO).

91 Nach Art. 22 Abs. 2 DSGVO zulässige, auf einer **automatisierten Verarbeitung** beruhende Entscheidungen dürfen auch auf der Verarbeitung **sensibler Daten** beruhen, sofern Art. 9 Abs. 2 Buchst. g DSGVO i. V. m. § 29b Abs. 2 AO gilt und angemessene Maßnahmen zum Schutz der Rechte und Freiheiten sowie der berechtigten Interessen der betroffenen Person getroffen wurden (Art. 22 Abs. 4 DSGVO i. V. m. § 155 Abs. 4 AO).

V. Datenschutzaufsicht

1. Datenschutzbeauftragte der Finanzbehörden - Art. 37 ff. DSGVO, § 32g AO, §§ 5 ff. BDSG

92 **Alle öffentlichen Stellen** die personenbezogene Daten verarbeiten - mit Ausnahme der Gerichte, soweit sie im Rahmen ihrer justiziellen Tätigkeit handeln - **müssen** nach Art. 37 Abs. 1 DSGVO einen **Datenschutzbeauftragten bestimmen**.

93 Nach § 32g AO sind für die Benennung, Stellung und Aufgaben des **Datenschutzbeauftragten der Finanzbehörden** im Anwendungsbereich der AO § 5 Abs. 2 bis 5 sowie §§ 6 und 7 des **BDSG entsprechend anzuwenden**.

94 In diesem Zusammenhang gilt u. a. das Folgende:

- Für mehrere Finanzbehörden kann unter Berücksichtigung ihrer Organisationsstruktur und ihrer Größe **ein gemeinsamer Datenschutzbeauftragter** benannt werden (§ 5 Abs. 2 BDSG).

- Der Datenschutzbeauftragte kann gem. Art. 37 Abs. 6 DSGVO Beschäftigter des Verantwortlichen bzw. des Auftragsverarbeiters sein oder seine Aufgaben auf der Grundlage eines Dienstleistungsvertrags erfüllen (§ 5 Abs. 4 BDSG).

- Der Verantwortliche oder der Auftragsverarbeiter hat die **Kontaktdaten des Datenschutzbeauftragten zu veröffentlichen** und diese der Datenschutzaufsichtsbehörde mitzuteilen (§ 5 Abs. 5 BDSG).

- Die Finanzbehörde hat sicherzustellen, dass der Datenschutzbeauftragte bei der Erfüllung seiner Aufgaben keine Anweisungen bezüglich der Ausübung dieser Aufgaben erhält (§ 6 Abs. 3 BDSG). Er handelt insoweit weisungsfrei.

2. Datenschutzaufsicht über Finanzbehörden - Art. 51 ff. DSGVO, § 32h Abs. 1 AO

95 Für die datenschutzrechtliche **Aufsicht über die Finanzbehörden** hinsichtlich der Verarbeitung personenbezogener Daten im **Anwendungsbereich der AO** ist die oder der **BfDI** nach § 8 BDSG zuständig. Die §§ 13 bis 16 des BDSG gelten entsprechend (§ 32h Abs. 1 AO).

3. Datenschutzaufsicht über andere öffentliche sowie nicht-öffentliche Stellen

96 Nach § 9 BDSG ist die oder der BfDI für die Aufsicht über die anderen öffentlichen Stellen des Bundes zuständig, auch soweit sie als öffentlich-rechtliche Unternehmen am Wettbewerb teilnehmen. Dies gilt auch für Auftragsverarbeiter, soweit sie nicht-öffentliche Stellen sind, bei denen dem Bund die Mehrheit der Anteile gehört oder die Mehrheit der Stimmen zusteht und der Auftraggeber eine öffentliche Stelle des Bundes ist.

97 Die Datenschutzaufsicht über andere öffentliche Stellen der Länder sowie nicht-öffentliche Stellen regeln die jeweiligen Landesdatenschutzgesetze. Dies gilt auch soweit diese anderen öffentlichen und nicht-öffentlichen Stellen gem. § 2a Abs. 1 Satz 1 AO die Vorschriften der AO und der Steuergesetze über die Verarbeitung personenbezogener Daten zu beachten haben.

4. Datenschutz-Folgenabschätzung - Art. 35 DSGVO, § 32h Abs. 2 AO

98 Die bisherige Vorabkontrolle wird durch die Datenschutz-Folgenabschätzung ersetzt. Die Datenschutz-Folgenabschätzung hat die Funktion, besonders gelagerte Datenverarbeitungsvorgänge bereits im Vorfeld auf mögliche Folgen hin zu untersuchen. Die Vorschriften sind Ausfluss des technischen und organisatorischen Datenschutzes. Sie richten sich nicht nur an die Verantwortlichen, sondern beziehen ebenso den Datenschutzbeauftragten und die Datenschutzaufsicht mit ein. Verantwortlicher ist insoweit nicht das örtlich zuständige Finanzamt, sondern die nach landesrechtlichen Bestimmungen für die datenschutzrechtliche Freigabe von automatisierten Datenverarbeitungsprogrammen zuständige Stelle.

99 Hat eine **Form der Verarbeitung**, insbesondere bei Verwendung neuer Technologien, aufgrund der Art, des Umfangs, der Umstände und der Zwecke der Verarbeitung voraussichtlich ein **hohes Risiko für die Rechte und Freiheiten** potentiell betroffener Personen zur Folge, so führt der **Verantwortliche** vorab eine **Abschätzung der Folgen** der vorgesehenen Verarbeitungsvorgänge für den Schutz personenbezogener Daten durch. Eine Datenschutz-Folgenabschätzung ist nach Art. 35 Abs. 3 Buchst. b DSGVO immer erforderlich, wenn eine umfangreiche Verarbeitung besonderer Kategorien von personenbezogenen Daten erfolgt.

100 Für die Untersuchung mehrerer ähnlicher Verarbeitungsvorgänge mit ähnlich hohen Risiken kann eine einzige Datenschutz-Folgenabschätzung vorgenommen werden (Art. 35 Abs. 1 DSGVO).

101 Der Verantwortliche holt bei der Durchführung einer Datenschutz-Folgenabschätzung gem. Art. 35 Abs. 2 DSGVO den **Rat des Datenschutzbeauftragten** ein.

102 Eine Pflicht zur Durchführung einer Datenschutz-Folgenabschätzung kann darüber hinaus durch die Datenschutzaufsichtsbehörde begründet werden. Diese kann besondere Verarbeitungsvorgänge in eine Liste aufnehmen, für die eine Datenschutz-Folgenabschätzung durchzuführen ist. Die Liste wird veröffentlicht.

103 Nach Art. 35 Abs. 7 DSGVO muss die **Datenschutz-Folgenabschätzung zumindest Folgendes enthalten:**

- eine systematische Beschreibung der geplanten Verarbeitungsvorgänge und der Zwecke der Verarbeitung, ggf. einschließlich der von dem Verantwortlichen verfolgten berechtigten Interessen;

- eine Bewertung der Notwendigkeit und Verhältnismäßigkeit der Verarbeitungsvorgänge in Bezug auf den Zweck;

- eine Bewertung der Risiken für die Rechte und Freiheiten der betroffenen Personen und

- die zur Bewältigung der Risiken geplanten Abhilfemaßnahmen, einschließlich Garantien, Sicherheitsvorkehrungen und Verfahren, durch die der Schutz personenbezogener Daten sichergestellt und der Nachweis dafür erbracht wird, dass diese Verordnung eingehalten wird, wobei den Rechten und berechtigten Interessen der betroffenen Personen und sonstiger Betroffener Rechnung getragen wird.

104 Entwickelt **eine Finanzbehörde automatisierte Verfahren** zur Verarbeitung personenbezogener Daten im Anwendungsbereich dieses Gesetzes **für Finanzbehörden anderer Länder oder des Bundes**, so ist von ihr die Datenschutz-Folgenabschätzung nach Art. 35 DSGVO durchzuführen. Soweit die Verfahren, insbesondere bundeseinheitliche Programmbestandteile, von den Finanzbehörden der Länder und des Bundes im Hinblick auf die datenschutzrelevanten Funktionen unverändert übernommen werden, gilt diese **Datenschutz-Folgenabschätzung auch für die übernehmenden Finanzbehörden** (§ 32h Abs. 2 AO). In der Finanzverwaltung betrifft dies maßgeblich den Einsatz neuer IT-Verfahren, welche i. d. R. durch die Finanzbehörde eines Landes für den bundeseinheitlichen Einsatz entwickelt werden (§ 4 Abs. 1 KONSENS-Gesetz). Gleiches gilt für wesentliche Änderungen bereits eingesetzter IT-Verfahren.

VI. Rechtsschutz

1. Beschwerdemöglichkeit - Art. 77 DSGVO

105 Jede betroffene Person, die der Ansicht ist, dass die Verarbeitung sie betreffender personenbezogener Daten gegen das steuerliche Datenschutzrecht verstößt, kann sich unbeschadet eines anderweitigen verwaltungsrechtlichen oder gerichtlichen Rechtsbehelfs mit ihrem Anliegen an die nach Art. 77 Abs. 1 DSGVO zuständige Datenschutzaufsichtsbehörde wenden (Beschwerderecht).

2. Gerichtliches Rechtsbehelfsverfahren - Art. 78 und 79 DSGVO, § 32i AO

a) Verfahrensrechtliche Regelungen

106 Für Streitigkeiten, die das steuerliche Datenschutzrecht betreffen, ist grundsätzlich der **Finanzrechtsweg** gegeben. Dies gilt gleichermaßen für Klagen von betroffenen Personen (Steuerpflichtigen oder Dritten) gegenüber der verantwortlichen Finanzbehörde (z. B. auf Auskunft) oder zuständigen Datenschutzaufsichtsbehörde, wie für die gerichtliche Überprüfung von Anordnungen der Datenschutzaufsichtsbehörden gegenüber den Finanzbehörden oder einer anderen öffentlichen oder nicht-öffentlichen Stelle. Der Finanzrechtsweg ist ebenso für Auskunfts- und Informationszugangsansprüche gegeben, deren Umfang nach § 32e AO begrenzt wird. Es ist insoweit aber zu beachten, dass diese mit dem Jahressteuergesetz 2020 (BGBl. I 2020 S. 3096) geänderte Rechtswegzuweisung keine Auswirkung auf am 29. Dezember 2020 bereits anhängige Verfahren hat, da die Zulässigkeit des beschrittenen Rechtsweges nicht durch eine nach Rechtshängigkeit eintretende Veränderung der sie begründenden Umstände berührt wird (§ 17 Abs. 1 Satz 1 GVG).

Der Finanzrechtsweg ist darüber hinaus auch hinsichtlich Streitigkeiten über Schadenersatzansprüche nach Art. 82 DSGVO gegeben, soweit diese die Verarbeitung personenbezogener Daten durch Finanzbehörden im Anwendungsbereich der AO betreffen (Art. 82 Abs. 6 und Art. 79 Abs. 2 DSGVO i. V. m. § 32i Abs. 2 AO).

107 Für sämtliche Verfahren ist die **Finanzgerichtsordnung** (FGO) nach Maßgabe des § 32i Abs. 5 bis 10 AO, d. h. unter Berücksichtigung der Rn. 110 ff. **anzuwenden (§ 32i Abs. 4 AO)**.

108 Für datenschutzrechtliche Streitigkeiten i. S. d. § 32i Abs. 1 bis 3 AO findet gem. § 32i Abs. 9 AO kein Vorverfahren (z. B. in Form eines außergerichtlichen Rechtsbehelfsverfahrens) statt. Daher ist z. B. gegen die Ablehnung einer Auskunft nach Art. 15 DSGVO

(Rn. 70) kein Einspruch gegeben. Auseinandersetzungen sind ausschließlich gerichtlich zu klären. Dies gilt jedoch nicht für Auskunfts- und Informationszugangsansprüche, deren Umfang nach § 32e AO begrenzt wird.

b) Klage gegen den Beschluss einer Datenschutzaufsichtsbehörde - Art. 78 DSGVO, § 32i Abs. 1 AO

109 Nach Art. 78 Abs. 1 und 2 DSGVO i. V. m. § 32i Abs. 1 AO kann gegen einen rechtsverbindlichen **Beschluss einer Datenschutzaufsichtsbehörde** ein gerichtlicher **Rechtsbehelf eingelegt werden. Rechtsbehelfsbefugt sind die betroffene Finanzbehörde oder ihr Rechtsträger sowie jede betroffene Person**. Es kann daher künftig auch Klageverfahren zwischen öffentlichen Stellen zur Streitbeilegung geben.

110 Nach § 32i Abs. 5 Satz 1 AO ist **das Finanzgericht örtlich zuständig**, in dessen Bezirk die jeweils zuständige **Datenschutzaufsichtsbehörde ihren Sitz hat**. Da nach § 32h Abs. 1 AO die Datenschutzaufsicht über Finanzbehörden der oder dem BfDI mit Sitz in Bonn obliegt, ist das Finanzgericht Köln örtlich zuständig.

111 **Beteiligte** in dem o. g. Verfahren sind gem. § 32i Abs. 6 AO

- die öffentliche oder nicht-öffentliche Stelle oder die betroffene Person als Klägerin oder Antragstellerin,
- die zuständige Datenschutzaufsichtsbehörde des Bundes oder eines Landes als Beklagte oder Antragsgegnerin,
- der nach § 60 FGO Beigeladene sowie
- die oberste Bundes- oder Landesfinanzbehörde, die dem Verfahren nach § 122 Abs. 2 FGO beigetreten ist.

112 Eine **Klage** oder ein Antrag in dem o. g. Verfahren haben **aufschiebende Wirkung**.

113 Die **Datenschutzaufsichtsbehörde** kann nach § 32i Abs. 10 Satz 2 AO gegenüber einer Finanzbehörde oder ihrem Rechtsträger nicht die sofortige Vollziehung anordnen.

c) Klage der betroffenen Person gegen Finanzbehörden oder gegen deren Auftragsverarbeiter wegen eines Verstoßes gegen datenschutzrechtliche Bestimmungen - Art. 79 DSGVO, § 32i Abs. 2 AO

114 Jede betroffene Person hat gem. Art. 79 Abs. 1 DSGVO das **Recht auf einen gerichtlichen Rechtsbehelf**, wenn sie der Ansicht ist, dass die ihr aufgrund dieser Verordnung zustehenden Rechte **infolge** einer **nicht im Einklang mit dieser Verordnung stehenden Verarbeitung** ihrer personenbezogenen Daten verletzt wurden.

115 Nach § 32i Abs. 5 Satz 2 AO ist **das Finanzgericht örtlich zuständig**, in dessen Bezirk die beklagte **Finanzbehörde ihren Sitz** oder der beklagte Auftragsverarbeiter seinen Sitz hat.

116 **Beteiligte** in dem o. g. Verfahren sind gem. § 32i Abs. 7 AO

- die betroffene Person als Klägerin oder Antragstellerin,
- die Finanzbehörde oder der Auftragsverarbeiter als Beklagte oder Antragsgegnerin,

- der nach § 60 FGO Beigeladene sowie

- die oberste Bundes- oder Landesfinanzbehörde, die dem Verfahren nach § 122 Abs. 2 FGO beigetreten ist.

d) Feststellungsklage gegen einen Beschluss der Datenschutzaufsicht gegenüber einer anderen öffentlichen Stelle oder einer nicht-öffentlichen Stelle - § 32i Abs. 3 AO

117 Die datenschutzrechtliche Aufsicht über öffentliche Stellen, die keine Finanzbehörden sind, sowie über nicht-öffentliche Stellen obliegt den nach dem BDSG oder den entsprechenden Landesgesetzen zuständigen Datenschutzaufsichtsbehörden. Dies gilt auch für Datenschutzfragen hinsichtlich steuerlicher Mitwirkungspflichten.

118 Vertritt die Datenschutzaufsichtsbehörde in einem solchen Fall eine andere Rechtsauffassung als die jeweils zuständige Finanzbehörde, kann diese nach § 32i Abs. 3 AO auf Feststellung des Bestehens einer Mitwirkungspflicht klagen, wenn die zuständige Datenschutzaufsichtsbehörde einen rechtsverbindlichen Beschluss erlassen hat, der eine Mitwirkungspflicht nach der AO oder den Einzelsteuergesetzen ganz oder teilweise verneint.

119 Die **Feststellungsklage** hat **keine aufschiebende Wirkung**.

120 **Beteiligte** in dem o. g. Verfahren sind gem. § 32i Abs. 8 AO

- die zuständige Finanzbehörde als Klägerin oder Antragstellerin,

- die Datenschutzaufsichtsbehörde des Bundes oder eines Landes, die den rechtsverbindlichen Beschluss erlassen hat, als Beklagte oder Antragsgegnerin,

- die Stelle, deren Pflicht zur Mitwirkung die Finanzbehörde geltend macht, als Beigeladene und

- die oberste Bundes- oder Landesfinanzbehörde, die dem Verfahren nach § 122 Abs. 2 FGO beigetreten ist.

121 **Klagen vor dem Finanzgericht** können - die o. g. Rechte betreffend - beispielsweise in folgender **Fallkonstellation** auftreten:

- Vertritt die zuständige Datenschutzaufsichtsbehörde die Auffassung, dass ein zur Datenübermittlung nach den Steuergesetzen verpflichteter Arbeitgeber (z. B. bzgl. der Lohndaten der betroffenen Person) mit seiner Mitteilung gegen das Datenschutzrecht verstößt, kann er diesem die Datenübermittlung an die Finanzbehörde untersagen. Damit in diesem Zusammenhang rechtsverbindlich geklärt wird, ob eine steuerliche Mitwirkungspflicht besteht, kann die zuständige Finanzbehörde im finanzgerichtlichen Verfahren Klage auf Feststellung des Bestehens einer Mitwirkungspflicht erheben.

122 Nach § 32i Abs. 5 Satz 1 AO ist **das Finanzgericht örtlich zuständig**, in dessen Bezirk die zuständige **Datenschutzaufsichtsbehörde ihren Sitz hat**.

VII. Informationspflichten bei Verletzung des Schutzes personenbezogener Daten - Art. 33 und 34 DSGVO

1. Verletzung des Schutzes personenbezogener Daten

123 Nach Art. 4 Nr. 12 DSGVO ist eine „Verletzung des Schutzes personenbezogener Daten“ eine Verletzung der Sicherheit, die, ob unbeabsichtigt oder unrechtmäßig, zur Vernichtung, zum Verlust, zur Veränderung, oder zur unbefugten Offenlegung von beziehungsweise zum unbefugten Zugang zu personenbezogenen Daten führt, die übermittelt, gespeichert oder auf sonstige Weise verarbeitet wurden.

2. Meldepflicht gegenüber der oder dem BfDI

124 Im Falle einer solchen Verletzung des Schutzes personenbezogener Daten muss die verantwortliche Finanzbehörde nach Art. 33 Abs. 1 DSGVO unverzüglich und möglichst binnen 72 Stunden, nachdem ihr die Verletzung bekannt wurde, diese der oder dem BfDI melden. Ausgenommen sind nur die Fälle, in denen die Verletzung des Schutzes personenbezogener Daten voraussichtlich nicht zu einem Risiko für die Rechte und Freiheiten betroffener Personen führt. Erfolgt die Meldung nicht binnen 72 Stunden, ist ihr eine Begründung für die Verzögerung beizufügen.

125 Diese Meldung muss nach Art. 33 Abs. 4 DSGVO zumindest folgende Informationen enthalten:

a) eine Beschreibung der Art der Verletzung des Schutzes personenbezogener Daten, soweit möglich mit Angabe der Kategorien und der ungefähren Zahl der betroffenen Personen, der betroffenen Kategorien und der ungefähren Zahl der betroffenen personenbezogenen Datensätze;

b) den Namen und die Kontaktdaten des Datenschutzbeauftragten oder einer sonstigen Anlaufstelle für weitere Informationen;

c) eine Beschreibung der wahrscheinlichen Folgen der Verletzung des Schutzes personenbezogener Daten;

d) eine Beschreibung der von der verantwortlichen Finanzbehörde ergriffenen oder vorgeschlagenen Maßnahmen zur Behebung der Verletzung des Schutzes personenbezogener Daten und ggf. Maßnahmen zur Abmilderung ihrer möglichen nachteiligen Auswirkungen.

Wenn und soweit diese Informationen nicht zur gleichen Zeit bereitgestellt werden können, kann die verantwortliche Finanzbehörde diese Informationen ohne unangemessene weitere Verzögerung schrittweise zur Verfügung stellen (Art. 33 Abs. 4 DSGVO).

126 Die verantwortliche Finanzbehörde muss nach Art. 33 Abs. 5 DSGVO Verletzungen des Schutzes personenbezogener Daten einschließlich aller im Zusammenhang mit der Verletzung des Schutzes personenbezogener Daten stehenden Fakten, die Auswirkungen der Schutzverletzung und die ergriffenen Abhilfemaßnahmen dokumentieren. Diese Dokumentation muss der oder dem BfDI die Überprüfung der Einhaltung der Bestimmungen dieses Artikels ermöglichen.

127 Wird dem Auftragsverarbeiter einer Finanzbehörde eine Verletzung des Schutzes personenbezogener Daten bekannt, muss er ihr diese unverzüglich melden (Art. 33 Abs. 2 DSGVO).

3. Benachrichtigung der betroffenen Person

128 Hat die Verletzung des Schutzes personenbezogener Daten voraussichtlich ein **hohes Risiko** für die persönlichen Rechte und Freiheiten betroffener Personen zur Folge, muss die verantwortliche Finanzbehörde über die Meldung nach Art. 33 DSGVO hinaus auch die betroffene Person unverzüglich von der Verletzung benachrichtigen (Art. 34 Abs. 1 DSGVO). Diese Benachrichtigung muss in klarer und einfacher Sprache die Art der Verletzung des Schutzes personenbezogener Daten beschreiben und zumindest die in Art. 33 Abs. 3 Buchst. b, c und d DSGVO genannten Informationen und Maßnahmen enthalten (Art. 34 Abs. 2 DSGVO).

129 Eine Benachrichtigung der betroffenen Person ist nach Art. 34 Abs. 3 DSGVO allerdings nicht erforderlich, wenn eine der folgenden Bedingungen erfüllt ist:

a) die verantwortliche Finanzbehörde hat geeignete technische und organisatorische Sicherheitsvorkehrungen getroffen und diese Vorkehrungen wurden auf die von der Verletzung betroffenen personenbezogenen Daten angewandt, insbesondere solche, durch die die personenbezogenen Daten für alle Personen, die nicht zum Zugang zu den personenbezogenen Daten befugt sind, unzugänglich gemacht werden, etwa durch Verschlüsselung;

b) die verantwortliche Finanzbehörde hat durch zeitlich nachfolgende Maßnahmen sichergestellt, dass das hohe Risiko für die Rechte und Freiheiten der betroffenen Personen gem. Art. 34 Abs. 1 DSGVO aller Wahrscheinlichkeit nach nicht mehr besteht;

c) die Benachrichtigung wäre mit einem unverhältnismäßigen Aufwand verbunden. In diesem Fall hat stattdessen eine öffentliche Bekanntmachung oder eine ähnliche Maßnahme zu erfolgen, durch die die betroffenen Personen vergleichbar wirksam informiert werden.

130 Wenn die verantwortliche Finanzbehörde die betroffene Person nicht bereits über die Verletzung des Schutzes personenbezogener Daten benachrichtigt hat, kann die oder der BfDI nach Art. 34 Abs. 4 DSGVO unter Berücksichtigung der Wahrscheinlichkeit, mit der die Verletzung des Schutzes personenbezogener Daten zu einem hohen Risiko führt, von der verantwortlichen Finanzbehörde verlangen, dies nachzuholen, oder sie kann mit einem Beschluss feststellen, dass bestimmte der in Art. 34 Abs. 3 DSGVO genannten Voraussetzungen erfüllt sind.

Dieses Schreiben tritt mit sofortiger Wirkung an die Stelle des BMF-Schreibens vom 12. Januar 2018 - IV A 3 - S 0030/16/10004-07 - (BStBl 2018 I S. 185). Die materiellen Änderungen gegenüber diesem Schreiben sind durch einen Randstrich gekennzeichnet.

Dieses Schreiben wird im Bundessteuerblatt Teil I veröffentlicht und steht ab sofort für eine Übergangszeit auf den Internetseiten des Bundesministeriums der Finanzen (http://www.bundesfinanzministerium.de) unter der Rubrik „Themen - Steuern - Steuerverwaltung & Steuerrecht - Abgabenordnung - BMF-Schreiben / Allgemeines“ zum Download bereit.

Anlage

Informationspflicht der Finanzbehörden
im Fall der Erhebung personenbezogener Daten

	Datenerhebung bei der betroffenen Person (Art. 13 DSGVO + § 32a AO)	**Datenerhebung bei Dritten (Art. 14 DSGVO + § 32b AO)**
Zeitpunkt der Mitteilung	bei Erhebung der Daten	a) innerhalb einer angemessenen Frist nach Erlangung der personenbezogenen Daten, längstens jedoch innerhalb eines Monats, b) falls die personenbezogenen Daten zur Kommunikation mit der betroffenen Person verwendet werden sollen, spätestens zum Zeitpunkt der ersten Mitteilung an sie, c) falls die Offenlegung an einen anderen Empfänger beabsichtigt ist, spätestens zum Zeitpunkt der ersten Offenlegung.

Mitzuteilende Daten:	**Datenerhebung bei der betroffenen Person (Art. 13 DSGVO + § 32a AO)**	**Datenerhebung bei Dritten (Art. 14 DSGVO + § 32b AO)**
• Name und die Kontaktdaten des Verantwortlichen sowie ggf. seines Vertreters	Ja	Ja
• Ggf. die Kontaktdaten des Datenschutzbeauftragten	Ja	Ja
• die Zwecke, für die die personenbezogenen Daten verarbeitet werden sollen	Ja	Ja
• Rechtsgrundlage für die Verarbeitung	Ja	Ja
• die Kategorien personenbezogener Daten, die verarbeitet werden	Nein	Ja
• ggf. die Empfänger oder Kategorien von Empfängern der personenbezogenen Daten	Ja	Ja
• ggf. die Absicht der Finanzbehörde, die personenbezogenen Daten an ein Drittland oder eine internationale Organisation zu übermitteln, sowie das Vorhandensein oder das Fehlen eines Angemessenheitsbeschlusses der Kommission oder im Falle von Übermittlungen gem. Art. 46 oder Art. 47 oder	Ja	Ja

Mitzuteilende Daten:	**Datenerhebung bei der betroffenen Person (Art. 13 DSGVO + § 32a AO)**	**Datenerhebung bei Dritten (Art. 14 DSGVO + § 32b AO)**
Art. 49 Abs. 1 Unterabs. 2 DSGVO einen Verweis auf die geeigneten oder angemessenen Garantien und die Möglichkeit, wie eine Kopie von ihnen zu erhalten ist, oder wo sie verfügbar sind		
• die Dauer, für die die personenbezogenen Daten gespeichert werden oder, falls dies nicht möglich ist, die Kriterien für die Festlegung dieser Dauer	Ja	Ja
• das Bestehen eines Rechts auf Auskunft seitens des Verantwortlichen über die betreffenden personenbezogenen Daten sowie auf Berichtigung oder Löschung oder auf Einschränkung der Verarbeitung und eines Widerspruchsrechts gegen die Verarbeitung sowie des Rechts auf Datenübertragbarkeit	Ja	Ja
• das Bestehen eines Beschwerderechts bei einer Datenschutzaufsichtsbehörde	Ja	Ja
• aus welcher Quelle die personenbezogenen Daten stammen und ggf. ob sie aus öffentlich zugänglichen Quellen stammen	Nein	Ja
• ob die Bereitstellung der personenbezogenen Daten gesetzlich oder vertraglich vorgeschrieben oder für einen Vertragsabschluss erforderlich ist, ob die betroffene Person verpflichtet ist, die personenbezogenen Daten bereitzustellen, und welche mögliche Folgen die Nichtbereitstellung hätte	Ja	Nein
• das Bestehen einer automatisierten Entscheidungsfindung	Ja	Ja
• beabsichtigt die Finanzbehörde, die personenbezogenen Daten für einen anderen Zweck weiterzuverarbeiten als den, für den die personenbezogenen Daten erhoben wurden, so stellt er der betroffenen Person vor dieser Weiterverarbeitung Informationen über diesen anderen Zweck und alle anderen maßgeblichen Informationen gem. Art. 13 Abs. 2 bzw. Art. 14 Abs. 2 DSGVO zur Verfügung	Ja	Ja

Keine Information der betroffenen Person, wenn und soweit	**Datenerhebung bei der betroffenen Person (Art. 13 DSGVO + § 32a AO)**	**Datenerhebung bei Dritten (Art. 14 DSGVO + § 32b AO)**
• die betroffene Person bereits über die Informationen verfügt	Ja	Ja
• die Erteilung dieser Informationen sich als unmöglich erweist oder einen unverhältnismäßigen Aufwand erfordern würde	Nein	Ja
• die Erlangung oder Offenlegung durch Rechtsvorschriften der Union oder der Mitgliedstaaten, denen der Verantwortliche unterliegt und die geeignete Maßnahmen zum Schutz der berechtigten Interessen der betroffenen Person vorsehen, ausdrücklich geregelt ist oder	Nein	Ja
• die personenbezogenen Daten gemäß dem Unionsrecht oder dem Recht der Mitgliedstaaten dem Berufsgeheimnis, einschließlich einer satzungsmäßigen Geheimhaltungspflicht, unterliegen und daher vertraulich behandelt werden müssen	Nein	Ja
• die beabsichtigte Weiterverarbeitung oder Offenbarung würde die ordnungsgemäße Erfüllung der in der Zuständigkeit der Finanzbehörden liegenden Aufgaben i. S. d. Art. 23 Abs. 1 Buchst. d bis h DSGVO gefährden und die Interessen der Finanzbehörden an der Nichterteilung der Information überwiegen die Interessen der betroffenen Person	Ja	Nein
• die Erteilung der Information würde die ordnungsgemäße Erfüllung der in der Zuständigkeit der Finanzbehörden oder anderer öffentlicher Stellen liegenden Aufgaben i. S. d. Art. 23 Abs. 1 Buchst. d bis h DSGVO gefährden	Nein	Ja
• die beabsichtigte Weiterverarbeitung oder Offenbarung würde die öffentliche Sicherheit oder Ordnung gefährden oder sonst dem Wohl des Bundes oder eines Landes Nachteile bereiten und die Interessen der Finanzbehörde an der Nichterteilung der Information überwiegen die Interessen der betroffenen Person	Ja	Nein
• die beabsichtigte Weiterverarbeitung oder Offenbarung würde die öffentliche Sicherheit oder Ordnung gefährden oder sonst dem Wohl des Bundes oder eines Landes Nachteile bereiten und das Interesse der betroffenen Person an der Informationserteilung muss deswegen zurücktreten	Nein	Ja

Keine Information der betroffenen Person, wenn und soweit	**Datenerhebung bei der betroffenen Person (Art. 13 DSGVO + § 32a AO)**	**Datenerhebung bei Dritten (Art. 14 DSGVO + § 32b AO)**
• die Erteilung der Information würde die öffentliche Sicherheit oder Ordnung gefährden oder sonst dem Wohl des Bundes oder eines Landes Nachteile bereiten	Nein	Ja
• die beabsichtigte Weiterverarbeitung oder Offenbarung würde den Rechtsträger der Finanzbehörde in der Geltendmachung, Ausübung oder Verteidigung zivilrechtlicher Ansprüche oder in der der Verteidigung gegen ihn geltend gemachter zivilrechtlicher Ansprüche i. S. d. Art. 23 Abs. 1 Buchst. j DSGVO beeinträchtigen und die Finanzbehörde ist nach dem Zivilrecht nicht zur Information verpflichtet	Ja	Nein
• die beabsichtigte Weiterverarbeitung oder Offenbarung würde eine vertrauliche Offenbarung geschützter Daten gegenüber öffentlichen Stellen gefährden	Ja	Nein
• die Daten, ihre Herkunft, ihre Empfänger oder die Tatsache ihrer Verarbeitung müssen nach § 30 AO oder einer anderen Rechtsvorschrift oder ihrem Wesen nach, insbesondere wegen überwiegender berechtigter Interessen eines Dritten i. S. d. Art. 23 Abs. 1 Buchst. i DSGVO, geheim gehalten werden	Nein	Ja
• Bezieht sich die Informationserteilung auf die Übermittlung personenbezogener Daten durch Finanzbehörden an Verfassungsschutzbehörden, den Bundesnachrichtendienst, den Militärischen Abschirmdienst und, soweit die Sicherheit des Bundes berührt wird, andere Behörden des Bundesministeriums der Verteidigung, ist sie nur mit Zustimmung dieser Stellen zulässig.	Ja	Ja

Auskünfte an Gewerbebehörden in gewerberechtlichen Verfahren und Mitteilungen bei Betriebsaufgaben und Betriebsveräußerungen

(BMF-Schreiben vom 19.12.2013 - IV A 3 - S 0130/10/10019 -, BStBl 2014 I S. 19)

Unter Bezugnahme auf das Ergebnis der Erörterungen mit den obersten Finanzbehörden der Länder gilt Folgendes:

1. Mitteilungen an Gewerbebehörden von Amts wegen

1.1 Das Gewerberecht sieht die Versagung, Rücknahme oder den Widerruf einer gewerberechtlichen Erlaubnis sowie die Untersagung eines Gewerbes bei gewerberechtlicher Unzuverlässigkeit vor (z. B. §§ 33c, 34a bis 34f, 35, 38 GewO, § 15 GastG bzw. entsprechende landesrechtliche Vorschriften). Die gewerberechtliche Unzuverlässigkeit kann auch aus steuerrechtlichen Sachverhalten hergeleitet werden. Die Gewerbebehörden sind verpflichtet, mit den Mitteln der Gewerbeuntersagung gegen solche Gewerbetreibende einzuschreiten, die ihre steuerlichen Pflichten nicht erfüllen, um so das Vertrauen der Allgemeinheit auf die Redlichkeit des Geschäftsverkehrs und die ordnungsgemäße Arbeit der Gewerbebehörden zu bewahren.

1.2 Die gewerberechtlichen Vorschriften über die Versagung, Rücknahme oder den Widerruf einer gewerberechtlichen Erlaubnis sowie die Untersagung eines Gewerbes bei gewerberechtlicher Unzuverlässigkeit rechtfertigen keine Durchbrechung des Steuergeheimnisses nach § 30 Abs. 4 Nr. 2 AO. Die Finanzbehörden sind aber aufgrund eines zwingenden öffentlichen Interesses an der Durchbrechung des Steuergeheimnisses zur Offenbarung von steuerlichen Verhältnissen im Hinblick auf diejenigen Tatsachen befugt, aus denen sich die Unzuverlässigkeit des Gewerbetreibenden im Sinne des Gewerberechts ergeben kann (vgl. BFH-Urteile vom 10. Februar 1987, VII R 77/84, BStBl II S. 545 und vom 29. Juli 2003, VII R 39/02, VII R 43/02, BStBl II S. 828). Die richtige Auslegung und Anwendung des Gewerberechts in einem gewerberechtlichen Erlaubnis- oder Untersagungsverfahren obliegt dabei den Gewerbebehörden, nicht den Finanzbehörden. Die Finanzbehörde hat aber nach § 30 Abs. 4 Nr. 5 AO in eigener Verantwortung zu prüfen, ob ein zwingendes öffentliches Interesse die Durchbrechung des Steuergeheimnisses rechtfertigt.

1.3 Das von § 30 Abs. 4 Nr. 5 AO verlangte zwingende öffentliche Interesse ist dabei nicht davon abhängig, ob die Voraussetzungen des Gewerberechts (z. B. § 33c, 34a bis § 34f, 35, 38 GewO, § 15 GastG bzw. entsprechende landesrechtliche Regelungen) tatsächlich vorliegen. Das zu beurteilen gestattet § 30 Abs. 4 Nr. 5 AO der Finanzbehörde nicht, die damit vielmehr dem Vollzug des Gewerberechts, der allein der Gewerbebehörde obliegt, unzulässig vorgreifen würde. Tatsachen, die eindeutig nicht geeignet sind, alleine oder in Verbindung mit anderen Tatsachen eine Versagung, Rücknahme oder den Widerruf einer gewerberechtlichen Erlaubnis oder eine Gewerbeuntersagung zu rechtfertigen, dürfen nicht mitgeteilt werden. Dabei muss die Finanzbehörde die Maßstäbe anlegen, die von den Verwaltungsbehörden und -gerichten aufgestellt worden sind (BFH-Urteil vom 29. Juli 2003, VII R 39/02, VII R 43/02, BStBl II S. 828).

1.4 Ein zwingendes öffentliches Interesse an der Mitteilung von steuerlichen Verhältnissen gegenüber den Gewerbebehörden liegt grundsätzlich nur vor, soweit es sich um Steuern handelt, die durch die gewerbliche Tätigkeit ausgelöst wurden (insbesondere Lohnsteuer, Umsatzsteuer - vgl. BFH-Urteil vom 10. Februar 1987, VII 77/84, BStBl II S. 545). Bei Personensteuern (insbesondere Einkommensteuer, Kirchensteuer) besteht ein solcher Zusammenhang, soweit diese Steuern durch die gewerbliche Tätigkeit ausgelöst wurden. Unabhängig davon ist ein zwingendes öffentliches Interesse an der Mitteilung hinsichtlich der Personensteuern auch dann zu bejahen, wenn Versagung, Rücknahme oder Widerruf einer gewerberechtlichen Erlaubnis oder Gewerbeuntersagung wegen Unzuverlässigkeit infolge wirtschaftlicher Leistungsunfähigkeit im Raume stehen (z. B. hohe Schuldenlast, kein Sanierungskonzept - vgl. OVG Münster, Urteil vom 2. September 1987, 4 A 152/87, juris).

1.5 Zu Mitteilungen in den Fällen des § 14 Abs. 4 GewO siehe Tz. 6.

2. Voraussetzungen der Unzuverlässigkeit

Die Verletzung steuerrechtlicher Pflichten, die mit der Ausübung des Gewerbes im Zusammenhang stehen, begründet die gewerberechtliche Unzuverlässigkeit nicht in jedem Fall, wohl aber dann, wenn das Verhalten des Steuerpflichtigen darauf schließen lässt, dass er nicht willens oder in der Lage ist, seine öffentlichen Berufspflichten zu erfüllen. Wegen der weittragenden Bedeutung, die die Versagung einer Erlaubnis oder die Unterbindung der gewerblichen Tätigkeit für den Betroffenen hat, muss es sich um erhebliche Verstöße handeln. Wann jeweils Unzuverlässigkeit vorliegt, kann nur unter Würdigung aller Umstände des Einzelfalles entschieden werden. Anhaltspunkte für die Entscheidung bieten folgende Kriterien:

2.1 Nichtabgabe von Steuererklärungen

Die Nichtabgabe von Steuererklärungen begründet für sich allein eine Unzuverlässigkeit nur dann, wenn die Erklärungen trotz Erinnerung hartnäckig über längere Zeit nicht abgegeben werden (vgl. BVerwG-Urteil vom 16. März 1982, 1 C 124/80, juris). Die Nichtabgabe von Lohnsteueranmeldungen oder von Umsatzsteuer-Voranmeldungen hat in der Regel besonderes Gewicht. Die Nichtabgabe von Steuererklärungen in den übrigen Fällen wird regelmäßig nur in Verbindung mit der Nichtentrichtung von Steuern nach Tz. 2.2 von Belang sein.

Der bloße Erlass von Schätzungsbescheiden infolge Nichterfüllung steuerlicher Erklärungspflichten reicht noch nicht aus, um eine Unzuverlässigkeitsprognose gemäß § 35 GewO zu begründen. Eine gemäß § 162 AO schätzungsweise festgesetzte Steuerschuld ist im Übrigen aber im Rahmen des § 35 GewO grundsätzlich nicht anders zu würdigen als eine solche, die sich aus ermittelten Besteuerungsgrundlagen ergibt (BVerwG-Beschluss vom 26. September 1991, 1 B 115/91; juris).

2.2 Nichtentrichtung von Steuern

Die Nichtentrichtung von Steuern, insbesondere ein erheblicher Steuerrückstand, wird vielfach die Unzuverlässigkeit begründen. Mitgeteilt werden können dabei nicht nur bestandskräftig festgesetzte Steuerforderungen, sondern auch fällige, aber noch nicht bestandskräftig festgesetzte Steuerforderungen (BFH-Urteil vom 29. Juli 2003, BStBl II S. 828). Nur wenn die Vollziehung eines Steuerbescheides nach § 361 AO oder § 69 FGO ausgesetzt ist, darf die Nichtzahlung der festgesetzten Steuer im gewerberechtlichen Untersagungsverfahren nicht berücksichtigt werden (vgl. BVerwG-Beschluss vom 30. September 1998, 1 B 100/98, juris, mit Hinweis auf den Beschluss vom 5. März 1997, 1 B 56/97, juris).

In diesem Zusammenhang sind folgende Gesichtspunkte zu berücksichtigen:

2.2.1 Umfang und Art der Steuerrückstände

Erforderlich ist in jedem Fall ein für die Verhältnisse des Betriebes erheblicher Steuerrückstand. Beträge unter 5.000 € reichen in aller Regel nicht aus.

Von Bedeutung ist ferner die Entwicklung der Steuerrückstände - getrennt nach Steuerarten - über längere Zeit. Ständig schleppender Zahlungseingang kann auch bei verhältnismäßig geringen Steuerrückständen die Unzuverlässigkeit begründen, während etwa eine hohe Steuerschuld im Anschluss an eine Außenprüfung nicht ohne weiteres auf steuerliche Unzuverlässigkeit schließen lässt.

Beruhen die Steuerrückstände ganz oder teilweise darauf, dass einbehaltene Steuerabzugsbeträge (insbesondere Lohnsteuerbeträge) mehrfach nicht abgeführt worden sind, so begründet dies in der Regel Unzuverlässigkeit.

2.2.2 Vollstreckungsversuch

Ein Vollstreckungsversuch des Finanzamts ist in aller Regel unabdingbare Voraussetzung für die Einleitung eines gewerberechtlichen Untersagungsverfahrens wegen Steuerrückständen.

2.3 Subjektive und objektive Seite der Verstöße

Unzuverlässigkeit ist u. a. anzunehmen, wenn der Gewerbetreibende nicht willens ist, seine steuerrechtlichen Verpflichtungen zu erfüllen. Hierauf lässt eine ständige Missachtung der ihm obliegenden Verpflichtungen schließen, z. B. die Weigerung, Steuererklärungen abzugeben, Steuerrückstände zu begleichen, einen Abzahlungsplan zu vereinbaren oder einzuhalten sowie der Versuch, Vollstreckungsmaßnahmen des Finanzamts zu vereiteln.

Aber auch eine unverschuldet eingetretene Notlage, die z. B. auf allgemeine oder strukturelle wirtschaftliche Schwierigkeiten zurückzuführen ist, kann die Annahme der Unzuverlässigkeit rechtfertigen. Unzuverlässigkeit setzt weder ein Verschulden im Sinne eines moralischen oder ethischen Vorwurfs noch einen Charaktermangel voraus. Die gewerberechtlichen Bestimmungen über die Versagung, die Rücknahme oder den Widerruf einer Erlaubnis sowie über die Untersagung eines Gewerbes sind wertneutral und keine Strafvorschriften. Der Schutz der Allgemeinheit gebietet es, bei unzuverlässigen Gewerbetreibenden die weitere Ausübung des Gewerbes zu unterbinden, wobei es im Hinblick auf etwaige Schädigungen des zu schützenden Personenkreises belanglos ist, ob Verschulden vorliegt oder nicht (BVerwG-Beschluss vom 12. Juli 1990, 1 B 110/90, juris). Die Unzuverlässigkeit kann auch allein durch wirtschaftliche Leistungsunfähigkeit begründet werden. Eine Gewerbeuntersagung setzt damit kein Verschulden des Gewerbetreibenden oder sonst einen ihn persönlich treffenden Vorwurf der Unredlichkeit voraus, sondern ist nach der verwaltungsgerichtlichen Rechtsprechung auch dann gerechtfertigt, wenn der Gewerbetreibende lediglich objektiv nicht in der Lage ist, seinen steuerlichen Zahlungspflichten zumindest im Rahmen eines realistischen Planes zur finanziellen Sanierung seines Gewerbebetriebes nachzukommen (vgl. BVerwG-Urteil vom 2. Februar 1982, 1 C 146/80, BVerwGE 65, 1; BVerwG-Beschluss vom 11. November 1996, 1 B 226/96, juris).

2.4 Steuerliche Straf- und Bußgeldverfahren

Wichtige Anhaltspunkte für die Unzuverlässigkeit können steuerliche Straf- oder Bußgeldverfahren sein, die im Zusammenhang mit der Ausübung eines Gewerbebetriebes stehen. Für die Prüfung der Zuverlässigkeit des Gewerbetreibenden sind sowohl der Sachverhalt, der zur Einleitung des Verfahrens geführt hat, als auch das Ergebnis des Verfahrens sowie das Verhalten des Steuerpflichtigen nach dem Verfahren erheblich.

2.5 Künftiges Verhalten

Maßgebend für die Beurteilung der gewerberechtlichen Unzuverlässigkeit ist stets, ob der Gewerbetreibende keine Gewähr dafür bietet, dass er das Gewerbe künftig ordnungsgemäß ausüben wird. Steuerrechtliche Sachverhalte sind nur dann gewerberechtlich von Bedeutung, wenn aus ihnen auf ein künftiges nicht ordnungsmäßiges Verhalten geschlossen werden kann.

2.6 Sondervorschriften

Besondere gesetzliche Bestimmungen über die Berücksichtigung steuerlichen Verhaltens (z. B. § 3 Abs. 5 des Güterkraftverkehrsgesetzes, § 25 Abs. 3 des Personenbeförderungsgesetzes) bleiben unberührt.

3. Auskunftsersuchen der Gewerbebehörde an das Finanzamt

3.1 Anwendungsbereich

Ergeben sich im Rahmen eines Verfahrens auf Erteilung einer Erlaubnis, eines Verfahrens auf Rücknahme oder Widerruf einer Erlaubnis oder auf Gewerbeuntersagung Anhaltspunkte für eine Verletzung steuerrechtlicher Pflichten, so bittet die Gewerbebehörde das zuständige Finanzamt um Auskunft, soweit nicht die Erteilung einer Bescheinigung an den Betroffenen über seine steuerlichen Verhältnisse vorgesehen ist.

Anhaltspunkte für die Verletzung steuerrechtlicher Pflichten bestehen insbesondere dann, wenn ein Gewerbetreibender sonstige öffentlich-rechtliche Zahlungsverpflichtungen, z. B. zur Abführung von Sozialversicherungsbeiträgen, nicht erfüllt. Die Gewerbebehörde muss in ihrer Anfrage das Vorliegen derartiger Anhaltspunkte darlegen.

3.2 Voraussetzungen der Auskunft

Die gewerberechtlichen Bestimmungen enthalten keine ausdrückliche Auskunftsermächtigung im Sinne des § 30 Abs. 4 Nr. 2 AO (siehe Tz. 1.2).

Auskünfte der Finanzämter an die Gewerbebehörden, die in gewerberechtlichen Verfahren für die Versagung einer beantragten Erlaubnis, die Rücknahme oder den Widerruf einer Erlaubnis oder eine Gewerbeuntersagung mitentscheidend sein können, sind daher nur in folgenden Fällen zulässig:

a) Der Gewerbetreibende stimmt einer Auskunft durch das Finanzamt zu (§ 30 Abs. 4 Nr. 3 AO).

b) Die Auskunftserteilung liegt im zwingenden öffentlichen Interesse (§ 30 Abs. 4 Nr. 5 AO). Dies ist der Fall, wenn die Voraussetzungen der Tz. 1, 2, 2.1 bis 2.6 erfüllt sind.

3.3 Erteilung der Auskunft

3.3.1 Liegen die Voraussetzungen für eine Offenbarung vor, hat das Finanzamt der Gewerbebehörde die steuerlichen Verhältnisse des Steuerpflichtigen mitzuteilen, die für das gewerberechtliche Verfahren von Bedeutung sein können (vgl. Tz. 2.1 ff.). Tatsachen, die eindeutig nicht geeignet sind, alleine oder in Verbindung mit anderen Tatsachen eine Versagung, Rücknahme oder den Widerruf einer gewerberechtlichen Erlaubnis oder eine Gewerbeuntersagung zu rechtfertigen, dürfen nicht mitgeteilt werden.

Vergleiche aber Tz. 5.

3.3.2 Ist der Betroffene steuerlich zuverlässig oder fallen seine steuerlichen Verhältnisse bei der Beurteilung seiner gewerberechtlichen Zuverlässigkeit nicht ins Gewicht, teilt das Finanzamt der Gewerbebehörde lediglich mit, dass eine Offenbarung mangels zwingenden öffentlichen Interesses im Sinne des § 30 Abs. 4 Nr. 5 AO nicht zulässig ist, soweit keine Zustimmung des Steuerpflichtigen im Sinne des § 30 Abs. 4 Nr. 3 AO vorliegt.

4. Anregung des Finanzamts an die Gewerbebehörde auf Einleitung eines Untersagungsverfahrens

4.1 Anwendungsbereich

Vor Ausübung seiner Befugnis, die Rücknahme oder den Widerruf einer gewerberechtlichen Erlaubnis oder die Untersagung eines Gewerbes bei der zuständigen Behörde anzuregen und dazu die steuerlichen Verhältnisse des Betroffenen zu offenbaren, soll das Finanzamt wegen des Gebotes der Verhältnismäßigkeit der Mittel zunächst prüfen, ob das Besteuerungsverfahren auch mit anderen, den Steuerpflichtigen weniger hart treffenden Maßnahmen gefördert werden kann (Zwangsvollstreckung in das bewegliche oder unbewegliche Vermögen, Festsetzung von Zwangsgeld, Inanspruchnahme von Haftungsschuldnern). Ist dies nicht der Fall, ist abzuwägen, ob die Pflichtverstöße des Steuerpflichtigen oder seine Rückstände derart schwer wiegen, dass ihm die Möglichkeit eigener wirtschaftlicher Betätigung ganz oder teilweise entzogen werden muss.

4.2 Voraussetzungen für die Mitteilung steuerlicher Verhältnisse

Die Auskunftserteilung ist nur zulässig, wenn neben den unter Tz. 4.1 dargestellten Voraussetzungen auch die in Tz. 3.2 genannten Bedingungen erfüllt sind.

5. Auswirkungen der Insolvenzordnung (InsO) auf gewerberechtliche Maßnahmen

Nach § 12 GewO finden Vorschriften, welche die Untersagung eines Gewerbes oder die Rücknahme oder den Widerruf einer Zulassung wegen Unzuverlässigkeit des Gewerbetreibenden, die auf ungeordnete Vermögensverhältnisse zurückzuführen ist, ermöglichen, während eines Insolvenzverfahrens, während der Zeit, in der Sicherungsmaßnahmen nach § 21 InsO angeordnet sind, und während der Überwachung der Erfüllung eines Insolvenzplans (§ 260 InsO) keine Anwendung in Bezug auf das Gewerbe, das zurzeit des Antrags auf Eröffnung des Insolvenzverfahrens ausgeübt wurde. Innerhalb der in § 12 GewO genannten Zeiträume ist die Anregung einer Gewerbeuntersagung bezüglich des insolvenzbefangenen Gewerbes daher nicht zulässig und die Offenbarung entsprechender Daten nicht durch § 30 Abs. 4 Nr. 5 AO (zwingendes öffentliches Interesse) gestattet. Tritt in einem Fall, in dem das Finanzamt die Gewerbeuntersagung angeregt hat, einer der Tatbestände des § 12 GewO ein, soll das Finanzamt die Gewerbebehörde entsprechend informieren.

Dies gilt nicht für eine nach § 35 Abs. 2 Satz 1 InsO freigegebene selbstständige Tätigkeit des Gewerbetreibenden, wenn dessen Unzuverlässigkeit mit Tatsachen begründet wird, die nach der Freigabe eingetreten sind.

6. Mitteilung bei Betriebsaufgabe und Betriebsveräußerung

Nach § 14 Abs. 4 GewO teilen die Finanzbehörden den zuständigen Behörden die nach § 30 AO geschützten Verhältnisse von Unternehmen im Sinne des § 5 GewStG mit, wenn deren Steuerpflicht erloschen ist; mitzuteilen sind lediglich Name und Anschrift des Unternehmers und der Tag, an dem die Steuerpflicht endete. Die Mitteilungspflicht besteht nicht, soweit ihre Erfüllung mit einem unverhältnismäßigen Aufwand verbunden wäre.

Solange ein automationsunterstützter Mitteilungsdienst noch nicht eingerichtet ist, ist regelmäßig davon auszugehen, dass die gesonderte Übermittlung der Daten mit einem unverhältnismäßigen Aufwand verbunden ist. Eine Verpflichtung der Finanzbehörden, für die Gewerbebehörden weitere als die aus steuerlichen Gründen notwendigen Nachforschungen anzustellen, besteht nicht.

Dieses Schreiben tritt an die Stelle des BMF-Schreibens vom 14. Dezember 2010 - IV A 3 - S 0130/10/10019 - BStBl I S. 1430.

Wahrung des Steuergeheimnisses gegenüber Parlamenten

(BMF-Schreiben vom 13.5.1987 - IV A 5 - S 0130 - 35/87 -)

Mit der Bitte um Kenntnisnahme übersende ich Erläuterungen zur Wahrung des Steuergeheimnisses gegenüber parlamentarischen Untersuchungsausschüssen.

Erläuterungen zur Wahrung des Steuergeheimnisses gegenüber parlamentarischen Untersuchungsausschüssen

Das Bundesverfassungsgericht hat mit Urteil vom 17. Juli 1984 (BVerfGE 67, 100) zur Wahrung des Steuergeheimnisses gegenüber einem Untersuchungsausschuß des Deutschen Bundestages Stellung genommen. Zur Anwendung dieses Urteils vertrete ich die folgende Auffassung, die entsprechend auch für die Wahrung des Steuergeheimnisses gegenüber Untersuchungsausschüssen der Gesetzgebungskörperschaften der Länder gilt.

1. Anwendungsbereich des § 30 AO

1.1 Amtsträger

Das Steuergeheimnis haben Amtsträger im Sinne von § 7 AO zu wahren. Amtsträger sind nicht nur Angehörige der Finanz- und Wirtschaftsverwaltungen, sondern z.B. auch Staatsanwälte und Richter sowie die Angehörigen der Rechnungshöfe. Zu den Amtsträgern zählen auch Minister und parlamentarische Staatssekretäre. Die Pflicht zur Wahrung des Steuergeheimnisses hat der Amtsträger auch dann noch zu beachten, wenn er aus dem Dienst ausgeschieden ist.

Mitglieder der Parlamente sind keine Amtsträger im Sinne von § 7 AO. Eine Verpflichtung zur Wahrung des Steuergeheimnisses kann sich deshalb für sie nicht unmittelbar aus § 30 AO ergeben. Auch Parlamentsmitglieder sind jedoch nach Maßgabe der verfassungsgerichtlichen Rechtsprechung zur Geheimhaltung verpflichtet, falls sie ausnahmsweise Kenntnis von Tatsachen erlangen, die in den Schutzbereich des § 30 AO fallen.

1.2 Verwaltungsverfahren in Steuersachen

Dem Steuergeheimnis unterliegen insbesondere die Tatsachen, die in einem „Verwaltungsverfahren in Steuersachen" oder aus anderem Anlaß durch Mitteilung einer Finanzbehörde bekannt geworden sind. Dies gilt auch für die Akten und Unterlagen, die auf Ersuchen oder von Amts wegen durch eine das steuerliche Verwaltungsverfahren durchführende Behörde einer anderen Stelle zur Verfügung gestellt worden sind (z.B. Staatsanwaltschaft, Sozialversicherungsträger, Religionsgemeinschaften, Anerkennungsbehörden nach dem WGG usw.).

1.3 Bescheinigungsverfahren

Ein Verwaltungsverfahren in Steuersachen liegt auch dann vor, wenn Behörden außerhalb der Finanzverwaltung Bescheinigungen erteilen, sofern die Erteilung der Bescheinigung nach einem Steuergesetz erforderlich ist und ausschließlich für steuerliche Zwecke erfolgt. Deshalb sind auch die in dem Bescheinigungsverfahren tätig gewordenen Amtsträger dieser Behörden an das Steuergeheimnis gebunden (BVerfGE 67, 141).

1.4 Mitteilungen einer Finanzbehörde

Amtsträger, z.B. im Bereich der Staatsanwaltschaft, sind auch dann an das Steuergeheimnis gebunden, wenn sie „Mitteilungen" (Auskünfte, Unterlagen und Akten aus einem Verwaltungsverfahren in Steuersachen) von anderen Behörden als den in § 30 Abs. 2 Nr. 1 Buchst. c AO genannten „Finanzbehörden“ (z.B. einer Wirtschaftsbehörde) erhalten haben. Nach dem Sinn und Zweck der o.a. Vorschrift kann nicht davon ausgegangen werden, daß der Gesetzgeber den in § 30 Abs. 1 AO enthaltenen Grundsatz der umfassenden Wahrung des Steuergeheimnisses eingrenzen wollte. Daher unterliegen diejenigen Verhältnisse des Steuerpflichtigen, die den Wirtschaftsbehörden in Bescheinigungsverfahren bekannt geworden sind, auch dann noch dem Steuergeheimnis, wenn sie später der Staatsanwaltschaft im Zuge strafrechtlicher Ermittlungen bekannt werden. Dies gilt auch dann, wenn sie in deren Akten mit anderweitig erlangten Informationen verbunden werden.

1.5 Verhältnisse

Durch § 30 AO werden nicht nur Geheimnisse im engeren Sinne, sondern alle „Verhältnisse“ des Beteiligten geschützt, d.h. grundsätzlich alles, was im Besteuerungsverfahren bekanntgeworden ist. Dabei macht es keinen Unterschied, ob diese Tatsachen für die Besteuerung relevant sind oder nicht. Das Steuergeheimnis erstreckt sich demnach auf die gesamten persönlichen, wirtschaftlichen, rechtlichen, öffentlichen und privaten Verhältnisse einer natürlichen oder juristischen Person.

Zu den „Verhältnissen“ zählen auch das Verwaltungsverfahren selbst, die Art der Beteiligung am Verwaltungsverfahren und die Maßnahmen, die vom Beteiligten getroffen wurden. So unterliegt es z.B. schon dem Steuergeheimnis, ob und bei welcher Finanzbehörde ein Beteiligter steuerlich geführt wird, ob ein Steuerfahndungsverfahren oder eine Außenprüfung stattgefunden hat. Geschützt ist auch die Information darüber, wer für einen Beteiligten im Verfahren aufgetreten ist, welche Anträge gestellt worden sind und in welcher Form das Verfahren von dem Beteiligten betrieben worden ist.

1.6 Verwaltungsinterne Vorgänge

Unter den Schutz des Steuergeheimnisses fallen nur die Verhältnisse eines „anderen“, nicht aber verwaltungsinterne Vorgänge oder die Verhältnisse des Amtsträgers, der im Verwaltungsverfahren in Steuersachen tätig geworden ist. Allerdings sind Auskünfte nicht zulässig, soweit sie, und sei es auch nur mittelbar, Rückschlüsse auf Verhältnisse des Steuerpflichtigen oder einer anderen Person zulassen, die durch das Steuergeheimnis geschützt sind.

1.7 Offenbarung

Offenbarung ist jedes Verhalten, auf Grund dessen Verhältnisse eines anderen bekannt werden oder bekannt werden können. Eine Offenbarung kann sich aus mündlichen oder schriftlichen Erklärungen, aber auch aus anderen Handlungen (Gewährung von Akteneinsicht, Kopfnicken usw.) oder Unterlassungen ergeben (z.B. Schweigen auf Fragen anstelle der Erklärung, daß weder bestätigt noch verneint werden darf usw.). Um eine Offenbarung handelt es sich auch, wenn durch die Mitteilung von einzelnen Tatsachen oder von Rechtsauffassungen im Zusammenhang mit bereits bekannten Tatsachen Schlüsse auf geschützte Verhältnisse eines Beteiligten möglich sind.

Das Steuergeheimnis erstreckt sich nicht auf Vorgänge, die bereits „offenbar“ sind. „Offenbarung“ im Sinne des § 30 AO setzt begrifflich voraus, daß das, was offenbart wird, nicht offenkundig und auch dem Empfänger der Mitteilung noch nicht bekannt ist. Offenkundig ist, was jedem Interessenten ohne größere Schwierigkeiten und Opfer zugänglich ist.

Hat ein Dritter über geschützte Verhältnisse nur eine unbestätigte Information oder eine Vermutung, so liegt in einer bestätigenden Auskunft ihm gegenüber eine Offenbarung im Sinne des § 30 AO. Solange Zweifel bestehen, ob eine Tatsache offenkundig ist, ist das Steuergeheimnis zu wahren.

2. Ausnahmen von Steuergeheimnis

Für die Offenbarung der in den Schutzbereich des § 30 AO fallenden Kenntnisse gegenüber Untersuchungsausschüssen des Bundes und der Länder gilt folgendes:

2.1 Allgemeines

2.1.1 Durchführung des Besteuerungsverfahrens

Nach § 30 Abs. 4 Nr. 1 AO ist eine Offenbarung geschützter Verhältnisse auch dann zulässig, wenn sie der Überprüfung des Besteuerungsverfahrens in Einzelfällen dient. Die Überprüfung des Besteuerungsverfahrens im Rahmen dieser Bestimmung obliegt jedoch nicht den Parlamenten. Sie obliegt vielmehr den Rechnungshöfen, die den Parlamenten zu berichten haben.

2.1.2 Ausdrückliche Zulassung durch Gesetz (§ 30 Abs. 4 Nr. 2 AO)

Gesetzliche Vorschriften, die eine Offenbarung gegenüber Gesetzgebungskörperschaften des Bundes und der Länder, deren Ausschüssen und Mitgliedern ausdrücklich gestatten, sind nicht vorhanden. Bundesregierung und Landesregierungen sind nach Artikel 20 Abs. 3 GG an Gesetz und Recht gebunden. Zu den gesetzlichen Bestimmungen, die beachtet werden müssen, gehören unter anderem die Vorschriften über das Steuergeheimnis. § 30 AO steht nicht in Widerspruch zu Art. 35 Abs. 1 GG, da sich aus dieser Verfassungsvorschrift nicht die näheren Einzelheiten über Voraussetzungen sowie Umfang und Grenzen der Rechts- und Amtshilfe ergeben; insofern ist vielmehr das einfache Recht maßgebend (BVerwGE 38, 336, 340; 50, 301, 310).

Die Tatsache, daß der Empfänger einer Information verpflichtet ist, diese Information vertraulich zu behandeln, oder sich hierzu freiwillig bereit erklärt, ist in der Abgabenordnung nicht als Voraussetzung für eine Durchbrechung des Steuergeheimnisses erwähnt. Die zugesicherte vertrauliche Behandlung einer Angelegenheit durch ein Parlament oder seine Ausschüsse allein rechtfertigt deshalb die Durchbrechung des Steuergeheimnisses nicht.

2.1.3 Zustimmung des Betroffenen (§ 30 Abs. 4 Nr. 3 AO)

Nach § 30 Abs. 4 Nr. 3 AO ist eine Auskunft an Parlamente, deren Ausschüsse oder einzelne Mitglieder der Parlamente zulässig, soweit der Betroffene zustimmt. Von der Zustimmung des Betroffenen kann in der Regel ausgegangen werden, wenn er sich mit einer Petition an das Parlament wendet oder ein einzelnes Mitglied des Parlaments bittet, sich seines Anliegens anzunehmen.

„Betroffener“ ist nicht nur der Verfahrensbeteiligte selbst, sondern auch jeder „andere“, dessen Verhältnisse durch § 30 AO geschützt werden (z.B. Geschäftspartner, Geschäftsführer, Arbeitnehmer und Bevollmächtigte als Einzelpersonen, Empfänger von Zahlungen und anderen Vorteilen). Wenn nur einige von mehreren „Betroffenen“ ihre Zustimmung zur Offenbarung eines komplexen Sachverhaltes erteilen, darf nur offenbart werden, soweit dies ohne Verletzung der Rechte Dritter möglich ist. Geschützte steuerliche Verhältnisse Dritter, die ihre Zustimmung nicht erteilt haben, dürfen nicht mitgeteilt werden.

2.1.4 Zwingendes öffentliches Interesse (§ 30 Abs. 4 Nr. 5 AO)

2.1.4.1 Allgemeines

§ 30 Abs. 4 Nr. 5 AO läßt eine Auskunftserteilung bei zwingendem öffentlichen Interesse zu. Der Begriff des zwingenden öffentlichen Interesses ist in der Abgabenordnung zwar nicht abschließend geregelt; jedoch hat der Gesetzgeber durch die Aufzählung von Regelbeispielen in § 30 Abs. 4 Nr. 5 AO die Richtung angegeben, in der dieser Begriff auszulegen ist. Ein zwingendes öffentliches Interesse besteht danach an der Verfolgung von Verbrechen und vorsätzlichen schweren Vergehen gegen Leib und Leben oder gegen den Staat und seine Einrichtungen sowie bei schweren Wirtschaftsstraftaten; es ist außerdem gegeben, wenn eine Offenbarung steuerlicher Verhältnisse erforderlich ist zur Richtigstellung in der Öffentlichkeit verbreiteter unwahrer

Tatsachen, die geeignet sind, das Vertrauen in die Verwaltung erheblich zu erschüttern. Aus dieser Aufzählung ergibt sich, daß nach dem Willen des Gesetzgebers weder das Informationsinteresse einzelner noch die allgemeinen Kontrollrechte des Parlaments ein zwingendes öffentliches Interesse im Sinne des § 30 AO begründen. Unter dem Gesichtspunkt des zwingenden öffentlichen Interesses ist deshalb eine Bekanntgabe steuerlicher Verhältnisse auch an Parlamente nur zulässig, soweit die Unterrichtung zum Schutz der in § 30 Abs. 4 Nr. 5 AO genannten Rechtsgüter notwendig ist.

2.1.4.2 Regelbeispiele für zwingendes öffentliches Interesse

Die vom Gesetzgeber gebildeten drei Regelbeispiele in § 30 Abs. 4 Nr. 5 AO machen die Wertigkeit derjenigen Rechtsgüter deutlich, die eine Offenbarung gestatten.

Für Auskünfte an das Parlament läßt sich aus den beiden ersten Regelbeispielen eine Offenbarungsbefugnis nicht ableiten.

Das Regelbeispiel in § 30 Abs. 4 Nr. 5 Buchst. c AO begründet nur ein Abwehrrecht der Verwaltung. Adressat dieser Norm ist die Verwaltung selbst. Sie hat zu entscheiden, ob und in welchem Umfang sie richtigstellen will. Sie hat dabei den Grundsatz der Verhältnismäßigkeit zu wahren und sich auf die zur Richtigstellung erforderliche Offenbarung zu beschränken.

Abgesehen von der Bedeutung der Vorschrift für Untersuchungsausschüsse (BVerfGE 67, 142) dient die Vorschrift nicht dem Aufklärungsinteresse der Öffentlichkeit oder der Parlamente. Nach ihrem Wortlaut geht es lediglich um die Richtigstellung von unwahren Tatsachenbehauptungen, nicht um die Sachaufklärung als solche. Bei der Beratung der Vorschrift im Deutschen Bundestag sind als Anwendungsbeispiele vor allem solche Fälle genannt worden, in denen der Steuerpflichtige selbst unwahre Tatsachen über seinen eigenen Steuerfall verbreitet hatte. Bereits damals ist die Gefahr gesehen worden, daß durch Angriffe Dritter gegen die Verwaltung das Steuergeheimnis des beteiligten Steuerpflichtigen gefährdet werden könne.

2.1.4.3 Offenbarungsbefugnis auf Grund anderen „zwingenden öffentlichen Interesses"

Aus dem unbestimmten Rechtsbegriff des „zwingenden öffentlichen Interesses" kann auf dem Hintergrund der Wertigkeit der in den Regelbeispielen des § 30 Abs. 4 Nr. 5 AO genannten Rechtsgüter eine Offenbarungsbefugnis abgeleitet werden. Wenn Sachverhalte auftreten, die von ihrem Gewicht den in § 30 Abs. 4 Nr. 5 AO genannten Sachverhalten vergleichbar sind, ist zu prüfen, ob ihre Nichtaufklärung schwere Nachteile für das öffentliche Wohl befürchten läßt. Nur wenn dies zu bejahen ist, kann ein zwingendes öffentliches Interesse an einer Offenbarung steuerlicher Verhältnisse angenommen werden.

2.1.5 Umfang der Offenbarung

2.1.5.1 Verhältnismäßigkeit der Mittel

Ist eine Offenbarung dem Grunde nach zulässig, so hat dies nicht zur Folge, daß sämtliche Erkenntnisse, die im Besteuerungsverfahren gewonnen wurden, bekanntgegeben werden dürfen. Nach dem Einleitungssatz zu § 30 Abs. 4 AO ist die Offenbarung nur zulässig, „soweit" sie der Erfüllung des Offenbarungszweckes dient. Mit dieser Formulierung trägt § 30 AO der Tatsache Rechnung, daß bei jeder Auskunftserteilung der Grundsatz der Verhältnismäßigkeit der Mittel gilt. Es muß daher jeweils eine Einzelprüfung stattfinden, ob und wie weit die vorgesehene Offenbarung dem sie rechtfertigenden Zweck dient. Außerdem muß jeweils diejenige Form der Information gewählt werden (z.B. mündliche Auskunft), die die geheimhaltungsbedürftigen Verhältnisse der Beteiligten am besten schützt.

2.1.5.2 Vorlage von Akten

Soweit Auskünfte nur eingeschränkt zulässig sind, weil in den Akten enthaltene Angaben teilweise dem Steuergeheimnis unterliegen und teilweise nicht oder weil sich die festgestellten Offenbarungsgründe nur auf einen Teil der Angaben beziehen, ist jede Auskunft unzulässig, die teilweise eine unzulässige Offenbarung bewirkt.

Während es bei mündlichen Auskünften in der Regel möglich ist, zwischen geschützten und nicht geschützten Tatsachen zu unterscheiden, ist es häufig nicht möglich, Akten in schutzwürdige und in nicht schutzwürdige Teile zu trennen. Wenn die Trennung auch durch Unlesbarmachung oder Abtrennung schutzwürdiger Teile nicht zu bewirken ist oder zu unsinnigen Ergebnissen führt, weil nur völlig nichtssagende Aktenteile übrigbleiben, ist es zweckmäßig, von der Vorlage der Akten abzusehen und die Information auf mündliche Auskünfte zu beschränken.

Bei der Vorlage von Akten oder Aktenauszügen einer anderen Behörde bedarf es deren Einverständnisses.

2.1.6 Anhörung

In entsprechender Anwendung des § 30 Abs. 4 Nr. 5 Buchst. c AO erscheint es zweckdienlich, vor einer Offenbarung, die unter dem Gesichtspunkt des zwingenden öffentlichen Interesses erfolgt, dem Betroffenen Gelegenheit zur Stellungnahme zu geben. Er hat dann ggf. die Möglichkeit, Rechtsbehelfe gegen die vermeintliche Rechtsverletzung einzulegen, eine einstweilige Anordnung gegen die Maßnahme zu beantragen oder durch die Zustimmung zur Offenbarung Zweifel an der Zulässigkeit auszuschließen.

2.2 Besonderheiten bei Untersuchungsausschüssen

2.2.1 Grundsätze des Bundesverfassungsgerichts (BVerfGE 67, 100)

Wird ein Untersuchungsausschuß zur Kontrolle der Regierung eingesetzt, schließt sein Beweiserhebungsrecht auch das Recht auf Vorlage der Akten ein. Die Regierung hat die verfassungsrechtliche Pflicht, die Ausübung des Kontrollrechts des Parlaments in geeigneter Weise zu unterstützen. Sie muß grundsätzlich dem Untersuchungsausschuß alle für seine Entscheidungen erheblichen Unterlagen zugänglich machen und hat sich dabei von dem Interesse der vollständigen Aufklärung des Sachverhalts leiten zu lassen.

Das Wohl des Bundes oder eines Landes ist im parlamentarischen Regierungssystem des Grundgesetzes dem Parlament und der Regierung gemeinsam anvertraut. Die Berufung auf das Wohl des Bundes oder eines Landes gegenüber dem Parlament kann mithin in aller Regel dann nicht in Betracht kommen, wenn beiderseits wirksame Vorkehrungen gegen das Bekanntwerden von Dienstgeheimnissen getroffen werden.

Das Recht auf Wahrung des in § 30 AO gesetzlich umschriebenen Steuergeheimnisses ist als solches kein Grundrecht. Die Geheimhaltung bestimmter steuerlicher Angaben und Verhältnisse kann indessen durch grundrechtliche Verbürgungen geboten sein.

Die Bedeutung, die das Kontrollrecht des Parlaments sowohl für die parlamentarische Demokratie als auch für das Ansehen des Staates hat, gestattet in der Regel dann keine Verkürzung des Aktenherausgabeanspruchs zugunsten des Schutzes des allgemeinen Persönlichkeitsrechts und des Eigentumsschutzes, wenn Parlament und Regierung Vorkehrungen für den Geheimschutz getroffen haben, die das ungestörte Zusammenwirken beider Verfassungsorgane auf diesem Gebiete gewährleisten, und wenn der Grundsatz der Verhältnismäßigkeit gewahrt ist.

2.2.2 Allgemeine Voraussetzungen

In einem parlamentarischen Untersuchungsverfahren steht die Entscheidung darüber, welche Auskünfte und welche Unterlagen zur Aufklärung des Sachverhalts benötigt werden, dem Untersuchungsausschuß zu. Soweit der Untersuchungsausschuß Auskünfte oder Unterlagen anfordert, die dem Steuergeheimnis unterliegende Angaben enthalten, hat die Regierung die Pflicht, auf der Grundlage der Rechtsprechung des Bundesverfassungsgerichts zu prüfen, in welchem Umfang und unter welchen Voraussetzungen dem Begehren des Untersuchungsausschusses zu entsprechen ist; bei dieser Entscheidung hat die Regierung das Interesse des Untersuchungsausschusses an der vollständigen Sachaufklärung zu beachten:

a) Das Auskunfts- oder Vorlagebegehren geht dem Steuergeheimnis grundsätzlich nur dann vor, wenn der Untersuchungsausschuß im im Rahmen politischer Kontrolle zur Aufklärung von Sachverhalten handelt (BVerfGE 67, 140).

b) Die Kontrollkompetenz des Parlaments erstreckt sich grundsätzlich nur auf bereits abgeschlossene Vorgänge; sie enthält nicht die Befugnis, in laufende Verhandlungen und Entscheidungsvorbereitungen einzugreifen (BVerfGE 67, 139).

c) Es muß ein sachlicher Zusammenhang zwischen dem Untersuchungsauftrag und der erbetenen Auskunft bestehen (BVerfGE 67, 134).

d) Das Auskunftsbegehren darf sich nicht auf solche Informationen erstrecken, deren Weitergabe wegen ihres streng persönlichen Charakters für die Betroffenen unzumutbar ist (BVerfGE 67, 144). Soweit dies der Fall ist, ist die Auskunft abzulehnen.

Ob die vorstehenden Ausführungen auch gelten, soweit ein Untersuchungsausschuß gegenüber Behörden tätig wird, die nicht seiner Kontrolle unterliegen, ist höchstrichterlich noch nicht entschieden. Das Bundesverfassungsgericht (BVerfGE 67, 129) läßt diese Frage offen. Ersucht ein Untersuchungsausschuß Behörden einer anderen, gleichgestellten und nicht seiner Kontrolle unterliegenden Körperschaft um Erteilung von Auskünften und Vorlage von Akten, so ist nach Auffassung der Finanzverwaltung das Ersuchen nach Amtshilferecht zu erledigen. Dem Ersuchen darf deshalb nur entsprochen werden, soweit die Pflicht zur Wahrung des Steuergeheimnisses es zuläßt.

2.2.3 Wahrung des Steuergeheimnisses

Ist die Auskunft oder die Vorlage von Akten an den Untersuchungsausschuß grundsätzlich gerechtfertigt, so ist zu beachten, daß die nach § 30 AO bestehende Verpflichtung zur Geheimhaltung durch das Begehren des Untersuchungsausschusses nicht aufgehoben wird. Die Regierung hat festzulegen, welche der angeforderten Akten und Unterlagen im Untersuchungsverfahren wegen des Steuergeheimnisses geheimzuhalten sind; der Geheimhaltungsgrad wird davon abhängen, ob und ggf. in welchem Umfang durch eine mit § 30 AO unvereinbare Offenbarung zugleich Grundrechte Betroffener verletzt würden (BVerfGE 67, 138, 142).

Die Regierung kann die von ihr notwendig gehaltene Geheimhaltung durch den Untersuchungsausschuß nicht erzwingen. Der Untersuchungsausschuß ist vielmehr Herr über die Öffentlichkeit seiner Verhandlungen. Es steht in seiner Entscheidung und Verantwortung, ob er dem Schutz geheimhaltungsbedürftiger Tatsachen Vorrang vor dem Grundsatz der Öffentlichkeit einräumt. Andererseits ist die Regierung nicht verpflichtet, dem Untersuchungsausschuß geheimhaltungsbedürftige Unterlagen vorzulegen, wenn dieser nicht den von der Regierung für notwendig erachteten Geheimschutz gewährleistet.

Die Verantwortung für die Wahrung der Vertraulichkeit obliegt demnach der Regierung und dem Untersuchungsausschuß gemeinsam , wobei in jedem Stadium des Verfahrens die miteinander konkurrierenden Belange des Geheimschutzes und des Öffentlichkeitsgrundsatzes gegeneinander abzuwägen sind. Um die Vertraulichkeit zu sichern, ist in der Regel Einvernehmen über die zu treffenden Maßnahmen erforderlich. Schriftliche Unterlagen können nach den Bestimmungen der Verschlußsachenanweisung oder ähnlicher Geheimschutzvorschriften eingestuft werden. Diese Einstufung gilt grundsätzlich auch für mündliche Auskünfte über denselben Sachverhalt.

Die Regierung wird in der Regel von der Geheimhaltung der dem Untersuchungsausschuß von ihr zu gebenden Auskünfte und Unterlagen ausgehen können, wenn

a) der Untersuchungsausschuß beschlossen hat, über die dem Steuergeheimnis unterliegenden Verhältnisse nur in nicht-öffentlicher Sitzung zu beraten und Beweis zu erheben und

b) die Geheimhaltung aller Teile von Niederschriften und Berichten beschlossen worden ist, die dem Steuergeheimnis unterliegenden Angaben betreffen.

Vor allem aber kann die Regierung die Geheimhaltung als gewährleistet ansehen, wenn ein Beschluß gefaßt worden ist, der alle Mitglieder des Untersuchungsausschusses, dessen Mitarbeiter und etwaige Sachverständige in strafrechtlich relevanter Form (§ 353 b Abs. 2 Nr. 1 StGB) zur Geheimhaltung der dem Steuergeheimnis unterliegenden Angaben verpflichtet.

Auskünfte dürfen nicht erteilt und Unterlagen nicht vorgelegt werden, bis die erforderlichen Maßnahmen getroffen worden sind. Dies gilt auch, wenn im Zuge der Vernehmung eines Amtsträgers als Zeuge in öffentlicher oder nicht-öffentlicher Sitzung unerwartet dem Steuergeheimnis unterliegende Bereiche berührt werden.

2.2.4 Verfahren bei Ablehnung der Offenbarung

Die Verweigerung der Auskunft oder der Aktenherausgabe ist gegenüber dem Untersuchungsausschuß zu begründen. Die Regierung hat den Untersuchungsausschuß, ggf. in vertraulicher Sitzung, im einzelnen und umfassend über die Art der zurückgehaltenen Schriftstücke oder sonstigen Informationen, die Notwendigkeit der Geheimhaltung und den Grad der Geheimhaltungsbedürftigkeit zu unterrichten, der diesen Tatsachen ihrer Auffassung nach zukommt (BVerfGE 67, 138). Nach Möglichkeit sollen andere Mittel zur Aufklärung des Sachverhalts angeboten werden, die das Steuergeheimnis nicht verletzen.

Hat der Untersuchungsausschuß Grund zu der Annahme, daß zurückgehaltene Informationen mit dem ihm erteilten Kontrollauftrag zu tun haben und besteht er deshalb auf Herausgabe der Akten, so hat die Regierung die vom Untersuchungsausschuß genannten Gründen zu erwägen und, sollten sie ihre Auffassung nicht erschüttern können, zu prüfen, welche Wege beschritten werden können, um den Untersuchungsausschuß davon zu überzeugen, daß seine Annahme nicht zutrifft. So kann als eine der möglichen Verfahrensweisen dem Vorsitzenden des Untersuchungsausschusses und seinem Stellvertreter Akteneinsicht gewährt werden.

2.2.5 Aussagegenehmigung

Für eine Aussage vor einem Untersuchungsausschuß bedarf ein Amtsträger einer Aussagegenehmigung. Die Aussage ist, auch wenn im übrigen keiner der genannten Gründe entgegensteht, nur im Rahmen der Aussagegenehmigung zulässig. Geht eine Frage über diesen Rahmen hinaus, hat der Amtsträger sich um eine Erweiterung der Aussagegenehmigung zu bemühen. Wird sie versagt (z.B. weil im Staatsinteresse eine Sperr-Erklärung abgegeben werden soll), darf er selbst dann nicht aussagen, wenn der Untersuchungsausschuß die Verweigerung der Aussage für unbegründet hält.

Mit der Aussagegenehmigung hat die jeweils zuständige oberste Dienstbehörde auch darüber zu befinden, ob der einzelne Amtsträger dem Steuergeheimnis unterliegende Verhältnisse eines anderen gegenüber dem Untersuchungsausschuß offenbaren darf. Die oberste Dienstbehörde wird eine Offenbarungsbefugnis bejahen, wenn die allgemeinen Voraussetzungen der Tz. 2.2.2 erfüllt sind und der Untersuchungsausschuß wirksame Vorkehrungen gegen das Bekanntwerden von dem Steuergeheimnis unterliegenden Tatsachen getroffen hat (vgl. Tz. 2.2.3). Der Amtsträger ist allerdings an die Auffassung der obersten Dienstbehörde nicht gebunden, wenn er selbst eine Offenbarung für unzulässig hält (vgl. § 38 Abs. 2 BRRG).

Übermittlung von Daten nach § 10 StBerG

Gleich lautende Erlasse der obersten Finanzbehörden der Länder vom 1.9.2021 (BStBl I S. 1521)

§ 10 StBerG ist durch das Gesetz zur Neuregelung des Berufsrechts der anwaltlichen und steuerberatenden Berufsausübungsgesellschaften sowie zur Änderung weiterer Vorschriften im Bereich der rechtsberatenden Berufe vom 7. Juli 2021 (BGBl. I S. 2363) neu gefasst worden und hat die Überschrift „Übermittlung von Daten" erhalten.

I. Allgemein

Nach § 10 Absatz 1 StBerG haben Gerichte und Behörden einschließlich der Berufskammern der zuständigen Stelle Daten über Personen und Berufsausübungsgesellschaften zu übermitteln, deren Kenntnis für die in den dortigen Nummern 1 bis 6 StBerG aufgeführten Verfahren bzw. Prüfungen erforderlich sind. Ob Daten zu übermitteln sind, ist aus Sicht der übermittelnden Stelle zu beurteilen. Ein Ermessensspielraum besteht nicht. Das Steuergeheimnis steht der Mitteilungspflicht nach § 10 Absatz 2 Satz 2 StBerG nicht entgegen (§ 30 Absatz 4 Nummer 2 AO; vgl. Abschnitt III.).

Der Begriff der Behörden umfasst auch die Finanzbehörden. Im Interesse einer einheitlichen Handhabung erfolgen die Mitteilungen nach § 10 StBerG durch die Oberfinanzdirektionen oder durch die durch die Landesregierung bestimmte Landesfinanzbehörde. Diesen bleibt es überlassen zu regeln, in welcher Weise die nachgeordneten Dienststellen über bekannt gewordene Tatsachen im Sinne des § 10 StBerG zu berichten haben.

Zu den Berufskammern zählen alle berufsständischen Körperschaften des öffentlichen Rechts (z. B. Steuerberaterkammern, Rechtsanwaltskammern, Notarkammern, Wirtschaftsprüferkammer, Patentanwaltskammer).

II. Anwendungsbereich des § 10 Absatz 1 StBerG

1. Zulassung zur Prüfung / Befreiung von der Prüfung zum Steuerberater

Die Daten, die nach § 10 Absatz 1 Nummer 1 StBerG zu übermitteln sind, müssen aus Sicht der übermittelnden Stelle für die Beurteilung der Voraussetzungen der §§ 36 und 38 StBerG erforderlich sein.

Die Bestellung zum Steuerberater kann nur mit einer bestandenen Prüfung oder einer Befreiung von der Prüfung erfolgen. Über die Anträge auf Zulassung zur Prüfung bzw. auf Befreiung von der Prüfung entscheidet die zuständige Steuerberaterkammer. Die persönlichen Voraussetzungen für die Zulassung zur Prüfung ergeben sich aus § 36 StBerG, der bestimmte Aus- und Vorbildungen sowie eine mehrjährige praktische Tätigkeit voraussetzt. Wer von der Steuerberaterprüfung befreit werden kann, bestimmt § 38 StBerG. Diese Regelung betrifft Professoren, ehemalige Finanzrichter, ehemalige Beamte des höheren und des gehobenen Dienstes und vergleichbare Angestellte.

Zuständige Stelle, an die die Daten zu übermitteln sind, ist die jeweils zuständige Steuerberaterkammer.

2. Bestellung / Wiederbestellung / Rücknahme der Bestellung / Widerruf der Bestellung als Steuerberater oder Steuerbevollmächtigter

Nach § 10 Absatz 1 Nummer 2 StBerG hat eine Datenübermittlung zu erfolgen, sofern diese für die Bestellung (§ 40 StBerG), die Wiederbestellung (§ 48 StBerG), die Rücknahme oder den Widerruf (§ 46 StBerG) als Steuerberater oder Steuerbevollmächtigter erforderlich ist.

Für die Beurteilung der Erforderlichkeit sind insbesondere die jeweiligen Voraussetzungen zu betrachten. Die Bestellung als Steuerberater ist nach § 40 Absatz 2 und 3 StBerG u. a. zu versagen, wenn der Bewerber

- nicht in geordneten wirtschaftlichen Verhältnissen lebt,
- infolge strafgerichtlicher Verurteilung die Fähigkeit zur Bekleidung öffentlicher Ämter nicht besitzt,
- aus gesundheitlichen Gründen nicht nur vorübergehend unfähig ist, den Beruf des Steuerberaters ordnungsgemäß auszuüben,
- sich so verhalten hat, dass die Besorgnis begründet ist, er werde den Berufspflichten als Steuerberater nicht genügen, oder
- eine Tätigkeit ausübt, die mit dem Beruf des Steuerberaters oder Steuerbevollmächtigten unvereinbar ist.

Diese Versagungsgründe decken sich inhaltlich zum Teil mit den Widerrufsgründen nach § 46 Absatz 2 StBerG.

Als relevante Daten kommen beispielsweise in Betracht:

- Vermögensverfall,
- Ermittlungsverfahren wegen des Verdachts der Steuerhinterziehung, sofern die öffentliche Klage erhoben wird oder das Verfahren nach § 153a StPO eingestellt wird,
- Sucht oder lang andauernde Erkrankung oder
- Verstoß gegen Pflichten eines Steuerberaters oder Steuerbevollmächtigten als Mitglied des Geschäftsführungs- oder Aufsichtsorgans einer Berufsausübungsgesellschaft durch sog. Strohmannverhältnisse.

Zuständige Stelle, an die die Daten zu übermitteln sind, ist die jeweils zuständige Steuerberaterkammer. Soweit ein Steuerberater oder Steuerbevollmächtigter gleichzeitig Rechtsanwalt, Notar, Patentanwalt, Wirtschaftsprüfer und / oder vereidigter Buchprüfer ist, sind die Daten aufgrund der in der Bundesrechtsanwaltsordnung, der Bundesnotarordnung, der Patentanwaltsordnung oder Wirtschaftsprüferordnung enthaltenen, dem § 10 StBerG vergleichbaren Vorschriften (vgl. dazu unter IV.), in der Regel auch an die für diese Berufe zuständige Berufskammer zu übermitteln.

3. Anerkennung / Rücknahme der Anerkennung / Widerruf der Anerkennung als Berufsausübungsgesellschaft oder als Lohnsteuerhilfeverein

Die Datenübermittlung nach § 10 Absatz 1 Nummer 3 StBerG bezieht sich auf Lohnsteuerhilfevereine und Berufsausübungsgesellschaften. Beiden ist gemeinsam, dass sie ein Anerkennungsverfahren durchlaufen müssen und die Anerkennung zurückgenommen oder widerrufen werden kann.

Die Daten müssen im Zusammenhang stehen mit der Anerkennung nach § 14 bzw. § 53 StBerG oder der Rücknahme oder dem Widerruf nach § 20 bzw. § 55 StBerG.

Als relevante Daten im Zusammenhang mit Lohnsteuerhilfevereinen kommen beispielsweise in Betracht:

- wiederholter Verstoß gegen § 4 Nummer 11 StBerG,
- Vermögensverfall (Eröffnung eines Insolvenzverfahrens gegen den Verein oder Eintragung des Vereins in das Schuldnerverzeichnis) ,
- Ausübung einer anderen wirtschaftlichen Tätigkeit in Verbindung mit der Hilfeleistung in Steuersachen (z. B. Mitwirkung bei der Vorfinanzierung von Steuererstattungsansprüchen),
- steuerliche Pflichtverletzungen des Lohnsteuerhilfevereins,
- Beratung / Erklärungsabgabe durch einen Verein / eine Beratungsstelle, ohne im Verzeichnis eingetragen zu sein (§ 14 Absatz 3, § 23 Absatz 6 StBerG),
- Zahlung von Honorar lt. Rechnung / Quittung in Zusammenhang mit Beratung (leistungsabhängige Mitgliedsbeiträge),
- fehlende Berufshaftpflichtversicherung (keine Versicherungsbeiträge in der Gewinnermittlung ersichtlich) oder
- Leitung von mehr als zwei Beratungsstellen durch den Beratungsstellenleiter (Einkünfte aus mehreren „Filialen" erklärt).

Im Zusammenhang mit Berufsausübungsgesellschaften kommen beispielsweise als relevante Daten in Betracht:

- Vermögensverfall der Berufsausübungsgesellschaft,
- Handlungen eines Mitglieds des Geschäftsführungs- oder Aufsichtsorgans der Berufsausübungsgesellschaft, die einen der Versagungstatbestände des § 40 Absatz 2 StBerG erfüllen (vgl. Ausführungen zu Nummer 2), oder
- Halten von Anteilen an einer Berufsausübungsgesellschaft für fremde Rechnung (§ 50a Absatz 1 Nummer 2 StBerG).

Zuständige Stelle bezüglich Berufsausübungsgesellschaften ist die jeweils zuständige Steuerberaterkammer, bezüglich Lohnsteuerhilfevereinen die jeweils zuständige Aufsichtsbehörde (§ 27 StBerG).

4. Einleitung oder Durchführung eines berufsaufsichtlichen Verfahrens

§ 10 Absatz 1 Nummer 4 StBerG entspricht inhaltlich weitestgehend § 10 Absatz 1 StBerG und § 10 Absatz 2 Satz 1 Nummer 3 StBerG in seiner bisherigen Fassung. Der Terminus des „berufsaufsichtlichen Verfahrens" wurde im Sinne eines Gleichklangs mit § 92 Satz 1 Nummer 1, § 93 Absatz 2 Nummer 2 und § 110 StBerG und den entsprechenden Vorschriften in den anderen Berufsgesetzen verwendet, ohne dass damit eine inhaltliche Änderung zur bisherigen Formulierung verbunden ist. Die zu übermittelnden Daten können sich demnach weiterhin sowohl auf ein etwaiges Rügeverfahren (§§ 81 ff. StBerG) als auch auf ein mögliches berufsgerichtliches Verfahren (§§ 89 ff. StBerG) beziehen. Erweiternd sollen der zuständigen Stelle künftig auch solche

Daten übermittelt werden, die für die Durchführung eines laufenden berufsaufsichtlichen Verfahrens von Bedeutung sein können.

Die Daten müssen grundsätzlich solche Tatsachen betreffen, die den Verdacht begründen, dass eine der in den §§ 3, 3a, 3d oder 4 Nummer 1 oder 2 StBerG genannte Person oder Gesellschaft eine Berufspflicht verletzt hat. Hierbei ist zu berücksichtigen, dass nicht jede berufliche Fehlleistung eine Berufspflichtverletzung darstellt. Vielmehr muss der konkrete Verdacht bestehen, dass der Berufsangehörige seine Berufspflichten schuldhaft verletzt hat. In der Regel ist das der Fall, wenn der Berufsangehörige unter Berücksichtigung der gebotenen Sorgfalt fahrlässig, leichtfertig oder gar vorsätzlich gehandelt hat. Der Verdacht muss so stark sein, dass er aus Sicht der übermittelnden Stelle die Einleitung eines Verfahrens durch die zuständige Stelle rechtfertigen würde. Eine darüber hinausgehende Sicherheit ist nicht erforderlich; insbesondere kann die Ermittlung weiteren Sachverhalts der zuständigen Stelle überlassen bleiben.

Ein außerhalb des Berufs liegendes Verhalten des Steuerberaters oder des Steuerbevollmächtigten kann nur dann eine berufsgerichtlich zu ahndende Pflichtverletzung darstellen, wenn es nach den Umständen des Einzelfalls in besonderem Maße geeignet ist, Achtung und Vertrauen in einer für die Ausübung der Berufstätigkeit oder für das Ansehen des Berufs bedeutsamen Weise zu beeinträchtigen.

Die Pflicht zur Unabhängigkeit kann z. B. durch wiederkehrende oder nicht beitreibbare Steuerrückstände, häufige Zwangsvollstreckungen, Vermögensverfall, die Eintragung ins Schuldnerverzeichnis (§ 284 Absatz 9 Satz 1 AO), den Erlass eines Haftbefehls zur Erzwingung einer solchen Maßnahme, bei wirtschaftlicher Beteiligung an Geschäften des Auftraggebers (z. B. Gesellschaftsbeteiligung, auch stille Gesellschaft, Darlehen), bei der Übernahme von Bürgschaften für Verpflichtungen des Auftraggebers oder bei Zusicherung wirtschaftlicher Vorteile, um Mandanten an sich zu binden, gefährdet sein.

Ein Verstoß gegen die Pflicht zur Gewissenhaftigkeit kann z. B. bei der Nichtanmeldung und Nichtabführung der Lohnsteuer für die Angestellten vorliegen. Dies stellt eine berufliche Verfehlung dar, die dem Ansehen des Berufsstandes schadet. Entsprechendes gilt für Verfehlungen in eigenen Steuerangelegenheiten (z. B. Steuerrückstände, Steuerhinterziehung oder Nichtabgabe von Steuererklärungen).

Sofern die übermittelnde Behörde eine Finanzbehörde ist, müssen sich die den Verdacht begründenden Tatsachen oder Umstände aus Feststellungen der Finanzbehörde im Besteuerungsverfahren oder sonstigen in ihre Zuständigkeit fallende Angelegenheiten ergeben.

Es ist nicht Aufgabe der Finanzbehörde, aufgrund von Anzeigen und Beschwerden von Steuerpflichtigen und anderen Berufsangehörigen tätig zu werden. Vielmehr sind diese an die zuständige Berufskammer zu verweisen.

Die Berufspflichten sind in den jeweiligen Berufsgesetzen und den ggf. hierzu ergangenen Berufsordnungen geregelt.

Zu den wesentlichen Berufspflichten gehören:

a) Steuerberater, Steuerbevollmächtigte (§§ 57 bis 69 StBerG, § 86 Absatz 2 Nummer 2 StBerG in Verbindung mit der Berufsordnung der Bundessteuerberaterkammer, BOStB):

- Pflicht zur Unabhängigkeit (§ 57 Absatz 1 StBerG, § 2 BOStB)
- Pflicht zur Eigenverantwortlichkeit (§ 57 Absatz 1, § 60 StBerG, § 3 BOStB)
- Pflicht zur Gewissenhaftigkeit (§ 57 Absatz 1 StBerG, § 4 BOStB)

- Pflicht zur Verschwiegenheit (§ 57 Absatz 1 StBerG, § 5 BOStB)
- Verbot von Interessenkollisionen (§ 57 Absatz 1a und 1b StBerG, § 6 BOStB)
- Pflicht zur Sachlichkeit (§ 7 BOStB)
- Verzicht auf berufswidrige Werbung (§ 57 Absatz 1, § 57a StBerG, § 9 BOStB)
- Pflicht zur Wahrung des Ansehens des Berufs (§ 57 Absatz 2 StBerG)
- Pflicht zur Wahrung fremder Vermögensinteressen (§ 86 Absatz 4 Nr. 8 StBerG, § 8 BOStB)
- Pflicht zur Fortbildung (§ 57 Absatz 2a StBerG)
- Verbot einer gewerblichen Tätigkeit (außer bei Ausnahmegenehmigung der zuständigen Steuerberaterkammer) oder einer Tätigkeit als Arbeitnehmer mit Ausnahme der Fälle des § 57 Absatz 3 Nummer 4 sowie der §§ 58 und 59 StBerG (§ 57 Absatz 4 StBerG, § 16 BOStB)
- Pflicht zur unverzüglichen Mitteilung der Ablehnung eines Auftrags (§ 63 StBerG)
- Pflicht zur Aufbewahrung der Handakten bzw. zur Herausgabe bei Beendigung des Auftrags (§ 66 StBerG, § 13 Absatz 4 BOStB)
- Pflicht zum Abschluss einer Berufshaftpflichtversicherung (§ 67 StBerG)
- Pflicht zur Bestellung eines allgemeinen Vertreters bei Verhinderung der Berufsausübung (§ 69 StBerG)
- Pflicht zur Begründung und Unterhaltung einer beruflichen Niederlassung, mit Ausnahme der Personenkreise der §§ 3a und 3d StBerG (§ 34 StBerG)

Personen im Sinne des § 3a oder § 3d StBerG unterliegen bei ihrer Tätigkeit im Inland denselben Berufsregeln wie Steuerberater und Steuerbevollmächtigte.

b) Berufsausübungsgesellschaften im Sinne des Steuerberatungsgesetzes:

- Berufspflichten bei beruflicher Zusammenarbeit (§ 51 StBerG)
- Berufspflichten der Berufsausübungsgesellschaft (§ 52 StBerG)
- Pflicht zur beruflichen Niederlassung (§ 55e StBerG)
- Pflicht zum Abschluss einer Berufshaftpflichtversicherung (§ 55f StBerG)
- Verbot von Interessenkollisionen (§ 57 Absatz 1c StBerG)

c) Rechtsanwälte (§§ 43 bis 59 der Bundesrechtsanwaltsordnung (BRAO); § 59b BRAO in Verbindung mit der Berufsordnung für Rechtsanwälte (BORA):

- Pflicht zur gewissenhaften Berufsausübung und zum würdigen Auftreten innerhalb und außerhalb des Berufes (§ 43 BRAO)

- Pflicht zur Unabhängigkeit (§ 43a Absatz 1 BRAO)
- Pflicht zur Verschwiegenheit (§ 43a Absatz 2 BRAO, § 2 BORA)
- Tätigkeitsverbot bei widerstreitenden Interessen (§ 43a Absatz 4 bis 6 BRAO, § 3 BORA)
- Pflicht zur Wahrung fremder Vermögensinteressen (§ 43a Absatz 7 BRAO)
- Pflicht zur unverzüglichen Zurückweisung eines Mandats, welches der Rechtsanwalt nicht übernehmen möchte (§ 44 BRAO)
- Tätigkeitsverbote bei nichtanwaltlicher Vorbefassung (§ 45 BRAO)
- Pflicht zur Führung von Handakten (§ 50 Absatz 1 BRAO)
- Pflicht zum Abschluss einer Berufshaftpflichtversicherung (§ 51 Absatz 1 und 4 BRAO)
- Pflicht, für eine Vertretung zu sorgen, wenn der Rechtsanwalt länger als eine Woche daran gehindert ist, seinen Beruf auszuüben oder sich länger als zwei Wochen von seiner Kanzlei entfernen will (§ 53 Absatz 1 BRAO)
- Pflicht, den Mandanten über alle für den Fortgang der Sache wesentlichen Vorgänge und Maßnahmen, insbesondere über alle wesentlichen erhaltenen oder versandten Schriftstücke, unverzüglich zu unterrichten (§ 11 BORA)

d) Berufsausübungsgesellschaften im Sinne der Bundesrechtsanwaltsordnung:

- Berufspflichten bei beruflicher Zusammenarbeit (§ 59d BRAO)
- Berufspflichten der Berufsausübungsgesellschaft (§ 59e BRAO)
- Pflicht zur Unterhaltung einer Kanzlei (§ 59m BRAO)
- Pflicht, eine Berufshaftpflichtversicherung abzuschließen und während der Dauer seiner Zulassung aufrechtzuerhalten (§§ 59n, 59o BRAO)
- Tätigkeitsverbot bei widerstreitenden Interessen (§ 43a Absatz 4 Satz 2 BRAO)
- Pflichten für ausländische Berufsausübungsgesellschaften (§ 207a BRAO)

e) Wirtschaftsprüfer und vereidigte Buchprüfer (§§ 43 bis 55a, 130 Wirtschaftsprüferordnung (WPO); § 57 Absatz 3 und 4 WPO in Verbindung mit der Berufssatzung der Wirtschaftsprüferkammer über die Rechte und Pflichten bei der Ausübung der Berufe des Wirtschaftsprüfers und des vereidigten Buchprüfers):

- Pflicht zur Unabhängigkeit (§ 43 Absatz 1 Satz 1 WPO, § 2 der Berufssatzung)
- Pflicht zur Gewissenhaftigkeit (§ 43 Absatz 1 Satz 1 WPO, § 4 der Berufssatzung)
- Pflicht zur Verschwiegenheit (§ 43 Absatz 1 Satz 1 WPO, § 10 der Berufssatzung)

- Pflicht zur Eigenverantwortlichkeit (§ 43 Absatz 1 Satz 1 WPO, § 12 der Berufssatzung)
- Pflicht zur Wahrung des Ansehens des Berufs (§ 43 Absatz 2 Satz 1 und 3 WPO, § 1 Absatz 1 Satz 3 der Berufssatzung)
- Pflicht zum Abschluss einer Berufshaftpflichtversicherung (§ 54 WPO, § 23 der Berufssatzung)
- Tätigkeitsverbot bei widerstreitenden Interessen (§ 53 WPO, § 3 der Berufssatzung)
- Pflicht zur Unparteilichkeit und Unbefangenheit (§ 43 Absatz 1 Satz 2 WPO, §§ 28, 29 der Berufssatzung)
- Pflicht zur Wahrung fremder Vermögensinteressen (§ 57 Absatz 4 Nummer 1 Buchstabe g WPO, § 9 der Berufssatzung)

Die Berufspflichten gelten sinngemäß für Vorstandsmitglieder, Geschäftsführer und persönlich haftende Gesellschafter von Wirtschaftsprüfungs- und Buchprüfungsgesellschaften, die nicht Wirtschaftsprüfer oder vereidigte Buchprüfer sind (§ 56 Absatz 1, §§ 71, 130 WPO).

f) Notare (§§ 14 bis 19, 25 bis 32 der Bundesnotarordnung (BNotO))

- Pflicht zur Unabhängigkeit und Unparteilichkeit (§ 14 Absatz 1 Satz 2 BNotO)
- Pflicht, sich durch sein Verhalten innerhalb und außerhalb seines Amts der Achtung und des Vertrauens, die dem Notaramt entgegengebracht werden, würdig zu zeigen (§ 14 Absatz 3 BNotO)
- Verschwiegenheitspflicht (§ 18 Absatz 1 BNotO)
- Pflicht zur Wahrung fremder Vermögensinteressen (§ 67 Absatz 2 Nummer 3 BNotO)
- Pflicht zum Abschluss einer Berufshaftpflichtversicherung (§ 19a Absatz 1 BNotO)
- Prüfungs- und Belehrungspflichten (§§ 17 bis 21 BeurkG)
- Anzeigepflicht gegenüber dem Finanzamt (§ 18 GrEStG, § 34 Absatz 1 und 2 Nummer 2 und 3 ErbStG)

g) Patentanwälte (§§ 39 bis 52 der Patentanwaltsordnung (PAO); § 52b PAO in Verbindung mit der Berufsordnung der Patentanwälte)

- Pflicht zur gewissenhaften Berufsausübung und zum würdigen Auftreten innerhalb und außerhalb des Berufs (§ 39 PAO)
- Pflicht zur Unabhängigkeit (§ 39a Absatz 1 PAO, § 1 der Berufsordnung)
- Pflicht zur Verschwiegenheit (§ 39a Absatz 2 PAO, § 4 der Berufsordnung)
- Pflicht zur Sachlichkeit (§ 39a Absatz 3 PAO)

- Tätigkeitsverbot bei widerstreitenden Interessen (§ 39a Absatz 4 PAO, § 5 der Berufsordnung)
- Pflicht zur Wahrung fremder Vermögensinteressen (§ 39a Absatz 5 PAO)
- Pflicht zur unverzüglichen Mitteilung bei Ablehnung eines Auftrags (§ 40 PAO)
- Pflicht zum Führen von Handakten (§ 44 PAO, § 12 der Berufsordnung)
- Pflicht zum Abschluss und zur Aufrechterhaltung einer Berufshaftpflichtversicherung (§ 45 PAO)
- Pflicht zur Bestellung eines allgemeinen Vertreters bei Verhinderung der Berufsausübung (§ 46 PAO)

h) Berufsausübungsgesellschaften im Sinne der Patentanwaltsordnung:

- Berufspflichten bei beruflicher Zusammenarbeit (§ 52d PAO)
- Berufspflichten der Berufsausübungsgesellschaft (§ 52e PAO)
- Pflicht zur Unterhaltung einer Kanzlei (§ 52l PAO)
- Pflicht, eine Berufshaftpflichtversicherung abzuschließen und während der Dauer seiner Zulassung aufrechtzuerhalten (§ 52m, 52n PAO)
- Tätigkeitsverbot bei widerstreitenden Interessen (§ 41 Absatz 2 PAO)
- Pflichten für ausländische Berufsausübungsgesellschaften (§ 159 PAO)

Zuständige Stelle:

Die den Verdacht einer Berufspflichtverletzung begründenden Tatsachen sind der zuständigen Stelle mitzuteilen. Das sind zum einen die Berufskammern, zum anderen die für das berufsgerichtliche Verfahren oder das Disziplinarverfahren zuständigen Stellen. Grundsätzlich ist die Mitteilung an die zuständige Berufskammer zu richten, damit diese prüfen kann, ob zunächst eine außergerichtliche Maßnahme ausreichend ist oder ob die Einleitung eines berufsgerichtlichen Verfahrens wegen schwerwiegender oder weiterer ihr bekannt gewordener Pflichtverletzungen durch die Staatsanwaltschaft beim Oberlandesgericht angezeigt ist. Ist erkennbar, dass bereits ein berufsgerichtliches Verfahren oder ein Disziplinarverfahren bei der hierfür zuständigen Stelle anhängig ist, so erfolgt die Mitteilung unmittelbar auch dieser gegenüber.

Vor Erlass eines Bußgeldbescheides wegen einer begangenen Steuerordnungswidrigkeit und vor Erlass eines Haftungsbescheids nach § 69 AO gegen eine Person oder Gesellschaft im Sinne der §§ 3, 3a, 3d, 4 Nummer 1 oder 2 StBerG ist die zuständige Berufskammer nach § 411 bzw. § 191 Absatz 2 AO zu hören, auch wenn ihr die zugrundeliegende Pflichtverletzung bereits nach § 10 Absatz 1 Nummer 4 StBerG von der Finanzbehörde mitgeteilt wurde.

Zuständige Stellen sind

- die Steuerberaterkammer, in deren Bezirk der Berufsangehörige seine berufliche Niederlassung bzw. die Berufsausübungsgesellschaft ihren Sitz hat (§ 74 StBerG) bzw. die für Personen nach den §§ 3a und 3d StBerG zuständige Steuerberaterkammer im Sinne der §§ 3a Absatz 2 Satz 2 und 3d Absatz 2 StBerG,

- die Rechtsanwaltskammer, in deren Bezirk der Rechtsanwalt oder die Berufsausübungsgesellschaft zugelassen ist (§ 60 BRAO),
- die Wirtschaftsprüferkammer (§ 58 WPO),
- bei Notaren die Aufsichtsbehörde (§ 92 BNotO, in der Regel das Landgericht) und die Notarkammer (§ 65 BNotO), in deren Bezirk der Notar jeweils bestellt ist und
- die Patentanwaltskammer (§ 53 PAO).

5. Überprüfung der Voraussetzungen für die Bestellung eines Beratungsstellenleiters im Sinne des § 23 Absatz 3 StBerG

Nach § 10 Absatz 1 Nummer 5 StBerG hat eine Datenübermittlung zu erfolgen, sofern diese für die Überprüfung der Voraussetzungen nach § 23 Absatz 3 StBerG erforderlich ist. Neben der fachlichen Qualifikation und der praktischen Berufserfahrung verlangt § 23 Absatz 3 Satz 2 StBerG auch die persönliche Integrität des Beratungsstellenleiters. Zum Leiter einer Beratungsstelle darf demnach nicht bestellt werden, wer sich so verhalten hat, dass die Besorgnis begründet ist, er werde die Pflichten des Lohnsteuerhilfevereins nicht erfüllen.

Als relevante Daten kommen beispielsweise in Betracht:

- Vermögensverfall (bestehende Steuerschulden, Vollstreckungsmaßnahmen, Eröffnung eines Insolvenzverfahrens oder Eintragung in das Schuldnerverzeichnis),
- Steuerhinterziehung zu Gunsten eines Vereinsmitglieds oder zu eigenen Gunsten,
- andere gewerbliche Tätigkeiten des Beratungsstellenleiters in personellem, räumlichem oder organisatorischem Zusammenhang mit der Tätigkeit für den Lohnsteuerhilfeverein,
- Verstöße gegen berufsrechtliche Pflichten,
- Verstöße gegen die Beratungsbefugnis nach § 4 Nummer 11 StBerG,
- bekannt gewordene Verurteilungen wegen Straftaten, die bei oder im Zusammenhang mit der Ausübung eines Gewerbes etc. begangen worden sind,
- Erteilung eines Berufsverbots,
- wiederholt verspätete Zahlungen oder
- verspätete oder fehlende Erklärungsabgaben, Dauerschätzungen.

Zuständige Stelle ist die jeweils zuständige Aufsichtsbehörde (§ 27 StBerG).

6. Untersagung nach § 3f StBerG

Unter den Voraussetzungen des § 3d StBerG kann die zuständige Steuerberaterkammer eine Person partiell zulassen, d. h. dieser Person wird die Erlaubnis zu beschränkter geschäftsmäßiger Hilfeleistung in Steuersachen (partieller Zugang) erteilt. Sofern ein Untersagungsgrund nach § 3f StBerG vorliegt, kann die zuständige Steuerberaterkammer die weitere beschränkte geschäftsmäßige Hilfeleistung in Steuersachen einer partiell zugelassenen Person untersagen.

Zu den Untersagungsgründen nach § 3f StBerG gehören:

- Der partiell zugelassenen Person wird die Ausübung der Tätigkeit im Herkunftsmitgliedstaat untersagt (§ 3f Nummer 1 StBerG).
- Die partiell zugelassene Person verfügt nicht über die erforderlichen deutschen Sprachkenntnisse, die zur Ausführung der beschränkten geschäftsmäßigen Hilfeleistungen in Steuersachen erforderlich sind (§ 3f Nummer 2 StBerG).
- Die partiell zugelassene Person führt entgegen ihrer Pflicht nach § 3e Absatz 1 Satz 2 StBerG wiederholt eine unrichtige Berufsbezeichnung (§ 3f Nummer 3 StBerG).
- Die partiell zugelassene Person überschreitet die Befugnis zu beschränkter geschäftsmäßiger Hilfeleistung in Steuersachen nach § 3e Absatz 1 Satz 1 StBerG (§ 3f Nummer 4 StBerG).
- Die partiell zugelassene Person verstößt wiederholt gegen die Pflicht, u. a. den Auftraggeber über den Umfang des Tätigkeitsbereichs vor Leistungsbeginn zu informieren. Untersagungsgründe sind auch Pflichtverstöße gegen die Berufspflichten, die sich aus dem Dritten Abschnitt des Zweiten Teils des StBerG ergeben (§ 3f Nummer 5 StBerG).

Daten, die im Zusammenhang mit den Untersagungsgründen nach § 3f StBerG stehen, sind nach § 10 Absatz 1 Nummer 6 StBerG der zuständigen Stelle zu übermitteln. Zuständige Stelle ist die Steuerberaterkammer, die die Erlaubnis zum partiellen Zugang erteilt hat (vgl. § 3d Absatz 2 i. V. m. § 3a Absatz 2 StBerG).

III. Unterbleiben einer Übermittlung von Daten nach § 10 Absatz 2 StBerG

Die Regelung des § 10 Absatz 2 StBerG entspricht inhaltlich § 10 Absatz 2 Satz 2 StBerG in seiner alten Fassung.

Eine Übermittlung der Daten hat nach § 10 Absatz 2 Satz 1 Nummer 1 StBerG zu unterbleiben, soweit die Übermittlung schutzwürdige Interessen einer betroffenen Person beeinträchtigen würde und das Informationsinteresse des Empfängers das Interesse der betroffenen Person an dem Unterbleiben der Übermittlung nicht überwiegt. Unter schutzwürdigen Interessen sind insbesondere die Intim- und Privatsphäre zu verstehen. Erforderlich ist aber stets eine einzelfallbezogene Abwägung. Je erheblicher die Maßnahme der zuständigen Stelle sein wird, desto eher wird das Informationsinteresse des Empfängers das Interesse der betroffenen Person überwiegen.

Ein weiterer Hinderungsgrund für die Übermittlung von Daten liegt nach § 10 Absatz 2 Satz 1 Nummer 2 StBerG vor, soweit besondere gesetzliche Verwendungsregelungen entgegenstehen (z. B. Berufs- oder Amtsgeheimnisse). Nach § 10 Absatz 2 Satz 2 StBerG sind hiervon allerdings ausdrücklich ausgenommen:

- die Verschwiegenheitspflichten der für eine Berufskammer eines freien Berufs im Geltungsbereich des Steuerberatungsgesetzes tätigen Personen sowie
- das Steuergeheimnis nach § 30 AO.

Bei Akteneinsicht ist zu beachten, dass nur die die Berufspflichtverletzung betreffenden Vorgänge eingesehen werden dürfen.

IV. Datenübermittlungen aufgrund anderer Rechtsvorschriften

Eine Verpflichtung zur Übermittlung von Daten kann sich auch aus folgenden Vorschriften ergeben:

- § 36 BRAO (Ermittlung des Sachverhalts und Übermittlung von Daten)
- §§ 36a, 130 WPO (Untersuchungsgrundsatz, Mitwirkungspflicht, Datenübermittlung)
- § 64d BNotO (Übermittlung von Daten)
- § 34 PAO (Ermittlung des Sachverhalts und Übermittlung von Daten)

Das Steuergeheimnis nach § 30 AO steht einer Übermittlung von Daten nach den vorgenannten Vorschriften nicht entgegen (§ 30 Absatz 4 Nummer 2 AO).

Diese Erlasse treten mit Inkrafttreten des neugefassten § 10 StBerG am 1. August 2022 (vgl. Artikel 4 Nummer 7 in Verbindung mit Artikel 36 Absatz 1 des Gesetzes zur Neuregelung des Berufsrechts der anwaltlichen und steuerberatenden Berufsausübungsgesellschaften sowie zur Änderung weiterer Vorschriften im Bereich der rechtsberatenden Berufe vom 7. Juli 2021, BGBl. I S. 2363) an die Stelle der Erlasse der obersten Finanzbehörden der Länder zu Mitteilungen der Finanzbehörden über Pflichtverletzungen und andere Informationen gemäß § 10 StBerG vom 22. Juli 2014 (BStBl I S. 1195).

Steuergeheimnis; Mitteilungen der Finanzbehörden zur Durchführung dienstrechtlicher Maßnahmen bei Beamten und Richtern

(BMF-Schreiben vom 12.1.2018 - IV A 3 - S 0130/08/10006 -, BStBl I S. 201, geändert durch BMF-Schreiben vom 13.1.2023, BStBl I S. 182)

Unter Bezugnahme auf das Ergebnis der Erörterungen mit den obersten Finanzbehörden der Länder gilt ab dem 25. Mai 2018 Folgendes:

1. Mitteilungen im Zusammenhang mit einem Strafverfahren

1.1 Nach § 49 Abs. 1 i. V. m. Abs. 6 Satz 1 Beamtenstatusgesetz (BeamtStG) sowie nach § 115 Abs. 1 i. V. m. Abs. 6 Satz 1 Bundesbeamtengesetz (BBG) ist die Strafverfolgungsbehörde verpflichtet, in Strafverfahren - einschl. Steuerstrafverfahren - gegen Beamte zur Sicherstellung der erforderlichen dienstrechtlichen Maßnahmen im Fall der Erhebung der öffentlichen Klage die Anklageschrift oder eine an ihre Stelle tretende Antragsschrift, den Antrag auf Erlass eines Strafbefehls und die einen Rechtszug abschließende Entscheidung mit Begründung der für die Durchführung dienstrechtlicher Maßnahmen zuständigen Stelle zu übermitteln, auch soweit sie Daten enthalten, die dem Steuergeheimnis unterliegen.

1.2 Nach § 49 Abs. 2 i. V. m. Abs. 6 Satz 1 BeamtStG sowie nach § 115 Abs. 2 i. V. m. Abs. 6 Satz 1 BBG besteht eine Verpflichtung zur Übermittlung der in Nr. 1.1 genannten Unterlagen in Verfahren wegen fahrlässig begangener Straftaten nur bei schweren Verstößen (genannt sind Trunkenheit im Straßenverkehr und fahrlässige Tötung) oder in sonstigen Fällen, wenn die Kenntnis der Daten aufgrund der Umstände des Einzelfalls erforderlich ist, um zu prüfen, ob dienstrechtliche Maßnahmen zu ergreifen sind, auch soweit sie Daten enthalten, die dem Steuergeheimnis unterliegen.

1.3 Nach § 49 Abs. 3 i. V. m. Abs. 6 Satz 1 BeamtStG sowie nach § 115 Abs. 3 i. V. m. Abs. 6 Satz 1 BBG sollen Entscheidungen über Verfahrenseinstellungen, auch soweit sie Daten enthalten, die dem Steuergeheimnis unterliegen und die nicht bereits nach Nr. 1.1 und 1.2 zu übermitteln sind, übermittelt werden, wenn die Kenntnis der Daten auf Grund der Umstände des Einzelfalls erforderlich ist, um zu prüfen, ob dienstrechtliche Maßnahmen zu ergreifen sind. Hierbei ist zu berücksichtigen, wie gesichert die zu übermittelnden Erkenntnisse sind.

Von der Strafverfolgungsbehörde ist keine vorweggenommene Prüfung der gebotenen disziplinarrechtlichen Behandlung des Falles gefordert, sondern nur die Abwägung, ob die Daten für eine solche disziplinarrechtliche Prüfung von Belang sein können und deshalb für den Dienstherrn des Beamten von Interesse sind (vgl. BFH-Beschluss vom 15.1.2008, VII B 149/07, BStBl II S. 337). Dies gilt auch für Fälle, in denen das Strafverfahren nach § 153 StPO, nach § 170 Abs. 2 StPO i. V. m. § 371 AO oder nach § 153a StPO eingestellt wurde. Im Falle des Entschlusses zur Übermittlung sind der Gegenstand des Verfahrens, die damit unmittelbar zusammenhängenden Erkenntnisse und die Verfahrenseinstellung als solche mitzuteilen.

1.4 Darüber hinaus dürfen nach § 49 Abs. 4 i. V. m. Abs. 6 Satz 2 BeamtStG sowie nach § 115 Abs. 4 i. V. m. Abs. 6 Satz 1 BBG sonstige Tatsachen, die dem Steuergeheimnis unterliegen und in einem Steuerstrafverfahren bekannt geworden sind, mitgeteilt werden, wenn

- ihre Kenntnis aufgrund besonderer Umstände des Einzelfalls für dienstrechtliche Maßnahmen gegen einen Beamten erforderlich ist (erforderlich ist die Kenntnis der Daten auch dann, wenn diese Anlass zur Prüfung bieten, ob dienstrechtliche Maßnahmen zu ergreifen sind)

und

- eine Offenbarung innerhalb der Finanzverwaltung nach § 49 Satz 2 BDSG i. V. m. § 30 Abs. 4 Nr. 1a und § 29c Abs. 1 Satz 1 Nr. 6 Satz 1 AO zulässig ist (vgl. Nr. 1.5)

  oder

  an der Mitteilung ein zwingendes öffentliches Interesse i. S. d. § 49 Satz 2 BDSG i. V. m. § 30 Abs. 4 Nr. 5 AO besteht (vgl. Nr. 1.6) und für die Strafverfolgungsbehörde erkennbar ist, dass schutzwürdige Interessen des Beamten an dem Ausschluss der Übermittlung nicht überwiegen.

1.5 Eine Offenbarung ist nach § 30 Abs. 4 Nr. 1a i. V. m. § 29c Abs. 1 Satz 1 Nr. 6 AO zulässig, wenn sie für die Wahrnehmung von Disziplinarbefugnissen durch Finanzbehörden erforderlich ist (vgl. dazu Nr. 5.1 des AEAO zu § 30). In diesem Fall dürfen die nach § 30 Abs. 2 AO geschützten Daten nur durch Personen verarbeitet werden, die nach § 30 AO zur Wahrung des Steuergeheimnisses verpflichtet sind (vgl. § 29c Abs. 1 Satz 3 AO).

1.6 Ein zwingendes öffentliches Interesse an der Übermittlung i. S. v. § 30 Abs. 4 Nr. 5 AO besteht insbesondere, wenn die mitteilende Stelle zur Überzeugung gelangt ist, dass ein schweres Dienstvergehen vorliegt, der Sachverhalt mithin nach ihrer Auffassung geeignet erscheint, eine im Disziplinarverfahren zu verhängende Maßnahme von Gewicht, das heißt grundsätzlich eine Zurückstufung oder die Entfernung aus dem Dienst, zu tragen (vgl. BVerfG-Beschluss vom 6.5.2008, 2 BvR 336/07, NJW S. 3489).

Ein relevanter Verstoß gegen Dienstpflichten und damit ein zwingendes öffentliches Interesse an einer Datenübermittlung kann auch darin liegen, dass das in Rede stehende Delikt das Ansehen und die Funktionsfähigkeit des Beamtentums nachhaltig schädigen könnte (BVerwG-Beschluss vom 5.3.2010, 2 B 22/09, NJW S. 2229). Dies kann der Fall sein, wenn der Kernbereich der dienstlichen Pflichten betroffen ist oder wenn es um Bereiche der öffentlichen Verwaltung geht, die - wie insbesondere die Finanzverwaltung - für das Vertrauen der Öffentlichkeit in die Integrität der Verwaltung von besonders hoher Bedeutung sind. Für diese Prüfung sind nicht allein der Umfang der Steuerhinterziehung (Höhe der verkürzten Steuern), sondern auch Art und Dauer der Straftat(en) zu berücksichtigen. Ein zwingendes öffentliches Interesse kann z. B. auch bei einem geringen Steuerausfallschaden dann vorliegen, wenn die Steuerhinterziehung durch Beamte der Finanzverwaltung begangen und von weiteren Delikten, insbesondere von geschäftsmäßiger Hilfeleistung in Steuersachen, begleitet wird, die über einen längeren Zeitraum begangen wurden (vgl. BVerwG-Beschluss vom 5.3.2010, a.a.O.).

1.7 Die vorstehenden Regelungen gelten für Richter entsprechend, soweit nichts anderes bestimmt ist (vgl. §§ 46, 71 DRiG).

2. Mitteilungen außerhalb eines Strafverfahrens

2.1 Werden außerhalb eines Strafverfahrens, d. h. in einem sonstigen Verfahren nach § 30 Abs. 4 Nr. 1 AO (z. B. im Besteuerungsverfahren), Verfehlungen eines Beamten oder Richters festgestellt, die dieser im Zusammenhang mit seiner dienstlichen Tätigkeit begangen hat, z. B. Straftaten im Amt (§§ 331 ff. StGB), ist die Zulässigkeit einer Mitteilung zu prüfen.

2.2 Auch das Verhalten eines Beamten außerhalb des Dienstes stellt ein Dienstvergehen dar, wenn es nach den Umständen des Einzelfalles in besonderem Maße geeignet ist, Achtung und Vertrauen in einer für sein Amt oder das Ansehen des Beamtentums bedeutsamen Weise zu beeinträchtigen (vgl. § 77 Abs. 1 Satz 2 BBG).

2.3 Eine Offenbarung ist insbesondere geboten, wenn ein Beamter oder Richter - innerhalb oder außerhalb des Dienstes - seine Verfassungstreuepflicht nachhaltig verletzt. Dies kann z. B. vorliegen, wenn er das Bestehen der Bundesrepublik Deutschland nachhaltig leugnet (Urteil des BVerwG vom 2.12.2021, Az. 2 A 7/21, NVwZ 2022, S. 1379).

2.4 Bei einem Beamten der Finanzverwaltung oder einem Richter stellt eine Steuerstraftat in eigener Sache ein Dienstvergehen dar, das eine Weitergabe der Daten an die für die Durchführung eines Disziplinarverfahrens oder sonstiger dienstrechtlicher Maßnahmen zuständige Stelle nach § 30 Abs. 4 Nr. 1a und § 29c Abs. 1 Satz 1 Nr. 6 Satz 1 AO oder nach § 30 Abs. 4 Nr. 5 AO rechtfertigen kann.

2.5 Ein Dienstvergehen stellt auch die unerlaubte Hilfeleistung in Steuersachen durch Beamte der Finanzverwaltung dar.

2.6 Bei den unter Nr. 2.1 bis 2.5 genannten Sachverhalten ist zu prüfen, ob ein schweres Dienstvergehen vorliegt. Die Regelungen in Nr. 1.5 und 1.6 gelten entsprechend. Ist dies zur Überzeugung der mitteilenden Stelle nicht der Fall, ist eine Offenbarung der in einem Verfahren nach § 30 Abs. 2 Nr. 1 AO bekannt gewordenen Daten nicht zulässig.

3. Dritte

Die steuerlichen Verhältnisse Dritter dürfen anlässlich einer Mitteilung nach Nr. 1 oder 2 nur mitgeteilt werden, soweit dienstrechtliche Maßnahmen gegen den Beamten oder Richter ohne die Mitteilung dieser Daten nicht ergriffen werden können.

Dieses Schreiben tritt mit Wirkung ab 25. Mai 2018 an die Stelle des BMF-Schreibens vom 12. März 2010 - IV A 3 – S 0130/08/10006 - (BStBl I S. 222) und des BMF-Schreibens vom 20. Juni 2011 - IV A 3 – S 0130/08/10006 - (BStBl I S. 574).

Dieses Schreiben wird im Bundessteuerblatt Teil I veröffentlicht und steht ab sofort für eine Übergangszeit auf den Internetseiten des Bundesministeriums der Finanzen (http://www.bundesfinanzministerium.de) unter der Rubrik Themen - Steuern - Steuerverwaltung & Steuerrecht - Abgabenordnung - Übersicht - BMF-Schreiben / Allgemeines zum Download bereit.

Erstattungsanspruch nach § 37 Abs. 2 AO bei der Einkommensteuer; Erstattungsberechtigung und Reihenfolge der Anrechnung in Nachzahlungsfällen

(BMF-Schreiben vom 14.1.2015 - IV A 3 - S 0160/11/10001 - , BStBl I S. 83)

Unter Bezugnahme auf das Ergebnis der Erörterung mit den obersten Finanzbehörden der Länder richtet sich die Ermittlung von Einkommensteuer-Erstattungsansprüchen nach § 37 Abs. 2 AO bzw. die Erstattungsberechtigung - einschließlich der Reihenfolge der Anrechnung - nach folgenden Grundsätzen:

Inhaltsverzeichnis

1. Allgemeines

1.1 Öffentlich-rechtlicher Erstattungsanspruch

§ 37 Abs. 2 AO enthält eine allgemeine Umschreibung des öffentlich-rechtlichen Erstattungsanspruchs, der einem Steuerpflichtigen dadurch erwächst, dass eine Leistung aus dem Steuerschuldverhältnis ohne rechtlichen Grund erfolgt ist oder der Grund hierfür später wegfällt (vgl. dazu AEAO zu § 37, Nr. 2).

1.2 Einkommensteuer-Erstattungsanspruch

Im Bereich der Einkommensteuer können sich Erstattungsansprüche nach § 37 Abs. 2 AO insbesondere ergeben

- infolge der Anrechnung von Einkommensteuer-Vorauszahlungen (§ 36 Abs. 2 Nr. 1 EStG),
- infolge der Anrechnung von Steuerabzugsbeträgen (z.B. Lohnsteuer, Kapitalertragsteuer, vgl. § 36 Abs. 2 Nr. 2 EStG) sowie
- im Falle der Aufhebung der Einkommensteuerfestsetzung oder der Durchführung von Änderungs- bzw. Berichtigungsveranlagungen, wenn die ursprünglich festgesetzte Steuer bereits entrichtet war.

1.3 Annexsteuern

Die Ausführungen dieses Schreibens gelten für Annexsteuern entsprechend.

1.4 Lebenspartner und Lebenspartnerschaften

Die nachfolgenden Ausführungen gelten bei Lebenspartnern und Lebenspartnerschaften entsprechend (§ 2 Abs. 8 EStG).

1.5 Getrennte Veranlagung nach § 26a EStG a.F.

Soweit im Folgenden Ausführungen zur Einzelveranlagung nach § 26a EStG gemacht werden, gelten sie bis Veranlagungszeitraum 2012 für getrennte Veranlagungen nach § 26a EStG a.F. entsprechend.

2. Erstattungsberechtigung bei zusammen veranlagten Ehegatten

2.1 Wirkung einer Erstattung nach § 36 Abs. 4 Satz 3 EStG

§ 36 Abs. 4 Satz 3 EStG, wonach die Auszahlung des Erstattungsbetrags (Überschuss im Sinne des § 36 Abs. 4 Satz 2 EStG) aus der Einkommensteuer-Zusammenveranlagung an einen Ehegatten auch für und gegen den anderen Ehegatten wirkt, lässt die materielle Rechtslage hinsichtlich der Erstattungsberechtigung zusammen veranlagter Ehegatten unberührt. In Bezug auf den Erstattungsanspruch sind zusammen veranlagte Ehegatten weder Gesamtgläubiger i. S. d. § 428 BGB noch Mitgläubiger i. S. d. § 432 BGB (BFH-Beschluss vom 17.2.2010, VII R 37/08, BFH/NV S. 1078). Die Regelung, der die Annahme zugrunde liegt, dass bei einer intakten Ehe die Erstattung an einen Ehegatten vom anderen Ehegatten gebilligt wird, will dem Finanzamt für Fälle, in denen diese Annahme zutrifft, Nachforschungen zur Erstattungsberechtigung der Ehegatten ersparen (BFH-Urteil vom 5.4.1990,VII R 2/89, BStBl II S. 719). Sie findet ihre Rechtfertigung darin, dass sich Ehegatten, die die Zusammenveranlagung beantragen, durch ihre beiderseitigen Unterschriften auf der Steuererklärung gegenseitig bevollmächtigen können, nicht nur den Steuerbescheid, sondern auch einen etwaigen Erstattungsbetrag in Empfang zu nehmen. Die Vorschrift des § 36 Abs. 4 Satz 3 EStG enthält demnach eine widerlegbare gesetzliche Vermutung hinsichtlich einer Einziehungsvollmacht.

2.2 Ausnahmen von § 36 Abs. 4 Satz 3 EStG

2.2.1 Bei zusammen veranlagten Ehegatten kann es trotz der Vorschrift des § 36 Abs. 4 Satz 3 EStG, wonach die Auszahlung an einen Ehegatten auch für und gegen den anderen Ehegatten wirkt, erforderlich werden, Entscheidungen zur Erstattungsberechtigung der beiden Ehegatten zu treffen und ggf. die Höhe des auf jeden entfallenden Erstattungsbetrags zu ermitteln. Soweit das Finanzamt nach Aktenlage erkennt oder erkennen musste, dass ein Ehegatte aus beachtlichen Gründen nicht mit der Auszahlung des gesamten Erstattungsbetrags an den anderen Ehegatten einverstanden ist, darf es nicht mehr an den anderen Ehegatten auszahlen. Das ist z.B. dann der Fall, wenn die Ehegatten inzwischen geschieden sind oder getrennt leben oder wenn dem Finanzamt aus sonstigen Umständen bekannt ist, dass ein Ehegatte die Erstattung an den anderen nicht billigt (BFH-Urteile vom 5.4.1990, VII R 2/89, BStBl II S. 719, und vom 8.1.1991, VII R 18/90, BStBl II S. 442).

2.2.2 § 36 Abs. 4 Satz 3 EStG ist aber auch dann nicht anzuwenden,

- wenn das Finanzamt mit Abgabenrückständen eines der beiden Ehegatten aufrechnen will oder
- wenn der Erstattungsanspruch nur eines der beiden Ehegatten abgetreten, gepfändet oder verpfändet worden ist.

In solchen Fällen muss die materielle Anspruchsberechtigung nach § 37 Abs. 2 AO selbst dann geprüft werden, wenn die Ehegatten übereinstimmend davon ausgehen, dass der steuerliche Erstattungsanspruch ihnen gemeinsam zusteht (BFH-Beschluss vom 12.3.1991, VII S 30/90, BFH/NV 1992 S. 145). Zahlt das Finanzamt bei der Zusammenveranlagung aufgrund des gegenüber einem Ehegatten ergangenen Pfändungs- und Überweisungsbeschlusses auch den auf den anderen Ehegatten entfallenden Erstattungsbetrag an den Pfändungsgläubiger aus, kann es von diesem jedoch die Rückzahlung dieses ohne Rechtsgrund gezahlten Betrages verlangen (BFH-Urteil vom 13.2.1996, VII R 89/95, BStBl II S. 436).

2.3 Ermittlung des Erstattungsberechtigten

Der Erstattungsanspruch steht demjenigen Ehegatten zu, auf dessen Rechnung die Zahlung bewirkt worden ist (vgl. BFH-Urteil vom 30.9.2008, VII R 18/08, BStBl 2009 II S. 38 m.w.N.). Unerheblich ist dagegen, welcher der Ehegatten den Steuerermäßigungstatbestand verwirklicht hat, der im Rahmen des Veranlagungsverfahrens zu der Steuererstattung geführt hat. Dies gilt auch in Fällen des Verlustabzugs nach § 10d EStG (BFH-Urteile vom 19.10.1982, VII R 55/80, BStBl II S. 162, und vom 18.9.1990, VII R 99/89, BStBl 1991 II S. 47). Unerheblich ist auch, auf wessen Einkünften die festgesetzten Steuern (Vorauszahlungen und Jahressteuer) beruhen.

2.4 Tilgungsbestimmung

2.4.1 Liegen keine Anhaltspunkte oder ausdrücklichen Absichtsbekundungen für eine Tilgungsbestimmung vor, kann das Finanzamt als Zahlungsempfänger, solange die Ehe besteht und die Ehegatten nicht dauernd getrennt leben (§ 26 Abs. 1 EStG), aufgrund der zwischen ihnen bestehenden Lebens- und Wirtschaftsgemeinschaft allerdings davon ausgehen, dass derjenige Ehegatte, der auf die gemeinsame Steuerschuld zahlt, mit seiner Zahlung auch die Steuerschuld des anderen mit ihm zusammen veranlagten Ehegatten begleichen will (vgl. BFH-Urteil vom 15.11.2005, VII R 16/05, BStBl 2006 II S. 453, m.w.N.); das gilt grundsätzlich auch dann, wenn über das Vermögen des anderen Ehegatten das Insolvenzverfahren eröffnet worden ist (BFH-Urteil vom 30.9.2008, VII R 18/08, BStBl 2009 II S. 38).

Ob die Ehegatten sich später trennen oder einer der Ehegatten nachträglich die Einzelveranlagung nach § 26a EStG beantragt, ist für die Beurteilung der Tilgungsabsicht nicht maßgeblich, denn es kommt nur darauf an, wie sich die Umstände dem Finanzamt zum Zeitpunkt der Zahlung darstellten (vgl. BFH-Urteil vom 26.6.2007, VII R 35/06, BStBl II S. 742). Haben sich die Ehegatten vor der Zahlung getrennt, war dies dem Finanzamt zum Zeitpunkt der Zahlung aber noch nicht bekannt, kann das Finanzamt weiterhin davon ausgehen, dass der Ehegatte, der ohne individuelle Tilgungsbestimmung auf die gemeinsame Steuerschuld (Vorauszahlungsschuld) gezahlt hat, mit seiner Zahlung auch die Steuerschuld des anderen Ehegatten begleichen wollte.

2.4.2 Die Angabe einer Tilgungsbestimmung muss dabei nicht „ausdrücklich" erfolgen, sondern kann sich aus den Umständen des Einzelfalls ergeben (als Indiz z.B. Angabe des eigenen Namens im Feld „Verwendungszweck" einer Überweisung; vgl. BFH-Urteil vom 25.7.1989, VII R 118/87, BStBl 1990 II S. 41). Eine spätere „Interpretation" (d. h. eine nachträglich geltend gemachte Tilgungsbestimmung) durch den zahlenden Ehegatten kann keine Berücksichtigung finden.

Rechnet ein Ehegatte mit einem ihm allein zustehenden Erstattungsanspruch gegen die gemeinsame ESt-Schuld auf, kann das Finanzamt davon ausgehen, dass der Ehegatte, der ohne individuelle Tilgungsbestimmung auf die gemeinsame Steuerschuld geleistet hat, mit seiner Zahlung auch die Steuerschuld des anderen Ehegatten begleichen wollte. Im Fall der Aufrechnung durch das Finanzamt ergibt sich die Tilgungsbestimmung wegen der nach § 387 BGB erforderlichen Gegenseitigkeit dagegen nach der individuellen Gläubigerschaft des Steuererstattungsanspruchs.

Bei Zahlungen im Wege des Lastschrifteinzugs ist das Finanzamt gesondert über den Tilgungswillen zu informieren. Wird ein Verrechnungsvertrag geschlossen (vgl. AEAO zu § 226, Nr. 5), ergibt sich die Tilgungsbestimmung aus den vertraglichen Vereinbarungen.

2.4.3 Die von einem Ehegatten im Vollstreckungsweg beigetriebene Steuerforderung kann nicht als eine auch auf Rechnung des anderen Ehegatten bewirkte Zahlung angesehen werden (vgl. BFH-Beschluss v. 18.4.2013, VII B 66/12, BFH/NV S. 1217). Sie ist wie eine Zahlung mit individueller Tilgungsbestimmung zugunsten des Vollstreckungsschuldners zu behandeln.

2.5 Zahlungsanweisung

Bitten die Ehegatten zu einem späteren Zeitpunkt, zum Beispiel bei Abgabe der Steuererklärung, um Überweisung des Erstattungsanspruchs an einen bestimmten Zahlungsempfänger, liegt lediglich eine Zahlungsanweisung vor, die den materiell-rechtlichen Erstattungsanspruch unberührt lässt. Die auf Wunsch eines der Ehegatten erfolgte Auszahlung des ihm materiell-rechtlich zustehenden Erstattungsanspruchs an den anderen Ehegatten oder einen Dritten führt ihm gegenüber zum Erlöschen seines Erstattungsanspruchs. Denn auch in einem derartigen Fall erbringt die Finanzbehörde ihre Leistung mit dem Willen, eine Forderung gegenüber dem Rechtsinhaber zu erfüllen.

2.6 Bedeutung von Einkommensteuer-Vorauszahlungen

Einkommensteuer-Vorauszahlungen sind nach § 37 Abs. 1 EStG - unabhängig davon, wer sie zahlt oder von wessen Konto sie abgebucht werden - auf die für den laufenden Veranlagungszeitraum voraussichtlich geschuldete Einkommensteuer zu entrichten. Bei Vorauszahlungen ohne Tilgungsbestimmung ist davon auszugehen, dass sich der Ehegatte, der auf einen an ihn und seinen Ehegatten gerichteten Vorauszahlungsbescheid leistet, nicht nur bewusst ist, dass seine Zahlungen in Höhe der später festgesetzten Einkommensteuer endgültig beim Fiskus verbleiben sollen, sondern dass er die - wenn auch unmittelbar zur Erfüllung der Gesamtschuld aus dem Vorauszahlungsbescheid entrichteten - Zahlungen auch leistet, um damit die zu erwartende Einkommensteuer beider Ehegatten zu tilgen. Ist die im Zeitpunkt der Vorauszahlungen nach Kenntnisstand des Finanzamts noch bestehende Wirtschaftsgemeinschaft hinreichender Anknüpfungspunkt dafür, die Vorauszahlungen als für Rechnung beider Ehegatten geleistet zu unterstellen, dann ist daraus auch der in diesem Zeitpunkt übereinstimmende Wille abzuleiten, dass diese Vorauszahlungen später dafür verwendet werden sollen, die auf beide Ehegatten später entfallenden Steuerschulden auszugleichen (vgl. BFH-Urteil vom 22.3.2011, VII R 42/10, BStBl II, S. 607).

3. Aufteilung eines Einkommensteuer-Erstattungsanspruchs bei Ehegatten

Übersteigen die anzurechnenden Steuerabzugsbeträge, die geleisteten Vorauszahlungen und die sonstigen Zahlungen der Ehegatten die Summe der gegen die beiden Ehegatten insgesamt (im Wege der Zusammenveranlagung oder im Wege der Einzelveranlagung nach § 26a EStG) festgesetzten Steuern, ist wie folgt zu verfahren:

Zunächst sind für jeden Ehegatten die bei ihm anzurechnenden Steuerabzugsbeträge sowie seine mit individueller Tilgungsbestimmung geleisteten Vorauszahlungen und sonstigen Zahlungen zu ermitteln. Daneben sind alle übrigen Zahlungen zu ermitteln, die beiden Ehegatten gemeinsam zuzurechnen sind. Die auf diese Weise ermittelten Zahlungen sind dem jeweiligen Ehegatten gemäß den Nrn. 3.1 bis 3.4 an Hand der materiellen Erstattungsberechtigung zuzuordnen.

Bei der weiteren Bearbeitung ist zwischen der Zusammenveranlagung (Nr. 3.5) und der Einzelveranlagung nach § 26a EStG (Nr. 3.6) zu unterscheiden.

3.1 Steuerabzugsbeträge

Hinsichtlich einbehaltener Steuerabzugsbeträge (insbesondere Lohnsteuer, Kapitalertragsteuer) ist derjenige Ehegatte erstattungsberechtigt, von dessen Einnahmen (z. B. Arbeitslohn oder Kapitaleinnahme) die Abzugssteuer einbehalten wurde (vgl. BFH-Urteil vom 19.10.1982, VII R 55/80, BStBl 1983 II S. 162); denn diese Steuer ist für seine Rechnung an das Finanzamt abgeführt worden (BFH-Urteil vom 5.4.1990, VII R 2/89, BStBl II S. 719). Wurden für beide Ehegatten Steuerabzugsbeträge einbehalten und wurden keine Vorauszahlungen geleistet, ist die Aufteilung des Erstattungsanspruchs im Verhältnis des jeweiligen Steuerabzugs des Ehegatten zum Gesamtabzug durchzuführen (vgl. BFH-Urteil vom 1.3.1990, VII R 103/88, BStBl II S. 520).

3.2 Vorauszahlungen mit Tilgungsbestimmung

Hat der zahlende Ehegatte im Zeitpunkt einer Vorauszahlung kenntlich gemacht, dass er nur seine eigene Steuerschuld tilgen will, ist er im Falle der Erstattung dieses Betrags allein erstattungsberechtigt.

Erfolgt eine Vorauszahlung aufgrund eines an beide Ehegatten gemeinsam gerichteten Vorauszahlungsbescheids durch einen Ehegatten ab dem Zeitpunkt, zu dem das dauernde Getrenntleben der Ehegatten dem Finanzamt bekannt geworden ist, ist davon auszugehen, dass der Zahlende nur auf eigene Rechnung leisten will. Im Falle einer Erstattung einer solchen Zahlung ist er allein erstattungsberechtigt (BFH-Urteil vom 25.7.1989, a.a.O.).

3.3 Vorauszahlungen ohne Tilgungsbestimmung

Vorauszahlungen aufgrund eines an beide Ehegatten gemeinsam gerichteten Vorauszahlungsbescheids ohne individuelle Tilgungsbestimmung sind unabhängig davon, ob die Ehegatten später zusammen oder nach § 26a EStG einzeln veranlagt werden, zunächst auf die festgesetzten Steuern beider Ehegatten anzurechnen (BFH-Urteil vom 22.3.2011, VII R 42/10, BStBl II, S. 607). Daher ist nur ein nach der Anrechnung der „gemeinsamen“ Vorauszahlungen verbleibender Überschuss nach Köpfen an die Ehegatten auszukehren.

Vorauszahlungen ohne individuelle Tilgungsbestimmung aufgrund eines nur an einen Ehegatten gerichteten Vorauszahlungsbescheids sind nur diesem Ehegatten zuzurechnen (zur Wirkung siehe Nr. 3.2).

3.4 Sonstige Zahlungen

Für sonstige Zahlungen (z.B. Abschlusszahlungen) gelten Nrn. 3.2 und 3.3 entsprechend.

3.5 Reihenfolge der Anrechnung bei Zusammenveranlagung

Übersteigt die Summe der im Rahmen einer Zusammenveranlagung anzurechnenden Steuerabzugsbeträge (Nr. 3.1), geleisteten Vorauszahlungen (Nrn. 3.2 und 3.3) und sonstigen Zahlungen (Nr. 3.4) der Ehegatten die festgesetzte Steuer und ist die Aufteilung des Erstattungsbetrages erforderlich (vgl. Nr. 2.2), ist wie folgt zu verfahren:

Zunächst sind für jeden Ehegatten die bei ihm anzurechnenden Steuerabzugsbeträge sowie seine mit individueller Tilgungsbestimmung geleisteten Vorauszahlungen und sonstigen Zahlungen zu ermitteln. Daneben sind alle übrigen Zahlungen zu ermitteln, die beiden Ehegatten gemeinsam zuzurechnen sind.

Anschließend sind in Abhängigkeit von der Fallgestaltung folgende Ermittlungen und Berechnungen anzustellen:

a) Wurden **ausschließlich** Steuerabzugsbeträge einbehalten und Zahlungen geleistet, die individuell zuzurechnen sind, ist die Aufteilung des Erstattungsanspruchs im Verhältnis der Summe der jeweiligen Steuerabzugsbeträge und Zahlungen jedes Ehegatten zur Summe der Steuerabzugsbeträge und Zahlungen beider Ehegatten durchzuführen.

b) Wurden **ausschließlich** Vorauszahlungen aufgrund eines an beide Ehegatten gemeinsam gerichteten Vorauszahlungsbescheids ohne Tilgungsbestimmungen geleistet, ist die Aufteilung des Erstattungsanspruchs nach Köpfen durchzuführen.

c) Wurden für die Ehegatten **sowohl** Steuerabzugsbeträge einbehalten und/oder Zahlungen geleistet, die individuell zuzurechnen sind, **als auch** Vorauszahlungen aufgrund eines an beide Ehegatten gemeinsam gerichteten Vorauszahlungsbescheids ohne Tilgungsbestimmungen geleistet, ist

   - zunächst für jeden Ehegatten die Summe der bei ihm anzurechnenden Zahlungen zu ermitteln (Steuerabzugsbeträge nach Nr. 3.1, direkt zuzuordnende Zahlungen nach Nrn. 3.2 und 3.4 und **nach Köpfen ermittelter Anteil** an Zahlungen im Sinne der Nrn. 3.3 und 3.4) und anschließend

   - der Erstattungsanspruch **der Ehegatten** im Verhältnis der Summe der bei dem einzelnen Ehegatten zuzurechnenden Zahlungen zur Summe aller Zahlungen aufzuteilen.

Beispiel zu Fallgruppe c)

Gegen die Ehegatten M und F hatte das Finanzamt gemeinsam Einkommensteuer-Vorauszahlungen in Höhe von insgesamt 14.000 € festgesetzt. Hierauf wurden 8.000 € ohne Tilgungsbestimmung entrichtet. In Höhe von 5.000 € hat M Vorauszahlungen mit individueller Tilgungsbestimmung geleistet. F hat in Höhe von 1.000 € Vorauszahlungen mit individueller Tilgungsbestimmung geleistet.

Vom Arbeitslohn des M wurden 10.000 € Lohnsteuer einbehalten. Vom Arbeitslohn der F wurden 5.000 € Lohnsteuer einbehalten.

Im Rahmen einer Zusammenveranlagung wurde gegen die Ehegatten Einkommensteuer in Höhe von 20.000 € festgesetzt. Aufgrund der anzurechnenden Lohnsteuerbeträge (10.000 € + 5.000 € = 15.000 €) und der geleisteten Vorauszahlungen (8.000 € + 5.000 € + 1.000 € = 14.000 €) ergibt sich ein Erstattungsanspruch von insgesamt 9.000 €.

Lösung:

Die individuellen Erstattungsansprüche der Ehegatten M und F sind wie folgt zu ermitteln:

(1) individuelle Ermittlung der bei den Ehegatten nach Nr. 3.1 jeweils anzurechnenden Steuerabzugsbeträge:

M: 10.000€

F: 5.000€

(2) individuelle Ermittlung der bei den Ehegatten nach Nr. 3.2 jeweils anzurechnenden Zahlungen mit individueller Tilgungsbestimmung:

M: 5.000€

F: 1.000€

(3) hälftige Aufteilung der „gemeinsamen“ Zahlungen i. S. d. Nr. 3.3 und Zurechnung des jeweiligen Anteils wie eine Zahlung i. S. d. Nr. 3.2:

M: ½ von 8.000€ = 4.000€

F: ½ von 8.000€ = 4.000€

(4) für jeden Ehegatten sind die nach (1) bis (3) ermittelten Anrechnungsbeträge jeweils zu addieren:

M:	10.000€	F:	5.000€
	+ 5.000€		+ 1.000€
	+ 4.000€		+ 4.000€
Summe:	19.000€	Summe:	10.000€

(5) Die Aufteilung des Erstattungsanspruchs (9.000€) auf die Ehegatten erfolgt im Verhältnis der Summe der dem einzelnen Ehegatten zuzurechnenden Zahlungen zur Summe aller Zahlungen:

⇨ M: 9.000€ x (19.000/29.000) = 5.896,55€

⇨ F: 9.000€ x (10.000/29.000) = 3.103,45€

3.6 Reihenfolge der Anrechnung bei Einzelveranlagung nach § 26a EStG

3.6.1 Erstattungsüberhang

Übersteigen die im Rahmen von Einzelveranlagungen nach § 26a EStG anzurechnenden Steuerabzugsbeträge (Nr. 3.1), geleisteten Vorauszahlungen (Nrn. 3.2 und 3.3) und sonstigen Zahlungen (Nr. 3.4) der Ehegatten die Summe der gegen beide Ehegatten individuell festgesetzten Steuern, ist wie folgt zu verfahren:

a) Wurden **ausschließlich** Steuerabzugsbeträge einbehalten und Zahlungen geleistet, die individuell zuzurechnen sind, sind bei jedem Ehegatten die jeweiligen Steuerabzugsbeträge und Zahlungen anzurechnen.

b) Wurden **ausschließlich** Vorauszahlungen aufgrund eines an beide Ehegatten gemeinsam gerichteten Vorauszahlungsbescheids ohne Tilgungsbestimmung geleistet und übersteigt deren Summe die Summe der in den Einzelveranlagungen nach § 26a EStG festgesetzten Einkommensteuerbeträge, ist der die Summe der in den Einzelveranlagungen individuell festgesetzten Einkommensteuerbeträge übersteigende Erstattungsbetrag nach Köpfen aufzuteilen.

c) Wurden für die Ehegatten **sowohl** Steuerabzugsbeträge einbehalten und/oder Zahlungen geleistet, die individuell zuzurechnen sind, **als auch** Vorauszahlungen aufgrund eines an beide Ehegatten gemeinsam gerichteten Vorauszahlungsbescheids ohne Tilgungsbestimmungen geleistet, ist wie folgt zu verfahren:

- Zuerst sind von den gegen die Ehegatten jeweils individuell festgesetzten Einkommensteuerbeträgen jeweils die anzurechnenden Steuerabzugsbeträge (Nr. 3.1) abzuziehen (Zwischensumme I = Soll);
- danach sind von diesen Sollbeträgen (Zwischensumme I) jeweils die (Voraus-)Zahlungen abzuziehen, die der einzelne Ehegatte mit individueller Tilgungsbestimmung geleistet hat (Nr. 3.2), und die für jeden Ehegatten danach individuell verbleibenden Beträge zu ermitteln (Zwischensumme II);
- die (aufgrund eines gegen beide Ehegatten gerichteten Vorauszahlungsbescheids) geleisteten „gemeinsamen" Vorauszahlungen ohne individuelle Tilgungsbestimmung (Nr. 3.3) werden nun zunächst auf die Steuern beider Ehegatten maximal bis zum vollständigen „Verbrauch" der jeweiligen (positiven) Zwischensumme II aufgeteilt, der danach verbleibende Restbetrag ist nach Köpfen auszukehren.

Beispiel:

Die Ehegatten M und F haben die gegen sie gemeinsam festgesetzten Vorauszahlungen (4 x 4.000 € = 16.000 €) ohne individuelle Tilgungsbestimmung entrichtet. Vom Arbeitslohn wurden jeweils folgende Lohnsteuerbeträge einbehalten:

M:	5.000€
F:	1.000€

Es werden Einzelveranlagungen nach § 26a EStG durchgeführt:

M: festgesetzte Einkommensteuer =		15.000€
F: festgesetzte Einkommensteuer =		5.000€
Summe der getrennt festgesetzten Steuerbeträge =		20.000€
Summe der hierauf anzurechnenden Beträge =	./.	22.000€
Erstattungsüberhang	./.	2.000€

Lösung:

Der Betrag von 2.000 € ist nach Köpfen auszukehren.

Die Zurechnung erfolgt wie folgt:

(1) Bei jedem Ehegatten sind von den festgesetzten Einkommensteuerbeträgen zunächst jeweils die anzurechnenden Lohnsteuerbeträge abzuziehen (= Sollbeträge):

M:	15.000€ ./. 5.000€ =	10.000€
F:	5.000€ ./. 1.000€ =	4.000€

(2) Im zweiten Schritt werden - mangels Zahlungen mit individueller Tilgungsbestimmung i. S. d. Nr. 3.2 - die gemeinsamen Vorauszahlungen nun jeweils bis zur Höhe der Sollbeträge (hier identisch mit Zwischensumme II) bei M und F aufgeteilt, der danach verbleibende Restbetrag (2.000€) ist jedem Ehegatten zur Hälfte zuzurechnen:

„gemeinsame" Vorauszahlungen		16.000€
⇨ M:		
Sollbetrag:	10.000€	
„vorab" anzurechnen	./. 10.000€	./. 10.000€
vorläufiger Restbetrag	0€	
⇨ F:		
Sollbetrag:	4.000€	
„vorab" anzurechnen	./. 4.000€	./. 4.000€
vorläufiger Restbetrag	0€	
nicht verbrauchte, gemeinsame Vorauszahlungen		2.000€

(3) Im dritten Schritt werden die nicht verbrauchten gemeinsamen Vorauszahlungen nach Köpfen zugerechnet:

⇨ M: ½ von 2.000€ = 1.000€

⇨ F: ½ von 2.000€ = 1.000€

(4) Die Abrechnungsverfügungen der Steuerbescheide sehen wie folgt aus:

M:

15.000€	festgesetzte Einkommensteuer
./. 5.000€	anzurechnende Lohnsteuer
./. 11.000€	anzurechnende Vorauszahlungen
= ./. 1.000€	Erstattung

F:

5.000€	festgesetzte Einkommensteuer
./. 1.000€	anzurechnende Lohnsteuer
./. 5.000€	anzurechnende Vorauszahlungen
= ./. 1.000€	Erstattung

3.6.2 Nachzahlungsüberhang

Werden Ehegatten nach § 26a EStG einzeln zur Einkommensteuer veranlagt und ist die Summe der anzurechnenden Steuerabzugsbeträge und (Voraus-)Zahlungen geringer als die Summe der individuell festgesetzten Steuern, sind aufgrund eines gegen beide Ehegatten gerichteten Vorauszahlungsbescheids geleistete Vorauszahlungen ohne individuelle Tilgungsbestimmung (Nr. 3.3) wie folgt aufzuteilen und zuzuordnen:

- Zuerst sind von den gegen die Ehegatten individuell festgesetzten Einkommensteuerbeträgen jeweils die anzurechnenden Steuerabzugsbeträge (Nr. 3.1) abzuziehen (Zwischensumme I = Soll);
- danach sind von diesen Sollbeträgen (Zwischensumme I) jeweils die (Voraus-)Zahlungen abzuziehen, die der einzelne Ehegatte mit individueller Tilgungsbestimmung geleistet hat (Nr. 3.2), und die für jeden Ehegatten danach individuell verbleibenden Beträge zu ermitteln (Zwischensumme II);
- die (aufgrund eines gegen beide Ehegatten gerichteten Vorauszahlungsbescheids) geleisteten „gemeinsamen" Vorauszahlungen ohne individuelle Tilgungsbestimmung (Nr. 3.3) werden nun nach Köpfen - allerdings maximal bis zum vollständigen „Verbrauch" der jeweiligen (positiven) Zwischensumme II - aufgeteilt, ein danach verbleibender Restbetrag ist dem Ehegatten mit der höheren Zwischensumme II allein zuzurechnen.

Beispiel:

Die Ehegatten M und F haben die gegen sie gemeinsam festgesetzten Vorauszahlungen (4 x 2.500 € = 10.000 €) ohne individuelle Tilgungsbestimmung entrichtet.

Vom Arbeitslohn wurden jeweils folgende Lohnsteuerbeträge einbehalten:

M:	5.000€
F:	1.000€

Es werden Einzelveranlagungen nach § 26a EStG durchgeführt:

M:	festgesetzte Einkommensteuer =	15.000€
F:	festgesetzte Einkommensteuer =	5.000€
Summe der individuell festgesetzten Steuerbeträge =		20.000€
Summe der hierauf anzurechnenden Beträge =		./. 16.000€
Nachzahlungsüberhang		4.000€

Lösung:

(1) Von den gegen die Ehegatten festgesetzten Einkommensteuerbeträgen sind zunächst jeweils die anzurechnenden Lohnsteuerbeträge abzuziehen (= Sollbeträge):

M:	15.000€ ./. 5.000€ =	10.000€
F:	5.000€ ./. 1.000€ =	4.000€

(2) Im zweiten Schritt werden - mangels Zahlungen mit individueller Tilgungsbestimmung i. S. d. Nr. 3.2 - die gemeinsamen Vorauszahlungen nun nach Köpfen - allerdings maximal

bis zur Höhe des jeweiligen Sollbetrags (hier identisch mit Zwischensumme II) - aufgeteilt, der danach verbleibende Restbetrag ist dem Ehegatten mit dem höheren Soll allein zuzurechnen:

⇨ F: ½ von 10.000€, maximal aber 4.000€ = 4.000€

⇨ M: ½ von 10.000€, maximal aber 10.000€ = 5.000€

zuzüglich Restbetrag 1.000€

Summe der bei M anzurechnenden Beträge: 6.000€

(3) Die Abrechnungsverfügungen der Steuerbescheide sehen wie folgt aus:

M:	15.000€	festgesetzte Einkommensteuer
	./. 5.000€	anzurechnende Lohnsteuer
	./. 6.000€	anzurechnende Vorauszahlungen
	= 4.000€	Abschlusszahlung
F:	5.000€	festgesetzte Einkommensteuer
	./. 1.000€	anzurechnende Lohnsteuer
	./. 4.000€	anzurechnende Vorauszahlungen
	= 0€	Abschlusszahlung

3.7 Keine Berücksichtigung der Zeitabfolge von Zahlungen

Bei der Zuordnung und Aufteilung von Zahlungen auf die Steuerschuld ist der jeweilige Zahlungszeitpunkt unbeachtlich. Alle bis zum Abrechnungsstichtag geleisteten Zahlungen (Vorauszahlungen, Abschlagszahlungen oder sonstige Zahlungen) sind nach den vorstehenden Grundsätzen zuzuordnen und aufzuteilen. Dies hat zum Beispiel zur Folge, dass für die Zuordnung und Aufteilung eines Erstattungsanspruchs, der sich aus einer Änderung einer Einkommensteuerfestsetzung zugunsten des/der Steuerpflichtigen ergibt, die Abschlusszahlung nicht vorrangig zu berücksichtigen ist. Vielmehr ist die Zuordnung und Aufteilung von Zahlungen im Wege einer Gesamtaufrollung neu vorzunehmen.

Beispiel:

Im Rahmen einer Zusammenveranlagung wurde gegen die Ehegatten M und F Einkommensteuer in Höhe von 10.000 € festgesetzt. Nach Anrechnung der vom Arbeitslohn des Ehemannes einbehaltenen Lohnsteuer von 6.000 € ergab sich eine Abschlusszahlung von 4.000 €, die von den Eheleuten für beider Rechnung entrichtet wurde.

Später wird die Einkommensteuerfestsetzung gemäß § 175 Abs. 1 Satz 1 Nr. 1 AO geändert und die Einkommensteuer auf 9.000 € herabgesetzt. Es ergibt sich somit ein Erstattungsanspruch von 1.000 €.

Lösung:
Die individuellen Erstattungsansprüche der Ehegatten M und F sind wie folgt zu ermitteln:

(1) individuelle Ermittlung der bei den Ehegatten nach Nr. 3.1 jeweils anzurechnenden Steuerabzugsbeträge:

M: 6.000€

F: 0€

(2) mangels Zahlungen mit individueller Tilgungsbestimmung i. S. d. Nr. 3.2 hälftige Aufteilung der „gemeinsamen" Zahlungen i. S. d. Nr. 3.3 und Zurechnung des jeweiligen Anteils wie eine Zahlung i. S. d. Nr. 3.2:

⇨ M: ½ von 4.000€ = 2.000€

⇨ F: ½ von 4.000€ = 2.000€

(3) für jeden Ehegatten sind die nach (1) und (2) ermittelten Anrechnungsbeträge jeweils zu addieren:

M:	6.000€	F:	0€
	+ 2.000€		+ 2.000€
Summe:	8.000€	Summe:	2.000€

(4) Die Aufteilung des Erstattungsanspruchs (1.000€) auf die Ehegatten erfolgt im Verhältnis der Summe der dem einzelnen Ehegatten zuzurechnenden Zahlungen zur Summe aller Zahlungen:

⇨ M: 1.000€ x (8.000/10.000) = 800€

⇨ F: 1.000€ x (2.000/10.000) = 200€

4. Zuordnung und Aufteilung von Zahlungen in Trennungsfolgejahren

Für die Zuordnung und Aufteilung von Zahlungen, denen eine an beide Ehegatten als Gesamtschuldner gerichtete Vorauszahlungsfestsetzung für Trennungsfolgejahre zugrunde liegt, gelten die Regelungen in Nummern 2.3 bis 2.5 entsprechend. War dem Finanzamt die Trennung im Zahlungszeitpunkt noch nicht bekannt und lag zu diesem Zeitpunkt auch keine individuelle Tilgungsbestimmung vor, sind die Zahlungen deshalb genauso als Zahlungen für gemeinsame Rechnung zu behandeln wie im Fall von Einzelveranlagungen nach § 26a EStG (vgl. Nr. 3.6).

5. Vorläufige Zuordnung und Aufteilung von Zahlungen für gemeinsame Rechnung

5.1 Kann in den Fällen der Nummer 3.6 nur einer der Ehegatten bereits zur Einkommensteuer veranlagt werden (sei es auf Antrag oder wegen Veranlagungspflicht), während bei dem anderen Ehegatten, der von Amts wegen zu veranlagen ist, die Veranlagung noch nicht erfolgen kann (z. B. weil die Erklärungsfrist noch nicht abgelaufen ist, so dass auch noch keine Steuerfestsetzung im Wege einer Schätzung möglich ist), kann für Zwecke der vorläufigen Aufteilung der Vorauszahlungen hinsichtlich des Ehegatten, für den keine Veranlagung erfolgen kann, eine fiktive Veranlagung auf der Grundlage der vorliegenden bzw. der Vorauszahlungsfestsetzung zugrunde gelegten Besteuerungsgrundlagen durchgeführt werden.

5.2 Kann in den Fällen der Nummer 4 zunächst nur einer der Ehegatten zur Einkommensteuer veranlagt werden, während bei dem anderen Ehegatten zu diesem Zeitpunkt weder die Voraussetzungen für eine Veranlagung von Amts wegen noch für eine Antragsveranlagung vorliegen, ist für Zwecke der vorläufigen Aufteilung der für gemeinsame Rechnung der Ehegatten geleisteter Vorauszahlungen hinsichtlich des Ehegatten, für den (noch) keine Veranlagung erfolgen kann, eine fiktive Veranlagung auf der Grundlage der dem Finanzamt vorliegenden bzw. der Vorauszahlungsfestsetzung zugrunde gelegten Besteuerungsgrundlagen durchzuführen.

5.3 Bei dem Ehegatten, für den nur eine fiktive Veranlagung durchgeführt wird, ergeht in beiden vorgenannten Fällen (noch) kein Einkommensteuerbescheid, vielmehr bleibt der Vorauszahlungsbescheid ihm gegenüber wirksam, bis ein Einkommensteuerbescheid oder ein Nichtveranlagungsbescheid ergangen ist.

5.4 In den Fällen der Nummern 5.1 oder 5.2 ist die bereits für einen Ehegatten durchgeführte Anrechnung von Zahlungen für gemeinsame Rechnung nach Ergehen des noch ausstehenden Einkommensteuerbescheides oder eines Nichtveranlagungsbescheids des anderen Ehegatten zu korrigieren (§ 130 i. V. m. § 131 Abs. 2 Satz 1 Nr. 3 AO). Unter den Voraussetzungen des § 218 Abs. 3 AO kann die Anrechnungsverfügung oder ein Abrechnungsbescheid nach § 218 Abs. 2 AO auch zur Beseitigung einer widerstreitenden Anrechnung von Zahlungen geändert werden (vgl. Nr. 6).

6. Änderung von Anrechnungsverfügungen oder Abrechnungsbescheiden nach § 218 Abs. 3 AO

6.1 Wird eine Anrechnungsverfügung oder ein Abrechnungsbescheid (§ 218 Abs. 2 AO) zur Einkommensteuer auf Grund eines Rechtsbehelfs oder auf Antrag eines Ehegatten oder eines Dritten zurückgenommen und ein für ihn günstigerer Verwaltungsakt erlassen, können nachträglich gegenüber beiden Ehegatten durch Änderung der Anrechnungsverfügungen oder von Abrechnungsbescheiden die entsprechenden steuerlichen Folgerungen gezogen werden (§ 218 Abs. 3 Satz 1 AO). § 174 Abs. 4 und 5 AO gilt in diesen Fällen entsprechend (§ 218 Abs. 3 Satz 2 AO). Vgl. im Übrigen auch AEAO zu § 218, Nr. 4.

6.2 Gegenüber dem anderen Ehegatten ist nur dann eine für ihn nachteilige Korrektur seiner Anrechnungsverfügung oder seines Abrechnungsbescheids nach § 218 Abs. 3 AO möglich, wenn er an dem Verfahren, das zur Aufhebung oder Änderung der fehlerhaften Anrechnungsverfügung bzw. des fehlerhaften Abrechnungsbescheids des anderen Ehegatten geführt hat, beteiligt wurde.

6.3 § 218 Abs. 3 AO gilt ab dem 31. Dezember 2014 für alle zu diesem Zeitpunkt noch nicht zahlungsverjährten Anrechnungsverfügungen und Abrechnungsbescheide (Art. 97 § 13a EGAO). Die Regelung gilt damit auch in den Fällen, in denen Anrechnungsverfügungen bislang unter Widerrufsvorbehalt ergangen sind, soweit noch keine Zahlungsverjährung eingetreten ist.

7. Abstimmungsbedarf

Sind in Fällen der Ehegattenveranlagung mehrere Finanzämter für die Veranlagungen zuständig, haben sich diese - auch länderübergreifend - abzustimmen.

Dieses Schreiben tritt mit sofortiger Wirkung an die Stelle des BMF-Schreibens vom 31. Januar 2013 - IV A 3 - S 0160/11/10001 - (BStBl I S. 70).

Tatsächliche Verständigung über den der Steuerfestsetzung zugrunde liegenden Sachverhalt

(BMF-Schreiben vom 30.7.2008 - IV A 3 - S 223/07/10002 -, BStBl I S. 831, ergänzt durch das BMF-Schreiben vom 15.4.2019 - IV A 3-S 0223/07/10002 -, BStBl I S. 447)

Unter Bezugnahme auf das Ergebnis der Erörterungen mit den obersten Finanzbehörden der Länder gilt Folgendes:

1. Einleitung

Der Untersuchungsgrundsatz in § 88 Abs. 1 Satz 1 AO bestimmt, dass die Finanzbehörden den Sachverhalt von Amts wegen zu ermitteln hat. Nach § 88 Abs. 1 Satz 2 AO bestimmt sie Art und Umfang der Ermittlungen. Die Finanzbehörde ist an das Vorbringen und an die Beweisanträge der Beteiligten nicht gebunden. Der Umfang dieser Pflichten richtet sich nach den Umständen des Einzelfalls.

Unter Zugrundelegung des Prinzips der Gesetzmäßigkeit der Verwaltung und der Gleichmäßigkeit der Besteuerung sind Vergleiche über Steueransprüche nicht möglich. Jedoch ist in Fällen erschwerter Sachverhaltsermittlung unter bestimmten Voraussetzungen zur Förderung der Effektivität der Besteuerung als auch zur Sicherung des Rechtsfriedens eine die Beteiligten bindende Einigung über die Annahme eines bestimmten Sachverhalts und über eine bestimmte Sachbehandlung (AEAO, Nr. 1 zu § 88 AO) möglich. Derartige Vereinbarungen zwischen dem Steuerpflichtigen und der Finanzbehörde werden als „tatsächliche Verständigung" bezeichnet.

Diese tatsächliche Verständigung kann nach ständiger Rechtsprechung des Bundesfinanzhofes (BFH-Urteile vom 11.12.1984 - VIII R 131/76 - BStBl II 1985, S. 354, vom 05.10.1990 - III R 19/88 - BStBl II 1991, S. 45 und vom 06.02.1991 - I R 13/86 - BStBl 1991 II, S. 673, vom 08.09.1994 - V R 70/91 - BStBl II 1995, S. 32, vom 13.12.1995 - XI R 43 - 45/89 - BStBl II 1996, S. 232, vom 31.07.1996 - XI R 78/95 - BStBl II 1996, S. 625) in jedem Stadium des Veranlagungsverfahrens, insbesondere auch anlässlich einer Außenprüfung und während eines anhängigen Rechtsbehelfs- bzw. Rechtsmittelverfahrens (z.B. im Rahmen einer Erörterung nach § 364a AO) getroffen werden. Von ihr kann auch bei Steuerfahndungsprüfungen bzw. nach Einleitung eines Steuerstrafverfahrens Gebrauch gemacht werden. In solchen Fällen ist frühzeitig die für Straf- und Bußgeldverfahren zuständige Stelle bzw. die Staatsanwaltschaft einzubeziehen.

Beabsichtigen die Beteiligten, sich auf diese Weise über eine bestimmte Sachbehandlung zu verständigen, sind die folgenden Grundsätze zu beachten.

2. Zulässigkeit

2.1 Die tatsächliche Verständigung ist ausschließlich im Bereich der Sachverhaltsermittlung zulässig.

2.2 Die tatsächliche Verständigung ist nicht zulässig:

- zur Klärung zweifelhafter Rechtsfragen,

- über den Eintritt bestimmter Rechtsfolgen,

- über die Anwendung bestimmter Rechtsvorschriften und

- wenn sie zu einem offensichtlich unzutreffenden Ergebnis führt.

2.3 Eine tatsächliche Verständigung ist aber insoweit möglich, als im Rahmen einer rechtlichen Beurteilung über eine Vorfrage zum Sachverhalt zu entscheiden ist (BFH-Urteil vom 01.02.2001 - IV R 3/00 - BStBl II 2001, S. 520).

3. Voraussetzungen

Voraussetzung für eine tatsächliche Verständigung ist das Vorliegen eines Sachverhalts, der nur unter erschwerten Umständen ermittelt werden kann. Das ist z.B. der Fall, wenn sich einzelne Sachverhalte nur mit einem nicht mehr vertretbaren Arbeits- oder Zeitaufwand ermitteln lassen (vgl. AEAO zu § 88 AO, Nr. 1 Abs. 2). Allein die Kompliziertheit eines Sachverhalts begründet für sich noch nicht die Annahme einer erschwerten Sachverhaltsermittlung.

Bei der Frage, ob eine erschwerte Sachverhaltsermittlung vorliegt, kann auch auf das Verhältnis zwischen voraussichtlichem Arbeitsaufwand und steuerlichem Erfolg abgestellt und ferner berücksichtigt werden, in welchem Maß das Finanzamt durch ein zu erwartendes finanzgerichtliches Verfahren belastet wird, sofern es bei vorhandenen tatsächlichen Zweifeln dem Begehren des Steuerpflichtigen nicht entspricht und zu seinem Nachteil entscheidet.

4. Anwendungsbereich

4.1 Die tatsächliche Verständigung kommt insbesondere in Fällen in Betracht, in denen ein

- Schätzungsspielraum,

- Bewertungsspielraum,

- Beurteilungsspielraum oder

- Beweiswürdigungsspielraum

besteht.

4.2 Im Gegensatz zur verbindlichen Auskunft (§ 89 Abs. 2 AO) bezieht sich die tatsächliche Verständigung ausschließlich auf abgeschlossene Sachverhalte. Wirkt sich der in der tatsächlichen Verständigung festgelegte Sachverhalt auch in die Zukunft aus und sollte sie sich nach dem Willen der Beteiligten auch hierauf erstrecken, tritt - gleich bleibende tatsächliche Verhältnisse vorausgesetzt - insoweit ebenfalls eine Bindung ein. Das ist z.B. der Fall bei der Festlegung der Nutzungsdauer eines Wirtschaftsgutes oder der Abgrenzung von Erhaltungs- und Herstellungsaufwendungen.

4.3 Hinsichtlich der Besteuerungsgrundlagen, die von der tatsächlichen Verständigung nicht umfasst sind, bestehen die gesetzlich festgelegten Pflichten des Finanzamts zur Ermittlung des Sachverhalts von Amts wegen (§§ 85, 88 AO), des Steuerpflichtigen zur Mitwirkung (§ 90 AO) sowie des Finanzamts und des Finanzgerichts zur Schätzung nicht ermittelbarer Besteuerungsgrundlagen (§ 162 AO, § 96 Abs. 1 FGO) fort.

5. Durchführung

Die tatsächliche Verständigung dient der Herstellung des Rechtsfriedens und der Vermeidung von Rechtsbehelfen, indem der Arbeits- und Zeitaufwand für die Ermittlung des maßgeblichen Sachverhalts auf ein vertretbares Maß beschränkt werden soll. In Fällen, denen keine wesentliche Bedeutung zukommt, soll eine Einigung außerhalb einer tatsächlichen Verständigung angestrebt werden. Es kann z.B. eine (ggf. auch fernmündliche) Einigung in Form einer Absprache für die Behandlung im Besteuerungsverfahren mit anschließendem Aktenvermerk getroffen werden.

Die Abgrenzung hat sich an der Bedeutung des Gesamtsteuerfalles zu orientieren; hierbei ist nicht kleinlich zu verfahren.

In anderen Fällen ist bei der Durchführung der tatsächlichen Verständigung Folgendes zu beachten:

5.1 Die Beteiligten müssen zu einer abschließenden Regelung befugt sein.

5.2 Wird der Steuerpflichtige durch einen Bevollmächtigten (§ 80 Abs. 1 Satz 1 AO) vertreten, muss eine entsprechende Vollmacht vorliegen. Eine uneingeschränkte Vollmacht gemäß § 80 Abs. 1 Satz 2 AO umfasst auch die Befugnis zu einer tatsächlichen Verständigung.

5.3 Auf Seiten des Finanzamts muss mindestens der für die Entscheidung über die Steuerfestsetzung zuständige, d.h. der zur abschließenden Zeichnung berechtigte Amtsträger beteiligt sein. War an dem Abschluss einer tatsächlichen Verständigung ein für die Entscheidung über die Steuerfestsetzung zuständiger Amtsträger nicht beteiligt, kann dieser Mangel durch ausdrückliche nachträgliche Zustimmung gegenüber allen Beteiligten geheilt werden.

5.4 Eine tatsächliche Verständigung soll sich grundsätzlich nur auf einen einzelnen Sachverhalt beziehen. Sollen tatsächliche Verständigungen über mehrere Sachverhalte herbeigeführt werden, sind in der Regel auch mehrere, voneinander unabhängige tatsächliche Verständigungen anzustreben. Im Hinblick auf den denkbaren Einwand des Wegfalls der Geschäftsgrundlage sollten „Paketlösungen“ (Einzelregelungen, die in ihrem Bestand voneinander abhängig gemacht werden) nur dann in Erwägung gezogen werden, wenn eine Klärung der offenen Sachverhaltsfragen nur auf diesem Wege erreichbar erscheint.

5.5 Der Inhalt der tatsächlichen Verständigung ist in einfacher, aber beweissicherer Form unter Darstellung der Sachlage schriftlich festzuhalten und von den Beteiligten aus Beweisgründen zu unterschreiben. Es genügt, wenn die Ergebnisse der tatsächlichen Verständigung in dieser Form festgehalten werden. Ausführungen zu den Rechtsfolgen einer tatsächlichen Verständigung sind in der Regel nicht aufzunehmen. In dieser Niederschrift sind die Beteiligten in eindeutiger und zweifelsfreier Form auf die Bindungswirkung der tatsächlichen Verständigung hinzuweisen. Dies dient der Vermeidung von Irrtümern und den sich daraus unter Umständen ergebenden Anfechtungsmöglichkeiten. Den Beteiligten ist eine Ausfertigung der Vereinbarung auszuhändigen. Das Dokument über den Abschluss der tatsächlichen Verständigung hat in dem Falle, in dem der für die Entscheidung zuständige Amtsträger an ihrem Abschluss ausnahmsweise nicht mitgewirkt hat, zusätzlich einen Hinweis darauf zu enthalten, dass die tatsächliche Verständigung bis zur nachträglichen Zustimmung durch den für die Steuerfestsetzung zuständigen Amtsträger schwebend unwirksam ist. Darüber hinaus muss bis zum Zeitpunkt der nachträglichen Zustimmung auch dem Steuerpflichtigen ein Widerrufsrecht eingeräumt werden.

<u>Beispiel einer Niederschrift:</u>

Nach Erörterung der Sachlage erklären das Finanzamt …, vertreten durch …, - und der Steuerpflichtige …, vertreten durch …, übereinstimmend und verbindlich, dass [Sachverhalt]…. Die tatsächliche Verständigung ist für alle Beteiligten bindend. Die Beteiligten bzw. ihre durch Vollmacht ausgewiesenen Vertreter haben am [Datum einsetzen] eine Ausfertigung der Niederschrift erhalten.

[Unterzeichnung durch die Beteiligten]

6. Rechtsfolgen

6.1 Die Bindungswirkung ergibt sich nicht erst durch die Berücksichtigung der tatsächlichen Verständigung im Steuerbescheid (BFH-Urteile vom 06.02.1991 - I R 13/86 - BStBl II S. 673, vom 31.07.1996 - XI R 78/95 - BStBl II 1996, S. 625). Mit Abschluss der tatsächlichen Verständigung sind die Beteiligten an die vereinbarte Tatsachenbehandlung nach dem Grundsatz von Treu und Glauben gebunden, wenn sie wirksam geworden und unanfechtbar zustande gekommen ist. Eine tatsächliche Verständigung bindet nur die an ihrem Zustandekommen Beteiligten, nicht jedoch Dritte (Ausnahme: Gesamtrechtsnachfolger).

Nachträglich bekannt gewordene Tatsachen, die die tatsächliche Verständigung hätten beeinflussen können, wenn sie vorher bekannt geworden wären, beseitigen die Bindungswirkung der tatsächlichen Verständigung regelmäßig nicht. Insoweit ist das Rechtsschutzbedürfnis für einen Rechtsbehelf bzw. ein Rechtsmittel gegen die entsprechende Steuerfestsetzung entfallen.

Eine im Rahmen einer Außenprüfung getroffene zulässige und wirksame tatsächliche Verständigung über eine bestimmte Behandlung eines Sachverhalts bindet die Finanzbehörde bereits vor Erlass der darauf beruhenden Bescheide (BFH-Urteil vom 31.07.1996 - XI R 78/95 - BStBl II 1996, S. 625).

6.2 Die Vereinbarung ist dem Verwaltungsakt zugrunde zu legen, für den die tatsächliche Verständigung bestimmt ist. Eine Änderung des die tatsächliche Verständigung enthaltenden Verwaltungsaktes lässt die Bindungswirkung der Vereinbarung grundsätzlich unberührt.

7. Aufhebung/Änderung der tatsächlichen Verständigung

7.1 Die tatsächliche Verständigung kann von den Beteiligten einvernehmlich aufgehoben oder geändert werden. Im Hinblick auf den Zweck dieses Rechtsinstituts sollte dies jedoch auf Ausnahmefälle beschränkt bleiben.

7.2 Die Aufhebung oder Änderung des Verwaltungsaktes, dessen Bestandteil die tatsächliche Verständigung ist, kommt nur dann in Betracht, wenn dies nach den verfahrensrechtlichen Bestimmungen zulässig ist.

8. Unwirksamkeit der tatsächlichen Verständigung

8.1 Die tatsächliche Verständigung ist dann unwirksam, wenn sie unter Ausübung unzulässigen Drucks auf den Steuerpflichtigen oder durch dessen unzulässige Beeinflussung zustande gekommen ist.

Andererseits kann eine Willenserklärung des Steuerpflichtigen, die zu einer tatsächlichen Verständigung mit dem Finanzamt geführt hat, nicht deshalb angefochten werden, weil die Erklärung nur aus Sorge vor weiteren lästigen Ermittlungen und unter dem Druck eines laufenden Steuerstrafverfahrens abgegeben worden ist.

Eine tatsächliche Verständigung ist außerdem unwirksam, wenn sie zu einem offensichtlich unzutreffenden Ergebnis führt (BFH-Urteil vom 06.02.1991 - I R 13/86 - BStBl II 1991, S. 673), d. h., wenn die Vereinbarung gegen die Regeln der Logik oder gegen allgemeine Erfahrungssätze verstößt.

8.2 Als weitere Gründe für die Unwirksamkeit der tatsächlichen Verständigung kommen die im BGB über die Willenserklärung aufgeführten Gründe zum Tragen:

- Scheingeschäft, § 117 BGB,
- Anfechtung, §§ 119, 120, 123 BGB,

- offener Einigungsmangel, § 154 BGB,

- Vertretungsmängel, z.B. nach §§ 164 ff. BGB,

- Störung der Geschäftsgrundlage, § 313 BGB.

Unwirksamkeit kann auch bei Vorliegen der Tatbestände des § 130 Abs. 2 AO gegeben sein.

Beispiel:

Wird von einem Steuerpflichtigen bei den zugrunde liegenden Erörterungen bewusst der Sachverhalt verfälscht oder verschleiert und werden für die Besteuerung wesentliche Tatsachen gegenüber der Finanzbehörde verschwiegen, so kann die tatsächliche Verständigung keine Bindungswirkung entfalten.

8.3 Werden derartige Gründe von einem der Beteiligten geltend gemacht, so ist für die weitere Behandlung der tatsächlichen Verständigung von Bedeutung, ob diese bereits in einem Verwaltungsakt berücksichtigt worden sind oder nicht.

8.3.1 Die tatsächliche Verständigung ist noch nicht in einem Verwaltungsakt berücksichtigt worden:

Variante 1:

Macht der Steuerpflichtige die Unwirksamkeit der tatsächlichen Verständigung mit zutreffenden Gründen geltend, so teilt ihm das Finanzamt mit, dass sie einvernehmlich als aufgehoben anzusehen ist.

Geht das Finanzamt weiterhin vom Bestehen und der Bindungswirkung der tatsächlichen Verständigung aus, so teilt es dem Steuerpflichtigen mit, dass dessen Rechtsauffassung nicht geteilt wird und berücksichtigt die Vereinbarung bei der entsprechenden Steuerfestsetzung. Der Steuerpflichtige kann seine Rechtsauffassung in einem sich anschließenden Rechtsbehelfsverfahren gegen den Steuerbescheid weiterverfolgen.

Variante 2:

Hält das Finanzamt die tatsächliche Verständigung für unwirksam, teilt es dies dem Steuerpflichtigen mit und gibt ihm Gelegenheit zur Stellungnahme. Geht das Finanzamt entgegen der Rechtsauffassung des Steuerpflichtigen weiterhin von der Unwirksamkeit der tatsächlichen Verständigung aus, ist sie bei der Steuerfestsetzung nicht zu berücksichtigen. Der Steuerpflichtige kann seine Rechtsauffassung in einem sich anschließenden Rechtsbehelfsverfahren gegen den Steuerbescheid weiterverfolgen.

8.3.2 Die tatsächliche Verständigung ist bereits in einem Verwaltungsakt berücksichtigt worden:

Die Unwirksamkeit der tatsächlichen Verständigung kann sich nur dann steuerlich auswirken, wenn die betreffende Steuerfestsetzung verfahrensrechtlich noch geändert werden kann (z.B. gemäß §§ 164, 172 ff., 367 Abs. 2 Satz 2 AO).

Verschweigt z.B. der Steuerpflichtige dem Finanzamt steuererhebliche Tatsachen bei Abschluss der tatsächlichen Verständigung, kann der daraus erwachsene Steuerbescheid gemäß § 173 Abs. 1 Nr. 1 AO geändert werden. Eine Änderung kann auch bei Vorliegen der Voraussetzungen des § 172 Abs. 1 Nr. 2 Buchstabe c AO erfolgen.

8.4 Nach Wegfall der tatsächlichen Verständigung sind jedoch regelmäßig weitere Ermittlungen zur Feststellung der Besteuerungsgrundlagen erforderlich. Die hierbei erstmalig bekannt gewordenen Tatsachen oder Beweismittel können z.B. eine Änderung der Steuerfestsetzung nach § 173 AO zur Folge haben.

Verwaltungsgrundsätze 2020

(BMF-Schreiben vom 3.12.2020 - I V B 5 - S 1341/19/10018 :001 -, BStBl I S. 1325)[1]

Unter Bezugnahme auf das Ergebnis der Erörterung mit den Vertretern der obersten Finanzbehörden der Länder gilt für die Prüfung der Einkunftsabgrenzung zwischen international verbundenen Unternehmen in Bezug auf Mitwirkungspflichten sowie Schätzung von Besteuerungsgrundlagen und Zuschlägen Folgendes:

1. Mitwirkungspflichten der Beteiligten (§ 90 AO)

1.1 Allgemeines zu den Mitwirkungspflichten

1 Die Amtsermittlungspflicht der Finanzbehörde und die Mitwirkungspflicht der Beteiligten stehen nebeneinander (BFH-Urteil vom 15.2.1989, X R 16/86, BStBl II S. 462). Die Pflicht des Beteiligten zur Mitwirkung an der Sachverhaltsaufklärung hängt nicht davon ab, dass die Finanzbehörde diesen zur Mitwirkung auffordert.

2 Die allgemeine Mitwirkungspflicht des § 90 Abs. 1 Satz 1 AO betrifft die Ermittlung des Sachverhalts und wird für bestimmte Sachverhaltskonstellationen in § 90 Abs. 2 und Abs. 3 AO erweitert. Die Mitwirkungspflicht wird zudem durch gesonderte verfahrensrechtliche (z. B. in §§ 93 bis 100, 140 ff., 149, 150, 153, 154, 160, 200, 210 ff. AO) und einzelsteuergesetzliche Regelungen (z. B. in §§ 16, 17 AStG; §§ 33, 34 ErbStG; §§ 18, 19 GrEStG und § 22 UStG) ausgestaltet.

3 § 200 AO tritt im Rahmen der Außenprüfung neben § 90 AO und ergänzt und erweitert die gemäß §§ 90 ff. AO bereits bestehenden allgemeinen Mitwirkungspflichten für die Außenprüfung (BFH-Urteil vom 6.6.2012, I R 99/10, BStBl II 2013 S. 196; BFH-Urteil vom 4.11.2003, VII R 28/01, BStBl II 2004 S. 1032). Auch die Pflichten des Steuerpflichtigen mit Bezug zum Datenzugriff gemäß § 147 Abs. 6 AO werden durch § 200 Abs. 1 Satz 2 AO erweitert. Die Vorlagepflicht gemäß § 200 Abs. 1 Satz 2 AO erfasst ferner auch solche Urkunden, für welche den Steuerpflichtigen zwar keine gesetzliche Aufbewahrungspflicht gemäß § 147 Abs. 1 AO trifft, diese Urkunden aber vorhanden sind und folglich vorgelegt werden können (BFH-Urteil vom 28.10.2009, VIII R 78/05, BStBl II 2010 S. 455).

4 Hinsichtlich des durch § 393 AO geregelten Verhältnisses des Strafverfahrens zum Besteuerungsverfahren und den damit einhergehenden Pflichten zur Mitwirkung des Steuerpflichtigen, vgl. Nr. 16 der AStBV (St) 2020.

5 Der Umfang der Mitwirkungspflicht richtet sich nach den Umständen des Einzelfalls. Die Verantwortung des Beteiligten für die Aufklärung des Sachverhalts ist umso größer, je mehr Tatsachen und Beweismittel der von ihm beherrschten Informations- oder Tätigkeitssphäre angehören (BFH-Urteil vom 15.2.1989, X R 16/86, BStBl II S. 462). Der Umfang der allgemeinen Mitwirkungspflicht wird durch den Verhältnismäßigkeitsgrundsatz begrenzt.

6 Ist ein Bevollmächtigter bestellt, so soll sich die Finanzbehörde an ihn wenden. Nur bei Vorliegen besonderer Gründe soll sich die Finanzbehörde an den Beteiligten selbst

[1] Inhaltsverzeichnis hier nicht abgedruckt.

wenden, z. B. um ihn um Auskünfte zu bitten, die nur er selbst als Wissensträger geben kann. In diesem Fall ist der Bevollmächtigte zu unterrichten (vgl. AEAO zu § 80).

7 Ein Mitwirkungsverweigerungsrecht für Beteiligte besteht nicht. Ein Mitwirkungsverweigerungsrecht steht nach §§ 101 bis 106 AO nur Dritten zu.

8 Die Möglichkeit der Durchführung eines Verständigungsverfahrens nach den DBA, der EU-Schiedskonvention (EWG/90/463; ABl. L 225 vom 20.8.1990, S. 10) oder dem Streitbeilegungsgesetz (12.12.2019, BGBl. I S. 2103) oder der Antrag auf Eröffnung oder die tatsächliche Eröffnung eines Verständigungs- oder Schiedsverfahrens im Laufe einer Außenprüfung entbindet die Beteiligten nicht von ihren Mitwirkungspflichten gemäß § 90 AO.

1.2 Erhöhte Mitwirkungspflichten bei Auslandssachverhalten (§ 90 Abs. 2 AO

9 § 90 Abs. 2 AO bestimmt eine gegenüber § 90 Abs. 1 AO erhöhte Mitwirkungs- und Aufklärungspflicht bei Sachverhalten mit Auslandsbezug (Auslandssachverhalte). § 90 Abs. 2 AO soll insbesondere verhindern, dass die Aufklärung von Auslandssachverhalten an der Beschränkung der Hoheitsrechte der deutschen Gerichte und Behörden auf das Inland scheitert oder durch sie erschwert wird. Der Beteiligte hat den Auslandssachverhalt aufzuklären und die erforderlichen Beweismittel zu beschaffen (BFH-Urteil vom 16.4.1980, I R 75/78, BStBl II 1981 S. 492). Dies verlangt eine vollständige und wahrheitsgemäße Darstellung des gesamten besteuerungsrelevanten Sachverhalts, und zwar unabhängig davon, ob sich die einzelnen Umstände und Tatsachen zugunsten oder zuungunsten des Beteiligten auswirken. Die Erforderlichkeit eines Beweismittels hängt vom jeweiligen Einzelfall ab (BFH-Urteil vom 3.6.1987, III R 205/81, BStBl II S. 675; BFH-Urteil vom 2.12.2004, III R 49/03, BStBl II 2005 S. 483).

10 Der Beteiligte ist bei Auslandssachverhalten insbesondere zur Sachverhaltsaufklärung, Beweismittelbeschaffung und Beweisvorsorge verpflichtet. Im Verfahren vor den Finanzgerichten gelten diese Pflichten nach § 76 Abs. 1 Satz 4 FGO sinngemäß.

11 Der Beteiligte muss deshalb unter anderem zum Zweck der Beweisvorsorge im Rahmen seiner rechtlichen und tatsächlichen Möglichkeiten (§ 90 Abs. 2 Satz 2 AO) sicherstellen, dass Aufzeichnungen, Unterlagen und Daten einer ausländischen nahestehenden Person, welche für seine Besteuerung relevant sind, nicht vor Ablauf der inländischen Aufbewahrungsfristen vernichtet werden.

12 Bei der Sachverhaltsaufklärung und Beweismittelbeschaffung genügt es nicht, wenn der Beteiligte solche im Ausland befindlichen bzw. verfügbaren Beweismittel nur benennt. Der Beteiligte hat alle für ihn bestehenden rechtlichen und tatsächlichen Möglichkeiten auszuschöpfen. Danach hat der Beteiligte den zur Aufklärung des Auslandssachverhalts und Beschaffung der erforderlichen Beweismittel im jeweiligen Einzelfall zumutbaren Aufwand zu betreiben. Die erhöhte Mitwirkungspflicht bei der Aufklärung von Auslandssachverhalten unterliegt dem Grundsatz der Verhältnismäßigkeit.

13 Zu den Beweismitteln gehören auch die Bücher, Aufzeichnungen, Geschäftspapiere oder andere Unterlagen sowie Daten ausländischer nahestehender Personen, ohne die eine vollständige Ermittlung des Sachverhalts nicht möglich ist. Dies gilt auch für die Unterlagen und Daten nahestehender Personen, die der Finanzbehörde unabhängig von der vom Beteiligten angewandten Methode eine Verprobung der Angemessenheit der Preise bzw. Ergebnisse von Geschäftsvorfällen ermöglichen. Die Vorlagepflicht gilt auch für Gutachten und Stellungnahmen zu Verrechnungspreisen (vgl. § 1 Abs. 1 Satz 1 AStG), soweit sie für die Festsetzung von Verrechnungspreisen oder für die Einkünfteermittlung in Zusammenhang mit Verrechnungspreisen für

bedeutsam erachtet werden, sowie für E-Mails, Messengerdienstnachrichten oder Nachrichten mittels anderer elektronischer Kommunikationsmedien, soweit diese geschäftliche Inhalte mit steuerlichem Bezug aufweisen und damit insbesondere als Handels- oder Geschäftsbrief anzusehen sind.

14 Bei Auslandssachverhalten hat der Beteiligte Beweisvorsorge zu treffen, damit er seine erhöhte Mitwirkungspflicht erfüllen kann. Er kann sich daher nicht darauf berufen, einen entsprechenden Sachverhalt nicht aufklären oder Beweismittel nicht beschaffen zu können, wenn er sich bei der Gestaltung seiner Verhältnisse die Möglichkeit dazu hätte einräumen lassen können (§ 90 Abs. 2 Satz 4 AO). Der Beteiligte ist während und nach der Verwirklichung eines Auslandssachverhalts verpflichtet, alle Möglichkeiten auszuschöpfen, um im Verwaltungsverfahren seiner erhöhten Mitwirkungspflicht nachkommen zu können (BFH-Urteil vom 14.5.1982, VI R 266/80, BStBl II S. 772). Die Verpflichtung zur Beweismittelvorsorge beschränkt sich auf das im Einzelfall für den Beteiligten zumutbare Maß sowie die rechtliche und tatsächliche Möglichkeit der Vorsorge. Der Beteiligte muss daher z. B. schon bei Abschluss eines Vertrages durch entsprechende vertragliche Regelungen dafür Sorge tragen, dass er auch später auf die im Ausland befindlichen Beweismittel zugreifen kann, um diese der Finanzbehörde vorlegen zu können. Dies gilt insbesondere dann, wenn Geschäftsbeziehungen zwischen nahestehenden Personen vereinbart werden, da die Vorlage der im Ausland befindlichen Beweismittel eine notwendige Voraussetzung dafür ist, die Angemessenheit der der Geschäftsbeziehung zugrunde liegenden Verrechnungspreise zu prüfen und eine derartige Beweisvorsorge auch für die Beteiligten rechtlich und tatsächlich möglich ist. Der Beteiligte kann im Einzelfall zur Vorlage derjenigen Unterlagen eines Dritten verpflichtet sein, auf deren Überlassung er zwar keinen Anspruch hat, welche er sich aber tatsächlich mit zumutbarem Aufwand beschaffen kann. Ein ordentlicher Geschäftsleiter würde sich beispielsweise in folgenden Fällen eine Vorlage der Unterlagen vertraglich vorbehalten:

a. Nachweise über Abgabepreise einer nahestehenden Vertriebsgesellschaft gegenüber fremden Dritten bei Anwendung der Wiederverkaufspreismethode,

b. Kalkulationsunterlagen einer ausländischen Dienstleistungsgesellschaft bei Anwendung der Kostenaufschlagsmethode,

c. Nachweise über die geleisteten Beiträge der zusammenwirkenden Unternehmen bei Beteiligung an einer Kostenumlagevereinbarung,

d. Nachweise über die vom Lizenznehmer mit diesen Werten erwirtschafteten Umsatzerlöse bei Überlassung von immateriellen Werten gegen umsatzabhängige Lizenzgebühren oder

e. Unterlagen über den Gesamtgewinn bzw. -verlust sowie den Aufteilungsschlüssel bei Anwendung der geschäftsvorfallbezogenen Gewinnaufteilungsmethode.

15 Ist der Beteiligte unmittelbar oder mittelbar Mehrheitsgesellschafter einer Gesellschaft oder kontrolliert er die Mehrheit der Stimmrechte einer Gesellschaft, ist davon auszugehen, dass er über (gesellschafts-)rechtliche Möglichkeiten der Informations- und Beweismittelbeschaffung von dieser ihm nahestehenden Gesellschaft verfügt. Er kann sich in diesen Fällen nicht mit Erfolg auf eine Verweigerung der Mitwirkung der ihm nahestehenden Gesellschaft berufen.

16 Beruft sich ein Beteiligter darauf, dass er Informationen nicht erteilen oder Beweismittel nicht vorlegen kann, weil ausschließlich eine nahestehende Person darüber verfügt und diese die Herausgabe verweigert, liegt nur insoweit kein Verstoß des Beteiligten gegen seine Mitwirkungspflichten vor, als er weder rechtlich (z. B. gesellschaftsrechtlich) noch

tatsächlich die Möglichkeiten hat, die Informationen oder Unterlagen bei dem Nahestehenden zu beschaffen und ihm auch eine Beweisvorsorge nicht möglich oder nicht zumutbar war. Die Verweigerung der Mitwirkung einer nahestehenden Person kann durch Vorlage des entsprechenden Schriftverkehrs glaubhaft gemacht werden. Verweigert eine nahestehende Person nachweislich ihre Mitwirkung, hat der Steuerpflichtige seine erhöhten Mitwirkungspflichten dennoch zu erfüllen, soweit ihm dies möglich ist. Die Möglichkeiten der internationalen Rechts- und Amtshilfe bleiben davon unberührt.

17 Sind in einer inländischen Gesellschaft und einer ihr nahestehenden ausländischen Gesellschaft, zwischen denen Geschäftsbeziehungen bestehen, dieselben natürlichen Personen als Geschäftsführer tätig (Personalunion), kann davon ausgegangen werden, dass diese Personen über tatsächliche Möglichkeiten zur Auskunftserteilung und zur Nachweisbeschaffung verfügen. Ist in solchen Fällen eine Prüfungsanordnung nicht nur gegen die inländische Gesellschaft, sondern auch gegen die ausländische Gesellschaft erlassen worden, können die inländische Gesellschaft und die ausländische Gesellschaft jeweils in ihren eigenen Steuerangelegenheiten (einschließlich der steuerlichen Aspekte der Geschäftsbeziehung zur jeweils anderen Gesellschaft) als Beteiligte nach § 93 Abs. 1 Satz 1 AO um Auskunft ersucht werden; dabei ist unerheblich, ob die beiden Gesellschaften durch dieselbe Person als Geschäftsführer vertreten werden.

18 Ist die Erteilung bestimmter Auskünfte an die Behörden nach den Vorschriften anderer Staaten unzulässig oder sogar strafbewehrt, entbindet dieses Verbot den Beteiligten nicht von seiner Mitwirkungspflicht nach § 90 Abs. 2 AO (BFH-Urteil vom 16.4.1980, I R 75/78, BStBl II 1981 S. 492; BFH-Urteil vom 31.5.2006, II R 66/04, BStBl II 2007 S. 49). Die den Beteiligten treffende Pflichtenkollision ist von der Finanzbehörde im Rahmen der Schätzung nach § 162 Abs. 1 AO zu berücksichtigen.

19 Die Berücksichtigung des ausländischen Rechts sowie die Auslegung von Verträgen oder ähnlichen Dokumenten und deren Würdigung obliegen der Finanzbehörde. Das ausländische Recht ist dabei so anzuwenden, wie es der ausländische Staat auslegt und anwendet. Die erhöhte Mitwirkungspflicht gemäß § 90 Abs. 2 AO trifft den Beteiligten aber insoweit, als er nachzuweisen hat, dass er die Voraussetzungen der ausländischen Rechtsnorm erfüllt oder aber nicht.

20 § 90 Abs. 2 AO bezieht sich auf sämtliche Sachverhalte, die für die Festsetzung von Steuern oder steuerlichen Nebenleistungen im Sinne des § 3 AO relevant sind. Dass ein für die Anwendung einer steuerlichen Norm maßgeblicher Sachverhalt nur zum Teil Auslandsbezug hat, ist für die Anwendung von § 90 Abs. 2 AO ohne Bedeutung.

21 Die Finanzbehörde hat dem Beteiligten für die Sachverhaltsaufklärung und die Nachweisbeschaffung eine angemessene Frist einzuräumen.

22 Die Finanzbehörde kann Dokumente in fremder Sprache entgegennehmen. Auf Anforderung sind diese unabhängig von ihrer Form in die deutsche Sprache zu übersetzen. Ein Übersetzungsverlangen ist auf das notwendige Maß zu beschränken. Ist bei umfangreichen Dokumenten eine Übersetzung ins Deutsche tatsächlich notwendig, ist eine Anforderung von Übersetzungen regelmäßig auf die wesentlichen Teile zu beschränken.

Wurden Dokumente nur teilweise übersetzt, führt dies nicht dazu, dass der Finanzbehörde Informationen aus den nicht übersetzten Teilen der vorgelegten Unterlagen als bekannt gelten müssen.

In begründeten Fällen kann die Vorlage einer beglaubigten oder von einem öffentlich bestellten oder vereidigten Dolmetscher oder Übersetzer angefertigte Übersetzung verlangt werden. Wird eine angeforderte und für die Prüfung notwendige Übersetzung nicht unverzüglich vorgelegt, kann die Finanzbehörde eine Übersetzung auf Kosten des Beteiligten anfertigen lassen (§ 87 Abs. 2 Satz 3 AO) oder die Unterlagen als unbeachtlich behandeln. Die Finanzbehörde soll den Beteiligten vorher auf diese Folgen hinweisen.

Die Amtssprache ist Deutsch. Die Finanzbehörde äußert sich gegenüber ausländischen Beteiligten oder deren Bevollmächtigten oder Beiständen grundsätzlich nicht in einer anderen Sprache. Die Finanzbehörde zieht bei Verhandlungen mit dem Beteiligten deshalb auch keinen Dolmetscher auf eigene Kosten hinzu.

23 Verletzt ein Steuerpflichtiger seine Pflichten gemäß § 90 Abs. 2 AO und ist der Sachverhalt nicht anderweitig aufklärbar, so kann zu seinem Nachteil von einem Sachverhalt ausgegangen werden, für den unter Berücksichtigung der Beweisnähe des Steuerpflichtigen und seiner Verantwortung für die Aufklärung des Sachverhalts eine gewisse Wahrscheinlichkeit spricht. Insbesondere dann, wenn die Mitwirkungspflicht sich auf Tatsachen und Beweismittel aus dem alleinigen Verantwortungsbereich des Steuerpflichtigen bezieht, können aus seiner Pflichtverletzung für ihn nachteilige Schlussfolgerungen gezogen werden. Siehe insbesondere § 162 Abs. 2 AO zur Schätzung (vgl. AEAO zu § 162).

24 Bei Nichterfüllung der Mitwirkungspflicht können Zwangsmittel (§ 328 AO) oder ein Verzögerungsgeld (§ 146 Abs. 2b AO) festgesetzt werden.

1.3 Besondere Mitwirkungspflichten (§ 90 Abs. 3 AO)

1.3.1 Grundsätze der Aufzeichnungspflicht (§ 90 Abs. 3 Satz 1 AO)

25 Die Verordnung zu Art, Inhalt und Umfang von Aufzeichnungen im Sinne des § 90 Absatz 3 der Abgabenordnung (Gewinnabgrenzungsaufzeichnungs-Verordnung - GAufzV; 12.7.2017, BGBl. I S. 2367) bestimmt Art, Inhalt und Umfang der zu erstellenden Aufzeichnungen. Ergänzend hierzu enthalten die Anhänge I und II zu Kapitel V der OECD-Verrechnungspreisleitlinien für multinationale Unternehmen Steuerverwaltungen 2017 (OECD-Verrechnungspreisleitlinien 2017) eine Auflistung von Informationen, die regelmäßig in der Verrechnungspreisdokumentation enthalten sein sollten.

26 Die Aufzeichnungspflicht als besondere Ausprägung der allgemeinen Mitwirkungspflichten zielt insbesondere darauf ab (vgl. auch Tz. 5.5 ff. OECD-Verrechnungspreisleitlinien 2017), dass

a. sichergestellt wird, dass der Steuerpflichtige die Anforderungen des Fremdvergleichsgrundsatzes berücksichtigt,

b. die Steuerverwaltung die notwendigen Informationen erhält, um eine sachverständige Risikobeurteilung vornehmen zu können und

c. die Steuerverwaltung die steuerlich relevanten Informationen erhält, die sie bei der Durchführung einer Prüfung der grenzüberschreitenden Geschäftsbeziehungen zwischen einander nahestehenden Personen (Verrechnungspreisprüfungen) benötigt.

Demzufolge tragen die Aufzeichnungen gemäß § 90 Abs. 3 AO (sog. Verrechnungspreisdokumentation) dazu bei, dass es einem sachverständigen Dritten ermöglicht wird, innerhalb einer angemessenen Frist festzustellen, welche Sachverhalte der Steuerpflichtige im Zusammenhang mit seinen Geschäftsbeziehungen tatsächlich verwirklicht hat und ob und inwieweit er dabei den Fremdvergleichsgrundsatz beachtet hat (siehe auch BT-Drs. 15/119, S. 52).

27 Die Aufzeichnungspflicht ist mit dem Unionsrecht vereinbar (BFH-Urteil vom 10.4.2013, I R 45/11, BStBl II S. 771).

28 Unter § 90 Abs. 3 AO fallen die Geschäftsbeziehungen im Sinne des § 1 Abs. 4 AStG eines Steuerpflichtigen. Im Einklang mit § 1 AStG ist ein Steuerpflichtiger in diesem Sinne auch eine Personengesellschaft oder eine Mitunternehmerschaft.

29 Gesellschaftsvertragliche Vereinbarungen (z. B. Vermögenseinlagen) gehören nicht zu den Geschäftsbeziehungen. Damit die Finanzbehörde prüfen kann, ob ein Vorgang als gesellschaftsrechtliche Vereinbarung oder als Geschäftsbeziehung anzusehen ist, hat der Steuerpflichtige entsprechende Unterlagen aller Beteiligten (z. B. Bilanzen) vorzulegen.

30 Die Aufzeichnungspflichten gelten auch für anzunehmende schuldrechtliche Beziehungen zwischen einer Betriebsstätte und dem übrigen Unternehmen gemäß § 1 Abs. 4 Nr. 2 AStG.

31 Die Aufzeichnungspflicht nach § 90 Abs. 3 AO ersetzt nicht die Pflicht zu Erstellung einer Hilfs- und Nebenrechnung gemäß § 3 Betriebsstättengewinnaufteilungsverordnung (BsGaV; 13.10.2014, BGBl. I S. 1603, die zuletzt durch Artikel 5 der Verordnung vom 12.7.2017, BGBl. I S. 2360 geändert worden ist) und umgekehrt.

32 Auf grenzüberschreitende Geschäftsbeziehungen einer Personengesellschaft oder Mitunternehmerschaft mit ihr nahestehenden Personen ist der Fremdvergleichsgrundsatz anzuwenden; entsprechend sind Aufzeichnungen im Sinne des § 90 Abs. 3 AO und der GAufzV vorzulegen. Dies gilt für grenzüberschreitende Beziehungen im Bereich des Sonderbetriebsvermögens gleichermaßen.

33 Für Geschäftsbeziehungen einer nicht buchführungspflichtigen Personengesellschaft ist auch die Personengesellschaft oder Mitunternehmerschaft selbst aufzeichnungspflichtig. Ist für die inländischen Gesellschafter der Personengesellschaft ein Treuhänder oder ein anderer Vertreter bestellt, reicht es aus, wenn die Aufzeichnungen von dieser Person erstellt werden und der inländische Gesellschafter die fristgerechte Vorlage sicherstellt.

34 Aufzeichnungen sind grundsätzlich in deutscher Sprache vorzulegen. Auf Antrag des Steuerpflichtigen kann die Finanzbehörde die Vorlage der Aufzeichnungen in einer anderen lebenden Sprache (insbesondere in englischer Sprache) zulassen, wenn ein sachgerechtes Verständnis innerhalb eines angemessenen Zeitraums sichergestellt werden kann. Bei Aufzeichnungen gemäß § 90 Abs. 3 Satz 3 AO (Stammdokumentation - master file) gilt dies im Besonderen.

Einem solchen Antrag ist jedoch nur unter der Bedingung zu entsprechen, dass von einer Finanzbehörde später angeforderte Übersetzungen innerhalb einer angemessenen Frist vorgelegt werden. Über den Antrag hat die im Zeitpunkt des Eingangs des Antrags für die Festsetzung oder Feststellung der Einkünfte, auf die der Antrag sich bezieht, örtlich und sachlich zuständige Finanzbehörde unverzüglich zu entscheiden. Wird der Antrag nach Bekanntgabe der Prüfungsanordnung gestellt, entscheidet die für die Prüfung zuständige Finanzbehörde. Wird dem Antrag entsprochen, befreit dies den Steuerpflichtigen nicht davon, in einem etwaigen finanzgerichtlichen Verfahren die Aufzeichnungen in deutscher Sprache vorzulegen; § 52 Abs. 1 FGO, § 184 GVG.

Der Antrag kann bereits vor der Anfertigung der Aufzeichnungen gestellt werden. Er ist vom Steuerpflichtigen spätestens unverzüglich nach der Anforderung von Aufzeichnungen durch die Finanzbehörde zu stellen. Die Antragstellung hat keine Auswirkung auf den Fristlauf des § 90 Abs. 3 Satz 7 und 8 AO.

Bei der Anforderung von Übersetzungen ist der Grundsatz der Verhältnismäßigkeit zu beachten. Aufzeichnungen, die in fremder Sprache vorgelegt werden, können unverwertbar sein. So ist z. B. eine Verrechnungspreisdokumentation im Wesentlichen unverwertbar, wenn die Aufzeichnungen ohne Zustimmung der Finanzbehörde in fremder Sprache vorgelegt werden und der Steuerpflichtige diese trotz Aufforderung nicht übersetzt.

35 Für die Erstellung der Aufzeichnungen sind die wirtschaftlichen und rechtlichen Verhältnisse in dem Zeitpunkt maßgeblich, in dem der Vertrag (Verpflichtungsgeschäft) für den Geschäftsvorfall abgeschlossen worden ist bzw. in dem sich die wirtschaftlichen Bedingungen ggf. so wesentlich geändert haben, dass fremde Dritte eine Anpassung der Geschäftsbedingungen vereinbart oder den Vertrag gekündigt hätten. Hierbei ist unerheblich, ob der Vertrag mündlich, schriftlich oder durch konkludentes Handeln geschlossen wurde.

36 Die Aufzeichnungen gemäß § 90 Abs. 3 AO müssen das ernsthafte Bemühen des Steuerpflichtigen belegen, seine Geschäftsbeziehungen unter Beachtung des Fremdvergleichsgrundsatzes zu gestalten (§ 2 Abs. 1 GAufzV). Das ernsthafte Bemühen ist anhand objektivierter Umstände glaubhaft zu machen.

37 Hinsichtlich der Folgen der Verletzung der Aufzeichnungspflicht wird auf § 162 Abs. 3 und 4 AO verwiesen (Rn. 80 ff.).

38 Die Erleichterungen des § 6 Abs. 1 GAufzV bestehen in erster Linie darin, dass die Verpflichtung zur Vorlage von Aufzeichnungen auch dadurch erfüllt werden kann, fristgerecht (§ 90 Abs. 3 Satz 7 AO) mündliche Auskünfte zu erteilen und bereits vorhandene Unterlagen vorzulegen. § 93 Abs. 4 Satz 2 AO bleibt davon unberührt.

39 Bei der Prüfung, ob die Betragsgrenzen im Sinne des § 6 Abs. 2 GAufzV überschritten werden, sind die Entgelte für die von ausländischen nahestehenden Personen empfangenen und für die an sie erbrachten Lieferungen bzw. Leistungen aller zusammenhängenden inländischen Unternehmen im Sinne der §§ 13, 18 und 19 der allgemeinen Verwaltungsvorschrift für die Betriebsprüfung – Betriebsprüfungsordnung (BpO 2000 vom 15.3.2000, BStBl I S. 368, zuletzt geändert durch die allgemeine Verwaltungsvorschrift vom 20.7.2011, BStBl I S. 710) zusammenzurechnen. Güter und Waren im Sinne der Vorschrift können alle materiellen Wirtschaftsgüter und immateriellen Werte sein. Geschäftsbeziehungen zu inländischen nahestehenden Personen bleiben bei der Berechnung unberücksichtigt.

1.3.2 Sachverhalts- und Angemessenheitsdokumentation (§ 90 Abs. 3 Satz 2 AO)

1.3.2.1. Sachverhaltsdokumentation

40 Für die Sachverhaltsdokumentation hat der Steuerpflichtige Aufzeichnungen über Art, Inhalt und Umfang seiner Geschäftsbeziehungen zu nahestehenden Personen sowie über die wirtschaftlichen und rechtlichen Rahmenbedingungen zu erstellen (vgl. § 1 Abs. 2 und § 4 GAufzV).

41 Zum Beispiel können folgende Informationen in Abhängigkeit von der Art der Geschäftsbeziehung von besonderer Bedeutung sein:

Aktivität	Funktionen	Eingesetzte Vermögenswerte	Risiken
Forschung und Entwicklung (als eigenständige Aktivität)	Grundlagenforschung, Produktentwicklung, Produktdesign, Lizenzierung, Patententwicklung, Kontrolle und Management der Risiken	Patente, Lizenzen, wesentliche immaterielle Werte	Fehlgeschlagene Forschu Marktvorteile aus erfolgreicher Forschung, Chance auf Lizenzeinnahme Substitutionsrisiko, Marktrisiko, Patentrisiken
Herstellung von Produkten	Design, Forschung und Entwicklung, Produktmanagement, Produktionsplanung, Einkauf Rohstoffe etc., Lagerhaltung Rohstoffe etc., Fertigung, Verpackung, Montage, Qualitätssicherung, Beschaffung, Lagerhaltung Produkte, Logistik, ggf. Vertrieb, Verwaltung, Kontrolle und Management der Risiken	Lizenzen, Produkt- und/oder Prozess-Know-how, Marken, Grundstücke, Fertigungsanlagen, Abnahmegarantien	Investitionsrisiko, Kapazitäts- oder Auslastungsrisiko, Qualitätsrisiken, Umweltrisiken, Produkthaftungs-risiken, Risiko staatlicher Eingriffe (z. B. Umweltschutzbestimmung Mindestlöhne), Gewährleistungsrisiko
Vertrieb	Lagerhaltung, Werbung, Vertrieb, Finanzierung, Transport, Verzollung, Montage, technische Unterstützung, Kundendienst, Preisgestaltung, Kontrolle und Management der Risiken	Vertriebsrecht, Markenrecht, Kundenstamm, Fahrzeuge, Lagervorrichtung	Absatzrisiko (Änderung de Publikumsgeschmacks, Konjunkturschwäche), Chance auf einen Reingewinn aus Handels- bzw. Vertriebstätigkeit, Marktpreisrisiko, Inkassorisiko, Wechselkursrisiko, Transportrisiko, Lagerrisik
Unternehmens-verwaltung	Leitung, Koordination, Strategieentwicklung, Controlling, Finanzierung, Rechnungslegung, Mitarbeitersuche und -schulung, Kontrolle und Management der Risiken	spezifische Software, Know-how, Grundstücke, Gebäude	Geschäftsrisiko, Liquiditätsrisiko
Finanzierung	Kreditgeschäft, Diskontgeschäft, Garantiegeschäft, Kryptoverwahrgeschäft, Factoring, Leasing, Kontrolle und Management der Risiken	Sicherungsübereignete Vermögenswerte, Know-how	Wechselkursrisiko, Fristentransformationsrisik Liquiditätsrisiko, Debitorenrisiko
Versicherung	Absicherung Risiken, Vermittlung, Kontrolle und Management der Risiken	-	Risikotransfer, versicherungstechnisches Risiko

42 Die Aufzeichnungen müssen einem sachverständigen Dritten in angemessener Zeit ein grundlegendes Verständnis der Wertschöpfung innerhalb der Unternehmensgruppe (vgl. Tz. 1.51 OECD-Verrechnungspreisleitlinien 2017) bzw. innerhalb des einheitlichen Unternehmens (Rn. 30), des Geschäftsmodells und des Funktions- und Risikoprofils der Transaktionspartner vermitteln. Nur dann ist eine Beurteilung der Angemessenheit des Verrechnungspreises möglich.

43 Die mit den einzelnen nahestehenden Personen abgewickelten Geschäftsbeziehungen sind in einer Übersicht hinsichtlich ihrer Art und des betragsmäßigen Umfangs der Entgelte darzustellen (Transaktionsübersicht). Bei Darlehensverhältnissen ist auch die Darlehenssumme aufzuzeichnen. Die Vorlage der zugrunde liegenden Verträge ist zur Beurteilung grundsätzlich erforderlich.

1.3.2.2. Angemessenheitsdokumentation

44 Daneben sind Aufzeichnungen über die Angemessenheit der Verrechnungspreise zu erstellen (Angemessenheitsdokumentation; vgl. § 1 Abs. 3 und § 4 GAufzV). Diese beziehen sich auf die wirtschaftlichen und rechtlichen Grundlagen, aus denen sich ergibt, dass der Steuerpflichtige den Fremdvergleichsgrundsatz beachtet hat.

Die Angemessenheitsdokumentation muss das ernsthafte Bemühen des Steuerpflichtigen belegen, für Zwecke der steuerlichen Einkünfteermittlung den Fremdvergleichsgrundsatz zu beachten. Die Aufzeichnungen haben die angestellten Überlegungen widerzuspiegeln und für einen sachverständigen Dritten innerhalb einer angemessenen Frist nachvollziehbar zu machen.

45 Hierfür muss der Steuerpflichtige die Eignung der tatsächlich angewendeten Verrechnungspreismethode bzw. des hypothetischen Fremdvergleichs sowie die Angemessenheit der steuerlich zugrunde gelegten Preise bzw. des Ergebnisses begründen (§ 4 Abs. 1 Nr. 4 Buchstabe d GAufzV). Der Steuerpflichtige ist daher verpflichtet, aufzuzeichnen, weshalb er die von ihm jeweils angewandte Verrechnungspreismethode für die am besten geeignete Methode hält bzw. weshalb der hypothetische Fremdvergleich anzuwenden ist. Zu einer Verprobung seiner Ergebnisse nach anderen Methoden ist der Steuerpflichtige nicht verpflichtet.

46 Die Finanzbehörden wählen die richtige Verrechnungspreismethode selbst aus, und zwar diejenige, die sich als geeignetste Methode erweist. Verwendet die Finanzbehörde bei ihrer Prüfung eine andere Methode als der Steuerpflichtige, kann dies nur zu einer Berichtigung führen, wenn die Ergebnisse der Alternativmethode wahrscheinlicher sind. Die hierfür erforderlichen Informationen sind vom Steuerpflichtigen der Finanzbehörde gegenüber vorzulegen. Können beispielsweise Unsicherheiten über die Vergleichbarkeit von Daten im Zuge einer Außenprüfung nicht beseitigt werden, kann die Finanzbehörde ihrerseits Verprobungsrechnungen durchführen, um zu beurteilen, ob das Ergebnis des Steuerpflichtigen anzuerkennen oder zu verwerfen ist. Die Zulässigkeit und das Erfordernis, die Ergebnisse einer Methode mit Hilfe des Einsatzes einer anderen Methode zu ermitteln, zu konkretisieren bzw. zu verproben, ergibt sich auch aus der ständigen Rechtsprechung (BFH-Urteil vom 17.10.2001, I R 103/00, BStBl 2004 II S. 171; BFH-Urteil vom 6.4.2005, I R 22/04, BStBl 2007 II S. 658).

47 Bei der Anwendung des hypothetischen Fremdvergleichs ist aufgrund der Bedeutung der zugrunde gelegten Annahmen und Bewertungsparameter eine sachgerechte Beurteilung der Bewertung nur dann möglich, wenn alle bei der Erstellung des Bewertungsmodells zugrunde gelegten relevanten Annahmen genau dargelegt und die Basis für die Auswahl der Bewertungsparameter beschrieben werden. Die Angemessenheit dieser Annahmen und Bewertungsparameter für den konkreten Geschäftsvorfall ist darzulegen. Darüber hinaus sollten Sensitivitätsanalysen Aufschluss darüber geben, wie sich der ermittelte Wert des Bewertungsobjekts

verändert, wenn für das Modell alternative Annahmen und Parameter gewählt werden (siehe auch Tz. 6.160 OECD-Verrechnungspreisleitlinien 2017).

48 Die Angemessenheitsdokumentation hat sich auf die tatsächlich abgeschlossene und durchgeführte Vereinbarung des Steuerpflichtigen mit der ihm nahestehenden Person zu beziehen. Hat der Steuerpflichtige beispielsweise einen anderen als den zivilrechtlich vereinbarten Preis der Besteuerung zugrunde gelegt, müssen die Aufzeichnungen den für die Besteuerung angesetzten Verrechnungspreis darstellen. Hat der Steuerpflichtige Verträge geschlossen, diese aber nicht entsprechend dem Vereinbarten durchgeführt, haben sich die Aufzeichnungen auf die tatsächlichen Verhältnisse und damit die tatsächlich durchgeführte Geschäftsbeziehung zu beziehen.

49 Maßgebender Zeitpunkt für den Fremdvergleich ist grundsätzlich der Abschluss des Vertrages, nicht der Erfüllungszeitpunkt (BFH-Urteil vom 9.3.1983, I R 182/78, BStBl II S. 744). Abzustellen ist daher auf die Verhältnisse zum Zeitpunkt der Vereinbarung des Geschäftsvorfalls. Der Steuerpflichtige kann sich auf nachträglich bekannt gewordene externe Fremdvergleichsdaten stützen, soweit sich diese auf den Zeitpunkt der Vereinbarung des Geschäftsvorfalls beziehen. Maßgebend bleiben daher die Verhältnisse zum Zeitpunkt der Vereinbarung des Geschäftsvorfalls. Entsprechend soll die Angabe über den Zeitpunkt der Verrechnungspreisbestimmung der Finanzverwaltung die Möglichkeit eröffnen, eine bessere Einschätzung vornehmen zu können, mit welcher zeitlichen Distanz die tatsächlich durchgeführten Geschäftsbeziehungen auf ihre Fremdüblichkeit hin überprüft wurden.

50 Eine Angemessenheitsdokumentation, welche auf Planrechnungen zurückgreift, ist soweit wie möglich auf Vergleichsdaten, wie fremdübliche Gewinnaufschläge oder eine marktübliche Kapitalverzinsung, zu stützen. Die zugrunde gelegten Planannahmen sind anhand der Erfahrungen aus bereits abgelaufenen Zeiträumen und auf Basis kaufmännischer, betriebswirtschaftlich fundierter, vorsichtiger Prognosen im Einzelnen zu begründen (BFH-Urteil vom 17.2.1993, I R 3/92, BStBl II S. 457). Der Steuerpflichtige hat regelmäßig einen Abgleich zwischen den Planzahlen und den tatsächlichen Zahlen durchzuführen, um rechtzeitig auf einen geänderten Geschäftsverlauf reagieren zu können. Dazu getroffene Maßnahmen sind zu begründen und aufzuzeichnen. Weicht die tatsächlich eingetretene Entwicklung erheblich von der erstellten Prognose ab, hat der Steuerpflichtige die Abweichungen aufzuzeichnen und darzulegen, dass diese auf unerwarteten Umständen (z. B. außergewöhnlichen Kosten, Wirtschaftskrisen, Naturkatastrophen) beruhen, die er in seiner vorsichtigen kaufmännischen Prognose nicht berücksichtigen konnte.

51 Für die Durchführung der Angemessenheitsprüfung sind die steuerlich relevanten Unterlagen und Bilanzen aller Beteiligten unter Einschluss der konsolidierungsfähigen Einzelabschlüsse (sog. Handelsbilanzen II) vorzulegen.

52 Verrechnungspreisrichtlinien des Steuerpflichtigen und der Unternehmensgruppe, zu der dieser gehört, sind Bestandteil der Aufzeichnungen (§ 2 Abs. 3 Satz 5 GAufzV). Für sie gelten die entsprechenden Anforderungen. Weicht der Steuerpflichtige im Einzelfall von der Verrechnungspreisrichtlinie ab, muss er die Abweichung begründen und die Gründe bezogen auf den jeweiligen Geschäftsvorfall aufzeichnen und die Angemessenheit der abweichenden Preisbestimmung darlegen.

53 Werden Informationen aus Datenbanken herangezogen, ist Voraussetzung für eine Prüfung durch die Finanzbehörde, dass der in einer Datenbank vorgenommene Suchprozess im Rahmen des technisch Möglichen nachvollziehbar und prüfbar ist. Es muss der Finanzbehörde ermöglicht werden, auf Basis der vom Steuerpflichtigen genutzten Daten selbständig Alternativrechnungen vornehmen und feststellen zu können, ob der Steuerpflichtige alle relevanten Informationen unter Verwendung verschiedener, angemessener Suchkriterien berücksichtigt hat. Da Ergebnisse eines reinen Datenbankscreenings für die Prüfung der Vergleichbarkeit der Sachverhalte und

somit der Angemessenheitsdokumentation regelmäßig nicht ausreichen, sind ergänzende Suchschritte und Auswahlverfahren entsprechend aufzuzeichnen und zu dokumentieren (vgl. § 4 Abs. 3 GAufzV). Die hierzu vom Steuerpflichtigen erstellten und zusammengetragenen Daten sind der Finanzbehörde im Rahmen des § 147 Abs. 5 und 6 AO in elektronischer Form zugänglich zu machen.

1.3.3 Stammdokumentation (§ 90 Abs. 3 Satz 3-4 AO)

54 Im Rahmen der Verrechnungspreisdokumentation hat der Steuerpflichtige nach § 90 Abs. 3 Satz 3 AO unter bestimmten Voraussetzungen eine sog. Stammdokumentation („master file") für ein Unternehmen zu erstellen. Mit dieser Regelung hat Deutschland die Empfehlungen des OECD/G20-Abschlussberichtes zu Aktionspunkt 13 des BEPS-Projekts vom 5. Oktober 2015 in nationales Recht umgesetzt. Die Inhalte dieses Abschlussberichtes wurden in das Kapitel V und den Anhang I zu Kapitel V der OECD-Verrechnungspreisleitlinien 2017 übernommen. Das Ziel und der Zweck der Stammdokumentation besteht darin, den Steuerverwaltungen einen Überblick über die Art der weltweiten Geschäftstätigkeit und über die Systematik der Verrechnungspreisbestimmung der multinationalen Unternehmensgruppe zu geben.

55 Für die Voraussetzungen zur Erstellung der Stammdokumentation gilt Folgendes:

a. Das Unternehmen ist Teil einer multinationalen Unternehmensgruppe.

b. Als Unternehmen im Sinne dieser Vorschrift sind Betriebe zu verstehen, die Einkünfte aus Gewerbebetrieb gemäß § 15 Abs. 1 Satz 1 Nr. 1 EStG erzielen.

c. Der Umsatz des Unternehmens betrug im vorangegangenen Wirtschaftsjahr mindestens 100 Millionen Euro. Der Umsatzbegriff richtet sich nach § 277 Abs. 1 HGB. Maßgeblich sind die nicht-konsolidierten Inlands- und Auslandsumsätze des Unternehmens mit fremden Dritten sowie mit nahestehenden Personen im Sinne des § 1 Abs. 2 AStG. Innenumsätze zwischen dem Unternehmen und seiner Betriebsstätte sind nicht einzubeziehen. Für die Überschreitung der Umsatzgrenze von 100 Millionen Euro ist es unerheblich, wie hoch der Anteil der Auslandsumsätze an den Gesamtumsätzen ist. Eine Stammdokumentation ist auch zu erstellen, wenn die Auslandsumsätze nur einen geringfügigen Teil der relevanten Gesamtumsätze ausmachen.

56 Der Umfang der Stammdokumentation ist in § 5 Abs. 1 Satz 1 GAufzV und der Anlage zu § 5 GAufzV geregelt. Die Anlage listet die vorzulegenden Aufzeichnungen und Unterlagen im Einzelnen auf. Die Liste ist abschließend, § 90 Abs. 3 Satz 10 AO (Rn. 66) und § 2 Abs. 5 GAufzV sind dennoch zu beachten.

57 Nach § 5 Abs. 2 GAufzV soll das Ziel der Stammdokumentation mit angemessenem Aufwand für den Steuerpflichtigen erreicht werden können (Verhältnismäßigkeitsgrundsatz). Der Überblickscharakter der Stammdokumentation soll gewahrt werden. Unterlagen, die im Rahmen der Stammdokumentation gefordert sind, den Finanzbehörden aber bereits vorliegen, müssen vom Steuerpflichtigen daher nicht erneut eingereicht werden (z. B. der Konzernabschluss); ein entsprechender Verweis in der Stammdokumentation genügt.

58 Der in Satz 2 der Anlage zu § 5 GAufzV eingeräumte Beurteilungsspielraum bei der Auslegung der unbestimmten Rechtsbegriffe, die in der Anlage enthalten sind, soll sich an den Empfehlungen des OECD/G20 Abschlussberichtes zu Aktionspunkt 13 des BEPS-Projekts und Kapitel V der OECD-Verrechnungspreisleitlinien 2017 orientieren. Dadurch wird eine international einheitliche Umsetzung der Stammdokumentation gewährleistet.

59 Die Stammdokumentation nach § 90 Abs. 3 Satz 3 AO ergänzt zwar inhaltlich die landesspezifische unternehmensbezogene Verrechnungspreisdokumentation nach

§ 90 Abs. 3 Satz 1 und Satz 2 AO. Für die Stammdokumentation nach § 90 Abs. 3 Satz 3 AO ist aber ein gesonderter Bericht oder Berichtsteil zu erstellen, in welchem ggf. auf die länderspezifische, unternehmensbezogene Verrechnungspreisdokumentation und bei der Finanzbehörde bereits vorliegende Unterlagen verwiesen werden kann.

60 Bei Nichterfüllung der Aufzeichnungspflicht gemäß § 90 Abs. 3 Satz 3 AO können Zwangsmittel (§ 328 AO) oder ein Verzögerungsgeld (§ 146 Abs. 2b AO) festgesetzt werden.

1.3.4 Vorlageverlangen (§ 90 Abs. 3 Satz 5-6 AO, § 2 Abs. 6 GAufzV)

61 Nach § 90 Abs. 3 Satz 5 AO in Verbindung mit § 2 Abs. 6 GAufzV liegt es im Ermessen der Finanzbehörde, ob und wann sie die Vorlage der Aufzeichnungen verlangt. In der Regel soll dies nur für die Durchführung einer Außenprüfung erfolgen. In begründeten Einzelfällen können die Aufzeichnungen auch außerhalb der Außenprüfung angefordert werden. So kann die Durchführung eines Verständigungsverfahrens Anlass sein, im Sinne von § 90 Abs. 3 Satz 5 AO die Vorlage von Aufzeichnungen auch außerhalb einer Außenprüfung zu verlangen.

62 Zur Beschleunigung eines etwaigen Verständigungsverfahrens, kann der Steuerpflichtige der hierfür zuständigen Behörde bereits vorab mitteilen, dass bei einer nahestehenden Person oder einer Betriebsstätte im Ausland eine Einkünftekorrektur vorgenommen wurde. Es ist seitens dieser Behörde dann anzuregen, dass der Steuerpflichtige alle erforderlichen Unterlagen (§ 90 Abs. 2 AO) vorlegt und Aufzeichnungen nach § 90 Abs. 3 AO auch außerhalb einer Außenprüfung erstellt.

1.3.5 Vorlagefrist und Verlängerung (§ 90 Abs. 3 Sätze 7 und 9 AO)

63 Die Vorlagefrist beginnt mit der Bekanntgabe der Anforderung, nicht mit dem Prüfungsbeginn im Unternehmen des Steuerpflichtigen. Die Finanzbehörde kann die Vorlage auch dann innerhalb der Frist verlangen, wenn die Außenprüfung auf Antrag des Steuerpflichtigen verschoben wird.

64 Es obliegt dem Steuerpflichtigen, die erforderlichen Vorkehrungen zu treffen, um die Vorlagefrist einhalten zu können. Die Finanzbehörde geht davon aus, dass der Steuerpflichtige die für die Verrechnungspreisbestimmung wesentlichen Daten und Fakten regelmäßig und zeitnah sammelt sowie sachgerecht und geordnet verfügbar hält.

65 Zeichnen sich im konkreten Fall bei den Bemühungen des Steuerpflichtigen, sich auf die Erfüllung der Aufzeichnungspflichten vorzubereiten, erhebliche Schwierigkeiten ab, können diese im Vorhinein mit der für die Außenprüfung zuständigen Finanzbehörde erörtert werden. Eine Anerkennung der vom Steuerpflichtigen angesetzten Verrechnungspreise ist damit nicht verbunden.

1.3.6 Ergänzung auf Anforderung (§ 90 Abs. 3 Satz 10 AO)

66 Die Finanzbehörde kann den Steuerpflichtigen gemäß § 90 Abs. 3 Satz 10 AO dazu auffordern, die vorgelegten Aufzeichnungen innerhalb einer angemessenen Frist um detailliertere oder weitere Unterlagen zu ergänzen. Eine Ergänzung ist insbesondere dann notwendig, wenn sich aus Sicht der Finanzbehörde aufgrund der bereits vorgelegten Aufzeichnungen Anhaltspunkte für weitere Nachfragen ergeben.

2. Schätzung von Besteuerungsgrundlagen und Zuschläge (§ 162 AO)

2.1 Allgemeines

67 Die Mitwirkungspflichten nach §§ 90 Abs. 1 bis 3 Satz 1 und 2, 200 AO sind insbesondere verletzt, wenn ein Beteiligter Tatsachen, die ausschließlich oder überwiegend seiner Wissenssphäre zugehören, nicht gegenüber der Finanzbehörde offenlegt. Die Finanzbehörde ist dann befugt zu schätzen. Der „Beweisverderber“ soll aus seinem Verhalten keinen Vorteil ziehen (BFH-Urteil vom 15.2.1989, X R 16/86, BStBl II S. 462).

68 Grundsätzlich trägt die Finanzbehörde die Feststellungslast für diejenigen Tatsachen, die einen Steueranspruch begründen bzw. erhöhen. Die Frage der Feststellungslast stellt sich, wenn ein entscheidungserheblicher Sachverhalt trotz Ausschöpfung aller zugänglichen und zumutbaren Ermittlungsmöglichkeiten nicht vollständig aufgeklärt werden kann. Aus der gemeinsamen Verantwortung des Steuerpflichtigen einerseits und der Finanzbehörde andererseits für die vollständige Sachaufklärung folgt u. a., dass sich dann, wenn ein Steuerpflichtiger ihm obliegende allgemeine oder besondere Mitwirkungs-, Informations- oder Nachweispflichten verletzt, grundsätzlich die Ermittlungspflicht der Finanzbehörde entsprechend reduziert. Kriterien und Ausmaß der Reduzierung von Sachaufklärungspflicht und Beweismaß lassen sich nicht generell festlegen, sondern nur im Einzelfall bestimmen. Die Verletzung der Mitwirkungspflichten kann insbesondere dann, wenn sie Tatsachen oder Beweismittel aus dem alleinigen Verantwortungsbereich des Steuerpflichtigen betrifft, dazu führen, dass aus seinem Verhalten für ihn nachteilige Schlüsse gezogen werden. Besondere Bedeutung kommt in diesem Zusammenhang dem Gedanken der Beweisnähe zu: Die Verantwortung des Steuerpflichtigen für die Aufklärung des Sachverhalts ist umso größer, je mehr Tatsachen oder Beweismittel der von ihm beherrschten Informations- und/oder Tätigkeitssphäre angehören (BFH-Urteil vom 15.2.1989, X R 16/86, BStBl II S. 462). Die Finanzbehörde hat dennoch auch in diesen Fällen den Sachverhalt aufzuklären, soweit ihr dies zumutbar ist.

69 Wirkt sich die Verletzung der Mitwirkungspflichten auf mehrere Tatbestandsmerkmale einer Einkünftekorrekturvorschrift aus, tritt eine Beweismaßreduzierung für alle betroffenen Tatbestandsmerkmale der Berichtigungsvorschrift ein.

70 Grundlage der Schätzung ist es, in einem Akt wertenden Schlussfolgerns (BFH-Urteil vom 26.2.2002, X R 59/98, BStBl II S. 450) von dem Sachverhalt auszugehen, der der Wirklichkeit am nächsten kommt. Das Schätzungsergebnis soll dem wahren Sachverhalt möglichst nahekommen (BFH-Urteil vom 11.3.1999, V R 78/98, BFHE 188 S. 160). Die Schätzergebnisse müssen daher schlüssig, wirtschaftlich möglich und vernünftig sein (BFH-Urteil vom 20.3.2017, X R 11/16, BStBl II S. 992). Unschärfen aufgrund der Schätzung gehen zulasten des Steuerpflichtigen.

71 Für die Überprüfung des tatsächlich vereinbarten Verrechnungspreises und als Grundlage für die Schätzung nach § 162 Abs. 1 AO kann im konkreten Einzelfall der Fremdvergleichspreis mittels einer geeigneten Verrechnungspreismethode mit der größtmöglichen Wahrscheinlichkeit der Richtigkeit ermittelt werden (BFH-Urteil vom 17.10.2001, I R 103/00, BStBl II 2004 S. 171).

72 Datenbankstudien sind eine zulässige Schätzungsmethode im Sinne des § 162 AO. Bei Vergleichsunternehmen handelt es sich um einzeln festzustellende Grundlagen. Schätzungen müssen insoweit insgesamt in sich schlüssig sein.

73 Die Vorlage verwertbarer Aufzeichnungen schließt Einkünfteberichtigungen nicht aus. Die Finanzbehörde kann über solche Aufzeichnungen hinaus weitere Auskünfte und Unterlagen anfordern (§ 88 AO) und Verprobungen nach anderen Methoden

vornehmen. Dabei kann die Finanzbehörde die Verprobung im Einklang mit Rn. 49 auch auf nachträglich bekannt gewordene externe Fremdvergleichsdaten stützen. Verwertbare Aufzeichnungen sind lediglich Ausgangspunkt für die Prüfung. Die Vorlage verwertbarer Aufzeichnungen schließt daher auch die Schätzungsbefugnis der Finanzbehörde gemäß § 162 Abs. 1 und 2 AO nicht aus. Für eine Einkünfteberichtigung reichen allein Mängel in der Begründung für deren Angemessenheit seitens des Steuerpflichtigen nicht aus. Voraussetzung einer Einkünfteberichtigung ist vielmehr, dass die vom Steuerpflichtigen angewandten Verrechnungspreise mit hoher Wahrscheinlichkeit nicht dem Fremdvergleich entsprechen und dass der von der Finanzbehörde ermittelte Verrechnungspreis zumindest wahrscheinlicher ist.

74 Die Finanzverwaltung des Staates, die die Erstkorrektur vornimmt, trägt die Feststellungslast im Verständigungsverfahren (vgl. Tz. 4.17 OECD-Verrechnungspreisleitlinien 2017).

2.2 Schätzungen nach § 162 Abs. 1 AO

75 Eine Schätzung ist nicht schon deswegen unrechtmäßig, weil sie nicht den tatsächlichen Verhältnissen entspricht. Abweichungen von den tatsächlichen Verhältnissen sind nicht zu vermeiden, weil die volle Kenntnis der wahren Gegebenheiten fehlt. Eine Schätzung ist erst dann rechtswidrig, wenn der Schätzungsrahmen überschritten wird, der durch die Kenntnisse der Finanzbehörde über den Fall vorgegeben ist. Schätzt die Finanzbehörde bewusst und willkürlich zum Nachteil des Steuerpflichtigen (Strafschätzung), kann dies zur Nichtigkeit des Schätzungsbescheides führen (BFH-Urteil vom 1.10.1992, IV R 34/90, BStBl 1993 II S. 259; BFH-Urteil vom 20.12.2000, I R 50/00, BStBl 2001 II S. 381).

2.3 Schätzungen nach § 162 Abs. 2 AO

76 Hat es der Steuerpflichtige zu vertreten, dass die Besteuerungsgrundlagen geschätzt werden müssen, weil er z. B. seine Mitwirkungspflichten nach § 90 Abs. 2 AO verletzt, gehen Unsicherheiten zu seinen Lasten (gemindertes Beweismaß). Bei groben Verstößen des Steuerpflichtigen, die erhebliche Änderungen gegenüber seinen Angaben in der Steuererklärung notwendig machen, ist die Finanzbehörde im Allgemeinen berechtigt und verpflichtet, die Besteuerungsgrundlagen nach dem für den Steuerpflichtigen ungünstigsten, aber noch möglichen Sachverhalt festzustellen (BFH-Urteil vom 9.3.1967, IV 184/63, BStBl II S. 349). Strafschätzungen sind auch in diesen Fällen nicht zulässig.

77 In Verrechnungspreisfällen soll eine Schätzung nach § 162 Abs. 2 AO zur Besteuerung des Gewinns führen, der erzielt worden wäre, wenn dem Fremdvergleich entsprechende Verrechnungspreise angesetzt worden wären. An die Nachweise, die von der Finanzbehörde dafür zu erbringen sind, dürfen keine überspitzten Anforderungen gestellt werden (BFH-Urteil vom 23.6.1993, I R 72/92, BStBl II S. 801).

78 Sind die Voraussetzungen für eine Schätzung nach § 162 Abs. 2 AO erfüllt, dürfen die Besteuerungsgrundlagen nach Methoden und aufgrund von Daten geschätzt werden, deren Beweiswert außerhalb einer solchen Schätzung nicht für eine Einkünfteberichtigung ausreicht (z. B. Richtsatzvergleich, Branchendurchschnittswerte).

79 Die Berechtigung zur Vornahme einer Schätzung ist nicht davon abhängig, dass die Finanzbehörde vorher die internationale Rechts- und Amtshilfe in Anspruch genommen hat.

2.4 Schätzungen nach § 162 Abs. 3 AO und Zuschlag nach § 162 Abs. 4 AO

80 Verstößt der Steuerpflichtige dadurch gegen seine Aufzeichnungspflichten nach § 90 Abs. 3 AO, dass er

a. trotz Anforderung durch die Finanzbehörde keine Aufzeichnungen oder im Wesentlichen unverwertbare Aufzeichnungen vorlegt oder

b. verwertbare Aufzeichnungen für außergewöhnliche Geschäftsvorfälle nicht zeitnah (§ 3 GAufzV) erstellt hat,

wird nach § 162 Abs. 3 Satz 1 AO widerlegbar vermutet, dass die Einkünfte aus Geschäftsbeziehungen im Sinne des § 1 Abs. 4 AStG durch eine nicht fremdübliche Gestaltung gemindert worden sind. In diesen Fällen trifft den Steuerpflichtigen die Beweisführungslast, dass es zu keiner Einkünfteminderung gekommen ist.

81 Im Fall der verspäteten Erstellung von Aufzeichnungen für außergewöhnliche Geschäftsvorfälle ist deren Beweiswert unter Berücksichtigung der Tatsache der Verspätung (Indiz) zu würdigen.

82 Im Wesentlichen unverwertbar sind die Aufzeichnungen dann, wenn sie es einem sachverständigen Dritten innerhalb eines angemessenen Zeitraums nicht ermöglichen, festzustellen und zu prüfen, welchen Sachverhalt der Steuerpflichtige verwirklicht und ob er dabei den Fremdvergleichsgrundsatz beachtet hat. Die Frage der Verwertbarkeit bezieht sich damit sowohl auf die Sachverhalts- als auch auf die Angemessenheitsdokumentation. Die Maßstäbe für eine ordnungsmäßige Buchführung (vgl. AEAO zu § 158) gelten entsprechend. Unverwertbar sind die Aufzeichnungen insbesondere dann, wenn

a. eine Sachverhaltsdokumentation fehlt oder ein unzutreffender Sachverhalt dargestellt wird (verbunden mit erheblichen Auswirkungen auf das Funktions- und Risikoprofil, z. B. Entrepreneur wird als Routineunternehmen beschrieben, Beschreibung der vertraglichen Situation anstelle des tatsächlich abweichend Verwirklichten),

b. eine Angemessenheitsdokumentation fehlt oder die vorgelegten Fremddaten nicht zum Funktions- und Risikoprofil passen,

c. die Angemessenheitsanalyse keine hinreichende Begründung der Vergleichbarkeit der verwendeten Fremddaten (z. B. Fremdpreise oder Fremdunternehmen) enthält (Vergleichbarkeitsanalyse, Tz. 3.1 ff. OECD-Verrechnungspreisleitlinien 2017), oder

d. die Anwendung der gewählten Verrechnungspreismethode nicht dargestellt wird.

Aufzeichnungen sind nicht deshalb in jedem Fall im Wesentlichen unverwertbar, weil sich die Angemessenheitsdokumentation auf eine geringe Anzahl von Fremdvergleichsdaten stützt. Für die Entscheidung im Allgemeinen kommt es nicht auf die Quantität der vorgelegten Aufzeichnungen, sondern auf ihre Qualität an. Die Unvollständigkeit oder Fehlerhaftigkeit von Aufzeichnungen in einzelnen Punkten allein führt regelmäßig nicht dazu, dass Aufzeichnungen im Wesentlichen unverwertbar sind.

83 Von einer Entscheidung über die Verwertbarkeit bestimmter Aufzeichnungen sind die Aufzeichnungen zu anderen Prüfungsgegenständen nicht betroffen.

84 Stellt die Finanzbehörde fest, dass Aufzeichnungen im Wesentlichen unverwertbar sind, hat sie den Steuerpflichtigen unverzüglich darauf hinzuweisen und ihm Gelegenheit zur Nachbesserung zu geben. Unabhängig davon ist im Einzelfall zu prüfen, ob es der Finanzbehörde möglich und zumutbar ist, die Verwertbarkeit ohne weitere Mitwirkung des Steuerpflichtigen herbeizuführen, um Steuerzuschläge zu vermeiden oder so gering wie möglich zu halten (Verhältnismäßigkeitsgrundsatz).

85 Die Rechtsfolgen der Verletzung der Aufzeichnungspflicht nach § 90 Abs. 3 Satz 1 und 2 AO treten gemäß § 162 Abs. 3 und 4 AO geschäftsvorfallbezogen ein. Damit lösen

die nicht zeitnah erfolgte Aufzeichnung eines außergewöhnlichen Geschäftsvorfalls, die Nichtvorlage von Aufzeichnungen oder die Unverwertbarkeit von Aufzeichnungen über einen Geschäftsvorfall keine Rechtsfolgen bezüglich anderer Geschäftsvorfälle aus. Die grundsätzlich zulässige Zusammenfassung von Geschäftsvorfällen ist zu beachten (§ 3 GAufzV). Kommt der Steuerpflichtige dem Ergänzungsverlangen der Finanzbehörde entsprechend § 90 Abs. 3 Satz 10 AO (Rn. 66) nicht nach oder sind die dann vorgelegten Aufzeichnungen im Wesentlichen unverwertbar, greifen § 162 Abs. 3 und 4 AO ebenfalls geschäftsvorfallbezogen. § 162 Abs. 3 und 4 AO gelten nicht für die Aufzeichnungspflicht nach § 90 Abs. 3 Satz 3 AO.

86 Wird wegen der in § 162 Abs. 3 Satz 1 AO genannten Verstöße des Steuerpflichtigen eine Schätzung nach § 162 Abs. 3 Satz 2 AO notwendig und hat die Finanzbehörde einen Schätzungsrahmen festgestellt, kann sie diesen Rahmen zu Lasten des Steuerpflichtigen ausschöpfen.

87 Eine Schätzung kann in einem sich anschließenden Verständigungs- oder Schiedsverfahren (EU) überprüft und berichtigt werden. Dem Steuerpflichtigen obliegt es dabei jedoch, durch die Darlegung seiner Verhältnisse, Bezeichnung und ggf. Beibringung seiner Beweisunterlagen zu dem Verfahren beizutragen.

88 § 162 Abs. 3 und 4 sind auch anwendbar, wenn der Steuerpflichtige die Voraussetzungen des § 6 GAufzV erfüllt, aber seine hieraus resultierenden Pflichten verletzt.

89 Bei der Festsetzung und der rechtlichen Beurteilung des Zuschlags ist Folgendes zu beachten:

a. Der Zuschlag ist eine steuerliche Nebenleistung gemäß § 3 Abs. 4 AO, der auf die Einkommen- bzw. Körperschaftsteuer entfällt. Er ist nicht abzugsfähig (§ 12 Nr. 3 EStG und § 10 Nr. 2 KStG).

b. Die Festsetzung eines Zuschlags nach § 162 Abs. 4 AO schließt weder die Festsetzung eines Verspätungszuschlags (§ 152 AO) noch die Durchführung eines Straf- oder Ordnungswidrigkeitsverfahrens (§§ 369 ff. AO) aus.

c. Der Zuschlag kann gegen jeden durch § 90 Abs. 3 AO Verpflichteten festgesetzt werden, von dem die Finanzbehörde die Vorlage der Aufzeichnungen verlangt hat, auf die sich § 162 Abs. 4 Satz 1 AO bezieht, nicht aber für denselben Sachverhalt doppelt, z. B. gegen eine Personengesellschaft und gegen die an ihr beteiligten Gesellschafter, wenn Aufzeichnungen für denselben Sachverhalt sowohl von der Personengesellschaft als auch von deren Gesellschaftern angefordert worden sind. In solchen Fällen besteht ein Gesamtschuldverhältnis im Sinne des § 44 AO.

d. Der Zuschlag ist einheitlich für jeden Veranlagungszeitraum, für den Aufzeichnungen angefordert wurden, festzusetzen. Die Anforderung kann sich z. B. auf Aufzeichnungen für das von der Finanzbehörde ausgewählte Prüfungsfeld und letztlich auf Aufzeichnungen für einen einzelnen (z. B. außergewöhnlichen) Geschäftsvorfall beziehen. Die grundsätzlich zulässige Zusammenfassung von Geschäftsvorfällen ist zu beachten (§ 3 GAufzV). Deswegen kann der Zuschlag nebeneinander und jeweils in Bezug zu verschiedenen Anforderungen der Finanzbehörde auf mehreren Pflichtverletzungen beruhen: auf der Nichtvorlage von Aufzeichnungen, auf der Vorlage unverwertbarer Aufzeichnungen, auf der verspäteten Vorlage verwertbarer Aufzeichnungen. Die Zusammensetzung des Zuschlags ist bei der Festsetzung jeweils im Einzelnen darzulegen. Die Ermessensausübung ist jeweils zu begründen. Dabei sind vor allem das Verschulden des

Steuerpflichtigen, die Dauer der Fristüberschreitung und insbesondere die vom Steuerpflichtigen gezogenen Vorteile zu berücksichtigen.

e. Soweit ein nach § 162 Abs. 4 Satz 1 und 2 AO festgesetzter Zuschlag darauf beruht, dass der Steuerpflichtige in einer Außenprüfung keine bzw. nur im Wesentlichen unverwertbare Aufzeichnungen vorgelegt hat und dass eine Einkünfteerhöhung aufgrund einer rechtmäßigen Schätzung nach § 162 Abs. 3 AO vorgenommen wurde, können im Rahmen der §§ 130 ff. AO Änderungen des Zuschlags möglich sein, wenn die betreffenden Einkünfte in einem Rechtsbehelfsverfahren, in einem Verständigungsverfahren oder in einem Schiedsverfahren (EU) niedriger angesetzt werden als aufgrund der Außenprüfung. Eine Änderung des Zuschlags (Neuberechnung) kommt in diesen Fällen nur in Betracht, soweit der Steuerpflichtige verwertbare Aufzeichnungen vorlegt. Werden in den genannten Verfahren nachträglich verwertbare Aufzeichnungen vorgelegt, ist der Zuschlag als solcher aufgrund des § 162 Abs. 4 Satz 3 und 4 AO wegen verspäteter Vorlage neu zu berechnen, wenn im Rahmen der §§ 130 ff. AO Änderungen des Zuschlags möglich sind.

f. Der Zuschlag nach § 162 Abs. 4 Satz 3 AO wegen verspäteter Vorlage kann höher sein als der Zuschlag nach § 162 Abs. 4 Satz 1 AO bei einer Nichtvorlage oder einer Vorlage im Wesentlichen unverwertbarer Unterlagen.

90 § 162 Abs. 4 Satz 1 bis 3 AO sind nicht anwendbar, wenn die Nichterfüllung der Pflichten nach § 90 Abs. 3 AO entschuldbar erscheint oder nur ein geringfügiges Verschulden vorliegt. Ein solcher Fall kann z. B. vorliegen, wenn Aufzeichnungen deswegen erst nach Ablauf der 60-Tage-Frist in deutscher Sprache vorgelegt werden, weil die Finanzbehörde nach Anforderung der Aufzeichnungen nicht unverzüglich über einen Antrag auf Erstellung und Vorlage in fremder Sprache entschieden hat oder höhere Gewalt es dem Steuerpflichtigen unmöglich gemacht hat, seine Pflichten rechtzeitig zu erfüllen.

3. Aufhebung von Verwaltungsregelungen

91 Das BMF-Schreiben vom 12. April 2005 (IV B 4 - S 1341 - 1/05; BStBl 2005 I S. 570) ist weiterhin anzuwenden, soweit nicht Fragen der Anwendung der §§ 90 und 162 AO betroffen sind. Dies gilt insbesondere bezüglich der Textziffern

a. 1 (entsprechende Anwendung des BMF-Schreibens auf Betriebsstätten),

b. 2 (Pflichten der Finanzbehörden),

c. 3.4.10.2 (Unternehmenscharakterisierung und Verrechnungspreisbildung),

d. 3.4.10.3 (Verrechnungspreismethoden),

e. 3.4.12.5 (Bandbreiten und ihre Einengung),

f. 3.4.12.7 (Vergleichbarkeit),

g. 3.4.12.8 (Nachträgliche Preisfestlegungen bzw. -anpassungen),

h. 3.4.12.9 (Mehrjahresanalysen),

i. 5 (Durchführung von Berichtigungen und ihre steuerliche Behandlung),

j. 6 (Abwicklung von Verrechnungspreisberichtigungen und Verständigungs- bzw. Schiedsverfahren) und

k. 7 (Aufhebung von Verwaltungsregelungen).

Dieses Schreiben wird im Bundessteuerblatt Teil I veröffentlicht. Es steht ab sofort auf den Internetseiten des Bundesministeriums der Finanzen zum Herunterladen bereit.

Anwendung der Mitteilungsverordnung

(BMF-Schreiben vom 2.6.2022 - IV A 3-S 0229/21/10002:009, - BStBl I S. 848)[1]

Aufgrund der Ermächtigung in § 93a Absatz 1 AO hat die Bundesregierung am 7. September 1993 die Mitteilungsverordnung erlassen (BGBl. I Seite 1554). Diese Verordnung wurde zuletzt durch die Sechste Verordnung zur Änderung der Mitteilungsverordnung vom 25. Mai 2022 (BGBl. I Seite 816) geändert.

Nach der Erörterung mit den obersten Finanzbehörden der Länder gilt für die Anwendung der Mitteilungsverordnung (MV) ab sofort bis zum 31. Dezember 2024 Folgendes:

1. Zweck der Verordnung

1 Die MV, die ihre Ermächtigungsgrundlage in § 93a AO hat, regelt die Übermittlung von Mitteilungen von Behörden und anderen öffentlichen Stellen einschließlich den öffentlich-rechtlichen Rundfunkanstalten an die Finanzbehörden ohne Ersuchen. Sie enthält genaue Anweisungen für die mitteilungspflichtigen Stellen, was zu welchem Zeitpunkt und in welchem Umfang welchem Finanzamt bzw. der Finanzverwaltung mitzuteilen ist. Damit geht sie über § 93 AO hinaus, wonach - abgesehen von Sammelauskunftsersuchen nach § 93 Absatz 1a AO - Mitteilungen im konkreten Einzelfall nur auf Anfrage (Auskunftsersuchen) zu erteilen sind.

2. Mitteilungsverpflichtete (§ 1 MV)

2 § 1 MV bestimmt, dass Behörden und öffentlich-rechtliche Rundfunkanstalten den Finanzbehörden nach Maßgabe der MV ohne gesonderte Aufforderung Mitteilungen zu übermitteln haben.

2.1 Behörden

3 Zu den Behörden im Sinne der MV gehören alle öffentlichen Stellen, die Aufgaben der öffentlichen Verwaltung wahrnehmen (§ 6 Absatz 1 AO). Demnach sind auch die sogenannten beliehenen Unternehmen mit eingeschlossen.

4 Kirchen sind nur in Ausnahmefällen als Behörden im Sinne des Verwaltungsrechts tätig (z. B. bei Ausübung ihres vom Staat verliehenen Besteuerungsrechts) und daher von der MV regelmäßig nicht betroffen.

2.2 Öffentlich-rechtliche Rundfunkanstalten

5 Auch öffentlich-rechtliche Rundfunkanstalten unterliegen der Verpflichtung, unter den sie betreffenden Voraussetzungen der MV Mitteilungen an die Finanzbehörden zu übersenden (§ 1 Absatz 1 Satz 1 MV).

3. Ausnahmen von der Mitteilungspflicht

3.1 Ausnahmen von der Mitteilungspflicht nach § 93a Absatz 2 AO

[1] Inhaltsverzeichnis und Anlagen hier nicht abgedruckt

6 Nach § 93a Absatz 2 Satz 1 AO sind folgende öffentlichen Stellen grundsätzlich von der Mitteilungspflicht ausgenommen:

- Schuldenverwaltungen,
- Kreditinstitute (auch Sparkassen- und Giroverbände), und zwar auch soweit sie als beliehene Unternehmen bankfremde Aufgaben wahrnehmen,
- Betriebe gewerblicher Art von juristischen Personen des öffentlichen Rechts im Sinne des KStG,
- öffentliche Beteiligungsunternehmen ohne Hoheitsbefugnisse,
- Berufskammern (auch Industrie- und Handelskammern) und
- Versicherungsunternehmen.

7 Unter die Befreiung fallen nicht nur typische, sondern sämtliche Zahlungen (z. B. auch Zuschüsse eines Kreditinstitutes zum Wohnungsbau).

8 Die Befreiung von der Mitteilungspflicht gilt allerdings nicht, soweit die vorgenannten Stellen Aufgaben der öffentlichen Verwaltung, z. B. die Verwaltung öffentlicher Subventionen und vergleichbarer Fördermaßnahmen, wahrnehmen (§ 93a Absatz 2 Satz 2 AO). Im Falle der Mitteilungspflicht nach § 13 MV gilt dies bereits für die im Jahr 2020 begründeten Mitteilungspflichten. Die Mitteilungspflicht nach § 2 Absatz 1 MV gilt für die in § 93a Absatz 2 AO bezeichneten öffentlichen Stellen (vgl. Rz. 6) erstmals für nach dem 31. Dezember 2023 geleistete Zahlungen (§ 2 Absatz 3 MV; vgl. auch Rz. 36.1).

3.2 Ausnahmen von der Mitteilungspflicht nach §§ 1 und 7 Absatz 1 und Absatz 2 MV

9 Zu den besonderen Ausnahmen von den allgemeinen Zahlungsmitteilungspflichten der Behörden (§ 2 MV) s. Tz. 4.1.1.2, zu den besonderen Ausnahmen von den Mitteilungspflichten der öffentlich-rechtlichen Rundfunkanstalten (§ 3 MV) s. Tz. 4.2.2.

3.3 Mitteilungen aufgrund anderer Vorschriften (§ 1 Absatz 1 Satz 2 MV)

10 Zur Vermeidung von Doppelmitteilungen entfällt die Mitteilungspflicht, wenn personenbezogene Daten Dritter bereits aufgrund anderer steuerlicher Vorschriften den Finanzbehörden (ggf. nach Maßgabe des § 93c AO) mitzuteilen sind.

3.4 Nachteile für das Wohl des Bundes oder eines deutschen Landes (§ 1 Absatz 1 Sätze 3 und 4 MV)

11 Eine Mitteilungspflicht besteht auch dann nicht, wenn die Gefahr besteht, dass das Bekanntwerden des Inhalts der Mitteilung dem Wohl des Bundes oder eines deutschen Landes (z. B. Verbrechensbekämpfung) Nachteile bereiten würde (§ 1 Absatz 1 Satz 3 MV).

12 Um hierbei eine einheitliche Rechtsanwendung sicherzustellen und Missbräuchen vorzubeugen, ist bei nachgeordneten Behörden die Zustimmung der obersten Dienstbehörde erforderlich (§ 1 Absatz 1 Satz 4 MV)

3.5 Sozialgeheimnis; nach Landesrecht zu erbringende Sozialleistungen (§ 1 Absatz 2 MV)

13 Soweit die dem Grunde nach mitteilungspflichtigen Angaben zu den durch § 35 Absatz 1 SGB I geschützten personenbezogenen Daten gehören, sind sie ebenfalls nicht mitzuteilen (Sozialgeheimnis; Ausnahme: § 6 Absatz 2 MV, s. Tz. 4.1.5.2). Dies gilt auch für nach Landesrecht zu erbringende Sozialleistungen.

14 Nicht mitteilungspflichtige Sozialdaten sind personenbezogene Daten (Artikel 4 Nummer 1 DSGVO), die von einer in § 35 SGB I genannten Stelle im Hinblick auf ihre Aufgaben nach dem SGB verarbeitet werden (§ 67 Absatz 1 Satz 1 SGB X). Nicht unter den Sozialdatenschutz fallen andere personenbezogene Daten, die die in § 35 SGB I genannte Stelle bspw. als Arbeitgeber oder für fiskalische Handlungen (z. B. Honorarzahlungen, die von Sozialbehörden an Leistungserbringer erbracht werden, und Zahlungen an ehrenamtlich Tätige) verarbeitet.

3.6 Besondere Zahlungsempfänger (§ 7 Absatz 1 MV)

15 Nach § 7 Absatz 1 Satz 1 MV sind Zahlungen an Behörden, juristische Personen des öffentlichen Rechts, Betriebe gewerblicher Art von Körperschaften des öffentlichen Rechts oder Körperschaften, die steuerbegünstigte Zwecke (§§ 51 bis 68 AO) verfolgen, nicht mitzuteilen. Dies gilt auch für Mitteilungen über Leistungen, die von Körperschaften des öffentlichen Rechts im Rahmen ihrer Beteiligungen an Unternehmen oder Einrichtungen des privaten Rechts erbracht werden (§ 7 Absatz 1 Satz 2 MV), da die infolge der Beteiligung von der Körperschaft des öffentlichen Rechts ausgeübte Aufsichts- und Kontrollfunktion hinreichend Gewähr für eine ordnungsgemäße Erfassung der Leistung bei dem Empfänger bietet.

16 Bestehen Zweifel, ob der Zahlungsempfänger zum Zeitpunkt der Zahlung eine steuerbegünstigte Zwecke verfolgende Körperschaft ist, ist die Vorlage des vom zuständigen Finanzamt erteilten Freistellungsbescheids bzw. bei neugegründeten Vereinen die Vorlage der vom zuständigen Finanzamt erteilten vorläufigen Bescheinigung über die Gemeinnützigkeit zu verlangen. Dabei ist darauf zu achten, dass das Datum des vorgelegten Freistellungsbescheids nicht länger als fünf Jahre bzw. das Datum der vorläufigen Bescheinigung nicht länger als drei Jahre seit dem Tag der Zahlung zurückliegt.

3.7 Bagatellgrenze (§ 7 Absatz 2 Satz 1 MV)

17 Nach § 7 Absatz 2 Satz 1 MV sind Zahlungen von weniger als 1.500 Euro pro Empfänger und Kalenderjahr (Bagatellgrenze) nicht mitteilungspflichtig, es sei denn, es handelt sich um wiederkehrende Bezüge (s. Tz. 5.2.1.3).

18 Bei der Anwendung der Bagatellgrenze sind sämtliche Zahlungen in einer Summe zu betrachten, d.h. unter Berücksichtigung von wiederkehrenden Bezügen (s. Tz. 5.2.1.3) und steuerfreien Bezügen.

19 Bei der Berechnung des maßgebenden Betrages sind geleistete Vorauszahlungen (s. Tz. 5.2.1.2) zu berücksichtigen.

4. Mitteilungen nach §§ 2 bis 6 MV

20 §§ 2 bis 6 MV regeln, über welche Vorgänge Behörden und öffentlich-rechtliche Rundfunkanstalten Mitteilungen an die Finanzverwaltung übermitteln müssen, sofern keine Ausnahme von der Mitteilungspflicht (s. Tzn. 3, 4.1.1.2 und 4.2.2) greift.

4.1 Mitteilungen von Behörden

4.1.1 Allgemeine Zahlungsmitteilungen (§ 2 MV)

4.1.1.1 Mitteilungen nach § 2 Absatz 1 Sätze 1 und 2 MV

21 Die Mitteilungspflicht erstreckt sich grundsätzlich auf alle Zahlungen von Behörden an Dritte, bei denen die Gefahr der unvollständigen Erfassung zu steuerlichen Zwecken als hoch einzuschätzen ist. Dies betrifft folgende Zahlungen:

22 a) Zahlungen an Zahlungsempfänger, die nicht im Rahmen einer land- und forstwirtschaftlichen, gewerblichen oder freiberuflichen Haupttätigkeit gehandelt haben (§ 2 Absatz 1 Satz 1 1. Alternative MV)

23 Dadurch werden vor allem Zahlungen erfasst, die an Nichtunternehmer bzw. an Unternehmer, die nicht im Rahmen ihres Unternehmens handeln, geleistet werden. Betroffen sind insbesondere Zahlungen an Arbeitnehmer im Sinne des § 1 der Lohnsteuer-Durchführungsverordnung, die diesen nicht für eine Leistung im Rahmen ihrer Arbeitnehmertätigkeit (für die mitteilungspflichtige Behörde) zufließen, Mietzahlungen für Gebäude und Grundstücke an Privatpersonen, Zahlungen für ehrenamtliche und nebenberufliche Tätigkeiten. Damit wird dem Umstand Rechnung getragen, dass die steuerliche Erfassung von Zahlungen im nichtunternehmerischen Bereich nicht in dem Maße abgesichert ist, wie dies im unternehmerischen Bereich - insbesondere aufgrund der Kontrollmöglichkeiten im Rahmen von Außenprüfungen - möglich ist.

24 Unerheblich ist, in welcher Weise die Zahlungen geleistet werden. Daher sind auch Zahlungen mitzuteilen, die durch Überweisung auf das Konto des Zahlungsempfängers geleistet werden.

25 b) Zahlungen, die nicht auf das Geschäftskonto des Zahlungsempfängers erfolgen (§ 2 Absatz 1 Satz 1 2. Alternative MV)

26 Die Regelung betrifft nur Zahlungen an Zahlungsempfänger, die im Rahmen einer land- und forstwirtschaftlichen, gewerblichen oder freiberuflichen Haupttätigkeit gehandelt haben, da Zahlungen an andere Zahlungsempfänger bereits von der Alternative 1 (siehe Buchstabe a)) erfasst werden. Die Mitteilungspflicht besteht bei allen Zahlungen, die nicht unmittelbar auf das Geschäftskonto geleistet werden; also insbesondere bei Bar- oder Scheckzahlungen. Als Geschäftskonto kann in der Regel das auf den Geschäftsbriefen angegebene Konto angesehen werden.

27 Bestehen bei der Behörde Zweifel, ob der Zahlungsempfänger im Rahmen einer land- und forstwirtschaftlichen, gewerblichen oder freiberuflichen Haupttätigkeit gehandelt hat oder ob die Zahlung auf das Geschäftskonto erfolgt ist, ist eine Mitteilung vorzunehmen (§ 2 Absatz 1 Satz 2 MV).

28 Die Mitteilungspflicht erfasst auch Zahlungen, die keiner konkreten Gegenleistung an die Behörde zugeordnet werden können (z. B. Subventionen und ähnliche Fördermaßnahmen (wie z. B. für private Bau- und Sanierungsmaßnahmen); Zahlungen an Abgeordnete und Ratsmitglieder, siehe aber Anlage 1), da die Mitteilungspflicht keinen Leistungsaustausch zwischen der Behörde und dem Zahlungsempfänger voraussetzt. So werden z. B. auch die Zahlungen nach dem Gesetz über die Entschädigungen für Strafverfolgungsmaßnahmen von der Mitteilungspflicht erfasst.

29 Zahlungen sind immer in vollem Umfang mitteilungspflichtig, und zwar unabhängig von etwaigen Steuerbefreiungen. Die Steuerfreiheit von Zahlungen entbindet die zahlende Behörde nur dann von ihrer Mitteilungspflicht, wenn die Finanzbehörde eine Ausnahme von der Mitteilungspflicht nach § 2 Absatz 2 MV zugelassen hat (Tz. 4.1.1.2.2) und in den Fällen der Tz. 4.1.1.2.1 letzter Absatz. Die steuerrechtliche Qualifikation von Zahlungen ist nicht Aufgabe der mitteilungspflichtigen Behörde, sondern der zuständigen Finanzbehörde und erfolgt grundsätzlich erst im Besteuerungsverfahren.

4.1.1.2 Besondere Ausnahmen nach § 2 Absatz 1 Satz 3, Absätze 2 und 3 MV

30 Von den allgemeinen Zahlungsmitteilungspflichten der Behörden bestehen - über die in Tz. 3 genannten Ausnahmen hinaus - folgende besondere Ausnahmen:

4.1.1.2.1 Steuerabzug (§ 2 Absatz 1 Satz 3 MV)

31 Eine Mitteilungspflicht besteht nicht, wenn ein Steuerabzug durchgeführt wird.

32 Somit entfällt eine Mitteilung z. B. in den Fällen des Lohnsteuerabzugs durch den Arbeitgeber im Rahmen eines Dienstverhältnisses einschließlich der Lohnsteuer-Pauschalierung für Teilzeitbeschäftigte nach § 40a des Einkommensteuergesetzes (EStG), sowie in den Fällen des Steuerabzugs bei beschränkt Steuerpflichtigen nach § 50a EStG.

33 Von der Ausnahme sind auch Zahlungen erfasst, bei denen der Steuerabzug allein wegen der Steuerfreiheit nicht durchzuführen ist.

4.1.1.2.2 Geringe oder keine steuerliche Bedeutung (§ 2 Absatz 2 MV)

34 Nach § 2 Absatz 2 MV können die Finanzbehörden Ausnahmen von der Mitteilungspflicht zulassen, wenn die Zahlungen geringe oder keine steuerliche Bedeutung haben. Ob Zahlungen geringe oder keine steuerliche Bedeutung haben, ist bei an denselben Empfänger im Kalenderjahr geleisteten Zahlungen ab 1.500 Euro von der jeweils zuständigen obersten Landesfinanzbehörde nach Abstimmung mit den obersten Finanzbehörden des Bundes und der Länder zu entscheiden.

35 Entsprechende Anträge sind an die oberste Finanzbehörde des Landes zu richten, in dessen Bezirk die mitteilungspflichtige Behörde ihren Sitz hat.

36 Die bundeseinheitlich zugelassenen Ausnahmen von der Mitteilungspflicht ergeben sich aus der **Anlage 1**.

4.1.1.2.3 Befristete Befreiung der in § 93a Absatz 2 AO genannten Stellen von der Mitteilungspflicht über Zahlungen (§ 2 Absatz 3 MV)

36.1 Die in § 93a Absatz 2 AO bezeichneten öffentlichen Stellen (vgl. Rz. 6) müssen vor dem 1. Januar 2024 geleistete Zahlungen i. S. d. § 2 Absatz 1 MV den Finanzbehörden nicht nach § 2 Absatz 1 MV mitteilen. Die Mitteilungspflicht nach § 13 MV bleibt hiervon unberührt.

4.1.2 Wegfall oder Einschränkung einer steuerlichen Vergünstigung (§ 4 MV)

37 Nach § 4 MV haben Behörden Verwaltungsakte mitzuteilen, die den Wegfall oder die Einschränkung einer steuerlichen Vergünstigung zur Folge haben können.

38 Sinn dieser Regelung ist es, den Finanzbehörden durch frühzeitige Kenntnis von Verwaltungsakten, die in der Regel Steuernachforderungen zur Folge haben, die Möglichkeit zu geben, Maßnahmen ergreifen zu können, um zum Teil erhebliche und für den Betroffenen zumeist nicht im Voraus erkennbare Steuernachzahlungen, z. B. durch Anpassung der Vorauszahlungen, zu vermeiden.

39 Die Behörde ist bereits dann zur Mitteilung verpflichtet, wenn nur die Möglichkeit einer steuerlichen Auswirkung besteht.

40 Anwendungsbeispiele können sich in den Fällen ergeben, in denen die Gewährung einer steuerlichen Vergünstigung die Vorlage einer Bescheinigung, Genehmigung oder Anerkennung einer anderen Behörde voraussetzt (z. B. § 4 Nummer 20 a UStG, § 4 Nummer 21 UStG, § 3 Nummer 23 GewStG, §§ 7h, 7i,10f,10g,11b EStG und § 82i EStDV).

41 Bei den entsprechenden Bescheinigungen handelt es sich um Verwaltungsakte, die als Grundlagenbescheide im Sinne des § 171 Absatz 10 AO Bindungswirkung für die entsprechenden steuerlichen Folgebescheide entfalten. Wird die Bescheinigung von der zuständigen Behörde zurückgenommen oder widerrufen, entfällt die Steuerbefreiung oder sonstige steuerliche Vergünstigung, und die Folgebescheide sind gemäß § 175 Absatz 1 Satz 1 Nummer 1 AO zu erlassen, aufzuheben oder zu ändern.

42 Im Hinblick auf § 35 EStG sind Verwaltungsakte über Billigkeitsmaßnahmen nach §§ 163 oder 227 AO hinsichtlich der Gewerbesteuer den Finanzbehörden mitzuteilen. Bei einer gewerbesteuerlichen Billigkeitsmaßnahme im Festsetzungsverfahren (§ 163 AO) sind die Einkommensteuerbescheide nach § 175 Absatz 1 Satz 1 Nummer 1 AO, im Erhebungsverfahren (§ 227 AO) nach § 175 Absatz 1 Satz 1 Nummer 2 AO zu ändern.

4.1.3 Ordnungsgelder nach § 335 HGB (§ 4a MV n.F.)

43 Das Bundesamt für Justiz (BfJ) hat den Finanzbehörden als mitteilungspflichtige Stelle (§ 93c Absatz 1 AO) die Adressaten und die Höhe von im Verfahren nach § 335 HGB festgesetzten Ordnungsgeldern mitzuteilen, sofern das festgesetzte Ordnungsgeld mindestens 5.000 Euro beträgt (§ 4a Absatz 1 MV n.F.). Die Mitteilungspflicht gilt erstmals für nach dem 31. Dezember 2021 festgesetzte Ordnungsgelder.

44 Die Mitteilungen sind sowohl im Veranlagungsverfahren als auch bei Außenprüfungen eine Grundlage zur Feststellung, ob die Betroffenen diese Beträge zu Unrecht als Betriebsausgabe berücksichtigt haben.

45 Zu Besonderheiten des Mitteilungsverfahren s. Tz. 6.

4.1.4 Ausgleichs- und Abfindungszahlungen nach dem Flurbereinigungsgesetz (§ 5 MV)

46 Die Flurbereinigungsbehörden haben Ausgleichs- und Abfindungszahlungen nach dem Flurbereinigungsgesetz mitzuteilen. Unerheblich ist dabei, ob der die Zahlungsempfänger im Rahmen einer land- und forstwirtschaftlichen, gewerblichen oder freiberuflichen Haupttätigkeit gehandelt hat und die Zahlung auf das Geschäftskonto erfolgt ist.

47 Bei diesen Leistungen handelt es sich regelmäßig um steuerpflichtige Einkünfte. Den Empfängern der Leistungen ist jedoch oftmals nicht bekannt, welche steuerlichen Folgerungen zu ziehen sind. Es besteht deshalb Gefahr, dass die Einkünfte aus Unwissenheit nicht ordnungsgemäß erklärt werden.

4.1.5 Gewerberechtliche Erlaubnisse und Gestattungen (§ 6 MV)

4.1.5.1 Mitteilungen nach § 6 Absatz 1 MV

48 Die Mitteilungspflicht nach § 6 Absatz 1 MV stellt eine Ergänzung zu § 138 AO dar.

49 Nach § 6 Absatz 1 MV haben die Behörden mitzuteilen:

- die Erteilung von Reisegewerbekarten,
- zeitlich befristete Erlaubnisse sowie Gestattungen nach dem Gaststättengesetz,
- Bescheinigungen über die Geeignetheit der Aufstellungsorte für Spielgeräte,
- Erlaubnisse zur Veranstaltung anderer Spiele mit Gewinnmöglichkeit,
- Festsetzungen von Messen, Ausstellungen und Märkten sowie Volksfesten,

- Genehmigungen nach dem Personenbeförderungsgesetz zur Beförderung von Personen mit Kraftfahrzeugen im Linienverkehr, die Unternehmern mit Wohnsitz oder Sitz außerhalb des Geltungsbereichs des Personenbeförderungsgesetzes erteilt werden,
- Erlaubnisse zur gewerbsmäßigen Arbeitnehmerüberlassung und
- die gemäß der Verordnung (EWG) Nr. 2408/92 des Rates vom 23. Juli 1992 über den Zugang von Luftfahrtunternehmen der Gemeinschaft zu Strecken des innergemeinschaftlichen Flugverkehrs erteilten Genehmigungen, Verkehrsrechte auszuüben.

4.1.5.2 Mitteilungen der Bundesagentur für Arbeit nach § 6 Absatz 2 MV

50 Nach § 6 Absatz 2 MV hat die Bundesagentur für Arbeit - abweichend von § 1 Absatz 2 MV (s. Tz. 3.5) - nach Erteilung der erforderlichen Zusicherung folgende Daten der ausländischen Unternehmen mitzuteilen, die aufgrund bilateraler Regierungsvereinbarungen über die Beschäftigung von Arbeitnehmern zur Ausführung von Werkverträgen tätig werden:

- die Namen und Anschriften der ausländischen Vertragspartner des Werkvertrages,
- den Beginn und die Ausführungsdauer des Werkvertrages und
- den Ort der Durchführung des Werkvertrages.

51 Die Mitteilungen erfolgen unter Durchbrechung des Sozialgeheimnisses nach § 35 des Sozialgesetzbuches I (SGB I; s. Tz. 3.5). Die Zulässigkeit dieser Durchbrechung ergibt sich aus § 71 Absatz 1 Satz 1 Nummer 3 SGB X.

4.2 Mitteilungen von öffentlich-rechtlichen Rundfunkanstalten (§ 3 MV)

4.2.1 Mitteilungen nach § 3 Absatz 1 Satz 1 i. V. m. Absatz 2 MV

52 Die öffentlich-rechtlichen Rundfunkanstalten haben Honorare für Leistungen freier Mitarbeiter (z. B. freiberuflich tätige Mitarbeiter, Sportler und Künstler) mitzuteilen, die in unmittelbarem Zusammenhang mit der Vorbereitung, Herstellung oder Verbreitung von Hörfunk- oder Fernsehsendungen erbracht werden (§ 3 Absatz 1 Satz 1 MV). Honorare in diesem Sinne sind alle Güter, die in Geld oder Geldeswert (Sachleistungen) bestehen und dem Steuerpflichtigen für eine persönliche Leistung oder eine Verwertung im Sinne des Urheberrechtsgesetzes zufließen (§ 3 Absatz 2 MV).

4.2.2 Besondere Ausnahmen nach § 3 Absatz 1 Satz 2 MV

53 Von den Mitteilungspflichten der öffentlich-rechtlichen Rundfunkanstalten bestehen - über die in Tz. 3 genannten Ausnahmen hinaus - folgende besondere Ausnahmen:

54 Die Pflicht zur Mitteilung besteht nicht, wenn

- die Besteuerung den Regeln eines Abzugsverfahrens (s. Tz. 4.1.1.2.1) unterliegt

oder

- die Finanzbehörde aufgrund anderweitiger Regelungen Mitteilungen über die Honorare erhält (s.a. Tz. 3.3).

4.3 Mitteilungen über Billigkeitsleistungen des Bundes und der Länder anlässlich der Corona-Krise (§ 13 MV)

55 Behörden und andere öffentliche Stellen des Bundes und der Länder (vgl. § 6 Absätze 1 bis 1c AO) haben den Finanzbehörden nach § 13 Absatz 1 Satz 1 MV folgende als Subvention oder ähnliche Förderungsmaßnahme bewilligte Leistungen mitzuteilen:

- Soforthilfen des Bundes für kleine Unternehmen, Soloselbstständige und Angehörige der Freien Berufe zur Milderung der finanziellen Notlagen dieser Unternehmen aufgrund der Corona-Krise,
- Überbrückungshilfen des Bundes für kleine und mittelständische Unternehmen, Soloselbständige und Angehörige der Freien Berufe, die ihren Geschäftsbetrieb im Zuge der Corona-Krise ganz oder zu wesentlichen Teilen einstellen müssen oder mussten, oder
- andere Soforthilfen, Überbrückungshilfen oder vergleichbare Billigkeits-leistungen des Bundes oder des jeweiligen Landes für Unternehmen, Soloselbstständige und Angehörige der Freien Berufe anlässlich der Corona-Krise.

56 Folgende aufgrund der Corona-Krise gewährte Leistungen sind nach § 13 Absatz 1 Satz 2 MV aber nicht mitzuteilen:

- Subventionen oder ähnliche Förderungsmaßnahmen der Gemeinden oder Gemeindeverbände,
- Hilfsleistungen nach dem SGB V und dem SGB XI,
- Hilfsleistungen nach der COVID-19-Versorgungsstrukturen-Schutzverordnung vom 30. April 2020, Bundesanzeiger AT vom 4. Mai 2020 V1,
- Leistungen nach dem Krankenhausfinanzierungsgesetz sowie
- Leistungen nach dem Sozialdienstleister-Einsatzgesetz.

57 Zu Besonderheiten des Mitteilungsverfahren s. Tz. 7.

58 Von § 13 Absatz 1 MV abweichende Bestimmungen der MV (ausgenommen § 1 Absatz 2 und § 2 Absatz 2 MV) sind nicht anzuwenden (§ 13 Absatz 4 MV).

5. Verfahren bei Mitteilungen nach §§ 2, 3,4,5 und 6 MV

5.1 Form der Mitteilungen (§ 8 Absatz 1 MV)

59 Die Mitteilungen sollen schriftlich ergehen und sind getrennt nach den jeweiligen Empfängern zu erteilen (§ 8 Absatz 1 Sätze 1 und 2 MV).

60 Sie sind Belege im Sinne des § 379 AO. Werden Mitteilungen an die Finanzbehörden versandt, die in tatsächlicher Hinsicht unrichtig sind, kann objektiv der Tatbestand der Steuergefährdung erfüllt sein.

61 Die Übermittlung von Mitteilungen auf maschinell verwertbaren Datenträgern oder durch Datenfernübertragung bedarf der Zustimmung der obersten Finanzbehörde des Landes, in dem die mitteilungspflichtige Behörde oder Rundfunkanstalt ihren Sitz hat (§ 8 Absatz 1 Satz 3 MV). Hiermit wird sichergestellt, dass die Finanzbehörde die Mitteilungen in einer für sie auswertbaren Form erhält.

62 Die elektronischen Dokumente brauchen nicht mit einer elektronischen Signatur versehen zu werden.

63 Eine Übermittlung im automatisierten Abrufverfahren findet nicht statt (§ 8 Absatz 1 Satz 4 MV).

5.2 Inhalt der Mitteilungen (§ 8 Absatz 2 und 3 MV)

5.2.1 Mitteilungen über Zahlungen (§ 8 Absatz 2 MV)

5.2.1.1 Allgemeines

64 Mitzuteilen sind nach § 8 Absatz 2 Satz 1 MV:

- die die Zahlung anordnende Stelle (Behörde bzw. öffentlich-rechtliche Rundfunkanstalt) und deren Aktenzeichen,
- die Bezeichnung (Name, Vorname, Firma) des Zahlungsempfängers und dessen genaue Anschrift,
- der Rechtsgrund der Zahlung (Art des Anspruchs),
- die Höhe und der Tag der Zahlung oder der Zahlungsanordnung.

65 Zur Zuordnung der Mitteilung innerhalb der Finanzbehörden sind auch die Steuernummer und das Geburtsdatum des Zahlungsempfängers mitzuteilen, sofern diese der mitteilenden Behörde/Rundfunkanstalt bekannt sind.

66 Zwecks Sicherung der Besteuerung ist es notwendig, dass die Finanzbehörden den ursprünglichen Gläubiger einer Forderung kennen; deshalb ist dieser stets als Zahlungsempfänger zu benennen, auch wenn die Forderung abgetreten, verpfändet oder gepfändet ist (§ 8 Absatz 2 Satz 2 MV).

5.2.1.2 Vorauszahlungen (§ 7 Absatz 2 Sätze 2 und 3 MV)

67 Vorauszahlungen sind nicht gesondert mitzuteilen (§ 7 Absatz 2 Satz 2 MV). In der Mitteilung über die abschließende Zahlung ist anzugeben, ob eine oder mehrere Vorauszahlungen geleistet wurden (§ 7 Absatz 2 Satz 3 MV).

5.2.1.3 Wiederkehrende Bezüge (§ 7 Absatz 3 MV)

68 Wiederkehrende Bezüge liegen vor, wenn Zahlungen aufgrund eines gemeinsamen Rechtsgrundes regelmäßig, d. h. zu bestimmten festgelegten Zeitpunkten und in gleichbleibender Höhe geleistet werden (z. B. Miete, Pacht).

69 In diesen Fällen brauchen - neben den allgemeinen Angaben (s. Tz. 5.2.1.1) - nur mitgeteilt zu werden:

- die erste Zahlung,
- die Zahlungsweise,
- die voraussichtliche Dauer der Zahlungen und
- dass es sich um wiederkehrende Bezüge handelt.

70 Wiederkehrende Bezüge sind auch dann mitzuteilen, wenn sie weniger als 1.500 Euro pro Empfänger und Kalenderjahr betragen, da die Bagatellgrenze des § 7 Absatz 2 MV (s. Tz. 3.7) nicht zur Anwendung kommt.

5.2.2 Mitteilungen über Verwaltungsakte (§ 8 Absatz 3 MV)

71 In den Fällen der Mitteilungspflicht nach §§ 4 und 6 Absatz 1 MV hat die Behörde nach § 8 Absatz 3 Satz 1 MV folgende Einzelheiten mitzuteilen:

- die den Verwaltungsakt erlassende Behörde,
- Aktenzeichen und Datum des Verwaltungsakts,
- Gegenstand und Umfang der Erlaubnis, Genehmigung oder gewährten Leistung,
- die Bezeichnung (Name, Vorname, Firma) des Beteiligten und dessen genaue Anschrift und
- wenn bekannt, die Steuernummer und das Geburtsdatum des Beteiligten.

72 Die Mitteilung kann in der Übersendung einer Mehrausfertigung oder eines Abdrucks des Bescheids bestehen, wenn dadurch nicht mehr personenbezogene Daten, als nach § 8 Absatz 3 Satz 1 MV vorgesehen, übermittelt werden (§ 8 Absatz 3 Sätze 2 und 3 MV).

5.2.3 Mitteilungen der Bundesagentur für Arbeit

73 Zum Inhalt der Mitteilungen der Bundesagentur für Arbeit nach § 6 Absatz 2 MV s. Tz. 4.1.5.2.

5.3 Empfänger der Mitteilung (§ 9 MV)

74 Die Mitteilung ist grundsätzlich an das Finanzamt zu richten, in dessen Bezirk der Betroffene seinen Wohnsitz hat bzw. bei Körperschaften, Personenvereinigungen und Vermögensmassen sich die Geschäftsleitung befindet (§ 9 Absatz 1 Sätze 1 und 2 MV).

75 Die von der Bundesanstalt für Arbeit nach § 6 Absatz 2 MV zu erstellenden Mitteilungen sind an das für die Umsatzbesteuerung zuständige Finanzamt, welches sich aus der Verordnung über die örtliche Zuständigkeit für die Umsatzsteuer im Ausland ansässiger Unternehmer (Umsatzsteuerzuständigkeitsverordnung) ergibt, zu richten (§ 9 Absatz 1 Satz 3 MV). Eine gegebenenfalls erforderliche weitere Verteilung für ertragsteuerliche Zwecke ist durch diese Finanzämter sicherzustellen.

76 Um für die Mitteilungspflichtigen unzumutbare Nachforschungen auszuschließen, ist die Mitteilung in Zweifelsfällen an die Oberfinanzdirektion zu senden, in deren Bezirk die mitteilungspflichtige Behörde oder Rundfunkanstalt ihren Sitz hat (§ 9 Absatz 1 Satz 4 MV).

77 Aus Vereinfachungsgründen kann die Oberfinanzdirektion, in deren Bezirk die mitteilungspflichtige Behörde oder Rundfunkanstalt ihren Sitz hat, ein Finanzamt bestimmen, an das die Mitteilungen zu übermitteln sind (§ 9 Absatz 1 Satz 5 MV).

78 Um in den Fällen maschineller Datenübermittlung die ordnungsgemäße Weiterverarbeitung und einen einfachen Ablauf der Übermittlung sicherzustellen, kann die oberste Finanzbehörde des Landes, in dem die mitteilungspflichtige Behörde oder Rundfunkanstalt ihren Sitz hat, eine andere Landesfinanzbehörde oder mit Zustimmung des Bundesministeriums der Finanzen eine Finanzbehörde des Bundes als Empfänger der Mitteilungen bestimmen (§ 9 Absatz 2 MV). Die mitteilungspflichtige Behörde oder Rundfunkanstalt dürfte regelmäßig ein Interesse an der Übermittlung an nur eine Stelle haben. Entsprechende Anträge sind an die oberste Finanzbehörde des Landes zu richten, in dessen Bezirk die mitteilungspflichtige Behörde oder Rundfunkanstalt ihren Sitz hat.

5.4 Zeitpunkt der Mitteilung (§ 10 MV)

79 Die Mitteilungen nach § 6 Absatz 2 MV sind unverzüglich zu übersenden, da es zur Sicherstellung der Besteuerung zweckmäßig ist, mit der Ermittlung der Besteuerungsgrundlagen umgehend zu beginnen.

80 Die Mitteilungen über Verwaltungsakte, die den Wegfall oder die Einschränkung einer steuerlichen Vergünstigung zur Folge haben können (§ 4 MV) sowie die Mitteilungen über gewerberechtliche Erlaubnisse und Gestattungen nach § 6 Absatz 1 MV sind mindestens vierteljährlich zu übersenden.

81 Die übrigen Mitteilungen sind, um die sich durch die Fertigung der Mitteilungen ergebende Belastung der Behörden und öffentlich-rechtlichen Rundfunkanstalten so gering wie möglich zu halten, mindestens einmal jährlich, spätestens bis zum 30. April des Folgejahres, zu übermitteln.

5.5 Unterrichtung der Betroffenen (§§ 11 und 12 MV)

82 Nach § 11 MV hat die mitteilende Stelle den Betroffenen spätestens bei Übersendung der ersten Mitteilung an die Finanzbehörde über ihre Verpflichtung zur Erstellung von Mitteilungen zu unterrichten.

83 Der Betroffene ist nach § 12 Absatz 1 MV über den genauen Inhalt der übermittelten Daten zu informieren, soweit sich diese Unterrichtung nicht aus dem Verwaltungsakt, dem Vertrag, der Genehmigung oder Erlaubnis ergibt. Er ist hierbei in allgemeiner Form auf seine steuerlichen Aufzeichnungs- und Erklärungspflichten hinzuweisen. Eine steuerliche Beurteilung der Zahlungen ist jedoch nicht vorzunehmen; diese obliegt den Finanzämtern.

84 Die Regelung des § 12 Absatz 2 MV, wonach dem Betroffenen in den Fällen des § 2 Absatz 1 Satz 2 und des § 3 MV eine Aufstellung der im Kalenderjahr geleisteten Zahlungen und ihrer Summe zu übersenden ist, soweit nicht bereits eine Unterrichtung über einzelne Zahlungen erfolgt ist, soll die Erfüllung seiner Aufzeichnungs- und Erklärungspflichten erleichtern.

6. Elektronische Mitteilungen des Bundesamts für Justiz nach § 4a MV

6.1 Form und Empfänger der Mitteilung

85 Das BfJ hat die in § 4a Absatz 1 MV bezeichneten Daten (Adressaten und Höhe von nach dem 31. Dezember 2021 im Verfahren nach § 335 HGB festgesetzten Ordnungsgeldern) den Finanzbehörden elektronisch nach Maßgabe des § 93c AO nach amtlich vorgeschriebenem Datensatz über die amtlich bestimmte Schnittstelle zu übermitteln (§ 4a Absatz 2 Satz 1 MV). Die §§ 8 bis 12 MV sind hierbei nicht anzuwenden (§ 4a Absatz 2 Satz 3 MV). Zur Bestimmung des amtlich vorgeschriebenen Datensatzes vgl. § 87b Absatz 1 AO. Zur Bestimmung der Schnittstelle vgl. § 87b Absatz 2 AO.

6.2 Inhalt der Mitteilung

86 Die Mitteilung an die Finanzverwaltung hat grundsätzlich die in § 93c Absatz 1 Nummer 2 AO genannten Daten zu enthalten (insbes. Angaben zur mitteilungspflichtigen Stelle sowie Angaben zur Identifizierung des Betroffenen).

87 Die in § 93c Absatz 1 Nummer. 2 Buchstaben c und d AO bezeichneten Daten (insbesondere Identifikationsnummer natürlicher Personen sowie Wirtschafts-Identifikationsnummer nicht natürlicher Personen) sind den Finanzbehörden nach § 4a Absatz 3 Satz 1 MV allerdings nur mitzuteilen, soweit sie dem BfJ bei Festsetzung des Ordnungsgelds bekannt sind. Sind ihm nicht alle diese Daten bekannt, soll es den Finanzbehörden aber andere ihm bekannte und zur automationsgestützten Identifizierung des Adressaten der Ordnungsgeldfestsetzung durch die Finanzbehörden geeignete Daten übermitteln. Insoweit kommt insbesondere die Mitteilung der Handelsregisternummer in Betracht.

88 Darüber hinaus sind die in § 4a MV genannten Daten aufzunehmen. Hierzu wird auf die Ausführungen unter Tz. 4.1.3 verwiesen.

6.3 Zeitpunkt der Mitteilung

89 Die Mitteilung hat abweichend von § 93c Absatz 1 Nummer 1 AO spätestens bis zum 31. März des auf die Festsetzung des Ordnungsgelds folgenden Kalenderjahres zu erfolgen (§ 4a Absatz 2 Satz 2 MV).

90 Das BMF kann im Einvernehmen mit den obersten Finanzbehörden der Länder die Mitteilungsfrist nach § 93c Absatz 1 Nummer 1 AO (Ende März des Folgejahres) durch ein im BStBl Teil I zu veröffentlichendes Schreiben verlängern, sofern die technischen Voraussetzungen für die Annahme der Mitteilungen nicht rechtzeitig vorliegen (§ 4a Absatz 2 Satz 2 MV).

6.4 Unterrichtung des Betroffenen

91 Das BfJ hat den betroffenen Steuerpflichtigen darüber zu informieren, welche für seine Besteuerung relevanten Daten es an die Finanzbehörden übermittelt hat oder übermitteln wird (§ 93c Absatz 1 Nummer 3 Satz 1 AO). Diese Information hat in geeigneter Weise, mit Zustimmung des Steuerpflichtigen elektronisch, und binnen angemessener Frist zu erfolgen (§ 93c Absatz 1 Nummer 3 Satz 2 AO). Die Information kann danach auch mit der Festsetzung des Ordnungsgeldes verbunden werden.

6.5 Sonstiges

92 Das BfJ muss die den Finanzbehörden übermittelten Daten abweichend von § 93c Absatz 1 Nummer 4 AO mindestens bis zum Ablauf des fünften auf das Kalenderjahr der Festsetzung des Ordnungsgelds folgenden Kalenderjahrs aufbewahren; weitergehende Aufbewahrungsbestimmungen aufgrund anderer Rechtsvorschriften bleiben unberührt (§ 4a Absatz 3 Satz 2 MV).

93 Wird die Festsetzung eines Ordnungsgelds in einem späteren Kalenderjahr ganz oder teilweise widerrufen, zurückgenommen oder aufgehoben, ist § 93c Absatz 3 AO nicht anzuwenden (§ 4a Absatz 3 Satz 3 MV)

7. Elektronische Mitteilungen über Billigkeitsleistungen des Bundes und der Länder anlässlich der Corona-Krise (§ 13 MV)

7.1 Form und Empfänger der Mitteilung

94 Anlässlich der Corona-Krise bewilligte Subventionen oder ähnliche Leistungen des Bundes und der Länder (§ 13 Absatz 1 MV) sind nach amtlich vorgeschriebenem Datensatz (§ 87b Absatz 1 AO) über die amtlich bestimmte Schnittstelle (§ 87b Absatz 2 AO) nach Maßgabe des § 93c AO den Finanzbehörden mitzuteilen. Zur Bestimmung des amtlich vorgeschriebenen Datensatzes vgl. § 87b Absatz 1 AO. Zur Bestimmung der Schnittstelle vgl. § 87b Absatz 2 AO.

7.2 Inhalt der Mitteilung

95 Die Mitteilung an die Finanzverwaltung hat die in § 93c Absatz 1 Nummer 2 AO genannten Daten zu enthalten (insbes. Angaben zur mitteilungspflichtigen Stelle sowie Angaben zur Identifizierung des Betroffenen).

96 Neben den in § 93c Absatz 1 Nummer 2 AO genannten Angaben sind nach § 13 Absatz 2 Satz 1 MV auch folgende Angaben mitzuteilen:

- die Art und Höhe der jeweils gewährten Zahlung,

- das Datum, an dem die Zahlung bewilligt wurde,
- das Datum der Zahlung oder der Zahlungsanordnung und
- bei unbarer Zahlung die Bankverbindung für das Konto, auf das die Leistung erbracht wurde.

97 Werden nach § 13 Absatz 2 Satz 1 MV mitzuteilende Zahlungen im Kalenderjahr ihrer Auszahlung ganz oder teilweise (freiwillig oder aufgrund einer geltend gemachten Rückforderung) zurückerstattet, ist diese Minderung der mitzuteilenden Leistung bereits bei Erstellung des Datensatzes zu berücksichtigen. Wurde der Datensatz aber bereits übermittelt, ist er nach § 93c Absatz 3 AO zu korrigieren.

98 Werden nach § 13 Absatz 2 Satz 1 MV mitzuteilende Zahlungen dagegen erst in einem späteren Kalenderjahr ganz oder teilweise zurückerstattet, ist die Rückzahlung abweichend von § 93c Absatz 3 AO eigenständig und unter Angabe des Datums, an dem die Zahlung bei der mitteilungspflichtigen Stelle eingegangen ist, mitzuteilen (§ 13 Absatz 2 Satz 2 MV).

7.3 Zeitpunkt der Mitteilung

99 Mitteilungen nach § 13 Absatz 1 MV sind abweichend von § 93c Absatz 1 Nummer 1 AO erst nach Veröffentlichung des amtlich vorgeschriebenen Datensatzes und der Freigabe der amtlich bestimmten Schnittstelle jeweils bis zum 30. April des auf das Jahr der Auszahlung folgenden Jahres zu übermitteln (§ 13 Absatz 3 Satz 1 MV n.F.).

100 Das BMF kann im Einvernehmen mit den obersten Finanzbehörden der Länder diese Frist durch ein im BStBl Teil I zu veröffentlichendes Schreiben verlängern, sofern die technischen Voraussetzungen für die Annahme der Mitteilungen nicht rechtzeitig vorliegen (§ 13 Absatz 3 Satz 2 MV).

101 Die oberste Finanzbehörde des Landes, in dem die mitteilungspflichtige Stelle ihren Sitz hat, kann auf begründeten Antrag einer nach § 13 Absatz 1 MV mitteilungspflichtigen Stelle die nach § 13 Absatz 3 Satz 1 oder Satz 2 MV geltende Frist zur Übersendung der Mitteilungen für im Kalenderjahr 2020 ausgezahlte Leistungen um längstens vierzehn Monate und für im Kalenderjahr 2021 ausgezahlte Leistungen um längstens sechs Monate verlängern, wenn die technischen Voraussetzungen für die Übersendung der Mitteilungen an die Finanzbehörden nicht rechtzeitig vorliegen (§ 13 Absatz 3 Satz 3 MV n.F.).

7.4 Unterrichtung des Betroffenen

102 Die mitteilungspflichtige Stelle hat den betroffenen Steuerpflichtigen darüber zu informieren, welche für seine Besteuerung relevanten Daten sie an die Finanzbehörden übermittelt hat oder übermitteln wird (§ 93c Absatz 1 Nummer 3 Satz 1 AO). Diese Information hat in geeigneter Weise, mit Zustimmung des Steuerpflichtigen elektronisch, und binnen angemessener Frist zu erfolgen (§ 93c Absatz 1 Nummer 3 Satz 2 AO). Die Information kann danach auch mit dem Antrag auf Gewährung einer Billigkeitsleistung oder der Festsetzung der Billigkeitsleistung verbunden werden.

8. Elektronische Mitteilungen über Zahlungen der Kassenärztlichen Vereinigungen an die Anbieter von Leistungen nach der Coronavirus-Testverordnung (§ 14 MV)

8.1 Form und Empfänger der Mitteilung

103 Die von einer Kassenärztlichen Vereinigung (KV) nach dem 31. Dezember 2020 an Leistungserbringer nach der Coronavirus-Testverordnung geleisteten Zahlungen sind nach amtlich vorgeschriebenem Datensatz (§ 87b Absatz 1 AO) über die amtlich bestimmte Schnittstelle (§ 87b Absatz 2 AO) nach Maßgabe des § 93c AO den Finanzbehörden mitzuteilen. Zur Bestimmung des amtlich vorgeschriebenen Datensatzes vgl. § 87b Absatz 1 AO. Zur Bestimmung der Schnittstelle vgl. § 87b Absatz 2 AO.

8.2 Inhalt der Mitteilung

104 Die Mitteilung an die Finanzverwaltung hat die in § 93c Absatz 1 Nummer 2 AO genannten Daten zu enthalten (insbes. Angaben zur mitteilenden Stelle sowie Angaben zur Identifizierung des betroffenen Steuerpflichtigen).

105 Neben den in § 93c Absatz 1 Nummer 2 AO genannten Angaben sind nach § 14 Absatz 2 Satz 1 MV auch folgende Angaben mitzuteilen:

1. die im jeweils vorangegangenen Kalenderjahr von der KV geleisteten Zahlungen im Sinne von § 14 Absatz 1 MV unter Angabe des jeweiligen Rechtsgrunds der Zahlung,

2. das Datum dieser Zahlungen und

3. bei unbarer Zahlung die Bankverbindung für das Konto, auf das die Zahlungen geleistet wurden.

106 Werden nach § 14 Absatz 2 Satz 1 MV mitzuteilende Zahlungen im Kalenderjahr ihrer Auszahlung ganz oder teilweise (freiwillig oder aufgrund einer geltend gemachten Rückforderung) an die KV zurückerstattet, ist diese Minderung der mitzuteilenden Zahlungen bereits bei Erstellung des Datensatzes zu berücksichtigen. Wurde der Datensatz aber bereits übermittelt, ist er nach § 93c Absatz 3 AO zu korrigieren.

107 Werden nach § 14 Absatz 2 Satz 1 MV mitzuteilende Zahlungen dagegen erst in einem späteren Kalenderjahr ganz oder teilweise zurückerstattet, ist die Rückzahlung abweichend von § 93c Absatz 3 AO eigenständig und unter Angabe des Datums, an dem die Zahlung bei der KV eingegangen ist, mitzuteilen (§ 14 Absatz 2 Satz 2 MV).

8.3 Zeitpunkt der Mitteilung

108 Mitteilungen nach § 14 Absatz 1 MV sind abweichend von § 93c Absatz 1 Nummer 1 AO erst nach Veröffentlichung des amtlich vorgeschriebenen Datensatzes und der Freigabe der amtlich bestimmten Schnittstelle jeweils bis zum 30. April des auf das Jahr der Auszahlung folgenden Jahres zu übermitteln (§ 14 Absatz 3 Satz 1 MV n.F.).

109 Das BMF kann im Einvernehmen mit den obersten Finanzbehörden der Länder diese Frist durch ein im BStBl Teil I zu veröffentlichendes Schreiben verlängern, sofern die technischen Voraussetzungen für die Annahme der Mitteilungen nicht rechtzeitig vorliegen (§ 14 Absatz 3 Satz 2 MV).

110 Auf begründeten Antrag einer KV kann ihr die oberste Finanzbehörde des Landes, in dem die KV ihren Sitz hat, die nach § 14 Absatz 3 Satz 1 oder Satz 2 MV geltende Frist zur Übersendung der Mitteilungen für im Kalenderjahr 2021 ausgezahlte Leistungen um längstens vierzehn Monate und für im Kalenderjahr 2022 ausgezahlte Leistungen um längstens sechs Monate verlängern, wenn die technischen Voraussetzungen für die Übersendung der Mitteilungen an die Finanzbehörden nicht rechtzeitig vorliegen (§ 14 Absatz 3 Satz 3 MV n.F.).

8.4 Unterrichtung des Betroffenen

111 Die KV hat den betroffenen Steuerpflichtigen darüber zu informieren, welche für seine Besteuerung relevanten Daten sie an die Finanzbehörden übermittelt hat oder noch übermitteln wird (§ 93c Absatz 1 Nummer 3 Satz 1 AO). Diese Information hat in geeigneter Weise, mit Zustimmung des Steuerpflichtigen elektronisch, und binnen angemessener Frist zu erfolgen (§ 93c Absatz 1 Nummer 3 Satz 2 AO).

9. Elektronische Mitteilungen über öffentliche Hilfsleistungen aus Anlass der Starkregen- und Hochwasserkatastrophe im Juli 2021 (§ 15 MV)

9.1 Form und Empfänger der Mitteilung

112 An bestimmte Empfänger aus Anlass der Starkregen- und Hochwasserkatastrophe im Juli 2021 als Aufbauhilfen des Bundes und der Länder aus den Mitteln des Fonds „Aufbauhilfe 2021" bewilligte Leistungen sind nach amtlich vorgeschriebenem Datensatz (§ 87b Absatz 1 AO) über die amtlich bestimmte Schnittstelle (§ 87b Absatz 2 AO) nach Maßgabe des § 93c AO den Finanzbehörden mitzuteilen (§ 15 Absatz 1 Halbsatz 1 MV). Zur Bestimmung der Schnittstelle vgl. § 87b Absatz 2 AO.

113 Mitzuteilen sind nach § 15 Absatz 1 Halbsatz 2 MV allerdings nur Leistungen an

1. Privathaushalte,
2. gewerbliche Unternehmen, Selbständige und Angehörige der freien Berufe,
3. Wohnungsunternehmen und Vermieter von Wohnraum,
4. Vermieter und Verpächter von ganz oder teilweise für eine gewerbliche, selbständige oder freiberufliche Tätigkeit genutzte Gebäude oder Gebäudeteile,
5. Betriebe der Land- und Forstwirtschaft und ähnliche Betriebe, Betriebe der Fischerei und Aquakultur.

114 Nach § 15 Absatz 4 Satz 3 MV können das BMF oder die obersten Finanzbehörden der Länder – über § 2 Absatz 2 MV hinaus – Ausnahmen von der Mitteilungspflicht nach § 15 Absatz 1 MV zulassen. Vgl. hierzu Anlage 2.

9.2 Inhalt der Mitteilung

115 Die Mitteilung an die Finanzverwaltung hat die in § 93c Absatz 1 Nummer 2 AO genannten Daten zu enthalten (insbes. Angaben zur mitteilenden Stelle sowie Angaben zur Identifizierung des betroffenen Steuerpflichtigen).

Neben den in § 93c Absatz 1 Nummer 2 AO genannten Angaben sind nach § 15 Absatz 2 Satz 1 MV auch folgende Angaben mitzuteilen:

1. die Art und die Höhe der im jeweils vorangegangenen Kalenderjahr gewährten Zahlung,
2. soweit vorhanden, das Objekt, für das die Zahlung bewilligt wurde,
3. das Datum, an dem die Zahlung bewilligt wurde,
4. das Datum der Zahlung und
5. bei unbarer Zahlung die Bankverbindung für das Konto, auf das die Zahlung geleistet wurde.

117 Werden nach § 15 Absatz 2 Satz 1 MV mitzuteilende Zahlungen im Kalenderjahr ihrer Auszahlung ganz oder teilweise (freiwillig oder aufgrund einer geltend gemachten Rückforderung) an die mitteilungspflichtige Stelle zurückerstattet, ist diese Minderung der mitzuteilenden Zahlungen bereits bei Erstellung des Datensatzes zu berücksichtigen. Wurde der Datensatz aber bereits übermittelt, ist er nach § 93c Absatz 3 AO zu korrigieren.

118 Werden nach § 15 Absatz 2 Satz 1 MV mitzuteilende Zahlungen dagegen erst in einem späteren Kalenderjahr ganz oder teilweise zurückerstattet, ist die Rückzahlung abweichend von § 93c Absatz 3 AO eigenständig und unter Angabe des Datums, an dem die Zahlung bei der mitteilungspflichtigen Stelle eingegangen ist, mitzuteilen (§ 15 Absatz 2 Satz 2 MV).

9.3 Zeitpunkt der Mitteilung

119 Mitteilungen nach § 15 Absatz 1 MV sind abweichend von § 93c Absatz 1 Nr. 1 AO erst nach Veröffentlichung des amtlich vorgeschriebenen Datensatzes und der Freigabe der amtlich bestimmten Schnittstelle

- für im Kalenderjahr 2021 ausgezahlte Leistungen bis zum 31. Dezember 2022 sowie
- für in den Folgejahren ausgezahlte Leistungen jeweils bis zum 30. April des auf das Jahr der Auszahlung folgenden Jahres zu übermitteln (§ 15 Absatz 3 Satz 1 MV).

120 Das BMF kann im Einvernehmen mit den obersten Finanzbehörden der Länder diese Frist durch ein im BStBl Teil I zu veröffentlichendes Schreiben verlängern, sofern die technischen Voraussetzungen für die Annahme der Mitteilungen nicht rechtzeitig vorliegen (§ 15 Absatz 3 Satz 2 MV).

121 Auf begründeten Antrag einer mitteilungspflichtigen Stelle kann ihr die oberste Finanzbehörde des Landes, in dem die Stelle ihren Sitz hat, die nach § 15 Absatz 3 Satz 1 oder Satz 2 MV geltende Frist zur Übersendung der Mitteilungen

- für im Kalenderjahr 2021 ausgezahlte Leistungen um längstens zehn Monate und
- für im Kalenderjahr 2022 ausgezahlte Leistungen um längstens sechs Monate

verlängern, wenn die technischen Voraussetzungen für die Übersendung der Mitteilungen an die Finanzbehörden nicht rechtzeitig vorliegen (§ 15 Absatz 3 Satz 3 MV).

9.4 Unterrichtung des Betroffenen

122 Die mitteilungspflichtige Stelle hat den betroffenen Steuerpflichtigen darüber zu informieren, welche für seine Besteuerung relevanten Daten sie an die Finanzbehörden übermittelt hat oder noch übermitteln wird (§ 93c Absatz 1 Nummer 3 Satz 1 AO). Diese Information hat in geeigneter Weise, mit Zustimmung des Steuerpflichtigen elektronisch, und binnen angemessener Frist zu erfolgen (§ 93c Absatz 1 Nummer 3 Satz 2 AO).

Dieses Schreiben ersetzt das BMF-Schreiben vom 21. Januar 2021 - IV A 3 – S 0229/20/10003:011 - BStBl I Seite 136, das durch die BMF-Schreiben vom 18. Juni 2021 - IV A 3 - S 0229/20/10003 :011 - BStBl I Seite 810, und vom 29. September 2021 - IV A 3 – S 0229/21/10001 :006 - BStBl I Seite 1765, geändert worden ist.

Dieses Schreiben steht ab sofort für eine Übergangszeit auf den Internetseiten des Bundesministeriums der Finanzen (http://www.bundesfinanzministerium.de) unter der Rubrik Themen - Steuern - Steuerverwaltung & Steuerrecht - Abgabenordnung - Übersicht - BMF-Schreiben / Allgemeines zum Download bereit.

Merkblatt zur zwischenstaatlichen Amtshilfe bei der Steuererhebung (Beitreibung)

Stand: 1. Juli 2013

(BMF-Schreiben vom 23.1.2014 - IV B 6 - S 1320/07/10011 :011 -, BStBl I S. 188)*

Unter Bezugnahme auf das Ergebnis der Erörterungen mit den Vertretern der obersten Finanzbehörden der Länder gelten für die Amtshilfe, die in- und ausländische Finanzbehörden bei der Steuererhebung leisten, die in nachfolgendem Text dargestellten Grundsätze.

Dieses Schreiben richtet sich nicht an die Zollverwaltung.

1. Allgemeines

1.1 Zwischenstaatliche Amtshilfe bei der Steuererhebung

Die deutschen Finanzbehörden beanspruchen und gewähren zwischenstaatliche Amtshilfe bei der Steuererhebung nach Maßgabe der in diesem Schreiben dargestellten Grundsätze. Deutsche Finanzbehörden im Sinne dieses Schreibens sind das BMF, das BZSt und die Landesfinanzbehörden (§ 2 Abs. 1 FVG).

Zwischenstaatliche Amtshilfe können auch Gemeinden (Gemeindeverbände) nach Maßgabe der in diesem Schreiben dargestellten Grundsätze beanspruchen, soweit Steuern und Abgaben betroffen sind, die von ihnen verwaltet werden.

Zwischenstaatliche Amtshilfe für Steuern, deren Erhebung in die Zuständigkeit der deutschen Zollverwaltung fällt oder fallen würde, wird nach den für die Zollverwaltung geltenden Vorschriften durchgeführt.

1.2 Rechtsgrundlagen

1.2.1 Überblick

Rechtsgrundlagen für die zwischenstaatliche Amtshilfe bei der Steuererhebung sind:

– EUBeitrRL[1] (Anlage 2),

– eine Reihe von DBA mit Erhebungsklauseln,

– Verträge über Amts- und Rechtshilfe in Steuersachen

* Inhaltsverzeichnis, Abkürzungsverzeichnis und Anlagen hier nicht abgedruckt.

[1] Richtlinie 2010/24/EU des Rates vom 16. März 2010 über die Amtshilfe bei der Beitreibung von Forderungen in Bezug auf bestimmte Steuern, Abgaben und sonstige Maßnahmen, ABl. EU Nr. L 84 vom 31. März 2010, S. 1 – 12

Die EUBeitrRL ist durch das EUBeitrG[2] (Anlage 5) in innerstaatliches Recht umgesetzt worden. Gemeinsame Rechtsgrundlage für alle EU-MS ist die EUBeitrRL. Deutsche Finanzbehörden gewähren den Finanzbehörden der anderen EU-MS Amtshilfe bei der Steuererhebung nach dem EUBeitrG. Die DBA bzw. die Verträge über Amts- und Rechtshilfe sind völkerrechtliche Vereinbarungen, die durch Zustimmungsgesetz innerstaatliches Recht werden (Art. 59 Abs. 2 Satz 1 GG).

1.2.2 EUBeitrG/EUBeitrRL

Die EU-MS leisten sich über entsprechende Verbindungsstellen gegenseitig Amtshilfe bei der Steuererhebung nach Maßgabe der EUBeitrRL. Dabei sind die von der EU-KOM erlassene EU-BeitrDV[3] (Anlage 3), sowie der nicht im ABl. veröffentlichte EUBeitrBeschl[4] (Anlage 4) zu beachten. Soweit innerstaatliche Rechtsgrundlagen den Vorschriften der EUBeitrDV entgegenstehen, ist die Verordnung vorrangig anzuwenden.

Die Amtshilfe im Bereich der Beitreibung erstreckt sich nach § 1 EUBeitrG

(Art. 2 EUBeitrRL) auf Forderungen im Zusammenhang mit Steuern und Abgaben aller Art. Steuern sind Geldleistungen im Sinne des § 3 Abs. 1 AO. Der Anwendungsbereich umfasst auch Forderungen aus Haftungsbescheiden. Ebenfalls umfasst sind die mit den Steuern und Abgaben im Zusammenhang stehenden verhängten Geldstrafen, Geldbußen, und Zuschläge auf Forderungen, insbesondere die steuerlichen Nebenleistungen (§ 3 Abs. 4 AO). Die für eine Verwaltungsleistung in Bezug auf Steuern und Abgaben festgesetzten Gebühren fallen ebenso unter den Anwendungsbereich.

Abgaben, die nicht steuerlicher Art sind, sowie mit diesen Abgaben im Zusammenhang stehende und verhängte Geldstrafen, Geldbußen, Zuschläge auf Forderungen und Nebenleistungen, sind nicht umfasst.

Auch nicht unter den Anwendungsbereich von EUBeitrG/EUBeitrRL fallen:

– Pflichtbeiträge zur Sozialversicherung,
– Gebühren die nicht im Zusammenhang mit Steuern und Abgaben aller Art erhoben werden wie z. B.
  - Kostenerstattungen für Feuerwehreinsätze
  - Rettungsdienstgebühren für Notarzteinsatzwagen oder Krankentransporte
  - Entwässerungsbeiträge
  - Grundbesitzabgaben (davon ausgenommen Grundsteuer),
– Müll-, Wasser- und Abwassergebühren sowie sonstige vertragliche Gebühren,
– Sanktionen i. V. m. einem Strafverfahren,
– Rückforderung der Eigenheimzulage und der Investitionszulage.

[2] Gesetz über die Durchführung der Amtshilfe bei der Beitreibung von Forderungen in Bezug auf bestimmte Steuern, Abgaben und sonstige Maßnahmen zwischen den Mitgliedstaaten der Europäischen Union vom 7. Dezember 2011 (BGBl. I S. 2592).

[3] Durchführungsverordnung (EU) Nr. 1189/2011 der Kommission vom 18. November 2011 zur Festlegung der Durchführungsbestimmungen zu bestimmten Artikeln der Richtlinie 2010/24/EU des Rates über die Amtshilfe bei der Beitreibung von Forderungen in Bezug auf Steuern, Abgaben und sonstige Maßnahmen, ABl. EU Nr. L 302 vom 19. November 2011, S. 16

[4] Durchführungsbeschluss der Kommission vom 18. November 2011 zur Festlegung der Durchführungsbestimmungen zu bestimmten Artikeln der Richtlinie 2010/24/EU über die Amtshilfe bei der Beitreibung von Forderungen in Bezug auf Steuern, Abgaben und sonstigen Maßnahmen

1.2.3 DBA bzw. Amts- und Rechtshilfeabkommen

Neben EUBeitrG/EUBeitrRL enthalten einige DBA bzw. Amts- und Rechtshilfeabkommen Vereinbarungen über die Amtshilfe bei der Steuererhebung. Die Amtshilfe erstreckt sich regelmäßig auf die Steuern, für die das jeweilige DBA bzw. Amts- und Rechtshilfeabkommen gilt, in der Regel also die Einkommen- und

Körperschaftsteuer, zum Teil auch die Umsatz-, Gewerbe-, Vermögen-, Erbschaft-, Kirchen-, Schenkung- und Grundsteuer sowie weitere Steuern. Zu Einzelheiten wird auf die Anlage 1 sowie auf Tz. 5 hingewiesen.

Bei Auskunftsersuchen zu Beitreibungszwecken nach DBA gelten die Regelungen des jeweiligen DBA über den Informationsaustausch (siehe auch Tz. 3.4.1).

1.2.4 Verhältnis der Rechtsgrundlagen zueinander

Soweit im Verhältnis zu einem Vertragsstaat Amtshilfe bei der Steuererhebung für eine Steuer oder Abgabe nach mehreren Rechtsgrundlagen in Anspruch genommen oder geleistet werden kann, stehen diese Rechtsgrundlagen gleichwertig nebeneinander. Im Verhältnis zu den EU-MS sollen die Finanzbehörden Amtshilfe in der Regel auf der Grundlage der EUBeitrRL in Anspruch nehmen. Hinsichtlich der Besonderheiten bei einzelnen Staaten siehe Tz. 5.

1.3 Arten der Amtshilfeersuchen für Zwecke der Beitreibung

Folgende Ersuchen kommen in Betracht:

- Beitreibungsersuchen (Tz. 3.1 und Tz. 4.2),
- Ersuchen um Sicherungsmaßnahmen (Tz. 3.2 und Tz. 4.3),
- Zustellungsersuchen zu Beitreibungszwecken (Tz. 3.3 und Tz. 4.4),
- Auskunftsersuchen zu Beitreibungszwecken (Tz. 3.4 und Tz. 4.5).

1.4 Zuständigkeiten

Im Rahmen der EUBeitrRL kann die zuständige Behörde jedes EU-MS Verbindungsstellen benennen, die für die Verbindung zu anderen EU-MS zuständig sind. Das BMF ist die zuständige Behörde und zentrales Verbindungsbüro im Sinne von § 3 Abs. 1 EUBeitrG. Die Kommunikation mit den Verbindungsbüros anderer

EU-MS wurde an das BZSt delegiert, das als Verbindungsbüro in den Fällen des § 5 Abs. 1 Nr. 5 FVG benannt wurde (§ 3 Abs. 1 Nr. 1 EUBeitrG). Vollstreckungsbehörden sind nach § 4 Abs. 1 Nr. 1 EUBeitrG die Finanzämter und in Fällen des § 4 Abs. 1 Nr. 2 EUBeitrG die Hauptzollämter.

Durch Erlass vom 13. Dezember 1976 - Z C 3 - O 1755 - 59/76 -, BStBl 1977 I S. 33, hat das BMF nach § 5 Abs. 1 Nr. 5 FVG den Teilbereich Vollstreckungs- und Zustellungssachen aus dem Aufgabengebiet der zwischenstaatlichen Amtshilfe bei der Steuererhebung auf das BZSt übertragen. Sowohl für Ersuchen nach

EUBeitrG/EUBeitrRL als auch für Ersuchen nach DBA bzw. Amts- und Rechtshilfeabkommen übernimmt das BZSt die Kommunikation mit den ausländischen Behörden sowie die Prüfung und Bearbeitung von eingehenden und ausgehenden Ersuchen. Darüber hinaus achtet das BZSt auf die Einhaltung der einschlägigen Verwaltungsvorschriften und Fristen.

Die Finanzämter führen den Schriftverkehr mit dem BZSt über die OFD bzw. die unmittelbar vorgesetzte Behörde vorbehaltlich anderer Weisung in dem jeweiligen Land.

Die Gemeinden (Gemeindeverbände) übermitteln Ersuchen unmittelbar an das BZSt.

Bei Ersuchen für Steuern auf Versicherungsprämien übernimmt das BZSt die Kommunikation mit den ausländischen Behörden sowie die Prüfung und Bearbeitung eingehender und ausgehender Ersuchen.[5]

1.5 Übermittlung von Informationen und Ersuchen

1.5.1 Einsatz von elektronischen Formblättern

Ersuchen aufgrund EUBeitrG/EUBeitrRL sind mittels der durch die EU-KOM in elektronischer Fassung zur Verfügung gestellten Formblätter für Ersuchen um Beitreibung oder Sicherungsmaßnahmen, Zustellung und Auskunft (siehe

Anhang I - III des EUBeitrBeschl) zu erstellen. Ersuchen aufgrund DBA bzw. Amts- und Rechtshilfeabkommen an EU-MS können ebenfalls mithilfe dieser elektronischen Formblätter erstellt werden. Wegen der Besonderheiten bei Ersuchen nach Kanada siehe Tz. 5.2.3.

Die Programmdateien für die elektronischen Formblätter werden den zuständigen Landesfinanzbehörden durch das auftragnehmende Land Niedersachsen im Rahmen des Vorhabens KONSENS zur Verfügung gestellt.

Gemeinden und Gemeindeverbände können die Programmdateien für die elektronischen Formblätter bei Bedarf auf den Internetseiten des BZSt unter http://www.bzst.de abrufen.

Die Programmdateien und die elektronischen Formblätter sind Eigentum der EU-KOM. Die EU-KOM behält sich alle Rechte vor.

1.5.2 Geschäftsverkehr

1.5.2.1 Zwischen dem BZSt und ausländischen Verbindungsbüros bzw. zuständigen Behörden

Der Geschäftsverkehr mit den Verbindungsbüros anderer EU-MS aufgrund der EUBeitrRL obliegt ausschließlich dem BZSt und erfolgt in der Regel auf elektronischem Weg unter Nutzung des CCN-Netzes. Für das Senden und Empfangen elektronischer Ersuchen zwischen den Verbindungsbüros wurden in den jeweiligen EU-MS entsprechende Mailboxen eingerichtet.

Der Geschäftsverkehr mit ausländischen zuständigen Behörden aufgrund DBA bzw. Amts- und Rechtshilfeabkommen ist ebenfalls ausschließlich dem BZSt vorbehalten.

1.5.2.2 Zwischen dem BZSt und den zuständigen Landesfinanzbehörden

Der Geschäftsverkehr zwischen dem BZSt und den zuständigen Landesfinanzbehörden betreffend Ersuchen aufgrund EUBeitrG/EUBeitrRL erfolgt ausschließlich elektronisch.

Der Geschäftsverkehr zwischen dem BZSt und den zuständigen Landesfinanzbehörden betreffend Ersuchen aufgrund der Beitreibungsklausel in den DBA bzw. den Amts- und Rechtshilfeabkommen soll (mit Ausnahme der in Tz. 3.1.2.2 genannten Ersuchen) ebenfalls ausschließlich elektronisch erfolgen.

[5] Einzelheiten dazu gehen aus der ergänzenden Geschäftswegregelung für die Amtshilfe insbesondere bei der Beitreibung von Steuern auf Versicherungsprämien vom 24. Juli 2013 - IV D 5- S 6356/12/10001:001, 2013/0372854; III B 4 – Z 4608/10/10004 hervor. Die Ausführungen in Tz. 4.2.3, Tz. 4.2.4 und Tz. 4.2.6 bis 4.6 dieses Merkblatts gelten folglich nicht für die Steuern auf Versicherungsprämien.

1.5.3 Übersetzungen

1.5.3.1 Ausgehende (inländische) Ersuchen und sonstiger Schriftverkehr

Die mit den elektronischen Formblättern erstellten Ersuchen sind in sämtlichen Amtssprachen der EU abrufbar, sodass lediglich Freitexte oder sonstige Anlagen in eine andere Amtssprache der EU zu übersetzen sind. Die elektronischen Formblätter sind in deutscher Sprache auszufüllen und an das BZSt zu übermitteln. Auch Ersuchen aufgrund von DBA bzw. Amts- und Rechtshilfeabkommen sind in deutscher Sprache auszufüllen. Über eventuell notwendige Übersetzungen der Freitexte und sonstigen Anlagen entscheidet das BZSt und veranlasst diese.

1.5.3.2 Eingehende (ausländische) Ersuchen und sonstiger Schriftverkehr

Eingehende Ersuchen bzw. die Freitexte, sonstigen Anlagen der eingehenden elektronischen Formblätter und sonstiger Schriftverkehr ausländischer zuständiger Behörden werden, soweit erforderlich, vom BZSt in die deutsche Sprache übersetzt. Aus der englischen Sprache wird in einfach gelagerten Fällen nicht übersetzt.

1.5.4 Verwendung von Abkürzungen

Im Ersuchen und im folgenden Schriftverkehr sind keine Abkürzungen zu verwenden.

1.6 Anwesenheit von Bediensteten in anderen Staaten nach EUBeitrG/EU-BeitrRL

Das BZSt kann mit anderen Verbindungsbüros vereinbaren, dass Bedienstete in begründeten Fällen und unter den in § 17 EUBeitrG oder ggf. § 18 i. V. m. § 17 EUBeitrG genannten Voraussetzungen an Amtshandlungen der Behörde des ersuchten EU-MS teilnehmen. Bei einer Teilnahme von deutschen Bediensteten erteilt das BZSt eine schriftliche Vollmacht, aus der die Identität und die dienstliche Stellung des Bediensteten hervorgehen (siehe § 18 i. V. m. § 17 Abs. 2 EUBeitrG). Eine entsprechende Vollmacht ist bei Anwesenheit von Bediensteten anderer EU-MS im Inland dem BZSt vorzulegen (§ 17 Abs. 2 EUBeitrG).

1.7 Steuergeheimnis

1.7.1 Allgemein

Das Steuergeheimnis steht einem Ersuchen (Tz. 1.3) an eine ausländische Finanzbehörde nicht entgegen. Die mit dem Ersuchen verbundene notwendige Mitteilung steuerlicher Verhältnisse ist nach § 30 Abs. 4 Nr. 1 AO zulässig. Ebenso wenig verbietet das Steuergeheimnis die Erledigung ausländischer Ersuchen, sofern die Mitteilung steuerlicher Verhältnisse an die ausländische Finanzbehörde durchvölkerrechtliche Vereinbarungen oder das EUBeitrG ausdrücklich zugelassen ist (§ 30 Abs. 4 Nr. 2 AO).

Alle Angaben, die den deutschen Finanzbehörden im Zusammenhang mit einem Ersuchen zugehen, unterliegen dem Steuergeheimnis. Außerdem unterliegen sie dem besonderen Geheimhaltungsschutz des EUBeitrG/der EUBeitrRL und den besonderen Geheimhaltungs- sowie den Datenschutzbestimmungen in den völkerrechtlichen Vereinbarungen.

1.7.2 Besonderheiten aufgrund EUBeitrG/EUBeitrRL

Eine Weiterleitung der Angaben an einen dritten EU-MS ist nach EUBeitrG/EUBeitrRL grundsätzlich möglich. Es muss jedoch eine Zustimmung des EU-MS eingeholt werden, von dem die Angaben stammen. Ist Deutschland der Staat, der die Zustimmung zu erteilen hat, so ist Folgendes

zu beachten:
Soll der Weiterleitung der Angaben an einen dritten EU-MS nicht zugestimmt werden, ist dies über das Verbindungsbüro innerhalb von zehn Arbeitstagen mitzuteilen, nachdem die Mitteilung über die Weiterleitungsabsicht dort eingegangen ist (§ 21 Abs. 3 EUBeitrG bzw. Art. 23 Abs. 4 EUBeitrRL).

1.8 Verjährung

Die Verjährung richtet sich grundsätzlich nach dem Recht des Staates, in dem die ersuchende Behörde ihren Sitz hat (siehe § 15 EUBeitrG). Maßnahmen einer ausländischen (ersuchten) Behörde haben für die Unterbrechung der Verjährung (§ 231 AO) die gleiche Wirkung wie entsprechende Maßnahmen einer deutschen Finanzbehörde. Wegen der Ausnahme bei Ersuchen nach dem DBA-Dänemark siehe Tz. 5.1.4.

1.9 Kosten

Für die Amtshilfe, die aufgrund EUBeitrG/EUBeitrRL geleistet wird, kommt eine Kostenerstattung für Unterstützungsmaßnahmen grundsätzlich nicht in Betracht. Eine Weiterbelastung von Kosten eines finanzgerichtlichen oder zivilgerichtlichen Verfahrens ist ebenfalls ausgeschlossen.

In Fällen, in denen die Beitreibung besondere Probleme bereitet, sehr hohe Kosten verursacht oder im Rahmen der Bekämpfung der organisierten Kriminalität erfolgt, können jedoch besondere Erstattungsmodalitäten zwischen der ersuchenden und der ersuchten Behörde vereinbart werden (§ 16 Abs. 2 EUBeitrG bzw. Art. 20 Abs. 2 EUBeitrRL). Wenn ein Ersuchen eines anderen EU-MS Kosten verursachen könnte, die den üblichen Rahmen deutlich übersteigen, ist dem BZSt unter Angabe der Gründe und Beifügung einer Schätzung der Kosten zu berichten. Das BZSt prüft die Voraussetzungen für eine Kostenerstattung (unter Beachtung des Grundsatzes der Gegenseitigkeit) und fertigt ggf. einen entsprechenden Antrag an die ersuchende Behörde.

Stellt die ersuchte Behörde im Fall eines inländischen Ersuchens einen Antrag auf Kostenerstattung, leitet das BZSt diesen Antrag an die zuständige Landesfinanzbehörde mit der Bitte um Stellungnahme und Entscheidungsvorschlag weiter. Das BZSt trifft daraufhin eine Entscheidung und teilt sie der ersuchten Behörde mit.

Auch wenn die ersuchende und die ersuchte Behörde keine Einigung über die Erstattungsmodalitäten erzielen, führt die ersuchte Behörde das Beitreibungsverfahren weiter.

Das BZSt benennt die Bediensteten, die als ordnungsgemäß Bevollmächtigte Erstattungsvereinbarungen treffen dürfen.

Nach den Abkommen mit Dänemark, Finnland, Italien, Kanada, den Niederlanden, Polen und Schweden trägt der ersuchte Staat die durch die Unterstützungsleistung entstehenden üblichen Kosten. Außergewöhnliche Kosten, z. B. Entschädigungen, die Auskunftspersonen zu gewähren sind, gehen jedoch zu Lasten des ersuchenden Staates. Wegen der Besonderheiten bei Ersuchen nach Kanada siehe Tz. 5.2.3.

Unberührt bleibt das Recht der ersuchten Behörde bzw. des ersuchten Staates, entsprechend seinen Rechtsvorschriften vom Vollstreckungsschuldner Kosten zu erheben.

2 Erteilen von Auskünften ohne vorheriges Ersuchen nach EUBeitrG/EUBeitrRL

Bei einer Erstattung von Steuern[6] oder Abgaben an eine Person, die in einem anderen EU-MS niedergelassen oder wohnhaft ist, können die Finanzbehörden den anderen EU-MS über die bevorstehende Erstattung informieren (§ 6 EUBeitrG). Bei den zu erstattenden Beträgen darf es

[6] Bei Steuern auf Versicherungsprämien siehe Fußnote 5 unter Tz. 1.4.

sich jedoch nicht um Umsatzsteuer handeln. Die Fälligkeit der jeweiligen Erstattung verschiebt sich insoweit um zehn Arbeitstage nach Übermittlung der Information an den anderen EU-MS (§ 6 Abs. 3 EUBeitrG).

Hat der andere EU-MS Forderungen gegen den Schuldner, kann von dort zielgerichtet ein Ersuchen um Beitreibung oder Sicherungsmaßnahmen gestellt werden.

Eingehende Auskünfte ohne vorheriges Ersuchen aus anderen EU-MS über dort bevorstehende Erstattungen nach Art. 6 EUBeitrRL sind vom BZSt auf dem vorgesehenen Geschäftsweg an das zuständige Finanzamt weiterzuleiten. Bestehen in diesem Zusammenhang Forderungen ist dem BZSt ein Ersuchen um Beitreibung oder Sicherungsmaßnahmen zu übermitteln. Bestehen keine Forderungen ist das BZSt darüber zu informieren.

3 Ausgehende (inländische) Ersuchen[7]

3.1 Beitreibungsersuchen

3.1.1 Zulässigkeit

3.1.1.1 Allgemeine Voraussetzungen

Beitreibungsersuchen sind unter folgenden Voraussetzungen zulässig:

a) Die Forderungen fallen unter den Anwendungsbereich nach § 1 EUBeitrG (Art. 2 EU-BeitrRL) oder den jeweiligen Anwendungsbereich der DBA bzw. Amts- und Rechtshilfeabkommen.

b) Die Voraussetzungen für die Vollstreckung sind nach deutschem Recht gegeben (§§ 251, 254 AO).

c) Im Inland getroffene Maßnahmen werden nicht zur vollständigen Tilgung der Forderung führen. Nach § 10 Abs. 2 EUBeitrG muss die Vollstreckungsbehörde jedoch vor Stellung eines Beitreibungsersuchens an einen EU-MS grundsätzlich alle nach der AO vorgesehenen Vollstreckungsmöglichkeiten ausgeschöpft haben, es sei denn die Ausnahmen der § 10 Abs. 2 Nr. 1 und Nr. 2 EUBeitrG liegen vor.

d) Der zu vollstreckende Verwaltungsakt oder das Leistungsgebot muss formell bestandskräftig (unanfechtbar, vgl. AEAO vor §§ 172 bis 177, Nr. 1) sein. Für Beitreibungsersuchen aufgrund des EUBeitrG/der EUBeitrRL reicht es aus, dass der zu vollstreckende Verwaltungsakt oder das Leistungsgebot nicht angefochten ist. Nach § 10 Abs. 1 Satz 2 EUBeitrG (Art. 11 Abs. 1 Unterabsatz 1 i. V. m. Art. 14 Abs. 4 der EUBeitrRL) kann im Einzelfall ein Beitreibungsersuchen auch in Betracht kommen, wenn der zu vollstreckende Verwaltungsakt oder das Leistungsgebot angefochten ist; ein solches Ersuchen ist zu begründen. In diesem Zusammenhang ist zu beachten, dass der ersuchende gegenüber dem ersuchten EU-MS für die Erstattung bereits beigetriebener Beträge samt etwaig geschuldeten Entschädigungsleistungen haftet. Anlage 1 zeigt auf, in welchen EU-MS die Vollstreckung angefochtener Forderungen möglich ist.

e) Bei Ersuchen aufgrund EUBeitrG/EUBeitrRL ist die ersuchte Behörde nicht verpflichtet, Amtshilfe zu leisten, wenn sich das ursprüngliche Ersuchen auf Forderungen bezieht, die gerechnet ab dem Datum der Fälligkeit älter als fünf Jahre sind. Bei Anfechtung der Forderung oder des Vollstreckungstitels sowie in Fällen von Ratenzahlungen oder

[7] Bei Steuern auf Versicherungsprämien siehe Fußnote 5 unter Tz. 1.4.

Stundungen verlängert sich diese Frist auf zehn Jahre (vgl. § 14 Abs. 2 EUBeitrG bzw. Art. 18 Abs. 2 der EUBeitrRL). Zu Einzelheiten wird auf die Anlage 1 hingewiesen.

Auch Steuerbescheide unter dem Vorbehalt der Nachprüfung (§ 164 AO) - einschließlich der Vorauszahlungsbescheide (§ 164 Abs. 1 Satz 2 AO) und der Steueranmeldungen, soweit diese einer Steuerfestsetzung gleichstehen (§§ 167, 168 AO) - und vorläufige Bescheide (§ 165 AO) erwachsen in formelle Bestandskraft, vgl. AEAO vor § 172 bis § 177, Nr. 1.Vor Eintritt der formellen Bestandskraft kann um Sicherungsmaßnahmen ersucht werden (Tz. 3.2).

3.1.1.2 Mindestbeträge

Für Beitreibungsersuchen aufgrund EUBeitrG/EUBeitrRL beträgt der Mindestbetrag nach § 14 Abs. 1 EUBeitrG bzw. Art. 18 Abs. 3 der EUBeitrRL 1.500 Euro.

Für Ersuchen aufgrund von DBA bzw. Amts- und Rechtshilfeabkommen gelten keine bzw. folgende Mindestbeträge:

Belgien	766 Euro
Niederlande	700 Euro
Norwegen	1.022 Euro
Schweden	1.022 Euro

Ansonsten sollen Ersuchen aufgrund von DBA bzw. Amts- und Rechtshilfeabkommen regelmäßig erst gestellt werden, wenn ein Betrag von 1.500 Euro erreicht ist. Wegen der Besonderheit im Verhältnis zur Schweiz siehe Tz. 5.2.6.

Ersuchen, die auf das EUBeitrG/EUBeitrRL einerseits und auf DBA bzw. Amts- und Rechtshilfeabkommen andererseits gestützt werden müssen, können nicht zusammengefasst werden, um den jeweiligen Mindestbetrag zu erreichen.

3.1.2 Form und Inhalt des Beitreibungsersuchens

3.1.2.1 Beitreibungsersuchen aufgrund EUBeitrG/EUBeitrRL

3.1.2.1.1 Allgemein

Das Ersuchen ist mittels des elektronischen Formblatts „Ersuchen um Beitreibung oder Sicherungsmaßnahmen“ (siehe Anhang III des EUBeitrBeschl) zu erstellen und dem BZSt elektronisch zu übermitteln.

Im Beitreibungsersuchen sind Angaben erforderlich:

- zur Identifizierung der vom Ersuchen betroffenen Person,
- zur ersuchenden und ersuchten Behörde,
- zu den Forderungen (z. B. Alter, Art, Höhe, Bestandskraft, Verjährung),
- zur Art des Schuldverhältnisses (Haupt-, Gesamt-, Haftungsschuldner),
- zur Zulässigkeit von Ratenzahlungen

sowie alle sonstigen sachdienlichen Informationen (z. B. Hinweis auf vorhandene Vermögenswerte).

Für jede Forderungsart ist grundsätzlich ein eigenes Ersuchen zu erstellen. Ist im ersuchten EU-MS eine Behörde für mehrere Forderungsarten zuständig, können diese Forderungen in einem

Ersuchen zusammengefasst werden. Ob Behörden in den anderen EU-MS für mehrere Forderungsarten zuständig sind, kann der Anlage 1 entnommen werden. Insbesondere bei Belgien, Luxemburg und Zypern ist zu beachten, dass für die Beitreibung von Einkommensteuer und Umsatzsteuer getrennte Ersuchen gestellt werden müssen. Dies hat jedoch keine Auswirkung auf die Berechnung des Mindestbetrages. Die Beträge der einzelnen Ersuchen werden für diesen Zweck zusammengerechnet.

Nach Art. 13 Abs. 3 der EUBeitrRL werden von der ersuchten Behörde nach dem für sie maßgebenden Recht Verzugszinsen (Säumniszuschläge) berechnet und erhoben. Die bis zum Zeitpunkt des Ergehens des Beitreibungsersuchens entstandenen Säumniszuschläge sind unter Angabe des Datums, bis zu dem sie berechnet wurden, im Ersuchen aufzuführen. Für danach entstandene Säumniszuschläge kann zu einem späteren Zeitpunkt ein neues Ersuchen gestellt werden, wenn im Übrigen die Voraussetzungen für ein Beitreibungsersuchen vorliegen. Hat die ersuchte Behörde von dem Schuldner Zinsen erhoben und über die Verbindungsbüros an das ersuchende Finanzamt - bei Steuern auf Versicherungsprämien an das zuständige Referat im BZSt - weitergeleitet, sind diese mit den neu entstandenen Säumniszuschlägen zu verrechnen.

3.1.2.1.2 Einheitlicher Vollstreckungstitel (UIPE)

Nach § 10 Abs. 3 EUBeitrG bzw. Art. 12 Abs. 1 der EUBeitrRL ist jedem Ersuchen der einheitliche Vollstreckungstitel (UIPE) beizufügen (siehe Anhang II der EUBeitrDV). Dieser ist im ersuchten EU-MS die alleinige Grundlage für die zu ergreifenden Beitreibungsmaßnahmen. Der einheitliche Vollstreckungstitel (UIPE) kann aus den Daten im übermittelten elektronischen Formblatt „Ersuchen um Beitreibung oder Sicherungsmaßnahmen" von der ersuchten Behörde generiert werden, wodurch eine gesonderte Übermittlung des ursprünglichen Vollstreckungstitels entfällt.

3.1.2.2 Beitreibungsersuchen in anderen Fällen

Als Beitreibungsersuchen aufgrund von DBA bzw. Amts- und Rechtshilfeabkommen genügt das Weiterleitungsschreiben an das BZSt (Anlage 8) sowie eine Rückstandsanzeige (Anlagen 7a und 7b) in Papierform. Eines besonderen Ersuchensvordrucks bedarf es in diesen Fällen nicht.

Eine Weiterberechnung von Säumniszuschlägen bei Beitreibungsersuchen aufgrund von DBA bzw. Amts- und Rechtshilfeabkommen durch die ersuchte Behörde ist nicht vorzunehmen. Für nach der Stellung des Beitreibungsersuchens entstandene Säumniszuschläge kann ein neues Beitreibungsersuchen gestellt werden, wenn im Übrigen die Voraussetzungen für ein Beitreibungsersuchen vorliegen.

Wegen der Besonderheiten bei der Erstellung von Beitreibungsersuchen nach Polen siehe Tz. 5.1.13 und nach Kanada siehe Tz. 5.2.3.

3.1.3 Insolvenzverfahren

Ist über das Vermögen des Vollstreckungsschuldners in einem EU-MS das Insolvenzverfahren eröffnet worden, werden die Steueransprüche durch die Finanzämter unmittelbar im betreffenden EU-MS angemeldet (Art. 39 bis 41 der EUInsVO[8] (Anlage 6)).

[8] Verordnung (EG) Nr. 1346/2000 des Rates vom 29. Mai 2000 über Insolvenzverfahren, ABl. Nr. L 160 vom 30. Juni 2000 S. 1

Zur Vermeidung verspäteter Forderungsanmeldungen ist in Beitreibungsersuchen an EU-MS die ersuchte Behörde in der Regel um vorsorgliche Anmeldung der Forderungen im dortigen Insolvenzverfahren zu ersuchen. Entsprechendes gilt bei Ersuchen in Fällen, in denen die EUInsVO nicht anwendbar ist.

In Dänemark ist die EUInsVO nicht anwendbar (siehe Tz. 5.1.4).

3.1.4 Gesamtschuld

Soll die Abgabenschuld bei mehreren im ersuchten Staat ansässigen Gesamtschuldnern (§ 44 AO) beigetrieben werden, muss für jeden Gesamtschuldner ein eigenes Ersuchen gestellt werden. Das Ersuchen muss das Gesamtschuldverhältnis erkennen lassen. Insbesondere muss erkennbar sein, inwieweit die Zahlung eines Betrages durch einen Gesamtschuldner zur Entlastung der anderen Gesamtschuldner führt. Das Wesen der Gesamtschuldnerschaft ist kurz zu erläutern. Sind Ehegatten Gesamtschuldner, ist hierauf ebenfalls hinzuweisen.

3.1.5 Währung, Umrechnung

Bei Ersuchen aufgrund EUBeitrG/EUBeitrRL sind alle Forderungen in Euro und soweit der ersuchte Staat nicht zum Euro-Währungsgebiet gehört, zusätzlich in der Währung des ersuchten Staates anzugeben. Für die Umrechnung ist der letzte vor dem Tag der Übermittlung des Ersuchens im ABl. veröffentlichte Umrechnungskurs maßgeblich (Art. 18 Nr. 2 EUBeitrDV).

Der Umrechnungskurs kann tagesaktuell auf folgender Internetseite unter „C (Mitteilungen und Bekanntmachungen)" abgerufen werden:

http://eur-lex.europa.eu/JOIndex.do?ihmlang=de.

3.1.6 Rechtsbehelfe, Erlassantrag

Wird im Fall eines Ersuchens aufgrund EUBeitrG/EUBeitrRL die Forderung, der ursprüngliche Vollstreckungstitel oder der einheitliche Vollstreckungstitel (UIPE) nach Ausgang des Ersuchens angefochten, ist dem BZSt mittels der entsprechenden Felder in Teil 7 des elektronischen Formblatts „Ersuchen um Beitreibung oder Sicherungsmaßnahmen" zu berichten. Gleichzeitig ist mitzuteilen, in welchem Umfang die Forderung nicht angefochten ist und ob um Weiterführung des Vollstreckungsverfahrens oder um Sicherungsmaßnahmen ersucht werden soll (vgl. Tz. 3.1.1.1). Bei Änderungen ist dem BZSt mittels der entsprechenden Felder in Teil 7 des elektronischen Formblatts „Ersuchen um Beitreibung oder Sicherungsmaßnahmen" das geänderte Beitreibungsersuchen zuzuleiten, aus dem die entsprechend geänderte Fassung des einheitlichen Vollstreckungstitels (UIPE) generiert werden kann (§ 11 Abs. 2 EUBeitrG). Nach dieser Mitteilung übermittelt das BZSt die erhaltenen Informationen an den ersuchten EU-MS.

Bei Ersuchen, die auf einer anderen Rechtsgrundlage als EUBeitrG/EUBeitrRL gestellt wurden, ist dem BZSt wegen eines eingelegten Rechtsbehelfs nur zu berichten, wenn dadurch ein Anlass für die einstweilige Einschränkung oder Beschränkung der Vollstreckung gegeben ist.

Bei einem Antrag auf Erlass aus Billigkeitsgründen, der offensichtlich nicht unbegründet ist, ist dem BZSt zu berichten.

3.1.7 Wegfall der Vollstreckungsvoraussetzungen/Minderung der Rückstände

Liegen die Voraussetzungen für eine Einstellung oder Beschränkung der Vollstreckung nach § 257 AO vor (z. B. durch Zahlungen oder durch behördliche oder gerichtliche Entscheidungen) oder ist das Ersuchen aus sonstigen Gründen ganz oder teilweise gegenstandslos geworden, ist dem BZSt unverzüglich zu berichten. Bei Ersuchen aufgrund EUBeitrG/EUBeitrRL erfolgt dies über die entsprechenden Felder in Teil 7 des elektronischen Formblatts „Ersuchen um Beitreibung oder Sicherungsmaßnahmen". Ausgenommen sind Rückstandsminderungen aufgrund von Zahlungen der ersuchten Behörde. Ebenfalls zu berichten ist in Fällen des § 258 AO.

Bei Änderung von Ersuchen aufgrund EUBeitrG/EUBeitrRL ist dem BZSt mittels der entsprechenden Felder in Teil 7 des elektronischen Formblatts „Ersuchen um Beitreibung oder Sicherungsmaßnahmen" das geänderte Beitreibungsersuchen zuzuleiten, aus dem die geänderte Fassung des einheitlichen Vollstreckungstitels (UIPE) generiert werden kann (§ 11 Abs. 1 EUBeitrG). Zahlungen der ersuchten Behörde bleiben dabei unberücksichtigt und mindern nicht den Forderungsbetrag.

Mindert sich ein Rückstand bei Ersuchen, die bis zum 31. Dezember 2008 nach der Richtlinie 76/308/EWG[9] in Papierform versandt worden sind, ist dem BZSt darüber Mitteilung zu machen und eine geänderte Rückstandsaufstellung beizufügen.

Mindert sich ein Rückstand durch Zahlung der ersuchten Behörde bei Ersuchen, die bis zum 31. Dezember 2011 nach der EG-Beitreibungsrichtlinie[10] versandt worden sind und bei Ersuchen, die nach DBA bzw. Amts- und Rechtshilfeabkommen gestellt worden sind, ist dem BZSt darüber Mitteilung zu machen. Es ist jedoch darauf zu achten, dass keine geänderte Rückstandsanzeige übersandt wird.

Hinsichtlich der Besonderheiten einzelner Staaten siehe Tz. 5.

3.1.8 Erhöhung der Rückstände

Erhöht sich nachträglich der Rückstand, so kann ein ergänzendes Ersuchen gestellt werden. Bei einem ergänzenden Ersuchen aufgrund EUBeitrG/EUBeitrRL ist der Mindestbetrag (Tz. 3.1.1.2) unbeachtlich, wenn anzunehmen ist, dass es von der ersuchten Behörde noch zusammen mit dem ersten Ersuchen bearbeitet werden kann (Art. 22 Nr. 5 EUBeitrDV).

Bei ergänzenden Ersuchen nach DBA bzw. Amts- und Rechtshilfeabkommen sind die Mindestbeträge (Tz. 3.1.1.2) zu beachten.

3.1.9 Getilgte Beträge

Soweit ein nicht zum Euro-Währungsgebiet gehörender EU-MS um Beitreibung nach EUBeitrG/EUBeitrRL ersucht wird, gilt der im Ersuchen ausgewiesene Gesamtbetrag für die ersuchte Behörde in Höhe des Betrags als getilgt, der dem in ausländischer Währung beigetriebenen Betrag unter Anwendung des Kurses nach Tz. 3.1.5 entspricht.

Bei Ersuchen nach DBA bzw. Amts- und Rechtshilfeabkommen richtet sich der für die ersuchte Behörde als getilgt geltende Betrag nach dem bei Eingang des Ersuchens bei der zuständigen ausländischen Behörde maßgebenden Kurs.

Als Tag der Zahlung gilt der Eingang der Zahlung bei der zuständigen ausländischen Behörde.

---

[9] Richtlinie 76/308/EWG des Rates vom 15. März 1976 über die gegenseitige Unterstützung bei der Beitreibung von Forderungen im Zusammenhang mit Maßnahmen, die Bestandteil des Finanzierungssystems des Europäischen Ausrichtungs- und Garantiefonds für die Landwirtschaft sind, sowie von Abschöpfungen und Zöllen, ABl. EG Nr. L 73 S. 18.

[10] Richtlinie 2008/55/EG vom 26. Mai 2008 über die gegenseitige Unterstützung bei der Beitreibung von Forderungen in Bezug auf bestimmte Abgaben, Zölle, Steuern und sonstigen Maßnahmen, ABl. EU Nr. L 150 vom 10. Juni 2008 S. 28.

3.1.10 Sachstandsanfrage bei drohender Verjährung

Im Falle drohender Verjährung sollte eine Sachstandsanfrage an das BZSt gestellt werden, das daraufhin die erforderlichen Auskünfte im anderen EU-MS einholt.

3.1.11 Verbleib der Unterlagen

Die Beitreibungsunterlagen verbleiben grundsätzlich bei der ersuchten Behörde. Von Aufforderungen zur Rücksendung dieser Unterlagen ist abzusehen.

3.2 Ersuchen um Sicherungsmaßnahmen

Um Sicherungsmaßnahmen kann ersucht werden, wenn

- die Voraussetzungen für die Vollstreckung (§§ 251, 254 AO) gegeben sind, der zu vollstreckende Verwaltungsakt oder das Leistungsgebot noch nicht formell bestandskräftig oder bereits angefochten ist und zu befürchten ist, dass ohne Sicherungsmaßnahmen die Vollstreckung vereitelt oder wesentlich erschwert werden würde;
- ein angeordneter dinglicher Arrest im Ausland vollzogen werden soll.

Das Ersuchen ist zwingend, ggf. in einer besonderen Anlage, zu begründen.

Im Fall des Arrestes ist eine Ausfertigung der Arrestanordnung beizufügen.

Wird um Sicherungsmaßnahmen aufgrund einer Arrestanordnung ersucht, ist das Ersuchen innerhalb der Vollziehungsfrist des § 324 Abs. 3 Satz 1 AO dem BZSt vorzulegen.

Aus der Anlage 1 ist ersichtlich, in welchen Staaten grundsätzlich Sicherungsmaßnahmen möglich sind. Besonderheiten zu einzelnen Staaten ergeben sich aus Tz. 5.

Die Regelungen für Beitreibungsersuchen gelten sinngemäß.

Bei der Begründung des Ersuchens sind auch bekannte Vermögenswerte des Schuldners im ersuchten EU-MS anzugeben.

3.3 Zustellungsersuchen zu Beitreibungszwecken

3.3.1 Zulässigkeit

Nach § 8 EUBeitrG (Art. 8 Abs. 1 der EUBeitrRL) kann die ausländische Finanzbehörde um Zustellung aller mit einer Forderung oder deren Vollstreckung zusammenhängenden Verfügungen und Entscheidungen ersucht werden, wenn eine Zustellung

- gemäß den Vorschriften des VwZG nicht möglich ist oder
- mit unverhältnismäßigen Schwierigkeiten verbunden wäre

und folgende Voraussetzungen vorliegen:

a) Die Forderungen, auf die sich das Schriftstück bezieht, unter den Anwendungsbereich nach § 1 EUBeitrG (Art. 2 EUBeitrRL) fallen,

b) die Fünfjahresfrist eingehalten ist,

c) und die Zehnjahresfrist nicht überschritten ist (§ 14 EUBeitrG).

Dänemark, Finnland, Niederlande und Schweden können auch nach den geltenden Regelungen in den DBA bzw. den Amts- und Rechtshilfeabkommen um Zustellung ersucht werden.

3.3.2 Form und Inhalt

3.3.2.1 Allgemein

Das Ersuchen nach § 8 Abs. 1 EUBeitrG ist mittels des elektronischen Formblatts „Zustellungsersuchen" (siehe Anhang II des EUBeitrBeschl) zu erstellen und dem BZSt nebst dem eingescannten zuzustellenden Verwaltungsakt elektronisch zu übermitteln.

Zustellungsersuchen nach DBA bzw. Amts- und Rechtshilfeabkommen können formlos erstellt und an das BZSt übermittelt werden. Tz. 1.5.2.2 bleibt unberührt.

Die Zustellung richtet sich nach den Rechtsvorschriften für die Zustellung entsprechender Rechtsakte der ersuchten Behörde.

3.3.2.2 Einheitliches Zustellungsformblatt (UNF)

Nach § 8 Abs. 1 EUBeitrG ist jedem Ersuchen das einheitliche Zustellungsformblatt (UNF) beizufügen (siehe Anhang I EUBeitrDV). Das einheitliche Zustellungsformblatt (UNF) kann aus den Daten im übermittelten elektronischen Formblatt „Zustellungsersuchen" von der ersuchten Behörde generiert werden. Dadurch entfallen eine gesonderte Übermittlung und eine eventuell notwendige Übersetzung.

3.4 Auskunftsersuchen zu Beitreibungszwecken

3.4.1 Zulässigkeit

Nach Art. 5 Abs. 1 der EUBeitrRL kann für Zwecke der Beitreibung einer Forderung um Auskünfte ersucht werden wenn,

a) die erbetenen Auskünfte in Zusammenhang mit Forderungen stehen, die unter den Anwendungsbereich nach Art. 2 EUBeitrRL fallen,

b) die Fünfjahresfrist eingehalten, und

c) die Zehnjahresfrist nicht überschritten ist (Art. 18 Abs. 2 EUBeitrRL).

Zur Vorbereitung der Vollstreckung gehört auch die Informationsgewinnung (insbesondere Feststellung von Adressen) für Zustellung(sersuch)en und Beitreibungs- oder Sicherungsersuchen.

Das Auskunftsersuchen kann folgende Personen betreffen:

1. den Hauptschuldner oder

2. jede andere Person, die nach den Rechtsvorschriften des EU-MS, in dem die ersuchende Behörde ihren Sitz hat, für die Erfüllung der Forderung haftet oder

3. jede andere dritte Person, die im Besitz von Vermögenswerten der unter Nr. 1 oder 2 bezeichneten Personen ist (Art. 3 Nr. 2 der EUBeitrDV).

Wenn ein Beitreibungsersuchen oder ein Ersuchen um Sicherungsmaßnahmen (Tz. 3.1 bzw. Tz. 3.2) gestellt werden kann, ist ein Auskunftsersuchen regelmäßig nicht erforderlich.

Entsprechendes gilt nach den Regelungen in den Amts- und Rechtshilfeabkommen mit Dänemark, Finnland, Niederlande und Schweden.

Bei Auskunftsersuchen zu Beitreibungszwecken nach DBA gelten die Regelungen des jeweiligen DBA über den Informationsaustausch (entsprechend Art. 26 OECD-MA).

3.4.2 Form und Inhalt

Das Ersuchen nach Art. 5 Abs. 1 der EUBeitrRL ist mittels des elektronischen Formblatts „Auskunftsersuchen“ (siehe Anhang I des EUBeitrBeschl) zu erstellen und dem BZSt elektronisch zu übermitteln.

Ersuchen nach DBA bzw. Amts- und Rechtshilfeabkommen können formlos erstellt und an das BZSt übermittelt werden. Tz. 1.5.2.2 bleibt unberührt.

3.5 Unzureichende Erledigung eines Ersuchens

Ist ein Ersuchen nach Auffassung der zuständigen Landesfinanzbehörde bzw. bei Steuern auf Versicherungsprämien des dafür zuständigen Referats im BZSt nicht ausreichend erledigt worden, beantragt sie/es innerhalb einer Frist von zwei Monaten nach Erhalt der Erledigungsmitteilung die Fortsetzung der gewünschten Maßnahme beim BZSt.

4 Eingehende (ausländische) Ersuchen

4.1 Allgemeines

Die Finanzbehörden der anderen Staaten können Amtshilfe nach der EUBeitrRL, den DBA und den Amts- und Rechtshilfeabkommen beanspruchen (Anlage 1).

Die Zulässigkeit wird vom BZSt geprüft.

4.2 Beitreibungsersuchen

4.2.1 Zulässigkeit

Dem BZSt ist umgehend zu berichten, wenn Anhaltspunkte dafür vorliegen, dass

- der ersuchende Staat unzureichende Maßnahmen zur Tilgung der Forderung getroffen hat (Art. 11 Abs. 2 Buchstabe a) der EUBeitrRL);
- bei Durchführung der erbetenen Vollstreckungsmaßnahmen aus Gründen, die auf die Verhältnisse des Vollstreckungsschuldners zurückzuführen sind, erhebliche Schwierigkeiten wirtschaftlicher oder sozialer Art in der Bundesrepublik Deutschland hervorgerufen werden könnten (z. B. Verlust von Arbeitsplätzen infolge der Vollstreckung - Art. 11 Abs. 2 Buchstabe b) und Art. 18 Abs. 1 EUBeitrRL);
- bei der Begründung des Steueranspruchs, bei der Behandlung von Rechtsbehelfen oder bei der Abrechnung erkennbare erhebliche Verfahrensmängel vorliegen.

Für Ersuchen aufgrund von DBA und Amts- und Rechtshilfeabkommen gilt Entsprechendes.

4.2.2 Übermittlung von Beitreibungsersuchen

Eingehende Ersuchen übermittelt das BZSt, nachdem es die Zulässigkeit geprüft hat, der OFD bzw. der dem Finanzamt unmittelbar vorgesetzten Landesfinanzbehörde.[11]

Ist in einem Land der unmittelbare Schriftverkehr zwischen den Finanzämtern und dem BZSt gestattet, leitet das BZSt das Ersuchen direkt an das zuständige Finanzamt weiter.

Das BZSt bestätigt gegenüber der ersuchenden ausländischen Behörde den Empfang des Ersuchens. Bei Ersuchen aufgrund EUBeitrG/EUBeitrRL sollte die Bestätigung so bald wie möglich,

[11] Bei Steuern auf Versicherungsprämien siehe Fußnote 5 unter Tz. 1.4.

spätestens nach sieben Tagen erfolgen (Art. 19 Nr. 1 EUBeitrDV). Wegen der Besonderheiten bei Ersuchen nach Kanada siehe Tz. 5.2.3.

Das zuständige Finanzamt ergreift unverzüglich die zur Erledigung des Ersuchens erforderlichen Maßnahmen.

4.2.3 Anzuwendendes Recht

Für die Erledigung ausländischer Beitreibungsersuchen gelten die Vorschriften der AO, der Vollstreckungsanweisung und der Vollziehungsanweisung entsprechend. Ein automatisierter Abruf von Konteninformationen nach § 93 Abs. 7 AO (Kontenabrufverfahren) ist zulässig, sofern es sich bei der beizutreibenden ausländischen Steuer um eine Steuer handelt, die einer bundesgesetzlich geregelten inländischen Steuer entspricht und in Fällen, in denen die beizutreibende Steuer keiner inländischen Steuer entspricht oder mit dieser vergleichbar ist, da die Vollstreckung dieser Forderungen nach den Vorschriften erfolgt, die für die Vollstreckung von Einkommensteuer gelten. In Fällen, in denen die beizutreibende Steuer einer landesgesetzlich geregelten Steuer entspricht, ist ein Kontenabruf unzulässig.

Ab dem Zeitpunkt des Eingangs des Ersuchens beim BZSt sind auf die rückständigen Steuerbeträge Säumniszuschläge nach § 240 AO zu erheben und an den Staat, in dem die ersuchende Behörde ihren Sitz hat, zu überweisen (§ 9 Abs. 5 EUBeitrG bzw. Art. 13 Abs. 3 der EUBeitrRL). Dies gilt nicht für Ersuchen nach DBA bzw. Amts- und Rechtshilfeabkommen.

Wird dem Vollstreckungsschuldner ein Vollstreckungsaufschub gewährt, ist auf die Entstehung weiterer Säumniszuschläge hinzuweisen.

Unberührt bleibt die Verantwortlichkeit der ersuchenden ausländischen Behörde für die Rechtmäßigkeit der Forderung.

4.2.4 Einleitung von Vollstreckungsmaßnahmen

Vor Einleitung von Vollstreckungsmaßnahmen ist der Vollstreckungsschuldner mit einer 14-tägigen Frist zur Zahlung aufzufordern (Anlage 9).

Nach § 9 Abs. 1 EUBeitrG ist der Zahlungsaufforderung, der in deutscher Sprache ausgedruckte einheitliche Vollstreckungstitel (UIPE) sowie die Mitteilung an den Empfänger (Anlage 10) beizufügen. Der Empfänger kann einmalig beantragen, den einheitlichen Vollstreckungstitel (UIPE) in einer der anderen Amtssprachen der EU zu erhalten (§ 20 EUBeitrG). Ein solcher Antrag ist innerhalb von sieben Arbeitstagen nach dem Tag, an dem ihm der einheitliche Vollstreckungstitel (UIPE) für die Vollstreckung im ersuchten EU-MS zugestellt wurde, zu stellen. Das zuständige Finanzamt druckt den einheitlichen Vollstreckungstitel (UIPE) daraufhin in der vom Empfänger beantragten Amtssprache aus und übermittelt diesen erneut an den Empfänger. Eine solche spätere Übermittlung einer Übersetzung des einheitlichen Vollstreckungstitels (UIPE) für die Vollstreckung im ersuchten EU-MS wirkt sich nicht auf die Gültigkeit der Beitreibungs- oder Sicherungsmaßnahmen aus, die auf der Grundlage des einheitlichen Vollstreckungstitels (UIPE) für die Vollstreckung im ersuchten EU-MS bereits ergriffen wurden. Es ergeht damit keine zweite Zahlungsaufforderung und dementsprechend wird auch kein neuer Zahlungstermin bestimmt.

4.2.5 Insolvenzverfahren

Nach Art. 39 der EUInsVO können EU-MS Steueransprüche unmittelbar im anderen EU-MS zum Insolvenzverfahren anmelden. Das zuständige Finanzamt bzw. bei Steuern auf Versicherungsprämien das dafür zuständige Referat im BZSt hat die ausländische Steuerforderung vorsorglich zur Tabelle anzumelden, sofern sich aus dem Ersuchen eines EU-MS nicht ergibt, dass die Anmeldung nach Art. 39 der EUInsVO bereits unmittelbar durch die ersuchende Behörde vorgenommen worden ist.

Bei Ersuchen aus Dänemark (vgl. Tz. 3.1.3) und Nicht-EU-MS sind ausländische Steuerforderungen grundsätzlich zur Tabelle anzumelden.

Über das Insolvenzverfahren und die Anmeldung zur Tabelle ist unter Angabe der Anschrift des zuständigen Insolvenzgerichts, des Aktenzeichens sowie des Namens und der Anschrift des Insolvenzverwalters dem BZSt unverzüglich zu berichten. Bestreitet ein Gläubiger oder der Insolvenzverwalter im Prüfungstermin die angemeldete titulierte Forderung, obliegt es dem Bestreitenden, den Widerspruch zu verfolgen (§ 179 Abs. 2 InsO). Die Zustimmung zu einem (außergerichtlichen) Schuldenbereinigungs- und/oder Insolvenzplan obliegt der ersuchenden Behörde.

4.2.6 Zwischen- und Sachstandsberichte

Nach Art. 20 Nr. 2 der EUBeitrDV ist die ersuchende Behörde jeweils spätestens nach Ablauf von sechs Monaten seit Eingang des Ersuchens beim BZSt über den Stand der Beitreibung zu unterrichten, wenn das Beitreibungsersuchen noch nicht erledigt werden konnte. Das zuständige Finanzamt berichtet dem BZSt je nach Landesregelung entweder unmittelbar oder über die OFD bzw. die ihm unmittelbar vorgesetzte Behörde vor Ablauf jeder Sechsmonatsfrist über den Sachstand. Dies geschieht grundsätzlich unter Verwendung der entsprechenden Antwortfelder in Teil 7 des elektronischen Formblatts „Ersuchen um Beitreibung oder Sicherungsmaßnahmen".

Bei Ersuchen nach DBA und Amts- und Rechtshilfeabkommen ist entsprechend zu verfahren. Die Mitteilungen sind formlos zu erstellen und elektronisch auf dem vorgesehenen Geschäftsweg zu übermitteln. Wegen der Besonderheiten bei Ersuchen nach Kanada siehe Tz. 5.2.3.

4.2.7 Währung, Umrechnung

Ausländische Forderungen werden in Euro vollstreckt. In Beitreibungsersuchen aufgrund der EUBeitrRL ist der einzuziehende Betrag in Euro anzugeben. Sofern die ausländische Forderung nicht in Euro angegeben ist, rechnet das zuständige Finanzamt diese Forderung nach dem am Tag des Eingangs des Ersuchens beim BZSt geltenden Umrechnungskurs in Euro um. Zur Ermittlung der Kurse siehe Tz. 3.1.5.

4.2.8 Rechtsbehelfe

Rechtsbehelfe gegen die Rechtmäßigkeit der ausländischen Forderung, des ursprünglichen Vollstreckungstitels oder des einheitlichen Vollstreckungstitels (UIPE) sind bei der zuständigen ausländischen Finanzbehörde einzulegen. Wenn Rechtsbehelfe bei den inländischen Finanzbehörden eingelegt werden, ist das BZSt darüber zu informieren. Das BZSt teilt dem Vollstreckungsschuldner mit, dass er den Rechtsbehelf bei der zuständigen ausländischen Finanzbehörde einzulegen hat (§ 13 Abs. 2 Satz 1 EUBeitrG).

Sobald die ersuchende Behörde mitteilt, dass der Vollstreckungsschuldner einen Rechtsbehelf eingelegt hat, und nicht gleichzeitig um Weiterführung des Vollstreckungsverfahrens ersucht, setzt das Finanzamt das Vollstreckungsverfahren aus bzw. sieht von der Einleitung der Vollstreckung ab. Dies gilt entsprechend, wenn der Vollstreckungsschuldner mitteilt, dass er bei der ersuchenden Behörde einen Rechtsbehelf eingelegt hat und dies durch geeignete Unterlagen nachweist. In diesem Fall ist dem BZSt zu berichten. Ist zu befürchten, dass durch das Aussetzen der Vollstreckung bzw. das Absehen von deren Einleitung die Vollstreckung vereitelt oder wesentlich erschwert wird, kann das zuständige Finanzamt in Fällen des § 13 Abs. 2 EUBeitrG bzw. des Art. 14 Abs. 4 Unterabsatz 2 EUBeitrRL Sicherungsmaßnahmen nach den Vorschriften der AO durchführen. Sicherungsmaßnahmen unterbleiben, wenn der zu vollstreckende Betrag hinterlegt oder auf andere Weise Sicherheit geleistet wird (vgl. §§ 241 ff. AO). Bereits getroffene Sicherungsmaßnahmen sind in diesem Fall aufzuheben.

Sofern die ersuchende Behörde die Weiterführung des Vollstreckungsverfahrens beantragt, entscheidet das zuständige Finanzamt, ob und ggf. welche Vollstreckungsmaßnahmen zu treffen sind. In den Fällen des § 13 Abs. 3 EUBeitrG bzw. Art. 14 Abs. 4 EUBeitrRL ist ein solcher Antrag zu begründen. Die Anwendung des § 258 AO bleibt unberührt.

4.2.9 Aufteilung einer Gesamtschuld

Das zuständige Finanzamt setzt das Vollstreckungsverfahren aus und berichtet, wenn der Vollstreckungsschuldner Einwendungen erhebt, die nach deutschem Recht die Aufteilung einer Gesamtschuld rechtfertigen würden (§§ 268 ff. AO). Das BZSt bittet die ersuchende Behörde um Mitteilung, wie sich die beizutreibende Steuer auf die Gesamtschuldner verteilt.

4.2.10 Überweisung eingezogener Beträge

Eingezogene Beträge sind grundsätzlich innerhalb von zwei Monaten auf das im Ersuchen angegebene Bankkonto unter Angabe von IBAN und BIC zu überweisen (Art. 23 EUBeitrDV). Bei Bewilligung von Ratenzahlungen oder bei Pfändungen mit nur geringen Beträgen können Vereinbarungen darüber getroffen werden, dass die Zahlungen gesammelt und halbjährlich überwiesen werden. Hierüber ist das BZSt zu informieren. Der Betrag und das Datum der Zahlung sind der ersuchenden Behörde durch Eintragung in die entsprechenden Felder in Teil 7 des elektronischen Formblatts „Ersuchen um Beitreibung oder Sicherungsmaßnahmen" mitzuteilen.

4.2.11 Änderung der rückständigen Beträge

Teilt die ersuchende Behörde mit, dass sich der Rückstand geändert hat, so ist das Vollstreckungsverfahren, nach Vorlage von geänderten Vollstreckungsunterlagen, hinsichtlich der geänderten Forderung weiterzuführen. Erhöht sich der Rückstand durch ein ergänzendes Ersuchen, ist über den Differenzbetrag eine Zahlungsaufforderung zu erteilen (Tz. 4.2.4). Ermäßigt sich der Rückstand, sind die zu viel erhobenen Beträge zu erstatten, wenn sie noch nicht weitergeleitet worden sind.

4.2.12 Abschlussbericht

Das zuständige Finanzamt berichtet dem BZSt nach Erledigung eines Beitreibungsersuchens über das Ergebnis. Der Bericht soll enthalten:

- den Tag der Zahlung des Rückstandes und den Tag der Überweisung an die ersuchende Behörde;
- den maßgebenden Umrechnungskurs, wenn die ausländische Forderung umzurechnen war;
- die Gründe, warum Vollstreckungsmaßnahmen ganz oder teilweise erfolglos verlaufen sind;
- eine Auflistung der ausgebrachten Vollstreckungsmaßnahmen.

Bei Ersuchen nach der EUBeitrRL erfolgt der Bericht durch Ausfüllen der entsprechenden Felder in Teil 7 des elektronischen Formblatts „Ersuchen um Beitreibung oder Sicherungsmaßnahmen". In allen anderen Fällen kann der Bericht formlos erstattet werden.

4.2.13 Verbleib der Unterlagen

Die Beitreibungsunterlagen verbleiben grundsätzlich bei dem zuständigen Finanzamt, es sei denn, die ausländische Behörde bittet um Rücksendung dieser Unterlagen.

4.3 Ersuchen um Sicherungsmaßnahmen

Die zuständige ausländische Behörde kann um Sicherungsmaßnahmen ersuchen. Für die Durchführung von Sicherungsmaßnahmen gelten die Vorschriften der AO, der Vollstreckungsanweisung und der Vollziehungsanweisung entsprechend.

Wenn die Forderung noch nicht fällig und vollstreckbar ist, erfolgt die Sicherung durch Anordnung und Vollziehung des dinglichen Arrestes (§ 324 AO).

Die Anordnung des dinglichen Arrestes obliegt dem Finanzamt, in dessen Bezirk der Vollstreckungsschuldner seinen Wohnsitz/gewöhnlichen Aufenthalt hat oder Vermögen besitzt, in das vollstreckt werden soll (§ 19 AO). Kommen mehrere Finanzämter in Betracht, so ist das zuerst mit der Angelegenheit befasste Finanzamt zuständig. Die - erst nach Eingang eines Beitreibungsersuchens zulässige - Zahlungsaufforderung (Tz. 4.2.4) und die Mitteilung der Verwertungsabsicht (§ 327 AO) obliegen dem für die Arrestvollziehung zuständigen Finanzamt.

Die Vollziehung der Arrestanordnung kann mit Genehmigung der Vollstreckungsbehörde auch in anderer Weise als durch Hinterlegung von Geld, z. B. durch Sicherheitsleistung (vgl. §§ 241 ff. AO), abgewendet werden. Kommt das zuständige Finanzamt zu der Auffassung, dass kein Arrestgrund vorliegt, ist das Ersuchen mit entsprechender Begründung zurückzugeben.

In allen anderen Fällen sind beantragte Sicherungsmaßnahmen ohne Arrestanordnung auszubringen.

Die Ausführungen hinsichtlich der Form, Übermittlungs- und Berichtspflicht zu Beitreibungsersuchen gelten sinngemäß.

4.4 Zustellungsersuchen zu Beitreibungszwecken

Auf Ersuchen der zuständigen Behörde eines EU-MS veranlasst die Vollstreckungsbehörde die Zustellung aller mit einer Forderung oder mit deren Vollstreckung zusammenhängenden Verfügungen und Entscheidungen, die von dem EU-MS ausgehen, in dem die ersuchende Behörde ihren Sitz hat (§ 7 Abs. 1 EUBeitrG bzw. Art. 8 EUBeitrRL i.V. m. Art. 10 EUBeitrDV).

Über die Erledigung ist dem BZSt umgehend zu berichten.

Für Ersuchen aufgrund von DBA und Amts- und Rechtshilfeabkommen gilt Entsprechendes.

Die Zustellung richtet sich nach den Vorschriften des VwZG.

Bei Ersuchen nach der EUBeitrRL ist dem zuzustellenden Dokument das in deutscher Sprache ausgedruckte einheitliche Zustellungsformblatt (UNF) nach § 7 Abs. 1 EUBeitrG sowie die Mitteilung an den Empfänger (Anlage 11) beizufügen.

Der Empfänger kann einmalig beantragen, das einheitliche Zustellungsformblatt (UNF) in einer der anderen Amtssprachen der EU zu erhalten (§ 20 EUBeitrG). Ein solcher Antrag ist innerhalb von sieben Arbeitstagen nach dem Tag, an dem ihm das einheitliche Zustellungsformblatt (UNF) zugestellt wurde, zu stellen. Das zuständige Finanzamt druckt das einheitliche Zustellungsformblatt (UNF) daraufhin in der vom Empfänger beantragten Amtssprache der EU aus und übermittelt dieses erneut an den Empfänger. Eine solche spätere Übermittlung einer weiteren Übersetzung des einheitlichen Zustellungsformblatts (UNF) in einer anderen Amtssprache der EU, gilt nicht als neue Zustellung und wirkt sich nicht auf das Datum der ursprünglichen Zustellung des einheitlichen Zustellungsformblatts (UNF) aus.

4.5 Auskunftsersuchen zu Beitreibungszwecken

Die zuständige ausländische Behörde kann zur Vorbereitung der Vollstreckung um Auskünfte ersuchen. Zur Vorbereitung der Vollstreckung gehört auch die Informationsgewinnung (insbesondere Feststellung von Adressen) für Zustellung(sersuch)en und Beitreibungs- oder Sicherungsersuchen. Die Ermittlungsbefugnis für die Auskunftserteilung ergibt sich aus § 249 Abs. 2 AO. In der Regel genügt es, die Auskunft auf die Aktenlage und die am Arbeitsplatz zur Verfügung stehenden elektronischen Abfragemöglichkeiten zu beschränken.

Ein automatisierter Abruf von Konteninformationen nach § 93 Abs. 7 AO (siehe Tz. 4.2.3) ist bei einem Ersuchen um Auskunft zu Einkünften und Vermögenswerten für die Beitreibung zwar zulässig, dürfte aber aufgrund der Informationspflicht über den durchgeführten Kontenabruf unzweckmäßig sein.

Eine Auskunft kann verweigert werden, wenn durch die Erteilung der Auskunft die Sicherheit oder die öffentliche Ordnung verletzt sein könnte oder ein Handels-, Gewerbe- oder Berufsgeheimnis preisgegeben würde (§ 5 Abs. 2 EUBeitrG, § 117 Abs. 3 Satz 1 Nr. 4 AO). Von einer Anhörung des Vollstreckungsschuldners kann regelmäßig abgesehen werden (§ 117 Abs. 4 AO i. V. m. § 91 Abs. 2 Nr. 5 AO).

Über die Erledigung ist dem BZSt umgehend, spätestens nach sechs Monaten zu berichten.

Für Ersuchen aufgrund von DBA und Amts- und Rechtshilfeabkommen gilt Entsprechendes.

4.6 Änderung der örtlichen Zuständigkeit

Ändert sich die örtliche Zuständigkeit, ist das Ersuchen, ggf. über die OFD bzw. die dem Finanzamt unmittelbar vorgesetzte Landesfinanzbehörde, an das nunmehr örtlich zuständige Finanzamt weiterzuleiten. Dem BZSt ist eine Abgabenachricht zu erteilen.

5 Besonderheiten zu einzelnen Staaten

5.1 EU-MS

5.1.1 AT - Österreich

Nach der zwischen dem Bundesministerium für Finanzen der Republik Österreich und dem BMF getroffenen Konsultationsvereinbarung[12] hat die EUBeitrRL im Bereich der Amtshilfe bei der Vollstreckung ab dem 01. Juni 2012 grundsätzlich Vorrang gegenüber dem deutsch-österreichischen Amtshilfevertrag[13]. Insbesondere finden die Regelungen in Bezug auf die Zustellung von Dokumenten sowie die Behördenzuständigkeit des deutsch-österreichischen Amtshilfevertrags keine Anwendung mehr. Auf vereinbarte Amtshilfe im Insolvenzverfahren sowie im Bereich Finanzstrafen ist nach der Konsultationsvereinbarung, der deutsch-österreichische Amtshilfevertrag weiterhin anzuwenden.

5.1.2 BE - Belgien

In Belgien sind für die Beitreibung nach der EUBeitrRL verschiedene Behörden zuständig. Für Umsatzsteuerforderungen ist daher ein gesondertes Ersuchen erforderlich. Dies hat keine Auswirkung auf die Berechnung des Mindestbetrages. Es gilt der Mindestbetrag von 1.500 Euro für den Gesamtbetrag der Forderungen der zeitgleich gestellten Ersuchen.

---

[12] Konsultationsvereinbarung vom 6. September 2012 zwischen dem Bundesministerium für Finanzen der Republik Österreich und dem Bundesministerium der Finanzen der Bundesrepublik Deutschland nach Artikel 15 Absatz 1 des Vertrags vom 4. Oktober 1954 zwischen der Republik Österreich und der Bundesrepublik Deutschland über Rechtsschutz und Rechtshilfe in Abgabensachen zur Neugestaltung der verwaltungsbehördlichen Zusammenarbeit im Bereich der Vollstreckungsamtshilfe (BStBl 2012 I S. 882).

[13] Vertrag vom 4. Oktober 1954 zwischen der Bundesrepublik Deutschland und der Republik Österreich über Rechtsschutz und Rechtshilfe in Abgabensachen (BGBl. II Nr. 833/1955).

Belgien kann auch dann um Unterstützung nach der EUBeitrRL ersucht werden, wenn die Forderungen älter als fünf Jahre sind und hierfür besondere sachliche Umstände vorliegen (z. B. Betrug, der Vollstreckungsschuldner kann im Ausland nicht ausfindig gemacht werden, Durchführung besonders lang andauernder Beitreibungsverfahren). Entsprechende Ersuchen sind zu begründen.

Frauen werden in Belgien in Registern und Verzeichnissen unter ihrem Geburtsnamen erfasst. Um die Erfolgsaussichten zu erhöhen und die Ermittlungen zu erleichtern, sollte der Geburtsname - soweit bekannt - und der Name und Vorname sowie das Geburtsdatum des Ehemannes angegeben werden.

5.1.3 CZ - Tschechische Republik

In Altfällen (Ersuchen, die vor dem 1. Januar 2012 übersandt wurden) ist eine geänderte Rückstandsanzeige erforderlich, wenn sich der Rückstand durch eine behördliche oder gerichtliche Entscheidung oder durch eine Zahlung, die nicht durch die ersuchte Behörde überwiesen wurde, mindert.

5.1.4 DK - Dänemark

Nach Art. 34 Abs. 1 des DBA-Dänemark ist grundsätzlich für Fragen im Zusammenhang mit Verjährungsfristen das Recht des ersuchenden Vertragsstaats maßgebend. Der ersuchte Vertragsstaat ist jedoch nicht zur Beitreibung verpflichtet, wenn der Anspruch nicht nach seinem eigenen Recht beigetrieben werden könnte, d. h. wenn er nach dem Recht des ersuchten Vertragsstaats bereits verjährt wäre.

In Dänemark beträgt die Verjährungsfrist drei Jahre. Bei einer Übermittlung eines Beitreibungsersuchens nach Dänemark über inländische Forderungen die älter als drei Jahre sind, wird daher vorausgesetzt, dass Maßnahmen ergriffen worden sind, die eine Unterbrechung der Verjährungsfrist in beiden Vertragsstaaten bewirken. Die in Deutschland ergriffenen Maßnahmen zur Unterbrechung der Verjährung sind im Ersuchen mitzuteilen und entsprechende Kopien der Unterbrechungsmaßnahmen sind beizufügen. Des Weiteren sind den Ersuchen neben der Rückstandsanzeige stets beglaubigte Ablichtungen der zugrunde liegenden Steuer- oder Haftungsbescheide beizufügen.

Dänemark kann auch dann nach der EUBeitrRL ersucht werden, wenn die Forderungen älter als drei Jahre sind und keine Unterbrechungshandlung stattgefunden hat, da hier das Recht des ersuchenden Vertragsstaats maßgebend ist.

Für aus Dänemark eingehende Ersuchen gilt im übrigen Tz. 1.8.

Das DBA-Dänemark umfasst nicht die Färöer und Grönland (Art. 3 des DBA-Dänemark).

In Dänemark ist die EUInsVO nicht anwendbar (siehe Tz. 3.1.3).

5.1.5 EE - Estland

Estland kann auch dann um Unterstützung nach der EUBeitrRL ersucht werden, wenn die Forderungen älter als fünf Jahre sind. Entsprechende Ersuchen sind zu begründen.

5.1.6 EL - Griechenland

Griechenland kann auch dann um Unterstützung nach der EUBeitrRL ersucht werden, wenn die Forderungen älter als fünf Jahre sind. Entsprechende Ersuchen sind zu begründen.

Wegen des andersartigen Aufbaus des griechischen Melderegisters haben Vollstreckungs- und Sicherungsersuchen dann größere Aussichten auf Erfolg, wenn sie zusätzlich sämtliche über den Vollstreckungsschuldner bekannten Informationen, insbesondere Geburtsdatum und -ort des

Vollstreckungsschuldners sowie Name und Geburtsdatum der Eltern des Vollstreckungsschuldners enthalten. Des Weiteren sollten die Ersuchen den Hinweis enthalten, dass im ersuchenden EU-MS außer den im Ersuchen mitgeteilten Informationen keine weiteren Angaben zum Vollstreckungsschuldner vorliegen.

Die Beschlagnahme und Pfändung von Bankguthaben sind in Griechenland unzulässig. Vollstreckungs- und Sicherungsersuchen sind daher nur bei anderen bekannten Vermögenswerten sinnvoll.

5.1.7 ES - Spanien

Spanien kann auch dann um Unterstützung nach der EUBeitrRL ersucht werden, wenn die Forderungen älter als fünf Jahre sind. Entsprechende Ersuchen sind zu begründen.

In Spanien besteht eine zeitliche Befristung für jede Sicherungsmaßnahme. Grundsätzlich beträgt diese Frist sechs Monate. Auf Antrag der ersuchenden Behörde kann sie in begründeten Fällen um weitere sechs Monate verlängert werden.

5.1.8 FI - Finnland

Finnland kann auch dann um Unterstützung nach der EUBeitrRL ersucht werden, wenn die Forderungen älter als fünf Jahre sind. Entsprechende Ersuchen sind zu begründen.

Ersuchen nach Finnland, die nicht auf die EUBeitrRL gestützt werden können, sind nach Art. 14 des Amts- und Rechtshilfeabkommens nicht zulässig, wenn der Vollstreckungsschuldner finnischer Staatsangehöriger ist und seinen Wohnsitz oder dauernden Aufenthalt in Finnland hat. Das gilt nicht,

a) wenn der Vollstreckungsschuldner im Zeitpunkt der Entstehung der Forderung deutscher Staatsangehöriger war oder den Wohnsitz, den dauernden Aufenthalt oder eine Betriebsstätte in der Bundesrepublik Deutschland hatte

   oder

b) wenn das Ersuchen einen Fall betrifft, in dem eine Doppelbesteuerung aufgrund des DBA beseitigt oder gemildert ist.

Die Einschränkungen gelten für juristische Personen und Personenvereinigungen sinngemäß.

Die Ausnahmeregelung unter Buchstabe a) gilt nicht für Sicherungsmaßnahmen.

Ersuchen, die sich auf einen Ausnahmetatbestand stützen, sind zu begründen.

Des Weiteren ist die Zuständigkeit des Finanzamts zu bescheinigen.

5.1.9 GB - Vereinigtes Königreich

Es können nur bestehende, keine zukünftigen Forderungen gepfändet werden.

Sicherungsersuchen an das Vereinigte Königreich sind zwar zulässig, aufgrund der dortigen hohen gerichtlichen Anforderungen aber von vornherein aussichtslos.

Die EUBeitrRL ist nicht für die Isle of Man sowie die Kanalinseln anwendbar.

Ersuchen nach Gibraltar werden vom Vereinigten Königreich derzeit noch nicht bearbeitet.

In England, Wales und Nordirland gibt es keine Zahlungsverjährung für direkte und indirekte Steuern. In Schottland beträgt die Frist 20 Jahre, kann aber durch eine Vielzahl von Maßnahmen unterbrochen werden. Eingehende Ersuchen aus dem Vereinigten Königreich enthalten daher keine Angaben über den Eintritt der Verjährung.

In Altfällen (Ersuchen, die vor dem 1. Januar 2012 übersandt wurden) ist eine geänderte Rückstandsanzeige erforderlich, wenn sich der Rückstand durch eine behördliche oder gerichtliche Entscheidung oder durch eine Zahlung, die nicht durch die ersuchte Behörde überwiesen wurde, mindert.

5.1.10 IE - Irland

Sicherungsersuchen nach Irland sind nicht zulässig.

In Irland gibt es keine Zahlungsverjährung für direkte und indirekte Steuern. Eingehende Ersuchen enthalten daher keine Angaben über den Eintritt der Verjährung.

5.1.11 IT - Italien

Vollstreckungs- und Sicherungsersuchen haben dann größere Aussichten auf Erfolg, wenn sie zusätzlich sämtliche über den Vollstreckungsschuldner bekannte Informationen, insbesondere sämtliche Vornamen, Geburtsdatum und -ort des Vollstreckungsschuldners enthalten.

Ersuchen nach Italien, die nicht auf die EUBeitrRL gestützt werden können, sind nach Art. 13 des Amts- und Rechtshilfeabkommens nicht zulässig, wenn der Vollstreckungsschuldner italienischer Staatsangehöriger ist und seinen Wohnsitz oder dauernden Aufenthalt in Italien hat. Das gilt nicht,

a) wenn der Vollstreckungsschuldner im Zeitpunkt der Entstehung der Forderung deutscher Staatsangehöriger war oder den Wohnsitz, den dauernden Aufenthalt oder eine Betriebsstätte in der Bundesrepublik Deutschland hatte

   oder

b) wenn das Ersuchen einen Fall betrifft, in dem eine Doppelbesteuerung aufgrund des DBA-Italien beseitigt oder gemildert ist.

Die Einschränkungen gelten für juristische Personen und Personenvereinigungen sinngemäß. Ersuchen, die sich auf einen Ausnahmetatbestand stützen, sind zu begründen.

Die Zuständigkeit des Finanzamts ist zu bescheinigen.

Grundstücke können in Italien mit einer Sicherungshypothek belastet werden, wenn der Gesamtbetrag der betreffenden Forderung(en) insgesamt mindestens 20.000 Euro beträgt. Wenn sich auf dem Grundstück keine Hauptwohnung befindet, liegt die Grenze bei mindestens 8.000 Euro.

Das Amts- und Rechtshilfeabkommen findet keine Anwendung auf Ersuchen zur Vollziehung des dinglichen Arrestes.

5.1.12 LU - Luxemburg

In Luxemburg sind für die Beitreibung nach der EUBeitrRL verschiedene Behörden zuständig. Für Umsatzsteuerforderungen ist daher ein gesondertes Ersuchen erforderlich. Dies hat keine Auswirkung auf die Berechnung des Mindestbetrages. Es gilt der Mindestbetrag von 1.500 Euro für den Gesamtbetrag der Forderungen der zeitgleich gestellten Ersuchen.

Soll eine Kontopfändung durchgeführt werden, müssen aktuelle Beweise vorgelegt werden, die den Vollstreckungsschuldner als Kontoinhaber ausweisen.

Eine Pfändung von Forderungen aus Lebensversicherungsverträgen mit dem Recht der Auflösung des Versicherungsverhältnisses und der Auszahlung des Rückkaufs-wertes ist nach luxemburgischem Versicherungsrecht ausgeschlossen.

Das DBA-Luxemburg ist nicht auf Holdinggesellschaften anwendbar.

5.1.13 PL - Polen

Ersuchen nach dem DBA-Polen sind wie Ersuchen nach der EUBeitrRL unter Nutzung des EU-Programms „Elektronische Formulare der Beitreibung“ zu erstellen und elektronisch zu übermitteln. Zusätzlich ist zwingend anzugeben, dass es sich um ein Ersuchen nach Art. 28 Amtshilfe bei der Beitreibung von Steuern des DBA-Polen handelt.

5.1.14 RO - Rumänien

In Altfällen (Ersuchen, die vor dem 1. Januar 2012 übersandt wurden) ist eine geänderte Rückstandsanzeige erforderlich, wenn sich der Rückstand durch eine behördliche oder gerichtliche Entscheidung oder durch eine Zahlung, die nicht durch die ersuchte Behörde überwiesen wurde, mindert.

5.1.15 SE - Schweden

Schweden kann auch dann um Unterstützung nach der EUBeitrRL ersucht werden, wenn die Forderungen älter als fünf, aber nicht älter als zehn Jahre sind. Entsprechende Ersuchen sind zu begründen.

5.1.16 SK - Slowakische Republik

In Altfällen (Ersuchen, die vor dem 1. Januar 2012 übersandt wurden) ist eine geänderte Rückstandsanzeige erforderlich, wenn sich der Rückstand durch eine behördliche oder gerichtliche Entscheidung oder durch eine Zahlung, die nicht durch die ersuchte Behörde überwiesen wurde, mindert.

5.2 Drittstaaten

5.2.1 Albanien

Die Einzelheiten zur Durchführung der Amtshilfe bei der Steuererhebung nach dem DBA-Albanien werden noch von den Vertragsstaaten festgelegt.

5.2.2 Algerien

Die Einzelheiten zur Durchführung der Amtshilfe bei der Steuererhebung nach dem DBA-Algerien werden noch von den Vertragsstaaten festgelegt.

5.2.3 Kanada

Die Einzelheiten zur Durchführung der Amtshilfe bei der Steuererhebung sind in der Vereinbarung über die Zusammenarbeit zwischen den zuständigen Behörden Deutschlands und Kanadas nach Art. 27 des deutsch-kanadischen DBA vom 22. Oktober 2013 (BStBl I 2013 S. 1483) festgelegt.

Ersuchen sind unter Nutzung der Anlagen A und B zur vorgenannten Vereinbarung zu erstellen und elektronisch zu übermitteln. Amtshilfefähig sind nur steuerliche Ansprüche, die in Veranlagungszeiträumen ab dem 1. Januar 2001 entstanden sind. Sicherungsersuchen nach Kanada sind nicht zulässig.

Das BZSt teilt der ersuchenden kanadischen Behörde spätestens innerhalb von drei Monaten nach Eingang des Ersuchens schriftlich mit, dass der steuerliche Anspruch zur Beitreibung angenommen wurde. Des Weiteren unterrichtet das BZSt die ersuchende kanadische Behörde spätestens innerhalb von neun Monaten nach der Annahme des Ersuchens über die getroffenen Maßnahmen und ihre Ergebnisse.

Die in Abschnitt V. der vorgenannten Vereinbarung zur Frage der Kostenerstattung enthaltenen Bestimmungen sind zu beachten.

5.2.4. Mauritius

Die Einzelheiten zur Durchführung der Amtshilfe bei der Steuererhebung nach dem DBA-Mauritius werden noch von den Vertragsstaaten festgelegt.

5.2.5 Mexiko

Die Einzelheiten zur Durchführung der Amtshilfe bei der Steuererhebung nach dem DBA-Mexiko werden noch von den Vertragsstaaten festgelegt.

5.2.6 Schweiz

Ersuchen in die Schweiz nach dem Abkommen über die Zusammenarbeit zwischen der Europäischen Gemeinschaft und ihren Mitgliedstaaten einerseits und der Schweizerischen Eidgenossenschaft andererseits zur Bekämpfung von Betrug und sonstigen rechtswidrigen Handlungen, die ihre finanziellen Interessen beeinträchtigen[14], sind nur in Umsatzsteuerbetrugsfällen möglich. Ein Ersuchen kann nach Art. 3 des Abkommens abgelehnt werden, wenn der verkürzte Betrag 25.000 Euro voraussichtlich nicht überschreiten wird.

5.2.7 Türkei

Die Einzelheiten zur Durchführung der Amtshilfe bei der Steuererhebung nach dem DBA-Türkei werden noch von den Vertragsstaaten festgelegt.

5.2.8 Uruguay

Die Einzelheiten zur Durchführung der Amtshilfe bei der Steuererhebung nach dem DBA-Uruguay werden noch von den Vertragsstaaten festgelegt.

5.2.9 USA

Amtshilfe bei der Steuererhebung nach dem DBA-USA wird nur bei abkommenswidriger Inanspruchnahme von DBA-Vergünstigungen (Art. 26 Abs. 4 und 5 des DBA-USA 2008) gewährt.

Dieses Schreiben wird im Bundessteuerblatt Teil I veröffentlicht und ist dauerhaft auf der Internetseite des BZSt unter http://www.bzst.de abrufbar. Es ersetzt das Merkblatt zur zwischenstaatlichen Amtshilfe bei der Steuererhebung (Beitreibung) vom 29. Februar 2012- IV B 6 - S 1320/07/10011 :010 -, BStBl I S. 244.

---

[14] Das Abkommen wurde mit Vertragsgesetz vom 26. März 2008 im BGBl. 2008 II S. 182 veröffentlicht. Es wurde noch nicht von allen Vertragsparteien ratifiziert. Sowohl die Schweiz als auch Deutschland haben jedoch die Erklärung zur vorläufigen Anwendung des Abkommens notifiziert. Die Veröffentlichung der vorläufigen Anwendung des Abkommens erfolgte am 12. Oktober 2009 (BGBl. 2009 II S. 1117). Seit diesem Zeitpunkt ist das Abkommen zwischen der Schweiz und Deutschland anwendbar.

Merkblatt zur zwischenstaatlichen Amtshilfe durch Informationsaustausch in Steuersachen

(BMF-Schreiben vom 29.5.2019 - IV B 6 - 1320/07/10004:008 -, BStBl I S. 480)[1]

Stand: 1 Januar 2019

Unter Bezugnahme auf das Ergebnis der Erörterungen mit den Vertretern der obersten Finanzbehörden der Länder gelten für die Amtshilfe, die in- und ausländische Finanzbehörden einander zur Festsetzung ihrer Steuern, mit Ausnahme der Mehrwertsteuer, durch Informationsaustausch leisten, die nachfolgenden Grundsätze.

Innerhalb der Zollverwaltung nimmt das Zollkriminalamt (Generalzolldirektion - Direktion VIII) die Aufgaben einer Zentralstelle für die in ihren Zuständigkeitsbereich fallenden Steuern auf dem Gebiet der internationalen Amts- und Rechtshilfe wahr (§ 3 Abs. 6 Nr. 1 ZFdG, § 11 Abs. 3 ZollVG). Ferner ist die Bundesstelle Vollstreckung Zoll (BVZ) beim Hauptzollamt Hannover für diese Steuern die Kontaktstelle der Zollverwaltung für die gegenseitige Amtshilfe bei der Zustellung und Beitreibung nach zwei- und mehrseitigen völkerrechtlichen Verträgen.

Für die Zollverwaltung gelten gesonderte Dienstvorschriften, Erlasse und Verfügungen.

Abschnitt 1 - Allgemeine Regelungen

1. Allgemeines

Dieses Schreiben gilt für die zwischenstaatliche Amtshilfe bei der Festsetzung von Steuern. Ausgenommen ist die Mehrwertsteuer.

Die Durchführung des Informationsaustauschs nach den TIEAs, die sowohl Informationsaustausch im Wege der Amtshilfe wie auch im Wege der Rechtshilfe vorsehen, ist in dem gesonderten BMF-Schreiben "Anwendung der Abkommen über den steuerlichen Informationsaustausch (Tax Information Exchange Agreement - TIEA)" vom 10. November 2015 - IV B 6 - S 1301/11/10002 -, BStBl 2016 I S. 138, geregelt.

Die Grundsätze für die Durchführung koordinierter steuerlicher Außenprüfungen sind in dem BMF-Schreiben "Merkblatt über koordinierte steuerliche Außenprüfungen mit Steuerverwaltungen anderer Staaten und Gebiete" vom 9. Januar 2017 - IV B 6 - S 1315/16/10016 :002 -, BStBl 2017 I S. 89, beschrieben.

Anwendungsfragen im Zusammenhang mit dem verpflichtenden automatischen und spontanen Austausch zu sog. "Tax Rulings/steuerliche Vorbescheide" sind in dem BMF-Schreiben "Merkblatt zum verpflichtenden automatischen und spontanen Austausch verbindlicher Auskünfte, verbindlicher Zusagen und Vorabzusagen zu Verrechnungspreisen im Zusammenhang mit grenzüberschreitenden Sachverhalten" vom 17. August 2017 - IV B 6 - S 1320/16/10002 :014 -, BStBl 2017 I S. 1228, geregelt.

Hinweise zu den Anforderungen an den länderbezogenen Bericht multinationaler Unternehmensgruppen (CbCR) sind dem BMF-Schreiben vom 11. Juli 2017 - IV B 5 - S 1300/16/10010 :002 -, BStBl 2017 I S. 974, zu entnehmen.

[1] Inhaltsverzeichnis, Abkürzungsverzeichnis und Anlagen hier nicht abgedruckt.

Anwendungsfragen im Zusammenhang mit einem gemeinsamen Meldestandard sowie dem FATCA-Abkommen sind in dem BMF-Schreiben vom 1. Februar 2017 - IV B 6 - S 1315/13/10021 :044 -, BStBl 2017 I S. 305, geändert durch BMF-Schreiben vom 21. September 2018, BStBl 2018 I S. 1026, zum Standard für den automatischen Austausch von Finanzinformationen in Steuersachen erläutert.

Für die Durchführung der zwischenstaatlichen Amtshilfe bei der Steuererhebung gilt das mit BMF-Schreiben vom 23. Januar 2014 - IV B 6 - S 1320/07/ 10011 :011 -, BStBl 2014 I S. 188, veröffentlichte Merkblatt zur zwischenstaatlichen Amtshilfe bei der Steuererhebung (Beitreibung) Stand: 1. Juli 2013.

Für die Durchführung der zwischenstaatlichen Rechtshilfe in Steuerstrafsachen gilt das mit BMF-Schreiben vom 16. November 2006 - IV B 1 - S 1320 - 66/06 -, BStBl 2006 I S. 698, veröffentlichte Merkblatt zur zwischenstaatlichen Rechtshilfe in Steuerstrafsachen. Der Informationsaustausch zwischen den Strafverfolgungsbehörden der EU-MS im Bereich der Steuerfahndung (sog. "Schwedische Initiative") wird in gesonderten gleich lautenden Erlassen der obersten Finanzbehörden der Länder geregelt.

1.1 Zwischenstaatliche Amtshilfe durch Informationsaustausch

Die deutschen Finanzbehörden beanspruchen und gewähren zwischenstaatliche Amtshilfe durch Informationsaustausch nach Maßgabe der in diesem Schreiben dargestellten Grundsätze.

Zwischenstaatliche Amtshilfe durch Informationsaustausch wird beansprucht und gewährt, wenn die Finanzbehörden grenzüberschreitende Sachverhalte nicht angemessen aufklären können, weil sie bei ihren Ermittlungen auf das eigene Staatsgebiet beschränkt sind. Der zwischenstaatliche Informationsaustausch dient auch der Sachverhaltsaufklärung zugunsten des Steuerpflichtigen.

Der zwischenstaatliche Informationsaustausch soll auch bei grenzüberschreitenden Sachverhalten den deutschen Finanzbehörden eine den deutschen Steuergesetzen und den Finanzbehörden des anderen Staates eine den dort geltenden Steuergesetzen entsprechende gleichmäßige und wettbewerbsneutrale Besteuerung ermöglichen (BFH vom 20. Februar 1979, BStBl 1979 II S. 268, und vom 8. Februar 1995, BStBl 1995 II S. 358).

Bei der Durchführung des Informationsaustauschs haben die Finanzbehörden den Grundsatz der Verhältnismäßigkeit, den gesetzmäßigen Schutz des Steuerbürgers (einschließlich der Wahrung des Steuergeheimnisses) sowie die Gegenseitigkeit und Ausgewogenheit des Informationsaustauschs zu wahren.

1.2 Verhältnis zur Rechtshilfe im Steuerstraf- und Bußgeldverfahren

Zwischenstaatliche Amtshilfe liegt vor, wenn Behörden und Gerichte für Zwecke des Besteuerungsverfahrens Informationen austauschen. Von der zwischenstaatlichen Amtshilfe in Steuersachen ist die zwischenstaatliche Rechtshilfe in Steuerstrafsachen zu unterscheiden. Zwischenstaatliche Rechtshilfe in Steuerstrafsachen ist jede Unterstützung, die für ein Steuerstrafverfahren beansprucht oder gewährt wird, unabhängig davon, ob das Verfahren von einem Gericht oder einer Behörde betrieben wird und ob die Rechtshilfehandlung von einem Gericht oder einer Behörde durchgeführt werden soll. Insoweit wird auf das Merkblatt zur zwischenstaatlichen Rechtshilfe in Steuerstrafsachen vom 16. November 2006 - IV B 1 - S 1320 - 66/06 -, BStBl 2006 I S. 698, hingewiesen. Auch nach Einleitung eines Steuerstraf- oder Bußgeldverfahrens können noch Informationen auf dem Amtshilfeweg zum Zweck der Ermittlung der Besteuerungsgrundlagen unter Beachtung des § 393 Abs. 1 AO eingeholt und erteilt werden. In Frage kommen Behörden oder Gerichten bereits vorliegende Informationen, z. B. aus Steuerakten oder öffentlichen Registern. Grundlage hierfür sind § 117 AO, die DBA mit großer bzw. umfassender Auskunftsklausel, zweiseitige Amtshilfe-Verträge, TIEAs, die EUAHiRL und das Übereinkommen. Die so erlangten

Erkenntnisse können nach dem EUAHiG (§ 19 Abs. 2 Satz 1 Nr. 4 EUAHiG) sowie einer Vielzahl von DBA und dem Übereinkommen auch unmittelbar für das Steuerstraf- oder Bußgeldverfahren verwendet werden. Eine Bekanntgabe erhaltener Informationen in öffentlichen Gerichtsverhandlungen oder Gerichtsentscheidungen ist nach dem EUAHiG , einer Vielzahl der DBA und TIEAs sowie dem Übereinkommen zulässig (Anlage 1).

Wird die Finanzbehörde ausschließlich als Strafverfolgungsbehörde in einem Steuerstrafverfahren zur Ermittlung einer Steuerstraftat (§ 386 Abs. 2, § 399 Abs. 1, § 208 Abs. 1 Satz 1 Nr. 1 AO) oder als zuständige Verwaltungsbehörde in einem Bußgeldverfahren zur Ermittlung einer Steuerordnungswidrigkeit (§§ 409, 410, 208 Abs. 1 Satz 1 Nr. 1 AO) tätig, sind Informationen nach den Regeln über die zwischenstaatliche Rechtshilfe in Strafsachen einzuholen (insbesondere zur Vermeidung von Verwertungsverboten) bzw. Ermittlungen aufgrund eines ausländischen Rechtshilfeersuchens nur nach den straf- und bußgeldrechtlichen Vorschriften vorzunehmen. Das gilt z. B. für die Durchsuchung von Personen und Räumen, die Beschlagnahme von Beweismitteln und die Vernehmung von Beschuldigten, Zeugen und Sachverständigen.

Die Ermittlungsergebnisse des Steuerstraf- oder Bußgeldverfahrens können in der Regel unmittelbar im Besteuerungsverfahren verwendet werden (zur Ausnahme Schweiz vgl. Tz. 6.4 des Merkblatts zur zwischenstaatlichen Rechtshilfe in Steuerstrafsachen vom 16. November 2006 - IV B 1 - S 1320 - 66/06 -, BStBl 2006 I S. 698).

1.3 Rechtsgrundlagen der zwischenstaatlichen Amtshilfe durch Informationsaustausch

1.3.1 Überblick/ Allgemeines

Völkerrechtliche Vereinbarungen2 mit zahlreichen Staaten oder Gebieten (z. B. DBA, TIEAs, das FATCA-Abkommen , das Übereinkommen), sowie Rechtsakte der EU enthalten Regelungen über die zwischenstaatliche Amtshilfe durch Informationsaustausch in Steuersachen (vgl. § 117 Abs. 2 AO). Die völkerrechtlichen Vereinbarungen werden durch Zustimmungsgesetz innerstaatliches Recht (Art. 59 Abs. 2 Satz 1 GG). Auf das jährlich aktualisierte BMF-Schreiben zum "Stand der Doppelbesteuerungsabkommen und Doppelbesteuerungsverhandlungen", veröffentlicht im BStBl und aufgenommen in das vom BMF herausgegebene "Amtliches Einkommensteuer-Handbuch", dort Anhang 12 I, wird hingewiesen.

Inländische Rechtsgrundlage für die Gewährung und Inanspruchnahme von Amtshilfe nach dem Recht der EU ist das EUAHiG .

Außerdem kann Amtshilfe unter den Voraussetzungen des § 117 Abs. 3 AO geleistet werden.

Soweit Amtshilfe durch Informationsaustausch nach mehreren Rechtsgrundlagen in Anspruch genommen bzw. geleistet werden kann, stehen diese Rechtsgrundlagen gleichwertig nebeneinander. Im Verhältnis zu anderen EU-MS wird Amtshilfe jedoch grundsätzlich nur dann nach einer anderen Rechtsgrundlage als dem EUAHiG geleistet bzw. in Anspruch genommen, wenn und soweit diese eine umfassendere Zusammenarbeit mit dem anderen EU-MS ermöglicht.

1.3.2 Abkommen zur Vermeidung der Doppelbesteuerung

Die DBA sehen regelmäßig den Informationsaustausch in Steuersachen vor. Dieser bezieht sich entweder auf die unter das DBA fallenden Steuern, also stets auf die Einkommen- und Körperschaftsteuer, regelmäßig auch auf die Gewerbe-, Vermögen- und Grundsteuer (direkte Steuern) sowie die Erbschaftsteuer oder auf alle Steuern, die von den Vertragsstaaten und ihren Gebietskörperschaften erhoben werden (Anlage 1). Der Informationsaustausch in Erbschaftsteuersachen kann dabei auch in einem gesonderten Erbschaftsteuer-DBA geregelt sein.

Soweit sich die DBA am Aufbau des OECD-MA orientieren, ist der Informationsaustausch regelmäßig in Art. 26 des jeweiligen DBA geregelt.

1.3.3 Amts- und Rechtshilfevereinbarungen/Informationsaustauschabkommen

Mit einigen Staaten/Gebieten bestehen eigenständige Rechts- und Amtshilfevereinbarungen (z. B. mit Österreich, vgl. Tz. 1.5.1.3), oder besondere Vereinbarungen zur Unterstützung in Steuer- und Steuerstrafsachen durch Informationsaustausch (TIEAs).

Eine Aufstellung über die Abkommen auf dem Gebiet der Rechts- und Amtshilfe und der TIEAs ist dem jährlich aktualisierten BMF-Schreiben zum "Stand der Doppelbesteuerungsabkommen und Doppelbesteuerungsverhandlungen", dort unter "4.", zu entnehmen (vgl. Tz. 1.3.1).

1.3.4 EU-Amtshilferichtlinie und EU-Amtshilfegesetz

Nach Maßgabe der EUAHiRL gewähren sich die Finanzbehörden der EU-MS gegenseitig Amtshilfe durch Informationsaustausch und können Amtshilfe in Anspruch nehmen. Die deutschen Finanzbehörden gewähren Amtshilfe durch Informationsaustausch nach dem EUAHiG. Die Amtshilfe erstreckt sich auf jede Art von Steuern, die von einem oder für einen EU-MS oder dessen Gebiets- oder Verwaltungseinheiten einschließlich der örtlichen Behörden erhoben werden. Das EUAHiG ist allerdings nicht auf die Umsatzsteuer, die Einfuhrumsatzsteuer, Zölle und die harmonisierten Verbrauchsteuern anzuwenden. Es umfasst ferner nicht Beiträge, Umlagen und Gebühren.

Die EUAHiRL und das EUAHiG umfassen mittlerweile auch Regelungen zum verpflichtenden automatischen Informationsaustausch zu bestimmten Einkunftskategorien, über Finanzkonten in Steuersachen (CRS) sowie zur Umsetzung der BEPS-Empfehlungen zu den Aktionspunkten 5 ("Tax Rulings/steuerliche Vorbescheide") und 13 (Austausch länderbezogener Berichte [CbCR]). Die EUAHiRL regelt auch den Zugang der Steuerbehörden zu Informationen zur Bekämpfung der Geldwäsche.

Zur praktischen Umsetzung der Regelungen der EUAHiRL hat die EU-KOM gemeinsam mit den EU-MS Regelungen getroffen, die in den EUAHiDV veröffentlicht werden.

1.3.5 FATCA-Abkommen

Durch das FATCA-Abkommen verpflichten sich die Bundesrepublik Deutschland und die Vereinigten Staaten von Amerika, bestimmte Daten über Finanzkonten von inländischen und US-amerikanischen Finanzinstituten zu erheben und regelmäßig auszutauschen. Die FATCA-USA-UmsV regelt die Erhebung der erforderlichen Daten durch die Finanzinstitute und deren Übermittlungsform. Meldende deutsche Finanzinstitute sind verpflichtet, sich beim IRS zu registrieren und die zu erhebenden Daten zu US-amerikanischen meldepflichtigen Konten an das BZSt zu melden. Das BZSt übermittelt die gemeldeten Daten im Rahmen des vereinbarten automatischen Informationsaustauschs an die zuständige Behörde der Vereinigten Staaten von Amerika. Die von der zuständigen Behörde der Vereinigten Staaten von Amerika dem BZSt automatisch übermittelten Daten werden vom BZSt an die inländischen Landesfinanzverwaltungen weitergeleitet.

1.3.6 Übereinkommen über die gegenseitige Amtshilfe in Steuersachen

Das Übereinkommen über die gegenseitige Amtshilfe in Steuersachen ist für die Bundesrepublik Deutschland nach seinem Art. 28 am 1. Dezember 2015 in Kraft getreten.

Zum 1. Dezember 2015 ist das Übereinkommen jeweils zweiseitig gegenüber den folgenden 70 Staaten und Gebieten unter Berücksichtigung der hinterlegten Vorbehalte und Erklärungen grundsätzlich anwendbar: Albanien, Anguilla, Argentinien, Aruba, Australien, Österreich, Aserbaidschan, Belgien, Belize, Bermuda, Britische Jungferninseln, Kamerun, Kanada, Kaimaninseln, Kolumbien, Costa Rica, Kroatien, Cura¢ao, Zypern, Tschechien, Dänemark, Estland, Färöer, Finnland, Frankreich, Georgien, Ghana, Gibraltar, Griechenland, Grönland, Guernsey, Ungarn, Island, Indien, Indonesien, Irland, Isle of Man, Italien, Japan, Jersey, Kasachstan, Südkorea, Lettland, Litauen, Luxemburg, Malta, Mauritius, Mexiko, Moldawien, Montserrat, Niederlande, Neuseeland, Nigeria, Norwegen, Polen, Portugal, Rumänien, Russland, San Marino, Seychellen, Sint Maarten, Slowakei, Slowenien, Südafrika, Spanien, Schweden, Tunesien, Turks- und Caicosinseln, Ukraine, Großbritannien.

Da die Vereinigten Staaten von Amerika das Protokoll zum Übereinkommen bisher nicht ratifiziert haben, ist zweiseitig das Übereinkommen in seiner Fassung vom 25. Januar 1988, das am 1. April 1995 in Kraft getreten ist, ab dem 1. Dezember 2015 anzuwenden.

Der aktuelle Stand der Unterzeichnungen und Ratifizierungen des Übereinkommens kann auf der Internetseite der OECD eingesehen werden (vgl. Tz. 2.3).

1.3.7 MCAA CRS und Finanzkonten-Informationsaustauschgesetz

Am 29. Oktober 2014 haben die Finanzminister von 51 OECD-Partnerstaaten die Mehrseitige Vereinbarung über den automatischen Informationsaustausch in Steuersachen (MCAA) unterzeichnet. Diese definiert den globalen Standard für den automatischen Informationsaustausch über Finanzkonten (CRS). Mit der MCAA verpflichtet sich die Bundesrepublik Deutschland, Informationen über Finanzkonten mit den Vertragsstaaten auszutauschen, beginnend im September 2017 für den Meldezeitraum 2016. Der MCAA sind zwischenzeitlich weitere Staaten und Gebiete beigetreten (vgl. Tz. 6.3.1.2).

Auf EU-Ebene wurde der CRS im Rahmen der Revision der EUAHiRL umgesetzt. Die nationale Umsetzung der MCAA und der EUAHiRL erfolgte durch das FKAustG. Die von den zuständigen Behörden anderer Staaten und Gebiete dem BZSt automatisch übermittelten Daten werden vom BZSt an die inländischen Landesfinanzverwaltungen weitergeleitet.

1.3.8 MCAA CbC

Am 5. Oktober 2015 veröffentlichte die OECD die Ergebnisse zum gemeinsamen Projekt BEPS von G20 und OECD, welche u. a. ein Maßnahmenpaket gegen Gewinnkürzungen und -verlagerungen vorschlagen. Der BEPS-Aktionspunkt 13 sieht die Erstellung von länderbezogenen Berichten für multinational tätige Unternehmen und deren automatischen Austausch (CbCR) vor.

Zwischen den EU-MS wurde die BEPS-Empfehlung zum Aktionspunkt 13 durch entsprechende Änderungen der EUAHiRL und national durch die Änderung des EUAHiG durch das "Gesetz zur Umsetzung der Änderungen der EU-Amtshilferichtlinie und von weiteren Maßnahmen gegen Gewinnkürzungen und -verlagerungen" vom 20. Dezember 2016 (BGBl. 2016 I S. 3000) umgesetzt.

Der Austausch der länderbezogenen Berichte mit Drittstaaten erfolgt auf Grundlage der am 27. Januar 2016 unterzeichneten Mehrseitigen Vereinbarung (MCAA CbC). Die Maßnahmen wurden durch das vorgenannte "Gesetz zur Umsetzung der Änderungen der EU-Amtshilferichtlinie und von weiteren Maßnahmen gegen Gewinnkürzungen und -verlagerungen" u. a. durch die Aufnahme des § 138a AO "Länderbezogener Bericht multinationaler Unternehmensgruppen" in nationales Recht umgesetzt.

Die meldepflichtigen deutschen Unternehmen i. S. d. § 138a Abs. 1 AO haben einen länderbezogenen Bericht des Konzerns zu erstellen und an das BZSt nach amtlich vorgeschriebenem Datensatz durch Datenfernübertragung zu übermitteln. Es besteht die Möglichkeit der Beauftragung i. S. d. § 138a Abs. 3 AO. Die meldepflichtigen deutschen Unternehmen haben den länderbezogenen Bericht erstmalig für Wirtschaftsjahre, die nach dem 31. Dezember 2015 beginnen, bis zum 31. Dezember 2017 und in den Folgejahren jeweils bis zum 31. Dezember des auf den Meldezeitraum folgenden Kalenderjahres an das BZSt zu übermitteln.

Das BZSt übermittelt alle ihm zugegangenen länderbezogenen Berichte im Rahmen des automatischen Informationsaustauschs an die jeweils zuständige Finanzbehörde des Empfängerstaates.

1.3.9 Informationsaustausch aufgrund von zweiseitigen Verwaltungsabsprachen

Die folgenden Verwaltungsabsprachen sind weiterhin gültig:

- Niederlande vom 16. Oktober 1997, BStBl 1997 I S. 970,
- Frankreich vom 18. Oktober 2001, BStBl 2001 I S. 801,
- Dänemark vom 24. Februar 2005, BStBl 2005 I S. 498,
- Tschechien vom 30. August 2005, BStBl 2005 I S. 904,
- Litauen vom 27. Oktober 2005, BStBl 2005 I S. 1008,
- Estland vom 10. Mai 2006, BStBl 2006 I S. 355,
- Lettland vom 18. Mai 2006, BStBl 2006 I S. 359,
- Ungarn vom 26. Oktober 2006, BStBl 2006 I S. 694,
- Spanien vom 9. April 2013, BStBl 2013 I S. 364,
- Österreich vom 6. November 2013, BStBl 2013 I S. 1460,
- Niederlande vom 14. Juli 2015, BStBl 2015 I S. 555.

1.3.10 Informationsaustausch ohne völkerrechtliche Vereinbarungen und Rechtsakte der Europäischen Union (§ 117 Abs. 1 und 3 AO)

Ausländische Finanzbehörden können gemäß § 117 Abs. 1 AO auch um Informationen ersucht werden, wenn die unter Tz. 1.3.2 bis 1.3.4 und 1.3.6 genannten Rechtsgrundlagen nicht gegeben sind oder ein Ersuchen durch diese Rechtsgrundlage nicht gedeckt ist. Es besteht jedoch grundsätzlich keine völkerrechtliche Verpflichtung des ersuchten Staates zur Erteilung von Informationen.

Ausländischen Ersuchen kann auch dann entsprochen werden, wenn die unter Tz. 1.3.2 bis 1.3.4 und 1.3.6 genannten Rechtsgrundlagen nicht gegeben sind oder ein Ersuchen durch diese Rechtsgrundlagen nicht gedeckt ist. Antworten werden in diesen Fällen nur unter den Voraussetzungen des § 117 Abs. 3 AO erteilt.

Die Aufnahme eines Informationsaustauschs mit Staaten/Gebieten, die nicht unter den Anwendungsbereich der EUAHiRL fallen, das Übereinkommen nicht ratifiziert haben und mit denen auch kein Informationsaustausch in einem DBA, einem Amts- und Rechtshilfevertrag oder TIEA vereinbart worden ist, beschränkt sich auf Fälle mit besonderer Bedeutung.

Einer ausländischen Finanzbehörde können außerdem Informationen zur Entlastung einer Person auf deren Antrag übermittelt werden.

1.4 Auskunftsarten

Zu unterscheiden sind folgende Auskünfte:

- Auskünfte auf Ersuchen in Einzelfällen (Tz. 4 und 5)
- Spontanauskünfte (Tz. 6.1 und 6.2)
- Automatischer Informationsaustausch (Tz. 6.3)
- Informationsaustausch im Rahmen einer gleichzeitigen Prüfung (Tz. 7)
- Gemeinsame Prüfungstätigkeiten mehrerer Steuerverwaltungen (Tz. 8)

Abschnitt 2 - Informationsaustausch auf Ersuchen und Spontanauskünfte

1.5 Zuständigkeiten und Amtshilfeweg des Informationsaustauschs auf Ersuchen und bei Spontanauskünften

1.5.1 Zuständigkeiten für den Informationsaustausch mit ausländischen Finanzbehörden

1.5.1.1 BMF/BZSt/ZKA

Das BMF hat seine Zuständigkeit für die zwischenstaatliche Amtshilfe bei der Steuerfestsetzung gemäß § 5 Abs. 1 Satz 1 Nr. 5 FVG auf das BZSt übertragen (siehe zuletzt BMF-Schreiben vom 20. Juni 2011 - IV B 5 - O 1000/09/10507-04 -, BStBl 2011 I S. 674). Das BZSt ist zuständige Behörde für den Informationsaustausch in Einzelfällen nach den DBA, den TIEAs und dem Übereinkommen (Art. 3 Abs. 1 Buchstabe d i. V. m. Anlage B des Übereinkommens).

Das BMF hat das BZSt als zentrales Verbindungsbüro im Sinne von Art. 4 Abs. 2 Satz 1 EUAHiRL und § 3 Abs. 2 Satz 1 EUAHiG benannt. Das BZSt übernimmt als zentrales Verbindungsbüro die Kommunikation mit den anderen EU-MS und prüft eingehende und ausgehende Ersuchen bzw. Spontanauskünfte auf die Zulässigkeit nach dem EUAHiG (§ 3 Abs. 3 Satz 1 EUAHiG).

Das BMF hat das ZKA als Verbindungsstelle gemäß Art. 4 Abs. 3 EUAHiRL bzw. § 3 Abs. 2 Satz 2 EUAHiG sowie als zuständige Behörde für den Informationsaustausch nach den DBA, den TIEAs und nach dem Übereinkommen (Art. 3 Abs. 1 Buchstabe d i. V. m. Anlage B des Übereinkommens) für die Steuern im Zuständigkeitsbereich des Zolls benannt. Einzelheiten können dem nicht veröffentlichten BMF-Schreiben vom 16. August 2017 - III B 2 - Z 4601/16/10019 - 2017/0058975 - (Anlage 4) entnommen werden.

1.5.1.2 Landesfinanzbehörden

Das BMF (BZSt) kann im Einzelfall beim Informationsaustausch auf Ersuchen die Auskunftserteilung durch die zuständige oberste Landesfinanzbehörde zulassen. Das gilt nicht für Steuern auf Versicherungsprämien, da sie vom BZSt selbst verwaltet werden (§ 5 Abs. 1 Satz 1 Nr. 25 FVG).

Im Einzelfall kann mit Zustimmung der zuständigen obersten Landesfinanzbehörde die Befugnis zum Informationsaustausch mit den zuständigen ausländischen Finanzbehörden auf eine der obersten Landesfinanzbehörde nachgeordnete Behörde übertragen werden (vgl. z. B. Tz. 5.2.4).

Zum Informationsaustausch im Rahmen einer gleichzeitigen Prüfung siehe Tz. 7. Zum Informationsaustausch im Rahmen einer gemeinsamen Prüfungstätigkeit mehrerer Steuerverwaltungen siehe Tz. 8.

Das BMF kann in Abstimmung mit der zuständigen obersten Landesfinanzbehörde den Informationsaustausch auf eine Landesfinanzbehörde übertragen (vgl. Tz. 1.5.1.4).

1.5.1.3 Unmittelbarer Informationsaustausch mit Österreich

Durch die deutsch-österreichische Konsultationsvereinbarung vom 6. November 2013, BStBl 2013 I S. 1460 wurde die Zusammenarbeit der Verwaltungsbehörden im Bereich des Informationsaustauschs in Steuersachen an die neue Rechtslage in der EU angepasst. Danach sind mit Wirkung vom 1. Januar 2013 für den Informationsaustausch in Steuersachen mit Österreich die Bestimmungen der EUAHiRL vorrangig gegenüber dem deutsch-österreichischen Vertrag über Rechtsschutz und Rechtshilfe in Abgabensachen vom 4. Oktober 1954, BStBl 1955 I S. 434 (AHV-1954) und dem zwischen den Vertragsstaaten abgeschlossenen DBA vom 24. August 2000 (DBA-Österreich) in der Fassung des Änderungsprotokolls vom 29. Dezember 2010, anzuwenden. Die Bestimmungen des AHV-1954, die sich auf die Leistung von Amtshilfe durch Informationsaustausch in Steuersachen beziehen, finden daher grundsätzlich mit Wirkung vom 1. Januar 2013 keine Anwendung mehr. Ergänzend wurde vereinbart, dass der unmittelbare Verkehr zwischen den örtlich zuständigen Finanzbehörden in dringenden Fällen nach Art. 4 Abs. 2 des AHV-1954 weiter zulässig ist, sofern dieser Verkehr nicht die durch die EUAHiRL vorgesehenen elektronischen Verfahren betrifft. Die Entsendung von Bediensteten und gleichzeitige oder gemeinsame Prüfungen erfolgen nach den Bestimmungen der EUAHiRL .

1.5.1.4 Delegation von Zuständigkeiten

Den Finanzämtern im Zuständigkeitsbereich des Ministeriums für Finanzen Baden-Württemberg, des Ministeriums der Finanzen Rheinland-Pfalz und des Ministeriums für Finanzen und Europa des Saarlandes wurde die Aufgabe der zuständigen Behörde für den Informationsaustausch mit den Steuerbehörden der französischen Interrégion Est im Bereich der Steuern vom Einkommen und Vermögen mit Wirkung ab 1. Januar 2005 übertragen, BMF-Schreiben vom 7. Dezember 2004 - IV B 4 - S 1320 - 12/04 -, BStBl 2004 I S. 1184.

Dem Bayerischen Landesamt für Steuern im Zuständigkeitsbereich des Bayerischen Staatsministeriums der Finanzen und für Heimat und dem Finanzamt Chemnitz-Süd im Zuständigkeitsbereich des Sächsischen Staatsministeriums der Finanzen wurde die Aufgabe der zuständigen Behörde für den Informationsaustausch mit dem Ministerium der Finanzen der Tschechischen Republik im Bereich der Steuern vom Einkommen und Vermögen mit Wirkung ab 1. Januar 2006 übertragen, BMF-Schreiben vom 6. Oktober 2005 - IV B 1 - S 1321 CZE - 1/05 -, BStBl 2005 I S. 904, und vom 18. August 2006 - IV B 1 - S 1321 CZE - 3/06 -, BStBl 2006 I S. 487.

1.5.1.5 Gemeinden und Gemeindeverbände

Zwischenstaatliche Amtshilfe können auch Gemeinden und Gemeindeverbände nach Maßgabe der in diesem Schreiben dargestellten Grundsätze beanspruchen, soweit ihnen gemäß Art. 108 Abs. 4 Satz 2 GG die Verwaltung von Steuern durch die Länder übertragen worden ist. Sie gelten insoweit als Finanzbehörden im Sinne dieses Schreibens. Eine Verpflichtung der Gemeinden und Gemeindeverbände zur Leistung von Amtshilfe besteht nicht.

1.5.2 Amtshilfeweg

Der Amtshilfeweg beim Informationsaustausch bestimmt sich nach Tz. 1.5.1 sowie den Dienstwegregelungen der Länder. Darüber hinaus ist Folgendes zu beachten:

a) Ersuchen an ausländische Finanzbehörden

Die mit der Sache befasste inländische Finanzbehörde legt das Ersuchen dem BZSt auf dem Dienstweg mit Übersendungsschreiben (Anlagen 2a, 2b oder EU-Standardformblatt RIF jeweils mit Anlage 2e) vor. Das BZSt übermittelt das Ersuchen an das Ausland und leitet die Antwort der ausländischen Finanzbehörde auf dem Dienstweg der anfragenden inländischen Finanzbehörde zu.

Die Gemeinden und Gemeindeverbände übermitteln Ersuchen in Fällen der Tz. 1.5.1.5 unmittelbar an das BZSt.

b) Ersuchen an deutsche Finanzbehörden

Die zuständige ausländische Finanzbehörde übermittelt das Ersuchen dem BZSt. Von dort gelangt das Ersuchen auf dem Dienstweg an die mit den Ermittlungen zu betrauende örtliche Finanzbehörde, die Vornahmebehörde (vgl. Tz. 5.2.6). Das Ermittlungsergebnis wird dem BZSt auf dem Dienstweg mit Übersendungsschreiben (Anlage 2e) vorgelegt.

Ersuchen, die Gemeinden oder Gemeindeverbände betreffen, sind den Landesfinanzbehörden zu übermitteln. Die zuständige Landesfinanzbehörde kann von der Gemeinde oder dem Gemeindeverband Informationen im Wege der allgemeinen Amtshilfe erbitten.

Gehen Ersuchen bei einer anderen Behörde als dem BZSt ein, so sind diese Ersuchen (mit Ausnahme der Ersuchen bei Delegation der Zuständigkeiten nach Tz. 1.5.1.4) dem BZSt unverzüglich zuzuleiten (§ 3 Abs. 4 EUAHiG).

c) Spontanauskünfte deutscher Finanzbehörden

Für ausländische Finanzbehörden bestimmte Spontanauskünfte werden dem BZSt auf dem Dienstweg mit Übersendungsschreiben (EU-Standardformblatt SIF, ggf. mit Anlage 2c und mit Anlage 2e) vorgelegt. Die Dienstwegregelungen der Länder sind zu beachten, insbesondere die Ausnahmeregelungen, z. B. wenn der inländische Beteiligte nicht angehört wurde oder Einwendungen erhoben hat.

Spontanauskünfte über Arbeitslöhne von in der Bundesrepublik Deutschland ansässigen und in anderen EU-MS tätigen Arbeitnehmern im Zusammenhang mit einem Freistellungsantrag im Lohnsteuer-Abzugsverfahren können direkt von den Finanzämtern dem BZSt vorgelegt werden (Tz. 2.3.5 "Informationsaustausch" des Merkblatts zur steuerlichen Behandlung des Arbeitslohns nach den Doppelbesteuerungsabkommen vom 3. Mai 2018 - IV B 2 - S 1300/08/10027 -, BStBl 2018 I S. 643).

Die Gemeinden und Gemeindeverbände übermitteln Spontanauskünfte unmittelbar an das BZSt.

d) Spontanauskünfte ausländischer Finanzbehörden

Das BZSt übersendet Spontanauskünfte ausländischer Finanzbehörden der zuständigen Oberfinanzdirektion bzw. den Landesämtern für Steuern und in den Ländern, in denen keine Oberfinanzdirektionen bzw. Landesämter für Steuern bestehen, der obersten Landesfinanzbehörde bzw. im Land Sachsen-Anhalt dem Finanzamt Magdeburg und in der Freien und Hansestadt Hamburg dem Finanzamt für Großunternehmen in Hamburg. Spontanauskünfte über Steuern auf Versicherungsprämien sind dem im BZSt zuständigen Referat zu übermitteln.

Zu den Ausnahmen beim Amtshilfeweg wird auf die Tz. 1.5.1.4 (Delegation von Zuständigkeiten) hingewiesen.

Spontanauskünfte, die ausschließlich Gemeinden oder Gemeindeverbände betreffen, d. h., die für Besteuerungszwecke der ausschließlich von diesen verwalteten Steuern übermittelt werden, sind diesen unmittelbar zuzuleiten.

e) Amtshilfeweg der Zollverwaltung

Zollseitig ist ausschließlich die Geschäftsweg- und Delegierungsregelung nach § 3 Abs. 6 ZFdG anzuwenden (Anlage 4).

1.6 Steuergeheimnis und Geheimhaltung

1.6.1 Geheimhaltung im Inland

Das Steuergeheimnis (§ 30 AO) gilt auch gegenüber ausländischen Finanzbehörden. Es steht jedoch dem Informationsaustausch nicht entgegen, soweit

a) die mit einem deutschen Ersuchen notwendigerweise verbundene Mitteilung steuerlicher Verhältnisse nach § 30 Abs. 4 Nr. 1 AO zulässig ist;

b) die mit der Erledigung eines ausländischen Ersuchens oder der Erteilung einer Spontanauskunft notwendigerweise verbundene Mitteilung steuerlicher Verhältnisse durch völkerrechtliche Vereinbarungen, das EUAHiG oder § 117 Abs. 3 AO ausdrücklich zugelassen ist (§ 30 Abs. 4 Nr. 2 AO).

Alle Angaben, die die deutschen Finanzbehörden im Zusammenhang mit dem Informationsaustausch erhalten, unterliegen dem Steuergeheimnis. Außerdem unterliegen sie dem besonderen - ggf. weitergehenden - Geheimhaltungsschutz der völkerrechtlichen Vereinbarungen und des § 19 EUAHiG. Sollen erhaltene Informationen für andere Zwecke verwendet werden, als in den völkerrechtlichen Vereinbarungen oder dem EUAHiG festgelegt wurde, ist dies nur zulässig, wenn der übermittelnde Staat seine Einwilligung erteilt (§ 19 Abs. 2 Satz 2 EUAHiG).

Informationen, die von einem EU-MS oder einem Drittstaat im Rahmen eines Informationsaustauschs übermittelt wurden, können vom BZSt bzw. ZKA an einen anderen EU-MS oder einen Drittstaat weitergegeben werden, wenn diese Informationen für die zutreffende Steuerfestsetzung des anderen Staates von Nutzen oder erheblich sein können. Regelungen zu den Voraussetzungen für die Weitergabe von Informationen wurden u. a. in § 15 Abs. 2, § 18 EUAHiG sowie Art. 22 Abs. 4 Satz 2 des Übereinkommens getroffen.

Die zuständigen Landesfinanzbehörden werden durch das BZSt in geeigneter Form auf die Einhaltung der Geheimhaltungsbestimmungen hingewiesen, es sei denn, der Hinweis ist bereits im Anschreiben der ausländischen Behörde enthalten. Gleiches gilt zollseitig für das ZKA.

1.6.2 Geheimhaltung im Ausland

Alle Angaben, die deutsche Finanzbehörden im Zusammenhang mit dem Informationsaustausch gegenüber ausländischen Finanzbehörden machen, unterliegen den dort bestehenden Bestimmungen über die Geheimhaltung. Darüber hinaus unterliegen sie dem besonderen Geheimhaltungsschutz der völkerrechtlichen Vereinbarungen und der EUAHiRL . Darauf wird grundsätzlich in allen Äußerungen gegenüber ausländischen Finanzbehörden hingewiesen. Dieser besondere Geheimhaltungsschutz ist im Ausland auch dann zu wahren, wenn nach dortigem nationalen Recht die Finanzbehörde Informationen an andere Stellen weitergeben könnte oder müsste.

Erfährt die Landesfinanzbehörde oder die Dienststelle der Zollverwaltung von besonderen Vorkommnissen im Ausland, die die Geheimhaltung berühren, oder befürchten inländische Beteiligte, dass die Geheimhaltung im Ausland aufgrund besonderer Umstände im Einzelfall nicht gewährleistet ist, unterrichtet die Landesfinanzbehörde oder die Dienststelle der Zollverwaltung hierüber das BZSt bzw. das ZKA. Falls erforderlich, wird das BZSt bzw. das ZKA von Amts wegen die Angelegenheit aufklären und ggf. in Abstimmung mit dem BMF unter Berücksichtigung der Ergebnisse der Datenschutz- und Geheimhaltungsüberprüfung des Global Forums die zur Wahrung der Rechte, einschließlich der Rechte der Beteiligten, notwendigen Schritte einleiten. Dazu gehört ggf. auch die zusätzliche Einholung einer Zusicherung der ausländischen Steuerbehörde über die Geheimhaltung im Ausland.

Ist eine Landesfinanzbehörde für den Informationsaustausch unmittelbar zuständig (vgl. Tz. 1.5.1.4), obliegt es dieser Landesfinanzbehörde, die erforderlichen rechtlichen Schritte einzuleiten und ggf. die entsprechende Zusicherung der ausländischen Steuerbehörde einzuholen. Das BZSt ist in diesen Fällen lediglich zu unterrichten.

1.7 Übersetzungen

Übersetzungen von Ersuchen und Spontanauskünften deutscher Finanzbehörden werden durch das BZSt bzw. das ZKA veranlasst. Ersuchen und Spontanauskünfte ausländischer Finanzbehörden werden regelmäßig vom BZSt bzw. ZKA in die deutsche Sprache übersetzt. Aus der englischen Sprache wird in einfach gelagerten Fällen nicht übersetzt. Die Landesfinanzbehörden können in der vorgenannten Fallkonstellation jederzeit eine vollständige oder Teilübersetzung der Antwort unmittelbar beim BZSt nachfordern.

1.8 Vordrucke und Formblätter

Bei der zwischenstaatlichen Amtshilfe sind grundsätzlich die EU-Standardformblätter und die in den Anlagen 2a bis 2f aufgeführten Formulare zu verwenden.

Die elektronischen EU-Standardformblätter, die für deren Nutzung erforderlichen Programmdateien sowie ein E-Learning-Modul, das die Handhabung der Formblätter erläutert, wurden den zuständigen Landesfinanzbehörden durch das Auftrag nehmende Land Niedersachsen im Rahmen des Vorhabens KONSENS bis zum 31. Dezember 2018 zur Verfügung gestellt. Für ihre Zuständigkeitsbereiche stehen den Zollbehörden die elektronischen EU-Standardformblätter, die erforderlichen Programmdateien sowie ein E-Learning-Modul zur Verfügung. Das BZSt informiert die zuständigen Landesfinanzbehörden sowie das ZKA jeweils über die Änderungen der EU-KOM an den Standardformblättern und Programmdateien.

Gemeinden und Gemeindeverbände können die EU-Standardformblätter sowie die Programmdateien und das E-Learning-Modul bei Bedarf und nach Anforderung eines Passwortes beim BZSt auf den Internetseiten des BZSt unter http://www.bzst.de/DE/Steuern_International/Internationale_Amtshilfe/Direkte_Steuern/direkte_steuern_node.html;jsessionid=633DA85B0E2B1F2E924C83E81B 821A63.live6812[2] abrufen.

Ab dem 1. Januar 2019 hat die EU-KOM den EU-MS die zentrale Webanwendung, die eFCA, zur Nutzung der EU-Standardformblätter verpflichtend zur Verfügung gestellt. Ein Parallelbetrieb der eFCA und des bisherigen Verfahrens ist so lange gewährleistet, bis inhaltliche Änderungen an den EU-Standardformblättern durch die EU-KOM erfolgen. Der Zugang zur eFCA wird den zuständigen Landesfinanzbehörden durch das auftragnehmende Land Niedersachsen im Rahmen des Vorhabens KONSENS im Laufe des Jahres 2019 bereitgestellt.

[2] Der Link wurde geändert. Der aktuelle Link lautet: https://www.bzst.de/DE/Behoerden/InternationaleAmtshilfe/AmtshilfeDirekteSteuern/amtshilfe_direkte_steuern_node.html

Die EU-Standardformblätter, die Programmdateien und das E-Learning-Modul sind Eigentum der EU-KOM. Die EU-KOM behält sich alle Rechte daran vor.

2 Umfang des zwischenstaatlichen Informationsaustauschs

Es ist im Allgemeinen zwischen dem großen bzw. umfassenden und dem kleinen Informationsaustausch nach den DBA zu unterscheiden. Die Tz. 2.1 und 2.2 geben einen allgemeinen Überblick. Die Abgrenzung im Einzelnen ist der jeweiligen Rechtsgrundlage zu entnehmen (Anlage 1).

2.1 Großer bzw. umfassender Informationsaustausch

Nach einer Vielzahl von DBA (Anlage 1) können auf dem Gebiet der Steuern vom Einkommen und vom Vermögen alle Informationen übermittelt werden, die zur Anwendung der DBA oder des innerstaatlichen Rechts eines Vertragsstaates über die unter das Abkommen fallenden Steuern erforderlich sind (großer Informationsaustausch). Neuere Abkommen lassen entsprechend Art. 26 OECD-MA "Informationsaustausch" in der aktuellen Fassung vom 17. Juli 2012 einen Informationsaustausch auch bei Steuern jeder Art und Bezeichnung zu, die für Rechnung der Vertragsstaaten oder ihrer Gebietskörperschaften erhoben werden (umfassender Informationsaustausch). Informationen können z. B. über die Richtigkeit von Tatsachenbehauptungen oder über Beweismittel angefordert werden, die zur steuerlichen Beurteilung erforderlich sind.

Das EUAHiG (Tz. 1.3.4) sieht den umfassenden Informationsaustausch vor.

Fallbeispiele zur Anwendung des innerstaatlichen Rechts (siehe Tz. 8 des OECD-Kommentars zu Art. 26 OECD-MA):

a) Eine Gesellschaft in Deutschland liefert Waren an eine unabhängige Gesellschaft im Staat B. Deutschland möchte vom Staat B Auskunft darüber, welchen Preis die Gesellschaft im Staat B für die Waren gezahlt hat, um das innerstaatliche Recht richtig anwenden zu können. Es bestehen Zweifel, ob der gesamte "Kaufpreis" ins Inland bezahlt wurde oder ob noch weitere Zahlungen erfolgt sind, die nicht in der inländischen Buchhaltung erfasst sind.

b) "Dreiecksverhältnisse": Eine Gesellschaft in Deutschland verkauft Waren über eine Gesellschaft im Staat C (möglicherweise ein Staat mit einem niedrigen Steuerniveau, sog. "Steueroasenland") an eine Gesellschaft im Staat B. Die Gesellschaften können, müssen aber nicht, miteinander verbunden sein. Weder zwischen Deutschland und dem Staat C noch zwischen den Staaten B und C bestehen DBA. Aufgrund des DBA zwischen Deutschland und dem Staat B ersucht Deutschland zwecks richtiger Anwendung seines innerstaatlichen Rechts auf die Gewinne, die die in seinem Gebiet bestehende Gesellschaft erzielt hat, den Staat B um Auskunft über die von der Gesellschaft im Staat B für die Waren gezahlten Preise.

c) Deutschland ersucht für die Zwecke der Besteuerung einer in seinem Gebiet bestehenden Gesellschaft den Staat B aufgrund des zwischen Deutschland und dem Staat B bestehenden DBA um Auskunft über die Preise, die eine Gesellschaft oder ein Konzern im Staat B ohne Geschäftsbeziehungen zur Gesellschaft in Deutschland berechnet, um durch Vergleich die von der Gesellschaft in Deutschland geforderten Preise (z. B. Preise, die von einer Gesellschaft oder einem Konzern in beherrschender Stellung berechnet werden) zu überprüfen.

2.2 Kleiner Informationsaustausch

Beinhaltet ein DBA noch die kleine Auskunftsklausel, können nur Informationen erbeten oder übermittelt werden, die zur Durchführung des DBA selbst notwendig sind. Eine Auskunft wird dann zur Durchführung des DBA benötigt, wenn die abkommensrechtliche Rechtsfolge je nach dem Ergebnis der Auskunft eine andere ist. Dazu zählen beispielsweise Informationen über die Ansässigkeit eines Steuerpflichtigen und das Vorliegen einer Betriebsstätte.

Tz. 7 des OECD-Kommentars zu Art. 26 OECD-MA nennt u. a. folgende Fallbeispiele:

a) Bei Anwendung des Art. 12 OECD-MA ersucht Deutschland, in dem der Empfänger ansässig ist, den Staat B, in dem der Schuldner ansässig ist, um Auskünfte über die Höhe der gezahlten Lizenzgebühren.

b) Staat B ersucht Deutschland um Auskunft, ob der Empfänger der Zahlungen tatsächlich in Deutschland ansässig ist und Nutzungsberechtigter der Lizenzgebühren ist, um die in Art. 12 OECD-MA vorgesehene Befreiung gewähren zu können.

c) Ferner können Informationen benötigt werden, um verbundenen Unternehmen in verschiedenen Staaten einen angemessenen Gewinn zuzurechnen oder die Gewinne zu berichtigen, die in den Büchern einer Betriebsstätte in dem einen Staat und den Büchern des Hauptsitzes in dem anderen Staat ausgewiesen sind (Art. 7 OECD-MA "Unternehmensgewinne", Art. 9 OECD-MA "Verbundene Unternehmen", Art. 23 A OECD-MA "Befreiungsmethode" und Art. 23 B OECD-MA "Anrechnungsmethode").

Informationen zur Durchführung rein innerstaatlichen Rechts können im Rahmen des kleinen Informationsaustauschs nicht erbeten oder übermittelt werden.

2.3 Informationsaustausch nach dem Übereinkommen

Das Übereinkommen gilt für die bestehenden Steuern, die ein Vertragsstaat in Anlage A des Übereinkommens aufgelistet hat, sofern keine Vorbehalte nach Art. 30 Abs. 1 Buchstabe a des Übereinkommens hinterlegt wurden. Vorbehalte und Erklärungen nach Art. 30 Abs. 1 des Übereinkommens können jederzeit neu angebracht sowie ganz oder teilweise zurückgenommen werden. Neue Vorbehalte treten am ersten Tag des Monats in Kraft, der auf einen Zeitabschnitt von drei Monaten nach Eingang des Vorbehalts bei einem der Verwahrer des Übereinkommens folgt. Rücknahmen werden mit dem Eingang der Notifikation bei dem Verwahrer des Übereinkommens wirksam.

Ein Informationsaustausch mit dem jeweils anderen Vertragsstaat nach dem Übereinkommen erfordert insofern die Gegenseitigkeit.

Eine nicht amtliche konsolidierte Fassung des Übereinkommens ist als Anlage 3 in englischer, französischer und deutscher Sprache beigefügt. Das Übereinkommen sowie der Kommentar zum Übereinkommen können in englischer Sprache auf der Internetseite der OECD unter http://www.oecd.org/ctp/exchange-of-tax-information/Explanatory_Report_ENG_%2015_04_20 10.pdf eingesehen werden.

Der tagesaktuelle Stand der Unterzeichnungen und Ratifikationen des Übereinkommens kann auf der Webseite der OECD unter http://www.oecd.org/tax/exchange-of-tax-information/Status_of_convention.pdf eingesehen werden. Der tagesaktuelle Stand der Vorbehalte und Erklärungen der Vertragsstaaten nach Art. 30 des Übereinkommens ist in englischer und französischer Sprache auf der Internetseite des Europarats unter http://www.coe.int/en/web/conventions/search-on-treaties/ -/conventions/treaty/127/declarations veröffentlicht.

2.4 Informationsaustausch mit mehreren Staaten und/ oder Gebieten

Berührt ein steuerlicher Sachverhalt mehrere Staaten und/oder Gebiete, so kann mit jedem dieser Staaten oder Gebiete nach Maßgabe der bestehenden Rechtsgrundlagen (Tz. 1.3) ein Informationsaustausch durchgeführt werden. Die Bestimmungen über die Geheimhaltung sind zu beachten.

2.5 Anwendungszeiträume

Für die Bewilligung und Durchführung der zwischenstaatlichen Amtshilfe sind die spezifischen Anwendungszeiträume der jeweiligen Rechtsgrundlagen zu beachten.

2.5.1 Anwendungszeiträume nach EUAHiRL und EUAHiG

Die EUAHiRL und das EUAHiG gelten grundsätzlich auch für Auskünfte, die Besteuerungszeiträume vor dem Inkrafttreten dieser Rechtsgrundlagen betreffen.

Nach Art. 18 Abs. 3 EUAHiRL kann ein anderer EU-MS die Übermittlung der erbetenen Informationen verweigern, wenn diese Informationen vor dem 1. Januar 2011 liegende Besteuerungszeiträume betreffen und die Übermittlung nach Art. 8 Abs. 1 der Richtlinie 77/799/EWG hätte verweigert werden können, wenn das Ersuchen vor dem 11. März 2011 gestellt worden wäre.

2.5.2 Anwendungszeiträume nach DBA

Nach den meisten von der Bundesrepublik Deutschland abgeschlossenen DBA kann grundsätzlich nur um Informationen für Besteuerungszeiträume ersucht werden, die am Tag oder nach dem Tag des Inkrafttretens des DBA beginnen. Einige von der Bundesrepublik Deutschland abgeschlossene DBA sehen einen abweichenden Beginn des Informationsaustauschs vor.

2.5.3 Anwendungszeiträume nach TIEA

Ausführungen zu den Anwendungszeiträumen der TIEA können dem BMF-Schreiben vom 10. November 2015 zur "Anwendung der Abkommen über den steuerlichen Informationsaustausch (Tax Information Exchange Agreement - TIEA)" - IV B 6 - S 1301/11/10002 -, BStBl 2016 I S. 138 (vgl. Tz. 1) entnommen werden.

2.5.4 Anwendungszeiträume nach dem Übereinkommen

Das Übereinkommen ist nach seinem Art. 28 Abs. 3 sowie das Protokoll nach seinem Art. IX Abs. 3 für die Bundesrepublik Deutschland zum 1. Dezember 2015 in Kraft getreten. Der aktuelle Stand der Unterzeichnungen und Ratifikationen des Übereinkommens durch die anderen Vertragsstaaten sowie das Datum des Inkrafttretens im jeweiligen Vertragsstaat kann auf der Internetseite der OECD (vgl. Tz. 2.3) eingesehen werden.

Nach seinem Art. 28 Abs. 6 Satz 1 gilt das Übereinkommen im Inland für Besteuerungszeiträume, die am oder nach dem 1. Januar 2016 beginnen, bzw. wenn es keinen Besteuerungszeitraum gibt, für Steuerverbindlichkeiten, die am oder nach dem 1. Januar 2016 entstanden sind. Im Verhältnis zu Vertragsstaaten, die das Übereinkommen nach dem 1. Januar 2016 in Kraft gesetzt haben, gilt das Übereinkommen für Besteuerungszeiträume oder Steuerverbindlichkeiten des späteren Zeitpunktes. Vereinbarungen nach Art. 28 Abs. 6 Satz 2 des Übereinkommens über die Ausdehnung der Amtshilfe auf frühere Besteuerungszeiträume oder Steuerverbindlichkeiten wurden von der Bundesrepublik Deutschland nicht getroffen.

Nach Art. 28 Abs. 7 des Übereinkommens leistet die Bundesrepublik Deutschland auf Ersuchen Amtshilfe für Steuersachen in Zusammenhang mit vorsätzlichem Verhalten, das nach dem Strafrecht des ersuchenden Vertragsstaates der strafrechtlichen Verfolgung unterliegt, für frühere Besteuerungszeiträume oder Steuerverbindlichkeiten. Deutsche Finanzbehörden können nach Art. 28 Abs. 7 des Übereinkommens um Amtshilfe für Steuersachen in Zusammenhang mit vorsätzlichem Verhalten, das nach deutschem Strafrecht der strafrechtlichen Verfolgung unterliegt, für frühere Besteuerungszeiträume oder Steuerverbindlichkeiten ersuchen, es sei denn, der andere Vertragsstaat hat einen Vorbehalt nach Art. 30 Abs. 1 Buchstabe f zu Art. 28 Abs. 7 des Übereinkommens hinterlegt und damit den Anwendungszeitraum der Rückwirkung auf drei Jahre vor Inkrafttreten begrenzt.

3 Rechtliches Gehör

3.1 Anhörung inländischer Beteiligter

3.1.1 Grundsatz

Zwischenstaatliche Amtshilfe durch Informationsaustausch, auch im Rahmen einer gleichzeitigen Prüfung bzw. einer gemeinsamen Prüfungstätigkeit mehrerer Steuerverwaltungen, kann einen Eingriff in die Rechte eines oder mehrerer betroffenen inländischen Beteiligten darstellen. Um seine Rechte als Verfahrensbeteiligter wahren zu können, muss jeder inländische Beteiligte grundsätzlich rechtzeitig darüber informiert werden, dass und in welchem Umfang Informationen an eine ausländische Steuerverwaltung übermittelt werden sollen. Dem inländischen Beteiligten soll durch die Gewährung rechtlichen Gehörs in Form der Anhörung - unabhängig davon, ob die Informationen/Unterlagen aus den Steuerakten oder aus besonderen Ermittlungen stammen - die Gelegenheit gegeben werden, sich zu äußern und ggf. begründete Einwände vorzubringen. Sind auch Daten Dritter, die als inländische Beteiligte i. S. d. Tz. 3.1.3 anzusehen sind, zu übermitteln, sind diese Dritten ebenfalls anzuhören. Sofern Informationen zu Personen übermittelt werden, die keine inländischen Beteiligten sind, ist eine Anhörung nicht erforderlich.

Für die Durchführung der Anhörung ist die Behörde zuständig, die die Informationen/Unterlagen bereitstellt (die Vornahmebehörde). Sie informiert die für die Übermittlung ins Ausland zuständige Finanzbehörde (Tz. 1.5.1) über das Ergebnis der Anhörung bzw. den Verzicht auf eine Anhörung mittels Übersendungsschreiben (Anlage 2e). Enthalten die zu übermittelnden Unterlagen Informationen aus Steuerakten oder steuerlichen Ermittlungen, die nicht voraussichtlich steuerlich erheblich sind, sind diese durch die zuständige Vornahmebehörde zu entfernen und/oder zu anonymisieren.

3.1.2 Ausnahmen von der Anhörungspflicht

a) § 117 Abs. 4 Satz 3 AO

Nach § 117 Abs. 4 Satz 3 AO hat abweichend von § 91 AO eine Anhörung aller inländischen Beteiligten stets stattzufinden, es sei denn,

aa) es findet ein Informationsaustausch aufgrund des EUAHiG statt oder

bb) es liegt eine Ausnahme nach § 91 Abs. 2 oder 3 AO vor (z. B. bei Gefahr im Verzug oder wenn der Anhörung ein zwingendes öffentliches Interesse entgegensteht).

Ob auf die Anhörung nach den Doppelbuchstaben aa oder bb verzichtet werden kann, hat die Vornahmebehörde in jedem Einzelfall nach pflichtgemäßem Ermessen unter Berücksichtigung der allgemeinen Grundsätze des § 91 AO zu entscheiden. Die Ermessensausübung ist aktenkundig zu machen. Hierfür kann der Aktenbogen (Anlage 2g) genutzt werden.

Bei der Entscheidung über den Verzicht auf eine Anhörung hat die Vornahmebehörde die berechtigten Interessen des/der inländischen Beteiligten zu berücksichtigen. Bestehen Zweifel, ob die berechtigten Interessen des/der Beteiligten berücksichtigt wurden, ist anzuhören. Eine Anhörung hat grundsätzlich zu erfolgen, wenn die Gefahr besteht, dass dem/den inländischen Beteiligten bei Übermittlung von Informationen und Unterlagen im Rahmen des Informationsaustauschs ein mit dem Informationsaustausch nicht zu vereinbarender Schaden drohen könnte (vgl. z. B. Tz. 5.3.1.3), bzw. wenn die in Tz. 5.3.1.1 aufgeführten Rechte des/der inländischen Beteiligten berührt sein könnten.

Ermessensgerecht erscheint in Fällen des EUAHiG (Doppelbuchstabe aa) grundsätzlich der Verzicht auf eine Anhörung z. B.:

- wenn Informationen übermittelt werden, die auf eigenen Angaben des Steuerpflichtigen basieren, die dieser zu Besteuerungszwecken erteilt hat,

- bei Anschriftenübermittlungen oder

- wenn bei Außenprüfungen oder bei sonstigen Prüfungen, die sich auf Auslandsbeziehungen erstrecken, bereits ein Hinweis gegeben wurde, dass sich die Finanzbehörden die Nachprüfung der Angaben des Steuerpflichtigen und die weitere Aufklärung des Sachverhalts durch ein Ersuchen im Rahmen der zwischenstaatlichen Amtshilfe vorbehalten.

Zur Anhörung bei Ankündigung einer gleichzeitigen Prüfung bzw. einer gemeinsamen Prüfungstätigkeit mehrerer Steuerverwaltungen vgl. BMF-Schreiben "Merkblatt über koordinierte steuerliche Außenprüfungen mit Steuerverwaltungen anderer Staaten und Gebiete" vom 9. Januar 2017 - IV B 6 - S 1315/16/10016 :002 -, BStBl 2017 I S. 89, sowie auch Tz. 7 bzw. Tz. 8.

Im Hinblick auf § 91 Abs. 2 AO (Doppelbuchstabe bb) ist ein Verzicht auf die Anhörung beispielsweise ermessensgerecht, wenn aufgrund einer Anhörung der Erfolg des Informationsaustauschs, insbesondere die Auswertung der ausgetauschten Informationen, gefährdet erscheint. Die Aufzählung in § 91 Abs. 2 AO ist nicht abschließend.

b) weitere Ausnahmen, in denen von einer Anhörung abgesehen werden kann, liegen u. a. vor:

- bei der Beschaffung von allgemein zugänglichem Material und dessen Weitergabe an ausländische Finanzbehörden (z. B. Name und Anschrift aufgrund einfacher Melderegisterauskunft oder Angaben aus Veröffentlichungen in Amtsblättern, Zeitungen und elektronischen Medien);

- bei Weitergabe von Informationen, die auf tatsächlichen Angaben eines Steuerpflichtigen beruhen, die dieser in einem Antrag oder einer Erklärung gemacht hat. Dies gilt jedoch bei der Weitergabe von Informationen über unbeschränkt Steuerpflichtige an Drittstaaten nur, soweit auf die Möglichkeit einer entsprechenden Informationsweitergabe an den anderen Staat bereits im entsprechenden Steuererklärungs- oder Antragsvordruck hingewiesen worden ist;

- bei der Weitergabe von Informationen über Grundstücksveräußerungen und Anteilsübertragungen (z. B. bei Kapitalgesellschaften), soweit diese Informationen auf Angaben des Steuerpflichtigen beruhen (z. B. aufgrund § 54 EStDV, § 29 Abs. 4 BewG);

- bei Geldwäscheverdachtsmitteilungen nach dem Geldwäschegesetz, sofern diese keine Informationen zu inländischen Beteiligten enthalten;

- bei der Weitergabe von Daten aus dem Rentenbezugsmitteilungsverfahren (§ 22a EStG);

- bei Mitteilungen aufgrund der Mitteilungsverordnung zu § 93a AO;

- bei Übermittlung von Informationen, die der inländische Arbeitgeber im Rahmen der elektronischen Lohnsteuerbescheinigung nach § 41b Abs. 1 EStG gemeldet hat, wenn der Arbeitnehmer kein inländischer Beteiligter ist.

Für das Vorliegen dieser Ausnahmetatbestände trägt die Vornahmebehörde die Feststellungslast.

3.1.3 Inländischer Beteiligter

Inländischer Beteiligter i. S. d. § 117 Abs. 4 Satz 3 AO ist derjenige, der im Zeitpunkt des Informationsaustauschs z. B. seinen Wohnsitz, seinen gewöhnlichen Aufenthalt, seine Geschäftsleitung oder seinen Sitz, eine Betriebsstätte oder einen ständigen Vertreter im Inland hat und in dessen Rechte eingegriffen wird (z. B. ein von der Informationserteilung Betroffener oder ein Dritter, dessen Informationen übermittelt werden sollen). Regelmäßig handelt es sich bei unbeschränkt Steuerpflichtigen, aus deren Steuerakten die erbetenen Auskünfte oder Unterlagen entnommen werden, um inländische Beteiligte. Es können aber auch Dritte inländische Beteiligte sein. Letztlich ist derjenige, den die Vornahmebehörde nach den §§ 93 bis 100 AO in Anspruch nimmt oder der von der Informationserteilung betroffen ist und der einen Anspruch auf Schutz vor der unbefugten Weitergabe von Daten hat, als inländischer Beteiligter anzusehen.

3.1.4 Formen der Anhörung

Die Anhörung kann schriftlich (Anlage 2f) oder mündlich erfolgen. Bei mündlicher Anhörung sind die Anhörung und die Stellungnahme des/der inländischen Beteiligten unbedingt aktenkundig zu machen.

In Fällen, in denen für die Beantwortung eines ausländischen Ersuchens die Anforderung von Informationen bzw. Unterlagen beim inländischen Beteiligten erforderlich ist, sollte die Anhörung zur Beschleunigung des Verfahrens grundsätzlich gemeinsam mit dem Anschreiben an den Beteiligten zur Anforderung der Informationen/ Unterlagen vorgenommen werden.

3.1.5 Anhörungsfrist

Die Anhörungsfrist soll im Regelfall zwei Wochen betragen, wenn nicht im Einzelfall eine längere Frist geboten erscheint.

3.2 Rechtsschutz

3.2.1 Behandlung von Einwendungen

Einwendungen gegen

a) ein Ersuchen an eine ausländische Finanzbehörde,

b) die Erteilung von Auskünften oder die Übermittlung von Unterlagen an ausländische Finanzbehörden bei Erledigung eines Ersuchens,

c) die Erteilung einer Spontanauskunft

sind der Vornahmebehörde vorzutragen. Hält sie die Einwendungen für unbegründet, hat sie die Einwendungen der zuständigen Finanzbehörde (vgl. Tz. 1.5.1) auf dem Dienstweg zur Entscheidung vorzulegen (Anlage 2e) und den Beteiligten hierüber zu unterrichten. Der zuständigen Finanzbehörde sind sämtliche Unterlagen zu übermitteln, die zur Entscheidung über die Einwendungen sachdienlich sind. Dazu gehören auch der Schriftverkehr (Anlage 2f), bzw. die Aktenvermerke zur Anhörung des inländischen Beteiligten, der gegen die Übermittlung der Informationen Einwendungen erhebt.

Hält die Vornahmebehörde in den Fällen der Buchstaben a und c die Einwendungen für begründet, so kann sie von einer Vorlage an die zuständige Finanzbehörde absehen.

In Fällen des Buchstabens b sind die Einwendungen der zuständigen Finanzbehörde stets vorzulegen.

Über das Ergebnis der Prüfung der Einwendungen wird die zuständige Finanzbehörde den Beteiligten informieren. In Fällen unbegründeter Einwendungen erfolgt die Mitteilung des Ergebnisses der Prüfung rechtzeitig vor der tatsächlichen Übersendung ins Ausland.

Der Beteiligte hat die Möglichkeit, sich gegen Maßnahmen i. S. d. Buchstaben a bis c durch vorbeugende Unterlassungsklage (§ 40 FGO) gegen die zuständige Finanzbehörde (Tz. 1.5.1) zu wenden. Ggf. kann eine einstweilige Anordnung (§ 114 FGO) beantragt werden. Dieses Recht steht in den Fällen der Buchstaben b und c auch dem betroffenen ausländischen Steuerpflichtigen zu (BFH vom 20. Januar 1988, BStBl 1988 II S. 412, und BFH vom 17. Mai 1995, BStBl 1995 II S. 497). Einwendungen gegen den ausländischen Steueranspruch, der einem ausländischen Ersuchen zugrunde liegt, können nur gegenüber dem ausländischen Staat oder Gebiet erhoben werden.

3.2.2 Rechtsbehelfe gegen Ermittlungsmaßnahmen

Ermittlungsmaßnahmen der Vornahmebehörde aufgrund eines ausländischen Ersuchens, die sich gegen einen inländischen Beteiligten richten, sind Verwaltungsakte, die dieser gemäß § 347 AO mit dem Einspruch anfechten kann.

Über den Einspruch gegen die Ermittlungsmaßnahmen hat die Vornahmebehörde zu entscheiden.

4 Ersuchen an ausländische Finanzbehörden

4.1 Einleitung des Auskunftsverfahrens

4.1.1 Allgemeines

Die Finanzbehörden können bei der Sachverhaltsermittlung (§§ 85, 88 AO) zwischenstaatliche Amtshilfe in Anspruch nehmen (§ 117 Abs. 1 AO). Dabei ist, wie auch bei inländischen Ermittlungen, der Grundsatz der Verhältnismäßigkeit zu beachten. Die Gefahr, dass dem inländischen Beteiligten ein mit dem Zweck der Amtshilfe nicht zu vereinbarender Schaden entstehen kann, ist zu berücksichtigen (§ 117 Abs. 3 Satz 1 Nr. 4 AO analog). Ob eine ausländische Finanzbehörde um Auskunft oder Übersendung von Unterlagen ersucht wird, ist nach pflichtgemäßem Ermessen zu entscheiden (§§ 88, 92, 112 Abs. 1 AO). Im Rahmen eines Ersuchens können Informationen erbeten werden, die für die Besteuerung voraussichtlich erheblich sind (siehe § 6 Abs. 1 Satz 1 i. V. m. § 1 Abs. 1 Satz 1 EUAHiG, Art. 26 OECD-MA sowie Art. 1 TIEA-MA, Art. 4 Abs. 1 i. V. m. Art. 5 Abs. 1 des Übereinkommens).

Als voraussichtlich erheblich sind Informationen anzusehen, die der Ermittlung von steuerlichen Sachverhalten eines oder mehrerer Steuerpflichtiger dienen, die entweder namentlich benannt oder anderweitig konkret identifiziert werden können (vgl. Tz. 5 ff. des OECD- Kommentars zu Art. 26 OECD-MA und Tz. 50 des Übereinkommen-Kommentars zu Art. 4 Abs. 1 des Übereinkommens). Maßgeblich ist, dass zum Zeitpunkt des Ersuchens eine realistische Möglichkeit besteht, dass die erbetenen Informationen für die Besteuerung erheblich sein werden. Ob die erteilten Informationen dann tatsächlich steuerlich erheblich sind, ist nicht von Bedeutung.

Nicht zulässig sind Ersuchen zur bloßen Beweisausforschung (sog. "fishing expeditions"), d. h. Ersuchen ohne eine offensichtliche Verbindung zu einer Sachverhaltsermittlung in Steuerangelegenheiten eines bestimmten Steuerpflichtigen oder einer konkreten Gruppe von Steuerpflichtigen (vgl. Tz. 4.1.3 Gruppenersuchen). Entsprechend Art. 26 Abs. 5 OECD-MA, Art. 5 Abs. 4 TIEA-MA, Art. 18 Abs. 2 EUAHiRL sowie Art. 21 Abs. 4 des Übereinkommens kann ein ersuchter

Staat die Erteilung von Informationen jedoch nicht nur deshalb ablehnen, weil sich diese bei einer Bank, einem sonstigen Finanzinstitut, einem Bevollmächtigten, Vertreter oder Treuhänder befinden oder sich auf Eigentumsanteile an einer Person beziehen. Ein ersuchter Staat kann ferner die Ermittlung von Informationen nicht deshalb ablehnen, weil er diese nicht für die eigene Besteuerung benötigt (vgl. u. a. Art. 18 Abs. 1 EUAHiRL, Art. 21 Abs. 3 des Übereinkommens).

Nach § 6 Abs. 1 Satz 3 EUAHiG können auch Originaldokumente erbeten werden, wenn diese für das weitere Verfahren benötigt werden.

4.1.2 Vorherige Ermittlungen

Die nach der AO vorgesehenen inländischen Ermittlungsmöglichkeiten sind grundsätzlich zunächst auszuschöpfen. Amtshilfe soll erst in Anspruch genommen werden, wenn die Sachverhaltsaufklärung durch den Beteiligten (§ 90 Abs. 2 AO) mit unverhältnismäßig großen Schwierigkeiten verbunden wäre oder keinen Erfolg verspricht (vgl. auch § 6 Abs. 3 EUAHiG).

Dabei entscheiden die Finanzbehörden nach pflichtgemäßem Ermessen, inwieweit Ermittlungen als zweckmäßig und Erfolg versprechend anzusehen sind. Wird z. B. die Steuerfahndung im Besteuerungsverfahren tätig (§ 208 Abs. 1 Satz 1 Nr. 2 und 3 AO), kann ein Ersuchen auch ohne vorherige Ermittlungen beim Steuerpflichtigen gestellt werden, wenn ansonsten die Erreichung des Ermittlungsziels gefährdet erscheint.

4.1.3 Gruppenersuchen

Ein Ersuchen kann auch zur Ermittlung steuerlicher Sachverhalte gestellt werden, die eine Gruppe von Steuerpflichtigen (Gruppenersuchen) betreffen. Bezieht sich das Ersuchen auf eine Gruppe von nicht einzeln identifizierbaren Steuerpflichtigen, ist es zur Abgrenzung, dass es sich bei dem Ersuchen nicht um eine bloße Beweisausforschung handelt, erforderlich, dass im Ersuchen die Gruppe anhand des konkreten Sachverhalts, der ein bestimmtes Verhaltensmuster beinhaltet, und der Umstände, die zu dem Ersuchen geführt haben, ausführlich beschrieben wird, und anhand von Fakten erläutert wird, warum Grund zu der Annahme besteht, dass die Steuerpflichtigen der Gruppe, über die Informationen eingeholt werden, ihre steuerlichen Pflichten verletzt haben (Tz. 5.2 des OECD-Kommentars zu Art. 26 OECD-MA). Für Gruppenersuchen ist das Formular der Anlage 2b zu nutzen.

Tz. 8 des OECD-Kommentars zu Art. 26 OECD-MA führt folgende Fallbeispiele zulässiger Gruppenersuchen auf:

a) Die Steuerbehörden eines Staates A führen eine steuerliche Prüfung der Angelegenheiten des Steuerpflichtigen X durch. Auf der Grundlage dieser Prüfung erhalten die Steuerbehörden Hinweise, dass der Steuerpflichtige X ein nicht angegebenes Bankkonto oder mehrere nicht angegebene Bankkonten bei Bank B im Staat B besitzt. Nach der Erfahrung von Staat A ist es nicht unwahrscheinlich, dass die Bankkonten, um eine Aufdeckung zu verhindern, auf Namen von Verwandten des Nutzungsberechtigten geführt werden. Staat A ersucht daher um Informationen über alle bei der Bank B geführten Konten, für die der Steuerpflichtige X Nutzungsberechtigter ist, sowie über alle auf den Namen seiner Ehefrau und seiner Kinder geführten Konten.

b) Die im Staat A ansässige Gesellschaft A befindet sich im Besitz der im Staat B ansässigen ausländischen nicht börsennotierten Gesellschaft B. Die Steuerbehörden des Staates A vermuten, dass sich Gesellschaft B mittelbar oder unmittelbar im Besitz der Geschäftsführer X, Y und Z der Gesellschaft A befindet. In diesem Fall wären die von Gesellschaft A an die Gesellschaft B ausgezahlten Dividenden auf Ebene der Geschäftsführer zu versteuern, da sie im Staat A ansässige Anteilseigner sind und daher die dort geltenden Regelungen für durch unbeschränkt Steuerpflichtige beherrschte ausländische Gesellschaften Anwendung finden. Der Verdacht beruht auf Informationen, die ein ehemaliger Angestellter der

Gesellschaft A an die Steuerbehörden des Staates A übermittelt hat. Als die drei Geschäftsführer der Gesellschaft A mit den Behauptungen konfrontiert werden, leugnen sie, Eigentumsanteile an Gesellschaft B zu besitzen. Die Steuerbehörden des Staates A haben sämtliche innerstaatlichen Mittel zur Beschaffung von Informationen über die Eigentumsverhältnisse von Gesellschaft B ausgeschöpft. Staat A ersucht Staat B um Auskunft darüber, ob X, Y und Z Anteilseigner der Gesellschaft B sind. Da sich Eigentumsrechte in diesen Fällen häufig z. B. in den Händen von Briefkastengesellschaften und nominellen Anteilseignern befinden, ersucht er Staat B ferner um Auskunft darüber, ob X, Y und Z mittelbar an Gesellschaft B beteiligt sind. Kann Staat B nicht ermitteln, ob X, Y oder Z mittelbar beteiligt sind, ersucht er um Auskunft über die Anteilseigner, sodass er seine Ermittlungen fortführen kann.

c) Der Finanzdienstleister B ist im Staat B niedergelassen. Die Steuerbehörden des Staates A haben festgestellt, dass B ein Finanzprodukt an im Staat A ansässige Personen mithilfe irreführender Informationen vermarktet, die nahelegen, dass durch das Produkt die im Staat A geltende Einkommensteuerpflicht für die mit dem Produkt akkumulierten Einkünfte entfällt. Das Produkt erfordert die Eröffnung eines Kontos bei Finanzdienstleister B zur Tätigung der Investition. Die Steuerbehörden des Staates A haben eine Warnung an Steuerpflichtige herausgegeben, in der sämtliche Steuerpflichtige vor dem Produkt gewarnt werden und klargestellt wird, dass der implizierte Steuereffekt damit nicht erzielt wird und die durch das Produkt erzielten Einkünfte zu erklären sind. B vermarktet das Produkt jedoch weiterhin auf seiner Internetseite und Staat A hat Beweise, dass B das Produkt ebenfalls durch ein Netzwerk von Beratern vermarktet. Staat A hat bereits verschiedene in seinem Hoheitsgebiet ansässige Steuerpflichtige ermittelt, die in das Produkt investiert haben und die Einkünfte aus ihren Investitionen nicht erklärt haben. Staat A hat alle inländischen Ermittlungsmöglichkeiten zur Beschaffung von Informationen über die Identität der in seinem Hoheitsgebiet ansässigen Personen, die in das Produkt investiert haben, ausgeschöpft. Staat A ersucht die zuständige Behörde des Staates B um Auskunft über sämtliche in Staat A ansässigen Personen, die (i) ein Konto bei B besitzen und (ii) in das Finanzprodukt investiert haben. Staat A übermittelt in dem Ersuchen die oben genannten Informationen einschließlich Einzelheiten zum Finanzprodukt und zum Stand der Untersuchung.

Nach Tz. 8.1 des OECD-Kommentars zu Art. 26 OECD-MA besteht hingegen für einen ersuchten Staat keine Verpflichtung, folgende Ersuchen zu beantworten, falls diese nicht durch weitere Informationen begründet werden:

a) Ersuchen zu Kontoinformationen (Namen, Geburtsdaten und -orte sowie Kontoständen) von im ersuchenden Staat ansässigen Personen, die ein Konto bei einer Bank B in dem ersuchten Staat besitzen, wenn im Ersuchen lediglich ausgeführt wird, dass bekannt ist, dass Bank B über eine große Gruppe ausländischer Kontoinhaber verfügt.

b) Ersuchen um Mitteilung von Informationen über Anteilseigner einer im ersuchten Staat ansässigen Gesellschaft B (Namen aller im ersuchenden Staat ansässigen Anteilseigner sowie alle Dividendenzahlungen an diese Anteilseigner), wenn im Ersuchen lediglich ausgeführt wird, dass die Gesellschaft B erhebliche Geschäftstätigkeiten im ersuchenden Staat ausübt und daher vermutlich Anteilseigner hat, die im ersuchenden Staat ansässig sind, bzw. wenn im Ersuchen ausgeführt wird, dass allgemein bekannt ist, dass Steuerpflichtige im ersuchenden Staat häufig Einkünfte oder Vermögen aus ausländischen Quellen nicht steuerlich erklären.

4.1.4 Zustellungsersuchen nach dem EUAHiG

Ein Ersuchen um Zustellung bezieht sich nach § 13 Abs. 1 EUAHiG auf die Zustellung von Dokumenten und Verwaltungsakten im anderen EU-MS. Die Finanzbehörden übermitteln das Zustellungsersuchen an das BZSt zur Weiterleitung an den anderen EU-MS.

Die Finanzbehörden können grundsätzlich ansässigen Personen in anderen EU-MS Dokumente per Einschreiben oder auf elektronischem Weg übermitteln (§ 13 Abs. 4 EUAHiG i. V. m. § 9 Abs. 1 Nr. 1 bzw. § 9 Abs. 1 Nr. 4 VwZG).

Daher ist ein Zustellungsersuchen nur dann zulässig, wenn die inländische Finanzbehörde nicht in der Lage ist, die Zustellung nach den oben genannten Vorschriften des VwZG im anderen EU-MS vorzunehmen, oder die Zustellung mit unverhältnismäßig großen Schwierigkeiten verbunden wäre (§ 13 EUAHiG).

4.1.5 Zustellungsersuchen nach dem Übereinkommen

Ein Ersuchen um Zustellung bezieht sich nach Art. 17 Abs. 1 des Übereinkommens auf die Zustellung von Dokumenten und Verwaltungsakten im anderen Vertragsstaat des Übereinkommens. Eine Zustellung nach Art. 17 Abs. 1 des Übereinkommens ist nur zulässig, sofern der andere Vertragsstaat keinen Vorbehalt nach Art. 30 Abs. 1 Buchstabe d des Übereinkommens hinterlegt hat. Die Finanzbehörden übermitteln das Zustellungsersuchen an das BZSt zur Weiterleitung an den anderen Vertragsstaat.

Die Finanzbehörden können grundsätzlich ansässigen Personen in anderen Vertragsstaaten des Übereinkommens Dokumente per Post übermitteln oder per Einschreiben zustellen (Art. 17 Abs. 3 des Übereinkommens i. V. m. § 9 Abs. 1 Nr. 1 VwZG), sofern der andere Vertragsstaat keinen Vorbehalt nach Art. 30 Abs. 1 Buchstabe e des Übereinkommens hinterlegt hat.

Daher ist ein Zustellungsersuchen nach Art. 17 Abs. 1 des Übereinkommens nur dann an den anderen Vertragsstaat zu übermitteln, wenn die inländische Finanzbehörde nicht in der Lage ist, die Zustellung nach den oben genannten Vorschriften des VwZG im anderen Vertragsstaat des Übereinkommens vorzunehmen (Tz. 162 des Übereinkommen-Kommentars zu Art. 17 Abs. 3 des Übereinkommens, vgl. Tz. 2.3).

4.2 Form, Inhalt, Übermittlung und Erledigung des Ersuchens

4.2.1 Form und Inhalt des Ersuchens

Für Ersuchen nach einem TIEA ist das Formular der Anlage 2a (für das Fürstentum Liechtenstein speziell das Formular der Anlage 2aa), für Gruppenersuchen das Formular der Anlage 2b und bei Ersuchen zu Steuern auf Versicherungsprämien das Formular der Anlage 2d zu nutzen. Für Ersuchen nach allen anderen Rechtsgrundlagen ist das EU-Standardformblatt RIF (Anhang I der EUAHiDV) zu verwenden. Für Zustellungsersuchen nach dem EUAHiG ist das EU-Standardformblatt (Anhang III der EUAHiDV) zu verwenden.

Auf ein nach deutschem Recht bestehendes Auskunfts- und Vorlageverweigerungsrecht (§§ 101 bis 106 AO) sowie auf das im deutschen Recht bestehende Verbot, im Besteuerungsverfahren Zwangsmittel gegen den Steuerpflichtigen zu verwenden, wenn dieser dadurch gezwungen würde, sich selbst wegen einer von ihm begangenen Steuerstraftat oder Steuerordnungswidrigkeit zu belasten (§ 393 Abs. 1 AO), ist hinzuweisen. Ggf. ist der einschlägige Gesetzestext, soweit er von Bedeutung sein kann, in Kopie beizufügen.

Beim Ausfüllen der Formulare und EU-Standardformblätter sind folgende Grundsätze zu beachten:

- deutsche Sprache,
- einfache Satzstruktur,
- Fachausdrücke vermeiden,

- keine Abkürzungen verwenden,
- Angabe der betroffenen Jahre und Steuerarten,
- knappe, präzise Sachverhaltsdarstellung,
- steuerrechtliche Zusammenhänge verständlich darstellen,
- detaillierte, zielführende Fragestellung,
- genaue Angabe von benötigten Unterlagen,
- keine bloße Benennung von gesetzlichen Vorschriften und keine Hinweise auf behördeninterne Datenbankabfragen.

Das Ersuchen ist so zu formulieren, dass der ersuchten Behörde die Beantwortung so weit wie möglich erleichtert wird.

Es ist darauf zu achten, dass Informationen zum Ausschöpfen der inländischen Ermittlungsmöglichkeiten sowie die Versicherung der Geheimhaltung der erlangten Informationen stets enthalten sind.

Die Eintragungen zu der Gegenseitigkeit nimmt die für den Informationsaustausch zuständige Finanzbehörde (Tz. 1.5) vor. Zur Frage des Erfordernisses der Anhörung des inländischen Beteiligten vgl. Tz. 3.1.

4.2.2 Übermittlung des Ersuchens

Die mit der Sache befasste Finanzbehörde übermittelt das Ersuchen elektronisch einschließlich Anlagen und Übersendungsschreiben dem BZSt bzw. dem ZKA (Ausnahme: Delegation von Zuständigkeiten Tz. 1.5.1.4) auf dem Dienstweg (Anlage 2e).

4.2.3 Entsendung von Bediensteten deutscher Finanzbehörden in andere Staaten oder Gebiete

Die ausländische Finanzbehörde führt die zur Erteilung einer Auskunft erforderlichen Ermittlungen nach dem für sie maßgebenden nationalen Recht durch.

Zur Beschleunigung und Erleichterung des Informationsaustauschs kann die für den Informationsaustausch zuständige Finanzbehörde Bedienstete zur ausländischen Ermittlungsbehörde entsenden, die dort das Ersuchen erläutern, die Ermittlungsergebnisse entgegennehmen und etwaige Hinweise für weitere Ermittlungen geben.

Der Informationsaustausch mit Bediensteten des ersuchten Staates oder Gebietes erfolgt entweder im Beisein eines Vertreters des BZSt oder wird an die entsandten Bediensteten durch das BZSt oder die nach Tz. 1.5.1.4 zuständige Behörde delegiert. Die Offenbarung von Informationen ist nur insoweit zulässig, wie dies durch die völkerrechtlichen Vereinbarungen bzw. das EUAHiG gedeckt ist.

Die Entsendung bedarf der Zustimmung der zuständigen ausländischen Finanzbehörde und des BZSt oder der nach Tz. 1.5.1.4 zuständigen Behörde.

Die mit der Sache befasste Finanzbehörde trägt die mit der Entsendung zusammenhängenden Kosten.

In Bezug auf die weiterreichenden Regelungen zwischen den EU-MS gilt das Folgende:

Nach § 11 i. V. m. § 10 Abs. 1 Nr. 1 und 2 EUAHiG können inländische Bedienstete auch in den Amtsräumen der ausländischen Behörde eines anderen EU-MS sowie bei behördlichen Ermittlungen zugegen sein, die in einem anderen EU-MS durchgeführt werden, wenn dies die Komplexität des Ersuchens erfordert. Sofern dies nach dem nationalen Recht des anderen EU-MS zulässig ist, können die entsandten Bediensteten, die bei einer behördlichen Ermittlung in einem anderen EU-MS zugegen sind, auch Personen befragen und Aufzeichnungen prüfen (§ 11 i. V. m. § 10 Abs. 3 EUAHiG).

4.2.4 Erledigung des Ersuchens

Die Antwort der ausländischen Finanzbehörde - mit der Übersetzung, vgl. Tz. 1.7 - wird der ersuchenden Finanzbehörde auf dem Dienstweg übersandt.

Durch ein Ersuchen wird die Festsetzungsverjährung nicht gehemmt. Deswegen ist durch geeignete Maßnahmen sicherzustellen, dass zwischenzeitlich keine Festsetzungsverjährung eintritt. Eine solche Maßnahme kann die vorläufige Steuerfestsetzung nach § 165 Abs. 1 Satz 1 AO darstellen. Der Grund und der Umfang der Vorläufigkeit sind dabei möglichst genau anzugeben.

4.2.5 Anschlussersuchen, Richtigstellung

Ist die Auskunft unzureichend oder ergibt sich in diesem Zusammenhang ein zusätzliches Aufklärungsbedürfnis, so kann ein ergänzendes Ersuchen (Anschlussersuchen) gestellt werden. Ergeben sich bei der Auswertung einer Auskunft Anhaltspunkte, dass sich der Sachverhalt anders darstellt, als von der ausländischen Finanzbehörde übermittelt, so ist sie davon zu unterrichten.

4.2.6 Rückmeldungen an andere EU-MS

Bittet ein anderer EU-MS um eine Rückmeldung des Ergebnisses der Verwendung der von ihm übermittelten Antwort, hat die zuständige Finanzbehörde die Rückmeldung unverzüglich, spätestens jedoch drei Monate, nachdem das Ergebnis bekannt geworden ist, an das BZSt bzw. das ZKA, mit Ausnahme bei Delegation der Zuständigkeit nach Tz. 1.5.1.4, zu übermitteln (§ 16 Abs. 2 Satz 1 EUAHiG). Für die Rückmeldung und die Mitteilung des steuerlichen Mehrergebnisses ist grundsätzlich das EU-Standardformblatt FIF (Anhang IV der EUAHiDV) zu verwenden. Es ist dem BZSt bzw. dem ZKA elektronisch zu übermitteln. Das BZSt wird die von der zuständigen Finanzbehörde übermittelten Angaben an den anderen EU-MS weiterleiten, sofern die Vorschriften zum Datenschutz und zum Schutz des Steuergeheimnisses dem nicht entgegenstehen (§ 16 Abs. 2 Satz 2 und 3 EUAHiG).

5 Ersuchen an deutsche Finanzbehörden

5.1 Zulässigkeitsprüfung

Die deutschen Finanzbehörden leisten aufgrund innerstaatlich anwendbarer völkerrechtlicher Vereinbarungen oder des EUAHiG zwischenstaatliche Amtshilfe durch Auskunftserteilung. Sie können außerdem unter den Voraussetzungen des § 117 Abs. 3 AO Auskünfte erteilen. Auf Ersuchen werden alle Antworten übermittelt, die für die Festsetzung von Steuern nach Tz. 1 voraussichtlich erheblich sind (§ 4 Abs. 1 Satz 1 i. V. m. § 1 Abs. 1 Satz 1 EUAHiG, Art. 26 OECD-MA sowie Art. 1 TIEA-MA, Art. 4 Abs. 1 i. V. m. Art. 5 Abs. 1 des Übereinkommens).

Die zuständigen Finanzbehörden (Tz. 1.5.1; in den Fällen des § 117 Abs. 3 AO auch das BZSt und die oberste Finanzbehörde des Landes) prüfen, ob einem ausländischen Ersuchen entsprochen werden kann, bzw. es vollständig ist. Ergeben sich bei der Erledigung des Ersuchens Anhaltspunkte dafür, dass der Auskunftserteilung Hinderungsgründe entgegenstehen könnten, so ist das BZSt bzw. das ZKA (Ausnahmen: Delegation von Zuständigkeiten Tz. 1.5.1.4) unverzüglich zu unterrichten; zu den Versagungsgründen vgl. Tz. 5.3.

Falls das ausländische Ersuchen unter Verwendung des EU-Standardformblattes RIF (Anhang I der EUAHiDV) übermittelt wurde, sind die Eintragungen zu Hinderungs- oder Ablehnungsgründen sowie zusätzlich anzufordernde Unterlagen in dieses Formblatt einzutragen und auf dem Dienstweg elektronisch weiterzuleiten. In Drittstaatenfällen sind die Hinderungsgründe bzw. für die Auskunftserteilung zusätzlich benötigte Informationen dem BZSt bzw. dem ZKA mittels EU-Standardformblatt ACK auf dem Dienstweg elektronisch zu übermitteln.

5.2 Erledigung des Ersuchens

5.2.1 Ermittlungsbefugnisse

Die Vornahmebehörde beschafft die Informationen, die der andere Staat benötigt, in derselben Weise, als wäre die deutsche Besteuerung betroffen (§ 117 Abs. 4 AO). Sie kann dazu sowohl eigene Erkenntnisquellen nutzen als auch nach den Vorschriften der AO ermitteln (§§ 88, 92 bis 100, 208 Abs. 1 AO).

Ein Kontenabruf nach § 93 Abs. 7 AO ist für die Erledigung eines ausländischen Ersuchens nicht zulässig.

Bei Vorliegen der Voraussetzungen nach Maßgabe der AO sind z. B. dritte Personen zur Auskunft auch im Interesse der ausländischen Besteuerung verpflichtet (BFH vom 20. Februar 1979, BStBl 1979 II S. 268). Die Verpflichtung, den inländischen Beteiligten anzuhören (Tz. 3.1) und jeweils über seine Rechtsstellung zu unterrichten (§ 89 Abs. 1 Satz 2 AO), ist zu beachten. Vgl. ferner Tz. 5.3.2.1.

5.2.2 Verfahren

Die Vornahmebehörde entscheidet nach pflichtgemäßem Ermessen, ob Ermittlungen durchzuführen sind (§ 86 AO). Sie bestimmt Art und Umfang der erforderlichen Ermittlungen (§ 88 AO). Sie kann insbesondere

- Akten beiziehen (§ 92 AO),
- Auskünfte einholen (§ 93 AO),
- die Vorlage von Urkunden verlangen (§ 97 AO),
- den Augenschein einnehmen (§§ 98, 99 AO).

Die Vornahmebehörde fordert, soweit notwendig, den Beteiligten oder andere Personen zur Mitwirkung auf (§§ 93 bis 100 AO). Gegen diese Maßnahme sind die Rechtsbehelfe zulässig, die bei Ermittlungen für deutsche Besteuerungszwecke gegeben sind (vgl. Tz. 3.2).

Die Erfüllung der Mitwirkungspflichten kann erzwungen werden (§§ 328 bis 335 AO). Die Rechte der zur Mitwirkung Verpflichteten sind zu beachten (Tz. 5.3.1.1).

Die Vornahmebehörde erteilt die Auskünfte so schnell wie möglich. Bei Übersendung des Ersuchens wird der Vornahmebehörde das unter Berücksichtigung der internationalen Standards ermittelte Fristende durch die nach Tz. 1.5 für den Informationsaustausch zuständige Finanzbehörde mitgeteilt.

Liegen die Informationen bereits bei der Vornahmebehörde vor und ist eine Anhörung nicht erforderlich, so ist die Auskunft umgehend zu erteilen. Dies gilt auch für Teilantworten.

Ist die Vornahmebehörde nicht in der Lage, auf ein Ersuchen fristgerecht zu antworten, unterrichtet sie die nach Tz. 1.5 für den Informationsaustausch zuständige Finanzbehörde auf dem Dienstweg unverzüglich über die Gründe für eine nicht fristgerechte Beantwortung sowie über den Zeitpunkt, an dem sie dem Ersuchen voraussichtlich nachkommen kann.

5.2.3 Außenprüfung

Es ist grundsätzlich nicht zulässig, eine Außenprüfung nach den §§ 193, 194 AO ausschließlich zum Zweck der Erledigung eines Ersuchens bei einem inländischen Steuerpflichtigen durchzuführen.

Zur Erledigung eines Ersuchens kann eine Außenprüfung unter den Voraussetzungen des § 193 AO nur bei einem ebenfalls am ausländischen Besteuerungsverfahren Beteiligten durchgeführt werden (z. B. der Wohnsitzstaat ersucht um Prüfung der deutschen Betriebsstätte eines ausländischen Steuerpflichtigen), nicht aber bei einer anderen Person.

Eine Außenprüfung ist unter den Voraussetzungen der §§ 193, 194 und 208 AO bei einer anderen Person auch dann zulässig, wenn sich aus dem Ersuchen Anhaltspunkte dafür ergeben, dass ein Sachverhalt bei der Besteuerung dieser Person unzutreffend behandelt wurde.

Soweit eine Außenprüfung bei einem am inländischen Besteuerungsverfahren Beteiligten zulässig ist, kann ein Ersuchen im Einzelfall auch Anlass für eine gleichzeitige Prüfung (Tz. 7) oder eine gemeinsame Prüfungstätigkeit mehrerer Steuerverwaltungen (Tz. 8) sein.

Ermittlungen zur Erledigung eines Ersuchens sind ferner im Rahmen von Außenprüfungen zulässig, die zeitgleich aus anderen Gründen durchgeführt werden.

5.2.4 Anwesenheit von Bediensteten anderer Staaten oder Gebiete im Inland

Zur Beschleunigung und Erleichterung des Verfahrens können Bedienstete des ersuchenden Staates oder Gebietes mit Zustimmung des BZSt bzw. des ZKA und der zuständigen obersten Landesfinanzbehörde anwesend sein. Sie können das Ersuchen erläutern, die Ermittlungsergebnisse entgegennehmen und etwaige Hinweise für weitere Ermittlungen geben. Bedienstete anderer EU-MS dürfen Amtshandlungen vornehmen (z. B. Personen befragen und Bücher oder Geschäftspapiere prüfen), sofern dies im Rahmen der Entsendung gesondert vereinbart wurde und die befragten Personen der Befragung und Prüfung zustimmen (vgl. § 10 Abs. 3 EUAHiG).

Der Informationsaustausch mit Bediensteten des ersuchenden Staates oder Gebietes erfolgt entweder im Beisein eines Vertreters des BZSt bzw. des ZKA oder wird an die entsprechende Vornahmebehörde delegiert. Die zuständige Landesfinanzbehörde darf Auskünfte nur erteilen, wenn das BZSt bzw. das ZKA zuvor der Auskunftserteilung zugestimmt hat. Die Tz. 1.5.1.4 bleibt unberührt. Die Offenbarung von Informationen ist im Übrigen nur insoweit zulässig, wie dies durch die völkerrechtlichen Vereinbarungen bzw. das EUAHiG gedeckt ist.

Bedienstete anderer EU-MS, die sich im Inland zur Durchführung eines Informationsaustauschs aufhalten, müssen zu ihrer Legitimation jederzeit eine schriftliche Vollmacht des zentralen Verbindungsbüros vorlegen können (§ 10 Abs. 4 EUAHiG).

5.2.5 Zustellungsersuchen nach dem EUAHiG bzw. dem Übereinkommen

Die Erledigung von Zustellungsersuchen anderer EU-MS nach Art. 13 EUAHiRL bzw. anderer Vertragsstaaten des Übereinkommens nach Art. 17 Abs. 1 des Übereinkommens erfolgt nach den Vorschriften des VwZG (vgl. § 14 Abs. 1 Satz 3 EUAHiG).

5.2.6 Zuständigkeit

Für die Ermittlungen ist die Finanzbehörde zuständig, in deren Bezirk die Ermittlungshandlungen vorzunehmen sind (§ 24 AO); bei Steuern auf Versicherungsprämien das BZSt selbst. Sind im Bezirk mehrerer Finanzbehörden Ermittlungen durchzuführen, so wird die zuständige Finanzbehörde durch die gemeinsame fachlich zuständige Aufsichtsbehörde bestimmt. Fehlt eine gemeinsame Aufsichtsbehörde, so treffen die fachlich zuständigen Aufsichtsbehörden die Entscheidung gemeinsam (§ 25 AO). Die Koordinierung kann dem BZSt bzw. dem ZKA übertragen werden.

5.2.7 Antwort

Die zuständige Finanzbehörde legt dem BZSt bzw. dem ZKA (Ausnahme: Delegation Tz. 1.5.1.4) die Antwort ggf. mit Anlagen auf dem Dienstweg vor (Anlage 2e). Tz. 5.3.1 ist zu beachten. Führen Ermittlungen zu steuerlich erheblichen Feststellungen, auf die das Ersuchen nicht zielte, z. B. weil die anfragende Finanzbehörde einen abweichenden Geschehensablauf vermutet hat, so sind auch diese Feststellungen mitzuteilen. Zur Anhörung des inländischen Beteiligten vgl. Tz. 3.1.

Es ist darauf zu achten, dass alle Fragen vollständig beantwortet werden. Ggf. ist anzugeben, aus welchen Gründen eine Beantwortung nicht möglich ist. Dies gilt für angeforderte Unterlagen entsprechend.

Für Antworten auf Ersuchen anderer EU-MS, die mit EU-Standardformblättern RIF (Anhang I der EUAHiDV) übermittelt wurden, sind diese zu verwenden. Die Antworten sind in das vom anderen EU-MS übermittelte EU-Standardformblatt einzutragen und dem BZSt bzw. dem ZKA auf dem Dienstweg elektronisch zu übermitteln (§ 17 EUAHiG).

Die Vornahmebehörde kann die ersuchende Behörde um eine Rückmeldung über die Verwendung der erbetenen Informationen bitten (Art. 14 Abs. 1 Satz 1 EUAHiRL).

5.2.8 Gegenersuchen

Ergeben sich bei der Bearbeitung des Ersuchens Anhaltspunkte, dass deutsche Steuern verkürzt worden sein könnten, so kann die ausländische Finanzbehörde um die zur Aufklärung erforderlichen Informationen gebeten werden. Hierfür ist ein gesondertes Ersuchen an die ausländische Finanzbehörde zu richten. Es gelten die allgemeinen Voraussetzungen nach Tz. 4. Auf das ursprüngliche Ersuchen der ausländischen Finanzbehörde ist zu verweisen.

5.2.9 Kosten

Die durch die Erledigung des ausländischen Ersuchens der zuständigen Finanzbehörde entstehenden Kosten gehen zu deren Lasten (z. B. in den Fällen des § 107 AO). Außergewöhnliche Kosten gehen zu Lasten der ersuchenden Behörde. Bevor Maßnahmen getroffen werden, die außergewöhnliche Kosten verursachen, ist die Zusicherung der Kostenübernahme durch den ersuchenden Staat auf dem Dienstweg einzuholen.

5.3 Grenzen der Informationsübermittlung

Die Informationsübermittlung ist in den Fällen des § 4 Abs. 3 EUAHiG untersagt (vgl. Tz. 5.3.1.1 und Tz. 5.3.1.3 bis Tz. 5.3.1.5). In den Fällen des § 4 Abs. 4 EUAHiG kann sie verweigert werden (vgl. Tz. 5.3.2.1).

Bei einer Informationsübermittlung, die auf einer anderen Rechtsgrundlage als dem EUAHiG beruht (z. B. DBA, TIEA, Übereinkommen), sind die im jeweiligen Abkommen genannten Grenzen zu beachten.

Die Bundesrepublik Deutschland hat in ihrer "Auslegungserklärung und Erklärung zu Schutzbestimmungen unter Bezugnahme auf Art. 21 des Übereinkommens und Art. V des Protokolls des Übereinkommens sowie auf Art. 22 des Übereinkommens und Art. VI des Protokolls" Festlegungen zum Schutz der Person und Grenzen der Verpflichtung zur Leistung von Amtshilfe und Geheimhaltung mit Hinterlegung der deutschen Ratifikationsurkunde am 28. August 2015 beim Generaldirektor der OECD in Paris getroffen (vgl. Tz. 2.3).

5.3.1 Verbot der Informationsübermittlung

5.3.1.1 Beschränkungen aufgrund nationalen Rechts

Informationen, die nach deutschem Recht nicht beschafft werden können oder deren Beschaffung der deutschen Verwaltungspraxis widerspricht (Tz. 5.2.1), dürfen nicht übermittelt werden (§ 4 Abs. 3 Nr. 1 EUAHiG, Art. 26 Abs. 3 Buchstabe b OECD-MA, Art. 21 Abs. 2 Buchstabe c des Übereinkommens). Danach sind insbesondere

- die Auskunfts- und Vorlageverweigerungsrechte nach §§ 101 bis 106 AO zu beachten (z. B. Angehörige des Steuerpflichtigen sollen über dessen Verhältnisse Auskunft geben);

- Mitteilungen von Daten über einen Vergleichsbetrieb nur zulässig, wenn sie keine Rückschlüsse auf die Identität des Betroffenen zulassen, es sei denn, der Betroffene stimmt zu;

- Zwangsmittel unzulässig, wenn der Betroffene dadurch gezwungen würde, sich wegen einer von ihm begangenen Steuerstraftat oder Steuerordnungswidrigkeit zu belasten (§ 393 Abs. 1 Satz 2, § 410 Abs. 1 Nr. 4 AO).

5.3.1.2 Abkommenswidrige Besteuerung

Informationen dürfen nicht übermittelt werden, wenn dies zu einer Besteuerung führen würde, die gegen völkerrechtliche Vereinbarungen, insbesondere DBA, verstößt (Art. 26 Abs. 1 Satz 1 OECD-MA: "Die zuständigen Behörden ... tauschen die Informationen aus, die ... erforderlich sind, soweit die diesem Recht entsprechende Besteuerung nicht dem Abkommen widerspricht."). Deshalb sind keine Informationen zu übermitteln, die erkennbar auf eine abkommenswidrige Besteuerung durch den anderen Vertragsstaat abzielen. Die bloße Möglichkeit einer Doppelbesteuerung, z. B. in Folge unterschiedlicher Einkünftequalifikationen durch die Vertragsstaaten, ist jedoch kein rechtliches Hindernis für die Informationsübermittlung (BFH vom 10. Mai 2005, I B 218/04, BFH/NV S. 1503).

5.3.1.3 Geschäfts- und Betriebsgeheimnis

Ein Geschäfts- oder Betriebsgeheimnis liegt vor, wenn es sich um Tatsachen und Umstände handelt, die von erheblicher wirtschaftlicher Bedeutung und praktisch nutzbar sind und deren unbefugte Nutzung zu beträchtlichen Schäden führen kann (BFH vom 20. Februar 1979, BStBl 1979 II S. 268). Die Art der Abwicklung der Geschäftsbeziehungen zwischen zwei Unternehmen, die vom Informationsaustausch betroffen sind, ist kein Geschäfts- oder Betriebsgeheimnis. Das gilt auch dann, wenn die Geschäftsbeziehung unter Einschaltung eines Dritten bzw. über einen dritten Staat oder ein Gebiet abgewickelt wird.

Erstreckt sich das ausländische Ersuchen auf ein Handels-, Industrie-, Gewerbe- oder Berufsgeheimnis oder ein Geschäftsverfahren (Geschäfts- oder Betriebsgeheimnis), so darf eine Auskunft nicht erteilt werden, wenn die Gefahr besteht, dass dem inländischen Beteiligten (Tz. 3.1.3) dadurch ein mit dem Zweck der Auskunft nicht zu vereinbarender Schaden entstehen kann (vgl. § 4 Abs. 3 Nr. 3 EUAHiG, Art. 26 Abs. 3 Buchstabe c OECD-MA , Art. 7 Nr. 2 TIEA-MA, Art. 21 Abs. 2 Buchstabe d des Übereinkommens).

Eine Preisgabe oder Offenbarung, die zu einem Schaden führen könnte, droht aufgrund der gegenseitigen Zusicherung der Geheimhaltung i. S. d. Art. 16 Abs. 1 EUAHiRL (internationales Steuergeheimnis) grundsätzlich nicht bei der Weiterleitung von Informationen an Steuerbehörden innerhalb der EU. Der Beteiligte kann im Rahmen einer Anhörung (Tz. 3.1) geltend machen, dass in seinem Einzelfall die konkrete Gefahr einer unbefugten Offenbarung oder Preisgabe i. S. d. § 4 Abs. 3 Nr. 3 EUAHiG durch die empfangende Steuerverwaltung des anderen EU-MS droht. In diesem Fall gelten die Ausführungen zu Tz. 1.6.2. Ein Schaden liegt dabei jedenfalls nicht in der Erwartung einer angemessenen und zutreffenden Besteuerung.

5.3.1.4 Ausschöpfen der ausländischen Ermittlungsmöglichkeiten

Informationen sind nicht zu übermitteln, wenn der ersuchende Staat die üblichen Ermittlungsquellen, die ihm zur Erlangung der erbetenen Informationen zur Verfügung stehen, ohne dabei die Erreichung des Ziels zu gefährden, nicht ausgeschöpft hat (z. B. § 4 Abs. 3 Nr. 2 EUAHiG, Art. 21 Abs. 2 Buchstabe g des Übereinkommens).

5.3.1.5 Ordre Public

Informationen sind nicht zu übermitteln, wenn hierdurch die öffentliche Ordnung verletzt werden würde (§ 4 Abs. 3 Nr. 4 EUAHiG, Art. 26 Abs. 3 Buchstabe c OECD-MA, Art. 7 Nr. 4 TIEA-MA, Art. 21 Abs. 2 Buchstabe b des Übereinkommens).

5.3.2 Verweigerung der Informationsübermittlung

5.3.2.1 Beschränkungen aufgrund ausländischen Rechts

Es besteht keine Verpflichtung, Informationen zu übermitteln, wenn die Informationen durch Verwaltungsmaßnahmen beschafft werden müssten, die das Recht des ersuchenden Staates oder Gebietes nicht vorsieht (vgl. z. B. § 4 Abs. 4 EUAHiG).

5.3.2.2 Vorbehalt der Streitschlichtung

Sofern kein Verbot der Informationsübermittlung nach Tz. 5.3.1 vorliegt, aber eine Doppelbesteuerung möglich erscheint (Tz. 5.3.1.2), kann der Beteiligte schon während des Auskunftsverfahrens ein Verständigungsverfahren beantragen, wenn die Voraussetzungen hierfür vorliegen. Dies kann z. B. bei der Überprüfung von Verrechnungspreisen zwischen verbundenen Unternehmen in Betracht kommen (Merkblatt zum internationalen Verständigungs- und Schiedsverfahren auf dem Gebiet der Steuern vom Einkommen und vom Vermögen vom 9. Oktober 2018 - IV B 2 - S 1304/17/10001 -, BStBl 2018 I S. 1122).

6 Informationsaustausch ohne Ersuchen

6.1 Spontanauskünfte deutscher Finanzbehörden

Spontaner Informationsaustausch ist die nicht systematische Übermittlung von Informationen an einen anderen Staat ohne dessen vorheriges Ersuchen.

6.1.1 Spontanauskünfte nach dem EUAHiG

Einem anderen EU-MS können nach pflichtgemäßem Ermessen alle Informationen übermittelt werden, wenn diese für die zutreffende Besteuerung eines Steuerpflichtigen im anderen EU-MS von Nutzen sein können (§ 8 Abs. 1 EUAHiG).

Informationen sind nach § 8 Abs. 2 EUAHiG zu übermitteln, wenn

a) Gründe für die Vermutung einer Steuerverkürzung in dem anderen EU-MS vorliegen,

b) ein Sachverhalt vorliegt, aufgrund dessen eine Steuerermäßigung oder Steuerbefreiung gewährt worden ist, und die zu übermittelnden Informationen für den Steuerpflichtigen zu einer Besteuerung oder Steuererhöhung im anderen EU-MS führen könnten,

c) Geschäftsbeziehungen zwischen einem in Deutschland Steuerpflichtigen und einem in einem anderen EU-MS Steuerpflichtigen über einen oder mehrere weitere Staaten in einer Weise geleitet werden, die in einem oder beiden EU-MS zur Steuerersparnis führen kann,

d) Gründe für die Vermutung vorliegen, dass durch künstliche Gewinnverlagerungen zwischen verbundenen Unternehmen eine Steuerersparnis eintritt, oder

e) ein Sachverhalt, der im Zusammenhang mit der Informationserteilung eines anderen EU-MS ermittelt wurde, auch für die zutreffende Steuerfestsetzung in einem weiteren EU-MS erheblich sein könnte.

Sollte in Fällen der Tz. 6.1.1 Buchstabe e die Weitergabe von Informationen und Dokumenten beabsichtigt sein, die im Rahmen der Informationserteilung des anderen EU-MS übermittelt wurden, so ist dieser EU-MS vom BZSt bzw. dem ZKA oder von der nach Tz. 1.5.1.4 für den Informationsaustausch zuständigen Behörde zu informieren und eine Weitergabe der Informationen und Unterlagen nur dann zulässig, wenn dieser EU-MS nicht innerhalb von zehn Arbeitstagen nach Eingang der Mitteilung widerspricht (§ 15 Abs. 2 EUAHiG).

Für die Vermutung, dass die in § 8 Abs. 2 EUAHiG genannten Sachverhalte vorliegen, reicht es aus, wenn das Verhalten des Steuerpflichtigen nach der allgemeinen Lebenserfahrung den Schluss erlaubt, er wolle verhindern, dass die zuständigen Finanzbehörden Kenntnis von einem steuerlich relevanten Sachverhalt erlangen (BFH vom 17. Mai 1995 , BStBl 1995 II S. 497).

Informationen sind grundsätzlich unter Verwendung des EU-Standardformblattes SIF (Anhang II der EUAHiDV) sowie Anlage 2e zu übermitteln. Die Regelungen zur Anhörung (Tz. 3.1) sind zu beachten. Die Übermittlung von Informationen an EU-MS erfolgt auf elektronischem Weg. Die Auskünfte müssen der ausländischen Steuerverwaltung eine Identifizierung des Betroffenen ermöglichen.

Spontanauskünfte nach § 8 Abs. 2 EUAHiG sollen unverzüglich übermittelt werden, spätestens jedoch einen Monat, nachdem die Informationen verfügbar geworden sind (§ 8 Abs. 3 EUAHiG).

Die inländischen Finanzbehörden können in Spontanauskünften an andere EU-MS um eine Rückmeldung der ausländischen Behörde zu den übermittelten Informationen bitten (Art. 14 Abs. 1 Satz 1 EUAHiRL).

6.1.2 Spontanauskünfte nach anderen Rechtsgrundlagen

Spontanauskünfte nach den DBA sind auch gegenüber Drittstaaten zulässig, mit denen eine große bzw. umfassende Auskunftsklausel vereinbart ist. Sie sind gegenüber Staaten zulässig, mit denen eine kleine Auskunftsklausel vereinbart ist, soweit sie zur Durchführung des DBA erforderlich sind, z. B. in den Fällen der Freistellung des Arbeitslohnes vom Steuerabzug aufgrund eines DBA, und die Gegenseitigkeit vorliegt.

Nach Art. 7 Abs. 1 des Übereinkommens sind Spontanauskünfte auch dem jeweils anderen Vertragsstaat zu übermitteln, wenn

a) Gründe für die Vermutung einer Steuerverkürzung in dem anderen Vertragsstaat vorliegen,

b) ein Sachverhalt vorliegt, aufgrund dessen eine Steuerermäßigung oder Steuerbefreiung gewährt worden ist, und die zu übermittelnden Informationen für den Steuerpflichtigen zu einer Besteuerung oder Steuererhöhung im anderen Vertragsstaat führen könnten,

c) Geschäftsbeziehungen zwischen einem in Deutschland Steuerpflichtigen und einem in einem anderen Vertragsstaat Steuerpflichtigen über einen oder mehrere weitere Staaten in einer Weise geleitet werden, die in einem oder beiden Vertragsstaaten zur Steuerersparnis führen kann,

d) ein Vertragsstaat Gründe für die Vermutung einer künstlichen Gewinnverlagerung innerhalb eines Konzerns hat, oder

e) im Zusammenhang mit Informationen, die der deutschen Finanzbehörde von einem anderen Vertragsstaat übermittelt worden sind, ein Sachverhalt ermittelt ist, der für die Steuerfestsetzung in dem anderen Vertragsstaat erheblich sein kann.

Spontaninformationen gegenüber Drittstaaten sind grundsätzlich ebenfalls unter Verwendung des EU-Standardformblattes SIF (Anhang II der EUAHiDV) sowie Anlage 2e zu übermitteln (vgl. Tz. 6.1.1). Die Regelungen zur Anhörung (Tz. 3.1) sind zu beachten.

Bei TIEAs sind Spontanauskünfte nur bei ausdrücklichen Vereinbarungen im jeweiligen Abkommen zulässig.

6.1.3 Spontanauskünfte und Ermessen der Finanzbehörden

Die Informationserteilung steht zwar - mit Ausnahme der Informationsübermittlung nach § 8 Abs. 2 EUAHiG und Art. 7 Abs. 1 des Übereinkommens - im Ermessen der Finanzbehörden, sie liegt aber im überwiegenden öffentlichen Interesse, wenn die Bundesrepublik Deutschland in einem DBA auf die Besteuerung von Einkünften zugunsten des anderen Staates verzichtet hat. Der deutsche Steuerverzicht beruht auf der Erwartung der Besteuerung im anderen Staat. Kommt es insoweit nicht zu einer Besteuerung, findet eine Ungleichbehandlung statt, die sowohl die Steuergerechtigkeit berührt als auch wettbewerbsverzerrend wirken kann (BFH vom 8. Februar 1995, BStBl 1995 II S. 358). Eine Spontanauskunft ist schon dann rechtmäßig, wenn die ernstliche Möglichkeit besteht, dass der andere Vertragsstaat abkommensrechtlich ein Besteuerungsrecht hat und ohne die Auskunft von dem Gegenstand dieses Besteuerungsrechts keine Kenntnis erlangen würde (BFH vom 10. Mai 2005, I B 218/04, BFH/NV S. 1503).

Die Auskünfte können sich auf steuerlich bedeutsame Fälle beschränken (z. B. hohe Zahlungsbeträge oder Verdacht einer Steuerstraftat oder einer Steuerordnungswidrigkeit). Die Übersendung einer Spontanauskunft ist nicht grundsätzlich von dem Überschreiten bestimmter Betragsgrenzen abhängig.

6.1.4 Verpflichtender spontaner Informationsaustausch zu "Tax Rulings/steuerliche Vorbescheide"

Ein verpflichtender spontaner Informationsaustausch entsprechend den Vereinbarungen zu BEPS Aktionspunkt 5 besteht mit OECD-, G20- sowie IF-Staaten. Die von Aktionspunkt 5 des BEPS Projekts erfassten "steuerlichen Vorbescheide" (vgl. Tz. 1 des BMF-Schreibens "Merkblatt zum verpflichtenden automatischen und spontanen Austausch verbindlicher Auskünfte, verbindlicher Zusagen und Vorabzusagen zu Verrechnungspreisen im Zusammenhang mit grenzüberschreitenden Sachverhalten" (sog. "Tax Rulings") vom 17. August 2017 - IV B 6 - S 1320/16/10002 :014 -, BStBl 2017 I S. 1228) sind nach Maßgabe der im Verhältnis zu dem anderen Staat, der nicht EU-MS ist, geltenden Rechtsgrundlage spontan auszutauschen.

Im Verhältnis zu anderen EU-MS sind die "steuerlichen Vorbescheide" i. S. d. BEPS Aktionspunktes 5 bei Unternehmen natürlicher Personen nach den Vorgaben von § 8 EUAHiG verpflichtend spontan auszutauschen, soweit der steuerliche Vorbescheid ausschließlich die Steuerangelegenheiten von natürlichen Personen betrifft, da in diesen Fällen ein automatischer Informationsaustausch nicht vorgesehen ist (vgl. Tz. 7 und 37 des vorgenannten BMF-Schreibens vom 17. August 2017).

Für den verpflichtenden spontanen Informationsaustausch nach Aktionspunkt 5 des BEPS Projekts ist das ausgefüllte Formular (Anlage 2c) in Form einer pdf-Datei dem EU-Standardformblatt SIF für den spontanen Informationsaustausch zu "Tax Rulings/steuerliche Vorbescheide" beizufügen.

6.1.5 Grenzen der Informationserteilung

Die Ausführungen über die Grenzen der Informationserteilung in Tz. 5.3 gelten entsprechend. Dabei ist zu beachten, dass § 4 Abs. 3 Nr. 1 EUAHiG grundsätzlich darauf abstellt, dass die inländische Finanzbehörde die Informationen in einem Besteuerungsverfahren nach den Vorschriften der AO beschaffen könnte. Es ist jedoch zulässig, Zufallserkenntnisse und Zufallsfunde, die in einem - auch gegen Dritte gerichteten - Steuerstrafverfahren gewonnen werden, mitzuteilen. Dies gilt auch, wenn diese in keinem Besteuerungsverfahren nach den Vorschriften der AO hätten mitgeteilt werden müssen. Insoweit besteht bezüglich der Weitergabe der erlangten Kenntnisse kein Verwertungsverbot, solange die Informationsgewinnung auf einer Durchsuchungsanordnung beruht, gegen die kein Rechtsmittel mehr möglich ist (BFH vom 17. Mai 1995 , BStBl 1995 II S. 497).

6.2 Spontanauskünfte ausländischer Finanzbehörden

Spontanauskünfte ausländischer Finanzbehörden werden vom BZSt bzw. ZKA geprüft, regelmäßig übersetzt (vgl. Tz. 1.7) und an die zuständigen inländischen Finanzbehörden oder bei Steuern auf Versicherungsprämien an das zuständige Referat im BZSt weitergeleitet.

Die Informationen sind zeitgerecht auszuwerten. Hierbei gelten die gleichen Grundsätze wie bei der Auswertung inländischen Kontrollmaterials. Wird der Inhalt vom betroffenen inländischen Steuerpflichtigen bestritten (z. B. bei dem Empfang einer Zahlung oder dem Erwerb bzw. dem Verkauf von Vermögen) ist von der örtlich zuständigen Finanzbehörde zu entscheiden, ob zur Überprüfung der Angaben des Steuerpflichtigen ein formelles Ersuchen an die ausländische Finanzbehörde nach Tz. 4.1 zu richten ist.

Bittet ein anderer EU-MS um eine Rückmeldung des Ergebnisses der Verwendung der Informationen aus einer Spontanauskunft, hat die zuständige Finanzbehörde die Rückmeldung unverzüglich, spätestens jedoch drei Monate, nachdem das Ergebnis bekannt geworden ist, an das BZSt bzw. ZKA weiterzuleiten (§ 16 Abs. 2 Satz 1 EUAHiG). Die Rückmeldung ist dem BZSt bzw. ZKA elektronisch auf dem Dienstweg weiterzuleiten. Für die Rückmeldung sowie die Mitteilung des steuerlichen Mehrergebnisses ist grundsätzlich das EU-Standardformblatt FIF (Anhang IV der EUAHiDV) zu verwenden. Das BZSt wird die von der zuständigen Finanzbehörde übermittelten Angaben an den anderen EU-MS weiterleiten, sofern die Vorschriften zum Datenschutz und zum Schutz des Steuergeheimnisses dem nicht entgegenstehen (§ 16 Abs. 2 Satz 2 und 3 EU-AHiG).

Abschnitt 3 - Verpflichtender automatischer Informationsaustausch

6.3 Automatischer Austausch von Informationen - Umfang, Allgemeines, Grenzen und Geheimhaltungsvorschriften

Bei verpflichtenden automatischen Auskünften handelt es sich um die systematische Übermittlung zuvor festgelegter Informationen über gleichartige Sachverhalte in regelmäßigen, im Voraus festgelegten Abständen.

Das BZSt ist gemäß § 3 Abs. 2 Satz 1 i. V. m. § 7 Abs. 1 Satz 2 EUAHiG und § 5 Abs. 1 Nr. 5a - 5e FVG für die Entgegennahme und ggf. Weiterleitung der dort genannten Informationen zuständig. Bei dem verpflichtenden automatischen Austausch von Informationen über grenzüberschreitende steuerliche Vorbescheide und Vorabverständigungen über Verrechnungspreise zwischen international verbundenen Unternehmen (sog. "Tax Rulings/steuerliche Vorbescheide") ist das Verfahren nach Art. 21 Abs. 5 der EUAHiRL anzuwenden (§ 5 Abs. 1 Satz 1 Nr. 5c FVG), vgl. Tz. 6.3.2.3 letzter Absatz.

In den Fällen des verpflichtenden automatischen Informationsaustauschs findet eine Anhörung der Beteiligten nicht statt (§ 91 Abs. 2 Nr. 4, § 117c Abs. 2 Satz 1, § 117c Abs. 4 Satz 2 AO, § 7 Abs. 8 EUAHiG).

Die Ausführungen über die Grenzen der Informationserteilung (vgl. Tz. 5.3) und zur Geheimhaltung (vgl. Tz. 1.6) gelten entsprechend.

6.3.1 Automatische Übermittlung von Informationen an andere Staaten

6.3.1.1 Automatische Übermittlung von Informationen nach dem EUAHiG/DAC1

Ab dem Besteuerungszeitraum 2014 sind jährlich folgende verfügbare Informationen über im anderen EU-MS ansässige Personen an den anderen EU-MS zu übermitteln (§ 7 Abs. 1 Satz 1 EUAHiG):

- Vergütungen aus unselbständiger Arbeit,
- Aufsichtsrats- oder Verwaltungsratsvergütungen,
- Lebensversicherungsprodukte, die nicht von anderen Rechtsakten der EU über den Austausch von Informationen oder vergleichbaren Maßnahmen erfasst sind,
- Ruhegehälter, Renten und ähnliche Zahlungen und
- Eigentum an unbeweglichem Vermögen und Einkünfte daraus.

Verfügbare Informationen i. S. d. § 7 Abs. 1 Satz 1 EUAHiG sind Informationen, die in den Steuerakten enthalten sind und die im Einklang mit den Verfahren für die Erhebung und Verarbeitung von Informationen abgerufen werden können.

Die Übermittlung an den anderen Staat erfolgt durch das BZSt auf elektronischem Weg (§ 7 Abs. 1 Satz 1 EUAHiG). Das elektronische Format für den verpflichtenden automatischen Informationsaustausch über bestimmte Arten von Einkünften und Vermögen wurde in Art. 2 Abs. 1 EUAHiDV festgelegt. Die Übermittlung der Daten erfolgte erstmals ab dem 1. Januar 2015 (§ 21 Abs. 1 EUAHiG).

6.3.1.2 Automatische Übermittlung von Informationen über Finanzkonten

FATCA

Der verpflichtende automatische Informationsaustausch über Finanzkonten mit den Vereinigten Staaten von Amerika wird durch das FATCA-Abkommen umgesetzt. Von den darin festgelegten Pflichten sind nur Finanzinstitute i. S. d. FATCA-USA-UmsV betroffen. Finanzinstitute sind grundsätzlich meldende Finanzinstitute. Einige Finanzinstitute werden als "nicht meldende Finanzinstitute" jedoch von diesen Pflichten ausgenommen. Meldende deutsche Finanzinstitute sind verpflichtet, mit Beginn des Kalenderjahres 2014 für jedes meldepflichtige Konto die in der FATCA-

USA-UmsV aufgeführten Daten zu erheben und bis zum 31. Juli des jeweiligen folgenden Kalenderjahres nach amtlich vorgeschriebenem Datensatz an das BZSt zu übermitteln. Das BZSt übermittelt die von den Finanzinstituten gemeldeten Informationen automatisch elektronisch bis zum 30. September des Kalenderjahres, das auf das Kalenderjahr folgt, auf das sich die Daten beziehen, an den IRS.

Der amtlich vorgeschriebene Datensatz und die Nichtbeanstandungsregelung bei Meldungen der Finanzinstitute für das Kalenderjahr 2016 wurde mit BMF-Schreiben vom 2. Juni 2017 - IV B 6 - S 1316/11/10052 :124 -, BStBl 2017 I S. 877, bekannt gegeben. Die Veröffentlichung von Änderungen am amtlich vorgeschriebenen Datensatz erfolgt grundsätzlich ausschließlich auf der Internetseite des BZSt, http://www.bzst.de. Eine Veröffentlichung des amtlich vorgeschriebenen Datensatzes im BStBl erfolgt zukünftig nur noch bei weitreichenden Änderungen des Datensatzes.

CRS

Zur Bekämpfung grenzüberschreitender Steuerhinterziehung sowie sonstiger Formen mangelnder Steuerdisziplin entwickelte die OECD den weltweiten Standard für den verpflichtenden automatischen Austausch von Informationen über Finanzkonten (CRS). Der Meldestandard ist demjenigen, der für den Austausch nach dem FATCA-Abkommen verwendet wird, angelehnt. Die Einzelheiten bestimmt das FKAustG. Meldende deutsche Finanzinstitute sind verpflichtet, mit Beginn des Kalenderjahres 2016 für jedes meldepflichtige Konto die im FKAustG aufgeführten Daten zu erheben und bis zum 31. Juli des jeweiligen folgenden Kalenderjahres nach amtlich vorgeschriebenem Datensatz an das BZSt, welches als zuständige Behörde bestimmt wurde, zu übermitteln. Das BZSt übermittelt diese Informationen automatisch elektronisch an den anderen Vertragsstaat.

Zwischen den EU-MS wurde der CRS durch die Änderung der EUAHiRL (DAC2) umgesetzt. Informationen nach dem CRS werden den anderen EU-MS automatisch elektronisch übermittelt. Die Übermittlung erfolgt nach dem in der EUAHiDV vorgeschriebenen Datensatz. Der Austausch erfolgte erstmalig ab dem 30. September 2017 für Informationen der Besteuerungszeiträume ab dem 1. Januar 2016 (§ 21 Abs. 2 EUAHiG).

Der automatische Austausch von Informationen über Finanzkonten mit Vertragsstaaten des Übereinkommens wurde durch das MCAA CRS geregelt. Danach sind Informationen über Finanzkonten automatisch zu übermitteln, sofern die Vertragsstaaten zweiseitig die Voraussetzungen des § 7 Abs. 1 MCAA CRS erfüllen. Die Vertragsstaaten haben die Erfüllung der Voraussetzungen dem Sekretariat des Koordinierungsgremiums des Übereinkommens zu notifizieren. Das Sekretariat des Koordinierungsgremiums überwacht die Notifizierungen und veröffentlicht auf der Internetseite der OECD eine Liste der zuständigen Behörden der Vertragsstaaten, für die die Vereinbarung eine wirksame Vereinbarung darstellt. Der Mehrseitigen Vereinbarung sind auch Staaten beigetreten, die das Übereinkommen nicht gezeichnet haben.

Der Austausch mit Vertragsstaaten der Mehrseitigen Vereinbarung erfolgte erstmalig ab dem 30. September 2017 für Informationen der Besteuerungszeiträume ab dem 1. Januar 2016. Die Übermittlung erfolgt nach amtlich vorgeschriebenem Datensatz (BMF-Schreiben vom 6. Juni 2017 - IV B 6 - S 1315/13/10021 :036 -, BStBl 2017 I S. 847). In seiner aktuellsten Fassung ist der amtlich vorgeschriebene Datensatz auf der Internetseite des BZSt http://www.bzst.de veröffentlicht. Für den ersten automatischen Austausch von Informationen über Finanzkonten in Steuersachen am 30. September 2017 wurde die finale Staatenaustauschliste 2017 mit BMF-Schreiben vom 2. Juni 2017[3] - IV B 6 - S 1315/13/10021 :046 -, BStBl 2017 I S. 866, bekannt gegeben. Aktualisierungen der Staatenaustauschliste sind auf der Internetseite des BZSt http://www.bzst.de einzusehen.

[3] Das BMF Schreiben datiert auf den 22. Juni 2017

6.3.1.3 Automatische Übermittlung von Informationen über "Tax Rulings/steuerliche Vorbescheide" nach dem EUAHiG/DAC3

Für den verpflichtenden automatischen Austausch von Informationen über grenzüberschreitende steuerliche Vorbescheide und Vorabverständigungen über Verrechnungspreise zwischen international verbundenen Unternehmen ("Tax Rulings/steuerliche Vorbescheide") erfolgte eine Änderung der EUAHiRL zum 1. Januar 2017. Das EUAHiG ist zur Umsetzung dieser Änderungen in nationales Recht mit dem Gesetz zur Umsetzung der Änderungen der EU-Amtshilferichtlinie und von weiteren Maßnahmen gegen Gewinnkürzungen und -verlagerungen vom 20. Dezember 2016 (BGBl. 2016 I S. 3000) geändert worden.

Weitere Einzelheiten zum sachlichen, persönlichen und zeitlichen Anwendungsbereich und das Verfahren der Übermittlung sind im BMF-Schreiben "Merkblatt zum verpflichtenden automatischen und spontanen Austausch verbindlicher Auskünfte, verbindlicher Zusagen und Vorabzusagen zu Verrechnungspreisen im Zusammenhang mit grenzüberschreitenden Sachverhalten" vom 17. August 2017 - IV B 6 - S 1320/16/10002 :014 -, BStBl 2017 I S. 1228, veröffentlicht.

6.3.1.4 Automatische Übermittlung länderbezogener Berichte

Am 5. Oktober 2015 veröffentlichte die OECD die Ergebnisse zum gemeinsamen Projekt BEPS von G20 und OECD, welche u. a. ein Maßnahmenpaket gegen Gewinnkürzungen und Gewinnverlagerungen vorschlagen. Der BEPS Aktionspunkt 13 sieht die Erstellung von länderbezogenen Berichten für multinational tätige Unternehmen und deren automatischen Austausch (CbCR) vor. Meldepflichtige deutsche Unternehmen i. S. d. § 138a Abs. 1 AO haben einen länderbezogenen Bericht des Konzerns zu erstellen und an das BZSt nach amtlich vorgeschriebenem Datensatz durch Datenfernübertragung zu übermitteln. Es besteht die Möglichkeit der Beauftragung i. S. d. § 138a Abs. 3 AO. Die meldepflichtigen deutschen Unternehmen haben den länderbezogenen Bericht erstmalig für Wirtschaftsjahre, die nach dem 31. Dezember 2015 beginnen, bis zum 31. Dezember 2017 und in den Folgejahren jeweils bis zum 31. Dezember des auf den Meldezeitraum folgenden Kalenderjahres an das BZSt zu übermitteln.

Das BZSt übermittelt alle ihm zugegangenen länderbezogenen Berichte im Rahmen des automatischen elektronischen Informationsaustauschs zum einen an die jeweils zuständige inländische Finanzbehörde (§ 138a Abs. 7 Satz 1 AO) bzw. im Rahmen des automatischen Informationsaustauschs automatisch elektronisch an die anderen Vertragsstaaten (§ 138a Abs. 7 Satz 2 AO).

Im Verhältnis zu anderen EU-MS wurde die BEPS-Empfehlung zum Aktionspunkt 13 durch entsprechende Änderungen der EUAHiRL (DAC4) und national durch die Änderung des EUAHiG umgesetzt. Nach § 7 Abs. 10 EUAHiG übermittelt das BZSt die länderbezogenen Berichte, die ihm nach § 138a Abs. 6 AO übermittelt wurden, automatisch elektronisch an die zuständige Behörde des anderen EU-MS, sofern Angaben nach § 138a Abs. 2 AO in dem länderbezogenen Bericht enthalten sind. Nach § 7 Abs. 11 EUAHiG teilt das BZSt den anderen EU-MS zusätzlich automatisch mit, wenn sich die ausländische Konzernobergesellschaft der einbezogenen inländischen Konzerngesellschaft geweigert hat, die erforderlichen Informationen zur Erstellung des länderbezogenen Berichts bereitzustellen (§ 138a Abs. 4 Satz 1 AO).

Der verpflichtende automatische Austausch länderbezogener Berichte mit Vertragsstaaten des Übereinkommens wird durch das MCAA CbC geregelt. Danach sind diese Informationen automatisch zu übermitteln, sofern die Vertragsstaaten zweiseitig die Voraussetzungen des § 8 Nr. 2 MCAA CbC erfüllen. Die Vertragsstaaten haben die Erfüllung der Voraussetzungen dem Sekretariat des Koordinierungsgremiums des Übereinkommens zu notifizieren. Das Sekretariat des Koordinierungsgremiums überwacht die Notifizierungen und veröffentlicht auf der Internetseite der OECD eine Liste der zuständigen Behörden der Vertragsstaaten, für die die Vereinbarung eine wirksame Vereinbarung darstellt. Dieser Mehrseitigen Vereinbarung sind auch Staaten beigetreten, die das Übereinkommen nicht gezeichnet haben.

Nach § 4 MCAA CbC teilt das BZSt den anderen Vertragsstaaten Fehler, unvollständige Informationsmeldungen sowie Fälle der Nichteinhaltung ebenfalls mit.

6.3.2 Automatische Informationen von anderen Staaten und Gebieten

Automatisch entgegengenommene Informationen sind zeitgerecht auszuwerten. Hierbei gelten grundsätzlich die gleichen Grundsätze wie bei der Auswertung inländischen Kontrollmaterials. Wird der Inhalt vom betroffenen inländischen Steuerpflichtigen bestritten (z. B. der Empfang einer Zinszahlung), ist von der örtlich zuständigen Finanzbehörde zu entscheiden, ob zur Überprüfung der Angaben des Steuerpflichtigen ein formelles Ersuchen an die ausländische Finanzbehörde nach Tz. 4.1 zu richten ist.

Die automatisch entgegengenommenen Informationen dürfen nur für die in den völkerrechtlichen Vereinbarungen oder dem EUAHiG festgelegten Zwecke verwendet werden. Sollen erhaltene Informationen für andere Zwecke verwendet werden, als in den völkerrechtlichen Vereinbarungen oder dem EUAHiG festgelegt wurde, ist dies nur zulässig, wenn der übermittelnde Staat seine Einwilligung erteilt (§ 19 Abs. 2 Satz 2 EUAHiG). Dies ist auf Seiten der Landesfinanzbehörden entsprechend zu beachten und sicherzustellen.

6.3.2.1 Automatische Informationen von anderen EU-MS nach DAC1

Das BZSt nimmt Informationen nach § 7 Abs. 1 Satz 2 EUAHiG (vgl. Tz. 6.3.1.1), die von anderen EU-MS automatisch übermittelt wurden, entgegen, speichert sie und leitet sie zur Durchführung des Besteuerungsverfahrens nach Maßgabe des § 88 Abs. 3 und 4 AO an die zuständige Finanzbehörde weiter.

Auf die Bestimmungen zum Geheimhaltungsschutz und zur Verwendungsbeschränkung (vgl. Tz. 6.3 und Tz. 6.3.2) wird verwiesen. Im Rahmen der automatisierten Weiterleitung der Informationen nach § 7 Abs. 1 Satz 2 EUAHiG an die Landesfinanzbehörden erfolgt kein gesonderter Hinweis zum Geheimhaltungsschutz durch das BZSt.

6.3.2.2 Automatische Informationen über Finanzkonten von anderen Staaten und Gebieten

Das BZSt nimmt nach § 9 Abs. 2 FATCA-USA-UmsV und § 5 Abs. 3 FKAustG die von anderen Staaten und Gebieten übermittelten Daten (vgl. Tz. 6.3.1.2) entgegen, speichert sie und leitet sie zur Durchführung des Besteuerungsverfahrens nach Maßgabe des § 88 Abs. 3 und 4 AO an die zuständige Landesfinanzbehörde weiter.

Auf die Bestimmungen zum Geheimhaltungsschutz und zur Verwendungsbeschränkung (vgl. Tz. 6.3 und Tz. 6.3.2) wird verwiesen. Im Rahmen der automatisierten Weiterleitung der Informationen nach § 9 Abs. 2 FATCA-USA-UmsV und § 5 Abs. 3 FKAustG an die Landesfinanzbehörden erfolgt kein gesonderter Hinweis zum Geheimhaltungsschutz durch das BZSt.

6.3.2.3 Automatische Informationen über "Tax Rulings/steuerliche Vorbescheide" von anderen EU-MS nach DAC3

Das BZSt und die Landesfinanzbehörden nutzen für die Entgegennahme von Informationen nach Art. 8a der EUAHiRL (DAC3) das Zentralverzeichnis, § 7 Abs. 9 Satz 2 EUAHiG.

Das BZSt leitet die die Bundesrepublik Deutschland betreffenden und eindeutig zuordnungsfähigen Daten an die zuständigen Landesfinanzbehörden weiter.

6.3.2.4 Automatische Übermittlung länderbezogener Berichte von anderen Staaten und Gebieten

Das BZSt nimmt die von anderen Staaten und Gebieten übermittelten länderbezogenen Berichte entgegen und leitet die eindeutig zuzuordnenden Daten der jeweils zuständigen Landesfinanzbehörde zu (§ 7 Abs. 12 Satz 1 und 2 EUAHiG, § 138a Abs. 7 Satz 3 AO).

Abschnitt 4 - Besondere Formen der Zusammenarbeit

7 Informationsaustausch im Rahmen einer gleichzeitigen Prüfung

In- und ausländische Finanzbehörden können einander die gleichzeitige Prüfung eines Steuerpflichtigen oder mehrerer Steuerpflichtiger vorschlagen, um

- Doppelbesteuerungen bzw. -belastungen zu verhindern, besonders durch übereinstimmende Abgrenzung der Gewinne verbundener Unternehmen;

- grenzüberschreitende Sachverhalte durch Informationsaustausch aufzuklären.

Rechtsgrundlage für den Informationsaustausch anlässlich einer gleichzeitigen Prüfung in zwei oder mehreren EU-MS ist § 12 EUAHiG. Im Übrigen gelten für den Informationsaustausch die allgemeinen Grundsätze. Danach ist ein Informationsaustausch im Rahmen einer gleichzeitigen Prüfung auch im Verhältnis zu Staaten oder Gebieten zulässig, die nicht EU-MS sind, soweit der Informationsaustausch auf der Grundlage einer Informationsaustauschklausel in einem DBA, einem besonderen Rechts- und Amtshilfeabkommen, einem TIEA, dem Übereinkommen oder § 117 Abs. 1 oder 3 AO erfolgt.

Weitere Einzelheiten, auch zu gleichzeitigen Prüfungen mit Staaten oder Gebieten, die nicht EU-MS sind, ergeben sich aus dem BMF-Schreiben "Merkblatt über koordinierte steuerliche Außenprüfungen mit Steuerverwaltungen anderer Staaten und Gebiete" vom 9. Januar 2017 - IV B 6 - S 1315/16/10016 :002 -, BStBl 2017 I S. 89.

8 Gemeinsame Prüfungstätigkeit mehrerer Steuerverwaltungen

Für gleichzeitige Prüfungen mit einem oder mehreren EU-MS kann im Rahmen der §§ 10 bis 12 EUAHiG zum Zweck des Informationsaustauschs vereinbart werden, dass befugte Bedienstete des anderen EU-MS

- in den Amtsräumen zugegen sein dürfen, in denen die deutsche Finanzbehörde ihre Tätigkeit ausübt, oder

- bei den behördlichen Ermittlungen zugegen sein dürfen, die auf deutschem Hoheitsgebiet durchgeführt werden.

Für die Anwesenheit inländischer Bediensteter im anderen EU-MS gelten nach § 11 EUAHiG diese Regelungen sinngemäß.

Das BZSt trifft hierüber eine Vereinbarung mit den zuständigen in- und ausländischen Behörden.

Weitere Einzelheiten, auch zu gemeinsamen Prüfungen mit Staaten, die nicht EU-MS sind, ergeben sich aus dem BMF-Schreiben "Merkblatt über koordinierte steuerliche Außenprüfungen mit Steuerverwaltungen anderer Staaten und Gebiete" vom 9. Januar 2017 - IV B 6 - S 1315/16/10016 :002 -, BStBl 2017 I S. 89.

9 JITSIC/SPOC

JITSIC ist ein seit März 2015 bestehendes Netzwerk der zwei- oder mehrseitigen Zusammenarbeit von Steuerverwaltungen zwischen 38 Mitgliedstaaten und Nicht-Mitgliedstaaten der OECD. Deutschland nimmt an dieser Zusammenarbeit teil. Im Rahmen des Netzwerkes benennt jeder teilnehmende Staat einen Ansprechpartner, den JITSIC SPOC. Die Funktion des JITSIC SPOC für Deutschland wird durch das BMF, Referat IV B 6, wahrgenommen.

Ziel von JITSIC ist es, mittels initiierter Projekte bzw. durch koordinierte zwei- oder mehrseitige Kontakte Strategien zur besseren Zusammenarbeit bei konkreten internationalen Steuersachverhalten zu erarbeiten. Dies erfolgt im Rahmen der entsprechenden gesetzlichen Regelungen zur internationalen Zusammenarbeit in Steuersachen.

Dieses Schreiben ist auf den Internetseiten des BZSt (http://www.bzst.de) abrufbar. Es ersetzt das Merkblatt zur zwischenstaatlichen Amtshilfe durch Informationsaustausch in Steuersachen vom 23. November 2015 - IV B 6 - S 1320/07/10004 :007 -, BStBl 2015 I S. 928 ff.

Merkblatt zur Internationalen Rechtshilfe in Steuerstrafsachen

(BMF-Schreiben vom 15.6.2022 - IV B 6 - S 1320/19/10011 :001 -, BStBl I S. 972)[1]

Nach Erörterung mit den obersten Finanzbehörden der Länder gelten für den internationalen Rechtshilfeverkehr in Steuerstrafsachen (einschließlich Steuerordnungswidrigkeiten) die nachfolgenden Grundsätze. Dieses Schreiben findet keine Anwendung auf den Zuständigkeitsbereich der Zollverwaltung.

1 Allgemeines

1.1 Internationale Rechtshilfe in Steuerstrafsachen

Die deutschen Finanzbehörden beanspruchen und leisten im Rahmen ihrer Zuständigkeiten internationale Rechtshilfe bei der Ermittlung und Verfolgung von Steuerstraftaten und Steuerordnungswidrigkeiten nach Maßgabe der gesetzlichen Grundlagen. Die maßgebenden Grundsätze sind in diesem Schreiben dargestellt. Sie gelten für Straftaten, deren Verfolgung den Finanzbehörden nach § 386 Abs. 2 AO zugewiesen ist, sowie für die Ahndung von Steuerordnungswidrigkeiten (§§ 377, 409 ff. AO).

Die Grundsätze aus dem IRG gelten entsprechend für Verfahren wegen Taten, die nach deutschem Recht als Ordnungswidrigkeit mit Geldbuße oder die nach ausländischem Recht mit einer vergleichbaren Sanktion bedroht sind, sofern über deren Festsetzung ein auch für Strafsachen zuständiges Gericht entscheiden kann (§ 1 Abs. 2 IRG).

Dieses Schreiben gilt für die internationale Rechtshilfe in Form von eingehenden und ausgehenden Ersuchen; es gilt nicht für die Überstellung einer Person zur Strafverfolgung bzw. Strafvollstreckung (Auslieferung) und die Vollstreckungshilfe, mit Ausnahme der Einziehungsentscheidung.

Rechtshilfe ist jede Unterstützung, die für ein in einem anderen Staat anhängiges Verfahren in einer strafrechtlichen Angelegenheit gewährt wird, unabhängig davon, ob das Verfahren von einem Gericht oder einer anderen Behörde betrieben wird und ob die Rechtshilfe von einem Gericht oder von einer anderen Behörde zu leisten ist (§ 59 Abs. 2 IRG). Bei der internationalen Rechtshilfe ist zwischen der justiziellen und der polizeilichen Rechtshilfe zu unterscheiden. Die justizielle Rechtshilfe zwischen den Mitgliedstaaten der Europäischen Union stützt sich grundsätzlich auf den Grundsatz der gegenseitigen Anerkennung gerichtlicher Urteile und Entscheidungen, sowie Entscheidungen der Strafverfolgungsbehörden zur Durchführung und Förderung von Strafverfahren.

Die „polizeiliche Rechtshilfe“ (vgl. Abschn. 8) ist demgegenüber auf einen internationalen Informationsaustausch beschränkt, vgl. Nr. 123 ff. RiVASt (Informationsrechtshilfe). Danach können bereits vorhandene und ohne Zwang zu beschaffende personenbezogene Daten zur Verfolgung von Straftaten zwischen EU-MS und mit Drittstaaten ausgetauscht werden.

[1] Inhaltsverzeichnis, Abkürzungsverzeichnis und Anlagen hier nicht abgedruckt.

1.2 Verhältnis zur Amtshilfe in Steuersachen

Von der internationalen Rechtshilfe in Steuerstrafsachen ist die zwischenstaatliche Amtshilfe in Steuersachen zu unterscheiden; insoweit wird auf das Merkblatt zur zwischenstaatlichen Amtshilfe durch Auskunftsaustausch in Steuersachen vom 29. Mai 2019 (BStBl 2019 I S. 480) hingewiesen.

Zwischenstaatliche Amtshilfe in Steuersachen liegt vor, wenn Behörden und Gerichte für Zwecke des Besteuerungsverfahrens, insbesondere für die Feststellung der steuerlich relevanten Sachverhalte und Besteuerungsgrundlagen, Informationen austauschen. Ein anhängiges Steuerstrafverfahren sperrt nicht den Amtshilfeweg. Auch nach Einleitung eines Steuerstraf- oder Bußgeldverfahrens kann im Wege der zwischenstaatlichen Amtshilfe um Auskünfte ersucht werden, beispielsweise wenn das Besteuerungsverfahren gefördert werden soll. In Betracht kommen Auskunftsersuchen zu Informationen, die bei Behörden oder Gerichten bereits vorliegen, z. B. aus Steuerakten oder öffentlichen Registern. Sofern die gewünschten Informationen von den ersuchten Stellen erst noch beschafft werden müssen, sollte zur Vermeidung von Verwertungsverboten im Strafverfahren das Ersuchen auf dem Rechtshilfeweg gestellt werden.

Wird die Finanzbehörde als Strafverfolgungsbehörde in einem Steuerstrafverfahren zur Ermittlung einer Steuerstraftat (§§ 386 Abs. 2, 399 Abs. 1 und 208 Abs. 1 S. 1 Nr. 1 AO) oder als zuständige Verwaltungsbehörde in einem Bußgeldverfahren zur Ermittlung einer Steuerordnungswidrigkeit (§§ 409, 410, 208 Abs. 1 S. 1 Nr. 1 AO) tätig, sind strafprozessuale Maßnahmen für Zwecke dieser Verfahren, wie z. B. die Durchsuchung, Beschlagnahme und Zeugenvernehmung, allein nach den Regeln über die internationale Rechtshilfe in Strafsachen durchzuführen. Daneben können zur Förderung eines Strafverfahrens auch bloße Auskunftsersuchen nach den Regeln über die zwischenstaatliche Rechtshilfe in Strafsachen gestellt werden.

Die Ermittlung der Besteuerungsgrundlagen im Steuerstrafverfahren ist untrennbarer Bestandteil des Strafverfahrens. Nach § 393 Abs. 3 AO können die auf Rechtshilfeersuchen beruhenden Ermittlungsergebnisse des Steuerstrafverfahrens deshalb grundsätzlich im Besteuerungsverfahren verwendet werden. Etwas anderes gilt nur dann, wenn die jeweilige Rechtsgrundlage, auf der die Rechtshilfe beruht, eine solche Verwendung ausschließt oder wenn der ersuchte Staat die Verwendung der übermittelten Unterlagen und Informationen mit einer Verwendungsbeschränkung (sog. Spezialitätsvorbehalt) versehen hat, dessen Inhalt eine Verwendung für Besteuerungszwecke explizit untersagt.

Im Gegenzug können auch die durch die Amtshilfe erlangten Erkenntnisse unmittelbar für das Steuerstraf- oder Bußgeldverfahren verwendet werden, sofern eine solche Verwendung durch die jeweilige Rechtsgrundlage der angewandten Amtshilfe vorgesehen ist (vgl. bspw. § 19 Abs. 2 Nr. 4 EUAHiG). Auch eine Bekanntgabe erhaltener Informationen in öffentlichen Gerichtsverhandlungen oder Gerichtsentscheidungen ist nach dem EUAHiG, einer Vielzahl der DBA und TIEAs sowie dem Übereinkommen über die gegenseitige Amtshilfe in Steuersachen zulässig.

1.3 Umfang des internationalen Rechtshilfeverkehrs

Die Verpflichtung zur Leistung der internationalen Rechtshilfe in Steuerstrafsachen bestimmt sich nach den einschlägigen völkerrechtlichen Vereinbarungen (§ 1 Abs. 3 IRG), den im IRG umgesetzten EU-Rechtsakten (§ 1 Abs. 4 IRG), den §§ 117a und 117b AO oder im vertragslosen Verkehr unmittelbar nach §§ 1 Abs. 1, 59 ff. IRG. Soweit völkerrechtliche Vereinbarungen keine abschließenden Regelungen enthalten, finden ebenfalls die Vorschriften des IRG ergänzend Anwendung.

Folgende Maßnahmen kommen insbesondere in Betracht:

- Durchsuchung von Personen und Räumen;
- Beschlagnahme und Herausgabe von Beweismitteln, auch elektronischer Daten;
- Vernehmung von Beschuldigten, Zeugen und Sachverständigen;

- Einnahme richterlichen Augenscheins;
- Zustellung von Verfahrensurkunden;
- Ermittlungen zu Bankkonten;
- Maßnahmen zur Sicherstellung von Vermögenswerten zwecks Sicherung späterer Einziehungen; und
- Auskunftsersuchen.

1.4 Rechtshilfeverkehr und Steuergeheimnis

Das Steuergeheimnis (§ 30 AO) gilt auch gegenüber ausländischen Behörden. Es steht jedoch dem Rechtshilfeverkehr nicht entgegen, soweit

a) die mit einem deutschen Rechtshilfeersuchen verbundene Offenbarung steuerlicher Verhältnisse der Durchführung eines Steuerstraf- oder Bußgeldverfahrens dient (§ 30 Abs. 4 Nr. 1 AO) oder

b) die mit der Erledigung eines ausländischen Rechtshilfeersuchens verbundene Offenbarung steuerlicher Verhältnisse durch ein Bundesgesetz wie § 117 AO i. V. m. § 59 Abs. 3 IRG oder durch völkerrechtliche Vereinbarungen ausdrücklich zugelassen ist (§ 30 Abs. 4 Nr. 2 AO).

Alle Angaben, die den deutschen Finanzbehörden im Zusammenhang mit einem Rechtshilfeersuchen zugehen, unterliegen wiederum dem Steuergeheimnis.

2 Rechtsgrundlagen bei der justiziellen Rechtshilfe in Steuerstrafsachen

2.1 Überblick

Die Rechtsgrundlagen der internationalen Rechtshilfe in Steuerstrafsachen ergeben sich aus bi- und multilateralen Verträgen, aus Rechtsakten der EU und ergänzend insbesondere aus dem IRG. Sofern keine bi- und multilateralen Verträge bestehen, ist der Rechtshilfeverkehr auch bei vertragslosem Zustand möglich; in diesem Fall richtet er sich ausschließlich nach nationalem Recht, vorrangig dem IRG. Das IRG stellt somit eine Art Auffanggesetz dar, welches greift, wenn keine anderweitige Regelung gegeben ist.

Daneben sind bei der internationalen Rechtshilfe in Steuerstrafsachen die RiVASt und die AStBV zu beachten. Sie sind ihrer Rechtsnatur nach Verwaltungsvorschriften, die zwischen Bund und Ländern abgestimmt und anschließend mit identischem Inhalt von den Bundes- und Landesbehörden erlassen wurden. Sie sind für Regelfälle ausgelegt und entfalten hinsichtlich richterlicher Entscheidungen ausschließlich Hinweischarakter (Nr. 1 Abs. 1 RiVASt). Sie binden lediglich die Verwaltung und dienen der Orientierung in Rechtshilfeangelegenheiten.

Nach § 1 Abs. 3 IRG sind Regelungen in völkerrechtlichen Vereinbarungen vorrangig anzuwenden, soweit sie unmittelbar anwendbares innerstaatliches Recht geworden sind. Sofern im Verhältnis zu einem Staat mehrere Regelungen zur Rechtshilfe bestehen, ist nach den konkreten Umständen des Einzelfalls zu entscheiden, welche Rechtsgrundlage für die Rechtshilfe heranzuziehen ist.

Als vertragliche Rechtsgrundlagen und als EU-Rechtsinstrumente im Bereich der justiziellen Rechtshilfe kommen insbesondere in Betracht:

- RL-EEA (Abschn. 2.2): Vorrangiges Instrument für Maßnahmen der Beweiserhebung innerhalb der EU-MS.
- EuRhÜbk (Abschn. 2.3): Rechtsgrundlagen für sämtliche Maßnahmen innerhalb der Staatengruppe der Europaratsstaaten und sog. Basisübereinkommen in Bezug auf das EuRhÜbk und das SDÜ.

- EU-RhÜbk (Abschn. 2.4): Rechtsgrundlage für Maßnahmen außerhalb des sachlichen bzw. räumlichen Anwendungsbereichs der RL-EEA und der VO SE.

- OECD-AHiÜbk (Abschn. 2.5): Regelt die gegenseitige Amtshilfe aller Unterzeichnerstaaten und kann auch für reine Steuerstrafverfahren herangezogen werden.

- Verordnung (EU) 2018/1805 (Abschn. 2.6): Rechtsgrundlage für die grenzüberschreitende Vermögenssicherung und -einziehung innerhalb der EU-MS.

- Bilaterale Verträge; TIEA (Abschn. 2.7): Mit zahlreichen Staaten bestehen die Rechtshilfe erlaubende bilaterale Einzelverträge.

2.2 Richtlinie über die Europäische Ermittlungsanordnung in Strafsachen (RL-EEA)

Die EEA ist eine Entscheidung, die von einer Anordnungsbehörde eines EU-MS („Anordnungsstaat") zur Durchführung einer oder mehrerer spezifischer Ermittlungsmaßnahme(n) in einem anderen EU-MS zur Erlangung von Beweisen erlassen wird[2]. Sie ist geregelt in der Richtlinie 2014/41/EU des Europäischen Parlaments und des Rates vom 3. April 2014 (RL-EEA; ABl. EU vom 1. Mai 2014 Nr. L 130, S. 1). Die Richtlinie wurde in Deutschland durch das Vierte Gesetz zur Änderung des Gesetzes über die internationale Rechtshilfe in Strafsachen vom 5. Januar 2017 (BGBl. 2017 I S. 31 ff.) in den §§ 91a bis 91j IRG umgesetzt. Die RL-EEA gilt seit dem 22. Mai 2017 im Verhältnis zu allen EU-MS – mit Ausnahme von Dänemark und Irland. Die RL-EEA gilt nur für Ermittlungsmaßnahmen, die der Beweiserhebung (also insb. Durchsuchung, Beschlagnahme zur Sicherung von Beweismitteln und Vernehmung) dienen.

Die RL-EEA soll der Vereinfachung und Beschleunigung der Rechtshilfe bei der Erhebung von Beweisen in einem anderen EU-MS dienen. Der ersuchte Mitgliedstaat („Vollstreckungsstaat") erkennt die EEA ohne jede weitere Formalität an und gewährleistet deren Vollstreckung in derselben Weise und unter denselben Modalitäten wie eine auf seinem Hoheitsgebiet getroffene justizielle Entscheidung (vgl. Art. 1 Abs. 2 und Art. 9 Abs. 1 RL-EEA).

Grundsätzlich geht die RL-EEA den Regelungen bestehender bi- und multilateraler Verträge der EU-MS vor. Sie ersetzt damit die Bestimmungen des SDÜ, des EuRhÜbk und des EU-RhÜbk einschließlich der Zusatzprotokolle in Bezug auf die EU-MS im Geltungsbereich der RL-EEA. Die Übereinkommen bleiben jedoch anwendbar, wenn sie die Vorschriften der RL-EEA weiter verstärken oder zu weiteren Vereinfachungen oder Erleichterungen beitragen und deren Schutzniveau gewahrt ist (vgl. Art. 34 Abs. 3 RL-EEA). Es kommt dabei auf den jeweiligen Einzelfall und die konkreten Bestimmungen in den Übereinkommen an. Zu beachten ist, dass die RL-EEA nur im Rahmen der justiziellen Rechtshilfe gilt, sodass die bi- und multilateralen Verträge über die polizeiliche Zusammenarbeit anwendbar bleiben.

Die RL-EEA ist für nachstehende Maßnahmen nicht anzuwenden:

- Bildung einer Gemeinsamen Ermittlungsgruppe und die Beweiserhebung im Rahmen einer solchen Gruppe (§ 91a Abs. 2 Nr. 1 IRG),

- Grenzüberschreitende Observationen (§ 91a Abs. 2 Nr. 2 IRG) oder

- Vernehmung von Beschuldigten im Wege einer Telefonkonferenz (§ 91a Abs. 2 Nr. 3 IRG).

Für Maßnahmen im Zusammenhang mit der Vermögenssicherung und -einziehung, welche keine originären Maßnahmen der Beweiserhebung darstellen, gilt die RL-EEA nicht. Mit Ausnahme von Dänemark und Irland, für die insoweit das EU-RhÜbk Anwendung findet, ist innerhalb der übrigen

[2] Texte sämtlicher EU-Rechtsakte nebst ausfüllbaren Formularen im Word-Format finden sich auf der Seite des EJN (https://www.ejn-crimjust.europa.eu). Formulare zur RL-EEA finden sich hier: https://www.ejn-crimjust.europa.eu/ejn/libcategories/DE/341/-1/-1/-1

EU-MS vorrangig die Verordnung zur Anerkennung von Sicherstellungs- und Einziehungsentscheidungen vom 14. November 2018 (VO (EU) 2018/1805) anwendbar (vgl. Abschn. 2.6).

Auf die Übersicht in Anlage 1, aus welcher sich ergibt, welche Länder die RL-EEA umgesetzt haben, wird verwiesen.

2.3 Europäisches[3] Übereinkommen über die Rechtshilfe in Strafsachen (EuRhÜbk)

Das Europäische Übereinkommen über die Rechtshilfe in Strafsachen vom 20. April 1959 (EuRhÜbk; BGBl. 1964 II S. 1369) gilt im Verhältnis zu sämtlichen Mitgliedstaaten des Europarates (derzeit 47 Staaten aus allen Teilen Europas) und den assoziierten Staaten Israel, Chile und Südkorea (s. Abschn. 13)[4] . Das EuRhÜbk wird ergänzt durch das Zusatzprotokoll EuRhÜbk (ZP-EuRhÜbk; BGBl. 1990 II S. 124; BGBl. 1991 II S. 909), das zweite Zusatzprotokoll EuRhÜbk (2. ZP- EuRhÜbk; BGBl. 2014 II S. 1038; BGBl. 2015 II S. 520) sowie durch bilaterale Ergänzungsverträge gem. Art. 26 Abs. 3 EuRhÜbk (vgl. Abschn. 2.6). Das 2. ZP-EuRhÜbk soll der effektiveren Rechtshilfe dienen, indem darin grenzüberschreitende Video- und Telefonvernehmungen sowie die Möglichkeit transnationaler verdeckter Ermittlungen und Ermittlungsgruppen geregelt sind.

Das EuRhÜbk begründet die Verpflichtung, einander so weit wie möglich Rechthilfe zu leisten. Reichweite und Schranken ergeben sich unmittelbar aus den Bestimmungen des Übereinkommens, aus den Zusatzprotokollen, aus Vorbehalten und Erklärungen einzelner Unterzeichnerstaaten zum EuRhÜbk bzw. zu den Zusatzprotokollen und ggf. aus bilateralen Ergänzungsverträgen. Nach Art. 26 Abs. 3 EuRhÜbk und Art. 28 2. ZP-EuRhÜbk bleiben ergänzende und erleichternde Regelungen bi- oder multilateraler Verträge der Parteien unberührt. Es ist daher notwendig, die Texte der Vorbehalte und Erklärungen beizuziehen[5] (vgl. auch Abschn. 3.7.1).

2.4 Übereinkommen über die Rechtshilfe in Strafsachen zwischen den Mitgliedstaaten der Europäischen Union (EU-RhÜbk) und Schengener Durchführungsübereinkommen (SDÜ)

Vom EuRhÜbk zu unterscheiden ist das EU-RhÜbk vom 29. Mai 2000 (ABl. EG vom 12. Juli 2000 Nr. C 197, S. 1; BGBl. II 2005, S. 650), ergänzt durch das Zusatzprotokoll vom 16. Oktober 2001 (ZP-EU-RhÜbk, umgesetzt durch das Gesetz vom 22. Juli 2005[6] , BGBl. II 2005, S. 662), welches innerhalb der EU-MS zur Anwendung kommt, soweit die RL-EEA und die VO SE innerhalb ihrer räumlichen und sachlichen Anwendungsbereiche nicht dem EU-RhÜbk und dessen ZP vorgehen[7]. Zweck des EU-RhÜbk ist es, im Verhältnis zwischen den EU-MS die Anwendung des EuRhÜbk vom 20. April 1959 und dessen Zusatzprotokolle zu erleichtern.

Durch das EU-RhÜbk werden Anwendungserleichterungen fortgeschrieben, die bislang durch das ZP- EuRhÜbk sowie das SDÜ erfolgten. Das EU-RhÜbk ist – bis auf Griechenland und Kroatien – in allen EU-MS in Kraft getreten. Darüber hinaus gilt es nach Art. 29 Abs. 4 EU-RhÜbk auch für Island und Norwegen (zu Einschränkungen siehe das Übereinkommen zwischen der

---

[3] Hierbei handelt es sich um einen Rechtsakt des Europarats, der mit Staaten unabhängig von ihrer Zugehörigkeit zur EU geschlossen wurde.

[4] Vgl. Länderverzeichnis im Anhang

[5] Diese können auf der Internetseite des Europarats aufgerufen werden:
https://www.coe.int/de/web/conventions/full-list?module=declarations-by-treaty&numSte=030&codeNature=0 (EuRhÜbk);
https://www.coe.int/de/web/conventions/full-list?module=declarations-by-treaty&numSte=099&codeNature=0 (ZP- EuRhÜbk) und
https://www.coe.int/de/web/conventions/full-list?module=declarations-by-treaty&numSte=182&codeNature=0 (2. ZP-EuRhÜbk).

[6] Hinweis für die digitalen Anwenderinnen und Anwender: Um auf die Fundstellen aus dem BGBl. zu gelangen ist es erforderlich, auf der Startseite www.bgbl.de einmalig rechts oben dem Link „kostenloser Bürgerzugang“ zu folgen.

[7] Formulare und weitere Hinweise finden sich auf der Seite des EJN (https://www.ejn-crimjust.europa.eu).

Europäischen Union sowie der Republik Island und dem Königreich Norwegen über die Anwendung einiger Bestimmungen des Übereinkommens vom 29. Mai 2000, ABl. EU 29. Januar 2004 Nr. L 26, S.3).

Das EU-RhÜbk enthält eine Reihe von formellen Erleichterungen für Rechtshilfeersuchen. Darüber hinaus haben sich die EU-MS in Art. 1 ff. ZP-EU-RhÜbk verpflichtet, Auskünfte über Bankkonten im Rahmen der Rechtshilfe in Strafsachen zu erteilen.

Das Schengener Durchführungsübereinkommen (SDÜ, ABl. EG vom 22. September 2000 Nr. L 239, S. 19) zur Rechtshilfe in Fiskalsachen diente u. a. der Ermöglichung von Rechtshilfe in Strafsachen im Bereich der Verbrauchsteuern, der Mehrwertsteuern und des Zolls. Die für die Rechtshilfe relevanten Regelungen der Art. 48 bis 53 SDÜ wurden überwiegend in das EU-RhÜbk überführt und dort neu gefasst. Art. 8 Abs. 3 ZP-EU-RhÜbk bestimmt insoweit die Aufhebung des Art. 50 SDÜ. Bei der Anwendung des SDÜ verbleibt es gegenüber denjenigen EU-MS, die das ZP-EU-RhÜbk nicht ratifiziert haben[8] , gegenüber den Schengen-assoziierten Staaten Island und Norwegen, und im Übrigen für alle genannten Staaten bezüglich der Art. 51 und 54 SDÜ.

2.5 Übereinkommen vom 25. Januar 1988 über die gegenseitige Amtshilfe in Steuersachen und das Protokoll vom 27. Mai 2010 (OECD-AHiÜbk)

Das OECD-AHiÜbk in der Fassung des Änderungsprotokolls vom 27. Mai 2010 (umgesetzt durch Gesetz vom 16. Juli 2015, BGBl. 2015 II S. 966) betrifft die gegenseitige Amtshilfe in Steuersachen. Die Bestimmungen des Übereinkommens stehen im eingeleiteten Steuerstrafverfahren ebenso wie für Vorfeldermittlungen zur Verfügung (vgl. Art. 4 OECD-AHiÜbk). Es ermöglicht u. a. einen zwischenstaatlichen Informationsaustausch, simultane Betriebsprüfungen und die Zustellung von Schriftstücken.

Der sachliche Anwendungsbereich des Übereinkommens, insb. die in den Anwendungsbereich fallenden Steuern kann durch Vorbehalte und Erklärungen der Unterzeichnerstaaten eingeschränkt werden. Diesbezüglich ist im Einzelfall sowohl die deutsche als auch die jeweils maßgebliche einseitige Erklärung des anderen Staats zu prüfen, um Anwendungsbereich und Unterstützungsumfang zu bestimmen.

Nach Art. 4 OECD-AHiÜbk sowie der deutschen Erklärung (BT-Drs. 18/5173 S. 49) ist eine Verwendung bereits erlangter Informationen auf Grundlage des OECD-AHiÜbk nur für reine Steuersachen und für spätere reine Steuerstrafverfahren zulässig.

Hinsichtlich der Ratifikation des Übereinkommens durch die einzelnen Staaten wird auf die Internetseite zum OECD-AHiÜbk verwiesen[9] .

2.6 VO Sicherstellung und Einziehung (VO SE)

Die Finanzbehörden müssen im Rahmen der Ermittlungen entsprechende Maßnahmen zur Sicherung einer späteren Einziehung (§§ 73 ff. StGB) treffen (vgl. § 399 Abs. 1 AO, aber auch § 401 AO). Die Verordnung (EU) 2018/1805 des Europäischen Parlaments und des EU-Rates vom 14. November 2018 über die gegenseitige Anerkennung von Sicherstellungs- und Einziehungsentscheidungen (VO SE, ABl. L 303 S. 1) legt fest, nach welchen Vorschriften die EU-MS in ihrem Hoheitsgebiet Sicherstellungs- und Einziehungsentscheidungen anerkennen und vollstrecken, die von anderen EU-MS im Rahmen von Verfahren in Strafsachen erlassen wurden. Sie ist seit dem 19. Dezember 2020 für alle EU-MS, mit Ausnahme von Irland und Dänemark, anwendbar (vgl. Erwägungsgrund 38 und 39 der VO Sicherstellung und Einziehung) und gilt unmittelbar (vgl. Durchführungsvorschriften in §§ 96a ff. IRG).

Der Rahmenbeschluss 2003/577/JI des Rates vom 22. Juli 2003 über die Vollstreckung von Entscheidungen über die Sicherstellung von Vermögensgegenständen oder Beweismitteln in der Europäischen Union (RB Sicherstellung, ABl. L 196, S. 45) und der Rahmenbeschluss

[8] Dies sind bislang Estland, Griechenland, Irland, Italien und Kroatien.

[9] http://www.oecd.org/ctp/exchange-of-tax-information/Status_of_convention.pdf.

2006/783/JI des Rates vom 6. Oktober 2006 über die Anwendung des Grundsatzes der gegenseitigen Anerkennung auf Einziehungsentscheidungen (RB Einziehung, ABl. L 328, S. 59) regeln ebenfalls die Anerkennung von Sicherstellungs- und Einziehungsentscheidungen. Beide Rahmenbeschlüsse sind mit Wirkung vom 18. Dezember 2020 außer Kraft getreten, indem sie durch die oben genannte VO SE ersetzt wurden; im Verhältnis zu Dänemark und Irland gelten sie fort, da beide Länder nicht durch die VO Sicherstellung und Einziehung gebunden sind (vgl. §§ 88 und 94 IRG). In diesen Fällen sind die §§ 58 Abs. 3 und 67 IRG hinsichtlich der Sicherstellung und die §§ 88a bis 88f IRG hinsichtlich der Einziehung ergänzend anzuwenden.

Außerhalb des Anwendungsbereichs der VO SE (Nicht-EU-MS) enthalten die bilateralen (Ergänzungs-)Verträge mit anderen Staaten vereinzelt Bestimmungen zur Sicherstellung und Einziehung.

2.7 Bilaterale Rechtshilfeabkommen

2.7.1 Übersicht

Mit zahlreichen Staaten bestehen bilaterale Abkommen über die Rechtshilfe in Strafsachen[10], welche nachfolgend dargestellt werden[11].

Die Bundesrepublik Deutschland unterhält bilaterale Ergänzungsverträge zum EuRhÜbk u. a. mit:

- der Republik Frankreich vom 24. Oktober 1974 (F-ErgV EuRhÜbk; BGBl. 1978 II S. 328),
- der Republik Italien vom 24. Oktober 1979 (I-ErgV EuRhÜbk; BGBl. 1982 II S. 111),
- dem Königreich der Niederlande vom 30. August 1979 (NL-ErgV EuRhÜbk; BGBl. 1981 II S. 1158),
- der Republik Österreich vom 31. Januar 1972 (A-ErgV EuRhÜbk; BGBl. 1975 II S. 1157),
- der Republik Polen vom 17. Juli 2003 (PL-ErgV EuRhÜbk; BGBl. 2004 II S. 530) und
- der Tschechischen Republik in der Fassung des Änderungsvertrages vom 28. April 2015 (ÄndV CZ-ErgV EuRhÜbk; BGBl. 2016 II S. 474).

Diese Ergänzungsverträge finden entsprechend der Notifikation an die Europäische Kommission ergänzend zur RL-EEA Anwendung, soweit sie dem Art. 34 Abs. 3 RL-EEA entsprechende Regelungen treffen (s. Abschn. 2.2) und die Notifikation (auch) des anderen EU-MS dies vorsieht.

Ferner bestehen bilaterale Ergänzungsverträge zum EuRhÜbk außerhalb der EU mit:

- dem Staat Israel vom 20. Juli 1977 (IL-ErgV EuRhÜbk; BGBl. 1980 II S. 1334) und
- der Schweizerischen Eidgenossenschaft in der Fassung des Änderungsvertrages vom 8. Juli 1999 (CH-ErgV EuRhÜbk; BGBl. 2001 II S. 946).

Zudem unterhält die Bundesrepublik Deutschland bilaterale Rechtshilfeabkommen mit:

- Kanada vom 13. Mai 2002 (RhV D-Kanada; BGBl. 2004 II S. 962),
- den Vereinigten Staaten von Amerika vom 14. Oktober 2003

in der Fassung des Zusatzvertrags vom 18. April 2006 (BGBl. 2007 II S. 1618),

[10] Vgl. Länderverzeichnis in der Anlage.

[11] Abkommen, die eine ausschließliche Rechtsgrundlage mit dem jeweiligen Staat darstellen und daher für die Praxis relevant sind, sind die nachfolgend dargestellten Abkommen mit Kanada, den Veeinigten Staaten von Amerika, der Republik Tunesien, Japan und der Schweiz.

- der Sonderverwaltungsregion Hongkong vom 26. Mai 2006 (RhAbk D-Hongkong; BGBl. 2009 II S. 62; ausgesetzt mit Notifikation Hongkongs vom 5. November 2020),
- der Republik Tunesien vom 19. Juli 1966 (TUN-AuslRhV; BGBl. 1969 II S. 1157) und
- der Republik Kosovo vom 29. Juni 2015 (RhAbk D-Kos; BGBl. 2016 II S. 938).

Die EU hat Rechtshilfeabkommen abgeschlossen mit:

- Japan vom 11. Oktober 2010 (RhAbk EU-Japan; ABl. EU vom 12. Februar 2010 Nr. L 39, S. 20),
- den Vereinigten Staaten von Amerika vom 25. Juni 2003 (RhAbk EU-USA; ABl. EU vom 19. Juli 2003 Nr. L 181, S. 34) vgl. Abschn. 11.7,
- der Schweizerischen Eidgenossenschaft vom 26. Oktober 2004 (Betrugsbekämpfungs-Abk EU-CH/BBA; ABl. EU vom 17. Februar 2009 Nr. L 46, S. 8) und
- der Republik Island und dem Königreich Norwegen vom 29. Mai 2000 einschließlich des dazugehörigen Protokolls (RhÜbk EU-ISL/NOR; ABl. EU vom 29. Januar 2004 Nr. L 26, S. 4).

Daneben hat die EU mit Austritt des Vereinigten Königreichs (UK) aus der EU („Brexit") am 30. April 2021 das Abkommen über Handel und Zusammenarbeit zwischen der Europäischen Union und der Europäischen Atomgemeinschaft einerseits und dem Vereinigten Königreich Großbritannien und Nordirland andererseits (Handels- und Kooperationsabkommen, HKA, ABl. EU Nr. L 149) geschlossen, welches in Teil Drei, Titel VIII Regelungen zur Rechtshilfe und in Titel XI Regelungen zur Sicherstellung und Einziehung von Vermögenswerten enthält. In Anhang 46 sind entsprechende, zwingend zu verwendende Formulare zur Sicherstellung und Einziehung zu finden[12] .

2.7.2 TIEA

Mit zahlreichen Staaten bestehen bilaterale „Tax Information Exchange Agreements" (TIEA) zur Informationsrechtshilfe. Zur Anwendung der TIEA siehe BMF-Schreiben vom 10. November 2015 (BStBl 2016 I S. 138). Eine Übersicht über die geschlossenen TIEAs enthält das jährlich aktualisierte BMF-Schreiben zum „Stand der Doppelbesteuerungsabkommen und Doppelbesteuerungs-verhandlungen", veröffentlicht im BStBl [13]. Eine tabellarische Übersicht ist darüber hinaus dem Länderverzeichnis in der Anlage zu entnehmen.

2.8 Rechtshilfe ohne völkerrechtliche Vereinbarung

Eine ausländische Justizbehörde kann grundsätzlich auch dann um Rechtshilfe ersucht werden, wenn keine völkerrechtliche Vereinbarung besteht. Ein zwischenstaatlicher Anspruch darauf, dass der ersuchte Staat vertragslose Rechtshilfe auch tatsächlich leistet, besteht gleichwohl nicht. Der Fall ist dem BfJ vorzulegen, welches für die Entscheidung über das Stellen des Ersuchens zuständig ist (s. Abschn. 3.2.1), es sei denn, die Zuständigkeit wurde durch die Zuständigkeitsvereinbarung 2004 vom 19. April 2004 vom Bund auf die Länder übertragen. Der Geschäftsweg des Ersuchens erfolgt dann auf Veranlassung des BfJ über das AA an die diplomatische Vertretung des ausländischen Staats (diplomatischer Geschäftsweg). Bei Stellung von Ersuchen ohne völkerrechtliche Vereinbarung empfiehlt es sich, durch eine Voranfrage beim BfJ zu klären, ob ein Rechtshilfeersuchen überhaupt Aussicht auf Erfolg hat.

[12] Alle Texte und Formulare können auf der Seite des EJN abgerufen werden: https://www.ejn-crimjust.europa.eu/ejn/libcategories/EN/473/-1/-1/-1.

[13] Eine Übersicht der geschlossen TIEAs ist auch über die Internetseite der OECD abrufbar (https://www.oecd.org/ctp/exchange-of-tax-information/taxinformationexchangeagreementstieas.htm); Auf der Internetseite des Bundesfinanzministeriums können in der Länderübersicht die aktuellen deutschen Fassungen der TIEAs abgerufen werden (https://www.bundesfinanzminiium.de//Web/DE/Themen/Steuern/Internationales_Steuerrecht/Staatenbezogene_Informationen/staatenbezogene_info.html).

In Deutschland ist eine vertragslose Rechtshilfe für eingehende Ersuchen möglich, soweit eine entsprechende Gegenseitigkeitserklärung möglich erscheint. Die Entscheidung darüber, ob vertragslose Rechtshilfe geleistet wird, obliegt dem BfJ, welches das Ersuchen zur Bearbeitung an die jeweils zuständige Stelle weiterleitet. In diesen Fällen sind die innerstaatlichen Vorschriften (IRG und RiVASt) anzuwenden.

3 Verfahren bei ausgehenden Rechtshilfeersuchen in Steuerstrafsachen

3.1 Allgemeines

Um Rechtshilfe in Steuerstrafsachen kann erst ersucht werden, wenn ein Steuerstrafverfahren förmlich eingeleitet ist. Der Grundsatz der Verhältnismäßigkeit ist zu beachten. Bei Vorermittlungen und Vorfeldermittlungen nach § 208 Abs. 1 S. 1 Nr. 3 AO kommen nur Amtshilfe und polizeiliche Rechtshilfe in Betracht.

Das Verfahren richtet sich nach den entsprechenden völkerrechtlichen Vereinbarungen sowie den Regelungen in §§ 117a, 117b, 385 ff. AO, der StPO und dem IRG. Einzelheiten hinsichtlich der innerstaatlichen Zuständigkeit ergeben sich aus § 74 IRG, den RiVASt und der Vereinbarung vom 4. Mai 2004 zwischen der Bundesregierung und den Landesregierungen über die Zuständigkeit im Rechtshilfeverkehr mit dem Ausland in strafrechtlichen Angelegenheiten (Zuständigkeitsvereinbarung 2004, BAnz. 2004 S. 11494; vgl. Abschn. 3.2.1), sowie den darauf basierenden landesspezifischen (Folge-)Bestimmungen.

3.2 Zuständigkeit für das Stellen eines Ersuchens

3.2.1 Allgemeine Zuständigkeitsregeln

Die generelle Befugnis, wer zur verantwortlichen Stellung ausgehender Rechtshilfeersuchen in Steuerstrafsachen befugt ist, bestimmt sich nach dem nationalen Verfahrensrecht. Soweit die Finanzbehörde das Verfahren selbständig gemäß §§ 386 Abs. 2, 399 Abs. 1 AO führt, nimmt sie die Rechtsstellung der Staatsanwaltschaft ein. Sie ist damit nach nationalem Recht auch „Justizbehörde" im Sinne des § 23 EGGVG und nimmt diese Funktion auch in Bezug auf das Rechtshilferecht wahr, vgl. § 77 Abs. 1 IRG. Dementsprechend regelt Nr. 127 RiVASt, dass die Finanzbehörden im Rahmen ihrer Zuständigkeit Rechtshilfeersuchen erledigen und stellen dürfen.

Diese den Finanzbehörden im nationalen Recht eingeräumte Befugnis ist völkerrechtlich jedoch teilweise nicht entsprechend zum Ausdruck gebracht worden, sodass die Finanzbehörden vom Ausland teilweise nicht als Justizbehörden anerkannt werden, vgl. dazu näher Abschnitt 3.2.2 - 3.2.4.

3.2.2 RL-EEA

Anordnungs- und Vollstreckungsbehörden zum Erlass und zur Entgegennahme einer EEA sind sämtliche Justizbehörden (insb. Gerichte und Staatsanwaltschaften) der EU-MS. Darüber hinaus können Anordnungs- und Vollstreckungsbehörden aber auch andere Behörden sein, die in ihrer Eigenschaft als Ermittlungsbehörden in einem Strafverfahren nach nationalem Recht für die Anordnung der Erhebung von Beweismitteln zuständig sind. In diesen Fällen ist grundsätzlich eine Bestätigung („Validierung") durch eine Justizbehörde notwendig (§ 91j Abs. 2 IRG). Im Regelfall wird dies die Staatsanwaltschaft bei dem Landgericht sein, in dessen Bezirk die Verwaltungsbehörde ihren Sitz hat. Die Länder können die Zuständigkeit für die Bestätigung abweichend hiervon einem Gericht zuweisen oder die örtliche Zuständigkeit der bestätigenden Staatsanwaltschaft abweichend regeln (§ 91j Abs. 2 S. 3 IRG).

Nach der Erklärung der Bundesregierung gemäß Art. 33 Abs. 1 Buchstabe a RL-EEA vom 14. März 2017 bedürfen Ersuchen von Finanzbehörden, die ein strafrechtliches Ermittlungsverfahren nach § 386 Abs. 2 AO führen, keiner Bestätigung („Validierung") durch eine Justizbehörde. Die Finanzbehörden nehmen in diesem Fall gemäß § 399 Abs. 1 AO i. V. m. § 77 Abs. 1 IRG die

Rechte und Pflichten einer Staatsanwaltschaft wahr und handeln somit selbst als Anordnungsbehörde in Form einer Justizbehörde i. S. v. Art. 2 Buchstabe c RL-EEA. Entsprechendes gilt für Ersuchen von Finanzbehörden in Ordnungswidrigkeitenverfahren.

Es wird darauf hingewiesen, dass einige EU-MS diese Gleichstellung der Finanzbehörden mit Justizbehörden ablehnen. Diese sehen die Finanzbehörden als reine Verwaltungsbehörden an und bestehen auf eine Validierung durch die zuständige Justizbehörde (Staatsanwaltschaft).

Die Frage der Einstufung einer Finanzbehörde als Justizbehörde war Gegenstand eines EuGH-Vorabentscheidungsverfahrens aus dem Jahr 2020 (Rechtssache C-66/20, EuGH (Vierte Kammer), Urt. v. 2. September 2021), in welchem mangels Zulässigkeit des Vorabentscheidungsersuchens keine Entscheidung in der Sache getroffen wurde. Nunmehr ist zum selben Thema beim EuGH das Vorabentscheidungsersuchen in der Rechtssache C-16/22 (vorlegende Behörde: Staatsanwaltschaft Graz) anhängig. Bis zu einer Entscheidung in dieser Sache ist die bislang in den Ländern unterschiedlich gehandhabte Praxis über die Entscheidung, ob eine Validierung über eine Staatsanwaltschaft erfolgt oder nicht, weiter fortzuführen. In den Ländern, in denen üblicherweise keine Validierung erfolgt, sind die Erfahrungen aus der Vergangenheit über die Anerkennung der Steuerbehörde als Justizbehörde zu berücksichtigen, sodass ggf. in Fällen der vorhersehbaren Ablehnung der Weg über die Staatsanwaltschaft gewählt werden sollte[14] .

Auf der Internetseite des EJN wurde für die Europäische Ermittlungsanordnung (dort als „EIO“ - European Investigation Order bezeichnet) ein eigener Bereich geschaffen, in dem die Vordrucke (Anhang A - C) in sämtlichen Sprachen abgerufen werden können.

3.2.3 EuRhÜbk und daran anknüpfende Abkommen (EU-RhÜbk, SDÜ)

Nach dem EuRhÜbk sind Ersuchen von Justizbehörden zu stellen. In der deutschen Erklärung zu Art. 24 EuRhÜbk (BGBl. 1976 II S. 1799), zu Art. 6 des 2. ZP EuRhÜbk (BGBl. 2015 II S. 520) und zu Art. 6 EU-RhÜbk sind u.a. die Staatsanwaltschaften als Justizbehörden aufgeführt, nicht jedoch die Finanzbehörden und ihre Straf- und Bußgeldsachenstellen. Hält die Finanzbehörde die Stellung eines Rechtshilfeersuchens für erforderlich, leitet sie dieses in der Regel zwecks Stellung des Ersuchens an die zuständige Staatsanwaltschaft weiter, vgl. Nr. 127 RiVASt. Praxisbewährte Absprachen innerhalb der Länder bzw. mit den jeweiligen Staatsanwaltschaften vor Ort sollten hiervon unberührt bleiben und beachtet werden.

3.2.4 Bilaterale Verträge und vertragsloser Zustand

Einzelne Staaten erkennen Rechtshilfeersuchen nur dann an, wenn diese von einer Justizbehörde gestellt werden. Ermittelt die Finanzbehörde im Steuerstrafverfahren selbst, kann sie Ersuchen auf der Grundlage bilateraler Verträge stellen, sofern die Finanzbehörde in dem betreffenden Vertrag bzw. in entsprechenden Erklärungen als berechtigte Behörde angesehen wird. Andernfalls muss sie sich an die zuständige Staatsanwaltschaft wenden. Bei vertragslosem Zustand stellt die Finanzbehörde das Ersuchen selbst, sofern sie das Verfahren nach §§ 386, 399 AO selbständig führt.

3.3 Bewilligungsbefugnis und Geschäftswege

Rechtshilfeersuchen bedürfen der völkerrechtlichen Bewilligung durch die Bundesregierung oder durch die von ihr durch Delegation bestimmten Stellen. Die Bewilligungsbehörde prüft, ob das Ersuchen die völkerrechtlichen Beziehungen zu dem anderen Staat beeinträchtigen kann, in erster Linie werden aber die formellen Anforderungen und die materiellen Zulässigkeitsvoraussetzungen geprüft. Wenn ein ausgehendes Ersuchen nicht ordnungsgemäß abgefasst ist, besteht ein (behebbares) Bewilligungshindernis. Mit der abschließenden Zeichnung des Ersuchens dokumentiert sie konkludent auch die diesbezüglich vorgenommene Prüfung.

[14] Aufgrund der sich stark unterscheidenden Handhabungen in den Ländern wird davon abgesehen, diese hier darzustellen.

Die internationale Rechtshilfe ist als Pflege der Beziehungen zu ausländischen Staaten anzusehen und damit grundsätzlich Bundessache (Art. 32 Abs. 1 GG). § 74 Abs. 1 S. 1 IRG stellt klar, dass über ausgehende Rechtshilfeersuchen das BMJ im Einvernehmen mit dem AA und mit anderen von den Ersuchen betroffenen Bundesministerien entscheidet. Seit dem 1. Januar 2007 nimmt – soweit nicht auf die Länder delegiert – das BfJ die Aufgaben des Bundes auf dem Gebiet der Rechtshilfe wahr (vgl. § 2 Abs. 3 des Gesetzes zur Errichtung und zur Regelung der Aufgaben des BfJ vom 17. Dezember 2006, BGBl. I 2006 S. 3171 und die Übertragungsanordnung des BMJ vom 2. Januar 2007 – II B 6-BfJ). Soweit steuerstrafrechtliche Angelegenheiten von einem Rechtshilfeersuchen betroffen sind, ist seitens des BfJ grundsätzlich Einvernehmen mit dem BMF zu erzielen. Das BMF hat die Ausübung seiner Befugnisse insoweit auf das BZSt übertragen (vgl. § 5 Abs. 1 S. 1 Nr. 5 FVG und BMF v. 20. Juni 2011, IV B 5-O 1000/09/10507-04, BStBl I 2011, S. 674). Ersuchen von Steuerstrafbehörden sind daher grundsätzlich an das BfJ zu richten.

Nach § 74 Abs. 2 IRG kann die Bundesregierung die Ausübung der Befugnisse im Zusammenhang mit der Rechtshilfe weiter an die Landesregierungen delegieren, welche wiederum das Recht zur weiteren Übertragung haben. Hiervon hat die Bundesregierung mit der Vereinbarung zwischen der Bundesregierung und den Landesregierungen über die Zuständigkeit im Rechtshilfeverfahren mit dem Ausland in strafrechtlichen Angelegenheiten vom 28. April 2004 (Zuständigkeitsvereinbarung 2004, BAnz 2004, 11494) Gebrauch gemacht. Hinsichtlich steuerlicher Angelegenheiten bestimmt Nr. 5 Buchst. c) der Zuständigkeitsvereinbarung 2004, dass eine Übertragung der Ausübung der Befugnis bei Steuerstraftaten grundsätzlich nicht erfolgt, es sei denn, dass

- es sich um ein Ersuchen von oder an einen EU-MS handelt,
- Gefahr im Verzug ist,
- aufgrund einer vertraglichen Pflicht eine Zustellung erfolgen soll oder
- es sich um ein Ersuchen im Rechtshilfeverkehr mit denjenigen Staaten, die das Zusatzprotokoll zum EuRhÜbk ratifiziert haben, oder der Schweiz handelt.

Da die Anwendungsfälle des zweiten und dritten Spiegelstrichs vergleichsweise gering sein dürften, üben die Länder die Befugnisse insbesondere in steuerstrafrechtlichen Rechthilfeangelegenheiten mit EU-MS, mit den Ratifizierungsstaaten des ZP-EuRhÜbk und der Schweiz aus. Im Übrigen (übrige Drittstaaten und vertragsloser Bereich) erfolgt eine Ausübung durch das BfJ, gegebenenfalls im Einvernehmen mit dem BZSt (vgl. Abschn. 3.3.1).

In den bilateralen Verträgen mit einzelnen Staaten wurden teilweise hiervon abweichende Regelungen getroffen, welche vorrangig zu beachten sind (z. B. Hongkong). Aus dem Länderteil der RiVASt ergibt sich jeweils, welcher Geschäftsweg erforderlich ist.

3.3.1 Im Rahmen der Bundeszuständigkeit

Bei ausgehenden Ersuchen, für die die Bundeszuständigkeit gegeben ist, sendet die das Ersuchen stellende Verwaltungs- oder Justizbehörde (in Fällen des § 386 Abs. 2 AO ist dies das Finanzamt selbst) ihr Ersuchen über die sich nach dem jeweiligen Landesrecht ergebende Prüfungsbehörde an das BfJ (vgl. Nr. 7 Abs. 1 Buchst. b RiVASt: die Prüfungsbehörde prüft bei eingehenden Ersuchen, ob sie ordnungsgemäß erledigt worden sind und bei ausgehenden Ersuchen, ob sie gestellt werden dürfen und ordnungsgemäß abgefasst sind). Das BfJ leitet das Ersuchen im Falle eines (teilweise) steuerstrafrechtlichen Bezuges zwecks Stellungnahme zur Frage der Bewilligungsfähigkeit an das BZSt weiter. Ergeben sich bei Prüfung des Ersuchens Rückfragen, meldet das BZSt diese zur Klärung an das BfJ zurück. Im Übrigen teilt das BZSt dem BfJ das Ergebnis der Prüfung der Bewilligungsfähigkeit mit. BfJ leitet das Ersuchen nach den Bestimmungen über den Geschäftsweg, ggf. unter Einschaltung des AA, an den jeweiligen Drittstaat weiter.

3.3.2 Im Rahmen der Länderzuständigkeit

Die Länder haben von ihrer Möglichkeit, die Ausübung der Befugnisse weiter an nachgeordnete Behörden zu übertragen, in unterschiedlichem Umfang Gebrauch gemacht. Insoweit ist auf die jeweiligen Ländererlasse zu verweisen. Wichtig ist, dass durch die Weiterübertragung keine Befugnisübertragung einhergeht, sondern vielmehr lediglich die Ausübung der Befugnis delegiert wird.

3.4 Inhalt des Ersuchens

Bei der Abfassung des Ersuchens sind die RiVASt zu beachten; auf die in Kapitel C Zweiter Teil der RiVASt aufgeführten Muster wird hingewiesen.

Soweit eine EEA erlassen wird, ist zwingend das in Anhang A der RL-EEA wiedergegebene Formblatt zu verwenden (§ 91j IRG). Zu den formellen Anforderungen im Übrigen vgl. Abschnitt 1 der RiVASt.

Im Sachverhalt ist darzustellen, welche Person in welchem Zeitraum welche strafrechtlich relevante Handlung vorgenommen hat und welcher Tatbestand dadurch erfüllt ist. In den Ersuchen sollte angegeben werden, für welchen Zweck und für welche Verfahren die Informationen oder Maßnahmen erbeten werden. Es empfiehlt sich, auf eine zugleich angestrebte Verwendung der erhaltenen Informationen im Besteuerungsverfahren hinzuweisen. Schwierige steuerrechtliche Zusammenhänge sind zu erläutern. Fachausdrücke und Abkürzungen sind zu vermeiden oder kurz zu erläutern. Einem Ersuchen und seinen Anlagen sind Übersetzungen in der jeweiligen Landessprache (siehe Länderteil der RiVASt) beizufügen, sofern in den entsprechenden völkerrechtlichen Vereinbarungen nichts anderes bestimmt ist. Insbesondere sind die anzuwendenden Vorschriften zu übersetzen[15] . Ist ein Übersetzungsverzicht vereinbart, empfiehlt es sich in besonders bedeutsamen oder eilbedürftigen Fällen gleichwohl, eine Übersetzung beizufügen. Auf Nr. 14 RiVASt wird hingewiesen.

Auf die nach deutschem Recht bestehenden Aussage-, Zeugnis- und Auskunftsverweigerungsrechte kann in den Ersuchen hingewiesen und die ausländische Behörde zugleich gebeten werden, die zu vernehmende Person entsprechend zu belehren (§§ 136 Abs. 1, 52 ff. StPO). Da Ersuchen nach dem Recht des ersuchten Staats erledigt werden, ist dieser Staat hieran jedoch nicht gebunden.

Die Finanzbehörde kann besondere Wünsche für die Erledigung in dem Ersuchen äußern. Sie kann z. B. um die Erledigung durch eine bestimmte ausländische Dienststelle, die Anwesenheit deutscher Beamter oder die Vernehmung von Zeugen bitten.

Änderungen der Sachlage nach Stellen des Ersuchens sind der ausländischen Behörde sofort anzuzeigen (Nr. 31 RiVASt).

3.5 Unmittelbare Zustellung von Schriftstücken ins Ausland

Sofern keine Regelungen über die Zustellung von Schriftstücken in den entsprechenden Abkommen vorgesehen sind, dürfen die deutschen Behörden in strafrechtlichen Angelegenheiten mit Personen, die im Ausland wohnen – gleichgültig ob sie Deutsche oder Ausländer sind – unmittelbar schriftlich oder fernmündlich nur dann in Verbindung treten, wenn nicht damit zu rechnen ist, dass der ausländische Staat dieses Verfahren als einen unzulässigen Eingriff in seine Hoheitsrechte beanstandet (vgl. zur unmittelbaren Kontaktaufnahme mit Personen im Ausland Nr. 121 Abs. 1 RiVASt).

Sofern eine unmittelbare Zustellung im entsprechenden Abkommen vorgesehen ist (u. a. Art. 5 EU-RhÜbk, Art. 52 SDÜ, bilaterale Abkommen) oder der andere Staat die Möglichkeit einseitig eingeräumt hat, bedarf die Zustellung von Schriftstücken im Rahmen der justiziellen Rechtshilfe

[15] Englische Übersetzungen der meist einschlägigen Gesetze können auf der BMJ-Webseite https://www.gesetze-im-internet.de/ abgerufen werden.

keines Zustellungsersuchens. Anders ist dies im praktisch relevanten Fall der Schweiz: Hier existiert eine Liste[16] mit gerichtlichen und behördlichen Schriftstücken, die unmittelbar an die betroffenen Personen übersandt werden können. Im steuerstrafrechtlichen Bereich ist zu beachten, dass Schriftstücke in der Schweiz nur dann zugestellt werden dürfen, wenn es sich bei dem Tatvorwurf um eine Umsatzsteuerhinterziehung handelt. Im Übrigen können Schriftstücke über den Postweg mit einfachem Brief oder, soweit ein Zugangsnachweis gewünscht wird, mit internationalem Rückschein direkt an den Empfänger zugesandt werden. Die Zustellung kann sämtliche Schriftstücke umfassen, die der Durchführung eines Steuerstrafverfahrens dienen oder die im Rahmen von Vorermittlungen zur Entscheidung über einen Anfangsverdacht zweckdienlich erscheinen.

Wenn Anhaltspunkte dafür vorliegen, dass der Zustellungsempfänger der Sprache, in der das Schriftstück abgefasst ist, unkundig ist, ist das Schriftstück in eine für ihn verständliche Sprache zu übersetzen und die Übersetzung zusammen mit dem deutschen Original des Schriftstücks zu übersenden.

3.6 Erledigung des Ersuchens durch den ersuchten Staat

Der ersuchte Staat erledigt das Ersuchen nach seinem Recht. Ist eine EEA erlassen worden oder das EU-RhÜbk anzuwenden, sind die vom ersuchenden EU-MS ausdrücklich angegebenen Form- und Verfahrensvorschriften einzuhalten, soweit nichts anderes bestimmt ist und die angegebenen Vorschriften nicht den Grundprinzipien des Rechts des ersuchten EU-MS zuwiderlaufen. (Art. 9 Abs. 2 RL-EEA; Art. 4 Abs. 1 EU-RhÜbk). Gleiches gilt nach Art. 8 des 2. ZP-EuRhÜbk im Verhältnis zu Staaten, die das 2. ZP-EuRhÜbk ebenfalls ratifiziert haben.

Der auf der Grundlage der RL-EEA ersuchte EU-MS darf auf eine weniger einschneidende Ermittlungsmaßnahme zurückgreifen, wenn diese nach seinem Recht ebenso geeignet ist, den erbetenen Ermittlungszweck sicherzustellen. Soweit von einer erbetenen Ermittlungsmaßnahme abgewichen werden soll, ist die zuständige Behörde des ersuchenden EU-MS vorab schriftlich zu unterrichten (Art. 10 Abs. 4 RL-EEA; § 91f Abs. 4 IRG).

Der ersuchte Staat kann bei Übersendung der Erledigungsstücke, deren Verwendung an Bedingungen knüpfen, die Verwendung also für bestimmte Zwecke beschränken (§ 72 IRG).

3.7 Anschlussersuchen, Richtigstellung

Ist die Erledigung des Ersuchens unzureichend, kann eine informelle Überprüfungsbitte an den betroffenen Staat gesandt werden. Ergibt sich ein zusätzliches Aufklärungsbedürfnis, so ist ein neues Ersuchen erforderlich. Hierbei kann ein ergänzendes Ersuchen (Anschlussersuchen) gestellt werden, sofern das Ersuchen sich auf dieselben Ermittlungen oder dasselbe Strafverfahren bezieht. Es ist auf das ursprüngliche Ersuchen hinzuweisen und es sind die notwendigen zusätzlichen Angaben hinzuzufügen.

3.8 Unterrichtung des Beschuldigten

Eine Verpflichtung der Finanzbehörde, den Beschuldigten über die beabsichtigten Ermittlungsmaßnahmen zu unterrichten, besteht nicht. Bei ausgehenden Ersuchen findet die nationale Vorschrift des § 117 Abs. 4 AO keine Anwendung. Da der ersuchte Staat das Ersuchen nach seinem Recht erledigt, kann er den Beschuldigten auf das Ersuchen hinweisen, wenn dies nach dem jeweiligen ausländischen Recht vorgesehen ist. Ggf. kann eine entsprechende im Einzelfall zu begründende Bitte, den Beschuldigten nicht zu unterrichten, in das Ersuchen aufgenommen werden.

---

[16] Liste der gerichtlichen und behördlichen Schriftstücke für die unmittelbare Übersendung zur Ausführung des Art. 1 Abs. 1 des Änderungsvertrags vom 8. Juli 1999 zum deutsch-schweizerischen Ergänzungsabkommen vom 13. November 1969 zum Europäischen Rechtshilfeübereinkommen und für die unmittelbare Übersendung zur Ausführung des Art. 12 Abs. 1 des deutsch-schweizerischen Vertrags über die grenzüberschreitende polizeiliche und justizielle Zusammenarbeit vom 27. April 1999.

3.9 Anwesenheit deutscher Beamter im Ausland

Deutsche Beamte/Richter dürfen im Ausland keine strafrechtlichen Amtshandlungen vornehmen. Sie können jedoch mit Zustimmung des jeweiligen ausländischen Staats bei Amtshandlungen im Ausland anwesend sein. Die Zustimmung ist im Rahmen des Rechtshilfeersuchens zu beantragen. Auf die Nrn. 140 bis 142 RiVASt sowie Art. 9 Abs. 4 RL-EEA wird hingewiesen.

Art. 13 EU-RhÜbk und Art. 20 des 2. ZP-EuRhÜbk räumen die Möglichkeit zur Bildung gemeinsamer Ermittlungsgruppen zum Zweck von strafrechtlichen Ermittlungen ein; dabei können ausländischen Mitgliedern der Ermittlungsgruppe gemäß § 93 IRG bzw. § 61b Abs. 1 IRG unter der Leitung des zuständigen deutschen Mitglieds die Durchführung von Ermittlungshandlungen übertragen werden, sofern dies vom entsendenden Staat gebilligt worden ist.

4 Verfahren bei eingehenden Rechtshilfeersuchen in Steuerstrafsachen

4.1 Allgemeine Zuständigkeit

Hinsichtlich der Zuständigkeit bei eingehenden Rechtshilfeersuchen gelten die Ausführungen in Abschn. 3.2 entsprechend.

Bei eingehenden Ersuchen aus den Staatengruppen des Europarates, des bilateralen Bereichs und der vertragslosen Rechtshilfe liegt die generelle Rechtshilfezuständigkeit und damit die Verfahrensherrschaft regelmäßig bei den Staatsanwaltschaften.

Bei eingehenden EEAs ist die Finanzbehörde entsprechend der deutschen Erklärung den Staatsanwaltschaften als Justizbehörde gleichgestellt. Aufgrund des aber auch insoweit bestehenden Evokationsrechts (§ 386 Abs. 4 S. 2 AO) kann die Staatsanwaltschaft entscheiden, ob sie eine eingehende EEA an sich ziehen will oder ob sie diese der Finanzbehörde zur Erledigung in eigener Zuständigkeit überlässt.

4.2 Bewilligungsbefugnis und Geschäftswege

Im Rahmen der Bundeszuständigkeit (bilaterale Vertragsstaaten und vertragsloser Bereich) gehen Rechtshilfeersuchen aus Drittstaaten beim BfJ als zentrale Stelle ein. Im Falle eines steuerstrafrechtlichen Kontextes erfolgt eine Weiterleitung an das BZSt zwecks Stellungnahme zur Frage der Bewilligungsfähigkeit. Das BZSt teilt dem BfJ das Ergebnis der Prüfung der Bewilligungsfähigkeit mit. Im Falle eines weiteren Ermittlungsbedarfs leitet das BfJ das Ersuchen zwecks Ausführung an das Justizministerium des Landes weiter, welches das Ersuchen – in eigener Zuständigkeit – an die Behörde weiterleitet, die für die Erledigung des Ersuchens zuständig wäre (Vornahmebehörde).

Eingehende Rechtshilfeersuchen, die im Rahmen der Länderzuständigkeit direkt an die Behörden der Länder gesandt werden, werden nach der jeweiligen Zuständigkeitsregelung in den Ländern weiterbearbeitet. Auch die Bewilligung des Ersuchens erfolgt hierbei regelmäßig - abhängig von der Staatengruppe - durch originäre Dienststellen der Justiz. Soweit die Staatsanwaltschaft entscheidet, erbetene Ermittlungshandlungen durch die Steuerfahndungsstellen durchführen zu lassen, agiert diese lediglich als sogenannte „Vornahmebehörde“, die die erhobenen Erledigungsstücke anschließend der Staatsanwaltschaft entsprechend zuleitet.

Gibt die Staatsanwaltschaft im Bereich der EU-MS eine EEA an die Finanzbehörde zur Erledigung in eigener Zuständigkeit weiter oder sieht sie bei einem direkt bei der Finanzbehörde eingegangenen EEA von einer Evokation ab, so obliegt der Finanzbehörde nicht nur die Verfahrensherrschaft und die vollumfängliche Verantwortlichkeit für die Erledigung der EEA sondern ebenso auch die Ausübung der Bewilligungskompetenz entsprechend dem aufgrund des § 74 Abs. 2 S. 2 IRG ergangenen Bewilligungserlasses des jeweiligen Landesjustizministeriums.

4.3 Erledigung der Ersuchen

Das Ersuchen ist in derselben Weise und nach denselben Vorschriften zu erledigen, wie bei einem innerstaatlich geführten Verfahren. Dies gilt auch für Zwangsmaßnahmen, die bei der Erledigung des Ersuchens notwendig werden. Daher sind z. B. auch etwaige Richtervorbehalte nach dem deutschen Strafprozessrecht zu beachten (bspw. § 105 Abs. 1 StPO). Besonderen Wünschen des ersuchenden Staats um Beachtung seines Verfahrensrechts ist zu entsprechen, soweit diese nicht gegen fundamentale Rechtsgrundsätze des deutschen Rechts verstoßen (sog. „Ordre Public"). Teilnahmebitten der Behörde des ersuchenden Staats an einer Amtshandlung sind nach Möglichkeit zu entsprechen (§ 91h Abs. 2 IRG, Art. 4 Abs. 1 EU-RhÜbk; Art. 8 2. ZP-EuRhÜbk; Nr. 22 RiVASt).

Besonderheiten gelten u.a. im Rahmen der EEA. Der ersuchte Staat kann auf eine weniger einschneidende Ermittlungsmaßnahme nur dann zurückgreifen, wenn diese nach seinem Recht ebenso geeignet ist, den erbetenen Ermittlungszweck zu erreichen. Wenn von einer mittels der EEA erbetenen Ermittlungsmaßnahme abgewichen werden soll, ist die zuständige Behörde des ersuchenden EU-MS hierüber vorab schriftlich zu unterrichten (§ 91f Abs. 4 IRG). Weitere Besonderheiten ergeben sich aus der VO (EU) 2018/1805 zur Anerkennung von Sicherstellungs- und Einziehungsentscheidungen (vgl. Abschn. 5).

Die Unterlagen, die in Erledigung des Ersuchens erlangt bzw. zusammengestellt wurden, sind mit einem Begleitschreiben auf dem vorgesehenen Geschäftsweg an die ersuchende Behörde zu übersenden.

4.4 Inländische Strafverfolgungs- oder Verwaltungsmaßnahmen

Ersuchen sind stets auch darauf zu prüfen, ob eine inländische Strafverfolgungs- oder Verwaltungsmaßnahme in Betracht kommt (vgl. Nr. 24 RiVASt), insbesondere ob ein Ermittlungsverfahren eingeleitet werden muss.

4.5 Herausgabe von Beweismitteln

Soweit der Finanzbehörde die Erledigung eines Rechtshilfeersuchens in eigener Zuständigkeit obliegt, entscheidet sie auch über die Herausgabe sichergestellter Gegenstände, die als Beweismittel für ein ausländisches Verfahren dienen können (§ 66 Abs. 1 Nr. 1 IRG). Stets zu prüfen ist, ob die Beweismittel ggf. für das eigene Verfahren benötigt werden. Sofern dies der Fall ist, sind entsprechende Absprachen mit dem anderen Staat vorzunehmen.

Soweit Bedienstete des ersuchenden Staats bei der Sicherstellung zugegen waren, können ihnen die Beweisstücke ganz oder teilweise vor Ort überlassen werden, soweit dem keine Hinderungsgründe entgegenstehen. Vor einer direkten Übergabe der Erledigungsstücke bzw. der Beweismittel sollte Rücksprache mit der verfahrensleitenden Behörde gehalten werden. Die Übergabe oder Übermittlung von Beweismitteln, die im Rahmen der Vollstreckung einer EEA sichergestellt wurden, kann bis zur Entscheidung über ein eingelegtes Rechtsmittel ausgesetzt werden (§ 91i Abs. 2 IRG).

Soweit Erledigungsstücke postalisch an die ersuchende Behörde übersandt werden sollen, erfolgt dies auf dem gleichen Geschäftsweg, über den das Ersuchen eingegangen ist. Dies gilt nicht, wenn der gewählte Geschäftsweg fehlerhaft war (vgl. Nr. 17 Abs. 1 S. 2 RiVASt).

4.6 Anwesenheit ausländischer Beamter/Richter im Inland

Die Anwesenheit ausländischer Beamte/Richter bei Amtshandlungen im Inland erfordert eine Genehmigung der Bewilligungsbehörde. In den Fällen, in denen ausländische Beamte im Inland anwesend sind, führt der deutsche Ermittlungsbeamte die Amtshandlung(en) selbst aus. Der ausländische Beamte/Richter kann durch sachdienliche Hinweise auf den Gang der Ermittlungen Einfluss nehmen, z. B. kann er vorschlagen, in bestimmter Weise zu verfahren. Auf die Nrn. 22 Abs. 3, 138, 139 RiVASt wird hingewiesen.

4.7 Grenzen der Rechtshilfe (Ordre Public)

Soweit eine umfassende gegenseitige Verpflichtung zur Gewährung von Rechtshilfe in Steuerstrafsachen besteht, sind die Beteiligten nach den innerstaatlichen Vorschriften sowie internationalen Vereinbarungen geschützt. Die Leistung von Rechtshilfe ist unzulässig, wenn sie wesentlichen Grundsätzen der deutschen Rechtsordnung oder - beim Rechtshilfeverkehr mit EU-MS aufgrund des Achten, Neunten, oder Zehnten Teils des IRG - den in Art 6 des Vertrages über die Europäische Union enthaltenen Grundsätzen widerspricht (§ 73 IRG – „Ordre Public“).

4.8 Unterrichtung des Beschuldigten

Bei eingehenden Ersuchen findet vor der Übermittlung von Auskünften und Unterlagen grundsätzlich die nationale Vorschrift des § 117 Abs. 4 AO, einschließlich der Pflicht zur Anhörung der inländischen Beteiligten nach § 91 AO, Anwendung.

5 Verfahren bei der Vermögensabschöpfung

Im Anwendungsbereich der VO SE (vgl. Abschn. 2.6), konkretisiert durch die §§ 96a ff. IRG, ist zwischen der Entscheidungs- und der Vollstreckungsbehörde und zwischen Sicherstellungs- und Einziehungsentscheidung zu unterscheiden. Die nationalen Finanzbehörden können nach Art. 2 Nr. 8 Buchst. a) der VO SE Entscheidungsbehörde im Rahmen einer Sicherstellungsentscheidung sein. Hinsichtlich einer etwaigen Validierung durch ein Gericht oder durch eine Staatsanwaltschaft wird auf die diesbezüglichen Ausführungen in Abschn. 3.2.2 verwiesen. Demnach bedürfen Ersuchen von Finanzbehörden, die ein strafrechtliches Ermittlungsverfahren nach § 386 Abs. 2 AO selbständig führen, keiner Bestätigung („Validierung“) durch eine Justizbehörde. Die Sicherstellungsentscheidung wird durch eine Sicherstellungsbescheinigung und die Einziehungsentscheidung wird durch eine Einziehungsbescheinigung übermittelt, Art. 4 Abs. 1 S. 1, 14 Abs. 1 S. 1 VO SE[17] .

6 Rechtsschutz

Die Möglichkeiten des Rechtsschutzes richten sich danach, ob er sich gegen die Entscheidung für eine im Rechtshilfeverfahren begehrte Maßnahme oder gegen deren Vornahme/Vollzug richtet. Rechtsbehelfe gegen die Entscheidung für eine bestimmte Maßnahme sind im ersuchenden Staat einzulegen. Rechtsbehelfe, die sich gegen den Vollzug einer Maßnahme richten, sind hingegen allein im ersuchten Staat einzulegen.

Für Rechtsbehelfe gegen Maßnahmen im Rechtshilfeverkehr sind die Strafgerichte zuständig (vgl. § 33 Abs. 3 FGO). Gegen Maßnahmen aufgrund eingehender Rechtshilfeersuchen stehen insoweit die Rechtsbehelfe nach der StPO und den §§ 1, 2, 22, 23 ff. GVGEG zur Verfügung.

Soweit es um andere Maßnahmen der sonstigen Rechtshilfe als die Herausgabe von Gegenständen nach § 66 IRG geht, können Betroffene Einwendungen gegen die Zulässigkeit der Rechtshilfe im ersuchten Staat gegen die Vornahmehandlung vorbringen (sog. „Integrationslösung“).

Ist für die Leistung der Rechtshilfe keine Vornahmehandlung erforderlich, etwa bei einer Auskunft aus einem behördlichen Register, ist ein Antrag auf gerichtliche Entscheidung (§ 77 Abs. 1 IRG i. V. m. §§ 23 ff. GVGEG) möglich.

Sofern die Bewilligungsentscheidung individualschützende Aspekte (insbesondere § 91e IRG) berührt, kann die Entscheidung im Hinblick auf Ermessensfehler angefochten worden. Auf § 91i IRG wird verwiesen. Ansonsten scheidet eine gerichtliche Überprüfung der Bewilligung aus.

Werden im Zusammenhang mit einer EEA im Anordnungs- oder Vollstreckungsstaat Rechtsmittel eingelegt, unterrichten sich die EU-MS gegenseitig (Art. 14 RL-EEA; § 91i Abs. 3 IRG).

---

[17] Auf die sich in Anhang I und II der VO 2018/1805 befindlichen Muster der Sicherstellungs- und Einziehungsbescheinigungen wird hingewiesen.

Trägt eine beteiligte Person im Vollstreckungsstaat sachliche Gründe gegen die erlassene EEA vor, so soll die ersuchte Behörde diese Einwendungen der Anordnungsbehörde übermitteln und die beteiligte Person über die Übermittlung unterrichten (sog. „Brückenkopfmodell"; BT-Drs. 18/9757 S. 31).

Die Einlegung eines Rechtsmittels bewirkt nicht, dass die Durchführung der Ermittlungsmaßnahme aufgeschoben wird, es sei denn, dies ist in vergleichbaren innerstaatlichen Fällen vorgesehen (Art. 14 Abs. 6 RL-EEA).

Rechtsbehelfe im Rahmen der Sicherstellung und Einziehung sind in Art. 33 VO SE i. V. m. § 96d IRG geregelt.

7 Kosten des internationalen Rechtshilfeverkehrs

Die Kostenfrage entscheidet sich nach dem jeweiligen Übereinkommen (z. B. Art. 21 RL-EEA, Art. 5 2. ZP-EuRhÜbk). In der Regel trägt der ersuchte Staat die Kosten für die Erledigung des Rechtshilfeersuchens. Ausnahmen sind z. B. die Kosten und Honorare von Sachverständigen. Auf die Geltendmachung der Kosten kann nach § 75 IRG verzichtet werden. Einzelheiten zur Kostentragung und -berechnung ergeben sich aus Nr. 15 RiVASt.

8 Polizeiliche Rechtshilfe

Polizeiliche Rechtshilfeersuchen können sowohl in einem eingeleiteten Strafverfahren als auch in Vorermittlungen/Vorfeldermittlungen und zu präventiven Zwecken gestellt und beantwortet werden. Die Steuerfahndungsstellen können in diesen Fällen die Ermittlungsmöglichkeiten der Polizei oder des LKA in Anspruch nehmen.

Innerhalb der EU richtet sich die Zusammenarbeit nach dem derzeit geltenden Rahmenbeschluss 2006/960/JI des Rates über die Vereinfachung des Austauschs von Informationen und Erkenntnissen zwischen den Strafverfolgungsbehörden der Mitgliedstaaten der Europäischen Union vom 18. Dezember 2006 (RB-Informationsaustausch, sog. „Schwedische Initiative"; ABl. EU vom 29. Dezember 2006 Nr. L 386, S. 89). Für die Umsetzung der Schwedischen Initiative wurde die AO um die §§ 117a und 117b AO ergänzt, ebenso erfolgten Änderungen im IRG (§ 92 IRG, § 92a IRG, § 92b IRG) und anderen Gesetzen. Die Steuerfahndungsstellen können als zuständige Strafverfolgungsbehörde Ersuchen selbständig stellen und erledigen (Nr. 127 RiVASt). Es ist darauf hinzuweisen, dass Justizbehörden wie Staatsanwaltschaften keine Polizeibehörden im Sinne des Rahmenbeschlusses sind (BT-Drs. 17/5096 S. 20).

Der Informationsaustausch nach der Schwedischen Initiative beschränkt sich grundsätzlich auf vorhandene Informationen. Darüber hinaus kann die Gewinnung von Erkenntnissen auf freiwilliger Basis erbeten werden, soweit dies ohne Zwangsmaßnahmen möglich ist[18] . Die landesspezifisch geregelten Bewilligungsbefugnisse und Geschäftswege (s. Abschn. 3.3) sind zu beachten. Die im Wege des polizeilichen Informationsaustausches erlangten Informationen werden in den meisten Fällen mit einer Verwendungsbeschränkung versehen und können daher nicht ohne Weiteres als Beweis vor Gericht verwendet werden. Zur Verwendung als Beweismittel bedarf es in der Regel eines justiziellen Ersuchens, sofern die ersuchte Behörde der Verwendung als Beweismittel nicht zugestimmt hat.

Auch in Bezug auf Drittstaaten kann polizeiliche Rechtshilfe in Anspruch genommen werden. Der Umfang, in dem diese gewährt wird, richtet sich nach dem jeweiligen Recht des ersuchten Staats. Mit einigen Staaten[19] bestehen Abkommen und Ergänzungsverträge über die polizeiliche Zusammenarbeit, welche hier anzuwenden sind.

---

[18] Im Einzelnen wird insoweit auf den gemeinsamen Ländererlasse vom 28. Januar 2014 (BStBl 2014 I S. 538) verwiesen.

[19] So z. B. Frankreich, Luxemburg, Schweiz, Polen, Belgien, Dänemark.

9 Spontanauskunft

Informationen, die eine zuständige Behörde im Rahmen ihrer eigenen Ermittlung gesammelt hat, können an eine ausländische Behörde ohne vorheriges Ersuchen übermittelt werden, wenn sie der Meinung ist, dass die Informationen dem anderen Staat helfen könnten, Ermittlungen oder Verfahren einzuleiten oder durchzuführen (Spontanauskunft).

Im Rahmen der justiziellen Rechtshilfe richtet sich die Weitergabe von Informationen nach dem jeweils geltenden Übereinkommen (Art. 7 EU-RhÜbk; Art. 11 des 2. ZP-EuRhÜbk; § 61a (allgemein) bzw. § 92c IRG (EU-MS)). Im Rahmen der polizeilichen Rechtshilfe für EU-MS können Spontanauskünfte sowohl zum Zweck der Strafverfolgung (§ 92c IRG) als auch zur Verhütung von Straftaten (§ 117a Abs. 3 AO) erfolgen. In allen genannten Fällen ist die Zweckverwendungsbeschränkung des § 61a Abs. 2 IRG zwingend zu beachten. Für die Spontanauskünfte auf Grundlage steuerlicher Abkommen wird auf die diesbezüglichen Ausführungen im Merkblatt zur zwischenstaatlichen Amtshilfe durch Informationsaustausch in Steuersachen verwiesen.

Die geltenden Bewilligungsbefugnisse und Geschäftswege (s. Abschn. 3.3) sind zu beachten. Vor der Übermittlung von Informationen ist die Vorschrift § 117 Abs. 4 AO zur Anhörung des inländischen Beteiligten zu beachten.

10 Auskunfts- und Unterstützungsmöglichkeiten

10.1 Deutsche Auslandsvertretungen

Die deutschen Auslandsvertretungen (Botschaften, Generalkonsulate, Konsulate) können im Einzelfall sowohl im Strafverfahren als auch im Besteuerungsverfahren um Unterstützung ersucht werden (Art. 35 Abs. 1 GG, § 111 AO, Nrn. 128, 131 RiVASt)[20] . Der Verkehr mit den Auslandsvertretungen ist innerstaatlicher Verkehr (Nr. 129 RiVASt).

Die deutschen Auslandsvertretungen können die Ersuchen in eigener Zuständigkeit erledigen, soweit dies mit dem Recht des Aufenthaltsstaats vereinbar ist. Im Allgemeinen beschränkt sich ihre Befugnis auf die Erteilung von Auskünften, die Vornahme von Zustellungen an Deutsche und die Vernehmung von Deutschen als Zeugen, Sachverständige oder Beschuldigte (Nr. 129 RiVASt). Einzelne Staaten lassen ein weitergehendes Tätigwerden bis hin zur Vernehmung von Angehörigen des anderen Staats zu, sofern diese dazu bereit sind. Hinweise hierzu enthält der Länderteil der RiVASt.

Zu beachten ist, dass in den deutschen Auslandsvertretungen neben dem entsandten Personal auch sog. Lokalbeschäftigte tätig sind, also Personen des jeweiligen Gaststaats. Die Hinzuziehung deutscher Auslandsvertretungen ist daher nur in besonders begründeten Einzelfällen möglich. Anfragen an deutsche Auslandsvertretungen sind über das Auswärtige Amt in Berlin zu stellen.

10.2 Europäische Staatsanwaltschaft (EUStA)

Die Europäische Staatsanwaltschaft ist eine nach Art. 86 AEUV gegründete EU-weit tätige Behörde, die gegen grenzübergreifende Großkriminalität zu Lasten des EU-Haushalts vorgeht. Sie beruht auf der Verordnung (EU) 2017/1939 des Rates vom 12. Oktober 2017 zur Durchführung einer verstärkten Zusammenarbeit zur Errichtung der Europäischen Staatsanwaltschaft (EUStA-VO), deren nationale Durchführung im Europäischen-Staatsanwaltschaft-Gesetz geregelt ist (EUStAG, BT-Drs. 19/17963). Die EUStA hat ihre Arbeit im Juni 2021 in 22 teilnehmenden EU-MS[21] aufgenommen.

---

[20] Die Anschriften sind im Internet-Angebot des Auswärtigen Amtes aufgeführt (www.auswaertiges-amt.de).

[21] Derzeit nehmen teil: Belgien, Bulgarien, Deutschland, Estland, Finnland, Frankreich, Griechenland, Italien, Kroatien, Lettland, Litauen, Luxemburg, Malta, Niederlande, Österreich, Portugal, Rumänien, Slowakei, Spanien, Slowenien, Tschechien und Zypern (Stand Februar 2022).

Jeder an der EUStA teilnehmende EU-MS hat Delegierte Europäische Staatsanwältinnen und Staatsanwälte (DEStA) an die EUStA entsandt, die in dem jeweiligen Mitgliedstaat arbeiten, von dem sie entsandt sind und dort unter Anwendung der EUStA-VO und des nationalen Rechts für die Durchführung der Ermittlungsmaßnahmen zuständig sind sowie ggf. entsprechende Anklagen vor Gericht vertreten[22] . Die sachliche Zuständigkeit der EUStA beschränkt sich gem. Art. 22 Abs. 1 EUStA-VO auf die Verfolgung von bestimmten Straftaten gegen die finanziellen Interessen der EU, die nach dem 20. November 2017 begangen worden sind. Hierunter fallen im Wesentlichen Straftaten zum Nachteil der finanziellen Interessen der EU, die in der Richtlinie (EU) 2017/1371 vom 5. Juli 2017 in ihrer Umsetzung in nationales Recht festgelegt sind. Für Fälle des Umsatzsteuerbetruges im Sinne des Artikels 3 Abs. 2 Buchstabe d der Richtlinie (EU) 2017/1371 (PIF-RL) sieht Artikel 22 Abs. 1 Satz 2 EUStA-VO vor, dass die EUStA nur zuständig ist, wenn die Tat mit dem Hoheitsgebiet von zwei oder mehr MS verbunden ist und einen Gesamtschaden von mindestens 10 Mio. Euro umfassen.

Auf die diesbezüglichen Ausführungen in Nr. 140a AStBV wird hingewiesen.

10.3 Europäisches Justizielles Netz für Strafsachen (EJN)

Das EJN besteht aus Kontaktstellen in den einzelnen EU-MS, bei der Europäischen Kommission sowie dem in Den Haag ansässigen Sekretariat. Jeder EU-MS benennt eine Kontaktstelle, die als nationale Anlaufstelle fungiert. Dem EJN haben sich auch Island, Liechtenstein, Norwegen und die Schweiz angeschlossen.

Die Bundesrepublik Deutschland hat mit Rücksicht auf ihre föderale Struktur von der in dem EJN-Beschluss (Rahmenbeschluss 2008/976/JI, ABl. EU v. 24. Dezember 2008 Nr. L 348 S. 130) vorgesehenen Möglichkeit Gebrauch gemacht, nicht nur eine Kontaktstelle einzurichten, sondern die Aufgaben der Kontaktstelle auf Bund und Länder zu verteilen. In Deutschland gibt es neben den zwei bei den Bundesbehörden BfJ und GBA angesiedelten Bundeskontaktstellen weitere 16 Landeskontaktstellen.

Das EJN dient dazu, die Herstellung sachdienlicher Kontakte zwischen den im Rahmen der internationalen Zusammenarbeit der EU-MS zuständigen Justizbehörden zu erleichtern und die örtlichen Justizbehörden ihres Landes sowie die anderen Kontaktstellen mit sämtlichen Informationen zu versorgen, die für die reibungslose justizielle Zusammenarbeit zwischen den EU-MS, insbesondere im Rahmen von Rechtshilfeersuchen, erforderlich sind.

Über die Internetseite des EJN (www.ejn-crimjust.europa.eu) sind nähere Informationen über die Kontaktstellen, nationale Umsetzungsgesetze und die Verfahrenspraxis abrufbar. Daneben können dort alle rechtshilferelevanten Abkommen abgerufen werden.

10.4 Eurojust

Rechtsgrundlage für die Tätigkeit von Eurojust ist die Verordnung (EU) 2018/1727 vom 14. November 2018, die den bisherigen Beschluss ersetzt hat. Das Eurojust-Gesetz wurde mit Gesetz zur Durchführung der Eurojust-Verordnung vom 9. Dezember 2019 (BGBl. 2019 I S. 2010) entsprechend angepasst.

Eurojust ist die Agentur der Europäischen Union für justizielle Zusammenarbeit in Strafsachen mit Sitz in Den Haag. Aufgabe von Eurojust ist es, die Koordinierung von grenzüberschreitenden Strafverfolgungsmaßnahmen zwischen den EU-MS zu fördern und zu verbessern, strafrechtliche Ermittlungen zu unterstützen und die Erledigung von Rechtshilfeersuchen zu erleichtern. Bei Eurojust arbeiten Staatsanwältinnen und Staatsanwälte, Richterinnen und Richter sowie Polizeibeamtinnen und Polizeibeamte, die von den EU-MS nach Maßgabe ihres nationalen Rechts nach Den Haag entsandt werden.

[22] In Deutschland wurden fünf Zentren für die DStA eingerichtet: in Berlin, Frankfurt, Hamburg, Köln und München.

Eurojust arbeitet eng mit dem EJN und mit anderen EU-Agenturen, wie Europol, OLAF und Frontex (Europäische Agentur für die Grenz- und Küstenwache) zusammen. Mit der EUStA wird ebenfalls eine Kooperation etabliert. Auf der Grundlage von Zusammenarbeitsvereinbarungen kann Eurojust auch mit internationalen Organisationen und anderen Staaten einen Informationsaustausch pflegen.

Verbindungsstaatsanwältinnen und -staatsanwälte aus Drittstaaten wurden unter anderem von Norwegen, der Schweiz, den USA, Nordmazedonien, Montenegro, Serbien, Ukraine und Albanien zu Eurojust entsandt. Mit zwölf Staaten bestehen bislang Kooperationsabkommen[23] .

Insbesondere auf der Internetseite von Eurojust (www.eurojust.europa.eu) können weitere Informationen eingeholt werden.

10.5 Europol

Europol hat gemäß der Verordnung (EU) 2016/794 des Europäischen Parlaments und des Rates vom 11. Mai 2016 (ABl. EU v. 24. Mai 2016 Nr. L 135, S. 53) u. a. die Aufgaben, Informationen und Erkenntnisse zu sammeln, zu analysieren und auszuwerten und die EU-MS über die sie betreffenden Informationen unverzüglich zu unterrichten. Auch koordiniert, organisiert und führt Europol mit den EU-MS gemeinsame Ermittlungs- und operative Maßnahmen durch.

Europol unterstützt die EU-MS bei der Bekämpfung organisierter Kriminalität, Terrorismus und anderen Formen der schweren Kriminalität, wenn zwei oder mehr Mitgliedstaaten betroffen sind. Hierzu gehört auch die Steuerhinterziehung als Sonderform des Betruges.

Jeder EU-MS unterhält eine nationale Stelle, die als Verbindungsstelle zwischen Europol und den zuständigen Behörden dieses EU-MS dient. Das deutsche Verbindungsbüro ist dem BKA angegliedert.

Weitere Informationen können der Internetseite von Europol (www.europol.europa.eu) entnommen werden.

10.6 Weitere Netzwerke und Plattformen

Bei den Verfahren INPOL, EUCARIS und SIENA handelt es sich um Abfragemodule und Kommunikationsplattformen, die von Strafverfolgungsbehörden des Bundes und der Länder für Zwecke der Strafverfolgung genutzt werden. Im Falle von SIENA sind Abfragemöglichkeiten über andere EU-MS und einige Drittstaaten möglich. Ebenso umfasst EUCARIS ein Verfahren zum EU-weiten Austausch von Fahrzeug- und Fahrerlaubnisregisterdaten. Angeschlossen sind in Deutschland die Bundes-, Landes- und Zollkriminalämter und teilweise die einzelnen Polizeibehörden. Die Anbindung der Steuerfahndungsstellen ist derzeit in Planung.

Die beim BZSt geführte Datenbank ZAUBER enthält eine Rubrik „Rechtshilfe“, in der zur effektiven Bekämpfung des Umsatzsteuerbetrugs Umsatzsteuerbetrugsfälle gespeichert und ausgewertet werden und die Entwicklung von Risikoprofilen eingerichtet ist. Die Landesfinanzbehörden haben einen direkten Zugriff auf diese Datenbank.

Daneben bestehen die beiden Netzwerke der Vermögensabschöpfung ARO für EU-MS und CARIN weltweit, an denen Deutschland jeweils in Gestalt der Kontaktstellen beim BfJ und dem BKA beteiligt ist. Diese Netzwerke unterstützen etwaige Rechtshilfeersuchen im Zusammenhang mit Maßnahmen der Vermögensabschöpfung[24].

11 Aufhebung von Verwaltungsanweisungen

Das BMF-Schreiben vom 16. November 2006, BStBl 2006 I S. 698, wird aufgehoben und durch dieses Schreiben ersetzt.

---

[23] Stand Januar 2022.

[24] Nähere Informationen zu ARO und CARIN sind auf der Internetseite des BMJ zu finden (www.bmj.de).

Bekanntgabe eines Steuerverwaltungsaktes an sowie Vollstreckung gegen eine Gesellschaft in der Rechtsform einer Britischen Limited mit Verwaltungssitz (Ort der Geschäftsleitung) im Inland sowie deren Rechtsnachfolger nach dem 31. Dezember 2020

(BMF-Schreiben vom 30.12.2020 - I V A 3 - S 0284/20/10006 :003 -, BStBl 2021 I S. 46) *

I. Vorbemerkung

1. Das Vereinigte Königreich Großbritannien und Nordirland (Vereinigtes Königreich) ist am 31. Januar 2020 aus der Europäischen Union (EU) ausgetreten. Zwischen der EU und dem Vereinigten Königreich gewährleistet das vereinbarte Austrittsabkommen[1] die weitgehende Fortgeltung von Unionsrecht für das Vereinigte Königreich für einen Übergangszeitraum, der am 31. Dezember 2020 endet (nachfolgend „Übergangszeitraum"). Bis zum Ablauf dieses Übergangszeitraums unterliegt ein in Deutschland ansässiges Unternehmen (d. h. insbesondere eine gewerbliche Gesellschaft mit Verwaltungssitz im Inland) britischer Rechtsform dem Anwendungsbereich der Niederlassungsfreiheit und ist somit in Deutschland als eine rechtsfähige Gesellschaft ausländischen Rechts anzuerkennen.

2 Nach dem Ablauf des Übergangszeitraums ist das Vereinigte Königreich wie jeder andere Drittstaat zu behandeln. Das Handelsabkommen zwischen dem Vereinigten Königreich und der EU vom 24. Dezember 2020 trifft dazu keine abweichenden Regelungen. Für die zivilrechtliche Anerkennung einer Gesellschaft britischer Rechtsform mit statutarischem Sitz im Vereinigten Königreich und Verwaltungssitz in Deutschland gibt es damit unter Zugrundelegung der Rechtsprechung des BGH auf nach dem Recht eines Drittstaats gegründete Gesellschaften (vgl. Rn. 5) nach Ablauf des Übergangszeitraumes in Deutschland keine zivilrechtliche Grundlage mehr. Betroffen sind hiervon Unternehmen insbesondere in der Rechtsform einer „private company limited by shares" (Limited). Eine Limited mit Verwaltungssitz im Vereinigten Königreich oder im sonstigen Ausland ist hingegen auch nach dem 31. Dezember 2020 uneingeschränkt als nach britischem Recht gegründete Limited und damit als rechtsfähige Gesellschaft anzuerkennen.

3 Im Bereich des Steuerverfahrensrechts hat dies zum einen Auswirkungen auf die Bekanntgabe von Steuerverwaltungsakten an eine Limited mit Ort der Geschäftsleitung im Inland, also insbesondere auf die Frage, an wen Steuerbescheide ab dem 1. Januar 2021 zu adressieren sind und wem gegenüber sie bekanntzugeben sind. Zum anderen betrifft dies die künftigen Vollstreckungsmöglichkeiten, also in welches Vermögen eine Vollstreckung wegen Steuerrückständen noch möglich ist. Der zivilrechtliche Verwaltungssitz entspricht dabei in der Regel steuerlich dem Ort der Geschäftsleitung (§ 10 AO).

---

* Inhaltsverzeichnis hier nicht abgedruckt.

1 Abkommen über den Austritt des Vereinigten Königsreichs Großbritannien und Nordirland aus der Europäischen Union und der Europäischen Atomgemeinschaft vom 12. November 2019 (2019/C 384 I/01).

II. Rechtliche Konsequenzen

4 Unter Bezugnahme auf das Ergebnis der Erörterungen mit den obersten Finanzbehörden der Länder gilt für die Bekanntgabe eines Steuerverwaltungsaktes an sowie für Vollstreckung gegen eine Gesellschaft in der Rechtsform einer Britischen Limited mit Ort der Geschäftsleitung im Inland sowie deren Rechtsnachfolger mit Ablauf des Übergangszeitraums am 31. Dezember 2020 Folgendes:

1. Zivilrechtliche Fortsetzung der Limited als Personengesellschaft oder als Einzelunternehmen

5 Nach der Rechtsprechung des BGH gilt für nach dem Recht eines Drittstaats gegründete Gesellschaften die sogenannte „Sitztheorie", wonach sich kollisionsrechtlich das auf eine Gesellschaft anwendbare Gesellschaftsstatut nach dem Recht desjenigen Staates richtet, in dem die betroffene Gesellschaft ihre Geschäftsleitung hat.

6 Für eine Limited mit Geschäftsleitung in Deutschland hat dies zur Folge, dass sie – mangels Gründung der Gesellschaft nach deutschen Rechtsvorschriften – in Deutschland zivilrechtlich nicht mehr nach ihrem Gründungsstatut behandelt und deshalb nicht mehr als Limited anerkannt wird. Unerheblich für die zivilrechtliche Anerkennung ist, ob für die Limited eine Zweigniederlassung im deutschen Handelsregister eingetragen ist.

7 Die betreffende Gesellschaft wird dann zivilrechtlich – sofern mehrere Personen an ihr beteiligt sind (nachfolgend: **Mehr-Personen-Limited**) – als eine der in Deutschland zur Verfügung stehenden Auffangrechtsformen behandelt, das heißt als offene Handelsgesellschaft (OHG) oder als Gesellschaft bürgerlichen Rechts (GbR).

8 Ist nur eine Person an der Gesellschaft beteiligt (nachfolgend: **Ein-Personen-Limited**), tritt zivilrechtlich der bisherige Alleingesellschafter als natürliche oder juristische Person an die Stelle der Limited. Betreibt die Limited ein Handelsgewerbe im Sinne von § 1 Absatz 2 HGB, ist diese Person Kaufmann im Sinne des Handelsgesetzbuchs.

2. Zivilrechtlicher Rechtsformwechsel oder zivilrechtliche Gesamtrechtsnachfolge

9 Mit Ablauf des Übergangszeitraums sind zivilrechtlich alle Aktiva und Passiva einer Mehr-Personen-Limited der Personengesellschaft, alle Aktiva und Passiva einer Ein-Personen-Limited ihrem bisherigen Alleingesellschafter zuzuordnen.

10 Bei einer Mehr-Personen-Limited ist davon auszugehen, dass nach Ablauf des Übergangszeitraums in Analogie zum Formwechsel nach § 190 UmwG zivilrechtlich kein Rechtsträgerwechsel und damit keine Gesamtrechtsnachfolge stattfindet, sondern ein sogenannter identitätswahrender Wechsel der Rechtsform, da die Bestimmungen des Umwandlungsgesetzes insoweit lückenhaft sind. Dies bedeutet analog § 202 Absatz 1 Nummer 1 UmwG, dass die die Rechtsform wechselnde Limited bis zu ihrer Löschung aus dem Companies House in der entsprechenden deutschen Rechtsform (d. h. als OHG oder GbR, vgl. Rn. 7) fortbesteht.

11 Bei einer Ein-Personen-Limited ist davon auszugehen, dass es mit Ablauf des Übergangszeitraums zivilrechtlich zu einer Vermögensanwachsung im Wege der Gesamtrechtsnachfolge kommt. Die Aktiva und Passiva der Limited sind mit Ablauf des Übergangszeitraums zivilrechtlich dem Gesamtrechtsnachfolger (d. h. dem Alleingesellschafter, vgl. Rn. 8) zuzuordnen.

3. Bekanntgabe von Steuerverwaltungsakten

12 Die Rechtsauffassung des BGH zur zivilrechtlichen Behandlung einer Limited mit Geschäftsleitung im Inland ist auch steuerverfahrensrechtlich zu Grunde zu legen.

3.1 Zivilrechtlicher Rechtsformwechsel von der Mehr-Personen-Limited in die Personengesellschaft

13 Steuerverwaltungsakte, die bereits vor dem zivilrechtlichen Rechtsformwechsel an die Limited gerichtet und ihr zugegangen waren, bleiben unverändert wirksam.

14 Hat die Limited den Steuertatbestand vor dem Ablauf des Übergangszeitraums verwirklicht, wurde ihr aber der Steuerverwaltungsakt vor dem zivilrechtlichen Rechtsformwechsel nicht mehr bekannt gegeben, ist der Steuerverwaltungsakt an die zivilrechtliche (Nachfolge-)Personengesellschaft zu richten. Sollte ein Steuerverwaltungsakt dennoch an die „Limited" ohne Hinweis auf den Rechtsformwechsel gerichtet sein, ist dieser Verwaltungsakt gleichwohl wirksam, solange die Nachfolgegesellschaft nach außen unverändert unter dem Namen „Limited" auftritt (vgl. auch Rn. 15).

15 Bei Steuerverwaltungsakten, die an die zivilrechtliche (Nachfolge-)Personengesellschaft für nach Ablauf des Übergangszeitraums verwirklichte Steuertatbestände gerichtet werden, ist die (Nachfolge-)Personengesellschaft durch Angabe des geschäftsüblichen Namens, unter dem sie nach dem Ablauf des Übergangszeitraums am Rechtsverkehr teilnimmt, ausreichend gekennzeichnet (vgl. AEAO zu § 122, Nr. 2.4.1.2). Tritt die zivilrechtliche (Nachfolge-)Personengesellschaft im Rechtsverkehr weiterhin unter der „Firma" der Limited auf, ist sie im Anschriftenfeld mit diesem Namen und dem Zusatz „Nachfolgepersonengesellschaft" zu bezeichnen. Tritt sie unter einem anderen Namen auf, ist zu prüfen, ob diese Geschäfte steuerlich noch derselben GbR oder OHG zuzurechnen sind.

Beispiel 1:

Anschriftenfeld

Meier Limited Nachfolgepersonengesellschaft

Hauptstraße 101

Neustadt

Wird die Nachfolgepersonengesellschaft in diesen Fällen von einem Bevollmächtigten vertreten, so sind Schreiben/Verwaltungsakte wie folgt zu adressieren:

Beispiel 2:

Anschriftenfeld

Werner Schlau

Steuerberater

Fuchsstraße 5

55555 Waldhausen

Bescheidkopf

Für Meier Limited Nachfolgepersonengesellschaft, Hauptstraße 101, 67433 Neustadt

16 Soweit eine GbR oder OHG keinen geschäftsüblichen Namen hat, unter dem sie nach dem Ablauf des Übergangszeitraums am Rechtsverkehr teilnimmt, sind die Steuerverwaltungsakte an alle Gesellschafter zu richten (vgl. AEAO zu § 122, Nr. 2.4.1.3).

Beispiel 3:

Die Meier Limited tritt nicht unter diesem Namen im Rechtsverkehr auf. Max Meier ist zum Gesellschafter-Geschäftsführer der Nachfolgepersonengesellschaft nach § 34 Absatz 1 AO bestellt. Steuerbescheide sind an Max Meier zu adressieren. Die Adressierung des Steuerbescheids lautet wie folgt:

Anschriftenfeld

Max Meier

Hauptstraße 101

67433 Neustadt

Bescheidkopf

Dieser Bescheid ergeht an Sie als Vertretungsberechtigter der Nachfolgepersonengesellschaft der Meier-Limited, Hauptstraße 101, 67433 Neustadt, mit Wirkung für und gegen die Gemeinschaft/Gesellschaft.

In den Bescheiden müssen alle Gesellschafter in den Bescheiderläuterungen oder in einer Anlage zum Bescheid aufgeführt werden.

Wird die (Nachfolge-)Personengesellschaft in diesen Fällen von einem Bevollmächtigten vertreten, so sind Schreiben/Verwaltungsakte wie folgt zu adressieren:

Beispiel 4:

Anschriftenfeld

Werner Schlau

Steuerberater

Fuchsstraße 5

55555 Waldhausen

Bescheidkopf

Für Max Meier als Vertretungsberechtigter der Nachfolgepersonengesellschaft der Meier Limited, Hauptstraße 101, 67433 Neustadt.

Dieser Bescheid richtet sich gegen Max Meier als Vertretungsberechtigter der Gemeinschaft/Gesellschaft mit Wirkung für und gegen die Gemeinschaft/Gesellschaft.

Aus den Bescheiderläuterungen/einer Anlage müssen sich alle Gesellschafter der Personengesellschaft ergeben.

3.2 Zivilrechtliche Gesamtrechtsnachfolge bei einer Ein-Personen-Limited

17 Steuerverwaltungsakte, die bereits vor Eintritt der zivilrechtlichen Gesamtrechtsnachfolge an die Limited gerichtet und ihr zugegangen sind, wirken auch gegen den Ge-

samtrechtsnachfolger. Die Regelung in § 166 AO, wonach unanfechtbare Steuerfestsetzungen auch gegenüber einem Gesamtrechtsnachfolger gelten, bedeutet nicht, dass gegenüber einem Gesamtrechtsnachfolger die Bekanntgabe zu wiederholen ist oder eine neue Rechtsbehelfsfrist zu laufen beginnt.

18 Hat die Ein-Personen-Limited zwar den Steuertatbestand vor dem Ablauf des Übergangszeitraums verwirklicht, wurde ihr aber der Steuerverwaltungsakt vor Eintritt der Rechtsnachfolge nicht mehr bekannt gegeben, so ist der Steuerverwaltungsakt an den Gesamtrechtsnachfolger zu richten. Im Bescheidkopf ist der Hinweis aufzunehmen, dass der Alleingesellschafter als Gesamtrechtsnachfolger der Limited in Anspruch genommen wird. Vgl. im Übrigen Beispiel 2 und 3 im AEAO zu § 122, Nr. 2.12.2.

19 Steuerverwaltungsakte für nach Ablauf des Übergangszeitraums verwirklichte Steuertatbestände sind an den zivilrechtlichen Gesamtrechtsnachfolger zu richten. Ist der Gesamtrechtsnachfolger eine Kapital- oder Personengesellschaft, wird er durch Angabe des geschäftsüblichen Namens, unter dem er nach dem Ablauf des Übergangszeitraums am Rechtsverkehr teilnimmt, ausreichend gekennzeichnet (vgl. AEAO zu § 122, Nr. 2.4.1.2).

Beispiel 5:

Anschriftenfeld

Herrn Max Meier

Hauptstraße 101

67433 Neustadt

Bescheidkopf

Dieser Bescheid ergeht an Sie als Gesamtrechtsnachfolger der Meier-Limited, Hauptstraße 101, 67433 Neustadt.

Wird die Ein-Personen-Limited von einem Bevollmächtigten vertreten, so sind Schreiben/ Verwaltungsakte wie folgt zu adressieren:

Beispiel 6:

Anschriftenfeld

Werner Schlau

Steuerberater

Fuchsstraße 5

55555 Waldhausen

Bescheidkopf

Für Max Meier als Gesamtrechtsnachfolger der Meier-Limited, Hauptstraße 101, 67433 Neustadt.

3.3 Fortgeltung von Bekanntgabe-Vollmachten/Vertretungsvollmachten

3.3.1 Mehr-Personen-Limited

20 Bei zivilrechtlichen (Nachfolge-)Personengesellschaften ist davon auszugehen, dass von der Limited, ggf. durch ihren gesetzlichen Vertreter, erteilte Vertretungs- und/oder

Bekanntgabe-Vollmachten nach dem Ablauf des Übergangszeitraums fortgelten, solange die Gesellschafter der (Nachfolge-)Personengesellschaft nichts anderes erklären.

3.3.2 Ein-Personen-Limited

21 Bei einer Ein-Personen-Limited sind vom Gesamtrechtsnachfolger neue Vollmachten zu erteilen, weil die Limited als bisherige Vollmachtgeberin nach dem 31. Dezember 2020 zivilrechtlich nicht mehr existiert (vgl. Rn. 11) und daher von ihr bzw. für sie erteilte Vollmachten erloschen sind. Soweit der bisher bestellte Bevollmächtigte weiterhin als solcher auftritt, ist aber zu prüfen, ob eine Duldungs- oder Anscheinsvollmacht vorliegt.

4. Vollstreckung gegen die Limited

4.1 Mehr-Personen-Limited

22 Bei einer Mehr-Personen-Limited ist zivilrechtlich von einem identitätswahrenden Wechsel der Rechtsform (also keine Gesamtrechtsnachfolge) auszugehen, sodass eine Vollstreckung unmittelbar und uneingeschränkt gegen die (Nachfolge-)Personengesellschaft möglich ist (§ 267 Satz 1 AO).

4.2 Ein-Personen-Limited

23 Bei dem zivilrechtlichen Vermögensübergang einer Ein-Personen-Limited ist von einer Gesamtrechtsnachfolge auszugehen. Die Aktiva und Passiva der Limited sind mit Ablauf des Übergangszeitraums zivilrechtlich dem Alleingesellschafter als Rechtsnachfolger zuzuordnen (vgl. Rn. 11). Bei der Vollstreckung gegen den Rechtsnachfolger als Vollstreckungsschuldner sind die Voraussetzungen für den Beginn der Vollstreckung gemäß § 254 AO zu beachten.

24 Die vor dem Ablauf des Übergangszeitraums auf Grundlage eines wirksamen Leistungsgebotes gegenüber der Limited durchgeführten Vollstreckungshandlungen werden durch die Gesamtrechtsnachfolge nicht tangiert. Bei Vornahme von Vollstreckungsmaßnahmen mit belastender Wirkung nach Eintritt der Gesamtrechtsnachfolge bedarf es gemäß § 254 Absatz 1 Satz 3 AO eines Leistungsgebotes gegenüber dem Rechtsnachfolger der Limited.

25 § 323 AO bzw. Abschn. 48 der VollstrA finden auf die vorliegenden Fälle der Gesamtrechtsnachfolge keine Anwendung. Denn der Gesamtrechtsnachfolger wird gemäß § 45 AO Steuerpflichtiger i. S. d. § 33 Absatz 1 AO. Daher bedarf es gegenüber dem Rechtsnachfolger der Limited keines Duldungsbescheides, bevor die Vollstreckungsstelle die Zwangsversteigerung oder Zwangsverwaltung aus einer vor Eintritt der Gesamtrechtsnachfolge eingetragenen Sicherungshypothek, einer Schiffshypothek oder einem Registerpfandrecht an einem Luftfahrzeug beantragt.

III. Schlussbestimmung

Dieses Schreiben wird im Bundessteuerblatt Teil I veröffentlicht und steht ab sofort für eine Übergangszeit auf den Internetseiten des Bundesministeriums der Finanzen (http://www.bundesfinanzministerium.de) unter der Rubrik Themen - Steuern - Steuerverwaltung & Steuerrecht - Abgabenordnung - Übersicht - BMF-Schreiben / Allgemeines zum Download bereit.

Mitteilungspflichten bei Auslandsbeziehungen nach § 138 Absatz 2 AO und § 138b AO in der Fassung des Steuerumgehungsbekämpfungsgesetzes (StUmgBG)

(BMF-Schreiben vom 26.4.2022 - IV B 5-S 0301/19/10009:001 - BStBl I S. 576)

Nach Erörterung mit den obersten Finanzbehörden der Länder gilt für die Mitteilungspflicht der Steuerpflichtigen nach § 138 Absatz 2 AO und die Mitteilungspflicht Dritter nach § 138b AO Folgendes:

1. Anwendungsregelungen

1 Nach Artikel 97 § 32 EGAO gelten folgende Anwendungsregelungen:

1. § 138 Absatz 2 bis 5, § 138b und § 379 Absatz 2 Nummer 1d AO in der Fassung des StUmgBG sind erstmals auf mitteilungspflichtige Sachverhalte anzuwenden, die nach dem 31. Dezember 2017 verwirklicht worden sind.
2. Auf Sachverhalte, die vor dem 1. Januar 2018 verwirklicht worden sind, ist § 138 Absatz 2 und 3 AO alte Fassung weiterhin anzuwenden.
3. Inländische Steuerpflichtige (§ 138 Absatz 2 Satz 1 AO), die vor dem 1. Januar 2018 erstmals unmittelbar oder mittelbar einen beherrschenden oder bestimmenden Einfluss auf die gesellschaftsrechtlichen, finanziellen oder geschäftlichen Angelegenheiten einer Drittstaat-Gesellschaft im Sinne des § 138 Absatz 3 AO ausüben konnten, ohne dass bisher eine Mitteilungspflicht nach § 138 Absatz 2 AO alte Fassung bestand, haben das Bestehen des beherrschenden oder bestimmenden Einflusses dem für sie nach den §§ 18 bis 20 AO zuständigen Finanzamt mitzuteilen, wenn dieser Einfluss auch noch am 1. Januar 2018 fortbesteht. § 138 Absatz 5 AO in der Fassung des StUmgBG gilt in diesem Fall entsprechend.

2 Dieses Schreiben ersetzt die BMF-Schreiben vom 5. Februar 2018 (BStBl I 2018 S. 289), vom 18. Juli 2018 (BStBl I 2018 S. 815), vom 18. September 2020 (BStBl I 2020 S. 971) und vom 28. Dezember 2020 (BStBl I 2021 S. 55) mit Wirkung vom 1. Januar 2022. Es wird im Bundessteuerblatt Teil I veröffentlicht und auf den Internetseiten des BMF zur Ansicht und zum Herunterladen bereitgestellt. Der dem BMF-Schreiben vom 5. Februar 2018 (BStBl I 2018 S. 289) als Anlage 2 beigefügte Vordruck „Mitteilung nach § 138b der Abgabenordnung (AO)“ gilt unverändert fort.

2. Mitteilungspflicht nach § 138 Absatz 2 AO

2.1 Allgemeines

3 Nach § 138 Absatz 2 Satz 1 AO haben Steuerpflichtige mit Wohnsitz, gewöhnlichem Aufenthalt, Geschäftsleitung oder Sitz im Inland (inländische Steuerpflichtige) dem für sie nach den §§ 18 bis 20 AO zuständigen Finanzamt mitzuteilen, wenn sie einen der in § 138 Absatz 2 Satz 1 Nummer 1 bis 4 AO genannten Tatbestände erfüllen. Daneben haben sie die Art der wirtschaftlichen Tätigkeit des Betriebs, der Betriebsstätte, der

Personengesellschaft, Körperschaft, Personenvereinigung, Vermögensmasse oder der Drittstaat-Gesellschaft anzugeben (§ 138 Absatz 2 Satz 1 Nummer 5 AO).

4 Steuerpflichtige im Sinne der Vorschrift sind auch Personengesellschaften.

2.2 Mitteilungspflicht in den Fällen des § 138 Absatz 2 Satz 1 Nummer 2 AO

5 Sind im Falle des Erwerbs, der Aufgabe oder der Veränderung einer Beteiligung im Sinne des § 138 Absatz 2 Satz 1 Nummer 2 AO die Einkünfte der inländischen Beteiligten aus einer ausländischen Personengesellschaft gesondert und einheitlich festzustellen, bestehen keine Bedenken, wenn die Mitteilungspflicht von der ausländischen Personengesellschaft, einem Treuhänder oder einer anderen die Interessen der inländischen Beteiligten vertretenden Person wahrgenommen wird. Voraussetzung ist, dass die ausländische Personengesellschaft, der Treuhänder oder die andere Person dem für die gesonderte und einheitliche Feststellung der Einkünfte zuständigen Finanzamt innerhalb der nach § 138 Absatz 5 AO genannten Frist Namen, Anschrift, Eintritts- oder Austrittsdatum, Wohnsitzfinanzamt, Steuernummer und Identifikationsnummer nach § 139b AO bzw. Wirtschafts-Identifikationsnummer nach § 139c AO sowie die Höhe der Beteiligung des inländischen Steuerpflichtigen mitteilt. Die Mitteilung ist auf die meldepflichtigen Ereignisse zu beschränken (keine Übersendung fortgeschriebener Listen). Unterlässt die ausländische Personengesellschaft, der Treuhänder oder die andere Person die Mitteilung, treffen die Rechtsfolgen den Beteiligten persönlich (vergleiche Textziffer 4). Zur Zuständigkeit der Finanzämter für Personengesellschaften vergleiche Nummer 6 des Anwendungserlasses zu § 18 AO.

2.3 Mitteilungspflicht in den Fällen des § 138 Absatz 2 Satz 1 Nummer 3 AO

2.3.1 Erwerb von Beteiligungen

6 Der Ausdruck „Vermögensmasse" schließt ausländische Investmentfonds und Spezial-Investmentfonds (§ 6 Absatz 1 InvStG) ein. Der Ausdruck „Körperschaft" umfasst auch inländische Investmentfonds, bei denen sich die Geschäftsleitung des gesetzlichen Vertreters außerhalb des Geltungsbereichs dieses Gesetzes befindet (§ 4 Absatz 2 InvStG). Unmittelbare und mittelbare Beteiligungen sind zusammenzurechnen (§ 138 Absatz 2 Satz 2 AO).

2.3.1.1 Mitteilung bei Überschreiten der Beteiligungsgrenze

7 Die Mitteilungspflicht nach § 138 Absatz 2 Satz 1 Nummer 3 AO besteht nur dann, wenn beim Erwerb einer Beteiligung die maßgebenden Beteiligungsgrenzen (erstmalig oder nach zwischenzeitlichem Unterschreiten der Grenze erneut) erreicht bzw. überschritten werden. Die Mitteilungspflicht besteht bei Vorliegen der Voraussetzungen nur für die Beteiligungen, die der inländische Steuerpflichtige selbst entgeltlich oder unentgeltlich erworben hat. Eine mittelbare Beteiligung ist immer dann mitzuteilen, wenn sie gleichzeitig durch den Erwerb einer unmittelbaren Beteiligung an einer Körperschaft, Personenvereinigung oder Vermögensmasse miterworben wurde, soweit die übrigen Voraussetzungen für die Mitteilungspflicht vorliegen; dies gilt auch bei Beteiligung an einer Personengesellschaft.

Beispiel 1: Die B-Inc. ist seit Jahren an der C-Inc. zu 100 Prozent beteiligt. Im Jahr 2018 erwirbt die A-GmbH sämtliche Anteile an der B-Inc. Somit erwirbt die A-GmbH unmittelbar 100 Prozent der Anteile an der B-Inc. und ist mitteilungspflichtig. Sie erwirbt aber auch mittelbar 100 Prozent der Anteile an der C-Inc., wofür sie ebenfalls mitteilungspflichtig ist.

Beispiel 2: Im Jahr 2019 erwirbt die B-Inc. 100 Prozent der Anteile an der D-Inc. Eine Mitteilungspflicht für die A-GmbH ergibt sich hieraus jedoch nicht, da die A-GmbH als inländischer Steuerpflichtiger die Beteiligung nicht selbst entgeltlich oder unentgeltlich erworben hat.

2.3.1.2 10 Prozent-Grenze

8 Für die Ermittlung der 10 Prozent-Grenze sind die unmittelbaren und mittelbaren Beteiligungen zusammenzurechnen.

Beispiel: Die A-GmbH ist seit Jahren an der B-Inc. zu 100 Prozent beteiligt. Die B-Inc. hält 5 Prozent der Anteile an der C-Inc. Im Jahr 2018 erwirbt die A-GmbH unmittelbar 5 Prozent der Anteile an der C-Inc. Sie ist damit unmittelbar und mittelbar an der C-Inc. zu insgesamt 10 Prozent beteiligt und damit mitteilungspflichtig.

2.3.1.3 150.000 Euro-Grenze

9 Für die Ermittlung der 150.000 Euro-Grenze sind die Anschaffungskosten aller - also auch mittelbarer - Beteiligungen im Sinne des § 138 Absatz 2 Satz 1 Nummer 3 AO zu berücksichtigen. Die 150.000 Euro-Grenze ist gesellschaftsbezogen zu ermitteln. Die Anschaffungskosten früher erworbener Beteiligungen sind ebenfalls in die Berechnung einzubeziehen. Aus Vereinfachungsgründen kann auf die Anschaffungskosten der unmittelbaren Beteiligung des Mitteilungspflichtigen abgestellt werden, wenn der Erwerb einer weiteren mittelbaren Beteiligung an der Gesellschaft innerhalb eines Jahres erfolgt.

Beispiel: Der Steuerpflichtige A ist zu 8 Prozent an einer ausländischen Kapitalgesellschaft B unmittelbar beteiligt (Anschaffungskosten = 100.000 Euro). Ferner erwirbt A eine weitere unmittelbare Beteiligung von ebenfalls 8 Prozent an der ausländischen Kapitalgesellschaft C zu Anschaffungskosten in Höhe von 60.000 Euro, die ihrerseits mit 4 Prozent an der Kapitalgesellschaft B beteiligt ist. Der Steuerpflichtige A ist somit unmittelbar zu 8 Prozent und mittelbar zu 0,32 Prozent (8 Prozent x 4 Prozent / 100 Prozent) beteiligt. Die unmittelbare und mittelbare Beteiligung des Steuerpflichtigen A an der B beträgt somit insgesamt 8,32 Prozent.

Für die Berechnung der Anschaffungskosten muss folgerichtig auf die mittelbaren Anschaffungskosten des Steuerpflichtigen A an der B abgestellt werden. Dieser Wert lässt sich aus den vorliegenden Angaben jedoch nicht ableiten. Aus Vereinfachungsgründen kann der Wert der mittelbaren Beteiligung des Steuerpflichtigen A an der B somit aus den Anschaffungskosten für die 8-prozentige Beteiligung des A an der B in Höhe von 100.000 Euro bei unterstelltem Erwerb innerhalb eines Jahres ermittelt werden und beträgt demzufolge 0,32 Prozent / 8 Prozent von 100.000 Euro = 4.000 Euro.

10 Der Erwerb oder die Veräußerung von Beteiligungen an einer Gesellschaft von weniger als 1 Prozent muss trotz Überschreitens der 150.000 Euro-Grenze nicht mitgeteilt werden, wenn mit der Hauptgattung der Aktien der ausländischen Gesellschaft ein wesentlicher und regelmäßiger Handel an einer Börse in einem EU-/EWR-Staat oder an einer in einem anderen Staat nach § 193 Absatz 1 Satz 1 Nummer 2 und 4 KAGB von der Bundesanstalt für Finanzdienstleistungsaufsicht (BaFin) zugelassenen Börse stattfin-

det. Ein wesentlicher und regelmäßiger Handel an einer Börse liegt vor, wenn der Handel aktiv erfolgt und in kurzen Zeitabständen wiederholt stattfindet; die bloße Notierung an der Börse und nur vereinzelte Aktienübertragungen reichen hierfür nicht aus. Für die Ermittlung der 1 Prozent-Grenze sind alle gehaltenen Beteiligungen zu berücksichtigen. Wird die 150.000 Euro-Grenze mittels börsennotiertem Erwerb bzw. Veräußerung überschritten, so dass deshalb keine Meldepflicht besteht, und folgt darauf ein Erwerb bzw. eine Veräußerung, der bzw. die nicht unter die sogenannte Börsenklausel fällt, ist der vorangegangene börsennotierte Erwerb bzw. die Veräußerung hinsichtlich der 150.000 Euro-Grenze außer Betracht zu lassen. Die sogenannte Börsenklausel gilt sinngemäß auch für Investmentanteile, wenn deren übrige Voraussetzungen erfüllt sind. Die aktuelle Liste der nach § 193 Absatz 1 Satz 1 Nummer 2 und 4 KAGB zugelassenen Börsen ist auf der Internetseite der BaFin abrufbar: (derzeit https://www.bafin.de/SharedDocs/Veroeffentlichungen/DE/Auslegungsentscheidung/WA/ae_080208_boersenInvG.html).

2.3.2 Veräußerung von Beteiligungen

11 Die Veräußerung einer Beteiligung ist nach § 138 Absatz 2 Satz 1 Nummer 3 AO mitteilungspflichtig, wenn die Anschaffungskosten aller veräußerten Beteiligungen an einer ausländischen Körperschaft, Personenvereinigung oder Vermögensmasse 150.000 Euro überschreiten oder mindestens eine 10-prozentige Beteiligung veräußert wird. Die Mitteilungspflicht besteht bei Vorliegen dieser Voraussetzungen nur für die unmittelbaren Beteiligungen, die der Steuerpflichtige selbst veräußert hat. Im Fall der Veräußerung einer unmittelbaren Beteiligung an einer Körperschaft, Personenvereinigung oder Vermögensmasse hat der inländische Steuerpflichtige auch die hierdurch gleichzeitig mitveräußerten mittelbaren Beteiligungen mitzuteilen, soweit die übrigen Voraussetzungen hierfür vorliegen; dies gilt auch bei der Beteiligung an einer Personengesellschaft.

2.3.3 Mitteilungspflichten der Kreditinstitute und Finanzdienstleistungsinstitute

12 Die Mitteilungspflichten nach § 138 Absatz 2 Satz 1 Nummer 3 AO gelten nicht für Anteile an Kapitalgesellschaften, die bei Kreditinstituten und Finanzdienstleistungsinstituten im Sinne des Gesetzes über das Kreditwesen (KWG) dem Handelsbuch zuzurechnen sind.

2.3.4 Mitteilungspflichten der Versicherungsunternehmen und der berufsständischen Versorgungseinrichtungen

13 Die Mitteilungspflichten nach § 138 Absatz 2 Satz 1 Nummer 3 AO gelten nicht für Anteile an Kapitalgesellschaften, die auf der Aktivseite der Bilanz der Versicherungsunternehmen entsprechend Formblatt 1 zu § 2 der Verordnung über die Rechnungslegung von Versicherungsunternehmen vom 8. November 1994 (BGBl. I S. 3378), die zuletzt durch Artikel 2 Absatz 5 des Gesetzes vom 1. April 2015 (BGBl. I S. 434) geändert worden ist, in der jeweils geltenden Fassung unter C Nummer III 1 und D auszuweisen sind.

14 Ausgenommen von der Mitteilungspflicht nach § 138 Absatz 2 Satz 1 Nummer 3 AO sind auch die in § 341b Absatz 4 HGB aufgeführten Verträge, die von Pensionsfonds bei Lebensversicherungsunternehmen zur Deckung von Verpflichtungen gegenüber Versorgungsberechtigten eingegangen werden, sowie Anteile an Kapitalgesellschaften, die berufsständische Versorgungseinrichtungen unter der Bilanzposition „Aktien, Investmentanteile und andere nicht rechtsverzinsliche Wertpapiere“ ausweisen.

2.3.5 Mitteilungspflicht eines Anlegers in Bezug auf die vom Investmentfonds und vom Spezial-Investmentfonds gehaltenen ausländischen Beteiligungen

15 Die Mitteilungspflicht nach § 138 Absatz 2 Satz 1 Nummer 3 AO besteht für Anleger in- und ausländischer Investmentfonds und Spezial-Investmentfonds nicht in Bezug auf die mittelbar über diese Investmentfonds bzw. Spezial-Investmentfonds erworbenen und veräußerten Beteiligungen; sie besteht bei Vorliegen der Voraussetzungen dieser Vorschrift jedoch für Erwerbe und Veräußerungen unmittelbarer und mittelbarer Beteiligungen an ausländischen Investmentfonds und Spezial-Investmentfonds.

2.3.6 Mitteilungspflicht inländischer Investmentfonds und Spezial-Investmentfonds

16 Inländische Investmentfonds und Spezial-Investmentfonds im Sinne des § 6 Absatz 1 Satz 1 InvStG sind als inländische Steuerpflichtige im Sinne des § 138 Absatz 2 Satz 1 AO mitteilungspflichtig.

2.4 Mitteilungspflicht in den Fällen des § 138 Absatz 2 Satz 1 Nummer 4 AO

2.4.1 Drittstaat-Gesellschaft

17 Drittstaat-Gesellschaft ist nach § 138 Absatz 3 AO eine Personengesellschaft, Körperschaft, Personenvereinigung oder Vermögensmasse mit Sitz oder Geschäftsleitung in Staaten oder Territorien, die nicht Mitglieder der Europäischen Union (EU) oder der Europäischen Freihandelsassoziation (EFTA) sind. Dementsprechend gilt als Drittstaat-Gesellschaft auch eine Personengesellschaft, Körperschaft, Personenvereinigung oder Vermögensmasse, die zwar ihren Sitz in Deutschland, ihre Geschäftsleitung aber in einem Staat oder Territorium hat, der oder das nicht Mitglied der EU oder der EFTA ist (und umgekehrt).

2.4.2 Beherrschender oder bestimmender Einfluss

18 Die Mitteilungspflicht besteht, wenn der Steuerpflichtige allein oder zusammen mit Personen im Sinne des § 1 Absatz 2 AStG unmittelbar oder mittelbar einen beherrschenden oder bestimmenden Einfluss auf die gesellschaftsrechtlichen, finanziellen oder geschäftlichen Angelegenheiten einer Drittstaat-Gesellschaft ausüben kann. Ein beherrschender oder bestimmender Einfluss kann auf rechtlicher oder tatsächlicher Grundlage beruhen oder auf dem Zusammenwirken beider. Rechtlicher Einfluss kann insbesondere auf beteiligungsähnlichen Rechten beruhen (Kapitalbeteiligung, Stimmrechte) oder auf vertraglichen Beziehungen, z. B. einem Treuhandvertrag. Einfluss außerhalb rechtlicher Einflussmöglichkeiten kann z. B. aufgrund der finanziellen Abhängigkeit der Drittstaat-Gesellschaft bestehen oder aufgrund anderer tatsächlicher Abhängigkeiten der Gesellschaft bzw. ihrer Geschäftsführung.

19 Ein beherrschender oder bestimmender Einfluss auf die gesellschaftsrechtlichen, finanziellen oder geschäftlichen Angelegenheiten einer Gesellschaft äußert sich insbesondere in der Möglichkeit, alle wesentlichen Entscheidungen der Geschäftsführung, der Geschäftspolitik sowie sonstige wesentliche unternehmerische Entscheidungen zu treffen, und zwar auch unabhängig vom Bestehen einer unmittelbaren oder mittelbaren Beteiligung am Kapital oder am Vermögen oder dem Innehaben von Stimmrechten der Drittstaat-Gesellschaft.

20 Die Einflussnahmemöglichkeiten von Personen, die dem inländischen Steuerpflichtigen im Sinne des § 1 Absatz 2 AStG nahestehen, sind dem inländischen Steuerpflichtigen zuzurechnen.

21 Es ist nicht erforderlich, dass der inländische Steuerpflichtige tatsächlich beherrschenden oder bestimmenden Einfluss nimmt oder genommen hat; die objektive Möglichkeit einer solchen Einflussnahme reicht aus.

2.5 Form und Frist für die Mitteilungen

22 Die Mitteilungen nach § 138 Absatz 2 AO sind grundsätzlich zusammen mit der Einkommensteuer-, Körperschaftsteuer- oder Feststellungserklärung für den Besteuerungszeitraum, in dem der mitzuteilende Sachverhalt verwirklicht wurde, spätestens jedoch bis zum Ablauf von 14 Monaten nach Ablauf dieses Besteuerungszeitraums, nach amtlich vorgeschriebenem Datensatz über die amtlich bestimmten Schnittstellen zu erstatten (§ 138 Absatz 5 Satz 1 AO). Diese Frist ist nicht nach § 109 AO verlängerbar, da es sich weder um eine behördlich bestimmte Frist noch um eine Steuererklärungsfrist handelt.

23 Inländische Steuerpflichtige, die nicht verpflichtet sind, ihre Einkommensteuer-, Körperschaftsteuer- oder Feststellungserklärung nach amtlich vorgeschriebenem Datensatz über die amtlich bestimmte Schnittstelle abzugeben, haben die Mitteilungen nach § 138 Absatz 2 AO nach amtlich vorgeschriebenem Vordruck zu erstatten (Vordruck BZSt 2), es sei denn, sie geben ihre Einkommensteuer-, Körperschaftsteuer- oder Feststellungserklärung freiwillig nach amtlich vorgeschriebenem Datensatz über die amtlich bestimmte Schnittstelle ab (§ 138 Absatz 5 Satz 2 AO).

24 Inländische Steuerpflichtige, die nicht zur Abgabe einer Einkommensteuer-, Körperschaftsteuer- oder Feststellungserklärung verpflichtet sind, haben die Mitteilungen nach § 138 Absatz 2 AO nach amtlich vorgeschriebenem Vordruck (BZSt 2) bis zum Ablauf von 14 Monaten nach Ablauf des Kalenderjahrs zu erstatten, in dem der mitzuteilende Sachverhalt verwirklicht worden ist (§ 138 Absatz 5 Satz 3 AO). Diese Frist ist nicht nach § 109 AO verlängerbar, da es sich weder um eine behördlich bestimmte Frist noch um eine Steuererklärungsfrist handelt.

25 Die alleinige Übersendung von Depotauszügen bzw. Transaktionslisten reicht zur Erfüllung der Mitteilungspflicht nach § 138 Absatz 2 AO nicht aus. Sind die den Steuerpflichtigen zur Verfügung stehenden Informationen zu den meldepflichtigen Beteiligungen in dem amtlich vorgeschriebenen Datensatz bzw. Vordruck nicht ordnungsgemäß darstellbar, können Depotauszüge bzw. Transaktionslisten im Anhang des elektronischen Datensatzes bzw. als Anlage zu dem amtlich vorgeschriebenen Vordruck (BZSt 2) übersandt werden. Die Pflichtfelder in dem amtlich vorgeschriebenen Datensatz sind stets auszufüllen.

3. Mitteilungspflicht nach § 138b AO

3.1 Allgemeines

26 Verpflichtete im Sinne des § 2 Absatz 1 Nummer 1 bis 3 und 6 Geldwäschegesetz (GwG) in der ab 26. Juni 2017 geltenden Fassung (mitteilungspflichtige Stelle) haben dem für sie nach den §§ 18 bis 20 AO zuständigen Finanzamt von ihnen hergestellte oder vermittelte Beziehungen inländischer Steuerpflichtiger im Sinne des § 138 Absatz 2 Satz 1 AO zu Drittstaat-Gesellschaften im Sinne des § 138 Absatz 3 AO mitzuteilen.

27 Mitteilungspflichtige Stellen sind damit:

- Kreditinstitute nach § 1 Absatz 1 KWG, mit Ausnahme der in § 2 Absatz 1 Nummer 3 bis 8 KWG genannten Unternehmen, und im Inland gelegene Zweigstellen und Zweigniederlassungen von Kreditinstituten mit Sitz im Ausland,
- Finanzdienstleistungsinstitute nach § 1 Absatz 1a KWG, mit Ausnahme der in § 2 Absatz 6 Satz 1 Nummer 3 bis 10 und 12 und Absatz 10 des KWG genannten Unternehmen, und im Inland gelegene Zweigstellen und Zweigniederlassungen von Finanzdienstleistungsinstituten mit Sitz im Ausland,
- Zahlungsinstitute und E-Geld-Institute nach § 1 Absatz 2a des Zahlungsdiensteaufsichtsgesetzes (ZAG) und im Inland gelegene Zweigstellen und Zweigniederlassungen von Instituten im Sinne des § 1 Absatz 2a ZAG mit Sitz im Ausland,
- Finanzunternehmen nach § 1 Absatz 3 KWG, die nicht unter § 2 Absatz 1 Nummer 1 oder Nummer 4 GwG fallen und deren Haupttätigkeit einer der in § 1 Absatz 3 Satz 1 KWG genannten Haupttätigkeiten oder einer Haupttätigkeit eines durch Rechtsverordnung nach § 1 Absatz 3 Satz 2 KWG bezeichneten Unternehmens entspricht, und im Inland gelegene Zweigstellen und Zweigniederlassungen solcher Unternehmen mit Sitz im Ausland.

28 Die Mitteilungspflicht gilt nach § 138b Absatz 1 Satz 2 AO allerdings nur für solche Fälle, in denen

1. der mitteilungspflichtigen Stelle bekannt ist, dass der inländische Steuerpflichtige auf Grund der von ihr hergestellten oder vermittelten Beziehung allein oder zusammen mit nahestehenden Personen im Sinne des § 1 Absatz 2 AStG erstmals unmittelbar oder mittelbar einen beherrschenden oder bestimmenden Einfluss auf die gesellschaftsrechtlichen, finanziellen oder geschäftlichen Angelegenheiten einer Drittstaat-Gesellschaft ausüben kann (vgl. dazu Tz. 2.4.2),

   oder

2. der inländische Steuerpflichtige eine von der mitteilungspflichtigen Stelle hergestellte oder vermittelte Beziehung zu einer Drittstaat-Gesellschaft erlangt, wodurch eine unmittelbare Beteiligung von insgesamt mindestens 30 Prozent am Kapital oder am Vermögen der Drittstaat-Gesellschaft erreicht wird. Anderweitige Erwerbe des inländischen Steuerpflichtigen hinsichtlich der gleichen Drittstaat-Gesellschaft sind hierbei miteinzubeziehen, soweit sie der mitteilungspflichtigen Stelle bekannt sind oder bekannt sein mussten.

29 Die Mitteilungspflicht umfasst die Herstellung und Vermittlung von Beziehungen sowohl im Rahmen eines persönlichen Kontakts zwischen inländischem Steuerpflichtigen und mitteilungspflichtiger Stelle als auch im Rahmen des Onlinegeschäftes. Voraussetzung sind aktive Tätigkeiten der mitteilungspflichtigen Stellen. Darunter fallen z. B. die Anschaffung und die Veräußerung von Anteilen und Beteiligungen an Drittstaat-Gesellschaften im eigenen Namen und auf eigene Rechnung, die Anschaffung und die Veräußerung von Anteilen und Beteiligungen an Drittstaat-Gesellschaften im eigenen Namen und auf fremde Rechnung sowie die Vermittlung von Geschäften über die Anschaffung und Veräußerung von Anteilen und Beteiligungen an Drittstaat-Gesellschaften.

30 Mitteilungen nach § 138b AO sind für jeden inländischen Steuerpflichtigen und jeden mitteilungspflichtigen Sachverhalt gesondert zu erstatten (§ 138b Absatz 2 AO).

31 Das für die mitteilungspflichtige Stelle zuständige Finanzamt hat die Mitteilung an das für den inländischen Steuerpflichtigen nach den §§ 18 bis 20 AO zuständige Finanzamt weiterzuleiten (§ 138b Absatz 5 Satz 1 AO).

3.2 Inhalt der Mitteilung und Mitwirkungspflicht der inländischen Steuerpflichtigen

32 Die mitteilungspflichtige Stelle hat bei Vorliegen der Voraussetzungen des § 138b Absatz 1 Satz 2 AO nach § 138b Absatz 3 AO anzugeben:

1. die Identifikationsnummer des inländischen Steuerpflichtigen nach § 139b AO und
2. die Wirtschafts-Identifikationsnummer des inländischen Steuerpflichtigen nach § 139c AO oder, solange noch keine Wirtschafts-Identifikationsnummer vergeben wurde und es sich bei dem inländischen Steuerpflichtigen nicht um eine natürliche Person handelt, die für die Besteuerung des inländischen Steuerpflichtigen nach dem Einkommen geltende Steuernummer.

33 Der inländische Steuerpflichtige hat der mitteilungspflichtigen Stelle nach § 138b Absatz 6 AO diese Daten mitzuteilen.

34 Kann die mitteilungspflichtige Stelle die Identifikationsnummer und die Wirtschafts-Identifikationsnummer oder die Steuernummer des inländischen Steuerpflichtigen nicht in Erfahrung bringen, hat sie nach § 138b Absatz 3 Satz 2 AO in der Mitteilung ein amtlich bestimmtes Ersatzmerkmal anzugeben.

Das Ersatzmerkmal ist bei natürlichen Personen wie folgt zu bilden:

1. bis 4. Stelle: Erste vier Buchstaben des Familiennamens des inländischen Steuerpflichtigen

- Hat ein Name weniger als vier Buchstaben, sind fehlende Stellen mit „X“ aufzufüllen.
- Statt Ä, Ö und Ü ist AE, OE oder UE zu verwenden.

5. bis 8. Stelle: Erste vier Buchstaben des Vornamens des inländischen Steuerpflichtigen

- Hat ein Vorname weniger als vier Buchstaben, sind fehlende Stellen mit „X“ aufzufüllen.
- Statt Ä, Ö und Ü ist AE, OE oder UE zu verwenden.

9. und 10. Stelle: Geburtsjahr des inländischen Steuerpflichtigen

- Es sind nur die beiden letzten Ziffern zu verwenden (Beispiel: aus 1960 wird 60).

11. und 12. Stelle: Geburtsmonat des inländischen Steuerpflichtigen in Ziffern (immer zweistellig, ggf. mit führender „0“)

13. und 14. Stelle: Geburtstag des inländischen Steuerpflichtigen in Ziffern (immer zweistellig, ggf. mit führender „0")

15. bis 19. Stelle: fünfstellige Postleitzahl der Adresse des inländischen Steuerpflichtigen.

35 Handelt es sich bei dem inländischen Steuerpflichtigen nicht um eine natürliche Person, ist kein Ersatzmerkmal zu bilden. In diesem Fall sind lediglich die vollständigen Angaben zum inländischen Steuerpflichtigen entsprechend dem Vordruck „Mitteilung nach § 138b der Abgabenordnung (AO)" anzugeben.

3.3 Form und Frist für die Mitteilungen

36 Die Mitteilungen sind dem Finanzamt nach dem amtlich vorgeschriebenen Vordruck „Mitteilung nach § 138b der Abgabenordnung (AO)" bis zum Ablauf des Monats Februar des Jahres, das auf das Kalenderjahr folgt, in dem der mitzuteilende Sachverhalt verwirklicht wurde, zu erstatten (§ 138b Absatz 4 AO).

4. Rechtsfolgen bei Verstößen gegen die Mitteilungspflichten nach § 138 Absatz 2 und § 138b AO

37 Wer vorsätzlich oder leichtfertig seiner Mitteilungspflicht nach § 138 Absatz 2 Satz 1 AO oder § 138b Absatz 1 bis 3 AO nicht, nicht vollständig oder nicht rechtzeitig nachkommt, begeht eine Ordnungswidrigkeit im Sinne des § 379 Absatz 2 Nummer 1 oder 1d AO, die vorbehaltlich des § 378 AO mit einer Geldbuße bis zu 25.000 Euro geahndet werden kann (§ 379 Absatz 7 AO).

38 Die Verfolgungsverjährung infolge Unterlassens der Mitteilung nach § 138 Absatz 2 AO und § 138b Absatz 1 bis 3 AO beginnt nicht mit dem Ablauf der Frist nach § 138 Absatz 5 AO bzw. der Frist nach § 138b Absatz 4 Satz 1 AO, sondern gewöhnlich zu dem Zeitpunkt, zu dem an der Erfüllung kein Interesse mehr besteht, zum Beispiel, weil im Rahmen einer Betriebsprüfung die entsprechenden Feststellungen getroffen worden sind.

39 Bei Verstößen gegen diese Mitteilungspflichten ist im Regelfall die zuständige Bußgeld- und Strafsachenstelle einzuschalten.

5. Beachtung und Auswertung der Mitteilungen nach § 138 Absatz 2 und § 138b AO

40 Die Mitteilungspflichten dienen der zutreffenden steuerlichen Erfassung und Überwachung grenzüberschreitender Sachverhalte. Auf die Erfüllung der Mitteilungspflichten ist nachdrücklich zu achten.

41 Die für die inländischen Steuerpflichtigen zuständigen Finanzämter werten Mitteilungen nach § 138 Absatz 2 und § 138b AO aus und leiten diese bzw. einen Abdruck hiervon bei einer Meldung in Papierform dem BZSt, Informationszentrale für steuerliche Auslandsbeziehungen - IZA zu.

42 Das BZSt sammelt die Informationen und wertet sie aus (§ 5 Absatz 1 Satz 1 Nummer 6 Finanzverwaltungsgesetz).

Steuererklärungen nach amtlich vorgeschriebenem Vordruck (§ 150 Absatz 1 der Abgabenordnung - AO);

Vorgaben für Erklärungen in Papierform

(BMF-Schreiben vom 12.8.2022 - IV A 5 - O 1561/19/10001 :004, BStBl I S. 1334)[1]

Steuererklärungen sind dem Finanzamt in der Regel nach amtlich vorgeschriebenem Datensatz durch Datenfernübertragung elektronisch zu übermitteln. Sie dürfen auch in Papierform abgegeben werden, wenn

- die elektronische Übermittlung gesetzlich nicht angeordnet ist (z. B. § 25 Absatz 4 Satz 1 in Verbindung mit § 46 Absatz 2 Nummer 2 bis 8 des Einkommensteuergesetzes – EStG) oder
- ein durch das Finanzamt anerkannter Härtefall vorliegt (z. B. § 25 Absatz 4 Satz 2 EStG in Verbindung mit § 150 Absatz 8 – AO).

Anwendungsregelung

Dieses Schreiben ersetzt das BMF-Schreiben vom 3. April 2012, BStBl. I S. 522.

Nach Erörterung mit den obersten Finanzbehörden der Länder gilt für Steuererklärungen in Papierform Folgendes:

1. Amtlich vorgeschriebene Vordrucke

Steuererklärungen in Papierform müssen nach „amtlich vorgeschriebenem Vordruck" übermittelt werden (§ 150 Absatz 1 AO). Diese Anforderung erfüllen

- Vordrucke, die mit den von der Steuerverwaltung freigegebenen Druckvorlagen hergestellt worden sind und z. B. in Finanzämtern zur Mitnahme ausliegen (amtliche Vordrucke);
- Vordrucke, die auf den Internetseiten der Steuerverwaltung bereitgestellt und ausgedruckt werden (amtliche Internet-Vordrucke) und
- Vordrucke, die nach dem Muster einer amtlich freigegebenen Druckvorlage – insbesondere durch Steuererklärungssoftware – erzeugt und ausgedruckt werden (nichtamtliche Vordrucke).

[1] Inhaltsverzeichnis und Anlage hier nicht abgedruckt.

2. Herstellung nichtamtlicher Vordrucke

2 Auch wer Steuererklärungssoftware oder Internetformulare herstellt, mit denen Steuererklärungen ausgedruckt und ggf. zuvor maschinell ausgefüllt werden können, stellt nichtamtliche Vordrucke her.

3 Wer nichtamtliche Steuererklärungsvordrucke herstellt, muss insbesondere

- die drucktechnische Ausgestaltung (Layout) und die Abmessung der amtlichen Vordrucke einhalten,
- Wortlaut und Kennzahlenbeschriftung der amtlichen Druckvorlagen in vollem Umfang übernehmen,
- die Zeilennummerierung sowie Seitenzahl und -folge der amtlichen Druckvorlagen in vollem Umfang übernehmen,
- einen Gründruck im amtlichen Vordruck durch entsprechende Graustufen ersetzen und
- in der Fußzeile den Herstellernamen angeben.

4 Diese und weitere Anforderungen werden im anliegenden „Merkblatt zur Herstellung nichtamtlicher Vordrucke für Steuererklärungen" näher erläutert (Anlage).

3. Druck amtlicher Internetvordrucke und nichtamtlicher Vordrucke

5 Internet-Vordrucke und nichtamtliche Vordrucke müssen im DIN A4 Hochformat ausgedruckt werden. Die Ausdrucke müssen über einen Zeitraum von mindestens 15 Jahren haltbar und ebenso lange gut lesbar sein.

4. Eintragungen in Steuererklärungen

6 Steuererklärungen in Papierform müssen wie folgt ausgefüllt sein:

- Feldeinteilungen müssen eingehalten werden.
- Die Zuordnung von Beträgen zu Kennzahlen muss eindeutig sein und die Kennzahlen dürfen nicht überschrieben werden.
- Eintragungen müssen deutlich erkennbar sein (z. B. Druckschrift bei handschriftlichen Eintragungen oder Fettdruck bei maschinellen Eintragungen).
- (Firmen-)Stempel, z. B. zur Eintragung von Adressen, sind nicht zu verwenden.
- Felder, in denen kein Eintrag erforderlich ist, bleiben leer – sie sollen weder durchgestrichen noch ausgenullt noch mit sonstigen Vermerken ausgefüllt werden.
- Bei negativen Beträgen ist das Minuszeichen vor den Betrag zu setzen.

5. Umgang mit mehrseitigen Vordrucken

7 Steuerpflichtige müssen bei der Abgabe von Steuererklärungen in Papierform Folgendes beachten:

- Mehrseitige Steuererklärungsvordrucke sind vollständig abzugeben. Dazu gehören auch Seiten ohne Eintragungen. Nicht abgegeben werden müssen Anlagen ohne jegliche Eintragung, z. B. eine leere Anlage N für den im Veranlagungszeitraum nicht berufstätigen Ehegatten.

- Die Seiten mehrseitiger Vordrucke dürfen nicht miteinander verbunden werden (z. B. durch Heft- oder Büroklammern).

Schlussbestimmungen

Dieses Schreiben steht für eine Übergangszeit auf den Internetseiten des Bundesministeriums der Finanzen (www.bundesfinanzministerium.de) zur Verfügung.

Vorläufige Steuerfestsetzung im Hinblick auf anhängige Musterverfahren; (§ 165 Absatz 1 Satz 2 AO); Aussetzung der Steuerfestsetzung nach § 165 Absatz 1 Satz 4 AO; Ruhenlassen von außergerichtlichen Rechtsbehelfsverfahren (§ 363 Absatz 2 AO); Aussetzung der Vollziehung (§ 361 AO, § 69 Absatz 2 FGO)[1]

(BMF-Schreiben vom 15.1.2018 - IV A 3 - S 0338/17/10007 -, BStBl I S. 2, zuletzt geändert durch das BMF-Schreiben vom 31.1.2022 - IV A 3-S 0338/19/10006:001 – BStBl I S. 131)

Unter Bezugnahme auf das Ergebnis der Erörterung mit den obersten Finanzbehörden der Länder gilt Folgendes:

I. Vorläufige Steuerfestsetzungen

1. Erstmalige Steuerfestsetzung

Erstmalige Steuerfestsetzungen sind hinsichtlich der in der Anlage zu diesem BMF-Schreiben unter Abschnitt A aufgeführten Punkte nach § 165 Absatz 1 Satz 2 AO vorläufig durchzuführen.

In die Bescheide ist folgender **Erläuterungstext** aufzunehmen:

> „Die Festsetzung der Steuer ist gemäß § 165 Absatz 1 Satz 2 Nummer 3 AO vorläufig hinsichtlich …
>
> Die Vorläufigkeitserklärung erfasst sowohl die Frage, ob die angeführten gesetzlichen Vorschriften mit höherrangigem Recht vereinbar sind, als auch den Fall, dass das Bundesverfassungsgericht oder der Bundesfinanzhof die streitige verfassungsrechtliche Frage durch verfassungskonforme Auslegung der angeführten gesetzlichen Vorschriften entscheidet (BFH-Urteil vom 30. September 2010 - III R 39/08 - BStBl 2011 II S. 11). Die Vorläufigkeitserklärung erfolgt lediglich aus verfahrenstechnischen Gründen. Sie ist nicht dahin zu verstehen, dass die im Vorläufigkeitsvermerk angeführten gesetzlichen Vorschriften als verfassungswidrig oder als gegen Unionsrecht verstoßend angesehen werden. Soweit die Vorläufigkeitserklärung die Frage der Verfassungsmäßigkeit einer Norm betrifft, ist sie außerdem nicht dahingehend zu verstehen, dass die Finanzverwaltung es für möglich hält, das Bundesverfassungsgericht oder der Bundesfinanzhof könne die im Vorläufigkeitsvermerk angeführte Rechtsnorm gegen ihren Wortlaut auslegen.
>
> Die Festsetzung der Steuer ist ferner gemäß § 165 Absatz 1 Satz 2 Nummer 4 AO vorläufig hinsichtlich.
>
> Sollte aufgrund einer diesbezüglichen Entscheidung des Gerichtshofs der Europäischen Union, des Bundesverfassungsgerichts oder des Bundesfinanzhofs diese Steuerfest-setzung aufzuheben oder zu ändern sein, wird die Aufhebung oder Änderung von Amts wegen vorgenommen; ein Einspruch ist daher insoweit nicht erforderlich.“

[1] Anlage hier nicht abgedruckt.

2. Geänderte oder berichtigte Steuerfestsetzungen

Bei Änderungen oder Berichtigungen von Steuerfestsetzungen ist wie folgt zu verfahren:

a) Werden Steuerfestsetzungen nach § **164 Absatz 2 AO** geändert oder wird der Vorbehalt der Nachprüfung nach **§ 164 Absatz 3 AO** aufgehoben, sind die Steuerfestsetzungen in demselben Umfang wie erstmalige Steuerfestsetzungen vorläufig vorzunehmen. In die Bescheide ist unter Berücksichtigung der aktuellen Anlage zu diesem BMF-Schreiben derselbe Erläuterungstext wie bei erstmaligen Steuerfestsetzungen aufzunehmen (vgl. Abschnitt I Nummer 1).

b) Werden Steuerfestsetzungen nach anderen Vorschriften (einschließlich des § 165 Absatz 2 Satz 2 AO) **zugunsten** der **Steuerpflichtigen** geändert oder berichtigt, sind die den jeweils letzten vorangegangenen Steuerfestsetzungen beigefügten Vorläufigkeitsvermerke zu wiederholen, soweit die Voraussetzungen des § 165 AO für eine vorläufige Steuerfestsetzung noch erfüllt sind. Soweit dies nicht mehr der Fall ist, sind die Steuerfestsetzungen endgültig durchzuführen.

c) Werden Steuerfestsetzungen nach anderen Vorschriften (einschließlich des § 165 Absatz 2 Satz 2 AO) **zuungunsten** der **Steuerpflichtigen** geändert oder berichtigt, sind die den jeweils letzten vorangegangenen Steuerfestsetzungen beigefügten Vorläufigkeitsvermerke zu wiederholen, soweit die Voraussetzungen des § 165 AO für eine vorläufige Steuerfestsetzung noch erfüllt sind. Soweit dies nicht mehr der Fall ist, sind die Steuerfestsetzungen endgültig durchzuführen. Soweit aufgrund der aktuellen Anlage zu diesem BMF-Schreiben weitere Vorläufigkeitsvermerke in Betracht kommen, sind diese den Bescheiden nur beizufügen, soweit die Änderung reicht.

   In die Bescheide ist folgender **Erläuterungstext** aufzunehmen:

   „Die Festsetzung der Steuer ist gemäß § 165 Absatz 1 Satz 2 Nummer 3 AO vorläufig hinsichtlich
   ...

   Die Vorläufigkeitserklärung erfasst sowohl die Frage, ob die angeführten gesetzlichen Vorschriften mit höherrangigem Recht vereinbar sind, als auch den Fall, dass das Bundesverfassungsgericht oder der Bundesfinanzhof die streitige verfassungsrechtliche Frage durch verfassungskonforme Auslegung der angeführten gesetzlichen Vorschriften entscheidet (BFH-Urteil vom 30. September 2010 - III R 39/08 - BStBl 2011 II S. 11). Die Vorläufigkeitserklärung erfolgt lediglich aus verfahrenstechnischen Gründen. Sie ist nicht dahin zu verstehen, dass die im Vorläufigkeitsvermerk angeführten gesetzlichen Vorschriften als verfassungswidrig oder als gegen Unionsrecht verstoßend angesehen werden. Soweit die Vorläufigkeitserklärung die Frage der Verfassungsmäßigkeit einer Norm betrifft, ist sie außerdem nicht dahingehend zu verstehen, dass die Finanzverwaltung es für möglich hält, das Bundesverfassungsgericht oder der Bundesfinanzhof könne die im Vorläufigkeitsvermerk angeführte Rechtsnorm gegen ihren Wortlaut auslegen.

   Die Festsetzung der Steuer ist ferner gemäß § 165 Absatz 1 Satz 2 Nummer 4 AO vorläufig hinsichtlich

   Soweit diese Festsetzung gegenüber der vorangegangenen in weiteren Punkten vorläufig ist, erstreckt sich der Vorläufigkeitsvermerk nur auf den betragsmäßigen Umfang der Änderung der Steuerfestsetzung.

Sollte aufgrund einer diesbezüglichen Entscheidung des Gerichtshofs der Europäischen Union, des Bundesverfassungsgerichts oder des Bundesfinanzhofs diese Steuerfestsetzung aufzuheben oder zu ändern sein, wird die Aufhebung oder Änderung von Amts wegen vorgenommen; ein Einspruch ist daher insoweit nicht erforderlich."

d) Werden bisher vorläufig durchgeführte Steuerfestsetzungen nach Beseitigung der Ungewissheit **ohne** eine **betragsmäßige Änderung** gemäß **§ 165 Absatz 2 Satz 2 AO** für **end-gültig** erklärt, sind die den jeweils letzten vorangegangenen Steuerfestsetzungen beigefügten übrigen Vorläufigkeitsvermerke zu wiederholen, soweit die Voraussetzungen des § 165 AO für eine vorläufige Steuerfestsetzung noch erfüllt sind.

II. Aussetzung der Steuerfestsetzung nach § 165 Absatz 1 Satz 4 AO

1. Allgemeines

Nach § 165 Absatz 1 Satz 4 AO kann die Festsetzung der Steuer unter den Voraussetzungen des § 165 Absatz 1 Satz 1 oder 2 AO (ganz oder teilweise) ausgesetzt werden. Die Aussetzung der Steuerfestsetzung kann von einer Sicherheitsleistung abhängig gemacht werden.

Angesichts des Geltungsanspruchs jedes formell verfassungsgemäß zustande gekommenen Gesetzes kommt eine Aussetzung der Steuerfestsetzung allerdings grundsätzlich nur in Betracht, wenn das Bundesverfassungsgericht die weitere Anwendung einer Norm bis zum Inkrafttreten der von ihm geforderten (rückwirkenden) Gesetzesänderung untersagt hat.

Aussetzung der Steuerfestsetzung bedeutet, dass die bei Anwendung einer nach der Entscheidung des Bundesverfassungsgerichts nicht mehr anwendbaren Norm entstehende Steuer nicht festgesetzt wird. Nur die darüber hinaus entstehende Steuer ist dann Gegenstand der Festsetzung. Die ausgesetzte Steuerfestsetzung ist gegebenenfalls nachzuholen, sobald die Ungewissheit durch eine rückwirkende Gesetzesänderung beseitigt ist (§ 165 Absatz 2 Satz 2 Halbsatz 2 AO).

2. Erstmalige Steuerfestsetzungen

Bei erstmaligen Steuerfestsetzungen ist die Steuerfestsetzung hinsichtlich der in der Anlage zu diesem BMF-Schreiben unter Abschnitt B aufgeführten Punkten nach § 165 Absatz 1 Satz 4 AO auszusetzen.

In die Bescheide ist folgender **Erläuterungstext** aufzunehmen:

> „Die Festsetzung der Steuer ist gemäß § 165 Absatz 1 Satz 4 in Verbindung mit Satz 2 Nummer 2 AO ausgesetzt, soweit
>
> ...
>
> Die Aussetzung der Steuerfestsetzung erfolgt aufgrund der Entscheidung des Bundesverfassungsgerichts, dass die genannte Rechtsnorm im Umfang der festgestellten Verfassungswidrigkeit bis zu einer rückwirkenden Gesetzesänderung nicht mehr angewendet werden darf. Nach Verkündung der vom Bundesverfassungsgericht geforderten rückwirkenden Gesetzesänderung wird die Steuerfestsetzung gegebenenfalls nachgeholt."

3. Geänderte oder berichtigte Steuerfestsetzungen

Bei Änderungen oder Berichtigungen von Steuerfestsetzungen ist wie folgt zu verfahren:

a) Werden Steuerfestsetzungen nach **§ 164 Absatz 2 AO** geändert oder wird der Vorbehalt der Nachprüfung nach **§ 164 Absatz 3 AO** aufgehoben, ist die Steuerfestsetzung in demselben Umfang wie erstmalige Steuerfestsetzungen auszusetzen. In die Bescheide ist unter Berücksichtigung der aktuellen Anlage zu diesem BMF-Schreiben derselbe Erläuterungstext wie bei erstmaligen Steuerfestsetzungen aufzunehmen (vgl. Abschnitt II Nummer 2).

b) Werden Steuerfestsetzungen nach anderen Vorschriften (einschließlich des § 165 Absatz 2 Satz 2 AO) **zugunsten** der **Steuerpflichtigen** geändert oder berichtigt, sind die den jeweils letzten vorangegangenen Steuerfestsetzungen beigefügten Vermerke über eine Aussetzung der Steuerfestsetzung zu wiederholen, soweit die Voraussetzungen des § 165 Absatz 1 Satz 4 AO für eine Aussetzung der Steuerfestsetzung noch erfüllt sind. Soweit dies nicht mehr der Fall ist, sind die ausgesetzten Steuerfestsetzungen gegebenenfalls nachzuholen.

c) Werden Steuerfestsetzungen nach anderen Vorschriften (einschließlich des § 165 Absatz 2 Satz 2 AO) **zuungunsten** der **Steuerpflichtigen** geändert oder berichtigt, sind die den jeweils letzten vorangegangenen Steuerfestsetzungen beigefügten Vermerke über eine Aussetzung der Steuerfestsetzung zu wiederholen, soweit die Voraussetzungen des § 165 Absatz 1 Satz 4 AO für eine Aussetzung der Steuerfestsetzung noch erfüllt sind. Soweit dies nicht mehr der Fall ist, sind die ausgesetzten Steuerfestsetzungen gegebenenfalls nachzuholen.

Soweit aufgrund der aktuellen Anlage zu diesem BMF-Schreiben weitere Vermerke über eine Aussetzung der Steuerfestsetzung in Betracht kommen, sind diese den Bescheiden nur beizufügen, soweit die Änderung reicht.

In die Bescheide ist folgender **Erläuterungstext** aufzunehmen:

„Die Festsetzung der Steuer ist gemäß § 165 Absatz 1 Satz 4 in Verbindung mit Satz 2 Nummer 2 AO ausgesetzt, soweit

...

Die Aussetzung der Steuerfestsetzung erfolgt aufgrund der Entscheidung des Bundesverfassungsgerichts, dass die genannte Rechtsnorm bis zu einer rückwirkenden Gesetzesänderung nicht mehr angewendet werden darf.

Soweit die Steuerfestsetzung gegenüber der vorangegangenen in weiteren Punkten ausgesetzt ist, erstreckt sich der Vermerk über eine Aussetzung der Steuerfestsetzung nur auf den betragsmäßigen Umfang der Änderung der Steuerfestsetzung.

Nach Verkündung der vom Bundesverfassungsgericht geforderten rückwirkenden Gesetzesänderung wird die Steuerfestsetzung gegebenenfalls nachgeholt."

III. Einspruchsfälle

In Fällen eines zulässigen Einspruchs ist wie folgt zu verfahren:

1. Wird mit einem Einspruch geltend gemacht, der Vorläufigkeitsvermerk bzw. der Vermerk über eine Aussetzung der Steuerfestsetzung berücksichtige nicht die aktuelle Anlage zu diesem BMF-Schreiben, und ist dieser Einwand begründet, ist dem Einspruch insoweit durch eine Erweiterung des Vorläufigkeitsvermerks bzw. durch entsprechende Aussetzung der Steuerfestsetzung abzuhelfen. Ist Gegenstand des Einspruchsverfahrens ein

Änderungsbescheid, sind die Regelungen in Abschnitt I Nummer 2 und Abschnitt II Nummer 3 zu beachten. Mit der Erweiterung des Vorläufigkeitsvermerks bzw. der Aussetzung der Steuerfestsetzung ist das Einspruchsverfahren erledigt, falls nicht auch andere Einwendungen gegen die Steuerfestsetzung erhoben werden. Dies gilt entsprechend bei einem rechtzeitig gestellten Antrag auf schlichte Änderung (§ 172 Absatz 1 Satz 1 Nummer 2 Buchstabe a AO).

Wird der Einspruch auch wegen anderer, vom Vorläufigkeitsvermerk bzw. von der Aussetzung der Steuerfestsetzung nicht erfasster Fragen erhoben, wird ein den Vorläufigkeitsvermerk bzw. die Aussetzung der Steuerfestsetzung erweiternder Bescheid Gegenstand des anhängig bleibenden Einspruchsverfahrens (§ 365 Absatz 3 AO).

2. Wird gegen eine nach Abschnitt I vorläufig durchgeführte Steuerfestsetzung oder eine nach Abschnitt II ausgesetzte Steuerfestsetzung Einspruch eingelegt und betrifft die vom Einspruchsführer vorgetragene Begründung ausschließlich Fragen, die vom Vorläufigkeitsvermerk bzw. der Aussetzung der Steuerfestsetzung erfasst sind, ist der Einspruch als unzulässig zu verwerfen (vgl. AEAO zu § 350, Nummer 6 dritter Absatz). Ein Ruhenlassen des Einspruchsverfahrens kommt insoweit nicht in Betracht, es sei denn, dass nach Abschnitt V dieses BMF-Schreibens die Vollziehung auszusetzen ist.

3. Spätestens in der (Teil-)Einspruchsentscheidung ist die Steuerfestsetzung im Umfang der aktuellen Anlage zu diesem BMF-Schreiben für vorläufig zu erklären oder auszusetzen. Ist Gegenstand des Einspruchsverfahrens ein Änderungsbescheid, sind die Regelungen in Abschnitt I Nummer 2 und Abschnitt II Nummer 3 zu beachten.

IV. Rechtshängige Fälle

In Fällen, in denen Verfahren bei einem Finanzgericht oder beim Bundesfinanzhof anhängig sind, sind rechtzeitig vor der Entscheidung des Gerichts die Steuerfestsetzungen hinsichtlich der in der aktuellen Anlage zu diesem BMF-Schreiben aufgeführten Punkte vorläufig vorzunehmen oder auszusetzen (§ 172 Absatz 1 Satz 1 Nummer 2 Buchstabe a in Verbindung mit § 132 AO). Dies gilt nicht, wenn die Klage oder das Rechtsmittel (Revision, Nichtzulassungs-beschwerde) unzulässig ist oder die Klage sich gegen eine Einspruchsentscheidung richtet, die den Einspruch als unzulässig verworfen hat.

Ist Gegenstand des gerichtlichen Verfahrens ein Änderungsbescheid, sind die Regelungen in Abschnitt I Nummer 2 und Abschnitt II Nummer 3 zu beachten. Die hinsichtlich des Vorläufigkeitsvermerks nach § 165 Absatz 1 Satz 2 AO bzw. der Aussetzung nach § 165 Absatz 1 Satz 4 AO geänderte Steuerfestsetzung wird nach § 68 FGO Gegenstand des gerichtlichen Verfahrens.

V. Aussetzung der Vollziehung

In den Fällen von Abschnitt A der Anlage zu diesem BMF-Schreiben kommt eine Aussetzung der Vollziehung nur in Betracht, soweit die Finanzbehörden hierzu durch BMF-Schreiben oder gleich lautende Erlasse der obersten Finanzbehörden der Länder angewiesen worden sind.

In den Fällen von Abschnitt B der Anlage zu diesem BMF-Schreiben kommt eine Aussetzung der Vollziehung mangels entsprechender Steuerfestsetzung nicht in Betracht.

VI. Anwendung

Dieses Schreiben tritt an die Stelle des BMF-Schreibens vom 16. Mai 2011 - IV A 3 - S 0338/07/10010 - Dok. 2011/0314156 - (BStBl I S. 464) und der zuletzt durch das BMF-Schreiben vom 20. Januar 2017 - IV A 3 - S 0338/07/10010 - Dok. 2016/1155366 - (BStBl I S. 66) neugefassten Anlage zum vorgenannten BMF-Schreiben.

Verjährungshemmende Wirkung sog. „ressortfremder“ Grundlagenbescheide; Vertrauensschutzregelung zur BFH-Entscheidung vom 21. Februar 2013 - V R 27/11 -

(BMF-Schreiben vom 31.1.2014 - IV A 3 - S 0342/09/10001-08 -, BStBl I S. 159)

Nach dem BFH-Urteil vom 21. Februar 2013 - V R 27/11 - (BStBl II S. 529) bewirken die von ressortfremden Behörden erlassenen Grundlagenbescheide, die nicht dem Anwendungsbereich der §§ 179 ff AO unterliegen, eine Ablaufhemmung nach § 171 Abs. 10 AO nur, wenn sie vor Ablauf der Festsetzungsfrist der im Einzelfall betroffenen Steuer erlassen worden sind.

Da das vorgenannte BFH-Urteil eine rückwirkende Verschärfung der Steuerrechtsprechung beinhaltet, gilt auf der Grundlage des § 163 AO im Einvernehmen mit den obersten Finanzbehörden der Länder folgende Vertrauensschutzregelung:

Ressortfremde Grundlagenbescheide, die nicht dem Anwendungsbereich der §§ 179 ff AO unterliegen, bewirken auch dann eine Ablaufhemmung der Festsetzungsfrist des Folge-bescheids nach § 171 Abs. 10 AO,

- soweit der Grundlagenbescheid vor Ablauf der Festsetzungsfrist des Folgebescheids bei der zuständigen (ressortfremden) Behörde beantragt worden ist (analog zu § 171 Absatz 3 AO) und
- die Finanzverwaltung vor Veröffentlichung des oben genannten BFH-Urteils durch Verwaltungsanweisungen (z. B. H 33b EStH 2012 „Allgemeines“ und gleich lautende Vorgängerregelungen) einen von ihr zu verantwortenden Vertrauenstatbestand dahin-gehend gesetzt hatte, dass der Folgebescheid auch ohne entsprechenden Antrag bei der für den Folgebescheid zuständigen Finanzbehörde unabhängig vom Zeitpunkt des Erlasses des ressortfremden Grundlagenbescheides an diesen angepasst werden wird.

Ein derartiger Vertrauenstatbestand besteht nur, wenn der zu ändernde Steuerbescheid nach Veröffentlichung der maßgeblichen Verwaltungsanweisung und vor Veröffentlichung des o. g. BFH-Urteils am 31. Juli 2013 im BStBl II (Nr. 13/2013) ergangen ist.

Dieses Schreiben wird im Bundessteuerblatt Teil I veröffentlicht.

Gesonderte Feststellung bei gleichen Sachverhalten

(BMF-Schreiben vom 2.5.2001 - IV A 4 - S 0361 - 4/01 -, BStBl I S. 256)

Unter Bezugnahme auf das Ergebnis der Erörterungen mit den obersten Finanzbehörden der Länder gilt für gesonderte Feststellungen bei gleichen Sachverhalten Folgendes:

1. Allgemeines

1.1 §§ 1 - 7 der Verordnung über die gesonderte Feststellung von Besteuerungsgrundlagen nach § 180 Abs. 2 der Abgabenordnung (V zu § 180 Abs. 2 AO) regeln die gesonderte Feststellung von Einkünften in Fällen, in denen die Voraussetzungen des § 180 Abs. 1 AO nicht vorliegen. Sie ermöglichen auch die gesonderte Feststellung anderer Besteuerungsgrundlagen (vgl. zum Begriff § 199 Abs. 1 AO) für Zwecke der Einkommensteuer, Körperschaftsteuer und Umsatzsteuer sowie für die Eigenheimzulage und die Investitionszulage. Feststellungen für andere Steuerarten, Zulagen oder Prämien sind nicht vorzunehmen.

1.2 Nach § 1 V zu § 180 Abs. 2 AO können insbesondere festgestellt werden:

a) die Betriebsausgaben und -einnahmen der Beteiligten an Gesellschaften oder Gemeinschaften ohne Gewinnerzielungsabsicht, die den Beteiligten Anlagen oder Einrichtungen zur betrieblichen oder freiberuflichen Nutzung zur Verfügung stellen, wie z.B. Laborgemeinschaften, Maschinengemeinschaften (§ 1 Abs. 1 Satz 1 Nr. 1 V zu § 180 Abs. 2 AO);

b) die Einkünfte der Feststellungsbeteiligten bei Gesamtobjekten (§ 1 Abs. 1 Satz 1 Nr. 2 V zu § 180 Abs. 2 AO; vgl. BFH-Urteil vom 17. August 1989, BStBl 1990 II S. 411);

c) die Höhe der Vorsteuer aus Umsätzen, die Hersteller oder Erwerber im Rahmen eines Gesamtobjektes (§ 1 Abs. 1 Satz 1 Nr. 2 V zu § 180 Abs. 2 AO) empfangen haben, soweit ein Vorsteuerabzug nach § 15 UStG oder eine Berichtigung des Vorsteuerabzugs nach § 15a UStG in Betracht kommt, sowie die Optionsfähigkeit (§ 9 UStG) der Umsätze, die durch Vermietung oder Verpachtung des Objektes (§ 4 Nr. 12 UStG) bewirkt werden;

d) die bei Wohneigentum wie Sonderausgaben abziehbaren Beträge (z.B. nach §§ 10f, 10g EStG) und die Bemessungsgrundlage der Eigenheimzulage oder der Investitionszulage nach § 4 InvZulG 1999 vor Abzug des Selbstbehalts bei Gesamtobjekten, soweit diese nicht der Einkunftserzielung dienen (§ 1 Abs. 1 Satz 2 Buchstabe a V zu § 180 Abs. 2 AO);

e) die Voraussetzungen für die Inanspruchnahme der Eigenheimzulage bei der Anschaffung von Genossenschaftsanteilen i. S. des § 17 EigZulG (§ 1 Abs. 1 Satz 2 Buchstabe b V zu § 180 Abs. 2 AO);

f) die Bemessungsgrundlage der Investitionszulage bei Mietwohngebäuden nach § 3 InvZulG 1999 vor Abzug des Selbstbehalts (§ 1 Abs. 1 Satz 2 Buchstabe c V zu § 180 Abs. 2 AO).

2. Voraussetzungen gesonderter Feststellungen bei Gesamtobjekten

2.1 Eine gesonderte Feststellung nach § 1 Abs. 1 Satz 1 Nr. 2 V zu § 180 Abs. 2 AO kommt in Betracht, wenn folgende Voraussetzungen sämtlich gegeben sind:

a) Mehrere Steuerpflichtige erzielen Einkünfte aus Wirtschaftsgütern, Anlagen oder Einrichtungen, die ihnen getrennt zuzurechnen sind.

b) Die Steuerpflichtigen unterhalten bei der Planung, Herstellung, dem Erwerb, der Erhaltung, Verwaltung, Vermietung oder der sonstigen Nutzung dieser Wirtschaftsgüter, Anlagen oder Einrichtungen zu demselben Dritten (Treuhänder, Baubetreuer, Verwalter, Garantiegeber, Finanzierungsvermittler) Rechtsbeziehungen (z.B. Treuhand-, Baubetreuungs-, Bewirtschaftungs- oder Verwaltungsverträge).

c) Die Rechtsbeziehungen sind gleichartig, z.B. bei Verwendung einheitlicher Musterverträge oder aufgrund gleichartiger Geschäftsbedingungen.

Dies gilt in den Fällen des § 1 Abs. 1 Satz 2 Buchstaben a bis c V zu § 180 Abs. 2 AO (vgl. Tz. 1.2 Buchstaben d bis f) entsprechend.

Hiernach können gesonderte Feststellungen vorgenommen werden insbesondere bei

- Bauherrenmodellen, die die Errichtung von Einfamilienhäusern, Eigentumswohnungen oder sonstigen Gebäuden zum Gegenstand haben,
- Erwerbermodellen, einschließlich Bauträgermodellen und Sanierungsmodellen.

2.2 Die gesonderte Feststellung für die Umsatzsteuer setzt zusätzlich voraus, dass mehrere Unternehmer (§ 2 UStG) an dem Gesamtobjekt beteiligt sind (§ 1 Abs. 2 V zu § 180 Abs. 2 AO).

3. Umfang der gesonderten Feststellung bei Gesamtobjekten

3.1 Gesonderte Feststellung von Besteuerungsgrundlagen für die Steuern vom Einkommen

3.1.1 Nach § 1 V zu § 180 Abs. 2 AO ist die teilweise gesonderte Feststellung zulässig. Die Feststellung soll sich in der Regel nur auf die Besteuerungsgrundlagen (z.B. Einkünfte, wie Sonderausgaben abziehbare Beträge) erstrecken, die sich aus dem vertraglichen Gesamtaufwand ergeben (vgl. Tzn. 3 und 4 des BMF-Schreibens vom 31. August 1990 - IV B 3 - S 2253 a - 49/90 -, BStBl I S. 366 -; sog. Bauherrenerlass). Neben den sofort abziehbaren Werbungskosten können insbesondere auch die Grundlagen zur Bemessung der AfA, der Sonderbehandlung von Erhaltungsaufwendungen und des wie Sonderausgaben abziehbaren Betrages (z.B. nach §§ 3 und 4 FördG oder §§ 7, 7h, 7i, 10f, 11a und 11b EStG) gesondert festgestellt werden, wenn die Aufwendungen im Rahmen des Gesamtaufwandes entstanden sind. Bei einheitlicher Finanzierung soll auch das Disagio einbezogen werden; nicht einzubeziehen sind die außerhalb des Gesamtaufwandes entstandenen Aufwendungen, z.B. Kosten einer als Werbungskosten abziehbaren Individualfinanzierung, auch wenn diese über eine der in § 3 Abs. 1 Nr. 2 V zu § 180 Abs. 2 AO genannten Personen abgewickelt wird. Nicht einzubeziehen in die gesonderte Feststellung der Besteuerungsgrundlagen sind ferner die als Werbungskosten abziehbaren Vorsteuern bzw. die als Einnahme anzusetzenden Vorsteuererstattungen.

Gehören die Wirtschaftsgüter, Anlagen oder Einrichtungen zum Betriebsvermögen des Beteiligten, ist die gesonderte Feststellung auf die Höhe der sofort in voller Höhe absetzbaren Betriebsausgaben und die Bemessungsgrundlage der AfA zu beschränken.

Kommt die Bildung eines Rechnungsabgrenzungspostens in Betracht, sind auch die hierfür maßgeblichen Besteuerungsgrundlagen festzustellen.

3.1.2 Es ist zulässig, nur für einige der Steuerpflichtigen, die an dem Gesamtobjekt beteiligt sind, eine gesonderte Feststellung durchzuführen.

3.1.3 Die Feststellung soll nur für den Zeitraum bis zur Bezugsfertigkeit (bei Bauherrenmodellen) oder der erstmaligen Vermietung oder Eigennutzung durch den Steuerpflichtigen (bei Erwerbermodellen) durchgeführt werden.

3.1.4 Umfang und Zeitraum der gesonderten Feststellung sind in dem Feststellungsbescheid genau zu bezeichnen. Nachrichtliche Mitteilungen, z.B. über Besteuerungsgrundlagen für nachfolgende Zeiträume, können in den Bescheid aufgenommen werden.

3.1.5 In Zusammenhang mit den festzustellenden Besteuerungsgrundlagen stehende Steuerabzugsbeträge und Körperschaftsteuer, die auf die festgesetzte Steuer anzurechnen sind, können nach § 180 Abs. 5 Nr. 2 AO gesondert festgestellt werden. Diese Feststellung kann mit der Feststellung nach der V zu § 180 Abs. 2 AO verbunden werden.

3.2 Gesonderte Feststellung für die Umsatzsteuer

3.2.1 Gesondert festgestellt werden soll, ob die Voraussetzungen für den Vorsteuerabzug vorliegen (§ 15 UStG). Liegen diese Voraussetzungen vor, so soll sich die Feststellung der Vorsteuerbeträge in der Regel auf die Vorsteuern beschränken, die sich aus dem vertraglichen Gesamtaufwand ergeben (vgl. Tz. 3.1.1). In jedem Fall sind jedoch die für eine Berichtigung des Vorsteuerabzugs nach § 15a UStG in Betracht kommenden Vorsteuerbeträge auf Anschaffungs-/Herstellungskosten gesondert festzustellen.

3.2.2 Werden Wirtschaftsgüter, Anlagen oder Einrichtungen von Beteiligten für eigene gewerbliche oder berufliche Zwecke verwendet, ist die Feststellung auf die Höhe der Vorsteuerbeträge zu beschränken. Ob die festgestellten Vorsteuerbeträge ganz oder teilweise vom Abzug ausgeschlossen sind (§ 15 Abs. 2 bis 4 UStG), entscheidet in diesen Fällen das für die Umsatzbesteuerung des Beteiligten zuständige Finanzamt (§ 21 AO).

3.2.3 Die Regelungen zur zeitlichen Begrenzung (Tz. 3.1.3) und zu den Angaben im Feststellungsbescheid (Tz. 3.1.4) gelten entsprechend. Hiervon unberührt bleibt die Durchführung von Amtshilfemaßnahmen, insbesondere zur einheitlichen Anwendung des § 15a UStG nach dem BMF-Schreiben vom 24. April 1992 - IV A 3 - S 7340 - 45/92 - (BStBl I S. 291).

3.3 Gesonderte Feststellung für die Eigenheimzulage oder die Investitionszulage

3.3.1 Feststellungen für Zwecke der Eigenheimzulage oder der Investitionszulage (§ 1 Abs. 1 Satz 2 V zu § 180 Abs. 2 AO) sind nur durchzuführen, wenn und soweit dies für deren Festsetzung erforderlich ist. Umfang und Zeitraum der gesonderten Feststellung sind im Feststellungsbescheid genau zu bezeichnen.

3.3.2 Bei Wohneigentum bzw. Wohngebäuden (§ 1 Abs. 1 Satz 2 Buchstaben a und c V zu § 180 Abs. 2 AO) soll sich die Feststellung nur auf den Teil der Bemessungsgrundlage erstrecken, der sich aus dem vertraglichen Gesamtaufwand ergibt.

3.3.3 Bei der Anschaffung von Genossenschaftsanteilen im Sinne des § 17 EigZulG (§ 1 Abs. 1 Satz 2 Buchstabe b V zu § 180 Abs. 2 AO) ist insbesondere festzustellen, ob von der Genossenschaft mehr als zwei Drittel des Geschäftsguthabens der Genossen zu wohnungswirtschaftlichen Zwecken verwandt wird, ob die Genossenschaft unverzüglich mit der Investitionstätigkeit begonnen hat und ob die Wohnungen überwiegend an Genossenschaftsmitglieder überlassen werden (vgl. BMF-Schreiben vom

11. Mai 1999, BStBl I S. 490). Sofern einzelne Voraussetzungen noch nicht sofort vorliegen, jedoch glaubhaft dargelegt wird, dass sie alsbald erfüllt sein werden, ist die Feststellung insoweit nach § 165 Abs. 1 AO vorläufig durchzuführen.

4. Einleitung des Feststellungsverfahrens

4.1 Sofern die Erklärung zur gesonderten Feststellung nicht unaufgefordert abgegeben wird, wird das Feststellungsverfahren durch Aufforderung des Finanzamts, eine Erklärung abzugeben, eingeleitet (vgl. Tz. 6).

4.2 Die Durchführung des Feststellungsverfahrens liegt nach § 4 V zu § 180 Abs. 2 AO im pflichtgemäßen Ermessen des Finanzamts. Ein Feststellungsverfahren soll nur durchgeführt werden, wenn dies der einheitlichen Rechtsanwendung und gleichzeitig der Erleichterung des Besteuerungsverfahrens dient. Von der Durchführung eines Feststellungsverfahrens kann auch abgesehen werden, wenn es sich um einen Fall von geringer Bedeutung handelt.

Hinsichtlich der Feststellung von Besteuerungsgrundlagen für die Steuern vom Einkommen kann bei Bauherrenmodellen und vergleichbaren Modellen ein Feststellungsbedarf angenommen werden, wenn zumindest für einen Veranlagungszeitraum die Besteuerungsgrundlagen von mindestens drei Beteiligten festzustellen sind und der einzelne Beteiligte insgesamt Werbungskosten, Betriebsausgaben oder wie Sonderausgaben abziehbare Beträge (ausgenommen Finanzierungskosten und Notarkosten) von mehr als 5.000 DM (ab Veranlagungs-/Feststellungszeitraum 2002: 2.500 Euro) geltend macht. Dies gilt - mit Ausnahme der Aufgriffsgrenze von 5.000 DM/ 2.500 Euro - bei Feststellungen für die Festsetzung von Eigenheim- oder Investitionszulage entsprechend.

4.3 Zur Beseitigung von Zweifeln, ob ein Feststellungsverfahren durchgeführt wird, kann ein Negativbescheid erteilt werden (§ 4 Satz 2 V zu § 180 Abs. 2 AO). Die Ermittlungspflicht geht in diesem Fall in vollem Umfang auf das für die Steuerfestsetzung zuständige Finanzamt über.

4.4 Über einen Antrag auf Durchführung einer gesonderten Feststellung ist durch Bescheid zu entscheiden.

5. Verfahrensbeteiligte

5.1 Verfahrensbeteiligte sind:

- die Feststellungsbeteiligten, denen die gesondert festzustellenden Besteuerungsgrundlagen zuzurechnen sind,
- bei Gesamtobjekten auch die in § 3 Abs. 1 Nr. 2 V zu § 180 Abs. 2 AO genannten Personen (Betreuungsunternehmer, Treuhänder, Initiator, Verwalter u.a.).

Bei Gesamtobjekten sollen Ermittlungen und Verfahrenshandlungen gegenüber den in § 3 Abs. 1 Nr. 2 V zu § 180 Abs. 2 AO genannten Personen vorgenommen werden.

5.2 Das Steuergeheimnis steht der Offenbarung von Verhältnissen der Verfahrensbeteiligten gegenüber anderen Verfahrensbeteiligten nicht entgegen, soweit dies der Durchführung des Feststellungsverfahrens, z.B. bei der Bekanntgabe, dient (§ 30 Abs. 4 Nr. 1 AO).

6. Erklärungspflicht

6.1 Zur Abgabe der Erklärung zur gesonderten und einheitlichen Feststellung sind die Verfahrensbeteiligten i. S. der Tz. 5.1 verpflichtet. Eine Erklärungspflicht besteht nur nach ausdrücklicher Aufforderung durch das Finanzamt; bei Gesamtobjekten sind die in § 3

Abs. 1 Nr. 2 V zu § 180 Abs. 2 AO genannten Personen zur Abgabe der Erklärung aufzufordern (vgl. BFH-Urteile vom 1. Dezember 1987, BStBl 1988 II S. 319, und vom 17. August 1989, BStBl 1990 II S. 411).

6.2 Steht von vornherein fest, dass nur eine teilweise gesonderte Feststellung getroffen wird, soll das Finanzamt bei der Aufforderung zur Abgabe der Steuererklärung den Umfang der Erklärung entsprechend einschränken (§ 3 Abs. 3 V zu § 180 Abs. 2 AO).

6.3 Die Erklärungspflicht besteht auch in den Fällen, in denen der Betrieb, die Nutzung, Betreuung (Treuhandschaft), Geschäftsführung, Verwaltung usw. nicht mehr besteht (§ 3 Abs. 1 V zu § 180 Abs. 2 AO).

6.4 Kommen für die Abgabe der Erklärung mehrere Personen in Betracht, sind Überschneidungen bei der Aufforderung zur Abgabe der Erklärung zu vermeiden. Im Übrigen wird auf § 3 Abs. 4 V zu § 180 Abs. 2 AO hingewiesen.

6.5 Die Aufforderung des Finanzamts zur Abgabe einer Feststellungserklärung hat eine Anlaufhemmung der Feststellungsfrist nach § 170 Abs. 2 Satz 1 Nr. 1 AO zur Folge. Wird eine Feststellungserklärung dagegen unaufgefordert abgegeben, beginnt die Frist für die Aufhebung oder Änderung der gesonderten Feststellung oder ihrer Berichtigung nach § 129 AO nicht vor Ablauf des Kalenderjahres, in dem die Feststellungserklärung abgegeben worden ist (§ 181 Abs. 1 Satz 3 AO).

7. Bekanntgabe

7.1 Der Feststellungsbescheid und andere im Feststellungsverfahren zu erlassene Verwaltungsakte können an einen Empfangsbevollmächtigten mit Wirkung für und gegen alle Feststellungsbeteiligten bekanntgegeben werden. Die Feststellungsbeteiligten sollen hierzu einen gemeinsamen Empfangsbevollmächtigten bestellen (§ 6 Abs. 1 Satz 1 V zu § 180 Abs. 2 AO).

7.2 Benennen die Feststellungsbeteiligten keinen Empfangsbevollmächtigten, so kann das Finanzamt sie dazu auffordern und gleichzeitig einen Verfahrensbeteiligten als Empfangsbevollmächtigten vorschlagen. Bei Gesamtobjekten sollen in der Regel die in § 3 Abs. 1 Nr. 2 V zu § 180 Abs. 2 AO genannten Personen als Empfangsbevollmächtigte vorgeschlagen werden.

Äußern sich die Feststellungsbeteiligten nicht innerhalb einer angemessenen, in der Aufforderung anzugebenden Frist, so gilt der von der Finanzbehörde Vorgeschlagene als Empfangsbevollmächtigter. Dies gilt jedoch nur insoweit, als einer oder mehrere der Feststellungsbeteiligten für sich nicht einen anderen Empfangsbevollmächtigten benennen.

7.3 Das Finanzamt darf keinen Verfahrensbeteiligten als Empfangsbevollmächtigten vorschlagen, von dem ihm bekannt ist, dass er ernstliche Meinungsverschiedenheiten mit Feststellungsbeteiligten hat. Soweit ernstliche Meinungsverschiedenheiten zwischen den Feststellungsbeteiligten bekannt sind, ist insoweit eine gesonderte Bekanntgabe des Feststellungsbescheids (Einzelbekanntgabe) erforderlich.

7.4 Ist Einzelbekanntgabe erforderlich, sind nur diejenigen Besteuerungsgrundlagen bekanntzugeben, die den jeweiligen Feststellungsbeteiligten unmittelbar betreffen (§ 6 Abs. 4 V zu § 180 Abs. 2 AO).

7.5 Sind keine ernstlichen Meinungsverschiedenheiten zwischen den Verfahrensbeteiligten bekannt, sollen auch nach Beendigung des Betriebs, der Nutzung, Betreuung (Treuhandschaft), Geschäftsführung, Verwaltung usw. oder beim Ausscheiden von Feststellungsbeteiligten Feststellungsbescheide weiterhin nur an den bestellten Empfangsbevollmächtigten bekannt gegeben werden, soweit und solange Feststellungsbeteiligte oder der Empfangsbevollmächtigte nicht widersprochen haben.

Die Bekanntgabe eines Feststellungsbescheides an einen Empfangsbevollmächtigten i.S. des § 6 Abs.1 Satz 1 V zu § 180 Abs. 2 AO ist auch gegenüber einem aus der Bauherrengemeinschaft ausgeschiedenen Feststellungsbeteiligten wirksam, solange dieser die Vollmacht nicht gegenüber der für die Feststellung zuständigen Finanzbehörde widerrufen hat (BFH-Urteil vom 7. Februar 1995, BStBl II S. 357). Der Widerruf einer Empfangsvollmacht gegenüber der Finanzbehörde ist nicht an eine bestimmte Form gebunden, er kann schriftlich oder auch mündlich erfolgen.

7.6 Bei Gesamtobjekten ist der Feststellungsbescheid nach § 6 Abs. 2 V zu § 180 Abs. 2 AO auch den in § 3 Abs. 1 Nr. 2 V zu § 180 Abs. 2 AO genannten Personen bekanntzugeben, wenn sie die Erklärung abgegeben haben, aber nicht gleichzeitig Empfangsbevollmächtigte sind.

8. Rechtsbehelfsbefugnis

Zur Einspruchsbefugnis vgl. § 352 AO, zur Klagebefugnis vgl. § 48 FGO. Vgl. auch die Regelungen im Anwendungserlass zu § 352 AO.

9. Außenprüfung

9.1 Eine Außenprüfung kann bei allen Verfahrensbeteiligten durchgeführt werden. Bei Gesamtobjekten soll sie bei einem Feststellungsbeteiligten nur durchgeführt werden, wenn eine Außenprüfung bei den in § 3 Abs. 1 Nr. 2 V zu § 180 Abs. 2 AO genannten Personen keine hinreichende Sachaufklärung verspricht oder ergibt.

9.2 Die Prüfungsanordnung ist an denjenigen zu richten und bekanntzugeben, bei dem die Außenprüfung durchgeführt werden soll (§ 197 AO, § 7 V zu § 180 Abs. 2 AO). Ergeht die Prüfungsanordnung an eine in § 3 Abs. 1 Nr. 2 V zu § 180 Abs. 2 AO genannte Person, ist darauf hinzuweisen, dass sie die Prüfung nach § 7 Abs. 1 i. V. m. § 5 und § 3 Abs. 1 Nr. 2 V zu § 180 Abs. 2 AO zu dulden hat (vgl. BFH-Beschluss vom 14. März 1989, BStBl II S. 590).

10. Zuständigkeit

Örtlich zuständig ist in den Fällen des § 1 Abs. 1 Satz 1 Nr. 1 V zu § 180 Abs. 2 AO das Betriebsfinanzamt (§ 2 Abs. 1 V zu § 180 Abs. 2 AO), in den Fällen des § 1 Abs. 1 Satz 1 Nr. 2 und Satz 2 sowie § 1 Abs. 2 V zu § 180 Abs. 2 AO das für den Erklärungspflichtigen zuständige Finanzamt (§ 2 Abs. 2 und 3 V zu § 180 Abs. 2 AO).

Bei Bauherrenmodellen und vergleichbaren Modellen ist dies in der Regel das für die Besteuerung des Verfahrensbeteiligten, der die Erklärung abgibt oder zur Abgabe der Erklärung aufgefordert wird, nach dem Einkommen zuständige Finanzamt (§§ 19, 20 AO). In Fällen der Anschaffung von Genossenschaftsanteilen im Sinne des § 17 EigZulG (§ 1 Abs. 1 Satz 2 V zu § 180 Abs. 2 AO) ist das für die Besteuerung der Genossenschaft nach dem Einkommen zuständige Finanzamt (§ 20 AO) für die Feststellung nach der V zu § 180 Abs. 2 AO zuständig.

11. Geltendmachung von negativen Einkünften oder der wie Sonderausgaben abziehbaren Beträge

Zur Berücksichtigung negativer Einkünfte oder der wie Sonderausgaben abziehbaren Beträge bei Gesamtobjekten ist das BMF-Schreiben vom 13. Juli 1992 - IV A 5 - S 0361 - 19/92 - (BStBl I S. 404), geändert durch BMF-Schreiben vom 28. Juni 1994 - IV A 4 - S 0361 - 14/94 - (BStBl I S. 420), anzuwenden.

12. Anwendung des § 2b EStG

Bei Gesamtobjekten sind die Voraussetzungen für die Anwendung des § 2b EStG und die sich aus der Anwendung des § 2b EStG ggf. ergebenden Folgerungen im Feststellungsverfahren nach der V zu § 180 Abs. 2 AO zu prüfen.

13. Schlussbestimmungen

13.1 Die vorstehenden Regelungen sind vorbehaltlich der Tz. 13.3 in allen anhängigen Verfahren anzuwenden (Artikel 97 § 1 Abs. 2 EGAO in der Fassung des Steuerbereinigungsgesetzes 1986 vom 19. Dezember 1985, BStBl I S. 2436). Dies gilt auch für Feststellungszeiträume vor dem In-Kraft-Treten der Neuregelungen (vgl. BFH-Urteil vom 1. Dezember 1987, BStBl 1988 II S. 319).

13.2 Anhängige Verfahren in diesem Sinne sind neben bereits eingeleiteten und noch nicht abgeschlossenen Feststellungsverfahren auch solche Verfahren, in denen die maßgebliche Steuerfestsetzung noch nicht materiell bestandskräftig ist. Ein Verfahren ist insbesondere dann anhängig, wenn noch keine Steuerfestsetzung oder nur eine Steuerfestsetzung unter dem Vorbehalt der Nachprüfung nach § 164 AO erfolgt ist bzw. über einen gegen die Steuerfestsetzung eingelegten Rechtsbehelf noch nicht entschieden ist. Soweit nicht die Verfahren aller Beteiligten anhängig sind, ist die Feststellung auf die noch anhängigen Fälle zu begrenzen.

Die Anwendung der Neuregelung auf anhängige Verfahren führt nicht zu einer Durchbrechung der Verjährung (vgl. BFH-Urteil vom 17. August 1989, BStBl 1990 II S. 411).

13.3 Bei Feststellungen nach § 1 Abs. 1 Satz 2 V zu § 180 Abs. 2 AO gilt zur Anwendung der vorstehenden Regelungen Folgendes:

- Feststellungen für die Einkommensteuerfestsetzung sind ab dem 1. Januar 1991 durchzuführen (Artikel 3 der Ersten Verordnung zur Änderung der Verordnung zu § 180 Abs. 2 AO vom 22. Oktober 1990, BGBl I S. 2275, BStBl I S. 724);
- Feststellungen für die Eigenheimzulagenfestsetzung sind ab dem 23. Dezember 1995 durchzuführen (Artikel 15 des Gesetzes zur Neuregelung der steuerrechtlichen Wohneigentumsförderung vom 15. Dezember 1995, BGBl I S. 1783, BStBl I S. 775).
- Bei der Anschaffung von Genossenschaftsanteilen i.S. des § 17 EigZulG sind die vorstehenden Regelungen ab dem 30. Dezember 1999 anzuwenden (Artikel 28 Abs. 2 des Steuerbereinigungsgesetzes 1999 vom 22. Dezember 1999, BGBl. I S. 2601, BStBl 2000 I S. 13).
- Feststellungen für die Festsetzung der Investitionszulage sind ab dem 28. Dezember 2000 (Artikel 11 Abs. 1 des Gesetzes zur Änderung des Investitionszulagengesetzes 1999 vom 20. Dezember 2000, BGBl I S. 1850, BStBl 2001 I S. 28) durchzuführen.

Die Neuregelungen sind jeweils ab den genannten Zeitpunkten in allen anhängigen Verfahren anzuwenden (vgl. Tz. 13.1 und 13.2).

Verfahren bei der Geltendmachung von negativen Einkünften aus der Beteiligung an Verlustzuweisungsgesellschaften und vergleichbaren Modellen

(BMF-Schreiben vom 13.7.1992 - IV A 5 - S 0361 - 19/92 -, BStBl. I S. 404, geändert durch BMF-Schreiben vom 28.6.1994 - IV A 4 - S 0361 - 14/94 -, BStBl I S. 420)

Unter Bezugnahme auf das Ergebnis der Erörterung mit den obersten Finanzbehörden der Länder gilt für die gesonderte Feststellung und zur ertragsteuerlichen Berücksichtigung von negativen Einkünften aus der Beteiligung an Verlustzuweisungsgesellschaften und vergleichbaren Modellen folgendes:

1 Anwendungsbereich

1.1 Die nachstehenden Verfahrensgrundsätze gelten insbesondere für Beteiligungen an Verlustzuweisungsgesellschaften und an Gesamtobjekten i.S.d. § 1 Abs. 1 Satz 1 Nr. 2 und Satz 2 der Verordnung über die gesonderte Feststellung von Besteuerungsgrundlagen nach § 180 Abs. 2 AO (V zu § 180 Abs. 2 AO) sowie für vergleichbare Modelle mit nur einem Kapitalanleger.

1.2 Verlustzuweisungsgesellschaften

1.2.1 Es handelt sich hierbei um Personenzammenschlüsse in gesellschafts- oder gemeinschaftsrechtlicher Form, deren Gegenstand insbesondere die Herstellung oder die Anschaffung eines Anlageobjekts und dessen Nutzungsüberlassung ist und an der eine Beteiligung in der Absicht erworben wird, Verluste aus den Einkunftsarten des § 2 Abs. 1 Nr. 1 - 3 EStG oder negative Einkünfte i.S. des § 20 Abs. 1 Nr. 4 oder des § 21 EStG zu erzielen. Die Kapitalanleger werden dadurch zum Beitritt zur Verlustzuweisungsgesellschaft bewogen, daß sie auf der Basis eines im voraus gefertigten Konzepts zwecks Erzielung steuerlicher Vorteile - zumindest für eine gewisse Zeit - an den von der Gesellschaft erzielten negativen Einkünften beteiligt werden sollen. Verlustzuweisungsgesellschaften in diesem Sinne sind daher insbesondere sog. gewerbliche Abschreibungsgesellschaften sowie vermögensverwaltende Gesellschaften, wenn von den Initiatoren mit negativen Einkünften geworben wird.

1.2.2 Die im Rahmen einer mit Einkünfteerzielungsabsicht betriebenen Verlustzuweisungsgesellschaft erzielten negativen Einkünfte sind nach § 180 Abs. 1 Nr. 2 Buchstabe a oder Abs. 5 AO gesondert und einheitlich festzustellen. Ist eine Einkünfteerzielungsabsicht nicht anzunehmen, ist ein negativer Feststellungsbescheid nach § 181 Abs. 1 Satz 1 i.V.m. § 155 Abs. 1 Satz 3 AO zu erlassen.

1.3 Gesamtobjekte

Es handelt sich hierbei insbesondere um Beteiligungen an Bauherrenmodellen und Erwerbermodellen, einschließlich der Bauträger- und Sanierungsmodelle (vgl. hierzu BMF-Schreiben vom 31. August 1990 - IV B 3 - S 2253 a - 49/90 -, BStBl I S. 366 und vom 5. Dezember 1990 - IV A 5 - S 0361 - 20/90 -, BStBl I S. 764). Gesondert und einheitlich festgestellt werden nur die auf den gleichartigen Rechtsbeziehungen und Verhältnissen beruhenden Besteuerungsgrundlagen. Soweit im folgenden die Behandlung von Einkünften geregelt ist, gilt dies für die nach der V zu § 180 Abs. 2 AO festzustellenden Besteuerungsgrundlagen entsprechend.

1.4 Modelle mit nur einem Kapitalanleger

Sind die Einkünfte eines vergleichbaren Modells nur einem Steuerpflichtigen zuzurechnen, kommt nur in den Fällen des § 180 Abs. 1 Nr. 2 Buchstabe b AO (Einkünfte aus Land- und Forstwirtschaft, Gewerbebetrieb oder freiberuflicher Tätigkeit) eine gesonderte Feststellung in Betracht. In den übrigen Fällen - insbesondere bei Einkünften aus Vermietung und Verpachtung - obliegt die Ermittlungskompetenz allein dem für den Erlaß des Einkommensteuerbescheides zuständigen Finanzamt.

2 Allgemeines

2.1 Rechtsfragen, die im Zusammenhang mit der Beteiligung an einem Modell i.S.d. Tz. 1 gestellt werden, dürfen nur im Rahmen des nachfolgend dargestellten Prüfungs- oder Feststellungsverfahrens beantwortet werden.

2.2 Eine verbindliche Auskunft aufgrund des BMF-Schreibens vom 24. Juni 1987 - IV A 5 - S 0430 - 9/87 - (BStBl I S. 474) kommt bei diesen Modellen nicht in Betracht.

2.3 Die Bezeichnung "Betriebsfinanzamt" wird im folgenden zur Kennzeichnung des für die gesonderte Feststellung der Einkünfte zuständigen Finanzamts verwendet. Die Bezeichnung "Wohnsitzfinanzamt" gilt für jedes Finanzamt, das die Mitteilung über die Einkünfte des Beteiligten auszuwerten hat.

2.4 Die Beteiligten haben bei der Ermittlung des Sachverhaltes, unbeschadet der Untersuchungspflicht der Finanzbehörde, mitzuwirken (§ 90 Abs. 1 AO). Wird die Mitwirkungspflicht verletzt, sind gegebenenfalls die Besteuerungsgrundlagen zu schätzen (§ 162 AO). Bei Auslandsinvestitionen besteht eine gesteigerte Mitwirkungsverpflichtung. Hier haben die Beteiligten Beweisvorsorge zu treffen, unter Ausschöpfung aller bestehenden rechtlichen und tatsächlichen Möglichkeiten selbst den Sachverhalt aufzuklären und Beweismittel nicht nur zu benennen, sondern auch zu beschaffen (§ 90 Abs. 2 AO). Werden diese Pflichten nicht oder nicht ausreichend erfüllt und bleiben deshalb Unklarheiten im Sachverhalt, gehen diese zu Lasten der Beteiligten.

2.5 Bei Gesamtobjekten sind auch die Verfahrensregelungen des BMF-Schreibens vom 5. Dezember 1990 - IV A 5 - S 0361 - 20/90 - (BStBl I S. 764) zu beachten.

3 Verfahren beim Betriebsfinanzamt

3.1 Geltendmachung von negativen Einkünften für Zwecke des Vorauszahlungsverfahrens/der Lohnsteuerermäßigung

3.1.1 Wird beim Betriebsfinanzamt zum Zwecke der Herabsetzung der Vorauszahlungen oder zur Eintragung eines Freibetrags auf der Lohnsteuerkarte der Beteiligten an einem Modell i. S. d. Tz. 1 geltend gemacht, daß negative Einkünfte eintreten werden, so ermittelt das Betriebsfinanzamt im Wege der Amtshilfe (§§ 111 - 115 AO) für die Wohnsitzfinanzämter die Höhe der voraussichtlichen negativen Einkünfte der Beteiligten (Vorprüfung).

3.1.2 Ein Vorprüfungsverfahren findet nicht statt, soweit negative Einkünfte aus Vermietung und Verpachtung bei der Festsetzung der Einkommensteuervorauszahlungen oder im Lohnsteuerermäßigungsverfahren nicht berücksichtigt werden dürfen (§ 37 Abs. 3 Sätze 6 ff. und § 39 a Abs. 1 Nr. 5 EStG). Wird gleichwohl ein Antrag i. S. d. Tz. 3.1.1 beim Betriebsfinanzamt gestellt, so sind die Wohnsitzfinanzämter hierüber zu unterrichten.

3.1.3 Das Betriebsfinanzamt beginnt mit der Vorprüfung erst, wenn nachgewiesen ist, daß die Planung des Investitionsvorhabens abgeschlossen und durch konkrete Maßnahmen bereits mit ihrer Umsetzung begonnen worden ist (z.B. Beginn der Bau- oder Herstellungsmaßnahmen). Bei Verlustzuweisungsgesellschaften (Tz. 1.2) ist zusätzlich

Voraussetzung, daß mindestens 75 v.H. des von den Beteiligten selbst aufzubringenden Kapitals rechtsverbindlich gezeichnet sind; der Beitritt eines Treuhänders für noch zu werbende Treugeber reicht nicht aus.

3.1.4 Weitere Voraussetzung ist, daß sämtliche Unterlagen vorgelegt werden, die für die Beurteilung der geltend gemachten voraussichtlichen negativen Einkünfte dem Grunde und der Höhe nach sowie hinsichtlich ihrer Ausgleichsfähigkeit erforderlich sind. In einer Fremdsprache abgefaßte Verträge und Unterlagen sind ggf. in beglaubigter deutscher Übersetzung vorzulegen (vgl. § 87 AO).

3.1.5 Zu diesen Unterlagen gehören insbesondere

a) Prospekte, Objektbeschreibungen und Unterlagen für den Vertrieb (z.B. Baubeschreibungen, Musterverträge);

b) alle von den Projektanbietern und sonstigen Personen abgeschlossenen Verträge mit den Beteiligten (z.B. Beitrittserklärungen und Nebenabreden über Zahlungen), mit den an der Planung und Ausführung des Investitionsobjekts beteiligten Unternehmen, mit den in die Finanzierung eingeschalteten Firmen und ggf. mit den Personen, die das Investitionsobjekt nutzen;

c) ein spezifizierter Finanzierungsplan (mit Kreditzusagen und Kreditverträgen) über den Gesamtfinanzierungsaufwand und den voraussichtlichen Einsatz der Finanzierungsmittel (Objektkalkulation);

d) Angaben über den Projektstand (z.B. Baugenehmigung, Baubeginnanzeige, Baufortschrittsanzeige, Teilungserklärung);

e) eine voraussichtliche Gewinn- und Verlustrechnung/ Einnahmen-Überschußrechnung, aus der sich die Betriebsausgaben/Werbungskosten im einzelnen ergeben, bzw. bei Gesamtobjekten (Tz. 1.3) eine entsprechende Aufstellung über die voraussichtlichen Besteuerungsgrundlagen aus den gleichgelagerten Sachverhalten;

f) eine Darstellung des angestrebten Totalgewinns/-überschusses;

g) ein Verzeichnis der Beteiligten mit Anschrift, Angabe des zuständigen Finanzamtes und der Steuernummer. Die Antragsteller haben schriftlich zu versichern, daß die Unterlagen vollständig sind und daneben keine weiteren Vereinbarungen getroffen worden sind.

3.1.6 Das Betriebsfinanzamt kann von den Projektanbietern, der Verlustzuweisungsgesellschaft, den Verfahrensbeteiligten i.S.d. V zu § 180 Abs. 2 AO oder sonstigen Personen (ggf. auf der Grundlage des § 93 AO) auch Erklärungen verlangen, wonach bestimmte Verträge nicht abgeschlossen oder bestimmte Unterlagen nicht vorhanden sind (Negativ-Erklärungen).

3.1.7 Soweit es sich bei den Projektanbietern und den von ihnen zur Ausführung oder Finanzierung des Investitionsvorhabens sowie zur Nutzung des Investitionsobjekts beauftragten Unternehmen um nahestehende Personen i.S. des § 1 Abs. 2 AStG handelt, sind diese Beziehungen bekanntzugeben.

3.1.8 Innerhalb eines Zeitraums von sechs Monaten nach Vorlage aller erforderlichen prüfungsfähigen Unterlagen (Tzn. 3.1.3 - 3.1.7) sollen die Vorprüfung der geltend gemachten negativen Einkünfte vorgenommen und das Ergebnis den Wohnsitzfinanzämtern mitgeteilt werden. Hierbei ist auch mitzuteilen, ob eine gesonderte und einheitliche Feststellung nach § 180 Abs. 1 Nr. 2 Buchstabe a AO oder nach § 1 Abs. 1 Satz 1 Nr. 2 und Satz 2 V zu § 180 Abs. 2 AO durchgeführt wird. Sind Sachverhalte vor Ort zu ermitteln, soll das Betriebsfinanzamt einen Betriebsprüfer hiermit beauftragen, sobald alle erforderlichen Unterlagen vorliegen.

3.1.9 Werden die geltend gemachten negativen Einkünfte ganz oder teilweise nicht anerkannt, so soll die Mitteilung eine für das Wohnsitzfinanzamt in einem etwaigen Rechtsbehelfsverfahren verwertbare Begründung und eine Aussage darüber enthalten, ob und ggf. in welcher Höhe eine Aussetzung der Vollziehung in Betracht kommt. Die Entscheidung über einen Antrag auf Aussetzung der Vollziehung obliegt dem Wohnsitzfinanzamt.

3.1.10 Kann eine Vorprüfung nicht innerhalb von sechs Monaten nach Vorlage sämtlicher Unterlagen (Tzn. 3.1.3 - 3.1.7) abgeschlossen werden und liegen auch die Voraussetzungen der Tz. 3.1.12 nicht vor, teilt das Betriebsfinanzamt den Wohnsitzfinanzämtern nach Ablauf dieser Frist mit, ob und in welchem Umfang nach dem gegenwärtigen Stand der Prüfung die geltend gemachten negativen Einkünfte anerkannt werden können. Bei Mitteilung soll eine im Rechtsbehelfsverfahren verwertbare Begründung enthalten (= begründeter Schätzungsvorschlag).

3.1.11 Eingehende Anfragen der Wohnsitzfinanzämter (Tz.4.1.1) sind vom Betriebsfinanzamt unverzüglich nach dem gegenwärtigen Verfahrensstand zu beantworten. Hierbei ist der Ablauf der Sechsmonatsfrist mitzuteilen sowie anzugeben, ob die prüfungsfähigen Unterlagen vorliegen. Hierbei ist auch mitzuteilen, ob eine gesonderte und einheitliche Feststellung nach § 180 Abs. 1 Nr. 2 Buchstabe a AO oder nach § 1 Abs. 1 Satz 1 Nr. 2 und Satz 2 V zu § 180 Abs. 2 AO durchgeführt wird.

3.1.12 Das Betriebsfinanzamt kann auf die Vorprüfung verzichten und dem Wohnsitzfinanzamt die Höhe der voraussichtlichen negativen Einkünfte des Steuerpflichtigen mitteilen, wenn es keine ernstlichen Zweifel hinsichtlich der Entstehung und der Höhe der geltend gemachten negativen Einkünfte hat, weil es sich

a) um ein Projekt handelt, das in tatsächlicher und rechtlicher Hinsicht mit vom Betriebsfinanzamt bereits überprüften anderen Projekten derselben Projektanbieter vergleichbar ist und die negativen Einkünfte ohne wesentliche Beanstandung anerkannt worden sind, oder

b) um negative Einkünfte aus einem Projekt handelt, für das bereits für Vorjahre negative Einkünfte überprüft und ohne wesentliche Beanstandung anerkannt worden sind.

3.2 Gesonderte Feststellung der negativen Einkünfte durch das Betriebsfinanzamt

3.2.1 Das Betriebsfinanzamt soll die gesonderte Feststellung der Einkünfte bei Modellen i.S.d. Tz. 1 beschleunigt durchführen.

3.2.2 Im Rahmen der Feststellungserklärung sind grundsätzlich die gleichen Angaben zu machen und die gleichen Unterlagen vorzulegen wie im Vorauszahlungsverfahren (vgl. Tzn. 3.1.4 - 3.1.7). Soweit einzelne nach der Konzeption vorgesehene Verträge noch nicht abgeschlossen sind oder bestimmte Angaben nicht oder noch nicht gemacht werden können, ist hierauf besonders hinzuweisen.

3.2.3 Die Fristen für die Abgabe der Erklärungen zur gesonderten Feststellung der Einkünfte sind in der Regel nicht zu verlängern.

3.2.4 Wird die Erklärung trotz Erinnerung nicht abgegeben oder werden die nach den Tzn. 3.1.3 - 3.1.7 vorzulegenden Unterlagen und Angaben trotz ergänzender Rückfragen nicht eingereicht, sollen die negativen Einkünfte im Feststellungsverfahren geschätzt werden (ggf. auf 0,- DM). Gleiches gilt bei Auslandssachverhalten, wenn die Beteiligten ihrer erhöhten Mitwirkungspflicht nicht nachkommen (vgl. Tz. 2.4).

3.2.5 Für die Bearbeitung und Prüfung vorliegender Feststellungserklärungen und für die Beantwortung von Anfragen der Wohnsitzfinanzämter gelten die für das Vorprüfungsverfahren getroffenen Regelungen (vgl. Tzn. 3.1.8 und 3.1.10 bis 3.1.12 entsprechend. Ist innerhalb der Sechsmonatsfrist eine abschließende Überprüfung des Sachverhalts nicht möglich, kann aufgrund einer vorläufigen Beurteilung ein unter dem Vorbehalt der Nachprüfung (§ 164 AO) stehender Feststellungsbescheid erlassen werden. Unsicherheiten bei der Ermittlung der festzustellenden Einkünfte, die die Beteiligten (z.B. wegen ausstehender Unterlagen oder Angaben i.S.d. Tzn. 3.1.3 - 3.1.7) zu vertreten haben, sind zu deren Lasten bei der vorläufigen Beurteilung zu berücksichtigen. Die abschließende Prüfung der festzustellenden Einkünfte ist rechtzeitig vor Eintritt der Feststellungsverjährung nachzuholen.

3.2.6 Bei Feststellungen nach der V zu § 180 Abs. 2 AO ist der sachliche und zeitliche Umgang der Feststellung im Feststellungsbescheid und in der Feststellungsmitteilung zu erläutern (vgl. BMF-Schreiben vom 5. Dezember 1990 - IV A 5 - S 0361 - 20/90 -, BStBl I S. 764). Wird eine gesonderte Feststellung abgelehnt, kann das Betriebsfinanzamt im Wege der Amtshilfe Ermittlungen für das Wohnsitzfinanzamt vornehmen.

3.2.7 Ist bei einer Verlustzuweisungsgesellschaft keine Einkünfteerzielungsabsicht anzunehmen, dürfen negative Einkünfte nicht gesondert und einheitlich festgestellt werden (vgl. Tz. 1.2.2). Beantragen die Beteiligten oder die Gesellschaft die Durchführung einer Vorprüfung, ist dies abzulehnen. Wird eine gesonderte und einheitliche Feststellung beantragt, ist ein negativer Feststellungsbescheid zu erlassen. Die Wohnsitzfinanzämter sind hierüber zu unterrichten.

3.2.8 Sind bei Modellen mit nur einem Kapitalanleger (Tz. 1.4) die Voraussetzungen für eine gesonderte Feststellung nach § 180 Abs. 1 Nr. 2 Buchstabe b AO nicht erfüllt, kann bei Einkünften aus Vermietung und Verpachtung das Betriebsfinanzamt bei der Festsetzung der Vorauszahlungen und der Jahressteuer zu berücksichtigende Besteuerungsgrundlagen im Wege der Amtshilfe für das Wohnsitzfinanzamt ermitteln. Die Regelungen der Tzn. 3.1 bis 3.2.5 gelten sinngemäß. Die Entscheidungskompetenz hinsichtlich der zu berücksichtigenden Besteuerungsgrundlagen hat allein das Wohnsitzfinanzamt. Als Betriebsfinanzamt gilt hierbei das Finanzamt, von dessen Bezirk die Verwaltung der Einkünfte aus Vermietung und Verpachtung ausgeht.

3.2.9 Hat ein Wohnsitzfinanzamt eine Anfrage an das Betriebsfinanzamt nach Tz. 4.2.1 gerichtet und stellt dieses fest, daß die Voraussetzungen für eine gesonderte Feststellung nach § 180 Abs. 1 Nr. 2 Buchstabe a AO nicht erfüllt sind, so muß das Betriebsfinanzamt einen negativen Feststellungsbescheid erlassen. Gleiches gilt, wenn das Betriebsfinanzamt nach § 4 der V zu § 180 Abs. 2 AO auf die Durchführung eines Feststellungsverfahrens verzichtet. Die Wohnsitzfinanzämter sind hierüber zu unterrichten.

4 Verfahren beim Wohnsitzfinanzamt

4.1 Geltendmachung von negativen Einkünften für Zwecke des Vorauszahlungsverfahrens/der Lohnsteuerermäßigung

4.1.1 Beantragt ein Beteiligter unter Hinweis auf seine voraussichtlichen negativen Einkünfte Vorauszahlungen herabzusetzen, hat das Wohnsitzfinanzamt im Rahmen seiner Pflicht zur Ermittlung der voraussichtlichen Jahreseinkommensteuer unverzüglich eine Anfrage an das Betriebsfinanzamt zu richten.

4.1.2 Legt der Beteiligte Unterlagen vor, die den Schluß zulassen, daß das Betriebsfinanzamt noch nicht eingeschaltet ist, so leitet das Wohnsitzfinanzamt eine Ausfertigung dieser Unterlagen mit seiner Anfrage dem Betriebsfinanzamt zu.

4.1.3 Während der dem Betriebsfinanzamt zur Verfügung stehenden Bearbeitungszeit von sechs Monaten (Tz. 3.1.8) soll das Wohnsitzfinanzamt in der Regel von weiteren Rückfragen nach dem Stand der Bearbeitung absehen.

4.1.4 Eine Anfrage an das Betriebsfinanzamt unterbleibt, wenn die Prüfung des Wohnsitzfinanzamts ergibt, daß eine Herabsetzung der Vorauszahlungen oder eine Lohnsteuerermäßigung aus Rechtsgründen nicht in Betracht kommt (vgl. Tz. 3.1.2). Bei der Einkunftsart Vermietung und Verpachtung ist eine Herabsetzung der Vorauszahlungen danach erstmals für Jahre möglich, die dem Jahr der Fertigstellung oder Anschaffung des Objekts folgen. Bei Inanspruchnahme erhöhter Absetzungen nach §§ 14 a, 14 c oder 14 d BerlinFG oder Sonderabschreibungen nach § 4 Fördergebietsgesetz kommt eine Herabsetzung der Vorauszahlungen bereits für das Jahr der Fertigstellung/Anschaffung oder für das Jahr, in dem Teilherstellungskosten/Anzahlungen auf Anschaffungskosten als Bemessungsgrundlage geltend gemacht werden, in Betracht.

4.1.5 Nach Eingang des Antrags auf Herabsetzung der Vorauszahlungen kann das Wohnsitzfinanzamt zwischenzeitlich fällig werdende Vorauszahlungen solange stunden, bis das Betriebsfinanzamt verwertbare Angaben mitgeteilt hat, längstens jedoch für sechs Monate. Die Stundung kann über diesen Zeitraum hinaus gewährt werden, wenn die Gründe für die Verlängerung nicht von den Beteiligten zu vertreten sind. Die gestundeten Steuerbeträge sind nicht zu verzinsen, soweit der Herabsetzungsantrag Erfolg hat.

4.1.6 Teilt das Betriebsfinanzamt die Höhe der voraussichtlichen negativen Einkünfte mit, so berücksichtigt das Wohnsitzfinanzamt diese Mitteilung bei der Entscheidung über den Antrag auf Herabsetzung der Vorauszahlungen.

4.1.7 Teilt das Betriebsfinanzamt mit, daß ihm die nach Tzn. 3.1.3 - 3.1.7 erforderlichen Unterlagen und Angaben nicht oder nicht vollständig vorliegen, und hat sie auch der Beteiligte selbst nicht beigebracht, ist der Antrag auf Herabsetzung der Vorauszahlungen abzulehnen. Das gilt auch, wenn die Voraussetzungen der Tz. 3.1.3 nicht vorliegen. § 30 AO steht entsprechenden begründenden Erläuterungen nicht entgegen.

4.1.8 Liegt dem Wohnsitzfinanzamt - entgegen den in Tz. 3.1.10 vorgesehenen Regelungen - nach Ablauf der dem Betriebsfinanzamt eingeräumten Sechsmonatsfrist keine Mitteilung über die Höhe der voraussichtlichen negativen Einkünfte vor und kommt eine Verlängerung der Stundung nach Tz. 4.1.5 nicht in Betracht, entscheidet das Wohnsitzfinanzamt aufgrund überschlägiger Prüfung, in welcher - ggf. geschätzten - Höhe die negativen Einkünfte des Beteiligten als glaubhaft gemacht anzusehen sind (BFH-Beschluß vom 26.10.1978, BStBl 1979 II S. 46).

4.1.9 Die bei einer Veranlagung berücksichtigten negativen Einkünfte dürfen nicht ungeprüft bei der Festsetzung der Vorauszahlungen für Folgejahre übernommen werden.

4.1.10 Die vorstehenden Grundsätze gelten entsprechend, wenn ein Steuerpflichtiger im Hinblick auf negative Einkünfte aus der Beteiligung an einem Modell i.S.d. Tz. 1 die Eintragung eines Freibetrags auf der Lohnsteuerkarte beantragt (§ 39 a EStG). Das Wohnsitzfinanzamt kann einen Freibetrag - ggf. in geschätzter Höhe - bereits dann eintragen, wenn die Voraussetzungen vorliegen, unter denen nach Tz. 4.1.5 Vorauszahlungen gestundet werden können. Teilt das Betriebsfinanzamt die Höhe der voraussichtlichen Einkünfte mit, sind nach Maßgabe des § 37 EStG Vorauszahlungen festzusetzen, wenn die negativen Einkünfte aus der Beteiligung bei Bemessung des Freibetrags zu hoch angesetzt worden sind.

4.2 Veranlagungsverfahren beim Wohnsitzfinanzamt

4.2.1 Liegt dem Wohnsitzfinanzamt bei der Bearbeitung der Steuererklärung des Beteiligten weder eine Feststellungs-Mitteilung noch eine sonstige - vorläufige Mitteilung für Veranlagungszwecke vor, ist unverzüglich eine entsprechende Anfrage an das Betriebsfinanzamt zu richten; Tzn. 4.1.1 und 4.1.2 gelten entsprechend.

4.2.2 Teil das Betriebsfinanzamt mit, daß es die Besteuerungsgrundlagen innerhalb der ihm nach Tz. 3.2.5 eingeräumten Bearbeitungsfrist von 6 Monaten nicht (auch nicht vorläufig) ermitteln kann, oder äußert sich das Betriebsfinanzamt entgegen der in Tzn. 3.1.10

und 3.1.11 getroffenen Regelung nach Ablauf dieser Frist nicht, hat das Wohnsitzfinanzamt die Höhe des Anteils an den negativen Einkünften bei der Veranlagung des Beteiligten - ggf. aufgrund einer überschlägigen Überprüfung - selbst zu schätzen (§ 162 Abs. 3 AO). Ein noch ausstehender Grundlagenbescheid hindert den Erlaß eines Folgebescheides nicht (§ 155 Abs. 2 AO). Von dem Beteiligten sind geeignete Unterlagen (z.B. unterschriebene Bilanz, Einnahme-Überschußrechnung, Angaben über das Beteiligungsverhältnis usw.; vgl. Tz. 3.1.5) anzufordern, die es ermöglichen, den erklärten Anteil an den negativen Einkünften dem Grund und der Höhe nach zu beurteilen.

4.2.3 Veranlagungen mit voraussichtlich hoher Abschlußzahlung sollen nicht wegen noch fehlender Grundlagenbescheide zurückgestellt werden. Die geltend gemachten negativen Einkünfte können - trotz noch ausstehender Mitteilung des Betriebsfinanzamts - in geschätzter Höhe berücksichtigt werden.

4.2.4 Hat das Betriebsfinanzamt bereits im Vorauszahlungsverfahren eine Mitteilung über die Höhe des Anteils an den negativen Einkünften übersandt, soll regelmäßig bei der Schätzung dieser Anteil an den negativen Einkünften angesetzt werden, höchstens aber die in der Steuererklärung angegebenen negativen Einkünfte. In diesen Fällen kann die Veranlagung auch vor Ablauf der Sechsmonatsfrist durchgeführt werden.

4.2.5 Beruht die zu erwartende gesonderte Feststellung auf § 1 Abs. 1 Satz 1 Nr. 2 und Satz 2 V zu § 180 Abs. 2 AO, ist die Einkommensteuer hinsichtlich der negativen Einkünfte aus der Beteiligung vorläufig festzusetzen (§ 165 AO), damit nach der späteren, ggf. nur einen Teil des Veranlagungszeitraums oder nur einen Teil der negativen Einkünfte betreffenden gesonderten Feststellung auch die durch sie nicht erfaßten Aufwendungen (z.B. Sonderwerbungskosten, als Werbungskosten abziehbare Vorsteuerbeträge) bei der Änderung der Einkommensteuerfestsetzung noch berücksichtigt werden können.

4.2.6 Nach Eingang der Feststellungsmitteilung wertet das Wohnsitzfinanzamt das Ergebnis der gesonderten Feststellung der negativen Einkünfte durch das Betriebsfinanzamt möglichst umgehend aus. Liegt bereits ein Steuerbescheid vor, so kann die Auswertung bei nur geringfügigen steuerlichen Auswirkungen bis zu einer aus anderen Gründen erforderlichen Änderung der Einkommensteuerfestsetzung zurückgestellt werden. Die Anpassung des Folgebescheides muß rechtzeitig vor Eintritt der Festsetzungsverjährung nachgeholt werden.

4.2.7 Hat das Betriebsfinanzamt einen negativen Feststellungsbescheid erlassen (Tzn. 3.2.7 oder 3.2.9), muß das Wohnsitzfinanzamt die betreffenden Einkünfte des Beteiligten selbst ermitteln und diese im Steuerbescheid oder ggf. in einem nach § 175 Abs. 1 Satz 1 Nr. 1 AO zu erlassenden Änderungsbescheid berücksichtigen (BFH-Urteil vom 11. Mai 1993, BStBl II S. 820). Hat das Betriebsfinanzamt die Durchführung eines Feststellungsverfahrens wegen fehlender Einkünfteerzielungsabsicht abgelehnt, ist dieser Entscheidung auch im Veranlagungsverfahren zu folgen.

4.2.8 Kann bei einem Modell mit nur einem Kapitalanleger (Tz. 1.4) aus formellen Gründen keine gesonderte Feststellung durchgeführt werden und leistet das Betriebsfinanzamt nach Tz. 3.2.8 Amtshilfe, gelten die Regelungen der Tzn. 4.1 bis 4.2.4 sinngemäß. Dabei ist zu beachten, daß der Mitteilung des Betriebsfinanzamts keine Bindungswirkung i.S. des § 171 Abs. 10 und des § 175 Abs. 1 Satz 1 Nr. 1 AO zukommt. Daher ist sicherzustellen, daß Steuerbescheide des Kapitalanlegers vor Abschluß der Ermittlungen des Betriebsfinanzamts unter dem Vorbehalt der Nachprüfung (§ 164 AO) ergehen und die endgültige Überprüfung vor Eintritt der Festsetzungsverjährung und Wegfall des Vorbehalts der Nachprüfung erfolgt.

Gesonderte Feststellung der Steuerpflicht von Zinsen aus einer Lebensversicherung nach § 9 der V zu § 180 Abs. 2 AO

(BMF-Schreiben vom 16.7.2012 - IV A 3 - S 0361/12/10001, BStBl I S. 686)

Unter Bezugnahme auf das Ergebnis der Erörterungen mit den obersten Finanzbehörden der Länder gilt für gesonderte Feststellungen nach § 9 der Verordnung zu § 180 Abs. 2 AO Folgendes:

I. Allgemeines

Setzt ein Steuerpflichtiger nach dem 31. Dezember 2004 Ansprüche aus einer vor dem 1. Januar 2005 abgeschlossenen Lebensversicherung i. S. d. § 10 Abs. 1 Nr. 2 Buchst. b Doppelbuchstaben bb, cc und dd EStG (in der bis 31. Dezember 2004 geltenden Fassung) während der Dauer der Versicherung im Erlebensfall zur Tilgung oder Sicherung von Darlehen ein, deren Finanzierungskosten Betriebsausgaben oder Werbungskosten sind, gehören die Zinsen aus den in den Beiträgen enthaltenen Sparanteilen zu den Einkünften aus Kapitalvermögen (§ 20 Abs. 1 Nr. 6 EStG in der bis 31. Dezember 2004 geltenden Fassung i. V. m. § 52 Abs. 36 Satz 5 EStG). In diesen Fällen muss das Versicherungsunternehmen bei Verrechnung oder Auszahlung von Zinsen (z. B. bei Fälligkeit der Versicherung) Kapitalertragsteuer einbehalten (§ 43 Abs. 1 Nr. 4 Satz 2 EStG). Nach § 29 EStDV haben der Sicherungsnehmer, das Versicherungsunternehmen und der Versicherungsnehmer dem zuständigen Finanzamt unverzüglich die Fälle anzuzeigen, in denen Ansprüche aus Versicherungsverträgen zur Tilgung oder Sicherung von Darlehen eingesetzt werden.

II. Gesonderte Feststellung der Steuerpflicht der Zinsen

Nach § 9 der Verordnung über die gesonderte Feststellung von Besteuerungsgrundlagen nach § 180 Abs. 2 der Abgabenordnung (V zu § 180 Abs. 2 AO) ist die Steuerpflicht der außerrechnungsmäßigen und rechnungsmäßigen Zinsen aus den in den Versicherungsbeiträgen enthaltenen Sparanteilen gesondert festzustellen. Der Feststellungsbescheid ergeht gegenüber dem Versicherungsnehmer als Steuerschuldner. Außerdem ergeht an das Versicherungsunternehmen eine Mitteilung über die Verpflichtung zur Einbehaltung und Abführung von Kapitalertragsteuer. Mit Eintritt der Unanfechtbarkeit des Feststellungsbescheids ist die Entscheidung über die künftige Steuerpflicht der Zinserträge für den Steuerpflichtigen, das Versicherungsunternehmen und die Finanzbehörden verbindlich. Dies gilt nicht nur für die Einbehaltung und Abführung der Kapitalertragsteuer, sondern auch für die spätere Festsetzung der Einkommensteuer. Eine Korrektur des Feststellungsbescheides ist nur nach Maßgabe der §§ 129, 164, 165, 172 - 175 AO zulässig.

III. Regelungsinhalt des Feststellungsbescheids

Gegenstand der gesonderten Feststellung nach § 9 der V zu § 180 Abs. 2 AO ist die verbindliche Entscheidung über die aus einer bestimmten Verwendung der Ansprüche aus der Lebensversicherung sich ergebenden steuerlichen Folgen hinsichtlich der rechnungsmäßigen und außerrechnungsmäßigen Zinsen aus den in den Versicherungsbeiträgen enthaltenen Sparanteilen.

Die Steuerpflicht umfasst grundsätzlich sämtliche Zinsen für die gesamte Vertragslaufzeit. In diesem Fall ergeht nur ein Feststellungsbescheid, der die uneingeschränkte Steuerpflicht aller Zinsen feststellt.

In den Fällen des § 10 Abs. 2 Satz 2 Buchst. c EStG (in der bis 31. Dezember 2004 geltenden Fassung) sind nur die anteiligen Zinsen für bestimmte Kalenderjahre steuerpflichtig. Insoweit ist die Regelung des Feststellungsbescheids auf die Feststellung der Steuerpflicht der anteiligen Zinsen für das betroffene Kalenderjahr beschränkt. Deshalb können bei „partieller" Steuerpflicht mehrere Feststellungsbescheide, jeweils bezogen auf die anteiligen Zinsen für die im Einzelnen benannten Kalenderjahre, ergehen.

IV. Gesonderte Feststellung bei steuerunschädlicher Verwendung

Soweit die Zinsen aufgrund einer bestimmten Verwendung der Ansprüche aus der Lebensversicherung nicht steuerpflichtig sind, liegen die Voraussetzungen für eine gesonderte Feststellung nach § 9 der V zu § 180 Abs. 2 AO nicht vor. In diesen Fällen ist auf Antrag ein negativer Feststellungsbescheid zu erteilen. Das Finanzamt ist bei der späteren Einkommensteuerveranlagung an die Entscheidung im negativen Feststellungsbescheid gebunden. Seine Bindungswirkung wird nur eingeschränkt, wenn er nach §§ 129, 164, 165 oder 172 ff. AO berichtigt, aufgehoben oder geändert wird und ein Feststellungsbescheid über die steuerschädliche Verwendung ergeht oder wenn aufgrund einer anderen, steuerschädlichen Verwendung ein Feststellungsbescheid ergeht. Hat der Steuerpflichtige einen Feststellungsbescheid erfolgreich angefochten oder wurde er aus anderen Gründen aufgehoben, steht der Aufhebungsbescheid einem negativen Feststellungsbescheid gleich.

V. Änderung der Verwendung nach zunächst steuerunschädlicher Verwendung

Bei zunächst steuerunschädlicher Verwendung kann sich aus einer späteren anderweitigen Verfügung (z. B. erneute Beleihung oder Umwidmung des begünstigt angeschafften oder hergestellten Wirtschaftsgutes) eine erstmalige partielle oder umfassende Steuerpflicht der Zinsen ergeben. In diesem Fall ist der negative Feststellungsbescheid bzw. der entsprechende Aufhebungsbescheid im Hinblick auf die Rückwirkung der materiellrechtlichen Folgen des neu hinzugetretenen Sachverhaltes nach § 175 Abs. 1 Satz 1 Nr. 2 AO aufzuheben und zugleich ein (neuer) Feststellungsbescheid zu erlassen.

VI. Überschreitung des Drei-Jahres-Zeitraums

Überschreitet die Verwendung der Ansprüche aus der Lebensversicherung den Drei-Jahres-Zeitraum nach § 10 Abs. 2 Satz 2 Buchst. c EStG (in der bis 31. Dezember 2004 geltenden Fassung), führt dies zur umfassenden Steuerpflicht aller Zinsen für die gesamte Laufzeit des Versicherungsvertrages. In diesem Fall sind die bisher ergangenen Feststellungsbescheide über die partielle Steuerpflicht nach § 175 Abs. 1 Satz 1 Nr. 2 AO aufzuheben und ein Feststellungsbescheid über die umfassende Steuerpflicht zu erteilen.

VII. Unterschreitung des Drei-Jahres-Zeitraums

Ist ein Feststellungsbescheid über die umfassende Steuerpflicht der Zinsen ergangen, weil der Einsatz der Ansprüche aus der Lebensversicherung zur Sicherung eines Betriebsmittelkredits zunächst für einen Zeitraum von mehr als drei Jahren (z. B. unbefristet) vereinbart war, kann die vorzeitige Beendigung dieses Einsatzes (z. B. bei Kündigung des Darlehensvertrages oder bei Sicherheitentausch innerhalb des Drei-Jahres-Zeitraums) zu einer rückwirkenden Änderung des Umfangs der Steuerpflicht der Zinsen führen. In diesem Fall sind der Feststellungsbescheid über die umfassende Steuerpflicht nach § 175 Abs. 1 Satz 1 Nr. 2 AO aufzuheben und zugleich neue Feststellungsbescheide über die partielle Steuerpflicht zu erlassen.

VIII. Örtliche Zuständigkeit

Die gesonderte Feststellung nach § 9 der V zu § 180 Abs. 2 AO obliegt dem für die Einkommensbesteuerung des Versicherungsnehmers örtlich zuständigen Finanzamt. Dies gilt auch für den Erlass eines negativen Feststellungsbescheides.

IX. Schlussbestimmungen

Dieses Schreiben tritt mit Wirkung ab Veranlagungszeitraum 2005 an die Stelle des BMF-Schreibens vom 27. Juli 1995 - IV A 4 - S 0361 - 10/95 -.

Bekämpfung des Schwarzeinkaufs; Aufzeichnung des Warenausgangs gem. § 144 AO

(BMF-Schreiben vom 13.7.1992 - IV A 7 - S 0314 - 1/92 -, BStBl I S. 490)

§ 144 AO verpflichtet gewerbliche Unternehmer, die nach Art ihres Geschäftsbetriebs Waren regelmäßig an andere Unternehmen zur Weiterveräußerung oder zum Verbrauch als Hilfsstoffe liefern, zu gesonderten Aufzeichnungen über diesen Warenausgang. Die Vorschrift, die sinngemäß auch für die nach AO § 144 AO buchführungspflichtigen Land- und Forstwirte gilt, soll es u.a. den Finanzbehörden ermöglichen, den Warenausgang vom Großhandel zum Abnehmer (Wiederverkäufer) nachzuvollziehen.

Nach den Erfahrungen der Finanzbehörden wird in zunehmendem Umfang gegen die Aufzeichnungspflichten des AO § 144 AO verstoßen, um Warenabgaben an Wiederverkäufer zu verdecken. Den Abnehmern wird dadurch die Möglichkeit eröffnet, den Wareneingang und den damit zusammenhängenden Umsatz nicht zu erfassen. Der Verstoß gegen die Aufzeichnungspflicht kann eine Steuerordnungswidrigkeit nach AO § 379 AO oder Beihilfe zur Steuerhinterziehung des Abnehmers darstellen.

Vor diesem Hintergrund weise ich darauf hin, daß bei Betriebsprüfungen bei Betrieben i.S.d. AO § 144 Abs. 1 und 5 AO verstärkt auf die Einhaltung der Aufzeichnungspflichten nach AO § 144 AO geachtet werden muß. Insbesondere gibt ein unverhältnismäßig hoher Anteil von Barverkäufen am Gesamtumsatz des Großhändlers Anlaß zu erhöhter Aufmerksamkeit.

Von der Möglichkeit der Fertigung von Kontrollmaterial (AO § 194 Abs. 3 AO) ist zumindest stichprobenartig Gebrauch zu machen. Sofern sich Hinweise auf mögliche Steuerverkürzungen durch den Abnehmer ergeben, ist gegebenenfalls die Steuerfahndung einzuschalten.

Grundsätze zur ordnungsmäßigen Führung und Aufbewahrung von Büchern, Aufzeichnungen und Unterlagen in elektronischer Form sowie zum Datenzugriff (GoBD)

(BMF-Schreiben vom 28.11.2019 - IV A 4 - 0316/19/10003:001 -, BStBl I S. 1269)

Unter Bezugnahme auf das Ergebnis der Erörterungen mit den obersten Finanzbehörden der Länder gilt für die Anwendung dieser Grundsätze Folgendes:

Inhalt

1. Allgemeines

1 Die betrieblichen Abläufe in den Unternehmen werden ganz oder teilweise unter Einsatz von Informations- und Kommunikations-Technik abgebildet.

2 Auch die nach außersteuerlichen oder steuerlichen Vorschriften zu führenden Bücher und sonst erforderlichen Aufzeichnungen werden in den Unternehmen zunehmend in

elektronischer Form geführt (z. B. als Datensätze). Darüber hinaus werden in den Unternehmen zunehmend die aufbewahrungspflichtigen Unterlagen in elektronischer Form (z. B. als elektronische Dokumente) aufbewahrt.

1.1 Nutzbarmachung außersteuerlicher Buchführungs- und Aufzeichnungspflichten für das Steuerrecht

3 Nach § 140 AO sind die außersteuerlichen Buchführungs- und Aufzeichnungspflichten, die für die Besteuerung von Bedeutung sind, auch für das Steuerrecht zu erfüllen. Außersteuerliche Buchführungs- und Aufzeichnungspflichten ergeben sich insbesondere aus den Vorschriften der §§ 238 ff. HGB und aus den dort bezeichneten handelsrechtlichen Grundsätzen ordnungsmäßiger Buchführung (GoB). Für einzelne Rechtsformen ergeben sich flankierende Aufzeichnungspflichten z. B. aus §§ 91 ff. Aktiengesetz, §§ 41 ff. GmbH-Gesetz oder § 33 Genossenschaftsgesetz. Des Weiteren sind zahlreiche gewerberechtliche oder branchenspezifische Aufzeichnungsvorschriften vorhanden, die gem. § 140 AO im konkreten Einzelfall für die Besteuerung von Bedeutung sind, wie z. B. Apothekenbetriebsordnung, Eichordnung, Fahrlehrergesetz, Gewerbeordnung, § 26 Kreditwesengesetz oder § 55 Versicherungsaufsichtsgesetz.

1.2 Steuerliche Buchführungs- und Aufzeichnungspflichten

4 Steuerliche Buchführungs- und Aufzeichnungspflichten ergeben sich sowohl aus der Abgabenordnung (z. B. §§ 90 Absatz 3, 141 bis 144 AO) als auch aus Einzelsteuergesetzen (z. B. § 22 UStG, § 4 Absatz 3 Satz 5, § 4 Absatz 4a Satz 6, § 4 Absatz 7und § 41 EStG).

5 Neben den außersteuerlichen und steuerlichen Büchern, Aufzeichnungen und Unterlagen zu Geschäftsvorfällen sind alle Unterlagen aufzubewahren, die zum Verständnis und zur Überprüfung der für die Besteuerung gesetzlich vorgeschriebenen Aufzeichnungen im Einzelfall von Bedeutung sind (vgl. BFH-Urteil vom 24. Juni 2009, BStBl II 2010 S. 452).

Dazu zählen neben Unterlagen in Papierform auch alle Unterlagen in Form von Daten, Datensätzen und elektronischen Dokumenten, die dokumentieren, dass die Ordnungsvorschriften umgesetzt und deren Einhaltung überwacht wurde. Nicht aufbewahrungspflichtig sind z. B. reine Entwürfe von Handels- oder Geschäftsbriefen, sofern diese nicht tatsächlich abgesandt wurden.

Beispiel 1:

Dienen Kostenstellen der Bewertung von Wirtschaftsgütern, von Rückstellungen oder als Grundlage für die Bemessung von Verrechnungspreisen sind diese Aufzeichnungen aufzubewahren, soweit sie zur Erläuterung steuerlicher Sachverhalte benötigt werden.

6 Form, Umfang und Inhalt dieser im Sinne der Rzn. 3 bis 5 nach außersteuerlichen und steuerlichen Rechtsnormen aufzeichnungs- und aufbewahrungspflichtigen Unterlagen (Daten, Datensätze sowie Dokumente in elektronischer oder Papierform) und der zu ihrem Verständnis erforderlichen Unterlagen werden durch den Steuerpflichtigen bestimmt. Eine abschließende Definition der aufzeichnungs- und aufbewahrungspflichtigen Aufzeichnungen und Unterlagen ist nicht Gegenstand der nachfolgenden Ausführungen. Die Finanzverwaltung kann diese Unterlagen nicht abstrakt im Vorfeld für alle Unternehmen abschließend definieren, weil die betrieblichen Abläufe, die aufzeichnungs- und aufbewahrungspflichtigen Aufzeichnungen und Unterlagen sowie die eingesetzten Buchführungs- und Aufzeichnungssysteme in den Unternehmen zu unterschiedlich sind.

1.4 Ordnungsvorschriften

7 Die Ordnungsvorschriften der §§ 145 bis 147 AO gelten für die vorbezeichneten Bücher und sonst erforderlichen Aufzeichnungen und der zu ihrem Verständnis erforderlichen Unterlagen (vgl. Rzn. 3 bis 5; siehe auch Rzn. 23, 25 und 28).

1.5 Führung von Büchern und sonst erforderlichen Aufzeichnungen auf Datenträgern

8 Bücher und die sonst erforderlichen Aufzeichnungen können nach § 146 Absatz 5 AO auch auf Datenträgern geführt werden, soweit diese Form der Buchführung einschließlich des dabei angewandten Verfahrens den GoB entspricht (siehe unter 1.4.). Bei Aufzeichnungen, die allein nach den Steuergesetzen vorzunehmen sind, bestimmt sich die Zulässigkeit des angewendeten Verfahrens nach dem Zweck, den die Aufzeichnungen für die Besteuerung erfüllen sollen (§ 145 Absatz 2 AO; § 146 Absatz 5 Satz 1 2. HS AO). Unter diesen Voraussetzungen sind auch Aufzeichnungen auf Datenträgern zulässig.

9 Somit sind alle Unternehmensbereiche betroffen, in denen betriebliche Abläufe durch DV-gestützte Verfahren abgebildet werden und ein Datenverarbeitungssystem (DV-System, siehe auch Rz. 20) für die Erfüllung der in den Rzn. 3 bis 5 bezeichneten außersteuerlichen oder steuerlichen Buchführungs-, Aufzeichnungs- und Aufbewahrungspflichten verwendet wird (siehe auch unter 11.1 zum Datenzugriffsrecht).

10 Technische Vorgaben oder Standards (z. B. zu Archivierungsmedien oder Kryptografieverfahren) können angesichts der rasch fortschreitenden Entwicklung und der ebenfalls notwendigen Betrachtung des organisatorischen Umfelds nicht festgelegt werden. Im Zweifel ist über einen Analogieschluss festzustellen, ob die Ordnungsvorschriften eingehalten wurden, z. B. bei einem Vergleich zwischen handschriftlich geführten Handelsbüchern und Unterlagen in Papierform, die in einem verschlossenen Schrank aufbewahrt werden, einerseits und elektronischen Handelsbüchern und Unterlagen, die mit einem elektronischen Zugriffsschutz gespeichert werden, andererseits.

1.6 Beweiskraft von Buchführung und Aufzeichnungen, Darstellung von Beanstandungen durch die Finanzverwaltung

11 Nach § 158 AO sind die Buchführung und die Aufzeichnungen des Steuerpflichtigen, die den Vorschriften der §§ 140 bis 148 AO entsprechen, der Besteuerung zugrunde zu legen, soweit nach den Umständen des Einzelfalls kein Anlass besteht, ihre sachliche Richtigkeit zu beanstanden. Werden Buchführung oder Aufzeichnungen des Steuerpflichtigen im Einzelfall durch die Finanzverwaltung beanstandet, so ist durch die Finanzverwaltung der Grund der Beanstandung in geeigneter Form darzustellen.

1.7 Aufzeichnungen

12 Aufzeichnungen sind alle dauerhaft verkörperten Erklärungen über Geschäftsvorfälle in Schriftform oder auf Medien mit Schriftersatzfunktion (z. B. auf Datenträgern). Der Begriff der Aufzeichnungen umfasst Darstellungen in Worten, Zahlen, Symbolen und Grafiken.

13 Werden Aufzeichnungen nach verschiedenen Rechtsnormen in einer Aufzeichnung zusammengefasst (z. B. nach §§ 238 ff. HGB und nach § 22 UStG), müssen die zusammengefassten Aufzeichnungen den unterschiedlichen Zwecken genügen. Erfordern verschiedene Rechtsnormen gleichartige Aufzeichnungen, so ist eine mehrfache Aufzeichnung für jede Rechtsnorm nicht erforderlich.

1.8 Bücher

14 Der Begriff ist funktional unter Anknüpfung an die handelsrechtliche Bedeutung zu verstehen. Die äußere Gestalt (gebundenes Buch, Loseblattsammlung oder Datenträger) ist unerheblich.

15 Der Kaufmann ist verpflichtet, in den Büchern seine Handelsgeschäfte und die Lage des Vermögens ersichtlich zu machen (§ 238 Absatz 1 Satz 1 HGB). Der Begriff Bücher umfasst sowohl die Handelsbücher der Kaufleute (§§ 238 ff. HGB) als auch die diesen entsprechenden Aufzeichnungen von Geschäftsvorfällen der Nichtkaufleute. Bei Kleinstunternehmen, die ihren Gewinn durch Einnahmen-Überschussrechnung ermitteln (bis 17.500 Euro Jahresumsatz), ist die Erfüllung der Anforderungen an die Aufzeichnungen nach den GoBD regelmäßig auch mit Blick auf die Unternehmensgröße zu bewerten.

1.9 Geschäftsvorfälle

16 Geschäftsvorfälle sind alle rechtlichen und wirtschaftlichen Vorgänge, die innerhalb eines bestimmten Zeitabschnitts den Gewinn bzw. Verlust oder die Vermögenszusammensetzung in einem Unternehmen dokumentieren oder beeinflussen bzw. verändern (z. B. zu einer Veränderung des Anlage- und Umlaufvermögens sowie des Eigen- und Fremdkapitals führen).

1.10 Grundsätze ordnungsmäßiger Buchführung (GoB)

17 Die GoB sind ein unbestimmter Rechtsbegriff, der insbesondere durch Rechtsnormen und Rechtsprechung geprägt ist und von der Rechtsprechung und Verwaltung jeweils im Einzelnen auszulegen und anzuwenden ist (BFH-Urteil vom 12. Mai 1966, BStBl III S. 371; BVerfG-Beschluss vom 10. Oktober 1961, 2 BvL 1/59, BVerfGE 13 S. 153).

18 Die GoB können sich durch gutachterliche Stellungnahmen, Handelsbrauch, ständige Übung, Gewohnheitsrecht, organisatorische und technische Änderungen weiterentwickeln und sind einem Wandel unterworfen.

19 Die GoB enthalten sowohl formelle als auch materielle Anforderungen an eine Buchführung. Die formellen Anforderungen ergeben sich insbesondere aus den §§ 238 ff. HGB für Kaufleute und aus den §§ 145 bis 147 AO für Buchführungs- und Aufzeichnungspflichtige (siehe unter 3.). Materiell ordnungsmäßig sind Bücher und Aufzeichnungen, wenn die Geschäftsvorfälle einzeln, nachvollziehbar, vollständig, richtig, zeitgerecht und geordnet in ihrer Auswirkung erfasst und anschließend gebucht bzw. verarbeitet sind (vgl. § 239 Absatz 2 HGB, § 145 AO, § 146 Absatz 1 AO). Siehe Rz. 11 zur Beweiskraft von Buchführung und Aufzeichnungen.

1.11 Datenverarbeitungssystem; Haupt-, Vor- und Nebensysteme

20 Unter DV-System wird die im Unternehmen oder für Unternehmenszwecke zur elektronischen Datenverarbeitung eingesetzte Hard- und Software verstanden, mit denen Daten und Dokumente im Sinne der Rzn. 3 bis 5 erfasst, erzeugt, empfangen, übernommen, verarbeitet, gespeichert oder übermittelt werden. Dazu gehören das Hauptsystem sowie Vor- und Nebensysteme (z. B. Finanzbuchführungssystem, Anlagenbuchhaltung, Lohnbuchhaltungssystem, Kassensystem, Warenwirtschaftssystem, Zahlungsverkehrssystem, Taxameter, Geldspielgeräte, elektronische Waagen, Materialwirtschaft, Fakturierung, Zeiterfassung, Archivsystem, Dokumenten-Management-System) einschließlich der Schnittstellen zwischen den Systemen. Auf die Bezeich¬nung des DV-Systems oder auf dessen Größe (z. B. Einsatz von Einzelgeräten oder von Netzwerken) kommt es dabei nicht an. Ebenfalls kommt es nicht darauf an,

ob die betreffenden DV-Systeme vom Steuerpflichtigen als eigene Hardware bzw. Software erworben und genutzt oder in einer Cloud bzw. als eine Kombination dieser Systeme betrieben werden.

2. Verantwortlichkeit

21 Für die Ordnungsmäßigkeit elektronischer Bücher und sonst erforderlicher elektronischer Aufzeichnungen im Sinne der Rzn. 3 bis 5, einschließlich der eingesetzten Verfahren, ist allein der Steuerpflichtige verantwortlich. Dies gilt auch bei einer teilweisen oder vollständigen organisatorischen und technischen Auslagerung von Buchführungs- und Aufzeichnungsaufgaben auf Dritte (z. B. Steuerberater oder Rechenzentrum).

3. Allgemeine Anforderungen

22 Die Ordnungsmäßigkeit elektronischer Bücher und sonst erforderlicher elektronischer Aufzeichnungen im Sinne der Rzn. 3 bis 5 ist nach den gleichen Prinzipien zu beurteilen wie die Ordnungsmäßigkeit bei manuell erstellten Büchern oder Aufzeichnungen.

23 Das Erfordernis der Ordnungsmäßigkeit erstreckt sich - neben den elektronischen Büchern und sonst erforderlichen Aufzeichnungen - auch auf die damit in Zusammenhang stehenden Verfahren und Bereiche des DV-Systems (siehe unter 1.11), da die Grundlage für die Ordnungsmäßigkeit elektronischer Bücher und sonst erforderlicher Aufzeichnungen bereits bei der Entwicklung und Freigabe von Haupt-, Vor- und Nebensystemen einschließlich des dabei angewandten DV-gestützten Verfahrens gelegt wird. Die Ordnungsmäßigkeit muss bei der Einrichtung und unternehmensspezifischen Anpassung des DV-Systems bzw. der DV-gestützten Verfahren im konkreten Unternehmensumfeld und für die Dauer der Aufbewahrungsfrist erhalten bleiben.

24 Die Anforderungen an die Ordnungsmäßigkeit ergeben sich aus:

- außersteuerlichen Rechtsnormen (z. B. den handelsrechtlichen GoB gem. §§ 238, 239, 257, 261 HGB), die gem. § 140 AO für das Steuerrecht nutzbar gemacht werden können, wenn sie für die Besteuerung von Bedeutung sind, und
- steuerlichen Ordnungsvorschriften (insbesondere gem. §§ 145 bis 147 AO).

25 Die allgemeinen Ordnungsvorschriften in den §§ 145 bis 147 AO gelten nicht nur für Buchführungs- und Aufzeichnungspflichten nach § 140 AO und nach den §§ 141 bis 144 AO. Insbesondere § 145 Absatz 2 AO betrifft alle zu Besteuerungszwecken gesetzlich geforderten Aufzeichnungen, also auch solche, zu denen der Steuerpflichtige aufgrund anderer Steuergesetze verpflichtet ist, wie z. B. nach § 4 Absatz 3 Satz 5, Absatz 7 EStG und nach § 22 UStG (BFH-Urteil vom 24. Juni 2009, BStBl II 2010 S. 452).

26 Demnach sind bei der Führung von Büchern in elektronischer oder in Papierform und sonst erforderlicher Aufzeichnungen in elektronischer oder in Papierform im Sinne der Rzn. 3 bis 5 die folgenden Anforderungen zu beachten:

- Grundsatz der Nachvollziehbarkeit und Nachprüfbarkeit (siehe unter 3.1),
- Grundsätze der Wahrheit, Klarheit und fortlaufenden Aufzeichnung (siehe unter 3.2):
  - Vollständigkeit (siehe unter 3.2.1),
  - Einzelaufzeichnungspflicht (siehe unter 3.2.1),
  - Richtigkeit (siehe unter 3.2.2),
  - zeitgerechte Buchungen und Aufzeichnungen (siehe unter 3.2.3),

- Ordnung (siehe unter 3.2.4),
- Unveränderbarkeit (siehe unter 3.2.5).

27 Diese Grundsätze müssen während der Dauer der Aufbewahrungsfrist nachweisbar erfüllt werden und erhalten bleiben.

28 Nach § 146 Absatz 6 AO gelten die Ordnungsvorschriften auch dann, wenn der Unternehmer elektronische Bücher und Aufzeichnungen führt, die für die Besteuerung von Bedeutung sind, ohne hierzu verpflichtet zu sein.

29 Der Grundsatz der Wirtschaftlichkeit rechtfertigt es nicht, dass Grundprinzipien der Ordnungsmäßigkeit verletzt und die Zwecke der Buchführung erheblich gefährdet werden. Die zur Vermeidung einer solchen Gefährdung erforderlichen Kosten muss der Steuerpflichtige genauso in Kauf nehmen wie alle anderen Aufwendungen, die die Art seines Betriebes mit sich bringt (BFH-Urteil vom 26. März 1968, BStBl II S. 527).

3.1 Grundsatz der Nachvollziehbarkeit und Nachprüfbarkeit (§ 145 Absatz 1 AO, § 238 Absatz 1 Satz 2 und Satz 3 HGB)

30 Die Verarbeitung der einzelnen Geschäftsvorfälle sowie das dabei angewandte Buchführungs- oder Aufzeichnungsverfahren müssen nachvollziehbar sein. Die Buchungen und die sonst erforderlichen Aufzeichnungen müssen durch einen Beleg nachgewiesen sein oder nachgewiesen werden können (Belegprinzip, siehe auch unter 4.).

31 Aufzeichnungen sind so vorzunehmen, dass der Zweck, den sie für die Besteuerung erfüllen sollen, erreicht wird. Damit gelten die nachfolgenden Anforderungen der progressiven und retrograden Prüfbarkeit - soweit anwendbar - sinngemäß.

32 Die Buchführung muss so beschaffen sein, dass sie einem sachverständigen Dritten innerhalb angemessener Zeit einen Überblick über die Geschäftsvorfälle und über die Lage des Unternehmens vermitteln kann. Die einzelnen Geschäftsvorfälle müssen sich in ihrer Entstehung und Abwicklung lückenlos verfolgen lassen (progressive und retrograde Prüfbarkeit).

33 Die progressive Prüfung beginnt beim Beleg, geht über die Grund(buch)aufzeichnungen und Journale zu den Konten, danach zur Bilanz mit Gewinn- und Verlustrechnung und schließlich zur Steueranmeldung bzw. Steuererklärung. Die retrograde Prüfung verläuft umgekehrt. Die progressive und retrograde Prüfung muss für die gesamte Dauer der Aufbewahrungsfrist und in jedem Verfahrensschritt möglich sein.

34 Die Nachprüfbarkeit der Bücher und sonst erforderlichen Aufzeichnungen erfordert eine aussagekräftige und vollständige Verfahrensdokumentation (siehe unter 10.1), die sowohl die aktuellen als auch die historischen Verfahrensinhalte für die Dauer der Aufbewahrungsfrist nachweist und den in der Praxis eingesetzten Versionen des DV-Systems entspricht.

35 Die Nachvollziehbarkeit und Nachprüfbarkeit muss für die Dauer der Aufbewahrungsfrist gegeben sein. Dies gilt auch für die zum Verständnis der Buchführung oder Aufzeichnungen erforderliche Verfahrensdokumentation.

3.2 Grundsätze der Wahrheit, Klarheit und fortlaufenden Aufzeichnung

3.2.1 Vollständigkeit (§ 146 Absatz 1 AO, § 239 Absatz 2 HGB)

36 Die Geschäftsvorfälle sind vollzählig und lückenlos aufzuzeichnen (Grundsatz der Einzelaufzeichnungspflicht; vgl. AEAO zu § 146 AO Nr. 2.1). Eine vollzählige und lückenlose Aufzeichnung von Geschäftsvorfällen ist auch dann gegeben, wenn zulässigerweise nicht alle Datenfelder eines Datensatzes gefüllt werden.

37 Die GoB erfordern in der Regel die Aufzeichnung jedes Geschäftsvorfalls - also auch jeder Betriebseinnahme und Betriebsausgabe, jeder Einlage und Entnahme - in einem Umfang, der eine Überprüfung seiner Grundlagen, seines Inhalts und seiner Bedeutung für den Betrieb ermöglicht. Das bedeutet nicht nur die Aufzeichnung der in Geld bestehenden Gegenleistung, sondern auch des Inhalts des Geschäfts und des Namens des Vertragspartners (BFH-Urteil vom 12. Mai 1966, BStBl III S. 371) - soweit zumutbar, mit ausreichender Bezeichnung des Geschäftsvorfalls (BFH-Urteil vom 1. Oktober 1969, BStBl 1970 II S. 45). Branchenspezifische Mindestaufzeichnungs-pflichten und Zumutbarkeitsgesichtspunkte sind zu berücksichtigen.

Beispiele 2 zu branchenspezifisch entbehrlichen Aufzeichnungen und zur Zumutbarkeit:

- In einem Einzelhandelsgeschäft kommt zulässigerweise eine PC-Kasse ohne Kundenverwaltung zum Einsatz. Die Namen der Kunden werden bei Bargeschäften nicht erfasst und nicht beigestellt. - Keine Beanstandung.
- Bei einem Taxiunternehmer werden Angaben zum Kunden im Taxameter nicht erfasst und nicht beigestellt. - Keine Beanstandung.

38 Dies gilt auch für Bareinnahmen; der Umstand der sofortigen Bezahlung rechtfertigt keine Ausnahme von diesem Grundsatz (BFH-Urteil vom 26. Februar 2004, BStBl II S. 599).

39 Die Aufzeichnung jedes einzelnen Geschäftsvorfalls ist nur dann nicht zumutbar, wenn es technisch, betriebswirtschaftlich und praktisch unmöglich ist, die einzelnen Geschäftsvorfälle aufzuzeichnen (BFH-Urteil vom 12. Mai 1966, IV 472/60, BStBl III S. 371). Das Vorliegen dieser Voraussetzungen ist durch den Steuerpflichtigen nachzuweisen.

Beim Verkauf von Waren an eine Vielzahl von nicht bekannten Personen gegen Barzahlung gilt die Einzelaufzeichnungspflicht nach § 146 Absatz 1 Satz 1 AO aus Zumutbarkeitsgründen nicht, wenn kein elektronisches Aufzeichnungssystem, sondern eine offene Ladenkasse verwendet wird (§ 146 Absatz 1 Satz 3 und 4 AO, vgl. AEAO zu § 146, Nr. 2.1.4). Wird hingegen ein elektronisches Aufzeichnungssystem verwendet, gilt die Einzelaufzeichnungspflicht nach § 146 Absatz 1 Satz 1 AO unabhängig davon, ob das elektronische Aufzeichnungssystem und die digitalen Aufzeichnungen nach § 146a Absatz 3 AO i. V. m. der KassenSichV mit einer zertifizierten technischen Sicherheitseinrichtung zu schützen sind. Die Zumutbarkeitsüberlegungen, die der Ausnahmeregelung nach § 146 Absatz 1 Satz 3 AO zugrunde liegen, sind grundsätzlich auch auf Dienstleistungen übertragbar (vgl. AEAO zu § 146, Nr. 2.2.6).

40 Die vollständige und lückenlose Erfassung und Wiedergabe aller Geschäftsvorfälle ist bei DV-Systemen durch ein Zusammenspiel von technischen (einschließlich programmierten) und organisatorischen Kontrollen sicherzustellen (z. B. Erfassungskontrollen, Plausibilitätskontrollen bei Dateneingaben, inhaltliche Plausibilitätskontrollen, automatisierte Vergabe von Datensatznummern, Lückenanalyse oder Mehrfachbelegungsanalyse bei Belegnummern).

41 Ein und derselbe Geschäftsvorfall darf nicht mehrfach aufgezeichnet werden.

Beispiel 3:

Ein Wareneinkauf wird gewinnwirksam durch Erfassung des zeitgleichen Lieferscheins und später nochmals mittels Erfassung der (Sammel)Rechnung erfasst und verbucht. Keine mehrfache Aufzeichnung eines Geschäftsvorfalles in verschiedenen Systemen oder mit verschiedenen Kennungen (z. B. für Handelsbilanz, für steuerliche Zwecke) liegt vor, soweit keine mehrfache bilanzielle oder gewinnwirksame Auswirkung gegeben ist.

42 Zusammengefasste oder verdichtete Aufzeichnungen im Hauptbuch (Konto) sind zulässig, sofern sie nachvollziehbar in ihre Einzelpositionen in den Grund(buch)aufzeichnungen oder des Journals aufgegliedert werden können. Andernfalls ist die Nachvollziehbarkeit und Nachprüfbarkeit nicht gewährleistet.

43 Die Erfassung oder Verarbeitung von tatsächlichen Geschäftsvorfällen darf nicht unterdrückt werden. So ist z. B. eine Bon- oder Rechnungserteilung ohne Registrierung der bar vereinnahmten Beträge (Abbruch des Vorgangs) in einem DV-System unzulässig.

3.2.2 Richtigkeit (§ 146 Absatz 1 AO, § 239 Absatz 2 HGB)

44 Geschäftsvorfälle sind in Übereinstimmung mit den tatsächlichen Verhältnissen und im Einklang mit den rechtlichen Vorschriften inhaltlich zutreffend durch Belege abzubilden (BFH-Urteil vom 24. Juni 1997, BStBl II 1998 S. 51), der Wahrheit entsprechend aufzuzeichnen und bei kontenmäßiger Abbildung zutreffend zu kontieren.

3.2.3 Zeitgerechte Buchungen und Aufzeichnungen (§ 146 Absatz 1 AO, § 239 Absatz 2 HGB)

45 Das Erfordernis „zeitgerecht" zu buchen verlangt, dass ein zeitlicher Zusammenhang zwischen den Vorgängen und ihrer buchmäßigen Erfassung besteht (BFH-Urteil vom 25. März 1992, BStBl II S. 1010; BFH-Urteil vom 5. März 1965, BStBl III S. 285).

46 Jeder Geschäftsvorfall ist zeitnah, d. h. möglichst unmittelbar nach seiner Entstehung in einer Grundaufzeichnung oder in einem Grundbuch zu erfassen. Nach den GoB müssen die Geschäftsvorfälle grundsätzlich laufend gebucht werden (Journal). Es widerspricht dem Wesen der kaufmännischen Buchführung, sich zunächst auf die Sammlung von Belegen zu beschränken und nach Ablauf einer langen Zeit auf Grund dieser Belege die Geschäftsvorfälle in Grundaufzeichnungen oder Grundbüchern einzutragen (vgl. BFH-Urteil vom 10. Juni 1954, BStBl III S. 298). Die Funktion der Grund(buch)aufzeichnungen kann auf Dauer auch durch eine geordnete und übersichtliche Belegablage erfüllt werden (§ 239 Absatz 4 HGB; § 146 Absatz 5 AO; H 5.2 „Grundbuchaufzeichnungen" EStH).

47 Jede nicht durch die Verhältnisse des Betriebs oder des Geschäftsvorfalls zwingend bedingte Zeitspanne zwischen dem Eintritt des Vorganges und seiner laufenden Erfassung in Grund(buch)aufzeichnungen ist bedenklich. Eine Erfassung von unbaren Geschäftsvorfällen innerhalb von zehn Tagen ist unbedenklich. Wegen der Forderung nach zeitnaher chronologischer Erfassung der Geschäftsvorfälle ist zu verhindern, dass die Geschäftsvorfälle buchmäßig für längere Zeit in der Schwebe gehalten werden und sich hierdurch die Möglichkeit eröffnet, sie später anders darzustellen, als sie richtigerweise darzustellen gewesen wären, oder sie ganz außer Betracht zu lassen und im privaten, sich in der Buchführung nicht niederschlagenden Bereich abzuwickeln. Bei zeitlichen Abständen zwischen der Entstehung eines Geschäftsvorfalls und seiner Erfassung sind daher geeignete Maßnahmen zur Sicherung der Vollständigkeit zu treffen.

48 Kasseneinnahmen und Kassenausgaben sind nach § 146 Absatz 1 Satz 2 AO täglich festzuhalten.

49 Es ist nicht zu beanstanden, wenn Waren- und Kostenrechnungen, die innerhalb von acht Tagen nach Rechnungseingang oder innerhalb der ihrem gewöhnlichen Durchlauf durch den Betrieb entsprechenden Zeit beglichen werden, kontokorrentmäßig nicht (z. B. Geschäftsfreundebuch, Personenkonten) erfasst werden (vgl. R 5.2 Absatz 1 EStR).

50 Werden bei der Erstellung der Bücher Geschäftsvorfälle nicht laufend, sondern nur periodenweise gebucht bzw. den Büchern vergleichbare Aufzeichnungen der Nicht-buchführungspflichtigen nicht laufend, sondern nur periodenweise erstellt, dann ist dies unter folgenden Voraussetzungen nicht zu beanstanden:

- Die Geschäftsvorfälle werden vorher zeitnah (bare Geschäftsvorfälle täglich, unbare Geschäftsvorfälle innerhalb von zehn Tagen) in Grund(buch)aufzeichnungen oder Grundbüchern festgehalten und durch organisatorische Vorkehrungen ist sichergestellt, dass die Unterlagen bis zu ihrer Erfassung nicht verloren gehen, z. B. durch laufende Nummerierung der eingehenden und ausgehenden Rechnungen, durch Ablage in besonderen Mappen und Ordnern oder durch elektronische Grund(buch)aufzeichnungen in Kassensystemen, Warenwirtschaftssystemen, Fakturierungssystemen etc.,
- die Vollständigkeit der Geschäftsvorfälle wird im Einzelfall gewährleistet und
- es wurde zeitnah eine Zuordnung (Kontierung, mindestens aber die Zuordnung betrieblich / privat, Ordnungskriterium für die Ablage) vorgenommen.

51 Jeder Geschäftsvorfall ist periodengerecht der Abrechnungsperiode zuzuordnen, in der er angefallen ist. Zwingend ist die Zuordnung zum jeweiligen Geschäftsjahr oder zu einer nach Gesetz, Satzung oder Rechnungslegungszweck vorgeschriebenen kürzeren Rechnungsperiode.

52 Erfolgt die Belegsicherung oder die Erfassung von Geschäftsvorfällen unmittelbar nach Eingang oder Entstehung mittels DV-System (elektronische Grund(buch)aufzeichnungen), so stellt sich die Frage der Zumutbarkeit und Praktikabilität hinsichtlich der zeitgerechten Erfassung/Belegsicherung und längerer Fristen nicht. Erfüllen die Erfassungen Belegfunktion bzw. dienen sie der Belegsicherung (auch für Vorsysteme, wie Kasseneinzelaufzeichnungen und Warenwirtschaftssystem), dann ist eine unprotokollierte Änderung nicht mehr zulässig (siehe unter 3.2.5). Bei zeitlichen Abständen zwischen Erfassung und Buchung, die über den Ablauf des folgenden Monats hinausgehen, sind die Ordnungsmäßigkeitsanforderungen nur dann erfüllt, wenn die Geschäftsvorfälle vorher fortlaufend richtig und vollständig in Grund(buch)aufzeichnungen oder Grundbüchern festgehalten werden (vgl. Rz. 50). Zur Erfüllung der Funktion der Grund(buch)aufzeichnung vgl. Rz. 46.

3.2.4 Ordnung (§ 146 Absatz 1 AO, § 239 Absatz 2 HGB)

53 Der Grundsatz der Klarheit verlangt u. a. eine systematische Erfassung und übersichtliche, eindeutige und nachvollziehbare Buchungen.

54 Die geschäftlichen Unterlagen dürfen nicht planlos gesammelt und aufbewahrt werden. Ansonsten würde dies mit zunehmender Zahl und Verschiedenartigkeit der Geschäftsvorfälle zur Unübersichtlichkeit der Buchführung führen, einen jederzeitigen Abschluss unangemessen erschweren und die Gefahr erhöhen, dass Unterlagen verlorengehen oder später leicht aus dem Buchführungswerk entfernt werden können. Hieraus folgt, dass die Bücher und Aufzeichnungen nach bestimmten Ordnungsprinzipien geführt werden müssen und eine Sammlung und Aufbewahrung der Belege notwendig ist, durch die im Rahmen des Möglichen gewährleistet wird, dass die Geschäftsvorfälle leicht und identifizierbar feststellbar und für einen die Lage des Vermögens darstellenden Abschluss unverlierbar sind (BFH-Urteil vom 26. März 1968, BStBl II S. 527).

55 In der Regel verstößt die nicht getrennte Verbuchung von baren und unbaren Geschäftsvorfällen oder von nicht steuerbaren, steuerfreien und steuerpflichtigen Umsätzen ohne genügende Kennzeichnung gegen die Grundsätze der Wahrheit und Klarheit einer kaufmännischen Buchführung. Die nicht getrennte Aufzeichnung von nicht steuerbaren, steuerfreien und steuerpflichtigen Umsätzen ohne genügende Kennzeichnung

verstößt in der Regel gegen steuerrechtliche Anforderungen (z. B. § 22 UStG). Eine kurzzeitige gemeinsame Erfassung von baren und unbaren Tagesgeschäften im Kassenbuch ist regelmäßig nicht zu beanstanden, wenn die ursprünglich im Kassenbuch erfassten unbaren Tagesumsätze (z. B. EC-Kartenumsätze) gesondert kenntlich gemacht sind und nachvollziehbar unmittelbar nachfolgend wieder aus dem Kassenbuch auf ein gesondertes Konto aus- bzw. umgetragen werden, soweit die Kassensturzfähigkeit der Kasse weiterhin gegeben ist.

56 Bei der doppelten Buchführung sind die Geschäftsvorfälle so zu verarbeiten, dass sie geordnet darstellbar sind und innerhalb angemessener Zeit ein Überblick über die Vermögens- und Ertragslage gewährleistet ist.

57 Die Buchungen müssen einzeln und sachlich geordnet nach Konten dargestellt (Kontenfunktion) und unverzüglich lesbar gemacht werden können. Damit bei Bedarf für einen zurückliegenden Zeitpunkt ein Zwischenstatus oder eine Bilanz mit Gewinn- und Verlustrechnung aufgestellt werden kann, sind die Konten nach Abschlusspositionen zu sammeln und nach Kontensummen oder Salden fortzuschreiben (Hauptbuch, siehe unter 5.4).

3.2.5 Unveränderbarkeit (§ 146 Absatz 4 AO, § 239 Absatz 3 HGB)

58 Eine Buchung oder eine Aufzeichnung darf nicht in einer Weise verändert werden, dass der ursprüngliche Inhalt nicht mehr feststellbar ist. Auch solche Veränderungen dürfen nicht vorgenommen werden, deren Beschaffenheit es ungewiss lässt, ob sie ursprünglich oder erst später gemacht worden sind (§ 146 Absatz 4 AO, § 239 Absatz 3 HGB).

59 Veränderungen und Löschungen von und an elektronischen Buchungen oder Aufzeichnungen (vgl. Rzn. 3 bis 5) müssen daher so protokolliert werden, dass die Voraussetzungen des § 146 Absatz 4 AO bzw. § 239 Absatz 3 HGB erfüllt sind (siehe auch unter 8). Für elektronische Dokumente und andere elektronische Unterlagen, die gem. § 147 AO aufbewahrungspflichtig und nicht Buchungen oder Aufzeichnungen sind, gilt dies sinngemäß.

Beispiel 4:

Der Steuerpflichtige erstellt über ein Fakturierungssystem Ausgangsrechnungen und bewahrt die inhaltlichen Informationen elektronisch auf (zum Beispiel in seinem Fakturierungssystem). Die Lesbarmachung der abgesandten Handels- und Geschäftsbriefe aus dem Fakturierungssystem erfolgt jeweils unter Berücksichtigung der in den aktuellen Stamm- und Bewegungsdaten enthaltenen Informationen.

In den Stammdaten ist im Jahr 01 der Steuersatz 16 % und der Firmenname des Kunden A hinterlegt. Durch Umfirmierung des Kunden A zu B und Änderung des Steuersatzes auf 19 % werden die Stammdaten im Jahr 02 geändert. Eine Historisierung der Stammdaten erfolgt nicht.

Der Steuerpflichtige ist im Jahr 02 nicht mehr in der Lage, die inhaltliche Übereinstimmung der abgesandten Handels- und Geschäftsbriefe mit den ursprünglichen Inhalten bei Lesbarmachung sicher zu stellen.

60 Der Nachweis der Durchführung der in dem jeweiligen Verfahren vorgesehenen Kontrollen ist u. a. durch Verarbeitungsprotokolle sowie durch die Verfahrensdokumentation (siehe unter 6. und unter 10.1) zu erbringen.

4. Belegwesen (Belegfunktion)

61 Jeder Geschäftsvorfall ist urschriftlich bzw. als Kopie der Urschrift zu belegen. Ist kein Fremdbeleg vorhanden, muss ein Eigenbeleg erstellt werden. Zweck der Belege ist es,

den sicheren und klaren Nachweis über den Zusammenhang zwischen den Vorgängen in der Realität einerseits und dem aufgezeichneten oder gebuchten Inhalt in Büchern oder sonst erforderlichen Aufzeichnungen und ihre Berechtigung andererseits zu erbringen (Belegfunktion). Auf die Bezeichnung als „Beleg" kommt es nicht an. Die Belegfunktion ist die Grundvoraussetzung für die Beweiskraft der Buchführung und sonst erforderlicher Aufzeichnungen. Sie gilt auch bei Einsatz eines DV-Systems.

62 Inhalt und Umfang der in den Belegen enthaltenen Informationen sind insbesondere von der Belegart (z. B. Aufträge, Auftragsbestätigungen, Bescheide über Steuern oder der Gebühren, betriebliche Kontoauszüge, Gutschriften, Lieferscheine, Lohn- und Gehaltsabrechnungen, Barquittungen, Rechnungen, Verträge, Zahlungsbelege) und der eingesetzten Verfahren abhängig.

63 Empfangene oder abgesandte Handels- oder Geschäftsbriefe erhalten erst mit dem Kontierungsvermerk und der Verbuchung auch die Funktion eines Buchungsbelegs.

64 Zur Erfüllung der Belegfunktionen sind deshalb Angaben zur Kontierung, zum Ordnungskriterium für die Ablage und zum Buchungsdatum auf dem Papierbeleg erforderlich. Bei einem elektronischen Beleg kann dies auch durch die Verbindung mit einem Datensatz mit Angaben zur Kontierung oder durch eine elektronische Verknüpfung (z. B. eindeutiger Index, Barcode) erfolgen. Ein Steuerpflichtiger hat andernfalls durch organisatorische Maßnahmen sicherzustellen, dass die Geschäftsvorfälle auch ohne Angaben auf den Belegen in angemessener Zeit progressiv und retrograd nachprüfbar sind.

Korrektur- bzw. Stornobuchungen müssen auf die ursprüngliche Buchung rück-beziehbar sein.

65 Ein Buchungsbeleg in Papierform oder in elektronischer Form (z. B. Rechnung) kann einen oder mehrere Geschäftsvorfälle enthalten.

66 Aus der Verfahrensdokumentation (siehe unter 10.1) muss ersichtlich sein, wie die elektronischen Belege erfasst, empfangen, verarbeitet, ausgegeben und aufbewahrt (zur Aufbewahrung siehe unter 9.) werden.

4.1 Belegsicherung

67 Die Belege in Papierform oder in elektronischer Form sind zeitnah, d. h. möglichst unmittelbar nach Eingang oder Entstehung gegen Verlust zu sichern (vgl. zur zeitgerechten Belegsicherung unter 3.2.3, vgl. zur Aufbewahrung unter 9.).

68 Bei Papierbelegen erfolgt eine Sicherung z. B. durch laufende Nummerierung der eingehenden und ausgehenden Lieferscheine und Rechnungen, durch laufende Ablage in besonderen Mappen und Ordnern, durch zeitgerechte Erfassung in Grund(buch)aufzeichnungen oder durch laufende Vergabe eines Barcodes und anschließende bildliche Erfassung der Papierbelege im Sinne des § 147 Absatz 2 AO (siehe Rz. 130).

69 Bei elektronischen Belegen (z. B. Abrechnung aus Fakturierung) kann die laufende Nummerierung automatisch vergeben werden (z. B. durch eine eindeutige Belegnummer).

70 Die Belegsicherung kann organisatorisch und technisch mit der Zuordnung zwischen Beleg und Grund(buch)aufzeichnung oder Buchung verbunden werden.

4.2 Zuordnung zwischen Beleg und Grund(buch)aufzeichnung oder Buchung

71 Die Zuordnung zwischen dem einzelnen Beleg und der dazugehörigen Grund(buch)aufzeichnung oder Buchung kann anhand von eindeutigen Zuordnungsmerkmalen (z. B. Index, Paginiernummer, Dokumenten-ID) und zusätzlichen Identifikationsmerkmalen für die Papierablage oder für die Such- und Filtermöglichkeit bei elektronischer Belegablage gewährleistet werden. Gehören zu einer Grund(buch)aufzeichnung oder Buchung mehrere Belege (z. B. Rechnung verweist für Menge und Art der gelieferten Gegenstände nur auf Lieferschein), bedarf es zusätzlicher Zuordnungs- und Identifikationsmerkmale für die Verknüpfung zwischen den Belegen und der Grund(buch)aufzeichnung oder Buchung.

72 Diese Zuordnungs- und Identifizierungsmerkmale aus dem Beleg müssen bei der Aufzeichnung oder Verbuchung in die Bücher oder Aufzeichnungen übernommen werden, um eine progressive und retrograde Prüfbarkeit zu ermöglichen.

73 Die Ablage der Belege und die Zuordnung zwischen Beleg und Aufzeichnung müssen in angemessener Zeit nachprüfbar sein. So kann z. B. Beleg- oder Buchungsdatum, Kontoauszugnummer oder Name bei umfangreichem Beleganfall mangels Eindeutigkeit in der Regel kein geeignetes Zuordnungsmerkmal für den einzelnen Geschäftsvorfall sein.

74 **Beispiel 5:**

Ein Steuerpflichtiger mit ausschließlich unbaren Geschäftsvorfällen erhält nach Abschluss eines jeden Monats von seinem Kreditinstitut einen Kontoauszug in Papierform mit vielen einzelnen Kontoblättern. Für die Zuordnung der Belege und Aufzeichnungen erfasst der Unternehmer ausschließlich die Kontoauszugsnummer. Allein anhand der Kontoauszugsnummer - ohne zusätzliche Angabe der Blattnummer und der Positionsnummer - ist eine Zuordnung von Beleg und Aufzeichnung oder Buchung in angemessener Zeit nicht nachprüfbar.

4.3 Erfassungsgerechte Aufbereitung der Buchungsbelege

75 Eine erfassungsgerechte Aufbereitung der Buchungsbelege in Papierform oder die entsprechende Übernahme von Beleginformationen aus elektronischen Belegen (Daten, Datensätze, elektronische Dokumente und elektronische Unterlagen) ist sicherzustellen. Diese Aufbereitung der Belege ist insbesondere bei Fremdbelegen von Bedeutung, da der Steuerpflichtige im Allgemeinen keinen Einfluss auf die Gestaltung der ihm zugesandten Handels- und Geschäftsbriefe (z. B. Eingangsrechnungen) hat.

76 Werden neben bildhaften Urschriften auch elektronische Meldungen bzw. Datensätze ausgestellt (identische Mehrstücke derselben Belegart), ist die Aufbewahrung der tatsächlich weiterverarbeiteten Formate (buchungsbegründende Belege) ausreichend, sofern diese über die höchste maschinelle Auswertbarkeit verfügen. In diesem Fall erfüllt das Format mit der höchsten maschinellen Auswertbarkeit mit dessen vollständigem Dateninhalt die Belegfunktion und muss mit dessen vollständigem Inhalt gespeichert werden. Andernfalls sind beide Formate aufzubewahren. Dies gilt entsprechend, wenn mehrere elektronische Meldungen bzw. mehrere Datensätze ohne bildhafte Urschrift ausgestellt werden. Dies gilt auch für elektronische Meldungen (strukturierte Daten, wie z. B. ein monatlicher Kontoauszug im CSV-Format oder als XML-File), für die inhaltsgleiche bildhafte Dokumente zusätzlich bereitgestellt werden. Eine zusätzliche Archivierung der inhaltsgleichen Kontoauszüge in PDF oder Papier kann bei Erfüllung der Belegfunktion durch die strukturierten Kontoumsatzdaten entfallen.

Bei Einsatz eines Fakturierungsprogramms muss unter Berücksichtigung der vorgenannten Voraussetzungen keine bildhafte Kopie der Ausgangsrechnung (z. B. in Form einer PDF-Datei) ab Erstellung gespeichert bzw. aufbewahrt werden, wenn jederzeit auf Anforderung ein entsprechendes Doppel der Ausgangsrechnung erstellt werden kann.

Hierfür sind u. a. folgende Voraussetzungen zu beachten:

- Entsprechende Stammdaten (z. B. Debitoren, Warenwirtschaft etc.) werden laufend historisiert
- AGB werden ebenfalls historisiert und aus der Verfahrensdokumentation ist ersichtlich, welche AGB bei Erstellung der Originalrechnung verwendet wurden
- Originallayout des verwendeten Geschäftsbogens wird als Muster (Layer) gespeichert und bei Änderungen historisiert. Zudem ist aus der Verfahrensdokumentation ersichtlich, welches Format bei Erstellung der Originalrechnung verwendet wurde (idealerweise kann bei Ausdruck oder Lesbarmachung des Rechnungsdoppels dieses Originallayout verwendet werden).
- Weiterhin sind die Daten des Fakturierungsprogramms in maschinell auswertbarer Form und unveränderbar aufzubewahren.

77 Jedem Geschäftsvorfall muss ein Beleg zugrunde liegen, mit folgenden Inhalten:

Bezeichnung	**Begründung**
Eindeutige Belegnummer (z. B. Index, Paginiernummer, Dokumenten-ID, fortlaufende Rechnungsausgangsnummer)	Angabe zwingend (§ 146 Absatz 1 Satz 1 AO, einzeln, vollständig, geordnet) Kriterium für Vollständigkeitskontrolle (Belegsicherung) Bei umfangreichem Beleganfall ist Zuordnung und Identifizierung regelmäßig nicht aus Belegdatum oder anderen Merkmalen eindeutig ableitbar. Sofern die Fremdbelegnummer eine eindeutige Zuordnung zulässt, kann auch diese verwendet werden.
Belegaussteller und -empfänger	Soweit dies zu den branchenüblichen Mindestaufzeichnungspflichten gehört und keine Aufzeichnungserleichterungen bestehen (z. B. § 33 UStDV)
Betrag bzw. Mengen- oder Wertangaben, aus denen sich der zu buchende Betrag ergibt	Angabe zwingend (BFH vom 12. Mai 1966, BStBl III S. 371); Dokumentation einer Veränderung des Anlage- und Umlaufvermögens sowie des Eigen- und Fremdkapitals
Währungsangabe und Wechselkurs bei Fremdwährung	Ermittlung des Buchungsbetrags

Hinreichende Erläuterung des Geschäftsvorfalls	Hinweis auf BFH-Urteil vom 12. Mai 1966, BStBl III S. 371; BFH-Urteil vom 1. Oktober 1969, BStBl II 1970 S. 45
Belegdatum	Angabe zwingend (§ 146 Absatz 1 Satz 1 AO, zeitgerecht). Identifikationsmerkmale für eine chronologische Erfassung, bei Bargeschäften regelmäßig Zeitpunkt des Geschäftsvorfalls Evtl. zusätzliche Erfassung der Belegzeit bei umfangreichem Beleganfall erforderlich
Verantwortlicher Aussteller, soweit vorhanden	Z. B. Bediener der Kasse

Vgl. Rz. 85 zu den Inhalten der Grund(buch)aufzeichnungen.

Vgl. Rz. 94 zu den Inhalten des Journals.

78 Für umsatzsteuerrechtliche Zwecke können weitere Angaben erforderlich sein. Dazu gehören beispielsweise die Rechnungsangaben nach §§ 14, 14a UStG und § 33 UStDV.

79 Buchungsbelege sowie abgesandte oder empfangene Handels- oder Geschäftsbriefe in Papierform oder in elektronischer Form enthalten darüber hinaus vielfach noch weitere Informationen, die zum Verständnis und zur Überprüfung der für die Besteuerung gesetzlich vorgeschriebenen Aufzeichnungen im Einzelfall von Bedeutung und damit ebenfalls aufzubewahren sind. Dazu gehören z. B.:

- Mengen- oder Wertangaben zur Erläuterung des Buchungsbetrags, sofern nicht bereits unter Rz. 77 berücksichtigt,
- Einzelpreis (z. B. zur Bewertung),
- Valuta, Fälligkeit (z. B. zur Bewertung),
- Angaben zu Skonti, Rabatten (z. B. zur Bewertung),
- Zahlungsart (bar, unbar),
- Angaben zu einer Steuerbefreiung.

4.4 Besonderheiten

80 Bei DV-gestützten Prozessen wird der Nachweis der zutreffenden Abbildung von Geschäftsvorfällen oft nicht durch konventionelle Belege erbracht (z. B. Buchungen aus Fakturierungssätzen, die durch Multiplikation von Preisen mit entnommenen Men-gen aus der Betriebsdatenerfassung gebildet werden). Die Erfüllung der Belegfunktion ist dabei durch die ordnungsgemäße Anwendung des jeweiligen Verfahrens wie folgt nachzuweisen:

- Dokumentation der programminternen Vorschriften zur Generierung der Buchungen,

- Nachweis oder Bestätigung, dass die in der Dokumentation enthaltenen Vorschriften einem autorisierten Änderungsverfahren unterlegen haben (u. a. Zugriffsschutz, Versionsführung, Test- und Freigabeverfahren),
- Nachweis der Anwendung des genehmigten Verfahrens sowie
- Nachweis der tatsächlichen Durchführung der einzelnen Buchungen.

81 Bei Dauersachverhalten sind die Ursprungsbelege Basis für die folgenden Automatikbuchungen. Bei (monatlichen) AfA-Buchungen nach Anschaffung eines abnutzbaren Wirtschaftsguts ist der Anschaffungsbeleg mit der AfA-Bemessungsgrundlage und weiteren Parametern (z. B. Nutzungsdauer) aufbewahrungspflichtig. Aus der Verfahrensdokumentation und der ordnungsmäßigen Anwendung des Verfahrens muss der automatische Buchungsvorgang nachvollziehbar sein.

5. Aufzeichnung der Geschäftsvorfälle in zeitlicher Reihenfolge und in sachlicher Ordnung (Grund(buch)aufzeichnungen, Journal- und Kontenfunktion)

82 Der Steuerpflichtige hat organisatorisch und technisch sicherzustellen, dass die elektronischen Buchungen und sonst erforderlichen elektronischen Aufzeichnungen einzeln, vollständig, richtig, zeitgerecht und geordnet vorgenommen werden (§ 146 Absatz 1 Satz 1 AO, § 239 Absatz 2 HGB). Jede Buchung oder Aufzeichnung muss im Zusammenhang mit einem Beleg stehen (BFH-Urteil vom 24. Juni 1997, BStBl II 1998 S. 51).

83 Bei der doppelten Buchführung müssen alle Geschäftsvorfälle in zeitlicher Reihenfolge (Grund(buch)aufzeichnung, Journalfunktion) und in sachlicher Gliederung (Hauptbuch, Kontenfunktion, siehe unter 5.4) darstellbar sein. Im Hauptbuch bzw. bei der Kontenfunktion verursacht jeder Geschäftsvorfall eine Buchung auf mindestens zwei Konten (Soll- und Habenbuchung).

84 Die Erfassung der Geschäftsvorfälle in elektronischen Grund(buch)aufzeichnungen (siehe unter 5.1 und 5.2) und die Verbuchung im Journal (siehe unter 5.3) kann organisatorisch und zeitlich auseinanderfallen (z. B. Grund(buch)aufzeichnung in Form von Kassenauftragszeilen). Erfüllen die Erfassungen Belegfunktion bzw. dienen sie der Belegsicherung, dann ist eine unprotokollierte Änderung nicht mehr zulässig (vgl. Rzn. 58 und 59). In diesen Fällen gelten die Ordnungsvorschriften bereits mit der ersten Erfassung der Geschäftsvorfälle und der Daten und müssen über alle nachfolgenden Prozesse erhalten bleiben (z. B. Übergabe von Daten aus Vor- in Hauptsysteme).

5.1 Erfassung in Grund(buch)aufzeichnungen

85 Die fortlaufende Aufzeichnung der Geschäftsvorfälle erfolgt zunächst in Papierform oder in elektronischen Grund(buch)aufzeichnungen (Grundaufzeichnungsfunktion), um die Belegsicherung und die Garantie der Unverlierbarkeit des Geschäftsvorfalls zu gewährleisten. Sämtliche Geschäftsvorfälle müssen der zeitlichen Reihenfolge nach und materiell mit ihrem richtigen und erkennbaren Inhalt festgehalten werden.

Zu den aufzeichnungspflichtigen Inhalten gehören

- die in Rzn. 77, 78 und 79 enthaltenen Informationen,
- das Erfassungsdatum, soweit abweichend vom Buchungsdatum

  Begründung:

  - Angabe zwingend (§ 146 Absatz 1 Satz 1 AO, zeitgerecht),
  - Zeitpunkt der Buchungserfassung und -verarbeitung,

- Angabe der „Festschreibung“ (Veränderbarkeit nur mit Protokollie¬rung) zwingend, soweit nicht Unveränderbarkeit automatisch mit Erfas¬sung und Verarbeitung in Grund(buch)aufzeichnung.

Vgl. Rz. 94 zu den Inhalten des Journals.

86 Die Grund(buch)aufzeichnungen sind nicht an ein bestimmtes System gebunden.

Jedes System, durch das die einzelnen Geschäftsvorfälle fortlaufend, vollständig und richtig festgehalten werden, so dass die Grundaufzeichnungsfunktion erfüllt wird, ist ordnungsmäßig (vgl. BFH-Urteil vom 26. März 1968, BStBl II S. 527 für Buchführungspflichtige).

5.2 Digitale Grund(buch)aufzeichnungen

87 Sowohl beim Einsatz von Haupt- als auch von Vor- oder Nebensystemen ist eine Verbuchung im Journal des Hauptsystems (z. B. Finanzbuchhaltung) bis zum Ablauf des folgenden Monats nicht zu beanstanden, wenn die einzelnen Geschäftsvorfälle bereits in einem Vor- oder Nebensystem die Grundaufzeichnungsfunktion erfüllen und die Einzeldaten aufbewahrt werden.

88 Durch Erfassungs-, Übertragungs- und Verarbeitungskontrollen ist sicherzustellen, dass alle Geschäftsvorfälle vollständig erfasst oder übermittelt werden und danach nicht unbefugt (d. h. nicht ohne Zugriffsschutzverfahren) und nicht ohne Nachweis des vorausgegangenen Zustandes verändert werden können. Die Durchführung der Kontrollen ist zu protokollieren. Die konkrete Ausgestaltung der Protokollierung ist abhängig von der Komplexität und Diversifikation der Geschäftstätigkeit und der Organisationsstruktur sowie des eingesetzten DV-Systems.

89 Neben den Daten zum Geschäftsvorfall selbst müssen auch alle für die Verarbeitung erforderlichen Tabellendaten (Stammdaten, Bewegungsdaten, Metadaten wie z. B. Grund- oder Systemeinstellungen, geänderte Parameter), deren Historisierung und Programme gespeichert sein. Dazu gehören auch Informationen zu Kriterien, die eine Abgrenzung zwischen den steuerrechtlichen, den handelsrechtlichen und anderen Buchungen (z. B. nachrichtliche Datensätze zu Fremdwährungen, alternative Bewertungsmethoden, statistische Buchungen, GuV-Kontennullstellungen, Summenkonten) ermöglichen.

5.3 Verbuchung im Journal (Journalfunktion)

90 Die Journalfunktion erfordert eine vollständige, zeitgerechte und formal richtige Erfassung, Verarbeitung und Wiedergabe der eingegebenen Geschäftsvorfälle. Sie dient dem Nachweis der tatsächlichen und zeitgerechten Verarbeitung der Geschäftsvorfälle.

91 Werden die unter 5.1 genannten Voraussetzungen bereits mit fortlaufender Verbuchung im Journal erfüllt, ist eine zusätzliche Erfassung in Grund(buch)aufzeichnungen nicht erforderlich. Eine laufende Aufzeichnung unmittelbar im Journal genügt den Erfordernissen der zeitgerechten Erfassung in Grund(buch)aufzeichnungen (vgl. BFH-Urteil vom 16. September 1964, BStBl III S. 654). Zeitversetzte Buchungen im Journal genügen nur dann, wenn die Geschäftsvorfälle vorher fortlaufend richtig und vollständig in Grundaufzeichnungen oder Grundbüchern aufgezeichnet werden. Die Funktion der Grund(buch)aufzeichnungen kann auf Dauer auch durch eine geordnete und übersichtliche Belegablage erfüllt werden (§ 239 Absatz 4 HGB, § 146 Absatz 5 AO, H 5.2 „Grundbuchaufzeichnungen“ EStH; vgl. Rz. 46).

92 Die Journalfunktion ist nur erfüllt, wenn die gespeicherten Aufzeichnungen gegen Veränderung oder Löschung geschützt sind.

93 Fehlerhafte Buchungen können wirksam und nachvollziehbar durch Stornierungen oder Neubuchungen geändert werden (siehe unter 8.). Es besteht deshalb weder ein Bedarf noch die Notwendigkeit für weitere nachträgliche Veränderungen einer einmal erfolgten Buchung. Bei der doppelten Buchführung kann die Journalfunktion zusammen mit der Kontenfunktion erfüllt werden, indem bereits bei der erstmaligen Erfassung des Geschäftsvorfalls alle für die sachliche Zuordnung notwendigen Informationen erfasst werden.

94 Zur Erfüllung der Journalfunktion und zur Ermöglichung der Kontenfunktion sind bei der Buchung insbesondere die nachfolgenden Angaben zu erfassen oder bereit zu stellen:

- Eindeutige Belegnummer (siehe Rz. 77),
- Buchungsbetrag (siehe Rz. 77),
- Währungsangabe und Wechselkurs bei Fremdwährung (siehe Rz. 77),
- Hinreichende Erläuterung des Geschäftsvorfalls (siehe Rz. 77) - kann (bei Erfüllung der Journal- und Kontenfunktion) im Einzelfall bereits durch andere in Rz. 94 aufgeführte Angaben gegeben sein,
- Belegdatum, soweit nicht aus den Grundaufzeichnungen ersichtlich (siehe Rzn. 77 und 85)
- Buchungsdatum,
- Erfassungsdatum, soweit nicht aus der Grundaufzeichnung ersichtlich (siehe Rz. 85),
- Autorisierung soweit vorhanden,
- Buchungsperiode/Voranmeldungszeitraum (Ertragsteuer/Umsatzsteuer),
- Umsatzsteuersatz (siehe Rz. 78),
- Steuerschlüssel, soweit vorhanden (siehe Rz. 78),
- Umsatzsteuerbetrag (siehe Rz. 78),
- Umsatzsteuerkonto (siehe Rz. 78),
- Umsatzsteuer-Identifikationsnummer (siehe Rz. 78),
- Steuernummer (siehe Rz. 78),
- Konto und Gegenkonto,
- Buchungsschlüssel (soweit vorhanden),
- Soll- und Haben-Betrag,
- eindeutige Identifikationsnummer (Schlüsselfeld) des Geschäftsvorfalls (soweit Aufteilung der Geschäftsvorfälle in Teilbuchungssätze [Buchungs-Halbsätze] oder zahlreiche Soll- oder Habenkonten [Splitbuchungen] vorhanden). Über die einheitliche und je Wirtschaftsjahr eindeutige Identifikationsnummer des Geschäftsvorfalls muss die Identifizierung und Zuordnung aller Teilbuchungen einschließlich Steuer-, Sammel-, Verrechnungs- und Interimskontenbuchungen eines Geschäftsvorfalls gewährleistet sein.

5.4 Aufzeichnung der Geschäftsvorfälle in sachlicher Ordnung (Hauptbuch)

95 Die Geschäftsvorfälle sind so zu verarbeiten, dass sie geordnet darstellbar sind (Kontenfunktion) und damit die Grundlage für einen Überblick über die Vermögens- und Ertragslage darstellen. Zur Erfüllung der Kontenfunktion bei Bilanzierenden müssen Geschäftsvorfälle nach Sach- und Personenkonten geordnet dargestellt werden.

96 Die Kontenfunktion verlangt, dass die im Journal in zeitlicher Reihenfolge einzeln aufgezeichneten Geschäftsvorfälle auch in sachlicher Ordnung auf Konten dargestellt werden. Damit bei Bedarf für einen zurückliegenden Zeitpunkt ein Zwischenstatus oder eine Bilanz mit Gewinn- und Verlustrechnung aufgestellt werden kann, müssen Eröffnungsbilanzbuchungen und alle Abschlussbuchungen in den Konten enthalten sein. Die Konten sind nach Abschlussposition zu sammeln und nach Kontensummen oder Salden fortzuschreiben.

97 Werden innerhalb verschiedener Bereiche des DV-Systems oder zwischen unterschiedlichen DV-Systemen differierende Ordnungskriterien verwendet, so müssen entsprechende Zuordnungstabellen (z. B. elektronische Mappingtabellen) vorgehalten werden (z. B. Wechsel des Kontenrahmens, unterschiedliche Nummernkreise in Vor- und Hauptsystem). Dies gilt auch bei einer elektronischen Übermittlung von Daten an die Finanzbehörde (z. B. unterschiedliche Ordnungskriterien in Bilanz/GuV und EÜR einerseits und USt-Voranmeldung, LSt-Anmeldung, Anlage EÜR und E-Bilanz andererseits). Sollte die Zuordnung mit elektronischen Verlinkungen oder Schlüsselfeldern erfolgen, sind die Verlinkungen in dieser Form vorzuhalten.

98 Die vorstehenden Ausführungen gelten für die Nebenbücher entsprechend.

99 Bei der Übernahme verdichteter Zahlen ins Hauptsystem müssen die zugehörigen Einzelaufzeichnungen aus den Vor- und Nebensystemen erhalten bleiben.

6. Internes Kontrollsystem (IKS)

100 Für die Einhaltung der Ordnungsvorschriften des § 146 AO (siehe unter 3.) hat der Steuerpflichtige Kontrollen einzurichten, auszuüben und zu protokollieren.

Hierzu gehören beispielsweise

- Zugangs- und Zugriffsberechtigungskontrollen auf Basis entsprechender Zugangs- und Zugriffsberechtigungskonzepte (z. B. spezifische Zugangs- und Zugriffsberechtigungen),
- Funktionstrennungen,
- Erfassungskontrollen (Fehlerhinweise, Plausibilitätsprüfungen),
- Abstimmungskontrollen bei der Dateneingabe,
- Verarbeitungskontrollen,
- Schutzmaßnahmen gegen die beabsichtigte und unbeabsichtigte Verfälschung von Programmen, Daten und Dokumenten.

Die konkrete Ausgestaltung des Kontrollsystems ist abhängig von der Komplexität und Diversifikation der Geschäftstätigkeit und der Organisationsstruktur sowie des eingesetzten DV-Systems.

101 Im Rahmen eines funktionsfähigen IKS muss auch anlassbezogen (z. B. Systemwechsel) geprüft werden, ob das eingesetzte DV-System tatsächlich dem dokumentierten System entspricht (siehe Rz. 155 zu den Rechtsfolgen bei fehlender oder ungenügender Verfahrensdokumentation).

102 Die Beschreibung des IKS ist Bestandteil der Verfahrensdokumentation (siehe unter 10.1).

7. Datensicherheit

103 Der Steuerpflichtige hat sein DV-System gegen Verlust (z. B. Unauffindbarkeit, Vernichtung, Untergang und Diebstahl) zu sichern und gegen unberechtigte Eingaben und Veränderungen (z. B. durch Zugangs- und Zugriffskontrollen) zu schützen.

104 Werden die Daten, Datensätze, elektronischen Dokumente und elektronischen Unterlagen nicht ausreichend geschützt und können deswegen nicht mehr vorgelegt werden, so ist die Buchführung formell nicht mehr ordnungsmäßig.

105 **Beispiel 6:**

Unternehmer überschreibt unwiderruflich die Finanzbuchhaltungsdaten des Vorjahres mit den Daten des laufenden Jahres.

Die sich daraus ergebenden Rechtsfolgen sind vom jeweiligen Einzelfall abhängig.

106 Die Beschreibung der Vorgehensweise zur Datensicherung ist Bestandteil der Verfahrensdokumentation (siehe unter 10.1). Die konkrete Ausgestaltung der Beschreibung ist abhängig von der Komplexität und Diversifikation der Geschäftstätigkeit und der Organisationsstruktur sowie des eingesetzten DV-Systems.

8. Unveränderbarkeit, Protokollierung von Änderungen

107 Nach § 146 Absatz 4 AO darf eine Buchung oder Aufzeichnung nicht in einer Weise verändert werden, dass der ursprüngliche Inhalt nicht mehr feststellbar ist. Auch solche Veränderungen dürfen nicht vorgenommen werden, deren Beschaffenheit es ungewiss lässt, ob sie ursprünglich oder erst später gemacht worden sind.

108 Das zum Einsatz kommende DV-Verfahren muss die Gewähr dafür bieten, dass alle Informationen (Programme und Datenbestände), die einmal in den Verarbeitungsprozess eingeführt werden (Beleg, Grundaufzeichnung, Buchung), nicht mehr unterdrückt oder ohne Kenntlichmachung überschrieben, gelöscht, geändert oder verfälscht werden können. Bereits in den Verarbeitungsprozess eingeführte Informationen (Beleg, Grundaufzeichnung, Buchung) dürfen nicht ohne Kenntlichmachung durch neue Daten ersetzt werden.

109 **Beispiele 7** für unzulässige Vorgänge:

- Elektronische Grund(buch)aufzeichnungen aus einem Kassen- oder Warenwirtschaftssystem werden über eine Datenschnittstelle in ein Officeprogramm exportiert, dort unprotokolliert editiert und anschließend über eine Datenschnittstelle reimportiert.
- Vorerfassungen und Stapelbuchungen werden bis zur Erstellung des Jahresabschlusses und darüber hinaus offengehalten. Alle Eingaben können daher unprotokolliert geändert werden.

110 Die Unveränderbarkeit der Daten, Datensätze, elektronischen Dokumente und elektronischen Unterlagen (vgl. Rzn. 3 bis 5) kann sowohl hardwaremäßig (z. B. unveränderbare und fälschungssichere Datenträger) als auch softwaremäßig (z. B. Sicherungen, Sperren, Festschreibung, Löschmerker, automatische Protokollierung, Historisierungen, Versionierungen) als auch organisatorisch (z. B. mittels Zugriffsberechtigungskonzepten) gewährleistet werden. Die Ablage von Daten und elektronischen Dokumenten in einem Dateisystem erfüllt die Anforderungen der Unveränderbarkeit regelmäßig

nicht, soweit nicht zusätzliche Maßnahmen ergriffen werden, die eine Unveränderbarkeit gewährleisten.

111 Spätere Änderungen sind ausschließlich so vorzunehmen, dass sowohl der ursprüngliche Inhalt als auch die Tatsache, dass Veränderungen vorgenommen wurden, erkennbar bleiben. Bei programmgenerierten bzw. programmgesteuerten Aufzeichnungen (automatisierte Belege bzw. Dauerbelege) sind Änderungen an den der Aufzeichnung zugrunde liegenden Generierungs- und Steuerungsdaten ebenfalls aufzuzeichnen. Dies betrifft insbesondere die Protokollierung von Änderungen in Einstellungen oder die Parametrisierung der Software. Bei einer Änderung von Stammdaten (z. B. Abkürzungs- oder Schlüsselverzeichnisse, Organisationspläne) muss die eindeutige Bedeutung in den entsprechenden Bewegungsdaten (z. B. Umsatzsteuerschlüssel, Währungseinheit, Kontoeigenschaft) erhalten bleiben. Ggf. müssen Stammdatenänderungen ausgeschlossen oder Stammdaten mit Gültigkeitsangaben historisiert werden, um mehrdeutige Verknüpfungen zu verhindern. Auch eine Änderungshistorie darf nicht nachträglich veränderbar sein.

112 Werden Systemfunktionalitäten oder Manipulationsprogramme eingesetzt, die diesen Anforderungen entgegenwirken, führt dies zur Ordnungswidrigkeit der elektronischen Bücher und sonst erforderlicher elektronischer Aufzeichnungen.

Beispiel 8:

Einsatz von Zappern, Phantomware, Backofficeprodukten mit dem Ziel unprotokollierter Änderungen elektronischer Einnahmenaufzeichnungen.

9. Aufbewahrung

113 Der sachliche Umfang der Aufbewahrungspflicht in § 147 Absatz 1 AO besteht grundsätzlich nur im Umfang der Aufzeichnungspflicht (BFH-Urteil vom 24. Juni 2009, BStBl II 2010 S. 452; BFH-Urteil vom 26. Februar 2004, BStBl II S. 599).

114 Müssen Bücher für steuerliche Zwecke geführt werden, sind sie in vollem Umfang aufbewahrungs- und vorlagepflichtig (z. B. Finanzbuchhaltung hinsichtlich Drohverlustrückstellungen, nicht abziehbare Betriebsausgaben, organschaftliche Steuer-umlagen; BFH-Beschluss vom 26. September 2007, BStBl II 2008 S. 415).

115 Auch Steuerpflichtige, die nach § 4 Absatz 3 EStG als Gewinn den Überschuss der Betriebseinnahmen über die Betriebsausgaben ansetzen, sind verpflichtet, Aufzeichnungen und Unterlagen nach § 147 Absatz 1 AO aufzubewahren (BFH-Urteil vom 24. Juni 2009, BStBl II 2010 S. 452; BFH-Urteil vom 26. Februar 2004, BStBl II S. 599).

116 Aufbewahrungspflichten können sich auch aus anderen Rechtsnormen (z. B. § 14b UStG) ergeben.

117 Die aufbewahrungspflichtigen Unterlagen müssen geordnet aufbewahrt werden. Ein bestimmtes Ordnungssystem ist nicht vorgeschrieben. Die Ablage kann z. B. nach Zeitfolge, Sachgruppen, Kontenklassen, Belegnummern oder alphabetisch erfolgen. Bei elektronischen Unterlagen ist ihr Eingang, ihre Archivierung und ggf. Konvertierung sowie die weitere Verarbeitung zu protokollieren. Es muss jedoch sichergestellt sein, dass ein sachverständiger Dritter innerhalb angemessener Zeit prüfen kann.

118 Die nach außersteuerlichen und steuerlichen Vorschriften aufzeichnungspflichtigen und nach § 147 Absatz 1 AO aufbewahrungspflichtigen Unterlagen können nach § 147 Absatz 2 AO bis auf wenige Ausnahmen auch als Wiedergabe auf einem Bildträger oder auf anderen Datenträgern aufbewahrt werden, wenn dies den GoB entspricht und sichergestellt ist, dass die Wiedergabe oder die Daten

1. mit den empfangenen Handels- oder Geschäftsbriefen und den Buchungsbelegen bildlich und mit den anderen Unterlagen inhaltlich übereinstimmen, wenn sie lesbar gemacht werden,

2. während der Dauer der Aufbewahrungsfrist jederzeit verfügbar sind, unverzüglich lesbar gemacht und maschinell ausgewertet werden können.

119 Sind aufzeichnungs- und aufbewahrungspflichtige Daten, Datensätze, elektronische Dokumente und elektronische Unterlagen im Unternehmen entstanden oder dort eingegangen, sind sie auch in dieser Form aufzubewahren und dürfen vor Ablauf der Aufbewahrungsfrist nicht gelöscht werden. Sie dürfen daher nicht mehr ausschließlich in ausgedruckter Form aufbewahrt werden und müssen für die Dauer der Aufbewahrungsfrist unveränderbar erhalten bleiben (z. B. per E-Mail eingegangene Rechnung im PDF-Format oder bildlich erfasste Papierbelege). Dies gilt unabhängig davon, ob die Aufbewahrung im Produktivsystem oder durch Auslagerung in ein anderes DV-System erfolgt. Unter Zumutbarkeitsgesichtspunkten ist es nicht zu beanstanden, wenn der Steuerpflichtige elektronisch erstellte und in Papierform abgesandte Handels- und Geschäftsbriefe nur in Papierform aufbewahrt.

120 **Beispiel 9** zu Rz. 119:

Ein Steuerpflichtiger erstellt seine Ausgangsrechnungen mit einem Textverarbeitungsprogramm. Nach dem Ausdruck der jeweiligen Rechnung wird die hierfür verwendete Maske (Dokumentenvorlage) mit den Inhalten der nächsten Rechnung überschrieben. Es ist in diesem Fall nicht zu beanstanden, wenn das Doppel des versendeten Schreibens in diesem Fall nur als Papierdokument aufbewahrt wird. Werden die abgesandten Handels- und Geschäftsbriefe jedoch tatsächlich in elektronischer Form aufbewahrt (z. B. im File-System oder einem DMS-System), so ist eine ausschließliche Aufbewahrung in Papierform nicht mehr zulässig. Das Verfahren muss dokumentiert werden. Werden Handels- oder Geschäftsbriefe mit Hilfe eines Fakturierungssystems oder ähnlicher Anwendungen erzeugt, bleiben die elektronischen Daten aufbewahrungspflichtig.

121 Bei den Daten und Dokumenten ist - wie bei den Informationen in Papierbelegen - auf deren Inhalt und auf deren Funktion abzustellen, nicht auf deren Bezeichnung. So sind beispielsweise E-Mails mit der Funktion eines Handels- oder Geschäftsbriefs oder eines Buchungsbelegs in elektronischer Form aufbewahrungspflichtig. Dient eine E-Mail nur als „Transportmittel", z. B. für eine angehängte elektronische Rechnung, und enthält darüber hinaus keine weitergehenden aufbewahrungspflichtigen Informationen, so ist diese nicht aufbewahrungspflichtig (wie der bisherige Papierbriefumschlag).

122 Ein elektronisches Dokument ist mit einem nachvollziehbaren und eindeutigen Index zu versehen. Der Erhalt der Verknüpfung zwischen Index und elektronischem Dokument muss während der gesamten Aufbewahrungsfrist gewährleistet sein. Es ist sicherzustellen, dass das elektronische Dokument unter dem zugeteilten Index verwaltet werden kann. Stellt ein Steuerpflichtiger durch organisatorische Maßnahmen sicher, dass das elektronische Dokument auch ohne Index verwaltet werden kann, und ist dies in angemessener Zeit nachprüfbar, so ist aus diesem Grund die Buchführung nicht zu beanstanden.

123 Das Anbringen von Buchungsvermerken, Indexierungen, Barcodes, farblichen Hervorhebungen usw. darf - unabhängig von seiner technischen Ausgestaltung - keinen Einfluss auf die Lesbarmachung des Originalzustands haben. Die elektronischen Bearbeitungsvorgänge sind zu protokollieren und mit dem elektronischen Dokument zu speichern, damit die Nachvollziehbarkeit und Prüfbarkeit des Originalzustands und seiner Ergänzungen gewährleistet ist.

124 Hinsichtlich der Aufbewahrung digitaler Unterlagen bei Bargeschäften wird auf das BMF-Schreiben vom 26. November 2010 (IV A 4 - S 0316/08/10004-07, BStBl I S. 1342) hingewiesen.

9.1 Maschinelle Auswertbarkeit (§ 147 Absatz 2 Nummer 2 AO)

125 Art und Umfang der maschinellen Auswertbarkeit sind nach den tatsächlichen Informations- und Dokumentationsmöglichkeiten zu beurteilen.

Beispiel 10:

Datenformat für elektronische Rechnungen ZUGFeRD (Zentraler User Guide des Forums elektronische Rechnung Deutschland)

Hier ist vorgesehen, dass Rechnungen im PDF/A-3-Format versendet werden. Diese bestehen aus einem Rechnungsbild (dem augenlesbaren, sichtbaren Teil der PDF-Datei) und den in die PDF-Datei eingebetteten Rechnungsdaten im standardisierten XML-Format.

Entscheidend ist hier jetzt nicht, ob der Rechnungsempfänger nur das Rechnungsbild (Image) nutzt, sondern, dass auch noch tatsächlich XML-Daten vorhanden sind, die nicht durch eine Formatumwandlung (z. B. in TIFF) gelöscht werden dürfen.

Die maschinelle Auswertbarkeit bezieht sich auf sämtliche Inhalte der PDF/A-3-Datei.

126 Eine maschinelle Auswertbarkeit ist nach diesem Beurteilungsmaßstab bei aufzeichnungs- und aufbewahrungspflichtigen Daten, Datensätzen, elektronischen Dokumenten und elektronischen Unterlagen (vgl. Rzn. 3 bis 5) u. a. gegeben, die

- mathematisch-technische Auswertungen ermöglichen,
- eine Volltextsuche ermöglichen,
- auch ohne mathematisch-technische Auswertungen eine Prüfung im weitesten Sinne ermöglichen (z. B. Bildschirmabfragen, die Nachverfolgung von Verknüpfungen und Verlinkungen oder die Textsuche nach bestimmten Eingabekriterien).

127 Mathematisch-technische Auswertung bedeutet, dass alle in den aufzeichnungs- und aufbewahrungspflichtigen Daten, Datensätzen, elektronischen Dokumenten und elektronischen Unterlagen (vgl. Rzn. 3 bis 5) enthaltenen Informationen automatisiert (DV-gestützt) interpretiert, dargestellt, verarbeitet sowie für andere Datenbank-anwendungen und eingesetzte Prüfsoftware direkt, ohne weitere Konvertierungs- und Bearbeitungsschritte und ohne Informationsverlust nutzbar gemacht werden können (z. B. für wahlfreie Sortier-, Summier-, Verbindungs- und Filterungsmöglichkeiten).

Mathematisch-technische Auswertungen sind z. B. möglich bei:

- Elektronischen Grund(buch)aufzeichnungen (z. B. Kassendaten, Daten aus Warenwirtschaftssystem, Inventurlisten),
- Journaldaten aus Finanzbuchhaltung oder Lohnbuchhaltung,
- Textdateien oder Dateien aus Tabellenkalkulationen mit strukturierten Daten in tabellarischer Form (z. B. Reisekostenabrechnung, Überstundennachweise).

128 Neben den Daten in Form von Datensätzen und den elektronischen Dokumenten sind auch alle zur maschinellen Auswertung der Daten im Rahmen des Datenzugriffs notwendigen Strukturinformationen (z. B. über die Dateiherkunft [eingesetztes System],

die Dateistruktur, die Datenfelder, verwendete Zeichensatztabellen) in maschinell auswertbarer Form sowie die internen und externen Verknüpfungen vollständig und in unverdichteter, maschinell auswertbarer Form aufzubewahren. Im Rahmen einer Datenträgerüberlassung ist der Erhalt technischer Verlinkungen auf dem Datenträger nicht erforderlich, sofern dies nicht möglich ist.

129 Die Reduzierung einer bereits bestehenden maschinellen Auswertbarkeit, beispielsweise durch Umwandlung des Dateiformats oder der Auswahl bestimmter Aufbewahrungsformen, ist nicht zulässig (siehe unter 9.2).

Beispiele 11:

- Umwandlung von PDF/A-Dateien ab der Norm PDF/A-3 in ein Bildformat (z. B. TIFF, JPEG etc.), da dann die in den PDF/A-Dateien enthaltenen XML-Daten und ggf. auch vorhandene Volltextinformationen gelöscht werden.
- Umwandlung von elektronischen Grund(buch)aufzeichnungen (z. B. Kasse, Warenwirtschaft) in ein PDF-Format.
- Umwandlung von Journaldaten einer Finanzbuchhaltung oder Lohnbuchhaltung in ein PDF-Format.

Eine Umwandlung in ein anderes Format (z. B. Inhouse-Format) ist zulässig, wenn die maschinelle Auswertbarkeit nicht eingeschränkt wird und keine inhaltliche Veränderung vorgenommen wird (siehe Rz. 135).

Der Steuerpflichtige muss dabei auch berücksichtigen, dass entsprechende Einschränkungen in diesen Fällen zu seinen Lasten gehen können (z. B. Speicherung einer E-Mail als PDF-Datei; die Informationen des Headers [z. B. Informationen zum Absender] gehen dabei verloren und es ist nicht mehr nachvollziehbar, wie der tatsächliche Zugang der E-Mail erfolgt ist).

9.2 Elektronische Aufbewahrung

130 Werden Handels- oder Geschäftsbriefe und Buchungsbelege in Papierform empfangen und danach elektronisch bildlich erfasst (z. B. gescannt oder fotografiert), ist das hierdurch entstandene elektronische Dokument so aufzubewahren, dass die Wiedergabe mit dem Original bildlich übereinstimmt, wenn es lesbar gemacht wird (§ 147 Absatz 2 AO). Eine bildliche Erfassung kann hierbei mit den verschiedensten Arten von Geräten (z. B. Smartphones, Multifunktionsgeräten oder Scan-Straßen) erfolgen, wenn die Anforderungen dieses Schreibens erfüllt sind. Werden bildlich erfasste Dokumente per Optical-Character-Recognition-Verfahren (OCR-Verfahren) um Volltextinformationen angereichert (zum Beispiel volltextrecherchierbare PDFs), so ist dieser Volltext nach Verifikation und Korrektur über die Dauer der Aufbewahrungsfrist aufzubewahren und auch für Prüfzwecke verfügbar zu machen. § 146 Absatz 2 AO steht einer bildlichen Erfassung durch mobile Geräte (z. B. Smartphones) im Ausland nicht entgegen, wenn die Belege im Ausland entstanden sind bzw. empfangen wurden und dort direkt erfasst werden (z. B. bei Belegen über eine Dienstreise im Ausland).

131 Eingehende elektronische Handels- oder Geschäftsbriefe und Buchungsbelege müssen in dem Format aufbewahrt werden, in dem sie empfangen wurden (z. B. Rechnungen oder Kontoauszüge im PDF- oder Bildformat). Eine Umwandlung in ein anderes Format (z. B. MSG in PDF) ist dann zulässig, wenn die maschinelle Auswertbarkeit nicht eingeschränkt wird und keine inhaltlichen Veränderungen vorgenommen werden (siehe Rz. 135). Erfolgt eine Anreicherung der Bildinformationen, z. B. durch OCR (Beispiel: Erzeugung einer volltextrecherchierbaren PDF-Datei im Erfassungsprozess), sind die dadurch gewonnenen Informationen nach Verifikation und Korrektur ebenfalls aufzubewahren.

132 Im DV-System erzeugte Daten im Sinne der Rzn. 3 bis 5 (z. B. Grund(buch)aufzeichnungen in Vor- und Nebensystemen, Buchungen, generierte Datensätze zur Erstellung von Ausgangsrechnungen) oder darin empfangene Daten (z. B. EDI-Verfahren) müssen im Ursprungsformat aufbewahrt werden.

133 Im DV-System erzeugte Dokumente (z. B. als Textdokumente erstellte Ausgangsrechnungen [§ 14b UStG], elektronisch abgeschlossene Verträge, Handels- und Geschäftsbriefe, Verfahrensdokumentation) sind im Ursprungsformat aufzubewahren. Unter Zumutbarkeitsgesichtspunkten ist es nicht zu beanstanden, wenn der Steuerpflichtige elektronisch erstellte und in Papierform abgesandte Handels- und Geschäftsbriefe nur in Papierform aufbewahrt (Hinweis auf Rzn. 119, 120). Eine Umwandlung in ein anderes Format (z. B. Inhouse-Format) ist zulässig, wenn die maschinelle Auswertbarkeit nicht eingeschränkt wird und keine inhaltliche Veränderung vorgenommen wird (siehe Rz. 135).

134 Bei Einsatz von Kryptografietechniken ist sicherzustellen, dass die verschlüsselten Unterlagen im DV-System in entschlüsselter Form zur Verfügung stehen. Werden Signaturprüfschlüssel verwendet, sind die eingesetzten Schlüssel aufzubewahren. Die Aufbewahrungspflicht endet, wenn keine der mit den Schlüsseln signierten Unterlagen mehr aufbewahrt werden müssen.

135 Bei Umwandlung (Konvertierung) aufbewahrungspflichtiger Unterlagen in ein unternehmenseigenes Format (sog. Inhouse-Format) sind beide Versionen zu archivieren, derselben Aufzeichnung zuzuordnen und mit demselben Index zu verwalten sowie die konvertierte Version als solche zu kennzeichnen.

Die Aufbewahrung beider Versionen ist bei Beachtung folgender Anforderungen nicht erforderlich, sondern es ist die Aufbewahrung der konvertierten Fassung ausreichend:

- Es wird keine bildliche oder inhaltliche Veränderung vorgenommen.
- Bei der Konvertierung gehen keine sonstigen aufbewahrungspflichtigen Informationen verloren.
- Die ordnungsgemäße und verlustfreie Konvertierung wird dokumentiert (Verfahrensdokumentation).
- Die maschinelle Auswertbarkeit und der Datenzugriff durch die Finanzbehörde werden nicht eingeschränkt; dabei ist es zulässig, wenn bei der Konvertierung Zwischenaggregationsstufen nicht gespeichert, aber in der Verfahrensdokumentation so dargestellt werden, dass die retrograde und progressive Prüfbarkeit sichergestellt ist.

Nicht aufbewahrungspflichtig sind die während der maschinellen Verarbeitung durch das Buchführungssystem erzeugten Dateien, sofern diese ausschließlich einer temporären Zwischenspeicherung von Verarbeitungsergebnissen dienen und deren Inhalte im Laufe des weiteren Verarbeitungsprozesses vollständig Eingang in die Buchführungsdaten finden. Voraussetzung ist jedoch, dass bei der weiteren Verarbeitung keinerlei „Verdichtung“ aufzeichnungs- und aufbewahrungspflichtiger Daten (vgl. Rzn. 3 bis 5) vorgenommen wird.

9.3 Bildliche Erfassung von Papierdokumenten

136 Papierdokumente werden durch die bildliche Erfassung (siehe Rz. 130) in elektronische Dokumente umgewandelt. Das Verfahren muss dokumentiert werden. Der Steuerpflichtige sollte daher eine Organisationsanweisung erstellen, die unter anderem regelt:

- wer erfassen darf,

- zu welchem Zeitpunkt erfasst wird oder erfasst werden soll (z. B. beim Posteingang, während oder nach Abschluss der Vorgangsbearbeitung),
- welches Schriftgut erfasst wird,
- ob eine bildliche oder inhaltliche Übereinstimmung mit dem Original erforderlich ist,
- wie die Qualitätskontrolle auf Lesbarkeit und Vollständigkeit und
- wie die Protokollierung von Fehlern zu erfolgen hat.

Die konkrete Ausgestaltung dieser Verfahrensdokumentation ist abhängig von der Komplexität und Diversifikation der Geschäftstätigkeit und der Organisationsstruktur sowie des eingesetzten DV-Systems.

Aus Vereinfachungsgründen (z. B. bei Belegen über eine Dienstreise im Ausland) steht § 146 Absatz 2 AO einer bildlichen Erfassung durch mobile Geräte (z. B. Smartphones) im Ausland nicht entgegen, wenn die Belege im Ausland entstanden sind bzw. empfangen wurden und dort direkt erfasst werden.

Erfolgt im Zusammenhang mit einer, nach § 146 Absatz 2a AO genehmigten, Verlagerung der elektronischen Buchführung ins Ausland eine ersetzende bildliche Erfassung, wird es nicht beanstandet, wenn die papierenen Ursprungsbelege zu diesem Zweck an den Ort der elektronischen Buchführung verbracht werden. Die bildliche Erfassung hat zeitnah zur Verbringung der Papierbelege ins Ausland zu erfolgen.

137 Eine vollständige Farbwiedergabe ist erforderlich, wenn der Farbe Beweisfunktion zukommt (z. B. Minusbeträge in roter Schrift, Sicht-, Bearbeitungs- und Zeichnungsvermerke in unterschiedlichen Farben).

138 Für Besteuerungszwecke ist eine elektronische Signatur oder ein Zeitstempel nicht erforderlich.

139 Im Anschluss an den Erfassungsvorgang (siehe Rz. 130) darf die weitere Bearbeitung nur mit dem elektronischen Dokument erfolgen. Die Papierbelege sind dem weiteren Bearbeitungsgang zu entziehen, damit auf diesen keine Bemerkungen, Ergänzungen usw. vermerkt werden können, die auf dem elektronischen Dokument nicht enthalten sind. Sofern aus organisatorischen Gründen nach dem Erfassungsvorgang eine weitere Vorgangsbearbeitung des Papierbeleges erfolgt, muss nach Abschluss der Bearbeitung der bearbeitete Papierbeleg erneut erfasst und ein Bezug zur ersten elektronischen Fassung des Dokuments hergestellt werden (gemeinsamer Index).

140 Nach der bildlichen Erfassung im Sinne der Rz. 130 dürfen Papierdokumente vernichtet werden, soweit sie nicht nach außersteuerlichen oder steuerlichen Vorschriften im Original aufzubewahren sind. Der Steuerpflichtige muss entscheiden, ob Dokumente, deren Beweiskraft bei der Aufbewahrung in elektronischer Form nicht erhalten bleibt, zusätzlich in der Originalform aufbewahrt werden sollen.

141 Der Verzicht auf einen Papierbeleg darf die Möglichkeit der Nachvollziehbarkeit und Nachprüfbarkeit nicht beeinträchtigen.

9.4 Auslagerung von Daten aus dem Produktivsystem und Systemwechsel

142 Im Falle eines Systemwechsels (z. B. Abschaltung Altsystem, Datenmigration), einer Systemänderung (z. B. Änderung der OCR-Software, Update der Finanzbuchhaltung etc.) oder einer Auslagerung von aufzeichnungs- und aufbewahrungspflichtigen Daten

(vgl. Rzn. 3 bis 5) aus dem Produktivsystem ist es nur dann nicht erforderlich, die ursprüngliche Hard- und Software des Produktivsystems über die Dauer der Aufbewahrungsfrist vorzuhalten, wenn die folgenden Voraussetzungen erfüllt sind:

1. Die aufzeichnungs- und aufbewahrungspflichtigen Daten (einschließlich Metadaten, Stammdaten, Bewegungsdaten und der erforderlichen Verknüpfungen) müssen unter Beachtung der Ordnungsvorschriften (vgl. §§ 145 bis 147 AO) quantitativ und qualitativ gleichwertig in ein neues System, in eine neue Datenbank, in ein Archivsystem oder in ein anderes System überführt werden.

   Bei einer erforderlichen Datenumwandlung (Migration) darf ausschließlich das Format der Daten (z. B. Datums- und Währungsformat) umgesetzt, nicht aber eine inhaltliche Änderung der Daten vorgenommen werden. Die vorgenommenen Änderungen sind zu dokumentieren.

   Die Reorganisation von OCR-Datenbanken ist zulässig, soweit die zugrunde liegenden elektronischen Dokumente und Unterlagen durch diesen Vorgang unverändert bleiben und die durch das OCR-Verfahren gewonnenen Informationen mindestens in quantitativer und qualitativer Hinsicht erhalten bleiben.

2. Das neue System, das Archivsystem oder das andere System muss in quantitativer und qualitativer Hinsicht die gleichen Auswertungen der aufzeichnungs- und aufbewahrungspflichtigen Daten ermöglichen als wären die Daten noch im Produktivsystem.

143 Andernfalls ist die ursprüngliche Hard- und Software des Produktivsystems - neben den aufzeichnungs- und aufbewahrungspflichtigen Daten - für die Dauer der Aufbewahrungsfrist vorzuhalten. Auf die Möglichkeit der Bewilligung von Erleichterungen nach § 148 AO wird hingewiesen.

144 Eine Aufbewahrung in Form von Datenextrakten, Reports oder Druckdateien ist unzulässig, soweit nicht mehr alle aufzeichnungs- und aufbewahrungspflichtigen Daten übernommen werden.

10. Nachvollziehbarkeit und Nachprüfbarkeit

145 Die allgemeinen Grundsätze der Nachvollziehbarkeit und Nachprüfbarkeit sind unter 3.1 aufgeführt.

Die Prüfbarkeit der formellen und sachlichen Richtigkeit bezieht sich sowohl auf einzelne Geschäftsvorfälle (Einzelprüfung) als auch auf die Prüfbarkeit des gesamten Verfahrens (Verfahrens- oder Systemprüfung anhand einer Verfahrensdokumentation, siehe unter 10.1).

146 Auch an die DV-gestützte Buchführung wird die Anforderung gestellt, dass Geschäftsvorfälle für die Dauer der Aufbewahrungsfrist retrograd und progressiv prüfbar bleiben müssen.

147 Die vorgenannten Anforderungen gelten für sonst erforderliche elektronische Aufzeichnungen sinngemäß (§ 145 Absatz 2 AO).

148 Von einem sachverständigen Dritten kann zwar Sachverstand hinsichtlich der Ordnungsvorschriften der §§ 145 bis 147 AO und allgemeiner DV-Sachverstand erwartet werden, nicht jedoch spezielle, produktabhängige System- oder Programmier-kenntnisse.

149 Nach § 146 Absatz 3 Satz 3 AO muss im Einzelfall die Bedeutung von Abkürzungen, Ziffern, Buchstaben und Symbolen eindeutig festliegen und sich aus der Verfahrensdokumentation ergeben.

150 Für die Prüfung ist eine aussagefähige und aktuelle Verfahrensdokumentation notwendig, die alle System- bzw. Verfahrensänderungen inhaltlich und zeitlich lückenlos dokumentiert.

10.1 Verfahrensdokumentation

151 Da sich die Ordnungsmäßigkeit neben den elektronischen Büchern und sonst erforderlichen Aufzeichnungen auch auf die damit in Zusammenhang stehenden Verfahren und Bereiche des DV-Systems bezieht (siehe unter 3.), muss für jedes DV-System eine übersichtlich gegliederte Verfahrensdokumentation vorhanden sein, aus der Inhalt, Aufbau, Ablauf und Ergebnisse des DV-Verfahrens vollständig und schlüssig ersichtlich sind. Der Umfang der im Einzelfall erforderlichen Dokumentation wird dadurch bestimmt, was zum Verständnis des DV-Verfahrens, der Bücher und Aufzeichnungen sowie der aufbewahrten Unterlagen notwendig ist. Die Verfahrensdokumentation muss verständlich und damit für einen sachverständigen Dritten in angemessener Zeit nachprüfbar sein. Die konkrete Ausgestaltung der Verfahrensdokumentation ist abhängig von der Komplexität und Diversifikation der Geschäftstätigkeit und der Organisationsstruktur sowie des eingesetzten DV-Systems.

152 Die Verfahrensdokumentation beschreibt den organisatorisch und technisch gewollten Prozess, z. B. bei elektronischen Dokumenten von der Entstehung der Informationen über die Indizierung, Verarbeitung und Speicherung, dem eindeutigen Wiederfinden und der maschinellen Auswertbarkeit, der Absicherung gegen Verlust und Verfälschung und der Reproduktion.

153 Die Verfahrensdokumentation besteht in der Regel aus einer allgemeinen Beschreibung, einer Anwenderdokumentation, einer technischen Systemdokumentation und einer Betriebsdokumentation.

154 Für den Zeitraum der Aufbewahrungsfrist muss gewährleistet und nachgewiesen sein, dass das in der Dokumentation beschriebene Verfahren dem in der Praxis eingesetzten Verfahren voll entspricht. Dies gilt insbesondere für die eingesetzten Versionen der Programme (Programmidentität). Änderungen einer Verfahrensdokumentation müssen historisch nachvollziehbar sein. Dem wird genügt, wenn die Änderungen versioniert sind und eine nachvollziehbare Änderungshistorie vorgehalten wird. Aus der Verfahrensdokumentation muss sich ergeben, wie die Ordnungsvorschriften (z. B. §§ 145 ff. AO, §§ 238 ff. HGB) und damit die in diesem Schreiben enthaltenen Anforderungen beachtet werden. Die Aufbewahrungsfrist für die Verfahrensdokumentation läuft nicht ab, soweit und solange die Aufbewahrungsfrist für die Unterlagen noch nicht abgelaufen ist, zu deren Verständnis sie erforderlich ist.

155 Soweit eine fehlende oder ungenügende Verfahrensdokumentation die Nachvollziehbarkeit und Nachprüfbarkeit nicht beeinträchtigt, liegt kein formeller Mangel mit sachlichem Gewicht vor, der zum Verwerfen der Buchführung führen kann.

10.2 Lesbarmachung von elektronischen Unterlagen

156 Wer aufzubewahrende Unterlagen in der Form einer Wiedergabe auf einem Bildträger oder auf anderen Datenträgern vorlegt, ist nach § 147 Absatz 5 AO verpflichtet, auf seine Kosten diejenigen Hilfsmittel zur Verfügung zu stellen, die erforderlich sind, um die Unterlagen lesbar zu machen. Auf Verlangen der Finanzbehörde hat der Steuerpflichtige auf seine Kosten die Unterlagen unverzüglich ganz oder teilweise auszudrucken oder ohne Hilfsmittel lesbare Reproduktionen beizubringen.

157 Der Steuerpflichtige muss durch Erfassen im Sinne der Rz. 130 digitalisierte Unterlagen über sein DV-System per Bildschirm lesbar machen. Ein Ausdruck auf Papier ist nicht

ausreichend. Die elektronischen Dokumente müssen für die Dauer der Aufbewahrungsfrist jederzeit lesbar sein (BFH-Beschluss vom 26. September 2007, BStBl II 2008 S. 415).

11. Datenzugriff

158 Die Finanzbehörde hat das Recht, die mit Hilfe eines DV-Systems erstellten und nach § 147 Absatz 1 AO aufbewahrungspflichtigen Unterlagen durch Datenzugriff zu prüfen. Das Recht auf Datenzugriff steht der Finanzbehörde nur im Rahmen der gesetzlichen Regelungen zu (z.B. Außenprüfung und Nachschauen). Durch die Regelungen zum Datenzugriff wird der sachliche Umfang der Außenprüfung (§ 194 AO) nicht erweitert; er wird durch die Prüfungsanordnung (§ 196 AO, § 5 BpO) bestimmt.

11.1 Umfang und Ausübung des Rechts auf Datenzugriff nach § 147 Absatz 6 AO

159 Gegenstand der Prüfung sind die nach außersteuerlichen und steuerlichen Vorschriften aufzeichnungspflichtigen und die nach § 147 Absatz 1 AO aufbewahrungspflichtigen Unterlagen. Hierfür sind insbesondere die Daten der Finanzbuchhaltung, der Anlagenbuchhaltung, der Lohnbuchhaltung und aller Vor- und Nebensysteme, die aufzeichnungs- und aufbewahrungspflichtige Unterlagen enthalten (vgl. Rzn. 3 bis 5), für den Datenzugriff bereitzustellen. Die Art der Außenprüfung ist hierbei unerheblich, so dass z. B. die Daten der Finanzbuchhaltung auch Gegenstand der Lohnsteuer-Außenprüfung sein können.

160 Neben den Daten müssen insbesondere auch die Teile der Verfahrensdokumentation auf Verlangen zur Verfügung gestellt werden können, die einen vollständigen Systemüberblick ermöglichen und für das Verständnis des DV-Systems erforderlich sind. Dazu gehört auch ein Überblick über alle im DV-System vorhandenen Informationen, die aufzeichnungs- und aufbewahrungspflichtige Unterlagen betreffen (vgl. Rzn. 3 bis 5); z. B. Beschreibungen zu Tabellen, Feldern, Verknüpfungen und Auswertungen. Diese Angaben sind erforderlich, damit die Finanzverwaltung das durch den Steuerpflichtigen ausgeübte Erstqualifikationsrecht (vgl. Rz. 161) prüfen und Aufbereitungen für die Datenträgerüberlassung erstellen kann.

161 Soweit in Bereichen des Unternehmens betriebliche Abläufe mit Hilfe eines DV-Systems abgebildet werden, sind die betroffenen DV-Systeme durch den Steuerpflichtigen zu identifizieren, die darin enthaltenen Daten nach Maßgabe der außersteuerlichen und steuerlichen Aufzeichnungs- und Aufbewahrungspflichten (vgl. Rzn. 3 bis 5) zu qualifizieren (Erstqualifizierung) und für den Datenzugriff in geeigneter Weise vorzuhalten (siehe auch unter 9.4). Bei unzutreffender Qualifizierung von Daten kann die Finanzbehörde im Rahmen ihres pflichtgemäßen Ermessens verlangen, dass der Steuerpflichtige den Datenzugriff auf diese nach außersteuerlichen und steuerlichen Vorschriften tatsächlich aufgezeichneten und aufbewahrten Daten nachträglich ermöglicht.

Beispiele 12:

- Ein Steuerpflichtiger stellt aus dem PC-Kassensystem nur Tagesendsummen zur Verfügung. Die digitalen Grund(buch)aufzeichnungen (Kasseneinzeldaten) wurden archiviert, aber nicht zur Verfügung gestellt.
- Ein Steuerpflichtiger stellt für die Datenträgerüberlassung nur einzelne Sachkonten aus der Finanzbuchhaltung zur Verfügung. Die Daten der Finanzbuchhaltung sind archiviert.

- Ein Steuerpflichtiger ohne Auskunftsverweigerungsrecht stellt Belege in Papierform zur Verfügung. Die empfangenen und abgesandten Handels- und Geschäftsbriefe und Buchungsbelege stehen in einem Dokumenten-Management-System zur Verfügung.

162 Das allgemeine Auskunftsrecht des Prüfers (§§ 88, 199 Absatz 1 AO) und die Mitwirkungspflichten des Steuerpflichtigen (§§ 90, 200 AO) bleiben unberührt.

163 Bei der Ausübung des Rechts auf Datenzugriff stehen der Finanzbehörde nach dem Gesetz drei gleichberechtigte Möglichkeiten zur Verfügung.

164 Die Entscheidung, von welcher Möglichkeit des Datenzugriffs die Finanzbehörde Gebrauch macht, steht in ihrem pflichtgemäßen Ermessen; falls erforderlich, kann sie auch kumulativ mehrere Möglichkeiten in Anspruch nehmen (Rzn. 165 bis 170). Sofern noch nicht mit der Außenprüfung begonnen wurde, ist es im Falle eines Systemwechsels oder einer Auslagerung von aufzeichnungs- und aufbewahrungspflichtigen Daten aus dem Produktivsystem ausreichend, wenn nach Ablauf des 5. Kalenderjahres, das auf die Umstellung folgt, nur noch der Z3-Zugriff (Rzn. 167 bis 170) zur Verfügung gestellt wird.

165 **Unmittelbarer Datenzugriff (Z1)**

Die Finanzbehörde hat das Recht, selbst unmittelbar auf das DV-System dergestalt zuzugreifen, dass sie in Form des Nur-Lesezugriffs Einsicht in die aufzeichnungs- und aufbewahrungspflichtigen Daten nimmt und die vom Steuerpflichtigen oder von einem beauftragten Dritten eingesetzte Hard- und Software zur Prüfung der gespeicherten Daten einschließlich der jeweiligen Meta-, Stamm- und Bewegungsdaten sowie der entsprechenden Verknüpfungen (z. B. zwischen den Tabellen einer relationalen Datenbank) nutzt.

Dabei darf sie nur mit Hilfe dieser Hard- und Software auf die elektronisch gespeicherten Daten zugreifen. Dies schließt eine Fernabfrage (Online-Zugriff) der Finanzbehörde auf das DV-System des Steuerpflichtigen durch die Finanzbehörde aus.

Der Nur-Lesezugriff umfasst das Lesen und Analysieren der Daten unter Nutzung der im DV-System vorhandenen Auswertungsmöglichkeiten (z. B. Filtern und Sortieren).

166 **Mittelbarer Datenzugriff (Z2)**

Die Finanzbehörde kann vom Steuerpflichtigen auch verlangen, dass er an ihrer Stelle die aufzeichnungs- und aufbewahrungspflichtigen Daten nach ihren Vorgaben maschinell auswertet oder von einem beauftragten Dritten maschinell auswerten lässt, um anschließend einen Nur-Lesezugriff durchführen zu können. Es kann nur eine maschinelle Auswertung unter Verwendung der im DV-System des Steuerpflichtigen oder des beauftragten Dritten vorhandenen Auswertungsmöglichkeiten verlangt werden.

167 **Datenträgerüberlassung (Z3)**

Die Finanzbehörde kann ferner verlangen, dass ihr die aufzeichnungs- und aufbewahrungspflichtigen Daten, einschließlich der jeweiligen Meta-, Stamm- und Bewegungsdaten sowie der internen und externen Verknüpfungen (z. B. zwischen den Tabellen einer relationalen Datenbank), und elektronische Dokumente und Unterlagen auf einem maschinell lesbaren und auswertbaren Datenträger zur Auswertung überlassen werden. Die Finanzbehörde ist nicht berechtigt, selbst Daten aus dem DV-System herunterzuladen oder Kopien vorhandener Datensicherungen vorzunehmen.

168 Die Datenträgerüberlassung umfasst die Mitnahme der Daten aus der Sphäre des Steuerpflichtigen. Eine Mitnahme der Datenträger aus der Sphäre des Steuerpflichtigen sollte im Regelfall nur in Abstimmung mit dem Steuerpflichtigen erfolgen.

169 Der zur Auswertung überlassene Datenträger ist spätestens nach Bestandskraft der aufgrund der Außenprüfung ergangenen Bescheide an den Steuerpflichtigen zurückzugeben und die Daten sind zu löschen.

170 Die Finanzbehörde hat bei Anwendung der Regelungen zum Datenzugriff den Grundsatz der Verhältnismäßigkeit zu beachten.

11.2 Umfang der Mitwirkungspflicht nach §§ 147 Absatz 6 und 200 Absatz 1 Satz 2 AO

171 Der Steuerpflichtige hat die Finanzbehörde bei Ausübung ihres Rechts auf Datenzugriff zu unterstützen (§ 200 Absatz 1 AO). Dabei entstehende Kosten hat der Steuerpflichtige zu tragen (§ 147 Absatz 6 Satz 3 AO).

172 Enthalten elektronisch gespeicherte Datenbestände z. B. nicht aufzeichnungs- und aufbewahrungspflichtige, personenbezogene oder dem Berufsgeheimnis (§ 102 AO) unterliegende Daten, so obliegt es dem Steuerpflichtigen oder dem von ihm beauftragten Dritten, die Datenbestände so zu organisieren, dass der Prüfer nur auf die aufzeichnungs- und aufbewahrungspflichtigen Daten des Steuerpflichtigen zugreifen kann. Dies kann z. B. durch geeignete Zugriffsbeschränkungen oder „digitales Schwärzen" der zu schützenden Informationen erfolgen. Für versehentlich überlassene Daten besteht kein Verwertungsverbot.

173 Mangels Nachprüfbarkeit akzeptiert die Finanzbehörde keine Reports oder Druckdateien, die vom Unternehmen ausgewählte („vorgefilterte") Datenfelder und -sätze aufführen, jedoch nicht mehr alle aufzeichnungs- und aufbewahrungspflichtigen Daten (vgl. Rzn. 3 bis 5) enthalten.

Im Einzelnen gilt Folgendes:

174 Beim unmittelbaren Datenzugriff hat der Steuerpflichtige dem Prüfer die für den Datenzugriff erforderlichen Hilfsmittel zur Verfügung zu stellen und ihn für den Nur-Lesezugriff in das DV-System einzuweisen. Die Zugangsberechtigung muss so ausgestaltet sein, dass dem Prüfer dieser Zugriff auf alle aufzeichnungs- und aufbewahrungspflichtigen Daten eingeräumt wird. Sie umfasst die im DV-System genutzten Auswertungsmöglichkeiten (z. B. Filtern, Sortieren, Konsolidieren) für Prüfungs-zwecke (z. B. in Revisionstools, Standardsoftware, Backofficeprodukten). In Abhängigkeit vom konkreten Sachverhalt kann auch eine vom Steuerpflichtigen nicht genutzte, aber im DV-System vorhandene Auswertungsmöglichkeit verlangt werden.

Eine Volltextsuche, eine Ansichtsfunktion oder ein selbsttragendes System, das in einer Datenbank nur die für archivierte Dateien vergebenen Schlagworte als Indexwerte nachweist, reicht regelmäßig nicht aus.

Eine Unveränderbarkeit des Datenbestandes und des DV-Systems durch die Finanzbehörde muss seitens des Steuerpflichtigen oder eines von ihm beauftragten Dritten gewährleistet werden.

175 Beim mittelbaren Datenzugriff gehört zur Mithilfe des Steuerpflichtigen beim Nur-Lesezugriff neben der Zurverfügungstellung von Hard- und Software die Unterstützung durch mit dem DV-System vertraute Personen. Der Umfang der zumutbaren Mithilfe richtet sich nach den betrieblichen Gegebenheiten des Unternehmens. Hierfür können z. B. seine Größe oder Mitarbeiterzahl Anhaltspunkte sein.

176 Bei der Datenträgerüberlassung sind der Finanzbehörde mit den gespeicherten Unterlagen und Aufzeichnungen alle zur Auswertung der Daten notwendigen Informationen (z. B. über die Dateiherkunft [eingesetztes System], die Dateistruktur, die Datenfelder,

verwendete Zeichensatztabellen sowie interne und externe Verknüpfungen) in maschinell auswertbarer Form zur Verfügung zu stellen. Dies gilt auch in den Fällen, in denen sich die Daten bei einem Dritten befinden.

Auch die zur Auswertung der Daten notwendigen Strukturinformationen müssen in maschinell auswertbarer Form zur Verfügung gestellt werden.

Bei unvollständigen oder unzutreffenden Datenlieferungen kann die Finanzbehörde neue Datenträger mit vollständigen und zutreffenden Daten verlangen. Im Verlauf der Prüfung kann die Finanzbehörde auch weitere Datenträger mit aufzeichnungs- und aufbewahrungspflichtigen Unterlagen anfordern.

Das Einlesen der Daten muss ohne Installation von Fremdsoftware auf den Rechnern der Finanzbehörde möglich sein. Eine Entschlüsselung der übergebenen Daten muss spätestens bei der Datenübernahme auf die Systeme der Finanzverwaltung erfolgen.

177 Der Grundsatz der Wirtschaftlichkeit rechtfertigt nicht den Einsatz einer Software, die den in diesem Schreiben niedergelegten Anforderungen zur Datenträgerüberlassung nicht oder nur teilweise genügt und damit den Datenzugriff einschränkt. Die zur Herstellung des Datenzugriffs erforderlichen Kosten muss der Steuerpflichtige genauso in Kauf nehmen wie alle anderen Aufwendungen, die die Art seines Betriebes mit sich bringt.

178 Ergänzende Informationen zur Datenträgerüberlassung stehen auf der Internet-Seite des Bundesministeriums der Finanzen zum Download bereit. Die Digitale Schnittstelle der Finanzverwaltung für Kassensysteme (DSFinV-K) steht auf der Internet-Seite des Bundeszentralamts für Steuern (www.bzst.de) zum Download bereit.

12. Zertifizierung und Software-Testate

179 Die Vielzahl und unterschiedliche Ausgestaltung und Kombination der DV-Systeme für die Erfüllung außersteuerlicher oder steuerlicher Aufzeichnungs- und Aufbewahrungspflichten lassen keine allgemein gültigen Aussagen der Finanzbehörde zur Konformität der verwendeten oder geplanten Hard- und Software zu. Dies gilt umso mehr, als weitere Kriterien (z. B. Releasewechsel, Updates, die Vergabe von Zugriffsrechten oder Parametrisierungen, die Vollständigkeit und Richtigkeit der eingegebenen Daten) erheblichen Einfluss auf die Ordnungsmäßigkeit eines DV-Systems und damit auf Bücher und die sonst erforderlichen Aufzeichnungen haben können.

180 Positivtestate zur Ordnungsmäßigkeit der Buchführung - und damit zur Ordnungsmäßigkeit DV-gestützter Buchführungssysteme - werden weder im Rahmen einer steuerlichen Außenprüfung noch im Rahmen einer verbindlichen Auskunft erteilt.

181 „Zertifikate" oder „Testate" Dritter können bei der Auswahl eines Softwareproduktes dem Unternehmen als Entscheidungskriterium dienen, entfalten jedoch aus den in Rz. 179 genannten Gründen gegenüber der Finanzbehörde keine Bindungswirkung.

13. Anwendungsregelung

182 Im Übrigen bleiben die Regelungen des BMF-Schreibens vom 1. Februar 1984 (IV A 7 - S 0318-1/84, BStBl I S. 155) unberührt.

183 Dieses BMF-Schreiben tritt mit Wirkung vom 1. Januar 2020 an die Stelle des BMF-Schreibens vom 14. November 2014 - IV A 4 - S 0316/13/10003 -, BStBl I S. 1450.

184 Die übrigen Grundsätze dieses Schreibens sind auf Besteuerungszeiträume anzuwenden, die nach dem 31. Dezember 2019 beginnen. Es wird nicht beanstandet, wenn der Steuerpflichtige diese Grundsätze auf Besteuerungszeiträume anwendet, die vor dem 1. Januar 2020 enden.

Aufbewahrung digitaler Unterlagen bei Bargeschäften

(BMF-Schreiben vom 26.11.2010 - IV A 4 - S 0316/08/10004-07, BStBl I S. 1342)

Im Einvernehmen mit den obersten Finanzbehörden der Länder gilt zur Aufbewahrung der mittels Registrierkassen, Waagen mit Registrierkassenfunktion, Taxametern und Wegstreckenzählern (im Folgenden: Geräte) erfassten Geschäftsvorfälle Folgendes:

Seit dem 1. Januar 2002 sind Unterlagen i.S.d. § 147 Abs. 1 AO, die mit Hilfe eines Datenverarbeitungssystems erstellt worden sind, während der Dauer der Aufbewahrungsfrist jederzeit verfügbar, unverzüglich lesbar und maschinell auswertbar aufzubewahren (§ 147 Abs. 2 Nr. 2 AO). Die vorgenannten Geräte sowie die mit ihrer Hilfe erstellten digitalen Unterlagen müssen seit diesem Zeitpunkt neben den „Grundsätzen ordnungsmäßiger DV-gestützter Buchführungssysteme (GoBS)" vom 7. November 1995 (BStBl I S. 738) auch den „Grundsätzen zum Datenzugriff und zur Prüfbarkeit digitaler Unterlagen (GDPdU)" vom 16. Juli 2001 (BStBl I S. 415) entsprechen (§ 147 Abs. 6 AO). Die Feststellungslast liegt beim Steuerpflichtigen. Insbesondere müssen alle steuerlich relevanten Einzeldaten (Einzelaufzeichnungspflicht) einschließlich etwaiger mit dem Gerät elektronisch erzeugter Rechnungen i.S.d. § 14 UStG unveränderbar und vollständig aufbewahrt werden. Eine Verdichtung dieser Daten oder ausschließliche Speicherung der Rechnungsendsummen ist unzulässig. Ein ausschließliches Vorhalten aufbewahrungspflichtiger Unterlagen in ausgedruckter Form ist nicht ausreichend. Die digitalen Unterlagen und die Strukturinformationen müssen in einem auswertbaren Datenformat vorliegen.

Ist die komplette Speicherung aller steuerlich relevanten Daten - bei der Registrierkasse insbesondere Journal-, Auswertungs-, Programmier- und Stammdatenänderungsdaten - innerhalb des Geräts nicht möglich, müssen diese Daten unveränderbar und maschinell auswertbar auf einem externen Datenträger gespeichert werden. Ein Archivsystem muss die gleichen Auswertungen wie jene im laufenden System ermöglichen.

Die konkreten Einsatzorte und -zeiträume der vorgenannten Geräte sind zu protokollieren und diese Protokolle aufzubewahren (vgl. § 145 Abs. 1 AO, § 63 Abs. 1 UStDV). Einsatzort bei Taxametern und Wegstreckenzähler ist das Fahrzeug, in dem das Gerät verwendet wurde. Außerdem müssen die Grundlagenaufzeichnungen zur Überprüfung der Bareinnahmen für jedes einzelne Gerät getrennt geführt und aufbewahrt werden. Die zum Gerät gehörenden Organisationsunterlagen müssen aufbewahrt werden, insbesondere die Bedienungsanleitung, die Programmieranleitung und alle weiteren Anweisungen zur Programmierung des Geräts (§ 147 Abs. 1 Nr. 1 AO).

Soweit mit Hilfe eines solchen Geräts unbare Geschäftsvorfälle (z.B. EC-Cash, ELV - Elektronisches Lastschriftverfahren) erfasst werden, muss aufgrund der erstellten Einzeldaten ein Abgleich der baren und unbaren Zahlungsvorgänge und deren zutreffende Verbuchung im Buchführungs- bzw. Aufzeichnungswerk gewährleistet sein.

Die vorgenannten Ausführungen gelten auch für die mit Hilfe eines Taxameters oder Wegstreckenzählers erstellten digitalen Unterlagen, soweit diese Grundlage für Eintragungen auf einem Schichtzettel im Sinne des BFH-Urteils vom 26. Februar 2004, XI R 25/02 (BStBl II S. 599) sind. Im Einzelnen können dies sein:

- Name und Vorname des Fahrers
- Schichtdauer (Datum, Schichtbeginn, Schichtende)
- Summe der Total- und Besetztkilometer laut Taxameter
- Anzahl der Touren lt. Taxameter
- Summe der Einnahmen lt. Taxameter
- Kilometerstand lt. Tachometer (bei Schichtbeginn und -ende)
- Einnahme für Fahrten ohne Nutzung des Taxameters
- Zahlungsart (z.B. bar, EC-Cash, ELV - Elektronisches Lastschriftverfahren, Kreditkarte)
- Summe der Gesamteinnahmen
- Angaben über Lohnabzüge angestellter Fahrer
- Angaben von sonstigen Abzügen (z.B. Verrechnungsfahrten)
- Summe der verbleibenden Resteinnahmen
- Summe der an den Unternehmer abgelieferten Beträge
- Kennzeichen der Taxe

Dies gilt für Unternehmer ohne Fremdpersonal entsprechend.

Soweit ein Gerät bauartbedingt den in diesem Schreiben niedergelegten gesetzlichen Anforderungen nicht oder nur teilweise genügt, wird es nicht beanstandet, wenn der Steuerpflichtige dieses Gerät längstens bis zum 31. Dezember 2016 in seinem Betrieb weiterhin einsetzt. Das setzt aber voraus, dass der Steuerpflichtige technisch mögliche Softwareanpassungen und Speichererweiterungen mit dem Ziel durchführt, die in diesem Schreiben konkretisierten gesetzlichen Anforderungen zu erfüllen. Bei Registrierkassen, die technisch nicht mit Softwareanpassungen und Speichererweiterungen aufgerüstet werden können, müssen die Anforderungen des BMF-Schreibens vom 9. Januar 1996 weiterhin vollumfänglich beachtet werden.

Das BMF-Schreiben zum „Verzicht auf die Aufbewahrung von Kassenstreifen bei Einsatz elektronischer Registrierkassen“ vom 9. Januar 1996 (BStBl I S. 34) wird im Übrigen hiermit aufgehoben.

Hinweise auf die wesentlichen Rechte und Mitwirkungspflichten des Steuerpflichtigen bei der Außenprüfung; (§ 5 Abs. 2 Satz 2 BpO 2000)

(BMF-Schreiben vom 24.10.2013 - IV A 4 - S 0403/13/10001 - BStBl I S. 1264)

Unter Bezugnahme auf das Ergebnis der Erörterungen mit den obersten Finanzbehörden der Länder sind der Prüfungsanordnung (§ 196 AO) die anliegenden Hinweise beizufügen. Dieses Schreiben tritt an die Stelle des BMF-Schreibens vom 20. Juli 2001 -IV D 2 -S 0403 -3/01 -(BStBl I S. 502).

Anlage

Ihre wesentlichen Rechte und Mitwirkungspflichten bei der Außenprüfung

Die Außenprüfung soll dazu beitragen, dass die Steuergesetze gerecht und gleichmäßig angewendet werden; deshalb ist auch zu Ihren Gunsten zu prüfen (§ 199 Abs. 1 Abgabenordnung - AO -).

Beginn der Außenprüfung

Wenn Sie wichtige Gründe gegen den vorgesehenen Zeitpunkt der Prüfung haben, können Sie beantragen, dass ihr Beginn hinausgeschoben wird (§ 197 Abs. 2 AO). Wollen Sie wegen der Prüfungsanordnung Rückfragen stellen, wenden Sie sich bitte an die prüfende Stelle und geben Sie hierbei den Namen des Prüfers an. Über den Prüfungsbeginn sollten Sie ggf. Ihren Steuerberater unterrichten.

Der Prüfer wird sich bei Erscheinen unter Vorlage seines Dienstausweises bei Ihnen vorstellen (§ 198 AO).

Die Außenprüfung beginnt grundsätzlich in dem Zeitpunkt, in dem der Prüfer nach Bekanntgabe der Prüfungsanordnung konkrete Ermittlungshandlungen vornimmt. Bei einer Datenträgerüberlassung beginnt die Außenprüfung spätestens mit der Auswertung der Daten (AEAO zu § 198).

Ablauf der Außenprüfung

Haben Sie bitte Verständnis dafür, dass Sie für einen reibungslosen Ablauf der Prüfung zur Mitwirkung verpflichtet sind. Aus diesem Grunde sollten Sie Ihren nachstehenden Mitwirkungspflichten unverzüglich nachkommen. Sie können darüber hinaus auch sachkundige Auskunftspersonen benennen.

Stellen Sie dem Prüfer zur Durchführung der Außenprüfung bitte einen geeigneten Raum oder Arbeitsplatz sowie die erforderlichen Hilfsmittel unentgeltlich zur Verfügung (§ 200 Abs. 2 AO).

Legen Sie ihm bitte Ihre Aufzeichnungen, Bücher, Geschäftspapiere und die sonstigen Unterlagen vor, die er benötigt, erteilen Sie ihm die erbetenen Auskünfte, erläutern Sie ggf. die Aufzeichnungen und unterstützen Sie ihn beim Datenzugriff (§ 200 Abs. 1 AO).

Werden die Unterlagen in Form der Wiedergabe auf einem Bildträger oder auf anderen Datenträgern aufbewahrt, kann der Prüfer verlangen, dass Sie auf Ihre Kosten diejenigen Hilfsmittel zur Verfügung stellen, die zur Lesbarmachung erforderlich sind, bzw. dass Sie auf Ihre Kosten die

Unterlagen unverzüglich ganz oder teilweise ausdrucken oder ohne Hilfsmittel lesbare Reproduktionen beibringen (§ 147 Abs. 5 AO).

Sind Unterlagen und sonstige Aufzeichnungen mit Hilfe eines DV-Systems erstellt worden, hat der Prüfer das Recht, Einsicht in die gespeicherten Daten zu nehmen und das DV-System zur Prüfung dieser Unterlagen zu nutzen (unmittelbarer Datenzugriff). Dazu kann er verlangen, dass Sie ihm die dafür erforderlichen Geräte und sonstigen Hilfsmittel zur Verfügung stellen. Dies umfasst unter Umständen die Einweisung in das DV-System und die Bereitstellung von fachkundigem Personal zur Auswertung der Daten. Auf Anforderung sind dem Prüfer die Daten auf maschinell auswertbaren Datenträgern zur Verfügung zu stellen (Datenträgerüberlassung) oder nach seinen Vorgaben maschinell auszuwerten (mittelbarer Datenzugriff); § 147 Abs. 6 AO.

Über alle Feststellungen von Bedeutung wird Sie der Prüfer während der Außenprüfung unterrichten, es sei denn, Zweck und Ablauf der Prüfung werden dadurch beeinträchtigt (§ 199 Abs. 2 AO).

Ergebnis der Außenprüfung

Wenn sich die Besteuerungsgrundlagen durch die Prüfung ändern, haben Sie das Recht auf eine Schlussbesprechung. Sie erhalten dabei Gelegenheit, einzelne Prüfungsfeststellungen nochmals zusammenfassend zu erörtern (§ 201 AO).

Über das Ergebnis der Außenprüfung ergeht bei Änderung der Besteuerungsgrundlagen ein schriftlicher Prüfungsbericht, der Ihnen auf Antrag vor seiner Auswertung übersandt wird. Zu diesem Bericht können Sie Stellung nehmen (§ 202 AO).

Rechtsbehelfe können Sie allerdings nicht gegen den Prüfungsbericht, sondern nur gegen die aufgrund der Außenprüfung ergehenden Steuerbescheide einlegen.

Wird bei Ihnen eine abgekürzte Außenprüfung (§ 203 AO) durchgeführt, findet keine Schlussbesprechung statt. Die steuerlich erheblichen Prüfungsfeststellungen werden Ihnen in diesem Fall spätestens mit den Steuer-/Feststellungsbescheiden schriftlich mitgeteilt.

Ablauf der Außenprüfung beim Verdacht einer Steuerstraftat oder einer Steuerordnungswidrigkeit

Ergibt sich während der Außenprüfung der Verdacht einer Steuerstraftat oder einer Steuerordnungswidrigkeit gegen Sie, so dürfen hinsichtlich des Sachverhalts, auf den sich der Verdacht bezieht, die Ermittlungen bei Ihnen erst fortgesetzt werden, wenn Ihnen die Einleitung eines Steuerstraf-oder Bußgeldverfahrens mitgeteilt worden ist (vgl. § 397 AO). Soweit die Prüfungsfeststellungen auch für Zwecke eines Steuerstraf-oder Bußgeldverfahrens verwendet werden können, darf Ihre Mitwirkung bei der Aufklärung der Sachverhalte nicht erzwungen werden (§ 393 Abs. 1 Satz 2 AO). Wirken Sie bei der Aufklärung der Sachverhalte nicht mit (vgl. §§ 90, 93 Abs. 1, 200 Abs. 1 AO), können daraus allerdings im Besteuerungsverfahren für Sie nachteilige Folgerungen gezogen werden; ggf. sind die Besteuerungsgrundlagen zu schätzen, wenn eine zutreffende Ermittlung des Sachverhalts deswegen nicht möglich ist (§ 162 AO).

Einordnung in Größenklassen gem. § 3 BpO 2000; Festlegung neuer Abgrenzungsmerkmale zum 1. Januar 2019

(BMF-Schreiben vom 13.4.2018 - IV - A 4 - S 1450/17/10001 -, BStBl I S. 614)

Unter Bezugnahme auf das Ergebnis der Erörterungen mit den obersten Finanzbehörden der Länder gelten für die Einordnung in Größenklassen gem. § 3 BpO 2000 ab 1. Januar 2019 die in der Anlage aufgeführten neuen Abgrenzungsmerkmale sowie die meinem Schreiben vom 24. April 2012 - IV A 4 – S 1451/07/10011- (BStBl I S. 492) angefügte Zuordnungstabelle.

Die Merkmale sind erst nach Aufstellung der Betriebskartei anzuwenden.

Einheitliche Abgrenzungsmerkmale für den 23. Prüfungsturnus (1.1.2019)

BETRIEBSART [1]	BETRIEBSMERKMALE in €	G-Betriebe €	M-Betriebe €	K-Betriebe €
			über	
Handelsbetriebe (H)	Umsatzerlöse oder steuerlicher Gewinn über	8.600.000 335.000	1.100.000 68.000	210.000 44.000
Fertigungsbetriebe (F)	Umsatzerlöse oder steuerlicher Gewinn über	5.200.000 300.000	610.000 68.000	210.000 44.000
Freie Berufe (FB)	Umsatzerlöse oder steuerlicher Gewinn über	5.600.000 700.000	990.000 165.000	210.000 44.000
Andere Leistungsbetriebe (AL)	Umsatzerlöse oder steuerlicher Gewinn über	6.700.000 400.000	910.000 77.000	210.000 44.000
Kreditinstitute (K)	Aktivvermögen oder steuerlicher Gewinn über	175.000.000 670.000	42.000.000 230.000	13.000.000 57.000
Versicherungsunternehmen Pensionskassen (V)	Jahresprämieneinnahmen über	36.000.000	6.000.000	2.200.000
Unterstützungskassen (U)				alle
Land- und forstwirtschaftliche Betriebe (LuF)	Umsatzerlöse oder steuerlicher Gewinn über	1.200.000 185.000	610.000 68.000	210.000 44.000
sonstige Fallart (soweit nicht unter den Betriebsarten erfasst)	**Erfassungsmerkmale**	**Erfassung in der Betriebskartei als Großbetrieb**		
Verlustzuweisungsgesellschaften (VZG) und Bauherrengemeinschaften (BHG)	Personenzusammenschlüsse und Gesamtobjekte i.S.d. Nrn. 1.2 und 1.3 des BMF-Schreibens vom 13.07.1992, IV A 5 - S 0361 - 19/92 (BStBl I S. 404)	**alle**		
bedeutende steuerbegünstigte Körperschaften und Berufsverbände (BKÖ)	Summe der Einnahmen	**über 6.000.000**		
Fälle mit bedeutenden Einkünften (bE)	Summe der positiven Einkünfte gem. § 2 Absatz 1 Satz 1 Nrn. 4-7 EStG (keine Saldierung mit negativen Einkünften)	**über 500.000**		

[1] Mittel-, Klein- und Kleinstbetriebe, die zugleich die Voraussetzungenfür die Behandlung als sonstige Fallart erfüllen, sind nur dort zu erfassen.

Kleinbetragsregelung im Erhebungsverfahren

(BMF-Schreiben vom 22.3.2001 - IV A 4 - S 0512 - 2/01 -, BStBl I S. 242)

Unter Bezugnahme auf das Ergebnis der Erörterungen mit den obersten Finanzbehörden der Länder gilt bei der Erhebung von Ansprüchen aus dem Steuerschuldverhältnis Folgendes:

1. Entrichtung von Kleinbeträgen

Ergibt die Abrechnung eines Bescheides Forderungen von insgesamt weniger als 3,- Euro, so ist dem Steuerpflichtigen durch folgenden Hinweis zu gestatten, diese Kleinbeträge unabhängig von ihrer Fälligkeit erst dann zu entrichten, wenn unter derselben Steuernummer Ansprüche von insgesamt mindestens 3,- Euro fällig werden:

„Wenn dem Finanzamt unter dieser Steuernummer fällige Beträge von insgesamt weniger als 3,- Euro geschuldet werden, können diese Beträge zusammen mit der nächsten Zahlung an die Finanzkasse entrichtet werden. Geben Sie dann aber bitte auch die Steuernummer und den Verwendungszweck für diese Beträge an."

Im Einzugsermächtigungsverfahren (§ 224 Abs. 2 Nr. 3 AO) sind Beträge von insgesamt weniger als 3,- Euro nicht zum Fälligkeitstag, sondern mit dem nächsten fälligen Betrag abzubuchen.

2. Säumniszuschläge

Säumniszuschläge von insgesamt weniger als 5,- Euro, die unter einer Steuernummer nachgewiesen werden, sollen in der Regel nicht gesondert angefordert werden; sie können jedoch zusammen mit anderen Beträgen angefordert werden.

3. Mahnung

Bei Beträgen von weniger als 3,- Euro ist von der Mahnung abzusehen. Beträge von 3,- Euro bis 9,99 Euro werden in der Regel nach Ablauf eines Jahres gemahnt.

Werden mehrere Ansprüche unter einer Steuernummer nachgewiesen, gilt die Kleinbetragsgrenze für den jeweils zu mahnenden Gesamtbetrag, dabei sind steuerliche Nebenleistungen einschließlich noch nicht angeforderter Säumniszuschläge mit einzubeziehen.

4. Aufrechnung, Umbuchung

Durch die Kleinbetragsgrenzen der Nummern 1 bis 3 wird die Möglichkeit der Aufrechnung oder Umbuchung nicht ausgeschlossen.

5. Kleinstbeträge

Beträge von weniger als 1,- Euro werden weder erhoben noch erstattet. Werden mehrere Ansprüche in einem Bescheid abgerechnet oder in einer Anmeldung erklärt, gilt die Betragsgrenze für den Gesamtbetrag.

Von der Einhaltung der Kleinbetragsgrenzen kann abgesehen werden, wenn diese vom Steuerpflichtigen missbräuchlich ausgenutzt werden.

Zuständigkeit für Stundungen nach § 222 AO und § 6 Abs. 4 AStG, Erlasse nach § 227 AO, Billigkeitsmaßnahmen nach § 163, § 234 Abs. 2, § 237 Abs. 4 AO, Absehen von Festsetzungen nach § 156 Abs. 2 AO und Niederschlagungen nach § 261 AO von Landessteuern und der sonstigen durch Landesfinanzbehörden verwalteten Steuern und Abgaben

(Gleich lautende Erlasse der obersten Finanzbehörden der Länder vom 2.11.2021, BStBl I S. 2154)

Unter Aufhebung der bisherigen Anordnungen wird die Zuständigkeit für Stundungen nach § 222 AO und § 6 Abs. 4 AStG, Erlasse nach § 227 AO, Billigkeitsmaßnahmen nach § 163 AO, Absehen von Festsetzungen nach § 156 Abs. 2 AO und Niederschlagungen nach § 261 AO von Landessteuern und sonstigen durch Landesfinanzbehörden verwalteten Steuern und Abgaben - jeweils einschließlich Nebenleistungen - sowie für den Verzicht auf Zinsen nach § 234 Abs. 2, § 237 Abs. 4 AO, soweit sie auf durch Landesfinanzbehörden verwaltete Steuern und Abgaben erhoben werden, wie folgt geregelt:

Hinweis:

Soweit nachfolgend von Oberfinanzdirektion die Rede ist, gelten die Bestimmungen auch für die Behörden im Sinne des § 6 Abs. 2 Nr. 4a AO.

A. Regelungen der Zuständigkeit

I. Stundung nach § 222 AO und § 6 Abs. 4 AStG

Die Finanzämter sind befugt zu stunden:

1. in eigener Zuständigkeit
   a) Beträge bis 100.000 Euro einschließlich zeitlich unbegrenzt,
   b) höhere Beträge bis zu 6 Monaten;
2. mit Zustimmung der Oberfinanzdirektion
   a) Beträge bis 250.000 Euro einschließlich zeitlich unbegrenzt,
   b) höhere Beträge bis zu 12 Monaten;
3. mit Zustimmung der obersten Landesfinanzbehörde in allen übrigen Fällen.

Stundungen sind stets unter dem Vorbehalt des Widerrufs auszusprechen.

II. Billigkeitsmaßnahmen nach §§ 163, 227 AO, § 234 Abs. 2 und § 237 Abs. 4 AO

Die Finanzämter sind befugt:

1. zu abweichenden Festsetzungen nach § 163 Abs. 1 Satz 1 AO, zum Erlass nach § 227 AO und zum Verzicht nach § 234 Abs. 2 und § 237 Abs. 4 AO

   a) für Beträge bis einschließlich 20.000 Euro in eigener Zuständigkeit;

   b) bei Säumniszuschlägen, deren Erhebung nicht mit dem Sinn und Zweck des § 240 AO zu vereinbaren und deshalb ein teilweiser oder vollständiger Erlass der kraft Gesetzes verwirkten Säumniszuschläge aus Gründen sachlicher Unbilligkeit geboten ist (AEAO zu § 240, Nr. 5), in unbegrenzter Höhe in eigener Zuständigkeit;

   c) für Beträge bis einschließlich 100.000 Euro mit Zustimmung der Oberfinanzdirektion;

   d) mit Zustimmung der obersten Landesfinanzbehörde in allen übrigen Fällen.

   Der Betrag, auf den nach § 234 Abs. 2 oder § 237 Abs. 4 AO verzichtet werden soll, kann geschätzt werden.

2. zu abweichenden Festsetzungen nach § 163 Abs. 1 Satz 2 AO, wenn die Höhe der Besteuerungsgrundlagen, die nicht in dem gesetzlich bestimmten Veranlagungszeitraum berücksichtigt werden sollen,

   a) 40.000 Euro nicht übersteigt, in eigener Zuständigkeit,

   b) 200.000 Euro nicht übersteigt, mit Zustimmung der Oberfinanzdirektion,

   c) mit Zustimmung der obersten Landesfinanzbehörde in allen übrigen Fällen.

Vertrauensschutz und Treu und Glauben gelten als Billigkeitsgründe im Sinne der §§ 163, 222, 227 AO.

III. Absehen von Festsetzungen nach § 156 Abs. 2 AO und Niederschlagungen nach § 261 AO

Die Zustimmung der Oberfinanzdirektion ist einzuholen:

a) beim Absehen von der Festsetzung nach § 156 Abs. 2 AO, wenn der Betrag 25.000 Euro übersteigt; der Betrag kann in der Regel geschätzt werden;

b) bei Niederschlagungen nach § 261 AO von Beträgen, die 125.000 Euro übersteigen. Die Zustimmung ist nicht einzuholen bei der Niederschlagung von Insolvenzforderungen. Die Zustimmung ist ferner nicht einzuholen, wenn innerhalb der letzten zwölf Monate eine Zustimmung zur Niederschlagung der Steuern dieser Steuerart und dieses Veranlagungszeitraums bzw. dieser Nebenleistungen (vgl. Abschnitt B. I.) erteilt worden ist.

IV. Zuständigkeit beim Verzicht auf Mittelbehörden (§ 2a FVG)

Ist keine Oberfinanzdirektion eingerichtet, ist bei Überschreiten der für die Vorlage an die Oberfinanzdirektion maßgeblichen Grenzen die Zustimmung der obersten Landesfinanzbehörde einzuholen.

B. Gemeinsame Anordnungen

I. Zuständigkeitsgrenzen

1. Für die Feststellung der Zuständigkeitsgrenzen sind jede Steuerart und jeder Veranlagungszeitraum für sich zu rechnen; erstreckt sich die Maßnahme nach § 163 Abs. 1 Satz 2 AO auf mehrere Jahre, so sind die Beträge, die auf die einzelnen Jahre entfallen, zu einem Gesamtbetrag zusammenzurechnen. Bei Steuerarten ohne bestimmten Veranlagungszeitraum (z. B. Lohnsteuer, Kapitalertragsteuer) gilt das Kalenderjahr als Veranlagungszeitraum; bei den Einzelsteuern ist jeder Steuerfall für sich zu betrachten. Etwaige vorher ausgesprochene Bewilligungen sind zu berücksichtigen. Vorauszahlungen für einen Veranlagungs- bzw. Besteuerungszeitraum sind zusammenzurechnen; sie sind jedoch nicht in einen Jahresbetrag hochzurechnen.

2. Steuerliche Nebenleistungen (§ 3 Abs. 4 AO) sind dem Hauptbetrag nicht hinzuzurechnen. Sie gelten jedoch selbst als Hauptbetrag, soweit für sie eine der in diesem Erlass genannten Maßnahmen getroffen werden soll.

Ist für eine Steuerart und einen Veranlagungszeitraum die Zustimmungsgrenze überschritten, so unterliegen die beantragten Billigkeitsmaßnahmen vollumfänglich dem Zustimmungsvorbehalt.

II. Ablehnung von Anträgen

Die Finanzämter und die Oberfinanzdirektionen sind unabhängig von der Höhe des Betrages berechtigt, Anträge auf Stundung nach § 222 AO und § 6 Abs. 4 AStG, auf abweichende Festsetzung nach § 163 AO, auf Erlass nach § 227 AO sowie auf Verzicht nach § 234 Abs. 2 AO und § 237 Abs. 4 AO abzulehnen, wenn diese Anträge für nicht begründet erachtet werden.

III. Vorlage von Anträgen

Die Finanzämter und die Oberfinanzdirektion haben Anträge auf eine der in Abschnitt B. II. bezeichneten Maßnahmen der zuständigen übergeordneten Behörde vorzulegen, wenn die Anträge ganz oder teilweise für begründet erachtet und die im Abschnitt A. bezeichneten Grenzen überschritten werden oder wenn aus besonderen Gründen die Vorlage angezeigt ist.

Die Zustimmung der jeweils zuständigen Landesfinanzbehörde ist nicht einzuholen bei der Zustimmung zu einem Restrukturierungsplan oder außergerichtlichen Schuldenbereinigungsplan sowie bei Billigkeitsmaßnahmen über Insolvenzforderungen im Verbraucherinsolvenzverfahren und im Regelinsolvenzverfahren.

In den Fällen von Abschnitt II Nummer 3 des BMF-Schreibens vom 2. November 2021 (BStBl I S. 2153) können die Länder ergänzende Weisungen erlassen, inwieweit auf die Zustimmung der obersten Landesfinanzbehörde und/oder der Oberfinanzdirektion verzichtet wird.

Diese Erlasse ergehen im Einvernehmen mit dem Bundesministerium der Finanzen. Sie treten an die Stelle der Erlasse vom 1. Oktober 2020 (BStBl I S. 987).

Mitwirkung des Bundesministeriums der Finanzen bei Billigkeitsmaßnahmen bei der Festsetzung oder Erhebung von Steuern, die von den Landesfinanzbehörden im Auftrag des Bundes verwaltet werden

(BMF-Schreiben vom 2.11.2021 - IV A 3 - S 0336/19/10006 :001 -, BStBl I S. 2153)

Unter Bezugnahme auf das Ergebnis der Erörterung mit den obersten Finanzbehörden der Länder gilt bei der Festsetzung oder Erhebung von Steuern, die von den Landesfinanzbehörden im Auftrag des Bundes verwaltet werden, und von Zinsen auf solche Steuern Folgendes:

I.

Die obersten Finanzbehörden der Länder werden in folgenden Fällen die vorherige Zustimmung des Bundesministeriums der Finanzen einholen:

1. Bei Stundungen nach § 222 AO und § 6 Abs. 4 AStG, wenn der zu stundende Betrag höher ist als 500.000 Euro und für einen Zeitraum von mehr als 12 Monaten gestundet werden soll;
2. bei Erlassen nach § 227 AO, wenn der Betrag, der erlassen (erstattet, angerechnet) werden soll, 200.000 Euro übersteigt;
3. bei abweichender Festsetzung nach § 163 Abs. 1 Satz 1 AO, wenn der Betrag, um den abweichend festgesetzt werden soll, 200.000 Euro übersteigt;
4. bei Maßnahmen nach § 163 Abs. 1 Satz 2 AO, wenn die Höhe der Besteuerungsgrundlagen, die nicht in dem gesetzlich bestimmten Veranlagungszeitraum berücksichtigt werden sollen, 400.000 Euro übersteigt;
5. bei Billigkeitsrichtlinien der obersten Finanzbehörden der Länder, die die abweichende Festsetzung, die Stundung oder den Erlass betreffen und sich auf eine Mehrzahl von Fällen beziehen.

Vertrauensschutz und Treu und Glauben gelten als Billigkeitsgründe im Sinne der §§ 163, 222, 227 AO.

II.

Die Zustimmung des Bundesministeriums der Finanzen ist nicht einzuholen, wenn

1. einem Restrukturierungsplan oder außergerichtlichen Schuldenbereinigungsplan zugestimmt werden soll,
2. eine Billigkeitsmaßnahme über Insolvenzforderungen im Verbraucherinsolvenzverfahren oder im Regelinsolvenzverfahren gewährt wird oder
3. die Gewährung einer Billigkeitsmaßnahme nach §§ 163, 222 oder 227 AO durch BMF-Schreiben allgemein angeordnet oder durch eine im Bundessteuerblatt Teil II veröffentlichte BFH-Entscheidung vorgegeben ist.

III.

Für die Feststellung der Zustimmungsgrenzen ist jede Steuerart und jeder Veranlagungszeitraum für sich zu rechnen; erstreckt sich die Maßnahme nach § 163 Abs. 1 Satz 2 AO auf mehrere Jahre, so sind die Beträge, die auf die einzelnen Jahre entfallen, zu einem Gesamtbetrag zusammenzurechnen. Bei Steuerarten ohne bestimmten Veranlagungszeitraum (z. B. Lohnsteuer, Kapitalertragsteuer) gilt das Kalenderjahr als Veranlagungszeitraum; bei den Einzelsteuern ist jeder Steuerfall für sich zu betrachten. Etwaige vorher ausgesprochene Bewilligungen sind zu berücksichtigen. Vorauszahlungen dürfen nicht in einen Jahresbetrag umgerechnet werden. Steuerliche Nebenleistungen (§ 3 Abs. 4 AO) sind dem Hauptbetrag nicht hinzuzurechnen. Zinsen gelten jedoch selbst als Hauptbetrag, soweit für sie eine Billigkeitsmaßnahme getroffen werden soll. Dabei sind für einen Verzicht auf Stundungszinsen nach § 234 Abs. 2 AO und auf Aussetzungszinsen nach § 237 Abs. 4 AO die unter I. in den Ziffern 2 und 3 bezeichneten Betragsgrenzen maßgebend.

Ist für eine Steuerart und einen Veranlagungszeitraum die Zustimmungsgrenze überschritten, so unterliegen die beantragten Billigkeitsmaßnahmen vollumfänglich dem Zustimmungsvorbehalt.

Dieses Schreiben tritt an die Stelle des BMF-Schreibens vom 1. Oktober 2020 - IV A 3 - S 0336/19/10006 :001 - (BStBl I S. 989).

Insolvenzordnung; Anwendungsfragen zu § 55 Abs. 4 InsO

(BMF-Schreiben vom 11.1.2022, IV A 3 – S 0550/21/10001:001, BStBl I S. 116)

Unter Bezugnahme auf das Ergebnis der Erörterungen mit den obersten Finanzbehörden der Länder gilt Folgendes:

Dieses BMF-Schreiben findet Anwendung auf alle Insolvenzverfahren, deren Eröffnung ab dem 1.1.2021 beantragt wurde.

Für Insolvenzverfahren, die vor dem 1.1.2021 beantragt wurden, sind die Regelungen des BMF-Schreibens vom 20.5.2015 - IV A 3 - S 0550/10/10020-05 -, BStBl I S. 476, ergänzt durch BMF-Schreiben vom 18.11.2015 - IV A 3 - S 0550/10/10020-05 -, BStBl I S. 886 weiterhin anzuwenden.[1]

I. Allgemeines

1. Durch das Sanierungs- und Insolvenzrechtsfortentwicklungsgesetz wurde § 55 Absatz 4 InsO wie folgt gefasst:

„(4) Umsatzsteuerverbindlichkeiten des Insolvenzschuldners, die von einem vorläufigen Insolvenzverwalter oder vom Schuldner mit Zustimmung eines vorläufigen Insolvenzverwalters oder vom Schuldner nach Bestellung eines vorläufigen Sachwalters begründet worden sind, gelten nach Eröffnung des Insolvenzverfahrens als Masseverbindlichkeit. Den Umsatzsteuerverbindlichkeiten stehen die folgenden Verbindlichkeiten gleich:

1. sonstige Ein- und Ausfuhrabgaben,
2. bundesgesetzlich geregelte Verbrauchsteuern,
3. die Luftverkehr- und die Kraftfahrzeugsteuer und
4. die Lohnsteuer.“

II. Anwendung

II.1 Betroffene Personen

2 § 55 Abs. 4 InsO findet Anwendung auf den vorläufigen Insolvenzverwalter, auf den die Verwaltungs- und Verfügungsbefugnis nicht nach § 22 Abs. 1 InsO übergegangen ist (so genannter „schwacher“ vorläufiger Insolvenzverwalter). Hierbei ist es unbeachtlich, ob der schwache vorläufige Insolvenzverwalter vom Gericht mit einem Zustimmungsvorbehalt ausgestattet wurde oder nicht. Auch ohne einen Zustimmungsvorbehalt i. S. d. § 21 Abs. 2 Nr. 2 InsO können entsprechende Steuerverbindlichkeiten durch den schwachen vorläufigen Insolvenzverwalter begründet werden, insbesondere wenn

[1] BMF-Schreibens vom 20.5.2015, ergänzt durch BMF-Schreiben vom 18.11.2015 letztmalig abgedruckt im Amtlichen AO-Handbuch 2021 Anhang 71

ihm zahlreiche Rechte durch das Insolvenzgericht eingeräumt oder Sicherungsmaßnahmen angeordnet werden.

3 § 55 Abs. 4 InsO findet ebenfalls Anwendung auf den Schuldner im vorläufigen Eigenverwaltungsverfahren, nachdem ein vorläufiger Sachwalter bestellt wurde. Hierbei ist es unbeachtlich, ob der Schuldner vom Gericht zur Begründung von Masseverbindlichkeiten ermächtigt wurde.

4 Für den vorläufigen Insolvenzverwalter, auf den die Verwaltungs- und Verfügungsbefugnis nach § 22 Abs. 1 InsO übergegangen ist (so genannter „starker" vorläufiger Insolvenzverwalter), ist § 55 Abs. 4 InsO nicht anwendbar, da insoweit sonstige Masseverbindlichkeiten bereits nach § 55 Abs. 2 InsO begründet werden.

II.2 S Steuerrechtliche Stellung des vorläufigen Insolvenzverwalters und des vorläufigen Sachwalters

5 Die steuerrechtliche Stellung des schwachen vorläufigen Insolvenzverwalters und des vorläufigen Sachwalters wird durch die Regelung des § 55 Abs. 4 InsO nicht berührt. Weder der schwache vorläufige Insolvenzverwalter noch der vorläufige Sachwalter ist Vermögensverwalter i. S. d. § 34 Abs. 3 AO, so dass er während des Insolvenzeröffnungsverfahrens weder die steuerlichen Pflichten des Insolvenzschuldners zu erfüllen hat noch diese erfüllen darf. Die steuerlichen Pflichten des Insolvenzschuldners sind während des Insolvenzeröffnungsverfahrens vom Insolvenzschuldner selbst zu erfüllen.

II.3 Verbindlichkeiten / Forderungen

6 Die Vorschrift ist lediglich auf Verbindlichkeiten des Insolvenzschuldners aus dem Steuerschuldverhältnis anwendbar. Steuererstattungsansprüche und Steuervergütungsansprüche werden von der Vorschrift nicht erfasst (vgl. BFH-Urteil vom 23.7.2020, V R 26/19, BFH/NV 2021 S. 146). Zur Ermittlung der Masseverbindlichkeit nach § 55 Abs. 4 InsO bei der Umsatzsteuer vgl. Rz. 34 und 35.

II.4 Betroffene Steuerarten und steuerliche Nebenleistungen

7 Der Anwendungsbereich des § 55 Abs. 4 InsO erstreckt sich auf folgende Steuerarten:

- Umsatzsteuer,
- sonstige Ein- und Ausfuhrabgaben,
- bundesgesetzlich geregelte Verbrauchsteuern,
- Luftverkehr- und Kraftfahrzeugsteuer und
- Lohnsteuer.

8 Steuerliche Nebenleistungen werden von § 55 Abs. 4 InsO nicht erfasst.

Die ab Festsetzung gegen den Insolvenzverwalter oder den eigenverwaltenden Schuldner entstehenden Säumniszuschläge auf als Masseverbindlichkeiten nach § 55 Abs. 4 InsO zu qualifizierende Umsatz- und Lohnsteuerforderungen (vgl. Rz. 35 und 43) sind nach § 55 Abs. 1 Nr. 1 InsO geltend zu machen.

II.4.1 Umsatzsteuer

II.4.1.1 Umsatzsteuerverbindlichkeiten aufgrund ausgeführter Lieferungen und sonstiger Leistungen

9 Umsatzsteuerrechtliche Verbindlichkeiten aufgrund von Lieferungen und sonstigen Leistungen werden nach § 55 Abs. 4 InsO im vorläufigen Eigenverwaltungsverfahren vom Insolvenzschuldner selbst begründet. Dabei ist auf die Entgeltvereinnahmung durch den eigenverwaltenden Schuldner abzustellen.

10 Umsatzsteuerrechtliche Verbindlichkeiten aufgrund von Lieferungen und sonstigen Leistungen im vorläufigen Insolvenzverfahren werden nach § 55 Abs. 4 InsO im Rahmen der für den schwachen vorläufigen Insolvenzverwalter bestehenden rechtlichen Befugnisse begründet.

Eine solche rechtliche Befugnis liegt insbesondere dann vor, wenn der schwache vorläufige Insolvenzverwalter durch das Insolvenzgericht zum Forderungseinzug ausdrücklich ermächtigt wurde (vgl. BFH-Urteil vom 24.9.2014, V R 48/13, BStBl 2015 II S. 506). Dabei ist auf die Entgeltvereinnahmung durch den schwachen vorläufigen Insolvenzverwalter sowie auf die Entgeltvereinnahmung durch den Schuldner mit Zustimmung des schwachen vorläufigen Insolvenzverwalters abzustellen.

11 Von einer Befugnis zur Entgeltvereinnahmung ist auch dann auszugehen, wenn der schwache vorläufige Insolvenzverwalter nur mit einem allgemeinen Zustimmungsvorbehalt ausgestattet wurde, denn der Drittschuldner kann schuldbefreiend nur noch mit Zustimmung des vorläufigen Insolvenzverwalters leisten (§ 24 Abs. 1 und § 82 InsO). Gleiches gilt, wenn der schwache vorläufige Insolvenzverwalter zur Kassenführung berechtigt ist

12 Darüber hinaus können auch Handlungen des schwachen vorläufigen Insolvenzverwalters zur Entstehung von Masseverbindlichkeiten nach § 55 Abs. 4 InsO führen (z. B. Verwertung von Anlagevermögen durch den schwachen vorläufigen Insolvenzverwalter im Rahmen einer Einzelermächtigung, sofern nicht bereits § 55 Abs. 2 InsO einschlägig ist).

13 Daher führt auch der Erhalt einer Gegenleistung, z. B. beim Tausch oder bei tauschähnlichen Umsätzen, zu einer Masseverbindlichkeit nach § 55 Abs. 4 InsO.

Unentgeltliche Wertabgaben nach Bestellung des schwachen vorläufigen Insolvenzverwalters i. S. v. § 3 Abs. 1b und 9a UStG fallen ebenfalls in den Anwendungsbereich des § 55 Abs. 4 InsO.

II.4.1.2 Umsatzberichtigung wegen Uneinbringlichkeit aus Rechtsgründen (BFH-Urteil vom 24.9.2014 - V R 48/13 -)

14 Aufgrund der Bestellung eines schwachen vorläufigen Insolvenzverwalters mit allgemeinem Zustimmungsvorbehalt (§ 21 Abs. 2 Nr. 2 2. Alternative InsO), mit Recht zum Forderungseinzug (§§ 22 Abs. 2, 23 InsO) oder mit Berechtigung zur Kassenführung werden bei der Besteuerung nach vereinbarten Entgelten die noch ausstehenden Entgelte für zuvor erbrachte Leistungen im Augenblick vor der Eröffnung des vorläufigen Insolvenzverfahrens aus Rechtsgründen uneinbringlich. Uneinbringlich werden auch die Entgelte für die Leistungen, die der Insolvenzschuldner nach Bestellung des schwachen vorläufigen Insolvenzverwalters mit allgemeinem Zustimmungsvorbehalt, mit Recht zum Forderungseinzug oder mit Berechtigung zur Kassenführung bis zur Beendigung des Insolvenzeröffnungsverfahrens (§§ 26, 27 InsO) erbringt.

15 Maßgeblich hierfür ist nach Auffassung des BFH, dass entsprechend § 80 Abs. 1 InsO die Empfangszuständigkeit für alle Leistungen, die auf die zur Insolvenzmasse gehörenden Forderungen erbracht werden, auf den schwachen vorläufigen Insolvenzverwalter mit Recht zum Forderungseinzug übergeht und dass der Insolvenzschuldner somit aus rechtlichen Gründen nicht mehr in der Lage ist, rechtswirksam Entgeltforderungen in seinem eigenen vorinsolvenzrechtlichen Unternehmensteil selbst zu vereinnahmen, da sie im Rahmen der Masseverwaltung und Masseverwertung zu vereinnahmen sind und damit zum Bereich der Masseverbindlichkeiten gehören. Die rechtlichen Auswirkungen des BFH-Urteils vom 9.12.2010, V R 22/10, BStBl 2011 II S. 996 werden somit auf den Zeitpunkt der Bestellung des schwachen vorläufigen Insolvenzverwalters vorverlegt.

16 Die in den Rz. 14 und 15 dargelegten Ausführungen des BFH gelten auch bei der Bestellung eines schwachen vorläufigen Insolvenzverwalters mit allgemeinem Zustimmungsvorbehalt **ohne** ausdrücklichem Recht zum Forderungseinzug.

17 Die in Rz. 14 und 15 dargestellten Grundsätze gelten für den Schuldner auch bei der Bestellung eines vorläufigen Sachwalters in der Eigenverwaltung. Der eigenverwaltende Schuldner in der vorläufigen Eigenverwaltung hat aufgrund der weiter bestehenden Verwaltungs- und Verfügungsbefugnis auch die notwendige Vereinnahmungsbefugnis; er vereinnahmt aber bereits im Insolvenzeröffnungsverfahren für die spätere Insolvenzmasse und begründet Masseverbindlichkeiten nach § 55 Abs. 4 InsO. Der Schuldner übt die ihm verbliebenen Befugnisse im Insolvenzeröffnungsverfahren innerhalb der in §§ 270 ff. InsO geregelten Rechte und Pflichten aus und nimmt damit Aufgaben für den Unternehmensteil der späteren Insolvenzmasse wahr.

18 Nach § 17 Abs. 2 Nr. 1 Satz 1, Abs. 1 Satz 1 UStG ist der Steuerbetrag für steuerpflichtige Ausgangsleistungen des Unternehmens zu berichtigen, wenn das vereinbarte Entgelt uneinbringlich geworden ist.

Beispiel 1:

Der Insolvenzschuldner hat Forderungen aus steuerpflichtigen Umsätzen, die er vor der Bestellung des schwachen vorläufigen Insolvenzverwalters erbracht hat, in Höhe von 11.900 €. Er hat diese Umsätze zwar angemeldet, die Entrichtung des Entgelts vom Leistungsempfänger steht aber noch aus. Durch die Bestellung des schwachen vorläufigen Insolvenzverwalters werden diese Forderungen aus rechtlichen Gründen uneinbringlich, da der Leistungsempfänger nicht mehr an den Insolvenzschuldner leisten kann. Die für diese Umsätze geschuldeten Steuerbeträge sind nach § 17 Abs. 2 Nr. 1 Satz 1, Abs. 1 Satz 1 UStG zu berichtigen.

Beispiel 2:

Nach der Bestellung des schwachen vorläufigen Insolvenzverwalters erbringt der Insolvenzschuldner steuerpflichtige Umsätze i. H. v. 5.950 €. Diese Umsätze hat er im Voranmeldungszeitraum der Leistungserbringung grundsätzlich zu versteuern. Gleichzeitig sind die Steuerbeträge für diese Umsätze nach § 17 Abs. 2 Nr. 1 Satz 1, Abs. 1 Satz 1 UStG zu berichtigen, da die Forderung aus rechtlichen Gründen uneinbringlich wird.

19 Die Grundsätze zur Umsatzberichtigung wegen Uneinbringlichkeit aus Rechtsgründen gelten grundsätzlich auch im vorläufigen Eigenverwaltungsverfahren, weil der Schuldner zwar die Verwaltungs- und Verfügungsmacht über sein Vermögen behält, aber bereits jetzt schon für die spätere Insolvenzmasse vereinnahmt und damit Masseverbindlichkeiten nach § 55 Abs. 4 InsO begründet.

In der vorläufigen Eigenverwaltung ist daher die Umsatzsteuer auf ausstehende Entgelte für vom Insolvenzschuldner erbrachte Umsätze nach § 17 Abs. 2 Nr. 1 Satz 1 und Abs. 1 Satz 1 UStG aus Rechtsgründen zu berichtigen.

II.4.1.3 Forderungseinzug bei der Besteuerung nach vereinbarten und nach vereinnahmten Entgelten im Insolvenzeröffnungsverfahren

20 Im Fall der Besteuerung nach vereinbarten Entgelten kommt es im Anschluss an die Uneinbringlichkeit durch die Vereinnahmung des Entgeltes gem. § 17 Abs. 2 Nr. 1 Satz 2 UStG zu einer zweiten Berichtigung. Dem steht nicht entgegen, dass die erste Berichtigung aufgrund Uneinbringlichkeit und die zweite Berichtigung aufgrund nachfolgender Vereinnahmung ggf. im selben Voranmeldungs- oder Besteuerungszeitraum zusammentreffen (BFH-Urteil vom 24.10.2013, V R 31/12, BStBl 2015 II S. 674).

Beispiel 3:

Von den berichtigten Umsätzen aus den vorherigen Beispielen vereinnahmt der schwache vorläufige Insolvenzverwalter 2.000 €. Durch die Vereinnahmung des Entgelts sind die darin enthaltenen Steuerbeträge für die Umsätze nach § 17 Abs. 2 Nr. 1 Satz 2 UStG insoweit ein zweites Mal zu berichtigen.

Diese zweite Steuerberichtigung nach § 17 Abs. 2 Nr. 1 Satz 2UStG erfolgt im Gegensatz zur ersten Berichtigung nach § 17 Abs. 2 Nr. 1 Satz 1, Abs. 1 Satz 1 UStG im Unternehmensteil Insolvenzmasse und führt daher zu Masseverbindlichkeiten nach § 55 Abs. 4 InsO.

21 Die vorstehenden Ausführungen gelten auch im Falle der vorläufigen Eigenverwaltung.

22 Wurde das Entgelt bereits vor dem Insolvenzeröffnungsverfahren aus tatsächlichen Gründen (z. B. wegen Zahlungsunfähigkeit des Entgeltschuldners) als uneinbringlich behandelt, und der darin enthaltene Steuerbetrag nach § 17 Abs. 2 Nr. 1 Satz 1, Abs. 1 Satz 1 UStG berichtigt, ist mit Vereinnahmung während des Insolvenzeröffnungsverfahrens erneut eine Berichtigung des Entgelts nach § 17 Abs. 2 Nr. 1 Satz 2 UStG durchzuführen. Die dabei entstehende Steuer führt zu einer Masseverbindlichkeit i. S. v. § 55 Abs. 4 InsO.

23 Im Fall der Istversteuerung führt die Vereinnahmung der Entgelte durch den schwachen vorläufigen Insolvenzverwalter im vorläufigen Insolvenzverfahren bzw. durch den Insolvenzschuldner im vorläufigen Eigenverwaltungsverfahren mit der Eröffnung des Insolvenzverfahrens zur Entstehung von Masseverbindlichkeiten i. S. d. § 55 Abs. 4 InsO (vgl. BFH-Urteil vom 29.1.2009, V R 64/07, BStBl II S. 682).

II.4.1.4 Vorsteuerrückforderungsansprüche nach § 17 UStG

24 Der Vorsteuerberichtigungsanspruch aus nicht bezahlten Leistungsbezügen nach § 17 Abs. 2 Nr. 1 Satz 1, Abs. 1 Satz 2 UStG entsteht mit der Bestellung des schwachen vorläufigen Insolvenzverwalters mit Zustimmungsvorbehalt. Der Gläubiger des Insolvenzschuldners kann nämlich seinen Entgeltanspruch zumindest für die Dauer des Eröffnungsverfahrens nicht mehr durchsetzen. Entsprechende Vorsteuerrückforderungsansprüche stellen Insolvenzforderungen dar.

Der Vorsteuerabzug aus Leistungen, die der Insolvenzschuldner im Insolvenzeröffnungsverfahren bezieht, ist ebenfalls aus rechtlichen Gründen uneinbringlich und entsprechend nach § 17 Abs. 2 Nr. 1 Satz 1, Abs. 1 Satz 2 UStG zu berichtigen. Dies gilt sowohl bei der Besteuerung nach vereinbarten als auch nach vereinnahmten Entgelten. Da dieser Berichtigungsanspruch regelmäßig mit dem ursprünglichen Vorsteueranspruch im gleichen Voranmeldungszeitraum zusammenfällt, ergeben sich grundsätzlich keine Steueransprüche, die als Insolvenzforderungen geltend zu machen wären (vgl. analog zum Beispiel 2 in Rz. 18).

In der vorläufigen Eigenverwaltung erfolgt ebenfalls eine Vorsteuerberichtigung wegen Uneinbringlichkeit, da bei objektiver Betrachtung damit zu rechnen ist, dass der Leistende die Entgeltforderung ganz oder teilweise jedenfalls auf absehbare Zeit rechtlich oder tatsächlich nicht mehr durchsetzen kann (vgl. BFH-Urteil vom 20.7.2006, V R 13/04, BStBl 2007 II S. 25, Abschnitt 17.1. Abs. 5 Satz 2 UStAE).

25 Durch den schwachen vorläufigen Insolvenzverwalter veranlasste Zahlungen von Entgelten aus vor oder nach seiner Bestellung bezogenen Leistungen führen zu einer zweiten Berichtigung des Vorsteuerabzugs nach § 17 Abs. 1 Satz 2 UStG. Auch dies kann im selben Voranmeldungs- oder Besteuerungszeitraum zusammentreffen.

Gleiches gilt bei Zahlungen des Schuldners im vorläufigen Eigenverwaltungsverfahren, wenn zuvor eine Vorsteuerberichtigung erfolgte.

Die zweite Vorsteuerberichtigung nach § 17 Abs. 1 Satz 2 UStG mindert den Steueranspruch und ist im Fall einer nachfolgenden Insolvenzeröffnung bei der Berechnung der sich für den Voranmeldungs- oder Besteuerungszeitraum ergebenden Masseverbindlichkeit i. S. d. § 55 Abs. 4 InsO anspruchsmindernd zu berücksichtigen.

II.4.1.5 Berichtigung des Vorsteuerabzugs nach § 15a UStG

26 Ist während des Insolvenzeröffnungsverfahrens eine Vorsteuerberichtigung nach § 15a UStG durchzuführen, fällt diese in den Anwendungsbereich des § 55 Abs. 4 InsO, soweit die Änderung der Verhältnisse im Rahmen der Befugnisse des schwachen vorläufigen Insolvenzverwalters (z. B. Zustimmung zum Verkauf eines Grundstücks) oder durch den vorläufig eigenverwaltenden Schuldner veranlasst wurde.

II.4.1.6 Verwertung von Sicherungsgut

27 Die Verwertung von Sicherungsgut begründet keine Umsatzsteuerverbindlichkeiten nach § 55 Abs. 4 InsO. Derartige Umsätze unterliegen weiterhin der Steuerschuldnerschaft des Leistungsempfängers nach § 13b Abs. 2 Nr. 2 UStG. Durch die Fiktion in § 55 Abs. 4 InsO werden diese Umsätze nicht zu Umsätzen „innerhalb“ des Insolvenzverfahrens.

II.4.3 Lohnsteuer

28 Werden Löhne während des Insolvenzeröffnungsverfahrens an die Arbeitnehmer ausgezahlt, stellt die hierbei entstandene Lohnsteuer mit Verfahrenseröffnung eine Masseverbindlichkeit dar. Dies gilt nicht für Insolvenzgeldzahlungen; diese unterliegen als steuerfreie Einnahmen nach § 3 Nr. 2 EStG nicht dem Lohnsteuerabzug.

III. Verfahrensrechtliche Fragen

III.1 Steuererklärungspflichten

29 § 55 Abs. 4 InsO ändert nicht den rechtlichen Status des schwachen vorläufigen Insolvenzverwalters oder des vorläufigen Sachwalters bzw. des Schuldners und lässt das Steuerrechtsverhältnis unberührt.

30 Da weder der schwache vorläufige Insolvenzverwalter noch der vorläufige Sachwalter Vermögensverwalter nach § 34 Abs. 3 AO ist, haben sie keine Steuererklärungspflichten für den Insolvenzschuldner zu erfüllen. Bis zur Eröffnung des Insolvenzverfahrens obliegen dem Schuldner die Steuererklärungspflichten auch für die Besteuerungsgrundlagen, für die § 55 Abs. 4 InsO gilt.

31 § 55 Abs. 4 InsO verlagert lediglich den Zeitpunkt der Zuordnung von Steuerverbindlichkeiten in Masseverbindlichkeiten und Insolvenzforderungen von der Eröffnung des Insolvenzverfahrens im vorläufigen Insolvenzverfahren auf den Zeitpunkt der Bestellung des schwachen vorläufigen Insolvenzverwalters bzw. im vorläufigen Eigenverwaltungsverfahren auf den Zeitpunkt der Bestellung des vorläufigen Sachwalters vor.

III.2 Entstehung der Masseverbindlichkeiten

32 Erst mit der Eröffnung des Insolvenzverfahrens gelten die nach Maßgabe des § 55 Abs. 4 InsO im Insolvenzeröffnungsverfahren begründeten Verbindlichkeiten als Masseverbindlichkeiten.

III.3 Zuordnung und Geltendmachung von Masseverbindlichkeiten nach § 55 Abs. 4 InsO bei der Umsatzsteuer

III.3.1 Berechnung und Verteilung von Masseverbindlichkeiten nach § 55 Abs. 4 InsO bei der Umsatzsteuer

33 Nach den Grundsätzen der BFH-Urteile vom 9.12.2010, V R 22/10, BStBl 2011 II S. 996, und vom 24.11.2011, V R 13/11, BStBl 2012 II S. 298, sind die mit Insolvenzeröffnung entstehenden selbständigen umsatzsteuerrechtlichen Unternehmensteile „Insolvenzmasse" und „vorinsolvenzlicher Unternehmensteil" bei allen Umsatzsteuersachverhalten im Insolvenzverfahren zu beachten. Bei der jeweiligen Steuerberechnung der einzelnen Unternehmensteile sind nur die Umsätze und die Vorsteuern der betreffenden Unternehmensteile zu berücksichtigen. Eine Vermischung der Besteuerungsgrundlagen der einzelnen Unternehmensteile untereinander ist nicht zulässig. Daher sind nach Eröffnung des Insolvenzverfahrens die Steuerbeträge und die Vorsteuern aller Besteuerungszeiträume des vorläufigen Insolvenzverfahrens, unabhängig davon, ob sich aus dem einzelnen Umsatzsteuervoranmeldungszeitraum insgesamt eine Zahllast oder ein Guthaben ergibt, auf die einzelnen selbständigen umsatzsteuerrechtlichen Unternehmensteile zu verteilen. Für Zwecke dieser Zuordnung gilt Folgendes:

34 Die in den betreffenden Voranmeldungszeiträumen begründeten Steuern aus Lieferungen und sonstigen Leistungen i. S. d. § 55 Abs. 4 InsO (vgl. Rz. 20, 22 und 26) sind um die begründeten Vorsteuerbeträge i. S. d. § 55 Abs. 4 InsO (vgl. Rz. 25) zu mindern. Nur soweit sich aus der Summe der so ermittelten Ergebnisse aller Voranmeldungszeiträume des vorläufigen Insolvenzverfahrens eine Zahllast ergibt, liegt eine Masseverbindlichkeit i. S. d. § 55 Abs. 4 InsO vor.

Beispiel:

Nach den erforderlichen Berichtigungen gem. § 17 UStG (siehe insbes. Rz. 18 und 24) ergeben sich im vorläufigen Insolvenzverfahren für den Voranmeldungszeitraum 01 ein Erstattungsbetrag von 5.000 € und für die Voranmeldungszeiträume 02 und 03 jeweils eine Zahllast von 10.000 €. Die Umsätze und Vorsteuern setzen sich wie folgt zusammen:

	UStVA 01	UStVA 02	UStVA 03
Umsatzsteuer auf Umsätze gem. § 55 Abs. 4 InsO	3.000 €	16.000 €	13.000 €
Vorsteuern gem. § 55 Abs. 4 InsO	8.000 €	6.000 €	3.000 €
Summe	-5.000 €	10.000 €	10.000 €

Da sich aus der Summe der so ermittelten Ergebnisse der Umsatzsteuervoranmeldungszeiträume für den Zeitraum des vorläufigen Insolvenzverfahrens eine Zahllast ergibt (-5.000 € +10.000 € + 10.000 € = 15.000 €), liegen Masseverbindlichkeiten i. S. d. § 55 Abs. 4 InsO i. H. v. 15.000 € vor.

35 Die als Masseverbindlichkeiten i. S. d. § 55 Abs. 4 InsO geltenden Umsatzsteuerverbindlichkeiten (vgl. Rz. 34) sind nach Eröffnung des Insolvenzverfahrens für die einzelnen (Vor-)Anmeldungszeiträume des Insolvenzeröffnungsverfahrens gegenüber dem Insolvenzverwalter oder dem eigenverwaltenden Schuldner festzusetzen (vgl. BFH-Urteil vom 24.9.2014, V R 48/13, BStBl 2015 II S. 506; Rz. 39 ff.). Einwendungen hiergegen können nach den allgemeinen Grundsätzen, insbesondere im Wege des Einspruchs nach § 347 AO, geltend gemacht werden.

Beispiel:

Im obigen Beispiel sind für den Umsatzsteuervoranmeldungszeitraum 01 ein Erstattungsbetrag, welcher sich aus den begründeten Steuern aus der Entgeltvereinnahmung des schwachen vorläufigen Insolvenzverwalters i. S. d. § 55 Abs. 4 InsO und den mit Zustimmung des schwachen vorläufigen Insolvenzverwalters begründeten Vorsteuerbeträgen ergibt, i. H. v. 5.000 € und für die Umsatzsteuervoranmeldungszeiträume 02 sowie 03 jeweils eine Masseverbindlichkeit i. S. d. § 55 Abs. 4 InsO i. H. v. 10.000 € gegen den Insolvenzverwalter festzusetzten. Der Erstattungsbetrag für den Umsatz-steuervoranmeldungszeitraum 01 kann mit den Masseverbindlichkeiten nach § 55 Abs. 4 InsO oder anderen Masseverbindlichkeiten verrechnet werden.

36 Nicht als Masseverbindlichkeit i. S. d. § 55 Abs. 4 InsO geltend zu machende Umsatzsteuerverbindlichkeiten sind als Insolvenzforderung zur Insolvenztabelle anzumelden. Dabei ist es zwar zulässig aber nicht erforderlich, zur Insolvenztabelle die einzelnen, ggf. vor Eröffnung des Insolvenzverfahrens noch angemeldeten bzw. festgesetzten Umsatzsteuerforderungen aus den einzelnen Voranmeldungszeiträumen anzumelden.

Ausreichend ist die Anmeldung der noch nicht getilgten Jahressteuer des Insolvenzeröffnungsjahrs für den vorinsolvenzlichen Unternehmensteil. Die jahresbezogene Saldierung nach § 16 Abs. 2 UStG stellt keine Aufrechnung i. S. v. § 96 InsO dar und geht dieser somit vor (BFH-Urteil vom 25.7.2012, VII R 44/10, BStBl 2013 II S. 33).

37 Während des Insolvenzeröffnungsverfahrens hat der Unternehmer für jeden Voranmeldungszeitraum eine Umsatzsteuervoranmeldung einzureichen, die sämtliche unselbständigen Besteuerungsgrundlagen enthält.

III.3.2 Geltendmachung von Masseverbindlichkeiten nach § 55 Abs. 4 InsO bei der Umsatzsteuer

38 Nach Eröffnung des Insolvenzverfahrens sind die als Masseverbindlichkeiten i. S. d. § 55 Abs. 4 InsO geltenden Umsatzsteuerverbindlichkeiten (vgl. Rz. 33 und 34) für die Voranmeldungszeiträume des vorläufigen Insolvenzverfahrens gegenüber dem Insolvenzverwalter festzusetzen und bekannt zu geben. Hierbei ist es unbeachtlich, wenn für denselben Voranmeldungszeitraum bereits vor der Insolvenzeröffnung ein Vorauszahlungsbescheid vorlag, der sich gem. § 168 Satz 1 AO auch aus einer Steueranmeldung ergeben kann, die einer Steuerfestsetzung unter Vorbehalt der Nachprüfung gleichsteht (vgl. BFH-Urteil vom 24.9.2014; V R 48/13; BStBl 2015 II S. 506). Eventuell erfolgte Zahlungen auf die als Masseverbindlichkeiten i. S. d. § 55 Abs. 4 InsO geltenden Umsatzsteuerverbindlichkeiten sind im Abrechnungsteil der Festsetzung anzurechnen.

Für die Bekanntgabe der Festsetzungen gelten die allgemeinen Grundsätze zu § 122 AO und der Nrn. 4.3, 4.4, 6.1, 13.2 und 15.1 des AEAO zu § 251.

39 Die bisher gegen den Insolvenzschuldner (vorinsolvenzlicher Unternehmensteil) für die Zeiträume des vorläufigen Insolvenzverfahrens festgesetzten Umsatzsteuern sind - korrespondierend zu den Festsetzungen gegen die Insolvenzmasse - in Form einer Steuerberechnung mit anschließender (gegebenenfalls berichtigter) Tabellenanmeldung zu ändern, soweit darin unselbständige Besteuerungsgrundlagen berücksichtigt sind, die wegen § 55 Abs. 4 InsO nach Insolvenzeröffnung als Masseverbindlichkeiten dem Unternehmensteil „Insolvenzmasse" zuzurechnen sind.

40 Der Insolvenzverwalter kann seiner Mitwirkungspflicht durch die schlichte Anzeige der unter § 55 Abs. 4 InsO fallenden Besteuerungsgrundlagen oder durch die Abgabe von Umsatzsteuervoranmeldungen entsprechen. Soweit der Insolvenzverwalter seiner Mitwirkungspflicht nicht nachkommt, sind die Besteuerungsgrundlagen zur Berechnung der Masseverbindlichkeiten sachgerecht zu schätzen.

41 In der Umsatzsteuerjahreserklärung sind die die Masseverbindlichkeiten i. S. d. § 55 Abs. 4 InsO begründenden unselbständigen Besteuerungsgrundlagen mit den die Masseverbindlichkeiten i. S. d. § 55 Abs. 1 und ggf. § 55 Abs. 2 InsO begründenden Besteuerungsgrundlagen in der (Teil-)Umsatzsteuerjahreserklärung des Unternehmensteiles Insolvenzmasse zu berücksichtigen.

42 Die Ausführungen der Rz. 38 bis 41 gelten analog auch für die Eigenverwaltung. Der eigenverwaltende Schuldner tritt an die Stelle des Insolvenzverwalters.

III.4 Geltendmachung von Masseverbindlichkeiten nach § 55 Abs. 4 InsO bei der Lohnsteuer

43 Nach Eröffnung des Insolvenzverfahrens sind die als Masseverbindlichkeiten i. S. d. § 55 Abs. 4 InsO geltenden Lohnsteuerverbindlichkeiten (vgl. Rz. 28) für die Anmeldungszeiträume des Insolvenzeröffnungsverfahrens gegenüber dem Insolvenzverwalter festzusetzen und bekannt zu geben. Hierbei ist es unbeachtlich, wenn für denselben Anmeldungszeitraum bereits vor der Insolvenzeröffnung eine Lohnsteuerfestsetzung vorlag, die sich gem. § 168 Satz 1 AO auch aus einer Steueranmeldung ergeben kann, die einer Steuerfestsetzung unter Vorbehalt der Nachprüfung gleichsteht (vgl. BFH-Urteil vom 24.9.2014, V R 48/13, BStBl 2015 II S. 506). Eventuell erfolgte Zahlungen auf die als Masseverbindlichkeiten i. S. d. § 55 Abs. 4 InsO geltenden Lohnsteuerverbindlichkeiten sind im Abrechnungsteil der Festsetzung anzurechnen.

44 Die bisher gegen den Insolvenzschuldner für die Zeiträume des Insolvenzeröffnungsverfahrens festgesetzten Lohnsteuern sind - korrespondierend zu den Festsetzungen gegen die Insolvenzmasse - in Form einer Steuerberechnung mit anschließender (gegebenenfalls berichtigter) Tabellenanmeldung zu ändern, soweit darin unselbständige Besteuerungsgrundlagen berücksichtigt sind, die wegen § 55 Abs. 4 InsO nach Insolvenzeröffnung als Masseverbindlichkeiten gelten.

45 Der Insolvenzverwalter kann seiner Mitwirkungspflicht durch die schlichte Anzeige der unter § 55 Abs. 4 InsO fallenden Besteuerungsgrundlagen oder durch die Abgabe von Lohnsteueranmeldungen entsprechen. Soweit der Insolvenzverwalter seiner Mitwirkungspflicht nicht nachkommt, sind die Besteuerungsgrundlagen zur Berechnung der Masseverbindlichkeiten sachgerecht zu schätzen.

46 Die Ausführungen der Rz. 43 bis 45 gelten analog auch für die Eigenverwaltung. Der eigenverwaltende Schuldner tritt an die Stelle des Insolvenzverwalters.

III.5 Einwendungen gegen die Zuordnung als Masseverbindlichkeit nach § 55 Abs. 4 InsO

47 Einwendungen gegen die Zuordnung von Steueransprüchen als Masseverbindlichkeit nach § 55 Abs. 4 InsO können nach den allgemeinen Grundsätzen, insbesondere im Wege des Einspruchs gegen die Festsetzung der Umsatzsteuer sowie der Lohnsteuer, geltend gemacht werden.

Der Insolvenzverwalter kann mit Verfahrenseröffnung die Rechte wahrnehmen, die dem Schuldner zu diesem Zeitpunkt auch zugestanden hätten.

In Fällen der Eigenverwaltung nimmt der Schuldner die Rechte selbst wahr.

III.6 Aufrechnung gegen Steuererstattungsansprüche

48 Vor Eröffnung des Insolvenzverfahrens sind Steuerforderungen und Steuererstattungen ohne Einschränkungen aufrechenbar, soweit die Aufrechnungsvoraussetzungen vorliegen. Der Umstand, dass bestimmte Steuerforderungen später (nach Insolvenzeröffnung) gem. § 55 Abs. 4 InsO zu Masseverbindlichkeiten werden, hindert die Aufrechnung nicht.

49 Nach Verfahrenseröffnung noch bestehende Steuererstattungsansprüche aus dem Zeitraum des Eröffnungsverfahrens sind vorbehaltlich des BFH-Urteils vom 2.11.2010, VII R 6/10, BStBl I 2011 S. 374, mit Insolvenzforderungen aufrechenbar.

50 Sofern § 96 Abs. 1 Nr. 3 InsO einer Aufrechnung mit Insolvenzforderungen entgegensteht, kann gegen diese Guthaben mit Masseverbindlichkeiten (insbesondere mit Masseverbindlichkeiten gem. § 55 Abs. 4 InsO) aufgerechnet werden. § 96 Abs. 1 Nr. 3 InsO gilt nicht für Massegläubiger, sondern nur für Insolvenzgläubiger.

IV. Anfechtung

51 Tatbestandlich ist § 55 Abs. 4 InsO im Zeitpunkt der Insolvenzeröffnung im Falle einer anfechtbar geleisteten Zahlung mangels bestehender Steuerverbindlichkeiten nicht erfüllt. Würde der Insolvenzverwalter oder der Sachwalter nach der Insolvenzeröffnung die Anfechtung der Steuerzahlung erklären und das Finanzamt auf die Anfechtung hin zahlen, würde die ursprüngliche Steuerforderung nach § 144 Abs. 1 InsO unmittelbar, aber nunmehr als Masseforderung wieder aufleben. Das Finanzamt würde eine Zahlung leisten, die es sofort wieder zurückfordern könnte. Eine Zahlung auf den Anfechtungsanspruch kann daher wegen Rechtsmissbräuchlichkeit verweigert werden.

Dieses Schreiben wird im Bundessteuerblatt Teil I veröffentlicht.

Insolvenzordnung;

Kriterien für die Entscheidung über einen Einigungsversuch zur außergerichtlichen Schuldenbereinigung (§ 305 Abs. 1 Nr. 1 InsO)

BMF-Schreiben vom 27.1.2021 - IV A 3 - S 0550/20/10008 :001 - (BStBl. I S. 152)

Unter Bezugnahme auf das Ergebnis der Erörterung mit den obersten Finanzbehörden der Länder gilt für die Entscheidung über einen außergerichtlichen Schuldenbereinigungsplan Folgendes:

1. Anwendungsbereich

Bevor ein Schuldner einen Antrag auf Eröffnung eines Verbraucherinsolvenzverfahrens stellen kann, muss er versuchen, eine außergerichtliche Einigung mit den Gläubigern über die Schuldenbereinigung herbei zu führen (§ 305 Abs. 1 Nr. 1 InsO).

Die nachfolgenden Regelungen gelten für ein solches außergerichtliches Schuldenbereinigungsverfahren.

Das außergerichtliche Schuldenbereinigungsverfahren findet Anwendung auf natürliche Personen, die keine selbständige wirtschaftliche Tätigkeit ausüben oder ausgeübt haben; nur sie können das Verbraucherinsolvenzverfahren nach §§ 304 ff. InsO beantragen. Personen, die eine selbständige Tätigkeit ausgeübt haben, gehören dazu, wenn ihre Vermögensverhältnisse überschaubar sind und gegen sie keine Forderungen aus Arbeitsverhältnissen bestehen. Überschaubar sind Vermögensverhältnisse, wenn der Schuldner zu dem Zeitpunkt, zu dem der Antrag auf Eröffnung des Insolvenzverfahrens gestellt wird, weniger als 20 Gläubiger hat. Forderungen aus Arbeitsverhältnissen sind nicht nur die Ansprüche der ehemaligen Arbeitnehmer selbst, sondern auch die Forderungen von Sozialversicherungsträgern und Finanzbehörden (z. B. Lohnsteuerforderungen einschließlich Lohnsteuerhaftungsansprüche).

Zu den Verbindlichkeiten, die in eine außergerichtliche Schuldenbereinigung einbezogen werden können, gehören grundsätzlich auch Haftungsschulden des Schuldners (z. B. Umsatzsteuerhaftungsansprüche). Ist der Antrag nicht eindeutig bezeichnet, kann es ein starkes Indiz für einen Einigungsversuch des Schuldners im Rahmen eines außergerichtlichen Schuldenbereinigungsverfahrens im Vorfeld eines Verbraucherinsolvenzverfahrens sein, wenn sich eine nach § 305 Abs. 1 Nr. 1 InsO geeignete Person oder Stelle mit dem außergerichtlichen Schuldenbereinigungsversuch an die Finanzbehörde wendet oder diesen zumindest begleitet.

Die zur Bescheinigung eines erfolglosen außergerichtlichen Einigungsversuchs geeignete Person oder Stelle muss den Einigungsversuch aber nicht zwingend selbst durchgeführt haben.

2. Verfahren

Die außergerichtliche Schuldenbereinigung erfolgt im Wege von freigestalteten Verhandlungen auf der Grundlage eines vorzulegenden Planes.

Als Rechtsgrundlage für einen Verzicht auf Abgabenforderungen kann jedoch nur das Abgabenrecht unter Einbeziehung der Zielsetzung der Insolvenzordnung herangezogen werden (BFH vom 26.10.2011, VII R 50/10). Die Frage, ob die Finanzbehörde einem außergerichtlichen Schuldenbereinigungsplan zustimmen kann, ist deshalb nach den gesetzlichen Bestimmungen der AO über die abweichende Festsetzung (§ 163 AO), die Stundung (§ 222 AO), den Vollstreckungsaufschub (§ 258 AO) sowie den Erlass (§ 227 AO) zu beurteilen. Zu den Gesichtspunkten, die in die Ermessenserwägungen einzubeziehen sind, gehört im außergerichtlichen Schuldenbereinigungsverfahren zusätzlich die Zielsetzung der Insolvenzordnung, redlichen Schuldnern unter Einbeziehung sämtlicher Gläubiger eine Schuldenbereinigung als Voraussetzung für einen wirtschaftlichen Neuanfang zu ermöglichen.

Sachliche Billigkeitsgründe werden vom außergerichtlichen Schuldenbereinigungsverfahren nicht berührt und sind daher vorab zu berücksichtigen.

Da nach den Intentionen des Gesetzgebers für einen Verzicht nur persönliche Billigkeitsgründe in Betracht kommen, setzt eine Maßnahme nach §§ 163, 227 AO voraus, dass der Schuldner erlassbedürftig und -würdig ist. Die Auslegung des Begriffs „persönliche Unbilligkeit" hat sich hierbei an der Zielsetzung der Insolvenzordnung zu orientieren. Wegen der angestrebten Schuldenbereinigung unter Beteiligung sämtlicher Gläubiger ist bei der Anwendung der §§ 163, 227 AO im außergerichtlichen Schuldenbereinigungsverfahren zu beachten, dass der Begriff „persönliche Unbilligkeit" in diesem Verfahren anders als in anderen Billigkeitsverfahren nach der AO definiert ist. Das bedeutet, dass die Rechtsprechung zu §§ 163, 227 AO insoweit nicht uneingeschränkt angewendet werden kann.

Bei der Zustimmung oder Ablehnung eines außergerichtlichen Schuldenbereinigungsplanes durch die Finanzbehörde handelt es sich um einen Verwaltungsakt.

Zustimmung

Hat die Prüfung des Antrags ergeben, dass der Schuldner dem Grunde nach erlassbedürftig ist und im außergerichtlichen Schuldenbereinigungsverfahren erlasswürdig ist, kann der Erlass im Hinblick auf § 287a InsO zunächst nur verbindlich für den Fall in Aussicht gestellt werden, dass alle erforderlichen Bedingungen erfüllt werden.

Dies ist z. B. der Fall, wenn

- die übrigen Gläubiger noch nicht zugestimmt haben,
- der Schuldner noch eine Teilzahlung oder Ratenzahlungen zu leisten hat,
- Zahlungseingänge durch Verwertung u. a. von Pfandrechten, Sicherheiten oder Inanspruchnahme Dritter zu erwarten sind oder
- etwaige Aufrechnungsmöglichkeiten wahrgenommen werden sollen.

Wenn der Erlass verbindlich in Aussicht gestellt wird, treten die Wirkungen eines solchen zu diesem Zeitpunkt noch nicht ein; dies geschieht erst mit Eintritt aller Bedingungen (Verwaltungsakt mit aufschiebender Bedingung, § 120 Abs. 2 Nr. 2 AO). Während der Laufzeit einer Ratenzahlungsvereinbarung ist die Erfüllung der laufenden steuerlichen Verpflichtungen weitere Voraussetzung für die Erlassbewilligung. Die voraussichtlich zu erlassenden Beträge können zunächst bis zum Ablauf des Zahlungsplans und die künftig zu leistenden Beträge entsprechend den getroffenen Regelungen gestundet werden.

In Fällen, in denen eine Ratenzahlung über einen längeren Zeitraum vereinbart wurde, hat der Schuldner gegenüber der Finanzbehörde jährlich über die geleisteten Zahlungen und deren Verteilung an die einzelnen Gläubiger Rechnung zu legen.

Ist der Schuldenbereinigungsplan erfüllt, erlöschen die Ansprüche aus dem Steuerschuldverhältnis, ohne dass es eines weiteren Verwaltungsaktes bedarf.

Ablehnung

Bei der Ablehnung handelt es sich um einen anfechtbaren Verwaltungsakt (Ablehnung eines Antrags auf Gewährung einer Billigkeitsmaßnahme). Der Finanzrechtsweg ist eröffnet.

Die Entscheidung über die Zustimmung oder Ablehnung zu einem außergerichtlichen Schuldenbereinigungsplanes erledigt sich, sobald ein Gläubiger nach Aufnahme der Verhandlungen Vollstreckungsmaßnahmen ergreift, § 305a InsO. Gleiches gilt, wenn bekannt wird, dass das außergerichtliche Schuldenbereinigungsverfahren auf andere Weise gescheitert ist.

3. Sachverhaltsermittlung

Zur Prüfung des außergerichtlichen Schuldenbereinigungsplanes sind der Finanzbehörde grundsätzlich die Unterlagen vorzulegen, die auch im gerichtlichen Schuldenbereinigungsverfahren (§ 305 Abs. 1 Nrn. 3 und 4 InsO) einzureichen sind. Dies sind insbesondere

- ein Nachweis über die Beteiligung am Erwerbsleben (z. B. Beschäftigungsverhältnis, Eintritt ins Rentenalter),
- ein Verzeichnis des vorhandenen Vermögens und des Einkommens (Vermögensverzeichnis),
- eine Zusammenfassung des wesentlichen Inhalts des Vermögensverzeichnisses (Vermögensübersicht),
- ein Gläubigerverzeichnis einschließlich Auflistung der Verbindlichkeiten,
- ein Schuldenbereinigungsplan, aus dem sich ergibt, welche Zahlungen in welcher Zeit geleistet werden, zudem sind Angaben zur Herkunft der Mittel erforderlich,
- ein Nachweis,
    - ob und inwieweit Bürgschaften, Pfandrechte und andere Sicherheiten zugunsten Dritter bestehen und welche Zahlungen darauf geleistet werden bzw. noch zu erbringen sind,
    - ob und ggf. welche Schenkungen und Veräußerungen in den letzten zehn Jahren an nahe Angehörige bzw. sonstige Personen erfolgt sind,
    - ob Rechte und Ansprüche aus Erbfällen bestehen bzw. zu erwarten sind (z. B. Pflichtteilsansprüche),
- eine Erklärung,

- dass Vermögen aus Erbschaften bzw. Erbrechten und Schenkungen zur Hälfte zur Befriedigung der Gläubigergemeinschaft eingesetzt wird, sowie Vermögen, das der Schuldner als Gewinn in einer Lotterie, Ausspielung oder in einem anderen Spiel mit Gewinnmöglichkeit erwirbt, zum vollen Wert an den Treuhänder herausgegeben wird (vgl. § 295 Abs. 1 Nr. 2 InsO); ausgenommen sind gebräuchliche Gelegenheitsgeschenke und Gewinne von geringem Wert.

- dass außer den im Schuldenbereinigungsplan aufgeführten keine weiteren Gläubiger vorhanden sind, niemand Sonderrechte (außer bei Pfandrechten und Sicherheiten) erhalten hat oder solche versprochen wurden,

- dass sämtliche Angaben richtig und vollständig sind.

4. Planinhalt

Der Plan muss ein zielgerichtetes Vorgehen des Schuldners erkennen lassen, indem der Schuldner versucht, eine umfassende Lösung seiner Verschuldungsprobleme gegenüber allen Gläubigern zu erreichen. Der Vorschlag des Schuldners zur Schuldenbereinigung ist ein Angebot an die Gläubigergemeinschaft, der sich auf alles beziehen kann, was Gegenstand einer vertraglichen Vereinbarung zwischen Schuldner und Gläubigern sein kann. Die Finanzbehörde kann zweckdienliche Änderungen des Planes verlangen.

Die Gläubiger müssen durch die Darstellungen im Plan in die Lage versetzt werden, das Angebot des Schuldners verlässlich beurteilen zu können. Neben zweckdienlich erscheinenden Vereinbarungen zur Schuldenrückführung muss der Plan die Einkommens-, Vermögens- und Familienverhältnisse des Schuldners enthalten. Der Plan hat ferner Auskunft darüber zu geben, ob und inwieweit Bürgschaften, Pfandrechte und andere Sicherheiten der Gläubiger berührt werden sollen (vgl. § 305 Abs. 1 Nr. 4 InsO analog). Er wirkt nicht gegenüber anderen (Gesamt-)Schuldnern, soweit im Plan hierzu keine Regelungen aufgenommen sind.

Ein Schuldenbereinigungsplan kann Ratenzahlungen oder eine quotenmäßige Befriedigung gegen den teilweisen Verzicht auf die Forderungen und Stundung/Vollstreckungsaufschub im Übrigen vorsehen. Eine angemessene Schuldenbereinigung kann auch eine Einmalzahlung darstellen. Eine außergerichtliche Einigung ist nicht allein deshalb auszuschließen, weil der Plan keine Zahlungen des Schuldners (Null-Plan) vorsieht.

Daneben kann der Schuldenbereinigungsplan unter anderem folgende Regelungen beinhalten:

- Eingriffe in Absonderungsrechte,
  Der mit dem Schuldenbereinigungsplan erfolgende Forderungsverzicht wirkt sich, soweit nicht anders vereinbart, unmittelbar auf akzessorische Sicherheiten wie das Pfandrecht, die Bürgschaft und die Hypothek, aber auch auf einen noch nicht festgesetzten Haftungsanspruch (vgl. § 191 Abs. 5 Nr. 2 AO) aus. Ebenso entsteht bei abstrakten Sicherheiten wie der Grundschuld ein schuldrechtlicher Rückgewähranspruch in Höhe des Forderungsverzichts. Die Finanzbehörde kann die Zustimmung zu einem Schuldenbereinigungsplan, der die Beschränkung seiner Forderung vorsieht, davon abhängig machen, dass der Grundschuldgeber - sei es der Schuldner oder ein Dritter - auf den schuldrechtlichen Rückgewähranspruch verzichtet, also dinglich über die restliche Steuerschuld hinaus haftet.

- Lohnabtretungen zugunsten der Gläubiger,

- Vereinbarungen in Bezug auf sonstige Sicherheiten,

- Anpassungsklauseln für den Fall künftiger veränderter Verhältnisse, insbesondere Vermögenserwerbe,

- Vorbehalt von Aufrechnungsmöglichkeiten für die Zeit bis zum Abschluss der Schuldenbereinigung,

- Wiederauflebensklausel für den Fall, dass der Schuldner Verpflichtungen aus dem Plan nicht einhält oder

- Regelungen, die den Obliegenheiten des Schuldners gem. § 295 InsO im Verfahren der Restschuldbefreiung entsprechen.

5. Entscheidung

5.1 Erlassbedürftigkeit

Die Erlassbedürftigkeit ist grundsätzlich nach den wirtschaftlichen Verhältnissen des Schuldners zu beurteilen. Die wirtschaftliche Lage des Ehegatten oder Lebenspartners kann insoweit berücksichtigt werden, als dem Schuldner wegen des ihm zustehenden Unterhaltsanspruchs über den pfändbaren Teil hinaus Zahlungen zuzumuten sind.

Im Hinblick auf die Zielsetzung der Insolvenzordnung ist eine Billigkeitsmaßnahme nicht deshalb ausgeschlossen, weil z. B. wegen eines Pfändungsschutzes eine Einziehung der Steuer ohnehin nicht möglich bzw. die Notlage nicht durch die Steuerfestsetzung selbst verursacht worden ist. Vielmehr ist zu würdigen, ob ein gerichtliches Schuldenbereinigungsverfahren bzw. ein Verbraucherinsolvenzverfahren mit Restschuldbefreiung erfolgversprechend wäre. In diesem Falle kann angenommen werden, dass der Erlass dem Schuldner und nicht anderen Gläubigern zugutekommt. Dies gilt insbesondere dann, wenn durch Dritte (z. B. Angehörige) zusätzliche Mittel für die teilweise Schuldenbereinigung von bisher und voraussichtlich auch künftig uneinbringlichen Rückständen eingesetzt werden.

Für die Entscheidung der Finanzbehörde ist maßgebend, dass die Zahlungen in Anbetracht der wirtschaftlichen Verhältnisse angemessen sind, alle Gläubiger - nach Berücksichtigung u. a. von Pfandrechten, Sicherheiten - gleichmäßig befriedigt werden und insbesondere dem Schuldner ein wirtschaftlicher Neuanfang ermöglicht wird. Wurden einzelne Gläubiger in der Vergangenheit ungerechtfertigt bevorzugt, kann es angemessen sein, auf eine höhere Quote zu bestehen. Es ist in Anlehnung an die Regelung bei der Restschuldbefreiung zumutbar, die pfändbaren Beträge über einen angemessenen Zeitraum entsprechend § 300 InsO an die Gläubiger abzuführen.

Andererseits soll der Schuldner im außergerichtlichen Verfahren auch nicht bessergestellt werden als bei Durchführung eines Insolvenzverfahrens mit - ggf. auch verkürzter - Abtretungsfrist. Auch die Möglichkeit für Verbraucher, eine Schuldenbereinigung im Wege eines Insolvenzplanverfahrens zu erreichen, kann in die Entscheidung mit einbezogen werden.

Der Schuldenbereinigungsplan muss erkennen lassen, dass der Schuldner das gesamte Vermögen (alle verfügbaren und beschaffbaren Mittel) und ggf. für eine gewisse Zeit das künftig pfändbare Einkommen zur Schuldentilgung einsetzt und die angebotenen Zahlungen unter Berücksichtigung des vorhandenen Vermögens und Einkommens sowie des Alters angemessen sind.

Es sollten alle Gläubiger mit der gleichen Quote befriedigt werden, es sei denn, es bestehen zugunsten Einzelner werthaltige Pfandrechte oder Sicherheiten, die in Höhe des tatsächlichen Werts vorweg befriedigt werden können.

5.2 Erlasswürdigkeit

Im außergerichtlichen Schuldenbereinigungsverfahren richtet sich die Entscheidung über die Erlasswürdigkeit eines Schuldners danach, ob und inwieweit dem Schuldner Restschuldbefreiung zu erteilen wäre.

In folgenden Fallkonstellationen liegt demnach grundsätzlich keine Erlasswürdigkeit vor:

- Unzulässigkeit des Antrags auf Restschuldbefreiung
  Dem Schuldner wurde in den letzten elf Jahren Restschuldbefreiung erteilt oder die Restschuldbefreiung in den letzten drei bzw. fünf Jahren versagt (§ 287a Abs. 1 und 2 InsO).

- Versagung der Restschuldbefreiung
  Unter den Voraussetzungen des § 290 InsO ist die Restschuldbefreiung u. a. zu versagen, wenn der Schuldner z. B.

  - wegen einer Insolvenzstraftat verurteilt wurde,
  - schriftlich unrichtige oder unvollständige Angaben über seine wirtschaftlichen Verhältnisse gemacht oder
  - seine Auskunfts- und Mitwirkungspflichten in diesem Verfahren (z. B. über Vermögen) verletzt hat.

Am Schuldenbereinigungsplan nehmen grundsätzlich keine Forderungen teil, die von der Restschuldbefreiung ausgenommen wären (z. B. Forderungen im Zusammenhang mit einer rechtskräftigen Verurteilung wegen einer Steuerstraftat, § 302 Nr. 1 InsO).

6. Einer Zustimmung des Bundesministeriums der Finanzen bedarf es nicht (vgl. BMF-Schreiben 1. Oktober 2020 - IV A 3 S 0336/19/10006-001 - BStBl I S. 989).

Dieses Schreiben tritt an die Stelle des BMF-Schreibens vom 11. Januar 2002 - IV A 4-S 0550-1/02 - (BStBl I S. 132). Das Schreiben wird im Bundessteuerblatt Teil I veröffentlicht und in das AO-Handbuch aufgenommen.

Einkommensteuerliche Pflichten des Zwangsverwalters; Anwendungsfragen zum BFH-Urteil vom 10.2.2015 - IX R 23/14 -

(BMF-Schreiben vom 3.5.2017- IV A 3 - S 0550/15/10028 -, BStBl I, S. 718)

1 Durch den Beschluss über die Anordnung der Zwangsverwaltung wird dem Schuldner die Befugnis zur Verwaltung und Benutzung des Grundstücks entzogen (§ 148 Abs. 2 des Gesetzes über die Zwangsversteigerung und die Zwangsverwaltung - ZVG). Der Beschluss gilt zugunsten des Gläubigers als Beschlagnahme des Grundstücks (§ 146 Abs. 1, § 20 Abs. 1 ZVG). Das Recht, das Grundstück zu verwalten und zu benutzen, geht auf den Zwangsverwalter über. Er ist gem. § 152 ZVG verpflichtet, das Grundstück in seinem wirtschaftlichen Bestand zu erhalten und ordnungsgemäß zu benutzen. Die Anordnung der Zwangsverwaltung lässt das Eigentum des Schuldners an dem Grundstück unberührt; ihm verbleibt auch die dingliche Verfügungsbefugnis über das Grundstück. Die Beschlagnahme führt aber dazu, dass das unter Zwangsverwaltung stehende Grundstück von dem übrigen Vermögen des Schuldners getrennt wird und ein Sondervermögen bildet, welches den die Zwangsverwaltung betreibenden Vollstreckungsgläubigern zur Sicherung ihres Befriedigungsrechtes zur Verfügung steht.

2 In dem Urteil vom 10.2.2015, IX R 23/14, BStBl 2017 II S. 367 hat sich der BFH zu den steuerlichen Pflichten des Zwangsverwalters - insbesondere der Einkommensteuerentrichtungspflicht - im Zusammenhang mit Einkünften aus einem vermieteten/verpachteten und der Zwangsverwaltung unterliegenden Grundstück geäußert.

3. Die nachfolgenden Grundsätze sind daher anzuwenden, wenn das zwangsverwaltete Grundstück vermietet oder verpachtet wird und dem Schuldner aus dieser Tätigkeit Einkünfte zuzurechnen sind.

4 Unter Bezugnahme auf das Ergebnis der Erörterungen mit den obersten Finanzbehörden der Länder gilt zur Anwendung dieses Urteils Folgendes:

I. Stellung des Zwangsverwalters

5 Der Zwangsverwalter ist Vermögensverwalter i. S. d. § 34 Abs. 3 AO. Als solcher hat er nach § 34 Abs. 1 AO die steuerlichen Pflichten des Grundstückseigentümers als eigene zu erfüllen, soweit die Aufgaben und Befugnisse seiner Verwaltung reichen. In Betracht kommen insbesondere Erklärungspflichten (Rn. 6 ff.), Steuerentrichtungspflichten (Rn. 19 ff.) und Mitwirkungspflichten (Rn. 25 und 26).

II. Steuererklärungspflichten des Zwangsverwalters

II.1 Allgemeines

6 Als Vermögensverwalter ist der Zwangsverwalter verpflichtet, an der Erstellung der Einkommensteuererklärung des Schuldners mitzuwirken, soweit Besteuerungsgrundlagen zu erklären sind, die in einem Zusammenhang mit dem zwangsverwalteten Grundstück stehen. Insbesondere hat er Angaben zu machen über

- Einnahmen aus dem vermieteten/verpachteten Grundstück,
- etwaige Kapitalerträge aus der Verwaltung des Grundstücks,
- Kosten der Verwaltung und Ausgaben für das vermietete/verpachtete Grundstück.

7 Der Zwangsverwalter kommt diesen Pflichten insbesondere nach, wenn er die für die Einkommensteuererklärung notwendigen Angaben über die vermietende und verpachtende Tätigkeit in den dafür vorgesehenen Anlagen zur Einkommensteuererklärung (z. B. Anlage V, ggf. Anlage KAP) erklärt und die Vollständigkeit und Richtigkeit seiner Angaben mit seiner Unterschrift bestätigt.

Insoweit besteht keine Verpflichtung zur Übermittlung nach amtlich vorgeschriebenem Datensatz durch Datenfernübertragung.

8 Erstreckt sich die Zwangsverwaltung nur auf den Miteigentumsanteil eines Miteigentümers an einem Grundstück (z. B. Bruchteil an einem vermieteten Grundstück, das im Miteigentum von drei Personen zu je 1/3 steht), hat der Zwangsverwalter - neben den anderen Miteigentümern - an der Erstellung der Feststellungserklärung mitzuwirken (§ 181 Abs. 2 Satz 2 Nr. 1 AO, § 34 Abs. 3 i. V. m. Abs. 1 AO). Hierbei sind die Rn. 6 und 7 entsprechend anzuwenden.

9 Bei Bruchteilsgemeinschaften von Ehegatten/Lebenspartnern wird grundsätzlich auf die Abgabe einer Feststellungserklärung durch den Zwangsverwalter verzichtet (§ 180 Abs. 3 Satz 1 Nr. 2 AO).

10 Die Pflichten des Zwangsverwalters gem. Rn. 6 und 7 zur Mitwirkung bei der Erstellung der Einkommensteuererklärung des Miteigentümers, dessen Anteil zwangsverwaltet wird, bleiben für den Fall unberührt, dass ein Feststellungsverfahren nicht durchgeführt wird.

11 Steht das zwangsverwaltete Grundstück im Gesamthandseigentum (z. B. einer Personengesellschaft, Erbengemeinschaft oder von Ehegatten/Lebenspartnern in Gütergemeinschaft), ist der Zwangsverwalter nicht zur Abgabe der Feststellungserklärung verpflichtet, da in diesen Fällen nicht die Gesamthandsgemeinschaft, sondern die einzelnen Beteiligten für die gesonderte und einheitliche Feststellung erklärungspflichtig sind. Denn in diesem Fall kann der Zwangsverwalter nicht weitergehende Pflichten haben als die Gesamthandsgemeinschaft selbst, in deren Gesamthandseigentum das vermietete Grundstück steht (vgl. Rn. 22).

12 Gehört das im Alleineigentum stehende zwangsverwaltete Grundstück zum Sonderbetriebsvermögen eines Mitunternehmers, ist der Zwangsverwalter - neben den Mitunternehmern - zur Abgabe der Feststellungserklärung verpflichtet (§ 181 Abs. 2 Satz 2 Nr. 1 AO, § 34 Abs. 3 i. V. m. Verbindung mit Abs. 1 AO). Hierbei hat der Zwangsverwalter nur Angaben über Besteuerungsgrundlagen im Zusammenhang mit dem zwangsverwalteten Grundstück zu machen. Die Rn. 6 und 7 gelten entsprechend.

13 Soweit die Einkünfte aus dem zwangsverwalteten Grundstück Gegenstand einer gesonderten Feststellung nach § 180 Abs. 1 Satz 1 Nr. 2 Buchstabe b AO sind, hat der Zwangsverwalter an der Erstellung der Feststellungserklärung - neben dem Schuldner - mitzuwirken. Die Rn. 6 und 7 gelten entsprechend.

14 Im Fall der Insolvenz des Schuldners trifft die Abgabepflicht/Erklärungspflicht den Insolvenzverwalter, soweit nicht eine Freigabe gem. § 35 Abs. 2 InsO erfolgt ist. Hinsicht-

lich der nach § 35 Abs. 2 InsO freigegebenen Tätigkeit trifft den Schuldner die Abgabepflicht/Erklärungspflicht. Soweit die Steuerpflicht aus einer mit der Insolvenz zeitgleichen Verwaltung eines der Zwangsverwaltung unterfallenden Vermögens herrührt, trifft insoweit den Zwangsverwalter die Abgabepflicht/Erklärungspflicht.

II.2 Für Zeiträume vor der Bestellung des Zwangsverwalters

15 Der Zwangsverwalter hat - anders als ein Insolvenzverwalter (vgl. hierzu BFH-Entscheidungen vom 10.10.1951, IV 144/51 U, BStBl 1951 III S. 212, und vom 19.11.2007, VII B 104/07, BFH/NV 2008 S. 334) - die steuerlichen Pflichten ausschließlich für die Zeiträume ab seiner Bestellung, nicht hingegen für zurückliegende Veranlagungszeiträume zu erfüllen.

II.3 Nach Beendigung der Zwangsverwaltung

16 Die Beendigung der Zwangsverwaltung erfolgt mit dem gerichtlichen Aufhebungsbeschluss. Dies gilt auch für den Fall der Erteilung des Zuschlags in der Zwangsversteigerung (§ 12 Abs. 1 der Zwangsverwalterverordnung - ZwVwV).

17 Die Steuererklärungspflicht des Zwangsverwalters endet daher grundsätzlich mit der Beendigung der Zwangsverwaltung. Soweit Steuererklärungen vor Aufhebung des Zwangsverwaltungsverfahrens vom Zwangsverwalter abzugeben waren, besteht diese Verpflichtung über diesen Zeitpunkt hinaus in dem Umfang fort, in dem der frühere Zwangsverwalter ihr noch tatsächlich nachkommen kann (§§ 34, 36 AO). Hiervon ist regelmäßig auszugehen, da der Zwangsverwalter zum Abschluss des Zwangsverwaltungsverfahrens eine Schlussabrechnung erstellen muss (§ 154 ZVG).

18 Auf Antrag des Gläubigers, der die Zwangsverwaltung betreibt, kann das Gericht den Zwangsverwalter ermächtigen, seine Tätigkeit in Teilbereichen fortzusetzen, soweit dies für den ordnungsgemäßen Abschluss der Zwangsverwaltung erforderlich ist (§ 12 Abs. 2 ZwVwV). Insoweit bestehen seine steuerlichen Pflichten aus seiner Stellung als Vermögensverwalter hinsichtlich dieser Teilbereiche fort.

III. Entrichtungspflicht des Zwangsverwalters

III.1 Inhalt und Umfang der Entrichtungspflicht

19 Nach dem BFH-Urteil vom 10.2.2015, IX R 23/14, BStBl 2017 II S. 367 hat der Zwangsverwalter als Vermögensverwalter i. S. v. § 34 Abs. 3 i. V. m. Abs. 1 AO die Einkommensteuer des Grundstückseigentümers zu entrichten, soweit sie aus steuerpflichtigen Einkünften, die aus dem im Zwangsverwaltungsverfahren beschlagnahmten Grundstück erzielt werden, herrührt.

20 Die Steuerentrichtungspflicht des Zwangsverwalters besteht auch dann, wenn über das Vermögen des Grundstückseigentümers das Insolvenzverfahren eröffnet worden ist.

Dies gilt gem. § 80 Abs. 2 Satz 2 InsO sowohl bei einer dem Insolvenzverfahren zeitlich vorangehenden Zwangsverwaltung als auch bei einer gem. § 49 InsO zeitlich nachfolgenden Zwangsverwaltung.

21 Eine Entrichtungspflicht des Zwangsverwalters für die Einkommensteuer besteht nur in den Fällen, in denen die Eigentümer des zwangsverwalteten Grundstücks selbst einkommensteuerpflichtig sind. Das ist der Fall bei

- Alleineigentum,
- Bruchteilseigentum (z. B. Zwangsverwaltung über den Miteigentumsanteil eines Ehegatten/Lebenspartners oder eines Dritten).

22 Keine Entrichtungspflicht des Zwangsverwalters für die Einkommensteuer besteht, wenn das der Zwangsverwaltung unterliegende Grundstück im Gesamthandseigentum z. B. einer Personengesellschaft, Erbengemeinschaft oder von Ehegatten/Lebenspartnern in Gütergemeinschaft steht. Denn in diesem Fall kann der Zwangsverwalter nicht weitergehende Pflichten haben als die Mitglieder der Gesamthandsgemeinschaft selbst, in deren Gesamthandseigentum das vermietete Grundstück steht. Da die Gesamthandsgemeinschaft die Einkommensteuer ihrer Mitglieder nicht zu entrichten hat, gilt dies auch für den Zwangsverwalter (vgl. BFH-Urteil vom 9.12.2014, X R 12/12, BStBl 2016 II S. 852).

Deshalb ist in diesen Fällen - trotz der angeordneten Zwangsverwaltung - grundsätzlich der jeweilige Gesellschafter oder Gemeinschafter zur Entrichtung der durch die Vermietungseinkünfte verursachten Einkommensteuer verpflichtet.

III.2 Verhältnis zwischen Zwangsverwalter und Grundstückseigentümer

23 Auch im Fall der Zwangsverwaltung bleibt der Grundstückseigentümer Schuldner der auf die Einkünfte aus zwangsverwaltetem Grundbesitz entfallenden Einkommensteuer (BFH-Urteil vom 10.2.2015, IX R 23/14, BStBl 2017 II S. 367, Rn. 15). Zur Entrichtung dieser Steuer ist aber während der Dauer der Zwangsverwaltung allein der Zwangsverwalter verpflichtet.

III.3 Entrichtungspflicht nach Aufhebung der Zwangsverwaltung

24 Nach Beendigung der Zwangsverwaltung geht die Entrichtungspflicht der Einkommensteuer grundsätzlich wieder auf den Grundstückseigentümer über. Eine Bekanntgabe eines Bescheides an den Zwangsverwalter ist nicht mehr möglich. Auf die Rn. 40 bis 44 wird hingewiesen.

Der Zwangsverwalter bleibt jedoch nach § 12 Abs. 3 ZwVwV i. V. m. §§ 34, 36 AO weiterhin Entrichtungspflichtiger für die Steuerforderungen, die während des Zwangsverwaltungsverfahrens für die Besteuerungszeiträume des Zwangsverwaltungsverfahrens gegen ihn festgesetzt und bekannt gegeben worden sind. Er hat dafür Sorge zu tragen, dass auch nach Beendigung des Zwangsverwaltungsverfahrens bis zum Eintritt der Fälligkeit dieser Steuerforderungen Rücklagen gebildet und diese Steuerforderungen aus dem von ihm verwalteten Vermögen entrichtet werden.

Ermächtigt das Gericht auf Antrag des Gläubigers, der die Zwangsverwaltung betreibt, den Zwangsverwalter gem. § 12 Abs. 2 ZwVwV, die steuerlichen Angelegenheiten auch nach der Aufhebung der Zwangsverwaltung zu erledigen, so bestehen sämtliche steuerlichen Pflichten weiterhin fort (siehe Rn. 18).

IV. Mitwirkungspflichten des Zwangsverwalters

IV.1 Steuerliche Mitwirkungspflichten

25 Der Zwangsverwalter hat die steuerlichen Mitwirkungspflichten (z. B. Auskunftspflichten) neben dem Grundstückseigentümer als eigene Pflichten zu erfüllen, soweit seine Verwaltungsbefugnis reicht.

IV.2 Zivilrechtliche Mitteilungspflichten

26 Zivilrechtliche Mitteilungspflichten bleiben unberührt. So hat der Zwangsverwalter das zuständige Finanzamt als betroffenen Dritten unverzüglich über die Zwangsverwaltung zu informieren (§ 4 ZwVwV).

V. Örtliche Zuständigkeit

27 Die Zwangsverwaltung führt zu keinen Änderungen der örtlichen Zuständigkeit. Im Regelfall ist für die Einkommensbesteuerung der aus der Zwangsverwaltung resultierenden Einkünfte das Wohnsitzfinanzamt des Grundstückseigentümers zuständig (§ 19 AO). Im Insolvenzfall ist § 26 Satz 3 AO zu beachten.

VI. Ermittlung der Einkünfte für den Zeitraum der Zwangsverwaltung

28 Die steuerlichen Einkünfte des Schuldners sind für jedes der Zwangsverwaltung unterliegende Grundstück vom Zwangsverwalter separat entsprechend Rn. 6 und 7 zu ermitteln und zu erklären.

29 Aufwendungen, die der Zwangsverwalter im Rahmen der Zwangsverwaltung für die typische Vermietungstätigkeit trägt und die nicht (z. B. durch einen Gläubiger) erstattet werden, sind nach den allgemein geltenden Grundsätzen zur Einkünfteermittlung als Ausgaben zu berücksichtigen. Typische Beispiele für solche Aufwendungen sind z. B. Versicherungsbeiträge, Grundsteuer, Erhaltungsaufwendungen. Falls die Kosten bei der ursprünglichen Fälligkeit durch den Gläubiger (z. B. Kosten für die Reparatur des Daches) getragen wurden, sind diese bei der Einkünfteermittlung grundsätzlich erst im Zeitpunkt der Rückzahlung an den Gläubiger zu berücksichtigen.

30 Die Kosten des Zwangsverwaltungsverfahrens, die erstatteten Auslagen nach § 21 ZwVwV und die Vergütung des Zwangsverwalters sind vollumfänglich durch die Vermietung/Verpachtung des zwangsverwalteten Grundstücks veranlasst und damit in vollem Umfang abziehbar.

31 Die Antragsrechte für das der Zwangsverwaltung unterliegende Grundstück - insbesondere nach §§ 7h, 7i EStG, § 82b EStDV - kann nur der Zwangsverwalter ausüben.

32 Die aus der Vermietung/Verpachtung des zwangsverwalteten Grundstücks resultierende anteilige Einkommensteuer ist nach § 12 Satz 1 Nr. 3 EStG nicht abziehbar.

VII. Veranlagungswahlrecht

33 Da sich die Zwangsverwaltung nur auf das Grundstück bezieht, ist das Veranlagungswahlrecht der Ehegatten und Lebenspartner nach § 26 EStG nicht von der Verwaltungsbefugnis des Zwangsverwalters umfasst, so dass dieses grundsätzlich bei den Steuerschuldnern verbleibt. Im Fall der Insolvenz des Grundstückseigentümers ist das Veranlagungswahlrecht durch den Insolvenzverwalter auszuüben (BFH-Beschluss vom 22.3.2011, III B 114/09, BFH/NV 2011 S. 1142).

VIII. Verteilung der Einkommensteuer

34 Der Zwangsverwalter hat die Einkommensteuer nur insoweit zu entrichten, als sie auf die Zwangsverwaltung entfällt. Hierzu ist die Einkommensteuer zunächst unter Einbeziehung aller Einkünfte des Schuldners und ggf. eines Ehegatten/Lebenspartners einheitlich zu ermitteln. Im Anschluss daran erfolgt dann die Verteilung - in Anlehnung an den AEAO zu § 251, Nr. 9.1 bis 9.1.4 - grundsätzlich im Verhältnis der Einkünfte. Die Steuerzahlungspflicht der zusammen veranlagten Ehegatten/Lebenspartner bleibt von der Entrichtungspflicht des Zwangsverwalters unberührt.

IX. Bekanntgabe des Einkommensteuerbescheids / Feststellungsbescheids

IX.1 Bekanntgabe während der Zwangsverwaltung

IX.1.1 Bekanntgabe von Einkommensteuerbescheiden

35 Auch in Fällen der Zwangsverwaltung bleibt der Grundstückseigentümer Schuldner der Einkommensteuer, die auf Einkünfte entfällt, die mit dem zwangsverwalteten Grundstück erzielt werden (BFH-Urteil vom 10.2.2015, IX R 23/14, BStBl 2017 II S. 367, Rn. 15). Der Grundstückseigentümer bleibt somit auch Inhaltsadressat (AEAO zu § 122, Nr. 1.1 und 1.3) eines Einkommensteuerbescheids. Der Zwangsverwalter ist aber als Vermögensverwalter i. S. d. § 34 Abs. 3 i. V. m. Abs. 1 AO Bekanntgabeadressat (AEAO zu § 122, Nr. 1.1 und 1.4) des Einkommensteuerbescheids hinsichtlich der Besteuerungsgrundlagen, die im Zusammenhang mit dem zwangsverwalteten Grundstück stehen. Außerdem ist der Zwangsverwalter insoweit zur Entrichtung der anteiligen Einkommensteuer verpflichtet. Die Geltendmachung der durch den Zwangsverwalter zu entrichtenden Einkommensteuer erfolgt im Rahmen einer (Teil-)Steuerfestsetzung (vgl. BFH-Urteil vom 10.2.2015, IX R 23/14, BStBl 2017 II S. 367, Rn. 35).

36 Die jeweiligen (Teil-)Einkommensteuerbescheide sind dem Schuldner (Grundstückseigentümer) bzw. dem Zwangsverwalter bekannt zu geben.

Beispiel:

Bekanntgabe an den Schuldner

Anschriftenfeld (Empfänger)

Herrn
Max Mustermann
Musterstraße 20
80799 Musterstadt

Erläuterungen:

Hinsichtlich der Einkommensteuer, die auf Besteuerungsgrundlagen entfällt, die im Zusammenhang mit dem zwangsverwalteten Grundstück Musterstraße 20, 80799 Musterstadt stehen, wird ein (Teil-)Einkommensteuerbescheid dem Zwangsverwalter, Herrn Rechtsanwalt Helmut Müller, Mustergasse 40, 80798 Musterdorf, bekannt gegeben. Dieser wird zur Zahlung der anteiligen Einkommensteuer aufgefordert.

Bekanntgabe an den Zwangsverwalter

Anschriftenfeld (Empfänger)

Herrn Rechtsanwalt
Helmut Müller
Mustergasse 40
80798 Musterdorf

Bescheidkopf

Als Zwangsverwalter des Grundstücks Musterstraße 20, 80799 Musterstadt (Grundstückseigentümer Max Mustermann).

Erläuterungen:

Hinsichtlich der Einkommensteuer, die nicht auf Besteuerungsgrundlagen entfällt, die im Zusammenhang mit dem zwangsverwalteten Grundstück Musterstraße 20, 80799 Musterstadt stehen, wird ein (Teil-)Einkommensteuerbescheid dem Grundstückseigentümer Max Mustermann, Musterstraße 20, 80799 Musterstadt, bekannt gegeben. Dieser wird zur Zahlung der anteiligen Einkommensteuer aufgefordert.

Die (Teil-)Einkommensteuerbescheide beinhalten unterschiedliche Leistungsgebote.

Schuldner:	festgesetzte (Teil-)Einkommensteuer ohne auf das zwangsverwaltete Grundstück entfallende Einkommensteuer unter Anrechnung von Steuerabzugsbeträgen und vom Schuldner geleisteten Vorauszahlungen.
Zwangsverwalter:	auf das zwangsverwaltete Grundstück entfallende anteilige (Teil-)Einkommensteuer unter Anrechnung von Steuerabzugsbeträgen und vom Zwangsverwalter geleisteten Vorauszahlungen.

Aus dem (Teil-)Einkommensteuerbescheid an den Zwangsverwalter muss die Verteilung der Einkommensteuer hervorgehen. Dem Zwangsverwalter sind zur Begründung der Verteilung jedoch nicht die gesamten Einkünfte des Schuldners, sondern nur die auf der Zwangsverwaltung beruhenden sowie die für die Überprüfung der Verteilung notwendigen Besteuerungsgrundlagen mitzuteilen.

Mitzuteilen sind:

- Summe der Einkünfte,
- Einkünfte aus dem zwangsverwalteten Grundstück,
- prozentualer Anteil der Einkünfte aus dem zwangsverwalteten Grundstück an der Summe der Einkünfte,
- zu versteuerndes Einkommen,
- gesamte Steuer,
- anteilige Steuer, die auf die Einkünfte aus dem zwangsverwalteten Grundstück entfällt.

Dies kann direkt im Rahmen des (Teil-)Einkommensteuerbescheids erfolgen oder durch Beifügung einer geschwärzten Kopie des „einheitlichen Einkommensteuerbescheids“ des Schuldners, aus der nur die genannten Besteuerungsgrundlagen ersichtlich sind.

IX.1.2 Bekanntgabe von Bescheiden über die gesonderte Feststellung der Einkünfte

37 Bei der gesonderten Feststellung ist die Zuordnung der Einkünfte zu den verschiedenen Vermögensbereichen bereits nachrichtlich im Rahmen des Feststellungsverfahrens mitzuteilen.

Beispiel 1:

Inhalt des Gewinnfeststellungsbescheids bei einem nicht insolventen Schuldner:

Einkünfte aus Gewerbetrieb: 50.000 EUR

(nachrichtlich: Darin enthaltene Einkünfte aus dem der Zwangsverwaltung unterliegenden Grundstück A-Straße 10.000 EUR).

Der Gewinnfeststellungsbescheid ist sowohl dem Schuldner (als Inhaltsadressat des Feststellungsbescheids und als Bekanntgabeadressat, soweit der Bescheid Einkünfte erfasst, die nicht aus dem zwangsverwalteten Grundstück erzielt wurden) als auch dem Zwangsverwalter (als Bekanntgabeadressat) bekannt zu geben.

Dem Zwangsverwalter sind in seiner Ausfertigung des Gewinnfeststellungbescheids nur die auf der Zwangsverwaltung beruhenden Besteuerungsgrundlagen mitzuteilen. Die übrigen Besteuerungsgrundlagen sind unkenntlich zu machen.

Beispiel 2:

Inhalt des Gewinnfeststellungsbescheids bei einem insolventen Schuldner:

Einkünfte aus Gewerbebetrieb 50.000 EUR

(nachrichtlich:

Davon Einkünfte, die der Insolvenzmasse zuzuordnen sind

(§ 55 Abs. 1 Nr. 1 InsO) 40.000 EUR.

Davon Einkünfte aus dem der Zwangsverwaltung unterliegenden

Grundstück A-Straße 10.000 EUR).

Der Bescheid ist dem Zwangsverwalter sowie dem Insolvenzverwalter jeweils in deren Eigenschaft als Bekanntgabeadressaten bekannt zu geben.

Dem Zwangsverwalter sind in seiner Ausfertigung des Gewinnfeststellungbescheids nur die auf der Zwangsverwaltung beruhenden Besteuerungsgrundlagen mitzuteilen. Die übrigen Besteuerungsgrundlagen sind unkenntlich zu machen.

IX.1.3 Bekanntgabe von Bescheiden über die gesonderte und einheitliche Feststellung von Einkünften einer Bruchteilsgemeinschaft

38 Bei der gesonderten und einheitlichen Feststellung von Einkünften einer Bruchteils-gemeinschaft ist die für den von der Zwangsverwaltung betroffenen Miteigentümer bestimmte Ausfertigung des Feststellungsbescheids auch dem Zwangsverwalter bekannt zu geben.

In der Ausfertigung für den Zwangsverwalter sind hierbei die Besteuerungsgrundlagen, die sich nicht auf die Zwangsverwaltung beziehen (insbesondere die Angaben zu den übrigen Miteigentümern), unkenntlich zu machen.

IX.1.4 Bekanntgabe von Bescheiden über die gesonderte und einheitliche Feststellung von Einkünften einer Gesamthandsgemeinschaft

39 Befindet sich das zwangsverwaltete Grundstück im Eigentum einer Gesamthands-gemeinschaft, darf der Bescheid über die gesonderte und einheitliche Feststellung der Besteuerungsgrundlagen nicht dem Zwangsverwalter bekannt gegeben werden.

IX.2 Bekanntgabe nach Aufhebung der Zwangsverwaltung

40 Eine Bekanntgabe des Bescheids an den Zwangsverwalter ist ausgeschlossen, wenn die Zwangsverwaltung im Bekanntgabezeitpunkt durch gerichtlichen Beschluss aufgehoben war (zur Beendigung der Prozessführungsbefugnis bei Aufhebung der Zwangsverwaltung: BGH-Urteil vom 25.5.2005, VIII ZR 301/03, MDR 2005 S. 1306). § 36 AO findet auf die Bekanntgabe von Steuerbescheiden keine Anwendung. In diesem Fall kann der Einkommensteueranspruch nur noch gegenüber dem Schuldner festgesetzt werden.

Etwas anderes gilt, wenn auf Antrag des Gläubigers, der die Zwangsverwaltung betreibt, das Gericht den Zwangsverwalter gem. § 12 Abs. 2 ZwVwV ermächtigt hat, die steuerlichen Angelegenheiten auch nach der Aufhebung der Zwangsverwaltung zu erledigen (siehe Rn. 18). In diesem Fall ist der Steuerbescheid dem Zwangsverwalter bekannt zu geben (siehe Rn. 35 ff.).

IX.3 Bekanntgabe nach Aufhebung der Zwangsverwaltung im Insolvenzverfahren

41 Die zuvor dargestellten Grundsätze gelten auch dann, wenn über das Vermögen des Grundstückseigentümers das Insolvenzverfahren eröffnet worden ist. Insbesondere wird der Insolvenzverwalter nach Aufhebung der Zwangsverwaltung nicht zum Bekanntgabeadressaten für die den zwangsverwalteten Grundbesitz betreffenden Einkommensteuernachzahlungsbescheide. Die auf das zwangsverwaltete Grundstück entfallende Einkommensteuernachzahlung ist in diesem Fall keine Masseverbindlichkeit nach § 55 Abs. 1 InsO, sondern eine Forderung gegen das insolvenzfreie Vermögen, die gegen den insolventen Grundstückseigentümer festzusetzen ist.

Beispiel:

Am 2.1.01 wurde für das Grundstück A-Straße die Zwangsverwaltung angeordnet. Über das Vermögen des alleinigen Grundstückseigentümers B wurde am 1.1.02 das Insolvenzverfahren eröffnet. Die Aufhebung der Zwangsverwaltung - ohne Ermächtigung zur Erledigung der steuerlichen Angelegenheiten nach § 12 Abs. 2 ZwVwV - erfolgte am 1.2.03. Das Finanzamt möchte am 1.6.04 die Einkommensteuerveranlagungen für 02 und 03 durchführen.

Lösung:

Da die Zwangsverwaltung im Bekanntgabezeitpunkt aufgehoben war, ist die Einkommensteuer 02 und 03, soweit sie mit Einkünften aus dem zwangsverwalteten Grundbesitz im Zusammenhang steht (d. h. mit den bis zum 31.1.03 erzielten Mieteinnahmen), wieder gegenüber dem Grundstückseigentümer festzusetzen. Der Festsetzung dieser Forderung als Masseverbindlichkeiten im Insolvenzverfahren gegenüber dem Insolvenzverwalter steht entgegen, dass dem Insolvenzverwalter während der bestehenden Zwangsverwaltung die Verwaltungs- und Verfügungsbefugnis für das Grundstück fehlte.

42 Betrifft die Steuerforderung aus dem zwangsverwalteten Grundstück Zeiträume vor Insolvenzeröffnung und ist eine Festsetzung gegenüber dem Zwangsverwalter während der Zwangsverwaltung noch nicht erfolgt, ist nach Aufhebung der Zwangsverwaltung diese Forderung als Insolvenzforderung zur Tabelle anzumelden.

43 Bekanntgabeadressat von Einkommensteuerbescheiden nach Aufhebung der Zwangsverwaltung, die zu einem Erstattungsanspruch hinsichtlich der Einkünfte aus dem zwangsverwalteten Grundstück führen, ist der Insolvenzverwalter.

44 Soweit aus dem Grundstück nach Aufhebung der Zwangsverwaltung weiterhin Mieterträge erzielt werden (im o. g. Beispiel also nach dem 1.2.03), unterliegen diese nach § 35 Abs. 1 InsO dem Insolvenzbeschlag und führen zur Begründung von Masseverbindlichkeiten i. S. d. § 55 Abs. 1 Nr. 1 InsO, die insoweit gegenüber dem Insolvenzverwalter mittels Steuerbescheid festzusetzen sind.

X. Festsetzung von Einkommensteuervorauszahlungen

45 Sofern die Finanzämter von der Zwangsverwaltung erfahren, haben sie die Festsetzung von Vorauszahlungen zu prüfen. Liegen die Voraussetzungen des § 37 EStG vor, haben sie auf der Grundlage einer Schätzung der aus dem zwangsverwalteten Grundstück voraussichtlich erzielten Einkünfte Vorauszahlungen zur Einkommensteuer festzusetzen. Die Ausführungen zu den Rn. 34 bis 36 gelten entsprechend. Inhaltsadressat des Vorauszahlungsbescheids ist der Schuldner (Grundstückseigentümer), Bekanntgabeadressat ist der Zwangsverwalter.

46 Dieser Vorauszahlungsfestsetzung kommt im Hinblick auf die ggf. unterjährige Aufhebung der Zwangsverwaltung und damit auch auf den Verlust der Verwaltungs- und Nutzungsbefugnis des Zwangsverwalters im Einzelfall erhebliche Bedeutung zu. Im Übrigen wird so für den Zwangsverwalter hinreichend deutlich, in welchem Umfang er Zahlungen an das Finanzamt im Vorgriff auf den Jahressteuerbescheid zu leisten hat.

XI. Mehrere zwangsverwaltete Grundstücke

47 Werden mehrere Grundstücke des Schuldners zwangsverwaltet, ist für jedes Grundstück eine eigene Teilsteuerfestsetzung entsprechend der Rn. 35 - 38 durchzuführen. Dies gilt auch dann, wenn derselbe Zwangsverwalter bestellt wurde, denn die Verwaltungs- und Nutzungsbefugnis bezieht sich immer nur gesondert auf ein Grundstück. Die gesonderte Festsetzung ist auch im Hinblick auf ein sich möglicherweise anschließendes Vollstreckungsverfahren von Bedeutung. Darüber hinaus muss für den Zwangsverwalter Rechtssicherheit geschaffen werden, damit dieser mit den am jeweiligen Zwangsverwaltungsverfahren beteiligten Gläubigern für jedes Grundstück exakt abrechnen kann (§ 155 ZVG; BFH-Urteil vom 18.10.2001, V R 44/00, BStBl 2002 II S. 171).

XII. Einspruchsbefugnis des Zwangsverwalters

48 Falls ein Einkommensteuerbescheid auch Besteuerungsgrundlagen erfasst, die im Zusammenhang mit dem zwangsverwalteten Grundstück stehen, kann dieser Steuerbescheid sowohl vom Zwangsverwalter als auch vom Grundstückseigentümer angefochten werden. Als Bekanntgabeadressat des Einkommensteuerbescheids (siehe Rn. 36) handelt der Zwangsverwalter jedoch nicht als persönlich Betroffener, sondern als „besonders Beauftragter" i. S. v. § 79 Abs. 1 Nr. 3 AO. Seine Einspruchsbefugnis ist materiell auf die Besteuerungsgrundlagen beschränkt, die im Zusammenhang mit dem zwangsverwalteten Grundstück stehen.

49 Gegen Verwaltungsakte, die an den Zwangsverwalter als Inhaltsadressaten gerichtet sind (z. B.: Androhung und ggf. Festsetzung eines Zwangsgeldes wegen Nichtabgabe der Steuererklärung, Leistungsgebot über die vom Zwangsverwalter zu entrichtende

anteilige Einkommensteuer), ist nur der Zwangsverwalter als persönlich Betroffener einspruchsbefugt.

XIII. Verlustvor- und -rückträge

50 Weil der Zwangsverwalter lediglich eine Verwaltungsbefugnis für einen Teil des Vermögens, aber keine allgemeine Verfügungsbefugnis darüber hat, hat er kein Antragsrecht nach § 10d Abs. 1 Satz 5 EStG (Verzicht bzw. Beschränkung des Verlustrücktrags).

XIV. Zuordnung von Erstattungen

51 Der Zwangsverwalter hat aus den Nutzungen des Grundstücks die Ausgaben der Verwaltung sowie die Kosten des Verfahrens mit Ausnahme derjenigen vorweg zu bestreiten, welche durch die Anordnung des Verfahrens oder den Beitritt eines Gläubigers entstehen, § 155 Abs. 1 ZVG. Leistet er Einkommensteuervorauszahlungen aus den Nutzungen des Grundstücks, die die auf dieses Grundstück entfallende Einkommensteuer übersteigen, so steht der insoweit entstehende Erstattungsanspruch dem Zwangsverwalter für den zwangsverwalteten Vermögensbereich zu.

52 Aufgrund der Einzelbeschlagnahme sind bei mehreren zwangsverwalteten Grundstücken getrennte Abrechnungen für jede Einkunftsquelle erforderlich; eine Aufrechnung/Verrechnung zwischen den Grundstücken und/oder anderen Vermögensmassen scheidet aus.

53 Nach Aufhebung der Zwangsverwaltung steht, wenn nicht § 12 Abs. 2 ZwVwV eingreift (siehe Rn. 18), der Erstattungsanspruch dem Schuldner bzw. - im Insolvenzverfahren - der Insolvenzmasse zu (Hinweis auf die Bestimmungen in Nr. 9.1.4 des AEAO zu § 251).

XV. Haftung des Zwangsverwalters

54 Da der Zwangsverwalter Person i. S. d. § 34 Abs. 3 AO ist, haftet er im Falle grob fahrlässiger oder vorsätzlicher Verletzung steuerlicher Pflichten nach § 69 AO für den eingetretenen Einkommensteuerschaden, soweit dieser mit der Zwangsverwaltung des Grundstücks im Zusammenhang steht.

55 Wenn der Zwangsverwalter zu einer der in § 191 Abs. 2 AO genannten Berufsgruppen gehört, ist vor Erlass eines Haftungsbescheides die zuständige Berufskammer anzuhören (vgl. zum Konkursverwalter: FG Rheinland-Pfalz Urteil vom 18.1.1985, 6 K 116/82, EFG 1985 S. 426).

56 Eine Haftungsinanspruchnahme kommt jedoch nur für solche Sachverhalte in Betracht, die nach der Veröffentlichung des BFH-Urteils vom 10.2.2015, IX R 23/14, BStBl II 2017 S. 367 auf der Internetseite des BFH (= 10.6.2015) verwirklicht worden sind. Denn zuvor gingen Rechtsprechung, Literatur und Verwaltung seit etwa 60 Jahren davon aus, dass der Zwangsverwalter nicht zur Entrichtung der Einkommensteuer verpflichtet ist. Infolgedessen fehlt es vor dem 10.6.2015 an dem für die Haftungsinanspruchnahme nach § 69 AO erforderlichen Verschulden.

XVI. Veräußerung des Grundstücks

57 Wird der zwangsverwaltete Grundbesitz übertragen (z. B. durch freihändigen Verkauf oder Zwangsversteigerung), ist die hierdurch ggf. begründete Einkommensteuer nicht durch den Zwangsverwalter, sondern alleine durch den Schuldner zu entrichten. Im Insolvenzfall stellt die durch eine Grundstücksveräußerung begründete Einkommensteuer - soweit keine Freigabe des Grundstücks vorliegt - eine Masseverbindlichkeit dar, da deren Begründung im Zusammenhang mit einem massezugehörigen Gegenstand steht (§ 55 Abs. 1 Nr. 1, 2. Alt. InsO; BFH-Urteil vom 16.5.2013, IV R 23/11, BStBl II S. 759).

XVII. Gerichtlich angeordnete Verwaltung nach § 94 ZVG

58 Die vorstehenden Grundsätze gelten entsprechend für die gerichtlich angeordnete Verwaltung nach § 94 ZVG. Für die Rechte und Pflichten des Verwalters finden die Vorschriften über die Zwangsverwaltung entsprechende Anwendung.

XVIII. Kalte Zwangsverwaltung

59 Bei der sog. kalten Zwangsverwaltung handelt es sich nicht um eine Zwangsverwaltung i. S. d. ZVG. Vielmehr beruht diese auf einer besonderen Vereinbarung zwischen dem Insolvenzverwalter und den dinglich gesicherten Gläubigern, nach welcher die Verwaltung, insbesondere der Einzug der Mieten, durch den Insolvenzverwalter erfolgt. Da hier Handlungen des Insolvenzverwalters im Zusammenhang mit massezugehörigem Vermögen vorliegen, führt die kalte Zwangsverwaltung weiterhin zur Begründung von Masseverbindlichkeiten i. S. d. § 55 Abs. 1 Nr. 1 InsO.

XIX. Zeitlicher Anwendungsbereich

60 Die Grundsätze des BFH-Urteils vom 10.2.2015, IX R 23/14, BStBl 2016 II S. 367 sind erstmals auf Besteuerungstatbestände anzuwenden, in denen Zwangsverwaltungsverfahren nach dem 9.6.2015 aufgehoben werden.

Soweit Zwangsverwalter Teilungspläne ohne Berücksichtigung von Ertragsteuern bis zum 10.6.2015 vollzogen haben, kann die auf das zwangsverwaltete Grundstück entfallende Einkommensteuer, die auf bis zum 10.6.2015 erzielten Einkünften aus dem zwangsverwalteten Grundstück beruht, aus sachlichen Billigkeitsgründen auf Antrag gestundet werden. Die Stundungsraten sind unter Berücksichtigung der voraussichtlichen Einnahmen aus dem zwangsverwalteten Grundstück zu bestimmen.

Ein Erlass von Einkommensteuer, die auf bis zum 10.6.2015 erzielten Einkünften aus dem zwangsverwalteten Grundstück beruht, ist auf Antrag nach Aufhebung des Zwangsverwaltungsverfahrens insoweit zu gewähren, wie diese Einkommensteuer aus den bis zur Aufhebung des Verfahrens erzielten Einnahmen nicht gezahlt werden konnte. Das tatsächliche Vorliegen dieser Erlassvoraussetzungen ist zu prüfen.

XX. Körperschaftsteuer

61 Die Grundsätze des BFH-Urteils vom 10.2.2015, IX R 23/14, BStBl 2017 II S. 367 sowie die Regelungen dieses BMF-Schreibens sind im Bereich der Körperschaftsteuer sinngemäß anzuwenden.

Auswirkungen eines Zuständigkeitswechsels auf das Rechtsbehelfsverfahren

(BMF-Schreiben vom 10.10.1995 - IV A 5 - S 0600 - 17/95 -, BStBl I S. 664)

Unter Bezugnahme auf das Ergebnis der Erörterungen mit den obersten Finanzbehörden der Länder bitte ich, zu den Auswirkungen eines Zuständigkeitswechsels auf das Rechtsbehelfsverfahren folgende Auffassung zu vertreten:

I. Zuständigkeitswechsel durch Maßnahmen des Steuerpflichtigen (insbesondere Wohnsitzverlegung)

1. Einspruchsverfahren

Wird während eines anhängigen Einspruchsverfahrens nachträglich eine andere Finanzbehörde für den Steuerfall zuständig, so entscheidet diese Finanzbehörde über den Einspruch, wenn keine Vereinbarung nach § 26 Satz 2 AO getroffen worden ist (§ 367 Abs. 1 Satz 2 AO).

Unter der „zuständigen Finanzbehörde" i. S. d. § 354 Abs. 2 AO, der gegenüber ein Einspruchsverzicht zu erklären ist, ist die für die Durchführung des Verwaltungsverfahrens (insbesondere des Besteuerungsverfahrens) sachlich und örtlich zuständige Finanzbehörde zu verstehen. Da § 354 AO keine besonderen Regelungen enthält, sind über § 365 Abs. 1 AO die allgemeinen Zuständigkeitsvorschriften der AO anzuwenden. Nach Eintritt eines Zuständigkeitswechsels ist daher die Verzichtserklärung gegenüber der neu zuständigen Finanzbehörde und in den Fällen des § 26 Satz 2 AO gegenüber der das Verwaltungsverfahren fortführenden Finanzbehörde zu erklären.

2. Gerichtliches Rechtsbehelfsverfahren

Nach § 63 Abs. 2 Nr. 1 FGO ist bei vorangegangenem Einspruchsverfahren die Klage gegen die Behörde zu richten, welche die Einspruchsentscheidung erlassen hat; das ist bei einem Zuständigkeitswechsel vor Erlaß der Einspruchsentscheidung die neu zuständige Finanzbehörde und bei einer Zuständigkeitsvereinbarung nach § 26 Satz 2 AO die bisher zuständige, das Verwaltungsverfahren weiterführende Finanzbehörde (vgl. § 367 Abs. 1 AO). Durch einen Zuständigkeitswechsel nach Erlaß der Einspruchsentscheidung wird die Passivlegitimation nicht berührt.

In Fällen der unmittelbaren Klage nach § 46 FGO ist die Behörde passivlegitimiert, die im Zeitpunkt der Klageerhebung zuständig war. Ein erst nach Klageerhebung eintretender Zuständigkeitswechsel hat keine Auswirkungen auf die Passivlegitimation.

II. Zuständigkeitswechsel durch Änderung der FA-Bezirksgrenzen oder Übertragung von Verwaltungsaufgaben

Bei einer Änderung der FA-Bezirksgrenzen (z. B. durch kommunale Neugliederung) oder einer Übertragung von Verwaltungsaufgaben (z. B. durch Zentralisierung) verliert die bisher zuständige Finanzbehörde im Verhältnis zu den von der Veränderung betroffenen Steuerpflichtigen die Fähigkeit, Pflichtsubjekt des öffentlichen Rechts zu sein (vgl. BFH-Urteile vom 15.12.1971, BStBl II 1972 S. 438 und vom 10.11.1977, BStBl II 1978 S. 310; s.a. BFH-Urteil vom 07.11.1978, BStBl II 1979 S. 169).

1. Einspruchsverfahren

Für das Einspruchsverfahren ergibt sich der Übergang der Entscheidungskompetenz auf die neu zuständige Finanzbehörde ausdrücklich aus § 367 Abs. 1 Satz 2 AO. Zur Frage des zutreffenden Adressaten eines Einspruchsverzichts gelten die Ausführungen zu I 1 entsprechend.

2. Gerichtliches Rechtsbehelfsverfahren

Im finanzgerichtlichen Verfahren geht die Passivlegitimation auf die nunmehr zuständige Behörde über, wenn vor Erlaß der Entscheidung über den Einspruch eine andere Behörde zuständig geworden ist (§ 63 Abs. 2 FGO). Gleiches gilt, wenn der Zuständigkeitswechsel nach Erlaß der Einspruchsentscheidung eingetreten ist; die während eines bereits anhängigen gerichtlichen Verfahrens eintretende Zuständigkeitsänderung führt zu einem gesetzlichen Beteiligtenwechsel (vgl. BFH-Urteile vom 15.12.1971, BStBl II 1972 S. 438, vom 19.02.1975, BStBl II S. 584 und vom 10.11.1977, BStBl II 1978 S. 310). Dies gilt auch bei einem Zuständigkeitswechsel während eines Revisionsverfahrens (vgl. BFH-Urteile vom 19.11.1974, BStBl II 1975 S. 210 und vom 01.08.1979, BStBl II 1979 S. 714).

Unterrichtung der obersten Finanzbehörden des Bundes und der Länder über Gerichtsverfahren von grundsätzlicher Bedeutung

(BMF-Schreiben vom 25.5.2018 - IV A 3 - FG 2032/09/10005 / IV C 8 – FG 2032/16/10003:003 - BStBl I S. 693)

Unter Bezugnahme auf das Ergebnis der Erörterung mit den obersten Finanzbehörden der Länder gilt Folgendes:

1. Das BMF und die zuständige oberste Landesfinanzbehörde sind über anhängige Gerichtsverfahren (auch Beschwerdeverfahren) insbesondere dann zeitnah zu unterrichten, wenn

   a) ein Finanzgericht eine von Richtlinien, BMF-Schreiben oder gleich lautenden Erlassen der obersten Finanzbehörden der Länder abweichende Rechtsauffassung vertritt,

   b) der Entscheidung eine größere finanzielle oder eine grundsätzliche Bedeutung zukommt,

   c) der BFH einen Gerichtsbescheid (§ 90a FGO) erlassen hat, in dem eine von Richtlinien, BMF-Schreiben oder gleich lautenden Erlassen der obersten Finanzbehörden der Länder abweichende Rechtsauffassung vertreten wird oder dessen Begründung auf eine Änderung der Rechtsprechung schließen lässt,

   d) nach einer Vorabentscheidung des Gerichtshofes der Europäischen Union das Verfahren vor dem Finanzgericht oder dem BFH fortgesetzt wird, oder

   e) Verfahren nach § 32i AO geführt werden.

2. In den Fällen gemäß Nummer 1 Buchstabe a hat das beklagte Finanzamt Revision bzw. Nichtzulassungsbeschwerde einzulegen, wenn dies verfahrensrechtlich möglich ist. Bei Gerichtsbescheiden im Sinne von Nummer 1 Buchstabe c ist Antrag auf mündliche Verhandlung zu stellen. Die zuständige oberste Landesfinanzbehörde kann mit Zustimmung des BMF Abweichungen von Satz 1 und 2 zulassen.

3. In den Fällen gemäß Nummer 1 Buchstabe d darf das Finanzamt eine mit dem Ziel einer Hauptsacheerledigung beabsichtigte Aufhebung oder Änderung des angefochtenen Verwaltungsakts nur nach vorheriger Zustimmung des BMF und der obersten Landesfinanzbehörde vornehmen.

4. Hat das Finanzamt die Entscheidung des Finanzgerichts mit der Revision angefochten, soll es grundsätzlich nicht gemäß § 90 Absatz 2 FGO auf die mündliche Verhandlung verzichten.

5. Die Pflicht zur umfassenden Information des BMF und der obersten Landesfinanz-behörde über ein Verfahren im Sinne der Nummer 1 besteht nach deren anfänglicher Unterrichtung bis zu deren Beitritt (§ 122 Absatz 2 FGO), andernfalls bis zum endgültigen Abschluss des Verfahrens, fort.

Dieses Schreiben tritt an die Stelle des BMF-Schreibens vom 12. März 2010 (BStBl I S. 244). Es steht ab sofort für eine Übergangszeit auf den Internet-Seiten des Bundesministeriums der Finanzen (www.bundesfinanzministerium.de) unter der Rubrik Themen - Steuern - Weitere Steuerthemen - Abgabenordnung - BMF-Schreiben/Allgemeines bereit.

Anweisungen für das Straf- und Bußgeldverfahren (Steuer) - AStBV (St) 2023 -

Gleich lautende Erlasse der obersten Finanzbehörden der Länder vom 4.1.2023 (BStBl I S. 103)[1]

Einführung

(1) Die nachfolgenden Anweisungen sollen der einheitlichen Handhabung der Gesetze dienen und die reibungslose Zusammenarbeit der zur Verfolgung von Steuerstraftaten und Steuerordnungswidrigkeiten berufenen Stellen der Finanzbehörden untereinander, mit anderen Stellen der Finanzbehörden sowie mit den Gerichten und Staatsanwaltschaften gewährleisten.

(2) Die Anweisungen enthalten zur Erleichterung der Amtsgeschäfte eine Zusammenfassung von hierfür maßgeblichen Grundsätzen sowie Hinweise für deren praktische Anwendung. Aus Gründen der Übersichtlichkeit wird zum Teil der Gesetzeswortlaut wiederholt, im Übrigen wird nur auf die einschlägigen Gesetze verwiesen. Bei streitigen Rechtsfragen ist im Interesse einer einheitlichen Verfahrensweise die Auffassung der Verwaltung wiedergegeben.

(3) Die Anweisungen können wegen der Vielfalt der Lebensvorgänge, auf die sie sich beziehen, nur Anleitungen für den Regelfall geben. Es ist daher im Einzelfall zu prüfen, welche Maßnahmen im Rahmen der anzuwendenden Gesetze und der Rechtsprechung der Gerichte geboten sind.

(4) Bei Personenbezeichnungen wird auf eine geschlechter-bezogene Differenzierung verzichtet, da in diesen Anweisungen unwichtig ist, welches Geschlecht die so bezeichnete Person hat. Alle Personenbezeichnungen werden generisch verwendet, sie bezeichnen also alle Personen unabhängig von ihrem natürlichen Geschlecht.

Teil 1 Anwendungsbereich, gemeinsame Verfahrensgrundsätze

Abschnitt 1 Anwendungsbereich und anzuwendendes Recht

1

(1) Die Anweisungen sind in allen Straf- und Bußgeldverfahren anzuwenden, in denen die Finanzbehörde ermittelt oder zur Mitwirkung berufen ist. Sie sind von allen Bediensteten der Steuerfahndung (Steufa) und der Bußgeld- und Strafsachenstellen (BuStra) zu beachten, ferner von Bediensteten anderer Stellen der Finanzbehörden, soweit es sich um die Zusammenarbeit mit jenen Stellen handelt oder wenn sie Maßnahmen im Straf- oder Bußgeldverfahren treffen.[2]

(2) Für Steuerstraftaten gelten die allgemeinen Gesetze über das Strafrecht, soweit die Strafvorschriften der Steuergesetze nichts anderes bestimmen. Für Steuerordnungswidrigkeiten gelten die Vorschriften des Ersten Teils des Gesetzes über Ordnungswidrigkeiten, soweit die Bußgeldvorschriften der Steuergesetze nichts anderes bestimmen. Für das Strafverfahren wegen Steuerstraftaten gelten, soweit die §§ 386 ff. AO nichts anderes bestimmen, die allgemeinen Gesetze über das Strafverfahren, namentlich die Strafprozessordnung, das Gerichtsverfassungsgesetz, das Gerichtskostengesetz und das Jugendgerichtsgesetz (§ 385 AO). Die Menschenrechtskonvention und die Charta der Grundrechte der Europäischen Union sind zu beachten.

[1] Inhalts-, Stichwort-, Normen- und Paragraphenverzeichnis hier nicht abgedruckt.
[2] Je nach Bundesland sind andere Organisationsformen denkbar.

(3) Die Rechtsgrundlagen der zwischenstaatlichen Amts- und Rechtshilfe in Steuer- und Steuerstrafsachen ergeben sich aus den §§ 117, 117a, 117b AO, dem Gesetz über internationale Rechtshilfe in Strafsachen sowie multi- und bilateralen Verträgen. Wegen der zwischenstaatlichen Amtshilfe durch Informationsaustausch in Steuersachen wird auf das BMF-Schreiben vom 29. Mai 2019; BStBl I 2019, 480 und wegen der zwischenstaatlichen Rechtshilfe in Steuerstrafsachen auf das BMF-Schreiben vom 15. Juni 2022, BStBl I 2022, 972 hingewiesen.

Abschnitt 2 Gemeinsame Verfahrensgrundsätze

2 Rechtliches Gehör

Anspruch auf rechtliches Gehör hat jeder an einem Ermittlungsverfahren Beteiligte. Insbesondere muss dem Beschuldigten Gelegenheit gegeben werden, tatsächliche und rechtliche Ausführungen zu machen und Beweisanträge zu stellen. Bei Maßnahmen, die nur den Gang des Verfahrens betreffen, bedarf es keiner Anhörung, z. B. vor der Bestimmung eines Termins. Bei anderen Maßnahmen kann die vorherige Anhörung unterbleiben, wenn andernfalls der Zweck der Anordnung gefährdet würde, so namentlich bei Beschlagnahmen und Durchsuchungen (§ 33 Abs. 4 StPO); dem von der Maßnahme Betroffenen muss jedoch dann nachträglich Gelegenheit zur Äußerung gegeben werden, wenn und soweit nach der Vollziehung der Anordnung noch ein Nachteil für ihn fortbesteht (BVerfG-Beschluss vom 9. März 1965 - 2 BvR 176/63, BVerfGE 18, 399 (404).

3 Verhältnismäßigkeit

Der Grundsatz der Verhältnismäßigkeit verlangt, dass die jeweilige Maßnahme unter Würdigung aller persönlichen und sachlichen Umstände des Einzelfalles zur Erreichung des angestrebten Zwecks geeignet und erforderlich ist und dass der mit ihr verbundene Eingriff nicht außer Verhältnis zur Bedeutung der Sache und zur Stärke des Tatverdachts steht (Verbot des Übermaßes). Dies gilt vor allem bei Maßnahmen, von denen Unverdächtige betroffen werden (z. B. Durchsuchung von Gebäuden).

4 Faires Verfahren

(1) Das Recht auf faires Verfahren gehört zu den wesentlichen Grundsätzen des rechtsstaatlichen Strafverfahrens. Es wird verwirklicht u.a. durch die Gewährung des rechtlichen Gehörs (vgl. Nummer 2), das Recht auf Verteidigung (vgl. Nummern 32 ff.), das Recht des Beschuldigten, zur Sache zu schweigen (§ 136 Abs. 1 Satz 2; § 243 Abs. 5 Satz 1 StPO), die Einräumung von Rechtsbehelfen und die Rechtsbehelfsbelehrung. Der Anspruch auf faires Verfahren verbietet es, Druck oder sonstige unerlaubte Mittel in Richtung eines Geständnisses oder sonstiger Einlassung auszuüben (vgl. Nummer 16 Abs. 2 bis 4 und 49 Abs. 3). Verweigert der Beschuldigte jede Aussage zur Sache, so dürfen hieraus für ihn bei der Beweiswürdigung keine nachteiligen Folgerungen gezogen werden. Dies gilt auch, wenn ihm mehrere Taten (§ 264 StPO) vorgeworfen werden und er nur zu einer oder mehreren dieser Taten die Aussage verweigert. Anders kann es sein, wenn er nur zu einzelnen Punkten einer Tat (§ 264 StPO) schweigt.

(2) Bis zur rechtskräftigen Verurteilung wird die Unschuld vermutet (Artikel 6 Abs. 2 MRK). Die Unschuldsvermutung verbietet voreingenommene Behandlung des Beschuldigten im Verfahren. Es ist daher alles zu vermeiden, was zu einer nicht durch den Zweck des Ermittlungsverfahrens bedingten Bloßstellung des Beschuldigten führen könnte. Dies gilt insbesondere im Schriftverkehr mit anderen Behörden und Personen. Sollte es nicht entbehrlich sein, den Beschuldigten anzugeben oder die ihm zur Last gelegte Tat zu bezeichnen, ist deutlich zu machen, dass gegen den Beschuldigten lediglich der Verdacht einer Straftat besteht.

5 Wahrheitsfindung

Die Finanzbehörde hat auch Umstände, die sich zugunsten des Beschuldigten auswirken können, von Amts wegen zu ermitteln und zu berücksichtigen (§ 160 Abs. 2 StPO). Bei tatsächlichen Zweifeln über die Schuld- und Straffrage gilt für die abschließenden Entscheidungen der Finanzbehörden (vgl. Nummern 79 ff.) der Grundsatz „im Zweifel für den Angeklagten". Werden strafbegründende oder straferhöhende Umstände nicht zur Überzeugung der Finanzbehörde festgestellt, muss dies bei der Prüfung, ob ein Verfahren einzustellen ist und auch beim Antrag auf Erlass eines Strafbefehls sowie beim Antrag auf Anordnung von Nebenfolgen berücksichtigt werden.

6 Beschleunigung des Verfahrens

(1) Im Interesse sowohl des Beschuldigten als auch der Strafverfolgung haben alle Amtsträger dafür zu sorgen, dass über die erforderlichen Maßnahmen bei Verdacht von Steuerstraftaten sobald wie möglich entschieden wird. Es sind insbesondere die für die Verfolgung zuständigen Stellen unverzüglich zu unterrichten, wenn hierzu Anlass besteht (vgl. Artikel 6 MRK, Nummern 8, 38 Abs. 1 und 130 bis 133).

(2) Führt die Staatsanwaltschaft die Ermittlungen oder ist ein Verfahren bei Gericht anhängig, ist Gericht und Staatsanwaltschaft die gebotene Unterstützung so schnell wie möglich zu gewähren.

7 Geltung für das Bußgeldverfahren

Die Nummern 2 bis 6 gelten für das Bußgeldverfahren entsprechend.

Teil 2 Behandlung der Eingänge

8 Beschleunigte Bearbeitung

(1) Über die Einleitung oder Nichteinleitung von Verfahren soll, sofern keine besonderen Umstände vorliegen, innerhalb von sechs Monaten nach Eingang des Vorgangs entschieden werden (vgl. auch Nummer 6). Dies gilt insbesondere dann, wenn eine Außenprüfung vorausgegangen und in der Schlussbesprechung gemäß § 201 Abs. 2 AO ein Hinweis auf die straf- oder bußgeldrechtliche Prüfung gegeben worden war.

(2) Wird in den Fällen des § 201 Abs. 2 AO von der Einleitung eines Straf- oder Bußgeldverfahrens abgesehen, so ist dies dem Steuerpflichtigen mitzuteilen.

9 Anzeigen

Besteht kein Anlass einer Anzeige nachzugehen, so sind die Gründe dafür aktenkundig zu machen. Bei Sachverhalten, für deren Ermittlung die Finanzbehörde nicht zuständig ist, soll der Anzeigenerstatter an die zuständige Strafverfolgungsbehörde oder Verwaltungsbehörde in Bußgeldsachen verwiesen werden, sofern nicht deren Unterrichtung durch die Finanzbehörde angezeigt erscheint. Wegen des Schutzes des Anzeigenerstatters vgl. Nummer 128.

10 Behandlung der Eingänge

(1) Die Eingänge sind darauf zu prüfen, ob

1. die Finanzbehörde das Verfahren selbständig durchzuführen befugt (vgl. Nummer 17) und sachlich und örtlich zuständig ist (vgl. Nummern 23 bis 25),
2. Vorfeldermittlungen (vgl. Nummer 12) oder Vorermittlungen (vgl. Nummer 13) anzustellen sind,
3. die Voraussetzungen für die Einleitung eines Verfahrens zu verneinen sind oder von der Einleitung abzusehen oder diese zurückzustellen ist,
4. das Strafverfahren oder das Bußgeldverfahren einzuleiten ist (vgl. Nummern 26, 104),
5. die Staatsanwaltschaft zu unterrichten ist (vgl. Nummer 140) oder

6. die Sache sogleich an die Staatsanwaltschaft abzugeben (vgl. Nummer 22) oder dieser vorzulegen ist (vgl. Nummer 110 Abs. 1).

(2) Ist die Finanzbehörde nicht zuständig, gibt sie die Vorgänge unter Beachtung der Nummern 128 und 129 an die zuständige Stelle ab. Fehlt ihr als Finanzbehörde die Befugnis zur selbständigen Sachverhaltsermittlung, sind die Vorgänge unter Beachtung der Nummern 128 und 129 der zuständigen Staatsanwaltschaft zuzuleiten.

(3) Ergibt sich sogleich, dass kein Tatverdacht (vgl. Nummer 26) besteht oder dass ein Verfahrenshindernis vorliegt (vgl. Nummer 81 Abs. 1 Satz 2), unterbleibt die Einleitung eines Verfahrens; dies ist aktenkundig zu machen.

11 Behandlung der Selbstanzeigen

(1) Nach dem Legalitätsprinzip (vgl. Nummer 14) ist die BuStra grundsätzlich berechtigt und verpflichtet, nach Eingang einer Selbstanzeige ein Strafverfahren zur Prüfung der Straffreiheit gemäß § 371 Abs. 1 und 3 AO einzuleiten (BFH-Urteil vom 29. April 2008, BStBl II 2008, 844). Von der Einleitung eines Strafverfahrens ist nur dann abzusehen, wenn in der Selbstanzeige die Angaben erkennbar richtig und vollständig gemacht wurden, die nachzuzahlenden Steuern sowie die Hinterziehungszinsen nach § 235 AO und die Zinsen nach § 233a AO, soweit sie auf die Hinterziehungszinsen nach § 235 Abs. 4 AO angerechnet werden, in voller Höhe entrichtet wurden und keine Ausschlussgründe nach § 371 Abs. 2 Satz 1 AO vorliegen.

(2) Eine Nachschau hindert die Abgabe einer wirksamen Selbstanzeige gemäß § 371 Abs. 2 Nummer 1e AO beschränkt auf ihren sachlichen und zeitlichen Umfang und unabhängig vom Ort der Nachschau. Inaugenscheinnahmen und Liquiditätsprüfungen sind keine Nachschauen im Sinne der steuerrechtlichen Vorschriften.

(3) Im Bereich einer vorsätzlichen Steuerhinterziehung ist eine Selbstanzeige vollständig, wenn zu allen unverjährten Steuerstraftaten (§ 369 Abs. 1 Nummer 1 AO) einer Steuerart, mindestens aber zu allen Steuerstraftaten einer Steuerart innerhalb der letzten zehn Kalenderjahre Angaben erfolgen (§ 371 Abs. 1 AO). Die zehn Kalenderjahre sind diejenigen, die dem Jahr des Eingangs der Selbstanzeige vorangehen. Nach dem Vollständigkeitsgebot müssen zu allen unverjährten Steuerstraftaten einer Steuerart in vollem Umfang die unrichtigen Angaben berichtigt werden, die unvollständigen Angaben ergänzt oder die unterlassenen Angaben nachgeholt werden, so dass auch die Steuerstraftaten, die im Kalenderjahr der Abgabe der Selbstanzeige begangen wurden, mit erklärt werden müssen, damit von einer wirksamen Selbstanzeige ausgegangen werden kann. Anknüpfungspunkt für den strafrechtlich noch nicht verjährten Zeitraum ist die materielle Tat, die durch Steuerart und Besteuerungszeitraum bestimmt wird. Bei Abgabe einer unrichtigen oder unvollständigen Erklärung ist für die Berechnung des Berichtigungszeitraums auf den Abgabezeitpunkt der Erklärung abzustellen. Bei Unterlassungsdelikten ist auf die Tatvollendung abzustellen.

(4) Die BuStra prüft, ob die Angaben für eine wirksame Selbstanzeige ausreichen. Ist der Sachverhalt weiter aufklärungsbedürftig, hat die BuStra die Ermittlungen selbst durchzuführen oder zu veranlassen.

(5) Hängt die Straffreiheit von der Nachentrichtung der Steuer, der Hinterziehungszinsen nach § 235 AO und der Zinsen nach § 233a AO, soweit sie auf die Hinterziehungszinsen nach § 235 Abs. 4 AO angerechnet werden, ab, veranlasst die BuStra, dass dafür eine angemessene Frist gesetzt und dabei auf die Bedeutung der Einhaltung der Frist hingewiesen wird. Hängt die Bußgeldfreiheit von der Nachentrichtung der Steuer ab, so verfährt die BuStra entsprechend des Satzes 1. Fristverlängerung, Stundung, Vollstreckungsaufschub sowie Erlass dürfen nur im Benehmen mit der BuStra gewährt werden.

12 Vorfeldermittlungen

(1) Vorfeldermittlungen (§ 208 Abs. 1 Satz 1 Nummer 3 AO) sind geboten, wenn noch keine konkreten Anhaltspunkte für eine Straftat oder Ordnungswidrigkeit gegeben sind, jedoch die Möglichkeit einer Steuerverkürzung in Betracht kommt. Die Ermittlungen können sich sowohl auf unbekannte Steuerpflichtige als auch auf unbekannte Sachverhalte beziehen. Es handelt sich um Ermittlungen im Besteuerungsverfahren im Unterschied zu den Vorermittlungen (vgl. Nummer 13). Soweit dazu Anlass besteht, ist dem Steuerpflichtigen das „Merkblatt über die Rechte und Pflichten von Steuerpflichtigen bei Prüfungen durch die Steuerfahndung nach § 208 Abs. 1 Satz 1 Nummer 3 AO“ auszuhändigen, vgl. BMF-Schreiben vom 13. November 2013, IV A 4 – S 0700/07/10048-10, BStBl I 2013, 1458.

(2) Ergibt sich aufgrund der Ermittlungen der Verdacht einer Straftat oder Ordnungswidrigkeit im Sinne der Nummern 18, 19 und 105 bis 107, führt die Steufa weitere Ermittlungen im Rahmen ihrer Aufgaben nach § 208 Abs. 1 Satz 1 Nummern 1 und 2 AO durch.

(3) Ergeben die Ermittlungen, dass ein Verdacht nicht besteht, sind aber weitere Ermittlungen bezüglich der Besteuerungsgrundlagen angezeigt, so führt die Steufa die Ermittlungen selbst durch oder regt deren Durchführung durch andere Stellen an.

13 Vorermittlungen

(1) Liegen Anhaltspunkte für eine Straftat oder Ordnungswidrigkeit im Sinne der Nummern 18, 19 und 105 bis 108 vor, reichen die Erkenntnisse jedoch nicht aus, um den erforderlichen Verdacht (vgl. Nummer 26) zu begründen, sind ggf. Vorermittlungen durchzuführen. Vorermittlungen sind allgemeine und informatorische Maßnahmen zur Gewinnung von Erkenntnissen, ob ein Verdacht gegeben und ein Ermittlungsverfahren durchzuführen ist.

(2) Mit den Vorermittlungen darf nicht bis zur Festsetzung der verkürzten Steuer oder der Festsetzung des Rückforderungsanspruchs oder bis zum Eintritt der Bestandskraft der Festsetzung gewartet werden, es sein denn, die Verkürzung scheint abweichend von der im Besteuerungsverfahren vom Finanzamt vertretenen Auffassung dem Grunde nach zweifelhaft.

Teil 3 Strafverfahren

Abschnitt 1 Allgemeine Grundsätze

14 Legalitätsprinzip

Die Finanzbehörde ist gemäß § 152 Abs. 2 StPO verpflichtet, im Rahmen ihrer Zuständigkeit (vgl. Nummern 23 und 24) wegen aller verfolgbaren Straftaten (vgl. Nummern 18 und 19) ohne Ansehen der Person einzuschreiten, sofern zureichende tatsächliche Anhaltspunkte vorliegen. Das Legalitätsprinzip ist Ausprägung des Rechtsstaatsgedankens und gewährleistet den auch im Strafverfahren geltenden Grundsatz der Gleichheit aller vor dem Gesetz (Artikel 3 GG). Die Finanzbehörde hat auf die Rechtmäßigkeit und Ordnungsmäßigkeit, die Beschleunigung des Verfahrens sowie auf die Zweckmäßigkeit und die Zuverlässigkeit der Ermittlungen zu achten (vgl. auch Nummer 6).

15 Ausnahmen vom Verfolgungszwang

Von der Verfolgung einer Straftat kann, wenn die Verfolgungsvoraussetzungen an sich gegeben sind, nur in den gesetzlich bestimmten Fällen (vgl. Nummer 39; Nummern 82 und 83) abgesehen werden.

16 Verhältnis des Strafverfahrens zum Besteuerungsverfahren

(1) Die Rechte und Pflichten der Steuerpflichtigen und der Finanzbehörden im Besteuerungsverfahren und im Strafverfahren richten sich nach den für das jeweilige Verfahren geltenden Vorschriften (§ 393 Abs. 1 Satz 1 AO). Werden die Besteuerungsgrundlagen im

Rahmen des Strafverfahrens ermittelt, so richten sich die Rechte und Pflichten grundsätzlich nach den strafprozessualen Vorschriften.

(2) Nach Einleitung des Strafverfahrens bleibt der Steuerpflichtige zwar zur Mitwirkung verpflichtet, soweit für Zwecke der Besteuerung ermittelt wird; seine Mitwirkung darf aber nicht mehr mit Hilfe von Zwangsmitteln (§ 328 AO) durchgesetzt werden (§ 393 Abs. 1 Satz 3 i. V. m. Satz 2 AO). Auch schon vor Einleitung eines Strafverfahrens sind im Besteuerungsverfahren Zwangsmittel unzulässig, sofern der Steuerpflichtige dadurch gezwungen würde, sich wegen einer von ihm begangenen Steuerstraftat oder Steuerordnungswidrigkeit zu belasten (§ 393 Abs. 1 Satz 2 AO). Ist gegen einen Steuerpflichtigen wegen der Abgabe unrichtiger Steuererklärungen ein Steuerstrafverfahren anhängig, rechtfertigt das Zwangsmittelverbot für nachfolgende Besteuerungszeiträume weder die Nichtabgabe zutreffender noch die Abgabe unrichtiger Steuererklärungen (vgl. BGH-Beschluss vom 10. Januar 2002 - 5 StR 452/01). Für die zutreffenden Angaben des Steuerpflichtigen, soweit sie zu einer mittelbaren Selbstbelastung für die zurückliegenden strafbefangenen Besteuerungszeiträume führen, besteht ein strafrechtliches Verwendungsverbot (BGH-Beschluss vom 12. Januar 2005 – 5 StR 191/04). Das Recht zur Schätzung der Besteuerungsgrundlagen (§ 162 AO) bleibt unberührt (vgl. BFH-Beschluss vom 19. September 2001 - XI B 6/01 -, BStBl II 2002, 4).

(3) Ergeben sich Anhaltspunkte dafür, dass nach Abs. 2 Sätze 1, 2 die Anwendung von Zwangsmitteln unzulässig sein könnte, ist der Steuerpflichtige über die Rechtslage zu belehren (§ 393 Abs. 1 Satz 4 AO). Die Belehrung hat spätestens zu erfolgen, wenn der Steuerpflichtige zur Mitwirkung aufgefordert wird oder, wenn er schon zur Mitwirkung aufgefordert worden war, seine Mitwirkung fortsetzt. Eine Verletzung der Belehrungspflicht gemäß § 393 Abs. 1 Satz 4 AO führt im Besteuerungsverfahren zu keinem Verwertungsverbot (vgl. BFH-Urteil vom 23. Januar 2002 - XI R 10, 11/01 - BStBl II 2002, 328). Im Übrigen wird auf Nummer 29 verwiesen.

(4) Im Strafverfahren kann der Steuerpflichtige (Beschuldigte) seine Mitwirkung verweigern, ohne dass daraus für ihn nachteilige strafrechtliche Folgen entstehen (§ 136 Abs. 1 Satz 2 i. V. m. § 163a Abs. 3, 4 StPO). Im Übrigen wird auf Nummer 4 verwiesen.

Abschnitt 2 Abgrenzung der Zuständigkeit zwischen Staatsanwaltschaft und Finanzamt

17 Selbständiges Ermittlungsverfahren

(1) Das Finanzamt führt das Ermittlungsverfahren unbeschadet des Rechts der Staatsanwaltschaft gemäß § 386 Abs. 4 Satz 2 AO selbständig durch, wenn die Tat

1. ausschließlich eine Steuerstraftat (§ 386 Abs. 2 Nummer 1 AO; Nummer 18) oder eine dieser gleichgestellte Tat (vgl. Nummer 19) darstellt,

2. zugleich andere Strafgesetze verletzt und deren Verletzung Kirchensteuern oder andere öffentlich-rechtliche Abgaben betrifft, die an Besteuerungsgrundlagen, Steuermessbeträge oder Steuerbeträge anknüpfen (§ 386 Abs. 2 Nummer 2 AO), z. B. Beiträge an Industrie- und Handelskammern, deren Höhe sich nach dem Gewerbesteuermessbetrag richtet.

(2) Der Begriff der Tat ist nicht im Sinne der Tateinheit nach § 52 StGB, sondern im prozessualen Sinne des § 264 Abs. 1 StPO zu verstehen (BGH-Urteil vom 4. Juni 1970 - 4 StR 80/70). Für die Annahme einer Tat in diesem Sinne kann es z. B. ausreichen, wenn die einzelnen Tathandlungen so miteinander verknüpft sind, dass ihre getrennte Aburteilung in verschiedenen erstinstanzlichen Verfahren einen einheitlichen Lebensvorgang unnatürlich aufspalten würde. Zur Abgrenzung von Tateinheit und Tatmehrheit vgl. BGH-Beschluss vom 22. Januar 2018 – 1 StR 535/17.

(3) Soweit die Finanzbehörde das Strafverfahren selbständig durchführt, nimmt sie die Rechte und Pflichten wahr, die der Staatsanwaltschaft im Ermittlungsverfahren zustehen (§ 399 Abs. 1 AO), z. B. Befugnis zur Beantragung von gerichtliche Untersuchungshandlungen (§ 162 StPO),

Anordnung von Beschlagnahmen und Durchsuchungen bei Gefahr im Verzug (§ 98 Abs. 1, § 105 Abs. 1 StPO), Durchsicht von Papieren und elektronischen Speichermedien (§ 110 StPO), Durchsetzung der Pflicht zum Erscheinen von Beschuldigten (§ 163a Abs. 3 StPO) sowie von Zeugen und Sachverständigen (§ 161a Abs. 1 und 2 StPO), Verlangen auf Vorlage und Auslieferung von Beweisgegenständen (§ 95 StPO), abschließende Entscheidung (vgl. Nummern 79 ff.).

(4) Aufgaben, welche sich aus der Ausübung staatsanwaltschaftlicher Rechte und Pflichten ergeben, werden von der BuStra wahrgenommen. Ihr obliegt stets die abschließende Entscheidung, insbesondere die Entscheidung über die Einstellung von Verfahren. Auch wenn die BuStra den Sachverhalt nicht selbst aufklärt, sondern die Steufa oder andere Stellen damit beauftragt, hat sie die Ermittlungen zu leiten, mindestens ihre Richtung und ihren Umfang zu bestimmen. Sie kann dabei auch konkrete Einzelweisungen zur Art und Weise der Durchführung einzelner Ermittlungshandlungen erteilen. Sie entscheidet in den Fällen des § 163 Abs. 4 StPO (z. B. Zeugnis- oder Auskunftsverweigerungsrechte).

(5) Zur Stellung der Finanzbehörde im Verfahren der Staatsanwaltschaft vgl. Nummern 91 bis 93 und im gerichtlichen Verfahren vgl. Nummern 94 bis 96.

18 Steuerstraftaten

Steuerstraftaten (§ 369 AO) sind

1. Taten, die nach den Steuergesetzen (AO und Einzelsteuergesetze, z. B. § 26c UStG, § 23 RennwLottG) strafbar sind, also insbesondere Steuerhinterziehung nach § 370 AO und versuchte Steuerhinterziehung. Auch soweit der gesamte steuerliche Sachverhalt erfunden wurde, d.h. indem das Vorhandensein eines Steuerschuldverhältnisses lediglich vorgetäuscht worden war, ist die Tat als Steuerhinterziehung zu beurteilen (vgl. BGH-Beschluss vom 23. März 1994 - 5 StR 91/94);

2. die Begünstigung (§ 257 StGB) einer Person, die eine der vorstehend genannten Taten begangen hat. Unter den Begriff der Begünstigung fällt nur die sachliche Begünstigung, die darin besteht, dem Täter die Vorteile aus der Tat sichern zu helfen, nicht dagegen die persönliche Begünstigung, die den Zweck hat, den Täter der Strafverfolgung zu entziehen (Strafvereitelung nach § 258 StGB);

3. die Anstiftung (§ 26 StGB) und die Beihilfe (§ 27 StGB) zu einer Tat im Sinne der Nummern 1 bis 2.

19 Gleichgestellte Straftaten

Den Steuerstraftaten gleichgestellte Straftaten sind

1. die ungerechtfertigte Erlangung von Altersvorsorgezulagen, von Wohnungsbauprämien, Forschungszulagen, Förderbeiträgen zur betrieblichen Altersvorsorge, Mobilitätsprämien, Energiepreispauschalen und von Arbeitnehmer-Sparzulagen durch Taten im Sinne des § 370 AO (§ 96 Abs. 7 EStG, § 8 Abs. 2 WoPG, § 13 FZulG, § 100 Abs. 5 Nummer 3 EStG, § 108 EStG, § 121 EStG, § 14 Abs. 3 5. VermBG) sowie der Versuch dazu;

2. der Betrug (§ 263 StGB) in Bezug auf Eigenheimzulage nach dem Eigenheimzulagengesetz (§ 15 Abs. 2 EigZulG) und auf Investitionszulage nach dem Investitionszulagengesetz (§ 15 InvZulG 2010);

3. der Subventionsbetrug (§ 264 StGB) in Bezug auf Investitionszulagen nach dem Investitionszulagengesetz (§ 15 InvZulG 2010);

4. die Begünstigung einer Person, die eine der vorstehend genannten Taten begangen hat (§ 257 StGB);

5. die Anstiftung (§ 26 StGB) und die Beihilfe (§ 27 StGB) zu einer der vorstehend genannten Taten.

20 Zuständigkeit nach Erlass eines Haft- oder Unterbringungsbefehls

Die selbständige Ermittlungsbefugnis der Finanzbehörde entfällt, sobald gegen einen Beschuldigten wegen der Tat ein Haftbefehl oder ein Unterbringungsbefehl erlassen ist (§ 386 Abs. 3 AO). Die Finanzbehörde hat in diesen Fällen nur die Rechte und die Pflichten der Behörden des Polizeidienstes sowie die Befugnis zu Maßnahmen nach § 399 Abs. 2 Satz 2 AO (vgl. Nummer 91).

21 Andere Straftaten

(1) Ergibt sich in einem Steuerstrafverfahren der Verdacht, dass innerhalb des einheitlichen Lebensvorgangs, der den Gegenstand der Untersuchung bildet (§ 264 StPO), Straftaten begangen wurden, auf die sich die selbständige Ermittlungsbefugnis der Finanzbehörden nicht erstreckt, so sind die Vorgänge der Staatsanwaltschaft vorzulegen.

(2) Stellt die Finanzbehörde fest, dass ein Steuerstrafverfahren nicht einzuleiten ist, ergeben sich jedoch Tatsachen, die auf eine andere Straftat schließen lassen, ist der Vorgang unter Wahrung des Steuergeheimnisses und unter Beachtung des Legalitätsprinzips an die Staatsanwaltschaft abzugeben; Nummer 128 gilt entsprechend. Nummer 140 Abs. 2 ist zu beachten.

22 Abgabe der Strafsache an die Staatsanwaltschaften

(1) Die Entscheidung über die Abgabe (§ 386 Abs. 4 Satz 1 AO) ist nach pflichtgemäßem Ermessen zu treffen. Die unverzügliche Abgabe kommt in Betracht, wenn besondere Umstände es angezeigt erscheinen lassen, dass das Ermittlungsverfahren unter der Verantwortung der Staatsanwaltschaft fortgeführt wird. Dies wird insbesondere der Fall sein, wenn

1. eine Maßnahme der Telekommunikationsüberwachung beantragt werden soll (vgl. auch Nummer 74);

2. die Anordnung der Untersuchungshaft (§§ 112, 113 StPO) geboten erscheint;

3. die Strafsache besondere verfahrensrechtliche Schwierigkeiten aufweist;

4. der Beschuldigte außer einer Tat im Sinne der Nummern 18 und 19 noch eine andere - prozessual selbständige - Straftat begangen hat und die Taten in einem einheitlichen Ermittlungsverfahren verfolgt werden sollen (vgl. auch Nummer 140 Abs. 3);

5. die Strafsache besondere materiell-rechtliche Schwierigkeiten aufweist (wie z. B. Fälle der nachträglichen Gesamtstrafenbildung)

6. Freiheitsstrafe zu erwarten ist, die nicht im Strafbefehlsverfahren geahndet werden kann;

7. gegen die in Nummern 151 bis 154 genannten Personen ermittelt wird;

8. ein Amtsträger der Finanzverwaltung der Beteiligung verdächtig ist.

In den Fällen der Nummern 7 und 8 hat eine sofortige Abgabe zu erfolgen.

(2) In den Fällen, die wegen der Größenordnung oder aus anderen Gründen, namentlich wegen der Persönlichkeit oder der Stellung des Beschuldigten oder wegen des Sachzusammenhangs mit anderen strafrechtlichen Ermittlungsverfahren, von besonderer Bedeutung sind, hat die Finanzbehörde, sofern sie nicht die Vorgänge gemäß Abs. 1 abgegeben hat, die Staatsanwaltschaft unverzüglich zu verständigen (vgl. auch BGH-Beschluss vom 30. April 2009

- 1 StR 90/09 und Nummer 140). Dies gilt auch, wenn zu entscheiden ist, ob eine wirksame Selbstanzeige i.S.v. § 371 AO gegeben ist (vgl. BGH-Beschluss vom 20. Mai 2010 – 1 StR 577/09).

(3) Bei Straftaten zum Nachteil der finanziellen Interessen der Europäischen Union, für die gemäß Artikel 22 und Artikel 25 Abs. 2 und 3 der Verordnung (EU) 2017/1939 (EUStA-VO) die Europäische Staatsanwaltschaft (EUStA) ihre Zuständigkeit ausüben könnte, sind die Melde- bzw. Unterrichtungspflichten nach Artikel 24 Abs. 1 und 2 EUStA-VO an die EUStA zu beachten. Im Übrigen wird auf Nummer 140a hingewiesen.

Abschnitt 3 Zuständiges Finanzamt

23 Sachliche Zuständigkeit

Das Ermittlungsverfahren führt die Finanzbehörde durch, der die Zuständigkeit nach § 387 Abs. 2 AO übertragen wurde. Daneben kann auch die Finanzbehörde, die die betroffene Steuer verwaltet (§ 387 Abs. 1 AO), im ersten Zugriff den Sachverhalt erforschen und Anordnungen und Maßnahmen nach § 399 Abs. 2 AO treffen.

24 Örtliche Zuständigkeit

(1) Die örtliche Zuständigkeit ergibt sich aus § 388 AO; wegen des Begriffes des Tatortes wird auf § 9 StGB verwiesen.

(2) Die örtliche Zuständigkeit bleibt bestehen, wenn die Verwaltungszuständigkeit auf eine andere Finanzbehörde übergeht. Bei Wohnsitzwechsel wird auch die für die Besteuerung neu zuständig werdende Finanzbehörde örtlich zuständig (§ 388 Abs. 2 AO).

(3) Bei zusammenhängenden Strafsachen (§ 3 StPO) im Sinne der Nummer 17, für die einzeln verschiedene Finanzbehörden örtlich zuständig wären, ist jede dieser Finanzbehörden für jede der zusammenhängenden Strafsachen zuständig (§ 389 AO). Dies gilt nicht, wenn eine der Straftaten zur Zuständigkeit des Hauptzollamtes und eine andere zur Zuständigkeit des Finanzamtes gehört.

25 Mehrfache Zuständigkeit

(1) Die Regelung über die mehrfache Zuständigkeit (§ 390 AO) gilt sowohl für die örtliche als auch für die sachliche Zuständigkeit. Zu einer mehrfachen sachlichen Zuständigkeit kann es namentlich kommen, wenn sich die Steuerstraftat auf mehrere Steuerarten, die von verschiedenen Finanzbehörden verwaltet werden, bezieht und es sich um eine Tat im Sinne des § 264 StPO handelt. Eine mehrfache örtliche Zuständigkeit kann sich insbesondere aus der Regelung des § 388 AO ergeben.

(2) Vorrangig zuständig ist die Finanzbehörde, die wegen der Tat zuerst ein Strafverfahren eingeleitet hat (§ 390 Abs. 1 AO).

(3) Die andere Finanzbehörde ist zur Übernahme verpflichtet, sofern dies für die Ermittlung sachdienlich erscheint (§ 390 Abs. 2 AO). Es entscheidet zunächst die Behörde, die abgeben will, z. B. weil das Schwergewicht der Tat nicht in ihrem Bezirk liegt oder weil dadurch die Ermittlungen erleichtert werden. In Zweifelsfällen sollte vor der Abgabe eine Verständigung zwischen den beteiligten Finanzbehörden angestrebt werden. Kommt eine Einigung nicht zustande, entscheidet die Aufsichtsbehörde der ersuchten Finanzbehörde (§ 390 Abs. 2 Satz 2 AO).

Abschnitt 4 Einleitung des Strafverfahrens

26 Verdacht; Legalitätsprinzip

(1) Ergibt sich der Verdacht einer verfolgbaren Steuerstraftat, so ist ein Strafverfahren einzuleiten (§ 152 Abs. 2 StPO; sog. Legalitätsprinzip, vgl. auch Nummer 14).

(2) Ein Verdacht besteht, wenn zureichende tatsächliche Anhaltspunkte für eine Steuerstraftat vorliegen. Die bloße Möglichkeit einer schuldhaften Steuerverkürzung (vgl. Nummern 131 Abs. 2, 12, 13) begründet noch keinen Verdacht.

27 Einleitungsmaßnahmen

(1) Ein Strafverfahren wird mit jeder Maßnahme eingeleitet, die erkennbar darauf abzielt, gegen Jemanden wegen einer Straftat im Sinne der Nummern 18 und 19 vorzugehen (§ 397 AO). Dient eine Maßnahme nur der Prüfung, ob ein Verdacht vorliegt (vgl. Nummern 12, 13), so stellt sie noch keine Einleitung dar.

(2) Spätestens wird ein Strafverfahren eingeleitet durch die Vernehmung eines Beschuldigten oder Zeugen, durch eine Durchsuchung oder Beschlagnahme. Werden diese Maßnahmen auf Grund gerichtlicher Anordnung durchgeführt, so liegt die Einleitung bereits in der Antragstellung.

28 Mitteilung der Einleitung an Beschuldigte

(1) Die Einleitung des Strafverfahrens ist dem Beschuldigten spätestens mitzuteilen, wenn er aufgefordert wird, Auskünfte zu geben oder Unterlagen vorzulegen, die mit der Straftat zusammenhängen, auf die sich der Verdacht erstreckt (§ 397 Abs. 3 AO). Erfordert es der Untersuchungszweck, vor der Vernehmung des Beschuldigten zunächst andere Ermittlungen vorzunehmen, z. B. Vernehmungen von Zeugen, so braucht ihm die Einleitung erst bekannt gegeben zu werden, wenn er um Mitwirkung gebeten wird.

(2) Bei der Bekanntgabe der Einleitung ist der Beschuldigte nach § 136 Abs. 1 StPO zu belehren (vgl. auch Nummer 49 Abs. 1). Es sind ihm nach Möglichkeit Steuerart und Steuerjahr, auf die sich die Tat bezieht, sowie die Handlung, durch welche sie, und der Zeitpunkt, zu dem sie begangen wurde, unter Angabe der gesetzlichen Bestimmungen mitzuteilen.

(3) Absätze 1 und 2 gelten entsprechend bei Erweiterung des Tatverdachts.

(4) Wegen der Rechtsstellung des Steuerpflichtigen wird auf Nummer 16 verwiesen.

29 Belehrung

Sofern nicht schon vorher ein Anlass besteht, den Steuerpflichtigen gemäß § 393 Abs. 1 Satz 4 AO zu belehren, hat diese Belehrung (vgl. Nummer 16) spätestens mit der Bekanntgabe der Einleitung des Strafverfahrens zu erfolgen. Bei vorläufiger Festnahme des Beschuldigten ist die Pflicht zur unverzüglichen Belehrung nach § 127 Abs. 4 i. V. m. § 114b StPO zu beachten (vgl. Nummer 73 Abs. 8). Dies gilt entsprechend bei Identitätsfeststellungen nach § 163b StPO. Weigert sich der Steuerpflichtige, bei der Durchführung der Besteuerung mitzuwirken, ist er darauf hinzuweisen, dass dies im Besteuerungsverfahren berücksichtigt werden kann und die Besteuerungsgrundlagen ggf. geschätzt werden können. Der Eindruck, dass dadurch ein Druck zur Mitwirkung auf ihn ausgeübt werden soll, ist zu vermeiden. Wegen der Belehrung zu Beginn der Vernehmung vgl. Nummer 49 Abs. 1.

30 Vermerk

Die Maßnahme, durch die ein Strafverfahren eingeleitet wird, ist unverzüglich unter Angabe des Zeitpunkts in den Akten zu vermerken (§ 397 Abs. 2 AO), die Bekanntgabe der Einleitung unter Angabe von Datum und - wenn möglich - Uhrzeit. Außerdem sind Beschuldigter, Steuerart und Steuerjahr, auf die sich die Tat bezieht, sowie die Handlung, durch welche sie, und der Zeitpunkt, zu dem sie begangen wurde, so vollständig und genau wie möglich anzugeben.

31 Mitteilung der Einleitung an Stellen innerhalb der Finanzämter

(1) Die Einleitung des Verfahrens durch andere Stellen ist der BuStra unter Übersendung einer Zweitschrift des Aktenvermerks nach Nummer 30 unverzüglich mitzuteilen.

(2) Die BuStra teilt die Einleitung des Verfahrens der für die Steuerfestsetzung zuständigen Stelle mit. Nummer 134 ist zu beachten.

Abschnitt 5 Verteidigung

32 Wahl und Bestellung eines Verteidigers

(1) Der Beschuldigte kann sich des Beistandes eines Verteidigers bedienen (§ 137 Abs. 1 StPO); wegen der Belehrung des Beschuldigten vgl. Nummer 49 Abs. 1 und Nummer 29. Solange die Finanzbehörde auf Grund des § 386 Abs. 2 AO das Ermittlungsverfahren selbständig durchführt (vgl. Nummer 17), kommen als Verteidiger außer Rechtsanwälten und Rechtslehrern (§ 138 Abs. 1 StPO) auch Steuerberater, Steuerbevollmächtigte, Wirtschaftsprüfer und vereidigte Buchprüfer in Betracht (§ 392 Abs. 1 AO). Andere Personen bedürfen als Verteidiger der Genehmigung durch das Gericht (§ 138 Abs. 2 StPO).

(2) Wird die Finanzbehörde nach einem geeigneten Verteidiger befragt, hat sie die nach Abs. 1 gesetzlich vorgesehenen Möglichkeiten aufzuzeigen. Dem Beschuldigten sind Informationen zur Verfügung zu stellen, die es ihm erleichtern, einen Verteidiger zu kontaktieren; auf bestehende anwaltliche Notdienste ist dabei hinzuweisen (§ 136 Abs. 1 Satz 3 und 4 StPO). Der Beschuldigte kann auch auf die beim zuständigen Amtsgericht und Landgericht geführten Listen der zugelassenen Rechtsanwälte hingewiesen sowie an die Steuerberaterkammer und an die Wirtschaftsprüferkammer verwiesen werden. Die Empfehlung eines bestimmten Verteidigers hat jedoch zu unterbleiben. Nicht zulässig ist die Verteidigung mehrerer Beschuldigter durch einen gemeinschaftlichen Verteidiger (§ 146 StPO).

(3) Liegt ein Fall der notwendigen Verteidigung vor (§ 140 Abs. 1 und 2 StPO), so befragt die Finanzbehörde den Beschuldigten nach seiner Belehrung (vgl. Nummer 49 Abs. 1 und Nummer 29), ob er die Bestellung eines Pflichtverteidigers beantragen möchte und gibt ihm Gelegenheit, innerhalb einer angemessenen Frist einen Verteidiger zu bezeichnen. Stellt der Beschuldigte keinen Antrag auf Bestellung eines Pflichtverteidigers, so beantragt die BuStra, sofern sie die Ermittlungen selbständig durchführt (vgl. Nummer 17), selbst die Bestellung eines Pflichtverteidigers, wenn der Beschuldigte einem Gericht zur Entscheidung über Haft oder einstweilige Unterbringung vorgeführt werden soll, wenn er sich bereits auf Grund richterlicher Anordnung oder mit richterlicher Genehmigung in einer Anstalt befindet oder wenn ersichtlich ist, dass er sich nicht selbst verteidigen kann (§ 141 Abs. 2 Nummer 1 bis 3, § 142 Abs. 2 StPO). Bei besonderer Eilbedürftigkeit kann die BuStra selbst über die Bestellung entscheiden (§ 142 Abs. 4 StPO).

33 Bevollmächtigung des Verteidigers, Zustellung an den Verteidiger

(1) Die Beauftragung eines Wahlverteidigers ist formlos möglich. Der gewählte Verteidiger hat bei Zweifeln an seiner Bevollmächtigung auf Verlangen eine schriftliche Vollmacht vorzulegen, sofern der Beschuldigte die Bevollmächtigung nicht angezeigt hat oder er nicht zusammen mit dem Verteidiger erscheint (vgl. BVerfG – Beschluss vom 14. September 2011 – 2 BvR 449/11). Die Bevollmächtigung endet vor Abschluss des Verfahrens der Finanzbehörde nur mit der Anzeige des Beschuldigten über die Beendigung oder mit der Niederlegung des Mandats durch den Verteidiger.

(2) Der gewählte Verteidiger, dessen Bevollmächtigung nachgewiesen ist, sowie der bestellte Verteidiger gelten als ermächtigt, Zustellungen und sonstige Mitteilungen für den Beschuldigten in Empfang zu nehmen. Zum Nachweis der Bevollmächtigung genügt die Übermittlung einer Kopie der Vollmacht durch den Verteidiger. Die Nachreichung der Vollmacht im Original kann verlangt werden; hierfür kann eine Frist bestimmt werden. Eine Ladung des Beschuldigten darf an den Verteidiger nur zugestellt werden, wenn er in seiner nachgewiesenen Vollmacht ausdrücklich zur Empfangnahme von Ladungen ermächtigt ist (§ 145a StPO).

34 Stellung des Verteidigers in Ermittlungsverfahren der BuStra und der Steufa

(1) Bei der Vernehmung des Beschuldigten durch die BuStra und die Steufa hat der Verteidiger ein Recht auf Anwesenheit; er ist rechtzeitig von dem Vernehmungstermin zu benachrichtigen (§ 163a Abs. 3 Satz 2, § 163a Abs. 4 Satz 3, § 168c Abs. 1 und 5 StPO).

(2) Der anwesende Verteidiger hat ein Erklärungs- und Fragerecht. Ungeeignete oder nicht zur Sache gehörende Fragen oder Erklärungen können zurückgewiesen werden (§ 163a Abs. 3 und 4 i. V. m. § 168c Abs. 1 StPO).

(3) Bei sonstigen Ermittlungshandlungen von BuStra und Steufa (z. B. Zeugenvernehmung) hat der Verteidiger kein Anwesenheitsrecht. Ihm kann jedoch die Anwesenheit gestattet werden. Dann hat er jedoch kein Erklärungs- oder Fragerecht.

(4) Wegen der Teilnahme des Beistandes eines Zeugen bei dessen Vernehmung vgl. Nummer 49 Abs. 8. Der Verteidiger eines Beschuldigten darf in derselben Rechtssache nicht rechtlicher Vertreter eines Zeugen sein (§ 356 StGB).

35 Akteneinsicht

(1) Vor Abschluss der Ermittlungen (§ 169a StPO) ist dem Verteidiger auf Antrag Einsicht in die Protokolle über Vernehmungen des Beschuldigten, über richterliche Untersuchungshandlungen, bei denen dem Verteidiger die Anwesenheit gestattet worden ist oder hätte gestattet werden müssen, sowie in Sachverständigengutachten zu gewähren (§ 147 Abs. 3 StPO). Die Einsichtnahme in die übrigen Vorgänge sowie die Besichtigung von Beweisstücken kann verwehrt werden, soweit dies den Untersuchungszweck gefährden kann (§ 147 Abs. 2 Satz 1 StPO). Dies ist z. B. anzunehmen, wenn Untersuchungshandlungen vorbereitet sind, deren vorzeitiges Bekanntwerden verhindert werden soll. Befindet sich der Beschuldigte allerdings in Untersuchungshaft oder ist diese im Fall der vorläufigen Festnahme beantragt, sind dem Verteidiger diejenigen Informationen zugänglich zu machen, die für die Beurteilung der Rechtmäßigkeit der Inhaftierung wesentlich sind; in der Regel ist insoweit Akteneinsicht zu gewähren (§ 147 Abs. 2 Satz 2 StPO).

(2) Mit Abschluss der Ermittlungen ist dem Verteidiger uneingeschränkt Akteneinsicht zu gewähren und die Besichtigung von Beweisstücken zu gestatten (§ 147 Abs. 1, 2 StPO). Dies gilt auch für Steuerakten, die zum Zwecke der Beweisführung für das Strafverfahren herangezogen werden. Zur Form der Gewährung der Akteneinsicht wird auf § 32f Abs. 1 und 2 StPO hingewiesen.

(3) Auch nach rechtskräftigem Abschluss des Verfahrens ist dem Verteidiger Akteneinsicht zu gewähren, sofern noch Raum für Verteidigungshandeln besteht, insbesondere wenn die Stellung von Anträgen im Strafvollstreckungsverfahren oder von Wiederaufnahmeanträgen nach §§ 359 ff. StPO in Betracht kommt. § 147 StPO gilt nicht, wenn der frühere Beschuldigte Akteneinsicht für Zwecke begehrt, die mit seiner Verteidigung in der Strafsache nicht mehr zusammenhängt.

(4) Handakten sowie andere innerdienstliche Vorgänge (z. B. verwaltungsinterne Vermerke), die dem Gericht nicht vorgelegt werden, sind von der Akteneinsicht auszuschließen (vgl. Nummer 186 Abs. 3 RiStBV).

(5) Vor der Einsichtnahme oder der Besichtigung von Beweisstücken ist zu prüfen, ob sich aus ihnen Verhältnisse Dritter ergeben, die dem Steuergeheimnis unterliegen. Hat der Dritte die Finanzbehörde nicht von der Wahrung des Steuergeheimnisses entbunden, ist eine Offenbarung und somit eine Einsichtnahme nur zulässig, soweit die Beweisstücke der Staatsanwaltschaft oder dem Gericht vorgelegt werden (§ 30 Abs. 4 Nummer 1 AO); auf Nummer 128 wird hingewiesen.

(6) Auf Antrag sollen dem Verteidiger, soweit nicht wichtige Gründe entgegenstehen, die Akten mit Ausnahme der Beweisstücke zur Einsichtnahme in seine Geschäftsräume oder in seine Wohnung mitgegeben werden (§ 32f Abs. 2 StPO). Entscheidungen über die Form der

Gewährung von Akteneinsicht sind nicht anfechtbar (§ 32f Abs. 3 StPO). Werden die Akten dem Verteidiger auf seinen Antrag hin übersandt, so kann hierfür gemäß § 385 Abs. 1 AO i. V. m. § 1 Satz 1 Nummer 5, § 3 Abs. 2 GKG i. V. m. Nummer 9003 KVGKG eine Aktenversendungspauschale erhoben werden.

(7) Das Recht zur Akteneinsicht umfasst auch das Recht, Abschriften oder Ablichtungen zu fertigen.

(8) Der Beschuldigte, der keinen Verteidiger hat, ist befugt, die Akten einzusehen und unter Aufsicht amtlich verwahrte Beweisstücke zu besichtigen, soweit der Untersuchungszweck auch in anderen Strafverfahren nicht gefährdet werden kann und überwiegende schutzwürdige Interessen Dritter nicht entgegenstehen. An Stelle der Einsichtnahme in die Akten können ihm auch Kopien aus den Akten bereitgestellt werden (§ 147 Abs. 4 StPO). Soweit nicht wichtige Gründe entgegenstehen, können Aktenkopien auch mitgegeben werden (§ 32f Abs. 2 StPO). § 477 Abs. 5 StPO gilt entsprechend. Werden die Aktenkopien dem Beschuldigten auf seinen Antrag hin übersandt, so kann hierfür in entsprechender Anwendung des § 385 Abs. 1 AO i. V. m. § 1 Satz 1 Nummer 5, § 3 Abs. 2 GKG i. V. m. Nummer 9003 KVGKG eine Aktenversendungspauschale erhoben werden. Im Übrigen gelten die Absätze 1 bis 4 entsprechend.

(9) Den Sachverständigen kann die Finanzbehörde Akteneinsicht und Besichtigung der Beweismittel nach pflichtgemäßem Ermessen gewähren (§ 80 Abs. 2 StPO). Zeugen und deren Beistände, der Anzeigeerstatter und sein Bevollmächtigter haben nach § 147 StPO kein Recht auf Akteneinsicht. Diese Personen können jedoch nach § 475 StPO unter bestimmten Voraussetzungen Auskünfte aus Akten erhalten bzw. es kann ihnen Akteneinsicht gewährt werden.

(10) Über die Gewährung der Akteneinsicht entscheidet im vorbereitenden Verfahren und nach rechtskräftigem Abschluss des Verfahrens die BuStra, soweit die Finanzbehörde das Strafverfahren selbständig durchführt (vgl. Nummer 17), in anderen Fällen die Staatsanwaltschaft (§ 147 Abs. 5 StPO).

36 Ausschluss eines Verteidigers

(1) Besteht der begründete Verdacht, dass der Verteidiger an der Tat beteiligt war und soll das Verfahren nicht an die Staatsanwaltschaft abgegeben werden, prüft die Finanzbehörde die Frage der Ausschließung (§§ 138a,138c StPO); die Unterrichtung der Staatsanwaltschaft (vgl. Nummer 140) wird in der Regel angebracht sein. Ergibt die Prüfung, dass der Verdacht dringend ist oder die Eröffnung des Hauptverfahrens rechtfertigen würde, ist ein Antrag auf Ausschluss mit Begründung über die vorgesetzte Behörde an das Oberlandesgericht zu stellen.

(2) Bis zur Entscheidung des Oberlandesgerichts können die Vernehmung des Beschuldigten sowie die Gewährung von Akteneinsicht zurückgestellt werden. Ob gegen den Verteidiger wegen der Teilnahme an der Tat das Verfahren einzuleiten ist, hat die Finanzbehörde nach Nummer 26 zu entscheiden.

Abschnitt 6 Allgemeine Ermittlungsgrundsätze

37 Ziel und Umfang der Ermittlungen

(1) Ziel der Ermittlungen ist es, eine Entscheidung darüber zu treffen, ob und in Bezug auf welchen Sachverhalt sowie nach welcher Strafbestimmung die öffentliche Klage, ggf. durch Stellung eines Antrages auf Erlass eines Strafbefehls, oder ein Antrag nach § 406 AO geboten erscheint (§ 160 StPO) oder ob das Verfahren einzustellen ist. Hierbei ist darauf zu achten, dass die Ermittlungen auf das Wesentliche gerichtet werden.

(2) Art und Umfang der Ermittlungen richten sich nach den Umständen des einzelnen Falles. Es gilt der Grundsatz der freien Gestaltung des Ermittlungsverfahrens, wobei das Übermaßverbot (vgl. Nummer 3) besonders zu beachten ist.

38 Verbinden und Abtrennen von Verfahren

(1) Sind mehrere prozessual selbständige Straftaten im Sinne der Nummern 18 und 19 zu verfolgen, und hängen diese Straftaten persönlich oder sachlich zusammen (§ 3 StPO), hat die Finanzbehörde in der Regel die Verfahren zu verbinden. Die Verbindung unterbleibt, wenn dies im Interesse der Beschleunigung der Strafverfolgung liegt. Unter diesem Gesichtspunkt ist auch zu prüfen, ob und inwieweit nach erfolgter Verbindung wieder Teile abzutrennen und als Verfahren gesondert zu führen sind.

(2) Hängen Straftaten im Sinne der Nummern 18 und 19 mit einer anderen Straftat zusammen, ist nach Nummer 22 Abs. 1 Nummer 4 und Nummer 140 Abs. 3 zu verfahren.

39 Absehen von der Verfolgung und Beschränkung der Strafverfolgung

(1) Wird gegen denselben Beschuldigten wegen mehrerer Taten im Sinne der Nummern 18 und 19 ermittelt, kann die BuStra unter den Voraussetzungen des § 154 Abs. 1 Nummer 1 StPO von der Verfolgung einer oder mehrerer der Taten absehen. Von der Möglichkeit der Einstellung nach § 154 Abs. 1 StPO soll die BuStra in einem möglichst frühen Verfahrensstadium Gebrauch machen. Sie prüft zu diesem Zweck vom Beginn der Ermittlungen an, ob die Voraussetzungen für eine Verfahrensbeschränkung vorliegen. Wird von der Verfolgung einer oder mehrerer Taten abgesehen, ist dies aktenkundig zu machen. Der Zustimmung des Gerichts bedarf es nicht. Auf die Wiederaufnahmemöglichkeit nach § 154 Abs. 4 StPO wird hingewiesen.

(2) Abs. 1 gilt auch, wenn wegen der anderen Taten von einer anderen Finanzbehörde ermittelt wird sowie dann, wenn die Staatsanwaltschaft wegen anderer Straftaten ermittelt, andere Straftaten bei einem Gericht anhängig sind oder bereits auf Grund solcher Verfahren eine Strafe oder Maßregel der Besserung und Sicherung rechtskräftig verhängt worden ist. Sofern das Bezugsverfahren noch nicht rechtskräftig abgeschlossen ist, ist die Entscheidung im Benehmen mit der anderen Finanzbehörde oder der Staatsanwaltschaft zu treffen.

(3) Erstreckt sich das Verfahren auf eine Tat mit mehreren abtrennbaren Teilen oder sind durch dieselbe Tat mehrere Gesetzesverletzungen begangen worden, kann die BuStra die Strafverfolgung nach Maßgabe des § 154a StPO beschränken. Absatz 1 Sätze 2 bis 6 sowie Absatz 2 gelten entsprechend.

(4) Die §§ 154 und 154a StPO sind insbesondere in Verfahren mit einer für das Steuerstrafverfahren ungewöhnlich großen Anzahl von Einzeltaten oder von aufklärungsbedürftigen Vorgängen anzuwenden. Falls die Bildung einer Gesamtstrafe in Betracht kommt, ist auf die Auswirkung der auszuscheidenden Tat auf die zu erwartende Gesamtstrafe abzustellen. Bei der Prüfung, ob bei Verkürzungsdelikten die zu erwartende Strafe neben einer anderen Strafe "nicht beträchtlich" ins Gewicht fällt, kann im Regelfall auf das Verhältnis der verkürzten Beträge abgestellt werden. Nach § 154 StPO soll hier nicht von der Verfolgung einer Tat abgesehen werden, auf die von den insgesamt verkürzten Steuern mehr als ein Drittel entfällt. Entsprechendes gilt für § 154a StPO.

(5) Solange die Besteuerungsgrundlagen noch nicht ermittelt sind, ist von den §§ 154 und 154a StPO nur in Ausnahmefällen Gebrauch zu machen, z. B. wenn die Steuerfestsetzung nach § 156 Abs. 2 AO nach Auffassung der zuständigen Stelle unterbleiben kann.

40 Beweissicherung

(1) Die Finanzbehörde hat, auch zugunsten des Beschuldigten, für die Erhebung und Sicherung der Beweise Sorge zu tragen, deren Verlust zu befürchten ist (§§ 399, 402 AO, § 160 Abs. 2, § 163 Abs. 1 StPO). Hierzu gehört z. B. ferner die Sicherstellung von Gegenständen, die als

Beweismittel für die Untersuchung von Bedeutung sein können sowie ggf. die Veranlassung einer gerichtlichen Vernehmung. Auf die rechtzeitige Erhebung und Sicherung der Beweise ist auch in den Fällen zu achten, in denen das Strafverfahren nach § 396 AO ausgesetzt worden ist oder seine alsbaldige Durchführung nicht zweckmäßig erscheint, z. B. weil vor Erhebung der öffentlichen Klage für längere Zeit die Abwesenheit des Beschuldigten oder ein anderes in seiner Person liegendes Hindernis entgegen steht (§ 154f StPO).

(2) Wegen der Verwahrung sichergestellter Gegenstände vgl. Nummer 74 RiStBV.

41 Ermittlung von Umständen, die für die Bemessung der Strafe und für die Nebenfolgen von Bedeutung sind

Zu den Rechtsfolgeumständen, auf die sich die Ermittlungen erstrecken sollen (vgl. § 160 Abs. 3 Satz 1 StPO), gehören insbesondere Umstände, die für die Bemessung der Strafe von Bedeutung sind (vgl. §§ 46 ff. StGB). Grenzen für die Ermittlung der Rechtsfolgeumstände können sich aus dem Verwertungsverbot nach § 51 BZRG und ggf. aus dem Verhältnismäßigkeitsgrundsatz ergeben, insbesondere, soweit die Ermittlungen nicht ohne Eindringen in die Privatsphäre des Beschuldigten durchgeführt werden können. Auf die Nummern 13, 14 und 15 Abs. 1 bis 3 RiStBV wird hingewiesen.

42 Unterstützung durch andere Behörden und Stellen

(1) Die BuStra kann zur Durchführung ihrer Ermittlungen von allen öffentlichen Behörden Auskunft verlangen und Ermittlungen jeder Art, z. B. Einsichtnahme in Akten, entweder selbst vornehmen oder durch die Steufa, ggf. auch durch die Behörden und Beamten des Polizeidienstes vornehmen lassen (§ 161 StPO). Die Ermittlungsbefugnisse der Steufa nach §§ 208 und 404 AO bleiben unberührt.

(2) Bei Auskunftsersuchen an Behörden sind einschlägige Geheimhaltungsbestimmungen zu beachten (vgl. z. B. § 35 SGB 1, § 39 PostG).

43 Antrag auf Vornahme gerichtlicher Untersuchungshandlungen

(1) Die BuStra kann die Vornahme gerichtlicher Untersuchungshandlungen, z. B. die eidliche Vernehmung von Zeugen, beim Amtsgericht beantragen (§ 162 StPO).

(2) Der Antrag auf Vornahme einer gerichtlichen Untersuchungshandlung soll regelmäßig nur dann gestellt werden, wenn dieser aus besonderen Gründen für erforderlich erachtet wird, z. B. weil der Verlust eines Beweismittels droht oder ein Geständnis festzuhalten ist (§ 254 StPO) oder, wenn eine Straftat nur durch Personen bewiesen werden kann, die zur Verweigerung des Zeugnisses berechtigt sind (vgl. Nummer 10 RiStBV). Im Hinblick auf Nummer 47 Abs. 1 ist bei Nichterscheinen des Zeugen ein Antrag auf gerichtliche Vernehmung regelmäßig nur zu stellen, wenn der Zeuge vereidigt (§ 62 StPO) oder ein verlesbares Vernehmungsprotokoll beschafft werden soll (§ 251 StPO).

(3) Die einzelnen Untersuchungshandlungen müssen im Antrag angegeben werden, ggf. unter Beschränkung auf einzelne Beweisthemen.

(4) Zum Antrag auf Anordnung der Durchsuchung oder Beschlagnahme vgl. Nummer 60.

44 Ausweispflicht

Vor der Vornahme von Amtshandlungen außerhalb der Diensträume haben sich die für die jeweiligen Einsatzorte verantwortlichen Amtsträger auszuweisen. Die weiteren an den Maßnahmen beteiligten Amtsträger haben sich auf Verlangen auszuweisen. Soweit der Zweck der Maßnahme beeinträchtigt oder der Amtsträger gefährdet würde, sind Einschränkungen der Ausweispflicht zulässig.

Abschnitt 7 Vernehmung

45 Ladung

Wegen der Ladung des Beschuldigten durch BuStra oder Steufa vgl. Nummer 44 RiStBV, wegen der Ladung des Zeugen vgl. Nummer 64 RiStBV, Nummer 54 Abs. 2 Satz 1.

46 Rechtsstellung des Beschuldigten

(1) Auf Ladung der BuStra ist der Beschuldigte verpflichtet, vor dieser zu erscheinen (§ 163a Abs. 3 Satz 1 StPO), wenn sie das Ermittlungsverfahren selbständig durchführt (vgl. Nummer 17). Der Beschuldigte ist nicht verpflichtet, vor der Steufa zur Vernehmung zu erscheinen.

(2) Der Beschuldigte ist nicht verpflichtet, zur Sache auszusagen (vgl. Nummer 16). Dieses Aussageverweigerungsrecht bezieht sich nicht auf die Angaben zur Person.

47 Rechtsstellung des Zeugen

(1) Zeugen sind verpflichtet, auf Ladung der BuStra vor dieser zu erscheinen und zur Sache auszusagen (§ 161a Abs. 1 Satz 1 StPO), wenn sie das Ermittlungsverfahren selbständig durchführt. Zeugen sind auch verpflichtet, auf Ladung vor der Steufa zu erscheinen und zur Sache auszusagen, wenn der Ladung ein Auftrag der Staatsanwaltschaft oder BuStra zugrunde liegt (§ 163 Abs. 3 Satz 1 StPO).

(2) Zur Verweigerung des Zeugnisses sind insbesondere nahe Angehörige und Angehörige bestimmter Berufsgruppen einschließlich ihrer mitwirkenden Personen berechtigt (§§ 52 bis 53a, 56 StPO). Nahe Angehörige sind Verlobte, Ehegatten und die in § 52 Abs. 1 Nummer 3 StPO bezeichneten Verwandten und Verschwägerten sowie die in § 52 Abs. 1 Nummer 2a StPO bezeichneten Lebenspartner. Wegen der Verwandtschaft und Schwägerschaft wird auf die §§ 1589 und 1590 BGB verwiesen.

(3) Ein Zeuge braucht Fragen, deren Beantwortung ihn oder nahe Angehörige der Gefahr der Verfolgung wegen einer Straftat oder Ordnungswidrigkeit aussetzen würden, nicht zu beantworten. Der Verweigerungsgrund ist auf Verlangen glaubhaft zu machen; es genügt die eidliche Versicherung des Zeugen (§§ 55, 56 StPO). In bestimmten Fällen braucht der Zeuge keine Angaben zu seinem Wohnsitz zu machen (§ 68 Abs. 2 bis 4 StPO). Zur Belehrung des Zeugen vgl. Nummer 49 Abs. 8.

48 Besonderheiten für Angehörige des öffentlichen Dienstes

Angehörige des öffentlichen Dienstes bedürfen für ihre Aussagen in dienstlicher Angelegenheit einer Genehmigung ihres Dienstvorgesetzten (§ 54 StPO). Auf Nummer 66 RiStBV wird hingewiesen.

49 Durchführung der Vernehmung

(1) Zu Beginn der Vernehmung ist dem Beschuldigten zu eröffnen, welche Tat ihm zur Last gelegt wird, bei Vernehmung durch die BuStra auch, welche Strafvorschriften in Betracht kommen. Weiterhin ist der Beschuldigte darüber zu belehren, dass es ihm freistehe, sich zu der Beschuldigung zu äußern oder nicht zur Sache auszusagen und jederzeit auch schon vor der Vernehmung, einen von ihm zu wählenden Verteidiger zu befragen und dass er zu seiner Entlastung einzelne Beweiserhebungen beantragen und unter den Voraussetzungen des § 140 StPO die Bestellung eines Pflichtverteidigers nach Maßgabe des § 141 Abs. 1 StPO und § 142 Abs. 1 StPO beantragen kann; zu Letzterem ist er auch auf die Kostenfolge des § 465 StPO (Kostentragungspflicht im Falle der Verurteilung) hinzuweisen (§ 163a Abs. 4 i. V. m. § 136 Abs. 1 StPO). Die Belehrung des Beschuldigten vor seiner Vernehmung nach § 136 Abs. 1 StPO sowie § 163a StPO ist zu dokumentieren (§ 168b Abs. 3 StPO). Möchte der Beschuldigte vor seiner Vernehmung einen Verteidiger befragen, sind ihm Informationen zur Verfügung zu stellen, die es

ihm erleichtern, einen Verteidiger zu kontaktieren; auf bestehende anwaltliche Notdienste ist dabei hinzuweisen. Dies ist ebenfalls zu dokumentieren. Nummer 29 bleibt unberührt.

(2) Die Vernehmung zur Sache soll dem Beschuldigten Gelegenheit geben, sich gegen den strafrechtlichen Vorwurf zu verteidigen (§ 136 Abs. 2 StPO). Hierzu sind ihm die Verdachtsgründe mitzuteilen, soweit es für seine Verteidigung angezeigt erscheint.

(3) Die Vernehmung des Beschuldigten kann in Bild und Ton aufgezeichnet werden. Sie ist insbesondere aufzuzeichnen, wenn die schutzwürdigen Interessen von Beschuldigten, die erkennbar unter eingeschränkten geistigen Fähigkeiten oder einer schwerwiegenden seelischen Störung leiden, durch die Aufzeichnung besser gewahrt werden können (vgl. § 136 Abs. 4 StPO).

(4) Den Willen beeinträchtigende Vernehmungsmethoden und -mittel, wie z. B. Ermüdung und Täuschung, sind unzulässig (§ 136a StPO) und haben ein Verwertungsverbot zur Folge (vgl. Nummer 149).

(5) Wurde ein Tatverdächtiger zunächst zu Unrecht als Zeuge vernommen, so ist er wegen des Belehrungsverstoßes (§ 136 Abs. 1 Satz 2 StPO) bei Beginn der nachfolgenden Vernehmung als Beschuldigter auf die Nichtverwertbarkeit der früheren Angaben hinzuweisen („qualifizierte" Belehrung); BGH-Urteil vom 18. Dezember 2008 - 4 StR 455/08.

(6) Ist der Beschuldigte der deutschen Sprache nicht mächtig, hat die Ermittlungsbehörde einen Dolmetscher oder Übersetzer heranzuziehen, soweit dies zur Ausübung der strafprozessualen Rechte des Beschuldigten erforderlich ist. Die Ermittlungsbehörde weist den Beschuldigten in einer ihm verständlichen Sprache darauf hin, dass er insoweit für das gesamte Strafverfahren die unentgeltliche Hinzuziehung eines Dolmetschers oder Übersetzers beanspruchen kann (§ 163a Abs. 5 StPO i. V. m. § 187 Abs. 1 GVG).

(7) Die Verständigung mit einem hör- oder sprachbehinderten Beschuldigten erfolgt nach seiner Wahl mündlich, schriftlich oder mit Hilfe einer die Verständigung ermöglichenden Person, die von der Ermittlungsbehörde hinzuzuziehen ist. Für die mündliche und schriftliche Verständigung hat die Ermittlungsbehörde die geeigneten technischen Hilfsmittel bereitzustellen; ggf. im Rahmen der Amtshilfe durch andere Ermittlungsbehörden. Der hör- oder sprachbehinderte Beschuldigte ist auf sein Wahlrecht hinzuweisen (§ 163a Abs. 5 StPO i. V. m. § 186 Abs. 1 GVG).

(8) Der Zeuge ist über sein Zeugnisverweigerungsrecht zu belehren, wenn Anhaltspunkte für ein solches Recht erkennbar sind (§ 52 Abs. 3 StPO). Obwohl davon ausgegangen werden kann, dass jeder die mit seinem Beruf zusammenhängenden Rechte und Pflichten kennt, soll auch auf das Zeugnisverweigerungsrecht nach §§ 53, 53a StPO hingewiesen werden. Eine Belehrung nach § 55 Abs. 2 StPO muss spätestens erfolgen, sobald Anhaltspunkte dafür erkennbar werden, dass der Zeuge durch seine Aussage sich selbst oder einen nahen Angehörigen in die Gefahr der Verfolgung wegen einer Straftat oder Ordnungswidrigkeit bringen würde. Vor der Vernehmung ist der Zeuge zur Wahrheit zu ermahnen und über die strafrechtlichen Folgen einer unrichtigen oder unvollständigen Aussage zu belehren (§ 57 Satz 1 StPO). Die Vernehmung des Zeugen kann in Bild und Ton aufgezeichnet werden (§ 58a StPO). Ferner sind die §§ 58 und 68 bis 69 StPO entsprechend anzuwenden (§ 163 Abs. 3 Satz 2 StPO).

(9) Der Zeuge kann sich bei seiner Vernehmung eines anwaltlichen Beistandes bedienen (§ 68b Abs. 1 Satz 1 StPO) oder mit einem Angehörigen der steuerberatenden Berufe (vgl. Nummer 32 Abs. 1) als Beistand erscheinen. Unter den Voraussetzungen des § 68b Abs. 2 StPO ist einem besonders schutzwürdigen Zeugen ein Rechtsanwalt als Zeugenbeistand beizuordnen. Der Beistand hat nicht mehr Befugnisse als der Zeuge selbst. Rechtfertigen bestimmte Tatsachen die Annahme, dass die Anwesenheit des anwaltlichen Beistandes die geordnete Beweiserhebung nicht nur unwesentlich beeinträchtigen würde, kann er von der Vernehmung ausgeschlossen werden (§ 68b Abs. 1 Satz 3, 4 StPO).

50 Anfertigung von Notizen

Die Anfertigung von Notizen durch Beschuldigte, Zeugen, Verteidiger und Beistände ist zulässig.

51 Vernehmungsprotokoll

(1) Über die Vernehmung soll ein Protokoll nach Maßgabe der Abs. 2 bis 5 aufgenommen werden, soweit dies ohne erhebliche Verzögerung der Ermittlungen geschehen kann. Andernfalls ist das Ergebnis der Vernehmung auf andere Weise aktenkundig zu machen (§ 168b StPO).

(2) Beginn und Ende der Vernehmung sowie die Belehrung des Vernommenen sind in dem Protokoll festzuhalten. Auf Nummer 45 Abs. 2 RiStBV wird hingewiesen.

(3) Das Protokoll ist dem Vernommenen zur Genehmigung vorzulesen oder zur Durchsicht vorzulegen. Berichtigungen, die den Sinn der Vernehmung berühren, soll der Vernommene mit seinem Handzeichen versehen.

(4) Der Vernommene unterschreibt das Protokoll mit seinem Vor- und Zunamen unter der Genehmigungsformel „Vorgelesen, genehmigt und unterschrieben" oder „Selbst gelesen, genehmigt und unterschrieben" oder „nach Diktat genehmigt". Verzichtet der Vernommene auf das Vorlesen oder die Vorlage zur Durchsicht, so ist dies in dem Protokoll zu vermerken. Der Vernehmende und ein etwaiger Protokollführer unterzeichnen sodann mit Namen und Dienstbezeichnung.

(5) Verweigert der Vernommene seine Aussage oder seine Unterschrift, so ist dies unter Angabe der Gründe in dem Protokoll zu vermerken.

(6) Beschuldigter und Zeuge haben keinen Anspruch auf Aushändigung von Vernehmungsprotokollen. Dem Beschuldigten soll jedoch eine Durchschrift des Vernehmungsprotokolls ausgehändigt werden, wenn eine Gefährdung des Untersuchungszweckes nicht zu befürchten ist. Wegen des Akteneinsichtsrechts vgl. Nummer 35.

(7) Die Aushändigung von Abschriften des Vernehmungsprotokolls ist in den Akten zu vermerken.

52 Schriftliche Aussagen

In geeigneten Fällen kann es ausreichen, dass sich Beschuldigte und Zeugen schriftlich äußern. Dies kommt insbesondere in Betracht, wenn der Beschuldigte oder Zeuge für seine Aussage Akten, Geschäftsbücher oder andere umfangreiche Schriftstücke braucht (vgl. Nummer 67 RiStBV).

53

Nichterscheinen des Beschuldigten

(1) Erscheint der Beschuldigte auf Ladung der BuStra nicht (vgl. Nummer 46 Abs. 1), ist darüber zu entscheiden, ob

1. die Ladung zu wiederholen ist;
2. er darauf hingewiesen werden soll, die BuStra gehe davon aus, dass er keinen Wert darauf lege, sich zu der erhobenen Beschuldigung zu äußern, und dass das Verfahren nunmehr zur Erhebung der öffentlichen Klage an die Staatsanwaltschaft abgegeben (vgl. Nummer 89) oder Strafbefehl beantragt werde (vgl. Nummern 84 ff.);
3. ihm nochmals Gelegenheit zu geben ist, sich schriftlich zu äußern (§ 163a Abs. 1 Satz 2 StPO);
4. gerichtliche Vernehmung beantragt (§ 162 Abs. 1 Satz 1 StPO);

5. nach ihm gefahndet (vgl. Nummern 39 ff. RiStBV) oder

6. Vorführung angeordnet werden soll (vgl. Abs. 2).

(2) Eine Vorführung (§ 163a Abs. 3 Satz 2; §§ 134, 135 StPO) wird nur in Ausnahmefällen in Betracht kommen. Leistet der Beschuldigte Widerstand oder ist mit Widerstand zu rechnen, ist Amtshilfe der polizeilichen Vollzugsorgane in Anspruch zu nehmen.

(3) Erscheint der Beschuldigte auf Ladung der Steufa nicht (vgl. Nummer 46 Abs. 1 Satz 2), soll eine Ladung durch die BuStra zum Erscheinen vor der BuStra herbeigeführt werden, wenn diese das Verfahren selbständig durchführt (vgl. Nummer 17), sofern nicht die Ladung zu wiederholen, ihm Gelegenheit zur schriftlichen Äußerung zu geben oder durch die BuStra gerichtliche Vernehmung (vgl. Nummer 43) zu beantragen ist. Führt die Staatsanwaltschaft das Verfahren durch, ist sie zu unterrichten.

54 Nichterscheinen des Zeugen

(1) Erscheint der Zeuge auf Ladung nicht, sind ihm durch die BuStra bei ungenügend entschuldigtem Ausbleiben die dadurch verursachten Kosten aufzuerlegen und zugleich gegen ihn ein Ordnungsgeld festzusetzen (§ 161a Abs. 2 Satz 1 StPO, § 51 Abs. 1 StPO, Nummer 47 Abs. 1). Außerdem ist darüber zu entscheiden, ob

1. seine Vorführung angeordnet (§ 161a Abs. 2 Satz 1, § 51 Abs. 1 Satz 3 StPO) oder

2. gemäß § 162 Abs. 1 Satz 1 StPO gerichtliche Vernehmung beantragt werden soll.

(2) Festsetzung eines Ordnungsgeldes, Auferlegung der Kosten und zwangsweise Vorführung dürfen nur angeordnet werden, wenn in der Ladung auf sie hingewiesen wurde (§ 48 Abs. 2 StPO). Wird der Zeuge nachträglich genügend entschuldigt, werden die Anordnungen wieder aufgehoben (§ 161a Abs. 2 Satz 1, § 51 Abs. 2 Satz 3 StPO). Bei wiederholtem Ausbleiben kann Ordnungsgeld noch einmal festgesetzt werden. Für die Anordnung und Ausführung der zwangsweisen Vorführung gilt Nummer 53 Abs. 2 sinngemäß.

(3) Bei unberechtigter Zeugnisverweigerung ist der Zeuge darauf hinzuweisen, dass ihm die durch seine Weigerung verursachten Kosten auferlegt und zugleich gegen ihn ein Ordnungsgeld festgesetzt werden können (§ 161a Abs. 2 Satz 1, § 70 StPO); ggf. ist darüber zu befinden, ob gemäß § 162 Abs. 1 Satz 1 StPO gerichtliche Vernehmung beantragt werden soll. Ordnungsgeld darf in demselben Verfahren oder in einem gegen einen anderen Beschuldigten gerichteten Verfahren, das dieselbe Tat zum Gegenstand hat, gegen den Zeugen nur einmal festgesetzt werden (§ 161a Abs. 2 Satz 1, § 70 Abs. 4 StPO). Zur Erhebung des Ordnungsgeldes vgl. Nummer 120.

(4) Erscheint ein Zeuge auf Ladung vor der Steufa nicht (vgl. Nummer 47 Abs. 1 Satz 2) gilt Nummer 54 Abs. 1 entsprechend mit der Maßgabe, dass die BuStra, wenn diese das Verfahren selbständig führt (vgl. Nummer 17), über etwaige weitere Maßnahmen entscheidet, vgl. auch § 163 Abs. 4 Nummer 4 StPO. Führt die Staatsanwaltschaft das Verfahren, ist sie zu unterrichten.

55 Entschädigung

Zeugen, Sachverständige, Dolmetscher und Dritte werden nach dem JVEG entschädigt (§ 405 AO; § 1 JVEG).

Abschnitt 8 Durchsuchung und Beschlagnahme

56 Zulässigkeit der Durchsuchung

(1) Die Durchsuchung der Wohnung und anderer Räume, der Person und der ihr gehörenden Sachen ist zulässig

1. bei dem, welcher als Täter oder Teilnehmer einer Straftat oder der Begünstigung, Strafvereitelung oder Hehlerei verdächtig ist, zum Zwecke der Ergreifung des Verdächtigen oder der Auffindung von Beweismitteln, wenn zu vermuten ist, dass die Durchsuchung zur Auffindung von Beweismitteln führen werde (§ 102 StPO); die erwarteten Beweismittel brauchen dabei noch nicht genau bestimmbar zu sein (vgl. Nummer 60 Abs. 3 Satz 4);

2. bei anderen Personen, die nicht Verdächtige sind, nur zum Zwecke der Ergreifung des Beschuldigten oder zur Verfolgung von Spuren einer Straftat oder zur Beschlagnahme bestimmter Gegenstände, falls Tatsachen den Schluss rechtfertigen, dass die gesuchte Person, Spur oder Sache sich in den zu durchsuchenden Räumen befindet; diese Beschränkung gilt nicht für Räume, die der Beschuldigte während der Verfolgung betreten hat oder in denen er ergriffen worden ist (§ 103 StPO). Ein Zeugnisverweigerungsrecht dieser Personen steht der Durchsuchung nicht entgegen, es sei denn, die Durchsuchung hätte nur den Zweck, einen Gegenstand zu finden, der einem Beschlagnahmeverbot unterliegt (vgl. Nummern 58, 59). Zu Ermittlungsmaßnahmen bei zeugnisverweigerungsberechtigten Berufsgeheimnisträgern vgl. § 160a StPO sowie LG Köln, Beschluss vom 13. Mai 2020 - 112 Qs 4/20.

(2) Zu den anderen Räumen im Sinne des Absatzes 1 gehören die Geschäftsräume, nur vorübergehend benutzte oder mitbenutzte Räumlichkeiten, z. B. Hotelzimmer, Schließfachräume, sowie die sonstigen Räumlichkeiten des befriedeten Besitztums, z. B. umzäunte Gärten.

(3) Zu den Sachen, auf die sich die Durchsuchung erstrecken kann, gehören Schränke, Koffer und Fahrzeuge sowie Bankbehältnisse, z. B. Schließfächer.

57 Zulässigkeit der Beschlagnahme

(1) Beschlagnahmt werden können

1. Gegenstände, die als Beweismittel für die Untersuchung von Bedeutung sein können (vgl. § 94 StPO),

2. Briefe, Sendungen und Telegramme, die an den Beschuldigten gerichtet sind oder bei denen aus bestimmten Tatsachen zu schließen ist, dass sie für ihn bestimmt sind oder von ihm herrühren und beweiserheblich sein können (§ 99 StPO).

Zu den Gegenständen, die nach Nummer 1 beschlagnahmt werden können, gehören auch E-Mails auf dem Mailserver des Providers (BVerfG - 2 BvR 902/06 vom 16. Juni 2009).

(2) Werden bei Gelegenheit einer Durchsuchung Gegenstände gefunden, die zwar in keiner Beziehung zu der Straftat stehen, wegen der die Durchsuchung stattfindet, die aber auf eine andere - auch nichtsteuerliche - Straftat hindeuten (sog. Zufallsfunde), sind sie einstweilen in Beschlag zu nehmen (§ 108 StPO). Eine planmäßige Suche nach solchen Gegenständen ist nicht erlaubt.

(3) Der Beschlagnahme bedarf es nicht, soweit die Gegenstände freiwillig herausgegeben werden (§ 94 Abs. 2 StPO).

(4) Bei Beweisgegenständen, die sich im Gewahrsam von Angehörigen (§ 52 StPO), Berufsgeheimnisträgern (§ 53 StPO) und deren mitwirkende Personen (§ 53a StPO) befinden, ist das Beschlagnahme verbot nach § 97 StPO zu beachten; wegen der Postbeschlagnahme vgl. Nummer 61.

58 Beschlagnahme bei Angehörigen der rechts- und steuerberatenden Berufe

(1) Die Zulässigkeit der Beschlagnahme von Gegenständen, die sich im Gewahrsam von Rechtsanwälten, Steuerberatern, Steuerbevollmächtigten, Wirtschaftsprüfern und vereidigten Buchprüfern sowie deren mitwirkende Personen befinden, wird durch § 97 Abs. 1 und 4 StPO im Hinblick auf das diesen Personen zustehende Zeugnisverweigerungsrecht eingeschränkt (vgl. Nummer 57 Abs. 4). Nicht beschlagnahmefähig sind die Akten des Berufsgeheimnisträgers mit dem zwischen ihm und dem Beschuldigten geführten Schriftwechsel, seine Aufzeichnungen über Mitteilungen des Beschuldigten und andere Umstände, auf die sich das Zeugnisverweigerungsrecht erstreckt, sowie sonstige Gegenstände, auf die sich das Zeugnisverweigerungsrecht des Berufsgeheimnisträgers erstreckt (sog. beschlagnahmefreie Gegenstände); zur Zulässigkeit der Durchsuchung der Kanzlei eines Strafverteidigers im Steuerstrafverfahren vgl. LG Fulda, Beschluss vom 12. Oktober 1999 – 2 Qs 51/99; zu den Anforderungen an die Beschlagnahme von Datenträgern und hierauf gespeicherten Daten vgl. BVerfG vom 12. April 2005 – 2 BvR 1027/02. Sind Gegenstände lediglich zum Zwecke der Aufbewahrung übergeben worden, sind sie stets beschlagnahmefähig. Buchführungsunterlagen, Belege und Aufzeichnungen des Beschuldigten sind beschlagnahmefähig (keine einheitliche Rechtsprechung).

(2) Soweit die Gegenstände nicht beschlagnahmefähig sind, ist auch die Anordnung oder Durchführung einer Durchsuchung unzulässig (vgl. auch Nummer 149 Abs. 3 und 4).

(3) Das Beschlagnahmeverbot entfällt, wenn der Gewahrsamsinhaber nicht mehr zur Verweigerung des Zeugnisses berechtigt ist, weil er von der Verpflichtung zur Verschwiegenheit entbunden wurde (vgl. §§ 53 Abs. 2, 53a Abs. 2 StPO).

(4) Das Beschlagnahmeverbot gilt nicht (§ 97 Abs. 2 Satz 3 StPO), wenn

1. bestimmte Tatsachen den Verdacht begründen, dass die zeugnisverweigerungsberechtigte Person an der Tat oder einer Begünstigung (§ 257 StGB), Strafvereitelung (§§ 258, 258a StGB) oder Hehlerei (§§ 259, 260, 260a StGB) beteiligt ist oder
2. es sich um Gegenstände handelt, die durch eine Straftat hervorgebracht oder zur Begehung einer Straftat gebraucht oder bestimmt sind oder die aus einer Straftat herrühren.

(5) Soweit Gegenstände zum Zwecke der Besteuerung vorzulegen sind, können die in Abs. 1 genannten Personen auch bei einem gleichzeitig durchgeführten Strafverfahren die Vorlage von Urkunden, Wertsachen, Geschäftsbüchern und sonstigen Aufzeichnungen, die sie für den Beteiligten aufbewahren, nicht verweigern (§ 104 Abs. 2 Satz 1 AO; § 97 StPO gilt für das Besteuerungsverfahren nicht). Dabei steht die Führung von Geschäftsbüchern und sonstigen Aufzeichnungen der Aufbewahrung gleich (§ 104 Abs. 2 Satz 2 AO). Die Vorlage kann nach § 328 AO erzwungen werden. Für Zwecke des Strafverfahrens darf eine Vorlage aufgrund der für das Besteuerungsverfahren geltenden Vorschriften nicht verlangt werden.

59 Beschlagnahme der Patientenkartei eines Arztes

Im Strafverfahren gegen Patienten eines Arztes unterliegt die Patientenkartei des Arztes dem Beschlagnahmeverbot nach § 97 Abs. 1 StPO. Wird der Arzt selbst einer Straftat beschuldigt oder ist er der Teilnahme an einer Straftat des beschuldigten Patienten verdächtig, so gilt das Beschlagnahmeverbot nicht, wenn es zur Aufklärung der Straftat des Einblicks in die Patientenkartei bedarf und die Abwägung zwischen den Interessen der Allgemeinheit an der Aufklärung von Straftaten und dem grundrechtlich geschützten Anspruch des Bürgers auf Schutz seiner Privatsphäre diesen Eingriff als nicht unverhältnismäßig erscheinen lässt (BGH-Urteil vom 3. Dezember 1991 - 1 StR 120/90; BVerfG-Beschluss vom 14. September 1989 - 2 BvR 1062/87).

60 Anordnung der Durchsuchung/Beschlagnahme

(1) Durchsuchungen und Beschlagnahmen dürfen grundsätzlich nur durch das Gericht angeordnet werden (§§ 98 Abs. 1, 105 Abs. 1 StPO).

(2) Der Antrag auf Erlass eines Durchsuchungsbeschlusses bzw. auf Anordnung der Beschlagnahme ist vor Erhebung der öffentlichen Anklage bei dem Amtsgericht zu stellen, in dessen Bezirk die beantragende Stelle ihren Sitz hat (§ 162 Abs. 1 Satz 1 StPO; vgl. Nummer 17 Abs. 3 und 4).

(3) Der Antrag ist zu begründen. Die Begründung muss tatsächliche Angaben über den Inhalt des Tatvorwurfs enthalten. Dazu muss der Beschluss den Tatvorwurf so beschreiben, dass der äußere Rahmen abgesteckt wird, innerhalb dessen die Zwangsmaßnahme durchzuführen ist. Die aufzuklärende Straftat ist so genau zu umschreiben, wie es nach den Umständen des Einzelfalls und dem jeweiligen Ergebnis der Ermittlungen möglich und den Zwecken der Strafverfolgung nicht abträglich ist (z. B. BVerfG-Beschluss vom 6. März 2002 – 2 BvR 1619/00). Eine Durchsuchung ist nach dem Verhältnismäßigkeitsgrundsatz erst dann zulässig, wenn weniger einschneidende Mittel, wie z. B. Auskunftsersuchen, nicht zur Verfügung stehen oder Angaben des Tatverdächtigen sich als falsch oder nicht nachprüfbar erweisen (BVerfG-Beschluss vom 3. Juli 2006 – 2 BvR 2030/04). Die Art oder der denkbare Inhalt der Beweismittel, denen die Durchsuchung gilt, sind anzugeben. Soweit eine genaue Bezeichnung des gesuchten Beweismaterials nicht möglich ist, sind die erwarteten Beweismittel annäherungsweise - ggf. in Form beispielhafter Angaben - zu beschreiben (BGH-Urteil vom 3. Dezember 1991 - 1 StR 120/90). In dem Antrag ist außerdem die Stelle anzugeben, deren Beamte mit der Durchsuchung beauftragt werden sollen. Dies ist in der Regel die Steuerfahndungsstelle.

(4) In dem Antrag auf Beschlagnahmeanordnung sind die Gegenstände, die beschlagnahmt werden sollen, so konkret anzugeben, dass Zweifel nicht entstehen. Lässt sich erst aufgrund der Durchsuchung bestimmen, welche Gegenstände zu beschlagnahmen sind und ist aus diesem Grunde eine Beschlagnahme nicht angeordnet worden, kann ggf. eine Beschlagnahme wegen Gefahr im Verzug in Betracht kommen. Daneben ist es möglich, die Gegenstände zur zeitnahen Durchsicht mit an Amtsstelle zu nehmen. Nach Beendigung der Durchsuchung sind die beweiserheblichen Gegenstände zu beschlagnahmen, sofern sie nicht freiwillig herausgegeben wurden (vgl. BGH-Beschluss vom 5. August 2003 – 2 BJs 11/03).

(5) Nur bei Gefahr im Verzug können auch das Finanzamt - BuStra - (§ 399 AO) oder der Steuerfahndungsbeamte (§ 404 AO, § 152 GVG) eine Durchsuchung beim Verdächtigen (§ 102 StPO), bei Dritten (§ 103 StPO) und die Beschlagnahme anordnen (§§ 98 Abs. 1, 105 Abs. 1 StPO). § 399 Abs. 2 AO (vgl. Nummer 21 Satz 2) bleibt unberührt. Keiner Durchsuchungsanordnung bedarf es, wenn die Einsicht gestattet wird (vgl. Nummer 65).

(6) Gefahr im Verzug besteht, wenn eine gerichtliche Anordnung nicht eingeholt werden kann, ohne dass der Zweck der Maßnahme gefährdet würde. Ob dies der Fall ist, entscheidet der zuständige Amtsträger nach seiner Überzeugung. Die Frage, ob eine Durchsuchung wegen Gefahr im Verzug angeordnet werden darf, ist besonders sorgfältig zu prüfen. Eine Durchsuchung stellt einen schwerwiegenden Eingriff dar. Von der Einholung einer gerichtlichen Anordnung darf deshalb nur ausnahmsweise abgesehen werden. Nach dem Beschluss des BVerfG vom 20. Februar 2001 - 2 BvR 1444/00 ist der Begriff Gefahr im Verzug eng auszulegen. Die gerichtliche Anordnung einer Durchsuchung ist die Regel, die nichtgerichtliche die Ausnahme. Mit der tatsächlichen Befassung eines Ermittlungs- oder Eilrichters durch Antrag auf Erlass einer Beschlagnahme bzw. Durchsuchungsanordnung endet stets die Eilkompetenz der Ermittlungsbehörden wegen „Gefahr in Verzug" und kann danach nur in Ausnahmefällen neu begründet werden (vgl. BVerfG-Beschluss vom 16. Juni 2015 - 2 BvR 2718/10).

(7) Gefahr im Verzug muss mit Tatsachen begründet werden, die auf den Einzelfall bezogen sind. Reine Spekulationen, hypothetische Erwägungen oder lediglich auf kriminalistische Alltagserfahrungen gestützte, fallunabhängige Vermutungen reichen nicht aus. Eine wirksame

gerichtliche Nachprüfung der Annahme von Gefahr in Verzug setzt voraus, dass sowohl das Ergebnis als auch die Grundlage der Entscheidung in unmittelbarem zeitlichen Zusammenhang mit der Durchführungsmaßnahme in den Ermittlungsakten dargelegt werden (vgl. BVerfG – Beschluss vom 11. Juni 2010 – 2 BvR 1046/08). Insbesondere muss erkennbar sein, aufgrund welcher Tatsachen eine Befassung eines Richters nicht möglich war und ein Beweismittelverlust drohte. Dies erfordert regelmäßig auch die Darlegung der durchgeführten Kontaktversuche mit dem zuständigen Ermittlungs- oder Eilrichter und dessen Vertreter (vgl. BVerfG-Beschluss vom 16. Juni 2015 – 2 BvR 2718/10). Die vorgenannten Maßnahmen sind im Protokoll über die Durchsuchung oder Beschlagnahme festzuhalten.

(8) Ist ein Gegenstand ohne gerichtliche Anordnung beschlagnahmt worden, soll innerhalb von drei Tagen die gerichtliche Bestätigung beantragt werden, wenn bei der Beschlagnahme weder der davon Betroffene noch ein erwachsener Angehöriger anwesend waren oder wenn der Betroffene und im Falle seiner Abwesenheit ein erwachsener Angehöriger des Betroffenen gegen die Beschlagnahme ausdrücklichen Widerspruch erhoben haben (§ 98 Abs. 2 Satz 1 StPO). Die Frist beginnt mit dem Ablauf des Tages der Beschlagnahme (§ 42 StPO). Solange die öffentliche Klage noch nicht erhoben ist, entscheidet das nach § 162 Abs. 1 StPO zuständige Gericht. Ist die öffentliche Klage erhoben, entscheidet das damit befasste Gericht (§ 98 Abs. 2 Sätze 3 und 4 StPO). Dies gilt entsprechend, wenn Papiere zur Durchsicht mitgenommen oder Daten vorläufig gesichert werden (§ 110 Abs. 4 StPO). Dem Vorgang ist ein Verzeichnis der beschlagnahmten Gegenstände, die als Beweismittel für die Untersuchung von Bedeutung sind, und erforderlichenfalls auch eine Stellungnahme beizufügen. Wird die Bestätigung nicht erteilt, sind die beschlagnahmten Gegenstände sofort gegen Quittung freizugeben.

(9) Der Betroffene ist darüber zu belehren, dass er jederzeit die gerichtliche Entscheidung beantragen kann (§ 98 Abs. 2 Satz 5 StPO) und den Antrag im Falle des Abs. 8 Sätze 3 und 4 auch bei dem Amtsgericht einreichen kann, in dessen Bezirk die Beschlagnahme stattgefunden hat. Beantragt der Betroffene die gerichtliche Entscheidung, kann von dem Antrag auf Bestätigung einer Beschlagnahme abgesehen werden.

(10) Die gerichtliche Anordnung berechtigt nur zu einer einmaligen, einheitlichen Durchsuchung. Der Durchsuchungsbeschluss verbraucht sich mit der Änderung der tatsächlichen Verhältnisse oder durch Zeitablauf. Nach dem Beschluss des BVerfG vom 27. Mai 1997 - 2 BvR 1992/92 hat ein Durchsuchungsbeschluss nach § 105 StPO seine rechtfertigende Kraft spätestens nach Ablauf eines halben Jahres verloren.

(11) Die BuStra und die Steufa sind berechtigt, die Herausgabe von Beweismitteln nach § 95 StPO unter Androhung von Ordnungs- und Zwangsmitteln zu verlangen (zuletzt LG Bonn, Beschluss vom 7 Oktober 2020 - 27 Qs 12/20) Die Anwendung von Ordnungs- und Zwangsmitteln (§ 95 Abs. 2 StPO) bleibt dem Richter vorbehalten.

61 Postbeschlagnahme und Auskunftsverlangen

(1) Zur Anordnung der Postbeschlagnahme (§ 99 Abs. 1 StPO) oder eines Auskunftsverlangens über Postsendungen (§ 99 Abs. 2 StPO) ist nur das Gericht, bei Gefahr im Verzug (vgl. Nummer 60 Abs. 6) auch die BuStra (§ 399 Abs. 1 AO i. V. m. § 100 Abs. 1 StPO) befugt.

(2) Ist die Beschlagnahme von der BuStra angeordnet worden, so ist binnen dreier Tage die Bestätigung des Gerichts einzuholen (§ 100 Abs. 2 StPO).

(3) Die Öffnung der ausgelieferten Postsendungen steht dem Gericht zu, solange die Öffnungsbefugnis nicht auf die BuStra übertragen worden ist (§ 100 Abs. 3 StPO).

(4) Zur Postbeschlagnahme vgl. auch Nummern 77 ff. RiStBV.

(5) Die Beschlagnahme von E-Mails auf dem Mailserver des Providers richtet sich dagegen nach § 94 StPO (vgl. BVerfG - 2 BvR 902/06 - vom 16. Juni 2009).

62 Zeit der Durchsuchung

(1) Hausdurchsuchungen haben grundsätzlich bei Tage zu beginnen.

(2) Eine Hausdurchsuchung liegt vor, wenn eine Wohnung, Geschäftsräume oder ein befriedetes Besitztum, z. B. ein umzäunter Garten, durchsucht werden.

(3) Ein Beginn der Hausdurchsuchung zur Nachtzeit ist nur unter den in § 104 Abs. 1 StPO genannten Voraussetzungen zulässig, insbesondere bei Gefahr im Verzug oder wenn bestimmte Tatsachen den Verdacht begründen, dass während der Durchsuchung auf ein elektronisches Speichermedium zugegriffen werden wird, das als Beweismittel in Betracht kommt, und ohne die Durchsuchung zur Nachtzeit die Auswertung, insbesondere in unverschlüsselter Form, aussichtslos oder wesentlich erschwert wäre. Dies gilt nicht, wenn der Inhaber mit dem Beginn der Durchsuchung zur Nachtzeit einverstanden ist. Die Nachtzeit beginnt um 21.00 Uhr und endet um 6.00 Uhr (§ 104 Abs. 3 StPO). Eine vor 21.00 Uhr begonnene, jedoch bis zu diesem Zeitpunkt noch nicht beendete Durchsuchung darf fortgesetzt werden.

(4) Die Beschränkung des § 104 Abs. 1 StPO gilt nicht für die in § 104 Abs. 2 StPO genannten Räumlichkeiten, z. B. Barbetriebe.

(5) Personen und die ihnen gehörenden Sachen können auch bei Nacht durchsucht werden, wenn damit keine Hausdurchsuchung verbunden ist.

63 Ablauf der Durchsuchung

(1) Liegt ein gerichtlicher Beschluss vor, so ist dieser dem anwesenden, von der Durchsuchung Betroffenen vor Beginn der Durchsuchung vorzuzeigen und grundsätzlich auszuhändigen. Ist er nicht anwesend, so ist einem anwesenden Angehörigen, Angestellten, Nachbarn oder sonstigen Dritten regelmäßig nur die Anordnung, nicht aber die Begründung bekannt zu geben.

(2) Wenn eine Hausdurchsuchung ohne Beisein des Richters oder der Staatsanwaltschaft stattfindet, so sind, wenn möglich, ein Gemeindebeamter oder zwei Mitglieder der Gemeinde, in deren Bezirk die Durchsuchung erfolgt, zuzuziehen. Gemeindebeamter ist jeder Amtsträger einer Gemeinde. Die als Gemeindemitglieder zugezogenen Personen dürfen nicht Polizeibeamte oder Ermittlungspersonen der Staatsanwaltschaft sein.

(3) Wünscht der Inhaber der zu durchsuchenden Räumlichkeiten ausdrücklich nicht die Zuziehung von Zeugen, so kann dem entsprochen werden; dies ist zu protokollieren.

(4) Der Inhaber der zu durchsuchenden Räume oder Gegenstände darf bei der Durchsuchung zugegen sein. Ist er abwesend, so ist, wenn möglich, sein Vertreter oder ein erwachsener Angehöriger, Hausgenosse oder Nachbar zuzuziehen (§ 106 Abs. 1 StPO). Auf den Inhaber und auf seinen Verteidiger (vgl. Nummer 34) braucht nicht gewartet zu werden. Inhaber ist derjenige, in dessen Gewahrsam sich die Räume oder Gegenstände befinden.

(5) Leistet der Betroffene Widerstand oder ist solcher zu befürchten, so ist die örtliche Polizeidienststelle um Amts- bzw. Vollzugshilfe zu ersuchen.

(6) Stört jemand die Durchsuchung vorsätzlich oder widersetzt er sich den getroffenen Anordnungen, so kann der Beamte, der die Durchsuchung leitet, den Störer festnehmen (§ 164 StPO), wenn die Störung oder Widersetzlichkeit nicht auf weniger einschneidende Weise beseitigt werden kann (vgl. Nummer 3).

(7) Personen, die sich zur Zeit des Beginns der Durchsuchung in den betreffenden Räumen befinden, können am Verlassen der Räume gehindert werden, wenn anzunehmen ist, dass sonst der Durchsuchungszweck gefährdet wird, wie z. B. dadurch, dass Beweismittel beiseite geschafft oder, z. B. bei mehreren gleichzeitig oder hintereinander vorzunehmenden Durchsuchungen, die Beteiligten vorzeitig benachrichtigt werden könnten. Anderen Personen als dem Inhaber und

zugezogenen Zeugen ist während der Amtshandlung der Zutritt zu den von der Durchsuchung betroffenen Räumen möglichst zu untersagen.

(8) Fernsprecher, insbesondere Fernsprechzentralen, sind zu beaufsichtigen. Dem Betroffenen und in den durchsuchten Räumen anwesenden Dritten können Telefongespräche während der Durchsuchungshandlung untersagt werden, wenn durch sie der Zweck der Durchsuchung gefährdet würde. Gespräche mit dem Verteidiger oder Steuerberater sind stets zulässig. Bei Zuwiderhandlungen gilt Absatz 6.

(9) Auf Verlangen des Betroffenen, seines gesetzlichen Vertreters oder Verteidigers ist nach Beendigung der Durchsuchung dem Betroffenen eine schriftliche Mitteilung zu machen, die den Grund der Durchsuchung sowie im Falle des § 102 StPO (Durchsuchung beim Verdächtigen, vgl. Nummer 56 Abs. 1 Nummer 1) die strafbare Handlung bezeichnen muss (§ 107 StPO).

(10) Der Ablauf der Durchsuchung ist unter Angabe der Zeitpunkte des Beginns und des Endes schriftlich festzuhalten.

64 Körperliche Durchsuchung

Die körperliche Durchsuchung dient insbesondere dem Auffinden von Beweismitteln, die sich in Kleidungsstücken (auch Brieftaschen) befinden oder in die Kleidung eingenäht sind (z. B. elektronische Speichermedien, Schriftstücke und Schlüssel zu Schließfächern). Bei der körperlichen Durchsuchung sind die Grundsätze des § 81d StPO zu beachten.

65 Einsichtnahme in Räume und Behältnisse mit Einverständnis des Betroffenen

Ohne eine gerichtliche Durchsuchungsanordnung darf Einsicht in Räume und Behältnisse genommen werden, wenn sich der Betroffene ausdrücklich damit einverstanden erklärt hat. Das Einverständnis muss vor der Einsichtnahme aus freiem Willen und in Kenntnis der Freiwilligkeit erklärt worden sein. Sind unbeteiligte Dritte als Zeugen für die Erklärung des Einverständnisses nicht anwesend, ist es zweckmäßig, die Einverständniserklärung vom Betroffenen schriftlich bestätigen zu lassen.

66 Durchsuchung von Geschäftsräumen im Verfahren gegen geschäftsführende Gesellschafter

In einem Verfahren gegen einen geschäftsführenden Gesellschafter einer Kapital- oder Personengesellschaft ist zur Durchsuchung der Geschäftsräume ein Beschluss nach § 102 StPO (Durchsuchung beim Verdächtigen) zu erwirken. Ist damit zu rechnen, dass einzelne Geschäftsräume von unverdächtigen Personen allein genutzt werden und liegen Tatsachen dafür vor, dass sich die zu suchenden Beweismittel in diesen befinden, kann es sich empfehlen, zusätzlich einen Beschluss nach § 103 StPO zu erwirken. Es ist jedoch darauf zu achten, dass die Durchsuchung der Geschäftsräume der Gesellschaft ausdrücklich beantragt und angeordnet wird.

67 Durchsuchung von Wohnungen und anderen Räumen

Für eine Durchsuchung nach § 102 StPO reicht es aus, dass der Verdächtige neben anderen Personen die entsprechenden Räumlichkeiten, zum Beispiel in einem ehelichen oder eheähnlichen Verhältnis, tatsächlich innehat. Die Befugnis des Verdächtigen zur Nutzung der Räumlichkeiten ist insoweit irrelevant. Sind Räume hingegen ausschließlich dem unverdächtigen Mitbewohner zuzuordnen, scheidet eine Durchsuchung nach § 102 StPO aus (BVerfG, Nichtannahmebeschluss vom 19. August 2019, 2 BvR 1684/18). Wenn allein einer unbeteiligten Person zuzuordnende Räumlichkeiten Gegenstand der Durchsuchung sind, sind insoweit die engeren Anforderungen des § 103 StPO maßgeblich (vgl. BVerfG, a.a.O; OLG Köln, Beschluss vom 26. Januar 2018, III-1 RVs 3/18; OLG Karlsruhe, Beschluss vom 10. November 2020, 2 Ws 249/20).

68 Durchsuchung von Sachen

Zu den Sachen des Verdächtigen gehören alle Gegenstände, die er mit sich führt, unabhängig davon, ob sie in seinem Eigentum stehen. Alle Sachen, die in Besitz, Gewahrsam oder Mitgewahrsam des Verdächtigen stehen und sich in seinem Einflussbereich befinden, können durchsucht werden. Nur für Sachen, die eindeutig einem Nichtverdächtigen zuzuordnen sind, gilt § 103 StPO.

69 Durchsicht, Nachweis und Rückgabe der Beweismittel

(1) Eine Durchsicht der Papiere des von der Durchsuchung Betroffenen stehen der BuStra (§ 399 Abs. 1 AO, § 110 Abs. 1 StPO) und der Steufa (§ 404 Satz 2 erster Halbsatz AO) sowie auf Anordnung der Staatsanwaltschaft ihren Ermittlungspersonen (§ 110 StPO i. V. m. § 152 GVG) zu. Zu den Papieren gehört das gesamte private und geschäftliche Schriftgut, z. B. Briefe, Aufzeichnungen, Werkzeichnungen, Bilanzen, Geschäftsbücher, Belege. Verschlossene Briefe dürfen geöffnet und gelesen werden, soweit dies für den Untersuchungszweck erforderlich erscheint.

(2) Auch elektronische Speichermedien bei dem von der Durchsuchung Betroffenen, z. B. USB Sticks, Smartphones und Festplatten, unterliegen der Durchsicht (§ 110 StPO auch i. V. m. § 404 AO). Beschlagnahmefähig sind die auf diesen Speichermedien vorhandenen beweisrelevanten Daten. Wenn eine Bewertung vor Ort nicht möglich ist, kann die Hardware zum Zwecke der Durchsicht und Auswertung vorübergehend sichergestellt werden. Die Durchsuchung dauert insoweit an. Die Durchsicht eines elektronischen Speichermediums bei dem von der Durchsuchung Betroffenen darf auch auf hiervon räumlich getrennte Speichermedien erstreckt werden, soweit auf sie von dem Speichermedium aus zurückgegriffen werden kann, wenn andernfalls der Verlust der gesuchten Daten zu befürchten ist. Daten, die für die Untersuchung von Bedeutung sein können, dürfen gesichert werden (§ 110 Abs. 3 Satz 3 StPO).

(3) Grundlegende Kriterien speziell zur Durchsuchung von elektronischen Speichermedien sind zum Beispiel:

1. Der sogenannten Online-Durchsuchung unterliegen auch vom Beschuldigten genutzte soziale Netzwerke und Online- Marktplätze.
2. Unter Zuhilfenahme forensischer Software darf auf passwortgeschützte Daten zugegriffen werden.
3. Der Abruf der Daten bedarf keines Rechtshilfeersuchens, wenn nach angemessener Ermittlungsanstrengung der physikalische Speicherort nicht feststellbar ist.

(4) Bei der gerichtlichen Anordnung oder Bestätigung der Beschlagnahme eines Gegenstandes, den eine nicht beschuldigte Person im Gewahrsam hat, ist der von der Beschlagnahme ebenfalls betroffene Beschuldigte hierüber zu benachrichtigen (§ 95a StPO). Der Beschuldigte ist dann von der Beschlagnahme betroffen, wenn seine Eigentums- oder Besitzrechte berührt werden, z. B. E-Maildaten beim Provider, Kassendaten in einer Cloud, Buchführungsunterlagen beim Steuerberater. Dies gilt entsprechend, wenn Papiere zur Durchsicht mitgenommen oder Daten vorläufig gesichert werden (§ 110 Abs. 4 StPO).

(5) Dem von der Durchsuchung Betroffenen ist nach deren Beendigung auf Verlangen ein Verzeichnis der in Verwahrung oder in Beschlag genommenen Gegenstände, falls aber nichts Verdächtiges gefunden wird, eine Bescheinigung hierüber zu geben (§ 107 StPO). Insbesondere dann, wenn eine Vielzahl von Einzelbelegen im Verzeichnis aufzuführen wäre, können Sammelbezeichnungen verwandt werden, wie z. B. „ein Karton Schriftverkehr mit den Lieferanten Januar bis Juni 2006" oder „Ordner mit Ausgangsrechnungen vom 1. Januar 2006 bis 30. September 2006".

(6) Die Beschlagnahme ist aufzuheben, wenn ihr Grund weggefallen ist. Die Gegenstände sind dem Empfangsberechtigten gegen Empfangsbestätigung an dem Ort zurückzugeben, an dem sie aufzubewahren waren, vgl. BGH-Urteil vom 3. Februar 2005 – III ZR 271/04 (Hinweis auf Nummer 75 RiStBV). Wurden Daten auf Datenträgern der Finanzbehörde sichergestellt, ist über die Löschung dieser Daten ein Vermerk zur Strafakte zu nehmen.

Abschnitt 9 Sicherung des Steueranspruchs

70 Maßnahmen zur Sicherung des Steueranspruchs

(1) Im Steuerstrafverfahren stehen den Finanzbehörden zur Sicherung des Steueranspruchs zwei gleichrangige Wege offen (§ 111e Abs. 6 StPO). Die Abgabenordnung eröffnet den Weg über den dinglichen Arrest gemäß § 324 AO, und die Strafprozessordnung sieht den Vermögensarrest zur Sicherung der Wertersatzeinziehung vor (§§ 111e Abs. 1 und 4 i. V. m. 111j, 111f, 111h, 111k StPO, § 73c StGB). Die Möglichkeit der Anordnung eines dinglichen Arrestes nach § 324 AO steht auch (weiterhin) der Anordnung eines Vermögensarrestes nach § 111e Abs. 1 StPO nicht entgegen (vgl. § 111e Abs. 6 StPO). Mit beiden Verfahren wird eine zeitnahe und eine dem jeweiligen Stand des Verfahrens angepasste Sicherung der Ansprüche des Steuerfiskus aus der Steuerhinterziehung ermöglicht. Voraussetzung für diese Maßnahmen ist das Vorliegen eines Arrestanspruchs. Die Steueransprüche sind nach Steuerart und Besteuerungszeitraum zu bezeichnen. Angaben zur Höhe sind möglichst genau zu machen und zu begründen. In der Anordnung des Vermögensarrestes ist der zu sichernde Anspruch unter Angabe des konkreten Geldbetrages zu bezeichnen (§ 111e Abs. 4 Satz 1 StPO). Zusätzlich bedarf es bei Maßnahmen zur Sicherung gem. § 324 AO eines Arrestgrundes. Dies ist gegeben, wenn bei objektiver Würdigung unter Abwägung aller Umstände die Besorgnis gerechtfertigt ist, dass die Vollstreckung ohne Anordnung eines Arrestes vereitelt oder wesentlich erschwert würde. Bei Vermögensarresten nach § 111e StPO bedarf es eines Sicherungsbedürfnisses. Dies ist gegeben, wenn konkrete Anhaltspunkte vorliegen, die besorgen lassen, dass ohne die Anordnung und Vollziehung des Arrestes der staatliche Zahlungsanspruch in Gestalt der Wertersatzeinziehung ernstlich gefährdet ist, insbesondere wenn aufgrund tatsächlicher Anhaltspunkte zu besorgen ist, dass der Betroffene seine Vermögensverhältnisse verschleiern oder Vermögenswerte verstecken wird. Damit wird die bisherige Rechtsprechung zum „Arrestgrund“ durch die Neuregelungen in § 111e StPO nicht berührt. Ferner ist der Verhältnismäßigkeitsgrundsatz zu beachten. Zur strafrechtlichen Vermögensabschöpfung vgl. auch Praxisleitfaden zur Vermögensabschöpfung im Steuerstrafverfahren (ab 01. Juli 2017) – BMF – Schreiben vom 26. März 2019 – IV A 4 – S 0700/07/10026-01.

(2) Nach § 302 Nummer 1 InsO sind u.a. Verbindlichkeiten eines Schuldners aus einem Steuerschuldverhältnis, sofern der Schuldner im Zusammenhang damit wegen einer Steuerstraftat nach § 370 AO rechtskräftig verurteilt worden ist, von der Restschuldbefreiung ausgenommen. Ein rechtskräftiger Strafbefehl steht insoweit gem. § 410 Abs. 3 StPO einem Urteil gleich. Solche Forderungen sind nach § 174 Abs. 2 InsO zur Insolvenztabelle anzumelden, wobei zum Anmeldezeitpunkt eine rechtskräftige Verurteilung noch nicht vorliegen muss. Dabei ist Folgendes zu beachten:

1. Steufa bzw. BuStra sollen in einem laufenden Ermittlungsverfahren, sobald ein Insolvenzverfahren über das Vermögen des Beschuldigten eröffnet worden ist, die für die Insolvenz zuständigen Stellen (Festsetzungsfinanzamt und ggf. hebeberechtigte Gemeinde) frühzeitig über strafrechtlich relevante Steuern unterrichten (ggf. geschätzt).

2. Läuft im Zeitpunkt der Einleitung eines Steuerstrafverfahrens bereits ein Insolvenzverfahren, so sind die für die Insolvenz zuständigen Stellen unverzüglich von der einleitenden Dienststelle zu unterrichten. Dies gilt auch im Falle des Abschlusses des Steuerstrafverfahrens.

3. Stellt die Steufa bzw. BuStra Gründe fest, die eine Versagung der Restschuldbefreiung ermöglichen (§ 290 Abs. 1 InsO, insbesondere dem Insolvenzverwalter bisher verschwiegene Vermögenswerte; zur Steuerhinterziehung vgl. BGH Beschluss vom 13. Januar 2011 – IX ZB 199/09), so sind die für die Insolvenz zuständigen Stellen, die den Antrag auf Versagung der Restschuldbefreiung stellen muss, unverzüglich zu unterrichten. Versagungsgründe sind nicht nur während eines laufenden Insolvenzverfahrens, sondern auch nach dem Schlusstermin mitzuteilen (§ 297a InsO). Ebenso ist eine Mitteilung angezeigt, wenn die Voraussetzungen dafür vorliegen, dass ein Antrag auf Widerruf der Restschuldbefreiung gestellt werden kann (§ 303 InsO).

4. Stellt die Steufa bzw. BuStra fest, dass der Beschuldigte vor Eröffnung des Insolvenzverfahrens trotz (drohender) Zahlungsunfähigkeit oder nach deren Eintritt während des Insolvenzverfahrens Vermögen beiseitegeschafft oder seine gewerbliche Tätigkeit unter Einsatz von Strohleuten oder Strohmann-Gesellschaften betrieben und dadurch Vermögen an der Insolvenzmasse vorbei erworben hat, liegt der Anfangsverdacht eines Bankrotts i.S.d. § 283 Abs. 1 Nummer 1 StGB vor.

71 Besonderheiten beim dinglichen Arrest nach der AO

(1) Der Erlass eines abgabenrechtlichen dinglichen Arrestes (§ 324 AO) ist beim Festsetzungsfinanzamt zu erwirken. Zuständig für den Erlass der Arrestanordnung ist der Vorsteher.

(2) Zur Ermittlung der Höhe des Arrestanspruchs können die Besteuerungsgrundlagen geschätzt werden (§ 162 AO).

(3) Die Vollziehung der Arrestanordnung obliegt den mit der Vollstreckung nach den §§ 249 bis 323 AO betrauten Stellen. Sie ist unzulässig, wenn seit dem Tag, an dem die Anordnung unterzeichnet worden ist, ein Monat verstrichen ist.

72 Besonderheiten beim Vermögensarrest nach der StPO

(1) Ist die Annahme begründet, dass die Voraussetzungen der Einziehung von Wertersatz vorliegen, so kann zur Sicherung der Vollstreckung der Vermögensarrest in das bewegliche und unbewegliche Vermögen des Betroffenen bei einfachem Tatverdacht angeordnet werden (§ 111e Abs. 1 Satz 1 StPO). Liegen dringende Gründe (dringender Tatverdacht) für diese Annahme vor, so soll der Vermögensarrest angeordnet werden (§ 111e Abs. 1 Satz 2 StPO). Ein Absehen von der Abschöpfungsmaßnahme des Vermögensarrestes kommt nach § 421 StPO in Betracht, wenn

- das Erlangte nur einen geringen Wert hat,
- die Einziehung nach den §§ 74 und 74c StGB neben der zu erwartenden Strafe oder Maßregel der Besserung und Sicherung nicht ins Gewicht fällt oder
- das Verfahren, soweit es die Einziehung betrifft, einen unangemessenen Aufwand erfordern oder die Herbeiführung der Entscheidung über die anderen Rechtsfolgen der Tat unangemessen erschweren würde.

Die Beschränkung ist aktenkundig zu machen.

(2) Der Vermögensarrest nach § 111e Abs. 1 StPO wird gemäß § 111j Abs. 1 StPO durch das Gericht und bei Gefahr im Verzug durch die Staatsanwaltschaft bzw. die BuStra angeordnet. Die Umstände, die die Annahme von Gefahr im Verzug begründen, sind aktenkundig zu machen. Im Falle einer Arrestanordnung der Staatsanwaltschaft oder BuStra ist innerhalb einer Woche die gerichtliche Bestätigung zu beantragen (§ 111j Abs. 2 Satz 1 StPO).

(3) Die Dauer der Arrestanordnung ist gesetzlich nicht befristet. Sie muss verhältnismäßig sein und im weiteren Verfahren auch verhältnismäßig bleiben (vgl. Nummer 3).

(4) Zur Ermittlung der Höhe des Arrestanspruchs können die hinterzogenen Steuern geschätzt werden (§ 73d Abs. 2 StGB).

(5) Der Vermögensarrest wird insbesondere durch die nachstehend aufgeführten Maßnahmen vollzogen:

1. Pfändungen in Forderungen können durch die Staatsanwaltschaft bzw. BuStra vollzogen werden (§ 111f Abs. 1 Satz 1, § 111k Abs. 1 Satz 1 StPO). Mit der Zustellung der Pfändung kann die Steufa beauftragt werden (vgl. § 111k Abs. 2 StPO). Nach § 111k Abs. 2 Satz 2 StPO können Pfändungsbeschlüsse an ein im Inland zum Geschäftsbetrieb befugtes Kreditinstitut unter Beachtung der Detailvorgaben der §§ 173, 175 ZPO auch als elektronisches Dokument (§ 173 ZPO) oder gegen Empfangsbekenntnis (auch per Fax § 175 Abs. 1, Abs. 2 Satz 1 ZPO) zugestellt werden.

2. Bei beweglichen Sachen kann die Vollziehung ohne förmliche Beauftragung durch die Steufa im Wege der Pfändung vorgenommen werden (vgl. § 111k Abs. 1 Satz 3 StPO). Gepfändetes Bargeld kann hinterlegt oder auf ein Konto der Justiz eingezahlt werden (§ 111f Abs. 1 Satz 2 StPO, § 930 Abs. 2 ZPO).

3. Die Eintragung einer Sicherungshypothek in das Grundbuch zur Vollziehung eines Vermögensarrests in ein Grundstück (§ 111f Abs. 2 StPO) erfolgt auf Ersuchen der Staatsanwaltschaft bzw. BuStra (§ 111k Abs. 1 Satz 1 StPO).

(6) Die Verwaltung / Verwahrung beweglicher Gegenstände obliegt der Staatsanwaltschaft bzw. BuStra (vgl. § 111m Abs. 1 Satz 1 StPO). Sie kann ihre Ermittlungspersonen oder den Gerichtsvollzieher mit der Verwaltung beauftragen (vgl. § 111m Abs. 1 Satz 2 StPO). Ein nach § 111f StPO gesicherter Gegenstand kann veräußert werden, wenn ein erheblicher Wertverlust droht oder seine Aufbewahrung mit erheblichen Kosten verbunden ist (Notveräußerung, vgl. § 111p Abs. 1 StPO). Anordnung und Durchführung der Notveräußerung obliegt der Staatsanwaltschaft bzw. BuStra (vgl. § 111p Abs. 2 und Abs. 4 StPO). Die von der Pfändung Betroffenen sollen vor der Anordnung gehört werden (vgl. § 111p Abs. 3 StPO).

(7) Gemäß § 111e Abs. 4 Satz 2 StPO ist in der Anordnung des Vermögensarrestes neben der Höhe des zu sichernden Anspruchs (vgl. Nummer 70 Abs. 1) auch der Geldbetrag festzusetzen, durch dessen Hinterlegung (z. B. auch eine Sicherheitsleistung durch eine selbstschuldnerische Bürgschaft eines inländischen Kreditinstituts oder die Hinterlegung von Wertpapieren) der Betroffene die Vollziehung des Arrestes abwenden und die Aufhebung der Vollziehung des Arrestes verlangen kann. Bei erfolgter Hinterlegung hat die Aufhebung sodann gemäß § 111g Abs. 1 StPO zu erfolgen.

(8) Die nach Anordnung des Arrestes ausgebrachten Sicherungsmaßnahmen sind dem Festsetzungsfinanzamt als Verletzten durch die Staatsanwaltschaft bzw. BuStra mitzuteilen (vgl. § 111l Abs. 1 StPO).

(9) Gegen Maßnahmen, die im Rahmen des Arrestes durchgeführt werden, kann der Betroffene jederzeit die Entscheidung des Gerichts beantragen (§§ 111j Abs. 2 Satz 3, 111k Abs. 3 StPO). Beschlüsse, die auf eine Beschwerde hin erlassen worden sind und einen Vermögensarrest nach § 111e StPO über einen Betrag von mehr als 20.000 € betreffen, können gemäß § 310 Abs. 1 Nummer 3 StPO durch weitere Beschwerde angefochten werden.

(10) Gemäß § 111h Abs. 2 Satz 1 StPO sind Zwangsvollstreckungsmaßnahmen in Gegenstände, die im Wege der Arrestvollziehung gesichert worden sind, während der Dauer der Arrestvollziehung nicht zulässig. Abweichend von diesem Nachpfändungsverbot kann das Finanzamt nach § 111h Abs. 2 Satz 2 StPO in Vollziehung eines dinglichen Arrests nach § 324 AO auch in Gegenstände vollstrecken, die zuvor in Vollziehung eines Vermögensarrestes gesichert worden sind, soweit der Steueranspruch aus der Straftat erwachsen ist (Privilegierung des Fiskus). Dies gilt auch für die Vollstreckung eines Steuerbescheids, denn wenn bereits die

Vollstreckung aufgrund eines vorläufigen Titels (Arrestanordnung nach § 324 AO) möglich ist, muss die Vollstreckung erst recht auf Grundlage eines vollstreckbaren Steuerbescheids zulässig sein.

(11) Zu Sonderfällen der Einziehung vgl. § 73a StGB (erweiterte Einziehung) und § 76a StGB (selbständige Einziehung).

Abschnitt 10 Weitere strafprozessuale Maßnahmen

73 Zulässigkeit und Durchführung der vorläufigen Festnahme

(1) Ist ein einer Straftat im Sinne der Nummern 13 und 14 dringend verdächtigter Beschuldigter flüchtig (§ 112 Abs. 2 Nummer 1 StPO) oder besteht Flucht- oder Verdunklungsgefahr (§ 112 Abs. 2 Nummern 2 und 3 StPO) und steht die Anordnung der Haft zur Bedeutung der Sache in einem angemessenen Verhältnis, wird das Verfahren an die Staatsanwaltschaft abzugeben sein (vgl. Nummer 22). Unverhältnismäßigkeit ist auch gegeben, wenn die vollständige Aufklärung der Tat und die rasche Durchführung des Verfahrens auf weniger einschneidende Weise gesichert werden können.

(2) Besteht Gefahr im Verzug, können Steuerfahndungsbeamte und Beamte der BuStra unter den Voraussetzungen des Abs. 1 die vorläufige Festnahme anordnen und durchführen (§ 127 Abs. 2 StPO).

(3) Gefahr im Verzug besteht, wenn die gerichtliche Anordnung nicht rechtzeitig eingeholt werden kann und dadurch die Ergreifung des Beschuldigten gefährdet würde oder die Gefahr fortbesteht, dass der Beschuldigte bis zum Vollzug der gerichtlichen Anordnung noch fliehen oder die Ermittlung der Wahrheit erschweren wird (vgl. Nummer 60 Abs. 6 Sätze 2 und 3). Hatte der Richter den Erlass eines Haftbefehls vorher abgelehnt, müssen neue erhebliche Verdachtsmomente oder Haftgründe bekannt geworden sein.

(4) Verdunklungsabsicht ist kein Haftgrund, wenn die Beweise so gesichert sind, dass der Beschuldigte die Ermittlung der Wahrheit nicht mehr erschweren kann.

(5) Dringender Tatverdacht liegt vor, wenn nach dem Stand der Ermittlungen die Wahrscheinlichkeit groß ist, dass der Verfolgte Täter oder Teilnehmer ist.

(6) Der für vorläufig festgenommen erklärte Beschuldigte kann, soweit erforderlich und angemessen, auch unter Anwendung physischer Gewalt auf der Dienststelle festgehalten oder dorthin verbracht werden.

(7) Besteht noch die Möglichkeit, die Polizei hinzuzuziehen, sollte dies geschehen.

(8) Der Festgenommene ist unverzüglich gemäß § 114b i. V. m. § 127 Abs. 4 StPO über seine Rechte zu belehren. Die Belehrung hat grundsätzlich schriftlich zu erfolgen. Entsprechende Belehrungsformulare einschließlich Übersetzungen in zahlreiche Sprachen finden sich auf der Homepage des Bundesministeriums der Justiz (www.bmj.de) unter Service/ Belehrungsformulare. Ist eine schriftliche Belehrung nicht möglich oder erkennbar nicht ausreichend, ist (ergänzend) mündlich mit dem Inhalt des § 114b Abs. 2 StPO zu belehren. Der Festgenommene soll den Erhalt der Belehrung schriftlich bestätigen; weigert er sich, ist dies zu dokumentieren. Dem Festgenommenen ist unverzüglich Gelegenheit zu geben, einen Angehörigen oder eine Person seines Vertrauens zu benachrichtigen, sofern der Zweck der Untersuchung dadurch nicht gefährdet wird (§ 114c Abs. 1 StPO i. V. m. § 127 Abs. 4 StPO). Der Festgenommene soll alsbald vernommen werden. Er ist unverzüglich, spätestens am Tag nach der Festnahme, dem Richter vorzuführen (§ 128 Abs. 1 StPO). Zuständig ist der Richter bei dem Amtsgericht, in dessen Bezirk die Festnahme erfolgt ist. Das kann auch ein Amtsgericht sein, dessen örtlicher Zuständigkeitsbereich in Haftsachen gemäß § 58 GVG erweitert worden ist. Die den Fall betreffenden Vorgänge sind bei der Vorführung dem Richter vorzulegen. Kann die Vorführung nicht sofort erfolgen, ist der Festgenommene in den Gewahrsam des zuständigen

Amtsgerichts oder in Polizeigewahrsam zu übergeben; auch in diesem Fall muss sichergestellt sein, dass die Vorführung vor den Richter spätestens am Tag nach der Festnahme erfolgt. Stellt sich vor der Vorführung heraus, dass die Voraussetzungen für den Erlass eines Haftbefehls nicht oder nicht mehr gegeben sind, ist der Festgenommene unverzüglich freizulassen.

(9) Über die vorläufige Festnahme ist ein Vermerk zu fertigen und zu den Akten zu nehmen. Der Vermerk muss die Voraussetzungen für die vorläufige Festnahme, den genauen Zeitpunkt der Festnahme im Einzelnen sowie die Durchführung der Belehrung einschließlich einer etwaigen Verweigerung der Bestätigung der Erteilung der Belehrung ausweisen.

74 Zulässigkeit und Durchführung der Telekommunikationsüberwachung

(1) Die Überwachung und Aufzeichnung der Telekommunikation auch ohne Wissen der Betroffenen ist zulässig, wenn

1. bestimmte Tatsachen den Verdacht begründen, dass jemand als Täter oder Teilnehmer

   a) eine Steuerhinterziehung unter den in § 370 Abs. 3 Satz 2 Nummer 1 AO genannten Voraussetzungen, sofern der Täter als Mitglied einer Bande, die sich zur fortgesetzten Begehung von Taten nach § 370 Abs. 1 AO verbunden hat, handelt, oder unter den in § 370 Abs. 3 Satz 2 Nummer 5 AO genannten Voraussetzungen (§ 100a Abs. 2 Nummer 2 Buchstabe a StPO),

   b) einen Betrug unter den in § 263 Abs. 3 Satz 2 StGB genannten Voraussetzungen (§ 100a Abs. 2 Nummer 1 Buchstabe n StPO),

   c) einen Subventionsbetrug unter den in § 264 Abs. 2 Satz 2 StGB genannten Voraussetzungen (§ 100a Abs. 2 Nummer 1 Buchstabe o StPO)

   begangen, versucht oder durch eine Straftat vorbereitet hat und

2. die Tat auch im Einzelfall schwer wiegt und

3. die Erforschung des Sachverhalts oder die Ermittlung des Aufenthaltsortes des Beschuldigten auf andere Weise wesentlich erschwert oder aussichtslos wäre.

Zulässig ist auch eine Überwachung informationstechnischer Systeme (Quellen-TKÜ) zur Überwachung und Aufzeichnung der Telekommunikation (§ 100a Abs. 1 Sätze 1 und 3 StPO i. V. m. § 100e StPO).

(2) Telekommunikationsüberwachungen dürfen nur auf Antrag der Staatsanwaltschaft durch das Gericht angeordnet werden. Bei Gefahr im Verzug kann die Anordnung auch durch die Staatsanwaltschaft getroffen werden (§ 100e Abs. 1 StPO).

(3) Die Entschädigung der Telekommunikationsunternehmen erfolgt ausschließlich nach Anlage 3 zu § 23 JVEG.

74a Zulässigkeit und Durchführung der Observation

(1) Bei Vorliegen zureichender Anhaltspunkte für eine Straftat von erheblicher Bedeutung darf eine langfristige Beobachtung des Beschuldigten (Observation) angeordnet werden (§163f Abs. 1 StPO). Hierfür können insbesondere Steuervergehen im Sinne des § 370 Abs. 3 AO in Betracht kommen.

(2) Die Durchführung einer längerfristigen Observation bedarf eines richterlichen Beschlusses (§ 163f Abs. 3 StPO), der durch die BuStra zu beantragen ist. Die Observation darf nur angeordnet und durchgeführt werden, soweit die Erforschung des verfahrensrelevanten Sachverhalts oder der Aufenthalt des Beschuldigten auf andere Weise nicht erfolgversprechend oder wesentlich erschwert wäre.

(3) Eine längerfristige Observation liegt vor, wenn die Maßnahme durchgehend länger als 24 Stunden andauern oder (mit Unterbrechungen) an mehr als zwei Tagen durchgeführt werden soll (§ 163f Abs. 1 StPO). Insgesamt darf die einzelne Maßnahme den Zeitraum von drei Monaten nicht überschreiten (vgl. § 163f Abs. 3 Satz 3 StPO i. V. m. § 100e Abs. 1 StPO).

(4) Sofern im Rahmen der Maßnahme Lichtbildaufnahmen oder Bildaufzeichnungen erstellt werden oder besondere für Observationszwecke bestimmte technische Mittel (z. B. Peilsender) eingesetzt werden sollen, ist dies im Antrag auf richterlichen Beschluss zur Durchführung der Observation ausdrücklich zu beantragen (vgl. § 100h Abs.1 StPO).

(5) Es gelten die Verfahrensvorschriften bei verdeckten Maßnahmen nach § 101 StPO.

Abschnitt 11 Strafzumessungskriterien

75 Allgemeines zur Strafzumessung

(1) Grundlage für die Strafzumessung ist die Schuld des Täters. Die Wirkungen der Strafe für das künftige Leben des Täters in der Gesellschaft sind zu berücksichtigen (§ 46 Abs. 1 StGB). Die für und gegen den Täter sprechenden Umstände sind gegeneinander abzuwägen (§ 46 Abs. 2 StGB). Die Strafe muss dem Unrechtsgehalt der Tat entsprechen und den Täter wegen des begangenen Unrechts fühlbar treffen.

(2) Bei Taten mit geringem Unrechtsgehalt geben § 398 AO und § 153 StPO die Möglichkeit, ganz von Verfolgung abzusehen (vgl. auch Nummer 82 und § 153 StPO).

(3) Das Finanzamt soll in solchen Strafsachen, die zur Behandlung im Strafbefehlsverfahren nicht geeignet sind (§ 400 zweiter Halbsatz AO), bei Abgabe der Sache an die Staatsanwaltschaft (§ 386 Abs. 4 AO) und bei der Anhörung durch das Gericht (§ 407 AO) zur Strafzumessung Stellung nehmen.

76 Bedeutung des verkürzten Steuerbetrages für die strafrechtliche Ahndung und für die Strafzumessung

(1) Nach § 46 Abs. 1 StGB ist die Schuld des Täters die Grundlage für die Bemessung der Strafe. Das Maß der Schuld ergibt sich bei der Steuerhinterziehung insbesondere auch aus der Höhe der schuldhaft verkürzten Steuern. Der Verstoß gegen die dem Täter im Interesse der Besteuerung auferlegten besonderen Rechtspflichten wiegt in der Regel um so schwerer, je höher die hinterzogenen Steuern sind. Für die zutreffende Strafzumessung bei der Steuerhinterziehung ist deshalb zu berechnen, in welcher Höhe Steuern verkürzt sind und festzustellen, inwieweit die Verkürzung vom Vorsatz des Täters umfasst ist. Das Ergebnis dieser Prüfung ist im Abschlussvermerk (§ 169a StPO) festzuhalten.

(2) Nach dem BGH-Urteil vom 2. Dezember 2008 - 1 StR 416/08 hat die Höhe der schuldhaft verkürzten Steuern Bedeutung für die Annahme einer Steuerverkürzung oder einer nicht gerechtfertigten Steuervorteilserlangung in großem Ausmaß i.S.d. § 370 Abs. 3 Satz 2 Nummer 1 AO. Der Senat ist der Ansicht, dass das Merkmal „in großem Ausmaß" wie beim Betrug nach objektiven Maßstäben zu bestimmen ist. Das Merkmal „in großem Ausmaß" liegt in der Regel vor, wenn der Hinterziehungsbetrag 50.000 € übersteigt. Wegen der tatmehrheitlichen Verwirklichung des Tatbestandes der Steuerhinterziehung (vgl. BGH-Beschluss vom 22. Januar 2018 – 1 StR 535/17) ist das „Ausmaß" des jeweiligen Taterfolges nicht zu addieren. Für den Taterfolg ist ohne Relevanz, ob der Täter dem Finanzamt Umsätze verschweigt, seine Buchhaltung entsprechend abstimmt und dadurch eine Steuerentlastung generiert oder ob er dieses Ziel durch Vortäuschen von Betriebsausgaben erreicht. Die Art seines manipulativen Verhaltens findet ihren Platz bei der Gesamtwürdigung im Rahmen der Prüfung, ob die „Indizwirkung" des Regelbeispiels entkräftet wird oder umgekehrt bei Nichterreichen der Wertgrenze ein unbenannter besonders schwerer Fall anzunehmen ist. Bei Bejahung eines Regelbeispiels verbleibt die Möglichkeit innerhalb des Strafrahmens die konkrete Einzelstrafe wegen besonderer Strafzumessungsgründe (vgl. Nummer 77) niedriger oder höher anzusetzen (BGH-Urteil vom 27. Oktober 2015 – 1 StR 373/15).

Jedenfalls bei einem sechsstelligen Hinterziehungsbetrag wird die Verhängung einer Geldstrafe nur bei Vorliegen von gewichtigen Milderungsgründen noch schuldangemessen sein. Bei Hinterziehungsbeträgen in Millionenhöhe kommt eine aussetzungsfähige Freiheitsstrafe nur bei Vorliegen besonders gewichtiger Milderungsgründe noch in Betracht. Dabei ist es ohne Bedeutung, ob die Millionengrenze durch eine einzelne Tat oder erst durch mehrere gleichgelagerte Einzeltaten erreicht worden ist (BGH-Urteil vom 22. Mai 2012 – 1 StR 103/12).

(3) Bei Verkürzung auf Zeit, die sich im Ergebnis als Hinausschieben der Fälligkeit ausgewirkt hat (wie etwa bei verspäteter, unrichtiger oder unterlassener Abgabe von Umsatzsteuer-Voranmeldungen, bei der vorsätzlichen Herbeiführung zu niedriger Einkommensteuer- oder Körperschaftsteuer-Vorauszahlungen und bei nicht oder zu niedrig abgeführter Kapitalertragsteuer) ist der Unrechtsgehalt wesentlich geringer. Obwohl auch in diesen Fällen der gesamte Betrag verkürzt ist, ist im Rahmen der Strafzumessung zugunsten des Täters zu berücksichtigen, dass sein Vorsatz nur auf eine Verkürzung „auf Zeit" gerichtet war und er den Steuerschaden wieder gut gemacht oder dies zumindest ernsthaft und nachvollziehbar beabsichtigt hat (vgl. BGH-Urteil vom 17. März 2009 - 1 StR 627/08). Der Einwand, dass bei einer auf Dauer gewollten Verkürzung die Steuern nachgezahlt worden seien und daher kein Dauerschaden eingetreten sei, rechtfertigt nicht die Annahme einer Steuerverkürzung auf Zeit.

(4) Zur Strafzumessung bei nicht gerechtfertigten Steuervorteilen durch unrichtige Feststellungsbescheide (zu niedrige Feststellung von Gewinnen, unberechtigte Verlustvorträge und unberechtigt nicht verbrauchte Verlustvorträge) vgl. BGH-Beschlüsse vom 10. Dezember 2008 – 1 StR 322/08 und 22. November 2012 – 1 StR 537/12.

77 Besondere Strafzumessungsgründe

Strafschärfend oder strafmildernd sind insbesondere zu berücksichtigen (vgl. § 46 Abs. 2 Satz 2 StGB):

1. Beweggründe, Ziele und Tatausführung

   a) Strafmildernd

      Handeln aus nicht selbst verschuldeter Zwangs- oder Notlage heraus oder zum fremden Vorteil.

   b) Strafschärfend

      Handeln aus Gewinnsucht; grobem Eigennutz oder Habgier; gewissenloses und rücksichtsloses Vorgehen; Hartnäckigkeit, mit der das Ziel verfolgt wird; Steuerverkürzung über einen längeren Zeitraum (dies kann mit dem ihnen dann noch zukommenden minderem Gewicht auch bereits verjährte Taten einschließen); vorausgegangene Einstellungen unter Auflagen und einschlägige Vorstrafen (vgl. aber § 51 BZRG); besonders verwerfliche Ausführung (soweit diese nicht bereits einen eigenen Tatbestand erfüllt bzw. einen besonders schweren Fall der Steuerhinterziehung darstellt); sorgfältig geplante Vermeidung von Tatspuren oder deren Beseitigung vor der Tat; Aufbau eines Täuschungssystems oder die systematische Verschleierung von Sachverhalten.

2. Maß der Pflichtwidrigkeit

   a) Strafmildernd

      Verletzung von Pflichten, die vornehmlich andere wahrzunehmen hatten; Steuerhinterziehungen, die sich erst nach Anwendung des Kompensationsverbots ergeben; Eintritt eines bloßen Gefährdungsschadens.

b) Strafschärfend

Hinterziehung fremder Steuern und solcher, für die der Täter treuhänderisch verantwortlich ist (z. B. LSt, USt).

3. Verhalten nach der Tat

a) Strafmildernd

Aktive Mithilfe bei der Tataufklärung; „verunglückte" Selbstanzeige; geständige Einlassung; Wiedergutmachung (Zahlung der verkürzten Steuern).

b) Strafschärfend

Behinderung der Tataufklärung, z. B. Vernichten oder Beiseiteschaffen von Beweismitteln, Beeinflussung von Zeugen, bewusste Irreführung der Ermittlungsbehörden (dagegen nicht: Schweigen oder bloßes Leugnen); aktives Verhalten um den Steueranspruch zu vereiteln, z. B. Verbringen des Vermögens in das Ausland.

4. Persönliche Verhältnisse

a) Strafmildernd

Krankheit, Alter, steuerliche Unerfahrenheit, geringer Bildungsgrad, soweit diese Umstände die Tat beeinflusst haben. Besondere wirtschaftliche oder sonstige (nichtsteuerliche) Nachteile, z. B. berufs- oder ehrengerichtliche Strafen.

b) Strafschärfend

Berufliche und soziale Stellung des Täters, die besondere steuerliche Pflichten begründet.

5. Sonstige Strafzumessungsgesichtspunkte

Strafmildernd

Überlange nicht rechtsstaatswidrige Verfahrensdauer, die nicht vom Beschuldigten zu vertreten ist. Zu den Auswirkungen einer rechtsstaatswidrigen überlangen Verfahrensdauer vgl. Nummer 78.

78 Kompensation rechtsstaatswidriger Verzögerung eines Strafverfahrens

(1) Ist der Abschluss eines Strafverfahrens rechtsstaatswidrig derart verzögert worden, dass dies bei der Durchsetzung des staatlichen Strafanspruchs unter näherer Bestimmung des Ausmaßes berücksichtigt werden muss, so ist anstelle der bisher gewährten Strafminderung (durch eine bezifferte Herabsetzung der ohne diese Verzögerung angemessenen Strafe - Strafabschlagsmodell) im Tenor die tat- und schuldangemessene Strafe nunmehr ohne Abzug für die dem Staat zuzurechnende Verfahrensverzögerung festzusetzen und gleichzeitig auszusprechen, dass ein bezifferter Teil hiervon zum Ausgleich für die Verfahrensverzögerung als bereits vollstreckt gilt (Vollstreckungsmodell). In Fällen, in denen eine Kompensation nur durch eine Unterschreitung der gesetzlichen Mindeststrafe möglich wäre, bietet das Vollstreckungsmodell eine Möglichkeit, in dem es die Kompensation von staatlichen Stellen verursachten Verfahrensverzögerungen in einem gesonderten Schritt nach der eigentlichen Strafzumessung vornimmt (BGH-Beschluss vom 17. Januar 2008 - GSSt 1/07). Unabhängig davon ist das Vollstreckungsmodell auch in den Fällen anzuwenden, in denen kein gesetzliches Strafmindestmaß vorgesehen ist.

(2) Ein Beschuldigter kann nach §§ 198 bis 201 GVG bei überlangen Gerichtsverfahren und strafrechtlichen Ermittlungsverfahren, wenn diese unangemessen lange gedauert haben, für jedes Jahr der Verzögerung eine Entschädigung i.H.v. 1.200 € beanspruchen. Voraussetzung hierfür ist eine Verzögerungsrüge (§ 198 Abs. 3 GVG), die im laufenden Verfahren – auch im Ermittlungsverfahren (§ 199 GVG) – zu erheben ist. Eine Entschädigung kann nicht beansprucht werden, wenn die Wiedergutmachung auf andere Weise erfolgt ist, z. B. wenn die unangemessene Dauer des Verfahrens bei der Strafzumessung zugunsten des Beschuldigten berücksichtigt worden ist (§ 199 Abs. 3 GVG).

Abschnitt 12 Abschließende Entscheidung im Verfahren der Finanzbehörde

79 Überblick

(1) Die BuStra kann das selbständig durchgeführte Ermittlungsverfahren durch folgende Maßnahmen abschließen:

1. Einstellung und Absehen von der Strafverfolgung, vgl. Nummern 81-83;
2. Antrag auf Erlass eines Strafbefehls, vgl. Nummern 84 ff;
3. Vorlage an die Staatsanwaltschaft, vgl. Nummer 89;
4. Antrag auf Anordnung von Nebenfolgen im selbständigen Verfahren, vgl. Nummer 90.

(2) Soll das Verfahren nicht eingestellt werden, ist der Beschuldigte spätestens vor dem Abschluss der Ermittlungen zu vernehmen. In einfachen Sachen genügt es, dass ihm Gelegenheit zur schriftlichen Äußerung gegeben wird (§ 163a Abs. 1 StPO). Der Abschluss der Ermittlungen ist in den Akten zu vermerken, sofern das Verfahren nicht eingestellt wird (§ 169a StPO); vgl. im Übrigen Nummer 90 letzter Satz, Nummer 87 Abs. 1 und Nummer 89 Abs. 2.

(3) Wegen des Absehens von der Strafverfolgung bei unwesentlichen Nebenstraftaten vgl. Nummer 39 Abs. 1. Wegen des Ausscheidens von Unwesentlichem vgl. Nummer 39 Abs. 4.

80 Allgemeines zur Einstellung des Verfahrens

(1) Eine Einstellungsverfügung ist ausreichend zu begründen.

(2) Der Beschuldigte ist von der Einstellung des steuerstrafrechtlichen Ermittlungsverfahrens zu unterrichten, wenn ihm zuvor die Einleitung eines solchen Verfahrens eröffnet worden war; vgl. auch § 170 Abs. 2 StPO. Hat sich herausgestellt, dass der Beschuldigte unschuldig ist oder dass gegen ihn kein begründeter Verdacht mehr besteht, so ist dies in der Mitteilung auszusprechen. Im Übrigen sind die Gründe für die Einstellung nur auf Antrag und dann auch nur insoweit bekannt zu geben, als kein schutzwürdiges Interesse entgegensteht.

(3) Dem Anzeigeerstatter darf über die Einstellung keine Mitteilung gemacht werden, weil § 171 StPO eine Offenbarung nicht zulässt (vgl. § 30 Abs. 4 Nummern 1 u. 2 AO).

(4) Ist im Ermittlungsverfahren eine nach § 2 StrEG entschädigungsfähige Strafverfolgungsmaßnahme vorausgegangen, so hat die Finanzbehörde in die Mitteilung von der Einstellung des Verfahrens die Belehrung aufzunehmen, dass der Beschuldigte innerhalb eines Monats seit der Zustellung der Einstellungsnachricht bei dem zuständigen Gericht den Antrag stellen kann, die Entschädigungspflicht der Staatskasse auszusprechen. Das zuständige Gericht ist anzugeben. Die Einstellungsmitteilung mit dieser Belehrung ist zuzustellen. Auf § 9 StrEG wird hingewiesen.

81 Einstellung nach § 170 Abs. 2 StPO

(1) Geben die Ermittlungen keinen genügenden Anlass zur Erhebung der öffentlichen Klage, weil z. B. eine Verurteilung des Beschuldigten nicht mit Wahrscheinlichkeit zu erwarten ist oder sich der Verdacht als unbegründet erweist, so stellt die BuStra das Verfahren ein. Das gleiche gilt,

wenn der Verurteilung ein Verfahrenshindernis entgegensteht, z. B. weil die Tat verjährt ist (§§ 78 - 78c StGB), der Täter vom Versuch zurückgetreten ist (§ 24 StGB) oder wenn dem Täter ein Rechtfertigungs- oder Schuldausschließungsgrund zur Seite steht.

(2) Das Steuerstrafverfahren ist auch einzustellen, wenn dem Beschuldigten nach dem Ermittlungsergebnis nur eine Steuerordnungswidrigkeit anzulasten ist. In diesen Fällen ist regelmäßig zu prüfen, ob ein Bußgeldverfahren in Betracht kommt, sofern die Grenzen der Nummer 104 Abs. 3 überschritten werden.

(3) Das Steuerstrafverfahren kann wieder aufgenommen werden, wenn hierzu Anlass besteht.

82 Einstellung und Absehen von der Strafverfolgung nach § 153 Abs. 1 StPO, § 398 AO und § 398a AO

(1) Die BuStra kann mit Zustimmung des für die Eröffnung des Hauptverfahrens zuständigen Gerichts von der Verfolgung einer Straftat absehen, wenn die Schuld des Täters als gering anzusehen wäre und kein öffentliches Interesse an der Verfolgung besteht (§ 153 Abs. 1 Satz 1 StPO).

(2) Nach § 398 AO und § 153 Abs. 1 Satz 2 StPO kann die BuStra das Verfahren unter den Voraussetzungen des Abs. 1 ohne Zustimmung des Gerichts einstellen, wenn im Übrigen bei einer Steuerhinterziehung nur eine geringwertige Steuerverkürzung eingetreten ist oder nur geringwertige Steuervorteile erlangt wurden. Zur Bestimmung des Tatbestandsmerkmals der geringen Tatfolge (§ 153 Abs. 1 Satz 2 StPO) ist bei dem Delikt der Steuerhinterziehung insbesondere von der Summe der verkürzten Steuern auszugehen. Entsprechendes gilt in einem Verfahren wegen Begünstigung einer Person, die eine der in § 375 Abs. 1 Nummern 1 bis 3 AO genannten Taten begangen hat (§ 398 Satz 2 AO).

(3) Die Schuld ist als gering anzusehen, wenn sie bei einem Vergleich mit Steuerstraftaten gleicher Art nicht unerheblich unter dem Durchschnitt liegt. Im Rahmen der Berücksichtigung des öffentlichen Interesses sind jedoch Gründe der Spezial- oder Generalprävention mit zu erwägen. Die Gesamtwürdigung muss, auch unter Berücksichtigung der im Falle einer Bestrafung für die Strafzumessung maßgebenden Umstände nach § 46 Abs. 2 StGB ergeben, dass eine Bestrafung unter Abwägung aller Strafzwecke nicht notwendig erscheint. Eine Feststellung der Schuld ist nicht erforderlich; es genügt, dass für sie eine gewisse Wahrscheinlichkeit besteht. Die Strafsache braucht nicht weiter als bis zu der Feststellung aufgeklärt zu werden, dass die Schuld des Täters voraussichtlich als gering anzusehen wäre.

(4) Nach § 398a AO wird in den Fällen des § 371 Abs. 2 Satz 1 Nummern 3 und 4 AO von der Verfolgung einer Steuerstraftat abgesehen, wenn der an der Tat Beteiligte innerhalb einer ihm bestimmten angemessenen Frist die aus der Tat zu seinen Gunsten hinterzogenen Steuern, die Hinterziehungszinsen nach § 235 AO und die Zinsen nach § 233a AO, soweit sie auf die Hinterziehungszinsen nach § 235 Abs. 4 AO angerechnet werden, entrichtet und zusätzlich einen Geldbetrag gemäß § 398a Abs. 1 Nummer 2a bis c AO zugunsten der Staatskasse zahlt. Jeder an der Tat Beteiligte muss den Zuschlag in voller Höhe entrichten, damit von der strafrechtlichen Verfolgung gegen ihn abgesehen wird. Zur Ermittlung der hinterzogenen Steuer ist auf den wirtschaftlichen Schaden abzustellen, d.h. auf die tatsächlich entstandene Steuerschuld oder Zahllast. Das Kompensationsverbot nach § 370 Abs. 4 AO bleibt anders als beim Hinterziehungsbetrag (§ 398a Abs. 2 AO) bei der hinterzogenen Steuer unberücksichtigt. Berechnung und Abwicklung dieser Geldzahlung fallen in den Zuständigkeitsbereich der Bußgeld- und Strafsachenstellen, soweit diese nach § 386 Abs. 2, § 399 AO zuständig sind. Die Abwicklung erfolgt im jeweiligen landeseigenen Haushalts- und Kassenverfahren. Zur Fristsetzung vgl. Nummer 11 Abs. 5.

(5) Das Verfahren kann wieder aufgenommen werden, wenn hierzu Anlass besteht.

83 Einstellung nach § 153a StPO

(1) Nach § 153a StPO kann die BuStra im Bereich der kleineren und mittleren Kriminalität die Einstellung des Verfahrens von der Erfüllung bestimmter Auflagen und Weisungen durch den Beschuldigten abhängig machen. Dies gilt jedoch nur dann, wenn die Auflagen und Weisungen geeignet sind, das öffentliche Interesse an der Strafverfolgung zu beseitigen (vgl. Nummer 82) und die Schwere der Schuld dem nicht entgegensteht. Für die Beurteilung der Schwere der Schuld sind die für die Strafzumessung geltenden Grundsätze, insbesondere § 46 StGB, heranzuziehen. Die Verfahrenseinstellung nach § 153a StPO ist nur mit Zustimmung des Beschuldigten zulässig und bedarf vorbehaltlich des Satzes 5 auch der Zustimmung des Gerichts. Nach § 153a Abs. 1 Satz 7 i. V. m. § 153 Abs. 1 Satz 2 StPO ist eine Verfahrenseinstellung auch ohne Zustimmung des Gerichts zulässig, wenn die Auflagen und Weisungen geeignet sind, das öffentliche Interesse an der Strafverfolgung zu beseitigen und die durch die Tat verursachten Folgen gering sind (vgl. Nummer 82).

(2) Im Steuerstrafverfahren kommen namentlich folgende Auflagen und Weisungen - ggf. nebeneinander - in Betracht:

1. Entrichtung der verkürzten Beträge einschließlich der Nebenleistungen innerhalb einer zu bestimmenden Frist;

2. Zahlung eines Geldbetrages an die Staatskasse oder an eine gemeinnützige Einrichtung. Da sich die Steuerstraftat gegen die Allgemeinheit richtet, soll die Zahlung regelmäßig zugunsten der Staatskasse erfolgen. Die Auflage muss nach Art und Umfang geeignet sein, das öffentliche Interesse an der Strafverfolgung zu beseitigen. Soweit für eine Verfahrenseinstellung die Zustimmung des Gerichts erforderlich ist, empfiehlt es sich, vor der Befragung des Beschuldigten die Zustimmung des Gerichts einzuholen. Anderenfalls ist der Beschuldigte darauf hinzuweisen, dass eine Einstellung nur mit gerichtlicher Zustimmung möglich ist.

3. Erbringung von gemeinnützigen Leistungen. Diese sind dem Beschuldigten grundsätzlich nur dann aufzuerlegen, wenn Auflagen nach § 153a Abs. 1 Satz 2 Nummern 1 und 2 StPO nicht in Betracht kommen. Bei der Bemessung der gemeinnützigen Leistungen sind der Inhalt und die Umstände der zu erbringenden Tätigkeit und die persönlichen Verhältnisse des Beschuldigten zu berücksichtigen.

(3) In der Verfügung über die vorläufige Einstellung sind die Auflagen/Weisungen genau zu bezeichnen und eine Frist von höchstens 6 Monaten (§ 153a Abs. 1 Satz 3 StPO) zu deren Erfüllung festzusetzen. Ferner ist anzuordnen, dass die vorläufige Einstellung entfällt, wenn eine Auflage/Weisung nicht oder nicht fristgerecht erfüllt wird. Dem Beschuldigten soll auch anheim gegeben werden, Umstände, welche die Verlängerung der Frist oder die nachträgliche Änderung der Auflagen/Weisungen rechtfertigen könnten (§ 153a Abs. 1 Satz 4 StPO) rechtzeitig mitzuteilen. Besteht die Auflage in der Zahlung eines Geldbetrages, hat der Beschuldigte der BuStra die Zahlung nachzuweisen; die für die Steuerfestsetzung zuständige Stelle des Finanzamts erhält eine Kontrollmitteilung. Die Stelle, der gegenüber die Weisungen zu erfüllen oder an die Zahlungen zu leisten sind, wird unterrichtet und um Mitteilung über die Erfüllung oder nicht rechtzeitige Erfüllung gebeten.

(4) Erfüllt der Beschuldigte die Auflagen/Weisungen, wird das Verfahren endgültig eingestellt (§ 153a Abs. 1 Satz 5 StPO). Erfüllt der Beschuldigte sie nicht, hat die BuStra in eigener Zuständigkeit zu entscheiden, ob eine Fristverlängerung oder Änderung der Auflage in Betracht kommt (§ 153a Abs. 1 Satz 4 StPO). Ist das nicht der Fall und bleibt auch eine Erinnerung durch die BuStra ohne Erfolg oder erklärt der Beschuldigte, dass er den Auflagen/Weisungen nicht nachkommen will, ist dem Beschuldigten mitzuteilen, dass die vorläufige Einstellung entfallen ist. Das Verfahren wird dann, in der Regel durch Antrag auf Erlass eines Strafbefehls, fortgeführt. Auf Zahlungen, welche zur Erfüllung einer Auflage geleistet worden waren, ist das Gericht bzw. die Staatsanwaltschaft hinzuweisen. Auch wenn die Zahlungen vom Gericht bei der

Strafzumessung berücksichtigt werden, verbleibt der gezahlte Betrag der Stelle, welche ihn vereinnahmt hatte.

84 Voraussetzungen für den Antrag auf Erlass eines Strafbefehls

(1) Die BuStra stellt Antrag auf Erlass eines Strafbefehls (§ 400 AO), wenn

1. die Ermittlungen genügenden Anlass zur Erhebung der öffentlichen Klage bieten und

2. die Strafsache zur Behandlung im Strafbefehlsverfahren geeignet erscheint.

(2) Die Ermittlungen bieten genügenden Anlass zur Erhebung der öffentlichen Klage, wenn kein Verfahrenshindernis besteht und der Beschuldigte der Straftat so verdächtig erscheint, dass im Falle der Durchführung einer Hauptverhandlung eine Verurteilung mit Wahrscheinlichkeit zu erwarten wäre (hinreichender Tatverdacht im Sinne des § 203 StPO).

(3) Eine Erledigung im Strafbefehlsverfahren ist nach § 407 Abs. 2 Satz 2 StPO auch zulässig, wenn die Verhängung einer Freiheitsstrafe bis zu einem Jahr erforderlich erscheint, deren Vollstreckung zur Bewährung ausgesetzt werden kann und der Angeschuldigte einen Verteidiger hat oder ein Pflichtverteidiger bestellt wird (§ 408 b StPO). Eine Erledigung im Strafbefehlsverfahren ist in der Regel nicht geboten, wenn ein besonders schwerer Fall der Steuerhinterziehung (§ 370 Abs. 3 AO) vorliegt. Im Übrigen soll von dem Antrag auf Erlass eines Strafbefehls nur abgesehen werden, wenn die vollständige Aufklärung aller für die Rechtsfolgenbestimmung wesentlichen Umstände oder Gründe der Spezial- oder Generalprävention die Durchführung einer Hauptverhandlung geboten erscheinen lassen. Auf einen Strafbefehlsantrag ist nicht schon deswegen zu verzichten, weil ein Einspruch des Angeschuldigten zu erwarten ist.

(4) Der Antrag auf Erlass eines Strafbefehls darf erst gestellt werden, wenn dem Beschuldigten rechtliches Gehör gewährt worden ist und er Gelegenheit hatte, sich zu dem Ermittlungsergebnis zu äußern (s. auch Nummer 79 Abs. 2).

(5) Einem Begehren des Beschuldigten, das Verfahren nicht an die Staatsanwaltschaft abzugeben, sondern Antrag auf Erlass eines Strafbefehls zu stellen, braucht die BuStra nicht zu entsprechen.

85 Bemessung der Strafen

(1) Die Geldstrafe ist in Tagessätzen zu verhängen, und zwar mit mindestens 5 und höchstens 360 vollen Tagessätzen (§ 40 Abs. 1 StGB). Bei der Bestimmung der Zahl der Tagessätze ist davon auszugehen, dass eine nach Unrecht und Schuld gleich schwere Straftat bei Tätern mit unterschiedlichen Einkommensverhältnissen gleich schwer, d.h. mit der gleichen Anzahl von Tagessätzen, bestraft werden muss.

(2) Die Gesamtstrafe wird durch Erhöhung der verwirkten höchsten Strafe, bei Strafen verschiedener Art durch Erhöhung der ihrer Art nach schwersten Strafe gebildet (§ 54 Abs. 1 Satz 2 StGB). Die Gesamtstrafe darf die Summe der Einzelstrafen nicht erreichen und bei Geldstrafe 720 Tagessätze nicht übersteigen (§ 54 Abs. 2 StGB). Die Erhöhung der Einsatzstrafe hat in der Regel niedriger auszufallen, wenn zwischen gleichartigen Taten ein enger zeitlicher, sachlicher und situativer Zusammenhang besteht (BGH-Beschluss vom 13. April 2010 – 3 StR 71/10). Die Bildung der Gesamtstrafe erfordert grundsätzlich einen gesonderten Strafzumessungsvorgang unter zusammenfassender Würdigung der einbezogenen Straftaten und der Person des Täters. Eine Bezugnahme auf die Zumessungsgründe, die für die Einzelstrafen bestimmend waren, genügt insbesondere dann nicht, wenn die Höhe der Einsatzstrafe und der Gesamtstrafe erheblich differieren (BGH-Beschluss vom 4. Juni 2004, 2 StR 163/04).

(3) Die persönlichen und wirtschaftlichen Verhältnisse des Täters zur Zeit der Bestrafung werden bei der Geldstrafenbemessung durch die Höhe des Tagessatzes berücksichtigt, der mindestens auf 1 € und höchstens 30.000 € festzusetzen ist. In der Regel ist ein Tagessatz nach dem

Nettoeinkommen (vgl. Nummer 86) zu bemessen, das der Täter durchschnittlich an einem Tag hat oder haben könnte (§ 40 Abs. 2 StGB). Dieses kann - insbesondere bei Gewerbetreibenden und Angehörigen der freien Berufe - erforderlichenfalls geschätzt werden (§ 40 Abs. 3 StGB).

86 Höhe des Tagessatzes, Ermittlung des Nettoeinkommens

(1) Die Höhe des Tagessatzes richtet sich gemäß § 40 Abs. 2 Satz 2 StGB nach dem „Nettoeinkommen", das der Täter täglich hat bzw. haben könnte. Einkommen im Sinne des § 40 Abs. 2 Satz 2 StGB sind nicht nur die Einkünfte aus den Einkunftsarten des Steuerrechts, sondern jegliche Vermögenszuflüsse und alle regelmäßigen geldwerten Zuwendungen (z. B. Unterhaltszahlungen) einschließlich der Sachbezüge, die der Täter von dritter Seite erhält, gleich welcher Art sie sind oder auf welchem Rechtsgrund sie beruhen.

(2) Nettoeinkommen ist der dem Täter nach Abzug der gesetzlich vorgeschriebenen Leistungen (Steuer und Sozialversicherungsbeiträge), der außergewöhnlichen Belastungen und bei nicht sozialversicherungspflichtigen Tätern der Aufwendungen für eine Lebens- und Krankenversicherung verbleibende Betrag. Weitere Abzüge kommen nicht in Betracht, z. B. Zins- und Tilgungsleistungen für ein Eigenheim. Wenn der Täter vorhandene Erwerbsmöglichkeiten nicht oder nicht ausreichend nutzt, oder ein geringeres als das übliche Arbeitsentgelt für seine Arbeit vereinbart, darf er dadurch bei der Bemessung der Geldstrafe nicht besser gestellt werden. Unterhaltsleistungen des Täters sind angemessen zu berücksichtigen, auch wenn sie nicht nachgewiesen werden.

(3) Kann das Einkommen nicht zeitnah ermittelt werden, ist unter Berücksichtigung aller ins Gewicht fallender Umstände, die die aktuelle wirtschaftliche Leistungsfähigkeit des Täters beeinflussen, zu schätzen.

(4) Verfügt der Täter über ein erhebliches Vermögen, so ist der Tagessatz dann angemessen zu erhöhen, wenn sich sonst keine fühlbare Strafe erreichen ließe.

(5) Eine Offenbarung der wirtschaftlichen Verhältnisse ist gemäß § 30 Abs. 4 Nummer 1 AO in einem Steuerstrafverfahren zwecks Bestimmung der Tagessatzhöhe nach § 40 Abs. 2 StGB zulässig. Eine pauschale Übermittlung von Steuerbescheiden ist unzulässig.

87 Antragstellung

(1) Die getroffenen steuerlichen und strafrechtlichen Ermittlungsergebnisse sowie deren Würdigung hat die BuStra in einem Abschlussvermerk (§ 169a StPO) aktenkundig zu machen. Der Antrag muss die für den Erlass des Strafbefehls erforderlichen Angaben (§ 409 Abs. 1 StPO) enthalten. Er ist als Strafbefehlsentwurf zu fassen (vgl. Nummern 176 und 177 Abs. 1 RiStBV). Zur Kennzeichnung einer zu ahndenden Steuerhinterziehung im Strafbefehl gehört die kurze Darstellung der tatsächlichen Grundlagen des materiellen Steueranspruchs über dessen Verkürzung entschieden werden soll, die Angabe, durch welches Täterverhalten und für welchen in Betracht kommenden Steuerabschnitt die Erklärungs- und/oder Anmeldepflichten verletzt wurden, sowie ein Vergleich der gesetzlich geschuldeten Steuer mit der, die aufgrund der unrichtigen oder unvollständigen Angaben des Täters gegenüber der Steuerbehörde nicht, nicht in voller Höhe oder nicht rechtzeitig angemeldet oder festgesetzt wurde. Mängel in der Umgrenzungsfunktion des Strafbefehls führen zu dessen Unwirksamkeit (vgl. OLG Düsseldorf, Beschluss vom 26. Mai 1988 - 3 Ws 85/87).

(2) Bei einem Antrag auf Erlass eines Strafbefehls (§ 400 erster Halbsatz AO) hat das Finanzamt (BuStra) Art und Höhe der gegen den Beschuldigten zu verhängenden Strafe anzugeben. Im Hinblick auf § 267 Abs. 3 StPO ist im Abschlussvermerk darzulegen, welche Gesichtspunkte die Strafzumessung beeinflussen. Hierbei genügen nicht allgemeine Bemerkungen; vielmehr sind alle wesentlichen Tatsachen und Erwägungen anzugeben, aus denen die Strafzumessung gefunden wird.

(3) Dem Antrag sind vorbehaltlich Nummer 35 Abs. 4 alle Vorgänge beizufügen, die für die Schuld und die Strafzumessung von Bedeutung sind. Dazu gehören verwaltungsinterne Vermerke nicht. In den Fällen des § 407 Abs. 2 Satz 2 StPO ist dem Strafbefehlsantrag ein Beschlussvorschlag hinsichtlich der Bewährungsauflagen beizufügen. Der Bewährungsbeschluss muss zumindest einen Vorschlag bezüglich der Dauer der Bewährungszeit sowie die Aufforderung zur Anzeige eines Wohnsitzwechsels enthalten. Weitere Bewährungsauflagen sind im Einzelfall vorzuschlagen.

(4) Der Antrag ist an das zuständige Amtsgericht zu übersenden. Dabei ist je nach Bedeutung des Falles die Entscheidung durch den Strafrichter oder den Vorsitzenden des Schöffengerichts zu beantragen.

(5) Ist der Hinterziehungsbetrag nicht oder nur zum Teil nachentrichtet worden, ist gemäß §§ 73ff. StGB im Strafbefehl zwingend über die Anordnung einer Einziehung zu entscheiden. Ein Absehen von einer Einziehung kommt nur unter den Voraussetzungen des § 421 StPO in Betracht. Diese Entscheidung ist im Abschlussvermerk darzulegen.

88 Rechtsmittel

(1) Teilt das Gericht der BuStra mit, dass es eine andere als die beantragte Rechtsfolge für angemessen oder eine weitere Aufklärung für notwendig hält, ist nach dem Abs. 2 der Nummer 178 RiStBV zu verfahren. Gegen die Anberaumung der Hauptverhandlung (§ 408 Abs. 3 Satz 2 StPO) ist kein Rechtsmittel gegeben.

(2) Gibt der Vorsitzende des Schöffengerichts die Sache an den Strafrichter ab (§ 408 Abs. 1 Satz 1 erster Halbsatz StPO) oder weist der Richter den Antrag auf Erlass eines Strafbefehls zurück, kann die BuStra dagegen sofortige Beschwerde (§ 311 StPO) einlegen (§ 408 Abs. 1 Satz 1 letzter Halbsatz, § 210 Abs. 2 StPO).

89 Vorlage an die Staatsanwaltschaft

(1) Bieten die durchgeführten Ermittlungen genügenden Anlass zur Erhebung der öffentlichen Klage (vgl. Nummer 84 Abs. 2), ist aber die Strafsache für das Strafbefehlsverfahren nicht geeignet, so legt die BuStra die Akten der Staatsanwaltschaft vor (§ 400 zweiter Halbsatz AO).

(2) Bei der Vorlage hat die BuStra das wesentliche Ermittlungsergebnis übersichtlich zusammenfassend darzustellen und in der Regel auch rechtlich zu würdigen. Die Darstellung soll der Gewichtigkeit des Falles entsprechen. Die Abgabeschrift ist vom Sachgebietsleiter zu unterzeichnen.

90 Antrag auf Anordnung von Nebenfolgen

(1) Die BuStra kann nach pflichtgemäßem Ermessen beantragen, die Einziehung (§§ 73 bis 76b StGB, § 29a OWiG) selbständig anzuordnen oder eine Geldbuße gegen eine juristische Person oder eine Personenvereinigung (§ 30 OWiG) selbständig festzusetzen (§ 401 AO). Das Verfahren richtet sich nach § 76a StGB und § 444 Abs. 3 StPO. Richtet sich die Einziehung gegen eine Person, die nicht Beschuldigte ist, so wird sie nach § 424 Abs. 1 StPO auf Anordnung des Gerichts am Strafverfahren beteiligt, soweit dieses die Einziehung betrifft (Einziehungsbeteiligter). Im Falle des § 30 OWiG giltgleiches hinsichtlich der juristischen Person oder der Personenvereinigung (§ 444 Abs. 3, § 432 Abs. 1 Satz 1 StPO). Wegen des abschließenden Vermerks vgl. Nummer 87 Abs. 1 Satz 1.

(2) Nach § 44 StGB (in der seit dem 24. August 2017 gültigen Fassung) kann ein Fahrverbot auch bei nicht verkehrsbezogenen Straftaten verhängt werden. Die Anordnung eines Fahrverbots kommt in den Fällen der Nummern 84 und 89 in Betracht, wenn sie zur Einwirkung auf den Täter oder zur Verteidigung der Rechtsordnung erforderlich erscheint oder hierdurch die Verhängung einer Freiheitsstrafe oder deren Vollstreckung vermieden werden kann (OLG Düsseldorf,

Beschluss vom 28. März 2019 – 2 RVs 15/19).

Abschnitt 13 Stellung der Finanzbehörde im Verfahren der Staatsanwaltschaft

91 Rechte und Pflichten im Ermittlungsverfahren

(1) Führt die Staatsanwaltschaft das Ermittlungsverfahren in Strafsachen durch, so hat die BuStra nach § 402 Abs. 1 AO nur dieselben Rechte und Pflichten wie die Behörden des Polizeidienstes nach der Strafprozessordnung, insbesondere nach § 161 und § 163 StPO sowie die Befugnisse nach § 399 Abs. 2 Satz 2 AO. Beschuldigte und Sachverständige sind nicht verpflichtet, auf Ladung vor ihr zu erscheinen; Zeugen nur unter den Voraussetzungen des § 163 Abs. 3 Satz 1 StPO (analog Nummer 47). Die Vorgänge sind ohne Verzug der Staatsanwaltschaft zu übersenden (§ 163 Abs. 2 StPO).

(2) Wegen der Rechte und Pflichten der Steuerfahndungsstellen und ihrer Beamten wird auf Nummer 123 verwiesen.

(3) Beschlagnahmen, Durchsuchungen und körperliche Untersuchungen dürfen von BuStra und Steufa nur bei Gefahr im Verzug angeordnet werden (§ 399 Abs. 2 Satz 2 AO, §§ 81a Abs. 2, 98 Abs. 1, § 105 Abs. 1 StPO). Die Überwachung und Aufzeichnung der Telekommunikation darf auch bei Gefahr im Verzug nur durch die Staatsanwaltschaft und nicht durch die BuStra bzw. Steufa angeordnet werden (§ 402 Abs. 1 AO, § 100e Abs. 1 Satz 2 StPO). Die Befugnis zur Durchsicht der Papiere hat im Verfahren der Staatsanwaltschaft neben dieser die Steufa (vgl. Nummer 123 Abs. 3 Nummer 3) und darüber hinaus die BuStra, soweit die Staatsanwaltschaft dies anordnet.

(4) Finanzämter, auf die keine Zuständigkeit nach § 387 Abs. 2 AO übertragen worden sind, haben im Verfahren der Staatsanwaltschaft dieselben Rechte und Pflichten wie die BuStra nach den Abs. 1 und 3 (§ 402 Abs. 2 AO).

(5) Die vorgenannten Stellen und Ämter sind verpflichtet, einem Ersuchen der Staatsanwaltschaft um Durchführung von Ermittlungen im Rahmen ihrer Aufgaben (§ 17 Abs. 2 FVG; Nummer 122 Abs. 1), und ihrer Zuständigkeit (vgl. Nummern 23 bis 25, 123 Abs. 3) nachzukommen.

92 Anwesenheitsrecht

(1) Führt die Staatsanwaltschaft oder die Polizei Ermittlungen in Strafsachen der Nummern 18 und 19 durch, so ist die BuStra befugt, daran teilzunehmen (§ 403 Abs. 1 Satz 1 AO). Zu diesem Zweck sollen ihr Ort und Zeit der Ermittlungshandlungen rechtzeitig mitgeteilt werden (§ 403 Abs. 1 Satz 2 AO). Von dieser Teilnahmebefugnis soll in Fällen von Gewicht oder auf Antrag des Beschuldigten in der Regel Gebrauch gemacht werden. Der Vertreter der BuStra ist berechtigt, Fragen an Beschuldigte, Zeugen und Sachverständige zu stellen (§ 403 Abs. 1 Satz 3 AO).

(2) Das Anwesenheitsrecht gilt auch für solche gerichtlichen Verhandlungen während des staatsanwaltschaftlichen Ermittlungsverfahrens in Strafsachen der Nummern 18 und 19, bei denen auch der Staatsanwaltschaft die Anwesenheit gestattet ist (§ 403 Abs. 2 AO). Das ist insbesondere bei der gerichtlichen Vernehmung des Beschuldigten sowie eines Zeugen oder Sachverständigen der Fall (§ 168c StPO).

(3) Das Recht zur Akteneinsicht und zur Besichtigung sichergestellter Gegenstände nach § 395 AO hat die BuStra auch im steuerlichen Interesse.

(4) Teilt die Staatsanwaltschaft der BuStra mit, dass sie beabsichtige, das Verfahren einzustellen, von der Erhebung einer Klage abzusehen oder die Strafverfolgung zu beschränken (§§ 153 ff. StPO, § 398 AO), hat die BuStra in ihrer Stellungnahme (§ 403 Abs. 4 AO) die Belange der

Finanzverwaltung gegebenenfalls auch aus steuerlicher Sicht darzutun.

93 Unterstützung der Staatsanwaltschaft bei der Überwachung von Auflagen

Werden Auflagen angeordnet, deren Erfüllung die Staatsanwaltschaft zu überwachen hat, z. B. § 153a Abs. 1 StPO, soll die BuStra, soweit es sich bei den Auflagen um Steuerzahlungen handelt, die Staatsanwaltschaft bei der Überwachung unterstützen und gegebenenfalls den Zahlungseingang durch die Finanzkasse überwachen lassen.

Abschnitt 14 Stellung der Finanzbehörde im gerichtlichen Verfahren

94 Teilnahme an der Hauptverhandlung

(1) Die BuStra hat grundsätzlich den Termin der Hauptverhandlung wahrzunehmen. Sie kann nur in einfach gelagerten Fällen und nur im Einvernehmen mit der Staatsanwaltschaft von einer Teilnahme absehen.

(2) Vor dem Termin zur Hauptverhandlung soll der Vertreter der BuStra sich mit dem Sitzungsvertreter der Staatsanwaltschaft absprechen und gegebenenfalls Einblick in die Gerichtsakten nehmen, um auch von Verfahrensumständen Kenntnis zu bekommen, die der BuStra bisher nicht bekannt sind (z. B. Begründung des Einspruchs). Während der Hauptverhandlung soll der Vertreter der BuStra nach Möglichkeit sich sofort mit dem Sitzungsvertreter der Staatsanwaltschaft zu Äußerungen, Vorfällen, Anträgen des Angeklagten oder dessen Verteidigers oder Fragen des Gerichts beraten. Ist er mit Anträgen der Staatsanwaltschaft nicht einverstanden, soll er eine Sitzungspause anregen, um mit dem Staatsanwalt in der Pause das Für und Wider abzuwägen.

(3) Der Vertreter der BuStra hat sein Mitwirkungsrecht auch als Mitwirkungspflicht aufzufassen (§ 407 Abs. 1 Sätze 4 und 5 AO, Nummer 127 RiStBV). Insbesondere durch sachdienliche Fragen an den Angeklagten und die Zeugen kann er die Aufklärung des Sachverhalts unterstützen. Er kann zu dem Schlussvortrag des Staatsanwalts (vgl. Nummer 138 RiStBV) noch ergänzende Ausführungen machen, nicht aber selbst Anträge stellen.

(4) Zu den Beteiligungsrechten der BuStra bei der Verständigung im Strafverfahren vgl. §§ 160b, 202a, 212 und 257c StPO.

95 Rechtsmittel

Hat die BuStra gegen einen Beschluss oder ein Urteil Bedenken, so regt sie unter Beachtung der Nummer 147 RiStBV bei der Staatsanwaltschaft an, dass diese Rechtsmittel einlegt.

96 Unterstützung des Gerichts bei der Überwachung von Auflagen

Werden vom Gericht Auflagen angeordnet, deren Erfüllung das Gericht zu überwachen hat (z. B. § 153a Abs. 2 StPO), gilt Nummer 93 entsprechend.

Abschnitt 15 Behandlung von Einwendungen

97 Gegenvorstellungen, Dienst- und Sachaufsichtsbeschwerden

(1) Einwendungen gegen Anordnungen, Maßnahmen, Unterlassungen sowie gegen das Verhalten von Amtsträgern sind vorbehaltlich der Nummer 98 als Gegenvorstellung oder, falls dies ausdrücklich begehrt wird oder aus den Umständen des Falles ersichtlich ist, dass die Entscheidung eines Vorgesetzten herbeigeführt werden soll, als Dienstaufsichts- oder als Sachaufsichtsbeschwerde zu behandeln.

(2) Über Gegenvorstellungen ist alsbald zu entscheiden. Aufsichtsbeschwerden sind unverzüglich der vorgesetzten Behörde vorzulegen, wenn ihnen nicht abgeholfen wird. Sachaufsichtsbeschwerden bei Maßnahmen, die Beamte der Steuerfahndungsstellen in ihrer

Eigenschaft als Ermittlungspersonen der Staatsanwaltschaft (§ 404 AO) und Beamte der BuStra (§ 402 AO) auf Anordnung der Staatsanwaltschaft treffen, sind, wenn ihnen nicht abgeholfen wird, der Staatsanwaltschaft vorzulegen.

(3) Soweit mit Einwendungen ein Verwertungsverbot (vgl. Nummer 149) geltend gemacht wird, ist über dieses bei der abschließenden Entscheidung im Strafverfahren zu befinden.

(4) Wird ein Schadensersatzanspruch geltend gemacht, ist die für die Vertretung des Landes in solchen Prozessen zuständige Behörde zu unterrichten.

98 Rechtsbehelfe

(1) Einwendungen gegen gerichtliche Durchsuchungs- oder Beschlagnahmeanordnungen sowie Arrest- und Vollziehungsmaßnahmen sind dem Gericht zuzuleiten (§ 306 StPO). Dies gilt auch dann, wenn die Maßnahmen bereits vollzogen sind.

(2) Einwendungen gegen eine durch die Steuerfahndungsbeamten, die BuStra oder nach § 399 Abs. 2 Satz 2 AO angeordnete Durchsuchung oder Beschlagnahme sowie Arrest- und Vollziehungsmaßnahmen sind als Antrag auf gerichtliche Entscheidung (vgl. § 98 Abs. 2 Satz 2 StPO) dem Gericht vorzulegen. Entsprechend ist vorzugehen, wenn Papiere zur Durchsicht mitgenommen oder Daten vorläufig gesichert werden (§ 110 Abs. 4 StPO). Dies gilt auch dann, wenn die Maßnahmen bereits vollzogen sind. Zuständig ist das Amtsgericht, in dessen Bezirk die Durchsuchung oder Beschlagnahme stattgefunden hat. Wurde eine solche Maßnahme bereits in einem anderen Bezirk durchgeführt, so entscheidet das Amtsgericht, in dessen Bezirk die Finanzbehörde, die das Ermittlungsverfahren führt, ihren Sitz hat.

(3) Einwendungen gegen die Anordnung der Vorführung nach § 161a Abs. 2 Satz 1 StPO i. V. m. §§ 51 Abs. 1 Satz 3, 163a Abs. 3 Satz 2, 134 Abs. 1 StPO sind als Antrag auf gerichtliche Entscheidung (§§ 163a Abs. 3 Satz 3, 161a Abs. 3 Satz 1 StPO) dem Gericht vorzulegen. Über den Antrag entscheidet das nach § 162 StPO zuständige Gericht (§ 161a Abs. 3 Satz 1 StPO).

(4) Wird ein Antrag auf gerichtliche Entscheidung nach den §§ 23 ff. EGGVG gestellt, ist der Vorgang mit einer Stellungnahme dem zuständigen Oberlandesgericht (§ 25 Abs. 1 EGGVG) unmittelbar vorzulegen. Die Staatsanwaltschaft beim Landgericht ist zu unterrichten.

99 Wirkung von Einwendungen

Aufschiebende Wirkung kommt den in Nummern 97 und 98 genannten Einwendungen nicht zu, auch nicht in Bezug auf die Auswertung von Unterlagen. Unbeschadet der Aussetzungsbefugnis des Richters nach § 307 Abs. 2 StPO ist jedoch zu prüfen, ob und ggf. wie weit im Einzelfall von der Durchführung von Maßnahmen usw. abgesehen werden soll; Voraussetzung ist stets, dass weder Verdunklungs- noch Fluchtgefahr besteht und dass auch die Ermittlungen sonst nicht wesentlich erschwert werden.

Teil 4 Bußgeldverfahren

Abschnitt 1 Anzuwendende Vorschriften

100 Gesetzliche Bestimmungen

(1) Im Bußgeldverfahren wegen Ordnungswidrigkeiten im Sinne der Nummern 105 und 106 gelten, soweit die §§ 409 bis 412 AO und die in § 410 Abs. 1 Nummern 1 bis 12 AO aufgeführten und entsprechend anwendbaren Vorschriften der AO über das Strafverfahren keine speziellere Regelung treffen, die verfahrensrechtlichen Vorschriften des OWiG (§ 410 Abs. 1 AO) und nach Maßgabe des § 46 Abs. 1 OWiG sinngemäß die allgemeinen Gesetze über das Strafverfahren.

(2) Bei Ordnungswidrigkeiten nach dem Steuerberatungsgesetz (vgl. Nummer 107) ist § 164 StBerG zu beachten.

101 Anwendung der Regelungen des Dritten Teils

Im Bußgeldverfahren wegen Ordnungswidrigkeiten im Sinne der Nummern 105 und 106 sind folgende Regelungen des Dritten Teils sinngemäß anzuwenden:

1.	Nummer 16	(Verhältnis des Strafverfahrens zum Besteuerungsverfahren);
2.	Abschnitt 4	(Einleitung des Strafverfahrens) mit Ausnahme der Nummer 26 Abs. 1(sog. Legalitätsprinzip);
3.	Abschnitt 5	(Verteidigung) mit Ausnahme der Nummer 35 Abs. 7 Satz 1, da insoweit § 49 OWiG gilt;
4.	Abschnitt 6	(allgemeine Ermittlungsgrundsätze) mit Ausnahme der Nummer 39;
5.	Abschnitt 7	(Vernehmung) mit Ausnahme der Nummer 53 Abs. 1 und Nummer 54 Abs. 1,soweit es um die Anordnung der Vorführung geht (vgl. Nummer 102 Abs. 2);
6.	Abschnitt 8	(Durchsuchung und Beschlagnahme) mit Ausnahme der Nummer 57 Abs. 1 Nummer 2, der Nummer 61 sowie der Nummer 56 insoweit, als im Hinblick auf § 46 Abs. 3 OWiG eine Durchsuchung zum Zwecke der Ergreifung des Verdächtigen nicht zulässig ist (vgl. auch Nummer 102 Abs. 1);
7.	Abschnitt 13	(Stellung der Finanzbehörde im Verfahren der Staatsanwaltschaft) mit Ausnahme der Nummer 92 Abs. 3, da insoweit § 49 OWiG gilt, sowie der Nummer 93;
8.	Abschnitt 14	(Stellung der Finanzbehörde im gerichtlichen Verfahren) mit Ausnahme der Nummer 96;
9.	Abschnitt 15	(Behandlung von Einwendungen) mit Ausnahme der Nummer 98 Abs. 3, 4 (vgl. Nummer 102 Abs. 2, Nummer 117).

102 Abweichungen vom Strafverfahren

(1) Verhaftung, vorläufige Festnahme (vgl. Nummer 73), Postbeschlagnahme (vgl. Nummer 61) sowie Auskunftsersuchen (vgl. Nummern 144 ff.) über Umstände, die dem Post- und Fernmeldegeheimnis unterliegen, sind nicht zulässig (§ 46 Abs. 3 Satz 1 OWiG). Dies gilt auch für die Überwachung der Telekommunikation.

(2) Kommen der Betroffene oder Zeugen einer Ladung der BuStra nicht nach, kann deren Vorführung nur vom Richter angeordnet werden (§ 46 Abs. 5 OWiG).

(3) Anders als im Strafverfahren (vgl. Nummer 79 Abs. 2 Satz 1, Nummer 84 Abs. 4) braucht der Betroffene vor Abschluss der Ermittlungen nicht vernommen zu werden, sondern es genügt, wenn ihm Gelegenheit gegeben wird, sich zu der Beschuldigung zu äußern (§ 55 Abs. 1 OWiG).

(4) Der Betroffene braucht auf sein Recht, auch schon vor seiner Vernehmung einen Verteidiger zu befragen oder einzelne Beweiserhebungen zu beantragen (vgl. Nummer 49 Abs. 1 Satz 2), nicht hingewiesen zu werden (§ 55 Abs. 2 OWiG), doch soll bei schwieriger Sach- und/oder Rechtslage ein entsprechender Hinweis gegeben werden.

103 Ermittlungsbefugnisse

(1) Die BuStra hat im Bußgeldverfahren dieselben Rechte und Pflichten wie die Staatsanwaltschaft bei der Verfolgung von Straftaten, soweit das OWiG nichts Anderes bestimmt (§ 46 Abs. 2 OWiG), und somit grundsätzlich die gleichen Ermittlungsbefugnisse wie bei der

Verfolgung von Steuerstraftaten im selbständigen Verfahren. Zu den Einschränkungen vgl. Nummer 102.

(2) Verfolgt die Staatsanwaltschaft die Ordnungswidrigkeiten (vgl. Nummer 110), bleiben das Recht des ersten Zugriffs und die Pflicht zur unverzüglichen Aktenübersendung (vgl. Nummer 91 Abs. 1 Satz 3) bestehen (§ 53 Abs. 1 Satz 1 und 3 OWiG).

104 Opportunitätsprinzip

(1) Die Finanzbehörde hat im Rahmen ihrer Zuständigkeit nach § 47 Abs. 1 OWiG Ordnungswidrigkeiten nach pflichtgemäßem Ermessen zu verfolgen (Opportunitätsprinzip). Das Opportunitätsprinzip ermöglicht es der Finanzbehörde, von der Verfolgung einer Ordnungswidrigkeit auch dann abzusehen, wenn die Verfolgungsvoraussetzungen an sich vorliegen. Auch bei Verdacht einer Ordnungswidrigkeit im Sinne der Nummern 105 bis 107 braucht sie daher ein Bußgeldverfahren nicht einzuleiten oder kann die Verfolgung, ggf. auch erst im späteren Verlauf des Verfahrens, in tatsächlicher und/oder rechtlicher Hinsicht begrenzen oder ganz von ihr absehen; die Verfolgungsbegrenzung soll in den Akten vermerkt werden.

(2) Die Ermessensentscheidung hat sie unter Berücksichtigung aller Umstände des Einzelfalles nach sachlichen Gesichtspunkten zu treffen und dabei vor allem den Gleichheitsgrundsatz, den Grundsatz der Verhältnismäßigkeit und das Übermaßverbot (vgl. Nummer 3), die Bedeutung der Tat, den Grad der Vorwerfbarkeit und das öffentliche Interesse an der Verfolgung, das z. B. von der Häufigkeit derartiger Verstöße und der Wiederholungsgefahr abhängen kann, zu beachten (vgl. Nummer 82 Abs. 3).

(3) Trotz Verdachts kann von der Verfolgung einer Ordnungswidrigkeit nach den vorstehenden Absätzen in der Regel abgesehen werden, wenn der verkürzte Betrag oder der gefährdete Betrag insgesamt weniger als 5.000 € beträgt, sofern nicht ein besonders vorwerfbares Verhalten für die Durchführung eines Bußgeldverfahrens spricht. Das gleiche gilt, wenn in diesen Fällen der insgesamt gefährdete Betrag unter 10.000 € liegt und der gefährdete Zeitraum 3 Monate nicht übersteigt.

Abschnitt 2 Ordnungswidrigkeiten

105 Steuerordnungswidrigkeiten

Steuerordnungswidrigkeiten sind insbesondere:

1. die leichtfertige Steuerverkürzung (§ 378 AO),
2. die Steuergefährdung (§ 379 AO),
3. die Gefährdung der Abzugsteuern (§ 380 AO),
4. der unzulässige Erwerb von Steuererstattungs- und Vergütungsansprüchen (§ 383 AO),
5. die Pflichtverletzung bei Übermittlung von Vollmachtsdaten i.S.d. § 80a AO (§ 383b AO),
6. Ordnungswidrigkeiten nach § 26a UStG und
7. Ordnungswidrigkeiten nach § 33 Abs. 4 ErbStG und § 50e Abs. 1 EStG.

106 Gleichgestellte Ordnungswidrigkeiten

Den Steuerordnungswidrigkeiten stehen Handlungen im Sinne der Nummer 105, die sich auf Prämien und Zulagen beziehen, gleich, soweit in den entsprechenden Gesetzen auf die in Nummer 105 genannten Vorschriften verwiesen wird (§ 8 Abs. 2 WoPG; § 96 Abs. 7 EStG, § 100 Abs. 5 Nummer 3 EStG, § 13 FZulG, § 108 EStG, § 121 EStG, § 14 Abs. 3 5. VermBG).

107 Ordnungswidrigkeiten nach anderen Gesetzen

(1) Nach dem Steuerberatungsgesetz werden als Ordnungswidrigkeiten geahndet

1. die unbefugte Hilfeleistung in Steuersachen (§ 160 Abs. 1 StBerG),
2. die unbefugte Benutzung der Bezeichnung Steuerberatungsgesellschaft usw. (§ 161 StBerG),
3. die Verletzung der den Lohnsteuerhilfevereinen obliegenden Pflichten (§ 162 StBerG) nach § 14 Abs. 1 Nummer 8 StBerG (Mitglieder- oder Vertreterversammlung), § 15 Abs. 3 StBerG (Mitteilung von Satzungsänderungen), § 22 Abs. 1 StBerG (Jahresprüfung der Aufzeichnung usw.), § 22 Abs. 7 Nummern 1 und 2 StBerG (Vorlage des Prüfungsberichts und Unterrichtung der Mitglieder über den Inhalt der Prüfungsfeststellungen), § 23 Abs. 3 Satz 1 und Abs. 4 StBerG (Bestellung der Leiter von Beratungsstellen und Mitteilungen über Veränderungen bei Beratungsstellen), § 25 Abs. 2 Satz 1 StBerG (nicht angemessene Versicherung) und § 29 Abs. 1 StBerG (unterbliebene oder nicht rechtzeitige Unterrichtung der Aufsichtsbehörde von Mitgliederversammlungen oder Vertreterversammlungen) und
4. die Ausübung einer wirtschaftlichen Tätigkeit in Verbindung mit einer Hilfeleistung in Lohnsteuersachen (§ 163 StBerG).

(2) Nach § 130 OWiG kann die Verletzung der Aufsichtspflicht in Betrieben und Unternehmen insbesondere geahndet werden, wenn die nicht verhinderte bzw. nicht wesentlich erschwerte Zuwiderhandlung eine Steuerstraftat oder Steuerordnungswidrigkeit ist (§ 131 Abs. 3, § 36 Abs. 1 OWiG, § 409 AO i. V. m. § 387 AO). Eine Geldbuße gegen juristische Personen oder Personenvereinigungen kann unter den Voraussetzungen des § 30 OWiG verhängt werden.

(3) Nach § 56 GwG kann die Verletzung der Identifizierungs-, Aufzeichnungs-, Aufbewahrungs-, Melde- und Duldungspflichten als Ordnungswidrigkeit geahndet werden.

108 Als Ordnungswidrigkeit zu ahndende Steuerstraftaten

Unter den Voraussetzungen des § 50e Abs. 2 EStG werden Steuerstraftaten bei geringfügiger Beschäftigung in Privathaushalten nicht verfolgt. Gleichwohl bleiben die Bußgeldvorschriften der Abgabenordnung mit der Maßgabe anwendbar, dass eine Ahndung nach § 378 AO auch bei vorsätzlichem Handeln möglich ist.

Abschnitt 3 Zuständigkeit

109 Zuständigkeit bei Ordnungswidrigkeiten

(1) Die Finanzbehörde ist zuständig für die Verfolgung und Ahndung von

1. Steuerordnungswidrigkeiten (vgl. Nummer 105),
2. Ordnungswidrigkeiten, welche einer Steuerordnungswidrigkeit gleichgestellt sind (vgl. Nummer 106)

und

3. Ordnungswidrigkeiten nach dem Steuerberatungsgesetz (vgl. Nummer 107 Abs. 1) und § 130 OWiG, soweit die Zuwiderhandlung oder Bezugstat eine Steuerstraftat oder -ordnungswidrigkeit ist (vgl. Nummer 107 Abs. 2).

(2) Sachlich zuständige Verwaltungsbehörde im Sinne des § 36 Abs. 1 Nummer 1 OWiG für Ordnungswidrigkeiten nach dem Geldwäschegesetz ist

1. die für die Aufsicht über die Lohnsteuerhilfevereine zuständige Finanzbehörde (§ 50 Nummer 7a, § 56 Abs. 5 Satz 1 GwG, § 27 StBerG)

2. die örtlich zuständige Steuerberaterkammer für Steuerberater und Steuerbevollmächtigte (§ 50 Nummer 7 GwG, § 76 Abs. 8 StBerG).

(3) Die Finanzbehörde ist auch zuständig für die selbständige Anordnung der Einziehung gemäß § 29a Abs. 5 OWiG, sofern sie gemäß Absatz 1 für die Verfolgung der Ordnungswidrigkeit des Betroffenen zuständig wäre.

(4) Die sachliche Zuständigkeit für Ordnungswidrigkeiten nach § 39 Abs. 9, § 39e Abs. 4 Satz 7 EStG liegt gemäß § 409 Satz 1, § 387 Abs. 1 AO bei der für den Arbeitgeber zuständigen Finanzbehörde bzw. bei der Finanzbehörde, der diese Zuständigkeit nach § 409 Satz 2 i. V. m. § 387 Abs. 2 AO durch Rechtsverordnung übertragen ist.

(5) Das Bundeszentralamt für Steuern ist zuständige Verwaltungsbehörde für die Verfolgung und Ahndung von Ordnungswidrigkeiten nach

1. § 26a Abs. 2 Nummer 5 und 6 UStG (§ 26a Abs. 4 UStG),
2. § 50e Abs. 1 EStG (§ 50e Abs. 1a EStG) und
3. § 379 Abs. 2 Nummer 1 Buchstaben e und f AO.

110 Zuständigkeit bei Zusammentreffen oder Zusammenhang der Ordnungswidrigkeit mit einer Straftat

(1) Die Finanzbehörde hat die Vorgänge unter Beachtung der Nummern 128 und 129 der Staatsanwaltschaft vorzulegen, sobald sie davon erfährt, dass die Staatsanwaltschaft wegen derselben Tat (vgl. Nummer 17 Abs. 2) bereits im Strafverfahren ermittelt (vgl. § 40 OWiG).

(2) Besteht ein Zusammenhang zwischen einer Ordnungswidrigkeit und einer Straftat, ohne dass eine Tat im Sinne der Nummer 17 Abs. 2 vorliegt (§ 42 Abs. 1 Satz 2 OWiG), so kann die Staatsanwaltschaft die Verfolgung der Ordnungswidrigkeit übernehmen, solange nicht ein Bußgeldbescheid vom Zeichnungsberechtigten unterschrieben und in den Geschäftsgang gegeben wurde (§ 42 Abs. 1 Satz 1 OWiG). Bei der Vorlage der Vorgänge an die Staatsanwaltschaft sind die Nummern 128 und 129 zu beachten.

(3) Ermittelt die Finanzbehörde wegen einer Tat (vgl. Nummer 17 Abs. 2) im Strafverfahren, so ist sie in diesem Verfahren auch für die Verfolgung der Tat unter dem rechtlichen Gesichtspunkt einer Ordnungswidrigkeit im Sinne der Nummern 105 bis 107 zuständig (entsprechend § 40 OWiG); auf § 21 OWiG wird hingewiesen. Bei einer Abgabe nach Nummer 22 oder Vorlage nach Nummer 89 geht die Verfolgungskompetenz der Finanzbehörde auch hinsichtlich der Tat als Ordnungswidrigkeit auf die Staatsanwaltschaft über.

(4) Ergibt sich bei der Verfolgung einer Ordnungswidrigkeit der Verdacht (vgl. Nummer 26), dass dieselbe Tat (vgl. Nummer 17 Abs. 2) gleichzeitig eine Straftat ist, so ermittelt die Finanzbehörde im Strafverfahren weiter, wenn ihr auch für die Straftat die Ermittlungsbefugnis zusteht; anderenfalls legt sie die Vorgänge unter Beachtung der Nummern 128 und 129 der Staatsanwaltschaft vor.

111 Zuständigkeit bei Zusammentreffen oder Zusammenhang mit einer anderen Ordnungswidrigkeit

(1) Sind für die Verfolgung einer Tat (vgl. Nummer 17 Abs. 2) oder bei Zusammenhang (§ 38 OWiG) zwischen mehreren Ordnungswidrigkeiten nach den Nummern 105 bis 107 verschiedene Finanzbehörden zuständig, ist nach § 39 OWiG zu verfahren. Kommt eine Vereinbarung nach § 39 Abs. 2 OWiG nicht zustande, ist vor der Stellung eines Antrags auf gerichtliche Entscheidung (§ 39 Abs. 3 Nummern 2 und 3 OWiG) den vorgesetzten Behörden zu berichten.

(2) Besteht Tateinheit zwischen einer Ordnungswidrigkeit nach Nummern 105 bis 107 und einer anderen Ordnungswidrigkeit oder hängen solche Ordnungswidrigkeiten zusammen, hat sich die

Finanzbehörde mit der anderen Behörde alsbald ins Benehmen zu setzen. Wird eine Vereinbarung nach § 39 Abs. 2 OWiG in Erwägung gezogen, ist zu berücksichtigen, dass in der Regel auch steuerliche Ermittlungen geführt werden müssen.

112 Zuständigkeit für die als Ordnungswidrigkeiten zu verfolgenden und zu ahndenden Steuerstraftaten

Die Finanzbehörde ist zuständig für die Verfolgung und Ahndung von Ordnungswidrigkeiten nach Nummer 108.

Abschnitt 4 Abschließende Entscheidung der Finanzbehörde

113 Abschließende Entscheidung

(1) Hält die BuStra aufgrund der Ermittlungen eine Ordnungswidrigkeit nicht für erwiesen oder besteht ein endgültiges Verfahrenshindernis, stellt sie das Verfahren nach § 46 Abs.1 OWiG i. V. m. § 170 Abs. 2 StPO ein; erscheint die Verfolgung nicht geboten, stellt sie das Verfahren nach § 47 Abs. 1 OWiG ein. Nummer 80 Abs. 1 bis 3 gilt entsprechend. In den Fällen des Satzes 1 entscheidet die BuStra auch über eine evtl. Entschädigungspflicht nach dem StrEG (vgl. im Einzelnen zu den Besonderheiten § 110 OWiG).

(2) Hält die BuStra nach Abschluss der Ermittlungen die Ordnungswidrigkeit für erwiesen und die Ahndung mit einer Geldbuße für geboten, vermerkt sie den Abschluss der Ermittlungen in den Akten (§ 61 OWiG) und erlässt einen Bußgeldbescheid (§§ 65, 66 OWiG).

114 Bemessung der Geldbuße

(1) Grundlage für die Zumessung der Geldbuße gemäß § 17 Abs. 3 OWiG sind die Bedeutung der Ordnungswidrigkeit und der Vorwurf, der den Täter trifft. Auch die aktuellen wirtschaftlichen Verhältnisse des Täters kommen in Betracht. Die Geldbuße soll ferner gemäß § 17 Abs. 4 OWiG den wirtschaftlichen Vorteil des Täters aus der Ordnungswidrigkeit übersteigen. Der wirtschaftliche Vorteil kann nicht nur unmittelbar in Geld, sondern auch in einem sonstigen in Geld zu bemessenden Vorteil bestehen. Bei einer nicht rechtzeitigen Steuerfestsetzung bzw. Zahlung wird der wirtschaftliche Vorteil durch den hierdurch entstehenden Zinsvorteil erlangt.

(2) Im Bußgeldbescheid soll im Hinblick auf § 4 Abs. 5 Satz 1 Nummer 8 Satz 4 EStG angegeben werden, welcher Anteil an der verhängten Geldbuße der Abschöpfung des erlangten wirtschaftlichen Vorteils dient.

(3) Eine Offenbarung der wirtschaftlichen Verhältnisse ist gemäß § 30 Abs. 4 Nummer 1 AO in einem Bußgeldverfahren wegen einer Steuerordnungswidrigkeit nach Nummer 105 zur Zumessung der Geldbuße gemäß § 17 Abs. 3 OWiG zulässig. Eine pauschale Übermittlung von Steuerbescheiden ist unzulässig.

115 Besonderheiten bei Verfahren gegen Angehörige der rechts- und steuerberatenden Berufe

(1) Soll gegen einen Angehörigen der rechts- und steuerberatenden Berufe wegen einer Steuerordnungswidrigkeit, die er nicht in eigenen Steuerangelegenheiten, sondern in Ausübung seines Berufes bei der Steuerberatung begangen hat, ein Bußgeldbescheid erlassen werden und ist deshalb zuvor der zuständigen Berufskammer Gelegenheit zur Stellungnahme zu geben (§ 411 AO), so sind dieser die Bußgeldakten (Hauptakten) zur Einsicht vorzulegen. Dies gilt auch für die Teile der Akten, die den Steuerpflichtigen oder einen sonst Beteiligten betreffen, wenn sie für die Beurteilung des Falles von Bedeutung sind. Nummer 89 Abs. 2 gilt entsprechend.

(2) Der Kammer ist von der BuStra eine angemessene Frist für die Abgabe der Stellungnahme einzuräumen. Die BuStra hat die Stellungnahme bei ihrer Entscheidung zu berücksichtigen; sie ist jedoch an sie nicht gebunden. Gibt die Kammer keine Stellungnahme ab, so hindert dies den Erlass des Bußgeldbescheids nicht.

(3) Auf die Anhörung der zuständigen Kammer kann auch dann nicht verzichtet werden, wenn der Betroffene dies beantragt.

116 Bekanntgabe des Bußgeldbescheids

Dem Betroffenen ist eine Ausfertigung des Bußgeldbescheids zuzustellen (§ 412 Abs. 1 AO, § 51 Abs. 1 Satz 2 und Abs. 2 OWiG). Die Zustellung erfolgt durch die Post mit Zustellungsurkunde (§ 3 VwZG), sofern nicht im Einzelfall eine andere Zustellungsart (z. B. die Zustellung durch die Behörde gegen Empfangsbekenntnis, § 5 VwZG, elektronische Zustellung, § 5a VwZG), zweckmäßig erscheint.

Abschnitt 5 Rechtsbehelfe

117 Behandlung eines Antrages auf gerichtliche Entscheidung

Hilft die BuStra einem Antrag auf gerichtliche Entscheidung gegen Anordnungen, Verfügungen und sonstige Maßnahmen, die nicht nur der Vorbereitung der Entscheidung, ob ein Bußgeldbescheid erlassen wird, dienen (z. B. die Beschlagnahme, nicht dagegen die Einleitung des Bußgeldverfahrens), nicht ab, hat sie den Antrag spätestens innerhalb von 3 Tagen unmittelbar dem nach § 68 OWiG zuständigen Gericht (Amtsgericht, in dessen Bezirk die BuStra ihren Sitz hat) vorzulegen (§ 62 Abs. 2 Satz 2 OWiG; § 306 Abs. 2 StPO).

118 Einspruch gegen Bußgeldbescheid

(1) Wird gegen den Bußgeldbescheid Einspruch eingelegt und hält ihn die BuStra für zulässig, so hat sie den Bescheid zu überprüfen. Sie kann den Bußgeldbescheid zurücknehmen (§ 69 Abs. 2 Satz 1 OWiG); eine teilweise Rücknahme ist nicht zulässig. Es kann aber nach Rücknahme des Bußgeldbescheids ein neuer, auch verbösernder Bescheid erlassen werden. Die BuStra übersendet die Akten über die Staatsanwaltschaft an das Amtsgericht (§ 69 Abs. 3 Satz 1 OWiG), wenn sie den Bußgeldbescheid nicht zurücknimmt und nicht nach § 69 Abs. 1 Satz 1 OWiG verfährt.

(2) Wird bei einem verspäteten Einspruch wegen der Fristversäumung Wiedereinsetzung beantragt, so entscheidet die BuStra auch über diesen Antrag (§ 52 Abs. 2 Satz 1 OWiG). Wird der Wiedereinsetzungsantrag erst mit dem Antrag auf gerichtliche Entscheidung nach § 62 OWiG gestellt, ist zunächst über den Wiedereinsetzungsantrag zu entscheiden und bei Stattgabe weiter nach § 69 Abs. 2 und Abs. 3 OWiG zu verfahren.

Abschnitt 6 Kosten, Erhebung und Vollstreckung

119 Kosten des Verfahrens

(1) Der Bußgeldbescheid ist mit einer Kostenentscheidung zu versehen (§ 105 Abs. 1 OWiG i. V. m. § 464 Abs. 1 StPO). Hierbei ist ggf. auch eine Entscheidung darüber zu treffen, wer die notwendigen Auslagen zu tragen hat. Dies gilt auch für den selbständigen Bußgeldbescheid gegen eine juristische Person oder Personenvereinigung (§ 88 Abs. 2 Satz 1 OWiG).

(2) Stellt die BuStra das Verfahren ein, hat sie eine Kostenentscheidung nur dann zu treffen, wenn sie zuvor den Bußgeldbescheid nach Einlegung eines Einspruchs zurückgenommen hat. In diesem Fall ist ein selbständiger Kostenbescheid zu erlassen, in dem auch darüber zu entscheiden ist, wem die dem Betroffenen oder einem Nebenbeteiligten erwachsenen notwendigen Auslagen aufzuerlegen sind. Dies gilt auch für die Auferlegung von Kosten bei Kostenpflicht des Anzeigenden nach § 105 Abs. 1 OWiG i. V. m. § 469 StPO.

(3) War dem Bußgeldverfahren wegen derselben Tat ein Strafverfahren vorausgegangen, so sind Auslagen insoweit nicht zu erheben, als sie in dem eingestellten Strafverfahren entstanden und nicht zugleich durch die Verfolgung der Tat als Ordnungswidrigkeit erwachsen sind.

(4) Das Verfahren nicht abschließende Bescheide enthalten keine Entscheidung darüber, wer die Kosten trägt (§ 105 Abs. 1 OWiG, § 464 Abs. 2 StPO).

(5) Die von dem Betroffenen oder einem anderen Beteiligten an die Staatskasse zu zahlenden Kosten sind, sofern die Kostenrechnung nicht auf dem Bußgeldbescheid vorgenommen worden ist, in einer besonderen Kostenrechnung anzusetzen.

(6) Hat nach der Kostenentscheidung ein Beteiligter Kosten oder Auslagen zu erstatten, so hat die BuStra auf Antrag des Erstattungsberechtigten nach Rechtskraft der Kostenentscheidung die Höhe der Kosten und Auslagen festzusetzen (§ 106 OWiG).

(7) Wegen der Rechtsbehelfe gegen einen selbständigen Kostenbescheid, gegen einen Kostenfestsetzungsbescheid oder gegen den Ansatz der Gebühren und Auslagen vgl. § 108 Abs. 1 OWiG.

120 Zuständigkeit für die Erhebung

Die Erhebung von Geldbußen, Ordnungsgeldern und Kosten obliegt der Finanzkasse oder der sonst zuständigen Stelle; sie teilt der BuStra Zahlungen, nachträgliche Zahlungen und Nichtzahlungen bei Fälligkeit mit. Wegen der Verbuchung von Teilbeträgen vgl. § 94 OWiG.

121 Vollstreckung

(1) Vollstreckbar sind

1. Entscheidungen über die Festsetzung einer Geldbuße oder die Anordnung einer Nebenfolge sowie über die Kosten des Bußgeldverfahrens, soweit diese Entscheidungen rechtskräftig sind;

2. sonstige Bescheide, z. B. über die Verhängung von Ordnungsgeld gegen Zeugen und Sachverständige, nach Bekanntgabe (§ 50 Abs. 1 Satz 1 OWiG) des Bescheids, sofern nicht die BuStra oder das Amtsgericht nach Antrag auf gerichtliche Entscheidung die Vollziehung ausgesetzt hat (§ 62 Abs. 2 Satz 2 OWiG; § 307 Abs. 2 StPO).

(2) Entscheidungen im Vollstreckungsverfahren obliegen der BuStra (Vollstreckungsbehörde im Sinne des § 92 OWiG). Für die Ausführung der Vollstreckung ist die Vollstreckungsstelle zuständig (Vollstreckungsbehörde im Sinne der §§ 249 ff. AO). Erkennt die Vollstreckungsstelle, dass eine Entscheidung nach § 95 Abs. 2 OWiG zu treffen ist, weil dem Betroffenen nach seinen wirtschaftlichen Verhältnissen die Zahlung in absehbarer Zeit nicht möglich ist, so hat sie eine Entscheidung der BuStra herbeizuführen, ob die Vollstreckung fortgesetzt wird oder unterbleibt.

(3) Wird der BuStra von der Finanzkasse oder der sonst zuständigen Stelle die Nichteinhaltung von Raten (§ 93 Abs. 4 Satz 1 OWiG) mitgeteilt, vermerkt sie in den Akten, wenn nach § 18 Satz 2 OWiG die Vergünstigung der Ratenzahlung entfällt. Entscheidungen, mit denen Zahlungserleichterungen (§ 18 Satz 1 OWiG) bewilligt oder abgelehnt wurden, können nachträglich geändert oder aufgehoben werden, zum Nachteil des Betroffenen jedoch nur auf Grund neuer Tatsachen oder Beweismittel (§ 93 Abs. 2 OWiG).

(4) Zahlt der Betroffene nicht, so soll die BuStra nach Ablauf der in § 95 Abs. 1 OWiG bestimmten Frist bei Gericht die Anordnung der Erzwingungshaft beantragen (§ 96 Abs. 1 OWiG), sofern nicht anzunehmen ist, dass die Geldbuße in angemessener Zeit beigetrieben werden kann. Der Antrag ist nicht zu stellen, wenn die Zahlungsunfähigkeit vom Betroffenen dargelegt oder sonst bekannt wurde (§ 96 Abs. 1 Nummern 2 und 4 OWiG). Soll die angeordnete Erzwingungshaft vollzogen werden, hat die BuStra die Staatsanwaltschaft darum zu ersuchen.

(5) Wird nach Rechtskraft eines Bußgeldbescheides wegen derselben Handlung die öffentliche Klage erhoben, so hat die BuStra die Vollstreckung insoweit auszusetzen (§ 102 Abs. 1 OWiG).

Teil 5 Steuerfahndung

122 Aufgaben

(1) Die Steufa hat Straftaten im Sinne der Nummern 18 und 19 und Ordnungswidrigkeiten im Sinne der Nummern 105 bis 108 zu erforschen (§ 208 Abs. 1 Satz 1 Nummer 1 AO) und insoweit auch die Besteuerungsgrundlagen zu ermitteln (§ 208 Abs. 1 Satz 1 Nummer 2 AO). Die Steufa kann im Rahmen des § 208 Abs. 1 Satz 1 Nummer 2 AO auch dann noch die Besteuerungsgrundlagen ermitteln, wenn steuerstraf- oder bußgeldrechtliche Ermittlungen, z. B. wegen Strafverfolgungsverjährung, unzulässig sind. Zu den Aufgaben der Steufa gehören ferner die Aufdeckung und Ermittlung unbekannter Steuerfälle (§ 208 Abs. 1 Satz 1 Nummer 3 AO - sog. Vorfeldermittlungen im Sinne der Nummer 12).

(2) In Ausnahmefällen hat die Steufa auf Ersuchen der zuständigen Finanzbehörde Außenprüfungen vorzunehmen sowie Ermittlungen im Besteuerungs- und Vollstreckungsverfahren durchzuführen, auch wenn keine Anhaltspunkte für eine Steuerstraftat oder -ordnungswidrigkeit vorliegen (§ 208 Abs. 2 Nummer 1 AO; z. B. bei überörtlichen oder schwierigen Ermittlungen und Auskunftsersuchen in besonderen Fällen); auf Nummer 123 Abs. 5 wird hingewiesen. Entsprechende Ersuchen können bei Vorliegen gewichtiger Gründe zurückgewiesen werden (vgl. § 112 Abs. 3 bis 5 AO).

123 Rechte und Pflichten

(1) Soweit ein Sachverhalt zu ermitteln ist, der sowohl für die Besteuerung, als auch für die strafrechtliche/bußgeldrechtliche Würdigung Bedeutung besitzt, hat die Steufa die Rechte und Pflichten auf Grund der für die Durchführung der Besteuerung und der für das Straf- und Bußgeldverfahren maßgebenden Vorschriften.

(2) Die für das Besteuerungsverfahren maßgebenden Vorschriften ergeben sich aus den Teilen 1 bis 4 der Abgabenordnung (§ 208 Abs. 1 Satz 2 AO). Die Steufa ist jedoch nach § 208 Abs. 1 Satz 3 AO berechtigt

1. andere Personen als die Beteiligten sofort um Auskunft anzuhalten,
2. Auskunftsersuchen ohne Einschränkung mündlich zu stellen,
3. die Vorlage von Urkunden ohne vorherige Befragung des Vorlagepflichtigen zu verlangen,
4. die Einsicht dieser Urkunden beim Vorlagepflichtigen unabhängig von dessen Einverständnis zu erwirken. Wegen der Bereitstellung eines Arbeitsplatzes usw. vgl. § 200 AO.

(3) Zur Erforschung von Straftaten hat die Steufa

1. dieselben Rechte und Pflichten wie die Behörden und Beamten des Polizeidienstes nach den Vorschriften der Strafprozessordnung (§ 404 Satz 1 AO), insbesondere das Recht des ersten Zugriffs (§ 163 Abs. 1 StPO), der vorläufigen Festnahme (§ 127 Abs. 2 StPO), der Vernehmung des Beschuldigten (§ 163a Abs. 4 StPO), der Anhörung von Zeugen (§ 163 Abs. 3 StPO), sowie der Durchführung von Durchsuchungen, Beschlagnahmen und Telekommunikationsüberwachungen,
2. die Befugnisse nach § 399 Abs. 2 Satz 2 AO (§ 404 Satz 2 AO), vor allem zur Anordnung einer Durchsuchung oder Beschlagnahme bei Gefahr im Verzug (§ 98 Abs. 1, § 105 Abs. 1 StPO),
3. die Befugnis zur Durchsicht der Papiere und der elektronischen Speichermedien des von der Durchsuchung Betroffenen (§ 404 Satz 2 AO, § 110 Abs. 1 und Abs. 3 Satz 2

und 3 StPO). Bei der Erforschung von Ordnungswidrigkeiten gilt Satz 1 nach Maßgabe der Nummern 100 bis 104.

(4) Zielen die Ermittlungen allein auf die Durchführung der Besteuerung ab, gilt Absatz 2, besitzen sie ausschließlich strafrechtlichen Charakter, gilt Absatz 3 (§ 393 Abs. 1 Satz 1 AO).

(5) Führt die Steufa Ermittlungen im Sinne der Nummer 122 Abs. 2 durch, so gelten ausschließlich die für das betreffende Verfahren maßgebenden Vorschriften des Ersten bis Fünften Teils der AO; § 208 Abs. 1 Sätze 2 und 3 AO gelten nicht. Wird eine Außenprüfung durchgeführt, gelten insbesondere die Vorschriften der §§ 193 bis 207 AO sowie die BpO 2000; namentlich bedarf es vor Beginn der Prüfung einer Prüfungsanordnung (§ 196 AO) und ihrer Bekanntgabe (§ 197 AO).

(6) Ersuchen, Aufträgen und Anordnungen der Staatsanwaltschaft haben die Dienststellen der Steufa und ihre Beamten im Rahmen ihrer Aufgaben nach Nummer 122 Abs. 1 und ihrer Zuständigkeit Folge zu leisten (§ 404 AO; § 161 Abs. 1 Satz 2 StPO; § 152 GVG).

124 Zuständigkeit

Die Beamten der Steufa sind bei der Vornahme von Amtshandlungen im Rahmen ihrer Zuständigkeit nicht an den Bezirk ihrer Dienststelle gebunden. Bei Amtshandlungen in einem anderen Bezirk ist jedoch die für den Bezirk zuständige Steuerfahndungsstelle oder die sonst zuständige Stelle um Amtshilfe zu ersuchen oder vorher zu unterrichten; Anträge auf gerichtliche Untersuchungshandlungen, insbesondere Anträge auf Durchsuchung und Beschlagnahme, hat die ersuchende Stelle zu veranlassen; auf Nummer 43 Abs. 1 und Nummer 60 Abs. 2 wird hingewiesen. Durchsuchungen, Beschlagnahmen und Vernehmungen in einem anderen Bundesland dürfen, außer bei Gefahr im Verzug, nur im Benehmen mit der örtlich zuständigen Steuerfahndungsstelle, dies insbesondere zur Vermeidung von Doppelermittlungen, vorgenommen werden.

125 Zusammenarbeit mit der Außenprüfung

(1) Soll im Rahmen einer Außenprüfung die Steufa zugezogen werden, so hat dies zu einem möglichst frühen Zeitpunkt zu geschehen. Hierbei ist zu berücksichtigen, dass strafprozessuale Maßnahmen möglichst von der Steufa durchzuführen sind. Dies gilt insbesondere für Vernehmungen, Durchsuchungen und Beschlagnahmen.

(2) Wird die Steufa mit einem Fall befasst, der neben den straf- oder bußgeldrechtlichen Ermittlungen umfangreiche Feststellungen in steuerlicher Hinsicht erfordert, so ist ggf. eine Teilnahme der Betriebsprüfung zu veranlassen. Nehmen Angehörige der Betriebsprüfung an steuerstraf- oder bußgeldrechtlichen Ermittlungen der Steufa teil, ist insoweit keine Prüfungsanordnung nach § 196 AO zu erlassen.

(3) Sichergestellte Gegenstände dürfen in Fällen des Absatzes 2, in denen Steufa und Betriebsprüfung zusammenarbeiten, auch in den Räumlichkeiten der Betriebsprüfung aufbewahrt werden. Wegen der Verwahrung vgl. Nummer 74 RiStBV.

(4) Bei gemeinsamen Prüfungen mit der Betriebsprüfung fertigt die Steufa den gesonderten Bericht (vgl. Nummer 127 Abs. 2) über die straf- oder bußgeldrechtlichen Feststellungen; über die steuerlichen Feststellungen in der Regel die Stelle, bei der das Schwergewicht der Prüfung liegt.

(5) Für die Zusammenarbeit mit anderen Prüfungsdiensten gelten die Absätze 1 bis 4 entsprechend.

126 Haftungsinanspruchnahme durch die Finanzämter

Ergeben sich im Rahmen von Ermittlungen der Steufa Hinweise auf Tatsachen, die eine Inanspruchnahme eines Dritten als Haftungsschuldner möglich erscheinen lassen (vgl. AEAO zu § 191), ist zur Sicherung des Steueraufkommens bei der für den Erlass des Haftungsbescheids zuständigen Stelle eine Haftungsinanspruchnahme anzuregen. Die Mitteilung sollte Angaben zu Möglichkeiten der Haftbarmachung (Hinweis auf einschlägige Haftungstatbestände), zur Person des Haftungsschuldners (z. B. gesetzlicher Vertreter nach § 69 AO; Steuerhinterzieher nach § 71 AO) sowie Angaben zu Steuern und Nebenleistungen enthalten, für die eine Haftung in Betracht kommt.

127 Schlussbericht der Steufa

(1) Hat die Steufa die Ermittlungen durchgeführt, so hat sie die für die Besteuerung erheblichen Prüfungsfeststellungen sowie die Änderungen der Besteuerungsgrundlagen in einem Prüfungsbericht entsprechend § 202 Abs. 1 AO darzustellen. Dieser ist der für die steuerliche Auswertung zuständigen Stelle zu übersenden; § 202 Abs. 2 AO gilt entsprechend. Haben die Feststellungen keine steuerlichen Auswirkungen, so genügt ggf. die Übersendung eines Vermerks; eine Übersendung an die zuständige Stelle kann unterbleiben, wenn diese die Prüfung nicht angeregt hatte. In begründeten Einzelfällen kann zusätzlich der gesonderte Bericht zum strafrechtlich bedeutsamen Sachverhalt übersandt werden.

(2) Der strafrechtlich bedeutsame Sachverhalt ist in einem gesonderten Bericht festzuhalten. Die für den objektiven und subjektiven Tatbestand bedeutsamen Ermittlungsergebnisse sind aufzuführen. Es kann auf den Prüfungsbericht Bezug genommen werden. Hierbei ist zu beachten, dass der Strafrichter die Höhe der Steuerverkürzung nach dem Grundsatz „im Zweifel für den Angeklagten" prüfen muss und Ergebnisse einer Schätzung wegen Verletzung der steuerlichen Mitwirkungspflichten (§ 162 AO) aber nicht ohne weiteres vom Besteuerungsverfahren in das Strafverfahren übernommen werden können. Der gesonderte Bericht ist der BuStra unter Beifügung des Prüfungsberichts zu übersenden. War bereits ein Strafverfahren eingeleitet worden, hat sich der Verdacht jedoch nicht bestätigt, so ist dies der BuStra bei der Übersendung des Prüfungsberichts oder Vermerks mitzuteilen.

Teil 6 Ergänzende Regelungen

Abschnitt 1 Steuergeheimnis

128 Schutz des Anzeigenerstatters

Auf die Tz. 1.4 und 13 des AEAO zu § 30 wird verwiesen.

129 Offenbarung gegenüber Dritten

(1) Eine Offenbarung nach § 30 AO geschützter Daten darf nur erfolgen, soweit dies nach § 30 Abs. 4 oder 5 AO zulässig ist. Die Regelungen im AEAO zu § 30 AO sind zu beachten. Zu Mitteilungspflichten siehe Nummern 136 und 137.

(2) Die Offenbarung der aktuellen wirtschaftlichen Verhältnisse des Steuerpflichtigen ist nach § 31a Abs. 1 Nummer 1 Buchstabe a AO für die Zumessung der Bußgeldhöhe gemäß § 17 OWiG bzw. des Strafmaßes zulässig, soweit sie für die Durchführung eines Straf- oder Bußgeldverfahrens mit dem Ziel der Bekämpfung von illegaler Beschäftigung oder Schwarzarbeit erforderlich ist. Eine pauschale Übermittlung von Steuerbescheiden und/oder Auszügen aus den Steuerakten ist unzulässig.

129a Datenschutz

(1) Für die Verarbeitung personenbezogener Daten zum Zwecke der Verhütung, Ermittlung, Aufdeckung, Verfolgung oder Ahndung von Steuerstraftaten oder Steuerordnungswidrigkeiten gelten die Vorschriften des Ersten und Dritten Teils des Bundesdatenschutzgesetzes, soweit nicht speziellere Vorschriften beispielsweise in der Abgabenordnung, der Strafprozessordnung oder dem Einführungsgesetz zum Gerichtsverfassungsgesetz anzuwenden sind.

(2) Die datenschutzrechtlichen Informationspflichten des Verantwortlichen gegenüber betroffenen Personen gelten grundsätzlich als erfüllt, wenn Schreiben und Vordrucke der

Bußgeld- und Strafsachenstellen und der Steuerfahndungsstellen einen ausdrücklichen Hinweis auf das Informationsschreiben „Allgemeine Informationen zur Umsetzung der datenschutzrechtlichen Vorgaben des Bundesdatenschutzgesetzes und anderer Gesetze mit datenschutzrechtlichem Bezug in den Bußgeld- und Strafsachenstellen sowie Steuerfahndungsstellen der Steuerverwaltung“ enthalten, sofern dieses auf den Internetseiten der Finanzverwaltungen der Länder veröffentlicht wurde.

(3) Der Beschuldigte hat, soweit personenbezogene Daten betroffen sind, die zum Zwecke der Verhütung, Ermittlung, Aufdeckung, Verfolgung oder Ahndung von Steuerstraftaten und Steuerordnungswidrigkeiten verarbeitet werden, ein Recht auf Auskunft (§ 57 BDSG), ein Recht auf Berichtigung und ein Recht auf Löschung sowie Einschränkung der Verarbeitung (§ 58 BDSG). Das Recht zur Beschwerde bei der zuständigen Datenschutzaufsichtsbehörde bleibt unberührt.

Abschnitt 2 Unterrichtungspflicht gegenüber BuStra oder Steufa

130 Allgemeines

(1) Ergibt sich der Verdacht (vgl. Nummer 26) einer Straftat im Sinne der Nummern 18 und 19, ist die BuStra und - sofern noch weitere Ermittlungen erforderlich sind - die Steufa unverzüglich zu unterrichten. Bei einer nur vagen Vermutung schuldhaften Verhaltens ist nur in Ausnahmefällen eine Unterrichtung geboten.

(2) Abs. 1 gilt bei Verdacht einer Ordnungswidrigkeit im Sinne der Nummern 105 und 106 entsprechend, sofern nicht von der Durchführung eines Bußgeldverfahrens nach § 47 Abs. 1 OWiG abgesehen werden kann (vgl. Nummer 104). Danach kann trotz Verdachts einer Ordnungswidrigkeit bei einem steuerlichen Mehrergebnis von insgesamt unter 5.000 € in der Regel eine Unterrichtung unterbleiben, wenn nicht besondere Umstände hinsichtlich des vorwerfbaren Verhaltens für die Durchführung eines Bußgeldverfahrens sprechen.

(3) Eine Unterrichtung der BuStra ist regelmäßig auch dann angezeigt, wenn sich die Möglichkeit ergibt, dass ein Straf- oder Bußgeldverfahren im Sinne der Absätze 1 und 2 durchgeführt werden muss. Diese Möglichkeit besteht dann, wenn für eine Straftat oder Ordnungswidrigkeit Anhaltspunkte sprechen, die zwar noch nicht zureichend sind, um einen Verdacht zu begründen, die jedoch eine Untersuchung des Falles durch die BuStra geboten erscheinen lassen.

(4) In Zweifelsfällen empfiehlt sich eine ggf. formlose Kontaktaufnahme zur BuStra oder Steufa.

131 Außenprüfung

(1) Nummer 130 gilt auch für die Außenprüfung (vgl. § 10 Abs. 1 BpO 2000 sowie gleich lautende Ländererlasse zu Anwendungsfragen vom 31. August 2009, BStBl I 2009, 829). Werden im Zuge einer laufenden Außenprüfung Nacherklärungen abgegeben, sind diese grundsätzlich der BuStra zur Prüfung zuzuleiten. Auf Nummer 132 Abs. 1 wird hingewiesen.

(2) Erscheint es erstmals aufgrund von Erkenntnissen aus der Schlussbesprechung möglich, dass ein Strafverfahren wegen einer Straftat im Sinne der Nummern 18 und 19 oder ein Bußgeldverfahren wegen einer Ordnungswidrigkeit im Sinne der Nummern 105 und 106 durchgeführt werden muss (vgl. Nummer 130 Abs. 3), ist gemäß § 201 Abs. 2 AO ein entsprechender Hinweis zu erteilen. Ein Hinweis ist nicht zu erteilen, wenn eine Straftat oder Ordnungswidrigkeit deshalb nicht in Betracht kommt, weil kein schuldhaftes oder vorwerfbares Verhalten vorliegt oder offensichtlich ist, dass objektive oder subjektive Tatbestandsmerkmale mit der im Straf- oder Bußgeldverfahren erforderlichen Gewissheit nicht nachzuweisen sind. Falls sich im Rahmen der Schlussbesprechung ein Anfangsverdacht ergibt, ist das Strafverfahren einzuleiten und der Steuerpflichtige zu belehren.

(3) Der Prüfungsbericht ist der BuStra zuzuleiten,

1. wenn im Zusammenhang mit der Außenprüfung ein Straf- oder Bußgeldverfahren eingeleitet worden ist,

2. wenn der Steuerpflichtige in der Schlussbesprechung gemäß § 201 Abs. 2 AO darauf hingewiesen worden ist, dass die straf- oder bußgeldrechtliche Würdigung einem besonderen Verfahren vorbehalten bleibt,

3. ausnahmsweise in sonstigen Fällen, in denen sich aus den Prüfungsfeststellungen die Möglichkeit ergibt, dass ein Straf- oder Bußgeldverfahren durchgeführt werden muss, insbesondere wenn sich erst nach der Schlussbesprechung entsprechende Anhaltspunkte ergeben.

132 Selbstanzeigen

(1) Selbstanzeigen (§ 371, § 378 Abs. 3 AO), die als solche bezeichnet oder erkennbar sind, sind der BuStra zuzuleiten. Das gleiche gilt für andere Erklärungen, wenn Anhaltspunkte vorliegen, dass zuvor durch unrichtige, unvollständige oder unterlassene Angaben gegenüber der Finanzbehörde vorsätzlich oder leichtfertig Steuern verkürzt wurden. Keine Vorlagepflicht besteht für Erklärungen, die zweifelsfrei auf nachträglichen Erkenntnissen des Steuerpflichtigen beruhen (vgl. § 153 AO).

(2) Bei der Umsatz- und Lohnsteuer sind berichtigte oder verspätet abgegebene Steuer(vor)anmeldungen nur in begründeten Einzelfällen (Nichtzahlung der Steuer, Sperrgründe i.S.d. § 371 Abs. 2 Satz 1 Nummer 1, 2 oder 4 AO) an die BuStra weiterzuleiten. Dies gilt nicht für Steueranmeldungen, die sich auf das Kalenderjahr beziehen (§ 371 Abs. 2a Satz 3 AO). Berichtigte oder verspätet abgegebene Steuer(vor)anmeldungen nach Satz 1 führen nicht zum Sperrgrund der Tatentdeckung bei einer Umsatzsteuerjahreserklärung (§ 371 Abs. 2a Satz 2 AO). Ein Zuschlag nach § 398a AO entsteht in diesen Fällen nicht (§ 371 Abs. 2a Satz 1 AO). Die fristgerechte Nachzahlung von Zinsen ist in diesen Fällen keine Wirksamkeitsvoraussetzung (§ 371 Abs. 3 Satz 2 AO).

(3) Umstände, welche der Straf- oder Bußgeldfreiheit entgegenstehen könnten (§ 371 Abs. 2, § 378 Abs. 3 Satz 1 AO) und in Fällen des § 371 Abs. 3 und des § 378 Abs. 3 Satz 2 AO nachzuentrichtende oder zurückzuzahlende Beträge, sind jeweils mitzuteilen. Da die Entscheidung über die Wirksamkeit der Selbstanzeige auch von der Zahlung der Hinterziehungszinsen nach § 235 AO abhängt, sind diese bevorzugt festzusetzen.

(4) Zur Behandlung der Selbstanzeige vgl. Nummer 11.

133 Unaufschiebbare Anordnungen

In den Fällen der Nummern 130 bis 132 bleiben die Rechte und Pflichten der beteiligten Amtsträger unberührt, alle unaufschiebbaren Anordnungen zu treffen und Maßnahmen zu ergreifen, um die Verdunklung der Sache zu verhindern (§ 385, § 399 Abs. 2 AO, § 163 Abs. 1 StPO, § 410 Abs. 1 Nummer 7 AO, § 46 Abs. 1, 2 OWiG), insbesondere Beschlagnahmen und Durchsuchungen bei Gefahr im Verzug anzuordnen und durchzuführen.

Abschnitt 3 Mitteilungen im Straf- und Bußgeldverfahren

134 Mitteilungen an Behörden und Stellen der Finanzverwaltung

(1) Die Einleitung eines Straf- oder Bußgeldverfahrens sowie der Abschluss des Verfahrens und das Ergebnis sind der für die Durchführung der Besteuerung zuständigen Finanzbehörde oder Stelle von der BuStra mitzuteilen.

(2) Soweit sonstige Behörden oder Stellen der Finanzverwaltung ein Straf- oder Bußgeldverfahren eingeleitet oder die Einleitung durch die BuStra oder Steufa veranlasst haben, gilt für die Unterrichtung dieser Behörden und Stellen durch die BuStra Absatz 1 sinngemäß.

(3) Zu den Mitteilungspflichten im Insolvenzverfahren vgl. Nummer 70 Abs. 2.

(4) Auskünfte aus dem Bundeszentralregister (§ 41 Abs. 1 Nummer 4 BZRG) dürfen nur für die Zwecke verwendet werden, für die sie erteilt worden sind (§ 41 Abs. 3 Satz 2 BZRG); es ist daher darauf zu achten, dass diese Mitteilungen bei den Strafakten verbleiben.

135 Unterrichtung der vorgesetzten Behörde

Über Angelegenheiten von allgemeiner oder grundsätzlicher Bedeutung sowie dann, wenn Ermittlungen in Fällen von besonderer Bedeutung (vgl. z. B. die Nummern 151, 152) durchgeführt werden sollen oder durchgeführt wurden, ist zu berichten. Dies gilt auch, wenn die Finanzbehörde das Verfahren nicht selbständig durchführt.

136 Mitteilungspflichten nach den Steuergesetzen

Nach den Steuergesetzen bestehen insbesondere folgende Mitteilungspflichten:

1. nach § 31a Abs. 2 und § 31b Abs. 2 AO;
2. nach § 4 Abs. 5 S.1 Nummer 10 EStG

an die zuständigen Stellen. Bei den Mitteilungspflichten nach Nummer 1 sind die entsprechenden Regelungen im AEAO zu beachten. Wegen der Mitteilungspflicht nach Nummer 2 wird auf das BMF-Schreiben vom 10. Oktober 2002 – BStBl I 2002, 1031, das Handbuch „Bekämpfung der Korruption – Handbuch für die Außenprüfungsdienste und den BFH-Beschluss vom 14. Juli 2008, VII B 92/08, BStBl II 2008, 850 verwiesen.

137 Mitteilungspflichten nach anderen Vorschriften

(1) Die nach § 30 AO dem Steuergeheimnis unterliegenden, personenbezogenen Daten sind insbesondere mitzuteilen:

1. dem Gewerbezentralregister (vgl. Nummer 143) gemäß § 153a Abs.1 GewO rechtskräftige Bußgeldentscheidungen, insbesondere auch solche, wegen einer Steuerordnungswidrigkeit, die bei oder in Zusammenhang mit der Ausübung eines Gewerbes oder dem Betrieb einer sonstigen wirtschaftlichen Unternehmung oder bei der Tätigkeit in einem Gewerbe oder einer sonstigen wirtschaftlichen Unternehmung von einem Vertreter oder Beauftragen im Sinne des § 9 OWiG oder von einer Person, die in einer Rechtsvorschrift ausdrücklich als Verantwortlicher bezeichnet ist, begangen worden ist, wenn die Geldbuße mehr als 200 € beträgt (vgl. § 149 Abs. 2 Nummer 3 GewO);
2. der Ausländerbehörde, wenn der Ausländer gegen eine Vorschrift des Steuerrechts verstoßen hat und wegen dieses Verstoßes ein strafrechtliches Ermittlungsverfahren eingeleitet oder eine Geldbuße von mindestens 1.000 € verhängt worden ist (§ 88 Abs. 3 i. V. m. § 87 Abs. 4 AufenthG, Nummer 42 MiStra). In Straf- oder Bußgeldverfahren gegen Ausländer sind die Einleitung des Verfahrens unter Angabe der gesetzlichen Vorschrift und der Ausgang des Verfahrens unverzüglich mitzuteilen.
3. dem Zentralen Staatsanwaltschaftlichen Verfahrensregister die nach § 492 Abs. 2 Satz 1 StPO, § 4 ZStVBetrV zu speichernden Daten (z. B. Einleitung und Erledigung von Steuerstrafverfahren);
4. dem Bundeskartellamt zum Eintrag in das Wettbewerbsregister rechtskräftige Strafbefehle wegen einer Steuerhinterziehung nach § 370 AO sowie rechtskräftige Bußgeldentscheidungen, die nach § 30 OWiG, auch in Verbindung mit § 130 OWiG, wegen einer Steuerhinterziehung nach § 370 AO ergangen sind (§ 2 Abs. 1 Nummern 1 und 3, § 4 Abs. 1 WRegG). Zum Inhalt der Eintragung vgl. § 3 Abs. 1 WRegG, zur Regelung von Einzelheiten der elektronischen Datenübermittlung vgl. die WRegV.

5. den zuständigen Disziplinarstellen bei Beamten, Richtern und Soldaten

   - der Antrag auf Erlass eines Strafbefehls und
   - Entscheidungen über Verfahrenseinstellungen, wenn die Kenntnis der Daten auf Grund der Umstände des Einzelfalls erforderlich ist, um zu prüfen, ob dienstrechtliche Maßnahmen zu ergreifen sind;

   Zu Einzelheiten vgl. BMF-Schreiben vom 12. Januar 2018, BStBl I 2018, 201 und Ziffer 5.1 und 11.8 des AEAO zu § 30 AO, Nummern 15 und 19 MiStra; § 49 BeamtStG.

6. den zur Durchführung arbeitsrechtlicher Maßnahmen zuständigen Stellen bei vergleichbaren Verfehlungen sonstiger Angehöriger der Finanzverwaltung, soweit dies zur Ergreifung vergleichbarer arbeitsrechtlicher Maßnahmen (z. B. Abmahnung, Kündigung) führen kann, § 30 Abs. 4 Nummer 1a oder Nummer 5 AO; zu Einzelheiten vgl. BMF-Schreiben vom 12. Januar 2018, BStBl I 2018, 201 und Ziffer 5.1 und 11.8 des AEAO zu § 30 AO.

7. der für Berufspflichtverletzungen nach § 10 StBerG zuständigen Stelle zur Meldung an die Berufskammer

   - der Antrag auf Erlass eines Strafbefehls und
   - der Ausgang des Verfahrens.

   Die gleichlautenden Erlasse der obersten Finanzbehörden der Länder zur Übermittlung von Daten nach § 10 StBerG vom 1. September 2021, BStBl I 2021, 1521 sind zu beachten; vgl. auch Nummern 23 und 24 MiStra.

Die Mitteilung kann unterbleiben, wenn erkennbar ist, dass sie bereits durch eine andere Stelle erfolgt ist.

(2) Die auf Grund besonderer Vorschriften und Weisungen bestehenden sonstigen Unterrichtungspflichten bleiben unberührt. Für Mitteilungen im Strafverfahren gilt die MiStra entsprechend. Für Mitteilungen im Bußgeldverfahren gelten die §§ 49a bis 49d OWiG.

Abschnitt 4 Zusammenarbeit mit anderen Behörden

138 Bundeszentralamt für Steuern

Wegen der zentralen Sammlung und Auswertung von Unterlagen über steuerliche Auslandsbeziehungen beim Bundeszentralamt für Steuern (BZSt) - Informationszentrale Ausland (IZA) - wird auf das BMF-Schreiben vom 9. September 2019 - IVB6 - S 1509/07/10001:012 - (BStBl I 2019, 907) hingewiesen. Das Bundeszentralamt für Steuern nimmt Mitteilungen gemäß § 116 Abs. 1 AO von Gerichten und Behörden von Bund, Ländern und kommunalen Trägern der öffentlichen Verwaltung entgegen und leitet sie an die für das Steuerstrafverfahren zuständigen Finanzbehörden weiter. Eine Mitteilung an die für das Steuerstrafverfahren zuständigen Finanzbehörden ist ebenfalls zulässig. Diese übersenden die Mitteilung an das BZSt, soweit dieses nicht bereits erkennbar unmittelbar in Kenntnis gesetzt worden ist.

139 Zollverwaltung

(1) Auf das Merkblatt über die Zusammenarbeit zwischen Steuer und Zoll (Anlage zum BMF - Schreiben vom 5. Juli 2016 – III C 3/S 7420/08/10038 - IV A 4/S 1515/07/10001, auf die Regelung über die Grundsätze der Zusammenarbeit zwischen der Finanzkontrolle Schwarzarbeit der Zollverwaltung (FKS) und den Landesfinanzbehörden gemäß § 2 Abs. 2 Satz 3 SchwarzArbG und auf das Typologiepapier (Anlagen zum BMF-Schreiben vom 8. November 2016 - III A 3 – SV 3040/12/10007:002) in ihrer jeweils gültigen Fassung wird hingewiesen. Zu den Aufgaben der Hauptzollämter vgl. § 12 Abs. 2 FVG.

(2) Die Finanzbehörde kann das Zollkriminalamt Köln (ZKA) zur Sicherung und Auswertung von Beweismitteln für kriminaltechnische Untersuchungen in Anspruch nehmen (vgl. § 3 Abs. 11 ZFdG). Dies gilt z. B., wenn die Echtheit von Urkunden oder Stempelabdrucken geprüft, das Alter von Schriftstücken bestimmt, übermalte, radierte oder Reliefschriften lesbar gemacht oder ein Handschriften- oder Maschinenvergleich angestellt werden soll. Wird das ZKA gebeten, einen Schriftvergleich vorzunehmen, ist dem Ersuchen möglichst umfangreiches Vergleichsmaterial beizufügen. Es sollen dabei nur im Original vorhandene Schriftstücke vorgelegt werden, weil Durchschriften oder Reproduktionen jeder Art für eindeutige Untersuchungsergebnisse nicht geeignet sind. In Einzelfällen kann es zweckmäßig sein, dass sich die Finanzbehörde möglichst frühzeitig mit dem jeweils zuständigen Sachverständigen des ZKA in Verbindung setzt, damit dieser Hinweise für die Beschaffung von Schriftproben für die Untersuchung geben kann. Auf die Richtlinien für die Beschaffung von Handschriftenproben, die Richtlinien für die Beschaffung von Beweismaterial zur kriminaltechnischen Untersuchung von Schreibmaschinenschriften und die Prüfliste zur Erkennung von Fälschungsmerkmalen auf Urkunden im grenzüberschreitenden Verkehr wird hingewiesen.

140 Nationale Staatsanwaltschaft

(1) Zur Förderung der Zusammenarbeit mit den Staatsanwaltschaften empfehlen sich regelmäßige Kontaktgespräche. Diese Kontaktgespräche sollen auch der Unterrichtung der Staatsanwaltschaft über an sie abzugebende oder von ihr zu übernehmende Strafsachen dienen (vgl. Nummer 22), außerdem der Erörterung allgemeiner Fragen der Strafzumessung bei Strafbefehlsanträgen (vgl. Nummer 267 Abs. 2 RiStBV).

(2) Soweit Kenntnisse über nichtsteuerliche Straftaten der Staatsanwaltschaft mitgeteilt werden dürfen (z. B. Nummer 21 Abs. 2), veranlasst die BuStra die Mitteilung. Die Steufa kann ihre Kenntnisse selbst mitteilen. In Fällen des § 194 Abs. 3 StGB (z. B. Beamtenbeleidigung) stellt der Dienstvorgesetzte direkt bei der Staatsanwaltschaft den Strafantrag.

(3) Wenn in den Fällen der Nummer 22 Abs. 1 Nummer 4 die Steuerstrafsache nicht an die Staatsanwaltschaft abgegeben wird, ist diese im Benehmen mit der Staatsanwaltschaft zu bearbeiten.

(4) Im Rahmen ihrer Befugnisse und Möglichkeiten sollen die Finanzbehörden auf Grund ihrer besonderen fachlichen Kenntnisse die Staatsanwaltschaft auch in anderen Fällen der Verfolgung nichtsteuerlicher Strafsachen unterstützen, z. B. durch allgemeine Auskünfte.

140a Europäische Staatsanwaltschaft

(1) Die Europäische Staatsanwaltschaft (EUStA) ist nach der Verordnung (EU) 2017/1939 (EUStA-VO) zuständig bei bestimmten Straftaten zum Nachteil der finanziellen Interessen der Europäischen Union. Die Zuständigkeit der EUStA ergibt sich aus Artikel 22 Abs. 1 bis 3 EUStA-VO und umfasst im Wesentlichen Straftaten zum Nachteil der finanziellen Interessen der Union, die in der Richtlinie (EU) 2017/1371 (PIF-RL) in ihrer Umsetzung in nationales Recht festgelegt sind. Für Straftaten, die gemäß Artikel 22 Abs. 1 Satz 2 EUStA-VO in Artikel 3 Abs. 2 Buchstabe d der PIF-RL in ihrer Umsetzung in nationales Recht festgelegt sind, ist die EUStA nur zuständig, wenn die vorsätzlichen Handlungen oder Unterlassungen nach dieser Bestimmung mit dem Hoheitsgebiet von zwei oder mehr Mitgliedstaaten verbunden sind und der zu erwartende Gesamtschaden mindestens 10 Mio. € umfasst.

(2) Gemäß Artikel 24 Abs. 1 EUStA-VO haben die nach nationalem Recht zuständigen Behörden der Mitgliedstaaten der EUStA unverzüglich jede Straftat zu melden, für die die EUStA ihre Zuständigkeit gemäß Artikel 22, 25 Abs. 2 und 3 EUStA-VO ausüben könnte. Leitet eine Strafverfolgungsbehörde wegen einer solchen Straftat ein Ermittlungsverfahren ein oder bestehen Anhaltspunkte, dass nach Einleitung des Ermittlungsverfahrens eine Zuständigkeit der EUStA gegeben sein könnte, unterrichtet sie die EUStA gemäß Artikel 24 Abs. 2 EUStA-VO

unverzüglich. Für bereits anhängige Ermittlungsverfahren gilt dies, soweit die Straftaten nach dem 20. November 2017 begangen wurden.

(3) Der Bericht an die EUStA hat mindestens eine Beschreibung des Sachverhalts einschließlich einer Bewertung des entstandenen oder voraussichtlichen Schadens, die mögliche rechtliche Würdigung und alle vorliegenden Informationen über mögliche Opfer, Verdächtige und andere Beteiligte zu enthalten (vgl. Artikel 24 Abs.4 EUStA-VO). Die EUStA stellt hierzu ein Formular (EPPO Crime Report – ECR) zur Verfügung, welches über die Geschäftsstellen der Zentren der Delegierten Europäischen Staatsanwälte in Deutschland angefordert werden kann.

(4) Grundsätzlich kann jede nationale Behörde unmittelbar mit der EUStA Kontakt aufnehmen. Dabei steht es grundsätzlich im Ermessen der nationalen Behörde, ob sie sich an die Zentrale der EUStA in Luxemburg oder unmittelbar die jeweiligen nationalen Delegierten Europäischen Staatsanwältinnen und Staatsanwälte (DEStAs) wendet; allerdings sollte zur Vereinfachung und Beschleunigung eine Meldung bzw. Unterrichtung an die zuständigen deutschen DEStAs in den Zentren Berlin, Frankfurt, Hamburg, Köln oder München gerichtet werden. Bei Bestehen einer Meldepflicht nach Artikel 24 Abs. 1 EUStA-VO sollte frühzeitig mit dem zuständigen deutschen Zentrum der Delegierten Europäischen Staatsanwälte das weitere Vorgehen abgestimmt werden.

(5) Sobald die EUStA ein Ermittlungsverfahren eingeleitet oder ein bereits eingeleitetes Verfahren übernommen hat, findet die Kommunikation direkt und ausschließlich mit den zuständigen deutschen DEStAs statt.

(6) Zur Förderung der Zusammenarbeit mit der EUStA empfehlen sich regelmäßige Kontaktgespräche mit den DEStAs des jeweils zuständigen Zentrums.

(7) Länderspezifische Regelungen sind zu beachten.

141 Landeskriminalamt

Für kriminaltechnische Begutachtungen (vgl. Nummer 139 Abs. 2) können auch die Landeskriminalämter um Hilfe ersucht werden.

142 Polizei und andere Behörden

(1) Bei Zusammentreffen einer Steuerstraftat mit anderen Delikten, z. B. Untreue, Betrug oder Urkundenfälschung, kann ein gemeinsames Vorgehen der Steufa mit der Kriminalpolizei angebracht sein. Dies gilt namentlich für Durchsuchungen, Vernehmungen und Telekommunikationsüberwachungen. Kommt es bei Ermittlungsmaßnahmen auf die Kenntnis der örtlichen Verhältnisse an, so kann sich die Steufa im Wege der Amtshilfe an die zuständigen Polizeidienststellen wenden. Wegen der Heranziehung der Polizei zur Hilfeleistung bei Widerstand im Rahmen einer Durchsuchung wird auf Nummer 63 Abs. 5 verwiesen.

(2) Führt die Kriminalpolizei im Verfahren der Staatsanwaltschaften Ermittlungen durch, für die auch die Finanzbehörden zuständig sind, so kann die Steufa an den Ermittlungen teilnehmen (§ 403 Abs. 1 Satz 1 AO).

(3) Bei der Bekämpfung der illegalen Beschäftigung und Schwarzarbeit sowie der Geldwäsche und der Terrorismusfinanzierung haben die BuStra und die Steufa mit den für die Verfolgung und Ahndung zuständigen Behörden zusammenzuarbeiten.

143 Gewerbezentralregister

Anfragen über gewerbebezogene Verurteilungen sollen an das Gewerbezentralregister (53094 Bonn) gerichtet werden.

Abschnitt 5 Auskunfts- und Vorlageersuchen

144 Allgemeines

(1) Die Auskunfts- und Vorlagepflicht Dritter nach den §§ 93, 97,100 AO und nach § 208 Abs. 1 Sätze 2 und 3 AO sowie die Möglichkeit der Durchsetzung dieser Pflicht mit Zwangsmitteln nach § 328 AO bestehen unabhängig von der Befugnis zur Einholung von Auskünften aufgrund von Vorschriften des Strafverfahrensrechts (vgl. z. B. Nummer 16).

(2) Im Besteuerungsverfahren sind zur Durchsetzung der Auskunfts- und Vorlagepflicht Zwangsmittel gegenüber Behörden des Bundes oder eines Landes nicht zulässig (§ 255 Abs. 1 Satz 1 AO).

(3) Werden im Besteuerungsverfahren Auskünfte bei Angehörigen eines Beteiligten eingeholt, sind diese über ihr Auskunftsverweigerungsrecht zu belehren (§ 101 AO). Das gleiche gilt für Personen, die nicht Beteiligte und nicht für einen Beteiligten auskunftspflichtig sind, hinsichtlich solcher Fragen, deren Beantwortung sie selbst oder einen ihrer Angehörigen der Gefahr der Verfolgung wegen einer Straftat oder Ordnungswidrigkeit aussetzen würde (§ 103 AO).

(4) Im Straf- oder Bußgeldverfahren kann an Stelle eines Auskunftsersuchens eine Zeugenvernehmung (vgl. Nummer 47), die Forderung auf Vorlage und Auslieferung von Beweisgegenständen oder eine Durchsuchung und Beschlagnahme (vgl. Nummern 56 ff.) geboten sein.

145 Auskunfts- und Vorlageersuchen an Kreditinstitute im Besteuerungsverfahren

(1) Kreditinstitute sind verpflichtet, im Besteuerungsverfahren gestellte Auskunftsersuchen zu beantworten (§§ 93; 93b AO).

(2) Die Verpflichtung zur Auskunft gilt auch für Behörden und sonstige öffentliche Stellen, die Bankgeschäfte betreiben, einschließlich der Deutschen Bundesbank, der Landeszentralbanken, sowie der Organe und Bediensteten dieser Stellen (§§ 93, 105 Abs. 1 AO). Ihre Verpflichtung zur Verschwiegenheit besteht nicht gegenüber Finanzbehörden. Nummer 144 Abs. 2 ist zu beachten.

(3) Die vorstehende Regelung gilt entsprechend für Ersuchen auf Vorlage von Urkunden und Wertsachen (§§ 97, 100 AO).

146 Auskunfts- und Vorlageersuchen an Kreditinstitute im Straf- und Bußgeldverfahren

(1) Wegen der Befugnis zur Einholung von Auskünften im Strafverfahren wird auf die Nummern 17 und 123, wegen dieser Befugnis im Bußgeldverfahren wird auf die Nummern 103 und 144 verwiesen.

(2) Vor Stellung eines Antrags auf gerichtliche Anordnung einer Durchsuchung oder Beschlagnahme (vgl. Nummer 60) ist zu prüfen, ob sich mit weniger einschneidenden Maßnahmen derselbe Erfolg erreichen lässt (vgl. Nummer 3). In geeigneten Fällen ist ein Durchsuchungs- oder Beschlagnahmebeschluss mit der Maßgabe zu beantragen, dass dem Kreditinstitut nachgelassen wird, die Durchsuchung oder Beschlagnahme durch eine Auskunft, durch Gewährung von Einsicht in Belege oder durch Anfertigung und Herausgabe von Fotokopien abzuwenden. Zur Aufklärung des Sachverhalts kann auch eine Vernehmung von Inhabern, Geschäftsleitern oder Bediensteten der Kreditinstitute als Zeugen in Betracht kommen.

(3) Ein Herausgabeverlangen im Sinne § 95 Abs. 1 StPO kann auch auf Datenträger oder Computerausdrucke gerichtet werden, die erst aus einem Gesamtdatenbestand herauszuziehen sind (vgl. BVerfG, Nichtannahmebeschluss vom 18. Februar 2003, 2 BvR 372/01; BGH-Beschluss vom 20. März 2003, 1 BGs 107/03). Neben der BuStra ist auch die Steufa aus eigenem Recht befugt, Herausgabeverlangen im Sinne von § 95 StPO zu stellen (vgl. LG Bonn, Beschluss vom 7. Oktober 2020, 27 Qs 12/20). Im Rahmen eines Auskunfts- und Herausgabeersuchens

sind Vorgaben der vorgenannten Stellen, in welcher Form ein Kreditinstitut die angeforderten Unterlagen zur Verfügung zu stellen hat, als Annex zur Anordnungskompetenz am Maßstab von Zweckmäßigkeit und Verhältnismäßigkeit zu messen. Der Übermittlungsweg auf Datenträgern in elektronisch auswertbarer Form ist zweckmäßig und verhältnismäßig, da er regelmäßig eine sichere, vollständige und rasche Umsetzung des Auskunftsersuchens gewährleistet. Der pauschale Verweis des Kreditinstituts auf nicht entschädigte Mehrkosten rechtfertigt kein überwiegendes Interesse an einer anderen Übermittlungsart in Papierform. Verpflichteter des Herausgabeverlangens nach § 95 Abs. 1 StPO ist das Kreditinstitut als juristische Person, gesetzlich vertreten durch seine Organe (LG Limburg, Beschluss vom 18. Februar 2019, 1 Qs 5/19).

147 Erstattung von Kosten

(1) Eine Entschädigung der Kreditinstitute im Straf- oder Bußgeldverfahren richtet sich nach dem JVEG.

(2) Für das Besteuerungsverfahren gilt § 107 AO (vgl. AEAO zu § 107).

148 Auskunftsersuchen wegen Chiffreanzeigen

Zur Feststellung der Auftraggeber von Chiffreanzeigen sind Auskunftsersuchen an die Presse in Besteuerungsverfahren sowie in Straf- und Bußgeldverfahren zulässig, wenn ein hinreichender Anlass für die Ermittlungen besteht und das Auskunftsersuchen zur Sachverhaltsaufklärung geeignet und notwendig sowie die Inanspruchnahme der Presse erforderlich, verhältnismäßig und zumutbar ist (vgl. BFH-Urteil vom 12. Mai 2016 - II R 17/14). Das Auskunftsersuchen ist zu begründen. Das Auskunfts- und Zeugnisverweigerungsrecht der Mitarbeiter der Presse nach § 102 Abs. 1 Nummer 4 AO und § 53 Abs. 1 Nummer 5 StPO erstreckt sich nur auf den redaktionellen Teil von Druckwerken, nicht auf Anzeigen.

Abschnitt 6 Verwertungsverbote

149 Fälle, die zu einem Verwertungsverbot führen

(1) Aussagen, die mittels verbotener Vernehmungsmethoden (§ 136a Abs. 1 und 2 StPO, z. B. Täuschung) zustande gekommen sind, dürfen nicht verwertet werden (§ 136a Abs. 3, § 69 Abs. 3, § 72 StPO). Liegt ein Verstoß gegen § 136a StPO vor, so ist die Vernehmung - soweit erforderlich - neu durchzuführen. Vor der erneuten Vernehmung ist darüber zu belehren, dass die erste Vernehmung unverwertbar ist (sog. qualifizierte Belehrung, vgl. BGH-Urteil vom 3. Juli 2007 – 1 StR 3/07).

(2) Sind Angehörige des Beschuldigten vor ihrer Vernehmung als Zeugen (§ 52 Abs. 3 StPO) oder Sachverständige (§ 72 StPO) nicht über ihr Zeugnisverweigerungsrecht belehrt worden, so kann die Aussage nicht verwertet werden. Das gleiche gilt, wenn der Angehörige nach der Belehrung von seinem Aussageverweigerungsrecht zunächst keinen Gebrauch macht, diesen Verzicht aber noch im Laufe der Vernehmung widerruft.

(3) Im Falle von Ermittlungsmaßnahmen gegen einen zeugnisverweigerungsberechtigten Berufsgeheimnisträger im Sinne von § 53 StPO, der nicht selbst Beschuldigter ist, sind die Beweisverwertungsverbote gemäß § 160a StPO zu beachten. Eine entsprechende Ermittlungsmaßnahme, die voraussichtlich Erkenntnisse erbringen würde, über die diese Person das Zeugnis verweigern dürfte, ist unzulässig. Gleiches gilt für Ermittlungsmaßnahmen gegen seine mitwirkenden Personen im Sinne von § 53a StPO.

(4) Die Verwertung von Beweismitteln, die entgegen § 97 StPO beschlagnahmt wurden, ist unzulässig (vgl. Nummer 58).

(5) Ist die Belehrung des Beschuldigten über sein Recht, nicht zur Sache auszusagen, unterblieben (§ 136 Abs. 1 Satz 2 StPO i. V. m. § 163a Abs. 3 und 4 Satz 2 StPO), darf die Aussage nicht verwertet werden (vgl. BGH-Urteil vom 27. Februar 1992 - 5 StR 190/91); das

Gleiche gilt, wenn der Beschuldigte infolge seines geistig-seelischen Zustandes die Belehrung nicht verstanden hat (vgl. BGH-Urteil vom 12. Oktober 1993 - 1 StR 475/93).

150 Fälle, die nicht zu einem Verwertungsverbot führen

(1) Verstöße gegen Ordnungs- und Formvorschriften bei der Anordnung und Ausführung einer strafprozessualen Maßnahme machen die Beweismittel, die sich auf Grund der Maßnahme ergeben, nicht unverwertbar (vgl. z. B. BGH-Beschluss vom 18. November 2003 – 1 StR 455/03). Darüber hinaus gilt dies auch bei irrtümlicher Annahme von Gefahr im Verzug in den Fällen des § 98 Abs. 1 und des § 105 Abs. 1 StPO, solange keine bewusste Missachtung des Richtervorbehaltes anzunehmen ist. Ein Verstoß gegen die Regelungen des § 105 Abs. 2 StPO, wonach bei einer Durchsuchung grundsätzlich Zeugen zuzuziehen sind, hat weder ein Verwertungsverbot im Strafverfahren (BGH-Beschluss vom 31. Januar 2007 – StB 18/06) noch im Besteuerungsverfahren (BFH-Beschluss vom 28. April 2014 – X B 3/14) zur Folge.

(2) Ein Verwertungsverbot besteht auch dann nicht, wenn Vorschriften verletzt werden, die nicht im Interesse und zum Schutz des Beschuldigten erlassen worden sind. So kann die ohne Aussagegenehmigung gemachte Aussage eines Angehörigen des öffentlichen Dienstes (vgl. § 54 StPO) verwertet werden. Das gleiche gilt für die Aussage eines Zeugen, der auf sein Auskunftsverweigerungsrecht nach § 55 Abs. 1 StPO nicht hingewiesen worden ist.

(3) Erkenntnisse, die die Finanzbehörde oder die Staatsanwaltschaft rechtmäßig im Rahmen strafrechtlicher Ermittlungen gewonnen hat, dürfen im Besteuerungsverfahren verwendet werden. Dies gilt auch für Erkenntnisse, die dem Brief-, Post- und Fernmeldegeheimnis unterliegen, soweit die Finanzbehörde diese rechtmäßig im Rahmen eigener strafrechtlicher Ermittlungen gewonnen hat oder soweit nach den Vorschriften der Strafprozessordnung Auskunft an die Finanzbehörden erteilt werden darf.

(4) Zur steuerlichen Verwertung bei Verletzung der Belehrungspflicht gemäß § 393 Abs. 1 Satz 4 AO vgl. Nummer 16 Abs. 3. Ebenso wenig begründet die nach § 136 Abs. 1 Satz 5 StPO unterbliebene Belehrung des Beschuldigten über die Möglichkeit einer Pflichtverteidigerbestellung ein absolutes Verwertungsverbot (vgl. BGH Beschluss vom 6. Februar 2018 – 2 StR 163/17). Im Einzelfall kann jedoch trotz fehlender gesetzlicher Regelung infolge einer Abwägung ein relatives Verwertungsverbot vorliegen – etwa wenn die Belehrung über die Möglichkeit einer Pflichtverteidigerbestellung bewusst und willentlich unterblieben ist oder Anhaltspunkte dafür vorliegen, der Beschuldigte hätte im Rahmen seiner ersten Vernehmung nur deswegen Angaben zur Sache gemacht, weil er mangels wirtschaftlicher Mittel keine Möglichkeit sah, sich eines Verteidigers zu bedienen.

(5) Offenbart der Steuerpflichtige im Rahmen einer Selbstanzeige eine allgemeine Straftat, die er zugleich mit der Steuerhinterziehung begangen hat – wie z. B. bei einer tateinheitlich begangenen Urkundenfälschung -, besteht kein Verwendungsverbot gemäß § 393 Abs. 2 AO hinsichtlich eines solchen Allgemeindelikts (vgl. BGH-Beschluss vom 5. Mai 2004 – 5 StR 548/03).

(6) Verweigert ein zeugnisverweigerungsberechtigter Berufsgeheimnisträger (§ 53 StPO) oder seine mitwirkende Person (§ 53a StPO) erst im Verlaufe der Zeugenvernehmung die weitere Aussage, so sind die bis dahin getätigten Angaben verwertbar.

(7) Beweismittel, die von Dritten erlangt wurden, sind – selbst wenn dies in strafbewehrter Weise erfolgte – grundsätzlich verwertbar. Bei der Beurteilung eines möglichen Verwertungsverbotes müssen allein von einem Informanten begangene Straftaten nicht berücksichtigt werden (vgl. Beschluss des BVerfG vom 9. November 2010 – 2 BvR 2101/09).

Abschnitt 7 Besonderheiten im Hinblick auf die Person des Beschuldigten/Betroffenen

151 Mitglieder des Europäischen Parlaments, des Deutschen Bundestages und der gesetzgebenden Körperschaften der Länder

(1) Entsteht der Verdacht (vgl. Nummer 26), dass ein Mitglied des Europäischen Parlaments, des Deutschen Bundestages oder einer gesetzgebenden Körperschaft eines Landes eine Straftat im Sinne der Nummern 18 oder 19 begangen hat, gibt die BuStra die Sache ohne weitere Ermittlungen sogleich an die Staatsanwaltschaft ab (vgl. Nummer 22 Abs. 1 Satz 3 Nummer 7, Satz 2).

(2) Die Immunität hindert nicht, ein Bußgeldverfahren durchzuführen (vgl. Nummer 298 RiStBV).

(3) In einem Verfahren gegen Dritte kann auch bei einem Abgeordneten ermittelt, insbesondere von ihm die Herausgabe von Gegenständen oder deren Vorlage verlangt (§ 95 StPO) oder bei ihm durchsucht werden (§ 103 StPO). Hierbei sind das Zeugnisverweigerungsrecht des Abgeordneten sowie das Beschlagnahmeverbot zu beachten (§ 53 Abs. 1 Nummer 4, § 97 Abs. 3 StPO; § 6 EuAbgG).

(4) In den Fällen der Absätze 1 bis 3 ist unverzüglich, ggf. vorab fernmündlich, der vorgesetzten Behörde zu berichten. Verfahren zur Durchführung der Besteuerung können ungeachtet der Immunität eingeleitet und fortgeführt werden.

152 Diplomaten und andere bevorrechtigte Personen

(1) Gegen Mitglieder diplomatischer Vertretungen und andere von der inländischen Gerichtsbarkeit befreite Personen (§§ 18, 20 GVG) dürfen keine Strafverfahren eingeleitet und ohne deren ausdrückliche Zustimmung keine sonstigen Maßnahmen im Strafverfahren ergriffen werden (vgl. Nummern 193 ff. RiStBV). Wegen des Personenkreises, der Vorrechte und Befreiungen genießt, vgl. Abschnitt II der Bestimmungen über Diplomaten und andere bevorrechtigte Personen.1 In Besteuerungsverfahren sind nur solche Ermittlungen unzulässig, die auch nach Abs. 2 Satz 1 als Maßnahmen im Strafverfahren nicht statthaft wären.

(2) Maßnahmen, welche in die Rechtssphäre eines Diplomaten oder einer gleichbehandelten Person einschließlich deren Diensträume und Wohnungen eingreifen, sind auch in einem Verfahren gegen eine andere Person unzulässig, wenn der Betroffene nicht ausdrücklich zustimmt. Bei nach Satz 1 zulässigen Feststellungen sind Nummern 193 ff. RiStBV entsprechend sowie Abschnitt III der Bestimmungen über Diplomaten und andere bevorrechtigte Personen anzuwenden.

(3) Die Mitglieder konsularischer Vertretungen unterliegen der Strafverfolgung, soweit sie nicht nach Maßgabe des Völkerrechts, insbesondere des WÜK vom 24. April 1963 (BGBl. 1969 II, 1585 ff.) von der deutschen Gerichtsbarkeit befreit sind (§ 19 GVG; Abschnitt IV der Bestimmungen über Diplomaten und andere bevorrechtigte Personen).

(4) Honorarkonsule genießen lediglich Amtshandlungsimmunität, die sie vor Strafverfolgung nur in unmittelbarer Wahrnehmung ihrer konsularischen Aufgaben schützt.

(5) Der vorgesetzten Behörde ist unverzüglich zu berichten. Die Sache ist sogleich an die Staatsanwaltschaft abzugeben (vgl. Nummer 22 Abs. 1 Satz 3 Nummer 7 und Satz 4).

(6) Für den Verkehr mit ausländischen diplomatischen und konsularischen Vertretungen gelten die Nummern 133 - 137 der Richtlinien für den Verkehr mit dem Ausland in strafrechtlichen Angelegenheiten vom 23. Dezember 2016 (RiVASt). Soll ein Diplomat oder eine andere von der inländischen Gerichtsbarkeit befreite Person als Zeuge vernommen werden, sind die Nummern 196 - 198 RiStBV entsprechend anzuwenden.

(7) Die Absätze 1 bis 4 gelten für das Bußgeldverfahren entsprechend (vgl. Nummer 299 RiStBV).

153 Streitkräfte anderer Staaten

Gegen Mitglieder einer Truppe oder eines zivilen Gefolges eines NATO-Staates oder deren Angehörige können Strafverfahren und Bußgeldverfahren durchgeführt werden. Es müssen aber das NATOTrStat vom 19. Juni 1951 sowie das NATOTrStatZAbk vom 3. August 1959 (BGBl. 1961 II, 1218) sowie der StreitkrNotWG vom 25. September 1990 (BGBl. 1994 II, 26) beachtet werden. Ein Strafverfahren ist sogleich an die Staatsanwaltschaft abzugeben (vgl. Nummer 22 Abs. 1 Satz 3 Nummer 7, und Satz 4).

154 Jugendliche, Heranwachsende, vermindert Schuldfähige

1 Veröffentlicht durch Rundschreiben des Bundesministers des Innern vom 17. August 1993, GMBl. des Bundes 1993, 591 ff.

Strafverfahren gegen Jugendliche und Heranwachsende (§ 1 Abs. 2 JGG) sind sogleich an die Staatsanwaltschaft abzugeben (vgl. Nummer 22 Abs. 1 Satz 3 Nummer 7 und Satz 4). Dies gilt auch, sobald sich Anhaltspunkte dafür ergeben, dass der Beschuldigte vermindert schuldfähig (§ 21 StGB) oder aus psychischen Gründen in seiner Verteidigung behindert ist.

Gleich lautende Erlasse der obersten Finanzbehörden der Länder zur Umsetzung des „Rahmenbeschlusses 2006/960/ JI des Rates vom 18. Dezember 2006 über die Vereinfachung des Austauschs von Informationen und Erkenntnissen zwischen den Strafverfolgungsbehörden der Mitgliedsstaaten der Europäischen Union“ (sog. Schwedische Initiative) im Bereich der Steuerfahndung vom 28. Januar 2014

Inhaltsübersicht

Anlagen:[1]
Antwort auf eingehende Ersuchen

[1] Anlagen hier nicht abgedruckt

Anlage 1	Vordruck „Anhang A“ (deutschsprachig)
Anlage 2	Vordruck „Anhang A“ (englischsprachig)

Ausgehendes Ersuchen

Anlage 3	Vordruck „Anhang B“ (deutschsprachig)
Anlage 4	Vordruck „Anhang B“ (englischsprachig)

1. Allgemeines

Der „Rahmenbeschluss 2006/960/JI des Rates vom 18. Dezember 2006 über die Vereinfachung des Austauschs von Informationen und Erkenntnissen zwischen den Strafverfolgungsbehörden der Mitgliedstaaten der Europäischen Union“[2] (auch „Schwedische Initiative“ genannt) ist ein Rechtsinstrument zur schnelleren und effektiveren Zusammenarbeit der Behörden mit Polizeiaufgaben.

Er verpflichtet die Mitgliedstaaten, sicherzustellen, dass für die Übermittlung von Informationen an die zuständigen Strafverfolgungsbehörden anderer Mitgliedstaaten die gleichen Bedingungen gelten wie auf nationaler Ebene. Daneben enthält der Rahmenbeschluss u. a. auch Regelungen zu Erledigungsfristen, Datenschutz und Übermittlungswegen.

Durch das „Gesetz über die Vereinfachung des Austauschs von Informationen und Erkenntnissen zwischen den Strafverfolgungsbehörden der Mitgliedsstaaten der Europäischen Union“ vom 21. Juli 2012[3] ist der Rahmenbeschluss 2006/960/JI in nationales Recht überführt worden.

2. Sachlicher Geltungsbereich

Der Rahmenbeschluss gilt für alle Polizei-, Zoll- und sonstigen Behörden, die nach nationalem Recht befugt sind, Straftaten oder kriminelle Aktivitäten aufzudecken, zu verhüten oder aufzuklären.[4] In der Bundesrepublik Deutschland fallen hierunter auch die mit der Steuerfahndung betrauten Dienststellen der Landesfinanzbehörden.[5]

Dagegen gilt der Rahmenbeschluss nicht für Staatsanwaltschaften, Bußgeld- und Strafsachenstellen und Gerichte.

Ersuchen auf der Grundlage des Rahmenbeschlusses können sowohl zum Zwecke der Aufklärung bereits begangener Straftaten (sog. repressiver Bereich)[6] als auch zur Verhütung künftiger Straftaten (sog. präventiver Bereich)[7] gestellt werden. Darüber hinaus kommen Ersuchen auch dann in Betracht, wenn das Stadium von strafrechtlichen Ermittlungen noch nicht erreicht ist (Vorermittlungen).

Der Rahmenbeschluss findet keine Anwendung auf Taten, die nach dem Recht des ersuchenden Staates lediglich Ordnungswidrigkeiten darstellen.

---

[2] Amtsblatt der Europäischen Union - ABl. L 386 vom 29.12.2006, S. 89 in der Fassung der Berichtigung durch ABL L 75 vom 15.03.2007, S. 26 – im Folgenden „Rahmenbeschluss“ genannt

[3] BGBl. 2012 I S. 1566 – in Kraft getreten am 26. Juli 2012

[4] Art. 2 lit. a des Rahmenbeschlusses

[5] § 208 Abs. 1 S. 2 AO; vgl. entsprechend die "Meldung für die Bundesrepublik Deutschland nach Artikeln 2 a) und 6 des Rahmenbeschlusses 2006/960/JI des Rates vom 18. Dezember 2006"

[6] Näheres unter Tz. 6.1

[7] Näheres unter Tz. 6.3

Der Rahmenbeschluss verpflichtet nur zum Austausch vorhandener Daten[8]. Ersuchen, die auf die Durchführung von Zwangsmaßnahmen gerichtet sind, sind unzulässig.

3. Räumlicher Geltungsbereich

Der Rahmenbeschluss gilt im Verhältnis zu allen Mitgliedsstaaten der Europäischen Union und darüber hinaus für folgende Schengen-assoziierte Staaten:

- Schweiz[9]

- Liechtenstein[10]

- Norwegen[11]

- Island.[12]

4. Verhältnis zu anderen völkerrechtlichen Übereinkommen

Der Rahmenbeschluss lässt sowohl die bestehenden Regelungen zur justiziellen Rechtshilfe in Strafsachen[13] als auch die bilateralen und multilateralen Vereinbarungen zur Amtshilfe in Steuersachen[14] unberührt.

Ein auf den Rahmenbeschluss gestütztes Ersuchen hat jedoch den Vorteil einer schnelleren Informationsgewinnung. [15]

5. Allgemeines zu Ersuchen

5.1 Inhaltliche Verantwortung

Für ausgehende Ersuchen, die Beantwortung eingehender Ersuchen und Spontanauskünfte liegt die Verantwortung hinsichtlich Zulässigkeit und Inhalt bei der sachbearbeitenden Steuerfahndungsstelle.

5.2 Verwendung der Vordrucke „Anhang A“ und „Anhang B“[16]

Der Rahmenbeschluss sieht zwei Vordrucke für die Erleichterung des Informationsaustausches vor. Hierdurch wird sichergestellt, dass alle für eine umgehende und sachgerechte Erledigung des Ersuchens erforderlichen Angaben übermittelt werden. Sofern die Vordrucke nicht verwendet werden, müssen sich Form und Inhalt der frei formulierten Ersuchen daran orientieren.

---

[8] Näheres dazu unter Tz. 7.2

[9] Vgl. "Bundesgesetz vom 12. Juni 2009 über den Informationsaustausch zwischen den Strafverfolgungsbehörden des Bundes und denjenigen der anderen Schengen-Staaten" – BBl. 2009, S. 4493

[10] Vgl. "Protokoll vom 28. Februar 2008 zwischen der Schweizerischen Eidgenossenschaft, der Europäischen Union, der Europäischen Gemeinschaft und dem Fürstentum Liechtenstein über den Beitritt des Fürstentums Liechtenstein zu dem Abkommen zwischen der Schweizerischen Eidgenossenschaft, der Europäischen Union und der Europäischen Gemeinschaft über die Assoziierung der Schweizerischen Eidgenossenschaft bei der Umsetzung, Anwendung und Entwicklung des Schengen Besitzstandes" – SR 0.362.311

[11] In Bezug auf Norwegen und Island stellt der Rahmenbeschluss eine Weiterentwicklung von Bestimmungen des Schengen-Besitzstandes dar, die gemäß Art. 2 (3) des "Übereinkommens zwischen dem Rat der Europäischen Union sowie der Republik Island und dem Königreich Norwegen über die Assoziierung der beiden letztgenannten Staaten bei der Umsetzung, Anwendung und Entwicklung des Schengen Besitzstandes" (ABl. L 176 vom 10.07.1999, S. 36) die ursprüngliche Bestimmung des Art. 39 SDÜ entsprechend ablösen.

[12] Siehe Fußnote 9

[13] Vgl. insoweit das "Merkblatt zur zwischenstaatlichen Rechtshilfe in Steuerstrafsachen" vom 16. November 2006, IV B 1 - S 1320 - 66/06

[14] Vgl. insoweit das "Merkblatt zur zwischenstaatlichen Amtshilfe durch Informationsaustausch in Steuersachen“ vom 25.5.2012, IV B 6 - S 1320/07/10004 -, BStBl. I S. 599

[15] Vgl. auch Tz. 7.4

[16] Die Bezeichnung der Vordrucke mit „Anhang A“ und „Anhang B“ entspricht der des Rahmenbeschlusses

Der Vordruck „Anhang A“ dient zur Beantwortung eingegangener Ersuchen. Er ist auch zu verwenden, wenn eine Datenübermittlung abgelehnt wird oder als Zwischennachricht, wenn eine fristgerechte Beantwortung nicht möglich ist.

Der Vordruck „Anhang B“ soll für ausgehende Ersuchen und für die Übermittlung von Spontanauskünften verwendet werden.

5.3 Sprache

Ausgehende Ersuchen in Mitgliedsstaaten im deutschen Sprachraum können in deutscher Sprache (Anlagen 1 und 3) gestellt werden. Ersuchen in die übrigen Staaten sollten - sofern nicht in der Landessprache möglich - in englischer Sprache verfasst werden (Anlagen 2 und 4). Dies gilt sinngemäß auch für die Beantwortung eingehender Ersuchen.

5.4 Unterrichtung

Eine Verpflichtung, den vom Auskunftsaustausch Betroffenen über die Datenübermittlung zu unterrichten besteht nur in den Fällen, in denen dies auch für einen gleichgelagerten Fall eines innerstaatlichen Datenaustausches rechtlich vorgeschrieben wäre.

6. Ausgehende Ersuchen

6.1 Ersuchen zu repressiven Zwecken [17]

Die Steuerfahndung kann zur Erforschung der in ihre Zuständigkeit fallenden Straftaten alle Behörden um Auskunft ersuchen (§§ 385 Abs. 1 AO, 163 Abs. 1 S. 2 StPO). Soweit völkerrechtliche Vereinbarungen wie der Rahmenbeschluss 2006/960/JI es gestatten, gilt dies auch im Verhältnis zu ausländischen Behörden[18].Erbeten werden können alle Informationen oder Erkenntnisse, auf die die ersuchte ausländische Strafverfolgungsbehörde unmittelbar selbst oder mittelbar über Dritte ein Zugriffsrecht hat. Eine Übermittlungspflicht besteht jedoch nur für bereits vorhandene Informationen oder Erkenntnisse. Zur Vornahme von Ermittlungen ist die ersuchte Behörde nicht verpflichtet. Sie kann dies aber freiwillig tun, etwa bei Ersuchen um eine Ortsbesichtigung.

6.2 Verwendung übermittelter Informationen und Erkenntnisse

Im Ersuchen muss zwingend angegeben werden, zu welchem Zweck die Informationen oder Erkenntnisse erbeten werden.

Auf dieser Grundlage prüft zum einen die ersuchte Behörde, ob die erbetenen Informationen entsprechend dem sog. Inlandsstandard erteilt werden können.[19] Zum anderen bilden die Angaben zum beabsichtigten Verwendungszweck den Rahmen, innerhalb dessen die ersuchende Behörde die übermittelten Informationen verwenden und gegebenenfalls auch direkt als Beweismittel verwerten darf.

Die ersuchte Behörde kann in ihrer Antwort den Umfang der Verwertung der übermittelten Informationen und Erkenntnisse als Beweismittel ausdrücklich bestimmen. Werden hierzu keine Angaben gemacht, können die übermittelten Daten entsprechend dem angefragten Zweck verwendet werden.

6.3 Ersuchen zu präventiven Zwecken

Die Steuerfahndung kann zur Verhinderung noch nicht begangener Steuerstraftaten[20] alle Behörden um Auskunft ersuchen (§§ 85 S. 2, 208 Abs.1 Nr. 3, 93 AO).

[17] Ersuchen zur Aufklärung bereits begangener Straftaten, auch soweit dabei im Einzelfall bislang noch kein Strafverfahren eingeleitet wurde.
[18] Vgl. auch Nr. 124 Abs. 3 lit. a der Richtlinien für den Verkehr mit dem Ausland in strafrechtlichen Angelegenheiten (RiVASt)
[19] Vgl. im Einzelnen Tz. 7.1
[20] Vgl. auch AEAO zu § 208, Nr. 1 lit. a.

Dies gilt auch in Bezug auf ausländische Strafverfolgungsbehörden im Geltungsbereich des Rahmenbeschlusses, da dieser Ersuchen zu präventiven Zwecken ebenfalls umfasst.

Die Ausführungen zu Tz. 6.1 gelten sinngemäß.

6.4 Spontanauskünfte

Die Steuerfahndung kann Informationen und Erkenntnisse auch ohne Ersuchen (Spontanauskunft) an eine ausländische Strafverfolgungsbehörde übermitteln. Dies kann sowohl zum Zweck der Strafverfolgung (§§ 92c, 61a Abs. 2 bis 4 IRG) als auch zur Verhütung von Straftaten (§ 117a Abs. 3 AO) erfolgen. Voraussetzung ist in beiden Fällen, dass eine entsprechende Mitteilung im Rahmen des § 30 AO auch an eine inländische Strafverfolgungsbehörde möglich wäre (sog. Inlandsstandard). Außerdem muss es sich um eine Straftat aus dem Katalog zum Europäischen Haftbefehl (Rahmenbeschluss 2002/584/JI, vgl. Auflistung im Vordruck „Anhang B" S. 3) oder um eine gleichwertige Tat wie zum Beispiel die Steuerhinterziehung gemäß § 370 AO handeln.

7. Eingehende Ersuchen

7.1 Prüfungsverfahren

Die Entscheidung, ob die von einer ausländischen Strafverfolgungsbehörde erbetenen Informationen oder Erkenntnisse übermittelt werden können, ist in einem mehrstufigen Verfahren zu treffen.

- Prüfung der Zuständigkeit:

Erkennt die ersuchte Behörde, dass sie nicht zuständig ist, so leitet sie das Ersuchen an die zuständige Behörde weiter und informiert darüber die nationale Anlaufstelle[21], die ihr das Ersuchen zugeleitet hat. Bei mehrfacher Zuständigkeit nehmen die Dienststellen unter Beachtung der ggf. kurzen Fristen Kontakt miteinander auf.

- Prüfung der formalen Ordnungsmäßigkeit:

Das Ersuchen ist nur zu beantworten, wenn es mindestens die inhaltsgleich in § 92a IRG und § 117a Abs. 2 AO genannten Pflichtangaben enthält. Anderenfalls ist die ersuchende Behörde formlos auf den Wegen nach Tz. 8 um Ergänzung zu bitten.

- Prüfung des sog. Inlandstandards:

Unter Beachtung von § 30 AO[22] ist zu prüfen, ob die Informationen in einem vergleichbaren deutschen Verfahren grundsätzlich einer anderen deutschen Strafverfolgungsbehörde übermittelt werden könnten.

- Prüfung eines zwingenden Ablehnungsgrundes:

Die Übermittlung hat gem. § 92 Abs. 3 IRG bzw. § 117a Abs. 5 AO zwingend zu unterbleiben, wenn

[21] Siehe Tz. 8

[22] Vgl. im Einzelnen AEAO zu § 30

1. hierdurch wesentliche Sicherheitsinteressen des Bundes oder der Länder beeinträchtigt würden,

2. die Übermittlung der Daten zu den in Artikel 6 des Vertrages über die Europäische Union enthaltenen Grundsätzen in Widerspruch stünde (Ordre-Public-Vorbehalt),

3. die zu übermittelnden Daten bei der ersuchten Behörde nicht vorhanden sind und nur durch das Ergreifen von Zwangsmaßnahmen erlangt werden könnten oder

4. die Übermittlung der Daten unverhältnismäßig wäre oder die Daten für die Zwecke, für die sie übermittelt werden sollen, erkennbar nicht erforderlich sind.

- Prüfung eines fakultativen Ablehnungsgrundes:

Eine Datenübermittlung kann darüber hinaus nach § 92 Abs. 4 IRG oder § 117a Abs. 6 AO unterbleiben, wenn

1. die zu übermittelnden Daten bei den mit der Steuerfahndung betrauten Dienststellen nicht vorhanden sind, jedoch ohne das Ergreifen von Zwangsmaßnahmen erlangt werden könnten,

2. hierdurch der Erfolg laufender Ermittlungen oder Leib, Leben oder Freiheit einer Person gefährdet würde oder

3. die Tat, zu deren Verfolgung oder Verhütung die Daten übermittelt werden sollen, nach deutschem Recht mit einer Freiheitsstrafe von im Höchstmaß einem Jahr oder weniger bedroht ist.

7.2 Umfang der zu übermittelnden Daten

Die Verpflichtung zur Übermittlung von Informationen oder Erkenntnissen bezieht sich ausschließlich auf die Daten, die unmittelbar bei der ersuchten Dienststelle vorhanden sind oder auf die sie direkten Zugriff hat.

„Vorhanden" sind damit alle Daten aus dem örtlichen Zuständigkeitsbereich der ersuchten Dienststelle, die sich aus dort vorliegenden Papierakten oder elektronischen Datenbeständen im Onlinezugriff (direkter Zugriff) ergeben.

Die Steuerfahndung ist nicht verpflichtet, Daten zu beschaffen, die sich in Akten oder elektronischen Datenbeständen anderer Behörden oder Dritter befinden.

Sie ist ebenfalls nicht verpflichtet, Ermittlungshandlungen durchzuführen (zum Beispiel Ortsbesichtigungen oder Zeugenbefragungen).

Sie kann dies jedoch freiwillig tun, soweit dafür keine Zwangsmaßnahmen erforderlich sind (§ 117a Abs. 6 Nr. 1 AO, § 92 Abs. 4 Ziffer 1 IRG). Dies wird insbesondere in Betracht kommen, wenn der damit verbundene Aufwand vertretbar ist und im Hinblick auf die Bedeutung des von der ersuchten Behörde dargelegten Verwendungszwecks sachdienlich und verhältnismäßig erscheint.

7.3 Beweisverwertung

Soweit kein Beweisverwertungsverbot eingreift, bestehen keine Bedenken, eine Verwendung der nach den vorstehenden Grundsätzen zu übermittelnden Daten zu den angefragten Zwecken als Beweismittel zuzulassen.

7.4 Fristenregelung

Der Rahmenbeschluss sieht für die Übermittlung von Informationen und Erkenntnissen unterschiedlich lange Fristen vor, die sich nach der Dringlichkeit und der Verfügbarkeit der erbetenen Informationen bestimmen (Art. 4):

- 8 Stunden (notfalls 3 Tage)
  bei dringenden Ersuchen
  in Fällen von Katalogstraftaten,
  bei denen die Informationen unmittelbar verfügbar sind.

- 1 Woche
  bei nicht dringenden Ersuchen
  in Fällen von Katalogstraftaten,
  bei denen die Informationen unmittelbar verfügbar sind.

- 2 Wochen
  in allen übrigen Fällen.

Zu den sog. Katalogstraftaten gehören alle Tatbestände, die im Straftatenkatalog zum Europäischen Haftbefehl genannt sind.[23] Außerdem fallen hierunter alle Straftaten nach nationalem Recht, die mit denjenigen des Straftatenkataloges gleichwertig sind.[24] Dazu zählen die Steuerhinterziehung (§ 370 AO) und der Subventionsbetrug (§ 264 StGB). Beide sind Spezialtatbestände des im Straftatenkatalog aufgeführten allgemeinen Betrugstatbestandes (§ 263 StGB) und insoweit gleichwertige Straftaten.

Können die oben genannten Fristen nicht eingehalten werden, so teilt die Steuerfahndungsstelle dies der ersuchenden Behörde unverzüglich unter Angabe der Gründe - und möglichst per Vordruck „Anhang A" - mit und stellt die Informationen sodann schnellstmöglich zur Verfügung.

Kann die vorgegebene 8-Stunden-Frist nicht eingehalten werden oder würde die Übermittlung der erbetenen Information innerhalb dieser kurzen Frist eine unverhältnismäßige Belastung für die Steuerfahndungsstelle darstellen (beispielsweise wenn ein Ersuchen außerhalb der üblichen Dienstzeit eingeht), ist das Ersuchen spätestens **innerhalb von 3 Tagen** zu beantworten.

8. Art und Wege der Übermittlung

Bis zu dem Zeitpunkt, in dem in allen Staaten ein einheitliches, gemeinsames Dateiformat für den Datenaustausch zur Verfügung steht, hat der gesamte Informationsaustausch (einschließlich etwaiger Anlagen) über gesicherte Kommunikationswege zu erfolgen.

Für die Steuerfahndung kommen als Anlaufstellen das Zollkriminalamt und - über die Landeskriminalämter - das Bundeskriminalamt in Betracht. Entscheidend für die Wahl des Übermittlungsweges sind die Umstände des Einzelfalles. Nach Möglichkeit soll die Datenübermittlung über das Zollkriminalamt erfolgen.

Die Datenübermittlung erfolgt unmittelbar zwischen den Anlaufstellen und den zuständigen Steuerfahndungsstellen.

[23] Vgl. Auflistung im Vordruck „Anhang B" auf S. 3
[24] Vgl. Art. 2 lit e des Rahmenbeschlusses

Steuerhinterziehungsbekämpfungsgesetz und Steuerhinterziehungsbekämpfungsverordnung; Nicht kooperierende Staaten und Gebiete

(BMF-Schreiben vom 5.1.2010 – IV B 2 – S 1315/08/10001-09 - BStBl I S. 19)

Die Steuerhinterziehungsbekämpfungsverordnung (SteuerHBekV) ist am 25. September 2009 in Kraft getreten und ab dem Veranlagungszeitraum 2010 anzuwenden.

Die SteuerHBekV konkretisiert die Maßnahmen, die nach § 51 Absatz 1 Nummer 1 Buchstabe f EStG, § 33 Absatz 1 Nummer 2 Buchstabe e KStG in der Fassung des Steuerhinterziehungsbekämpfungsgesetzes Steuerpflichtigen auferlegt werden, welche Geschäftsbeziehungen zu Staaten und Gebieten unterhalten, die im Verhältnis zu Deutschland nicht als kooperativ gelten. Darüber hinaus kommt im Verhältnis zu solchen Staaten und Gebieten die Anwendung des § 90 Absatz 2 Satz 3 AO in der Fassung des Steuerhinterziehungsbekämpfungsgesetzes in Betracht.

Nach den vorgenannten Vorschriften gelten Staaten und Gebiete als nicht kooperativ, wenn

a) mit ihnen kein Abkommen besteht, das die Erteilung von Auskünften entsprechend Artikel 26 des Musterabkommens der OECD zur Vermeidung der Doppelbesteuerung auf dem Gebiet der Steuern vom Einkommen und vom Vermögen in der Fassung von 2005 vorsieht,

b) sie keine Auskünfte in einem vergleichbaren Umfang erteilen und

c) bei ihnen keine Bereitschaft zu einer entsprechenden Auskunftserteilung besteht.

Die Voraussetzung des Buchst. c) ist insbesondere dann erfüllt, wenn die Staaten und Gebiete nach förmlicher Aufforderung nicht bereit sind, Rechtsgrundlagen für einen entsprechenden Auskunftsaustausch mit Deutschland zu schaffen.

Hierzu stelle ich fest, dass

- zum 1. Januar 2010 kein Staat oder Gebiet die Voraussetzungen für Maßnahmen nach der SteuerHBekV erfüllt;
- das Bundesministerium der Finanzen Staaten und Gebiete, die künftig die Voraussetzungen für Maßnahmen nach der SteuerHBekV erfüllen, zum jeweils gegebenen Zeitpunkt bekannt geben wird. Bis dahin bestehen für die Steuerpflichtigen keine zusätzlichen Mitwirkungs-, Nachweis- oder Aufklärungspflichten nach § 51 Absatz 1 Nummer 1 Buchstabe f EStG, § 33 Absatz 1 Nummer 2 Buchstabe e KStG sowie § 90 Absatz 2 Satz 3 AO.

Dieses Schreiben ergeht im Einvernehmen mit den obersten Finanzbehörden der Länder sowie mit Zustimmung des Bundesministeriums für Wirtschaft und Technologie und des Auswärtigen Amtes.

Dieses Schreiben wird im Bundessteuerblatt Teil I veröffentlicht.

Anwendungsfragen zu § 10 Abs. 1 BpO

Gleich lautende Erlasse der obersten Finanzbehörden der Länder vom 31.8.2009 (BStBl I S. 829)

Die Problematik, ab welchem Zeitpunkt nach § 10 Abs. 1 BpO eine Unterrichtungsverpflichtung des Prüfers/der Prüferin gegenüber der Bußgeld- und Strafsachenstelle (BuStra) besteht, ist folgendermaßen handzuhaben:

§ 10 Abs. 1 Satz 1 BpO konkretisiert den in den §§ 386 AO, 152 Abs. 2, 160, 163 StPO verankerten allgemeinen strafrechtlichen Grundsatz des Legalitätsprinzips. Danach kann der die Ermittlungspflicht der Strafverfolgungsbehörde begründende Verdacht grundsätzlich nur dann angenommen werden, wenn sich dieser auf zureichende tatsächliche Anhaltspunkte stützen lässt (Anfangsverdacht nach § 152 Abs. 2 StPO).

Vor diesem Hintergrund ist auch die Regelung des **§ 10 Abs. 1 Satz 2 BpO** zu sehen, die eine Unterrichtungspflicht dann begründet, wenn lediglich die Möglichkeit der Durchführung eines Strafverfahrens besteht. Die im Rang den einfachen Gesetzen untergeordnete Verwaltungsvorschrift kann damit dem Prüfer/der Prüferin letztlich aus strafrechtlicher Sicht nicht mehr Pflichten auferlegen, als die Normen der Abgabenordnung bzw. der Strafprozessordnung vorgeben. Aus diesem Grund steht korrespondierend zum Verstoß gegen das Legalitätsprinzip eine Strafvereitelung im Amt nach § 258a StGB nach wie vor nur dann im Raum, wenn **trotz** konkreter tatsächlicher Anhaltspunkte für eine Steuerstraftat (d. h. trotz Bestehen eines Anfangsverdachts i. S. d. § 152 Abs. 2 StPO) **kein** Kontakt mit der BuStra aufgenommen wird. § 10 Abs. 1 Satz 2 BpO soll demnach klarstellen, dass es für die Bejahung der Unterrichtungspflicht nicht auf die subjektive Einschätzung des Prüfers/der Prüferin hinsichtlich der Durchführung eines Strafverfahrens ankommt. Es soll ähnlich wie bei § 201 Abs. 2 AO sichergestellt werden, dass in allen Fällen, in denen eine Untersuchung durch die BuStra geboten erscheint, diese auch wirklich frühzeitig einbezogen wird. Das Vorhandensein **tatsächlicher** Anhaltspunkte für das Vorliegen einer Straftat wird aber durch § 10 Abs. 1 Satz 2 BpO nicht entbehrlich, d.h. bloße Vermutungen lösen eine Mitteilungspflicht auch nach dieser Norm nicht aus. Dies zeigt sich auch in der für die Finanzbehörden allgemein geltenden Unterrichtungspflicht nach Nr. 113 Abs. 3 Satz 2 AStBV (St) 2008. Danach wird die „Möglichkeit" der Durchführung eines Strafverfahrens auch erst dann angenommen, wenn „Anhaltspunkte" für eine Straf- oder Ordnungswidrigkeit sprechen, die eine Untersuchung des Falles durch die BuStra geboten erscheinen lassen.

Somit ist § 10 Abs. 1 Satz 2 BpO im Lichte des vorhergehenden Satzes 1 und der allgemeinen strafprozessualen Grundsätze dahingehend auszulegen, **dass immer nur dann eine Unterrichtungspflicht an die BuStra begründet wird, wenn Anhaltspunkte für die auch nur mögliche Durchführung eines Strafverfahrens vorliegen.** Die Schwelle des Anfangsverdachts nach § 152 Abs. 2 StPO muss dabei noch nicht überschritten sein.

In diesem Zusammenhang sind auch die seit 1995 bundesweit geltenden Rationalisierungsgrundsätze bei der Durchführung von Betriebsprüfungen (BMF-Schreiben vom 6. Januar 1995 - IV A 8 - S 1502 - 17/94 -) zu berücksichtigen. Danach hat der Prüfer/die Prüferin eine schwerpunktmäßige Prüfung der jeweiligen Betriebe vorzunehmen. Diese Schwerpunkte hat er/sie grundsätzlich nach sachgerechten Erwägungen zu bestimmen. Soweit das Nichtaufgreifen eines Sachverhalts auf sachgerechten Erwägungen beruht (im Zweifelsfall zu dokumentieren), kann dem Prüfer/der Prüferin daraus kein Nachteil erwachsen. Eine Unterrichtungspflicht gegenüber der BuStra kann nur entstehen, wenn sich ansonsten im Rahmen der Prüfungsvorbereitung oder auch im Laufe der Prüfung tatsächliche Anhaltspunkte für das Vorliegen einer Straftat ergeben.

Grundsätzlich keine tatsächlichen Anhaltspunkte im Sinne der vorgenannten Ausführungen mit der Folge, dass eine Unterrichtungspflicht gegenüber der BuStra ausscheidet, liegen insbesondere für folgende beispielhaft aufgezählte Fälle vor:

- Das Vorliegen und das Auswerten von Kontrollmitteilungen. Die Grenze ist erst überschritten, wenn sich herausstellt, dass die mitgeteilten Zahlungen keinen Niederschlag in der Buchführung gefunden haben und deshalb die Steuer zu niedrig festgesetzt wurde.
- Das bloße Durchführen von Kalkulationen und Verprobungen, wie Geldverkehrsrechnungen, Richtsatzverprobungen, Chi²-Test, Zeit-Reihen-Vergleich usw., auch wenn diese aufgrund vorhandener Differenzen erfolgen. Dies gilt jedoch nur, wenn nicht bereits anderweitige konkrete tatsächliche Anhaltspunkte für das Vorliegen einer Straftat gegeben sind, z. B. wegen Vorliegens von Kontrollmitteilungen steht schon fest, dass Einnahmen nicht vollständig erklärt worden sind.
- Abweichung der Betriebsergebnisse von den amtl. Richtsatzsammlungen.
- Bloße Rückfragen an den Steuerpflichtigen zum objektiv vorliegenden Sachverhalt, um vorhandene Differenzen aufzuklären, die sich z. B. aus Verprobungen, Vorlage von Kontrollmitteilungen usw. ergeben. Erst wenn die Differenzen nicht mit sachgerechten Erwägungen aufgeklärt werden können (auch bei offensichtlicher Verzögerungstaktik durch den Steuerpflichtigen) oder von vorneherein unaufklärbar sind, besteht eine Unterrichtungspflicht an die BuStra.
- Bei Aufdecken bloß formeller oder auch kleineren materiellen Buchführungsmängeln; die Grenze ist auch hier erst überschritten, wenn weitere tatsächliche Anhaltspunkte für die Verkürzung von Einnahmen vorliegen.
- Wenn offensichtlich kein schuldhaftes und vorwerfbares Verhalten vorliegt oder offensichtlich ist, dass objektive oder subjektive Tatbestandsmerkmale mit der im Straf- und Bußgeldverfahren erforderlichen Gewissheit nicht nachzuweisen sind.

Tatsächliche Anhaltspunkte, welche eine umgehende Unterrichtungspflicht gegenüber der BuStra begründen, werden insbesondere in folgenden beispielhaft aufgezählten Fällen gegeben sein:

- Nach durchgeführter Kalkulation oder Verprobung verbleiben ungeklärte Differenzen von einigem Gewicht, z. B. der Steuerpflichtige erklärt Vermögenszuwachs mit unplausiblen Geldzuflüssen, wie Verwandtendarlehen, Auslandsdarlehen oder Spielbankgewinnen.
- Bei ungebundenen Privatentnahmen, die zur Bestreitung des Lebensunterhalts offensichtlich nicht ausreichen.
- Bei Feststellung schwerwiegender Buchführungsmängel, insbesondere auffälliges Fehlen von sonst allgemein üblichen Belegen.
- Bei Hinweisen auf verschwiegene oder irreführend bezeichnete Bankkonten (Konten auf fingiertem oder fremden Namen).
- Bei in der Bilanz wesentlich zu niedrig bewerteten Aktiv-Beständen sowie bei erheblich zu hoch bewerteten passiven Beständen des Betriebsvermögens.
- Die sich aus Kontrollmitteilungen ergebenden Einnahmen sind in der Buchführung nicht erfasst (s.o.).
- Bei Vorlage einer Selbstanzeige durch den Steuerpflichtigen, egal in welchem Verfahrensstadium.

- Bei konkreten Verdachtsmomenten, dass Belege manipuliert/gefälscht wurden (**Achtung:** ggf. muss hier bereits wegen Gefahr im Verzug das Strafverfahren unverzüglich eingeleitet werden, damit Originalbelege beschlagnahmt werden können. Hier ist aber, soweit möglich, noch vor Ort (z.B. per Telefon) Kontakt mit der BuStra aufzunehmen.

Grundsätzlich ist festzuhalten, dass in Zweifelsfällen immer eine frühzeitige - auch formlose - Kontaktaufnahme mit der BuStra geboten ist. Dies gilt insbesondere dann, wenn aufgrund der bisher getroffenen Prüfungsfeststellungen erhebliche Nachzahlungen zu erwarten sind und der Verdacht einer Steuerstraftat nicht offensichtlich ausgeschlossen (vgl. Nr. 113 Abs. 4 AStBV (St)) ist.

Soweit bei offensichtlich leichtfertiger Begehensweise nur der Verdacht einer Ordnungswidrigkeit im Raume steht, kann eine Unterrichtung der BuStra unterbleiben, wenn das aufgrund der Tathandlung zu erwartende steuerliche Mehrergebnis insgesamt unter 5.000 € liegt und nicht besondere Umstände hinsichtlich des vorwerfbaren Verhaltens für die Durchführung eines Bußgeldverfahrens sprechen (analoge Anwendung der Nr. 97 Abs. 3 AStBV (St)).

Diese Erlasse ergehen im Einvernehmen mit dem Bundesministerium der Finanzen.

Zentrale Sammlung und Auswertung von Unterlagen über steuerliche Auslandsbeziehungen - Beziehungen eines Steuerinländers zum Ausland und eines Steuerausländers zum Inland -

BMF-Schreiben vom 9.9.2019 – IV B 6 – S 1509/07/10001:012 – (BStBl I S. 907)*

Unter Bezugnahme auf das Ergebnis der Erörterungen mit den Vertretern der obersten Finanzbehörden der Länder gilt für die zentrale Sammlung und Auswertung von Unterlagen über steuerliche Auslandsbeziehungen Folgendes:

1. Ziele und Arbeitsweise

1.1 Aufklärung von Auslandsbeziehungen

Im Hinblick auf den Umfang der Auslandsverflechtung der Wirtschaft kommt der Ermittlung von Auslandsbeziehungen im Steueraufsichts- und Steuerermittlungsverfahren ständig wachsende Bedeutung zu.

Dem Bundeszentralamt für Steuern (BZSt) obliegt die zentrale Sammlung und Auswertung von Unterlagen über steuerliche Auslandsbeziehungen (§ 88a Abgabenordnung [AO] in Verbindung mit § 5 Absatz 1 Satz 1 Nummer 6 Finanzverwaltungsgesetz [FVG]). Hierzu erfasst der Arbeitsbereich „Informationszentrale für steuerliche Auslandsbeziehungen (IZA)" alle sachdienlichen Informationen, die für die Tätigkeit der Steuerverwaltungen von Bund und Ländern von Bedeutung sein können.[1]

In diesem Rahmen sammelt die IZA Informationen und erteilt Auskünfte insbesondere über:

- Ausländische Rechtssubjekte (natürliche und juristische Personen im Ausland, insbesondere auch ausländische Personengesellschaften sowie ausländische Briefkastengesellschaften [Domizil-, Sitz-, Offshore-Gesellschaften]);
- die Rechtsprechung und Kommentierung zur steuerlichen Beurteilung der Beziehungen von Steuerinländern zu ausländischen Basis- oder Briefkastengesellschaften;
- Beziehungen von im Inland ansässigen Rechtssubjekten zum Ausland;
- Beziehungen von im Ausland ansässigen Rechtssubjekten zum Inland.

Sie unterstützt im Übrigen durch Hinweise auf bereits laufende oder abgeschlossene Verfahren, Parallelfälle und ähnliche Beobachtungen die zuständigen Finanzämter bei der steuerrechtlichen Beurteilung von Auslandssachverhalten.

---

* Inhaltsübersicht und Anlagen hier nicht abgedruckt.

[1] Gegen die beim BZSt auf der Grundlage von §88a AO in Verbindung mit § 5 Absatz 1 Satz 1 Nummer 6 FVG geführte Datensammlung über steuerliche Auslandsbeziehungen bestehen keine verfassungsrechtlichen Bedenken - Beschluss des BVerfG vom 10. März 2008 - 1 BvR 2388/03 -, BStBl 2009 II S. 23.

1.2 Besteuerungsverfahren bei Auslandsbeziehungen und Koordinierung der örtlichen Zuständigkeit

Das BZSt

a) sammelt und wertet Mitteilungen nach § 138 Absatz 2 AO über ausländische Betriebe, ausländische Betriebsstätten sowie ausländische Beteiligungen und Mitteilungen nach § 138b AO über Beziehungen inländischer Steuerpflichtiger zu Drittstaat-Gesellschaften aus (siehe auch BMF-Schreiben vom 5. Februar 2018, IV B 5 - S 1300/07/10087, IV A 3 - S 0303/17/10001, DOK: 2018/0071347, BStBl 2018 I S. 289, geändert durch BMF-Schreiben vom 18. Juli 2018, IV B 5 - S 1300/07/10087, DOK: 2018/0545619, BStBl 2018 I S. 815 und vom 21. Mai 2019, IV B 5 - S 1300/07/10087, DOK: 2019/0389667, BStBl 2019 I S 473),

b) bestimmt nach Maßgabe des § 5 Absatz 1 Satz 1 Nummer 7 FVG bei Personen, die nicht im Geltungsbereich dieses Gesetzes ansässig sind (z. B. beschränkt Steuerpflichtige und Personen im Sinne des § 2 Außensteuergesetz [AStG]), das für die Besteuerung örtlich zuständige Finanzamt, wenn sich mehrere Finanzämter für örtlich zuständig oder für örtlich unzuständig halten oder wenn sonst Zweifel über die örtliche Zuständigkeit bestehen.

   Entsprechendes gilt auch für

   - die gesonderte und einheitliche Feststellung der Gewinne ausländischer Personengesellschaften, an denen inländische Gesellschafter beteiligt sind (Nr. 6 des Anwendungserlasses zu § 18 AO), und
   - die gesonderte und einheitliche Feststellung nach § 18 AStG (Tz. 18.2 des BMF-Anwendungsschreibens zum AStG vom 14. Mai 2004, IV B 4 - S 1340 - 11/04, BStBl I, Sondernummer I/2004).

1.3 Zusammenarbeit mit Finanzbehörden und anderen Stellen

Die Finanzbehörden von Bund und Ländern sowie andere Behörden und Gerichte arbeiten mit dem BZSt nach den allgemeinen Grundsätzen über die Amtshilfe (§§ 111 ff. AO) zusammen. Die Anschrift lautet:

Bundeszentralamt für Steuern

Informationszentrale für steuerliche Auslandsbeziehungen (IZA)

53221 Bonn

Telefon: 0228 406-0 (Zentrale)

Telefax: 0228 406-4187 (IZA)

E-Mail: iza@bzst.bund.de

2. Informationsangebot

2.1 Erteilung von Auskünften

Die IZA erteilt Auskünfte

a) auf Anfrage

Anfragen sollen als Schriftstück postalisch (Vordruck BZSt-1, Anlage 1*) - jeweils zu jedem ausländischen Rechtssubjekt gesondert - gestellt werden. Soweit die Voraussetzungen des § 87a Absatz 1 Satz 3 AO erfüllt werden können (geeignete Verschlüsselung) sollen Anfragen elektronisch erfolgen.

Eine Anfrage sollte stets folgende Angaben/Unterlagen enthalten:

- Genaue Bezeichnung des angefragten ausländischen Rechtssubjekts mit Anschrift,
- Benennung des Inländers mit Anschrift (Beziehungspartner),
- Kopien von Dokumenten zu den angefragten Rechtssubjekten - möglichst mit Originalbriefkopf (z. B. Rechnungen, Verträge, Angebote, Schreiben, etc.),
- kurze Schilderung des Sachverhaltes,
- Angaben zur Größenordnung, die die mutmaßliche Bedeutung erkennen lassen,
- Hinweis, ob eine kurze Datenbankrecherche ausreicht, eine Internetrecherche oder eine Wirtschaftsauskunft benötigt wird und ob eine ausführliche Kommentierung/Bewertung gewünscht oder entbehrlich ist, und
- bei Eilbedürftigkeit Hinweis mit Angabe der Gründe.

Anfragen sollen in der Regel nur gestellt werden, wenn

- der Steuerpflichtige seiner erhöhten Mitwirkungspflicht nach § 90 Absatz 2 AO nicht oder in nicht hinreichendem Maße nachgekommen ist,
- eine steuerliche Auswirkung von mehr als 5.000 EUR und/oder
- in Bezug auf ein und dasselbe ausländische Rechtssubjekt Betriebsausgabenabzüge bei mehreren inländischen Steuerpflichtigen von insgesamt mehr als 10.000 EUR zu vermuten und/oder
- Dauersachverhalte (z. B. Arbeitnehmerverleih/Werkvertrag, Neuaufnahme von ausländischen Rechtssubjekten, Beteiligungen, Immobilienerwerbe und Ähnliches) gegeben oder zu erwarten sind.

Soweit diese Kriterien erfüllt sind, sollten Anfragen immer gestellt werden, wenn die anzufragenden Rechtssubjekte ihren Sitz in einem Niedrigsteuergebiet[2] haben.

b) unaufgefordert

- als Rücklauf zu den ihr übersandten Informationen,
- aus der Auswertung der bei ihr zusammenfließenden Informationen.

c) elektronisch (ständig)

[2] Vgl. Tz. 2.2 und Tz. 8.3 sowie Anlage 1 des BMF-Anwendungsschreibens zum AStG vom 14. Mai 2004 - IV B 4 - S 1340 - 11/04 -, BStBl I Sondernummer 1/2004.

Die ISI (Informations-System der IZA) -Datenbank enthält alle gesammelten Informationen und Arbeitsergebnisse der IZA, siehe hierzu auch unter Tz. 4. „Löschung von Informationen". Die Zugriffsrechte auf die ISI-Datenbank sind über den IT-Administrator der örtlichen Finanzbehörde erhältlich.

2.2 Inhalt der Auskünfte

Auskünfte werden erteilt über Rechtssubjekte im Ausland. Diese belaufen sich, nicht abschließend aufgezählt, auf folgende Informationen:

- Informationen z. B. über die Qualifizierung von ausländischen Gesellschaften als Briefkastengesellschaften, ggf. mit entsprechenden Hinweisen zur steuerlichen Beurteilung des Sachverhalts, wobei die Einschätzung der IZA durch Unterlagen belegt wird; Überprüfung der von dem Steuerpflichtigen zum Zwecke des Gegenbeweises vorgelegten Unterlagen;
- Informationen über andere bekannt gewordene inländische Beziehungen des angefragten ausländischen Rechtssubjekts;
- Informationen über bekannt gewordene Beziehungen des inländischen Beziehungspartners zu anderen ausländischen Rechtssubjekten;
- allgemeine steuerlich beachtliche Situationen im Ausland, wie steuerliche Verhältnisse, steuerrelevante handels-, gesellschafts- und registerrechtliche Gegebenheiten oder wirtschaftliche Verhältnisse im Ausland.

Die Versendung der Antwortschreiben erfolgt postalisch. Soweit die Voraussetzungen des § 87a Absatz 1 Satz 3 AO erfüllt werden können (geeignete Verschlüsselung) soll der Versand elektronisch erfolgen.

Die erteilten Auskünfte sind durch die anfragende Finanzbehörde vor Verwendung im Besteuerungsverfahren zu prüfen.

2.3 Zeitliche Abwicklung von Auskünften

Die IZA bemüht sich um zeitgerechte Bearbeitung der Anfragen. Soweit dies nicht innerhalb von drei Monaten möglich ist, wird ein Zwischenbescheid erteilt.

2.4 Beschaffung von Informationen

Soweit bei Anfragen nicht schon auf vorhandene Informationen zurückgegriffen werden kann, bemüht sich die IZA um die Beschaffung geeigneter Unterlagen bei dritten Stellen im In- und Ausland.

2.5 Kosten

Die IZA berechnet der anfragenden Stelle im Allgemeinen keine Kosten. Besteht eine Kostentragungspflicht Dritter (z. B. im Steuerstrafverfahren), so teilt die IZA die Höhe der Kosten mit und fragt an, ob sie von der anfragenden Stelle übernommen werden.

3. Versorgung mit Informationen

3.1 Wechselseitiger Informationsfluss

Die IZA kann nur dann umfassende Informationen anbieten, wenn sie von den Finanzbehörden des Bundes und der Länder laufend und vollständig über sachdienliche Beobachtungen und Feststellungen unterrichtet wird. Auch Änderungen der gemeldeten außensteuerlichen Beziehungen sind der IZA mitzuteilen.

3.2 Aufgaben der Finanzämter

Insbesondere sind mit Vordruck BZSt-1 (Anlage 1)* mitzuteilen von den

a) Veranlagungsstellen:

- Auslandssachverhalte, die nach § 138 Absatz 2 AO meldepflichtig sind (im Allgemeinen durch Weiterleitung einer Durchschrift des Vordrucks BZSt-2)[3],
- Auslandssachverhalte, die nach § 138b AO meldepflichtig sind (im Allgemeinen durch Weiterleitung einer Durchschrift des Vordrucks „Mitteilung nach § 138b der Abgabenordnung (AO)")[4],
- juristische Personen mit Sitz in Niedrigsteuergebieten[2], die als beschränkt Steuerpflichtige aufgenommen werden sollen,
- Gesellschaftsbeziehungen zwischen Steuerinländern (auch juristische Personen) und Rechtssubjekten in Niedrigsteuergebieten[2],
- Beteiligungen von ausländischen Rechtssubjekten an inländischen Gesellschaften,
- auffällige Rechtsbeziehungen mit Auslandsbezug,
- Ergebnisse von Rechtshilfeersuchen zu ausländischen Rechtssubjekten in Niedrigsteuergebieten2, die nicht über das BZSt abgewickelt wurden,
- ausländische Familienstiftungen und deren Begünstigte beziehungsweise Anfallsberechtigte.

b) Steuerfahndungs- und Außenprüfungsstellen:

- Auslandssachverhalte, insbesondere in Verbindung mit Rechtssubjekten in Niedrigsteuergebieten[2] es genügt die Übersendung von entsprechenden Berichtsauszügen

c) Umsatzsteuerstellen:

---

[3] Durch das BMF-Schreiben vom 21. Mai 2019 - IV B 5 - S 1300/07/10087 - / - 2019/0389667 -, BStBl 2019 I S. 473) geänderte Anlage 1 (Teile 1 bis 3) zum BMF-Schreiben vom 5. Februar 2018 (vgl. Tz. 1.2.a, Internetseiten des BZSt [www.bzst.de] unter der Rubrik Unternehmen - EU und International - Erfassung von Auslandsbeteiligungen - Mitteilungspflicht inländischer Steuerpflichtiger- § 138 Abs. 2 AO und im Formular-Management-System der Bundesfinanzverwaltung [www.formulare-bfinv.de] unter der Rubrik „Bürger-Auslandsbeziehungen").

[4] Anlage 2 zum BMF-Schreiben vom 5. Februar 2018 (vgl. Tz. 1.2.a, Internetseiten des BZSt [www.bzst.de] unter der Rubrik Unternehmen - EU und International - Erfassung von Auslandsbeteiligungen - Mitteilungspflicht Dritter - § 138b AO und im Formular-Management-System der Bundesfinanzverwaltung [www.formulare-bfinv.de] unter der Rubrik „Bürger-Auslandsbeziehungen").

- Rechtssubjekte mit Sitz in Niedrigsteuergebieten[2], die umsatzsteuerlich geführt werden sollen.

d) Grunderwerbsteuerstellen:

- Rechtssubjekte mit Sitz in Niedrigsteuergebieten[2], die im Inland Grundstücke erwerben oder veräußern.

3.3 Rückmeldungen

Die aufgrund der gegebenen Auskünfte getroffenen weiteren Feststellungen und Entscheidungen sind der IZA von den anfragenden Finanzbehörden auf dem Vordruck BZSt-3 (Anlage 2)* unter Angabe der steuerlichen Auswirkungen mitzuteilen. Die von den Feststellungen der IZA abweichenden Nachweise der Steuerpflichtigen sind der Rückmeldung auch dann in Kopie beizufügen, wenn die Auskunft der IZA zu keiner steuerlichen Änderung führte.

4. Löschung von Informationen

Die in der ISI-Datenbank (Tz. 2.1.c) eingepflegten Daten sind grundsätzlich 15 Jahre nach dem Datum der Anfrage (Beziehungsdatum) durch das BZSt zu löschen. Dies gilt auch für Beziehungsketten5. Eine neue Information zu einer Beziehungskette[5] begründet ein neues Beziehungsdatum mit der Folge, dass die Daten weitere 15 Jahre nicht gelöscht werden.

Daten, die aus der Vorgängerdatenbank ISAB (Internationale steuerliche Auslandsbeziehungen) im Jahr 2000 in die ISI-Datenbank übernommen wurden, wurden zum 1. Januar 2015 durch das BZSt gelöscht, es sei denn, ein aktuelles Beziehungsdatum stand dem entgegen.

Dieses Schreiben tritt an die Stelle des BMF-Schreibens vom BMF-Schreibens vom 6. Februar 2012, IV B 6 - S 1509/07/10001, DOK: 2012/0049930, BStBl 2012 I S. 241.

---

[5] Beziehungskette/n ist/sind in der ISI-Datenbank erfasste Beziehungen zu einem Rechtssubjekt oder zu mehreren Rechtssubjekten.

Merkblatt über die Rechte und Pflichten von Steuerpflichtigen bei Prüfungen durch die Steuerfahndung nach § 208 Abs. 1 Nr. 3 AO

(BMF-Schreiben vom 13.11.2013 - IV A 4 - S 0700/07/10048-10, BStBl I S. 1458)

Unter Bezugnahme auf das Ergebnis der Erörterungen mit den obersten Finanzbehörden der Länder wird das zuletzt im Jahre 1979 veröffentlichte Merkblatt zu § 208 Abs. 1 Nr. 3 AO mit sofortiger Wirkung neugefasst (Anlage).

Dieses Schreiben tritt an die Stelle des BMF-Schreibens vom 14. Februar 1979 - IV A 8 - S 1635 - 2/78 - (BStBl. I 1979, 115).

Anlage

Merkblatt über die Rechte und Pflichten von Steuerpflichtigen bei Prüfungen durch die Steuerfahndung nach § 208 Abs. 1 S. 1 Nr. 3 der Abgabenordnung

1. Nach den Bestimmungen der Abgabenordnung (AO) sind Sie zur Mitwirkung bei der Ermittlung Ihrer steuerlichen Verhältnisse verpflichtet (§§ 90 Abs. 1 S. 1, 200 Abs. 1 S. 1 AO). Sie haben die für die Besteuerung erheblichen Tatsachen vollständig und wahrheitsgemäß offenzulegen. Aufzeichnungen, Bücher, Geschäftspapiere und andere Urkunden sind zur Einsicht und Prüfung vorzulegen und die zum Verständnis der Aufzeichnungen erforderlichen Erläuterungen zu geben. Sind diese Unterlagen mit Hilfe eines Datenverarbeitungssystems erstellt worden, kann Einsicht in die gespeicherten Daten genommen und das Datenverarbeitungssystem zur Prüfung dieser Unterlagen genutzt werden. Auch kann verlangt werden, dass die Daten nach Vorgabe der Finanzbehörde maschinell ausgewertet oder die gespeicherten Unterlagen und Aufzeichnungen auf einem maschinell verwertbaren Datenträger zur Verfügung gestellt werden (§ 208 Abs. 1 S. 3 i. V. m. §§ 200 Abs. 1 S. 2 und 147 Abs. 6 AO).

2. Ihre Mitwirkung kann grundsätzlich erzwungen werden - z. B. durch Festsetzung eines Zwangsgeldes.

   Zwangsmittel sind jedoch dann nicht zulässig, wenn Sie dadurch gezwungen würden, sich selbst wegen einer von Ihnen begangenen Steuerstraftat oder Steuerordnungswidrigkeit zu belasten. Das gilt stets, soweit gegen Sie wegen einer solchen Tat bereits ein Straf- oder Bußgeldverfahren eingeleitet worden ist (§ 393 Abs. 1 AO).

   Soweit Sie nicht mitwirken, können daraus im Besteuerungsverfahren für Sie nachteilige Folgerungen gezogen und die Besteuerungsgrundlagen geschätzt werden (§ 162 i. V. m. §§ 88, 90 AO).

3. Ergibt sich während der Ermittlung der Verdacht einer Steuerstraftat oder einer Steuerordnungswidrigkeit, wird Ihnen unverzüglich die Einleitung des Straf- oder Bußgeldverfahrens mitgeteilt. In diesem Falle werden Sie noch gesondert über Ihre strafprozessualen Rechte belehrt.

   Im Strafverfahren haben die Steuerfahndung und ihre Beamten polizeiliche Befugnisse. Sie können Beschlagnahmen, Notveräußerungen, Durchsuchungen, Untersuchungen und sonstige Maßnahmen nach den für Ermittlungspersonen der Staatsanwaltschaft geltenden Vorschriften der Strafprozessordnung anordnen und sind berechtigt, die Papiere des von der Durchsuchung Betroffenen durchzusehen (§§ 399 Abs. 2 S. 2, 404 S. 2 AO, § 110 Abs. 1 der Strafprozessordnung).

Dieses Merkblatt ersetzt die Fassung vom 14. Februar 1979 (BStBl. I 1979, 115).

Anwendungsfragen zur (erneuten) Verlängerung der Steuererklärungsfristen und weiterer damit zusammenhängender Fristen und Termine für die Besteuerungszeiträume 2020 bis 2024 durch das Vierte Corona-Steuerhilfegesetz

(BMF-Schreiben vom 23.6.2022 - IV A 3-S 0261/20/10001:0018, - BStBl I S. 938)[1]

Die Steuerpflichtigen und die sie beratenden Angehörigen der steuerberatenden Berufe sind durch die andauernde Corona-Pandemie und die Auswirkungen der Ukraine-Krise weiterhin stark belastet. Des Weiteren ist im Kalenderjahr 2022 mit erheblichen Zusatzarbeiten im Zusammenhang mit der Grundsteuerreform sowohl auf Seiten der Steuerpflichtigen als auch der Finanzverwaltung zu rechnen. Aus diesem Grund wurden die Erklärungsfristen des § 149 der Abgabenordnung (AO) und die damit zusammenhängenden Fristen und Termine (§ 109 Absatz 2, § 149 Absatz 4, § 152 Absatz 2 und § 233a Absatz 2 AO) durch das Vierte Gesetz zur Umsetzung steuerlicher Hilfsmaßnahmen zur Bewältigung der Corona-Krise (Viertes Corona-Steuerhilfegesetz) vom 19. Juni 2022, BGBl I S. 911, für den Besteuerungszeitraum 2020 erneut verlängert. Ferner wurden auch für die Besteuerungszeiträume 2021 bis 2024 vergleichbare Regelungen getroffen, durch die die gesetzlichen Fristverlängerungen (spätestens) bis zum Besteuerungszeitraum 2025 wieder abgebaut werden.

Nach Erörterung mit den obersten Finanzbehörden der Länder gilt Folgendes:

I. Anwendungsregelung

1 Dieses BMF-Schreiben tritt mit sofortiger Wirkung an die Stelle der BMF-Schreiben vom 20. Juli 2021 (BStBl I S. 984) und vom 1. April 2022 (BStBl I S. 319). Es ist für die Besteuerungszeiträume 2020 bis 2024 in allen offenen Fällen anzuwenden.

II. Verlängerung der Fristen zur Abgabe der Steuer- und Feststellungserklärungen

1. Nicht beratene Fälle (§ 149 Absatz 2 AO)

2 Steuer- und Feststellungserklärungen, die sich auf ein Kalenderjahr oder auf einen gesetzlich bestimmten Zeitpunkt beziehen und nicht von einer Person, einer Gesellschaft, einem Verband, einer Vereinigung, einer Behörde oder einer Körperschaft im Sinne der §§ 3 und 4 des Steuerberatungsgesetzes (StBerG) erstellt werden (nicht beratene Fälle), sind grundsätzlich spätestens sieben Monate nach Ablauf des Kalenderjahres oder sieben Monate nach dem gesetzlich bestimmten Zeitpunkt abzugeben (§ 149 Absatz 2 Satz 1 AO).

3 Bei nicht beratenen Steuerpflichtigen, die den Gewinn aus Land- und Forstwirtschaft nach einem vom Kalenderjahr abweichenden Wirtschaftsjahr ermitteln, endet die Erklärungsfrist für Steuer- und Feststellungserklärungen, in denen der Gewinn aus Land- und Forstwirtschaft selbst ermittelt

[1] Inhaltsverzeichnis und Anlagen hier nicht abgedruckt

wird, grundsätzlich nicht vor Ablauf des siebten Monats, der auf den Schluss des in dem Kalenderjahr begonnenen Wirtschaftsjahres folgt (§ 149 Absatz 2 Satz 2 AO).

4 Diese Fristen werden

- für die Besteuerungszeiträume 2020 und 2021 jeweils um drei Monate,
- für den Besteuerungszeitraum 2022 um zwei Monate und
- für den Besteuerungszeitraum 2023 um einen Monat

verlängert (Artikel 97 § 36 Absatz 3 Nummer 3 und 4 des Einführungsgesetzes zur Abgabenordnung - EGAO -). Ab dem Besteuerungszeitraum 2024 gelten wieder die regulären siebenmonatigen Erklärungsfristen (vgl. Rn. 2 und 3).

5 In den Fällen des § 149 Absatz 2 Satz 1 AO (vgl. Rn. 2) tritt an die Stelle des 31. Juli des jeweiligen Folgejahres

- für den **Besteuerungszeitraum 2020**:

  unter Berücksichtigung des § 108 Absatz 3 AO der **1. November 2021**

  (soweit dieser Tag in dem Land, zu dem das Finanzamt gehört, ein gesetzlicher Feiertag ist: der 2. November 2021),

- für den **Besteuerungszeitraum 2021**:

  der **31. Oktober 2022**

  (soweit dieser Tag in dem Land, zu dem das Finanzamt gehört, ein gesetzlicher Feiertag ist: der 1. November 2022),

- für den **Besteuerungszeitraum 2022**:

  unter Berücksichtigung des § 108 Absatz 3 AO der **2. Oktober 2023** und

- für den **Besteuerungszeitraum 2023**:

  unter Berücksichtigung des § 108 Absatz 3 AO der **2. September 2024**

(Artikel 97 § 36 Absatz 3 Nummer 3 EGAO).

6 In den Fällen des § 149 Absatz 2 Satz 2 AO (vgl. Rn. 3) tritt an die Stelle der Angabe „des siebten Monats“

- für die Besteuerungszeiträume 2020 und 2021 die Angabe „des zehnten Monats“,
- für den Besteuerungszeitraum 2022 die Angabe „des neunten Monats“ und
- für den Besteuerungszeitraum 2023 die Angabe „des achten Monats“

(Artikel 97 § 36 Absatz 3 Nummer 4 EGAO).

Beispiel: Endet das Wirtschaftsjahr mit Ablauf des 30. Juni (vgl. § 4a Absatz 1 Satz 2 Nummer 1 EStG), tritt demzufolge an die Stelle des 31. Januar des jeweiligen Kalenderjahres, das auf den Schluss des in dem Kalenderjahr begonnenen Wirtschaftsjahres folgt

- für den **Besteuerungszeitraum 2020**:

  unter Berücksichtigung des § 108 Absatz 3 AO der **2. Mai 2022**,

- für den **Besteuerungszeitraum 2021**:

  unter Berücksichtigung des § 108 Absatz 3 AO der **2. Mai 2023**,

- für den **Besteuerungszeitraum 2022**:

  unter Berücksichtigung des § 108 Absatz 3 AO der **2. April 2024** und

- für den **Besteuerungszeitraum 2023**:

  der **28. Februar 2025**.

7 Die gesetzlichen Fristverlängerungen nach Rn. 5 und 6 sind von Amts wegen zu beachten, ein Antrag des Steuerpflichtigen ist dazu nicht erforderlich.

8 Die Möglichkeit, im Einzelfall eine weitergehende Fristverlängerung zu beantragen bzw. zu gewähren (vgl. § 109 Absatz 1 AO), bleibt hiervon unberührt.

2. Beratene Fälle (§ 149 Absatz 3 AO)

9 Sofern Personen, Gesellschaften, Verbände, Vereinigungen, Behörden oder Körperschaften i. S. d. §§ 3 und 4 StBerG mit der Erstellung der in § 149 Absatz 3 AO genannten Erklärungen beauftragt sind (beratene Fälle), sind diese Steuer- und Feststellungserklärungen - vorbehaltlich einer Vorabanforderung nach § 149 Absatz 4 AO; vgl. hierzu Abschnitt III - grundsätzlich spätestens bis zum letzten Tag des Monats Februar des zweiten auf den Besteuerungszeitraum folgenden Kalenderjahres abzugeben.

10 Für beratene Steuerpflichtige, die den Gewinn aus Land- und Forstwirtschaft nach einem vom Kalenderjahr abweichenden Wirtschaftsjahr ermitteln, endet die Erklärungsfrist für Steuer- und Feststellungserklärungen, in denen der Gewinn aus Land- und Forstwirtschaft selbst ermittelt wird, grundsätzlich mit Ablauf des 31. Juli des zweiten auf den Besteuerungszeitraum folgenden Kalenderjahres (§ 149 Absatz 3 i. V. m. § 149 Absatz 2 Satz 2 AO).

11 Diese Fristen werden

- für die Besteuerungszeiträume 2020 und 2021 jeweils um sechs Monate,
- für den Besteuerungszeitraum 2022 um fünf Monate,
- für den Besteuerungszeitraum 2023 um drei Monate und
- für den Besteuerungszeitraum 2024 um zwei Monate

verlängert (Artikel 97 § 36 Absatz 3 Nummer 1 und 2 EGAO). Ab dem Besteuerungszeitraum 2025 gelten wieder die regulären Erklärungsfristen (vgl. Rn. 9 und 10).

12 In den Fällen der Rn. 9 tritt an die Stelle des letzten Tages des Monats Februar des zweiten auf den Besteuerungszeitraum folgenden Kalenderjahres

- für den **Besteuerungszeitraum 2020**:

  der **31. August 2022**,

- für den **Besteuerungszeitraum 2021**:

  der **31. August 2023**,

- für den **Besteuerungszeitraum 2022**:

  der **31. Juli 2024**,

- für den **Besteuerungszeitraum 2023**:

  unter Berücksichtigung des § 108 Absatz 3 AO der **2. Juni 2025** und

- für den Besteuerungszeitraum **2024**:

  der **30. April 2026**

(Artikel 97 § 36 Absatz 3 Nummer 1 EGAO).

13 In den Fällen der Rn. 10 tritt an die Stelle des 31. Juli des zweiten auf den Besteuerungszeitraum folgenden Kalenderjahres

- für den **Besteuerungszeitraum 2020**:

  der **31. Januar 2023**,

- für den **Besteuerungszeitraum 2021**:

  der **31. Januar 2024**,

- für den **Besteuerungszeitraum 2022**:

  der **31. Dezember 2024**,

- für den **Besteuerungszeitraum 2023**:

  der **31. Oktober 2025** (soweit dieser Tag in dem Land, zu dem das Finanzamt gehört, ein gesetzlicher Feiertag ist, unter Berücksichtigung des § 108 Absatz 3 AO der 3. November 2025) und

- für den **Besteuerungszeitraum 2024**:

  der **30. September 2026**

(Artikel 97 § 36 Absatz 3 Nummer 2 EGAO).

14 Die gesetzlichen Fristverlängerungen (vgl. Rn. 12 und 13) sind von Amts wegen zu beachten, ein Antrag des Steuerpflichtigen oder des mit der Erstellung der Erklärung Beauftragten i. S. d. §§ 3 und 4 StBerG ist dazu nicht erforderlich.

15 Vorzeitige Anforderungen von Steuer- und Feststellungserklärungen nach § 149 Absatz 4 AO bleiben von dieser Fristverlängerung unberührt (vgl. hierzu auch Abschnitt III).

16 Eine Verlängerung der (gesetzlich verlängerten) Erklärungsfristen durch das Finanzamt über die in den Rn. 12 und 13 genannten Fristenden hinaus ist nur unter den Voraussetzungen des § 109 Absatz 2 AO i. V. m. Artikel 97 § 36 Absatz 3 Nummer 1 und 2 EGAO möglich.

17 Die Fristen zur Einreichung von Steuer- und Feststellungserklärungen in beratenen Fällen können daher nur dann über die in den Rn. 12 und 13 genannten Fristenden hinaus verlängert werden, wenn der oder die Steuerpflichtige und die von ihm oder ihr beauftragte Person (z.B. ein Angehöriger der steuerberatenden Berufe als Vertreter oder Erfüllungsgehilfe) nachweislich ohne Verschulden verhindert sind oder waren, die Erklärungsfrist einzuhalten. Bei der Entscheidung über einen diesbezüglichen Antrag auf Fristverlängerung sind die von der Rechtsprechung zum Vorliegen einer „unverschuldeten Verhinderung“ entwickelten Grundsätze zu beachten. Die Arbeitsüberlastung von Angehörigen der steuerberatenden Berufe kann daher für sich allein nur in besonders gelagerten Ausnahmefällen eine Fristverlängerung durch das Finanzamt über die in den Rn. 12 und 13 genannten Fristen hinaus rechtfertigen.

III. Vorzeitige Anforderung von Erklärungen (§ 149 Absatz 4 AO)

18 Das Finanzamt kann in Fällen, in denen Steuer- und Feststellungserklärungen i. S. d. § 149 Absatz 3 AO durch Angehörige der steuerberatenden Berufe erstellt werden, unter den Voraussetzungen des § 149 Absatz 4 AO eine vorzeitige Abgabe der Steuer- und Feststellungserklärung grundsätzlich vor dem letzten Tag des Monats Februar, in den Fällen des § 149 Absatz 2 Satz 2 AO (Land- und Forstwirte mit abweichendem Wirtschaftsjahr) vor dem 31. Juli des zweiten auf den Besteuerungszeitraum folgenden Kalenderjahres anordnen (sog. Vorabanforderung). Eine Vorabanforderung darf nicht auf einen Zeitpunkt erfolgen, der innerhalb der in § 149 Absatz 2 AO bestimmten Fristen liegt (§ 149 Absatz 4 Satz 6 AO).

19 Steuer- und Feststellungserklärungen i. S. d. § 149 Absatz 3 AO für die Besteuerungszeiträume 2020 bis 2024 können abweichend hiervon auch zu einem Termin vorzeitig angefordert werden, der nach dem letzten Tag des Monats Februar des zweiten auf den jeweiligen Besteuerungszeitraum folgenden Kalenderjahres und vor den in Rn. 12 genannten Zeitpunkten liegt (Artikel 97 § 36 Absatz 3 Nummer 1 EGAO). Eine Vorabanforderung darf in diesen Fällen keine kürzere Frist als die in Rn. 5 genannte Frist setzen.

Beispiel: Die Frist zur Abgabe einer durch einen Angehörigen der steuerberatenden Berufe zu erstellenden Einkommensteuererklärung für den Besteuerungszeitraum 2022 (ohne Einkünfte aus Land- und Forstwirtschaft) endet nach § 149 Absatz 3 AO grundsätzlich mit Ablauf des 29. Februar 2024. Für den Besteuerungszeitraum 2022 wurde die Abgabefrist gesetzlich um fünf Monate verlängert und endet daher erst mit Ablauf des 31. Juli 2024 (vgl. Rn. 12).

Nach § 149 Absatz 4 Satz 1 (oder Satz 3) AO i. V. m. Artikel 97 § 36 Absatz 3 Nummer 1 EGAO darf das Finanzamt die Einkommensteuererklärung 2022 noch für nach dem 29. Februar 2024, aber vor dem 31. Juli 2024 liegende Zeitpunkte vorzeitig anfordern.

20 Entsprechendes gilt für Steuer- und Feststellungserklärungen i. S. d. § 149 Absatz 3 i. V. m. § 149 Absatz 2 Satz 2 AO von beratenen Land- und Forstwirten mit abweichendem Wirtschaftsjahr (Artikel 97 § 36 Absatz 3 Nummer 2 EGAO). Eine Vorabanforderung darf in diesen Fällen keine kürzere Frist als die in Rn. 6 genannte Frist setzen.

Beispiel: Die Frist zur Abgabe einer durch einen Angehörigen der steuerberatenden Berufe zu erstellenden Einkommensteuererklärung eines Land- und Forstwirtes mit abweichendem Wirtschaftsjahr für den Besteuerungszeitraum 2022 endet nach § 149 Absatz 3 AO grundsätzlich mit Ablauf des 31. Juli 2024. Für den Besteuerungszeitraum 2022 wurde die Abgabefrist gesetzlich um fünf Monate verlängert und endet daher erst mit Ablauf des 31. Dezember 2024 (vgl. Rn. 13).

Nach § 149 Absatz 4 Satz 1 (oder Satz 3) AO i. V. m. Artikel 97 § 36 Absatz 3 Nummer 2 EGAO darf das Finanzamt die Einkommensteuererklärung 2022 noch für nach dem 31. Juli 2024, aber vor dem 31. Dezember 2024 liegende Zeitpunkte vorzeitig anfordern.

IV. Festsetzung von Verspätungszuschlägen (§ 152 AO)

21 Gegen denjenigen, der seiner Verpflichtung zur Abgabe einer Steuer- oder Feststellungserklärung nicht oder nicht fristgemäß nachkommt, kann ein Verspätungszuschlag festgesetzt werden (§ 152 Absatz 1 AO). Unter den Voraussetzungen des § 152 Absatz 2 AO steht die Festsetzung des Verspätungszuschlags nicht mehr im Ermessen des Finanzamts, sondern ist gesetzlich vorgeschrieben. Dies gilt gleichermaßen für beratene wie für nicht beratene Fälle.

22 Wurde eine Steuer- oder Feststellungserklärung zwar nach Ablauf der (gesetzlich und ggf. auch durch das Finanzamt nach § 109 AO verlängerten) Erklärungsfrist und damit verspätet, aber noch

- innerhalb von 14 Monaten nach Ablauf des Kalenderjahres oder innerhalb von 14 Monaten nach dem Besteuerungszeitpunkt (§ 152 Absatz 2 Nummer 1 AO) oder
- innerhalb von 19 Monaten nach Ablauf des Kalenderjahres oder innerhalb von 19 Monaten nach dem Besteuerungszeitpunkt (§ 152 Absatz 2 Nummer 2 AO) in den Fällen des § 149 Absatz 2 Satz 2 AO

übermittelt, kann das Finanzamt nach § 152 Absatz 1 AO einen Verspätungszuschlag festsetzen (Ermessensentscheidung).

23 Diese Zeitspanne, innerhalb derer die Entscheidung über die Festsetzung eines Verspätungszuschlags im Ermessen des Finanzamts liegt, wird für die Besteuerungszeiträume 2020 und 2021 um sechs Monate, für den Besteuerungszeitraum 2022 um fünf Monate, für den Besteuerungszeitraum 2023 um drei Monate und für den Besteuerungszeitraum 2024 um zwei Monate verlängert (Artikel 97 § 36 Absatz 3 Nummer 5 und 6 EGAO).

24 Das Finanzamt ist hingegen gesetzlich dazu verpflichtet einen Verspätungszuschlag festzusetzen, wenn die Steuer- oder Feststellungserklärung

- für die **Besteuerungszeiträume 2020 und 2021**:

  nicht innerhalb von 20 Monaten,

- für den **Besteuerungszeitraum 2022**:

  nicht innerhalb von 19 Monaten,

- für den **Besteuerungszeitraum 2023**:

  nicht innerhalb von 17 Monaten und

- für den **Besteuerungszeitraum 2024**:

  nicht innerhalb von 16 Monaten

nach Ablauf des Kalenderjahres oder nach dem Besteuerungszeitpunkt abgegeben wird (gebundene Entscheidung nach § 152 Absatz 2 Nummer 1 AO i. V. m. Artikel 97 § 36 Absatz 3 Nummer 5 EGAO).

25 Gleiches gilt, wenn die Steuer- oder Feststellungserklärung in den Fällen des § 149 Absatz 2 Satz 2 AO

- für die **Besteuerungszeiträume 2020 und 2021**:

  nicht innerhalb von 25 Monaten,

- für den **Besteuerungszeitraum 2022**:

  nicht innerhalb von 24 Monaten,

- für den **Besteuerungszeitraum 2023**:

  nicht innerhalb von 22 Monaten und

- für den **Besteuerungszeitraum 2024**:

nach Ablauf des Kalenderjahres oder nach dem Besteuerungszeitpunkt abgegeben wird (§ 152 Absatz 2 Nummer 2 AO i. V. m. Artikel 97 § 36 Absatz 3 Nummer 6 EGAO).

26 Die Entscheidung über die Festsetzung eines Verspätungszuschlags steht in den in Rn. 24 und 25 genannten Fällen gemäß § 152 Absatz 3 AO nur in folgenden Fällen im Ermessen des Finanzamts:

- die Finanzbehörde hat die Frist für die Abgabe der Steuererklärung nach § 109 AO (ggf. rückwirkend) verlängert, die Erklärung wurde aber nach Ablauf der hiernach verlängerten Frist abgegeben,
- die Steuer wurde auf null Euro oder auf einen negativen Betrag festgesetzt oder
- die festgesetzte Steuer übersteigt nicht die Summe der festgesetzten Vorauszahlungen und der anzurechnenden Steuerabzugsbeträge.

V. Verlängerung der zinsfreien Karenzzeiten (§ 233a Absatz 2 Satz 1 und 2 AO)

27 Der Zinslauf der Verzinsung von Steuernachforderungen und Steuererstattungen nach § 233a AO („Vollverzinsung“) beginnt nach § 233a Absatz 2 Satz 1 AO allgemein 15 Monate nach Ablauf des Kalenderjahres, in dem die Steuer entstanden ist (**allgemeiner Zinslauf**).

28 Für die Einkommen- und Körperschaftsteuer beginnt der Zinslauf nach § 233a Absatz 2 Satz 2 AO regulär erst 23 Monate nach Ablauf des Kalenderjahres, in dem die Steuer entstanden ist, wenn die Einkünfte aus Land- und Forstwirtschaft bei der erstmaligen Steuerfestsetzung die anderen Einkünfte überwiegen (**besonderer Zinslauf**).

29 Der allgemeine Zinslauf (vgl. Rn. 27) beginnt

- für den **Besteuerungszeitraum 2020**:

  am **1. Oktober 2022**,

- für den **Besteuerungszeitraum 2021**:

  am **1. Oktober 2023**,

- für den **Besteuerungszeitraum 2022**:

  am 1. **September 2024**,

- für den **Besteuerungszeitraum 2023**:

  am **1. Juli 2025** und

- für den **Besteuerungszeitraum 2024**:

  am 1. **Juni 2026**

(Artikel 97 § 36 Absatz 3 Nummer 7 EGAO).

30 Der besondere Zinslauf (vgl. Rn. 28) beginnt

- für den **Besteuerungszeitraum 2020**:

  am **1. Juni 2023**,

- für den **Besteuerungszeitraum 2021**:

  am **1. Juni 202**4,

- für den **Besteuerungszeitraum 2022**:

  am **1. Mai 2025**,

- für den **Besteuerungszeitraum 2023**:

  am **1. März 2026** und

- für den **Besteuerungszeitraum 2024**:

  am 1. **Februar 2027**

(Artikel 97 § 36 Absatz 3 Nummer 8 EGAO).

31 Diese gesetzliche Verlängerung der Karenzzeiten (vgl. Rn. 29 und 30) gilt gleichermaßen für Nachzahlungs- wie für Erstattungszinsen. Sie gilt auch unabhängig davon, ob eine Steuererklärungspflicht besteht und ob es sich um einen beratenen oder nicht beratenen Fall handelt.

Abkürzungsverzeichnis

A	Abschnitt
a.a.O.	am angegebenen Ort
ABl EG	Amtsblatt der Europäischen Gemeinschaften
Abs.	Absatz
AnfG	Anfechtungsgesetz
AO	Abgabenordnung
AEAO	Anwendungserlass zur Abgabenordnung
AEntG	Arbeitnehmer-Entsendegesetz
ArbZustBauV	Arbeitnehmer-Zuständigkeitsverordnung-Bau
AStG	Außensteuergesetz
AStBV	Anweisung für das Straf- und Bußgeldverfahren
AuslG	Ausländergesetz
AÜG	Arbeitnehmerüberlassungsgesetz
BAG	Bundesarbeitsgericht
BewG	Bewertungsgesetz
BFDG	Bundesfreiwilligendienstgesetz
BFH	Bundesfinanzhof
BFH/NV	Sammlung amtlich nicht veröffentlichter Entscheidungen des BFH
BGB	Bürgerliches Gesetzbuch
BGBl.	Bundesgesetzblatt
BKGG	Bundeskindergeldgesetz
BMF	Bundesministerium der Finanzen
BPO 2000	Betriebsprüfungsordnung 2000
BSHG	Bundessozialhilfegesetz
BStBl	Bundessteuerblatt
BVerfG	Bundesverfassungsgericht
BVerfGG	Gesetz über das Bundesverfassungsgericht
BVerfSchG	Bundesverfassungsschutzgesetz
BVG	Bundesversorgungsgesetz
BVerwG	Bundesverwaltungsgericht
DBA	Abkommen zur Vermeidung der Doppelbesteuerung
dgl.	dergleichen
DRiG	Deutsches Richtergesetz
DSGVO	Datenschutz-Grundverordnung
DV	Durchführungsverordnung
EG	Europäische Gemeinschaft/-en
EUAHiG	EU-Amtshilfe-Gesetz
EGAO	Einführungsgesetz zur Abgabenordnung
EUBeitrG	EU-Beitreibungsgesetz
EGBGB	Einführungsgesetz zum Bürgerlichen Gesetzbuch
EGInsO	Einführungsgesetz zur Insolvenzordnung
EGStGB	Einführungsgesetz zum Strafgesetzbuch
EhrRiEG	Gesetz über die Entschädigung der ehrenamtlichen Richter
EigZulG	Eigenheimzulagengesetz
ErbStG	Erbschaftsteuer- und Schenkungsteuergesetz
EStDV	Einkommensteuer-Durchführungsverordnung
EStG	Einkommensteuergesetz
EStH	Amtliches Einkommensteuer-Handbuch
EStR	Einkommensteuer-Richtlinien
EStZustV	Einkommensteuer-Zuständigkeitsverordnung

EURL2021/514UmsG	Gesetz zur Umsetzung der Richtlinie (EU) 2021/514 des Rates vom 22. März 2021 zur Änderung der Richtlinie 2011/16/EU über die Zusammenarbeit der Verwaltungsbehörden im Bereich der Besteuerung und zur Modernisierung des Steuerverfahrensrechts
EWG	Europäische Wirtschaftsgemeinschaft
FeuerSchStG	Feuerschutzsteuergesetz
FGG	Gesetz über die Angelegenheiten der freiwilligen Gerichtsbarkeit
FGO	Finanzgerichtsordnung
FKS	Finanzkontrolle Schwarzarbeit
FVG	Finanzverwaltungsgesetz
FZulG	Forschungszulagengesetz
GBBerG	Grundbuchbereinigungsgesetz
GBO	Grundbuchordnung
GG	Grundgesetz
GKG	Gerichtskostengesetz
gem.	gemäß
GemV	Gemeinnützigkeitsverordnung (durch EGAO aufgehoben)
GewO	Gewerbeordnung
GewStG	Gewerbesteuergesetz
GrEStG	Grunderwerbsteuergesetz
GrStG	Grundsteuergesetz
GrStR	Grundsteuer-Richtlinien
GVG	Gerichtsverfassungsgesetz
GVO	Gerichtsvollzieherordnung
GwG	Geldwäschegesetz
H	Hinweis (in EStH)
HGB	Handelsgesetzbuch
HwO	Handwerksordnung
i.d.F.	in der Fassung
i.d.R.	in der Regel
i.S.	im Sinne
i.V.m.	in Verbindung mit
IHKG	Gesetz zur vorläufigen Regelung des Rechts der Industrie- und Handelskammern
InsO	Insolvenzordnung
InvZulG	Investitionszulagengesetz
JVEG	Justizvergütungs- und –entschädigungsgesetz
JStG	Jahressteuergesetz
KassenSichV	Kassensicherungsverordnung
KBV	Kleinbetragsverordnung
KHG	Krankenhausfinanzierungsgesetz
KONSENS-G	KONSENS Gesetz
KWG	Gesetz über das Kreditwesen
KraftStDV	Kraftfahrzeugsteuer-Durchführungsverordnung
KraftStG	Kraftfahrzeugsteuergesetz
KStG	Körperschaftsteuergesetz
LuftFzgG	Gesetz über Rechte an Luftfahrzeugen
MiLoG	Mindestlohngesetz
MV	Mitteilungsverordnung
Nr.	Nummer
OWiG	Gesetz über Ordnungswidrigkeiten
PassG	Passgesetz
R	Richtlinie
RennwLottAB	Ausführungsbestimmungen zum Rennwett- und Lotteriegesetz
RFH	Reichsfinanzhof
RStBl	Reichssteuerblatt

S.	Seite
SchRegO	Schiffsregisterordnung
SchwarzArbG	Schwarzarbeitsbekämpfungsgesetz
SGB	Sozialgesetzbuch
SigG	Signaturgesetz
StaRUG	Unternehmensstabilisierungs- und - restrukturierungsgesetz
StAuskV	Steuer-Auskunftsverordnung
StBerG	Steuerberatungsgesetz
StDÜV	Steuerdaten-Übermittlungsverordnung
StGB	Strafgesetzbuch
StModernG	Gesetz zur Modernisierung des Besteuerungsverfahrens
StPO	Strafprozeßordnung
StraBEG	Strafbefreiungserklärungsgesetz
StRK	Steuerrechtsprechung in Karteiform
StVollzG	Strafvollzugsgesetz
SubvG	Subventionsgesetz
TKG	Telekommunikationsgesetz
Tz.	Textziffer
Tzn.	Textziffern
UIG	Umweltinformationsgesetz
UmwG	Umwandlungsgesetz
UStDV	Umsatzsteuer-Durchführungsverordnung
UStG	Umsatzsteuergesetz
UStZustV	Umsatzsteuerzuständigkeitsverordnung
V	Verordnung
V zu § 180 Abs. 2 AO	Verordnung über die gesonderte Feststellung von Besteuerungsgrundlagen nach § 180 Abs. 2 AO
VerpflG	Verpflichtungsgesetz
VersStG	Versicherungsteuergesetz
vgl.	vergleiche
VollstrA	Vollstreckungsanweisung
VollzA	Vollziehungsanweisung
VStG	Vermögensteuergesetz
VwZG	Verwaltungszustellungsgesetz
WBVG	Wohn- und Betreuungsvertragsgesetz
WG	Wechselgesetz
WoFG	Wohnraumförderungsgesetz
WoGG	Wohngeldgesetz
WoPG	Wohnungsbauprämiengesetz
ZollVG	Zollverwaltungsgesetz
ZPO	Zivilprozessordnung
ZVG	Gesetz über die Zwangsversteigerung und Zwangsverwaltung
II. WoBauG	Zweites Wohnungsbaugesetz

STICHWORTVERZEICHNIS

A

B

D

E

F

G

H

I

N

O

P

R

S

V

W

Z